進明

中韓辭典

康寔鎭　南德鉉
李相度　張皓得　共編

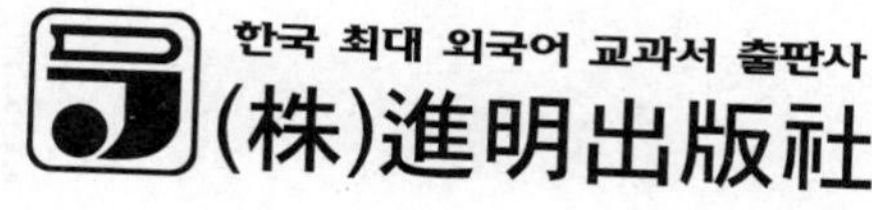

이 사전이 나오기까지

고난의 세월이었다. 컴퓨터가 이미 본격적으로 번거로운 일을 대신하던 10여 년 전 우리 나라에서는 아직 한자 내지 중국어와 관련된 것이라면 전산화는 꿈조차 꿀 수 없는 처지였다. 대만이나 중국에서 이룩한 전산화의 업적도 우리로서는 혜택을 받을 길이 전혀 없었고 따라서 이 분야의 개척 없이는 앞으로도 형편없이 낙후된 우리의 모습을 그대로 국제 학계에 노출하는 부끄러운 상황이 지속되리라는 초조감을 떨칠 수 없었다. 12년 전 미국의 한 대학에서 강의를 하면서 컴퓨터를 몰라 겪은 수모와 대만의 골목마다 컴퓨터 가게가 성업을 하고 있는 때에 한 개의 글자를 찾기 위해 손가락으로 짚어 가며 수천 페이지에 달하는 원시 자료를 몇 달 동안 더듬거리던 따라지 교수라는 처량한 모습을 탈피해 보고자, 나라마다 컴퓨터가 다른 줄로만 알고 대만의 컴퓨터를 사 들고 귀국하였다. 곧바로 컴퓨터는 똑 같다는 이치를 깨달았지만 우리 나라에서는 아직 한자를 입출력할 수 없다는 현실에 부딪혀 앞이 캄캄하였다. 이로부터 날밤을 새우며 작업하고 관련 업체를 찾아다니며 기술자들에게 읍소하기 시작하였다. 중국과 대만의 코드에 부여된 비트맵 폰트를 활용하여 8000자의 한자 코드를 만들어 쓸 수 있도록 하여 기초 자료를 입력하였으나 이것을 출력할 고품위 폰트는 아예 없었다. 우선 중국어 관련 자료를 입력하면서 한자의 입출력과 중국어와 관련된 부호의 입출력 방법을 모색하면서 중국어 사전의 전산화에 착수하였다. 이러한 개발 과정은 무척 힘겨운 것이었다.

이 분야의 전산화를 위해서는 먼저 방대한 한자 코드를 만들어야 했다. 우리 나라에서 쓰이고 있는 한자 코드를 모두 포괄하고도 중국·대만·일본의 한자까지 수용하여야만 앞으로 상호간의 데이터 교환에 무리가 없을 것이기 때문에 수만에 이르는 한자를 분석하고 맵핑하였다. 같은 글자의 각국 한자 코드를 찾아내어 맵핑한다는 것은 한자에 대한 지식이 풍부한 수많은 인력이 필요하다. 수백 명의 부산 대학교 학생들을 동원하여 기초 작업을 한 다음 정밀 검사를 골백번 하였지만 여전히 오류는 발견되었다. 2여 년의 시간을 투입하여 한자 문화권의 한자를 모두 포괄하는 새로운 코드를 체계를 세웠고 이에 따라 중국이나 대만에서 전산화한 많은 자료를 효율적으로 받아들일 수 있도록 하였으나 이것을 수용할 만한 훌륭한 입력기나 DTP를 가지고 있지 않았기 때문에 이를 실용화할 수는 없었다.

한자의 입력이 한글이나 영문처럼 쉽지 않은 점은 이의 전산화를 가로막는 가장 큰 요인이다. 한자로 문자 생활을 하는 중국이나 대만에서는 한자를 쉽게 입력하기 위한 방안이 지금까지 개인 혹은 회사 차원에서 600여 가지나 모색된 점만 보아도 짐작할 수 있을 것이다. 우리 나라에 전해 오는 순 한문의 역사서나 고전이 산더미처럼 쌓여 있음에도 불구하고 누구 하나 한자의 빠른 입력 방법에 대해서는 관심을 가지고 있지 않았고 한글에서 한자로 전환하는 거북이 걸음을 답습하고 있던 때에 중국과 대만의 입력 방법을 분석한 후 우리의 실정에 가장 적합한 방안을 모색하여 거듭된 실험과 시행착오를 하면서 어느 정도 해결의 실마리를 찾았고 몇몇 오퍼레이터를 연구실에 두고 적응 실험을 하였다. 어느 정도 성공적인 결과를 가져오고 있었으나 이 또한 실용화할 방안이 전혀 없었다.

중국어 교재나 사전 따위의 공구서를 전산 처리하는 데는 한어병음(漢語拼音)의 입력이 가장 어려운 것이 우리의 실정이다. 중국인에게는 이것이 크게 문제가 되지 않겠지만 우리로서는 한자의 발음을 한어병음으로 입력하기란 여간 힘든 것이 아니다. 한어병음을 모두 기억하는 사람도 없거니와 원만한 입력 방법도 없으며 오퍼레이터가 입력했다 하더라도 상당한 오류가 있기 마련이기 때문이다. 이에 한어병음의 자동 입력 방안을 모색하여 소스화일이 만들어 졌으나 이 또한 실용화할 방안이 없는 현실이 안타까웠다.

위와 같은 성과들을 탑재하여 활용할 수 있도록 하기 위해 국내외의 회사를 찾아다니며 읍소하다시피 부탁을 하였으나 돈벌이가 되지 않는다는 이유로 수없이 거절당하여 하는 수 없이 입력기를 개발하기로 계획을 세우고 있던 차에 서울시스템(주)의 회장님인 李雄根 박사님께서 직원을 급파하여 우리의 염원을 수용하겠다는 낭보를 보내 왔고 이로부터 일은 아주 쉽게 진행되었다. 우선 한자의 고속입력법을 올려 실험하면서 지속적으로 개선하여 1분당 100자 이상 입력할 수 있도록 하여 이를「뿌리법」이라고 명칭하고 실용화하였으며 이 방법으로 사전이나 수많은 한자 문헌과 족보 등이 한글처럼 쉽게 입력되기 시작하였다.

동양 4개국의 한자를 모두 수용하고 나아가 자유자재로 데이터의 교환이 이루어지도록 하자는 취지 하에서 서울시스템의 기존 한자 코드와 한사연(韓史硏) 한자 코드 등을 모두 비교 검토한 후 방대한 한자 부호 체계를 완성하기까지는 서울시스템의 金炫 박사와 이남희 씨가 지독히도 무덥던 어느 해 여름방학을 꼬박 함께 지내야만 했다.

다국어(多國語) 한자 처리 시스템과 고속입력법을 탑재하고 한어병음 자동입력기를 올리는 바에야 아예 한자 자전(字典) 까지 올려 모르는 글자의 정보에 대해 온라인 검색을 할 수 있도록 하자는 요구까지 모두 수용하여 서울시스템(주)의 윈도우즈 용 DTP인 PagePro에 탑재하는데는 부산에 내려와 반년을 함께 지낸 이명직 실장과 이미영 씨의 아낌없는 노력 덕분이었다.

그 동안 내 월급의 모두를 투입하며 이 일에 매달려 왔지만 사전 데이터를 완벽하게 처리할 수 있는 정확한 중국이나 대만의 한자 폰트는 고사하고 교재 하나 제대로 전산조판할 수 없어 수동 사식을 하거나 중국의 인쇄물을 그대로 칼로 오려 붙이는 실정이 계속되었다. 이에 李雄根 박사님께서 거금을 흔쾌히 투자하여 서울시스템(주)의 폰트 개발실 趙鎔周박사와 함께 중국으로 가 수종의 중국 폰트 사용권을 북경대학으로부터 받아 올 수 있도록 하여 주셨고 이 폰트들은 홍경순 씨를 비롯한 서체 개발 센터 및 서체실 직원의 노력으로 원만하게 진행되었다.

이러한 컴퓨터 환경 조성 작업을 어렵게 진행하는 사이 중국에서 어법 및 어휘학 분야에 소장 학파로서는 최고를 자랑하는 清華大學의 袁毓林 교수가 꼬박 1년 동안 어휘 선정과 품사 분류 및 예문 선정 및 작성을 하였고 이러한 기초 위에 편집인들은 각종 항목과 석의 및 어법 설명 등을 하면서 교정 요원과 함께 때로는 대학의 아파트를 빌려 합숙하기도 하고 때로는 각자의 집에서 밤잠을 없애고 작업하기도 하였으며, 어느 해변 마을에 방 한 칸을 빌려 무릎을 맞대고 쪼그리고 앉아 며칠 밤을 지새기도 하였다.

완벽한 전산화의 가능성에 대한 확신을 가지고 그 동안 편집인들이 입력한 데이터를 자동 조판하지 않고는 세계 최초로 5종의 중국 서체를 사용하고 3종의 한글 및 한국 한자의 서체를 사용할 계획을 실현할 수는 없었다. 이에 대해서는 서울시스템(주)의 이미영 씨가 프로그램을 만들고 김남희 씨가 조판을 하기 시작하였다.

여기까지의 작업을 하는 동안에 겪은 어려움은 이루 말할 수 없다. 경제적으로는 나의 월급을 차압 당하는 지경의 파산에 이르렀으나, 주위에 계신 따뜻한 분들의 도움을 받아 용기를 얻을 수 있었다. 특히 서울시스템 李雄根 박사님의 물심 양면 지원은 더없이 큰 힘이 되었다.

중국어는 단음절어이기 때문에 예로부터 자전(字典)이 주로 출판되었다. 글자 하나 하나가 의미를 지니고 있기 때문에 자전만으로도 충분히 그 역할을 할 수 있었기 때문이다. 그러나 구어체나 현대어에서는 당연히 다음절의 낱말이 절대 우위를 점하게 되고 이에 따라 현대적 의미의 사전이 출판되기 시작하였다. 중국에서 조기에 출판되었거나 대만에서 출판된 사전은 모두 번체자로 이루어져 있었으나 중국의 문자 개혁 이후에는 거의 모든 사전이 간체자로 출판되었다. 그들이 한자의 자형을 통일하고 간화(簡化)한 것은 문자 생활의 편의성이라는 목적은 달성하였으나 낱낱 한자의 변별력은 크게 떨어뜨렸다. 더구나 우리는 아직 간체자나 약자(略字)를 쓰지 않고 정자(正字)로 교육받고 써왔기 때문에 우리의 입장은 중국과 달리 정자에 훨씬 익숙하다. 중국에서는 중국어를 간체자로 적고 있고 우리는 정자로 한자를 많이 알고 있기 때문에 양자의 현실을 가장 적절하게 수용할 수 있는 사전의 형태를 모색하기란 쉬운 일은 아니다. 그리하여 이 사전에서는 정자의 골격을 가능한 한 유지하면서 간체자로 유도할 수 있도록 편집하였다.

그 동안 외국에서 출판된 중국어 대역어 사전은 일본이 역시 우리보다 수십 년 앞서 있었다. 일본의 사전 제작에 대한 저력은 감탄을 지나 그들의 민족성까지도 찬양하지 않을 수 없을 정도이다. 일본에는 작은 사전에서부터 방대한 사전에 이르기까지 또 간체자에서 번체자에 이르기까지 다양하게 출판되어 있는 실정임에도 우리는 중국의 사전이나 심지어 김일성 대학에서 편찬한 사전을 그대로 복사하여 사용하는 실정이었고 일본의 사전을 그대로 가져와 번역하여 출판하는 실정이었다. 중국어 대역어 사전은 대개가 중국의 常務印書館에서 출판한《現代漢語詞典》을 근간으로 하여 제작하는 추세였다. 이 사전은 중국에서도 현대 한어의 사전적 규범 역할을 하고 있기 때문이다. 그러나 이 사전은 어디까지나 중국인을 위한 것이었고 외국인이 중국어를 학습하거나 중국어 낱말을 검색할 수 있도록 만든 것은 아니다. 이에 과감하게《現代漢語詞典》의 영향을 벗어난 편집을 시도하였다. 우선 우리의 입장에서 필요한 낱말과 풀이를 하였고 중국인에게는 필요 없을 어법 설명을 대거 추가하였을 뿐 아니라 우리가 작문을 할 때 문법 체계 때문에 오류를 범하는 경우가 가장 많은 품사 분류를 다시 하였다. 중국어 사전 역사상 구별사(區別詞)와 상태사(狀態詞)를 나누어 표기한 것은 처음 있는 일이다.

중국어를 배우는 인구가 늘어나고 배우는 목적도 다양하게 변한 것이 지금의 현실이다. 따라서 이러한 요구에 부응하기 위해 이 사전에서는 중국이 개방되면서 쏟아져 나온 신조어와 컴퓨터 용어나 무역 용어 등을 대거 보강하였을 뿐 아니라, 중국에서 시행하는 중국어 능력 검정 시험 기관인 HSK(漢語水平考試) 실행 기관에서 조사한 한자와 낱말의 사용 빈도수를 역시 최초로 표기하였다.

중국어를 배우는 것이 한자를 익히는 것과 무관하지 않을 뿐 아니라 아직은 한자를 우리의 훈독으로 기억하거나 우리말에서 활용하고 있기 때문에 한자에 우리의 훈독을 달아 한자에 익숙하고 기억하는데 도움을 주고자 한자에 우리의 훈독을 달아 주었다.

이 사전을 편찬하는데 참여한 사람은 헤아릴 수 없을 정도로 많지만 직접 함께 작업한 인사들은 다음과 같다. 이들은 모두 학문을 위한 열정으로 무료 봉사하여 주었으니 이들 모두에게 모든 공은 돌리고 싶다. 함께 작업한 이들은 다음과 같다.

《이사전 제작에 참여 하신 분》

DTP 제작：서울시스템(주) 이명직 실장 이미영 허종기 이민석 유재석
한자코드：서울시스템(주) 김현 박사 이남희 표순자
서　　체：조용주 박사 홍경순 김창윤 및 서체실 직원
조　　판：이미영 김남희 표순자
출　　력：유재석 유정목 이외 기술부 및 출력실 직원
편　　집：강식진 남덕현 이상도 장호득
어휘선정：袁毓林
품사분류：袁毓林
예문발췌 및 작성：袁毓林
교　　정：
①김명구 나현미 박난미 오소연 조현주 지현희 황미리 황승연
②김선정 김소정 노지연 류혜정 박서원 이소은 이현숙
③강경구 구희경 김난영 김언하 김영기 김일균 김정유 박노종 박서원 박은희 심우섭 전경영 정윤성 정태업 제유미 조수연 최재수 표순자 하영삼

끝으로 이 사전에는 많은 오류가 있을 수밖에 없을 것이다. 이러한 오류는 다음에 기회에 바로 잡을 수 있을 것이니 양해해 주기를 간절히 바랄 뿐이다.

위대한 사전을 편찬했던 일본의 어느 학자는 사전 편찬을 끝내고 돌아가셨다고 한다. 우리 나라에서도 그러한 운명을 맞이하는 환경이어야 하지 않을까 하는 생각을 하게 된다.

1996년 12월 11일 강식진 씀

일 러 두 기

一. 각종 자형과 서체

① 이 사전에 쓰인 각종 중국어 서체는 북경대학(北京大學) 方正集团公司가 개발한 「国家标准 GB7590—87」 및 보충 한자의 표준 서체 중 송체(宋體)·방송체(仿宋體)·고딕체(黑體)·해서체(楷書體) 및 대만(臺灣)의 「Big－5」 코드에 부여된 번체자(繁體字) 송체(宋體)와 고딕체(黑體)로 중국어 사전에서는 세계 최초로 복합적으로 사용 되었다. 이러한 완벽한 중국 서체를 한글과 함께 사용할 수 있게 된 **서울시스템(주)**이 개발한 최고의 전산 사식기 **PageStar3.0**에 동 서체를 사용할 수 있도록 독점적인 라이센스 계약을 하였기 때문이다.

② 대표 표제자는 GB코드의 송체(宋體)를 사용하였고 이의 번체자는 Big－5코드의 송체를 ( ) 속에 표기하였다. 이체자(異體字)나 속자(俗字) 등은 〈 〉 속에 **서울시스템(주)**에서 개발한 명조체로 표기하였다.
보기:
【鳌(鰲)〈鼇〉】áo 자라 오

③ 표제어는 GB코드의 고딕체를 사용하여 돋보이게 하였고, 각종 예문은 방송체를 사용해 미려한 분위기를 느낄 수 있게 하였으며, 인용문이나 〔 〕 속에는 해서체를 사용하여 확연히 구분되게 하였다. 한국어 속의 한자는 우리의 습관대로 명조체를 사용하였다.

二. 올림자(標題字)와 올림말(標題語)의 선정

1. 올림자의 선정

① 지금까지 출판된 중·소형 중국어 대역 사전의 표제자는 《现代汉语词典》(商务印书馆 1978년 12월 초판)과 《現代中國語辭典》(日本 光生館 1986년 초판)을 기준으로 선정하는 추세였으나, 본 사전은 급변한 근 10년간의 환경을 반영해야 한다는 취지 하에 과감히 이전의 사전을 참고하지 않고 독자적인 방법으로 선정하였다.

② 《汉语水平词汇与汉字等级大纲》(汉语水平考试(HSK)部, 北京语言学院出版社 1995年 第2版)에서 조사·통계·선정한 甲級 한자 800개·乙級 한자 804개· 丙級 한자 590자 및 보충한자 11개·丁級 한자 670자와 보충한자 41개를 우선 선정하고, 올림말의 왼쪽 어깨에 각기 그 급수를 보기와 같이 「1」「2」「3」「4」로 표시하였다.
보기:
1【爱(愛)】ài 사랑 애

③ 중국 정부에서 1987년 제정한 「国家标准 GB7590—87」의 일급한자(一級漢字) 3,755자와 이급한자(二級漢字) 3,284자 중 한자의 부수나 편방용 한자 및 특수한 용도로 부여된 극소수의 불필요하다고 판단되는 부호를 제외하고 모두 선정하였다.

④ 중화민국의 「電腦公會」(컴퓨터협회)에서 1988년 제정한 「公會推薦中文內碼」(협회 추천 중국 문자 내부 코드)의 상용 한자(常用漢字) 5,401자 내에 있으면서도 위의 ①②항에 없는 글자는 극히 제한적으로 수록하였다.

⑤ 마지막으로 위와 같이 선정된 표제자를 어휘학 및 품사론의 중국 최고 권위자인 중국 清华大学 중문과 교수 袁毓林 박사에게 위임하여 적절성·실용성·합리성 등을 검증을 받아 총 6990 자(字)의 표제자를 최종으로 확정하였다.

2. 올림말의 선정

① 올림말은 일차적으로 《汉语水平词汇与汉字等级大纲》에서 선정한 甲級 낱말 1033개·乙級 낱말한자 2018개·丙級 낱말 2202개·丁級 낱말 3569개를 취하여 왼쪽 어깨에 각기 그 급수를 보기와 같이 「¹」「²」「³」「⁴」로 표시하였다. 기타의 낱말은 상기 袁毓林 박사가 모두 18200여 낱말이 되도록 선정하였다.
보기:
1【爱人】ⓐ àirén ❶ 動 (사람을) 기쁘게 하다.

② 《现代汉语词表》(中国标准出版社 1984)를 비롯한 각종 낱말 조사표에 근거하여 일정한 준거에 따라 이 사전에 적당한 낱말을 선정하였다.

③ 최신어(最新語)는 베이징(北京)·타이베이(臺北)·상하이(上海)·홍콩(香港)에서 수집하였다.

④ 대만(臺灣)에서만 유행하고 있는 말도 수집하여 「㊀」로 표시하였다.

⑤ 방언(方言)일지라도 그것이 보통화 속에 침투되어 표준음으로 발음하여도 의미를 가지는 것은 수록하고 그 방언의 출처를 밝혔다.

⑥ 낱말의 단위를 벗어난 어군(語群)일지라도 성어(成語)·속담·헐후어(歇後語)·관용어·숙어 등은 적당하게 수록하였다.

⑦ 현대 한어 구어(口語)에서는 잘 쓰이지 않으나 서면어(書面語)로 쓰이는 고대 한어(古代漢語;文言)와 근대 한어(近代漢語;早期白話) 어휘는 적당한 수준으로 수록하였다.

三. 올림자와 올림말의 배열

1. 올림자

① 올림자는 한어병음(漢語拼音)의 자모순(字母順)·성조순(聲調順)으로 배열하였으며, 같은 성조 안에서는 한자의 획수순(劃數順)으로, 같은 획수 안에서는 부수순(部首順)으로 배열하였다. 다만, 시각적 효과를 위하여 한어병음과 성조가 같으면서 동일한 형성부(形聲部)를 가지고 있을 때는 그 형성부를 가진 첫째 글자의 뒤에 획수 및 부수순(部首順)으로 배열하였다.
보기:
1【八】bā는 【澳】ào 뒤에 (한어병음자모 순)
1【八】bā는 【拔】bá 앞에(성조 순)
1【八】bā는 4【巴】bā 앞에(획수 순)
4【巴】bā 뒤에 1【吧】bā 【邑】bā 4【芭】bā 4【疤】bā의 순으로 (동일 형성부의 획수 및 부수순)

② 자형(字形)은 같으나 자음(字音)과 자의(字義)가 다른 파음자(破音字)는 한 올림자의 자료를 그 올림자 밑에 집중시켜 상호 비교할 수 있도록 하기 위하여 대표적 자음에 그 글자의 모든 음을 나열한 후, 각 음별로 풀이(釋義)하고, 파음에서는 대표음으로 가보도록 「☞」로 표시하였다. 대표음은 중화인민공화국과 중화민국에서 출판된 각종 사전 및 운서(韻書)를 참고하여 결정하였다. 간혹 파음자가 아니더라도 필요한 경우에는 같은 방법으로 처리하였다.
보기:
2【阿】ā à ē 언덕 아, 아첨할 아

Ⓐ ā……
Ⓑ à……
Ⓒ ē……

2【阿】à ☞ 阿 ā Ⓑ

2【阿】ē ☞ 阿 ā Ⓒ

③ 하나의 간체자가 두개 이상의 번체자로 대응되는 올림자는 상하(上下)에 이어 배열하고 ❶ ❷…로 나누어 표시하였고, 두개가 서로 다른 한어병음일 때는 파음자와 마찬가지로 대표음으로 가보도록 「☞」로 표시하였다.
보기:

2【辟】① bì pì 피할 벽, 법 벽
Ⓐbì ……
Ⓑpì ……

2【辟(闢)】② pī pì 열 벽, 열릴 벽
Ⓐpī ……
Ⓑpì ……

2【辟】pī ☞ 辟 bì ② Ⓐ

④ 이체자나 속자가 대표자의 석의(釋義)의 어느 특정 항목에만 해당될 때는 「A」「B」「1」「2」로 표시하였다.
보기:
2【暗〈晻闇1〉】àn 어두울 암

2. 올림말

① 올림말은 두 번 째 한자의 병음자모·성조·획수순에 따랐고, 두 번 째 한자가 동일한 경우에는 셋째·넷째 한자로 내려가며 그 순서를 정했다.
보기:
【安妥】āntuǒ 다음에,
【安危】ānwēi (한어병음순)
【安位】ānwèi (성조순)
2【安慰】ānwèi (획수순)

② 동형(同形) 이음(異音) 이의(異義) 올림말은 가장 앞의 올림말에 집중시켜 상호 비교할 수 있도록 하였고, 뒤의 이음(異音) 올림말에서는 앞으로 가보도록 「☞」로 표시하였다.
보기:
【阿哥】ⓐ āgē ……
ⓑ ā·ge ……
ⓒ à·ge ……

【阿哥】à·ge ☞ 〔阿哥〕 āgē ⓒ

四. 접미사(後綴)의 표기

접미사 「—儿」「—子」「—的」「—头」 등은 해당 항목의 ( ) 속에 표기하고, 올림말에는 「r」「·zi」「·de」「·tou」를 그 발음 뒤의 ( )속에 표시하였다
보기:
3【袄(襖)】ǎo 저고리 오
(~儿, ~子) 名……

【矮个(儿, 子)】ǎigè(r·zi) ……
【挨板(儿)】āibǎn(r) ……

五. 표음(表音)

1. 표음의 일반 원칙

① 자음(字音)은 1985년 중화인민공화국의 「国家语言文字工作委员会」에서 공포한 《普通话异读词审音表》를 기준으로 한어병음자모로 표기하였으나, 여기에 없는 한자는 다른 사전이나 운서를 참고하였다.

② 대만 국어음(臺灣國語音)이 현저히 다른 경우에는 ㊀)로 표시하였다.
보기:

2【闯(闖)】chuǎng 쑥내밀 틈, 엿볼 틈
❶……❺(㊇chuàng) 動(몸으로) 부딪치다.

③ 뜻의 변화 없는 단순한 우음(又音:又語音)이나 구독음(舊讀音:又讀音)은 「㉧)」「㊞)」의 형식으로 밝히고, 우음이나 구독음에서는 정음(正音)으로 가보도록 「☞」로 표시하였다.

4【癌】ái ㉧ yán) 암 암

1【北】běi ㊞ bò) 북녘 북, 배반할 배

2. 경성(輕聲)의 표시 방법

① 다음과 같이 항상 경성으로 발음하는 것은 해당 병음자모 앞에 「·」으로 표시하였다.
ⓐ 어기조사(語氣助詞):了·le 啦·la 的·de 哪·na 呢·ne 啊·a 呀·ya 哇·wa 吧·ba 吗·ma
ⓑ 동태조사(動態助詞):着·zhe 了·le
ⓒ 구조조사(結構助詞):得·de
ⓓ 접미사(後綴):们·men 的·de 地·de 子·zi 儿·er 头·tou 么·me
ⓔ 양사(量词):个·ge
ⓕ 부사(副词)(경우에 따라):不·bu
ⓖ 중첩에 의한 경성:看看kàn·kan 哥哥gē·ge
ⓗ 형태소(词素)로서의 경성:衣裳yī·shang 葡萄pú·tao
보기:
【矮子】ǎi·zi
1【爸爸】bà·ba

② 일반적으로 경성으로 발음하지만 중음(重音)으로 강조할 때 등 원래의 성조대로 발음할 수도 있는 경우에는 경성과 원래의 성조 기호를 함께 표시하였다.
보기:
3【口气】kǒu·qì
1【明天】míng·tiān

③ 경성으로 발음할 때와 자기의 성조대로 발음할 때 서로 의미상 차이가 나는 경우에는 별개의 낱말이므로 동형(同形) 이음(异音) 이의(异义)자의 처리 방법에 따랐다.

3. 연음 변화(連音變化)와 변조(變調)

① 동화(同化)·이화(异化) 등의 연음 변화는 실제 발음상에서 나타나는 현상이므로 표음에 반영하지 않았다.

② 제3성(上聲)의 변화 등 규칙적인 변조(變調;tone sandhi)는 법칙에 준거하여 발음하므로 원래의 성조대로 표기하였다.
보기:
2【总统】zǒngtǒng

③ 「一」「七」「八」「不」 등의 변조는 해당 올림자에서 설명하였다.

④ 변조에 의해 품사가 바뀌는 등의 새 낱말이 파생된 경우나 불규칙적으로 변음(變音)하여 고정된 경우는 변한 성조나 음으로 표기하였다.
보기:
2【好好儿】hǎohāor
【阿家阿翁】āgū' āwēng

4. 「儿化韵」

접미사(後綴) 「—儿」은 자기의 음절 「er」(실질 음가는 〔ɚ〕)을 가지지 못하고 얼마간의 변화를 일으키면서 앞의 음절에 흡수된다. 이러한 현상을 「儿化」라고 하는데, 통상적으로 변화된 음은 표기하지 않고 일률적으로 「—r」을 붙인다. 그러나 실제로는 아래와 같이 발음하여야 한다.
① 「—a」「—e」「—o」「—u」 다음에 「儿er」이 오면 「—r」(실질 음가는 〔ɚ〕)만 붙여 발음한다.
보기:

【法儿】 fǎ＋er→fǎr 【歌儿】 gē＋er→gēr
【错儿】 cuò＋er→cuòr 【股儿】 gǔ＋er→gǔr

②「—i」「—ü」 다음에 「儿er」이 오면 「—er」(실질 음가는 〔ɚ〕)로 발음한다.
보기:
【皮儿】 pí＋er→píer 【驴儿】 lǘ＋er→lǘer 【鱼儿】 yú＋er→yúer

③「—ai」「—an」「—ei」「—en」 다음에 「儿er」이 오면 「—i」「—n」을 없애고 「—r」을 붙여 발음한다.
보기:
【盖儿】 gài＋er→gàr 【边儿】 biān＋er→biār 【味儿】 wèi＋er→wèr
【分儿】 fēn＋er→fēr

④「zhi」「chi」「shi」「ri」「zi」「ci」「si」「—ui」「—in」「—un」「—ün」 다음에 「儿er」이 오면 「—i」「—n」을 없애고 「—er」로 발음한다.
보기:
【事儿】 shì＋er→shèr 【子儿】 zǐ＋er→zěr 【腿儿】 tǔi＋er→tǔer
【信儿】 xìn＋er→xìer 【村儿】 cūn＋er→cūer 【裙儿】 qún＋er→qúer

⑤「—ang」「—eng」「—ong」 다음에 「儿er」이 오면 「—ng」를 없애고 「—r」을 붙이고, 「—ing」은 「—ng」를 없애고 「—er」을 붙이되, 모두 비음화(鼻音化)하여 「—ar」「—er」「—or」「—ier」로 발음한다.
보기:
【腔儿】 qiāng＋er→qiār 【灯儿】 dēng＋er→dēr 【空儿】 kòng＋er→kòr
【影儿】 yǐng＋er→yǐer

5. 표음의 단위

① 올림말은 낱말을 기본 단위로 하여 표음하였다. 그러므로 복합어·속담·헐후어·성어 등 여러 개의 낱말로 이루어진 말들이 올림말이 되었을 때는 낱말 단위로 띄어 썼다.

② 하나의 낱말일지라도 때에 따라 형태소(詞素)간에 분리되어 쓰이는 경우(이것을 「離子化」(이온화 현상)이라고 한다)에는 그사이에 「/」를 넣었다.
보기:
[2]【爱护】 àihù 動…
【爱国者飞弹】 àiguózhě fēidàn 名組 外…
【爱答不理】 ài dā bù lǐ 成…
【爱国】 ài/guó 動 나라를 사랑하다. 애국하다. ¶爱自己国是每个人都有的心情 | 자기의 나라를…

6. 격음(隔音)의 표기

한어병음 방안에 따라 「a」「o」「e」로 시작되는 음절이 앞 음절의 끝 자모와 연결되어 병음자모의 경계에 혼란을 일으킬 때는 「'」로 구분 지었다.
보기:
【第二】 dì'èr
【名额】 míng'é

7. 고유 명사의 표기

① 첫 자모를 대문자로 표기하였다.
② 고유 명사로서 띄어 쓸 때는 띄어 쓴 첫 음절의 자모를 대문자로 표기하였다.
③ 사람의 성과 이름은 띄어 썼다.
보기:
【汉城】 Hànchéng 名 〈地〉 서울…
[3]【毛泽东思想】 Máozédōng Sīxiǎng 名組

六. 한국 훈(訓)과 음(音)

①. 올림자의 한국음이나 훈을 알기 위해 자전(字典)을 따로 찾아보는 수고를 덜어 주기 위해 한국음과 훈을 올림자에 병기하였다.

②. 한국에 전래되지 않은 한자의 음은 각종 운서나 성운학적 원칙에 의해 그 음을 추정하여 ( ) 속에 달아 두었고, 한국의 자전에 잘못 표기된 훈독은 운서를 근거로 시정 표기하였다.
보기:

【吖】ā (음역자 아)

七. 풀이(釋義)

1. 올림자의 풀이

① 자형(字形)은 다르나 실제로 같이 쓰이는 올림자나 항목은 보편적으로 쓰는 올림자나 혹은 해당 항목에 가보도록 「⇒」로 표기하고 병합하여 풀이하였다.
보기:

【嗄】á shà 목쉴 사
Ⓐ á「啊」와 같음⇒〔啊á①〕
Ⓑ shà ……

1【啊】ā á ǎ à ·a 어조사 아
Ⓐ ā ……
Ⓑ á 嘆 ❶…… =〔嗄á〕

② 의미나 용법 상의 차이로 인한 영역은 ❶ ❷ ❸으로 구분하였으며, 다시 세분할 필요가 있는 경우에 한해 ⓐⓑⓒ로 나누었다.

③ 올림자가 하나의 낱말로 쓰이는 자립형일 때는 하나의 낱말로 간주하여 품사를 밝히고 풀이하였다. 특히 문언(文言)·서면어(書面語)에서 하나의 낱말이 되는 경우에는 ㊖로 표시하고 품사를 밝혔다.

④ 올림자가—특히 현대 한어에서—독립적으로 하나의 낱말이 될 수 없는 의존형태소(不自由語素)일지라도 그것이 일정 이상의 의미를 가지고 있는 경우에는 그 의미를 위주로 하여 설명하였다.

⑤ 의미 없는 의존형태소로서 두 자 이상이 결합하여야만 낱말이 되는 올림자는 가장 관계가 깊은 올림말을 보도록 「⇒」로 표시하였다.
보기:

【曖(暧)】ài 희미할 애
❶ ⇒〔曖曖〕 ❷ ⇒〔曖昧〕

2. 올림말의 풀이

① 동형(同形) 이음(異音)의 이의(異義)의 올림말은 가장 앞의 올림말에 집중시켜 상호 비교할 수 있도록 하였고, 뒤에 나오는 올림말은 앞의 올림말로 가보도록 「☞」로 표시하였다.
② 의미나 용법 상의 차이로 인한 영역은 ❶ ❷ ❸으로 구분하였으며, 다시 세분할 필요가 있는 경우에 한해 ⓐⓑⓒ로 나누었다.

3. 동의어·반의어·참조어

① 동의어는 대표적인 올림자나 올림말의 석의 끝에 「=」로 표시하였으며, 해당 동의어가 올림말이 되었을 때는 중복을 피하기 위하여 풀이를 생략하고 대표 어휘로 가보도록 「⇒」로 표시하였다. 편벽하거나 번잡한 동의어 및 검색에 문제가 되지 않거나 쉽게 알 수 있는 동의어는 올림말로 세우지 않았다. 또 하나의 올림자 밑에 속하는 동의어가 올림말이 되었을 때는 그 풀이를 모두 생략했지만, 간단한 풀이로 대표 동의어와 항목을 찾아 검색해야 하는 불편을 덜 수 있는 동의어의 대표 동의어가 다른 올림자 밑에 있을 때는 그 어휘의 특성을 고려하여 풀이를 한 경우도 있다.
보기:
【爱司】àisī ⇒〔爱斯〕
【爱斯】àisī 名 外 에이스(ace) =〔爱司〕〔好牌pái〕〔A牌〕

② 반의어는 석의의 맨 끝에 「⇔」로 표기하였다.
보기:
1【矮】ǎi 난쟁이 왜
❶ 形 (키가) 작다. …… ⇔〔高〕→〔低〕❷ ……
【矮秆作物】ǎigǎn zuòwù 名組 …… ⇔〔高秆gǎn作物〕

③ 의미 및 용법 등의 참조어는 「→」로 표시하였다.
보기:
【阿呆】ādāi 名 바보. ……→〔京油子〕

④ 통용자·공용자·동의어·반의어·참조어·주의 사항·어법 설명 등이 앞의 모든 항목에 해당됨을 나타낼 때는 「‖」로 표시하였다. 그러므로 「‖」 표시가 없는 경우는 바로 앞의 항목에만 해당된다.

4. 용례(用例)

① 올림자나 올림말의 용례는 그 어휘의 문법적 특성을 보여줌과 동시에 표현하기 쉽지 않은 것으로 정선하였다.

② 올림자나 올림말의 용례는 「¶」로 표시하였고 용례 안에서의 올림자나 올림말은 글자 수에 관계 없이 「~」로 표기하고 생략하였다. 중국어와 우리말 풀이 사이에는 「|」로 구분하였다.
보기:
【阿爹】ādiē 名 ❶ 方 아버지. ¶~休xiū听这厮sī胡hú说 | 아버지 이런 터무니없는 ……

③ 올림자의 용례가 올림말에 있을 때는 풀이의 중복을 피하기 위하여 「↓」로 표기하여 아래의 올림말을 보도록 하였다.
보기:
2【阿】ā à ē 언덕 아, 아첨할 아
Ⓐ ā ❶ …… ❷ …… ❹ 외래어의 음역어(音譯語)에 쓰임. ¶~米巴↓ ¶~片↓ ……

④ 어법 설명 등에서 틀린 용례는 「(×)」로 표시하였고, 바른 용례를 보였다.
보기:
¶按期限完成(×) ¶按着期完成(×) ……

5. 생략·대체·보충 설명

① 풀이의 제한 설명이나 생략 가능한 말은 「( )」로 표시하고, 대체 가능한 말은 「〔 〕」로 표시하였다.
보기:
1【爱(愛)】ài 사랑 애
❶ 名 動 사랑(하다). …… ❺ 能 (추위·더위를) 타다.
【爱不释手】ài bù shì shǒu 成 매우 아껴서〔좋아해서〕 손을 떼지 못하다.

② 간단한 부연 설명이나 보충할 사항이 있는 경우에는 석의 뒤에 「[ ]」로 표시하였다.
보기:
【吖啶】ādìng 名 外 〈化〉 아크리딘(acridine) [염료(染料)·살균제의 기본물질]

6. 주의 사항

자체(字體)·자형(字形) 등의 특별한 주의가 필요한 경우에는 「주의」표시를 붙여 강조하였고, 필요한 경우에는 ⓐ ⓑ ⓒ…로 항목을 나누었다.

7. 문법 설명 및 문법 용어

문법적인 설명은 「어법」 표시를 붙여 강조하였고, 필요한 경우에는 ⓐ ⓑ ⓒ…, ㉠ ㉡ ㉢…으로 항목을 나누었다. 문법 용어는 「한국중국어학회」의 「學校文法用語 統一案」을 기준으로 이 책 뒤의 부록에 보인 것과 같은 체계로 사용하였으며, 많이 쓰이는 문법용어는 다음과 같은 약호로 처리하였다.

중국어	한국어	약호
主语	주어	主語
谓语	술어	謂語
宾语	목적어	賓語
补语	보어	補語
定语	관형어	定語
状语	부사어	狀語
名词词组	명사구	名組
动词词组	동사구	動組
形容词词组	형용사구	形組
状态词词组	상태사구	狀組
副词词组	부사구	副組
介词词组	전치사구	介組
数量词	수량사	數量
前缀 词头	접두사	頭
后缀 词尾	접미사	尾

중국어	한국어	약호
名词	명사	名
方位词	방위사	
时间词	시간사	
处所词	처소사	
代词	대사	代
人称代词	인칭대사	
指示代词	지시대사	
疑问代词	의문대사	
数词	수사	數
量词	양사	量
动词	동사	動
趋向动词	방향동사	
及物动词	타동사	
不及物动词	자동사	
能愿动词 助动词	조동사	助

중국어	한국어	약호
形容词	형용사	形
状态词	상태사	狀
区别词	구별사	區
副词	부사	副
介词	전치사	介
连词	접속사	連
助词	조사	助
动态助词	동태조사	
结构助词	구조조사	
语气词	어기사	語
叹词	감탄사	嘆
拟声词	의성사	擬

8. 품사(詞類)

품사는 올림자나 올림말이 낱말(詞)로 쓰이는 경우에만 밝혔다. 그러나 올림자가 형태소(詞素)로만 쓰이는 경우일지라도 일정한 의미를 지니고 일정한 한도 내에서라도 낱말의 역할을 하는 때는 품사를 밝혔으며, 고대 한어나 서면어에서의 품사는 「書」 다음에 밝혔다. 품사의 표시는 문법 용어의 약호로 나타내었다. 특히 구별사(區別詞)와 상태사(狀態詞)를 따로 떼어내어 표기한 것과 동사구(動詞句) 명사구(名詞句) 등을 표기한 것은 이 사전에서 처음 시도한 것이다.

9. 외래어의 처리

① 음역어·의역어·음의역어 및 음역과 의역의 합성 등 각종 외래어는 일괄적으로 外로 표기하였다.

② 영어 이외의 외래어의 어원은 원어 뒤에 「;」을 쓰고 그 국명의 약어로 밝혔다. 어원 국명의 약어는 아래와 같다.

어원	약어	어원	약어	어원	약어	어원	약어
그리스어	;그	몽골어	;몽	이집트어	;애	프랑스어	;프
네덜란드어	;네	범어	;범	인도네시아어	;인	핀란드어	;핀
노르웨이어	;노	벨기에어	;벨	터키어	;터	헤브루어	;헤
독일어	;독	스페인어	;스	티베트어	;티	힌디어	;힌
라틴어	;라	아라비아어	;아	페르시아어	;페		
러시아어	;러	이탈리아어	;이	포르투갈어	;포		

10. 풀이에서의 중국어 및 인용문 표시

풀이 안에서 중국어를 그대로 써야 할 필요가 있을 때와 중국어나 한국어의 인용문은 「 」와 『 』로 표시하였다.

11. 풀이에서의 중국어 발음

풀이에 나오는 중국어에 어려운 글자가 있을 때는 그 글자의 옆에 한어병음을 달았다.

12. 방언(方言)

보통화로 발음하여도 의미를 가지는 방언의 출처는 아래와 같이 밝혔다.

方言區	次方言區	약호	方言區	次方言區	약호
方言		方	湘方言		湘
北京话		京	赣方言		贛
	北方方言	北	客方言		客
	西北方言	西北	粤方言		粵
	西南方言	西南	闽北方言		閩北
	江淮方言	江	闽南方言		閩南
吴方言		吳		台湾国语	台

13. 올림자나 올림말의 시대별·어체별(語體別) 구분

올림자나 올림말이 시대별·어체별로 용법이나 석의가 다를 때는 다음의 약호로 표시하였다.

내 용	약 호
文言体 古代汉语 古义	㊢
近代汉语 早期白话	㊨
现代汉语白话体 口头语	㊐

14. 올림자나 올림말의 용법은 다음의 약호로 표시하였다

내용	약호	내용	약호	내용	약호
成语 熟语	成	公文 书翰用语	札	敬称 敬语	敬
谦称 谦逊语	謙	套语	套	讽刺语	諷
骂语	罵	婉辞	婉	比喻	喩
转用	轉	略称	簡	贬义	貶
俗谈	諺	歇后语	歇	褒义	褒
俗语	俗				

15. 전문어는 다음의 약호로 나타내었다.

분 야	약호	분 야	약호	분 야	약호
建築	〈建〉	佛教	〈佛〉	醫學	〈醫〉
經濟 經營	〈經〉	商業 保險 會計	〈商〉	人名	〈人〉
考古學	〈考古〉	色名	〈色〉	印刷 出版	〈印出〉
工業 工學	〈工〉	生理學	〈生理〉	林業	〈林〉
鑛物 鑛業	〈鑛〉	生物學	〈生〉	電氣	〈電氣〉
交通	〈交〉	生化學	〈生化〉	電子	〈電子〉
教育	〈教〉	書名	〈書〉	政治	〈政〉
軍事	〈軍〉	水產 漁業	〈水〉	製紙 紙物	〈紙〉
機械	〈機〉	數學 算法	〈數〉	鳥類	〈鳥〉
氣象	〈氣〉	植物	〈植〉	宗教	〈宗〉
論理學	〈論〉	神名	〈神〉	中國藥學	〈漢藥〉
農業	〈農〉	心理學	〈心〉	中國醫學	〈漢醫〉
大衆傳達 매스컴	〈新放〉	冶金 金屬	〈金〉	地名 地理學	〈地〉
度量衡	〈度〉	藥物 藥學	〈藥〉	地質	〈地質〉
動物	〈動〉	魚類 貝類	〈魚貝〉	天文	〈天〉
牧畜	〈牧〉	言語學	〈言〉	哲學	〈哲〉
貿易	〈貿〉	歷史 史實	〈史〉	體育 스포츠	〈體〉
舞踊	〈舞〉	演劇 映畵	〈演映〉	撮影 사진	〈撮〉
文學	〈文〉	染料 染色	〈染〉	蟲類	〈蟲〉
物理 理科	〈物〉	外交	〈外〉	測量 製圖	〈測〉
微生物	〈微〉	宇宙 航空	〈航〉	컴퓨터 電算	〈電算〉
美術	〈美〉	郵便 電信	〈通〉	土木	〈土〉
民族	〈民〉	原子力	〈原〉	貨幣	〈錢〉
紡織 纖維	〈紡〉	飮食物	〈食〉	化學 化合物	〈化〉
法律 法學	〈法〉	音樂	〈音〉	環境衛生	〈環〉

16. 용례의 출전

서면어·근대한어 등의 용례 출전을 밝힐 수 있는 것은 풀이 뒤에 《 》로 밝혔으며 이 사전의 용례 출전은 다음과 같다.

《詩經》	《尙書》	《書經》	《周禮》
《周易》	《禮記》	《儀禮》	《孝經》
《爾雅》	《國語》	《穆天子傳》	《說文》
《玉篇》	《春秋·谷梁傳》	《春秋·公羊傳》	《春秋·左傳》

《呂氏春秋》
《史記》
《魏志》
《宋書》
《論語》
《墨子》
《孫子》
《鹽鐵論·水旱》
《朱子全書》
《諸葛亮·後出師表》
《進學解》
《花間集》
《張衡·東京賦》
《李白詩》
《歐陽修》
《黃庭堅·仁亭》
《阮籍·詠懷詩》
《王實甫·西廂記》
《元曲·魯齋郎》
《元曲·張天師》
《元曲·蕭淑蘭》
《元雜劇》
《小孫屠戲文》
《三國志演義》
《今古奇觀》
《醒世恒言》
《幽明錄》
《京本通俗小說》
《冥祥記》
《初刻拍案驚奇》
《老舍·龍鬚狗》
《魯迅·狂人日記》
《梁斌·紅旗譜》
《毛澤東語錄》
《戰國策》
《漢書》
《晉書》
《商君書》
《孟子》
《列子》
《韓非子》
《陶宗儀·輟耕錄》
《朱熹全集》
《孔子家語》
《通俗編》
《楚辭》
《張衡·西京賦》
《杜甫詩》
《韓詩外傳》
《陸游詞》
《董解元·西廂記》
《元曲·倩女離魂》
《元曲·拜月亭》
《元曲·貶黃》
《元曲外·單刀會》
《關漢卿》
《唐宋傳奇集》
《三國志平話》
《紅樓夢》
《世說新語》
《酉陽雜俎》
《警世通言》
《五代史平話》
《天花才子》
《老舍·四世同當》
《魯迅·吶喊》
《艾蕪·百煉成鋼》
《資治通鑒》
《後漢書》
《北史》
《老子》
《中庸》
《管子》
《郭子》
《王充·論衡》
《法華經》
《顏氏家訓》
《文選》
《劉邦·大風歌》
《司馬相如》
《孟郊·登科後詩》
《韓昌黎先生集》
《白居易》
《劉知遠·諸宮調》
《元曲·救風塵》
《元曲·盆兒鬼》
《元曲·馮玉蘭》
《元曲·臧懋循》
《聘奴兒劇》
《西游記》
《水滸傳》
《王嘉·拾遺記》
《儒林外史》
《隋唐嘉話》
《老殘遊記》
《清異錄》
《官場現形記》
《矛盾·霜葉紅似二月花》
《謝冰心·寄小讀者》
《海上花》
《六韜》
《三國志》
《新唐書》
《莊子》
《荀子》
《淮南子》
《楊雄·法言》
《朱子語類》
《諸葛亮·出師表》
《賈子新書》
《變文》
《古詩十九首》
《木蘭辭》
《春日懷李白詩》
《柳河東先生集》
《蘇軾詩》
《散曲聊齋》
《元曲·兩世姻緣》
《元曲·謝金吾》
《元曲·合汗衫》
《長生殿》
《曲波·林海雪原》
《金瓶梅》
《三俠五義》
《石頭記》
《兒女英雄傳》
《隋唐演義》
《鏡花緣》
《清平山堂話本》
《老舍·駱駝祥子》
《魯迅·阿Q正傳》
《故鄉》
《紅燈》

八. 각종 약호

1 2 3 4	올림자나 올림말의 HSK 등급
A B 1 2	올림자 이체자·속자의 해당 항목 번호
☞	올림자나 올림말의 파음(破音)이므로 대표음으로 가서 비교하라
⇨	올림자가 의존형태소(不自由詞素)이므로 가장 관계가 깊은 올림말에 가보라
( )	올림자의 간체자(簡體字)나 중화인민공화국의 표준 자형
〈 〉	올림자의 이체자(異體字)나 속자(俗字)
【 】	올림자나 올림말의 표시
( )	① 전래의 한국 훈과 음이 없었던 표제자의 새로 만든 훈과 음 ② 한어병음·한자·우리말 풀이 등의 생략 가능 ③ 우리말에 해당하는 한자나 원어 및 문법 용어에서의 중국어
〈 〉	① 올림자의 이체자나 속자 ② 전문어의 약호
〔 〕	① 동의어·반의어·참조어 ② 풀이에서의 우리말 대체 가능한 부분
[ ]	풀이에서의 간단한 보충 설명
《 》	용례의 출전
＝	① 동의어의 표시 ② 같이 쓰이는 자(字)의 표시 ③ 통용자(通用字)의 표시
⇒	① 동의어에 가보라 ② 같이 쓰이는 글자에 가보라 ③ 통용자에 가보라
⇔	반의어
→	참조어
¶	용례의 시작
｜	용례와 우리말 풀이의 구분

↓	올림자 용례의 풀이를 올림말로 가서 보라
주의	자체·자형 등에 주의할 사항
어법	문법적인 설명
~	용례의 해당 올림자·올림말 생략
「 」	풀이 중의 중국어 우리말이나 중국어의 인용문
…	중국어나 우리말의 생략
;	① 외래어의 어원(語源)·국명(國名)의 약호 분리 ② 같은 뜻의 중국어·한국어·영어 등의 병기에 사용
/	형태소간의 분리 가능 기호
‖	동의어·반의어 등의 추가 사항이 앞의 모든 항목에 공통으로 해당함
·	경성의 표시
'	격음(隔音) 부호
ABC	올림자의 파음(破音;동형 이음 이의 자)의 구분
abc	올림말의 파음 간의 구분
❶❷❸	올림자나 올림말의 의미나 용법의 항목 구분
ⓐⓑⓒ	① 올림자나 올림말의 세부 항목 구분 ② 주의 어법의 항목 구분
㉠㉡㉢	① 올림자나 올림말의 세부 항목 구분 ② 주의 어법의 세부 항목 구분

한어(漢語)의 구조(構造)

一. 낱말(詞)의 구조

1. 형태소(語素)

말 속에서 의미를 지니고 있는 가장 작은 단위를 형태소(語素)라고 하는데,「人」「车」「我」「好」「看」「泳yǒng」「吝lìn」「躬gōng」등은 모두 하나의 형태소(語素)이다. 그러나「垃lā」「圾jī」「橄gǎn」「榄lǎn」「葡pú」「萄táo」「蜻qīng」「蜓tíng」등의 음절(音節 ;글자)은 홀로 쓰일 때 어떤 의미도 나타낼 수 없으므로 형태소가 아니다. 그러나 중국인들은 글자에 대한 지식이 많으면 많을수록 모든 글자에는 의미가 있다고 생각하는 경향이 있어 사실 형태소인지 아닌지를 판별하는 객관적 기준을 정하기는 어려운 실정이다. 예를 들면「葡萄」라는 낱말(词) 속의「葡」와「萄」,「现在」라는 낱말 속의「现」과「在」에 대해 글자에 대한 해박한 지식이 있는 사람의 경우에는 어느 정도의 의미가 있다고 보아 각기 하나의 형태소라고 말할 수도 있기 때문이다. 그래서 중국인은「葡萄」를「葡桃」(여기의「桃(táo)」(복숭)는 낱말(詞)임)로 쓰기도 하고「赖四卡làisìkǎ」(막차:last car의 음역어로 상해(上海)에서 쓰임)라는 낱말(詞) 속의 각 글자도 의미가 있는 것으로 생각하여「赖三卡làisānkǎ」(실제로 이 낱말 속에서는 아무런 의미가 없는「四」를「三」으로 바꾸어 막차 하나 앞의 차라는 뜻으로 쓰임)를 만들어 내기도 한다.

2. 낱말(詞)

말 속에서 의미를 지니고 독립적으로 운용되는 가장 작은 단위를 낱말(詞)이라고 하는데,「人」「车」「我」「好」「看」등은 낱말(詞)이나「泳yǒng」「吝lìn」「躬gōng」「警jǐng」등은 일정 수준의 의미를 지니고 있어 형태소이기는 하지만 독립적으로 쓰일 수 없으므로 낱말(詞)은 아니다.

(1)단순사(單純詞)

「人」「美」「做」「垃圾」「轰隆隆hōnglōnglōng」(쾅쾅. 우르르)「哈尔滨Hā'ěrbīn」(〈地〉할빈)과 같이 하나의 형태소로만 이루어진 낱말을 단순사(單純詞)라고 한다.

(2)합성사(合成詞)

「人民」「伟大」「搏击bójī」「好玩」「地震」등과 같이 두 개 이상의 형태소로 이루어진 낱말을 합성사(合成詞)라고 하는데, 합성사는 아래와 같은 세 가지 방법으로 만들어진다.

① 복합식(複合式):「道路」「生产」「天地」「江山」「电灯」「国营」「司机」「证实」「书本」과 같이 어근(詞根)과 어근(詞根)이 붙어 만들어진 합성사.

② 부가식(附加式):「第三」「老虎」「阿姨yí」「桌子」「盖儿」「石头」「突然」「胖乎乎」와 같이 어근(詞根)에 접두사(詞頭) 접미사(詞尾) 등의 첨사(詞綴)가 붙어 만들어진 합성사.

③ 중첩식(重疊式):「爸爸」「星星」「娃娃wá」「形形色色」등과 같이 어근(詞根)이 중첩되어 만들어진 합성사.

二. 낱말(詞)의 기능과 품사(詞類)

「一尺布」「两个学生」「三辆汽车」의 예에서「一尺」「两个」「三辆」등은 직접 조합되지만「尺布」「个学生」「辆汽车」혹은「一布」「两学生」「三汽车」와 같이는 조합하지 않는다. 이와 같이 낱말(詞)이 문(句子) 속에서 어떻게 조합하는가에 따라 그 낱말들의 종류를 나눈 것을 품사(詞類)라고 하는데 중국어의 품사(詞類)는 견해에 따라 다르긴 하지만 아래의 15종으로 나누는 것이 가장 이상적일 것으로 보여 이 책에서도 이 원칙에 준거하여 분류하였다.

1. 명사(名詞)

「书」「水」「桌子」「木头」「学生」「国家」「情况」「作风」「今天」「元旦」「北京」「外边」등과 같이 사물의 명칭을 나타내는 낱말(詞)을 명사(名詞)라고 하는데 이는 주로 주어(主語)·목적어(賓

語)·관형어(定語)로 쓰이고 일정한 조건 하에 술어(謂語)가 될 수 도 있으나 일반적으로 술어(謂語)·부사어(狀語)·보어(補語)가 되지는 못하며, 수량사(數量詞)의 수식은 받을 수 있으나 부사(副詞)의 수식은 받지 못한다.

2. 동사(動詞)

「看」「走」「学习」「调査」「希望」「能够」「出去」「进来」「游行」「鞠躬」「是」「有」등과 같이 동작(動作)·행위(行爲)·변화(變化) 등을 나타내는 낱말을 동사(動詞)라고 하는데 이는 주로 술어(謂語)와 보어(補語)가 되며, 주어(主語)나 목적어(賓語)가 될 수도 있다.

(1)자동사(不及物動詞)와 타동사(及物動詞)

목적어(賓語)를 가질 수 있는 동사(動詞)를 타동사(及物動詞)라 하고 목적어(賓語)를 가질 수 없는 동사를 자동사(不及物動詞)라고 한다. 동사(動詞)는 일반적으로 모든 부사(副詞)의 수식을 받을 수 있지만 자동사(不及物動詞) 만은「很」「太」「最」와 같은 정도부사(程度副詞)의 수식을 받을 수 없는데 이 점은 형용사(形容詞)와 가장 큰 차이점이다.

(2)능원동사(能願動詞)

타동사(及物動詞) 중에「能」「能够」「会」「可以」「可能」「得」「要」「敢」「该」「应该」「应当」「肯」「许」「准」「配」「值得」등과 같이「···할 수 있다」「···하기 바란다」「···해도 된다」등의 정태적(情態的) 내용을 나타내는 동사(動詞)를 능원동사(能願動詞) 혹은 조동사(助動詞)라고 한다. 능원동사(能願動詞)는 단독으로 술어(謂語)가 될 수도 있으나, 일반동사와는 달리 동사(動詞)로 된 목적어(賓語)만을 가질 수 있으며, 중첩(重疊)할 수 없고, 시태조사(時態助詞)「着」「了」「过」를 붙일 수 없다.

(3)방향동사(趨向動詞)

동사(動詞) 중에「来」「去」「出」「上」「下」「进来」「出去」등과 같이 행위나 동작의 방향을 나타내는 동사를 추향동사(趨向動詞) 혹은 방향동사(方向動詞)라고 하는데, 단독으로 술어(謂語)가 될 수 있으며 주로 다른 동사의 뒤에 붙어 보어(補語)가 된다. 방향동사(趨向動詞)에는「来」「去」「进」「出」「上」「下」「回」「过」「起」「开」와 같은 단순방향동사(單純趨向動詞)와「进来」「出来」「上来」「下来」「回来」「过来」「起来」「开来」「进去」「出去」「上去」「下去」「回去」「过去」와 같은 합성방향동사(合成趨向動詞)로 나눈다.

3. 형용사(形容詞)

「红」「好」「高」「大」「干净」「伟大」「美丽」「重要」「突然」「反常」등과 같이 사물의 성질을 나타내는 낱말을 형용사(形容詞)라고 하는데, 이는 주로 술어(謂語)·부사어(狀語)·보어(補語)·와 관형어(定語)로 쓰이며 주어(主語)나 목적어(賓語)가 될 수도 있다. 형용사(形容詞)는 목적어(賓語)를 가질 수 없음이 타동사(及物動詞)와 다른 점이고,「很」「太」「最」와 같은 정도부사(程度副詞)의 수식을 받을 수 있음이 자동사(不及物動詞)와 다른 점이다.

4.상태사(狀態詞)

「高高儿(的)」「小小儿(的)」「干干净净」「大大方方」「老老实实」「古里古怪」「糊里糊涂」「红通通」「喜洋洋」「雪白」「冰凉」등과 같이 사물의 상태(狀態)를 나타내는 낱말을 상태사(狀態詞)라고 하는데 이는 대부분 형용사(形容詞)를 중첩(重疊)하거나 혹은 형용사(形容詞)에 부가성분(附加成分)을 첨가하여 만들어 진 것들이다. 이는 형용사(形容詞)와 마찬가지로 주로 술어(謂語)·부사어(狀語)·보어(補語)로 쓰이며 주어(主語)나 목적어(賓語)가 될 수도 있으나, 형용사(形容詞)와는 달리 반드시 조사(助詞)「的」를 붙여야만 관형어(定語)가 될 수 있으며, 부정부사(否定副詞)「不」나 정도부사(程度副詞)「很」「太」「最」따위의 수식을 받을 수 없고 보어(補語)를 가질 수 없다.

5. 구별사(區別詞)

「公」(수컷)「母」「雌」「雄」「男」「女」「阴」「阳」「金」「银」「公」(공공의)「私」(사사로이)「单」「夹」「初等」「高等」「任何」「唯一」「所有」「边远」「公共」등과 같이 사물의 속성을 나타내는 낱말(詞)을 구별사(區別詞)라고 하는데 이는 관형어(定語)가 되어 명사(名詞)를 수식하거나 조사(助詞)「的」를 동반하여「的字句」를 만들 수 있을 뿐 술어(謂語)·부사어(狀語)·보어(補語)·주어(主語)·목적어(賓語) 등이 될 수도 없고, 부정부사(否定副詞)「不」나 정도부사(程度副詞)「很」「太」「最」따위의 수식을 받을 수도 없으며, 중첩(重疊)할 수도 없다.

6. 수사(數詞)

「一」「二」「三」「十」「十一」「二十」「百」「千」「万」「两」「第一」「第二」등과 같이 수를 나타내는 낱말(詞)을 수사(數詞)라고 하는데 이는 일반적으로 직접 명사(名詞)를 수식하지 못하고 양사(量詞)를 동반하여 명사(名詞)를 수식한다.

7. 양사(量詞)

「个」「条」「斤」「尺」「米(m)」「公里」(km)「公斤」(kg)「(一)下」「(一)会儿」「(一)阵子」「趟」「次」「回」등과 같은 사물이나 동작의 계량단위(計量單位)로 쓰이는 낱말을 양사(量詞)라고 하는데 이는 수사(數詞)의 뒤에 붙어야 활용될 수 있으며, 단독으로는 문장성분(句子成分)이 될 수 없는 낱말이다.

8. 대사(代詞)

「你」「这」「谁」등과 같이 어떤 사물이나 낱말(詞)을 대신하여 쓰이는 낱말을 대사(代詞)라고 하는데 다음과 같이 나눈다.

(1)인칭대사(人稱代詞)

「你」「我」「他」「我们」「咱们」「你们」「他们」「人家」「大家」「自己」「别人」등과 같이 사람을 대신하여 지칭하는 낱말로서 어법적 기능은 명사와 같으나 일반적으로 관형어(定語)의 수식을 받을 수 없다.

(2)지시대사(指示代詞)

「这」「这里」「这儿」「这么」「这么样」「这样」「这会儿」「那」「那里」「那儿」「那么」「那么样」「那样」「那会儿」등과 같이 사물을 대신하여 지칭하거나 어떤 낱말(詞)을 대신하여 쓰는 낱말이다.

(3)의문대사(疑問代詞)

「谁」「什么」「哪」「哪里」「哪儿」「几 」「多少」「怎么」「怎样」「怎么样」등과 같이 의문문에서 묻는 것을 대신하는 낱말(詞). 지시대사(指示代詞)와 의문대사(疑問代詞) 중에「这」「那」「哪」「这儿」「那儿」「哪儿」「这里」「那儿」「哪里」「这会儿」「那会儿」등의 어법기능은 인칭대사(人稱代詞)와 비슷한 명사성대사(名詞性代詞)이고「这么」「那么」「怎么」「这样」「那样」「这么样」「那么样」「怎么样」등의 어법기능은 상태사(狀態詞)와 비슷한 술어성대사(謂詞性代詞)이다.

9. 부사(副詞)

「很」「挺」「非常」「十分」「都」「也」「刚」「正在」「又」「再」「不」「没有」「却」「偏偏」등과 같이 정도·범위·시간·중복·부정(否定)·어기(語氣) 등을 나타내는 낱말을 부사(副詞)라고 하는데, 이는 일반적으로 부사어(狀語)로만 쓰일 수 있고 다른 문장성분(句子成分)이 될 수 없다.

10. 전치사(介詞)

「把」「被」「连」「让」「对」「对于」「关于」「跟」「从」「往」「在」등과 같이 문(句子) 안에서 뒤에 붙은 명사(名詞)와 동사(動詞)의 관계를 결정 지워 주는 낱말인데, 이는 단독으로 쓰일 수 없으며 뒤에 반드시 목적어(賓語)가 있고 본동사(本動詞)가 따로 있어야 한다. 전치사(介詞)는 중첩(重疊)할 수 없으며 시태조사(時態助詞)「着」「了」「过」등을 붙일 수 없음이 일반 동사(動詞)와 다른 점이다.

11. 접속사(連詞)

「和」「跟」「同」「与」「及」「以及」「或」「或者」「并」「并且」「虽然」「但是」「那么」「因为」「所以」따위와 같이 낱말(詞)·구(詞組)·절(分句) 등을 연결하는 낱말이다.

12. 조사(助詞)

「了」「着」「过」「的」「地」「得」「似的」등과 같이 시태(時態)나 구조관계(構造關係)를 나타내는 낱말이다.

13. 어기사(語氣詞)

「啊」「了」「吧」「吗」「呢」「欸」「罢了」 등과 같이 문(句子)의 끝에 붙어 진술·의문·명령·감탄 따위를 나타내는 낱말(詞)이다.

14. 감탄사(嘆詞)

「啊」「唉」「哟」「喂」 등과 같이 응답·호환·감탄 따위를 나타내는 낱말인데, 다른 성분(成分)과는 결합하지 않고 철저하게 독립적으로 쓰인다.

15. 의성사(擬聲詞)

「呼」「啪」「噹啷」「哗啦」「叮吟」 등과 같이 소리나 모양을 흉내낸 낱말(詞)인데, 관형어(定語)·부사어(狀語)·술어(謂語)로 쓰인다.

三. 구(詞組)의 구조

낱말이 일정한 방식에 의해 조합된 단위를 구(詞組)라고 하는데, 구(詞組)의 내부에 쓰인 낱말과 낱말의 관계에 따라 다음과 같은 5종의 유형으로 나눈다.

1. 수식구조(偏正結構)

앞 부분의 낱말이 뒷 부분의 낱말을 수식하거나 한정할 때 앞 부분을 수식어(修飾語)라하고 뒷 부분을 중심어(中心語)라고 하는데, 「白＋马」「木头＋房子」「中国＋人民」과 같이 중심어(中心語)가 명사(名詞)일 때 그 수식어를 관형어(定語)라고 하고, 「快＋走」「非常＋好」「仔细＋研究」와 같이 그 중심어(中心語)가 동사(動詞)·형용사(形容詞)일 때 그 수식어를 부사어(狀語)라고 한다.

2. 동목구조(動賓結構)

「进＋城」「坐＋飞机」「买＋东西」「研究＋电脑」「进行＋改革」와 같이 동사(動詞)와 목적어(賓語)로 이루어진 구(詞組)로서 이때 시태조사(時態助詞) 「了」「着」「过」는 동사(動詞)와 목적어(賓語) 사이에 들어 간다.

3. 술보구조(述補結構)

「看＋见」「关＋上」「走＋进去」「洗＋干净」「好＋极了」와 같이 어떤 동사(動詞)나 형용사(形容詞) 뒤에 쓰여 동작이나 행위를 한 후의 결과나 정도, 혹은 그런 것들의 가능 여부나 방향 등을 나타내는 성분을 보어(補語)라고 하는데, 이러한 동사(動詞)나 형용사(形容詞)와 보어(補語)로 이루어진 구조를 술보구조(述補結構)라하고 동사(動詞)와 보어(補語)로 이루어진 구조를 동보구조(動補結構)라 하며, 형용사(形容詞)와 보어(補語)로 이루어진 구조를 형보구조(形補結構)라고 한다. 술보구조(述補結構)의 동사(動詞)와 보어(補語) 사이에는 「看得见」「看不见」「关得上」「关不上」「走得进去」「走不进去」「洗得干净」「洗不干净」과 같이 「得」나 「不」를 넣어 가능과 불가능을 나타내기도 한다.

4. 주술구조(主謂結構)

「我＋知道」「成绩＋不错」「他＋是工人」「自行车＋修好了」「他＋喜欢喝酒」와 같이 주어(主語)와 술어(謂語)로 이루어진 구조를 주술구조(主謂結構)라고 하는데, 주어(主語)와 술어(謂語) 사이에 어기사(語氣詞) 「啊」「呢」「吧」 따위를 넣어 주어(主語)와 술어(謂語)를 갈라 놓거나 「是不是」를 넣어 의문문(疑問句)을 만들기도 한다.

5. 병렬구조(聯合結構)

동등한 성분으로 나열된 구조를 병렬구조(聯合結構)라고 하는데 「东南西北」「长江、黄河」「飞机、火车和轮船」 과 같은 명사성(名詞性) 연합구조(聯合結構)와 「多快好省」「勇敢而机智」「又好吃又便宜」와 같은 술어성(謂詞性) 연합구조(聯合結構)가 있으며, 각 성분(成分)의 사이에는 「和」「跟」 등의 접속사(連詞)를 넣을 수도 있고 앞 뒤 성분(成分)을 바꿀 수도 있다.

6. 복잡구(複雜詞組)

「哲学书」「看哲学书」「喜欢看哲学书」「他喜欢看哲学书」「知道他喜欢看哲学书」「不知道他喜欢看哲学书」「我不知道他喜欢看哲学书」「谁说我不知道他喜欢看哲学书」와 같이 하나의 구(詞組) 안에 다시 하나 이상의 구(詞組)를 포함하고 있을 때 이를 복잡구(複雜詞組)라고 함.

四. 구(詞組)의 기능과 분류

낱말(詞)과 마찬가지로 구(詞組)도 그 어법적 기능에 의해 아래와 같이 분류할 수 있다.

1. 명사구(名詞詞組)

「不材之木」「在天之灵」「不变价格」「山山水水」「东南西北」「春夏秋冬」와 같이 그 어법 기능이 명사(名詞)와 같아 주어(主語)·목적어(賓語)·관형어(定語)로 쓰이며, 일반적으로 술어(謂語)·부사어(狀語)·보어(補語)로 쓰이지 못하는 구(詞組)를 명사구(名詞詞組)라고 한다. 명사구(名詞詞組)는 대부분 수식구조(偏正結構)로 되어 있으며, 병렬구조(聯合結構)나 중첩형식(重疊形式)으로 된 경우도 있다.

2. 동사구(動詞詞組)

「挨不得」「挨板子」「往自已想」「天麻麻亮」「问根底」「忘不了」「无亲无靠」「吵吵闹闹」「阿金溺银」등과 같이 그 어법 기능이 동사(動詞)와 같아 술어(謂語)·보어(補語)· 및 주어(主語)·목적어(賓語)가 될수 있고「的」를 동반하고 관형어(定語)가 되거나「地」를 동반하고 부사어(狀語)가 될 수 있는 구(詞組)를 동사구(動詞詞組)라고 한다. 대부분의 동사구(動詞詞組)는 동사(動詞)가 중심어(中心語)인 수식구조(偏正結構)·주술구조(主謂結構)·동목구조(動賓結構)·술보구조(述補結構)·병렬구조(聯合結構)와 중첩형식(重疊形式)으로 이루어져 있다.

3. 형용사구(形容詞詞組)

「多快好省」「干净利索」「谦恭和气」「不凑巧」「不彻底」「不成材料」등과 같이 그 어법 기능이 형용사(形容詞)와 같아 술어(謂語)·보어(補語) 및 주어(主語)·목적어(賓語)가 될수 있고「的」를 동반하고 관형어(定語)가 되거나「地」를 동반하고 부사어(狀語)가 될 수 있는 구(詞組)를 형용사구(形容詞詞組)라고 한다. 대부분의 형용사구(形容詞詞組)는 몇 개의 형용사(形容詞)로 구성된 병렬구조(聯合結構)이며,「不」등 부사(副詞)의 수식을 받는 수식구조(偏正結構)로 이루어 져 있다.

4. 상태사구(狀態詞組)

「不冷不热」「瘟头瘟脑」「挺粗挺壮」「错落不齐」「甜哥哥」「蜜姐姐」등과 같이 그 어법 기능이 상태사(狀態詞)와 같아 술어(謂語)·부사어(狀語) 보어(補語)가 될 수 있으며「的」을 동반하고 관형어(定語))가 될 수 있는 구(詞組)를 상태사구(狀態詞詞組)라고 한다. 상태사구(狀態詞詞組)는 대칭적(對稱的) 구조를 이루고 있는 것이 많다.

5. 부사구(副詞詞組)

「不再」「不仅仅」「特特为为」「特特意意」등과 같이 그 어법 기능이 부사(副詞)와 같아 부사어(狀語)가 되어 동사(動詞)나 형용사(形容詞)를 수식하는 구(詞組)를 부사구(副詞詞組)라고 한다. 부사구(副詞詞組)는 대부분 두 개 이상의 부사(副詞)나 하나의 부사(副詞)를 중첩(重疊)한 형식으로 이루어진다.

6. 수량구(數量詞組)

「一+个」「两+公斤」「三+条」와 같이 수사(數詞)와 양사(量詞)의 조합으로 마치 형용사(形容詞)와 같이 관형어(定語)가 되어 명사(名詞)를 수식하거나 술어(謂語)나 주어(主語)·목적어(賓語)가 될 수 있는 구(詞組)를 수량구(數量詞組)라고 한다. 수량구(數量詞組)는「一个」「两公斤」「三条」와 같이 명확한 수사(數詞)와 양사(量詞)의 결합도 있지만,「半截」「百米」「万钧」「头阵」과 같이 하나의 낱말(詞)로 거의 굳어버린 경우도 있고,「俩」「仨」처럼 이미 하나의 음절(글자)

로 굳은 합음사(合音詞)도 있다.

五. 문(句子)의 구조와 유형

1. 문(句子)의 구조에 따른 분류

(1) 단문(單句)

문(句子)은 하나의 온전한 뜻을 나타내는 말의 단위로서 문(句子)과 문(句子)의 사이에는 비교적 확실한 휴지(休止)가 있고 모든 문(句子)은 각기 특유의 어조(語調)를 띠어 일정한 어기(語氣)를 나타낸다. 문(句子)을 글로 쓸 때는「孔子是鲁国人。」「是谁让你来的？」「世界和平万岁！」와 같이 그 끝에 마침표(句號:「。」)·물음표(問號:「？」)·느낌표(感嘆號:「！」) 따위를 붙여 휴지·의문·감탄의 어기를 표시한다.

(2) 주술문(主謂句)와 비주술문(非主謂句)

「你＋明儿再来吧。」「你＋有钱吗？」와 같이 주어(主語)와 술어(謂語)로 짜인 문(句子)을 주술문(主謂句)이라 하는데 주어(主語)는 실제 언어 속이나 전후의 문맥으로 보아「(你)还有钱吗？」「(你)借给我三块吧。」와 같이 생략하는 경우가 많다.「蛇！」「集合！」「下雨了。」「禁止吸烟。」과 같이 주술구조(主謂結構)이외의 낱말이나 구(詞組)로 이루어진 문(句子)을 비주술문(非主謂句)라고 하는데 비주술문(非主謂句)의 주어(主語)는 명확히 어떤 것이라고 확정할 수 없는 점이 주어(主語)가 생략된 주술문(主謂句)과 다른 점이다.

(3) 복문(複句)

「他光说空话，但不会干实事。」「不管你到哪儿，都能碰到韩国人。」과 같이 두 개 이상의 밀접한 문(句子)이 어떤 논리적인 관계로 조합된 것을 복문(複句)이라 하고 이 복문(複句) 내의 각 문(句子)을 절(分句)이라고 하는데, 절(分句)과 절(分句) 사이에는 비교적 짧은 휴지가 있게 되고 이것을 글로 쓸 때는 쉼표(逗號:「，」)나 쌍반점(分號:「；」)으로 나타낸다.

2. 문(句子)의 의미에 따른 분류

문(句子)이 나타내는 내용이나 담당하는 역할을 기준으로 다음과 같은 5종으로 나눌 수 있다.

(1) 진술문(陳述句)

「今天是星期天。」「嫦娥奔月是古代的传说。」「老洪最爱吃狗肉。」와 같이 어떤 사실을 알리는 문(句子).

(2) 의문문(疑問句)

「今天星期几呢?」「他是美国人吗?」「你去不去呢?」와 같이 대답을 요구하는 문(句子).

(3) 명령문(祈使句)

「快过来！」「别闹了！」「你早一点休息吧！」와 같이 일종의 요구를 나타내는 문(句子).

(4) 감탄문(感嘆句)

「今天是开国节啊！」「哟，多可爱的小白兔！」「敬爱的校长，您安息吧！」와 같이 감정을 나타내는 문(句子).

(5) 호응문(呼應句)

「喂，小张！(你爹在家吗?)」「哎，哥哥！(我马上过来。)」와 같이 부르거나 응답하는 내용의 문(句子).

찾 아 보 기

이 사전에 수록된 올림자의 한어병음(漢語拼音)을 모르는 경우에 사용할 수 있는 색인은「部首目錄」「部首檢字表」및「한국 한자음 찾아보기」로 되어있다.

(一) 部首目錄

1.이 사전에서 채택한「部首目錄」은 중국에서 자형을 정리하고 간체자로 통일하면서 다시 만든 188개의 새로운 부수 체계를 채택하였기 때문에 강희자전(康熙字典) 이래의 전통적인 214종 부수와는 다소 차이가 있다.

2. 오른쪽의 숫자는「部首檢字表」의 쪽수이다.

(二) 部首檢字表

1. 이 사전의 모든 간체자(簡體字)·번체자(繁體字)·이체자(異體字)의 올림자는「部首目錄」에 따라 귀속시켰다.

2. 어느 부위가 부수인지 분간하기 어려운 글자는 관계 부수에 중복하여 귀속시켰다.

3. 같은 부수에 속하는 글자는 부수를 제외한 획수로 나누었고, 동일 획수 안에서는 한어병음의 순으로 배열하였다.

4. 대표 올림자인 간체자는 GB Code의 해서체(楷書體)로 표기하여 구별하였고 번체자는 ( ) 속에 Big5 Code의 명조체로 표기하였으며 이체자는〈 〉속에 전래의 명조체로 표기하였다.

5. 파음자(破音字)를 비롯한 다음(多音)은 모두 표기하였고 우독음(又讀音)은「㊂」로, 구독음(舊讀音)은「㊅」로, 대만(臺灣) 국어음(國語音)은「㊀」로 표기하였다.

6. 오른쪽의 숫자는 이 사전의 쪽수이다.

(三) 한국 한자음 찾아보기

1. 이 사전에 수록된 모든 올림자는 한국 한자음의 가나다 순으로 배열하고 한어병음을 달아 사전 본문에 들어가지 않고도 한어병음을 알 수 있게 하였으며 또 한국음과 중국음을 서로 비교하여 볼 수 있도록 하였다.

2. 동일한자음 안에서는 한어병음 순으로 배열하였다.

3. 한국에 전래되지 않은 한자는 현대 중국음을 참고하여 성운학적 원칙에 따라 만든 이 사전의 훈독(訓讀)에 따랐다.

4. 한 글자가 여러 가지 한국음이 있는 경우에는 대표적인 몇 개의 음에 귀속시켰다.

5. 대표 올림자인 간체자는 해서체로 적어 분별할 수 있게 하였고〈 〉속에는 이체자를 적었다.

6. 오른쪽의 숫자는 이 사전의 쪽수이다.

部首目錄

部首檢字表

(005)

【乙(乛⺄乚)】

(006)

【亠】

(訐)jiē 892
讫 qì 1350
(訖)qì 1350
让 ràng 1432
讪 shàn 1494
(訕)shàn 1494
讨 tǎo 1672
(討)tǎo 1672
〈託〉tuō 1742
讯 xùn 1950
(訊)xùn 1950
训 xùn 1949
(訓)xùn 1949
议 yì 2037
〔四 画〕
讹 é 523
(訛)é 523
访 fǎng 558
(訪)fǎng 558
讽 fěng 586
(諷)fěng 586
讳 huì 801
讲 jiǎng 870
讵 jù 941
(詎)jù 941
诀 jué 948
(訣)jué 948
论 lùn 1134
Lún
讷 nè 1243
(訥)nè 1243
讴 ōu 1274
设 shè 1514
(設)shè 1514
讼 sòng 1627
(訟)sòng 1627
〈訢〉xīn 1903
讻 xiōng 1922
(訩)xiōng 1922
许 xǔ 1932
hǔ
(許)xǔ 1932
hǔ
讶 yà 1960
(訝)yà 1960
〔五 画〕
词 cí 353
(詞)cí 353
诋 dǐ 452
(詆)dǐ 452
诂 gǔ 666
(詁)gǔ 666
诃 hē 733
(訶)hē 733
评 píng 1322
(評)píng 1322
诎 qū 1415
(詘)qū 1415
识 shí 1551
zhì
诉 sù 1632
(訴)sù 1632
诒 yí 2028
(詒)yí 2028
译 yì 2040
〈詠〉yǒng 2072
诈 zhà 2154
(詐)zhà 2154
诏 zhào 2173
(詔)zhào 2173
诊 zhěn 2188
(診)zhěn 2188
证 zhèng 2201
诌 zhōu 2237
台⃝ zōu
〈註〉zhù 2248
诅 zǔ 2292
(詛)zǔ 2292
〔六 画〕
诧 chà 246
(詫)chà 246
诚 chéng 290
(誠)chéng 290
〈詶〉chóu 317
该 gāi 608
(該)gāi 608
诟 gòu 660
(詬)gòu 660
诖 guà 675
(詿)guà 675
诡 guǐ 695
(詭)guǐ 695
话 huà 778
(話)huà 778
诙 huī 793
(詼)huī 793
诨 hùn 805
诘 jié 893
jí
(詰)jié 893
jí
(誇)kuā 1000
诓 kuāng 1006
(誆)kuāng 1006
诔 lěi 1048
(誄)lěi 1048
诠 quán 1423
(詮)quán 1423
诜 shēn 1518
(詵)shēn 1518
诗 shī 1544
(詩)shī 1544
试 shì 1561
(試)shì 1561
详 xiáng 1867
(詳)xiáng 1867
〈詾〉xiōng 1922
诩 xǔ 1933
(詡)xǔ 1933
询 xún 1947
(詢)xún 1947
诣 yì 2042
(詣)yì 2042
诤 zhèng 2202
汉⃝ zhēng
诛 zhū 2241
(誅)zhū 2241
〔七 画〕
〈誖〉bèi 106
bó
诞 dàn 422
(誕)dàn 422
诶 ê̄ 527
ế 汉⃝ éi
ê̌ 汉⃝ ěi
ề 汉⃝ èi
(誒)ê̄ 527
ế 汉⃝ éi
ê̌ 汉⃝ ěi
ề 汉⃝ èi
诰 gào 629
(誥)gào 629
诲 huì 802
(誨)huì 802
诫 jiè 900
(誡)jiè 900
诳 kuáng 1007
kuāng
(誑)kuáng 1007
kuāng
诮 qiào 1382
(誚)qiào 1382
〈誏〉ràng 1432
(認)rèn 1445
说 shuō 1608
shuì
yuè
(說)shuō 1608
shuì
yuè
诵 sòng 1627
(誦)sòng 1627
诬 wū 1800
台⃝ wú
(誣)wū 1800
台⃝ wú
误 wù 1816
(誤)wù 1816
诱 yòu 2096
(誘)yòu 2096
语 yǔ 2105
yù
(語)yǔ 2105
yù
〈誌〉zhì 2220
诪 zhōu 2239
〔八 画〕
谄 chǎn 252

(讀)dú 499
dòu
谫 jiǎn 859
(譾)jiǎn 859
(讅)shěn 1527
〈讁〉zhé 2179
〔十六画〕
〈讇〉chǎn 252
雠 chóu 318
(讎)chóu 318
〈讌〉yàn 1976
〔十七画〕
(讒)chán 250
谶 chèn 283
(讖)chèn 283
(讕)lán 1026
(讓)ràng 1432
〔十八～二二画〕
(讜)dǎng 429
谳 yàn 1978
(讞)yàn 1978
(讚)zàn 2140

(010)

【二】

叆 ài 15
亍 chù 332
叇 dài 416
二 èr 532
干[1] gān 611
干[2] gàn 611
干[3] gān 612
亘 gèn 642
(舊) gèng
〈亙〉gèn 642
(舊) gèng
关 guān 678
互 hù 769
亟 jí 827
qì
井 jǐng 920
开 kāi 957
·kai
亏 kuī 1008
丕 pī 1301
亓 Qí 1340
丧 sāng 1478
sàng
无 wú 1801
mó
五 wǔ 1809
些 xiē 1890
亚 yà 1959
(又) yǎ
(亞)yà 1959
(又) yǎ
于 yú 2097
yū
xū
云[1] yún 2126
云[2] yún 2126

(011)

【十】

十 shí 1545
〔一～四画〕
半 bàn 73
华 huá 775
huā
huà
卉 huì 799
〈廿〉niàn 1256
千[1] qiān 1357
千[2] qiān 1360
卅 sà 1468
升 shēng 1528
午 wǔ 1812
协 xié 1891
支 zhī 2204
〔五～七画〕
卑 bēi 102
阜 fù 602
克[1] kè 982
克[2] kè 982
kēi
卖 mài 1152
芈 miē 1199
Mǐ
南 nán 1234
nā
丧 sāng 1478
sàng
(協)xié 1891
直 zhí 2211
卓 zhuó 2267
(舊) zhuō
卒 zú 2292
cù
〔八～九画〕
乾 qián 1368
啬 sè 1483
索 suǒ 1648
真 zhēn 2185
〔十　画〕
博 bó 176
辜 gū 663
韩 Hán 721
丧 sāng 1478
sàng
〔十一～十五画〕
(幹)gàn 611
〈榦〉gàn 611
睾 gāo 627
嘏 gǔ 666
(又) jiǎ
(韓)Hán 721
翰 hàn 724
兢 jīng 920
(嗇)sè 1483
斡 wò 1798
(準)zhǔn 2265
〔二十二画〕
矗 chù 335

(012)

【厂】

厂 chǎng 261
〔二～六画〕
厕 cè 234
·si
厄 è 524
历[1] lì 1063
历[2] lì 1063
厉 lì 1064
厍 shè 1515
厅 tīng 1701
压 yā 1952
yà
厓 yá 1957
(又) ái
(舊) yái
厌 yàn 1975
仄 zè 2148
〔七～八画〕
厝 cuò 378
厚 hòu 761
厘 lí 1054
厐 páng 1288
(厙)shè 1515
原 yuán 2116
〔九～十画〕
(厠)cè 234
·si
厨 chú 331
厩 jiù 935
厥 jué 951
〈厤〉lì 1063
厦 shà 1488
xià
厢 xiāng 1864
厣 yǎn 1974
雁 yàn 1977
〔十一～十六画〕
〈厫〉áo 37
〈厪〉qín 1390
jǐn
(厲)lì 1064
(曆)lì 1063
(歷)lì 1063
(龐)páng 1288
厮 sī 1617
(壓)yā 1952
yà
〈厭〉yān 1962
魇 yǎn 1974
(魘)yǎn 1974
(厴)yǎn 1974
黡 yǎn 1974
(黶)yǎn 1974

(013)

【匚】

〔一～六画〕

〔七～十五画〕

(014)

【卜(⺊)】

(015)

【刂】

〔一～四画〕

〔五 画〕

〔六画〕

〔七画〕

〔八画〕

〔九～十一画〕

〔十二～十九画〕

(016)
【冂】
〔一～四画〕
册 cè 233
〈冊〉cè 233
丹 dān 417
冈 gāng 619
内 nèi 1243
nà
冉 rǎn 1430
肉 ròu 1453
同 tóng 1710
tòng
网 wǎng 1768
再 zài 2135
〔五～八画〕
(岡) gāng 619
冕 miǎn 1193
罔 wǎng 1768
周 zhōu 2237
胄 zhòu 2240
(017)
【八(丷)】
八 bā 41
〔一～二画〕
分 fēn 571
fèn
公 gōng 649
六 liù 1111
lù
兮 xī 1818
丫 yā 1952
〔三～五画〕
兵 bīng 163
并 bìng 165
Bīng
弟 dì 457
tì
兑 duì 513
共 gòng 655
gōng
谷[1] gǔ 666
yù
谷[2] gǔ 666
关 guān 678
兰 lán 1025
兴 xīng 1909
xìng
〔六画〕
〈並〉bìng 165
单 dān 417
chán
Shàn
典 diǎn 461
具 jù 942
卷[1] juǎn 945
卷[2] juàn 946
quán
其 qí 1341
jī
券 quàn 1425
xuàn
〔七～八画〕
差 chā 238
chà
chāi
cī
cuō
〈刱〉chuàng 344
chuāng
兼 jiān 856
前 qián 1364
酋 qiú 1412
首 shǒu 1577
益 yì 2043
兹 zī 2270
cí
〔九～二十三画〕
冁 chǎn 253
慈 cí 354
奠 diàn 469
[illegible] fēn 576
馘 guó 703
黉 hóng 756
(黌) hóng 756
黄 huáng 788
冀 jì 840
蠲 juān 945
夔 kuí 1010
兽 shòu 1581
(興) xīng 1909
xìng
巽 xùn 1951
舆 yú 2103
(輿) yú 2103
(與) yǔ 2103
yù
yú
着 ·zhe 2182
zhuó
zháo
zhāo
(018)
【人(入)】
人 rén 1437
入 rù 1459
rì
〔一～二画〕
仓 cāng 226
从 cóng 361
cōng
个 gè 636
·ge
gě
介 jiè 898
gà
今 jīn 902
仑 lún 1132
内 nèi 1243
nà
以 yǐ 2032
仄 zè 2148
〔三画〕
丛 cóng 363
令 lìng 1103
lǐng
líng
仝 tóng 1710
〔四画〕
合 hé 736
gě
会 huì 799
kuài
guì
企 qǐ 1345
㊀台 qì
全 quán 1421
伞 sǎn 1476
氽 tǔn 1742
众 zhòng 2234
〔五画〕
含 hán 718
hàn
夹 jiā 843
jiá
gā
两 liǎng 1081
佥 qiān 1361
佘 Shé 1513
余[1] yú 2098
余[2] yú 2098
〔六画〕
肏 cào 233
命 mìng 1209
舍[1] shě 1513
舍[2] shè 1514
贪 tān 1657
〔七～八画〕
(倉) cāng 226
拿 ná 1226
衾 qīn 1386
俞 yú 2099
yù
shù
〔九～十画〕
盒 hé 738
禽 qín 1389
(傘) sǎn 1476
舒 shū 1584
翕 xī 1825
㊂叉 xì
〔十一～十三画〕
僰 Bó 177
(劍) jiàn 865
(僉) qiān 1361

〔十四～二二画〕
〈龢〉hé 734
〈舘〉guǎn 683
〈劒〉jiàn 865
龠 yuè 2125

(019)

【亻】

〔一～二画〕
仇 chóu 315
qiú
仃 dīng 478
化 huà 777
huā
仅 jǐn 906
jìn
仂 lè 1042
仆[1] pū 1330
仆[2] pú 1330
仁 rén 1443
仍 réng 1448
什 shén 1523
shí
(又) shé
亿 yì 2038
仉 Zhǎng 2166

〔三画〕
代 dài 412
付 fù 600
仡 gē 630
yì
们 ·men 1180
mén
仫 mù 1223
仟 qiān 1360
仞 rèn 1445
仨 sā 1467
仕 shì 1558
他 tā 1650
仛 tuó 1746
tuō
仙 xiān 1845
仪 yí 2027
仗 zhàng 2167
仔 zǐ 2273
zī
zǎi

〔四画〕
伧 cāng 226
(又) chéng
·chen
伥 chāng 254
传 chuán 338
zhuàn
伐 fá 541
仿 fǎng 558
份 fèn 577
伏 fú 592
华 huá 775
huā
huà
伙 huǒ 812
伎 jì 837
价 jià 850
jiè
·jie
件 jiàn 863
伉 kàng 972
伦 lún 1132
仳 pǐ 1307
任 rèn 1446
Rén
伤 shāng 1496
似 sì 1623
shì
佤 Wǎ 1752
伟 wěi 1780
伪 wěi 1779
(台) wèi
伍 wǔ 1812
仵 wǔ 1812
休 xiū 1923
伢 yá 1957
仰 yǎng 1983
伊 yī 2023
优 yōu 2075
伛 yǔ 2104
仲 zhòng 2233
伫 zhù 2247

〔五画〕
伴 bàn 77
伻 bēng 119
伯 bó 173
bǎi
〈佈〉bù 206
但 dàn 422
低 dī 448
佃 diàn 467
tián
佛 fó 588
fú
佝 gōu 657
(又) kòu
估 gū 661
gù
何 hé 739
佧 kǎ 956
伶 líng 1096
你 nǐ 1251
伲 nì 1252
佞 nìng 1262
伽 qié 1384
jiā
gā
佘 Shé 1513
伸 shēn 1518
〈佀〉sì 1623
shì
伺 sì 1624
cì
体 tǐ 1681
tī
佟 Tóng 1714
佗 tuó 1746
tuō
佤 Wǎ 1752
位 wèi 1786
巫 wū 1799
佚 yì 2041
dié
佣[1] yōng 2070
佣[2] yòng 2070
攸 yōu 2076
佑 yòu 2095
〈佔〉zhàn 2157
〈佇〉zhù 2247
住 zhù 2247
佐 zuǒ 2301
作 zuò 2301
zuō
zuó

〔六画〕
佰 bǎi 62
(舊) bó
〈併〉bìng 165
侧 cè 233
zè
zhāi
侪 chái 248
侈 chǐ 305
侗 Dòng 491
供 gōng 652
gòng
佶 jí 827
佳 jiā 844
佼 jiǎo 880
侥 jiǎo 881
yáo
侃 kǎn 967
侉 kuǎ 1001
侩 kuài 1002
佬 lǎo 1041
例 lì 1068
侣 lǚ 1126
命 mìng 1209
侔 móu 1219
佴 Nài 1233
èr
侬 nóng 1267
佩 pèi 1294
侨 qiáo 1379
使 shǐ 1555
侍 shì 1564
㒓 tà 1651
佻 tiāo 1692
yáo

cēn
shēn
sān
垒 lěi 1048
能 néng 1246
去 qù 1418
叁 sān 1476
厶 sī 1613
mǒu
县 xiàn 1857
xuán
〈么〉yāo 1986
矣 yǐ 2035

(024)
【又(ヌ)】
又 yòu 2094
〔一～五画〕
叉 chā 237
chá
chǎ
chà
对 duì 509
发[1] fā 536
发[2] fà 540
㊀ fǎ
反 fǎn 548
观 guān 680
guàn
欢 huān 782
圣 shèng 1537
殳 shū 1583
双 shuāng 1597
友 yǒu 2085
支 zhī 2204
〔六～十画〕
变 biàn 143
〈叚〉jiǎ 848
jià
坚 jiān 853
艰 jiān 855
难 nán 1236
nàn
nuó
叛 pàn 1286
取 qǔ 1416
受 shòu 1578
叔 shū 1584
叟 sǒu 1630
叙 xù 1933
〔十一～十八画〕
(叢)cóng 363
叠 dié 476
(鼕)dōng 488
鼓 gǔ 668
矍 jué 951
〈叡〉ruì 1464
〈竪〉shù 1591
(雙)shuāng 1597
韬 tāo 1672
燮 xiè 1897

(025)
【廴】
〈廸〉dí 450
〈廻〉huí 794
建 jiàn 864
〈廼〉nǎi 1232
廷 tíng 1703
延 yán 1963

(026)
【卩】
即 jí 827
〈卽〉jí 827
卺 jǐn 907
卷[1] juǎn 945
卷[2] juàn 946
quán
叩 kòu 995
卵 luǎn 1130
卯 mǎo 1165
卿 qīng 1401
〈卭〉qióng 1406
却 què 1427
〈卻〉què 1427
邵 shào 1511
危 wēi 1772
卫 wèi 1783
卸 xiè 1896
〈卹〉xù 1933
印 yìn 2057
卮 zhī 2207

(027)
【阝(阜;左)】
〔二～四画〕
阪 bǎn 70
队 duì 508
zhuì
〈阨〉è 524
防 fáng 556
阶 jiē 887
阱 jǐng 921
〈阬〉kēng 986
阡 qiān 1360
阮 ruǎn 1461
阢 wù 1815
阳 yáng 1982
阴 yīn 2046
阵 zhèn 2189
〈阯〉zhǐ 2215
〔五 画〕
阿 ā 1
à
ē
陂 bēi 102
pí
pō
陈 chén 280
阽 diàn 468
㊅ yán
附 fù 600
际 jì 836
陇 lǒng 1115
陆 lù 1121
liù
陀 tuó 1747
〈陁〉tuó 1747
陉 xíng 1918
阻 zǔ 2292
阼 zuò 2304
〔六 画〕
陔 gāi 608
降 jiàng 871
xiáng
陋 lòu 1117
陌 mò 1216
陕 Shǎn 1493
限 xiàn 1857
〔七 画〕
陛 bì 132
除 chú 330
陡 dǒu 494
陧 niè 1259
(陜)Shǎn 1493
〈陞〉shēng 1528
险 xiǎn 1854
(陘)xíng 1918
〈陜〉xiá 1836
院 yuàn 2121
陨 yǔn 2128
yuán
(陣)zhèn 2189
陟 zhì 2223
〔八 画〕
(陳)chén 280
陲 chuí 347
陵 líng 1100
(陸)lù 1121
liù
陪 péi 1293
陴 pí 1306
陶 táo 1671
yáo
陷 xiàn 1859
(陰)yīn 2046
陬 zōu 2287
〔九 画〕
〈隄〉dī 449
㊅ tí
(隊)duì 508
zhuì
隍 huáng 788
(階)jiē 887
隆 lóng 1115
隉 niè 1259
隋 Suí 1638
随 suí 1638
〈隤〉tuí 1378

溺 nì 1252
niào
滂 pāng 1286
溥 pǔ 1334
溶 róng 1451
溽 rù 1461
滠 Shè 1517
溯 sù 1635
溻 tā 1651
滩 tān 1659
溏 táng 1665
滔 tāo 1669
溪 xī 1824
㊀ qī
溴 xiù 1928
滟 yàn 1976
溢 yì 2043
滢 yíng 2065
滪 yù 2111
源 yuán 2118
(溳) Yún 2128
溱 Zhēn 2188
qín
(準) zhǔn 2265
滓 zǐ 2274

〔十一画〕

漕 cáo 230
(滻) Chǎn 252
滴 dī 450
(滌) dí 451
漑 gài 611
澉 gǎn 618
〈滾〉gǔn 698
(漢) hàn 721
滹 hū 763
(滬) Hù 769
漶 huàn 786
潢 huáng 790
(漸) jiàn 866
jiān
漤 lǎn 1028
(漣) lián 1074
潋 liàn 1078
(漊) Lóu 1116
漏 lòu 1118
〈滷〉lǔ 1120
漉 lù 1125
漯 luò 1141
Tà
(滿) mǎn 1155
漫 màn 1158
(漚) òu 1276
ōu
漂 piāo 1312
piǎo
piào
漆 qī 1339
(滲) shèn 1528
漱 shù 1593
潍 Wéi 1780
潇 xiāo 1878
(滸) xǔ 1933
〈漵〉xù 1934
漩 xuán 1939
演 yǎn 1974
漾 yàng 1986
漪 yī 2026
潆 yíng 2065
(漁) yú 2102
漳 Zhāng 2165
(漲) zhǎng 2166
zhàng
(滯) zhì 2225
潴 zhū 2242
(漬) zì 2283

〔十二画〕

澳 ào 40
(潷) bì 137
潺 chán 250
潮 cháo 270
澈 chè 277
〈澂〉chéng 448
澄 dèng 448
chéng
澉 gǎn 618
〈澔〉hào 732
(澗) jiàn 864
〈㵎〉jiàn 864
(澆) jiāo 877
(潔) jié 893
(潰) kuì 1011
澜 lán 1026
(澇) lào 1041
潦 liǎo 1087
lǎo
潘 pān 1282
澎 pēng 1298
péng
(潑) pō 1326
潜 qián 1368
(潤) rùn 1465
〈澁〉sè 1483
潸 shān 1493
〈澘〉shān 1493
潲 shào 1512
澍 shù 1594
澌 sī 1617
潭 tán 1661
潼 tóng 1715
(潿) wéi 1778
(潙) Wéi 1776
潟 xì 1834
(潯) xún 1949

〔十三画〕

濒 bīn 159
㊀ pín
澹 dàn 425
Tán
(澱) diàn 469
〈澣〉huàn 786
激 jī 823
(澮) kuài 1002
濑 lài 1025
澧 lǐ 1061
濂 Lián 1076
潞 lù 1124
(濛) méng 1183
(澠) miǎn 1193
Shéng
(濃) nóng 1267
澼 pì 1308
濉 Suī 1638
(澦) yù 2111
澡 zǎo 2145
(澤) zé 2148
(濁) zhuó 2268

〔十四画〕

濞 bì 138
(濱) bīn 159
〈盪〉dàng 430
濠 háo 726
(鴻) hóng 756
(濟) jì 836
jǐ
〈濬〉jùn 955
xùn
〈濶〉kuò 1013
(濫) làn 1028
(濘) nìng 1262
濮 Pú 1333
濡 rú 1457
(澀) sè 1483
(濕) shī 1545
(濤) tāo 1669
(濰) Wéi 1780
濯 zhuó 2269

〔十五画〕

(瀆) dú 499
(濺) jiàn 864
jiān
(瀏) liú 1106
(濾) lǜ 1128
(濼) Luò 1137
pō
瀑 pù 1335
bào
(瀋) shěn 1527
(瀉) xiè 1895
(瀅) yíng 2065

〔十六～十七画〕

(瀕) bīn 159
㊀ pín
瀵 fèn 578
灌 guàn 686
瀚 hàn 724
(瀨) lài 1025

(034)

【宀】

(038)

【辶(辶)】

(039)

【 工 】

(040)

【 土 】

墒 shāng	1498	虋 táo	1672	芏 dù	501	苇 wěi	1780
塾 shú	1587	**(041)**		芨 jī	819	芜 wú	1808
墅 shù	1593	【士】		芒 máng	1160	芴 wù	1815
墟 xū	1931	士 shì	1557	wǎng		苋 xiàn	1855
墉 yōng	2071	〔一~九画〕		芑 qǐ	1346	芯 xīn	1902
〈塼〉zhuān	2254	壸 hú	766	芊 qiān	1360	xìn	
〔十二~十三画〕		(壺)hú	766	芍 sháo	1510	芽 yá	1957
壁 bì	135	吉 jí	826	shuò		苡 yǐ	2035
墀 chí	304	壸 kǔn	1012	芄 wán	1759	〈刈〉yì	2038
墩 dūn	513	壳 qiào	1381	芗 xiāng	1861	芫 yuán	2114
(嶞)duǒ	521	ké		芎 xiōng	1923	yān	
huī		悫 què	1427	(区)qiōng		芸¹ yún	2127
(墳)fén	576	壬 rén	1444	芋 yù	2107	芸² yún	2127
壕 háo	726	声 shēng	1535	芝 zhī	2204	芝 zhī	2204
壑 hè	743	喜 xǐ	1829	〔四　画〕		芷 zhǐ	2215
墼 jī	823	〈壻〉xū	1934	芭 bā	46	苎 zhù	2247
(墾)kěn	986	壹 yī	2026	苪 bì	132	〔五　画〕	
墨 mò	1218	〈喆〉zhé	2178	pí		茇 bá	48
(墻)qiáng	1376	志 zhì	2220	苄 biàn	143	pèi	
〈墝〉qiāo	1377	壮 zhuàng	2261	苍 cāng	226	苞 bāo	86
〈墰〉tán	1659	〔十~十七画〕		苌 cháng	259	苯 běn	118
(壇)tán	1659	嘉 jiā	843	苁 cōng	360	茌 chí	303
〈墟〉xū	1931	(壸)kǔn	1012	苊 è	525	范¹ Fàn	552
(壓)yā	1952	〈隸〉lì	1069	芳 fāng	556	范² fàn	552
yà		(賣)mài	1152	芾 fèi	569	茀 fú	591
壅 yōng	2071	颫 pǐ	1307	fú		苻 fú	594
增 zēng	2150	(壽)shòu	1578	芬 fēn	575	苷 gān	616
臻 zhēn	2188	(臺)tái	1653	芙 fú	591	苟 gǒu	659
(墜)zhuì	2264	〈橐〉tuó	1747	花 huā	770	〈苽〉gū	664
〔十五~二四画〕		熹 xī	1826	芨 jī	819	茎 jīng	914
(壩)bà	51	馨 xīn	1907	芰 jì	837	苴 jū	935
(塅)dōng	488	懿 yì	2046	芥 jiè	899	chá	
壕 háo	726	**(042)**		gài		zhǎ	
(壞)huài	781	【艹】		芤 kōu	992	苣 jù	942
疆 jiāng	869	〈艸〉cǎo	230	劳 láo	1032	qǔ	
(壙)kuàng	1007	〔一~二画〕		苈 lì	1064	苛 kē	975
(壘)lěi	1048	艾 ài	12	芦 lú	1119	苦 kǔ	998
(壢)lì	1064	yì		芪 qí	1341	苓 líng	1096
(壟)lǒng	1115	芁 jiāo	873	芡 qiàn	1371	茏 lóng	1114
(壠)lǒng	1115	节 jié	891	芩 qín	1389	茅 máo	1164
(壚)lú	1119	jiē		芹 qín	1389	茆 máo	1164
羴 pí	1306	芀 nǎi	1232	芮 ruì	1464	茂 mào	1165
壤 rǎng	1431	艺 yì	2038	芟 shān	1492	〈莓〉méi	1172
〈壜〉tán	1659	〔三　画〕		苏 sū	1630	苗 miáo	1196

〔九 画〕

〔十 画〕

〔十一画〕

(043)

【大】

挺 tǐng 1705
捅 tǒng 1716
挽 wǎn 1762
捂 wǔ 1812
　wú
(挾) xié 1892
　jiā
〈挪〉 yé 1997
挹 yì 2042
振 zhèn 2190
捉 zhuō 2267

〔八 画〕

捱 ái 11
捭 bǎi 62
(採) cǎi 216
掺 chān 249
　càn
　shǎn
〈捵〉 chēn 277
　(又) shèn
捶 chuí 347
措 cuò 378
掸 dǎn 422
　Shàn
掂 diān 460
掉 diào 474
掇 duō 519
　(台) duó
〈掆〉 kǎng 971
(掛) guà 675
掴 guāi 677
　(又) guó
掼 guàn 686
掎 jǐ 833
接 jiē 887
捷 jié 895
据¹ jù 943
据² jū 943
掬 jū 937
(捲) juǎn 945
掘 jué 951
掯 kèn 986
控 kòng 991
捩 liè 1091
掳 lǔ 1121
(掄) lūn 1132
　lún
掠 lüè 1131
　lüě
(捫) mén 1180
描 miáo 1197
捺 nà 1231
捻 niǎn 1255
〈掿〉 nuò 1273
排 pái 1279
　pǎi
捧 pěng 1299
掊 pǒu 1330
　póu
掐 qiā 1356
掮 qián 1368
(掃) sǎo 1481
　sào
(捨) shě 1513
授 shòu 1580
探 tàn 1662
掏 tāo 1669
掭 tiàn 1692
推 tuī 1735
〈捥〉 wàn 1766
掀 xiān 1848
掩 yǎn 1970
掖 yè 2004
　yē
(掙) zhēng 2194
　zhèng

〔九 画〕

揞 ǎn 25
〈揹〉 bēi 108
摒 bìng 167
插 chā 239
搽 chá 243
　(又) cā
搀 chān 249
揣 chuāi 335
　chuái
　chuǎi
　chuài
搓 cuō 376
搭 dā 381
(摡) gài 611
搁 gē 632
　gé
〈揈〉 hōng 751
(換) huàn 784
(揮) huī 793
(揀) jiǎn 857
搅 jiǎo 881
揭 jiē 890
揪 jiū 927
揩 kāi 964
揆 kuí 1010
揽 lǎn 1027
搂 lǒu 1117
　lōu
〈掽〉 pèng 1300
揿 qìn 1391
揉 róu 1453
〈揌〉 sāi 1469
搔 sāo 1480
揲 shé 1513
　dié
搜 sōu 1629
提 tí 1678
　dī
握 wò 1798
揳 xiē 1890
〈揝〉 xǐng 1919
揎 xuān 1937
揠 yà 1960
〈揜〉 yǎn 1970
(揚) yáng 1981
揶 yé 1997
揖 yī 2027
掾 yuàn 2121
揄 yú 2099
援 yuán 2116
揸 zhā 2153
掷 zhì 2224
揍 zòu 2290
〈揝〉 zuàn 2295

〔十 画〕

摆¹ bǎi 62
摆² bǎi 64
搬 bān 69
摈 bìn 159
搏 bó 177
搐 chù 334
　(又) chōu
搋 chuāi 336
〈搥〉 chuí 347
搓 cuō 376
(搗) dǎo 432
〈搤〉 è 524
摁 èn 529
搞 gǎo 627
〈㨪〉 huàng 791
搛 jiān 856
搢 jìn 913
〈搢〉 jìn 913
〈摃〉 kǎng 971
　gāng
〈搕〉 kē 977
摸 mō 1210
　mó
搦 nuò 1273
搒 pěng 1299
　bàng
(搶) qiǎng 1376
　qiāng
〈搇〉 qìn 1391
〈搉〉 què 1428
搔 sāo 1480
搡 sǎng 1480
摄 shè 1517
摅 shū 1587
搠 shuò 1612
(損) sǔn 1644
摊 tān 1658
搪 táng 1665
〈搯〉 tāo 1669
〈摀〉 wǔ 1812
　wú
携 xié 1893
　(台) xī
摇 yáo 1989

(049)

【小（⺌）】

qiāo
省 shěng 1536
xǐng
堂 táng 1666
〔九～一七画〕
裳 cháng 261
·shang
(嘗) cháng 259
〈牚〉chēng 285
(當) dāng 425
dàng
就 jiù 932
棠 táng 1667
耀 yào 1996

(050)

【口】

口 kǒu 992
〔一～二画〕
叭 bā 43
卟 bǔ 179
叱 chì 305
叼 diāo 470
叮 dīng 478
古 gǔ 664
号 hào 731
háo
叽 jī 816
叫 jiào 883
句 jù 940
gōu
可 kě 978
kè
叩 kòu 995
叻 Lè 1042
另 lìng 1103
叵 pǒ 1326
司 sī 1614
台[1] tái 1653
tāi
yī
台[2] tái 1653
台[3] tái 1654
叹 tàn 1662
叨 tāo 1668
dāo
叶[1] yè 2001
(舊) Shè
叶[2] xié 2001
兄 xiōng 1922
右 yòu 2094
召 zhào 2172
Shào
只[1] zhī 2208
只[2] zhǐ 2208
〔三画〕
吖 ā 1
吃 chī 296
吋 cùn 376
(汉) yīngcùn
吊 diào 470
各 gè 637
gě
合 hé 736
gě
后[1] hòu 757
后[2] hòu 757
吉 jí 826
吏 lì 1067
吕 lǚ 1126
吗 ·ma 1149
mǎ
má
名 míng 1202
同 tóng 1710
tòng
吐 tǔ 1732
tù
吸 xī 1820
吓 xià 1844
hè
向[1] xiàng 1870
向[2] xiàng 1871
吁[1] yū 2107
吁[2] yū 2107
xū
吆 yāo 1987
吒 zhà 2155
zhā
〔四画〕
吧 bā 46
·ba
呗 ·bei 113
bài
吡 bǐ 126
bì
pǐ
吵 chǎo 271
chāo
呈 chéng 293
呎 chǐ 305
(汉) yīngchǐ
吹 chuī 345
呆 dāi 411
呔 dāi 412
〈呀〉dāi 412
tǎi
吨 dūn 513
〈吪〉é 523
呃 è 524
·e
吠 fèi 569
吩 fēn 575
否 fǒu 588
pǐ
呋 fū 589
告 gào 628
gù
谷[1] gǔ 666
yù
谷[2] gǔ 666
含 hán 718
hàn
吼 hǒu 757
〈呌〉jiào 883
君 jūn 953
吭 kēng 986
háng
呖 lì 1064
吝 lìn 1095
(呂) lǚ 1126
呒 ḿ 1142
(汉) wǔ
fǔ
呐 nà 1229
·na
·ne
nè
呕 ǒu 1275
òu
启 qǐ 1346
呛 qiāng 1372
qiàng
吣 qìn 1391
吮 shǔn 1606
听[1] tīng 1701
听[2] yǐn 1703
吞 tūn 1741
呙 wāi 1752
Guō
吻 wěn 1793
呜 wū 1800
吴 Wú 1808
(吳) Wú 1808
吾 wú 1809
吸 xī 1820
呀 yā 1954
·ya
xiā
〈吚〉yī 2024
邑 yì 2042
呓 yì 2038
吟 yín 2051
吲 yǐn 2055
员 yuán 2115
yún
Yùn
吱 zhī 2206
zī
〔五画〕
哎 āi 6
〈呧〉dǐ 452
咚 dōng 488
咄 duō 519
〈呝〉è 524
·e
咐 fù 600

(054)

【彳】

〈猥〉juàn 947
獗 jué 951
(獪)kuài 1002
獠 liáo 1087
獴 měng 1184
㊂ měng
獭 tǎ 1651
(獫)xiǎn 1855
獬 xiè 1897
〔十四～二十画〕
(獷)guǎng 691
獾 huān 782
(獵)liè 1091
(玀)luó 1136
(獼)mí 1186
(獰)níng 1261
(獺)tǎ 1651
獯 xūn 1947

(058)

【饣(飠)】

〔二～四画〕
饬 chì 307
(飭)chì 307
饤 dìng 481
(飣)dìng 481
饭 fàn 553
(飯)fàn 553
饥[1] jī 816
(飢)jī 816
饪 rèn 1447
(飪)rèn 1447
〈飤〉sì 1624
饨 tún 1742
(飩)tún 1742
饩 xì 1832
饧 xíng 1919
táng
饮 yǐn 2055
yìn
(飲)yǐn 2055
yìn
饫 yù 2107
(飫)yù 2107
〔五～六画〕

饱 bǎo 93
(飽)bǎo 93
饼 bǐng 165
(餅)bǐng 165
饳 duò 521
(飿)duò 521
饵 ěr 532
(餌)ěr 532
饺 jiǎo 880
(餃)jiǎo 880
饯 jiàn 864

饶 ráo 1432
蚀 shí 1554
(蝕)shí 1554
饰 shì 1565
(飾)shì 1565
饲 sì 1624
(飼)sì 1624
饷 xiǎng 1868
(餉)xiǎng 1868
饴 yí 2028
(飴)yí 2028
〔七 画〕
饽 bō 172
(餑)bō 172
餐 cān 222
饾 dòu 495
(餖)dòu 495
饿 è 525
(餓)è 525
馂 jùn 954
(餕)jùn 954
馁 něi 1243
(餒)něi 1243
馀 yú 2099
(餘)yú 2099
〔八 画〕
馆 guǎn 683
(館)guǎn 683
馃 guǒ 704
(餜)guǒ 704
馄 hún 804

(餛)hún 804
(餞)jiàn 864
〈餣〉juǎn 945
〈餧〉wèi 1787
馅 xiàn 1859
(餡)xiàn 1859
〈餚〉yáo 1989
〔九 画〕
馇 chā 241
(餷)chā 241
馋 chán 250
〈餱〉hóu 757
馈 kuì 1011
〈餽〉kuì 1011
馊 sōu 1629
(餿)sōu 1629
餮 tiè 1701
〈餵〉wèi 1787
(餳)xíng 1919
táng
〔十 画〕
〈餻〉gāo 627
馉 gǔ 668
(餶)gǔ 668
〈餽〉kuì 1011
馏 liú 1110
liù
(餾)liú 1110
liù
馍 mó 1211
(饃)mó 1211
〈餹〉táng 1665
(餼)xì 1832
〔十一～十三画〕
(饑)jī 816
馑 jǐn 907
(饉)jǐn 907
(饋)kuì 1011
馒 mán 1154
(饅)mán 1154
(饒)ráo 1432
馓 sǎn 1478
(饊)sǎn 1478

〈饍〉shàn 1495
馐 xiū 1927
(饈)xiū 1927
馔 zhuàn 2258
(饌)zhuàn 2258
〔十四～二二画〕
(饞)chán 250
馕 nǎng 1239
náng
(饢)nǎng 1239
náng
〈饟〉xiǎng 1868

(059)

【彐(⺕彑)】

刍 chú 329
当[1] dāng 425
dàng
当[2] dāng 428
归 guī 691
(彙)huì 799
彗 huì 802
灵 líng 1098
录 lù 1122
彖 tuàn 1735
寻 xún 1948
(尋)xún 1948
彝 yí 2031
彘 zhì 2224
帚 zhǒu 2239

(060)

【尸】

尸 shī 1540
〔一～三画〕
尺 chǐ 304
chě
尽[1] jǐn 906
尽[2] jìn 906
尻 kāo 973
尼 ní 1248
尹 yǐn 2053
〔四～六画〕
屄 bī 122
层 céng 236
届 jiè 900

(065)

【幺】

(066)

【子(子)】

miù
mù
liǎo
Miào
(繆)móu 1220
jiū
miù
mù
liǎo
Miào
缥 piāo 1312
piǎo
(縹)piāo 1312
piǎo
(縴)qiàn 1848
缫 sāo 1481
zǎo
(繅)sāo 1481
zǎo
缩 suō 1646
sù
(縮)suō 1646
sù
缨 yīng 2063
(總)zǒng 2284
(縱)zòng 2286
〔十二～十三画〕
缳 huán 783
(繯)huán 783
(繪)huì 801
缋 huì 802
(繢)huì 802
缰 jiāng 869
(繮)jiāng 869
缴 jiǎo 883
zhuó
(繳)jiǎo 883
zhuó
缭 liáo 1087
(繚)liáo 1087
辔 pèi 1296
缱 qiǎn 1370
(繾)qiǎn 1370
〈繈〉qiǎng 1377
缲 qiāo 1378
sāo
zǎo
(繰)qiāo 1378
sāo
zǎo
〈繑〉qiāo 1378
sāo
zǎo
(繞)rào 1433
缮 shàn 1495
(繕)shàn 1495
(繩)shéng 1536
缬 xié 1894
〈繡〉xiù 1928
(繹)yì 2041
缯 zēng 2151
zèng
(繒)zēng 2151
zèng
(織)zhī 2210
〔十四～二一画〕
辫 biàn 148
(繽)bīn 159
(纔)cái 214
(纏)chán 251
纛 dào 439
(又) dú
(繼)jì 837
(纊)kuàng 1007
(纜)lǎn 1027
(纞)luán 1130
(轡)pèi 1296
缱 qiǎn 1370
(繾)qiǎn 1370
(纖)xiān 1848
(纈)xié 1894
繻 xū 1932
(又) rú
(繻)xū 1932
(又) rú
(續)xù 1935
(纓)yīng 2063
缵 zuǎn 2295
(纘)zuǎn 2295

(068)

【马(馬)】

马 mǎ 1144
(馬)mǎ 1144
〔二～五画〕
驳 bó 175
(駁)bó 175
驰 chí 302
(馳)chí 302
驸 fù 601
(駙)fù 601
驾 jià 850
(駕)jià 850
驹 jū 937
(駒)jū 937
驴 lǘ 1126
骂 mà 1149
(罵)mà 1149
驽 nú 1269
(駑)nú 1269
驱 qū 1413
〈駈〉qū 1413
驶 shǐ 1556
(駛)shǐ 1556
驷 sì 1623
(駟)sì 1623
骀 tái 1654
dài
(駘)tái 1654
dài
驮 tuó 1746
duò
(馱)tuó 1746
duò
〈駄〉tuó 1746
duò
〈馱〉tuó 1746
duò
驼 tuó 1747
(駝)tuó 1747
〈駞〉tuó 1747
驯 xùn 1950
(馴)xùn 1950
驿 yì 2041
驭 yù 2107
(馭)yù 2107
驵 zǎng 2141
(駔)zǎng 2141
驻 zhù 2249
(駐)zhù 2249
驺 zōu 2287
〔六～七画〕
〈駮〉bó 175
骋 chěng 295
(騁)chěng 295
骇 hài 717
(駭)hài 717
骅 huá 776
骄 jiāo 876
骏 jùn 955
(駿)jùn 955
骊 lí 1054
骆 luò 1138
(駱)luò 1138
骈 pián 1310
(駢)pián 1310
骎 qīn 1386
(駸)qīn 1386
骁 xiāo 1877
验 yàn 1976
〔八～九画〕
骖 cān 222
〈騲〉cǎo 230
骢 cōng 360
(驄)cōng 360
骒 kè 985
(騍)kè 985
骗 piàn 1311
(騙)piàn 1311
〈騗〉piàn 1311
骐 qí 1343
(騏)qí 1343
骑 qí 1344
(騎)qí 1344
骚 sāo 1480
骕 sù 1632
骛 wù 1817

(075)

【心】

(076)

【户】

(077)

【礻(示)】

(078)

【王】

(079)

【韦(韋)】

(080)

【木】

染 rǎn 1430
荣 róng 1450
柔 róu 1452
柿 shì 1560
树 shù 1591
柁 tuó 1747
duò
柝 tuò 1748
柙 xiá 1836
相 xiāng 1861
xiàng
枵 xiāo 1877
柚 yòu 2095
yóu
栅 zhà 2155
shān
〈柵〉zhà 2155
shān
栈 zhàn 2163
柘 zhè 2182
栀 zhī 2207
枳 zhǐ 2215
栉 zhì 2223
(台) jié
柱 zhù 2249
柞 zuò 2304
zhà
〔六画〕
桉 ān 23
案 àn 28
〈栢〉bǎi 62
bó
bò
梆 bāng 79
柴 chái 248
档 dàng 429
格 gé 633
gē
根 gēn 639
栝 guā 674
桄 guàng 691
guāng
桂 guì 698
桧 guì 697
(又) kuài
核 hé 741
hú
桁 héng 748
háng
hàng
桦 huà 778
桓 huán 783
桨 jiǎng 870
桔 jié 895
jú
桀 jié 895
桕 jiù 931
桊 juàn 947
〈栞〉kān 965
栲 kǎo 974
框 kuàng 1008
kuāng
栳 lǎo 1041
栾 luán 1130
臬 niè 1259
栖[1] qī 1338
栖[2] xī 1338
桤 qī 1338
〈栔〉qì 1355
桥 qiáo 1379
桡 ráo 1433
náo
桑 sāng 1479
栓 shuān 1597
桃 táo 1669
桐 tóng 1714
桅 wéi 1778
校 xiào 1888
jiào
栩 xǔ 1933
栒 xún 1948
sǔn
桠 yā 1956
样 yàng 1986
栽 zāi 2134
〈桚〉zǎn 2139
桢 zhēn 2185
桎 zhì 2220
株 zhū 2241
桩 zhuāng 2259
桌 zhuō 2266
〔七画〕
〈桮〉bēi 102
〈梹〉bīn 159
bīng
彬 bīn 159
梵 fàn 554
桴 fú 594
〈桿〉gǎn 614
梗 gěng 644
梏 gù 672
〈梜〉jiā 844
cè
(梘)jiǎn 857
检 jiǎn 857
桷 jué 948
〈梱〉kǔn 1012
梨 lí 1055
梁 liáng 1080
棂 líng 1099
梅 méi 1172
桲 ·po 1329
梢 shāo 1509
sào
梳 shū 1585
梭 suō 1645
桫 suō 1646
梼 táo 1672
梯 tī 1677
(條)tiáo 1694
梃 tǐng 1706
tìng
桶 tǒng 1717
梧 wú 1809
(梟)xiāo 1877
械 xiè 1896
梔 zhī 2207
棁 zhuō 2267
梓 zǐ 2274
〔八画〕
棒 bàng 82
(棖)chéng 294
楮 chǔ 332
棰 chuí 347
椎 chuí 348
zhuī
棣 dì 459
〈椗〉dìng 484
(棟)dòng 491
椟 dú 499
棼 fén 576
焚 fén 576
棺 guān 683
棍 gùn 699
椁 guǒ 704
(極)jí 825
集 jí 830
棘 jí 830
椒 jiāo 878
椐 jū 937
棵 kē 977
棱 léng 1050
lēng
líng
〈棃〉lí 1055
椋 liáng 1080
椤 luó 1136
棉 mián 1191
棚 péng 1298
(棲)qī 1338
棋 qí 1342
〈棊〉qí 1342
(棄)qì 1354
椠 qiàn 1372
〈琹〉qín 1389
渠 qú 1416
森 sēn 1483
棠 táng 1667
〈椀〉wǎn 1762
(椏)yā 1956
椅 yǐ 2036
yī
(棗)zǎo 2144
(棧)zhàn 2163
棹 zhào 2175
zhuō

(084)

【戈】

(085)

【比】

(086)

【瓦】

(092)

【见(見)】

(093)

【父】

(094)

【牛(牜 ⺧)】

(095)

【手】

(103)

【欠】

(104)

【风(風)】

飒 sà 1468
(颯)sà 1468
(颱)tái 1654
飏 yáng 1983
〔八～十二画〕
飙 biāo 150
(飆)biāo 150
飚 biāo 150
yàn
(飈)biāo 150
yàn
〈飇〉biāo 150
yàn
(颶)jù 943
飘 piāo 1312
(飄)piāo 1312
〈飃〉piāo 1312
飕 sōu 1629
(颼)sōu 1629
(颺)yáng 1983

(105)
【殳】
般 bān 68
pán
bō
殿 diàn 469
段 duàn 506
(發)fā 536
彀 gòu 661
(穀)gǔ 666
毂 gǔ 669
gū
(轂)gǔ 669
gū
〈毁〉guǐ 697
觳 hú 767
毁 huǐ 798
〈㱿〉jué 950
没 méi 1167
mò
殴 ōu 1274
(毆)ōu 1274
(殼)qiào 1381
ké
(殺)shā 1483
shài
殳 shū 1583
〈殽〉xiáo 1878
(又) yáo
〈毉〉yī 2026
毅 yì 2041
殷 yīn 2051
yān
yǐn

(106)
【聿(肀聿)】
(畫)huà 779
(盡)jìn 909
隶 lì 1069
(書)shū 1582
肆 sì 1624
肃 sù 1632
(肅)sù 1632
肄 yì 2046
聿 yù 2107
肇 zhào 2176

(107)
【毋(母)】
毒 dú 500
每 měi 1173
母 mǔ 1220
毋 wú 1808
毓 yù 2112

(108)
【水(氺)】
水 shuǐ 1600
〔一～二画〕
〈氷〉bīng 160
汆 cuān 369
凼 dàng 429
〈氹〉dàng 429
氽 tǔn 1742
永 yǒng 2071
汁 zhī 2207
〔三～四画〕
汞 gǒng 654
沓 tà 1652
dá
〔五～六画〕
泵 bèng 121
浆 jiāng 869
jiàng
泉 quán 1424
泰 tài 1657
荥 Xíng 1919
Yíng
〔八～十一画〕
漦 chí 304
(漿)jiāng 869
jiàng
淼 miǎo 1198
(滎)Xíng 1919
Yíng
颍 Yǐng 2067

(109)
【穴】
穴 xué 1941
(又) xuè
〔一～三画〕
究 jiū 927
(台) jiù
空 kōng 987
kòng
帘 lián 1070
穷 qióng 1406
穹 qióng 1407
〈穵〉wā 1750
穸 xī 1818
〔四画〕
窆 biǎn 142
穿 chuān 336
〈穽〉jǐng 921
窃 qiè 1385
突 tū 1726
窀 zhūn 2265
〔五画〕
窎 diào 474
窍 qiào 1382
窅 yǎo 1992
窈 yǎo 1992
窄 zhǎi 2156
〔六画〕
〈窓〉chuāng 342
窕 tiǎo 1696
窑 yáo 1989
窒 zhì 2220
〔七～八画〕
窗 chuāng 342
窜 cuàn 369
窦 dòu 496
窖 jiào 887
窘 jiǒng 926
窠 kē 977
窟 kū 997
窥 kuī 1009
窣 sū 1631
窝 wō 1795
〔九画〕
窭 jù 944
(窪)wā 1750
(窩)wō 1795
窨 yìn 2059
xūn
窬 yú 2100
dòu
〔十画〕
(窮)qióng 1406
〈窯〉yáo 1989
〈窰〉yáo 1989
窳 yǔ 2106
〔十一画〕
〈窻〉chuāng 342
(窵)diào 474
(窶)jù 944
(窺)kuī 1009
窸 xī 1824
〔十二画〕
窾 kuǎn 1006
窿 lóng 1115
〔十三～十七画〕
(竄)cuàn 369
(竇)dòu 496
(竅)qiào 1382
(竊)qiè 1385
(竈)zào 2145

(110)

(112)

【衤】

(113)

【示】

(碛)qì 1355
(磽)qiāo 1377
(礄)qiáo 1379
磬 qìng 1406
磲 qú 1416
〈[illegible]〉xuàn 1941
(磚)zhuān 2254
〔十四画以上〕
(礙)ài 16
礴 bó 177
礤 cǎ 212
(礬)fán 546
(礦)kuàng 1007
〈礧〉léi 1048
(礪)lì 1065
(礫)lì 1069
(礱)lóng 1114
〈礮〉pào 1292
(甎)zhuān 2254

(115)
【龙(龍)】

龚 Gōng 654
(龔)Gōng 654
龛 kān 966
(龕)kān 966
龙 lóng 1112
(龍)lóng 1112
砻 lóng 1114
(礱)lóng 1114
聋 lóng 1115
(聾)lóng 1115
垄 lǒng 1115
(壟)lǒng 1115
袭 xí 1827
(襲)xí 1827
〈讋〉shè 1516
(舊) zhé

(116)
【业】

(叢)cóng 363
黻 fú 594
业 yè 2002
(業)yè 2002
邺 Yè 2002
凿 záo 2143
zuò
黹 zhǐ 2218

(117)
【目】

目 mù 1223
〔二～三画〕
盯 dīng 478
盲 máng 1160
盱 xū 1928
直 zhí 2211
〔四画〕
𥄫 chǒu 318
眈 dān 421
盹 dǔn 514
盾 dùn 515
看 kàn 967
kān
眍 kōu 992
眉 méi 1171
眄 miǎn 1192
(又) miàn
眇 miǎo 1197
盼 pàn 1286
省 shěng 1536
xǐng
相 xiāng 1861
xiàng
眨 zhǎ 2154
〔五画〕
眙 chì 308
yí
眠 mián 1191
眚 shěng 1537
眩 xuàn 1941
眢 yuān 2112
〔六画〕
眵 chī 301
眷 juàn 947
眶 kuàng 1008
眯 mī 1185
mí
眸 móu 1219
眭 suī 1638
眺 tiào 1696
眼 yǎn 1971
真 zhēn 2185
睁 zhēng 2194
眦 zì 2283
〈眥〉zì 2283
〔七画〕
睇 dì 458
睑 jiǎn 858
〈睏〉kùn 1012
睐 lài 1024
瞤 rún 1464
睃 suō 1645
着 ·zhe 2182
zhuó
zháo
zhāo
〔八画〕
睬 cǎi 219
鼎 dǐng 481
督 dū 497
睹 dǔ 501
睫 jié 895
睛 jīng 918
〈睠〉juàn 947
(睞)lài 1024
〈睖〉lèng 1054
瞄 miáo 1197
睦 mù 1225
睨 nì 1252
睥 pì 1308
(台) bì
睢 suī 1638
睡 shuì 1605
睚 yá 1957
(舊) yái
(睜)zhēng 2194
〔九画〕
瞅 chǒu 318
睹 dǔ 501
睽 kuí 1010
瞆 kuì 1011
瞀 mào 1167
睿 ruì 1464
瞍 sǒu 1630
〔十画〕
瞋 chēn 277
瞌 kē 977
瞒 mán 1154
瞢 méng 1183
mèng
〈瞇〉mī 1185
mí
瞑 míng 1209
瞎 xiā 1835
〔十一画〕
瞠 chēng 286
(瞘)kōu 992
(瞞)mán 1154
鼐 nài 1234
瞟 piǎo 1314
〈鼒〉zī 2271
〔十二画〕
瞪 dèng 448
瞰 kàn 970
(瞶)kuì 1011
(瞭)liǎo 1046
瞭 liào 1088
瞵 lín 1095
瞥 piē 1315
瞧 qiáo 1380
(瞤)rún 1464
瞬 shùn 1608
瞳 tóng 1715
瞩 zhǔ 2247
〔十三～二一画〕
矗 chù 335
瞽 gǔ 669
(瞼)jiǎn 858
矍 jué 951
〈矙〉kàn 970
〈矓〉lóng 1114
(矇)méng 1182
mēng
瞿 qú 1416
jù
瞻 zhān 2159
(矚)zhǔ 2247

(118)
【田】
电 diàn 464
甲 jiǎ 847
申 shēn 1518
田 tián 1690
由 yóu 2079
〔二～三画〕
备 bèi 107
畀 bì 132
画 huà 779
亩 mǔ 1221
男 nán 1234
〈甽〉quǎn 1425
町 tǐng 1705
dīng
甾 zāi 2134
〔四画〕
畈 fàn 554
〈畊〉gēng 643
界 jiè 899
毗 pí 1306
〈毘〉pí 1306
畎 quǎn 1425
畋 tián 1690
胃 wèi 1785
畏 wèi 1786
〔五画〕
畚 běn 118
(畢) bì 131
畜 chù 334
xù
留 liú 1109
(畝) mǔ 1221
畔 pàn 1286
禺 yú 2100
yù
畛 zhěn 2189
〔六画〕
累 lèi 1049
lěi
éi
略 lüè 1132
畦 qí 1345
(異) yì 2039
畤 zhì 2223
〔七画〕
畴 chóu 315
番 fān 543
pān
畯 jùn 955
畲 shē 1512
畬 yú 2099
〔八～十七画〕
(疇) chóu 315
(當) dāng 425
dàng
(疊) dié 476
畸 jī 821
畿 jī 823
(壘) lěi 1048
嬲 niǎo 1258
疃 tuǎn 1735
畹 wǎn 1762

(119)
【罒】
〔一～八画〕
罢 bà 51
·ba
pí
罚 fá 541
罘 fú 595
罡 gāng 621
罟 gǔ 666
罕 hǎn 721
罹 lí 1057
詈 lì 1070
罗 luó 1135
(買) mǎi 1150
署 shǔ 1589
蜀 Shǔ 1589
四 sì 1621
罨 yǎn 1970
罩 zhào 2175
置 zhì 2225
〈眾〉zhòng 2234
罪 zuì 2297
〔九～十九画〕
(罷) bà 51
·ba
pí
(罰) fá 541
〈罸〉fá 541
睾 gāo 627
羁 jī 824
(羈) jī 824
罽 jì 840
罱 lǎn 1028
罹 lí 1057
(羅) luó 1135
罴 pí 1306
(羆) pí 1306
罾 zēng 2151
zēng

(120)
【皿】
皿 mǐn 1201
〔三～四画〕
〈盃〉bēi 102
孟 mèng 1184
盆 pén 1297
盈 yíng 2065
盂 yú 2098
盅 zhōng 2231
〔五画〕
盎 àng 34
〈盋〉bō 172
盍 hé 742
监 jiān 855
jiàn
〈盌〉wǎn 1762
盐 yán 1969
益 yì 2043
盏 zhǎn 2161
〔六画〕
盗 dào 436
盖 gài 610
gě
蛊 gǔ 668
盒 hé 738
盔 kuī 1009
盘 pán 1283
盛 shèng 1539
chéng
〔七～九画〕
(監) jiān 855
jiàn
(盡) jìn 906
盟 méng 1181
míng
〈塩〉yán 1969
(盞) zhǎn 2161
〔十～十一画〕
盥 guàn 686
(盧) lú 1119
(盤) pán 1283
〔十二～二三画〕
〈盪〉dàng 430
(蠱) gǔ 668
蠲 juān 945
(鹽) yán 1969
〈豔〉yàn 1976

(121)
【钅(金)】
〔一～三画〕
钗 chāi 247
(釵) chāi 247
钏 chuàn 342
(釧) chuàn 342
钓 diào 471
(釣) diào 471
钉 dīng 478
dìng
(釘) dīng 478
dìng
钒 fán 546
(釩) fán 546
钆 gá 607
(釓) gá 607
(釬) hàn 723
〈釦〉kòu 995
钌 liào 1088
liǎo
(釕) liào 1088
liǎo
𨱏 mǎ 1148

字	拼音	页
钔	mén	1180
钕	nǚ	1271
(釹)	nǚ	1271
钋	pō	1325
(釙)	pō	1325
钎	qiān	1361
(釺)	qiān	1361
钐	shān	1492
	shàn	
(釤)	shān	1492
	shàn	
钍	tǔ	1733
(釷)	tǔ	1733
钇	yǐ	2032
(釔)	yǐ	2032
钊	zhāo	2168
(釗)	zhāo	2168
针	zhēn	2185
(針)	zhēn	2185
〔四 画〕		
钣	bǎn	72
(鈑)	bǎn	72
钡	bèi	106
钚	bù	206
(鈈)	bù	206
钞	chāo	266
(又)	chào	
(鈔)	chāo	266
(又)	chào	
钭	Dǒu	494
(又)	Tǒu	
(鈄)	Dǒu	494
(又)	Tǒu	
钝	dùn	515
(鈍)	dùn	515
钫	fāng	556
(鈁)	fāng	556
钙	gài	610
(鈣)	gài	610
钩	gōu	657
(鈎)	gōu	657
钬	huǒ	812
(鈥)	huǒ	812
钧	jūn	954
(鈞)	jūn	954
钪	kàng	973
(鈧)	kàng	973
钠	nà	1230
(鈉)	nà	1230
钮	niǔ	1265
(鈕)	niǔ	1265
钯	pá	1277
	bǎ	
(鈀)	pá	1277
	bǎ	
〈鈆〉	qiān	1362
	yán	
钤	qián	1367
(鈐)	qián	1367
〈鎗〉	qiāng	1372
钦	qīn	1386
(欽)	qīn	1386
钛	tài	1657
(鈦)	tài	1657
钨	wū	1800
钘	yá	1957
(釾)	yá	1957
钖	yáng	1983
钥	yào	1996
	yuè	
钟[1]	zhōng	2231
钟[2]	zhōng	2231
〔五 画〕		
铋	bì	130
(鉍)	bì	130
钵	bō	172
(鉢)	bō	172
铂	bó	174
(鉑)	bó	174
钹	bó	176
(又)	bá	
(鈸)	bó	176
(又)	bá	
钸	bù	208
(鈽)	bù	208
〈鉏〉	chú	331
钿	diàn	468
	tián	
(鈿)	diàn	468
	tián	
铎	duó	520
钴	gǔ	666
(鈷)	gǔ	666
钾	jiǎ	848
(鉀)	jiǎ	848
钜	jù	942
(鉅)	jù	942
〈鉤〉	gōu	657
钶	kē	976
(鈳)	kē	976
铃	líng	1096
(鈴)	líng	1096
铆	mǎo	1165
(鉚)	mǎo	1165
钼	mù	1224
(鉬)	mù	1224
铌	ní	1250
(鈮)	ní	1250
铍	pī	1303
	pí	
(鈹)	pī	1303
	pí	
钷	pǒ	1326
(鉕)	pǒ	1326
铅	qiān	1362
	yán	
(鉛)	qiān	1362
	yán	
钱	qián	1367
钳	qián	1368
(鉗)	qián	1368
铈	shì	1561
(鈰)	shì	1561
铄	shuò	1612
铊	tā	1650
	tuó	
(鉈)	tā	1650
	tuó	
钽	tǎn	1661
(鉭)	tǎn	1661
铁	tiě	1699
铉	xuàn	1941
(鉉)	xuàn	1941
蓥	yíng	2065
铀	yóu	2083
(鈾)	yóu	2083
钰	yù	2107
(鈺)	yù	2107
钺	yuè	2124
(鉞)	yuè	2124
钲	zhēng	2192
(鉦)	zhēng	2192
钻	zuān	2294
	zuàn	
〔六 画〕		
铵	ǎn	25
(銨)	ǎn	25
铲	chǎn	252
铖	chéng	291
(鋮)	chéng	291
铳	chòng	313
(銃)	chòng	313
铛	dāng	428
	chēng	
铞	diào	471
(銱)	diào	471
铫	diào	475
	yáo	
(銚)	diào	475
	yáo	
铥	diū	485
(銩)	diū	485
铒	ěr	532
	èr	
(鉺)	ěr	532
	èr	
铬	gè	638
	luò	
(鉻)	gè	638
	luò	
铪	hā	712
(鉿)	hā	712
铧	huá	776
铗	jiá	847
铰	jiǎo	881
(鉸)	jiǎo	881

字	拼音	页码
铠	kǎi	965
铐	kào	974
(銬)	kào	974
铑	lǎo	1041
(銠)	lǎo	1041
銮	luán	1130
铝	lǚ	1126
铓	máng	1161
(鋩)	máng	1161
铭	míng	1205
(銘)	míng	1205
铙	náo	1240
铨	quán	1423
(銓)	quán	1423
铷	rú	1457
(銣)	rú	1457
铯	sè	1483
(銫)	sè	1483
铩	shā	1485
〈銕〉	tiě	1699
铴	tāng	1664
铜	tóng	1714
(銅)	tóng	1714
铦	xiān	1848
(銛)	xiān	1848
衔	xián	1852
(銜)	xián	1852
铣	xiǎn	1853
	xǐ	
(銑)	xiǎn	1853
	xǐ	
铱	yī	2026
(銥)	yī	2026
铟	yīn	2050
(銦)	yīn	2050
银	yín	2051
(銀)	yín	2051
铕	yǒu	2094
(銪)	yǒu	2094
铡	zhá	2153
铮	zhēng	2194
	zhèng	
铢	zhū	2242
(銖)	zhū	2242
〔七画〕		
锕	ā	5
(錒)	ā	5
(鋇)	bèi	106
锄	chú	331
(鋤)	chú	331
锉	cuò	378
(銼)	cuò	378
锇	é	523
(鋨)	é	523
锋	fēng	585
(鋒)	fēng	585
锆	gào	629
(鋯)	gào	629
〈銾〉	gǒng	654
锅	guō	700
〈銲〉	hàn	723
〈銲〉	hàn	723
(鋏)	jiá	847
锏	jiān	855
	jiǎn	
锔	jū	937
	jú	
(鋦)	jū	937
	jú	
锎	kāi	964
铿	kēng	987
铼	lái	1024
锒	láng	1030
(鋃)	láng	1030
铹	láo	1034
锂	lǐ	1061
(鋰)	lǐ	1061
链	liàn	1078
锍	liǔ	1111
(鋶)	liǔ	1111
(鋁)	lǚ	1126
锊	lüè	1132
(鋝)	lüè	1132
铺	pū	1331
	pù	
(鋪)	pū	1331
	pù	
锓	qǐn	1390
(又)	qiān	
(鋟)	qǐn	1390
(又)	qiān	
𨱇	qiú	1412
(銶)	qiú	1412
锐	ruì	1464
(銳)	ruì	1464
锁	suǒ	1649
铽	tè	1674
(鋱)	tè	1674
锑	tī	1678
(銻)	tī	1678
铤	tǐng	1706
	dìng	
(鋌)	tǐng	1706
	dìng	
销	xiāo	1876
(銷)	xiāo	1876
锌	xīn	1906
(鋅)	xīn	1906
锈	xiù	1928
(銹)	xiù	1928
铘	yé	1997
(鋣)	yé	1997
锃	zèng	2151
(鋥)	zèng	2151
铸	zhù	2251
〈鋜〉	zhuó	2269
〔八画〕		
锛	bēn	115
(錛)	bēn	115
(錶)	biǎo	154
锠	chāng	254
(錩)	chāng	254
锤	chuí	348
(錘)	chuí	348
错	cuò	378
(錯)	cuò	378
锝	dé	443
(鍀)	dé	443
锭	dìng	484
(錠)	dìng	484
钢	gāng	620
	gàng	
(鋼)	gāng	620
	gàng	
锢	gù	671
(錮)	gù	671
锪	huò	815
(又)	huō	
(鍃)	huò	815
(又)	huō	
锦	jǐn	909
(錦)	jǐn	909
锯	jù	943
	jū	
(鋸)	jù	943
	jū	
锩	juǎn	946
(錈)	juǎn	946
锞	kè	985
(錁)	kè	985
锟	kūn	1012
(錕)	kūn	1012
(錸)	lái	1024
(錄)	lù	1122
锣	luó	1136
锚	máo	1164
(錨)	máo	1164
(鍆)	mén	1180
锰	měng	1184
(錳)	měng	1184
锘	nuò	1273
(鍩)	nuò	1273
锫	péi	1294
(錇)	péi	1294
(錢)	qián	1367
锖	qiāng	1373
(錆)	qiāng	1373
锬	tán	1660
	xiān	
(錟)	tán	1660
	xiān	
锡	xī	1825
(台)	xí	
(錫)	xī	1825
(台)	xí	
锨	xiān	1849

(137)

【臣】

(138)

【西(覀)】

(139)

【页(頁)】

(142)

【缶】

(143)

【舌】

(144)

【竹(⺮)】

(164)

【 豸 】

(165)

【 谷 】

(166)

【 采 】

(167)

【 身 】

(168)

【 角 】

(177)

【音】

(178)

【革】

(179)

【骨】

黠 xiá 1837
黡 yǎn 1974
(黶)yǎn 1974
黟 yī 2027
黝 yǒu 2094

(187)
【 鼠 】

鼢 fén 576
鼠 shǔ 1590
鼯 wú 1809
鼷 xī 1824
鼹 yǎn 1975
〈鼴〉yǎn 1975
鼬 yòu 2096

(188)
【 鼻 】

鼻 bí 123
鼾 hān 717
鼽 qiú 1409
劓 yì 2046
齄 zhā 2153
〈齇〉zhā 2153

한국 한자음 찾아보기

〈隑〉gài 611
个 gè 636
·ge
gě
〈箇〉gè 636
·ge
gě
恝 jiá 847
皆 jiē 887
喈 jiē 887
介 jiè 898
gà
芥 jiè 899
gài
玠 jiè 899
疥 jiè 899
蚧 jiè 899
骱 jiè 899
开 kāi 957
·kai
锎 kāi 964
揩 kāi 964
凯 kǎi 964
剀 kǎi 964
垲 kǎi 965
恺 kǎi 965
铠 kǎi 965
闿 kǎi 965
蒈 kǎi 965
锴 kǎi 965
忾 kài 965
xì
qì
慨 kǎi 965
(又) kài
〈嘅〉kǎi 965
(又) kài
瞌 kē 977
磕 kē 977
〈搕〉kē 977
岂 qǐ 1345
kǎi

【 객 】
喀 kā 956
kē
客 kè 983

【 갱 】
更 gēng 642
gèng
埂 gěng 643
赓 gēng 643
羹 gēng 643
坑 kēng 986
〈阬〉kēng 986
硁 kēng 987
〈硜〉kēng 987
铿 kēng 987

【 갹 】
噱 jué 951
xué

【 거 】
车 chē 272
jū
砗 chē 274
居 jū 936
椐 jū 937
琚 jū 937
裾 jū 937
锔 jū 937
jú
举 jǔ 939
莒 jǔ 939
柜[2] jǔ 939
榉 jǔ 940
巨 jù 941
拒 jù 941
讵 jù 941
苣 jù 942
qǔ
炬 jù 942
距 jù 942
钜 jù 942
倨 jù 943
据[1] jù 943
据[2] jū 943
锯 jù 943
jū
踞 jù 944
遽 jù 944
醵 jù 945
祛 qū 1415
袪 qū 1415
渠 qú 1416
蕖 qú 1416
磲 qú 1416
璩 qú 1416
蘧 qú 1416
去 qù 1418

【 건 】
干[3] gān 612
囝 jiǎn 857
nān
zǎi
犍 jiān 857
qián
謇 jiǎn 862
蹇 jiǎn 862
件 jiàn 863
建 jiàn 864
健 jiàn 865
腱 jiàn 865
楗 jiàn 865
毽 jiàn 865
踺 jiàn 865
键 jiàn 865
巾 jīn 902
愆 qiān 1364
〈諐〉qiān 1364
搴 qiān 1364
褰 qiān 1364
骞 qiān 1364
虔 qián 1368
掮 qián 1368
乾 qián 1368

【 걸 】
虼 gè 638
偈 jì 839
jié
杰 jié 893
〈傑〉jié 893
桀 jié 895
乞 qǐ 1345
qì

【 검 】
俭 jiǎn 857
捡 jiǎn 857
检 jiǎn 857
睑 jiǎn 858
剑 jiàn 865
〈劒〉jiàn 865
脸 liǎn 1076
钤 qián 1367
黔 qián 1367

【 겁 】
砝 fǎ 543
劫 jié 892
〈刼〉jié 892
〈刦〉jié 892
〈刧〉jié 892
袷 qiā 1356
jiá
怯 qiè 1385

【 게 】
偈 jì 839
jié
揭 jiē 890
撅 juē 947
憩 qì 1355

【 격 】
骼 gē 630
格 gé 633
gē
隔 gé 634
嗝 gé 635
gě
塥 gé 635
膈 gé 635
gě
gè
槅 gé 635
hé
镉 gé 635
lì
鬲 gé 636
击 jī 818
墼 jī 823

鹘 hú 767
gǔ
滑 huá 776
gǔ

【공】

赣 Gàn 619
gòng
〈贛〉Gàn 619
gòng
工 gōng 644
功 gōng 647
攻 gōng 647
公 gōng 649
蚣 gōng 652
供 gōng 652
gòng
恭 gōng 653
拱 gǒng 654
汞 gǒng 654
〈銾〉gǒng 654
龚 Gōng 654
巩 gǒng 654
共 gòng 655
gōng
珙 gǒng 655
贡 gòng 656
唝 gòng 656
红 hóng 752
gōng
空 kōng 987
kòng
孔 kǒng 990
崆 kōng 990
箜 kōng 990
恐 kǒng 991
倥 kǒng 991
kōng
控 kòng 991
邛 qióng 1406
〈卭〉qióng 1406
筇 qióng 1406
蛩 qióng 1408
跫 qióng 1408
銎 qióng 1408

【과】

戈 gē 629
瓜 guā 672
胍 guā 673
剐 guǎ 674
寡 guǎ 674
埚 guō 700
锅 guō 700
果 guǒ 703
过 guò 704
guō
·guo
猓 guǒ 704
蜾 guǒ 704
馃 guǒ 704
裹 guǒ 704
踝 huái 781
夥 huǒ 812
科 kē 976
棵 kē 977
稞 kē 977
窠 kē 977
颗 kē 977
髁 kē 977
蝌 kē 977
课 kè 984
锞 kè 985
骒 kè 985
夸[1] kuā 1000
夸[2] kuā 1000
侉 kuǎ 1001
〈咵〉kuǎ 1001
垮 kuǎ 1001
挎 kuà 1001
kū
胯 kuà 1001
跨 kuà 1001
〈骻〉kuà 1001
娲 wā 1751
涡 wō 1795
Guō
挝 zhuā 2252
wō

【곽】

崞 Guō 700
郭 guō 700
椁 guǒ 704
〈槨〉guǒ 704
霍 huò 815
藿 huò 815
镢 jué 952
廓 kuò 1014

【관】

关 guān 678
〈関〉guān 678
观 guān 680
guàn
官 guān 681
倌 guān 682
棺 guān 683
馆 guǎn 683
〈舘〉guǎn 683
冠 guān 683
guàn
琯 guǎn 684
管 guǎn 684
贯 guàn 685
〈毌〉guàn 685
惯 guàn 686
掼 guàn 686
涫 guàn 686
盥 guàn 686
灌 guàn 686
鹳 guàn 687
爟 guàn 687
罐 guàn 687
〈鑵〉guàn 687
擐 huàn 786
矜 jīn 902
guān
qín
〈矝〉jīn 902
guān
qín
宽 kuān 1004
髋 kuān 1005
款 kuǎn 1005
〈欵〉kuǎn 1005
窾 kuǎn 1006
颧 quán 1424
绾 wǎn 1763

【괄】

刮[1] guā 673
栝 guā 674
刮[2] guā 674
鸹 guā 674
聒 guō 700
恝 jiá 847
括 kuò 1013
guā

【광】

光 guāng 687
咣 guāng 690
胱 guāng 690
广 guǎng 690
桄 guàng 691
guāng
逛 guàng 691
犷 guǎng 691
磺 huáng 791
匡 kuāng 1006
劻 kuāng 1006
诓 kuāng 1006
哐 kuāng 1006
筐 kuāng 1006
狂 kuáng 1006
诳 kuáng 1007
kuāng
夼 kuǎng 1007
圹 kuàng 1007
邝 Kuàng 1007
旷 kuàng 1007
矿 kuàng 1007
〈鑛〉kuàng 1007
纩 kuàng 1007
〈絖〉kuàng 1007
框 kuàng 1008
kuāng
眶 kuàng 1008

【괘】

卦 guà 674
挂 guà 675

拒 jù 941
具 jù 942
俱 jù 942
Jū
惧 jù 942
犋 jù 942
飓 jù 943
窭 jù 944
屦 jù 944
口 kǒu 992
抠 kōu 992
kēi
眍 kōu 992
扣 kòu 995
〈釦〉kòu 995
筘 kòu 996
〈簆〉kòu 996
寇 kòu 996
蔻 kòu 996
馗 kuí 1010
讴 ōu 1274
欧 ōu 1274
殴 ōu 1274
瓯 ōu 1274
呕 ǒu 1275
òu
怄 òu 1275
鸥 ōu 1275
沤 òu 1276
ōu
丘 qiū 1408
〈坵〉qiū 1408
邱 qiū 1408
蚯 qiū 1408
犰 qiú 1409
鼽 qiú 1409
求 qiú 1410
俅 qiú 1411
球 qiú 1411
逑 qiú 1412
裘 qiú 1412
赇 qiú 1412
銶 qiú 1412
糗 qiǔ 1412

区 qū 1412
ōu
岖 qū 1413
躯 qū 1413
驱 qū 1413
〈駈〉qū 1413
〈敺〉qū 1413
劬 qú 1416
朐 qú 1416
〈軥〉qú 1416
鸲 qú 1416
〈鸜〉qú 1416
瞿 qú 1416
jù
氍 qú 1416
癯 qú 1416
蠼 qú 1416
jué
〈蠷〉qú 1416
jué
衢 qú 1416
伛 yǔ 2104
妪 yù 2107

【국】

国 guó 700
掬 jū 937
〈粷〉jū 937
鞠 jū 938
菊 jú 938
局 jú 938
〈跼〉jú 938
焗 jú 938
曲² qū 1414
〈粬〉qū 1414
麴 qū 1416

【군】

窘 jiǒng 926
军 jūn 952
君 jūn 953
莙 jūn 954
麇 jūn 954
qún
郡 jùn 955
捃 jùn 955
〈攟〉jùn 955
裙 qún 1428
群 qún 1429
〈羣〉qún 1429

【굴】

倔 jué 950
juè
崛 jué 951
掘 jué 951
矻 kū 996
(又) kù
wù
堀 kū 997
窟 kū 997
诎 qū 1415
屈 qū 1415

【궁】

弓 gōng 648
躬 gōng 649
〈躳〉gōng 649
宫 gōng 654
穷 qióng 1406
䓖 qióng 1407
穹 qióng 1407
芎 xiōng 1923
(又) qiōng

【권】

卷¹ juǎn 945
〈錈〉juǎn 945
锩 juǎn 946
卷² juàn 946
quán
倦 juàn 946
〈勌〉juàn 946
桊 juàn 947
眷 juàn 947
〈睠〉juàn 947
权 quán 1420
圈 quān 1420
juān
juàn
惓 quán 1423
蜷 quán 1423
拳 quán 1424
踡 quán 1424
鬈 quán 1424
劝 quàn 1425
券 quàn 1425
xuàn
绻 quǎn 1425

【궐】

鳜 guì 698
孓 jué 947
噘 juē 947
撅 juē 947
〈撧〉juē 947
掘 jué 951
厥 jué 951
劂 jué 951
獗 jué 951
蕨 jué 951
橛 jué 951
镢 jué 951
蹶 jué 951
juě
阙 quē 1426
què
瘸 qué 1427

【귤】

橘 jú 938

【궤】

诡 guǐ 695
轨 guǐ 695
匦 guǐ 695
簋 guǐ 697
〈𣪘〉guǐ 697
晷 guǐ 697
柜¹ guì 697
跪 guì 698
缋 huì 802
阓 huì 802
几² jī 832
麂 jǐ 833
蹶 jué 951
juě
匮 kuì 1011
guì
愦 kuì 1011

溃 kuì 1011
蒉 kuì 1011
聩 kuì 1011
篑 kuì 1011
馈 kuì 1011
〈餽〉kuì 1011

【귀】

归 guī 691
龟 guī 694
jūn
qiū
〈龜〉guī 694
jūn
qiū
皈 guī 695
宄 guǐ 695
鬼 guǐ 696
晷 guǐ 697
贵 guì 697
刿 guì 697
缋 huì 802
岿 kuī 1009

【규】

圭 guī 693
闺 guī 693
鲑 guī 694
xié
硅 guī 694
〈珪〉guī 694
规 guī 694
〈槼〉guī 694
妫 Guī 694
叫 jiào 883
〈呌〉jiào 883
纠 jiū 926
〈糺〉jiū 926
赳 jiū 927
阄 jiū 927
芤 kōu 992
刲 kuī 1009
窥 kuī 1009
〈闚〉kuī 1009
馗 kuí 1010
揆 kuí 1010
葵 kuí 1010
睽 kuí 1010
暌 kuí 1010
跬 kuǐ 1010
奎 kuí 1010
喹 kuí 1010
逵 kuí 1010
蝰 kuí 1010
缪 móu 1220
jiū
miù
mù
liǎo
Miào
窍 qiào 1382
虬 qiú 1410
〈虯〉qiú 1410
巯 qiú 1412

【균】

龟 guī 694
jūn
qiū
〈龜〉guī 694
jūn
qiū
皲 jūn 953
麇 jūn 954
qún
钧 jūn 954
均 jūn 954
yùn
菌 jùn 955
jūn
囷 qūn 1428
麕 qūn 1429
匀 yún 2127
筠 yún 2128
jūn

【귤】

橘 jú 938

【극】

革 gé 633
jí
屐 jī 823
极 jí 825
亟 jí 827
qì
殛 jí 828
棘 jí 830
戟 jǐ 833
剧 jù 943
克[1] kè 982
克[2] kè 982
〈剋〉kè 982
〈尅〉kè 982
氪 kè 983
郄 Qiè 1385
隙 xì 1834

【근】

根 gēn 639
跟 gēn 640
哏 gén 641
hēn
斤 jīn 902
矜 jīn 902
guān
qín
〈[illegible]〉jīn 902
guān
qín
筋 jīn 905
〈觔〉jīn 905
仅 jǐn 906
jìn
堇 jǐn 907
谨 jǐn 907
馑 jǐn 907
卺 jǐn 907
槿 jǐn 908
瑾 jǐn 908
近 jìn 912
靳 jìn 913
觐 jìn 914
蕲 qí 1341
芹 qín 1389
〈斳〉qín 1389
勤 qín 1389
〈懃〉qín 1389
廑 qín 1390
jǐn
〈厪〉qín 1390
jǐn

【글】

契 qì 1355
xiè
qiè
〈栔〉qì 1355
xiè
qiè
讫 qì 1350

【금】

今 jīn 902
衿 jīn 902
〈紟〉jīn 902
金 jīn 903
襟 jīn 906
锦 jǐn 909
妗 jìn 911
禁 jìn 913
jīn
噤 jìn 914
衾 qīn 1386
嵚 qīn 1387
芩 qín 1389
琴 qín 1389
琹 qín 1389
禽 qín 1389
噙 qín 1389
擒 qín 1389
檎 qín 1389

【급】

给 gěi 638
jǐ
圾 jī 819
㊇ sè
芨 jī 819
及 jí 825
岌 jí 825
汲 jí 825
级 jí 825
笈 jí 826
急 jí 828

〈伋〉jí 828

【긍】

亘 gèn 642
(舊) gèng
〈亙〉gèn 642
(舊) gèng
矜 jīn 902
guān
qín
〈穫〉jīn 902
guān
qín
兢 jīng 920
肯 kěn 985
掯 kèn 986
裉 kèn 986
〈褃〉kèn 986

【기】

庋 guǐ 695
饥 jī 816
叽 jī 816
机 jī 816
玑 jī 816
讥 jī 816
饥 jī 816
肌 jī 818
丌 jī 818
矶 jī 818
剞 jī 821
箕 jī 821
犄 jī 821
畸 jī 821
畿 jī 823
羁 jī 824
〈羈〉jī 824
亟 jí 827
qì
几² jǐ 831
jī
己 jǐ 832
虮 jǐ 832
掎 jǐ 833
记 jì 834
纪 jì 835
Jǐ
忌 jì 835
跽 jì 836
伎 jì 837
妓 jì 837
技 jì 837
芰 jì 837
洎 jì 837
觊 jì 838
既 jì 838
暨 jì 839
寄 jì 839
基 jī 820
冀 jì 840
骥 jì 840
觖 jué 948
夔 kuí 1010
期 qī 1338
(又) qí
(台) qí
欺 qī 1338
桤 qī 1338
魌 qī 1339
〈䫏〉qī 1339
亓 Qí 1340
岐 qí 1341
歧 qí 1341
芪 qí 1341
圻 qí 1341
yín
祈 qí 1341
颀 qí 1341
蕲 qí 1341
其 qí 1341
jī
淇 Qí 1342
萁 qí 1342
棋 qí 1342
〈棊〉qí 1342
〈碁〉qí 1342
琪 qí 1342
祺 qí 1342
綦 qí 1342
旗 qí 1342
〈旂〉qí 1342
蜞 qí 1342
骐 qí 1343
麒 qí 1343
奇 qí 1343
jī
埼 qí 1344
〈碕〉qí 1344
崎 qí 1344
琦 qí 1344
骑 qí 1344
祁 qí 1344
耆 qí 1344
shì
企 qǐ 1345
(台) qì
屺 qǐ 1345
岂 qǐ 1345
kǎi
鬐 qí 1345
鳍 qí 1345
芑 qǐ 1346
杞 qǐ 1346
起 qǐ 1346
绮 qǐ 1350
气 qì 1350
汽 qì 1353
弃 qì 1354
器 qì 1355
嗜 shì 1569
沂 Yí 2028
踦 yǐ 2036
qī
枝 zhī 2206
忮 zhì 2220

【끽】

喫 chī 296

【긴】

紧 jǐn 908

【길】

咭 jī 821
吉 jí 826
佶 jí 827
拮 jié 893
桔 jié 895
jú
鲒 jié 895

【김】

金 jīn 903

【나】

喇 lǎ 1019
lá
奈 nài 1233
拿 ná 1226
〈拏〉ná 1226
镎 ná 1228
哪 nǎ 1228
(又) nǎi, něi
·na, né
那 nà 1230
(又) nèi, nè
娜 nuó 1272
nà
挪 nuó 1272
傩 nuó 1272
懦 nuò 1273
糯 nuò 1273
〈稬〉nuò 1273

【낙】

诺 nuò 1273
锘 nuò 1273

【난】

囡 nān 1234
难 nán 1236
nàn
nuó
暖 nuǎn 1271
〈煖〉nuǎn 1271

【날】

捺 nà 1231
捏 niē 1259

【남】

男 nán 1234
南 nán 1234
nā
喃 nán 1236
楠 nán 1236
〈枏〉nán 1236

tòng
仝 tóng 1710
砼 tóng 1710
(又) hùnníngtǔ
佟 Tóng 1714
茼 tóng 1714
桐 tóng 1714
酮 tóng 1714
铜 tóng 1714
鲖 tóng 1714
彤 tóng 1714
童 tóng 1714
潼 tóng 1715
僮 tóng 1715
Zhuàng
瞳 tóng 1715
【 두 】
兜 dōu 492
蔸 dōu 493
篼 dōu 493
斗[1] dǒu 493
斗[2] dòu 493
〈鬪〉dòu 493
抖 dǒu 494
钭 Dǒu 494
(又) Tǒu
蚪 dǒu 494
陡 dǒu 494
豆 dòu 495
〈荳〉dòu 495
逗 dòu 495
饾 dòu 495
痘 dòu 496
窦 dòu 496
读 dú 499
dòu
肚 dù 502
dǔ
杜 dù 502
镀 dù 503
蠹 dù 503
〈蠧〉dù 503
头 tóu 1719
·tou
窬 yú 2100
dòu
【 둔 】
钝 dùn 515
遁 dùn 515
屯 tún 1741
zhūn
臀 tún 1742
窀 zhūn 2265
【 득 】
得 dé 439
·de
děi
锝 dé 443
【 등 】
橙 chéng 294
灯 dēng 444
登 dēng 445
簦 dēng 446
噔 dēng 446
蹬 dēng 446
dèng
等 děng 446
戥 děng 448
凳 dèng 448
〈櫈〉dèng 448
嶝 dèng 448
澄 dèng 448
chéng
〈澂〉dèng 448
chéng
邓 Dèng 448
磴 dèng 448
镫 dèng 448
誊 téng 1676
腾 téng 1676
滕 Téng 1676
藤 téng 1676
【 라 】
啦 lā 1019
·la
旯 lá 1019
喇 lǎ 1019
lá
癞 lài 1025
懒 lǎn 1028
啰 luō 1135
luó
·luo
罗 luó 1135
猡 luó 1136
萝 luó 1136
椤 luó 1136
逻 luó 1136
箩 luó 1136
锣 luó 1136
脶 luó 1136
螺 luó 1136
骡 luó 1136
〈驘〉luó 1136
瘰 luǒ 1137
倮 luǒ 1137
裸 luǒ 1137
〈躶〉luǒ 1137
〈臝〉luǒ 1137
蠃 luǒ 1137
【 락 】
硌 gè 638
luò
铬 gè 638
luò
咯 kǎ 956
gē
·lo
luò
烙 lào 1041
luò
酪 lào 1041
乐 lè 1043
yuè
yào
泺 Luò 1137
pō
洛 Luò 1137
珞 luò 1138
络 luò 1138
lào
落 luò 1138
lào
là
luō
骆 luò 1138
雒 luò 1141
(又) lè
荦 luò 1141
【 란 】
兰 lán 1025
拦 lán 1026
栏 lán 1026
阑 lán 1026
谰 lán 1026
澜 lán 1026
斓 lán 1026
镧 lán 1026
烂 làn 1028
栾 luán 1130
滦 Luán 1130
銮 luán 1130
鸾 luán 1130
卵 luǎn 1130
乱 luàn 1130
赧 nǎn 1238
濡 rú 1457
【 랄 】
剌 là 1019
lá
lā
瘌 là 1019
辣 là 1019
鞡 ·la 1021
埒 liè 1091
捋 lǚ 1126
luō
〈攞〉lǚ 1126
luō
【 람 】
婪 lán 1026
〈惏〉lán 1026
岚 lán 1026
蓝 lán 1026
·la
褴 lán 1027

篮 lán 1027
览 lǎn 1027
揽 lǎn 1027
〈擥〉lǎn 1027
缆 lǎn 1027
漤 lǎn 1028
〈灠〉lǎn 1028
罱 lǎn 1028
滥 làn 1028
榄 lǎn 1028
【랍】
垃 lā 1015
(台) lè
拉 lā 1015
lá
là
lǎ
啦 lā 1019
·la
邋 lā 1019
砬 lá 1019
〈磖〉lá 1019
腊[1] là 1020
蜡[1] là 1020
镴 là 1021
【랑】
啷 lāng 1029
狼 láng 1029
阆 láng 1029
làng
廊 láng 1030
榔 láng 1030
〈桹〉láng 1030
螂 láng 1030
〈蜋〉láng 1030
鎯 láng 1030
朗 lǎng 1030
琅 láng 1030
〈瑯〉láng 1030
稂 láng 1030
锒 láng 1030
郎 láng 1030
làng
浪 làng 1030
蒗 làng 1031
莨 làng 1031
liáng
娘 niáng 1257
〈孃〉niáng 1257
【래】
来 lái 1021
崃 lái 1024
徕 lái 1024
lài
〈倈〉lái 1024
lài
〈勑〉lái 1024
lài
涞 lái 1024
莱 lái 1024
睐 lài 1024
铼 lái 1024
【랭】
冷 lěng 1051
【략】
掠 lüè 1131
lüě
略 lüè 1132
【량】
俩 liǎ 1070
liǎng
良 liáng 1078
踉 liáng 1079
liàng
凉 liáng 1079
liàng
〈涼〉liáng 1079
liàng
椋 liáng 1080
梁 liáng 1080
〈樑〉liáng 1080
粮 liáng 1080
粱 liáng 1081
墚 liáng 1081
量 liáng 1081
liàng
两 liǎng 1081
唡 liǎng 1084
(又) yīng, liǎng
魉 liǎng 1084
亮 liàng 1084
liáng
辆 liàng 1085
晾 liàng 1085
谅 liàng 1085
liáng
【려】
骊 lí 1054
犁 lí 1055
〈犂〉lí 1055
嫠 lí 1057
黎 lí 1057
藜 lí 1057
〈蔾〉lí 1057
黧 lí 1057
蠡 lǐ 1062
lí
厉 lì 1064
励 lì 1065
砺 lì 1065
粝 lì 1065
蛎 lì 1065
丽 lì 1069
lí
俪 lì 1069
郦 Lì 1069
疠 lì 1069
戾 lì 1069
唳 lì 1069
庐 lú 1119
驴 lǘ 1126
吕 lǚ 1126
侣 lǚ 1126
稆 lǚ 1126
〈穭〉lǚ 1126
铝 lǚ 1126
闾 lǘ 1126
榈 lǘ 1126
旅 lǚ 1127
膂 lǚ 1127
虑 lǜ 1128
滤 lǜ 1128
摅 shū 1587
【력】
力 lì 1062
历[1] lì 1063
〈厤〉lì 1063
历[2] lì 1063
枥 lì 1064
呖 lì 1064
坜 lì 1064
沥 lì 1064
苈 lì 1064
疬 lì 1064
雳 lì 1064
栎 lì 1069
yuè
砾 lì 1069
轹 lì 1069
跞 lì 1070
luò
鬲 lì 1070
gé
镉 lì 1070
gé
【련】
拣 jiǎn 857
连 lián 1070
涟 lián 1074
莲 lián 1074
裢 lián 1074
鲢 lián 1074
怜 lián 1074
联 lián 1074
炼 liàn 1077
〈鍊〉liàn 1077
练 liàn 1077
琏 liǎn 1077
链 liàn 1078
楝 liàn 1078
恋 liàn 1078
孪 luán 1129
(台) luán
娈 luán 1129
(台) lüǎn
挛 luán 1129

(台) luán
脔 luán 1130
辇 niǎn 1256
撵 niǎn 1256
【렬】
咧 liě 1089
liē
lié
·lie
列 liè 1089
冽 liè 1090
洌 liè 1090
烈 liè 1090
裂 liè 1090
liě
趔 liè 1091
劣 liè 1091
捩 liè 1091
埒 liè 1091
锊 lüè 1132
【렴】
帘[1] lián 1070
帘[2] lián 1070
奁 lián 1070
〈匲〉lián 1070
〈匳〉lián 1070
〈籢〉lián 1070
廉 lián 1075
濂 Lián 1076
臁 lián 1076
镰 lián 1076
〈鎌〉lián 1076
蠊 lián 1076
敛 liǎn 1076
(又) liàn
〈歛〉liǎn 1076
(又) liàn
裣 liǎn 1077
蔹 liǎn 1077
殓 liàn 1078
潋 liàn 1078
莶 xiān 1848
liǎn
(又) liǎn
【렵】
猎 liè 1091
躐 liè 1092
鬣 liè 1092
【령】
逞 chěng 295
拎 līn 1092
(又) līng
伶 líng 1096
囹 líng 1096
泠 líng 1096
苓 líng 1096
玲 líng 1096
瓴 líng 1096
羚 líng 1096
聆 líng 1096
铃 líng 1096
鸰 líng 1096
翎 líng 1097
蛉 líng 1097
零 líng 1097
lián
龄 líng 1098
灵 líng 1098
棂 líng 1099
〈櫺〉líng 1099
酃 líng 1100
领 lǐng 1101
岭 lǐng 1101
令 lìng 1103
lǐng
líng
呤 lìng 1103
另 lìng 1103
【례】
礼 lǐ 1057
澧 lǐ 1061
醴 lǐ 1061
鳢 lǐ 1061
例 lì 1068
隶 lì 1069
〈隸〉lì 1069
【로】
捞 lāo 1031
劳 láo 1032
唠 láo 1034
lào
崂 Láo 1034
痨 láo 1034
铹 láo 1034
老 lǎo 1034
佬 lǎo 1041
姥 lǎo 1041
mǔ
栳 lǎo 1041
铑 lǎo 1041
涝 lào 1041
耢 lào 1042
嫪 lào 1042
獠 liáo 1087
撸 lū 1119
卢 lú 1119
垆 lú 1119
泸 Lú 1119
芦 lú 1119
胪 lú 1119
栌 lú 1120
炉 lú 1120
〈鑪〉lú 1120
轳 lú 1120
舻 lú 1120
颅 lú 1120
鲈 lú 1120
鸬 lú 1120
卤 lǔ 1120
〈滷〉lǔ 1120
硵 lǔ 1121
虏 lǔ 1121
掳 lǔ 1121
鲁 lǔ 1121
橹 lǔ 1121
〈艫〉lǔ 1121
〈艪〉lǔ 1121
氇 lǔ 1121
镥 lǔ 1121
路 lù 1122
辂 lù 1122
潞 lù 1124
鹭 lù 1125
璐 lù 1124
露 lù 1124
lòu
【록】
录 lù 1122
渌 Lù 1122
逯 Lù 1122
碌 lù 1122
liù
禄 lù 1122
鹿 lù 1125
漉 lù 1125
辘 lù 1125
簏 lù 1125
麓 lù 1125
绿 lǜ 1128
lù
氯 lǜ 1129
【론】
抡 lūn 1132
lún
论 lùn 1134
Lún
【롱】
咙 lóng 1114
泷 lóng 1114
shuāng
茏 lóng 1114
胧 lóng 1114
〈矓〉lóng 1114
栊 lóng 1114
珑 lóng 1114
砻 lóng 1114
笼 lóng 1114
lǒng
〈爖〉lóng 1114
lǒng
聋 lóng 1115
陇 lǒng 1115
垄 lǒng 1115
垅 lǒng 1115
拢 lǒng 1115
弄 nòng 1267

lòng
〈挵〉nòng 1267
lòng

【 뢰 】

赉 lài 1024
赖 lài 1024
〈頼〉lài 1024
濑 lài 1025
籁 lài 1025
牢 láo 1032
雷 léi 1047
擂 léi 1048
lèi
lēi
〈攂〉léi 1048
lèi
lēi
礌 léi 1048
〈礧〉léi 1048
镭 léi 1048
罍 léi 1048
〈櫑〉léi 1048
耒 lěi 1048
诔 lěi 1048
蕾 lěi 1048
〈藟〉lěi 1048
磊 lěi 1048
儡 lěi 1048
酹 lèi 1050
颣 lèi 1050
赂 lù 1122

【 료 】

醪 láo 1034
了[1] ·le 1044
liǎo
了[2] liǎo 1046
撩 liāo 1085
liáo
liào
寮 liáo 1086
聊 liáo 1086
僚 liáo 1086
嘹 liáo 1086
辽 liáo 1086
疗 liáo 1086
獠 liáo 1087
燎 liáo 1087
liǎo
缭 liáo 1087
鹩 liáo 1087
寥 liáo 1087
潦 liǎo 1087
lǎo
蓼 liǎo 1088
lù
钌 liào 1088
liǎo
尥 liào 1088
料 liào 1088
撂 liào 1088
瞭 liào 1088
廖 Liào 1088
镣 liào 1089
(又) liáo
缪 móu 1220
jiū
miù
mù
liǎo
Miào

【 룡 】

龙 lóng 1112

【 루 】

窭 jù 944
嫘 léi 1047
垒 lěi 1048
泪 lèi 1049
累 lèi 1049
lěi
léi
〈傫〉lèi 1049
lěi
léi
〈纍〉lèi 1049
lěi
léi
〈絫〉lèi 1049
lěi
lēi
娄 lóu 1116
偻 lóu 1116
(又) lǚ
喽 lóu 1116
·lou
溇 Lóu 1116
蒌 lóu 1116
楼 lóu 1116
〈廔〉lóu 1116
耧 lóu 1117
蝼 lóu 1117
髅 lóu 1117
嵝 lǒu 1117
搂 lǒu 1117
lōu
篓 lǒu 1117
陋 lòu 1117
镂 lòu 1118
漏 lòu 1118
瘘 lòu 1118
(又) lǘ
屡 lǚ 1127
缕 lǚ 1127
褛 lǚ 1128
漯 luò 1141
Tà
摞 luò 1141

【 류 】

缧 léi 1047
类 lèi 1049
溜 liū 1104
liù
〈霤〉liū 1104
liù
熘 liū 1105
刘 Liú 1105
浏 liú 1106
流 liú 1106
琉 liú 1108
〈瑠〉liú 1108
硫 liú 1109
鎏 liú 1109
留 liú 1109
旒 liú 1109
馏 liú 1110
liù
骝 liú 1111
榴 liú 1111
瘤 liú 1111
镏 liú 1111
liù
镠 liú 1111
柳 liǔ 1111
锍 liǔ 1111
绺 liǔ 1111
鹨 liù 1112
遛 liù 1112
liú
碌 lù 1122
liù
谬 miù 1210

【 륙 】

蓼 liǎo 1088
lù
六 liù 1111
lù
陆 lù 1121
liù
戮 lù 1125
〈剹〉lù 1125
〈勠〉lù 1125

【 륜 】

抡 lūn 1132
lún
仑 lún 1132
〈崙〉lún 1132
伦 lún 1132
沦 lún 1133
[illegible] lún 1133
纶 lún 1133
guān
轮 lún 1133
囵 lún 1133

【 률 】

栗 lì 1070
〈慄〉lì 1070
溧 lì 1070

傈 lì 1070
篥 lì 1070
律 lǜ 1128
葎 lǜ 1128
率 shuài 1597
lǜ

【 륭 】

隆 lóng 1115
癃 lóng 1115
窿 lóng 1115

【 륵 】

仂 lè 1042
叻 Lè 1042
泐 lè 1042
勒 lè 1042
lēi
鳓 lè 1042
肋 lèi 1048
lē
嘞 ·lei 1050

【 름 】

禀 bǐng 165
lǐn
〈稟〉bǐng 165
lǐn
凛 lǐn 1095
廪 lǐn 1095
懔 lǐn 1095
檩 lǐn 1095

【 릉 】

棱 léng 1050
lēng
líng
〈稜〉léng 1050
lēng
líng
塄 léng 1051
楞 léng 1051
lèng
愣 lèng 1054
〈睖〉lèng 1054
凌 líng 1100
菱 líng 1100
〈蔆〉líng 1100
陵 líng 1100
绫 líng 1100
鲮 líng 1100

【 리 】

魑 chī 301
螭 chī 302
悝 kuī 1009
lǐ
羸 léi 1048
哩 lī 1054
·li
lǐ
(又) yīng, lǐ
厘 lí 1054
〈釐〉lí 1054
鲡 lí 1054
鹂 lí 1054
喱 lí 1055
梨 lí 1055
〈棃〉lí 1055
犁 lí 1055
〈犂〉lí 1055
蜊 lí 1055
狸 lí 1055
〈貍〉lí 1055
离 lí 1055
漓 lí 1057
璃 lí 1057
〈瓈〉lí 1057
缡 lí 1057
〈褵〉lí 1057
蓠 lí 1057
篱 lí 1057
罹 lí 1057
黧 lí 1057
李 lǐ 1058
里[1] lǐ 1059
里[2] lǐ 1059
〈裏〉lǐ 1059
俚 lǐ 1060
lī
娌 lǐ 1060
理 lǐ 1060
锂 lǐ 1061
鲤 lǐ 1061
逦 lǐ 1061
吏 lì 1067
利 lì 1067
莅 lì 1067
〈蒞〉lì 1067
〈涖〉lì 1067
俐 lì 1068
猁 lì 1068
莉 lì 1068
痢 lì 1068
詈 lì 1070
履 lǚ 1128

【 린 】

邻 lín 1092
〈隣〉lín 1092
粼 lín 1094
嶙 lín 1094
遴 lín 1094
辚 lín 1094
鳞 lín 1095
麟 lín 1095
〈麐〉lín 1095
瞵 lín 1095
磷 lín 1095
〈粦〉lín 1095
吝 lìn 1095
〈恡〉lìn 1095
膦 lìn 1096
蔺 lìn 1096
躏 lìn 1096
〈躪〉lìn 1096

【 림 】

林 lín 1092
啉 lín 1093
淋 lín 1093
lìn
〈痳〉lín 1093
lìn
琳 lín 1093
霖 lín 1093
临 lín 1093

【 립 】

砬 lá 1019
〈磖〉lá 1019
立 lì 1065
笠 lì 1067
粒 lì 1067

【 마 】

妈 mā 1142
麻 má 1142
mā
〈痲〉má 1142
mā
〈蔴〉má 1142
mā
嬷 mā 1142
嘛 má 1144
·ma
〈嘪〉má 1144
·ma
马 mǎ 1144
蟆 má 1144
犸 mǎ 1148
玛 mǎ 1148
码 mǎ 1148
蚂 mǎ 1148
mā
mà
𨱏 mǎ 1148
吗 ·ma 1149
mǎ
má
祃 mà 1149
杩 mà 1149
唛 mà 1149
么 ·me 1167
·ma
mó
摩 mó 1212
mā
磨 mó 1212
mò
魔 mó 1214
蘑 mó 1214
耱 mò 1219

【 막 】

邈 miǎo 1198

蠛 miè 1200
【명】
皿 mǐn 1201
名 míng 1202
茗 míng 1204
铭 míng 1205
明 míng 1205
冥 míng 1208
〈㝠〉míng 1208
鸣 míng 1208
溟 míng 1209
蓂 míng 1209
暝 míng 1209
榠 míng 1209
瞑 míng 1209
螟 míng 1209
酩 mǐng 1209
命 mìng 1209
【메】
袂 mèi 1176
【모】
耗 hào 732
姥 lǎo 1041
mǔ
毛 máo 1161
〈麾〉mào 1164
牦 máo 1164
髦 máo 1164
矛 máo 1164
茅 máo 1164
茆 máo 1164
旄 máo 1164
mào
蝥 máo 1164
蟊 máo 1164
冒 mào 1165
mò
帽 mào 1166
瑁 mào 1167
貌 mào 1167
耄 mào 1167
摸 mō 1210
mó
谟 mó 1210
馍 mó 1211
〈饝〉mó 1211
摹 mó 1211
嫫 mó 1211
模 mó 1211
mú
獏 mò 1217
Mú
哞 mōu 1219
牟 móu 1219
mù
侔 móu 1219
眸 móu 1219
蛑 móu 1219
谋 móu 1219
某 mǒu 1220
毪 mú 1220
母 mǔ 1220
坶 mǔ 1221
姆 mǔ 1221
mī
牡 mǔ 1221
募 mù 1224
暮 mù 1225
慕 mù 1225
厶 sī 1613
mǒu
侮 wǔ 1813
【목】
檑 léi 1048
缪 móu 1220
jiū
miù
mù
liǎo
Miào
木 mù 1221
沐 mù 1223
霂 mù 1223
目 mù 1223
苜 mù 1224
钼 mù 1223
牧 mù 1224
睦 mù 1225
穆 mù 1225
鹜 wù 1817
【몰】
没 méi 1167
mò
殁 mò 1216
【몽】
蒙[1] méng 1181
Měng
蒙[2] méng 1182
mēng
蒙[3] méng 1183
蒙[4] méng 1183
幪 méng 1183
朦 méng 1183
檬 méng 1183
礞 méng 1183
艨 méng 1183
瞢 méng 1183
mèng
獴 měng 1184
㊋ méng
蠓 měng 1184
懵 měng 1184
〈懞〉měng 1184
梦 mèng 1185
【묘】
吵 chǎo 271
chāo
猫 māo 1161
máo
〈貓〉māo 1161
máo
锚 máo 1164
茆 máo 1164
mǎo
卯 mǎo 1165
峁 mǎo 1165
泖 mǎo 1165
昴 mǎo 1165
铆 mǎo 1165
喵 miāo 1196
苗 miáo 1196
描 miáo 1197
鹋 miáo 1197
眇 miǎo 1197
秒 miǎo 1197
渺 miǎo 1197
缈 miǎo 1197
淼 miǎo 1198
藐 miǎo 1198
妙 miào 1198
庙 miào 1198
亩 mǔ 1221
墓 mù 1224
杳 yǎo 1991
【무】
抚 fǔ 597
呒 ḿ 1142
㊋ wǔ
fǔ
茂 mào 1165
贸 mào 1165
懋 mào 1167
瞀 mào 1167
袤 mào 1167
蝥 móu 1220
缪 móu 1220
jiū
miù
mù
liǎo
Miào
姆 mǔ 1221
拇 mǔ 1221
仫 mù 1223
亡 wáng 1766
wú
诬 wū 1800
㊋ wú
巫 wū 1800
无 wú 1801
mó
毋 wú 1808
芜 wú 1808
妩 wǔ 1813
〈娬〉wǔ 1813
庑 wǔ 1813

姘 pīn 1315
乒 pīng 1318
俜 pīng 1318
娉 pīng 1318
泙 píng 1324
屏 píng 1324
bǐng
〈屛〉píng 1324
bǐng
帡 píng 1325
瓶 píng 1325
〈缾〉píng 1325

【보】

煲 bāo 87
保 bǎo 89
堡 bǎo 92
bǔ
pù
葆 bǎo 93
褓 bǎo 93
〈緥〉bǎo 93
宝 bǎo 93
鸨 bǎo 95
报 bào 97
补 bǔ 179
步 bù 208
袱 fú 592
〈襆〉fú 592
甫 fǔ 597
辅 fǔ 597
簠 fǔ 597
黼 fǔ 598
父 fù 599
fǔ
菩 pú 1333
普 pǔ 1334
氆 pǔ 1335
谱 pǔ 1335
镨 pǔ 1335

【복】

踣 bó 177
卜[1] bǔ 178
卜[2] ·bo 179
醭 bú 178
(舊) pú
卟 bǔ 179
伏 fú 592
茯 fú 592
服 fú 594
fù
菔 fú 595
匐 fú 595
福 fú 595
幞 fú 596
(又) pú
辐 fú 596
蝠 fú 596
复[1] fù 602
复[2] fù 603
覆 fù 604
腹 fù 604
蝮 fù 604
鳆 fù 604
馥 fù 605
副 fù 605
宓 mì 1189
Fú
钋 pō 1325
仆[1] pū 1330
仆[2] pú 1330
扑 pū 1330
噗 pū 1332
濮 Pú 1333
镤 pú 1333
蹼 pǔ 1335

【본】

本 běn 115

【봉】

棒 bàng 82
棓 bàng 82
丰 fēng 578
封 fēng 584
葑 fēng 585
fèng
峰 fēng 585
〈峯〉fēng 585
烽 fēng 585
蜂 fēng 585
〈蠭〉fēng 585
锋 fēng 585
唪 fěng 586
逢 féng 586
缝 féng 586
fèng
奉 fèng 587
俸 fèng 588
捧 pěng 1299
蓬 péng 1299
篷 péng 1299

【부】

不 bù 181
钚 bù 206
埠 bù 209
部 bù 209
簿 bù 209
bó
瓿 bù 210
篰 bù 210
否 fǒu 588
pǐ
缶 fǒu 588
夫 fū 589
fú
呋 fū 589
砆 fū 589
趺 fū 589
肤 fū 589
麸 fū 590
〈粰〉fū 590
跗 fū 590
(又) fù
稃 fū 590
孵 fū 590
鄜 Fū 590
敷 fū 590
扶 fú 590
芙 fú 591
蚨 fú 591
孚 fú 592
俘 fú 592
凫 fú 592
浮 fú 593
郛 fú 594
莩 fú 594
piǎo
桴 fú 594
苻 fú 594
符 fú 594
蜉 fú 594
罘 fú 595
涪 fú 595
斧 fǔ 596
釜 fǔ 596
〈鬴〉fǔ 596
滏 fǔ 597
拊 fǔ 598
府 fǔ 598
俯 fǔ 598
〈俛〉fǔ 598
〈頫〉fǔ 598
腑 fǔ 598
腐 fǔ 598
讣 fù 599
赴 fù 599
父 fù 599
fǔ
付 fù 600
咐 fù 600
附 fù 600
〈坿〉fù 600
驸 fù 601
鲋 fù 601
负 fù 601
妇 fù 601
阜 fù 602
复[1] fù 602
覆 fù 604
副 fù 605
富 fù 605
傅 fù 606
赙 fù 606
赋 fù 606
培 péi 1293
剖 pōu 1329
仆[1] pū 1330
掊 pǒu 1330

狒 fèi 570
痱 fèi 571
〈疿〉fèi 571
否 fǒu 588
pǐ
泌 mì 1189
bì
秘 mì 1189
bì
〈祕〉mì 1189
bì
辔 pèi 1296
丕 pī 1301
邳 Pī 1301
(又) Péi
批 pī 1301
砒 pī 1302
纰 pī 1302
pí
蚍 pí 1306
琵 pí 1306
枇 pí 1306
毗 pí 1306
〈毘〉pí 1306
鲏 pí 1306
埤 pí 1306
pì
啤 pí 1306
郫 Pí 1306
陴 pí 1306
脾 pí 1306
蜱 pí 1306
鼙 pí 1306
貔 pí 1306
〈豼〉pí 1306
罴 pí 1306
仳 pǐ 1307
庀 pǐ 1307
圮 pǐ 1307
痞 pǐ 1307
嚭 pǐ 1307
屁 pì 1307
淠 Pì 1307
睥 pì 1308
(又) bì
譬 pì 1308
媲 pì 1308

【빈】

邠 Bīn 158
玢 bīn 158
fēn
宾 bīn 158
彬 bīn 159
斌 bīn 159
傧 bīn 159
摈 bìn 159
滨 bīn 159
槟 bīn 159
bīng
〈梹〉bīn 159
bīng
缤 bīn 159
镔 bīn 159
濒 bīn 159
(又) pín
豳 Bīn 159
膑 bìn 160
殡 bìn 160
髌 bìn 160
鬓 bìn 160
份 fèn 577
贫 pín 1316
嫔 pín 1317
频 pín 1317
颦 pín 1317
〈嚬〉pín 1317
牝 pìn 1318
苹[2] píng 1323

【빙】

泵 bèng 121
冰 bīng 160
〈氷〉bīng 160
骋 chěng 295
冯 Féng 586
píng
聘 pìn 1318
凭 píng 1323
〈凴〉píng 1323

【사】

嗄 á 5
喳 chā 241
zhā
馇 chā 241
查 chá 243
zhā
词 cí 353
祠 cí 354
辞 cí 356
赐 cì 359
沙 shā 1485
砂 shā 1486
纱 shā 1486
痧 shā 1486
裟 shā 1486
鲨 shā 1486
啥 shá 1487
〈倽〉shá 1487
傻 shǎ 1487
〈儍〉shǎ 1487
筛 shāi 1488
猞 shē 1512
奢 shē 1512
畲 shē 1512
赊 shē 1512
蛇 shé 1513
yí
佘 Shé 1513
舍[1] shě 1513
舍[2] shè 1514
社 shè 1515
厍 shè 1515
赦 shè 1516
射 shè 1516
麝 shè 1516
师 shī 1542
狮 shī 1544
食 shí 1553
sì
yì
史 shǐ 1555
使 shǐ 1555
驶 shǐ 1556
士 shì 1557
仕 shì 1558
事 shì 1562
耍 shuǎ 1594
厶 sī 1613
mǒu
私 sī 1613
司 sī 1614
丝 sī 1614
咝 sī 1615
思 sī 1615
sāi
锶 sī 1616
斯 sī 1616
鸶 sī 1617
死 sǐ 1617
蛳 sī 1617
巳 sì 1621
祀 sì 1621
四 sì 1621
泗 sì 1623
驷 sì 1623
寺 sì 1623
耜 sì 1623
似 sì 1623
shì
〈佀〉sì 1623
shì
姒 sì 1624
伺 sì 1624
cì
〈覗〉sì 1624
cì
笥 sì 1624
嗣 sì 1624
饲 sì 1624
〈飤〉sì 1624
俟 sì 1624
qí
肆 sì 1624
娑 suō 1645
莎 suō 1645
shā
挲 suō 1645

·sa
·sha
〈抄〉suō 1645
·sa
·sha
唆 suō 1645
梭 suō 1645
睃 suō 1645
羧 suō 1645
桫 suō 1646
蓑 suō 1646
〈簑〉suō 1646
徙 xǐ 1829
屣 xǐ 1829
〈躧〉xǐ 1829
蓰 xǐ 1829
葸 xǐ 1830
些 xiē 1890
邪 xié 1892
yé
〈衺〉xié 1892
yè
斜 xié 1893
写 xiě 1894
xiè
泻 xiè 1895
卸 xiè 1896
谢 xiè 1896
榭 xiè 1897
揸 zhā 2153
渣 zhā 2153
楂 zhā 2153
chá
〈樝〉zhā 2153
chá
皶 zhā 2153
〈皻〉zhā 2153
齄 zhā 2153
〈齇〉zhā 2153
乍 zhà 2154
咋 zhà 2154
zǎ
zhā
诈 zhà 2154

【삭】
数 shù 1592
shǔ
shuò
烁 shuò 1612
铄 shuò 1612
朔 shuò 1612
搠 shuò 1612
蒴 shuò 1612
槊 shuò 1612
〈矟〉shuò 1612
嗍 suō 1646
索 suǒ 1648
削 xiāo 1873
xuē

【산】
产 chǎn 251
浐 Chǎn 252
铲 chǎn 252
〈剷〉chǎn 252
〈剗〉chǎn 252
孪 luán 1129
(台) lüán
伞 sǎn 1476
散 sǎn 1476
sàn
馓 sǎn 1478
山 shān 1489
舢 shān 1492
删 shān 1492
姗 shān 1492
珊 shān 1492
跚 shān 1492
潸 shān 1493
〈澘〉shān 1493
膻 shān 1493
〈羴〉shān 1493
〈羶〉shān 1493
汕 shàn 1494
疝 shàn 1494
讪 shàn 1494
闩 shuān 1597
狻 suān 1635
酸 suān 1635
蒜 suàn 1636
算 suàn 1636
〈筭〉suàn 1636
〈祘〉suàn 1636
霰 xiàn 1860

【살】
撒 sā 1467
sǎ
萨 sà 1468
脎 sà 1468
杀 shā 1483
shài
铩 shā 1485
煞 shà 1488
shā

【삼】
参 cān 221
cēn
shēn
sān
〈叅〉cān 221
cēn
shēn
sān
穇 cǎn 225
掺 chān 249
càn
shǎn
仨 sā 1467
三 sān 1471
叁 sān 1476
毵 sān 1476
森 sēn 1483
杉 shā 1487
shān
衫 shān 1492
钐 shān 1492
shàn
〈鐥〉shān 1492
shàn
芟 shān 1492
糁 shēn 1523
sǎn
〈糝〉shēn 1523
sǎn
瘆 shèn 1528
渗 shèn 1528

【삽】
插 chā 239
锸 chā 241
〈臿〉chā 241
卅 sà 1468
飒 sà 1468
涩 sè 1483
〈澁〉sè 1483
唼 shà 1487
霎 shà 1488
歃 shà 1488
〈啑〉shà 1488

【상】
尝 cháng 259
〈嚐〉cháng 259
偿 cháng 259
常 cháng 260
徜 cháng 260
裳 cháng 261
·shang
床 chuáng 343
〈牀〉chuáng 343
泷 lóng 1114
shuāng
丧 sāng 1478
sàng
桑 sāng 1479
搡 sǎng 1480
嗓 sǎng 1480
磉 sǎng 1480
颡 sǎng 1480
伤 shāng 1496
殇 shāng 1497
觞 shāng 1497
商 shāng 1497
墒 shāng 1498
熵 shāng 1498
垧 shǎng 1498
晌 shǎng 1498
赏 shǎng 1498
上 shàng 1499

收 shōu 1569
手 shǒu 1572
守 shǒu 1576
艏 shǒu 1578
受 shòu 1578
寿 shòu 1578
授 shòu 1580
瘦 shòu 1581
绶 shòu 1581
售 shòu 1581
兽 shòu 1581
狩 shòu 1581
殳 shū 1583
殊 shū 1585
输 shū 1586
戍 shù 1590
腧 shù 1591
竖 shù 1591
〈豎〉shù 1591
树 shù 1591
数 shù 1592
shǔ
shuò
漱 shù 1593
帅 shuài 1597
水 shuǐ 1600
睡 shuì 1605
嗖 sōu 1628
搜 sōu 1629
溲 sōu 1629
螋 sōu 1629
锼 sōu 1629
飕 sōu 1629
馊 sōu 1629
叟 sǒu 1630
瞍 sǒu 1630
嗾 sǒu 1630
薮 sǒu 1630
擞 sǒu 1630
sòu
嗽 sòu 1630
酥 sū 1631
宿 sù 1634
xiǔ
xiù
虽 suī 1637
隋 Suí 1638
睢 suī 1638
濉 Suī 1638
随 suí 1638
绥 suí 1640
(又) suī
髓 suǐ 1640
祟 suì 1641
谇 suì 1641
遂 suì 1641
suí
隧 suì 1641
燧 suì 1641
邃 suì 1641
穗 suì 1642
〈穟〉suì 1642
修 xiū 1925
脩 xiū 1926
羞 xiū 1926
馐 xiū 1927
岫 xiù 1927
袖 xiù 1927
秀 xiù 1927
琇 xiù 1928
绣 xiù 1928
〈繡〉xiù 1928
锈 xiù 1928
〈鏽〉xiù 1928
须 xū 1931
须 xū 1931
需 xū 1932
繻 xū 1932
(又) rú
圳 zhèn 2190
(又) jùn, zùn
洙 Zhū 2241
(又) shū
铢 zhū 2242

【숙】

叔 shū 1584
淑 shū 1585
菽 shū 1585
倏 shū 1585
(台) shù
〈倐〉shū 1585
(台) shù
〈儵〉shū 1585
(台) shù
孰 shú 1587
塾 shú 1587
熟 shú 1587
shóu
夙 sù 1631
肃 sù 1632
〈肅〉sù 1632
骕 sù 1632
宿 sù 1634
xiǔ
xiù
蓿 ·xu 1935
(台) fù

【순】

纯 chún 350
zhǔn
莼 chún 351
〈蒓〉chún 351
淳 chún 351
鹑 chún 351
醇 chún 351
唇 chún 351
〈脣〉chún 351
盾 dùn 515
楯 dùn 515
shǔn
瞤 rún 1464
顺 shùn 1606
舜 shùn 1608
瞬 shùn 1608
笋 sǔn 1643
榫 sǔn 1644
旬 xún 1947
询 xún 1947
郇 Xún 1947
Huán
峋 xún 1947
恂 xún 1947
洵 xún 1948
荀 Xún 1948
栒 xún 1948
sǔn
巡 xún 1948
循 xún 1949
徇 xùn 1950
〈狥〉xùn 1950
殉 xùn 1950
驯 xùn 1950
肫 zhūn 2265
谆 zhūn 2265

【술】

怵 chù 334
沭 Shù 1590
述 shù 1590
术[1] shù 1590
戌 xū 1928
·qu

【숭】

崇 chóng 312
崧 sōng 1626
菘 sōng 1626
嵩 sōng 1626

【쉬】

淬 cuì 372
焠 cuì 372

【슬】

瑟 sè 1483
虱 shī 1544
〈蝨〉shī 1544
膝 xī 1826

【습】

湿 shī 1545
拾 shí 1555
习 xí 1826
鳛 xí 1827
袭 xí 1827
隰 xí 1828
熠 yì 2046
褶 zhě 2180
(台) zhé
〈襵〉zhě 2180
(台) zhé

【승】
丞 chéng 291
承 chéng 291
乘 chéng 293
shèng
塍 chéng 294
渑 miǎn 1193
Shéng
僧 sēng 1483
升 shēng 1528
〈昇〉shēng 1528
〈陞〉shēng 1528
胜[2] shèng 1534
绳 shéng 1536
嵊 Shèng 1539
蝇 yíng 2065
【시】
猜 cāi 212
柴 chái 248
〈㾹〉chái 248
豺 chái 248
〈犲〉chái 248
茌 chí 304
匙 chí 304
·shi
豉 chǐ 305
啻 chì 308
翅 chì 308
膪 chuài 336
腮 sāi 1469
〈顋〉sāi 1469
塞 sāi 1469
sài
sè
〈㩙〉sāi 1469
sài
sè
〈揌〉sāi 1469
sài
sè
尸 shī 1540
〈屍〉shī 1540
诗 shī 1544
䴓 shī 1544
酾 shī 1545
(又) shāi
施 shī 1545
蓍 shī 1545
时 shí 1549
埘 shí 1551
鲥 shí 1551
食 shí 1553
sì
yì
矢 shǐ 1556
屎 shǐ 1557
豕 shǐ 1557
始 shǐ 1557
舐 shì 1558
市 shì 1559
柿 shì 1560
〈柹〉shì 1560
铈 shì 1561
示 shì 1561
试 shì 1561
弑 shì 1562
侍 shì 1564
恃 shì 1564
视 shì 1564
是 shì 1566
〈昰〉shì 1566
莳 shì 1568
shí
谥 shì 1568
〈諡〉shì 1568
缌 sī 1616
厮 sī 1617
〈廝〉sī 1617
嘶 sī 1617
撕 sī 1617
澌 sī 1617
兕 sì 1624
提 tí 1678
dī
屣 xǐ 1829
〈躧〉xǐ 1829
【씨】
氏 shì 1558
zhī
【식】
识 shí 1551
zhì
食 shí 1553
sì
yì
蚀 shí 1554
湜 shí 1555
式 shì 1561
拭 shì 1562
轼 shì 1562
饰 shì 1565
息 xī 1823
(台) xí
熄 xī 1824
(台) xí
螅 xī 1824
(台) xí
媳 xí 1827
埴 zhí 2213
植 zhí 2213
殖 zhí 2214
·shi
【신】
抻 chēn 277
(又) shèn
〈捵〉chēn 277
(又) shèn
臣 chén 278
宸 chén 280
晨 chén 280
烬 jìn 909
赆 jìn 909
〈賮〉jìn 909
申 shēn 1518
伸 shēn 1518
诜 shēn 1518
呻 shēn 1519
砷 shēn 1519
绅 shēn 1519
身 shēn 1519
莘 shēn 1521
xīn
娠 shēn 1521
神 shén 1524
胂 shèn 1527
哂 shěn 1527
矧 shěn 1527
肾 shèn 1527
蜃 shèn 1528
慎 shèn 1528
新 xīn 1903
辛 xīn 1906
锌 xīn 1906
薪 xīn 1906
囟 xìn 1907
信 xìn 1907
汛 xùn 1950
迅 xùn 1950
讯 xùn 1950
【실】
实 shí 1552
〈寔〉shí 1552
失 shī 1540
室 shì 1565
悉 xī 1824
窸 xī 1824
蟋 xī 1824
【심】
谌 chén 281
沁 qìn 1391
深 shēn 1521
甚 shén 1524
(又) shé
shèn
沈 Shěn 1526
审 shěn 1526
婶 shěn 1527
谉 shěn 1527
渖 shěn 1527
谂 shěn 1527
葚 shèn 1528
rèn
心 xīn 1897
芯 xīn 1902
xìn
镡 xín 1907

rāng
壤 rǎng 1431
攘 rǎng 1431
〈纕〉rǎng 1431
蘘 ráng 1431
瓤 ráng 1431
禳 ráng 1431
穰 ráng 1431
让 ràng 1432
〈讓〉ràng 1432
襄 xiāng 1866
镶 xiāng 1867
骧 xiāng 1867
羊 yáng 1979
佯 yáng 1979
徉 yáng 1979
洋 yáng 1979
烊 yáng 1981
yàng
蛘 yáng 1981
扬 yáng 1981
〈敭〉yáng 1981
阳 yáng 1982
旸 yáng 1983
杨 yáng 1983
炀 yáng 1983
疡 yáng 1983
钖 yáng 1983
飏 yáng 1983
养 yǎng 1984
痒 yǎng 1985
氧 yǎng 1985
恙 yàng 1986
漾 yàng 1986
样 yàng 1986

【 어 】

阏 è 527
yān
菸 yān 1962
yū
淤 yū 2097
瘀 yū 2097
於 yú 2099
wū
Yū
鱼 yú 2101
渔 yú 2102
语 yǔ 2105
yù
圄 yǔ 2106
龉 yǔ 2106
圉 yǔ 2106
驭 yù 2107
饫 yù 2107
御[1] yù 2112
御[2] yù 2112

【 억 】

肐 gē 630
亿 yì 2038
忆 yì 2038
抑 yì 2042
臆 yì 2046
〈肊〉yì 2046

【 언 】

蔫 niān 1253
焉 yān 1963
嫣 yān 1963
鄢 Yān 1963
言 yán 1966
偃 yǎn 1971
郾 yǎn 1971
蝘 yǎn 1971
彦 yàn 1975
谚 yàn 1975
〈喭〉yàn 1975
鼹 yǎn 1975
〈鼴〉yǎn 1975
唁 yàn 1976
堰 yàn 1976
谳 yàn 1978

【 얼 】

陧 niè 1259
〈隉〉niè 1259
臬 niè 1259
孽 niè 1260
〈孼〉niè 1260
蘖 niè 1260
〈櫱〉niè 1260
谳 yàn 1978
哕 yuě 2122
huì

【 엄 】

奄 yān 1960
yǎn
崦 yān 1960
淹 yān 1960
〈淊〉yān 1960
阉 yān 1960
腌 yān 1961
ā
(又) ān
(台) āng
〈醃〉yān 1961
ā
(又) ān
(台) āng
严 yán 1964
掩 yǎn 1970
〈揜〉yǎn 1970
罨 yǎn 1970
俨 yǎn 1971
酽 yàn 1978

【 업 】

业 yè 2002
邺 Yè 2002

【 에 】

恚 huì 801
殪 yì 2046

【 여 】

荔 lì 1070
女 nǚ 1270
nǜ
rǔ
如 rú 1455
茹 rú 1457
铷 rú 1457
汝 rǔ 1458
洳 rù 1461
欤 yú 2098
玙 yú 2098
予 yú 2098
yǔ
妤 yú 2098
余[1] yú 2098
余[2] yú 2098
馀 yú 2099
狳 yú 2099
畲 yú 2099
舁 yú 2103
与 yǔ 2103
yù
yú
舆 yú 2103
蓣 yù 2111
滪 yù 2111

【 역 】

逆 nì 1252
亦 yì 2039
译 yì 2040
峄 Yì 2041
怿 yì 2041
绎 yì 2041
驿 yì 2041
役 yì 2041
疫 yì 2041
易 yì 2042
埸 yì 2043
域 yù 2111
蜮 yù 2111
〈魊〉yù 2111
阈 yù 2111

【 연 】

椽 chuán 341
阏 è 527
yān
娟 juān 945
捐 juān 945
涓 juān 945
均 jūn 954
yùn
铅 qiān 1362
yán
〈鉛〉qiān 1362
yán
然 rán 1430
燃 rán 1430

【 쟁 】

【 저 】

【 적 】

【 전 】

【 절 】

【 점 】

【 접 】

【 정 】

啶 dìng 484
锭 dìng 484
菁 jīng 918
腈 jīng 918
睛 jīng 918
箐 jīng 918
qiàn
(又) qìng
精 jīng 918
晶 jīng 920
井 jǐng 920
旌 jīng 920
阱 jǐng 921
〈穽〉jǐng 921
肼 jǐng 921
靖 jìng 922
靓 jìng 923
liàng
净 jìng 923
静 jìng 923
〈竫〉jìng 923
情 qíng 1402
汀 tīng 1701
烃 tīng 1703
廷 tíng 1703
蜓 tíng 1703
庭 tíng 1703
莛 tíng 1703
霆 tíng 1703
亭 tíng 1703
停 tíng 1703
婷 tíng 1705
葶 tíng 1705
聤 tíng 1705
町 tǐng 1705
dīng
挺 tǐng 1705
梃 tǐng 1706
tìng
铤 tǐng 1706
dìng
艇 tǐng 1706
锃 zèng 2151
贞 zhēn 2184
侦 zhēn 2184
〈遉〉zhēn 2184
帧 zhēn 2184
浈 Zhēn 2185
桢 zhēn 2185
祯 zhēn 2185
怔 zhēng 2191
zhèng
征[1] zhēng 2192
钲 zhēng 2192
睁 zhēng 2194
整 zhěng 2195
正 zhèng 2197
zhēng
zhěng
政 zhèng 2201
郑 zhèng 2202

【제】

侪 chái 248
傺 chì 308
除 chú 330
堤 dī 449
(又) tí
〈隄〉dī 449
(又) tí
弟 dì 457
tì
娣 dì 458
睇 dì 458
第 dì 458
帝 dì 459
碲 dì 459
棣 dì 459
齑 jī 823
跻 jī 823
〈隮〉jī 823
挤 jǐ 832
际 jì 836
剂 jì 836
哜 jì 836
济 jì 836
jǐ
荠 jì 836
qí
霁 jì 836
鲚 jì 836
祭 jì 840
Zhài
齐 qí 1340
zhāi
zī
jì
脐 qí 1340
蛴 qí 1341
梯 tī 1677
荑 tí 1678
yí
〈稊〉tí 1678
yí
锑 tī 1678
鹈 tí 1678
啼 tí 1678
〈嗁〉tí 1678
蹄 tí 1678
〈蹏〉tí 1678
绨 tí 1678
tì
提 tí 1678
dī
缇 tí 1680
题 tí 1680
醍 tí 1681
悌 tì 1683
䏲 tì 1683
制[1] zhì 2221
制[2] zhì 2221
诸 zhū 2242
眦 zì 2283
〈眥〉zì 2283

【조】

糙 cāo 228
(舊) cào
操 cāo 229
曹 cáo 230
嘈 cáo 230
漕 cáo 230
槽 cáo 230
艚 cáo 230
螬 cáo 230
肏 cào 233
晁 cháo 268
zhāo
〈鼂〉cháo 268
zhāo
朝 cháo 269
zhāo
嘲 cháo 270
zhāo
潮 cháo 270
稠 chóu 317
粗 cū 365
〈觕〉cū 365
〈麤〉cū 365
〈麁〉cū 365
〈麄〉cū 365
徂 cú 367
殂 cú 367
厝 cuò 378
措 cuò 378
刁 diāo 469
叼 diāo 470
吊 diào 470
〈弔〉diào 470
凋 diāo 470
碉 diāo 470
雕 diāo 470
〈鵰〉diāo 470
〈彫〉diāo 470
〈琱〉diāo 470
鲷 diāo 470
铞 diào 471
调 diào 471
tiáo
钓 diào 471
窎 diào 474
铫 diào 475
yáo
鸟 niǎo 1257
diǎo
茑 niǎo 1258
缲 qiāo 1378
sāo

zǎo
〈幧〉qiāo 1378
sāo
zǎo
〈繑〉qiāo 1378
sāo
zǎo
〈幓〉qiāo 1378
sāo
zǎo
〈帩〉qiāo 1378
sāo
zǎo
缫 sāo 1481
zǎo
芍 sháo 1510
shuò
绦 tāo 1669
〈絛〉tāo 1669
〈縚〉tāo 1669
洮 táo 1669
Yáo
佻 tiāo 1692
yáo
挑 tiāo 1692
tiǎo
tāo
祧 tiāo 1694
条 tiáo 1694
鲦 tiáo 1695
〈鰷〉tiáo 1695
蜩 tiáo 1696
窕 tiǎo 1696
眺 tiào 1696
〈覜〉tiào 1696
粜 tiào 1697
遭 zāo 2141
糟 zāo 2142
〈蹧〉zāo 2142
凿 záo 2143
zuò
早 zǎo 2143
枣 zǎo 2144
蚤 zǎo 2145
澡 zǎo 2145
藻 zǎo 2145
造 zào 2145
灶 zào 2145
皂 zào 2145
〈皁〉zào 2145
唣 zào 2145
噪 zào 2146
〈譟〉zào 2146
燥 zào 2146
躁 zào 2146
〈趮〉zào 2146
钊 zhāo 2168
啁 zhāo 2171
zhōu
爪 zhǎo 2171
zhuǎ
找 zhǎo 2172
诏 zhào 2173
照 zhào 2173
〈炤〉zhào 2173
罩 zhào 2175
赵 zhào 2175
笊 zhào 2175
兆 zhào 2175
肇 zhào 2176
助 zhù 2250
抓 zhuā 2251
租 zū 2290
阻 zǔ 2292
诅 zǔ 2292
俎 zǔ 2293
祖 zǔ 2293
组 zǔ 2293
阼 zuò 2304
胙 zuò 2304
祚 zuò 2304

【 족 】

蔟 cù 368
簇 cù 368
足 zú 2291
族 zú 2292
镞 zú 2292
㊅ cù

【 존 】

存 cún 373
尊 zūn 2298

【 졸 】

猝 cù 367
拙 zhuō 2266
卒 zú 2292
cù

【 종 】

苁 cōng 360
枞 cōng 360
zōng
从 cōng 361
cōng
琮 cóng 364
淙 cóng 364
忪 sōng 1625
zhōng
怂 sǒng 1627
钟[1] zhōng 2231
钟[2] zhōng 2231
终 zhōng 2231
螽 zhōng 2232
肿 zhǒng 2232
种[1] zhǒng 2232
zhòng
踵 zhǒng 2233
宗 zōng 2283
综 zōng 2283
zèng
㊅ zòng
腙 zōng 2284
棕 zōng 2284
〈椶〉zōng 2284
鬃 zōng 2284
〈鬉〉zōng 2284
〈騣〉zōng 2284
踪 zōng 2284
〈蹤〉zōng 2284
纵 zòng 2286
粽 zòng 2287
疭 zòng 2287

【 좌 】

痤 cuó 377
矬 cuó 377
挫 cuò 378
〈剉〉cuò 378
脞 cuǒ 378
锉 cuò 378
左 zuǒ 2299
佐 zuǒ 2301
坐 zuò 2304
唑 zuò 2306
座 zuò 2306

【 죄 】

罪 zuì 2297

【 주 】

俦 chóu 315
帱 chóu 315
dào
畴 chóu 315
筹 chóu 316
踌 chóu 316
绸 chóu 316
〈紬〉chóu 316
厨 chú 331
〈廚〉chú 331
橱 chú 331
〈櫥〉chú 331
蹰 chú 331
〈躕〉chú 331
凑 còu 364
〈湊〉còu 364
腠 còu 365
辏 còu 365
蔟 cù 368
丢 diū 484
铥 diū 485
酒 jiǔ 929
遒 qiú 1412
姝 shū 1585
澍 shù 1594
嗾 sǒu 1630
繇 yáo 1990
yóu
zhòu
啁 zhāo 2171
zhōu

【 채 】

【 책 】

【 처 】

【 척 】

【 천 】

sāo
zǎo
〈繑〉qiāo 1378
sāo
zǎo
〈帑〉qiāo 1378
sāo
zǎo
〈帩〉qiāo 1378
sāo
zǎo
憔 qiáo 1379
〈顦〉qiáo 1379
〈癄〉qiáo 1379
樵 qiáo 1379
谯 qiáo 1379
qiào
瞧 qiáo 1380
愀 qiǎo 1381
俏 qiào 1381
悄 qiǎo 1381
qiāo
峭 qiào 1382
诮 qiào 1382
鞘 qiào 1382
shāo
梢 shāo 1509
sào
稍 shāo 1509
shào
哨 shào 1512
苕 tiáo 1695
sháo
迢 tiáo 1695
髫 tiáo 1695
龆 tiáo 1695
硝 xiāo 1876
绡 xiāo 1876
蛸 xiāo 1876
shāo
肖 xiào 1887
xiāo
轺 yáo 1989
招 zhāo 2168
诌 zhōu 2237
(台) zōu
酢 zuò 2304
cù
【 축 】
亍 chù 332
触 chù 334
矗 chù 335
促 cù 367
髑 dú 500
趋 qū 1415
cù
〈趍〉qū 1415
cù
趣 qù 1419
cù
属 shǔ 1589
蜀 Shǔ 1589
数 shù 1592
shǔ
shuò
遂 suì 1641
suí
嘱 zhǔ 2247
瞩 zhǔ 2247
烛 zhú 2244
蠋 zhú 2244
瘃 zhú 2244
躅 zhú 2244
【 춘 】
村 cūn 373
〈邨〉cūn 373
寸 cùn 375
忖 cǔn 375
吋 cùn 376
(又) yīngcùn
【 총 】
铳 chòng 313
宠 chǒng 313
囱 cōng 360
chuāng
匆 cōng 360
〈怱〉cōng 360
〈悤〉cōng 360
〈忩〉cōng 360
葱 cōng 360
〈蔥〉cōng 360
璁 cōng 360
骢 cōng 360
聪 cōng 360
骢 cōng 360
丛 cóng 363
〈藂〉cóng 363
冢 zhǒng 2233
〈塚〉zhǒng 2233
总 zǒng 2284
〈緫〉zǒng 2284
偬 zǒng 2286
【 착 】
锉 cuò 378
【 촬 】
撮 cuō 377
zuǒ
攒 zǎn 2139
zā
〈欑〉zǎn 2139
zā
茁 zhuó 2268
【 최 】
榱 cuī 370
缞 cuī 370
崔 cuī 370
催 cuī 370
摧 cuī 371
璀 cuǐ 371
洒[1] sǎ 1468
xǐ
cuǐ
xiǎn
衰 shuāi 1595
cuī
最 zuì 2297
〈冣〉zuì 2297
〈㝡〉zuì 2297
蕞 zuì 2297
嘬 zuō 2299
chuài
【 추 】
抽 chōu 313
瘳 chōu 315
惆 chóu 316
瞅 chǒu 318
〈偢〉chǒu 318
丑[2] chǒu 318
杻 chǒu 318
刍 chú 329
雏 chú 330
〈鶵〉chú 330
捶 chuí 347
〈搥〉chuí 347
棰 chuí 347
〈箠〉chuí 347
椎 chuí 348
zhuī
锤 chuí 348
〈鎚〉chuí 348
槌 chuí 348
〈觕〉cū 365
〈麤〉cū 365
〈麁〉cū 365
〈麄〉cū 365
队 duì 508
zhuì
啾 jiū 927
揪 jiū 927
鬏 jiū 927
僦 jiù 935
秋[1] qiū 1408
〈秌〉qiū 1408
〈龝〉qiū 1408
秋[2] qiū 1409
湫 qiū 1409
jiǎo
萩 qiū 1409
楸 qiū 1409
鳅 qiū 1409
〈鰌〉qiū 1409
鹙 qiū 1409
酋 qiú 1412
蝤 qiú 1412
yóu
jiū

【 포 】

【 폭 】

【 표 】

【 품 】

【 풍 】

【 피 】

hǔ
【혹】
或 huò 812
惑 huò 813
酷 kù 1000
【혼】
鯶 huàn 785
昏 hūn 802
婚 hūn 803
阍 hūn 803
馄 hún 804
浑 hún 804
珲 hún 804
huī
魂 hún 804
混 hùn 805
hún
gǔn
溷 hùn 806
〈圂〉hùn 806
焜 kūn 1012
【홀】
忽 hū 762
唿 hū 763
惚 hū 763
淴 hū 763
囫 hú 763
笏 hù 770
锪 huò 815
㊍ huō
【홍】
哄 hōng 750
hǒng
hòng
〈閧〉hōng 750
hǒng
hòng
〈鬨〉hōng 750
hǒng
hòng
烘 hōng 751
红 hóng 752
gōng
荭 hóng 754
〈葓〉hóng 754
虹 hóng 754
jiàng
弘 hóng 755
泓 hóng 755
洪 hóng 755
讧 hòng 756
㊀ hóng
蕻 hóng 756
hòng
鸿 hóng 756
洚 jiàng 871
㊍ hóng
【화】
禾 hé 734
和 hé 734
hè
huó
huò
·huo
hú
〈龢〉hé 734
hè
huó
huò
·huo
hú
盉 hé 736
花 huā 770
划 huá 774
华 huá 775
huā
huà
〈崋〉huá 775
huā
huà
滑 huá 776
gǔ
哗 huá 776
huā
〈譁〉huá 776
huā
铧 huá 776
骅 huá 776
化 huà 777
huā
桦 huà 778
话 huà 778
画 huà 779
〈画〉huà 779
〈畫〉huà 779
火 huǒ 809
钬 huǒ 812
伙 huǒ 812
货 huò 813
祸 huò 814
靴 xuē 1941
〈鞾〉xuē 1941
【확】
攉 huō 806
huò
获 huò 814
蠖 huò 815
矍 jué 951
攫 jué 951
钁 jué 952
扩 kuò 1013
〈拡〉kuò 1013
廓 kuò 1014
确 què 1427
〈碻〉què 1427
〈塙〉què 1427
舀 yǎo 1992
【환】
鳏 guān 683
还 hái 712
huán
獾 huān 782
〈貛〉huān 782
欢 huān 782
〈懽〉huān 782
〈驩〉huān 782
环 huán 782
桓 huán 783
萑 huán 783
阛 huán 783
圜 huán 783
yuán
寰 huán 783
镮 huán 783
鬟 huán 783
锾 huán 783
奂 huàn 784
幻 huàn 784
换 huàn 784
涣 huàn 784
唤 huàn 785
焕 huàn 785
患 huàn 786
漶 huàn 786
宦 huàn 785
逭 huàn 786
鲩 huàn 786
豢 huàn 786
擐 huàn 786
丸 wán 1758
芄 wán 1759
纨 wán 1759
皖 Wǎn 1762
【활】
滑 huá 776
gǔ
猾 huá 777
豁 huō 806
huò
huá
活 huó 806
阔 kuò 1013
〈濶〉kuò 1013
蛞 kuò 1014
【황】
洸 guāng 690
肓 huāng 786
荒 huāng 786
慌 huāng 787
皇 huáng 787
凰 huáng 788
徨 huáng 788
〈偟〉huáng 788
惶 huáng 788
湟 huáng 788
隍 huáng 788

煌 huáng 788
遑 huáng 788
鳇 huáng 788
篁 huáng 788
蝗 huáng 788
锽 huáng 788
黄 huáng 788
潢 huáng 790
璜 huáng 791
癀 huáng 791
磺 huáng 791
簧 huáng 791
〈鐄〉huáng 791
蟥 huáng 791
恍 huǎng 791
〈怳〉huǎng 791
谎 huǎng 791
晃 huǎng 791
huàng
〈搄〉huǎng 791
huàng
幌 huǎng 791
滉 huàng 792
况 kuàng 1008
〈況〉kuàng 1008
贶 kuàng 1008

【 홰 】

哕 yuě 2122
huì

【 회 】

刽 guì 697
(又) kuài
桧 guì 697
(又) kuài
怀 huái 780
徊 huái 781
(又) huí
淮 Huái 781
灰 huī 792
咴 huī 793
恢 huī 793
诙 huī 793
回 huí 794
〈迴〉huí 794
〈廻〉huí 794
洄 huí 797
茴 huí 797
蛔 huí 797
〈蛕〉huí 797
〈蚘〉huí 797
〈痐〉huí 797
虺 huǐ 798
huī
悔 huǐ 798
汇[1] huì 798
〈滙〉huì 798
会 huì 799
kuài
guì
荟 huì 801
烩 huì 801
绘 huì 801
贿 huì 801
晦 huì 802
诲 huì 802
浍 kuài 1002
狯 kuài 1002
脍 kuài 1002
鲙 kuài 1002
盔 kuī 1009
悝 kuī 1009
lǐ
聩 kuì 1011
哇 wā 1750
·wa

【 획 】

砉 huā 774
xū
划 huà 778
huá
画 huà 779
〈画〉huà 779
〈畫〉huà 779
劃 huō 806
获 huò 814

【 횡 】

横 héng 749
hèng
竑 hóng 755
黉 hóng 756

【 효 】

嚆 hāo 725
筊 jiǎo 881
酵 jiào 887
(台) xiào
撬 qiào 1382
枵 xiāo 1877
鸮 xiāo 1877
枭 xiāo 1877
哓 xiāo 1877
骁 xiāo 1877
嚣 xiāo 1878
淆 xiáo 1878
(又) yáo
〈殽〉xiáo 1878
崤 xiáo 1878
晓 xiǎo 1886
孝 xiào 1886
哮 xiào 1887
效 xiào 1887
〈効〉xiào 1887
〈傚〉xiào 1887
斅 xiào 1890
xué
爻 yáo 1988
肴 yáo 1989
〈餚〉yáo 1989

【 후 】

诟 gòu 660
涸 hé 742
侯 hóu 756
hòu
〈矦〉hóu 756
hòu
喉 hóu 756
猴 hóu 757
瘊 hóu 757
篌 hóu 757
糇 hóu 757
〈餱〉hóu 757
骺 hóu 757
吼 hǒu 757
后[1] hòu 757
后[2] hòu 757
逅 hòu 760
候 hòu 760
堠 hòu 761
厚 hòu 761
鲎 hòu 761
呕 ǒu 1275
òu
朽 xiǔ 1927
嗅 xiù 1928
诩 xǔ 1933
煦 xù 1934
(台) xǔ
〈昫〉xù 1934
(台) xǔ
酗 xù 1934

【 훈 】

荤 hūn 804
xūn
勋 xūn 1946
〈勳〉xūn 1946
熏 xūn 1946
xùn
〈焄〉xūn 1946
xùn
〈燻〉xūn 1946
xùn
獯 xūn 1947
薰 xūn 1947
曛 xūn 1947
醺 xūn 1947
训 xùn 1949
晕 yūn 2125
yùn

【 훙 】

薨 hōng 752

【 훤 】

喧 xuān 1937
〈諠〉xuān 1937
萱 xuān 1937
〈萲〉xuān 1937
〈蕿〉xuān 1937
〈藼〉xuān 1937

〈藼〉xuān 1937
暄 xuān 1937
煊 xuān 1937
谖 xuān 1937
桓 xuǎn 1940
(台) xuān

【 훼 】

虺 huǐ 798
huī
毁 huǐ 798
〈燬〉huǐ 798
〈譭〉huǐ 798
卉 huì 799
喙 huì 802

【 휘 】

挥 huī 793
〈撝〉huī 793
晖 huī 793
翚 huī 793
辉 huī 793
〈煇〉huī 793
麾 huī 794
徽 huī 794
汇² huì 799
讳 huì 801
炜 wěi 1780

【 휴 】

堕 duò 521
huī
隳 huī 794
亏 kuī 1008
畦 qí 1345
睢 suī 1638
眭 suī 1638
携 xié 1893
(台) xī
〈攜〉xié 1893
(台) xī
休 xiū 1923
咻 xiū 1925
xǔ
庥 xiū 1925
鸺 xiū 1925
貅 xiū 1925
髹 xiū 1925

【 휼 】

谲 jué 951
恤 xù 1933
〈卹〉xù 1933
〈䘏〉xù 1933
矞 yù 2112
xù
jué
鹬 yù 2112

【 흉 】

凶 xiōng 1921
〈兇〉xiōng 1921
匈 xiōng 1921
讻 xiōng 1922
〈訩〉xiōng 1922
〈哅〉xiōng 1922
〈恟〉xiōng 1922
〈忷〉xiōng 1922
汹 xiōng 1922
胸 xiōng 1922
〈胷〉xiōng 1922

【 흑 】

黑 hēi 743
mò

【 흔 】

哏 gén 641
hěn
痕 hén 746
很 hěn 746
掀 xiān 1848
锨 xiān 1849
欣 xīn 1903
〈訢〉xīn 1903
忻 xīn 1903
昕 xīn 1903
焮 xìn 1909
衅 xìn 1909
〈舋〉xìn 1909

【 흘 】

仡 gē 630
yì
吃 chī 296
〈喫〉chī 296
圪 gē 630
屹 yì 2039
gē
汔 qì 1350
迄 qì 1350
疙 gē 630
纥 gē 630
hé
讫 qì 1350
龁 hé 739

【 흠 】

欠 qiàn 1370
钦 qīn 1386
揿 qìn 1391
〈撳〉qìn 1391
歆 xīn 1907
鑫 xīn 1907

【 흡 】

恰 qià 1357
洽 qià 1357
吸 xī 1820
翕 xī 1825
(又) xì
歙 xī 1825
(又) xì
Shè
胁 xié 1892
〈脅〉xié 1892

【 흥 】

兴 xīng 1909
xìng

【 희 】

诶 ē 527
é
(又) éi
ě
(又) ěi
ề
(又) èi
〈欸〉ē 527
é
(又) éi
ě
(又) ěi
ề
(又) èi
姬 jī 822
忾 kài 965
xì
qì
牺 xī 1820
希 xī 1820
唏 xī 1821
浠 xī 1821
晞 xī 1821
欷 xī 1821
烯 xī 1821
稀 xī 1821
豨 xī 1823
僖 xī 1825
嘻 xī 1825
嬉 xī 1825
熹 xī 1826
熙 xī 1826
羲 xī 1826
曦 xī 1826
〈爔〉xī 1826
喜 xǐ 1829
〈憙〉xǐ 1829
禧 xǐ 1830
(又) xī
戏 xì 1830
hū
〈戲〉xì 1830
hū
屃 xì 1832
〈屭〉xì 1832
饩 xì 1832

【 힐 】

诘 jié 893
jí
黠 xiá 1837
颉 xié 1894
jié
撷 xié 1894
缬 xié 1894

進明
中韓辭典

A

ā Y

【吖】 ā (음역자 아)
화학 명칭을 나타내는 외래어의 음역자(音譯字)로만 쓰임.

【吖啶】ādìng 名外〈化〉아크리딘(acridine) [염료(染料)·살균제의 기본물질] ¶～基｜아크리딘 기. ¶～黄huáng｜아크리딘 황 [유행성임파관염(流行性淋巴管炎)에 맞는 주사제] ¶～染料rǎnliào｜아크리딘 염료.

【吖嗪】āqín 名外〈化〉아진(azine) [염료(染料)로 쓰이는 유기화합물의 일종] ¶～染料rǎnliào｜아진 염료.

2 **【阿】** ā à ē 언덕 아, 아첨할 아

Ⓐ ā ❶ 頭 閩南 형제(兄弟)·남매(男妹)의 출생 순서나 아명(兒名)·성(姓)·름의 한 글자 앞에 붙여 친숙한 호칭으로 사용함. ¶～八｜여덟번째 녀석. ¶～张｜장 가. ¶～平｜아평 [이름 속에 「平」자가 있을 때의 호칭] ❷ 頭 친족 관계의 호칭 앞에 쓰임. ¶～爹diē↓ ¶～哥↓ ❸ 副 吳 문(句子)의 처음에 놓여 의문을 나타냄. ¶令堂～好｜모친께서는 안녕하신지요? ❹ 외래어의 음역어(音譯語)에 쓰임. ¶～米巴↓ ¶～片↓ ❺ 복성(複姓) 중의 한 자(字). ¶～跌diē↓

Ⓑ à 頭 만족(滿族)들이 친족관계 호칭에 사용함. ¶～哥↓ ¶～妈↓

Ⓒ ē ❶ 한쪽에 붙다. 한쪽으로 치우치다. ¶～附fù↓ ❷ 의지하다. 의탁하다. ¶～保↓ ❸ 書 動 아부하다. 아첨하다. ¶曲学～世｜威 정도(正道)가 아닌 학문으로 세상 사람에게 아첨하다. ❹ 크다. ¶～房宫↓ ❺ 書 名 큰 구렁. 높은 언덕. ¶顺shùn～而下｜큰 언덕을 따라 내려가다《司馬相如》❻ 書 名 움푹 들어간 구석. 모퉁이. ¶山～｜산모퉁이. ¶河水之～｜강가. ❼ 書 名 기둥. ¶四～｜네 기둥 정자. ❽ 書 名 고대의 가볍고 올이 고운 비단의 일종. ❾ (Ē) 名 簡〈地〉아현(阿縣) [산동성(山東省) 동아현(東阿縣)] ❿ (Ē) 名 성(姓).

Ⓐ ā

【阿爸】ābà 名 閩南 아빠. 아버지 ＝〔爸爸〕

【阿比】ⓐ ābǐ 名〈鳥〉아비조 [아비과에 딸린 바닷새의 일종]
ⓑ ēbǐ 動 아첨하다. 알랑거리다 ＝〔阿谀ēyú〕

【阿比让】Ābǐràng 名外〈地〉아비장(Abidjan) [「象牙海岸」(아이보리코스트;The Ivory Coast)의 수도]

【阿兵哥】ābīnggē 名 俗 台 사병을 낮추어 부르는 말. 군바리.

【阿波罗】Ābōluó 名外〈神〉아폴로(Apollo). 아폴론(Apollon) ＝〔阿玻bō罗〕〔阿坡pō罗〕〔爱ài钵bō罗〕〔太阳tàiyáng神〕

【阿玻罗】Ābōluó ⇒〔阿波bō罗〕

【阿布扎比】Ābùzhābǐ 名外〈地〉아부다비(Abu Dhabi) [「阿拉伯联合酋qiú长国」(아랍에미리트;Arab Emirates)의 수도]

【阿曾】ācéng 副 吳 일찍이. 이전에. 이미. ¶君～去过否fǒu?｜그대는 이전에 간 적이 있는가? ¶～用饭嗄á｜식사하셨는지요?《海上花》어법 동사의 앞에 놓여 과거를 나타내며, 이 두 글자를 합쳐「ã」으로 읽고「曾」자 다음에「阿」자를 붙여 쓰기도 함 ＝〔可曾〕〔曾否〕

【阿昌族】Āchāngzú 名〈民〉아창족 [운남성(雲南省)에 거주하는 중국 소수 민족의 하나] ＝〔俄Ē昌〕〔峨Ē昌〕

【阿纯】āchún 名外〈化〉오존(ozone) ＝〔阿巽xùn〕〔臭chòu氧〕

【阿达】ādá 名 俗 머저리. 미친 놈. 얼간이. ¶你这～!｜이 멍청한 녀석아!

【阿达林】ādálín ⇒〔阿大dà林〕

【阿大】ādà 名 ❶ 方 맏이. 장남 ＝〔老大①〕 ❷ 吳 아버지 →〔爸bà〕 ❸ 方 친구. 형님. 아저씨 [친한 친구나 연장자에 대한 친근한 호칭] ❹ 吳 지배인(支配人). 보스. 우두머리.

【阿大林】ādàlín 名外〈藥〉아달린(Adalin;독) [최면제의 일종] ＝〔阿达dá林〕〔卡kǎ波bō麻〕

【阿呆】ādāi 名 바보. 숙맥. 멍청이. 머저리. ¶今苏sū杭háng人相嘲cháo, 苏谓杭曰～, 杭谓苏曰空头kōng·tou｜오늘날 소주(蘇州) 사람과 항주(杭州) 사람이 서로 조소할 때, 소주 사람은 항주 사람을「阿呆」라 하고 항주 사람은 소주 사람을「空头」라고 한다《通俗編》＝〔阿带〕〔空头kōng·tou④〕→〔京油子〕

【阿带】ādài ⇒〔阿呆dāi〕

【阿狄森氏病】ādísēnshìbìng 名外〈醫〉에디슨병(Addison's disease).

【阿的平】ādìpíng 名外〈藥〉아테브린(Atebrin;독) [말라리아 예방약] ＝〔阿他勃bó林〕〔疟nüè涤平〕〔盐yán奎kuí纳克林〕→〔奎kuí宁〕〔扑pū疟喹啉〕

【阿爹】ādiē 名 ❶ 方 아버지. ¶～休xiū听这厮sī胡hú说｜아버지 이런 터무니없는 말을 듣지 마세요《水滸傳》❷ 吳 할아버지. ❸ 方 아저씨 [연장의 남자에 대한 존칭]

【阿跌】Ādiē 名 복성(複姓).

【阿尔】ā'ěr 量外〈度〉아르(are) [면적 단위] ＝〔公亩〕

【阿尔巴尼亚】Ā'ěrbāníyà 名外〈地〉알바니아(Albania) [발칸(Balkan)반도 서부의 사회주의 공화국. 수도는「地拉那」(티라나;Tirana)] ＝〔亚Yà尔巴尼亚〕

【阿尔卑斯(山脉)】Ā'ěrbēisī(shānmài) 名外〈地〉알프스(Alps) (산맥).

【阿尔法】ā'ěrfǎ ⇒〔阿耳法〕

【阿尔及尔】Ā'ěrjí'ěr 名外〈地〉알제(Alger) [「阿尔及jí利lì亚」(알제리;Algeria) 북부에 있는 항구 수도]

【阿尔及利亚】Ā'ěrjílìyà 名外〈地〉알제리(Algeria) [북아프리카 지중해 서단에 있는 공화국. 1962년 프랑스로부터 독립. 수도는「亚尔及尔」(알제;Alger)]

【阿尔科尔】ā'ěrkē'ěr 名外〈化〉알코올(alcohol) →〔醇chún〕
【阿尔泰】Ā'ěrtài 名外 알타이(Altai). ¶～语yǔ系 | 알타이어족.
【阿耳法】ā'ěrfǎ 名外 알파(α) [그리스 자모의 첫째 자(字)] =〔阿尔法〕
【阿耳法粒子】ā'ěrfǎ lìzǐ 名組外〈物〉알파(α)입자→〔甲种粒子〕
【阿耳法射线】ā'ěrfǎ shèxiàn 名組外〈物〉알파선 →〔甲种射线〕
【阿飞】āfēi 名奧 망나니. 건달. 불량 소년. ¶别去惹rě这些流氓máng～ | 이런 건달들은 건드리지 마라→〔飞女〕
【阿飞舞】āfēiwǔ 名奧〈舞〉망나니 춤. 선정적인 춤 [맘보(mambo)·로큰롤 등]
【阿佛加德罗定律】āfójiādéluó dìnglǜ 名組外〈化〉아보가드로(Avogadro)의 법칙 =〔阿伏fú伽jiā德罗定律〕〔爱ài服fú盖gài独dú氏定律〕
【阿芙蓉】āfúróng ⇒〔阿片piàn〕
【阿富汗】Āfùhàn 名外〈地〉아프가니스탄(Afghanistan) [인도 서북쪽에 있는 공화국. 수도는「喀kā布bù尔」(카불;Kabul)]
【阿哥】ⓐ āgē 名❶ 도련님. ❷ 총각 [주로 술자리에서 시중들던 소년을 일컬음] ❸方 형. 오빠 =〔阿兄〕〔哥哥〕 ❹方 형님 [연장의 친한 사람에 대한 호칭]
ⓑ ā·ge 名❶方 사내 아이. ❷ 두목. 보스. ¶黑hēi社会的大～ | 암흑가의 두목.
ⓒ à·ge 名❶ 자식. 아들. 딸. [만족(滿族) 부모의 자식에 대한 호칭] ¶～, 你在那里弄得许多银yín子 | 아들아, 너 어디에서 그 많은 돈을 마련했니?《兒女英雄傳》❷ 태자 [청대(淸代) 황실의 미성년 왕자에 대한 호칭] ¶大～ | 황태자 ‖ =〔阿个〕
【阿哥哥】āgēgē 名外〈舞〉고고(gogo).
【阿根廷】Āgēntíng 名外〈地〉아르헨티나(Argentina) [수도는「布bù宜yí诺nuò斯艾斯」(부에노스아이레스;Buenos Aires)] =〔阿尔然rán丁〕〔亚Yà尔然丁〕
【阿公】āgōng 名❶ 할아버지. 조부. ¶～爱看小孩儿跳舞tiàowǔ | 할아버지는 어린애 춤추는 것을 보기 좋아 한다. ❷奧 아버님 [시아버지에 대한 호칭] ❸奧近 아저씨 [나이가 많은 남자에 대한 호칭] ❹奧近 아버지 [아버지에 대한 속칭(俗稱)] ❺近 우두머리. 수령. 두목. ¶你不是歹dǎi人, 是贼的～哩 | 넌 나쁜 놈이 아니라, 도적의 두목이다 ‖→〔公公〕
【阿狗阿猫】āgǒu āmāo 名組方 어중이떠중이. 이놈 저놈 =〔阿猫阿狗〕
【阿姑】āgū 名❶方 고모→〔姑母〕❷ 시어머니 =〔阿家jiā①〕❸ 아주머니 [어머니와 동년배의 부인에 대한 호칭]
【阿家】āgū ☞〔阿家〕ājiā
【阿家阿翁】āgū'āwēng ☞〔阿家阿翁〕ājiā'āwēng
【阿家翁】āgūwēng ☞〔阿家翁〕ājiāwēng
【阿訇】āhōng 名外〈宗〉이슬람교의 성직자. 포교사 =〔阿衡héng〕〔阿洪hóng〕
【阿混】āhùn 名方 백수. 건달. 망나니. ¶中学毕业bìyè后, 找zhǎo不到工作, 在大街jiē上当～ | 중학 졸업 후 할 일을 찾지 못하여 길거리의 건달이 되었다.
【阿基里斯腱】ājīlǐsī jiàn 名組外〈生理〉아킬레스건(Achilles腱) =〔跟腱〕
【阿基米德原理】ājīmǐdé yuánlǐ 名組外〈物〉아르키메데스의 원리(Archimedes' principle) =〔阿基米得定律〕〔阿基米得原理〕
【阿加尼亚】Ājiāníyà 名〈地〉아가나(Agana) [「关岛」(괌;Guam)의 수도]
【阿家】ājiā ⓧ āgū) 名❶近 시어머니 =〔阿姑②〕¶～, 儿昨夜有何变怪guài? | 시어머니, 어제 밤 저에게 무슨 고약한 일이 있었습니까?《變文·搜神記》❷書 봉건시대의 군주(君主)·현주(縣主)에 대한 호칭.
【阿家阿翁】ājiā'āwēng ⓧ āgū'āwēng) 名 시부모. 轉 가장(家長). ¶不痴chī不聋lóng, 不作～ | 백치나 귀머거리가 아닌 사람은 가장 노릇 안한다. 가장은 자녀에 대해 늘 너그러울 수 밖에 없다. =〔不痴不聋, 不为姑翁〕=〔阿家翁〕
【阿家翁】ājiāwēng ⓧ āgūwēng) ⇒〔阿家jiā阿翁〕
【阿克发】Ākèfā 名外 아그파(Agfa) =〔矮克发〕
【阿克拉】Ākèlā 名外〈地〉아크라(Accra) [「加纳」(가나;Ghana)의 수도]
【阿拉】ālā ❶代奧 나. 우리. ¶～是上海hǎi人 | 나는 상해 사람이다. ❷(Ālā) 名外〈神〉알라(Allah).
【阿拉伯】Ālābó 名外〈地〉아라비아(Arabia). ¶～半岛 | 아라비아 반도. ¶～国家 | 아랍제국(諸國). ¶～国家联盟liánméng | 아랍 연맹. ¶沙shā特～ | 사우디아라비아. ¶～乳香rǔxiāng =〔亚yà剌伯乳香〕|〈化〉테레빈유(terebin油). 송지유(松脂油). 송정유(松精油). ¶～数码shùmǎ | 아라비아 숫자 =〔阿剌là伯〕
【阿拉伯胶】ālābójiāo 名外〈化〉아라비아고무(arabic gum) =〔桃胶珠〕〔塞内加树胶〕
【阿拉伯联合酋长国】Ālābó Liánhé Qiúzhǎngguó 名〈地〉아랍 에미리트(Arab Emirates) [아라비아반도 동남쪽에 있는 나라. 수도는「阿布扎比」(아부다비;Abu Dhabi)]
²【阿拉伯语】Ālābóyǔ 名外〈言〉아랍어 =〔阿拉伯文〕
【阿拉法特】Ālāfǎtè 名外〈人〉아라파트(Yasser Arafate ; 1929～) [팔레스타인 해방기구의 지도자. 팔레스타인의 대통령]
【阿拉八㖞】ā·la bāzā 狀方 지저분하다. 마구 흩어져 있다. ¶他常常～的随suí便放东西 | 그는 항상 마구 물건을 흩어 놓는다.
【阿拉木图】Ālāmùtú 名外〈地〉알마아타(Alma Ata) [「哈hā萨克」(카자흐;Kazakh)의 수도]
【阿剌伯】Ālàbó ⇒〔阿拉lā伯〕
【阿郎】āláng 名❶粵 남편. ¶她逐渐zhújiàn学会用冷淡lěngdàn的眼睛看着他的～ | 그는 점차 냉담한 눈초리로 그의 남편을 바라보는 것을 배워 알게 되었다. ❷近 주인님. 주인어른 [하녀의 남

자 주인에 대한 호칭] ¶善庆shànqìng昨夜随从～入寺｜선경은 어제 밤에 주인을 따라 절에 갔다《變文·韓擒虎》 ❸ 書 轉 아버지. ¶～娘子｜아버지와 어머니.

【阿郎杂碎】āláng zásuì 狀 俗 罵 잡스럽다. 지저분하다. ¶～的, 我干么找他去｜그 잡놈을 내가 왜 찾아 가나.

【阿里曼】Ālǐmàn 名 外〈神〉아리만(Ahriman) [조로아스터교의 악신(惡神)]＝[阿利曼]

【阿里排】ālǐpái 名 外 알리바이(alibi).

【阿利曼】Ālìmàn ⇒[阿里曼]

【阿联】Āliàn 名 外 簡〈地〉아랍연합공화국 [「阿拉伯联合国」(아랍연합공화국)의 약칭]

【阿列布】ālièbù 名 外〈植〉올리브＝[洋橄欖yángǎnlǎn]

【阿留地安】Āliúdì'ān ⇒[阿留申]

【阿留申】Āliúshēn 名 外〈地〉알류샨(Aleutian)＝[阿留地安][阿留西安]

【阿留西安】Āliúxī'ān ⇒[阿留申]

【阿洛菲】Āluòfēi 名 外〈地〉알로피(Alofi) [「纽埃岛」(니우에섬;Niue Island)의 수도]

【阿妈】ⓐ āmā 名 ❶ 方 어머니. ❷ 方 유모. ❸ 俗 아줌마. 아주머니 [근대 외국인의 중국인 하녀에 대한 호칭]

ⓑ ā·ma 名 부친. 아버지 [만족(滿族)들의 자기 아버지에 대한 호칭] ¶～早死了, 赫hè赫还在｜아버지는 일찍 돌아가셨고 혁혁은 아직 살아 있다 ‖＝[阿马ā·ma][阿吗ā·ma][阿玛ā·ma][阿嘛ā·ma]

【阿曼】Āmàn 名 外〈地〉오만(Oman) [아라비아 반도 동남단에 위치하고 있는 나라. 수도는「马斯喀特」(무스카트;Muscat)]

【阿芒拿】āmángná 名 外〈化〉암모날(ammonal). ¶～炸zhà药｜암모날 폭약＝[阿莫那]

【阿猫阿狗】āmāo āgǒu ⇒[阿狗阿猫]

【阿门】āmén 嘆 外〈宗〉아멘(amen;그)＝[阿们][亚孟]

【阿们】āmén ⇒[阿门]

【阿米巴】āmǐbā 名 外〈微生〉아메바(amoeba)＝[阿弥巴][变形虫][亚米巴]

【阿米巴痢疾】āmǐbā lì·ji 名組 外〈醫〉아메바(성) 이질＝[变形虫痢疾]

【阿米多尔】āmǐduō'ěr 名 外〈化〉아미돌(amidol; 독). ¶～显象剂xiǎnxiàngjì｜아미돌 현상액＝[二氨酚]

【阿明】Āmíng 名 外〈人〉아민(Dada Id Amin, 1928～) [우간다의 전 대통령]

【阿莫那】āmònà ⇒[阿芒máng拿]

【阿摩尼亚】āmóníyà 名 外〈化〉암모니아(ammonia)＝[阿莫尼亚][氨ān]

【阿莫尼亚】āmòníyà ⇒[阿摩尼亚]

【阿姆斯特丹】Āmǔsītèdān 名 外〈地〉암스테르담(Amsterdam) [「荷兰」(네덜란드;Netherlands)의 수도]

【阿尼林】ā'nílín 名 外〈化〉아닐린(aniline) [인공 염료의 일종] ¶～树脂｜아닐린 수지＝[苯胺běnàn]

【阿牛贼狗】ā'niú zéigǒu 名組 罵 개 도둑 같은 놈.

【阿皮亚】Āpíyà 名 外〈地〉아피아(Apia) [「西萨sà摩mó亚」(서사모아;Western Samoa)의 수도]

【阿片】āpiàn 名 外〈藥〉아편(opium). ¶～粉｜아편 분말. ¶～制剂｜아편제제＝[阿芙蓉][大烟][俗 黑hēi货②][黑饭①][黑土][鸦yā片][雅yǎ片][药土]

【阿片酊】āpiàndīng 名 外〈藥〉아편 정기(丁幾)＝[阿片丁儿][劳láo丹]

【阿片丁儿】āpiàn dīngjī ⇒[阿片酊]

【阿坡罗】āpōluó ⇒[阿波bō罗]

【阿塞拜疆】Āsàibàijiāng 名 外〈地〉아제르바이잔(Azerbaizhan) [「独立国家国协」(독립국가연합;CIS) 중의 한 나라. 수도는「巴库」(바쿠;Baku)]＝[亚塞拜然]

【阿什哈巴特】Āshíhābātè 名 外〈地〉아슈하바트(Ashkhabad) [「土库曼」(투르크멘;Turkmen)의 수도]

【阿士必灵】āshìbìlíng⇒[阿司匹林]

【阿士匹林】āshìpǐlín ⇒[阿司匹林]

【阿司匹林】āsīpǐlín 名 外〈藥〉아스피린(aspirin). ¶～片｜아스피린 정(錠)＝[阿士必灵][阿士匹林][阿斯比林][阿斯比灵][阿司匹灵][乙yǐ酰水杨酸][邻lín乙酸基苯酸][醋cù柳酸]

【阿司匹灵】āsīpǐlíng⇒[阿司匹林]

【阿斯比林】āsībǐlín ⇒[阿司匹林]

【阿斯比灵】āsībǐlíng⇒[阿司匹林]

【阿斯曼湿度计】āsīmàn shīdùjì 名組 아스만 습도계＝[阿斯曼氏湿度计]

【阿他勃林】ātābólín ⇒[阿的dì平]

【阿檀】ātán 名 ❶〈植〉아단 [열대 식물 이름] ❷ 外〈佛〉무아(無我) (anātman; 범)＝[阿擅shàn][阿捺nà摩]

【阿嚏】ātì 擬 엣취 [재채기하는 소리] ¶～～打嚏喷｜엣취 엣취 하고 재채기하다.

【阿替五替】ātìwǔtì 狀 京 득의양양해 하다. 우쭐대다. ¶看他那～的样儿, 又是扬yáng头儿又是腆tiǎn肚dù｜머리를 쳐들고 배를 내민 저 우쭐대는 꼴 좀 보아라＝[哈hā替五替]

【阿土生】ātǔshēng 名 罵 吳 촌 사람.시골뜨기. 풋내기. ¶这身穿戴dài好像～｜입고 쓴 꼴이 꼭 풋내기 같다.

【阿屯】ātún 名 外〈物〉아톰(Atom) 원자.

【阿托方】ātuōfāng 名 外〈藥〉아토판(atophan) [해열 진통제로 쓰임]＝[辛xīn可芬]

【阿托品】ātuōpǐn 名 外〈藥〉아트로핀(atropine)＝[颠diān茄碱]→[颠茄]

【阿瓦鲁阿】Āwǎlǔ'ā 名 外〈地〉아바루아(Avarua) [「库克kè群岛」(쿡제도;The Cook Islands)의 수도]

【阿翁】āwēng 名 近 ❶ 아버지. 부친→[阿公] ❷ 시아버지→[公公]

【阿西】Āxī 名〈民〉아서족 [운남성(雲南省)에 거주하는 일부 이족(彝族)의 자칭(自稱)]

【阿香】Āxiāng 名〈神〉아향신 [뇌거(雷車)를 밀었다고 전해지는 여신(女神)]＝[阿香车]

A

【阿香车】Āxiāngjū ⇒〔阿香〕
【阿兄】āxiōng ⇒〔阿哥āgē〕
【阿巽】āxùn ⇒〔阿纯chún〕
【阿耶】āyé ⇒〔阿爷〕
【阿爷】āyé 名 近 ❶ 아버지. ¶~无大儿, 木兰lán无长兄 | 아버지는 아들이 없고, 목란은 오빠나 언니가 없다《木蘭辭》→〔爸〕❷ 嘆 아이고. 아이유 [놀라움을 나타내는 말] ¶~~, 你却真打我 | 아이고, 너 정말 나를 때리네 ‖ =〔阿耶〕
【阿伊努】Āyīnǔ 名 外 아이누(Ainu) [일본 홋카이도 및 사할린에 사는 종족]
²【阿姨】āyí 名 ❶ 이모 =〔姨母〕 ❷ 아주머니 [어머니 또래의 여자를 편하게 부르는 말] ❸ (유치원 등의) 보모. (기숙사 등의) 사감. ¶幼儿园的~都是本地人 | 유치원의 보모는 모두 현지인이다. ❹ 奧 처제 [처의 여동생에 대한 호칭] ❺ 近 유모(乳母).
【阿尤恩】Āyóuēn 名 外〈地〉엘 아이운(El Aiun) [「西撒sāhā哈拉」(서사하라;Western Sahara)의 수도]
C à
【阿哥】à·ge ☞〔阿哥〕āgē c
【阿个】à·ge ⇒〔阿哥〕āgē c
【阿妈】à·ma ☞〔阿妈〕āmā b
【阿马】à·ma ⇒〔阿妈〕āmā b
【阿吗】à·ma ⇒〔阿妈〕āmā b
【阿玛】à·ma ⇒〔阿妈〕āmā b
【阿嘛】à·ma ⇒〔阿妈〕āmā b
D ē
【阿鼻】ēbí 名 外〈佛〉아비(Avici;범) [가장 고통스러운 최하위의 지옥] ¶~地狱yù | 아비지옥.
【阿比】ēbǐ ☞〔阿比〕ābǐ b
【阿谄】ēchǎn ⇒〔阿谀yú〕
【阿城】Ēchéng ⇒〔阿Ē房宫〕
【阿房宫】Ēfánggōng ⊗ Ēpánggōng) 名 아방궁 [기원전 212년 진시황(秦始皇)이 섬서성(陝西省) 장안현(長安縣) 상림원(上林苑)에 세운 궁전] =〔阿Ē城〕
【阿奉】ēfèng ⇒〔阿附〕
【阿附】ēfù 動 아부하다. 아첨하다. =〔阿奉〕〔書 阿媚〕〔趋qū附〕〔谐xié附〕→〔巴bā结〕
【阿含】ēhán 名 外〈佛〉❶ 아함(Agama;범) [일체의 법은 이 곳에 귀착한다는 뜻으로 소승경(小乘經)의 총칭임] ❷ 아함경(阿含經).
【阿胶】ējiāo 名〈漢醫〉아교 [산동성(山東省) 동아현(東阿縣)에서 많이 나기 때문에 생긴 이름. 나귀나 쇠가죽을 삶아 만들며, 영양제로 쓰임] =〔驴lǘ(皮)胶〕
【阿金溺银】ējīn niàoyín 動組 금은보화를 낳다. 재물을 얻다. ¶养儿不在~, 只要见景生情 | 아들을 기르는 것은 재물을 얻자는 것이 아니고 일이 있을 때 부모를 보살피게 하자는 것 뿐이다.
【阿列布】ēlièbù ⇒〔橄gǎn榄〕
【阿罗汉】ēluóhàn ⊗ āluóhàn) 名〈佛〉❶ 아라한(阿羅漢)(arhan;범)[소승불교 수행자의 가장 높은 경지]=〔罗汉①〕 ❷ 여래십호(如來十號)의 하나.
【阿媚】ēmèi ⇒〔阿附〕
【阿弥陀佛】Ēmítuófó ❶ 名〈佛〉아미타불(Amitābha;범) [극락 세계 최대의 부처. 「阿弥陀」는 무량(無量)의 뜻임] ❷ 嘆 제발. 아이고. 고마워라. 빌어먹을 [기원·놀라움·비난·안도 등을 나타냄] ¶~, 这个问题总算zǒngsuàn解决了 | 아이고 다행이다,이 문제는 결국 해결됐다.
【阿难(陀)】Ēnán(tuó) 名〈佛〉〈人〉아난다(Ānanda;범) [석가여래 십대 제자의 하나]
【阿耨多罗】ēnòuduōluó 名〈佛〉아누다라(Anuttara;범) [최상(最上)이라는 뜻] ¶~三藐miǎo三菩提pútí | 아누다라 삼막 삼보리. 부처의 최상의 지혜.
【阿旁】ēpáng 名 ❶〈佛〉아방 [지옥에 있는 귀졸(鬼卒)의 이름. 소의 머리에 사람의 손 같이 생겨 「牛头阿旁」「牛首阿旁」이라고도 함] ❷ 轉 귀신같이 무섭게 생긴 사람 ‖ =〔阿傍〕
【阿傍】ēpáng ⇒〔阿旁〕
【阿热】Ērè 名 복성(複姓).
【阿史德】Ēshǐdé 名 복성(複姓).
【阿史那】Ēshǐnuó 名 복성(複姓).
【阿世】ēshì 書 動 세속에 빌붙다. ¶曲qū学~之徒 | 학문을 왜곡하고 세속에 빌붙는 무리.
【阿魏】ēwèi 名〈植〉아위 [다년생 초본식물의 일종. 구충제·진통제로 쓰임] =〔兴xīng渠〕
【阿修罗】ēxiūluó 名〈佛〉아수라(Asura;범) [싸움만 하는 흉칙하게 생긴 귀신 이름] =〔阿素洛〕〔阿须罗〕〔阿须伦〕〔阿苏罗〕〔修罗〕
【阿谀】ēyú 書 動 貶 아첨하다. 비위를 맞추다. 알랑거리다. =〔阿谄〕〔阿比ābǐ b〕
【阿谀逢迎】ēyú féngyíng 動組 近 아부하며 영합(迎合)하다 =〔阿谀奉承〕
【阿谀苟合】ēyú gǒuhé 動組 近 아부하며 적당히 영합하다. ¶~之徒tú | 아부하며 적당히 영합하는 무리.
【阿者】ēzhě 名 近 外 어머니 [본래 여진족(女眞族)의 말임] ¶~, 你这般没乱luàn荒huāng张到得那里? | 어머니, 이렇게 정신없이 어딜 그렇게 가세요?《元曲·拜月亭》

1 【啊】 ā á ǎ à ·a 어조사 아

A ā 嘆 ❶ 아. 앗. 아이고 [놀람을 나타냄] ¶~, 起火了! | 아이고, 불이야! ❷ 아. 응. 그래 [가벼운 긍정·반문 또는 응답을 나타냄] ¶~, 我想起来了 | 아, 생각납니다. ¶~呀↓
B á 嘆 ❶ 어. 아 [의외(意外)임을 나타냄] ¶~, 他就是张老师! | 아, 그가 바로 장 선생님이군요. ¶~, 什么? | 어, 뭐라고? =〔嗄á〕 ❷ 뭐. 알겠니. 응 [명령문·의문문의 앞뒤에 쓰여 다짐하는 어기를 나타냄] ¶~, 你明天到底dǐ去不去? | 뭐? 도대체 너 내일 갈거냐, 안 갈거냐? ¶你小心拿着吧, ~ | 주의해서 들고 있어라, 알겠니?
C ǎ 嘆 아. 아니. 엇 [의혹(疑惑)이나 당혹감을 나타냄] ¶~, 难nán道是… | 아, 설마 …일리야! ¶~, 连这点儿道理, 你都不明白? | 아니, 이 정도 이치조차도 모르는가?
D à 嘆 ❶ 엇. 아 [갑자기 깨닫게 되었음을 나타

냄] ¶～, 对了, 就是他 | 아, 맞아, 바로 그였어. ❷응. 그래 [동의·승낙·납득을 나타냄] ¶～, 好吧 | 그래, 좋아. ¶～, 我就来 | 그래, 곧 가겠다.

Ⓔ ·a 語 ❶진술문 끝에 사용하여, 상대방에게 어떤 상황의 인식을 촉구하는 역할을 하며, 때로는 성가시다는 어감을 가지게도 함. ¶光着脚jiǎo走不了山路～ | 맨발로 산길을 걸을 수는 없지요. ¶我也没说你全错cuò了～ | 당신이 전적으로 틀렸다고 말하지는 않았다고. ❷명령문의 끝에 사용하여, 청구·재촉·명령·경고등을 나타냄. ¶请坐～, 同志们 | 앉으세요, 동지들. ¶快走～ | 빨리 가자. ❸감탄문의 끝이나, 상대방에게 통지하는 말속에 사용함. ¶这马跑得真快～ | 이 말 정말 빨리 달리는 군! ¶老李～, 你来这儿 | 이 선생, 이곳으로 오십시오. ❹의문문 끝에 사용함. 어법 ⓐ 진술문에 「吗」만 붙여도 의문문이 되지만 「啊」는 스스로 의문문을 만들지는 못함. ⓑ 금지문에 조사 「了」가 쓰이면 이미 시작된 행동을 제지하는 반면, 「啊」는 행동의 시작 여부와는 관계없음. ¶不要吃了 | 그만 먹어라. ¶不要吃～ | 먹지 마라. ⓒ 「吧」는 「啊」에 비해 권고·의뢰의 어감이 강하며 「啊」는 재촉이나 어떤 일을 하거나 하지 않음이 당연하다는 어감을 가지게 함. ⓓ 의문대사(疑問代詞)가 있는 의문문이나 선택식 의문문에는 「啊」를 쓸 수도 있고, 쓰지 않을 수도 있으나, 「啊」만을 사용하는 경우 어감이 조금 부드러워 짐. ¶是谁～? | 누구세요? ¶是买苹píng果还是买梨～? | 사과를 사실래요 배를 사실래요? ⓔ 상대방의 확인을 구하는 진술식 의문문에는 일반적으로 「啊」를 쓰고, 만약 「啊」를 쓰지 않을 경우에는 마지막 음절의 어조가 올라가게 됨. ¶你不去～? | 당신 안 가세요? ¶你说的是真话～? | 당신이 말한 것 진정입니까? ⓕ 반어문(反問句)에 「啊」를 쓰면 쓰지 않는 것보다 어감이 부드러워짐. ¶客人都来了, 怎么不上茶～? | 손님이 모두 오셨는데, 어째 차를 올리지 않아요? ¶你怎么不理人家～? | 어째서 사람을 상대해 주지 않아요? ❺한 문(句子) 안의 잠시 휴지해야 할 곳에 사용함. 어법 ⓐ 말하는 사람이 잠시 머뭇거리거나, 혹은 주의를 끌고자 할 때 사용함. ¶去年～, 去年这会儿～, 我还在上海呢 | 작년, 작년 이맘때에, 나는 여전히 상해에 있었다. ¶今天开这么个会～, 是想听听各方面的意见 | 오늘 이런 회의를 여는 것은, 각 방면의 의견을 듣고 싶어서 이다. ⓑ 몇 개의 사항을 열거할 때 쓰임. ¶这里的山～, 水～, 树～,草～, 都是我从小就非常熟悉shúxī的 | 이 곳의 산·물·나무·풀 모두 내가 어릴 때부터 잘 알고 있던 것이다. ⓒ 가정이나 조건을 나타내는 문(句子)의 끝에 쓰임. ¶我要是自己会～, 就不来麻烦máfán你了 | 내가 만약 혼자 할 수 있다면, 당신을 성가시게 하지는 않았을 겁니다. ❻중복되는 동사의 끝에 사용하여, 그 과정이 매우 길었다는 어감을 나타냄. ¶他们追zhuī～, 追～, 追了半天也没追上 | 그들이 좇고, 좇고, 반나절 동안 좇았는데도 따라잡지 못했다 ‖ =〔呵·a〕 어법 「啊」가 어기조사로 쓰일 때 앞 음절의 영향으로 다음과 같은 연음변화(連音變化)가 일어나며, 그 음에 따라 다른 한자를 바꾸어 쓰기도 함. 〔 〕속은 국제음표임.

앞글자의 발음	「啊」의 변음	대용한자	예문
-a -e -i -o -ü	à → ya〔ia〕	呀	看戏呀
-ao -u	à → wa〔ua〕	哇	很好哇
-n	à → na〔na〕	哪	有人哪
-ng	à → nga〔ŋa〕	啊	好香啊
zhi chi shi ri er	à → ra〔ʐa〕	啊	老师啊
zi ci si	à → sa〔za〕	啊	公子啊

【啊哈】āhā 嘆 아하! 아이쿠. 홍. 피이 [놀라움·감탄·냉소하는 소리] ¶～, 不得了! | 아하, 큰일났구나! ¶～! 这图案设shè计得真好 | 아하! 이 도안은 정말 설계가 잘 되었구나. ¶～, 你还要说什么 | 홍, 너 그래도 할 말이 있니?

【啊呀】āyā ⇒〔啊唷〕

【啊唷】āyō 嘆 아아! 아이고! 어이구! [놀라움·고통·슬플 때 내는 소리] ¶～, 要命! | 아이고, 죽을 지경이구나! ¶～, 真糟糕! 下大雨了! | 아, 다 틀렸다! 소나기가 쏟아지네! =〔啊呀〕〔方嗄ǎ唷〕

【锕(錒)】ā (악티늄 아) 名〈化〉화학 원소명. 악티늄(Ac ; actinium) [반감기(半減期)가 22년인 방사능 원소]

【腌】ā ⓧ ān) ☞ 腌 yān Ⓑ

á ㄚˊ

1【啊】á ☞ 啊 ā Ⓑ

【嗄】á shà 목쉴 사

Ⓐ á 「啊」와 같음 ⇒〔啊á①〕

Ⓑ shà 動 목이 쉬다. 쉰 목소리가 나다. ¶今天感冒mào, 喉咙hóulóng～～的, 不能唱歌 | 오늘 감기가 들어 목이 칼칼하여 노래는 부를 수 없다. ¶～声地唱chàng歌 | 쉰 목소리로 노래 부르다. ¶～着声儿吵chǎo | 쉰 목소리로 말다툼하다.

【嗄唷】áyō ⇒〔啊āō唷〕

ǎ ㄚˇ

1【啊】ǎ ☞ 啊 ā Ⓒ

à ㄚˋ

2【阿】à ☞ 阿 ā Ⓑ

1【啊】à ☞ 啊 ā Ⓓ

·a ㄚ·

【呵】·a ☞ 呵 hē Ⓑ

1【啊】·a ☞ 啊 ā Ⓔ

A

āi 历

2【哎】āi 애통해하는소리 애
嘆❶아! 에이! 아이고! [의아·불만·놀라움을 나타냄] ¶～! 真是想不到的事 | 아! 정말 생각도 못했던 일이다. ¶～, 原来是你! | 어, 당신이었군요! ❷야. 이봐 [듣는 이의 주의를 환기 시킴] ¶～, 别把桌子碰pèng倒了! | 야, 책상 넘어뜨리지 마라! ¶～, 大家看, 谁来了! | 이봐요, 누가 왔어요! ‖ =〔嗳āi〕

2【哎呀】āiyā 嘆 아이고! 아이쿠! [놀라움·아쉬움·원망·불만 등을 나타냄] ¶～! 这苹píng果这么大呀! | 야! 사과가 이렇게 크다! ¶～, 你怎么来得这么晚呢! | 야, 너 어째서 이렇게 늦게 왔니! ¶～, 我的表停tíng住了 | 아이고, 내 시계가 멎어 버렸네 =〔唉呀〕〔哎唷〕〔嗳呀〕

3【哎哟】āiyō 嘆 아이고! 아야! 어이구! [놀람·괴로움·고통 등을 나타냄] ¶～! 都十点了 | 아니, 벌써 10시가 되었네! ¶～! 你踩cǎi到我的脚了 | 아야! 네가 내 발 밟았어. ¶～, 快饿è死了 | 아이고, 배고파 곧 죽겠다.

【哎唷】āiyō ⇒〔哎呀〕

【哀】āi 슬플 애
❶슬퍼하다. 애통해하다. ¶悲bēi～ | 슬퍼하다. ¶有妇fù人哭于墓mù者而～ | 어떤 부인이 묘에서 울며 슬퍼하였다《禮記·檀弓下》❷애도하다. ¶默mò～ | 묵도하다. ¶致zhì～ | 애도의 뜻을 표하다. ❸가엾이 여기다. 불쌍히 여기다. ¶～怜lián↓ ❹어머니를 여의다. ¶～子↓ ❺(Āi) 名 성(姓).

【哀哀】āi'āi 書 狀 몹시 슬퍼하다. ¶～痛哭tòngkū | 슬프게 통곡하다. ¶～上告 | 슬프게 하소연하였다. ¶～救饶ráo | 슬피 울며 용서를 구하다.

【哀薄奈以脱】āibónàiyǐtuō 名 外〈化〉에보나이트(ebonite) =〔硬yìng橡胶〕〔硬橡皮〕

【哀愁】āichóu ❶形 슬퍼하다. 근심하다. ❷名 애수. 슬픔과 근심.

【哀辞】āicí 名 애도사(哀悼辭). 조사(弔辭). ¶代表全体quántǐ同仁致zhì～ | 전체 동료를 대표하여 애도사를 읽다 =〔哀词〕

4【哀悼】āidào 動 애도하다. ¶向死者家属shǔ表示深切shēnqiè的～ | 고인의 가족에게 깊은 애도를 표합니다. ¶为国牺牲xīshēng的将士～ | 국가를 위해 희생된 군인을 애도하자.

【哀吊】āidiào 動 ❶죽음을 슬퍼하다. 애도하다. ¶早上我去朋友家～他祖父的逝shì世 | 아침에 친구 집에 가 그 할아버지의 서거를 애도하였다. ❷불쌍히 여겨 위로하다. 동정하다. ¶树上的鸟不停tíng地叫着, 好像在～他飘泊piāobó无依的苦楚kǔchǔ | 나무 위의 새가 끊임없이 울고 있는 것이 마치 그가 기댈 곳 없이 떠도는 고초를 동정하는 것 같다.

【哀而不伤】āi ér bù shāng 成 ❶슬퍼하되 아파하지 않다 [시가(詩歌)·음악 등의 감정이 잘 절제되어 있음을 나타냄] ❷많지도 않고 적지도 않다. 적당하다. 서로 손해 볼 것 없다. ¶我们来个～的价钱, 五毛钱算了吧 | 우리 적절한 가격인 50전으로 흥정하고 맙시다.

【哀感】āigǎn 名 슬픈 감정. ¶生离死别的～涌yǒng上心头 | 생사 이별의 슬픔이 가슴에 북받치다. ¶～顽艳wán yàn | 成 (문예작품이) 구슬프고 애달프다. 아주 서정적이다《文選·繁欽·與魏文帝牋》

【哀歌】āigē ❶名 애가. 슬픈 노래. ❷名 애도가 [발인할 때 부르는 노래] ¶每听其～, 自叹tàn不及逝shì者 | 그 애도가를 들을 때 마다 가신님에 대한 한을 주체할 수 없었다. ❸名 外〈音〉엘레지(élégie; 프). ❹動 슬프게 노래를 부르다. ¶恸哭tòngkū～ | 통곡하며 애절하게 노래 부르다.

【哀呼】āihū ❶名 슬픈 외침. 절규. 비명. ❷動 슬퍼 소리지르다. 절규하다. 외치다. ¶～呻吟shēnyín | 슬프게 신음하다.

【哀祭】āijì 書 名〈文〉애제 [애도사·제문(祭文)·만사(輓詞) 등을 가리키는 문체의 일종]

【哀矜】āijīn 書 動 불쌍히 여기다. 가엾게 여기다. 슬퍼하다. 동정하다. ¶～勿wù喜 | 남의 불행을 기뻐하지말고 동정하라《論語·子張》¶对于这位老教授的死, 许多人都表示深shēn切的～之意 | 이 노 교수님의 서거에 많은 사람들이 깊은 슬픔의 뜻을 표하였다 =〔哀怜〕

【哀哭】āikū 書 動 슬피 울다. 흐느끼다. ¶她为了可爱的小猫māo死去而～ | 그녀는 귀여운 고양이의 죽음 때문에 슬프게 울었다 =〔哀泣qì〕

【哀乐】ⓐ āilè 書 名 슬픔과 즐거움. 애락. ⓑ āiyuè 名〈音〉애조(哀調)를 띤 음악 [장송곡·추도곡 같은 음악] ¶他那儿每晚演奏yǎnzòu～ | 그가 있는 곳에는 매일 저녁 슬픈 음악을 연주한다.

【哀怜】āilián ⇒〔哀矜jīn〕

【哀悯】āimǐn 書 動 불쌍하다. 불쌍히 여기다. ¶这个人的悲惨bēicǎn遭遇zāoyù, 引起大家的～ | 이 사람의 비참한 처지가 모두의 동정을 샀다.

【哀鸣】āimíng ❶名 비명. 절규. ¶发出绝jué望的～ | 비명을 울리다. ❷動 슬피 울다. 애처롭게 부르짖다. 절규하다. ¶小鸟受了伤shāng, 在那儿～着 | 작은 새가 상처를 입고 그곳에서 비명을 지르고 있다.

【哀戚】āiqī 書 動 슬퍼하다. 비통해 하다. ¶他为了丧sāng妻而～不已 | 그는 죽은 아내 때문에 끝없이 슬퍼한다 =〔哀凄qī〕〔哀伤shāng〕〔悲伤〕

【哀凄】āiqī⇒〔哀戚qī〕

【哀泣】āiqì⇒〔哀哭kū〕

4【哀求】āiqiú 動 애원하다. 애걸하다. ¶苦kǔ苦～主人留liú用他 | 주인에게 그를 계속 써 달라고 애걸복걸하다.

【哀伤】āishāng ⇒〔哀戚qī〕.

【哀声叹气】āi shēng tàn qì 成 슬퍼 탄식하는 소리. ¶听不到～, 看不到愁眉chóuméi苦脸kǔliǎn | 슬퍼 탄식하는 소리도 듣지 못하고 수심이 가득 찬 얼굴도 보지 못한다.

【哀史】āishǐ 名 ❶통사(痛史). 비참한 역사. 슬픈 역사 ❷(Āishǐ)〈書〉레미제라블(Les Misérables; 프) [프랑스 빅토르 위고의 소설] =〔悲惨世界〕

【哀思】āisī 名 애도하는 마음. 슬픈 생각. ¶开一个追悼zhuīdào会，以寄托jìtuō我们的～ | 추모회를 열어 우리의 애도하는 마음을 기탁하였다.

【哀斯基摩(人)】Āisījīmó(rén) 名 外 〈民〉 에스키모(인)(Eskimos(人)) =〔挨Āi斯基摩〕〔爱Ài斯基摩〕〔依Yī士企摩〕

【哀孙】āisūn 名 애손 [할머니를 여읜 손자의 자칭(自稱)] →〔哀子〕

【哀叹】āitàn 書 動 슬프게 탄식하다. 애탄하다. ¶他们在～中默mò默地追悼zhuīdào着亲qīn人 | 그들은 슬피 탄식하면서 묵묵히 친구를 추도하고 있다.

【哀痛】āitòng 形 애통해 하다. ¶～之情 | 애통한 심정. ¶～凄厉qīlì的叫声 | 슬피 외치는 소리.

【哀怨】āiyuàn ❶ 動 슬퍼하고 원망하다. 슬퍼하다. 한탄하다. ¶她的心里充满无处倾qīng诉的～ | 그녀의 마음에는 하소연 할 곳 없는 슬픈 원망으로 가득하였다. ❷ 形 비통하다. 애절하다. ¶其声～，好生不忍rěn | 그 소리가 너무나 애절하여 차마 들을 수가 없다《古今小說》

【哀乐】āiyuè ☞〔哀乐〕āilè b

【哀哉】āizāi ❶ 嘆 슬프다. 애달프다. ❷ 動 (사람이) 죽었다. 돌아가셨도다 [점잖은 표현은 아님] ¶没想到他竟jìng～了 | 그가 죽을 줄은 생각지도 못했다.

【哀杖】āizhàng 名 상장(喪杖) [상제가 짚는 지팡이] =〔哭丧棒〕

【哀子】āizǐ 名 애자 [아버지는 살아 계시고 어머니를 여읜 아들의 자칭(自稱). 어머니는 살아 계시고 아버지가 돌아가신 경우는 「孤gū」라 하고, 부모가 모두 돌아가신 경우는 「孤哀子」라고 함] →〔孤哀子〕〔孤子〕〔孝子②〕

【锿(鎄)】 āi (아인슈타이늄 애)

名 〈化〉 화학 원소명. 아인슈타이늄(Es ; Einsteinium) [인공 방사성원소의 일종]

4【唉】 āi ài 한탄할 애, 물을 애

A āi ❶ 嘆 어이. 여보세요 [사람을 부르거나 말을 걸 때 씀] ¶～，看这儿 | 여보시오, 여기 좀 보시오. ❷ 嘆 예 [대답하거나 앎·승낙을 나타냄] ¶～! 我这就走，你不用担心了 | 예! 이제 곧 갑니다. 걱정하지 마십시오. ¶～，我就来 | 예, 곧 갑니다. ❸ 嘆 에이. 에끼 [조용히 사람의 말이나 행동을 제지할 때 씀] ¶～，你别那样说吧! | 에이, 그렇게 말하지 마시오! ¶～～，你们别闹了 | 어이, 소란 피우지 마시오. ❹ 嘆 아아. 오오 [탄식·실망·연민을 나타냄] ¶～! 真可怜! | 아아! 참으로 가엾구나! ❺ (～儿) 名 트림 (소리). ¶打～儿 | 트림하다. ❻ 음역자로 쓰임. ¶～曼↓ ❼ (Āi) 名 성(姓).

B ài 嘆 아이참. 아이고 [감상(感傷)·애석함을 나타냄] ¶～，病了两个月，把工作都耽搁了 | 아이참, 두달 동안 병을 앓았더니 일이 모두 지체되었다. ¶～，多好的一个杯子给破碎了! | 아이고, 그 좋은 잔을 그만 깨버렸구나!

【唉饱】āibǎo 名 트림. 트림 소리 →〔打唉(儿)〕〔打嗝gé儿〕

【唉曼】āimàn 量 外 〈物〉 에만(eman) [공기나 용액 중에 함유된 라돈(Rn)의 농도. 1 에만은 10^{-10} 퀴리(curie)]

【唉声叹气】āi shēng tàn qì 威 탄식하다. ¶不要受了点挫折cuòzhé就～ | 작은 좌절로 한숨짓지 마라 =〔咳hāi声叹气〕

【唉呀】āiyā ⇒〔哎āi呀〕

【埃】 āi 티끌 애

❶ 名 먼지. 티끌. ¶尘～ | 먼지. ¶黄～蔽bì天 | 누런 먼지가 하늘을 뒤덮다. ❷ 量 〈物〉 〈度〉 옹스트롬(Å : Angstrom) [1억 분의 1cm를 나타내는 길이의 단위. 광파(光波)·전자파·원자·분자 등의 파장이나 크기를 타낼 때 사용] ❸ 음역자(音譯字)로 쓰임. ¶～及↓ ❹ 名 성(姓).

【埃非尔士峰】Āifēi'ěrshì fēng 名 外 에베레스트봉(Everest 峰) =〔珠穆朗玛峰〕

【埃菲尔铁塔】Āifēi'ěr tiětǎ 名 外 에펠탑(Eiffel 塔) =〔巴黎bālí铁塔〕

【埃及】āijí 名 外 〈地〉 이집트(Egypt) [아프리카 북동부에 위치한 나라. 수도는 「开罗kāiluó」(카이로;Cairo)]

【埃里温】Āilǐwēn 名 外 〈地〉 에리반(Yrevan) [「亚美尼亚」(아르메이아;Armenia)의 수도]

【埃灭】Āimiè 書 動 소멸하다. 괴멸하다. 소산하다. ¶自秦qín焚fén六经，圣文～ | 진나라에서 육경을 불 태운 후로 성인들의 글이 모두 소멸되었다《後漢書》

【埃墨】Āimò 書 名 검은 먼지. 검은 티끌. ¶有～堕duò饭中 | 검은 티끌이 밥에 떨어졌다《孔子家語·在厄》

【埃塞俄比亚】Āisài'ébǐyà 名 外 〈地〉 이디오피아(Ethiopia) [아프리카 중동부에 위치한 나라. 수도는 「亚的斯sī亚贝bèi巴」(아디스아바바;Addis Ababa)] =〔阿比西尼亚〕〔哀āi提欧皮亚〕

【埃斯库多】āisīkùduō 名 外 〈錢〉 에스쿠도(Escudo) [포르투갈·칠레의 통화 단위]

【埃田】Āitián 名 外 〈地〉 에덴(Eden) =〔伊甸〕

2【挨】 āi ái 등칠 애, 밀칠 애, 맞댈 애

A āi 動 ❶ 가까이 가다. 접근하다. 달라붙다. 기대다. ¶小姐～着我坐吧! | 아가씨 내 곁에 다가앉아요! ¶～门坐着 | 문 바로 옆에 앉아 있다. ¶门上油漆yóuqī还没干，～不得 | 문에 칠한 페인트가 아직 마르지 않았으니 가까이 가서는 안된다. ❷ (하나하나 순차적으로) 순번을 따르다. ¶～着次儿算 | 차례대로 계산하다. ¶一个～一个慢慢儿地往前走 | 한 사람씩 천천히 앞으로 가시오. ¶还没～到他吧? | 아직 그 차례가 안됐지? ❸ 奧 붐비다. 간신히 빠져나가다. ¶～进去 | 붐비는 사람 틈을 비집고 들어가다. ❹ (남녀가) 간통하다. ¶～人儿 | 남녀가 관계를 맺다. 남녀가 야합하다. ❺ 京 ～에 있다. 어법 「在」가 와음(訛音)되면서 통용(通用)한 것으로 보임. ¶你～那儿上班呢? | 너 어디에 출근하고 있니?

B ái 動 ❶ (괴로운 일을) 당하다. 만나다. 고통을 받다. 부닥치다. 어법 ⓐ 「挨＋名〔數量〕」의 형식

으로 구타 당함을 나타냄. ¶老王～过地主的鞭biān子 | 왕 씨는 지주의 채찍에 맞았다. ¶手上～了一刀 | 손에 칼 한 방 맞았다. ⓑ「挨+(數量+)動」의 형식으로 …을 당했음을 나타냄. ¶～打～骂 | 얻어 터지고 욕먹다. ¶～了一顿骂 | 욕을 얻어먹었다. ¶～批评 | 비평을 받다. ❷고생스럽게 (세월을) 보내다. 어법「了」를 붙일 수 있으며, 뒤에 시간을 나타내는 낱말(詞)이 옴. ¶～日子 | 고생스럽게 살아가다. ¶那时候～一天算一天 | 그때는 하루하루가 힘들었다. ¶～了一年又一年 | 일년 일년을 힘들게 보내다. ❸연기하다. 지연하다. 꾸물거리다. 어법 뒤에 시간을 나타내는 낱말(詞)이 옴. ¶快说吧, 不要～时间了 | 빨리 말해라, 더 이상 시간을 끌지 말고. ¶今天能解决, 干嘛要～到明天? | 오늘 해결할 수 있는데, 무엇 때문에 내일까지 미루려는 거지? ❹받아들이다. 수용하다. …을 맞다. ¶我去看看后面什么东西～了炮弹pàodàn | 내가 뒤에 무엇이 포탄에 맞나왔는지 가 보겠다. ¶我怎的～的下这一大锤 | 제가 어찌 이 큰 종을 받아들이겠습니까?《金瓶梅》‖＝〔捱ái〕

Ⓐ āi

【挨挨儿】āi'·āir ☞〔挨挨儿〕ái·áir ⓑ

【挨挨擦擦】āi'āi cācā 貶 ㊄ 접근하다. 달라 붙다. 몸을 가까이 대다. ¶壁bì头刷了石灰huī, 不要在那儿～的 | 벽에 석회 칠을 하였으니 거기에 가까이 가지 마라. ¶在爸爸身边～的了 | 아버지 곁에서 떠날 줄 모르다.

【挨挨蹭蹭】āi'āi cèngcèng 貶 ❶우물쭈물하다. 꾸물거리다. ¶～地站着不动 | 우물쭈물하며 서성대고 움직이지 않는다＝〔挨挨拖拖〕❷서로 몸을 기대다. ¶别老是～的! | 그렇게 줄곧 몸을 기대지 마라!

【挨挨抢抢】āi'āi qiǎngqiǎng 貶 (사람들 사이를) 헤치며 들어가다. 비집고 들어가다. 뚫고 들어가다. ¶～地好容易才挤jǐ进去了 | 사람들 사이를 헤집고 가까스로 끼어 들어갔다.

【挨挨拖拖】āi'āi tuōtuō ⇒〔挨挨蹭蹭①〕

【挨板(儿)】āibǎn(r) ⇒〔挨次(儿)〕

【挨班(儿)】āi/bān(r) 動 순서대로 따르다. 차례대로 줄을 서다. ¶看病也难, 挂号、就诊zhěn、取药都得～ | 병을 보는 것도 쉽지 않다. 접수하고, 진찰하고, 약을 타는 데도 모두 줄을 서야 한다. ¶挨着班儿, 一辆liàng一辆列liè车开走了 | 순서에 따라 열차는 차례대로 떠났다＝〔排队páiduì〕〔挨盘pán(儿)①〕

【挨帮】āibāng 動 ㊍ 순서대로 나란히 하다. 순서대로 정리하다. ¶他便回头喊hǎn到: ～, 都～ | 순서대로 서시오! 모두 줄을 서시오! 하고 외쳤다. ¶看人家屋里, 什么东西都～地放着 | 다른 사람 집 좀 봐라 무슨 물건이든지 잘 정리해 두었다.

【挨帮实底】āibāng shídǐ 成 ㊍ 완전히 믿다. 철저하게 신뢰하다. ¶倒是不说多少好听话, 偏piān又感到那么～ | 별로 듣기 좋은 말을 하지도 않았는데, 오히려 신뢰감을 느꼈다.

【挨边(儿)】āi/biān(r) 動 ❶한 쪽으로 치우치다. 가장자리로 가까이하다. ¶上了大路, 要挨着边儿走 | 큰길에 나서면, 한쪽 가로 걸어야 한다. ¶～桌子上有些东西 | 한 쪽의 탁자 위에 물건이 좀 있다. ❷말이 이치에 맞아 사실에 거의 근접하다. ¶你的话一点儿都不～ | 너의 말은 조금도 이치에 맞지 않다. ❸(āibiān(r)) 대략 …이다. …쯤이다. 어법 일반적으로 수사 뒤에 쓰나, 방언에서는 수사를 목적어(賓語)로 쓰기도 함. ¶我六十～了 | 난 예순 살쯤 되었다. ¶～四十岁的人 | 마흔 살 쯤 된 사람.

【挨捕】ⓐ āibǔ 動 ㊅ 한 집 한 집 수색하여 체포하다. ¶～甚紧jǐn | 철저하게 한 집 한 집 수색한다《水滸傳》

ⓑ áibǔ 動 ㊅ 체포하다. 붙잡다.

【挨床】āi/chuáng ❶動 잠을 깨고도 침대에서 일어나지 않다. 침대를 떠나기 싫어하다. ❷副 침대마다. 침대를 하나 하나. ¶连长夜间到战zhàn士的寝qǐn室, ～看看大家睡得好不好 | 중대장은 밤에 전우들의 침실에 가 침대마다 모두 잘 자고 있는지 보았다.

【挨次(儿)】āi/cì(r) 副 순서대로. 차례로. ¶请大家不要挤jǐ, ～上车 | 모두들 서로 밀지 말고, 순서대로 차를 타시오. ¶～轮流lúnliú去做 | 순서대로 돌아가며 하다＝〔挨板bǎn(儿)〕〔挨次板(儿)〕〔挨盘儿①〕〔挨顺儿〕〔挨序儿〕

【挨次板(儿)】āicìbǎn(r) ⇒〔挨次(儿)〕

【挨村】ⓐ āicūn ❶名 이웃 마을. ¶他是我们～儿的同乡xiāng | 그는 우리 이웃 마을의 동향인이다. ❷(āi/cūn) 副 마을마다. ¶～地搜sōu一搜 | 고을마다 수색하다.

ⓑ áicūn 動 모욕 당하다. 꾸중듣다＝〔捱ái村〕

【挨倒】āidǎo 動 ㊄ ❶가까이 있다. 접근하다. ¶我家～长江的 | 우리 집은 양자강 가까이 있다. ❷(āi/dǎo) 닿다. 접촉하다. ¶个子高的人手一伸就挨得倒 | 키가 큰 사람은 손을 뻗으면 닿을 수 있다.

【挨到】ⓐ āidào 動組 순서가 되다. 차례가 되다. ¶已经～你了, 快去申请 | 이미 네 차례가 되었다, 빨리 가서 신청해라＝〔轮到lúndào〕

ⓑ áidào 動組 …까지) 기다리다. ¶～事情做完再说 | 일을 끝낸 후 다시 이야기하자→〔等děng到〕〔赶gǎn到〕

【挨个儿】āi/gèr 動 ㊀ 하나하나. 차례로. ¶急jí得售shòu货员大声喊hǎn: 不要挤jǐ, ～买 | 황급해져 판매원은 큰 소리로「밀지 말고 한 사람씩 차례대로 사시오」하고 큰 소리로 외쳤다. ¶～坐 | 차례차례 앉다. ¶～检查jiǎnchá身体 | 차례차례 신체 검사하다.

【挨光】āiguāng 動 ㊅ 내연의 관계를 갖다. 간통하다. 밀통하다 ¶一心只痴chī想著赵县君, 思量寻xún机会～ | 온 마음이 미칠듯한 조현군의 생각으로 가득 차 밀통할 기회를 찾으려고 하였다《今古奇觀》＝〔捱光〕

【挨黑儿】āihēir 名 ㊄ 해 질 무렵. 땅거미가 질 무렵＝〔傍晚bàngwǎn〕

【挨户】āi hù ⇒〔挨门(儿)①〕

【挨获】ⓐ āihuò 動 ㊅ 수색하여 체포하다. 뒤져 포획하다. ¶本府差应捕bǔ～凶xiōng身 | 본청에서

포도원(捕盜員)을 파견하여 범인을 수색하여 체포하였다《古今小說》
ⓑ áihuò 動 近 잡다. 체포하다.
【挨挤】ⓐ āijǐ 書 動 붐비다. 혼잡하다. 붐벼 밀리다. ¶～不动 | 혼잡하여 몸을 움직일 수 없다. ¶来宾bīn们挨挨挤挤地站了一屋子 | 손님이 방 안 가득 빽빽히 들어 섰다.
ⓑ ái/jǐ 動 혼잡하여 고생하다. 비좁아 괴로움을 당하다. ¶白挨了半天挤 | 종일 인파에 밀리는 헛수고만 했다. ¶看热闹rènào的人太多了, 何必去～ | 시끌벅적한 구경거리를 보러 올 사람이 너무 많을 것인데, 무엇 때문에 사람들 사이에 끼어 고생하러 가니.
【挨家】āi jiā ⇒〔挨门(儿)①〕
【挨肩(儿)】āi/jiānr ❶ 動組 어깨를 나란히 하다. 轉 협력하다. ¶他们俩liǎ～散步 | 그들 둘은 어깨를 하고 산보한다. ❷ (āijiānr) 副 轉 연거푸. 연이어. 계속. ¶～添tiān了两个男孩儿 | 연거푸 아들 둘을 낳았다. ❸ 動組 어깨를 견주다. ¶他的孩子长得和他～那么高 | 그의 자식은 그와 어깨를 견줄 만큼 (키가) 자랐다. ❹ 動組 어깨를 맞부딪치다. ¶公共汽车里的客人～站着, 拥挤不堪kān | 버스 승객이 어깨를 맞부딪치고 서 있을 만큼 말도 못하게 붐빈다. ❺ 動 方 연접하다. 비슷하다. ¶两个汉子个儿一样高, 年纪也～ | 두 청년은 키도 똑같이 크고 나이도 비슷하다. ❻ 動 京 北 형제 자매가 연년생으로 태어나다. ¶挨着肩儿添tiān了两个小孩 | 연년생으로 아이 둘을 보탰다. ¶我跟这个弟弟不～, 我们中间还有个二弟 | 나와 이 동생은 연년생이 아니고, 우리 사이에 차남이 있다. ❼ (āijiānr) 名 京 北 연년생의 형제 자매. ¶他们哥儿三个都是～ | 그들 형제 셋은 모두 연년생이다.
【挨金似金, 挨玉似玉】āi jīn sì jīn, āi yù sì yù 諺 금을 가까이하면 금과 같아지고, 옥을 가까이하면 옥과 같아진다. 사람은 환경에 따라 변한다《兒女英雄傳》→〔挨着木匠jiàng会拉锯jù〕〔近朱者赤, 近墨者黑〕
【挨近】āi/jìn 動 ❶ 접근하다. 가까이 하다. ¶你～我一点儿 | 나에게 좀 가까이 오너라. ❷ 가깝다. ¶我家～火车站 | 우리 집은 기차역에서 가깝다 ＝〔靠kào近〕 ❸ 친하다. 가까이 지내다. ¶少～那小子 | 그 녀석과 가까이 지내지 마라.
【挨靠】āikào ❶ 動 접근하다. 가까이 붙다. ¶他们并坐在树下, ～得很紧jǐn | 그들은 나무 밑에 딱 달라 붙어 나란히 앉아 있다. ❷ 動 의지하다. 기대다. ¶家里那几口人都～着他生活 | 집안의 몇 식구는 모두 그에 의지해서 살아간다. ❸ (～儿) 名 의지할 곳. 기댈 곳. ¶他从小就死了父母, 没个～ | 그는 어릴 때 부모가 돌아 가셔서 의지할 곳이 없다.
【挨门(儿)】āi mén(r) ❶ 動組 집집마다 …하다. ¶～打听 | 집집마다 물어 보다《兒女英雄傳》. ¶～送到, 不能漏lòu掉一户 | 집집마다 보내야지, 한 집도 빠뜨릴 수 없다 ＝〔挨户〕〔挨家〕〔挨门挨儿①〕〔挨门(儿)挨户(儿)〕〔挨门(儿)串户〕〔排pái门(儿)〕 ❷ 動組 이웃하여. 처마를 나란히 하여. ¶我们两家～住了几十年, 从没拌bàn过嘴zuǐ | 우리 두 집은 몇 십년 동안 처마를 잇대고 살았지만 종래 말다툼한 적이 없다. ❸ 動組 近 문을 밀어서 열다. ¶～而出去 | 문을 열고 나갔다.
【挨门(儿)挨户(儿)】āimén(r) āihù(r) ⇒〔挨门(儿)①〕
【挨门(儿)串户】āimén(r)chuànhù ⇒〔挨门(儿)①〕
【挨门挨儿】āimén'āir ❶ ⇒〔挨门(儿)①〕 ❷ 副 순서대로. 차례차례. ¶请诸zhū位～地念 | 여러분, 차례차례 읽으시오.
【挨磨】ⓐ āimò 動 맷돌질을 하다. 곡물을 갈다.
ⓑ ái/mó 動 ❶ 구박당하다. 학대받다. 시달리다. ¶卖火柴chái的小女孩, 受到饥jī寒的～, 終于死了 | 성냥 팔이 소녀는 춥고 배고픈 고통을 받다가 결국 죽었다. ¶挨骂的是你, ～的是你, 你还图什么呢 | 욕먹는 것도 너이고 학대받는 것도 너인데, 또 무얼 더하려 하느냐? ❷ (áimó) 일부러 꾸물거리다. 시간을 질질 끌다. ¶又～了一会儿, 他看到没有希望, 就走了 | 또 잠시 꾸물거리다가, 희망이 없음을 알아 차리고는 떠났다. ¶赶快做吧, 不要～时间了 | 시간 끌지 말고 빨리해라.
【挨拿】ⓐ āi ná 動組 수색·체포하다. 나포하다. ¶访fǎng着了这伙huǒ姓名, 尚未～ | 그 놈의 이름을 탐문 수사하였으나 아직 체포하지 못했다.
ⓑ ái/ná 動 ❶ 잡다. 체포하다. ❷ 약점을 잡히다. 추궁을 당하다.
【挨闹】āi nào 動組 시끌벅적 홍청거리다. 왁자지껄하다. ¶他的弟弟们都来了, 真～极了 | 그의 동생이 모두 왔으니 정말 시끄러워 죽겠다.
【挨排】āipái 動 近 배치하다. 나열하다. 안배하다. ¶于此看得, 方见六十四卦, 全是天理自然～出来 | 이로부터 64괘가 나타나는데, 이는 모두 하늘의 이치가 스스로 배열된 것이다《朱子全書》.
【挨排儿】āipáir 動 京 北 순서대로 배열하다. 줄지어 있다. 연이어 있다. ¶这一带, ～有四五个大工厂chǎng | 이 일대에는 네 다섯 개의 큰 공장이 줄지어 서 있다.
【挨盘(儿)】āi/pánr ❶ ⇒〔挨班bān(儿)〕 ❷ 動 순서가 있다. 질서가 있다. ¶说话不～ | 말에 두서가 없다.
【挨亲儿】āi/qīnr 動 ❶ (애정의 표시로) 상대방의 볼에 자기의 볼을 대고 비비다. ¶这个孩子已经懂dǒng得跟人～啦! | 이 아이는 벌써 남과 볼을 비빌 줄 안다! ❷ 친척 관계이다. ¶祖zǔ祖辈bèi辈住在一个小村里, 怎么能没～带故的关系 | 조상 대대로 이 작은 마을에서 살았는데 어찌 친척 관계가 없을 수 있겠느냐.
【挨亲家儿】āiqìn·jiār ⇒〔挨人儿〕
【挨人儿】āirénr 動 남녀가 정식 결혼하지 않고 같이 살다. 동거하다 ＝〔挨亲家儿〕
【挨顺儿】āi/shùnr ⇒〔挨次(儿)〕
【挨斯基摩】Āisījīmó ⇒〔哀Āi斯基摩(人)〕
【挨序儿】āi/xùr ⇒〔挨次(儿)〕
【挨寻】āixún 動 曰 수색하다. 탐색하다. ¶立个限期, 差人押yā小的～沈裹shěnxiāng | 기한을 정해 놓고 사람을 보내 저를 잡아 두고 심양을 수색하였다.

A

【挨延】ⓐ āiyán 動 순연하다. (차례로) 뒤로 미루다. 순차적으로 연기하다.

ⓑ áiyán 動 뒤로 미루다. 연기하다. ¶实在没法儿再~了, 只好先还huán一部分帐zhàng | 정말 방법이 없으면 다시 연기하고, 먼저 일부분의 빚을 갚는 수 밖에 없다.

【挨一挨二】āi yī āi èr 成 方 吳 ❶ 하나 둘 헤아리다 =〔数shǔ一数二〕 ❷ 순서대로. 하나하나. ¶~地点起名来 | 한 사람씩 점호하기 시작하였다.

【挨攒】āizǎn ⓧ āizā) 動 사람들이 몰려 나오다 인파를 헤치고 나아가다. 밀고 나아가다. ¶昔者天子登封fēng泰山, 其时士庶~ | 옛날 천자가 태산에 올라 제사를 지낼 때는 선비와 서인들이 몰려 나왔다. ¶挨挨攒攒出延秋西路 | 사람들이 연추서로로 몰려 나왔다《長生殿》

【挨着】ⓐ āi·zhe 動組 ❶ 가까이하여. 옆에 이어서. ¶~他坐 | 그의 곁에 앉다. ❷ 연이어. ¶一个~一个说自己意见 | 하나 하나씩 이어서 자기의 의견을 말하다.

ⓑ ái·zhe 動組 연기하여. ¶只顾~怎的 | 연기만 하여서 어떻게 하나《金瓶梅》

【挨着大树不长苗】āi·zhe dàshù bù zhǎngmiáo 諺 큰 나무 밑에는 싹이 자라지 못한다. ¶你怎么连lián大树底dǐ下也种上玉米了, 你没听说~吗? | 넌 어째서 큰 나무 밑에 옥수수를 심었느냐, 큰 나무 밑에는 싹이 자라지 못한다는 말을 듣지도 못했느냐?

【挨着大树有柴烧】āi·zhe dàshù yǒu chái shāo 諺 큰 나무 곁에 살면 땔나무 걱정 안 한다. 기왕에 의지하려면 든든한 사람에게 기대라 =〔挨着大树好乘凉〕〔大树底下好乘凉〕〔大树底下好寻凉〕〔大树底下好遮风〕〔大树底下有柴烧〕〔守着大树有柴烧〕

【挨着木匠会拉锯】āi·zhe mù jiàng huì lā jù 諺 목수 곁에 있으면 톱질 할 줄 안다. 서당 개 삼년이면 풍월을 읊는다→〔挨金似金, 挨玉似玉〕〔近朱者赤, 近墨者黑〕

Ⓑ ái

【挨挨儿】ⓐ ái·áir 動 ❶ 연기하다. 뒤로 미루다. 나중에 …하다. ¶这笔帐zhàng再往后~吧 | 이 빚은 다시 연기합시다. ❷ 참다. 견디다. ¶你别着急, ~吧 | 조급해 하지 말고 참으세요.

ⓑ āi·āir 「挨挨儿ái·áir」의 북경(北京) 발음.

【挨捕】áibǔ ☞〔挨捕〕āibǔ ⓑ

【挨脆的】ái cuì·de 動組 부드러운 소리를 듣다. 좋은 것을 보다. ¶快走吧, 还等着挨什么脆的吗? | 빨리 가자, 또 무슨 좋은 소리 듣기를 기다리니?

【挨村】áicūn ☞〔挨村〕āicūn ⓑ

【挨打】ái/dǎ 動 매맞다. 구타당하다. ¶他小时候老~ | 그는 어릴 때 늘 얻어 맞았다. ¶~受骂 | 매맞고 욕먹다.

【挨刀】ái/dāo 動 罵 칼을 맞다. 급살 맞다. 뒈지다. ¶~的老天就是不下雨 | 염병할 놈의 하늘은 비도 안 내리네. ¶你这个~的 | 이 급살맞을 놈→〔该死〕

【挨到】áidào ☞〔挨倒〕āidào ⓑ

【挨冻】ái/dòng 動組 얼다. (추위에) 떨다. ¶~受饿è | 추위에 떨고 굶주리다.

【挨斗】ái/dòu 動組 대중의 비판을 받다. 규탄을 당하다. ¶他们挨了斗dòu, 不认错rèncuò | 그들은 규탄을 당하고도 잘못을 시인하지 않는다.

【挨饿】ái/è 動組 굶주리다. ¶小时候儿家里穷qióng, 三天两头~ | 어릴 때 집이 가난하여 사흘이 멀다하고 굶주렸다.

【挨饿受冻】ái'è shòudòng 動組 굶주리고 추위에 떨다. 굶주리고 헐벗다 =〔挨冷受冻〕〔挨冷受饿〕

【挨过】áiguò 動組 시간이 지나가다. 경과하다. ¶不觉jué又~了二年 | 부지불식 간에 또 이년이 지나 갔다.

【挨黑打】ái hēidǎ 動組 무고하게 맞다. 무고를 당하다. 누명을 쓰다. ¶让ràng老兄挨了黑打 | 노형에게 억울하게 맞았다.

【挨获】áihuò ☞〔挨获〕āihuò ⓑ

【挨挤】ái/jǐ ☞〔挨挤〕āijǐ ⓑ

【挨撅】ái/juē 動組 뒷말을 듣다. 이러쿵저러쿵 뒷소리를 듣다. ¶像他那种人怎么不挨学生的撅呢? | 그와 같은 사람이 어떻게 학생에게 이러쿵저러쿵 뒷말을 듣지 않을 수 있겠느냐?

【挨克】ái/kè 動組 京 ❶ 책망을 듣다. 욕을 먹다. 꾸중듣다. ¶你又迟chí到了, 这回又要~ | 너 또 지각을 했구나 이번에 또 꾸중듣겠다. ❷ 매맞다. 얻어맞다. ¶挨了一顿克 | 한 방 얻어 맞았다. ¶你总不听话能不~吗? | 너는 늘 말을 듣지 않는데 매를 맞지 않을 수 있겠니? ‖ =〔挨刻〕

【挨刻】ái/kè ⇒〔挨克kè〕

【挨苦】ái/kǔ 動組 고생하다. 어려움을 겪다. ¶~受难shòunàn | 고난을 당하다.

【挨烙铁】ái làotiě 動組 철솥을 불로 달굼질을 당하다. 轉 타격을 받다. 고난을 당하다. ¶他不怕~, 仍réng然继续jìxù干下去 | 타격을 겁내지 않고 계속 해나갔다.

【挨雷】ái léi 動組 벼락을 맞다. 벼락이 떨어지다. ¶要不挨一通儿雷才怪guài | 벼락 한 방 맞지 않은 것이 오히려 이상하다.

【挨冷受冻】áilěng shòudòng ⇒〔挨饿è受冻〕

【挨冷受饿】áilěng shòuè ⇒〔挨饿è受冻〕

【挨咧】áiliē ⇒〔挨骂mà〕

【挨捋】áiluō 動組 京 주의를 받다. 경고를 받다. ¶听说他今天又出了次品pǐn, 又~了 | 그는 오늘 또 불량품을 내어 경고를 받았다고 하더라.

【挨抡】áilūn ⇒〔挨骂mà〕

【挨骂】ái/mà 動組 야단맞다. 욕먹다. ¶她从没~过 | 그녀는 종래 욕을 먹은 적이 없다. ¶他又挨了一顿dùn骂 | 그는 또 한바탕 야단 맞았다 =〔挨咧〕〔挨抡〕〔受shòu骂〕

【挨磨】ái/mó ☞〔挨磨〕āimò ⓑ

【挨拿】áiná ☞〔挨拿〕āiná ⓑ

【挨拳】ái/quán 動組 주먹으로 맞다. ¶挨了一拳quán | 주먹으로 한 대 맞았다.

【挨头子】áitóu·zi 動組 謙 罵 비판을 받다. 꾸중듣다. ¶挨他的头子 | 그에게 비판을 받았다.

【挨延】áiyán ☞〔挨延〕āiyán ⓑ

【挨一挨儿】ái·yi·air ☞〔挨一挨儿〕āi·yi·air ⓑ

【挨着】ái·zhe ☞〔挨着〕āi·zhe ⓑ

【挨做】ái/zuò 動組 구타당하다. 얻어터지다. ¶他今天又要～咯·lo | 그는 오늘 또 터지게 되었다.

【嗳(噯)】 āi ǎi ài 숨 애

Ⓐ āi「哎」와 같음⇒〔哎āi〕

Ⓑ ǎi ❶ 嘆 아니 [반대 또는 부정(否定)의 어기를 나타냄] ¶～, 不是这样的办bàn法! | 아니, 이런 방법이 아니야! ¶～, 你别那么想 | 아니, 너 그렇게 생각하지 마. ❷ ⇒〔嗳气〕

Ⓒ ài 嘆 아이참. 아이고. 아이. 어머나 [번민·후회를 나타냄] ¶～, 早知道是这样, 我就不来了 | 아이, 진작에 이런 줄 알았다면 오지 않았을 텐데.

Ⓐ āi

【嗳呀】āiyā 嘆 아이야! [놀람·원망·불만·아쉬움을 나타냄] =〔哎呀〕

Ⓑ ǎi

【嗳气】ǎiqì 名〈生理〉트림 →〔挨嗝gé儿〕

ái ㄞˊ

【挨】 ái ☞ 挨 āi Ⓑ

【崖】 ái ☞ 崖 yá

【捱】 ái 막을 애

「挨」와 같음⇒〔挨ái〕

【涯】 ái ☞ 涯 yá

【皑(皚)】 ái 눈서리흴 애

狀 (서리나 눈이) 새하얀. 새하얗다. ¶白～～的一片雪地 | 온통 새하얗게 눈으로 뒤덮인 들판.

【皑皑】áiái 狀 새하얗다. ¶白雪xuě～ | 백설이 새하얗다.

4 **【癌】** ái ⓧ yán) 암 암

名〈醫〉암. ¶致zhì～物 | 발암 물질

【癌变】áibiàn 名〈醫〉양성 종양이 암세포로 변함.

【癌瘤】áiliú 名〈醫〉암육종. 암 =〔癌症〕〔癌肿〕

【癌症】áizhèng⇒〔癌瘤〕

【癌肿】áizhǒng⇒〔癌瘤〕

ǎi ㄞˇ

【嗳】 ǎi ☞ 嗳 āi Ⓑ

1 **【矮】** ǎi 난쟁이 왜

❶ 形 (키가) 작다. (높이·등급·지위 등이) 낮다. ¶个儿～ | 키가 작다. ¶桌子不能比椅子～ | 책상은 의자보다 낮을 수 없다. ¶弟弟比哥哥～一头 | 동생은 형보다 머리하나 크기 만큼 작다 ⇔〔高〕→〔低〕 ❷ 動 (몸을) 낮추다. ¶他～身躲duǒ到桌子底下 | 그는 몸을 낮추어 책상 밑으로 숨었다 ‖ →〔矬cuó〕

【矮矮实实】ǎi'ǎishíshí 狀 키가 작다. 짜리몽땅하다. 땅달하다.

【矮巴溜丢】ǎi·baliūdiū 狀 ㊄ 키가 작다. 왜소하다. 몽땅하다. ¶看他那～样子 | 저 짜리 몽땅한 꼴 좀 봐라.

【矮半截(儿)】ǎi bànjié(r) 動組 ❶ 남보다 왜소하다. 남보다 작다.. ¶站在总zǒng经理面前觉得自己～ | 사장님 앞에 서면 스스로 왜소하게 느껴진다. ❷ (신분·지위 등이) 남보다 낮다. 열등하다. ¶从今后我不比任何rènhé人～ | 지금부터 나는 누구보다도 격이 떨어지지 않는다 ‖ =〔矮三辈(儿)〕〔矮一截(儿)〕〔矮一头(儿)〕

【矮粗】ǎicū 狀 아주 작다. 작고 뚱뚱하다. ¶～的身材 | 작고 뚱뚱한 몸.

【矮矬】ǎicuó 狀 키가 작다. 작달막하다. ¶宋江～, 人背后看不见 | 송강은 키가 작아서 사람 뒤에서는 볼 수가 없다《水滸傳》

【矮矬子】ǎicuó·zi 名 난쟁이. 꼬마.

【矮凳(儿)】ǎidèng(r) 名 등받이 없는 낮은 걸상. ¶坐在～上 | 등받이 없는 걸상에 앉다.

【矮颠颠儿】ǎidiāndiānr 狀 굽실거리다. 비열하다. ¶就是见了董事dǒngshì长, 都要～的 | 이사장만 보면 모두 굽실거린다.

【矮钉】ǎidīng 名〈建〉거멀못. 꺾쇠 못.

【矮笃笃】ǎidǔdǔ ⇒〔矮墩dūn墩〕

【矮墩墩】ǎidūndūn 狀 땅딸막하다. ¶这个人长zhǎng得～的, 胖pàng乎乎的 | 이 사람은 땅딸막하고 뚱뚱하다 =〔矮笃dǔ笃〕

【矮杆树木】ǎigǎn shùmù 名組 키가 작은 목재. 키가 작은 나무.

【矮杆作物】ǎigǎn zuòwù 名組〈農〉키가 잘 자라지 않게 품종개량한 농작물 ⇔〔高杆gǎn作物〕

【矮个(儿, 子)】ǎigè(r·zi) 名 키가 작은 사람. 땅딸보. 난쟁이. ¶武wǔ大郎láng是出了名的～ | 무대랑은 이름 난 난쟁이었다.

【矮跟鞋】ǎigēnxié 名 굽이 낮은 구두. 단화.

【矮瓜】ǎiguā 名 ㊇〈植〉가지 =〔茄qié子〕

【矮葫芦】ǎihú·lu 名 貶 난쟁이. 키가 아주 작은 사람. ¶他是个～ | 그는 완전 난쟁이이다.

【矮化】ǎihuà 名 왜성화(矮性化). 왜성(矮性). ¶～病bìng | (식물의) 왜소증. ¶～栽培zāipéi | 왜성재배.

【矮趴趴】ǎipāpā 狀 나지막하다. 납작하다. ¶在这～房子里, 怎能抬tái得起头来 | 이런 납작한 집에서 어떻게 고개를 들 수 있겠는가? =〔挨爬爬〕

【矮爬爬】ǎipápá ⇒〔矮趴pā趴〕

【矮胖】ǎipàng 狀 통통하다. 키가 작다. 뚱뚱하다. 키가 작고 살찌다. ¶他长zhǎng得有一点～ | 그는 좀 뚱뚱하게 생겼다.

【矮人】ǎirén 名 난쟁이. 작은 사람 =〔矬cuó子〕

【矮人观场】ǎi rén guān chǎng⇒〔矮子看戏〕

【矮人看场】ǎi rén kàn chǎng⇒〔矮子看戏〕

【矮三辈(儿)】ǎi sānbèi(r) ⇒〔矮半bàn截jié(儿)〕

【矮一截(儿)】ǎi yījié(r) ⇒〔矮半bàn截jié(儿)〕

【矮一头(儿)】ǎi yītóu(r) ⇒〔矮半bàn截jié(儿)〕

【矮子】ǎi·zi 名 난쟁이. 키가 작은 사람. ¶战zhàn国时代的晏yàn子是个～ | 전국시대의 안자는 난쟁이였다.

【矮子看戏】ǎi·zi kàn xì 成 난쟁이가 극 구경하다. 안목이 없다. 줏대가 없다. 식견이 좁다. 부화뇌동(附和雷同)하다 ‖ =〔矮人观场〕〔矮人看场〕

【矮子里头拔将军】ǎi·zi lǐ·tou bá jiāngjūn 諺 난

쟁이 중에서 장군 뽑다. 인재가 없어 아무나 등용하다. 도토리 키재기이다 =〔矮子里选将军〕〔矬cuó子里拔将军〕

【矮子面前不说矮话】ǎi·zi miàn qián bù shūo ǎi huà 諺 난쟁이 앞에서 난쟁이 이야기 하지 마라. 남의 결점을 들추지 마라.

【蔼(藹)】ǎi 덮을 애

❶書狀 수목이 무성하다. ❷부드럽다. 상냥하다. 친절하다. ¶和～可亲｜威 상냥하고 친절하다. ❸(Ǎi) 名 성(姓).

【蔼甘】ǎi·gan 形 온화하다. 공손하다. 부드럽다. ¶求人的事情, 说话总zǒng要～着点儿｜남에게 도움을 요청할 경우에는 언제나 말을 좀 공손하게 하여야 한다.

【蔼然】ǎirán 書狀 온화하다. (태도가) 부드럽다. ¶她对他～一笑xiào｜그녀는 그에게 부드럽게 웃었다. ¶～可亲｜威 상냥하고 친절하다.

【霭(靄)】ǎi 구름피어오를 애

❶狀 구름이 자욱하다. 구름이 뭉개뭉개 피어나다. ❷名 안개. 아지랑이. ¶暮mù～｜저녁 안개. ❸(Ǎi) 名 성(姓)

【霭腾腾】ǎiténgténg 書狀 구름이 희뿌옇다. 안개가 뭉게뭉게 끼다.

ài ㄞˋ

【艾】ài yì 쑥 애, 다스릴 예

Ⓐ ài ❶名〈植〉쑥. ¶灼～分痛｜威 형제 간에 우애가 깊다. ¶七年之病三年之～｜칠 년 걸려 나을 병에는 삼 년 말린 쑥이 필요하다 [큰일에 맞닥뜨려 급한 소용에 대지 못함을 이름] =〔艾草〕〔艾蒿hāo〕→〔蒿〕〔蓬péng〕 ❷書動 끊어지다. 없애다. 그치다. ¶方兴未～｜바야흐로 한창 발전중에 있다. ¶自怨自～｜자기의 잘못을 뉘우쳐 고치다《孟子·萬章上》❸書形 아름답다. ¶少～｜젊은 미인. ❹書動 말을 더듬다. ¶期期～～｜말을 더듬거리다. ❺書名 50세의 노인. ¶耆qí～｜노인의 통칭. ❻(Ài) 名 성(姓).

Ⓑ yì ❶書動 베다. 거두어들이다. ¶～杀shā｜베다. 평정하다. 잘라 없애다. ¶一年不～, 而百姓饥jī｜한해 수확이 없으면 백성이 굶주린다《谷梁傳》¶～如张｜한대(漢代)의 악부(樂府)인 요가18곡(鐃歌十八曲) 중의 하나. ❷書動 다스리다. ¶～安↓

Ⓐ ài

【艾焙】àibèi 書 ❶動 뜸을 뜨다. ¶安道全先把～引出毒气｜안도전은 먼저 뜸을 떠 독기를 뽑아내었다《水滸傳》¶受～权时忍rěn这番fān｜뜸을 뜰 때 뜨겁더라도 이번 만은 참게《王實甫·西廂記》❷轉 고생을 하다. 재난을 당하다.

【艾草】àicǎo 名〈植〉쑥 =〔艾蒿〕〔艾蓬〕〔艾子①〕

【艾服】ⓐ àifú 書名 ❶50세. ❷나이 50에 벼슬한 사람.

ⓑ yìfú 書 ❶動 정사(政事)에 종사하다. 복무하다. ¶太傅～王事, 六十余yú载zài｜태부께서는 왕사에 종사한지 60여년이 되었다. ❷名 죄수복(罪囚服).

【艾糕】àigāo 名〈食〉쑥떡.

【艾蒿】àihāo ⇒〔艾草〕

【艾火】àihuǒ 名 ❶〈漢醫〉뜸(쑥)불. ❷옛날 폭약의 일종. ¶口衔xián～, 送着上风｜입에 「艾火」를 물고 바람을 보냈다《變文·鷰子》

【艾灸】àijiǔ 動〈漢醫〉쑥으로 뜸을 뜨다. ¶～法｜쑥뜸법.

【艾麻】àimá 名〈植〉산혹쐐기풀 =〔艾麻草〕

【艾麻草】àimácǎo ⇒〔艾麻〕

【艾蓬】àipéng ⇒〔艾草〕

【艾森豪威尔】Àisēnhǎo wēiěr 名 外〈人〉아이젠하워(D.D. Eisenhower, 1890～1969) [미국의 제34대 대통령]

【艾窝窝(儿)】àiwō·wo(r) ⇒〔爱ài窝窝儿〕

【艾叶】àiyè 名 ❶쑥잎. ❷〈漢醫〉약쑥 [지혈·진통·진해제로 쓰임] ❸(～儿) 쑥잎 같이 생긴 귀걸이.

4【艾滋病】àizībìng 名 外〈醫〉후천성 면역 결핍증. 에이즈(AIDS) =〔爱ài死sǐ病〕〔爱滋病〕

ⓑ yì

【艾服】yìfú ☞〔艾服〕àifú ⓑ

【艾安】yì'ān 書 動組 잘 다스리다. 정치를 잘하다. ¶天下～安｜천하가 태평하게 다스려지다《漢書·郊祀志》

【砹】ài (아스타틴 애)

名〈化〉화학 원소명. 아스타틴(At;astatine) [방사성 원소의 일종].

【唉】ài ☞ 唉 āi Ⓒ

1 【爱(愛)】ài 사랑 애

❶名動 사랑(하다). ¶～祖zǔ国｜조국을 사랑하다. ¶谈情说～｜사랑을 속삭이다. ❷動 아끼다. 소중히 하다. 어법 ⓐ「爱」는 극히 제한적인 쌍음절(雙音節) 명사를 목적어(賓語)로 가짐. ¶～公物｜공공기물을 아끼다. ¶～面子｜체면을 중히 하다. ⓑ 심리 상태를 나타내는 동사는 일반적으로 동태조사(動態助詞)「着」「过」를 가지지 못하나「爱」가 남녀간의 사랑을 나타낼 때는 붙일 수 있음. ¶她深shēn深地～着一个青年｜그녀는 한 청년을 깊이 사랑하고 있다. ⓒ「爱」는 겸어(兼語)를 가질 수 있고 겸어 후에는 주로 형용사가 와 사랑하는 원인을 나타냄. ¶他～这小伙huǒ子老实｜그는 이 사내가 착실하기 때문에 사랑한다. ⓓ 목적어를 가지고 있을 때만 정도부사(程度副詞)의 수식을 받을 수 있음. ¶他最～他的女儿｜그는 그의 딸을 가장 사랑한다. ¶他最爱(×) ❸能 …하기를 좋아하다 [「喜欢」보다는 강하고「好hào」보다는 약함] ¶～说～笑｜말하고 웃기를 좋아하다. ❹能 …하기 쉽다. (어떤 일이) 쉽게 발생하다. 곧잘 …하다. ¶铁～生锈xiù｜철은 녹이 나기 쉽다. ¶～开玩笑｜곧잘 농담하다. ¶天冷, 花就～死｜날이 추우면 꽃은 쉽게 죽는다. ❺能 (추위·더위를) 타다. ¶～冷｜추위를 타다. ¶～热｜더위를 타다→〔怕③〕 ❻能 (어느 것이든) 좋을 대로하다. 어법 불만을 나타내는 경우에「爱+動+不+動」의 형식으로 쓰임. ¶反正我回来了, 你～去不

去. ¶反正我回来了，你要去就去，不想去就不去 | 어쨌든 나는 돌아왔다, 너는 가든 말든 좋을 대로해라. ¶车在那儿放着呢，～骑qí不骑，随你便 | 자전거를 거기에 두었으니 타든 말든 맘대로 해라. ❼[書][名] 남의 딸에 대한경칭. ¶令～ | 영애 =〔嫒〕❽(Ài)[名]성(姓).

【爱奥尼亚式】àiàoníyàshì [名][外]〈建〉이오니아식(Ionic Order) 건축 기법 [고대 그리스 건축 기둥의 양식]

【爱八哥儿】àibāgēr ⇒〔爱巴bā物儿〕

【爱巴物儿】àibāwùr [名][近]좋아하는 물건. 총물(寵物). [어법]반어문(反問句)에 주로 쓰임. ¶这傻丫头又得个什么～，这样喜欢 | 이 멍청한 계집애가 또 총물을 얻었기에 이다지도 좋아하느냐? 《紅樓夢》 ¶真是个～，太太瞧qiáo一瞧 | 정말 좋은 것이다. 부인 한번 보기나 하시오 =〔爱八哥儿〕〔爱不够儿〕〔爱物儿①〕

【爱钵罗】Àibōluó ⇒〔阿Ā波罗〕

【爱不够儿】ài bù gǒur ⇒〔爱巴物儿〕

【爱不忍释】ài bù rěn shì ⇒〔爱不释手〕

【爱不释手】ài bù shì shǒu [成]매우 아껴서〔좋아해서〕손을 떼지 못하다. 잠시도 손에서 놓지 않다. ¶他拿起我的书看了半天，真是～ | 그는 내 책을 종일 잡고 보면서 정말 놓질 않는구나 =〔爱不忍rěn释〕

【爱才】àicái [動]재능이 있는 사람을 아끼다. ¶～如命mìng | [成]재능이 있는 사람을 목숨처럼 아껴 중용하다. ¶～如渴kě | [成]재능이 있는 사람을 목타게 기다리다.

【爱财】àicái [動]재물을 소중히 하다. 재물을 아끼다. ¶～如命mìng | [成]재물을 목숨처럼 아끼다.

【爱潮】àicháo ❶[貶]습기 차다. 습하다. ❷[名]사랑하는 마음. 애정. 연정. ¶两个人逐渐zhújiàn要好起来，不免滋zī生了～ | 두 사람이 점차 좋아하게 되었으니, 애정이 싹트지 않을 수 없을 것이다.

【爱称】àichēng ❶[名]애칭. ❷[動]애칭으로 부르다. 애칭하다. ¶这个小猫māo，～珍珠zhēnzhū | 이 고양이를 진주라고 애칭한다.

【爱宠】àichǒng ❶[動]총애하다. 편애하다. ¶做母亲的都很～孩子 | 어머니가 되면 누구나 아이를 총애한다. ❷[書][名] 남의 첩(妾)에 대한 경칭.

【爱答不理】ài dā bù lǐ [成]대답하지 않기를 좋아하다. 묻는 말에 대꾸를 하지 않다. 냉담한 태도를 보이다. 본체 만체 하다. 아랑곳하지 않다. ¶这售货员对人～ | 이 판매원은 사람들에게 대답도 하지 않는다. ¶我跟他说话，他～ | 내가 그에게 말해도 그는 아랑곳하지 않는다.=〔爱理不理〕

[4]【爱戴】àidài ❶[動]경애(敬愛)하다. 친애(親愛)하다. 추대하다. 존경하다. 우러러 모시다. ¶一般人都～他，真好像自己的父母一样 | 일반인은 모두 자기의 부모와 같이 그를 받들어 모신다. ❷[名] 존경. 경애. 추앙. [어법]동사(動詞)「受」「受到」「博bó得」(널리 …를 받다)「赢得」다음에 옴. ¶受到人民的～ | 국민들의 추앙을 받다. ¶屈qū原博得了广大人民的～ | 굴원은 널리 많은 인민들의 존경을 받았다.

【爱迪生】Àidíshēng [名]〈人〉에디슨(Thomas Alva Edison, 1847～1931) [미국의 발명왕] =〔爱迭dié孙〕

【爱迭孙】Àidiésūn ⇒〔爱迪生〕

【爱动】àidòng [動]일하는 것을 좋아하다. 부지런하다. ¶他生性xìng～ | 그는 태어나면서부터 부지런하였다.

【爱多憎至】ài duō zēng zhì [成]사랑이 지나쳐 증오로 변하다. 지나치게 사랑하여 증오로 변했다.

【爱尔兰】Àiěrlán [名][外]〈地〉아일랜드(Ireland) [서유럽에 위치한 섬나라. 1937년 영국으로부터 독립. 옛 이름은 에이레(Eire). 수도는「都柏林」(더블린;Dublin)]

【爱抚】àifǔ [動]❶애무하다. 어루만지다. ¶妈妈轻轻地～了我 | 어머니는 나를 가볍게 어루만져 주셨다. ❷위안하다. 위로하다. ¶在骂mà中还有不少的～ | 욕하면서도 적지 않은 위로를 하였다. ¶受到父母的～ | 부모의 위로를 받다.

【爱顾】àigù [書][動]사랑하여 돌보아 주다. 보살펴주다. ¶我很受他的～，生活得很好 | 나는 그의 보살핌으로 생활을 잘하고 있다.

【爱国】ài/guó [動]나라를 사랑하다. 애국하다. ¶爱自己国是每个人都有的心情 | 자기의 나라를 사랑하는 것은 모든 사람이 가지고 있는 마음이다. ¶他很～ | 그는 나라를 매우 사랑한다. ¶～心 | 애국심. ¶～者 | 애국자. ¶～志zhì士 | 애국 지사. ¶～主义 | 〈政〉애국주의.

【爱国者飞弹】àiguózhě fēidàn [名組][外]패트리어트 미사일(Patriot missile).

[2]【爱好(儿)】ⓐàihǎo(r) [動]❶의기 투합하다. ¶他们两家是～做亲 | 두 집안은 뜻이 맞아 사돈을 맺었다. ❷(ài/hǎo(r)) 잘 보이려고 애를 쓰다. 꾸미기를 좋아하다. 겉치레를 좋아하다. ¶她从小就～，总是穿得整zhěng整齐qí齐的 | 그 여자는 어릴 때부터 멋부리기를 좋아하여, 항상 말쑥하게 차려 입는다. ❸(ài/hǎo(r)) 체면을 중히 여기다. ¶我这么大岁数，还爱什么好 | 이렇게 많은 나이에, 또 무슨 체면을 살피겠소.

ⓑàihào ❶[名]취미. 기호. ¶我的～是打网wǎng球 | 나의 취미는 정구를 치는 것이다. ¶业余～ | 여가 활동. 취미생활. ❷[動]애호하다. 좋아하다. (어떤 일에) 큰 흥미를 느끼다. ¶～音乐 | 음악을 애호하다. ¶小李～打篮lán球 | 이 군은 농구하기를 좋아한다.

[2]【爱护】àihù [動](어떤 해악으로부터) 보호하다. 보살피다. ¶～眼精 | 눈을 보호하다. ¶～公物 | 공공기물을 아끼고 보살피다. ¶她真心～他们 | 그녀는 진심으로 그들을 보살핀다.

【爱火】ài huǒ ❶불을 아껴 쓰다. ¶～不要柴，火从哪里来 | [諺]불은 아끼면서 장작은 아끼지 않으면 불은 어디에서 오느냐? 근본적인 것을 절약하여야 한다. ❷(àihuǒ)[名]사랑의 불길. 애욕의 불씨. ¶他心中平静jìng了好多，所以没法燃rán起一点儿～来 | 그는 마음이 많이 가라 앉아서, 사랑의 불길은 조금도 지필수 없다→〔爱焰〕

【爱克斯】àikèsī [名][外]엑스(x). ¶～光 | 〈物〉엑스 레이(x-ray). ¶～射线shèxiàn | 엑스 선(x-ray). ¶～机 | 엑스 레이 촬영기. ¶～透tòu视

| 엑스 레이 촬영. ¶～片子 | 엑스 레이 사진. ¶～照相片 | 엑스 레이 사진. ¶～光谱pǔ |〈物〉엑스레이 스펙트럼(X-ray spectrum)→〔伦琴lúnqín〕

【爱理不理】ài lǐ bù lǐ ⇒〔爱答dá不理〕

【爱丽舍宫】Àilìshègōng [名][外]〈建〉에리제궁(Élysée 宮)[프랑스의 대통령 관저]

【爱怜】àilián [動] 사랑하다. 귀여워 하다. 불쌍히 여기다. ¶～孤儿 | 고아를 사랑하다. ¶对穷qióng人，他一向持chí着～的态度 | 가난한 사람에 대해 그는 늘 불쌍히 여기는 태도를 가지고 있다.

【爱恋】àiliàn [動] 사랑하다. 연애하다. 애착을 가지다. 미련을 가지다. ¶她～着这个小伙huǒ子 | 그녀는 이 녀석을 사랑하고 있다. ¶对乡土的～ | 고향에 대한 애착.

【爱罗】àiluó [名][外] 에어로(aero) [비행기·항공의 뜻으로 주로 비행기 이름에 씀]

【爱罗斯】Àiluósī [名][外] ❶〈神〉에로스(Eros) [고대 그리스신화에 나오는 사랑의 신. 화살을 가진 어린이 모습. 「邱匹德Qiūpǐdé」(큐피드;Cupid)라고도 함]→〔爱神〕❷〈天〉태양계에 딸린 소혹성의 하나 =〔爱星〕〔爱神星〕

【爱美】ài/měi [動] ❶ (치장·옷 등으로) 아름다와지기를 좋아하다. 예쁜 것을 좋아하다. ¶孩子也知道～，喜欢穿chuān新衣服 | 어린이도 예쁜 것을 알아서 새 옷 입기를 좋아한다. ❷ 예술미 또는 자연미를 사랑하다. ¶～观guān点 | 예술미의 관점. ❸ (ài/měi) [書] 의기 투합하다. 서로 뜻이 맞다. ¶交往数年，甚相～ | 수년 동안 거래하여 서로 뜻이 맞다.

[4]【爱面子】ài miàn·zi [動組] 체면을 중시하다. 자존심이 강하다. ¶他是～的人 | 그는 자존심이 강한 사람이다. ¶我一辈bèi子～ | 나는 평생 체면을 중히 하였다.

【爱名】àimíng [動] 명성을 좋아하다. 이름 내기를 좋아하다. ¶爱利容易贪污tānwū腐fǔ化，～容易矫揉jiǎoróu造zào作 | 이익을 좋아하면 뇌물을 탐내어 부패하기 쉽고, 명성을 좋아하면 일부러 꾸며 어색하기 쉽다.

【爱莫能助】ài mò néng zhù [成] 돕고 싶어도 도와줄 힘이 없다. ¶对不起，实在～ | 미안합니다만, 정말 도와드릴 힘이 없군요.

【爱慕】àimù [動] 흠모하다. 사모하다. ¶～虚荣xūróng是人的天性 | 허영심을 갖는 것은 사람의 천성이다. ¶他俩liǎ相互～，終zhōng于结成连理 | 그들 둘은 서로 사모하더니 끝내 연리지(連理枝)가〔결혼하게〕되었다.

【爱女】àinǚ ❶ [名][敬] 따님. 영애(令愛). 영양(令孃) [주로 편지 등에서 씀] ¶这就是他的～ | 이분이 그의 따님이시다. ❷ [動][近] 기생을 사다. 여색을 즐기다. ¶卖弄能～，有权术 | 희롱하고 기생을 사는 능력과 수완이 있다《元曲·救風塵》=〔爱女娘〕

【爱女娘】àinǚniáng ⇒〔爱女〕

【爱皮西】ài píxī [名][外] 에이 비 시(A·B·C.). ¶～世界商业密码mìmǎ |〈貿〉전신 암호부.

【爱钱】ài qián [動組] 돈을 좋아하다. 돈을 무척 아끼다. ¶～如命 | [成] 돈을 목숨처럼 아끼다.

【爱俏】àiqiào [動] 예뻐 보이기를 좋아하다. 아름다워 보이기를 좋아하다. ¶～不穿棉mián | [諺] 예뻐 보이려고 무명 옷을 입지 않다. 아름다움을 위해 두꺼운 옷을 입지 않다.

【爱亲做亲】àiqīn zuòqīn [動組] 친지 간에 사돈을 맺다. 잘 아는 사이에 사돈을 맺다. ¶我与你～，就是我家小儿也玷辱diànrǔ不了你家小姐姐 | 나와 자네는 절친한 사이라서 사돈을 맺으면 우리 아들도 자네 딸을 욕되게 하지는 못할 것이다《明人小說》

【爱卿】àiqīng [名][近] ❶ 그대. 자기 [사랑하는 남녀 사이의 호칭] ¶～，你在哪儿? | 사랑하는 그대여, 어디 계신지요? ❷ 공(公). 경(卿) [군주의 신하에 대한 호칭. 주로 소설·희곡 중에 보임] ¶俺ǎn的～，愿闻你的妙策miàocè | 나의 신하여, 그대의 묘책을 듣고 싶구려《水滸傳》

[2]【爱情】àiqíng [名] 애정. 사랑 하는 마음. ¶～深厚shēnhòu | 애정이 깊다. ¶产生～ | 애정이 싹트다. ¶～冷淡lěngdàn下去 | 애정이 식었다. ¶～小说 | 연애 소설. ¶～佳话 =〔爱情佳话〕| 연애 이야기. 로맨스(romance).

【爱群】àiqún [動] 타인을 사랑하다. (자기의 이익을 돌보지 않고) 민중을 사랑하다 ¶人不能只顾自己，要有～思想 | 사람은 자기 생각만 하여서는 안되고 대중을 사랑하는 마음을 가져야 한다 =〔乐lè群〕

[1]【爱人】[a] àirén ❶ [動] (사람을) 기쁘게 하다. 즐겁게 하다. ¶风光确què是很～的 | 경치는 확실히 사람을 즐겁게 한다. ❷ 기쁘다. 즐겁다. ❸ (～儿) [形][京] 귀엽다. 예쁘다. ¶这孩子的又大又水灵líng的眼精，多～儿啊 | 이 아이의 크고 빛나는 눈은 얼마나 귀여운가.

[b] ài·ren [名] ❶ 여보. 당신 [부부 간의 상대방에 대한 호칭] ❷ 남편. 아내. 부인. 집사람 [자기나 상대방 혹은 제3자의 남편·아내] ¶您～好吗? | 당신 남편〔아내〕께서는 안녕하십니까? ❸ 애인. 정부(情婦) [홍콩에서 주로 이런 뜻으로 쓰임] ¶他有了妻子，还私下养了个～ | 그는 마누라가 있으면서도 몰래 정부를 두었다.

【爱人肉儿】àirénròur [名][方] 귀여운 용모. 예쁜 모습. ¶这孩子生得有～，人人都喜欢他 | 이 아이는 귀엽게 생겨서 사람들마다 모두 그를 좋아한다.

【爱人如己】ài rén rú jǐ [成] 남을 자기처럼 사랑하다. 남의 일을 자기 일 처럼 돌보다.

【爱人以德】ài rén yǐ dé [成] 덕으로 사람을 사랑하다《禮記·檀弓》

【爱人】ài·ren ☞〔爱人〕àirén [b]

【爱日】àirì [書] ❶ [動] 시간을 아끼다. ¶古之圣王～以求治 | 옛 성왕들은 시간을 아껴 세상을 다스리려고 애썼다《蘇軾·決壅蔽文》❷ [書][動] (부모를 봉양할 날 등의 남은 날을 아까와 하다. ¶孝子～ | 효자가 부모를 오래 모시지 못 할까봐 걱정하다. ❸ [名] 아까운 시간. ❹ [名] 겨울 날. 겨울 해.

【爱沙尼亚】Àishāníyà [名][外]〈地〉에스토니아(Estonia) [「波罗bōluó的海」(발트;Balt海) 삼국(三國)중의 한 나라. 수도는 「塔tǎ林」(탈린;Tallinn)〕

【爱上】ài·shang 動組 반하다. 사랑하게 되다. 좋아하게 되다. ¶～了这个工作 | 이 일을 좋아하게 되었다. ¶他～了她 | 그는 그녀에게 반했다→〔看中〕

【爱神】àishén 名〈神〉애신. 사랑의 신→〔爱罗luó斯①〕

【爱神星】àishénxīng⇒〔爱罗luó斯②〕

【爱世语】àishìyǔ 名 外〈言〉에스페란토(Esperanto) =〔世界语〕

【爱树】àishù 書 動 사람을 사랑하여 그 사람의 물건까지 사랑하다《詩經·召南·甘棠篇》→〔爱屋wū及乌〕

【爱说】ài shuō ❶ 動組 말하기를 좋아하다. 남의 말을 잘 전하다. ¶～爱道 | 잘 말하고 떠들다. ¶～爱笑 | 말하고 웃기를 좋아하다. ❷ 名 外〈文〉수필. 에세이(essay).

【爱司】àisī ⇒〔爱斯〕

【爱斯】àisī 名 外 에이스(ace) =〔爱司〕〔好牌pái〕〔A牌〕

【爱斯基摩(人)】Āisījīmó(rén) 名 外〈民〉에스키모인(Eskimos) =〔挨Āi斯基摩〕〔哀Āi斯基摩(人)〕〔依Yī士企摩(人)〕

【爱死病】àisǐbìng⇒〔爱滋zī病〕

【爱窝窝(儿)】àiwō·wo(r) 名〈食〉백설탕 넣은 찹쌀떡 [북경(北京)의 특산] =〔艾ài窝窝(儿)〕→〔团tuán子〕

【爱屋及乌】ài wū jí wū 成 사람을 사랑하면 그 집 지붕의 까마귀까지 좋아한다. 사람을 좋아하면 그와 관계된 모든 것을 좋아한다《尙書》¶他因为佩服pèifú王先生, 竟～, 也模倣mófǎng起王先生讲话的腔调qiāngdiào | 그는 왕 선생을 흠모하더니 결국 그의 말투까지 모방하기 시작했다→〔爱树shù〕〔屋乌之爱〕〔情人眼里出西施〕

【爱物儿】ài wùr ❶⇒〔爱巴物儿〕❷⇒〔阿物儿〕

4【爱惜】àixī 動 ❶ 아끼다. 소중하게 여기다. ¶～国家财物 | 국가의 재산을 아끼다. ¶～时间 | 시간을 아끼다. ¶～青春 | 청춘을 아끼다. ❷ 近 친절하게 대하다. 친절하게 하다. ¶～赐饭 | 친절하게 밥을 주었다《紅樓夢》

【爱惜羽毛】ài xī yǔ máo 成 새가 깃털을 아끼다. 자기의 신분·명성 등을 중시하다. ¶他的～不许他见钱就抓zhuā | 그의 체면을 아끼는 태도가 그로 하여금 돈을 보았다고 해서 선뜻 움켜쥐도록 하지는 않았다《老舍·四世同堂》

【爱现】àixiàn 動 俗 台 자기를 과시하기를 좋아하다. 들어 내 보이기를 좋아하다. ¶那个小姐喜欢～ | 그 아가씨는 자기를 과시하기를 좋아한다.

【爱小】àixiǎo ❶ 動 눈앞의 작은 이익을 탐하다. ¶～, 做不了大事 | 눈앞의 작은 이익을 탐하면 큰 일을 할 수 없다. ❷ 形 눈앞의 것에 욕심이 많다. 욕심이 많다. ¶出家人不要这等～ | 출가한 사람이 이렇게 욕심 많으면 안 됩니다 ‖ =〔爱小便宜〕

【爱小便宜】ài xiǎopián·yi ⇒〔爱小〕

【爱星】àixīng⇒〔爱罗luó斯②〕

【爱焰】Àiyàn 名〈佛〉애염. 사랑의 불길→〔爱火huǒ②〕

【爱因斯坦】Àiyīnsītǎn 名 外〈人〉아인슈타인(Albert Einstein, 1879～1955) [독일 태생의 미국 이론 물리학자. 1921년 노벨 물리학상 수상]

【爱用】àiyòng 動 애용하다. 즐겨 사용하다. ¶北京孩子～韩国的运动鞋xié | 북경 아이들은 한국의 운동화를 애용한다.

【爱欲其生, 恶欲其死】ài yù qí shēng, wù yù qí sǐ 成 좋을 때는 친구, 미울 때는 원수. 애증이 고르지 못하다《論語·顔淵》

【爱憎】àizēng 名 사랑과 미움. 애정과 증오 ¶他为人还直zhí, ～分明 | 그는 사람됨이 곧아서 애증이 분명하다.

【爱重】àizhòng 動 近 사랑하고 중시하다. 사랑으로 보살피다. 중요시 하다. 중용(重用)하다. ¶因为他为人正直, 所以受到大家的～ | 그는 사람됨이 정직하기 때문에 여러사람의 사랑과 보살핌을 받았다.

【爱滋病】àizībìng⇒〔艾ài滋病〕

【嗳】 ài ☞ 嗳 āi Ⓒ

【嫒(嬡)】 ài 계집 애

書 名 敬 영애. 따님 [남의 딸에 대한 경칭] ¶令～ | 귀하의 따님 =〔爱⑦〕

【暧(曖)】 ài 희미할 애

❶ ⇒〔暧暧〕❷ ⇒〔暧昧〕

【暧暧】ài'ài 書 狀 어두컴컴하다. 희미하다. ¶暮色～ | 저녁 빛이 어두컴컴하다.

【暧昧】àimèi 形 ❶ (태도·의도 등이) 애매 모호하다. ¶他那个人, 态度有点儿～, 靠kào不住 | 그 사람은 태도가 좀 애매모호해서 믿을 수가 없다. ❷ (행위 특히 남녀 관계가) 분명하지 못하다. 떳떳하지 못하다. ¶关系～ | 관계가 미심쩍다. ¶他们之间似有～的行为存在 | 그들 사이에는 떳떳하지 못한 행위가 있는 것 같다.

【瑷(璦)】 ài 옥이름 애

❶ 書 名 아름다운 옥(玉). ❷ 지명에 쓰이는 글자. ¶～珲↓

【瑷珲】Àihuī 名〈地〉흑룡강성(黑龍江省)에 있는 현(縣) 이름 [지금은「爱辉」라고 씀]

【叆(靉)】 ài 구름낄 애

書 狀 구름이 길게 뻗쳐 해를 가리다.

【叆叆】ài'ài 書 狀 ❶ 구름이 자욱하다. ❷ 초목이 무성하다.

【叆叇】àidài 書 狀 구름이 자욱히 끼다. 구름이 해를 덮어 어둡다. ¶暮云～ | 저녁 구름이 하늘에 뻗쳐 있다. ¶白云～ | 흰 구름이 자욱하게 끼어 있다.

【隘】 ài 좁을 애, 더러울 애, 막을 액

❶ 形 좁다. 협소하다. ¶气量狭～ | 도량이 좁다. ¶～巷↓ ❷ 名 험한 곳. 요해지(要膠地). 요충지. ¶要～ | 요충지. ¶关～ | 관문.

【隘隘亨亨】ài'àihēnghēng 擬 近 응응. 아이아이 [남녀가 관계하면서 좋아서 내는 소리]

【隘道】àidào 名 좁은 산길. 산에 있는 좁은 길.

【隘口】àikǒu 名 ❶ 관문. 요충지. ¶山海关是进入

中原的重要～ | 산해관은 중원으로 들어가는 중요한 관문이다. ❷ 험준한 협곡의 입구.

【隘路】 àilù 名 ❶ 좁은 길. 좁고 험준한 길. 협로(狭路) ¶这是一条～, 很不好走 | 이 길은 매우 좁아서 걷기가 나쁘다. ❷ 장애물. 방해물. 애로사항. 곤란. 어려움.

【隘险】 àixiǎn 形 험하다. 험준하다. ¶地势～ | 지세가 험준하다.

【隘巷】 àixiàng 書 名 좁은 골목. 뒷골목. ¶这是一条～, 汽车开不进去 | 이곳은 좁은 골목이라 차가 들어 갈 수 없다.

【隘窄】 àizhǎi 書 形 좁다. 좁고 험하다.

【嗌】 ài ☞ 嗌 yì B

【碍(礙)】 ài 막을 애, 거리낄 애

動 ❶ 방해하다. 가로막다. 걸리다. ¶～道儿 | 길을 가로막다. ¶有～观瞻guānzhān | 조망(眺望)에 방해가 되다. 시야를 가리다. ❷ 지장을 주다. 해를 끼치다. ¶～着风俗 | 풍속을 해치다. ❸ 얽메이다. 걸리다. 사로잡히다. ¶～着情面 | 인정에 사로잡히다. ¶～面子↓ ❹ 轉 관계가 되다. 관계가 있다. ¶你自己要花钱办bàn事, ～着我什么了 | 네 스스로 돈을 써서 일을 벌였는데 나와 무슨 관계가 있단 말이냐? ¶那不～＝[那不要紧][那没关系] | 상관없다. 관계가 없다. 괜찮다.

【碍不了】 ài·bu zhǎo 動組 방해가 되지 않다. 영향을 미치지 않다. ¶汽车停tíng在那儿也～人们的活huó动 | 자동차를 거기에 세워도 사람들의 활동에는 방해가 되지 않는다.

【碍不着】 ài·bu zhǎo 動組 관계 없다. 상관하지 않다. 지장이 없다. ¶你往东我往西谁也～谁 | 너는 동쪽으로 나는 서쪽으로 가더라도 서로 막을 수 없다. ¶如果～你的事, 陪我一块儿去百货公司买衣服 | 너의 일에 관계가 없다면 백화점에 옷사러 함께 가자.

【碍风水】 ài fēngshuǐ 動組 풍수지리(風水地理)에 어긋나다. 묘지·가옥 등이 잘못 들어서다.

【碍脚】 ài/jiǎo ❶ 動 걷는 데 방해가 되다. ¶这块石头挡dǎng在路中央, 顶dǐng～的 | 이 돌이 길 가운데를 막고 있어 걷는데 방해가 된다. ❷ (àijiǎo) 形 거치적 거리다. 성가시다. 순조롭지 않다. ¶他不但帮不上忙, 而且有些碍手～ | 그는 도움은 커녕 성가시기만 하다 ‖→[碍手shǒu]

【碍口】 ài/kǒu ❶ 動 말문을 막다. 말을 못하게 하다. ¶碍了他的口 | 그의 말문을 막았다. ❷ (àikǒu) 形 말하기 거북하다. 난처하다. ¶对于这件事, 我觉得～, 因为我不是当事者 | 나는 당사자가 아니기 때문에 이 일에 대해서는 말하기가 거북하다. ¶当着他说很～ | 그와 대면하여 이야기를 하면 말문이 막힌다. ¶这种话有点～ | 이런 말은 하기 좀 거북하다 ‖＝[碍嘴zuǐ][碍说shuō][烫tàng嘴]

【碍脸】 ài/liǎn 動 近 체면을 차리다. 인정에 얽메이다. ¶如今都碍着脸不敢gǎn混hùn说 | 지금 모두들 체면 때문에 감히 허튼 소리를 하지 못한다《紅樓夢》

【碍路】 ài lù 動組 길이 막히다. ¶搬bān开～石头 | 길을 막고 있는 돌을 치우다.

【碍面子】 ài miàn·zi ⇒[碍脸liǎn]

【碍目】 àimù 書 動 시야를 가리다. 눈에 거슬리다.

【碍难】 àinán 形 札 (…하기가) 어렵다. 곤란하다. 난처하다. [옛날의 공문서에 많이 씀] ¶～接受 | 받아 들이기가 어렵습니다. ¶～照zhào办 | 그대로는 실행하기는 어렵습니다. ¶～开口 | 말씀드리기 난처합니다. ¶你别叫他～ | 그를 난처하게 하지 마라.

【碍上碍下】 ài shàng ài xià 成 아래·위가 다 막히다. 이러지도 저러지도 못하다.

4【碍事】 ài/shì ❶ 動 거치적거리다. 방해가 되다. ¶家具多了, 安置zhì倒～ | 가구가 많으면 오히려 배치하기가 어렵다. ¶我站zhàn在这儿～不～? | 내가 여기 서 있는 것이 방해가 되느냐? ❷ (àishì) 形 대단하다. 심각하다. 위험하다. 어법 대개 부정문으로 쓰임. ¶他的病不～ | 그의 병세는 대단하지 않다. ¶受了点凉, 不～ | 감기에 조금 걸렸을 뿐 대단치 않다. ¶我年轻不～ | 저는 젊어서 괜찮아요.

【碍手】 ài/shǒu ❶ 動 손을 불편하게 하다. 방해가 되다. ¶打雨伞sǎn反而碍了手, 还是不打好 | 우산을 쓰면 오히려 방해가 되니 쓰지 않는 것이 좋겠다. ¶你把这个拿开, 别碍着手! | 이것을 방해되지 않도록 치워 주시오! ❷ (àishǒu) 形 까다롭다. 거치적 거리다. 성가시다. ¶这件事办着很～ | 이 일은 하기에 매우 까다롭다. ¶把这些～的东西挪nuó开 | 성가신 이 물건들을 치웁시다 ‖→[碍脚jiǎo]

【碍说】 àishuō ⇒[碍口kǒu]

【碍眼】 ài/yǎn ❶ 動 시계(視界)를 가리다. 전망에 방해가 되다. ¶何必在这儿碍人家的眼 | 하필 여기에 있어 남의 시야를 가리느냐? ¶那座山～ | 그 산이 시야를 가린다. ❷ (àiyǎn) 形 눈에 거슬리다. 보기에 좋지 않다. ¶屋子里安这种镜框jìngkuàng太～ | 방안에 이런 거울테를 걸면 눈에 너무 거슬린다. ❸ (àiyǎn) 形 방해가 되다. 거치적거리다. ¶咱们在这里～, 快走吧! | 우리가 여기에 있으면 방해가 되니 어서 가자!

【碍于亲情】 àiyú qīnqíng 動組 육친의 정에 얽매이다《兒女英雄傳》

【碍于情面】 àiyú qíngmiàn 動組 인정에 사로잡히다. 의리상 끊지 못하다.《醒世恒言》

【碍嘴】 ài/zuǐ ⇒[碍口]

ān ㄢ

3 # 【安】 ān 편안할 안

❶ 形 편안하다. 안정되다. ¶心神不～ | 심신이 편안하지 못하다. ¶坐不～, 立不稳 | 앉으나 서나 불안하다. ❷ 動 안정시키다. 편안하게 하다. ¶国泰民～, 可以说是立国之本 | 국가의 확실한 안보와 인민 생활의 안정은 건국의 기초이다. ❸ 動 (생활·일등에) 만족해하다. 흡족해하다. ¶～于现状zhuàng | 현실에 만족해하다. ¶～居↓ ❹ 안전하다. ¶公～ | 공공의 안전. ¶治～ | 치안 ⇔[危] ❺ 動 (적당한 자리에) 배치

하다. ¶～插chā↓. ¶～顿dùn↓ ❻動 설치하다. 달다. ¶这个部件～在那儿? | 이 부품은 어디에 설치합니까? ¶～门窗 | 문과 창을 달다. ¶～电灯 | 전등을 달다. ❼(기구를) 설립하다. 세우다. ¶山顶上～了个气象站zhàn | 산 꼭대기에 기상대를 설립하였다. ¶～得面向东南 | 동남향으로 세웠다. ❽두다. 넣어 놓다. (사람 따위를) 심어 두다. ¶都～在管材里 | 모두 관속에 넣었다《醒世恒言》 ¶敌人在农会里～了个探tàn子 | 적은 농민회에 정탐꾼 하나를 심었다. ❾動(명목을) 붙이다. 보태다. ¶～罪名 | 죄명을 붙이다. ¶～绰chuò号 | 별명을 붙이다. ❿動(주로 좋지 않은 속셈을) 품다. ¶他这次回来没～着好心 | 그는 이번에 좋은 마음을 가지고 돌아 온 것이 아니다. ¶你把我喝的水弄脏zāng了, 你～的什么心? | 내가 마실 물을 더럽혀 놓다니, 너 무슨 속셈을 품고 있는 거냐? ⓫動北(씨를) 뿌리다. (종자를) 심다. ¶～花生 | 땅콩을 심다. ¶～种 | 씨를 뿌리다. ⓬札 평안하십시오 [편지 끝에 상대방의 안부를 묻는 말로 쓰임] ¶台～ | 평안하시길→〔钧jūn安〕 ⓭書代 어디. 어느 곳. 어법 장소를 묻는 의문대사(疑問代詞)로서 동사 앞에 옴. ¶皮之不存, 毛将～傅? | 피부가 없다면 털이 어디에 붙겠는가?《左傳》 ¶其故～在? | 그 까닭은 어디에 있는가? ⓮書副 어떻게. 어찌 어법 반문(反問)을 나타내는 의문부사로 동사 앞에 옴. ¶不入虎穴xué, ～得虎子? | 호랑이 굴에 가지 않고 어찌 호랑이 새끼를 잡겠는가? ¶～能若无其事? | 어떻게 아무 일도 없었던 것처럼 태연할 수 있겠나? ⓯量簡〈電氣〉「安培péi」(암페어; ampere)의 약칭. ¶一千伏～ | 킬로볼트 암페어(kilovolt ampere). ⓰(Ān)名 성(姓).

【安边】ānbiān 書動 변경 수비를 공고히 하다. ¶～荡dàng寇kòu | 변경 수비를 공고히 하고 침략자를 토벌하다《古今小說》

【安禀】ānbǐng 書名 품의서. 결제서류. 재가서. ¶将请贾jiǎ母的～拆chāi开念与贾母听 | 가모의 재가를 청하는 품의서를 가모가 듣도록 읽었다《紅樓夢》

【安步当车】ān bù dàng chē 成 수레를 타지 않고 일부러 걷다. 부귀를 구하지 않고 청빈한 생활을 하다《戰國策·齊策》 ¶反正路lù也不远, 我们还是～吧! | 어차피 길도 멀지 않은데, 우리 걸어서 갑시다!

【安瓿】ānbù 名外〈醫〉앰풀(ampoule). ¶～刀 | 앰풀 절단 칼.

【安不上】ān ·bu shàng 動組 설치할 수 없다. 배치할 곳이 없다. ¶我～这个部件 | 나는 이 부품을 끼우지 못하겠다. ¶～他的工作 | 그의 일자리를 배치할 자리가 없다.

【安插】ānchā 動 ❶알맞은 위치에 배정하다. 적당한 위치에 삽입하다. ¶～职zhí位 | 직업을 배치하다. ¶新来的徒tú工都～在最好的车间里 | 새로 온 견습공들은 모두 가장 좋은 작업장에 배정되었다. ❷안착시키다. 안주시키다. ¶～流民 | 유랑민을 안착시키다. ❸심어 두다. 박아놓다. ¶～亲信 | 심복을 박아놓다.

【安常处顺】ān cháng chǔ shùn 成 평온한 생활을 하다. 안락한 나날을 보내다.《莊子·養生主》

【安处】ⓐ ānchǔ 書動 평안하게 보내다. 안락하게 처하다.

ⓑ ānchù 名 배치한 장소. 설치한 곳.

【安处】ānchù ☞〔安处〕ānchǔ ⓑ

【安存】āncún 近 ❶動 몸을 쉬다. 몸을 두다. ¶又没个村庄道店好～ | 또한 몸붙일 만한 마을이나 여사도 없다《元曲·馮玉蘭》 ❷動 적당히 처치하다. 적당히 대우하다. ¶楚将投来总～ | 초 나라 장군이 투항해 와 적당하게 대우하였다《變文·捉季布》 ❸위로하다. 위안하다. ¶季布得知心里怕, 甜言美语却～ | 계포가 마음 속으로 겁내고 있다는 것을 알고는 오히려 달콤하고 아름다운 말로 위안하였다. ❹形 안심하다. 평안하다. ¶诸僧sēng无事得～ | 모든 스님들은 무사하여 평온을 찾았습니다《王西廂》

【安打】āndǎ 名外〈體〉안타 [「safe hit」의 일역(日譯)에서 온 야구용어] ¶～率 | 타율.

【安道尔】Āndàoěr 名外〈地〉❶안도라(Andorra) [프랑스와 스페인 국경의 피레네 산맥 가운데 있는 나라. 수도는 「安道尔」(안도라; Andorra)] ❷안도라(Andorra) [「安道尔」(안도라; Andorra)의 수도]

【安得】ān dé 書動組 ❶어디에서 …을 얻겠는가? ¶～猛士兮守四方 | 어디에서 용사(勇士)를 얻어 사방을 지키랴. ❷어떻게 얻을 수 있겠는가. ¶如今～这等大的力量? | 오늘날 어떻게 이런 큰 힘을 얻을 수 있겠는가? ❸어찌〔어떻게〕…일 수 있느냐? ¶～如此? | 어찌 이럴 수 있는가? ¶如此～不乱? | 이러한데 어찌 난이 일어나지 않겠는가?

【安得森】āndésēn ⇒〔安迪dí生〕

【安德罗波夫】Āndéluóbōfū 名外〈人〉안드로포프(Yury Vladimirovich Andropov, 1914~1984) [소련의 정치가]

【安迪生】Āndíshēng 名外〈人〉안데르센(Hans Christian Andersen, 1805~1875) [덴마크의 동화 작가·시인] ＝〔安得森〕〔安徒tú生〕

【安抵】āndǐ 書動 무사히 도착하다. 안착(安着)하다. ¶我们一行今晚～北京 | 우리 일행은 오늘 저녁 무사히 북경에 도착하였다.

【安的列斯群岛】Āndìlièsī Qúndǎo 名組外〈地〉네덜란드령 앤틸리즈제도(Netherlands Antilles) [서인도제도의 열도. 수도는 「威廉斯塔德」(윌렘스테드; Willemstad)]

【安第斯(山脉)】Āndìsī (shānmài) 名外〈地〉안데스(Andes) 산맥 [남미의 가장 큰 산맥]

【安谛】āndì 書形 마음이 고요하고 편안하다.

【安点】ān diǎn 動北(여장·물품 등을) 점검하다. 준비하다. 차리다. ¶就这样～着他们走了 | 이렇게 여장을 차리고서 그들은 떠났다.

【安钉子】ān dīng·zi 動組 ❶못을 박다. 분명히 해두다. ❷(조직 속에 사람을) 심어 놓다.

[3]【安定】āndìng ❶形(마음이) 가라 앉다. (생활·시국이) 안정되다. ¶他也是心不～ | 그도 역시 마음이 안정되지 않았다. ¶进了自己的办公室,

心中～了些｜자기의 사무실에 들어가자 마음이 좀 가라 앉았다. ¶生活很～｜생활이 안정되다. ❷動 안정시키다. 진정시키다. ¶精神怎么也～不下来｜도저히 정신을 가다듬을 수 없다. ¶～民心｜민심을 안정시키다. ❸名 안전. ¶～感｜안전감. ¶～团结｜인민의 단결과 정국의 안정.

【安定片】āndìngpiàn 名〈藥〉신경 안정제.

【安堵】āndǔ 書動 안도하다. 안주하다. 탈없이 평안하다. ¶自此军民～｜이로부터 군과 민이 안도하게 되었다《三國志》＝〔按àn堵〕〔案àn堵〕

【安度】āndù 書動 편안히 살다. ¶我还很健康, 手脚也很灵活línghuó, 没考虑过～晚年生活的问题｜나는 아직 건강하고 수족도 역시 기민하여 만년의 생활을 편안히 보내는 문제에 대해서는 고려해 본 적이 없다.

【安顿】āndùn ❶動 (적절하게) 배치하다. (적당한 장소에) 두다〔맡기다〕. (적절한 장소를) 마련하다. 안배하다. ¶先把现款kuǎn～好｜먼저 현금을 잘 두어라. ¶妈妈把孩子～在托儿所里｜엄마가 아이를 탁아소에 맡겼다. 마련하다. ¶新工人的吃住都～好了｜새로 온 근로자가 먹고 잘 곳은 모두 마련되었다＝〔安托〕❷動 정착시키다. 자리를 잡게하다. (어떤 문제를) 정리하다. ¶～好家属shǔ, 他就走了｜가족 문제를 모두 정리한 후 그는 떠났다. ❸動方 준비하다. 준비시키다. ¶你～叫哪个招待zhāodài我们嘛｜너는 누구에게 우리를 접대하도록 시켰느냐? ❹動近 분수를 지키다. 자기 처지에 만족하며 규칙을 지키다. ¶我见那孩子眉眼méiyǎn儿上头也不是个很～的｜그 아이의 꼴을 보니 도저히 분수를 지키며 살 녀석 같지는 않다. ❺形 침착하다. 차분하다. (마음이) 가라앉다. ¶丈夫回来, 并没向她闹nào气, 心中～了一些｜남편이 돌아와 그녀에게 화풀이를 하지는 않았지만 마음은 좀 가라 앉았다. ¶不～的姑娘｜덤벙거리는 아가씨.

【安返】ānfǎn 書動 무사히 귀착(歸着)하다. ¶～祖国｜조국에 무사히 돌아 왔다.

【安放】ānfàng 動 ❶ (일정한 장소에) 놓다. 두다. ¶把工具都～在顺手的地方｜공구들을 모두 손이 닿기 쉬운 곳에 놓아두었다→〔安置①〕❷ 가볍게 놓다. 살짝 놓다. 조심스럽게 취급하다. ¶此物易破pò, 务请～｜이 물품은 파손되기 쉬운 것이니 조심해 다루시오. ¶～小心!｜취급주의! ❸近 안심시키다. 마음 놓다. ¶用许多好言～｜좋은 말을 많이 하여北 안심시켰다.

【安非他明】ānfēitāmíng⇒〔安非他命〕

【安非他命】ānfēitāmìng 名外〈藥〉암페타민(amphetamine) 〔중추신경 흥분제. 90년대에 고등학생들이 복용하기 시작하여 문제가 됨〕¶吸xī食～｜암페타민을 먹다. ¶向～说不!｜암페타민을 향해 노(No)라고 말하라! ＝〔安非他明〕〔苯齐巨林〕

【安分】ānfèn ❶形 분수에 만족하다. 본분을 지키며 흡족해 하다. ¶他这个人一向很～｜그는 줄곧 본분을 지켜왔다. ¶留在家中耕gēng田种地, ～过日子｜집안에서 밭 갈고 씨 뿌리며 분수에 만족하며 나날을 보냅니다＝〔推分〕〔循分〕❷(ān/fèn) 動近 본분을 지키다. 분수를 지키다. ¶你安些分罢｜너 분수를 좀 지켜라《紅樓夢》

【安分守己】ān fèn shǒu jǐ 威 분수에 만족하여 본분을 지키다. ¶做一个～良民｜분수에 만족하는 양민이 되다. ¶一辈bèi子～, 一辈子没跟人惹rě过气｜한 평생 분수에 만족하며 본분을 지켜 평생토록 남에게 화를 낸 적이 없다.

【安佛】ānfó 動 ❶ 부처님을 모시다. 신불의 위패를 안치하다. ❷近 안장하다. 장의를 치르다. ¶这～可得洁净jiéjìng些儿｜이번 장의는 좀 깨끗하게 치루어졌다《兒女英雄傳》→〔安葬〕

【安伏】ānfú 動近 ❶ 위로하다. 위안하다. ¶我说了几句他, 那厮sī有些怪guài我, 我着几句言语～他咱｜그에게 몇 마디 했더니 나를 좀 원망하길래 몇 마디 보태어 그를 위로하였다.《元曲·合汗衫》❷ 달래다. (마음을) 가라앉히다. 침착하게 하다. ¶投到～下两个小的 收拾shōu·shi了急急走来,五更过也｜두 녀석을 달래 놓고 급히 서둘러 챙겨 오니 5경이 지났다《元曲·魯齋郎》‖→〔安抚fǔ〕

【安抚】ānfǔ ❶動 위로하다. 위무(慰撫)하다. ¶～伤员｜부상자를 위로하다. ¶～人心｜인심을 위무하다. ❷動近 달래다. 침착하게 하다. ¶我恰才嘱咐zhǔfù了店家, ～了嫂sǎo嫂｜나는 방금 점방에 부탁하여 형수를 달래었다.

【安抚使】ānfǔshǐ 名 안무사(安撫使) 〔송대(宋代)의 병정(兵政)을 담당하던 관직(官職)〕

【安富】ānfù 形 생활이 편안하고 부유하다. ¶～尊荣zūnróng｜威 생활이 편안하고 부유하며 지위가 높고 영화를 누린다《孟子·盡心上》

【安覆】ānfù 動近 달래며 위로하다. 납득하게 하다. ¶教师两年在庙miào上不曾有对手, 今年是第三番了, 教师有甚言语～天下众香xiāng官?｜무술 교관은 2년 동안 묘당에 쌍수가 없었고 금년이 3년째인데 무슨 말로 천하의 많은 참배객을 달랠 수 있을까?《水滸傳》＝〔安复fù〕

【安敢】āngǎn 副近 외람되게. 감히 어찌. (…하겠습니까?) ¶～无功受赐cì?｜어찌 감히 공도 없이 내리는 상을 받으리오?《古今小說》

【安膏药】ān gāoyào 動組方 고약을 바르다. 轉 무책임하게 적당한 말로 얼버무리다. ¶你没调查diàochá清楚就不能随便～｜너 분명히 조사해 보지도 않고 함부로 말해서는 안된다.

【安哥】āngē 名台外俗 앙코르(encore). 재청.

【安哥拉】Āngēlā 名外〈地〉❶ 앙골라(Angola) 〔아프리카의 서남부에 위치한 나라. 1975년 포르투갈에서 독립. 수도는「罗安达」(루안다;Luanda)〕❷ 앙고라(Angora) 〔터키 수도 앙카라(Ankara)의 옛 이름〕→〔安卡kǎ拉〕

【安哥拉兔】āngēlātù 名外〈動〉앙고라토끼(Angora rabbit)＝〔昂áng哥拉兔〕〔盎áng古拉兔〕

【安根】ān/gēn 動京 밥을 먹다. ¶我还没～呢!｜나는 아직 밥을 못 먹었다!

【安根子】ān gēn·zi 動組近京 뇌물을 바치다. 몰래 통하다. 사전공작을 벌이다. ¶他安下根子才去告状｜그는 뇌물을 먹이고 고소장을 내었다. ¶是夜, 王信到了察院私第, 安了根子｜이날 밤,

왕신은 도찰원 어사 댁에 가서 뇌물을 바쳤다《紅樓夢》

【安公子】ānɡōnɡzǐ 名 俗 台「安非他命」(암페타민)을 흡입하는 청소년→〔安非他命〕

【安谷】ānɡǔ 動〈漢醫〉환자가 병환 중임에도 음식을 먹다. ¶～者过期, 不～者不及期 | 환자가 음식을 먹으면 죽을 때를 넘긴 것이고, 먹지 못하면 아직 죽을 때에 이르지 않은 것이다《史記·倉公列傳》

【安骨】ānɡǔ 名〈佛〉안골 [화장 후에 유해를 수습하여 절에 안치하는 것]

【安固】ānɡù 書 形 안정되고 공고(鞏固)하다. ¶岂量力审shěn功～之道哉zāi? | 어찌 스스로의 힘을 다하여 사실을 살피고 안정되고 견고한 방법을 구하지 않는가?《後漢書·皇甫規傳》

【安函】ānhán ⇒〔安信〕

【安好】ānhǎo ❶ 狀 평안하다. ¶祝你们～! | 평안하시길! ¶全家～, 请勿wù挂guà念 | 온 집안이 평안하니 걱정하지 마십시오. ❷ (ān/hǎo) 動組 잘 처리하다. 모두 안배하다. 잘 설치하다. ¶我～就来 | 잘 처리해 놓고 갈께. ¶～机器 | 기계를 설치해 놓다.

【安魂】ānhún 動 近 마음을 진정하다. ¶～曲 | 진혼곡. ¶～定魄bó丹 | 진정제.

【安集】ānjí 書 動 ❶ 한곳에 모아 생활을 안정시키다. 한곳에 모여 안정된 생활을 하다. ¶～北方 | 북방에 모여 안정된 생활을 하다《後漢書·馮衍傳》 ❷ 평안하게 하다. 안정시키다. ¶～吏lì民, 顺俗sú而教 | 관리와 백성을 편안하게 하고 풍속에 맞게 가르치다 ＝〔安辑jí〕.

【安辑】ānjí ⇒〔安集jí〕

【安计】ānjì ⇒〔安培péi表〕

【安迹】ānjì 名 近 정착지. 안주할 곳. ¶蒙ménɡ君大恩, 今得～ | 그대의 큰 은혜를 입어 지금 안주할 곳을 마련하였습니다.

【安济】ānjì 書 動 ❶ 안전하게 건너다. ¶遂suì而～ | 드디어 안전하게 넘었다《冥祥記》 ❷ 구제하다. ¶～坊fānɡ | 가난하거나 병든 사람을 구제하는 곳.

【安加拉】ānjiālā ⇒〔安卡kǎ拉〕

【安家】ān/jiā 動 ❶ 세대를 이루다. 가정을 이루다. 살림을 나다. 살림을 차리다. ¶邻lín居是一对新～的小夫妻 | 이웃은 살림을 갓 차린 젊은 부부다. ❷ 가정을 다스리다. 집안을 화목하게 하다. ¶不能～, 怎能治国? | 가정을 다스리지 못하면서 어떻게 국가를 다스리느냐? ❸ 정착하다. 터전을 잡다. ¶我想在家乡安个家 | 나는 고향에 정착하려고 한다.

【安家费】ānjiāfèi 名組 ❶ 가족 수당 [가정을 가진 사람에게 지급되는 수당]. ❷ 전근 수당.

【安家乐业】ān jiā lè yè ⇒〔安居jū乐业〕

【安家立业】ān jiā lì yè 成 가정을 꾸리고 사업을 일으키다 北 ¶过了三十就要～ | 나이 삼십이 넘으면 살림을 차리고 생업을 가져야 한다.

【安家落户】ānjiā luòhù 動組 ❶ 가정을 꾸리고 정착하다. ¶他决定在北京～ | 그는 북경에 정착하기로 결정하였다. ❷ (농촌에 살면서) 경험을 쌓다. (농촌에서) 봉사하다 [문화혁명 시기에 도시의 지식인들이 2,3년간 농촌에 살면서 농촌의 실정을 이해하도록 한 것이었으나, 나중에는 고등학교 졸업생을 농촌에 보내어 살도록 한 것을 말함] ¶他们已经在农村～ | 그들은 이미 농촌에서 거주하며 활동하고 있다.

【安降】ānjiànɡ 動 무사히 착륙하다. 무사히 하강하다. ¶下一阶段是人飞宇宙yǔzhòu又～地球 | 다음 단계는 인간이 우주를 날다가 무사히 지구로 내려오는 것이다.

1【安静】ānjìnɡ 形 ❶ 조용하다. 고요하다. ¶这一带很～ | 이 일대는 아주 조용하다. ¶保持～! | 조용히 하시오! ¶请大家～一点儿! | 여러분 좀 조용히 하십시오! ❷ 평온하다. 편안하다. ¶孩子睡得很～ | 어린애는 평온하게 잠을 잤다. ❸ 안정하다. 침착하다. (마음이) 가라앉다. ¶我喜欢～的生活 | 나는 안정된 생활을 좋아한다. ¶病人需要～ | 환자는 안정해야 한다. ¶她现在～多了, 你放心吧 | 그녀는 많이 침착해졌으니 안심해라.

【安车】ānjū 書 名 안락 수레 [주로 노인이나 부녀자가 앉아서 타는 수레] ¶～驷sì马 | 말 네 마리가 끄는 안락 마차.

【安居】ānjū ❶ 動 안거하다. 평안히 집에서 지내다. ❷ 名〈佛〉안거(vārsika;범) [여름 우기(雨期)에 중들이 일정한 기간 동안 외출하지 않고 한데 모여 하는 수행.「雨安居」「夏安居」「夏行」이라고도 함]

【安居乐业】ān jū lè yè 成 평안히 살면서 즐겁게 일하다. ¶太平盛shènɡ世, 老百姓～ | 태평성세라 백성들은 즐겁게 일하며 편히 살고 있다 ＝〔安家乐业〕〔安生乐业〕〔安土乐业〕

【安卡拉】Ānkǎlā 名 外〈地〉앙카라(Ankara)[「土耳其」(터키;Turkey)의 수도] ＝〔安加拉〕〔昂哥拉〕→〔安哥ɡē拉②〕

【安康】ānkānɡ 書 狀 평안하다 [편지에 주로 씀] ¶全家～, 请不必挂心 | 집안 모두 평안하니 걱정 마십시오. ¶祝您～ | 평안하시기를 빕니다 ＝〔安好①〕

【安客】ānkè 名 方 초청장을 받은 손님. ¶一定是他们来～来了 | 틀림없이 그들은 초대 받고 온 손님이다.

【安澜】ānlán 書 形 ❶ 물결이 잔잔하다. ❷ 轉 무사태평(無事太平)하다. ¶战事平息, 社会～, 万姓安宁nínɡ | 전쟁이 끝나니 세상은 태평하고 백성은 편안하다.

【安老院】ānlǎoyuàn ⇒〔养yǎnɡ老院〕

【安乐】ānlè ❶ 形 안락하다. 평온하다. ¶～度日 | 평온한 나날을 보내다. ¶终zhōnɡ身过～的生活 | 평생 안락한 생활을 하였다. ❷ 粤 만족하다. 흡족하다.

【安乐国】ānlèɡuó ❶ 名〈佛〉안락국. 극락 정토. ❷ ⇒〔安乐乡〕

【安乐世界】ānlè shìjiè 名〈佛〉안락 세계.

【安乐死】ānlèsǐ 名〈醫〉안락사 ＝〔安息术〕〔慈悲cíbēi杀人〕〔优yōu死〕

【安乐窝】ānlèwō ⇒〔安乐乡〕

【安乐乡】ānlèxiānɡ 名 外 유토피아. 이상향 ¶一

心想营造yíngzào一个～ | 이상향을 건설하겠다는 한마음 뿐이다 =〔安乐国②〕〔安乐窝〕〔乌wū托邦〕
【安乐椅】ānlèyǐ 名 안락 의자. ¶躺tǎng在～上胡思乱luàn想 | 안락의자에 누워 멋대로 생각한다 →〔沙shā发〕〔摇yáo椅〕
【安理会】ānlǐhuì ⇒〔安全理事会〕
【安立】ānlì 名〈佛〉건립(建立). 안치(安置).
【安良除暴】ān liáng chú bào ⇒〔除暴安良〕
【安陵】ānlíng 名 복성(複姓).
【安灵道场】ān líng dào chǎng 成 정령(停靈) [사체를 매장하기 전 3일간 법회를 가지는 일] ¶等做过三日～方去 | 3일간의 정령 법회를 가진후 떠났다.
【安流】ānliú 書 動 평안하게 흘러가다.
【安洛因】ānluòyīn 名 外〈藥〉헤로인(heroin) =〔海hǎi洛因〕
【安曼】Ānmàn 名〈地〉암만(Amman) [「约旦」(요르단;Jordan)의 수도]
【安眉带眼】ānméi dàiyǎn 動組 罵 눈썹도 있고 눈도 다 있다. 사람 꼴은 갖추고 있다. ¶你也是～的人, 直须要我开口说? | 너도 사람 꼴은 갖추고 있는데 꼭 내가 직접 말해야 되겠어?《水滸傳》
【安眠】ānmián 動 안면하다. 편안히 잠들다. ¶家近路旁, 车多音噪zào, 难nán以～ | 집은 길가에 있고 차가 많이 다녀 시끄러워 편히 잠잘 수 없다. ¶蚊wén子搅jiǎo得他彻chè夜不能～ | 모기가 귀찮게 굴어서 그는 밤새도록 편히 자지 못했다.
【安眠药】ānmiányào 名〈藥〉수면제.
【安民】ān/mín 動 민심(民心)·민생(民生)을 안정시키다. ¶～政策zhèngcè有待改进 | 민심을 안정시킬 정책은 개선되어야 한다. ¶为了～, 要做好经济工作 | 민심을 안정시키기 위해 경제를 잘 다스려야 한다 →〔安人①〕
【安那其主义】ānnàqí zhǔyì 名 外〈史〉아나키즘(anarchism). 무정부주의 =〔无政府主义〕
【安能】ānnéng 副 어찌 …할 수 있으리오? ¶～任其猖狂chāngkuáng | 어찌 함부로 흉폭하게 둘 수 있으리오?
4【安宁】ānníng 形 ❶ (소요가 없이) 평온하다. ¶大街上非常～, 商店照zhào常营业yíngyè | 큰길가는 매우 평온하여 상점은 평소와 같이 영업하고 있다. ❷ (마음이) 안정되다. 침착해지다. 진정되다. ¶孩子的病好了, 母亲心里也～了 | 아이의 병이 완쾌되자, 어머니도 마음이 진정되었다. ¶～片 | 진정제.
1【安排】ānpái ❶ 動 안배하다. 역할을 나누어 주다. 배분하다. 배치하다. 마련해 주다. ¶～时间 | 시간을 분배하다. ¶～本年度的生产 | 금년도의 생산을 배분하다. ¶给待dài业青年～工作 | 실업 청년들에게 일자리를 마련해 주다. ❷ 動 (시간·가격 등을) 정하다. 지정하다. ¶～面谈时间 | 면회 시간을 지정하다. ❸ 動 처리하다. ¶～家务 | 가사(家事)를 처리하다. ❹ 動 꾸리다. ¶～生活 | 생활을 꾸리다. ❺ 動 (국토를 계획적으로) 개조하다. ¶树雄xióng心, 立壮zhuàng志, 要把山河重～ | 웅대한 마음과 장대한 포부를 세워서, 산하를 다시 개조하려고 한다. ❻ 名 배치. 안배(按配). 조치. ¶上帝的～ | 하느님의 안배. ¶国民经济计划的～ | 국민경제의 계획적 조치.
【安培】ānpéi 名 外〈物〉암페어(ampere) =〔簡 安⑮〕→〔毫háo安〕
【安培表】ānpéibiǎo 名 外〈物〉암페어계(ampere 計). 전류계(電流計) =〔安计〕〔安培计〕
【安培定则】ānpéi dìngzé 名 外〈物〉암페어(Ampere) 법칙 =〔安培氏定则〕
【安培计】ānpéijì ⇒〔安培表〕
【安培氏定则】ānpéishì dìngzé ⇒〔安培定则〕
【安培小时】ānpéi xiǎoshí 量 外〈物〉암페어 시(ampere hour) =〔簡 安时①〕
【安贫乐道】ān pín lè dào 成 가난한 생활 속에서도 편한 마음으로 도를 지키는 즐거움을 누리다. ¶做学问的人大都清贫, 但能～, 所以能静心地进行学术研究 | 학문을 하는 사람은 대부분 가난하지만 안빈낙도할 수 있기 때문에 차분한 마음으로 학술적 연구를 할 수 있다.
【安期】ānqī 名 복성(複姓).
【安寝】ānqǐn 動 近 편안히 잠자다. 숙면하다. ¶一夜未能好生～ | 하룻밤을 푹 자지 못했다. ¶什么时候～? | 언제 주무십니까?
【安丘】ānqiū 名 복성(複姓).
2【安全】ānquán 形 (재산·생명 등이) 안전하다. ¶保证zhèng其～ | 그것의 안전을 보증한다. ¶这里很～, 不用担dān心 | 여기는 안전하니 걱정할 필요없다. ¶此药～, 服用无害 | 이약은 안전하여 복용하여도 해롭지 않음. ¶～操cāo作 | 안전 조작. ¶～行车 | 안전 운전. ¶注意交通～ | 교통 안전에 주의하시오.
【安全瓣】ānquánbàn ⇒〔安全阀〕
【安全玻璃】ānquán bō·li 名組 안전 유리.
【安全仓库】ānquán cāngkù 名組〈經〉신탁 창고(信託倉庫).
【安全带】ānquándài 名 (비행기·자동차 등의) 안전벨트.
【安全岛】ānquándǎo 名〈交〉(도로 위의) 안전지대 =〔安全界②〕〔公路岛〕
【安全灯】ānquándēng 名 ❶〈鑛〉안전등 [영국의 「达佛」(데이비, Davy)가 발명함] =〔达佛灯〕 ❷〈撮〉안전설비가 되어있는 조명 기구.
【安全阀】ānquánfá 名 안전판(安全瓣). 세이프티 밸브(safety valve) =〔安全瓣〕〔閩南 安全凡而〕〔閩南 安全凡尔〕〔安全活门〕〔安全门〕〔安全栓〕〔保安伐〕→〔阀〕
【安全凡尔】ānquán fán'ěr ⇒〔安全阀〕
【安全活门】ānquán huómén ⇒〔安全阀〕
【安全界】ānquánjiè ❶ 名〈軍〉안전지대 [착탄거리(着彈距離) 밖의 지역] ❷ ⇒〔安全岛〕
【安全理事会】ānquán lǐshìhuì 名組〈政〉안전 보장 이사회 =〔簡 安理会〕
【安全帽】ānquánmào 名 안전모.
【安全门】ānquánmén ⇒〔安全阀〕
【安全器】ānquánqì 名〈機〉안전기.
【安全栓】ānquánshuān ⇒〔安全阀〕
【安全梯】ānquántī 名 (고층 건물에 있는) 비상

용 철제 계단 =〔避bì火梯〕
【安全剃刀】ānquán tìdāo 名 안전 면도(安全面刀)=〔保安(剃)刀〕〔保险刀(儿)〕
【安全条约】ānquán tiáoyuē 名〈政〉안보조약(安保條約).
【安全系数】ānquán xìshù 名〈物〉안전 계수. 안전율(安全率).
【安然】ānrán 貺 ❶ 평온하다. 무사하다. ¶~生还 | 무사히 귀환하다. ¶~无事 | 무사 평안하다. ¶~脱险tuōxiǎn | 탈 없이 위험을 벗어나다. ¶~无恙yàng | 무고하다. ❷ 태연하다. 마음놓다. 침착하다. 안심하다. ¶~自在 | 태연자약하다. ¶只有把这件事告诉他, 他心里才会~ | 이 일을 그에게 알려야 그도 비로소 마음을 놓을 수 있을 것이다.
【安人】ānrén 書 ❶ 動 사람을 편안하게 하다. 민중을 안심시키다. 인민을 안락하게 하다. ¶修xiū己以~ | 스스로 수양하여 인민을 편안하게 하다《論語·憲問》→〔安民〕 ❷ 名 안인 [옛날 관리의 부인에게 내려졌던 호칭의 하나. 송대(宋代)에는 봉랑(奉郞) 이상의 부인에게, 명청(明淸)시대에는 육품관(六品官) 이상의 부인에게 내려짐]
【安忍】ānrěn 動 ❶ 〈佛〉마음을 누르고 인내하다. ❷ 書 마음이 평온하지 못하고 잔인하다. ¶~无亲 | 마음이 잔혹하여 가까운 사람이 없다. ❸ 書 어찌 참을 수 있으리요. ¶~不随回去? | 함께 따라 돌아 가지 못함을 어찌 참으리오?《古今小說》
【安如磐石】ān rú pán shí 威 반석같이 든든하다. 요동이 없다《荀子·富國》¶中韩两国的友谊~ | 중·한 양국의 우의는 반석 같이 튼튼하다 =〔稳wěn如盘石〕
【安如泰山】ān rú tài shān 威 태산처럼 끄떡없다. 매우 안전하다《漢書·嚴助傳》¶敌人连续liánxù进功下, 这座城市还hái~ | 적들의 끊임없는 공격에도 이 도시는 여전히 태산 같이 끄떡없다 =〔稳wěn如泰山〕
【安莎通讯社】ānshā tōngxùnshè 名 外 에이 엔 에스 에이(ANSA) 통신 [이탈리아 통신사]
【安膳】ānshàn 名 近 건강식(健康食). ¶除了父母~之外, 你两个的事, 什么也不用来搅jiǎo我! | 부모님의 건강식 외에 너희 둘의 어떤 일로도 나를 귀찮게 하지 마라!《兒女英雄傳》
【安上】ān·shang 動組 설치하다. 달다. 장치하다. ¶把电灯泡pào~去 | 전구를 달다. ¶~电铃líng就不怕小偷tōu了 | 초인종을 달아 좀도둑이 두렵지 않게 되었다.
【安阇那】ānshénà 名 外〈植〉깽깽이풀(anjana; 범) [눈병 치료에 쓰이는 풀] =〔黄huáng连①〕
【安设】ānshè 動 ❶ 설치하다. 가설하다. ¶在山顶上~了一个气象观测cè站 | 산꼭대기에 기상 관측소를 하나 설치했다→〔安装〕 ❷ 배치하다. 안배하다. 자리를 마련하다. ¶公司为他~一个新的岗gǎng位 | 회사에서는 그에게 새 자리를 하나 마련하였다.
【安身】ān/shēn 動 ❶ 거처하다. 몸을 의탁하다. ¶这里非~之处, 还是到别处去好 | 이곳은 몸을 기탁할 곳이 되지 못하니 다른 곳으로 가는 것이 좋겠다. ¶无处~ | 거처할 곳이 없다. ¶~不牢 | 지위가 안정되지 않다. ❷ 몸을 편안하게 하다. 휴식하다. 쉬다. ¶他那里楼上很安静, 可以~ | 그가 있는 곳의 윗층은 조용하여 휴식할 만하다.
【安身立命】ān shēn lì mìng 威 몸과 마음이 편안하다. 근심없이 생활하다. ¶生活在新中国, 大可~, 无忧yōu无愁chóu | 신 중국에서 살아 가는 것은 몸과 마음이 편안하여 걱정이 있을 수 없다. ¶~之所 | 근심없이 편안히 생활할 수 있는 곳.
【安神定魄】ān shén dìng pò 威 정신을 안정 시키다. ¶这怪guài小姐要吃~的药 | 이 이상한 아가씨는 정신을 차리게 하는 약을 먹어야 겠다.
【安生】ānshēng ❶ 動 안심하고 생활하다. 안거(安居)하다. ¶战乱luàn期间, 到处都难nán~ | 전란 시기에는 어디에서도 안전하게 살 수 없다. ❷ 形 안정되다. 평온하다. 편안하다. 무사하다. ¶~日子 | 안정된 생활. ¶你能~地打鱼吗? | 너 평온하게 낚시질을 할 수 있니? ❸ 形 조용하다. 소란하지 않다. ¶这孩子一会儿也不~ | 이 아이는 잠시도 가만있지 않는다.
【安生乐业】ān shēng lè yè ⇒〔安居乐业〕
【安声】ānshēng 動 조용히 하다. 소란을 피우지 않다. ¶这几个孩子, 整天没有一会儿~ | 이 아이들은 하루 종일 잠시도 조용하지 않다.
【安石榴】ānshí·liu 名〈植〉석류나무 [장건(張騫)이 서역(西域)의 안석국(安石國)에서 종자를 가져 왔다는 고사에서 명명됨] =〔石榴〕
【安时】ānshí ❶ ⇒〔安培péi小时〕 ❷ 書 動 현실에 안주하다. 현실을 만족해 하다.
【安史之乱】Ān Shǐ zhīluàn 名〈史〉안사의 난[당 현종(玄宗) 말엽에 안록산(安祿山)과 사사명(史思明)이 일으킨 9년간의 반란]
【安士】ānshì 量 外〈度〉온스(ounce) =〔盎司〕
【安适】ānshì 形 쾌적하다. 조용하고 편안하다. 기분이 좋다. ¶他过着~的生活 | 그는 쾌적한 생활을 하고 있다.
【安舒】ānshū 形 편안하다. 홀가분하다. ¶心身~ | 심신이 평안하다. ¶让老人家过个~的生活 | 노인들이 편한 생활을 할 수 있도록 해라.
【安胎】āntāi 動 태아를 안정시키다. 유산을 방지하다. ¶这次是~, 请别挂心 | 이번에는 태아를 안정시켰으니 걱정마라. ¶~药 | 유산 방지 약.
【安坦】āntǎn 形 안정되고 침착하다. 정착하다. ¶张大哥显xiǎn着~了 | 장형은 현저하게 안정되었다.
【安提瓜和巴布达】Āntíguā hé Bābùdá 名 外〈地〉앤티가 바부다(Antigua and Barbuda) [남아메리카에 위치한 나라. 수도는 「圣约翰」(세인트 존즈;St. John's)]
【安替比林】āntìbǐlín 名 外〈藥〉안티피린(Antipyrin;독) =〔安替匹林〕〔安替必灵〕〔安知必林〕〔非那宗〕→〔氨ān基比林〕
【安替必灵】āntìbìlíng ⇒〔安替比bǐ林〕
【安替非布林】āntìfēibùlín 名 外〈化〉안티페브린(antifebrine) =〔乙yǐ酰苯胺〕
【安替匹林】āntìpǐlín ⇒〔安替比bǐ林〕
【安帖】āntiē 形 평안하고 안정되다. 마음 놓다. ¶

事情都办bàn好，心才～ | 일을 모두 끝내고야 마음을 놓았다 =〔安贴〕

【安贴】āntiē ⇒〔安帖〕

【安徒生】Āntúshēng ⇒〔安迪dí生〕

【安土】āntǔ 書 動 ❶ 어떤 땅에 안주(安住)하다. 어떤 곳에 편안히 살다. ¶百姓～ | 백성은 그 땅에 안주하였다《漢書·食貨志》❷ 흙 속에 거주하다. 흙 속에 장례지내다. 매장하다.

【安土乐业】ān tǔ lè yè ⇒〔安居乐业〕

【安土重迁】ān tǔ zhòng qiān 成 살던 곳을 떠나기 싫어 하다. 살던 곳에 애착을 가지다. 살던 곳에 애착을 가지다《漢書·元帝紀》¶这里的居民～，连出外谋生的都很少 | 이곳 주민들은 이곳에 대한 애착이 많아 다른 곳으로 삶을 찾아 떠나는 경우가 아주 적다.

【安托】āntuō ⇒〔安顿dùn①〕

【安妥】āntuǒ ❶ 形 평온하다. 안정되다. ¶他把儿子送走以后，心里觉着～了 | 그는 아이를 보낸 후 마음 속으로 평온을 느꼈다. ❷ 形 타당하다. 틀림없다. 빈틈없다. ¶那件事已办～，你别介jiè意 | 그 일은 이미 틀림없이 처리하였으니 개의하지 마라. ¶有关人事方面，已～分配pèi | 인사에 관계되는 일은 이미 적절하게 배분하였다. ❸ 名 外 〈藥〉 안투(antu) [회색·비수용성의 유독분말로 살충제로 쓰이는 독약의 일종] =〔萘nài硫脲〕

【安危】ānwēi 書 名 안위. 안전과 위험. 위기. ¶国家面临lín～时，谁能安坐不动呢? | 국가가 존망의 위기에 처한 때에 누가 꼼짝않고 앉아 있을 수 있는가? ¶～与共 | 成 안위를 함께 하다.

【安位】ānwèi 動 신위(神位)를 모시다. 위패를 모시다. ¶有时候了，就～罢 | 때가 되었으니 위패를 모시자《兒女英雄傳》

2【安慰】ānwèi ❶ 動 위로하다. 위안하다. ¶～病人 | 환자를 위안하다. ¶他死了儿子很悲伤bēishāng，你去～～他吧 | 그는 아들을 잃어 슬퍼하고 있으니, 네가 가서 위로를 좀 해 주어라. ❷ 動 안심하다. 마음을 놓다. ¶全家都很健康jiànkāng，你该可以～吧 | 온 가족이 건강하니 마음 놓도록 하여라. ❸ 形 마음이 편하다. 차분하다. ¶他似乎感觉gǎnjué特别～ | 그는 특별히 마음이 편한 것 같다. ❹ 名 위안. 위로. ¶精神上的～ | 정신적 위안. ¶同学们的关怀guānhuái给了我很大的～ | 급우의 염려가 나에게 큰 위안을 주었다. 어법 5.4 운동 시기에는「慰安」으로 많이 썼음.

4【安稳】ānwěn ❶ 形 평온하다. 안정되다. ¶睡～觉 | 평온하게 잠을 잤다. ¶这个船大即使刮guā点风，也很～ | 이배는 크기 때문에 설사 얼마간의 바람이 분다해도 평온하다. ❷ 形 안전하다. 무사하다. ¶他驾jià车～，从没出事 | 그는 안전하게 차를 몰아 종래 사고를 낸 적이 없다. ❸ 形 方 침착하다. 과묵하다. ¶你看人家多么～啊! | 남들은 얼마나 침착한 지 보아라.

【安息】ānxī ❶ 動 편히 잠자다. 편히 휴식하다. ¶夜已很深shēn，大家都～了 | 밤이 깊어 모두 잠들었다. ¶小鸟已经～ | 새 새끼는 이미 잠들었다 =〔安歇②〕 ❷ 動 고이 잠드소서. 편히 잠드소서. [죽은 사람을 애도하는 말] ¶～吧，同志们! | 동지들이여 고이 잠드소서. ¶烈liè士们，～吧! | 열사들이여, 고이 잠드소서! ❸ (Ānxī) 名 〈地〉 안식국. 파르티아(Parthia) [서아시아에 이란족이 세웠던 나라]

【安息日】ānxīrì 名 〈宗〉 안식일.

【安息术】ānxīshù ⇒〔安乐lè死〕

【安息香】ānxīxiāng 名 ❶ 〈植〉 안식향(pterostyrax hispidium) [말레이·태국 원산의 때죽나무과에 속하는 낙엽 교목] ❷ 안식향의 수피(樹皮)에서 분비하는 수지(樹脂) [훈향료(薰香料)·방부제·소독용으로 쓰임] ❸ 안식향의 수지에다 다른 원료를 첨가하여 만든 향(香).

【安息香胶】ānxīxiāngjiāo 名 벤조인(benzoin)고무. 안식향 고무.

【安息(香)酸】ānxī(xiāng) 名 〈化〉 안식향산 =〔苯běn甲酸〕

【安息油】ānxīyóu 名 〈化〉 벤젠(benzene). 벤졸(benzol) =〔苯běn〕

【安席】ānxí 動 ❶ 方 연회를 열다. ¶时间不早了，开始～了 | 시간이 되었으니 연회를 시작하겠다. ❷ 近 자리를 정하다. 연회의 자리를 결정하다. ¶东家～ | 주인이 자리를 정하였다《金瓶梅》❸ 近 앉다. 착석하다. ¶～定位 | 앉을 자리를 결정하다. ❹ 자리가 마음에 들다. 마음이 편하다. ¶睡不～ | 마음 편히 자지 못했다.

【安下】ān·xià 動 近 ❶ 살다. 머물다. ¶先生去县xiàn中～不便， 何不在敝舍bìshè权住几日 | 그대는 현의 사택에는 머물기 불편하시다면서 어찌 저의 집에서 며칠 더 계시지 않으시는지요?《警世通言》❷ 두다. 놓다. 방치하다. ¶一面～锺箸zhù | 한쪽에 잔과 젓가락을 놓았다《金瓶梅》¶先～此事不说 | 이 일은 이렇게 두고 더 이상 말하지 말자. ❸ 쉬다. 휴식하다. 잠자다. ¶我今晚就在此～ | 오늘 저녁 이곳에서 자겠다《元曲·盆兒鬼》❹ 숙박하다. 투숙하다. ¶我去客店中～去 | 나는 객사에 투숙하러 간다《元曲·救風塵》

【安闲】ānxián 形 편안하고 한가롭다. ¶退休后，他们俩liǎ过着～的生活 | 퇴직한 후, 그들 둘은 편안하고 한가한 생활을 하고 있다. ¶～自在 | 편안하고 한가롭다.

4【安详】ānxiáng 形 ❶ 침착하다. 점잖다. ¶态度活泼huópō而又～ | 태도가 활발하면서도 침착하다. ¶～地坐在那儿 | 침착하게 그곳에 앉아 있다. ¶举止jǔzhǐ～ | 행동이 침착하다. ❷ 평화롭다. 편안하다. 평온하다. ¶～地死去 | 안락하게 돌아 가셨다. ¶小孩子睡得那么～ | 어린아이가 매우 평화롭게 잠을 잔다.

【安享】ānxiǎng 書 動 평안을 누리다. 안락한 생활을 즐기다. ¶～富贵fùguì | 부귀영화를 누리다. ¶他子女成群chéngqún, 看来可以～晚年 | 그는 자녀가 많으니 만년을 편안하게 보낼 수 있을 것 같다.

【安歇】ānxiē 動 ❶ 잠자리에 들다. 취침하다. ¶都十二点了，可以去～了 | 이미 열두시다. 가서 자거라. ❷ 휴식하다 ¶你太累lèi了，～一会儿吧 | 너무 피곤하니 좀 쉬어라 =〔安息①〕 ❸ 近 투숙하다. 숙박하다. 머무르다. ¶老夫今在州厅tīng

～ | 저는 오늘 주 청사에서 숙박하겠습니다.

[2]【安心】ānxīn ❶形 안심하다. 마음놓다. ¶明天休假，大家可以去～地踢tī球 | 내일은 휴일이다, 모두 마음놓고 공 차러 가도 된다. ❷動 전념하다. 몰두하다. ¶他～教育事业了 | 그는 교육 사업에 전념했다. ¶回乡～生产 | 고향에 돌아와 생산에 전념하다. ❸副 진심으로. 성심으로. 진정으로. ¶你要～留我吗? | 너 진심으로 나를 붙잡느냐? ❹副 일부러. 고의로. ¶她～侵占qīnzhān了人家的土地 | 그녀는 고의로 남의 땅을 차지했다. ¶～要跟政府作对儿 | 고의로 정부와 맞서려 하다. ❺名動〈佛〉안심(하다) [신앙에 의하여 마음을 흔들리지 않게 하고 마음의 귀추를 정하는 일] ❻(ān/xīn) 動 마음을 품다. 마음을 먹다. ¶他～不善，不可以相信 | 그는 나쁜 마음을 품고 있어서 믿을 수가 없다. ¶安的什么心? | 무슨 속셈이냐?

【安心丸儿】ānxīnwánr 名 정신 안정제. 진정제 [비유적으로 많이 쓰임] ¶吃了～ | (성공할 것 같아) 안심하였다.

【安信】ānxìn 書名 안부 편지 =〔安函hán〕

【安逸】ānyì ❶形 안일하다. 편하고 한가롭다. ¶～的生活不见得有意义 | 안일한 생활이 결코 의의가 있는 것은 아니다. ¶他好hào～，不劳动láodòng | 그는 편한 것만 좋아하여 일을 하지 않는다. ❷形方 경쾌하다. 기분이 좋다. ❸動方(어떤 일에 대해) 만족해 하다. ❹書名 안락. 안일. ¶目前～ | 눈 앞의 안일《醒世恒言》

【安营】ān/yíng 動 진영을 치다. 막사를 치고 주둔하다. 야영을 준비하다. ¶童tóng子军就地～ | 보이스카웃은 현지에 야영을 차렸다→〔拔bá营〕

【安营下寨】ān yíng xià zhài ⇒〔安营扎zhá寨〕

【安营扎寨】ān yíng zhā zhài 成 진영을 만들고 주둔하다. 진지를 구축하다 =〔安营下寨〕

【安于】ānyú 書動 …에 만족하다. ¶～被奴役núyì的地位 | 노예의 지위에 만족하다. ¶不可～现状xiànzhuàng | 현상태에 만족해서는 안된다. ¶～故俗，溺nì于旧闻 | 成 낡은 관념에 물들다. 지나치게 고루하다.

【安葬】ānzàng 動 안장하다. 고이 모시다. ¶人死了，总zǒng要举jǔ行～仪式yíshì，以示志哀zhìāi | 사람이 죽으면 장의를 행하여 애도의 뜻을 보여야 한다→〔安佛fó②〕

【安宅】ānzhái 書動 편안하게 살다. 어질게 살다. ¶～正路 | 어질고 의롭게 살다《孟子·离婁上》

【安之如素】ān zhī rú sù 成 평소와 같이 의연하다. 아무 일 없었던 것 처럼 태연자약하다. ¶无论遇yù到什么事情，都～ | 어떤 일을 당해도 항상 태연자약하다 =〔安之若素〕

【安之若素】ān zhī ruò sù ⇒〔安之如素〕

【安知必林】ānzhībìlín ⇒〔安替tì比bǐ林〕

【安制】ānzhì 動 ❶近 안정시키다. 진정시키다. ¶镇守zhènshǒu吐蕃tǔfán，～边疆jiāng | 토번을 방어해 변경을 안정시키다《元曲·两世姻缘》❷書 국가의 제도를 정착시키다. ¶百姓莫mò敢gǎn不敬jìng分～ | 백성들이 분에 넘치는 행동을 못하도록 국가의 제도를 정착시키다.

[4]【安置】ānzhì ❶動(일정한 장소에) 들여 놓다. 안치하다. 잘 두다. ¶～行李 | 짐을 잘 놓다. ¶～佛像 | 불상을 안치하다. ❷動 배당하다. 배치하다. 부여하다. 분담시키다. ¶给他～个事 | 그에게 일을 주어라. ¶～了不少特务tèwù | 특무를 부여하였다. ❸動 고정하다. 가만 있다. 움직이지 않다. 조용히 하다. ¶别说了，～着睡觉吧 | 말은 그만하고 조용히 잠을 자라. ❺動近(지위가 높은 사람을) 유배하다. [송대까지는 재상을 유배할 때 이 말을 썼으나 후에는 대신에게도 씀] ¶自从学士苏轼sūshì～黄州，不觉又过数年 | 학사 소식을 황주로 유배한지 잠시 사이에 또 수년이 지났다《元曲·貶黄》❻名 자리. 직위. ¶知识青年都得到了合理的～ | 지식 청년들은 모두 합리적인 자리로 배치되었다. ❼名 죄인을 구류하는 장소. 구치소.

【安种】ān/zhǒng 動 종자를 심다.

【安住】ānzhù 動 ❶ 안주하다. 편안하게 살다. ❷ 머물다. 유숙하다. ¶我要在这儿～几日 | 이곳에서 며칠 머물겠다.

【安桩】ānzhuāng 動俗京 식사하다. 밥을 먹다. ¶还没～呢 | 아직 밥을 먹지 않았다.

[3]【安装】ānzhuāng 動 가설하다. 설치하다. 조립하다. ¶～自来水管 | 수도관을 가설하다. ¶～程控chéngkòng电话 | 전(全) 전자식 전화를 가설하다. ¶～工 | 조립공→〔安设①〕〔装置①〕

【安着】ānzhúo 動近 붙들어 두다. 머물게 하다. 받아 들이다. ¶～僧众sēngzhòng可常在寺sì中 | 중들을 붙들어 항상 절간에 있게하다.

【安座子】ān zuò·zi 動組京 무대에 나가지 않고 실내에서 연기하다. ¶他不上地了，安了座子了 | 그는 무대에 나가지 않고 실내에 자리를 깔았다.

【桉】 ān 푸른옥바리 안, 안석 안

❶名〈植〉유칼립투스(eucalyptus) =〔桉树〕〔黄金树〕〔郁yù利〕〔尤yóu加利〕〔有加利〕〔玉yù树④〕❷「案」의 고체자 ⇒〔案àn〕

【桉树】ānshù ⇒〔桉①〕

【桉叶油】ānyèyóu 名〈化〉유칼리 유 [유칼립투스 잎의 정유(精油)] =〔桉油〕〔尤加利油〕〔有加利油〕

【桉油】ānyóu ⇒〔桉叶油〕

【氨】 ān (암모니아 안)

名〈化〉암모니아(ammonia). ¶合成～ | 합성 암모니아 =〔阿摩尼亚〕〔阿莫尼亚〕〔硇lǔ精〕〔亚莫尼亚〕→〔铵ǎn〕〔胺àn〕

【氨苯砜】ānběnfán 名〈藥〉다이아미노 디페닐술폰(diamino diphenyl sulfone) [나병 특효약. 보통 DDS로 부름]

【氨茶碱】ānchájiǎn 名〈藥〉아미노 디오필린(aminotheophylline) [기침약]

【氨化】ānhuà 名〈化〉암모니아화. ¶～过磷酸钙 | 〈農〉암모니아 과인산 석회 =〔胺化〕

【氨磺酰】ānhuángxiān 名〈化〉설퍼닐라마이드(sulfanilamide) =〔磺胺〕

【氨基】ānjī 名〈化〉아미노기(amino基). ¶～树脂 | 아미노수지. ¶～塑料 | 아미노 가소성(可塑性) 고분자 화합물.

【氨基比林】ānjībǐlín 名 外〈藥〉아미노 피린(aminopyrine) [해열 진통제] =〔氨基匹林〕〔氨基茶叶素〕〔匹拉米董〕〔披来米东〕→〔安替tǐ比林〕
【氨基匹林】ānjīpǐlín ⇒〔氨基比林〕
【氨基酸】ānjīsuān 名〈化〉아미노산(aminoacid).
【氨基糖】ānjītáng 名〈化〉아미노 단당(amino單糖) [아미노 포도당·유당(乳糖) 등]
【氨硫脲】ānliúniào 名〈藥〉티오아세타존(thioacetazone) [결핵 치료제로 쓰임] =〔替比昂〕
【氨气】ānqì 名〈化〉암모니아 가스.
【氨溶液】ānróngyè 名〈化〉암모니아 수용액 =〔氨水〕〔阿莫mō尼亚液〕〔氢qīng氧化铵〕
【氨水】ānshuǐ ⇒〔氨溶róng液〕

【鮟(鮟)】ān 아귀 안
名〈魚貝〉아귀 =〔鮟鱇〕
【鮟鱇】ānkāng 名〈魚貝〉아귀. 안강 =〔鮟〕〔老头儿鱼〕

【鞍】ān 안장 안
(~子) 名 안장. ¶备~ | 안장을 지우다. ¶马~ | 말 안장. ¶人是衣裳, 马是~ | 사람은 옷이요 말은 안장이라. 사람은 의상으로 말은 안장으로 멋을 낸다.
【鞍板】ānbǎn 名〈機〉새들(saddle). 축안(軸鞍) =〔拖tuō板〕
【鞍被】ānbèi 名 말 덮개. 마의(馬衣).
【鞍鼻】ānbí 名 안장코. 납작코 [말 안장 처럼 잘록한 코] =〔塌tā鼻bí子〕
‖ =〔鞍鞯jiān〕〔鞍屉tì〕
【鞍钢宪法】Āngāng Xiànfǎ 名組 안강헌법 [모택동(毛澤東)이 1960년 3월 22일「鞍山钢铁公司」에서「两参一改三结合」(간부의 노동참가·노동자의 기업관리 참여·불합리한 규칙 및 제도의 개정, 노동자·간부·기술자의 삼자 결합)과 정치 우선, 당의 지도력 강화, 대중 운동의 추진 등을 내용으로 사회주의 기업의 관리 원칙에 대해 내린 지침]
【鞍鞯】ānjiān 名 안장과 다래. 轉 마구(馬具)의 총칭. ¶~铺 | 마구점 =〔鞍屉tì〕
【鞍马】ānmǎ 名 ❶〈體〉안마 [체조 경기의 한 종목. 또는 그 기구] ❷ 안장과 말. 轉 말타기나 전투에 참가하는 생활. ¶~劳顿 | 전투에 참가하여 지치다. ¶~生活 | 전쟁터에서의 생활. ¶~之劳 | 威 먼길을 달리는 수고. 전쟁터에서의 고통.
【鞍辔】ānpèi 名 안장과 고삐.
【鞍前马后】ān qián mǎ hòu 威 부하가 무장(武將)의 뒤를 따르다. 측근이 되어 늘 가까이에서 모시다. ¶他一辈子~跟你跑, 出生入死为你干, 好处没沾zhān道儿, 倒落得家败身亡的苦境 | 그는 평생 너의 곁에서 모셔 왔고, 죽으나 사나 너를 위해 일했는데, 좋은 혜택은 받지 못하고 오히려 패가망신만하는 경지에 이르렀다.
【鞍桥】ānqiáo 名 (말) 안장 [그 모양이 다리와 같으므로 이렇게 일컬음] =〔鞍骄〕
【鞍骄】ānqiáo ⇒〔鞍桥qiáo〕
【鞍屉】āntì ⇒〔鞍鞯jiān〕
【鞍子】ān·zi 名 안장. ¶备(上)~ | 안장을 얹다. ¶摘zhāi~ =〔卸(下)鞍子〕| 안장을 내리다.
【鞍子脊】ān·zijǐ 名 안장 모양의 마룻대. 안장 모양의 지붕. ¶起着个~的门楼儿, 好像个禅院光景 | 안장 모양의 마룻대를 세운 문루가 마치 선사(禪寺)의 모습 같더라《兒女英雄傳》

【唵】ān ☞ 唵 ǎn B

【庵〈菴葊〉】ān 암자 암
名 ❶ (작고 둥근) 초가집. ¶草~ | 초가집. ❷ (대개 비구니가 거주하는) 암자. ❸ 성(姓).
【庵庐】ān lú 書 名 누추한 집. 초라한 집. ¶规亲入~, 巡视将士, 三军咸悦 | 황보규(皇甫規)가 누추한 집에 친히 들어 와 장병을 순시하자 전군(全軍)이 모두 기뻐하였다.
【庵庙】ānmiào 名 (비구니) 절. 암자.
【庵舍】ānshè 書 名 여막(廬幕). 여묘(廬墓) =〔墓mù庐〕
【庵寺】ānsì 名〈佛〉❶ 비구니 절. ❷ 절의 총칭.
【庵堂】āntáng 名 吳 비구니 암자.
【庵院】ānyuàn 名 사원(寺院).
【庵主】ānzhǔ 名〈佛〉❶ 암주. 비구니 절의 주인. ❷ 주지(住持)의 통칭.
【庵子】ānzǐ 名 ❶ 方 비구니 절. ❷ 方 작은 초가집. ¶稻草~ | 볏짚으로 이은 초가. ❸ 方 가건물(假建物). 임시 건물. ¶准备先搭个大~当学校 | 먼저 가건물을 지어 학교로 쓸 준비를 하자.

【腌】ān ☞ 腌 yān B

【鹌(鵪)】ān 메추리 암
名〈鳥〉메추리 =〔鹌鹑〕
【鹌鹑】ān·chún 名〈鳥〉메추라기 =〔鹌〕〔鹑〕〔赤chì 喉鹑〕〔红面鹌鹑〕

【谙(諳)】ān 알 암
書 動 ❶ 잘 알다. 익숙하다. 숙달되다. ¶此人素sù~针灸zhēnjiǔ之术 | 이 사람은 평소 침구를 할 줄 안다. ¶不~水性 | 물을 모른다. 헤엄칠줄 모른다. ❷ 方 추측하다. 짐작하다. ¶我一~就~到它八成 | 나는 짐작했다하면 8할은 맞힌다.
【谙版】ānbǎn 名 대신(大臣) [만주어(滿洲語)의 번역어]
【谙达】āndá 書 動 숙달(熟達)하다. 경험이 풍부하다. ¶~世情 | 세상 물정에 밝다.
【谙倒】āndǎo 動 方 어림하다. 짐작하다. 개괄하다. ¶我是~说的, 不准确的地方一定很多 | 나는 대충 말한 것이라, 정확하지 않은 곳이 많이 있을 것이다.
【谙行】ānháng 動 잘 알다. 전문적인 것까지 알다. 내막을 알다. ¶你们不~, 不懂得知识分子的心理 | 너는 전문가가 아니어서 지식계급의 심리는 잘 모른다.
【谙练】ānliàn 書 動 숙련(熟鍊)하다. 능숙하다. 익숙하다. ¶他~武术, 拳脚很有功夫 | 그는 무술에 능숙하여, 손발 놀림이 상당한 수준이다.
【谙事】ānshì 動 사리에 밝다. 세상사를 잘 알다. ¶孩子不~, 随口乱说 | 아이가 물정을 몰라 함부로 지껄인다.

【谙熟】ānshú ⊗ ānshóu) 書 動 숙련하다. 숙달하다. 능숙하다. 정통하다. ¶～古代格言 | 고대의 격언을 잘 알다. ¶培养～经济管理的人才 | 경영 관리에 능숙한 인재를 양성하다.

ǎn ㄢˇ

【垵】 ǎn 구덩이 안
❶ 지명에 쓰이는 글자. ¶新～ | 신안. 복건성(擢建省) 용해현(龍海縣)에 있는 지명. ❷「埯」과 같음 ⇒[埯ǎn]

【铵(銨)】 ǎn (암모늄 안)
名〈化〉암 모 늄 (ammonium). ¶硫liú酸suān～ | 유산암모늄. ¶硝xiāo酸～ | 초산 암모늄. ¶枸jǔ橼酸铁～ | 구연산철 암모늄. ¶碳tàn酸～ | 탄산 암모늄 →[氨ān][胺àn]

【俺】 ǎn 나 암/엄
代 北 ❶ 나. ¶～们 | 우리들. ¶～弟弟 | 내 남동생. ❷ 우리 [듣는 사람은 포함되지 않음] ¶～那儿风景很好 | 우리 있는 곳은 경치가 매우 좋다. ¶～那儿也出棉花 | 우리가 사는 곳에도 목화가 난다. 어법 원래「俺」은「我们」의 합음자(合音字)였음.

【俺家】ǎn·jiā ❶ 代 北 나. ¶众和尚, ～问你, 如何唤做圆寂? | 중놈들아, 내 좀 묻겠는데 어떠한 것을 원적이라 하냐?《水滸傳》❷ 方 우리 집. ¶这猪是～的 | 이 돼지는 우리집의 것이다.

【俺家的】ǎnjiā·de 名 近 ❶ 남편. 바깥양반. [아내가 남편을 일컫는 말] ¶少不得等～来问个明白 | 바깥양반이 오면 똑똑히 물어볼 수 밖에 없다. ❷ 아내. 집사람.

【俺每】ǎn·mei 代 近 우리(들). ¶怕有人听～说话 | 남이 우리 이야기를 들을 것 같다《王實甫·西廂記》→[俺们]

【俺们】ǎn·men 代 近 北 우리(들). ¶宋江道「～再饮两杯却去城外闲玩一遭」| 송강은 「우리 두어 잔 더 마신 후 성밖으로 나가 한바탕 놀아보자」고 말했다《水滸傳》→[俺每]

【俺咱】ǎnzá 代 近 나. 우리들. ¶～可怜见你那里 | 우리는 너희 측을 동정한다《董解元·西廂記》¶被～都尽除灭 | 내가 모두 해치웠어《董解元·西廂記》

【唵】 ǎn ān 움켜잡을 암, 입에머금을 암
Ⓐ ǎn ❶ 動 입에 물다. 음식을 입안에 가득히 넣다. ❷ 動 (젓가락을 사용하지 않고) 입을 벌려 넣다. ¶弟弟～了一口白糖 | 동생은 설탕을 한 입 털어 넣었다. ❸ 動 어린아이에게 입맞춤을 하다. ¶这小孩子真可爱了, 都想～他一口 | 이 아이는 정말 귀여워서 모두 입맞추고 싶어한다. ❹ 嘆 음. 어 [회의(懷疑)를 나타냄] ¶～! 真的? | 아! 정말 일까? ❺ 嘆〈佛〉불경 다라니(陀羅尼)에 쓰인 발성사(發聲詞).
Ⓑ ān 擬 ❶ 응. 그래 [응답·화답을 나타냄] ¶你开完会啦? ～～, 是的 | 너 회의를 끝냈니? 응 그래, 끝났어. ❷ 알았지! 야. 꼭 그래 [상대방의 주의를 환기시킴을 나타냄]. ¶你们责任重大, 以后还得加油, ～! | 너희 책임이 크다. 이후에도 계속 노력해야한다. 알겠어!

【唵付】ǎnfù 動 近 생각하다. 고려하다. ¶自～, 临行曾把哥哥稟 | 내가 생각컨데, 떠날 즈음 이미 형에게 이야기했었습니다《小孫屠戲文》

【埯】 ǎn 구덩이 암
❶ (～子) 名 (종자를) 점뿌림하기 위해 파놓은 구덩이. ¶挖～子 | (점파하기 위하여) 구덩이를 파다. ❷ 動 (작은 구덩이를 파서) 씨를 심다. 점파(點播)하다. ¶～瓜 | 외씨를 점파하다. ❸ (～儿) 量 구덩이. ¶种了一～儿花生 | 한 구덩이의 땅콩을 심었다 ‖ =[垵②]

【揞】 ǎn 손으로덮을 암
動 ❶ (가루약 등을 상처에) 바르다. ¶手上破了, 最好～上一些消炎粉 | 손에 상처가 났으니 소염 가루약을 바르는 게 좋겠다. ¶用点药把伤口～上吧 | 상처에 약을 좀 바르세요. ❷ 京 吳 배치하다. 두다. 자리를 주다. ¶把他～在这个位置上 | 그를 이 자리에 배치하였다. ¶不能～私人 | 연고자를 배치할 수 없다. ❸ 京 관계를 지우다. 끌어다 붙이다. 좋지 않은 일에 연루되다. ¶两码子事不能望一处儿～ | 서로 다른 두가지 일을 동일시할 수 없다. ¶朝他身上～ | 그에게 덮어 씌우다. ❹ 粵 近 (손으로) 덮어 가리다. 막다. 덮어 씌우다. ¶双袖漫漫将泪～ | 양 소매로 넘쳐 흐르는 눈물을 가렸다《元曲選·蕭淑蘭》¶妈妈硬给帽子～在孩子头上 | 어머니는 어린이의 머리에 억지로 모자를 덮어 씌웠다.

【揞脉】ǎn/mài 動 粵 진맥(診脈)하다. ¶先～后开方 | 먼저 진맥한 후 처방한다.

àn ㄢˋ

【犴】 àn ☞ 犴 hān Ⓑ

2【岸】 àn 언덕 안
❶ 名 (강)기슭. 언덕. ¶河～ | 강기슭. ¶上～ | 상륙하다. ¶船靠～了 | 배가 기슭에 닿았다. ¶斩zhǎn～堙yīn溪xī | 成 절벽을 깎아서 골짜기를 메우다. 속는 줄도 모르고 남 좋은 일만 하다. ❷ 書 높다. 우뚝서다. 轉 장엄하다. ¶～然道貌↓ ❸ 書 교만하다. 우쭐대다. ¶傲ào～ | 우쭐대다. 위세를 부리다. ❹ 書 건장하다. 위엄이 있다. ¶伟～ | 위엄이 있다. ❺ 書 (모자를 뒤로 젖혀) 이마를 드러내다. ¶～帻zé↓ ❻ 名 성(姓).

【岸壁】ànbì 名 높은 산의 경사면. ¶～陡dǒu险xiǎn, 无以立足 | 산의 경사가 급하여 발붙일 곳이 없다.

【岸边】ànbiān 名 강가. 하안.

【岸边电缆】ànbiāndiànlǎn 名 천해(淺海) 케이블 [해안이나 하안을 따라 매복한 전선]

【岸标】ànbiāo 名〈交〉(해안의) 항로 표지. ¶行船靠～ | 항로 표지에 의지하여 항해한다.

【岸冰】ànbīng 名 하강이나 호수에 떠 있는 얼음.

【岸吊】àndiào 名 안벽(岸壁) 크레인.

【岸基飞机】ànjī fēijī 名組〈軍〉기지항공기(基地航空機) =[基地飞机]

【岸巾】ànjīn ⇒[岸帻zé]

【岸口】ànkǒu 名 선착장. ¶大船停泊～ | 큰 배가 선착장에 정박하였다.
【岸炮】ànpào 名 해안에 설치된 대포.
【岸然】ànrán 書 貶 ❶ (태도나 모양이) 엄숙하다. ¶～以为自己已经把握住了造字的原则 | 스스로 글자의 구성 원리를 장악한 듯이 엄숙하였다. ❷ 높고 크다. 우뚝하다. ¶奇峰～而立, 绿水相配映照, 这就是桂林山水之美 | 기봉이 장엄하게 우뚝 솟아 있고 푸른 물이 서로 어울려 비치는 것이 계림 산천의 아름다움이다. ❸ 교만하다. 오만하다.
【岸然道貌】àn rán dào mào 成 용모가 존엄하며 점잖다. ¶他～, 很难亲近 | 그는 지나치게 점잖아 쉽게 가까이 할 수가 없다 =〔道貌岸然〕
【岸商】ànshāng 名 ❶ 소금 장수. ❷ 閩南 마을의 큰 상점. ¶小贩又要到～那里去买 | 노점상은 또 마을의 큰 상점에 물건하러 가려 한다.
【岸帻】ànzé 動 두건을 뒤로 젖혀 이마를 내놓다. 친밀하여 예의를 따로 갖추지 아니하다 =〔岸巾〕

2【按】àn 누를 안
❶ 介 …에 비추어. …에 따라서. …에 맞추어. ¶～规定去办 | 규정대로 처리하다. ¶～表算 | 미터기에 따라 계산하다. ¶～时吃药 | 시간에 맞춰 약을 먹다 →〔照〕 어법 ⓐ 「按」은 단음절(單音節) 명사 앞에 주로 쓰고, 「按着」「按照」는 단음절 명사 앞에는 일반적으로 쓰지 않음. ¶按期限完成(×) ¶按着期完成(×) ¶按照期完成(×) ¶按期完成. ¶按着期限完成. ¶按照期限完成 | 기한에 맞춰 완성하다. ⓑ 「按」과 「照」의 차이 ⇒〔照zhào〕 ❷ 動 (손가락으로) 누르다. ¶～一下电铃 | 벨을 한 번 누르다. ❸ 動 (감정·마음을) 억제하다. 억누르다. ¶～不住心头怒火 | 치솟는 울분을 억누를 수 없다. ❹ 動 제쳐놓다. 눌러 놓다. 보류하다. ¶～下此事先不发表 | 이 일은 우선 보류하고 발표하지 않는다. ❺ 動 잡다. 장악하다. ¶～剑↓ ¶～辔pèi↓ ❻ 動 의거하다. 근거하다. ¶这个问题应该～法 | 이 문제는 마땅히 법에 의거해야 한다. ❼ 書 動 죄인을 검거하다 =〔案⑦〕 ❽ 書 動 연구하다. 고찰하다. ¶～之当今之务… | 오늘의 사정을 살펴보면… ❾ 動 안(按)하건대. 생각건대 [편자·작가 등이 논단(論斷) 또는 평어(評語)를 덧붙일 때 쓰임] ¶编者～ | 편자가 생각건대. ¶～语↓ =〔案⑦〕 ❿ 動 方 돌진하다. ¶～进东门来啦 | 동문으로 돌진해 들어왔다. ⓫ 名 성(姓).
【按巴】àn·ba 動 方 가볍게 누르다. ¶给他上好粉药, ～了～, 拿布给他裹guǒ好了 | 가루약을 바른 다음 살짝 눌렀다가 헝겊으로 동여 매어 주었다.
【按拜还礼】àn bài huán lǐ 成 서로 예를 차려 답례하다. 상호 예를 갖추다.
【按班】ànbān 名 近 청대의 관명 [만주어의 대신의 의미로 3품 이상의 문관과 2품 이상의 무관을 일컬음]
【按板】ànbǎn 名 도마 =〔案àn板〕
【按比例】àn bǐlì 副組 균형있게. 비례적으로. ¶～的高速发展 | 균등하게 고속성장하다.
【按兵】ànbīng 書 動 군대의 행동을 중지시키다. 진군을 멈추게 하다. ¶～不行 | 군사를 눌러 진격하지 못하게 하다 =〔案àn兵〕
【案兵不动】àn bīng bù dòng 成 군대의 행동을 중지하고 기회를 엿보다. 실제 행동에 옮기지 않고 기회를 기다리다《呂氏春秋》¶由于工程设计方案还没有完全定下来, 建筑jiànzhù人员只好～, 暂zàn时待命 | 공정 설계 방안이 아직 완전히 확정되지 않아 건축 인부들은 잠시 하명을 기다리고 있다 =〔案兵不动〕
【按步就班】àn bù jiù bān ⇒〔按部就班〕
【按部就班】àn bù jiù bān 成 (일을) 순서에 따라 진행시키다. 순서대로 하나하나 진행시키다. ¶做事要～, 不能急躁 | 일은 순서대로 해야지 조급하게 서둘러서는 안 된다 =〔按步就班〕
【按插】ànchā 動 ❶ 난민 또는 이재민을 다른 곳으로 옮기어 안주(安住)시키다. ❷ 신병(新兵)을 적당한 장소로 옮기다. ❸ 만민(蠻民) 또는 변민(邊民)을 보통의 민적(民籍)에 편입시키다.
【按成(儿)】àn/chéng(r) 副組 비율에 따라서. 비례에 의해. ¶～计算 | 비율에 따라 계산하다. ¶～分红利 | 비례에 따라 이익을 나누다. ¶～分帐 | 비율에 따라 감정하여 나누다.
【按程】ànchéng 副組 일정에 따라. 여정에 따라. ¶～计算交通费 | 일정대로 교통비를 계산하다.
【按酬付劳】ànchóu fùláo 動組 보수에 따라 일하다. 주는만큼 일하다.
【按词连写】àn cí liánxiě 動組〈言〉품사별 연서. 낱말 단위로 띄어 쓰다.
【按词注音】àn cí zhùyīn 動組〈言〉품사별 주음. 낱말 단위로 발음을 달다.
【按次】àncì 副組 순서에 따라. 차례대로. ¶～允许发言 | 순서대로 발언을 허가하다 =〔按序〕
【按档儿】àndǎngr 副組 近 순서에 따라. 차례대로. ¶到了御河, 大家～做活 | 어하에 도착하자 모두들 일을 하였다《三陝五義》
【按倒】àndǎo ❶ 介 方 …로 향하여. …에 대하여. ¶你不～她打, 你～我打 | 너 그녀를 때리지 말고 나를 향하여 때려라. ❷ 動 눌러 넘어뜨리다. ¶把他～在地 | 그를 땅에 자빠뜨렸다.
【按斗箕】àn dǒu·ji 動組 지문을 찍다. ¶恍惚huǎnghū中他好像在一本册子上按了斗箕 | 황홀하여 그는 책자 위에 지문을 찍고 만 것 같다.
【按堵】àndǔ ⇒〔安ān堵〕
【按额】àn é 副組 액면에 따라서. 액면대로. ¶～支zhī付 | 액면대로 지불한다.
【按法】àn fǎ 副組 법규대로. ¶～办bàn理 | 법에 따라 처리한다.
【按分】ànfèn 副組 近 몫에 따라. 분량에 따라. ¶若还到了百年后, 拿将出来～分 | 만약 백년 후까지 가거든 꺼내어 몫에 따라 나누자《散曲聊齋》
【按抚】ànfǔ 動 吳 만지다. 어루 만지다. ¶他经经地～着阿平的手 | 그는 살짝 평의 손을 만졌다.
【按管工程】ànguǎn gōngchéng 名組 배관 공사.
【按股均分】àngǔ jūnfēn 動組〈經〉주식에 따라 균등하게 배당하다.
【按轨就范】àn guǐ jiù fàn 成 궤도를 따라 규범을 지키다. 상도를 벗어나지 않다.
【按货候市】ànhuò hòushì〈經〉매점해 놓고 값이

오르기를 기다리다.

【按价】àn jià 副組 가격에 준해서. 종가(從價). ¶～税｜종가세.

【按剑】àn jiàn 動 書 칼을 잡다. 칼을 뽑다. ¶韩王～, 仰天太息｜한왕은 손에 칼을 들고 하늘을 우러러 보며 장탄식을 하였다《史記·蘇秦列傳》

【按键电话机】ànjiàn diànhuàjī 名組 버튼 누름식 전화기 [중국에서는 주로 통화 중에 버튼을 눌러 재 호출 통화하는 전화기를 말함]

【按脚】ànjiǎo 動 걸음을 멈추다. ¶～不动｜발을 멈추고 나아가지 않다.

【按节】ànjié 動 近 박자를 맞추다. ¶将两手～｜두 손으로 박자를 맞추다《初刻拍案警奇》

【按金】ànjīn 名 선(불)금. 보증금→[押yā金]

【按劲儿】àn/jìnr 動 (어떤 일을 하려고) 힘을 모으다. 애를 쓰다. ¶按着劲儿再砍kǎn下去～｜힘을 모아 다시 쪼개어 나갔다.

【按酒】ànjiǔ 名 近 술안주. ¶作～｜술안주로 삼다《清平山堂話本·西湖三塔記》＝[案酒]→[下xià酒]

【按刻刻锯】àn kèkē jù 動組 方 관례에 따르다. ¶按前头的刻刻锯吧｜전례에 따르자.

【按扣儿】ànkòur 名 俗 똑딱단추. 프레스 호크(press hock)＝[子母扣]

[4]【按劳分配】ànláo fēnpèi 動組〈經〉노동에 따라 분배하다 [사회주의 경제의 분배원칙] ¶中国实行～制度, 不劳动不得食｜중국에는 노동에 따라 분배하는 원칙을 실행하고 있으므로 일하지 않고 먹을 수는 없다→[按劳取酬]

【按劳付酬】ànláo fùchóu 動組〈經〉노동에 따라 따라 임금을 지불하다＝[按劳计酬]

【按劳计酬】ànláo jìchóu ⇒[按劳付酬]

【按劳评分】ànláo píngfēn 動組〈經〉노동에 따라 점수를 매기다 [인민공사에서 능력에 따라 일하고 노동에 따라 분배한다는 원칙 하에 구체적 점수를 결정하는 방법]

【按劳取酬】ànláo qǔchóu 動組〈經〉일한 만큼 보수를 받다→[按劳分配]

【按理】àn/lǐ 動 도리[이치]에 따르다. ¶他做事从不～｜그는 종래 이치대로 일한 적이 없다. ¶～说｜이치대로 말하자면.

【按例】àn lì 副組 전례에 따라서. 전례대로. 관례에 따라서. ¶生活困难, ～可以申请补助｜생활이 어려우면 관례대로 보조금을 신청할 수 있다.

【按临】ànlín 書 動 상급 관청의 관리가 하급 관청에 출장가다.

【按脉】àn/mài 動 진맥하다. ¶中国医师非常重视～诊病｜한의사는 진맥으로 치병하는 것을 매우 중시한다＝[诊脉]

【按帽】ànmào 動 모자를 바로 쓰고 경의를 표하다. ¶慌忙～迎进｜황급히 모자를 바로 쓰고 맞아 들였다.

【按摩】ànmó 名 動 안마(하다). ¶整身觉得很累, 请你给～一下｜온 몸이 나른하니 안마해 주십시오. ¶～师｜안마사. ¶～女｜여자 안마사. ¶～术｜안마술. ¶～院｜안마시술소.

【按摩袜】ànmówà 名 건강양말 [혈액 순환을 촉진시키도록 만든 의료용 양말]＝[健康袜]

【按纳】ànnà ⇒[按捺①]

【按捺】ànnà 動 ❶ (감정 등을) 참다. 억누르다. ¶～不住心中的怒nù气｜마음 속의 노기를 억제하지 못하다＝[按纳] ❷ 누르다. 압착하다. ¶太硬yìng了, ～不下｜너무 여물어 압착할 수 없다.

【按耐】ànnài 動 누르다. 억제하다. 억지로 참다. ¶她竭jié力～着怒火｜그녀는 안간힘을 다해 노기를 참고 있다.

【按年】ànnián 副組 일년을 단위로. 해마다. ¶～摊还tānhuán｜연부(年賦)로 상환하다. ¶～递升dìshēng｜해마다 늘어나다[체증하다].

【按牛头, 吃不得草】àn niútóu chī·bu·de cǎo 諺 소 머리를 누르면 풀을 먹지 못한다. 轉 시행하기 어려운 무리한 명령을 내린다《石點頭》

【按钮】ànniǔ 名 ❶ (초인종 등의) 누름 단추. ¶呼唤～｜초인용 누름 단추. ¶皮包上的～｜가방에 달린 누름 단추. ¶～开关｜누름 스위치. ❷〈物〉전건(電鍵).

【按配】ànpèi 動 수배(手配)하다. 맡아서 지키다. ¶一俟sì卸xiè货登岸, 当即由我公司～拟nǐ付火险xiǎn｜하역하고 접안하기를 기다려 곧 바로 본사에서 수배하여 화재보험에 가입하고자 합니다.

【按辔】ànpèi 動 고삐를 당겨 제어하다. ¶～徐xú行｜고삐를 당겨 천천히 가다《史記·絳侯周勃世家》

【按品大妆】ànpǐn dàzhuàng 動組 近 등급·신분 등에 따른 정장을 하다《紅樓夢》

【按谱立嗣】ànpǔ lìsì 動組 近 계보에 따라 계승하다《警世通言》

[3]【按期】àn qī 副組 일정한 기일에 따라. 기한대로. 제때에. ¶～缴jiǎo款kuǎn｜기일에 맞추어 돈을 납부하다. ¶～提tí出｜기한대로 제출하다. ¶～抵达dǐdá｜기한대로 도착하다.

【按日】àn rì 副組 ❶ 그날그날. 하루씩. 일부(日賦)로. ¶～计算｜일부로 계산하다. ¶～缴jiǎo费｜그날그날 비용을 납부하다. ❷ 기일에 맞추어. 기일 내에. 날짜에 따라. ¶～提出报告｜기일에 맞추어 보고서를 내다.

【按杀】ànshā 動 近 묵살하다. 무시하다. 방치(放置)하다. ¶军师大惊, 怎敢奏帝, 把此事～｜감히 황제에게 상주(上奏)하지 못하고 이 일을 묵살해 버렸다《三國志平話》＝[案杀]

[2]【按时】àn shí 副組 제시간에. 제때에. ¶～来了｜시간에 맞춰 왔다. ¶请各位～收看｜여러분 시간에 맞춰 시청하시기 바랍니다.

【按视】ànshì 動 近 조사해 보다. 시찰하다.

【按手】ànshǒu 動〈宗〉안수를 하다. 안수기도를 하다 [목사나 장로가 기도를 받는 사람의 머리에 손을 얹는 의식]

【按数查收】ànshù cháshōu 動組 수량을 점검하여 받다.

【按说】ànshuō 副 簡 이치대로 말한다면. 본래는. 사실은 [「按理说」의 준말] ¶五一节都过了, ～该穿单衣了｜메이데이도 이미 지났으니 원래대로라면 홑옷을 입을 때이다. ¶～他不应该这么做, 他竟这么做了｜이치상 그는 이렇게 해서는 안되

는데, 결국 이렇게 하고 말았다 =〔照zhào说〕

【按头】àntóu 動 近 머리를 누르다.

【按图索骥】àn tú suǒ jì 成 명마(名馬) 그림에서 준마를 찾다. ❶ 轉 손가락으로 짚어 가며 하나 하나 찾다. 자료 또는 단서에 의거하여 찾다. ¶这个案子虽然作得诡秘, 但还是留下一个指纹, 公安人员~, 終于侦破了此案｜이 사건은 비록 괴이하고 신비하였지만, 역시 지문을 남겨 두어 공안원들은 이것을 단서로 수사하여 끝내 이 사건을 종결하였다. ¶有了张交通地图就可以~, 真是方便多了｜교통 지도만 있으면 찾을 수 있으니 참으로 편리하다. ❷ 轉 융통성이 없이 기계적으로 일을 처리하다. ¶一个科学家只是~, 不求创造, 那就什么东西也创造不出来｜과학자가 그림 속에서만 찾아 다니고 창조를 하지 않으면 어떤 것도 이루어 낼 수 없다.

【按问】ànwèn 書 動 취조하다. 죄상을 심문하다. ¶命御史中丞薛映就第~, 钦若惶恐伏罪｜어사중승 설영에게 그의 집에 가서 취조하도록 명하니 흠약은 당황하고 겁에 질려 지은 죄를 시인하였다.

【按下】ànxià 動 ❶ 꽉 누르다. 눌러 짜다. ¶他脸上有些浮肿, ~去就出现凹处, 好半天才恢复原状｜그의 얼굴이 좀 부어 올라 눌렀더니 오목한 자국이 생겼는데 한 나절이 지나서야 원래대로 되었다. ❷ 내버려 두다. 눌러 두다. 방치하다. ¶把公文~不发表｜공문서를 눌러 두고 발표하지 않는다. ❸ 잠시 접어 두고. 그건 그렇다 치고. ¶~不表｜成 그건 그렇다하고 한편…[구소설에 많이 쓰임] ¶~武松, …｜무송은 그렇다 하고 한편으로는…. ¶~此外｜이외는 접어둡니다.

【按需分配】ànxū fēnpèi 動組〈經〉수요에 따라 분배하다→〔按劳分配〕

【按需取酬】ànxū qǔchóu 動組〈經〉필요에 따라 보수를 받다→〔按劳分配〕

【按行】ànxíng 書 動 순행하다. ¶东到地狱~｜동쪽으로 지옥에 이르러 순행하였다《幽明錄》

【按序】ànxù ⇒〔按次cì〕

【按压】ànyā 動 누르다 억제하다. ¶做一种往下~的手势｜아래로 누르는 손짓을 짓다. ¶他勉强~住感情的洪流｜그는 격한 감정을 가까스로 억제하였다.

【按音】ànyīn 名〈音〉현악기의 줄이나 관악기의 구멍을 눌러 나는 소리.

【按语】ànyǔ 名 평어(評語)[작가·편자의 주해·설명·고증·주의 등의 말] ¶这段~是他写的｜이 부분의 평어는 그가 쓴 것이다 =〔案语〕

【按原价】àn yuánjià 副組 원가에 따라. 원가를 기준으로. ¶~出售｜원가대로 매출하다.

【按月】àn yuè 副組 다달이. 매달. 월부로. ¶~付款｜월부로 지불하다. ¶水电费都~算」｜수도·전기료는 다달이 계산한다.

【按章】àn zhāng 副組 규약에 따라. 절차에 따라. ¶~办事儿｜절차대로 일을 처리하다.

2【按照】ànzhào ❶ 介 …에 비추어. …에 따라. …에 근거하여. ¶他~老师的意思完成了那项任务｜그는 선생님의 뜻에 따라 그 임무를 완성했다. ¶~人口分配｜인구에 따라 분배하다. 어법〔按〕〔按着〕〔按照〕의 용법⇒〔按①〕 ❷ 動 …에 따르다. …를 따라 하다. ¶料想诸位都是~旧章｜미루어 생각컨데 여러분은 모두 옛 규약에 따라야 할 것이오《官場現形記》

【按着葫芦抠子儿】àn·zhe hú·lu kōu zǐr 諺 호로박을 꼭 쥐고 씨를 파내다. 꼼짝 못하게 해 놓고 협박하다. 한 가지 일에 열중하여 목적을 기어코 달성하다.

【按着窝儿】àn·zhe wōr 副組 하나씩 하나씩 계속해서. 차례대로 계속해서. ¶这个药得~吃｜이 약은 하나씩 계속 먹어야 한다.

【按质论价】ànzhì lùnjià 動組 품질에 따라 가격을 정하다. ¶~价格政策｜품질의 우열에 따라 가격을 정하는 정책.

【按资排辈】àn zī pái bèi ⇒〔论lùn资排辈〕

【按资升转】àn zī shēngzhuǎn 動組 후보자의 경력이나 자격에 따라 승진하다《官場現形記》

4【案】àn 안석 안

❶ 名 장방형의 탁자. ¶香~｜향안. 향상(香床) [향로·향합 등을 올려놓는 상] ¶伏~作书｜책상에 엎드려 글씨를 쓰다. ❷ 名 음식을 나르는 데 사용하는 발이 달린 작은 식탁. ¶举~齐眉｜밥상을 눈썹 높이로 받들어 공손히 나르다. ❸ 名 단체·기관 등의 기록문서. ¶有~可查｜참조할 기록이 있다. ¶~卷↓ ❹ 名 법률 문제에 관련된 사건. ¶犯~｜범죄 사건. 정치상의 사변. ¶抢劫~｜강탈 사건. ¶枪~｜총기 사건. ¶谋杀~｜살인사건. ¶~情大白｜사건의 내용이 밝혀지다. ❺ 名 의안. 계획서. ¶提~｜제안. ¶教~｜교수(教授)안. ❻ 名 명청(明清) 시대 과거의 수재(秀才) 합격자의 명부. ❼「按」과 통용 ⇒〔按àn ⑦⑨〕

【案板】ànb ǎ n 名 도마 =〔按板〕〔砧zh ē n板〕→〔切qiē菜板〕〔墩dūn子①〕

【案兵】ànbīng ⇒〔按àn兵〕

【案比】ànbǐ 書 動 조사 비교하다. 검열하다. ¶每至岁时, 县当~｜매년 연말마다 현 정부에서 검열한다《後漢書·江革傳》

【案兵不动】ànbīng bùdòng ⇒〔按àn兵不动〕

【案伯】ànbó 名 近 동년배 또는 같은 해 과거에 급제한 사람의 부친.

【案部】ànbù 書 動 ❶ 군대의 진열을 검열하다. ❷ 변경을 지키는 관리가 관할지를 순시하다.

【案底】àndǐ 名 方 전과(前科). ¶竟然查出他是个有~的罪犯｜뜻밖에도 그는 전과가 있는 범인임을 조사해 냈다.

【案牍】àndú 書 名 공문서. 정부기관의 문서. ¶~一下, 大家照办｜통지서가 내려오자 모두들 지시대로 하였다.

【案堵】àndǔ ⇒〔安ān堵〕

【案犯】ànfàn 書 名 법원의 체포 허가를 받은 범인. 형사사건으로 기소되어 유죄가 확정된 범인.

【案房】ànfáng 名 近 관청의 문서 보관실. ¶~里面, 关文卷｜문서실 안에 문서를 보관하였다《元曲·魯齋郎》

【案奉】àn fèng 動組 札 공문을 삼가 받아 보고, …

[상급 기관에서 보낸 공문에 답장할 때 서두에 쓰는 말] ¶～钧jūn府第123号训xùn令内开…｜귀부(貴府) 제123호 훈령을 받았는데 그 내용은…→〔案据jù〕〔案准zhǔn〕

【案号】ànhào 名〈貿〉조회번호. 참조번호. 연호(連號).

【案几】ànjī 名 가늘고 긴 탁자 =〔条tiáo案〕

4【案件】ànjiàn 名〈法〉민사·형사상의 사건. 소송안. ¶辩护一个刑事～｜형사사건을 변호하다. ¶这个～难破nánpò｜이 사건은 해결이 어렵다→〔案子④〕

【案酒】ànjiǔ 名 近 술안주. ¶酒保bǎo一面铺pū下菜蔬càishū果guǒ品～之类, …｜술집 심부름꾼이 한편으로는 채소와 과자와 같은 안주를 차려 놓고, …《金瓶梅》=〔按àn酒〕

【案据】àn jù 動組 札 공문을 받아 보고, … [하급 기관에서 보낸 공문에 답장할 때 서두에 쓰는 말] →〔案奉fèng〕〔案准zhǔn〕

【案卷】ànjuàn 名 보존한 공문서. 사건에 관계된 기록. 사건 파일(file). ¶犯事的～｜범죄의 기록 문서. ¶～未批, 难以评定｜서류의 결재가 나지 않아 판단하기가 어렵습니다 =〔卷juàn宗①〕

【案款】ànkuǎn 名 사건의 내용. 범죄 경위. ¶～状｜사건의 시말서. 경위서. ¶～已成招状了｜사건의 내용에 대한 자백서는 이미 받았다.

【案例】ànlì 名 판례(判例). 대표적 소송안. ¶已有～｜이미 판례가 있다.

4【案情】ànqíng 名 죄상(罪狀). 사건의 내막. ¶～不明, 无从判断｜사건의 내용이 밝혀지지 않아 판단할 근거가 없다. ¶～大白｜사건의 내용이 밝혀졌다.

【案杀】ànshā ⇒〔按àn杀〕

【案儿上的】ànrshàng·de 名 도마 일을 주로하는 요리사 [소규모 식당에서 전(煎) 붙이는 일을 주로 함. 「灶zào儿上的」(주방장)에 대응하여 쓰임] =〔帮厨〕〔二把刀③〕→〔灶zào儿上的〕〔掌zhǎng灶(儿)〕〔厨chú师〕

【案事】ànshì 書 動 사건을 심리하다. ¶安能复～｜어찌 다시 심리하실 수 있습니까?《漢書·張敞傳》

【案首】ànshǒu 名 부시(府試)·주시(州試)·현시(縣試)의 과거에 수석 합격한 생원 =〔案元〕

【案头】àntóu 名 탁상. 탁자 위. ¶摆bǎi在～｜책상 위에 늘어 놓다. ¶他每天伏在～工作超过十小时｜그는 매일 책상에 파묻혀 10시간 이상 씩 일한다. ¶～剧｜구연 희곡. 레제 드라마. ¶～日历lì｜탁상용 캘린더.

【案图】àntú 書 動 지도를 따라 조사하다.

【案问】ànwèn 書 動 죄를 심문하여 조사하다.

【案下】ànxià 名 近 제자(弟子). ¶投～｜제자로 들어가다《警世通言》

【案行】ànxíng 書 動 순시하다. 사건을 조사하러 가다.

【案悬不破】ànxuán bù pò 動組 近 현안을 타파하지 못하다. 사건을 해결하지 못하다. 미궁에 빠지다. ¶责备他不能保卫百姓, 以致盗贼充斥, ～｜그가 백성을 보호하지 못하여 도적이 도처에 들실거리도록 하고 사건은 해결하지 못했음을 질책하였다《官場現形記》

【案验】ànyàn 書 動 범죄의 증거를 조사하다. 검증하다 =〔按验〕

【案由】ànyóu 名 사건의 원인·유래. 사건의 개요. ¶事情的～至今不明｜사건의 개요는 아직 밝혀지지 않았다.

【案语】ànyǔ ⇒〔按àn语〕

【案元】ànyuán ⇒〔案首shǒu〕

【案长】ànzhǎng 書 名 문서장. 서류를 총괄하던 부서의 우두머리.

【案证】ànzhèng 名 소송 사건에 관계되는 증거.

【案准】àn zhǔn 動 札 공문을 받아 보고 … [동급 기관에서 보내 온 공문서에 답장할 때 서두에 쓰는 말]→〔案奉fèng〕〔案据jù〕

【案桌(儿)】ànzhuō(r) 名 ❶ 좁고 긴 책상. ❷ 方 정육점. 고기를 판매하는 작은 점포.

【案子】àn·zi 名 ❶ 긴 탁자. 나무판으로 조립된 탁자. ¶床是有了, 厨房还短着～｜침상은 있는데, 부엌에는 나무 탁자가 모자란다. ❷ 큰 나무 상자. 큰 나무 궤짝 [주로점포에 놓고 사용함] ¶请在～上写字｜나무 상자 위에 쓰십시요. ❸ 北 작업대. 공작대. ¶肉～｜고기 판매대. ¶裁缝～｜재봉대→〔钳qián台〕 ❹ 俗 소송 사건. ¶你应该把这个～尽快搞清｜너 이 사건을 최대한 빨리 깨끗이 해결하여라→〔案件〕

【胺】àn (아민 안)

名〈化〉아민(amine). ¶苯běn～｜아닐린(anilin;독). ¶～酸suān｜아미노산. ¶抗组(织)～剂｜항히스타민제(抗 histamine劑).

【胺化】ànhuà 名〈化〉아미노화. ¶～氧｜아미노화 산소.

【胺化合物】àn huàhéwù 名組 아미노 화합물.

【胺溶液】ànróngyè 名〈化〉아미노 용액

【胺基酸】ànjīsuān 名〈化〉아미노산(aminoacid) =〔氨基酸〕

2【暗〈晻闇$_1$〉】àn 어두울 암

形 ❶ 어둡다. ¶教室太～, 不能念书｜교실이 너무 어두워 책을 읽을 수가 없다. ¶天已经～｜날이 이미 어두워졌다 ⇔〔明〕 ❷ (색이) 짙다. ¶颜色太～｜색이 너무 짙다. ¶～蓝色｜짙은 남색. ❸ 書 물정에 어둡다. 사리에 밝지 못하다. ¶明于知彼, ～于知己｜남의 일은 잘 알면서 자신의 일은 알지 못한다. ❹ 감추어진. 은밀한. 몰래. 공명정대하지 못한. ¶～号↓ ¶躲duǒ避bì在～处｜은밀한 곳으로 몸을 피하다. ¶～下毒手｜몰래 악독한 수단을 쓰다. ¶明人不做～事｜공명정대한 사람은 남 몰래 일을 꾸미지 않는다.

3【暗暗】àn'àn 副 암암리에. 몰래. ¶他～下决心｜그는 암암리에 결심을 했다. ¶～吃了一惊｜남몰래 놀랐다.

【暗暗里】àn'àn·li ⇒〔暗地dì里〕

【暗坝】ànbà 名 암언(暗堰). 물 속에 잠긴 댐.

【暗堡】ànbǎo 名 ❶〈軍〉벙커(bunker). 엄폐호 =〔暗碉diāo堡〕 ❷ 연료 창고.

【暗病】ànbìng 名 粵 성병(性病). 화류병(花柳病)

=〔暗患huàn〕
【暗玻璃】ànbō·li 名 젖빛 유리. 간유리.
【暗藏】àncáng 動 숨(기)다. 은폐하다. 잠복하다. ¶～的敌dí人难防fáng | 숨은 적은 막기 어렵다. ¶～枪枝qiāngzhī弹药dànyào | 총기와 탄약을 숨기다.
【暗娼】ànchāng 名 사창(私娼). ¶尽jǐn管法律很严yán, ～还是很活跃yuè | 법이 아무리 엄해도 사창은 여전히 성행한다 =〔俗 暗门子〕〔私sī娼〕
【暗场】ànchǎng 名〈演映〉연기 생략 [일정한 부분을 연기하지 않고 관객이 스스로 상상하게 만드는 부분] ¶「茶馆」的～非常成功 | 「차관」의 연기 생략은 매우 성공적이다.
【暗场下】ànchǎngxià 動 方 슬그머니 달아나다. 꽁무니를 빼다. ¶他一看情形不对就～了 | 그는 상황이 심상치 않자 곧바로 꽁무니를 뺐다.
【暗潮】àncháo 名 ❶ 저류(底流). 표면에 드러나지 않는 조류(潮流). ¶～一来, 海水就分成鲜明的两色 | 저류가 오자, 바닷물은 선명한 두가지 색으로 갈라졌다. ❷ 轉 표면에 나타나지 않는 사회 기풍이나 세력. ¶有一股无政府主义的～在涌动 | 일련의 무정부주의 조류가 약동하고 있다. ❸ 암투. 지식에 대한 갈등. 관념의 모순 투쟁. ¶要使家中的～不至于变为狂风大浪 | 가정의 관념적 모순이 질풍노도로 변하지 않게 하여야 한다.
【暗沉沉】ànchénchén 狀 캄캄하다. 아주 어둡다. ¶在～的夜里什么都看不清楚 | 캄캄한 밤에는 아무 것도 보이지 않는다.
【暗赤赤】ànchìchì ⇒〔暗触chù触〕
【暗处(儿)】ànchù(r) 名 ❶ 숨겨진 곳. 어두운 곳. ¶猫头鹰白天躲在～ | 부엉이는 낮에는 어두운 곳에 숨어 있다. ❷ 비밀 장소. 은폐된 장소. ¶你在明处, 他在～, 可得留神他算计你 | 너는 노출되어 있고 그는 은폐된 곳에 있으니 그가 너를 해칠 것에 신경써야 한다.
【暗触触】ànchùchù 狀 吳 ❶ 어두컴컴하다.❷ (비밀이 많아) 은밀하다.
【暗疮】ànchuāng 名 매독(梅毒)에 걸려 생긴 부스럼.
【暗窗】ànchāng 名 비밀 창문. 감춰진 통로 =〔暗缝fèng〕
【暗忖】àncǔn 動 近 몰래 생각하다. 혼자 속으로 생각하다. ¶心中也自～道… | 마음 속으로 몰래 생각하여 말하길 …《水滸傳》
4【暗淡】àndàn 形 ❶ 어둡다. 선명하지 않다. ¶太阳光渐jiàn渐～了 | 햇빛이 점점 어두워졌다. ¶～的颜色 | 어두운 색. ❷ 암담하다. 희망이 없다. ¶前景凄凉qīliáng～ | 앞 일이 처량하고 암담하다 =〔暗澹dàn〕
【暗澹】àndàn ⇒〔暗淡dàn〕
【暗道】àndào ❶ 名 감춰진 길. 알려지지 않은 길. ¶这里有～, 可以上山 | 여기에 몰랐던 길이 있어 산에 오를 수 있다. ❷ 動 남이 알아 듣지 못하게 중얼거리다. ¶连连点头～ | 머리를 연거푸 끄덕이고 중얼거린다.
【暗底里】àndǐ·li ⇒〔暗地dì里〕
【暗底下】àndǐ·xia ⇒〔暗地dì里〕
【暗地】àndì ❶ 名 숨겨진 땅. 미등기 토지. ❷ ⇒〔暗地里〕
【暗地里】àndì·li 副 암암리에. 내심. 몰래. ¶他嘴上没有说, ～却很感激你的帮忙 | 그는 입으로는 말하지 않지만 너의 도움에 대해 매우 감격하고 있다. ¶他～帮助别人, 从不讨功 | 그는 몰래 남을 도우지만 종래 공치사를 한 적이 없다 =〔暗暗里〕〔暗底里〕〔暗底下〕〔暗地②〕〔暗骨子里〕〔書 暗然②〕→〔暗里·li〕
【暗点头】àn diǎntóu 動組 近 몰래 고개를 끄떡이다. 轉 과거에 급제하다 [송대(宋代) 구양수(歐陽修)가 채점관의 뒤에 앉아 답안을 보고 고개를 끄떡여 합격자 여부를 알렸다는 고사에서 유래함] ¶旧年曾作登科客, 今日还期～ | 작년에 과거에 등록했던 수험생이 올해 또 합격하기를 바란다《古今小說》
【暗电导率】àndiàndǎoliǜ 名〈電氣〉암전도율.
【暗电流】àndiànliú 名〈電氣〉암전류.
【暗电阻】àndiànzǔ 名〈電氣〉암저항.
【暗碉堡】àndiāobǎo ⇒〔暗堡bǎo①〕
【暗钉】àndìng 名 암정. 숨은 못.
【暗动】àndòng 動 몰래 움직이다. 암약하다. 남 몰래 변하다. ¶心里也有些～ | 마음 속으로도 약간의 변화가 있다.
【暗斗】àndòu 名 動 암투(하다). ¶做～ | 암투하다. ¶各国情报局qíngbàojú人员在各地进行～ | 각국 정보원들은 도처에서 암투를 벌인다.
【暗度陈仓】àn dù Chén cāng 成 ❶ 측면에서 불의에 습격하다. 양동작전(陽動作戰)으로 목적을 달성하다 [한(漢) 고조(高祖)가 몰래 진창(陳倉)에 가 삼진(三秦)을 평정하고 항우(項羽)를 제압한 후 한(漢)을 세웠다는 고사에서 나온 말] →〔明修栈道〕《史記·高祖本紀》❷ 轉 몰래 행동하여 관계를 맺다. 남녀가 간통하다.
【暗度】ànduó 動 近 몰래 생각하다. 마음 속으로 생각하다. ¶心下～如何处治方免此丑祸 | 마음 속으로는 어떻게 이 추문을 막아볼까 하고 몰래 생각하였다《紅樓夢》
【暗反应】ànfǎnyìng 名〈引出〉암반응.
【暗房】ànfáng 名 ❶ 산실(産室) =〔产chǎn房〕❷〈撮〉암실(暗室) =〔暗室①〕
【暗访】ànfǎng 動 비밀리에 방문하다. ¶他几度～当事人 | 그는 몇 차례 당사자를 은밀하게 방문하였다.
【暗缝】ànfèng ⇒〔暗窗chuāng〕
【暗杠】àngàng 名 포커 용어로서 같은 패를 4장 쥔 경우.
【暗告】àngào 動 암시적 방법으로 다른 사람에게 전달하다.
【暗沟】àngōu 名 암거(暗渠). 복개(覆蓋) 배수구. 하수구. ¶市区的～纵横交错 | 시가지의 하수도는 종횡으로 뒤섞여 깔려 있다. =〔阴yīn沟①〕〔暗渠qú〕⇔〔明míng沟〕〔阳yáng沟〕
【暗骨子里】àngǔ·zi·li ⇒〔暗地dì里〕
【暗管】ànguǎn 名 매복관(埋伏管). 지하에 매설된 관(管). ¶～排水 | 〈土〉암관배수.
【暗害】ànhài 動 암살하다. 음해하다. ¶那个人真

没有良心, 怎能～了自己的朋友 | 그 사람은 정말 양심도 없어, 어떻게 친구를 몰래 해칠 수 있지.
【暗害分子】ànhàifènzǐ 名 파괴 분자. 음해분자.
【暗含】ànhán ❶ 動 은근히 내포하다. 슬그머니 집어 넣다. 의도가 밑에 깔려 있다. 어법 대부분「暗含着」의 형태로 쓰임. ¶里面～着指摘zhǐzhāi张先生的意思 | 이면에는 장선생의 과실을 지적한 의도가 있다. ¶～着骂了几句 | 은근히 욕을 몇 마디 하였다. ❷ 副 京 본래대로. 의도대로. 원래대로. ¶他不来, ～着就是要你去 | 그가 오지 않으니 원래대로 네가 가야겠다.
【暗行】ànháng 名 사창·밀매업 등과 같이 온당하지 못한 일이나 직업. ¶～人 | 불법적인 일을 하는 사람.
【暗号(儿)】ànhào(r) 名 ❶ 암호. 비밀번호. ¶打～ | 암호를 보내다. ¶～卡片 | 암호 카드.주고받다→〔暗码(儿, 子)〕 ❷〈體〉사인(sign) [자기편끼리 주고 받는 신호]
【暗盒】ànhé 名 암막상자. 인화지나 필름을 빛에 노출되지 않도록 하는 보호 상자.
【暗褐色】ànhèsè 名〈色〉암갈색.
【暗黑】ànhēi 狀 캄캄하다. 칠흑 같이 어둡다. ¶～的天幕上镶嵌xiāngqiàn着无数颗闪闪发光的银星 | 캄캄한 하늘에 반짝반짝 빛나는 수많은 별들이 박혀있다.
【暗患】ànhuàn ⇒〔暗病bìng〕
【暗灰色】ànhuīsè 名〈色〉암회색. 짙은 회색. 잿빛 바벳트.
【暗火】ànhuǒ 名 숨은 불씨. 타다 남은 불씨.
【暗计】ànjì 動 ❶ 암산하다. 짐작하다. 헤아리다. ¶～时间, 大约过了十分钟 | 시간을 짐작해 보니, 대략 10분이 지난 것 같다. ❷ 음모〔흉계〕를 꾸미다. ¶～伤人是不道德的行为 | 흉계를 꾸며 남을 헤치는 것은 부도덕한 짓이다→〔暗算①〕
【暗记】ànjì ❶ (～儿) 名 암호. 비표. ¶在东西上做个～, 以便遗yí失时容易查找cházhǎo | 물건위에 비표를 하여 잃어버렸을 때 찾기 쉽게 하시오. ❷ 書 動 암기하다. ¶凡所经履jīnglǚ, 莫不～ | 무릇 경험한 것은 모두 암기한다.
【暗间儿】ànjiānr 名 ❶ 골방. 구석방 ⇔〔明míng间(儿)〕 ❷ 밀실(密室). ¶他被关进一个～里, 见不到天日 | 그는 밀실에 갇혀 바깥 구경을 할 수 없다.
【暗箭】ànjiàn 名 몰래 쏘는 화살. 轉 음해. 흉계. 중상 모략. ¶放～ | 중상모략하다 =〔冷箭①〕
【暗箭难防】àn jiàn nán fáng 成 몰래 쏘는 화살은 막기 어렵다. 중상 모략하는 것은 피하기 어렵다. ¶明枪qiāng易躲duǒ, ～ | 정면의 공격은 피하기 쉬우나 숨은 모함은 면하기 어렵다.
【暗箭伤人】àn jiàn shāng rén 成 몰래 사람을 중상 모략하다 =〔放暗箭伤人〕
【暗剑杀人】àn jiàn shā rén 成 흉계를 꾸며 사람을 죽이다.
【暗键】ànjiàn 名〈建〉암건. 은닉된 자물쇠. 비밀 자물쇠.
【暗礁】ànjiāo 名 ❶ 암초. ¶触chù～ | 암초에 부딪히다. 좌초하다. ¶在前进的航程中, 有暴风骤zhòu雨, 也会有逆流～ | 전진하는 항로에는 거센 비바람이 몰아칠 수도, 역류와 암초에 부딪힐 수도 있다 =〔暗山〕〔伏礁〕 ❷ 轉 장애. 암초.
【暗角】ànjiǎo 名 암각. 요각(凹角).
【暗经】ànjīng 名〈漢醫〉여성의 월경(月經)에 나타난 병세. 월경 불순.
【暗井】ànjǐng 名 ❶ 폐수가 고이도록 지하에 파놓은 웅덩이→〔渗shèn沟〕 ❷〈鑛〉갱정(坑井) =〔盲井〕
【暗九】ànjiǔ 名 9의 배수(倍數)가 되는 나이. 아홉 수의 연령 [18, 27, …81세 등으로 액운이 따르는 해라고 함] ¶老太太因明年八十一岁, 是个～ | 노 부인께서는 내년에 81세이니 아홉 수의 나이라 액운이 있을 것이다.
【暗开关】ànkāiguān 名 감추어진 스위치. 비밀 스위치.
【暗坎儿】ànkǎnr 名 京 ❶ 은어(隱語). ¶他们说～ | 그들은 은어로 말한다 =〔暗侃儿〕 ❷ 운명의 고비. 액운. ¶他四十九岁有个～ | 그는 49세라 액운이 있다.
【暗侃儿】ànkǎnr ⇒〔暗坎儿①〕
【暗口袋】ànkǒu·dai 名 감추어진 주머니. 속 주머니. 비밀 주머니.
【暗蓝】ànlán 名〈色〉짙은 남색. 진남색. ¶～的天空布满了密密麻麻的群星 | 진남색의 하늘에 뭇별들이 빽빽히 들어차 있다.
【暗里】àn·li 副 몰래. 내심. 속으로. 암암리에. 어법「明里」와 호응하여 쓰임. ¶明里说好话, ～搞阴谋 | 겉으로는 듣기 좋은 말을 하면서 속으로는 음모를 꾸민다. ¶～来, ～去 | 남녀가 남의 눈을 피해 왕래하다. ¶～藏刀cángdāo | 成 몰래 칼을 품다. 몰래 흉계를 꾸미다 ⇔〔明里〕〔暗地里〕
【暗劣】ànliè 書 形 어리석고 무능하다. ¶～者退 | 어리석고 무능한자는 물어났다《三國志·魏志》
【暗令子】ànlìng·zi 名 京 은어(隱語). 암호어. ¶使～ | 은어를 쓰다. ¶打～ | 은어로 말하다→〔暗语yǔ〕〔切口·kou〕
【暗溜儿】ànliūr 動 京 잠수하여 수영하다. 물 속에서 수영하다.
【暗流】ànliú 名 ❶ 저류(底流). ❷ 지하수의 흐름. ❸ 轉 드러나지 않는 반동적 역량. 드러나지 않는 사상 경향. ¶一股反封建婚姻的～, 在青年里进行 | 봉건적 혼인제도에 반대하는 경향이 청년들 사이에 번지고있다.
【暗楼儿】ànlóur 名 北 다락방. 계단에 붙여 만든 다락 =〔暗楼子〕
【暗楼子】ànlóu·zi ⇒〔暗楼儿〕
【暗路儿】ànlùr 名 내통(內通). 몰래 가진 관계. 사통(私通). ¶走～ | 몰래 관계를 가지다 ⇔〔明míng道儿〕
【暗码(儿)】ànmǎ(r) 名 암호. 비밀 부호. 패스워드(pass word). ¶情报人员都是使用～报讯的 | 정보 요원들은 모두 암호로 정보를 보고한다. ¶市场商人都挂～价格做生意 | 시장 상인들은 모두 비밀 가격표를 붙여 놓고 장사한다 =〔密mì码〕
【暗昧】ànmèi 書 形 ❶ 애매하다. 모호하다. ¶上古久远, 其事～ | 상고 시대는 오래되어서, 그 일

의 진위는 불분명하다《王充·論衡》❷떳떳하지〔당당하지〕못하다. ¶做～之事｜떳떳하지 못한 일을 하다. ❸우매하다. 어리석다. ¶水付幽深, 寡人～, 夫子不远千里, 将有为乎?｜수중의 궁전은 심오한 곳에 있고, 과인은 어리석은데, 그대가 천리를 멀다않고 무엇을 위해 오셨습니까?《唐宋傳奇集·柳毅傳》

【暗门子】ànmén·zi [名][俗] 매음촌. 사창(私娼)=〔暗娼〕〔半bàn开门儿〕〔半开门子〕〔半掩门儿〕〔[轉]破pò鞋(烂袜)〕

【暗面】ànmiàn [名]〈建〉이면. 정면의 반대 쪽.

【暗面描写】ànmiàn miáoxiě [名組] 부정적 묘사법〔사회의 어두운 면이나 비리 따위만을 묘사하는 수법〕

【暗懦】ànnuò ⇒〔暗弱ruò②〕

【暗漆】ànqī [書][形] 새까맣다. 캄캄하다. 어둡다. ¶前程～｜앞길이 캄캄하다.

【暗泣】ànqì [書][動] 흐느끼다. 소리없이 울다. ¶父亲去世了, 母亲一直～｜아버님이 돌아가시자 어머님은 줄곧 흐느끼신다.

【暗气】ànqì [名][近] 소리없이 내는 탄식. 속에 찬 분노. ¶一口～而亡｜분노에 찬 한숨을 몰아 쉬고 죽었다《兒女英雄傳》

【暗器】ànqì [名][近] 암살용 무기. 감추어진 무기〔「镖biāo」(표)「袖箭」(용수철 화살)「弹弓」(단궁)과 같이 던져서 살상하는 무기〕¶他用～伤人｜그는 암살용 무기로 사람을 해쳤다.

【暗枪】ànqiāng [名]❶몰래 발사하는 총탄. ❷[轉] 몰래 꾸미는 음모. 흉계.

【暗渠】ànqú ⇒〔暗沟gōu〕

【暗然】ànrán [書]❶[狀] 슬프고 어둡다. 암연하다. ❷⇒〔暗地里〕

【暗弱】ànruò [形]❶(빛이) 어둡다. ¶灯光～｜등불 빛이 어둡다. ❷[書] 우둔하고 나약하다. ¶为人～｜사람됨이 어리석고 나약하다＝〔暗懦nuò〕

【暗色】ànsè [名] 어두운 색. ¶～斑点｜회색 반점. ¶～表土｜흑색 표토.

【暗涩】ànsè [名] 어둡고 거칠다. ¶金黄的铜门钮niǔ放着～的光｜금황색의 구리 문고리가 침침하고 거친 빛을 발사하고 있다.

【暗沙】ànshā [名] 바다의 모래가 퇴적되어 만들어진 섬＝〔暗砂shā〕

【暗砂】ànshā ⇒〔暗沙shā〕

4【暗杀】ànshā ❶[動] 암살하다. ¶反动派的凶手～了好几个人｜반동파의 살인범이 많은 사람을 암살하였다. ❷[名] 암살. ¶社会不安, ～事件频pín频发生｜사회가 불안하여 암살 사건이 빈번히 발생한다.

【暗山】ànshān ⇒〔暗礁①〕

【暗伤】ànshāng ❶[名] 내장(内臟)에 생긴 상처. ＝〔内伤〕❷[名] 드러나지 않는 내부적 손상. ¶他虽然受到～, 也不气馁něi｜그는 눈에 보이지 않는 상처를 입었지만 조금도 기가 죽지 않았다. ❸[動] 드러나지 않게 상처를 입히다. 보이지 않게 해치다. ¶咬人的狗不露齿, ～人｜사람을 무는 개는 이빨을 드러내지 않고 사람에게 상처를 입힌다. 드러내지 않고 헤치는 것이 더욱 무섭다.

【暗哨】ànshào [名]❶비밀 초소. 잠복 초소. ¶放～｜잠복 초소를 설치하다. ❷(～儿) 암호용 휘파람. 비밀 연락을 위한 휘파람 소리.

【暗射】ànshè [動] 빗대어 말하다. 넌지시 비평하다. ¶他话里有话, 其中有～政府的地方｜그의 말에는 딴 뜻이 있어, 정부를 넌지시 비평하는 점이 있다＝〔影射①〕

【暗射地图】ànshè dìtú [名組]〈地〉백지도〔학습용으로 쓰기 위해 지명을 적지 않고 부호만 표기한 지도〕

【暗施一计】ànshī yījì [動組] 몰래 계책을 쓰다. ¶她～｜그녀는 몰래 계략을 썼다.

【暗蚀】ànshé [動] 사취하다. 횡령하다. 몰래 차지하다.

4【暗示】ànshì ❶[動] 암시하다. ¶我用手～他, 他还不明白｜내가 손으로 그에게 암시하였으나 그는 아직 알아 차리지 못하고 있다. ¶只要稍微～一下, 他就领会了｜조금만 암시해주어도 그는 바로 알아차린다. ❷[名] 암시. ¶别人也给他～｜딴 사람도 그에게 암시를 주었다. ¶做～｜암시하다. ¶她没有看懂我的～｜그 여자는 나의 암시를 알아 보지 못했다.

【暗事】ànshì [名] 부당한 일. 음모. ¶明人不做～｜당당한 사람은 부당한 일을 꾸미지 않는다.

【暗室】ànshì [名]❶암실. ¶在～里洗相片｜암실에서 사진을 현상하다＝〔暗房②〕❷사람이 보지 못하는 곳. 비밀 장소. ¶不欺qī～｜은밀한 장소에서는 악한 일을 하지 않는다《警世通言》

【暗视场】ànshìchǎng [名]〈機〉암시야(暗視野). ¶～像｜암시야상.

【暗适应】ànshìyìng [名]〈醫〉암순응(暗順應).

【暗水管】ànshuǐguǎn [名]〈建〉매복 수도관.

【暗送秋波】àn sòng qiū bō [成] 몰래 추파를 던지다. 몰래 결탁하다. ¶她对他～｜그녀는 그에게 몰래 추파를 던졌다.

【暗算】ànsuàn [動]❶음모〔흉계〕를 꾸미다. ¶他遭到～身亡｜그는 계략에 빠져 죽임을 당하였다. ¶他的死原来是被人～的｜그는 남의 음모로 죽었다→〔暗计jì②〕. ❷남의 물건을 노리다. ¶他们～你的两头驴lǘ｜그들은 너의 나귀 두 마리를 노리고 있다. ¶他知道有人在～他的财产｜그는 어떤 사람이 자기의 재산을 노리고 있다는 것을 알고 있다.

【暗锁】ànsuǒ [名] 비밀 자물쇠 ¶这个门上装zhuāng有～, 小偷tōu进不了｜이 문에는 비밀 자물쇠가 있어 좀도둑이 들어 올 수 없다.

【暗滩】àntān [名] 물 속에 잠겨 있는 모래톱. ¶～水浅, 不利行船｜모래톱 위의 수심이 깊지 않아 배를 운행하기 어렵다.

【暗叹】àntàn [動] 몰래 탄식하다. 숨어 한숨 쉬다. ¶别看他一言不发, 心中却～连声｜그는 한 마디도 하지 않지만, 속으로는 줄곧 탄식하고 있다.

【暗头里】àntóu·li [吳]❶[副] 남몰래. 살짝. 암중(暗中)에. ❷[名] 어두운 곳.

【暗无灯影】àn wú dēng yǐng [成] 밝은 구석은 하나도 없이 캄캄하다.

【暗无天日】àn wú tiān rì [成]❶암흑 천지. ❷[轉]

암담하다. 막막하다. ¶军阀统治时期, 中国～ | 군벌 통치 시대의 중국은 암담하였다.

【暗息】ànxī 名〈經〉불법〔지하〕금리 =〔黑息〕

【暗喜】ànxǐ 動 내심 기뻐하다. 몰래 좋아하다. ¶看到政敌落选, 他心中～ | 정적이 낙선하자 그는 은근히 기뻐하였다.

【暗匣】ànxiá ⇒〔暗箱xiāng〕

【暗下】ànxià ❶ 副 몰래. 살그머니. 가만히. ¶明里不露声色, ～却加紧活动 | 겉으로는 본색을 드러내지 않으면서 몰래 활동을 강화하였다→〔暗地里〕❷ 動〈演映〉반주없이 살며시 퇴장하다.

【暗线】ànxiàn 名 ❶ 비밀 연락원. ¶我们已经知道他们的～是谁了 | 우리는 이미 그들의 비밀 연락원이 누구인지 알고있다. ❷ 비밀 루트. ¶尽管敌人怎么隐藏, 我们终于找到了他们的～ | 적들이 어떻게 숨었다해도 우리는 끝내 그들의 비밀 루트를 찾아 내었다. ❸〈物〉암선. ❹ 지하 케이블. ❺ 매복선. 표면에 드러나지 않는 전선. ❻〈文〉복선(伏線).

【暗香疏影】àn xiāng shū yǐng 成 그윽한 매화 향기. 꽃과 같은 아름다운 자태나 향기《杜甫·山園小梅》

【暗箱】ànxiāng 名 (사진기 등의) 어둠 상자. 암막 상자. ¶暗箱里头装的是什么～? | 암막 상자에 넣은 것이 무엇이냐? =〔暗匣xiá〕

【暗想】ànxiǎng 動 ❶ 남몰래 〔속으로〕 생각하다. ¶我听了之后, ～大概又要搞什么政治运动了 | 나는 들은 후에 아마도 또 무슨 정치운동을 하려는가 보다고 속으로 생각했다. ❷ 몰래 연정을 품다. ¶他心中～着她 | 그는 그 여자를 마음속으로 사모하고 있다.

【暗巷】ànxiàng 名 어두운 골목. 컴컴한 길.

【暗消】ànxiāo 書 動 (분쟁 등을) 소문없이 처리하다. 몰래 처리하여 말썽을 없애다.

【暗笑】ànxiào 動 속으로 몰래 웃다. 은근히 비웃다. ¶看到那个男人的奇装qízhuāng异yì服, 大家～起来 | 그 남자의 기이한 복장을 보고 모두 속으로 웃기 시작했다.

【暗虚】ànxū 名〈天〉월식(月蝕) 때 지구의 그림자로 어두워 진 부분.

【暗夜】ànyè 名 ❶ 奧 한 밤중. 야간. ❷ 캄캄한 밤. ¶大风刮得天昏地暗, 白日如同～ | 큰 바람이 천지를 뒤집을 듯 불어 대낮이 캄캄한 밤과 같다.

【暗影】ànyǐng 名 어두운 그림자. ¶在他的眼前隐约地出现了将来～ | 그의 눈앞에는 장래의 어두운 그림자가 은근히 비쳤다 =〔阴影〕

【暗语】ànyǔ 名 비화. 암호의 말. 은어(隱語). ¶他俩说～, 谁听得懂? | 그들 둘은 암호로 말하는데 누가 알아 듣겠느냐?→〔暗令子〕〔切口·kou〕

【暗雨】ànyǔ 書 名 밤비. 밤에 내리는 비. ¶萧萧～打窗声 | 적막하게 밤비가 창문을 때리는 소리《白居易·上陽白髮人》

【暗喻】ànyù 名〈文〉은유(隱喩).

4【暗中】ànzhōng ❶ 名 암중. 어둠 속. ¶躲在～张望 | 어둠 속에 숨어 망을 보다. ¶～摸索 | 암중모색. ❷ 副 암암리에. 은밀히. 몰래. ¶～操纵议会 | 암암리에 의회를 조종하다. ¶～打听 | 은밀히 알아보다. ¶～透露消息 | 남몰래 정보를 누설하다→〔暗地里〕

【暗转】ànzhuǎn 名 動〈演映〉암전(하다) [연극에서 막을 내리지 않고 무대의 조명을 끄고 장면을 바꾸는 일] ¶～舞台 | 무대를 암전하다.

【暗桩】ànzhuāng 名 ❶ 배의 공격이나 운행을 저지하기 위해 물 속에 박은 말뚝. ¶水底钉了～ | 물 속에 말뚝을 박았다. ❷ 方 정탐꾼. 숨어서 상황을 살피는 사람.

【暗自】ànzì 副 몰래. 비밀리에. 은밀히. 속으로. ¶他虽不说什么, 可是心中～喜欢 | 그는 아무 말도 하지 않지만 마은 속으로 기뻐한다.

【黯】àn 검을 암
書 形 검다. 어둡다. 컴컴하다. ¶～黑 | 검다. 어둡다. ¶～淡↓

【黯黯】ànàn 書 狀 어둡다. 캄캄하다. ¶天是～的, 使人感到沉闷 | 하늘이 캄캄하여 음울한 기분이 들게 한다.

【黯淡】àndàn 形 ❶ 어둡다. 캄캄하다. 침침하다. ¶山区很快～下来 | 산지는 일찍 어두워진다. ¶灯光渐渐地～下去 | 등불 빛은 점점 어두워졌다. ❷ 퇴색하다. 낡다. ¶这套家具颜色～ | 이 가구는 퇴색하였다. ❸ 암담하다. 슬프다. 실망스럽다. ¶对前途感到～ | 앞길에 대해 암담함을 느끼다.

【黯黑】ànhēi 形 검다. 캄캄하다. ¶脸色～ | 얼굴빛이 검다. ¶～的夜晚 | 캄캄한 밤.

【黯然】ànrán 書 狀 ❶ 캄캄하다. 어둡다. ¶连天上的星月也～失色 | 하늘의 별과 달도 캄캄하게 빛을 잃었다. ❷ 섭섭하다. 실망하여 풀이 죽다. 맥이 빠지다. ¶～魂销 | 실망하여 맥이 풀리다. ¶～神伤 | 실망하여 맥이 빠지다. ¶和友人～相别 | 친구와 섭섭하게 헤어지다.

【黯然无语】àn rán wú yǔ 成 의기를 상실하여 말을 잊다. ¶他不禁为自己的身世～ | 그는 자기의 처지 때문에 사기를 잃고 말이 없어졌다.

āng ㄤ

【肮(骯)】āng 더러울 앙/항
⇨〔肮脏〕

【肮里不脏】āng·li·buzāng 狀 方 더럽다. 지저분하다. ¶这个屋里～的, 怎么下脚儿呢! | 이 방이 이렇게 더러우니, 어디 발 디딜 수가 있나! =〔肮剌·la不脏〕〔肮里肮脏〕→〔肮脏〕

【肮三】āngsān 形 奧 하찮다. 비열하다. 열등하다. ¶～货huò | 하찮은 것. 못난 놈.

【肮脏】āng·zang ❶ 形 더럽다. 불결하다. 추하다. ¶衣服～极了, 快拿去洗洗 | 옷이 아주 더럽다. 빨리 가져가 빨아라. ❷ 形 정당하지 못하다. ¶～交易 | 부당한 거래. ❸ 動 近 더럽히다. 헛되이 보내다. ¶你却不～一世! 너는 일생을 헛되이 보내지는 않았다《醒世恒言》

【腌】āng ☞ 腌 yān Ⓑ

áng ㄤˊ

【昂】áng 들 앙, 오를 앙
❶ 動 (머리를) 들다. 우러러보다. ¶～

A

首挺胸｜머리를 들고 가슴을 펴다. ❷形(물가가) 오르다. 비싸다. ¶百物~贵｜온갖 물건들이 값이 비싸지다. ❸形(사기가) 오르다. 기운이 넘쳐흐르다. ¶激~｜격앙되다. ¶情绪高~｜기세가 드높다. ❹形 우쭐거리다. ¶他又~起来了｜그는 또 뽐내기 시작했다. ❺名〈建〉미수목(尾垂木). ❻名 성(姓).

【昂藏】ángcáng 書形 기개가 높다. 위풍당당하다. 풍채가 좋다. ¶七尺~之身躯qū｜7척의 위풍당당한 체구. ¶看见是穿西服的~不凡fán的人物｜양복을 입은 풍채가 좋고 비상해 보이는 인물이 나타났었다.

【昂奋】ángfèn 形 진작되다. 고양되다. 의기 양양하다. ¶~前进｜의기 양양하게 앞으로 나가다. ¶~的心情｜흥분된 심정.

【昂歌拉】Ánggēlā ⇒〔安Ān卡拉〕

4【昂贵】ángguì 形 물건값이 오르다. 물가가 등귀하다. ¶百物~｜만물의 값이 오르다. ¶通货膨胀péngzhàng时, 物价就~了｜통화가 팽창할 때, 물가가 등귀한다.

【昂纳克】Ángnàkè 名外〈人〉호네커(Erich Honecker, 1912~)[통일 전 동독 통일사회당의 정치국 위원 겸 총서기]

【昂起】ángqǐ 動 위로 쳐들다. 높이 들다. ¶~脑袋｜머리를 위로 쳐들다.

【昂气】ángqì 形 당당하다. 사기가 높다. ¶游行队伍~前进｜시위대는 사기도 높게 당당히 앞으로 나갔다.

【昂然】ángrán 書狀 당당하다. 사기가 넘치다. 씩씩하다. ¶~而入｜당당히 들어가다. ¶~回答道｜씩씩하게 대답하였다.

【昂首】ángshǒu 書動 머리를 쳐들다. ¶~望天｜머리를 쳐들고 하늘을 바라보다. 현실을 무시하다. ¶~四顾｜머리를 빼고 사방을 둘러 보다. =〔昂头〕

【昂头】ángtóu ⇒〔昂首shǒu〕

4【昂扬】ángyáng 狀 앙양되다. 사기가 높아지다. ¶斗dòu志~｜투지가 드높아지다.

àng 尢ˋ

【盎】 àng 동이 앙

❶名 사발. 주발. 대야. ❷形 넘치다. 충만하다. 대단하다. ¶~~↓ ¶~然↓ ¶兴趣~然｜흥미진진하다. ❸음역어에 쓰임. ¶~司↓ ❹名 성(姓).

【盎盎】àng'àng 書狀 ❶ 넘쳐 흐르다. ¶~春溪带雨浑｜철철 넘쳐 흐르는 봄의 개울 물이 빗물과 섞여 흐리다《蘇軾·新釀桂酒》❷ 평화롭고 온화하다. ¶春之~, 不足为其和也｜봄날의 따사함도 그를 온화하게 하기에는 부족하다.

【盎格鲁人】Ànggélǔrén 名外〈民〉앵글로족(Angles) =〔盎格罗人〕

【盎格鲁撒克逊人】Ànggélǔ Sākèxùnrén 名外〈民〉앵글로색슨(Anglo-saxon)족 =〔盎格罗萨sà克森〕〔盎格罗萨克逊〕

【盎格罗人】Ànggéluórén ⇒〔盎格鲁lǔ人〕

【盎格罗萨克森】Ànggéluó Sàkèsēn ⇒〔盎格鲁撒克逊人〕

【盎格罗萨克逊】Ànggéluó Sàkèxùn ⇒〔盎格鲁撒克逊人〕

【盎古拉兔】ànggǔlātù 名外〈動〉앙고라토끼(Angora rabbit) =〔安哥拉兔〕

【盎然】àngrán 書狀 넘쳐 흐르다. 진진하다. 충만하다. ¶春意~｜봄기운이 넘치다. ¶读之~生趣qù｜읽으면 흥미가 진진하다.

【盎司】àngsī 量外〈度〉온스(ounce) [야드파운드법의 무게 단위] =〔盎斯〕〔安士〕〔唡liǎng〕〔温司〕〔翁司〕〔英两〕

【盎斯】àngsī ⇒〔盎司〕

āo 幺

4 **【凹】** āo wā 오목할 요

Ⓐ āo ❶ 가운데가 들어가다 ¶~凸不平｜울퉁불퉁하다 ❷動 가운데를 쏙 들어가게 하다. ¶蛋糕~了下去, 作得不成功｜케이크의 가운데가 움푹 들어갔다. 잘 못 만들었다 ‖ =〔凸tū〕

Ⓑ wā 지명에 쓰이는 글자 [주로 「洼wā」(구덩이)의 대신에 쓰임] ¶核桃~｜산서성(山西省)에 있는 지명.

【凹岸】āo'àn 名 사행천(蛇行川)의 움푹 들어간 강안(江岸). ¶~接连不断, 务必小心｜움푹 들어간 강안이 이어져 있으니, 꼭 조심하여라.

【凹版】āobǎn 名〈印出〉요판. 오목판. ¶照相~｜그라비야(gravure). 사진 요판. ¶~印刷｜요판 인쇄. ¶~印刷机｜요판 인쇄기.

【凹槽】āocáo 名 ❶ 부지(敷地) 수도관 등을 묻기 위해 파 놓은 도랑. ❷ 배수구. ❸ 홈. 홈형. ¶~板bǎn｜〈工〉홈형 강판.

【凹地】āodì 名 ❶ 습지대. 움푹 패인 땅 =〔洼wā地〕❷ 外〈化〉요드(Jod;독)

【凹多边形】āoduōbiānxíng 名〈數〉요사각형(凹四角形).

【凹多面体】āoduōmiàntǐ 名〈數〉요다면체(凹多面體).

【凹角】āojiǎo 名〈數〉요각.

【凹进】āojìn 動 움푹 들어가다. ¶眼睛~｜눈이 움푹 들어가다.

【凹镜】āojìng ❶ ⇒〔凹面miàn镜〕❷ ⇒〔凹透tòu镜〕

【凹落】āo·la ⓧ wā·la 形 京 움푹 들어다. 움푹 패이다. ¶那个人脸心儿有点儿~｜그 사람은 얼굴 가운데가 좀 들어갔다. ¶他是个~脸｜그는 얼굴 가운데가 우묵하게 들어간 사람이다.

【凹面镜】āomiànjìng 名〈物〉요면경. 오목 거울 =〔凹镜①〕〔凹心镜〕

【凹入】āorù 動 움푹 들어가다. 움푹 패이다. ¶一双时开时闭的~的大眼睛｜떴다 감았다 하는 움푹 패인 큰 눈 한 쌍.

【凹上】āo·shang 動 近 사통(私通)하다. 간통(姦通)하다. 불륜의 관계를 가지다. ¶你若与他~了, 愁没吃的、穿的、使的、用的?｜네가 만약 그와 관계를 가진다면 먹고 입고 부리고 쓸 것이 없을까 걱정하게 되겠니?

【凹透镜】āotòujìng 名〈物〉오목 렌즈 =〔凹镜②〕〔发散透镜〕→〔透镜〕
【凹凸】āotū 形 울퉁불퉁한. 요철이 있는. ¶地面～凸不平, 走路得小心点儿 | 바닥이 울퉁불퉁하니 걸을 때 조심하여라.
【凹凸透镜】āotū tòujìng 名〈物〉요철 렌즈.
【凹陷】āoxiàn 動 우묵하게 들어가다. 움푹 내려앉다. ¶道路突然～进去, 通不了车 | 도로가 갑자기 움푹 패여서, 차가 다닐 수 없다. ¶地形～ | 지형이 내려앉다. ¶双颊～ | 양 볼이 움푹 들어가다.
【凹心镜】āoxīnjìng ⇒〔凹面miàn镜〕
【凹窑儿】āo yáor 名 京 움푹 패인 부분. 쑥 들어간 부분. ¶马路当间儿有～, 小心点儿! | 도로 가운데가 푹 꺼졌다, 조심하여라!
【凹字形】āozìxíng 名 요자형(凹字形). ¶这是一排四五间～的平房, 都用板隔着 | 이 집은 너댓 간의 요자형 단층 집인데, 판자로 칸막이를 하였다.

3【熬】āo áo 볶을 오, 삶을 오

Ⓐ āo 動 ❶(물에 넣어) 끓이다. 데치다. ¶～茶 | 차를 끓이다. ¶～白菜 | 배추를 데치다. ❷ 北 번민하다. 걱정하다. ¶为一点儿小事儿～了好几天 | 사소한 일로 여러 날 번민했다. ¶～心↓ ❸ 方 오만하다. 교만하다. ❹ 方 비계에서 기름을 짜내다. ¶～油 | 비계 기름을 짜내다.
Ⓑ áo ❶ 動 졸이다. (장시간) 끓이다 [곡물 등을 오랫동안 끓여 농즙 상태로 만드는 것을 가리킴] ¶～胶 | 아교를 끓이다. ¶～不烂 | 고아도 흐물흐물해지지 않다. ❷ 動 정제하다. 달이다 [오랫동안 달여 유효 성분을 추출하거나 이물질을 제거하는 것을 가리킴] ¶～药↓ ¶～盐 | 소금을 달이다. ¶怎么还没有把药～好? | 어떻게 아직 약을 다 달이지 않았니? ❸ 動 (고통·곤란 등을 억지로) 참고 견디다. ¶～苦日子 | 어려운 나날을 참고 견디다. ¶～苦痛 | 고통을 참고 견디다. ¶今天的光荣也是历尽艰险～出来的 | 오늘의 영광도 온갖 어려움과 위험을 견뎌내고 얻은 것이다. ¶苦～苦修 | 成 갖은 고통을 참아가며 수련하다. ❹ 動 近 北 수고하다. 애를 쓰다. ¶他真～上去了, 现在是县长 | 그는 정말 애를 쓰고 올라가 지금은 현장이 되었다. ❺ 形 方 피곤하다. 피로하다. ¶两腿走得～了 | 양다리가 너무 걸어서 피로하다. ❻ 名 성(姓).

Ⓐ āo
【熬菜】āo/cài ❶ 動 야채를 데치다. 채소를 삶다. ❷(āocài) 名〈食〉재료를 삶아 만든 국물 요리 [「炒chǎo菜」(볶음 요리)와 구별됨]
【熬碴儿】ⓐ āochár 名 번민. 고뇌. 걱정거리. ¶他这两天真是～, 吃了就睡 | 그는 요 이틀간 정말 번민에 쌓여 먹고나면 잠만 잔다.
ⓑ áo/chár 動 京 우울해 하다. 불쾌해 하다. 울적해 하다. ¶这程子他心里～, 没心玩儿 | 그는 요즘 마음이 침울하여, 놀 마음이 없다.
【熬头】ⓐ āo·tou ❶ 名 고민. 걱정. 비탄. ¶心里这分～就不用提了 | 마음속의 이 번뇌는 말할 필요도 없다. ❷ 形 京 속상하다. 짜증스럽다. ¶刚做的衣服就烧了一大窟窿kūlóng(儿), 真～ | 금방 만든 옷을 태워 큰 구멍을 내었으니 정말 속상하다. ¶心里挺～ | 마음이 몹시 상한다. ❸ 形 京 불결하다. 지저분하다. ¶不知道干净～ | 깨끗하고 더러움을 분별하지 못하다. 사리를 분별하지 못하다. ❸ 動 京 싫증나다. 혐오감을 느끼다. ¶这地方多～人 | 이곳은 사람에게 싫증나게 한다.
ⓑ áo·tou(r) (～儿) 名 고생한 보람〔효과〕. 어법 주로「有」「没有」다음에 쓰임. ¶你现在虽然苦, 将来总有个～ | 너는 지금 비록 고생하지만, 앞으로 반드시 고생한 보람이 있을 것이다.
【熬心】āoxīn 動 北 속태우다. 조바심하다. ¶你别～, 有我呢 | 너 속상해 하지 마라, 내가 있잖아. ¶妈妈一年到头为孩子～ | 어머니는 일년 내내 아이 때문에 속을 태웠다.
【熬鱼】āoyú 名〈食〉물고기 삶음 [생선을 파·생강·술·후추 등을 넣어 끓인 천진(天津) 지방의 요리]

Ⓑ áo
【熬鳔】áobiào 動 北 속을 태우게 하다. 부화가 터지게 하다. ¶你老跟大人～干吗 | 너는 뭐 때문에 늘 어른의 속을 태우느냐?
【熬不登】áo·bu·deng 狀 北 변한 맛이 나다. 쉰 맛이 나다. ¶菜有点儿～的, 我吃了两口就撂下筷子了 | 요리가 맛이 좀 변해서 두 입을 들고 젓가락을 놓았다.
【熬不过】áo·bu guò 動組 견딜 수 없다. 버틸 수 없다. ¶～持久战的艰难过程 | 지구전의 어려운 과정을 참아 넘기지 못했다. ¶我～孩子的纠缠jiūchán, 只好买了糖果给他 | 아이가 치근대는 것을 참지 못해 사탕을 사 주었다⇔〔熬得过〕
【熬不住】áo·bu zhù 動組 참지 못하다. 견딜 수 없다. ¶他～殴ōu打, 终于都拿出来了 | 그는 구타를 참지 못하고 끝내 모두 꺼집어 내었다⇔〔熬得住〕
【熬碴儿】áo/chár ☞〔熬碴儿〕āochár ⓑ
【熬敞脸】áo chǎngliǎn 動組 京 하루 밤을 새다. 철야하다. ¶今儿要是完不成, 咱就熬他一回儿敞脸 | 오늘 완성하지 못하면, 우리 하루 밤을 철야하자.
【熬扯】áo·che 動 北 노력하여 실적을 내다. 고생한 보람을 얻다. ¶人家～得挺快, 现在什么都有了 | 딴 사람들은 고생한 보람을 빨리 얻어 지금은 모든 것을 다 가지고 있다.
【熬成】áo/chéng 動 장 시간 끓여서 …를 만들다. 끓여서 …이 되게하다. 고생한 후에 …이 되다. ¶把一碗饭～粥 | 밥 한 그릇을 끓여 죽을 만들다.
【熬出来】áo·chū·lái 動組 견디어 내다. 고생에서 벗어나다. ¶这几年实在难受, 现在可～了 | 이 몇년간 정말 견디기 어려웠으나 이제는 고생에서 벗어났다. ¶他终于熬出头儿来了 | 그는 마침내 고생을 참아내었다.
【熬穿夜】áo chuānyè 動組 方 밤샘하다. 철야하다. ¶熬了两个～ | 이틀 밤을 새우다.
【熬过来】áo·guò·lái 動組 고통을 참아 넘기다. 고난을 참아 넘기다.
【熬坏】áo/huài 動組 (피로·고생·수면 부족 등으로) 건강을 해치다. ¶老开夜车要把身体～的 |

늘 밤샘을 하면 건강을 해친다.
【熬活】áo/huó 動 方 머슴살이를 하다. 머슴이 되다. ¶我十四岁上就人家～，一熬就熬了十五年｜나는 열네살에 이미 남의 머슴살이를 시작해, 십오년이나 그 고생을 하였다.
【熬火】áo/huǒ 動 方 장작·석탄 등이 불에 오래타다. 마디게 타다. ¶这柴～得很｜이 땔감은 아주 오래 탄다.
【熬煎】áojiān ❶ 名 고생. 고난. 시련. ¶受尽了生活的～｜온갖 생활상의 고난을 받다. ¶十年的～，使他更加坚强｜십년간의 고통이 그를 더욱 강하게 만들었다 ❷ 動 마음을 졸이다. 애를 태우다. 마음을 끓이다. ¶她的愁容，她的叹息，她的眼泪，都会像火焰一般地～着她的血｜그녀의 근심에 찬 모습·그녀의 탄식·그녀의 눈물은 모두 화염과 같이 그의 피를 말렸다. ❸ 動 쪼들리다. 시달리다. 고생하다. ¶～了十年｜10년을 고생했다 ‖＝〔煎熬〕
【熬胶】áojiāo 動組 아교를 끓이다.
【熬克】áo·ke 動 京 굶주리다. 영양이 부족하여 발육이 부진하다. ¶他又小又瘦，都是一小儿～的｜그가 작고 마른 것은 모두 어릴 때 굶주렸기 때문이다.
【熬苦】áo/kǔ 動 고통을 견디다. 고생을 참다. 고통스럽다. ¶这药的味儿很大，但为了治病，你得děi～喝下去｜이 약의 맛은 아주 고약하다. 그러나 병을 고치기 위해서는 고통을 겪고 마셔야 한다. ¶三天两夜不睡觉，真～了他了｜삼 사일 밤샘으로 그를 정말 고통스럽게하였다.
【熬炼】áoliàn 動 ❶ 끓여서〔졸여서〕 정제(精製)하다. ¶把挤出的汁液～成膏｜짜낸 즙을 졸여서 고약으로 만들다. ❷ 단련하다. 시련을 겪다. ¶他的思想，以前是这么轻微浅薄，现在却被战争～得那么大，那么重｜그의 사상은 이전에는 아주 경미천박하였는데, 지금은 전쟁으로 인하여 그렇게 강건하여졌다. ¶在千辛百苦中～过来｜천신만고로 단련해 온 것이다《警世通言》❸ 시련을 견디다. 고문·고통 등을 참아내다. ¶～不过，双死于杖死｜고문에 버티지 못하고 둘이 맞아 죽었다《古今小說》
【熬磨】áo·mó 動 方 ❶ 고통을 겪다. 고난을 당하다. ¶他～得脸都长了｜그는 고통을 겪느라 얼굴까지 길어졌다. ❷ 성가시게 하다. 귀찮게 하다. ¶这孩子很听话，从不～人｜이 아이는 말을 잘 들어서, 일찌 성가시게 한 적이 없다.
【熬盼】áo·pàn 動 괴롭게 기다리다. 고통을 참고 기다리다. ¶把他～大了｜그를 기다림에 지치게 했다.
【熬妻】áoqī 動 近 아내를 괴롭히다. 처에게 고통을 주다. ¶惯打妇～｜습관적으로 아내를 때리고 괴롭히다《金瓶梅》
【熬气】áoqì 動 近 화나게 하다. 모욕을 주다. ¶叫我～｜나에게 모욕을 주다《金瓶梅》
【熬清守淡】áo qīng shǒu dàn 成 여자가 정조를 지키며 한적한 생활을 하다《初刻拍案驚奇》
【熬日头】áo rì·tou ⇒〔熬日子〕
【熬日子】áo rì·zi 動組 지연하다. 시간을 질질 끌다. 일을 미루다. 빈둥거리다. ¶～磨洋工｜빈둥거리며 시간을 질질 끌다. ¶病已经没希望了，竟～了｜병세는 이미 가망이 없게 되었고 시간만 끌고 있다 ＝〔熬日头〕
【熬审】áo/shěn 動 엄하게 심문하다. 고문하다. ¶知县是每天提上来变着法～，那犯人咬牙不招｜현 지사는 매일 끌어내어 방법을 바꾸어 가며 끈질기게 고문했지만 그 범인은 이를 악물고 불지 않았다. ¶连夜～｜밤을 새며 매워 취조하다.
【熬受】áoshòu 動 괴로움을 참고 견디다. 고통을 참다. ¶～一年愁苦｜1년간의 근심과 고통을 참고 견디었다. ¶～种种折磨｜갖가지 시련을 참아내다.
【熬汤】áo/tāng ❶ 動 끓여서 국을 만들다. 졸여서 즙을 만들다. ¶～煮药｜졸여서 약을 만들다. ❷ (áotāng) 名 〈食〉 바짝 조린 수프. ¶鸡骨～｜〈食〉 닭뼈 졸임.
【熬头(儿)】áo·tou(r) ☞〔熬头〕āo·tou ⓑ
【熬刑】áo/xíng 動 고문을 견디어 내다. 고문에도 불지 않다. ¶他很能～，真了liǎo不起啊｜그는 고문을 잘 견디어내고 있어, 정말 대단하다.
【熬眼】áo/yǎn 動 밤을 새우다. 잠을 자지 않고 버티다. ¶整夜～为的是谁?｜온밤을 지샌 것은 누구를 위해서인가?
【熬药】áo/yào ❶ 動 약을 달이다. ¶炉上正在～｜화로에 마침 약을 달이고 있다. ❷ (áoyào) 탕약(湯藥). ¶～又黑又苦，难喝极了｜탕약은 검고 쓰서 마시기가 매우 어렵다.
【熬夜(儿)】áo/yè(r) 動 ❶ 밤새워 일하다. 철야하다. ¶～学习｜밤 새워 공부하다. ¶为了投考大学，他每天～｜대학 입학시험 준비로 그는 매일 밤새워 공부한다. ¶～干｜밤 새워 일하다. ❷ 밤잠을 자지 않다. ¶他常常～，把身体都弄坏了｜그는 늘 밤잠을 자지 않아 건강이 나빠졌다→〔伴bàn宿〕〔开kāi夜车②〕〔通tōng宿儿〕

áo ㄠˊ

【敖】 áo ào 거만할 오

Ⓐ áo ❶ 놀아나다. 유희하다. ¶～荡↓ ＝〔遨áo〕 ❷ ⇒〔敖包bāo〕 ❸ (Áo) 名 성(姓).
Ⓑ ào 書 動 희롱하다. 웃고 즐기다. ¶～弄↓ ＝〔傲ào〕
Ⓐ áo
【敖敖】ⓐ áo'áo 書 狀 길고 크다. ¶硕shuò人～｜크디 큰 사람.
ⓑ ào'ào 書 狀 즐거워 하다. 기뻐하다.
【敖包】áobāo 名 外 오부가(obuga;몽) 〔몽골인이 길이나 경계를 표시하기 위해 쌓아 놓은 돌무더기. 이곳에서 제사를 지내기도 함〕＝〔鄂è博〕
【敖荡】áodàng 書 動 방탕하게 놀다. 질펀하게 놀다. ¶不得令晨夜去皇孙～｜밤낮으로 황손이 나가 함부로 놀게 할 수는 없다《漢書·丙吉傳》
【敖民】áomín 書 名 유민(遊民). 부랑자. 떠돌이.
【敖戏】áoxì 書 動 희롱하며 놀다. ¶妾闻陶家儿～无度｜도가의 아들은 끝도 없이 희롱하고 논다고 들었습니다《三國志·魏志》

A

【敖游】áoyóu ⇒〔遨áo游〕

B ào

【敖敖】ào'ào ☞【敖敖】áo'áo b

【敖弄】àonòng 書 狀 (말에) 풍자의 색채를 띠다. (말로) 희롱하다.

【嗷〈嗸〉】áo 여럿이걱정할 오
❶ 소란스럽다. 왁자지껄하다. 시끄럽다. ¶～～↓ ¶～嘈↓ →〔嚣xiāo①〕 ❷ 擬 엉엉. 아이고 아이고 [슬피 흐느끼는 소리] ¶～～待哺↓ ❸ 擬 와아. 야 [여럿이 함께 지르는 소리] ¶干活～叫 | 일을 소리 지르며 활기 차게 한다. ❹ 動 吳 절망하다. 희망이 없다.

【嗷嗷】áo'áo 書 擬 와글 와글. 아이고. 아이고. [여럿이 떠들거나 우는 소리] ¶疼得～直叫 | 아파서 줄곧 울부짖었다. ¶雁群～地飞过 | 기러기 떼가 슬피 울며 날아갔다 ‖ =〔熬áo熬〕

【嗷嗷待哺】áo áo dài bǔ 成 새새끼가 어미의 먹이를 기다리며 울다. 轉 이재민이 애타게 구원을 기다리다. ¶我得děi努力多挣zhèng钱, 家里有四个～的儿子呢 | 나는 집에 새새끼 같은 자식이 넷이나 있어 열심히 일해 돈을 더 벌어야 한다.

【嗷嘈】áocáo 書 形 ❶ 시끄럽다. 귀에 거슬리다. ¶笙管～ | 생관 소리가 요란하다. ❷ 실망하다. 슬퍼하다. ¶心里有些～了 | 마음 속으로 약간의 실망을 하다. ❸ 비난하다. 악담하다. 험담하다. 욕지거리를 하다. ¶失绵衣, 贫女～ | 무명옷을 잃어버리자 가난뱅이 그녀는 악담을 하였다《紅樓夢》

【嗷骚】áosāo 書 狀 소란스럽다. 시끄럽다. ¶民情～ | 세속의 민심이 소란하다.

【廒〈厫〉】áo 곳집 오
名 곳간. 곳집. 창고.

【廒仓】áocāng 名 곳집. 곡물 창고 =〔廒间〕〔廒房〕

【廒房】áofáng ⇒〔廒仓〕

【廒间】áojiān ⇒〔廒仓〕

【遨】áo 노닐 오
書 動 놀다. 돌아 다니다. 여행하다. ¶～游↓ =〔敖áo①〕

【遨头】áotóu 名 俗 태수(太守) [송대(宋代) 사천(四川) 사람들이 태수를 비하하여 쓰던 말] ¶～宴 | 태수연 [송대(宋代) 음력 4월 19일에 성도(成都)에 있는 두보(杜甫)의 초당(草堂)에서 태수가 개최하던 연회]

【遨游】áoyóu 動 떠돌며 노닐다. 이리 저리 돌아다니다. 유력(遊歷)하다. ¶你好像在太空之上, ～于云雾yúnwù之间 | 너는 마치 우주 위의 구름과 안개 사이에서 노니는 것 같다 =〔敖áo游〕〔遊yóu遨〕

【熬】áo ☞ 熬 āo B

【獒】áo 개이름 오
名〈動〉❶ 書 큰 개. ¶狗四尺为～ | 4자 되는 개를 「오」라고 한다《爾雅·釋畜》❷ 마스티프(mastiff) [영국이 원산인 맹견의 일종]
書 名〈音〉오 [고대 악기의 일종]

【聱】áo 듣지아니할 오
❶ 사람의 말을 듣지 않다. ❷ 매끄럽지 못하다. 맺히다. ¶～牙↓

【聱牙】áoyá 形 ❶ 문장이 매끄럽지 못하다. 글이 난삽하다. ¶他写的文章诘屈jíqū～, 实在看不明白 | 그가 쓴 글은 매끄럽지 못해 참으로 이해하기 어렵다. ❷ 거역하다. 뒤집다. ❸ 노목(老木)같이 구불구불하다.

【螯】áo 집게발 오
名 절지동물(節肢動物)의 집게발.

【螯合】áohé 狀 마디형으로 결합된. 절지형의. ¶～作用 | 〈機〉절지형 작용.

【螯形】áoxíng 狀 절지형의. 마디형태의. ¶～化合物 | 〈化〉마디형의 화합물. 절지형 화합물.

【鳌(鰲)〈鼇〉】áo 자라 오
名〈動〉전설에 나오는 바다에 사는 큰 거북 [등에 봉래선산(蓬萊仙山)을 업고 있다함]

【鳌戴】áodài 書 動 큰 은혜를 입다. 큰 혜택을 보다 [남을 추대할 때 쓰이는 말]

【鳌里夺尊】áo ·li duó zūn 成 우수한 가운데서도 특별히 뛰어나다. 출중하다. ¶仿佛fǎngfú觉出自己是～的一位老英雄yīngxióng | 스스로가 발군(拔群)의 영웅으로 느끼고 있는 듯하다 →〔出chū类lèi拔bá萃cuì〕

【鳌头】áotóu 書 名 제일위(第一位). 일등(一等). 장원(狀元) [장원 급제자가 황궁의 궁전에 새겨놓은 거북 머리를 밟고 지나가도록 한데서 유래됨] ¶愿yuàn他早占zhàn～, 名扬yáng四海 | 그가 속히 장원 급제하여 천하에 이름을 날리길 바란다《警世通言》=〔状元①〕

【鳌头独占】áotóudúzhàn 成 과거에서 장원으로 급제하다. ¶范兄若到京时, 必是～ | 범형께서 서울에 가시면 틀림없이 장원급제하실 것이다《三俠五義》

【翱〈翶〉】áo 날 고
⇒〔翱翔〕

【翱翔】áoxiáng 動 ❶ (새가 하늘에서) 비상하다. 빙빙 돌며 날다. 선회하다. ¶雄鹰xióngyīng在蓝lán天～ | 수매가 푸른 하늘에서 빙빙 돌며 난다. ❷ 활공(滑空)하다. ¶～飞行 | 활공(滑空) 비행. ¶～机 | 활공기. 글라이더.

【嚣】Áo ☞ 嚣 xiāo B

【鏖】áo 무찌를 오
❶ 전력을 다해 싸우다. 치열하게 싸우다. 격전(激戰)을 벌이다. ¶～兵↓ ¶～战↓ ❷ 形 시끄럽다. 소란스럽다. ¶市shì声shēng～午枕zhěn | 시장의 시끄러운 소리가 낮잠을 깨우다《黃庭堅·仁亭》❸ 名 오 [음식을 데우는 고대 그릇의 일종]

【鏖兵】áobīng 書 ❶ 動 격렬한 전투를 하다. 섬멸전을 벌이다. ❷ 名 대규모 전투. 섬멸전. ¶赤壁～ | 적벽대전 [삼국지에 나오는 치열했던 전쟁]

【鏖战】áozhàn 書 動 격전(激戰)하다. 악전고투하다. 고전하다. ¶这里曾进行过一场～ | 여기에서 일찌기 격전이 벌어졌었다. ¶八连的战士zhànshì已经跟日本鬼guǐ子～了三天三夜yè了 | 8중대의 전사들은 일본 놈들과 꼬박 삼일 동안 악전

A

고투하였다.

ǎo ㄠˇ

【夭】ǎo ☞ 夭 yǎo Ⓑ

3【袄(襖)】ǎo 저고리 오 (～儿, ～子) 名 안을 받친 저고리. ¶夹～ | 겹저고리. ¶小棉～儿 | 짧은 겹저고리. ¶红～绿裤 | 붉은 저고리에 푸른 바지 [중국 여성의 전통 복장]→〔衫shān①〕〔旗qí袍(儿)〕

【袄袖】ǎoxiù 名 ❶ 안을 받친 저고리 소매.

ào ㄠˋ

【岙〈嶴〉】ào 땅이름 오/요 지명에 쓰이는 글자 [절강성(浙江省) 복건성(福建省) 일대의 연해에 있는 산간 평지에 많이 쓰임] ¶状元～ | 장원오. ¶黄大～ | 황대오.

【拗】ǎo ☞ 拗 niù Ⓑ

【媪】ǎo 할미 오/온 名 ❶ 할머니. 아주머니 [노부인(老婦人)에 대한 통칭] ¶老～ | 할머니→〔妪yù〕 ❷ 閩南 어머니. 노모(老母).

【媪神】ǎoshén 名 지신(地神).

【坳】ào 땅이름 오, 우묵할 요 ❶ 지명에 쓰이는 글자 [강서성(江西省) 일대의 산간 지명에 많이 쓰임] ¶车～ | 거오. ¶黄～ | 황오. ❷「坳」의 이체자 ⇒〔坳ào〕

【敖】ào ☞ 敖 áo Ⓑ

【傲〈慠₁,₂〉】ào 업신여길 오 ❶ 形 거만하다. 오만하다. ¶～慢màn无礼wúlǐ | 오만하고 예의가 없다. ¶不骄jiāo不～, 谦虚qiānxū谨慎jǐnshèn | 교만하지 않고, 겸허하며 신중하다. ¶说话太～ | 말하는 태도가 매우 오만하다. ¶心高气～ | 도도하다. ❷ 書 動 꿋꿋하다. 강직하다. 굴하지 않다. ¶～霜之菊 | 서릿발에도 굽히지 않는 국화 ‖ =〔敖ào〕〔骜③〕 ❸ 動 方 (높은 가격이나 수준을) 유지하다. ¶～价钱 | 높은 가격을 유지하다. ❹ 動 方 허세를 부리다. 고자세를 취하다. 위장하다. ¶钱又没得几个, 你～啥子嘛? | 몇푼 받지도 못했으면서도 무슨 허세를 부리느냐? ❺ 名 성(姓).

【傲岸】ào'àn 書 形 우뚝하다. 자만하다. 강직하다. ¶～的青松 | 우뚝 솟은 푸른 소나무.

【傲不腾】ào·buténg ❶ 形 方 달콤하다. ¶这粥里糖太多了, ～得不好吃 | 이 죽에는 설탕을 너무 많이 넣어 달아서 맛이 없다. ❷ 動 京 (음식이 변질되어) 이상한 맛이나 냄새가 나다.

【傲骨】àogǔ ❶ 形 강인하다. 강직하다. 대쪽같다. ¶鲁迅是个～的人 | 노신은 강직한 사람이다. ❷ 名 강골. 강직한 성격. 대쪽같은 성격 ¶他那个人天生一副～, 跟世俗合不来 | 그 사람의 천성은 대쪽같아 세속과 어울리지 못한다. ¶他有一股严肃yánsù的～ | 그는 엄숙하고 강인한 성격을 가지고 있다.

【傲忽】àohū 形 近 교만하다. 오만하다. 오만하여 남을 무시하다. ¶晏yàn子进前施礼shīlǐ, 三士亦不回顾gù, ～之气, 傍bàng若无人 | 안자가 들어와 인사를 하는데 삼사조차도 돌아보지 않는 그 오만한 기세가 마치 옆에 아무도 없는 듯하였다《今古奇觀》

【傲慢】àomàn 形 거만하다. 오만하다. 교만하다. ¶服装fúzhuāng并不整齐zhěngqí, 可是态度非常～ | 복장은 단정하지 않으면서 태도는 매우 오만하다. ¶～的人不会有进步的 | 오만한 사람은 진보할 수 없다.

【傲睨】àonì 書 動 흘겨보다. 깔보다. 경시하다. ¶～一切 | 모든 것을 경시한다. ¶～自若ruò | 안하무인이다. 건방지다. ¶～万物wànwù | 만인을 무시하다.

【傲气】àoqì ❶ 名 오만스러운 태도. 교만한 모습. ¶他很有～ | 그는 거만한 기가 있다. ¶～十足 | 대단히 오만하다. ¶这人一身～ | 이 사람은 온몸에 교만이 베어있다. ❷ 形 오만하다. 거만하다. ¶不喜欢在显得有～的人的面前笑脸相迎 | 오만함을 내보이는 사람 앞에 웃으면서 맞이하기는 싫다 ‖ =〔傲性〕

【傲上】àoshàng 書 動 어른을 무시하다. 상사를 무시하다. ¶～矜jīn下 | 위사람을 무시하며 아랫사람을 아끼다.

【傲啸长天】ào xiào cháng tiān 威 맹수의 울음소리가 천지를 울리다. 위세가 당당하여 모든 것을 제압하다.

【傲性】àoxìng ⇒〔傲气〕

【傲糟】ào·zāo 動 京 번거롭다. 귀찮다. 골치 아프다. 괴롭다. ¶心里挺～ | 마음 속이 몹시 괴롭다.

【骜(驁)】ào 말짐무거울 오 ❶ 書 名 발이 빠른 말. 준마. ❷ (말이) 함부로 달리다. 순종하지 않다. ¶桀～不驯 | 인격이나 성격이 고분고분하지 않다. ❸ 교만하다. ¶～放↓

【骜放】àofàng 書 形 오만하다. 교만하다.

【鏊】ào 번철 오 (～子) 名 번철(燔鐵) [떡을 굽거나 전을 붙일 때 쓰이는 둥글넓적한 철판] ¶好像蚂蚁爬上热～ | 개미가 뜨거운 번철 위에 기어 오른 것 같다. 가만있지를 않다.

【鏊盘】àopán 名 吳 번철판(燔鐵板). ¶身上好像～上蚂蚁, 一霎也站脚不住 | 몸이 마치 번철 위의 개미 같아 순간조차도 버티어 설 수없다.

【鏊砚】àoyàn 書 名 둥근 벼루. 번철(燔鐵)모양의 벼루.

【坳】ào 우묵할 요 ❶ 書 名 산간 평지. ❷ 움푹패인 곳. ¶～塘táng↓ ❸ 動 움푹 패이다. 땅이 꺼지다. ¶地面～下 | 땅이 푹 패이다 ‖ =〔坳〕

【坳坳】ào'ào 名 ❶ 吳 움푹한 땅. ❷ 方 산마루. 산정(山頂)

【坳垤】àodié 名 낮은 땅에 높이 솟아 뻗은 곳

【坳口】àokǒu 名 산맥과 구릉 사이의 낮은 곳. 산맥 사이의 통도(通道).

【坳塘】àotáng 名 작은 연못.

【拗】ào ☞ 拗 niù C

【奥】ào 아랫목 오
❶ (뜻이) 깊다. 오묘하다. ¶深～｜심오하다. ¶文章古～｜문장이 예스럽고 심오하다. ❷ 書 名 중국 전통 가옥의 서남쪽 귀퉁이. 집안의 깊은 곳. ¶堂～｜집안의 깊숙한 곳 =〔 ào〕 ❸ 書 名 轉 안. 속. 내부. 깊은 이치. 심오한 도리. ¶莫能窥kuī其～｜그 깊이를 엿볼 수가 없다. ❹ 名 外 簡〈物〉「奥斯忒tè」(에르스텟;Oersted)의 약칭. ❺ 名 外 簡〈地〉「奥地利」(오스트리아;Austria)의 약칭. ❻ 음역어에 쓰임. ¶～高↓ ❼ (Ào) 名 성(姓). ❽ 복성(複姓) 중의 한자 ¶～敦dūn↓ ¶～屯tún↓

【奥巴桑】àobāsāng 名 閩南 外 아주머니 [일본어 오바상(おばさん)의 음역]

【奥草】àocǎo 書 名 원생(原生)의 무성한 풀. ¶野无～｜들판에는 원시의 무성한 풀이 없다《國語·周語》

【奥长石】àochángshí 名〈鑛〉외조장석(灰曹長石).

【奥得河】Àodéhé 名 外〈地〉오데르(Oder)강 [유럽 중부의 강]

【奥德赛】Àodésài 名 外〈文〉오딧세이(Oddyssey)[고대 그리스의 장편 서사시]

【奥地利】Àodìlì 名 外〈地〉오스트리아(Austria) [유럽 중부에 위치한 나라. 수도는「维也纳」(빈;Wien)]

【奥敦】Àodūn 名 복성(複姓).

【奥非斯】àofēisī 名 外 오피스(office) =〔办公室〕

【奥狗屎】Àogǒushǐ 名 악인(惡人).악당.

【奥高】àogāo 名 外〈電算〉알골(algol). 컴퓨터 수학의 알골 연산.

【奥拉】àolā 名 外〈錢〉오라르(aurar) [아이슬란드의 보조 통화 단위. 100오라르는 1「克朗」(크로나;krona)에 해당함]

【奥林比克】Àolínbǐkè ⇒〔奥林匹克运动会〕

【奥林匹克运动会】Àolínpǐkè Yùndònghuì 名 外〈體〉올림픽 대회. ¶第一届jiè～｜제1회 올림픽 경기대회 =〔奥林比克〕〔奥林庇pì克〕〔奥林匹亚竞技〕〔奥林僻pì克〕〔奥林比亚赛sài会〕〔簡 奥运会〕〔欧Ōu林比克〕〔世界运动(大)会〕〔世运(大)会〕〔亚Yà林匹克〕

【奥曼】Àomàn 名〈地〉오만국(國) =〔阿À曼〕

【奥米加】àomǐjiā 名 外 오메가(Ω) [그리스 문자]

3【奥秘】àomì ❶ 書 名 매우 깊은 뜻. 신비. 오묘. ¶中医的～，至今还未能全部究明｜한의의 신비는 아직 모두 밝혀지지 않았다. ¶探索宇宙的～｜우주의 신비를 탐색하다. ❷ 形 신비하다. 오묘하다. ¶哲学并不是～的东西｜철학은 결코 오묘하기만 한 것은 아니다.

【奥密克戎】àomìkèróng 名 外 오메크론(Ο) [그리스 문자]

【奥妙】àomiào ❶ 形 오묘하다. 미묘하다. ¶他是律lǜ士，所以讲话～极了｜그는 변호사인지라 말을 매우 오묘하게 한다. ¶把～的道理用简单明瞭liǎo的话讲出来｜오묘한 이치를 간단명료한 말로 표현했다. ❷ 名 밖에 들어나지 않은 이치. 감춰진 이치. ¶这当中究竟jiūjìng有些什么～呢?｜이 안에 도대체 무슨 감춰진 이치라도 있단 말인가? ❸ 名 심오한 일. 특별한 일. 의외의 사안. ¶这并没有别的～，只为了太太不便当罢了｜이건 심오한 일이 아니고 그저 마누라를 편하게 하고자 할 따름이다《鲁迅·呐喊》

【奥奇】àoqí 形 粵 外 좋다. 오케이 [OK의 음역어]

【奥区】àoqū 名 ❶ 오지(奥地). 벽지(僻地) =〔区〕→〔内地〕

【奥斯卡金像奖】Àosīkǎ jīnxiàngjiǎng 名 外 오스카상(Oscar賞).

【奥斯陆】Àosīlù 名 外〈地〉오슬로(Oslo)[「挪威」(노르웨이;Norway)의 수도]

【奥斯忒】àosītè 名 外〈物〉에르스텟(Oersted) [자장의 강도를 나타내는 CGS 단위] =〔奥斯特〕〔隩斯特〕

【奥塔基】àotǎjī 名 外〈經〉아우타르키(Autarkie) =〔亚太基〕

【奥陶纪】Àotáojì 名 外〈地質〉오르도비스기(Ordovice紀) [지질(地質)시대의 하나]→〔奥陶系〕

【奥陶系】Àotáoxì 名 外〈地質〉오르도비스계(Ordovice系) [오르도비스기의 지층(地層)]→〔奥陶纪〕

【奥甜】àotián 狀 달콤하다. ¶你尝cháng尝这糖táng, ～的｜이 사탕을 맛봐라, 달콤하다.

【奥屯】Àotún 名 복성(複姓).

【奥匈帝国】Àoxiōng Dìguó 名 外〈史〉오스트리아 헝가리 제국(Austria Hungary).

【奥衍】àoyǎn 書 形 의미 심장하다. 심오하다. ¶其原道、原性、师说等数十篇,皆～闳hóng深｜그의 원도·원성·사설 등 수십편의 문장은 모두 의미심장하고 넓고 깊다.

【奥义】àoyì 名 오의. 매우 깊은 뜻. 깊은 이치. 오지(奥旨) =〔奥旨〕

【奥援】àoyuán 書 名 貶 배경. 빽. ¶因为他有坚强的～，所以能当上部长｜그는 강력한 빽이 있어 부장이 될 수 있었다. ¶如果她没有～，就上不了舞台｜만약 그가 빽이 없었다면 무대에 설 수 없었을 것이다.

【奥运会】Àoyùnhuì ⇒〔奥林匹克运动会〕

【奥旨】àozhǐ ⇒〔奥义〕

【懊】ào 원망할 오
動 고뇌하다. 번민하다. ¶～恨↓

【懊恨】àohèn 書 形 괴로워하다. 원망하다. 뉘우치며 한탄하다. ¶他～这次考试kǎoshì没准备好｜그는 이번 시험에 잘 대비하지 않은 것을 한탄하였다. ¶事情过去了，～也来不及了｜이미 과거지사가 되어 버렸다. 한탄해도 소용없다.

【懊悔】àohuǐ 動 후회하다. 뉘우치다. ¶现在～也没有好处｜지금 후회해도 좋아질 것이 없다. ¶到了这个地步，就是～也迟了｜이 지경에 이르렀으니 후회해도 늦었다 ¶他～不该这么蛮mán干gàn｜그는 이렇게 무리하게 하지 말았어야 했다

A

고 후회했다 =〔后悔〕

【懊啦八糟】ào·lābāzāo ⇒〔懊躁zào〕

【懊闹】àonáo ⇒〔懊恼〕

【懊恼】àonǎo 形 오뇌하다. 괴로워하다. 후회하다. ¶一脸的～气色 | 온 얼굴에 괴로워하는 기색. ¶回想起那件事, 他更加～ | 그 일을 회상하자 그는 더욱 괴로워 하였다. ¶我这么作了以后, 才觉得～ | 나는 이렇게 한 다음에야 괴로움을 느꼈다 =〔懊闹闹〕〔怆恼〕

【懊丧】àosàng 動 실의에 빠지다. 낙담하다. 기가 죽다. ¶他～得话不说, 饭也不吃 | 그는 낙담하여 말도 하지 않고 밥도 먹지 못한다. ¶失败了也别～, 吸取xīqǔ经验jīngyàn, 重chóng头再来 | 실패하였더라도 실의에 빠지지 말고, 경험으로 받아 들이고 다시 한번 해보아라.

【懊睡】àoshuì 動 우울하게 잠을 자다. 침체되어 잠만 자다. ¶为怕pà惹rě出更大的祸, 他有时候～一整天 | 더 큰 화가 미칠까봐 두려워, 그는 가끔 우울증에 빠져 하루종일 잠만 잔다.

【懊头】ào·tou 動 京 후회하다. 고민하다. 번뇌하다. ¶秋末, 柿shì子获huò得了丰fēng收, 可是运输yùnshū又成了问题, 眼yǎn看着成堆duī的柿子烂làn掉, 别提多～了 | 늦 가을에 감 풍년은 들었지만 유통이 문제되어 쌓아 놓은 감 무더기가 눈앞에서 썩어가는 걸 보자니 얼마나 고통스러웠는지 말할 나위도 없다.

【懊躁】ào·zào 動 北 京 吳 기가 죽다. 우울하다. 낙담하다. ¶快别～啦, 看～出病来! | 낙담은 빨리 그만 두어요, 우울증으로 병나겠어요 =〔懊啦八躁〕

【澳】ào 깊을 오
❶ 나루터. 강 어귀 [주로 지명에 쓰임] ¶三都～ | 삼도오 [복건성(福建省)에 있음] ❷ 名 簡 〈地〉「澳门」(마카오;Macao)의 약칭. ¶港～同胞 | 마카오와 홍콩의 동포. ❸ 名 簡 〈地〉「澳洲」(오스트레일리아;Australia)의 약칭.

【澳大利亚】Àodàlìyà 名 外 〈地〉 오스트레일리아 (Austalia) [영국 연방내의 자치국. 수도는「堪培拉」(캔버라;Canberra)] =〔簡 澳洲〕〔澳大利亚联邦〕

【澳门】Àomén 名 外 〈地〉 아오먼(Aomen). 마카오(Macao) =〔妈港〕

【澳洲】Àozhōu ⇒〔澳大利亚〕

B

bā ㄅㄚ

1【八】bā 여덟 팔
數❶ 여덟. 8. ¶五加三等于～｜5 더하기 3은 8. ❷ 대강의 수를 표시하는 데 쓰임. ¶十头～个｜열 가량 되다. ¶万儿～千｜만이 될지 말지 하다. ¶千儿～百｜천 쯤 ‖ 어법「八」다음의 음절(音節)이 제4성(第四聲) 또는 제4성에서 전화된 경성(輕聲)일 경우에는「八岁básuì」「八个bá·ge」와 같이 제2성으로 발음함.

【八八席】bābāxí 名 ㊌ 고급연회석. ¶他争取了进北京吃～｜그는 북경에 가서 고급 연회에 참석할 기회를 잡았다.

【八百】bābǎi 數❶ 800. 팔백(八百). ❷ 轉 여러 번. 골백 번 [사람이나 어떤 행위의 횟수가 많음을 나타 냄] ¶诸zhū侯叛pàn殷yīn会周者～｜은나라를 배반하고 주나라를 따르는 제후가 아주 많다《史記·殷本記》¶好话说了～了, 他就是不点diǎn头tóu儿, 我看是非动硬dòngyìng的不行了｜좋은 말을 골백 번 더 해도 그는 고개를 끄떡이지 않으니, 내가 보기엔 강경한 수법을 쓰지 않을 수 없을 것 같다.

【八百里加紧】bābǎilǐ jiājǐn 狀組 화급하다. 발등에 불이 떨어지다. ¶这是～的事, 一会儿也不能耽误dānwù｜이것은 화급한 일이니 잠시도 지체할 수 없다.

【八拜(之)交】bā bài (zhī) jiāo 成 의형제의 관계. 의형제. ¶我跟你哥是～啊｜나와 너의 형은 의형제 관계이다.

【八宝】bābǎo ❶ 名 여덟 가지 보배. ❷ 여덟 가지 혹은 여러 가지 재료. ¶～印泥｜여러 가지 원료를 섞어서 만든 고급 인주(印朱)[「八宝」는 불교용어로서 수(數)가 많음을 나타냄]

【八宝菜】bābǎocài 名〈食〉❶ 팔보채 [고기·새우·오징어 등과 몇 가지 야채나 죽순 넣고 볶은 요리] ❷ 팔보 졸임 [「面筋miànjīn」(밀기울)·「竹笋sǔn」(죽순)·「红萝卜luó·bo」(당근)·「白菜」(배추)·「豆腐fǔ干」(말린 두부) 따위를 간장에 졸인 식품]

【八宝饭】bābǎofàn 名〈食〉팔보채 약밥 [연밥·대추·밤 등의 여덟 가지 과일을 넣고 지은 찹쌀약밥]

【八辈祖宗】bābèi zǔzōng 名組 뭇 조상. 모든 조상님들 [조상의 총칭] ¶他连你的～都骂倒了｜그는 너의 조상님들까지 욕보였다.

【八成(儿)】bāchéng(r) 名❶ 8할. 80%. ¶此次投票率lǜ已高达～了｜이번 투표율은 이미 80퍼센트에 달했다. ❷ 轉 대부분. 거의 다. 십중팔구. ¶看样子～儿他不来｜보아하니 그는 십중팔구 오지않을 것 같다. ¶这次的考试～没问题｜이번 시험은 대체로 문제 없다. ¶～新｜8할 정도 새것이다. 신품이나 진배 없다.

【八成帐】bāchéngzhàng 動組 숫자·액수 등이 거의 차다. 일 따위가 거의 성공되다.

【八大名酒】bā dà míngjiǔ 名組 8대 명주 [「茅máo台」「大曲qū」「汾fén酒」「绍兴酒」「西凤fèng」「竹叶青」「张裕yù葡萄pútáo酒」「金奖jiǎng白兰lán地」를 이름]

【八带鱼】bādàiyú 名〈動〉문어 =〔八角jiǎo鱼〕〔章zhāng鱼〕

【八刀】bādāo 動 나누다 [「八」와「刀」를 합하면「分」이 되므로 나눈다는 뜻의 은어(隱語)] ¶咱们大家～吧｜우리 나누자.

【八调】bādiào 名〈言〉팔조 [「平」「上」「去」「入」을 성모(聲母)의「清」(무성음)「浊」(유성음)에 따라「阴」「阳」으로 다시 나눈 여덟 가지의 부류. 즉「阴平」「阳平」「阴上」「阳上」「阴去」「阳去」「阴入」「阳入」의 여덟 가지]

【八斗(之)才】bā dǒu (zhī) cái 成 뛰어난 재능을 가진 사람. 비상한 재능. ¶你就是有～, 也挽救wǎnjiù不了liǎo这种局jú面｜네가 아무리 뛰어난 재능이 있다해도 이번 국면은 만회할 수 없을 것이다 =〔才高gāo八斗〕

【八方】bāfāng 名❶ 팔방[동·서·남·북·동북·동남·서북·서남의 여덟 방향] ¶四面～｜사면 팔방. ❷ 여러 방향. 모든 방향. ¶一方有难, ～支援｜한 곳에 어려움이 있으면 팔방에서 지원한다.

【八分】bāfēn 名❶ 8할. 80%. ¶～饱, 不就医｜諺 배가 8할만 불러도 의사를 찾지 않는다. ❷ 8전(錢) [1「角」의 1/10에 해당하는 돈의 단위] ❸ 팔분 [진대(秦代) 왕차중(王次中)이 만든 서체의 일종. 예서(隷書)와 비슷함] =〔八分书〕〔分书①〕

【八竿子打不着】bā gān·zi dǎ ·bu zháo 諺 사실과 아주 다르다. 하등의 관계가 없다. ¶我算他的亲戚, ～的呢｜나는 그의 친척이라 할 수 있지만 실제로 아무 관계가 없다. ¶这真是～的笑话｜이것이야말로 정말 전혀 상관없는 웃기는 소리다 =〔八杆子划huà拉不着〕

【八哥(儿)】bā·ge(r) 名〈鳥〉구관조(九官鳥). ¶～学人话｜구관조가 사람 말을 배운다 =〔八哥鸟(儿)〕〔鹩liáo哥〕〔秦qín吉了〕〔書 鸲qú鹆〕

【八哥鸟(儿)】bā·geniǎo(r) ⇒〔八哥(儿)〕

【八公山上, 草木皆兵】bā gōng shān shàng, cǎo mù jiē bìng 成 팔공산의 초목이 모두 병사로 보이다. 자라보고 놀란 가슴 솥 뚜껑 보고도 놀란다 [「八公山」은 안휘성(安徽省) 봉대현(鳳台縣) 서북쪽에 있는 산]

【八股文】bāgǔwén 名❶ 팔고문. 팔고문체 [명청대(明清代) 과거(科擧)의 답안 형식인 문체. 대구법(對句法)을 사용하며 전편(全篇)은「破题」「承题」「起讲」「入手」「起股」「中股」「后股」「束股」등의 여덟 부분으로 나누어 작성함] =〔四(书)文〕〔时文〕〔制艺〕〔制义〕❷ 轉 형식적이고 무미건조한 문장 =〔八股(儿)〕→〔党dǎng八股〕

【八卦】bāguà 名 팔괘 [주역에 나오는「乾」(건)「兑」(태)「离」(이)「震」(진)「巽」(손)「坎」(감)「艮」(간)「坤」(곤)의 여덟 가지 괘]

【八卦教】Bāguàjiào 名〈宗〉「天理教」(천리교)의 다른 이름.

【八卦掌】bāguàzhǎng 名〈體〉팔괘권 [칼·창·검

등을 쓰기도 하는 중국 무예의 하나] ¶他打的是～, 一招化八招, 八八六十四招 | 그가 하는 권법은 팔괘권으로서 한번에 팔괘를 팔괘씩 64괘를 친다.

B

【八卦阵】bāguàzhèn 名❶팔괘진열 [팔괘 모양으로 포진한 전투 대열] ❷喩암수. 함정. 은폐. ¶摆～ | 암수를 깔아 놓다.

【八国联军】Bā Guó Liánjūn 名〈史〉팔국 연합군 [청(清) 광서(光緖) 26년(1900년)에 발발한 의화단사건(義和團事件)으로, 영국·미국·독일·프랑스·러시아·일본·이탈리아·오스트리아 등 8개국이 북경 등지를 공략하기 위해 조직한 연합군]

【八行书】bāhángshū 名❶여덟 줄을 그어 놓은 편지지. ❷轉편지. 서신(書信) ‖ =〔簡八行〕〔八行信〕

【八行信】bāhángxìn ⇒〔八行书〕

【八花九裂】bāhuā jiǔliè 狀組 사분 오열(四分五裂)된. 갈기갈기 찢어진. ¶敌人已经～的逃走 | 적들은 이미 사분 오열 흩어져 도주해 버렸다.

【八级风】bājífēng 名❶〈氣〉8급 바람 [풍력 8의 바람] ❷喩강한 바람. ¶就是刮～, 也不动摇一丝一毫 | 아무리 강한 바람이 분다해도 조금도 동요하지 않는다.

【八角】bājiǎo 名❶〈植〉붓순 나무. ¶这个菜加上～, 所以很香 | 이 요리에는 붓순나무를 넣어 매우 향기롭다 =〔八角茴huí香〕〔大茴香〕 ❷붓순나무의 열매 [한약재로 진통 건위제(健胃劑)로 쓰임 =〔大料①〕〔茴香②〕 ❸팔각(형). ¶～帽 | 팔각모. ¶～形 | 팔각형. ❸(bā jiǎo) 名組 80전(錢).0.8원(元).

【八角鼓(儿)】bājiǎogǔ(r) 名❶〈音〉팔면고(八面鼓) [만족(滿族)의 타악기] ❷팔면고와 삼현금(三弦琴)의 반주로 강창(講唱)하는 민간 예술 =〔八角鼓子带小戏儿〕

【八角鼓子带小戏儿】bā·jiǎogǔ·zi dài xiǎoxìr ⇒〔八角鼓(儿)②〕

【八进制】bājìnzhì 名❶〈數〉8진법→〔十六进制〕 ❷〈電算〉8비트(bit) [컴퓨터의 8진법 연산] =〔八位元〕

【八九】bājiǔ 數 ⓒ 십중팔구. 대체. 대략. ¶我虽然没有亲眼看见, 但也能猜个～ | 내 눈으로 직접 본 것은 아니지만 대체로 짐작이 간다 =〔八九不离十(儿)〕〔十之八九〕〔差不多〕〔差不离〕

【八九不离十(儿)】bā jiǔ bù lí shí(r) ⇒〔八九〕

【八开】bākāi 名〈印出〉8절지. ¶～本 | 8절판의 책→〔对开②〕

【八两半斤】bā liǎng bàn jīn 成貶 피차 일반. 피장파장. 그게 그것 [구식 도량형으로「半斤」은「八两」과 같은 데서 유래됨] =〔半斤八两〕

【八路军】Bā Lù Jūn 名〈史〉팔로군 [항일전쟁(抗日戰爭) 때의 중국 공산군. 1927년 남창폭동(南昌暴動)에서는「紅军」이라 하였으며 1937년의 제2차 국공합작(國共合作)이후「国民革命军第八路军」으로 개칭되었고 후에「人民解放军」이 됨] =〔八路〕→〔红Hóng军〕〔中Zhōng国人民解放军〕

【八面】bāmiàn 名❶팔면. ¶～体 | 팔면체. ❷轉도처. 여기저기. 여러 곳. 모두. ¶～美人 | 팔방미인.

【八面锋】bā miàn fēng 成❶(글이나 말이) 아주 날카롭다. 급소를 찌르다. ❷貶(～儿) 주장이나 생각에 무슨 이치라도 있는 듯하다.

【八面光】bā miàn guāng 成貶❶세상 물정에 밝다. 처세술이 능란하다. ❷팔방 미인 ‖ =〔八面见光〕→〔两面光〕

【八面见光】bā miàn jiàn guāng ⇒〔八面光〕

【八面玲珑】bā miàn líng lóng 成❶창이 넓어 밝다. ❷轉누구에게나 원만하게 처세하다. 남에게 두루 곱게 보이다. ¶他这个人能耐大, 办起事来～ | 이 사람은 능력이 대단하여 언제나 원만하게 일을 처리한다.

【八面威风】bā miàn wēi fēng 成 위풍 당당하다. 기세 등등하다. 기세가 분위기를 압도하다.

【八木板】bāmùbǎn 名 깁스(Gips;독).

【八难】bānàn 名❶팔난 [「饥」「渴」「寒」「暑」「水」「火」「刀」「兵」으로부터 오는 여덟 가지의 고난]. ❷〈佛〉팔난 [부처와 불법(佛法)을 대할 수 없는 여덟 가지의 곤란. 지옥(地獄)·축생(畜生)·아귀(餓鬼)·장수천(長壽天)·맹롱 음아(盲聾瘖瘂)·울단월(鬱單越)·세지 변총(世智辯聰)·생재불전불후(生在佛前佛後)]

【八牛】bāniú 名「朱」자(字)를 분석한 말. ¶我姓朱, ～朱 | 저의 성은 주가입니다,「八」자에「牛」자를 보탠 주자입니다.

【八旗】bāqí 名〈史〉팔기 [청대(清代) 만족(滿族)의 군대 조직과 호구 편제(戶口編制). 기(旗)의 색깔에 따라 정황(正黃)·정백(正白)·정홍(正紅)·정람(正藍)·양황(鑲黃)·양백(鑲白)·양홍(鑲紅)·양람(鑲藍)으로 나누었으며, 후에 또 몽골팔기(蒙古八旗)와 한군팔기(漢軍八旗)를 추가하였음]

【八旗子弟】bā qí zǐ dì 名喩 팔기군의 자제. 轉권력을 휘두르는 부패 간부의 자제. ¶他什么都不会干, 整zhěng个一个～ | 그는 아무 것도 할 수 없는 부패 간부의 자제일 뿐이다.

【八十不骂】bā shí bù mà 成 80세 노인에게는 욕하지 않는다. 노인은 대접을 하여야 한다.

【八十岁学吹鼓手】bāshí suì xué chuīgǔshǒu 歇 80세에 피리·북을 배우다. 매우 하기 어렵다 =〔八十岁学吹打〕

【八思巴字】Bāsībā zì 名 外 파스파(hPhagspa)문자 [원대(元代)에 세조(世祖) 쿠빌라이 칸(Khubilai Khan)이 파스파를시켜 만들게 한 표음문자]

【八位元】bāwèiyuán ⇒〔八进jìn制②〕

【八下里】bāxià·li 名 方 사방 팔방(四方八方). 각 방면. 이곳 저곳. 도처(到處). ¶～对不起人 | 곳곳에서 남에게 미안한 일을 하다→〔两下里〕〔四下里〕

【八下里去了】bāxià·li qù·le 動組 京 이리저리 흩어지다. 도처로 도망가다. ¶一下课, 学生都～ | 수업이 끝나자 학생들은 모두 뿔뿔이 흩어졌다.

【八仙】bāxiān ❶名〈神〉팔선 [고대 신화에 나오는 여덟 신선. 한종리(漢鍾離)·장과로(張果老)·

한상자(韓湘子)·이철괴(李鐵拐)·조국구(曹國舅)·여동빈(呂洞賓)·남채화(藍采和)·하선고(何仙姑) 등을 이르며, 옛날 회화의 제재(題材)나 미술 장식의 주제로 자주 등장함] ❷⇒〔八仙桌(儿)〕

【八仙过海】bāxiān guò hǎi 諺 제각기 장기를 보이다. 나름대로의 솜씨를 보이다. ¶搞经济建设, 就是要～各自拿出自己的办法来 | 경제건설을 하기 위해서는 각자 자기의 장기를 발휘하여야 한다 =〔八仙过海, 各显其能〕〔八仙过海, 各显神通〕

【八仙过海, 各显其能】bāxiān guò hǎi, gè xiǎn qí néng ⇒〔八仙过海〕

【八仙过海, 各显神通】bāxiān guò hǎi, gè xiǎn shén tōng ⇒〔八仙过海〕

【八仙桌(儿)】bāxiānzhuō(r) 名 팔선탁(八仙卓). 팔선교자상(八仙交子床)［중국 요리는 보통 여덟 사람이 앉아 먹는 것이 가장 적당하기 때문에 만들어진 상］=〔八仙②〕→〔四仙桌〕〔第九〕

【八弦琴】bāxiánqín 名 外 〈音〉 만돌린(mandorine).

【八音】bāyīn 名 〈音〉 팔음 ［「金」「石」「丝」「竹」「匏」「土」「革」「木」의 여덟 가지 소리 또는 그런 소리로 된 악기］

【八音盒】bāyīnhé 名 外 〈音〉 오르골(orgel;네). 자명악(自鳴樂) =〔八音琴〕〔八音匣〕

【八音琴】bāyīnqín ⇒〔八音盒〕

【八秩】bāzhì 書 名 80세. 여든 살. ¶～荣庆 =〔八秩佳辰〕| 팔순 잔치의 경사.

【八字(儿)】bāzì(r) 名 ❶ 팔자 ［출생 연(年)·월(月)·일(日)·시(時)를 간지(干支)로 나타낸 여덟 글자］운세(運勢). 운명(運命). ¶我这个人～一向好 | 나라는 사람은 줄곧 팔자가 좋았다. ¶批pī～ | 운세를 점치다. ❷⇒〔八字帖(儿)〕.

【八字没一撇(儿)】bā zì méi yī piě(r) 動組 喩 「八」자에 한 획을 아직 긋지 않았다. 앞으로 어떻게 될 지 윤곽이 잡히지 않는다［「八」자의 한 획만 그었을 때 다음 획을 보아야 「人」「入」「八」등 어느 것인지 알 수 있음에서 온 말］¶这件事～呢 | 이 일은 아직 어떻게 진행될 지 알 수 없다.

【八宗】bāzōng 量 京 종류. 이런 일. 저런 일［「八宗」은 「各样儿的」「各种」의 뜻］¶善有善报, 恶有恶报, 并没有这么～事 | 착한 일에는 착한 대로, 악한 일에는 악한 대로 응보가 있는 법인데 결코 이런 일은 있을 수 없다 =〔八桩zhuāng事〕→〔巴bā宗〕

3【叭】bā 입벌릴 팔

❶ 擬 팍. 퍽. 빡. 뚝［때리거나 떨어질 때 나는 소리］¶～的一声, 弦断了 | 뚝하고 현이 끊어졌다. ¶～一声掉在地下了 | 퍽하고 땅에 떨어졌다→〔吧bā①〕〔巴⑩〕 ❷ 動 吳 빨다. 흡입하다. ¶忙把烟杆塞进嘴里, ～了几口以后, 发觉没有点火 | 급하게 담뱃대를 입에 쑤셔넣고 몇 모금 빤 후에야 불이 붙지 않았다는 것을 알았다.

【叭哒】bā·da 動 입을 빠끔 벌리다. 담배를 빠끔빠끔 피우다. ¶他装上烟, 点着火, ～了几口 | 그는 담배를 채워 불을 붙이고 뻑뻑 몇 모금 피웠다. ¶～着干渴的嘴巴说 | 목마른 입을 빠끔빠끔 벌리면서 말했다.

【叭喇狗】bā·lagǒu ⇒〔叭儿狗〕

【叭儿狗】bārgǒu 名 〈動〉 발바리 =〔叭喇狗〕〔巴儿狗〕〔哈hǎ吧狗〕

3【扒】bā pá 뽑을 배

Ⓐ bā ❶ 動 기대다. ¶～着树shù枝zhī | 나뭇가지에 기대다. ¶～着车窗往外看 | 차창에 기대어 밖을 보다. ❷ 動 캐다. 파다. 긁어내다. ¶城墙～了个豁huō口 | 담벼락에 통로를 내다. ¶～土～金鑛 | 흙을 파서 금광을 캐다. ❸ 動 (옷·껍질 따위를) 벗기다. 벗다. ¶～下衣裳 | 옷을 벗다. ¶～下鞋, 脱了袜wà子 | 신을 벗고 양말을 벗다. ¶把羊皮～下来 | 양가죽을 벗겨라. ❹ 動 (좌우로) 밀어 헤치다. 벌리다. 쪼개다. ¶用手把积雪～开 | 손으로 쌓인 눈을 파헤치다. ¶～雪路 | 눈길을 헤치다. ¶把苹果～开来吃 | 사과를 쪼개서 먹다. ❺ 動 헐다. 허물다. ¶～堤 | 제방을 허물다. ¶～了旧房盖新房 | 헌집을 헐고 새집을 지었다. ❻ (Bā) 名 성(姓).

Ⓑ pá ❶ 動 긁어 모으다. 한 곳에 모아두다. ¶～草 | 풀을 긁어 모으다. ❷ 動 方 긁다. ¶～痒yǎng | 가려운 데를 긁다 =〔爬②〕 ❸ 動 푹 삶다. ¶～猪zhū头 | 돼지 머리를 푹 삶다. ¶～白菜 | 배추를 푹 삶다. 배춧국. ❹ ⇒〔扒手〕

Ⓐ bā

【扒底】bā/dǐ ❶ 動 비밀을 캐다. 뒷조사를 하다. ¶扒人家的底 | 남의 비밀을 조사하다.→〔刨páo根儿问底儿〕 ❷ 名 누룽지 =〔扒锅底〕

【扒拉】ⓐ bā·la 動 ❶ (손으로) 밀어 제치다. 헤치다. ¶把堆在上面的稻草～开 | 위에 쌓인 볏짚을 밀어 헤쳐라. ¶别～人往前挤 | 사람을 밀어 제치고 앞으로 끼어들지 마라. ❷ (주판알을) 튀기다. ¶他整天～算盘珠儿 | 그는 온종일 주판알만 튀기고 있다. ❸ 인원을 할당하다. ¶把这些人～～, 该做什么的去做什么 | 이 사람들이 각각 자기일을 하도록 할당하여라. ❹ 方 좌우 전후로 움직이다. ¶马尾巴来回地～ | 말꼬리가 이리저리 흔들거린다 ‖ =〔拨bō拉①〕

ⓑ pá·la 動 方 음식을 마구 퍼먹다. ¶他～了两口饭就跑出去了 | 그는 밥을 두어 숟가락 퍼 먹더니 곧 뛰어나갔다 =〔爬拉〕

【扒皮】bāpí 動 ❶ 껍질을 벗기다. ❷ 轉 착취하다.

【扒头】bā/tóu ⇒〔巴bā头〕

Ⓑ pá

【扒车】pá chē 動組 (달리는 기차 따위에) 뛰어올라 타다. ¶他经常～偷东西 | 그는 늘 차에 뛰어올라 물건을 훔친다.

【扒饭】pá fàn 動組 밥을 마구 퍼먹다 =〔扒拉饭〕

【扒糕】págāo 名 〈食〉 메밀묵.

【扒拉】pá·la ☞〔扒拉〕bā·la ⓑ

【扒钱】pá qián 動組 돈을 긁어모으다. 함부로 돈을 차지하다.

【扒窃】páqiè 動 (남의 몸에 있는 돈이나 재물을) 훔치다. 도둑질하다. 소매치기하다.

【扒人】párén 動 뒤에서 남을 헐뜯다. 험담을 하

다. 중상하다.

【扒手】páshǒu 名 소매치기 =〔方 小绺〕

4【巴】bā 땅이름 파
❶가까이 가다. 접근하다. ¶前不～村, 后不着店 | 諺 앞으로 가도 마을이 없고, 뒤로 가도 여인숙이 없다. 이것도 못 미치고 저것도 못 미치다《水滸傳》¶～着栏杆 | 난간에 바싹 붙어 있다. ❷바라다. 기다리다. 구(求)하다. ¶眼～～bā·ba | 갈망하다. ¶朝～夜望 | 밤낮으로 기다리다. ❸動 단단히 붙다. 눌어 붙다. 말라 붙다. ¶饭～了锅儿了 | 밥이 솥에 눌어 붙었다. ¶泥～在衣裳了 | 진흙이 옷에 묻었다. ❹動 近 (노력하여) 올라가다. 기어 오르다. ¶他不多几年已～到极顶的分儿 | 그는 몇년 안되어 이미 정점까지 올라갔다. ❺動 近 (억지로)…버티다. 간신히 유지하다. ¶你们不要怨怅yuànchàng, ～到东京时, 我自赏shǎng你 | 너희들 너무 원망마라 동경까지만 버티면 상을 주겠다《水滸傳》❻얽매이다. 처리하다. ¶～家↓ ¶～公司 | 회사일에 얽매이다. ❼두드리다. 때리다. ¶～掌↓ ❽動 京 갈라지다. 벌리다. 틈이 생기다. ¶这墙都～了缝fèng儿了 | 이 담벼락에는 온통 틈이 생겼다. ❾動 北 조작하다. 부리다. ¶弄渡船的一面悠悠闲闲的～船, 一面向别的渡人说 | 도선사는 한편 유유자적하게 배를 부리면서 또 한편으로 다른 사공에게 말했다. ❿擬 퍽. 탁. 똑똑. ¶～地打了几下门 | 문을 똑똑 몇 번 치다. →〔叭①〕〔吧bā①〕 ⓫尾 명사·동사·형용사의 접미사(後綴)로 쓰임. 어법 극히 제한적으로 쓰이며, 경성으로 읽음. ⓐ 명사 뒤에 붙임. ¶嘴～ | 뺨. ¶下～ | 턱. ¶哑～ | 벙어리. ¶尾～ | 꼬리. ¶泥～ | 진흙. ¶锅～ | 누룽지. ¶饭嘎gā～儿 | 누룽지. ⓑ 동사 뒤에 붙임. ¶我来试～一下 | 내가 해 보마. ⓒ 형용사 뒤에 붙임. ¶小窄～院 | 작은 정원. ¶干～鸡屎 | 마른 닭똥. ⓬(～子) 名 㚢 자지. 좆 [남성생식기에 대한 속어] ⓭(Bā) 名〈地〉춘추시대(春秋時代)의 나라 이름 [사천성(四川省) 동부에 있었음] ⓮量〈物〉바(bar) [기압·압력의 단위] ¶毫háo～ | 밀리바(millibar). ¶微wēi～ | 마이크로바(microbar). ⓯음역어에 쓰임. ¶～拿马↓ ¶～基斯坦↓ ⓰(Bā) 名 성(姓).

【巴巴儿】bābār ❶尾 바짝 [정도가 심함을 나타냄] ¶干～ | 바짝 마르다. ¶瘦～ | 심하게 야위다. ❷(～地) 副 方 일부러. 특별히. 모처럼. ¶我～唱戏, 摆酒, 为他们呢! | 내가 특별히 창극과 술자리를 마련하는 것은 그들을 위해서다!《紅樓夢》❸(～地) 副 方 간절하게. 절박하게. 애타게. ¶他～等着他的恋人呢 | 그는 애타게 연인을 기다리고 있다.

【巴巴多斯】Bābāduōsī 名 外〈地〉바베이도즈(Barbados) [서인도제도 카리브해 동쪽의 섬으로, 영연방내의 독립국. 수도는 「布里奇顿」(브리지타운;Bridgetown)]

【巴比伦】Bābǐlún 名 外〈地〉❶바빌로니아(Babylonia). ❷바빌론(Babylon).

【巴比特合金】Bābǐtè héjīn ⇒〔巴氏合金〕

【巴比妥】bābǐtuǒ 名 外〈藥〉바르비탈(barbital) =〔巴比通〕〔巴比酮〕〔二乙基丙二酰缩脲〕〔佛鲁那〕〔佛罗那〕

【巴毕脱合金】Bābǐtuō héjīn ⇒〔巴氏合金〕

【巴布亚新几内亚】Bābùyàxīnjīnèiyà 名 外〈地〉파푸아뉴기니(Papua New Guinea) [「New Guinea」동반부를 차지하고 있는 독립국. 1975년 독립. 수도는 「莫尔兹比港」(포트모르즈비;Port Moresby)]

【巴不到】bā·budào ⇒〔巴不得〕

【巴不得】bā·bu·de 動 口 갈망하다. 간절히 바라다. ¶～马上就回到故乡 | 당장 고향에 돌아가고 싶어하다. ¶嘴里虽不说, 心里可是～ | 입으로는 좋아하지 않는다고 말하지만, 마음속으로는 간절히 바란다. 어법 ⓐ 실현 가능한 일은 「巴不得」를 쓰고 실현 불가능한 일에는 「恨不得」를 씀. ¶巴不得有人来帮帮忙 | 누군가 와서 도와주길 바란다. ¶恨不得插上翅膀chìbǎng飞到北京 | 날개를 달고 북경으로 날아갔으면 좋으련만. ⓑ 「巴不得」는 부정(否定)된 목적어(賓語)가 올 수 있으나 「恨不得」는 올 수 없다. ¶我巴不得不去 | 나는 가고 싶지 않다. ¶我恨不得不去(×). ⓒ 「巴不得」는 수량구(数量词组)를 목적어를 가질 수 있으나 「恨不得」는 그러하지 못함. ¶爸爸说了一声「可以」, 她就巴不得这一句, 扭niǔ头就跑 | 아버지가 「좋다」고 한 말씀하시자마자 그녀는 이 한 마디를 기다렸다는 듯 얼굴을 돌리고〔외면하고〕 뛰었다. ¶她就恨不得这一句(×). ⓓ 「巴不得」는 「的」를 붙여 명사를 수식할 수 있지만 「恨不得」는 할 수 없음. ¶这正是我巴不得的事情 | 이것이 바로 내가 바라는 일이다. ¶我恨不得的事情(×) =〔巴巴罾儿③〕〔巴不〕〔巴不到〕〔巴不的〕〔巴不得儿〕〔巴不乐得儿〕〔巴不能〕〔巴不能够(儿)〕→〔恨不得〕

【巴不能】bā·bunéng ⇒〔巴不得〕

【巴不能够(儿)】bā·bunénggòu(r) ⇒〔巴不得〕

【巴答】bādā 擬 ❶팍. 퍽. 탁. 툭 [물건이 떨어질 때 나는 소리] ¶～, 从上头掉下一块石头来 | 팍하고 돌 하나가 위에서 떨어졌다. ❷빽빽. 덥석덥석 [음식물을 먹거나 담배를 빠는 소리] ¶～～地吸烟 | 빽빽 담배를 빨다 ‖ =〔巴达〕〔吧嗒〕〔吧达〕

【巴达】bā·da ⇒〔巴答〕

【巴豆】bādòu 名〈植〉파두 [사천(四川)·복건(福建) 등에서 생산되는 한약제로서 그 열매는 변비치료제로 쓰이고,독성이 강함] ¶～霜 | 〈漢醫〉파두 비상. ¶～油 | 파두유 =〔方 毒鱼子〕〔粵 刚子〕〔方 江子〕

【巴甫洛夫学说】Bāfǔluòfū xuéshuō 名 外〈生理〉파블로프(Pavlov) 학설.

【巴高望上】bā gāo wàng shàng 成 위를 보고 올라 가다. 입신 출세하고 애를 쓰다.

【巴格达】Bāgédá 名 外〈地〉바그다드(Baghdad) [「伊拉克」(이라크;Iraq)의 수도]

【巴狗儿】bāgǒur 名〈動〉발바리 =〔巴儿狗〕〔哈hā巴狗〕

【巴哈】Bāhā 名 外〈人〉요한 바흐(Johan S. Bach, 1685～1750) [독일의 작곡가. 바로크와 고전파

를 통한 최고의 음악가]
【巴哈马】Bāhāmǎ 名外〈地〉바하마(Bahamas)[미국 플로리다반도 동남방의 제도. 수도는「拿骚」(나소;Nassau)] ¶～人 | 바하마 인.
【巴基斯坦】Bājīsītǎn 名外〈地〉파키스탄(Pakistan)[인도와 인접하고 있는 회교 공화국. 수도는「伊斯兰堡」(이슬라마바드;Islamabad)]
【巴家】bā/jiā 動 살림을 돌보다. 살림을 꾸려 나가다 =〔把bǎ家〕
4【巴结】bā·jie 動 ❶ 아첨하다. 아부하다. 비위를 맞추다. ¶他一心想当官，常常～上司 | 그는 벼슬을 하겠다는 일념으로 언제나 상사에게 아부를 한다. ¶～他可没什么用 | 그에게 아첨해 봐야 아무 소용 없다. ❷ 方 애쓰다. 노력하다. 힘쓰다. 열심히 하다. ¶他学习很～，就是基础差了一点 | 그는 매우 열심히 공부하지만 기초가 좀 부실하다. ¶总要自己～才能有所进步 | 어쨌든 스스로 열심히 해야 진보가 있을 것이다. ❸ 갈망하다. 고대하다. …하기에 혈안이 되다. ¶他～发财 | 그는 돈벌이에 혈안이 되었다.
【巴克】bākè 名外 팩(pack). 포(包). 곤(梱).
【巴克夏猪】bākèxiàzhū 名外〈動〉버크셔(Berkshire)[영국 원산의 비육돈(肥肉豚)]
【巴库】Bākù 名外〈地〉바쿠(Baku)[「阿塞拜疆」(아제르바이잔;Azerbaizhan)의 수도]
【巴拉宾】bālābīn ⇒〔巴拉芬fēn〕
【巴拉达舞曲】bālādá wǔqǔ 名外〈音〉발라드(ballad).
【巴拉芬】bālāfēn 名外〈化〉파라핀(paraffine) =〔巴拉宾〕〔巴拉粉〕〔石蜡〕
【巴拉粉】bālāfěn ⇒〔巴拉芬〕
【巴拉圭】Bālāguī 名外〈地〉파라과이(Paraguay)[남아메리카 중부에 위치한 나라. 수도는「亚松森」(아순시온;Asuncíon)]
【巴勒斯坦】Bālèsītǎn 名外〈地〉❶ 팔레스타인(Palestein)[아시아 서남부의 지중해에 면해 있는 고대 이스라엘 국토. 성지(Holy Land)라고도 불리며 성서에서 말하는 가나안(Canaan) 땅에 해당됨] ¶～解放组织zǔzhī | 팔레스타인 해방기구(PLO) ❷ 팔레스타인(Palestein)[1995년에 독립한 국가] ‖ =〔巴力斯坦〕
【巴乐歌式】bālègēshì 名外〈建〉바로크식(baroque式).
【巴蕾舞】bālěiwǔ ⇒〔芭bā蕾舞〕
【巴黎】Bālí 名外〈地〉파리(Paris)[「法国」(프랑스;France)의 수도]
【巴黎公社】Bālí Gōngshè 名外〈史〉파리 코뮌(Commune de Paris).
【巴黎公约】Bālí gōngyuè 名外〈政〉파리 협정. 카이로 반전 협약 =〔凯kǎi洛luò格非战公约〕
【巴黎绿】bālílǜ 名〈化〉에머랄드 그린(emerald green).
【巴力斯坦】Bālìsītǎn =〔巴勒lè斯坦〕
【巴林】Bālín 名外〈地〉바레인(Bahrain) [페르시아만에 있는 군도로 1971년에 독립한 나라. 수도는「麦纳麦」(마나마;Manama)]
【巴马科】Bāmǎkē 名外〈地〉바마코(Bamako)[「马里」(말리;Mali)의 수도]
【巴拿马】Bānámǎ 名外〈地〉❶ 파나마(Panama)[중미 남부에 위치한 나라. 수도는「巴拿马」(파나마;Panama)] ¶～运河 | 파나마 운하. ❷ 파나마(Paname) [「巴拿马」(파나마;Panama)의 수도]
【巴尼】bāní 名外〈錢〉바니(bani) [루마니아의 보조 통화 단위. 100바니는 1「列依」(류;leu)]
【巴儿狗】bārgǒu ⇒〔巴狗儿〕
【巴塞杜氏病】Bāsèdùshì bìng 名外〈醫〉바제도씨병(Basedow 氏病) =〔拔塞多氏病〕
【巴山夜雨】bā shān yè yǔ 威 헤어졌던 친구를 다시 만나다 [당(唐) 이상은(李商隱)의 시「夜雨寄北」에 나오는 시구]
【巴士】bāshì 名外 버스(bus) =〔公共汽车〕
【巴士底狱】Bāshìdǐyù 名外〈史〉바스티유(Bastille;프) 감옥.
【巴氏合金】Bāshì héjīn 名〈鑛〉배비트 메탈(Babbitt metal) =〔巴比合金〕〔外巴比特合金〕〔外巴毕bì脱合金〕〔白合金〕〔乌wū金①〕〔五金③〕〔硬yìng铅〕
【巴斯】bāsī 名外〈音〉베이스(bass). ¶～杜巴 dùbā | 바스튜바(bass tuba).
【巴斯噶】Bāsīgá 名外〈人〉파스칼(Blaise Pascal, 1623～1662)[프랑스의 수학자·물리학자·철학자] ¶～定理 | 파스칼의 정리.
【巴斯特尔】Bāsītè'ěr 名外〈地〉바스테르(Basse Terre) [「瓜德罗普岛」(프랑스령 과델루프섬;Guadeloupe)의 수도]
【巴松(管)】bāsōng(guǎn) 名外〈音〉바순(bason) =〔巴颂(管)〕〔巴竦〕
【巴头】bā/tóu 動 近 목을 길게 빼다. 기웃거리며 엿보다. ¶巴了巴头，见一院子的人 | 고개를 쭉 빼니 정원에 사람이 보인다. ¶～探脑(儿) | 威 목을 빼고 살펴보다. 목을 빼고 훔쳐 보다 =〔扒bā头〕
【巴望】bāwàng 動 方 고대하다. 갈망하다. 기대하다. ¶我还～着你能挣zhēng一点钱回来呢 | 나는 아직도 네가 돈을 좀 벌어 오기를 갈망하고 있다 =〔盼pàn望〕
【巴西】Bāxī 名外〈地〉브라질(Brazil) [수도는「巴西利亚」(브라질리아;Brasilia)]
【巴西利亚】Bāxīlìyà 名外〈地〉브라질리아(Brasilia) [「巴西」(브라질;Brazil)의 수도]
【巴先】bāxiān 名外 퍼센트(percent) =〔巴仙〕→〔百分①〕
【巴掌】bā·zhang 名 ❶ 손바닥. ¶拍～ | 손뼉을 치다. ¶～大的场所 | 손바닥 만한 곳. ¶一个～拍pāi不响xiǎng | 외손뼉으로 박수칠 수 없다. ❷ 한 손으로 뺨치기. ¶把他一个～打了下去 | 그에게 뺨을 한대 때렸다. ¶赏shǎng他一个漏风的～ | 손바닥으로 그의 뺨을 한 대 때렸다.
【巴子】bāzi 名〈生理〉❶ 罵 北 보지. 씹 [여성의 생식기] ¶(他)妈拉个～ | 지어미 씹. ❷ 奧 자지. 고추[어린이들이 하는 말]
【巴宗】bāzōng 量 京 종류. ¶没那么～事 | 그런 일은 없다→〔八宗〕

1【吧】bā ·ba 어조사 파

Ⓐbā ❶擬 팍. 뚝. 딱. 탕. ¶~~~打了三枪 | 탕탕탕 세 발을 쏘았다→〔叭①〕〔巴⑩〕 ❷動方 흡입하다. 빨다. ¶他~了一口烟, 才开始说话 | 그는 담배를 한 모금 빨고나서 드디어 이야기를 시작했다.

Ⓑ ·ba 語 ❶ 문의 끝에 놓여 명령·청구·재촉·건의의 어기를 나타냄. ¶你好好儿想想~ | 잘 생각해 보십시오. ¶帮我一个忙~ | 나를 한번 도와주시오. ¶快点儿走~ | 좀 빨리 가시오. ❷ 의문문의 끝에 놓여 상대방의 대답을 재촉함. 어법 이 경우 실제로는 의문문이 아니고 문의 앞에「你说」가 생략된 것과 같은 명령문임. ¶你到底同意不同意~ | 당신은 도대체 동의하는지 않는지 말해 보세요. ¶(你说)这样做行不行~ | 이렇게 하면 되는지 말해 보세요. ❸ 의문문의 끝에 쓰여 추측의 어기를 나타냄. 어법 이 경우 단순한 의문문을 표시하는「吗」에 비해 추측의 어감이 강하며 특히 문중에「大概」「也许」와 같은 추측을 나타내는 부사가 있을 때는「吧」만 쓸 수 있고「吗」는 사용할 수 없음. ¶这座房子是新盖的~ | 이 집은 새로 지은 집이지요(그렇지요?). ¶他大概已经走了~? | 그는 이미 갔겠지요? ¶他大概已经走了吗(×). ❹ 문의 끝에 놓여 동의 또는 승낙의 어기를 나타냄. 어법 주로「好」「行」「可以」의 뒤에 옴. ¶好~, 就这么办 | 좋다, 그렇게 하자. ¶行~, 咱们试试看 | 좋습니다, 우리 한번 해봅시다. ¶明天就明天~, 反正不忙 | 내일 하자면 내일 하지, 어차피 급하지 않으니까. ❺ 문 가운데 쓰여 말을 잠시 멈추게 함. 어법 ⓐ 예를 들어 말할 때 사용됨. ¶臂如你~, 你的普通话就讲得比他好 | 너로 말하면, 표준어를 사용함에 있어 그에 비해 훨씬 낫다. ⓑ 양보를 나타내는 종속절(從句)에 사용함. ¶就算你正确~, 也该谦虚点儿才是 | 네가 옳다고 하더라도 좀 겸허했어야 옳았다. ¶即使是一个螺丝钉~, 我们也不应该浪费 | 설사 한 개의 나사못이라 하더라도 낭비해서는 안된다. ⓒ 보통 교체될 수 있는 두가지 사항을 열거하여 이러지도 저러지도 못하고 망설이는 어기를 나타냄. ¶说~, 不好意思; 不说~, 问题又不能解决 | 말하자니 미안하고, 말하지 말자니 문제를 해결할 수 없다. ❻「動+就+動」의 구(詞組) 끝에 사용하여「没关系」「不要紧」(관계없다, 괜찮다)의 의미로 쓰임. ¶丢就丢~, 我另外给你一个 | 잃어버려도 괜찮다, 내가 또 너에게 하나 주마. ¶不去就不去~, 反正以后还有机会的 | 안 가도 괜찮다, 어차피 후에 또 기회는 있으니까. ❼ 동사의 다음에 놓여 그 의미를 가볍게 함. ¶凑còu~凑~就有了几十块钱了 | 조금씩 모아서 몇 십 원이나 모았다.

【吧吧】bā·bā 狀 수다스럽다. 말이 많아 시끄럽다. ¶他从早到晚~乱讲 | 그는 하루 종일 수다스럽게 마구 지껄인다.

【吧嗒】ⓐbādā 擬 팍. 딱. 툭. 탁. 철썩. 찰싹 [물건이 떨어지는 소리 또는 물건을 두드리는 소리] ¶~地一声掉在地下了 | 툭하고 땅에 떨어졌다. ¶~一声, 闸zhá门就关上了 | 철커덕하고 갑문이 닫혔다.

ⓑbā·da 動 ❶ (끌끌) 혀를 차다. (쩝쩝) 입을 다시다. ¶他~了一下嘴, 一句话也不说 | 그는 혀를 끌끌 차고는 한 마디도 하지 않았다. ❷方 뻑뻑 빨다. 흡입하다. ¶他~着烟打主意 | 그는 담배를 뻑뻑 빨면서 무슨 생각을 한다. ¶我不会抽, 瞎xiā~ | 저는 담배 피울 줄은 모르고 뻐끔 뻐끔빨기만 합니다.

【吧、嗒、呛】bā, dā, qiāng 擬 팡팡, 땅땅, 창창 [중국 창극에서 장면이 바뀌거나 동작이 격렬해질 때 내는 징·북·꽹과리 등의 소리]

【吧嗒】bā·da ☞〔吧嗒〕bādā ⓑ

【吧唧】ⓐbājī 擬 철벅철벅. 질척질척 [비 내린 땅이나 진창을 걸을 때 나는 소리] ¶他冒mào雨光着脚~~地在地上走 | 그는 비를 맞으면서 맨발로 질척질척 걸어갔다 =〔吧即〕〔吧叽〕

ⓑbā·ji 動 ❶ 쩝쩝거리며 먹다. 쩝쩝 입맛을 다시다. ¶他馋chán得直~嘴zuǐ | 그는 줄곧 쩝쩝 입맛을 다시며 먹고 싶어 한다. ¶吃饭的时后, 别~~的 | 밥 먹을 때 쩝쩝 소리를 내지 마시오. ❷方 담배를 뻑뻑 빨다. ¶拿了支烟放在唇chún间~着 | 입에 담배를 (붙여) 물고 뻑뻑 빨고 있다《老舍·駱駝祥子》‖ =〔吧即〕〔吧叽〕〔叭唧〕

【吧女】bānǚ 名 簡 바걸. 술집 아가씨.「酒吧女郎」(바걸;bar girl)의 약칭.

【吧女郎】bānǚláng 名 바(bar)의 여급(女給). 술집 종업원 ¶依靠酒吧为生的~们 | 술집에 의지하여 생계를 꾸려 가는 여급들→〔酒吧(间)〕

【吧儿狗】bār gǒu 名〈動〉발바리 =〔哈hǎ吧狗〕

【岜】bā 돌산 파

❶書名 돌산. ❷ 지명에 쓰이는 글자. ¶~关岭 | 광서(廣西) 장족자치구(壯族自治區)에 있는 지명.

4【芭】bā 파초 파

❶⇒〔芭蕉jiāo〕〔芭茅máo〕 ❷「葩」와 같음⇒〔葩pā〕

【芭蕉】bājiāo 名〈植〉파초. 또는 그 열매.

【芭蕉扇】bājiāoshàn 名 파초선. ¶两把~ | 파초선 두 개 =〔芭蕉叶儿〕〔葵kuí扇〕〔蒲pú葵扇〕

【芭蕉芋】bājiāoyù 名〈植〉식용 홍초 =〔姜jiāng芋〕

4【芭蕾(舞)】bālěi(wǔ) 名 外〈舞〉발레(ballet; 프). ¶~女演员 | 발레리나(ballerina). ¶~演员 | 발레 댄서(ballerina dancer). ¶~鞋 | 발레화 =〔巴蕾舞〕

【芭芒】bāmáng ⇒〔芭茅máo〕

【芭茅】bāmáo 名〈植〉참억새 =〔芭芒〕〔芒máng草〕

4【疤】bā 흉터 파

名 ❶ 흉터. 상처. 흉터. ¶疮chuāng~ | 헌데. ¶伤shāng~ | 흉터. ¶木材的~ | 목재의 마디. ❷ (기물에 생긴) 흠집. 하자. ¶茶壶盖上有个~ | 찻주전자 뚜껑에 흠이 있다.

【疤痕】bāhén 名 흉터. 상처. ¶脸上有一道~ | 얼굴에 상처 한 군데가 있다.

【疤瘌】bā·la 名 흉터. 상흔. 상처. ¶好了~, 忘了

疼téng | 諺 상처가 아물고 나면, 아플 때를 잊는다. 어려울 때를 금방 잊어버리다. ¶～脸 | 흉터 있는 얼굴 =〔疤拉〕

【疤瘌眼儿】bā·layǎnr 名 ◎ 눈꺼풀에 흉터가 있는 사람. ¶～瞧镜子 | 歇 스스로 못난 점을 찾아내다

【笆】bā 가시대 파, 울타리 파 ❶ 名〈植〉가시 대나무. 왕골 대 [광동(廣東)·광서(廣西) 등지에서 생산되며 조밀하고 마디가 굵어 울타리로 쓰임] =〔笆竹〕〔棘jí竹〕〔篱lí竹〕→〔凤尾竹〕 ❷ 가시 대로 엮은 바자. 가시대 울타리. ¶～门 | 사립문.

【笆斗】bādǒu ❶ 名 (대로 엮은) 바구니 [밑이 둥글게 생겼으며 곡물을 담는데 씀] ¶这是用竹编biān成的～, 美观guān好用 | 이것은 대나무로 엮은 광주리로 보기도 좋고 쓰기도 편하다. =〔栲kǎo栳〕 ❷ 量 두레박. ¶拿一～水来 | 물 한 두레박을 가지고 오시오 ‖ =〔巴斗〕

【笆篚】bākuāng 名 광주리.

【笆篱】bālí 名 方 대바자. 대나무 울타리 =〔篱笆〕

【粑】bā 구운음식 파 名 西南 〈食〉곡류의 가루로 구운 떡. 파(phag) [일부 소수민족의 음식]

【粑粑】bābā 名 〈食〉둥글게 구운 빵 [일부 소수 민족의 음식]

【粑粑髻】bābājì 名 方 옛날 부녀자의 둥글게 말아 올린 머리 =〔粑粑头〕

【粑粑头】bābātóu ⇒〔粑粑髻〕

【羓】bā 포 파 (～子) 名 近 포(脯). 말린 고기. 절인 고기. ¶将精jīng肉片为～子 | 날고기를 말려 포를 뜨다.

4【捌】bā 깨뜨릴 팔 數 8. 여덟 [「八」의 갖은자. 증서(證書) 등의 금액 기재에 사용함]→〔大写②〕

bá ㄅㄚˊ

2【拔】bá 뽑을 발 ❶ 動 뽑다. 빼다. ¶～草↓ ¶一毛不～ | 成 털 하나라도 뽑지 않는다. 감기도 남 안 준다. ❷ 動 京 (독기·화기 따위를) 빨아내다. ¶～毒↓ 어법 북경(北京)에서는 「bǎ」로 발음 하기도 함. ❸ 動 선발하다. 발탁하다. 골라내다. ¶提～人才 | 인재를 발탁하다. ❹ 動 높이다. 위로 올리다. ¶～嗓子 | 목청을 높이다. ❺ 動 方 (찬물이나 얼린 물에 음식을 넣어서) 차게 하다. ¶把西果放冰水～一～, 更好吃 | 수박을 얼음 물에 넣어 차게 하면 더 맛있다. ❻ 動 점령하다. 탈취하다. ¶～据jù点 | 거점을 점령하였다. ¶连～五城 | 연이어 다섯 성을 점령했다. ❼ 動 내밀다. 쭉 펴다. ¶～着胸脯xiōngfǔ | 가슴을 내밀다. ❽ 動 높다. 뛰어나다. ¶海～ | 해발. ¶出类～萃cuì | 많은 것 중에서 특히 뛰어나다. ❾ 名 吳 빌린 돈을 돌려 주다. 변제하다. ❿〈機〉드로잉(drawing). 인발(引拔). ¶热～ | 열간(熱間) 인발. ¶冷～ | 냉간(冷間) 인발.

【拔步】bá/bù 動 걸음을 재촉하다. ¶～就走 | 갑자기 떠나다. ¶～走! =〔开步走〕 | 앞으로 가! =〔書 举步〕

【拔不出腿来】bá·buchū tuǐ lái 動組 喻 발을 빼지 못하다. 빠져 나올 수 없다. 그만 둘 수 없다. ¶这事我已经陷得很深, 简直～ | 이 일에 이미 깊게 빠져 있어 도저히 발뺌을 할 수가 없다.

【拔草】bá cǎo 動組 풀을 뽑다. 김을 매다→〔锄chú草〕〔割gē草〕

【拔除】báchú 動 뽑아 버리다. 제거하다. 점거하다. ¶～敌人的据点 | 적의 거점을 점거하다.

【拔萃】bácuì ❶ 動 발췌하다. ¶～曲 | 발췌곡. ❷ 形 (재능이) 특별히 뛰어나다. 출중하다. ¶他的功劳是出类～的 | 그의 공로는 특별히 출중하다.

【拔刀相助】bá dāo xiāng zhù 成 (위급할 때) 칼을 뽑아 도와주다. 적극 나서 도우다. ¶有个路人～ | 길가던 사람이 팔을 걷어 붙이고 도왔다⇔〔袖xiù手傍bàng观guān〕

【拔毒】bá dú ⓧ bǎ dú) 動組 〈漢醫〉독을 빨아내다. ¶～汤tāng | 독을 씻고 빼는 탕약 [방풍(防風)과 형개(荊芥) 등을 달여서 만든 즙] ¶～膏 | 상처에 발라서 독을 빼는 고약.

【拔缝(儿, 子)】bá/fèng(r·zi) 動 이음매가 벌어지다. 솔기가 터지다. ¶接jiē头的地方要缝féng得深shēn一点免得～ | 이음매를 깊게 꿰매서 솔기가 터지지 않도록 해야 한다.

【拔高】bá/gāo 動 (소리 등을) 높이다. 치켜세우다. 높이 쳐들다.

【拔罐(儿, 子)】báguàn(r,·zi) 〈漢醫〉❶ 名 부항(附缸). ❷ (bá/guàn(r,·zi)) 動 부황을 붙이다 ‖ =〔拔火罐(子)〕〔打火罐儿〕

【拔河】bá/hé ❶ 動 줄다리기를 하다. ❷ (báhé) 名 〈體〉줄다리기. ¶～比赛 | 줄다리기 경기.

【拔火】bá/huǒ 動 불을 피우다. 불이 잘 타도록 연기를 뽑아 내다. ¶～管guǎn | 양철 따위로 만들어 연기를 뽑아 내는 작은 연돌.

【拔火罐(子)】bá huǒguàn(·zi) ⇒〔拔罐子〕

【拔火罐儿】bá huǒguànr ❶ ⇒〔拔罐子〕 ❷ (báhuǒguànr) 名 짧은 연통 [풍로 따위에 얹어 불이 잘 피도록 하는 양철이나 흙으로 만든 연통] =〔拔火筒〕〔小拔子〕〔嘬zuō筒〕

【拔尖儿】bá/jiānr 動 ❶ 출중하다. 걸출하다. ¶他学习很刻苦kèkǔ, 成绩chéngjì在班里是～的 | 그는 각고의 노력으로 공부한 결과, 성적이 자기 반에서 출중했다. ❷ 자신을 과시하다. 남 앞에 나서다. ¶她爱～ | 그녀는 나서기를 좋아한다. ¶事事你总zǒng想～ | 무슨 일에도 너는 항상 나설 생각을 한다.

【拔脚】bá/jiǎo ⇒〔拔腿tuǐ〕

【拔节】bá/jié 動 〈農〉줄기의 마디 사이가 길게 자라다. 마디지다. ¶小麦mài已经开始～了 | 밀이 이미 마디지기 시작하였다.

【拔锚】bá/máo 動 닻을 올리다. 배가 떠나다 =〔起碇〕〔起锚〕

【拔苗助长】bá miáo zhù zhǎng 成 (모를 빨리 자라게 한다고) 싹을 뽑아 길게 하다. 급히 서두르다 오히려 일을 그르치다. ¶教育孩子要因材施教shījiào, 不能～ | 아이들을 교육하는 데는 재

B

능에 따라 가르쳐야지 억지로 서둘러서도 안된다 =〔揠yà苗助长〕
【拔群】báqún 形 남달리 뛰어나다. 출중하다.
【拔丝】básī ❶ 動〈機〉금속 재료를 실처럼 만들다 =〔拉丝③〕 ❷ 名〈食〉마·연뿌리·사과 등에 끓는 엿·꿀·설탕을 부어 만든 요리 [식은 뒤 젓가락으로 집으면 실 같이 늘어짐] ¶～山药 | 〈食〉마(痲)를 물엿에 넣어서 삶은 것. ¶～土豆 | 〈食〉삶은 고구마에 물엿을 부은 음식.
【拔腿】bá/tuǐ 動 ❶ 발걸음을 급히 내딛다. 급히 가다. ¶他放下东西～就跑 | 그는 물건을 내려놓고 재빨리 달아났다. ❷ 발을 빼다. 관계를 끊다. ¶他事情太多, 拔不开腿 | 그는 관계된 일이 너무 많아서, 발을 뺄 수가 없다 ‖ =〔拔脚〕
【拔牙】bá/yá 動 이를 뽑다 =〔摘zhāi牙〕
【拔秧】bá/yāng 動 모를 찌다.
【拔营】bá/yíng 動 군대가 주둔지를 철수하고 이동하다→〔扎zhá营〕

【茇】bá pèi 풀뿌리 발, 한둔할 발

Ⓐ bá 書 ❶ 名 풀의 뿌리. ❷ 動 풀밭에서 노숙(露宿)하다.
Ⓑ pèi ❶ 書 名〈植〉흰 꽃 능소화(凌霄花). ❷ ⇒〔茇茇〕
【茇茇】pèipèi 狀 펄펄 날다. 훨훨 날다.

【菝】bá 청미래 발
⇒〔菝葜〕
【菝葜】báqiā 名〈植〉청미래 덩굴.

【钹】bá ☞ 钹 bó

【跋】bá 밟을 발
❶ ⇒〔跋涉〕 ❷ 名 발문(跋文). 발(跋). ¶题～ | 발문을 쓰다. ¶序～ | 서발. 서문과 발문. ¶他为这本新书写了一篇piān～, 解释shì他形成这种思想的背bèi景 | 그는 이 신간 서적에 발문 한 편을 써 그가 이러한 사상을 형성하게 된 배경을 설명하였다 =〔跋文〕〔跋语〕
【跋扈】báhù 動 발호하다. 함부로 날뛰다. ¶～不臣 | 成 함부로 날뛰어 신의 도리를 지키지 못하다. ¶～飞扬 | 제멋대로 날뛰다 =〔霸bà扈〕
【跋刺】bálà 擬 푸드득 팔딱 [물고기가 뛰거나 새가 날개치는 소리] =〔泼pō剌〕
【跋履】bálǚ ⇒〔跋涉〕
【跋山涉水】bá shān shè shuǐ 成 산을 넘고 물을 건너다. 고생스럽게 먼길을 가다.
【跋涉】báshè 動 ❶ 산을 넘고 물을 건너다. 여러 곳을 돌아 다니다. ¶长途～ | 먼길을 고생스럽게 가다. ¶～山川 | 산천을 편력하다 =〔跋履〕
【跋文】báwén 名 발문 =〔跋语〕

【魃】bá 가물귀신 발
⇒〔旱hàn魃〕

bǎ ㄅㄚˇ

1【把】bǎ bà 잡을 파

Ⓐ bǎ ❶ 動 (손으로) 잡다. 쥐다. ¶～舵duò↓ ¶～住栏杆lángān | 난간을 잡다. ❷ 動 (어린아이의 두 다리를 뒤에서 잡고) 대·소변을 누이다. ¶给孩子～尿niào | 어린애를 안고 오줌 누이다. ❸ 動 지키다. 파수보다. ¶～着大门收票 | 문을 지키고 표를 받다. ¶～住城门 | 성문을 파수보다. ¶～守↓ ❹ 動 回 접근하다. 바짝 붙다. ¶～着路口有个修车铺pū | 길 어귀에 자동차 수리소가 하나 있다. ¶～墙qiáng角儿站着 | 담 모퉁이에 바짝 붙어 서 있다. ❺ 動 (벌어지지 않도록) 죄다. 조이다. ¶用钉子将裂liè开的地方～住 | 못으로 벌어진 틈을 죄었다. ❻ 動 方 주다. ¶吃饭要～钱 | 밥 먹는 데는 돈을 내야 한다. 어법 현대 중국어에서는 「把」가 단독으로 동사로 쓰이는 경우는 거의 없으나, 조기백화에서는 「拿」의 의미로 쓰였음. ❼ (～儿) 名 끌채. 수레채. 손잡이. 운전대. ¶车～儿 | 수레나 인력거의 끌채. 자동차의 핸들. ¶自行车～ | 자전거 핸들. ❽ (～儿) 名 (가늘고 긴 물건의) 묶음. 단. ¶草～ | 짚단. ¶火～ | 홰. ¶禾～ | 볏단. ❾ 形 京 궁핍하다. 돈이 모자라다. ¶这些日子手头儿上有一点儿～ | 요 며칠 가진 돈이 좀 모자란다. ❿ 量 자루. 손잡이나 손잡을 곳이 있는 물건에 쓰임. ¶一～刀 | 칼 한 자루. ¶一～伞 | 우산 한 개. ¶一～扇子 | 부채 하나. ¶一～椅子 | 하나의 의자. ⓫ (～儿) 量 한 줌. 한 움큼 [한 주먹으로 쥘만한 분량] ¶一～米 | 쌀 한 줌. ¶一～花儿 | 꽃 한 다발. ⓬ 量 일단의. 얼마간의. 어법 주로 나이·힘·기능 따위의 추상적인 개념에 「一把」의 형태로만 쓰임. ¶一～年纪 | (얼마간 지긋한) 나이. ¶他可真有～力气 | 그는 정말 (대단한) 힘을 가지고 있다. ¶他有一～好手 | 그는 훌륭한 (일단의) 재주가 있다. ⓭ 量 한 바탕. 한 차례. 한 번 어법 손동작을 나타내며 「一把」의 형태로만 쓰임. ¶拉他一～ | 그를 한 번 끌어당기다. ¶帮他一～ | 그를 한바탕 돕다. ⓮ 量 일손·일꾼의 숫자에 쓰임. ¶有三～手 | 일꾼 셋. ¶短一～手 | 일꾼 하나가 모자라다 ⓯ 介 …을. …으로서. …에 대해. 어법 ⓐ 「把」 뒤의 명사는 동사의 동작대상(受動者)으로서 처치(處置)의 의미를 나타냄. ¶～衣服洗洗 | 옷을 빨아라. ¶～房间收拾一下 | 방 좀 정리하자. ⓑ 동사가 결과보어(結果補語)를 가지고 있을 때는 주로 사역(使役)의 의미를 나타냄. ¶～鞋都走破pò了 | 얼마나 걸었던지 신도 다 닳았다. ¶差点儿～他急疯jífēng了 | 하마터면 그를 초조하여 미치게 할 뻔 했다→〔叫〕〔令〕〔让〕〔使〕 ⓒ 처소(處所)나 범위를 나타냄. ¶～东城西城都跑遍了 | 시내 동쪽 서쪽 할 것 없이 모두 달려갔다. ¶～个北京城走了一多半 | 북경시의 절반 이상을 걸었다[돌아 다녔다]. ⓓ 여의치 않은 어떤 일이 발생하였음을 나타냄. 이때 「把」 뒤의 명사는 동사의 주체가 됨. ¶偏偏～老李病了 | 뜻밖에도 이형이 병났다. ¶真没想到, ～个大嫂sǎo死了 | 형수님께서 돌아가실 줄은 정말 생각지도 못했다. ⓔ 동작의 대상을 나타냄. ¶他能～你怎么样? | 그가 너에 대해 어떻게 할 수 있단 말인가? ¶我～他没办法 | 나는 그에게 대해서는 어찌할 방법이 없다 =〔对〕〔拿〕 ⓕ 구어체(口語體)에서 「把」 다음에 올 동

사를 생략하고「我～你这个…」형태로, 상대방에게 어찌할 도리가 없는 경우의 불만을 표시할 때 씀. ¶我～你这个胡涂虫啊｜너 이 멍텅구리 같은 녀석, 그저… 어법 ⓐ「把」다음에 오는 명사는 반드시 확정적인 것, 즉 말하는 사람과 듣는 사람이 인식하고 있는 사물이어야함. 그러므로 항상 명사 앞에「这」「那」혹은 한정적(限定的) 수식어가 있게 됨. ¶～书拿来｜(이미 알고 있는, 언급이 되었던) 책을 가져와라. ¶他～这本书借给我了｜그는 나에게 이 책(확정적)을 빌려 주었다. ¶～很多书买了(×) ¶买了很多书｜많은 책(확정적이 아닌 일반적인)을 샀다. ¶他～两支铅笔拿走了(×) ¶他拿走了两支铅笔｜그는 두 자루의 연필(일반적인 것)을 가져갔다. ⓑ 구어체나 산문(散文)에서는 일반적으로「把」다음에 동사 단독으로는 올 수 없다. 특히 단음절 동사는 절대 올 수 없으며 반드시 다른 성분(成分)이 동사 앞뒤에 있어야 함. ㉠「動＋了〔着〕」의 형태. ¶～茶喝(×) ¶～茶喝了｜차를 마셨다. ¶～介绍信拿(×) ¶～介绍信拿着｜소개 편지를 가지고 있거라. ㉡ 동사의 중첩. ¶～桌子擦(×) ¶～桌子擦擦｜탁자를 닦아라. ㉢「動＋補」의 형태. ¶～事情办(×) ¶～事情办好｜일을 모두 처리하였다. ¶～书放在桌子上｜책을 탁자 위에 놓았다. ㉣ 동사 앞에 수식어(修飾語)가 있을 때. ¶别～废纸满屋子乱丢｜폐지를 온 방에다 버리지 마라. ¶～被子往小孩子身上拉｜이불을 어린아이의 몸 위로 당겼다. ⓒ 동보구조(動補結構)로 된 쌍음절(雙音節) 동사와 운문(韻文)에서는 단독으로 올 수 있다. ¶～运动场扩kuò大｜운동장을 확장하다. ¶～时间约定｜시간을 약정하다. ⓓ「不」「没」「能」「会」등의 부정부사와 조동사는 일반적으로「把」앞에 온다. ¶～他不叫回来不行(×) ¶不～他叫回来不行｜그를 돌아 오라 하지 않고는 안되겠다. ¶我们不应该～困难的工作往外推tuī｜우리는 곤란한 일을 남에게 미루면 안된다. ⓔ「把」를 쓴 문(句子)에는 동사 뒤에 일반적으로 목적어(賓語)가 오지 않지만 특수한 경우에는 올 수 있다. ㉠ 동사 다음의 명사가「把」다음 명사의 일부분일 때. ¶～衣服脱了一件｜옷을 하나 벗었다. ㉡「把」다음 명사는 동작의 대상이고 동사 뒤의 명사는 동작의 결과일 때. ¶～我当作自己人｜나를 자기들 사람으로 쳤다. ㉢「把」다음의 명사가 직접목적어(直接賓語)이고 동사 다음의 명사는 간접목적어일 때. ¶～钢笔还给你｜만년필을 너에게 돌려준다. ㉣「把」다음의 명사는 처소(處所)를 나타내고 동사 다음의 명사는 동작의 도구나 결과일 때. ¶～门上了锁suǒ｜문에다 자물쇠를 채우다. ⑯ 尾 쯤. 가량［「百」「千」「万」등의 수사(數詞)와「丈」「顷」「斤」「个」등의 양사 뒤에 쓰여 그 수량이 이 단위수에 가까움을 나타냄］¶个～月｜1개월 정도. ¶百～块钱｜백 원 가량. ¶点～两点钟｜한 두 시간 정도. ¶块～钱｜1원 가량. ¶有百～人｜백 명 정도의 사람이 있다 어법 미수를 나타내는「把」「多」「来」의 비교⇒〔来lái⑬〕 ⑰ 名 動 의형제 (관계를 맺다). ¶～兄｜의형제 (관계를 맺다). ¶～嫂｜의형수 (관계를 맺다).

Ⓑ bà (～儿) 名 ❶ 기물의 손잡이. 자루. ¶缸子～儿｜항아리의 손잡이. ¶枪～儿｜총 자루. ¶刀～儿｜칼자루. ❷ (꽃·잎·과일의) 줄기. 꼭지. ¶花～儿｜꽃줄기. ¶瓜guā～儿｜오이·참외·수박 등의 꼭지.

Ⓐ bǎ

[4]【把柄】bǎbǐng 又 bà·bing) 名 ❶ 자루. 손잡이. ❷ 喩 아픈 곳. 약점. ¶我抓zhuā住了你们～｜나는 너희들의 약점을 잡고 있다. ¶让人抓zhuā住～｜남에게 약점을 잡혔다. ＝〔刀把dāobà儿②〕 ❸ 喩 말의 근거. 논거(論據). 증거. 꼬투리［교섭을 강요할 때 제시하는 근거를 말함］. ¶这是一辈子的～｜이것은 한평생의 꼬투리이다《紅樓夢》 ¶没～的话趁chèn早别说｜근거 없는 말은 아예 입밖에도 내지 말라.

【把持】bǎ·chí 動 ❶ 貶 독점하다. 농단하다. 독판치다. 좌지우지하다. ¶～朝cháo政｜조정을 좌지우지하다. ～¶～领导权｜지휘권을 함부로 휘두르다. ＝〔把揽〕 ❷ (감정 따위를) 억제하다. 참다. 지탱하다. ¶年轻人～不定, 在坏环境中就容易堕落duòluò｜젊은이는 감정을 절제하지 못하면 나쁜 환경에서는 타락하기 쉽다. ¶你皆jiē因年小的时候儿, 托tuō着你那老家之福, 吃喝惯guàn了, 如今所以～不住｜너는 어릴 때부터 너의 옛 집의 덕택으로 먹고 마시고 하던 것이 습관이 되어 지금 이렇게 버티지 못한다→〔把敛·lian〕

【把舵】bǎ/duò 動 ❶ 키를 잡다. ¶这艘船由谁在～?｜이 배는 누가 키를 잡고 있습니까? ＝〔掌zhǎng舵〕 ❷ 주관하다. ¶这件事自始至終都是由他一个人在～｜이 일은 처음부터 끝까지 그 한사람에 의해 주관되었다.

【把风】bǎ/fēng 動 망을 보다. 감시하다. 경계하다. ¶大家在开会, 他在外面～｜모두들 회의를 하는 동안 그는 망을 보았다 ＝〔寻xún风〕〔望wàng风〕

[4]【把关】bǎ/guān 動 ❶ 관문(關門)을 지키다. 轉 책임을 지다. ¶一人～, 万夫莫开人｜한 사람이라도 철저히 지키면 누구도 열지 못한다. ❷ 喩 엄밀히 점검하다. 검사하다. ¶把好政治关｜점검하여 정치성을 보장하다. ¶把好质量关｜점검하여 품질을 보증하다. ¶层céng层～｜해당 부문마다 검사하다.

【把家】bǎ/jiā 動 집안 일을 도맡아 하다. 알뜰히 살림을 꾸리다. ¶他打小没有母亲, 所以很会～｜그는 어릴 때부터 어머니가 계시지 않아 살림을 잘 맡아 한다. ¶又尤二姐儿勤慎qínshèn～, 自是不消惦记｜더욱이 둘째 언니는 조심스럽고 살림을 알뜰히 하므로 당연히 걱정할 필요가 없다《紅樓夢》＝〔巴bā家〕〔持chí家〕

【把酒】bǎ/jiǔ 書 動 ❶ 술잔을 들다. 술을 마시다. ＝〔把盏〕 ❷ 술을 권하다 ＝〔行xíng酒〕

【把牢】bǎláo 形 方 ❶ 믿음직스럽다. 신용이 있다. 확실하다. 틀림없다 [주로 부정문으로 쓰임] ¶这个人做事不～｜이 사람이 하는 일은 믿음직스럽지 못하다. ¶搁gē在保险xiǎn库kù里～点儿｜

금고에 넣어 두면 다소 안전하다. ❷견고하다. 튼튼하다. 단단하다. ¶这段墙是碎砖zhuān砌qì的, 不~ | 이 담은 부서진 벽돌로 쌓아서 견고하지 않다.

【把敛】bǎ·lian 動 京 꽉 잡다. 장악하다. 확점하다. ¶家产都~在大奶奶手里 | 집 재산은 모두 맏며느리의 손에 쥐어져 있다 =〔把揽〕→〔把持〕

【把脉】bǎ/mài 動 方 맥을 짚다. 진맥(診脈)하다.

【把门(儿)】bǎ/mén(r) ❶動 문을 지키다. 경비하다. ¶这里守卫wèi~得很严yán, 不能随suí便进去 | 이곳의 수위는 철저히 경비하고 있어 함부로 들어 갈 수 없다. ❷당직을 하다. 집을 보다. 지키다. ¶大家都看戏xì去了, 我一个人在家~ | 모두 연극 보러 가고 내 혼자 남아 집을 본다. ❸〈體〉골키퍼. ❹(bǎmén(r)) 名 자신. 확신. 가망. ¶没~事可不要冒险 | 자신없는 일은 모험하지 마라.

【把尿】bǎ/niào 動 아이를 손으로 안고 오줌을 뉘다 =〔把溺〕

【把溺】bǎ/niào ⇒〔把尿〕

【把儿】ⓐbǎr 量 단. 묶음. ¶一~菜 | 채소 한 단
ⓑbàr 名 손잡이. 핸들. ¶锄chú~ | 삽 자루. ¶车~ | 차 핸들.

【把屎】bǎshǐ 動 아이를 손으로 안고 대변을 뉘다.

【把式】bǎ·shi 名 ❶무술(武術). 무예 [「把式」는 원래 만주어의「先生」의 뜻] ¶练~ | 무술을 익히다. ¶打~ | 무술을 하다. ❷전문가. 무예인. 무술가. [직인(職人)·장인(匠人)에 대한 경칭(敬稱)으로 쓰임] ¶车chē~ | 달구지꾼. ¶花~ | 꽃꽂이 전문가. 원예사. ¶老庄稼zhuāngjià~ | 농사꾼. ¶鸟儿~ | 새에 관해 정통한 사람. ¶鱼~ | 어부(漁夫). ❸기예. 기능. 수완. 방법. 능력. 솜씨. ¶你的~更好啊! | 너의 솜씨가 훨씬 좋은데! ¶他学会了田间劳动的全套~ | 그는 밭일의 모든 기술을 배웠다 ‖=〔把师〕〔把势〕

【把师】bǎ·shi ⇒〔把式〕

【把势】bǎ·shi ⇒〔把式〕

【把守】bǎshǒu 動 ❶파수 보다. 수비하다. 보초를 서다. ¶~城门 | 성문을 지키다. ¶山海关有兵~ | 산해관은 군이 지키고 있다. ❷(집 등을) 관리하다. ❸(군주 등을) 호위하다.

4【把手】ⓐbǎ shǒu 動組 손을 잡다. ¶手~指教 | 친절하게 직접 지도하다→〔拉手(儿)〕
ⓑbǎ·shou 名 ❶(우산·의자 따위의) 손잡이. ¶门~ | 문고리. ¶椅子~ | 의자 손잡이 ❷〈機〉(기계의) 핸들. ¶转动~ | 핸들을 돌리다.

【把头】bǎ·tou 名 ❶두목. 보스. 십장 [어떤 불법 조직이나 노동자 집단의 우두머리] ¶我知道你在这里成了~ | 나는 네가 이곳에서 두목이 되었다는 것을 알고 있다→〔包工头〕 ❷공사장의 현장 주임.

【把稳】bǎwěn 吳 近 ❶動 꽉 잡다. 야무지게 쥐다. ¶~方向 | 확실하게 방향을 잡다. ¶你要~了舵 | 키를 꽉 잡으시오. ❷形 확실하다. 틀림없다. 믿음직하다. ¶他办bàn事很~ | 그는 믿음직스럽게 일을 한다. ❸動 미리 짐작하다. 단정하다. ¶我~他不会来 | 나는 그가 오지 않으리라 고 단정한다.

3【把握】bǎwò ❶動(손에) 쥐다. 들다. 잡다. ¶战zhàn士~着武wǔ器 | 병사가 무기를 들고 있다. ❷動 포착하다. 장악하다. ¶~时机 | 시기·기회를 포착하다. ❷動(추상적인 것을) 파악하다. 이해하다. ¶~问题的中心 | 문제의 핵심을 파악하다. ¶透tòu过现象, ~本质zhì | 현상을 통하여 본질을 파악하다. ❹名 확신. 믿음. 가망. ¶~不大 | 크게 확신하지 못하다. ¶做事, 我还有~, 凑còu钱, 可没~ | 일이라면 그래도 자신 있지만, 돈 모으는 것은 정말 자신이 없다. ¶他既然答应了, 那总zǒng有~吧 | 그는 자신이 있으니까 승낙했겠지. ¶不打无准备之仗zhàng, 不打无~之仗 | 준비 없는 싸움과 자신 없는 싸움은 하지 말라.

4【把戏】bǎxì 名 ❶곡예. 잡기(雜技). 볼거리. ¶~匠jiàng=〔玩把戏的〕 | 곡예사. ¶耍shuǎ~的 | 요술쟁이. ¶看~ | 곡예를 보다→〔杂zá耍shuǎ(儿)〕 ❷속임수. 눈속임. 흉계. 농간. 수작. ¶弄~ | 농간을 부리다. ¶你又想玩什么鬼~ | 너 또 무슨 요상한 농간을 꾸미려 하니?

【把兄弟】bǎxiōngdì 名 의형제 [손윗사람은「把兄」, 손아랫사람은「把弟」라 함]=〔盟兄弟〕〔义兄弟〕

【把斋】bǎ/zhāi ⇒〔封fēng斋〕

【把盏】bǎzhǎn 書 動 술잔을 들다. 술을 권하다. ¶一个人~独坐, 自得其乐 | 혼자 앉아 술을 마시며 스스로 즐거워 하다 =〔把酒①〕

【把子】ⓐbǎ·zi ❶名 과녁. 타겟. 표적. ¶他想把我当~来打, 没那么容易 | 그가 나를 표적으로 치려고 하지만, 그렇게 쉽지는 않을 것이다. ¶~场 | 사격장 =〔靶bǎ子〕 ❷名 갈퀴. 갈고리. ¶竹~ | 대나무 갈고리. ¶铁~ | 쇠 갈퀴. ❸名 의형제. ¶拜~ | 의형제를 맺다. ❹名〈演映〉(무술 영화나 전통극의) 전투 자세. 싸우는 모습. ¶打~ | 장단에 맞추어 연출하는 싸우는 동작. ¶练~ | 싸우는 동작을 연습하다→〔砌qiè末(子)〕 ❺量 貶 패거리. 무리. ¶来了一~强盗 | 한 패의 강도가 왔다. ❻量 묶음. 다발. [대개 긴 것에 쓰임] ¶一~韭jiǔ菜 | 부추 한 다발. ❼量(한) 바탕. (한) 차례 [힘·세력 따위의 추상 명사에 쓰임] ¶加~劲儿 | 힘을 한 바탕 쓰다.
ⓑbà·zi 名 손잡이. ¶刀~ | 칼자루
Ⓑbà

【把儿】bàr ☞〔把儿〕bǎr ⓑ

【把子】bà·zi ☞〔把子〕bǎ·zi ⓑ

【钯(鈀)】bǎ ☞ 钯 pá Ⓑ

【靶】bǎ 고삐 파, 과녁 파

名 ❶(~子) (사격의) 표적. 과녁. 타겟. ¶箭~ | 과녁. ¶打~场 | 사격장. ¶~中心 | 과녁의 복판. ❷書 고삐. 자갈에 맨 가죽끈. ❸〈原〉표적(標的) [핵반응이 일어날 때 원자 합성 입자의 충돌을 받는 물질]

【靶场】bǎchǎng ⇒〔靶子场〕

【靶台】bǎtái 名 사격대. 사격 위치.

【靶心】bǎxīn 名 과녁의 중심. ¶子弹dàn的弹着

zhuó点都在～上 | 총알이 모두 표적판의 복판에 맞았다.
【靶子】bǎ·zi 名 과녁. 표적. ¶他一箭便射中了～ | 그는 단번에 과녁에 명중시켰다. ¶他成了今天大家批判的～ | 그는 오늘날 모두가 비판하는 표적이 되었다 =〔把bǎ子〕
【靶子场】bǎ·zichǎng 名 사격장 =〔打dǎ靶场〕〔靶场〕

bà ㄅㄚˋ

【把】bà ☞ 把 bǎ Ⓑ

【杷】bà ☞ 杷 pá Ⓒ

1【爸】bà 아비 파
名 아빠. 아버지. ¶我～不认rèn字, 请多多关照guānzhào | 아버지는 글을 모르니 잘 보살펴 주십시오.
1【爸爸】bà·ba 名 ❶ 아빠. 아버지 [부친(父親)에 대한 호칭. 부친에 대한 호칭으로 합비(合肥)·남창(南昌)에서는「伯bó伯」, 양주(揚州)·소주(蘇州)·장사(長沙) 등에서는「爹diē爹」, 남방에서는「阿爸」「阿爹」라고 함]→〔父fù亲〕❷ 俗 아저씨 [아버지 뻘의 원기 왕성한 남자에 대한 호칭] ❸ 京 어른. 아저씨 [연장자에 대한 존칭] ❹ 대부(代父) [종교적으로 연장자에 대한 존칭]

【耙】bà pá 써레 파, 갈퀴 파
Ⓐ bà ❶ 動〈農〉써레질하다. ¶～田 | 밭을 써레질하다. ¶三犁lí三～ | 세 번 쟁기질하고 세 번 써레질했다. ¶那块地已经～过两遍了 | 그 땅은 이미 두 번 써레질하였다. ❷ 名 써레. ¶～耜↓ ¶圆盘～ | 원반 써레 ‖ =〔耖bà〕〔耖chào〕
Ⓑ pá ❶ 動〈農〉갈퀴질하다. ¶把谷gǔ子～开晒shài晒 | 곡식 낟알을 갈퀴로 펴 말리다. ❷ 名 갈퀴. 쇠스랑. ¶钉～ | 쇠갈퀴. ¶粪fèn～ | 거름용 쇠스랑 ‖ =〔钯pá〕
Ⓐ bà
【耙耜】bàsì 名〈農〉써레.
【耙土器】bàtǔqì 名 땅을 고르는 기구. 로타리.
Ⓑ pá
【耙子】pá·zi 名〈農〉갈퀴. 쇠스랑.

3【坝(壩)】bà 방죽 패/파
❶ 名 댐(dam). 제언(堤堰). 제방 =〔拦河坝〕〔水坝〕→〔堤dī〕〔堰yàn〕❷ 名 제방(堤防)을 보강하기 위한 건조물(建造物). ❸ 名 奥〈地質〉사주(砂洲). 모래사장. ❹ (～子) 名 산간의 평지(平地). 평원 [서남(西南) 여러 성(省)의 지명으로 많이 쓰임] ¶雁门～ | 사천성(四川省)에 있는 평원. ❺ 動 奥 깔다. 펴다. 펼치다. ¶你是～席子还是毯子睡? | 너는 돗자리를 깔고 자니 아니면 담요를 깔고 자니? ❻ 量 奥 무리. 일단. 집단. ¶烧了一～房子, 死了一～人 | 집들이 불타고 많은 사람들이 죽었다. ❼ (Bà) 名 성(姓).
【坝坝(头)】bàbà(·tóu) 名 奥 넓은 평지. 광장. ¶请大家到～头开会 | 여러분, 광장으로 나가 회의를 합시다. ¶～电影 | 야외 영화. 광장 영화 =〔坝子③〕
【坝基】bàjī 名 제방이나 저수지의 기초(基礎).
【坝埽】bàsào 名 ❶ 제방의 둑. ❷ 호안용(護岸用) 둑. 방조제. 방파제.
【坝身】bàshēn 名 제방의 길이.
【坝台】bàtái 名 제방. 둑. ¶叠dié～ | 제방을 쌓다.
【坝子】bà·zi 名 ❶ 제방. ❷ 산간의 평지(平地). 평원(平原) [지명에 많이 쓰임] ¶川西～ | 천서 평원. ❸ ⇒〔坝坝〕

3【罢(罷)】bà ·ba pí 파할 파
Ⓐ bà ❶ 그만두다. 쉬다. ¶欲～不能 | 그만두려 해도 그만 둘 수 없다. ¶～手↓ ¶～工↓ ❷ 면직하다. 해임하다. ¶～为庶人 | 파면하여 서민이 되게 하다. ¶～职↓ ¶～免↓ ❸ 動 괜찮아. 좋아. 될 대로 되라 어법「了」와 결합하여 문의 앞에 쓰임. ¶～了, 你别再提 | 좋다, 더 말하지 말라. ❹ 動 方 끝내다. 마치다 [동사 뒤에 쓰임] ¶吃～饭, 就出去了 | 밥을 먹자마자 나갔다. ¶说～, 头也不回就走了 | 말을 끝마치자 고개도 돌리지 않고 가버렸다. ❺ 語 아무래도 좋다 [「也」와 호응하여 쓰임] ¶去也～, 不去也～ | 가도 좋고 안 가도 좋다. ¶吃也～, 不吃也～ | 먹어도 좋고, 안 먹어도 좋다. ❻ 語 (별도리 없이) 좋다 치고, …은 그렇지라도. 그렇지언정 어법「连…也…」와 호응하여 쓰임. ¶你不肯～了, 连回信也不给我 | 네가 승낙 안한 것은 좋다 치자, 회신조차 없다니. ❼ (Bà) 名 성(姓).
Ⓑ ·ba 語 문(句子)의 끝에 쓰여 상의(相議)·제의(提議)·청구(請求)·명령(命令)의 어기를 나타냄. 지금은「吧」로 씀 ⇒〔吧bā Ⓑ〕
Ⓒ pí「疲」와 통용 ⇒〔疲pí①〕
Ⓐ bà
【罢黜】bàchù 書 動 ❶ 헐뜯고 배척하다. ❷ 면직(免職)하다 =〔罢斥chì〕〔罢退tuì〕
3【罢工】bà/gōng ❶ 動 (동맹) 파업하다. 스트라이크(strike)하다. ¶罢一天工 | 하루 파업하다. ❷ (bàgōng) 名 (동맹) 파업. 스트라이크. ¶总～ =〔大罢工〕| 총파업. ¶警告性～ | 항의 파업. 경고성 파업. ¶静坐～ | 연좌 파업. ¶同情～ | 동정 파업. ¶闹～ | 파업을 일으키다 ‖→〔怠dài工〕〔劳动争议〕
【罢官】bà/guān 動 해직(解職)하다. 면직하다. ¶罢了他的官 | 그의 관직을 박탈하다 =〔罢职〕→〔去职〕
【罢教】bà/jiào 動 교원이 동맹 파업하다. 교원이 수업을 거부하다. ¶老师～, 学生支持, 事态重大 | 선생이 파업하자 학생들이 지지하고 나서 사태가 심각하게 되었다→〔罢课〕
【罢考】bà/kǎo 動 시험을 거부하다. ¶学生为抗议kàngyì校方的措施cuòshī罢了期中考试 | 학생들은 학교 측의 조치에항 의하기 위해 중간고사를 거부하였다.
【罢课】bà/kè 動 수업을 거부하다 강의를 거부하다. ¶学生～, 搞gǎo示威wēi运动 | 학생들은 수

업을 거부하고 시위를 벌였다→〔罢教〕
【罢了】ⓐ bà·le ❶ [語] 단지 …일 뿐이다. [어법] 서술문의 끝에「不过」「无非」「只是」등과 앞뒤에 호응하여 쓰임] ¶这有什么, 我不过做了我应该做的事～ | 이것은 별 것 아니다, 단지 내가 마땅히 해야할 일을 했을 뿐이다. ¶我也就是不想去～ | 나도 가고 싶지 않을 뿐이야. ¶如果真是这样儿只好～ | 만약 정말 그렇다면 하는 수 없다＝〔罢咧〕→〔结了〕〔完了〕 ❷ [動組] 그만 두어라. 그렇다 하자. ¶～, 我只好认输shū吧 | 그만 두자. 내가 졌다고 하는 수 밖에.
ⓑ bàliǎo ❶ [動] 하는 수 없이 그냥 두다. 어쩔 수 없다. 어쩔수 없이 끝내다. ¶他不来就～, 不必多求他 | 그가 오지 않는다 해도 어쩔 수 없다. 너무 조르지 마라. ¶他不愿来也就～ | 그가 오지 않겠다면 그냥 두어라. ❷ [動] [近] 섬멸하다. 죽이다. ¶着这里安下一队人马, 不～咱么 | 여기에다 한 부대의 인마를 배치하면 우리를 죽이지 않을까? ❸ [嘆] [北] 겨우 그 정도야. 형편없다. [불만의 어기를 나타냄] ¶你呀, 真～, 连个口信都捎shāo不全 | 너 정말 형편 없구나, 말도 제대로 전하지 못하니.
【罢了】bàliǎo ☞〔罢了〕bà·le ⓑ
【罢咧】bà·lie ⇒〔罢了·le①〕
【罢论】bà/lùn ❶ [動] 문제가 해결되다. 문제가 되는 것을 접어 두다. ¶他若与我荆州, 万事～ | 만약 그가 나에게 형주를 준다면 만사는 해결된다《元曲外·單刀會》 ❷ (상담·논란·교섭 따위를) 중지하다. ¶两边相持不下, 只好～ | 양측이 모두 버틸 수 없어 논란을 그만두었다. ❸ (bàlùn) [名] 중지. 중단. 취소 ¶这层咱们作为～吧 | 이번 일은 취소합시다. ¶暂作～ | 당분간 중지한다.
【罢免】bàmiǎn [動] 파면하다. 해임하다. ¶～职务 | 직무에서 해임시키다. ¶只要有三分之二的多数票, 就可以～任何人 | 삼분의 이의 찬성만 있으면 어떤 사람이라도 파면할 수 있다.
【罢免权】bàmiǎnquán [名] 파면권. ¶～掌握zhǎngwò在他手中, 有什么法子 | 파면권이 그의 손안에 있으니 무슨 방법이 있겠느냐?
【罢亲】bàqīn [動] 파혼(破婚)하다. 혼인을 파기하다.
【罢市】bà/shì ❷ [動] 상인들이 동맹 파업하다. ❷ [動] (전쟁이나 재해 등으로) 철시하다. 파시하다. ❸ [動] [奧] 농산물이 시장에서 없어지다. 출하가 없어지다. ¶那段时间西红柿都快～了 | 그간에 토마토는 모두 시장에서 사라지려하였다. ❹ (bàshì) [名] (상인들의) 동맹 파업. 파시. 철시.
【罢手】bàshǒu [動] 손을 떼다. (하던 일을) 중지하다. ¶干了多年的黑市买卖, 要他马上～是很难的 | 다년간 지하 시장에서 장사를 해왔는데, 바로 손을 씻는 것은 매우 어렵다. ¶事还没成, 他就～不干了 | 일이 되기도 전에 그는 손을 떼고 말았다→〔歇xiē手〕
【罢退】bàtuì ⇒〔罢黜②〕
【罢息】bàxī ⇒〔罢休〕
【罢休】bàxiū [動] ❶ 그만두다. 중지하다. 손을 놓다 [주로 부정문으로 쓰임] ¶不找到油田, 决不～ | 유전을 찾기 전에는 절대로 그만두지 않겠다. ¶事到如此 只好～ | 일이 이렇게 된 이상 손을 떼는 수밖에 없다＝〔罢息〕
【罢职】bà/zhí [動] 해임(解任)하다. 면직(免職)하다. 해고하다. ¶被～了 | 해임되었다. ¶他被～是因为不胜任其工作 | 그가 해임된 것은 자기의 일을 감당할 수 없었기 때문이다.
Ⓒ pí
【罢敝】píbì ⇒〔疲pí敝〕
【罢软】píruǎn ⇒〔疲pí软〕

【䎱(糴)】 bà 써레 파

「耙」와 같음⇒〔耙bà Ⓐ〕

【鲅(鮁)】 bà 삼치 발

[名]〈魚貝〉삼치＝〔鲅鱼〕〔蓝lán点鲅〕〔马鲛jiāo鱼〕〔燕yàn鱼〕

4【霸〈覇〉】 bà 두목 패

❶ [名] 횡포를 일삼는 자. 권세를 업고 민중을 박해하는 인물. ¶他是过去码头上的一～ | 그는 과거 부두의 깡패 두목이었다. ❷ [名] [簡]〈政〉패권주의(霸權主義). ¶反～斗争 | 반 패권주의의 투쟁. ❸ [動] 군림하다. 다스리다. 마음대로 좌지우지하다. ¶他把这个地方～起来 | 그는 이 지역에서 군림하기 시작하였다. ❹ [動] 독점하다. 점거하다. 폭력으로 빼앗다. ¶～住不让 | 점거하고 내놓지 않다. ¶～产↓ ❺ 고대 제후의 패자. 제후 연합의 수령. ¶春秋五～ | 춘추오패. 춘추 시대의 다섯 맹주. ❻ [尾] 악당. 패자 [명사 뒤에 쓰여 패권주의 혹은 그러한 기풍을 지닌 단체나 개인을 지칭함] ¶恶～ | 악당(惡黨). ❼ (Bà) [名] 성(姓).
【霸产】bàchǎn [動] 재산을 몰수하다. 강제로 재물을 빼앗다.
4【霸道】ⓐ bàdào ❶ [名] 패도. ¶～是敌不过王道的 | 패도는 왕도를 이길 수 없다. ❷ [形] 횡포(橫暴)하다. 포악하다. ¶脾气太～ | 성질이 너무 포악하다. ¶那人说话可真～ | 그 사람 말하는 것이 정말 포악하다.
ⓑ bà·dao [形] 격렬하다. 사납다. 심하다. ¶这药太～ | 이 약은 너무 독하다. ¶这酒真～, 少喝点吧 | 이 술은 정말 독하니 조금만 마셔라.
【霸气】bàqì [形] 포악 무도하다. 난폭하다. ¶那人～得很 | 저 사람은 난폭하기 그지없다.
4【霸权】bàquán [名] 패권. 헤게모니(hegemony). ¶～思想 | 패권 사상. ¶～政治 | 패권 정치＝〔领导权〕〔盟méng主权〕
【霸权主义】bàquán zhǔyì [名] 패권주의.
【霸市】bàshì [動] 시장을 독점하다. 매점매석(買占賣惜)하다. ¶欺qī行háng～ | 시세를 마음대로 속이고 시장을 독점하다→〔垄lǒng断资本〕
【霸天下】bà tiānxià [動組] 천하를 지배하다. 천하의 권력을 잡다.
【霸王】bàwáng [名] ❶ 패왕 [제왕이나 제후들의 수령이나 패자에 대한 존칭] 패자(霸者). ❷ 패주. 패왕 [월왕(越王) 구천(勾踐)이나 초왕(楚王) 항우(項羽)의 존호] ¶～别姬 | 항우(項羽)가 해하(垓下)에서 포위되어 우미인(虞美人)과 함께 죽는 내용의 경극(京劇) 제목. ❸ [喩] 패자. 폭

군. 전횡을 하는 사람. 횡포를 부리는 사람. 난폭한 사람. ¶他靠kào着父亲的权势quánshì, 想在这里当小~ | 그는 아버지의 권세에 기대어 이곳의 패자가 되려고 한다.

【霸王鞭】bàwángbiān 名 ❶ 패왕편 [양 끝에 구리로 장식하고 채색한 짧은 곤봉(棍棒)으로 민간 무용에 쓰임] ❷ 패왕편 [패왕편을 휘두르며 노래와 춤을 곁들이는 민간 무용] =〔打连厢〕〔花棍舞〕 ❸ 녹산호(綠珊瑚)의 다른 이름. ❹〈植〉 뱀선인장 =〔金刚纂〕

4【霸占】bàzhàn 動 강제로 점령하다. 무력으로 차지하다. 강제로 빼앗다. ¶旧jiù时代, 地主~了大片土地, 农民无地可耕gēng | 구시대에 지주가 대대적으로 토지를 강점하여 농민은 경작할 땅이 없었다. ¶使用军事力量~别国领土 | 군사력으로 다른 나라의 영토를 점령하였다. ¶~人家的未婚妻 | 남의 약혼녀를 차지하다 =〔霸据〕

【霸主】bàzhǔ 名 ❶ 맹주(盟主). 패주 [춘추시대(春秋時代)에 세력이 가장 커 연합의 수령이 된 제후] ❷ 우두머리. 두목. 왕 [어떤 영역이나 지역에서 우두머리가 된 사람이나 집단] ¶海上~ | 해상 무역 왕. 밀수 왕.

【灞】Bà 물이름 파
名〈地〉파수(灞水) [섬서성(陝西省) 남전현(藍田縣)에서 발원하는 강 이름]

【灞桥折柳】Bà qiáo zhé liǔ 成 이별을 슬퍼하며 재회를 약속하다 [「灞桥」는 당대(唐代) 섬서성(陝西省) 장안(長安)의 동쪽에 있던 다리로. 장안을 떠나는 사람을 여기까지 전송하고 버들가지를 꺾어서 재회를 약속하였다고 함]

·ba ㄅㄚ˙

1【吧】·ba ☞ 吧 bā Ⓑ

3【罢】·ba ☞ 罢 bà Ⓑ

bāi ㄅㄞ

4【掰】bāi 쪼갤 반/배
動 ❶ (두 손으로) 벌리다. 쪼개다. 가르다. 꺾다. 까다. ¶~一个香蕉xiāngjiāo来 | 바나나를 까다. ¶~一个老玉米来 | 여문 옥수수 한 개를 꺾다. ¶把蛤gé蜊~开 | 대합조개를 까다. ❷ (관절 등이) 어긋나다. 빠지다. ¶~骨缝féng儿 | 관절이 어긋나다. ❸ 따돌리다. ¶总是他们~我 | 언제나 그들은 나를 따돌린다. ❹ 京 절교하다. ¶终于他们俩~了交情 | 결국 그들 두 사람은 절교했다. ❺ 京 분석하다. 말하다. 언급하다. ¶跟他把这个问题~了半天 | 이 문제에 대해 그와 온종일 분석하였다. ❻ 京 흠을 들추어내다 ‖ =〔擘bò④〕

【掰不开】bāi·bu kāi 動組 쪼갤 수 없다. 가를 수 없다. 떼어놓을 수 없다. ¶~的交情 | 갈라 놓을 수 없는 우정.

【掰不开镊子】bāi·bu kāi niè·zi 動組 喩 北 족쇄를 풀 수 없다. 떨쳐 버릴 수가 없다. 난처하다. 다루기 거북하다. ¶这么个小问题, 你还~! | 이런 사소한 일을 가지고 아직도 난처해 하느냐!

【掰扯】bāi·che ⊗ bāi·chi) 動 京 ❶ 잡아 찢다. 찢어 벌리다. ¶把外皮~开瞧里头 | 겉을 찢고 안을 보다. ❷ (이치·도리를) 궁리하다. 분석하다. ¶你们~一下这个道理 | 너희들 이 이치에 대해 깊이 생각해 보아라. ❸ 손으로 만지며 애를 쓰다. 안간힘을 쓰다. ¶这螺丝~半天也没安上 | 온종일 애를 써도 이 나사를 끼우지 못했다 ‖ =〔掰哧·chi〕

【掰交情】bāi jiāo·qing 動組 절교하다. 사이가 틀어지다. ¶有话就说, 不能~ | 할 말이 있으면 바로 해야지, 우정을 갈라서는 안 된다.

【掰开】bāikāi 動 쪼개다. 나누다. 까다. ¶~石榴liú | 석류를 쪼개다. ¶把馒mán头~两半 | 만두를 두 쪽으로 나누다.

【掰开揉碎】bāi kāi róu suì 成 쪼개고 비비고 부셔보다. 거듭 반복하다. 이리 저리 시도해 보다. 세세하게 분석하다. ¶~跟他说, 他还是不明白 | 거듭 반복하여 그에게 말했지만 여전히 모른다.

【掰了】bāi·le 動 方 사이가 벌어지다. 관계가 나빠지다. 잘못을 들추어내어 싸우다. ¶咱们两家关系历来不错, 说什么也不能~ | 우리 두 집안은 오래전부터 좋은 관계였기 때문에 무슨 말을 해도 사이가 벌어지지 않는다.

【掰脸】bāiliǎn 動 사이가 틀어지다. 외면하다. 등을 돌리다 =〔失和气〕〔闹生分〕→〔翻脸〕

bái ㄅㄞˊ

1【白】bái 흰빛 백
❶ 形 하얗다. 희다. 창백하다. ¶他头发fà~了 | 그의 머리는 희어졌다. ¶他脸liǎn色很~ | 그는 얼굴이 창백하다 ⇔〔黑〕 ❷ 轉 장례(葬禮) 등 슬픈 일에 관한 것을 나타냄. ¶办~事 | 장례식을 치르다. ¶红~事 | 경조사(慶弔事). ¶穿~ | 상복을 입다 ⇔〔红〕 ❸ 轉 반동(反動)의. 반동적인 [정치적인 반동·반혁명을 나타냄] ¶~区↓ ¶~军↓ ❹ 形 밝다. 환하다. ¶东方已经发~了 | 동녘 하늘이 어느새 밝았다. ❺ 명백하다. 밝혀지다. 들어나다. ¶真相大~ | 진상이 그대로 밝혀지다. ¶不~之冤 | 밝힐 수 없는 억울함. 씻을 수 없는 누명. ❻ 形 청결하다. 깨끗하다. ¶脚jiǎo洗得真~ | 발을 아주 깨끗하게 씻었다. ¶身家清~ | 출신이 깨끗하다. ❼ 形 아무것도 없다. 텅비다. ¶~卷↓ ¶一穷qióng二~ | 아무 것도 가진 것 없이 가난하다. ¶~水 | 맹물. ¶~嘴zuǐ儿吃饭 | 찬도 없이 밥을 먹다. ❽ 形 솔직하다. 정직하다. ¶坦tǎn~ | 솔직하다. ❾ 副 헛되이. ¶~费力气 | 헛수고하다. ¶~跑一趟 | 한 바탕 헛걸음하다. ❿ 副 거저. 무료로. ¶~看电影 | 공짜로 영화를 보다. ¶~吃公家的饭 | 국가기관의 밥을 공짜로 먹다. 놀고 월급을 타다. ⓫ 動 백안시하다. ¶她又是~了他一眼 | 그녀는 또 그를 힐끗보며 백안시했다. ⓬ 形 (맛이) 싱겁다. 물기가 많다. ¶那个菜做得太~了, 加点盐yán吧 | 그 요리는 너무 싱거우니, 소금을 더 치시오. ⓭ 形 잘못되다. 틀리게 하다. ¶把发音念~了 | 발음을 잘못 읽었다. ¶写~字 | 글자

를 틀리게 쓰다. ⑭[書][動]말하다. 진술하다. ¶自～ | 자백하다. ⑮소금으로만 간을 맞추다 [간장을 사용한 것을「红」이라고 함] ¶～炒↓ ⑯[名]〈演映〉대사. ¶科～ | 동작과 대사. ¶独～ | 독백. ⑰구어(口語)⇔〔文言〕 ¶文～对译 | 문어와 구어의 대역. ⑱[名]방언. ¶苏～ | 소주(蘇州) 방언. ⑲[書][名]술잔. ¶大～ | 큰 술잔. ⑳⇒〔白族〕 ㉑(Bái) [名]성(姓).

【白皑皑】báiáiái [貺](눈 따위가) 새하얗다. ¶～雪原 | 새하얀 설원.

【白矮星】báiǎixīng [名]〈天〉백색 왜성.

【白艾】báiài [名]〈植〉쑥 =〔艾ài①〕

【白案(儿)】báiàn(r) [名]주방에서 흰색인 밥·떡·찐빵 등을 만드는 일→〔红案(儿)〕

3【白白(儿)】báibái(r) [貺]❶새하얀. ¶把墙壁qiángbì粉刷fěnshuā得～ | 벽을 새하얗게 칠하였다. ❷공연히. 쓸데없이. 헛되게. ¶～地花了许多时间还是修不好 | 많은 시간을 허비하고도 아직 다 수리를 하지 못하였다. ¶我不能～输给他 | 나는 그에게 쉽게 질 수 없다.

【白白净净(儿)】bái·bai jìngjìng(r) [貺](살결이) 희고 말쑥하다. ¶～脸蛋 | 희고 맑은 얼굴.

【白白胖胖】bái·bai pàngpàng [貺](살결이) 희고 포동포동하다. ¶～的小子 | 살결이 희고 포동포동한 어린 녀석.

【白班儿】báibānr [名]낮반. 주간 근무 반. ¶工人分黑～做工 | 근로자들은 밤교대와 낮교대로 나누어 일을 한다.

【白斑病】báibānbìng ⇒〔白癜diàn风〕

【白报纸】báibàozhǐ [名]신문 인쇄용 종이. 신문 용지.

【白璧微瑕】bái bì wēi xiá [成]백옥(白玉)에 있는 작은 흠. 옥에 티. 극히 사소한 과실→〔美中不足〕

【白璧无瑕】bái bì wú xiá [成]백옥(白玉)에 흠이 하나도 없다. 완전무결하다. 흠이라곤 찾아 볼 수 없다 =〔白玉无瑕〕

【白不呲咧】bái·bucīliē [貺][京][北]❶(색깔이) 바래다. (음식 맛이) 싱겁다. ¶蓝lán衣服洗得有些～的, 应该染rǎn一染了 | 남색 옷을 빨았더니 색깔이 좀 바래서 염색을 해야겠다. ¶这个菜怎么～? 没搁gē盐吧 | 이 요리맛이 어째 이렇게 싱거우냐? 소금을 안 넣었구나. ❷수수하다. 화려하지 않다. 조촐하다. ¶本地人过年老那么～, 一点儿不花哨shào | 이 고장 사람들은 항상 설날을 조촐하게 보내서 조금도 야단스럽지 않다.

【白布】báibù [名]흰 베. 흰 천. ¶提花～ | 흰 무늬의 옥양목.

2【白菜】báicài [名]❶〈植〉배추. ¶小～ | 봄 배추. ¶大～ | 가을 배추. ¶～帮子 | 배추 겉잎 줄거리 =〔大白菜〕〔黄芽菜〕〔结球白菜〕〔[書]菘①〕〔[方]菘菜〕 ❷김칫거리 채소.

【白嗟嗟】báichāchā [貺]창백하다. 푸르스름하다. ¶脸上～ | 얼굴이 창백하다. ¶～的白光 | 푸르스름한 빛.

【白吃】báichī [動]❶공짜로 먹다. 거저 먹다. ¶你来～, 不肯还钱 | 너는 공짜 밥을 먹고도 돈을 내지 않으려 하나. ¶～鱼还嫌xián腥xīng | 공짜 생선을 먹으면서 비린내 난다 탓하다. ❷놀고먹다. 무위도식하다. 밥만 축내다.

【白痴】báichī [名]❶〈醫〉백치. 백치 병 환자. ❷바보. 천치. 멍청이.

【白炽】báichì ⇒〔白热〕

【白炽灯】báichìdēng [名]〈電氣〉백열등 =〔白炽电灯〕

【白醋】báicù [名]흰 식초 [「陈chén醋cù」「黑醋cù」따위의 적황색 식초에 대응하여 쓰는 말]

【白搭】báidā [動]❶헛일하다. 헛수고하다. ¶浪费了地, 也～了工 | 땅도 버렸고 헛수고만 하였다. ¶你再去也是～ | 네가 다시 가 봐도 역시 허사이다. ❷무임 승차(乘車)·승선(乘船)하다. 공짜로 차를 타다. ¶就王公贵族也不应该坐车～ | 왕가 귀족이라도 무임승차할 수 없다. ❸[方]마지막이 되다. 끝장이다. ¶～你一个 | 네가 마지막이다. ¶二叔叔死了, 你是～ | 둘째 숙부가 돌아가셨으니, 너도 이제는 끝장이다.

【白带】báidài [名]〈漢醫〉냉. 대하. 만성 질염(慢性膣炎)→〔赤chì带〕

【白党】báidǎng [名]백당 [러시아의 10월 혁명 이후 볼셰비키 혁명에 반대하였던 반동집단]

【白刀子进去红刀子出来】báidāo·zi jìn·qu hóngdāo·zi chū·lai [俗]흰 칼이 들어갔다 붉은 칼이 나오다. 살인하다. 목숨을 걸고 해보다. ¶再不把钱交出来, 我们就要～了 | 다시 또 돈을 내 놓지 않으면 우리들은 살인이라도 할 것이다. ¶要是我就给他个～ | 나였더라면 목숨을 걸고라도 해 보았을 것이다.

【白瞪】báidèng [動]사납게 쏘아보다. 매섭게 흘겨보다. ¶他先是一愣, 随即～她一眼 | 그는 처음에 어안이 벙벙했지만, 곧 그녀를 사납게 쏘아보았다.

【白瞪眼儿】báidèng yǎnr [動組]눈의 흰자위를 내보이다. 말이 막히다. 어쩔 수 없다. ¶咱有正义, 有人民, 他可～了 | 우리편에는 정의가 있고 인민이 있으니, 그도 어쩔수 없을 것이다. ¶这是个绝jué症zhèng, 早发觉fājué也是～ | 이것은 불치의 병이므로, 일찌감치 발견했더라도 역시 손을 쓸 수가 없었을 것이다.

【白地】báidì ❶[名]농작물을 심지 않은 땅. 공지(空地). 빈터. 나대지. ¶这块～好大, 准备建设住宅区 | 이 공터는 아주 큰데, 주택단지를 건설하려고 준비하고 있다. ¶他的房子烧成～了 | 그의 집은 불타서 공터가 되었다. ❷(～儿) [名]흰 바탕. ¶～红花 | 흰 바탕에 붉은 꽃⇔〔黑地(儿)②〕=〔白地子〕 ❸[副]고의로. 일부러. 공연히. 까닭없이. ¶相看月未堕duò, ～断duàn肝肠gānchǎng | 달이 아직 지지 않은 것을 보고 까닭없이 애를 태운다. ❹⇒〔白区qū〕

【白癜风】báidiànfēng [名]〈醫〉백반증(白斑症) =〔白斑病〕〔瘢bān风〕

【白丁】báidīng [名]❶관직도 지위도 없는 사람. 가진 것이 아무 것도 없는 사람. 알몸뚱이→〔大光杆儿②〕 ❷출세할 희망 조차 없는 사람. 집안이 좋지 않은 사람. ❸평민. 백성. 상민. ¶～小民 |

평민 =〔白人(儿)〕〔白民〕〔白氐〕〔白身〕〔白徒〕〔白衣人〕❹ 俗 중국 공산당에 가입하지 않은 사람. 비당원. ❺ 무식한 사람.

【白俄罗斯】Báiéluósī 名 外 〈地〉 벨로루시아(Belorussia)[「独立国家国协」(독립국가연합:CIS) 중의 한 나라. 수도는 「名斯克」(민스크)] =〔白俄①〕

【白垩】bái'è 名 백악. 백돈자(白墩子) [petuntse; 중국산 도자기 제조용 백토(白土)] =〔白土子〕

【白垩纪】Bái'èjì 名 〈地質〉 백악기.

【白垩系】Bái'èxì 名 〈地質〉 백악계.

【白饭】báifàn 名 ❶ 백반. 흰밥. 쌀밥. ¶韩国人都爱吃~ | 한국인은 쌀밥을 즐겨 먹는다. ❷ 맨밥. ¶他家穷得连一顿~也吃不上 | 그의 집은 밥 한 끼도 먹을 수 없을 만큼 가난하다.

【白匪】báifěi ⇒〔白军jūn〕

【白费】báifèi 動 허비하다. 헛되이 쓰다. 낭비하다. ¶~宝贵的时间 | 귀중한 시간을 낭비하다. ¶~事 | 헛수고 하다. ¶~心机 | 헛되이 애를 쓰다.

【白费唇舌】báifèi chúnshé ⇒〔白说shuō〕

【白费蜡】báifèilà 動組 공연한 수고를 하다. ¶我们找他请帮忙是~ | 우리가 그를 찾아 도움을 구한다는 것은 헛된 수고이다.

【白粉病】báifěnbìng 名 〈農〉 (식물의) 백분병. 백삽병(白澁病).

【白干酒】báigānjiǔ ⇒〔白干儿〕

【白干儿】báigānr 名 배갈 [고량주(高粱酒)의 통칭] ¶一瓶老~ | 오래된 고량주 한 병 =〔白干酒〕→〔白酒〕〔烧酒〕〔高粱〕

【白给】báigěi 動 ❶ 공짜로 주다. 쓸데없이 주다. ¶这么贵的东西, 谁也不肯~人 | 이렇게 비싼 물건은 누구도 남에게 그냥 주려 하지 않을 것이다. ❷ 비교가 안되다. 상대가 안되다. ¶叫他作文别人都~ | 그에게 글을 쓰게 하면, 다른 사람은 비교가 안된다

【白宫】Bái Gōng 名 外 백악관(白堊館).

【白骨】báigǔ 名 백골 →〔骨灰〕

【白果】báiguǒ 名 〈植〉 은행(銀杏). ¶油浸jìn~ | 사라다 기름에 절인 은행 [폐병에 효과가 있다고 함] =〔灵líng眼〕

【白果儿】báiguǒr 名 方 계란. 달걀 =〔鸡蛋〕

【白果树】báiguǒshù 名 〈植〉 은행(銀杏)나무 =〔银杏树〕

【白果松】báiguǒsōng 名 〈植〉 백송 =〔白松〕〔白皮松〕

【白喉】báihóu 名 〈醫〉 디프테리아(diphtheria). ¶~菌jùn | 디프테리아균 =〔喉痧shā①〕〔马脾mǎpí风〕

【白喉抗毒素】báihóu kàngdúsù 名 〈醫〉 디프테리아 혈청(血淸) =〔白喉血清〕

【白忽忽】báihūhū 狀 희부옇다. ¶~的尘土 | 희부연 먼지 =〔白乎乎〕〔白糊糊〕

【白虎】báihǔ 名 ❶ 백호 [전설상의 악귀(惡鬼)] ❷ 이십팔수(二十八宿)중 서쪽 일곱 별 [규(奎)·루(婁)·위(胃)·묘(昴)·필(畢)·자(觜)·삼(參)의 총칭] →〔苍cāng龙〕 ❸ 俗 음모(陰毛)가 없는 여자 →〔青qīng龙④〕

【白花花】báihuāhuā 狀 새하얗다. 눈부시게 희다. ¶~一大堆银子 | 번쩍번쩍 빛나는 은화(銀貨) 더미. ¶~的水波 | 은빛 물결.

【白化病】báihuàbìng 名 ❶ 〈農〉 식물(植物)의 잎이나 꽃이 퇴색(退色)하는 병. ❷ 〈醫〉 색소 결핍증. ¶~人 =〔天老儿〕 | 백인(白人). 피부 색소 결핍증인 사람.

【白话】báihuà ❶ 名 빈말. 허튼 소리. ¶空口说~ | 빈입에 헛소리하다. ¶瞎xiā~ | 허튼 소리를 하다 =〔白货·huo〕 ❷ 名 백화. 구어(口語). ¶~成为主流是从五四运动以后开始的 | 구어가 주류를 이룬 것은 5·4운동 이후에 시작된 것이다 ⇔〔文言①〕

【白话诗】báihuàshī 名 백화시[5·4운동 이후, 고전적 시율(詩律)을 무시하고 백화(白話)로 쓴 시]

【白话文】báihuàwén 名 구어체 문장 =〔语体文〕

【白晃晃】báihuānghuāng 狀 반짝반짝 빛나다. 하얗게 비치다. ¶~的照弹zhàodàn | 하얗게 번쩍이는 조명탄. ¶~的剑jiàn | 번득이는 칼.

【白灰】báihuī 名 석회(石灰). 백회.

【白活】báihuó ❶ 名 장례 때 쓰는 종이로 만든 집·수레·상자 따위의 명기(冥器) =〔烧活〕 ❷ 動 헛되이 살아가다. ¶连这都不懂, 你~了 | 이런 것 조차도 모르다니, 넌 헛 살았다. ¶~一辈子 | 일생을 헛되이 살다.

【白酱油】báijiàngyóu 名 〈食〉 엷은 빛깔의 간장 [음식 색깔을 잘 내기 위해 쓰는 맑은 간장] ⇔〔黑hēi酱油〕

【白金】báijīn 名 ❶ 〈化〉 백금 =〔铂bó〕 ❷ 은(銀)의 다른 이름.

【白净】bái·jing 形 (살결이) 희고 곱다. ¶这位小姐长zhǎng得真~ | 이 아가씨는 참으로 살결이 희고 곱게 생겼다. ¶~的皮肤 | 희고 고운 피부.

【白净净】báijìngjìng 狀 (살결 따위가) 희고 곱다. 말쑥하다. ¶~的妇女脸孔 | 희고 고운 여인의 얼굴.

4【白酒】báijiǔ 名 배갈. 백주. 고량주. ¶~红人面, 黄金黑世心 | 諺 술은 사람의 얼굴을 붉게 하고, 황금은 사람의 마음을 검게 한다 =〔白干儿〕→〔高粱酒〕〔汾fén酒〕

【白驹过隙】bái jū guò xì 威 흰 말이 틈새를 지나가다. 시간은 빨리 지나간다. 세월은 흐르는 물과 같다. ¶人生如~ | 인생은 유수와 같이 빨리 지나간다 =〔隙驹〕〔过隙白驹〕〔隙駟〕

【白卷(儿)】báijuàn(r) 名 백지 답안. ¶交~ | 백지 답안을 내다 →〔卷子〕

【白军】báijūn 名 백군 [1927~37년 사이의 중국 국민당(國民黨) 군대. 혁명적 색채가 없는 보수파의 군대] =〔白匪〕⇔〔红军①〕

【白开水】báikāishuǐ 名 끓인 물 =〔滚gǔn白水〕

【白口】báikǒu 名 ❶ 백구 [목판본(木版本) 판형의 하나로 가운데 접힌 곳의 상하(上下)를 희게 남긴 것. 검은 것은 「黑口」라고 함] ❷ (~儿) (전통극의) 대사(臺詞). ¶千金~四两唱 | 희곡에서 대사가 창보다 훨씬 중요하다. ❸ (~儿) 말하는 태도·방법·내용. 어투. ¶他要改~ | 그는

말하는 습관을 바꿔야만 한다.

【白口铁】báikǒutiě 名 백주철(白鑄鐵). 백선(白銑) ＝〔白铸铁〕→〔灰口铸铁〕

【白蜡】báilà 名 백랍. ❶ 백랍 벌레의 분비액 ＝〔虫chóng蜡〕 ❷ 수랍(水蠟) [밀랍을 햇볕에 쬐어 만든 순백색의 물질]

【白蜡杆子】báilà gān·zi 名 백랍나무로 만든 곤봉(棍棒). 무술 연마에 사용하는 곤봉 ＝〔白蜡棍gùn〕

【白兰地(酒)】báilándì(jiǔ) 名 外〈食〉브랜디(brandy). ¶～糖果｜브랜디를 속에 넣은 사탕 ＝〔勃bó兰地〕〔蒲pú兰地〕〔拔bá兰地〕

【白浪滔天】bái làng tāo tiān 成 큰 물결이 하늘로 치솟다.

【白梨】báilí 名〈植〉흰살 배. 과즙이 많고 부드러운 배.

【白厉厉】báilìlì 貺 창백하다. 해쓱하다. ¶气得脸～｜화가 나서 얼굴이 창백하다.

【白莲教】Báiliánjiào 名〈宗〉백련교 [남송(南宋) 초기 자조자원(慈照子元)이 주도한 종교적 비밀결사 단체. 원(元)·명(明)·청대(清代)에 민간에서 유행하였으며, 백련교의 이름으로 여러 차례 농민 봉기가 일어났음]

【白脸】báiliǎn 名 ❶ (～儿) 악역(惡役). 음험한 사람. 부정적인 사람. [전통극에서 악역은 얼굴을 희게 칠한데서 유래] ¶唱～｜악역을 하다. ¶唱～的｜악역을 담당하는 놈. ¶～狼｜무자비한 놈. 무뢰한.→〔黑hēi头〕 ❷ (새파란) 젊은이. 어린 놈.→〔小xiǎo伙子〕 ❸ 무뚝뚝한 얼굴. ¶扯chě～｜무뚝뚝한 얼굴을 하다. ❹ 흰 얼굴. ¶～黑心｜얼굴은 희지만 속은 검다.

【白蔹】báiliǎn 名〈植〉백렴. 가위톱 ＝〔白荃〕

【白磷】báilín 名〈化〉인(燐). 황린. ＝〔黄磷〕→〔赤chì磷〕

【白蛉(子)】báilíng(·zi) 名〈蟲〉눈에놀이. 멸몽(蠛蠓) ＝〔摆bǎi翎子〕

【白领阶级】báilǐng jiējí 名 外 화이트칼라(white collar). 샐러리맨. ¶～面临减薪的厄运｜봉급자들은 감봉이라는 액운에 부딪쳤다.

【白露】báilù 名 백로 [24절기의 하나]

【白鹭】báilù 名〈鳥〉백로 ＝〔白鹭鸶〕

【白马王子】báimǎ wángzǐ 名組 백마왕자 [여성들이 이상적으로 생각하는 연인] ¶歌坛tán上的张学友成了妙龄miàolíng少女们的～｜가요계에서는 장학우가 묘령의 소녀들에게 백마왕자가 되었다.

【白(蚂)蚁】bái(mǎ)yǐ 名 ❶〈蟲〉흰개미. ❷ 俗 (여자를 유혹하는) 제비. 부랑자. 불한당.

【白茫茫】báimāngmāng 貺 온통 끝없이 하얗다.

【白忙】báimáng 動 헛수고만 하다. 실속없이 분주하다. 쓸데없이 바쁘다. ¶～了一天, 毫háo无收获huò｜하루종일 헛수고만 하고 조금의 소득도 없었다.

【白猫黑猫论】báimāo hēimāo lùn 名組 백묘흑묘론. 흰 고양이든 검은 고양이든 쥐만 잡으면 된다는 논리 [1962년 심각한 경제적 곤란을 극복하기 위해 등소평(鄧小平)이 주장한 것으로 증산(增產)을 위해서라면 농가의 단독 경영도 허용할 수 있다는 취지에서 나온 사고 방식]

【白毛】báimáo 名 ❶ (동물의) 흰 털. 솜털. ❷ 흰 곰팡이. ¶长了～了｜흰 곰팡이가 피었다 ＝〔白霉méi〕〔白莓méi〕

【白毛风】báimáofēng 名 方 찬 바람. 폭풍 한설(暴風寒雪).

【白毛(儿)汗】báimáo(r)hàn 名 京 비지땀. 식은땀.

【白茅】báimáo 名 ❶〈植〉백모. 띠 ＝〔丝茅〕 ❷ 백모근(白茅根).

【白眉】báiméi 名 ❶〈鳥〉흰 눈썹 지빠귀. 흰 눈썹 티티새. ❷ 흰 눈썹. ❸ 백미. 가장 뛰어난 사람이나 물건. 출중한 사람 [촉한(蜀漢)의 마양(馬良)의 다섯 형제가 모두 재주가 있으나 그 중에서도 눈썹이 흰 양(良)이 가장 뛰어났다는 고사(故事)에서 온 말]

【白煤】báiméi 名 ❶ 方〈鑛〉무연탄(無煙炭). ¶用～烧饭比用电烧饭香多了｜무연탄으로 밥을 짓는 것이 전기로 밥을 짓는 것보다 훨씬 향기롭다 ＝〔无烟煤〕 ❷ 동력용 수력(水力).

【白蒙蒙】báimēngmēng 貺 (연기·안개·증기 따위가) 자욱하다. 뽀얗게 퍼져 있다. ¶下起大雾来, ～的一片, 十步以外的东西都看不清｜안개가 천지가 자욱하도록 잔뜩 깔려 십보 밖의 물건은 아무 것도 보이지 않는다.

【白米】báimǐ 名 백미. 흰쌀. 정미(精米) [「糙cāo米」(현미)와 구별하여 쓰는 말]→〔红米〕〔糯nuò米〕

【白米饭】báimǐfàn 名〈食〉흰 쌀밥 ＝〔大米饭〕

【白面】báimiàn 名 흰 얼굴. 그을리지 않은 얼굴. ¶～人｜俗 호색꾼.

【白面书生】bái miàn shū shēng 成 백면 서생. 글만 읽고 세상일에 경험이 없는 사람.

【白面】báimiàn 名 밀가루 ＝〔机器面①〕

【白面儿】báimiànr 名〈藥〉헤로인(heroin) ＝〔海洛因〕

【白描】báimiáo ❶ 名〈美〉백묘(白描) [먹으로 진하게 선(線)만을 그리는 동양화 화법] ❷ 名〈文〉(문학 작품의) 소묘(素描) ❸ 動 스케치하다.

【白木耳】báimù'ěr 名〈植〉흰 참나무 버섯 ＝〔银耳〕→〔木耳〕

【白内障】báinèizhàng 名〈醫〉백내장. ¶～摘除手术｜백내장 적출(摘出) 수술.

【白嫩】báinèn 形 (피부 따위가) 희고 보드랍다.

【白胖】báipàng 貺 살결이 희고 통통하다. ¶～子｜희고 통통한 사람.

【白跑】báipǎo 動 헛걸음하다. ¶～了一趟｜한바탕 헛걸음했다.

【白赔】báipéi 動 눈뜨고 손해보다. 이유없이 손해보다. ¶没捞lāo到什么好处, ～了两百块钱｜좋은 것이라곤 아무 것도 건지지 못하고 이백원을 손해보았다.

【白砒】báipī ⇒〔砒霜shuāng〕

【白皮书】báipíshū 名〈政〉백서(白書). 화이트 페이퍼(white paper). ¶经济～｜경제백서.

【白皮松】báipísōng 名〈植〉백송 ＝〔白松②〕〔白

果(儿)松]〔三针松〕

【白旗】báiqí 名❶백기. 항복을 상징하는 기. ¶敌人高举~, 从阵地里走出来 | 적군은 백기를 높이 들고 진지 속에서 걸어 나왔다. ❷喩 자본주의 사상. 우파(右派)사상. ¶拔bá~ | 우파사상을 불식하다.

【白契】báiqì 名〈法〉미등기 부동산 매매 계약서. 개인적인 매매 계약서 [등기가 끝나고, 관인(官印)이 있는 것은 「红契」라고 함] =〔白头字儿〕〔白字(儿)②〕〔草契〕→〔红契〕

【白镪】báiqiǎng 名❶은(銀). ❷書 화폐로 쓰인 은(銀).

【白区】báiqū 名 백구 [1927~1937년 사이의 국민당 통치하의 지구] =〔白地④〕

【白饶一面儿】báiráo yīmiànr 狀組❶이유없이 의리에 얽매이다. 체면에 사로잡히다. ¶这~的事, 犯fàn不上作 | 이 같이 체면에만 얽매인 일은 할 만한 가치가 없다. ❷가치가 없다. 쓸데없다. 이유가 없다. ¶等着叫人家踢tī出去, 不是~吗? | 남에게 발로 채일 때까지 기다리는 것은 별다른 의미가 없지 않은가?《老舍·四世同堂》

【白热】báirè 名〈物〉백열 =〔白炽〕

【白热化】báirèhuà 名動 백열화(하다). ¶两国间的争端已达到了~的程度 | 양국간의 분쟁은 작열하는 정도에 이르렀다.

【白人(儿)】báirén(r) ❶⇒〔白丁③〕 ❷名 백인종(白人種).

【白刃】báirèn 名 예리한 칼날. 뽑아든 칼. 시퍼런 칼날. ¶拔掉刀鞘qiào, 露出~ | 칼집에서 칼을 뽑아 시퍼런 칼날을 들어내다.

【白刃格斗】báirèn gédòu ⇒〔白刃战〕

【白刃战】báirènzhàn 名 백병전(白兵戰) =〔白刃格斗〕〔肉搏战〕

【白扔】báirēng 動❶이용하지 않고 그냥 내버려 두다. 방치(放置)하다. ¶这些废铁别~着, 你不想卖钱吗? | 이런 고철을 방치하지 말고 돈으로 바꿀 생각은 없니?

【白日】báirì 名❶태양. ¶~落西山, 晚霞放光辉 | 태양이 서산으로 넘어가자, 저녁놀이 빛을 뿜어낸다. ❷書 백주(白晝). 대낮. ¶他~工作, 夜晚上学, 真了不起 | 그는 낮에 일하고 밤에 학교에 다니니 정말 대단하다 =〔白天〕〔白昼zhòu〕

【白日鬼】báirìguǐ 名 대낮의 도둑. 좀도둑. 사기꾼. 협잡꾼 =〔方 白日撞〕

【白日见鬼】bái rì jiàn guǐ 成 대낮에 도깨비를 보다. 터무니없다. 황당무계하다 =〔白天见鬼〕

【白日做梦】bái rì zuò mèng 成 대낮에 꿈을 꾸다. 이룰 수 없는 일을 시도하다. 꿈도 크다. ¶你也想当总经理, 真是~ | 너도 사장할 생각이냐, 정말 꿈도 크다.

【白肉】báiròu 名〈食〉돼지수육. ¶~馆儿 | 돼지수육 음식점.

【白色】báisè 名❶〈色〉백색. 흰빛. ¶~粉fěn末 | 백색 분말. ❷〈史〉반혁명(反革命)의 상징. ¶~政权 | 반혁명 정권. ¶~据jù点 | 반혁명 본거지→〔赤chì色〕

【白色恐怖】báisè kǒngbù 名〈史〉백색 테러(terror). 백색 공포.

【白森森】báisēnsēn 貶 차고 하얗다. 새하얗다. ¶~的皓齿hàochǐ | 새하얀 잇빨.

【白砂糖】báishātáng 名❶백설탕. 흰 설탕 [줄여서 「白糖」이라고도 함] ❷알이 비교적 굵은 흰 설탕→〔糖①〕〔绵mián白(糖)〕

【白山】báishān 名❶(눈이 덮여 있는) 흰 산. ❷(Báishān)〈地〉簡 장백산(長白山). 백두산(白頭山)→〔白山黑水〕 ❸(Báishān)〈地〉백산 [절강성(浙江省) 잠현(潛縣) 및 임해현(臨海縣)에 있는 산 이름]

【白山黑水】Báishān Hēishuǐ 名❶〈地〉장백산(長白山)과 흑룡강(黑龍江). ❷轉 동북 지방.

【白参】báishēn 名〈漢藥〉백삼→〔红hóng参〕

【白生生】báishēngshēng 貶 (피부·물품 등이) 희고 부드럽다. 윤기가 있다. 하얗다. ¶~牙齿 | 흰 잇빨. ¶~腿儿 | 희고 윤기 있는 다리.

【白食】báishí ❶名 奧 공짜 밥. ¶吃~ | 공짜 밥을 먹다. ❷動 공짜로 먹다. 거저 먹다. ¶我已成人了, 怎好意思~呢? | 나도 이미 성인인데 어떻게 거저 얻어 먹을 수 있겠습니까?

【白氏塑胶】báishì sùjiāo 名〈化〉페놀수지(phenol樹脂). 베이클라이트(bakelite)→〔酚fēn醛quán〕

【白事】báishì 名 상사(喪事). 초상. 장례. ¶办bàn~时, 中国人也穿chuān白衣的 | 장례식을 치를 때 중국인도 흰 옷을 입는다⇔〔红事〕〔喜事〕

【白手】báishǒu ❶名 빈손. 맨손 =〔空手〕〔素手〕 ❷副組 轉 아무 것도 가진 것 없이. 빈손으로. 맨주먹으로. ¶他~对付强盗 | 그는 맨손으로 강도를 처치하였다. ¶~夺duó刀 | 맨손으로 칼을 빼앗다.

【白手成家】bái shǒu chéng jiā ⇒〔白手起家〕

【白手起家】bái shǒu qǐ jiā 成 자수성가(自手成家)하다. 가진 것 없이 성공하다. 빈손으로 사업을 일으키다. ¶这个工厂是他们~搞起来的 | 이 공장은, 그들이 빈손으로 건설한 것이다 =〔白手成家〕〔白手兴家〕〔赤chì手成家〕

【白首】báishǒu 書 名 백발. 흰 머리. 백발의 노인. ¶~父母 | 노부모. ¶~不渝yú | 成 백발의 노령에 이르기까지 마음이 변하지 않다. ¶~之约 | 백발이 될 때까지의 약속. 약혼→〔白头tóu〕

【白水】báishuǐ 名❶맹물. ¶夏天的时候, 我喜欢喝~ | 나는 여름에 맹물마시기를 좋아한다. ❷書 맑고 깨끗한 하천. ¶苍山~, 景致jǐngzhì优美 | 푸른 산에 맑은 물, 경치가 수려하다. ❸(Báishuǐ)〈地〉백수현 [섬서성(陝西省)에 있음] ❹(Báishuǐ)〈地〉백수 [사천성(四川省) 송번현(松藩縣)의 동쪽을 흐르는 강. 감숙성(甘肅省) 임담현(臨潭縣) 서남쪽을 흐르는 강. 즉 옛 강수(羌水)]

【白水泥】báishuǐní 名 백시멘트. 흰색 시멘트.

【白说】báishuō 動組 소용없는 말을 하다. 쓸데없는 말을 하다. 공연히 말하다. ¶并不是~的 | 공연히 하는 말이 아니다. ¶怎么说也~ | 어떻게 말해도 소용없다 =〔白费fèi唇舌〕

【白死】báisǐ 動組 개죽음하다. 헛되이 죽다. ¶他

这不是～的｜그는 이번에 헛되이 죽은 것은 아니다.

【白松】báisōng ❶ 名〈植〉참백송나무 =〔华山松〕〔松子松〕〔五钗松〕〔五须松〕〔五叶松〕 ❷ ⇒〔白皮松〕

【白送】báisòng 動組 ❶ 증정하다. 거저 주다. ¶这是有人～我的｜이것은 어떤 사람이 나에게 증정한 것이다. ❷ 헛되이 보내다. 헛되이 쓰다. ¶～了一条性命｜한 목숨을 헛되이 버리다.

【白苏】báisū 名〈植〉들깨 =〔荏rěn〕

【白汤】báitāng 名〈食〉백탕. 백비탕 [소금기가 없는 국이나 고기만 삶은 국]

【白糖】báitáng 名 백설탕. ¶～块｜각설탕.

【白陶】báitáo 名 고령토로 빚은 흰색 백자기. 백도. ¶人像～, 很受人欢迎｜사람됨이 백자처럼 깨끗하여 누구에게나 환영을 받는다.

【白陶土】báitáotǔ 名 고령토→〔高岭(瓷)土〕

²【白天】bái·tian 名 낮. 주간(晝間). 종일. ¶蝙蝠biānfú晚上活动, ～休息｜박쥐는 밤에 활동하고 낮에 휴식한다. ¶～黑夜｜주야. 밤낮. ¶～清转多云｜낮 한때 개었다 흐림 [일기예보에 쓰는 말] =〔㊍日里〕→〔晚上〕〔夜里〕

【白天见鬼】bái tiān jiàn guǐ ⇒〔白日见鬼〕

【白条】báitiáo ❶ 區 희고 긴. ¶～草蜥xī｜흰꼬리풀 도마뱀. ❷ 區 (가축을 잡아) 털을 뽑고 내장을 들어 낸. ¶～鸡｜털뽑은 닭. 통닭. ¶～猪｜털뽑은 돼지. ❸ 名 (～儿, ～子) 가영수증(假領收證). 임시증명서 [도장이 찍히지 않아 정식 근거로 삼을 수 없는 증명서] ¶打个～｜임시 증명서를 떼다.

【白铁】báitiě ⇒〔镀dù锌铁(皮)〕

【白厅】Báitīng 名 ❶ 화이트홀(Whitehall) [영국 런던의 중심에 있는 옛 궁전] ❷〈地〉런던의 관청가. ❸ 轉 영국 정부.

【白头】báitóu 名 백발. 노인. ¶我已是～老人了, 还能做什么?｜난 이미 백발의 노인이 되었는데, 또 무슨 일을 할 수 있겠느냐? ¶此情此德, ～不敢忘也｜이 은덕은 백발이 되도록 잊을 수 없을 것입니다. ¶～亲｜노부모→〔白首shǒu〕

【白头(儿)到老】báitóu(r) dàolǎo ⇒〔白头偕xié老〕

【白头如新】bái tóu rú xīn 威 백발이 되도록 새로 사귄 친구와 같다. 둘의 사이가 서로 서먹서먹하기만 하다《史記·鄒陽列傳》

【白头翁】báitóuwēng 名 ❶〈鳥〉안락 할미새. ❷〈植〉할미꽃 =〔猫头翁〕〔老公花〕. ❸ 백발의 노인. ❹〈漢藥〉백두옹 [해독제로 쓰임]

【白头相守】bái tóu xiāng shǒu 威 부부가 백발이 되도록 서로 의지하고 살아가다.

【白头偕老】bái tóu xié lǎo 威 부부가 머리가 하얗게 새도록 오래오래 화목하게 살다. 백년 해로(百年偕老)하다. ¶祝你们恩爱相敬, ～｜너희들이 백발이 되도록 서로 존경하고 사랑하길 바란다 =〔白头(儿)到老〕

【白秃风】báitūfēng 名〈漢醫〉❶ 기계충. 두부 백선 =〔发癣〕 ❷ 독두병(禿頭病). 탈모증 ‖ =〔白癣xuǎn〕

【白徒】báitú ⇒〔白丁dīng③〕

【白土】báitǔ ❶ ⇒〔瓷cí土〕 ❷ ⇒〔海hǎi洛因〕

【白土子】báitǔ·zi ⇒〔白垩è〕

【白脱(油)】báituō(yóu) ⇒〔黄huáng油①〕

【白文】báiwén 名 ❶ 본문(本文). 원문(原文). [주해(註解)가 달려 있는 글의 원문] ¶先读～, 后看注解｜먼저 원문을 읽고, 나중에 주해를 보아라. ❷ 백문. 원전(原典) [주해가 달린 문장의 본문만 인쇄한 것] ¶十三经～｜십삼경 백문. ❸〈印出〉음각문(陰刻文) [인장(印章)의 글자를 들어가게 새긴 것] =〔阴yīn文〕⇔〔朱zhū文〕

【白皙】báixī 書 形 (얼굴이나 피부가) 희다. ¶～丰满｜얼굴이 희고 풍만하다. ¶～的面孔｜흰 얼굴 =〔白晰xī〕

【白鹇】báixián 名〈鳥〉백한. 흰 꿩 [명청(明淸)시대 관복(官服)의 가슴과 등 쪽에, 문관(文官)은 새(鳥), 무관(武官)은 짐승(獸)을 수(繡)놓았는데, 정5품(正五品) 문관은 백한을 수놓음]

【白鞋】báixié 名 상중(喪中)임을 나타내기 위해 흰 천 조각을 붙인 신발.

【白癣】báixuǎn ⇒〔白秃tū风〕

【白雪】báixuě 名 눈. 백설. 흰눈.

【白血病】báixuèbìng 名〈醫〉백혈병 [「血癌ái」는 속칭(俗稱)임] =〔白血症zhèng〕〔白血球增多症〕

【白血球】báixuèqiú 名〈生理〉백혈구 =〔白细胞〕〔白血轮〕→〔血球〕

【白血球增多症】báixuèqiúzēngduōzhèng ⇒〔白血病bìng〕

【白血症】báixuèzhèng ⇒〔白血病〕

【白眼】báiyǎn ❶ 名 (눈의) 흰자위. 백안. 냉대나 모멸적인 눈초리. ¶～看人｜사람을 백안시하다. ¶遭人～｜남에게서 백안시 당하다. ¶使～｜백안시하다. ¶～相加｜백안시하다 ⇔〔青眼〕→〔白着眼〕〔冷眼〕 ❷ ㊍〈魚貝〉숭어 =〔鲻zī〕

【白眼儿狼】báiyǎnrláng 名 喻 양심도 없는 놈. 고약한 놈. ¶你这个忘恩负义的～｜넌 배은 망덕하고 의리를 저버린 고얀 놈이다.

【白眼瞎】báiyǎnxiā 名 시각 장애자. 당달봉사. 눈뜬 장님.

【白杨】báiyáng ⇒〔毛白杨〕

【白杨精神】báiyáng jīngshén 名組 중국 서북고원(西北高原)의「毛白杨」(백양나무)처럼 질박·강인·진취적인 특성으로 서북지방을 건설하는 혁명정신.

【白药】báiyào ❶ 名〈藥〉백약 [운남성(雲南省)에서 생산하는 지혈제 등으로 쓰이는 흰 가루약. 「云南白药」라고도 함] ❷ ⇒〔氯lǜ酸钾〕

【白夜】báiyè 名〈天〉백야.

【白衣】báiyī 名 ❶ 흰 옷. 백의. ¶～天使｜백의 천사. 간호원의 미칭(美稱). ¶～战士｜의료인. ❷ 轉 공명(功名)이 없는 사람. 관직이 없는 사람. 평민. ¶今日教他～入朝, 有愧于心｜오늘 그가 관직도 없이 조정에 들게 되자 내심 부끄러웠다《警世通言》→〔白丁〕 ❸ 옛날 관서(官署)의 말단 관리. ❹〈佛〉속인(俗人).

【白衣苍狗】bái yī cāng gǒu 威 푸른 하늘의 흰 구름이 순식간에 개로 변해 버리다. 세상일이 변화

무상(變化無常)하다 《杜甫·可嘆詩》=〔白云苍狗〕〔苍狗白云〕

【白衣战士】báiyī zhànshì 名 의료인. 의료 기관 종사자.

【白翳】báiyì 名〈漢醫〉안구(眼球) 상흔(傷痕) [각막병(角膜病)에 걸린 후, 남은 상처. 시력(視力)에 영향을 줌]=〔星xīng翳〕

【白银】báiyín 名 은(銀).은괴(銀塊). ¶～市场 | 은괴 시장.

【白鱼】báiyú 名 ❶〈魚貝〉뱅어 =〔白带鱼〕 ❷ 俗〈蟲〉반대좀. ❸〈魚貝〉사백어(死白魚). 방어(魴魚). ❹〈魚貝〉(멸치·은어 따위의) 치어(稚魚).

【白榆】báiyú 名〈植〉느릅나무 =〔白枌〕

【白云苍狗】bái yún cāng gǒu ⇒〔白衣yī苍狗〕

【白着眼】bái·zheyǎn 動組 눈을 부라리다. 백안시하다. 멸시하는 눈초리를 짓다. ¶众人都～看 | 모든 사람이 업신여기는 눈으로 보았다→〔白眼〕

【白芷】báizhǐ 名〈植〉백지. 구리때 뿌리 =〔芷〕〔兰槐〕

【白纸】báizhǐ 名 백지. ¶～上写xiě黑hēi字 | 諺 흰 종이에 까만 글씨를 쓰다. 의심의 여지가 없이 분명하다.

【白纸落黑道儿】bái zhǐ lào hēi dàor 成 백지에 검은 선(線)을 긋다. 기정사실(既定事實)이다. 증거가 확실하다.→〔白纸上写黑字〕

【白质】báizhì 名〈生理〉백질.

【白种】Báizhǒng 名 백인종(白人種). ¶～人 | 백인종 =〔欧ōu罗巴人种〕〔白色人种〕〔白种人〕→〔人种〕

【白种三族】báizhǒng sānzú 名組 3대백인종 [「雅yǎ利安族」(아리안족)「闪shǎn族」(셈족)「含hán族」(햄족)을 말함]

【白昼】báizhòu 名 백주. 대낮. ¶～杀人 | 백주에 살인하다=〔白日〕

【白朮】báizhú 名〈植〉백출. 삽주의 덩어리진 뿌리 [비위(脾胃)를 돕고, 소화불량·구토·설사 치료에 쓰이는 한약제]

【白浊】báizhuó 名〈漢醫〉임질(淋疾).

【白字(儿)】báizì(r) ❶ 名 오자(誤字). 잘못 알고 있는 글자. 동음이의(同音異義)의 글자. ¶念～ | 글자를 틀리게 읽다. ¶写～ | 동음이의의 글자를 쓰다. 오자를 쓰다 =〔别字①〕 ❷ ⇒〔白契qì〕

【白族】Báizú 名〈民〉백족 [중국 소수 민족의 하나. 운남성(雲南省) 대리현(大理縣)에 거주함] =〔民家(族)〕

【白嘴儿】báizuǐr 副組 京 ❶ 맨입으로. 거저. 공짜로. ¶～吃 | 거저먹다. ❷ 한 가지만. 다른 것은 없이. ¶～吃饭 | 맨밥을 먹다. 반찬 없이 먹다. ¶～吃菜 | 반찬만 먹다. ❸ 말뿐으로. 입으로만. ¶～说 | 입으로만 말하다.

bǎi ㄅㄞˇ

1 **【百】** bǎi bó 일백 백

Ⓐ bǎi ❶ 數 백. 100. ❷ 喩 수가 많은. 온갖. ¶～花盛shèng开 | 온갖 꽃들이 만발하다. ¶精神～倍 | 원기 백배하다. ❸ 副 喩 전혀. 완전히. ¶～不是那么回事 | 전혀 그런 일이 아니다. ¶～一不招zhāo | 하나도 실토하지 않다. ❹ 數 백분(百分)의. 분모가 100인. ¶～一 | 100분의 1. ❺ (Bǎi) 名 성(姓).

Ⓑ bó 지명에 쓰이는 글자. ¶～色Bósè | 백색. 광서(廣西) 장족(壯族) 자치구의 현(縣)이름.

【百八烦恼】bǎibā fánnǎo 名〈佛〉백팔 번뇌.

【百把】bǎi·ba 數 백정도. 백 가량→〔把bǎ⑯〕

【百败不折】bǎi bài bù zhé 成 백 번 실패해도 굴하지 않다. 백절불굴.

【百般】bǎibān 副 여러 가지로. 갖가지. 백방으로. ¶～劝解 | 백방으로 말리다. ¶～奉承 | 갖가지 방법으로 아첨하다. ¶～照顾 | 여러 면으로 돌보다.

【百宝箱】bǎibǎoxiāng 名 소중한 물건을 넣어 두는 상자. 보물 상자.

4【百倍】bǎibèi 數量 ❶ 백배. ❷ 轉 대단히 많은. 상당한 정도의. ¶～努力 | 백배 노력하다. ¶精神～ | 원기 왕성하다.

【百弊】bǎibì 書 名 갖가지 폐단. ¶～丛生cóngshēng =〔百弊层生〕| 成 갖가지 폐단이 속출하다.

【百步穿杨】bǎi bù chuān yáng 成 백 보 거리에서 버들잎을 꿰뚫다. 백발백중하다. ¶～能力 | 백발백중의 능력→〔百发fā百中〕

【百部】bǎibù 名〈植〉백부. 파부초(婆婦草) =〔野yě天门冬〕

【百草】bǎicǎo 書 名 각종 풀. 온갖 풀. ¶～丛生 | 갖은 풀이 우거지다.

【百尺竿头】bǎi chǐ gān tóu 成 백척간두. 막다른 위험에 빠지다.

【百尺竿头, 更进一步】bǎi chǐ gān tóu, gèng jìn yī bù 成 백척간두 진일보. 이미 거둔 성과를 더욱 발전시키다.

【百出】bǎichū 動 貶 백출하다. 각양 각색이 모두 나타나다. 여러 가지를 다 나타내 보이다. 각양 각색이다. ¶错误～ | 실수 백출하다. ¶笑话～ | 각양 각색의 웃음 거리를 만들다. ¶花样～ | 모양이 여러 가지다. 轉 수완이 각양 각색이다.

【百川归海】bǎi chuān guī hǎi 成 모든 하천은 바다로 흘러 들어간다. 민심(民心)의 향방이 한 곳으로 모이다. 대세의 흐름이 한 곳으로 귀착하다 =〔百川会海〕

【百辞莫辩】bǎi cí mò biàn 成 변명할 여지가 전혀 없다. 어떤 말로도 변명할 수 없다.

【百搭】bǎidā 名 ❶ 백탑 [마작 패(牌)의 한 가지. 다른 어느 패와도 통용할 수 있는 매우 유리한 패] ❷ 사람과의 관계를 잘 만드는 사람. 조직의 명수. ¶小王是个～ | 왕가는 조직의 명수이다.

【百读不厌】bǎi dú bù yàn 成 아무리 읽어도 싫증이 나지 않다. 내용이 매우 흥미롭다.

【百度】bǎidù ❶ 書 名 여러 가지 일. 모든 일. 각종 법제(法制). ¶自从革命gémìng之后, 真是～维wéi新 | 혁명 후에 진정으로 각종 법제가 새로워졌다. ❷ 書 名 100도 [하루를 100으로 나눈 것. 일각(一刻)은 15분] ❸ 書 名組 온갖 일의 절도

(節度). ❹ 數量 100도.

【百儿八的】bǎi'ér bā·de 數組 ㊥ 100에서 조금 부족한. 거의 100인.

【百儿八十】bǎi'ér bāshí 數組 100 안팎의 어림수. 80에서 100까지. ¶我也不求多, 每月能挣个~块钱就成了 | 나도 많이 바라는 건아니고, 그저 매월 80원에서 100원 정도만 벌면 된다→〔万wàn儿八千〕

【百儿百十】bǎi'ér bǎishí 數組 백 개 가량. 백여 개. 백 개 정도.

【百发百中】bǎi fā bǎi zhòng 成 백발백중 =〔百步bù穿chuān杨yáng〕

【百废待举】bǎi fèi dài jǔ 成 방치되었던 많은 일들이 다 손보기를 기다리고 있다. 급하게 손을 보아야 할 일들이 많다 .많은 일들이 대거 시작되다. ¶经过三年整治, 这儿~, 一片繁荣 | 삼년 간의 정돈을 거친 후 이곳은 건설붐이 일어나 온통 번화하다 =〔百废具举〕〔百废悉举〕〔百废俱举〕〔百废俱兴〕

【百分】bǎifēn 名 백분(百分). 퍼센트(%) [이전에는「巴先」으로 음역(音譯)하기도 했음] ¶~之百保险 | 100% (안전을) 보장한다. ¶提高~之二十 | 20퍼센트 인상하다.

[4]【百分比】bǎifēnbǐ 名 백분비. 백분율=〔百分率〕

【百分表】bǎifēnbiǎo 名〈機〉다이얼 게이지(dial gauge). 다이얼 인디케이터(dial indicator) [0.001㎜의 오차를 측정할 수 있는 계기는「千分表」라 함]

【百分尺】bǎifēnchǐ 名〈物〉마이크로미터(micrometer) =〔分厘lí卡kǎ〕〔千分尺〕

【百分号】bǎifēnhào 名 백분부(百分符). 퍼센트 부호 [즉 %]

【百分率】bǎifēnlǜ 名〈數〉백분율. 퍼센테지(percentage) =〔百分比〕〔百分数〕〔成数〕〔分厘率〕

【百分数】bǎifēnshù ⇒〔百分率〕

【百分之百】bǎi fēn zhī bǎi 數組 전부. 모두. 100%. ¶要尽~的努力 | 모든 노력을 다해야 한다. ¶这件事我有~的把握, 准能成功 | 이 일은 내가 100% 자신이 있어서 확실히 성공할 수 있다. ¶~的谎话 | 완전한 거짓말.

【百分制】bǎifēnzhì 名 백점 만점제 [성적 평가 방법의 하나]

【百感交集】bǎi gǎn jiāo jí 成 온갖 생각이 떠오르다. 만감이 교차하다. ¶想到快要见到阔kuò别三十年的母亲, 他真是~, 思绪万千 | 삼십년 간 멀리 떨어진 어머니를 곧 만난다고 생각하자 온갖 생각과 감상에 젖어 들었다 =〔百感俱集〕

【百合】bǎihé 名〈植〉백합. ¶~花 | 백합꽃 =〔蒜suàn脑薯〕

【百花怒放】bǎi huā nù fàng 成 온갖 꽃이 흐드러지게 피다. 백화가 찬란하게 활짝 피다.

[4]【百花齐放】bǎi huā qí fàng 成 온갖 꽃이 한꺼번에 피다. 갖가지 학문·예술이 모두 눈부시게 발전하다.

【百花齐放, 百家争鸣】bǎi huā qí fàng, bǎi jiā zhēng míng 名組〈政〉백화제방 백가쟁명 정책 [중국 공산당이 1956년 예술 발전·과학 진보·사회주의 문화 번영 등을 타 학파나 사상과 경쟁시켜 우위를 점하고자 제창한 정책]

【百花齐放, 推陈出新】bǎi huā qí fàng, tuī chén chū xīn 名組〈政〉백화제방 신진대사 정책 [중국 공산당이 자국의 사회주의 문예 발전을 위해 모든 것을 들추어 내어 옛 것을 도태시키고 새로운 것을 받아 들이도록 한다는 정책]

【百会】bǎihuì ❶ 動組 무엇이나 할 수 있다. 아무것이나 다 잘하다. ❷ 名〈漢醫〉백회혈. 정수리의 숨구멍 자리.

【百会百穷】bǎi huì bǎi qióng 成 못하는 것이 없으면서 궁색하기 짝이 없다. 열두 가지 재주에 저녁거리가 없다.

【百喙莫辩】bǎi huì mò biàn 成 입이 열개라도 할 말이 없다. ¶他一口咬定是我的错, 我实在是~啊 | 그가 한 방에 나의 잘못을 꼬집어 나는 정말 입이 열개라도 변명할 수 없게 되었다.

[3]【百货】bǎihuò 名 백화. 여러 가지 상품. ¶日用~ | 일용 백화.

【百货大楼】bǎihuòdàlóu 名 백화점 =〔百货公司〕〔百货商店①〕

【百货公司】bǎihuògōngsī ⇒〔百货大楼〕

【百货商场】bǎihuòshāngchǎng 名 (잡화)시장.

【百货商店】bǎihuòshāngdiàn 名 ❶ 백화점 =〔百货公司〕〔百货店〕 ❷ (주택가에 주로 있는) 잡화점.

【百家】bǎijiā ⇒〔诸zhū子百家〕

【百家姓】Bǎijiāxìng 名〈書〉백가성 [송대(宋代)에 민간에서 만든 책으로, 단성(單姓) 408개, 복성(複姓) 30개를「赵钱孙李, 周吴郑王」과 같이 사자구(四字句)로 정리해 놓았음]

【百家衣(儿)】bǎijiāyī(r) 名 ❶ 백가의 [여러 집에서 얻은 천 조각으로 꿰매 만든 옷. 이것을 아이에게 입히면 많은 사람의 보살핌으로 이 아이가 건강하고 행복하게 자란다고 믿었음] ❷ 가사(袈裟) [중·도사(道士) 등이 입는 천 조각으로 만든 옷] ‖ =〔齐qí百家衣〕〔敛liǎn衣〕→〔百结③〕〔百衲衣〕〔百结衣〕 ❸〈文〉여러 사람의 시에서 집구(集句)하여 만든 문장 [송대(宋代) 황정견(黃庭堅)이 집구시(集句詩)를「百家衣体」라 하였음] ¶文章最忌~ | 여러 사람의 글에서 따다 붙여 문자을 만드는 것을 가장 기피해야 한다.

[4]【百家争鸣】bǎi jiā zhēng míng 成 백가쟁명. 모든 학파가 서로 다투며 번성하다 [춘추전국시대(春秋戰國時代) 유(儒)·법(法)·도(道)·묵(墨) 등 각종 사상의 유파(流派)가 서로 강학(講學)과 논전(論戰)을 경쟁적으로 벌였던 현상을 일컫는 말]→〔百花齐放〕

【百裥裙】bǎijiǎnqún ⇒〔百褶裙〕

【百脚】bǎijiǎo 名〈動〉지네.

【百结】bǎijié 名 ❶ 書 동심협력(同心協力). 여러 사람이 한 마음으로 협력함. ❷ 書 마음속의 근심 걱정. ¶一饮解~, 再饮破百忧 | 한 잔 술에 마음속의 걱정을 풀고, 두 잔 술에 온갖 근심을 없애다. ❸ 喩 헌옷. 누더기 옷→〔百结衣〕 ❹〈植〉「丁香」(정향)의 다른 이름.

【百结衣】bǎijiéyī 名 누더기 옷 [줄여서「百结」이

라고도 함]→〔百结③〕〔百家衣(儿)〕〔百衲衣〕

【百科】bǎikē 名 區 백과. 여러 가지 과목. 모든 과목이 포함된. ¶～知识｜백과 지식. ¶中国大～辞典｜중국대백과사전.

【百科全书】bǎikē quánshū 名〈書〉백과전서. 백과사전.

【百孔千疮】bǎi kǒng qiān chuāng 威 흠집 투성이다. 만신창이(滿身瘡痍). 결점 투성이.

【百口嘲谤】bǎi kǒu cháo bàng 威 여러 사람이 조소하다. 중상모략하다. ¶知识分子爱面子, 能受得了liǎo这样的～吗｜지식인은 체면을 중시하는데 이런 중상모략을 참을 수 있겠습니까?

【百口难辩】bǎi kǒu nán biàn 威 입이 백 개라도 할 말이 없다. 변명의 여지가 없다. =〔百口难分fēn〕〔百口莫mò辩〕〔百口莫辞cí〕

【百里不同风】bǎilǐ bùtóngfēng 諺 백 리 마다 풍속이 다르다. 고장이 다르면 풍속도 다르다 =〔百里不同俗sú〕〔隔gé里不同风〕

【百里挑一】bǎi lǐ tiāo yī 威 백 중에 하나를 고르다. 엄선하다. ❷ 백에 하나 보기 드물다. 극히 우수하다. ¶他可真是～好青年｜그는 정말 보기 드문 청년이다.

【百炼成钢】bǎi liàn chéng gāng 威 여러번 담금질하여야 좋은 강철이 된다. 오래 단련하면 훌륭한 사람이 된다. ¶他是个～的好汉｜그는 오래 단련된 훌륭한 남자다→〔千锤chuí百炼liàn〕

【百伶百俐】bǎilíng bǎilì 狀組 매우 영리하다. 모든 일에 총기가 있다. ¶～的姑娘gūniáng｜매우 영리한 아가씨.

【百灵】bǎilíng 名〈鳥〉❶ 몽골종다리 =〔百鸰〕〔蒙měng古鹨〕❷「云雀」(종다리)의 다른 이름.

【百嘛不是】bǎi·ma bùshì 動組 모두 아니다. 모든 것이 나쁘다. 심하게 헐뜯다. ¶把孔老二说得～｜공자·노자에 대해 심히 나쁘게 말하다 =〔百无一是〕

【百忙】bǎimáng 名 다망(多忙). 매우 바쁨. ¶感谢李教授从～中抽时间来给我们讲课｜이 교수님께서 바쁘신 중에도 시간을 내어 우리에게 강의해 주셔서 감사합니다.

【百米赛跑】bǎimǐ sàipǎo 名組〈體〉100m 달리기.

【百慕大群岛】Bǎimùdà Qúndǎo 名 外〈地〉영령 버뮤다제도(Bermuda Is.) [북대서양 서부에 있는 제도로, 휴양지로 유명. 수도는「汉密尔顿」(해밀턴;Hamilton)]

【百衲衣】bǎinàyī 名 ❶ 승의(僧衣). 가사(袈裟). ❷ 누더기. 헌옷→〔百结③〕〔百家衣(儿)〕〔百结衣〕

【百年】bǎinián 名 ❶ 백 년. 대단히 긴 세월. ¶～不遇｜威 보기 드물다. 희귀하다. ¶～的杰作｜보기 드문 걸작. ❷ (사람의) 일생. 평생. 생애. ¶～到老｜평생을 부부가 함께 살다. ¶～好合｜평생토록 화목하십시오 [결혼 축하의 말] ¶～偕老｜威 백년해로.

【百年大计】bǎi nián dà jì 威 백년대계. 장원한 계획. ¶计划生育是我国的～｜가족계획은 우리나라의 백년대계이다.

【百年树人】bǎi nián shù rén 威 인재를 양성하는데는 긴 시간이 걸린다 [흔히「十年树木, 百年树人」(십년에 재목나고 백년에 인재난다)으로 쓰임]

【百年(之)后】bǎi nián (zhī) hòu 威 죽은 뒤. 사후(死後) =〔百岁之后〕

【百鸟朝凤】bǎi niǎo cháo fèng 威 성인의 덕으로 세월이 태평하다.

【百鸟争喧】bǎi niǎo zhēng xuān 威 온갖 새들이 다투어 울다. 모두가 자유롭게 의견을 개진하다.

【百屈不挠】bǎi qū bù náo ⇒〔百折zhé不回〕

【百日咳】bǎirìké 名〈醫〉백일해.

【百乘】bǎishèng 書 名 100량(輛)의 수레 [주대(周代)의 대부(大夫)는 사방 십리(十里)의 토지와 백승(百乘)의 수레를 가졌음] ¶～之家｜경대부(卿大夫)의 집.

【百十】bǎishí 數 100 정도. [매우 많음을 형용함] ¶～来个｜100여 개. ¶～来年｜100년 남짓. ¶今天开会, 大约到了～来个人｜오늘 회의에 약 100여 명이 왔다. ¶～户人家｜100여 세대 =〔百十个儿〕→〔百儿八十〕

【百事】bǎishì 名 백사. 온갖 일. 세상 만사. ¶～大吉, 天下太平｜모든 일이 다 잘되고, 천하가 태평하다.

【百事称心】bǎishì chènxīn 威 모든 일이 마음에 들다.

【百事大吉】bǎi shì dà jí 威 만사 대길. 만사가 잘 되어가다.

【百事可乐】bǎishìkělè 名 外〈食〉펩시콜라(pepsi cola) [음료수 상표명]

【百事通】bǎishìtōng 名 ❶ 모든 일에 능한 사람. 척척박사 =〔万事通〕❷ 아는 체하는 사람 ‖ =〔百行háng通〕

【百思不解】bǎi sī bù jiě 威 아무리 생각하여도 이해가 되지 않다. ¶竟会碰到这样难题, 我真是～｜뜻밖에 이런 어려운 문제에 부딪히다니, 정말 아무리 생각해도 이해가 되질 않는다 =〔百思不得其解〕

【百岁】bǎisuì ❶ 名組 100세. 백살. ¶～老人｜100세 된 노인. 장수한 노인. ❷ 名 喩 수명(壽命)의 최후. 죽음. ¶我这个好友概然～, 还以早葬为是｜나의 이 친한 친구가 기왕에 죽었으니, 빠른 장례를 지내는 수 밖에《兒女英雄傳》→〔百年(之)后〕❸ 名 갓난아기의 백일. ¶～铃｜100일 잔치에 장수(長壽)를 축원하며 외할아버지가 보내는 방울.

【百听不厌】bǎi tīng bù yàn 威 아무리 들어도 싫증이 나지 않다.

【百万】bǎiwàn 數 ❶ 백만. ¶～吨｜메가톤 ¶～瓦特｜메가와트. ❷ 轉 다수. 거액. ¶～富翁｜백만장자. ¶～雄师｜백만 대군.

【百闻不如一见】bǎiwén bùrú yījiàn 諺 백 번 듣는 것이 한 번 보는 것만 못하다 =〔千闻不如一见〕

【百问不烦】bǎi wèn bù fán 威 아무리 물어도 싫증을 내지 않다.

【百无禁忌】bǎi wú jìn jì 威 조금도 거리낄 것이 없다 [정월(正月)이나 명절날, 민간에서 종이나

판자에 부적으로 써서 벽 등에 붙이는 문구]→〔姜太公在此〕〔泰山石〕

【百无聊赖】bǎi wú liáo lài 成 ❶ 마음을 의탁할 만한 일이 아무것도 없다. 실의가 극도에 이르다. ❷ 지루하다. 따분하다. 싫증나다→〔无聊②〕

【百无一长】bǎi wú yī cháng 成 한가지 재간도 없다. 무능하다 =〔百无一能〕

【百无一是】bǎi wú yī shì 成 백에 하나도 옳은 것이 없다. 그릇된 것이 많다.

【百戏】bǎixì 名 여러 가지의 유희. 잡기(雜技), 갖가지의 곡예 =〔杂zá技〕

【百姓】bǎixìng 書 名 ❶ 국민. 백성→〔老百姓〕 ❷ 고대에는 귀족만이 성(姓)을 갖고 있었으므로, 백관(百官)의 족(族)을「百姓」이라고 하였음.

【百样】bǎiyàng 數量 온갖 종류. 온갖 것. ¶～活儿一齐来了 | 온갖 일이 한꺼번에 밀려 왔다.

【百叶】bǎiyè 名 ❶ 方 얇게 말린 두부 =〔千张①〕 ❷ (～儿) 方 백엽. 천엽(千葉). ❸ 書 백세(百世). 백대(百代). ❹ 여러 겹으로 포개어진 꽃잎. 복엽(複葉). ❺ 書 역서(曆書). ❻ ⇒〔百叶窗〕

【百叶窗】bǎiyèchuāng 名 블라인드(blind). 차양 =〔百叶⑥〕〔百叶板〕〔百页窗〕

【百叶胃】bǎiyèwèi 名〈生理〉중판위. 겹주름 위 =〔(重)瓣bàn胃〕

【百叶箱】bǎiyèxiāng 名〈氣〉백엽상.

【百业萧条】bǎi yè xiāo tiáo 成 경기가 침체되어 각 업계가 불경기다.

【百依百顺】bǎi yī bǎi shùn 成 모든 일에 맹종(盲從)하다. 고분고분하다. 순종하다. ¶他是个乖孩子, 对母亲～ | 그는 착한 아이라 어머님 말씀을 잘 듣는다 =〔百顺千依〕〔百依百随〕

【百战百胜】bǎi zhàn bǎi shèng 成 백전 백승하다.

【百战不殆】bǎi zhàn bù dài 成 백 번 싸워도 위험하지 않다. 백전 백승하다. ¶知己知彼, ～ | 자기편을 알고 상대편을 알면 백 번 싸워도 위태롭지 않다.

【百折不回】bǎi zhé bù huí 成 백절불굴(百折不屈). 수없이 꺾여도 결코 굽히지 아니하다 =〔百屈不挠〕〔百折不挠náo〕→〔再接再厉〕

【百折不挠】bǎi zhé bù náo ⇒〔百折不回〕

【百折千磨】bǎi zhé qiān mó 成 연이은 고난을 겪다. 고난에 고난을 거듭하다→〔折磨〕

【百褶裙】bǎizhěqún 名 주름치마 =〔百裥jiǎn裙〕

【百足】bǎizú 名〈動〉❶「蜈wú蚣」(지네)의 속칭(俗稱). ❷「马陆」(노래기)의 속칭.

【百足之虫, 死而不僵】bǎi zú zhī chóng, sǐ ér bù jiāng 成 지네는 죽어도 굳지 않는다. 권세가는 몰락하여도 영향력이 여전히 남는다. ¶封建主义的旧思想可以说是～, 至今仍在一些人的头脑中作祟suì | 봉건주의라는 낡은 사상은 지네가 죽어도 굳지 않듯이 지금까지도 여전히 일부 사람의 머리 속에 남아 나쁜 영향을 미치고 있다.

【佰】 bǎi ⓧ bó) 백사람 백, 어른 백

❶ 書 名 군제(軍制)에 있어서 백 사람의 우두머리. 장(長). ❷ 數「百」(백)의 갖은자 [주로 증서류(類)의 금액을 기재할 때 사용함] ❸ (Bǎi) 名 성(姓).

2【伯】 bǎi ☞ 伯 bó B

3【柏〈栢〉】 bǎi bó bò 측백나무 백

A bǎi ❶ 名〈植〉측백나무 [「扁柏」·「侧柏」·「香柏」등 여러 종류가 있음]→〔桧guì〕 ❷ (Bǎi) 名 성(姓).

B bó ❶「柏bǎi」의 문어음(文語音). ❷ 음역어(音譯語)에 쓰임. ¶～林↓ ❸ 복성(複姓) 중의 한 자(字). ¶～侯↓

C bò ⇒〔黄huáng柏〕

A bǎi

3【柏树】bǎishù 名〈植〉측백나무.

【柏油】bǎiyóu 名 아스팔트(asphalt). 콜타르(coal tar). 피치(pitch). ¶～道=〔柏油(马)路〕| 아스팔트 포장 도로. ¶～板 | 시트 아스팔트. ¶～混凝土 | 아스팔트 콘크리트. ¶～纸 =〔油yóu(毛)毡〕| 피치(pitch)를 바른 크라프트지(kraft paper). ¶用～铺路 | 아스팔트로 도로를 포장하다→〔沥青lìqīng〕.

B bó

【柏林】Bólín 名 外〈地〉베를린(Berlin) [「德意志民主共和国」(옛 독일민주공화국;The German Democratic Republic)의 수도였음]

【捭】 bǎi 칠 패, 던질 패

❶ 가르다. 열다. 쪼개다. 양손으로 옆으로 벌리다. ¶～合 | 개합(開合). ¶～阖↓ ❷ 動 奥 끌어 당기다. ¶～俚出去 | 그것을 끌어 내다. ¶～牵qiān | 끌어 들이다. 잡아 당기다.

【捭阖】bǎihé 動 ❶ 열고 닫다. ❷ 轉 임기 응변으로 대응하다. 유세(遊說)에 뛰어나다. ¶纵zòng横～ | 종횡으로 응대하다. 권모술수로 상대방을 대응하다. ¶～纵横之术 | 유세술(遊說術).

1【摆(擺)】 1 bǎi 열 파, 벌여놓을 파

❶ 動 놓다. 두다. 진열하다. 배치하다. ¶花瓶～在桌子上吧! | 꽃병은 탁자 위에 놓아라. ¶把东西～整齐 | 물건을 가지런히 놓아라. ¶因为这个地方太狭xiá小, 所以把东西都～不开 | 이 곳은 너무 좁아서 물건들을 다 진열해 놓을 수가 없다→〔放fàng⑪〕〔搁gē①〕 ❷ 動 뽐내다. 과시하다. ¶～阔kuò↓ ¶～威风 | 위풍을 떨다. ¶你们家里那些人也不能总～臭chòu架jià子 | 너희 집의 그 사람들도 항상 그렇게 더러운 위세를 떨 수는 없다. ❸ 動 動 (좌우로) 흔들다. 흔들리다. 가로젓다. ¶摇头～尾 | 머리를 젓고 꼬리를 흔들다. ¶大摇大～ | 이리저리 크게 흔들다. ¶来回乱～ | 이리저리 함부로 흔들리다. ¶迎风飘～ | 바람에 나부끼다→〔颤chàn〕〔荡dàng〕〔颠diān〕〔摇yáo〕 ❹ 動 奥 北 말하다. 잡담하다. ¶咱们来～～, 好吗? | 우리 얘기나 나누는 것이 어떻소? ¶歇会儿再～这个人 | 좀 쉬었다가 이 사람에 대해 이야기 합시다→〔聊liáo〕〔聊天儿〕 ❺ 動 方 일부러 일을 벌리다. 일을 만들다. ¶只要～点事, 人家都相信他. | 일을 버리기만 하면 사람들은 그를 믿는다. ❻ 形 京 득의만면(得意滿面)하다. 득의양양하다. ¶瞧他那副神气, 真～ | 저 자신에 참 모습을 보아라, 정말

득의양양하다. ❼ 名 진자. 흔들이. 추. ¶钟停了~了 | 시계추가 멈추었다→〔停tíng摆〕 ❽ 名 方 학질. ¶打~了 | 학질에 걸리다.
❾ (Bǎi) 名 성(姓).
【摆布】bǎi·bu 動 ❶ 진열하다. 배열하다. ¶这间屋子~得十分雅致yǎzhì | 이 방의 장식은 매우 고상하다. ❷ 수배(手配)〔배치〕하다. 계획하다. 처리하다. ¶~得很细密 | 치밀하게 계획하다. ❸ 마음대로 지배하다. 좌지우지하다. ¶一切听人~, 自己毫无主张 | 모두 다 남에게 좌지우지되어 자기의 주장은 조금도 없다. ¶不受别人~ | 남의 지배를 받지 않다. ¶任人~ | 남에게 쥐여살다. 남의 지배를 받다 ‖ =〔拨bō弄⑥〕〔播弄①〕
【摆不开】bǎi ·bu kāi 動組 (장소가 좁아서) 펴놓을 수 없다. 둘 수 없다 =〔摆不下〕
【摆出】bǎichū 動 ❶ 꺼내어 늘어놓다. ❷ (추상적인 것·숨긴 것을) 여러 사람 앞에 내놓다. 공표하다. ¶不取正面~自己的政治主张 | 감히 맞대놓고 자신의 정치 주장을 공표하지 못하다.
⁴【摆动】bǎidòng ❶ 動 흔들거리다. 흔들다. 진동하다. ¶小狗~着尾巴表示欢喜 | 강아지가 꼬리를 치면서 반가움을 나타낸다→〔晃huàng荡〕 ❷ 名 〈機〉 진동(振動). 동요(動搖). ¶自~ | 자진동(自振動). ¶自然~ | 자연 진동. ¶起伏~ | 기복 진동. ¶横héng向~ | 횡진동(橫振動). 가로진동. ¶~车轮 | 흔들거리는 바퀴(wobbly wheel).
【摆渡】bǎi·dù ❶ 名 나룻배. 나루(터). ¶~船 | 나룻배. ¶~的 | 뱃사공. ¶~口(儿) | 나루터→〔渡口〕 ❷ (bǎi/dù) 動 나룻배로 강을 건너다. 나룻배로 운반하다. ¶那里没有桥, 只能~过河 | 그곳에는 다리가 없어 나룻배로 강을 건너는 수 밖에 없다 ‖ =〔書 津jīn渡〕
【摆功】bǎi/gōng 動 공을 뽐내다. 공치사를 하다. 자기의 공임을 과시하다. ¶我老老实实承认, 过去我好~ | 과거 내가 공치사를 좋아했었음을 솔직히 인정한다. ¶我不向谁~, 也不会跟谁诉苦 | 나는 어느 누구에게도 공치사를 하지도 않고, 괴로움을 호소하지도 않는다.
【摆花架子】bǎi huā jià·zi 成 貶 형식이나 외모만을 중시하다. 겉치레를 하다. ¶我们不能再~了 | 다시 더 겉치레를 중시할 수 없다.
【摆架子】bǎi/jià·zi 動 거드름을 피우다. 뽐내다. 우쭐대다. 자기 과시를 하다. ¶摆官僚架子 | 관료티를 내다. ¶摆空架子 =〔摆虚架子〕 | 허세부리다. ¶摆大架子 | 크게 뽐내다 =〔北 摆款〕〔摆面子〕〔扯chě架子〕〔方 端架子〕〔拿架子〕→〔虚xū张声势〕
【摆开】bǎi·kai 動 ❶ 진열하다. 늘어놓다. 배열하다. 전시하다. ¶~阵势, 准备迎敌 | 진을 쳐놓고 적을 요격(邀擊)할 준비를 갖추다. ¶这样的东西一样一样地全部~就好看了 | 이런 물건은 하나 하나 모두 진열해 놓으면 보기 좋게 된다. ❷ ⇒〔摆脱tuō〕
【摆阔】bǎi/kuò 動 과시하다. 돈 자랑을 하다. 잘 산다고 뽐내다. ¶青年人在结婚jiéhūn时~是很不好的风气 | 젊은이들이 결혼식을 할 때 과시하는 것은 아주 나쁜 풍습이다.
【摆来摆去】bǎilái bǎiqù 動組 왔다갔다하다. 좌우로 흔들다. ¶把尾巴~ | 꼬리를 내젓다.
【摆老资格】bǎi lǎozī·ge 動組 고참티를 내다. 어른인 체하다. 나이티를 내다. ¶你别跟我~, 谁不知道你的底细dǐxì | 너의 밑천을 모르는 사람이 없으니 나에게 고참티를 내지 마라.
【摆擂台】bǎi/lèitái 動組 ❶ (무술 시합에서) 대련(對鍊)하다. ❷ 轉 도전하다. 경쟁을 벌이다. ¶他们向全厂chǎng~, 提出新的生产指标 | 그들은 전공장을 상대로 도전하여 새로운 생산 지표를 수립하였다. ❸ (bǎilèitái) 名 近 권법(拳法)의 일종.
【摆列】bǎiliè 動 배열하다. 진열하다.배치하다. ¶书架上~出了一批pī新书 | 서가에 신간 도서를 진열하였다.
【摆龙门阵】bǎi lóngmén zhèn 成 잡담하다. 한담하다. 이야기를 널어 놓다. ¶他们不好好儿地干活, 又在哪儿~呢? | 그들은 착실히 일하지 않고 또 어디에서 한담이나 하고 있느냐? =〔聊天〕
【摆轮】bǎilún 名 ❶ 〈機〉 평형륜(平衡輪) [태엽시계 등에서 등시운동(等時運動)을 하도록 하는 바퀴] ❷ 평형 바퀴(balance wheel) =〔均衡jūnhéng轮〕
【摆卖】bǎimài 動 노점에서 판매하다. 노상판매하다. ¶~衫裤shānkù的个体户 | 노점에서 셔츠와 바지를 판매하는 자영업자.
【摆门面】bǎi mén·mian ⇒〔摆谱pǔ儿〕
【摆明】bǎimíng 動 명확히 밝히다. 확실히 하다. ¶把情况~ | 상황을 확실하게 밝히다.
【摆弄】bǎinòng(又 bǎi·nong) 動 ❶ (물건을) 가지고 놀다. 만지작 거리다. ¶那几盆花儿就放在那儿吧, 别来回~了 | 왔다 갔다 하며 만지지 말고 저 꽃 화분 몇 개를 저기에다 놓아라. ¶~着衣角 | 옷섶을 만지작거리다. ❷ 놀리다. 희롱하다. 장난치다. ¶怎么把他~哭了? | 어쩌자고 그를 놀려서 울렸느냐? ¶~笔杆子攻击gōngjī我们 | 붓대를 놀려 우리를 공격하다 ¶人家就快把我~死了 | 사람들이 나를 놀려 곧 죽을 지경이다→〔掇duō弄〕〔捉zhuō弄〕
【摆谱儿】bǎi/pǔr 動 京 체면치레〔겉치레〕를 하다. 과시하다. ¶摆老谱儿 | 선배 티를 내다. ¶现在民主作风, 谁也不敢~了 | 지금은 민주주의 시대라서 누구도 감히 신분을 과시하지 않는다 =〔摆门面〕
【摆设】bǎishè 動 장식하다. 진열하다. 배치하다. ¶屋里~得很雅致yǎzhì | 방을 우아하게 꾸몄다. ¶忙了一个晚上~起来 | 하룻밤을 장식하느라 바빴다 =〔摆式〕
【摆神弄鬼】bǎi shén nòng guǐ 成 귀신 이야기를 늘어 놓다. 갖가지 미신을 퍼뜨리다 =〔装zhuāng神弄鬼〕.
【摆式】bǎishì ⇒〔摆设·she〕
【摆手(儿)】bǎi/shǒu(r) 動 (좌우로) 손을 흔들다. ¶不停地~ | 끊임없이 손을 흔들다. ¶他~向大家告别 | 그는 사람들에게 손을 흔들어 작별

인사를 하였다→〔摇yáo手〕

【摆摊(儿, 子)】bǎi tān·(r·zi) 動組 ❶ 노점(露店)을 벌이다. 노점상을 하다. ¶摆地摊 | 땅바닥에 노점을 벌이다. ¶～的 | 노점상. ❷ 喩 貶 번지러하게 차려 놓다. 허세를 부리다. ¶喜欢～, 追求形式 | 허세를 좋아하고 형식에 치우치다. ❸ 方 전시효과만 노리다. 허세를 부리기 위해 일을 벌리다. 쓸데 없는 일을 벌리다. ¶我们不能只图痛快, 更不能～ | 우리는 쾌락만을 추구해서도 안되지만 전시효과만을 노리는 일은 더욱 해서는 안된다.

3【摆脱】bǎituō 動 (속박·곤란 따위로부터) 벗어나다. 빠져 나오다. 떨쳐버리다. ¶～难关 | 난관을 벗어나다. ¶我国的科学技术水平还没有～落后状态 | 우리 나라 과학 기술 수준은 아직도 낙후상태를 벗어나지 못하고 있다. ¶他一时～不了那些行政杂事的纠缠jiūchán | 그는 한 동안 행정 잡무에서 빠져 나올 수 없었다 ＝〔摆开②〕

【摆尾】bǎi/wěi 動 ❶ 꼬리를 흔들다. ¶小花猫一直对我～ | 얼룩 고양이는 계속 나에게 꼬리를 흔든다. ¶～摇yáo头 | 좋아서 꼬리를 치고 머리를 흔들다. 꼬리와 머리를 흔들며 도망가다 ＝〔摇yáo尾〕 ❷ 喩 아첨하다. 꼬리치다. ¶他又向我～取宠chǒng了 | 그는 또 나에게 아첨하며 총애를 받으려고 애를 썼다.

【摆下】bǎi·xia 動 내려놓다. 벌여 놓다. 차리다. ¶～酒筵 | 주연을 베풀다. ¶把行李～, 快坐下来休息吧! | 짐을 내려 놓고, 빨리 앉아 쉽시다.

【摆样子】bǎi yàng·zi 動組 겉치레하다. 멋 부리다. 거드름 피우다. 격식을 차리다. ¶他在人前只能～ | 그는 사람들 앞에서 격식만을 차린다. ¶他表同情也不过是～, 哪儿是真正的关心呢? | 그가 동정을 표시하는 것조차 겉치레에 불과한데, 어떻게 진정한 관심이겠느냐?

【摆阵】bǎizhèn 動 진(陣)을 치다. 진지를 구축하다. ¶大队正在山谷里～ | 대대가 산골짜기에 진을 치고 있다 ＝〔摆下阵势〕

【摆正】bǎizhèng 動 ❶ 반듯하게〔가지런하게〕 벌여 놓다. ❷ (관계 따위를) 정상화(正常化)하다. 바로잡다. ¶～政治与贸易的关系 | 정치와 무역의 관계를 정상화하다.

【摆钟】bǎizhōng 名 진자(振子)시계. 추시계(錘時計).

【摆(襬)】② bǎi 옷자락 피/파
名 (중국옷의) 옷자락.

bài ㄅㄞˋ

【呗】bài ☞ 呗·bei B

2【败(敗)】bài 패할 패
❶ 動 지다. 패배하다. ¶敌dí军～ | 적군이 패하였다. ¶这场球赛sài, 我们队duì～了 | 이번 구기 시합에서 우리팀이 졌다. ¶主队以三比五～于客队 | 홈팀이 3:5로 원정팀에 패했다 ⇔〔胜shèng〕 ❷ 動 물리치다. 이기다. 패배시키다. ¶打～了美国队 | 미국팀을 물리쳤다. ¶我们大～侵略军 | 우리가 침략군을 대파하였다. ❸ (일이) 실패하다. 이루지 못하다 ¶不以成～论英雄 | 성패 여부로 영웅을 논하지 않는다 ⇔〔成①〕 ❹ 動 (일을) 망치다. 못쓰게 하다. ¶～露↓ ¶～坏风俗 | 풍기를 문란 시키다. ❺ 動 제거하다. 발산시키다. ¶～毒↓ ¶～火↓ ❻ 動 부패하다. ¶这菜腐～了, 吃不得 | 이 음식은 상해서 먹을 수가 없다. ¶～肉 | 부패한 고기. ❼ 쇠퇴하다. 시들다. ¶家～人亡 | 집안은 몰락하고 사람들은 죽었다. ¶花开～了 | 꽃이 시들었다. ¶～叶 | 낙엽. 고엽.

【败北】bàiběi 書 動 패배하다. ¶他们不知道～者的悲哀bēiāi | 그들은 패배자의 슬픔을 모른다.

【败笔】bàibǐ 書 名 ❶ 몽당 붓. 못쓰게 된 붓. ❷ 문장·서화(書畫)에 쓰인 글자의 결점.

【败毒】bàidú 動 해독(解毒)하다. ¶～膏 | 해독용 고약.

【败鼓之皮】bài gǔ zhī pí 成 부서진 북의 가죽. 개똥도 약. 하찮은 것도 쓸모가 있다.

4【败坏】bàihuài 動 ❶ (풍속·관습·명예 등의 추상적인 것을) 손상시키다. 파괴하다. ¶～名誉 | 명예를 손상시키다. ¶～了社会风气 | 사회 풍기(風紀)를 해치다. ¶女儿nǚér～了门风 | 딸아이가 집안 명예를 더럽혔다. ❷ (사람을) 해치다. 욕보이다. 모함하다. ¶这是想方设法地要～我呀 | 이것은 계획적으로 나를 해치려는 것이다. ¶他在大家的面前～别人 | 그는 여러 사람의 앞에서 다른 사람을 욕하였다. ❸ 퇴폐하다. ¶道德～了 | 도덕이 퇴폐하였다. ❹ 書 (물건이) 부수어지다. 망가지다. ¶旧服～, 诏zhào赐cì新衣 | 헌옷이 망가지자 천자(天子)께서 새 옷을 내려 주셨다《郭子》

【败火】bài huǒ 動組 〈漢醫〉 해열(解熱)·소염(消炎)하다. 신열(身熱)을 내리다. ¶旧茶叶拌bàn在草料理, 给妈吃～ | 오래된 차잎을 나물에 썩어 만든 요리를 어머니께 먹여 열이 내리게 하여라. ¶～化痰tán | 열을 내리고 가래를 없애다 ＝〔去火〕

【败绩】bàijì 書 動 ❶ 대패(大敗)하다. 전쟁에 지다. ¶在强大攻势shì下, 敌dí军～, 我乘chéng胜shèng追击jī | 강대한 공세로 적군은 대패하였고 아군은 승기를 잡아 추격하였다. ❷ 업적을 무너뜨리다.

【败家】bài/jiā 動 집안을 망치다. 가산(家産)을 탕진하다. ¶～荡产 | 가산을 탕진하다. ¶由投机起家的, 也会因投机而～ | 투기로 일어난 집안은 역시 투기로 망할 것이다.

【败家精】bàijiājīng ⇒〔败家子(儿)〕

【败家子(儿)】bàijiāzǐ(r) 名 집안을 망칠 놈. 가산(家産)을 탕진할 자식. 방탕아. ¶我们要勤俭qínjiǎn节约jiéyuē, 千万不能当～ | 우리는 근검절약해야지 절대로 집안 말아먹을 놈이 되어서는 안된다 ＝〔败家精〕〔败家子弟〕〔败子〕

【败家子弟】bàijiāzǐdì ⇒〔败家子(儿)〕

【败将】bàijiàng 書 名 패장. 전쟁에 진 장수. ¶～莫提当年勇 | 諺 패장은 지난날의 용맹을 말하지 않는다.

【败酱】bàijiàng 名 〈植〉 마타리 ＝〔败酱(草)〕〔俗

苦菜]〔黄花龙芽〕

【败局】bàijú 名 패색. 패국. 실패의 국면(局面). ¶挽wǎn回～ | 패국을 만회하다. ¶～已定, 无法扭转niǔzhuǎn | 패색이 이미 짙어, 전환할 방법이 없다.

【败军】bàijūn 書 名 패군. ¶～之将, 不足以言勇yǒng | 패군의 장수는 용맹을 말할 수 없다.

【败类】bàilèi 名 ❶ 동료를 팔아 먹는 놈. 변절자(變節者). ¶收买不要脸liǎn的～ | 수치를 모르는 변절자를 매수하였다. ❷ 불량분자(不良分子). 악한(惡漢). 인간 쓰레기. ¶工人队伍中的～ | 노동자 대열의 악한. ¶社会～ | 사회적 인간 쓰레기. ❸ 파렴치한. 무뢰한 ‖→〔败群〕

【败柳残花】bài liǔ cán huā 成 시든 버드나무와 지다 남은 꽃 喩 부정한 여자. 때가 지난 미인. 한물간 기생 ‖＝〔残花败柳〕

【败露】bàilù 動 (나쁜 일·음모 등이) 드러나다. 폭로되다. 발각되다. ¶祕密～了 | 비밀이 폭로되었다. ¶阴谋yīnmóu终于～ | 음모가 결국 발각되었다＝〔破pò露〕

【败落】bàiluò 動 쇠퇴하다. 몰락하다. 시들다. ¶他家便一天天～下来 | 그의 집안은 나날이 몰락하여 갔다. ¶家产～ | 가세가 몰락하다. ¶家道～ | 가운이 기울다. ¶花叶～ | 꽃잎이 시들다＝〔败迫〕→〔衰shuāi败〕

【败群】bàiqún 書 動 대중〔군중〕을 해치다. 집단을 해치다. ¶～之马 | 사회에 해를 끼치는 놈. ‖＝〔害hài群〕→〔败类lèi〕

【败诉】bàisù 名 動 패소(하다). ¶仲裁zhòngcái费用, 除chú仲裁委员会另有决定外, 应有～一方负担dān | 중재비용은 중재위원회에서 따로 결정한 경우를 제외하고는 패소측이 부담해야 한다 ⇔〔胜诉〕

【败退】bàituì 動 패퇴하다. 패배하여 철수하다. ¶敌dí军全部～ | 적군은 모두 패퇴하였다.

【败相】bàixiàng 名 ❶ 건강하지 못한 모습. 초라한 몰골. ¶脸liǎn上摆bǎi明了一副fù～ | 얼굴에 초라한 몰골이 역력하다. ❷ 찌푸린 표정. 성난 표정. ¶不爱ài看他那一脸liǎn的～ | 그의 저 온통 찌푸린 상을 참고 볼 수가 없다.

【败兴】bài/xìng 動 ❶ 흥을 깨다. 분위기를 망치다. ¶乘chéng兴而来, ～而去 | 成 흥이 나서 왔다가 흥이 깨져 돌아갔다. ¶～返国 | 불쾌한 마음으로 귀국하다. ¶～而归guī | 흥이 깨져 돌아가다＝〔败意〕→〔扫sǎo兴〕〔倒dǎo霉〕 ❷ 망치다. 쇠락하다. 재수없다. 불운하다. ¶如今晚儿才算国泰tài民安啦, 来多喝几杯, 扫sǎo一扫这十年来的～ | 오늘 저녁에 이르러서야 겨우 국가가 바로 다스려지고 백성이 안녕하게 되었으니, 몇 잔을 더 마셔 근 십년 동안의 불운을 씻어버리자.

【败血症】bàixuèzhèng 名〈醫〉패혈증＝〔坏huài血病〕

【败仗】bàizhàng 名 패전(敗戰). 패배. ¶打了～了 | 싸움에서 졌다. ¶吃了这么一场～ | 이렇게 한 바탕 패배를 맛보았다 ⇔〔胜shèng仗〕

【败阵】bài/zhèn ❶ 動 (진지에서) 패배하다. 패전하다. 지다. ¶精疲力尽, 终于败下阵来 | 정신적으로 지치고 체력도 소진되어, 결국 지고 말았다. ¶～而逃 | 패전하여 도망치다. ❷ (bàizhèn) 名 패전.

【败子】bàizǐ ⇒〔败家子(儿)〕

2【拜】bài 절 배 ❶ 動 절하다. 경의를 표하다. 숭배하다. ¶～了李村长 | 이 촌장님께 절을 하였다. ¶下～ | 겸손하게 절하다. ¶～佛↓ ❷ 動 삼가 …하옵니다 [상대방에 대한 경의나 축하의 뜻을 나타냄] ¶～年↓ ¶～寿↓ ❸ 상대방에 대한 존경을 나타냄. ¶～访↓ ¶你的信已经～读过 | 당신의 편지를 이미 읽어보았습니다. ❹ 動 敬 방문하다. 예방하다. ¶新搬bān来的张同志～街坊fāng来了 | 새로 이사 온 장 동지가 이웃을 예방하러 왔다. ¶～见↓ ¶回～ | 답방을 하다. ❺ 動 일정한 의식을 갖고 명의상의 관계를 맺다. ¶二人～为兄妹 | 두 사람은 의남매가 되었다. ¶～他为老师 | 그를 스승으로 모시다. ¶～老头儿 | 우두머리로 모시다. ❻ 動 (관직에) 임명되다. ¶～为上卿 | 상경에 임명되다. ¶～将 | 장수에 임명되다. ❼ (Bài) 名 성(姓).

【拜把(子)】bài bǎ(·zi) 動組 近 (족보를 서로 교환하고) 의형제를 맺다. 의형제 체결의 술을 마시다 [의형을「把兄」, 의제를「把弟」라고 함] ¶因此二人甚是相好, 他们也就拜了把子了 | 그리하여 두 사람은 관계가 매우 좋아지고 그들도 의형제를 맺었다《三俠五義》＝〔拜靶bǎ(子)〕〔書 拜盟〕〔書 拜契〕→〔磕kē头③〕

【拜拜】bài·bai ❶ 名 중국식 인사법 [왼손으로 오른손을 감싸 쥐고 오른 쪽 가슴 아래 부근에서 가볍게 상하(上下)로 움직이면서, 상반신을 굽히는 인사법] ❷ 動 신불(神佛)에 참배하다. 예불하다. ❸ 名 外 粵 빠이빠이(bye—bye). 안녕. ❹ 動 外 粵 빠이빠이하다. 헤어지다. 이별하다. ❺ 名 대만(臺灣)·민남(閩南) 등지에서 명절날 행해지는 제례 의식.

【拜茶】bài chá 動組 敬 차 드십시오. ¶官人请坐～ | 나으리, 앉아서 차를 드시지요→〔敬jìng茶〕〔进jìn茶〕

【拜忏】bài/chàn ❶ 動〈佛〉부처 앞에 예불하며 참회하다. ❷ ⇒〔念niàn经①〕

【拜辞】bàicí 動 敬 작별 인사를 하다. 떠난다고 말씀 올리다. ¶～父母 | 부모님께 작별 인사를 하다. ¶～上官 | 상관에게 작별 인사를 하다.

【拜倒】bàidǎo 動 엎드려 절하다. 부복(俯伏)하다. ¶～在权威quánwēi之脚jiǎo下 | 권위의 발 아래 엎드려 절하다. 권세 앞에 비굴하게 굴다. ¶～石榴裙下 | 석류 치마 밑에 엎드려 절하다. 여자에게 쥐여살다.

【拜垫】bàidiàn 名 신불(神佛)앞에 절할 때, 무릎 밑에 까는 방석. 예불용 방석＝〔拜褥〕〔拜具〕

【拜读】bàidú 動 敬 삼가 읽다. ¶我已经～了你的大作, 很受教益yì | 당신의 대작을 이미 읽었습니다. 많은 가르침을 받았습니다.

3【拜访】bàifǎng 動 敬 예방하다. ¶～亲友 | 친구를 방문하다. ¶正式～ | 정식 방문. ¶作礼节性～ | 예의상의 방문을 하다→〔拜会〕

【拜佛】bàifó 動 예불하다. 불상(佛像) 앞에서 절하다. ¶天天烧香~ | 날마다 향을 피우고 예불한다 =〔礼佛〕

【拜服】bàifú 動 탄복하다. 경탄하다. ¶他的才华, 我~之至 | 그의 재능에 대해 나는 지극히 경탄하고 있다 =〔佩pèi〕

【拜贺】bàihè 書 動 敬 축하 올리다. 하례하다. ¶~新年 | 신년 하례를 올리다. ¶给祖zǔ宗行礼, 受儿孙们的~ | 조상에게 예를 차리고, 아들과 손자의 하례를 받다 =〔敬jìng贺〕

3【拜会】bàihuì 動 방문하다 [외교적으로 많이 쓰임] ¶明天我到府上~ | 내일 댁으로 찾아 뵙겠습니다. ¶外交礼节jié性的~ | 외교상의 의례적인 방문. ¶私人~ | 사적인 방문 =〔拜望〕→〔回拜〕〔拜谒①〕〔拜访〕

【拜火教】Bàihuǒjiào 名〈宗〉배화교. ¶~徒 | 배화교도 =〔波Bō斯教〕〔火教〕〔外 琐Suǒ罗亚斯德教〕

【拜见】bàijiàn 動 방문하다. 알현(謁見)하다. 찾아가 뵙다. 만나 뵙다. ¶~司令 | 사령관을 찾아 뵙다.

【拜节】bài/jié 動 절후에 맞게 축하 말씀을 드리다. 명절 인사를 드리다.

【拜金】bàijīn 動 금전을 숭배하다. 돈을 중시하다. ¶~思想 | 배금사상. ¶~主义 | 배금주의. 황금만능 주의.

【拜具】bàijù ⇒〔拜垫〕

【拜礼】bàilǐ ❶ 名 방문할 때의 선물. 초면에 주고받는 선물 =〔拜见礼儿〕→〔礼物〕 ❷ 아래사람의 축하에 대한 답례.

【拜盟】bài/méng ⇒〔拜把子〕

4【拜年】bài/nián 動 신년을 축하하다. 새해 인사를 드리다. ¶我给您~来了 | 새해 인사차 왔습니다. ¶~帖tiě | 새해 인사 때 쓰이는 명함.

【拜扫】bàisǎo 書 動 성묘하다 =〔扫墓mù〕

【拜上】bàishàng 動 敬 ❶ (다른 사람이 한 말의 내용을) 전하다. ❷ 札 敬 배상. 삼가 올립니다 [편지 끝에 쓰는 말]

【拜神】bài/shén 動 신을 모시다. 신에게 절하다. ¶拜一个神 | 신 하나를 모셨다. ¶~众神 | 여러 신을 모시다.

【拜寿】bài/shòu 動 생일을 축하하다. ¶祖父过生日, 大家向他~ | 조부님이 생신일을 지내시는데 모두 축하해 드리다. ¶亲友们要是来~, 给他们馒mán头吃 | 친구들이 생일 축하하러 오거든 만두를 내어 놓아라 =〔祝zhù寿〕

【拜堂】bài/táng 動 ❶ (옛날 결혼식에서) 신랑 신부가 천지 신령과 웃어른에게 절하다. ¶我们看到新人正在~ | 우리는 신랑 신부가 조상과 어른들께 막 절하는 것을 보았다. ❷ 결혼하다. ¶他拜过堂 | 그는 결혼하였다. ¶拜过堂的 | 정식 결혼한 부부 ‖ =〔交jiāo拜〕〔拜天地〕

【拜天地】bài/tiān·di ⇒〔拜堂〕

【拜托】bàituō 動 敬 삼가 부탁합니다. 잘 부탁드립니다. ¶这件事儿就~你了, 请你多费心 | 이 일은 너에게 부탁하니 많은 관심 가져 주길 바란다. =〔拜恳〕

【拜物教】bàiwùjiào 名 ❶ 물신 숭배(物神崇拜). 우상 숭배(fetishism). ¶~徒 | 물신 숭배자. 맹신자. ❷ 맹신자. 맹목적으로 추종하는 현상. ¶商品~ | 상품 만능 주의. ¶金钱~ | 배금주의.

【拜匣】bàixiá 名 ❶ 옛날, 방문하거나 선물을 보낼 때 명함과 물건을 넣는 작은 상자. ❷ 문서궤(文書櫃). 문갑(文匣).

【拜兄弟】bài xiōngdì 動組 의형제(義兄弟)가 되다. ¶我跟他是~关系 | 나와 그는 의형제 관계이다.

【拜谒】bàiyè 書 動 ❶ 배알하다. 찾아가 뵙다. ¶哥哥, 我是专诚chéng~呀 | 형님, 난 진심으로 형님을 뵈러 왔습니다. ❷ (능묘(陵墓)·비석 따위에) 경의를 표하다 ‖ =〔拜晤〕→〔拜会〕

【稗〈粺〉】bài 피 패

❶ 名〈植〉돌피. ❷ 미소(微小)한. 사소한. ¶~史↓ ¶~说 | 사소한 이야기. 떠돌아 다니는 이야기.

【稗草】bàicǎo 名〈植〉돌피 =〔稗子〕

【稗官】bàiguān 書 名 ❶ 패관 [옛날 제왕이 민간의 실정을 알아 보기 위해 항간의 잡언(雜言)을 채집하도록 보낸 하급 관리] =〔稗吏〕 ❷ 소설. 소설가 [한서예문지(漢書藝文志)에 「小说家之流, 盖出于稗官」이라는 글이 있어, 후에 소설가를 「稗官」이라고 일컬었음]

【稗官野史】bàiguān yěshǐ 名 패관 야사 [항간의 잡사를 적은 야사나 소설 따위]

【稗吏】bàilì ⇒〔稗官①〕

【稗史】bàishǐ 名 패사 [일상의 사소한 일을 기술한 야사(野史)] 야사(野史) ⇔〔正史〕

【稗子】bài·zi ⇒〔稗草〕

bān ㄅㄢ

4【扳】bān pān 당길 반

A bān 動 ❶ (아래나 안으로) 잡아당기다. 당겨 넘어뜨리다. ¶~树枝 | 나무가지를 잡아당기다. ¶~着指头算 | 손을 꼽아 세다→〔搬④〕 ❷ 고정시키다. ¶~枪栓qiāngshuān | 총의 안전장치를 고정하다. ❸ 손으로 잡다. 끌어 안다. ¶双手~窗看太阳 | 두 손으로 창문을 잡고 태양을 본다. ❹ 京 北 (악습·병폐 등을) 고치다. 바로 잡다. 되돌리다. ¶妈妈的病~过来了 | 어머니의 병이 회복되었다. ¶把毛病bìng~过来 | 결함을 바로 잡다. ❺ 方 언쟁하다. 논쟁하다. ¶我跟弟弟又~上来了 | 나는 남동생과 또 말다툼을 시작했다.

B pān 書「攀」과 통용 ⇒〔攀pān〕

【扳本(儿)】bān/běn(r) 動 方 본전을 찾다. 본전을 벌다. ¶再图~ | 다시 본전을 찾으려 하다.

【扳不倒儿】bānbùdǎor 名 오뚝이. ¶~坐趟子车 | 歇 오뚝이가 합승 마차를 타다. 喻 매우 불안정하다 =〔不倒翁〕

【扳差头】bān chàtóu 動組 吳 흠(집)을 찾다. 결함을 들추다. ¶他最喜欢~ | 그는 남의 결점 들추기를 가장 좋아한다. =〔扳错头〕

【扳倒】bāndǎo 動 ❶ 잡아 당겨 넘어뜨리다. ¶为了破除迷信把庙里的神像都~了 | 미신을 타파

하기 위하여 사당의 신상을 모두 쓰러뜨렸다. ❷(적을) 타도하다. ¶支持他的人很多, 想~他恐怕不容易 | 그를 지지하는 사람들이 많아서 그를 거꾸러뜨리는 것은 아마 쉽지 않을 것이다 ‖ =〔㊄搬倒〕

【扳道】bān/dào ❶動 전철(轉轍)하다. 철도의 분기점에서 「转zhuǎn辙机」(전철기)를 돌려 열차가 다른 선로로 가게하다. ¶~装置zhuāngzhì | 궤도 이동기 =〔搬道〕〔搬闸(儿)〕

【扳道工】bān dào gōng 名 전철수(轉轍手)=〔扳道员〕

【扳动】bāndòng 動 (아래나 안으로) 잡아당기다. 젖히다. ¶~闸门 | 갑문을 잡아 당기다. ¶~枪机 | 방아쇠를 당기다.

【扳回】bānhuí 動 만회하다. ¶甲队连续~两球, 结果二比二踢成平局 | 갑팀이 연속 2골을 만회하여 결국 2대2 무승부가 되었다.

【扳机】bānjī 名 ❶ 방아쇠. 격발장치. ¶扳~ | 방아쇠를 당기다 =〔扳手ⓑ①〕〔枪qiāng机(子)〕 ❷〈機〉제동기(制動機). 트리거(trigger).

【扳手腕】bānshǒuwàn ⇒〔扳腕子〕

【扳手】ⓐ bānshǒu 形 궁색하다. 옹색하다. 어법 북경어에서는「bǎnshǒu」로 읽고「板手」로 쓰기도 함. ¶这两天我可有点~ | 요즈음 나는 좀 궁색하다.

ⓑ bān·shou ❶ 名 방아쇠 =〔扳机①〕 ❷ 名〈機〉스패너(spanner) =〔扳子〕 ❸ 名 (기물(器物) 따위의) 손잡이. 자루 →〔套筒搬子〕

【扳头】bān·tou ⇒〔扳子〕

【扳腕子】bānwàn·zi ❶ 名 팔씨름. ❷ (bān wàn·zi) 動組 팔씨름하다 ‖ =〔扳手腕〕〔掰bāi腕子〕

【扳指儿】bān·zhir ⇒〔搬bān指(儿)〕

【扳子】bān·zi 名〈機〉스패너(spanner). ¶活~ =〔活动羊角士巴拿〕| 멍키 스패너(monkey spanner). ¶死~ =〔呆dāi扳子〕| 고정스패너. ¶套筒~ | 박스(box) 스패너. ¶管~ | 파이프 렌치(pipe wrench). ¶单dān头~ =〔单端扳子〕| 판스패너. ¶双头~ | 양구(兩口) 스패너 =〔扳钳〕〔扳手ⓑ②〕〔扳头〕〔搬钳〕〔搬手〕〔搬子〕〔令lìng取〕〔取子〕〔㊀史巴拿〕〔㊀士巴拿〕

4【颁(頒)〈攽〉】bān 나눌 반
❶ 動 (나누어) 주다. 분배하다. ¶承蒙~下隆仪, 感激无已 | 札 훌륭한 선물을 보내 주셔, 감격을 금할 길 없사옵니다. ❷ 공포(公布)하다. 반포(頒布)하다. ¶~布法令 | 법령을 공포하다.

【颁白】bānbái ⇒〔斑bān白〕

4【颁布】bānbù 動 반포하다. 공포하다. 발급하다. ¶~天下 | 온 천하에 공포하다. ¶中央及各有关部门又~了若干新法规 | 중앙 및 각 관계 기관에서 새 법규 몇 가지를 또 반포하였다. ¶~土地证 | 토지 소유증을 발급하다 →〔公gōng布〕

4【颁发】bānfā 動 ❶ (명령·지시·정책 등을) 하달하다. 문서로 통첩하다. ❷ (훈장·상장 등을) 수여하다. 교부하다. ¶~奖状 | 상장을 수여하다. ¶~印信 | 인신을 교부하다.

【颁给】bāngěi 動 주다. 수여하다. 지급하다. ¶~薪俸xīnfèng | 급료를 지급하다.

【颁奖】bānjiǎng 動 상(賞)을 주다. 포상하다. 표창하다. ¶~典礼diǎnlǐ | 표창식.

【颁行】bānxíng 動 (관청에서 법령 등을) 공포하여 시행하다 ¶早已~ | 일찍이 공포 시행되었다. ¶~已久 | 공포 시행된 지가 오래 되었다 =〔颁施shī〕→〔颁布〕

1【班】bān 나눌 반, 차례 반
❶ 名 반. 조(組). 학습이나 근무를 위해 짠 그룹. 열(列). ¶排~ | 열을 짜다. 조로 나누다. ¶把新生分为三~ | 신입생을 세 개 반으로 나누었다. ¶我们~一共有三十个学生 | 우리반의 학생은 모두 30명이다. ❷ 名〈軍〉분대. ¶一排一~ | 제1소대 1분대 →〔军②〕〔连⑨〕〔旅④〕〔排⑦〕〔棚⑧〕〔团⑥〕〔营④〕 ❸ (~儿) 名 근무시간의 구분. 근무지. ¶上~ | 출근하다. ¶下~ | 퇴근하다. ¶值zhí~ | 당직하다. ¶日夜二~制 | 주야 2교대제. ❹ 정시(定時)에 혹은 정기적으로 운행하는 ¶~车↓ ¶~机↓ ❺ (~儿) 名 극단 [옛 극단의 명칭에 사용함] ¶三庆~ | 삼경극단. ❻ 量 교통기관의 운행 또는 노선(路線)의 구분. ¶头~车 =〔头趟tàng车〕| 첫차. ❼ 量 조(組). 반으로 된 단체. 무리. ¶那~年轻人真有力气 | 저 무리의 젊은이들은 정말 기운 차다. ❽ 動 군대를 귀환·이동시키다. ¶~师↓ ¶~兵 | 병사를 귀환시키다. ❾ (Bān) 名 성(姓).

【班辈(儿)】bānbèi(r) 名 ❶ ㊄ 항렬(行列) =〔辈bèi分〕〔行háng辈〕 ❷ ㊅ 동년배. 같은세대. ¶咱们是~ | 우리는 동년배이다.

【班别】bānbié 名 반별. 조별(組別). 분대별.

【班车】bānchē 名 정기적으로 운행하는 차. 정기운행 열차. 통근차.

【班船】bānchuán 名 정기선(定期船). ¶釜fǔ山港gǎng和中国天津港之间的~ | 부산항과 중국 천진항 간의 정기선 =〔班轮lún〕

【班次】bāncì 名 ❶ (교대 작업 따위의) 순서. 순번. ❷ (교대 작업) 반 의 수(數). ¶生产~由一班改为两班 | 생산반의 수가 한 반에서 두 반으로 바뀌었다. ❸ (교통기관의) 운행 회수. 편수(便數). ¶增加公共汽车的~ | 버스의 운행 회수를 늘리다. ❹ 학번. 졸업 연차. ¶在学校时, 他~比我高 | 학교 다닐 때 그는 나보다 학번이 높았다. ❺ 書 관리 임명 후보자의 서열.

【班底(儿)】bāndǐ(r) 名 ❶ (옛날) 극단(劇團)에 납입하던 기초 자금. ❷ (옛날) 극단(劇團)의 평단원. 단역 배우. ❸ 하부 조직. 기초 성원. ¶球迷mí一致zhì承认chéngrèn他们球队的~不错 | 팬들은 모두 그들 팀의 구성 멤버가 괜찮다고 생각한다.

【班房】bānfáng 名 ❶ 옛날 관청 당직실. 잡역부나 급사의 대기실. ¶正在~谈论说笑 | 마침 잡부 대기실에서 이야기하며 웃고 있다. ❷ 옛날 관청의 급사. 잡역부. ❸ 俗 감옥. 구류소(拘留所). ¶这事儿闹nào不好要蹲dūn~ | 이 일을 잘못 건드렸다가는 감옥에 가게 된다. ¶他坐过几年~ | 그는 몇 해 동안 감옥살이 한 적이 있다 →〔监狱jiānyù〕

4【班机】bānjī 名 정기 항공편. ¶每周往返两次～｜매주 왕복 2회의 정기 항공편이 있다.
【班吉】Bānjí 名 外〈地〉방기(Bangui)[「中非共和国」(중앙아프리카 공화국;Central African Republic)의 수도]
【班级】bānjí 名 클래스(class). 반. 학급. 학년. ¶～指导｜학급 지도.
【班荆道故】bān jīng dào gù 成 모형 자리를 깔고 앉아 옛이야기를 나누다. 친구와 만나서 옛정을 나누다. ¶老朋友相见, ～, 非常高兴｜오랜 친구를 만나 옛 이야기를 나누니 무척 즐겁다 =〔班荆道旧〕
【班荆道旧】bān jīng dào jiù ⇒〔班荆道故〕
【班军】bānjūn ⇒〔班师〕
【班轮】bānlún ⇒〔班船〕
【班马】Bān Mǎ 名 ❶〈人〉한서(漢書)의 저자 반고(班固)와 사기(史記)의 저자 사마천(司馬遷)의 병칭(並稱). ❷(bānmǎ) 書 고삐가 (풀려) 놓인 말. 무리를 떠난 사람. 이반한 사람.
【班门弄斧】bān mén nòng fǔ 成 노(魯)나라의 명장(名匠) 반수(班輸)의 문전(門前)에서 도끼 놀음 하다. 공자 앞에 문자 쓴다. 뻔데기 앞에 주름 잡다. ¶我在各位专zhuān家的面前谈tán这个小问题无异wúyì于～｜제가 여러 전문가 앞에서 이 문제에 대해 이야기 한다는 것은 공자 앞에서 문자 쓰는 꼴과 다를 바가 없습니다 =〔弄斧班门〕→〔对佛说法〕
【班师】bānshī 書 動 군대가 귀환하다. 개선하다. ¶当地群qún众欢迎凯旋kǎixuán～的抗kàng战勇yǒng士｜현지 군중들은 개선하여 귀환하는 항전의 용사들을 환영하였다. =〔班军〕〔般师〕〔颁师〕
2【班长】bānzhǎng 名 ❶ 반장. 조장. ¶炊chuī事～｜취사 반장. ❷〈軍〉분대장. ❸(학교의) 급장.
【班珠尔】Bānzhū'ěr 名 外〈地〉반줄(Banjul) [「冈比亚」(갬비아;Gambia)의 수도] =〔半珠尔〕
4【班子】bān·zi 名 ❶ 옛날의 극단(劇團). ¶～戏｜전문 극단에서 상연하는 연극 [「玩儿wánr票」와 구분하여 이르는 말] ❷(일단의 임무를 수행하는) 부서(部署). 그룹(group). 대(隊). ¶领导～｜지도부. ❸ 옛날의 관리 등급. ¶知县～｜현지사(縣知事)급의 관리. ❹ 옛날의 고급 기루(妓樓). 기생관.
【班组】bānzǔ 名 (학습이나 작업을 위한) 그룹. 반(班). ¶～学习｜그룹 학습.

4【斑】bān 얼룩 반
❶ 반점(斑點). 얼룩. ¶雀què～｜주근깨. ❷ 얼룩얼룩하다. 반점이나 얼룩무늬가 있다. ¶～马↓ ¶～驳↓ ¶～色｜얼룩얼룩한 색. ❸(Bān) 名 성(姓).
【斑白】bānbái 書 狀 희끗희끗하다. ¶两鬓bìn～｜양쪽 살쩍이 희끗희끗하다 =〔斑发〕〔班白〕〔颁白〕〔花白〕
【斑驳】bānbó ❶ 書 狀 여러 가지 빛깔이 뒤섞여 얼룩얼룩하다. ¶几场秋霜shuāng过后, 山林里的树叶shùyè有黄、有绿lǜ、有红…, 色彩cǎi～真是美丽极了｜서리가 몇 번 내린 후 수풀의 나뭇잎이 노랑·초록·빨강… 등의 색으로 알록달록하여져 참으로 아름답다 =〔班驳〕❷ 名 동물 털로 만들어진 반점.
【斑驳陆离】bān bó lù lí 成 ❶ 여러가지 색이 섞여 화려하다. 알록달록하다. ¶撅juē起一块～洋布｜아록달록한 광목을 들다. ❷ 색채가 선명하여 눈에 확 들어오다. 색채가 찬란하하. ¶走进晚会大厅, 五光十色, ～, 使人眼花缭乱liáoluàn｜만찬회가 열리는 홀로 들어가자, 갖가지의 빛과 색깔이 선명하고 화려하여 눈을 현란하게 한다.
【斑点】bāndiǎn 名 ❶ 반점. 얼룩점. 얼룩이. ¶～病｜반점병. ❷ 오점(汚點). 오명(汚名). ❸ 반흔(斑痕) ¶～反应｜반흔 반응. ¶～分析｜반흔 분석.
【斑鸠】bānjiū 名 ❶〈鳥〉산비둘기 =〔鸣鸠〕❷ 近 데릴사위. ¶故招zhāo知远做～｜그리하여 지원을 불어서 데릴사위로 삼았다《劉知遠·諸宮調》
【斑斓】bānlán 書 狀 색채와 빛이 어울려 아름답다. 찬란하고 화려하다. ¶草原上, 色彩cǎi～｜초원의 색채가 아름답다. ¶五色～ =〔五彩斑斓〕｜오색 찬란하다.
【斑驴】bānlǘ ⇒〔斑马〕
【斑马】bānmǎ 名〈動〉얼룩말 =〔斑驴〕〔花条马〕
【斑马线】bānmǎxiàn 名 횡단보도 =〔人行xíng横héng道〕
【斑猫】bānmāo ⇒〔斑蝥〕
【斑蝥】bānmáo 名〈蟲〉가뢰. 반묘(斑猫) =〔斑猫〕
【斑秃】bāntū 名〈醫〉원형탈모증(圓形脫毛症). ¶树干上的皮往往被驴lǘ啃kěn去, 花～似的｜나귀가 나무 둥치의 껍질을 파먹어 원형탈모증에 걸린 것 같다 =〔秃发症〕〔俗 鬼剃tì头〕〔俗 鬼舐shì头〕〔〈汉医〉油风〕
【斑文】bānwén ⇒〔斑纹〕
【斑纹】bānwén 名 반문. 얼룩무늬. ¶老虎身上有美丽的～｜호랑이 몸에는 아름다운 얼룩무늬가 있다. ¶～黑檀｜반문 흑단. =〔斑文〕
【斑疹伤寒】bānzhěn shānghán 名組〈醫〉발진(發疹) 티푸스(tyhpus). ¶～疫yì苗｜발진티푸스 왁친 =〔发疹窒扶斯〕→〔伤寒①〕
【斑竹】bānzhú 名〈植〉반죽 [줄기에 흑색의 무늬가 있는 대나무의 일종] =〔泪竹〕〔湘xiāng妃竹〕

【瘢】bān 피부병 반
名〈漢醫〉반점 병 [피부에 반점(斑點)이 생기는 병의 총칭]

1【般】bān pán bō 일반 반
Ⓐ bān ❶ 量 종류. 가지. 방법. ¶两～人｜두 종류의 사람. ¶两～若说不相同, 除是痴chī人说梦mèng｜미친 사람 잠꼬대가 아닌 이상 둘이 다른 말을 할리 없다《兒女英雄傳》❷ 助 …같은. …와 같은 종류의. ¶如此这～｜이와 같은. ¶万～无奈｜어떤 일도 해 볼 수 없다. ¶兄弟～的友谊｜형제와 같은 우정. ¶他有钢铁～的意志｜그는 강철과 같은 의지가 있다→〔一般〕〔一样〕❸ 助 …와 같은 정도의. …만큼의. ¶几百～的妇人｜수백 정도의 부인들.

Ⓑpán 書 질펀하게 놀다. 연일 놀며 즐기다. 유흥에 빠지다. ¶～游yóu｜↓ ¶～乐↓
Ⓒbō ⇒〔般bō若〕
Ⓐbān
【般般】bānbān ❶ 書 狀 여러 가지의. 형형색색의. ¶～之兽shòu｜갖가지의 짐승. ❷ 副 近 하나하나. 모두. 사사건건. ¶要的～有｜원한 것은 하나하나 다 있다. ¶这种情形～皆是不希奇｜이러한 상황은 모두 다 있을 수 있는 것으로서 별로 신기한 것이 못된다. ❷ ⇒〔斑bān斑①〕
【般般大】bānbāndà 狀 北 나이가 같은 또래이다. 동년배이다. 끼리끼리이다. ¶～的同学｜같은 또래의 급우(級友).
【般大般小】bān dà bān xiǎo 成 나이가 비슷하다. 같은 또래이다.→〔班上班下〕
【般配】bānpèi 形 方 ❶ 짝이 맞다. 서로 잘 어울리다. ¶丈夫跟妻子在容貌mào上～｜남편과 아내는 용모상으로도 잘 어울린다. ¶他俩真～｜그들 둘은 정말 잘 어울린다. ❷ 격에 맞다. (옷차림·사는 곳 등이 신분과) 어울리다. ¶他这样yàng洋yáng打扮bàn跟他的身分能～吗?｜그의 이러한 서양식 차림새가 그의 신분과 격에 맞단 말인가? ‖ =〔班配〕〔搬配〕
【般上般下】bān shàng bān xià ⇒〔班bān上班下〕
【般师】bānshī ⇒〔班bān师〕
Ⓑpán
【般乐】pánlè 書 動 놀이에 빠지다. 유흥에 빠지다. ¶～怠敖dàiáo, 是自求祸huò也｜놀이에 빠져 게으름을 피우는 것은 화를 자초하는 것이다《孟子·公孫丑上》
【般旋】pánxuán ⇒〔盘pán旋〕
【般游】pányóu 書 動 놀이에 빠지다. 질펀하게 놀다 =〔盘游〕
Ⓒbō
【般若】bōrě 名 外 〈佛〉 반야(prajñā; 범) [대승 불교에서, 모든 법의 진실상을 아는 지혜] =〔般赖lài若〕〔班若〕〔波bō若〕〔钵bō若〕
【般若汤】bōrětāng 名 〈佛〉 술(酒) [승려들의 은어]

1【搬】 bān 옮길 반
❶ 動 옮기다. 운반하다. 어법 보통 무거운 것을 옮긴다는 뜻으로 쓰임. ¶把这块石头～开｜이 돌을 치워라→〔挪nuó〕〔迁qiān〕 ❷ 動 이사하다. 집을 바꾸다. ¶～家↓ ¶我不知他～到那里去了｜나는 그가 어디로 이사 갔는지 모르겠다. ❸ 動 (기존의 제도·경험·방법·문장 등을) 그대로 옮겨 오다. 인용해 쓰다. ¶写小说不能～别人的经验jīngyàn｜소설을 쓰는데, 다른 사람의 경험을 그대로 옮길 수 없다→〔生搬硬yìng套tào〕 ❹ 動 (손으로) 당기다. (고정된 것을 손으로 당겨) 위치를 바꾸다. ¶林黛玉～着手说到:…｜임대옥은 손으로 당기며 말하길…《紅樓夢》→〔扳bān①〕 ❺ 動 近 부르다. 청하다. 모셔 오다. ¶你如今即刻备bèi马, 着人～他去｜너 지금 당장 말을 준비하여 누군가에게 그를 불러 오도록 시켜라. ¶～救jiù兵｜구원병을 부르다→〔请〕〔求〕 ❻ 動 近 (비밀 따위를) 캐내다. 파헤치다. ¶～人的是非｜남의 잘잘못을 파헤치다. ❼ 動 近 교사하다. 이간질을 하다. ¶～嘴zuǐ舌shé｜이간질을 일삼다. ❽ 動 (셈하기 위해) 손가락을 꼽다. ¶～指头｜손가락을 꼽으며 세다. ❾ 상연하다. 연기하다. ¶～演↓
【搬兵】bān/bīng 動 구원병을 부르다. 喩 원조를 요청하다. ¶为了把这些石头运yùn走, 他已经～去了｜이 돌들을 치우기 위해 그는 이미 구원을 요청하러 갔다.
【搬不倒儿】bān·budǎor ⇒〔不bù倒翁〕
【搬动】bāndòng 動 ❶ 옮기다. 이동시키다. 위치를 바꾸다. ¶～桌子｜탁자를 옮기다. ¶因货huò物易震zhèn动受损, 不宜多加～｜화물이 진동에 파손되기 쉬우니, 너무 많이 옮기지 마시오. ¶这么多的东西～起来很麻烦｜이렇게 많은 물건을 옮기려면 꽤나 귀찮겠다. ❷ 운송하다. 수송하다. 운반하다. ¶因为很重zhòng, ～时特别tèbié小心｜너무 무거우니 운송할 때 조심하십시오. ❸ 출동하다. 출진하다. ¶～千军万wàn马｜천군만마를 출동시키다.
【搬家】bān/jiā 動 ❶ 이사하다. 이전하다. 집을 옮기다. ¶～费fèi｜이사 비용. ¶搬一回家很费事｜한 차례 이사하는 데도 큰 힘이 든다→〔乔qiáo迁〕 ❷ 俗 옮겨 놓다. ¶把梨树lí shù～到院yuàn子里｜배나무를 뜰안에 옮겼다. ¶这样做弄不好就要脑袋～｜이렇게 해서도 안되면 골통이 없어질 것이다.
【搬家丢下老婆】bānjiā diū·xia lǎopó 諺 이사하다가 마누라를 잃다. 어떤 일을 하다가 더 중요한 일을 그르치다.
【搬口】bānkǒu 動 중얼거리다. 불평을 늘어 놓다. ¶絮xù絮聒guō聒地～｜끊임없이 중얼거리다《水滸傳》
【搬口弄舌】bān kǒu nòng shé 成 힘을 함부로 놀려 남을 모함하다. 이간질하다. ¶必然有人～｜반드시 누군가가 함부로 이간질하였다《水滸傳》
【搬弄】bānnòng 動 ❶ 손으로 가지고 놀다. 만지작거리다. ¶别～枪栓qiāngshuān｜노리쇠를 만지작거리지 마라. ❷ 과시하다. 자랑하다. 뽐내다. ¶他是总zǒng喜欢～自己的那点儿知识shí｜그는 언제나 자기의 그까짓 지식을 과시하기를 좋아한다. ❸ 도발하다. (불미한 일을) 만들다. ¶～口舌shé｜이리저리 말을 옮겨 싸움이 나게 하다 ❹ 무례한 짓을 하다. ¶怕pà有人～｜누군가가 무례한 짓을 할까 두렵다.
【搬弄是非】bān nòng shì fēi 成 이간질하여 시비를 일으키다. 싸움을 붙이다. ¶他老是爱调tiáo三斡wō四地～｜그는 언제나 이곳 저곳에서 이간질하여 싸움이 일어 나게 한다 =〔搬是非〕〔害hài搬是弄非〕→〔惹rě是生非〕
【搬起石头打自己的脚】bān qǐ shí tóu dǎ zì jǐ·de jiǎo 成 제 발등을 제가 찍다. 자업자득이다. ¶坏huài事做绝jué的人, 到头来总zǒng归guī是～｜고약한 일을 끊임없이 하는 사람은 결국 제 눈 제가 찌르는 꼴이 될 것이다 =〔搬起石头砸zá自己的脚〕〔搬砖zhuān砸脚〕
【搬上银幕】bān·shang yínmù 動組 은막에 올리

다. 영화로 만들다. 영화로 만들 수 있도록 각색하다.

【搬雪填井】bānxuě tiánjǐng 成 눈을 운반하여 우물을 메우다. 헛수고를 하다 ¶你怎样做, 还hái是～ | 네가 어떻게 한다 해도 헛수고에 그칠 것이다.

【搬演】bānyǎn ⇒〔扮bàn演〕

【搬移】bānyí 動 이사하다. 옮기다. 이전하다. ¶往那儿～ | 어디로 이사 가느냐?

【搬用】bānyòng 動 유용(流用)하다. 전용(轉用)하다. 끌어다 적용하다. ¶把生物wù学的规律guīlǜ机械jīxiè地～于人类社会领域lǐngyù | 생물학 법칙을 기계적으로 인류 사회의 범주에 억지로 적용시키다. ¶盲目地～ | 맹목적으로 끌어다 붙이다.

4【搬运】bānyùn 動 운송하다. 수송하다. 운반하다. ¶～费 | 운임. 수송비. ¶～注意＝〔轻拿轻放〕| 취급 주의. ¶耐nài～ | 운반에 잘 견딘다.

【瘢】bān 흉 반
名 상흔(傷痕). 상처의 흔적. 흉터.

【瘢疤】bānbā 名 상흔. 흉터. ¶手背bèi上有两块～ | 손등에 상처 두 곳이 있다.

【瘢点】bāndiǎn 名 피부에 생긴 검은 점. 기미. 상처가 나은 뒤에 남는 반점(斑點).

【瘢痕】bānhén 名 흉터. 상처. ¶～瘤liú＝〔瘢痕疙gē瘩〕| 켈로이드(keloid). ¶虽然没事, 额é上结下一个～ | 비록 큰 일은 나지 않았으나, 이마에 흉터가 남았다.

bǎn ㄅㄢˇ

【坂】bǎn 비탈 판, 고개 판
名 ❶ 비탈. 고개. 언덕. 경사지. ¶九折～ | 구불구불 비탈진 언덕. ¶～田 | 돌이 많은 경사지의 밭. ¶～路 | 비탈 길 ＝〔阪bǎn①〕→〔坡pō①〕 ❷ (Bǎn) 성(姓).

【坂上走丸】bǎn shàng zǒu wán 成 언덕에서 공을 굴리다. 형세가 급박하다 ＝〔如丸走坂〕

【阪】bǎn 비탈 판
❶「坂」과 같음 ⇒〔坂pǎn①〕 ❷ 지명에 쓰이는 글자 ¶大～ | 대판. 오사카 [일본 제1의 항구 도시]

1【板〈闆₉〉】bǎn 널조각 판
❶ (～儿,～子) 名 널. 판자. ¶黑～ | 흑판. ¶木～ | 나무 판. ❷ (～儿,～子) 名 가게의 문짝. 상점의 문. ¶铺pū子都上了～儿了 | 가게 문을 모두 닫았다. ❸ 名〈音〉박판(拍板). 박자목(拍子木) [중국 음악에서 박자를 치는데 사용하는 타악기] ¶檀tán～ | 흑단으로 만든 박자목. ¶用手指zhǐ敲qiāo着～儿唱京戏xì | 손으로 박자목을 치면서 경극을 부르다 ＝〔拍pāi板〕〔歌板〕 ❹ 名〈音〉중국 전통 음악 곡조(曲調) 중에 가장 강한 박자. ¶～眼↓ ¶快～ ⇔〔慢板〕| 빠른 곡조→〔板眼①〕 ❺ 形 융통성이 없다. 무뚝뚝하다. 생기가 없다. ¶这个人很老实, 就是太～ | 이 사람은 매우 성실하지만, 너무 융통성이 없다. ❻ 形 단단하다. 빳빳하다. ¶地～了, 锄chú不动 | 땅이 단단해져 호미질을 할 수 없다. ¶肩膀jiānbǎng有点发fā～ | 어깨가 좀 뻣뻣해졌다. ❼ 動 표정이 굳다. 경색되다. 엄숙한 기색을 하다. ¶表情qíng太～ | 표정이 굳다. ¶他～着脸liǎn训xùn学生 | 그는 엄숙한 기색을 띠고 학생을 훈계한다→〔绷běng B①〕 ❽「版」과 통용 ⇒〔版bǎn①〕 ❾ 주인. 어른. ¶老～ | 주인. 보스. 어른. ¶老～娘niáng | 안주인. 주인 마님.

【板板六十四】bǎnbǎn liùshí sì 狀組 획일적이다. 융통성이 없다 [「板」은「版」인데 송대(宋代) 주전(鑄錢)의 틀로 1판(版)이 64문(文)이었음] ＝〔版版六十四〕→〔死板②〕

【板报】bǎnbào 名 ❶ 흑판에 쓴 소식. ❷ 벽보 ＝〔壁bì报〕

【板本】bǎnběn 名 판본. 판각본(板刻本) ＝〔版本〕〔刻kè本〕〔椠qiàn本〕

【板本学】bǎnběnxué ⇒〔版bǎn本学〕

【板擦(儿)】bǎncā(r) 名 칠판 지우개 ＝〔板刷②〕〔粉fěn刷④〕〔黑板擦子〕

【板车】bǎnchē 名 짐수레. ¶拉lā～ | 짐수레를 끌다. ¶刚买了四辆～ | 짐수레 4대를 샀다 ＝〔板子车〕〔地车〕〔地爬车〕→〔大车①〕

【板锉】bǎncuò 名〈機〉평형(平形) 줄. 납작 줄 ＝〔扁biǎn锉〕

【板凳(儿)】bǎndèng(r) 名 ❶ 판대기 의자. 등받이가 없는 긴 나무 걸상→〔长cháng凳(儿)①〕 ❷ 작은 나무 걸상 ＝〔小板凳儿〕

【板凳队】bǎndèngduì 名 京 (구기(球技) 시합의) 보결선수.

【板斧】bǎnfǔ 名 날이 넓고 편평한 도끼→〔斧子〕

【板鼓】bǎngǔ 名〈音〉판고 [단면고(單面鼓)의 일종으로 전통극 악대(樂隊)의 지휘 악기로 쓰임] ＝〔单dān皮鼓〕

【板胡】bǎnhú 名〈音〉판호 [호궁(胡弓)의 일종으로 화북(華北)의 민간(民間) 창희(唱戲)인「梆子(腔)」의 주요 반주(伴奏) 악기로 쓰임] ＝〔梆bāng胡〕→〔胡琴(儿)〕〔京jīng胡〕

【板画】bǎnhuà 名〈美〉판화(版畫) ＝〔版画〕

【板话】bǎnhuà 名 박자판을 치면서 하는 설창(說唱)→〔拍pāi板④〕

【板极】bǎnjí 名 진공관의 양극(陽極) ＝〔屏píng极〕〔阳极〕

【板结】bǎnjié 動 (토양이) 굳다. 경화(硬化)하다. ¶土地～了, 很难刨páo | 땅이 굳어져 파기가 어렵다.

【板栗】bǎnlì 名 왕밤. 굵고 튼실한 밤.

【板里没土, 打不起墙】bǎn·li méi tǔ, dǎ·bu qǐ qiáng 諺 판자 사이에 흙이 없으면 바람벽을 쌓을 수 없다. 겉은 불만해도 내용이 없다. 빛 좋은 개살구→〔外强中干gān〕

【板上钉钉】bǎn shàng dìng dīng 成 판자 위에 못을 박다. 확실하다. 확고부동하다. 틀림없다. ¶你的财产cáichǎn～要归他 | 너의 재산은 틀림없이 그에게 귀속될 것이다. ¶我说出话来, 就是～, 无论谁来劝quàn我, 也不更gēng改 | 내가 한 말은 확고부동하다. 누가 와서 권해도 변하지 않는다 ＝〔板上揳xiē钉〕

【板式】bǎnshì ❶ 名 판식. 박자의 형식 [중국 전

통극 곡조의 박자 형식. 경극(京劇) 중의「慢板」「快板」「二六」「流水」등] ❷圖판식. 판자와 같은 형식. 평평한 격식. ¶～建筑jiànzhù | 판식 건축. ❸形반듯하다. 평평하다. 고르다. ¶用熨yùn斗一熨就～了 | 다리미로 다리면 반듯해진다 →[平正②]

【板实】bǎnshí ⓧ bǎn·shi) 形 北 ❶ (땅이) 굳다. 견고하다. 여물다. ¶这地里的土太～, 不能种zhòng花生 | 이 밭은 너무 굳어 땅콩을 심을 수 없다. ❷ (책표지·옷 등이) 팽팽하다. 잘펴지다. ¶这衣服熨yùn得多～ | 이 옷은 아주 팽팽히 다려졌다. ❹ (물건이) 견고하다. 질기다. 튼튼하다.

【板书】bǎnshū ❶動 판서하다. 칠판에 글을 쓰다. ❷名 칠판에 쓴 글자. ¶写xiě～ | 판서를 하다.

【板刷】bǎnshuā ❶名 거친 솔. 올이 굵은 솔. 바닥솔 [욕조나 바닥 따위를 닦는 솔] ❷⇒[板擦儿]

【板头】bǎn·tou ⇒[板子①]

【板瓦】bǎnwǎ 名 판 기와. 평(平) 기와 =[平瓦]

【板屋】bǎnwū 名 판자집. 판옥 [판자로 아무렇게나 지은 집]

【板箱】bǎnxiāng 名 方 나무 상자. 옷 따위를 넣는 대형 상자.

【板鸭】bǎnyā 名 〈食〉통 오리 졸임[오리를 통째로 소금에 절였다가 납작하게 눌러서 건조시킨 것으로 남경(南京)의 것이 유명함]→[腊là鸭]

【板牙】bǎnyá 名 ❶ 方 문치(門齒). 앞니 =[门齿] ❷ 方 구치(臼齒). 어금니. ❸〈機〉다이스(dies). ¶～扳bān手 | 다이스 돌리개 =[螺luó丝板]

【板烟】bǎnyān 名 압축 담배 [여러 장의 담배 잎을 뱃납작하게 눌러 만든 담배]

【板岩】bǎnyán 名 ❶ 슬레이트(slate). 석판(石板). ❷〈地質〉점판암(粘板岩).

【板眼】bǎnyǎn 名 ❶〈音〉중국 전통극 박자의 강약(强弱). 박자 [한 소절(小節) 중에 가장 강한 박자를「板」, 약한 박자를「眼」이라 함.「一板三眼」은 4박자를,「一板一眼」은 2박자를 가리킴] →[板子⑤] ❷ 喩 조리(條理). 순서. 질서. ¶他说话做事都有～, 决jué不随便乱来 | 그의 언행에는 항상 조리가 있어 절대로 함부로 나오지 않는다. ❸ 方 喩 방법. 요령. 수단. 눈치. ¶～不错 | 눈치가 빠르다.

【板眼分明】bǎnyǎn fēnmíng 狀組 喩 사리가 분명하다. 조리가 명백하다. ¶这件事真是～, 一看就知道了 | 이 일은 실로 조리 정연하여 보기만 해도 알게 된다.

【板油】bǎnyóu 名 압착 돼지 기름 [돼지의 내장 기름을 응고시켜 벽돌 처럼 만든 지방]

【板羽球】bǎnyǔqiú 名 〈體〉❶ 서양 제기 치기 (battledore and shuttlecock). ❷ 서양 제기 치기의 셔틀콕.

【板障】bǎnzhàng 名 널빤지로 만든 장애물. 연습용 장애물.

【板正】bǎnzhèng 形 정연하다. 가지런하다. ¶把衣服洗得干净, 叠dié得很～ | 옷을 깨끗하게 빨아 정연하게 개어라.

【板纸】bǎnzhǐ ⇒[纸板]

【板滞】bǎnzhì 書 形 (글·그림·표정이) 굳어 있다. 딱딱하다. 형식적이다. 융통성이 없다. 생동감이 없다. ¶～的人表面上似sì不甚随suí合, 其实却是老成 | 표정이 굳은 사람은 보기에는 친하기 어려울 것 같지만 실제로는 세련되어 있다.

【板子】bǎn·zi 名 ❶ 널빤지. 판자. ❷ 곤장. ¶打了他二十～了 | 그에게 곤장 20대를 쳤다. ❸ (상점의 널빤지로 만든) 문짝. ¶上～ | 가게 문을 닫다. ❹ 판목(版木). ¶一副～里印出来 | 동일 목판으로 인쇄하다 =[板本②] ❺ 창극(唱劇)의 박자→[板眼①]

【板子车】bǎn·zichē ⇒[板车]

2【版】bǎn 널 판, 판목 판, 여덟자 판

❶名 (인쇄용의) 판. ¶排pái～ | 조판하다. =[板⑧] ❷量 (인쇄물)의 인쇄·출판 횟수. ¶初～ | 초판. ¶第二～ | 이판. ❸名 판본. 인쇄판의 구별. ¶宋～ | 송나라 때 판본. ❹名 신문의 지면(紙面). ¶头～新闻 | 제1면 뉴스. ¶编biān在第三期的第一～上面 | 제3기의 일면 상단에 실려 있다. ❺名 (사진의) 원판. 네가(nega). ¶修～ | (사진의) 원판을 고치다. ❻ 휘틀 판에 쓰이는 판(板). ¶～筑zhù↓ ❼ 호적(戶籍). ¶～图↓

【版本】bǎnběn 名 판본 =[板本]

【版本学】bǎnběnxué 名 판본학 =[板本学]

【版次】bǎncì 名 (서적의) 출판 회수. 판수. ¶引用别人的观点, 必须注明其著作名称、出版单位和～ | 다른 사람의 관점을 인용할 때는 반드시 저작물의 명칭·출판처 및 판수를 밝혀야 한다.

【版画】bǎnhuà ⇒[板bǎn画]

【版籍】bǎnjí 書 名 ❶ 서적(書籍). ❷ (토지·호적·세액 따위를 적은) 등기부. 대장. 장부 =[户hù口册]

【版克】bǎnkè 名 外 뱅크(bank). 은행.

【版刻】bǎnkè 名 판각.

【版口】bǎnkǒu 名 판구. 판심(版心). 장정(裝幀)의 가운데 =[版心②][页yè心]

【版面】bǎnmiàn 名 ❶ 판면. (서적·신문 따위의) 지면(紙面). ❷ 편집 설계. 레이아웃(layout) =[版面设shè计]

【版纳】bǎnnà 名 운남(雲南)「西双版纳傣dǎi族自治州」안의 옛 행정단위 [지금의 현(縣)에 해당함]

【版权】bǎnquán 名 〈法〉판권. 저작권. ¶～税shuì | 인세. ¶～所有, 不准翻印fānyìn | 저작권 소유, 복제 불허 =[板权]

【版权页】bǎnquányè 名 판권장(版權張). 판권면. [책의 앞이나 뒤에 판권을 인쇄해 놓은 면]

【版式】bǎnshì 名 판형(版型). 판식. ¶这样～, 很长时间, 成为中国文学刊物的典diǎn型 | 이러한 판형이 오랜 기간 동안 중국문학 간행물의 전형이 되어 왔다 =[板式shì②]

【版税】bǎnshuì 名 ❶ 인세(印稅) ❷ 저작권 사용료.

【版图】bǎntú 名 호적(戶籍)과 지도(地圖). 轉 판도. 국가의 영역(領域). ¶我国～辽阔 | 우리 나라의 관할 영역은 아주 넓다.

【版心】bǎnxīn ❶ 名 〈印出〉판면(版面, printed

area). 인쇄면. ❷⇒〔版口〕

【版筑】bǎnzhù 書❶名 판축. ❷動轉(토목·건축) 공사를 하다.

【版子】bǎn·zi 名❶(인쇄용의) 판목(版木). ❷方 주형(鑄型). ¶两兄弟那么像, 就像一个～铸zhù出来的｜형제간이 마치 한 주물틀에서 주물해 낸 것처럼 꼭 닮았다.

B

【钣(鈑)】bǎn 불린금 판

❶名 금속판. ¶铝lǚ～｜알루미늄 판. ¶钢～｜강철 판. ❷공작기계에 있는 평판(平版) 모양의 부품. ¶滑～｜슬라이드(slide) 판.

【钣金】bǎnjīn 名 판금(sheet metal) ¶～工｜판금공. ¶～加工｜판금 가공. ¶～件｜판금 부품 =〔金属薄báo片〕

【钣梁】bǎnliáng 名 강판을 접합할 때 쓰는 용접봉.

【舨】bǎn 삼판 판

⇒〔舢shān舨〕

bàn ㄅㄢˋ

【爿】bàn ☞ 爿 pán

1【办(辦)】bàn 힘쓸 판

❶動…을 하다. 처리하다. ¶好, 就这么～!｜좋습니다, 그럼 이렇게 합시다. ¶～公↓ ¶公事公～｜공적인 일은 공정하게 처리한다→〔做〕〔干gàn〕 ❷動 개설하다. 경영하다. ¶～学校｜학교를 설립하다. ¶～报↓ ¶～工厂chǎng｜공장을 경영하다. ❸動 준비하다. 마련하다. ¶～酒席xí｜연회를 준비하다. ❹動 문서를 작성하다. ¶～件公文｜문서 한 건을 작성하다. ❺動(상품을) 구입하다. 사입하다. ¶～来一批pī新货huò｜얼마간의 새 상품을 들여놓다. ❻動 조달하다. ¶～现款kuǎn｜현금을 조달하다. ❼動 처벌하다. ¶～罪↓ ¶重zhòng～｜엄중하게 처벌하다. ❽名粵〈貿〉견본(見本) ¶大～｜실물크기 견본. ¶货huò～｜상품 견본. ❾名簡 사무실〔「办公室」의 약칭〕 ¶系xì～｜학과 사무실.

【办案】bàn'àn 動❶사건을 처리하다. ¶依yī法～｜법에 따라 사건을 처리하다. ¶～人｜사건을 처리하는 사람. ❷사건을 수사하다. 범인을 체포하다. ¶～的｜범인을 수색하는 사람. 탐정. 수사관. ❸부역을 과하다. 재물을 징발하다→〔办差chāi①〕

【办白事】bàn báishì 名組 슬픈 일을 치르다. 장례식·추도회 등을 거행하다⇔〔办红hóng事〕〔办喜xǐ事〕

【办报】bànbào 動 신문을 발행하다. ¶～是一件吃力不讨tǎo好的事｜신문을 발행한다는 것은 힘들고 좋을 것이 없는 일이다.

【办不成】bàn·buchéng 動組 해낼 수 없다. 잘 처리할 수 없다. 이룰 수 없다→〔办成〕

【办不到】bàn·budào 動組 해낼 수 없다. 처리할 수 없다. ¶暂zàn时～的事情｜잠시 할 수 없는 일⇔〔办得到〕

【办不动】bàn·budòng 動組(일이 많거나 힘이 모자라서) 처리할 수 없다. 해낼 수 없다⇔〔办得动〕

【办不好】bàn·buhǎo 動組 잘 처리할 수 없다. 잘 할 수 없다⇔〔办得好〕

【办不来】bàn·bulái 動組(함께) 해낼 수 없다. 다룰 수 없다 ¶他是个急jí性子, 我跟他～｜그는 성질이 급하여 나는 그와 같이 할 수 없다⇔〔办得来〕

【办不了】bàn·buliǎo 動組(일이 많아서) 다 해낼 수 없다⇔〔办得了〕

【办不起】bàn·buqǐ 動組(경제력·능력이 없어) 처리할 수 없다⇔〔办得起〕

【办不妥】bàn·butuǒ 動組 적절하게 처리할 수 없다. 잘 할 수 없다⇔〔办得妥〕→〔办妥〕

【办不完】bàn·buwán 動組 끝낼 수가 없다. 다 처리할 수가 없다. ¶事情特tè多, 每日～｜일이 특별히 많아 매일 끝낼 수가 없다.

【办差】bànchāi 動❶부역을 과하다. 재물을 징발하다. ¶他昨天晚wǎn上替tì官～｜그가 어제 저녁에 관을 대신하여 재물을 징발하였다→〔办案③〕 ❷자재 구입 관계의 일을 하다. ❸사건을 수사하다.

【办成】bànchéng 動 완수하다. 이루다. ¶要～这件事还真不容róng易｜이 일을 해 낸다는 것은 정말 쉽지 않다→〔办不成〕

【办到】bàn/dào 動 이루어 내다. 해내다. ¶原来认rèn为办不到的事, 现在～了｜원래 해낼 수 없다고 여겼던 일을 지금 해내었다.

【办得到】bàn·dedào 動組 할 수 있다. 이루어 낼 수 있다. =〔来得及②〕⇔〔办不到〕

1【办法】bànfǎ 名 방법. 수단. ¶没～ =〔没法子〕｜방법이 없다. 어쩔 도리가 없다.

【办稿】bàn/gǎo 動 공문서를 기초(起草)하다. ¶这件公文是我来～的｜이 공문서는 내가 기초한 것이다.

2【办公】bàn/gōng 動❶공무를 집행하다. 집무하다. 사무를 보다. ¶白天人们都到办公室～去, 没有人在这儿｜낮에는 사람들이 모두 사무 보러 사무실로 가고 이곳에는 아무도 없다. ❷출근하다. ¶爸bà爸坐车去～｜아빠는 차를 타고 출근하신다. ❸근무하다. 일하다. ¶我在市政府～｜나는 시청에서 일하고 있다.

【办公处】bàngōngchù ⇒〔办事处〕

【办公费】bàngōngfèi 名 판공비. 사무비.

1【办公室】bàngōngshì 名 사무실. 오피스(office) =〔办事室〕〔粵 写xiě字间〕

【办公厅】bàngōngtīng 名 관공서.

【办公桌】bàngōngzhuō 名 사무용 책상.

【办红事】bàn hóngshì ⇒〔办喜事〕

【办后事】bàn hòushì 動組 장례를 치르다. (죽은 사람의) 뒷일을 처리하다. ¶您别过guò于悲伤bēishāng了, ～要紧｜너무 슬퍼하지 마십시오, 장례를 지내는 것이 중요합니다.

【办货】bàn/huò 動(가게에) 상품을 들여 놓다. ¶他进城～去了｜그는 물건하러 시내에 갔다 =〔进jìn货〕

【办酒】bàn/jiǔ 動 술자리를 마련하다. 연회를 베

풀다 =〔办酒席xí〕

[3]【办理】bànlǐ 動 취급하다. 다루다. 처리하다. ¶～案件 | 안건을 처리하다. ¶～欠qiàn妥tuǒ | 타당성 없이 처리하다. ¶～出境jìng手续xù | 출국 수속을 하다.

【办生日】bàn shēng·ri 動組 생일 축하연을 하다. 생일을 차리다→〔办寿〕

[2]【办事】bàn/shì 動 일을 하다. 처리하다. 사무를 보다. ¶他这个人～不牢靠láokào | 이 사람이 하는 일은 견실하지 못하다. ¶我们是给群众qúnzhòng～的 | 우리는 군중을 위하여 일하는 사람들이다→〔做活儿①〕

【办事处】bànshìchù 名 사무소 =〔办公处〕

【办事室】bànshìshì ⇒〔办公室〕

【办事员】bànshìyuán 名 사무원.

【办寿】bàn/shòu 動 생신을 축하하다. ¶办正寿 | (70·80세 따위의 십 단위)생신을 축하하다 =〔做寿〕→〔办生日〕

【办妥】bàntuǒ 動 일을 잘 처리하다. 일을 마무리하다. ¶事情～了马上回来 | 일을 끝내거든 곧바로 돌아 오너라→〔办不妥〕

【办喜事】bàn xǐshì 動組 기쁜 행사를 치르다. 결혼식을 올리다 =〔办红事〕⇔〔办白bái事〕

[4]【办学】bàn/xué 動 학교를 운영하다. ¶开门～ | 학교 문을 사회에 개방하다 [문화 혁명 기간 중의 대학 운영 방침] ¶～方针zhēn | 학교 운영 방침.

【办置】bànzhì 動 마련하다. 조달하다. 비치하다. ¶材料cáiliào已经～齐qí了 | 재료는 이미 다 마련되었다.

【办罪】bàn/zuì 動 죄를 다스리다. 단죄하다. ¶将此贼zéi送sòng官～ | 이 도적을 관에 보내 단죄하여라 =〔定dìng罪〕

1【半】bàn 절반 반

❶ 數 반. 절반. 2분의 1. 어법 ⓐ 정수(整數)가 없을 때는 양사의 앞에 옴. ¶～斤酒 | 술 반근. ¶～个西瓜 | 수박 반 조각. ⓑ 정수가 있을 때는 양사 뒤에 옴. ¶一年～ | 일년 반. ¶一斗～ | 한말 반. ⓒ 일반적으로 「半」과 명사 사이에 「的」를 넣을 수 있지만 양사 「个」가 올 때는 「的」를 넣을 수 없음. ¶花了三天～的时间 | 3일반의 시간을 소비했다. ¶两个～的小时(×) ¶两个～小时 | 2시간 반. ¶我家有五个～的劳动láodòng力(×) ¶我家有五个～劳动力 | 우리 집에는 다섯 명 반의 노동력이 있다.ⓓ 「半+量」의 형태로 부정을 나타내는 말과 함께 쓰여 매우 적음을 나타냄. ¶他连～句话都没说 | 그는 아무 말도 하지 않았다. ¶他说的全是实话, 没有～点儿虚假xūjiǎ | 그가 한 말은 모두 진실이며, 조금의 거짓도 없다. ⓔ 「一…半…」형태로 단음절 명사나 양사를 활용하여 많지 않음을 나타냄. ¶一知～解 | 아리송하다. 확실하게 알지 못하다. ❷ 副 반쯤. 불완전하게. 거의. ¶窗户～开着 | 창이 반쯤 열려 있다. ¶给打了个～死 | 거의 죽을 정도로 맞았다. ¶我有胃病, 只能吃个～饱bǎo | 나는 위장병이 있어, 겨우 배부를 만큼 밖에 먹지 못한다. ❸ 形 한 가운데의. 중간의. 반쯤의 ¶～路上 | 도중(途中). ¶～成品 | 반제품. ❹ (Bàn) 名 성(姓).

【半百】bànbǎi 名 50. 오십 [주로 나이에 쓰임] ¶年过～的老工人 | 나이 50이 넘은 근로자.

【半…半…】bàn…bàn… 반은 …이고 반은 …이다. …과 …이 서로 반반이다. 어법 서로 상반되는 의미의 낱말(詞)이나 형태소(詞素) 앞에 「半」이 쓰여, 상대적인 두 가지의 성질 또는 상태가 동시에 있음을 나타냄. ¶半文半白 | 문언문과 백화문이 혼용된 글. ¶半真zhēn半假jiǎ | 반은 진실이고 반은 허위이다.

【半半拉拉】bàn·ban lālā 貶 俗 절반 정도이다. 불완전하다.미완성이다. ¶这篇piān稿gǎo子写了个～就丢diū下了 | 이 원고는 반 정도 쓰고 그만 두었다→〔半半落落〕

【半半路路】bàn·banlùlù ⇒〔半半落luò落〕

【半半罗罗】bàn·luóluó ⇒〔半半落luò落〕

【半半落落】bàn·banluòluò 貶 北 중도에 이르다. …하는 중이다. ¶事做到～, 不能撂liào下 | 일을 하다가 그만 둘 수는 없다 =〔半半路路〕〔半半罗罗〕→〔半半拉拉〕

【半饱(儿)】bànbǎo(r) 貶 반 쯤 부르다. 양이 차지 않다. 겨우 배부르다. ¶吃了个～ | 별로 배부르게 먹지 못했다.

【半辈子】bànbèi·zi ⇒〔半生①〕

【半壁】bànbì 書 數量 반 동강. 한쪽. 반쪽. ¶江南～ | 양자강 이남의 절반→〔边(儿)〕

【半壁江山】bàn bì jiāng shān 成 절반의 국토. 반 동강이 난 국토. 침략으로 빼앗기고 남은 국토. ¶～, 沦lún于敌dí手 | 국토의 반이 적의 손아귀에 넘어 갔다 =〔半壁河山〕

【半边(儿)】bànbiān(r) ❶ 數量 한쪽. 일방. 반쪽. ¶这个苹píng果～红～绿lǜ | 이 사과는 한 쪽은 빨갛고 한쪽은 녹색이다 =〔半部bù〕→〔半壁bì〕 ❷ 名 奥 옆. 곁. 가까이.

【半边读】bànbiāndú 名組 한자(漢字)의 자음(字音)을 그 자형(字形)의 일부분만 보고 유추한 발음 [예를 들면 「荨qián麻疹」(두드러기)의 「荨」자의 음을 「寻xún」에서 유추하여 「xúnmázhěn」으로 읽는 따위]

【半边家庭】bàn biān jiā tíng 名組 반쪽 집안. 이혼하고 아이들과 사는 집안 [이혼한 부모 중 한 쪽과 아이들로 이루어진 가정] ¶随着离婚líhūn率的上升, ～的现象也日渐普遍pǔbiàn | 이혼율이 상승함에 따라 반쪽 집안 현상도 나날이 보편화되고 있다.

【半边莲】bànbiānlián 名 〈植〉 수염가래꽃.

【半边人】bànbiānrén 名 方 과부. 미망인.

[4]【半边天】bàniāntiān 名 ❶ 하늘의 반쪽. 세상의 반쪽. ¶妇女顶dǐng～ | 여자들이 이 세상의 반을 지탱한다. ¶彩霞cǎixiá染rǎn红了～ | 노을이 하늘의 반을 붉게 물들였다 =〔半拉天〕 ❷ 喩 신(新) 여성. 개화 여성. ¶发挥fāhuī～作用 | 개화된 여성의 역할을 발휘하다.

【半彪子】bànbiāo·zi 京 ❶ 名 성미가 거친 사람. 뻔뻔한 사람. 황당한 사람. 난폭한 사람. ¶他是个～, 他敢拍pāi着局长的肩膀jiānbǎng说话 | 그

는 황당한 사람이다, 감히 국장의 어깨를 치면서 말하다니. ❷ 名 머저리. 모자라는 사람. =〔半彪子十业的〕‖ =〔半标子〕〔半飙子〕 ❸ 形 말을 분별없이 하다. 사리가 없다. ¶这人可真～, 净说没有分寸的话 | 이 사람 정말 사리가 없다, 분별없는 말만 한다.

【半…不…】bàn…bù… …도 아니고 …도 아니다 어법 「半…半…」과 비슷한 의미이나 보통 나쁜 뜻에 쓰임. ¶这饭半生不熟shú的, 不能吃～ | 이 밥은 반 밖에 뜸이 들지 않아 먹을 수 없다.

【半草框儿】bàncǎokuāngr 名 한자 부수의 풀 철(屮) 변.

【半场】bànchǎng 名〈體〉❶ (운동경기·영화·연극 등의) 전반과 후반. 전체의 절반. ¶上～ | 전반전. ¶下～ | 후반전. ¶～休息 | 하프타임. ❷ 하프 코트(half court). ¶～紧逼jǐnbī | 하프코트 프레스.

【半成品】bànchéngpǐn 名 반제품. 반가공품. 미완성품 =〔半制品〕

【半痴子】bànchī·zi 名 반푼이. 바보. 머저리 =〔半憨hān子〕→〔笨bèn蛋〕

【半大(儿)】bàndà(r) 區 중간치의 크지도 작지도 않은. ¶～猫māo | 반쯤 자란 고양이. ¶～桌子 | 중간치 책상. ¶～小子 | 미성년. 애송이 소년. 미숙한 녀석.

【半袋烟】bàn dài yān 名組 담뱃대의 반을 채운 담배. 담배 반 대. 喻 (담배 반대 피울 정도의) 짧은 시간. ¶～的工夫 | 아주 짧은 시간.

3【半岛】bàndǎo 名 반도. ¶中国最北边的～是辽东～ | 중국의 최북단에 위치한 반도는 요동반도이다.

2【半导体】bàndǎotǐ 名〈物〉반도체. ¶～测温计 | 트랜지스터 온도계. ¶～二极管 | 반도체 이극관. ¶～收音机 | 트랜지스터 라디오(transistor radio). ¶～集成jíchéng电路 | 반도체 집적회로. ¶～器件qìjiàn | 반도체 장치.

【半道(儿)】bàndào(r) ⇒〔半路(儿)〕

【半点(儿)】bàndiǎn(r) 數量 지극히 적은. 약간의. 조금의. ¶～诚意chéngyì | 작은 성의. ¶原则zé问题～也不能动摇dòngyáo | 원칙적 문제는 조금도 흔들릴 수 없다.

【半吊子】bàndiào·zi 名 ❶ 팔푼이. 모자라는 사람. 분별력이 없는 사람. ❷ (능력·기술 따위가) 부족함. 반 밖에 안됨. ¶他的英文是～, 这篇piān文章恐怕翻译不了 | 그는 영어 실력이 부족해서, 아마 이 문장을 번역하지 못할 것이다. ❸ 불성실한 사람. ‖→〔半瓶(子)醋〕

【半顿饭】bàn dùn fàn 名組 ❶ 식사의 절반. 반 끼의 식사. ¶他刚吃了～, 就忘wàng了挨饿āiè的痛苦了 | 그는 반끼를 먹더니 그만 배고픔의 괴로움을 잊어 버렸다. ❷ 喻 (밥 한끼 먹는 시간도 안 되는) 짧은 시간. ¶～的工夫就办bàn成了 | 잠깐 사이에 일을 끝냈다.

【半分(儿)】bànfēn(r) 數量 ❶ 반. 절반. ¶～是我的 | 절반은 나의 것이다→〔半截(儿)〕 ❷ (시합이나 시험에서의) 반점(半點). 0.5점. ¶～也不能得 | 반점도 얻지 못하다.

【半份(儿)】bànfèn(r) 數量 절반의 몫. 반분.

【半封建】bànfēngjiàn 區 반봉건. ¶～的社shè会 | 반봉건적 사회.

【半风子】bàn fēng·zi 名〈動〉이 [「风」자(字)의 반쪽이 「虱」(이) 자(字)와 같으므로 이렇게 말함] =〔虱shī子〕〔琵pí琶虫〕

【半复赛】bànfùsài 名〈體〉준준결승 →〔锦标jǐnbiāo赛〕

【半间不界】bàn gān bù gà ⇒〔半尴gān不尬gà〕 어법 「尴(gān)을 「间」으로, 「尬」(gà)를 「界」로 쓴 것임.

【半尴不尬】bàn gān bù gà 成 이도 저도 아니다. 엉거주춤하다. 미적지근하다 [「半间不界」로도 씀]《朱子語類·論語》=〔半间不界〕

【半个】bàn·ge 數量 절반. 반 개. ¶～月 | 반 달. ¶～多月 | 반 달 남짓. ¶两～ | 두 몫의 절반.

【半工半读】bàn gōng bàn dú 成 일하면서 공부하다. ¶～的学生 | 일하면서 공부하는 학생.

【半官方】bànguānfāng 區 반관반민(半官半民). 반정부적(半政府的). 어느 정도 공식적. ¶～人士 | 반(半) 정부적인 인사.

【半规管】bànguīguǎn 名〈生理〉(귀의) 반규관. 삼반규반(三半規管).

【半价】bànjià 名 반 액. 반 값. 절반의 할인가. ¶学生～ | 학생 반액 할인. ¶～出售shòu | 반값으로 팔다.

【半角】bànjiǎo 名 ❶〈數〉반각. ¶～公差 | 반각의 각도차. ❷〈電算〉반각자. 반각(半角) [한자나 한글과 같은 문자의 반인 알파벳 따위의 크기] →〔半身②〕〔半字②〕

【半节儿】bànjiér 數量 반. 절반. 중도. ¶他抄chāo到～, 放下笔bǐ了 | 그는 반 정도 베끼고는 붓을 놓았다→〔半截(儿)〕

4【半截(儿)】bànjié(r) 數量 절반. 중도. 반분(半分). ¶说了～就不说了 | 말을 하다가 그만 다. ¶上～ | 상 반절. ¶下～ | 하 반절→〔半分(儿)①〕〔半节儿〕〔半截子〕〔半拉〕〔半拉子①〕〔一半(儿)〕〔一截〕

【半截话】bànjiéhuà 名組 하다가 그만 둔 말. ¶听了～, 已经明白了是什么意思 | 말을 반만 듣고도 이미 무슨 뜻인지 알았다.

【半截入土】bàn jié rù tǔ 成 곧 땅에 들어 간다. 발밑이 저승이다. 죽을 날이 오래지 않았다.

【半截子】bànjié·zi 數量 貶 중도. 반분. 반신. 하다가 그만 둔. 중단 한 [주로 나쁜 뜻에 쓰임] ¶～革命gémìng | 하다가 만 혁명. ¶～工程 | 중단된 공사→〔半截(儿)〕

【半斤八两】bàn jīn bā liǎng 成 貶 피차 일반. 피장파장. 엇비슷하다 [중국 구(舊)도량형으로 「半斤」은 「八两」인 데서 나온 말로 대개 나쁜 뜻으로 쓰임] ¶咱们俩liǎ的英文水平～, 都算suàn不高 | 우리 둘의 영어 수준은 엇비슷하게 별로 높지 않다. ¶好也好不了多少, 彼此bǐcǐ～ | 좋다해 봐야 별차 없다. 피차 매일반이다 =〔八两半斤〕〔八两对半斤〕〔八两半斤〕→〔半斤四两〕

【半斤对八两】bàn jīn duì bā liǎng 諺 도토리 키재기 하다. 그게 그거다. 승부가 날 수가 없다.

【半斤四两】bànjīn sìliǎng 成 喩 부족하다. 모자라다→〔半斤八两〕

4【半径】bànjìng 名〈數〉반경. ¶画～五厘lí的圆 | 반경 5cm의 원을 그리다→〔直径①〕

【半旧】bànjiù 狀 중고(中古). ¶～的货 | 중고품. ¶～品 | 중고품 →〔半新不旧〕

【半句(儿)】bànjù(r) 數量 반 마디. 반구(半句). ¶他饶ráo吃了人家的酒饭, 连～道谢的话都没有 | 그는 남의 술과 밥을 얻어 먹고도 일언반구 고맙다는 말조차 안했다.

【半决赛】bànjuésài 名〈體〉준결승. ¶混hùn合双shuāng打～ | 혼합 복식 준결승 =〔复fù赛〕→〔锦标jǐnbiāo赛〕

【半开】bànkāi ❶ 動 반쯤 열다. ¶房门～着 | 방문이 반 쯤 열려 있다. ❷ 名 (종이의) 반절(半切). ¶～纸 | 반절지. 이절지.

【半开眼儿】bànkāiyǎnr ❶ 動組 눈을 반 쯤 뜨다. ❷ 動組 喩 모르면서도 아는 체하다. 조금 알다. ❸ 名 喩 조금 아는 사람. 아는 체 하는 사람.

【半刻】bànkè 數量 반각. 잠시. 잠깐. ¶停了～, 他又继续jìxù说下去了 | 그는 잠시 멈추었다가 다시 말을 계속하였다.

【半空】bànkōng ❶ 狀 반은 비어 있는. 다 차지 않은. ¶～着肚dù子 | 배가 부르지 않다. ¶～儿的花生 | 알맹이가 꽉 차지 않고 반은 비어 있는 땅콩. ❷ 名 공중(空中). 하늘. ¶飞到～去了 | 하늘로 날아 갔다. ¶～又刮guā起一阵zhèn大风 | 또 한 바탕 큰 바람이 불었다→〔半天③〕

【半空中】bànkōngzhōng 名 ⓘ 하늘. 공중. 우주. ¶吊diào～ | 하늘에 걸려 있다→〔半天③〕

【半口儿】bànkǒur ❶ 名 (음식 따위의) 반(半) 입. 조금. ¶孩子哭kū得厉lì害, 先给他吃～吧 | 아이가 심하게 우니 우선 조금 먹여라. ❷ 狀 (음식·젖 등이) 모자라다. 부족하다. ¶～奶nǎi, 孩子怎能养yǎng得胖pàng呢? | 젖이 모자라서 아이를 어떻게 통통하게 키우겠느냐?→〔半饱(儿)〕

2【半拉】bànlǎ ⓧ bàn·la) 數量 반. 절반. 반쪽. 어법 명사 앞에서 수식할 때는 경성(輕聲)으로 읽음. ¶买了～西瓜 | 수박을 반쪽 샀다→〔半截(儿)〕

【半拉子】bànlǎ·zi ❶ 數量 반. 반쪽. 절반. ¶厨chú房修xiū了个～, 还没完工 | 주방을 반만 수리하고 아직 끝내지 않았다→〔半截(儿)〕 ❷ 名 (옛날의) 미성년 근로자. 나이 어린 종. ¶我十三岁suì那年母亲把我送到地dì主家去当～ | 내가 13살 되던 해에, 어머니는 나를 지주의 집에 종으로 보냈다.

【半劳动力】bànláodònglì 名組 반 노동력. 가벼운 노동력 =〔半劳力〕

【半老徐娘】bàn lǎo xú niáng 成 중년이지만 젊은 시절의 아름다움을 간직하고 있다. ¶他今年四十多了, ～, 风韵yùn犹yóu存cún | 그녀는 사십이 넘었지만 젊었을 때의 아름다움이 남아 여전히 우아한 자태를 간직하고 있다.

【半流体】bànliútǐ 名 반유동체(半流動體).

4【半路(儿)】bànlù(r) 名 ❶ (가는 길의) 절반. 도중(途中). 중도. ¶走到～, 天就黑了 | 중도에 날이 저물었다. ❷ (하는 일의) 중간. 도중. ¶他听tīng故事入了神shén, 不愿yuàn意～走开 | 그는 이야기를 듣는 데 정신이 팔려 도중에 떠나려 하지 않는다. ¶他以前是搞gǎo经济jīngjì管guǎn理的, 没想到～做了教师 | 그는 이전에 경제 경영학을 전공했는데, 도중에 교사가 될 줄은 몰랐다 ‖ =〔半半道儿〕〔半不道儿〕〔半岔腰〕〔半当腰〕〔半道(儿)〕〔半路途中〕〔半途〕〔半中间〕〔半中腰〕

【半路出家】bàn lù chū jiā 成 ❶ 나이들어 출가(出家)하다. ❷ 전업(轉業)하다. 도중에 직업을 바꾸다. ¶他本来是修理xiūlǐ汽qì车的, ～, 做了个卡kǎ车司机sījī了 | 그는 본래 자동차 수리공이었으나 도중에 트럭 운전사로 전업했다.

【半路夫妻】bàn lù fū qī 成 중년(中年)에 결혼한 부부. 중년에 재혼한 부부 ¶他们虽然是～, 但是很恩ēn爱 | 그들은 비록 중년에 결혼한 부부이지만 서로 매우 사랑한다→〔结发夫妻〕

【半路途中】bànlù túzhōng ⇒〔半路(儿)〕

【半面之交】bàn miàn zhī jiāo 成 일면식(一面識)도 못되는 교분(交分). 교제가 별로 없는 사이. ¶我和他连～都没有 | 나는 그와 일면식 조차 없다 =〔半面之旧〕〔半面之识〕

【半恼(儿)】bànnǎo(r) 動 울먹이다. 울려고 하다. ¶孩儿已经～了, 快别惹rě他了 | 애가 벌써 울먹거리니, 더 이상 건드리지 마라.

【半票】bànpiào 名 반표. 반액표(半額票). 반액권. ¶学生旅行可以买～ | 학생 여행에는 반표를 사도 된다 =〔半券〕→〔全quán票〕

【半瓶(子)醋】bànpíng(·zi) 名組 얼치기. 반푼이. 반 정도의 지식. ¶～是不行的 | 어정쩡하게 아는 것은 안된다. ¶一瓶子不响, 半瓶子晃荡huàngdàng | 喩 빈 수레가 더 요란하다 =〔二百五〕→〔半吊子〕〔半通不通〕〔二把刀①〕

【半旗】bànqí 名 조기. 반기 [조의를 표할 때 다는 기] ¶挂guà～ | 조기를 달다.

【半球】bànqiú 名〈地〉〈數〉반구. ¶东～ | 동반구. ¶北～ | 북반구.

【半去】bànqù 名〈言〉반거성(半去聲) [제4성에 같은 제4성이 이어질 때 앞의 제4성은 성조의 첫 부분만 발음되는 데 이를「半去」라함]

【半人】bànrén 數量 사람 키의 반(半). 반신(半身). ¶草长zhǎng得～来高 | 풀이 사람 키의 반 정도 높이 자랐다.

【半山腰】bànshānyāo 名組 산허리. 산중턱.

【半上】bànshǎng 名〈言〉반3성(半三聲) [「上声」(제3성) 뒤에 제3성 이외의 성조가 이어질 때, 앞의 제3성이 강승조(降昇調)에서 하강조(下降調)로 변하는데 이를「半上」이라 함. 제3성 전부를 발음하는 경우는「全上」이라 함] =〔半赏shǎng〕

【半晌】bànshǎng 數量 北 ❶ 반일(半日). 오전·오후의 한나절. ¶天又短, 吃吃饭, 刷shuā刷锅guō就是后～了 | 낮이 짧아 밥 먹고 솥 닦고 하다 보면 벌써 오후이다. ¶早～儿 =〔前半晌儿〕| 오전. ¶晚～儿 =〔后半晌儿〕| 오후 =〔半天①〕 ❷ 잠깐. 잠시. ¶～工夫就做好了 | 잠깐 사이에

다했다. ❷ 한참 동안. ¶他想了～, 才想起来 | 그는 한참 만에 생각해 냈다 =〔半天②〕 ‖ =〔半歇xiē〕

B

【半舌音】bànshéyīn 名〈言〉반설음. 반혓소리.

【半身】bànshēn 名 ❶ 반신. ¶～像 | 반신상. ¶照zhào～的吧 | 상반신 사진을 찍어라 →〔全quán身①〕〔整zhěng身〕 ❷〈印出〉반각(半角) [한자나 한글과 같은 문자의 반인 알파벳 따위의 크기] →〔半角②〕〔半字②〕

【半身不遂】bànshēn bùsuí 名〈漢醫〉반신불수 =〔偏瘫piāntān〕

【半身入土】bànshēn rùtǔ 喻 여생(餘生)이 얼마 남지 않다.

【半生】bànshēng ❶ 數量 반생. 반평생. ¶前～ | 전반생. ¶虚xū度dù了～ | 반 평생을 헛되이 보냈다. =〔半辈子〕〔半世①〕 ❷ 狀 덜 익은 설익은. ¶煮zhǔ得～儿的鱼 | 덜 익힌 생선.

【半生不熟】bàn shēng bù shú 成 덜 익다. 설익다. 미숙하다. ¶这饭锅guō～ | 이 솥의 밥은 덜 익었다.

【半时】bànshí 名 짧은 시간. ¶我等了～, 他就来了 | 내가 잠깐 기다리자 그가 왔다.

【半时半古】bànshí bàngǔ 狀組 반은 신식 반은 구식인. 신식과 구식이 뒤섞인 ¶这栋dòng大楼lóu是～的建筑zhù | 이 빌딩은 신식과 구식이 섞인 건물이다 →〔时兴〕

【半世】bànshì 書 名 ❶ 반평생. 반생 →〔半生①〕 ❷ 중년의 나이.

4【半数】bànshù 名 반수. ¶～轮换lúnhuàn | 반수 교체. ¶不到～ | 반에도 이르지 못한다.

【半衰期】bànshuāiqī 名〈物〉(방사성 원소의) 반감기 =〔半生期〕〔半寿期〕

【半睡半醒】bàn shuì bàn xǐng 成 비몽사몽. 몽롱한 상태. 喻 무기력한 상태.

【半死半活】bàn sǐ bàn huó ⇒〔半死不活〕

【半死不活】bàn sǐ bù huó 成 반죽음이 되다. 거의 죽어가다 =〔半死半活〕〔不死不活〕

【半岁】bànsuì ❶ 數量 반년. ❷ 名組 생후 6개월.

1【半天】bàntiān 數量 ❶ 반일(半日). 한나절. 하루의 반. ¶一玩wán就～ | 놀았다하면 한나절이다. ¶前～ =〔上半天〕〔早半天〕 | 오전. ¶后～ =〔下半天〕〔晚半天〕 | 오후 =〔書 半日〕〔半晌①〕 ❷ 한참 동안. 오래. 장시간(長時間) 어법 견디기 어려울 만큼 긴 시간임을 주관적으로 나타냄. ¶等了～, 他才来 | 한참 동안 기다려서야 그가 왔다. ¶他走了好～了 | 그가 떠난 지 굉장히 오래되었다 =〔半晌②〕〔好hǎo大半天儿〕 ❸ 공중. 중천(中天). 하늘. ¶忽hū从～里飞出一枝镖biāo来 | 갑자기 공중에서 표창 하나가 날아왔다. ¶睡shuì到日头～, 还hái不起来 | 해가 중천에 이르도록 자고도 아직 일어나지 않는다 →〔半空②〕〔半空中〕

【半通不通】bàn tōng bù tōng 成 반은 알고 반은 모른다. 어설프게 알다 →〔半瓶(子)醋〕

【半透明】bàntòumíng 區 반투명인. ¶～玻璃bōlí | 반투명 유리. ¶～纸 | 반투명지.

【半途】bàntú ⇒〔半路(儿)〕

4【半途而废】bàn tú ér fèi 成 중도에서 그만두다. 중도 폐기 처분하다. ¶你应该把这项xiàng工作坚持jiānchí下去, 不要～ | 넌 이 일을 중도에 포기하지 말고 끝까지 밀고 나가야 한다.

【半推半就】bàn tuī bàn jiù 成 못이기는 체하다. ¶他全quán知道, 也就～ | 그는 모두 일면서도 못이기는 체하였다.

【半脱产】bàntuōchǎn 區 반쯤 생산에 참가하고 나머지 시간에 다른 일을 하다. 자기의 직무 외에 다른 일을 하다. ¶他是一个～干部 | 그는 반은 딴 일을 하는 간부이다.

【半文半白】bàn wén bàn bái 成 반은 문어체이고 반은 구어체이다. 고문과 현대문이 섞여 쓰였다. 서면어와 백화체가 혼용되었다.

【半文盲】bànwénmáng 名 반문맹.

【半夏】bànxià 名〈植〉반하 =〔和hé姑〕〔守田〕

【半歇】bànxiē ⇒〔半晌shǎng〕

【半新不旧】bàn xīn bù jiù 成 반은 새 것이고 반은 헌 것이다. 중고품이다 →〔半旧jiù〕

【半信半疑】bàn xìn bàn yí 成 반신반의하다. 확신하지 못하다. ¶他听说自己考上了北京大学, 心理非常高兴, 但还是有点～ | 그는 북경대학에 합격했다는 소식을 듣고 내심 매우 기뻐하면서도 확신하지 못하였다.

【半星】bànxīng 數量 조금. 약간. 극소수. ¶不能有～污wū点 | 약간의 오점도 있을 수 없다.

2【半夜】bànyè ❶ 數量 반 야간.하룻밤의 절반. ¶前～ =〔上半夜〕〔小半夜〕 | 초저녁부터 자정까지 사이. 이른 밤. ¶后～ =〔下半夜〕〔大半夜〕 | 밤 12시 이후. 늦은 밤 =〔半宿〕 ❷ 名 한밤중. 심야(深夜). 밤 12시 전후. 야반(夜半). ¶昨天～听到狗叫声, 不知有没有什么事 | 어제 한밤중에 개 짖는 소리를 들었는데 무슨 일이 없었는지 모르겠다.

【半夜三更】bàn yè sān gēng 成 한밤중. 심야(深夜). ¶你在～出去干什么? | 한 밤중에 무엇하러 나간다는 거냐? =〔深更半夜〕

【半音】bànyīn 名〈音〉반음. ¶～阶jiē | 반음 음계(音階).

【半影】bànyǐng 名 ❶〈物〉반영. 반그림자. ❷〈天〉태양 흑점 주위의 반영부(半影部). ❸〈天〉일식이나 월식에 나타나는 반음영(半陰影) ‖ →〔本影〕

【半语子】bànyǔ·zi 名 ❶ 京 중도에 그만 둔 말. 하다가 만 말. 꺼내다 그만 둔 말. ¶说了个～就不说了 | 말을 하다가 말았다. ¶你～话我不懂 | 네가 하다가 그만 둔 말을 난 이해할 수없다. ❷ 발음이 정확하지 않은 사람. 말더듬이. 반벙어리. ¶～, 咿yī咿呀yā呀讲不清话 | 반벙어리는 어어하면서 말을 똑똑하게 못했다.

【半元音】bànyuányīn 名〈言〉반모음. 반자음 [모음과 자음의 사이의 음. 자음처럼 약한 마찰을 띤 모음]

【半圆】bànyuán 名〈數〉반원.

【半圆锉】bànyuáncuò 名〈機〉반원형 줄칼.

【半圆刮刀】bànyuán guādāo 名組〈機〉반원형절삭도 [활처럼 굽은 표면의 절삭(切削)에 쓰이는

반원 형태의 절삭공구(切削工具)]
【半圆规】bànyuánguī ⇒〔量liáng角器〕
【半圆桌】bànyuánzhuō 名 반원형 테이블.
【半月】bànyuè ❶ 名 반월. 일개월의 반. ¶～市 | 보름장. ¶～刊 | 반월간 =〔半个月〕 ❷ 區 반달 모양. 반달꼴의. 반원형. ¶～板 | 관절의 반월판 =〔半圆形〕
【半载】ⓐ bànzǎi 書 名 반년(半年). 6개월. ¶一年～绝对juéduì做不完 | 일년 반으로 절대 다할 수 없다.
ⓑ bànzài 動 반만 싣다. 짐을 적재량(積載量)의 절반만 싣다.
4【半真半假】bàn zhēn bàn jiǎ 成 진위(眞僞)가 반반이다. 진위를 알 수 없다. ¶他的话老是～的, 真叫人莫mò明其妙miào | 그의 말은 언제나 진위가 명확하지 않아, 사람을 헷갈리게 한다.
【半支莲】bànzhīlián 名〈植〉채송화.
【半殖民地】bànzhímíndì 名 반식민지→〔半主权国〕
【半制品】bànzhìpǐn ⇒〔半成品〕
【半中间】bànzhōngjiān ⇒〔半路(儿)〕
【半中腰】bànzhōngyāo ⇒〔半路(儿)〕
【半珠尔】Bānzhū'ěr ⇒〔班Bān珠尔〕
【半主权国】bànzhǔquánguó 名〈政〉반주권국→〔半殖民地〕
【半子】ⓐ bànzǐ 名 ❶ 書 반은 친자식. 사위. ¶～之劳láo | 成 반 자식의 노고. 사위가 처부모에게 친자식처럼 효양(孝養)하는 노고. ¶～之靠kào | 成 사위에게 의지하다. ❷ 口 (바둑의) 반집.
ⓑ bàn·zi 名 (소나 돼지 고기의) 반 마리.
【半自动】bànzìdòng 區 반자동. ¶～步枪qiāng | 반자동 소총. ¶～化 | 반자동화하다.
【半自耕农】bànzìgēngnóng 名 반자작농.
【半字】bànzì 名 ❶ 일언 반구(半句). ¶～休题 | 일언 반구도 꺼내지 마라《古今小說》❷〈電算〉반각자. 반각(半角) [한자나 한글과 같은 문자의 반인 알파벳 따위의 크기]→〔半角②〕〔半身〕
【半醉】bànzuì ❶ 名 반취. ❷ 狀 반쯤 취하다. 거나하게 취하다. ¶喝了个～ | 술을 거나하게 취할 만큼 마셨다.

2【伴】bàn 짝 반
❶ (～儿) 名 동반자. 짝. 친구. 동료. 반려(伴侶). ¶找zhǎo个～儿学习 | 짝을 찾아 같이 공부하다. ¶结jié～同行 | 짝이 맺어 함께 가다. ❷ 動 동반하다. 모시다. 수행하다. ¶陪péi～他一起去 | 그를 동반하고 함께 가다. ¶～唱↓ ❸ (Bàn) 名 성(姓).
【伴唱】bànchàng 動 반주(伴奏)에 맞춰 노래하다. ¶钢琴gāngqín～ | 피아노 반주에 맞춰 노래하다.
【伴唱机】bànchàngjī 名 반주기. 가라오케 기계.
【伴当】bàndāng 名 近 ❶ 종. 하인. ¶只带五六个～来 | 대여섯의 종만 데리고 왔다. ❷ 동료. ¶只是少一个粗cū心大胆dǎn的～, 和我同去 | 오로지 나와 같이 갈 대담한 동료 하나가 없을 뿐이다《水滸傳》
【伴读】bàndú 近 ❶ 動 동반하여 공부하다. 함께 공부하다. ❷ 名 귀족이나 부호(富豪) 자제가 공부하는데 옆에서 도우는 사람. ❸ 名 반독 [송(宋)·원(元)·명(明)대에 왕실 자제의 독서를 지도하던 관직]
【伴郎】bànláng 名 신랑 측의 들러리. ¶有个朋友要结婚, 他请我做～ | 결혼하려는 친구가 나에게 들러리를 서 달라고 부탁했다 =〔男傧bīn相〕⇔〔伴娘①〕
4【伴侣】bànlǚ 書 名 ❶ 반려. 동반자. 친구. ¶做你終身的～ | 너를 평생의 동반자로 삼겠다→〔伴儿〕❷ 배우자(配偶者).
【伴侣动物】bànlǚ dòngwù 名組 애완동물. 집에서 기르는 동물.
【伴娘】bànniáng 名 ❶ 신부 측의 들러리. ¶～也同新郎立在一起拜祖宗 | 신부 들러리도 신랑과 함께 서서 조상들에게 참배하였다 =〔女傧bīn相〕⇔〔伴郎〕❷ (왕비나 왕녀의) 시녀(侍女)
【伴儿】bànr 名 ❶ 동반자. 반려. 벗. ¶伙～ | 직장 동료. ¶同～ | 동반자. 동행자. ¶老～ | 영감. 할멈 [노부부가 상대방을 일컫는 말]→〔伴侣〕❷ 京 敬 대감. 영감 [성(姓) 뒤에 붙여 남자 노인에 대한 존칭으로 씀] ¶李～ | 이 대감.
【伴生树】bànshēngshù 名〈植〉동반수(同伴樹) [어떤 나무의 보호와 성장 촉진을 위해 그 옆에 심는 나무]
【伴宿】bànsù 動 ❶ 方 출상(出喪)하기 전날 밤샘을 하다. ¶今天晚上我们要做～ | 오늘 밤 우리는 상가에서 밤을 새워야 한다 =〔伴灵líng〕〔作夜yè〕〔坐夜〕
4【伴随】bànsuí 動 따르다. 수반하다. 동반하다. ¶～着生产的大发展, 必将出现一个文化高潮 | 생산능력의 큰 발전에 따라 문화의 부흥기가 반드시 나타나게 된다.
【伴同】bàntóng 動 ❶ (사람이나 사물을) 따르다. 동반하다. 수행하다. ¶蒸发zhēngfā和溶解róngjiě的过程常有温wēn度下降jiàng的现象～发生 | 증발과 용해의 과정에는 항상 온도가 내려가는 현상이 함께 나타난다. ¶～首相出国访问 | 수상을 수행하고 해외 방문에 나섰다. ❷ 배석하다. 동석하다.
【伴舞】bànwǔ ❶ 動 춤의 파트너가 되다. ¶邀yāo她去舞会上～ | 그녀를 무도회의 파트너로 초청하였다 =〔俗 货腰〕→〔舞伴〕❷ 動 반주에 맞추어 춤을 추다. ❸ 춤 파트너. 댄싱 파트너.
【伴星】bànxīng 名〈天〉반성.
【伴音】bànyīn 名 더빙(dubbing) [영화 필름에의 재녹음]
4【伴奏】bànzòu 動 반주하다. ¶钢琴～ | 피아노 반주. ¶用乐器yuèqì～ | 악기로 반주하다. ¶～者 | 반주자.

4【拌】bàn 버릴 반
動 ❶ 뒤섞다. 혼합하다. 버무리다. ¶～草喂wèi牛 | 풀을 버무려 소에게 먹이다. ¶把洋灰和沙子～成一块 | 시멘트와 모래를 뒤섞어 한 덩어리로 만들다. ¶混凝土搅jiǎo～机 | 콘크리트 믹서. ¶小葱cōng～豆腐fǔ, 一青二白 | 가는 파에 두부 버무린 것 처럼 청백이 분명하다. ❷

B

(吳)말다툼하다. 논쟁하다. ¶他们俩又～上了 | 그들 둘은 또 말다툼한다→〔吵chǎo〕❸(吳)주다. 공짜로 주다. ¶把你的纸～几张我写信 | 내가 편지 써도록 너의 종이 몇 장을 다오. ❹(吳)돈을 주고 가져 오다. ¶从别个那里～了几斤 | 다른 곳에서돈을 주고 몇 근 가져 왔다.

【拌不过】bàn ·bu guò [動組] 말다툼해서 이길 수 없다 ⇔〔拌得过〕

【拌菜】bàn cài ❶[動組](음식을) 버무리다. 무치다. ❷(bàncài) [名](음식 따위의) 버무림. 무침.

【拌豆腐】bàndòu·fu [名]〈食〉두부 무침 [두부를 소금·참기름·향신료 등의 조미료로 무친 음식]

【拌肚片】bàndǔpiàn [名]〈食〉양 무침[살짝 삶은 돼지·양·소 등의 위(胃)를 참깨 기름·간장·식초 등으로 버무린 차가운 요리]

【拌饭】bànfàn [名]〈食〉비빔밥.

【拌和】bàn·huo [動] 섞이다. 적당하게 혼합하다. 버무리다. ¶～着其他的声shēng音 | 다른 소리와 뒤 섞이다.

【拌种】bàn/zhǒng [動] 종자를 살균제·살충제·비료 따위와 섞은 후 파종하다.

【拌嘴】bàn/zuǐ [動] 말다툼하다. 언쟁을 벌이다. ¶两张嘴都动作才能～ | 두 개의 입이 움직여야 말싸움이 된다. 상대를 했으니 말싸움 한 것 아니냐. ¶意见不合, 拌起嘴来 | 의견이 맞지 않아 말다툼이 일어났다 =〔吵chǎo嘴〕

【绊(絆)】bàn 옭아맬 반

❶[動](발에) 걸리다. (덫 따위에) 휘감기다. ¶好像有什么东西～住我的脚jiǎo一样 | 마치 무슨 물건이 내 발에 걸린 것 같다. ¶他被树shù根gēn～了一下 | 그는 나무 뿌리에 한 번 걸렸다. ❷[動] 얽매이다. 방해가 되다. ¶～脚jiǎo～手shǒu | 손발이 얽매이다. ¶老叫家事～着不能出去 | 늘 집안 일에 얽매여 나갈 수도 없다. ❷(～子) [名] 굴레. 구속. 고삐. 올가미. ¶脱离tuōlí了外国的～子 | 외국의 올가미에서 벗어났다.

【绊绊坷坷】bànbànkēkē [狀]❶(다리가) 휘청거리다. 후들 거리다. ❷말이 막히다. 어색하다 ‖ [어법]「绊坷」는 쓰이지 않음.

【绊倒】bàndǎo [動] 발이 걸려 넘어지다. 실족하다. ¶被～在地下 | 땅바닥으로 걸려 넘어졌다. ¶他被门坎kǎn儿～了两次 | 그는 문지방에 걸려 두 번 넘어졌다.

【绊跌】bàndiē [動] 발을 걸어 넘어 뜨리다. 발이 걸려 넘어지다.

【绊跟头】bàn gēn·tou [動組] 걸려서 곤두박질하다. 엎어지다. ¶不小心绊了一跟头 | 조심하지 않아 엎어졌다→〔翻fān跟头①〕

【绊脚】bàn/jiǎo [動]❶발에 걸리다. ¶路旁的草长zhǎng得高, 一直zhí绊孩子的脚 | 길가의 풀이 높이 자라서 자꾸만 아이의 발에 걸린다. ❷[喩] 방해가 되다. 장애가 되다. 신경을 쓰게 하다. 성가시게 하다. ¶家里有点～的事, 出来晚了 | 집에 좀 성가신 일이 있어 늦게 나왔다. ❸발목을 잡다. 방해하다. 끌어 들이다. 연루되다. ¶要不是他～, 我早就成功了 | 만일 그가 발목을 잡지 않았더라면 나는 일찌감치 성공하였을 것이다.

【绊脚石】bànjiǎoshí [名][喩] 방해물. 장애물. ¶搬bān开～ | 장애물을 치우다. ¶在前进的行háng列中落伍luòwǔ者往往成为别人的～ | 전진하는 행렬에서 낙오한 사람은 종종 다른 사람의 장애물이 된다.

【绊脚丝】bànjiǎosī [名] 다리를 묶는 끈. ¶你走得怎么这么慢呢, 栓shuān着～吗? | 어째 이렇게 느릿느릿 걷느냐, 발을 끈으로 묶기라도 했느냐?

【绊手绊脚】bàn shǒu bàn jiǎo [成] 손발이 묶이다. 거치적거리다. 거추장스럽다. 방해가 되다.

【绊住】bàn·zhu [動組]❶묶어 매다. 걸리다. ❷방해를 받다. 장애를 받다. 일에 얽매이다. ¶～身子 | 몸이 자유롭지 못하다. ¶～脚, 来迟了一步 | 일이 있어 한 발 늦었다.

【绊子】bàn·zi [名] 올가미. 족쇄. 고삐. ¶脚jiǎo底下使shǐ个～ | 다리에다 족쇄를 채워라.

2【扮】bàn 꾸밀 반, 잡을 분

[動]❶분장하다. …역을 하다. …로 출연하다. ¶～老头儿 | 노인역을 하다. ¶～毛泽zé东 | 모택동 역을 하다. ¶他～谁shéi像xiàng谁 | 그는 분장하는 사람마다 꼭 닮았다→〔去⑫〕❷변장하다. 가장하다. ¶男～为女 | 남자가 여자로 변장하다. ¶女～男装 | 여자가 남장을 하다. ❸얼굴에 표정을 짓다. ¶～鬼guǐ脸↓ ¶～笑xiào脸liǎn | 웃는 표정을 짓다.

【扮故事】bàn gù·shi [動組] 연극을 만들어 공연하다. 농민들이 정초에 극단을 조직하여 연극을 공연하다.

【扮鬼脸(儿)】bàn guǐliǎn(r) [動組] 귀신 같은 표정을 짓다 [눈꺼풀을 치켜 올리고 혀를 내민 모습을 만들어, 암시적·조소적 혹은 어쩔 수 없다는 기분 등을 표시함] ¶他向我扮了鬼脸 | 그는 나에게 귀신같은 표정을 지어 보였다.

【扮角儿】bàn juér [動組]〈演映〉배역하다. (등장인물의) 역을 맡다.

【扮戏】bàn/xì [動]❶(배우가) 배역을 맡다. 출연하다. ❷(연극을) 연출하다 =〔搬bān戏〕

【扮相(儿)】bàn/xiàng(r) ❶[動] 분장하다. ❷(bànxiàng(r)) [名]〈演映〉분장한 모습. ¶我有嗓sǎng子, 有～嘛! | 나는 목소리도 좋고 분장도 멋있잖아! ¶又有嗓子, 又有～, 观众guānzhòng哪儿有不欢迎huānyíng的呢! | 목소리도 좋고 분장도 뛰어나니 관중의 환영을 받지 않겠는가! ‖ =〔扮像〕

4【扮演】bànyǎn [動] …로 출연하다. …의 역을 맡다. ¶她在《红灯》里～红儿 | 그녀는《紅燈》에서「红儿」로 출연한다. ¶～的都是香港xiānggǎng名角 | 출연자는 모두 홍콩의 유명 배우이다 =〔搬bān演〕

【扮装】bànzhuāng [動] 분장하다. …역을 맡다. ¶他～成诸葛亮 | 그는 제갈양으로 분장하였다. ¶快演yǎn出了, 他正在～ | 곧 공연이 시작되려는데 그는 아직도 분장하고 있다.

3【瓣】bàn 꽃잎 판

❶(～儿) [名] 꽃잎. 화판(花瓣). ¶梅méi花有五个～儿 | 매화는 꽃잎이 다섯이다. ❷

(～儿) 名 (여러 조각으로 갈라진 식물의 종자나 과실의) 쪽. 조각. 짜개. ¶蒜suàn～ | 마늘 쪽. ❸ 名 簡 〈生理〉 판막(瓣膜). ❹ (～儿) 名 조각. 쪽. 파편. ¶摔shuāi成几～儿 | 몇 조각으로 부서졌다. ❺ 名 〈機〉 밸브(valve). 기계의 개폐(開閉) 장치 ＝〔阀fá门〕 ❻ (～儿) 量 조각. 쪽. 짜개 [종자·꽃잎·과실의 갈라진 수에 쓰임] ¶一～儿蒜suàn | 마늘 한 쪽. ¶把苹píng果切成四～儿 | 사과를 여섯 조각으로 쪼개었다.

【瓣膜】bànmó 名 〈生理〉 판막 ＝〔簡 瓣③〕

【瓣鳃类】bànsāilèi 名 〈動〉 판새류. 이목패류(二目貝類) ＝〔斧fǔ足类〕

【瓣胃】bànwèi 名 〈動〉 중판위. 겹주름위 [동물 겹주름 위의 제3실] ＝〔重chóng瓣胃〕〔百叶yè胃〕

【瓣香】bànxiāng ❶ 名 판향 [외씨처럼 생긴 향(香)으로 선승(禪僧)이 축복할 때 피웠음] ❷ 動 향을 피우다. ¶对于先贤xián～馨xīn祝zhù之矣～ | 선현에게 향을 피워 복을 빌다.

bāng ㄅㄤ

4【邦】bāng 나라 방

名 ❶ 나라. 국가. ¶友～ | 우방. ¶邻～ | 이웃 나라. ¶联lián～ | 연방. ¶安～ | 나라를 안정시키다. ❷ (Bāng) 성(姓).

【邦本】bāngběn 書 名 ❶ 나라의 근본. ¶农nóng为～ | 농업은 국가의 근본이다. ❷ 轉 백성.

【邦交】bāngjiāo 名 국교(國交). ¶建立jiànlì～ | 국교를 수립하다. ¶实shí行两国～正常cháng化 | 양국 간의 국교를 정상화 하다→〔国交〕

【邦联】bānglián 名 연방. 국가 연합 ＝〔联邦〕

【邦浦】bāngpǔ 名 外 펌프(pump) [「泵bèng」(펌프;pump)의 옛 이름]

【邦生灯】bāngshēngdēng ⇒〔本Běn生灯〕

【梆】bāng 목탁 방

❶ 名 딱딱이. 박자를 맞추는 악기. ¶～子↓ ❷ 擬 탁탁. 팡팡. 빵빵. 딱딱 [나무 따위를 두드리는 소리] ¶～～的敲门声 | 탕 탕 문 두드리는 소리.

【梆木】bāngmù 名 딱딱이. 박자목(拍子木) [주로 야경을 돌 때 쓰임]

【梆硬】bāngyìng 狀 ❶ 딱딱하다. 단단하다. ¶他小腿tuǐ上的肌jī肉～ | 그는 다리의 근육이 단단하다. ❷ 강직하다. 경직되다. ¶态度～ | 태도가 강직하다.

【梆子】bāng·zi 名 ❶ 딱딱이. ¶街jiē上二更gēng的～子响xiǎng了 | 길거리에서 이경을 알리는 딱딱이 소리가 울렸다. ❷ 〈音〉 길이가 서로 다른 두 개의 대추나무 토막으로 만든 타악기의 일종 [중국 전통극인 「梆子腔」에 쓰이는 반주용 악기]

【梆子腔】bāng·ziqiāng 名 ❶ 중국 전통극 곡조(曲調)의 하나 [「梆子②」를 쳐서 고저 장단을 맞춤] ❷ 「梆子②」로 반주하는 중국 전통극의 총칭 [「秦qín腔〔陕shǎn西梆子〕」「山西梆子」「河北梆子」「山东梆子」 따위] →〔曲qǔ艺〕〔西xī皮①〕

1【帮(幫)〈幚〉】bāng 도울 방

❶ 動 돕다. 거들어 주다. ¶咱们～～张同学 | 우리 장 동학을 돕자. ¶～他做买卖 | 그가 장사하는 것을 도우다. ¶～他找找 | 그를 도와 찾아 보아라. ❷ 動 증여(贈與)하다. 보조하다. 주다. ¶我也许xǔ能～他一点儿 | 내가 조금은 보조할 수 있을 것이다. ¶他去年～过我们一批蔬菜shūcài | 그는 작년에 우리에게 얼마간의 채소를 주었었다. ❸ (～儿, ～子) 名 측면. 전. 통. [가운데가 빈 물체의 양측면(兩側面)] ¶鞋xié～儿 | 신발의 양측. ¶船chuán～ | 뱃전. ❹ (～儿, ～子) 名 겉대 [채소류의 뿌리 근방에 있는 두꺼운 부분] ¶白菜cài～子 | 배추 겉대. ❺ 名 결사(結社). 집단 [주로 정치적·경제적 목적으로 결성된 단체] ¶木匠jiàng～ | 목수 단체. ¶客～ | 타지(他地) 출신 상인들로 조직된 단체. ¶搭dā～ | 패를 이루다. ¶四人～ | 사인방. ❻ 名 향우회(鄉友會). 동향회 [타성(他省)에 거주하는 동향인(同鄉人)의 친목 단체. 이 단체의 사무소를 「会馆」이라 했음] ¶四川～ | 사천성 향우회. ¶广东～ | 광동성 향우회. ❼ 名 옛날, 민간에 있었던 비밀 결사의 총칭→〔青帮〕 ❽ 量 무리. 패거리. ¶一大～人 | 큰 무리의 사람들. 많은 사람. ¶一～流氓liúmáng | 건달 패거리. ❾ 動 삯일을 하다. ¶～短工 | 품팔이하다. ❿ 動 近 가까이 가다. 접근하다. ¶只见两船～近, 顾gù三郎悄qiǎo悄问道 | 배 두척이 가까이 다가오자 고삼랑은 몰래 물었다《古今小說》 ⓫ 동반하다. 부화(附和)하다. ¶～腔qiāng↓ ¶～闲xián↓

【帮班】bāngbān 動 近 대리 출근하다. 대리 근무하다. ¶今日又是老爷yé的～ | 오늘 또 마님의 대리 근무이다《紅樓夢》

【帮办】bāngbàn ❶ 動 도와서 처리하다. 보좌하다. 보필하다. ¶～军务jūnwù | 군무를 보좌하다. ❷ 名 원조. 보조. ❸ 名 조수(助手). 보조원. 보좌관. ❹ 名 차관. 부총재. ¶副fù国务wù卿qīng～ | 국무성 부차관. ¶助理zhùlǐ国务wù卿qīng～ | 국무성 차관보.

【帮补】bāngbǔ 動 (경제적으로) 원조하다. 모자라는 것을 보태다. 보조하다. ¶～不足zú | 모자라는 것을 채우다. 보태다. ¶我上大学时, 哥哥经jīng常寄jì钱qián～我 | 내가 대학 다닐 때 형님이 늘 나에게 돈을 부쳐 도와주셨다 ＝〔帮衬chèn③〕〔帮贴tiē〕〔补贴〕→〔津jīn贴〕

【帮衬】bāngchèn ❶ 動 吳 粵 (일을) 돕다. 거들다. ¶每逢féng集jí日, 老头儿总zǒng～着老张照料zhàoliào菜摊tān子 | 장날마다 노인은 늘 장씨를 도와 야채 좌판 돌보아 주었다. ❷ 動 方 돋보이게 하다. ¶这一身儿衣裳cháng把她～起来了 | 이 옷은 그녀를 돋보이게 한다. ❸ ⇒〔帮补〕 ❹ 名 近 조수. 보조원.

【帮厨】bāng/chú ❶ 動 부엌일을 돕다. 요리하는 것을 돕다. ¶到食堂shítáng～ | 식당에서 부엌일을 돕는다. ❷ (bāngchú) 名 요리사의 조수 ＝〔把刀③〕

【帮倒忙】bāng dàománg 動組 도운다는 것이 오히려 방해가 되다. 별 도움이 되지 않다. ¶你这样做是给我～, 我可不欢迎huānyíng | 네가 이렇

게 하는 것은 오히려 방해가 되어 결코 받아 들일 수 없다. ¶没曾céng想给你～了 | 너에게 오히려 방해가 되리라고는 생각지 못했다

【帮冬】bāng/dōng 動 월동의 어려움을 돕다. 겨울철 일손을 돕다.

【帮工】bāng/gōng ❶ 動 일을 거들다. 농사일에 돕다. ¶这活huó儿人手不够gòu, 需要找zhǎo人～ | 이 일에는 일손이 모자라니 거들어 줄 사람을 구해야겠다. ❷ (bānggōng) 名 임시 고용인. 일용 노동자. ¶从劳动市场上叫了几个～ | 노동시장에서 일용 노동자 몇 명을 불렀다. ❸ (bānggōng) 名 농사에 동원된 임시 고용 노동자.

【帮规】bāngguī 名 동업자 조합의 규칙. 단체의 협약. 결사체의 규약.

【帮会】bānghuì 名 비밀 조직 [옛날, 민간의 비밀 결사의 총칭.「青帮」「洪帮」「哥老会」따위]

【帮伙】bānghuǒ 名 ❶ 近 상점의 점원. 고용인. ❷ 폭력 조직. 소형 범죄 집단. ¶结jié～, 搞gǎo宗派zōngpài | 범죄 조직을 만들고 파쟁을 벌린다.

【帮理不帮亲】bāng lǐ bù bāng qīn 諺 도리를 지키자면 친척을 돕지 않는다. 도리에 어긋나게 친지를 도우지 않는다. ¶这事就是你不对, ～, 虽然你是我哥, 我也不能向着你说话呀 | 이건 형님이 잘못 생각하는 것입니다. 도리를 지키자면 친지를 돕지 말라는 말이 있듯이 비록 형님이라 할지라도 말씀드릴 수가 없습니다.

[2]【帮忙(儿)】bāng/máng(r) ❶ 動 일을 돕다. 거들다. 원조하다. 가세(加勢)하다. ¶他已经给我帮过几次大忙 | 그는 이미 몇 차례 크게 도와 주었다. ¶给我～吧 | 좀 도와 주시오. ¶我不能帮你的忙 | 난 너의 일을 도울 수가 없다. ¶这一点儿小忙, 你都不肯kěn帮吗? | 이런 작은 일도 거들어 주지 않으려나? ❷ (bāngmáng) 名 원조. 조력. 도움. ¶由于他的～, 事情进jìn行得很顺shùn利 | 그의 도움으로 일이 순조롭게 진행되었다.

【帮派】bāngpài 名 파벌. 조직. ¶～体tǐ系 | 파벌 조직. ¶～思想严重yánzhòng的人 | 파벌의식이 강한 사람.

【帮浦】bāngpǔ 名 外 펌프(pump) [「泵bèng」(펌프;pump)의 옛 이름]

【帮腔】bāng/qiāng ❶ 動 맞장구치다. 위세를 돋구다. 가세하다. 조언하다. ¶～助势shì | 맞장구를 쳐서 가세하다. ¶大家都七嘴zuǐ八舌shé地帮起腔来了 | 모두들 제각각 온갖말로 맞장구를 쳤다. ¶他在傍边～说这说那, 真讨厌tǎoyàn | 그가 옆에서 온갖 말로 맞장구를 쳐대니 정말 귀찮다 =[帮嘴] ❷ (bāngqiāng) 名 맞장구. ¶打～ | 맞장구를 치다. ❸ 動 숨어서 화창(和唱)하다. 무대 뒤에서 따라 부르다 [무대에서 한 사람이 노래하고 무대 뒤에서 여러 사람이 따라하는「川剧」(사천(四川) 지방의 전통극)의 가창(歌唱) 형식으로] ¶～的上不了台tái | 諺 숨어서 화창하는 것은 무대에 올라가지 못한다. 음흉한 생각을 드러내지 않다.

【帮儿车】bāngrchē 名 승객이 조(組)를 이루어 타는 여러 대의 인력거(人力車). ¶这回是～, 四辆liàng一同走 | 이번에는 4대로 1조가 되어 함께 간다.

【帮手】ⓐ bāng/shǒu 動 일을 거들다. 돕다. ¶有什么困难nán请他帮帮手 | 무슨 어려움이 있으면 그의 도움을 청하시오. ¶一个也不来帮个手 | 한 사람도 도우려 하지 않는다. ⓑ bāng·shou 名 조수. 보조원. ¶又找zhǎo了几个～ | 또 도울 사람 몇을 찾았다.

【帮套】bāngtào ❶ 名 (수레의 끌채 바깥쪽에 붙인) 끌 줄. ¶加上一头牲shēng口拉～ | 가축 한 필을 더해서 끌줄을 끌다. ❷ 名 부마(副馬). 곁말. ¶添tiān上～拉lā这辆liàng | 부마를 보태어 이 수레를 끌어라. ❸ 부마로 쓰다. 부마를 붙이다. ¶这马不能驾jià辕yuán儿, 只能～ | 이 말은 끌채를 끌 수는 없고 다만 부마로 쓸 수 밖에 없다 ‖=[边套]

【帮贴】bāngtiē ⇒[帮补bǔ]

【帮同】bāngtóng 書 動 함께 도와 일하다. 서로 돕다. ¶～办理 | 서로 도와 처리하다.

【帮闲】bāng/xián ❶ 動 (권세가의) 끄나풀이 되다. 아첨하다. 졸개가 되다. 빌붙어 살다. ¶他在富贵fùguì人家～ | 그는 부자 집에 빌붙어 산다. ¶～汉hàn | 아첨꾼. ¶给政府～的文人 | 정부에 빌붙은 어용 문인. ❷ (bāngxián) 名 (권세가에 빌붙은) 식객(食客). 졸개. 끄나풀. 아첨꾼. ¶沦lún为wéi帝国主义的～ | 제국주의의 끄나풀로 전락하다. ¶～文人 | 어용 문인.

【帮凶】bāng/xiōng ❶ 動 범인을 돕다. 악당과 한패가 되다. 공모하다. ¶每一次都是由他来做～ | 매번 그가 범인을 도와 왔다. ❷ (bāngxiōng) 名 공범자. 범인의 하수인. ¶他是最阴险yīnxiǎn的一个～ | 그는 가장 음흉한 공범자이다 ⇔[正zhèng凶]

[1]【帮助】bāngzhù ❶ 動 돕다. 원조하다. 지원하다. 보좌하다. ¶互相～ | 서로 돕다. ¶他～我学外文 | 그는 나의 외국어 학습을 도와준다. ¶为扩展kuòzhǎn今后贵我双方业务yèwù有所～ | 금후 우리 양측의 업무 확장에 도움이 될 것이다. ❷ 名 도움. 원조. 보조. 충고. ¶这对于研究文化史很有～ | 이것은 문화사를 연구하는 데 많은 도움이 된다. ¶给予yǔ～ | 도움을 주다.

【帮子】bāng·zi 名 ❶ 겉대 [채소류의 뿌리 근방에 있는 줄기의 두꺼운 부분] ¶白菜cài～ | 배추 겉대. ❷ 측면. 전. 통. 가운데가 빈 물체의 양측면(兩側面). ¶鞋xié～ | 신발의 양측. ¶船chuán～ | 뱃전.

【浜】bāng 배맬곳 병
❶ 名 吳 작은 시내. 계천. 소천(小川). ❷ 名 관개(灌漑)·교통을 위한 작은 수로. 크리크(creek). ¶河～ | 강으로 통하는 운하. ❷ 지명에 쓰이는 글자. ¶张华zhānghuá～ | 장화병 [상해에 있는 지명] ¶洋泾jīng～ | 양경병 [상해에 있는 지명] ¶杨yáng家～ | 양가병 [상해에 있는 지명]

bǎng ㄅㄤˇ

3【绑(綁)】bǎng 묶을 방
動 ❶ 묶다. 동여매다. ¶把两

根棍gùn子~在一起 | 몽둥이 두 개를 함께 묶었다. ❷두 손을 뒤로 묶다. 체포하다. ¶贼已经~上了 | 도적은 이미 체포되었다. ¶王家的孩子被~了去了 | 왕씨네 집 아이가 묶여 갔다. ❸속박되다. 묶이다. ¶让ràng那件事给~住, 不能干别的事了 | 그 일에 손발이 묶여 다른 일을 할 수없다.

4【绑架】bǎng/jià 動 ❶납치하다. 인질로 잡다, ¶有一个孩子被~了 | 한 어린이가 납치되었다. ¶土匪fěi~了好多人 | 비적들이 많은 사람들을 납치했다. ❷〈農〉(덩굴 따위가 잘 감기어 올라가도록) 받침대를 세우다. ¶给黄瓜~ | 오이에 받침대를 세워 주다.

【绑票】bǎng/piào ❶動 납치하다. 유괴하다. ¶他在夜yè里叫土匪fěi绑了票了 | 그는 밤중에 비적에게 인질로 잡혔다. ❷動 인질을 잡고 돈을 요구하다. ❸(bǎngpiào) 名 유괴. 인질. ¶~匪fěi | 인질범. 유괴범.

【绑腿】bǎng/tuǐ ❶動 각반을 매다. 대님을 매다. 다리를 묶다. ¶他踢tī球前绑了腿了 | 그는 공을 차기 전에 다리를 묶어 매었다. 動名 각반(脚絆). 대님. ¶他用~绑腿了 | 그는 각반으로 다리를 묶었다→〔腿带(儿, 子)〕

【绑腿带儿】bǎngtuǐdàir ⇒〔腿带(儿, 子)〕

2【榜〈牓₁〉】bǎng bàng 패 방, 노 방

Ⓐbǎng ❶名 (옛날의) 방. 방문(榜文). ❷名 (합격자 명단 등의) 게시. ¶发fā~ | 합격자 발표(를 하다). ¶选xuǎn民~ | 선거자 명단. ¶红~ | 표창자·합격자 등의 게시 ¶光荣róng~ | 모범적 노동자의 게시. ❸名 공고문. ❹ 모범. ¶~样↓ ❺(Bǎng) 名 성(姓).

Ⓑbàng 書 動 ❶배를 젓다. ¶~人 | 뱃사공 =〔搒bàng〕〔艕bàng②〕 ❷곤장을 치다 =〔搒péng〕

【榜上无名】bǎngshàng wúmíng 動組 합격자 게시에 이름이 없다. 낙방했다. ¶这次竞赛jìngsài, 我的小姐~ | 이번 선발대회에서 나의 아가씨는 떨어졌다 ⇔〔榜上有名〕

【榜文】bǎngwén 名 방문(榜文). 고시(告示). 게시. 공고문. ¶每栋dòng公寓yù门前都有~ | 아파트 동마다 문 앞에는 공고문이 있다.

【榜眼】bǎngyǎn 名 옛날 과거 시험에서 2등으로 진사(進士)에 급제한 사람→〔状zhuàng元①〕

2【榜样】bǎngyàng 名 모범. 본보기. ¶拿ná他做~ | 그를 모범으로 삼다. ¶给大家做个好~ | 모두에게 좋은 본보기를 보였다. ¶为文艺工作者作出了~ | 문예 활동을 하는 사람에게 좋은 본보기를 보였다.

2【膀〈髈$_{AB}$胮$_D$〉】bǎng páng bàng pāng pǎng 오줌통 방, 부을 방

Ⓐbǎng 名 ❶어깨. 상박(上膊). ¶肩~(儿) | 어깨. ¶他的两~真有劲 | 그의 양 어깨는 참으로 힘있다. ¶左~负伤 | 좌상박에 상처를 입었다 ¶脱光了~子 | 윗통을 벗다. ❷(~儿, ~子) 새의 날개. 날갯죽지 =〔翅chì膀〕

Ⓑpáng ⇒〔膀胱〕

Ⓒbàng ⇒〔吊diào膀(子)〕

Ⓓpāng ❶名〈漢醫〉부종(浮腫). ❷動 붓다. ¶他病得脸都~了 | 그는 병으로 얼굴이 온통 부었다. ❸ ⇒〔奶nǎi膀子〕

Ⓔpǎng 名 方 넓적다리. 대퇴.

Ⓐbǎng

【膀臂】bǎngbì 名 ❶ 北 상박(上膊). ¶他光着的~看上去粗cū壮zhuàng有力 | 그의 벗은 상박을 보니 굵고 힘있다. ❷轉 심복(心腹). 오른팔. 가장 믿을 만한 사람. ¶要是跟他作亲qīn, 你就有~了 | 그와 사돈을 맺는다면, 너는 심복 하나가 생기게 된다. ¶你来得好, 给我添了个~ | 너 잘 왔다. 나에게 오른팔 하나를 보탠 샘이다.

【膀阔】bǎngkuò 名 어깨 넓이. ¶~三停tíng | 어깨 넓이가 삼척이다.

【膀阔腰圆】bǎngkuò yāo yuán 成 어깨가 넓고 허리가 굵다. 건장하다 =〔膀大腰粗〕

【膀子】bǎng·zi 名 ❶상박(上膊). ¶光着~ | 상반신을 드러내다. ¶她紧紧的抓住他的~ | 그녀는 그의 상박을 힘껏 꽉 잡았다. ❷날갯죽지. 날개. ¶鸭~ | 오리의 날개.

【膀子骨】bǎng·zigǔ 名 어깨뼈. 견갑골(肩胛骨).

Ⓑpáng

【膀胱】pángguāng 名〈生理〉방광. 오줌통. ¶~镜 | 방광경. ¶~炎 | 방광염 =〔方 尿suī脬〕

Ⓓpāng

【膀肿】pāngzhǒng ❶名〈漢醫〉부종(浮腫). ❷動 붓다.

bàng ㄅㄤˋ

【蚌〈蜯〉】bàng bèng 씹조개 방, 방합 방

Ⓐbàng 名〈魚貝〉마합(馬蛤). 말씹조개 [패각 속에 진주층(眞珠層)이 있음] ¶鹬yù~相争zhēng | 成 방휼지쟁(蚌鷸之爭). 서로 버티고 싸우다 →〔蛤gé〕

Ⓑbèng 지명에 쓰이는 글자. ¶~埠 | 방부. 안휘성(安徽省)에 있는 도시 이름.

【蚌壳(儿)】bàngké(r) 名 말씹조개 껍질.

【蚌珠】bàngzhū 名 ❶말씹조개에서 나온 진주(眞珠). ❷ 書 완벽한 인물. 모범적 인물.

2【傍】bàng 곁 방

❶動 접근하다. 가까이 가다. 기대다. ¶小船chuán儿~了岸了 | 작은 배가 접안하였다. ¶依yī山~水 | 산을 등지고 강을 끼다. ¶~着兄嫂sǎo同居jū | 형수에 달라 붙어 같이 살았다. ❷動 (시간이) 임박하다. 다가오다. ¶~晚↓ ¶~吃晚饭的时候, 才做完 | 저녁 밥 먹을 무렵에야 비로소 일을 끝냈다. ¶~落太阳的时候儿, 他才来 | 해가 막 지려고 할 무렵에야 드디어 그가 왔다. ❸動 달라붙다. 불륜의 관계를 가지다. 불의의 교제를 하다. ¶蝴hú蝶dié迷mí便~上了比她大一倍bèi年纪的许大马棒bàng | 호접미는 자기보다 배나 나이 많은 허대마봉과 관계를 가졌다《曲波·林海雪原》 ❹動 㒱 비교하다. 대조하다. ¶~~看啥shá人长cháng | 누가 나은지 비교해 보자. ❺(Bàng) 名 성(姓)

【傍岸】bàng'àn 動 近 접안하다. 물가에 대다. ¶

见船chuán将次jiāngcì～, 每船上约yuē有百人 | 배가 접안하려 할 때 보니 각 배에는 약 백명씩 타고 있었다.

【傍边(儿)】bàngbiān(r) 動 ⑤ 옆에 달라 붙다. 가까이 가다. 접근하다.

【傍福占恩】bàng fú zhàn ēn 威 남의 은혜를 입어 복을 받다. 남의 덕택으로 잘 지내다.

【傍黑(儿)】bànghēi(r) ⇒〔傍晚(儿)〕

【傍黑天】bànghēitiān ⇒〔傍晚(儿)〕

【傍亮(儿)】bàngliàng(r) 名 ⑤ 동틀 무렵. 해뜰 무렵 =〔傍明〕

【傍门户(儿)】bàngmén·hu(r) 動組 남에게 기대다. 남에게 의지하여 살다.

【傍晌(儿)】bàngshǎng(r) ⇒〔傍午wǔ〕

²【傍晚(儿)】bàngwǎn(r) 名 저녁 무렵. 해질 무렵 =〔⑤傍黑(儿)〕〔⑤傍黑天〕〔北擦cā黑儿〕〔北撒sā黑(儿)〕

【傍午】bàngwǔ 名 정오 무렵 =〔北傍晌儿〕

【傍影(儿)】bàng/yǐng(r) 動 모습을 나타내다. ¶再不来傍个影儿 | 다시는 모습을 나타내지 않다. ¶种zhòng地的时候你要再不～, 我要到北京找你去啦! | 네가 농번기에도 만일 또 다시 나타나지 않으면 나는 북경으로 너를 찾으러 가겠다.

4【谤(謗)】bàng 헐뜯을 방 書 動 비방하다. 헐뜯다. 중상하다. ¶～书↓ ¶诽fěi～ | 비방하다. ¶毁huǐ～ | 훼방하다.

【谤骂】bàngmà 書 動 비방하며 욕하다. 비방·매도하다.

【谤书】bàngshū 書 名 (남을) 비방하는 글. 비방하는 서적·서신(書信). 중상문(中傷文).

【搒】bàng ☞ 搒 péng B

【蒡】bàng 우엉 방 ⇒〔牛niú蒡〕

【膀】bàng ☞ 膀 bǎng C

【榜】bàng ☞ 榜 bǎng B

3【磅】bàng páng 돌떨어지는소리 방, (파운드 방)

A bàng ❶ 量 外 〈度〉 파운드(pound) [1「磅」은 0.4536「公斤」(kg)] ❷ 名 앉은 저울. 대칭(臺秤). ¶搁在～上称一称 | 저울 위에 올려 놓고 달아 보아라. ¶过～ | 무게를 달다. ❸ 動 (저울로) 무게를 달다. ¶～体重 | 몸무게를 달다. ❹ 量 〈印出〉 포인트 [활자의 크기 단위.「点」(포인트; point)의 옛 이름] ¶三～字太小, 应该用四～ | 3포인트 글자는 너무 작으니 4포인트를 쓰야 한다.

B páng ⇒〔磅礴bó〕〔砰pēng磅páng〕

A bàng

【磅秤】bàngchèng 名 앉은 저울. 대칭(臺秤)

【磅盘】bàngpán 名 앉은 저울 판. 저울 판.

【磅数】bàngshù 名 무게. 근수(斤數). 중량. ¶一过磅就知道准zhǔn～ | 저울에 달아보면 정확한 무게를 알 수 있다.

B páng

【磅礴】pángbó 動 넘치다. 퍼지다. 확산하다. ¶气势～ | 기세 드높다. ¶资zī本主义yì思想正～于全世界 | 자본주의 사상이 전 세계에 널리 퍼지고 있다 =〔盘礴〕〔磐礴〕〔旁薄〕〔旁礴〕〔旁魄〕

【镑(鎊)】bàng 깎을 방 量 外 〈錢〉 파운드(pound) [화폐 단위. 1「镑」은 100「便士」(펜스(pence)). 보통「英镑」이라 함] ¶澳ào大利亚～ | 오스트랄리아 파운드. ¶叙xù利亚～ | 시리아 파운드.

【镑亏】bàngkuī 名 파운드화(貨)와 국내 통화(國內通貨)의 환손(換損). 파운드화와의 환산 차액.

【稖】bàng 옥수수 봉 (～头) 名 ⑤ 옥수수 =〔棒bàng头〕〔玉yù米〕〔玉yù蜀shǔ米〕

【稖头】bàngtóu ⇒〔棒bàng头〕

3【棒】bàng 몽둥이 봉, 칠 봉 ❶ 名 막대기. 몽둥이. 곤봉. ¶炭tàn精～ | 탄소봉. ¶球～ | (야구의) 배트→〔棒子①〕〔棍gùn①〕 ❷ (～头) 名 俗 옥수수 =〔稖bàng头〕〔玉yù米〕〔玉yù蜀shǔ米〕 ❸ 形 口 강건하다. 튼튼하다. 질기다. 굳다. ¶他身子骨儿～ | 그는 골격이 튼튼하다. ¶肉没煮烂, 还～着呢! | 고기가 덜 물러서 아직 질기다. ❹ 形 口 훌륭하다. 좋다. ¶他的作文真～ | 그의 작문은 정말 훌륭하다. ¶干得很～ | 매우 잘 했다. ❺ 動 몽둥이로 치다. ¶当头一～ | 머리를 한대 치다. 정신을 차리게 하다. ¶枣zǎo儿都熟shú了, 给我～下点儿吃 | 대추가 다 익었으니, 먹도록 좀 때려서 떨어뜨려 줘. ❻ 名 (식물의) 줄기. ¶玉米～ | 옥수수숫대. ❼ 名 〈體〉 야구(野球). ¶～球↓

【棒冰】bàngbīng 名 吳 아이스 케이크(ice cake) ¶一条～ | 아이스 케이크 한 개 =〔冰棍gùn儿〕

【棒杵】bàngchǔ ⇒〔棒槌·chui①〕

【棒槌】bàng·chui ❶ 名 빨랫방망이. ¶和李太太借～去揍zòu他 | 이 씨 부인에게서 빨랫방망이를 빌려가 그를 때렸다. =〔棒杵〕〔杵chǔ②〕 ❷ 名 ⑤ 평범한 사람. 우둔한 사람. 문외한. ¶要说唱chàng戏xì, 他可是个～ | 창극을 하라지만 그는 완전 문외한이다. ❸ 形 轉 우둔하다. 멍청하다. 바보스럽다. ¶那么大了不识shí数shù儿, 真～! | 저렇게 자라서도 숫자를 모르다니, 정말 바보다.

【棒槌接不起旗杆】bàng·chui jiēbùqǐ qígān 諺 빨랫방망이로 깃대를 대신할 수는 없다. 두 가지가 너무 달라 연관 시킬 수 없다.

【棒打】bàngdǎ 動 ❶ 몽둥이로 치다. ¶～鸳鸯yuānyāng散sǎn | 원앙을 몽둥이로 쳐 갈라 놓다. 억지로 갈라 놓다. ¶～不回 | 몽둥이로 때려도 돌이킬 수 없다. 회개(悔改)할 가망이 없다. 도무지 어떻게 할 도리가 없다. ❷ 곤장형을 가하다.

【棒打出孝子】bàngdǎ chū xiàozǐ 諺 매로 키운 자식 효성 있다. ¶～, 娇jiāo养忤wǔ逆nì儿 | 諺 매에서 효자 나고 응석에서 불효 난다.

【棒喝】bànghè 動 ❶ 〈佛〉 (죽비(竹扉)로 때리고 야단쳐 정신차리게 하다 [좌선(坐禪)할 때 정신

을 집중할 수 있도록 경책(警策)으로 때려 대갈(大喝)하고 오도(悟道)하도록 함을 말함] ❷轉 정신을 차리게 하다. 정신을 차리게 하다. 깨닫게 하다. ¶当头~|成 정면에서 한 방 먹이다. 따끔하게 충고하다.

【棒喝团】bànghètuán 名 파시스트당(Fascist黨) =〔外法fǎ西斯党〕

【棒喝主义】bànghè zhǔyì 名 파시즘(Fascism) =〔棒斧主义〕〔外法西斯主义〕

4【棒球】bàngqiú 名〈體〉❶야구. ¶打~|야구를 하다. ¶~赛sài|야구 시합. ¶~棒|야구 배트(bat). ¶~场|야구 경기장. ¶~护hù面罩zhào|야구용 마스크. ¶~记分器|야구 인디케이터(indicator). 계시기. ¶~手套|야구 글러브. ¶~鞋|스파이크=〔棍gùn球〕〔野yě球②〕 ❷야구공 ‖→〔垒lěi球〕

【棒儿】bàngr 名俗 좆. 좆몽댕이. 음경(陰莖)→〔鸡jī巴〕

【棒儿香】bàngrxiāng 名 가는 대나무로 심지를 넣은 고급 선향(線香).

【棒头】bàngtóu 名俗 옥수수 =〔棓bàng头〕

【棒香】bàngxiāng 名 막대기 모양으로 만든 선향(線香) =〔棍gùn香〕→〔线香〕

【棒针衫】bàngzhēnshān 名 대바늘로 성기게 짠 옷. 올이 굵은 털실 스웨터.

【棒子】bàng·zi ❶名 몽둥이. 방망이. 막대기 =〔棍子〕❷名方 옥수수. 강냉이. ¶~面粥|강냉이죽. ¶~秆gǎn儿|옥수숫대. ¶~吐tǔ缨yīng|옥수수 수염이 나오다 =〔棒头〕〔棓子〕❸名 지휘봉. ❹名京 놈. 녀석. 몽둥이 같은 놈 [천한 일을 하거나 뻣뻣한 사람에 대한 멸칭] ¶潦倒liǎodǎo~要钱|별것 아닌 놈이 돈 달라고 한다. ¶高丽lì~|조선 놈. 고려 놈. ¶关东~|동북(東北) 지방 놈들. ¶手艺yì~|수공업하는 놈들. ¶体育~|운동 선수 놈들. ❺量北 병(瓶). ¶买了一~酒|술 한 병을 샀다.

【棒子面(儿)】bàng·zimiàn(r) 名方 옥수수가루 =〔玉米面〕

bāo ㄅㄠ

1【包〈勹〉】bāo 쌀 포 ❶動(종이나 천 따위로) 싸다. ¶把礼物lǐwù~起来|선물을 싸다. ¶~饺jiǎo子|만두를 싸다. ❷(~儿) 名 보따리. 보자기. 꾸러미. 봉지. ¶布bù~|천 꾸러미. ¶药yào~|약봉지. ¶茶叶~|차 봉지. ¶行李xínglǐ~|짐 보따리. ❸名(물건을 담는) 포대. 가방. ¶书~|책가방. ¶手提tí~|핸드백. ¶麻má~|마대. ¶塑料sùliào~|비닐 봉투. ❹量 꾸러미. 봉지. 포대. ¶两~茶叶cháyè|찻잎 두 봉지. ¶一~书|책 한 보따리. ¶三~大米|쌀 세 포대. ❺(~儿, ~子) 名〈食〉(고기·야채 따위의 소를 넣고 찐) 만두. ¶糖táng~|설탕을 넣은 만두→〔包子〕❻名(신체·물체에 난) 혹. 부스럼. ¶头上碰pèng了一个大~|부딪쳐서 머리에 큰 혹이 생겼다. ¶腿tuǐ上起个大~|다리에 큰 혹이 났다. ❼動 둘러 사다. 포위하다. ¶火苗miáo~住了锅guō台|불꽃이 솥대를 둘러 쌌다. ¶骑qí兵分两路lù~过去|기병이 두 길로 갈라져 포위해 나갔다. ❽動 포함하다. 내포하다. ¶~在一起|함께 포함되다. ¶这部分~在这里面|이 부분은 안에 포함되어 있다. ¶无wú所不~|포함되지 않은 것이 없다. ¶一共十五块钱, 房饭一~在内|집세와 밥값을 포함해서 모두 15원이다. ❾動 씌우다. 입히다. ¶~上金银yín叶yè子|금은박을 입히다. ❿動 청부 맡다. 수주하다. 일을 도맡다. 전적으로 책임을 지다. ¶这工程chéng是谁~下来的?|이 공사는 누가 수주한 것이냐? ¶~任务rènwù|임무를 맡다. ¶~而ér不办|맡아 놓고 처리하지 않다. ⓫動 보증하다. 책임지다. ¶~在我身shēn上|나의 책임이 되다. ¶~治zhì好|완치 보증. ⓬動 독점하다. ¶~买卖mǎimài|매매를 독점하다. ⓭動 몽땅 사다. 매절하다. ¶剩shèng下的, 我全quán~了|나머지는 모두 내가 샀다. ¶这八斤肉ròu, 我都~了|고기 여덟 근을 내가 몽땅 샀다. ⓮動 예약하다. 대절하다. 전세내다. ¶~了一只zhī船chuán|배 한 척을 전세 냈다. ¶~车↓ ⓯용서하다. 눈감아 주다. ¶请您~涵hán着点儿吧|좀 봐주십시오. ⓰名 겉포장. 포장. ¶连~十三斤|포장 무게를 합쳐 13근→〔皮③〕 ⓱名 꾸러기. 투성이. ¶淘táo气~|장난꾸러기. ¶哭kū~子|울보. ¶病bìng~儿|병 투성이. ⓲名 파오[몽고 사람의 이동식 텐트 모양의 집]=〔蒙古包〕 ⓳(Bāo) 名 성(姓).

4【包办】bāobàn 動 ❶도맡아 하다. 책임지고 맡다. ¶那件事你一个人~了吧|그 일은 너 혼자 책임지기로 하였잖아. ❷청부 맡다. 도급 맡다. ¶~酒席xí|연회 음식 준비를 떠맡다. ❸독단(獨斷)하다. 독점하다. ¶~国民大会|국민대회를 독단으로 처리하다. ¶~婚姻|(본인의 의사와 상관없이) 부모가 독단적으로 상대를 정해 주다 =〔把bǎ持①〕

【包背装】bāobèizhuāng 名 포배장 [서적 장정 방법의 일종]

【包庇】bāobì 動貶 비호(庇護)하다. 감싸주다. 은닉하다. ¶~走私sī、赌博dǔbó是犯fàn法fǎ的|밀수·도박을 비호하는 것은 범법 행위이다.

【包菜】bāocài ⇒〔卷juǎn心菜〕

【包藏】bāocáng 動 속에 품다. 싸서 감추다. ¶大海~着许多秘密|대해는 많은 비밀을 간직하고 있다. ¶他~祸huò心, 总想着整人|그는 앙심을 품고 언제나 앙갚음하려 한다.

【包产】bāo/chǎn 動 도급 생산하다. 청부 생산하다. ¶~单位|생산 할당 단위. ¶~指标zhǐbiāo|도급 생산 지표.

【包场】bāo/chǎng 動(영화관·강당 따위의 영업장을) 전세(專貰)내다. ¶今天头场电影是~的, 不对外售shòu票piào|오늘 첫 회 상영 영화는 단체 관람이므로 외부에 표를 팔지 않는다.

【包抄】bāochāo 動 ❶포위하다. 포위하여 공격하다. ¶我军分三路~敌人|아군은 세 갈래로 나누어 적을 포위 공격하였다. ❷뒤에서 공격하다. 협공하다. ❸〈體〉(럭비·축구 따위의 경기에서)

커버(cover)하다 ‖ =〔兜dōu抄〕

【包车】bāo chē ❶ 動組 차를 대절하다. ❷ (bāoche) 名 대절차. 전세차.

【包乘】bāochéng 動 전세로 빌어 타다. ¶～一架飞机 | 비행기 한 대를 전세로 빌어 타다.

【包乘制】bāochéngzhì 名 열차의 책임 승무제.

【包乘组】bāochéngzǔ 名〈交〉전속 승무조. ¶ 3005号机关jīguān车的～ | 3005호 기관차의 전속 승무조 =〔包车组〕

【包吃】bāochī 動 식사를 제공하다. 식사를 책임지다. 무료 급식하다. ¶厂chǎng里～包住 | 공장에서 숙식을 제공한다.

【包穿】bāochuān 動 의복을 무상으로 제공하다.

【包船】bāo chuán ❶ 動組 배를 전세내다. ¶包了一只zhī船 | 배 한 척을 전세내다. ❷ (bāochuán) 名 대절 선박.

【包打天下】bāo dǎ tiān xià 成 천하를 주름 잡다. 독판치다.

【包打听】bāodǎtīng 名 贬 ❶ 옛날의 탐정. 밀정. 상해 조계(組界)의 경찰. ¶让ràng他在文艺yì界作～ | 그에게 문예계의 밀정이 되도록 하였다. ❷ 소식통.

【包单】bāodān ❶ 方 짐 보따리 →〔包袱fú①〕 ❷ 名 청부 공사(請負工事)의 명세서. 계약서.

【包底分帐】bāodǐ fēnzhàng 動組 수입(收入)을 보증하고 부족한 것은 보충하다.

【包饭】bāo/fàn ❶ 動 식사 도급맡다. 일정한 보수를 받고 음식을 책임지다. ¶在哪儿～ | 어디에서 식사를 대느냐? =〔包伙①〕〔包伙食〕 ❷ (bāofàn) 名 상식(常食). 매달 일정액의 식대를 받고 해 주는 음식 =〔包伙②〕 ❸ (bāofàn) 名 옛날, 작업장에서 밥만 먹이는 노동자 처우의 한가지 →〔包身工〕〔带饭〕

【包房】bāofáng 名 (객차·객선의) 대절 칸. 컴파트먼트(compartment). ¶高级～ | 고급 대절 칸.

[3]【包袱】bāo·fu 名 ❶ 보자기. 보따리 ¶打～ | 보자기에 싸다. 짐을 꾸리다. ¶解jiě开～ | 보자기를 풀다. ¶用～包上 | 보자기로 짐을 꾸리다 =〔包袱皮儿〕→〔包单①〕 ❷ (경제·정신 상의) 부담. 압력. 스트레스. ¶放下～ | 정신적인 부담을 덜어 버리다. ¶思想上的～太多, 不利lì于工作和学习 | 사상적 압력을 너무 많이 받으면, 일과 학습에 이롭지 못하다. ❸ (만담·연예 따위에 쓰인) 웃음거리. 익살. ¶抖dǒu～ | 익살을 부리다. ❹ 近 지전(紙錢) 소지돈 [죽은 사람을 위해 태우는 모형 지폐] ¶外头去叫小厮sī们打了～写上名姓去烧shāo | 밖에 나가 종놈들에게 소지돈에 성명을 쓰고 태우도록 시켜라. ❺ 轉 뇌물. ¶递dì～ | 뇌물을 주다.

【包袱底儿】bāo·fudǐr 名組 ❶ (보자기에 꼭 싸둔) 귀중품. 비장품(秘藏品). ❷ 비밀스런 일. 은밀한 일. ¶把他的～给抖搂dǒu·lou出来了 | 그의 비밀을 꺼내 놓았다. ❸ 비장의 무기. 18번. 본령(本領) ¶抖搂dǒu·lou～ | 비장의 무기를 꺼내다.

[4]【包干(儿)】bāogàn(r) ❶ 動 일을 책임지고 맡다. 일을 도맡아 완성하다. ¶剩shèng下的扫尾活sǎowěihuó儿由我～ | 남은 뒤처리는 내가 맡아 하겠다. ❷ 名 작업 청부 작업 도급.

【包干到户】bāogàndàohù 名組 호별 농업 작업 책임제 [「包产到户」(농가 할당 생산제)를 기초로 국가·단체·개인 모두에게 이익이 되도록 다로다득(多劳多得)의 원칙이 시행되도록 한 제도] =〔大包干〕〔家庭承包责任制〕

【包干制】bāogànzhì 名 간부 우대제 [혁명에 참가한 간부에게 일정한 생활비를 지급한 제도]

【包钢圈机】bāogāng quānjī 名〈機〉플리퍼링 메이킹 머신(flippering making machine) [고무를 제조하는데 쓰는 기계]

【包工】bāo/gōng ❶ 動 공사를 청부 맡다. 수주하다. ¶～不包料 | 공사만 청부 맡고, 자재는 책임지지 않다. ❷ (bāogōng) 名 노동 도급. 작업 청부. ¶～、包产、包干 | 노동·생산·경영 청부 ‖ =〔包活〕

【包工头】bāogōngtóu 名 공사 청부업자. 노동 도급업자. 청부 노동 작업 반장 =〔包头tóu⑤〕〔工头(儿)②〕〔脚jiǎo行头〕→〔把bǎ头①〕

【包工制】bāogōngzhì 名 청부제. 노무 책임제. 노동 도급제 =〔包身制〕

【包谷】bāogǔ 名 方 옥수수 =〔包米〕〔包粟〕〔苞谷〕〔苞米〕〔玉米〕

【包管】bāoguǎn ❶ 動 보증하다. 완전 책임지다. ¶～这条手巾结实 | 이 수건은 질기다는 것을 보증한다. ¶只要是我厂chǎng的产品, 我们～退还tuìhuán | 우리 공장의 생산품이면 반품을 보증한다. ❷ ⇒〔包准(儿)〕

[4]【包裹】bāoguǒ ❶ 名 소포. 수하물. ¶寄jì～ | 수하물을 부치다. ¶～单 | 소포 명세서. ¶～邮yóu件 | 소포 우편물 →〔裹〕 ❷ 動 싸다. 포장하다. ¶这些书请你～一下 | 이 책들을 좀 싸주십시오. ¶用布把伤shāng口～起来 | 천으로 상처를 싸매다.

[3]【包含】bāohán 動 포함하다. 내포하다. ¶他的建议jiànyì～不少合理的因素sù | 그의 건의에는 합리적인 요소를 적지 않게 내포하고 있다. ¶豆腐fǔ～的滋养料zīyǎngliào很多 | 두부에 포함된 자양분은 아주 많다.

【包涵】bāo·han 動 ❶ 套 용서하다. 양해하다. ¶唱得不好, 大家多多～! | 노래를 잘 부르지 못하더라도 널리 이해해 주시기 바랍니다. ¶有什么不周到之处chù您多～着点儿! | 소홀한 점이 있더라도 널리 양해해 주십시오! →〔包容①〕〔涵hán容〕 ❷ 비판하다. 시비를 가리다. ¶我不管, 落不着zháo～ | 나는 상관하지 않겠어, 시비할 거리가 없으니까 →〔褒贬bāo·bian〕

【包涵儿】bāo·hanr 名 京 결점. 흠. 결함. ¶一点儿～都没有 | 결점이라곤 조금도 없다. ¶不管怎么说, 不懂dǒng英语是他的～ | 무어라 해도 영어를 모른다는 것은 그의 결점이다.

【包葫芦头(儿)】bāo hú·lutóu(r) 動組 몽땅 떠맡다. 책임지다 끝마무리를 떠맡다. ¶你们每人出一块钱, 不够gòu的时候我～ | 너희들 각자가 1원씩 내고도 모자라는 것은 내가 책임진다.

【包户扶贫】bāohùfúpín 動組 빈농을 할당 받아 책

임지고 돕다. 빈농과 결연하여 가난을 벗어나도록 하다.

【包换】bāohuàn ⇒〔保bǎo换〕

【包婚丧】bāo hūnsāng 動組 결혼식과 장례식을 책임지다. 혼인과 장례를 무료로 치러 주다→〔包丧葬〕

【包活】bāohuó ⇒〔包工〕

【包伙】bāo/huǒ ❶ ⇒〔包饭①〕 ❷ (bāohuǒ) ⇒〔包饭②〕

【包伙食】bāo huǒshí ⇒〔包饭①〕

【包机】bāo/jī ❶ 動 비행기를 전세내다. ❷ (bāojī) 名 전세기.

【包家】bāojiā 動 가정 출장 공연을 하다 [가수나 배우가 가정의 혼례나 장례에 출장가서 공연하는 것을 「灯笼局」라 하며 이러한 영업을 하는 것을 말함]

【包价】bāojià 名 청부금액(請負金額).

【包煎药】bāo jiānyào 動組 헝겊 주머니에 한약을 넣어 달이다.

【包金】bāo/jīn ❶ 動 금도금을 하다. ¶～首饰shǒushì | 금도금을 한 장신구. ¶～作zuō | 금박 세공 공방→〔镀dù金〕〔赛sài银〕〔涮shuàn金〕 ❷ ⇒〔包银〕 ❸ (bāojīn) 名 금 도금. ¶一副fù～镯子 | 금도금 팔찌 한 쌍.

【包茎】bāojīng ⇒〔包皮②〕

【包橘】bāojú 名〈植〉포귤 [열매가 작고 껍질이 얇으며 신맛이 나는 귤의 일종]

【包举】bāojǔ 動 총괄하다. 통괄하다. ¶～无遗 | 남김없이 전부를 포괄하다 ＝〔苞举〕

【包烤火费】bāokǎohuǒfèi 動組 난방비를 책임지다. 연료를 공급하다. [공장이나 인민공사에서 난방비를 부담함을 말함]

2【包括】bāokuò 動 포함하다. 내포하다. 어법 ⓐ 앞에 「其中」, 뒤에 「在内〔里面〕」「在…内〔以内, 之内〕」 등을 붙일 수 있음. ¶最近出版了一百多种新书, 其中～一些外国文学名著 | 최근 백여 종의 새 책이 출판되었는데, 그 중에 얼마간의 외국문학 명작이 포함되어 있다. ¶运yùn费和保险bǎoxiǎn费都～在内 | 운임 및 보험료가 포함되어 있다. ⓑ 「包括＋进来〔进去〕」의 형식으로 쓰임. ¶总数一万七千五百元, 所有的收入都～进来了 | 총액 만 칠 천 오 백 원에 모든 수입이 포괄되어 있다. ¶初稿gǎo写好以后, 发现还有一点意思没～进去 | 초고를 쓴 후에 약간의 의견이 포함되지 않았음이 드러났다.

【包揽】bāolǎn 動 ❶ 혼자 도맡아 하다. 독단하다. 독점하다. 독자적으로 하다. ¶这么多的事, 一个人～不了liǎo | 이렇게 많은 일은 한 사람이 도맡아서 할 수 없다. ¶～生意 | 거래를 독점하다. ❷ 아무 일에나 간섭하다. ¶～闲xián事 | 쓸데없는 일에 참견하다.

【包料】bāoliào 動 자재를 포함하다. 자재 청부(請負)하다. ¶连工钱带～一共十块钱 | 공임(工賃)에 자재까지 합쳐 모두 10원이다.

【包罗】bāoluó 動 총망라하다. 포괄하다. ¶有～天地之抱负bàofù | 천지를 모두 망라하려는 포부를 가지다. ¶民间艺术yìshù～甚广 | 민간 예술의 범위는 매우 넓다.

【包罗万象】bāo luó wàn xiàng 成 만물을 총망라하다. 모두 갖추고 있다. 완비하다. ¶这个展览zhǎnlǎn会的展品真可说是～, 美不胜收shèngshōu | 이 전람회의 전시품은 그야말로 완비되어 있었고, 좋은 것이 너무 많아 일일이 다 감상할 수 없을 정도이다.

【包买】bāomǎi 動 전부 사다. 몽땅 사다. ¶这剩shèng下的我来～ | 남은 것은 내가 몽땅 사지요.

【包瞒】bāomán 動 ㊉ 감추다. 숨기다. 비밀로 하다. 어법 「包瞒着」의 형태로 쓰임. ¶心里有些～着的事, 说不出口 | 마음 속에 감추고 있는 일을 입밖에 꺼내지 못하다.

【包米】bāomǐ ⇒〔包谷〕

【包赔】bāopéi 動 책임지고 배상하다. 배상할 것을 보증하다. ¶如果用坏了, 我们～ | 만약 쓰다가 파손되면 우리가 책임지고 배상한다.

【包皮】bāopí 名 ❶ (～儿) 포장 용품. 용기(容器). 포장지. ¶连～有十斤 | 포장용기를 포함하여 10근이다 ＝〔包纸〕〔包装纸〕〔袋dài皮〕 ❷ (～儿) 〈醫〉포피(包皮). 우멍 거지. 포경. ¶～炎 | 포피염. ¶割gē～ | 포경을 수술하다. ¶～环切huánqiē术 | 포경 수술 ＝〔包茎〕〔包头tóu④〕 ❸ ㊣ (사람의) 외모. 외상(外相).

【包片】bāopiàn 動 일정 지역을 책임지다. 일정 영역을 맡아하다. ¶～医生 | 여러 생산 대대의 의료를 책임진 의사.

【包票】bāopiào 名 ❶ (상품의) 보증서. ¶写～ | 보증서를 쓰다 ＝〔保单①〕 ❷ 내기. 보증. 확신. ¶他最适shì合当经理, 我敢打～ | 사장으로는 그가 가장 적합하다. 감히 내기할 수 있다.

【包容】bāoróng 動 ❶ 포용하다. 용납하다. (남의 잘못을) 받아들이다. ¶～别人的错误cuòwù | 남의 실수를 용납하다→〔包涵①〕 ❷ 수용하다. .¶～力 | 적재능력(積載能力).

【包丧葬】bāo sāngzàng 動組 장례를 책임지다. 무료로 장례를 치러주다 [인민공사(人民公社)에서 시행하였었음]→〔包婚hūn丧〕

【包身工】bāoshēngōng 名 ❶ 일정기간 몸을 팔아 주인에게 예속된 노동자. ❷ 인신(人身) 매매(賣買)에 의한 노무 공급제도 [해방 전 「包工制」 아래에서 일하던 반(半) 노예 상태의 노동자. 밥까지 얻어 먹는 경우를 「包饭」, 식사는 자기가 해결하는 경우를 「带饭」이라 했음]→〔包饭③〕〔带dài饭〕

【包身制】bāoshēnzhì ⇒〔包工制〕

【包生养】bāo shēngyǎng 動組 자녀의 출산과 양육을 책임지다. 자녀의 생육을 무상으로 돌봐 주다 [인민공사(人民公社)에서 시행하던 제도]

【包头】bāotóu ❶ 名 머릿수건. ¶头上裹guǒ着大白布～, 下面一张红的大脸 | 커다란 흰색 수건을 동여맨 머리, 그 아래에는 붉은 얼굴. ❷ (～儿) 名 신발 앞에 붙여 보호 작용을 하는 고무·가죽 따위 .❸ (Bāotóu) 名〈地〉포두[내몽골 자치구(內蒙古自治區) 서부에 있는 수륙교통(水陸交通)의 요지] ❹ ⇒〔包皮②〕 ❺ ⇒〔包工头〕 ❻ (bāo tóu) 動組 머리를 싸다. ¶～的 | 분장사(扮

裝師). 분장사. 남자 배우가 여자로 분장하다.

【包退】bāotuì 動 반품을 책임지다. 반품을 보증하다. ¶~、包换、包修 | 반품·교환·수리 보증 =〔管退〕

【包退还洋】bāotuì huányáng 動組 환불 보증. 반품시 환불 보증.

3【包围】bāowéi 動 ❶ 둘러 싸다. ¶亭tíng子被茂密màomì的松林~着 | 무성한 소나무 숲이 정자를 둘러 싸고 있다. ❷〈軍〉포위하여 공격하다. ¶八路lù军已经把大同~起来, 最多半个月就可以拿ná下来 | 팔로군이 이미 대동을 포위하고 공격을 개시하였으니, 길어도 반달이면 함락시킬 수 있을 것이다. ❸ 여러 사람이 포위하여 압력을 가하다. 어떤 일을 강요하다. ¶他这也许是受shòu人~吧 | 이 일은 그가 주위의 압력을 받아 한 것일지도 모른다.

【包席】bāoxí 名 ❶〈植〉암페라(amparo;포) ❷ 암페라 줄기로 짠 거적.

【包厢】bāoxiāng 名 ❶ 박스(box). ❷ 로얄 박스. (극장 등의) 특별석 [경계선이 둘러쳐진 특별석]→〔散sǎn座(儿)〕

【包销】bāoxiāo ❶ 動 판매를 책임지다. 총판(總販)하다. 전매(專賣)하다. 일괄 판매 청부 맡다. ¶包购gòu~ | 구입 및 판매를 총책임지다. ¶~订dìng货计划huà | 판매 총책 주문 계획. ❷ 動 판매를 보증하다.

【包心白】bāoxīnbái ⇒〔卷juǎn心菜〕

【包心菜】bāoxīncài ⇒〔卷juǎn心菜〕

【包医疗】bāo yīliáo 動組 의료를 책임지다. 무상으로 치료하다 [인민공사(人民公社)에서 시행한 제도임]

【包银】bāoyín ❶ 名 옛날의 극장주(劇場主)가 극단이나 배우에게 주던 출연료 =〔包金②〕 ❷ 動 은을 입히다. 은도금을 하다→〔镀dù银〕

【包用】bāoyòng 動 사용을 책임지다. 품질을 보증하다. ¶~回换 | 품질 및 반품 보증.

【包圆儿】bāo/yuánr ❶ 動 모두 사다. 독점하다. ¶剩shèng下的这点儿您~吧! | 이 나머지를 전부 다 사시지요! =〔包余yú儿〕 ❷ 動 총책임지다. 도맡아 처리하다. ¶剩shèng下的零碎língsuì活huó儿我~了 | 남은 자질구레한 일은 내가 도맡아 하겠다 ‖ =〔包了儿〕〔包园儿〕 ❸ (bāoyuánr) 副 ㊥ 물론. 말할 것도 없이. ¶~穷人们都愿yuàn意随suí他 | 물론 가난한 사람들은 모두 그를 따르길 바란다.

【包园儿】bāo/yuánr ⇒〔包圆儿〕

【包月】bāo/yuè ❶ 動 월별로 청부 맡다. (돈을 받고) 한 달을 책임지다. 월별로 계약하다. ¶李先生出门坐车由yóu我~ | 이선생의 외출시 거마는 내가 월별로 맡아한다. ¶他又找到了~ | 그는 또 한 달 간 맡아하는 일을 구했다. ❷ 名 월정(月定). 월별 계산. ¶拉~车 | 월정(月定) 차부일을한다.

【包孕】bāoyùn 動 ㊇ 품다. 내포하다. 포함하다. ¶~着危机wēijī | 위기를 안고 있다.

【包孕句】bāoyùnjù 名〈言〉절(小句)을 문장 성분으로 가진 문(句子). [「我知道他不来」와 같이 하나의 문(句子) 안에 「主语+谓语」 형식의 문장 성분이 들어 있는 문(句子)]

【包运】bāoyùn 動 운송을 청부 맡다. 운송을 책임지다.

【包运价格】bāoyùnjiàgé 名〈商〉운임 포함 가격 (C&F) →〔离lí岸àn加运(费)价格〕

【包扎】bāozā 動 싸다. 묶다. 포장하다. 싸매다. ¶~伤口止zhǐ住血 | 상처를 싸매어 지혈시키다. ¶~绷bēng带 | 붕대로 싸매다.

【包纸】bāozhǐ ⇒〔包皮①〕

【包治】bāozhì 動 ❶ 완치(完治) 보증. 책임 완치 [약이나 의사의 선전 문구] ❷ 책임 치료하다. 완치를 보증하고 치료를 청부 맡다 ¶~百病 | 만병을 통치를 보증한다 =〔包医yī〕

4【包装】bāozhuāng ❶ 動 포장하다. ¶~车间 | 포장 공장. ¶~清单 | 포장 명세서. ¶~设计shèjì | 포장 디자인. ¶~箱 | 포장용 상자. ¶~费fèi | 포장비용. ❷ 名〈電算〉팩(pack).

【包装纸】bāozhuāngzhǐ ⇒〔包皮①〕

【包准(儿)】bāozhǔn(r) 副 반드시. 꼭. ¶他~来 | 그는 반드시 올 것이다 =〔包管②〕→〔一定③〕

【包字头】bāozìtóu 名 한자 부수의 쌀 포(勹).

2【包子】bāo·zi 名 ❶〈食〉(소가 든) 만두. ¶包~ | 만두를 빚다. ¶菜~ | 야채 만두. ¶糖táng~ | 설탕소 만두. ¶豆沙shā~ | 팥소 만두. ¶~有肉不在褶zhě儿上 | 歇 만두 속의 고기는 겉에 드러나지 않는다. 뚝배기보다 장맛이다 =〔包儿〕〔㊉馒mán头②〕→〔馒mán头①〕〔糖táng三角儿〕 ❷〈工〉레이들(ladle) [주물용은 鐵tiě水包(子)」, 제철소용은 「钢gāng水包(子)」라 함]

【包租】bāozū 動 ❶ (전체를) 세 얻어 다시 세를 놓다. ¶~的二房东 | 집 전체를 세 얻어 다시 세놓은 주인→〔二房东〕 ❷ 전세 내다. 대절하다. 임대하다. ¶~汽车 | 차를 세내다. 차를 대절하다. 대절차. 전세차. ❸ (수확량에 관계없이) 미리 일정의 소작료를 내다.

【孢】 bāo 포자 포

名〈植〉포자. ¶~粉↓ =〔胞bāo②〕

【孢粉】bāofěn 名 포자와 화분의 총칭. ¶~学 | 화분학.

【孢子】bāozǐ 名〈植〉포자. ¶~囊náng | 포자낭. ¶~生殖zhí | 포자 생식. ¶~体 | 포자체. ¶~叶 | 포자엽 =〔胞子〕

【孢子植物】bāozǐ zhíwù 名組 포자 식물.

【苞】 bāo 풀이름 포, 꽃봉오리 포

❶ 名〈植〉꽃봉오리. 꽃망울. ¶含hán~未wèi放 | 꽃봉오리를 머금고 아직 피지 않다. ¶开~ | 꽃봉오리가 열리다. 喩 (기생·창기 등의) 머리를 얹어주다. ❷ 形 무성하다. ¶竹~松茂 | 대나무와 소나무가 무성하다.

【苞虫】bāochóng ⇒〔稻dào苞虫〕

【苞谷】bāogǔ ⇒〔包bāo谷〕

【苞米】bāomǐ ⇒〔包bāo谷〕

【苞叶】bāoyè 名〈植〉포엽 [꽃봉오리를 싸서 보호하는 잎]

【炮】 bāo ☞ 炮 pào Ⓑ

3【胞】bāo 태의 포, 세포 포
❶ 名〈生理〉태포. 태아를 싸고 있는 막. 태막 =〔胞衣〕〔衣胞(儿)〕 ❷「孢」와 같음⇒〔孢bāo〕 ❸ 같은 부모가 낳은 자녀. 동기(同氣) ¶～兄 | 친형. ¶～妹mèi | 친 누이 동생. ¶～伯 | 친 백부.
【胞弟】bāodì 名 친남동생 =〔亲qīn弟(弟)〕
【胞浆水】bāojiāngshuǐ 名〈生理〉양수(羊水) =〔洋水〕
【胞姐】bāojiě 名 친누나. 친언니 =〔亲qīn姐姐〕
【胞妹】bāomèi 名 친여동생 =〔亲qīn妹妹〕
【胞叔】bāoshū 名 작은 아버지.
【胞胎】bāotāi ⇒〔胞衣〕
【胞兄】bāoxiōng 名 친형. 친오빠 =〔亲qīn哥哥〕
【胞衣】bāoyī 名〈生理〉포의. 태막 =〔胞胎〕〔胎衣〕〔衣胞〕
【胞子】bāozǐ ⇒〔孢bāo子〕

【龅(齙)】bāo 뻐드렁니 포
名 뻐드렁니. 덧니 =〔龅牙〕
【龅牙】bāoyá 名 뻐 드 렁 니 =〔包bāo牙〕〔暴bào牙〕〔露lòu齿chǐ子〕
【龅眼龅牙】bāoyǎn bāoyá 狀 퉁방울 눈과 뻐드렁니. 무척 못생기다. ¶他～的没模mó样儿 | 그는 퉁방울 눈에다 뻐드렁니로 정말 못생겼다.

3【剥】bāo bō 벗길 박
Ⓐ bāo 動 (가죽·껍질 따위를) 벗기다. 까다. ¶～马皮 | 말가죽을 벗기다. ¶～花huā生 | 땅콩을 까다. ¶打开纸zhǐ包, ～去一层céng纸 | 종이 봉투를 열고 종이 한 겹을 벗겼다.
Ⓑ bō 복합어(複合詞)에 주로 나타나는 음. ¶～削↓ ¶～夺↓
Ⓐ bāo
【剥掉】bāodiào 動 벗기다. ¶～维护wéihù民族利益的外衣 | 민족의 이익을 옹호한다는 허울을 벗겼다.
【剥光猪】bāoguāng zhū 名組 粵 ❶ 홀랑 벗긴 돼지. ❷ 장기에서 홀로 남은 장(將).
【剥画皮】bāo huàpí 動組 가식을 벗기다. 가면을 벗기다.
【剥离】ⓐ bāolí 動 (노천 탄광의 표토를) 벗겨내다. 피토(皮土)를 제거하다.
ⓑ bōlí 動 (조직·피부 등이) 겹으로 벗겨지다. 켜로 벗겨지다. ¶～试验shìyàn | 박리시험. ¶胎盘tāipán早期～ | 〈醫〉태반 조기 박리.
【剥脸皮】bāo liǎnpí 動組 가면을 벗기다. 정실을 밝히다.
【剥露】bāolù 動 ❶ 내막을 폭로하다. ❷ (노천탄광의) 표토(表土)를 벗겨 내다.
【剥膜】bāo/mó ❶ 動 막을 벗기다. ❷ (bāomó) 名〈印出〉박막 사진 제판(寫眞製版).
【剥皮】ⓐ bāo/pí 動 ❶ 가죽이나 껍질을 벗기다. ¶吃这种水果要～ | 이런 과일을 먹으려면 껍질을 벗겨야 한다. ❷ 動 俗 착취하다.
ⓑ bōpí 動 ❶ 털을 뽑다. ❷ 사람을 벗기다. 남의 것을 모두 빼앗다. ❸ (과일·나무 따위의) 껍질을 벗기다. ❹ 잔디를 뜨다. 띠를 뜨다. ❺ 샅샅이 뒤지다. 자세히 조사하다.
【剥去】bāoqù 動 벗기다. ¶～伪装 | 위장을 벗기다. 가식을 벗기다.
【剥制标本】bāozhìbiāoběn 名 박제표본.
Ⓑ bō
【剥岸】bō'àn 名 돌로 쌓은 해안. 하안.
【剥夺】bōduó 動 ❶ (재산·권리 등을) 박탈하다. 빼앗다. ¶～了人身自由 | 신체의 자유를 박탈하다. ¶～基本人权quán | 기본인권을 박탈하다. ❷ 書 착취하다. 약탈하다
【剥离】bōlí ☞〔剥离〕bāolí ⓑ
【剥落】bōluò 動 ❶ (조각조각) 벗겨지다. 떨어져 나가다. ¶油漆yǒuqī已经～了 | 페인트 칠이 벗겨졌다. ¶这墙qiáng上的石灰huī都～啦 | 이 담벼락의 석회가 모두 벗겨졌다. ❷ 近 면직하다. 파면하다.
【剥皮】bōpí ☞〔剥皮〕bāo/pí ⓑ
【剥蚀】bōshí 動 (풍화작용으로) 깎이고 부식되다. 침식(侵蝕)되다. ¶由于受shòu风雨～, 石刻kè的文字已经不易辨认biànrèn | 비·바람의 침식으로 석각 문자는 이미 판별하기 어려워졌다. ¶～作用 | 〈地質〉침식 작용.
【剥脱】bō·tuo 動 벗기다. 박탈하다. 빼앗다. 벗기고 털다. ¶路上遇yù见劫盗jiédào, 把我～了 | 노상에서 강도를 만나 몽땅 털렸다 =〔扒bā脱〕
3【剥削】bōxuē 動 착취하다. 박탈하다. ¶地主～农民 | 지주가 농민을 착취하다. ¶～虫chóng | 기생충. ¶～阶级jiējí | 착취 계급. ¶～收入 | 착취로 얻은 수입. ¶～者 | 착취자. ¶～制度 | 착취제도.
【剥啄】bōzhuó 書 擬 딱딱. 똑똑 [문을 가볍게 두드리는 소리] =〔剥剥〕

【煲】bāo 깊은솥 포/보
粵 ❶ 名 바닥이 깊은 냄비 [주로 도기(陶器)나 토기(土器)로 만듦] ¶沙shā～ | 토기로 만든 깊은 냄비. ¶～冇mǒu米粥zhōu | 깊은 냄비 속에 죽이 없다. 논할 내용이나 가치가 없다. ❷ 動 (바닥이 깊은 냄비로) 음식을 끓이다. ¶～粥 | 깊은 냄비에 죽을 쑤다. ¶～饭 | 깊은 냄비에 밥을 짓다.

【褒】bāo 칭찬할 포, 자락 포
❶ 칭찬하다. 과찬하다 ¶～贬↓ ⇔〔贬biǎn①〕 ❷ (옷 따위가) 크다. ¶～衣博带↓
【褒贬】ⓐ bāobiǎn 動 좋고 나쁨을 평가하다. 칭찬하고 책망하다. ¶～人物 | 인물을 평가하다.
ⓑ bāo·bian 動 결점을 지적하다. 비난하다. ¶有意见要当面提tí, 别在背bèi地里～人 | 뒤에서 남을 비난하지 말고 의견이 있으면 면전에서 말해라. ¶～是买主儿 | 諺 트집잡는 사람이 물건 산다. 결점을 말해 주는 사람이 좋은 사람이다→〔包涵②〕
【褒奖】bāojiǎng 動 표창하다. 상을 주다. ¶他在发表会上, 受到了～ | 그는 발표회에서 표창을 받았다.
【褒善贬恶】bāo shàn biǎn è 成 잘하는 것은 표양(表揚)하고 못하는 것은 비판하다.
【褒呔】bāotǎi 名 外 나비 넥타이. 보(bow) 타이.

【褒扬】bāoyáng 動 표양하다. 찬미하다. 칭찬하다. 선양하다. ¶～好人好事｜좋은 사람과 좋은 일을 표양하다. ¶受到～｜칭찬을 받다.

【褒衣博带】bāo yī bó dài 成 헐렁한 옷과 폭이 넓은 띠 [옛날 선비의 옷차림]

【褒意】bāoyì ⇒[褒义]

【褒义】bāoyì 名 좋은 의미. 찬양의 의미. 긍정적인 의미 [자구(字句) 중에 내포된 찬양·칭찬하는 따위의 긍정적인 의미] ¶～词｜찬양의 의미로 쓰이는 단어 ＝[褒意]⇔[贬义]

【褒忠贬佞】bāo zhōng biǎn nìng 成 충신을 찬양하고 간신을 책망하다.

báo ㄅㄠˊ

4【雹】 báo 누리 박

❶ (～子) 名 우박. 누리. ¶从天上落luò下来～子｜하늘에서 우박이 내렸다 ＝[冰雹][方冷子] ❷ 動 떨어지다. 포기하다. 내버리다 [「抛pāo」의 가차자(假借字)로 쓰임] ¶姜女自～哭kū黃天, 只恨贤xián夫亡太早｜맹강녀(孟姜女)는 스스로 몸을 던져 하늘을 향해 울며, 훌륭한 남편이 너무 빨리 죽었음을 한탄하였다《變文·孟姜女》

【雹害】báohài 名 우박의 피해.

【雹灾】báozāi 名 우박으로 입은 재해. ¶受到～｜우박의 재해를 입었다. ¶我们战胜了～｜우리는 우박의 피해와 싸워 이겼다.

4【雹子】báo·zi 名 우박. 누리.

2【薄】 báo bó bò 엷을 박, 숲 박

Ⓐ báo 形 ❶ (두께가) 얇다. 두껍지 않다. ¶这块kuài布太～｜이 천은 너무 얇다. ¶往外国寄jì信的时候用～纸最好｜외국으로 편지를 부칠 때는 얇은 종이를 사용하는 것이 가장 좋다. ¶～板↓ ⇔[厚①] ❷ (인정이) 후하지 않다. 야박하다. 메마르다. 두텁지 않다. ¶人情～如纸｜인정이 종이장처럼 얇다. ¶待dài他的情分不～｜그를 대하는 정분이 소홀하지 않다. ❸ (맛이) 싱겁다. 진하지 않다. ¶酒味很～｜술이 매우 싱겁다. ❹ (토지가) 척박하다. 메마르다. ¶我们要变biàn～地为肥féi田｜우리는 메마른 땅을 기름진 밭으로 바꾸어야 한다. ❺ 멀겋다. 수분이 너무 많다. ¶～粥｜멀건 죽. ❻ 보잘 것 없다. 형편없다. ¶昨天你送给我的礼物lǐwù不～｜어제 내게 준 선물은 괜찮은 것이다. ❼ 궁상스럽다. 나약하다. ¶她模mó样儿还不错cuò, 可是长得～｜그녀는 용모는 괜찮으나, 나약하게 생겼다.

Ⓑ bó 어법 복음절어(複音節詞)·문언(文言)·합성어(合成語)·성어(成語) 등에 주로 나타나는 구독음(舊讀音)임. ❶ 얇다. ¶厚hòu～｜두께. ¶淡dàn～｜농도. ¶～待↓ ❷ 사소하다. 빈약하다. ¶～物细故↓ ¶～技↓→[单薄] ❸ 가볍다. 신중하지 못하다. ¶轻～｜경박하다. ¶刻～｜각박하다. ❹ 경멸하다. 경시하다. ¶鄙bǐ～＝[菲薄]｜경멸하다. ¶厚今～古｜현재를 중시하고 옛것을 경시하다. ❺ 書 動 가까워지다. 박두하다. ¶日～西山｜해가 서산에 기울다. ¶肉～｜육박하다. ❻ 書 語 문(句子)의 앞머리에 오는 발어사. ¶～澣我衣｜내 옷을 빨다《詩經·周南·葛覃》❼ (Bó) 名 성(姓).

Ⓒ bò ⇒[薄荷]

Ⓐ báo

【薄板】ⓐ báobǎn 名 얇은 철판. 판금(板金). ¶不锈xiù钢gāng～｜스테인레스 판금 ＝[薄钢板] ⓑ bóbǎn 名 박판. 얇은 널빤지 ＝[薄bǎo板儿]

【薄板儿】báobǎnr 名 박판. 얇은 널빤지 ＝[薄木板][薄bó板]

【薄冰】báobīng ☞ [薄冰] bóbīng

【薄饼】báobǐng 名〈食〉밀가루 전 [밀가루 반죽을 얇게 늘여 번철에다 구운 것으로 입춘(立春) 때 야채·고기 등을 싸서 먹음]＝[春chūn饼][荷hé叶饼]

【薄脆】báocuì 名〈食〉❶ 밀가루 과자 [밀가루 반죽을 얇게 늘여 설탕 또는 소금을 넣어 구운 과자] ❷ 얇고 바삭바삭하게 기름에 튀긴 음식.

【薄地】báodì ☞ [薄地] bódì

【薄钢板】báogāngbǎn ⇒[薄báo板]

【薄厚(儿)】báohòu(r) ☞ [薄厚(儿)] bóhòu(r))

【薄片】báopiàn 名 박편. 얇은 조각. ¶切qiē成～｜갈라 박편을 만들다.

【薄生生】báoshēngshēng 形 얇고 바삭바삭하다. 얇고 연하다. ¶咸饼干xiánbǐnggān～好吃着呢!｜크래커는 얇고 바삭바삭한 것이 맛있다!

【薄田】báotián ⓧ bótián) ⇒[薄bó地]

Ⓑ bó

【薄板】bóbǎn ☞ [薄板] báobǎn ⓑ

【薄冰】bóbīng 書 名 박빙. 살얼음. 喩 위태한 것. 위험스런 것. ¶如履lǚ～｜成 살얼음판을 걷는듯하다.

【薄薄(儿)】bóbó(r) ❶ 狀 광대(廣大)하다. ¶～地地｜광활한 땅. ❷ 狀 맛이 싱겁다. 담백하다. ¶～酒, 饮yǐn能醉zuì｜싱거운 술도 마시면 취한다. 하찮은 것도 없는 것 보다 낫다. ❸ 擬 와르르. 왕왕 [수레가 빨리 달리는 소리]

【薄薄酒, 胜茶汤】bóbó jiǔ, shèng chátāng 諺 맹물 같은 술도 찻물보다 낫다. 하찮은 것이라도 없는 것보다는 낫다.

【薄才】bócái 名 보잘 것 없는 재능. ¶稍shāo具jù～, 愿效xiào犬马｜보잘 것 없는 재능이나마, 견마(犬馬)의 노릇이라도 할까 합니다.

【薄产】bóchǎn 名 적은 재산. 조금의 재산 ¶家有～｜집안에 재산이 조금 있다.

【薄酬】bóchóu 名 적은 보수(報酬). 부족한 사례.

【薄唇轻言】bó chún qīng yán 成 입이 가볍고 말이 많다.

【薄待】bódài 動 박대하다. 냉대하다. 푸대접하다 ¶他并没有～你｜그는 결코 너를 박대하지 않았다 ＝[薄遇][冷待]⇔[优yōu待][款kuǎn待]

【薄地】bódì ⓧ báodì) 名 메마른 땅. 척박한 땅. ¶光靠kào那几亩mǔ～过活｜오로지 그 척박한 몇 마지기의 논에 의지하여 살아간다 ＝[薄田]

【薄福】bófú 書 ❶ 形 박복하다. 불행하다. 복이 없다. ❷ 名 박복. 불행. 불운

【薄古厚今】bó gǔ hòu jīn 成 옛것을 경시하고 지

금 것을 중시하다. 과거를 홀시하다.

【薄厚(儿)】bóhòu(r) ⓧbáohòu(r)) ⓢ名 두께. ¶这两条被窝bèiwō～差不多 | 이 두 이불은 두께가 비슷하다. ¶这块木板～怎么样? | 이 목판의 두께는 어떻냐? =〔厚薄〕

【薄技】bójì 名 하찮은 기술. ¶家无长cháng物, 只仗zhàng～糊hú口 | 집에는 재산이라곤 없어서 다만 하찮은 기술로 입에 풀칠하고 있을 뿐이다

【薄酒】bójiǔ 名 ❶ 박주. 싱거운 술. 나쁜 술 ❷ 謙 나의 술. 내가 내는 술. ¶～粗食cūshí | (제가 대접하는) 보잘 것 없는 술과 나쁜 음식. ¶小寒里略lüè备～ | 저의 집에 보잘 것 없지만 술을 좀 차렸습니다. ¶稍shāo陈chén～, 聊liáo表谢意 | 변변치 못한 술자리로 고마웠던 마음을 대신하고자 합니다.

【薄礼】bólǐ 名 謙 변변치 못한 예물. ¶些许～, 敬请笑纳xiàonà | 변변치 못한 물건이나 웃으며 받아 주세요.

【薄利】bólì 名 박리. 적은 이익. ¶～多销xiāo | 박리다매.

【薄命】bómìng ⓢ ❶ 形 불행하다. 명이 짧다. 복이 없다 [주로 여성에 대해 사용함] ¶被认rèn为～的佳人 | 박명한 미인이라고 알려졌다. ¶自古红颜yán多～ | 예로부터 붉은 얼굴은 박명하다 하였다. ❷ 名 박명. 불행. 불운→〔薄福〕

4【薄膜】bómó 名 ❶〈機〉〈電算〉박막. 격막(隔膜) [두께 1/1000㎜이하 막(膜)의 총칭] ¶塑sù料～ | 플라스틱 박막. ¶～电阻zǔ | 박막 저항. ¶～电路 | 박막 회로. ¶～集积jíjī回路 | 박막집적회로. ❷〈生理〉박막.

【薄暮】bómù ⓢ 名 저녁 무렵. 땅거미가 질 무렵. 황혼. ¶此时已有～之际jì | 이때는 이미 저녁 무렵이었다.

【薄片】bópiàn ☞〔薄片〕báopiàn

【薄情】bóqíng 形 ❶ 박정하다. 매정하다. ¶那汉子也是个～的 | 그 사내도 매몰찬 인간이었다 →〔薄幸②〕 ❷ (문장에) 신선감이 없다.

3【薄弱】bóruò 形 박약하다. 무력하다. 내구력·지구력이 없다. ¶技术力量～ | 기술력이 부족하다. ¶～的资本 | 빈약한 자본.

【薄物细故】bó wù xì gù 成 사소한 일. 하찮은 일. 보잘 것 없는 일. ¶民族沦lún亡, 在统治阶级jiējí看来, 本不过～ | 민족이 패망의 늪으로 빠지는 원인을 통치 계급의 입장에서 보면 원래 사소한 일에 불과하다.

【薄幸】bóxìng ⓢ ❶ 形 불행하다. 복이 없다. ❷ 形 무정하다. 박정(薄情)하다. 매정하다. →〔薄情①〕 ❸ 名 불행. 박복.

Ⓒ bò

【薄荷】bò·he 名〈植〉박하. ¶～精 | 박하정. ¶～脑 =〔薄荷冰〕〔薄荷霜〕| 박하뇌. ¶～糖 | 박하사탕. ¶～油 | 박하유 =〔茇bó荷〕

bǎo ㄅㄠˇ

2【保】bǎo 보설 보, 도울 보, 편할 보 ❶ 動 보존하다. 유지하다. ¶～住现状zhuàng | 현상을 유지하다. ¶～温↓ ¶～鲜↓ ❷ 動 보호하다. 지키다. ¶～家卫wèi国↓ ¶～卫和平 | 평화를 지키다. ❸ 動 보증하다. 책임지다. 담보하다. ¶～一切险xiǎn | 모든 위험을 담보하다. ¶我敢gǎn～他一定做得好 | 그가 반드시 잘할 것이라는 것을 감히 보증한다. ¶朝不～夕 | 조불여석(朝不慮夕). 아침에 저녁 일을 보장하지 못할 정도로 형세가 급박하다. ¶取～开释 =〔保释〕|〈法〉보석하다. ❹〈法〉보증인. ¶作～ | 보증인이 되다. ❺ 돕다. ¶～佑↓ ❻ 양육하다. 보육하다. ¶～养↓ ❼ (～儿) 名 (옛날의) 고용인. 심부름꾼. ¶酒～ | 술집 심부름꾼. ❽ 動 보험(에 들다). ¶～足zú | 전액 보험에 들다. ¶～了五百万元 | 오백 만 원 짜리 보험에 들었다 =〔投tóu保〕 ❾ 보갑 [옛날 보갑제(保甲制)의 단위]→〔保甲(制度)〕❾ 名 簡〈地〉「保加利亚」(불가리아)의 약칭. ❿ ⇒〔保安族〕 ⓫ (Bǎo) 名 성(姓).

【保安】bǎo'ān ❶ 動 치안을 유지하다. 안녕·질서를 유지하다. ¶～措施cuòshī | 보안 조치. ❷ 名 보안. ¶～部队duì | 보안부대. ¶～处分 | 보안 처분.

【保安刀】bǎo'āndāo ⇒〔保险xiǎn刀(儿)〕

【保安队】bǎo'ānduì 名 보안대 [국민당(國民黨)시기 경찰의 성격을 띤 일종의 무장 부대]

【保安族】Bǎo'ānzú 名〈民〉보안족 [감숙성(甘肅省) 임하시(臨夏市)에 거주하는 중국 소수 민족의 하나]

【保本】bǎo/běn ❶ 動 動 본전을 지키다. 밑지지 않다. ¶这笔bǐ生意不一定有赚zhuàn头, 但肯kěn定能～ | 이 장사는 반드시 벌이가 된다고 할 수는 없으나 절대 밑지지는 않을 것이다. ❷ 動 원금을 보증하다. 원금을 책임지다.

【保本保值贮蓄】bǎoběn bǎozhí zhùxù 名組 원금가치 보증 저축 =〔双shuāng保折实贮蓄〕

【保镖】bǎo/biāo ❶ 動 호위하다. 호송하다. 안전을 책임지다 ¶你的胆dǎn子太小了, 这几步bù路还要找人～吗? | 너는 간이 너무 작구나, 몇 발자국 되지도 않는 길에도 호위할 사람을 찾느냐? ❷ 名 경호원. 호송원. 호위대. 보디가드 [「镖」는 「手里剑jiàn」을 말하며 「手里剑」을 잘 쓰는 무사(武士)를 일컬음. 개인에게 빌붙어 다니는 경호원을 야유나 경멸하여 이렇게 부름] ‖ =〔保镳biāo〕→〔镖局(子)〕

【保镳】bǎobiāo ⇒〔保镖〕

【保不定】bǎo ·bu dìng 動組 보증할 수 없다. 책임질 수 없다. ¶今天～要下雨 | 오늘 반드시 비가 온다고 할 수 없다→〔保不住〕〔保定〕

【保不其】bǎo ·bu qí ⇒〔保不住②〕

【保不齐】bǎo ·bu qí ⇒〔保不住②〕

【保不住】bǎo ·bu zhù 動組 ❶ 보증할 수 없다. 보장할 수 없다. 책임질 수 없다. ¶这么乱luàn的时候, 会出什么意外, 谁也～ | 이처럼 어지러운 때에 어떤 의외의 일이 일어나게 될 지 아무도 보장할 수 없다→〔保住〕〔备bèi不住〕 ❷ (아마) …일지 모른다. ¶这个天儿很难说, ～会下雨 | 이런 날씨는 정말 예측하기 어렵다, 아마 비가 올지도 모른다 =〔保不其〕〔方保不齐〕

【保藏】bǎocáng ⇒〔保存①〕

【保产】bǎo/chǎn 動 ❶ 생산량을 책임지다. 생산량을 보장하다. ❷ 여성의 출산(出産)을 보증하다. 산전 산후(產前產後)를 보장하다.

[2]【保持】bǎochí 動 유지하다. 지키다. 확보하다. ¶～跳tiào高记录 | 높이뛰기 기록을 보유하다. ¶跟群qún众～密mì切联lián系 | 대중과 밀접한 관계를 유지하다. ¶～距jù离 | 안전 거리 확보 =〔保存③〕

[2]【保存】bǎocún ❶ 動 보존하다. 저장하다. 보관하다. ¶这些资料zīliào我替你～着 | 이 자료들은 내가 네 대신에 보관하겠다. ¶这是很难得nándé的东西, 得好好儿地～起来 | 이것은 구하기 어려운 물건이니, 잘 보존해야 한다 =〔保藏〕〔保留①〕 ❷ 動 보호하다. 보관·관리하다. ¶～古迹 | 고적을 보호하다 =〔保护〕 ❸ 動 유지하다. 지키다. ¶～自己, 消灭xiāomiè敌dí人 | 자기를 지키고 적을 소멸하다. ¶～组织zǔzhī的秘密 | 조직의 비밀을 지키다 =〔保持〕 ❹ 動 (능력·실력 따위를) 쌓다. 기르다. ¶～实力 | 실력을 쌓다. ❺ 名〈電算〉세이브(save). 저장. ¶～文件 | 기록 파일을 저장하다.

【保单】bǎodān 名 ❶ 보증서. ¶发行～ | 보증서를 발행하다 =〔保据〕〔保票〕〔保证书〕〔包票〕 ❷〈貿〉보험증서. 보험증권. ¶水险～ | 해상(海上) 보험증서. ¶独单～ | 개별 보험증권. ¶期限～ | 정기 보험증권.

【保底】bǎodǐ 動 최저액을 보장하다. (보너스 등의) 최저한도를 보장하다.

【保额】bǎo'é 名 보험금액. ¶提tí高～ | 보험금액을 올리다 =〔保险款额〕

【保固】bǎogù 動 견고함을 보장하다. (청부 공사 따위에서) 성실 시공을 보증하다. ¶这座工程chéng可以～ | 이 공사는 하자가 없음을 보증한다.

[3]【保管】bǎoguǎn ❶ 動 보관하다. 예치하다. ¶图书～工作 | 도서 보관 업무. ¶这个仓库cāngkù的粮食liángshí～得很好 | 이 창고의 식량은 잘 보관되어 있다. ¶～箱xiāng | 금고. ❷ 名 보관. 보관자. ¶做～ | 보관하다. ¶～费fèi | 보관료 =〔老保管〕 ❸ 動 틀림없이 … 하다. 꼭 … 하다. 어법 부사적으로 쓰임. ¶只要肯kěn努力, ～你能学会 | 노력만 한다면 너는 틀림없이 다 배울 수 있다. ¶～不说shuō | 틀림없이 말하지 않다. ❹ 動 보증하다 =〔管保〕

[2]【保护】bǎohù ❶ 動 보호하다. ¶～名胜shèng古迹jì | 명승고적을 보호하다. ¶～老幼yòu | 노인과 어린이를 보호하다. ¶～眼睛 | 눈을 보호하다 =〔保存②〕 ❷ 보호. ¶做～ | 보호하다. ¶得到法律的～ | 법률적 보호를 받다. ¶劳动～ | 노동 보호. ¶～性拘jū留 |〈法〉보호 구치(拘置). ❸ 名〈電算〉프로텍트(protect). ¶～区 | 프로텍트 영역. ¶～系统 | 프로텍트 시스템.

【保护关税】bǎohù guānshuì 名〈貿〉보호 관세. ¶～政策zhèngcè | 보호 관세 정책.

【保护国】bǎohùguó 名〈政〉보호국.

【保护贸易】bǎohù màoyì 名組〈貿〉보호 무역. ¶～政策zhèngcè | 보호 무역 정책 →〔自由贸易〕

【保护人】bǎohùrén 名〈法〉보호자. 후견인.

【保护伞】bǎohùsǎn 名 喻 貶 후견인. 비호인. 빽. 보호막 [직권이나 기타의 방법으로 다른 사람을 비호하는 사람] ¶张部长根本不知道我这个人, 怎么能作我的～ | 장부장은 나라는 사람을 전혀 알지 못하는데, 어찌 나의 비호인이 될 수 있겠는가?

【保护色】bǎohùsè 名 ❶〈生〉보호색. ❷ 신분·직책을 이용하여 자신을 지키는 보호막. 보신법.

【保换】bǎohuàn 動 교환을 보장하다. 교환에 응하다. =〔包换〕

【保皇】bǎohuáng 區 군주제를 수호하는. 보수세력에 충성을 다하는. ¶～党dǎng | 군주제를 지지하는 당파. 왕정(王政) 지지자. ¶～党人 | 왕정(王政) 주의파. 군주 지지파. ¶～会 | 왕정 옹호파.

【保婚】bǎohūn ⇒〔保亲〕

【保加利亚】Bǎojiālìyà 名 外〈地〉불가리아(Bulgaria) [유럽 동남부에 위치한 나라. 수도는「索非亚」(소피아;Sofia)]

【保家】bǎojiā ⇒〔保人〕

【保家卫国】bǎo jiā wèi guó 成 가정을 지키고 나라를 돌보다. 국가를 방위하다.

【保甲】bǎojiǎ 名〈史〉보갑 [송대(宋代)의 왕안석(王安石)이 만든 민병 제도(民兵制度). 10호(戶)를 1「保」, 50호를「大保」, 10「大保」를「都保」라 하였음. 농한기(農閑期)에는 무장(武裝) 훈련을 하고 평상시에는 자치적으로 치안을 담당하게 하였음] ¶在沿yán路的村庄zhuāng设置shèzhì～ | 연도의 부락에는 보갑이 설치되어 있다. ¶～册cè | 보갑 관할 구내(保甲管轄區內)의 호적부.

【保价】bǎojià ❶ 動 금액을 보증하다. ❷ 名 보증금액.

【保价信】bǎojiàxìn 名〈通〉가격 표기 우편물.

【保价邮包】bǎojià yóubāo 名組 보험부(保險付) 소포. 보험 가입 수표.

【保驾】bǎo/jià ❶ 書 動 황제를 호위하다. 옥좌를 수호하다. ¶我～在此, 何hé为反贼zéi? | 제가 여기에서 황제를 호위하고 있는데 어떻게 역적이 일어난단 말이요? ❷ 動 轉 친분(親分)을 지키다. ❸ 動 轉 반동파를 옹호하다. ❹ 動 수호하다. 지키다. 보호하다 [대개 조롱하는 말로 쓰임] ¶有武警wǔjǐng给您～, 您还发什么怵chù呢? | 무장경찰이 너를 호위한다는데 무얼 그리 무서워하나?

【保荐】bǎojiàn ❶ 動 보증 및 추천하다. ¶～老李作广东省秘mì书长zhǎng | 이씨를 광동성 비서장으로 보증·추천하였다. ❷ 名 보증 추천. ¶～人 | 보증 추천인.

[4]【保健】bǎojiàn 名 簡 보건 [「保护健康」의 약칭] ¶妇fù幼～ | 모자 보건. ¶～工作 | 보건 활동. ¶～室 | 보건실. ¶～事业 | 보건 사업. ¶～所 | 보건소. ¶～体操tǐcāo | 보건체조. ¶～箱xiāng | 구급 상자.

【保健操】bǎojiàncāo 名 보건 체조.

【保健纷笔】bǎojiàn fěnbǐ 名組 건강분필 [인(P)

과 칼슘(Ca)을 주성분으로 만든 무해 분필]
【保健站】bǎojiànzhàn 名 보건소.
【保教】bǎojiào 名 보육과 교육. ¶～工作｜유아(幼兒)의 보육 사업. ¶～人员｜보육 종사자.
【保结】bǎojié 名 (옛날의) 신원 증명서. 신원 보증서. ¶具～｜신원 보증서를 구비하다→[保案]
【保举】bǎojǔ 書 動 보증하여 천거하다. 추천하다. 책임 추천하다. ¶丞chéng相～他, 做了这儿的地方官｜승상이 보증·추천하여 이곳의 지방관이 되었다→[保案]
【保据】bǎojù ⇒[保单①]
【保龄球】bǎolíngqiú 名 外 〈體〉보울링(bowling).
[2]【保留】bǎoliú ❶ 動 보존하다. 간직하다. ¶金碧bì辉煌huīhuáng的故宫gùgōng还～着当年的面貌mào｜금빛 찬란한 고궁이 왕년의 면모를 간직하고 있다 =[保存①] ❷ 動 보류하다. ¶不同的意见暂zàn时～, 下次再讨论tǎolùn｜다른 의견은 잠시 보류하였다가 다음에 다시 토론하자. ¶～工资｜임금 인상을 보류하다. ❸ 動 남겨 놓다. 유보(留保)하다. ¶他的藏cáng书大部分都赠zèng给图书馆了, 自己只～了一小部分｜그의 장서의 대부분은 도서관에 기증하고 스스로는 조금만을 남겨 놓았다. ¶～条款tiáokuǎn｜유보 약관(留保約款).
【保留节目】bǎoliú jiémù 名組 비금지(非禁止) 작품. 보류 작품 [공산당 정권이 수립된 후 금지 처분을 받지 않고 공연되는 작품] ¶「六月雪」「单刀会」等剧目是经常演出的～｜「유월의 눈」「단도회」등의 연극은 언제나 공연되는 비금지(非禁止) 작품이다.
【保留剧目】bǎoliú jùmù 名組 ❶ 재연(再演) 레퍼토리(repertory). ❷ 보류 연극. 비공연금지(非公演禁止) 연극.
【保媒】bǎo/méi 動 중매하다. ¶由大奶～, 你尽管jǐnguǎn放心｜할머니께서 중매하셨으니 안심하셔도 됩니다 =[说媒]
[3]【保密】bǎo/mì 動 비밀을 지키다. ¶这件事要～｜이 일에 대해서는 비밀을 지켜야 한다. ¶～条例｜비밀 조항. ¶～文件｜비밀문서.
【保苗】bǎomiáo 動 〈農〉모를 확보(確保)하다. 모를 잘 보살피다. 모를 보호하다. ¶风沙shā较大, 花生不易～｜모래 바람이 비교적 심해 땅콩 모를 보호하기가 쉽지 않다.
【保母】bǎomǔ ⇒[保姆①]
[4]【保姆】bǎomǔ ❶ 名 가정부 =[保母] ❷ 보모 [「保育员」(보모)의 옛 이름]
【保暖】bǎonuǎn 動 보온(保溫)하다. ¶足zú够～二十四小时｜24시간 보온하기에 충분하다. ¶～设shè备｜난방 설비.
【保暖杯】bǎonuǎnbēi 名 보온병 =[保温杯]
【保票】bǎopiào ⇒[保单①]
【保亲】bǎoqīn 近 ❶ 動 중매하다. ¶正来与你～来｜마침 너에게 중매하러 왔다 =[保婚]→[说媒] ❷ 名 중매쟁이. 중매인. ❸ 名 증인.
【保全】bǎoquán 動 보전하다. 유지하다. ¶～名誉｜명예를 보전하다. ¶～面子｜체면을 유지하다. ¶～生命｜생명을 보전하다.
【保全工】bǎoquángōng 名 정비공 =[保养工]
【保人】bǎo·ren 名 보증인 =[保家][保证人]
【保山】bǎoshān 名 ❶ (옛날의) 보증인. 후원자. 후견인. ¶他有好姐夫作～｜그는 뒤에서 도와주는 좋은 형부가[자형이] 있다. ❷ 중매인. ¶求太太做个～｜부인께서 중매를 좀 서 주십시오→[撑chēng腰]
【保墒】bǎoshāng 動 〈農〉토양의 수분을 유지시키다.
【保释】bǎoshì 名 動 〈法〉보석(하다). ¶准予～｜보석을 승인하다 =[保放]
【保收】bǎoshōu 動 농작물을 확보하다. 농작물을 잘 보호하다. 수확을 보증하다.
[3]【保守】bǎoshǒu ❶ 動 지키다. 고수하다. ¶～国家机密jīmì｜국가 기밀을 지키다. ❷ 形 보수적이다. ¶他的思想很～｜그의 사상은 보수적이다. ¶～党｜보수당. ¶～派｜보수파. ¶～主义｜보수주의 ⇔[进步②]
【保税】bǎoshuì 區 보세. 세금을 보류하는. ¶～货品huòpǐn｜보세물품.
【保送】bǎosòng 動 보증 추천하여 보내다. 국가·기관·학교·단체 등이 책임지고 추천하여 보내다. ¶～留学生｜(국가·기관·학교 등에서) 추천한 유학생. ¶～入学｜보증 추천 입학.
[2]【保卫】bǎowèi 動 보위하다. 수호하다. 지키다. ¶～祖zǔ国是军人的义务yìwù｜조국을 지키는 것은 군인의 의무이다.
[4]【保温】bǎowēn 動 보온하다. ¶～材料｜보온재. ¶～层｜〈建〉보온층. ¶～车｜냉장차(冷藏車).
【保温杯】bǎowēnbēi ⇒[保暖杯]
【保温瓶】bǎowēnpíng 名 보온병 [보온용은 「暖nuǎn水瓶」「热rè水瓶」, 보냉용(保冷用)은 「冰瓶」이라함]
【保息】bǎo/xī ❶ 動 〈商〉최저 이자를 보장하다. 손익(損益)에 관계없이 최저 이식(利息)의 지불을 보증하다. ❷ 名 〈商〉확보된 최저 이식. ❸ (bǎoxī) 動 보호하며 휴식시키다.
【保鲜】bǎoxiān 動 신선도(新鮮度)를 유지하다 ¶水果～｜과일의 신선도를 유지하다.
【保鲜膜】bǎoxiānmò 名 外 랩(wrap) [냉장고에 음식을 보관할 때 쓰는 비닐]
[3]【保险】bǎoxiǎn ❶ 名 보험. ¶人寿shòu～ =[寿险]｜생명 보험. ¶火灾～ =[火险]｜화재 보험. ¶水上～ =[海上保险]｜해상 보험. ¶搬运bānyùn～｜운송 보험. ¶战zhàn时～=[兵险]｜전시 보험. ¶船只zhī～｜선체(船體) 보험. ¶订dìng立～合同 =[订险]｜보험 계약을 하다. ¶～公司｜보험 회사. ¶～立约人｜보험 계약자. ¶～条件｜보험 조건. ¶～帐zhàng目｜보험 계정. ❷ 名 안전(장치). ¶～信封｜안전 봉투. 보험 등기용 봉투. ¶枪上了～了吗?｜총은 안전 장치를 잠갔느냐? ❸ (bǎo/xiǎn) 動 …임을 보증하다. 틀림없이 …하다. ¶～你路路通｜틀림없이 가는 곳마다 일이 잘 될 것이다. ¶你依我的话, ～不会出错cuò｜내 말대로 하면 틀림 없을 것이다. ❹ 形 믿음직스럽다. 확실하다. 안정되다. ¶这样做十分～｜이렇게 하는 것이 확실하다.

【保险袋】bǎoxiǎndài ⇒〔保险套(儿)〕
【保险单】bǎoxiǎndān 名 보험 증서. 보험 증권 =〔保险单据〕〔保险执据〕
【保险单据】bǎoxiǎn dānjù ⇒〔保险单〕
【保险刀(儿)】bǎoxiǎndāo(r) 名 안전 면도기 =〔保安刀〕〔保安剃刀〕〔安全剃刀〕
【保险灯】bǎoxiǎndēng 名 안전등.
【保险柜】bǎoxiǎnguì 名 대형 금고(金庫) →〔保险箱①〕〔金库②〕〔银柜〕
【保险盒】bǎoxiǎnhé(r) 名〈電氣〉안전기. 두꺼비집. 전원 차단기.
【保险库】bǎoxiǎnkù 名 안전 금고. 은행의 귀중품 보관 금고. ¶～门｜금고 문.
【保险丝】bǎoxiǎnsī 名 퓨즈(fuse). ¶～烧断shāoduàn了｜퓨즈가 끊어졌다.
【保险套(儿)】bǎoxiǎntào(r) 名 콘돔(condom) =〔保险袋〕〔避bì孕套〕
【保险箱】bǎoxiǎnxiāng 名 ❶ 소형 금고 →〔保险柜〕 ❷ 轉 안전권(安全圈). ¶让ràng我进～吧｜안전권에 들게 해 주시오. . 배금(拜金)주의자. ❸ 轉 배금(拜金)주의자.
[4]【保养】bǎoyǎng 動 ❶ 보양하다. 양생(養生)하다. ¶～身体｜보신하다. ❷ 정비하다. 손질하다. 유지 보수하다. ¶这台汽车～得很好｜이 자동차는 정비가 잘되었다. ¶～工｜정비공.
【保有】bǎoyǒu 動 보유하다. 가지다. 소유하다. ¶～土地｜토지를 소유하다.
【保佑】bǎoyòu 動 보우하다. 가호(加護)하다. 보살피다. ¶神权shénquán终归guī～不了liǎo封fēng建农奴nú制｜신권은 끝내 봉건 농노제를 보호하지 못했다. ¶观音菩萨púsà～他的啦｜관음보살이 그를 보살필 것이다. ¶我们相信人定胜shèng天, 不靠kào老天～｜우리들은 인간이 반드시 자연을 이길 것이라 믿고, 하늘의 가호에 의지하지 않는다 =〔保右〕〔保祐〕❷
【保育】bǎoyù 動 보육하다. ¶～林｜보호림. ¶～室｜육아실.
【保育员】bǎoyùyuán 名 (유치원·탁아소 따위의) 보모(保母). 보육사 =〔保姆②〕
【保育院】bǎoyùyuàn 名 보육원.
[3]【保障】bǎozhàng ❶ 動 보장하다. ¶～生活｜생활을 보장하다. ¶经济jīngjì发展, ～供gōng给｜경제발전은 공급을 확보한다. ¶人民法律lǜ～人民的自由权利｜인민법은 인민의 자유와 권리를 보장하고 있다. ❷ 名 보장. 보증. ¶做～｜보장하다. ¶得到了他的～｜그의 보장을 받았다.
【保真度】bǎozhēndù 名〈通〉충실도 [라디오·텔레비전·전축 등의 음성이나 화면의 사실 반영도]
[2]【保证】bǎozhèng ❶ 動 보증하다. ¶～需xū要｜수요를 보증한다. ¶～供应｜공급을 보증한다. ¶～成功｜성공을 보증한다. ❷ 動 책임지다. 서약하다. 맹세하다. ¶我～提tí前完成任务｜임무를 앞당겨 완성할 것을 책임진다. ¶～了生产正常进行｜생산이 정상으로 진행될 것임을 책임진다 ❸ 名 보증. 확보. ¶有了可靠的～｜믿을 만한 보증이 있다.
【保证金】bǎozhèngjīn ❶ 보증금 =〔保款〕 ❷ 名〈法〉보석금(保釋金) ‖ =〔保押费〕
【保证人】bǎozhèngrén ⇒〔保人〕
【保证书】bǎozhèngshū ⇒〔保单①〕
[4]【保重】bǎozhòng 動 건강에 주의하다. 몸조심하다. ¶请您多～｜몸조심하십시오. ¶那边气候qìhòu跟这儿不同, 你要多～!｜그 곳의 기후는 여기와 다르니 더욱 건강에 유의하십시오! →〔珍zhēn重②〕
【保住】bǎozhù 動 ❶ 지켜내다. 확보하다. ¶现有地位也难以～｜지금 가진 지위도 확보하기 어렵다. ¶他要～他的势力了｜그는 그의 세력을 확보하였다. ❷ 목숨을 건지다. 살아남다. ¶这孩子终于～了｜이 아이는 결국 목숨을 건졌다.
【保状】bǎozhuàng 名 보증인이 법정에 제출한 보증서. 신병(身柄) 인수증.
【保准(儿)】bǎo/zhǔn(r) ❶ 動 확보하다. ¶收入～了｜수입을 확보하였다. ❷ 動 보증하다. 확증하다. ¶孙sūn老头, 那能～吗｜손씨 노인이 확증할 수 있단 말이냐? ❸ (bǎozhǔn(r)) 形 신뢰할 수 있다. 믿을 만하다. ¶他说话算suàn话, 答dā应了一定～｜그의 말은 믿을 만하니 대답한 이상 틀림없을 것이다 ❹ (bǎozhǔn(r)) 動 반드시 …일 것이다. 틀림없이 …일 것이다. 어법 부사적으로 쓰임. ¶～办好｜틀림없이 잘 할것이다. ¶不用问, ～他们俩liǎ又分手啦｜물어볼 필요 없이 그 둘은 틀림없이 갈라 섰을 것이다.

4【堡】bǎo bǔ pù 작은성 보

Ⓐ bǎo 名 ❶ 보루(堡壘). 성채(城砦). ¶碉diāo～ =〔地堡〕｜보루. 토치카(totschka; 러). ¶桥qiáo头～｜교두보. ❷ (～子) 성곽촌. 작은 성(城)으로 둘러싸인 촌락. ¶～村↓ ❸ (Bǎo) 성(姓).
Ⓑ bǔ 서북지방(西北地方)의 지명으로 쓰이는 글자. ¶吴～｜오보현(縣). 섬서성(陝西省)에 있는 지명. ¶柴chái沟～｜자구보. 하북성(河北省)에 있는 지명.
Ⓒ pù 지명에 쓰이는 글자 [「五里铺」나 「十里铺」 따위의 「铺pù」를 일부 지역에서는 「堡」로도 씀] ¶马家～｜마가보. 하북성(河北省)에 있는 지명. ¶奥伦Àolún～｜外 오렌부르크(Orenburk) [소련의 지명]
【堡村】bǎocūn 名 시골. 촌락 =〔堡子〕
[4]【堡垒】bǎolěi 名 보루. 요새. ¶工会应当成为保护工人利益的～｜노동조합은 노동자의 이익을 보호하는 보루가 되어야 한다. ¶空中～｜공중의 요새. 喻 2차 세계 대전 때 미(美) 공군의 B29폭격기. ¶顽固wángù～｜대단히 완고한 사람. ¶～战｜〈軍〉진지전(陣地戰) =〔保栅zhà〕〔堡寨zhài〕
【堡营】bǎoyíng 名 보루. 요새.
【堡栅】bǎozhà ⇒〔堡垒〕
【堡寨】bǎozhài ⇒〔堡垒〕
【堡障】bǎozhàng 書 名 작은 성곽.
【堡子】bǎo·zi 名 촌락(村落).
【堡猪肉汤】bǎozhūròutāng 名〈食〉돼지고기 야채 국.

【葆】bǎo 더부룩히날 보
書 ❶ 形 (초목이) 무성하다. ¶头如蓬péng～ | 머리가 텁수룩하다. ❷ 動 감추다. 숨기다. ¶～光 | 빛을 감추다. 지덕(知德)을 숨기고 보이지 않다. ❸ (Bǎo) 名 성(姓).

1【饱(飽)】bǎo 배부를 포
❶ 形 배부르다. ¶酒足zú饭～ | 술과 밥을 배불리 먹다. ¶我吃～了 | 나는 배불리 먹었다 ⇔〔饿①〕〔饥①〕 ❷ 形 만족하다. 충만하다. 속이 꽉 차다. 옹골차다. 팽팽하다. ¶谷粒gǔlì儿很～ | 낟알이 매우 옹골차다. ¶～受折zhé磨mò | 갖은 고초를 다 겪다. ¶～经风霜shuāng↓ ❸ 副 실컷. 한껏. 충분히. 족히. ¶～打他了 | 그를 실컷 때렸다. ¶～揍zòu了一顿dùn | 실컷 두들겨 팼다. ¶～看↓ ❹ 動 만족시키다. ¶一～眼福yǎnfú | 실컷 눈요기하다. ❺ (Bǎo) 名 성(姓).

【饱饱(儿)】bǎobāo(r) 狀 잔뜩먹어 배부르다. 팽팽하다. 불룩하다. ¶吃得～睡觉了 | 잔뜩 배불리 먹고 잤다. ¶这个球qiú刚打了气, 所以看来～ | 이 공은 방금 바람을 넣어 보기에 팽팽하다.

【饱餐】bǎocān 動 배부르게 먹다. 포식하다. ¶～了一顿dùn | 한 끼 배불리 먹었다 =〔饱食〕〔書 饱饫〕

【饱尝】bǎocháng 書 動 ❶ 배불리 먹다. ¶～美味měiwèi | 맛있는 것을 배불리 먹다. ❷ 온갖 경험을 다하다. ¶～苦楚kǔchǔ | 온갖 고초를 다 겪다. ¶～患难huànnán | 갖은 재난을 다 겪다.

【饱尝世味】bǎo cháng shì wèi 成 세상의 쓴맛 단맛을 다 맛보다. 산전수전 다 겪다 =〔饱经世故〕→〔饱经风霜〕

【饱肚不知饿肚饥】bǎo dù bù zhī è dù jī 成 제 배가 부르면 남 배고픈 줄 모른다 =〔饱汉不知饿汉子饥〕〔饱人肚里不知饿人饥〕

【饱饭】bǎofàn 名 포식. 배부른 식사. 충분한 식사. ¶今日吃这碗wǎn～, 都是老天给的 | 오늘 이 배불리 먹는 식사는 모두 하느님께서 주신 것이다.

【饱嗝儿】bǎogér 名 트림. ¶打～ | 트림을 하다. 轉 만족해 하다.

【饱鼓鼓】bǎogǔgǔ 狀 팽팽하다. 볼록하다. ¶～的肚dù子 | 팽팽한 배.

4【饱和】bǎohé ❶ 區 포화. ¶～电流 | 포화 전류. ¶～剂 | 포화제. ¶～器 | 포화기. ¶～溶液 | 포화 용액. ¶～压力 | 포화 압력. ❷ 動 극한점에 이르다. 극도로 발전하다. 포화되다. 꽉차다. ¶对于人来说, 知识zhīshí是不会～的 | 사람으로 말하자면 지식이란 포화되지 않는 법이다. ❸ 動 잔뜩 함유하다. ¶～着湿shī气 | 습기를 잔뜩 함유하고 있다. ¶～着新翻fān开的泥ní土的香xiāng味 | 막 뒤집은 진흙 냄새를 잔뜩 품고 있다.

【饱和点】bǎohédiǎn 名 포화점. ¶到达～ | 포화점에 이르렀다.

【饱和度】bǎohédù 名 포화도.

【饱和量】bǎohéliàng 名 포화량.

【饱经风霜】bǎo jīng fēng shuāng 成 온갖 세상만사를 다 경험하다. 온갖 시련을 다 겪다. ¶～的面容 | 산전수전 다 겪은 얼굴 =〔饱经患难〕〔饱经霜雪〕→〔饱尝世味①〕

【饱经患难】bǎo jīng huàn nàn ⇒〔饱经风霜〕

【饱经世故】bǎo jīng shì gù ⇒〔饱尝世味①〕

【饱看】bǎokàn 動 실컷 보다. 만끽하다. ¶在北京～京戏几天 | 북경에서 경극을 며칠간 실컷 보았다 =〔饱览〕

【饱览】bǎolǎn ⇒〔饱看〕

4【饱满】bǎomǎn 形 ❶ 포만 하다. 풍만하다. 옹골지다. ¶颗粒kēlì～ | 낟알이 옹골차다. ¶天不下雨, 子粒lì不能～ | 비가 오지 않아 낟알이 옹골지지 않는다. ❷ 충만하다. 왕성하다. ¶精神～的脸liǎn | 원기가 왕성한 얼굴. ¶～的热rè情 | 왕성한 열정.

【饱暖】bǎonuǎn ⇒〔饱食暖衣〕

【饱人肚里不知饿人饥】bǎo rén dù·li bù zhī è'rén jī ⇒〔饱肚不知饿肚饥〕

【饱食】bǎoshí ⇒〔饱餐〕

【饱食暖衣】bǎo shí nuǎn yī 成 배불리 먹고 따뜻하게 옷을 입다. 의식(衣食)이 풍족하다. 생활이 풍요롭다 =〔簡 饱暖〕

【饱食终日】bǎo shí zhōng rì 成 하루 종일 무위도식(無爲徒食)하다. 온종일 놀고 먹다.

【饱受】bǎoshòu 動 겪을 대로 겪다. 겪을대로 겪다. ¶～痛苦tòngkǔ | 온갖 고통을 다 받다. ¶～虐待nüèdài | 온갖 학대를 다 받다.

【饱学】bǎoxué 形 학식이 풍부하다. 박식(博識)하다. ¶～之士 | 박식한 인사.

【饱眼福】bǎo/yǎnfú 動組 보는 즐거움을 만끽하다. 실컷 눈요기하다. ¶北京给我能～的机会 | 북경은 나에게 눈요기할 기회를 많이 준다. ¶我这回看到梅兰芳的「贵妃醉酒」算是饱了眼福了 | 내가 이번에 본 매란방의 「귀비취주」는 나에게 보는 즐거움을 만끽하게 하였다 할 수 있다.

【饱载而归】bǎo zài ér guī 成 가득 싣고 돌아오다. 성과를 충분히 얻고 귀환하다.

【褓〈緥〉】bǎo 포대기 보
❶ ⇒〔襁qiǎng褓〕 ❷ ⇒〔褓裙〕

【褓裙】bǎoqún 名 吳 포대기 치마 →〔抱bào裙〕

2【宝(寶)】bǎo 보배 보
❶ 귀중한. 진귀한. ¶～刀↓ ¶～贵时间 | 귀중한 시간. ❷ 名 보물. 보배. 귀중한 것. ¶～中之～ | 보배 중의 보배. ¶国～ | 국보. ❸ 소중히 여기다. 귀여워하다. ¶～爱↓ ¶～贝儿女 | 자녀들을 귀여워하다. ❹ 形 敬 왕에 관계되는 것. 轉 상대방에 대한 존칭으로도 쓰임. ¶～座↓ ¶～店 | 귀하의 가게. ¶～眷↓ →〔贵⑤〕 ❺ 形 吳 멍청하다. 바보스럽다. ¶这个都不晓的, 真～ | 이것도 모르다니, 정말 멍청하다. ❻ 形 吳 귀엽다. 멋지다. ¶穿这一身, 好～ | 이렇게 입으니 멋지다. ❼ 名 옛날의 돈. ¶通～ | 청동전 →〔元yuán宝〕 ❽ 名 일종의 도박기구 [쇠뿔을 방형(方形)으로 다듬어 그 위에 방향을 표시하는 기호가 새겼음] →〔压yā宝〕 ❾ 名 옥새. ❿ (Bǎo) 名 성(姓).

【宝爱】bǎo'ài 動 소중히 아끼다. 귀중히 여기다. 귀여워 하다. ¶这是他～的书 | 이것은 그가 소중히 여기는 책이다 →〔宝贝③〕.

【宝庵】bǎo'ān 名 敬 절. 귀암(貴庵). 귀사(貴寺) [승려가 있는 절에 대한 높임 말]→〔宝刹chà②〕〔宝观〕

【宝宝】bǎo·bao 名 착한 아기. 귀염둥이. 보배 [자식이나 부부·연인 상호 간의 대한 애칭]→〔宝贝②〕〔心尖③〕

4【宝贝(儿)】bǎobèi(r) ❶ 又 bǎo·bei) 名 보배. 보물. ¶他有一件~, 没有人知道 | 그가 보물을 하나 가지고 있으나 아는 사람이 없다. ¶我把爸bà爸给我的这本古书当dàng作~保管bǎoguǎn | 나는 아버지가 준 이책을 보배로 여기고 보관하고 있다. ❷ 名 보배. 베이비 [자식에 대한 애칭] ¶我的~ | 아이고 내새끼→〔宝宝〕 ❸ 動 奥 소중히 하다. 아끼다. ¶人人都~小孩子 | 사람은 모두 자기 아이를 귀여워 한다. ¶剩shèng下个女儿, 拿着像眼珠yǎnzhū一样~ | 딸 하나를 남겼는데 눈에 넣어도 아프지 않을 만큼 귀여워하고 있다→〔宝爱〕 ❹ 名 貶 별난 사람. 멍청이 [무능하거나 황당한 사람을 얕잡아 이르는 말] ¶到处chù出洋相yángxiàng, 真是个~ | 곳곳에서 추태를 부리니, 정말 희한한 사람이다.

【宝贝蛋】bǎobèidàn 名 ❶ 귀염둥이. 보배같은 아이 [자식에 대한 애칭] ¶他四十岁得了一个~ | 그는 나이 사십에 보배같은 아이 하나를 얻었다. ❷ 보배. 가장 소중한 것. 가장 아끼는 사람. ¶她拿这个伞当作~ | 그녀는 이 우산을 보배처럼 여긴다. ‖→〔宝贝疙瘩〕

【宝贝疙瘩】bǎobèigēdá 名 ❶ 귀염둥이. 보배같은 아이 [자식에 대한 애칭] ¶爷yé爷疼téng, 奶nǎi奶爱, 孩子成了全家的~ | 할아버지가 아끼고 할머니가 사랑하여, 아이는 온 집안의 보배가 되었다. ❷ 애물단지. 보배. 소중한 것. 아끼는 사람 ‖→〔宝贝蛋〕

【宝藏】ⓐ bǎocáng 書 動 귀중히 보관하다. 소중하게 감추어 두다.
ⓑ bǎozàng 名 보물 창고. 보고. 수장(收藏)된 보물이 많은 곳 [보통 지하자원을 나타 냄] ¶发掘jué地下的~ | 지하 자원을 발굴하다. ¶艺术yìshù~ | 예술의 보고.

【宝刹】bǎochà ❶ 名 불탑(佛塔). ❷ 敬 절. 스님께서 계시는 절 [승려가 있는 절에 대한 높임 말]→〔宝庵〕

【宝钞】bǎochāo 書 名 보초 [「至元通行宝钞」「大明通行宝钞」「大清通行宝钞」등과 같은 송대(宋代)부터 발행하기 시작한 지폐의 명칭]→〔交子jiāozǐ〕

【宝刀】bǎodāo 名 보도. 보배와 같이 소중한 칼. ¶家传chuán~ | 집안에 전해 내려오는 보도. ¶~不老 | 보도는 낡지 않는다. 나이가 들어도 쇠퇴하지 않는다.

【宝刀鱼】bǎodāoyú 名〈魚貝〉왕멸치.

【宝岛】bǎodǎo 名〈地〉보도. 아름다운 섬 대만(臺灣) [대만을 포르투칼어로 「Formosa」라고 한 것을 번역한 것임]

【宝地】bǎodì 名 ❶ 살기 좋은 곳. ❷ 敬 귀지(貴地). 그쪽. ¶借jiè贵方一块~暂zàn住几天 | 귀측의 한 쪽 땅을 빌어 며칠 묵을까 합니다. ❸〈佛〉절이 있는 곳. ❹ 보물이 있는 곳.

【宝典】bǎodiǎn 名 ❶ 희귀한 책. 소중한 책. ¶这是一部稀世xīshì~ | 이것은 세상에서 보기 드문 책이다. ❷〈佛〉경전(經典).

【宝而藏之】bǎo ér cáng zhī 威 귀중히 여겨 감추어 두다. ¶这部词典他一直~ | 이 사전을 그는 보물같이 보관하고 있다.

【宝盖】bǎogài 名 ❶ 보개(寶蓋). 천보(天寶) [불상이나 도사 등의 머리에 드리운 비단으로 만든 일산] =〔华huá盖①〕 ❷ (~儿) 한자 부수의 갓머리(宀) =〔宝盖头(儿)〕〔宝头(儿)〕

【宝盖头(儿)】bǎogàitóu(r) ⇒〔宝盖②〕

【宝观】bǎoguàn 名 敬 귀사(貴寺). 귀찰(貴刹) [도교 사원의 높임말]→〔宝庵〕

2【宝贵】bǎoguì ❶ 形 귀중하다. 중요하다. ¶~遗产yíchǎn | 귀중한 유산. ¶这是一些十分~的文物 | 이것은 대단히 귀중한 문물이다. ❷ 動 중시하다. 아끼다. ¶所以他们更~它 | 그래서 그들은 더욱 그것을 아꼈다.

【宝行】bǎoháng 名 敬 귀점(貴店). 귀사(貴社) =〔宝号〕〔贵行〕⇔〔敝bì号〕

【宝号】bǎohào ⇒〔宝行háng〕

【宝盒(儿)】bǎohé(r) 名 야바위 용의 단지 [「宝地」(야바위 대)위에 올려 놓는 밑이 없는 단지. 사방에 1, 2, 3, 4의 번호가 매겨져 있으며 「宝地」위에 돈을 놓고, 「宝盒」를 회전시켜서 「宝地」위에 놓은 뒤 숫자를 맞추는 방법으로 도박함. 「宝盒」를 쥔 사람을 「开kāi宝的」라고 하고, 돈을 거는 쪽을 「压yā宝的」라고 함] =〔宝盒子〕〔木宝〕→〔压yā宝〕

【宝盒子】bǎohé·zi ⇒〔宝盒(儿)①〕

【宝葫芦】bǎohú·lu 名 보물이 나온다는 호리병. 요술 호리병.

【宝货】bǎohuò 名 ❶ 돈. 금전. ❷ 보석. 귀중품. ¶~难售shòu | 威 진귀한 물건은 팔기 어렵다. 큰 인물은 아무 일이나 맡지는 않는다. ❸ 奥 罵 멍청이. 바보. ¶这孩子是李家的~ | 이 애가 이 씨 집의 멍청이이다→〔二百五〕〔活宝〕

【宝驾】bǎojià 名 ❶ 어가(御駕). 황제의가 타는 수레. ❷ 轉 황제. 임금.

4【宝剑】bǎojiàn 名 ❶ 보검. 보배로운 칼. ¶~赠zèng烈liè士, 红粉fěn赠佳jiā人 | 보검은 열사에게 붉은 분은 가인에게 주어야 한다. 선물에는 분별이 있어야 한다. ❷ 검(劍)의 통칭 ¶有的用刀砍kǎn断自己的手, 有的拿~割gē自己的头劲jìn | 어떤 사람은 칼로 자기의 손을 끊고 어떤 사람은 검으로 자기의 머리를 잘라버렸다.

【宝卷】bǎojuàn 名 보권 [속문학(俗文學)의 일종. 당대(唐代)의 변문(變文)과 송대(宋代)의 설경(說經)에 이어 나온 불교의 고사를 기술한 강창문학(講唱文學)의 한 양식] ¶孟姜女~ | 맹강녀 보권. ¶梁山伯~ | 양산백 보권→〔变biàn文〕〔讲jiǎng唱文学〕

【宝眷】bǎojuàn 名 敬 부인(夫人). 사모님 댁의 부인 [상대방의 부인에 대한 높임말] ¶连你~一块这里来, 就在这里权且安身 | 댁의 부인과 함께 이곳으로 와 여기에서 쉬도록 하시지요《官場》

→〔家jiā眷〕
【宝诀】bǎojué 名 비결. 비방. ¶长跪guì问～ | 장시간 꿇어 앉아 비결을 물었다《李白·古風詩》
【宝库】bǎokù 名 보고. 보물 창고. ¶百科全quán书是知识的～ | 백과사전은 지식의 보고이다. ¶中国东北三省是地下资源的～ | 중국의 동북(東北) 삼성(三省)은 지하자원의 보고이다.
4【宝窟】bǎokù 名 보물의 동굴. ¶打开～ | 보물의 동굴을 열다.
【宝蓝】bǎolán 區 선명한 남색(藍色). ¶～色 | 선명한 남색.
【宝门】bǎomén 書 名 方 비결. 비방.
【宝马香车】bǎo mǎ xiāng chē 成 아름다운 마차.
【宝墨】bǎomò 名 敬 진귀한 묵적(墨跡) [타인의 필적에 대한 경칭]→〔墨宝〕
【宝瓶】bǎopíng 名 ❶ 보물 단지. 폐백 단지 [북방(北方)의 관습으로 신부가 시집갈 때 가지고 가는 항아리. 속에 오곡(五穀)·백과(百果)·금은(金銀)·옥(玉) 따위를 넣었음]→〔抱bào宝瓶〕 ❷ 사람을 매장할 때 함께 파묻는 음식물을 넣은 그릇. ❸〈佛〉보병 [진언 밀교(眞言密教)에서 관정(灌頂)의 물을 담는 그릇에 대한 존칭] ❹〈天〉보병 [황도 12궁의 11번째 별]
【宝山】bǎoshān 名 ❶ 보물산. ¶～空返fǎn＝〔宝山空归〕〔宝山空回〕| 成 보물산에 갔다가 빈손으로 돌아왔다. ❷ 敬 귀사(貴寺). 귀찰(貴刹) [상대방의 절에 대한 경칭] ¶～何处 | 스님의 절은 어딘지요?
3【宝石】bǎoshí 名 보석. ¶～匣xiá | 보석상자. ¶～琢磨zhuómó | 보석 연마.
【宝书】bǎoshū 名 ❶ 귀중한 서적. ¶在文革期间中《毛泽东语录》是最重要的～ | 문혁기간 중에 모택동어록은 가장 중요한 책이었다. ❷ 사서(史書). ❸ 조서(詔書).
【宝塔】bǎotǎ 名 ❶ 보탑. 사리탑. ❷ 탑 [탑에 대한 미칭(美稱).
【宝物】bǎowù 名 보물. 귀중품. ¶欣赏xīnshǎng～ | 보물을 감상하다. ¶这把剑jiàn是稀xī世～ | 이 검은 희대의 보물이다.
【宝藏】bǎozàng ☞〔宝藏〕bǎocáng b
【宝中之宝】bǎo zhōng zhī bǎo 成 보배 중의 보배. 가장 존귀한 것.
【宝座】bǎozuò 名 ❶ 옥좌(玉座)＝〔御yù座〕 ❷〈佛〉부처가 앉는 자리. ❸ 최고의 자리. ¶终于爬上了经理的～ | 마침내 부장이라는 최고의 자리에 올랐다.

【鸨(鴇)】bǎo 능에 보

名〈鳥〉너새. 능에. 야안(野雁)＝〔大鸨〕〔鸿hóng豹〕
【鸨母】bǎomǔ 名 近 ❶ 기생 어미＝〔鸨儿②〕〔干gān妈②〕〔老lǎo鸨鸨儿〕〔老鸨(子)〕〔领lǐng家(儿)〕〔领人儿〕〔牵qiān头老婆〕〔养yǎng母②〕 ❷ 낙태 전문의 산파. ❸ 포주. 기루의 여주인.
【鸨儿】bǎor ❶ 名 近 매춘부. 기생의 속칭. ❷⇒〔鸨母〕

bào ㄅㄠˋ

【刨】bào ☞ páo B

1
【抱】bào 안을 포

❶ 動 안다. 두팔로 감싸다. 포옹하다. ¶～着孩子 | 아이를 안고 있다. ¶二人～着碗wǎn喝起来 | 두 사람은 사발을 끌어 안고 마시기 시작했다. ❷ 動 첫 자식이나 손자를 얻다. ¶听说你～孙sūn子了 | 자네가 첫손자를 보았다고 들었네. ❸ 動 업어 오다. 안아 오다. 양자〔양녀〕로 삼다. ¶他的女儿是～来的, 不是亲生的 | 그의 딸은 양녀로 데려온 것으로 자기가 낳은 것이 아니다. ¶他结婚十年没孩子, ～了一个男孩 | 그는 결혼 10년에도 아이가 없자, 남자아이를 데려왔다. ❹ 動 (생각·의견을) 마음에 품다. ¶～着坚定jiāndìng的信念 | 굳은 결심을 품다. ¶～着必胜的决心 | 필승의 결심을 품다. ❺ 動 굳게 결합하다. 뭉치다. ¶～成团体, 就会有力量 | 뭉치면 힘이 있다. ¶天还冷, 小鱼仍在深shēn海里～着团tuán | 날씨가 아직 추워 고기 새끼들은 여전히 깊은 바다에서 떼를 짓어 있다. ❻ 動 견지하다. 정해놓다. 달라붙다. ¶苍蝇cāngyíng不～无缝fèng的蛋 | 諺 파리는 금가지 않은 달걀에는 붙지 않는다. 결함이 있어 화를 입은 것이다. ❼ 動 方 (옷·신발 따위가) 꼭 맞다. ¶衣裳～身儿 | 옷이 몸에 딱 맞다. ❽ 動 (새가) 알이나 새끼를 품다. ¶～小鸡jī | 병아리를 품다. ❾ 動 吳 轉 집안에 틀어 박혀 있다. ¶成日～在家里 | 종일 방구석에 처박혀 있다. ❿ 量 아름. ¶一～花 | 한 아름의 꽃. ¶合～树 | 아름드리 나무. ⓫ 量 吳 배 [가축의 출산 횟수] ¶上个月一～就生了七坨tuō | 지난달 첫 배에 일곱 마리나 낳았다. ⓬ (Bào) 名 성(姓).
【抱板儿】bàobǎnr 動 京 협력하다. 협조하다. ¶这孩子跟가里不～ | 이 아이는 가족과 협력하지 않는다.
【抱膀子】bào bǎng·zi 動組 吳 참모가 되다. 조력자가 되다. ¶给我～ | 나의 참모가 되어 주시오.
【抱宝瓶】bào bǎopíng 動組 폐백 단지를 가지다. 보물단지를 안다. 먹고 입는데 부족함이 없다 [오곡(五穀)·백과(百果)·금은(金銀)·옥(玉) 따위를 넣은 신부의 폐백단지를 차지했다는 뜻] →〔宝bǎo瓶〕
【抱冰】bàobīng 動 각고면려(刻苦勉勵)하다. 고난을 참고 수행하다. 어려움을 견디며 일을 하다. ¶～公事 | 공사에 정진하다《清異錄》
【抱病】bào/bìng 動 신병(身病)이 있다. 장기간 병에 시달리다. ¶～工作 | 병을 지니고 일을 하다＝〔抱恙yàng〕
【抱不平】bào bùpíng 動組 의분을 느끼다. 공정하지 못한 처사에 불만을 품다. ¶他这是替别人～ | 그의 이번 일은 남을 위한 의분이었다.
【抱布贸丝】bào bù mào sī 成 무명으로 비단을 바꾸다. 물물 교환하다. 장사하다《詩經·衛風》
【抱残守缺】bào cán shǒu quē 成 옛것에 얽메이다. 보수적이어서 혁신을 하지 못하다. ¶～怎能进步jìnbù | 옛것에만 얽메여 어떻게 진보할 수 있겠는가?

【抱诚守真】bào chéng shǒu zhēn 成 시종일관 진실하다. 끝까지 진심으로 대하다.

【抱粗腿】bào cūtuǐ 動組 貶 굵은 다리를 꽉 붙잡다. 빽줄을 끌어 잡다. 재산이나 권세가 있는 사람에게 빌붙다. ¶此时他只有抱人家的粗腿了 | 이 때 그는 오로지 남에게 빌붙을 수 밖에 없었다 =〔抱大腿〕〔抱馊sōu腿〕〔抱腿〕

【抱大西瓜】bào dàxīguā 動組 貶 큰 수확을 얻다. 의외의 횡재를 하다. ¶有的认rèn为经过这大辩biàn论, 抱了一个大西瓜guā | 어떤 사람은 이번의 큰 논쟁으로 크게 이익이 되었다 여긴다.

【抱佛脚】bào fójiǎo 動組 급하면 부처 다리를 안는다. 궁하면 부처를 찾는다. ¶闲xián时不烧shāo香, 急jí来~ | 諺 한가할 때는 향도 피우지 않다가 급하니 부처님을 찾는다.

【抱福】bàofú 動 임신하다.

4【抱负】bàofù 名 포부. 큰 뜻. 웅지. ¶有~ | 웅지를 품다. ¶~不凡 | 포부가 비범하다. ¶抒发shūfā~ | 포부를 서술하다.

【抱锅】bào/guō 動 京 깡통을 차다. 밥을 빌어먹다. ¶他差点抱了锅了 | 그는 하마터면 깡통을 찰 뻔하였다 =〔抱火锅〕〔抱沙锅〕〔抱瓦罐〕

【抱孩儿】bào hái·zi 動組 ❶ 아이를 안다. 아이를 낳아 안다. ¶她已经抱了孩子了 | 그녀는 이미 아이를 낳았다. ❷ 아이를 데려오다. 아이를 양자로 삼다. ¶向育婴堂yùyīngtáng抱一个小孩儿 | 영아원에서 아이를 하나 데려왔다.

【抱憾】bàohàn 動 유감스럽다. 후회하다. ¶甚为~ | 심히 유감스럽게 생각합니다. ¶现在不读dú书, 将来要~终身zhōngshēn的 | 지금 공부하지 않으면 앞으로 평생을 후회할 것이다.

【抱恨】bào/hèn 動 원한을 품다. 한스러워하다. ¶~而死 | 원한을 품고 죽다. ¶~终身 | 평생 한스러워 하다 =〔抱怨〕〔怀huái怨〕

【抱火锅】bào huǒguō ⇒〔抱锅〕

【抱火盆儿】bào huǒpénr 動組 京 불통을 안다. 거지노릇을 하다. 깡통을 차다 [추운 겨울에 불통을 안고 다니며 구걸하는 거지에서 나온 말] ¶~的 | 거지.

【抱火寝薪】bào huǒ qǐn xīn 成 불을 안고 장작 속에서 자다. 위험한 짓을 하다.

【抱空窝】bào kōngwō 動組 아무 것도 얻는 바가 없다. 헛수고하다.

【抱愧】bàokuì 動 부끄럽게 여기다. ¶向后你不要~ | 이후에 너 부끄러워하지 마라.

【抱盆儿掷】bàopénr zhì 動組 분(盆)을 안고 주사위를 던지다. 이후에 일어날 일에 대해 고려하지 않고 행동하다. ¶这个时代~不行了 | 요새 세상에 함부로 행동해서는 안된다 =〔抱盆儿治〕

2【抱歉】bào/qiàn 形 미안하게 생각하다. 미안해하다. ¶因为有事, 来晚wǎn了, 很~ | 일 때문에 늦었습니다, 죄송합니다. ¶对别人感gǎn到~ | 딴 사람들에 대해 미안함을 느끼다. ¶深shēn感gǎn~ | 매우 미안해 하다. ¶~之至 | 유감 천만입니다.

【抱屈】bàoqū 動 (불행·손실 등을) 감수하다. (불행한 일을 당해) 억울해 하다. 원통해 하다. 고통을 참고 다르다 =〔抱委屈〕

【抱拳】bào/quán 動 읍(揖)하다. 두 손을 맞잡고 가슴까지 올려 공손히 인사하다. ¶~打拱gǒng | 읍을 올리다. 간절히 부탁하거나 순종하겠다는 표시를 하다.

【抱裙(儿)】bào·qunr 名 京 포대기 치마.

【抱沙锅】bào shāguō ⇒〔抱锅〕

【抱厦】bàoshà 名 뒷방. 곁방 [정방(正房)의 앞이나 뒤에 붙은 방]

【抱山公路】bàoshān gōnglù 名組 산복도로 =〔环山公路〕

【抱馊腿】bào sōutuǐ ⇒〔抱粗腿〕

【抱头鼠窜】bào tóu shǔ cuàn 成 머리를 감싸고 쥐 구멍으로 숨다. 어쩔 수 없어 급히 도망치다. ¶打得敌dí人~ | 적이 황급히 도망하도록 쳤다.

【抱腿】bào tuǐ ⇒〔抱粗腿〕

【抱娃娃】bào wá·wa 動組 ❶ 아이를 낳다. ¶他快~了 | 그녀는 곧 아이를 낳게 된다. ❷ 轉 사직하고 집에서 아이를 보다. ¶这点事都做不了, 干脆gàncuì让他~去吧 | 이런 일 조차도 못한다면 차라리 집에 가서 아이나 보라고 하여라.

【抱瓦罐】bào wǎguàn ⇒〔抱锅〕

【抱委屈】bào wěi·qu ⇒〔抱屈〕

【抱窝】bào/wō 動 (어미 새가) 알을 품다. ¶母鸡jī正~呢 | 암탉이 알을 품고 있다. ¶让ràng那只鸡jī~ | 그 닭이 알을 품게 하여라 =〔抱蛋〕〔趴pā窝〕

【抱薪救火】bào xīn jiù huǒ 成 ❶ 장작을 안고 불을 끄다. 재난을 피하려다 오히려 화를 자초하다 ❷ 화약을 안고 불 속에 뛰어 들다. 위험한 일을 자초하다 ‖ =〔负薪救火〕→〔救火以薪〕

【抱雪向火】bào xuě xiàng huǒ 成 눈을 안고 불쬐다 옷만 적시다. 방법이 틀려 소기의 목적을 달성하지 못하고 화만 당하다.

【抱养】bàoyǎng 動 남의 자식을 데려다 양육하다. 남의 자식을 길러 자기 자식으로 삼다. ¶他们~了一个孩子 | 그들은 아이 하나를 데려다 길렀다. ¶~女 | 양녀.

【抱腰】bào/yāo ❶ 動組 허리를 감싸 쥐다. ❷ 動 奧 뒷받침해주다. 지지해주다. ¶你可别惹rě他, 人家有~的 | 그를 건드리지 마라. 그에게는 후원자가 있다→〔撑chēng腰〕 ❸ 動 近 분만을 돕다. ¶~的 | 산파. 조산인(助産人).

【抱有】bàoyǒu 動 지니다. 가지고 있다. ¶~相同的意见 | 같은 의견을 가지다. ¶~幻huàn想 | 환상을 지니다.

4【抱怨】bào·yuàn ⇒〔抱恨〕

【抱住】bàozhù 動 꼭 껴안다. 굳게 끌어 안다. ¶那个女人~孩子发抖dǒu | 그 여인은 아이를 끌어 안고 떨었다.

【鲍(鮑)】bào 절인생선 포

❶ ⇒〈魚貝〉❷ 名 外〈電算〉보오(baud) [데이터(data) 전송(傳送)의 변조 속도의 단위. 1초간에 1엘리먼트(element)를 보내는 속도] ❸ 名 (Bào) 성(姓).

【鲍叔善交】Bào Shū shàn jiāo 成 아름다운 교분. 지기(知己) 간의 우정 [춘추(春秋) 시대 포숙

(鮑叔)과 관중(管仲)의 아름다운 우정]《左傳》
【鲍鱼】bàoyú 名 ❶〈魚貝〉전복 =〔鳆fù鱼〕❷ 書 절인 어물. ¶与不善人居, 如入~之肆sì, 久而不闻其臭 | 냄새 나는 건어물 가게에 들어가 오래 되면 그 냄새를 맡지 못하게 되 듯 착하지 않은 사람과 함께 있으면 분별력을 잃게 된다《孔子家語》
【鲍鱼辘】bàoyúlù 名 문에 붙어 있는 도르래 바퀴.
【鲍鱼之肆】bào yú zhī sì 成 냄새나는 생선 가게. 분별력을 잃게 하는 환경.

1【报(報)】bào 알릴 보, 갚을 보 ❶ 動 알리다. 통지하다. 보고하다. 신고하다. ¶我已经~了上级 | 상급기관에 이미 보고하였다. ¶应~中华人民共和国外国投资tóuzī管理委员会 | 중화 인민 공화국 외국 투자 관리 위원회에 신고하여야 한다. ❷ 動〈商〉제안하다. 제출하다. 제공하다. ¶~实盘pán价jià | 최종가를 제출하다. 확정가를 신고하다. ❸ 動 갚다. 보답하다. ¶~酬chóu↓ ¶~恩ēn↓ ❹ 動 (원수 따위를) 갚다. 앙갚음하다. ¶以怨~德 | 成 은혜를 원수로 갚다. ¶此冤yuān必~ | 이 원한을 반드시 갚겠다. ❺ 動 응답하다. 화답하다. ¶~以热烈的掌zhǎng声 | 열렬한 박수로 응답하다 ❻ 名 신문. 서적류 외의 간행물. ¶一份fèn~ | 신문 한 부 ¶看~ | 신문을 보다. ¶日~ | 일보. ¶登~ | 신문에 싣다. ¶学~ | 학보. ¶画~ | 화보. ¶墙qiáng~ | 벽신문. ❼ 名 신호. 정보. 전보. ¶警jǐng~ | 경보. ¶发~ | 전보를 보내다. ¶发~机jī | 발신기. ¶送~员 | 전보 통신원. ❽ 名 소식. 알림. ¶喜~ | 기쁜 소식. ¶海~ | (영화·연극 따위의) 포스터. ❾ 名 응보(應報). 업보. ¶遭zāo~ | 업보를 받다. ¶好~ | 좋은 응보. 선보. ❿ 名 보수(報酬). ¶敢gǎn望wàng~乎 | 감히 보수를 바라겠습니까?
【报案】bào/àn 動 (관계 기관에) 사건을 보고하다. 사건을 신고하다. ¶向公安局~ | 공안국에 사건을 신고하다.
【报表】bàobiǎo 名 (상급기관에) 제출할 보고표. ¶填tián写年终zhōng~ | 연말 보고서표를 기입하다.
【报表头】bàobiǎo·tou 名〈電算〉스프레드 쉬트. 연산표.
【报差】bàochāi 名 (옛날의) 신문 배달부 =〔送sòng报的〕
【报偿】bàocháng ❶ 動 (은혜·애정 따위를) 갚다. 보상하다. ❷ 名 보상. 보답. ¶我受了那许xǔ多苦kǔ, 现在由你来给我~了 | 내가 그렇게 많은 고통을 받았는데 이제 네가 나에게 보답하였다. ¶父母抚养fǔyǎng子女并不是为了得到子女的~ | 부모가 자녀를 부양하는 것은 결코 자녀의 보상을 받기 위해서가 아니다.
3【报仇】bào/chóu 動 보복하다. 원수를 갚다. 복수하다. ¶他想, 总有一天要~的 | 그는 언젠가는 보복하는 날이 있을 것이라고 생각하였다.
【报仇雪恨】bào chóu xuě hèn 成 보복하다. 원수를 갚고 한을 풀다 =〔报仇雪耻〕〔报怨雪耻〕
【报仇雪耻】bào chóu xuě chǐ ⇒〔报仇雪恨〕
3【报酬】bào·chou ❶ 名 보수. 수당. 사례금. ¶~很高 | 보수가 매우 높다. ¶不计jì~ | 보수를 따지지 않다. ¶优厚yōuhòu的~ | 우대 보수. 특별수당. ¶事情是给你办bàn成了, ~怎么样啊? | 너의 일은 모두 끝내었는데, 보수는 어떻게 되었느냐? =〔报施〕
【报春花】bàochūnhuā 名〈植〉보춘화 [쌍자엽 식물의 일종]
4【报答】bàodá 動 보답하다. 고마움을 표시하다. ¶~大恩ēn | 큰 은혜에 보답하다. ¶~老师的恩情 | 선생님의 은혜에 보답하다. ¶粉fěn身碎suì骨也要~你 | 뼈를 깎아서라도 당신께 보답하겠습니다.
【报单】bàodān 名 ❶ 통관 신고서(通關申告書). 세관신고서. 보고서. ¶出口~ | 수출 신고서. ¶陆lù运~ | 육로 운송 신고서 →〔报关单〕〔报货单〕❷ (옛날) 급제(及弟)·등관(登官)·승진(昇進) 등을 널리 알리는 통지서. ¶就为您的公子得中, 前后荣曜róngyào, 前门贴tiē~, 后门也~ | 공자께서 급제하였으니 전무후무한 영광입니다. 앞문 뒷문에 합격 통지서를 붙이지요 =〔报条〕〔报子③〕
2【报导】bàodǎo ⇒〔报道〕
2【报到】bào/dào 動 도착 신고하다. 출두 신고하다. 참석 신청하다. 등록을 하다. ¶新生已开始~ | 신입생은 이미 도착 신고를 시작하였다. ¶金老师已~了 | 김선생은 이미 참석 등록하였다.
2【报道】bàodào ❶ 名 보도. 르뽀. ¶做~ | 보도하다. ¶他写了一篇piān关于小麦mài丰fēng收的~ | 그는 밀 풍작에 관한 르포를 썼다 ❷ 動 보도하다, ¶~新闻 | 뉴스를 보도하다. ¶~了卫wèi星发射shè成功的消xiāo息xī | 위성을 성공적으로 발사하였다는 소식을 보도하였다 =〔报导〕
【报德】bào/dé 動 은덕을 갚다. 은혜를 갚다. ¶以德~ | 은혜를 은혜로 갚다→〔报恩〕
【报恩】bào/ēn 動 은혜를 갚다. 보은하다. ¶心中已明白燕yàn子~ | 마음 속으로는 제비가 은혜를 갚았다는 것을 이미 알았다→〔报德〕
【报废】bào/fèi 動 폐기하다. 폐기 신고하다. 무효화 하다. 폐품이되다. ¶这架jià机器jīqì太旧, 快~了 | 이 기기는 너무 낡아서 곧 폐기 신고할 것이다. ¶要是气候再冷一点, 锅炉guōlú炉冻裂, 机器也就~了 | 만일 날씨가 조금 더 추워지면 보일러가 얼어 터지고 기기도 못쓰게 된다. ¶大量设备shèbèi积压jīyā以至~ | 설비가 대량 누적되어 폐기하기에 이르렀다→〔报销xiāo②〕
3【报复】bàofù ⓧ bào·fu) ❶ 名 보복. 설욕. 앙갚음. ¶做~ | 보복하다. ¶对他进行~ | 그에게 보복을 하다. ¶~措施 | 보복 조치. ❷ 動 보복하다. 설욕하다. 원수를 갚다. ¶~敌dí人 | 적에게 보복을 하다. ¶~主义 | 보복주의. 응보형주의(應報刑主義). ❸ 書 動 통보하다. 보고하다. 회신하다. ¶你在此站zhàn一站, 等我~去 | 내가 통보하러 갈테니 너는 여기 서서 기다려라《元曲·張天師》→〔在案〕
2【报告】bàogào ❶ 動 보고하다. 강연하다. (여러 사람 앞에) 설명하다. ¶~情况 | 상황을 보고하

다. ¶主席xí～了开会宗旨zōngzhǐ | 의장이 회의 취지를 설명하였다. ❷名 보고. 신고. 강연. ¶做～ | 보고를 하다. ¶听了一次～ | 한 차례 보고를 듣다. ¶我这里有详细～ | 여기에 상세한 보고가 있다. ¶立即～总zǒng部 | 사령부에 보고하다. ❸名 보고서. 리포트(report). 감정서. ¶提出～ | 리포트를 내다. 보고서를 내다. ¶查勘kān～ | 검사 보고서. ¶损sǔn失～ | 손실 보고서. ¶读书～ | 독서 리포트.

【报告文学】bàogào wénxué 名組 보고 문학. 르포르타주(reportage;프)→〔特写①〕

【报功】bào/gōng 動 성공·완성을 보고하다. ¶～请赏shǎng | 자기의 공적을 보고하고 상 받기를 바라다.

【报关】bào/guān ❶動 세관 신고를 하다. 통관 수속을 하다. ¶这件东西已经报了关了, 请你放心 | 이 물건은 이미 세관 신고 한 것이니 안심하시오. ❷(bàoguān) 名 통관. 통관 수속. 세관 신고. ¶办妥tuǒ～ | 통관 수속을 끝내다. ¶～费 | 통관 비용. ¶～行háng | 통관업자. ¶～手续 | 통관 수속. ¶～发票piào | 통관용 송장.

【报关单】bàoguāndān 名 세관 신고서→〔报单①〕〔报税单〕

【报官】bàoguān 動 관청에 보고하다. 신고하다. ¶如有犯fàn故, ～捉拿zhuōná | 만약 범죄,사실이 있으면 관에 신고하여 체포하도록 하십시오.

【报馆】bàoguǎn 名 옛날의 신문사. ¶我要回～工作 | 나는 신문사에 돌아가 일하겠다 =〔报社〕

【报国】bào/guó 動 국가에 보답하다. 보국하다. ¶以身～ | 몸을 바쳐 국가에 보답하다.

【报话】bàohuà 動 무선으로 연락하다. 무선 교신하다. ¶他昨天收shōu发了二十分～ | 어제 그는 20분 동안 무선 교신을 하였다.

【报话机】bàohuàjī 名 워키토키(walkie talkie). 휴대용 무선 송수신기.

【报话员】bàohuàyuán 名 통신원.

【报货单】bàohuòdān ⇒〔报单①〕

【报价】bào/jià 〈貿〉❶動 매출가를 알리다. 매출가를 신고하다. 오퍼(offer)를 내다. 견적서를 내다. ¶贵方能否fǒu报个价, 做为商shāng讨的基础chǔ? | 귀측에서 견적을 내어 상담의 기초로 삼을 수 없겠는지요? ¶报实价 | 실제 가격을 신고하다. 확정 오퍼를 내다 =〔报盘〕〔出价〕〔供盘〕 ❷動 매입신청을 하다.→〔出价〕 ❸名 (bàojià) 매출 신청. 오퍼. 견적. ¶更新～ | 경신 오퍼. ¶接受～ | 견적을 받아 들이다. ¶～撤销chèxiāo | 오파를 철회하다. ¶固定～ | 확정 오퍼. ¶展延zhǎnyán～ | 오퍼 기한을 연기하다. ❹(bàojià) 名 매입신청.

【报界】bàojiè 名 신문계(新聞界). ¶他是在～人人皆知的人物 | 그는 신문계에서 누구나 다 아는 인물이다.

【报警】bào/jǐng ❶動 경찰에 신고하다. 경찰에 긴급 사태를 알리다 =〔报警察chá〕 ❷動 경보를 울리다. 긴급 신호를 보내다. ¶我放了～的第一枪qiāng | 내가 비상을 알리는 첫 총성을 울렸다. ❸(bàojǐng) 名 경보. 싸이렌. ¶～灯 | 경보등. ¶～器 | 경보기. ¶～熔róng丝 | 경보용 휴즈.

【报警察】bào jǐngchá ⇒〔报警①〕

【报君知】bàojūnzhī 名 ❶京 장사꾼이 골목을 다니며 손님을 모으기 위해 치는 징. ❷近 맹인 점쟁이가 치고 다니던 징. ¶恰qià遇yù到一个瞽gǔ目先生敲qiāo着～走将来 | 마침 징을 치면서 걸어 오는 맹인 점쟁이를 만났다.

³【报刊】bàokān 名 簡 신문과 잡지. 정기 간행물 [「报纸」와 「刊物」의 약칭] ¶订阅～ | 간행물을 예약 구독하다→〔报纸〕〔刊物〕

⁴【报考】bào/kǎo 動 응시 원서를 내다. 시험에 지원하다. 응시 신청하다. ¶他～空军kōngjūn学院 | 그는 공군 대학에 지원하였다. ¶～研究生 | 대학원 시험에 원서를 내다.

【报录】bàolù 動 과거에 급제하였음을 수험생에게 알리다. ¶～人 | 급제하였음을 알리는 사람→〔报喜②〕

²【报名】bào/míng ❶動 신청하다. 지원하다. 등록하다. ¶志愿zhìyuàn者请～! | 지원자는 신청하십시오. ¶～投考tóukǎo | 원서를 내고 시험을 보다. ¶～参加百米mǐ赛跑sàipǎo | 100미터 달리기 경주 등록하고 참가하다. ❷(bàomíng) 名 신청. 등록. ¶～单 | 등록철. 신청인 명부. ¶～费 | 등록비. ❸(bàomíng) 名 신문명(新聞名). 신문의 이름. ¶你看的～是什么? | 네가 보는 신문 이름은 무엇이냐?

【报幕】bào/mù 動 (연극 따위 공연물의) 진행 순서·상황 따위를 알리다. ¶～圆yuán | (연극의) 진행자. 사회자. 엠시(MC).

【报盘】bàopán ⇒〔报价①〕

【报盘儿的】bàopánr·de 名組 (증권시장·경매장 등에서) 가격을 부르는 사람. 시세 방송 요원.

【报屁股】bàopì·gu 名 俗 ❶(신문·잡지 등의) 여백을 메우는 잡문이나 짧은 기사. ❷신문의 부록. ¶～文章 | 신문 부록에 실린 문장.

【报请】bàoqǐng 動 보고서를 제출하여 결재를 청하다. 서면(書面)으로 지시를 청하다. ¶～上级批准pīzhǔn | 상급기관의 비준을 서면으로 요청하다.

【报人】bàorén 名 저널리스트(journalist). 신문업 종사자.

【报丧】bào/sāng 動 초상을 알리다. 부고(訃告)하다. ¶家人各处～ | 가족이 각처에 부고하였다 →〔报孝〕

³【报社】bàoshè 名 신문사. ¶～记者 | 신문사 기자 =〔报馆〕

【报失】bàoshī 動 분실 신고를 하다. 유실물 신고를 하다. ¶支票zhīpiào丢diū了, 应立即jí向银行～ | 수표를 잃어버리면 즉각 은행에 분실신고를 하여야 한다.

【报时】bào/shí ❶動 시간을 알리다. ❷(bàoshí) 名 시보(時報). ¶～器 | 시보기. ¶～台 | (전화의) 시간 안내 번호. 시간 안내소. ¶～信号 | 시보. ¶～锺 | 시보 시계. 시간을 알리는 진자 시계.

【报实价】bào/shíjià 〈貿〉❶動 실질 가격을 알리다. 확정 오퍼(firm offer)를 하다. ❷(bàoshíjià) 名 확정 오퍼 ‖ =〔报确价〕〔报实盘〕

【报实盘】bào shípán ⇒〔报实价〕

【报事】bàoshì 動 상황을 보고하다. ¶～不爽shuǎng | 상황 보고가 시원스럽지 못하다.

【报数】bào/shù ❶ 動 숫자를 보고하다. 번호를 붙이다. ¶成排～ | 정렬 번호를 붙이다. ❷ (bàoshù) 名 번호! [제식 훈련의 구령]

【报税】bàoshuì 動 통관 신고(通關申告)를 하다. 세무 신고를 하다. ¶他到税政shuìzhèng所～去了 | 그는 세무서에 세금 신고하러 갔다.

【报税单】bàoshuìdān 名 ❶ 세관(稅關) 신고서→〔报关单〕❷ 세금 신고서.

【报损】bàosǔn 動 손실 신고를 하다. 폐기 신고를 하다→〔报废〕

【报摊】bàotān 名 신문 가두 판매점.

【报童】bàotóng⇒〔报贩〕

【报头】bàotóu 名 신문·벽보 따위의 제1면의 신문의 이름·호수(號數)·발행인 등을 기록한 부분.

【报务】bàowù 名 전신 업무. 전보 업무. 보도 업무. 신문업.

【报务员】bàowùyuán 名 전신 업무 종사자. 전신원(電信員). 교환수. 통신사. 전보배달부.

【报喜】bào/xǐ 動 ❶ 기쁜 소식을 알리다. 길보(吉報)를 전하다. ¶～不报忧yōu | 좋은 소식은 알리고 나쁜 소식은 알리지 않는다. ¶把你立了功gōng的事, 向大家报个喜 | 네가 공을 세웠다는 좋은 소식을 여러 사람에게 알려라. ¶～队duì | 경축 행렬. 축하 행렬. ❷ 승진이나 합격등의 소식을 전하다. ¶他考上了, 赶gǎn快去～ | 그가 시험에 합격했다는 좋은 소식을 빨리 전해라. ¶～人 | 합격이나 승진을 알리는 사람→〔报录lù〕

【报消】bàoxiāo 動 ㊀ 사망하다. 죽다.

4【报销】bàoxiāo ❶ 動 결산(決算)하다. 회계보고를 하다. 정산하다. 청산하다. ¶车费fèi可以凭柝～ | 차비는 차표로 정산한다. ¶～册 | 결산 보고서. ¶～来回旅lǚ费 | 왕복 여비를 정산 보고하다 ‖→〔报帐zhàng〕❷ 動 폐기처분하다. 폐기신고하다. ¶所有的桌椅都～了 | 모든 탁자와 의자를 폐기 신고 하였다→〔报废fèi〕❸ 動 (사람이나 물건을) 제거하다. 없애다. 처치하다. 해치우다 [정중하지 못한 어투임] ¶我们两面夹攻jiāgōng, 一个班的敌dí人很快就～了 | 우리들은 양면에서 협공하여 적 1개 분대를 신속하게 해치웠다. ¶～了他一百 | 일백명을 처치하였다.

【报晓】bàoxiǎo 動 새벽을 알리다. 날이 밝았음을 알리다 [보통 닭이 새벽에 우는 것을 말함] ¶晨chén鸡jī～ | 새벽닭이 울다. ¶～雄xióng鸡 | 장닭이 새벽을 알리다.

【报孝】bàoxiào 動 부모상(父母喪)을 알리다. ¶～条 | 사망 통지서→〔报丧〕〔讣fù〕

【报效】bàoxiào 動 ❶ 충정하다. 충성하다. 은혜에 보답하기 위해 노력하다. ¶受人恩惠, 不能不力图～ | 남의 은혜를 받으면 전력으로 보답하여야 한다. ¶努力学习, 学成后回去～祖zǔ国 | 열심히 공부하여 학업을 마친 뒤에는 조국에 보답하여야 한다. ❷ 재산을 헌납하다. 기부하다. ¶～费 | 기부금. ❸ (상사에게) 상납하다. 뇌물을 먹이다. ¶这是过令竭诚jiéchéng～的 | 이것은 전임현령이 진심으로 드리는 것입니다《官場現形記》

【报信(儿)】bào/xìn(r) 動 소식을 알리다. 정보를 전하다. ¶已派pài人～ | 이미 사람을 보내 소식을 전했다. ¶通风～ | 기밀을 은밀히 전하다.

【报应】bàoyìng 名 응보. 인과 응보(因果應報). 징벌. ¶遭zāo到神灵shénlíng的～ | 신령님의 응벌을 받았다. ¶我不是迷信了那因果～的话 | 나는 인과응보가 있으리라는 그 말을 무조건 믿는 것은 아니다.

【报怨】bào/yuàn 動 ❶ 원한을 풀다. ¶以德～ | 덕으로 원한을 풀다. ❷ 원망하다. ¶～大户 | 부호를 원망하다《金瓶梅》에게 =〔埋mán怨〕

【报怨雪耻】bào yuàn xuě chǐ ⇒〔报仇雪恨〕

【报运】bàoyùn ⇒〔报税〕

【报载】bàozǎi 動 신문에 게재하다. 보도하다. ¶～消息 | 신문에 난 뉴스. ¶连日～, 可能有强烈台风táifēng袭xí来 | 강렬한 태풍이 내습해 올 수 있다고 연일 신문에 보도하고 있다.

【报章】bàozhāng 書 名 신문. ¶顷qǐng阅yuè～… | 書 요즈음 신문을 보면…. ¶最近～上没有他的文章 | 최근에 그의 글이 신문에 실리지 않는다. ¶～体 | 신문체. ¶～杂志 | 신문 잡지.

【报帐】bào/zhàng 動 ❶ 결산 보고하다. 회계 보고하다. ¶到财务科去～ | 재무과에 가서 결산 신고를 하여라. ❷ 비용을 신고하고 환불받다. ¶修理费用可以～ | 수리 비용은 신고하여 환불받을 수 있다 =〔报销②〕

2【报纸】bàozhǐ 名 ❶ 신문. 신문지. ¶一份fèn～ | 신문 한 부. ¶一张～ | 신문지 한 장. ¶今天的～还没送来 | 오늘 신문은 아직 배달되지 않았다. ¶废fèi～ | 헌 신문지. ❷ 신문용지 =〔白报纸〕〔新闻纸〕

【报子】bào·zi ❶ 名 벽 광고. 포스터. ¶他在门口写出～ | 그는 문간에 광고를 써 붙였다. ¶戏～ | 연극 광고. ❷ ⇒〔报录人〕❸ ⇒〔报单②〕❹ 名 전령(傳令). 척후(斥候).

【趵】 bào bō 뛸 표, 찰 박

Ⓐ bào ❶ 動 ㊄ 도약하다. 뛰어오르다. ¶皮球～起来 | 가죽공이 튀어 올랐다. ¶锅guō子里炒chǎo豆, 豆～出来 | 솥에 콩을 볶으니, 콩이 뛰어 나왔다. ❷ 지명에 쓰이는 글자. ¶～突tū泉quán | 표돌천. 산동성(山東省) 제남(濟南)에 있는 샘 이름.

Ⓑ bō 擬 뚜벅뚜벅. 다가닥다가닥[소·말의 발굽소리]

【豹】 bào 표범 표

❶ (～子) 名 〈動〉 표범. ¶一只～ | 표범 한 마리 =〔金钱豹〕❷ (Bào) 名 성(姓).

【豹变】bàobiàn 動 ❶ 표변하다. 허물을 고쳐 착해지다. ¶君子～ | 군자는 표변한다. ❷ 입신 출세하다.

【豹蝶】bàodié 名 〈蟲〉 호랑나비 =〔狼蝶〕

【豹蔑】bàolüè 名 전략(戰略) [고대 병법서인《六韜》중의《豹韜》]

【豹猫】bàomāo 名 〈動〉 삵 괭 이 =〔山猫〕〔狸lí猫〕

〔狸子〕

【豹死留皮】bào sǐ liú pí 成 호랑이는 죽어서 가죽을 남긴다 [뒤에「人死留名」(사람은 죽어서 이름을 남긴다)가 이어 짐]

【豹字旁(儿)】bàozìpáng(r) 名 한자 부수의 갖은 돼지시(豸).

3【暴】bào pù 사나울 포, 햇빛쪼일 폭

A bào ❶ 形 사납고 급작스럽다. ¶～雨↓ ¶～饮～食 | 한꺼번에 많이 먹고 마시다. ❷ 形 사납다. 난폭하다. 포악하다. ¶这人脾pí气真～ | 이 사람은 성질이 정말 사납다. ¶性子很～ | 성질이 고약하다. ¶残cán～不仁 | 포악 무도하다. ❸ 動 (밖으로) 드러나다. 돌출하다. 노출되다. 나오다. ¶气得头上的青筋jīn都～出来了 | 화가 나서 머리에 핏대가 섰다. ¶～芽 | 새싹이 돋아나다. ❹ 副 近 奥 급히. 막. 방금. 처음으로. ¶～出弄 | 막 일을 맡아 처리하다. ¶近来～有几贯guàn浮fú财 | 근래 갑자기 얼마간의 재산을 가지게 되었다《水滸傳》 ❺ 書 動 망치다. 손상시키다. ¶自～自弃 | 자포자기. ¶～殄tiǎn天物↓ ❻ 書 動 맨주먹으로 때려 잡다. ¶～虎 | 맨주먹으로 호랑이를 잡다→〔暴虎冯河〕〔搏①〕 ❼ (Bào) 名 성(姓).

B pù 書 動 햇볕을 쬐다. 말리다. ¶头上骄jiāo阳, ～我过炽chì | 머리 위의 뜨거운 태양이 나에게 뜨겁게 비친다. ¶一～十寒 | 成 하루 햇볕이 나고 열흘은 춥다. 일을 하는 끈기가 없다. =〔曝pù〕→〔晒shài①〕

A bào

【暴崩】bàobēng 書 動 급서하다. 갑자기 돌아가시다. ¶居少时而帝～ | 젊어서 제왕이 급사하셨다《古今小說》

【暴毙】bàobì 書 動 급사하다. 변사하다. 횡사하다. ¶有无名男子一人～街头 | 이름을 알 수 없는 한 남자가 길거리에서 변사했다 =〔暴死〕

【暴病】bàobìng ❶ 名 급병(急病). ¶得～ | 급병에 걸리다. ¶不幸, 那位小姐得了个～, 死去 | 불행히도 그 소녀는 그만 급병에 걸려 죽었다 =〔書 暴疾〕 ❷ 動 급병에 걸리다. ¶～而卒 | 급병에 걸려 죽다.

【暴潮】bàocháo 名〈氣〉기압의 급격한 변화로 일어난 조류(潮流).

【暴跌】bàodiē 動 폭락하다. ¶股gǔ价～ | 주가가 폭락하다 =〔暴落〕〔狂跌〕⇔〔暴涨②〕

4【暴动】bàodòng 動 名 폭동(이 일어나다). 반란(이 일어나다). 봉기(하다). ¶农民～ | 농민이 봉기하다 =〔暴乱〕

【暴发】bàofā 動 ❶ 돌발하다. 갑자기 일어나다. 폭발하다. ¶～火眼 =〔红眼病〕|〈醫〉급성 결막염. ¶～力 | 폭발력. ¶山洪～ | 산에 홍수가 갑자기 일어나다. ❷ 貶 벼락부자가 되다. 갑자기 돈을 벌다. ¶他是趁chèn国难nàn～的 | 그는 국난을 틈타 큰돈을 벌었다.

【暴发户(儿)】bàofāhù(r) 名 벼락부자. ¶现在他是～了 | 지금 그는 벼락부자가 되었다 =〔暴富户(儿)〕

【暴风】bàofēng 名 ❶ 폭풍. ¶窗玻璃被～刮guā坏了 | 유리창이 폭풍에 깨졌다. ¶～警报 | 폭풍경보. ❷〈氣〉11급 풍의 바람.

【暴风雪】bàofēngxuě 名 폭풍설. ¶十二月里, ～突tū然袭xí来 | 12월에 갑자기 폭풍설이 내렸다.

【暴风雨】bàofēngyǔ 名 ❶ 폭풍우. ¶～前的平静jìng | 폭풍우 전의 고요. ¶～般的掌zhǎng声 | 우레와 같은 박수 소리. ❷ 喩 급격한 변화. 혼란 [감정의 폭발·사회적 대 혼란·가정적 소요·급격한 정변 등]

4【暴风骤雨】bào fēng zhòu yǔ 成 사나운 바람과 모진 비. 폭풍우. 기세가 대단하다. ¶其势shì如～ | 그 기세가 폭풍우 같다.

【暴富】bàofù 動 벼락부자가 되다. ¶～人家 | 벼락부자.

【暴富户(儿)】bàofùhù(r) ⇒〔暴发户(儿)〕

【暴骨】bàogǔ ❶ 動 전사(戰死)나 변사(變死)한 시체를 거두지 않다. ❷ ⇒〔暴鼓〕

【暴鼓】bàogǔ 動 方 가산(家産)을 탕진하다. ¶使了帐, 一时还huán不起, 就要～了 | 돈을 빌어 쓰고 한번에 갚을 수가 없어 곧 파산하게 된다 =〔暴骨②〕

【暴光】bào/guāng ⇒〔曝bào光〕

【暴虎冯河】bào hǔ píng hé 成 맨손으로 범을 잡고 배도 없이 황하(黃河)를 건느려 하다. 무모한 일을 벌이다. 위험한 짓을 하다《論語·述而》→〔螳táng臂当车〕

【暴桀】bàojié 書 ❶ 形 난폭하다. 잔학하다. ¶率多～子弟 | 대다수가 난폭한 놈들이다《史記·孟嘗君傳贊》 ❷ (bào Jié) 名組 하(夏) 나라의 포학한 걸왕(桀王).

【暴劲儿】bàojìngr 動 (화력·세력 등이) 일시적으로 세다. 갑자기 왕성하다. ¶这煤méi可不好, 就是～, 才一红就过去了 | 이 석탄은 별로 좋지 않아 확 달아 올라 새빨갛게 되었다가 금새 사그라진다.

【暴君】bàojūn 書 名 폭군. 전제군주.

【暴客】bàokè 書 名 강도. 무뢰한.

【暴冷】bàolěng 動 갑자기 추워지다. 급랭하다. ¶天气就～起来, 真叫人有点受不了 | 날씨가 갑자기 추워져 정말 견디기 어렵다.

4【暴力】bàolì 名 ❶ 폭력. ¶反抗fǎnkàng～ | 폭력에 항거하다. ¶～犯罪fànzuì | 폭력범죄. ❷ 난폭한 언행. ❸ 피압박자(被壓迫者)의 반항력. ¶～革命 | 폭력 혁명.

【暴利】bàolì 名 폭리. 불법적 이익. ¶牟取móuqǔ～ | 폭리를 취하다.

【暴戾】bàolì 書 形 난폭하다. 포악하다. 잔혹하다 =〔暴猛〕

【暴戾恣睢】bào lì zì suī 成 잔혹·난폭하다《史記·伯夷列傳》=〔恣睢暴戾〕

【暴烈】bàoliè 形 격렬하다. 맹렬하다. 포악하다. ¶性情～ | 성격이 불같다.

3【暴露】bàolù ⊗ pùlù) 動 ❶ (의식·무의식적으로 숨겨진 사실을) 드러내다. 표면화되다. 진상이 드러나다. ¶问题都～出来了 | 문제가 모두 폭로되었다. ¶许多弱ruò点～出来 | 많은 약점이 드

러났다. ¶彻底chèdǐ～了他们的丑chǒu恶嘴脸 | 그들의 추악한 몰골을 철저하게 폭로되었다. ❷(외과 수술에서) 환부를 절개하다.
【暴露文学】bàolù wénxué 名組 폭로 문학.
【暴乱】bàoluàn ⇒〔暴动〕
【暴落】bàoluò ⇒〔暴跌〕
【暴骂】bàomà 動 격렬하게 욕을 하다. 심하게 매도하다. ¶李先生一提到他的错事, 他就～起来 | 이 선생은 그의 실수에 대해 말하자 마자 격렬하게 욕을 퍼부었다.
【暴猛】bàoměng ⇒〔暴戾〕
【暴怒】bàonù 動 격노(激怒)하다. ¶～地把桌子一拍pāi | 격노하여 탁자를 힘껏 쳤다.
【暴虐】bàonüè 形 포학하다. 잔혹하다. ¶他们管理工人, 比对待牛马还要～ | 마소를 대하는 것보다 더 잔혹하게 근로자를 관리한다. ¶～的行为 | 포학한 행위.
【暴脾气】bàopí·qi 名 포악한 성미. 난폭한 성미. =〔暴皮气〕〔爆bào竹脾气〕
【暴食】bàoshí 動 폭식하다. 한꺼번에 많이 먹다. ¶暴饮～的人最容易得肠cháng胃病 | 폭음 폭식하는 사람은 위장병에 잘 걸린다.
【暴死】bàosǐ ⇒〔暴毙bì〕
【暴殄】bàotiǎn 書 動 (돈·시간·물건 등을) 함부로 쓰다. 낭비하다. 과소비 하다. ¶～轻生 | 威 모든 물건을 함부로 대하고 생명을 가볍게 다루다 =〔暴损sǔn〕
【暴殄天物】bào tiǎn tiān wù 威 만물을 함부로 다루다. 아낄 줄 모르고 함부로 쓰다《尙書·武成》=〔糟zāo踏财物〕
【暴跳】bàotiào 動 발을 동동 구르며 소란을 피우다. ¶～如雷 | 우레와 같이 발을 구르며 야단을 피우다. ¶这么点小事也值得～? | 이렇게 별 것 아닌 일에 발을 동동 굴려야 되겠니?
【暴突】bàotū 狀 불거지다. 튀어나오다. ¶青筋～的大手 | 푸른 힘줄이 불거진 큰 손.
【暴突突】bàotūtū 狀 (눈 따위가) 튀어나오다. ¶两眼～地瞪dèng着那张大字报 | 두 눈이 튀어 나올 듯이 크게 뜨고 그 대자보를 보고 있다.
【暴徒】bàotú 名 폭도. 반역자. ¶～一定会受到应有的制裁zhìcái | 폭도는 반드시 응분의 제재를 받게 될 것이다.
【暴亡】bàowáng 書 動 급사하다. ¶五十岁～, 留下二子 | 50세에 급사하여 자식 둘을 남겼다 =〔暴卒〕
【暴行】bàoxíng 名 폭행. ¶滥施lànshī～ | 함부로 폭행을 가하다.
【暴性(子)】bàoxìng(·zi) 名 거친 기질. 포악한 성질. 조급한 성미. 포악한 성질.
【暴牙】bàoyá ⇒〔龅bāo牙〕
3【暴雨】bàoyǔ 名 갑자기 내리는 비. 소나기. 호우(豪雨). ¶大概是～就要来了 | 아마도 소나기가 곧 내릴 것 같다.
【暴躁】bàozào ❶ 形 (성미가) 거칠고 급하다. 조급하다. ¶性情～ | 성미가 거칠다. ¶性格～的人 | 성격이 조급한 사람. ❷ 動 노하다. 성내다. 화내다. ¶不好意思给他当面～ | 맞대놓고 그에게 화내기가 겸연쩍다.
【暴涨】bàozhǎng ❶ 動 (수위가) 갑자기 불어나다. ¶河水～ | 강물이 급작스레 불어나다. ❷ 動 (물가가) 폭등하다. ¶物价～ | 물가가 폭등하다 ⇔〔暴跌〕→〔涨价〕〔跌价〕 ❸ 名〈經〉폭등.
【暴政】bàozhèng 名 폭정. 학정. ¶统治阶jiē级施shī行～ | 통치 계급이 학정을 행하고 있다.
【暴抓儿】bàozhuār 名 京 (준비도 없이) 급작스레 하는 행동. 임시 방편으로 한 대책.
【暴子眼儿】bào·ziyǎnr 名組 퉁방울 눈 =〔暴眼〕〔爆眼儿〕〔金鱼眼〕〔泡pào子眼〕
【暴卒】bàozú ⇒〔暴亡〕
B pù
【暴露】pùlù ☞〔暴露〕bàolù

【瀑】bào ☞ 瀑 pù B

【曝】bào ☞ 曝 pù B

3【爆】bào 터질 폭

動 ❶ 터지다. 폭발하다. 파열하다. 튀기다. ¶子弹dàn打在石头上, ～起许多火星儿 | 총알이 돌에 맞아 많은 불꽃이 튀었다. ¶豆荚jiá熟得都～了 | 콩꼬투리가 이미 익어 터졌다. ❷ 살짝 데치다. 열탕하다. [볶기 전에 끓는 물이나 기름에 데치는 요리법] ❸ 奧 기름에 볶다. 튀기다. ¶～虾xiā仁 | 새우를 기름에 볶다. ❹ 불에 데다. ¶火～了我的手 | 불에 손을 데었다.
【爆出冷门】bào·chu lěngmén 動組 뜻밖의 결과가 나타나다. ¶比赛sài第一天就～, 一向默mò默无闻的山西队竟jìng得了冠军 | 경기 첫날 의외의,결과가 나타났다. 줄곧 소리 소문도 없던 산서팀이 뜻밖에도 우승하였다 =〔方 爆冷〕
【爆打灯(儿)】bàodǎdēng(r) ⇒〔炮pào打灯(儿)〕
【爆豆】bàodòu ❶ 動 콩을 볶다. 콩알이 튀다. ¶～似sì的枪qiāng声 | 콩 볶는 듯한 총소리. ¶他说话像～似的 | 그는 콩 볶듯이 따따하고 말을 한다. ❷ 名 볶은 콩.
【爆肚儿】bàodǔr 名〈食〉소·양의 위(胃)를 끓는 물에 데친 요리 [기름에 데친 것은「油爆肚儿」이라 함] =〔煲bāo肚儿〕
3【爆发】bàofā 動 폭발하다. ¶火山～ | 화산이 폭발하다. ❷ 발발(勃發)하다. 돌발하다. 갑자기 터져 나오다. ¶战争～了 | 전쟁이 발발하였다. ¶人群中～出一片欢呼声huānhūshēng | 군중 속에서 환호성이 터졌다.
【爆发力】bàofālì 名〈體〉순발력.
【爆发星】bàofāxīng 名〈天〉폭발 변광성.
【爆发音】bàofāyīn 名〈言〉파열음(破裂音) =〔塞sè音〕
【爆冷】bàolěng ⇒〔爆(出)冷门〕
【爆冷门】bào lěngmén ⇒〔爆(出)冷门〕
【爆裂】bàoliè 動 ❶ 파열하다. 갑자기 터지다. ¶豆荚jiá成熟了就会～ | 콩꼬투리가 여물면 터질 것이다. ¶爆竹点燃后, 便一一～ | 폭죽은 불이 붙은 후에 곧 하나하나 터졌다. ❷ (혁명·전쟁 등이) 발발하다. ❸ 감정이 폭발하다.
【爆满】bàomǎn 動 관객이 꽉 차다. 만원이 되다.

¶戏xì院里观众～，盛shèng况空前｜극장에 관중이 꽉 들어 찼다. 이전에 없던 성황을 이루었다. ¶会场～，看客有一万人｜회의장은 만원을 이루어 관객이 일만명 가량 들어 섰다.

【爆米花】bàomǐhuā 名 튀밥.

4【爆破】bàopò 動 폭파하다. 발파하다. ¶～敌人的碉堡diāobǎo｜적의 진지를 폭파하였다. ¶连续～｜연쇄 폭파. ¶～弹｜폭파약. ¶～手｜폭파수. ¶～引线｜도화선. ¶～筒tǒng｜폭파통.

【爆胎】bào/tāi 動 타이어가 터지다. ¶自行车前轮lún～了｜자전거 앞바퀴가 터졌다.

3【爆炸】bàozhà ❶ 動 폭발하다. ¶原子弹～试验｜원폭 실험. ¶～极限｜〈化〉폭발한계. ¶～力｜폭발력. ¶～物｜폭발물. ¶～性的局势｜폭발일보 직전의 국면→〔轰hōng炸〕❷ 動 작렬(炸裂)하다. 불에 타다. ¶听着厨chú房里柴chái草～的声音｜부엌에서 장작과 풀이 타는 소리가 들린다. 名 (지식·정보·인구 등이) 격증하다. 폭증하다. ¶信息～时代｜정보화 시대. ¶人口～｜인구 폭발.

【爆震】bàozhèn 名 〈機〉이상 폭발. 노킹(knocking).

4【爆竹】bàozhú 名 폭죽 [보통 1회 폭음을 내는 것을 말함. 대형 폭죽은 「麻má雷子」「妈mā雷子」 또는 「震zhèn地雷」라고 하고, 지상에서 폭음을 내며 공중으로 10～20m 올라가 한번 더 터지는 것은 「两响」「二踢脚」「双响(儿)」이라 함. 공중에서 날아 가며 여러번 터지는 것은 「飞天十响」이라 함] ¶放～｜폭죽을 터뜨리다. ¶～没响｜폭죽이 불발이다. ¶突然，不远处响起了一声～｜갑자기 멀지 않은 곳에서 폭죽 소리가 울렸다＝〔爆仗〕〔炮仗〕〔炮竹〕→〔鞭biān炮②〕

【爆竹脾气】bàozhú pí·qi ⇒〔暴bào脾气〕

【爆竹筒子】bàozhú tǒng·zi 名組 喩 화를 잘 내는 사람. 성미가 불같은 사람.

bēi ㄅㄟ

【陂】 bēi pí pō 언덕 파, 기울어질 피

Ⓐ bēi 書 名 ❶ 저수지＝〔陂塘táng〕〔陂池〕 ❷ 물가. 못가. ❸ 산길. 산비탈＝〔山坡〕

Ⓑ pí 지명에 쓰이는 글자. ¶黄～｜황피 [호북(湖北)에 있는 현(縣)]

Ⓒ pō ⇒〔陂陀〕

【陂陀】pōtuó 書 狀 순조롭지 않다. 평탄하지 않다. 험란하다. ¶命途～，令人惋叹wǎntàn｜운명이 험란하다고 한탄한다. ¶稍微shāowēi呈现了～的形态｜약간 평탄치 못한 형태를 보였다.

1【杯〈盃桮〉】 bēi 잔 배

❶ 名 (～子) 잔. ¶茶～｜찻잔. ¶酒～｜술잔. ¶玻璃～｜유리잔. ¶干gān～｜잔을 비우다→〔盅zhōng〕 ❷ 名 (우승자에게 상품으로 수여하는) 트로피. ¶金～｜금 트로피. ¶银～｜은 트로피. ❸ 量 잔 [잔이나 컵에 담긴 것을 세는 양사] ¶一～茶｜차 한잔. ¶两～酒｜술 두 잔. ¶回敬一～｜답례로 한잔 권하다. ❹ (Bēi) 名 성(姓).

【杯碟】bēidié 名 식기(食器).

【杯葛】bēigé ❶ 名 外 보이콧(boycott). 불매동맹＝〔排pái货〕〔联lián合抵dǐ制〕

【杯弓蛇影】bēi gōng shé yǐng 成 잔에 비친 뱀 그림자. 쓸데 없는 의심을 하다. 의심이 병이 되다 [진대(晋代) 악광(樂廣)이 베푼 주연에 참석한 한사람이 술잔에 비친 벽에 걸린 활 그림자를 보고 뱀을 삼켰다고 의심하였다는 고사에서 온 말] ¶你何必因为一点事情就大惊小怪，～呢?｜너는 무엇 때문에 별것 아닌 일로 야단법석을 떨고 쓸데 없는 의심을 하느냐?＝〔弓杯〕〔蛇影杯弓〕〔草木皆兵〕

【杯筊】bēijiǎo 名 신(神) 앞에서 길흉을 점치는 도구. 산통. 점구 [원래 곡식을 던져 점을 쳤으나 조개·옥·대나무 따위를 깎아 앞뒤가 나오도록 만든 점구] ¶问～｜산통으로 점을 쳐 보아라＝〔杯笅〕

【杯来盏去】bēi lái zhǎn qù 成 술잔이 끊임없이 오가다. 술잔을 권커니 잡거니 하다.

【杯面】bēimiàn 名 〈食〉컵 라면.

【杯茗候叙】bēimíng hòuxù 動組 札 보잘 것 없지만 차 한잔이라도 대접하고 싶으니 왕림하여 주시면 감사하겠습니다.

【杯盘狼藉】bēi pán láng jí 成 술자리가 파한 뒤 술잔과 접시 등이 어지럽게 널려 있다《史記·滑稽列傳》

【杯水车薪】bēi shuǐ chē xīn 成 물 한 잔으로 한 수레의 장작불을 끌 수 없다. 계란으로 바위치기. ¶他欠qiàn了那么多债zhài，补bǔ助他几十块钱，不过是～，解决不了他的问题｜그는 부채가 그 정도로 많은데 몇 십원 보조해봤자 그의 문제를 해결할 수는 없다《孟子·告子上》

【杯中物】bēizhōngwù 名組 술의 별칭. ¶酷好kùhào～｜술을 무한히 좋아하다. ¶嗜shì好～，自古伤人多｜술을 즐기다가 몸을 망친 사람은 예로부터 많다.

1【杯子】bēi·zi 名 잔. ¶茶～｜찻잔. ¶用这个～喝｜이 잔으로 마시자.

4【卑】 bēi 낮을 비, 낮출 비

❶ 形 (사람의 품위나 물건의 질이) 낮다. 저열하다. 비천하다. ¶自～感｜자비감. ¶品质可～｜품질이 열악하다. ¶男尊女～｜남존여비. ❷ 形 (위치가) 낮다. ¶地势～湿｜지세가 낮아 습하다.《登高必自～｜높은 곳에 오르려면 낮은 곳으로부터 가야 한다. ❸ 形 겸손하다. 겸양하다. ¶～詞厚禮｜말을 정중히 하여 예를 다하다. ¶說話不～不亢kàng｜말하는 것이 비굴하지도, 또 거만하지도 않다. ❹ 形 세대(世代)가 아래이다. ¶比他～一輩bèi｜그보다 한 세대 낮다. ❺ 頭 낮은. 아래의 [자기를 낮추는 말에 쓰임] ¶～官↓ ❻ (Bēi) 名 성(姓).

【卑卑】bēibēi 書 狀 보잘 것 없다. 아주 천하다. 졸열하다. ¶～不足道｜말할 가치조차 없다.

【卑庳】bēibēi 書 形 낮다. ¶堂户～｜집에 들어가는 입구가 낮다.

4【卑鄙】bēibǐ 形 ❶ (언행·인품이) 비열하다. 졸열하다. ¶～不堪kān｜비열하기 짝이 없다. ¶～的

态度｜비열한 태도. ¶他人也～｜그의 사람됨도 비열하다. ❷謙(신분·출신이) 비천하다.

【卑辞】bēicí 書名 겸양사. 비사. 자기를 낮추어 하는 말 ¶～尽jìn敬｜자기의 말을 낮춰 한껏 존경하다 =〔卑词〕.

【卑躬屈节】bēi gōng qū jié ⇒〔卑躬屈膝〕

【卑躬屈膝】bēi gōng qū xī 威 비굴할 정도로 자기를 낮춰 아첨하다 =〔卑躬屈节〕

【卑官】bēiguān 書名❶지위가 낮은 관리. ❷謙 소관(小官). 소직(小職)［지위가 낮은 관리의 상관에 대한 자칭］‖=〔卑职〕

【卑贱】bēijiàn 形 비천하다. 비열하다. 천하다. 천박하다 ⇔〔尊zūn贵〕

【卑酒】bēijiǔ 名 맥주 =〔啤pí酒〕

【卑梁之衅】bēi liáng zhī xìn 威 사소한 일을 크게 만들다. 하찮은 일로 전쟁을 일으키다［춘추(春秋)시대, 오(吳)나라 비량(卑梁)의 아이와 초(楚)나라 변읍(邊邑) 종리(鍾離)의 아이가 뽕을 따는 문제로 다툰 것이 결국 두 나라가 전쟁을 하게 까지 되었다는 고사(故事)에서 유래한 말］《呂氏春秋·察微》

【卑劣】bēiliè 形 비열하다. 졸열하다. ¶～行径jìng｜비열한 행동. ¶他是一个～的小人｜그는 비열한 놈이다. ¶～手段｜비열한 수단 ⇔〔高尚〕

【卑末】bēimò 名近謙 저. 비천한 나. ¶小娘子若不弃～, 结为眷属, 三生有幸｜낭자께서 이 비천한 인간을 버리지 않으신다면 부부가 되어 삼생을 행복하게 살겠습니다《警世通言》

【卑怯】bēiqiè 形 비겁하다. 비굴하다. ¶～行为｜비겁한 행위. ¶他生性～, 缺quē少大智zhì大勇yǒng｜그는 비겁한 성격이라 대범한 지혜와 용기가 부족하다.

【卑亲属】bēiqīnshǔ 名 비속친(卑屬親) ［손아래의 친족 및 자손］=〔卑属〕⇔〔尊属〕

【卑人】bēirén 書名❶謙 소생. 소인 ［자기의 겸칭］❷ 비천한 사람. ¶～不可为主｜천한 사람이 주인이 되어서는 안된다.

【卑属】bēishǔ ⇒〔卑亲属〕

【卑微】bēiwēi 形(신분이) 비천하다. ¶我们虽各在收入最少的～位置上工作, 却生活得十分健康｜우리들은 비록 수입이 형편없는 자리에서 일하고 있지만 매우 건전하게 생활하고 있다 =〔低dī道〕

【卑污】bēiwū 書形(품성이) 비열하다. 추잡하다. 야비하다. ¶～不堪kān｜너절하기 짝이 없다. ¶他不以自己的～为耻chǐ, 在众人面前炫耀xuànyào自己的所作所为｜그는 자기의 비열함을 부끄러워하지 않고 여러 사람 앞에서 자기가 한 일을 자랑했다.

【卑下】bēixià 書形❶(품격·지위 등이) 낮다. 천하다. ¶地位～｜지위가 낮다. ¶品行～的人为人不齿｜품행이 모자라는 사람은 사람들이 상대하지 않는다. ❷(문체나 말이) 품위가 없다. ¶文体～｜문체가 품위가 없다.

【卑职】bēizhí ⇒〔卑官〕

【庳】bēi bì 낮을 비

Ⓐbēi ❶ 낮다. 작다. 왜소하다. ¶堕huī高堙yīn～｜높은 언덕을 깎아 낮은 곳을 메우다. ❷(Bēi) 名 성(姓).

Ⓑbì 지명에 쓰이는 글자. ¶有～｜호남성(湖南省)의 옛 이름.

2【碑】bēi 비석 비

名❶(장방형의) 비. 비석. ¶一座～｜비석 하나. ¶纪念～｜기념비. ¶有口皆～｜威 누구나 다 칭찬하다→〔碣jié〕❷(Bēi) 성(姓).

【碑版】bēibǎn ⇒〔碑志〕

【碑额】bēié 名 비(碑) 머리 =〔碑头〕

【碑记】bēijì ⇒〔碑志〕

【碑碣】bēijié 書名 비석［비석의 총칭. 비석 상부가 사각형인 것을「碑」라고 하며, 원형인 것을「碣jié」라고 함］

【碑刻】bēikè 名 비석에 새긴 글자나 그림.

【碑林】bēilín 名❶ 비석이 많이 서 있는 곳. ❷ 비림［섬서성(陝西省) 서안(西安) 박물관에 있는 약 600여개의 비(碑)］

【碑铭】bēimíng 名 비명→〔墓mù志铭〕

【碑帖】bēitiè 名 비첩. 탑본(搨本)［비문의 탁본을 서법(書法)을 위해 만든 첩(帖)］

【碑头】bēitóu ⇒〔碑额〕

【碑文】bēiwén 名 비문. 묘비명.

【碑阳】bēiyáng 名 비표(碑表). 비석의 앞면 ⇔〔碑阴〕

【碑阴】bēiyīn 名 비리(碑裏). 비배(碑背). 비석의 뒷면 =〔后碑〕⇔〔碑阳〕

【碑志】bēizhì 名 비문(碑文). 비명(碑銘). 비석에 새긴 글 =〔碑版〕〔碑记〕

【鹎(鵯)】bēi ⓧpì) 직박구리 비

名〈鳥〉직박구리과 조류의 총칭. ¶白头～ =〔白头翁②〕｜제주직박구리.

【鹎鶋】bēijiā 名〈鳥〉최명조(催明鳥) =〔催cuī明鸟〕

2【背】bēi ☞ 背 bèi Ⓑ

2【悲】bēi 슬플 비

❶形 슬프다. 슬퍼하다. 탄식하다. ¶他又～又悔huǐ, 心里很不好过｜그는 슬퍼하랴 후회하랴 내심 무척 괴롭다. ¶含～说话｜슬픔을 머금고 말하다. ¶～曲｜슬픈 곡조. ¶～嗟juē↓ ❷形 연민을 느끼다. 동정하다 불쌍히 여기다. ¶～他的死｜그의 죽음을 불쌍히 여기다. ¶慈～｜자비. 불쌍히 여기다. ❸動 그리워하다. ¶游yóu子～故乡｜길떠난 자식이 고향을 그리워하다.

3【悲哀】bēi'āi ❶名 비애. 슬픔. ¶心中充满了～｜마음 속 가득 슬픔이 차다. ❷形(사건·운명 따위를) 슬퍼하다. 비참해 하다. ❸動 슬퍼게 여기다. 애통해 하다. ¶你也不必过于～, 情况总会慢慢好起来的｜너는 지나치게 비통해 하지 않아도 된다. 상황은 결국 서서히 좋아질테니까.

【悲不自胜】bēi bù zì shèng 威 슬픔을 이기기 어렵다. 견디기 힘들 정도로 슬프다.

4【悲惨】bēicǎn 形 비참하다. 슬프다. 비통하다. ¶结束jiéshù了～的一生｜비참한 일생을 마치다.

¶招致zhāozhì更~的结果｜더욱 비참한 결과를 초래하였다.

【悲愁】bēichóu 書 形 슬프고 걱정스럽다.

【悲怆】bēichuàng ⇒〔悲伤shāng〕

【悲悼】bēidào 動 애도하다. 추도하다. 조위하다. ¶没有时间来~他了｜그녀를 조위할 시간이 없었다. ¶~逝者｜사자를 애도하다.

4【悲愤】bēifèn 動 비분하다. 슬프고 분하게 생각하다. ¶~慷kāng慨｜비분 강개하다. ¶他也不说什么, 心里却充满了难以抑制的~｜그는 아무 말도 하지 않았지만 억제하기 힘든 비분이 가슴 가득 찼다.

【悲歌】bēigē 書 ❶ 動 애절하게 노래하다. ¶~当哭｜흐느끼듯 애절하게 노래하다. ¶~雨泣qì｜비오 듯 눈물을 흘리며 슬피 노래하다. ❷ 名〈音〉비가. 애가(哀歌).

3【悲观】bēiguān ❶ 名 비관. ¶抱bào~｜비관을 품다. ❷ 形 비관적. 비관하다. ¶~情绪｜비관적인 기분. ¶~主义(者)｜비관론(자). ¶不要那么~, 情况会好起来的｜그렇게 비관하지 마라, 사정이 좋아질 것이다 ‖ ⇔〔乐lè观〕

【悲号】bēiháo 動 흐느끼며 외치다. 울며 소리지르다. ¶仰yǎng天~｜하늘을 보고 울며 외치다.

【悲嗥】bēiháo 書 ❶ 名 비명. ¶发出~｜비명을 지르다. ❷ 動 비명을 지르다.

【悲欢离合】bēi huān lí hé 成 슬픈 이별과 기쁜 만남. 슬픔과 기쁨. 인생사의 모든 기쁨과 슬픔.

4【悲剧】bēijù 名 ❶〈演映〉비극. ¶~电影diànyǐng｜비극 영화. ¶~的结局｜비극적 결말 ⇔〔喜剧〕 ❷ 喻 비극. 비참한 일. ¶战乱中妻离子散, 家破人亡, 真是人间~｜전란 중에 처자식과 이별하고 집이 무너지고 사람이 죽는 것이야말로 인간의 비극이다.

【悲嗟】bēijuē 書 動 슬퍼하며 탄식하다.

【悲苦】bēikǔ ❶ 形 비참하다. 고달프다. 괴롭다. ¶我一想到我哥哥的心, 我是更加~｜나는 형님의 마음을 생각할 때마다 더욱 슬프고 괴롭다. ❷ 名 비애. 슬픔. 고통. ¶人生的~｜삶의 고통.

【悲凉】bēiliáng 形 처량하다. 구슬프다. 애절하다. ¶~的歌声｜구슬픈 노래 소리. ¶那音调是异常~｜그 음조는 특별히 애절하다.

【悲鸣】bēimíng ❶ 名 비명. 고통·비통·비탄의 외침. ❷ 動 고통·비통·비탄의 소리를 지르다. 비명을 지르다. ¶敌人绝望juéwàng地~｜적들은 절망적으로 비명을 질렀다.

【悲凄】bēiqī ❶ 名 비애(悲哀). 비탄. ❷ 動 슬퍼하다. 비통해 하다. ¶他的声音渐渐地带着~的调子｜그의 목소리는 점점 슬픈 곡조를 띠었다 =〔悲戚〕

【悲戚】bēiqī ⇒〔悲凄qī〕

【悲泣】bēiqì 動 슬피 울다. ¶慷慨kāngkǎi~｜비분(悲憤)을 느껴 슬피 울다. ¶小姐正在~之际jì, 情人回来了｜아가씨가 마침 슬피울고 있을 즈음 애인이 돌아 왔다.

【悲切】bēiqiè 形 비통하다. 애절하다. ¶信是写得非常~的｜편지를 매우 애절하게 썼다.

4【悲伤】bēishāng 形 몹시 슬퍼하다. 비탄해 하다. 상심하다. ¶既然这事已经发生了, ~又有什么用呢?｜이미 일은 벌어졌는데 상심한들 무슨 소용이 있겠니? ¶死了父母, 心中十分~｜부모가 돌아 가셔서 마음 깊이 비통해 하다 =〔悲怆〕

【悲酸】bēisuān 形 슬프고 마음이 쓰리다. ¶心情~｜슬퍼 가슴이 쓰리다.

【悲叹】bēitàn 名 動 비탄(하다). (탄식)하다. ¶~地诉sù说｜탄식하며 호소하다. ¶~了一声｜한 차례 탄식하였다.

【悲啼】bēití 書 動 슬피 울다

【悲涕】bēitì 書 動 슬퍼 눈물을 흘리다.

【悲天悯人】bēi tiān mǐn rén 成 ❶ 시대상을 탄식하다. ¶在动乱luàn的年代, 他总是~, 愁chóu容满面｜동란시기에 그는 항상 시대상을 탄식하여 수심이 온 얼굴에 가득하였다. ❷ 고난을 애탄(哀嘆)하고 국민들의 고통을 불쌍히 여기다.

【悲田院】bēitiányuàn 名 비전원 [당대(唐代) 이승(尼僧)이 계획·설립하였고 후에 국가가 관리를 두어 감독케 한 가난한 사람·병든 사람·고아 등을 수용·구제하던 곳. 후에「悲田养病坊」이라 개칭했으며, 송(宋) 이후에는「福地院」이라고 했음. 가난한 사람에게 보시(布施)하는 것을 불가에서는 비전(悲田)이라고 함] =〔卑田院〕〔福地院〕

2【悲痛】bēitòng ❶ 形 비통하다. 슬프고 통탄스럽다. ¶~的叫声｜비통하게 외치는 소리. ❷ 名 비통. ¶~化成团结的力量｜슬픔과 고통을 단결의 역량으로 승화시키다.

【悲喜交集】bēi xǐ jiāo jí 成 희비가 엇갈리다. ¶一家骨肉重chóng逢féng, ~｜한 가족이 다시 만나자 희비가 엇갈렸다 =〔悲喜交至zhì〕

【悲喜剧】bēixǐjù 名〈演映〉비희극.

【悲壮】bēizhuàng 形 비장하다. ¶~的曲调｜비장한 곡조. ¶~的决jué心｜비장한 결심. ¶~结局｜비장한 결말.

běi ㄅㄟˇ

1【北】běi (舊 bò) 북녘 북, 배반할 배

Ⓐ běi ❶ 名 북. 북쪽. ¶我明天往~去｜나는 내일 북쪽으로 간다. ❷ 書 動 패배하다. ¶连战皆~｜연전 연패하다. ¶败~｜패배하다. ¶追奔bēn逐zhú~｜패주(敗走)하는 적을 추격하다. ❸ (Běi) 名 성(姓)

Ⓑ bèi 書 動 ❶ 분리하다. 나누다. ¶分~三苗miáo｜세 그루로 나누다. ❷ 배반하다. 저버리다. ¶反~｜배반하다.

【北半球】běibànqiú 名〈地〉북반구.

1【北边】běibiān ❶ 名 북쪽. 북방. ❷ 중국 대륙의 북방. ¶~人｜북방인. ¶~地面｜近 금(金)나라의 별칭 →〔北方②〕

【北冰洋】Běibīngyáng 名〈地〉북극해(Arctic Ocean) =〔北极海〕〔北极洋〕

2【北部】běibù 名 북부. ¶四川~今晚有雨｜사천 북부 지역에 오늘 저녁 비가 내리겠습니다.

【北朝】Běi Cháo 名〈史〉북조 [남북조(南北朝)시대의 북위(北魏)·북제(北齊)·북주(北周)의 총

칭]→〔南北朝〕

【北辰】běichén ⓢ 名 ❶〈天〉북극성(北極星). ❷ 천자의 자리를 상징하는 별.

【北大荒】Běidàhuāng 名〈地〉북대황 [흑룡강성(黑龍江省) 눈강(嫩江) 유역·흑룡강 곡지(谷地)·삼강 평원(三江平原) 일대 일억(一億) 여묘(畝)의 황무지]

【北大西洋公约组织】Běi Dàxīyáng Gōngyuē Zǔzhī 名 북대서양 조약 가구. 나토(NATO) =〔北约组职〕.

【北狄】běidí 名 북방 오랑캐 [북방의 이민족(異民族)을 멸칭]

【北斗(星)】běidǒu(xīng) 名 ❶〈天〉북두성. ¶～七星 | 북두칠성 =〔斗极〕〔ⓢ 维斗〕 ❷ 喻 남에게 숭앙 받는 사람.

【北伐战争】Běifá Zhànzhēng 名 북벌전쟁(1926～1927) [제국주의와 봉건통치를 반대한 혁명전쟁. 손문(孫文)의 유지를 받들어 1926년 7월 장개석(蔣介石)을 총사령으로 개전하였으나 국공(國共)분리 등으로 한때 중단되었다가 1928년 6월 북경을 점령함으로써 끝남]→〔第一次国内革命战争〕

²【北方】běifāng 名 ❶ 북쪽. ❷〈地〉화북(華北)지방. 황하 유역. ¶～人 | 북방 사람. 화북사람 =〔北边②〕

【北方话】běifānghuà 名〈言〉북방어. 장강(長江) 이북의 중국 방언 [넓은 의미로는 사천(四川)·운남(雲南)·귀주(貴州) 및 광서(廣西) 북부의 방언까지를 포함함. 현대 표준어의 기초 방언]

【北风】běifēng 名 ❶ 북풍. ❷ 시경(詩經) 위풍(衛風)의 편명(篇名).

【北瓜】běi·gua 名 方 ❶ 호박 =〔南瓜〕 ❷ 수박의 별종(別種).

【北国】běiguó ⓢ 名 중국의 북부. ¶～风光 | 중국 북부의 풍경.

【北海】Běihǎi 名〈地〉❶ 북쪽의 바다 =〔北洋①〕 ❷ 북해(North Sea). ❸ 발해(渤海)의 별칭. ❹ 북해 [광동성(廣東省) 합포현(合浦縣) 남쪽에 있는 지명] ❺ ⇒〔北溟〕 ❻ 북해 [북경(北京) 옛 황성(皇城)내에 있는 삼해(三海)의 하나]→〔三海〕

【北寒带】běihándài 名〈地〉북한대 ⇔〔南寒带〕→〔寒带〕

【北回归线】běihuí guīxiàn 名〈地〉북회귀선→〔回归线〕

【北货】běihuò 名 중국 북방에서 나는 식품의 총칭 [대추·땅콩·호두·곶감 따위] ¶～店 | 북방 특산 식품점 ⇔〔南货〕

【北极】běijí ❶ 名〈物〉북극점. N극. ❷ (Běijí) 名〈地〉북극 ‖ ⇔〔南极〕

【北极光】běijíguāng 名 북극광(aurora borealis). 북극의 극광(極光) =〔北极晓〕 ⇔〔南极光〕→〔极光〕

【北极圈】běijíquān 名〈地〉북극권 ⇔〔南极圈〕→〔极圈〕

【北极晓】běijíxiǎo ⇒〔北极光〕

【北极星】běijíxīng 名〈天〉북극성→〔北斗星〕

【北极熊】běijíxióng 名〈動〉북극곰 =〔白熊〕

【北江】Běijiāng 名〈地〉❶ 장강(長江)의 옛 이름. ❷ 대하(大河) [광동성(廣東省)에 있는 강으로 광동과 강서·호남과의 수운에 활용됨]

【北京】Běijīng 名〈地〉베이징(Beijing). 북경 [「中国(중국;China)」의 수도. 영어로는 「Peking」이라 함]

【北京官话】Běijīng guānhuà 名組〈言〉북경관화. 만다린(mandarin) [북경을 중심으로 한 북방의 공용 표준어] =〔官话〕

【北京人】Běijīngrén ❶ 名 북경(北京) 사람. ❷ ⇒〔北京猿人〕

【北京时间】Běijīng shíjiān 名組 중국의 표준시 [동경(東經) 120°를 기준으로 정한 시간. 한국보다 1시간 늦음]

【北京猿人】Běijīng yuánrén 名組〈考古〉북경 원인(Sinanthropus Pekinensis)[1929년 북경 근교 주구점(周口店) 용골산(龍骨山) 동굴에서 발견된 화석 인류(化石人類) =〔北京人②〕〔中国猿人〕

【北拘卢洲】Běijūlúzhōu ⇒〔北俱卢洲〕

【北俱卢洲】Běijùlúzhōu 名〈地〉북구여주[불경에서 말하는 4대주(四大洲)의 하나. 수미산(須彌山)의 북쪽에 있다고 하며, 주(洲)의 모양이 정방형이며 백성들이 평등하여 안락하게 천년이나 살 수 있다고 함] =〔北拘卢洲〕

【北口货】běikǒuhuò 名 장가구(張家口)를 통하여 수송되는 모피류 등의 산물(産物).

【北凉】Běiliáng 名〈史〉북량 [진대(晋代)의 오호십육국(五胡十六國)의 하나. 흉노계가 감숙 북부(甘肅北部)에 세운 나라(397～439)]

【北邙】Běimáng 名〈地〉북망 [하남성(河南省) 낙양현(洛陽縣) 있는 산. 옛날 왕후 공경(王侯公卿) 대부분이 이곳에 매장되었음] =〔北芒〕〔北山〕〔邙山〕〔芒山〕〔郏jiá山〕

【北美洲】Běi Měizhōu 名〈地〉북미. 북미주. 북아메리카.

【北门】běimén 名 ❶ 북문. 북쪽의 성문(城門). ❷ ⓢ 빈곤. 가난한 집 [시경(詩經) 패풍(邶風) 북문편(北門篇)의 「出自北门, 忧心殷殷, 終窭且贫, 莫知我艰」에서 온 말] ❸ (Běimén) 복성(複姓).

²【北面】běimiàn ❶ 名 북쪽. 북측. ❷ ⓢ 動 신하가 되다 [신하가 군주를 알현할 때 북면하는데서 나온 말] ¶～称臣 | 신하가 되는 예를 갖추다 ‖ ⇔〔南面①〕

【北溟】běimíng ⓢ 名 북명. 북쪽의 큰 바다. ¶北溟有鱼, 其名为鲲kūn, 鲲之大, 不知几千里 | 북명에 곤이라는 물고기가 있는데 그 크기는 몇 천 리나 되는지 알 수 없다《莊子·逍遙游》=〔北海⑤〕〔北冥〕

【北欧】Běi Ōu 名〈地〉북구. 북유럽.

【北齐】Běi Qí 名〈史〉북제 [남북조(南北朝)시대 북조의 하나. 고양(高洋)이 동위(東魏)의 효정제(孝靜帝)를 물러나게 하고 세운 나라. 6대 28년만에 북주(北周)의 무제(武帝)에게 망하였음(550～577)]→〔南北朝〕

【北曲】běiqǔ 名 ❶〈文〉북곡 [송(宋)·원(元) 이

래 중국의 전통극·산곡(散曲) 음악의 통칭] ❷ 북극 [원대(元代)에 성행한 잡극(雜劇)] ‖→〔南nán曲〕

【北人】běirén 名 ❶ 書 북방 사람. ❷ (Běirén) 복성(複姓).

【北上】běishàng 動 북쪽으로 가다. ¶ 坐火车～ | 기차를 타고 북상(北上)하다. ¶ ～抗日 | 북쪽으로 항일해 올라가다.

【北史】Běishǐ 名〈書〉북사 [이십 사사(二十四史)의 하나. 당대(唐代) 이연수(李延壽)가 북위(北魏)·북제(北齊)·북주(北周) 및 수(隨)의 역사를 기재한 책. 북조(北朝) 4왕조 242년 동안의 역사책. 100권]

【北宋】Běi Sòng 名〈史〉북송 →〔南宋〕

【北纬】běiwěi 名〈地〉북위 →〔纬度〕〔纬线〕

【北魏】Běi Wèi 名〈史〉북위 [남북조(南北朝)시대 북조(北朝)에 처음 세워진 나라] →〔南北朝〕

【北温带】běiwēndài 名〈地〉북반구의 온대 [북극권과 북회귀선의 사이] →〔温带〕

【北洋】Běiyáng ❶ ⇒〔北海①〕 ❷ 名〈地〉북양 [청말(清末), 봉천(奉天)·직례(直隸)·산동(山東)의 세 성(省)의 합칭] →〔南洋①〕

【北洋军阀】Běiyáng Jūnfá 名組〈史〉북양 군벌 [청대(清代) 말엽, 북양대신 원세개(袁世凱)가 편성한 북양 육군에서 기원(起源)한 중화민국 초기(1912～1927) 북경 정부의 실권을 쥔 군벌]

【北殷】Běiyīn 名 복성(複姓).

【北约组职】Běiyuēzǔzhī ⇒〔北大西洋公约组织〕

【北周】Běi Zhōu 名〈史〉북주 [북조(北朝)의 하나. 북위(北魏)가 동·서위(東西魏)로 분열된 뒤 서위를 이어 우문각(宇文覺)이 세운 나라. 북제(北齊)를 멸망시키고 화북(華北)을 통일, 5대 26년만에 수(隋)에 망함(557～581)] →〔后周〕

bèi ㄅㄟˋ

4【贝(貝)】bèi 조개 패 ❶ 名〈魚貝〉조개. ❷ 패화(貝貨) [고대의 화폐(貨幣)] ❸ 보배. 보물. ¶ 宝～ | 보배. 베이비 [유아에 대한 애칭] ❹ (Bèi) 名 성(姓).

【贝编】bèibiān ⇒〔贝叶经〕

【贝雕】bèidiāo 名 패각 세공품(貝殼細工品).

【贝多(罗)】bèiduō(luó) 名 外〈植〉패다라(pattra;범) 나무 [잎으로 부채·모자·우산 등을 만드는 야자과(椰子科)에 속하는 상록 교목. 잎에 바늘로 경문(經文)을 새겼는데 이것을「贝叶经」이라 함] ¶ ～出摩伽陀mójiātuó国, 长六七丈, 经冬不凋 | 패다라수는 마가다 국(Magadha國)에서 나는데, 높이는 6,7장이고, 겨울이 되어도 시들지 않는다《酉陽雜俎》=〔贝叶树〕〔呗bài多(罗)〕→〔贝叶〕

【贝多芬】Bèiduōfēn 名 外〈人〉베에토벤(Ludwig van Beethoven, 1770～1827) [독일의 가장 위대한 작곡가]

【贝尔】bèiěr 名 外 ❶〈度〉벨(bel) [음량(音量)·음강(音强)의 측정 단위] ❷ (Bèiěr)〈人〉벨(Alexander Graham Bell, 1847～1922) [미국의 발명가. 자석식 전화기를 개발하여 벨 전자회사를 설립함] ‖ =〔贝耳〕

【贝尔格莱德】Bèi'ěrgéláidé 名 外〈地〉베오그라드(Beograd) [「南斯拉夫」(유고슬라비아;Yugoslavia)의 수도. 이 나라 동부 도나우 강가에 있음]

【贝尔莫潘】bèi'ěr mòpān 名 外〈地〉벨모판(Belmopan) [伯利兹(벨리세;Belize)의 수도]

【贝货】bèihuò 名 고대의 화폐.

【贝加尔湖】Bèijiā'ěrhú 名〈地〉外 바이칼(Baikal) 호.

【贝京】Bèijīng 名 外〈人〉베긴(Menachem Begin, 1913～) [이스라엘의 수상]

4【贝壳(儿)】bèiké(r) 名 패각. 조가비.

【贝类】bèilèi 名 패류. ¶ ～学 | 패류학.

【贝鲁特】Bèilǔtè 名 外〈地〉베이루트(Beirut) [「黎巴嫩」(레바논;Lebanon)의 수도]

【贝母】bèimǔ 名 ❶〈植〉패모(fritillaria ussuriensis) [중국이 원산지인 백합과의 다년초] ❷〈漢藥〉패모의 비늘줄기 [거담제로 쓰이는 약재]

【贝宁】Bèiníng 名〈地〉베냉(Benin) [아프리카 중서부에 위치한 나라. 1975년 다호메이를 개칭. 수도는「波多诺伏」(포르토노보;Porto Novo)]

【贝司(提琴)】bèisī(tíqín) 名 外 베이스(bass) 바이올린. 비올라(viola) =〔倍司〕

【贝叶】bèiyè 名〈植〉패다라엽(貝多羅葉) [인도에서 불경(佛經)을 새기는 데 쓰임] →〔贝多(罗)〕

【贝叶经】bèiyèjīng 名〈佛〉불교의 경전 [패다라(貝多羅) 잎에 경문(經文)을 새겼기 때문에 이같이 말함] =〔贝编〕→〔贝多(罗)〕

【贝叶树】bèiyèshù ⇒〔贝多(罗)〕

4【狈(狽)】bèi 이리 패 ⇒〔狼láng狈〕

【钡(鋇)】bèi (바륨 패) 名〈化〉화학 원소 명. 바륨(Ba ; barium).

【钡餐】bèicān 名〈醫〉바륨 죽(barium meal). ¶ 空腹时吃下～, 照X光 | 공복에 바륨 죽을 먹고 X－Ray를 찍는다 =〔钡乳〕

【钡乳】bèirǔ ⇒〔钡餐〕

【北】bèi ☞ 北 běi Ⓑ

【邶】Bèi 패나라 패 名〈史〉패 [지금의 하남성(河南省) 탕음현(湯陰縣) 남쪽에 있었던 춘추(春秋)시대의 나라이름] ¶ ～风 | 패풍 [시경(詩經) 십오(十五) 국풍(國風)의 하나]

【孛】bèi ☞ 孛 bó Ⓑ

【悖〈誖〉】bèi bó 어지러울 패

Ⓐ bèi 動 ❶ 사리에 어긋나다. ¶ ～礼↓ ❷ 충돌하다. 모순되다. ¶ 并行不～ | 威 동시에 진행되면서도 서로 부딪히지 않다 ¶ ～理↓ ❸ 미혹하다. 혼미하다. ¶ ～晦↓

B bó「勃」와 같음⇒〔勃bó③〕

【悖德】bèidé 書動 도의(道義)에 어긋나다. 윤리에 위배되다. ¶下官必不敢～ | 소인은 감히 도의에 어긋난 짓을 못할 것입니다. ¶不爱其亲而爱他人者, 谓之～ | 친족(親族)도 사랑하지 않으면서 남을 사랑하는 것을 패덕이라 한다《孝經·聖治》

【悖晦】bèi·hui 形 ❶ 이치에 어긋나다. ❷ 운이 나쁘다. ¶没见过你这么～的 | 너처럼 운이 나쁜 사람을 본 적이 없다. ❸ 혼미하다. 노망기가 있다. ¶爷爷上了年纪, 做事不免有点儿～ | 할아버지는 연세가 많아 일을 하는데 노망기가 좀 있다 =〔背悔〕〔背晦〕〔背糊〕

【悖礼】bèilǐ 動 예의에 어긋나다. ¶不敬jìng其亲而敬他人者, 谓wèi之～ | 친족(親族)도 공경하지 않으면서 남을 공경하는 것을 패례라고 한다《孝經·聖治》

【悖谬】bèimiù 書動 불합리하다. 도리를 벗어나다. ¶与原则～ | 원칙에 어긋나다 ‖ =〔背谬〕

【悖逆】bèinì 書動 반역하다. 반항하다.정도(正道)를 거역하다. ¶～之罪 | 반역죄. ¶～天道, 流落他乡 | 천도를 거스러고 타향에 유랑하다《醒世恒言》

【悖入悖出】bèi rù bèi chū 成 부정하게 모은 재산은 부정하게 나간다《禮記·大學》

1【备(備)】bèi 갖출 비

❶ 動 준비하다. 마련하다. ¶～马送客 | 말을 준비하여 손님을 보내다. ❷ 動 구비하다. 갖추다. ¶有～无患 | 유비무환. ¶自～伙huǒ食 | 식사를 각자 준비하다. ¶各种农具都齐qí～了 | 각종 농기구가 모두 갖추어졌다. ❸ 動 방비하다. 대비하다. ¶防fáng旱hàn～荒 | 한발에 대비하다. ¶以～万一 | 만일에 대비하다. ❹ (인적·물적 자원을 포함한) 설비. ¶军～ | 군비. ¶配～ | 설비를 갖추다. ❺ 副 충분히. 완전히. ¶艰jiān苦～尝 | 온갖 어려움을 충분히 당하다. ¶～尝辛苦↓

【备案】bèi/àn 動 (관계 기관에 신고하여 안건으로) 기록하다. 등록하다. ¶有关部门通知～ | 관계 기관에 통지하여 등록하다. ¶报上级党dǎng组织zǔzhī～ | 당의 상급 조직에 신고하여 안건으로 기록하다→〔存cún案〕〔在案〕〔立案〕

【备办】bèibàn 動 (필요한 것을) 조달(調達)하다. 준비하다. 수배하다. ¶一切都～好了 | 모두 준비하였다. ¶赶gǎn速sù～ | 속히 조달하다.

【备不出】bèi ·bu chū 動組 近 마련하지 못하다. 준비하지 못하다. ¶～什么好东西 | 어떤 좋은 것도 마련하지 못했다《古今小說》⇔〔备得出〕

【备不住】bèi ·bu zhù 動組 北 …일는지도 모른다. 아마…일 것이다. ¶～有个忘wàng, 总zǒng是写上点儿才好 | 아마 잊어버릴지도 모르니, 좀 적어두는 것이 좋겠다. ¶今天～他会来 | 오늘 그가 올지도 모른다 =〔背bēi不住〕〔保不住〕

【备查】bèichá 書動 (공문서를 심사·조사·감사 등을 대비해) 비치하다. (이후에 참조하기 위해) 비치하다. ¶所有重要文件都要存档cúndàng～ | 모든 주요 서류는 참조하기 위해 보존·비치해야 한다.

【备尝艰苦】bè cháng jiān kǔ 成 온갖 어려움을 모두 겪다 =〔备尝辛苦〕

【备尝辛苦】bèi cháng xīn kǔ ⇒〔备尝艰苦〕

【备而不用】bèi ér bù yòng 成 마련하여 두고 쓰지 않다. 만일의 경우를 위해 준비해 두다. ¶～的东西先不必买 | 장만해 두기만 할 물건은 미리 살 필요 없다.

【备饭】bèifàn 動 식사를 준비하다. ¶～相待dài | 식사를 내어 와 접대하다《醒世恒言》

【备份】bèifèn ❶ 動 정원(定員)을 채우다. ❷ 名 예비(豫備). ¶～部品pǐn | 〈軍〉 예비 부품, ¶～伞sǎn | 〈軍〉 예비 낙하산.

【备耕】bèigēng 書動 경작(耕作)을 준비하다.

【备荒】bèihuāng 動 기근·흉작·재해에 대비하다. ¶～仓cāng | 비상물품 보관 창고. ¶～作物 | 비황 작물.

【备货】bèi/huò 動 물품을 준비하다. 상품을 조달하다. ¶正在～ | 지금 상품을 준비하고 있다.

【备加】bèijiā 動 충분히 더하다. 충분히 갖추다. 어법 쌍음절의 낱말(詞)을 목적어로 가지는 불완전 동사임. ¶～小心 | 주의를 더욱 기울이다.

【备件】bèijiàn 名 예비 부품. 스페어(spare). ¶～机场 | 〈軍〉 예비 비행장.

【备考】bèikǎo ❶ 名 비고. ¶加上作为～ | 비고로 첨가하다. ¶～栏lán | 비고란→〔备注②〕 ❷ (bèi/kǎo) 動 비고하다. ❸ (bèi/kǎo) 動 시험을 준비하다.

【备课】bèi/kè 動 수업을 준비하다. ¶备明天的课 | 내일 수업을 준비하다.

【备料】bèi/liào ❶ 動 (생산에 필요한) 원료를 준비하다. ¶～车间 | 부품 공장. ❷ 名 예비 원료. 스페어.

【备轮】bèilún 名 스페어 타이어(tire). 예비 바퀴 [「豫备车轮」(예비차륜;spare wheel)의 준말]

【备马】bèi/mǎ 動 (여행이나 전쟁을 위해) 말을 준비하다. ¶即刻遣qiǎn人～来迎yíng | 즉시 사람을 보내 맞이하다.

【备品】bèipǐn 名 〈機〉 예비품. 스페어(spare).

【备齐】bèiqí 動 모두 갖추다. 빠짐없이 준비하다. ¶～厨房用具 | 주방 용구를 모두 마련하다. ¶～工具 | 공구를 다 갖추다.

【备取】bèiqǔ 動 보결(補缺)로 뽑다. 예비로 채용하다. 예비로 선발되다. ¶～生 | 보결생. ¶他上次考了个～ | 그는 지난번에 보결로 합격했다→〔正zhèng取〕〔录lù取〕

【备受】bèishòu 動 모두 받다. 모두 겪다. ¶～辛酸suān | 온갖 세상 고초를 다 겪다. ¶～歧视qíshì | 온갖 편견을 다 받다.

【备忘】bèiwàng ❶ 動 망각에 대비하다. 잊지 않기 위해 준비하다. ¶记录下来以～ | 기록해두어 망각에 대비하다. ❷ 名 비망. 각서. ¶～笔记 | 각서. ¶～贸易màoyì | 각서무역.

【备忘录】bèiwànglù 名 ❶ 〈外〉 각서. =〔备录〕〔节jié略③〕 ❷ 비망록.

【备位】bèiwèi 名 謙 말석. 보결석 [옛날 관리의 자신에 대한 겸칭. 무능해서 자리나 차지하고 있다

는 뜻]＝〔备使〕

【备文】bèiwén 動 문서를 구비하다. ¶用特～申请核准hézhǔn | 특별히 문건을 마련하여 허가 신청을 하였다.

【备悉】bèixī 動 札 잘 알았습니다. 상세히 알았습니다. ¶～手示 | 지시한 내용을 구체적으로 알았습니다.

4【备用】bèiyòng ❶ 動 이후의 사용에 대비하다. 갖추어 두다. 비축하다. ❷ 名 예비. 비상. ¶～设shè备 | 비상 장치. ¶～办公室 | 예비 사무실. ¶～轮胎 | 스페어 타이어. ¶～品 | 예비품. ¶～药yào | 비상약.

【备战】bèi/zhàn 動 전쟁에 대비하다. 임전(臨戰) 준비를 하다. ¶～措施cuòshī | 임전 조치. ¶～活动 | 전쟁 준비 활동.

【备至】bèizhì 副 ❶ 극진히. 지극히. 다하여. 어법 이음절(二音節) 낱말(詞) 뒤에 붙어 쓰임. ¶关怀huái～ | 극진히 배려하다. ¶用意～ | 극히 용의 주도하다. ¶恭维～ | 극진히 공경하다.

【备注】bèizhù ❶ 名 비고. 적요. ❷ 動 비고(備考)하다. 주기(註記)하다→〔备考①〕

【备装置】bèizhuāngzhì 動〈貿〉선적 준비를 하다. ¶～通知 | 하역 준비 완료 통지.

4【惫(憊)】bèi 고달플 비
書 形 피곤〔피로〕하다. 몹시 지치다. ¶疲～ | 피로하다. 피곤하다.

【惫倦】bèijuàn 書 形 지치다. 피로하다. ¶酒后～, 昏hūn昏欲yù睡 | 술마신 후 피곤하여 어질어질 잠이 온다.

【惫赖】bèilài 形 ❶ 書 게으르다. ¶严yán父督责～的儿子 | 엄부는 게으른 아들을 꾸짖었다. ❷ 近 단정하지 못하다. 무뢰하다. ¶他那～的样子实在叫人气愤fèn | 그의 무뢰한 태도가 정말 분노하게 만든다 ‖＝〔惫懒〕

【惫懒】bèilǎn ⇒〔惫赖〕

1【背〈揹B〉】bèi bēi 등 배, 등질 배

Ⓐ bèi ❶ 名〈生理〉등. ¶～驮tuó了 | 등이 굽었다. ¶～是胸部的后面 | 등은 흉부의 뒷면이다. ❷ (～儿, ～子) 名 (물체의) 뒤. 안쪽. 등 부분. ¶手～ | 손 등. ¶刀～儿 | 칼 등. ¶墨mò透tòu纸～ | 먹이 종이 뒤에 베어 나오다. ❸ 動 등지다 ¶～着太阳 | 태양을 등지다. ¶～水一战 | 배수진을 치고 일전하다 ⇔〔向xiàng③〕 ❹ 動 (반대 방향으로) 향하다. 떠나다. ¶～井离乡 | 고향을 떠나다. ❺ 動 (말 따위에) 안장을 얹다. ¶～上牲口 | 안장을 얹다. ❻ 動 숨다. 숨기다. 속이다. ¶没什么～人的事 | 남에게 숨길 아무런 일이 없다. ❼ 動 배반하다. 위반하다. 어기다. ¶～约 | 약속을 어기다 ＝〔書 倍③〕. ❽ 動 기절하다. ¶～过气去 | 기절하다. ❾ 動 암송하다. 외우다. ¶学外语必须～许多单词和成语 | 외국어를 배우는 데는 단어와 성어를 반드시 외워야 한다. ❾ 書 動 사망하다. ¶慈父见～ | 부친이 돌아 가셨다. ❿ 形 ⓓ 운이 나쁘다. ¶运～时衰 | 成 운이 나빠 때를 얻지 못하다. ⓫ 形 편벽하다. 그늘지다. ¶这条胡同太～ | 이 골목은 너무 구석지다. ⓬ 形 귀가 어둡다. ¶他年纪大了, 耳朵～了 | 그는 나이가 들어 귀가 어두워졌다. ⓮ 量 짐. ¶一～柴chái | 땔감 한 짐. ⓯ (Bèi) 성(姓).

Ⓑ bēi 動 ❶ (등에) 짊어지다. 업다. ¶～着书包 | 책가방을 둘러메다. ¶把小孩儿～起来 | 어린아이를 등에 업다. ❷ (책임) 지다. (죄를) 씌우다. ¶这个责任zérèn我还～得起 | 이 책임은 내가 역시 감당할 수 있다.

Ⓐ bèi

3【背包】bèibāo 名 ❶ 배낭. ¶～式喷pēn雾器 | 배낭식 분무기. ❷ (군용의) 룩색. 잡낭.

【背部】bèibù 名 등. 등 부위.

【背不住】bèi·bu zhù ⇒〔备bèi不住〕

【背褡】bèi·da ⇒〔背心(儿)〕

【背道】bèidào ❶ 名 뒷골목. 뒷길. ❷ 動 배치(背馳)되다. ¶双方的意见互相～, 很难取得一致 | 쌍방의 의견이 배치되어 의견 일치를 보기가 어렵다.

【背道而驰】bèi dào ér chí 成 서로 반대의 방향으로 가다.

【背德】bèidé 書 名 배덕(背德). 도덕에 어긋남＝〔负fù德〕

【背地里】bèidì·li ⇒〔背后②〕

【背篼(子)】bèidōu(·zi) 名 奧 등에 질 수 있도록 만든 대나무 광주리. ¶捞lāo柴chái满～ | 등짐 광주리 가득 땔감을 하다.

【背风】bèi fēng ❶ 動組 바람을 등지다. ¶房子东边儿～, 很暖和 | 집의 동쪽이 바람을 등져 매우 따뜻하다. ❷ ⇒〔顺shùn风〕

【背负】ⓐ bèifù 動 近 약속을 어기다. ¶～前约 | 앞서 한 약속을 어기다.

ⓑ bēifù 動 ❶ 짊어지다. ¶～着旅行包 | 여행 가방을 지고 있다. ❷ 책임지다. 부담하다. ¶～重担 | 무거운 책임을 지고 있다.

【背旮旯儿】bèigālár 名組 北 외진 곳. 편벽한 곳. ¶他家外面上很干净, ～蜘蛛zhīzhū网wǎng、臭chòu袜wà子啥shá都有 | 그의 집은 겉으로는 깨끗하지만 구석에는 거미줄이나 냄새나는 양말 같은 것이 무엇이든 다 있다＝〔冷角落〕

【背躬】bèigōng 名〈演映〉방백(傍白). ¶面对观众, 掩yǎn袖xiù而道的形态程式, 就是京剧里的～ | 관중을 마주하고, 소매로 가리고 말을 하는 형태의 방식이 바로 경극에서의 방백이다. ¶打～ | 방백을 하다＝〔背供〕→〔旁páng白①〕

【背光】bèiguāng 動 그늘이 지다. 광선을 등지다. ¶灯放在左边写字就不～ | 등을 왼쪽에 놓고 글을 쓰면 그늘지지 않는다.

【背光性】bèiguāngxìng 名〈生〉배광성 [식물이 광선의 반대 방향으로 향하여 뻗는 성질]＝〔背日性〕⇔〔向xiàng光性〕

2【背后】bèihòu ❶ 名 배후. 뒤쪽. 뒷면. ¶山～有几户人家 | 산 넘어 집 몇 채가 있다. ¶当心, ～有人 | 조심해라, 뒤에 사람이 있다. ❷ 副 남몰래. 암암리에. 뒤에서. ¶有话当面说, 不要～乱luàn说 | 할 말이 있으면 면전에서 말하고 뒤에서 함부로 말하지 말라. ¶～说人坏话 | 뒤에서 남에 대한 나쁜 말만 한다＝〔背地里〕→〔阴地里〕

【背糊】bèi·hu 形 혼미하다. 흐릿하다. 노망기가 있다. ¶老爷如今上了年纪, 行事不免有点儿～ | 할아버지는 연세가 드셔서 하는 일에 조금은 혼미할 수 밖에 없다 =〔背悔〕〔背晦〕〔悖bèi晦〕

【背悔】bèi·hui ⇒〔背糊〕

【背晦】bèi·hui ⇒〔背糊〕

【背集】bèijí 名 方 장이 서지 않는 날. ¶单日逢集, 双日～ | 홀수날은 장이서고 짝수날은 장이 서지 않는다 ⇔〔逢féng集〕

【背脊】bèijǐ 名 등. ¶无论坐还是立, ～要挺直tǐngzhí | 앉거나 서거나 등은 곧게 세워야 한다.

【背夹(子)】bèijiā(·zi) ⇒〔背架〕

【背剪】bèijiǎn 動 뒷짐 지우다. ¶将时迁～绑了, 押送祝家庄来 | 시천을 뒷짐 지워 축가장으로 압송해 왔다《水滸傳》=〔背手(儿)〕〔背着手(儿)〕

【背架】bèijià 名 지게 =〔背夹(子)〕

[3]【背景】bèijǐng 名 배경. ¶历史～ | 역사적 배경. ¶政治～ | 정치적 배경. ¶～画 | 배경화.

【背景音乐】bèijǐngyīnyuè 名 배경음악.

【背静】bèi·jing 形 외지다. 구석져서 조용하다. ¶两个人约好在～地方相会 | 두 사람은 외진 곳에서 만나기로 하였다.

【背井离乡】bèi jǐng lí xiāng 成 고향을 등지고 떠나다 =〔离乡背井〕

【背靠背】bèi kào bèi 動組 ❶ 서로 등을 맞대다. ¶～坐着 | 서로 등을 맞대고 앉아 있다. ❷ 얼굴을 맞대다. 직접 대하다. ¶为了避免矛盾máodùn激jī化, 先～给他提些意见 | 서로의 갈등이 심화되는 것을 피하기 위하여 먼저 얼굴을 맞대고 직접 의견을 제시했다.

【背累】ⓐ bèilěi 名 딸린 식구. ¶他们光入不出, 没～, 拚pàn上三年, 就发了家啦 | 그들은 돈을 벌기만 하고 쓰지 않고 딸린 식구도 없어서 3년을 기를 써더니 집안을 일으켰다.
ⓑ bèilèi 動 부담을 주다. 폐를 끼치다. ¶各位要支援国家, 还是～国家? | 여러분은 국가를 지원하겠습니까 아니면 국가에 부담을 주겠습니까?

【背离】bèilí 動 ❶ 떠나다. ¶～家乡 | 고향을 떠나다. ❷ 배치되다. 위반하다. 반하다. ¶～宪法 | 헌법을 위반하다. ¶～真理 | 진리에 반하다. ❸ 괴리가 있다. 거리가 있다. ¶价格和价值之间发生了 ～ | 가격과 가치 사이에 괴리가 생겼다.

【背篓】bèilǒu 名 北 등에 지는 광주리. ¶～商店 | 광주리에 물건을 담아 지고 돌아다니며 파는 상인 →〔背篼(子)〕

【背轮】bèilún 名〈機〉백 기어(back gear). 후진기어 =〔跨kuà轮〕〔方 慢màn轮〕〔吳 慢盘牙

[4]【背面】bèimiàn 名 ❶ (～儿) 배면. 후면. 이면. ¶信封的～ | 봉투의 뒷면. ¶～布线 | 이면 배선. →〔反面〕〔阴面(儿)②〕 ❷ (동물의) 등.

【背面签字】bèimiàn qiānzì 動組 (어음 등에) 이서(裏書)하다. 배서(背書)하다.

【背谬】bèimiù ⇒〔悖bèi谬〕

【背目鱼】bèimùyú 名〈魚貝〉가자미. 넙치.

[4]【背叛】bèipàn 動 배반하다. 모반(謀叛)하다. ¶～祖国的行为是要受到惩chéng罚的 | 조국을 배반하는 행위는 처벌을 받아야 한다 =〔反叛〕

【背鳍】bèiqí 名 (물고기) 등지느러미 =〔脊jǐ鳍〕

【背起来】bèi/·qǐ/·lái 動組 ❶ 매달다. ¶左右与我捉zhuō去～来! | 모두들 이 놈을 잡아다 거꾸로 매달아라! 《水滸傳》=〔吊diào起来〕 ❷ 암기하다. 암송하다. ¶把整zhěng个课文～ | 본문 전부를 암기하여라.

【背气】bèi/qì 動 口 기절하다. 실신하다. ¶哭得背过气去 | 울다가 실신하였다 =〔晕yūn〕

【背弃】bèiqì 動 위배하다. 파기(破棄)하다. ¶～原来的立场 | 원래의 입장을 바꾸다. ¶～屡lǚ次的教训xùn | 수차례의 교훈을 무시하다.

【背日性】bèirìxìng ⇒〔背光性〕

【背时】bèishí 形 吳 吳 ❶ 시대에 맞지 않다. 시대에 뒤떨어지다. ¶你何必说～的话 | 너 하필 시대에 뒤떨어진 소리를 하느냐. ❷ 시운(時運)을 만나지 못하다. 운이 나쁘다. ¶他经商失败, 家庭又闹nào纠纷jiūfēn, 只有自叹～ | 그는 사업에 실패하고 가정에도 불화가 있어 운이 없다고 한탄하고 있을 뿐이다. ¶你生在一个～的时候 | 너는 운이 나쁜 때에 태어 났다 ‖→〔背兴〕

【背手(儿)】bèishǒu(r) ⇒〔背剪〕

【背书】bèi/shū ❶ 動 (책을) 암송하다. 암기하다. ¶父亲管guǎn教很严yán, 每天要我～ | 아버지의 교육은 매우 엄격하여 매일 나에게 책을 외우도록 하셨다 =〔書 暗诵〕 ❷ 動 轉 吳 자기반성을 하다. ¶只好我到局长面前～去啰luó | 국장 앞에 자기 반성하러 가는 수 밖에 없었다. ❸ (bèishū) 名 動 이서(裏書)·배서(背書)(하다). ¶～人 | 이서인(裏書人) =〔背签〕〔背署〕〔票背签字〕

【背水一战】bèi shuǐ yī zhàn 成 배수진(背水陣)을 치고 싸우다《史記·淮陰侯列傳》

[3]【背诵】bèisòng 動 (시문·문장을) 암송(暗誦)하다. 외우다. 암기하다. ¶他每天在书房里～诗文 | 그는 매일 서재에서 시문을 암송한다. ¶把英语读dú本读到能够～下来 | 영어 독본을 암기할 때까지 읽어라.

[3]【背心(儿)】bèixīn(r) ❶ 名 조끼. ¶毛máo～ | 털조끼. ¶防御～ | 방탄 조끼 →〔背子①〕 ❷ 名 러닝 셔츠. ¶汗～ | 러닝 셔츠. ¶洋～ | 카디건(cardigan) ‖ =〔背褡〕〔坎kǎn肩儿〕〔砍kǎn肩(儿)〕 ❸ 圖 등. 배. ¶～号码 | 배번호. 등번호.

【背信(儿)】bèixìn(r) 動 배신하다. 신의를 저버리다. ¶～图利túlì | 成 배신하여 사리(私利)를 꾀하다.

【背信弃义】bèi xìn qì yì 成 신의(信義)를 저버리다. ¶～行为 | 신의를 저버리는 행위.

【背兴】bèixìng 形 北 ❶ 운이 나쁘다. 운수가 사납다. ¶真是, 这有多么～呀 | 제길, 이 얼마나 운이 나쁜가 =〔倒dǎo霉〕 ❷ 시대에 맞지 않다 ‖→〔背时〕

【背眼(儿)】bèiyǎn(r) 形 (남의) 눈에 띄지 않다. 구석지다. ¶找个～的地方, 好好合计一下吧 | 눈에 띄지 않는 곳을 찾아 잘 이야기 해보자 →〔背影(儿)③〕

【背阴(儿)】bèiyīn(r) 形 그늘지다. 응달지다. ¶那边儿向阳(儿), 这边儿～ | 저기는 양달이지만 여기는 응달이다. ¶庭院～ | 정원은 응달이다

→〔背影(儿)②〕

【背影(儿)】bèiyǐngr ❶名 뒷모습. ¶凝níng望着他逐zhú渐消xiāo失的～ | 점점 사라져가는 뒷모습을 응시하고 있다. ❷形京 응달지다. 그늘지다. ¶找个～地方, 凉快会儿吧 | 그늘진 곳을 찾아 좀 시원하게 하자→〔背阴(儿)〕 ❸形京 사람 눈에 띄지 않다. 은밀하다. ¶找个～地方藏cáng一下儿 | 눈에 띄지 않는 곳을 찾아 감추어 두자→〔背眼(儿)〕

【背约】bèi/yuē ❶動 약속을 어기다. 위약하다. ¶不该～ | 계약을 어겨서는 안된다. ❷(bèiyuē) 名 계약 위반. 위약.

【背越式】bèiyuèshì 名〈體〉배면도약(背面跳躍).

【背运】bèi/yùn ❶動 운이 나쁘다. 재수가 없다. ❷(bèiyùn) 名 불운. 악운. ¶走～ | 악운을 만나다 =〔败运〕‖ =〔背脚运〕⇔〔红运〕

【背着手(儿)】bèi·zhe shǒu(r) ⇒〔背剪〕

【背字儿】bèizìr 名 악운(惡運). 불운. ¶走～ | 악운을 만나다. ¶我只希望顶过这一阵子～去 | 이 불운을 이겨 내기를 바랄 뿐이다.

【背子】ⓐbèi·zi 名 ❶近 조끼→〔背心①〕 ❷무인이 착용하는 짧은 소매의 옷. 조복(朝服) 위에 걸치는 소매가 짧은 의복. 더그레. 호의(號衣). ❸공복(公服) 안에 받쳐입는 내의 따위. ❹빳빳하게 하기 위해 붙이거나 넣는 심. ¶纸～ | 뒷면에 붙여 빳빳하게 하는 종이.

ⓑbēi·zi 名 ❶(등에 진) 짐. ❷짐을 담아 지는 바구니.

Ⓑ bēi

【背榜】bēibǎng ❶動 맨 꼴찌로 합격하다. 최하 등급으로 합격하다. ❷名 (시험·성적 등의) 최하위 ‖ =〔赶gǎn榜〕

【背包袱】bēi bāo·fu 動組 부담을 느끼다. 심신적(心身的) 책임을 지다. ¶他家里人口多, 收入少, 一直背着沉chén重的包袱 | 그의 식구는 많고 수입은 적어 줄곧 무거운 부담을 지고 있다.

【背不动】bēi ·bu dòng 動組 (힘이 모자라서) 짊어질 수 없다. ¶这么重, 牲口也～ | 이렇게 무거워서야 짐승도 질 수 없다 ⇔〔背得动〕

【背带】bēidài 名 ❶(바지 따위의) 멜빵. ¶～裤kù | 멜빵 바지. ❷아기를 업는 띠.

【背得动】bēi·de dòng 動組 짊어질 수 있다. ¶～背不动? | 짊어질 수 있니 없니? ⇔〔背不动〕

【背负】bēifù ☞〔背负〕bèifù ⓑ

【背黑锅】bēi hēiguō 動組 口 (없는 죄를) 뒤집어쓰다. 누명을 쓰다. ¶为了这件事而背了二十年黑锅 | 이 일 때문에 20년간 억울한 누명을 썼다. ¶这些年来, 他一直背着黑锅 | 이 몇 년 간 그는 줄곧 없는 죄를 뒤집어 썼다 =〔背错儿〕〔背锅〕〔受shòu连累〕

【背债】bēi/zhài 動 채무(債務)를 지다. 빚을 지다. ¶为了盖gài这座楼房, 他背了三千元债 | 이 건물을 짓느라고 3천원의 빚을 졌다.

【背子】bēi·zi ☞〔背子〕bèi·zi ⓑ

【褙】bèi 배접할 배

動 ❶(천·종이 따위를) 여러 겹으로 덧붙이다. 배접하다. ¶裱biǎo～ | 표구하다. ¶～上点就有骨力了, 也别太硬了 | 몇 겹 덧붙이면 빳빳해지는데, 너무 딱딱하게 되게 하지는 말아라. ❷奧 붙이다. 바르다. ¶～纸头 | 종이를 바르다.

【褙子】bèi·zi 名 方 (천·종이 등을) 여러 겹 대어 만든 신의 바닥 =〔隔褙儿〕〔袼gē褙〕〔搁褙〕

1【倍】bèi 곱 배 더할 배

❶量 배. 곱절. 갑절. 어법 ⓐ 자주양사(自主量詞)이므로 일반적으로 뒤에 명사가 오지 않음. ¶三的两～是六 | 3의 두 배는 6이다. ⓑ 배수를 나타낼 때 증가에는 「倍」를 쓰고, 감소에는 「半」을 써야 함. ¶时间缩短suōduǎn了一倍(×) ¶时间缩短了一半 | 시간이 반으로 줄어들었다. ⓒ 「…보다 몇 배 더 많다〔크다〕〔증가하다〕」와 같이 비교를 나타낼 때는 증가한 부분을 배수로 말하고, 「增为」「增加到」와 같이 증가한 결과를 나타낼 때는 원래의 부분도 포함하여 배수로 말함. ¶九比三大两倍 | 9는 3보다 두 배 더 크다. ¶九是三的三倍 | 9는 3의 3배이다. ¶去年只有二百名学生, 今年是六百了, 今年的学生数是去年的三倍, 比去年增加了两倍 | 작년에는 200명의 학생 뿐이었는데, 금년에는 600명이 되었다. 금년의 학생수는 작년의 세 배로서, 작년에 비해 두 배 더 증가하였다. ¶去年生产一百公斤, 今年生产三百公斤. 今年产量比去年多两倍 | 작년에 100kg을 생산했고, 금년에는 300kg을 생산하였다. 금년의 생산량은 작년보다 두 배 더 많다. ❷書動 배가(倍加)하다. 갑절로 늘다. ¶事半功～ | 成 적은 힘을 들이고 많은 공을 얻다. ¶～蓰xǐ↓ ❸書動 배반하다. 위반하다. 어기다. ¶～反↓ ¶～约↓ ¶信以结之, 则民不～ | 믿음으로 결속하면 백성들은 배반하지 않는다 =〔背⑦〕 ❹(～儿) 副 俗 대단히. 매우. 훨씬. ¶～凌líng凉 | 매우 서늘하다《清平山堂話本·風月相思》→〔倍儿〕

【倍比定律】bèibǐ dìnglǜ 名組〈化〉배수비례법칙(倍數比例法則).

【倍常】bèicháng 形 近 평소의 배이다. 배평소의 갑절이다. ¶那雨后之月, 其光～ | 비가 온 다음의 달은 평소보다 곱절이나 밝았다.

【倍称】bèichēng 書名 두 배의 양(量). 곱절. ¶～之息 | 언급과 같은 액수의 이자. 갑절의 이자.

【倍大提琴】bèidàtíqín ⇒〔低音(大)提琴〕

【倍道】bèidào 書動 ❶배의 길을 가다. 배나 빨리 걷다 =〔兼jiān程〕 ❷도의를 위배하다.

【倍道兼行】bèi dào jiān xíng 成 갈길이 배나 되다. 길을 재촉하다. 주야로 걷다 =〔倍道而进〕

【倍反】bèifǎn 書動 배반하다. 모반하다.화

【倍感】bèigǎn 書動 배로 느끼다. 더욱 깊이 느끼다. ¶～亲切 | 친절함을 배로 느끼다.

【倍级数】bèijíshù ⇒〔等děng比级数〕

【倍加】bèijiā ❶書副 배. 더욱. 훨씬. 몇 갑절. ¶旧友重chóng逢féng, ～亲热qīnrè | 옛 친구를 다시 만나자 더욱더 친해졌다. ¶～努力 | 배로 노력하다. ¶雨后的空气～清新 | 비온 후의 공기가 훨씬 맑다.

【倍率】bèilǜ 名〈物〉배율.

【倍频程】bèipínchéng 名〈音〉옥타브(octāve).
【倍儿】bèir 副 俗 대단히. 매우. 훨씬. ¶~亮 | 대단히 밝다. ¶~漂亮 | 훨씬 아름답다. ¶~痛快 | 배로 통쾌하다.
4【倍数】bèishù 名〈數〉배수.
【倍塔】bèitǎ 名 外 베타(β; beta).
【倍塔粒子】bèitǎ lìzǐ 名組〈物〉베타 입자(β 粒子)=〔乙种粒子〕
【倍塔射线】bèitǎ shèxiàn 名〈物〉베타선(β 線)=〔乙种射线〕
【倍蓰】bèixǐ 書 名 수배(數倍) [「倍」는 1배를, 「蓰」는 5배를 나타냄] ❷ 形 喻 값이 매우 비싸다. ¶货色低dī劣liè, 而价值~ | 물건은 나쁜데 값은 몇배 비싸다.
【倍约】bèiyuē 書 動 약속을 어기다.
【倍增】bèizēng ❶ 書 動 배가하다. 배증하다. 갑절로 늘다. ¶信心~ | 신념이 갑절로 늘다. ¶勇yǒng气~ | 용기가 배증하다. ❷ 名〈機〉〈通〉배증. 증폭. 증대. ¶~器qì | 〈電氣〉주파수 증폭기. 배율기(倍率器). ¶~系数 | 승률(乘率).

【焙】 bèi 찌어말릴 배
動 ❶ (약한 불에) 말리다. 굽다. 데우다. 그을리다. ¶~干, 妍yán成细末 | 불에 말리어 분말을 만들다. ¶~烟叶 | 잎담배를 말리다→〔烘hōng①〕〔烤①〕 ❷ 奧 재를 덮어 불을 끄다. ¶~熄了火 | 재를 끼얹어 불을 껐다.
【焙粉】bèifěn 名 베이킹 파우더(baking powder)=〔发(酵)粉〕〔外 泡打粉〕
【焙干】bèigān 動 (약한 불에) 쬐어 말리다.
【焙烧】bèishāo 動 (자기나 광석 등을) 요(窑)에 넣어 굽다. ¶~耐nài火物 | 내화물을 굽다.
【焙烧苏打】bèishāsūdǎ 名〈化〉중탄산 소다.

【碚】 bèi 땅이름 배
지명에 쓰이는 글자 [사천성(四川省)·호북성(湖北省) 등의 지명에 많이 쓰임] ¶北~镇 | 북배진 [중경시(重慶市) 북쪽에 있는 지명]

【蓓】 bèi 꽃망울 배
⇒〔蓓蕾〕
【蓓蕾】bèilěi 名 ❶ 꽃봉오리. 꽃망울. ¶白兰花, 一树有千百朵~ | 백란화는 한 나무에 수천 송이 꽃망울이 열린다=〔口 花骨朵(儿)〕 ❷ 轉 젖꼭지=〔奶头〕 ❸ (옷의) 장식 단추. ❹〈電氣〉(전기 기구의) 누름 단추. 스위치.

1【被】 bèi pī 이불 피, 데울 피
Ⓐ bèi ❶ 名 이불. ¶棉~ | 솜이불. ¶夹~ | 겹이불. ¶盖~子 | 이불을 덮다→〔铺pū盖〕 ❷ 書 動 덮다. ¶泽~天下 | 혜택이 온 세상을 덮다. ❸ 動 (옷 등을) 입다. 걸치다. ¶~服↓ ¶~以外衣 | 외투를 걸치다=〔披pī①〕 ❹ 動 당하다. 입다. 받다. ¶~祸 | 화를 입다. ¶~灾 | 재난을 당하다. ¶~火 | 화재를 당하다. ❺ 介 (…에게) …당하다. 어법 피동문(被動句)에 쓰여, 동작의 주동자(主動者)를 표시함. 이때 주어는 수동자(受動者)가 됨. ¶我~他骂了一顿 | 나는 그에게 한바탕 욕을 먹었다. ⓐ「被」 다음의 주동자는 생략이 가능함. ¶我~骂了一顿 | 한바탕 욕을 먹었다. ⓑ「被 …所+動」의 형식으로 쓰여, 피동의 뜻을 더욱 분명하게 함. 이때 동사는 기타 성분을 가질 수 없으며, 쌍음절 동사 앞에서는 「所」를 생략할 수 있으나 단음절 동사에서는 생략할 수 없음. ¶~歌声(所)吸引 | 노래 소리에 흡수되었다. ¶~风雪所阻 | 바람과 눈 때문에 두절되었다. ¶~酷kù热所苦 | 혹독한 더위로 고통을 당하다. ⓒ「被 …所+動」형식의 「被」는 「为」로 바꿀 수 있음. ⓓ「叫」「让」도 피동을 나타내는 전치사(介詞)로 쓰이나, 다음과 같은 차이가 있음. ㉠「叫」「让」은 구어(口語)에 주로 쓰이며, 「被」는 비교적 정중하거나 엄숙한 경우에 쓰임. ㉡「被」 다음의 주동자(主動者)는 생략할 수 있으나 「叫」「让」은 불가능함. ㉢「叫」「让」은 기타의 용법이 있어 혼란을 일으킬 수도 있으나 「被」는 그러하지 않음. ¶桌子没叫他搬走 | 탁자는 그에게 가져가라고 시키지 않았다. 그에게 가져가도록 허락하지 않았다. 그가 가져가지 않았다. ¶我让他说了几句 | 나는 그에게 몇 마디 하라고 하였다. 그에게 몇 마디 하도록 (허락)하였다. 그에게 몇 마디 들었다. ❻ 名 (Bèi) 성(姓).
Ⓑ pī 書 動 (띠를 두르지 않고) 걸치다. 착용하다. ¶~甲 | 갑옷을 입다. ¶~布 | 옷 위에 덧입어 앞을 여미는 옷→〔披pī①〕
Ⓐ bèi
【被包】bèibāo ⇒〔被袋〕
【被逼】bèibī 動 강요당하다. 핍박당하다. ¶~无奈nài应了 | 강요당하여 부득이 응락하였다《兒女英雄傳》→〔被迫pò〕
【被剥削】bèi bōxuē 動組 착취 당하다. ¶~者 | 피착취자. ¶~阶级 | 피착취 계급.
【被乘数】bèichéngshù 名〈數〉피승수.
【被除数】bèichúshù 名〈數〉피제수.
【被搭子】bèidā·zi ⇒〔被袋〕
【被袋】bèidài 名 여행용 자루. 더플 백(duffel bag). 즈크 자루=〔被包〕〔被搭子〕
【被单(儿)】bèidān(r) 名 침대시트(sheet). (침구 따위의) 커버. 홑이불. ¶铺pū~ | 침대 시트를 깔다=〔褥rù单儿〕〔褥单子〕
3【被动】bèidòng ❶ 形 피동적이다. 수동적이다. 소극적이다. ¶态度很~ | 태도가 수동적이다→〔主动①〕 ❷ 名 피동. 수동. ¶~式 | 〈言〉피동식. ¶~态 | 〈言〉피동태. ¶~性 | 피동성. ¶陷于~地位 | 피동적인 입지에 처하다. ¶变~为主动 | 수동에서 주동으로 바뀌다→〔主动②〕
【被动免疫】bèidòng miǎnyì 名組 피동성 면역.
【被服】bèifú 名 피복 [침구·의류 따위의 군용 피복을 가리킴] ¶~厂 | 피복 제조공장. ¶~代金 | 피복 대금.
【被俘】bèifú ⇒〔被擒qín〕
【被覆】bèifù ❶ 動 덮다. 가리우다. 씌우다. ¶积jī雪~着大地 | 적설이 대지를 덮었다. ❷ 名 지면을 덮은 초목(草木). ¶滥伐lànfá森林, 破坏了~ | 삼림의 남벌로 초목이 훼손되어 지면이 드러났다.
【被覆线】bèifùxiàn 名 피복선. 절연선(絶緣線).
【被盖】bèigài 名 奧 개어 놓은 이불. ¶~卷儿 | 둘

둘 말아 놓은 이불→〔被卷儿〕.

4【被告】bèigào 名〈法〉피고. ¶～席｜피고석. ¶～证人｜피고측 증인 =〔被告人〕⇔〔原告〕

【被管制分子】bèiguǎnzhì fènzǐ 名組 피보호관찰자. 감호 대상자 [일반인의 감시·감독 하에 있는 사람. 일부 지주나 부농이 이에 해당되었음]

【被害】bèihài ❶ 動 (적이나 악인에게) 살해되다. ¶两名儿童～｜두명의 아동이 살해되었다. ❷ 動 해를 입다. 피해를 당하다. ¶～人｜피해자.

【被加数】bèijiāshù 名〈數〉피가수.

【被减数】bèijiǎnshù 名〈數〉피감수.

【被卷儿】bèijuǎnr 名 둘둘 말아 놓은 이불 [중국인은 이불을 개지 않고 말아 두는 습관이 있음] =〔被盖〕

【被开方数】bèikāifāngshù 名〈數〉피개방수.

【被里(儿)】bèilǐ(r) 名 ❶ 이불의 안감. 이불 속. ¶我拼命咬yǎo紧～, 还是哭kū出声｜나는 죽어라고 이불 속을 꽉 깨물었으나 결국 울음 소리를 내고 말았다. ❷ 모포 밑에 덮는 하얀 천.

【被面】bèimiàn 名 베일(veil). 얼굴 가리개. ¶戴dài～｜베일을 쓰다.

【被面(儿, 子)】bèimiàn(r·zi) 名 이불잇. 개어 둔 이불의 겉 표면.

【被难】bèinàn 動 조난을 당하다. 재해나 사고로 죽다. ¶～同胞｜전난(戰難)을 당한 동포. ¶～者｜조난자. 희생자.

3【被迫】bèipò 動 강요 당하다. 강요에 못 견디다. 어쩔 수 없이 …하다. ¶～接受不合理的条件｜강요를 못 견디어 불합리한 조건을 받아 들였다. ¶敌人～放下武器wǔqì｜적은 어쩔 수 없이 무기를 내려놓았다. ¶～逃出了祖国｜부득이 하여 조국을 탈출하였다→〔被逼bī〕

【被铺】bèipù 名 吳 粵 침구. 이불. ¶～蚊帐｜이불과 모기장. 침구류의 총칭.

【被擒】bèiqín 書 動 붙잡히다. 체포되다. 포로가 되다. ¶～者不知其数｜체포된 자가 수없이 많다 =〔被俘fú〕

【被屈】bèiqū 動 체면을 깎이다. 학대받다. 모욕을 당하다. ¶～含冤｜成 모욕을 당하고 원한을 품다. ¶你～给他帮忙吧!｜너 체면이 상하겠지만 그를 도와 주어라.

【被儿】bèir ⇒〔被子〕

【被人拿住了刀靶】bèi rén ná·zhu·le dāobà 動組 남에게 칼자루를 잡히다. 喩 약점이 잡히다. ¶谁shéi知越yuè使钱越～｜돈을 쓰면 쓸수록 약점이 잡힐 줄을 누가 알았으랴《紅樓夢》

【被褥】bèirù 名 이불과 요. 침구. ¶买了一床～｜침구 한 셀을 샀다 =〔铺pū盖〕

【被杀】bèishā 動 살해 당하다. ¶～尸shī体｜타살된 사체.

【被伤】bèi/shāng 動 ❶ 부상 당하다. ❷ 남의 상해를 입다.

【被胎】bèitāi 名 이불솜 =〔被窝wō套〕〔被套①〕〔被絮xù〕

【被毯】bèitǎn 名 침구용 담요. 취침용 모포.

【被套】bèitào ❶ ⇒〔被胎(儿)〕 ❷ 名 (여행 용) 이불보. ❸ 名 이불 보따리.

【被天席地】bèi tiān xí dì 成 하늘을 덮고 땅을 깔고 앉다. 고된 야외 생활을 하다.

【被头】bèitóu ❶ 名 이불잇. ❷ ⇒〔被子〕

【被窝(儿)】bèiwō(r) 名 ❶ 동굴 같이 만들어 놓은 이불 구멍. ¶赶快钻zuān～吧｜빨리 이불 구멍 속으로 들어가라 ❷ 둘둘 말아 놓은 이불 ‖ =〔被窝子〕

【被窝垛】bèi·woduò 名 차곡차곡 쌓아 올린 이불 =〔被子垛〕

【被窝子】bèiwō·zi ⇒〔被窝(儿)〕

【被絮】bèixù ⇒〔被胎tāi〕

【被选举权】bèixuǎnjǔquán 名 피선거권.

【被子】bèi·zi 名 이불. ¶棉mián～｜솜이불. ¶夹jiā～｜겹이불. ¶盖gài～｜이불을 덮다 =〔被儿〕〔方 被头②〕

【被子垛】bèi·ziduò ⇒〔被窝垛〕

【被子植物】bèizǐ zhíwù 名組〈植〉피자 식물.

【被阻】bèizǔ 저지 당하다. ¶～在上海｜상해에서 저지 당했다.

B pī

【被发】pī/fà 書 動 머리를 풀어헤치다. 산발하다. ¶～入山｜成 머리를 풀고 산에 들어 가다. 속세와 인연을 끊다. ¶～文身｜成 머리는 풀어헤치고, 몸에는 문신을 하다 [고대 오(吳)·월(越)나라의 풍속《禮記·王制》

【被发左衽】pī fà zuǒ rèn 成 머리를 묶지 않고 옷깃을 왼쪽이 위로 오도록 여미다 [고대 이(夷)·적(狄) 오랑캐의 풍속] 오랑캐에 동화 되다《論語·憲問》

【被褐怀玉】pī hè huái yù 成 거친 베옷을 입고 있지만, 옥을 품고 있다. 옷은 초라하여도 학문과 덕망이 높고 출세하기를 원하지 않다《老子》.

【被坚执锐】pī jiān zhí ruì ⇒〔披pī坚执锐〕

【婢】 bèi ☞ 婢 bì

3【辈(輩)】 bèi 무리 배

❶ 대. 세대. ¶上一～的｜한 세대 전. ¶上～也是农民｜윗대 역시 농민이었다. ❷ 가계의 세대. 친족간의 서열. 항렬. 선후배의 순서. ¶长～｜윗사람. ¶晚～｜아랫사람. ¶先～｜선배. 선조. ¶后～｜후배. 후진. 자손. ¶上～｜윗 항열 [부모의 세대] ¶下～｜아래 항열 [자식의 세대] ❸ (～儿, ～子) 名 평생. 일생. 생애. ¶半～子｜반평생. ¶晚～子｜만년. ¶她家三～子都当工人｜그녀의 집은 3대가 다 노동자이다. ¶后半～儿｜후반생(後半生). ¶我这～子算倒霉méi啦｜내 한 평생은 망가졌다. ❹ 書 尾 또래. 들 [복수(複數)의 사람을 나타내는 후철(後綴)]→〔们〕 ¶我～｜우리 또래. 우리들. ❺ 書 名 패거리. 놈들 [경멸의 의미가 내포되어 있음] ¶无能之～｜무능한 놈들. ¶李某赵某之～有什么资格敢gǎn来说长cháng道短?｜이씨 조씨 따위가 무슨 자격이 있어 감히 이말 저말 참견을 하는가? ❻ 書 動 연속하다. 줄짓다. ¶人材～出｜인재가 배출되다. ❼ 量 세대. 대. ¶长一～｜한 세대 위. ❽ (Bèi) 성(姓).

【辈出】bèichū 書 動 배출하다. 계속 나오다. ¶唐

代～伟wěi大诗人｜당대는 위대한 시인을 배출하였다.

【輩分】bèi·fen 名 항렬. 촌수. 선후배의 순서. 서열. ¶论～｜항렬을 논하다. ¶你年纪儿轻qīng, ～又小｜너는 나이도 어리고, 항렬도 아래다＝〔輩数儿〕

【輩行】bèiháng 名 (친척·단체에서) 상하 서열. ¶他～大｜그의 서열은 높다.

【輩数儿】bèishùr ⇒〔輩分〕

【鞴】bèi 풀무 비

❶ ⇒〔鞲gōu鞴〕 ❷ 名 풀무 ¶风～｜풀무. ¶～拐guǎi子｜풀무 손잡이 ＝〔风箱〕 ❸ 動 (고삐·안장 등의) 마구를 말에 달다. 말 탈 준비를 하다. ¶～着一匹好马, 腰yāo束弓箭jiàn短剑, 一鞭biān独行｜좋은 말 한 필을 준비하고, 허리에는 활과 단검을 차고 말 채찍질하며 홀로 더났다《初刻拍案驚奇》＝〔鞴马〕

【鞴马】bèimǎ 書 動 (말에 안장을 얹어) 말 탈 준비를 하다. ¶快去～!｜빨리 가 말탈 준비를 하여라 ＝〔驾jià马〕

【鐾〈錍〉】bèi 칼갈 벽

動 ❶ (가죽·숫돌 따위에) 칼을 갈다. ¶～刀｜칼을 갈다. ¶把这把刮guā胡hú子刀儿～～｜이 면도칼을 좀 갈아라. ¶～刀布｜가죽숫돌. 혁지(革砥) 어법 이 경우 「背」로 쓰기도 함. ❷ 奧 마찰하다. 불을 일으키다. ¶～火柴chái｜성냥불을 켜다. ❸ 마찰하여 없애다. 털어 없애다. ¶鞋子浪才是泥, 用脚～一～｜신바닥에 온통 진흙이다, 발로 털어 버려라.

·bei ㄅㄟ˙

【呗(唄)】·bei bài 염불소리 패

Ⓐ ·bei 語 方 …할 따름이다. …뿐이다. 그만이다 [사실·이치가 분명하여 잡다한 말이 필요없음을 나타냄] ¶不懂就好好学～｜모르면 잘 배우면 그만이다. ¶没有车就用腿tuǐ走～｜차가 없으면 걸어가면 되지. 어법 ⓐ 「動＋就＋動」의 문(句子) 끝에 쓰여 「没关系」「不要紧」(괜찮다. 상관없다)의 뜻을 나타냄. ¶下就下～, 咱们带着雨衣呢｜비가 오려면 오래지 뭐, 우리들은 비옷을 가지고 있으니까. ¶你愿意走就走～, 没人拦lán你｜가고 싶으면 가도 괜찮다 아무도 너를 잡지 않을 테니까. ⓑ 「就得了」「就行了」의 뒤에 쓰여 「빤한 일이다」라는 어기를 나타냄. ¶这就行了～｜이만하면 됐다. ¶人家改了就得了～｜고쳤으면 그만이지 뭐. ⓒ 「呗」를 「㗑」로 쓰기도 함.

Ⓑ bài 動 外 簡 〈佛〉 공덕을 찬양하다 찬미하다 [「呗匿」(pāthaka; 범)의 약칭] ＝〔梵呗〕

【呗唱】bàichàng 動 近 영가(詠歌)를 부르다. ¶冬夜yè月明, 两僧sēng各在廊láng中, 朗lǎng声～｜겨울밤 달은 밝은데, 스님 둘이 복도에서 소리내어 영가를 부른다《初刻拍案驚奇》

【呗多(罗)】bàiduō(luó) ⇒〔贝多(罗)〕

【呗匿】bàinì 動 外 〈佛〉 파타카(pāthaka; 범). 부처의 공덕을 찬양하다. 독경하다.

【呗赞】bàizàn 書 動 〈佛〉 부처의 공덕을 찬양하다. 轉 염불하다. 독경하다.

【臂】·bei ☞ 臂 bì Ⓑ

bēn ㄅㄣ

3【奔〈犇1, 2, 3, 4〉】bēn bèn bén 달아날 분

Ⓐ bēn ❶ 動 빨리 가다. 내달리다. ¶东～西跑pǎo｜동분서주하다. ¶以千里马的速sùdu～驰chí｜천리마의 속도로 달려가다. ¶他一口气～到三楼｜그는 한숨에 삼층까지 달렸다. ❷ 動 분주히 뛰다. 급히 뛰어가다. ¶～丧↓ ¶狂kuáng～｜광분하다. ❸ 動 도주하다. 도망치다. ¶东～西窜cuàn｜전쟁에 패하여 정신없이 도망가다. ¶赤chì脚jiǎo～到此｜맨발로 여기까지 도망왔다. ❹ (부부관계를 깨고 가출하여) 애인에게 도망가다. 여자가 남자에게 도망가다. ¶私sī～之女｜남자의 곁으로 도망간 여자. ❺ 擬 펑. 뻥. 팡. [풍선 따위가 터지는 소리] ¶～的一声气球qiú就暴bào了｜펑하고 소리내며 풍선이 터졌다. ❻ (Bēn) 名 성(姓).

Ⓑ bèn ❶ 動 …을 향하여 가다. …로 가다. 나아가다. ¶他顺shùn着小道直～那山头｜그는 오솔길을 따라 곧장 그 산 꼭대기로 갔다. ¶各～前程｜각자 자기의 앞길로 나아가다. ❷ 動 (나이가 40세·50세 등에) 가까워지다. (얼마의 나이를) 바라보다. ¶他已是～七十的人了｜그는 70세를 바라 보는 사람이다. ¶我快～六十了｜나는 곧 60살이 된다. ❸ 動 (생활을 위하여) 애쓰다. 이리저리 뛰어다니다. 필사적으로 힘쓰다. ¶谁有工夫跟你们瞎聊xiāliáo, 我还得～去呢｜누가 틈이 있어 너희들과 함께 쓸데없는 얘기하겠는가? 나는 벌이 하기 위해 가야 한다＝〔奔奔儿〕〔奔落儿〕〔奔饭(辙zhé)〕 ❹ 介 北 …을 향하여. …로. ¶渔轮yúlún～鱼场开去｜어선이 어장을 향하여 출항하였다. ¶～东走｜동쪽으로 갔다. ❺ 動 奧 바짝 당기다. 힘껏 당기다. ¶不要～断了线, 松点!｜실이 끊어 지겠다 너무 팽팽히 당기지 마라, 좀 느슨하게 해라. ❻ 動 몸을 의탁하다. 기탁하다. ¶投～｜기식하러 가다. ¶～到亲戚qī家里去｜친척집에 몸을 의탁하러 가다. ❼ (～頭) 名 보람. 결과. 성과. 효과. ¶只要你努力学习, 总zǒng有一个～头儿｜열심히 공부하기만 하면 언젠가는 좋은 성과가 있을 것이다.

Ⓒ bén (～儿) 名 京 장애물. 걸림돌. ¶跑着跑着一个～摔shuāi倒了｜뛰어 다니다가 걸림돌에 걸려 넘어졌다. ¶书背得不熟shú, 直打～｜책을 익히 외우지 못해 자꾸 막힌다→〔打磕kē绊儿〕〔碰pèng钉子〕

Ⓐ bēn

【奔避】bēnbì 動 近 급히 도망가다. 도피하다. ¶百官俱jù～｜모든 관원이 도피하였다《三國演義》

【奔波】bēnbō 動 ❶ 분주하다. 바쁘다. ❷ 노고하다. 바쁘게 뛰어다니다. ¶～了一辈子｜한평생 바삐 뛰어다니며 고생했다《老舍·駱駝祥子》 ¶为联系liánxì工作而～｜연락 업무를 보느라 수고하다. ❸ 近 앞다투어 도망가다. 사방으로 흩어

지다. ¶八千兵散走～｜8천명의 병사가 뿔뿔이 흩어져 도망갔다《清平山堂話本·張子房慕道記》

【奔车之上无仲尼, 覆车之下无伯夷】bēn chē zhī shàng wú Zhòngní, fù chē zhī xià wú Bóyí 成 달리는 마차 위에 공자 없고, 엎어진 마차 아래 백이 없다. 바쁠 때에는 학문을 할 수 없고, 위험할 때는 의리가 통하지 않는다.

4【奔驰】ⓐbēnchí 書 動 (수레나 말 따위가) 질주하다. 폭주하다. ¶火车向前～｜기차가 앞을 향해 내달리다→[奔突②]

ⓑbēn·chi 動 바쁘게 뛰어다니다. 열심히 일하다. 수고하다. 고생하다. ¶你去跑跑, 就省得我～了｜내 수고를 덜도록 네가 가서 좀 뛰어라. ¶～一辈子, 没落下什么｜한평생 분주히 뛰었지만 아무 것도 남은 것이 없다→[劳碌]

【奔窜】bēncuàn 動 도망치다. 달아나다. ¶敌军被打得四处～｜적군은 공격을 받고 사방으로 도망쳤다.

【奔放】bēnfàng ❶ 形 (사상·감정·문장의 기세 따위가) 힘차게 뿜어나오다. 솟구치다. 북받치다. 약동하다. ¶他压yā不住一阵zhèn感情的～｜그는 치솟는 일단의 감정을 누를 수 없었다. ¶字里行间气势shì～｜글이 줄줄이 기세가 넘친다→[豪háo放] ❷ 書 動 질주하다. ❸ 形 감정이 자유롭다. 분방하다. 구속되지 않다. ¶～不羁jī｜成 구애됨이 없이 분방하다.

【奔赴】bēnfù 書 動 급히 달려가다. 서둘러 이르다. ¶～前线｜전선으로 급히 가다. ¶～灾区｜재난지구로 급히 가다. ¶他用了全心力～着, 不问其他｜그는 다른 것 보지 않고 온 마음과 힘을 바치고 있다.

【奔流】bēnliú ❶ 動 세차게 흐르다. 콸콸 흐르다. ¶铁tiě水～｜쇳물이 힘차게 흐른다. ❷ 名 급류(急流). 분류(奔流). ¶一股～, 顺山而下｜급류 한 줄기가 산을 따라 내려 온다.

【奔忙】bēnmáng 動 ❶ 분주하다, 바쁘게 뛰어다니다. ¶他～了一辈子｜그는 한평생 분주하게 뛰어다녔다. ¶他一天到晚～不停｜그는 종일 끊임없이 바쁘게 뛰어 다닌다. ❷ (자동차·선박 등의) 왕래가 잦다. 빈번히 왕래하다. ¶火车像穿梭suō一样往来～｜기차가 베틀의 북집처럼 왕래가 잦다.

【奔命】ⓐbēnmìng 書 動 (명령을 시행하느라) 분주히 다니다. ¶疲pí于～｜成 명령을 받고 뛰어다니다 지치다＝[奉命奔走]

ⓑbèn/mìng 動 ❶ 죽을 힘을 다해 일하다. 조금도 쉬지 않고 일하다. ❷ 近 필사적으로 시행하다. 필사적이다. ¶头儿也不回, 一直～往屋里去了｜머리도 돌리지 않고 곧바로 안간힘을 다해 방안으로 들어갔다.

3【奔跑】bēnpǎo 動 분주하게 뛰어 다니다. 급히 달리다. ¶四处～, 打听消息｜이곳 저곳 뛰어다니며 소식을 듣다.

【奔丧】bēn/sāng ❶ 動 급하게 상을 치르다. 외지에서 친상(親喪)의 소식을 듣고 집으로 급히 돌아가다. ¶他因为死了父亲, 要回去～｜그의 아버지가 돌아가셔서, 급히 돌아가 상을 치러야 한다. ❷ 動 貶 허둥지둥 뛰어다니다. ¶把我撞zhuàng成这样奔什么丧?｜나를 이 꼴로 만들어 놓고 뭘 그렇게 허둥대고 있어?

【奔驶】bēnshǐ 動 급하게 운전하다. 황급히 몰다. ¶列车～在东北平原上｜열차가 동북 평원에서 빠르게 달린다.

【奔逃】bēntáo 動 급히 도망가다. 달아나다. 도주하다. ¶～他乡｜타향으로 도주하였다. ¶敌军四散～｜적군은 사방으로 도주하였다.

4【奔腾】bēnténg 動 ❶ 끓어 오르다. 용솟음치다. 힘차게 활동하다. 비등하다. ¶热血rèxuè～｜뜨거운 피가 용솟음치다. ¶人民要革命的历史潮cháo流～向前｜인민들이 혁명을 원하는 역사적 조류가 전향적으로 용솟음친다. ❷ (물이) 세차게 흐르다. ¶江水～而下, 一泻xiè千里｜강물이 일사천리로 세차게 흘러내리다. ¶这是一股～的洪流, 不可阻挡zǔdǎng｜이는 한 줄기의 세차게 흐르는 격류(激流)라서 막을 수가 없다. ❸ (많은 말들이) 내달리다. 뛰다. ¶一马当先, 万马～｜成 한 마리 말이 앞장 서니, 말 만 마리가 뒤따라 내달린다. 한 사람이 앞장을 서니 모든 사람이 뒤를 따른다. ¶千里草原, 万马～｜成 천리초원에 수 많은 말들이 뛰고 있다. ❹ 시세가 급등하다. 값이 갑자기 오르다. ❺ 近 도주하다. 도망가다. ¶终有个家亡人散sǎn各～｜결국은 패가망신하여 뿔뿔이 도망갔다《紅樓夢》

【奔突】bēntū 動 돌진하다. 폭주하다. 질주하다. 돌아 다니다. ¶～往来, 如入无人之境｜무인의 경지에 들어간 것 같이 질주하며 돌아다닌다→[横héng冲直撞][奔驰①]

【奔袭】bēnxí 動〈軍〉기습하다. 급습하다. ¶长途～, 直捣dǎo敌人的老巢cháo｜먼 길을 공습하여 곧바로 적들의 소굴을 부수었다.

【奔向】bēnxiàng 動 …로 급히 나가다. …로 세차게 달리다. 질주하다. ¶～自由zìyóu｜자유를 찾아 세차게 달리다.

【奔泻】bēnxiè 動 세차게 흘러내리다. 쏟아져 내리다. ¶浪涛làngtāo滚gǔn滚, ～千里｜물결이 콸콸 단번에 천리를 흐른다.

【奔走】bēnzǒu 動 ❶ 급히 달리다. 빨리 뛰어가다. 이리저리 뛰다. ¶～四方｜사방팔방으로 뛰어다니다. ❷ 분주하다. 바쁘게 활동하다. 열심히 뛰어 다니다. ¶他正在为这件事～｜그는 이 일로 열심히 뛰고 있다. ¶愿意为他们～｜그들을 위해 분주해도 좋다. ❸ (피난하기 위해) 달아나다. 도망가다. ¶生～流离lí｜난을 피하여 이리저리 생이별하다《清平山堂話本·風月相思》

【奔走呼号】bēn zǒu hū háo 成 이리 저리 돌아다니며 소리치다. 여기 저기 호소하다.

【奔走相告】bēn zǒu xiāng gào 成 급히 서로 소식을 알리다. 이리 저리 다니며 알리다《國語·魯語》¶人们～, 传播chuánbō胜利的喜讯｜사람들은 분주히 승리의 기쁜 소식을 서로 전했다.

Ⓑbèn

【奔命】bèn/mìng ☞ [奔命] bēnmìng ⓑ

【奔头儿】bèn·tour 名 ❶ 가치. 희망. 가망. 보람. ¶只有这样做才有～｜이렇게 해야만 희망이 있

다. ¶～不很大｜가망이 그리 크지 않다. ❷몸을 의지할 곳. 편안한 곳. ¶既然你有亲哥哥在那儿当然是个～｜너의 친형이 그곳에 있다니 물론 의지할 수 있다. ¶结了婚hūn, 我闺guī女也有个～｜결혼을 했으니 내 각시도 의탁할 곳이 있게 됐다.

【锛(錛)】bēn 자귀 분 ❶(～子) 名 자귀 [나무를 내리쳐 깎는 도구] ❷動 (자귀로) 깎다. 자귀질하다. ¶～木头｜나무를 (자귀로) 깎다. ❸動 땅을 파다. 찍어 내다. ¶用镐gǎo～地｜괭이로 땅을 파다. ❹動 京 北 (칼날 따위의) 이가 빠지다. ¶～了斧fǔ子了 =〔斧头锛了口〕｜도끼의 이가 빠졌다. ¶刀使～了｜칼날의 이가 빠지다. ❺動 京 〈演映〉(대사를) 잊어버리다. 말을 잊다. ¶他说着说着～了｜그는 말하다가 그만 잊어버렸다→〔锛瓜guā〕

【锛瓜】bēnguā 動 말을 잊다. 말을 빠뜨리다. ¶他一口也没～｜그는 한 마디도 빠뜨리지 않았다.

【锛口】bēn/kǒu 動 날이 빠지다. 이가 빠지다. ¶这把锛子不容易～｜이 자귀는 날이 잘 빠지지 않는다.

【锛拉】bēn·la 形 京 (이마가) 툭 튀어 나오다. 앞이마가 짱구이다. ¶前～, 后凿záo子｜이마와 뒷꼭지가 다 튀어 나오다. 튀어 나온 이마와 뒷머리. ¶前～后扁biǎn｜앞이마가 나오고 뒷머리는 납작하다 =〔锛儿〕

【锛拉头】bēn·latóu 名 툭 튀어나온 이마. 이마가 툭 튀어나온 사람. 앞짱구. ¶面庞páng还好, 可是有点儿～｜얼굴이 큰 것은 그래도 괜찮지만 이마가 좀 튀어나왔다 =〔锛儿头〕→〔凸tū额〕

【锛儿】bēnr ⇒〔锛拉·la〕

【锛儿头】bēnrtóu ⇒〔锛拉·la头〕
할 수 있다.

【锛啄鸟】bēnzhuóniǎo 名 〈鳥〉딱따구리 =〔锛啄儿木〕〔锛得儿木〕〔啄zhuó木鸟〕

【贲】bēn ☞ 贲 bì B

bén ㄅㄣˊ

【奔】bén ☞ 奔 bēn C

běn ㄅㄣˇ

1【本】běn 뿌리 본 ❶(초목의) 뿌리. ¶无～之木｜뿌리 없는 나무. ❷轉 근원. 근본. 기초. ¶别忘～｜근본을 잊지 마라. ¶农为邦bāng～｜농업은 국가의 근본이다. ¶舍shě～遂suì末｜근본을 잊고 지엽적인 것을 추구하다. ¶立身之～大｜입신출세의 기본이다 ‖ =〔末〕 ❸풀이나 나무의 줄기. ¶草～植zhí物｜초본 식물. ¶木～植zhí物｜나무 식물. ❹중요한. 중심의. 중심이 되는. ¶～部｜본부. ¶绪xù论和～论｜서론과 본론. ❺代 (상대방에 대하여) 이. 이곳. 이번. 이때. 어법 ⓐ 명사 앞에 쓰여 말하는 사람 자신이나 혹은 자신이 속한 단체·기구를 가리킬 때 쓰임. ¶～人↓ ¶～国↓ ⓑ 뒤에 명사가 와서 앞의 명사 혹은 대사를 다시 한번 가리킬 때 쓰임. 이 경우에는 말하는 사람이나 그가 속한 단체 혹은 장소에 한정되는 것은 아님. ¶你说话不像四川～地口音｜네가 한 말은 사천 본토 발음이 아니다. ⓒ 제작자 혹은 주관자의 입장에서 표현할 때 사용함. ¶～书共十章｜이 책은 모두 10장(章)이다. ¶～办bàn法自即jí日起施shī行｜이 방법은 당일부터 시행한다. ¶～次列车由汉城开往釜山｜이번 열차는 서울에서 부산으로 간다. ⓓ 뒤에 시간을 나타내는 말을 써 말하고 있는 때를 포함한 일련의 시간을 나타냄. ¶～年｜올해 금년. ¶～月｜이번 달. 이 달. ¶～週｜이번 주. ❻形 본래의. 원래의 [단음절 명사 앞에만 사용됨] ¶～心↓ ¶～意↓ ❼副 원래. 본래 [주로 서면(書面)에 사용하며 구어에서는「本来」를 더 많이 사용함] ¶我～是汉城人｜나는 본래 서울 사람이다. ¶我～想不去｜나는 원래 가지 않을 생각이었다→〔本来〕 ❽(～儿) 量 권. 막. 권. 주. 어법 ⓐ 책을 세는 단위로 쓰임. ¶一～书｜책 한 권→〔部bù⑦〕〔册cè④〕 ⓑ 희곡을 세는 단위로 쓰임. ¶头～戏｜연극 제일 막. ¶这两～戏都好｜이 두 희극은 모두 좋다. ⓒ 영화 필름의 길이 단위를 나타냄. ¶这部电影是十四～｜이 영화는 열네 권 짜리다. ❾介 …에 의거하여. …에 근거하여 [서면어(書面語)에 주로 쓰이며 구어(口語)에서는「本着」의 형태로 쓰임] ¶～此进行, 必能成功｜이것에 의거하여 진행시키면 반드시 성공한다. ¶～此方针, 采cǎi取如下措施cuòshī｜이 방침에 준거하여 아래와 같이 조치한다→〔本着〕 ❿(～儿) 名 본전. 밑천. ¶老～(儿)｜원금. 자본금. ¶～息｜본전과 이자. ¶够～儿｜본전이 되다. ¶赔～｜본전에 밑지다. ⓫(～儿,～子) 名 책. 서적. ¶单行～｜단행본. ¶课～｜교과서. ¶笔记～｜필기부. ⓬(～儿) 名 저본(底本). 대본. 각본. ¶剧～｜극본. ¶唱～｜노래 대본. ⓭名 판본(版本). 판(版). ¶刻～｜목판본. ¶抄chāo～｜사본. ⓮名 近 신하가 임금에게 올리는 상소문. ¶修～｜상소문을 쓰다. ¶作成一～, ……｜상소문 하나를 써서, ……《紅樓夢》 ⓯(Běn) 名 성(姓).

【本本】běnběn 名 서적. 문헌. 책. ¶捧pěng着洋～, 死啃kěn洋教条｜외국책을 받들고 외국의 것에 무조건 얽매이다. ¶～主义｜교과서 주의. 문헌 만능 주의 [융통성없이 원리 원칙에만 얽매여 모든 것을 해결하려는 사고 방식의 교조주의(教條主義)]

【本本分分】běnběn fènfèn 狀 원리원칙대로 하다. 착실하다. ¶～的店员｜착실한 점원. ¶～地过日子｜착실하게 살다 =〔本本份份〕

【本币】běnbì 名 簡 〈經〉본위 화폐 =〔本位货币〕〔主币〕

【本标】běnbiāo 書 名 본말(本末). 시말(始末). 근본과 지엽 [「标」는「剽」의 가차자] ¶治本之法与治标之法｜근본 대책과 임시 미봉책.

【本部】běnbù 名 ❶본부. ¶校～｜학교의 본부. ¶参谋～｜참모 본부. ¶～设在北京｜본부는 북

경에 설치되어 있다. ❷중심부. ¶中国～|중국의 중심부. ❸사령부. ❹우리 부처. 본부. 당 부서. 자기가 소속된 부(部). [예를 들어 외교부(外交部)가 타부에 대해 외교부를 칭할 때 쓰는 말] ¶～已接到귀部寄来的公函|우리 부에서는 귀부에서 보낸 공문을 이미 받았습니다.

【本埠】bĕnbù 名❶이 항구. 본 항구. ❷이 곳. 이 시(市). 당지(當地). ¶～记者|본지 주재 기자. →〔外埠〕

【本埠信用状】bĕnbù xìnyòngzhuàng 名組〈貿〉로컬 크레디트(local credit).

【本草纲目】Bĕncăo gāngmù 名〈書〉본초강목 [명(明) 이시진(李時珍)이 지은 본초학(本草學)의 연구서]

【本初子午线】bĕnchū zǐwǔxiàn 名組〈天〉본초자오선 [영국 그리니치 천문대를 지나는 경도 측정의 기준선]

【本大利宽】bĕn dà lì kuān 成 자본이 많아야 이익도 크다.

【本当】bĕndāng ⇒〔本应〕

【本等】bĕndĕng 名 본분. 천직(天職). 원래의 직업. 본업. 마땅히 해야할 일. ¶做这些事是你我的～|이일을 하는 것은 너와 나의 본분이다.

【本地】bĕndì 名 본지. 이 곳. 당지(當地). ¶～口音|이 고장 말씨. ¶我是～人|저는 이 고장 출신입니다. ¶～货|이 고장 산물. ¶～品pǐn种|재래종.

【本队】bĕnduì 名〈軍〉본대. 주력 부대. 중심부대 →〔支队〕

【本房】bĕnfáng 名 우리 집. 본가 [대가족 제도에서 형 또는 아우의 집에 대해 자기의 주거를 가리키는 말]

【本分】bĕnfèn ❶形 분수를 지키다. 본분(本分)에 만족하다. ¶很本分的人|본분을 지키는 사람. ¶这个人很～|이 사람은 분수를 지킨다. ¶与其妄wàng想发财cái不如～一点儿好|돈을 벌려는 망상을 하는 것 보다 좀더 본분에 만족하는 것이 좋다. ❷名 본분. 책무. 책임과 의무. ¶～的工作|마땅히 해야 할 일. ¶还是守shǒu点～, 少管guǎn闲xián事吧|본분을 지키다 ‖→〔安分〕

【本该】bĕngāi ⇒〔本应〕

【本工(儿)】bĕngōngr 名❶〈演影〉(적성에 맞는 역. 좋아하는 역. 전문적인 일〔기술〕. ❷전문적인 일. 신분에 맞는 일. 전문 영역.

【本固枝荣】bĕn gù zhī róng 成 수목의 뿌리가 튼튼하면 지엽(枝葉)도 무성하다. 사물의 기초가 튼튼하면 기타 부문도 발전하게 된다.

【本国】bĕnguó 名 본국. 이 나라. 그 나라 ¶～位于温带以北, 不生长热带植物|본국은 온대 이북에 위치하고 있어, 열대식물은 자라지 않는다. ¶他们都回～去了|그들은 모두 본국으로 돌아갔다.

【本行】bĕnháng 名❶본점(本店). 당점(當店)→〔本号〕〔敝bì号〕 ❷본업. 본직. ¶种地是我的～|농사짓는 것이 나의 본업이다→〔三句话不离本行〕

【本号】bĕnhào ⇒〔本行①〕

【本合】bĕnhé ⇒〔本应yīng〕

【本纪】bĕnjì 名 본기 [기전체(紀傳體) 사서(史書)의 제왕(帝王)에 관한 기술 부분]→〔世家②〕〔列传〕

【本家】bĕnjiā 名❶동족. 일족. 종친 [부계(父系)의 친척] ¶是远～继承jìchéng过来的|먼 일족이 양자로 온 것이다. ¶这是咱～两个哥哥, 都是老实人|이 두 분은 일가 형님이신데 모두 성실하신 분이다. ¶～兄弟|일족의 형제. 사촌 형제. 육촌 형제. ¶贵～ =〔贵华宗〕|귀하의 일족 =〔同宗〕❷당가(當家). 이 집 ‖→〔亲戚〕❸奧 기루(妓樓)의 주인.

【本家儿】bĕnjiār 名 方❶당사자. ¶～不来, 别人不好替他作主|당사자가 오지 않으면 다른 사람이 그를 대신해 주체적으로 처리하기 어렵다. ❷그 집. ❸세대주(世帶主)

【本金】bĕnjīn 名〈商〉원금(元金). 자본금. ¶～利息|단리(單利).

【本科】bĕnkē 名❶(대학의) 본과. 4년제 대학의 정식 학과. ¶～生|학부생. ¶大学～|대학 본과→〔预科〕❷(대학의) 정규 강좌.

2【本来】bĕnlái ❶區 원래의. 본래의. ¶～的颜yán色|원래의 색깔. ¶～的样子|본래의 모습. ❷副 원래. 본래. ¶他～就不瘦shòu, 现在更胖pàng了|그는 원래 야위지는 않았었지만, 지금은 더욱 뚱뚱해졌다. ¶～这条路很窄zhǎi, 是以后才加宽kuān的|원래 이 길은 매우 좁았으나 후에 넓혔다. ❸副 응당. 당연히. 어법 ⓐ「本来＋就＋動」의 형태 앞에「应该」「该」「会」「能」등의 조동사가 오거나,「動＋得(不)…」의 형태로 쓰여, 이치 상 그러하였어야 함을 나타냄. ¶当天的功课～就应该当天做完|그날 일은 당연히 그날 다했어야 했다. ¶～就该这么办|응당 이렇게 했어야 했다. ¶他的病没好, ～就不能出去|그의 병이 낫지 않았으니, 당연히 나갈 수 없었다. ⓑ「本来＋么(嘛)」의 형태로 주어 앞에 쓰여「…함이 당연하다」는 뜻을 나타냄. ¶～么, 一个孩子, 懂什么呀?|당연하지요, 어린이가 무엇을 알겠습니까? ¶～嘛, 学好外语就得下不少工夫|당연하지요, 외국어를 배우려면 많은 노력을 해야지요.

【本来面目】bĕnlái miànmù 名組〈佛〉사람이 가진 고유의 심성. 본래의 모습. 진면목 =〔本地风光〕→〔本相〕

【本垒】bĕnlĕi 名〈體〉홈(home). ¶～板|홈 플레이트(home plate). ¶～打|홈런. ¶～打线|홈런 타선.

【本利】bĕnlì 名❶원금과 이자. ¶～该还huán他五千元|원금과 이자로 그에게 5천원을 돌려 주어야 한다. ¶～和|원금과 이자의 합계. ¶～停|원금과 맞먹는 이자의 고리대금 =〔本息〕❷자본금과 이익.

2【本领】bĕnlǐng ⓧ bĕn·ling) 名 수완. 재능. 솜씨. 능력. 기량. ¶～高强|수완이 강하다. ¶他的～可不小|그는 재능이 상당히 많다→〔本事bĕn·shi〕

【本末】bĕnmò 名❶처음과 끝. 사건의 전 과정.

원인과 결과. 경위. ¶详述～ | 일의 경과를 상세히 기술하다. ❷본말. 근본과 말초(末梢). ¶～倒置dàozhì | 國본말이 전도되다. ¶物有～, 事有始终 | 國사물에는 본말(本末)이 있으며, 일에는 시종(始終)이 있다.

【本能】běnnéng 名 본능. ¶有保卫生命的～ | 생명을 지키는 본능이 있다→〔理性①〕

【本能地】běnnéng·de 副 본능적으로. ¶一片树shù叶票风过来, 他～用手挡dǎng了一下 | 나무 잎이 바람에 날려오자 그는 본능적으로 손으로 막았다.

【本票】běnpiào 名 ❶ 은행어음 ❷ 약속어음→〔票据〕

[4]【本钱】běnqián 名 ❶ 원금(元金). 본전. ¶不够～ | 원금이 모자란다. ¶没～的买卖 | 밑천없는 장사. 도둑질→〔资本①〕 ❷ 상품의 원가 ‖ =〔本头〕 ❸ 자본 [노동의 상대적인 말로 쓰임] ❹ 밑천. 능력. 자격. ¶我们不应该把自己的知识作为向人民讨价还价的～ | 우리들은 자신의 지식을 인민과 흥정하는 밑천으로 삼아서는 안된다. ❺ 近 음경(陰莖).

【本儿】běnr ❶ 名 원금(元金). 자본금. ¶不够～ | 원가(原價)에서 밑지다. 손해를 보다. ¶～朝cháo张 | (도박 등에서) 원금을 되찾다→〔本⑩〕 ❷ 名 공책. 노트. ¶笔记～ | 필기장. 공책. ¶帐zhàng～ | 장부(帳簿)→〔本⑪〕 ❸ 量 권. 본→〔本⑧〕

[3]【本人(儿)】běnrén(r) 名 ❶ 본인. 나. ¶～完全同意这个意见 | 본인은 완전히 이 의견에 동의합니다. ❷ 당사자. 그 사람. 문제의 인물. ¶他～一点也不知道 | 그 본인은 조금도 모르고 있다.

【本嗓(儿)】běnsǎng(r) 名 본성(本聲). 본래의 목소리. 자연적인 목소리→〔假jiǎ嗓(子)〕

【本色】ⓐ běnsè ❶ 名 본색. 본질. 본성(本性). 속성. 본래의 모습. ¶工人的～ | 근로자의 본질. ¶仍réng然没有失shī去作学生的～ | 여전히 학생의 기질을 잃지 않았다. ¶不怕死是军人的～ | 죽음을 두려워하지 않는 것은 군인의 속성이다. ❷ 名 자연적인 성질. ❸ 名 자연적인 색. 자연색. 원색. ❹ 名 조세로 바치는 물품 [이것을 금전으로 환산하는 것을 「折zhé色」라고 함] ❺ 名 청(青)·황(黄)·적(赤)·백(白)·흑(黑)의 다섯 색 =〔正色〕 ❻ 形 본래의 모습과 가깝다. 진짜와 같다. ¶还是你演yǎn得～些 | 역시 네가 연기하는 것이 진짜 같이 어울린다. ¶～人 | 가식이 없는 사람.

ⓑ (～儿) běnshǎi(r) 名 바탕색. 본래의 색깔 [직물의 색을 나타낼 때 주로 쓰임] ¶～布bù | 무지포(無地布). ¶～细布 | 염색하지 않은 옥양목(grey shirtings). ¶～原布 | 염색하지 않은 원포(原布). ¶～斜xié布 | 원색능직면(原色綾織綿)·면모교직(綿毛交織)·아마포(亞麻布)류 ¶～粗cū布=〔扣kòu布〕 | 광목. 염색하지 않은 무명천.

【本色(儿)】běnshǎi(r) ☞〔本色〕běnsè ⓑ

[3]【本身】běnshēn 名 ❶ 자체. 본체. 사물의 그 자체. ¶计划～并不坏huài | 계획 그자체는 결코 나쁘지 않다. ¶他们的纠纷jiūfēn～就说明这个矛盾máodùn | 그들의 분규 자체가 이 모순을 말해준다. ❷ 자신. 본인 사람의 그 자체. ¶他～并没有受到什么损害sǔnhài | 그 자신은 결코 어떤 손해도 받지 않았다.

【本生】běnshēng 名 생가. 본가 [양자가 자기의 생가(生家)를 자칭하는 말] ¶～父 | 생부. ¶～母 | 생모. ¶～娘niáng | 생모.

【本生灯】Běnshēngdēng 名 外 분젠등(Bunsen's burner) =〔邦bāng生灯〕

【本生电池】Běnshēngdiànchí 名 外 분젠 전지. =〔邦bāng生电池〕

[2]【本事】ⓐ běnshì 名 ❶ 시(詩)·사(詞)·희극(喜劇)·소설 등 문학 작품의 구성 내용. 출전(出典). 전고(典故). ¶～詩 | 〈書〉본사시 [당대(唐代)의 맹계(孟棨)가 편찬한 역대 시인의 본사(本事)를 기술한 책. 당대(唐代) 시인의 일사(逸事)가 많음] ❷ 近 경과. 정황. 상황. ¶武松把那打大虫chóng的～再说一遍biàn | 무송은 호랑이를 때려 잡게 된 경과를 다시 한 번 설명하였다.

ⓑ běn·shi 名 기량. 능력. 재능. 수완. ¶他只会空kōng口说大话, 没有真～ | 그는 맨입에 큰 소리칠 뿐, 진정한 수완은 없다. ¶～显著xiǎnzhù长进了 | 기량이 현저히 나아졌다. ¶使出了全身的～ | 혼신의 기량을 발휘하였다→〔本领·ling〕〔能耐〕

【本题】běntí 名 본제. 중요한 문제. 요점. ¶离了～的话 | 요점을 벗어난 이야기. ¶接触jiēchù到～ | 본제에 들어가다.

【本体】běntǐ 名 ❶ 본체(本體). 실질. 실제. 정체. ¶障碍zhàngài物～ | 장애물의 정체. ¶～论 | 존재론. 본체론. ❷ (글이나 말의) 요지. 요점. 취지. ¶～ | ❸ 물질. 본질.

【本头】běn·tou ⇒〔本钱qián〕

【本土】běntǔ 名 ❶ 향토. 고향. ¶本乡～ | 태어난 고향. ¶～植zhí物 | 자생 식물. ❷ 본토. 본국 영토 ❸ 자기의 영토. 본국.

【本位】běnwèi 名 ❶ 〈經〉(화폐의) 본위. ¶金～ | 금 본위. ¶银～ | 은 본위. ¶～制 | 본위제. ❷ 자기 책임. 자기가 소속된 단체. 부문. ¶～工作 | 자기 책임의 일. ¶～主义 | 자기 본위 주의. ❸ 중심. 중점. ¶幼yòu儿园的一切设施shèshī都应该以儿童为～ | 유아원의 모든 시설은 어린이 위주로 해야 한다.

【本文】běnwén 名 ❶ (조약의) 본문. ❷ 원문(原文) [「译文」·「注解」등에 대한 말]

【本息】běnxī ⇒〔本利〕

【本席】běnxí 名 본 의원. [회의장에서의 의원의 자칭]

【本戏】běnxì ⇒〔全quán本(儿)①〕

【本乡】běnxiāng 名 ❶ 그 지방. 당지. 현지. ❷ 近 향리(鄉里). 제 고향. 태어난 고향. 출생지. ¶～人 | 동향인.

【本乡本土】běn xiāng běn tǔ 國 ❶ 태어난 고향. ❷ 당지. 현지.

【本相】běnxiàng 名 본성(本性). 진상. 원래의 면모. 본질. 진상. ¶露lòu出～来了 | 진상이 밝혀졌다. ¶～毕露 | 본성이 다 드러나다→〔本来面

目〕

【本销】běnxiāo 名 내수용 상품. 내수. 국내 판매. ¶～和外销 | 내수와 수출 ⇔〔外销〕

【本小利微】běn xiǎo lì wēi 威 밑천이 적어 이익도 박하다.

【本心】běnxīn 名 본심. 본의. 원래의 의향. ¶这是不是他的～, 很有疑问 | 이것이 그의 본심인지 의심스럽다.

4【本性】běnxìng 名 본성. 천성. 본질. ¶露lù出～ | 본심을 노출하였다.

【本性难移】běn xìng nán yí 威 천성은 고치기 어렵다. 제 버릇 개줄까. ¶山河易yì改, ～ | 산천은 쉽게 바뀌어도 본성은 고치기 어렵다.

【本姓】běnxìng 名 近 ❶ 본래의 성(姓).구성(舊姓). ❷ 성명. 이름. ¶不忍rěn没其～, 就将方字为名, 换huàn做刘方 | 그의 성명이 없음을 견디지 못해 방자를 이름으로 정하여 유방이라고 불렀다《醒世恒言》

【本业】běnyè 名 ❶ 본래의 직업. 본업. ❷ 자기의 직업. 이 직업 [동업자에 대해 쓰는 말] ❸ 書 농업 [상공업을 말업(末業)·말작(末作)이라 함]

【本义】běnyì 名 본의. 본래의 의미 →〔引yǐn申义〕

【本意】běnyì 名 본의. 본심. 진의. 진심. ¶说出了～ | 본심을 말하였다. ¶变了～ | 본심이 변하였다. ¶他的～并不是这样 | 그의 본심은 결코 이러하지 않았다.

【本应】běn yīng 書 副 원래 …해야 했었다. 당연히 …이어야 했다. ¶～征zhēng求群众的意见 | 원래 군중의 의견을 구해야 했었다 =〔本当〕〔本该〕〔本合〕

【本影】běnyǐng 名〈天〉본영(umbra).

【本原】běnyuán 名〈哲〉본질. 본체.

【本源】běnyuán 名 ❶ (행동의) 근거. 동기. ❷ 근원(根源). 원리(原理). 원천. ❸ (각종 정보의) 출처. ❹ (작품 내용의) 원류(源流).

【本愿】běnyuàn 名 ❶ 염원(念願). 원래의 소원. ¶学医是我的～ | 의학 공부를 하는 것이 나의 염원이었다. ❷〈佛〉본원(本願).

4【本着】běn·zhe 介 …에 입각하여. …에 의거하여. …을 기준으로. 어법「精神」「态度」「原则」「方针」「指示」등의 소수 추상명사와 결합하고, 이러한 명사 앞에는 항상 수식어가 옴. ¶两国政府～真诚chéng合作的精神, 签qiān订了技术jìshù协xié定 | 양국 정부는 진정한 협조 정신에 입각하여 기술협정을 체결하였다. ¶不论什么问题, 都应～党dǎng的政策zhèngcè办bàn事 | 어떤 문제이든 모두 당의 정책에 따라서 시행하여야 한다.

【本职】běnzhí 名 본직. 자기 직책·직무·직분. ¶他们从～工作谈到了远大目标biāo | 그들은 자기 직무와 관련하여 원대한 목표에 대해 이야기하였다. ¶做好～工作 | 자기 직무를 잘 처리하다.

2【本质】běnzhì ❶ 名 본질. 특질. ¶英雄xióng的～便是不向困难低dī头 | 영웅의 본질은 어려움에 굴복하지 않는 것이다. ❷ 名 (사람의) 본성. ¶他的～很善良shànliáng | 그의 본성은 매우 선량하다. ❸ 轉 본질적이다. 어법 부사의 수식을 받아 형용사적으로 쓰임. ¶最～的东西 | 가장 본질적인 물건.

【本主儿】běnzhǔr 名 ❶ 본인. 당사자. ¶人家～没话, 你来说什么! | 본인도 말이 없는데, 네가 무슨 말을 하니! ¶～一会儿就来, 你问他得了 | 본인이 곧 올테니 그에게 물어보면 될 것이다. ❷ 원 소유주. 본래의 주인. (유실물의) 소유주. ¶这更好了, 人家～出来了 | 이것 더욱 잘됐다. 소유주가 나타났다. ¶这辆liàng汽车谁是～? | 이 자동차는 누가 원 소유주이냐?

1【本子】běn·zi 名 ❶ 장부. ❷ 필기장. 잡기장. 공책. 노트. ¶改～ | (교사가 학생의 연습문제 따위의) 필기를 고치다. ❸ 판본(版本). ¶这个～错误太多, 不能援yuán引 | 이 판본은 착오가 너무 많아 인용할 수 없다. ¶这两个～都是宋本 | 이 두 판은 모두 송 판본이다.

【本宗】běnzōng 書 名 ❶ 본종. 대종(大宗). 총 본가(總本家). ❷ 친정. ¶退还～ | 친정으로 돌아가다《古今小說》

【本族语】běnzúyǔ 名〈言〉자기 민족어.

【苯】 běn 우거질 분

❶ 書 形 풀이 무성하다. ❷ 名〈化〉벤젠(benzene). 벤졸(benzol) ¶～基 | 페닐(phenyl)기. ¶～甲基 =〔苄biàn基〕| 벤질(benzyl)기. ¶甲～ | 톨루엔(toluene). 메틸벤젠(methyl benzene). ¶硝xiāo基～ | 니트로 벤젠(nitro benzene) =〔安息xī油〕〔偏piān陈〕

【苯胺】běn'àn 名〈化〉아닐린(aniline). ¶～染rǎn料 | 아닐린염료(染料) [최초의 인공염료. 모든 인공염료를 가리키기도 함] ¶～盐 | 아닐린염(鹽). ¶硫酸～ | 아닐린 설페이트(aniline sulfate). ¶～油 | 아닐린 유(油) =〔安尼ní林〕〔阿尼林〕〔生色精〕

【苯巴比妥】běnbābǐtuǒ 名〈藥〉페노바르비탈(phenobarbital) [바르비투르계 최면제의 일종] ¶～钠nà | 용성(溶性) 페노바르비탈 =〔苯巴比通〕〔鲁米那〕〔加殿那〕

【苯酚】běnfēn 名〈化〉석탄산. ¶～盐yán | 석탄산염. ¶～液yè | 석탄산수 =〔石炭酸〕

【苯甲醇】běnjiǎchún 名〈化〉벤질알콜(benzyl alcohol) =〔苄biàn醇〕

【苯甲酸】běnjiǎsuān 名〈化〉안식향산(安息香酸). ¶～钠nà | 안식향산나트륨〔안식향산소다〕. ¶～苄酯biànzhǐ | 안식향산 벤질 =〔安息(香)酸〕

【苯甲酸钠咖啡因】běnjiǎsuānnà kāfēiyīn 名組〈化〉안식향산(安息香酸) 나트륨 카페인 =〔安钠加〕〔安息香酸钠咖啡因〕

【苯烷】běnwán 名〈化〉사이클로헥산(cyclohexane) =〔环huán己烷〕

【苯乙烯】běnyǐxī 名〈化〉스티렌. ¶～玻璃bō·li | 스티렌 유리. ¶～树脂shùzhī | 스티렌 수지 =〔乙烯苯〕

【畚】 běn 동구미 분, 삼태기 분

❶ 名 삼태기. 동구미 =〔畚箕〕〔土笼〕→〔簸bò箕〕 ❷ 動 粤 (삼태기로) 긁어 모으다. ¶～土 | 삼태기로 흙을 모으다. ¶～炉lú灰huī | 화로의 재를 삼태기로 긁어 담다.

【畚斗】běndǒu 名 閩南 삼태기. 동구미.
【畚箕】běnjī 名 吳 삼태기. 동구미.
【畚挶】běnjú 名 흙을 운반하는 삼태기의 일종.

bèn ㄅㄣˋ

【夯】bèn ☞ 夯 hāng B

【坌〈坋〉】bèn 모을 분
❶ 動 吳 (흙을) 파(엎)다. ¶～地 | 흙을 파다. ¶～田角jiǎo | 밭 모퉁이를 파다. ❷ 모으다. ¶～集jí↓ ❸ 조악하다. 조잡하다. ¶拾shí得粗cū～～几根柴chái | 조악해 빠진 땔감 몇개를 주웠다. ❹ (가루 따위를) 뿌리다. ❺ 近 「笨」과 같이 쓰이기도 함 ⇒〔笨bèn〕

【坌集】bènjí 書 動 모이다. 모여들다. ¶～城chéng区 | 주거 밀집 지역.
【坌涌】bènyǒng 書 動 솟아오르다. 용솟음 치다. 끓어오르다. 비등하다. ¶心潮cháo～ | 감정이 끓어 오르다.

【奔】bèn ☞ 奔 bēn B

2【笨】bèn 못생길 분
形 ❶ 어리석다. 둔하다. 미련하다. ¶这孩子太～ | 이 아이는 너무 바보스럽다. ¶～汉 | 어리석은 남자. ¶脑nǎo子～ | 머리가 나쁘다. 총명하지 못하다 ⇔〔聪明〕→〔呆〕〔傻shǎ〕 ❷ 서투르다. 재간이 없다. 어눌하다. ¶嘴zuǐ～ | 말재주가 없다. ¶～手↓ ❸ 육중하다. 무겁다. 투박하다. ¶铁tiě皮柜guì子太～ | 철을 입힌 장농은 너무 무겁다. ¶～活↓ ❹ 京 (곡물이) 찰기가 없다. 푸석푸석하다. ¶～谷gǔ子 | 찰기 없는 곡물. ¶是～的, 是粘nián的 | 찰기가 없는 것이냐 있는 것이냐?

【笨笨痴痴】bèn·benchīchī ⇒〔笨笨磕kē磕〕
【笨笨磕磕】bèn·benkēkē 狀 ❶ 말이 일관성이 없다. 횡설수설하다. ¶由于激动jīdòng, 他说得～ | 흥분하여 말을 더듬거린다. ❷ 바보같다. 미련하다. 어리석다. ¶～削xiāo铅笔 | 바보같이 연필을 깎는다.
【笨笨拉拉】bèn·benlālā 狀 京 동작이 느리다. 굼뜨다. ¶他干gàn什么事都～的 | 그가 무슨 일을 하든 느릿느릿하다.
【笨伯】bènbó 書 名 바보. 어리석은 사람.
【笨笔】bènbǐ 名 謙 치졸한 문장. 졸필.
【笨才】bèncái 名 둔재(鈍才). 재능이 없는 사람. 바보.
【笨车】bènchē 名 구식의 짐수레.
【笨虫】bènchóng 名 ❶ 罵 미련한 놈. 바보. 얼간이. ❷ 西北 쇠파리. ¶～叮dīng在牛身 | 소에 쇠파리가 붙었다 =〔牛蝇〕
4【笨蛋】bèndàn 名 罵 바보. 멍청이. 숙맥. 얼간이. ¶你这个～, 连这点小事也办不了 | 이 바보같은 놈, 이런 사소한 일조차 해내지 못하다니.
【笨东西】bèndōng·xi ⇒〔笨货〕
【笨活(儿)】bènhuó(r) 名 막노동. 막일. 육체노동. ¶干～ | 막일을 하다→〔细活(儿)〕
【笨货】bènhuò 名 ❶ 罵 미련한 놈. 바보. 우둔한 사람. ❷ 둔중한 물건 ‖ =〔笨东西〕
【笨劲儿】bènjìnr 名 무모하게 쓰는 힘. 요령없이 쓰는 힘. ¶不知道窍qiào门儿, 光用～也不行 | 요령을 모르고, 힘만 써서는 되지 않는다.
【笨口拙舌】bèn kǒu zhuō shé 成 말재주가 없다. 말을 잘못하다. ¶～的人 | 구변이 없는 사람 =〔笨嘴挠náo腮sāi〕〔笨嘴笨舌〕
【笨鸟先飞】bènniǎo xiān fēi 成 둔한 새가 먼저 난다. 능력이 모자란 사람이 더 부지런해야 한다.
【笨手】bènshǒu 名 손재주가 서투른 사람. ¶～笨脚jiǎo =〔笨手劣liè脚〕| 成 동작이 느리다. 재주가 없다.
【笨头笨脑】bèn tóu bèn nǎo 成 머리가 둔하다. 멍청하다.
4【笨重】bènzhòng 形 ❶ 육중하다. 둔중하다. 묵직하다. ¶非常～的家具 | 매우 묵직한 가구. ¶身体～ | 몸이 묵직하다. ❷ 행동이 느리다. 둔하다. ¶脚步jiǎobù～ | 발걸음이 무겁다. ❸ 우둔하다. 둔감하다. ❹ 힘이 들다. ¶～的活计 | 힘이 드는 일. 막일. ¶～劳动 | 중노동. 고생스런 일.
4【笨拙】bènzhuō 形 미련하다. 우둔하다. 못나다. 서툴다. ¶做法很～ | 방법이 매우 서툴다. ¶我这个小女孩生来天资～, 请老师费心多帮助她吧 | 저의 딸년은 태어나면서부터 천성이 둔하니 선생님께서 신경을 많이 써 주십시오.
【笨嘴笨舌】bèn zuǐ bèn shé ⇒〔笨口拙舌〕
【笨嘴挠腮】bèn zuǐ náo sāi ⇒〔笨口拙舌〕
【笨做】bènzuò 動 ❶ 서툴게 일을 하다. ❷ 융통성 없이 일하다. 답답하게 일하다.

bēng ㄅㄥ

【伻】bēng 하여금 팽, 사자 팽
書 ❶ 名 사자(使者). ❷ 動 …로 하여금 …하게 하다 =〔使〕

4【崩】bēng 산무너질 붕
❶ 動 무너지다. 허물어지다. ¶山～地裂liè | 成 산이 무너지고 땅이 갈라지다. 천지 개벽이 일어나다. ❷ 動 터지다. 파열하다. 찢어지다. ¶把气qì球吹～了 | 풍선을 불다가 터뜨렸다. ❸ 動 (날아가는 물건에) 맞아 다치다. ¶放爆bào竹～了手 | 폭죽을 터뜨리다가 손을 다쳤다. ❹ 動 피가 흐르다. 피가 그치지 않다. ¶～症zhèng↓ ¶～了血了 | 피를 줄줄 흘렸다. ❺ 書 動 붕어하다. 제왕이 돌아가시다. ¶～殂cú↓ ¶～驾↓ ❻ 動 俗 총살하다. ¶一枪qiāng把他～了 | 한발에 그를 총살해 버렸다. ❼ 動 北 사이가 갈라지다. 결렬되다. ¶两人就这样谈～了 | 두사람은 결국 이렇게 결렬되었다. ¶他们俩～了 | 그들 두 사람은 갈라섰다. ❽ 動 (이가) 빠지다. ¶刨子～了 | 대패날이 이가 빠졌다. ¶～了牙了 | 이가 빠졌다. ❾ 질책하다. 꾸지람하다. ¶用话～人 | 말로 질책하였다. ❿ (～儿) 名 방법. 수단 →〔崩儿〕 ⓫ 정도가 심함을 나타냄. ¶～脆cuì | 씹는 맛이 아주 부드럽다. ⓬ ⇒〔崩龙族〕 ⓭ (Bēng) 名 성(姓).
【崩败】bēngbài 動 近 무너지다. 붕괴되다. ¶～花园 | 허물어진 꽃밭.

【崩崩脆】bēngbēngcuì 狀 사각사각해서 씹는 맛이 좋다.

【崩殂】bēngcú 書 動 붕어(崩御)하다. 임금이 죽다. ¶先帝创业未半, 而中道~ | 선제께서는 창업을 반도 이루지 못하신채 중도에 붕어하셨다《前出師表》

【崩箍】bēng/gū 動 ❶ 테를 터지게 하다. 망가뜨리다. ❷ 喩 실패하다. ¶事情没办bàn好, 崩了箍了 | 일을 잘 처리하지 못하고 결국 실패했다.

【崩坏】bēnghuài 動 완전히 무너지다. 붕괴하다. 몰락하다. ¶矛屋四下里~了 | 초가집이 사방에서 붕괴하였다.

【崩驾】bēngjià 書 動 붕어(崩御)하다. 임금이 돌아가시다.

【崩决】bēngjué 動 틈이 생기다. (제방 따위가) 터지다.

4【崩溃】bēngkuì 動 (국가·가정·경제·정치·군사 등이) 와해되다. 몰락하다. 붕괴되다. ¶快要~的空虚的大家庭 | 곧 몰락할 공허한 대가족 제도. ¶奴隶制度统治秩序~了 | 노예제에 의한 통치 질서는 붕괴되었다.

【崩裂】bēngliè 動 ❶ 갈라지다. 터지다. 파열하다. ❷ (연장의) 이가 빠지다. ¶车刀容易~了 | 바이트는 쉽게 이가 빠져버린다.

【崩龙族】Bēnglóngzú 名〈民〉붕룽족 [운남성(雲南省) 덕굉 태족 경파족 자치주(德宏傣族景頗族自治州)에 주로 거주하는 소수 민족]

【崩儿】bēngr ❶ 名 俗 방법. 수단. ¶有什么~? | 어떤 방법이 있는가?《老舍·四世同堂》=〔崩⑩〕 ❷ 擬 띵당띵당. 붕붕. 띵당띵당 [현악기를 연주하는 소리] ¶拿着弦xián子, ~~价jiè拨bá弄着玩wán | 현악기를 띵가당 띵가당 타면서 놀고있다《老殘游記》

【崩塌】bēngtā 動 무너지다. 붕괴하다. ¶发生了强烈qiángliè地震zhèn, 许多建筑物jiànzhùwù~了 | 강렬한 지진이 발생하여 많은 건축물이 무너졌다 =〔崩坍〕

【崩症】bēngzhèng 名〈漢醫〉자궁출혈.

4【绷(繃)】 bēng běng bèng 묶을 붕

Ⓐ bēng ❶ 動 묶어 매다. 잡아 당겨 매다. ¶胡琴húqín弓上~着的是马尾儿 | 호금의 활에 매인 것은 말꼬리이다. ❷ 動 팽팽하게 잡아당기다→〔拉lā紧〕 ¶把绳shéng子~直了 | 끈을 팽팽하게 잡아 당겼다. ¶衣服~紧jǐn在身上不舒服 | 옷이 몸에 꼭 끼어 불편하다. ❸ 動 (물건이) 튀어 오르다. ¶弹簧dànhuáng~飞了 | 용수철이 튀어 올랐다. ❹ 動 시치다. 드문드문 호다. ¶先~几针zhēn, 然后再细缝féng | 먼저 몇 바늘 시친 후에 꼼꼼히 꿰매다. ¶~被头 | 이불을 시치다. ❺ 動 京 吳 吳 간신히 유지하다. 겨우 수습하다. 버티다. ¶~场面↓ ¶还hái能~多久? | 얼마나 더 버틸까? ❻ 動 北 속이다. 협박하다. ¶~骗piàn↓ ¶让ràng人~ | 남에게 사기 당하다. ¶东~西骗 | 온통 사기치다. ❼ (~子) 名 자수틀→〔绷子〕. ❽ 動 말로 상대방을 물리치다. ¶用话把他~了走 | 말로 그를 쫓아 버렸다. ❾ 動 京 다투다. 경쟁하다. 비교하다. ¶跟他~一阵zhèn儿 | 그와 한바탕 다투다. ❿ 動 京 고수하다. 절대 양보하지 않다. ¶价钱~得挺tǐng硬yìng | 가격을 야무지게 고수하다. ⓫ 動 京 결별하다. 관계를 끊다. ¶俩人怕要~ | 두 사람은 관계가 끊어질까 두려워 한다.

Ⓑ běng 動 ❶ (안색·표정이) 굳어지다→〔板bǎn⑦〕 ¶~着个脸liǎn儿生气qì | 표정을 굳히고 화를 냈다. ❷ 참다. 견디다. 억지로 버티다. ¶她~不住就哭了 | 그녀는 참다못해 울어 버렸다. ❸ 京 기다리다. ¶再~一会儿就揭jiē锅guō | 다시 잠시 기다리면 공개한다.

Ⓒ bèng ❶ 動 금이 가다. 터지다. ¶~了一道缝fèng儿 | 솔기 하나가 터졌다. ¶这个花瓶~了 | 이 꽃병은 금이 갔다. ¶别吹了, 再吹就要~啦! | 그만 불어라. 더 불면 터진다! ❷ (~儿) 副 俗 대단히. 매우. 어법 「硬」「直」「亮」등의 형용사 앞에 쓰여 정도가 심함을 나타냄. ¶新摘zhāi的西瓜~脆cuì~甜tián | 새로 딴 수박은 연하고도 달다. ❸ 形 京 핏대가 서다. 핏줄이 불거지다. ¶青筋jīn~起多高来 | 시퍼런 핏대가 불끈 솟았다.

Ⓐ bēng

【绷扒】bēngbā 動 近 묶어 매다. 끈으로 묶다. ¶~吊diào拷kǎo | 묶어 달고 고문하다.

【绷巴吊拷】bēng bā diào ckǎo 成 묶어 달고 고문하다《西游記》

【绷场面】bēng chǎngmiàn 動組 京 吳 국면을 간신히 유지하다. 겨우 버티다.

【绷出去】bēng ·chu ·qu 動組 方 적당히 구슬려 내보내다. 적당히 처리해 보내다. ¶他又来唠叨láotāo, 我说话给~了 | 그가 또 와서 잔소리를 하길래 내가 말하여 돌려 보냈다.

4【绷带】bēngdài 名 붕대. ¶扎zhā~ | 붕대를 감다. ¶~包 | 구급상. 구급 용품 상자. ¶用~包扎伤口 | 붕대로 상처를 싸감다.

【绷带钩针】bēngdài gōuzhēn 名組 붕대 고정 핀 [붕대를 감은 뒤 풀어지지 않도록 질러 놓은 핀]

【绷吊】bēngdiào 動 近 묶어 달다. 轉 고문하다.

【绷簧】bēnghuáng ⇒〔弹tán簧〕

【绷架】bēngjià 名 자수틀.

【绷紧】bēngjǐn 動 꽉 묶다. 팽팽하게 조이다. ¶把弦xián~了 | 현을 팽팽하게 당겨 묶다. ¶弓弦一定要~ | 활시위는 세게 조여 묶어야 한다.

【绷骗】bēngpiàn ❶ 名 기만. 협잡. 사기. ❷ 動 협잡하다. 속이다. 기만하다.

【绷子】bēng·zi 名 자수대(刺繡臺). 자수틀 =〔绷布机〕〔张布架〕

Ⓑ běng

【绷不住】běng ·bu zhù 動組 (표정·태도 등을) 유지하지 못하다. 참지 못하다. 견디지 못하다. ¶~笑了 | 참지 못하고 웃었다. ¶也有~的时候 | 표정 등을 감추지 못할 때가 있다.

【绷脸(儿)】běng/liǎn(r) 動 안색을 찌푸리다. 부루퉁한 표정을 짓다. 불만기를 얼굴에 띠다. 노한 얼굴을 하다. ¶他绷着脸, 半天也不说一句话 | 그는 찌푸린 얼굴로 도무지 한마디도 하지 않았다. ¶由于生气绷着脸 | 그는 화가 나서 얼굴을

잔뜩 찌푸리고 있다.

Ⓒbèng

【绷瓷(儿)】bèngcí(r) 名 빙열문(氷裂紋) 자기(瓷器)[균열의 흔적나도록 구운 자기]

【绷脆】bèngcuì 朊 ❶ 부서지기 쉽다. 바삭바삭하다. ¶烤kǎo得~ | 바삭바삭하게 구어졌다. ❷ (말이나 소리 등이) 또렷하다. 시원하다 ‖ =〔迸bèng脆〕

【绷(儿)亮】bèng(r)liàng 朊 俗 매우 밝다. ¶一下子~, 眼睛yǎnjīng展不开 | 갑자기 너무 밝아 눈을 뜰 수 없다.

【绷(儿)硬】bèng(r)yìng 朊 俗 매우 단단하다. 견고하다. ¶老公鸡jī的骨头~, 啃kěn不动 | 늙은 수탉의 뼈다귀는 너무 여물어 씹을수가 없다. ¶泥土冻得~ | 진흙이 아주 단단하게 얼었다.

【嘣】bēng běng 내뱉을 붕

Ⓐbēng ❶ 擬 두근두근. 쿵쿵. 펑. 빵[갑자기 뛰거나 터지며 나는 소리] ¶胸xiōng口~~直跳tiào | 가슴이 두근두근 줄곧 뛴다. ¶爆bào竹~地一声脆响cuìxiǎng | 폭죽이 펑하고 부드럽게 울렸다. ❷ 動 내뱉듯이 말하다. ¶他吭哧kēngchī了半天, ~出四个字「我讲不来」| 그는 한참을 머뭇거리다가, 「난 말 못하겠어」라고 내뱉듯이 말했다. ❸ (~子) 名 제전(制錢) [10문(文)에 해당하던 소액 동화(銅貨). 20세기 초까지 유통되던 보조 화폐] ¶~子也没给 | 한푼도 주지 않았다.

Ⓑběng ⇒〔嘣嚓嘣嚓〕〔嘣嚓嚓〕

【嘣嚓嘣嚓】běng·caběngcā 擬 영차영차 어영차 어영차 [4박자에 맞추어 함께 내는 소리]

【嘣嚓嚓】běngcācā 擬 어영차. 어이샤 하나둘셋 [3박자에 맞추어 함께 내는 소리]

béng ㄅㄥˊ

3【甭】béng bíng (쓰지않을 붕/용)

Ⓐbéng ❶ 副 …하지 마라. ¶你~管 | 너는 상관하지 마라. ¶您~客气 | 사양하지 마세요. ❷ 副 …할 필요가 없다. ¶人手已经够了, ~派人去了 | 사람이 충분하다, 더 보낼 필요 없게 되었다. ¶~管它了 | 그것에 신경쓸 필요 없다. 어법 북경(北京)에서는 「bíng」으로 발음함. ❸ 副 …하여도 소용없다. …하려고 해도 소용없다. ¶有这条臭chòu沟gōu, 谁也~想好好地活着 | 이 냄새 나는 시궁창이 있었는 한, 아무리 잘 살아 보려 생각해도 소용없다. ❹ 副 …하지 않을 때는 별문제로 하고. ¶我们兄弟俩~坐到一块儿, 坐到一块儿就论争 | 우리 형제 둘은 함께 있지 않을 때는 별문제로 하고, 함께 있기만 하면 논쟁을 벌인다. ❺ 京 …일 것이다. …같다. 어법 「是」앞에 쓰여 추측의 어기를 나타냄. ¶这话~又是他胡造造的吧 | 이 말은 그가 또 함부로 만들어 낸 것일 것이다. 어법 ⓐ 「甭」은 「不用」의 합음자(合音字)로서 구어(口語)에 주로 사용함. ⓑ 「甭」은 대체로 단독으로 쓰이지 않음. ⓒ 「甭」과 「无须」의 차이 ⇒〔无wú须〕 ❻ (Béng) 名 성(姓)

Ⓑbíng 「甭béng②」의 북방 구어음(口語音) ⇒〔甭béng②〕.

【甭管】béng guān 動組 관계하지 마라. 상관 마라 =〔不用管〕

【甭介】béng·jie 動 京 개의치 마세요. 상관 말아요. ¶~, 我用不着你送 | 괜찮습니다. 배웅하실 필요가 없습니다 =〔甭价·jie〕

【甭价】béng·jie ⇒〔甭介〕

【甭儿你】béngr nǐ 動組 京 너 이녀석. 그만두지 못해. 주의해 [경고를 나타냄] ¶这小子, ~! | 이 녀석, 정말!

【甭说】béng shuō 動組 말할 필요가 없다. ¶这以后的事你都清楚qīngchǔ, 我就~了 | 이 이후의 일은 네가 다 분명히 알고 있으니, 내가 말할 필요가 없겠다.

【甭提】béng tí 動組 언급할 필요가 없다. 말할 필요가 없다. 어법 뒤에 「(有+)多+形」형식이 와 정도가 매우 심함을 나타냄. ¶这件事办得~有多糟zāo了 | 이 일은 말할 수 없을 정도로 형편없이 처리되었다.

【甭想】béng xiǎng 動組 …을 생각할 필요도 없다. …하려고 해도 소용없다. 어법 앞에 조건을 나타내는 구문이 오고 그것이 객관적으로 가능성이 없음을 나타냄. ¶这个问题不解决jiějué, 任务就~完成 | 이 문제가 해결되지 않으면, 임무는 완성할 수 없다 =〔甭打算〕

【甭用】béng·yong xiǎng 動 京 …할 필요 없다. ¶您今儿~去 | 너 오늘 갈 필요 없다. ¶~他亲自来 | 그가 직접 올 필요 없다.

běng ㄅㄥˇ

【绷】běng ☞ 绷 bēng Ⓑ

【嘣】běng ☞ 嘣 bēng Ⓑ

bèng ㄅㄥˋ

【泵】bèng (펌프 붕/빙)

名 ❶ 外 〈機〉 펌프(pump). ¶气~=〔抽chōu气泵〕| 공기펌프. ¶油~급유펌프. ¶真空~ | 진공펌프. ¶风~ | 송풍펌프. ¶离心~ | 원심(遠心)펌프 =〔泵浦〕〔唧jī筒〕〔激jī筒〕〔外 帮bāng浦〕〔外 邦bāng浦〕〔抽chōu水机〕〔汲jí水机〕〔汲水泵〕〔汲水唧筒〕 ❷ (Bèng) 성(姓).

【泵出】bèng·chū 動 펌프로 퍼내다. ¶把积jī水~来 | 고인물을 펌프로 퍼내다.

【泵房】bèngfáng 名 ❶ 펌프실. ❷ 〈石〉 송유소(送油所)

【泵浦】bèngpǔ 名 外 펌프 =〔泵〕

【泵站】bèngzhàn 名 〈石〉 송유소(送油所)

【泵注】bèngzhù 動 펌프로 부어 넣다. ¶将混凝hùnníng土~地底dǐ以稳固wěngù地基jī | 콘크리트를 펌프로 땅 밑바닥에 퍼부어 지반을 단단히 하였다.

【迸】bèng bǐng 솟아나올 병

Ⓐbèng 動 ❶ 튀다. 내뿜다. 솟아오르다. 터지다. ¶火星儿乱luàn~ | 불똥이 어지럽게 튀다. ¶终

于～出了一声shēng哭kū叫 | 끝내 울음소리를 터뜨렸다. ❷㊅ (말을 참고 있다가) 불쑥 내뱉다. ¶沉chén默了半天, 他才从牙缝féng里～出一句话来 | 한참동안 침묵을 지키고 있다가, 그는 비로소 이빨 사이로 한마디 내뱉었다. ¶～了一会, ～出了半句话 | 말을 참고 있다가 겨우 한마디 내뱉았다. ❸㊅ 갈라지다. 찢어지다. ¶～裂↓ ¶水桶tǒng～了一道缝féng儿 | 물통에 금 하나가 생겼다. ¶长江水干gān, 河底dǐ～ | 양자강의 물이 마르고 황하의 바닥이 갈라졌다. ❹ 뛰다. 뛰어 오르다. ¶～跳tiào↓

Ⓑ bǐng ㊍ 動 물리치다. 제거하다. ¶～诸zhū四夷yí | 모든 오랑캐를 물리쳤다.

【迸发】bèngfā 動 내뿜다. 분출하다. 터져 나오다. ¶～着青春的活力 | 청춘의 활력이 솟구친다. ¶火星儿乱～ | 불똥이 사방으로 어지럽게 튄다. ¶笑声从四面八方～出来 | 웃음소리가 사방팔방에서 터져 나왔다.

【迸欢】bènghuān 狀 활기있다. 활달하다. 영롱하다. 활기차다. ¶～的眼睛jīng | 초롱초롱한 눈. ¶小孩儿～ | 아이는 활기있고 귀엽다.

【迸泪】bèng/lèi 動 눈물을 펑펑 흘리다. 하염없이 눈물을 흘리다. =〔迸涕tì〕

【迸裂】bèngliè 動 쪼개지다. 파열하다. 분출하다. 쪼개져 튀어나오다. ¶打得脑浆nǎojiàng～ | 맞아서 뇌수가 터져나오다. ¶泉quán水～而出 | 샘물이 솟아 나오다.

【迸流】bèngliú 動 흘러 나오다. 솟아 나오다. ¶鲜xiān血～ | 선혈이 흘러 나오다.

【迸跳】bèngtiào 動 뛰어 오르다. ¶用后脚弹dàn地, ～起来 | 뒷다리로 땅을 차고 뛰어 올랐다 =〔蹦跳〕

【蚌】 bèng ☞ 蚌 bàng Ⓑ

【绷】 bèng ☞ 绷 bēng Ⓒ

4
【蹦】 bèng 뛸 붕

❶ 動 뛰어 오르다. 뛰다. ¶鱼还～着呢 | 물고기는 아직도 팔딱팔딱 뛰고 있다. ¶～了二公尺chǐ高 | 2미터를 뛰었다. ¶很近, 一～儿就到 | 가까워서 한 걸음이면 닿는다. ¶欢～乱luàn跳tiào | 좋아서 함부로 뛴다. ❷ (～儿) 名 ㊄ 재능. 능력. 재주. 어법 「没多大～」「能有多大～」의 형태로 쓰임 →〔蹦儿〕

【蹦蹦达达】bèngbèngdádá 狀 ㊁ 멈칫멈칫하다. 뛰엄뛰엄 건너 뛰다. ¶～地念不下去 | 뛰엄뛰엄하며 읽어 나가지 못한다.

【蹦蹦跳跳】bèngbèngtiàotiào 狀 이리저리 뛰다. 깡충깡충 뛰다. ¶这孩子好活泼huópō, 成天～的 | 이 아이는 매우 활발하여 하루 종일 이리 저리 뛴다.

【蹦蹦儿戏】bèngbengrxì 名 중국 하북성(河北省) 난현(欒縣) 지방의 지방극[「评剧」(평극)의 전신으로 「落子」라고도 함]

【蹦达】bèng·da 動 튀어 오르다. 톡톡 튀다. 날뛰다. ¶秋qiū后的蚂蚱mǎzhà, ～不了几天了 | 歇 가을 메뚜기 뛰어봐야 며칠이다. 메뚜기도 한철이다 =〔蹦跶〕

【蹦高(儿)】bènggāo(r) 動 깡충깡충 뛰다. ¶乐lè得～了 | 기뻐서 깡충깡충 뛰었다 =〔蹦高高(儿)〕

【蹦儿】bèngr 名 ❶ 깡충 뛰는 동작. ¶他急得直打～ | 그는 초조하여 줄곧 깡충거렸다. ❷ 활동 능력. 재능. 재주. ¶一个人能有什么～ | 한 개인이 무슨 능력이 있겠는가. ¶她比男人还有～ | 그녀는 남자보다 더 능력이 있다.

【蹦(儿)亮】bèngrliàng 形 매우 밝다. 반짝이다. ¶这皮鞋擦得～ | 이 구두를 반짝반짝하게 닦았다.

【蹦子儿】bèng·zir 名 소액경화(小額硬貨). 동전 =〔镚bèng子儿〕

【甏】 bèng 오지그릇 팽

名 ㊄ 독. 항아리.

【甏喽】bèng·iou 名 ㊁ 이마. 앞 이마.

bī ㄅ丨

【屄】 bī 보지 비

名 ㊕ 보지. 여자의 음부(陰府). ¶谁～疼téng谁心疼 | 자기가 낳은 자식은 귀엽다 =〔阴yīn户〕

2
【逼〈偪〉】 bī 닥칠 핍

❶ 動 핍박하다. 억압하다. 죄다. ¶被～逃táo走 | 핍박에 못 이겨 도망가다. ¶～民为wéi盗dào | 백성이 도둑질 하게 학정을 하다. ¶～着他承认 | 그가 인정하도록 억압하다. ❷ 動 접근하다. 가까이 가다. ¶大军已～城郊jiāo | 대군이 이미 성밖까지 접근했다. ¶～真↓ ❸ 動 강제로 징수하다. 호되게 독촉하다. ¶地主～债zhài似sì虎hǔ狼láng | 지주의 빚 독촉이 호랑이나 늑대처럼 무섭다. ¶～租↓ ❹ 좁다. ¶～仄↓ ❺ (Bī) 名 성(姓).

【逼出来】bī·chu·lai 動組 무리하게 강요하여 자백하게 하다. 억압하여 받아 내다. ¶～的口供gōng, 信不得 | 억지 자백은 믿을 수 없다.

【逼宫】bīgōng ㊍ 動 신하가 황제의 퇴위(退位)를 강요하다.

【逼供】bīgòng ❶ 動 자백(自白)을 강요하다. ¶用刑～ | 형벌을 가하고 자백을 강요하다. ¶审判shěnpàn刑案, 要靠kào证据, 不可～ | 형사소송을 재판하는 데는 증거에 의거해야지 자백을 강요할 수는 없다. ❷ 名 고문으로 받아낸 자백.

【逼, 供, 信】bī, gòng, xìn 動組〈法〉강요된 자백을 증거로 채택함.

4【逼近】bījìn 動 바싹 다가 오다. 접근하다. 임박하다. ¶天色已经～黄昏 | 날이 이미 황혼에 이르렀다. ¶考期～了 | 시험 기간이 임박했다.

4【逼迫】bīpò 動 핍박하다. 압박하다. 억압하다. ¶～他们承chéng认他们的错误 | 그들의 실수를 억지로 인정하게 했다. ¶为生活所～ | 생활고에 시달리다 =〔迫拶zǎn〕

【逼人】bī/rén ❶ 動 강압하다. 억압하다. 못살게 굴다. ¶～太甚shèn | 사람을 지나치게 억압한다. ¶寒气～ | 추위가 몸에 사무치다. ❷ (bīrén) 形 어찌할 수 없다. 도리가 없다. ¶形势shì～

｜사태가 어쩔 수 없다.

【逼上梁山】bī shàng liáng shān 成 쫓기어 양산박으로 도망치다. 그렇게 할 수밖에 없었다《水滸傳》

【逼视】bīshì 動 가까이 가서 보다. 찬찬히 바라보다. ¶光彩cǎi夺duó目, 不可～｜눈이 부셔 가까이 볼 수 없다. ¶他眼睛瞪dèng得圆圆地～爸爸｜그는 눈을 동그랗게 뜨고 아버지를 뚫어지게 바라 보았다.

【逼问】bīwèn 動 캐묻다. 따지어 묻다. 추궁하다. ¶我～了半天, 他才说了实话｜내가 온 종일 추궁하자 비로소 솔직한 말을 했다.

【逼肖】bīxiào 書 꼭 닮다. 아주 닮다. ¶他的一举一动与他父亲～｜그의 일거일동은 그의 아버지를 꼭 닮았다 ＝〔毕bī肖〕→〔活脱(儿)〕

【逼于无奈】bī yú wú nài 成 어쩔 수 없도록 강요하다. 어쩔 수 없다. 부득이 하다. ¶不是出于本心, 而是～的｜본심에서가 아니라 부득이 한 것이었다.

【逼仄】bīzè 書 形 좁다. ¶新居虽小, 布置得宜yí, 他不觉得～｜새집은 비록 작지만 잘 배치하여 좁은 감은 없다.

【逼真】bīzhēn 形 ❶ 꼭 진짜같다. 진실에 아주 가깝다. ¶这个老虎hǔ画得十分～｜이 호랑이는 실물과 꼭 같게 그렸다. ¶～逼肖｜成 똑같다. 흡사하다. ❷ 명확하다. 분명하다. 확실하다. ¶看得～｜똑똑히 보았다. ¶听得～｜분명하게 들었다 ＝〔毕bī真〕〔迫pò真〕

【逼走】bīzǒu 動 억지로 내쫓다. 강제로 돌아가게 하다. ¶把儿媳～｜며느리를 어거지로 내쫓았다.

【逼租】bī/zū 動 소작료·임대료를 억지로 강요하다. ¶～逼债zhài｜무리하게 세금이나 빚을 받아 내다.

bí ㄅㄧˊ

【荸】bí 舊bó) 올방개 발
⇒〔荸荠〕

【荸荠】bí·qí 名〈植〉올방개. ¶挖wā～｜올방개를 캐다. ¶～粉fěn｜올방개 뿌리 가루 ＝〔地梨lí〕〔地栗lì〕

2【鼻】bí 코 비
❶ (～子) 名 코 ＝〔俗 鼻头〕〔方 准zhǔn头〕→〔鼻子①〕 ❷ (～儿) 名 사물의 돌출한 부분. 물건을 꿸 수 있는 작은 구멍. ¶门～儿｜문손잡이. ¶针～儿｜바늘구멍. ❸ (일·사물의) 처음. 시작. ¶～祖↓ ❹ 名 京 北 (기적·경적 따위의) 소리. ¶火车拉～了｜기차가 기적을 울렸다. ¶用苇wěi子做了一个～｜갈대로 피리 소리를 내었다.

【鼻癌】bí'ái 名〈醫〉비암.

【鼻凹(儿)】bí'āo(r) 名 近 콧등. 코. ¶只一石子飞来, 正打着～｜돌이 날아 와 콧등을 때렸다《水滸傳》

【鼻翅(儿)】bíchì(r) 名 俗 콧방울. 비익(鼻翼) ＝〔鼻翼yì〕.

【鼻丁】bí·dīng ⇒〔鼻涕tì〕

【鼻锭】bí·dīng ⇒〔鼻涕tì〕

【鼻窦】bídòu 名 俗〈生理〉콧구멍. 비강. ¶～石｜〈醫〉비동석(鼻洞石). ¶～炎｜부비강염(副鼻腔炎) ＝〔鼻旁窦〕

【鼻垢】bígòu 名 코딱지. ¶鼻孔里的～｜콧구멍 속에 있는 코딱지 ＝〔鼻屎shǐ〕〔鼻牛niú儿〕

【鼻骨】bígǔ 名〈生理〉비골(鼻骨).

【鼻观】bíguān 書 名 콧구멍.

【鼻化元音】bíhuà yuányīn ⇒〔鼻韵母〕

【鼻加答儿】bíjiādá'ér ⇒〔鼻炎yán〕

【鼻尖(儿)】bíjiān(r) 名 코끝＝〔鼻子尖(儿)〕

【鼻疽】bíjū 名〈醫〉비저. 코 악창. ¶～病｜비저병(鼻疽病) ＝〔马鼻疽〕〔俗 吊diào鼻子〕

【鼻卡他】bíkǎtā ⇒〔鼻炎yán〕

【鼻孔】bíkǒng 名〈生理〉콧구멍. 비강(鼻腔). ¶～出血｜코피가 나다. ¶～朝cháo天｜콧구멍이 하늘을 향하다. 득의만만하다.

【鼻梁(儿)】bíliángr 名 콧대. 콧날. ¶横héng打～｜콧대를 가로로 비비다. 보증하다. 책임지다. ¶～发酸suān｜콧날이 찡하다 ＝〔鼻梁子〕

【鼻梁骨】bíliánggǔ 名 콧뼈. 비골(鼻骨) ＝〔鼻界〕〔鼻柱〕

【鼻牛儿】bíniúr ⇒〔鼻垢gòu〕

【鼻衄】bínǜ 名 코피 →〔鼻血〕

【鼻旁窦】bípángdòu ⇒〔鼻窦dòu〕

【鼻腔】bíqiāng 名〈生理〉비강(鼻腔). ¶～辅fǔ音｜비자음(鼻子音). 콧소리 자음. ¶～元yuán音｜비모음(鼻母音). 콧소리 모음.

【鼻青脸肿】bí qīng liǎn zhǒng 成 코가 시퍼렇고 얼굴이 부어 오르다. 녹신 얻어 맞다. ¶他把那个人批判pīpàn得～了｜그는 그 사람을 시퍼렇게 멍들도록 비판하였다 ＝〔鼻青眼肿〕

【鼻塞】bísè 又 bísāi) 名 코막힘. 비색. ¶今天感冒了, 所以有点儿～｜그는 오늘 감기가 들어 코가 좀 막혔다.

【鼻绳】bíshéng 名 소·말의 고삐.

【鼻屎】bíshǐ ⇒〔鼻垢gòu〕

【鼻饲】bísì 名〈醫〉비강영양법(鼻腔營養法) [관으로 환자의 콧구멍을 통해 음식을 먹이는 법]

【鼻酸】bísuān 形 (슬퍼서) 코가 찡하다. 코끝이 찡하다 ＝〔鼻子酸〕

4【鼻涕】bítì 名 콧물. ¶～牛niú儿｜콧물 딱지. ¶擤xǐng～｜코를 풀다. ¶流liú～｜콧물을 흘리다. ¶～嘎gā巴儿 ＝〔鼻涕疙巴儿〕〔鼻涕嘎渣gāzhā儿〕｜마른 콧물. ¶清水～｜맑은 콧물. 어법 북경에서는 「鼻丁」「鼻定」으로도 씀 ＝〔京 鼻丁〕〔京 鼻锭〕.

【鼻头】bí·tou 名 奧 코. ¶～洞＝〔鼻管〕｜콧구멍.

【鼻洼】bíwā 名 콧방울 옆에 움푹 들어간 곳＝〔算凹〕〔鼻洼子〕〔鼻窝儿〕

【鼻洼子】bíwā·zi ⇒〔鼻洼〕

【鼻窝儿】bíwōr ⇒〔鼻洼〕

【鼻息】bíxī 名 콧김. 호흡. 轉 상대방의 안색(顔色)·태도·기분·의향(意向). ¶看着女人的眼色, 听着女人的～｜여인의 눈치를 살피고, 여인의 숨소리를 듣고있다.

【鼻血】bíxuè 名 코피. ¶流liú～｜코피를 흘리다

→〔鼻衄nǜ〕

【鼻咽】bíyān 名〈生〉비인두(鼻咽頭). 구개(口蓋)의 후부(後部).

【鼻烟(儿)】bíyān(r) 名 코담배 [작은 병에 넣어 코로 마시는 담배] ¶～壶hú儿 =〔壶儿〕| 코담배 병. ¶他嗅xiù了许多～ | 그는 많은 코담배를 피웠다.

【鼻炎】bíyán 名〈醫〉비염. =〔鼻加答dá儿〕〔鼻卡kǎ他〕

【鼻翼】bíyì ⇒〔鼻翅chì(儿)〕

【鼻音】bíyīn 名〈言〉비음 [비강(鼻腔)의 공명(共鳴)으로 발음되는「m」「n」「ng」따위]

【鼻痈】bíyōng ⇒〔鼻渊〕

【鼻渊】bíyuān 名〈漢醫〉축농증 =〔鼻痈〕〔慢性鼻道炎〕〔上额窦蓄脓症〕

【鼻韵母】bíyùnmǔ 名〈言〉비음 운모 [비음으로 끝나는 운모 현대 표준 중국어에는「－an」「－en」「－in」「－ong」「－ing」등이 있음]=〔鼻化元音〕〔阳声(韵)〕

【鼻韵尾】bíyùnwěi 名〈言〉비음(鼻音) 운미(韻尾) [현대 표준 중국어에는「－m」「－n」「－ng」등이 있음]

【鼻柱】bízhù ⇒〔鼻梁骨〕

2【鼻子】bí·zi 名 코. ¶～高gāo | 코가 높다. ¶捏niē着～答dá应了 | 코를 비비고 말하다. 마지못해 승낙하다. ¶说得有～有眼儿 | 근거있는 이야기를 하다. ¶～不是～, 脸子不是脸子 | 코는 코가 아니고 얼굴은 말이 아니다. 무척 노하고 있다. ¶～尖 | 코가 날카롭다. 냄새를 잘 맡다. ¶～齉nàng | 코맹맹이 소리를 하다. ¶～朝cháo天 | 코가 하늘을 향했다. 거만하다. ¶～尖儿 =〔鼻尖(儿)〕| 코끝. ¶高～ | 높은 코. ¶钩儿gōur～ | 갈고리코. ¶扒pā～ =〔塌tā鼻子〕| 납작코. ¶鹰yīng钩～ | 매부리코. ¶蒜suàn头～ | 들창코. ¶酒糟zāo～ | 주부코. ¶～头儿 | 비난·공격의 대상. 예(例). 증거. ¶～眼儿 | 콧구멍.

【鼻祖】bízǔ 書 名 비조. 시조. 원조. ¶孔夫子是儒家学派的～ | 공자는 유가 학파의 원조이다.

bǐ ㄅㄧˇ

【匕〈朼〉】bǐ 숟가락 비 ❶ 名 숟가락. 국자 [옛날 수저의 일종] ❷ ⇒〔匕首〕

【匕鬯】bǐchàng 名 비창주(匕鬯酒) [옛날 종묘 제사에 쓰였던 술] ¶～不惊jīng | 成 군기가 삼엄하여 백성들을 조금도 다치지 않는다.

【匕首】bǐshǒu 名 비수. 단검(短劍) [길이 1척(尺) 8촌(寸)의 작은 칼]

1【比】bǐ 견줄 비 ❶ 動 비교하다. 겨루다. ¶～大小 | 크기를 비교하다. ¶不～吃, 不～穿, 就～谁干gàn劲jìn大 | 먹기나 입기를 겨루지 말고 누가 일에 열심인지 겨루어라. ❷ 動 …처럼 …하다. …와 같다. …로 간주하다. ¶坚jiān～金石 | 금석처럼 굳세다. ¶小孩子不能跟大人～, 应该早点睡 | 아이는 어른과 같지 않다, 일찍 자야 한다. ¶长zhǎng嫂sǎo～母 | 만 형수는 어머니와 같다. ❸ 動 손짓으로 설명하다. ¶他用两个手指zhǐ～了个「八」字 | 그는 손가락 두개로「八」자를 그렸다 =〔比画①〕 ❹ 動 모방하다. 본뜨다. …에 맞추다. ¶～着猫māo画虎 | 고양이를 본떠서 호랑이를 그리다. ¶～着身材做衣服 | 몸에 맞춰 옷을 만들다. ❺ 動 비유하다. 예를 들다. …처럼 하다 =〔比方〕 어법 항상「做」「成」등과 결합하며, 파자문(把字句)으로 씀. ¶把工作～做战斗zhàndoù | 일을 전투같이 하다. ¶你把我～成什么啦? | 너 나를 무엇으로 보니? ❻ 動 향하다. 대하다. ¶民兵用枪qiāng～着特务 | 민병이 총으로 특무요원을 겨누다. ❼ 介 …에 비하여. …보다 [시기·수량·정도·능력 등의 비교에 쓰임] ¶今天～昨天热 | 오늘은 어제보다 덥다. ¶他～我大三岁 | 그는 나보다 세 살 많다. ¶他～我会下棋 | 그는 나보다 바둑을 잘 둔다. 어법 ⓐ 정도의 차이나 능력의 우열 등을 비교할 때는「比」를 쓰지만, 이동(異同)을 나타낼 때는「跟」「同」등을 씀. ¶这个跟那个一样好 | 이것은 저것과 똑같이 좋다. ⓑ「不比」와「没有」는 모두 비교를 나타내지만 의미가 다름. ¶他不比我高. ¶他跟我差不多高 | 그의 키는 나와 거의 같다. ¶他没(有)我高. ¶他比我矮 | 그는 나보다 작다. ⓒ「一＋量」이「比」전후에 있으면 정도의 누진(累進)을 나타냄. ¶战斗一次～一次激烈 | 전투는 점차로 격렬해 졌다. ¶生活一天～一天好 | 생활은 나날이 나아졌다. ❽ 名 비(比). 비율. ¶反～ | 반비례. ¶百分～ | 백분율. 퍼센트. ¶甲队以二～一胜乙队 | 갑 팀이 2대 1로 을 팀을 이겼다. ¶现在几～几啦? | 지금 몇 대 몇이냐? ❾ (Bǐ) 名 簡「比利时」(벨기에)의 약칭. ¶～国 | 벨기에. ❾ 又 bì) 書 動 가깝다. 인접하다. ¶～肩jiān | 어깨를 나란히 하다. ❿ 又 bì) 書 動 무리 짓다. 결탁하다. ¶朋～为奸 | 한 패가 되어 나쁜 짓을 하다. ⓫ 최근. 근래. ¶～来 | 근래. ⓬ (Bǐ) 名 성(姓).

【比比】bǐbǐ 書 副 ❶ 빈번히. 자주. ❷ 모두. 어느 것이나. 어디에나. ¶～皆是 | 어느 것이나 모두 그렇다. ¶～然也 | 어느 것이나 다 그렇다. ¶这条大街上, 报亭tíng书摊tān, ～皆是 | 이 거리의 신문 판매대나 책방은 모두 다 그저 그렇다.

【比不得】bǐ·bu·de 動組 비교할 수 없다. ¶我～他 | 나는 그와 비교할 수 없다.

【比不起】bǐ·bu qǐ 動組 (힘·학력·재력 등이 부족하여) 비교가 되지 않다. 미치지 못하다. 상대가 되지 않다. ¶我的能力～学长 | 나의 능력은 선배님에 미치지 못한다.

【比不上】bǐ·bu shàng 動組 비교가 되지 않는다. … 보다 못하다. ¶你～他 | 너는 그와 비교가 되지 않는다.

3【比方】bǐ·fang ❶ 名 비유. ¶打个～ | 예를 들다. ❷ 動 예를 들다. ¶～说 | 예를 들어 말하다. ¶把坚贞jiānzhēn不屈qū的品德, 用四季常青的松柏来～ | 굳고 곧아 굴할 줄 모르는 품성을 사계절 푸른 소나무에 비유하다. ❸ 連 예를 들면. 예컨대. 가령. 만약. ¶～我请他写一张儿, 他不会拒绝吧! | 만약 내가 그에게 한 장 써 달라고 한다면 그는 거절하지 않겠지? =〔比如〕〔臂如〕〔匹

如〕→〔例lì如〕

3【比分】bǐfēn 名〈體〉득점. 스코어. ¶～接近｜스코어가 비슷하다. ¶比赛sài一开始, 我们～就遥yáo遥领lǐng先｜경기가 시작되자 우리는 줄곧 현격하게 앞서 나갔다.

【比附】bǐfù 書 動 억지로 비교하다. 견강부회(牽强附會)하다.

【比画】bǐ·hua 動 ❶ (손짓 발짓으로) 흉내내다. 손짓하다. ¶拿ná手shǒu～着说｜손으로 흉내내며 말한다. ¶你不懂dǒng, 我给你～～着吧｜네가 모르니 내가 너에게 흉내내 보이지＝〔比势〕〔比划〕→〔比手〕〔指zhǐ手划脚〕 ❷ 겨루다. 비교하다. 다투다. ¶你要是不服气fúqì, 咱们～～吧｜네가 만약 승복할 수 없다면 우리 한 번 겨루어 보자. ❸ 北 하다. 처리하다. 일하다. ¶天不早了, 赶紧gǎnjǐn～吧｜날이 저물었다, 서둘러 하자.

【比基尼】bǐjīní 名 外 비키니(bikini) 수영복＝〔三点式游泳yóuyǒng装zhuāng〕

3【比价】bǐjià ❶ 名 환율. 교환비율. ¶改变gǎibiàn本国货币bì的～｜자국 화폐의 교환 비율을 변경하다. ❷ 名 비교가격. ❸ 名 가격차. ❹ 動 가격을 비교 검토하다.

【比肩】bǐjiān 動 ❶ 어깨를 나란히 하다. ¶～作战zhàn｜어깨를 나란히 하고 싸우다. ¶～并进｜어깨를 나란히 하고 나아가다. ❷ 近 대등(對等)하다. ¶况敢与阿姊zǐ～耶?｜하물며 감히 누님과 대등하다고 생각할 수 있겠습니까?

【比肩继踵】bǐ jiān jì zhǒng 成 어깨가 닿고 발꿈치가 채이다. 사람이 가득하다. ¶大街上人来人往, ～, 十分热闹rènào｜큰 거리에 왔다 갔다 하는 사람들이 가득하여 매우 떠들썩하다→〔摩mó肩接踵〕〔肩摩毂击〕

1【比较】bǐjiào ❶ 動 비교하다. ¶请～下边几组例lì句有什么不同｜아래의 몇개 예문이 어떤 차이가 있는지 비교하시오. ¶跟前例lì～起来, 未免有不妥的地方｜전례와 비교해 보면, 타당치 못한 점이 없지 않다. ❷ 副 비교적. 상대적. 대체로. 어법 일정 정도 이상임을 나타내며, 부정문에는 쓰이지 않음. ¶今天～冷｜오늘은 비교적 춥다. ¶虽然说得～慢, 发音却què很清楚｜비록 비교적 느리게 말하지만, 발음은 오히려 분명하다. ¶他～会办事｜그는 비교적 일을 잘 처리한다 ❸ 名 비교. ¶做～｜비교를 하다. ¶～成chéng本表｜원가 대조표.

【比勒陀利亚】Bǐlētuólìyà 名 外〈地〉프리토리아(Pretoria) [「南非共和国」(남아프리카공화국; South Africa)의 수도]

【比利时】Bǐlìshí 名 外〈地〉벨기에(Belgie") [유럽 서부에 위치한 입헌군주국. 수도는 「布鲁塞尔」(브뤼셀; Brussel)]

2【比例】bǐlì 名 ❶ 비례. 균형. ¶按～地发展｜비례에 따라 발전하다. ¶农业和工业的～发展｜농업과 공업이 균형적으로 발전하다. ❷ 비율. 비. ¶教师和学生的～已经达dá到要求｜학생 대 선생의 비율이 이미 규정에 도달했다. ¶所占zhān的～已经大大提高了｜점유한 비율이 이미 크게 향상되었다.

【比例尺】bǐlìchǐ 名 비례척＝〔缩suō尺〕

【比量】bǐ·liang ❶ 動 양을 어림잡다. 대충 재다. 서로 비교해 보다. ¶用绳shéng子～了一下｜끈으로 한번 재어보다. ❷ ⇒〔比试①〕

【比邻】bǐlín ❶ 名 이웃. 이웃 사람. ¶生女获huò得嫁jià～｜여자 아이를 낳아 이웃에 시집보냈다《杜甫·兵車行》＝〔街坊〕 ❷ 動 가깝다. 이웃하다. ¶跟这个工厂chǎng～的那个工厂｜이 공장과 가까운 저 공장. ¶～星｜태양에서 거리가 가장 가까운 항성. ❸ 가까운 곳. 인근.

【比率】bǐlǜ 名〈數〉비율→〔比值zhí〕

【比目同行】bǐ mù tóng xíng 威 두 눈처럼 항상 같이 다니다. 언제나 서로 떨어지지 않다.

【比目鱼】bǐmùyú 名〈魚貝〉넙치·가자미·서대기처럼 눈이 한쪽에 붙은 물고기의 통칭＝〔偏piān口鱼〕

【比拟】bǐnǐ 動 ❶ 비교하다. 비유하다. 예를 들어 설명하다. ¶我不敢～伟wěi大的心灵líng｜난 감히 위대한 영혼을 비유할 수가 없다. ¶难nán以～｜비교하기가 어렵다＝〔比并〕 ❷〈言〉의인법(擬人法)이나 의태법(擬態法)을 쓰다.

【比配】bǐpèi ❶ 動 어울리다. 균형을 이루다. ❷ 名 方 예를 들다. ¶打个～｜예를 들다.

【比丘】bǐqiū 名 外〈佛〉승려. 중. 비구(bhiksu; 범). ¶～帽mào｜승려의 모자.

【比丘尼】bǐqiūní 名 外〈佛〉여승. 비구니(bhiksuni; 범).

【比热】bǐrè 名〈物〉비열.

2【比如】bǐrú ⇒〔比方③〕

1【比赛】bǐsài ❶ 動 시합하다. 경기하다. ¶今天你跟谁～?｜오늘은 누구와 시합하느냐? ¶～象棋xiàngqí｜장기 시합을 하다→〔竞jìng赛〕〔比试shì〕 ❷ 名 시합 .경기. 겨루기. ¶足球～｜축구 시합. ¶友谊第一, ～第二｜우정이 제일이고 시합은 다음이다 ¶进行～｜시합 하다.

【比塞大】bǐsèdà 名 外〈錢〉페세타(peseta). 스페인의 통화단위 [1「比塞大」는 100「生地母」(센티모)]

【比上不足, 比下有余】bǐ shàng bùzú, bǐ xià yǒuyú 諺 높은데 비하면 모자라고, 낮은데 비하면 남는다. 나은 사람보다는 못하고, 못한 사람보다는 좀 낫다. ¶这几年, 我们家的生活水平提tí高不少, 有了电视机、洗衣xǐyī机, 可以说～了｜요몇 년 동안 우리집의 생활 수준은 많이 향상되었다. 텔레비젼과 세탁기가 있게 되었으니, 나보다 나은 사람보다는 못하지만 나보다 못한 사람보다는 낫다고 할 수 있다.

【比绍】Bǐshào 名 外〈地〉비사우(Bissau) [「几内亚比绍」(기니 비사우; GuineāBissau)의 수도]

【比试】bǐshì 動 (힘·기량 등을) 겨루다. 시합을 하다. 경합하다. ¶你们要多加努力, 人家要跟你们～呢!｜너희들 더 열심히 하여라. 다른 사람들이 너희들과 다투려 하고 있다. ¶咱们～一下, 看谁做得又快又好｜누가 더 빨리 잘하는지 우리 시합해 보자＝〔比量②〕→〔比赛①〕

【比势】bǐshì ⇒〔比画①〕

【比手】bǐ/shǒu 動 손짓을 하다. ¶～说｜손짓으

로 말하다. ¶～画脚 | 손짓 발짓을 하다→〔比画①〕

【比数】ⓐbǐshǔ 書名 수를 비교하다.

ⓑbǐshù 名 득점. 스코어. 점수.

【比数】bǐshù ☞〔比数〕bǐshǔ ⓑ

【比斯他】bǐsītā 名外〈錢〉피애스터(piastre) [터키·이집트·베트남의 화폐 단위]

【比索】bǐsuǒ 名外〈錢〉페소(peso) [중남미(中南美) 제국과 필리핀 등의 통화 단위]=〔比沙〕〔彼索〕〔披pī素〕

❷名 무술 시합. ¶搞gǎo～ | 무술 시합을 하다.

【比先进】bǐ xiānjìn 動組 앞선 것과 비교하다. 선진적인 단체나 공장과 비교하다.

【比学赶帮】bǐ xué gǎn bāng 動組 비교하고, 배우고, 앞선 것을 따라잡고, 낙오자는 돕는다 [공장의 작업태도에 대해 1964년 중국에서 제창한 표어]→〔多快好省〕

【比翼】bǐyì 書動 날개를 나란히 하다. 나란히 날다. ¶愿为双飞鸟, ～相翱翔áoxiáng | 쌍 날개의 새가 되어 나란히 비상하고 싶다《阮籍·詠懷詩》

【比翼连理】bǐyì liánlǐ 名組 비익조(比翼鳥)와 연리지(連理枝). 喩 애정이 깊은 부부. 끊을 수 없는 관계→〔比翼鸟〕〔连理枝〕

【比翼鸟】bǐyìniǎo 名 비익조 [날개가 각각 한쪽만 있어 둘이 붙어야 날 수 있다는 새] 喩 금슬 좋은 부부. ¶在天愿作～, 在地愿为连理枝zhī | 하늘에서는 비익조가 되고 싶고, 땅에서는 연리지가 되고 싶다. 둘이 영원히 같이 하고 싶다 [연리지(連理枝)는 뿌리가 서로 붙어야 살 수 있다는 나무]《白居易·長恨歌》→〔连理枝〕

【比翼齐飞】bǐ yì qí fēi 成 날개를 나란히 하고 날다. 나란히 전진하다 =〔比翼双飞〕

【比翼双飞】bǐ yì shuāng fēi ⇒〔比翼齐qí飞〕

4【比喻】bǐyù 名 비유. ¶做～ | 비유하다. ¶打了个～ | 비유를 들다. ¶你这个～不对 | 너의 이 비유는 옳지 않다.

【比照】bǐzhào 動 ❶ 비교 대조하다. ¶把过去跟现在一～, 就看出现在比过去好得多了 | 과거와 비교해 보면, 지금이 과거보다 많이 좋아졌다는 것을 알 수 있다. ❷(기존의 격식·표준·방법 등을) 따르다. 근거하다. 본뜨다. ¶工资zī标准biāozhǔn可以大致～当地农民的收shōu入制定 | 임금의 표준은 현지 농민의 수입에 따라 정할 수 있다.

【比值】bǐzhí 名 비율 ¶调整tiáozhěng主要货币bǐ的～ | 주요 화폐의 비율을 조정하다→〔比率〕

4【比重】bǐzhòng 名 비중. ¶这个木头～比水重 | 니 나무는 비중이 물보다 무겁다.

【比重计】bǐzhòngjì 名 비 중 계 (hydrometer)→〔浮fú表〕

【比作】bǐzuò 動 …로 비유하다. …에 비교하다. ¶人生常常被～航海hánghǎi | 인생은 늘 항해로 비유된다.

【吡】 bǐ bì pǐ 헐뜯을 비

Ⓐbǐ 음역어에 쓰임. ¶～啶↓ ¶～咯↓

Ⓑbì ⇒〔吡吡〕

Ⓒpǐ 書動 질책하다. 비방하다. 책망하다. ¶中德也者, 有以自好也, 以～其不为者也 | 중덕이라 함은 스스로 좋아하느 것을 남이 하지 않는다고 비방하는 것이다《莊子·列禦寇》

Ⓐbǐ

【吡啶】bǐdìng 外名〈化〉피리딘(pyridine) [콜타르(coal tar)나 골유(骨油) 등에서 추출되는 휘발성 액체]=〔氮dàn苯〕

【吡咯】bǐluò 名外〈化〉피롤(pyrrole)=〔氮dàn茂〕

Ⓑbì

【吡吡】bìbì 擬 삐삐. 찍찍. 지지배배[새 소리]

【妣】 bǐ 어미 비

書名 돌아가신 어머니. ¶先～ | 돌아가신 어머니. ¶先考先～ | 돌아가신 아버지와 어머니.

【秕〈粃〉】 bǐ 쭉정이 비

❶(～子) 名 쭉정이. 속이 없는 곡식의 낟알. ¶谷gǔ～ | 쭉정이 곡식 =〔秕谷〕〔秕子〕 ❷轉 부정(不正)한. 나쁜. ¶～政↓

【秕糠】bǐkāng 名 ❶ 쭉정이와 겨. ❷轉 쓸모 없는 것. 하찮은 것 ‖ =〔糠秕〕〔秕滓②〕

【秕谬】bǐmiù 書名 하자. 실수. 과오. 허물. ¶这文章zhāng～连lián连, 文句不通 | 이 문장은 과오투성이라 문구가 통하지 않는다.

【秕滓】bǐzǐ ❶名 찌꺼기. ❷⇒〔秕糠kāng〕

【秕政】bǐzhèng 書名 악정(惡政). 부정한 정치.

3【彼】 bǐ 저 피

書代 ❶ 상대방. 반대편. ¶知己知～, 百战zhàn不殆dài | 자기를 알고 상대방을 안다면 백 번 싸워도 위태롭지 않다. ¶～退我进 | 적이 퇴각하면 아군이 진격한다. ❷그. 그들. ¶～三人将何往? | 그 세 사람은 어디로 갑니까? ❸저쪽. 저것 ⇔〔此cǐ〕 ¶此呼～诺 | 이쪽에서 부르고 저쪽에서 대답하다. ¶担dān搁gē在～ | 저쪽에 갖다 두어라. ¶～三人将何往? | 저 세 사람은 어디로 가려 합니까?

【彼岸】bǐ'àn 名 ❶ 피안. 대안(對岸) [강·호수·하천의 맞은편] ❷〈佛〉피안 [열반의 경지. 해탈(解脫)의 경지]

【彼岸性】bǐ'ànxìng 名〈哲〉피안성(Jenseitigkeit; 독)→〔本体〕

3【彼此】bǐcǐ 代 피차. 상호. 쌍방. 서로. 어법 ⓐ 주어(主語)나 주어와 동격으로 쓰임. ¶他们初chū次见面, ～还hái不熟悉shúxī | 그들은 처음 만났기 때문에 아직은 서로 잘 알지 못한다. ⓑ 목적어(賓語)로 쓰임. ¶他们两个人好多东西都共同使shǐ用不分fēn～ | 그들 둘은 많은 물건을 공동으로 사용하여 너 나를 분별하지 않는다. ⓒ「的」를 동반하고 명사를 수식함. ¶对一个问题, ～的认识rènshí不同, 这是完全可能的 | 한 문제에 대해 서로의 인식이 다르다는 것은 충분히 가능한 것이다. ¶～的友谊yì | 서로의 우정. ⓓ「彼此彼此」의 형태로 쓰여 서로 같거나 비슷하다는 의미의 상투어로 쓰임. ¶我没看出谁的水平shuǐpíng高, 谁的水平低dī, 几个人都是～～ | 몇 사람이 모두 비슷비슷하여 나는 누구의 수준이 높고 낮은 지 알 수가 없다. ¶您辛苦xīnkǔ啦! ～～! | 수고하셨습니다! 피차 일반입니다.

【彼竭我盈】bǐ jié wǒ yíng 成 상대는 힘힘이 다빠지고 우리는 아직 여유가 있다《左傳·莊公》

【彼一时, 此一时】bǐ yī shí, cǐ yī shí 成 그때는 그때고 지금은 지금이다. 시대가 달라졌다《孟子·公孫丑下》 ¶后生可畏wèi, ~, 不能还把他当中学生看待dài了 | 후배가 무서운 법이라 하지 않았던가. 시대가 달라졌으니, 그를 아직도 중학생으로 대해서는 안된다.

1【笔(筆)】bǐ 붓 필 ❶名 붓. (펜·연필 등의) 필기구. ¶一枝zhī~ | 붓 한 자루. ¶一枝铅qiān~ | 연필 한 자루. ¶钢gāng~ =〔自来水笔〕| 만년필. ¶原yuán子~ =〔圆珠笔〕| 볼펜. ¶活动huódòng铅~ | 샤프 펜슬. ¶蜡là~ | 크레용. ¶粉fěn蜡~ | 파스텔. ❷名 필법. 묘사법. 글씨·그림·문장의 수법. ¶伏fú~ | (문장 구성상의) 복선. ¶惊jīng人之~ | 놀라운 묘사. ❸動 글자를 쓰다. 글을 짓다. ¶~之于书 | 책에 그것을 쓰다. ¶代~ | 대필하다. ❹(붓대와 같이) 곧다. 쪽바르다. ¶~直↓ ¶~挺↓ ❺量 몫. 건 [금전·금액의 몫이나 그것과 관계 있는 것에 쓰임] ¶一~钱 | 한몫의 돈. ¶把财产cáichǎn分成三~, 分给三个儿子了 | 재산을 셋으로 나누어, 자식 셋에게 나누어 주었다. ¶一~买卖 | 한 차례의 거래. ❻量 획. 필획(筆劃) [한자의 필획을 세는데 쓰임] ¶那个字有几~? | 그 글자는 몇 획이냐? ¶这一~很有力 | 이 획은 매우 힘이 있다. ¶天字有四~ | 천(天)자는 4획이다. ❼量 필 어법 서화(書畫)의 솜씨·능력에 대해 쓰이며, 수사(數詞)는 「一」과 「几」만 쓰임. ¶他写得一~好字 | 그는 글씨를 멋지게 쓴다. ¶她能画huà几~山水画 | 그녀는 산수화를 잘 그린다. ❽(Bǐ) 名 성(姓).

【笔笔正正】bǐbǐzhèngzhèng 狀 北 확실하다. 명백하다.

【笔笔直】bǐbǐzhí 狀 곧다. 바르다. ¶青少shào年立刻kè站zhàn得~ | 청년들은 즉각 꼿꼿하게 섰다.

【笔才】bǐcái 名 문재(文才). 글재주.

【笔插】bǐchā 名 붓 꽂이 [청동제(青銅製)의 붓두껍 몇 개가 나란히 붙어 있는 것. 한 개의 붓두껍은 「笔帽(儿)」라고 함]

【笔触】bǐchù 名 필법. 필치(筆致). (화가의) 터치(touch). ¶他以锋fēng利的~讽刺fěngcì了现代社会中的种种弊病bìbìng | 그는 예리한 필치로 현대사회의 각종 병폐를 풍자했다.

【笔床】bǐchuáng 名 붓 접시. 붓 받침. →〔笔架(儿)〕

【笔道(儿)】bǐdào(r) 名 운필(運筆). 필법(筆法). 필적. ¶~清秀xiù | 필법이 깨끗하고 시원하다. ¶~很细致zhì | 필체가 아주 곱다.

【笔底生花】bǐ dǐ shēng huā 成 붓끝에 꽃이 피다. 글이 아름답고 생기가 있다.

【笔底下】bǐdǐ·xia 名 글재주. 필력. 문장력. ¶他~来得快 | 그의 필력은 매우 빠르다. ¶他~不错cuò | 그는 글재주가 괜찮다 =〔笔下①〕

【笔调(儿)】bǐdiào(r) 名 문장의 풍격. 필치. 문자의 기풍. 문장의 스타일. ¶~优yōu美 | 풍격이 우아하다. ¶他用文艺~写了许多科学小说 | 그는 문예 작품 스타일로 많은 과학 소설을 썼다.

【笔端】bǐduān ❶書名 붓끝. ❷書名 문장의 예봉. 문장의 날카로움. ❸狀 奧 꼿꼿하다. 곧다. ¶挺tǐng胸凹āo肚dù站得~ | 가슴을 펴고 배를 집어 넣고 곧게 서있다.

【笔伐】bǐfá ❶名 필주(筆誅). 필공(筆攻). ¶加以~ | 글로서 공격을 하다. ❷動 글로 공격하다. 문장으로 비난하다. ¶口诛zhū~ | 말과 글로써 비난하다 →〔笔诛zhū〕.

【笔法】bǐfǎ 名 필법. 서법(書法). ¶独特的~ | 독특한 필법.

【笔锋】bǐfēng 名 ❶ 붓끝. ¶毛笔的~触chù到信笺jiān | 붓끝이 편지지에 닿았다. ❷ 필봉. 필력(筆力). ¶~锐ruì利生动 | 필치가 예리하고 생동감 있다. ¶这个字~有力 | 이 글자는 필치가 강력하다.

【笔杆(儿)】bǐgǎn(r) 名 붓대. 붓 [추상적 의미로 쓰임] ¶要shuǎ~ | 貶 붓대만 놀리다. ¶摇yáo~的文化人 | 붓대만 가지고 노는 문화인 =〔笔管(儿)〕〔笔杆子〕

【笔杆子】bǐgǎn·zi ⇒〔笔杆(儿)〕

【笔耕】bǐgēng 動 붓으로 먹고 살다. 생활하다. 글을 써서 살다. ¶老夫子~终zhōng身, 乐lè此不疲pí | 스승님께서는 한 평생 글만 쓰셨으나 이를 즐기시고 지치지 않으셨다.

【笔供】bǐgòng 名 자백서. 진술 조서 →〔口供〕

【笔管(儿)】bǐguǎn(r) ⇒〔笔杆(儿)〕

【笔管儿条直】bǐguǎnr tiáozhí 狀組 ❶ 붓대처럼 곧다. 꼿꼿하다. ¶他见了老师, 就站zhàn得~ | 그는 선생을 만나자 꼿꼿하게 서버렸다. ❷ 엄격하다. ¶把小孩子管得那么~的也没有好处 | 아이를 그렇게 엄격하게 다루는 것은 별로 좋을 것이 없다.

【笔翰如流】bǐ hàn rú liú 成 물 흐르듯 글을 쓰다《晉書·陶侃傳》

【笔盒(儿, 子)】bǐhé(r·zi) 名 필통.

【笔划】bǐhuà ⇒〔笔画〕

【笔画】bǐhuà 名 ❶ 필획. ¶有些汉字~太多, 很难nán写xiě | 어떤 한자는 필획이 너무 많아 쓰기가 어렵다. ¶~检字法 | 필획 색인법. ❷ 필적. 필치 ‖ =〔笔划〕

4【笔迹】bǐjì 名 필적. 글씨. ¶查chá对~ | 필적을 대조하다. ¶我认得出他的~ | 나는 그의 필적을 알아 본다.

2【笔记】bǐjì ❶名 필기. ¶记~ | 필기하다. ¶做~ | 필기하다. ¶~本(儿) =〔笔记簿bù〕| 필기장. 공책. ❷動 필기하다. ¶他讲得太快, 谁也不能~ | 그가 말을 너무 빨리 해 누구도 필기할 수 없다. ❸名 수기(手記). 수필. ¶狱yù中~ | 옥중 수기 →〔札zhá记〕〔随笔〕

【笔记本电脑】bǐjìběndiànnǎo 名〈電算〉노트북(notebook). 휴대용 컴퓨터.

【笔架(儿)】bǐjià(r) 名 붓걸이 →〔笔床〕

【笔尖(儿)】bǐjiān(r) 名 붓끝. 필기구의 촉. ¶钢~ | 펜촉 →〔笔头儿①〕

【笔力】bǐlì 名 필력. ¶～扛gāng鼎dǐng | 成 문장에 힘이 있다. 필력이 강하다. ¶～雄xióng健jiàn | 필력이 웅장하다 =〔笔势〕
【笔立】bǐlì 狀 곧바로 서다. 직립하다. 우뚝하다. ¶～山峰 | 우뚝한 산봉오리.
【笔路】bǐlù 名 ❶ 필법(筆法). 글의 유형. ¶我和他～不同 | 나는 그와 문필의 유형이 다르다. ❷ 글의 구상. 창작의 과정.
【笔录】bǐlù ❶ 名 기록. 필기. ¶他的讲话大都有～ | 그의 말은 대부분 기록되어 있다. ❷ 기록하다. 필기하다. ¶你把它～下来 | 네가 그것을 기록하려라.
【笔帽(儿)】bǐmào(r) 名 붓두껍. ¶戴dài上～ | 붓두껍을 씌우다→〔笔套tào(儿)①〕〔笔插chā〕
【笔名】bǐmíng 名 필명. 펜네임(pen name).
【笔墨】bǐmò 名 ❶ 붓과 먹. ¶～店 | 문방구. ❷ 喩 글. 문장. ¶用～形容 | 글로 표현하다.
【笔墨官司】bǐ mò guān sī 成 글로 일어난 논쟁. 문장으로 야기된 송사. ¶这场chǎng～打了一年还没个结果jiéguǒ | 이번의 글로 일어난 송사는 일년이 지나도록 결과가 없다.
【笔难尽述】bǐ nán jìn shù 動組 글로는 다 표현할 수 없다.
3【笔试】bǐshì 名 필기시험. ¶博士考试分～和口试实行 | 박사 고사는 필기시험과 구술시험으로 나누어 실행한다→〔口试〕
【笔势】bǐshì ⇒〔笔力〕
【笔顺】bǐshùn 名 획순(劃順). 필순(筆順).
【笔算】bǐsuàn ❶ 動 필산하다. ¶～下列问题 | 다음 문제를 필산하여라. ❷ 名 필산→〔口算〕
【笔谈】bǐtán ❶ 動 필담하다. ❷ 動 의견이나 담화를 서면으로 발표하다. ❸ 名 필기. 수기 필담［서명(書名)에 쓰임］¶梦溪mèngxī～ | 〈書〉몽계필담.
【笔套(儿)】bǐtào(r) ❶ 名 붓두껍. ¶～管 | 붓두껍→〔笔帽mào(儿)〕❷ 名 (천으로 만든) 필낭. 붓집.
【笔体】bǐtǐ 名 필체. 필적. ¶查对～ | 필체를 대조하다. ¶我认得出他的～ | 나는 그의 필체를 알아 볼 수 있다.
【笔挺】bǐtǐng 狀 똑바르다. 반듯하다. 매끈하다. 꼿꼿하다. ¶你看他穿得～ | 그는 깔끔하게 차려입은 모양을 보아라 =〔毕bǐ挺〕
【笔筒】bǐtǒng 名 필통. 붓통. 붓꽂이 =〔笔海〕
【笔头菜】bǐtóucài 名 〈植〉쇠뜨기.
【笔头儿】bǐtóur ❶ 名 붓끝→〔笔尖(儿)〕❷ 名 문장력. 필력. 글 쓰는 기교. ¶他～有两下子 | 그의 글 재주는 일가견이 있다.
【笔秃墨干】bǐ tū mò gān 成 붓이 벗겨지고 먹물이 마르다. 전력을 다해 서술하다→〔唇chún焦舌烂〕
【笔误】bǐwù ❶ 動 글자를 잘못 쓰다. 오기(誤記)하다. ❷ 名 잘못 쓴 글자. 오기. ¶纠jiū正～ | 잘못 쓴 글자를 바로 잡다 ‖ =〔误笔〕
【笔洗(子)】bǐxǐ(·zi) 名 필세(筆洗). 붓을 씻는 데 쓰는 그릇.
【笔下】bǐxià ❶ ⇒〔笔底下〕❷ 名 작가의 의도. 문장의 여운. ¶～留liú情qíng | 사정을 남겨두고 글을 쓰다. ¶～超chāo生 | 成 작가의 의도가 실물보다 생생하다.
【笔心】bǐxīn 名 연필심. 볼펜심 =〔笔芯〕
【笔芯】bǐxīn ⇒〔笔心〕
【笔形】bǐxíng 名 필형［「冫」「丿」와 같이 한자의 필형을 구성하는 형태］
【笔削】bǐxuē 書 ❶ 動 시문(詩文)에 첨삭(添削)하다. ❷ 動 간행물을 편찬하다. ❸ 名 첨삭.
【笔痒】bǐyǎng 名 붓으로 하는 파적거리. 글로 하는 소일.
【笔意】bǐyì 名 작가의 의도. 글이나 그림의 취지. ¶这篇piān文章～很清新 | 이 문장의 취지는 매우 신선하다.
【笔译】bǐyì 名 번역(翻譯) ¶做～ | 번역하다→〔口译〕
【笔札】bǐzhá 名 ❶ 붓과 종이［「札」은 옛날에 글을 쓰던 얇은 목편(木片)］❷ 문장. 글. ¶形于～ | 문장으로 나타내다. 글을 쓰다.
【笔战】bǐzhàn 名 動 필전(하다). 글로 논쟁하다.
【笔者】bǐzhě 名 필자［필자 자신을 지칭하는 것으로 많이 쓰임］¶～在写作本文时请教了一些同仁 | 필자가 이 글을 쓸 때 동료들의 가르침을 받았습니다.
4【笔直】bǐzhí 狀 똑바르다. 반듯하다. 곧다. ¶～的马路 | 곧게 뻗은 길. ¶立得～ | 똑바로 서다. ¶又～地飞起来 | 또 곧 바로 날았다 =〔毕bǐ直〕
【笔致】bǐzhì 名 필치.
【笔诛】bǐzhū ❶ 名 필주(筆誅). 글로 하는 징벌. ¶加以～ | 글로서 다스렸다. ❷ 動 글로 죄악을 공격하다. ¶～墨mò伐fá | 글을 써 죄악을 주벌(誅伐)하다→〔笔伐〕
【笔拙词穷】bǐ zhuō cí qióng 成 글이 졸렬하고 어휘가 궁색하다. 글이 졸렬하고 옹색하다.
【笔资】bǐzī 名 ❶ 서화나 문장으로 얻는 보수. 원고료. ❷ 문재(文才). 문장력.
【笔走龙蛇】bǐ zǒu lóng shé 成 필체에 생동감과 힘이 넘친다.
【笔嘴】bǐzuǐ 名 粵 붓끝.

【俾】bǐ 하여금 비
❶ 書 動 …하게 하다. …을 시키다. ¶应予以大力支持zhīchí, ～能完成计划 | 대대적으로 지지하여, 계획을 완성하도록 하였다. ¶～众zhòng周zhōu知 | 대중이 철저히 알도록 하다. ❷ (Bǐ) 名 성(姓).
【俾得】bǐ dé 動 …하게 하다. ¶请赐cì与交涉shè～早日赔偿péicháng | 조속히 배상할 수 있도록 교섭하여 주십시오.
【俾倪】bǐní ⇒〔睥pì睨〕
【俾昼作夜】bǐ zhòu zuò yè 成 낮을 밤삼아 놀다. 주야로 놀기만 하다.

4【鄙〈啚〉】bǐ 마을 비, 천할 비
❶ 形 비천하다. 누추하다. 비열하다. ¶～陋lòu↓ ¶卑bēi～ | 비천하다. ¶粗cū～ | 조악하고 비열하다. ❷ 動 경시하다. 얕보다. 멸시하다. ¶人皆～之 | 사람들이 모두 그것을 경시하였다. ¶～视↓ ❸ 名 변경. 변경지방

=〔边biān鄙〕 ¶边～乡村｜두메산골. ❹名 고대(古代)의 행정 단위 [500 가구가 1「鄙」였음] ❺ 저의 어리석은. 저의 [자기를 낮추는 의미로 쓰임] ¶～人↓ ¶～见↓ ❻(Bǐ) 名 성(姓).

【鄙薄】bǐbó ❶書形 비열하고 천하다. ¶小生～, 请多指zhǐ教｜저는 어리석으니 많이 지도해 주십시오. ❷動 경멸하다. 멸시하다. ¶他又很～城里人｜그는 도시 사람 또한 멸시하였다. ❸動 (목숨·죽음·위험 따위를) 가벼이 여기다. 경시하다.

【鄙见】bǐjiàn 書名謙 저의 생각. 우견(愚見) =〔鄙悃〕〔鄙意〕

【鄙悃】bǐkǔn ⇒〔鄙见〕

【鄙俚】bǐlǐ 書形 (풍속이나 언어 등이) 거칠고 촌스럽다. 상스럽다. 속되다.

【鄙陋】bǐlòu 形 ❶ 식견이 좁다. ¶～无知, 少见多怪guài｜식견이 좁고 무식해 무엇이든 기이하게만 여기다. ❷ 세련되지 못하다. 야비하다. 품위가 없다. ❸(차림새가) 궁색하다. 초라하다. ¶你穿得太～, 人家会讨厌yàn｜넌 너무 초라하게 입어 남들이 싫어할 것 같다.

【鄙弃】bǐqì 動 경멸하다. 싫어하다. ¶我求你忘wàng记我, 求你～我｜당신은 나를 잊으시고 경멸하시길 바랍니다.

【鄙人】bǐrén 名 ❶謙 소생. 저. [옛날, 자기를 낮추는 말] ¶是, 是, ～就在这儿｜예, 예, 소생 여기 대령하였습니다 =〔鄙老〕→〔敝bì人〕 ❷ 무지한 사람. 시골뜨기.

【鄙视】bǐshì 書動 경시하다. 멸시하다. 얕보다. ¶～体力劳láo动｜육체 노동을 경시하다 =〔鄙夷yí〕

【鄙俗】bǐsú 書形 비속(卑俗)하다. 저속하다. 천하다. ¶貌mào似sì清高而实～｜모습은 고상하나 실제로는 저속하다. ¶字迹jì和诗句都很～｜필체나 싯귀가 모두 저속하다.

【鄙谚】bǐyàn 名 비속(卑俗)한 속담. 저속한 말 =〔鄙语〕→〔俗语(儿)〕

【鄙夷】bǐyí ⇒〔鄙视〕

【鄙意】bǐyì ⇒〔鄙见〕

bì ㄅㄧˋ

2【币(幣)】bì 비단 폐, 돈 폐
❶ 화폐. ¶银～｜은화. ¶纸～｜지폐. ¶人民～｜인민폐 [중국의 화폐] ¶法～｜명목화폐. ¶硬yìng～｜동전. 경화→〔钞chāo票〕〔券quàn〕〔铜tóng板〕〔铜子儿〕 ❷書名 제사에 천자(天子)가 바치는 비단. ❸書名轉 예물(禮物). 공물(貢物).

【币帛】bìbó 書名 돈과 비단. 轉 조공품. 공물(貢物). 진상품.

【币值】bìzhí 名 화폐가치. ¶～下跌diē｜화폐가치가 떨어지다.

【币制】bìzhì 名〈經〉화폐 제도. ¶～改革｜화폐 제도 개혁.

1【必】bì 반드시 필
❶副 반드시. 틀림없이. ¶她明天～来｜그녀는 내일 꼭 올 것이다. ¶～不可少的｜반드시 없어서는 안 될 것 ¶他心里, 凡是坐火车去的地方～是很远的｜그의 마음 속에는 기차를 타고 가는 곳이면 어디나 반드시 먼곳이라고 생각을 가지고 있다. 어법 이 경우의 부정은「未必」를 써야 함→〔不一定〕〔一定〕〔准zhǔn〕 ❷能 반드시 …한다. 꼭 …이 되다. ¶事～必归guī正｜일은 반드시 바르게 귀결된다. ¶即使不用韵yùn语, 也～将文字排pái成四六句, 以期悦yuè耳ěr｜설사 운을 쓰지 않는다 해도 반드시 문자를 4·6구로 배열하여 듣기 좋게 해야 한다. ¶～解决的问题｜반드시 해결해야 문제. ¶岂能～其无误｜어찌 꼭 잘못이 없다고 할 수 있겠는가. 어법 이 경우의 부정은「不必」로 하고 반문(反問)은「何必」로 함→〔不用〕 ❸(Bì) 名 성(姓).

【必备】bìbèi 名 필수 휴대. 반드시 갖추어야 할 물건. ¶～急救药｜반드시 갖추어야 할 구급약.

【必必剥剥】bìbìbōbō 擬 탁탁. 펑펑. 우지직 [불이 타거나 타면서 터질 때 나는 소리] ¶～地爆bào响xiǎng｜우지직하고 터지는 소리가 났다.

【必不得已】bì bù dé yǐ 成 도저히 어찌 할 수 없다. 하는 수 없다. 부득이하다《論語·顔淵》¶谁都知道他不会来, 不是～, 我决不会去找他｜누구나 그가 오지 않을 것을 알고 있지만, 부득이하지 않다면 나는 결코 그를 찾아 가지 않겠다→〔万wàn不得已〕

【必不可少】bì bù kě shǎo 成 필요 불가결하다. 꼭 필요하다. ¶分工是～的｜분업은 반드시 필요한 것이다.

【必当】bìdāng 副 반드시. 꼭. ¶～提tí期办理无误wúwù｜기한을 앞당겨 처리하여 틀림이 없도록 하십시오. 어법「必然」「必定」과의 차이→〔必然rán〕

【必得】ⓐ bìdé 能 반드시 할 수 있다. 꼭 이룰 수 있다. ¶他不会不来, ～来｜그는 오지 않을 리 없다, 반드시 올 수 있을 것이다→〔必能〕
ⓑ bìděi 副 반드시. 꼭. 기필코 ¶这次斗争dòuzhēng是事出有因yīn的, ～清一清, 算一算｜이번 싸움은 원인이 있는 것이다. 반드시 따질 것은 따지고 정리할 것은 정리하여야 한다→〔必须〕

3【必定】bìdìng 副 반드시. 꼭. 확실히. ¶他～会回来的｜그는 반드시 돌아 올 것이다. 어법「必定」의 부정은「未必」이고,「一定」의 부정은「不一定」임→〔必然〕〔必当〕〔一定〕

【必恭必敬】bì gōng bì jìng 成 매우 공손하다. 매우 정중하다. ¶正在～地听说话｜아주 공손하게 말씀을 듣고 있다《鲁迅·阿Q正傳》=〔毕bì恭毕敬〕〔必尊zūn必敬〕

4【必将】bìjiāng 書副 반드시 …할 것이다. ¶～获huò得丰fēng收｜반드시 풍작을 거둘 것이다.

【必经之路】bì jīng zhī lù 成 반드시 거쳐야 할 길. 피할 수 없는 과정→〔必由yóu之路〕.

【必竟】bìjìng ⇒〔究jiū竟〕

【必能】bìnéng 能 꼭 할 수 있다. 반드시 가능하다. ¶他～办bàn好这件事｜그는 틀림없이 이 일을 잘 처리할 수 있다→〔必得dé〕

2【必然】bìrán ❶副 반드시. 꼭. 필연적으로. ¶他今天不来, ～是有原因的｜그가 오늘 오지 않는

데는 반드시 이유가 있을 것이다. ❷區〈哲〉필연. ¶～之理 | 필연의 이치. ¶～规律guīlǜ | 필연적 법칙. ¶～命题mìngtí | 필연적 명제. 어법 ⓐ「必然」은 단독으로 혹은「的」을 붙여 명사를 수식함. ¶～(的)结果 | 필연적 결과. ¶～(的)趋势qūshì | 필연적 추세. ⓑ「必定」「必当」「必然」은 직접 술어(謂語)가 될 수 없으며「必然」은「是必然的」의 형태로 술어에 쓰임. ¶敌人的进攻是必然的 | 적들의 공격은 필연적인 것이다. ⓒ「必然」은 동사(動詞) 형용사(形容詞) 조동사(助動詞)를 수식함. ¶不努力学习, ～落后 | 열심히 공부하지 않으면 반드시 낙오한다. ¶听到这个消息, 他～会感到惊讶jīngyà的 | 이 소식을 들으면 반드시 놀랄 것이다. ⓓ「必然」「必定」은 모두 주관적으로 확정적임을 나타내지만, 강인한 의지(반드시 …하겠다)는「必定」으로 표현함. ¶你放心, 东西必定托人带去 | 너 안심해라, 물건은 반드시 누구에게 부탁하여 가져가게 하겠다.

【必然王国】bìrán wángguó 名組〈哲〉필연의 왕국→〔自由王国〕

【必胜】bìshèng 動 필승하다. 반드시 승리하다. ¶～信心 | 필승의 신념. ¶正义yì～, 不义必败bài | 정의는 반드시 승리하고 불의는 반드시 패배한다.

【必死】bìsǐ 區 필사적인. ¶～斗争 | 필사적인 투쟁. ¶～无疑yí | 결단코 의심할 바가 없다.

【必携】bìxié 名 반드시 휴대하여야 할 물건. 필수 휴대품. ¶墨mò场～ | 글을 쓰거나 그림을 그리는데 필요한 것들. 시문(詩文)을 모은 책의 이름.

³【必修】bìxiū 區 필수의. ¶～课 | 필수 과목→〔选xuǎn修〕

¹【必须】bìxū 副 반드시 …해야 한다. 꼭 …해야 한다. ¶我们～坚持jiānchí真zhēn理 | 우리는 기필코 진리를 고수해야 한다. ¶这件事别人办不了, ～你亲自做 | 이 일은 다른 사람이 할 수 없으니, 반드시 너 스스로 해야 한다. 어법 동사·형용사를 수식하거나, 문의 맨 앞에 오며, 부정은「不必」「不须」「无须」임. ¶问题总能解决的, 你不必着急 | 문제는 언제나 해결할 수 있으니, 조급해 할 필요 없다 =〔必得 ⓑ〕〔一定要〕⇔〔不必〕

³【必需】bìxū 動 꼭 필요로 하다. ¶煤和铁是发展工业所～的原料 | 석탄과 철은 공업을 발전시키는데 필수적인 원료이다. ¶这件工作～三个人 | 이 일에는 세 사람이 필요하다.

【必需品】bìxūpǐn 名 필수품. ¶日用～ | 일용 필수품.

²【必要】bìyào ❶形 필요하다. ¶那倒不～ | 그건 오히려 필요없다. ¶这样做很～ | 이렇게 하는 것은 매우 필요하다. ¶～性 | 필요성. ❷名 필요. ¶还有进一步研究的～ | 아직 더 연구할 필요가 있다. ¶提tí前告诉sù他很有～ | 미리 그에게 말하는 것은 꼭 필요하다→〔需xū要①〕

【必要产品】bìyào chǎnpǐn 名組〈經〉필요 생산물→〔剩shèng余产品〕

【必要劳动】bìyào láodòng 名組〈經〉필요 노동.

【必要条件】bìyào tiáojiàn 名組〈論〉필요 조건.

【必由之路】bì yóu zhī lù 成 반드시 거쳐야 하는 길. 반드시 지켜야할 도리→〔必经jīng之路〕

【必争】bìzhēng 動 반드시 싸우다. 절대 타협·양보하지 않다. ¶寸土～ | 한치의 땅도 양보하지 않다. ¶分秒miǎo～ | 분초를 다투다. ¶徐州是历代兵家～之地 | 서주는 역대 병가들이 양보하지 않던 땅이다.

【泌】bì ☞ 泌 mì Ⓑ

【铋(鉍)】bì 창자루 필
名 ❶書 창 자루. ❷〈化〉화학 원소명. 비스무트(Bi ; bismut). 창연(蒼鉛) [금속 원소의 하나] =〔苍铅〕¶一氧yǎng化～ | 일산화 비스무트. ¶碱jiǎn式碳酸tànsuān～ =〔次碳酸铋〕| 차 탄산 창연.

【铋化合物】bìhuàhéwù 名組〈化〉비스무트 화합물(化合物).

【铋酸】bìsuān 名〈化〉창연산.

【铋酸盐】bìsuānyán 名〈化〉창연산염.

【铋盐】bìyán 名〈化〉창연염.

【秘】bì ☞ 秘 mì Ⓑ

2【闭(閉)】bì 닫을 폐, 막을 폐
❶動 다물다. 감다. 닫다. 접다. ¶～上嘴 | 입을 다물다. ¶～上眼睛只是喘chuǎn气 | 눈을 감고 기침만 한다. ¶～门↓ ¶把雨伞～上了 | 우산을 접었다 ⇔〔开kāi〕→〔关guān〕❷動轉 끝내다. ¶～会↓ ¶～幕mù↓ ❸動 막히다. 통하지 않다. ¶～塞sè↓ ❹(Bì) 名 성(姓).

【闭不上】bì ·bu shàng 動組 다물지 못하다. 닫을 수 없다. ¶乐得～嘴zuǐ | 좋아서 입을 다물지 못한다.

【闭关锁国】bì guān suǒ guó 成 관문을 닫고 국가를 봉쇄하다. 쇄국하다.

【闭关政策】bìguānzhèngcè 名組 쇄국정책. ¶反对～ | 쇄국 정책을 반대하다.

【闭关自守】bì guān zì shǒu 成 관문을 닫고 스스로 지키다. 쇄국하다. ¶请政府实shí行～的政策zhèngcè | 정부에서 쇄국하도록 요청하다 =〔闭门自守〕

【闭过气】bì·guò·qu 動組 京 기절하다. 실신하다. ¶疼得他～了 | 아파서 기절해버렸다→〔闭气〕

【闭合电路】bìhé diànlù 名組〈電氣〉폐쇄회로.

【闭会】bì huì ❶動組 회의를 마치다. 폐회하다. ❷(bìhuì) 名 폐회. 폐장(閉場). ¶～词 | 폐회사.

【闭架式】bìjiàshì 名 (도서관의) 폐가식.

【闭结】bìjié 動 덩어리가 지다. 맺히다. 막히다. ¶大便biàn～ | 대변이 변비가 되었다.

【闭卷考试】bìjuàn kǎoshì 名組 크로즈(close) 북(book) 테스트. 책을 보지 않고 보는 시험.

【闭口】bìkǒu 動 입을 다물다. ¶～不语 | 입을 다물고 말을 하지 않는다 ⇔〔开口①〕→〔缄jiān口〕

【闭口韵】bìkǒuyùn 名 폐구운 [운미(韻尾)가「m」또는「b」인 운모(韻母). 표준 중국어에는 이 음이 없음]

【闭门】bì mén 動組 문을 닫다. 은거하다. ¶～不

出｜문을 걸어 잠그고 나가지 않다. ¶～家中坐, 祸huò从天上起｜諺 문을 걸고 집안에 앉아 있어도 화가 하늘로부터 온다. 밤중에 날벼락 맞다.

【闭门不纳】bì mén bù nà 動組 문을 닫고 방문객을 받지 않다 =〔闭门杜dù客〕

【闭门羹】bìméngēng 名 문전에서 먹이는 국. 喩 문전 박대. ¶他要是来了, 给他个～吃就是了｜그 녀석이 만약 오면, 문전에서 죽이나 먹여버려. ¶给他吃～｜그를 문전에서 박대하다.

【闭门却扫】bì mén què sǎo 威 문을 걸고 왕래를 끊다. 두문불출(杜門不出)하다 =〔杜dù门却扫〕〔闭关却扫〕

【闭门思过】bì mén sī guò 威 문을 걸어 닫고 잘못을 반성하다. ¶有错误cuòwù就要～, 并在实践shíjiàn中加以改正｜잘못이 있으면 문을 걸어 닫고 반성하고, 아울러 실천하며 고쳐라.

【闭门天子】bìmén tiānzǐ 名組 문 닫고 앉아 있은 임금. 喩 집안에서만 큰 소리 치는 사람.

【闭门谢客】bì mén xiè kè 威 두문 불출하며 방문객을 받지 않다.

【闭门仰屋】bì mén yǎng wū ⇒〔仰屋窃叹〕

【闭门造车】bì mén zào chē 威 문을 닫아걸고 혼자서 제멋대로 수레를 만들다. 객관 상황을 고려하지 않고 주관대로 하다. ¶～, 出门合辙zhé｜諺 문을 닫아걸고 수레를 만들었는데 노폭에 맞았다. 뜻밖에도 일치하게 되었다.

【闭目】bìmù 動 눈을 감다. ¶～合十｜눈을 감고 경건한 마음을 가지다. ¶～养神yǎngshén｜눈을 감고 정신을 가다듬다. ¶～一笑｜눈을 감고 살짝 웃다. ¶～合睛｜눈을 꼭 감다.

【闭目塞听】bì mù sè tīng 威 눈을 감고 귀를 막다. 보지도 듣지도 않다. 현실을 도피하다 =〔闭门塞聪〕

3【闭幕】bìmù ❶ 名 폐막. ❷ 名 (사무소나 극장의) 폐쇄. ❸ 名 (일이나 의식의) 종료. ¶～典礼lǐ｜폐막식. ¶～词｜폐회사. ❹ 動 막을 내리다. 폐막하다. ¶掌声中～了｜박수 소리 속에 막이 내렸다. ❺ 動 폐회하다. 의식이 끝나다. ¶然而茶会终于～了｜그러나 다과회는 마침내 끝났다. ❻ 動 일이 끝나다.

4【闭幕式】bìmùshì 名 폐막식. ¶举行～｜폐막식을 하다.

【闭粘子】bìnián·zi ⇒〔避bì粘子②〕

【闭气】bì qì 動組 ❶ 숨이 막히다. 기절하다. ¶跌diē了一交, 闭住气了｜넘어져 기절하였다. ❷ 숨을 죽이다. ¶～凝níng神shén｜숨을 죽이고 정신을 집중하다. ¶～不出｜숨을 죽이고 말을 한 마디도 하지 않는다. ❸ 숨을 거두다. 임종하다.

4【闭塞】bìsè ❶ 動 (입구·길 등을) 막다. ❷ 動 (관이) 막히다. ¶～不通｜막히어 통하지 않는다. ❸ 動 (눈·입·구멍 따위가) 막히다. 감기다. 닫히다. ¶～眼睛捉zhuō麻雀máquè｜威 눈을 감고 참새를 잡다. 맹목적으로 덤비다. 무모하게 일을 처리하다. ❹ 形 (교통·공기·소식 따위가) 원활히 소통되지 않다. 불편하다. ¶这地方很～, 对外界的事情都不知道｜이곳은 교통이 불편하여 외부의 일을 알지 못한다. ¶～消息｜소식이 끊기다. ❺ 名〈醫〉장(腸) 폐쇄. ❻ 名〈電〉폐쇄 ¶～电路｜폐쇄회로.

【闭上】bì·shang 動 닫다. 다물다. 감다. ¶～门｜문을 닫다. ¶～嘴｜입을 다물다. ¶～眼睛｜눈을 감다.

【闭眼】bì/yǎn 動 ❶ 눈을 감다. ❷ 轉 눈을 감아 주다. 잘못을 보아주다. 못 본 체하다. ¶闭闭眼睛装不知道｜눈을 감고 모르는 척하다. ¶你闭个眼, 饶ráo了他吧｜못 본 체하고 그를 용서하여라. ❸ 죽다. 죽을 각오를 하다. 목숨을 걸다. ¶一～就完了｜죽으면 만사는 끝이다. ¶我今天和他～, 谁说也不行｜나는 오늘 그에게 목숨을 걸겠다. 누가 뭐라해도 안된다.

【闭业】bìyè 動 폐업하다. 파산하다 =〔闭歇〕→〔倒dǎo闭〕

【闭音节】bìyīnjié 名〈言〉폐음절(closed syllable) ⇔〔开音节〕

【闭元音】bìyuányīn ⇒〔合元音〕

【闭月羞花】bì yuè xiū huā ⇒〔蔽bì月羞花〕

【闭蛰】bìzhé 動 동물이 겨울잠을 자다. 동면(冬眠)하다.

【闭嘴】bì zuǐ 動組 입을 다물다. ¶闭上你的嘴｜입을 다물어라.

2【毕(畢)】bì 마칠 필 ❶ 動 마치다. 종결하다. 완성하다. ¶话犹yóu未wèi～｜말이 아직 끝나지 않았다. ¶说～, 关着门进去了｜말을 끝내자 문을 닫고 들어갔다《儒林外史》¶今日事今日～｜오늘 일은 오늘 마쳐라. ❷ 副 모두. 전부. 완전히. ¶～力｜모든 힘. ¶真相～露lù｜진상이 모두 드러나다. ¶群贤qúnxián～至｜현자들이 다 모였다. ❸ 名〈天〉필성[28수(宿)의 12번째 별] ❹ (Bì) 名 성(姓).

【毕恭毕敬】bì gōng bì jìng ⇒〔必恭必敬〕

【毕加索】Bìjiāsuǒ 名 外〈人〉피카소(Pablo Picasso, 1881～1973) [스페인 출생의 현대 추상미술의 대표 인물]

3【毕竟】bìjìng 副 필경. 결국. 마침내. ¶他～是工人｜그는 결국은 노동자이다. ¶他的错误～是认识rènshí问题｜그의 과오는 결국 인식의 문제였다. ¶这本书虽然有缺页quēyè, ～是珍zhēn本｜비록 이 책은 낙장이 있으나 필경 진본이다.

【毕露】bìlù 動 완전히 드러나다. 전부 폭로되다. ¶真相～｜진상이 모두 드러났다.

【毕命】bìmìng 書 動 명을 다하다. 죽다. ¶撞zhuàng车～｜차에 치어 죽었다.

【毕其功于一役】bì qí gōng yú yī yì 威 단번에 일을 다 해치우다. 한꺼번에 완성하다.

【毕生】bìshēng 名 일생. 평생. 전 생애. ¶～难nán忘的回忆yì｜평생 잊을 수 없는 추억. ¶～的事业｜필생의 사업 →〔一辈子〕

【毕挺】bìtǐng ⇒〔笔bǐ挺〕

2【毕业】bì/yè ❶ 動 졸업하다. 어법 「毕业」는 「動+賓」의 형태로 된 낱말이므로 뒤에 직접 목적어가 올 수 없음. ¶他毕业北京大学(×) ¶他毕业于北京大学｜그는 북경대학을 졸업했다. ¶他是北京大学～的｜그는 북경대학 졸업생이다. ¶

在哪个大学～? | 어느 대학을 졸업했느냐?→〔卒zú业〕❷(bìyè) 名 졸업. ¶～论文 | 졸업 논문. ¶～文凭píng | 졸업 증서. ¶～考试 | 졸업 시험. ¶～典礼diǎnlǐ | 졸업식. ¶～旅行lǚxíng | 졸업 여행.

【毕业生】bìyèshēng 名 졸업생.

【毕业证书】bìyè zhèngshū 名組 졸업장 =〔毕业文凭píng〕

【毕真】bìzhēn ⇒〔逼bī真〕

【毕直】bìzhí ⇒〔笔bǐ直〕

【哔(嗶)】bì 울 필
❶ 擬 삐. 삑 [컴퓨터·호각 따위의 기계음] ¶开电脑一定会出～一声 | 컴퓨터를 켜면 반드시 삐하고 소리가 난다. ❷ ⇒〔哔啦卜碌〕❸ ⇒〔哔叽〕〔哔吱〕

【哔叽】bìjī 名 外〈紡〉베이지(beige;프). 사지(serge) =〔哔吱〕

【哔吱】bì·ji ⇒〔哔叽〕

【哔啦卜碌】bìlābǔlù 又 bīlābūlū) 狀 京 말을 듣지 않다. 뻥돌거리다. 빈둥거리다. 팔닥거리다. ¶那条tiáo鱼在网里～直折腾zhéténg | 그 고기는 그물 안에서 계속 파닥파닥 뒤집는다. ¶那狗总zǒng是～不听tīng话 | 그 개는 끝내 말을 듣지 않는다.

【荜(蓽)】bì 사립짝 필
❶ ⇒〔荜茇〕❷「筚」와 같음 ⇒〔筚bì〕

【荜茇】bìbá 名〈植〉필발 =〔荜茏lóng〕〔荜拨bō〕

【荜澄茄】bìchéngqié ❶ 名〈植〉필징가 [반숙(半熟)한 열매를 말리어 건위제(健胃劑)로 사용하는 후추과에 속하는 식물] =〔毕bì澄茄〕〔澄茄〕〔毗pí陵茄子〕❷ ⇒〔山鸡椒②〕

【筚(篳)】bì 사립짝 필
名(섶나무 가지. 대나무 등으로 엮은) 울타리. 사립문. ¶蓬门～户 | 쑥대와 섶나무로 엮은 문과 집. 빈한한 집 =〔荜bì②〕

【筚篥】bìlì ⇒〔觱bì篥〕

【筚路蓝缕】bì lù lán lǚ 成 섶나무 수레를 끌고 누더기를 걸친채 산림을 개척하다 [뒤에「以启山林」이 이어지며, 개척의 어려움을 나타내는 말] ¶他们～, 开办了国内第一所大学 | 그들은 누더기를 걸치고 초라한 수레를 끌며 국내 제일의 대학을 창설하였다 =〔筚路褴褛〕

【篳門】bìmén 名 사립문. 섶나무로 엮은 문. 喩 가난한 집.

【篳門圭竇】bì mén guī dòu 成 사립문과 허술한 지게문. 喩 가난한 집.

【跸(蹕)】bì 길치울 필
書 ❶ 動 옛날, 천자가 외출할 때 길을 청소하고 통행을 금지시키다. ¶警jǐng～ | 경필. 벽제. ¶～路↓ ❷ 천자의 가마. 어가. ¶驻～ | 임금의 행차가 잠시 멈추는 곳.

【跸路】bìlù 書 ❶ 動 제왕의 행차로 길을 청소하다. ❷ 名 轉 천자가 행차하는 길.

【庇】bì 덮을 비
動 가리다. 비호하다. 엄호하다. ¶包～ | 감싸다 =〔芘bì〕

【庇护】bìhù 動 비호하다. 감싸주다 ¶～小国 | 작은 나라를 보호하다. ¶受到～ | 비호를 받다. ¶不能～小孩的过失 | 어린이의 과실을 비호해서는 안된다→〔庇荫②〕

【庇荫】bìyìn ❶ 動 수목이 햇빛을 가리다. ❷ 비호하다. 보호하다→〔庇护hù〕

【芘】bì pí 가릴 비
Ⓐ bì「庇」와 통용 ⇒「庇bì〕
Ⓑ pí 名〈植〉당아욱. 금규(锦葵) =〔锦葵jǐncài〕〔荆jīng葵〕

【毖】bì 삼갈 비
書 動 경계하다. 주의하다. 삼가하다. ¶惩chéng前～后 | 지난날의 실패를 교훈 삼아 앞으로 주의하다.

【狴】bì 들개 폐 감옥 폐
⇒〔狴犴〕〔狴牢〕

【狴犴】bì'àn 書 名 ❶ 폐한 [옛날 감옥 문에 그렸던 전설의 괴수] ❷ 轉 감옥.

【狴牢犴】bìláo 名 近 감옥.

4【毙(斃)〈獘〉】bì 죽을 폐
動 ❶ 貶 죽다. ¶～命↓ ¶倒～ | 엎어져 죽다. ¶路～ | 길에서 죽다. ❷ 사살하다. 죽이다. ¶跑就～了你 | 도망 가면 죽이겠다. ¶～了这个坏huài人吧! | 이 나쁜 놈을 죽여라! ❸ 俗 총살하다. ¶枪qiāng～ | 총살하다. ¶抓zhuā住就给～了 | 잡히면 총살이다. ❹ 멸망하다. ¶多行不义必自～ | 불의를 많이 행하면 반드시 자멸할 것이다《左傳·隱公元年》

【毙命】bìmìng 動 貶 죽다. 목숨을 잃다. ¶有三个暴bào徒在斗殴ōu中～ | 폭도 셋이 싸우다가 죽었다.

【毙伤】bìshāng 動 살상하다. ¶～敌dí军三千人 | 적군 삼천명을 살상하였다.

【陛】bì 대궐섬돌 폐
書 名 ❶ 궁전의 계단. ❷ ⇒〔陛下〕

【陛贺】bìhè 書 動 천자에게 하례하다.

【陛下】bìxià 名 敬 폐하 [임금에 대한 존칭] ¶把～比成楚襄王 | 폐하를 초나라 양왕에 비유하다.

【蓖〈萞〉】bì 피마주 비
⇒〔蓖麻〕

【蓖麻】bìmá 名〈植〉피마주 =〔萆bì麻〕

【蓖麻油】bìmáyóu 名 피마주 기름.

【篦】bì 비치개 비
❶(～子) 名 참빗. ❷ 動 참빗질 하다. ¶～头 | 참빗질 하다. 참빗으로 머리를 빗다. ❸ 名 近 통발 [물고기를 잡는 연모]

【篦板子】bìbǎn·zi 名 近 대나무를 가늘고 길게 만들어 때리는 형구(刑具). ¶雨点般bān～打将下来 | 비오듯 대나무 매가 가해졌다.

【篦梳】bìshū 動 빗질하다. 머리를 빗다. ¶～式 | 촘촘하게 늘어선 방식.

【篦工】bìgōng 名 近 참빗장이. 차빗을 만드는 장인(匠人).

【畀】bì 줄 비
❶ 書 動 주다. 맡기다. ¶～以重任zhòngr-

èn | 중임을 맡기다. ❷動粵 주다. ¶我～你钱 | 내가 너에게 돈을 준다. 어법「畀」는 광동(廣東) 방언에서 표준어의 「给」와 같은 의미의 동사나 「让」「用」과 같은 의미의 전치사(介詞)로 쓰임. ❸介粵 당하다. ¶～车辘僦lùchèn | 차에 깔려 죽었다. ❹介粵 …을 써서. …로. ¶～墨水笔写 | 먹으로 글을 쓰다.

【畀面】bìmiàn 動粵 안면을 보아 주다. 체면을 살려 주다.

【畀心机】bì xīnjī 動組粵 마음을 쓰다. 신경을 쓰다. 신경이 날카로워지다.

4【痹〈痺〉】bì 습다리 비 名〈漢醫〉풍. 풍습. 신경 마비. 류머티즘(rheumatism) [풍(風)·한(寒)·습(濕) 등의 원인으로 지체가 아프거나 마비되는 병]→〔麻痹①〕

【痹厥】bìjué 名〈漢醫〉마비병. 궐병(厥病).

【痹症】bìzhèng 名〈漢醫〉풍습증. 신경 마비증.

【箅】bì 종다래끼 비, 떼 패, 시루밑 폐 (～子) 名 망. 그물·발·경그레 따위의 총칭. ¶炉lú～ | 난로의 불판. ¶竹～ | 대 시루 경그레. ¶铁tiě～ | 쇠살판. 쇠그물. ¶纱shā～ | 등사판(謄寫版)의 망.

【敝】bì 낡을 폐, 겸사 폐 ❶書動 낡다. 헐다. ¶舌～唇chún焦jiāo | 혀가 헐고 입술이 타다. ¶～衣↓ ❷形謙 저의. 우리의 [자기의 비칭(卑稱)에 쓰임] ¶～公司 | 폐사(弊社). 당사(當社). ¶～校 | 우리 학교. ¶～姓 | 저의 성 ⇔〔贵⑤〕→〔贱jiàn〕〔弊③〕 ❸(Bì) 名 성(姓).

【敝处】bì·chù 名謙 이곳. 저의 고장. 저의 처소. ¶因何来到～? | 무슨 일로 이곳에 오셨습니까?

【敝东】bìdōng 名近謙 저의 주인. 우리 점포의 주인. ¶现在～特地叫我过来商量shāngliáng那件事 | 지금 저의 주인께서 특별히 저를 보내 그 일을 의논하도록 하였습니다.

【敝鼓丧豚】bì gǔ sàng tún 成 북터지고 돼지 잃다. 먹지도 못할 제사에 절만 했다. 헛수고 하다.

【敝国】bìguó 名謙 우리 나라.

【敝行】bìháng 名謙 저의 상점. 저희 점포.

【敝号】bìhào 名謙 폐점. 저희 상점 =〔小号①〕〔小行〕⇔〔宝行〕→〔宝号〕

【敝人】bìrén 名謙 소생(小生). ¶～感到荣幸róngxìng之至zhì | 소생은 최고의 영광으로 여깁니다→〔鄙bǐ人①〕

【敝舍】bìshè 名謙 저의 집. 한사.

【敝俗】bìsú 名 나쁜 풍속. 폐습. ¶革gé除chú～, 开创chuàng新风 | 폐습을 일소하고 새로운 기풍을 창조하다.

【敝帷不弃】bì wéi bù qì 成 헌 장막도 버리지 않는다. 개똥도 쓸 때가 있다《禮記·檀弓》

【敝屣】bìxǐ 書名 헌신짝. ¶弃之如～ | 헌신짝 버리듯 하다. ¶视之如～ | 헌신짝 보듯 하다.

【敝乡】bìxiāng 名謙 저의 고향.

【敝姓】bìxìng 名謙 저의 성. ¶～张 | 저는 장가입니다.

【敝衣】bìyī 名謙 ❶ 헌 옷. 누더기 옷. ❷ 하찮은 물건. 값없는 물건.

【敝帚千金】bì zhǒuqiān jīn ⇒〔敝帚自珍〕

【敝帚自珍】bì zhǒu zì zhēn 成 몽당비도 자기 것은 소중히 여기다. 하찮은 물건이라도 소중히 여기다 =〔敝帚千金〕

4【弊】bì 해질 폐, 곤할 폐, 폐 폐 ❶名 부정(不正). 부정행위. ¶作～ =〔舞弊〕| 부정을 저지르다. 부정 행위를 하다. ❷名 폐해. 해(害). ¶有利无～ | 이익은 있지만 해로울 것은 없다. ¶兴利除chú～ | 사업을 일으키고, 폐해를 제거하다 ⇔〔利①〕 ❸形謙 저의. 우리의 [드물게 자기의 비칭(卑稱)에 쓰임] ¶～志zhì如环huán不解jiě | 저의 뜻은 고리같이 엉겨 풀리지 않습니다. ¶～国 | 본국. 우리 나라→〔敝②〕.

4【弊病】bìbìng 名 폐해. 폐단. 악습. ¶改正～ | 악습을 고치다. ¶社会～ | 사회악.

【弊窦】bìdòu 書名 (온갖) 폐해. 악폐. 악습. ¶严yán防fáng～滋zī生 | 폐해가 일어나는 것을 엄히 막다.

4【弊端】bìduān 名 폐단. 폐해의 단서. ¶经济体制tǐzhì中存在着许多～ | 경제체제 자체에 많은 결함이 있다. ¶～百出 | 폐단이 잇달아 나타나다 →〔弊窦dòu〕

【弊绝风清】bì jué fēng qīng 成 폐습을 일소하고 사회 기풍을 바로잡다 =〔风清弊绝〕

【弊絮荆棘】bì xù jīng jí 成 솜이 가시에 엉기다. 여러 곳에 연관되다. 서로 얽혀 있다.

【弊政】bìzhèng 名 폐정. 악정(惡政). ¶改革gé～, 实shí行xíng新政 | 악정을 개혁하고 새로운 정치를 실행하다.

4【蔽】bì 가릴 폐 ❶動 덮다. 가리다. 막다. ¶衣不～体 | 옷이 (낡아) 몸을 가리지 못한다. ¶乌wū云yún～日 | 검은 구름이 해를 가렸다. ¶黄沙～天 | 누런 모래가 하늘을 덮었다. ❷動 숨다. 감추다. ¶～林间窥kuī之 | 숲 속에 숨어 엿보다. ¶掩yǎn～ | 엄폐하다. ¶～匿↓ ❸ 막다. 막히다. ¶～塞 =〔闭bì塞〕↓ ❹ 속이다. 기만하다. ¶蒙méng～ | 속이다. ❺書動 총괄하다. ¶一言以～之 | 한마디로 줄여 말하면《論語·爲政》 ❻名 차폐물. 울타리. ¶借寨zhài墙为～ | 울타리를 차폐물로 삼다.

【蔽聪塞明】bì cōng sè míng 成 눈과 귀를 다 막다. 진보 향상할 수 없게 하다.

【蔽护】bìhù 動 비호하다. 감싸주다 =〔庇bì护〕

【蔽花羞月】bì huā xiū yuè ⇒〔蔽月羞花〕

【蔽美扬恶】bì měi yáng è 成 미덕은 감추고 악습을 선양하다.

【蔽匿】bìnì 書動 은닉하다. 숨기다. 감추다.

【蔽日】bìrì 動 해를 가리다. ¶浓nóng云～ | 짙은 구름이 해를 가렸다.

【蔽塞】bìsè ❶動 막다. 가리다. 막히다. 덮어 가리다. ¶～不通 | 막히어 통하지 않는다.

【蔽月羞花】bì yuè xiū huā 成 여인이 아름다워 달도 숨게 하고 꽃도 부끄러워하게 하다. ¶～之貌mào | 극히 아름다운 여인의 용모 =〔蔽花羞月〕

〔闭月羞花〕→〔沉chén鱼落雁〕

【贲(賁)】bì bēn 꾸밀 비, 클 분, 날랠 분

Ⓐbì ㊕形 아름답게 꾸미다. 수식하다. ¶～若ruò草cǎo木 | 초목같이 생생하게 수식하였다.

Ⓑbēn ❶ ⇒〔贲门〕❷크다. ¶～鼓↓ ❸달아나다. 주하다. ¶～军↓ ❹(Bēn) 名 성(姓).

Ⓐbì

【贲临】bìlín ㊕動 차려 입고 오시다. 광림(光臨)하다. ¶如蒙méng～参观指导, 尤yóu所欢迎 | 오셔서 구경하시고 지도해 주시길 간절히 바랍니다.

【贲然】bìrán ㊕貌 화려하다. 빛나다. 밝다.

Ⓑbēn

【贲鼓】bēngǔ ㊕名 큰 북. 대형 북.

【贲军】bēnjūn ㊕名 패주병. 퇴각한 군대 ¶～之将 | 패전한 장수.

【贲门】bēnmén 名〈生理〉분문(噴門) [위와 식도가 사이의 문]

【赑(贔)】bì 힘우쩍쓸 비 ⇒〔赑屃〕

【赑屃】bìxì ㊕❶貌 힘을 불끈 쓰다. 힘을 내다. ❷名 비희 [주로 비석(碑石)의 대좌(臺座)에 조각하는 거북과 비슷하게 생긴 전설상의 동물]

【婢】bì ⓧbèi) 계집종 비

名❶ 하녀. ¶～女 | 하녀. 계집종. ¶奴颜yán～膝xī | 종같이 굽실거리다 아첨을 떨다 =〔婢女〕❷謙 부인(婦人)·하녀의 비칭(卑稱).

【婢仆】bìpú 名 하녀. 비복. 노비.

【婢学夫人】bì xué fū rén 成 하녀가 부인의 행세를 하다. 형편없는 물건을 상품(上品)으로 치다. 격에 맞지 않은 행동을 하다 =〔婢作夫人〕

【庳】bì ☞ 庳 bēi Ⓑ

【萆】bì 도꼬로마 비

❶㊕名 도꼬로마. ❷ ⇒〔萆麻〕

【萆麻】bìmá ⇒〔蓖bì麻〕

【裨】bì pí 도울 비

Ⓐbì ㊕動 이익이 되다. 도움이 되다. ¶无～于事 | 일에 도움이 되지 않는다.

Ⓑpí ❶㊕形 작다. ¶～山 | 작은 산. ¶～贩fàn夫妇 | 작은 장사를 하는 부부《張衡·西京賦》❷㊕形 보조하다. 보좌하다. 버금가다. ¶～将↓ ❸「陴」와 통용 ⇒〔陴pí〕❹(Pí) 名 성(姓).

Ⓐbì

【裨补】bìbǔ ㊕動❶ 보충하다. ¶～缺漏quēlòu | 결원을 보충하다. ❷도움을 주다. ¶于事毫háo无～ | 일을 도모하는데 조금도 도움이 되지 않는다.

【裨益】bìyì ㊕名動 이익(이 되다). 도움(이 되다). 효용(이 있다). ¶学习新知识, 对于工作大有～ | 새로운 지식을 배우면 일에 크게 도움이 된다. ¶～于世 | 세상에 이익이 되다. ¶死何～ | 죽는다고 무슨 이익이 되리오.

Ⓑpí

【裨贩】pífàn ㊕名 소규모 상인. 소규모 장사.

【裨将】píjiàng ㊕名 비장. 부장(副將) =〔偏piān将〕〔偏裨〕

【髀】bì 넓적다리 비, 볼기짝 폐

名❶〈生理〉대퇴(大腿). 넓적다리. ❷〈生理〉대퇴골(大腿骨). 요골(腰骨). 비골 =〔髀骨〕〔胯kuà骨〕〔无名骨〕❸粵 발.

【髀骶】bìdǐ 名 (원숭이 류의) 빨간 볼기짝.

【髀骨】bìgǔ 名 비골. ¶～皆消 | 비골이 다 닳았다. 일을 너무 열심히 하였다.

【髀肉复生】bì ròu fù shēng 成 오랫동안 말을 타지 않아 허벅지 살이 되살아났다. 대장부가 자기의 능력을 발휘할 기회가 없어 한스럽다 =〔髀肉之叹〕

【髀肉之叹】bì ròu zhī tàn ⇒〔髀肉复生〕

【愎】bì 괘할 퍅

㊕形 완고하다. 고집스럽다. ¶刚～自用 | 자기의 고집에 사로잡히다.

【愎拗】bì'ào ㊕形 (성질이나 마음이) 비뚤어지다. 비뚤어지고 완고하다.

【愎谏】bìjiàn ㊕動 자기의 의견만 고집하여 남의 의견을 받아들이지 않다.

【愎扭】bìniǔ 動 고의로 사람을 괴롭히다. 뒤틀리다. 괴팍하다. ¶这人～得很 | 이 사람은 매우 괴팍하다.

【弼〈弻〉】bì 도울 필

❶ 보조하다. 돕다. ¶辅～ | 보필하다. ❷㊕名 활 교정대. 활을 바로잡는 기구. ❸(Bì) 名 성(姓).

【弼臣】bìchén ㊕名 황제를 보좌하는 신하.

【弼教】bìjiào ㊕動 교육에 보좌(補佐)하다. 가르치는 것을 돕다.

【弼针】bìzhēn 名❶ 보조 바늘 [옷을 마름질할 때 쓰는 고정용 핀] ❷ 장식용 핀. 안전 핀 ‖→〔别bié针〕

2【辟】① bì pì 피할 벽, 법 벽

Ⓐbì ㊕❶名 군주. 제후. ¶复fù～ | 군주가 다시 복위하다. ❷배제하다. 물리치다. ¶～邪↓ ❸動 불러서 벼슬자리를 주다. ¶大将军何进闻而～之 | 대장군 하진이 듣고 그를 불러 다시 등용하였다《後漢書·鄭玄傳》¶～举↓

Ⓑpì ❶㊕名 법. 법률. ¶大～ | 옛날의 사형(死刑).

Ⓐbì

【辟举】bìjǔ ㊕動 불러서 다시 등용하다.

【辟公】bìgōng ㊕名 제후(諸侯).

【辟谷】bìgǔ 動 벽곡하다. 곡물을 먹지 않다 [도가(道家)의 불사불노의 수련법의 하나] ¶老者发白反黑, 少者～无饥 | 노인은 흰 머리가 검어지고, 젊은이는 오곡을 먹지 않아도 배고프지 않다.

【辟倪】bìnì ⇒〔睥pì睨〕

【辟聘】bìpìng ⓧbìpìn) ㊕動 재야(在野)의 현인을 불러다 등용하다.

【辟邪】bì/xié ❶㊕動 악을 물리치다. 액막이를 하다 =〔避邪〕❷(bìxié) 名 벽사 [액막이를 한다는 짐승으로 조각(彫刻)에 많이 새김]

【辟易】bìyì ㊕動 도피하다. 무서워 피하다. 퇴각

하다. ¶军吏lì数百, ～道侧cè | 군인과 벼슬아치 수백명이 길가로 피하였다. ¶项xiàng王瞋chēn目叱chì之, 赤泉侯人马俱jù惊, ～数里 | 항우(項羽)가 눈을 부릅뜨고 질책하자, 적천후(赤泉侯)의 병마는 모두 놀라 수 리를 물러섰다《史記·項羽本紀》

【辟召】bìzhào ㉢ 動 불러서 등용하다.

Ⓒpì

【辟克涅克】pìkènièkè 名 ㉦ 피크닉(picnic) =〔辟克匿克〕〔野餐〕

2【辟(闢)】② pī pì 열 벽, 열릴 벽

Ⓐpī ⇒〔辟头〕

Ⓑpì ❶ 動 열다. 개척하다. 개간하다. 신설하다. ¶在房子前面～块园地yuándì种南瓜nánguā | 집 앞뜰을 일구어 호박을 심다. ¶另～体育专栏tǐyùzhuānlán | 스포츠란을 따로 신설하다. ❷ 形 투철하다. ❸ 動 반박하다. 배척하다. 물리치다. ¶～邪说xiéshuō | 잘못된 주장을 물리치다.

Ⓐpī

【辟头】pītóu ⇒〔劈pī头②〕

Ⓑpì

【辟邪】pìxié 動 그릇된 주장을 배척하다. ¶显xiǎn正～ | 올바른 것을 드러내고 그릇된 것을 배척하다.

【辟谣】pì/yáo 動 소문을 반박하다. ¶他不得不在报纸上～了 | 그는 부득불 신문에서 (그 풍문을) 부인했다.

2【壁】bì 벽 벽, 낭떠러지 벽

❶ 名 벽. 담. ¶四～ | 사방의 벽. ¶铜tóng墙qiáng铁tiě～ | 成 구리 담과 철 벽. 철옹성. 견고한 방어 진지. ¶～报↓ ❷ (어떤 물체의) 벽과 유사한 부분. ¶细胞bāo～ | 세포벽. ¶胃wèi～ | 위벽. ¶锅炉guōlú～ | 보일러 벽. ❸ 담벼락같이 깎아 세운 것. ¶绝～ | 절벽. ❹ ㉢ 名 (군축상의) 요새. 보루. ¶坚～清野 | 보루를 단단히 지키고 들녘을 청소하여 적에게 물건이 빼앗기지 않게 하다 ❺ 名 ㉧ 곳. 변(邊). 방면(方面). ¶那～ | 그쪽. ¶左～ | 좌측 →〔边〕〔壁厢〕 ❻ 名〈天〉벽성(壁星) [28수(宿)의 열 넷째 별] ❼ (Bì) 名 성(姓).

【壁板】bìbǎn ❶ 名 벽판. 담장에 쓰인 판대기. ❷ 貶 표정이 굳다. 엄숙하다.

【壁报】bìbào 名 벽보. 벽신문(壁新聞) =〔墙报〕〔板报〕→〔大字报〕

【壁虫】bìchóng 名〈蟲〉빈대 =〔壁驼〕〔壁虱②〕〔臭chòu虫〕

【壁橱】bìchú 名 벽장. 벽에 붙은 수납장.

【壁灯】bìdēng 名 벽등. 벽에 거는 초롱이나 전등.

【壁陡】bìdǒu 貶 가파르다. 경사가 급하다. ¶～的山坡pō | 가파른 산비탈.

【壁柜】bìguì 名 벽장. 반침. 붙박이 수납장.

【壁虎】bìhǔ 名〈動〉벽호. 수궁. 갈호 [벽에 붙어 다니며 모기를 잡아먹는 도마뱀 같이 생긴 동물] =〔蛇shé医〕〔蜥xī虎①〕〔水宫〕

【壁画】bìhuà 名〈美〉벽화. ¶敦煌dūnhuáng～ | 돈황 벽화. ¶～展zhǎn | 벽화 전람회. ¶在墙上都画了～ | 벽에다 온통 벽화를 그렸다.

【壁经】bìjīng 名〈書〉❶ 고문 상서(古文尙書). 서경(書經). [전한(前漢)의 경제(景帝) 때, 노(魯)의 공왕(恭王)이 공자(孔子)의 구택(舊宅)을 허물어 그 벽 속에서 찾은 상서(尙書)] ❷ 벽속에서 나온 경서 =〔壁中书〕 ❸ 석경(石經) [한(漢) 이후 경전(經典)을 돌에 많이 새김]

【壁垒】bìlěi 名 진영(陣營). 보루. 성채. 장벽. 한계. ¶拆除chāichú贸易～ | 무역 장벽을 제거하다. ¶关税～ | 관세 장벽. ¶这学术上的两大～, 界限分明 | 이 학술상의 양대 진영은 그 한계가 분명하다.

【壁垒森严】bì lěi sēn yán 成 ❶ 진지를 삼엄하게 지키다. ❷ 한계를 분명히 지키다 ‖ =〔森严壁垒〕

【壁立】bìlì ㉢ 貶 벽처럼 우뚝 서있다. 깎아 지른 듯이 서있다. 우뚝 솟아 있다. ¶～的山峰fēng | 우뚝 솟은 산봉우리. ¶～千尺chǐ | 까마득하게 높이 우뚝 서 있다.

【壁里砌】bìlǐqì 名 ㉦ 페치카(pechika; 러). 벽난로.

【壁炉】bìlú 名 벽난로. ¶～台 | 맨틀피스(mantlepiece).

【壁面砖】bìmiànzhuān 名 벽타일.

【壁虱】bìshī ❶ ⇒〔蜱pí〕 ❷ ⇒〔壁虫〕

【壁式衣架】bìshì yījià 名組 벽에 부착하는 옷걸이.

【壁毯】bìtǎn 名 벽걸이용 융단. 태피스트리(tapestry).

【壁驼】bìtuó ⇒〔壁虫〕

【壁厢】bìxiāng 名 ㉠ ㉧ 곳. 근처. 부근. ¶这～ | 이 곳. ¶那～ | 저 곳. 그 곳 →〔壁⑤〕〔边(儿)〕

【壁中书】bìzhōngshū ⇒〔壁经②〕

【嬖】bì 사랑할 폐

❶ ㉢ 動 총애(寵愛)하다. 총애 받다. ¶汉武wǔ帝深shēn～李夫人 | 한무제는 이 부인을 깊이 사랑하였다《王嘉·拾遺記》 ¶～臣 | 총신. ❷ 名 ㉧ (천한 출신으로) 군주의 총애를 받는 여자. 애희.

【嬖爱】bì'ài 動 ㉧ 총애하다. ¶只因他丰fēng姿妖艳yāoyàn, 性情淫荡yíndàng, 武官十分～ | 오로지 그 여자가 풍만하고 요염스러우며 성미가 음탕하기 때문에 무관은 매우 총애하였다.

【嬖幸】bìxìng ㉢ 名 ❶ 총애. ❷ 왕의 총애를 받는 사람.

【薜】bì 줄사철나무 벽

❶ ⇒〔薜荔〕〔薜萝〕 ❷ (Bì) 名 성(姓).

【薜荔】bìlì 名〈植〉줄사철나무. 벽려 [청량음료의 원료로 쓰이는 상록수] =〔木莲③〕

【薜萝】bìluó ㉢ 名 ❶〈植〉줄사철나무와 여라(女蘿). ❷ 喩 은자(隱者)의 옷.

2【臂】bì ·bei 팔뚝 비

Ⓐbì 名 ❶ 팔. 상박(上膊). 상완(上腕). ¶～膊↓ ¶左～ | 좌완. ¶一～之力 | 한팔의 힘. ❷ (동물의) 앞발. ¶螳táng～当车 | 成 사마귀가 앞발로 수레와 수레와 맞서려 하다. 터없이 무모한 짓을 하다.

Ⓑ ·bei →〔胳gē臂〕

【臂膀】bìbǎng ❶ 名 팔. ¶～挽wǎn着～ | 팔에 팔을 서로 끼다. ❷ 喻 막일. 육체 노동. ¶靠kào着两个～生活下来 | 막일로 생활하다. ¶卖～ | 육체노동을 하다.

【臂膊】bìbó 名 奥 近 팔. 팔뚝. ¶搀chān着～立定 | 팔을 끼고 굳게 서다 =〔胳gē膊〕

【臂撑】bìchēng 名〈體〉엎드려 팔굽혀펴기.

【臂环】bìhuán ⇒〔手shǒu镯①〕

【臂力跳水】bìlì tiàoshuǐ 名組〈體〉(다이빙의) 물구나무 서서 뛰어내리기.

【臂章】bìzhāng 名 완장(腕章).

【臂肘】bìzhǒu 名 팔꿈치 =〔胳gē臂肘子〕

【臂助】bìzhù 書 ❶ 動 도우다. 거들다. ¶恳kěn望wàng老兄～ | 형께서 도와 주시기를 간절히 바랍니다. ❷ 名 조수(助手).

2【避】bì 피할 피
動 ❶ 피하다. ¶～雨 | 비를 피하다. ¶～人眼yǎn目 | 남의 눈을 피하다. ¶不～艰险jiānxiǎn | 어렵고 위험한 일을 회피하지 않는다→〔躲duǒ避〕 ❷ 방지하다. 예방하다. ¶～孕yùn↓ ❸ 京 견디다. 참다. ¶～屈qū↓

【避尘外衣】bìchén wàiyī 名組 방진 외투.

【避而不答】bì ér bù dá 成 대답을 회피하다.

【避而不谈】bì ér bù tán 成 할 말을 회피하다.

【避风】bìfēng 動 ❶ 바람을 피하다. ¶他走累lèi了, 找zhǎo了个～的地方休息休息 | 그는 피곤하도록 걸어서 바람을 막을 수 있는 곳을 찾아 휴식하였다. ¶～灯 | 안전등. ❷ (비난·공격·투쟁으로부터) 피하다. 숨다. 대피하다. ¶这两天城里搜查sōuchá得紧jǐn. 他只好去乡下～ | 요 이틀 동안 철저하게 수사를 하여 그는 시골로 내려가 피하는 수 밖에 없었다.

【避风港】bì fēnggǎng 名 ❶ 피난항. 대피항［태풍을 대피하는 항구］❷ 피난처. 안전지대. ¶阶级jiējí斗争dòuzhēng的～ | 계급투쟁의 안전지대.

【避风头】bì fēng·tou 動組 공격을 피하다. 예봉을 피하다.

【避荒】bìhuāng ⇒〔逃táo荒〕

【避讳】ⓐ bì/huì 動 피휘하다. 휘(諱)를 피하다［옛날, 군주·선조·존장 등의 이름에 있는 글자를 직접 말하거나 쓰기를 꺼려 그 글자를 다른 글자로 바꾸거나 공란으로 남기는 따위］

ⓑ bì·hui ❶ 動 기피하다. 꺼려 피하다. ¶难道还有～我的地方吗? | 설마 아직도 내쪽을 기피한단 말인가? ❷ 動 말하길 꺼려하다. 말을 조심하다. ¶从前行船的人～「翻」「沉」等字眼儿 | 이전의 뱃사람들은 「뒤집히다」「가라앉다」등의 말을 꺼려했다. ¶过年的时侯, 大家小心～说不吉利的话 | 새해를 맞을 때는 모두 불길한 말을 할까 조심한다. ❸ 動 삼가하다. 조심하다. 근신하다. ❹ 名 금기(禁忌). 기피(忌避).

【避火梯】bìhuǒtī 名 비상 사다리. 비강 계단 =〔安全梯〕

【避祸就福】bì huò jiù fú 成 화(禍)를 피하고 복을 찾다.

【避忌】bìjì 動 近 기피하다. 꺼리다. ¶今日独据一舟, 更无～ | 오늘은 배 한척을 독점하고 있으니 더욱 꺼릴 것이 없다《警世通言》

【避就】bìjiù 書 動 쉬운 것을 택하고 어려운 것은 피하다.→〔避难就易〕〔避重就轻〕

【避开】bìkāi 動 피하다. 피하여 서다. ¶～刀锋 | 칼끝을 피하다.

【避坑落井】bì kēng luò jǐng 成 웅덩이를 피하자 우물에 빠졌다. 재난이 연이어 계속되다 =〔避坎落井〕

【避雷器】bìléiqì 名〈電氣〉피뢰기.

【避雷针】bìléizhēn 名 피뢰침.

【避乱】bìluàn 動 전란을 피하다. (분쟁·불화 따위를) 피하다. ¶他们为了～, 来到深山老林 | 그들은 전란을 피하여 심산유곡으로 왔다.

【避猫鼠儿】bì māo shǔr 名組 고양이에게 쫓기는 쥐. 喻 다급해진 사람. ¶他像个～, 东藏cáng西躲duǒ | 고양이에 쫓기는 쥐처럼 이리저리 숨다.

2【避免】bìmiǎn 動 피하다. 면하다. 방지하다. ¶～发生误会 | 오해가 생기는 것을 피하다. ¶～重chóng犯fàn错误 | 중범의 과오를 방지하다. ¶犯错误是难以～的 | 과오를 범하는 것은 면하기 어렵다.

【避面】bìmiàn 書 動 만나기를 기피하다.

【避难就易】bì nán jiù yì 成 어려운 것은 피하고 쉬운 것을 택하다→〔避就〕〔避重就轻〕

【避难】bì/nàn 動 피난하다. 난을 피하다. ¶移家广东～ | 광동으로 이사하여 난을 피했다. ¶～港 | 대피항. ¶～藏cáng匿nì | 몸을 숨겨 난을 피하다. ¶～所 | 피난처. 대피소 =〔躲duǒ难〕

【避匿】bìnì 書 動 피하고 숨다.

【避粘子】bì nián·zi ❶ 動組 재물을 사취하다. 협잡하다. ❷ 名 협잡배. 사기꾼 =〔闭bì粘子〕〔贴tiē靴的〕→〔贴tiē靴②〕

【避其锐气】bì qí ruì qì 成 적의 예봉은 피하다. ¶～, 击jī其惰duò归guī | 적의 예봉을 피한 후 지쳐 퇴각할 때 공격하다.

【避强打弱】bì qiáng dǎ ruò 成 강한 적은 피하고 약한 것을 치다.

【避屈】bì/qū 動 京 괴로운 것을 참다. 억울함을 참다. ¶您暂zàn时避一避屈 | 잠시만 좀 참아 주시오. ¶您多～吧 | 참고 널리 양해해 주시기 바랍니다. ¶～～ | 노고가 많으십니다.

【避让】bìràng 書 動 (길·자리·지위 따위를) 양보하다. 피해 주다. ¶～贤xián路 | 成 현자에게 자리를 양보하다. ¶他性情暴躁bàozào, 人们都有意～ | 그는 성미가 포악하여 사람들은 일부러 양보한다.

【避煞】bìshà 動 살을 피하게 하다［도가(道家)의 도사들이 죽은 사람의 혼이 돌아오는 기일을 점쳐 상가(喪家) 사람들을 피신케 함］

【避实击虚】bì shí jī xū 成 ❶ 적의 강한 곳은 피하고 취약한 곳을 공격하다. ¶～, 方能取胜shèng | 강한 곳을 피하고 약한 곳을 골라 쳐야 승리할 수 있다. ❷ 요점은 제쳐두고 공론(空論)만 하다 ‖ =〔避实就虚〕

【避实就虚】bì shí jiù xū ⇒〔避实击虚〕

【避世】bì/shì 書 動 세상을 피하다. 은거하다. ¶

～绝jué俗sú | 成 세속과 인연을 끊다 =〔逃táo世〕

【避寿】bìshòu 動 생일날에 들어 올 선물과 축하의 자리를 피하다.

【避暑】bì/shǔ ❶ 動 피서하다. ¶两个人到这儿来～的 | 두 사람은 피서하러 이곳에 왔다. ❷ 動 더위를 막다. 서기(暑氣)를 피하다. ¶天气太热, 吃点～的药 | 날씨가 너무 더워 더위 예방약을 좀 먹었다. ❸ (bìshǔ) 名 피서. ¶～地 | 피서지. ¶～胜地 | 유명 피서지.

【避鼠】bìshǔ 形 쥐를 잡다. 쥐를 쫓아 버리다. ¶这个郎猫不～ | 이 숫 고양이는 쥐를 못 잡는다. ¶这只猫很～ | 이 고양이는 쥐를 잘 잡는다.

【避税】bìshuì 動 납세의 의무를 피하다. 탈세하다 =〔逃税〕〔漏税〕

【避蚊香】bìwénxiāng ⇒〔蚊(烟)香〕

【避贤路】bìxiánlù 動 유능한 후학에게 자리를 물려주다 [관리들이 사직할 때 쓰던 말]

【避嫌】bì/xián 動 혐의를 피하다. 의심받을 만한 일을 피하다. ¶为了～, 他不参加这次阅卷yuèjuàn工作 | 그는 의심을 받지 않기 위해 시험 답안 검열 작업에 참가하지 않았다 =〔避嫌疑〕

【避嫌疑】bì xiányí ⇒〔避嫌〕

【避险】bìxiǎn 動 피난하다. 위험을 피하다. ¶～到此 | 위험을 피하여 이곳에 왔다.

【避邪】bìxié 動 사기(邪氣)를 피하다. 역병을 피하다. 액을 막다. 액막이를 하다. ¶你把这个东西我带dài在身上可以～ | 네가 이 물건을 몸에 지니고 있으면 액막이를 할 수 있다.

【避雨】bì/yǔ 動 비를 피하다. ¶这地方好～ | 이 곳은 비를 피하기 좋다.

【避孕】bì/yùn ❶ 動 피임하다. ❷ (bìyùn) 名 피임 ¶～法 | 피임법. ¶～环 | 피임용 루프. ¶～套 | 피임용 콘돔. ¶～药 | 피임약→〔节jié育〕

【避债】bì/zhài 動 빚을 못 갚아 도망가다. 빚 독촉을 피하다 =〔逃táo债〕

【避债台】bìzhàitái 名 빚 독촉을 피해 숨는 집. ¶他把我们这儿当dàng作～, 今天不是月底dǐ吗? | 그는 우리 이곳을 빚 독촉을 피해 숨는 장소로 삼고 있어, 오늘이 월말이잖니? =〔逃táo债台〕

【避獐逢虎】bì zhāng féng hǔ 成 노루를 피하니 범이 나타나다. 작은 해를 피하다가 더 큰 재앙을 당하다.

【避重就轻】bì zhòng jiù qīng 成 어려운 것은 피하고 쉬운 것을 택하다. 무거운 책임은 피하고 가벼운 것만 택하다. ¶采cǎi取～的态度, 遭zāo到大家的批评pīpíng | 어려운 것은 피하면서 쉬운 것만 골라하는 태도를 취하여 여러 사람의 비판을 받았다→〔避就〕〔避难就易〕

【璧】 bì 도리옥 벽

名 ❶ 옥(玉)의 통칭. ❷ 벽(璧) [중앙에 구멍이 있는 원반형의 옥기로 예기(禮器)나 장식으로 쓰임. 중앙의 구멍을 「好」, 고리를 「肉」이라고 함] ¶和氏～ | 화씨벽 [춘추시대 초(楚)나라 변화(卞和)가 발견한 보옥]

【璧不可以御寒】bì bù kěyǐ yù hán 諺 벽옥으로 추위를 막지는 못한다. 귀중한 물건을 쓸 줄 모른다. 돼지 목에 진주 목걸이.

【璧返】bìfǎn ⇒〔璧还〕

【璧还】bìhuán 書 動 온전하게 돌려 주다. 선물을 받지 않고 그대로 돌려주다. 전부 돌려 주다. ¶谨将原物～ | 원래의 물건을 삼가 반환하다. ¶一定如期～ | 반드시 기일에 맞춰 돌려 주다 =〔璧返〕〔璧回〕→〔完wán璧归赵〕〔璧谢〕

【璧回】bìhuí ⇒〔璧还〕

【璧谢】bìxiè 書 動 ❶ 고맙게 빌린 물건을 반환하다. ❷ 보내온 물건을 사의를 표하며 반환하다→〔璧还〕

【璧月】bìyuè 名 옥처럼 아름다운 달. 달의 미칭(美稱).

【璧赵】bìzhào 書 動 주인에게 물건을 돌려 주다. 빌린 물건을 주인에게 돌려 주다.→〔完wán璧归赵〕

【襞】 bì 옷접을 벽

名 ❶ (옷의) 주름 =〔襞褶zhě〕〔皱zhòu襞〕 ❷ 〈生理〉 (위벽·장벽 따위의) 주름.

【襞積】bìjī 書 ❶ 名 주름. ❷ 動 옷에 주름을 잡다.

【滗(潷)】 bì 거를 필

動 거르다. 짜다. 즙을 내다. ¶把汤tāng～出去 | 국물을 짜내다. ¶把壶hú里的茶～干了 | 주전자의 찻물을 모두 짜내다 =〔泌bì②〕

【滗干】bìgān 動 액체를 다 짜내다. 걸러서 말리다.

4【碧】 bì 푸를 벽

名 ❶ 청옥(青玉). ¶～玉 | 청색의 미옥. ❷ 〈色〉 청록색. 푸른색. ¶～草 | 녹색의 풀. ¶～空↓ ¶金～辉煌huīhuáng | 휘황찬란하다. ❸ (Bì) 성(姓).

【碧霭】bì'ǎi 名 산림에 피어나는 청록색의 구름과 안개.

【碧波】bìbō 名 푸른 파도. ¶～万顷qǐng | 成 만경창파. 끝없이 넓은 바다.

【碧澄澄】bìchéngchéng 狀 맑고 푸르다. ¶～的天空 | 맑고 푸른 하늘. ¶湖水～的 | 호수가 맑고 푸르다.

【碧海】bìhǎi 書 名 깊고 푸른 바다. 벽해. ¶～青天 | 넓고 푸른 바다와 하늘. ¶～扬yáng波bō | 깊고 푸른 바다에 물결이 인다.

【碧汉】bìhàn 書 名 푸른 하늘의 은하. =〔碧霄〕〔碧虚〕

【碧空】bìkōng 書 名 ❶ 푸른 하늘. ¶～如洗xǐ | 씻은 듯 푸른 하늘. ¶～万里 | 더 없이 넓은 푸른 하늘. ❷ (하늘이나 바다 등의) 푸른색.

【碧蓝】bìlán 名 〈色〉 짙은 남색. 짙푸른색. ¶～的海洋 | 짙푸른색의 바다.

4【碧绿】bìlǜ 名 〈色〉 짙은 녹색. 청록색. ¶～的荷叶 | 청록색의 연잎. ¶～的群qún山 | 청록색의 여러 산.

【碧螺春】bìluóchūn 名 〈食〉 녹차의 일종 [태호(太湖) 동정산(洞庭山)이 원산임] = 〔碧萝luó春〕

【碧落】bìluò 書 名 벽락. 하늘 [옛날 사람들이 생각한 동쪽에서 가장 높은 하늘] ¶～黄泉quán | 높은 하늘과 땅 속.

【碧青】bìqīng 名 ❶〈色〉짙푸른색. 심청색. ❷ 청남색 안료의 일종.
【碧森森】bìsēnsēn 貌 시퍼런. 짙은 청색의. ¶～的裙qún子 | 시퍼런 색의 치마.
【碧桃】bìtáo 名〈植〉벽도나무. ¶～花 | 벽도화 =〔千叶桃〕
【碧霄】bìxiāo ⇒〔碧汉〕
【碧虚】bìxū ⇒〔碧汉〕
【碧血】bìxuè 書 名 푸른빛을 띤 피. 喻 정의(正義)를 위해 흘린 피.《莊子·外物篇》¶～丹dān心 | 정의를 위해 흘린 피로서 다진 일편단심. 죽음으로서 보인 충성.
【碧眼】bìyǎn 書 名 파란 눈. 喻 서양인. 외국인. ¶金发fà～的洋yáng人 | 금발에 푸른 눈의 서양인.
【碧油油】bìyōuyōu 貌 새파랗다. 짙푸르다. ¶～的草地 | 새파란 풀밭. ¶～的麦苗màimiáo | 새파란 보리싹.
【碧玉】bìyù 名 ❶〈鑛〉벽옥 [석영의 일종으로 적색·황색·녹색 등이 있으며 장식에 쓰임] ❷ 喻 가난한 집의 예쁜 딸. ¶小家～ | 빈한한 집의 예쁜 딸.
【碧云】bìyún 名 ❶ 푸른 하늘의 구름. ¶～天, 黄叶地 | 푸른 하늘의 구름과 노란 단풍 잎의 땅. ❷ 푸른 하늘. 청공(青空).

【觱】bì 악기이름 필
❶ 기적. 기적 소리. ❷ ⇒〔觱发〕〔觱沸〕〔觱篥〕
【觱发】bìfā 書 形 바람이 차다. 바람이 강하여 춥다. 바람이 차다.
【觱沸】bìfèi 書 形 샘물이 솟아 오르다.
【觱篥】bìlì 名〈音〉필률 [한대(漢代)에 서역(西域)에서 전래된 관악기] =〔觱栗〕〔筚篥〕

【滭】bì 물소리 비
❶ 書 擬 콸콸 [물이 세차게 흐르며 내는 소리] ¶滂pāng～沆hàng溉gài | 물이 콸콸 흐르다. ❷ 지명에 쓰이는 글자. ¶漾yàng～ | 운남성(雲南省)에 있는 현 이름.

biān ㄅㄧㄢˉ

1【边(邊)】biān 가 변
❶ 名 (～儿) 옆 곁. (물건의) 주위. 가장자리. ¶马路～儿 | 한길 가. 길옆. ¶桌子～儿 | 탁자의 가장자리. ¶走路要靠～儿 | 길을 갈 때는 가로 붙어 걸어야 한다. ❷ (～儿) 名 가장자리의 장식. 테. ¶花～儿 | (의복의) 레이스. ¶镶xiāng金～儿 | 금테를 두르다. ❸ 名 경계. 변방. 변경(邊境). ¶～防↓ ¶～地↓ ¶～境↓ ¶到了二十岁的～儿上 | 나이가 20줄에 이르렀다. ❹ 名〈數〉(도형의) 변. ¶四角形的一～ | 4각형의 한 변. ❺ 名 끝. 한계. ¶宽大无～ | 끝없이 넓다. ¶一眼望不到～儿 | 한 눈에 끝이 보이지 않는다. ¶他的话说得没有～儿 | 그의 말은 끝이 없다. ❻ 名 방면(方面). …쪽. 편. ¶一～倒dǎo | 한 쪽으로 기울다. 정치적 입장이 한 쪽 계급에 치우치다. ¶你是哪～儿的? | 너는 어느 쪽이냐? ❼ 名 실마리. 단서. ¶事情办bàn得有～儿了 | 일은 단서가 잡혀 간다. ❽ 連 한편 …하면서 한편 …하다. 어법 두개 이상의 동사 앞에 쓰여, 동작이 동시에 진행됨을 나타냄. ¶～说～笑 | 웃으면서 말하다. ¶～吃饭～听音乐 | 밥 먹으면서 음악을 듣는다 =〔一面…一面…〕〔且…且…〕〔一壁厢…一壁厢…〕 ❾ (～儿) 尾 …쪽. …측 어법「上」「下」「前」「后」「左」「东」「西」「南」「北」등의 뒤에 붙어 방위를 나타냄. 대개 경성으로 발음함. ¶右～(儿) | 오른쪽. ¶外～(儿) | 바깥쪽. ¶这～(儿) | 이쪽. 이곳 →〔侧cè〕〔旁〕 ❿ 助 奧 쯤. 정도. 가량. 어법 수사 뒤에 붙어 정도를 나타냄. ¶三十～ | 서른 정도. ⓫ 助 奧 때 어법 명사 뒤에 붙어 시간사를 만듦. ¶早饭～ | 아침 식사 때. ¶二月初一～ | 이월 초하루에. ⓬ 名 부근. 주위. ¶耳～ | 귓전. ¶身～儿 | 신변. ⓭ (Biān) 名 성(姓).
【边鄙】biānbǐ ❶ 形 궁벽하다. 외지고 누추하다. ❷ 書 名 변경. 먼 곳. 국경 지대. ¶这儿是鲁国的～ | 이곳이 노나라의 국경이다.
【边城】biānchéng 名 변경도시. 국경도시 =〔疆jiāng城〕
【边陲】biānchuí 書 名 변경 ¶新疆jiāng是中国的～ | 신강은 중국의 변경이다 =〔边垂chuí〕〔边土〕〔边裔yì〕〔边圉yǔ〕
【边灯】biāndēng 名 (자동차의) 사이드 라이트 (side light).
【边地】biāndì 名 변경 지역. 국경 지대. ¶中朝～ | 중·조 국경지대.
4【边防】biānfáng 名 국경 수비. 변경의 방비. 국방. ¶～部队 | 국경 수비대. ¶～军 | 국경 수비군 =〔边守〕
【边锋】biānfēng 名〈體〉(축구의) 윙(wing). 날개. ¶右～ | 라이트 윙.
【边幅】biānfú 名 외관. 겉모양. 차림새. ¶不修～ | 외관을 꾸미지 않다. ¶～不正 | 차림새가 바르지 못하다.
【边府】biānfǔ 名 변경에 수립한 정부 →〔边区②〕
【边干边学】biāngàn biānxué 動組 일하면서 배우자 [1958년 중국이 내건 학습운동(學習運動)으로 대약진(大躍進)하자는 구호]
【边沟】biāngōu 名 (길 양 옆의) 배수구. 길 옆의 하수구.
【边鼓】biāngǔ 名 맞장구. (응원하기 위해) 옆에서 치는 북. ¶敲qiāo～ | 흥을 돋구다. 곁에서 응원하다. 맞장구 치다.
【边关】biānguān 名 변방의 요새. 국경 관문. ¶不畏wèi困难驻zhù守在祖国的～ | 어려움을 두려워하지 않고 조국의 국경 요새에 주둔하다.
【边际】biānjì 名 끝. 한계. 한도. ¶一片绿lǜ油yóu油的庄稼zhuāngjià, 望wàng不到～ | 한 조각의 새파란 농작물 밭이 끝이 보이지 않는다. ¶～价jià格 | 한계 가격. ¶～生产率 | 한계 생산율. ¶～成本 | 한계 생산비.
【边际效用】biānjì xiàoyòng 名組〈經〉한계 효용 =〔限xiàn界效用〕
3【边疆】biānjiāng ⇒〔边境〕
【边角料】biānjiǎoliào 名 조각. 토막. 자투리. ¶充分移yí用～ | 자투리를 잘 활용하다. ¶钢材搞gǎ-

o不到. ～也可以 | 강재를 구하지 못하면, 쓰다 남은 것이라도 좋다.

【边角下料】biānjiǎo xiàliào 名組 폐기물. 폐품. ¶利用～做小玩具 | 폐품을 이용하여 작은 완구를 만들었다.

3【边界】biānjiè 名 지역간의 경계선. 국경선. 변경(邊境) ¶～问题wèntí | 국경 문제. ¶～争议zhēngyì地区 | 국경 분쟁 지역. ¶～签證qiānzhèng | 통과 비자 ¶～曲线qūxiàn | 〈電〉경계 곡선 →〔边境〕

【边警】biānjǐng 書 名 ❶ 변경의 경보. 외적(外敵)이 국경을 침입했다는 경보(警報). ❷ 변경 경비대. 국경 수비대.

4【边境】biānjìng 名 변경(邊境). 국경. 국경지대. ¶～冲突chōngtū | 국경 분쟁. ¶～地区 | 변경 지대. ¶～兑换 | 국경 지역의 외환 =〔边疆〕〔边域〕→〔边界〕

【边框(儿)】biānkuàng(r) 名 ❶ 액자. 액틀. ❷ 범위 구역. ❸ (자전거의) 골조(骨組). ❹ (가구·기구 류의) 가장자리. 변두리 →〔框kuàng〕

【边炉】biānlú 名〈食〉신선로(神仙爐). 신선로 요리. ¶打～ | 신선로 요리를 하다 =〔方 便biàn炉〕→〔火huǒ锅(儿)〕

【边路】biānlù 名 보도. 갓길.

【边门】biānmén ❶ 통용문. 정문의 옆에 있는 작은 문. ❷ 비상구. ¶他从大厅tīng的～走进去 | 그는 대청의 비상구를 통해 걸어 들어 갔다 →〔便biàn门〕

【边卡】biānqiǎ 名 국경의 초소. 변경의 감시 초소.

【边区】biānqū 名 ❶ 변경지역. 국경지역. ❷ 변구 [중국 공산당이 국공내전·항일전쟁 시기에 세웠던「陕甘宁边区」「晋察冀边区」와 같은 혁명 근거지] ¶～票 | 변구의 화폐.

【边塞】biānsài 名 국경의 요새. ¶～诗 | 국경 요새의 생활·풍경 따위를 묘사한 시.

【边饰】biānshì 名 가장자리의 장식. 테두리. ¶纪念邮yóu票以麦穗màisuì作～ | 기념우표는 보리 이삭으로 테두리를 쳤다.

【边式】biān·shi 形 京 (차림새가) 산뜻하다. 말쑥하다. 멋지다. ¶他穿了这身衣服显得更加～ | 그가 이 옷을 입으니 더욱 산뜻하게 보인다 →〔款式kuǎn·shi〕〔俏qiào式〕

【边线】biānxiàn 名〈體〉사이드라인(side line). 터치라인(touch line). ¶～裁cái判员 | 선심(線審). 라인즈맨(linesman). ¶～进攻战术 | 외측 공격법 →〔端duān线〕

【边厢】biānxiāng 名 ❶ 書 근방. 옆. 곁. ¶～坐着一个年幼yòu妇fù人 | 옆에 젊은 부인 한 사람이 앉아있다《水滸傳》¶怎么你走到我身～? | 네가 어찌 내 옆에 왔느냐? =〔边箱〕❷ 方 방면. ¶他们各讲了一～的道理 | 그들은 각자 한 쪽의 이치만 이야기하였다. ❸ 方 곁채 [정방의 옆에 건물]

【边沿】biānyán ⇒〔边缘〕

3【边缘】biānyuán 名 끝. 가. 모서리. 가장자리. 喩 위기. 더 이상의 여지가 없는 상태. ¶等着走到悬崖xuányái的～, 回头一看, 后路变成了茫茫一片白色 | 절벽의 끝까지 걸어가서야 고개를 돌려 보니 걸어온 길은 망망한 백색 천지였다. ¶他最～的地方找到了小船 | 그는 가장 끝에서 작은배를 찾았다 =〔边沿〕〔缘边〕

【边缘科学】biānyuán kēxué 名組 주변 과학. 학제 과학(學際科學) [두 가지 이상의 학문을 기초로 발전한 과학] ¶人工智zhì能是一门～ | 인공지능은 학제 과학의 하나이다.

【边远】biānyuǎn 區 중앙에서 떨어진. 먼 국경지역. ¶～的省分fèn | 국경지대의 성(省). ¶～地区 | 변경 지구.

【边寨】biānzhài 名 변방 지역의 요새. 변경 지대의 산간 마을.

【边整边改】biān zhěng biān gǎi 動組 정돈하면서 고치다 [문화혁명의 수습기에 나온 구호]

【笾(籩)】biān 변두 변

名 과일이나 포를 담는 대나무로 엮은 제기(祭器) [나무로 만든 제기를「豆」라 하고, 토기로 만든 것을「登」이라 함]

【笾豆】biāndòu 名 대나무와 나무로 만든 제기. ¶～之事 | 제사.

【笾舆】biānyú 書 名 대나무를 엮어 만든 수레.

【砭】biān 돌침 폄

❶ 名〈漢醫〉석침(石針) 몸을 찔러 병독을 빼던 돌침. ❷ 動〈漢醫〉돌침을 놓다. ¶针～ | 돌침을 놓다. 轉 잘못을 찾아 고치다.

【砭骨】biāngǔ 書 動 추위나 아픔이 뼈에 사무치다. ¶寒hán气～ | 찬 기운이 뼈에 사무치다. ¶朔shuò风～ | 북풍이 살을 에는 듯하다.

【砭灸】biānjiǔ 名〈漢醫〉침구(鍼灸). 돌침과 뜸질 →〔针zhēn灸〕

【萹】biān ☞ 萹 biǎn B

2【编(編)】biān 엮을 편

❶ 動 엮다. 땋다. 짜다. ¶～筐kuāng子 | 대바구니를 짜다. ¶～辫biàn子 | 머리를 땋다. ❷ 動 편성하다. 배열하다. 조직하다. ¶～组 | 조를 편성하다. ¶～目录 | 목록을 작성하다. ❸ 動 편집하다. ¶～报 | 신문을 편집하다. ¶～杂志 | 잡지를 편집하다. ¶～书 | 책을 편집하다. ¶这是张先生～的 | 이것은 장선생이 편집한 것이다. ❹ 動 (가사·극본 등을) 창작하다. 짓다. ¶～一首歌儿 | 노래 한 곡을 짓다. ¶～剧jù本 | 극본을 쓰다. ❺ 動 꾸미다. 날조하다. ¶～了谎huǎng言 | 거짓말을 꾸며대다. ¶～了一套tào瞎xiā话 | 일련의 거짓말을 꾸몄다. ❻ 動 奧 어렵게 만들다. 곤란하게 하다. ¶他今天又来～你吗 | 그가 오늘 또 와서 곤란하게 했느냐? ❼ (Biān) 名 성(姓).

【编班】biān bān 動組 반을 편성하다. 조를 짜다.

【编辫(儿, 子)】biān biàn(r,·zi) 動組 변발을 하다. 변발을 땋다.

【编词】biān/cí 動 가사를 짓다. ¶他一面说一面～ | 그는 한편으로 말하면서 한편으로 가사를 지었다.

【编次】biāncì ❶ 動 순서를 정하다. 배열하다. ¶把它分类～ | 그것을 분류하고 순서를 정했다. ❷ 名 배열순서. ¶这样的～很好 | 이런 배열 순

서는 매우 좋다.

【编导】biāndǎo ❶動 (연극·영화 따위를) 각색하고 연출하다. ❷名 각색과 연출. ❸ 각색·연출자.

【编队】biān duì ❶動組 부대를 편성하다. 대오를 짜다. ❷ (biānduì) 名 편대. ¶～飞行 | 편대 비행. ¶～攻击jī | 편대 공격.

4【编号】biān hào ❶動組 번호를 매기다. ¶把书编上号 | 책에 번호를 매겨라. ¶给树shù苗miáo～ | 묘목에 번호를 매기다. ❷ (biānhào) 名 번호. 일련번호(一連番號). ¶电码～ | 전신 부호 번호. ¶按～排列 | 번호에 따라 배열하다.

【编集】biānjí ⇒〔编辑〕

3【编辑】biānjí ❶動 편집하다. 편찬하다. ¶今年准备zhǔnbèi～一套丛cóng书 | 금년에 일련의 총서 편집을 준비하고 있다. ¶～刊物 | 간행물을 편집하다. ¶把这些资料zīliào～一下 | 이 자료를 편집해 보아라. ❷名 편집인. 편집진(編輯陣). ¶他是～ | 그는 편집인이다. ¶总～ | 편집장 ❸名 편집. ¶～部 | 편집부. ¶～功能 | 〈電算〉 편집 기능 ‖ =〔编集〕

【编剧】biān/jù ❶動 각본을 쓰다. 시나리오를 쓰다. ❷ (biānjù) 시나리오 작가. 극작가.

【编类】biān/lèi 動 ❶ 분류하다. 종류별로 편집하다. ❷ 등급을 매기다. ¶按照ànzhào标准biāozhǔn～ | 기준에 따라 등급을 매기다. ¶这样的～很科学 | 이렇게 등급을 나누는 것은 매우 과학적이다.

【编录】biānlù ❶動 요약 편집하다. ❷動 채록(採錄)한 것을 편집하다. ❸名 요약편집.

【编码】biān/mǎ 〈電算〉 ❶動 코드(codde)화 하다. 부호화 하다. 프로그램을 짜다. ¶用「0」和「1」两个数字进行～ | 「0」과 「1」의 두 숫자로 코딩한다. ❷名 코드. 부호. ¶～程chéng序 | 프로그래밍 순서. ¶～地址zhǐ | 코드 어드레스.

【编目】biān/mù ❶動 목록을 작성하다. 항목별(項目別)로 나누다. ❷動 연출을 기획을 하다. ¶～人 | 연출을 기획하는 사람. ❸ (biānmù) 名 목록. 목차.

【编年】biānnián 動 연대 순으로 편성하다. ¶～史 | 연대기(年代記). 연표(年表).

【编年体】biānniántǐ 名 편년체 [《春秋》《資治通鑒》과 같이 연대(年代)에 따라 기술하는 역사 편찬 체재(體裁)]→〔纪jì传体〕

【编排】biānpái 動 ❶ 배열(配列)하다. 서열을 정하다. 등급을 나누다. 편성하다. (소설을 각본으로) 개편하다. 편곡하다. ¶～演出节目 | 공연 프로그램을 짜다. ¶～神话和传说 | 신화와 전설을 편성하다. ¶～次序 | 프로그램(programme)을 편성하다. ❷ 다른 사람의 험담을 날조하다. 모함하다. ¶你～他也行, 可得有人相信啊 | 네가 그를 모함한다 해도 좋아, 어쨌든 믿는 사람이 있어야 되잖아→〔编造②〕〔编派biān·pai〕

【编派】ⓐ biānpài 動 개편하다. 편곡하다. ¶合唱chàng着随suí口～的歌 | 입에서 나오는 대로 편곡한 노래를 합창하고 있다.
ⓑ biān·pai 動 날조하다. 남을 중상하다. 근거없는 말을 꾸미다. 중상모략하다. ¶～罪状zuìzhuàng | 죄상을 꾸며 남을 공격하다. ¶～不是 | 책임을 전가하다→〔编排〕〔编造②〕

【编审】biānshěn ❶動 원고를 편집하고 심사하다. ¶～书稿gǎo | 원고를 편집 및 심사하다. ❷名 편집 및 심사를 하는 사람. ¶他是～ | 그는 편집·심사를 하는 사람이다.

【编外】biānwài 區 편제(編制) 밖. 정원 외. ¶他们三个人是～人员 | 그들 세 사람은 정원 밖의 인원이다.

【编委】biānwěi 名 簡 편집위원 [「编辑jí委员wěiyuán」의 준말]

【编戏】biān xì 動組 ❶ 극작(劇作)하다. 각본을 쓰다. ❷ 연극을 꾸미다. 꾸며내다. ¶你不要～, 没人相信 | 너 꾸미지 마라, 아무도 믿지 않는다.

【编写】biānxiě 動 ❶ 집필하다. 편집하다. ¶～课本 | 교과서를 집필하다. ❷ 창작하다. ¶～歌曲qǔ | 노래를 짓다. ¶～剧本 | 극본을 쓰다.

【编修】biānxiū ❶ 書 動 편집 및 교정을 하다. 편수하다. →〔编辑〕 ❷名 편수 [옛날의 관직명. 국사를 편찬·기술하는 사관(史官)]

【编译】biānyì ❶名 편역. 편집과 번역. ❷名 편역인(編譯人). 편집 번역인. ¶他是本书的～ | 그는 이 책의 편역인이다. ❸動 편역하다. 편집 번역하다. ❹名 〈電算〉 컴파일(compile). ¶～器qì | 컴파일러. ¶～程chéng式 | 컴파일러 프로그램. ¶～语言 | 컴파일러 언어. ¶～程序 | 번역 프로그램.

【编印】biānyìn 動 편집·인쇄하다. ¶～小册子 | 작은 책을 편집·인쇄하다.

【编余】biānyú 區 편제(編制)의 나머지. 편성 후의 나머지. ¶～人员 | 편성 후의 남은 인원.

【编造】biānzào 動 ❶ 편성하다. 만들다. (많은 자료로부터) 편집하다. ¶～预算yùsuàn | 예산을 편성하다. ¶～名册cè | 명부를 만들다. ❷ 날조하다. 조작하다. ¶他常常～一些谎huǎng话 | 그는 늘 거짓말을 꾸민다 =〔编排②〕〔编派biān·pai〕 ❸ 이야기를 꾸미다. 스토리를 만들다. ¶古代人～的神shén话 | 고대인들이 꾸민 신화. ¶她在～一个故事 | 그녀는 스토리를 만들고 있다.

4【编者】biānzhě 名 편자. 엮은이. ¶～按 | 편자의 말. 편자의 비평.

【编织】biānzhī ❶名 편직물. 편물. ❷動 편직하다. 엮다. 짜다. ¶～毛衣 | 털옷을 짜다. ¶～机 | 편직기. ¶～品 | 편직물.

3【编制】biānzhì ❶動 편성하다. 편제하다. ¶～法规guī | 법규를 편성하다. ¶～国家预算 | 국가의 예산을 편성하다. ❷動 엮다. 겯다. ¶用柳条～筐kuāng子 | 버들가지로 광주리를 겯다. ❸名 편제. 편성. 제정. 인원의 구성. ¶～名额é | 〈軍〉 정원. ¶～人数 | 〈軍〉 병력 정수.

【编钟】biānzhōng 名 〈音〉 편종 [16개의 작은 종을 매달아 만든 타악기]

【编著】biānzhù ❶名 편저. ❷動 편저하다. 편집·저술하다. ¶他们三年～了一本辞典 | 그들은 삼년 만에 사전 하나를 편저하였다.

【编撰】biānzhuàn 書 動 편찬하다. 편집하다.

【编纂】biānzuǎn ❶動 편찬하다. ¶～词典 | 사전

을 편찬하다. ❷ 名 편찬.

【煸】biān 볶을 편
動 㒷 채소나 고기를 살짝 볶다. ¶这种zhǒng菜应～, 才好吃 | 이런 종류의 채소는 살짝 볶아야만 맛있다.

【蝙】biān 박쥐 편
⇒〔蝙蝠〕

【蝙蝠】biānfú 名 ❶〈動〉박쥐 [「变biàn福fú」와 발음이 비슷하여 길상(吉祥)의 동물로 여김. 옛 이름은 「伏fú翼」「服翼」였음] ❷ 喩 기회주의자. ¶他是个～ | 그는 기회주의자이다 ‖ ＝〔蝠鼠〕〔飞鼠②〕〔仙鼠〕〔方 檐yán蝙蝠儿hǔr〕〔方 燕yàn蝙蝠儿hǔr〕〔方 夜猫虎〕

【蝙蝠刺】biānfúcì 名〈植〉우엉.

【鳊(鯿)〈鯾〉】piān 방어 편
名〈魚貝〉방어 ＝〔鳊鱼〕

【鳊鱼】biānyú 名〈魚貝〉방어. 편어 ＝〔鲂鱼〕

4【鞭】biān 채찍 편
❶ (～子) 名 채찍. 회초리. ¶皮～ | 가죽 채찍. ¶马～子 | 말채찍. ❷ 動 채찍으로 때리다. ¶～马 | 말을 채찍으로 때리다. ❸ 名 쇠채찍 [쇠로 마디가 나게 만든 고대 병기(兵器)의 하나] ¶钢～ | 쇠 채찍. ❹ 채찍과 같이 가늘고 길게 생긴 물건. ¶教～ | 지시봉. ¶霸bà王～ | 길게 자라는 선인장의 일종. ¶竹～ | 대나무의 지하경(地下莖). ❺ 名 길게 매달아 놓은 폭죽(爆竹). ¶一卦～ | 폭죽 한 줄. ❻ 名 수컷 동물의 생식기. ¶牛～ | 황소의 생식기. ¶鹿～ | 사슴 생식기. ❼ (Biān) 名 성(姓).

4【鞭策】biāncè ❶ 動 채찍질하다. 지도편달(指導鞭撻)하다. 격려하다 [추상적 의미로 많이 쓰임] ¶时时～自己 | 늘 스스로에게 채찍질하다. ❷ 名 채찍. ¶马也不待～, 自然飞fēi奔bēn | 말은 채찍을 맞지 않고도 스스로 날 듯이 뛰었다.

【鞭长不及马腹】biān cháng bù jí mǎ fù ⇒〔鞭长莫及〕

【鞭长莫及】biān cháng mò jí 成 채찍은 길어도 말의 배에는 닿지 않는다. 역량이 미치지 못하여 한스럽다 ＝〔鞭长不及马腹〕

【鞭笞】biānchī 書 ❶ 名 채찍. ❷ 動 채찍이나 곤장으로 치다. ❸ 動 사람을 괴롭히다. 강제로 시키다. ¶～天下 | 온 백성을 혹사하다.

【鞭虫】biānchóng 名〈動〉편충 →〔扁biǎn虫〕

【鞭楚】biānchǔ ⇒〔鞭挞tà〕

【鞭春】biānchūn ⇒〔打dǎ春①〕

【鞭打】biāndǎ 動 채찍질하다. 때리는 형벌을 가하다. 매질하다. ¶受了～的虐nüè待 | 매질의 학대를 받았다. ¶～棍gùn捶chuí | 成 채찍으로 때리고 몽둥이로 치다. 폭력으로 제압하다.

【鞭毛】biānmáo 名 ❶〈動〉편모. ❷〈植〉편모조류(鞭毛藻類).

【鞭毛虫】biānmáochóng 名〈動〉편모충.

4【鞭炮】biānpào 名 ❶ 폭죽의 총칭. ❷ 줄에 꿰어 놓은 폭죽 [백 발 짜리를 「百子鞭炮」, 천 발 짜리를 「千祥鞭炮」, 만 발 짜리를 「子孙万代」 등 으로 미화하여 부름] ¶一挂guà～ | 폭죽 한 줄. ¶放起了～ | 줄 폭죽을 터뜨리다 →〔爆bào竹〕

【鞭辟近里】biān pì jìn lǐ ⇒〔鞭辟入里〕

【鞭辟入里】biān pì rù lǐ 成 ❶ 내용을 깊이 성찰하고 연구하다. ❷ 남의 글을 깊이 연구하고 평가하다 ‖ ＝〔鞭辟近里〕

【鞭梢(儿)】biānshāo(r) 名 채찍에 달린 가죽 끈 ＝〔鞭穗子〕〔鞭鞘(儿)〕

【鞭尸】biānshī 書 動 시체에 채찍질하다. 죽은 후까지도 엄하게 단죄하다.

【鞭穗子】biānsuì·zi ⇒〔鞭梢(儿)〕

【鞭挞】biāntà 書 動 ❶ 채찍으로 때리다. ¶～奴婢 | 노비에게 채찍질하다. ❷ 轉 꾸짖다. 비난하다. 비판하다. 규탄하다. 편달하다. ¶他在作品pǐn中对封建fēngjiàn主义进行了有力的～ | 그는 작품에서 봉건주의를 호되게 꾸짖었다 ‖ ＝〔鞭楚〕

【鞭土牛】biāntǔniú ⇒〔打dǎ春①〕

【鞭刑】biānxíng 名 태형(笞刑). 편형(鞭刑) [옛날의 때리는 형벌]

4【鞭子】biān·zi 名 채찍. 회초리. ¶马mǎ～子 | 말채찍.

biǎn ㄅㄧㄢˇ

4【贬(貶)】biǎn 떨어질 폄
❶ 動 폄하하다. 비난하다. 나쁘게 평가하다. ¶一下子把他～到地下九千丈zhàng | 일거에 그를 지하 구천장으로 폄하하였다. ¶把人～得一钱不值 | 사람을 한 푼의 가치도 없다고 비난하다 ⇔〔褒bāo〕 ❷ 動 낮추다. 줄이다. ¶～职↓ ¶～价 | 값을 낮추다.

【贬褒】biǎnbāo 書 動 폄하하고 칭찬하다. ¶～不一 | 찬반양론이 일치하지 않다.

【贬驳】biǎnbó 書 動 반론하다. 반박하다. ¶～佞nìng说 | 교묘한 말을 반박하다.

【贬斥】biǎnchì 書 ❶ 動 헐뜯고 배척하다. 비방하다. ¶一时正人君子, ～殆dài尽jìn | 일시에 올바른 군자가 배척받고 추방되었다《古今小說》❷ 動 강직되다. 강등되다. ❸ 名 비난과 배척. ¶长期遭zāo到～ | 오랫동안 배척을 받았다.

【贬黜】biǎnchù 書 動 ❶ 파면(罷免)하다. ❷ (관직을) 강등하다.

【贬词】biǎncí 名〈言〉폄의어(貶義語) [부정적이거나 나쁜 의미가 있는 말]

4【贬低】biǎndī 動 평가절하 하다. 헐뜯다. 나쁘게 말하다. ¶不要～别人的成绩jì | 남의 성적을 평가절하 하지마라 ＝〔贬损〕

【贬官】biǎnguān 書 動 관위(官位)를 낮추다. 강등시키다. 좌천하다.

【贬损】biǎnsǔn ⇒〔贬低〕

【贬为】biǎnwéi 動 …라고 폄하하다. …라고 헐뜯다. ¶曾把黑人～未开化民族 | 이전에는 흑인을 미개 민족이라고 폄하하였었다.

【贬下】biǎnxià ❶ 書 動 (직위·자격을) 강등시키다. 좌천하다. ¶公事做错了, 就许xǔ～去 | 공사에 실수가 있으면 좌천당하게 된다. ❷ 書 動 품위를 떨어뜨리다. ❸ ⇒〔贬谪〕

【贬抑】biǎnyì 動 헐뜯고 억압하다. 무시하다. ¶～人格 | 인격을 무시하다.

【贬意】biǎnyì ⇒〔贬义〕
4【贬义】biǎnyì 名〈言〉폄의 [부정적이거나 나쁜 의미] ¶~词 | 부정적인 뜻을 가진 낱말 =〔贬意〕⇔〔褒bāo义〕
【贬责】biǎnzé 書 動 과실을 나무라다. 책망하다. 힐책하다. ¶横héng加~ | 함부로 책망하다.
【贬谪】biǎnzhé 書 動 폄적하다. 좌천하다. 벼슬을 낮추고 멀리 보내다 =〔贬下③〕
4【贬值】biǎnzhí〈經〉❶ 動 평가절하(評價切下)하다. ¶今天起美元~了百分之十二 | 오늘부터 미화(美貨)는 12% 평가절하 된다. ❷ 名 평가절하. ¶法定~ | 공적(公的) 평가절하 ‖ ⇔〔升shēng值〕→〔跌diē价〕
【贬职】biǎnzhí 書 動 직위를 낮추다. 강직하다. 좌천하다.

【窆】biǎn 하관할 폄
書 動 매장(埋葬)하다. 하관하다. 발인하다. ¶告~ | 발인하는 날을 알리다.

2【扁】biǎn piān 납작할 변, 현판 편
Ⓐ biǎn ❶ 形 납작하다. 편평하다. ¶压~了 | 눌러 납작하게 하다. ¶鸭子嘴~ | 오리 부리는 납작하다. ❷ 形 얕보다. 업신여기다. ¶别把人看~了 | 사람을 얕보지 마라. ❸ 動 京 잇빨로 깨물다. ¶没法儿嚼jiáo, 就慢慢儿~呗bei | 씹을 수 없으면 지긋이 깨물어라. ❹ 動 京 발로 밟아 납작하다. 밟아 죽이다. ¶~死一个蚂蚁mǎyǐ | 개미를 발로 밟아 죽이다. ❺ 書 名 편액(扁額). =〔匾〕 ❻ (Biǎn) 名 성(姓).
Ⓑ piān 書 形 작다. ¶~舟↓
Ⓐ biǎn
【扁柏】biǎnbǎi 名〈植〉편백. 측백. 측백 나무 =〔侧cè柏〕
【扁虫】biǎnchóng 名〈動〉편충류. 편형동물류의 총칭 →〔鞭biān虫〕
【扁锉】biǎncuò 名 평 줄칼. 납작한 줄칼 →〔板bǎn锉〕
【扁担担】biǎndàndàn 名 西北 멜대 →〔扁担·dan〕
【扁担没扎, 两头打塌】biǎn dàn méi zā, liǎng tóu dǎ tā 諺 멜대의 한 쪽을 동여매지 않으면 양쪽 짐이 다 떨어진다. 한 가지라도 소홀히 나머지도 잃게 된다.
【扁担】biǎn·dan 名 멜대. ¶挑tiāo~ | 멜대를 메다. ¶放下~ | 멜대를 내려 놓다. ¶~是一条龙, 一生吃不穷 | 諺 멜대는 용(龍)과 같아 일생 동안 먹는 것은 걱정 없다. 부지런히 일만 하면 먹고산다 →〔扁担担〕
【扁担戏】biǎn·danxì 名〈演映〉손가락 인형극(人形劇) →〔木偶戏①〕
【扁豆】biǎndòu ❶ 名〈植〉불콩. 편두 [「蛾é眉豆」「鹊què豆」등의 종류가 있음] ¶~花 | 불콩 꽃. ¶~架jià | 불콩 덩굴 시렁. ¶~角儿 | 편두 꼬투리. ❷ 名 불콩씨. 편두씨. ❸ ⇒〔菜cài豆〕 ‖ =〔萹biǎn豆〕〔沿篱豆〕
【扁骨】biǎngǔ 名〈生理〉편골. 편평한 뼈.
【扁率】biǎnlǜ 名〈數〉편평율.
【扁平】biǎnpíng 狀 납작하다. 편평하다. ¶~脸liǎn | 넓적한 얼굴. ¶~鼻bízi | 납작코.
【扁平足】biǎnpíngzú 名 편족. 마당발 =〔平足〕
【扁食】biǎn·shi 名 北〈食〉❶ 만두. 교자(餃子). ¶他做~给他吃 | 그녀는 교자를 만들어 그에게 먹였다 =〔饺jiǎo子〕〔匾食〕 ❷ 혼돈(餛飩) [아주 작게 생긴 교자] ¶哑吧吃~, 心里有数儿 | 歇 벙어리가 혼돈을 먹은 수는 안다. 말은 하지 않지만 속짐작은 있다
【扁四儿】biǎnsìr 名 한자부수의 그물망(罒) =〔扁四头(儿)〕〔四字头(儿)〕〔横héng目头(儿)〕
【扁松】biǎnsōng 名〈植〉측백나무 →〔侧cè柏〕
【扁桃】biǎntáo ❶ 名〈植〉편도 =〔巴旦杏〕 ❷ 名 편도의 씨. ❸ ⇒〔蟠pán桃①〕
【扁桃体】biǎntáotǐ ⇒〔扁桃腺〕
【扁桃腺】biǎntáoxiàn 名〈生理〉편도선. ¶~炎 | 편도선염. ¶~肥大 | 편도선 비대증 =〔扁桃体〕〔喉hóu蛾〕
【扁形动物】biǎnxíng dòngwù 名組〈動〉편형 동물.
【扁圆】biǎnyuán 狀 둥글 납작하다. ¶~的脸liǎn | 둥글 납작한 얼굴. ¶~形 | 원반형(圓盤形).
【扁嘴类】biǎnzuǐlèi 名〈動〉유금류(游禽類). 판취류(板嘴類) =〔板嘴类〕
Ⓑ piān
【扁舟】piānzhōu 書 名 편주. 조그만 배. ¶一叶~ | 일엽편주.

【匾】biǎn 엷은그릇 변
名 ❶ 편액(扁額). 편제(扁題). ¶横~ | 가로로 걸어 놓은 편액. ¶~额é | 편액. ❷ 대나무로 엮은 평 바구니 [양잠(養蠶)이나 곡류를 담는 데 쓰임]
【匾额】biǎn'é 名 ❶ 편액. ¶一块~ | 하나의 편액. ¶上面高挂金子~ | 위에 금글씨의 편액을 높이 달았다 =〔扁biǎn(额)〕〔牌额〕〔榜额〕→〔条幅〕 ❷ 간판. 상호.
【匾扎】biǎnzhā 動 近 묶다. 속박하다.

【萹】biǎn biān 마디풀 변
Ⓐ biǎn ⇒〔萹豆〕
Ⓑ biān ⇒〔萹蓄〕〔萹竹〕
Ⓐ biǎn
【萹豆】biǎndòu ⇒〔扁biǎn豆〕
Ⓑ biān
【萹蓄】biānxù 名〈植〉마디풀 [줄기·잎을 약재로 씀] =〔萹竹〕
【萹竹】biānzhú ⇒〔萹蓄〕

【褊】biǎn piān pián 좁을 변, 옷너풀거릴 편
Ⓐ biǎn 形 ❶ 협소하다. 좁다. ¶土地~狭xiá | 땅이 협소하다. ❷ (도량이) 좁다. 성격이 급하다. ¶~心↓
Ⓑ piān ⇒〔褊衫〕
Ⓒ pián 書 形 옷이 너풀거리다.
【褊急】biǎnjí 書 形 속이 좁고 성하다. ¶性情~ | 성미가 조급하고 협소하다.
【褊陋】biǎnlòu 書 形 속이 좁고 비루(鄙陋)하다.
【褊狭】biǎnxiá 書 形 협소하다. 좁고 작다. ¶土地

～ | 땅이 협소하다. ¶气量～ | 도량이 좁다 =〔褊小〕

【褊小】biǎnxiǎo ⇒〔褊狭〕

【褊心】biǎnxīn 書形 속이 좁다. 성질이 조급하다 =〔褊志〕

【褊志】biǎnzhì ⇒〔褊心〕

B piān

【褊衫】piānshān 名 편삼. 승려들의 장삼.

【碥】biǎn 디딤돌 편
書 ❶ 名 물위로 솟은 바위. ❷ 名 디딤돌. 받침돌[수레를 탈 때 디디고 서는 돌]

biàn ㄅㄧㄢˋ

【卞】biàn 조급할 변
❶ 성급하다. 황망하다. ¶～急↓ ❷ (Biàn) 名 성(姓).

【卞和泣璧】Biàn Hé qì bì 成 사람의 재능을 알아주지 않음을 한탄하다 [변화(卞和)라는 사람이 좋은 옥을 발견하여 초왕(楚王)에게 헌납하였으나 초왕이 이를 돌이라고 하였다는 고사에서 나옴]《韓非子·和氏》

【卞和玉】biànhéyù 名 귀중한 보석. ¶你的知识尽管jǐnguǎn是块个～, 可有人却把它当做烂làn石头 | 너의 지식은 훌륭한 보배라 하더라도 어떤 사람은 오히려 그것을 물러 빠진 돌이라고 간주한다.

【卞急】biànjí 書形 성미가 조급하다.

【忭】biàn 좋아할 변
書動 좋아하다. 기뻐하다. ¶～颂↓ ¶～喜 | 기뻐하다.

【忭贺】biànhè 書動 즐거운 마음으로 축하하다. ¶新屋落luò成, 众皆～ | 새집을 낙성하자 여러 사람들이 기뻐 축하하였다.

【忭颂】biànsòng 書動 즐거운 마음으로 축복하다. 기쁜 마음으로 축가를 부르다. ¶毕业之日, 亲友皆来～ | 졸업하는 날 친지들이 모두 와 즐겁게 축복하였다.

【忭跃】biànyuè 書動 기뻐 날뛰다. 매우 기뻐하다. 기뻐 어쩔 줄을 모르다.

【汴】Biàn 물이름 판/변
名 ❶〈地〉하남성(河南省) 개봉시(開封市)의 다른 이름. ❷〈地〉簡 하남성의 별칭→〔豫yù④〕❸ 성(姓)

【汴京】Biànjīng 名〈地〉하남성(河南省) 개봉시(開封市)의 옛 이름 [북송(北宋)의 수도로「汴梁」혹은「东京」이라고도 했음] =〔汴梁〕

【汴梁】Biànliáng ⇒〔汴京〕

【苄】biàn (벤질 변)
名〈化〉벤질(benzyl).

【苄醇】biànchún 名〈化〉벤질 알코올(benzyl alcohol) =〔苯甲醇〕

【苄基】biànjī 名〈化〉벤질기(benzyl基) =〔苯běn甲基〕

【弁】biàn 고깔 변
❶ 名 고깔 [옛날 관의 일종] ❷ 轉 (말·문장의) 서두. 첫머리. 시작. ¶～言↓ ❸ 名 옛날의 하급 무관. ¶武～ | 군인. ❹ 빠르다. ¶～行↓ ❺ (Biàn) 名 성(姓).

【弁绖】biàndié 書名 조문(弔問) 때에 입는 하얀 비단으로 만든 관.

【弁髦】biànmáo 書 ❶ 名 아이들의 머리채와 관(冠). ❷ 名 무용지물 [원대(元代)에 성년식이 끝나면「弁髦」는 버리게 되는 데서 유래] ¶视黄金如～ | 황금을 쓸모없는 것으로 보다. ❸ 動 경시하다. ¶～法令 | 법령을 경시하다《左傳》¶～荣华rónghuá | 세속적 영화를 경시하다.

【弁冕】biànmiǎn ❶ 書名 옛날의 관(冠)의 일종 [「弁」은 어린이의 관이고「冕」은 존장자의 관을 표시] ❷ 書名 수령(首領). 동년배 중의 우두머리. ❸ 수령이 되다. 수위를 차지하다. ¶～群英 | 많은 영웅들 중에서 우두머리가 되다.

【弁行】biànxíng 書形 급행하다. 빨리가다.

【弁言】biànyán 書名 서언(緖言). 머리말. 인언(引言).

1 **【变(變)】biàn 변할 변**
❶ 動 달라지다. 변화하다. 바뀌다. 어법 ⓐ 주어가 변했음을 나타냄. ¶天气～了, 要下雨了 | 날씨가 변하여 비가 오려 한다. ¶一听这话, 他的脸liǎn～了 | 이말을 듣자마자 그의 얼굴이 달라졌다. ⓑ 뒤에 형용사 보어(補語)를 써서 성질·상태 등이 변한 결과를 나타냄. ¶天气忽hū然～冷了 | 날씨가 갑자기 추워졌다. ¶这条路本来很狭xiá小, 现在～宽了 | 이 길은 본래 매우 협소하였으나 지금은 넓어졌다. ⓒ 주어가 목적어(賓語)나 목적어의 상태로 변했음을 나타냄. ¶他又～了主意了 | 그는 또 생각이 바뀌었다. ¶房间重chóng新整理zhěnglǐ以后, 完全～了样子了 | 방안을 다시 정리한 후에 모양이 완전히 변했다. ¶一个～两个 | 하나가 둘이 되었다. ¶少数～多数 | 소수가 다수로 변하였다. ¶旱hàn地～水田 | 밭이 논으로 바뀌었다. ⓓ「变成」「变为」「变…为…」의 형태로 쓰여 변한 후의 결과를 표시함. ¶这个地方已经～成工厂chǎng了 | 이곳은 이미 공장으로 변했다. ¶～农业国为工业国 | 농업국이 공업국으로 바뀌었다. ❷ 動 손재주를 부려 …로 바꾸다. 마술로 …로 바꾸다. ¶你会～戏法吗? | 너 마술 놀이를 할 줄 아니? ¶鸡蛋～母鸡, 还可以再把它～回来 | 마술을 부려 계란을 닭으로 바꾸고 다시 계란으로 바꾸었다. ❸ 변하는. 가변적인. ¶～数↓ | ¶～态↓ ❹ 動 (재물·집기 등을 팔아서) 현금으로 바꾸다. ¶把废fèi物拿ná出来～了钱 | 폐품을 꺼내 현금으로 바꾸었다. ¶～卖↓ ¶～产↓ ❺ 돌발적 사건. 돌발적 변화. ¶事～ | 사변. ¶政～ | 정변. ❻ ⇒〔变文〕❽ (Biàn) 名 성(姓).

【变把戏】biàn bǎ·xi ⇒〔变戏法(儿)〕

【变本加厉】biàn běn jiā lì 成 본래보다 더 심해지다《蕭統·文選》¶我们教训xùn了他一顿dùn以后, 反fǎn而～ | 우리가 그를 한 차례 교훈한 후에 오히려 더욱 심해졌다.

【变产】biàn/chǎn 動 재산을 처분하여 현금으로 바꾸다. 재산을 처분하다. ¶我变了全财产, 还不能赔偿péicháng | 내가 전재산을 처분하였으나, 여전히 배상할 수 없다.

1【变成】biànchéng 動 바뀌어 …이 되다. …로 변하다. ¶荒滩huāngtān～乐lè园 | 황천이 낙원으로 변했다. ¶水～电力 | 물이 전력으로 바뀌다. ¶把意识yìshí～物质wùzhì力 | 의식을 물질력으로 바꾸었다.
【变成岩】biànchéngyán 名〈鑛〉변성암. 변질암 =〔变质岩〕
【变蛋】biàndàn ⇒〔松sōng花〕
【变电】biàndiàn 區 변전(變電). ¶～站 | 변전실. 배전실. ¶～所 | 변전소.
【变调】biàn/diào ❶ 動 (연주·노래 등) 멜로디가 어긋나다. ❷ 動 (색채가) 조화를 이루지 못하다. ❸ 動 곡조가 변하다. ❹ (biàndiào) 名〈言〉성조(聲調)의 변화(tonēsandhi;성조의 연음변화) =〔变读①〕 ❺ (biàndiào) 名〈音〉변조. 악보 박자의 변화 →〔转zhuǎn调①〕
3【变动】biàndòng ❶ 名 변동. 변경. ¶～不测cè | 변화가 심하여 예측하기 어렵다. ¶～滙率lǜ | 변동 환율. ❷ 名 이동. 변동. ¶人事～ | 인사이동. ¶发生了很大的～ | 큰 이동이 있었다. ❸ 動 (계획·직장·지위 등이) 바뀌다. 바꾸다. 변동하다. ¶～次序xù | 차례가 바뀌다. ¶任务～ | 임무가 바뀌다 →〔更改〕
【变读】biàndú ❶ ⇒〔变调④〕 ❷ 動 성조를 바꾸어 읽다.
【变端】biànduān ❶ 名 예기하지 못한 변화. 돌발사고. ¶事情忽hū然起了～ | 일에 갑자기 장애가 일어났다. ❷ 動 순조롭지 못하다. 갑자기 장애가 일어나다.
【变法】biànfǎ 動 ❶ 법규·제도를 바꾸다. ¶～自强 | 변법자강(變法自彊) [무술변법(戊戌變法) 때의 구호] →〔戊wù戌政变〕 ❷ (biàn/fǎ) 갖가지 방법을 동원하다. 수단을 부리다 →〔变法儿〕
【变法儿】biàn fǎr 動組 京 近 갖은 수단을 쓰다. 오만 방법을 동원하다. 갖가지 계략을 강구하다. ¶他总zǒng要～超chāo人家的车 | 그는 항상 갖은 방법으로 남의 차를 추월하려고 한다. ¶变着法儿给修好了 | 갖가지 방법을 동원하여 수리하였다. =〔变法子〕→〔变法②〕
【变法子】biàn fǎ·zi ⇒〔变法儿〕
【变方法儿】biàn fāngfǎr ⇒〔变法儿〕
【变废为宝】biàn fèi wéi bǎo 動組 폐기물을 활용하여 유용한 것을 만들다.
【变风】biànfēng 名〈文〉변풍 [시경(詩經)의 패풍(邶風)에서 빈풍(豳風)에 이르는 135편(篇)의 총칭] →〔变雅〕〔正zhèng风〕
3【变革】biàngé ❶ 動 변혁하다. ¶개혁하다. ～社会 | 사회를 개혁하다. ¶～现实 | 현실을 변혁하다. ❷ 名 변혁. 개혁.
【变格】biàngé 名〈言〉격변화(格變化). ¶名词～ | 명사 격변화.
4【变更】biàngēng ❶ 動 변경하다. 수정하다. 고치다. ¶～计划 | 계획을 변경하다. ¶～日程chéng | 일정을 변경하다. ¶～航háng程 | 항해 일정을 변경하다. ¶修订版的内容有些～ | 수정판의 내용은 다소 개정되었다.
【变工】biàn/gōng 動 품앗이하다. 노동을 상호 교환하다 =〔拨bō工〕〔换工〕〔插工〕
【变工队】biàngōngduì 名 품앗이 조직. 노동 교환 조직 [중공 정권이 이전부터 있던 농민 간의 품앗이를 농민이 서로 상이한 일을 바꾸어 함으로써 효율을 높일 수 있다고 생각해 시행함.「人畜变工」「男女变工」「农业副业变工」등이 있음] =〔换工班〕〔换工队〕
【变狗】biàn/gǒu 動 京 아이가 병을 앓다 [개가 되었으므로 사람의 병마가 붙지 않을 것이라는 생각에서 나온 말] ¶我们小孩hái儿～来着, 刚好了两三天 | 우리 아이는 계속 앓다가 나은 지 겨우 2,3일 되었다. ¶孩子又～了 | 아이가 또 병이 들었다.
【变故】biàngù 名 돌발 사고. 재난. ¶这些年发生了许多～ | 요 몇년간 많은 사고가 발생하였다.
【变卦】biàn/guà 動 표변하다. 변심(變心)하다. 태도를 바꾸다. ¶他说好要帮忙的, 显在又～ | 그는 도와주겠다고 했으나 지금 또 태도가 바뀌었다. ¶他变了卦了 | 그는 변심했다.
【变好】biànhǎo 動 개선(改善)되다. 좋아지다. ¶生活～ | 생활이 개선되었다.
【变红】ⓐ biànhóng 動 붉어지다. ¶脸liǎn～ | 얼굴이 붉어졌다.
ⓑ biàn·hong 動 공산주의 사상이 확고해지다.
1【变化】biànhuà ❶ 名 변화. 변경. 변질. 이변. ¶化学～ | 화학변화. ¶心理～ | 심리변화. ¶病状zhuàng的～ | 병리 상태의 이변. ❷ 動 변화하다. 변하다. ¶～多端duān | 成 변화다단하다. ¶～无常 | 成 변화무상하다. ¶～莫测 | 변화를 예측하기 어렵다.
【变化龙】biànhuàlóng ⇒〔变色龙①〕
【变化无穷】biàn huà wú qióng 成 변화무궁하다.
【变幻】biànhuàn 動 쉽게 변하다. 급히 변하다. ¶风云～ | 풍운의 조화. ¶～万千 | 천변만화하다. ¶信号灯～着颜色 | 신호등 색깔이 바뀌고 있다. ¶～莫mò测cè | 변화가 빨라 예측할 수 없다.
4【变换】biànhuàn ❶ 動 변환하다. 바꾸다. 전환하다. 교환하다. ¶～战术 | 전술을 바꾸다. ¶～位置 | 위치를 바꾸다. ¶～内码mǎ | 내부 코드를 바꾸다. ¶～手法 | 수법을 바꾸다. ❷ 名 전환. 변환. ¶～操cāo作 | 변환조작. ¶～作用 |〈化〉변성작용(變成作用)
【变换齿轮】biàn huàn chǐ lún ⇒〔交jiāo换齿轮〕
【变价】biàn/jià 動 ❶ 재산을 처분하여 돈을 마련하다. ¶他手中不便, 拿心爱的东西来～ | 그는 궁색하여 아끼던 물건을 처분하여 돈을 마련하였다 =〔折zhé变〕 ❷ 시가로 팔아버리다. ¶～出售 | 시가로 팔다.
【变节】biàn/jié 動 변절하다. 전향하다. ¶他经不住敌dí人的威逼wēibī利诱yòu, 最后～了 | 그는 적들의 위협과 유혹을 견디지 못해 끝내 변절하였다.
【变脸】biàn/liǎn 動 안색을 바꾸다. 표정이 바뀌다. 갑자기 성을 내다. ¶他一听这句话就变了脸了 | 그는 이 말을 듣자 곧바로 화를 냈다. ¶他这个人说～就～ | 그는 마음대로 표정을 바꾸는 사람이다 =〔翻fān脸〕

【变量】biànliàng 名〈數〉변수. ¶～分析 | 분산 분석 ⇔〔常量〕
【变乱】biànluàn ❶名 변란. 불화. 전란. ¶家里的～ | 가정 불화. ¶当时的长安处chǔ于～之中 | 당시의 장안은 전란 중에 있었다. ❷動 문란하게 하다. 어지럽히다. ¶～成法 | 현행법을 문란하게 하다.
【变卖】biànmài 動 물건을 팔아 돈을 마련하다. 재산을 처분하다. ¶为了还债zhài, 他只得děi～家产 | 그는 빚을 갚기 위해 가산을 처분하는 수 밖에 없었다 =〔折zhé变〕
【变弄】biànnòng 動 수단을 부려 손에 넣다. ¶别人有什么好东西, 他也一定变弄来 | 다른 사람이 무슨 좋은 물건을 가지고 있으면, 그도 반드시 구하고 만다.
【变频】biànpín 名〈電〉주파수변환(周波數變換). ¶～管 | 주파수 변환관(coverter tube). ¶～器 | 주파수 변환기.
4【变迁】biànqiān ❶名 변이. 변천. ❷動 변천하다. 변이하다. ¶万物～ | 만물은 변천한다. ¶局势júshì～得很快了 | 정세가 급변하였다.
【变色】biàn/sè ❶動 색깔이 변하다. ¶哎呀! 这幅画儿有点～了 | 아이고, 이 그림은 색깔이 변했다. ¶这种墨水永不～ | 이런 잉크는 영원히 변색하지 않는다. ❷動 안색이 바뀌다. 표정이 변하다. ¶勃bó然～ | 발끈 안색을 바꾸다. ¶～含hán悲bēi | 슬픔을 머금은 표정이 되다. ❸名 변색. 퇴색. ¶～眼镜 | 변색 안경.
【变色龙】biànsèlóng 名 ❶〈動〉카멜레온 =〔变化龙〕〔避bì役〕〔十二时虫〕〔五色守宫〕❷喩 기회주의자 =〔避役②〕〔风波人物〕
【变生肘腋】biàn shēng zhǒu yè 成 신변에 변고가 생기다. 일이 코앞에서 벌어지다.
【变数】biànshù 名〈數〉변수. ¶～方程 | 매개변수 방정식 ⇔〔常数〕
【变速】biànsù 區〈機〉변속. ¶～杆gān | 변속레버. ¶～箱 | 기어 박스(gear box). ¶～齿轮chǐlún | 변속 톱니바퀴. ¶～运动yùndòng | 변속운동. 부등속운동.
【变速器】biànsùqì 名〈機〉변속기. 트랜스 미션(transmission).
【变态】biàntài 名 ❶ (동물·곤충·식물의) 변태. ¶～发育 | 변태발육. ❷ 감각 기능의 이상. 변태. ¶～心理 | 변태심리 →〔常态〕
【变态反应】biàntài fǎnyìng 名組 外 이상반응. 알레르기(Allergie;독) =〔变应性〕→〔过guò敏①〕
【变体】biàntǐ 名〈言〉(글자나 음소의) 변체. 이체. 이음.
【变体音程】biàntǐ yīnchéng 名組〈音〉반음계 음정. 변음 [반음기호「b」「#」이 붙은 음정]
【变天】biàn/tiān 動 ❶ 날씨가 변하다. 흐려지다. ¶要～了 | 구름이 끼었다. ❷ 세상이 변하다. 정체(正體)나 제도가 달라지다 →〔改朝换代〕
【变通】biàn·tong 動 변통하다. 융통하다. 순응하다. 적응하다. 임기응변하다. ¶～自在 | 자유자재로 변통하다. ¶他们有～的方法 | 그들은 융통하는 방법이 있다.
【变为】biànwéi 動 …으로 변하다. ¶～实际的力量 | 실질적인 힘으로 변하다. ¶把荒漠huāngmò～绿色的原野yuányě | 황량한 사막을 녹색의 들녘으로 바꾸었다.
【变温动物】biànwēn dòngwù 名組〈動〉변온동물. 냉혈동물 =〔冷血动物①〕
【变文】biànwén 名 변문 [당대(唐代) 설창 문학의 하나로 불교이 선교를 위해 운문(韻文)과 산문(散文)을 섞어 기술한 것]→〔白话〕〔话本〕〔讲唱文学〕
【变戏法(儿)】biàn xìfǎ(r) ❶動組 마술을 하다. 손재주를 부리다. ¶～的 | 마술사. 요술쟁이. ¶戏法儿变得不错 | 마술을 잘 한다. ❷ (biànxìfǎr) 名 마술. 요술. ‖=〔变把戏〕
【变相】biànxiàng ❶區貶 형태를 바꾼. 모양을 바꾼. 변형된. 가장된. ¶～地侵蚀jìnshí组职 | 모양을 바꾸고 조직에 침투하였다. ¶这不是～地在骂我嘛 | 이것이 다른 모양으로 나를 매도하고 있는 것이잖아. ❷名 변용(變容). 변형. ¶～剥bō削xuē | 변형된 착취. ¶～工资zī |〈經〉대체임금. ❸名〈佛〉변상(變相) [보살이 법신(法身) 이외의 모양으로 나타난 형상(形相)]
【变销】biànxiāo ⇒〔折zhé变〕
【变心】biàn/xīn 動 마음이 변하다. 변심하다. ¶恨hèn朋友变了心 | 친구가 변심하여 원망하다. ¶她对我并没有～ | 그는 결코 나에 대해 변심한 것이 아니다.
4【变形】biàn/xíng ❶動 변형하다. 형태가 변하다. 모양이 바뀌다. ¶这个零líng件已经～ | 이 부품은 이미 변형되었다. ¶车身～了 | 차체의 모양이 바뀌었다. ❷動 변신하다 [만화영화·동화·소설 등에서 인물의 모습이 바뀜을 말함] ❸ (biànxíng) 名 변형. 변태. ¶～测定器 | 변형측정기. ¶～系数xìshù | 변형계수.
【变形虫】biànxíngchóng ⇒〔阿ā米巴〕
【变形虫痢疾】biànxíngchóng lì·ji ⇒〔阿米巴痢疾〕
【变性】biànxìng ❶區 변질. 변성. ¶～毒素 | 변성 독소. ¶～剂jì | 변성제. ¶～酒精jīng =〔改性酒精〕| 변성 알코올(alcohol) ❸動 변화하다. 변성하다.
【变性人】biànxìngrén 名 성(性)을 바꾼 사람. 성전환 수술자.
【变压】biànyā ❶動〈電氣〉변압하다. 전압을 바꾸다 →〔降jiàng压〕❷名 변압. ¶～所 | 변전소.
【变压器】biànyāqì 名〈電氣〉변압기 =〔奧 方棚〕
【变压站】biànyāzhàn 名〈電氣〉변전소 =〔变电diàn站〕
【变雅】biànyǎ 名〈文〉변아 [시경의 변소아(變小雅)·변대아(變大雅)를 통틀어 이르는 말]→〔变风〕〔雅④〕
【变样(儿)】biàn/yàng(r) 動 모양·태도가 변하다. 변모하다. ¶怎么三天不见就～了? | 어떻게 겨우 삼일 만나지 않았는데 태도가 변했나?
【变易】biànyì 動 (기정 사실을) 변경하다. 바꾸다. ¶～方针 | 방침을 변경하다. ¶～做法再做 | 방법을 바꾸어 다시하다.

【变异】biànyì ❶ 名〈生〉변이. ¶～程度 | 변이도. ¶～因子 | 돌연변이 인소. ❷ 動 변이하다.
【变音】biàn/yīn〈言〉❶ 動 음이 변하다. 음을 바꾸다. ❷ 名 (biànyīn) 변음.
【变应性】biànyīngxìng ⇒〔变态反应〕
【变徵】biànzhǐ 名〈音〉변치 [「徵」보다 조금 낮은 소리로 칠음(七音)의 하나] =〔闰rùn徵〕→〔七音②〕
4【变质】biàn/zhì ❶ 動 변질하다. ¶这些药已经～, 不能再吃了 | 이 약은 이미 변질되어 다시 먹을 수 없다. ❷ 動 사상이 변했다. 생각이 변했다. ¶他当了干部以后, 多吃多占, 早已蜕tuì化～了 | 그는 간부가 된 후 배불리 먹고 많이 차지하더니 타락하고 사상이 변했다. ❸ (biànzhì) 名 변질. 변성. ¶蜕tuì化～分子 | 타락하고 변질된 사람.
【变质岩】biànzhìyán ⇒〔变成岩〕
【变种】biànzhǒng 名〈生〉변종. 돌연변이. ¶最近科学者做出非常大的老鼠的～ | 최근 과학자들은 굉장히 큰 쥐의 변종을 만들어 내었다.
【变子】biànzǐ 名〈物〉불안정입자(不安定粒子).
【变阻器】biànzǔqì 名〈電氣〉가변저항기(可變抵抗器). 변항기(變抗器).

1【便】biàn pián 곧 변, 편할 편

Ⓐ biàn ❶ 形 편리하다. 편하다. …하기 좋다. ¶～于携带xiédài | 휴대하기 좋다. ¶请～罢 | 편할대로 하십시오. ❷ 形 간단하다. 간편하다. 일상적이다. ¶家常～饭 | 집에서 늘 먹는 보통식사. ¶～衣 | 평상복. ❸ 副 (…하자마자) 곧. 바로. ¶看完～明白了 | 다 보고나자 알게되었다. ¶天刚亮liàng, 他～下地干gàn活huó儿 | 날이 밝자마자 그는 들에 나가 일을 한다. ❹ 副 이미. 벌써. 곧. ¶他十五岁～参加了独立运动 | 그는 15세 때 벌써 독립운동에 참가했다. ❺ 副 바로. 꼭. 틀림없이. ¶这儿～是我们学校 | 이곳이 바로 우리 학교이다. ❻ 副 …하면. …이면. 그렇다면. 어법 ⓐ 「便」은 서면어(書面語)·구백화소설(舊白話小說)·현대문에 널리 쓰이며, 구어(口語)의 「就」에 상당함. ⓑ 가정문 다음에 쓰여 앞의 조건이나 상황아래에서 자연히 어떠하다는 것을 나타냄. 앞의 조건절에는 보통 「只要」「要是」「既然」「因为」「为了」등이 옴. ¶如果他去, 我～不去了 | 그가 간다면 난 가지 않겠다→〔就jiù〕 ❼ 動 奧 빌리다. 차용하다. ¶～仔zǎi一斗dǒu米 | 그에게 쌀 한 말을 빌렸다. ❽ 名 대·소변. ¶大～ | 대변. ¶～便 | 소변. ❾ (Biàn) 名 성(姓).
Ⓑ pián ❶ 싸다. 저렴하다. ¶～宜↓ ❷ 書 形 뚱뚱하다. 살찌다. ¶～～↓

Ⓐ biàn
【便闭】biànbì ⇒〔便秘〕
【便步】biànbù 名 ❶〈軍〉보통 걸음. 자유 도보 [행렬을 지어 걷는 것이 아닌 것] ¶～走 | 보통 걸음으로 가! ⇔〔正步〕❷〈體〉평보. 보통 걸음.
【便菜】biàncài 名 보통 요리. 일상 요리 [연회용 요리가 아닌 요리]→〔便饭〕
【便餐】biàncān ⇒〔便饭〕
【便茶】biànchá 名 보통 차(茶). 조악한 차.
【便车】biànchē 名 ❶ 일용 차(車). 편리한 차. ❷ 자가용 차. 자가 승용차. ¶他家里做生意shēngyì, 有～ | 그의 집안은 장사를 하여 자가용 차가 있다.
【便池】biànchí 名 ❶ 남자용 소변기. ❷ 작은 변소.
【便船】biànchuán 名 편선(便船). 일용 선편. 타기 편리한 배. ¶今天早上搭～进城chéng | 오늘 아침에 배를 타고 시내에 들어 갔다.
【便待】biàndài 副 곧 …하려고 하다. ¶武松见夫人宅眷在席xí上, 吃了一杯, ～转zhuǎn身出来 | 무송은 부인과 가족이 모두 자리에 있는 것을 보고, 한 잔 마시고는 곧 몸을 돌려 나오려 하였다《水滸傳》
【便袋】biàndài 名 ❶ 쇼핑 백. ❷ 서류 봉투 [휴대하기 좋게 만든 봉투]
【便当】ⓐ biàndāng ❶ 動 바로…해야 한다. 곧 …하겠다. ¶我～扫榻sǎotà以待 | 저는 바로 방을 치우고 기다리겠습니다. ❷ 名 도시락. 벤또 [일본어의 음역]
ⓑ biàn·dang 形 奧 편리하다. …하기 좋다. 적당하다. ¶东西不多, 收拾起来很～ | 물건이 많지 않아 치우기에 좋다. ¶要买票打电话就送来, ～得很 | 표를 사려면 전화만 하면 가져다 주니 아주 편리하다→〔便利①〕
4【便道】biàndào ❶ 書 動 길을 나서다. ¶～奉候hòu | 길을 나서 맞이하다. ¶～还家 | 고향으로 돌아 가다. ❷ 連 近 설사 …일지라도. 가령 …일지라도. ¶我有万夫不当之勇yǒng, ～那厮sī们全伙huǒ都来, 也待dài怎生! | 나는 만인이 당할 수 없는 용기를 가지고 있어 설사 그놈들이 모두 다 온다 해도 어떻게 할 수 없을 것이다. ❸ (～儿) 名 인도(人道). 보도(步道) =〔人行道〕〔便路〕 ❹ (～儿) 名 지름길. 가까운 길. ¶走～ | 지름길로 가다 =〔便路〕. ❺ (～儿) 名 가는 길. 지나는 길. 하는 차. ¶～奉候 | 가는 길에 찾아 뵙겠습니다→〔顺路(儿)①〕 ❻ (～儿) 名 가설도로(假設道路).
【便得】biàndé 助 近 ❶ …로 족하다. …하면 좋다. ¶你喝hē～, 我会出钱qián | 너는 마시기만 하면 돼, 내가 돈을 낼테니까. ❷ 連 …이기만 하면. …되기만 해도. ¶～一片橘jú皮吃, 切莫mò忘了洞庭tíng湖hú | 귤껍질 한 조각이라도 먹었거든 동정호를 잊지 마라→〔只要〕
【便毒】biàndú 名〈漢醫〉매독(梅毒)으로 생긴 가래톳. 횡현(橫痃) =〔横héng痃〕
【便饭】biànfàn 名 간단한 식사. 상식(常食) 보통 식사 ¶吃了点diǎn～ | 상식을 좀 먹었다 =〔便餐〕→〔便菜〕〔家常便饭①〕〔酒席②〕
【便服】biànfú 名 ❶ 평복. 평상복 일상복→〔礼lǐ服〕 ¶穿上～ | 평복을 입다. ❷〈軍〉사복. 제복이 아닌 옷. ¶～外出 | 사복 외출 ‖ =〔便衣①〕〔便章〕〔便装〕
【便函】biànhán 名 (기관·단체에서 간단히 쓴) 비공식공문 ⇔〔公函〕
【便壶】biànhú 名 요강. 침실용 변기 =〔夜壶〕
【便笺】biànjiān ❶ 名 편지지. ¶一张～ | 편지지 한장. ❷ 名 메모 용지 ❸ ⇒〔便条(儿)①〕

【便轿】biànjiào 名 산길에 쓰는 가벼운 가마→〔扒pá山虎(儿)①〕

【便结】biànjié ⇒〔便秘〕

【便捷】biànjié 形 ❶ 편리하다. 간편하다. ❷ 민첩하다. 기민하다. ¶手足～ | 수족이 기민하다.

【便可】biànkě ⇒〔便了〕

【便裤】biànkù 名 평 바지. 막바지.

【便览】biànlǎn 名 편람→〔手册〕

3【便利】biànlì ❶ 形 편리하다. 편리하게 하다. ¶交通～ | 교통이 편리하다. ¶为了教学～, 编biān写了一套课本 | 교학의 편의를 위해 일련의 교과서를 썼다. ¶为了～群众生活, 各地设立商店了 | 군중의 생활을 편리하게 하기 위해 각처에 상점을 세웠다→〔便当·dang〕 ❷ 書 形 기민하다. ¶手足～, 耳目聪cōng明 | 수족이 기민하고 이목이 총명하다.

【便利于】biànlìyú 書 形 …에 편리하다. ¶～推广普通话 | 표준어 보급에 편리하다.

【便了】biànliǎo 書 助 …면 된다. …일 뿐이다. ¶如有差池, 由我担待dāndài～ | 만약 잘못되면 내가 책임질 뿐이다. ¶只教你守shǒu志zhì～ | 다만 너에게 지조를 지키라고 했을 뿐이다《水滸傳》=〔便可〕〔便是②〕→〔就是①〕

【便路】biànlù ⇒〔便道③④〕

【便帽(儿)】biànmào(r) ❶ 名 평상 모자. 보통 모자. ❷ ⇒〔瓜guā皮帽(儿)〕

【便门】biànmén 名 ❶ (～儿) 통용문. 통상 출입문. 곁문. =〔方便门〕〔旁门〕→〔边门〕〔角jiǎo门(儿)〕 ❷ 항문(肛門). 똥구멍. ¶我欲从他～而出, 恐污其身 | 내가 그의 항문으로 부터 나오려해도 몸을 더럽힐까 두렵다《西游記》

【便秘】biànmì 名〈生理〉변비 =〔便闭〕〔便结〕〔腹fù结〕

【便面】biànmiàn 書 名 접부채 [폈다 접었다 하는 부채]

【便民】biànmín 區 대민 봉사. 서비스. 봉사. ¶～利国之策 | 민에 봉사하고 국가를 이롭게 하는 정책. ¶政府官员应推行～措施 | 정부 관원은 대민 봉사 조치를 시행해야 한다. ¶～项目 | 써비스 항목.

【便尿】biànniào 動 대소변을 보다. ¶不要随suí地～ | 아무데서나 대소변을 보지 마시오. ¶禁止～! | 대소변금지 =〔便溺niào〕

【便溺】biànniào ⇒〔便尿〕

【便盆(儿)】biànpén(r) 名 요강. 변기. ¶让孩子坐在～上 | 아이를 요강 위에 앉게 하다→〔马桶mǎtǒng〕

【便桥】biànqiáo 名 가교(假橋). 임시로 놓은 다리.

【便人】biànrén 書 名 ❶ 인편. ¶如有～进成, 托他买个收音机来 | 시내에 가는 사람이 있으면 그에게 라디오를 사오라고 부탁합시다. ❷ 견습공. 일을 배우는 사람.

【便士】biànshì 名 外〈錢〉펜스(pence) [영국 화폐의 단위.「先令」(실링)의 12분의 1에 상당함] =〔辨士〕〔本士〕〔边士〕→〔镑bàng〕

【便是】biànshì 書 ❶ 連 곧 …라 해도. 설사 …한다 해도. 어법 뒤에 보통「也」가 호응함. ¶～你使蒙méng药在里面, 我也有鼻子 | 네가 마취약을 속에 넣는다 해도 나 또한 코가 있다《水滸傳》❷ ⇒〔便了〕 ❸ 助 …입니다. 어법 이름 뒤에「的便是」형식으로 쓰임. ¶小生张驴lǘ儿的～ | 소생 장려아입니다. ❸ 動組 그렇지요. 그럼요. ¶～, 说过一年就转, 不知怎地耽搁dāngé了 | 그래요. 말한 지가 금새 일년이 되어 어떻게 지금까지 지연되었는지 모르겠어요《古今小說》

【便所】biànsuǒ 名 변소 =〔厕cè所〕

2【便条(儿)】biàntiáo(r) 名 쪽지. 쪽지 편지. ¶他连lián一张～也不肯kěn写 | 그는 쪽지 한장도 쓰려하지 않는다 =〔便笺③〕→〔字zì儿②〕

【便桶】biàntǒng 名 변기 =〔马桶〕

【便携式】biànxiéshì 區 휴대. 휴대용. 휴대식 =〔手提式〕

【便鞋】biànxié 名 ❶ 헝겊신 [중국인이 평상시에 신는 신] ❷ 사제 신발. 보통 신발 ⇔〔官靴〕

【便血】biànxuè〈醫〉❶ 名 혈변. 피똥. ❷ 動 대·소변에 피가 섞여 나오다.

【便宴】biànyàn 名 謙 간단한 연회(宴會). 소연(小宴).

【便衣】biànyī 名 ❶ 약장(略裝) 간단한 복장 [예복에 상대되는 말] =〔便服〕 ❷ 사복(私服) [제복에 상대되는 말] ❸ (～儿) 사복경찰. 사복군인. ¶～队 | 사복경찰대.

【便宜】ⓐ biànyí ❶ 形 알맞다. 적당하다. 형편이 좋다. ¶对别人也很～ | 남에게도 편리하고 알맞다. ¶这样做比较～ | 이렇게 하는 것이 비교적 적당하다. ❷ 副 적당하게. 알맞게. ¶～行xíng事 | 成 적절히 처리하다. ¶～处分 | 적당히 처분하다. ❸ 名 近 손실. 불리 [반어적(反語的)으로 쓰임] ¶多蒙足下气力, 救了我这场～ | 귀하의 기력에 힘입어 나의 이번 손실을 만회하게 되었습니다.

ⓑ pián·yi ❶ 形 싸다. 저렴하다. ¶又好又～ | 질이 좋고 값도 싸다. ¶～无好货huò, 好货不～ | 싼 것 치고 좋은 물건 없고 좋은 물건 치고 비싸지 않은 것 없다. 싼게 비지떡. ❷ 形 적절하다. 맛이 달콤하다. ¶说～话 | 달콤한 말을 하다. ¶没有那么～的事 | 그렇게 좋은 일은 없다. ❸ 動 좋게 해주다. 이롭게 해주다. ¶要是这么办真～他了 | 이렇게 하는 것은 정말 그에게 잘 해주는 것이다. ¶你嫁jià给我, 倒也～了你 | 네가 나에게 시집오는 것이 오히려 너에게 이로울 것이다. ❹ 名 이익. 공짜. 덕. ¶爱占小～ | 작은 이익을 탐내다. ¶贪小～吃大亏 | 작은 이익을 탐하다 큰 손해를 보다.

3【便于】biànyú 動組 …에 편리하다. ¶～携xié带 | 휴대하기 편리하다. ¶～书写shūxiě | 쓰기에 편리하다.

【便装】biànzhuāng ⇒〔便服fú〕

【便做】biànzuò 連 近 설사 …일지라도. 가령 …하더라도. ¶～你输了被擒qín, 如何五百军人没一个跳tiào得回来报信? | 설사 네가 져서 잡혔다 하더라도 어찌 오백명의 군인 중에 한사람도 도망해 돌아 와 소식을 전할 수 없었단 말인가?《水滸傳》=〔便做道〕〔便做到〕〔更则道〕〔更做道〕

【便做道】 biànzuòdào ⇒〔便做〕

Ⓑ piàn

【便嬖】 piánbì 書 名 황제의 총애를 받는 여자.

【便辞】 piáncí 書 名 완곡하나 교묘한 말. ¶～巧qiǎo说 | 교묘하게 말하다.

【便便】 piánpián 狀 지나치게 살찌다. 뚱뚱하다. 피둥피둥하다. ¶大腹fù～ | 배가 뚱뚱하다.

【便宜】 pián·yi ☞〔便宜〕biànyí ⓑ

【缏(緶)】 biàn pián 꿰맬 편

Ⓐ biàn ❶ (～子) 名 가늘고 길게 엮은 물건→〔辫子①〕 ❷ 名 奥 의복. 의류. ¶衣裳贴tiē～ | 의류. 입을 것. ❸ 길고 납작하게 엮은 것. ¶草帽～ | 보리 짚으로 엮은 대.

Ⓑ pián 動 方 바늘로 꿰매다.

1 **【遍〈徧〉】** biàn 두루 편 ❶ 動 두루 하다. 널리 …하다. 보편적으로 …하다. 어법 주로 동사의 보어로 쓰임. ¶东北的各省他都走～了 | 동북 지역의 각성을 그는 모두 다녔다. ¶屋子里都找～了，也没找着zhǎo | 온 방안을 찾았으나 찾아 내지 못했다. ❷❸ 量 번. 회 [동작의 횟수를 나타냄] ¶请你再说一～ | 다시 한번 말씀해 주십시오. ¶这本小说我看了两～了 | 이 소설을 나는 두 번 보았다→〔次〕〔回〕〔趟〕

4 **【遍地】** biàndì 名 도처. 곳곳. ¶～开花 | 成 온 땅에 꽃이 피다. ¶～冰bīng雪xuě | 온 천지가 얼음과 눈으로 덮혔다.

【遍访】 biànfǎng 書 動 곳곳을 두루 방문하다. ¶三月起～全国 | 삼월부터 전국을 두루 방문한다.

【遍及】 biànjí 動 두루 보급되다. 골고루 퍼지다. ¶受害的群众～各地 | 피해를 입은 군중이 각지에 널려 있다. ¶～世界各个角jiǎo落 | 세계 구석구석 퍼져 있다.

【遍身】 biànshēn ⇒〔遍体〕

【遍体】 biàntǐ 名 온 몸. 전신(全身). ¶～都是土 | 전신이 흙이다 =〔遍身〕

【遍体鳞伤】 biàn tǐ lín shāng 成 온 몸이 상처투성이다. 만신창이(滿身瘡痍)이다.

【遍野】 biànyě 名 들녘 가득. 온 들판. ¶～都是死尸sǐshī | 온 들판에 시체가 널려 있다. ¶漫màn山～ | 산과 들 전역. 온 산과 들판.

4 **【辨〈釆〉】** biàn 나눌 변 動 분별하다. 가려내다. ¶明～是非 | 시비를 분명히 가리다. ¶～好歹dǎi | 좋고 나쁨을 분간하다.

4 **【辨别】** biànbié 動 분별하다. 변별하다. 분간하다. ¶～是非 | 시비를 분별하다. ¶～真假jiǎ | 진위를 가리다. ¶～力 | 변별력.

【辨不出】 biàn ·bu chū 動組 분간할 수 없다. 식별하지 못하다. ¶没有眼光的人～真假zhēnjiǎ来 | 안목이 없는 사람은 진위를 분별하지 못한다 ⇔〔辨得出〕

【辨不清】 biàn ·bu qīng 動組 분명히 구별할 수 없다. ¶连东西南北都～ | 동서남북조차도 분간하지 못한다. ¶～是非 | 시비를 분명히 가리지 못한다 ⇔〔辨得清〕

【辨得出】 biàn ·de chū 動組 분간할 수 있다. 분별할 수 있다. ¶虽然在黑暗àn里，但还能～哪是路哪是沟 | 비록 암흑 속이지만 어느 것이 길이고 어느 것이 도랑인 지 분간할 수 있다 ⇔〔辨不出〕

【辨得清】 biàn ·de qīng 動組 분명히 식별할 수 있다. ¶人能靠kào良心～是是非非 | 사람은 양심에 의해 시시비비를 분명히 가릴 수 있다 ⇔〔辨不出〕

【辨明】 biànmíng 動 분명하게 가리다. 분명히 하다. ¶～事实真相 | 사실의 진상을 분명히 밝히다. ¶～是非 | 시비를 분명히 가리다. ¶～方向 | 방향을 분명히 하다.

4 **【辨认】** biànrèn 動 분별하다. 식별하다. ¶无从～ | 식별할 길이 없다. ¶～信上的字 | 편지에 쓰인 글자를 식별하다.

【辨识】 biànshí 動 인지하다. 판별하다. ¶草书不容易～ | 초서는 판별하기가 쉽지 않다. ¶～不清 | 분명히 식별하지 못하다. ¶～各种声音 | 각종 목소리를 인지하다.

【辨析】 biànxī 書 動 분석 식별하다. 분석하다. ¶～词义 | 단어의 뜻을 분석하다. ¶～现实 | 현실을 분석하다.

【辨学】 biànxué ⇒〔逻luó辑学〕

【辨正】 biànzhèng ⇒〔辩正①〕

【辨证】 biànzhèng 名〈漢醫〉환자의 발병 원인·증상·맥박 등의 모든 증상을 근거로 하는 진단 =〔辩证④〕

【辨证论治】 biànzhèng lùnzhì 動組〈漢醫〉환자의 발병 원인·증상·맥박 등을 근거하여 진단·치료하다 =〔辨证施治〕〔辩证论治〕

【辨证施治】 biànzhèng shīzhì ⇒〔辨证论治〕

3 **【辩(辯)】** biàn 말잘할 변 ❶ 動 변론하다. 논쟁하다. 말로 시비를 가리다. ¶我～不过他 | 나는 말로는 그를 당하지 못한다 ❷ (Biàn) 名 성(姓).

【辩白】 biànbái 動 해명하다. 변명하다. 말로 밝히다. 석명하다. ¶当面～ | 면전에서 변명하다. 직접 해명하다.

【辩驳】 biànbó ❶ 動 반박하다. 논박(論駁)하다. 이의를 제기하다. ¶无可～的事实shìshí | 논박할 수 없는 사실. ❷ 반박. 반증. 논박. ¶做～ | 논박하다.

【辩才】 biàncái 書 名 말재주. 구재(口才). ¶这个律lǜ师很有～ | 이 변호사는 매우 구변이 좋다. ¶～无碍ài | 말솜씨가 거침이 없다.

4 **【辩护】** biànhù ❶ 動 변호하다. ¶我为真理～ | 나는 진리를 위해 변호한다. ¶为他的儿子～ | 그의 어린이를 위해 변호하다. ❷ 名 변호. ¶律师为被告做了～ | 변호사가 피고를 위해 변호하다. ¶～士 | 변호사. ¶～权 |〈法〉변호권. ¶～人 | 변호인.

4 **【辩解】** biànjiě ❶ 動 변명하다. 해명하다. ¶他时常对我～ | 그는 항상 나에게 변병한다. ¶事情很清楚 无需xū～了 | 사실이 명백하므로 변병이 필요없다. ❷ 名 변명. ¶他替我做～ | 그는 나 대신에 변명하였다.

3 **【辩论】** biànlùn ❶ 動 변론하다. 논쟁하다. 토론하

다. ¶他们～了一个下午 | 그들은 오후 내내 논의하였다. ¶～的焦点 | 변론의 초점. ¶～是非 | 시비를 논의하다. ❷ 名 논의. 토론. 변론. ¶做～ | 토론하다. ¶大家进行了一个～ | 여러 사람이 논의를 하였다. ¶最后～ | 최후 변론. ¶～会 | 토론회.

【辩明】biànmíng 動 사리(事理)를 분명히 밝히다. 변명하다. ¶没有～的余地 | 변명의 여지가 없다. ¶～事理 | 이치를 밝히다.

【辩难】biànnàn 書 動 논란(論難)하다. 논박하다. ¶互相～ | 서로 비난하다.

【辩士】biànshì 名 변사. 입담이 좋은 사람. 말을 잘 하는 사람. ¶他虽不是律师lǜshī, 但可说是个～ | 그는 비록 변호사는 아니지만, 변사라고 할 수 있다.

【辩诬】biànwū 動 무고(誣告)함을 밝히다. 진실이 아님을 변명하다. ¶为无辜gū者～ | 억울한 사람을 위해 무고함을 밝히다.

4【辩证】biànzhèng ❶ 名〈哲〉변증. ¶～方法 | 변증법적 방법. ❷ 動 논증하다. 변증하다. =〔辨证〕❸ 形 변증법적이다. ¶～地讲 | 변증법적으로 말하다. ¶～地看问题 | 변증법적으로 문제를 보다. ❹ ⇒〔辨证〕

【辩证论治】biànzhèng lùnzhì ⇒〔辨证论治〕

4【辩证法】biànzhèngfǎ 名 ❶〈論〉변증법. ❷〈哲〉유물 변증법.

【辩证逻辑】biànzhèng luójí 名〈哲〉변증법 논리.

【辩嘴】biàn/zuǐ 動 말다툼하다. 언쟁하다. ¶他常跟同学～ | 그는 늘 동학들과 말싸움한다.

4【辫(辮)】biàn 땋을 변
❶ (～子) 名 변발. 땋은 머리. ❷ (～儿, ～子) 땋은 머리 모양으로 엮은 것. ¶蒜suàn～子 | 마늘 타래.

【辫发】biànfà 名 변발→〔辫子②〕

【辫绳】biànshéng 名 ❶ 긴 끈. ❷ 긴 변발. ❸ (～儿) 댕기. 변발을 묶는 끈.

4【辫子】biàn·zi 名 ❶ 가늘고 길게 엮은 물건. ¶把问题梳梳～ | 문제를 정리하여 조리를 세우다→〔缏biàn子①〕❷ 변발. 땋은 머리. ¶打～ | 변발을 하다. ¶拖tuō～ | 변발을 늘어뜨리다→〔辫发〕❸ 喻 약점. 결점. ¶抓zhuā～ | 약점을 잡다.

biāo ㄅㄧㄠ

【杓】biāo ☞ 杓 sháo B

2【标(標)】biāo 표 표, 나무 끝 표
❶ 名 (사물의) 끝. 말단. 지엽(枝葉). ¶～本↓ ¶治～ | 지엽적 조치만 하다. 미봉책만 쓰다. ❷ 名 기호. 부호. 표지. ¶商～ | 상표. ¶路～ | 도로표지. ¶目～ | 목표. ❸ 動 (문자로) 표시하다. 나타내다. ¶～价格 | 가격을 표시하다. ¶～上问号 | 물음표를 달다. ¶商品上～好价码 | 상품에 가격을 표시하였다. ❹ 名 입찰. ¶投tóu～ | 입찰하다. ¶招zhāo～ | 입찰에 붙이다. ❺ 名 우승자에게 주는 상품. 상. ¶夺～ | 우승하다. ¶锦jǐn～ | 우승기. ❻ 名 청말(清末)의 육군(陸軍) 편제(編制)의 하나 [지금의「团」(대대, 연대)에 해당함 3「营」이 1「标」에 해당함] ❼ 動 閩南 흘러나오다. ¶吓xià的我们连屎shǐ尿niào都～出来 | 우리들은 똥오줌이 흘러 나오도록 놀랐다. ❽ 뛰어나다. 빼어나다. ¶成绩chéngjì高～过人 | 성적이 남보다 훨씬 뛰어나다. ❾ (Biāo) 名 성(姓).

【标靶】biāobǎ 名〈軍〉조준! 탄착! [군대의 사격 호령]→〔标的dì〕

【标榜】biāobǎng 動 ❶ 표방하다. ¶～自由 | 자유를 표방하다. ❷ 찬양하다. 자찬(自贊)하다. ¶互相～ | 서로 치켜세우다.

4【标本】biāoběn 名 ❶ 지엽적인 것과 근본적인 것. ¶～兼jiān治zhì | 말초적인 것과 근본적인 것을 함께 고치다. ❷ 표본. ¶～虫 | 표본 벌레. ❸〈漢醫〉병증(病症)의 본질. ❹〈醫〉(대소변·가래 등의 검사) 시료(試料).

【标兵】biāobīng 名 ❶ 표병 [군중집회 때 경계선을 표시하기 위하여 세워 두는 군인] =〔基准兵〕❷ 喻〈軍〉첨병(尖兵). ❸ 모범이 되는 사람. ¶树shù立～ | 본보기를 세우다. ¶学习～ | 본보기를 따라 배우다.

【标称】biāochēng 名 (상품에 표시하는 공인) 규격. ¶～马力 =〔名义马力〕〔公称马力〕| 규격 마력수. ¶～电压 | 규격 전압.

【标尺】biāochǐ 名〈測〉❶ 표준척도. 표척 =〔水准尺〕〔水准标尺〕❷ 가늠자.

【标的】biāodì 書 名 ❶ 표적. 과녁 =〔靶bǎ子〕→〔标靶〕❷ 書〈經〉계약물 [계약 당사자가의 권리·의무의 대상물]

4【标点】biāodiǎn ❶ 名 구두점(句讀點)을 찍다. ¶加～ | 구두점을 찍다. ¶文章如果不～, 就不便于人们阅读yuèdú和理解 | 문장에 구두점을 찍지 않으면 사람들이 읽고 이해하기에 불편하다. ❷ 動 구두점을 찍다.

【标点符号】biāodiǎn fúhào 名組 문장 부호 [「句号(。)」「分号(;)」「逗号(,)」「顿号(、)」「冒号(:)」「问号(?)」「感叹号(!)」「引号(“ ” ‘ ’)」「括号([ ] ( ))」「破折号(—)」「省略号(…)」「书名号(《 》〈 〉)」등이 있음]

【标店】biāodiàn ⇒〔镖biāo局(子)〕

【标定】biāodìng ❶ 動 (가격·규격 따위의) 기준가를 정하다. ¶自行～石油价格 | 스스로 석유 기준가를 정하다. ❷ 區 표준. 기준. ¶～温度 | 표준 온도. ¶～型 | 표준형. ¶～自行车 | 표준형 자전거. ❸ 名〈化〉(정량 분석의) 표준.

【标杆】biāogān 名 ❶〈測〉측량대. 표지봉(標識棒). 측간(測桿) =〔标竿〕〔测杆〕❷ 본보기. 모범 =〔样板③〕‖ =〔标竿〕

【标竿】biāogān ⇒〔标杆〕

【标高】biāogāo 名〈測〉표고. ¶～点 | 표고점.

【标号】biāo/hào ❶ 動 규격을 명시하다. 등급을 표시하다. ❷ (biāohào) 名 (제품·재료의) 규격 번호. ¶高～水泥ní | 고급 시멘트.

【标记】biāojì ❶ 名 표지. 기호. ¶探清tànqīng地雷léi, 作出～ | 지뢰를 탐지하여 표시를 해놓다. ¶用红铅笔加～ | 빨간 연필로 기호를 붙이다 =〔记号〕❷ 名〈電算〉라벨(label). ¶～核对 | 라

벨 체크(check). ¶～栏 | 라벨 란. ❸ 名〈商〉상표. 기호. ¶～记号 | 상품 기호. ❹ 動 표기하다.

【标价】biāo/jià ❶ 動 가격을 표시하다. ¶明码mǎ～ | 암호가 아닌 숫자로 가격을 표시하다. ❷ (biāojià) 名 표시 가격. ¶这种商品的～多少? | 이 상품의 표시 가격은 얼마인가? =〔标值〕

【标金】biāojīn 名 ❶ 입찰 보증금. ❷ 중량(重量)과 순도(純度)를 새겨 놓은 막대형 금괴(金塊)[중국 정부 수립 전 상해(上海)에서 통용되던 금괴로 무게가 10「市两」이내이고, 순도는 0.978이었음] =〔条金〕

【标量】biāoliàng 名〈物〉스칼라(scalar). ¶～密度 | 스칼라 밀도 →〔向xiàng量〕

【标卖】biāomài 動 ❶ 가격을 명시하고 팔다. ❷ 경매(競賣)하다. ¶～房屋 | 가옥을 경매하다. ¶正进行～ | 경매를 진행하다.

【标明】biāomíng 動 명시(明示)하다. 명기(明記)하다. ¶～价格 | 가격을 명시하다. ¶～号码 | 번호를 명시하다.

【标签(儿)】biāoqiān(r) 名 ❶ 상표(商標). 라벨(label). 꼬리표. ¶价目～ | 가격표. ¶贴tiē上了假的～ | 가짜 상표를 붙였다. ¶行李～ | 하물표 =〔瓶píng签〕 ❷〈電算〉태그(tag). ¶～格式 | 태그 포매트(format).

【标枪】biāoqiāng 名 ❶〈體〉투창 경기. ❷ 표창[투창 경기에 쓰는 창] ¶掷zhì～ | 투창을 던지다 =〔投tóu枪①〕

4【标题】biāotí ❶ 名 표제. 견출(見出) 제목. ¶加上～ | 표제를 붙이다. ¶报刊上的～, 要简明醒xǐng目 | 신문의 표제는 간단하고 눈에 잘 띄어야 한다. ❷ (biāo/tí) 動 표제를 달다. 견출(見出) 제목을 달다.

【标贴画】biāotiēhuà 名 포스터. 벽보.

【标新立异】biāo xīn lì yì 成 ❶ 貶 기발한 주장을 하다. 신기한 짓을 하여 이목을 끌다. ¶有个人英雄主义的人, 遇yù事总zǒng好～, 显示自己 | 개인 영웅주의에 사로잡힌 사람은 일이 생기기만 하면 기발한 주장을 잘하여 자기를 과시한다. ❷ 褒 독창성을 발휘하다. ¶像中国这样大的国家, 应该～ | 중국과 같이 큰 나라에서는 독창성을 발휘해야 한다 ‖ =〔标奇qí立异〕

【标音】biāoyīn 動 표음하다. 음성을 표기하다. ¶～法 |〈言〉표음법. ¶～符号 |〈言〉표음 부호.

3【标语】biāoyǔ 名 표어. ¶把两张～贴在醒xǐng目的地方 | 표어 두장을 눈에 잘 띄는 곳에 붙였다. ¶～画 | 포스터. →〔口kǒu号(儿)②〕

【标语牌】biāoyǔpái 名 플래카드(placard). ¶他们手持大幅的～ | 그들은 큰 플래카드를 손에 들고 있다 =〔街头画〕〔宣xuān传画〕

【标值】biāozhí ⇒〔标价②〕

3【标志】biāozhì ❶ 名 표지(標識). 지표(指標). 상징(象徵). ¶地图上有各种形式的～ | 지도상에 여러 가지 표형식의 표지가 있다. ¶小红圈是重要城市的～ | 빨간색의 동그라미는 중요 도시의 표지이다. ❷ 動 명시(明示)하다. 상징하다. 어법 주로「标志了」「标志着」의 형태로 사용함. ¶这次访问～着两国人民间传统chuántǒng友谊和经济jīngjì联系liánxì的进一步发展 | 이번 방문은 양국 국민간의 전통적 우의와 경제 관계의 진일보 발전을 보여주고 있다. ¶世界乒乓pīngpāng球友谊yì赛～着世界人民的团结tuánjié和友谊 | 세계 탁구 친선 경기는 세계 인민의 단결과 우의를 상징하고 있다 ‖ =〔标识〕

【标致】biāozhì 形 (용모·자태·표현 등이) 아름답다. ¶听说他有个小姐, 长zhǎng的十分～ | 그에게는 딸 하나가 있는데, 우 아름답게 생겼다는 말을 들었다.

【标帜】biāozhì ❶ 動 기호로 식별하다. ❷ 名 표지(標志). 표시. 상징(象徵). 기치. ¶韩中友谊不断发展的新～ | 한국과 중국 사이에 끊임없이 발전하는 우의의 새로운 상징 =〔标章〕

【标识】biāozhì ⇒〔标志〕

2【标准】biāozhǔn ❶ 名 표준. 기준. ¶不够～ | 표준에 미달되다. ¶实践jiàn是检验jiǎnyàn真理的唯一～ | 실천은 진리를 검정하는 유일한 표준이다. ¶～层 |〈地質〉표준층. ¶～尺 =〔公gōng尺〕| 미터(metre). ❷ 形 표준적이다. ¶发音很～ | 발음이 매우 표준적이다. ¶他确实quèshí是我们时代的～人物 | 그는 확실히 우리 시대의 표준 인물이다.

【标准大气压】biāozhǔn dàqìyā 名組〈物〉표준기압. 표준 대기압.

【标准电阻】biāozhǔn diànzǔ 名組〈電氣〉표준저항. 표준 전기 저항.

【标准公顷】biāozhǔn gōngqǐng 量〈度〉표준 헥타르(hectare).

【标准工资】biāozhǔn gōngzī 名組 표준 임금. 기준 임금.

【标准化】biāozhǔnhuà ❶ 名 표준화. ¶中文字库kù的建制要实shí行～ | 중국어 폰트의 제정에는 표준화를 실행하여야 한다. ❷ 動 표준화하다. ¶电子产品要～ | 전자 제품은 표준화하여야 한다.

【标准件】biāozhǔnjiàn 名 표준 규격품.

【标准时】biāozhǔnsh害 名〈天〉표준시.

【标准时区】biāozhǔn shíqū 名〈天〉표준 시각대(標準時刻帶).

【标准音】biāozhǔnyīn 名〈言〉표준음.

【标准语】biāozhǔnyǔ 名〈言〉표준어 →〔方言①〕

【标准制】biāozhǔnzhì 名 미터법 =〔国际公制〕

【标准钟】biāozhǔnzhōng 名 표준 시계.

【飑(颮)】biāo 폭풍 표, 많을 박

名 ❶ 돌풍(突風). 돌개바람. 회오리 바람. ❷〈氣〉풍속이 급격히 증가하는 기상 현상.

【飑线】biāoxiàn 名〈氣〉진풍선(陣風線).

【飑云】biāoyùn 名〈氣〉돌풍운. 회오리 바람으로 일어난 구름.

【飚(飆)〈飇〉】biāo yàn 회오리바람 표, 불꽃 염

Ⓐ biāo「飙」와 통용 ⇒〔飙biāo①〕

Ⓑ yàn「焱」과 통용 ⇒〔焱yàn①〕

【飙(飆)〈猋〉】biāo 회오리바람 표〈개달릴 표〉

❶ 書 名 회오리바람. 폭풍. ¶狂kuáng～ | 광풍 =〔飚②〕

❷ (Biāo) 名 성(姓).
【飙尘】biāochén 書 名 날아 다니는 먼지. 비진(飛塵). ¶人生寄jì一世, 奄yān忽若~~ | 한 세상 살아가는 인생도 날아 다니는 먼지와 같이 잠깐이다.
【飙风】biāofēng 書 名 폭풍. ¶~暴雨 | 폭풍우.
【飙驾】biāojiā 書 狀 마차를 폭풍처럼 빠르게 몰다. 마차로 질주하다.
【飙飙溜溜】biāo·biaoliūliū 狀 터무니 없다. 허둥대다. ¶他一说话, 老那么~地不靠kào边儿 | 그 사람은 말할 때마다 언제나 그렇게 터무니없다.

【骠(驃)】biāo piào 황부루 표, 날쌜 표
Ⓐ biāo 名 흰 반점이 있는 말 =〔黄骠马〕
Ⓑ piào ❶ 書 狀 말이 급박하게 달리다. ❷ 용맹스럽다. ¶~勇 | 용맹스럽다.
【骠骑】piàoqí 名 표기 [고대(古代) 장군 명칭의 하나] ¶~将军 | 표기 장군. ¶~大将军 | 표기 대장군.
【骠性】piàoxìng 名 포악성. ¶发~打架 | 포악성을 발휘하여 싸우다.

【膘〈臕〉】biāo 허구리살 표
❶ (~儿) 名 비계. 지육(脂肉). ¶上~ =〔长膘〕| 살이 오르다. 살찌다. ❷ 動 살이 찌다. 살이 붙다. ¶~满mǎn肉肥 | 기름살이 피둥피둥 찌다.
【膘肥】biāoféi 形 ❶ 뚱뚱하다. 비만하다. 살찌다. ¶~体壮zhuàng | 살이 찌고 신체가 건강하다. ¶~肉满=〔膘满肉肥〕| 威 피둥피둥 살찌다.
【膘情】biāoqíng 名 (가축의) 살이 찐 상태.

【镖(鏢)】biāo 표창 표
❶ 名 표창(鏢槍). ¶打了敌人一~ | 적에게 표창 하나를 던졌다 =〔镳②〕 ❷ ⇒〔镖局(子)〕 ❸ 動 方 멀리 갈기다. 싸다. ¶~尿 | 오줌을 갈기다.
【镖车】biāochē 名 호위·운송에 쓰던 마차→〔镖局(子)〕
【镖船】biāochuán 名 옛날, 호위·운송에 쓰인 배 →〔镖局(子)〕
【镖单】biāodān 名 옛날, 호위·운송을 보장한 증서 =〔镖票〕〔标单②〕〔标票〕〔镳单〕〔镳票〕
【镖店】biāodiàn ⇒〔镖局(子)〕
【镖局(子)】biāojú(·zi) 名 옛날, 여객·화물을 무장 호위 하에 하던 운송업 [강도(强盜)와 내통, 금품을 제공하고 안전을 보장 받았음. 「镖客」「镖师」(무장 호위병)를 고용하여 「镖车」(무장 수레) 「镖船」(무장 배)로 운송함. 「镖」는 「标」 또는 「镳」라고도 씀] =〔镖店〕〔标店〕〔标局(子)〕〔镳店〕〔镳局(子)〕→〔保镖〕
【镖客】biāokè 名 옛날, 호위·운송을 맡은 무장병 =〔镖师〕→〔镖局(子)〕
【镖力】biāolì 名 옛날, 「镖局(子)」(무장 운송 업자)에게 지불하던 운송료 =〔标力〕〔镳力〕
【镖票】biāopiào ⇒〔镖单〕
【镖旗】biāoqí 名 「镖车」(무장 운송 마차)에 꽂는 기(旗).
【镖师】biāoshī ⇒〔镖客〕
【镖砣子】biāotuó·zi 名 京 실 끝에 쇳덩이를 달아 하늘에 띄운 연을 쳐 떨어뜨리는 도구 =〔标砣子〕〔镳砣子〕
【镖项】biāoxiàng 名 「镖局(子)」(무장 운송 업자)에 의탁하여 운송하는 금품이나 물품.

【瘭】biāo 생안손 표
⇒〔瘭疽〕
【瘭疽】biāojū 名〈醫〉표저 [손가락·발가락의 피하 조직에 생긴 화농성 염증]

【彪】biāo 범 표
❶ 名 작은 호랑이 →〔老虎〕 ❷ 名 호랑이 몸 위에 있는 반점(斑點). ❸ 체격이 우람하다. ¶~形↓ ❹ 形 거칠다. 난폭하다. ¶他办事是有能力, 可是为人太~了 | 그는 일하는 데는 능력이 있으나, 사람됨이 너무 거칠다. ❺ 形 北 무모하다. 우직하다. 용맹스럽다. ¶我从小就是个大胆, 不知什么是害怕, 人家都说我~ | 나는 어릴 때부터 대담하여 무엇이 두려움인지 몰랐기 때문에 사람들이 내가 무모하다고 하였다. ❻ 화려하다. 찬란하다. ¶~炳↓ ❼ 量 近 무리. 일단 [군대나 인마(人馬)의 대오에 쓰임] ¶就后山飞出一~军马来 | 뒷산에서 한 무리의 군대가 날듯이 나타났다《水滸傳》❽ (Biāo) 名 성(姓).
【彪彪愣愣】biāolènglèng 形 方 체격이 당당하다. 위세가 있다.
【彪炳】biāobǐng 書 狀 화려하다. 찬란하다. ¶~千古 =〔彪柄千秋〕| 威 천고에 빛나다. ¶~事业 | 번창한 사업 =〔彪焕〕
【彪焕】biāohuàn ⇒〔彪炳〕
【彪木兔】biāomùtù 名〈鳥〉쇠부엉이.
【彪形】biāoxíng 區 우람한. ¶~大汉 | 체격이 건장한 사나이.
【彪圆】biāoyuán 狀 크고 둥글다. ¶他一双眼睛瞪得~ | 그는 두 눈을 크고 동그랗게 떴다.
【彪子】biāo·zi 名 ❶ 포악한 인간. ❷ 北 우매한 사람. 바보.

【藨】biāo 쥐눈이콩 표
❶ ⇒〔藨草〕 ❷ 書 動 풀을 베다. ❸ 「鹿藿lùhuò」(쥐눈이콩)의 옛 이름. ❹ 「蒯kuǎi草」(황모)의 옛 이름.
【藨草】biāocǎo 名〈植〉세모골 [종이의 원료로 사용함]

【镳(鑣)】biāo 재갈 표
❶ 書 名 (말의) 재갈. ¶分道扬yáng~ | 재갈을 당겨 다른 길을 가다. 제 갈 길을 각기 가다. ❷ 「镖」와 같음 ⇒〔镖biāo〕
【镳车】biāochē ⇒〔镖biāo车〕
【镳船】biāochuán ⇒〔镖biāo船〕
【镳单】biāodān ⇒〔镖单〕
【镳店】biāodiàn ⇒〔镖店〕
【镳局(子)】biāojú(·zi) ⇒〔镖局(子)〕
【镳客】biāokè ⇒〔镖客〕
【镳力】biāolì ⇒〔镖力〕
【镳票】biāopiào ⇒〔镖单〕
【镳砣子】biāotuó·zi ⇒〔镖砣子〕

biǎo ㄅㄧㄠˇ

1【表】 1 biǎo 겉 표, 나타낼 표, 표 표
❶ 겉. 표면. 바깥. ¶外～ | 바깥. ¶～里如一↓ ¶虛xū有其～ | 書 쓸데 없이 겉치레만 하다 ⇔〔里lǐ〕 ❷動(생각·감정을) 나타내다. 표현하다. ¶略lüè～心意 | 마음을 보이다. ¶深shēn～同情 | 깊이 동정을 표시하다. ❸動(약물로) 몸안의 열기·땀·젖 등을 밖으로 나오게 하다. ¶～汗↓ ¶～奶nǎi↓ ❹名 표. 양식. ¶计划～ | 계획표. ¶图～ | 도표. ¶申请～ | 신청서. ❺ 계기(計器). 계량기(計量器). ¶温wēn度～ | 온도계. ¶电流～ | 전류계. ❻ 본보기. 모범. ¶为wéi人师～ | 다른 사람의 모범이 되다. ❼ 용모. ¶仪yí～ | 모양. 모습. ❽ 내외종 [내·외종 사촌, 조부·부친의 자매나 조모·모친의 형제 자매들의 자녀와의 친족관계 명칭에 쓰임] ¶～哥↓ ¶～兄弟 | 내·외종 사촌형. ¶～叔↓ →〔姑表(亲)〕〔堂⑤〕〔姨yí表(亲)〕 ❾ 書 名 상주서(上奏書) [고대 임금에게 올리던 서장(書狀) 형식의 문체의 하나] ¶～奏↓ ❿ 名 近 자(字) [본명 이외의 이름] ¶前日不曾问得贵～ | 전날에 자를 묻지 못하였다《醒世恒言》 ⓫ 量 近 인물(人物)·인품(人品)에 쓰임. ¶宋江在阵前, 看了董dǒng平这～人品 | 송강은 적진 앞에서 동평이란 사람의 인품을 보았다《水滸傳》

【表白】 biǎobái 動 ❶ (의사·태도·생각을) 밝히다. 술회하다. 표명(表明)하다. ¶～自己的观点 | 자기의 관점을 밝히다. ❷ 近 소리 내어 읽다. 낭독하다. ¶写就了也, 我～一遍biàn咱 | 다 썼으니 내가 한 번 소리내어 읽지요《元曲·倩女離魂》

【表板】 biǎobǎn 名 계기판 =〔仪yí器表〕

【表报】 biǎobào 名 (상사·상급기관에 제출하는) 서면 자료. 보고서. ¶～之多, 闹得泛滥fànlàn成灾zāi | 보고서가 홍수가 밀려 오듯 많아 혼란스럽다.

【表背】 biǎobèi ⇒〔裱biǎo褙〕

【表笔】 biǎobǐ 名 (계기의) 측정봉 =〔表棒〕

【表伯】 biǎobó 名 아버지의 내·외종 사촌형 →〔表伯叔〕

【表册】 biǎocè 名 괘지(罫紙)를 철하여 만든 장부. 서류철. ¶公文报告～ | 공문 보고철.

【表层】 biǎocéng 名 표층 =〔同温层〕

【表尺】 biǎochǐ 名〈軍〉(총의) 가늠자. 조척(照尺) =〔标尺〕

2【表达】 biǎodá 動 (생각·감정을) 표현하다. 나타내다. ¶我激动jīdòng的心情以用语言来～ | 나의 격동하는 심정은 말로 표현하기가 어렵다. ¶我总～不出自己的意见 | 나는 끝내 스스로의 의견을 표현하지 못했다.

【表弟】 biǎodì 名 내·외종 사촌 동생→〔表兄弟〕〔堂弟〕

【表哥】 biǎogē ❶ ⇒〔表兄〕 ❷ 名 애인 [여자가 자기 애인을 소개하기 멋적을 때 쓰는 말]

【表格】 biǎogé 名 ❶ 표(表). 양식. 서식. ¶填tián写～ | 서식에 기입하다. ❷ 괘(罫). 괘선. ❸〈電算〉 테이블(table).

【表功】 biǎo/gōng 動 ❶ 공적(功績)을 표창하다. 업적을 공개하다. ❷ 자기의 공적을 자랑하다. ¶刚干完他就急jí于向领导～ | 일을 끝내자 그는 급히 간부에게 자기의 공을 내세웠다.

【表姑】 biǎogū 名 아버지의 종자매(從姊妹)

【表汗】 biǎo/hàn 動〈漢醫〉(열기·땀을 약으로) 나오게 하다. ¶须请个太医来用药, 表他的汗出来方好 | 의사를 불러 약으로 그의 땀을 나오게 하면 나을 것이다《醒世恒言》

【表记】 biǎojì ❶ 名 기호. 표기. 표시. ¶他身上从小就有一个～ | 그는 몸에 어려서 부터 표시가 하나 있다. ❷ 名 기념품. ¶金圣宫别时, 可曾留下个什么～, 你与我些儿 | 금성 황후가 이별할 때에 무슨 기념품을 남겼을텐데 나에게 좀 주어라《西游記》 ❸ 名 近 증거. 증거가 되는 물건. ¶有～教哥哥看 | 증거가 있으니 형님에게 보라고 하여라《水滸傳》 ❹ 名 표기 [고문 문체(文體)의 일종. 표(表)와 기(記)] ❺ 名 (Biǎojì) 표기 [예기(禮記) 편명(篇名)의 하나] ❻ 動 표기하다. 기호를 새기다.

【表姐(姐)】 biǎojiě(·jie) 名 내·외종 사촌 누이 →〔表姊zǐ妹〕

【表姐妹】 biǎojiěmèi ⇒〔表姊zǐ妹〕

【表姐丈】 biǎojiězhàng 名 내·외종 사촌 누이의 남편. 사촌 자형.

【表解】 biǎojiě 名 표해 [통계 등의 표로 보인 설명]

【表决】 biǎojué ❶ 名 표결. ¶付fù～ | 표결에 부치다. ¶～权 | 표결권. ¶投tóu票～ | 투표에 의한 표결. ¶举手～ | 거수 표결. ¶口头～ | 구두 표결. ¶起立～ | 기립 표결. ¶唱chàng名～ | 점호식 표결. ¶～程序 | 표결 과정. ❷ 動 표결하다. 투표·거수로 의사를 표시하다. ¶请大家～一下 | 여러분 의결하여 주십시오.

【表里】 biǎolǐ 名 ❶ 표리. 안과 밖. 겉과 속. ¶～不一 | 겉과 속이 다르다. ❷ 喩 밀접한 관계. ¶这两件事是互为～离不开的 | 이 두가지 일은 밀접하여 서로 분리할 수 없다 ❸ 옷감 한 벌. 겉 옷감과 속 옷감.

【表里如一】 biǎo lǐ rú yī 成 안팎이 같다. 겉과 속이 같다. 생각과 언행이 일치하다.

【表里山河】 biǎo lǐ shān hé 成 안팎이 산과 강이다. 지세가 험준하다.

【表里为奸】 biǎo lǐ wéi jiān 成 안팎으로 결탁하여 간교한 짓을 하다.

【表礼】 biǎolǐ ⇒〔见jiàn面礼(儿)〕

【表露】 biǎolù 動 (생각·감정·희비를) 나타내다. 표명하다. 내보이다. ¶他很着急, 但并没有～出来 | 그는 매우 초조하였지만, 결코 나타내지 않았다. ¶他不敢在人面前把他的感情～出来 | 그는 다른 사람 앞에서 감히 자기의 감정을 들어내지 못한다.

【表妹(妹)】 biǎomèi(·mei) 名 ❶ 내·외종 사촌 누이동생 →〔表姊zǐ妹〕 ❷ 애인 [남자가 자기 애인을 소개하기 멋적을 때 쓰는 말]

2【表面】 biǎomiàn ❶ 名 표면. 외견. 외관. ¶地球的～ | 지구의 표면. ¶不可只看事物的～ | 사물의 외양만 보아서는 안된다. ❷ 경계면. 계면(界面). ¶～化学 | 계면 화학. ¶～反应 | 표면 반응

❸⇒〔表盘pán〕
【表面波】biǎomiànbō 名〈物〉표면파 →〔地波〕
【表面化】biǎomiànhuà 動 표면화하다. 노출시키다. ¶矛盾máodùn越yuè来越～了 | 모순은 갈수록 표면화되었다.
【表面张力】biǎomiàn zhānglì 名組〈物〉표면 장력.
2【表明】biǎomíng 動 표명하다. 분명하게 보이다. ¶～态度 | 태도를 표명하다. ¶～决心 | 결의(決意)를 나타내다. ¶向对方～反对 | 상대방에 반대의 의견을 나타내다.
【表奶】biǎo/nǎi 動 (약을 써서) 젖이 잘 나오게 하다 =〔下奶②〕
【表盘】biǎopán 名 (시계·나침반 등의) 문자판. (전화기 등의) 다이알. 계기판 =〔表面③〕
【表皮】biǎopí 名〈生理〉표피. 상피(上皮). ¶～移植yízhí | 표피 이식. ¶～组织 | 조직.
【表亲】biǎoqīn 名 아버지의 자매 및 어머니 형제자매 측의 친척. 할머니나 어머니 쪽의 친척 →〔中zhōng表〕
3【表情】biǎoqíng ❶ 動 (기분·감정을) 나타내다. ¶这个演yǎn员善shàn于～ | 이 배우는 감정을 잘 나타낸다. ❷ (biǎo/qíng) 動 京 뽐내는 표정을 짓다. 득의양양해 하다. ¶人家感激gǎnjī才好,自己～多没意思! | 남들이 감격해야 하는 것이지 스스로 잘난 체 하다니 얼마나 시시한가?! ❸ 名 표정. ¶他脸露lù出着兴奋xīngfèn的～ | 그는 얼굴에 홍분된 표정을 띠었다. ¶没有～胖pàng脸 | 표정이 없는 통통한 얼굴.
【表情达意】biǎo qíng dá yì 成 감정과 뜻을 잘 나타내다 =〔表情见意〕
【表嫂】biǎosǎo 名 내·외종 사촌 형수.
【表声词】biǎoshēngcí 名〈言〉의성어(擬聲語).
1【表示】biǎoshì ❶ 動 (말·행위로 의사를) 표시하다. 뜻을 밝히다. ¶～了他们的原则立场 | 그들의 원칙적 입장을 밝혔다. ¶～关怀guānhuái | 관심을 나타내다. ¶～欢迎huānyíng | 환영의 뜻을 나타내다. ❷ 動 의미하다. 가리키다. 지시하다. 나타내다. ¶红色的灯光～那儿有危險wēixiǎn的东西 | 빨간 불은 위험한 물건이 있다는 것을 나타낸다. ❸ 名 언동(言動). 표정. ¶已经告诉了他,可是毫háo无～ | 그에게 이미 말했으나 아무런 표정도 없었다.
【表叔】biǎoshū 名 아버지의 내·외종 사촌 동생.
【表率】biǎoshuài ❶ 名 모범. 본보기. ¶老师要做学生的～ | 선생은 학생의 모범이 되어야 한다. ¶起了～作用 | 모범의 작용을 일으키다. ❷ 動 선두에 서다. 솔선수범하다.
【表态】biǎo/tài 動 태도를 밝히다. 표명하다. ¶明确què～ | 명확히 태도를 밝히다. ¶你同意还是不同意也该gāi表个态吧! | 네가 동의하는지 않는지 태도를 밝혀라.
【表土】biǎotǔ 名〈地質〉표토. 표층의 토양. ¶～镇压zhènyā器 | 표토를 다지는 농기구.
1【表现】biǎoxiàn ❶ 動 표현하다. 나타내다. ¶～了浓厚nónghòu的兴趣qù | 깊은 관심을 나타내다. ¶语言帮助我们～, 同时妨害fánghài我们 | 말은 우리가 표현하는 데 도움을 주기도 하고 방해하기도 한다. ❷ 動 貶 일부러 자신을 나타내다. 과시하다. 현시하다. ¶自我～ | 자기 현시. ¶好～自己 | 스스로를 내세우기 좋아하다. ¶他总是竭jié力抓zhuā住各种机会来～自己 | 그는 항상 각종 기회를 잡아 자기를 내세운다. ❸ 動 (언행·태도를) 보이다. (성적을) 나타내다. ¶他们在学校～得很不错 | 그들은 학교에서 언동을 아주 잘 한다. ❹ 動 (태도를) 보이다. 나타내다. ¶他们～了非常热情rèqíng积极的态度 | 그들은 아주 열정적이고 적극적인 태도를 보였다. ❺ 名 표현. ¶真心实意的～ | 진실한 표현. ❻ 名 태도. 품행. 언동(言動). ¶政治～ | 정치적인 언동. ¶业务～ | 근무 태도. ¶他近来的～比较好 | 그의 최근 태도는 비교적 좋다.
【表相】biǎoxiàng 名 외모(外貌). 겉모양 =〔表象②〕
【表象】biǎoxiàng 名 ❶〈心〉표상. 관념. ❷⇒〔表相〕‖ =〔表像〕
【表像】biǎoxiàng ⇒〔表象〕
【表形文字】biǎoxíng wénzì 名〈言〉상형 문자.
【表兄】biǎoxiōng 名 내·외종 사촌형 =〔表哥①〕→〔表兄弟〕〔堂兄〕
【表兄弟】biǎoxiōng·di 名組 내·외종 사촌 형제 →〔表姊妹〕
【表压】biǎoyā 名 게이지(gauge)에 나타나는 압력. 계기 압력.
1【表演】biǎoyǎn ❶ 動 상연(上演)하다. 연출하다. 연기(演技)하다. ¶化装zhuāng～ | 분장하고 연기하다. ¶～体操cāo | 체조를 연기하다. ❷ 動 모범 동작을 실연(實演)하다. ¶～新的操作方法 | 새로운 조작법을 실연하다. ¶～体操 | 체조의 시범 연기를 하다. ❸ 動 (여러 사람 앞에서) 기예를 보이다. ¶～韩国歌曲 | 한국 노래를 불러 보이다. ❹ 名 상연. 연기. ¶做～ | 연기하다. ¶～项目 | 공연 레퍼토리. ❹ 名 貶 행동거지. 행위. ¶你看看, 他最近的种种～, 多diū丢脸哪 | 그의 최근 행위를 보아라, 체면이 말이 아니니다.
【表演唱】biǎoyǎnchàng 名 동작을 수반한 노래 형식.
【表演赛】biǎoyǎnsài 名〈體〉시범 경기. ¶足球～ | 축구 시범 경기.
1【表扬】biǎoyáng 動 표창하다. 널리 알리다. 칭송하다. ¶这种精神应该～ | 이런 정신은 널리 알려야만 한다. ¶～劳动模范mófàn | 모범 노동자를 표창하다. ¶他的成就值得～ | 그의 성적은 표창할 만하다.
【表意文字】biǎoyì wénzì 名組〈言〉표의 문자.
【表音文字】biǎoyīn wénzì 名組〈言〉표음 문자.
【表语】biǎoyǔ 名〈言〉표어 [중국어의 「是」자구(字句)의 「是」이하의 성분. 넓게는 명사성 술어·형용사성 술어를 가리키기도 함]
【表章】biǎozhāng ❶⇒〔表彰〕❷⇒〔奏zòu章〕
4【表彰】biǎozhāng 動 (선행·공적 따위를) 표창하다. ¶上级～了他的成就 | 상급 기관에서 그의 성과를 표창하였다. ¶～人民英雄 | 인민 영웅을 표창하였다 =〔表章①〕

【表侄】biǎozhí 名 내·외종 오촌 조카.
【表侄女】biǎozhínǚ 名組 내·외종 오촌 조카 딸.
【表壮不如里壮】biǎo zhuàng bù rú lǐ zhuàng 諺 겉 든든한 것은 속 든든한 것만 못하다.
【表姊妹】biǎozǐmèi 名 내·외종 사촌 자매. 사촌자매→〔表兄弟〕
【表字】biǎozì 名 近 별명(別名) =〔别名〕〔别号〕
【表子】biǎo·zi ⇒〔婊biǎo子〕

1【表(錶)】 2 biǎo 시계 표
名 시계. ¶怀huái～ | 회중시계. ¶手～ | 손목시계. ¶停tíng～ | 스톱 워치(stop watch) =〔方 镖biāo③〕
【表把儿】biǎobàr 名 (시계의) 용두(龍頭).
【表板】biǎobǎn 名 시계의 문자판.
【表玻璃盖】biǎo bō·ligài 名組 시계의 유리 뚜껑 =〔俗 表蒙子〕
【表带(儿)】biǎodài(r) 名 시계줄 =〔表链(子)〕
【表发条】biǎofātiáo 名 시계의 태엽.
【表盖(儿)】biǎogài(r) 名 회중 시계의 뚜껑.
【表盒(儿)】biǎohé(r) 名 시계 케이스. 시계 통.
【表链(子)】biǎoliàn(·zi) ⇒〔表带(儿)〕
【表蒙子】biǎoméng·zi ⇒〔表玻璃盖〕
【表针】biǎozhēn 名 시계 바늘. ¶分～ =〔长表针〕 | 분침. 긴바늘. ¶时～ =〔短表针〕 | 시침. 짧은 바늘. ¶秒miǎo～ | 초침.

【婊】 biǎo 창부 표
⇒〔婊子〕
【婊子】biǎo·zi 名 ❶ 기녀. 창기. 창부. 매춘부. ¶既jì想当～, 又想当立牌坊páifāng | 창기가 되고 싶기도 하고 열녀가 되고 싶기도 하다. 되지도 않을 것을 이것 저것 다 하고 싶어 하다. ❷ 轉 화냥년. 망할년. [부녀를 욕하는 말] ¶～养的 | 罵 후레 자식 =〔表子〕

【裱】 biǎo 목도리 표, 장황 표
❶ 動 표구(表具)하다. 표지를 바르다. ¶～字画 | 서화를 표구하다. ¶这幅fú画得拿去～一～ | 이 그림을 가져가 표구를 해야겠다 =〔装潢zhuānghuáng②〕 ❷ 풀칠하는 일을 하다. ¶～糊↓
【裱褙】biǎobèi 動 표구(表具)하다. ¶～铺pū | 표구점 =〔裱背〕〔表背〕
【裱糊】biǎohú 動 도배하다. 종이를 바르다. ¶～屋子 | 집에 도배를 하다 =〔糊裱〕
【裱画】biǎo/huà 動 (그림을) 표구하다. ¶～地图 | 표구한 지도. ¶～艺yì人 | 표구사.
【裱墙纸】biǎoqiángzhǐ 名 벽지. 도배지. ¶选这种～比较好 | 이 벽지를 택하는 것이 좋겠다.

biào ㄅㄧㄠˋ

【俵】 biào 나누어줄 표
❶ 나누다. 나누어 주다. 분배하다. ¶分～ | 나누다. ❷ 분산시키다. 분산하다. ¶～散 | 분산시키다. 분산하다.
【俵分】biàofēn 動 몫이나 사람에 따라 나누다.

【鳔(鰾)】 biào 부레 표
❶ 名 (물고기의) 부레 =〔俗 鱼鳔〕〔俗 鱼泡〕 ❷ 부레풀. ¶～胶↓ ❸ 動 方 부레풀로 붙이다. ¶把椅子腿～一～ | 의자 다리를 부레풀로 붙이다. ❹ 動 北 함께 붙다. 굳게 단결하다. ¶他们～在一块儿 | 그들은 함께 붙어 있다. ¶咱四个要～在一起, 谁也不敢欺负qīfù | 우리 네 사람이 굳게 뭉치면 어느 누구도 감히 속이지 못한다.
【鳔胶】biàojiāo 名 부레풀 =〔鱼胶〕
【鳔上】biào·shang 動 달라 붙다. 응겨 붙다. ¶只有这些酒肉朋友～他了 | 이런 술과 고기가 있는 한 친구들은 그에게 달라 붙을 것이다.
【鳔住】biào·zhu 動 ❶ (아교로) 붙이다. ¶把两个木片～起来 | 두 나무 조각을 아교로 붙여라. ❷ 꼼짝 못하게 하다. ¶我在那儿～了不能出来 | 나는 거기에서 감시 당하여 나올 수 없었다.

biē ㄅㄧㄝ

【瘪】 biē ☞ 瘪 biě B

4【憋】 biē 막힐 별, 답답할 별
❶ 動 숨이 막히다. 답답하다. ¶门窗全关着, 真～气 | 창과 문이 모두 닫혀 있어 숨이 막힌다. ❷ 動 (화·숨·대소변 따위를) 참다. 억제하다. ¶心里～了许多话要说 | 많은 하고 싶은 말을 꾹 참다. ¶～着尿niào | 오줌을 참다. ¶～了一肚dù子气 | 배 안 가득 찬 화를 참다. ❸ 가두다. 몰아 넣다. ¶把狗～在屋里 | 개를 집안에다 가두다. ❹ 京 강요하다. 무리하게 요구하다. ¶他～着我走 | 그는 나를 억지로 가라고 했다. ❺ 京 나쁜 생각을 가지다. 계책을 꾸미다. 암중 모색하다. ¶～坏huài主意 | 고약한 생각을 꾸미다. ¶他心里～什么呢? | 그는 심중에 무슨 계책을 꾸미느냐? ❻ 京 기회를 노리다. 기회를 타다. 구실을 찾다. ¶小心点儿, 他正在～着揍你呢 | 조심해라, 그가 지금 너를 때릴 구실을 찾고 있다. ❼ 짜내다. 억지로 하다. ¶半天才～出了几个字 | 한참만에 겨우 몇 개의 글자를 짜냈다.
【憋不住】biē·bu zhù 動組 참을 수 없다. 참지 못하다. ¶他嘴快, 什么也～ | 그는 입이 싸서 무슨 말이든 참지 못한다. ¶天没亮, 就～,爬pá起来了 | 날이 밝기도 전에 참지 못하고 일어났다 ⇔〔憋得住〕
【憋得慌】biē·de huāng 動組 몹시 답답하다. 울적하다. ¶连下几天雨, 真～ | 며칠 동안 계속 비가 내려 정말 답답하다.
【憋得住】biē·de zhù 動組 참을 수 있다. 견딜 수 있다. ¶我能～这么一点的困难 | 나는 이 정도의 어려움은 참을 수 있다 ⇔〔憋不住〕
【憋坏】biē/huài 動 京 나쁜 생각을 가지다. 나쁜 마음을 품다. ¶谁shéi也不知道他肚dù子里憋什么坏huài | 그가 무슨 나쁜 생각을 하고 있는지 아무도 모른다.
【憋火】biē/huǒ 動 분노를 억누르다. 화기를 참다. ¶憋了一肚dù子火huǒ | 가슴 가득한 분노를 꾹 참다.
【憋闷】biē·men 形 답답하다. 우울하다. 울적하다. ¶～不开怀 | 울적하여 기분이 좋지 않다. ¶心里～得很 | 마음이 아주 우울하다. ¶你心里不要

～了，高兴起来吧 | 너 울적해 하지 말고 기분을 풀어라.

【憋气】biēqì ❶ [形] 지루하다. 답답하다. 숨이 막히다. ¶这会开得真～ | 이 회의는 정말 지루하게 진행된다. ❷ (biē/qì) [動] 숨을 참다. ¶要学潜水，得děi先学～ | 잠수를 배우려면, 먼저 숨을 참는 것을 배워야 한다. ¶最大～时间 | 최장 숨 참는 시간. ❸ (biē/qì) [動] 화를 참다. 속을 썩이다. ¶憋着一肚子气 | 가슴 가득 찬 노기를 참다. ¶～憋得脸都红 | 화를 참느라 얼굴까지 빨개졌다.

【憋屈】biēqū [動] ❶ 분함을 참다. ¶没别的，你多～吧 | 많이 참는 수 밖에 다른 방법이 없다. ❷ [京] 장소가 좁아 불편하다. 답답하다. ¶一家三代人挤jǐ在一间狭xiá小～的房里 | 일가족 삼 대가 협소하고 답답한 방 하나에 비좁게 산다. ❸ [北] 불편하다. ¶没有马，可～呀，连地也种zhǒng不上 | 말이 없으니 정말 불편하다. 밭에 씨를 뿌릴 수조차 없다.

【憋屈巴拉】biēqūbālā [狀] [北] ❶ 장소가 협소하다. 비좁다. ¶这屋子太小，～的，住不了几个人 | 이 방은 너무 비좁아 몇 사람이 살 수 없다.

【憋手】biēshǒu [形] (손이 설어) 불편하다. 쓰기 힘들다. ¶这是刚买来的，用起来有点儿～ | 이것은 방금 사온 것이어서 쓰기에 좀 불편하다. ¶用左手便刀子真～ | 왼손으로 칼질을 하자니 정말 불편하다 =〔别biè手〕

【憋死】biēsǐ [動] 숨이 막혀 죽다. 숨이 막힐 정도로 답답하다. ¶这屋子太狭xiá，真～我了 | 이 방은 너무 좁아 정말 숨막혀 죽겠다.

【憋死猫儿】biēsǐmāor [狀組] [京] 매우 비좁다. ¶这～的小屋 | 이 비좁고 작은 방.

【憋足】biēzú [動] 속으로 꾹 억누르다. 잔뜩 기대하다. 숨을 죽이고 기다리다. ¶观众都～等着瞧qiáo这齣chū好戏 | 관중들은 숨을 죽이고 이 멋진 극을 보기 위해 기다리고 있다. ¶～了劲jìn | 흥분된 마음을 억누르다. 숨을 죽이고 기대하다. →〔养yǎng精蓄锐〕

【鳖(鱉)〈鼈〉】biē 자라 별

[名]〈動〉자라 ¶海～ | 바다 거북 =〔甲jiǎ鱼〕〔团鱼〕〔鼋yuán〕〔[俗]王八〕

【鳖菜】biēcài [名]〈植〉고사리.

【鳖蛋】biēdàn [名] 자라알. ¶～下的 | 후레 자식.

【鳖甲】biējiǎ [名] 자라의 등 [약용(藥用)으로 쓰임]

【鳖裙】biēqún [名] 자라등에 붙은 살 [연하고 맛있음] =〔鳖边〕

【鳖缩头】biēsuōtóu [動組] 자라가 목을 움츠리다. [喩] 숨어버리다. 숨어서 나오지 않다.

bié ㄅㄧㄝˊ

1 【别】① bié 다를 별, 나눌 별

❶ [動] 이별하다. 떠나다. 이별을 고하다. ¶～了家乡来到北京 | 고향을 떠나 북경에 도착하였다. ¶～情 | 이별의 정. ¶久～重chóng逢 | 오랫동안 헤어졌다가 다시 만나다. ❷ [區] 다른. 별개의. 따로. ¶有没有～的好办法? | 다른 좋은 방법이 있니? ¶～人 | 다른 사람. ¶～种 | 별종. ¶～省 | 다른 성. 타성. ❸ [動] [京] [吳] (머리를) 돌리다. 돌아서다. ¶～过脸来 | 얼굴을 돌리다. ¶把头～了过去 | 머리를 돌리다. ❹ [動] 구별하다. 변별하다. 구분하다. ¶大～为五种 | 크게 다섯 가지로 구별하다. ¶舌能～滋zī味 | 혀는 맛을 분별할 수 있다. ❺ 종류. 유별(類別). ¶性～ | 성별. ¶职～ | 직종별. ❻ [名] 차별. 차이. ¶新旧有～ | 새것 과 낡은 것은 차이가 있다. ¶天渊yuān之～ | 하늘과 땅 차이. ❼ [副] (충고·금지의) …하지마라. ¶～笑 | 웃지 마라. ¶～难过 | 괴로워하지 마라 =〔不要〕 ❽ [副] 아마 …일 것이다. 추측하건데 …이다. [어법] 「别是」의 형태로, 자신의 희망대로 되지 않은 이유 등을 짐작하는 데 쓰임. ¶约定的时间都过了，～是他有事不来了 | 약속한 시간이 지났는데, 아마 그는 일이 생겨서 오지 않은 것 같다. ¶～忘了明天是我的生日 | 내일이 내 생일이라는 걸 혹시 잊었을지 모른다. ❾ [動] (핀·클립(clip) 등을) 꽂다. 달다. 찌르다. ¶胸xiōng前～着装饰zhuāngshì品 | 가슴에 장식품을 꽂고 있다. ¶头上～着卡qiǎ子 | 머리에 핀을 찌르고 있다. ❿ [擬] 두근두근. 펑펑. ¶我一看他，就心～～地跳tiào | 나는 그를 보자 가슴이 두근두근 뛰었다. ⓫ (Bié) [名] 성(姓).

【别布】biébù [動組] (요리를) 나누어 주지 마세요. 제가 할께요 [주인이 큰 그릇의 요리를 나누어 손님에게 권하는 것에 대해 하는 말] →〔布菜〕

【别称】biéchēng [名] 별칭. 이칭. 별명. ¶金陵是南京的～ | 금릉은 남경의 별칭이다.

【别出机杼】bié chū jī zhù [成] 시문이 남다르고 새롭다. 독특한 풍격을 지니다.

【别出心裁】bié chū xīn cái [成] 훌륭한 구상을 하다. 로운 것을 생각해 내다 =〔独dú出心裁〕

3【别处】biéchù [名] 다른 곳. ¶在此地你绝对找不到，可到～找找看 | 너 이 곳에서는 절대 찾을 수 없을테니, 다른 곳에 가서 찾아 보아라.

1【别的】bié·de [代] 다른 것. 이외. ¶不会再有～了 | 다른 것이 더 이상 있을 수 없다. ¶说～吧 | 다른 것에 대해 이야기 하자 =〔别个〕 ¶～人 | 다른 사람. ¶～办法 | 다른 방법. ¶我还想去～地方找找 | 나는 다른 곳에 가 찾아보고 싶다. [어법] 「的」없이 「别」 단독으로 명사를 수식할 수 있는 경우는 구어(口語)에서는 「别人」「别处」「别家」뿐임.

【别风淮雨】bié fēng huái yǔ [成] 고서의 문자를 오기하다. 와전되다. 와전어(訛傳語). [「列风淫yín雨」의 「列」을 「别」로, 「淫」을 「淮」로 잘못 쓴 것을 계속 그대로 쓴 데서 유래함] 《尚書》→〔鲁lǔ鱼之误〕

【别个】bié·ge ⇒〔别的①〕

【别管】biéguǎn ❶ [連] …은 막론하고. …이든지. …이더라도. ¶～是谁，一律按原则办事 | 누구든 관계없이 원칙에 따라 일률적으로 처리한다. [어법] 「无论」「不管」과 같은 뜻이나, 자주 쓰이지는 않음. ❷ [動組] 간섭하지 마라. 상관하지 마라. ¶你～我 | 너 나를 간섭하지 마라.

【别国】biéguó [名] 타국. 다른 나라.

【别号(儿)】biéhào(r) 名 별호. 호. 정식 이름 외의 이름. ¶李白字太白, ～青莲居士 | 이백은 자는 태백이고, 별호는 청련거사이다 =〔别字②〕〔外号儿①〕〔绰chuò号(儿)〕
【别鹤孤鸾】bié hè gū luán 成 이별한 부부가 짝을 잃은 학과 외로운 난새와 같다.
【别集】biéjí 名 별집. 개인별 문집 →〔总集〕
【别家】ⓐ biéjiā 名 ❶ 남의 집. ¶～女人 | 다른 집의 여인. ❷ 타인. 남. ¶～已经开始 | 남들은 이미 개시하였다.
ⓑ bié·jie ⇒〔别价·jie〕
【别介】bié·jie ⇒〔别价·jie〕
動組 方 그만 두어라! 개의하지 마라! 〔别价〕
【别咖】bié·jie ⇒〔别价·jie〕
【别家】bié·jie ☞ 〔别家〕biéjiā ⓑ
【别价】bié·jie 嘆 그만 두어라. 개의하지 마라. 상관하지 마라. ¶打架呢, ～! | 싸우는구나, 그만 두어라. ¶～, 你做了总归也要失败的 | 집어치워라, 결국 실패하게 될 것이다. ¶～, 这点小事, 不值得伤shāng了和气 | 개의하지 마라, 이 조그만 일에 의기소침할 필요 없다 =〔别介·jie〕〔别咖·jie〕〔别家·jie〕
【别具肺肠】bié jù fèi cháng 成 사상·사고방식이 특별나다. 생각이 남과 다르다 =〔别具心肠〕
【别具匠心】bié jù jiàng xīn 成 (문학·예술작품의) 구상이 남달리 창의성이 있다. ¶这篇文章在构思上可谓wèi～ | 이 문장은 독자적인 구상을 보였다고 할 수 있다.
【别具心肠】bié jù xīn cháng ⇒〔别具肺fèi肠〕
【别具一格】bié jù yī gé 成 독특한 풍격을 지니다. 특별한 모습을 지니다.
【别开生面】bié kāi shēngmiàn 成 신국면(新局面)을 열다. 독창적인 형식을 창조하다. ¶他的那首新诗命意神奇, ～ | 그의 시는 함의가 신기하여 독창적인 형식을 이루었다.
【别看】bié kàn 動組 ❶ …로 보지마라. …라고 생각하지 마라. …지만 …하다. ¶～他白头发不少, 年纪可并不老 | 그의 흰 머리는 많으나, 결코 나이가 많은 것은 아니다. ¶～她年轻, 办事很老练lǎoliàn | 그녀는 젊지만 노련하게 일을 한다. ❷ 보지 말라. ¶～了, 咱们回去吧 | 보지마라, 우리 돌아 가자 =〔别瞧〕
【别来】biélái 名 이별한 이래. 헤어진 이후. ¶～几春未还huán家 | 헤어진 후 몇 해 봄을 집에 가지 못했다.하다.
【别离】biélí ❶ 書 動 이별하다. 헤어지다. 떠나다. ¶～了家乡, 踏tà上旅途lǚtú | 고향을 떠나 여행길에 오르다. ❷ 名 이별. 별리. ¶～之情 | 이별의 정.
【别论】biélùn 名 별도의 논의·대우·평가. ¶如果他确què因有事, 不能来, 则当～ | 만약 그가 정말 일이 있어 못 온다면 별도로 취급해야 한다. ¶暂作～ | 잠시 별도의 논의를 하자.
【别忙】biémáng 動組 ❶ 서둘지 마라. 덤비지 마라. 조급해 하지 마라. ¶你～! | 조급할 것 없다. ❷ 그건 그렇다 치다. 그렇다 하자. ¶～, 咱们明天见! | 그건 그렇다 치고 내일 보자!
【别名(儿)】biémíng(r) 名 다른 이름. 별명. 일명(一名). ¶～叫做什么 | 별명이 무엇이냐? ¶「知了」是蝉chán的～ | 「지료」는 매미의 별명이다.
【别瞧】biéqiáo ⇒〔别看〕
【别人】ⓐ biérén 代 다른 사람. 나 이외의 사람. ¶你能做的事, ～也能做 | 네가 할 수 있는 일은 다른 사람도 할 수 있다. ¶家里只有母亲和我, 没有～ | 집에는 어머니와 나만 있고 다른 사람은 없다.
ⓑ bié·ren 代 남. 타인. ¶认真考虑lǜ～的意见 | 남의 의견을 진지하게 고려하다. ¶把方边让给～, 把困难留给自己 | 편한 것은 남에게 양보하고 어려운 것은 스스로 한다 =〔别人家〕〔人家〕
【别人家】biérén·jia ⇒〔别人·ren〕
【别人屁臭, 自己粪香】biérén pì chòu zìjǐ fèn xiāng 諺 남의 궁둥이는 냄새나고 제 똥은 향기롭다. 제 똥 구린 줄은 모르고 남 똥 구린 줄만 안다.
【别史】biéshǐ 名 ❶ 별사 [정사(正史)의 자료가 되는 사서(史書)의 일종으로 역대 또는 일조(一朝)의 사실(事實)을 서술함] →〔杂zá史〕 ❷ 개별적 역사. 개인사(個人史).
【别是】biéshì 副 …일지 모른다. 아마 …일 것이다. ¶你～受了暑, 我给你拿一杯冷水吧 | 네가 어쩌면 더위를 먹었는 지도 모른다. 냉수 한 그릇을 갖다 주마. ¶他～忘了, 你再去看他 | 그는 혹시 잊었을지 모르니 네가 다시 가 보아라 =〔不要是〕→〔别⑧〕
【别树一帜】bié shù yī zhì 成 독창적인 방법·격식·주장·학설 등을 내놓다. 새로운 기치를 내걸다 →〔独树一帜〕
【别墅】biéshù 名 별장. ¶这是私人的～ | 이것은 개인 소유의 별장이다 =〔别业①〕
【别说】biéshuō ❶ 連 …은 물론. …은 말할 필요도 없이. 어법 ⓐ 앞 절(小句)에 사용될 때 뒷 절에는 「即使〔就是〕…也…」「连〔就〕…也…」를 동반함. ¶这几位专家, ～在国内, 就是在世界上也是很有名名 | 이들 전문가 몇 분은 국내는 말할 것도 없고 세계적으로도 유명하다. ⓑ 뒷 절(小句)에 사용될 때는 문의 끝에 「了」가 오며 앞 절에는 「都」「也」가 자주 쓰임. ¶(即使)再复杂的算术题也都能算出来, ～是这么简单的了 | 더욱 복잡한 산수 문제도 계산할 수 있는데, 이렇게 간단한 것은 말할 필요도 없다. ❷ 動組 말하지 마라. ¶～笑话儿 | 농담하지 마라. ¶～了, 咱们 休息休息吧 | 말하지 마라, 우리 좀 쉬어야겠다.
【别送】biésòng 動組 나오지 마십시오. 그만 들어가십시오 [바래다 주는 것에 대한 사양의 말] ¶～～, 请留步 | 그만 들어 가십시오.
【别提】biétí 動組 ❶ 말할 필요도 없이 대단하다. …에 대해서는 언급할 필요도 없다. 어법 「别提…了」의 형식으로 감탄의 어기를 강조함. ¶这座楼盖得～多结实了 | 이 집은 얼마나 튼튼하게 지었는지 말할 필요도 없다. ¶在桂guì花树里散步, ～多香xiāng啊 | 계화 나무 밑에서 산보 하면 얼마나 향기로운지 말도 못한다. ❷ 말하지 마라. 제기하지 마라. ¶那个难过劲就～了 | 그 어려웠던 일에 대해서는 말하지 마라.

【别无】biéwú [動] 달리 …이 없다. 다른 …이 없다. ¶～办法 | 달른 방법이 없다. ¶～可说 | 달리 말할 만한 것이 없다.

【别无长物】bié wú cháng wù [成] 가진 것이라고는 아무것도 없다. 몹시 가난하다 =〔身无长物〕〔一无长物〕

【别无出路】bié wú chū lù [成] 달리 어떤 출로도 없다. 다른 방법이 없다. 막다른 골목에 다다르다. ¶坏贼zéi, 记住, 你们～, 就是死路一条 | 이 나쁜 도적들아, 기억하라. 네놈들은 죽음 외에 다른 출로가 없다.

【别想】bié xiǎng [動組] ❶ 생각하지 마라. ¶她已经离开你了, 你～她 | 그녀는 이미 너를 떠났으니 생각하지 마라. ❷ …라고 생각할 수 없다. …라고 할 수 없다. 任凭你喊hǎn破嗓sǎng子, 也～有人應 | 목이 터지라고 외친다고 누군가 대답할 것이라고 생각하면 당치도 않다.

【别样】biéyàng ❶ [代] 다른 것. 다른 방식. 다른 종류. ¶以学为主, 兼学～ | 주로 학습을 하면서 아울러 다른 것도 배운다. ❷ [區] 다른. ¶～东西 | 다른 물품.

【别业】biéyè ❶ ⇒〔别墅shù〕 ❷ [名] 다른 직업. 별도의 사업. ¶另lìng图tú～ | 다른 사업을 일다.

【别用】biéyòng ❶ [名] 다른 용도. ¶另lìng作～ | 다른 용도로 쓰다. ❷ [動] 달리 사용하다.

【别有】biéyǒu [動] 달리 있다. 달리 지니고 있다. ¶～风味 | 특별한 맛이 있다. ¶～看法 | 다른 견해를 가지다.

【别有洞天】bié yǒu dòng tiān [成] 별천지. 딴세상.

【别有天地】bié yǒu dòng tiān dì [成] 속계를 떠난 경지에 있다. 남과는 다른 심경을 지니다. 남다른 경지를 가지다.

【别有用心】bié yǒu yòng xīn [成] 다른 생각을 품고 있다. 다른 꿍꿍이가 있다.

【别择】biézé [書][動] 선별하다. 감별하여 선택하다.

【别针(儿)】biézhēn(r) [名] ❶ 핀. 옷 핀. 안전핀. 머리핀. 브로치(brooch). ¶用～夹jiā住 | 핀을 찔러 고정시키다. ❷ 클립(clip) =〔㊀纹针〕〔㊀形夹(条)〕〔㊀形针〕

【别致】biézhì [形] 특이하다. 남다르다. ¶民间艺术虽然朴pǔ素, 倒也～ | 민간 예술은 비록 소박하지만 특이한 점이 있다. ¶这件衣服的式样很～ | 이 옷의 스타일은 아주 특이하다. ¶像洞窟kū这样的住宅zhái, 冬暖夏凉, 也有它的～地方 | 동굴과 같은 이런 가옥도 겨울에는 따뜻하고 여름에는 시원하여 다른 특색이 있다 =〔别趣①〕

3【别字】biézì ❶ [名] 오자(誤字). 틀리게 쓴 글자. ¶写～ | 글자를 잘못 쓰다 =〔别字眼〕〔白字〕 ❷ ⇒〔别号(儿)①〕

【别字眼】biézìyǎn ⇒〔别字①〕

【别嘴】biézuǐ [動] 발음을 제대로 못하다. 읽기에 까다롭다. ¶念着～ | 읽기가 까다롭다. ¶他的汉语说得非常～, 别人听不懂他的意思 | 그가 하는 중국어는 발음이 온전하지 않아 딴 사람은 그의 뜻을 알아 듣지 못한다.

1【别(彆)】 ② biè 걸끄러울 별
❶ [動] [北] 거역하다. 고집이나 생각을 바꾸다. [어법] 주로 「别不过」의 형식으로 쓰임. ¶无论怎样～不过他那顽固wángù派 | 어떻게 하든 그의 그 고집을 꺾을 수가 없다. ❷ [動] 욕정이 강하다. 음탕하다. ¶娶qǔ了个～女人 | 정욕이 강한 여자에게 장가 들었다. ❸ [書][動] 활을 겨누다. 활을 당기다. ❹ ⇒〔别扭·niu〕

【别不过】biè·buguò [動組] [方] 거역할 수 없다. 거스를 수 없다. ¶我想不依yī他, 可是又～他 | 나는 그를 따르고 싶지 않으나, 그를 거역할 수도 또한 없다.

【别脚】bièjiǎo [形] [北] 교통이 불편하다. ¶这地方太～, 我找了老半天才找到 | 이곳은 너무 교통이 불편하여 온종이 헤매고서야 겨우 찾았다.

【别劲】bièjìn [動] [北] 사이가 틀어지다. 거역하다.

4【别扭】biè·niu ❶ [形] 변덕스럽다. 괴팍하다. 비뚤어지다. ¶这个天气真～, 一会儿冷, 一会儿热 | 날씨가 정말 변덕스러워 금방 추웠다가 금방 더워진다. ¶他的脾pí气挺tǐng～, 跟谁都合不来 | 그는 성격이 괴팍하여 누구와도 어울리지 못한다. ❷ [形] 의견이 서로 맞지 않다. 사이가 좋지 않다. ¶我和他闹nào～了 | 나는 그와 틀어졌다. ¶彼此都心里有些～ | 피차 간에 모두 마음 속에 앙금이 남아있다. ❸ [形] (말·글이) 부자연스럽다. 유창하지 않다. ¶这句话听起来有点～ | 이 말은 듣기에 좀 부자연스럽다. ❹ [形] 불편하다. ¶他刚来农村的时候, 生活上感到有点～ | 그가 처음 농촌에 왔을 때는 생활상의 불편을 좀 느꼈다. ❺ [形] 마음에 걸리다. 걱정이 되다. 불안하다. ¶有一天不劳动, 不出汗, 心里就～ | 하루라도 일하지 않고 땀 흘리지 않으면 마음이 불안하다. ❻ [動] 거역하다. 의견 충돌이 생기다. ¶不便于～他 | 그를 거역하기가 쉽지 않다. ¶一天到晚和我～着 | 하루 종일 나와 의견 충돌이 일어난다 →〔拗ào别〕

【别手】bièshǒu ⇒〔憋biē手〕

【别嘴】bièzuǐ [動] 말대꾸하다. 쟁론하다.

【蹩】 bié 절름발이 별, 삘 별
❶ [動] [方] 다리를 절며 걷다. 절룩거리다. ❷ [動] [方] 천천히 걷다. ¶他～到壁bì角 | 그는 방 구석으로 천천히 걸어 갔다. ❸ [動] [方] 걸다. 걸어 당기다. ¶他一伸脚jiǎo把她～倒了 | 그는 다리를 뻗어 그녀를 걸어 넘어뜨렸다. ¶黄牛鼻子上～了一根棍gùn儿 | 황소의 코에 막대기를 하나 걸었다. ❹ [動] [方] (발목·손목을) 삐다. ¶走路不小心, ～痛了脚 | 조심하지 않고 길을 걸어, 발목을 삐었다. ❺ 서투르다. 우둔하다. ¶～脚↓

【蹩脚】biéjiǎo ❶ [形] [方] 서투르다. 능력이 없다. 우둔하다. ¶做买卖的手段～ | 장사 수단이 서투르다. ¶下棋qí下得实在～ | 장기 두는 것이 정말 서투르다. ❷ [形] 저열(低劣)하다. 질이 나쁘다. ¶～货 | 열등품. 저급품. ¶这架～的机器真不好使 | 품질이 나쁜 이 기계는 정말 쓰기 나쁘다. ❸ (bié/jiǎo) [動] 발을 삐다.

【蹩手】biéshǒu ❶ [形] 뜻대로 되지 않다. 까탈스럽다. ¶原先打算dǎsuàn得挺tǐng好, 想不到作起来这么～ | 원래 계획을 잘 세워 실제로 하기에 이렇게 까탈스러울 줄은 몰랐다. ❷ (bié/shǒu)

動 손목을 삐다.

biě ㄅㄧㄝˇ

【瘪(癟)】biě biē 꺼질 별, 오그라질 별

Ⓐ biě ❶ 動 납작해지다. 오그라들다. 쭈글쭈글하다. 움푹 들어가다. ¶车带dài～了 | 자동차 타이어가 쭈그러들었다. ¶肚子～了 | 배가 푹 꺼졌다. ¶～鼻bí子↓ ❷ 動 난처하게 하다. 궁핍하게 하다. 곤경에 빠뜨리다. ¶一提出这个问题, 她可～了 | 이 문제를 제기하자 그녀는 몹시 난처해졌다. ¶没钱可～人 | 돈이 없으면 사람이 아주 난처해진다. ❸ 動 실망하다. ¶他听到这个消息就～住了 | 이 소식을 듣고 그는 실망했다. ❹ 動 京 파산하다. 도산하다. ¶这么赔péi下去, 买卖非～不可 | 이렇게 손해를 보다가는 장사가 도산하지 않을 수 없다. ❺ 動 京 발음을 정확히 하지 못하다. 발음을 제대로 하지 못하다. ¶这个字念～了 | 이 글자를 제대로 읽지 못했다.

Ⓑ biē ⇒〔瘪三〕

Ⓐ biě

【瘪鼻子】biěbí·zi 名 납작코. ¶她大眼睛～, 很难看 | 그녀는 큰 눈에 납작코라 아주 못 생겼다.

【瘪谷】biěgǔ 名 쭉정이 =〔凹āo谷子〕

【瘪回去】biě ·huí qù 動組 낙심하다. 무기력해지다. 의기 소침하다. ¶昨天还兴高采烈liè的呢, 今天～了 | 어제까지 기분이 좋았는데, 오늘은 기운이 빠졌다.

【瘪壳】biě/ké ❶ 動 京 맥이 풀리다. 기운이 빠지다. 사기가 떨어지다. ¶那件事没有指望儿了, 大家都瘪了壳了 | 그 일이 가망이 없게 되자 모두 맥이 풀렸다. ¶这下子他～了 | 이번에 그는 맥이 풀렸다. ❷ (biěké) 名 손을 쓸 수 없는 상태.

【瘪螺痧】biěluóshā 名〈醫〉콜레라(cholera) =〔霍huò乱〕

【瘪皮】biěpí ❶ 名 (과실이 말라) 쭈글쭈글한 껍질. ❷ 動 쭈그러지다. 납작해지다. 쭈글쭈글해지다. 속이 비다. ¶我的钱包老是～ | 내 돈 지갑은 늘 비어 있다.

【瘪气】biěqì 動 실망하다. 낙담하다. 의기 소침하다. ¶受一点打击就～怎么行! | 타격을 좀 받았다고 낙망하면 어떻게 하니!

【瘪塌塌】biětātā 貶 ❶ 납작하게 우그러들다. ❷ 喩 낙담하다. 원기가 빠지다.

【瘪萎萎】biěwěiwěi 貶 시들어 생기가 없다. ¶树叶晒shài得～的 | 나뭇잎이 햇빛에 쬐여 시들시들하다.

【瘪子】biě·zi 名 ❶ 쭉정이. ¶把种子放在水里, 没长zhǎng成的～就漂piāo起来了 | 종자를 물에 앉히면 자라지 못한 쭉정이는 물에 뜬다. ❷ 方 곤란. 좌절. 실패. ¶吃～ =〔嘬zuō瘪子〕| 좌절하다. ¶碰pèng上～了 | 곤경에 빠지다 →〔碰pèng钉子〕

【瘪嘴】biězuǐ ❶ 名 합죽한 입. ¶～子 | 합죽이. ¶～子的老太太 | 합죽할미. ❷ (biě/zuǐ) 動 입을 합죽하게 하다. ¶瘪了瘪嘴 | 입을 합죽하게 오물거렸다.

Ⓑ biē

【瘪三】biēsān 名 方 뜨내기. 부랑아 [상해(上海)의 거리에서 구걸이나 도둑질로 살아가던 부랑아. 피진 영어(pidgin English)의 음역어라는 설도 있음]

biè ㄅㄧㄝˋ

【别】biè ☞ 别 bié ②

bīn ㄅㄧㄣ

【邠】Bīn 땅이름 빈

名〈地〉❶ 빈현(邠縣) [섬서성(陝西省)에 있는 현 이름. 지금은 「彬bīn县」으로 씀] ❷ 「豳」과 같음 ⇒〔豳Bīn①〕

【玢】bīn fēn 옥무늬 빈/분

Ⓐ bīn 書 名 줄무늬가 있는 옥(玉).

Ⓑ fēn ⇒〔赛sài璐玢〕

【玢岩】bīnyán 名〈地質〉분암 =〔纹wén岩〕

2【宾(賓)】bīn 손 빈

❶ 名 손님. ¶来～ | 내빈. ¶贵～ | 귀빈. ¶外～ | 외국 손님 ⇔〔主〕→〔客〕 ❷ 名 전통극의 대화. ¶～白↓ ❸ 動 京 손님으로 대접하다. 격식을 차리다. 제약하다. 속박하다. ¶礼lǐ多～住人 | 예가 지나치면 사람을 속박한다. ❹ 名 外 粵 은행 [「bank」의 음역어] ❺ 名 外 粵 악대. 밴드 [「band」의 음역어] ❻ (Bīn) 名 성(姓).

【宾白】bīnbái 名 전통극의 대사 [북곡(北曲)에서는 두 사람의 대화를 「宾」, 독백을 「白」이라 함]

【宾钵罗】bīnbōluó ⇒〔菩pú提树〕

【宾词】bīncí 名 ❶〈論〉빈사(賓辭). ❷〈言〉객어. 목적어. 빈어.

【宾从】bīncóng ❶ 名 내빈(來賓)의 수행원. ❷ 書 動 복종하다 =〔宾服fú①〕

【宾东】bīndōng 書 名 ❶ 손님과 주인 [옛 습관으로 주인의 자리는 동쪽에, 손님 자리는 서쪽에 둔데서 나온 말] ❷ 주인과 피고용인.

【宾服】ⓐ bīnfú ❶ ⇒〔宾从②〕 ❷ 書 動 제후(諸侯)가 천자(天子)에게 공물을 바치고 복종하다. ¶辽liáo东太守公孙康, 久不～ | 요동태수 공손강은 오랫동안 공물을 바치지 않았다《三國志》

ⓑ bīn·fu 動 方 탄복하다. 경탄하다. ¶村里人对他都十分～ | 마을 사람들 모두 그에게 경탄하였다.

【宾格】bīngé ⇒〔宾位②〕

【宾贡】bīngòng 書 ❶ 動 옛날 향시(鄕試) 응시자들에게 지방관(地方官)이 잔치를 베풀어 대접하다 =〔宾兴〕 ❷ 動 외국인이 입조(入朝)하여 공물을 바치다. ❸ 名 외국에서 공물을 바치러 온 사람.

2【宾馆】bīnguǎn 名 영빈관(迎賓館). 여관.

【宾客】bīnkè 名 ❶ 빈객. 손님. ¶夫妇相敬相爱, 就如～一般 | 부부가 서로 존경하고 사랑함이 서로 손님 대하 듯하다. ❷ 식객 [권세가의 집에 붙어 먹고 사는 사람]

【宾实】bīnshí 書 名 명실(名實). 명칭과 실제(實

際) [「名者实之宾也」(이름은 실제의 손님이다) 《莊子·逍遙游》에서 비롯된 말] =〔名实〕
【宾士】bīnshì 图㊕ 벤즈(banz) [독일 자동차의 상표명] =〔朋驰〕
【宾位】bīnwèi 图❶ 손님자리. 객석(客席). ❷〈言〉목적격. 객어. 빈어 =〔宾格〕→〔宾语〕
【宾兴】bīnxīng ⇒〔宾贡gòng①〕
【宾语】bīnyǔ 图〈言〉목적어. ¶直接～ | 직접 목적어. ¶间接～ | 간접 목적어 →〔止zhǐ词〕
【宾至如归】bīn zhì rú guī 國 자기 집에 돌아온 것 같이 편한 대접을 하다. ¶～的感觉 | 자기 집과 같이 편한 대접을 받는 느낌.
【宾主】bīnzhǔ 图 손님과 주인. 주객(主客). ¶分～落luò了座 | 주객을 나누어 자리를 잡다.

【傧(儐)】bīn 인도할 빈 ⇒〔傧相〕
【傧相】bīnxiàng 图❶ 손님을 안내하거나 의식의 진행을 맡은 사회자 [옛날 손님을 맞이하는 사람을 「傧」이라 하고 행사의 사회를 맡은 사람을 「相」이라 했음] ❷ 들러리. ¶男～ | 신랑 들러리. ¶女～ | 신부 들러리. ¶你要结婚, 找我做～罢 | 네가 결혼하려거든 나를 들러리로 삼아라 =〔摈bīn相〕〔介jiè傧〕

2【滨(濱)】bīn 물가 빈 ❶图 물가. ¶海～ | 해변. ¶湖～ | 호숫가 =〔濒②〕 ❷動(물가에) 인접하다. ¶～海 | 바닷가. 임해. ¶～江公园 | 강변공원 →〔浜bāng〕 ❸ (Bīn) 图 성(姓).
【滨海都市】bīnhǎi dūshì 图組 임해 도시.

【缤(繽)】bīn 어지러울 빈 ⇒〔缤缤〕〔缤纷〕〔缤乱〕
【缤缤】bīnbīn 書 貶❶ 손님이 많이 모이다. ❷ 나뭇잎이 무성하다.
【缤纷】bīnfēn 書 貶❶ 무성하다. 분분하다. 어지럽다. ¶落luò花～的景致zhì | 꽃이 어지러이 떨어진 광경. ❷ 화려하다. 찬란하다. ¶五色～ | 오색 찬란하다. ¶～的云彩 | 찬란한 구름.
【缤乱】bīnluàn 貶 너저분하다. 흩날리다. 어지럽다. ¶落luò花～ | 낙화가 어지러이 날리다.

【槟(檳)〈梹〉】bīn bīng 빈랑나무 빈
Ⓐ bīn ⇒〔槟子〕
Ⓑ bīng ⇒〔槟榔〕
Ⓐ bīn
【槟子】bīn·zi 图〈植〉돌배나무. 돌배 =〔酸suān宾子〕〔闻香果〕
Ⓑ bīng
【槟榔】ⓐ Bīngláng 图㊕〈地〉페낭(Penang) [말레이지아 연방 북서부의 섬] =〔槟榔屿yǔ〕〔庇bì能〕〔俾bǐ南〕
ⓑ bīng·lang 图❶〈植〉빈랑나무. 빈랑. ¶～衣 | 빈랑의 껍질 =〔宾郎〕〔仁频〕.
【槟榔膏】bīng·langgāo 图〈漢醫〉빈랑고 [빈랑의 열매를 조려 만든 약. 수렴제(收斂劑)로 쓰임]

【镔(鑌)】bīn 단철 빈 ⇒〔镔铁〕
【镔铁】bīntiě 图❶ 단철(鍛鐵) =〔精铁〕 ❷ ㊄ 양철판 →〔镀dù铁〕

【彬】bīn 빛날 빈 ❶ 내용과 외관이 모두 잘 갖추어져 있다. 화려함과 실질적인 것이 알맞게 조화되다. 겉과 속이 모두 알차다. ¶他是文质zhì～～的人 | 그는 겉과 속이 잘 조화를 이룬 사람이다 =〔斌bīn①〕 ❷ 복성(複姓) 중의 한 자(字). ¶～～↓ ❸ (Bīn) 图 성(姓).
【彬彬】bīnbīn ❶ 書 貶 겉과 속이 고루 잘 갖추어져 있다. 너무 소박하지도 않고 화려하지도 않게 잘 조화되다. ¶～君子 | 외모와 실질이 두루 갖추어진 군자 =〔斌bīn斌〕 ❷ (Bīnbīn) 图 복성(複姓).
【彬彬有礼】bīn bīn yǒu lǐ 國 예의 바르고 점잖다. ¶他对人～ | 그는 남들에게 예의 바르고 점잖다. ¶他把杀人的念头摆bǎi在一边, 恢复huīfù了～的态度 | 그는 죽이겠다는 염원을 한쪽으로 재쳐 두고 예의 바르고 점잖은 태도를 되찾았다.
【彬蔚】bīnwèi 書 貶 글이 정연(整然)하고 아름다우며 장엄하다.

【斌】bīn 빛날 빈 ❶「彬」과 같음 ⇒〔彬bīn①〕 ❷ (Bīn) 图 성(姓).
【斌斌】bīnbīn ⇒〔彬bīn彬①〕

【濒(瀕)】bīn ⓧ pín) 임박할 빈 ❶图 근접하다. 직면하다. 임박하다. ¶～湖 | 호숫가에 근접하다. ¶南～大海 | 남으로 바다에 접해 있다. ¶～死↓ ¶我们目前的文化是～着绝大的危机的 | 지금의 우리 문화는 가장 큰 위기에 직면해 있다. ❷「滨」과 같음 ⇒〔滨①〕
【濒海】bīnhǎi 書 動 바다에 임하다.
【濒临】bīnlín 動❶ …에 인접하다. ¶～着海洋 | 해양에 인접해 있다. ❷ 임박하다. …한 지경에 이르다. ¶几乎～绝境jìng | 거의 절대절명의 지경에 이르다. ¶～死亡 | 죽음의 지경에 이르다.
【濒死】bīnsǐ 書 動 죽음에 직면하다. ¶漂泊bó～ | 떠돌아 다니다가 죽음에 이르다.
【濒危】bīnwēi 書 動❶ 위험에 직면하다. 위급하게 되다. ❷ (병세가) 위독한 상태에 이르다.
【濒于】bīnyú 書 動 …에 근접하다. …에 임박하다. ¶～危境jìng | 위험한 상태에 이르다. ¶救活了一家～破产的企业 | 파산 지경에 이른 기업을 구제하였다.

【豳】Bīn 나라이름 빈 图❶〈地〉빈 [고대(古代)의 지명. 섬서성(陝西省) 빈현(彬縣)일대] ¶～风 | 빈풍 [시경(詩經) 15국풍(國風)의 하나] =〔邠②〕 ❷ (Bīn) 성(姓).

bìn ㄅㄧㄣˋ

【摈(擯)】bìn 물리칠 빈 書 動 버리다. 배척하다. 포기하다. ¶～诸zhū门外 | 그것을 문밖으로 버리다. 그를 문밖으로 내쫓다. ¶～而不用 | 버리고 쓰지 않다.
【摈斥】bìnchì 動 배척하다. 쫓아내다. ¶～对他有

威胁wēixié的同僚liáo | 그에게 위협적인 동료를 쫓아내다. ¶～异己 | 자기에게 동조하지 않는 자를 배척하다 =〔摈却què〕
【摈除】bìnchú 動 배제하다. 제거하다. ¶～后患 | 후환을 없애다. ¶～成见 | 선입관을 버리다. ¶～杂质 | 불순물을 제거하다.
【摈黜】bìnchù 書 動 쫓아내다. 축출하다. 면직하다. ¶古时做官的人, 一有罪过, 常遭zāo～ | 옛날의 관리는 죄가 있으면 항상 면직되었다.
【摈弃】bìnqì 書 動 버리다. 포기하다. 배제하다. 파기하다. ¶～在外 | 밖으로 내다 버리다. ¶～许多华而不实的做法 | 허다하게 뮤명무실한 방법을 배제하였다.
【摈却】bìnquè ⇒〔摈斥〕
【摈相】bìnxiàng ⇒〔傧bīn相〕

【殡(殯)】bìn 파묻힐 빈
書 動 ❶ 장송(葬送)하다. 발인(發靷)하다. ¶出～ | 출관(出棺)하다. ¶送～ | 장송(葬送)하다. ❷ 시신을 염(殮)하여 관에 안치하여 두다. ¶死者～在屋内, 经三年, 择zé吉日而葬zàng | 시신을 염하여 집안에 두었다가 삼년이 지난 뒤, 길일을 택하여 장례를 지냈다《北史·高麗傳》
【殡车】bìnchē 名 영구차(靈柩車).
【殡地】bìndì 名 장지. 시신을 매장하는 곳. ¶不知道他的～是在那儿 | 그의 장지가 어딘지 모른다.
【殡殓】bìnliàn ❶ 名 납관(納棺)과 출관(出棺). ¶～方毕, 汪wāng氏亦死 | 장의를 막 끝내고 왕씨도 역시 죽었다《古今小說》❷ 動 납관하여 장송하다. ¶～了他 | 그를 장송하였다.
【殡仪】bìnyí 名 장례식.
【殡仪馆】bìnyíguǎn 名 장례식장. 빈소 [공립(公立) 장례식장]
【殡葬】bìnzàng ❶ 動 매장하다. 장례를 치르다. 장사를 지내다. ¶由几个同志把他送到邻近línjìn去～ | 몇몇 동지들이 그를 근방에 가져가 장례를 치렀다. ❷ 名 출관(出館)과 매장(埋葬). 장례.

【膑(臏)】bìn 종지뼈 빈, 빈형 빈
「髌」과 같음 ⇒〔髌bìn〕

【髌(髕)】bìn 종지뼈 빈, 빈형 빈
名 ❶ 종지뼈. 슬개골(膝蓋骨). ¶～骨↓ ❷ 종지뼈를 깎아내는 혹독한 형벌 [종지뼈를 깎아내는 고대(古代)의 형벌의 하나] ¶孙子～脚 | 손자는 종지뼈를 깍이는 형벌을 당하였다 =〔膑〕
【髌骨】bìngǔ 名〈生理〉종지뼈. 슬개골(膝蓋骨) =〔膝xī盖骨〕

【鬓(鬢)】bìn 살쩍 빈
名 살쩍. 귀밑머리 [뺨의 귀앞에 난 머리털] ¶两～ =〔双鬓〕| 양쪽 살쩍. ¶～发↓
【鬓巴】bìnbā 名 살쩍부분에 생긴 흉터.
【鬓发】bìnfà 名 살쩍. ¶～苍白 | 살쩍이 희끗희끗하다.

bīng ㄅㄧㄥ

【并】Bīng ☞ 并 bìng B

2 ## 【冰〈氷〉】bīng 얼음 빙
❶ 名 얼음. ¶河水冻dòng成～了 | 강물에 얼음이 얼었다. ¶～融róng化了 | 얼음이 녹았다 →〔凌líng①〕 ❷ 轉 (얼음처럼) 맑고 깨끗하다. ¶～肤fū | 맑고 깨끗한 살결. ❸ 얼음같은 결정체. ¶～糖 | 얼음사탕. ¶薄bò荷～ |〈化〉박화뇌(menthol). ❹ 動 轉 차게 하다. 시리게 하다. ¶～得厉lì害 | 몹시 차다. ¶刚过中秋, 河水已经有些～腿tuǐ了 | 추석이 막 지났는데 강물이 벌써 다리를 시리게 한다. ¶这些铁做的器具真～手 | 이러한 철제 기구들은 정말 손이 시리게 한다. ❺ 動 얼음이나 냉수에 채우다. 차게 하다. ¶把一瓶汽qì水～上 | 사이다 한 병을 얼음에 채우다. ¶太烫tàng, ～一～吃 | 너무 뜨거우니, 좀 식혀서 먹읍시다. ❻ 動 京 냉대하다. 쌀쌀하게 대하다. ¶冷lěng语～人 | 쌀쌀한 말투로 사람을 냉대하다. ¶他被～了许多年, 现在才受重用 | 그는 여러해 동안 냉대를 받다가 지금에서야 중용되었다. ¶半天不说话, 是想把客人～了走 | 오랫동안 말을 하지 않은 것은 손님을 냉대하여 떠나게 할 생각인 것이다. ❼ (Bīng) 名 성(姓).
【冰坝】bīngbà 名〈地〉얼음 둑 [매년 3월 하순에 황하(黃河) 상류에서 흘러 내려 하투(河套)지방에 퇴적되는 얼음 둑. 황하 범람의 원인이 됨]
【冰棒】bīngbàng ⇒〔冰棍(儿)〕
【冰雹】bīngbáo 名 우박 =〔雹(子)〕〔冷子〕
【冰冰凉】bīngbīngliáng 狀 ❶ 얼음같이 차다. ¶～的水 | 얼음같이 찬 물. ❷ 냉담하다. 차갑다. ¶突然他对我的态度变～的 | 갑자기 나에 대한 태도가 냉담해졌다 =〔凉冰冰〕
【冰檗】bīngbò 書 動 얼음과 황벽나무 껍질을 먹다. 궁핍한 생활을 하다 [부녀자가 고절(苦節)을 지키는 것을 비유함] =〔饮yǐn冰茹rú檗〕
【冰楂(儿)】bīngchá(r) 名 살얼음. 박빙. ¶节令一到霜降shuāngjiàng, 都说这天要见～ | 절기가 상강이 되면 이 날에 살얼음을 보게 된다고들 한다 =〔冰碴chá儿②〕
【冰碴(儿)】bīngchá(r) 名 ❶ 얼음 조각. 얼음 파편. ¶～纹wén儿 | 얼음 조각 무늬. ❷ ⇒〔冰楂(儿)〕
【冰场】bīngchǎng 名 스케이트장. ¶每晚用水泼pō～ | 매일 저녁 스케이트장에 물을 뿌린다. ¶～管理员 | 스케이트장 관리원.
【冰车】bīngchē 名 썰매. ¶玩wán～ | 썰매를 타고 놀다.
【冰彻彻】bīngchèchè 狀 얼음같이 차다. 매우 차갑다. ¶这水～的 | 이 물은 얼음같이 차다.
【冰川】bīngchuān 名〈地質〉빙하. ¶～湖 | 빙하호. ¶～作用 | 빙하 작용. ¶～期 | 빙하기 =〔冰河〕
【冰船】bīngchuán ⇒〔冰床(儿)①〕
【冰床(儿)】bīngchuáng(r) 名 빙상(冰上) 썰매 =〔冰船〕〔冰排子〕〔凌líng床〕〔拖tuō床(儿)〕❷

書 여름용의 서늘한 침대 =〔凉liáng床〕

【冰醋酸】bīngcùsuān 名〈化〉빙초산 =〔冰乙yǐ酸〕

【冰镩】bīngcuān 名 얼음 깨는 끌. 빙찬.

【冰袋】bīngdài 名〈醫〉얼음주머니 =〔冰囊náng〕

【冰蛋】bīngdàn 名 냉동란 [보존용의 냉동 난액(卵液)]

【冰刀】bīngdāo 名 스케이트날 →〔冰鞋xié〕

【冰岛】Bīngdǎo 名 外〈地〉아이슬란드(Iceland) [북대서양에 위치한 섬나라. 수도는「雷克kèyǎ未克(레이캬비크;Reykjavik)」]

【冰灯】bīngdēng 名 얼음등 [음력 정월 대보름에 사람·집의 모양으로 만든 얼음에 구멍을 파고 촛불을 켜 놓는 등(灯)] ¶哈尔滨每年冬天举行~展览 | 하얼빈에서는 매년 겨울 얼음등 전시회가 열린다.

【冰点】bīngdiǎn 名〈物〉빙점. ¶水的~是摄shè氏零líng度 | 물의 빙점은 0℃이다.

【冰点心】bīngdiǎnxīn 名〈食〉아이스케이크.

【冰雕】bīngdiāo 名〈美〉얼음 조각.

【冰冻】bīngdòng ❶ 動 냉동하다. 얼리다. ¶~的汽水 | 차게 한 사이다. ¶~食物 | 냉동 식품. ¶~鱼 | 냉동어. ❷ 얼어 팽창하다. ¶~风化 | 동결풍화.

【冰冻三尺, 非一日之寒】bīng dòng sānchǐ, fēi yīrì zhī hán 諺 석자 얼음이 하루 추위에 생긴 것이 아니다. 짧은 기간에 나타나게 된 현상이 아니다. ¶两国关系的恶化是~ | 두 나라의 관계 악화는 하루 이틀 사이에 나타난 것이 아니다.

【冰封】bīngfēng 動 온통 얼음으로 뒤덮이다. ¶~地冻 | 대지가 온통 얼어 붙어 있다. ¶~雪冻 | 얼음과 눈의 세계. ¶千里~, 万里雪飘piāo | 온 천지가 얼음과 눈으로 뒤덮이다.

【冰峰】bīngfēng 名〈地質〉설산(雪山). 얼음으로 덮인 산 봉우리.

【冰糕】bīnggāo ⇒〔冰淇qí淋〕

【冰镐】bīnggǎo 名 피켈(pickel).

【冰疙瘩儿】bīng gē·dar 名組 싸락눈. ¶下~ | 싸락눈이 내리다.

【冰谷】bīnggǔ 書 名 얼음 골짜기. 빙곡. 喩 위험한 곳. ¶若履lǚ~ | 살얼음을 딛고 선 것 같이 위험하다.

【冰挂儿】bīngguàr ⇒〔冰柱①〕

【冰柜】bīngguì ⇒〔冰箱〕

3【冰棍(儿)】bīnggùn(r) 名〈食〉아이스 바. 아이스 케이크. 폽시클(popsicle) =〔方 冰棒〕〔方 棒bàng冰〕〔方 霜条〕〔江 雪条〕→〔冰淇淋〕

【冰果店】bīngguǒdiàn 名 빙과점 [각종 과일·찬 음료 등을 파는 가게]

【冰河】bīnghé ⇒〔冰川〕

【冰壶】bīnghú ❶ 名 얼음을 담는 옥호(玉壺). 喩 맑고 깨끗함. ¶其心如~秋月 | 그 마음이 얼음을 담은 옥 그릇이나 가을 달 처럼 맑다.

【冰核儿】bīnghúr 名 京 식용(食用)의 얼음 덩어리. ¶我夏天去卖~ | 나는 여름철에는 얼음을 팔러 간다.

【冰花】bīnghuā 名 ❶ 얼음 무늬. 얼음 꽃 [주로 창문에 붙은 무늬가 든 얼음을 말함] ¶玻璃bōlí窗上已经结上了~ | 유리창에 이미 얼음 꽃이 맺혔다. ❷ 꽃·수초(水草)·물고기 등을 얼음 속에 넣어 얼린 공예품. ❸ 나무 위에 맺힌 얼음 조각. ¶路旁树上的~可真是美! | 길거리 나무 위에 맺힌 얼음 꽃이 정말 아름답다.

【冰花糖】bīnghuātáng 名 최고급의 백설탕. 정제당(精製糖).

【冰肌玉骨】bīng jī yù gǔ 成 (여인의) 살결이 맑고 깨끗하다.

【冰激淋】bīngjīlín ⇒〔冰淇qí淋〕

【冰激凌】bīngjīlíng ⇒〔冰淇qí淋〕

【冰加计】bīngjiājì 名 빙열량계(氷熱量計) =〔冰卡kǎ计〕

【冰窖】bīngjiào 名 빙고(氷庫). 빙실(氷室) [얼음을 저장하는 움집]

【冰解冻释】bīng jiě dòng shì 成 얼음이 녹 듯 쉽게 풀리다. 손쉽게 해결되다.

【冰筋】bīngjīn ⇒〔冰柱①〕

【冰晶】bīngjīng 名 ❶ 얼음 결정. 빙정. ❷ 빙핵. ¶~学说 | 빙핵학설.

【冰晶石】bīngjīngshí 名〈鑛〉빙정석 =〔铝母lǚmǔ金石〕

【冰镜】bīngjìng 名 ❶ 달 →〔月亮〕 ❷ 喩 고결한 인품.

【冰咖啡】bīngkāfēi 名 냉커피.

【冰楞】bīngléng ⇒〔冰柱①〕

【冰冷】bīnglěng 貶 얼음같이 차다. ¶~的河水 | 얼음같이 찬 강물. ¶全身的血都~的 | 온 몸의 피가 얼음같이 차다→〔冰凉〕

【冰冷处理】bīnglěng chǔlǐ 名〈工〉저온처리(低溫處理;sub zero treatment) =〔冷处理〕〔零下处理〕

【冰凉】bīngliáng 貶 얼음같이 서늘하다. 차디 차다. ¶两手冻得~ | 두 손이 꽁꽁 얼었다. ¶那饭~的, 无法吃 | 그 밥은 얼음같이 차서 먹을 수 없다→〔冰冷〕

【冰凌】bīnglíng 名 ❶ ⇒〔冰柱〕 ❷ 얇은 얼음. ¶~花 | 수증기가 얼어 붙은 얼음 꽃.

【冰溜子】bīngliū·zi ⇒〔冰柱①〕

【冰轮】bīnglún 名 달→〔月亮〕

【冰帽】bīngmào 名 ❶〈地質〉만년설. 빙원 =〔冰台①〕 ❷〈醫〉(머리를 식히는 데 쓰는) 얼음을 넣은 모자.

【冰奶酪】bīngnǎilào ⇒〔冰乳rǔ酪〕

【冰囊】bīngnáng ⇒〔冰袋dài〕

【冰排】bīngpái 名 유빙(流氷). 부빙(浮氷).

【冰盘】bīngpán 名 ❶ 書 달의 다른 이름. ❷ 얼음 접시. 찬 음식을 담은 그릇. ❸ 큰 그릇.

【冰盘儿】bīngpánr 名「冰碗(儿)」을 큰 그릇에 담은 것→〔冰碗wǎn儿〕

【冰泮】bīngpàn 書 ❶ 動 얼음이 녹다. ❷ 名 얼음이 녹는 시기. 喩 봄날. ❸ 名 喩 위험. ❹ 動 이리저리〔뿔뿔이〕 흩어지다.

【冰片】bīngpiàn 名〈漢藥〉용뇌향(龍腦香). 빙뇌(氷腦) [강력한 청량제의 원료] =〔瑞(龙)脑〕〔龙脑(香)〕

【冰瓶】bīngpíng 名 냉장병. 냉장통 [찬 음식을 담아두는 데 쓰임]→〔保bǎo温瓶〕〔暖nuǎn水壶〕
⁴【冰淇淋】bīngqílín 名〈食〉아이스크림 =〔冰糕〕〔冰基(冷)〕〔冰激淋〕〔冰激凌〕〔冰忌廉〕〔冰结林〕〔冰淇林〕〔方 雪糕〕→〔冰棍(儿)〕
【冰橇】bīngqiāo 名 빙상(冰上) 썰매 →〔冰床(儿)①〕
【冰清】bīngqīng 眖 얼음같이 맑고 깨끗하다
【冰清水冷】bīng qīng shuǐ lěng 成 얼음같이 맑고 차다. 냉혹하다. 인정미가 조금도 없다
【冰清玉洁】bīng qīng yù jié 成 얼음처럼 맑고 옥처럼 고결하다. 인품이 고결하다 =〔玉洁冰清〕〔冰清玉粹〕
【冰球】bīngqiú 名〈體〉❶ 아이스하키 (icehockey). ❷ (아이스하키용의) 퍽(puck).
【冰人】bīngrén 書 名 중매장이. ¶当～ | 중매를 서다 =〔冰翁②〕〔冰下人〕〔月下老人〕
【冰刃】bīngrèn 書 名 시퍼런 칼날. 백인(白刃).
【冰乳酪】bīngrǔlào 名〈食〉농축 발효유 =〔冰奶nǎi酪〕〔冰乳酥sū〕
【冰乳酥】bīngrǔsū ⇒〔冰乳酪〕
【冰山】bīngshān ❶ 名〈地質〉빙산. ❷ 名 喩 영원하지 못할 부귀·권세·배경. ¶～既颓tuí, 他也无法立足了 | 빙산같던 그의 배경은 사라져서 그도 버틸 수가 없게 되었다. ¶～难靠kào | 빙산처럼 영원하지 못하고 녹아 없어질 권세. ❸ ⇒〔喀kā拉昆仑〕
【冰上舞蹈】bīngshàng wǔdǎo 名〈體〉아이스 댄싱(ice dancing).
【冰舌】bīngshé 名〈地質〉빙설 [빙하 앞 부분의 혀 같이 생긴 부분]
【冰蚀】bīngshí 名〈地質〉빙식. 빙하의 침식. ¶～作用 | 빙식작용. ¶～湖 | 빙식호.
【冰室】bīngshì 名 ❶ 얼음 창고 [얼음을 저장하는 곳] ❷ 方 냉동고 [찬음식을 보관하는 곳]
【冰释】bīngshì 動 (의혹·오해 등이) 얼음 녹 듯 풀리다. ¶长期的误会已彻底～ | 오랫동안의 오해가 이미 얼음 녹듯 모두 풀렸다.
【冰手】bīngshǒu 形 (손에 닿으면) 차갑다. 손이 시리다. ¶这些铁tiě家具真～ | 이 철제가구는 정말 차갑다. ¶河里的水有点～ | 강물이 좀 차갑다.
【冰霜】bīngshuāng 書 名 ❶ 얼음과 서리. ❷ 喩 고결한 절조(節操). ❸ 喩 엄숙한 태도. ¶凛lǐn若～ | 成 얼음이나 서리같이 냉엄하다.
【冰水】bīngshuǐ 名 빙수. 얼음 물. 매우 찬 물. ¶～混hùn合云 | 얼음과 물이 섞인 구름.
【冰台】bīngtái ❶ ⇒〔冰帽①〕 ❷ 名〈植〉쑥의 다른 이름.
【冰炭】bīngtàn 名 ❶ 얼음과 숯. ❷ 喩 서로 정반대가 되어 조화되지 못하는 관계. 물과 불. ¶～不同器qì | 成 물과 불은 한 그릇에 담을 수 없다. ¶～不相容róng | 물과 불처럼 서로 화합하지 못한다.
【冰糖】bīngtáng 名〈食〉얼음 사탕.
【冰糖葫芦(儿)】bīngtáng hú·lu(r) ⇒〔糖táng葫芦(儿)〕
【冰糖莲子】bīngtáng liánzǐ 名組〈食〉설탕 바른 말린 연밥.[설탕을 발라 끓인 후 식힌 것으로 혼례나 설날 등 경사에 주로 씀]→〔莲子〕
【冰糖子儿】bīngtángzǐr 名〈食〉알사탕. 드롭스(drops).
【冰天雪地】bīng tiān xuě dì 成 얼음과 눈으로 뒤덮인 대지. 몹시 추운 곳. ¶东北的三月还是～ | 동북 지방은 삼월에도 여전히 눈과 얼음으로 뒤덮여 있다 =〔冰山雪海〕
【冰铁】bīngtiě 形 (태도·표정 따위가) 차다. 냉담하다. ¶～着脸看 | 차가운 표정으로 보다.
【冰桶】bīngtǒng 名 ❶ 얼음을 담는 통 ❷〈機〉냉각상. 냉각통.
【冰碗(儿)】bīngwǎn(r) 名〈食〉찬 음식 모듬 사발 [사발에 연잎을 깔고 얼음을 넣어 오이·호두·살구씨·말린 연밥을 얇게 저미어 넣은 찬 음식] →〔冰盘儿〕
【冰翁】bīngwēng ❶ 書 名 장인 =〔岳yuè父〕 ❷ ⇒〔冰人〕
【冰舞】bīngwǔ 名〈體〉피겨스케이팅.
【冰戏】bīngxì ❶ 名 얼음 놀이. 스케이팅. 얼음 지치기. ❷ 動 얼음 놀이를 하다. 스케이트를 타다 =〔冰嬉〕
【冰下人】bīngxiàrén ⇒〔冰人〕
【冰鲜】bīngxiān 名 냉동 수산물. 냉동 생선.
【冰箱】bīngxiāng 名 ❶ 아이스 박스. ❷ 냉장고. ¶电diàn～ | 전기 냉장고 =〔冰柜〕〔冰橱chú〕〔江 雪xuě柜〕
【冰消瓦解】bīng xiāo wǎ jiě 成 얼음이 녹고 기와가 깨어지 듯 무너지다. 와해되다. 해소되다. 사라지다 =〔瓦解冰消〕
【冰鞋】bīngxié 名 스케이트 화(靴) →〔跑刀〕〔花huā样(冰)刀〕
【冰屑】bīngxiè 名 얼음 가루.
【冰屑玻璃】bīngxiè bō·li 名組 스테인드 글라스(stained glass)
【冰心】bīngxīn 名 ❶ 차가운 마음. ❷ 맑고 깨끗한 마음. 고결하고 순수한 마음. ¶一片～玉壶hú | 오로지 속세를 떠난 고고한 자태.
【冰夷】bīngyí ⇒〔河Hé伯〕
【冰乙酸】bīngyǐsuān ⇒〔冰醋cù酸〕
【冰鱼】bīngyú 名〈魚貝〉빙어.
【冰振】bīngzhèn ⇒〔冰镇zhèn〕
【冰镇】bīngzhèn 動 얼음에 채워 차게 하다. ¶～啤pí酒 | 얼음에 채운 맥주. 맥주를 얼음에 채우다. ¶～酸suān梅汤 | 얼음으로 채운 산매탕(酸梅湯). ¶～西瓜guā | 얼음에 채운 수박 =〔冰振〕
【冰洲石】bīngzhōushí 名〈鑛〉빙주석 →〔方解石〕
【冰柱】bīngzhù 名 ❶ 고드름. ¶天冷得房檐yán都挂了～了 | 날씨가 추워 처마 끝에 고드름까지 달렸다 =〔冰挂儿〕〔冰筋〕〔冰楞〕〔冰溜子〕〔冰箸〕〔冰锥(儿)〕〔冰坠〕〔書 凌líng锥〕〔冰凌①〕 ❷〈地質〉얼음 기둥 [빙하 지대에 있음]
【冰柱石】bīngzhùshí 名〈鑛〉빙주석 [종유석(鍾乳石)의 다른 이름]

【冰箸】bīngzhù ⇒〔冰柱zhù①〕
【冰爪】bīngzhuǎ 名〈體〉슈타이크아이젠(steigeisen;독). 아이젠(Eisen)[빙벽 등반용의 신발]
【冰砖】bīngzhuān 名❶〈食〉(사각형이 되게 종이로 포장한) 아이스크림 →〔冰淇淋〕❷빙괴[저장·냉장용으로 네모나게 자른 얼음]
【冰锥(儿)】bīngzhuī(r) ⇒〔冰柱①〕
【冰坠】bīngzhuì ⇒〔冰柱①〕
2【兵】bīng 군사 병
名❶병사. 군인. ¶他当~去了 | 그는 군에 갔다. ¶骑qí~ | 기병. ¶砲pào~ | 포병 →〔军衔xián〕〔战士〕❷병기. 무기. ¶~工厂 | 무기공장. ¶短~相接 | 國 백병전을 벌이다. ❸전쟁. 전란. 용병. ¶~法↓ ¶纸上谈~ | 國 종이위에서 용병(用兵)하다. 탁상공론을 하다. ¶~连祸结↓ ❹군비(軍備). 군대. ¶富国强~ | 國 나라를 부강하게 하고 군대를 강화하다. ❺졸(卒). 병[졸에 해당하는 중국 장기알의 하나] ¶走~ | 졸을 쓰다. ❻(Bīng) 성(姓).
【兵败如山倒】bīng bài rú shān dǎo 國 산이 무너지듯 참혹하게 패배하다. ¶敌人失去了指挥zhǐhuī, 真是~ | 적들은 지휘계통이 무너져 참혹하게 패전하였다.
【兵柄】bīngbǐng ⇒〔兵权①〕
【兵不卸甲, 马不停蹄】bīng bù xiè jiǎ, mǎ bù tíng tí 國 병사는 갑옷을 벗지 않고 말은 발굽을 멈추지 않는다. 진격할 만반의 준비가 되어있다.
【兵不血刃】bīng bù xuè rèn 國 칼날에 피 한방울 묻히지 않다. 무기를 쓰지 않고도 이기다. ¶~就取得qǔdé了胜利shènglì | 무기를 쓰지 않고도 쉽게 승리하였다.
【兵不厌诈】bīng bù yàn zhà 國 전투에서는 적을 기만하는 전술을 쓸 수 있는 것이다《韓非子》
【兵差】bīngchāi 名 군대가 징발하는 노역(勞役). 군역(軍役).
【兵车】bīngchē 名〈軍〉❶고대의 전차(戰車). 탱크(tank). ❷병사 수송용 차.
【兵船】bīngchuán ⇒〔兵舰〕
【兵丁】bīngdīng 名 병정. 병사. 군인 →〔兵士shì〕
【兵端】bīngduān 書 名 전쟁의 발단. 전쟁의 동기. 전란의 원인 =〔战端〕
【兵多将广】bīng duō jiàng guǎng 國❶장졸(將卒)이 많다. 군세(軍勢)가 강하다. ❷노동자·관리자 등의 인력이 충분하다 =〔军多将广〕
【兵法】bīngfǎ 名 병법. 전술. 전략. ¶好读史书, 熟知~ | 사서를 정독하고 병법을 숙지하다.
【兵反贼乱】bīngfǎn zéiluàn 動組 군사 반란이 일어나고 도적이 날뛰다. 세상이 매우 혼탁하다.
【兵贩子】bīngfàn·zi ⇒〔兵痞pǐ②〕
【兵房】bīngfáng 名 병영(兵營). 병사(兵舍). 군막사.
【兵匪】bīngfěi 名 군대와 비적(匪賊).
【兵符】bīngfú 書 名❶발병부(發兵符)[군대를 동원하는 데 쓰였음]❷병서(兵書).
【兵戈】bīnggē ❶書 名 전쟁. ¶~扰攘rǎorǎng | 전쟁 소동. ❷⇒〔兵革gé〕
【兵革】bīnggé 書 名 병기와 군장. 무기와 갑옷. 병기. 군사 장비 =〔兵戈②〕〔兵甲①〕〔兵戟〕〔兵械〕〔兵仗〕
【兵工】bīnggōng 名 군사 공업. ¶~教育 | 군사공업 교육. ¶~路 | 군대가 만든 도로. ¶~厂 | 병기창. 조병창. ¶~生产 | 군수 생산. ¶~署shǔ | 병기처. 무기 제조 기관.
【兵贵精不贵多】bīng guì jīng bù guì duō 諺 군은 양보다 질을 중요시 한다.
【兵贵神速】bīng guì shén sù 國 군사 행동은 귀신같이 빨라야 한다.
【兵荒马乱】bīng huāng mǎ luàn 國 군사와 병마가 함부로 날뛰다. 세상이 전란으로 어수선하다. ¶在~的年头, 人人朝zhāo不保夕xī | 전쟁으로 세상이 어지러워 사람마다 단 하루도 안전하지 못하다.
【兵火】bīnghuǒ 名 전화(戰火). 전란. ¶~连lián天 | 전란이 끊이지 않다.
【兵祸】bīnghuò 名 전화(戰禍). 전쟁의 재해 =〔書 兵燹xiǎn〕〔兵灾〕
【兵家】bīngjiā 名❶병가[군사 전략과 사상을 논한 제자백가(諸子百家)의 하나]❷전술가. 병법가. ¶~必争之地 | 전술가들이 차지하려고 다투는 지역. ¶胜shèng败乃~常事 | 이기고 지는 것은 병가의 상사이다.
【兵甲】bīngjiǎ 名❶⇒〔兵革gé〕❷병사. 병졸. ❸전쟁.
【兵谏】bīngjiàn 書 動 무력(武力)으로 군주·권력자에게 간(諫)하다.
【兵舰】bīngjiàn 名 군함(軍艦) =〔兵船〕〔军舰〕
【兵精粮足】bīng jīng liáng zú 國 정예 병사에 군량도 넉넉하다. 전쟁준비가 잘 갖추어지다.
【兵库】bīngkù 名〈軍〉병기고(兵器庫).
【兵来将敌, 水来土堰】bīng lái jiàng dí shuǐ lái tǔ yàn 國 병사가 공격해 오면 장군이 막고, 홍수가 밀려오면 흙으로 막는다. 어떤 사태가 일어나도 막아낼 방법이 있다 =〔兵来将挡, 水来土掩yǎn〕
【兵力】bīnglì 名 병력. 전력. ¶~不足 | 전력이 모자란다.
【兵连祸结】bīng lián huò jié 國 전화(戰禍)가 연이어 일어나다. 전란의 피해가 속출하다.
【兵临城下】bīng lín chéng xià 國 적이 성 밑까지 쳐들어 오다. 사태가 위급하다 =〔军临城下〕
【兵乱】bīngluàn 名 병란. 전란(戰亂).
【兵略】bīnglüè 名 전략 =〔兵术shù〕
【兵马】bīngmǎ 名 병사(兵士)와 군마(軍馬). 병마. ¶~未动, 粮liáng草先行 | 병마의 출동 전에 군량과 마초를 먼저 보내다. 미리 대비하다. ¶~已到, 粮草未备 | 병마는 도착했으나 군량과 마초가 준비되지 않았다. 사전 준비가 되지 않았다.
【兵马司】bīngmǎsī 名 병마사 [명청대(明淸代)에 치안을 관장하던 관서]
【兵毛儿】bīngmáor 名 군바리. 병사 나부랑이. ¶~也没有 | 군인의 군 자(字)도 없다. 병사 나부랑이조차도 없다.
【兵民】bīngmín 名❶군민(軍民). 군대와 국민. ❷무기와 사람.
【兵痞】bīngpǐ 名❶악질 군인. 건달 병사=〔兵油

子〕❷ 젊은 사람을 군대에 팔아 먹는 인신 매매범 =〔兵贩子〕

【兵棋】bīngqí 名〈軍〉병기 [지도·병기·인원 등을 배치하여 전략 훈련을 하도록 한 일종의 장기]→〔军jūn棋〕

【兵器】bīngqì 名 병기. 무기. ¶学生都拿~来学校 | 학생들은 모두 병기를 들고 학교에 왔다.

【兵强马壮】bīng qiáng mǎ zhuàng 成 병사와 군마가 모두 용맹하다. 군사력이 강하다.

【兵权】bīngquán 名 ❶ 병권. 통수권. ¶谁掌握zhǎngwò了~, 谁就拥yōng有天下 | 병권을 장악하는 사람이 천하의 실권을 잡게된다 =〔書 兵柄〕 ❷ 書 책략. 권모술수. ❸ 書 병서(兵書).

【兵刃】bīngrèn 書 名 무기. 병기. ¶~相接 | 전투가 벌어지다.

【兵戎】bīngróng 書 名 무기와 군대. 전쟁. ¶以~相见 | 양군이 대치하다. 전투를 시작하다.

【兵舍】bīngshè 名 군영(軍營). 병영(兵營) =〔兵营yíng〕

【兵士】bīngshì 名 병사. 장병과 하사관→〔兵丁〕

【兵书】bīngshū 名 병서. 병법서(兵法書).

【兵团】bīngtuán 名〈軍〉❶ 병단. 군대 [주로 육군을 가리킴]. ❷ 연대(連隊) 이상의 부대. ¶主力~ | 주력 부대. ¶地方~ | 지방 병단.

【兵微将寡】bīng wēi jiàng guǎ 成 군사력이 약하다. ¶那国家随人口多, ~ | 그 국가는 인구는 많지만 군사력은 형편없다.

【兵险】bīngxiǎn 名 ❶ 전쟁 보험. 전시 보험 =〔战时保险〕〔战争险〕 ❷ 전쟁의 위험.

【兵燹】bīngxiǎn ⇒〔兵祸〕

【兵械】bīngxiè ⇒〔兵革〕

【兵役】bīngyì 名 ❶ 병역. 군 복무. ¶服fú~ | 군복무를 하다. ❷ 병역제도. ❸ 書 전쟁. ¶~连年 | 전쟁이 끊이지 않는다.

【兵营】bīngyíng ⇒〔兵舍shè〕

【兵油子】bīngyóu·zi ⇒〔兵痞pǐ①〕

【兵员】bīngyuán 名〈軍〉군대의 성원. 병사. 군인. 군무원.

【兵源】bīngyuán 名〈軍〉병력의 공급원(供給源). 군인의 보충력. ¶~充足 | 병력의 공급력이 충분하다. ¶~枯渴kūkě | 병력의 공급원이 고갈되었다.

【兵灾】bīngzāi ⇒〔兵祸〕

【兵站】bīngzhàn 名〈軍〉병참. ¶~线 | 병참선. ¶~监jiān | 병참감. ¶~部 | 병참부.

【兵仗】bīngzhàng ⇒〔兵革〕

【兵制】bīngzhì 名〈軍〉군제(軍制). 병제. ¶变更~ | 군제를 바꾸다.

【兵种】bīngzhǒng 名〈軍〉병과(兵科) [보병·포병·기병 등의 분류] ¶技术~ | 기술 병과.

【兵卒】bīngzú 名 (옛날의) 병졸. 군사. 졸병.

【搷】bīng ☞ 搷 bīn B

bíng ㄅㄧㄥˊ

【甭】bíng ☞ 甭 béng B

bǐng ㄅㄧㄥˇ

3【丙】bǐng 세째천간 병
❶ 名 병. 십간(十干)의 제3위. [방위로는 동남쪽. 오행(五行)에서는 불(火)에 해당함]→〔干gān支〕 ❷ 세째. 세번째. ¶~等↓ ❸ 불. ¶付~ | 불에 태우다. ❹ (Bǐng) 名 성(姓).

【丙氨酸】bǐng'ān suān 名〈化〉알라닌(alanine).

【丙醇】bǐngchún 名〈化〉프로필 알콜(propyl alcohol) →〔醇④〕

【丙等】bǐngděng 名 제3등급. 3등. c급.

【丙二酸】bǐng'èrsuān 名〈化〉말론산(malon酸) =〔缩suō华果酸〕

【丙二烯】bǐng'èrxī 名〈化〉프로파디엔(propadiene).

【丙级】bǐngjí 名 제3급. 3등급.

【丙纶】bǐnglún 名〈纖〉폴리프로필렌 섬유.

【丙炔】bǐngquē 名〈化〉알릴렌(allylene).

【丙三醇】bǐngsānchún ⇒〔甘gān油〕

【丙酸】bǐngsuān 名〈化〉프로피온산(propionic酸) =〔初油酸〕〔蓍shī酸〕

【丙酮】bǐngtóng 名〈化〉아세톤(acetone). ¶~油 | 아세톤유. ¶~发酵jiào | 아세톤 발효=〔醋cù酮〕

【丙烷】bǐngwán 名〈化〉프로판(propane). ¶~基 | 프로필기(propyl基). ¶~气 | 프로판 가스 →〔烷wán〕

【丙烯】bǐngxī 名〈化〉프로필렌(propylene). 아크릴(acryl). ¶~基 | 아크릴기(acryl基). ¶~醛quán | 아크릴 알데히드(acrylaldehyde). ¶~醇chún | 아크릴 알콜. ¶~树脂shùzhī | 아크릴 수지(acryl 樹脂). ¶~酸 | 아크릴산(acrylic酸) →〔烯xī〕

【丙夜】bǐngyè 名 밤 열 두시경 [하룻밤을 갑(甲)·을(乙)·병(丙)·정(丁)·무(戊)로 나눈 가운데서 세번째] =〔三更(时)〕

【丙种射线】bǐngzhǒng shèxiàn 名〈物〉감마선 =〔伽马射线〕

【丙种维生素】bǐngzhǒng wéishēngsù 名組 비타민 씨(C) =〔抗kàng坏血酸〕

【邴】bǐng 땅이름 병, 기뻐할 병
❶ (Bǐng) 名〈地〉춘추(春秋)시대 정(筍)나라의 지명 [지금의 산동성(山東省) 비현(費縣)의 동남쪽] ❷ 書 形 기뻐하다. ¶~~ | 기뻐하다. 유쾌해 하다. ❸ (Bǐng) 名 성(姓)

3【柄】bǐng 反 bìng) 자루 병
❶ (~子) 名 자루. 손잡이. 핸들. ¶刀~ | 칼자루. ¶车~ | (자동차의) 핸들→〔把bà〕 ❷ (식물의) 자루. 꼭지. ¶叶~ | 잎자루. ¶果~ | 과일 꼭지. ❸ 거리. ¶笑~ | 웃음 거리. ¶话jí~ | 힐난 거리. ❹ 動 권력을 잡다. ¶~政↓ =〔秉bǐng③〕 ❺ 名 권력. ¶国~ | 국권. ❻ 量 方 자루. ¶三~斧头 | 도끼 세 자루. ¶一~伞 | 우산 한 자루.

【柄国】bǐngguó 書 動 국권을 잡다. 국정(國政)을 관장하다.

【柄头】bǐngtóu ⇒〔捏niē手〕

【柄政】bǐngzhèng 書 動 정권(政權)을 잡다.
【柄子】bǐng·zi 名 方 자루. 손잡이. 핸들.

【炳】bǐng 빛날 병
❶ 書 形 밝다. 선명하다. 현저하다. ¶~如日星 | 해와 별처럼 빛나다. ¶~蔚wèi | 선명하고 아름답다. ❷ 잡다. 쥐다. ¶~烛zhú↓ ❸ (Bǐng) 名 성(姓).
【炳炳麟麟】bǐngbǐng línlín 書 貺 문장이 화려하고 아름답다. 빛나고 아름답다.
【炳烛】bǐngzhú ⇒〔秉bǐng烛〕

4【秉】bǐng 잡을 병
❶ 書 動 쥐다. 잡다. 장악하다. ¶~笔bǐ | 붓을 잡다. 집필하다. ¶~着剑jiàn倒在战场上 | 전장에서 검을 잡은 채 쓸어졌다. ❷ 타고난 성품. 천성. ¶~性↓ =〔禀bǐng①〕 ❸ 권력. 권세. ¶治zhì国不失~ | 나라를 다스리는 데는 권력을 잃지 말아야 한다 =〔柄④〕 ❹ 量〈度〉병 [고대의 용량(容量) 단위. 열 여섯 곡(斛)에 해당함] ❺ 介 京 …에 비하여. …보다 …하다. ¶我~他高 | 나는 그보다 크다. ❻ (Bǐng) 名 성(姓).
【秉乘】bǐngchéng 書 動 ❶ 계승하다. ¶~烈士的遗志 | 열사의 유지를 계승하다. ❷ 상부의 지시를 따르다. (지시·뜻을) 받들다. ¶~先贤的旨意zhǐyì | 선현의 뜻을 따르다 =〔禀bǐng乘〕
【秉赋】bǐngfù ⇒〔禀bǐng赋〕
【秉公】bǐnggōng 副 공평하게. 공정하게. 도리에 맞게. ¶~办理=〔秉公持平〕| 공평하게 처리하다. ¶~评议 | 공평하게 평의하다.
【秉国】bǐngguó 書 動 국권을 장악하다. 국정을 주도하다.
【秉性】bǐngxìng 名 천성(天性). 천부. ¶山河易改, ~难移=〔江山易改, 本性难移〕| 諺 강산은 바뀌기 쉬우나, 타고난 성질을 고치기는 어렵다 =〔禀性〕
【秉正】bǐngzhèng 動 공명정대(公明正大)하다. 공정하다. ¶~无私 | 공정무사하다 =〔秉直〕
【秉政】bǐngzhèng 動 정권(政權)을 잡다. ¶~十年 | 10년간 정권을 잡다.
【秉直】bǐngzhí ⇒〔秉正〕
【秉烛】bǐngzhú 動 손에 촛불을 들다. 촛불을 켜다. ¶昼zhòu短苦夜长, 盤不~游 | 낮이 짧고 밤이 긴 것을 안타까와 한다면, 왜 촛불을 들고서 밤놀이를 하지 않느냐?《古詩十九首·第十五首》 ¶~夜游yóu | 國 촛불을 들고 밤에 노닐다. 때를 놓치지 않고 즐기다 =〔炳烛〕

2【饼(餅)】bǐng 떡 병
❶ 名〈食〉떡 [밀가루·쌀가루 등에 소금·기름·향료 등을 넣어 굽거나 찐 떡] ¶烙lào~ | 밀전병 →〔大饼〕〔烧饼〕〔月饼〕 ❷ 둥글 넙적한 모양의 물건. ¶柿shì~ | 곶감. ¶铁tiě~ |〈體〉원반. ¶药yào~(儿) | 알약.
【饼饵】bǐng'ěr 名〈食〉과자. 떡 [밀가루·쌀가루를 반죽하여 구워 만든 과자나 떡의 총칭] =〔饼食〕
【饼肥】bǐngféi 名 고형(固形) 깻묵 비료 [식물성 기름으로 만든 고형의 비료]
2【饼干】bǐnggān 名〈食〉과자. 비스켓(biscuit). 크래커(cracker).
【饼块】bǐngkuài 名〈食〉❶ 떡 [밀가루·옥수수 가루 등을 반죽하여 굽거나 찐 떡] ❷ 케이크(cake).
【饼食】bǐngshí ⇒〔饼饵〕
【饼银】bǐngyín 名 ❶ 은괴(銀塊) [둥글납작한 은덩어리] ❷ 은화(銀貨).
【饼子】bǐng·zi 名 ❶〈食〉밀가루·수수·옥수수 등의 가루를 반죽하여 구운 떡] ❷ 京 낭비가 심한 사람. 돈을 함부로 쓰는 사람. ❸ 마작의 한가지 =〔方 筒tǒng子②〕

【迸】bǐng ☞ 迸 bèng Ⓑ

【屏】bǐng ☞ 屏 píng Ⓑ

【禀〈稟〉】bǐng lǐn 받을 품, 사뢸 품, 녹미 름, 곳집 름
Ⓐ bǐng ❶ 타고난 성품. 천성. ¶资zī~ | 소질 =〔秉②〕 ❷ (~儿) 名 청원서. 상신서. ¶请你替我写一个~儿 | 나 대신 청원서를 한 장 써 주시오. ❸ (지시나 명령을) 받들다. ¶~乘chéng↓ ❹ 動 (상부에) 보고하다. 알리다. ¶回~ | (웃사람에게) 보고하다. ¶~明父母 | 부모에게 똑똑히 알리다. ❺ (Bǐng) 名 성(姓).
Ⓑ lǐn 書 名 고물 창고. 곳집 =〔廪lǐn〕
【禀白】bǐngbái 動 상신하다. (상부에) 보고하다.
【禀报】bǐngbào 動 (상부에) 보고하다. 상신하다. ¶据jù实~官方 | 사실대로 관청에 보고하다 =〔禀告〕〔启qǐ禀〕
【禀陈】bǐngchén 動 (상부에) 설명하다. 보고하다. ¶~首长请求处分 | 기관장에게 보고하여 선처를 청하다.
【禀乘】bǐngchéng 名 상부의 지시를 받들다. 웃사람의 명령을 따르다. ¶~领导者的指示 | 지도자의 지시를 따르다 =〔秉乘②〕
【禀复】bǐngfù 書 動 복명(復命)하다. 상부의 지시에 회신하다. ¶别有~ | 따로 보고를 올립니다.
【禀赋】bǐngfù 書 ❶ 名 천성. 타고난 성품. ¶各人的~不一样 | 모든 사람의 천성은 각기 다르다. ❷ 動 선천적으로 타고나다 ‖ =〔秉bǐng赋〕
【禀告】bǐnggào ⇒〔禀报〕
【禀函】bǐnghán 名 (상부에) 보내는 보고서. 웃사람에게 보내는 편지.
【禀核】bǐnghé 動 札 보고에 대해 재가바랍니다. 심의를 신청하다 =〔呈chéng报鉴核〕
【禀明】bǐngmíng 動 (상부에) 밝히다. 웃사람에게 설명하다. ¶~县太爷yé | 현 태수에게 보고하다.
【禀帖】bǐngtiě 名 (관청·상부에 보내는) 상신서(上申書). 청원서. 진정서 =〔禀文〕
【禀文】bǐngwén ⇒〔禀帖〕
4【禀性】bǐngxìng ⇒〔秉bǐng性〕

bìng ㄅㄧㄥˋ

2【并〈併₁並₂,₃,₄,₅,₆竝〉】bìng Bīng 어우를 병, 나란히할 병

Ⓐbìng ❶動 합치다. 합병하다. ¶～案办理 | 병합하여 처리하다. ❷動 나란히 하다. 가지런히 하다. ¶～肩jiān作战 | 어깨를 나란히 하여 싸우다. ¶把两张床～一起了 | 침대 둘을 나란히 붙이다. ❸副 함께. 병합하여. 동등하게. 나란히하여. 어법 몇 개의 단음절 동사 앞에 한정되어 쓰임. ¶齐qí头～进 | 머리를 나란히 하고 나아가다. 轉 우열을 가릴 수 없다. ¶～驾jià齐驱↓ ❹副 결코. 전혀. 그다지. 별로. 어법「不」「没(有)」「未」「无」「非」등의 앞에 쓰여 부정어기(否定語氣)를 강조하며, 보통 전환문(轉折句)에서 하나의 견해를 부정하고 진실된 상황을 설명하는 데 쓰임. ¶你说的这件事, 他～没告诉我 | 네가 말한 이 일에 대해 그는 나에게 결코 얘기하지 않았다. ¶人～不很多来 | 사람이 결코 많이 오지는 않았다. ❺連 그리고. 또한. 아울러. 어법 주로 쌍음절 동사 두 개를 병렬하는 데 쓰임. ¶在这次会议里讨论～通过了今年的生产计划 | 이번 회의에서 금년의 생산 계획이 토론하고 통과되었다. ¶我这次访问韩国, 看到～学到很多东西 | 이번 한국 방문에서는 많은 것을 보고 배웠다. ❻書 介 …마저도. …조차도. 어법 주로「而」「亦」와 함께 쓰임. ¶～此浅qiǎn近内容亦不懂 | 이렇게 평이한 내용조차도 모른다. ❼動 京 닫다. 다물다. ¶～嘴zuǐ↓ ¶把嘴～上 | 입 닥쳐라.

ⒷBīng 名〈地〉산서성(山西省) 태원(太原)의 다른 이름 ＝〔并州〕

Ⓐbìng

【并案查明】bìng'àn chámíng 動組 사건을 병합하여 조사하다.

【并案受理】bìng'àn shòulǐ 動組〈法〉두 개 이상 법원의 관할인 안건(案件)을 한 법원이 합병하여 재판하다. 병합 재판하다.

【并不】bìngbù ⇒〔并非fēi〕

【并处】bìngchǔ 動 함께 처벌하다. 병합 처리하다. ¶他可以判pàn处死刑, 同时～没收所有财产 | 그는 사형과 동시에 모든 재산 몰수도 가능하다.

[4]【并存】bìngcún 動 병존하다. 함께 존재하다. ¶南北～了两个政权 | 남북에 두 정권이 병존하고 있다.

【并蒂芙蓉】bìng dì fú róng ⇒〔并蒂莲〕

【并蒂莲】bìngdìlián 名 ❶ 한 줄기에 나란히 핀 연꽃. ❷喩 화목한 부부 ＝〔成并蒂芙蓉〕〔并头莲〕

【并发】bìngfā 動 ❶ (사건·병세 등이) 동시에 일어나다. ¶两案～ | 두 사건이 동시에 발생하다. ¶～现象 | 합병 현상. ❷ 한꺼번에 발송〔발급〕하다.

【并发症】bìngfāzhèng 名〈醫〉합병증(合併症).

[4]【并非】bìngfēi 副 결코 …하지 않다. 결코 …이 아니다. ¶～简单jiǎndān | 결코 간단하지 않다. ¶～尽然jìnrán | 꼭 그런 것은 아니다 ＝〔并不〕

【并骨】bìnggǔ ❶⇒〔并葬zàng〕 ❷⇒〔拼pīn命〕

【并合】bìnghé 動 병합하다. ¶～论罪 | 범죄자의 형벌을 병합하여 집행하다 ＝〔并bìng合〕

【并驾齐驱】bìng jià qí qū 成 신분의 상하(上下) 구별 없이 나란히 나아가다. 함께 뛰다. ¶与各先进强国～ | 강력한 선진국과 함께 뛰고 있다

【并脚夹齐】bìngjiǎo jiāqí 動組 두 발을 한데 모으다. 두 다리를 가지런히 하다. ¶～地站着 | 두 발을 나란히 하여 서 있다.

【并金】bìngjīn ⇒〔平píng金②〕

【并进】bìngjìn 動 병진하다. 함께 나아가다. ¶齐头～ | 成 함께 나아가다. ¶这两种斗争应该同时～ | 이 두 가지 싸움은 함께 수행하여야 한다.

【并举】bìngjǔ 動 병행하다. 동시에 수행하다. ¶工业和农业应该同时～ | 공업과 농업을 동시에 일으켜야 한다.

【并科】bìngkē 動〈法〉병과(併科)하다. 범죄자의 형벌을 병합하여 가하다.

【并力】bìnglì 書 動 협력하다. 힘을 모으다. 단결하다. ¶～以赴fù | 협력해서 나아가다. ¶～坚jiān守 | 힘을 모아 굳게 지키다.

【并立】bìnglì 動 병립하다. 나란히 서다. ¶两雄xióng不相～＝〔势不两立〕| 成 두 세력이 병존할 수는 없다. 두 영웅이 공존할 수 없다.

【并联】bìnglián 名〈電氣〉병렬 연결. 병렬 접속. ¶～电路 | 병렬 회로. ¶～电阻zǔ | 병렬 전기저항. ¶～连结 | 병렬 연결 ＝〔平píng结〕⇔〔串chuàn联②〕

[4]【并列】bìngliè 動 병렬하다. 나란히 연결하다. ¶这是～的两个分句 | 이것은 병렬된 두 개의 절이다. ¶～结构 |〈言〉병렬 구조. ¶～句 |〈言〉병렬문.

【并论】bìnglùn 動 함께 논하다. 동시에 논하다. 함께 다루다. ¶相提tí～ | 한꺼번에 논하다.

【并命】bìngmìng ⇒〔拼pīn命〕

[4]【并排】bìngpái 副 나란히. 가지런히. ¶三个人～地走过来 | 세 사람이 나란히 걸어 온다. ¶他们俩～地站着 | 그들 둘은 나란히 서 있다.

【并辔】bìngpèi 動 말을 나란히 하다. 나란히 달리다. ¶～而驰chí | 함께 달리다. ¶～而行 | 나란히 나아가다.

【并骑】bìngqí 動 말을 나란히 타고 가다. ¶～而行 | 말을 나란히 타고 가다 ＝〔叠dié骑〕

[4]【并且】bìngqiě 連 또한. 그리고. 더우기. 게다가. 그위에. 어법 동사·형용사·부사 등을 병렬하며, 특히 절(小句)을 병렬할 때는 뒤의 절에「也」「正」을 호응하여 쓰고, 앞의 절에「不但」「不仅」등을 써서 강조하기도 함. ¶我们完全同意～拥护这个决定 | 우리들은 이 결정을 완전히 동의함과 동시에 옹호 한다. ¶他不但学问高深, ～品行也很端duān正 | 그는 학문이 높고 깊을 뿐 아니라, 품행도 매우 단정하다. ¶海面起风了, ～天色也暗淡dàn下来 | 바다 위에 바람이 일고 하늘까지도 어두워지기 시작했다.

【并日】bìngrì 書 名 ❶ 격일. 하루 걸러. ¶～而食 | 成 하루 걸러 식사하다. 생활이 궁핍하다《禮記·儒行》❷ 연일. 매일. ¶～催cuī讨 | 연일 재촉하다.

【并入】bìngrù 動 합병하다. 병합하다. ¶把克什米尔kèshímǐěrěr～了印度 | 캐시미르를 인도에 합병했다.

【并世】bìngshì ❶名 동시대(同時代). ¶～无第二人 | 한 시대에 다시 더 없는 사람. ❷動 한 시

대에 태어나다. 한 시대를 살다. ¶朕zhèn与子～也 | 짐과 그대는 동시대 사람이오《列子·力命》

【并提】bìngtí 動 함께 제의하다. 함께 논하다.

【并头莲】bìngtóulián ⇒〔并蒂莲〕

【并吞】bìngtūn 動 병탄하다. 삼키다. ¶～人家的房地产 | 남의 부동산을 삼키다. ¶～别国 | 다른 나라를 병탄하다 =〔吞并〕

【并网】bìngwǎng 動 ❶〈電機〉송전망을 통합하다. ❷〈電算〉통신망을 합병하다. 네트 워크를 병합하다.

【并未】bìngwèi 副 아직 …한 적이 없다. 결코 …하지 않다. ¶～说过这种话 | 결코 이런 말을 한 적이 없다.

【并行】bìngxíng 動 ❶ 나란히 가다. 함께 나아 가다. ❷ 동시에 수행하다. 병행하다 ¶～处理 | 병행 처리 →〔平行③〕

【并行不悖】bìng xíng bù bèi 成 두 가지 일을 병행하여도 상호 충돌이 없다. 병행하여도 모순이 없다. ¶这两条措施cuòshī不但～, 而且互为补充bǔchōng | 이러한 두 가지 조치는 병행해도 서로 모순되지 않을 뿐 아니라 상호 보완이 된다.

【并行齐举】bìngxíng qíjǔ 動組 한꺼번에 거행하다. 동시에 수행하다.

【并行线】bìngxíngxiàn 名〈數〉평행선 =〔平行线〕

【并葬】bìngzàng 動 부부를 합장(合葬)하다 =〔書 并骨①〕

【并着膀儿】bìng·zhe bǎngr 動組 어깨를 나란히 하다. 함께 …를 하다. ¶俩人～走 | 두 사람이 나란히 걸어가다.

【并重】bìngzhòng 動 함께 중시하다. ¶很多大学的外文是中英～的 | 많은 대학에서 외국어의 경우 중국어와 영어를 함께 중시하고 있다. ¶保健bǎojiàn和治疗～ | 보건과 치료를 모두 중시하다 ⇔〔偏piān重〕

【并嘴】bìng zuǐ 動組 입을 닫다. 입을 다물다. ¶牙痛得并不上嘴 | 이가 아파 입을 다물 수 없다.

B Bīng

【并州】Bīngzhōu 名 ❶〈地〉병주 [산서성(山西省) 태원(太原)의 다른 이름] ¶～故乡 | 成 제2의 고향. ¶～之情 | 오래 살던 타향에 든 정. 제2의 고향에 대한 그리움.

【并州剪】Bīngzhōujiǎn 名 병주 가위 [산서성(山西省) 태원(太原)에서 나는 유명한 가위] 轉 민첩하게 확실하게 일을 처리하는 것. ¶付诸并州一剪 | 민첩하고 과감하게 일을 처리하다.

【摒】bìng 정돈할 병

❶ 書 動 버리다. 없애다. 제외하다. ¶～之于外 | 제외하다. ¶～弃qì不用 | 버리고 쓰지 않다 =〔屏bǐng〕 ❷ 처치(處置)하다. 정돈하다. ¶～挡dàng↓

【摒除】bìngchú 動 배제하다. ¶～困难 | 어려움을 떨어버리다.

【摒挡】bìngdàng 動 정리하다. 처리하다. 수습하다. ¶～行李 | 짐을 정리하다. ¶～一切 | 모든 것을 정리하다.

【柄】bìng ☞ 柄 bǐng

1【病】bìng 병 병

❶ 名 병. ¶得dé～ | 병에 걸리다. ¶称chēng～请假 | 병으로 휴가를 내다. ¶害了一场～ | 한바탕 병치레를 하다. ❷ 動 병나다. 앓다. ¶我弟弟～了两天 | 내 동생은 이틀 동안 앓았다. ¶病得很厉害lìhài | 병을 심하게 앓다. ❸ 名 흠. 결점. 결함. 폐단. 폐해. ¶语～ | 어폐(語弊). ¶幼稚～ | 소아병(小兒病). ❹ 書 動 해를 끼치다. 피해를 주다. ¶祸huò国～民 | 成 나라에 화를 미치고 백성에게 피해를 주다. ❺ 書 動 근심하다. 고생하다. ¶～于亢旱kànghàn | 심한 가뭄에 시달리다. ❻ 書 動 비난하다. 질책하다. ¶为世所～ | 세상 사람들의 비난을 받다. ❼ 書 形 피로하다. 피곤하다. ¶今日～矣yǐ | 오늘은 피곤하다.

【病斑】bìngbān 名 병반 [병으로 인해 피부에 생기는 반점]

【病包儿】bìngbāor 名 口 병주머니. 병이 잦은 사람. ¶八个孩子, 一个～似的老婆pó, 教我怎么办呢? | 여덟 아이와 병치레가 잦은 아내를 날더러 어떻게 하란 말인가?《老舍·四世同堂》=〔病虫〕→〔病夫②〕

【病变】bìngbiàn 名〈醫〉병리 변화(病理變化). 병변. ¶肺部发生了～ | 폐에 병변이 발생하였다.

【病病歪歪】bìng·bingwāiwāi 貶 ❶ 비실비실하다. 나약하다. 힘이 없다. ¶这么～的怎么干得了liǎo重活zhònghuó儿呢? | 이렇게 비실비실하는 사람이 어떻게 중노동을 할 수 있겠는가? ❷ 병들어 골골하다. 병으로 아무 일도 하지 못하다. ¶一年三百六十五天老是～的 | 병으로 1년 365일을 골골대며 지낸다 ‖ =〔病病殃殃〕

【病病殃殃】bìng·bingyāngyāng ⇒〔病病歪歪〕

【病残】bìngcán 名 장애자. ¶老弱～, 优先上车 | 노약자와 장애자에게 우선 승차하게 하자.

【病侧儿】bìngcèr ⇒〔病厂儿〕

【病厂儿】bìngchǎngr 名 한자 부수의 병질안(疒)변 =〔病侧儿〕〔病翅儿〕〔病框廊〕〔病旁儿〕〔病厦〕〔病字头〕

【病程】bìngchéng 名 병의 경과. 병력. ¶～生理学 | 병태생리학.

【病虫】bìngchóng ⇒〔病包儿〕

4【病虫害】bìngchónghài 名 병충해. ¶防治～ | 병충해를 방제하다.

3【病床】bìngchuáng 名 병상. ¶他积jī劳成疾jí, 倒dǎo在～ | 그는 과로로 병이 나 병상에 누웠다. ¶这所医院有三百张～ | 이 병원은 300개의 병상이 있다 =〔病榻tà〕

【病从口入, 祸从口出】bìng cóng kǒu rù, huò cóng kǒu chū 成 병은 입으로 들어오고, 화(禍)는 입에서 나온다. 말을 조심해야 한다

【病倒】bìngdǎo 動 앓아 눕다. ¶他终于～了 | 그는 결국 몸져 누웠다.

4【病毒】bìngdú 名 바이러스(virus). 병균. 병원체. ¶～病 | 바이러스병. ¶～学 | 바이러스학. ¶～性肝炎 | 바이러스성 간염 =〔滤lǜ性病原体〕

【病笃】bìngdǔ 書 形 위독하다. 병세가 급하다. ¶又值贾jiǎ母～, 众人不便离开 | 가씨 아주머니가

병이 위독하게 되어 누구도 마음대로 떠날 수 없게 되었다《紅樓夢》
2【病房】bìngfáng 名 병실. 병동(病棟). ¶隔gé离～ | 격리 병동. ¶每天早晨chén查～ | 매일 아침에 회진한다 =〔病室〕
【病夫】bìngfū 名 ❶ 병자. 환자. ❷ 병주머니. 병골 →〔病包儿〕
【病根】bìnggēn 名 ❶ (～儿,～子) 지병(持病). 고질(痼疾). ❷ 화근(禍根). 실패의 원인. ¶留下～ | 화근을 남기다. ¶他犯错误的～在于私心太重 | 그가 잘못을 저지른 원인은 지나친 이기심에 있다.
【病骨】bìnggǔ 書 名 병골. 병약자. 병에 찌든 사람. ¶～支离 | 威 병으로 뼈만 앙상하게 말랐다.
【病故】bìnggù ❶ 動 병사(病死)하다. ¶他十四年前在上海～ | 그는 14년 전에 상해에서 병사하였다 =〔病死〕〔病亡wáng〕
【病鬼】bìngguǐ 名 貶 병약자(病弱者). 병골. ¶这个～, 三天两头请假 | 이 병골은 사흘이 멀다하고 휴가를 낸다.
【病害】bìnghài 名〈農〉병해. ¶没有～就有丰fēng收的希望 | 병해만 입지 않는다면 풍년들 희망이 있다.
【病好打医生】bìng hǎo dǎ yīshēng ⇒〔病好郎中到〕
【病好郎中到】bìng hǎo lángzhōng dào 諺 병 낫자 의사 오다. 사후(死後) 약방문. 행차 뒤에 나팔 [「郎中」은 의사의 뜻] =〔病好打医生〕〔雨后送伞〕→〔马后炮〕
4【病号】bìnghào 名 (병원 등에 등록된) 환자. (군대·학교·기관 등의) 환자. ¶老～ | 장기 환자. ¶～饭 | 환자 식사. ¶～服 | 환자복 →〔伤shāng号〕
【病候】bìnghòu ⇒〔病状zhuàng〕
【病急乱投医】bìng jí luàn tóu yī 威 병이 위급하여 함부로 치료하다. 급박하여 함부로 처리하다.
【病家】bìngjiā 名 ❶ 환자 ❷ 환자의 가족.
【病假】bìngjià 名 병가(病暇). 병결(病缺). ¶请～ | 병가를 신청하다. ¶～条 | 병가 신청서.
【病监】bìngjiān 名〈法〉병감 [병든 죄수를 수용하는 감방]
【病剧】bìngjù 書 形 병세가 위독하다. ¶他忽然～, 危wēi在旦夕 | 그의 병세는 갑자기 위독하여 오늘 내일 한다.
2【病菌】bìngjūn 名〈醫〉병원균 =〔病原菌〕〔致zhì病菌〕
【病狂】bìngkuáng 動 미치다. ¶～丧心 | 미쳐 이성을 잃다 →〔发疯fēng〕
【病况】bìngkuàng ⇒〔病情qíng〕
【病框廊】bìngkuànglá ng ⇒〔病厂儿〕
【病理】bìnglǐ 名〈醫〉병리. ¶～解剖pōu学 | 병리 해부학. ¶～变化 | 병리 변화. ¶～学 | 병리학.
【病例】bìnglì 名〈醫〉병례. ¶流感gǎn～ | 유행성 감기 병례.
【病粒】bìnglì 名〈農〉보균 종자. 감염된 낟알.
【病历】bìnglì 名〈醫〉❶ 병력. ¶问病人的～ | 환자의 병력을 묻다 =〔病史〕 ❷ 진료 기록. 진료 차트. ¶把～交还给病人管理 | 병력서를 환자에게 돌려주어 보관토록 하다. ¶～室 | 진료 차트 보관실. ¶以往～ | 과거의 병력 =〔病案〕〔病历表〕〔病历卡〕〔病志〕
【病历表】bìnglìbiǎo ⇒〔病历②〕
【病历卡】bìnglìkǎ ⇒〔病历②〕
【病龙处处】bìng lóng chù chù 威 환자가 몰려 줄을 서다. ¶由于流行性感冒mào蔓延mànyán, 很多病院～ | 유행성 감기가 만연하고 있어 많은 병원에는 환자가 줄을 잇고 있다.
【病免】bìngmiǎn 書 動 병으로 면직 되다. ¶相如既～, 家居茂陵màolíng | 상여는 병으로 물러나 무릉 땅에 살고 있다《漢書·司馬相如傳》
【病民】bìngmín 書 動 백성을 병들게 하다. 국민을 괴롭히다. ¶～蛊gǔ国 | 威 백성을 병들게 하고 국가를 망치다.
【病魔】bìngmó 名 병마(病魔). ¶～缠chán身 | 병마에 시달리다. 나이 들어 병에 들다.
【病殁】bìngmò ⇒〔病逝shì〕
【病旁儿】bìngpángr ⇒〔病厂儿〕
3【病情】bìngqíng 名 병세(病勢). 병상(病狀). ¶孩子的～有好转 | 아이의 병세가 호전되었다. ¶～恶化 | 병세가 악화되었다 =〔病况〕〔病势〕
【病躯】bìngqū ⇒〔病身子〕
【病痊】bìngquán 書 動 병이 완쾌되다. ¶等他～后再商量 | 그가 완쾌되거든 다시 의논하자.
2【病人】bìngrén 名 병자. 환자. ¶～在床上, 死人在路上 | 諺 환자는 침대에 눕지만, 죽은 사람은 길가에 버려진다. 아무래도 살아 있는 것이 낫다.
【病容】bìngróng 名 병색(病色). 병든 안색. ¶面带～ | 병색이 얼굴에 돌다. ¶虽然擦cā了脂粉zhīfěn, 也掩盖yǎngài不住～ | 비록 분은 발랐지만 병색을 감출 수는 없었다.
【病入膏肓】bìng rù gāo huāng 威 고황에 까지 병이 들다. 병이 악화될 대로 되어 완치될 가망이 없다. 사태가 이미 구제할 수 없는 지경에 이르다. ¶～无法医治 | 병이 악화되어 의술로도 고칠 수가 없다.
【病厦】bìngshà ⇒〔病厂chǎng儿〕
【病身子】bìngshēn·zi 名 병든 몸. ¶他是个～, 还能做得了liǎo这件事吗? | 그는 병든 몸인데, 이런 일을 해낼 수 있을까요? =〔病躯〕
【病史】bìngshǐ ⇒〔病历lì①〕
【病室】bìngshì ⇒〔病房〕
【病逝】bìngshì 動 병사(病死)하다. 병으로 서거하다 =〔病殁mò〕
【病势】bìngshì ⇒〔病情qíng〕
【病死】bìngsǐ ⇒〔病故gù〕
【病榻】bìngtà ⇒〔病床chuáng〕
【病态】bìngtài 名 병적(病的) 상태. 이상(異常) 상태. ¶～心理 | 이상 심리. ¶～优越感 | 〈醫〉병적 우월감(superiority complex). ¶～自卑感 | 〈醫〉병적 열등감(inferiority complex)
【病痛】bìngtòng 名 ❶ 잔병. 통증. ¶一切～统tǒng由这一碗wǎn水解决 | 모든 잔병은 몽땅 이 물 한 그릇으로 해결되었다. ❷ 병고(病苦). 병으로 인한 고통. ¶熬áo不住～ | 병고를 참을 수 없다.

【病退】bìngtuì 動 ❶ 병으로 퇴직하다. 의병 퇴직. ¶办~手续 | 의병 퇴직 수속을 하다. 물러나다. ❷ 병이 나서 원래 있던 곳으로 돌아가다 [문혁(文革) 시기에 외지에 동원된 사람이 병으로 원거주지로 돌아 가는 것을 말함]

【病亡】bìngwáng ⇒〔病故〕

【病忘】bìngwàng ⇒〔健jiàn忘〕

【病危】bìngwēi 書 動 위독하다. ¶孩子~, 请你速sù去医院 | 아이의 병세가 위독하니, 속히 병원으로 가 보시오.

【病位】bìngwèi 名 환부(患部). 결함. ¶性格上的~ | 성격상의 결함.

【病西施】bìngxīshī 名 병이 든 서시 喩 병든 미인. 병적인 미인 →〔西施〕

【病像】bìngxiàng ⇒〔病状zhuàng〕

【病休】bìngxiū 動 병으로 집에서 쉬다. ¶他长期~在家 | 그는 병으로 장기간 집에서 쉬고 있다.

【病恹恹】bìngyānyān 狀 (병으로) 나른하다. 비실비실하다. ¶他整天~的, 几乎干工作都困难了 | 그는 종일 나른하여 일을 하기조차도 어렵다 =〔病殃yāng殃〕

【病殃殃】bìngyāngyāng ⇒〔病恹yān恹〕

【病因】bìngyīn 名 병인. 병의 원인. ¶~不明 | 병의 원인 밝혀지지 않는다.

【病愈】bìngyù 動 병이 낫다. ¶~出院 | 병이 나아 퇴원하다.

【病员】bìngyuán 名 병고가 생긴 사람. 병이난 인원. (조직 내의) 환자.

【病原】bìngyuán ❶〈醫〉名 병인(病因). 병원(病源). ❷ ⇒〔病原体〕

【病原虫】bìngyuánchóng 名〈醫〉병원충. 병원 =〔原虫〕

【病原菌】bìngyuánjūn ⇒〔病菌〕

【病原体】bìngyuántǐ 名〈醫〉병원체 =〔病原②〕

【病院】bìngyuàn 名 병원. ¶~船 | 병원선. ¶神经~ | 신경 병원 →〔医yī院〕

【病灶】bìngzào 名〈醫〉병소(病巢). ¶切除qiēchú~ | 병소를 절제하다. ¶在肝部发现了~ | 간에서 병소를 발견하였다.

【病征】bìngzhēng ⇒〔病状zhuàng〕

【病症】bìngzhèng ❶ 名 질병. 병증. ¶他也由这种~死的 | 그도 이 병으로 죽었다. ❷ ⇒〔病状〕‖ =〔病证〕

【病证】bìngzhèng ⇒〔病症〕

【病志】bìngzhì ⇒〔病历②〕

【病株】bìngzhū 名〈農〉병든 그루. 병든 줄기.

【病状】bìngzhuàng 名 병증. 병의 증세. 병의 증상. ¶看~, 没什么危险wēixiǎn | 병상을 보니 그렇게 위험한 것은 아니다 =〔病候〕〔病像〕〔病征〕〔病症②〕

【病字头】bìngzìtóu ⇒〔病厂儿〕

【病走熟路】bìng zǒu shú lù 國 병은 익숙한 길로 다닌다. 앓았던 병은 다시 걸리기 쉽다.

bō ㄅㄛ

3【拨(撥)】bō 다스릴 발, 방패 벌

❶ 動 (손가락·손발로) 밀어서 움직이다. 퉁기다. 돌리다. ¶~弦xián乐器 | 현악기를 타다. ¶~算盘珠子 | 주판알을 퉁기다. ¶~号(码)盘↓ ¶~钟 | 시계를 맞추다. ❷ 動 (일부분을) 갈라내다. 떼어내다. 나누어 주다. ¶~款kuǎn | 돈을 지급하여 주다. ¶~了一碟dié菜 | 요리 한 접시를 나누어 주었다. ¶~几个人参加另外一项工作 | 몇 사람을 다른 일에 참가시키다. ❸ 動 (배를) 젓다. 흔들다. ¶你会~船吗? | 너 배를 저을 줄 아느냐? ¶~扇shàn | 부채를 흔들다 →〔摇yáo〕〔划huá〕 ❹ 動 후비다. 쑤시다. 비틀다. ¶贼zéi把门~开了 | 도둑이 문을 비틀어 열었다. ❺ 動 부추기다. 돋우다. ¶挑~ | 충동질하다. 이간하다. ¶~火↓ ❻ 動 (방향·의견을) 바꾸다. 돌리다. ¶~转马头 | 말머리를 돌리다. ❼ 動 제거하다. 없애다. ¶~乱luàn反正↓ ❽ (~儿,~子) 量 조(組). 무리. ¶分~儿讨论问题 | 조별로 나누어 문제를 토론하다. ¶这次的货物得分几~儿运yùn送 | 이번 화물은 몇 무더기로 나누어 운송한다 →〔批pī〕

【拨兵】bōbīng 動 군대를 파견하다. ¶~护送 | 군대를 파견하여 호송하다.

【拨拨转转儿】bō·bozhuàn·zhuanr 狀 주체성 없이 남에 의해 움직이다. 수동적이다. ¶老是~的, 怎么能完成重zhòng大的任务rènwù | 언제나 소극적으로 꾸물대서야 어떻게 중대한 임무를 완성할 수 있겠는가?

【拨出】bōchū 動 ❶ 지출하다. (일부를) 떼어 내다. ¶~一笔款kuǎn子 | 금전을 지출하다. ¶~人 | 사람을 빼내어 보내다. ❷ (가시 따위를) 뽑아내다. 후벼내다. ¶~手上的刺cì来 | 손에 박힌 가시를 뽑아내다.

【拨船】bōchuán ❶ 名 바지(barge)선 =〔驳bó船〕 ❷ (bō chuán) 動組 배를 젓다.

【拨灯】bō/dēng 動 심지를 돋우다. ¶净~不添tiān油 | 심지만 돋우고 기름을 넣지 않다. 실지로 하지 않으면서 말만하다.

【拨瞪(儿)】bōdèng(r) 動 近 눈을 껌뻑거리다. ¶两只眼睛~地在一旁看热闹 | 두 눈을 껌벅거리며 한 옆에서 구경하고 있다.

【拨付】bōfù 動 지불하다. 예산을 집행하다. ¶决算juésuàn和~ | 결산과 지출 →〔拨款〕

【拨改贷】bōgǎidài 動組 국가 예산에서 지출될 것을 은행대부로 바꾸다.

【拨给】bōgěi 動 ❶ 나누어 주다. 분배하다. ¶国家~了学校耕gēng地三百亩mǔ | 국가는 학교에 300묘의 경지를 분배하였다. ❷ 경비를 집행하다. 지급하다.

【拨工】bō/gōng 動 北 품앗이하다 =〔变工〕〔换工〕

【拨谷】bōgǔ ⇒〔布bù谷(鸟)〕

【拨号】bōhào 動 (전화의) 다이얼을 돌리다. ¶我来~, 等电话通了, 你跟他讲话 | 내가 번호를 돌릴테니 전화가 통한 다음에 네가 그에게 말해라.

【拨号盘】bōhàopán 名 (전화의) 다이얼 =〔号码盘〕〔转号盘〕〔转拨器〕

【拨火】bō/huǒ 動 불을 쑤시다. 불을 돋우다. ¶你拨拨炉里头还有火没有? | 난로에 아직 불이 있는지 쑤셔 보아라.

【拨火棒】bōhuǒbàng 名 ❶ 부지깽이 =〔拨火棍(儿)〕 ❷ 喩 훼방꾼. 모순을 야기시키는 사람. ¶有些人不顾全局, 不讲团结, 专门当～ | 어떤 사람은 전체를 고려하지 않고 단결을 돌보지 않으면서 전문적으로 훼방꾼 노릇을 한다 =〔拨火棍(儿)②〕

【拨火棍(儿)】bōhuǒgùn(r) ⇒〔拨火棒bàng〕

【拨开】bō·kai 動 ❶ 분배하여 주다. 나누어 지급하다. ¶将财产三分～ | 재산을 3등분하여 나누어 주다. ❷ 억지로 열다. 비틀어 열다. ¶贼zéi把门～了 | 도둑이 문을 비틀어 열었다. ❸ 밀어 제치다. ¶他把朋友～占zhàn了自己的地位了 | 그는 친구를 제치고 자기의 지위를 차지했다. ❹ 헤치다. ¶～草丛cóng | 풀숲을 밀어 헤치다.

【拨快】bōkuài 動 (시계를) 앞으로 돌리다. ¶～了一个钟头 | 한 시간 앞으로 돌렸다 ⇔〔拨慢〕

4【拨款】bō/kuǎn ❶ 動 예산을 집행하다. ¶～修建公共厕所 | 예산을 집행하여 공중 변소를 건축하다 =〔拨钱〕〔拨项〕 ❷ (bōkuǎn) 名 (정부·상급 조직의) 교부금. ¶军事～ | 군사 교부금.

【拨喇喇】bōlālā 擬 후닥닥. ¶有一匹马～地跑pǎo出去 | 어떤 말 한 마리가 후닥닥 뛰어 나갔다.

【拨剌】bōlà ❶ 書 擬 펄떡. 팔딱. 첨벙 후닥닥 휙 [뛰거나 빠르게 지나가는 소리] ¶鱼儿～～跳 | 고기가 팔딱팔 뛴다. ¶～一跳tiào站起来 | 후닥닥 뛰어 일어났다 =〔泼pō刺①〕〔扒bā拉〕

【拨拉】bō·la 動 ❶ (손끝으로) 튀기다. ¶～算盘子zǐ儿 | 주판알을 튀기다 =〔扒bā拉〕 ❷ 흔들다. ¶～着大尾巴 | 큰 꼬리를 흔들다. ❸ 헤집다. ¶马走近草堆duī用脚一～就吃起来了 | 말이 풀더미에 다가가 발로 헤집더니 먹기 시작하였다.

【拨浪鼓(儿)】bō·langgǔ(r) =〔派pài浪鼓(儿)〕

【拨棱盖(儿)】bō·lenggài(r) ⇒〔磕kē膝盖(儿)〕

【拨亮】bōliàng 動 (등불 심지를) 돋우어 밝게 하다. 불을 밝히다. ¶～了油灯 | 램프를 밝혔다.

【拨乱】bōluàn 書 動 ❶ 난을 다스리다. 어지러운 세상을 바로잡다. ¶～反正 | 國 난을 다스리고 정의를 회복하다. ❷ 파란(波瀾)을 일으키다. ¶旁添一小人～其间 | 소인 하나를 등장시켜 파란을 보여 주다《紅樓夢》

【拨慢】bōmàn 動 (시계를) 뒤로 돌리다. 늦추다 ⇔〔拨快〕

【拨弄】bō·nong 動 ❶ 손으로 만지작거리다. 가지고 놀다. ❷ 튀기다. ¶～算盘子zǐ儿 | 주판을 놓다. ❸ 쑤시다. 헤집다. ¶～火盆pén里的炭tàn | 화로 속의 탄을 헤집다. ❹ (악기를) 타다. 켜다. ¶～琴qín弦 | 거문고 현을 타다. ❺ 일으키다. 부추기다. ¶～是非造谣生事 | 말썽을 일으키고 헛소문을 퍼뜨려 일을 벌이다. ❻ ⇒〔摆bǎi布〕

【拨钱】bōqián ⇒〔拨款①〕

【拨冗】bōrǒng 動 套 바쁜 중에도 시간을 내다. ¶届时务请～出席会议 | 札 때에 맞춰 바쁘시더라도 시간을 내어 회의에 출석해 주시기 바랍니다 =〔拂fú冗〕

【拨项】bōxiàng ⇒〔拨款①〕

【拨云见日】bō yún jiàn rì 國 구름이 걷히고 해가 보이다. 장애물이 사라지고 원상(原狀)으로 회복되다 =〔拨云见天〕

【拨正】bōzhèng 動 바로잡다. 정정하다. ¶要是有错误, 请赶快～ | 만일 착오가 있으면 빨리 고쳐야 한다.

【拨转】bōzhuǎn 動 돌리다. 회전하다. 방향을 돌리다. ¶他～身就走了 | 그는 몸을 돌려 떠나 버렸다.

【拨子】bō·zi ❶ 名〈音〉피크(pick). 발목(撥木). ❷ ⇒〔高gāo拨子〕 ❸ 名 조(組). 무리. 패.

【拨嘴撩牙】bō zuǐ liáo yá 國 제멋대로 지껄이다. 함부로 지껄이다.

3【波】bō 물결 파, 움직일 파

❶ 名 (작은) 물결. ¶微wēi～ | 잔 물결. ¶～浪↓ ¶平静jìng无～的海面 | 물결이라고는 없는 잔잔한 바다. ❷ 名〈物〉파동. 파장. ¶音～ | 음파. ¶电～ | 전파. ❸ 喩 눈빛. ¶秋～ | 추파. ❹ 喩 뜻밖의 일의 변화. 돌연한 변화. ¶风～ | 풍파. ❺ 파급하다. 미치다. ¶～及↓ ❻ 動 方 뛰다. 달리다. ¶奔bēn～ | 분주히 뛰어 다니다. ❼ 助 …하자. …하라 [원곡(元曲)에 자주 보임. 「罢bà」에 해당함] ¶去～ | 갑시다. ¶月儿你早出来～ | 달이여, 빨리 나오너라. ❽ (Bō) 名 簡「波瀾lán」(폴란드의 약칭] ¶～國 | 폴란드. ❾ (Bō) 名 성(姓).

【波波】bōbō ❶ 貶 바빠서 쩔쩔매다. 허둥대다. ❷ 擬 끙끙. [신음소리. 고통·추위를 참는 소리]

【波长】bōcháng 名〈物〉파장. ¶～计 | 파장계. ¶～标准biāozhǔn | 표준 파장.

【波茨坦宣言】Bōcítǎn Xuānyán 名 外〈政〉포츠담(Potsdam) 선언.

【波打酒】bōdájiǔ 名〈食〉흑맥주 =〔黑hēi啤酒〕

【波荡】bōdàng ❶ 動 흔들리다. 출렁거리다. ¶海水～ | 바닷물이 출렁거린다. ❷ ⇒〔波动③〕

【波导管】bōdǎoguǎn 名〈物〉도파관(導波管).

【波德】bōdé 量 外 ❶〈通〉보오(Baudot;프). 바우드(baud). [통신 신호 속도의 단위] =〔波特②〕 ❷〈電算〉바우드(baud) [컴퓨터의 데이타 처리 속도의 단위 [1초(秒) 당 처리할 수 있는 비트(bit) 수(數)] =〔鲍bào〕

4【波动】bōdòng ❶ 名〈物〉파동. ¶～说 | 파동설. ❷ 名 변동. 파동. 오르거나 내리는 변동. ¶物价wùjià～ | 물가 파동. ¶价格受供gōng求关系～的影响 | 가격은 수급 변동의 영향을 받는다. ¶市场～ | 시장 불안정. ❸ 動 동요하다. 술렁거리다. ¶教室里忽然～起来了 | 교실 안이 갑자기 술렁거리기 시작했다 =〔波荡②〕 ❹ 動 요동하다. 기복을 일으키다. 변동하다. ¶情绪qíngxù～ | 기분이 좋았다 나빴다 하다. ¶思想～起来了 | 생각이 요동하기 시작하였다.

【波段】bōduàn 名〈物〉밴드(band) [(AM·FM과 같은)주파수대(周波數帶)] ¶～开关kāiguān | 밴드 스위치. ¶这个收音机有两个～ | 이 라디오에는 두 개의 벤드가 있다.

【波多】bōduō 量 外〈度〉푸드(pood) [러시아의 중량 단위. 1푸드는 16.38kg임] =〔波特①〕〔捕bǔ多〕〔普pǔ特〕〔铺pū德〕

【波多黎各(岛)】Bōduōlígè(dǎo) 名 外〈地〉미국

령 푸에르토리코(Puerto Rico) [서인도 제도의 미국 자치령인 섬. 수도는「圣胡安」(산후안;San Juan)]

【波多诺伏】Bōduōnuòfú 名外〈地〉포르토노보(Porto Novo) [「贝宁」(베냉;Benin)의 수도]

【波恩】Bō'ēn 名外〈地〉본(Bonn) [「德意志联邦共和国」(독일 연방 공화국;The Federal Republic of Germany)의 수도]

【波尔多酒】Bō'ěrduō jiǔ ⇒〔布bù尔多酒〕

【波尔多葡萄酒】bō'ěrduō pútáojiǔ 名外〈食〉보르도(Bordeaux) 포도주.

【波尔多液】Bō'ěrduō yè 名外〈化〉보르도 액(Bordeaux液).

【波尔卡】bō'ěrkǎ 名外〈舞〉폴카(polka) =〔波加舞wǔ〕

【波峰】bōfēng 名〈物〉파고점(波高點). 파두(波頭). 파구(波丘) [파형의 가장 높은 부분] =〔波丘qiū〕〔波头〕⇔〔波谷gǔ〕

【波幅】bōfú 名〈物〉진폭(振幅). ¶放大～ | 증폭하다 =〔振幅〕

【波腹】bōfù 名〈物〉파복. 루프(loop) [파형의 중간부분]

【波高】bōgāo 名 파고. 파형의 높이.

【波哥大】Bōgēdà 名外〈地〉보고타(Bogota) [보고타「哥伦比亚」(콜롬비아;Colombia)의 수도]

【波谷】bōgǔ 名〈物〉파곡 [파형의 가장 낮은 부분]⇔〔波峰fēng〕

【波光】bōguāng 名〈物〉광파.

【波诡云谲】bō guǐ yún jué 成 물결이나 구름처럼 변화무쌍하다. 문장이 다양하다 =〔波谲云诡〕

【波及】bōjí 動 파급되다. 연관되다. 미치다. ¶～全世界 | 전세계에 파급되다. ¶～重大的影响yǐngxiǎng | 중대한 영향을 미치다 →〔牵qiān涉〕

【波加舞】bōjiāwǔ ⇒〔波尔卡〕

【波节】bōjié 名〈物〉파절. 노드(node).

【波谲云诡】bō jué yún guǐ ⇒〔波诡guǐ云谲〕

【波兰】Bōlán 名外〈地〉폴란드(Poland) [유럽 중부에 있는 나라. 수도는「华沙」(바르샤바;Warszawa)]

【波澜】bōlán 名 ❶ 물결. 파도 [잔 물결을「波」라 하고 큰 물결을「澜」이라고 함] ❷ 轉 파란. 소요. 풍파. ❸ 喻 시문의 기복이나 변화. ¶～独老成 | 시문(詩文)이 변화가 있고 노련하다.

【波澜壮阔】bō lán zhuàng kuò 成 규모가 대단히 웅장하다. 기세가 활기 차다. ¶一场～的全民搞gǎo卫wèi生运动 | 웅대하게 떨치고 일어선 전 국민이 위생운동을 벌인다.

3【波浪】bōlàng 名 ❶ 파랑. 파도. 물결. ¶红色的～翻滚gǔn着 | 붉은 파도가 뒤집히고 있다. ¶～滔tāo天 | 파도가 세차게 일어 하늘에 닿을 듯하다. ❷ 喻 파상(波狀). 끊임없이 이어짐. ¶～动作 | 파상적 동작. ¶～式 | 파상적.

【波浪热】bōlàngrè ⇒〔波状zhuàng热〕

【波浪鼓(儿)】bō·langgǔ(r) 名 땡땡이 [아이들의 장난감] ¶摇yáo～ | 땡땡이를 흔들다 =〔播浪鼓(儿)〕〔拨浪鼓(儿)〕〔拨啷鼓(儿)〕〔博浪鼓(儿)〕〔摇yáo鼓(儿)〕→〔货huò郎鼓〕

【波累】bōlěi 書 ❶ 動 파급되다. 연루(連累)시키다. ¶后来火熄xī了, 客栈zhàn并没有～着 | 후에 불이 꺼졌는데, 객사까지 파급되지 않았다. ❷ 名 연루. 파급.

【波棱盖(儿)】bō·lenggài(r) 名 ❶ 北 무릎 =〔波罗盖儿〕〔磕kē膝盖(儿)〕 ❷〈植〉공작초(孔雀草). 공작고사리.

【波里狄思】bōlǐdísī 名外 정치학 [「politics」의 음역어]

【波利瓦】bōlìwǎ 名外〈錢〉볼리바르(bolivar) [베네수엘라(Venezuela)의 통화 단위]

【波罗】bōluó 名〈植〉파인애플(pineapple). ¶罐guàn头～ | 파인애플 통조림. ¶～酱jiàng | 파인애플 잼 =〔波罗蜜③〕〔波萝〕〔地dì波罗〕〔凤梨〕〔黄huáng梨〕

【波罗的海】Bōluódì hǎi 名外〈地〉발트해(Baltic海).

【波罗盖儿】bōluógàir ⇒〔波棱·leng盖(儿)①〕

【波罗门】bōluómén 名外 ❶〈佛〉브라만(Brāhmana;범). 정행(淨行). ❷ 브라만 [인도 최고위의 신분. 승족(僧族)]

【波罗门教】Bōluómén jiào 名外〈宗〉브라만교.

【波罗蜜】bōluómì ❶ 名外〈佛〉바라밀다(Paramita;범) =〔波罗蜜多〕 ❷ 名〈植〉보리수. ❸ ⇒〔波罗〕

【波罗蜜多】bōluómìduō ⇒〔波罗蜜①〕

【波美】bōměi 量外〈度〉보메(Baumé;프) [액체의 비중을 나타내는 단위]

【波美(比重)表】bōměi(bǐzhòng) 名外〈物〉보메(Baumé) 비중계(比重計)=〔波默浮秤〕〔布美氏浮秤〕

【波美度】bōměidù 名外〈化〉보메도(Baumé度).

【波默浮秤】bōmò fúchèng ⇒〔波美(比重)表〕

【波尼马】bōnímǎ 名外 조랑말 [「pony」의 음역어]

【波撇】bōpiě 名 한자의 삐침 [한자(漢字)의 삐침획.「波」는 오른쪽 삐침,「撇」는 왼쪽 삐침]

【波谱】bōpǔ 名〈物〉스펙트럼(spectrum).

【波俏】bōqiào 形 아름답다. 멋있다. 운치가 있다. ¶庄严又～ | 장엄하고도 멋있다 =〔波峭qiào〕→〔俏皮①〕〔俏丽〕

【波峭】bōqiào ❶ 形 평탄하지 않고 험난하다. ❷ ⇒〔波俏qiào〕‖ =〔逋bū峭〕

【波丘】bōqiū ⇒〔波峰fēng〕

【波若】bōrě ⇒〔般bō若〕

【波士】bōshì 名外 보스(boss). 주인 →〔恶è霸〕

【波束】bōshù 名〈物〉파속.

【波斯】Bōsī 名外〈地〉페르시아(Persia). ¶～湾wān | 페르시아만.

【波斯草】bōsīcǎo ⇒〔波bō菜〕

【波斯教】Bōsījiào 名〈宗〉조로아스터(Zoroaster)교 =〔拜火教〕〔祆xiān教〕〔瑣suǒ罗luó亚斯德教〕

【波斯菊】bōsījú 名〈植〉코스모스(cosmos)=〔大波斯菊〕

【波斯枣】bōsīzǎo 名〈植〉대추야자=〔枣椰yē子〕

4【波涛】bōtāo 名 파도. ¶～汹涌 | 파도가 세차게

일어나다. ¶小船在～中艰难jiānnán地行进 | 작은 배가 파도 속에 어렵게 아으로 간다.

【波特】bōtè ❶⇒〔波多〕❷⇒〔波德〕

【波特定律】Bōtè dìnglǜ [名]㊕〈天〉보데의 법칙(Bode's law).

【波特兰水泥】bōtèlán shuǐní [名組]㊕ 포틀랜드(Portland) 시멘트.

【波头】bōtóu ⇒〔波峰fēng〕

【波纹】bōwén [名] 물결 무늬. 파상문(波狀紋). ¶～铁tiě | 골함석. ¶～纸zhǐ | 골판지. ¶～管 | 파형관(波形管).

【波纹绸】bōwénchóu [名]〈紡〉태피터(taffeta). 호박단 =〔㊕塔夫绸〕

【波形】bōxíng [名]〈電氣〉(음파·전파 따위의) 파형. ¶～板 | 파형판. ¶～铁板 | 파형철판.

【波义耳定律】Bōyì'ěr dìnglǜ [名]㊕〈物〉보일의 법칙(Boyle's law).

【波音】bōyīn [名] ❶〈音〉모르덴트(Mordent ;독). [장식음(裝飾音)의 일종] ❷(Bōyīn) ㊕〈航〉보잉(Boeing) [미국 보잉사에서 제작한 항공기]

【波源】bōyuán [名]〈物〉파원.

【波折】bōzhé [名] 파란. 우여 곡절. 풍파. ¶这贸易协定经过一些～之后而终于签订 | 이 무역 협정은 다소의 곡절 끝에 비로소 조인되었다. ¶人生自古多～ | 인생은 자고 이래로 우여곡절이다.

【波磔】bōzhé [名] 오른쪽 아래로 힘을 주어 삐치는 필법(筆法) [「永」자 팔법(永字八法)의 제8책(磔)을 말함] →〔捺nà④〕

【波状热】bōzhuàngrè [名]〈醫〉파상열. 브루셀라(Brucella)병 =〔波浪热〕

2【玻】 bō 유리 파
❶ ⇒〔玻璃〕❷(Bō) [名] 성(姓).

【玻管】bōguǎn [名] 유리관 =〔玻璃管(儿)〕

²【玻璃】bō·lí ❶[名] 유리. ¶毛～ =〔磨砂玻璃〕| 간유리. ¶钠nà～ | 소다 유리. ¶花～ | 다이어 유리. ¶燧suì石～ | 플린트 유리(flint glass) =〔颇pō黎〕〔颇梨〕❷유리처럼 투명한 물건. ¶～带 | 스카치 테이프.

【玻璃板】bō·libǎn [名] ❶ 창유리 =〔窗玻璃〕❷ 유리판.

【玻璃笔】bō·libǐ [名] 글라스펜(glass pen). 유리 펜.

【玻璃布】bō·libù [名] 비닐천.

【玻璃刀】bō·lidāo [名] 유리칼. 글라스 컷터(glass cutter) =〔裁cái玻璃器〕

【玻璃粉(儿)】bō·lifěn(r) [名] ❶ 유리 가루. ❷〈食〉녹두묵 =〔凉liáng粉(儿)〕

【玻璃钢】bō·ligāng [名] 강화(强化) 유리.

【玻璃管(儿)】bō·liguǎn(r) ⇒〔玻管〕

【玻璃画】bō·lihuà [名]〈美〉유리화. 스테인드 글라스(stained glass).

【玻璃量管】bō·liliàngguǎn ⇒〔滴dī定管〕

【玻璃泥】bō·liní [名] 래커(lacquer). 라카.

【玻璃皮】bō·lipí [名] 나일론 가죽.

【玻璃片】bō·lipiàn [名] 판(板)유리. ¶窗～ | 창문 유리. ¶夹jiā金属～ | 철사심을 넣은 판유리.

【玻璃器】bō·liqì [名] 유리 그릇 →〔料liào器〕

【玻璃球(儿)】bō·liqiú(r) [名] 초자구(硝子球) =〔玻璃珠(儿)〕

【玻璃丝】bō·lisī [名] ❶ 유리실. 유리섬유. ❷㊐ 나일론 =〔尼ní龙〕

【玻璃(丝)袜】bō·li(sī) [名]㊐ 나일론 양말. 살양말 =〔玻璃袜(子)〕〔尼ní龙(女)袜〕

【玻璃司的林】bō·lisīdìlín ⇒〔聚jù苯běn乙烯〕

【玻璃坛】bō·litán [名] 플라스크.

【玻璃体】bō·litǐ ⇒〔玻璃液yè〕

【玻璃纤维】bō·lixiānwéi [名] 유리 섬유. 글라스 화이버(glass fiber). 글라스 울(glass wool). ¶～竿gān |〈體〉글라스 화이버 폴(glass fiber pole) [장대 높이 뛰기용 장대] =〔玻璃绵〕〔玻璃绒〕

【玻璃线】bō·lixiàn [名]㊐ 비닐끈. 비닐실.

【玻璃液】bō·liyè [名]〈生〉유리체. 초자체 =〔玻璃体〕〔玻璃质〕〔硝xiāo子液〕

【玻璃雨衣】bō·liyǔyī [名]㊐ 비닐 우의. 투명 비옷.

【玻璃渣(儿)】bō·lizhā(r) ⇒〔酸suān性渣〕

【玻璃纸】bō·lizhǐ [名] ❶ 셀로판지 =〔㊕赛sài璐玢(纸)〕〔透tòu明胶带〕〔透明纸〕 ❷ 글라신지(glassine紙) =〔㊕格gé拉新纸〕〔拉lā油纸〕〔耐nài油纸〕→〔包bāo皮①〕

【玻璃质】bō·lizhì ⇒〔玻璃液〕

【玻璃珠(儿)】bō·lizhū(r) ⇒〔玻璃球(儿)〕

【玻璃砖】bō·lizhuān [名]〈建〉글라스 블록(glass block). 글라스 타일.

【玻利维亚】Bōlìwéiyà [名]㊕〈地〉볼리비아(Bolivia) [남아메리카 중서부에 위치한 내륙국. 수도는 「拉巴斯」(라파스;LaPaz)와 「苏sū克雷」(수크레;Sucre)] =〔玻璃维wéi亚〕〔玻利非亚〕〔波利非亚〕

3【菠】 bō 시금치 파
⇒〔菠菜〕

³【菠菜】bōcài [名]〈植〉시금치 =〔波棱(菜)〕〔波斯草〕〔赤chì根菜〕〔红hóng嘴绿鹦哥〕

【菠菜豆腐】bōcài dòu·fu [名組]〈食〉시금치 두부 스튜(stew).

【菠菜干儿】bōcàigānr [名組]〈食〉시금치 말랭이.

【菠菜煮豆腐】bōcài zhǔ dòu·fu ⇒〔小xiǎo葱cōng拌豆腐〕

【菠萁】bōjī ⇒〔簸bǒ箕〕

【菠萝】bōluó ⇒〔波bō罗〕

【菠萝蜜】bōluómì ❶⇒〔木菠萝〕❷⇒〔波bō罗〕

【剥】 bō ☞ 剥 bāo [B]

【饽(餑)】 bō 보리떡 불/발
⇒〔饽饽〕

【饽饽利儿】bō·bolìr [名]㊍ 아주 적은 이익. 보잘 것 없는 수익. ¶卖这个东西也不过是～ | 이것은 판다 해도 수익은 몇푼 안된다.

【饽饽钱】bō·boqián [名]㊍ 과자 값. 용돈.

【般】 bō ☞ 般 bān [C]

【趵】 bō ☞ 趵 bào [B]

【钵(鉢)〈缽盋〉】 bō 바리때 발
[名] ❶ 사발. ¶一～子食 | 밥 한 사발. ¶乳rǔ～ | 유발. ❷㊕〈佛〉

바리. 바리때 [鉢多羅」(pātra;범)(승려의 식기)의 약칭] ¶沿yán门托tuō～|㊒이 집 저 집 돌며 탁발하다. ❸(Bō) 성(姓).

【钵单】bōdān 名〈佛〉바리때를 받치는 깔개.

【钵囊】bōnáng 名〈佛〉바랑.

【钵若】bōrě ⇒〔般bō若〕

【钵头】bōtóu 名 吳 사발 =〔钵子〕

【钵子】bō·zi ⇒〔钵头〕

1【播】bō ㊎ bò) 뿌릴 파

動 ❶ 씨를 뿌리다. 파종하다. ¶～种↓ ¶条～|〈農〉조파(條播). 줄 파종. ❷ 널리 퍼뜨리다. 전파하다. 방송하다. ¶广～|방송하다. ¶传～消息|소식을 널리 전하다. ❸ 書 흔들리다. 이동하다. 유랑(流浪)하다. ¶～荡dàng↓ ¶～迁qiān↓

【播荡】bōdàng 書 動 ❶ 정처없이 떠돌아다니다. 유랑하다 =〔播越①〕〔播迁①〕 ❷ 흔들리다. 요동하다. ¶受不了船的～|배의 요동을 견딜 수 없다.

【播发】bōfā 動 방송으로 발표하다. ¶这条消息是由中央台～的|이 소식은 중앙방송에서 발표한 것이다.

4【播放】bōfàng 動 방송하다. 방영하다. ¶电视台～这场比赛的实况shíkuàng录像|테레비젼 방송국에서 이 경기의 실황을 녹화 방송한다.

【播幅】bōfú 名〈農〉파폭. 씨를 뿌리는 간격.

【播讲】bōjiǎng ❶ 動 방송으로 강연하다. 강의를 방송하다. ¶～近代历史|근대 역사를 방송 강의 하다. ❷ 名 방송 강좌. 방송 강연.

【播弄】bō·nong ❶ 動 손으로 가지고 놀다. 만지작거리다. 지배하다. 조종하다. ¶受人～|다른 사람의 지배를 받다 =〔掇duō弄②〕 ❷ 선동하다. 속이다. ¶～是非|말썽을 일으키다.

【播弃】bōqì 書 動 버리다. 내던지다. ¶权quán其轻重～一些小问题|그것의 경중을 헤아려 작은 문제들은 버리다.

【播迁】bōqiān ❶ ⇒〔播荡①〕 ❷ 書 動 파천하다. 외지로 망명하다 →〔播越②〕

【播撒】bōsǎ ⇒〔播散sàn〕

【播散】bō/sàn 動 퍼뜨리다. 산포하다. 뿌리다. ¶播谣yáo散毒|유언비어를 퍼뜨리고 독소를 뿌리다. ¶～种子|종자를 뿌리다 =〔播撒〕

3【播送】bōsòng ❶ 動 방송하다. ¶～音乐|음악을 방송하다. ¶～电视节目|텔레비젼 프로그램을 방송하다. ❷ 名 방송. ¶第二套tào～|제2방송. ¶～员|아나운서 ‖→〔播音〕〔广播〕

4【播音】bō/yīn ❶ 動 방송하다. ¶现在～|지금 방송합니다. ❷ (bōyīn) 名 방송. ¶～节目|방송 프로그램. ¶～艺yì员|성우. ¶～员|아나운서. ¶～机|확성기. ¶～室|방송실. 스튜디오(studio) ‖→〔播送〕〔广播〕

【播音机】bōyīnjī 名 확성기(擴聲器) =〔扩kuò音机〕

【播影】bōyǐng ⇒〔播映yìng〕

【播映】bōyìng 動 텔리비젼 방송을 하다. 방영하다. ¶直接～的节目|텔레비젼 생방송 프로그램. ¶色情节目,禁止～|포로노 필름 방영 금지 =〔播影yǐng〕

【播越】bōyuè ❶ ⇒〔播荡①〕 ❷ 書 動 외지(外地)로 피난하다 →〔播迁②〕

4【播种】ⓐ bō/zhǒng 動 ❶ 파종하다. 씨를 뿌리다. ¶适shì时～|적시에 파종하다 =〔下xià种zhǒng(子)〕〔下子zǐ②〕〔种zhǒng种zhǒng子〕 ❷ 喻 새로운 사상·이론·감정 등을 심다〔전하다〕. ¶～民主化的种子|민주화의 씨앗을 사회에 전파하다. ¶春天里～爱情|봄에 사랑의 씨앗을 뿌리다.

ⓑ bōzhòng 名〈農〉파종. ¶～面积jī|파종 면적. ¶～期|파종기. ¶～量|파종량.

【播种机】bōzhǒngjī 名〈機〉파종기.

【播种】bōzhòng ☞〔播种〕bō/zhǒng; ⓑ

bó ㄅㄛˊ

1【百】bó ☞ 百 bǎi Ⓑ

【佰】bó ☞ 佰 bǎi

2【伯】bó bǎi 맏 백

Ⓐ bó ❶ 顯 맏이 [형제의 항렬을 나타내는「伯」「仲」「叔」「季」의 첫째] ¶～兄↓ ❷ 큰아버지. 백부(伯父). ¶家～|나의 큰 아버지. ¶令～|당신의 백부. ❸ 어른. 아저씨 [아버지와 또래의 어른에 대한 존칭] ¶老～|아저씨. ❹ 재예(才藝)를 가진 사람에 대한 칭호. ¶诗～|시인. ¶画～|화백. ❺ 백작 [고대 봉건 사회의 5등 작위 가운데 세번째 작위] ¶～爵↓ ❻ (Bó) 성(姓).

Ⓑ bǎi ⇒〔大伯子〕

2【伯伯】bó·bo 京 bāi·bai 名 ❶ 口 백부. ¶大～|첫째 큰아버지. ¶二～|둘째 큰아버지 =〔伯父①〕 ❷ 어른. 아저씨 [아버지 또래의 어른에 대한 존칭] ¶李～|이씨 아저씨.

【伯尔尼】Bó'ěrní 名 外〈地〉베른(Bern) [「瑞士」(스위스;Switzerland)의 수도]

2【伯父】bófù 名 ❶ 백부. 큰아버지 =〔伯伯①〕〔方 阿ā伯〕〔大爷·ye①〕 →〔叔shū父①〕 ❷ 어른. 아저씨 [아버지 또래의 어른에 대한 존칭] ❸ 敬 경 [천자(天子)의 동성(同性) 제후(諸侯)에 대한 경칭] →〔伯舅jiù〕

【伯公】bógōng 名 方 ❶ 큰할아버지. ❷ 남편의 백부(伯父).

【伯舅】bójiù 名 敬 경 [천자(天子)의 이성(異性) 제후에 대한 경칭] →〔伯父③〕

【伯爵】bójué 名 백작.

【伯劳(鸟)】bóláo(niǎo) 名〈鳥〉때까치 =〔博劳〕〔胡巴刺〕〔虎hù不拉〕

【伯乐】Bólè 名 ❶〈人〉백락 [춘추시대 말을 잘 가렸던 사람] ❷ (bólè) 轉 인재를 알아 보는 안목을 가진 사람. ¶～相马|㊒백락이 말을 고르 듯 인재를 잘 알아 보다.

【伯利兹】Bólìcí 名 外〈地〉벨리즈(Belize) [중앙 아메리카 유카탄반도 동남의 카브리해에 면한 나라. 수도는「贝尔莫潘」(벨모판;Belmo-

pan)]
【伯妈】bómā ⇒〔伯母①〕
【伯明罕线规】Bómínghǎn xiànguī 名 外 버밍검 게이지(Birmingham gauge) [영국의 표준자. 약호 B.W.G.] =〔英规〕→〔线xiàn规〕
【伯明翰】Bómínghàn 名 外 〈地〉버밍햄(Birmingham) [영국 제2의 도시]
2【伯母】bómǔ 名 ❶ 백모. 큰어머니 =〔伯妈〕〔伯娘〕〔大妈〕〔大娘①〕 ❷ 아주머니 [어머니 또래의 부인에 대한 호칭]
【伯娘】bóniáng ⇒〔伯母①〕
【伯婆】bópó 名 方 ❶ 큰할머니 =〔伯祖母〕 ❷ 남편의 큰어머니.
【伯氏】bóshì ⇒〔伯兄〕
【伯兄】bóxiōng 書 名 맏형. 큰 형님 =〔伯氏〕
【伯牙绝弦】bó yá jué xián 成 백아가 거문고의 현을 끊다. 참 벗의 죽음을 매우 슬퍼하다 [춘추시대 거문고의 명인 백아(伯牙)가 그의 거문고 연주를 좋아하던 친구 종자기(鐘子期)가 죽자, 현을 끊어버리고 평생 거문고를 타지 아니하였다는 고사(故事)에서 유래함]
【伯爷】bóyé ⇒〔伯祖〕
【伯夷叔齐】Bóyí Shūqí 名組 〈人〉백이와 숙제.
【伯仲】bózhòng 書 ❶ 名 맏이와 둘째. ❷ 動 백중지세이다. 우열을 가릴 수 없다. ¶～之间 | 成 엇비슷하다. 우열을 가릴 수 없는 사이다 →〔难nán兄难弟②〕‖=〔季孟〕
【伯仲叔季】bó zhòng shū jì 名組 백·중·숙·계 [형제 장유(兄弟長幼)의 차례. 맏이는「伯」, 둘째는「仲」, 세째는「叔」, 막내는「季」라고 함]
【伯祖】bózǔ 名 큰할아버지 =〔伯爷yé〕〔大爷爷〕
【伯祖母】bózǔmǔ 名 큰할머니 =〔伯婆①〕

【帛】 bó 비단 백

❶ 비단. 견직물의 총칭. ¶布～ | 천. 직물(織物). ¶玉～ | 제후가 조빙(朝聘)될 때 바치던 옥과 비단. ¶裂liè～一声 | 비단 찢는 듯한 날카로운 소리 →〔丝sī①〕 ❷ (Bó) 名 성(姓).
【帛画】bóhuà 名 백화 [견직물에 그린 그림]
【帛书】bóshū 名 ❶ 백서 [비단에 쓴 글이나 서함(書函)]

4【泊】 bó pō 배머무를 박

Ⓐ bó ❶ 動 배가 정박하다. ¶～着一只小船 | 작은 배 하나가 정박해 있다. ¶～岸àn↓ ¶停～ | 정박하다. ❷ 動 머물다. 멈추다. ¶飘piāo～ | 떠돌다. ❸ 담담하다. 소박하다. ¶淡～ | 담담하다. ❹ 名 〈物〉푸아즈(poise) [점도(黏度)의 C.G.S 단위]
Ⓑ pō 名 호수. ¶湖hú～ | 호수. ¶梁山～ | 양산박. ¶罗luó布～ | 나포박 [신강(新疆) 위구르 자치구 동북에 있는 호수] =〔泺luòⒷ〕
【泊岸】bó/àn ❶ 動 배를 해안·강안에 대다. 정박하다. ¶使船安全～ | 배를 안전하게 정박하다. ❷ 名 선착장.
【泊然】bórán 書 形 욕심이 없고 마음이 평정(平靜)하다. 감담하다 =〔泊如〕
【泊如】bórú ⇒〔泊然〕
【泊位】bówèi 名 버드(berth). 정박장. ¶等待～之时间 | 정박장에 정박할 자리를 대기하다.

【柏】 bó ☞ 柏 bǎi Ⓑ

【铂(鉑)】 bó 금박 박, 백금 박

❶ 名 〈化〉백금 (Pt;platinum). 화학 원소 명.. ¶镀dù～ | 백금 도금. ❷「箔」과 같음 ⇒〔箔bó①〕
【铂表】bóbiǎo 名 백금 시계. 플래티나(platina) 시계.
【铂海绵】bóhǎimián 名 〈化〉백금 해면(白金海綿) =〔松铂〕
【铂氯酸】bólǜsuān 名 〈化〉염화백금산(鹽化白金酸). ¶～钾jiǎ | 염화백금산칼륨 =〔白金盐化水素酸〕

4【舶】 bó 큰배 박

名 (바다를 항해하는) 큰 배. 배. ¶船～ | 선박. ¶巨jù～ | 큰 배.
【舶来品】bóláipǐn 名 수입품. 외래품. ¶煤méi油最早是～, 由日本传过来的 | 석유는 처음에 수입품으로 일본에서 전해진 것이다 =〔进口货〕

【箔】 bó 금박 박

❶ 금속의 얇은 조각. ¶金jīn～ | 금박. ¶铜tóng～ | 동박 =〔铂bó②〕 ❷ 금속 분말이나 박편을 붙인 종이 ¶锡xī～ | 은종이. ❸ 섶. ¶蚕cán～ | 잠박 [누에가 고치를 치도록 만든 섶] ❹ 발. 자리. ¶苇wěi～ | 갈대 발. ¶席xí～ | 돗자리.
【箔帘】bólián 名 통발 [대오리나 갈대 등을 바자처럼 엮어 고기를 잡는 발]
【箔线】bóxiàn 名 틴슬코드(tinsel cord). 금사코드.

【魄】 bó ☞ 魄 pò Ⓑ

【孛】 bó bèi 살별 패, 어두울 패

Ⓐ bó ❶「勃」와 같음 ⇒〔勃bó②〕 ❷ 음역어에 쓰임. ¶～郎宁↓ ❸ 名 (Bó) 성(姓).
Ⓑ bèi 書 名 〈天〉혜성.
【孛郎宁】bólángníng ⇒〔勃bó朗宁①〕
【孛老】bólǎo 名 〈映演〉원곡(元曲)의 노인역.

3【勃〈敎〉】 bó 활발할 발

❶ 갑자기. 돌연히. 발끈. 불쑥. ¶～兴 | 갑자기 왕성하다. ¶～然大怒 | 발칵 성을 내다. ❷ 왕성하다. ¶朝气蓬～ | 생기 발랄하다 =〔孛①〕 ❸ 음역어에 쓰임. ¶～兰lán地↓ ❹ (Bó) 名 성(姓).
【勃勃】bóbó 形 ❶ 왕성하다. 강렬하다. 발랄하다. 진진하다. 만만하다. ¶生气～ | 생기 발랄하다. ¶兴致～ | 흥미진진하다. ¶野心～ | 야심만만하다.
【勃发】bófā ❶ 形 왕성하다. 발랄하다. 확연하다. ¶英姿zī～ | 빼어난 모습이 확연하다. ❷ 動 발발하다. 갑자기 발생하다. ¶战争争～ | 전쟁이 발발하다. ¶野性～ | 야성이 갑자기 나타나다.
【勃姑】bógū 名 〈鳥〉비둘기 =〔鸽gē子〕
【勃海】Bóhǎi ⇒〔渤Bó海〕

【勃荷】bòhé 名〈植〉박하 =〔薄bò荷〕

【勃兰地】bólándì 名外〈食〉브랜디(brandy) =〔白兰地〕

【勃朗宁】Bólǎngníng 名外 ❶ 브라우닝식(Browning 式) 자동 소총 =〔李朗宁〕〔布bù朗宁〕〔布lōu子〕〔搂lǔ子〕→〔手shǒu枪〕〔驳bó壳枪〕 ❷〈人〉브라우닝(John Moses Browning, 1855~1926) [미국의 총포(銃砲) 기술자. 권총·기관총 등을 발명함] ❸〈人〉브라우닝(Robert B. Browning, 1812~1889) [영국 빅토리아조(Victoria朝) 시단(詩壇)의 대표적 시인]

【勃列日涅夫】Bólièrìnièfū 名外〈人〉브레즈네프(Yuri Leonido vich Brezhnev, 1906~1982) [소련의 정치가, 공산당 서기장]

【勃林奈尔硬度】Bólínnài'ěr yìngdù ⇒〔勃氏shì硬度〕

【勃然】bórán 貶 ❶ 갑자기 …하다. 불쑥 …하다. ¶～大怒nù | 벌컥 화를 내다. ¶王～变乎色 | 왕은 갑자기 안색이 변했다《孟子·萬章下》 ¶忽然出～动 | 홀연히 나타나 갑자기 움직이다《莊子·天地》 ¶～作色 | 갑자기 안색의 변화를 보이다 ❷ 왕성하게 …하다. 무성하게 …하다. ¶～而兴 | 발흥하다. 왕성하게 일어나다. ¶～而生 | 무성하게 생겨나다.

【勃然奋励】bó rán fèn lì 成 떨치고 일어나 자신을 연마하다《顔氏家訓·勉學》

【勃氏硬度】Bóshì yìngdù 名外〈物〉브리넬 경도(Brinell硬度) =〔勃林奈尔硬度〕〔布氏硬度〕

【勃腾腾】bóténgténg 形 노기가 등등하다. ¶～生忿怒fènnù | 노기등등하게 화를 내다《臧懋循·元曲選》

【勃谿】bóxī 書動 서로 반목(反目)하다. 서로 다투다. ¶妇姑fūgū～ | 고부가 서로 반목하여 다투다《莊子·外物》

【勃兴】bóxīng 書動 발흥하다. 왕성하게 일어나다. ¶近年工商业便～了起来 | 근년에 상공업이 발흥하기 시작하였다.

【勃嘴】bóxuǐ 動吳 말다툼하다. 논쟁하다.

【悖】bó ☞ 悖 bèi B

【荸】bó ☞ 荸 bí

2【脖】bó 목 발
❶ (～儿,～子) 名 목. 목덜미. ¶缩suō～子 | 목을 움츠리다. ¶直着～子看 | 목을 쭉 빼고 보다. ¶搁gē在～子后头 | 喩 목 뒤로 젖혀 놓다. 깡그리 잊어버리다. ¶自己～子后边的灰, 一点也看不见 | 喩 자기 목 뒤에 묻은 재는 보지 못한다. 자기의 과실은 조금도 모른다 =〔書 劲jìng〕 ❷ 모가지. 목처럼 생긴 것. ¶脚～ | 발목. ¶手～ | 손목. ¶瓶子～ | 병모가지.

【脖梗子】bógěng·zi ⇒〔脖劲儿〕

【脖颈儿】bógěngr 名 목덜미. ¶在后面戳chuō～ | 뒤에서 목덜미를 찌르다 =〔脖梗儿〕〔脖梗子〕〔脖颈子〕〔脖项〕

【脖颈子】bógěng·zi ⇒〔脖颈儿〕

【脖(儿)拐】bó(r)guǎi 名 목덜미 치기. ¶挨āi了～ | 목덜미를 맞다. ¶打～ | 목덜미를 치다 =〔脖子拐〕

【脖巾】bójīn 名 스카프(scaft). 목도리.

【脖链儿】bóliànr ⇒〔项xiàng链(儿)〕

【脖领儿】bólǐngr 名俗 옷깃 =〔脖领子〕〔领子〕〔衣领〕

【脖领子】bólǐng·zi ⇒〔脖领儿〕

【脖脐】bóqí 名〈生理〉배꼽 =〔方 脖脐窝wō〕〔肚dù脐〕

【脖项】bóxiàng ⇒〔脖颈gěng儿〕.

2【脖子】bó·zi 名 목. ¶歪wāi～ | 비뚤어진 목.

【脖子拐】bó·ziguǎi ⇒〔脖(儿)拐〕

【渤】bó 바다 발
❶ ⇒〔渤海〕 ❷ (Bó) 名 성(姓).

【渤海】Bóhǎi 名〈地〉❶ 발해 만(灣) [산동 반도와 요동반도 사이의 만. 고대에는 「沧cāng海」「北海」라고 했음] ❷ 발해 [서기 699~926년간 한반도 동북부에 대조영이 세운 나라] ‖ =〔勃海〕

【鹁(鵓)】bó 집비둘기 발
⇒〔鹁鸽〕〔鹁鸪〕

【鹁鸽】bógē 名俗〈鳥〉비둘기 =〔鸽子〕〔家鸽〕

【鹁鸪】bógū 名〈鳥〉산비둘기 =〔水鹁鸪〕〔水鸪鸪〕

4【驳(駁)〈駮1,2,3〉】bó 논박할 박
❶ 動 논박하다. 반박하다. ¶真理是～不倒的 | 진리는 논박한다고 거역할 수 있는 것이 아니다. ¶生气地～了一句 | 화를 내며 한 마디 논박하였다. ¶反～ | 반박하다. ¶不值zhí一～ | 논박할 가치도 없다. ¶批～ | 기각하다. ❷ 값을 깎다. ¶～价↓ ❸ 얼룩얼룩하다. 얼룩이 가다. 순수하지 않다. ¶色彩斑～ | 색깔이 얼룩얼룩하다. ❹ 動 (화물을) 작은 배에 갈라 싣다. 분적(分積) 운반하다. ¶～运一部的货物 | 일부의 화물을 작은 배에 나누어 실어나르다. ❺ 動方 강안(江岸)·제방 등을 바깥 쪽으로 넓히다. ¶这条堤dī还不够宽kuān, 最好再～出去一米 | 이 제방의 폭은 아직 충분하지 않으니, 1미터 더 넓히는 것이 좋겠다. ❻ 名 바지선(barge船). 작은 배. 거룻 배. ¶铁～ | 철제 바지선.

【驳岸】bó'àn 名 호안제(護岸堤). ¶石～ | 석축 호안제.

【驳案】bó'àn 書動 안건을 기각하다.

【驳辩】bóbiàn 動 반박하다. 쟁론(爭論)하다. ¶这个提tí议当场就有人～反对得很激烈jīliè | 이 건의는 즉석에서 사람들이 격렬하게 쟁론하고 반대하였다.

【驳不倒】bó·budǎo 動組 논박할 수 없다. 반박하여 굴복시킬 수 없다. ¶真理是～的 | 진리는 논박하여 누를 수 없는 것이다 ⇔〔驳得倒〕

4【驳斥】bóchì 動 논박하다. 반박하여 물리치다. ¶～谬miù论 | 틀린 이론을 반박하여 누르다 =〔驳饬〕

【驳饬】bóchì ⇒〔驳斥〕

【驳船】bóchuán 名外 바지선(barge船). 전마선(傳馬船). ¶一条轮船后面拖tuō了十几条～ | 기

선 한 척 뒤에 십 수 척의 바지선을 끌었다. ¶～单 | 바지선 계약서. ¶～费 | 바지선 운임. ¶～执zhí照 | 바지선 면허 =〔拨bō船①〕〔剥bō船〕

【驳错】bócuò ⇒〔驳杂〕

【驳倒】bó/dǎo 動 반박하여 누르다. 반박하여 압도하다. ¶一句话把他～了 | 한마디 말로 그를 반박하여 이겼다.

【驳得倒】bó·dedǎo 動組 논박할 수 있다. 반박하여 이길 수 있다. ¶把他～ | 그를 논박하여 눌렀다 ⇔〔驳不倒〕

【驳费】bófèi ⇒〔驳力〕

【驳骨松】bógǔsōng 名〈植〉목마황(木麻黃) [30m까지 자라는 대나무의 일종] =〔大麻má黄〕〔大麻竹〕

【驳回】bóhuí ❶ 動 반박하다. 이의를 제기하다. ¶祥xiáng子也没～ | 상자도 이의(異議)를 제기하지 않았다《老舍·駱駝祥子》 ❷ 動 기각하다. 각하하다. 받아들이지 않다. ¶～上诉 | 상소를 기각하다. ¶～了申请 | 신청을 기각하였다.

【驳货】bóhuò 動 바지선으로 화물을 나누어 실어 나르다.

【驳价】bó/jià 動 값을 깎다. 에누리하다 ¶我店决不～ | 우리 가게는 절대 값을 깎아 주지 않는다 =〔还huán价(儿)①〕

【驳诘】bójié 動 책망하다. 질책하다. 힐난하다. 논박하다. ¶他常在人前～ | 그는 항상 남들 앞에서 힐난한다. ¶互相～ | 서로 질책한다.

【驳驹】bójū ⇒〔驳马〕

【驳开】bó/kāi 動 반박하다. 거절하다. ¶～不开面子 | 안면을 무시할 수 없다.

【驳勘】bókān 動 (상급기관으로부터) 기각된 안건을 다시 심의하다 =〔驳查〕

【驳壳枪】bókéqiāng 名 外 모제르총(Mauser pistol;독) =〔方 盒子炮〕〔方 盒hé子枪〕〔毛máo瑟枪〕〔匣xiá(子)枪〕

【驳力】bólì 名 거룻배세 =〔驳费〕

【驳论】bólùn ❶ 動 논박하다. ❷ 名 반론. 논박 [「立论」에 상대되는 말]

【驳马】bómǎ 名 얼룩말. 반점(斑點)이 있는 말 =〔驳驹〕

【驳面子】bómiàn·zi 名組 면박을 주다. 체면을 손상시키다.

【驳难】bónàn 書 動 책난(責難)하다. 난책하다.

【驳批】bópī ⇒〔批驳①〕

【驳文】bówén 名 반박문(反駁文). 반론문.

【驳议】bóyì ❶ 動 남의 의론(議論)를 반박하다. 논박하다. ❷ 서면으로 제출된 안건을 기각하다.

【驳运】bóyùn 動 바지선으로 실어 나르다. ¶分批～ | 화물을 나누어 실어 나르다.

【驳杂】bózá 形 난잡하다. 뒤섞이다. ¶～不纯 | 뒤섞여 순수하지 않다. ¶这篇文章的内容非常～ | 이 글의 내용은 매우 난잡하다 =〔驳错〕→〔斑bān驳〕

【驳正】bózhèng 書 動 잘못을 바로잡다. 논박하여 바로잡다. 시비를 가리다. ¶必须予以～ | 반박하여 시비를 가려야 한다. ¶不妥之处, 请～ | 타당하지 않은 곳은 바로 잡아 주십시오.

【亳】Bó 은나라서울 박

名〈地〉❶ 박 [상(商)나라 탕왕(湯王)이 정했던 도읍지. 하남성(河南省) 상구현(商丘縣)에 있었음] ❷ 박현(亳縣) [안휘성(安徽省) 북부에 있는 현]

【钹(鈸)】bó ⓧbá) 방울 발

名 ❶〈音〉동발(銅鈸). 심벌즈(cymbals) ❷ (Bó) 성(姓).

3【博〈愽〉】bó 넓을 박

❶ 많다. 풍부하다. 넓다. ¶地大物～ | 땅이 넓고 자원이 풍부하다. ❷ 形 사물에 대해 널리 통하다. ¶他的知识很～ | 그는 아는 것이 많다. ¶学问渊yuān～ | 학문이 깊고 넓다. ¶～古通今 | 고금의 이치에 널리 통하다. ❸ 形 크다. ¶宽kuān衣～带 | 너른 옷과 큰 띠. ❹ 動 널리 …하다. 여러가지로 …하다. ¶～得同情 | 널리 동정을 사다. ¶聊liáo～一笑 | 온통 한가닥 웃음을 자아내다. ❹ 名 노름. 도박. ¶我要先赌dǔ这个～ | 나는 먼저 이 노름판에서 놀겠다 =〔簙〕 ❺ (Bó) 名 성(姓).

【博爱】bó'ài 名 ❶ 박애. ¶～主义 | 박애주의. ¶～座 | 우대 석 [차량이나 극장 등에 있는 우대좌석] ❷ (Bó'ài) 〈地〉하남성(河南省) 북부에 있는 현(縣).

【博采】bócǎi 動 널리 취하다. 널리 수집하다. ¶～各种思想 | 널리 여러가지 사상을 흡수하다. ¶～民间秘mì方 | 민간 비방을 널리 수집하다.

【博茨瓦纳】Bócíwǎnà 名 外〈地〉보츠와나(Botswana) [남아메리카에 위치한 나라. 수도는「哈hā博罗内」(가보로네;Gaborone)]

【博达】bódá 動 모든 것에 널리 통달하다. 박통하다. ¶才识～ | 재능과 견식이 넓다.

【博大】bódà 書 形 (주로 추상적인 사물이) 넓고 크다. ¶～精深jīngshēn | 사상과 학식이 넓고 깊다. ¶～厚hòu重 | 여유가 있고 돈후하다.

【博得】bódé 動 (명성·지위·호감·신임·칭찬 등을) 널리 받다. ¶～声望 | 많은 사람으로부터 명망을 받다. ¶～称赞 | 널리 칭찬을 듣다. ¶～信赖lài | 두루 신뢰를 받다 =〔博取qǔ〕

【博恩】bó'ēn 名 넓고 깊은 은혜. ¶～广施shī | 모든 사람에게 널리 은혜를 베풀다.

【博古通今】bó gǔ tōng jīn 成 고금(古今)의 일에 통달하다. ¶他称得上是一个～的人 | 그는 고금의 사리에 통달한 사람이라 할 수 있다.

【博莱霉素】bóláiméisù 名 外〈藥〉플레오마이신(phleomycin).

【博览】bólǎn 動 박람하다. 널리 책을 보다. 고금의 책을 두루 읽다. ¶～兵书, 多习武艺wǔyì | 병서를 널리 읽고 무예를 많이 닦다.

4【博览会】bólǎnhuì 名 박람회.

【博览强记】bó lǎn qiáng jì ⇒〔博闻强记〕

【博览群书】bó lǎn qún shū 成 여러 가지 책을 많이 읽다. ¶他又～, 也喜欢同人谈论这些书籍jí | 그는 또한 여러 가지 책을 읽고 사람들과 이러한 서적에 대해 이야기하기를 좋아했다.

【博浪鼓(儿)】bó·langgǔ(r) ⇒〔波bō浪鼓(儿)〕

【博劳】bóláo ⇒〔伯bó劳(鸟)〕

【博洽】bóqià 書 形 박식하다. 널리 알아서 막힐 데가 없다. ¶～多闻 | 成 지식이 풍부하고 견문이 넓다《後漢書·杜林傳》→〔博通〕

【博取】bóqǔ ⇒〔博得〕

【博识】bóshí 形 박식하다. 박학하다. ¶他真是个～家 | 그는 정말 박식한 사람이다. ¶～古今 | 고금에 박식하다. ¶多闻～ | 견문이 넓고 박식하다.

3【博士】bóshì 名 ❶ 박사. ¶文学～ | 문학박사. ¶在外国得了～ | 외국에서 박사 학위를 취득하였다. ❷ 박사. 명인. 박식한 사람. ❸ 박사 [진(秦)나라 때 고금(古今)의 사물을 관장케 했던 벼슬] ❹ 박사 [송(宋)·원(元) 시대 직인(職人)이나 소상인(小商人) 등에 대한 호칭] ¶茶～ | 찻집의 점원.

【博士弟子】bóshì dìzǐ 名組〈史〉❶ 박사 제자 [한(漢) 무제(武帝)가 박사관(博士官)을 설치, 제자 50명을 두었음] ❷ 박사 제자 [당대(唐代) 이후에 생원(生員)에 대한 호칭]→〔生员〕

【博士后】bóshìhòu 名 포스트 닥터(post doctor) [박사 학위 취득 후에 대학이나 연구소에서 하는 연구 과정] ¶他正在美国作～ | 그는 미국에서 포스트 닥터 과정을 하고 있다.

【博士买驴】bó shì mǎi lǘ 成 글이 번잡하기만 하고 요령이 없다 [박사가 나귀를 사고 쓴 계약에 「나귀」라는 글귀가 없었다는 데서 온 말]《顔氏家訓·勉學》＝〔三纸买驴〕

【博士头】bóshìtóu ⇒〔分fēn头④〕

【博通】bótōng 書 形 박식하다. 지식이 풍부하고 정통하다. ¶～经典diǎn | 경전에 대해 정통하다 →〔博洽〕

【博文约礼】bó wén yuē lǐ 成 학문을 깊이 닦고 바른 예절을 가지다 ＝〔簡 博约〕

【博闻】bówén 狀 견문이 넓다. ¶圣人～多见 | 성인은 견문이 넓다.

【博闻强记】bó wén qiáng jì 成 견문이 넓고 아는 것이 많다 ＝〔博览强记〕〔博闻强志〕〔博闻强识〕

【博闻强识】bó wén qiáng zhì ⇒〔博闻强记〕

【博物】bówù ❶ 名 박물(博物) [동물·식물·광물·생리 등 학과(學科)의 총칭. 일본어에서 온 말] ¶～学家 | 박물학자. ❷ 書 狀 박식(博識)하다. 두루 많이 알다. ¶～的人 | 만사에 통달한 사람.

3【博物馆】bówùguǎn ⇒〔博物院〕

【博物学】bówùxué 名 박물학.

【博物院】bówùyuàn 名 박물관. ¶故宫～ | 고궁 박물관 ＝〔博物馆〕

【博学】bóxué 形 박학하다. 학문이 넓다. ¶～不群 | 학문이 보통사람보다 뛰어나다. ¶～之士 | 박식한 학자. ¶这位教授非常～ | 이 교수는 매우 박식하다. ¶张大哥是个～的人 | 장형은 박학한 사람이다.

【博学审问】bó xué shěn wèn 成 널리 배우고 상세하게 따져 보다.

【博雅】bóyǎ 狀 박학하고 고아하다. 학문이 깊다. ¶～好hào古, 不窃qiè虚名 | 박학하며 옛 것을 좋아하고, 헛된 명리를 넘보지 않는다. ¶～君子 | 박식하고 고아한 성현 군자.

【博役】bóyì 名 外 보이(boy). 남자 점원 ＝〔仆pú欧〕〔仆役〕

【博奕】bóyì ❶ 名 도박(賭博) [「博」는 쌍육(雙六), 「奕」는 바둑을 말함] ❷ 動 바둑을 두다.

【博引】bóyǐn 動 (유례나 자료를) 널리 인용하다. ¶～旁证pángzhèng | 成 널리 자료를 인용하여 논증하다.

【博约】bóyuē ⇒〔博文约礼〕

4【搏】bó 칠 박, 잡을 박, 뛸 박
❶ 動 치다. 싸우다. 격투를 벌이다. ¶肉～ | 육박하다. ¶性命相～ | 목숨을 걸고 서로 싸우다. ❷ 動 붙잡다. 덮치다. ¶狮shī子～兔tù子 | 사자가 토끼를 잡다. ❸ 뛰다. 박동하다. ¶～动↓ ❹ 짚다. 기대다. ¶～杖zhàng↓

【搏动】bódòng 動 박동하다. 맥박이 뛰다. ¶心脏zàng还在～ | 심장이 아직 뛰고 있다.

4【搏斗】bódòu ❶ 動 격투하다. 악전고투하다. ¶与波涛bōtāo～ | 파도와 격투하다. ❷ 名 격투. ¶做～ | 격투를 벌이다 ＝〔格斗〕〔肉搏〕

【搏击】bójī 動 박격하다. 후려치다. 싸우다. ¶～风浪làng | 풍랑과 싸우다. ¶～八面风 | 사방 팔방에서 몰려 드는 풍파와 싸우다.

【搏杀】bóshā 動 박살을 내다. 흉기를 들고 싸우다. 격투를 벌이다. ¶在～中, 他胸口吃了一刀 | 격투를 벌이다가 그는 가슴에 칼로 한방 찔렸다.

2【膊】bó 어깨 박, 포 박
❶ 名 상박. 상완(上腕) [팔의 어깨에 가까운 부분] ¶胳gē～ | 위팔. ¶赤chì～ | 웃통을 벗다. ❷ 名 말린고기. 포육.

【膊膊】bóbō 擬 퍼득퍼득. 푸드득 [새의 날개짓 소리]

【膊棱盖儿】bólénggàir ⇒〔磕kē膝盖(儿)〕

【薄】bó ☞ 薄 báo B

【礴】bó 널리덮일 박
⇒〔磅páng礴〕

【僰】Bó 오랑캐이름 북
名〈民〉북족 [고대 중국 서남부에 거주했던 소수 민족]

【踣】bó 쓰러질 복
書 動 (걸려) 넘어지다. 쓰러지다. ¶～倒dǎo | 걸려 넘어지다. ¶屡～屡起 | 수없이 넘어져도 일어나다.

bǒ

【跛〈𡯇〉】bǒ 절뚝발이 파, 기울게설 피
❶ (～子) 名 절름발이. 한쪽 다리 병신. ¶一足～, 不利于行 | 한쪽 절름발이는 걷기에 불편하다. ❷ 動 다리를 절다. 절뚝거리다. ¶～了一只脚 | 한쪽 다리 절름발이가 되었다. ¶一偏piān～地走过来 | 한쪽 다리를 절뚝거리며 걸어 온다 ‖ →〔瘸qué〕

【跛鳖千里】bǒ biē qiān lǐ 成 절름발이 자라가 천리를 간다. 능력이 부족해도 노력하면 성공한다.

【跛脚】bǒ/jiǎo ❶ 動 다리를 절며 걷다. ❷ (bǒjiǎo) 名 절름발이. ¶～蓬péng头 | 절름발이에 엉클어진 머리. 흉악한 몰골. ¶～佬lǎo | 다리 병

신 =〔跛子〕‖ =〔跛腿〕〔跛足〕→〔瘸qué子〕
【跛蹶】bǒjué 動 ❶ 발을 헛디디어 넘어지다 ❷ 일이 차질이 생기다 =〔跛踬zhì〕
【跛腿】bǒtuǐ ⇒〔跛脚〕
【跛行】bǒxíng 動 ❶ 절며 걷다. 절뚝거리며 걸어가다. ❷ (성장·진행 등이) 파행적이다.
【跛踬】bǒzhì ⇒〔跛蹶〕
【跛子】bǒ·zi ⇒〔跛脚②〕
【跛足】bǒzú ⇒〔跛脚〕

4【簸】bǒ bò 까부를 파
Ⓐ bǒ 動 ❶ 키질하다. 까부르다. ¶ ~米↓ ❷ 흔들리다. 요동하다. ¶ 船在海浪中颠diān~起伏 | 배가 파도 속에서 요동하다.
Ⓑ bò ⇨〔簸箕〕
Ⓐ bǒ
【簸荡】bǒdàng 動 흔들리다. 요동하다. ¶ 小船在江面上~不定 | 작은 배가 강물 위에서 끊임없이 흔들린다.
【簸动】bǒdòng 動 징을 울리다. ¶ 擂狼皮鼓, ~金锣 | 낭피고(狼皮鼓)를 치고, 징을 울리다《臧懋循·元曲選》→〔筛shāi锣①〕
【簸弄】bǒnòng ⇒〔掇duō弄②〕
【簸扬】bǒyáng 動 바람에 날려 곡물을 까부르다 =〔扬簸〕
Ⓑ bò;
【簸箕】bò·ji 名 ❶ 키 =〔㊄ 畚běn斗〕 ❷ 쓰레받기 =〔㊄ 撮cūo箕〕→〔筐kuāng子〕 ❸ 키와 같이 생긴 지문(指紋). 제상(蹄狀)·궁상(弓狀)의 지문(指紋) →〔斗箕〕‖ =〔波bō箕〕

bò ㄅㄛˋ

【北】bò ☞ 北 běi

【柏】bò ☞ 柏 bǎi Ⓒ

【播】bò ☞ 播 bō

【薄】bò ☞ 薄 báo Ⓒ

【擘】bò 나눌 벽, 엄지손가락 벽
❶ 名 엄지 손가락 =〔擘指〕〔㊐ 大拇mǔ指〕 ❷ 名 喩 거장. 거두. 아주 재간이 있는 사람. ¶ 巨jù~ | 재능이 걸출한 사람. ¶ 他是学界巨~ | 그는 학계의 거두. ❸ 動 (손으로) 쪼개다. 찢다. ¶ 乃~青天而飞去 | 푸른 하늘을 가르고 날아 갔다. ❹「掰」의 이체자 ⇒〔掰bāi〕
【擘画】bòhuà 書 動 계획하다. 수배하다. 처리하다. ¶ 此事尚待dài~ | 이 일은 아직 좀더 기획되어야 한다. ¶ ~一切 | 모든 것을 기획하다 =〔擘划②〕
【擘划】bòhuà ❶ 動 近 (금전을) 조달하다. 마련하다. ¶ ~将来 | 조달해오다. ❷ ⇒〔擘画〕 ❸ 名 近 계획. 기획. 조처. ¶ 他是个有~的人 | 그는 계획이 있는 사람이다.
【擘肌分理】bò jī fēn lǐ 成 하나하나 해부하다. 상세하게 분석하다 =〔擘开揉碎〕
【擘开】bò·kāi 動 쪼개다. 분석하다. 분해하다. ¶ 不待~, 自然分解 | 분해하지 않아도 자연히 알려지게 된다.
【擘开揉碎】bò kāi róu suì ⇒〔擘肌分理〕
【擘窠书】bòkēshū 名 인감(印鑒)·전각(篆刻) 등에 쓰는 서체(書體) [「擘窠」는 글자를 새길 때 바로 놓아게 하는 것]
【擘箜篌】bòkōnghóu ⇒〔竖shù箜篌〕
【擘指】bòzhǐ 名 (손가락의) 엄지.

【檗〈蘗〉】bò 황경피나무 벽
名 〈植〉 황경피나무. 황백나무 =〔檗木〕〔檗树〕〔黄檗〕〔黄柏〕

【簸】bò ☞ 簸 bǒ Ⓑ

·bo ㄅㄛ˙

2【卜】·bo ☞ 卜 bǔ ②

【啵】·bo 어조사 파
語 近 …하자. 어법 용법(用法)은「吧」와 같으며 원곡(元曲)에 주로 쓰임. ¶ 大家努力干~ | 여러분 열심히 일합시다 →〔吧〕〔罢〕

bū ㄅㄨ

【晡】bū 신시 포
書 名 신시(申時) [오후 3시부터 5시] ¶ 日~ | 해질 무렵. ¶ 日色将~, 前途旷野kuàngyě | 해는 기울어 가고 가야할 길은 넓고 넓은 광야이다.

【逋】bū 도망갈 포
書 動 ❶ 도망치다. 달아나다. ¶ ~亡↓ ❷ 체납하다. 제 기한 내에 물지 않다. ¶ 宿sù~ | 묵은빚. 오래된 채무.
【逋负】būfù 書 動 (부채·세금을) 연체하다. 체납하다. ¶ 宽裕kuānyù~ | 체납된 세금을 유예해 주다 =〔逋欠qiàn〕〔逋悬①〕
【逋欠】būqiàn ⇒〔逋负fù〕
【逋逃】būtáo ⇒〔逋亡〕
【逋逃薮】būtáosǒu 書 名 도피처. 은신처. ¶ 那时候的大学便是容纳这些人的~ | 그때 대학은 이러한 사람들을 받아들이는 은신처가 되었다.
【逋亡】būwáng 書 動 도망하다. 도주하다. 도피하다. ¶ 许多政治犯~海外 | 많은 정치범이 해외로 도피하였다 =〔逋逃〕
【逋悬】būxuán 書 名 장기 체납 세금.

bú ㄅㄨˊ

【醭】bú (舊 pú) 골마지 복
名 京 ❶ (~儿) (술이·간장 등에 생기는) 골마지. ¶ 生~ =〔长醭〕〔起醭〕 | 골마지가 끼다. ¶ 天然酱jiàng油到了夏天很容易生~ | 천연 간장은 여름철에 골마지가 끼기 쉽다. ❷ 과분(果粉) [과일의 표면에 생기는 흰 가루]

bǔ ㄅㄨˇ

2【卜】① bǔ 점 복, 생각할 복
❶ 動 점을 치다. ¶ 未~先知 | 점치지

않고도 미리 안다. ¶占～ | 점을 치다. ❷書動 예상하다. 예측하다. ¶吉凶jíxiōng未～ | 길흉은 예측할 수 없다. ¶胜败shèngbài可～ | 승패를 미리 점칠 수 있다. ❸書動(살 곳·날짜 등을) 선택하다. 고르다. ¶～居↓ ¶行期未～ | 출발시기는 미정이다. ¶～筑zhù | 살 곳을 정하고 집을 짓다. ❹(Bǔ) 名 성(姓).

【卜辞】bǔcí 名 복사. 갑골문자 →〔甲jiǎ骨文〕

【卜鼎】bǔdǐng 動 㢠 왕조(王朝)를 열고 황제로 즉위하다. ¶高宗～临lín安, 改元绍兴shàoxīng | 고종은 왕조를 열어 임안에 도읍하고 소흥으로 개원하였다.

【卜儿】bǔ'ér 名 복아 [중국 전통극의 배역 이름] [지금 경극(京劇) 등의「老旦」과 같은 역임]

【卜卦】bǔguà ❶ 名 점괘. 점. ❷ 動 (bǔ/guà) (괘로) 점을 치다 ‖ →〔八卦〕

【卜居】bǔjū ❶ 書動 (점쳐서) 거처를 정하다. 거주지를 점을 쳐 정하다. ¶他～杭州已经三年 | 그는 항주에 거처를 정한지 이미 삼년이 되었다. ❷(Bǔjū) 名 복거 [초사(楚辭)의 편명(篇名)]

【卜课】bǔ/kè 動 점치다. ¶～打卦 | 점치다. ¶卜了个课, 说月分不利 | 점을 쳐서 이 달은 좋지 않다고 말하다 =〔起课〕

【卜者】bǔzhě 書名 점장이. 점사.

【卜字头】bǔzìtóu 名 한자 부수의 점복(卜) 변.

2【卜(蔔)】② ·bo 무우 복 ⇒〔萝luó卜〕

【吓】bǔ (음역자 복) ⇒〔吓吩〕

【吓吩】bǔfēn 名外〈化〉포르핀(porphine).

【吓啉】bǔlín 名外〈化〉포르핀 류(類) 화합물.

2【补(補)】bǔ 기울 보 ❶ 動 깁다. 때우다. 수선하다. ¶～袜wà子 | 양말을 깁다. ¶车带破pò了, 要～一～ | 타이어가 터져 때워야한다. ¶～衣服 | 옷을 깁다. ¶～锅guō | 솥을 때우다. ❷ 動 보충하다. 채워넣다. 메우다. ¶要是不够, 你～上 | 모자라면 당신이 보태시오. ¶～白↓ ¶候～ | 후보. ¶递dì～ | 차례대로 빈자리를 메우다. ❸ 動 보양(補養)하다. 자양하다. ¶～血↓ ¶～身体 | 보신하다. ❹ 名 자양(滋養). 보양. ¶吃了～身体也好 | 보양제를 먹으면 몸도 좋아진다. ¶～品 | 보양제. ❺書名 이익. 도움. 소용. ¶无～于事 | 일에 도움이 되지 않는다. ¶不无小～ | 작은 도움이 없는 것은 아니다. ❻(Bǒ) 名 성(姓).

【补白】bǔ/bái ❶ 動 빈 곳을 채우다. 빠진 글자를 보충해 넣다. ¶这儿还要～ | 이곳에 빠진 곳을 채워야 한다. ❸(bǔbái) 名 (신문·잡지 등의) 여백을 메우는 글. 단편 기사. ¶写目录作～ | 목록을 써서 여백을 메우다.

【补办】bǔbàn 動 추후 처리하다. 후속 조치를 하다. ¶～手续 | 추후 수속을 하다.

【补报】bǔbào 動 ❶ 사후(事後) 보고하다. 추가로 보고하다. ¶调查结果以后～ | 조사 결과를 추후 보고하다. ❷(은혜를) 갚다. 보답하다. ¶～情分 | 인정에 보답하다. ¶改日～ | 후일에 보답하다. ¶在生之恩, 容我日后～ | 다시 살아나게 된 은혜는 후에 갚겠습니다.

【补补连连】bǔbǔliánlián ⇒〔补补衲nà衲〕

【补补联联】bǔbǔliánlián ⇒〔补补衲nà衲〕

【补补衲衲】bǔbǔnànà 名組 깁고 꿰매다. ¶～的事 | 깁고 꿰매는 일. ¶这些衣服, ～, 还可以将就穿一年 | 이 옷들은 기우면 앞으로 일년은 입을 수 있다 =〔补补联联〕〔补补连连〕

4【补偿】bǔcháng ❶ 動 보상하다. 보충하다. 메우다. ¶～损sǔn失 | 손실을 보상하다. ¶带点东西去～ | 물품을 좀 가져가서 보상하다. ¶～差额 | 차액을 메우다. ❷ 名 보상. ¶他们的劳动得不到～ | 그들의 노동은 보상을 받지 못했다. ¶～贸易 | 〈貿〉보상무역.

2【补充】bǔchōng 動 보충하다. 보완하다. 보태다. ¶～人力 | 인력을 보충하다. ¶互相～ | 서로 보완하다. ¶～原料 | 원료를 보충하다. ¶～一句 | 한 마디를 보태다. ¶～说明 | 보충 설명. ¶～条约 | 추가 조약.

【补丁】bǔ·ding 名 ❶ (떨어진 곳에 대어 깁는) 헝겊 조각. 기운 자리. ¶他的衣服上打了不少～ | 그의 옷에는 많은 곳에 헝겊을 대고 기웠다 ❷ 조부모 상(喪) 때 손자가 입는 상복(喪服)의 어깨에 다는 붉은 헝겊 조각 [외손(外孫)은 푸른 색인「蓝补钉儿」을 붙임] =〔补钉〕

【补钉】bǔ·ding ⇒〔补丁〕

【补发】bǔfā 動 추가 발급하다. 추가 지급하다. ¶上次没领到工作服的, 现由总务处～ | 지난 번에 작업복을 받지 못한 사람에게 지금 총무처에서 추가로 지급한다. ¶～了去年欠qiàn的工资 | 작년에 지급하지 못한 임금을 추가 지급한다.

【补服】bǔfú 名 명청(明清) 시대 문무관(文武官)의 대례복(大禮服) [가슴 부분과 등 부분에 문관은 조류(鳥類), 무관은 수류(獸類)의 수를 놓아 관급(官級)을 나타내고「补」자를 붙인 데서 나온 이름] =〔补褂〕

【补付】bǔfù 動 부족분(不足分)을 채워주다. ¶～工钱 | 노임의 부족분을 채워주다.

【补工】bǔ/gōng 動 보수공사를 하다. ¶误wù工～ | 잘못된 공사에 대해 보수공사를 하다.

【补褂】bǔguà ⇒〔补服〕

【补锅的】bǔguō·de ⇒〔补眼的〕

【补过】bǔ/guò 動 (공로를 세워) 과오를 씻다. 과오를 고치다. ¶将功～ | 成 공로로 과오를 상쇄하다.

【补花(儿)】bǔhuā(r) 名外〈美〉아플리케(appliqué;프).

【补还】bǔhuán 動 갚다. 보상하다. ¶欠qiàn了人情迟chí早是要～的 | 인정의 빚을 졌으면 조만간 갚아야 한다.

【补回】bǔhuí 動 만회하다. 되돌려 받다. ¶想办法～这个损失sǔnshī | 이 손실을 만회할 방도 생각하다.

【补给】bǔjǐ〈軍〉❶ 動 보급하다. ¶～武器 | 무기를 보급하다. ❷ 名 보급. ¶～基地 | 보급기지. ¶～品 | 보급품. ¶～道路 | 보급로.

【补剂】bǔjì ⇒〔补药yào〕

【补加】bǔjiā 動 추가하다. 보충하다. 보태다. ¶～

注解 | 주해를 보태다.

【补假】bǔjià ❶名 보충 휴가. 대체 휴일 [일요일이 국경일인 경우 월요일이 휴일이 되는 경우와 같은 것] ¶这个月我有两天～可以回家乡一趟tàng | 이달에 보충 휴일이 이틀 있어 고향에 한 번 갈 수 있다. ❷(bǔ/jià) 動 보충 휴가를 가지다. ¶补两天假 | 이틀 동안 대체 휴일이다.

【补交】bǔjiāo 動 보충 인도하다. 추가로 제출하다. 추가로 지출하다. ¶向政府～粮食 | 정부에 양식을 추가로 인도하다.

【补角】bǔjiǎo 名〈數〉보각 =〔辅fǔ角〕〔副fù角〕

【补进】bǔjìn 動 추가로 들여 오다. 들여 와 채우다. ¶～材料 | 추가로 재료를 들이다.

2【补救】bǔjiù 動 ❶ 구제하다. ¶～财政的危wēi机 | 재정적 위기를 구제하다. ❷ 모자라는 것을 보태다. 보완하다. 고치다. 만회하다. ¶～这些缺quē点 | 이러한 결점을 보완하다. ¶无可～ | 만회할 수 없다. ¶～教学 | 보충 수업.

【补苴】bǔjū 書 動 결함을 보충하다. 미봉하다. ¶～罅漏xiàlòu | 成 누락된 것을 메우다《韓愈·進學解》

【补考】bǔ/kǎo ❶ 動 추가〔재〕 시험을 보다. ¶缺quē考的学生要～ | 결시한 학생은 추가시험을 보아야 한다. ❷(bǔkǎo) 名 추가시험. ¶准备明年～ | 내년의 추가시험을 준비한다.

2【补课】bǔ kè 動組 ❶ 보충 수업을 하다. ¶利用星期天给学生～ | 일요일을 이용해 학생들에게 보충 수업을 해주다. ❷ 잘 되지 않은 일을 다시 하다. ¶我们电脑方面要～, 否则无法实现办公自动化 | 우리들은 컴퓨터에 대해 다시 공부해야한다. 그렇지 않으면 자무자동화는 실현할 수 없다.

【补篮】bǔlán 名〈體〉(농구의) 플로업슛(follow up shoot).

【补漏洞】bǔ lòudòng 動組 새는 구멍을 막다. 임시로 조처하다.

【补满】bǔmǎn 動 보태어 채우다. 보충하다. ¶～额é数 | 정수(定數)를 다 채우다.

【补苗】bǔ/miáo 動組〈農〉(죽은 싹 대신에) 모종하다. 성긴 곳에 이종(移種)하다.

【补偏救弊】bǔ piān jiù bì 成 치우친 것을 바로 잡아, 그 폐단을 막다.

【补票】bǔ piào 動組 (기차·배 등을) 타고 난 뒤 표를 끊다. ¶～处 | 운임 정산소. ¶上车～ | 타고 난 뒤 표를 사다. 轉 남녀가 성 관계를 가진 후 결혼하다.

【补品】bǔpǐn 名 자양제(滋養劑). 보신 식품.

【补平】bǔpíng 動 서로 보태어 공평하게 하다. 저울의 양쪽을 조정하여 평행되게 하다.

【补情(儿)】bǔ/qíng(r) 動 인정에 보답하다. 신세를 갚다. ¶这点东西就算补个情儿 | 이 예물로 인정에 보답한 것으로 칩시다.

【补缺】bǔ/quē 動 ❶ 부족함을 메우다. ❷ 결원(缺員)을 보충하다. ¶他是来～的 | 그는 결원을 보충하러 왔다.

【补上】bǔ·shàng 動 보태다. 보충하다. ¶他又～了两句 | 그는 또 두 마디를 보태었다.

【补身】bǔ/shēn 動 보신하다. 자양제를 먹다. ¶冬天要多吃点～的东西 | 겨울에는 보신 음식을 많이 먹어야 한다.

【补数】bǔshù 名〈電算〉보수(補數; complement).

【补套】bǔtào 名〈機〉어댑터(adapter).

【补体】bǔtǐ 名〈醫〉(혈청 중의) 보체. ¶～结合试验 | 보체결합반응.

4【补贴】bǔtiē ❶ 動 보조하다. 보태어 주다. ¶～工分 | 근로 점수를 보태다. 보조 근로 점수. ❷ 名 보조. 보조금. 수당. ¶～出口 | 〈貿〉수출수당. ¶～费 | 보조금(補助金) ‖ =〔贴补〕

【补位】bǔ/wèi 動 빈 자리를 메우다. 대신 자리를 주다.

2【补习】bǔxí ❶ 動 과외 공부하다. 보충 수업하다. 따로 더 배우다. ¶～功课 | 과외수업을 하다. ¶给他～英文 | 그에게 영어 과외를 하다. ❷ 名 과외 공부. ¶～班 | 과외 학원. ¶～教育 | 중도 퇴학자나 근로자에게 하는 보충 교육.

【补心】bǔxīn 名 外〈機〉부싱(bushing) =〔卜申〕

【补叙】bǔxù 動 보충 설명하다. ¶还要～一段资料 | 일련의 자료에 대해 보충 설명해야 한다.

【补选】bǔxuǎn 名 動 보궐선거(하다). ¶明年有～ | 내년에 보궐선거가 있다.

【补血】bǔ/xuè 動 ❶ 보혈하다. 적혈구의 혈색소를 증가시키다. ¶～剂jì | 보혈제. ¶～药yào | 혈액 증강제. ❷ 전력을 보강하다. 새로운 힘을 넣다. ¶合理hélǐ进行jìnxíng～ | 합리적으로 전력을 증강시키다.

【补牙】bǔyá 動〈醫〉의치를 해넣다. 이를 때우다 →〔镶xiāng牙〕

【补眼】bǔyǎn ❶ 名 의안(義眼). ❷ 動 구멍을 때우다. 구멍을 메우다.

【补眼的】bǔyǎn·de 名組 땜장이 =〔补锅的〕〔毂gū辘lù锅的〕

【补养】bǔyǎng 動 (음식·약 등으로 된) 영양을 섭취하다. 보양하다. ¶～品 | 영양이 풍부한 식품.

【补药】bǔyào 名 보약. 강장제 =〔补剂〕

【补遗】bǔyí ❶ 動 빠진 것을 채우다. 보유(補遺)하다. ❷ 名 보유.

【补益】bǔyì 書 ❶ 動 이롭게하다. 이익이 되게 하다. ¶～国家 | 국가에 보탬이 되다. ❷ 動 (가난한 사람을) 돕다. ❸ 名 이익. ¶给我有什么～ | 나에게 무슨 이익이 되느냐?

【补语】bǔyǔ 名〈言〉보어.

【补招】bǔzhāo 動 보결을 모집하다. 결원을 모집하다. 결원을 채우다.

【补正】bǔzhèng 動 보충하고 바로 잡다. 탈자(脫字)나 오자(誤字)를 바로 잡다. ¶不当之处, 请予yú～ | 적당하지 않은 부분을 바로 잡아 주십시오.

【补种】bǔzhǒng 動 (발아되지 않은 곳에) 씨를 더 뿌리다.

4【补助】bǔzhù 動 보조하다. ¶单位～给他一百块钱 | 그가 속한 기관에서 100원을 보조하였다.

【补助记忆器】bǔzhù jìyìqì 名組〈電算〉보조 기억장치 =〔补助储存器〕

【补缀】bǔzhuì 動 ❶ 옷을 깁다. 옷을 수선하다. ¶这东西虽然旧了, 但是～一下还能将就用 | 이 물

건은 낡았지만 수선하면 그런대로 쓸 수 있다 →〔补丁〕❷ 書 보완·수정하다. ¶～成文 | 제대로 된 문장이 되도록 보완·수정하다.

【补子】bǔ·zi 名 ❶ 보완. 보충. 뒷처리. 결원. ¶打～ | 남은 일을 처리하다. ❷ 청대(清代)「补服」의 등 부분과 가슴 부분에 수놓아 붙였던 장식품 →〔补服〕

【补足】bǔ/zú 動 보태어 채우다. 보충하다. 넉넉하게 하다. ¶～营養yíngyǎng | 영양을 보충하다.

【哺】bǔ 씹어먹을 포
書 ❶ 動 입안에 음식을 넣어 먹이다. ¶～乳↓ ❷ 名 입속에 머금고 있는 음식물. ¶一食三吐～ | 成 한 끼에 세번이나 뱉다. 현인(賢人)을 정성껏 구하다 [주공(周公)이 한 끼 식사를 하는 동안 세번이나 입에 넣은 밥을 뱉고 일어나 현인(賢人)을 영접했다는 고사에서 유래]

【哺乳】bǔrǔ 動 젖을 먹이다. ¶～幼儿 | 유아에게 젖을 먹이다. ¶～期 | 수유기.

【哺乳动物】bǔrǔ dòngwù 名組 포유 동물. ¶鲸鱼不是鱼, 因为它是～ | 고래는 포유동물이기 때문에 물고기가 아니다.

【哺乳器】bǔrǔqì 名 포유병(哺乳瓶). 젖병.

【哺养】bǔyǎng 書 動 젖먹여 기르다. 양육하다. ¶他一生下来母亲就死sǐ了, 是由奶妈～大的 | 그는 태어나자 곧 어머니가 돌아가셔서 유모가 양육하였다. ¶～婴yīng儿 | 갓난 아기를 젖 먹여 키우다.

【哺育】bǔyù 書 動 (젖 먹여) 기르다. 양육하다. ¶～雏chú鸟 | 새끼새를 먹여 기르다. ¶全靠上司的辛勤xīnqín～和栽培zāipéi, 我才能成为一名专家 | 모두 상사의 수고스런 양육과 배려로 나는 전문가가 될 수 있었다.

2【捕】bǔ ⊗bù) 사로잡을 포
❶ 動 붙잡다. 체포하다. ¶～鱼↓ ¶～蝶dié | 나비를 잡다. ¶强盗dào被～了 | 강도는 잡혔다. ❷ 名 簡 경찰. 순경 [고대에 경찰인「巡捕」의 약칭] ¶印～ | 인도 경찰. ¶西～ | 서양 경찰관. ¶巡xún～房 | (고대의) 경찰서. ❸ (Bǔ) 名 성(姓).

【捕差】bǔchāi ⇒〔捕役yì〕

【捕虫】bǔchóng 動組 벌레를 잡다. ¶～灯 | 유아등(誘蛾燈). ¶～网 | 보충망. 후리채.

【捕虫叶】bǔchóngyè 名〈植〉포충엽(捕蟲葉).

【捕处】bǔchǔ 書 動 체포하여 처벌하다.

【捕盗缉奸】bǔ dào jī jiān 成 도적·악인을 체포하다. ¶治安联lián防队专干～的善使 | 치안 연방대는 도적이나 간악한 무리를 체포하는 훌륭한 사람들이다.

【捕房】bǔfáng ⇒〔巡xún捕房〕

【捕风捉影】bǔ fēng zhuō yǐng 成 바람이나 그림자를 잡다. 어떤 근거도 찾지 못하다 =〔系xì风捕影〕

【捕获】bǔhuò 動 포획하다. 체포하다. ¶～鲸jīng鱼 | 고래를 잡다.

【捕鲸】bǔjīng 名 포경. 고래잡이. ¶～业 | 포경업.

【捕鲸船】bǔjīngchuán 名 포경선.

【捕快】bǔkuài ⇒〔捕役〕

4【捕捞】bǔlāo 動 물고기를 잡다. 어로(漁撈)하다. ¶～对虾xiā | 왕새우를 잡다. ¶控制～ | 어획을 제한하다. ¶～率 | 어획률. ¶近海～ | 근해어업. ¶禁止～ | 어로 금지.

【捕拿】bǔná 動 체포하다. ¶～犯人 | 범인을 체포하다. ¶～凶xiōng犯 | 흉악범을 체포하다 =〔捉zhuō拿〕

【捕人】bǔrén 名 붙잡힌 사람.

【捕食】bǔshí 動 ❶ (동물이) 먹이를 잡아먹다. 포식하다. ¶蜻蜓qīngtíng～蚊蝇wényíng等害虫 | 잠자리는 모기·파리 등의 해충을 잡아먹는다. ❷ (해충 등을) 퇴치하다. ¶～害虫 | 해충을 구제하다.

【捕鼠器】bǔshǔqì 名 쥐덫. 쥐틀 =〔耗hào夹子〕

【捕头】bǔtóu 名 포두. 포졸장. 두목 포리(捕吏).

【捕押】bǔyā 動 포박하여 구금(拘禁)하다.

【捕役】bǔyì 名 포졸. 포리(捕吏) [명청(明清)시대 주현(州縣)에 속한 죄인을 잡는 하급관리] =〔捕差〕〔捕快〕

【捕蝇草】bǔyíngcǎo 名〈植〉파리지옥풀.

【捕蝇纸】bǔyíngzhǐ 名 (파리 잡는) 끈끈이.

【捕鱼】bǔ yú 動組 물고기를 잡다. ¶～工具 | 어구(漁具). ¶～期 | 어로기.

【捕鱼拖轮】bǔyú tuōlún 名組 트롤선(trawl船).

4【捕捉】bǔzhuō 動 붙잡다. 포착하다. 체포하다. ¶～小鸟 | 새새끼를 잡다. ¶～逃犯 | 도주범을 체포하다.

【捕醉仙】bǔzuìxiān 名 ❶ 보취선 [오뚝이를 넘겼다가 일어설 때 오뚝이와 마주 보고 앉은 사람이 벌주(罰酒)를 받는 술좌석 놀이의 하나] =〔捕酒仙〕❷ 오뚝이 [「不倒翁」(오뚝이)의 다른 이름]

【堡】bǔ ☞ 堡 bǎo B

bù ㄅㄨˋ

1【不】bù 정하지않을 부, 아니 불
❶ 副 아니다. …않다. 못하다. 어법 ⓐ 동사·형용사·부사의 앞에 쓰여 부정함. ¶～去 | 가지 않다. ¶～会说英语 | 영어를 할 줄 모르다. ¶～忙 | 바쁘지 않다. ¶～很好 | 썩 좋지는 않다. ⓑ 단독으로 대답에 쓰여 묻는 말을 부정함. ¶他知道吗?～, 他不知道 | 그가 아느냐? 아니, 그는 몰라. ⓒ 스스로 말한 것을 부정하는 데 쓰임. ¶你去, ～, 我去也好 | 네가 가라, 아니, 내가 가는 것도 좋겠어. ⓓ 선택식 의문문의 부정부분에 쓰이며 이때 동사·형용사가 두 음절일 때는 종종 첫째 음절만 긍정·부정으로 중복함. ¶去～去 | 갈거니 안 갈거니? ¶打球～打 | 공놀이 할거야? ¶你知～知道 | 너는 아니 모르니? ¶可～可以去 | 가도 되니 안 되니? ⓔ「不」와「没(有)」의 차이 ⇒〔没有〕ⓕ 동사와 보어(補語) 사이에 쓰여 불가능을 나타냄. ¶走～了 | 갈 수 없다. ¶拿～动 | 들어 올릴 수 없다. ⓖ 문(句子)의 끝에 쓰여 의문을 표시함. ¶他现在身体好～ | 그의 요즈음 건강은 어떤지요? ⓗ 方 일부의 상용어에 쓰여 금지·억제를 나타냄. ¶～谢↓ ¶

～送｜멀리 나가지 않습니다. ¶～客气↓ ❷頭 부. 불. 어법 ⓐ 추상명사 앞에 쓰여 부정의 의미를 지닌 형용사를 만듦. ¶～道德↓ ¶～客气↓ ⓑ 단음절 의존형태소(不自由詞素) 앞에 쓰여 부정의 의미를 지닌 낱말을 만듦. ¶～安↓ ¶～满↓ ‖ 어법 「不bù」는 제4성 앞에서 「不是búshì」「不必búbì.」와 같이 2성으로 변조(變調)됨.

【不碍】bù'ài 動組 괜찮다. 지장이 없다. 염려없다. ¶他的病好点儿了, ～了｜그의 병은 조금 나아졌으니 이젠 큰 문제 없다.

【不碍事】bù'àishì 動組 (일에) 방해되지 않는다. 지장이 없다. ¶～的话, 请你买一本书来｜방해되지 않는다면 책 한 권 사 오십시오 →〔不妨fāng事〕

[3]【不安】bù'ān 形 ❶ 불안하다. 편안하지 않다. ¶忐忑tǎntè～｜가슴이 두근거리다. ¶坐立～｜威 안절부절하다. ❷ 미안하다. ¶老来麻烦您, 真是～｜늘 폐를 끼쳐서 정말 미안합니다.

【不安分】bù'ānfèn 動組 본분을 지키지 않다. ¶好好做人, 不要～｜처신을 잘 하고 본분을 지켜라.

【不白之冤】bù bái zhī yuān 威 억울한 누명. 무고. ¶蒙受了～｜억울한 누명을 뒤집어 쓰다.

【不败之地】bù bài zhī dì 威 확고한 기초. 튼튼한 기초. ¶立于～｜든든한 기초에 서 있다.

[4]【不卑不亢】bù bēi bù kàng 威 비열하지도 않고 거만하지도 않다 =〔不亢不卑〕

【不备】bùbèi 動 ❶ 제대로 갖추지 못하다. 상세하게 말씀드리지 못하다 [웃사람에게 쓰는 서신결미어(書信結尾語). 「不具jù」는 아랫사람에게 쓰며, 「不宣xuān」「不戬jiǎn」은 동배(同輩) 사이에 쓰임. 「不既jì」「不尽jìn」「不一」「不一一」는 일반적으로 씀] ¶如～上书｜이와 같이 갖추지 못하고 올립니다. ❷ 방비하지 않다. ¶乘chéng其～｜무방비 상태를 틈타다.

[3]【不比】bùbǐ 動 …에 비교가 되지 않다. …에 필적할 수 없다. …과 다르다. ¶他们的家境～往年｜그의 가정 형편은 전과 같지 않다. ¶冬天～夏天, 水放在院子里就冻成冰了｜겨울은 여름과 달라서, 뜰에 물을 놓았더니 곧 얼음이 되어 버렸다 ¶～寻xún常｜심상치 않다 →〔不如〕

[2]【不必】bùbì 副 …하지 말라. …할 필요가 없다. …할 것까지는 없다. ¶你～去｜너는 갈 필요 없다 ⇔〔必须〕 어법 ⓐ 정서(情緖)·태도(態度) 등을 나타내는 형용사는 직접 「不必」의 수식을 받을 수 있지만, 기타의 형용사는 일반적으로 정도부사(程度副詞)의 수식이 있어야 「不必」의 수식을 받을 수 있음. ¶～紧张｜긴장할 필요없다. ¶～很长｜너무 길 필요없다. ¶～太详细｜너무 상세할 필요없다. ⓑ「不必」뒤의 동사·형용사는 도치하거나 생략할 수 있음. ¶我要去吗? 不必｜내가 가야 합니까? 그럴 필요 없어요. ⓒ「不必」는 「必须」(…해야 한다)의 반의어이지만 「未必」는 「必定」(반드시)의 부정으로 「꼭 그러한 것은 아니다」의 뜻임. ¶他未必去｜그가 꼭 가는 것은 아니다. ¶他～去｜그가 갈 필요는 없다. ⓓ「不必」와 「无须」의 차이 ⇒〔无wú须〕

【不避】bùbì 書 動 피하지 않다. 무릅쓰다. 개의하지 않다. ¶～艰险｜위험을 무릅쓰다. ¶～嫌疑xiányí｜혐의에 대해 신경 쓰지 않다.

【不便】bùbiàn 形 ❶ 불편하다. 형편이 좋지 않다. ¶不会说话, 作什么都～｜말을 못하면 무엇을 하더라도 불편하다. ¶当着他～说明｜그 사람 앞에서는 설명하기 곤란하다. ❷ 돈이 부족하다. ¶你如果手头～, 我可以先垫diàn上｜만약 수중에 돈이 부족하면 내가 우선 내줄 수 있다. ❸ 몸이 불편하다. 임신하다. ¶她身子～｜그녀는 임신하였다.

【不辨菽麦】bù biàn shū mài 威 콩과 보리도 구별하지 못한다. 숙맥이다. 우매하다. 아는 것이 없다. ¶～的书呆子｜아무 것도 모르는 책벌레 =〔五谷不分〕

【不变价格】bùbiàn jiàgé 名組〈經〉불변 가격 =〔比较价格〕〔可比价格〕

【不变资本】bùbiàn zīběn 名組〈經〉불변 자본. 고정 자본.

【不…不…】bù… bù… …도 아니고 …도 아니다. …하지 않으면 …하지 않는다. 어법 ⓐ 뜻이 서로 같거나 비슷한 단음절 동사나 형용사 앞에 쓰임. ¶～干～净｜깨끗하지 못하다. ¶～知～觉｜자기도 모르게. ¶～言～语｜아무 말도 하지 않다. ¶～折～扣kòu｜에누리 없다. ¶～说～笑｜말도 안하고 웃지도 않는다. ⓑ 뜻이 서로 반대되는 단음절 형용사·방위사(方位詞) 앞에 쓰여 「적당하다·알맞다」의 의미로 쓰임. ¶～多～少｜많지도 적지도 않다. 알맞다. ¶～肥～瘦shòu｜뚱뚱하지도 마르지도 않다. ⓒ 뜻이 서로 반대되는 단음절동사·형용사·명사·방위사 앞에 쓰여 애매한 상태를 나타냄. ¶～死～活｜겨우 살다. ¶～人～鬼｜사람도 귀신도 아니다. ¶～年～节｜설도 명절도 아니다. ¶～上～下｜위도 아래도 아니다. 막상막하이다. ⓔ 뜻이 서로 반대되거나 관계 있는 동사·구(詞組) 앞에 쓰여 「如果不…就不…」(…않으면 …않는다)를 나타냄. ¶～见～散｜만나지 않으면 헤어지지 않는다. ¶生命～息, 战斗～止｜생명이 끊어지지 않는 한 전투는 끝나지 않는다.

【不…才〔就〕…】bù… cái〔jiù〕… …않으면 …하다. ¶～刮风就好了｜바람이 불지 않았으면 좋겠다. ¶～生病才好｜병나지 않았어야 좋았다.

【不才】bùcái ❶ 形 재능이 적다. ¶我虽然～, 还能够在府上打扫sǎo庭院｜내가 재능은 없지만 댁에서 정원을 청소하는 것은 할 수 있습니다. ❷ 인재가 될 수 없다. 쓸 만한 사람이 되지 못하다. ¶我这等～的人｜나와 같이 재목이 되지 못할 사람. ❸ 名 謙 무능한 사람. 소생. 비학천재 [지식인·군인·고급관료 등이 자기를 낮추어서 일컫는 말] ¶这个道理, ～倒要请教一下!｜이 이치에 대해 소생에게 가르쳐 주시기 바랍니다.

【不材之木】bùcáizhīmù 名組 쓸모 없는 재목. 무능한 사람.

【不睬】bùcǎi 動 거들떠 보지도 않다. 본척만척하다. 상대하지 않다. ¶扬yáng扬～｜거만하게도 거들떠 보지 않다.

【不测】bùcè ❶ 狀 뜻밖의. 예측할 수 없는. ¶ ～风云 =〔不测之祸〕| 成 예측할 수 없는 재난. ¶ ～之云 | 변고. 뜻밖의 재난. ❷ 名 불행. 재난. ¶ 提高警惕jǐngtì, 以防fáng～ | 경각심을 높여 불의의 재난을 예방하다.

[3]【不曾】bùcéng 副 아직 …않다. 일찌기 …않다. ¶ 他算财～有过差错chācuò | 그가 재산을 관리하는 데는 종래 틀린 적이 없었다 →〔没有〕

【不差累黍】bù chā lěi shǔ 成 조금도 차이가 없다. 오차가 조금도 없다〔「累黍」는 고대의 아주 작은 중량단위〕

【不差什么】bùchā shén·me 狀組 ❶ 부족하지 않다. 모자라는 것이 없다. ¶ 材料已经～了, 只是人手还不够 | 재료는 이미 부족한 것 없으나 일손이 아직 모자란다. ❷ 京 거의. 대충. ¶ 这几个地方～我全都到过 | 이 몇 지방은 내가 거의 다 가 보았다. ❸ 京 보통이다. 일반적이다. ¶ 这口袋粮食有二百斤, ～的人都扛káng不动 | 이 양식 자루는 200근(斤)이나 되어 보통 사람은 메지 못한다 ‖ =〔不差么的〕

【不成】bùchéng ❶ 動組 해서는 안된다 하면 안되다. 할 수 없다. ¶ 只复fù习汉字～, 还要复习语法 | 한자만 복습해서는 안되고 문법도 복습해야 한다 →〔不行①〕 ❷ 語 …은 아니겠지? 어법 문(句子)의 끝에 놓여 추측(推測)이나 반문(反問)의 어기(語氣)를 나타내며, 항상 「难道」「莫非」 등이 앞에 있어 서로 호응하고, 「吗」로 대체할 수 있음. ¶ 难道就此罢了～? | 설마 이 일을 그만둔다는 얘기는 아니겠지? ¶ 莫非不许我说话～? | 설마 내가 말하면 안 되는 건 아니겠지?

【不成比例】bù chéng bǐlì 動組 비교가 되지 않는다. 서로 비교할 수 없다.

【不成材(料)】bùchéngcái(liào) 形組 쓸모가 없다. 무익하다. ¶ 这个人太～了, 白费心提拔tíbá他 | 이 사람은 아무 쓸모도 없는데, 공연히 신경써서 발탁했다.

【不成功便成仁】bù chénggōng biàn chéng rén 成 공을 이루지 못하면, 살신 성인(殺身成人)하리라.

【不成话】bùchénghuà 形組 말이 안 되다. 어불성설이다. 형편 없다. ¶ 他闹得太～了 | 그의 형편없이 소란스러웠다. 윗다 →〔不像话〕〔不像样儿〕

【不成其为】bù chéng qí wéi 成 하는 일이 성공하지 못하다. ¶ 如果孔子不讲仁, 哪儿也就～孔夫子了 | 만약 공자가 인에 대해 말하지 않았다면, 어떻게 스승 공자가 되었겠는가.

【不成器】bùchéngqì 形組 그릇이 되지 못하다. 쓸모가 없다. 인물이 되지 못하다. ¶ 儿女～, 父母真是痛心 | 자식들이 사람 구실을 못하면 부모는 정말 마음 아프다.

【不成体統】bù chéng tǐ tǒng 成 체통이 서지 않다. 꼴이 말이 아니다. ¶ 这样杂乱无章实在～ | 이렇게 난잡해서는 정말 꼴이 아니다.

【不成文法】bùchéngwénfǎ 名〈言〉불문법(不文法). 비문법 ⇔〔成文法〕

【不成文宪法】bùchéngwénxiànfǎ 名〈法〉불성문헌법.

【不成问题】bù chéng wèntí 形組 문제가 되지 않다. ¶ ～的问题 | 문제가 되지 않는 문제.

【不逞】bùchěng 書 動 뜻을 이루지 못하다. 멋대로 행동하다. 반역적인 생각을 하다. ¶ ～之徒tú | 못된 놈. 분별없는 놈.

【不吃不斗】bùchībùdòu 動組 남의 말을 듣지도 않고 반항하지도 않다. 복종도 반항도 하지 않다.

【不吃劲(儿)】bùchījìn(r) 動組 ❶ 상관않다. 대수롭지 않다. 힘들지 않다. ¶ 这不是要紧的事, 办不办～ | 이것은 긴요하지 않으니 하든 안하든 상관없다.

【不吃苦中苦, 难得甜上甜】bù chī kǔ zhōng kǔ, nán dé tián shàng tián 諺 모진 고생을 해봐야 즐거움의 극치를 얻을 수 없다.

【不痴不聋不为姑翁】bù chī bù lóng bù wéi gū wēng 成 못 들은 척 모르는 척 해야 시부모 노릇을 할 수 있다. 시부모 노릇을 잘 하려면 모르는 척 못 들은 척하라.

【不迟】bùchí 狀 늦지 않다. ¶ 我现在去也～ | 내가 지금 간다고 해도 늦지 않다.

【不齿】bùchǐ 動 ❶ 나란하지 않다. 끼지 않다. 쳐주지 않다. ¶ ～于人类的狗屎shǐ堆 | 인간축에도 끼지 못하는 개똥. ❷ 상대하지 않다. 멸시하다. ¶ 为人所～ | 사람들의 멸시를 받다.

【不耻下问】bù chǐ xià wèn 成 나보다 못한 사람에게 물어 보는 것을 부끄럽게 생각하지 않다. ¶ 敏mǐn而好hào学, ～ | 민첩하며 배우기를 좋아하고, 하문(下問)을 수치로 생각하지 않는다《論語·公冶長》

【不啻】bùchì 書 連 ❶ 다만 …뿐만 아니라. ¶ 工程所需, ～万金 | 공정에 필요한 것은 돈만이 아니다. ❷ 마치 …와 같다. ¶ 互相帮助, ～兄弟 | 서로 돕는 것이 마치 형제같다.

【不愁】bùchóu 動 걱정하지 않다. 아무렇지도 않게 여기다. ¶ 他就～没吃喝 | 그는 먹고 마실 것이 없을까 걱정하지 않는다.

【不瞅不睬】bùchǒu bùcǎi 動組 거들떠 보지도 않다. 상대하지 않다. ¶ 他连忙向她赔不是, 但她故意～ | 그는 황망히 그녀에게 사죄를 했지만, 그녀는 일부러 상대하지 않았다 =〔不搭不理〕

【不出来】·bù·chū/·lái 動組 … 할 수가 없다. …해내지 못하다. 나가지 못하다. 어법 보어(補語)로 쓰여, 안 쪽에서 밖으로 나갈 수 없음·완성할 수 없음·발견식별(發見識別)할 수 없음 등을 나타냄. ¶ 是什么味儿, 我可闻～ | 무슨 냄새인지 나는 맡아서 알 수가 없다. ¶ 看不出好坏来 | 좋은 건지 나쁜 건지 알 수가 없다.

【不出世】bùchūshì 動組 세상에 나타나지 않다. 아주 드물다. 걸물(桀物)이다. ¶ ～之才 | 다시 더 없을 재능.

【不出所料】bù chū suǒ liào 成 예측한 대로이다. 예상한 것이다. ¶ 果然～, 这书引yǐn起了很大的风浪 | 과연 예상한 대로 이 책은 큰 풍파를 일으켰다.

【不揣】bùchuǎi 動 자신을 모르다. 자기 분수를 모르다. 헤아리지 못하다. ¶ ～冒昧màomèi地来求求您 | 俗 실례를 무릅쓰고 와서 부탁하게 되

었습니다.
【不辍】bùchuò 書動 쉬지 않고 계속하다. ¶饮酒～ | 술을 계속 마시다. 어법 대개 이음절 복합사나 연사(連詞) 뒤에 쓰임.
【不辞】bùcí 書動 ❶ 불사하다. 사양하지 않다. ¶～辛劳xīnláo | 고생을 싫다하지 않다. ❷ 하직을 알리지 않다. 이별을 고하지 않다.
4【不辞而别】bùcí'érbié 成 작별인사도 없이 떠나다. ¶他事情很紧迫jǐnpò, ～ | 그는 사정이 매우 긴박하여 작별인사도 없이 떠났다.
【不次】bùcì 動 순서를 따르지 않다. ¶～超升 | 특별 진급. 특진.
【不凑巧】bùcòuqiǎo 形組 공교롭다. ¶～他不在家 | 공교롭게도 그는 집에 없다→〔凑巧〕
【不存芥蒂】bù cún jiè dì 成 조금의 틈도 없다. 사람 사이의 관계가 아주 친밀하다.
1【不错】bùcuò 形 ❶ 맞다. 틀림 없다. 그렇다. ¶你算得～ | 너 옳게 계산했다. ¶～, 你说的对 | 그렇다. 네 말이 옳다. ❷ 알맞다. 괜찮다. 좋다. ¶他做很得～ | 그는 참 잘 했다. ¶庄稼zhuāngjià长得挺tǐng～ | 농작물이 썩 잘 자랐다.
【不错眼】bùcuòyǎn 狀 方 눈을 깜박이지 않고 응시하다. 주시하다. ¶～地看着他 | 눈을 깜박이지 않고 그를 응시하다.
【不错眼珠(儿)】bùcuòyǎnzhūr 動組 京 北 눈도 깜박이지 않다. 계속해 …하다.
【不搭】·budā 尾 京 몹시. 대단히. 매우. 심하게. 어법 부정적인 의미의 형용사 뒤에 붙어 의미를 강하게 함. ¶灰～ | 몹시 실망하다. ¶闷mēn～ | 대단히 답답하다.
【不搭不理】bùdā bùlǐ ⇒〔不瞅chǒu不睬〕
【不答应】bù dā·yìng 動組 ❶ 대답하지 않다. ¶叫了半天, 里头～ | 한참이나 불렀지만 안에서는 대답이 없다. ❷ 동의하지 않다. 응낙하지 않다. ¶女方父母～这门亲事 | 여자 쪽의 부모가 이 혼사를 승낙하지 않는다.
【不打不相识】bù dǎ bù xiāng shí 成 싸우지 않고는 서로 잘 알지 못한다. 싸움 끝에 정이 든다.
【不打紧】bùdǎjǐn ⇒〔不要紧〕
【不打自招】bù dǎ zì zhāo 成 때리지 않아도 스스로 불다. 스스로 죄과(罪過)나 결점을 폭로하다 →〔不功gōng自破〕〔做zuò贼心虚〕
2【不大】bùdà ❶ 形 크지 않다. ¶可能性～ | 가능성이 크지 않다. ❷ 副 그다지 …하지 않다. 그렇게 …하지는 않다. ¶～好 | 그리 좋지는 않다. ¶心里～痛快 | 마음이 그리 통쾌하지는 않다 ＝〔不很…〕→〔不太〕
【不大不小】bù dà bù xiǎo 成 크지도 않고 작지도 않다. 적당히 알맞다.
【不大会儿】bù dà huìr 名 그리 길지 않은 시간 →〔一会儿〕
【不大离(儿)】bùdàlí(r) ❶ 形 별 차이가 없다. 엇비슷하다. ¶两个孩子的身量～ | 두 아이의 키는 엇비슷하다 ＝〔差chà不多〕 ❷ 그런대로 괜찮다. ¶这块地的麦mài子长zhǎng得～ | 이 밭의 밀은 그런대로 괜찮게 자랐다.
【不待】bùdài 動組 ❶ …할 필요가 없다. ¶自～言 | 스스로 말할 필요가 없다. ❷ 方 …하고 싶지 않다. ¶～见那酸suān相 | 그 궁상맞은 모습을 보고 싶지 않다.
【不带声】bùdàishēng 名〈言〉무성음(無聲音) 성모(聲母).
【不带音】bùdàiyīn 名〈言〉무성음(無聲音) ⇔〔带dài音〕
【不逮】bùdài 書動 미치지 못하다. 이르지 못하다. 부족하다. ¶匡kuāng其～ | 그가 부족한 것을 도우다.
【不丹】Bùdān 名 外〈地〉부탄(Bhutan) [히말라야 산맥에 있는 왕국. 수도는 「廷布」(팀부; Thimbu)]
【不单】bùdān ❶ 副 하나가 아니다. …에 그치지 않다. …뿐만 아니다. ¶超额完成任务的, ～是这个公司 | 임무를 초과 달성한 것은 이 회사 뿐만이 아니다. ❷ ⇒〔不但〕
1【不但】bùdàn 連 …뿐만 아니라. ¶～你愿意, 他也愿意 | 네가 바라 뿐만 아니라, 그도 바라고 있다. 어법 ⓐ 「不但」은 항상 「并且」「而且」「也」「又」「还」 등과 서로 호응되어 쓰이며, 「不但」은 생략할 수 있으나, 「并且」「也」 등은 생략할 수 없음. ¶～你办不了, 我办不了(×) ¶你办不了, 连我也办不了 | 당신이 할 수 없을 뿐 아니라, 나도 할 수 없다. ⓑ 접속되는 두 문(句子)의 주어가 같을 때는 「不但」은 주어의 뒤에 두고, 서로 다른 때는 주어 앞에 둠. ¶他～自己学习很认真, 还能够帮助别人 | 그는 스스로 열심히 공부할 할 뿐 아니라, 다른 사람도 능히 도울 수 있다. ¶～价钱便宜, 而且东西也不错 | 값이 쌀 뿐아니라, 물건도 좋다. ⓒ 「不但」이 부정문 앞에 올 때는 「反而」과 호응함. ¶这样做～不能解决矛盾máodùn, 反而会增加矛盾 | 이렇게 하는 것은 모순을 해결할 수 없을 뿐아니라, 오히려 모순을 가중시키게 된다. ⓓ 「不仅」은 「不但」과 용법이 같으나, 「不仅是…」「不仅仅」으로 쓰이며 문언(文言)에 자주 나타나고, 「不单」「不光」은 「反而」과 호응할 수 없음. 「不只」「不独」는 「连…也…」「反而」과 호응할 수 없음 ＝〔不单②〕〔不独〕〔口不光②〕〔不仅②〕〔書不特〕〔不只〕〔不佞③〕
【不惮其烦】bù dàn qí fán 成 번거로움을 싫어하지 않다. 성가셔 하지 않다. ¶～地再三说明 | 번거로와 하지 않고 누차 설명하다.
4【不当】bùdàng 形 부당하다. 타당하지 않다. ¶理属shǔ～ | 이유가 타당하지 않다. ¶这种处理很～ | 이러한 처리는 매우 부당하다.
【不倒翁】bùdǎowēng 名 오뚝이. ¶他是个～, 任何困难都挫折cuòzhé不了他 | 그는 오뚝이어서 어떤 어려움도 그를 꺾지 못한다 ＝〔扳bān不倒儿〕〔搬不倒儿〕〔捕bǔ醉仙〕
【不到】bùdào 動 이르지 못하다. 미치지 못하다. 미흡하다. ¶～之处 | 미흡한 점. ¶他每夜yè读书, ～十二点不睡觉 | 그는 매일 밤 책을 보느라 12시 전에는 자지 않는다.
【不到长城非好汉】bù dào Chángchéng fēi hǎohàn 諺 만리장성에 이르지 못하면 대장부가 아니다. 초지 일관하는 원대한 포부가 없으면 사내가

아니다［모택동(毛澤東)이 쓴「盘山词」에 나오는 귀절］

【不到黄河心不死】bù dào huánghé xīn bù sǐ [成] 황하에 이르지 않으면 포기하지 않는다. 막다른 골목에 이르기 전에는 그만두지 않는다. 악착같이 달라붙다

【不到西天不见佛】bù dào xī tiān bù jiàn fó [成] 서천으로 가지 않으면 부처를 못본다. 깊이 파고 들어야 이치를 알게 된다.

【不道】bùdào ❶ [形] 도리에 맞지 않다. 무도하다. ¶所为～ | 하는 짓이 무도하다. ❷ ⇒〔不料liào〕

【不道德】bùdàodé [形組] 부도덕하다. ¶他的搞gǎo法太～了 | 그가 하는 짓은 너무 부도덕하다 ⇔〔道德〕

[4]【不得】bùdé ❶ [副] (…해서는) 안된다. … 할 수 없다. ¶室内～吸xī烟 | 실내에서 담배 피울 수 없다. ¶两方都～下台tái | 양쪽 모두 곤경에서 벗어날 수 없다. ¶～随处吐痰tǔtán～ | 아무렇게나 가래를 뱉어서는 안된다.

【…不得】…·bu·de [尾] 해서는 안된다. 할 수 없다. [어법] 동사 뒤에 쓰여「不可以(해서는 안된다)」나「不能够(할 수가 없다)」의 의미를 나타냄. ¶那样的事, 你做～ | 그런 일을 네가 해서는 안된다. ¶说～ | 말해서는 안된다. 말할 수가 없다. ¶吃～ | 먹어서는 안된다. 먹을 수가 없다. ¶离lí～ | 헤어질 수 없다.

[2]【不得不】bùdébù [副] 하지 않으면 안된다. 반드시 해야 한다. ¶～提tí早回去 | 서둘러 돌아가야 한다. ¶我～同意了 | 나는 동의하지 않을 수 없었다 =〔必然〕〔必须〕

【不得而知】bù dé ér zhī [成] 알 수가 없다. 알아낼 도리가 없다. ¶到底怎么一回事, 我就～了 | 도대체 어떻게 된 것인지 나로서는 알 수가 없다.

【不得法】bùdéfǎ [動組] 방법을 모르다. 요령이 없다. ¶他教书倒是很认真rènzhēn, 可惜xī～ | 그는 매우 착실하게 가르치지만 애석하게도 방법이 서투르다.

【不得哥儿们】bù dé gēr·men [形組][京] 인기가 없다. 사람들이 싫어하다. 호감을 사지 못하다. ¶他说话太倔juè, 到哪儿也～ | 그는 말을 너무 거칠게 하여 어디에 가든지 사람들이 좋아하지 않는다.

【不得劲(儿)】bù déjìn(r) [形組] ❶ 순조롭지 못하다. 거북하다. ¶这管笔我使着～ | 이 붓은 쓰기에 거북하다. ¶做这事很～ | 이 일은 하기가 순조롭지 않다. ❷ 불편하다. 몸이 개운하지 않다. ¶我今天感冒了, 浑hún身～ | 나는 오늘 감기가 들어 온 몸이 불편하다. ❸ 불쾌하다. 언짢다. 부끄럽다. ¶听了他的话, 真有些～ | 그의 말을 듣고 나니 정말 언짢다.

【不得开交】bùdé kāijiāo [成] 더이상 손 쓸 수가 없다. 해결할 방법이 없다. ¶争zhēng得～了 | 다투다가 이러지도 저러지도 못하게 되었다.

[2]【不得了】bùdéliǎo [形] 큰일났다. 야단났다. 매우 심하다. ¶～, 着火了! | 큰일났다. 불이야! [어법] 보어(補語)로 쓰여「정도가 매우 심하다」는 뜻을 나타냄. ¶疼téng得～ | 매우 심하게 아프다. ¶今年热得～ | 금년은 몹시 덥다.

【不得其所】bù dé qí suǒ [成] 제자리를 차지하지 못하다. 마땅한 자리를 얻지 못하다.

【不得人心】bù dé rén xīn [成] 인심을 얻지 못하다. 사람들의 지지를 받지 못하다.

【不得要领】bù dé yào lǐng [成] 요점을 잡지 못하다. 요령을 갖지 못하다.［「要」는 허리(腰),「领」은 옷깃으로 중요한 곳의 뜻］¶他海阔天空说了半天, 我还是～ | 그는 한없이 동안 얘기했지만, 나는 여전히 요점을 파악하지 못했다.

[4]【不得已】bùdéyǐ [形] 부득이하다. 하는 수 없다. ¶～的办法 | 부득이한 방법. ¶～的措施cuòshī | 하는 수 없이 취한 조치. ¶～, 只好答应dāyīng了他 | 그에게 승락하는 수 밖에 없다. ¶非万～不要用这种药 | 만부득이한 경우가 아니면 이런 약은 쓰지 마라.

【不得意】bùdéyì [形組] 뜻을 이루지 못하다. 마음대로 되지 않다. ¶～事常八九 | 십중 팔구는 언제나 뜻대로 되지 않는다.

【不的话】bù·dehuà [連] 아니라면. 그렇지 않다면. 그렇게 하지 않으면. ¶～, 有人就会拿社里钱当水泼pō | 그렇지 않다면, 누군가가 회사의 돈을 물쓰 듯 하게 될 것이다.

【不登大雅之堂】bù dēng dà yǎ zhī táng [成] (작품이) 변변치 못해 사람 앞에 내 놓을 수가 없다. ¶这种文章实在是～ | 이런 문장은 정말 남 앞에 내어 놓을 만큼 변변하지 않다.

[4]【不等】bùděng [形] 같지 않다. 고르지 않다. ¶大小～ | 크기가 고르지 않다. ¶数量～ | 수량이 같지 않다.

【不等号】bùděnghào [名]〈數〉부등호［「>」은「大于」로,「<」은「小于」로,「≠」은「不等于」읽음］

【不等式】bùděngshì [名]〈數〉부등식.

【不抵】bùdǐ [動] (…에) 미치지 못하다. ¶谁也～他 | 어느 누구도 그만 못하다 →〔不如〕

【不抵抗主义】bùdǐkàngzhǔyì [名] 무저항주의 =〔无抵抗主义〕

【不抵事】bùdǐshì [形組] 소용없다. 일에 도움이 되지 않는다. ¶一百万也～ | 일백만이라도 쓸모없다.

【不第】bùdì ❶ [動] 낙제하다. 불합격하다 ⇔〔及jí第〕❷ [連] …뿐만 아니라 →〔不但〕❸ (Bùdì) [名] 복성(複姓).

【…不掉】…·budiào [尾] 모두 …할 수 없다. 끝까지 해치우지 못하다. [어법] 일단의 동사 뒤에 보어(補語)로 쓰임. ¶除chú～ | 제거할 수 없다. ¶洗～ | 씻어낼 수가 없다.

【…不迭】…·budié [尾][方] 당황하다. 미치지 못하다. 대처할 수 없다. [어법] 일단의 동사 뒤에 보어(補語)로 쓰임. ¶忙～ | 서두르다. ¶后悔huǐ～ | 후회막급이다.

[4]【不定】bùdìng [動] 일정하지 않다. 확실하지 않다. …할지 모른다. ¶明天～会下雨 | 내일 비가 올지도 모르겠다. ¶我明天还～去不去呢 | 나는 내일 갈지 안 갈지 확실하지 않다.

【…不定】…·budìng [尾] 확실하지 않다. 불확실하

다. 어법 일단의 동사 뒤에 보어(補語)로 쓰임. ¶说～明天能不能去｜내일 갈 수 있을지 없을지 확실하지 않다.

【不懂事】bùdǒngshì 形組 사리 분별을 못하다. 철이 없다. ¶～的孩子｜철없는 아이. ¶他真～｜그는 정말 철이 없다.

【不冻港】bùdònggǎng 名〈地〉부동항.

【不动】bùdòng 書 動 변질되지 않다. ¶六月曝bào于日中, 其酒～｜6월 땡볕을 맞아도 그 술이 변하지 않는다.

【…不动】…budòng 尾 움직이지 못하다. 꼼짝할 수 없다. 어법 일단의 동사 뒤에 보어(補語)로 쓰임. ¶累了走～了｜피곤하여 걸을 수가 없다.

【不动产】bùdòngchǎn 名〈法〉부동산.

【不动声色】bù dòng shēng sè 成 태연하다. 내색하지 않다 ＝〔不露lù声色〕

【不独】bùdú ⇒〔不但〕

【不端】bùduān 形 단정(端正)하지 않다. ¶品行～｜품행이 단정하지 않다. ¶行为～｜행위가 단정하지 못하다.

【不短】bùduǎn ❶ 副 끊임없이. 자주. ¶他三天两夜～来｜그는 사흘이 멀다하고 자주 온다. ❷ (bù duǎn) 形組 부족하지 않다. ¶我～钱花｜나는 쓸돈이 모자라지 않다. ❸ (bù duǎn) 形組 빚이 없다. ¶我～他钱｜나는 그에게 진 빚은 없다. ❹ (bù duǎn) 形組 짧지 않다. ¶这个铅笔～｜이 연필은 짧지 않다.

【不断】bùduàn 動 끊임없다. 계속되다. ¶继续jìxù～｜끊임없이 계속하다. ¶我对于那件事～努力｜나는 그 일에 대해 끊임없이 노력한다. ¶人口～增加｜인구가 끊임없이 증가한다. ¶努力学习, ～前进｜열심히 공부하여 계속 전진하자.

[3]【不对】bùduì 形 ❶ 틀리다. 맞지 않다. ¶这样做～｜이렇게 하는 것은 틀렸다. ¶他没有什么～的地方｜그는 틀린 점이 없다. ❷ 심상치않다. 비정상이다. ¶他神色有点儿～｜그녀의 안색이 좀 심상치 않다. ❸ 形 사이가 나쁘다. 화목하지 못하다. ¶他们两人～, 一见面就要吵嘴chǎozuǐ｜그들 두 사람은 화목하지 않아 만나기만 하면 싸운다.

【不对碴儿】bù duìchár 形組 상황에 맞지 않다. 타당하지 않다. 부합되지 않다. ¶他刚说了一句, 觉得～, 就停住了｜그는 막 한 마디 하고는 적당하지 않다고 느껴 곧 바로 그만 두었다.

【不对劲儿】bùduìjìnr 形組 ❶ 이상이 생기다. 잘되어 가지 않다. ¶这件事有点儿～, 要多加小心｜이 일은 어딘가 이상하니, 많은 주의를 해야겠다. ❷ 화목하지 않다. 어울리지 못하다. ¶他们就是～｜그들은 결코 어울리지 못한다.

【不对头】bùduìtóu 形組 ❶ 서로 맞아 떨어지지 않다, 합치하지 않다. ¶不相符fú合, ～｜서로 맞아 떨어지지 않다. ❷ 문제가 있다. 이상이 있다. ¶我立刻感觉～｜나는 바로 이상함을 느꼈다.

【不对眼】bù duìyǎn 形組 눈에 거슬리다. 마음에 들지 않다. ¶我看什么也～｜나는 무얼 봐도 마음에 차지 않는다. ¶如果不对你的眼, 就算了｜너의 마음에 들지 않으면 그만 두어라.

【不恶而严】bù è ér yán 成 인상을 쓰지 않아도 위엄이 있어 존경을 받다 →〔不怒nù而威〕

【不…而…】bù…ér… …하지 않아도 …하다 [조건·원인 등과 그결과를 나타내며, 주로 성어(成語)에 많이 쓰임] ¶不战而胜｜싸우지 않고도 승리하다. ¶不寒而栗lì｜춥지도 않은데 떨다. ¶不期而遇yù｜약속하지 않고도 만나다.

【不二法门】bù'èr fǎmén 成 더 없이 좋은 방법. 최상(最上)의 방법.

【不二价】bù'èrjià 名 정찰가격. ¶本店货真价实, ～｜본점의 상품은 진짜이고 값은 알차며 정찰제이다.

【不贰过】bù'èrguò 書 動 두번 다시 같은 잘못을 저지르지 않다. ¶有颜回者好学, 不迁怒, ～｜안회는 학문을 좋아하고 화를 들어내지 않으며 같은 과오를 두번 저지르지 않는다《論語·雍也》

【不乏】bùfá 書 動 드물지 않다. 매우 많다. ¶～先例｜成 선례가 흔하다. ¶～其人｜成 그런 사람은 많다.

【不伐】bùfá 書 形 거만하지 않다. 겸허하다. ¶～其功｜成 공로를 스스로 자랑하지 않다. ¶有功～｜세운 공을 자랑하지 않다.

[4]【不法】bùfǎ 區 불법. 법률에 위반되는. 무법. ¶～行为｜불법 행위. ¶～地主｜악덕지주. ¶～分子｜불법분자. ¶～之徒tú｜무법자들.

【不法常可】bù fǎ cháng kě 成 옛 규범을 다르지 않다. 관습에 구애되지 않다《韓非子·五蠹》

【不凡】bùfán 形 비범하다. 보통이 아니다. ¶相貌xiàngmào～｜용모가 비범하다. ¶气概qìgài～｜기개가 비범하다.

【不犯】bùfàn 動 … 할 필요가 없다. …할 만한 가치가 없다. ¶咱们～跟他争论｜우리들은 그와 논쟁할 가치가 없다. ¶～和他生气｜그에게 성낼 필요는 없다.

[4]【不妨】bùfāng 動 … 해도 무방하다. … 해도 괜찮다. ¶～试shì试看｜해 보아도 괜찮다. ¶我们～举jǔ几个例lì子来说明这个问题｜우리는 이 문제에 대해 몇 개의 예를 들어 설명해도 무방할 것이다.

【不妨事】bùfāngshì 動組 문제가 되지 않는다. 방해되지 않는다. ¶谁说我的坏huài话～｜누가 나에 대해 나쁘게 이야기한다 해도 무방하다 →〔不碍ài事〕

【不费吹灰之力】bù fèi chuī huī zhī lì 成 재를 불듯 힘들이지 않다. 매우 쉽다. 식은 죽 먹기이다. ¶他真是有本事, 这么困j难的问题他～就解决了｜그는 정말 능력이 있어 이렇게 어려운 문제도 가볍게 해결한다.

【不费之惠】bù fèi zhī huì 成 쉽게 남에게 베풀 수 있는 은혜. 가벼운 후의(厚誼). ¶这不过是～, 你不必那么心重｜이건 그저 가벼운 호의에 불과하니, 그렇게 크게 신경 쓰실 것 없습니다.

【不分】bù fēn 動組 나누지 않다. 구분하지 않다. ¶～彼此｜成 이쪽 저쪽 가리지 않다. 아주 밀접하다. ¶～首shǒu从 ＝〔不分主从〕｜成 주된 것과 부차적인 것의 구별이 없다. 경중의 구별이 없다. 고저 구별이 없다

【不分陇儿】bùfēnlǒngr 形組 京 단정치 아니하다. 분별이 없다. 모호하다. ¶行为上~, 那还能交朋友吗? | 행위가 모호하니, 어떻게 친구로 사귈 수 있겠는가?

【不分轩轾】bù fēn xuān zhì 成 ❶높고 낮음을 가리지 않다. ❷경중을 가라지 않다. ❸좋고 나쁨을 가리지 않다.

【不分皂白】bù fēn zào bái 成 흑백(黑白)을 가리지 않다. 시비 곡직(是非曲直)을 구별하지 않다. ¶就是气急了也不能~满口胡hú说呀 | 화가 나더라도 시비를 가리지 않고 함부로 허튼 소리를 해서는 안된다.

【不分畛域】bù fēn zhěn yù 成 한계를 지우지 않다. 범위를 정하지 않다. 배제하지 않다.

【不忿(儿)】bùfèn(r) 形 화를 누르지 못하다. 분을 삭이지 못하다. ¶他看到这以强凌弱的情形, 心中觉得非常~ | 그는 강자가 약자를 능욕하는 이러한 국면을 보고는 마음 속 분노를 삭이지 못했다 =〔气qì不忿儿〕

【不丰不俭】bù fēng bù jiǎn 成 너무 사치하지도 않고 간소하지도 않다. 정도가 알맞다.

【不丰不杀】bù fēng bù shā 成 너무 많이 늘지도 않고 줄지도 않다. 적정한 수준을 유지하다.

【不敷】bùfū 動 부족하다. 충분하지 않다. ¶~开销xiāo | 적자가 나다.

【不服】bùfú 動 ❶불복하다. 복종하지 않다. 승복하지 않다. ¶~教化 | 교화에 순응하지 않다. ¶~判决 | 판결에 불복하다 →〔不服气(儿)〕❷(풍토·습속이) 맞지 않다. 익숙해지지 않다. ¶~水土 | 풍토가 몸에 맞지 않다. ¶~手 | 손에 익지 않다.

【不服老】bùfúlǎo 動組 나이에 순응하지 않다. 늙음을 인정하려 하지 않다. ¶老爷yé有点累, 可是~, 还不肯kěn去睡 | 할아버지는 조금 피곤했지만, 노인티를 내지 않으려고 자려 하지 않았다 =〔不伏fú老〕

【不服气(儿)】bùfúqì(r) 動組 승복하지 않다. 인정하지 않다. ¶你还~吗? | 너 아직 인정하려 하지 않느냐? →〔不服①〕

【不符】bùfú 動 서로 일치하지 않다. 부합되지 않다. ¶名实~ | 명실 상부하지 않다.

【不付票据】bùfù piàojù 名〈經〉부도(不渡) 어음.

【不该】bù gāi 動組 …해서는 안 된다. ¶你~说这样儿的话 | 너 이런 말을 해서는 안 된다.

【不甘】bùgān 動 …을 달가와 하지 않다. …을 원하지 않다. …에 만족하지 않다. ¶~落luò后 | 남보다 뒤지는 것을 달가와하지 않다. ¶~后人 | 成 남에게 뒤지려 하지 않다. ¶~雌cí伏fú | 成 허송세월하기를 원치 않다. 평범하게 지내려 하지 않다. ¶~寂jì寞mò | 成 외로움을 이기려 하지 않다. ¶~示shì弱ruò | 成 약점을 보이고 싶어 하지 않다→〔不甘心〕

【不甘心】bù gānxīn 動組 만족해 하지 않다. 달가와 하지 않다. ¶~失败 | 패배를 인정하려 하지 않다→〔不甘〕

【不尴不尬】bù gān bù gà 成 ❶이러지도 저러지도 못하다. 어쩔 수 없다. 난처하다. ¶这种~的情形, 我真是莫mò名其妙miào | 이렇게 어쩔 수 없는 상황에서 나는 정말 아리송하기만 하다. ❷괴이하다. 야릇하다. ¶他今天的态度tàidù是这样的~ | 그의 오늘 태도는 이렇게 야릇하다.

【不敢】bù gǎn 動組 ❶감히 …하지 못하다. …하기 싫어 하다 ¶这个我~说 | 이것에 대해 감히 말할 수 없다. ¶~说假jiǎ话 | 감히 거짓말을 하지 못하다. ¶~后人 | 남에게 뒤떨어지려 하지 않다. ❷⇒〔不敢当〕❸ 西北 …할 리 없다. ¶这样闷热mēnrè, 可~下雨 | 이렇게 무덥지만 비가 올 리 없다.

[2]【不敢当】bù gǎndāng 動組 謙 감당하기 어렵다. (초대·칭찬 등에 대해) 별 말씀을 다하십니다. 천만의 말씀입니다. ¶你夸奖kuājiǎng我, 我实在~ | 너무 칭찬하시니 감당하기 정말 어찌해야 할지 모르겠습니다 =〔不敢②〕

【不敢问津】bù gǎn wèn jīn 成 감히 관계를 가지지 못하다. 감히 묻지 못하다.

【不敢越雷池一步】bù gǎn yuè léi chí yī bù 成 뢰지를 한 걸음도 넘어서지 못하다. 범위·한계를 감히 넘지 못하다.

【不敢造次】bù gǎn zào cì 成 함부로 손을 쓰지 못하다. 감히 덤비지 못하다.

【不根】bùgēn 書 形 근거가 없다. 논거가 없다. ¶~之谈 | 근거 없는 이야기. ¶~之论 | 成 근거 없는 의론.

【不耕而食, 不蚕而衣】bù gēng ér shí, bù cán ér yì 成 밭 갈지 않고 먹으며, 누에 치지 않고 옷 입다. 놀고 먹다. 무위도식하다.

[4]【不公】bùgōng 形 공평(公平)하지 않다. ¶他处事~, 所以得罪了不少人 | 그는 공평하지 않아 많은 사람의 원성을 샀다.

【不攻自破】bù gōng zì pò 成 공격을 받지 않고도 스스로 멸망하다. 자멸(自蔑)하다 →〔不打自招〕〔做贼zéi心虚〕

【不恭】bùgōng 形 공손하지 못하다. 불경(不敬)스럽다. ¶却之~, 受之有愧kuì | 成 사절하는 것은 실례가 되겠으므로 부끄럽지만 받겠습니다.

【不共戴天】bù gòng dài tiān 成 한 하늘아래 살 수 없다. 원한이 매우 깊어 살 수 없다. ¶他们成了~的冤yuān家对决 | 그들은 한 하늘에서 살 수 없는 원수로 대결하는 사이가 되었다.

【不苟】bùgǒu 書 動 함부로 처리하지 않다. 등한히 하지 않다. 소홀히 하지 않다. ¶~一时 | 한 시도 마음 놓지 않다. ¶~一笔bǐ | 한 획도 소홀히 하지 않다. ¶~言笑 | 成 함부로 지껄이거나 웃거나 하지 않다.

[3]【不够】bùgòu 形 부족하다. 모자라다. ¶~用 | 쓰기에 부족하다. ¶~本 | 본전도 되지 않는다. 남는 것이 없다. ¶内容~充实chōngshí | 내용이 충실하지 못하다. ¶材料~丰富fēngfù | 재료가 풍부하지 못하다.

【不够念儿】bùgòuniànr 形組 京 부족하다. 모자라다. ¶这点钱真~ | 이 정도의 돈은 정말 모자란다.

【不够意思】bùgòu yì·si 形組 마음에 차지 않다. 하찮다. 재미가 없다. ¶看了这些天然美景, 公园

的假jiǎ山池水可～了 | 이같은 차연의 훌륭한 경관을 보고나면 공원의 가짜 산이나 못 따위는 정말 마음에 차지 않는다. ¶你太～了, 对朋友这么小气 | 친구에게 이렇게 쩨쩨하다니, 너 정말 재미가 없다→〔没(有)意思〕

【不辜】bùgū 書 名 무고. 죄 없는 사람. ¶枉wǎng杀～ | 죄없는 사람을 억울하게 죽이다.

【不古】bùgǔ 書 形 경박하다. 각박하다. 야박하다. ¶人心～ | 인심이 야박하다.

3【不顾】bùgù 動 돌보지 않다. 고려하지 않다. 상관하지 않다. ¶只顾自己～别人 | 자기만 돌보고 남을 돌보지 않는다. ¶～死活 | 사활을 고려하지 않다.

【不关】bùguān 動 …에 관계하지 않다. 상관 없다. ¶～你的事, 不用管 | 너와는 관계 없으니 상관할 필요 없다 =〔不管①〕.

2【不管】bùguǎn ❶ 動 관계하지 않다. 간섭하지 않다. 상관하지 않다. ¶你不要～他 | 너는 그를 그대로 버려 두지 마라. ¶天很冷, 又下着雪, 可是工地上的人～这些, 仍然在劳动 | 날씨는 춥고 눈까지 내렸지만 공사장의 사람들은 이러한 것들을 상관하지 않고 여전히 일한다 =〔不关〕 ❷ 連 …에 관계 없이. …을 막론하고. 어법 「不管…都〔也, 总〕」의 형식으로 쓰임. ¶～什么人都得děi去 | 누구를 막론하고 다 가야 한다. ¶～怎么说, 我也不改变我的信条 | 뭐라고 얘기하든 나는 내 신조를 바꾸지 않겠다. ¶～做什么工作, 都要有一个认真的态度 | 어떤 일을 하든 착실한 태도를 가져야 한다 =〔不论②〕〔不问〕〔无论〕

【不管部部长】bùguǎnbù bùzhǎng 名〈政〉무임소장관(無任所長官) =〔不管部长〕

【不管三七二十一】bù guǎn sān qī èr shí yī 成 앞뒤를 가리지 않다. 무턱대고 처리하다. 다짜고짜로 서두르다. ¶他一来, 便～地干起来, 弄得大家都楞lèng住了 | 그는 오자마자 다짜고짜로 일을 서둘러 모두 어안이 벙벙해졌다 =〔不问三七二十一〕

【不惯(于)】bù guàn(yú) 動組 …에 익숙하지 않다. …에 습관되지 않다. 잘 하지 못하다. ¶～使机器 | 기계를 잘 쓰지 못한다. ¶～生活在乡下 | 시골 생활이 몸에 익지 않았다.

【…不惯】·buguàn 尾 …에 익숙하지 않다. …에 습관되지 않다. 어법 일단의 동사 뒤에 보어(補語)로 쓰임. ¶我过～那种紧张的生活 | 나는 그러한 긴장된 생활을 하기에는 익숙하지 않다.

【不光】bùguāng ❶ 連 口 …만 아니다. …뿐만 아니라 …도. ¶他～会唱歌, 还会跳舞tiàowǔ | 그는 노래를 할 줄 알 뿐아니라, 춤도 출 줄 안다. ❷ ⇒〔不但〕

【不规则】bùguīzé ❶ 圖 불규칙. ¶～动词 | 불규칙 동사. ❷ 形 불규칙적이다. 불규칙하다. ¶他的生活很～ | 그의 생활은 매우 불규칙하다.

【不轨】bùguǐ ❶ 動 궤도를 벗어나다. 법도를 지키지 않다. ¶行为～ | 행위가 궤도를 벗어났다. ❷ 名 반역. ¶图谋～ | 반역을 도모하다.

2【不过】bùguò ❶ 副 …에 지나지 않다. …할 따름이다. …에 불과하다. ¶那～是借口 | 그것은 변명에 불과하다. ¶他今年～二十岁 | 그는 올해 스무살에 불과하다. 어법 ⓐ「只」와 함께 쓰이면 어기(語氣)가 더욱 강해짐. ¶只～是梦mèng想 | 완전히 공상에 불과하다. ⓑ 어기조사「罢了」「就是了」「而已」와 호응하여 쓰이는 경우가 많음. ¶我和他～是一面之交罢了 | 나는 그와 일면식이 있을 뿐이다. ❷ 連 그런데. 그러나 어법「但是」보다 어기가 약함. ¶他失败了, ～他并不灰心 | 그는 실패했으나 그는 결코 낙담하지 않았다. ¶他答应了, ～, 说不定还会变卦 | 그는 대답을 하였으나 언제 또 변덕을 부릴 지 알 수 없다 →〔但是〕〔可是〕

【…不过】…·buguò 尾 능가하지 못하다. 앞서지 못하다. …해 넘길 수 없다. 어법 ⓐ 일단의 동사 뒤에 보어(補語)로 쓰임. ¶我怎么也学～他 | 나는 아무리 공부해도 그를 능가할 수 없다. ¶你的腿快, 我走～你 | 너는 발걸음이 빨라 내가 앞지를 수 없다. ¶他的苦kǔ境, 实在看～ | 그의 괴로운 처지는 차마 눈뜨고 볼 수 없다 ⓑ 일단의 형용사의 보어로 쓰여, 「대단히」「지극히」「몹시」의 뜻을 나타냄. ¶这是明白～的道理 | 이것은 아주 명백한 이치이다. ¶冷～ | 몹시 차다 ⇔〔…得·de过〕

【不过尔尔】bù guò ěr ěr 成 그저 그러할 따름이다. 그저 그런 정도이다. ¶你这个办法, 就是～ | 너의 이 방법은 그저 그럴 따름이다 =〔不过如此〕

【…不过来】…·buguò/lái 動組 거쳐 올 수 없다. 돌이킬 없다. 두루 할 수 없다. 어법 일단의 동사 뒤에 보어(補語)로 쓰임. ¶他的毛病怎么说也改～ | 그의 결점에 대해 아무리 말해도 고칠 수 없다. ¶一杯水, 解不过两个人的喝kě来 | 한 컵의 물로 두 사람을 해갈할 수 없다 ⇔〔…得过来〕

【…不过去】…·buguò/qù 動組 거쳐 갈 수 없다. 지나칠 수 없다. 어법 일단의 동사 뒤에 보어(補語)로 쓰임. ¶拉～ | 끌고 갈 수 없다. ¶看～ | 못 본 체할 수 없다. ¶听～ | 듣고 그냥 지나칠 수 없다 ⇔〔…得过去〕

【不过如此】bù guò rú cǐ ⇒〔不过尔尔〕

【不过意】bùguòyì 形組 유감스럽다. 미안하다. 죄송하다. ¶让您这么费心我真～ | 이렇게까지 신경쓰게 하여 정말 죄송합니다.

【不过于】bùguòyú 動組 정도가 지나치지 않다. 분에 넘치지 않다. ¶真是名副fù其实, 一点儿也～ | 정말 명실상부하여 조금도 지나치지 않다.

【不含糊】bù hán·hu 形組 ❶ 모호하지 않다. 확실하다. ¶对原则问题～ | 원칙 문제에 대해서는 확실하다. ❷ (능력·솜씨가) 확실하다. 훌륭하다. 빈틈없다. ¶他作的活儿可～ | 그가 하는 일은 아주 빈틈이 없다. ❸ 떳떳하다. 당당하다. ¶大家都是一样的人谁也～谁 | 모두 같은 사람이므로 누구나 서로 당당하지 못할 게 없다.

【不寒而栗】bù hán ér lì 成 춥지 않은데도 벌벌 떨다. 대단히 두려워하다《史記·酷吏列傳》

【不好】bùhǎo ❶ 形組 좋지 않다. ¶最近他身体很～ | 최근 그의 신체는 몹시 좋지 않다. ❷ 能 …하기 힘들다. …하기 어렵다. …하기 거북하다.

¶～办｜하기 어렵다. ¶我～跟他当面说话｜그와 맞대고 이야기하기 거북하다. ❸能 멋대로 …해서는 안 된다. ¶～再随便开玩笑｜다시 더 멋대로 농담해서는 안 된다.

【不好过】bùhǎoguò 形組 괴롭다. 지나기 힘들다. 고통스럽다. 곤란하다. 불편하다. ¶心里～｜마음이 괴롭다. ¶快有考试了, 这几天真～｜곧 시험이 있어 며칠간 정말 힘든다 =〔不好受〕

【不好喈】bùhǎo·jiē ⇒〔不好价·jie〕

【不好价】bùhǎo·jie 形組 京 재수없다. 불길하다. ¶别j说丧sàng气话, ～!｜초치는 소리 하지 마라, 재수 없다! =〔不好喈〕

2【不好意思】bùhǎoyì·si 形組 ❶ 부끄럽다. 쑥스럽다. 계면쩍다. ¶他被大伙儿笑得～了｜그는 여러 사람이 웃어 부끄러웠다. ❷ (체면 때문에) …하기가 곤란하다. …하기 난처하다. ¶～推辞tuīcí｜사양하기 거북하다. 어법 「好意思」는 반어적인 의미로만 쓰임. ¶你～说那样的话!｜네가 그런 말을 하기에 부끄럽지 않니!

【不合】bùhé ❶ 動 부합하지 않다. 서로 맞지 않다. ¶～道理｜도리에 맞지 않다. ¶～口味｜입맛에 맞지 않다. ❷ 書 能 …해서는 안 된다. ¶早知如此, 当初～叫他去｜미리 이렇게 될 줄 알았다면, 애당초 그를 가게 하지 말아야 했다.

【不合理】bùhélǐ 形組 불합리하다. ¶改革～的制度｜불합리한 제도를 개혁하다 =〔不在理〕

【不合时宜】bù hé shí yí 成 시기에 적합하지 않다. 시의 적절하지 않다. ¶这样做不仅～, 简直jiǎnzhí是保守｜이렇게 하는 것은 시의 적절하지 않을 뿐 아니라, 철저히 보수적이다

【不合适】bù héshì 形組 ❶ 적합하지 않다. 타당하지 않다. ¶这么勉强miǎnqiáng地办～｜이렇게 억지로 처리하는 것은 적당하지 않다 ❷ 京 몸이 불편하다. 기분이 언짢다. ¶今天他不大～｜그는 오늘 기분이 그렇게 좋지 않다. ¶你哪儿～｜너 어디 아프니?

【不和】bùhé 形 불화가 있다. 화목하지 않다. 어울리지 못하다. ¶他跟主任一向～｜그와 주임은 줄곧 어울리지 못한다.

【不哼不哈】bù hēng bù hā 成 중얼거리지도 하하거리지도 않는다. 아무 소리도 하지 않다. ¶怎么样骂他, 他简直jiǎnzhí～｜아무리 그를 욕해도 그는 입도 뻥긋하지 않는다.

【不哼一声】bùhēng yīshēng 動組 아무 소리도 내지 않다. ¶被s打得皮开肉绽zhàn也仍咬yǎo住牙～｜맞아서 살갗이 찢어지고 살이 드러날 정도가 되어도, 이를 악물고 신음 소리도 내지 않는다 =〔不吭kēng一声〕

【不欢而散】bù huān ér sàn 成 언짢게 헤어지다. 불쾌하게 갈라서다. ¶争辩biàn了一阵zhèn, 毫háo无结果, 最后～｜한 바탕 논쟁을 하였으나 아무 결과도 없이 결국 언짢게 헤어졌다.

【不慌不忙】bùhuāngbùmáng 形組 황망하지 않다. 당황하거나 서두르지 않다. ¶他在任何场合还是～的｜그는 어떠한 경우에도 침착하다.

【不遑】bùhuáng 書 動 한가하지 않다. 겨를이 없다. ¶～顾gù及｜돌볼 틈이 없다.

【不灰木】bùhuīmù ⇒〔石shí棉〕

【不讳】bùhuì 書 ❶ 動 기휘(忌諱)하지 않다. 존장(尊長)·군부(君父)의 이름을 삼가하지 않고 함부로 부르다. ❷ 動 숨기지 않다. 꺼리지 않다. ¶供认～｜숨기지 않고 자백하다. ¶直言～｜숨김없이 직언하다. ❸ 名 죽음.

【不惑】bùhuò 書 ❶ 動 미혹되지 않다. ¶四十而～｜40세가 되어서 미혹되지 않았다《論語·爲政》❷ 名 40살. ¶我已经过了～之年, 但仍是胡里胡涂的｜나는 이미 미혹의 나이를 넘겼으나 여전히 뭐가 뭔지 모르겠다.

【…不唧】…·bujī 尾 조금. 약간. 어법 일단의 형용사 뒤에 보어로 쓰임. ¶冷～｜약간 춥다. ¶黄～｜약간 노랗다. ¶傻～｜좀 바보스럽다.

【不羁】bùjī 書 形 속박받지 않다. 얽메이지 않다. 비범하다. 뛰어나다. ¶～之才｜뛰어난 재주.

【不及】bùjí 動 ❶ 미치지 못하다. 이르지 못하다. …이 …만 못하다. ¶这个～那个好｜이것은 저것만 못하다. ¶在刻苦kèkǔ学习方面我～他｜고달프게 공부하는 데는 내가 그만 못하다 어법 「不及」는 서로 다른 사람·사물을 비교하므로 「不及」 전후에 명사가 와야하나 「不如」는 명사·동사·절(小句) 등이 모두 올 수 있음 →〔不如〕 ❷ …할 여유가 없다. …할 틈이 없다. 어법 소수의 쌍음절 동사를 목적어로 가짐. ¶时间太紧jǐn, ～准备｜시간이 너무 촉박하여 준비할 겨를이 없다

【不及物动词】bùjíwù dòngcí 〈言〉자동사 ⇔〔及物动词〕

【不即不离】bù jí bù lí 成 가까이 하지도 멀리하지도 않다. 어중간하다. ¶～的态度｜어중간한 태도 →〔若ruò即若离〕

【不急(于)】bùjí(yú) 動組 서두르지 않다. 안달하지 않다. 조급해 하자 않다. ¶～建立邦bāng交｜국교 수립을 서두르지 않다.

【不计】bùjì 書 動 따지지 않다. 문제 삼지 않다. 계산하지 않다. ¶～得失｜득실을 따지지 않다. ¶～成本｜원가를 계산하지 않다. ¶～报酬｜보수를 문제 삼지 않다.

【不计其数】bù jì qí shù 成 헤아릴 수 없이 많다. 부지기수 =〔不知其数〕→〔更gēng仆难数〕

【不记名票据】bùjìmíng piàojù 名 무기명 어음.

【不记名投票】bùjìmíng tóupiào 名 무기명 투표.

【不济】bùjì ❶ 形 口 쓸모가 없다. 좋지 않다. 못 쓰게 되다. ¶才学～｜재능도 학문도 쓸모가 없다. ¶视力～｜시력이 좋지 않다. ¶最近身体～｜최근 몸이 못쓰게 되었다. ❷ 名 北 나쁜 일. 과오. 실패. ¶他尽说自己的～｜그는 자기의 과오를 모두 이야기하였다. ❸ 動 方 슬퍼하다. ¶惹rě人～｜남을 슬프게 하다.

【不济事】bùjìshì 形 口 쓸모가 없다. (일·능력·사람이) 소용없다. 아무런 도움이 되지 않다.

【不加可否】bùjiā kěfǒu ⇒〔不置zhì可否〕

【不加思索】bùjiā sīsuǒ ⇒〔不假思索〕

【不佳】bùjiā 書 形 좋지 않다. ¶成绩chéngjì～｜성적이 좋지 않다. ¶命运mìngyùn～｜운명이 좋지 않다.

【不假思索】bù jiǎ sī suǒ 成 별로 고려하지 않다. 별로 생각을 하지 않다. ¶～地回答｜별 생각 없이 답하다. ¶提起笔来，～就写出一首诗来｜붓을 들어 단숨에 시 한 수를 썼다＝〔不加思索〕

【不稼不穑】bù jià bù sè 成 농사일을 하지 않다. 일을 하지 않다.

【不减(于)】bùjiǎn(yú) 書 動組 …보다 못하지 않다. …보다 나빠지지는 않다. ¶～当初｜처음보다 못하지 않다. ¶手艺shǒuyì～当年｜솜씨가 예전보다 못하지 않다＝〔不让于〕

【不检点】bùjiǎndiǎn 形組 점검하지 않다. 부주의하다. 소홀히 하다. ¶说话～往往惹rě祸huò｜말은 주의하지 않으면 종종 화를 불러온다→〔检点②〕

【不简单】bùjiǎndān 形 간단하지 않다. 대단하다. ¶他很会说法语，真～｜그는 불어를 잘한다, 정말 대단하다. ¶实行这个计划真～｜이 계획을 실행하는 것은 정말 간단하지가 않다.

3【不见】bùjiàn 動 ❶ 만나지 못하다. 보지 못하다. ¶这孩子一年～，竟长得这么高了｜이 아이는 일년 만나지 못하였는데, 이렇게 크게 자랐다. ¶好久～｜오랫동안 만나지 못했군요. 오래간만이다. ❷ 보이지 않다. 없어지다. ¶我的书～｜내 책이 보이지 않는다→〔不见了〕

【不见不散】bù jiàn bù sàn 成 만나지 못하면 떠나지 않는다. 만날 때까지 기다리다. ¶谁-先到谁等着，～｜먼저 도착한 사람이 만날 때까지 기다리도록 하자.

3【不见得】bùjiàn·dé 動 꼭 …라고 할 수는 없다. 반드시 …라고는 생각되지 않다. ¶～好｜꼭 좋은 것 같지는 않다. ¶这话～可靠｜이 말은 꼭 믿을만한 것 같지는 않다.

【不见棺材不掉泪】bù jiàn guān cái bù diào lèi 成 관을 보지 않고는 눈물을 흘리지 않는다. 한 번 먹은 마음은 끝까지 버티다. ¶这个间谍dié是死硬yìng派，怎样揍zòu他也不说，直到他到绞jiǎo刑架下才招认zhāorèn，真是～｜이 간첩은 죽기로 결심한 놈이라 어떻게 두들겨도 말하지 않더니 결국 교수대 밑에 와서야 자백하니 정말 관을 보고야 눈물 흘리는 격이다＝〔不见丧不掉泪〕→〔不到黄河心不死〕

【不见经传】bù jiàn jīng zhuàn 成 ❶ 경전에 보이지 않는다. 문헌상의 근거가 없다. ❷ 경전에 이름이 나타나지 않는다. 후세에 전해지는 사람이 아니다.

【不见了】bùjiàn·le 動組 보이지 않는다. 없어졌다. 사라졌다. ¶我的表～｜내 시계가 없어졌다. ¶书架上～一本书｜서가에 책 한 권이 사라졌다＝〔不见②〕

【不见奇】bùjiànqí 形 진기하지 않다. 희귀하지 않다. ¶现在电动用品在农村也～｜지금 가전제품은 농촌에서도 희귀한 것은 아니다.

【不见天日】bù jiàn tiān rì 成 하늘에 태양이 보이지 않다. 세상이 온통 암흑이다. ¶在法西斯统治下生活，真如～｜파쇼 치하의 생활은 그야말로 하늘에 태양이 없는 세계와 같았다.

【不见兔子不撒鹰】bù jiàn tù·zi bù sā yīng 諺 토끼가 보이지 않으면 매를 풀지 않는다. 확실한 이익이 보이지 않으면 시도하지 않는다.

【不讲理】bùjiǎnglǐ 形組 억지를 부리다. 이치에 닿지 않다. ¶这样～，岂有此理?｜이렇게 억지를 부리니, 그런 법이 어디 있어?

【不骄不谄】bù jiāo bù chǎn 成 오만하지도 않고 아첨하지도 않다.

【不接头】bùjiētóu 形組 ❶ 이어지지 않다. 연결되지 않다. ❷ 轉 서투르다. 내용에 밝지 못하다. 줄이 닿지 않는다. ¶那件事我一点儿也～｜그 일에 대해 나는 조금도 알지 못한다.

【不结盟】bùjiéméng 區 비동맹. ¶～国家｜비동맹 국가. ¶～政策｜비동맹 정책. ¶～运动｜비동맹 운동.

4【不解】bùjiě ❶ 動 이해하지 못하다. 알지 못하다. ¶～之迷mí｜풀 수 없는 수수께끼. ❷ 動 떼어 놓을 수 없다. 갈라 놓을 수 없다. ¶～之缘yuán｜떼어 놓을 수 없는 인연. ❸ 形 京 …하지 않을 수 없다. 어법 「非…不解」의 형식으로 쓰임. ¶非打他～｜그를 때려 주지 않고는 안되겠다.

【不解事】bùjiěshì 形組 사리(事理)에 밝지 못하다. ¶你怎么这般～?｜너는 어찌 이렇게도 사리에 어둡나?

【不介意】bùjièyì 動 개의치 않다. 신경을 쓰지 않다. ¶我说这些话，请你～｜내가 이런 말을 하더라도 개의치 마십시오＝〔不在乎〕

【不咖】bù·jie ⇒〔不价·jie〕

【不家】bù·jie ⇒〔不价·jie〕

【不结】bù·jie ⇒〔不价·jie〕

【不喈】bù·jie ⇒〔不价·jie〕

【不价】bù·jie 又 bù·jia) 京 ❶ 副 아니다. 아니오 어법 상대방의 말을 전적으로 부정할 때 씀. ¶～，就是今天，不是明天｜아니다, 바로 오늘이지 내일이 아니다. ¶～，我可不去｜아뇨, 나는 가지 않아요. ❷ 副 그럴 필요 없다. …할 필요 없다. 어법 「非得…不价」의 형식으로 쓰임. ¶非得打～｜절대 때릴 필요 없습니다. ❸ 副 …을 하지 않다. ¶往后再～了｜이후로는 다시 하지 않겠다. ❹ 連 그렇지 않으면. ¶加班要有加班费，～，没人干｜잔업을 하려면 잔업 수당이 있어야지 그렇지 않으면 하려는 사람이 없다 ‖＝〔不咖〕〔不家〕〔不喈〕〔不结〕

【不衿不伐】bù jīn bù fá 成 과장하거나 허세를 부리지 않다. 겸손하다.

【不衿不躁】bù jīn bù zào 成 뽐내지도 않고 조급하지도 않다. 침착하다. 유유(悠悠)하다→〔不慌不忙〕

3【不禁】bùjīn 動組 금하지 못하다. 참지 못하다. ¶～失笑｜웃음을 참지 못하다. ¶～流下热泪lèi｜뜨거운 눈물을 금하지 못하다. ¶～其残暴cánbào｜그 잔학성을 참지 못하다.

【不禁不由(儿)】bùjīnbùyóu(r) 狀組 口 자기도 모르는 사이에. 저절로. 어느 새. ¶～地哼hēng起歌儿来了｜자기도 모르는 사이에 노래를 부르기 시작하였다→〔不由得②〕

2【不仅】bùjǐn ❶ 連 …만은 아니다. …뿐만 아니라 …이다. ¶这～是我一个人的主张｜이것은 나 한

사람 주장은 아니다. ¶这～是你个人的事，也是大家的事｜이것은 너 개인의 일일 뿐만아니라 우리 모두의 일이다＝〔不止②〕〔不但〕❷副 단지 …뿐만이 아니다. ¶恐怕～是他一个人｜아마 그 한 사람만이 아닐 것이다＝〔不仅仅②〕

【不仅仅】bùjǐnjǐn ⇒〔不仅②〕

【不紧不慢】bù jǐn bù màn 成 서두르지도 않고 느리지도 않다. 허둥대지 않고 여유가 있다. ¶～地走｜여유있게 걷다.

【不近】bùjìn 動組 …에 가깝지 않다. …에 맞지 않다. ¶～道理｜成 도리에 어긋나다.

【不近人情】bù jìn rén qíng 成 인지상정(人之常情)에 맞지 않다.

【不进则退】bù jìn zé tuì 成 전진하지 않으면 후퇴한다. ¶学习就像逆nì水行舟zhōu，～｜학습이란 마치 물을 거슬러 배를 모는 것과 같아 전진이 없으면 후퇴한다.

【不尽】bùjìn 動 ❶ 다하지 못하다. 끝내지 못하다. 이기지 못하다. ¶感激gǎnjī～｜감사하는 마음을 다하지 못하다. ¶我有说～的恨hèn｜나는 말로 다할 수 없는 한이 있다. ❷ 완전하지 못하다. ¶～合理｜완전히 합리적이지 못하다. ¶～一致｜완전히 일치하지 못하다.

【不尽然】bùjìnrán 狀 다 그렇지는 않다. ¶以我的看法并～｜내 견해로는 결코 모두 그런건 아니다.

【不尽欲言】bù jìn yù yán 成 하고 싶은 이야기를 다 말씀드리지 못합니다. ¶先此致谢，～｜드릴 말씀은 많으나 먼저 감사드립니다.

【不经济】bùjīngjì 形 비경제적이다. ¶这样做太～了｜이렇게 하는 것은 너무 비경제적이다.

【不经一事，不长一智】bù jīng yī shì, bù zhǎng yī zhì 成 경험하지 않으면 지혜를 늘릴 수 없다.

【不经意】bùjīngyì 形組 조심성이 없다. 주의하지 않다. ¶他～把茶杯碰pèng倒了｜그는 조심하지 않아 찻잔을 엎었다.

【不经之谈】bù jīng zhī tán 成 황당무계한 말. 근거 없는 이야기.

【不景气】bùjǐngqì ❶ 名〈經〉불황(不況). 불경기. ❷ 形 경기가 좋지 않다. 불경기이다. ¶市场呈现chéngxiàn出一派～的样子｜시장에는 불경기의 양상이 나타났다.

【不净】bùjìng 書 形 ❶ 청결하지 못하다. 깨끗하지 않다. ¶这儿的水～｜이 물은 깨끗하지 못하다. ❷ 여유가 없다.

【不胫而走】bù jìng ér zǒu 成 ❶ 빨리 퍼지다. ¶这个新闻～，不几天就闹得满城风雨｜이 소식은 빨리 전해져, 몇 일 되지 않아 온 시내에 풍파를 일으켰다. ❷ (상품·작품 등이) 날개돋친 듯이 팔리다. ¶他的作品，～｜그의 작품은 날개 돋친 듯이 팔려 나갔다.

1【不久】bùjiǔ 副 머지않아. 곧. ¶水库～就能完工｜저수지는 머지않아 완공될 것이다. ¶他～就回来｜그는 곧 돌아올 것이다. ¶～就要成功｜머지 않아 성공할 것이다. ¶～的将来｜머지않은 장래.

【不咎既往】bù jiù jì wǎng 成 과거의 잘못을 따지지 않다 ＝〔不究jiū既往〕〔既往不咎〕

【不拘】bùjū ❶ 動 구애되지 않다. 제한받지 않다. 구속당하지 않다. ¶～一格｜成 한가지 격식에 구애받지 않다. ¶～小节｜成 사소한 것에 구애받지 않다. ¶字数～｜자수 불구. ❷ 連 …에 관계 없이. …임에도 불구하고. …를 막론하고. ¶～什么任务，我都愿意接受jiēshòu｜어떤 임무이든지 관계없이 나는 모두 받아들이겠다.

【不拘形迹】bù jū xíng jì 成 형식에 구애되지 않다. 어떤 현상에 구속되지 않다.

【不倦】bùjuàn 書 動 지칠 줄 모르다. 권태감을 느끼지 않다. ¶教诲huì～｜훈도에 지칠 줄 모르다. ¶读书～｜독서에 지칠 줄 모르다.

【不绝】bùjué 動 끊어지지 않다. 계속되다. ¶喊声hǎnshēng～｜함성이 끊어지지 않다. ¶～如流｜흐르듯 계속되다.

【不绝如缕】bù jué rú lǚ 成 한 가닥 실과 같이 끊어질 듯 말듯하다. (목숨·소리 등이) 거의 끊어질 것 같다＝〔不绝如线〕

【不绝于耳】bù jué yú ěr 成 계속 들리다. 끊임 없이 들리다. ¶喊hǎn叫～｜외치는 소리가 끊임없이 들린다.

3【不觉】bùjué 動 느끼지 못하다. 깨닫지 못하다. 알지 못하다. ¶～流出泪lèi来｜자기도 모르게 눈물을 흘렸다. ¶～又过了三年｜어느덧 3년이 흐렀다.

【不开交】bùkāijiāo 形 대단히 …하다. 극히 …하다. 어법 동사나 형용사의 뒤에 보어로 쓰임. ¶服务员跑里跑外忙～｜써비스 요원은 안팎으로 바삐 뛰어 다니느라 죽을 지경이다. ¶他们吵闹chǎonào得～｜그들은 소란하기 이를 데 없다.

【不刊】bùkān 書 動 (글자를) 고치지 않다. 삭제하지 않다. ¶～之论｜고칠 수 없는 언론. 반박할 수 없는 이론.

4【不堪】bùkān 書 ❶ 動 참을 수 없다. ¶～其苦kǔ｜그 고통을 견딜 수 없다. ¶～一击jī｜成 일격도 견디지 못하다. ¶～造zào就｜成 양성 교육을 견디지 못하다 →〔难nán堪①〕❷ 動 차마 …할 수 없다. ¶～入耳ěr｜成 차마 들을 수 없다. ¶～详述xiángshù｜차마 상술할 수가 없다. ¶～人目｜成 눈에 차지 않다. ❸ 狀 매우 심하다. 어법 소극적 의미의 동사나 형용사 뒤에 쓰여 정도가 심함을 나타냄. ¶痛苦～｜몹시 아프다. ¶破烂pòlàn～｜남루하기 그지 없다. ❹ 形 아주 나쁘다. 매우 고약하다. ¶他这个人太～了｜그는 사람됨이 매우 고약하다.

【不堪回首】bù kān huí shǒu 成 차마 과거를 돌아볼 수 없다. 차마 회상하기도 싫다.

【不堪设想】bù kān shè xiǎng 成 상상할 수 조차 없다. 도저히 있을 수 없다. ¶若ruò不事先防范fángfàn，后果将～｜사전(事前)에 대비하지 않다가는 상상할 수 조차도 없는 결과를 초래할 것이다.

【不看僧面看佛面】bù kàn sēng miàn kàn fómiàn 諺 스님 체면은 없더라도 부처님 체면은 세워주다. 핵심 인물의 체면은 세워 주어라.

【不亢不卑】bù kàng bù bēi ⇒〔不卑bēi不亢〕

【不科学】bùkēxué 形 비과학적이다. ¶这种讲法太～｜이렇게 말하는 것은 너무 비과학적이다.

3【不可】bùkě ❶ 能 …할 수가 없다. …해서는 안된다. ¶～一概gài而论｜개괄하여 논할 수는 없다. ¶万～信｜절대 믿을 수 없다. ❷ 助 …하지 않으면 안된다. 어법「非…不可」의 형태로 쓰임. ¶今天会议很重要, 我非去～｜오늘 회의는 매우 중요하므로 내가 가지 않으면 안된다.

【不可比拟】bù kě bǐnǐ 動組 비교할 수 없다. 비교가 되지 않는다.

【不可避免】bù kě bìmiǎn 動組 피할 수 없다. 불가피하다. ¶我们～现实｜우리는 현실을 피할 수 없다.

【不可倒放】bù kě dàofàng 動組 화물을 뒤집어 놓지 마라. 상하 구별 취급 ＝〔不许倒放〕〔不许倒置〕〔勿wù倒置〕

【不可多得】bù kě duō dé 成 많이 얻을 수 없다. 아주 드물다. 희귀하다. ¶～的好机会｜많지 않은 좋은 기회. ¶他是一个～的人才｜그는 보기 드문 인재이다.

【不可告人】bù kě gào rén 成 남에게 말해서는 안된다. 남에게 말할 수 없다. ¶～的目的dì｜은밀한 목적. ❷ (부끄러워서) 남에게 말할 수 없다.

【不可估量】bù kě gū liáng 成 헤아릴 수 없다. 예견할 수 없다. ¶造zào成了～的损失sǔnshī｜헤아릴 수 없는 손실을 만들었다.

【不可救药】bù kě jiù yào 成 구제할 약도 없다. 구제할 수 없다. ¶他的病也许～｜그의 병은 아마 약도 없을 것이다.

【不可开交】bùkě kāijiāo 形組 끝을 맺을 수 없다. 해결할 수 없다. 형편없다. 어법 동사나 형용사의 뒤에 보어로만 쓰임. ¶闹nào得～｜형편없이 소란을 피우다. ¶打得～｜어쩔 수 없을 정도로 싸우다→〔不开交〕

【不可抗拒】bù kě kàng jù 成 항거할 수 없다 저항할 수 없다.

【不可抗力】bùkěkànglì 名〈法〉불가항력.

【不可理喻】bù kě lǐ yù 成 이치로서 깨닫게 할 수 없다. ¶这个人一向蛮横mánhéng无礼, 简直～｜그는 줄곧 만횡을 부리고 무례하여 절대 이치로 일깨울 수는 없다.

【不可名状】bù kě míng zhuàng 成 이루 다 말할 수 없다. 형언할 수 없다. ¶他充满了～的不安｜그는 형언할 수 없는 불안으로 가득 차있다＝〔不可胜shèng言〕〔不可言状〕〔不可言宣xuān〕〔不可言喻yù〕

【不可磨灭】bù kě mó miè 成 지워버릴 수 없다. 마멸할 수 없다.. ¶留下了～的印像｜지워버릴 수 없는 인상을 남겼다

【不可能】bùkěnéng 動組 불가능하다. 있을 수 없다. ¶今天～下雨｜오늘은 비가 올 리 없다. ¶这是～的事｜이것은 불가능한 일이다.

【不可偏废】bù kě piān fèi 成 한 쪽으로 치우칠 수 없다. 한 면을 소홀히 할 수 없다.

【不可企及】bù kě qǐ jí 成 이를 수 없다. 따라 잡을 수 없다.

【不可胜数】bù kě shèng shǔ 成 이루 다 헤아릴 수 없다. ¶天上的星星, 多得～｜하늘의 별은 헤아릴 수 없을 만큼 많다→〔不胜shèng枚举〕

【不可胜言】bù kě shèng yán ⇒〔不可名状〕

【不可思议】bù kě sī yì 成 상상할 수 없다. 불가사의하다. ¶他的做法很奇怪qíguài, 真～｜그가 하는 짓은 아주 기괴하여 정말 불가사의하다.

【不可同日而语】bù kě tóng rì ér yǔ 成 함께 논할 수 없다. 함께 말할 수 없다＝〔不可同年而语〕

【不可限量】bù kě xiàn liàng 成 양을 한정할 수 없다. 한량없다. 무한하다. ¶他们的前途～｜그들의 전도는 무한하다.

【不可向迩】bù kě xiàng ěr 成 가까이 할 수 없다. ¶烈liè火燎liáo原～｜열화의 요원에는 가까이 할 수 없다. 맹렬한 기세는 막을 수 없다＝〔不可乡迩〕

【不可言宣】bù kě yán xuān ⇒〔不可名状〕

【不可言喻】bù kě yán yù ⇒〔不可名状〕

【不可言状】bù kě yán zhuàng⇒〔不可名状〕

【不可一世】bù kě yī shì 成 일세를 풍미한다고 자부하다. 자기 혼자 잘났다고 뽐내다. ¶看他那一副～的样子｜그의 저 안하무인으로 거만한 꼴 좀 보아라.

【不可移易】bù kě yí yì 成 바뀔 수 없다. 고칠 수 없다. ¶～原则｜바뀔 수 없는 원칙.

【不可战胜】bù kě zhàn shèng 成 싸워 이길 수 없다. 무적(無敵)이다. ¶民主主义是～的｜민주주의는 절대 이길 수 없는 것이다. ¶～神话｜무적의 신화.

【不可知论】bùkězhīlùn 名〈哲〉불가지론. ¶～者｜불가지론자.

【不可终日】bù kě zhōng rì 成 하루를 넘기기 어렵다. 정세가 매우 급박하다. ¶惶huáng惶～｜연신 안절부절 못하다.

【不克】bùkè 書 動 ❶ 이기지 못하다. ❷ …할 수 없다. 불능하다. ¶～胜任shèngrèn｜감당할 수 없다. ¶～供应｜공급불능.

【不克厥敌, 战则不止】bù kè jué dí, zhàn zé bù zhǐ 成 적을 이기기 전에는 전쟁을 그만두지 않는다.

【不克自拔】bù kè zì bá 成 발을 뺄 수 없다. 벗어날 수 없다.

【不客气】bùkè·qi ❶ 動 무례하다. 버릇없다. ¶直接说那太～了｜직접 말하는 것은 너무 무례하잖아. ❷ 套 사양하지 마세요. ¶～, 请随便吃吧!｜사양하지 마시고 마음대로 드세요.

【不肯】bùkěn 動組 …하려고 하지 않다. ¶～答应dāying｜응답하려 하지 않다. ¶他不～去｜그는 가려하지 않는다.

【不吭一声】bùkēng yīshēng⇒〔不哼hēng一声〕

【不快】bùkuài 形 ❶ 불쾌하다. ¶今天报纸上到处都有使人～的消息｜오늘 신문지상에는 도처에 사람을 불쾌하게 하는 소식이 있다. ❷ 몸이 불편하다. ¶身上～｜몸이 편치 않다. ❸ (동작이) 느리다. ¶车行～｜차가 느리다. ❹ (칼날이) 무디다. ¶刀子～｜칼날이 무디다.

4【不愧】bùkuì 動 …에 부끄럽지 않다. 손색이 없다. 어법 대개「为」혹은「是」와 연용(連用)함.

¶他～是一国的代表｜그는 한 나라의 대표임에 부끄럽지 않다. ¶他～是我们的厂长｜그는 우리 공장의 사장으로 손색이 없다.

【不愧不怍】bù kuì bù zuò 成 양심에 거리끼지 않다. 부끄러울 것이 없다.

【不愧屋漏】bù kuì wū lòu 成 조상에 부끄러울 것이 없다. 마음에 거리낄 것이 없다 [「屋漏」는 조상에게 제사를 지내는 곳]

【不匮】bùkuì 書 形 끝없다. 한량없다. 부족하지 않다. ¶孝思～｜효심이 극진하다.

【…不剌】… ·bu·la 尾 매우. 대단히. 몹시. 어법 형용사 뒤에 쓰여 성질·상태를 강조함. ¶你穿得破pò～的, 上哪儿去?｜너는 다 헤어진 누더기를 걸치고 어디에 가느냐? ¶脏zāng～｜매우 더럽다.

【…不来】… ·bulái 尾 미치지 않는다. 할 수 없다. 어법 ⓐ 동사 뒤에 보어로 쓰여 동작의 결과가 말하는 사람 쪽으로 미치지 못한다는 뜻을 나타냄. ¶骑上虎下～, 非办不可｜호랑이 등에 타서 내릴 수 없게 된 이상, 끝까지 하지 않으면 안 된다. ⓑ 익숙하지 못하여 할 수 없다는 뜻을 나타냄. ¶洋酒我喝～｜양주는 마시지 못한다 ‖ ⇔〔…得来〕

【不赖】bùlài 形 ㊉ ㊉ 나쁘지 않다. 괜찮다. 좋다. ¶今年的庄稼zhuāngjià可真～｜올해 농사는 그런대로 나쁘지 않다.

【不赖嘛】bùlài·ma 形組 俗 ㊀ 괜찮다. 그런대로 쓸만하다 →〔不错〕

【不郎不秀】bù láng bù xiù ⇒〔不稂láng不莠yǒu〕

【不狼不虎】bù láng bù hǔ 成 늑대도 아니고 범도 아니다. 건성으로 하다. 힘을 쏟지 않다.

【不稂不莠】bù láng bù yǒu 成 이도 저도 아니다. 아무 쓸모가 없다. 반푼수이다 ＝〔不郎不秀〕

【不劳而获】bù láo ér huò 成 불로소득을 얻다. 일하지 않고 이익을 얻다. ¶剥削bōxuē阶级～｜착취계급은 일하지 않고 약탈한다.

【不老少】bùlǎoshǎo 形組 적지 않다. 상당히 많다. ¶样样东西都准备得～｜갖가지 물건을 모두 적지 않게 준비했다

【不落忍】bùlàorěn 形組 차마 …하지 못하다. ¶就是他情愿吃亏kuī, 咱们也～呢｜설사 그가 손해보기를 자청한다해도 우리는 차마 그렇게 못한다 →〔落lào忍〕

【不乐于】bù lèyú 形組 …을 싫어하다. …을 달가와 하지 않다. …하기를 좋아하지 않는다. ¶～帮助别人｜다른 사람 돕기를 좋아하지 않는다.

【不冷不热】bùlěng bùrè 狀組 춥지도 않고 덥지도 않다. 모호하다. 이도 저도 아니다. ¶～的态度｜애매한 태도.

【不离儿】bùlír 形 ㊍ 그런대로 괜찮다. 대체로 좋다. ¶他的中国话～, 可是不十分好｜그의 중국어는 그런대로 괜찮지만, 매우 좋은 것은 아니다. ¶你说得～｜네 말이 대충 옳다 ＝〔不大差离(儿)〕〔不大离(儿)〕〔差不离(儿)〕

【不理】bùlǐ 動 상대하지 않다. 무시하다. 돌보지 않다. ¶置zhì之～｜상대하지 않고 내버려 두다. ¶暂且zànqiě～｜잠시 내버려 두다.

【不理会】bùlǐhuì 動 ❶ 주의하지 않다. 상대하지 않다. 무시하다. ¶我问他, 他竟～｜내가 그에게 물어 보았으나, 그는 끝내 응대하지 않았다. ❷ 깨닫지 못하다. ¶他的真意, 谁都～｜그의 진의를 누구도 깨닫지 못했다.

【不力】bùlì 動 힘을 다 쓰지 않다. 무력하다. 최선을 다하하다. ¶办事～｜최선을 다해 일하지 않다.

【不立文字】bùlìwénzì 名〈佛〉불립 문자. 문자나 말로써 전하지 않고 이심전심(以心傳心)으로 오도(悟道)하게 하다.

3【不利】bùlì 形 ❶ 불리하다. ¶形势对我们有些～｜형국이 우리에게 약간 불리하다. ❷ 순조롭지 못하다. ¶首战～｜첫 전투는 순조롭지 못했다.

4【不良】bùliáng 書 狀 좋지 않다. 불량하다. ¶消化～｜소화 불량. ¶～现像｜좋지 않은 현상. ¶～影响yǐngxiǎng｜좋지 않은 영향.

【不聊生】bùliáoshēng 動組 생계를 유지할 수 없다. 살 방도가 없다.

【…不了】… ·buliǎo 尾 다 할 수 없다. 끝나지 않다. 끝맺지 못하다. 그럴 수 없다. 어법 ⓐ 동사 뒤에 보어로 쓰여, 동작을 주로 양적으로 완료·완결시킬 수 없다는 의미를 나타냄. ¶吃～｜(많아서) 다 먹을 수 없다. ¶一时说～｜일시에 모두 다 이야기할 수 없다. ¶一辈子忘～您的好意｜일생 동안 당신의 호의는 잊을 수 없다. ⓑ 대개 「个」를 구조조사(結構助詞)로 가져 약간 가벼운 어기를 나타냄. ¶一天到晚忙máng个～｜하루종일 줄곧 바쁘다. ¶大雨下个～｜큰 비가 끊임없이 내리다. ¶笑个～｜연이어 웃다 ⇔〔…得了〕

【不了了之】bù liǎo liǎo zhī 成 (중간에서) 흐지부지 하다. 흐리멍덩하게 처리하다. ¶这个问题大家争论了半天, 还是各执zhí己见, 最后只好～｜이 문제를 두고 모두들 한참동안 논쟁을 벌였으나, 여전히 자기의 견해만을 고집하여 끝내는 하는 수 없이 흐지부지되고 말았다. ¶这件事拖tuō了半年未能解决, 最后只好以～了｜이 일은 반년이나 끌어도 해결되지 않아, 끝내는 흐지부지 되었다.

【不了汉】bùliǎohàn 名 무책임한 사나이. 흐지부지하는 사람 ＝〔不了事汉〕

【不了情】bùliǎoqíng 名 끝나지 않는 영원한 사랑.

【不了事】bùliǎoshì ❶ 動 일을 끝맺지 못하다. 마무리 하지 못하다. ❷ 形 사리를 잘 모르다.

3【不料】bùliào 副 예상하지 못하다. 상상하지 못하다. 뜻밖이다. 의외이다. 어법 복문(複文)의 뒷절(小句)에 쓰여 앞 절의 상황에서는 예상 못하였음을 나타내고, 역접(逆接)의 경우에는 부사 「却」「竟」「还」「仍」「倒」 등이 호응하여 쓰임. ¶早上天气还好好的, ～下午竟下起雹子来了｜아침에는 날씨가 멀쩡했는데, 뜻밖에 오후에 우박이 내렸다. ¶本来打算去动物园, ～来了朋友, 没去成｜본래 동물원에 갈 계획이었으나, 뜻밖에 친구가 와서 가지 못했다.

【不列颠】Bùlièdiān 名 ㊥ 브리턴. 영제국(英帝國) →〔大不列颠〕

【不列颠抗路易士毒气】bùlièdiān kàng lùyìshì dúqì ⇒〔二èr巯qiú基丙醇〕

【不吝】bùlìn 動 套 아끼지 않다. 아까와 하지 않다. 인색하지 않다. ¶务祈wùqí～珠zhū玉 | 아낌없는 좋은 비평을 바라옵니다. ¶敬jìng请～指教 | 아낌없는 가르침 부탁드립니다.

【不零不整】bù líng bù zhěng 成 없는 것도 아니고 다 있는 것도 아니다. 어정쩡하다. ¶这么～的钱, 他不好用 | 이처럼 이도 저도 아니 돈은 그도 쓰기 거북할 것이다.

【不灵】bùlíng 形 (기능·역할·성능·작동 등이) 원활하지 못하다. 효능이 떨어지다. ¶舌shé头～了 | 혀가 원활하지 못하다. ¶说话～了 | 말을 제대로 하지 못한다.

【…不溜】…bùliū 尾 심하다. 매우 …하다. 어법 일단의 형용사에 붙어 정도가 심함을 나타냄. ¶酸suān～ | 시금털털하다. 매우 시다. ¶灰～的白马 | 회색이 뒤섞인 흰 말.

【…不溜儿】…bùliūr 尾 약간 …하다. 어법 일단의 형용사에 붙어 정도가 약함을 나타냄. ¶酸suān～ | 새콤하다. 조금 시다.

【不留一手】bùliú yīshǒu 動組 남김없이 동원하다. 전력 투구(全力投球)하다. 여력을 다하다.

【不留余地】bù liú yú dì 成 여지를 남겨 두지 않다. 조금의 여유도 허용하지 않다.

【不露声色】bù lù shēng sè 成 본색(本色)을 드러내지 않다. 감쪽같이 속이다. ¶～地把这件事处理了 | 감쪽같이 몰래 이 일을 처리하였다.

【不伦不类】bù lún bù lèi 成 이도 저도 아니다. 얼토당토 않다. 형편없다. 별 볼 일 없다. ¶这种写法实在是～ | 이렇게 쓰는 것은 정말 아무 것도 아니다 →〔不三不四〕〔非fēi驴lǘ非马〕

²【不论】bùlùn ❶ 動 논하지 않다. 따지지 않다. 문제 삼지 않다. ¶～成败chéngbài | 성패를 문제 삼지 않다. ¶一概gài～ | 일률적으로 논하지 않다. ¶这个暂且zànqiě～ | 이것은 잠시 논하지 않는다. ❷ 連 …을 막론하고. …든지. ¶～多少都拿来 | 얼마든지 다 가져 오다. ¶～下雨不下雨, 我们都要去 | 비가 오든 안 오든 우리는 모두 가야한다 =〔不管②〕→〔无wú论〕〔百bǎi不〕

【不论秧子】bù lùn yāng·zi 動組 개의치 않다. 어려워하지 않다. ¶管他是谁, 也得较量较量, 我可～ | 그가 어떤 사람이건 좀 겨루어 보아야겠다, 나는 절대 개의치 않는다. ¶说话～ | 앞뒤를 가리지 않고 말하다.

【不落窠臼】bù luò kē jiù 成 독창적이다. 구태의연하지 않다. ¶他的文章, 笔法新颖yǐng～ | 그의 글은 필치가 새롭고 독창적이어서 무척 새롭다 =〔不落俗套〕

【不瞒】bùmán 動 속이지 않다. ¶实在～您说 | 정말 너를 속이지 말한다.

³【不满】bùmǎn ❶ 形 불만이다. 만족하지 않다. ¶对他的态度很～ | 그의 태도가 몹시 불만이다. ¶心里～ | 마음 속으로 불만하다. ❷ (bù mǎn) 動組 차지 않다. ¶～三岁 | 만 세 살이 되지 않았다. ¶～一千 | 1천이 되지 않다.

【不蔓不枝】bù màn bù zhī 成 글이 간결하면서도 아름답다.

【不毛之地】bù máo zhī dì 成 불모지. 아무 것도 자라지 않는 곳 =〔不毛〕

【不美】bùměi 形組 좋지 않다. 원만하지 못하다. ¶～之名 | 오명. 악명.

³【不免】bùmiǎn 動 면할 수 없다. 피할 수 없다. ¶母亲死了总～要伤shāng心 | 어머니가 돌아가시면 상심하게 되는 것은 어쩔 수 없다. ¶～会出毛病 | 고장이 나게 되는 것은 면할 수 없다. 어법「不免」「难免」「未免」의 비교 ⇒〔未wèi免〕

【不妙】bùmiào 形 좋지 않다. 심상치 않다. 뭔가 이상하다. ¶今天运气～, 你好好注意 | 오늘 운세는 심상치 않으니 너 아주 조심하여라.

【不敏】bùmǐn 書 ❶ 形 불민하다. 민첩하지 못하다. 둔하다. ¶鄙bǐ人～, 敢当此重任? | 소인은 둔한데 어찌 이 중책을 감당하겠습니까? ❷ 名 謙 저. 불초(不肖) →〔不肖xiào〕〔不佞nìng〕

【不名数】bùmíngshù 名 〈數〉 무명수(無名數) ⇔〔名数〕

【不名一文】bù míng yī wén 成 한푼 없는 가난뱅이다. 무일푼이다 =〔不名一钱〕〔一钱不名〕〔一文不名〕

【不名誉】bùmíngyù 形組 불명예스럽다. ¶这件事对我们太～ | 우리에게 이런 일은 매우 불명예스럽다.

【不明不白】bù míng bù bái 成 분명하지 못하다. 모호하다. ¶他的态度是～的 | 그의 태도는 애매모호하다 →〔糊hú里糊涂〕〔含hán糊〕〔暧ài昧①〕

【不明飞行物】bùmíngfēixíngwù 名 비확인 비행물체(UFO). 비행접시 =〔飞碟dié〕

【不明利害】bù míng lì hài 成 이해 관계를 명확히 하지 않다.

【不摸头】bù mō·tóu 動組 口 상황을 모르다. 눈치를 채지 못하다. ¶哪里深shēn哪里浅qiǎn, 谁也～ | 어디가 깊고 어디가 얕은 지 아무도 모른다. ¶我刚来, 这些事全～ | 내가 방금 왔다는 사실을 아무도 모른다.

【不谋而合】bù móu ér hé 成 애쓰지 않았는데도 의견이 일치하다. 약속이나 한 듯 의견이 일치하다. ¶双shuāng方的意见～ | 쌍방의 의견이 자연스럽게 일치하였다.

【不耐】bùnài 動 견디지 못하다. 쉽게 …되다. ¶浅qiǎn颜色的衣料～脏zāng | 옅은 색의 옷감은 더러움을 잘 탄다. ¶这种机器～坏 | 이런 기계는 잘 부서진다.

【不耐烦】bùnàifán 形 귀찮다. 성가시다. 견디지 못하다. ¶吵chǎo得～ | 시끄러워 견딜 수 없다. ¶他～地说几句 | 그는 귀찮다는 듯이 몇 마디 말했다.

【不能】bù néng 動組 ❶ (능력이 없어) …할 수 없다. ¶～相比 | 서로 비교할 수 없다. ¶我～一个小时喝三瓶píng酒 | 나는 한 시간에 술 3병을 마실 수 없다. ❷ …해서는 안 된다. ¶话还没说好, 你～走 | 이야기가 끝나기도 전에 가서는 안된다. ❸ …일〔할〕리가 없다. ¶他～是不道德的人 | 그가 부도덕한 사람일 리가 없다 →〔不至于〕〔不会〕

【不能不】bùnéngbù 動組 …하지 않을 수 없다.

¶～表示惋惜wǎnxī｜유감의 뜻을 밝히지 않을 수 없다. ¶我～指zhǐ出你的缺quē点｜너의 결점을 지적하지 않을 수 없다 →〔不得不〕〔不可不〕〔不…不…〕

【不能赞一辞】bù néng zàn yī cí 成 한 마디도 보탤 수 없다. 자기 의견을 말할 수 없다. 다른 의견을 덧붙일 수 없다 =〔不赞一辞〕

【不能自拔】bù néng zì bá 成 스스로 벗어나지 못하다. 관계를 끊지 못하다. ¶他陷xiàn入个人主义的泥坑níkēng中, ～｜그는 개인주의의 수렁에 빠져서, 스스로 헤어나지 못한다.

【不念旧恶】bù niàn jiù è 成 과거의 허물을 탓하지 않다. 과거의 죄과를 따지지 않다.

【不佞】bùnìng 書 ❶ 形 재주가 없다. 무능하다. 멍청하다. ¶他显xiǎn出心神～的样子｜그는 정신이 나간 멍청한 모습을 보였다. ❷ 名 謙 소생(小生). 불초(不肖) →〔不才〕 ❸ 副 비단 …뿐 아니다. ¶～唯是｜成 비단 그 뿐만 아니다 =〔不仅〕〔不但〕

【不怒而威】bù nù ér wēi 成 성내지 않아도 위엄이 있다. ¶他表面上温wēn和, 心底里很会盘算pánsuàn, 部下都怕他, 可以说是一种～的上司｜그는 표면상으로는 온화하지만 마음 속으로는 모든 계산을 하고 있어 부하들은 모두 그를 두려워 하니 정말 무서운 상사라 할 수 있다 →〔不恶而严〕

【不怕】bù pà ❶ 動組 두려워하지 않다. ¶～困难｜곤란을 무서워하지 않다. ¶～不知, 只怕不学｜모르는 것이 두려운 것이 아니다 배우지 않는 것이 무섭다. ❷ (bùpà) 連 비록…일지라도. ¶～天气再冷, 他也要冷洗脸｜날씨가 다시 더 추워진다 해도, 그는 찬 물로 세수할 것이다 →〔哪nǎ怕〕

【不怕官, 只怕管】bù pà guān, zhǐ pà guǎn 諺 벼슬이 무서운 것이 아니고, 그 세도가 두렵다.

【不怕慢, 只怕站】bù pà màn, zhǐ pà zhàn 諺 드딘 것을 두려워 말고, 중도 포기하는 것을 두려워하라.

【不配】bùpèi 動組 ❶ 적당하지 않다. 어울리지 않다. ¶～门户｜가문과 어울리지 않는다. ¶这副眼镜太野yě, 和你的脸型liǎnxíng～｜이 큰 안경은 너무 야해 너의 얼굴형에는 어울리지 않는다. ❷ …할 자격이 없다. ¶我～当主席｜나는 의장이 될 자격이 없다.

【不偏不斜】bù piān bù xié 成 어느 쪽으로도 치우치지 않다. ¶他的为人, ～, 合乎中道｜그는 사람됨이 한 쪽으로 편향되지 않고 중도를 지킨다 =〔不偏不跐〕

【不偏不倚】bù piān bù yǐ ⇒〔不偏不斜xié〕

2【不平】bùpíng ❶ 形 불평하다. 불만스러워 하다. ¶～｜ ¶心中～｜마음 속으로 불평하다. ❷ 形 평등하지 않다. 불공평하다. ¶～的待遇dàiyù｜불공평한 대우. ❸ 名 불공평. 불만. 불평. ¶消除xiāochú心中的～｜마음 속의 불평을 없애다. ❹ 名 불공평한 일. ¶看到很多～ 就很生气｜불공평한 일을 보고는 화를 냈다.

【不平等条约】bùpíngděng tiáoyuē 名組 〈法〉 불평등 조약.

【不平衡】bù pínghéng ❶ 形組 불균형하다. 균형을 이루지 못하다. ¶工业和农业～的发展｜공업과 농업의 불균형 발전. ❷ (bùpínghéng) 名 불균형. ¶～性｜불평형성.

【不平则鸣】bù píng zé míng 成 불공평한 일에 곧 바로 분개하다. 부당한 대우에 곧 바로 대항하다 《韓愈·昌黎先生集》

【不破不立】bù pò bù lì 成 낡은 것을 타파하지 않고는 새 것을 세울 수 없다.

【不期】bùqī 書 副 상상 외에. 뜻밖에. 의외로. 우연히. ¶～而合｜의외로 합치되었다 =〔不料〕

【不期而会】bù qī ér huì ⇒〔不期而遇yù〕

【不期而然】bù qī ér rán 成 뜻밖에 그렇게 되었다. ¶这件事～地得到圆满成功｜이 일은 의외로 원만한 성공을 거두었다 =〔不期然而然〕

【不期而遇】bù qī ér yù 成 우연히 만나다. ¶他们在上海离别以后, 街上～｜그들은 상해에서 이별한 이후 거리에서 우연히 만났다 =〔不期而会〕

【不期然】bù qīrán 形組 무의식중에 그렇게 되다. ¶他们～地欢呼huānhū起来｜그들은 자기도 모르는 사이에 환호하기 시작하였다.

【不期然而然】bù qī rán ér rán ⇒〔不期而然〕

【不期修古, 不法常法】bù qī xiū gǔ, bù fǎ cháng fǎ 成 옛 것과 상례에 따르지 않다. 묵은 관습에 얽매이기 싫어하다.

【不欺暗室】bù qī àn shì 成 양심에 부끄러운 일을 하지 않다. 남을 속이지 않다 =〔不侮wǔ暗室〕

【…不起】… ·buqǐ 尾 할 수 없다. 견딜 수 없다. 어법 동사 뒤에 보어로 쓰임. ¶买～｜(돈이 없어) 살 수 없다. ¶吃～｜(경제적으로 부족하여) 먹을 수 없다. ¶我的成绩chéngjì比～他｜내 성적은 그의 성적과 비교할 수 없다 ⇔〔…得起〕

【不起劲】bù qǐ jìn 形組 마음이 내키지 않다. 힘이 솟지 않다. ¶做事～｜일에 흥이 나지 않다 →〔起劲〕

【不起眼(儿)】bù qǐ yǎn(r) 形 北 볼품없다. 볼거리가 없다. ¶谁肯kěn花钱买这么～的东西｜누가 이렇게 볼품없는 물건을 돈으로 사겠는가.

【不弃】bù qì 動組 버리지 않다. 포기하지 않다. 경멸하지 않다. 함부로 대하지 않다. ¶尚望shàngwàng～, 多多指教｜버리지 마시고 많은 지도 편달 바랍니다

【不弃草昧】bù qì cǎo mèi 成 무식한 사람들을 버리지 않다.

【不巧】bùqiǎo 形 적합하지 않다. 때가 좋지 않다. 운이 맞지 않다. ¶你来得真～｜너는 정말 좋지 않은 때에 왔다. ¶～赶上雨了｜재수 없게도 비를 맞았다.

【不切实际】bùqiè shíjì 形組 실제와 맞지 않다. 현실과 동떨어지다. ¶他总是有许多～的计划｜그는 언제나 실제와 맞지 않은 계획을 세운다.

【…不清】… ·buqīng 尾 분명하지 않다. 명확하지 않다. 어법 일단의 동사 뒤에 보어로 쓰임. ¶看～｜분명히 보이지 않는다. ¶说～｜분명히 말하지 않다. ¶分～｜정확히 분별하지 못하다.

【不清不白】bùqīngbùbái 狀組 깨끗하지 않다. 분

명하지 않다. ¶～的钱 | 부정한 돈. ¶官司guānsī就这样～地结束jiéshù | 재판은 이렇게 흐지부지 끝나버렸다.

【不清头】bùqīngtóu 動 京 적당히 속이다. 어물쩍 넘기다. ¶他向来有条理, 经手的事没有一件～的 | 그는 본래 조리가 있어 그의 손을 거친 일이 어물쩍 넘어 간 것은 하나도 없다.

【不轻】bùqīng 形 ❶ 가볍지 않다. ❷ 매우. 간단하지 않게. 대단히. 어법 형용사 뒤에 보어로 쓰임. ¶这些日子忙得～ | 요즈음은 상당히 바쁘다. ¶打得～ | 심하게 때렸다.

【不轻于】bùqīngyú 動 …을 가볍게 여기지 않다. 쉽게 …하지 않다. ¶～佩pèi服人 | 쉽게 남을 경애하지 않다.

【不情】bùqíng 書 ❶ 名 박정. 무정. 비정. ❷ 形 야박하다. 박정하다. ¶他真是一个～的人 | 그는 참으로 야박한 사람이다.

【不情之请】bù qíng zhī qǐng 成 무리한 청원. 지나친 부탁.

【不请自来】bù qǐng zì lái 成 초청하지 않았는데도 스스로 오다.

【不求人】bù qiú rén ❶ 動組 남에게 부탁하지 않다. 남의 도움을 받지 않다. ¶～, 只求自己 | 남의 도움을 바라지 않고 스스로 하다. ❷ (bùqiúrén) 名 마작(麻雀) 수의 하나 [마작(麻雀)에서, 「色shǎi子」(주사위)를 흔들기 전에 「吃」와 「碰」을 하지 않는다고 선언하고, 「门前自摸」로 1위가 되는 자] ❸ (bùqiúrén) (～儿) 名 등긁이 ＝〔痒yǎng痒挠náo儿〕〔老头乐〕

【不求甚解】bù qiú shèn jiě 成 깊게 연구하지 않다. 건성으로 하다. ¶学习需要耐nài心细致, 不能～, 马虎从事 | 공부는 깊이 파고 들지 않고 건성으로 해서는 안되고 참을성을 가지고 꾸준히 해야한다.

【不求闻达】bù qiú wén dá 成 명예나 영달(榮達)을 구하지 않다.

【不屈】bùqū 動 굴복하지 않다. ¶宁níng死～ | 차라리 죽더라도 굽히지 않는다.

【不屈不挠】bù qū bù náo 成 굽히거나 꺽이지 않다. 불요불굴. ¶他凭píng～的精神, 奋斗fèndoù到底dàodǐ | 그는 불요불굴의 정신으로 끝까지 분투했다. ¶进行～的斗争 | 불요불굴의 투쟁을 감행하다.

【不取分文】bù qǔ fēn wén 成 한 푼도 받지 않는다. 일체 무료(一切無料).

【…不去】… ·buqù 尾 떨어지다. 멀어지다. 어법 동사 뒤에 보어로 쓰여서 동작의 결과가 화자(話者)로부터 멀어질 수 없거나 서로 사이가 좋지 않음을 나타냄. ¶今天有事, 怕送～ | 오늘은 일이 있어 전송할 수 없을 것 같다. ¶这几天他和我过～ | 요즈음 그는 나와 잘 지내지 못한다 ⇔〔…得去〕

【不群】bùqún 形 출중하다. 탁월하다. ¶风度翩piān翩, 倜傥tìtǎng～ | 書 풍채가 훌륭하고 소탈하면서도 탁월하다.

[2]【不然】bùrán ❶ 書 狀 그렇지 않다. ¶其实～ | 사실은 그렇지 않다. ❷ 連 그렇지 않다. 그렇지 않으면. ¶～, 他没有说过那样的话 | 그렇지 않다. 그가 그런 말을 한 적은 없다. ¶我得早点去, ～就赶不上火车了 | 나는 좀 서둘러 가야겠다. 그렇지 않으면 기차를 놓치겠다 →〔否fǒu则〕

【不然茬儿】bùránchár 動組 方 상대하지 않다. 대꾸하지 않다. ¶人家问了你半天, 你为什么～呢 | 남이 한참 동안 물어보았는데, 왜 대꾸하지 않느냐.

【不燃体】bùrántǐ 名 불연체.

【不染纤尘】bù rǎn xiān chén 成 속세의 티끌에 물들지 않다. 아주 깔끔하다 →〔一尘不染〕

【不让于】bùràngyú 動組 …에 양보하지 않다. …에 못지 않다. ¶别看这家铺pū子小, 信用可～那些大公司 | 이 점포가 작다고 생각마라, 신용은 오히려 어느 큰 회사 못지 않다 ＝〔不减于〕〔不弱于〕

【不人道】bùréndào ❶ 名 비인도. ❷ 形 비인도적이다. 비인간적이다 →〔人道③〕

【不仁】bùrén ❶ 書 形 어질지 않다. 착하지 않다. ¶为富fù～ | 成 부자에게 인자한 마음은 없다. ❷ 書 形 감각이 없다. 마비되다. 곱다. ¶手足～ | 수족이 마비되다. ❸ 名 〈漢醫〉 지각 마비.

【不忍】bùrěn 動 차마 …할 수 없다. ¶～目睹dǔ | 차마 눈뜨고 볼 수 없다. ¶～分手 | 차마 이별할 수 없다. 이별을 아쉬워하다.

【不任】bùrèn 書 動 감당하지 못하다. 이기지 못하다. 견디지 못하다. ¶～职务zhíwù | 직무를 감당하지 못하다. ¶～咎jiù | 질책을 감당하지 못하다 ＝〔不胜shèng〕

【不认帐】bù rènzhàng 動組 (실수·책임을) 인정하지 않다. 자백하지 않다. ¶一转zhuǎn身就～ | 돌아서자 마자 인정하지 않았다.

【不日】bùrì 書 副 며칠 안되어. 머지 않아. ¶那个问题～即可解决 | 그 문제는 조만간에 해결될 것이다.

【不日不月】bù rì bù yuè 成 몇 날 몇 달인지 모른다. 긴 세월이 흘렀다.

[4]【不容】bùróng 動 용납하지 않다. 허용하지 않다. 받아 들이지 않다. ¶～不让ràng | 양보도 용서도 하지 않다. ¶～外国干涉gānshè | 외국의 간섭을 용납하지 않다.

【不容易】bùróngyì 形 쉽지 않다. 간단하지 않다. 만만하지 않다. ¶他是个顶dǐng～的人 | 그는 만만하지 않은 사람이다.

【不容分说】bù róng fēn shuō ⇒〔不由分说〕

【不容置辩】bù róng zhì biàn 成 말을 못하게 하다. 변명도 못하게 하다.

【不容置喙】bù róng zhì huì 成 말참견할 여지도 주지 않다. 말참견하지 못하게 하다. ¶他说得非常肯kěn定, 简直jiǎnzhí～ | 그는 워낙 완강히 말하여 끝내 말할 여지도 없었다.

【不容置疑】bù róng zhì yí 成 의심할 여지도 없다. ¶～, 这次敌人又打错了算盘suànpán | 의심할 필요도 없이, 이번에 또 적들은 오판하였다.

[1]【不如】bùrú 動 …만 못하다. …하는 편이 낫다. ¶～派他去 | 그를 보내는 것이 낫다. ¶百闻～一见 | 백문이 불여 일견이다. ¶他～我健康 | 그

는 나보다 건강하지 않다. ¶光景一年～一年 | 형편이 해가 갈수록 못하다 =〔不若〕 어법「不如」와「莫如」의 차이 ⇒〔莫mò如〕 →〔不比〕〔不及〕〔与yǔ其〕

【不如意】bùrúyì 形組 뜻대로 되지 않다. 여의찮다. ¶～事常八九 | 세상사는 뜻대로 되지 않는 것이 십중팔구이다. ¶只要努力, 无事～ | 노력하기만 하면 안 되는 일은 없다.

【不辱使命】bùrǔ shǐmìng 動組 욕되지 않게 사명을 완수하다. ¶我相信他这次出访一定能～, 完成预定yùdìng的任务rènwù | 그의 이번 방문은 반드시 부끄럽지 않게 예정된 임무를 완성할 수 있을 것으로 믿는다.

【不入虎穴, 焉得虎子】bù rù hǔ xué, yān ·de hǔ zǐ 成 호랑이 굴에 들어가지 않고 어떻게 호랑이 새끼를 잡겠는가. 목적을 달성하기 위해서는 위험과 고난을 감수해야 한다→〔要吃鱼泅qiú深shēn潭tán〕

【不若】bùruò ⇒〔不如〕

【不弱于】bùruòyú ⇒〔不让ràng于〕

【不洒汤不漏水】bù sǎ tāng bù lòu shuǐ 動組 물 한 방울, 국물 한 방울 흘리지 않다. 빈틈 없다. 조금의 실수도 없다. ¶这件事从始到终～, 真是办得圆满yuánmǎn | 이 일은 처음부터 끝까지 조금의 빈틈도 원만하게 처리되었다 →〔四平八稳wěn〕

【不三不四】bù sān bù sì 成 이도 저도 아니다. 하찮다. 볼품없다. ¶～的人 | 하찮은 사람. ¶他交了一些～的朋友 | 그는 하찮은 친구들을 사귀었다 =〔半三不四〕〔良liáng不良, 莠不莠〕→〔不伦lún不类〕

【不塞不流】bù sè bù liú 歇 막지 않고는 흐를 수 없다 [「不止不行(서지 않고는 전진할 수 없다)」이 이어짐]

【不杀穷人不富】bù shā qióngrén bù fù 諺 가난한 사람을 죽이지 않고는 부자가 될 수 없다. 인정이 많으면 부자가 될 수 없다

【不衫不履】bù shān bù lǚ 成 장삼도 걸치지 않고 신발도 신지 않다. 차림새가 엉망이다. ¶你这样～, 成什么话! | 너 이 꼴로 너절하게 차리고 있다니, 말이 되느냐!《矛盾·霜葉紅似二月花》

【不善】bùshàn 形 ❶ 좋지 않다. 나쁘다. 잘못하다. 능숙하지 못하다. ¶处理～ | 처리한 것이 좋지 않다. ¶～管理 | 관리를 잘못하다. ❷ 北 대단하다. 굉장하다. ¶别看他身体不强qiáng, 干活起来可～ | 그는 몸이 강건하지는 않지만 일하는 것은 굉장하다.

【不善于】bùshànyú 形 …을 잘하지 못하다. …에 능숙하지 못하다. ¶～应酬yìngchóu | 향응에 익숙하지 않다. ¶～发动群众 | 대중을 선동하는 데 능숙하지 않다.

【…不上】… ·bushàng 尾 …하지 못하다. 어법 동사 뒤에 보어로 쓰임. ¶赶～ | 따라 잡지 못하다. ¶说～ | 말을 다하지 못하다 ⇔〔…得上〕

【不上不下】bù shàng bù xià 成 ❶ 아러지도 저러지도 못하다. 진퇴양난(進退兩難)이다. ¶这样～进退两难的情形, 实在令人难受nánshòu | 이렇게 어쩔 수 없는 진퇴양난의 상황은 정말 견디기 어렵다. ❷ 막상막하다. ¶我的汉语水平跟他～ | 내 중국어 수준은 그와 엇비슷하다.

【不上高山不显平地】bù shàng gāoshān bù xiǎn píngdì 諺 높은 산에 오르지 않으면 평지가 보이지 않는다. 높이 나는 새가 멀리 본다.

【…不上来】… ·bushànglái 尾 …하지 못하다 어법 동사 뒤에 보어로 쓰여 동작이 아래에서 위로 올라갈 수 없거나, 동작을 원활하게 성취할 수 없음을 나타냄. ¶走～ | 걸어서 올라갈 수 없다. ¶说～ | 말로 나타낼 수가 없다.

【不上算】bù shàngsuàn 形組 계산이 맞지 않다. 손해 보다. ¶他决不肯kěn作～的事 | 그는 절대 손해 보는 일은 하지 않는다 =〔不合算〕

2【不少】bùshǎo 形 적지 않다. 많다. ¶～人要参加 | 많은 사람이 참가하려 한다. ¶来的人很～ | 온 사람이 많다.

【不少于】bùshǎoyú 動組 …보다 적지 않다. ¶反对的～同意的 | 반대하는 사람이 찬성하는 사람보다 많다.

【不甚了了】bù shèn liǎo liǎo 成 잘 알지 못하다. ¶我对这个问题～, 怎么能随便发表意见呢? | 내가 이 문제에 대해 잘 알지 못하는데 어떻게 함부로 의견을 내놓을 수 있느냐?

【不慎】bùshèn 動 부주의하다. 조심하지 않다. ¶～脸liǎn上被擦cā伤 | 부주의로 얼굴에 찰과상을 입었다.

【不生不熟】bù shēng bù shú 成 날 것도 아니고 익지도 않았다. 미숙(未熟)하다.

【不声不响】bù shēng bù xiǎng 成 어떤 말이나 소리도 내지 않다. ¶他埋mái头苦干, ～地做了许多工作 | 그는 머리를 싸메고 묵묵히 많은 일을 했다 =〔不声不语〕→〔不哼一声〕

【不声不语】bù shēng bù yǔ ⇒〔不声不响〕

【不胜】bùshèng ❶ 動 …을 참을 수 없다. 견디지 못하다. ¶体力～ | 체력이 버티지 못하다. ¶～酒力 | 술기운을 견디지 못하다 ❷ 動 …을 할 수 없다. 다하지 못하다. 어법「動＋不胜＋動」의 형태로 쓰임. ¶防fáng～防 | 다 막을 수 없다. ¶看～看 | 다 볼 수 없다. ❸ 副 매우. 아주. 대단히. ¶～感谢 | 대단히 감사하다. ¶～遗憾yíhàn | 대단히 유감스럽다.

【不胜枚举】bù shèng méi jǔ 成 너무 많아 다 헤아릴 수 없다. 일일이 열거할 수 없다. ¶功劳gōngláo太多了, 简直jiǎnzhí～ | 공로가 너무 많아 다 헤아릴 수 없다 →〔不可胜数〕

【不胜其烦】bù shèng qí fán 成 번거로움을 견딜 수 없다. 견딜 수 없도록 귀찮다. ¶你不必如此～地说明, 我已经都知道 | 나는 모두 알고 있으니, 네가 이와 같이 번거롭게 설명할 필요가 없다.

【不失圭撮】bù shī guī cuō 成 수량이 정확하다. 차이가 조금도 없다《漢書·律曆志上》

【不失毫厘】bù shī háo lí 成 추호의 차이도 없다. 조금도 차이나지 않다.

【不失时机】bù shī shí jī 成 시기를 놓치지 않다. ¶要～地发展经济 | 시기를 놓치지 않고 경제를 발전시켜야 한다.

【不失为】bùshīwéi 書 動 …로 볼 수 있다. …로 간주할 수 있다. ¶他仍～一个优秀yōuxiù学者｜그는 여전히 우수한 학자로 볼 수 있다.

【不失信】bùshīxìn 動 신용를 잃지 않다. 믿음을 잃지 않다. 신의를 지키다.

【不失正鹄】bù shī zhèng gǔ 成 정곡을 찌르다. 정확히 지적하다.

【不食烟火】bù shí yān huǒ 成 익힌 음식을 먹지 않다. 소식을 하다＝〔不吃烟火食〕

【不食之地】bù shí zhī dì 成 개간하지 않은 버려진 땅→〔不毛之地〕

【不食周粟】bù shí zhōu sù 成 주나라 곡식을 먹지 않다 백이·숙제가 절개를 지키느라 주나라 곡식을 먹지 않다.

4【不时】bùshí ❶ 副 때때로. 종종. 자주. ¶老师～地称赞｜선생님은 자주 칭찬한다. ¶雷声～响动｜뇌성이 종종 울린다. ❷ 副 갑자기. ¶～见一个人影来, 知道有暗算ànsuàn的人｜갑자기 사람 그림자가 보여 음모를 가진자가 있음을 알았다. ❸ 眖 불시의. 의외의. ¶～处决｜불시에 처결하다. ¶～而发｜개화시기가 아닌데도 꽃이 피다. ❹ 形 유행에 뒤지다. 유행에 맞지 않다. ¶这衣服的样子～了｜이 옷은 유행에 뒤떨어져 있다. ❺ 連 …이 아니라면. ¶～便要去和知县说｜아니라면 곧 지현에게 가서 이야기 하여라.

【不时之需】bù shí zhī xū 成 불시의 필요. 의외의 수요. ¶以备bèi～｜불시의 필요에 대비하다＝〔不时之须〕

【不识大体】bù shí dà tǐ 成 전체를 보지 못하다. 대국을 모르다. 전체적 모습을 인식하지 못하다.

【不识货】bùshíhuò 動 상품을 알아보지 못하다. 품질을 식별하지 못하다.

【不识庐山真面目】bù shí Lúshān zhēn miànmù 諺 여산(廬山)의 진면목을 모르다. 숲만 보고 산을 보지 못하다 [「只缘身在此山中(오로지 이 산중에 몸을 두다)」을 이어 씀]

【不识时务】bù shí shí wù 成 세상 물정을 모르다. ¶～会吃眼前亏kuī的｜세상 물정을 모르면 뻔히 보고도 손해 본다.

【不识抬举】bù shí tái jǔ 成 남이 천거한 것을 무시하다. 호의를 모르다. 은혜를 모르다. ＝〔不受抬举〕

【不识泰山】bù shí tài shān 成 태산을 몰라 보다. 사람보는 눈이 없다. 안목(眼目)이 없다. 시야가 좁다→〔泰山①〕

【不识闲儿】bùshíxiánr 動組 한가롭지 못하다. 여유가 없다. 가만 있지 못하다. ¶他手脚～, 整天忙到晚｜그는 손발이 잠시도 한가롭지 못해 온종일 쉴 틈 없이 바쁘다.

【不识相】bùshíxiàng 動 분수를 모르다. 상황을 모르다. 눈치가 없다. 분위기 파악을 못하다.

【不识一丁】bù shí yī dīng 成 낫 놓고 기역자도 모른다. 글자를 전혀 모른다. 일자무식(一字無識)이다＝〔不识丁〕〔目不识丁〕→〔不识之无〕

【不识之无】bù shí zhī wú 成「之」자나「无」자도 모른다. 낫놓고 기역자도 모른다. 일자무식(一字無識)이다→〔不识一丁〕

【不世】bùshì 眖 불세출의. 세상에 아주 드문. ¶～之才｜불세출의 인물. ¶～之功｜더없이 큰 공적＝〔不世出〕

【不世出】bùshìchū ⇒〔不世〕

【不事】bùshì 書 動 일하지 않다. 힘쓰지 않다. 종사하지 않다. ¶～农耕gēng｜농사를 하지 않다.

【不事事】bùshìshì 動組 일을 일같이 생각하지 않다. 성실하게 하지 않다.

3【不是】ⓐ bù·shì 動組 ❶ …이 아니다 [「是」의 부정] ¶他～学生, 他是老师｜그는 학생이 아니고 선생이다. ❷ 적당한 시기·형편이 아니다. ¶～时候｜적당한 시기가 아니다. ¶坐也～, 站也～｜앉기도 그렇고 서기도 그렇다→〔不合适〕

ⓑ bù·shi 名 과오. 과실. ¶我好意去劝quàn他, 结果倒落luò个～｜나는 호의로 그에게 권유하였는데 결과는 오히려 과오를 범한 셈이다. ¶赔péi～｜과오를 사과하다. ¶一切都是我的～｜모두가 나의 잘못이다.

【不是东西】bùshìdōng·xi 形組 형편없는 놈. 돼먹지 않은 놈. ¶这小子真～｜이 녀석은 정말 형편없는놈이다.

3【不是…而是…】bù·shi…ér·shi… 連 …이 아니고 …이다. ¶今天不是下雨而是下雪｜오늘은 비가 오지 않고 눈이 온다.

【不是个儿】bùshìgèr 形 方 상대가 아니다. 적수가 아니다. ¶我早就说过, 这次比赛赢yíng不了, 他们～｜이번 경기는 이길 수가 없다고 진작 말했잖아, 그들은 적수가 되지 못해.

【不是话】bùshì huà 動組 말도 안된다. 엉망이다. ¶你这样乱来, ～｜네가 이렇게 하는 것은 말도 안된다.

【不是劲儿】bùshìjìnr 形組 ❶ 기운이 없다. 기분이 좋지 않다. 불쾌하다. 우울하다. ¶他～的时候, 别给他说话｜그가 우울할 때는 말을 걸지 마라. ❷ 거북하다. ¶他们打架以后, 互相总～｜그들은 싸운 이후로 서로 늘 거북해 한다. ❸ 상대가 되지 않다. 적수가 되지 않다. ¶你不要跟他争论, 你～｜그와 논쟁하지 마라, 너는 그의 적수가 안된다.

3【不是…就是…】bù·shi…jiù·shi… 連 …이 아니면 …이다. ¶今天不是下雨就是刮guā风｜오늘은 비가 오지 않으면 바람이 분다. ¶你看这不是我们的就是他们的｜보아라, 이것은 우리의 것이 아니고그들의 것이다.

【不是路】bùshìlù 形組 적당하지 않다. 좋은 방법이 아니다. ¶怎么样的办法都想过了, 可觉得都～｜어떤 방법도 다 생각해 보았으나, 모두가 적당하지가 않다고 여겨진다.

2【不是吗】bùshì·ma 動組 그렇지 않습니까? 안 그렇니? ¶今天他要来, ～｜그가 오늘 오려한다는데 안 그렇니?

【不是头】bùshìtóu 形組 좋지 않다. 적당하지 않다. ¶你现在去拜托bàituō他, 这恐怕～｜네가 지금 그에게 부탁하러 가는 것은 적당하지 않을 것 같다.

【不是玩儿】bù shì wánr 動組 웃을 일이 아니다. 장난이 아니다. 심상치 않다. ¶这可～｜이것은

웃을 일이 아니다.

【不是味儿】bù shì wèir 形組 ❶ 맛없다. 아무 맛도 없다. ¶这个菜炒chǎo得～ | 이 요리는 별 맛 없게 볶았다. ¶他唱歌唱得～ | 그는 별 재미 없이 노래를 불렀다. ❷ 신통찮다. 별로 좋은 것이 없다. ¶他的文章, 我越看越～ | 그의 글은 보면 볼수록 별 재미가 없다 ‖ ＝〔不是滋zī味儿〕

【不是冤家不聚头】bù·shi yuānjiā bù jù tóu 諺 원수가 아니면 한데 모이지 않는다. 부부는 원수 같아도 함께 산다. 아무리 사이가 나빠도 역시 부부다.

【不适】bùshì 書 形 ❶ 적당하지 않다. 부적하다. ¶～初学者使用 | 초심자가 쓰기에는 적당하지 않다. ❷ 불편하다. 거북하다. ¶胃wèi部～ | 위가 불편하다. ¶略感lüègǎn～ | 다소 불편을 느끼다.

【不适于】bùshìyú 動組 …에 적당하지 않다. …에 맞지 않다. ¶～群众的要求 | 군중의 요구에 적합하지 않다.

【不受欢迎人物】bùshòu huānyíng rénwù 名組 外〈法〉페르소나 난 그라타(persona non grata; 라) [외교 사절의 주둔국(駐屯國) 정부에서 기피하는 사람]

【不受看】bùshòukàn 形組 차마 볼 수 없다. 보기 싫다. ¶这些货摆bǎi得真～, 越看越别扭biè·niu | 이 상품들은 정말 보기 싫게 진열되었다.

【不受可怜】bù shòu kělián 形組 동정받기를 싫어하다. ¶这个人～ | 이 사람은 동정을 싫어한다.

【不受苦中苦, 难为人上人】bù shòu kǔzhōngkǔ, nán wéi rénshàngrén 諺 갖은 고생을 다 겪지 않고는 큰 사람이 될 수 없다. ¶年轻人要努力、刻苦, ～, 先苦kǔ才能后甜tián | 젊은이는 각고 노력으로 갖은 고통을 이겨야 큰 사람이 될 수 있으며, 먼저 쓴맛을 보아야 비로소 단맛을 안다.

【不受用】bùshòu·yong 形組 받아 들이지 못하다. 불편하다. 쓸모가 없다. ¶吃下去有点儿～ | 먹어 보니 못 먹을 것 같은 맛이다.

【不舒服】bùshū·fu 形組 ❶ 불편하다. 병이 나다. ¶我今天有点～, 恐怕不能上课 | 나는 오늘 몸이 좀 불편하여 수업을 할 수 없을 것 같다 ＝〔不舒坦〕❷ 기분이 나쁘다. 마음이 편하지 않다. ¶他骂我一顿dùn, 我听了很～ | 그가 나를 한바탕 욕하여 나는 기분이 매우 나빴다.

【不舒坦】bùshūtǎn ⇒〔不舒服①〕

【不熟练】bù shúliàn 形組 숙련되지 못하다. 서툴다. ¶～工人 | 미숙련 근로자.

【不属于】bùshǔyú 動組 …에 속하지 않다. ¶我～他们那帮派bāngpài | 나는 그들 파벌에 속하지 않는다. ¶～上层建筑jiànzhù | 상부 구조에 속하지 않는다.

【不爽】bùshuǎng 狀 ❶ 몸이 불편하다. 기분이 언짢다. ¶身体～ | 몸이 불편하다. ¶老母内心觉得～ | 노모는 내심 언짢음을 느꼈다. ❷ 틀림 없다. 꼭 맞다. ¶后果前因, 彼此～ | 원인과 결과가 서로 꼭 맞아 떨어지다.

【不顺】bùshùn 形 ❶ 불순하다. ¶气候～ | 기후가 불순하다. ❷ 近 복종하지 않다. 따르지 않다. ¶春梅有几分～ | 춘매는 얼마간 저항하였다.

【不顺眼】bùshùnyǎn 形組 눈에 거슬리다. 꼴이 보기 싫다. ¶心里有点儿委曲别扭bièniǔ, 就看什么也～ | 마음이 좀 위축되어 꼬이면, 무엇을 본다해도 눈에 거슬린다 ＝〔碍ài眼①〕→〔顺眼〕

【不说】bùshuō ❶ 動組 말하지 않다. ❷ 動組 …라고 말하지 않았는가? 듣지 못했나? [말을 듣지 않았다고 힐책하는 말] ¶你～早点儿办 | 좀 일찍 하라고 하지 않았는가. ❸ 連 方 … 일 뿐만 아니라. ¶把人撞zhuàng倒了, ～扶fú起来, 倒骂人家 | 사람을 부딪혀 넘어지게 하고는 부축하여 일으키기는 커녕 오히려 남을 욕하다니.

【不送】bùsòng 動組 ❶ 보내지 않다. ❷ 套 나오지 마십시오. 들어가 보십시오 [손님이 주인의 전송을 사양하는 말] ¶不要费心, ～～! | 신경쓰지 마시고 들어 가십시오! ＝〔别bié送〕❸ 套 나가지 않습니다. 그만 들어 갑니다 [주인이 손님을 배웅하며 하는 말]

【不送气】bùsòngqì 名〈言〉무기음(無氣音) ＝〔不吐气〕⇔〔送气〕

【不俗】bùsú 狀 속되지 않다. 상스럽지 않다. ¶趣味～ | 취미가 고상하다. ¶这个人仪yí表堂堂, 谈吐tǔ～ | 이 사람은 용모가 당당하고, 뱉는 말이 속되지 않다.

【不速之客】bù sù zhī kè 成 불청객(不請客). 뜻밖의 손님. ¶大家正在聊liáo天, 忽然来了一位～ | 모두들 한담을 하고 있는데, 불쑥 의외의 손님이 찾아 왔다.

【不溯既往】bù sù jì wǎng 成 과거를 묻지 않는다. 과거의 허물을 탓하지 않는다.

【不算】bùsuàn 動 계산하지 않다. 헤아리지 않다. …로 치지 않다. …한 편은 아니다. …이라 인정하지 않다. ¶～我还有五个人呢 | 나를 빼 놓고도 아직 다섯 사람이 있다. ¶这个～, 先谈谈那个吧 | 이것은 치지 말고 먼저 그것에 대해 이야기하자. ¶还～坏huài | 그리 나쁜 편은 아니다.

【不随意肌】bùsuíyìjī 名〈生理〉불수의근(不隨意筋) ＝〔不随意筋jīn〕→〔平滑huá肌〕

【不遂】bùsuì 書 動 마음대로 되지 않다. 뜻을 이루지 못하다. ¶半身～ | 반신불수. ¶自杀～ | 자살 미수. ¶～所愿 | 成 바란대로 되지 않다.

【不碎玻璃】bùsuì bō·li ⇒〔有yǒu机玻璃〕

【不太】bù tài 그다지 副組 …하지 않다. 그렇게 …하지는 않다. ¶～清楚 | 그다지 분명하지 않다. ¶～忙 | 그렇게 바쁘지는 않다.

【不贪便宜不上当】bù tān pián·yi bù shàng dàng 諺 싸구려를 노리지 않으면 속지 않는다. 공짜만 바라면 속기 십상이다.

【不特】bùtè ⇒〔不但〕

【不疼不痒】bù téng bù yǎng ⇒〔不痛tòng不痒〕

【不挑不拣】bù tiāo bù jiǎn 成 까다롭게 가리지 않다. 성미가 까다롭지 않다. 좋아하고 싫어함이 까다롭지 않다.

【不祧之祖】bù tiāo zhī zǔ 成 사업을 일으켜 후세에 존경받는 사람. 훌륭한 원조.

【不听老人言, 饥荒在眼前】bù tīng lǎorén yán, jīhuāng zài yǎnqián 諺 노인 말을 듣지 않으면

기근이 눈앞에 있다. 노인말을 듣지 않으면 곧바로 어려움을 당한다.

3【不停】bùtíng 動組 멈추지 않다. 끊임없다. 어법 「…个不停」의 형태로도 쓰임. ¶～地说｜끊임없이 말하다. ¶说个～｜쉴새없이 지껄이다. ¶笑个～｜웃음을 멈추지 못한다.

【不通】bùtōng 動組 ❶ 통하지 않다. 막히다. ¶管子～了｜관이 막혔다. ¶此路～｜이 길은 막혔다. ❷ (글·말이) 통하지 않다. 순조롭지 못하다. ¶这句话说得～｜이 말은 이치에 닿지 않는다. ❸ 사리를 모르다. 융통성이 없다. ¶～世故｜成 세상물정을 모르다. ¶固执～｜고집불통이다.

【不通水火】bù tōng shuǐ huǒ 成 물 불과 같이 통하지 않다. 서로 왕래가 없다.

1【不同】bùtóng 形 같지 않다. 다르다. ¶这个与他要的很～｜이것은 그가 원하는 것과는 다르다.

【不同凡响】bù tóng fán xiǎng 成 (글·작품 등이) 비범하다. 특색이 있다. ¶这首诗～, 是近年来少见的好作品｜이 시는 특색이 있어, 근래 보기 드문 훌륭한 작품이다.

【不痛不痒】bù tòng bù yǎng 成 아프지도 가렵지도 않다. 이도 저도 아니다. 어정쩡하다. ¶他～说了几句, 我真不明白他的用意是什么｜그는 어정쩡하게 몇 마디하여 그의 용의가 무엇인지 정말 알 수 없다 =〔不疼不痒〕

【不图】bùtú ❶ 動 기도하지 않다. 추구하지 않다. ¶～名利｜명리를 추구하지 않다. ¶～苟gǒu安, 不怕牺牲xīshēng｜구차한 안일도 바라지 않고, 희생도 원하지 않는다 ❷ 書 副 뜻밖에. 의외에 =〔不料〕

【不吐气】bùtǔqì ⇒〔不送sòng气〕

【不妥】bùtuǒ 形 타당하지 않다. 부당하다. ¶那件事处理得很～｜그 일은 온당하게 처리 되지 않았다 =〔不妥当〕〔不妥贴〕

3【不妥当】bùtuǒ·dang ⇒〔不妥〕

【不妥贴】bùtuǒtiē ⇒〔不妥〕

【不外(乎)】bùwài(hū) 動 ❶ …의 예외가 아니다. …밖이 아니다. …에 지나지 않는다. ¶～两种可能｜단지 두가지 가능성만이 있을 뿐이다. ¶大家所谈论的～工作问题｜모두들 이야기 하는 것은 작업에 관한 것일 뿐이다.

【不完全】bùwánquán 形組 불완전하다. ¶设备～｜설비가 불완전하다. ¶～变态｜불완전변태.

【不完全叶】bùwánquányè 名〈植〉불완전엽

【不枉】bùwǎng 動 헛되지 않다. 효과가 있다. 소용이 있다. ¶终于找到了你, ～走这么远的路｜너를 끝내 찾았으니 이렇게 먼 길도 헛걸음은 아니었다. ¶吃到这么好的海鲜hǎixiān, 也～来这一趟tàng了｜이렇게 맛있는 해산물을 먹게 되다니 이곳에 한번 올 만하구나.

【不忘沟壑】bù wàng gōu hè 成 올챙이 시절을 잊지 않다. 옛 처지를 잊지 않다.

【不惟】bùwéi 書 連 비단 …뿐만 아니라 …하다. ¶～无益, 反而有害｜비단 무익할 뿐만 아니라, 오히려 해롭다 →〔不但〕

【不为已甚】bù wéi yǐ shèn 成 심하게 하지 않다. 지나치게 하지 않다. ¶如果他～倒也罢了｜만일 그가 너무 지나치지 않으면 그냥 내버려 두자.

【不违农时】bù wéi nóng shí 成 농사 시기를 놓치지 않다.

【不谓】bùwèi 書 副 뜻밖에. 의외로. 생각지도 못하게. ¶原拟nǐ打击敌人, ～反被敌人陷害｜원래는 적을 칠 계획이었는데 의외로 적에게 당했다 =〔不料〕〔没想到〕

【不为五斗米折腰】bù wèi wǔ dǒu mǐ zhé yāo 成 다섯 되 쌀에 허리 굽히지 않다. 청렴하고 꿋꿋하게 살다.

【不文不武】bù wén bù wǔ 成 문관도 무관도 아니다. 이도 저도 아니다. 아무 것도 못하다.

【不文法】bùwénfǎ ⇒〔不文律①〕

【不文律】bùwénlǜ 名〈法〉불문율 =〔不文法〕

【不闻不问】bù wén bù wèn 成 남의 말을 듣지도 않고 남에게 묻지도 않다. 남의 일에 관심을 가지지 않다 →〔不相闻问〕

【不稳】bùwěn 形 ❶ 불온하다. 건전하지 못하다. ¶～消息｜불온한 소식. ❷ 불안정하다. 단단하지 않다. ¶站得～｜불안정하게 서있다.

【不稳平衡】bùwěn pínghéng 名〈物〉불안정평형(unstable equilibrium).

【不问】bùwèn ⇒〔不管②〕

【不问青红皂白】bù wèn qīng hóng zào bái 成 시비곡직(是非曲直)을 따지지 않다. ¶一进门, 就～地把他教训jiàoxùn了一顿dùn｜들어오자 덮어놓고 한바탕 꾸짖었다.

【不无】bùwú 書 動 없지는 않다. 조금은 있다. ¶～小补bǔ｜조금은 보탬이 된다. ¶～关系｜관계가 없지는 않다. ¶～遗憾yíhàn｜유감이 없는 것은 아니다.

【不舞之鹤】bù wǔ zhī hè 成 춤추지 못하는 학. 굿 못하는 무당. 아무 재간도 없는 사람. 쓸모 없는 사람.

【不务空名】bù wù kōngmíng ⇒〔不务虚名〕

【不务虚名】bù wù xū míng 成 헛된 명성을 좇지 않다 =〔不务空名〕

【不务正业】bù wù zhèng yè 成 정당한 직업에 종사하지 않다. 마땅히 해야 할 일을 하지 않다.

【不误】bùwù 形 틀림없다. 빈틈없다. ¶如数收到～｜成 액수대로 틀림없이 받았습니다.

4【不惜】bùxī 動 아끼지 않다. ¶～牺牲xīshēng｜희생을 마다하지 않다. ¶～名誉yù和身份｜명예와 신분을 돌보지 않다.

【不希】bùxī 動 바라지 않다. 달갑게 여기지 않다. ¶我～说这样的话｜나는 이런 이야기하는 것을 바라지 않는다.

【不习水】bùxíshuǐ 動組 물에 익숙하지 않다. 헤엄칠 줄 모르다.

【不习水土】bù xí shuǐtǔ 動組 풍토에 적응하지 못하다 =〔不服fú水土〕

【不暇】bùxiá 動 …할 겨를이 없다. ¶～应接｜접대할 틈이 없다. ¶～顾gù及｜돌볼 겨를이 없다.

【…不下】… ·buxià 尾 …할 수 없다. 어법 동사 뒤에 보어로 쓰임. ¶房子太窄zhǎi, 八个人住～｜집이 너무 비좁아, 여덟 사람이 살 수 없을 것 같다. ¶理会～｜이해할 수 없다 ⇔〔…得下〕

【不下怀儿】bùxiàhuái(r) 形組 품 안을 떨어지지 않다. ¶把孩子惯guàn得~了｜아이를 품 안을 벗어나지 않도록 버릇들였다.

【…不下去】…·buxiàqù 尾 …할 수 없다. 계속 …할 수 없다. 어법 동사 뒤에 보어로 쓰임. ¶我这么大的东西搬~｜나는 이렇게 큰 물건은 옮길 수 없다. ¶忍rěn~｜끝까지 참을 수 없다.

【不下于】bùxiàyú 動組 …못지 않다. …보다 적지 않다. ¶他的本事~你｜그의 재간이 너 못지 않다. ¶新产品~二百种｜새 제품이 200종은 족히 된다.

【不咸不淡】bù xián bù dàn 成 짜지도 싱겁지도 않다. 이도 저도 아니다. ¶嘴zuǐ里~地应了一声｜별 관심없다는 듯이 한 마디 대답하였다.

【不限于】bùxiànyú 動組 …에 한정되지 않다. ¶~此例｜이 예에 한정하지 않는다.

【不现实】bùxiànshí 形組 비현실적이다. ¶你的想法太~了｜너의 생각은 너무 비현실적이다.

【不相称】bùxiāngchèn 形組 어울리지 않다. 적합하지 않다. ¶他的能力与他的职务zhíwù~｜그의 능력과 직무는 어울리지 않는다.

【不相干】bùxiānggān 形組 서로 상관이 없다. 서로 관련이 없다. ¶跟他来不来~｜그가 오고 오지 않고는 상관이 없다. ¶这事与他~｜이 일은 그와 상관이 없다.

【不相能】bùxiāngnéng 形 불화(不和)하다. 서로의 사이가 좋지 않다. ¶东伙~生意难得兴满｜주인과 점원이 서로 사이가 좋지 않으면 장사는 잘되기 틀렸다.

【不相容】bùxiāngróng 形組 서로 받아들이지 못하다. 화합(和合)하지 못하다. ¶彼此bǐcǐ~｜서로 용납하지 못하다. ¶水火~｜물과 불은 서로 화합하지 않는다. 물과 불처럼 서로 어울리지 못한다.

[4]【不相上下】bù xiāng shàng xià 成 막상막하(莫上莫下)이다. 난형난제(難兄難弟)이다. 우열을 가릴 수 없다. ¶你跟他~, 可以说是棋qí逢féng对数｜너는 그와 엇비슷하여 바둑의 맞수를 만난 것과 같다고 할 수 있다.

【不相为谋】bù xiāng wéi móu 成 함께 꾀할 수 없다. 함께 일을 도모할 수 없다.

【不相闻问】bù xiāng wén wèn 成 서로 듣고 묻고 하지 않다. 상호 내왕이 없다. ¶他们彼此bǐcǐ早已~｜그들은 서로 신경 쓰지 않은 지 오래다.

【不相下】bùxiāngxià 動 서로 양보하지 않다. ¶坚持~｜成 서로 양보하지 않고 고집을 부리다.

【不祥】bùxiáng 貶 불길하다. ¶这可是一个~之兆zhào｜이는 불길한 징조 같다. ¶~人｜운이 사나운 사람.

【不详】bùxiáng 貶 ❶ 분명하지 않다. ¶~姓名｜성명이 분명하지 않다. ❷ 札 이만 줄입니다. 상세히 말씀드리지 않습니다.

【不想】bùxiǎng ❶ 副 뜻밖에. 의외로. ¶~他竟做出这种事来｜상상외로 그가 이런 일을 저질렀다 =〔不料〕→〔想不到〕 ❷ 動 …할 생각이 없다. …하고 싶지 않다. ¶我~做那件事｜나는 그 일을 할 생각이 없다.

[3]【不像话】bùxiànghuà ❶ 形 말도 되지 않는다. 하는 짓이 말이 아니다. ¶这种行为真~｜이런 행위는 정말 말도 안된다. ¶真~｜말도 안되는 소리이다. ❷ 名 말도 안되는 소리. 돼먹지 않은 말.

【不像样(儿,子)】bùxiàngyàng(r·zi) ❶ 形 꼴이 말이 아니다. 형편없다. ¶闹nào得~!｜형편없이 소란을 피우다. ❷ 名 말이 아닌 꼴. 체면이 완전히 깎인 꼴.

【不消】bùxiāo 動組 …할 필요가 없다. …할 나위가 없다. ¶那~说｜그것은 말할 필요가 없다. ¶~一会儿工夫, 这个消息就传chuán开了｜얼마 되지 않아 이 소식은 새어나갔다→〔不用①〕

【不晓得】bùxiǎo·de 動組 모르다. ¶~胜负shèngfù如何｜승부가 어떻게 될지 모르겠다. ¶我~那件事｜그 일이 어떻게 될지 모르겠다.

【不晓事】bùxiǎoshì 形組 세상물정을 모르다. 철이 없다. ¶这孩子真~｜이 아이는 정말 철이 없다 =〔不了事〕

【不肖】bùxiào ❶ 動 불초하다. 아버지 보다 못하다. ¶~子孙｜불초한 자손. ❷ 貶 품행이 단정치 못하다. 못나다. ¶子弟既jì~, 前途tú无望｜자제가 모두 방정하지 못해 장래 희망이 없다. ❸ 名 謙 불초자. 불효자.

【不孝】bùxiào ❶ 形 불효하다. 효성스럽지 못하다. ❷ 불효자 [친상(親喪) 중인 사람의 자칭(自稱)]

【不歇】bùxiē 動 쉬지 않다. 멈추지 않다. ¶~气儿地跑pǎo｜단숨에 달리다.

【不协和音】bùxiéhéyīn 名〈音〉불협화음.

【不屑】bùxiè 動 ❶ …할 가치가 없다. ¶~一顾｜成 일고의 가치도 없다. ¶~置辩｜成 변명할 가치도 없다 =〔不屑于〕 ❷ 경멸하다. 하찮게 여기다. ¶一切朋友们都~我｜모든 친구들이 나를 경멸한다.

【不懈】bùxiè 書 形 게을리하지 않다. 태만하지 않다. ¶~读书｜꾸준히 공부하다. ¶生命不止zhǐ治zhì学~｜생명이 다할 때까지 학문을 게을리하지 않다.

【不谢】bùxiè 嘆 별 말씀 다하십니다. 천만의 말씀입니다 [상대방의 사의에 대한 인삿말] ¶太感谢您了! ~~!｜너무 감사합니다! 천만에요, 별 말씀다하십니다! →〔不客气〕

【不信任】bùxìnrèn ❶ 區 불신임. ¶~案｜불신임안. ¶~投票｜〈政〉불신임 투표. ❷ (bù xìnrèn) 形組 불신임하다. 믿음이 없다.

【不兴】bùxīng 動 ❶ 시속에 맞지 않다. 사회적으로 통용되지 않다. ¶订婚~送彩cǎi礼了｜약혼 때 채단을 보내는 것은 이미 시류에 맞지 않는다. ❷ 안된다. … 할 수 없다. ¶孩子~说谎huǎng｜어린이가 거짓말을 해서는 안된다. ¶我们这儿~这个样儿｜이곳에서 이런 모습은 안된다. ¶你为什么这样闹nào, 就~小点儿声吗?｜너는 왜 이렇게 법석을 떠느냐? 소리를 줄일 수 없겠니?

[2]【不行】bùxíng 形 ❶ 안된다. 해서는 안된다. ¶开玩笑可以, 欺负qīfù人可~｜농담하는 것은 괜찮지만 사람을 업신여겨서는 안된다→〔不成①〕 ❷ 쓸모없다. 잘하지 못하다. ¶我在电脑nǎo方

面是～的｜난 컴퓨터는 잘하지 못한다. ❸ 끝장이다. 틀렸다. 임종이 가깝다. ¶病了三个月, 已经～了｜3개월간 앓아서, 이미 틀렸다. ❹ 멀었다. 수준에 이르지 못하다. ¶你做得还～｜네가 한 것은 아직 멀었다. ❺ 심하다. 대단하다. 어법 동사·형용사 뒤에「得」를 동반하고 보어로 쓰임. ¶天安门热闹rènào得～｜천안문은 대단히 북적댄다.

【不省人事】bù xǐngrén shì 成 ❶ 인사불성이 되다. 의식불명이다. ¶急救jíjiù～的病人｜의식불명인 환자를 응급처치 하다. ❷ 세상물정을 모르다. 인간 만사를 모르다.

[2]【不幸】bùxìng ❶ 形 불행하다. ¶～的消息xiāoxī｜불행한 소식. ❷ 副 불행히. ¶～丈夫亡wáng故了｜불행히도 남편이 돌아가셨다. ❸ 名 재난. 재해. 불행.

【不休】bùxiū 動 멈추지 않다 쉬지 않다. 어법 주로 보어(補語)로 쓰임. ¶大家争论～｜여럿이 논쟁을 그치지 않는다.

【不修边幅】bù xiū biān fú 成 형식에 구애되지 않다. 겉치레에 치중하지 않다 ⇔〔修饰边幅〕

[4]【不朽】bùxiǔ 貶 불후하다. 영구하다. ¶永垂yǒngchuí～｜영원히 없어지지 않다. ¶永世～的名声｜영생불멸의 명성.

【不秀气】bùxiùqì 形組 수려하지 않다. 준수하지 않다. 아름답지 않다. ¶长zhǎng得～｜수려하게 생기지 못했다.

【不锈钢】bùxiùgāng 名 스테인레스(stainless) 강

【不须】bùxū 能 …할 필요 없다. ¶～取得对方的同意｜상대방의 동의를 구할 필요없다. ¶～介意｜개의할 필요없다→〔不必〕

【不虚】bùxū 書 動 헛되지 않다. ¶～此生｜일생이 헛되지는 않았다. ¶～此行｜이 여행이 헛되지는 않았다.

[2]【不许】bùxǔ 能 ❶ 불허하다. 허가하지 않다. ¶～说谎huǎng｜거짓말을 해서는 안된다. ¶谁也～出去｜누구도 나갈 수 없다. ❷ 口 …해서는 안되느냐? 어법 반어문에 쓰임. ¶那还～我有朋友吗?｜내가 친구가 있으면 안된단 말이냐.

【不恤】bùxù 動 돌보지 않다. 관계하지 않다. ¶～舆论｜여론에 개의하지 않다. ¶～人言｜남의 말에 신경쓰지 않다.

【不宣而战】bù xuān ér zhàn 成 선전포고 없이 전쟁을 일으키다. 갑자기 들이치다.

【不宣分】bùxuān·fen 形 北 기분이 언짢다. 불쾌하다. ¶这件事没通知他, 他有点～｜이 일을 그에게 알리지 않아 그는 기분이 좀 나빴다→〔不平〕〔不服气(儿)〕

【不旋踵】bùxuánzhǒng ❶ 퇴각하지 못하다. 물러나지 않다. ❷ 순식간에. 즉시. 어느새. ¶刚陈列出来的杂志, ～就被读者抢光qiǎngguāng了｜막 진열된 잡지는 순식간에 독자들이 모두 다투어 사갔다.

【不学无术】bù xué wú shù 成 배운 것도 없고 기술도 없가. 무식하고 재간도 없다.

【不学无文】bù xué wú wén 成 배운 것도 없고 글도 모른다. 아는 것이란 없다. 문맹이다.

【不逊】bùxùn 貶 ❶ 불손하다. 무례하다. ¶出言～｜불손하게 말을 하다. ❷ …에 손색이 없다. …보다 못하지 않다. 어법「不逊于」의 형태로 쓰임. ¶～于厂家产品｜메이커(maker) 제품보다 못할 것이 없다.

【不雅观】bùyǎguān 形組 보기 좋지 않다. 상품(上品)이 아니다. 점잖지 못하다. ¶这样做, 实在～｜이렇게 하니 정말 보기 싫다. ¶穿拖tuō鞋上街, 看来～｜슬리퍼를 신고 길거리에 나가는 것은 보기에 좋지 않다.

【不亚于】bùyàyú 動組 …에 못지 않다. …에 뒤지지 않는다. ¶～外国货｜외국 제품보다 못할 것 없다. ¶你的技术水平～他｜너의 기술은 그에 못지 않다.

【不言不语】bù yán bù yǔ 成 아무 말도 하지 않다. ¶一路上～｜도중에 말 한 마디 하지 않았다 →〔不哼hēng一声〕〔不声不响〕

[4]【不言而喻】bù yán ér yù 成 말하지 않아도 알다. 말할 필요도 없다 =〔不言自明〕

【不言之教】bù yán zhī jiào 成 무언(無言)의 가르침. 행동으로 보이는 가르침.

【不言自明】bù yán zhī míng 成 말하지 않아도 스스로 알다.

【不厌】bùyàn 動 싫증나지 않다. 싫어하지 않다. 배척하지 않다. ¶他反复～地念了几遍biàn｜그는 싫증내지 않고 반복해서 몇 번 읽었다.

【不厌其详】bù yàn qí xiáng 成 상세할수록 좋다. ¶调查材料, 要有～的精神｜자료 조사는 무한히 상세하게 하겠다는 정신을 가져야 한다.

【不扬】bùyáng 貶 못생기다. 보잘것 없다. 변변치 못하다. ¶其貌mào～｜생긴 것이 보잘 것 없다.

[1]【不要】bùyào 動組 ❶ …하지 마라. ¶～随便出去｜함부로 나가지 마라. ¶～动｜꼼짝마라. ¶千万～开口｜절대 입을 열지 마라 =〔别抡〕 ❷ 바라지 안하다. 원하지 않다. ¶我～你给我这个｜네가 나에게 이것 주는 것을 바라지 않는다.

[2]【不要紧】bùyàojǐn 形 괜찮다. 문제없다. 긴장할 것 없다. ¶这病～, 吃两剂jì药会好的｜이 병은 걱정할 것 없다. 약 두첩만 먹으면 낫게 된다 =〔不打紧〕 ¶你这么做～, 可是别人都会笑你的｜네가 이렇게 하는 것은 괜찮은데, 남들이 모두 너를 비웃을 것이다.

【不要脸】bùyàoliǎn 形組 罵 뻔뻔하다. 체면을 모르다. 수치를 모르다. 파렴치하다. ¶你这～的｜너 이 뻔뻔스런 녀석.

【不要命】bùyàomìng 動組 목숨을 아끼지 않다. 목숨을 걸고 …하려 하다. ¶他一见了钱, 就～了｜그는 돈만보면 죽자사자 한다.

【不一】bùyī ❶ 貶 일치하지 않다. 같지 않다. ¶质量～｜품질이 균일하지 않다. ¶大小～｜크기가 같지 않다. ❷ 書 動組 하나하나 열거하지 않다. 상세히 쓰지 않다→〔不备①〕

[2]【不一定】bùyīdìng 形組 ❶ 반드시 …하는 것은 아니다. ¶他～今天来｜그가 꼭 오늘 오는 것은 아니다 =〔未必〕 ❷ 확실하지 않다. 확정적이지 않다. ¶什么时候去还～｜언제갈지 아직 확실하지 않다. ❸ 꼭 …할 필요는 없다. ¶你～自己去

| 꼭 네가 갈 필요는 없다 ‖ =〔㊄指不定〕

【不一而足】bù yī ér zú 成 하나 뿐만 있는 것이 아니다. 적지 않다. 한두 가지가 아니다. ¶害处很多, ~ | 그 폐해는 하나 뿐이 아니고 아주 많다. ¶感人新事~ | 사람들을 감동시키는 새로운 일들이 수없이 많다.

【不一会儿】bùyīhuìr ⓧbùyīhuǐr) 副 곧. 바로 머지 않아. ¶~客人都来齐qí了 | 곧 손님들이 모두 다 왔다 =〔不一时〕

【不一时】bùyīshí ⇒〔不一会儿〕

【不一样】bùyīyàng 形組 같지 않다. 다르다. ¶这个跟那个不~ | 이것과 저것은 같지 않다.

【不依】bùyī 動 ❶ 따르지 않다. 말을 듣지 않다. 순종하지 않다. ¶孩子要什么, 他没有~的 | 아이가 요구하는 것을 그녀는 들어주지 않는 것이 없다. ❷ 그냥 두지 않다. ¶你要是做不完这件事, 我可~你 | 네가 만약 이 일은 끝내지 않으면 그냥 두지 않겠다.

【不依不饶】bù yī bù ráo 成 용서하지 않다. 트집을 잡다. 다른 사람의 말을 듣지 않다. ¶他还是~地继续jìxù往下吵闹chǎonào | 그는 계속해서 다른 사람의 말을 듣지 않고 법석을 떨었다.

【不夷不惠】bù yí bù huì 成 상호 절충하다. 자기를 양보하다. 중립의 태도를 취하다 [백이(伯夷)와 유하혜(柳下惠)가 서로 자기의 고집을 꺾고 절충한 데서 유래]《楊雄·法言》

4【不宜】bùyí 能 …하기에 적당치 않다. …하기에 좋지 않다. ¶饭后~作剧烈jùliè的运动 | 식사 후에 지나친 운동을 하는 것은 좋지 않다.

【不遗余力】bù yí yú lì 成 힘을 남기지 않다. 온 힘을 다 쏟다. 힘을 아끼지 않다. ¶为了建设新中国, 我们一定要~地工作 | 신중국의 건설을 위하여 우리들은 반드시 전력을 다하여 일해야 한다.

【不已】bùyǐ 動組 그만 두지 않다. 그치지 않다. 마다 않다. 어법 2음절의 동사 뒤에 쓰임. ¶赞叹zàntàn~ | 찬탄해 마지 않다. ¶称赞~ | 칭찬해 마지 않다.

【不以人废言】bù yǐ rén fèi yán 成 사람에 따라 말을 듣고 듣지 않고 하지 않는다. 누가 하든 옳은 말이면 듣는다.

【不以为耻】bù yǐ wéi chǐ 成 수치로 생각하지 않다. 부끄럽게 여기지 않다.

【不以为然】bù yǐ wéi rán 成 그렇다고 여기지 않다. 그런 것이 아니라고 생각하다. ¶听了我说的, 他~地笑了笑 | 내 말을 듣고, 그는 그렇지 않다는 듯이 웃었다.

【不以为意】bù yǐ wéi yì 成 개의(介意)하지 않다. 문제삼지 않다. ¶对于面对的紧jǐn张局面, 他却丝毫sīháo~ | 긴장된 국면에 대해 그는 조금도 개의하지 않았다.

【不以一眚掩大德】bù yǐ yī shěng yǎn dà dé 成 작은 과실 때문에 큰 공로를 무시할 수는 없다.

【不易】bùyì 形 ❶ ㊌㊎ 쉽지 않다. 어렵다. ¶养孩子可真~啊 | 아이를 기르는 일은 정말 쉽지 않다! ❷ 書 변하지 않다. 바뀌지 않다. ¶~之论 | 成 바꿀 수 없는 이론. 움직일 수 없는 진리. ¶~一字 | 한 자도 바꿀 수 없다.

【不义】bùyì ❶ 名 불의. ❷ 形 의롭지 못하다. ¶~战争 | 의롭지 못한 전쟁. ¶~富贵fùguì | 부정한 부귀. ¶~之财 | 의롭지 못하 재물.

【不亦乐乎】bù yì lè hū 成 ❶ 어찌 기쁘지 않겠는가. ❷ 사태가 지나친 정도에 이르다. 어법 주로 보어로 쓰임. ¶送食送水, 忙得~ | 밥을 나르랴 물을 길랴 눈코 뜰 새 없이 바쁘다. ❸ 울지도 웃지도 못하다. 이러지도 저러지도 못하다. 난처하다. ¶他装zhuāng疯fēng卖傻shǎ地闹了半天, 弄得大家~ | 그가 미치광이나 바보인 체하고 한동안 소란을 피우는 통에 모두들 난처한 지경이 되었다.

【不意】bùyì 副 뜻밖에. 의외로. ¶~大雨如注, 不能启程qǐchéng | 의외로 큰 비가 쏟아져 출발 할 수 없다 =〔不料〕

【不翼而飞】bù yì ér fēi 成 날개도 없는데 날다. 감쪽같이 없어지다. 소문이 매우 빨리 퍼지다. 날개 돋힌 듯 팔리다 =〔无翼而飞〕〔没翅chì而飞〕

1【不用】bùyòng ❶ 能 …할 필요가 없다. ¶~客气 | 사양하지 마세요. ¶~着急 | 초조해 할 필요 없다. ¶天还很亮, ~开灯 | 날이 아직 밝으니 등을 밝힐 필요가 없다 →〔甭béng〕〔不要〕〔不必〕 ❷ 쓰지 않다. ¶~油炒chǎo, 几乎不成其为中国菜 | 기름으로 볶지 않아 거의 중국 요리가 되지 않았다.

【不用说】bùyòngshuō 動組 말할 필요도 없다. 언급할 나위도 없다. ¶日语rìyǔ~, 英语也很好 | 일본어는 말할 필요도 없고 영어도 잘한다 =〔不消说〕

3【不由得】bùyóu·de 動組 ❶ …하지 않을 수 없다. 받아 들이지 않을 수 없다. ¶他说得这么透彻tòuchè, ~你不信服xìnfú | 그가 이렇게 철저하게 이야기하니, 믿고 따르지 않을 수 없다. ❷ 저절로. 무의식중에. ¶想起故乡的父母, ~掉diào下眼泪yǎnlèi来 | 고향의 부모를 생각하면, 저절로 눈물이 흘러 내린다 =〔不由的〕〔不由地〕 →〔不由自主〕〔由不得〕〔不禁不由(儿的)〕

【不由分说】bù yóu fēn shuō 成 딴소리 하지 못하게 하다. 변명하지 못하게 하다. ¶他~拉lā了我就走 | 그는 다짜고짜 나를 채어 갔다 =〔不容分说〕

【不由己】bùyóujǐ ⇒〔不由自主〕

【不由人】bùyóurén ⇒〔不由自主〕

【不由自主】bù yóu zì zhǔ 成 자기도 모르게 …하다. 무의식 중에 …하다. ¶他非常感动gǎndòng, ~地掉diào下了眼泪lèi | 그는 너무 감동하여, 자기도 모르게 눈물을 흘렸다 =〔不由己〕〔不由人〕→〔不由得②〕

【不虞】bùyú 書 ❶ 狀 뜻밖이다. 의외이다. ¶~之誉 | 뜻밖의 영예《孟子·離婁上》 ❷ 名 뜻밖의 일. ¶以备~ | 뜻밖의 일에 대처하다.

【不遇】bùyù 書 形 만나지 못하다. ¶来访~ | 방문하였으나 만나지 못하다.

【不圆唇元音】bùyuánchún yuányīn 名〈言〉비원순 모음. 전순(展脣) 모음.

【不远】bù yuǎn ❶ 形組 멀지 않다. ❷ (bùyuǎn) 書 動 멀다 여기지 않다. ¶~千里 | 천리를 멀다

하지 않다《孟子·梁惠王上》

【不怨】bùyuàn 動 원망하지 않다 =〔怪不得〕

【不愿】bùyuàn 動 원하지 않다. …하려 하지 않다. ¶～回顾gùì往事 | 지난 일을 돌이키고 싶지 않다. ¶～返fǎn国 | 귀국하고 싶지 않다.

【不约而同】bù yuē ér tóng 成 약속이나 한 듯이 꼭 같다. ¶大家就～地鼓gǔ起掌zhǎng来 | 모두들 약속이나 한 듯이 일제히 박수를 쳤다. ¶我俩～地想起了故乡 | 우리 둘은 약속이나 한 듯이 고향 생각을 하였다.

【不孕症】bùyùnzhèng 名〈醫〉불임증.

【不再】bù zài 副組 이미 …가 아니다. 다시 더 … 아니다. 다시 …하지 않다. ¶今天的韩国～是以前的韩国 | 오늘의 한국은 이미 이전의 한국이 아니다. ¶现在～一一列举lièjǔ | 지금 다시 하나 하나 열거하지는 않겠다.

【不在】bù zài 動組 ❶…에 없다. ¶他～办公室 | 그는 사무실에 없다. ❷돌아가시다 . 죽다. ¶我祖母去年就～了 | 할머니께서는 작년에 돌아가셨다.

【不在行】bùzàiháng 形組 문외한이다. 풋나기다. 초심자다. ¶我们都～ | 우리는 모두 문외한이다 →〔外行〕〔内行〕

[3]【不在乎】bùzài·hu 形組 개의치 않다. 대수롭지 않게 여기다. 신경쓰지 않다. ¶满～ | 전혀 개의치 않다. ¶我～那一点点工资 | 나는 얼마되지도 않는 노임에 개의치 않는다. ¶什么都～ | 아무것도 신경쓰지 않다 =〔不在意〕

【不在话下】bù zài huà xià ❶ 套 각설하고. 그것은 그렇다 치고 [구소설(舊小說)에서 화제(話題)를 바꿀 때 씀] ❷ 成 더이상 말할 필요도 없다. 문제도 되지 않는다. ¶什么困难也～ | 어떤 어려움도 문제가 되지 않는다.

【不在理】bùzàilǐ ⇒〔不合理〕

【不在其位, 不谋其政】bù zài qí wèi, bù móu qí zhèng 成 그 자리에 있지 않으면 그일에 상관하지 않는다. 쓸데 없는 일에 관계하지 않는다. ¶我已经退休了, ～, 所以不便biàn表什么态tài | 나는 이미 퇴직하여 전에 있던 자리에 대해 관여할 수 없으므로 어떤 입장도 표명하기 어렵다.

【不在意】bùzàiyì 形組 개의치 않다. 신경쓰지 않다. 염두에 두지 않다. ¶他～地点了点头 | 그는 개의치 않고 고개를 끄떡였다 =〔不在乎〕

【不在于】bùzàiyú 動組 …에 없다. …에 달려 있지 않다. ¶人的价值～有钱没钱 | 사람의 가치는 돈이 있고 없고에 달려 있지 않다.

【不赞一词】bù zàn yī cí 成 한 마디도 보탤 수 없다. 참견하지 않다. ¶我对这个问题是外行, 只能～ | 나는 이 문제에 대해서는 문외한이니 침묵하는 수 밖에 없다.

【不则】bùzé 副 ㊀ …뿐만이 아니다. ¶～一日 | 하루 뿐만이 아니다. ¶～一遭zāo | 한 번만 만난 것이 아니다 =〔不只〕〔则不〕

【不则声】bùzéshēng ⇒〔不做声〕

【不择手段】bù zé shǒuduàn 成 수단을 가리지 않다. 갖은 수단을 다 쓰다. ¶他对自己不利, 就开始～地攻击人家 | 그는 자기에게 불리하자 온갖 수단을 동원해 남을 공격하기 시작하였다.

【不怎么】bùzěn·me 形組 별 것 아니다. 그다지 좋지 않다. ¶～好 | 그다지 좋지 않다. ¶今天～冷 | 오늘은 그다지 춥지 않다. ¶他的病～了 | 그의 병은 별 것 아니다.

[3]【不怎么样】bù zěn·meyàng 形組 그리 좋지 않다. 보통이다. 아무렇지도 않다. ¶这幅fú画儿画得～ | 이 그림은 별로 잘 그리지 못했다. ¶他并～ | 그가 어떻다는 것은 아니다.

【不战不和】bù zhàn bù hé 成 전쟁을 하지도 않고 강화를 하지도 않다. 전쟁도 평화도 아니다.

【不战则已, 战则必胜】bù zhàn zé yǐ, zhàn zé bì shèng 成 싸우지 않는다면 그만이지만 싸운다면 반드시 이겨야 한다.

【…不着】… ·buzháo 尾 …할 수 없다. …하지 못하다. …하지 말라. 어법 동작을 달성하지 못함을 나타내는 보어로 쓰임. ¶睡～觉jiào | 잠자지 못하다. 잠을 이루지 못하다. ¶这是我个人的事, 你管～ | 이것은 나 개인의 일이니까 네가 관계해서는 안된다 ⇔〔…得着〕

【不折不扣】bù zhé bù kòu 成 ❶ 할인하지 않다. 에누리 없다. ❷ 틀림없다. 영락없다. ¶这家伙jiāhuǒ是个～的骗piàn子手 | 이 놈은 영락없는 사기꾼이다.

【不振】bùzhèn 貶 부진하다. 활기가 없다. ¶食欲shíyù～ | 식욕 부진. ¶这几天他总是精神～ | 요즈음 그는 늘 정신이 흐릿하다.

[4]【不正之风】bùzhèngzhīfēng 名 바르지 못한 기풍. 생활규칙과 도덕규범을 위배하는 기풍. ¶纠jiū正～ | 바르지 못한 기풍을 바로 잡다.

【不支】bùzhī 動 지탱하지 못하다. 지탱할 수 없다. ¶体力～ | 체력을 부지하지 못하다.

[4]【不知不觉】bù zhī bù jué 成 부지불식간에. 자기도 모르는 사이에 →〔不由自主〕

【不知不罪】bù zhī bù zuì 成 몰라 저지른 죄는 벌하지 않다 =〔不知者不罪〕

【不知端倪】bù zhī duān ní 成 두서를 모르다. 갈피를 잡지 못하다.

【不知凡几】bù zhī fán jǐ 成 그 수가 얼마인지 알 수 없다. 부지기수다.

【不知分寸】bù zhī fēn·cun 成 분수를 모르다.

【不知甘苦】bù zhī gān kǔ 成 단지 쓴지 모르다. 고생을 모르다. 어려움을 모르다.

【不知好歹】bù zhī hǎo dǎi 成 좋고 나쁨을 구별하지 못하다. 사리를 분별하지 못하다 =〔不知好坏〕〔不知香臭〕

【不知好坏】bù zhī hǎo huài ⇒〔不知好歹〕

【不知进退】bù zhī jìn tuì 成 진퇴를 알 수 없다. 어찌해야 할지 모르다 →〔不知所措〕

【不知鹿死谁手】bù zhī lù sǐ shéi shǒu 成 누구의 손에 사슴이 잡힐지 알 수 없다. 누가 승리자가 될 지 알지 못하다.

【不知其数】bù zhī qí shù ⇒〔不计其数〕

【不知其详】bù zhī qí xiáng 成 상세한 내용은 알지 못한다.

【不知轻重】bù zhī qīng zhòng 成 일의 경중(輕重)을 모르다. 분별이 없다. ¶他～地说了这几句

话，害hài得他妈妈伤shāng心透tòu了 | 그는 분별없는 말을 하여 그의 어머니가 매우 상심하게 하였다.

【不知情】bùzhīqíng ❶ 실정을 모르다. ❷ 인정을 모르다. 인정이 없다.

【不知去向】bù zhī qù xiàng 成 행선지를 모르다. 종적을 모르다. 행방불명이다.

【不知权变】bù zhī quán biàn 成 융통성이 없다.

【不知死活】bù zhī sǐ huó 成 죽을 지 살 지 모르다. 함부로 덤벼들다. 전후 사정을 돌보지 않고 몰두하다. ¶～干坏事 | 죽을 지 살 지도 모르고 함부로 하다 =〔不知天高地厚hòu〕

【不知所措】bù zhī suǒ cuò 成 어찌해야 할 지 모르다. 어떻게 해야 할 지 모르다→〔不知进退〕

【不知所以】bù zhī suǒ yǐ 成 그 까닭을 모르다. 원인을 알 수 없다. ¶不实地去调查，那些现象便～ | 현지 조사를 나가지 않고는 그런 현상의 원인을 알 수 없다.

【不知所云】bù zhī suǒ yún 成 무엇이라고 하는지 알 수 없다. ¶尽管他指手划脚，说了半天，听的人还是～ | 그는 손짓 발짓을 하며 한동안 말했지만 듣는 사람은 여전히 무슨 뜻인지 알지 못했다.

【不知所终】bù zhī suǒ zhōng 成 끝간 곳을 모르다. 결과를 모르다. 귀추를 모르다.

【不知天高地厚】bù zhī tiān gāo dì hòu ⇒〔不知死活〕

【不知下落】bù zhī xià luò 成 행방을 모르다. 종적이 묘연하다.

【不知香臭】bù zhī xiāng chòu ⇒〔不知好歹〕

【不知以为知】bù zhī yǐ wéi zhī 成 모르는 것을 안다고 생각하다.

【不知自爱】bù zhī zì ài 成 자중자애(自重自爱) 할 줄 모르다. 스스로를 아낄 줄 모르다.

【不值】bùzhí 動組 …할 가치가 없다. 하찮다. ¶～一驳bó | 반박할 가치가 없다. ¶一分～ | 成 한 푼의 가치도 없다. ¶～什么 | 하등의 가치도 없다.

【不值当】bùzhí·dang ⇒〔不值得〕

【不值得】bùzhí·de 動組 …할 가치가 없다. …할 만한 것이 못되다. ¶～看 | 볼만한 가치가 없다. ¶这件事～商确shāngquè | 이 일은 의논할 가치가 없다. ¶～一笑 | 成 일소에 부칠 가치도 없다. 하등의 가치도 없다 =〔不值当〕

【不值一顾】bù zhí yī gù 成 일고의 가치도 없다 =〔不屑xiè一顾〕

³【不止】bùzhǐ ❶ 動 그치지 않다 끝이 없다. 어법 쌍음절 동사 뒤에 붙여 씀. ¶大笑～ | 계속 크게 웃어대다. ¶流血～ | 피가 줄곧 흐르다. ¶生命～,学习不停tíng | 생명이 있는 한 공부를 멈추지 못하다. ❷ 動 …에 그치지 않다. …를 넘다. 범위를 벗어나다. ¶我缺quē课已经～一回 | 내가 수업에 빠진 것이 이미 한 두번이 아니다. ❸ 連 …뿐만 아니다. ¶～我相信，他也相信 | 나만 믿는 것이 아니고 그도 믿는다→〔不但〕

³【不只】bùzhǐ 連 …만 … 하는 것이 아니다. ¶～他一个人丢diū钱，我也丢钱 | 그 한 사람만 돈을 잃은 것이 아니고 나도 돈을 잃었다 =〔不但〕

⁴【不至于】bùzhìyú 動組 …에 이르지 않다. …에 미치지 않다. ¶～下雨吧 | 비까지 오지는 않겠지. ¶他虽然病重，但还～死 | 그는 비록 병이 심하기는 하나 죽음에 이르지는 않을 것이다.

【不治】bùzhì 動 치료되지 않다. 다스려지지 않다. ¶～之病 =〔不治之症〕| 불치의 병.

【不致】bùzhì 動 (부정적인) 어떤 결과를 초래하지 않다. …가 되지 않다. …을 야기하지 않다. ¶事前做了准备，就～临时手忙脚投了 | 사전에 준비했다면 임시로 허둥대는 일이 없을 것이다.

【不置】bùzhì 書 動 …하지 않다. …하지 않을 수 없다. 마지 않다. 어법 쌍음절 동사의 뒤에 쓰임. ¶赞叹zàntàn～ | 찬양하여 마지 않다. ¶后悔～ | 후회하지 않을 수 없다 =〔不已〕

【不置褒贬】bù zhì bāo biǎn 成 평가를 하지 않다. 언급을 하지 않다《三國志》

【不置可否】bù zhì kě fǒu 成 가부(可否)를 말하지 않다. ¶我讲了半天，他始终～，一直笑眯mī眯地听着 | 내가 한참동안 말했지만, 그는 끝내 가부를 말하지 않고, 줄곧 슬슬웃으며 듣기만하였다 =〔不加可否〕

【不中】ⓐ bùzhōng ❶ 朕 맞지 않다. 적당하지 않다. ¶这个办法～，还得另打主意 | 이 방법은 적당하지 않으니 다른 생각을 해야겠다. ❷ 動 …해서는 안된다. ¶女大～留 | 여자는 다자라면 시집보내지 않고 남겨두어서는 안된다.

ⓑ bùzhòng 動 합격하지 못하다. 명중하지 못하다. ¶打～ | 명중하지 못하다. ¶考kǎo～ | 시험에 합격하지 못하다. ¶猜cāi～ | 알아 맞추지 못하다.

【不中听】bùzhōngtīng 形組 귀에 거슬리다. 들을 가치가 없다. 귀에 들어오지 않다 =〔不入耳〕

【不中用】bù zhōng yòng 形組 쓸모 없다. 쓸 만하지 않다. ¶～的东西 | 쓸모 없는 인간.

【不忠】bùzhōng 書 形 불충하다. 충성스럽지 않다. ¶这是～的行为 | 이것은 불충한 행위이다.

【不中】bùzhòng ☞〔不中〕bùzhōng ⓑ

【不中意】bù zhòngyì 形組 마음에 들지 않다. ¶这套衣服我～ | 이 옷은 마음에 들지 않는다.

【不周】bùzhōu 形 면밀하지 않다. 주도하지 않다. ¶招zhāo待～ | 접대(接待)가 변변치 못했습니다. ¶都怪我考虑～，竟把这些事情给忘却了 | 내가 용의주도하지 못한 관계로 이 일들을 잊어버려렸다 =〔不周到〕

【不周到】bùzhōudào ⇒〔不周〕

【不周延】bùzhōuyán 名 〈論〉 부주연.

²【不住】bùzhù ❶ 動 그치지 않다. 쉬지 않다. ¶～地点头 | 연신 머리를 끄떡이다. ¶～地刮了一天的风 | 하루 종일 바람이 그치지 않고 불었다. ¶～口 | 입을 다물지 않다. ❷ 動組 살지 않다. 거주하지 않다.

【…不住】…bùzhù 尾 ❶ …을 하지 못하다 어법 동사 뒤에 보어로 쓰여 동작이 유동적임을 나타냄. ¶拿～ | 꽉 잡을 수 없다. ¶记～ | 기억하지 못하다. ¶要站也站zhàn～ | 서 있을래야 바로 서 있지 못하다 ⇔〔…得·de住〕 ❷ 그치지 않다. 어법 「个」 뒤에 쓰임. ¶雨下个～ | 비가 계속 내

리다.

【不庄】bùzhuāng 動組 정중하지 못했다. 札 난필(亂筆)을 용서하십시오 =〔不恭〕→〔不备①〕

【不准】bùzhǔn 動組 …하면 안된다. 해서는 안된다. ¶～走那条路 | 그 길을 가서는 안 된다. ¶～吸xī烟 | 담배를 피워서는 안된다.

【不准】bùzhǔn 形 불확실하다. 부정확하다. ¶他～来 | 반드시 그가 오는 것은 아니다. ¶说～ | 정확히 말할 수는 없다.

【不着边际】bù zhuó biān jì 成 말이 변죽만 울리다. 말이 실제와 동떨어지다. ¶说了一大堆～的话, 使人莫名其妙 | 허황한 말만 잔뜩 늘어 놓아 무슨 말인지 알 수 없게 하다.

【不赀】bùzī 書 形 (재물이) 헤아릴 수 없이 많다. 막대하다. ¶损失sǔnshī～ | 손실이 막대하다. ¶未报～之恩 | 많은 은혜를 아직 갚지 못하다 =〔不资〕

【不自量(力)】bùzìliàng(lì) 動 주제넘다. 스스로 분수를 모르다. ¶如此狂妄kuángwàng, 太～ | 이렇게도 망나니 짓을 하다니, 너무나도 분수를 모른다.

【不自然】bùzìrán 形組 부자연스럽다. 자연스럽지 않다. 어색하다. ¶这么说很～ | 이렇게 말하는 것은 자연스럽지 못하다.

【不自在】bùzìzài 形組 자유롭지 않다. 편안치 않다. 자연스럽지 않다. ¶心里～ | 마음이 자유스럽지 못하다.

3【不足】bùzú ❶ 狀 부족하다. 모자라다. ¶力量～ | 힘이 모자라다. ¶营养yíngyǎng～ | 영양이 부족하다. ❷ 動 …하기에 부족하다. …할 가치가 없다. …할 수 없다. ¶～夸张 | 칭찬하기에는 모자란다. ¶～法 | 모범으로 삼기에 부족하다. ¶实在～为外人道 | 정말 다른 사람에게 말할 만한 것이 못된다. ¶非团结～图存 | 단결하지 않고는 살아 남을 수 없다.

【不足齿数】bù zú chǐ shǔ 成 같이 나열하기에 부족하다. 같이 보아 줄 수 없다.

【不足道】bùzúdào 形組 말할 가치가 없다. 말할 만하지 않다. ¶个人的得失déshī是～的 | 개인적 이해득실은 말할 만한 것이 아니다.

【不足为凭】bù zú wéi píng 成 근거가 될 수 없다. 증거가 될 수 없다. ¶街头小报的消息, 实在～ | 길거리의 낱장 신문 따위의 소식은 근거가 될 수 없다 =〔不足为据〕

【不足为奇】bù zú wéi qí 成 진기할 것이 없다. ¶这种事情在这儿随处可见, 实在～ | 이런 일은 이곳에는 도처에서 볼 수 있어 신기한 것이 되지 못한다.

【不足为训】bù zú wéi xùn 成 본보기로 삼을 만한 것이 못되다. 교훈이 될 만하지 않다. ¶书本上也有～的 | 책에도 교훈으로 삼지 못할 것이 있다.

【不足与谋】bù zú yǔ móu 成 더불어 의논할 만하지 않다. ¶这个人胸无大志, ～ | 이 사람은 큰 뜻을 품고 있지 않아 함께 일을 도모할 수 없다.

【不做美】bùzuòměi 動組 일이 잘 되도록 도와주지 않다. 심술궂은 짓을 하다. ¶～的雨 | 심술궂게 내리는 비 =〔不作美〕→〔作美〕

【钚(鈈)】bù 날있는창 비, (프루토늄 부) 名〈化〉프루토늄(Pu; plutonium) [핵연료로 쓰이는 방사성 원소의 하나] =〔方 钸bù〕

1【布〈佈$_{5, 6, 7}$〉】bù 베 포, 알릴 포 ❶ 名 베. 천. 포. ¶棉mián～ | 무명. 면직물. ¶印花～ | 인화포. 면날염. ¶防水～ =〔雨衣布〕| 방수포. ❷ 名 고대 화폐의 일종 =〔货布〕〔泉quán布〕→〔大布②〕 ❸ 名 보자기. 보 [가위 바위 보할 때의 보] →〔猜cāi猜猜〕 ❹ 動 (요리를) 늘어 놓다. 들어 놓다. ¶～菜↓ ❺ 動 널리 알리다. 선포하다. ¶公～ | 공포하다. ¶宣～ | 선포하다. ❻ 動 진지를 치다. 포진하다. ¶～背水之阵zhèn | 배수진을 치다. ❼ 動 널리 퍼지다. 산포하다. ¶星头～满天空 | 하늘에 별이 총총하다. ¶浓nóng云密～ | 짙은 구름이 가득 덮혀있다. ❽ (Bù) 名 성(姓).

【布帛】bùbó 名 포백. 직물의 총칭 [「布」는 면직, 「帛」는 견직물(絹織物)임] ¶～菽粟 | 입을 것과 먹을 것.

【布菜】bùcài 動 주인이 요리를 권하느라 작은 접시에 담아주다. ¶给客人～ | 손님에게 요리를 떠서 권하다. ¶你是主人, 应该你来～ | 네가 주인이니 네가 요리를 나누어 떠 주어야 한다 =〔铺菜〕→〔别布〕〔让ràng菜〕〔布让〕

【布草衣裳】bù·cao yī·shang ⇒〔布糙衣裳〕

【布糙衣裳】bù·cao yī·shang 名組 方 무명옷. ¶家常穿还是～好 | 집에서 입는 평상복은 역시 무명옷이 좋다 =〔布草衣裳〕→〔布衣〕

【布达佩斯】Bùdápèisī 名 外〈地〉부다페스트(Budapest) [「匈牙利」(헝가리; Hungary)의 수도]

【布袋】bùdài 名 ❶ 포대 [천으로 만든 부대]. 곡물을 담는 자루. ❷ 轉 무능한 사람. ❸ 데릴사위의 다른 이름 →〔招zhāo女婿〕 ❹ (Bùdài)〈人〉포대 화상(和尙) [뚱뚱한 몸에 지팡이를 짚고 온갖 일용품을 담은 부대를 둘러메고 다니면서 길흉·천기(天氣)를 점쳤다는 후량(後梁) 시대의 고승(高僧). 칠복신(七福神)의 하나임] =〔大dài肚弥勒〕

【布袋鹅】bùdài'é 名〈鳥〉신천옹 =〔信天翁①〕

【布掸(子)】bùdǎn(·zi) 名 헝겊 먼지떨이.

【布道】bùdào 動〈宗〉포교(布敎)하다. 전도(傳道)하다.

【布店】bùdiàn 名 포목점 =〔布铺〕

【布碟(儿)】bùdiér 名 (요리를 들어 담는) 작은 접시. ¶把～放在这儿, 我给你布菜 | 접시를 여기에 놓아라, 내가 너에게 요리를 들어 줄테니.

【布丁】bùdīng 名 外 푸딩(pudding) =〔布颠〕〔布甸〕〔牛奶布丁〕

【布尔多酒】bù'ěrduōjiǔ 名 外〈食〉보르도(Bordeaux; 프) 술 =〔波bō尔多酒〕

【布尔乔亚】bù'ěrqiáoyà 名 外 부르즈와(bourgeois; 프) ⇔〔普pǔ罗列塔利亚〕

【布尔乔亚齐】bù'ěrqiáoyàqí 名 外 부르즈와지(bourgeoisie; 프) ⇔〔普罗列塔利亚(特)〕

【布尔什维克】bù'ěrshíwéikè 名 外 볼세비키(Bolsheviki; 러) =〔布尔塞sài维克〕〔布尔雪维

克」〔簡 联共(布)〕

【布防】bù/fáng 動〈軍〉방어진을 치다. ¶军队的～情况qíngkuàng | 군대의 방어진 배치 현황.

3【布告】bùgào 名 포고. 게시. ¶～栏 | 게시란. ¶发出～ | 포고하다. ¶～牌pái | 공고판. 게시판.

【布哥大】Bùgēdà 名〈地〉보고타(Bogota) 〔「哥伦比亚」(콜롬비아;Colombia)의 수도〕

【布谷(鸟)】bùgǔ(niǎo) 名〈鳥〉뻐꾸기. 뻐꾹새 =〔郭guō公〕〔桑鳩sāngjiū〕〔拨bō谷〕→〔杜鹃dùjuān①〕

【布货】bùhuò 名〈錢〉포화 [신(新) 나라의 왕망(王莽) 때 만든 화폐]

【布吉胡吉】bùjí hújí 名 外〈音〉부기우기(boogie woogie) [경음악의 한 종류]

【布吉那法索】Bùjínàfǎsuǒ 名 外〈地〉부르키나파소(Burkina Faso) [수도는 「瓦加杜古」(와가두구;Ouagadougou). 이전의 「上沃尔特」(오트볼타 공화국;The Haute Volta)]→〔上沃尔特〕

【布加勒斯特】Bùjiālèsītè 名 外〈地〉부쿠레슈티(Bacuresti) 〔「罗马尼亚(루마니아;Rumania)의 수도〕

【布景(儿)】bùjǐng(r) ❶ 動 풍경을 배치하다. 무대장치를 하다. ❷ 名〈演映〉(무대의) 세트(set). 무대 장치. ¶安置～ | 세트를 장치하다.

4【布局】bùjú ❶ 動 배열하다. 배치하다. 안배하다. 포석하다. ¶合理～ | 합리적으로 배치하다. ❷ 動 (바둑에서) 포석하다. ❸ 名 배열. 배치. 안배. 분포. ¶工业～ | 공업의 분포 상태. ¶以这个柜台为中心的整个～ | 이 계산대를 중심으로 한 전체의 배치. ❹ 名 시문(诗文)의 구성.

【布拉柴维尔】Bùlācháiwéi'ěr 名 外〈地〉브라자빌(Brazzaville) [「刚果」(콩고;Congo)의 수도]

【布拉迪斯拉发】Bùlādísīlāfā 名 外〈地〉브라티슬라바(Bratislava) 〔「斯洛伐克」(슬로바키아;Slovakia) 공화국의 수도〕

【布拉伏】bùlāfú 嘆 外 브라보(bravo).

【布拉格】Bùlāgé 名 外〈地〉프라하(Praha) [「捷克」(체코;Czecho)와 「斯洛伐克」(슬로바키아;Slovakia)연방 공화국과 「捷克」공화국의 수도]

【布拉格定律】Bùlāgé dìnglǜ 名 外〈物〉브라그의 조건(Bragg's law).

【布拉吉】bùlājī 名 外 원피스 [러시아어의 음역어]=〔连衣裙〕

【布朗运动】Bùlǎng yùndòng 名〈物〉브라운 운동(Brawnian motion) [꽃가루에 들어 있는 미립자의 수중에서의 운동현상]=〔胶jiāo粒运动〕

【布朗族】Bùlǎngzú 名〈民〉포랑족 [운남성(雲南省)에 분포하여 사는 소수 민족]

【布浪基主义】Bùlàngjī zhǔyì 名 外 블랑키즘(Blanquisme;프).

【布老恩管】Bùlǎo'ēnguǎn 名 外 브라운관.

【布雷】bù/léi 動〈軍〉지뢰를 부설하다.

【布里奇顿】Bùlǐqídùn 名 外〈地〉브리지 타운(Bridgetown) [「巴巴多斯」(바베이도즈;Barbados)의 수도]

【布隆迪】Bùlóngdí 名 外〈地〉부룬디(Burundi) [1962년 벨기에로부터 독립한 중앙아프리카에 있는 나라. 수도는 「布琼布拉」(부줌부라;Bujumbura)]

【布鲁氏菌】Bùlǔshìjūn 名〈醫〉브루셀라 균 [영국 의학자 브루스(David Bruce)가 발견한 균]

【布鲁塞尔】Bùlǔsài'ěr 名 外〈地〉브뤼셀(Brussel) [「比利时」(벨기에;België)의 수도]

【布噜布噜】bùlǔ bùlǔ 擬 흔들흔들. 부들부들. 푸드득푸드득. ¶尾巴～摆bǎi着 | 꼬리가 설렁설렁 흔들리고 있다.

【布洛克经济】bùluòkè jīngjì 名組 外〈經〉블록(block) 경제 =〔集团经济〕

【布满】bùmǎn 動組 가득 퍼지다. 널리 덮이다. ¶星星～了天空 | 별들이 하늘에 가득 차있다.

【布美氏浮秤】Bùměishì fúchèng 名〈物〉보메(Baumé) 비중계(比重計) =〔波bō美(比重)表〕

【布匹】bùpǐ 名 포필. 포목류의 총칭. ¶库房里堆duī着许多～ | 창고에 많은 포목들이 쌓여있다.

【布铺】bùpù ⇒〔布店〕

【布琼布拉】Bùqióngbùlā 名 外〈地〉부줌부라(Bujumbura) [「布隆迪」(부룬디;Burundi)의 수도]

【布让】bùràng 動 (주인이 손님에게) 요리를 작은 접시에 덜어 주며 권하다→〔布菜〕.

【布散】bùsàn 書 動 널리 퍼지다. 흩어지다. ¶该项物质～甚广guǎng, 一时不易收聚jù | 이 물질은 매우 넓게 흩어져, 한꺼번에 거두어 들이기는 쉽지 않다.

【布施】bùshī ❶ 動 회사하다. 보시하다. ¶我在你们庙miào里上过～ | 나는 너희 묘당에 보시하였다. ❷ 動 발휘하다. ¶～手段 | 수완을 발휘하다. ❸ 名〈宗〉보시. ¶多承～ | 보시를 많이 받았습니다《水滸傳》

【布什】Bùshí 名 外〈人〉부시(George H.W. Bush, 1924～) [미국의 제41대 대통령]=〔台 布希〕

【布氏硬度】Bùshì yìngdù ⇒〔勃Bó氏硬度〕

【布头(儿)】bùtóu(r) 名 천 조각. 자투리 천.

【布托】Bùtuō; 名 外〈人〉❶ 아리 부토(Z. Ali Bhutto, 1928～1979) [파키스탄의 전 대통령] ❷ 누스렛 부토(Nusrat Buhtto, 1930～) [아리 부토 파키스탄 전 대통령의 부인. 파키스탄 인민당의 당수] ❸ 베나질 부토(Benazir Bhutto, 1953～) [아리 부토 파키스탄 전 대통령의 장녀. 파키스탄 수상]

【布线】bù/xiàn ❶ 名〈電氣〉배선. ¶～图tú | 배선도. ❷ 動〈電氣〉배선하다. ❸ 動 첩자를 깔아 놓다. 선을 넣어 두다.

【布鞋】bùxié 名 헝겊 신→〔千层底(儿)〕

【布衣】bùyī 名 ❶ 무명 옷. ¶～蔬shū食 | 慣 검소하고 소박한 생활. ❷ 書 평민. 서민. 벼슬하지 못한 사람.

【布衣(之)交】bù yī (zhī) jiāo 慣 가난했을 때 사귄 친구. 벼슬하지 못했을 때의 친구.

【布依族】Bùyīzú 名〈民〉포의족 [귀주(貴州) 서남의 반강(盤江) 유역에 사는 소수 민족 「濮越」「仲家族」은 옛 이름]

【布宜诺斯艾斯】Bùyínuòsī'āisī 名 外〈地〉부에노스아이레스(Buenos Aires) [「阿根廷」(아르

헨티나;Argentina)의 수도]
【布阵】bù/zhèn 動〈軍〉포진하다. 진을 치다.
2【布置】bùzhì ⊗bù·zhi) ❶動(적절히) 배치하다. 배열하다. 설치하다. 장식하다. 할당하다. 마련하다. ¶～岗哨gǎngshào | 보초를 세우다. ¶～房间 | 방을 꾸미다. ¶～晚饭 | 저녁을 준비하다. ¶～圈套 | 올가미를 설치하다. ¶～学习 | 학업을 안배하다. ❷名배치. 안배. 배열. 준비. ¶做～ | 안배하다. ¶经过了两三天的～ | 2,3일의 준비를 했다. ¶～图 | 배치도. ¶平面～图 | 평면 배치도 ‖→[部置]

3【怖】bù 두려워할 포 ❶形무서워하다. 두려워하다. ¶情景qíngjǐng可～ | 정경이 공포스럽다. ¶白色恐～ | 백색공포 →[害怕] ❷書動놀라게 하다. 겁을 주다. ¶巫wū师依托鬼神诈zhà～愚yú民 | 무당은 귀신에 의탁하여 거짓으로 어리석은 백성을 겁주었다.
【怖惧】bùjù 書動놀라 공포스러워하다.
【怖畏】bùwèi 書動놀라고 두려워하다.

【钸(鈽)】bù (프루토늄 포) 名⑤〈化〉프루토늄(Pu;plutonium) [핵연료로 쓰는 방사성 원소] =[钚bù]
【钸弹】bùdàn 名원자폭탄.

1【步】bù 걸음 보 ❶(～子) 名걸음. 보폭. ¶只有几～路了 | 몇 걸음 밖에 안된다. ¶加快了～子 | 걸음을 빨리 했다. ¶正～走! | 바른 걸음으로 갓! ¶跑pǎo～ | 달리기. ❷(일이 진행되는) 단계. 순서. ¶这是初～的设想 | 이것은 초보적 계획이다. ¶～骤zhòu↓ ❸量보. 걸음 [고대의 길이의 단위로는 5척(尺)이 되며, 360보를 1리(里)임] ¶要提高一～ | 한 단계 더 높여야 한다. ¶进一～ | 진일보하다. ¶先走一～ | 한 걸음 먼저 나가다. ❹動걷다. 가다. 밟다. ¶散～ | 산보하다. ¶～入电影院 | 영화관에 걸어 들어가다. ¶～到坟fén边 | 묘 옆으로 걸어가다《醒世恒言》❺動보측하다. 보폭으로 측량하다. ¶～一～看这块地有多长 | 이 땅의 길이가 얼마인지 보측하자. ❻名상태. 정도. 형편. ¶年轻时不努力学习, 才落到这一地～ | 젊을 때 열심히 공부하지 않아, 이 지경이 되었다. ❼名(바둑·장기의) 수. ¶那～(棋)走得极妙miào | 그 한 수는 절묘하게 썼다. ❽書名운. 운명. ¶天～ | 천운. ¶国～艰难jiānnán | 국운이 험난하다. ❾물가 [「埠bù」와 통용하며 지명에 많이 쓰임] ¶禄lù步 | 녹보. 광동에 있는 지명. ¶炭～ | 탄보. 광동에 있는 지명. ❿복성(複姓) 중의 한 자(字). ¶～大汗↓ ¶～叔↓ ⓫(Bù) 名성(姓).
4【步兵】bùbīng 名〈軍〉보병. ¶～部队 | 보병부대. ¶～师 | 보병사단 =[步军]
【步步】bùbù 副한 걸음씩. 점점. ¶～提高 | 한 걸음씩 높아지다. ¶～胜利 | 단계마다 승리하다. ¶～高升 | 威한 단계씩 승진하다 →[逐zhú步]
【步步高】bùbùgāo 名❶사다리 =[梯tī子] ❷선반. 다락 [판자로 2,3단으로 나누어 놓은 것] ❸〈植〉백일초 =[百日草]
【步步儿谎】bùbùrhuǎng 動組(입만 벌리면) 거짓말을 하다 =[寸cùn步儿谎]
【步步为营】bù bù wéi yíng 威곳곳에 진을 치다. 엄밀히 방어하다. ¶～, 节jié节设防fáng | 곳곳에 진지와 방어 시설을 설치하다.
【步程计】bùchéngjì 名계보기(計步器). 측보기(測步器). 보수계(步數計) =[步数计]
【步出】bùchū 書動組(걸어) 나오다. ¶～机舱cāng | 비행기에서 걸어 나오다. ¶～会场 | 회의장에서 걸어오다.
【步大汗】Bùdàhàn 名복성(複姓).
【步道】bùdào 名보도. 인도.
【步调】bùdiào 名걸음걸이. 보조. ¶～一致 | 威보조가 맞다. 행동이 일치하다. ¶统一～ | 걸음걸이를 통일하다. 보조를 맞추다.
【步跌】bùdié 動〈經〉(값·시세가) 점점 하락하다 ⇔[步涨zhǎng]
4【步伐】bùfá 名대열의 보조(步調). 걸음걸이. 행진의 보부. ¶～整齐 | 보조가 딱 맞다. ¶迈mài着坚jiān定的～ | 당당한 보부로 나아가고 있다 =[步法]
【步法】bùfǎ ⇒[步伐]
【步幅】bùfú 名보폭. ¶～很大 | 보폭이 크다.
【步后尘】bùhòuchén ⇒[步人后尘]
【步话机】bùhuàjī ⇒[步谈机]
【步脚】bùjiǎo 名〈動〉보각. 갑각류(甲殼類)의 발 =[步足] →[腮sāi脚]
【步军】bùjūn ⇒[步兵]
【步犁】bùlí 名〈農〉신식 쟁기. 개량 쟁기 [구식 쟁기보다 깊게 패이는 축력(畜力) 쟁기] ¶七吋～ | 7인치 쟁기 =[新式步犁]
【步履】bùlǚ 書名보행. 행동. ¶～维难 | 威걷기 힘들다. 운신이 렵다. 행동이 곤란하다.
【步碾儿】bùniǎnr 動京北걷다. 보행하다. ¶别坐车啦, ～吧 | 차를 타지 말고 걷자 =[步撵儿]
【步撵儿】bùniǎnr ⇒[步碾niǎn儿]
【步骑】bùqí 名簡보병과 기병.
【步枪】bùqiāng 名〈軍〉보병총(步兵銃).
【步曲(虫)】bùqū(chóng) ⇒[尺chǐ蠖]
【步屈】bùqū ⇒[尺chǐ蠖]
【步儿】bùr 名걸음. ¶再走两～就到 | 다시 몇 걸음 가면 도착한다.
【步人后尘】bù rén hòu chén 威남의 뒤를 따라가다. 남이 하는대로 그대로 따라하다 =[步后尘]
【步入正规】bù rù zhèng guī ⇒[步入正轨]
【步入正轨】bù rù zhèng guǐ 威정상적인 궤도에 들어서다. ¶企业改革正～ | 회사의 개혁이 정식 궤도에 들어섰다 =[步入正规]
【步哨】bùshào 名〈軍〉보초. ¶放～ | 보초를 세우다.
【步叔】Bùshū 名복성(複姓).
【步数计】bùshùjì ⇒[步程计]
【步数儿】bùshùr 名❶순서. 차례. 상황. 절차. ¶进行到这个～, 可不能中止 | 이 지경까지 진행되었으니 중지할 수 없다. ❷운(運). 운수. ¶不过～走得好就是了 | 다만 좋은 운이 따르면 된다.
【步态】bùtài 名걷는 모습. 걸음걸이. ¶他的～很

奇怪qíguài | 그의 걸음걸이는 이상하다.

【步谈机】bùtánjī 名 外 워키토키(walkie talkie) =〔步话机〕

【步头】bùtóu 書 名 물가에 접해 있는 땅. 항구 →〔埠bù头〕

【步武】bùwǔ ❶ 書 動 전인(前人)의 공적을 계승하다. 남을 본받고 뒤따르다. ¶～先贤 | 선현을 본받다. ❷ 名 짧은 거리. 좁은 간격 [고대에는 5자(尺)를「步」라 하고,「半步」를「武」라 했음]

4【步行(儿)】bùxíng(r) 書 動 걸어서 가다. 보행하다. ¶～走 | 걸어 가다. ¶看情形只能～了 | 보아하니 걷는 수 밖에 없겠다.

【步行机】bùxíngjī 名 보행기. 보행 보조기.

【步行赛】bùxíngsài 名〈體〉경보(輕步) 경기.

【步亦步, 趋亦趋】bùyìbù, qūyìqū 成 걸으면 따라 걷고, 뛰면 따라 뛴다. 남이 하는대로 모방하다 =〔亦步亦趋〕〔步趋〕

【步韵】bù/yùn 動 상대방의 시운(詩韻)에 따라 시를 짓어 화답하다.

【步战】bùzhàn 名〈軍〉보병전. 도보전(徒步戰).

【步涨】bùzhǎng 動〈經〉시세가 점점 오르다. 점등(漸騰)하다 ⇔〔步跌diē〕

3【步骤】bùzhòu 名 순서. 차례. 절차. 단계. 스텝. ¶有～地调整tiáozhěng物价 | 물가를 순차적으로 조정하다.

4【步子】bù·zi 名 보조. 걸음걸이. ¶～走得快 | 걸음을 재촉하여 걷다. ¶齐着～走 | 발을 맞추어 걷다. ¶他的～越走越慢 | 그의 걸음은 갈수록 느리다.

【步足】bùzú ⇒〔步脚jiǎo〕

【步卒】bùzú 名 보졸. 보병(步兵)

【埔】bù ☞ 埔 pǔ B

【簿】bù bó 장부 부

A bù 名 ❶ 장부(帳簿). ¶电话号码～ | 전화번호부. ¶登记～ | 등기부. ¶签到～ | 출근부. ¶日记～ | 일기장. ❷ 書 천자가 거동할 때의 행렬 =〔卤lǔ簿〕 ❸ (Bù) 名 성(姓).

B bó「箔」와 같음 ⇒〔箔bó〕

【簿本】bùběn 名 필기장. 노트.

【簿册】bùcè 名 장부(帳簿).

【簿籍】bùjí 名 장부(帳簿). 명부(名簿).

【簿记】bùjì 名 부기. 회계용 장부. ¶～学 | 부기학. ¶记～ | 부기하다. ¶～员 | 부기원. 회계원.

【簿子】bù·zi 名 ❶ 장부. ¶支票～ | 수표부. ❷ 노트. ¶活页huóyè～ | 루스리프(loose leaf) 노트 →〔册cè子〕

4【埠】bù 부두 부

名 ❶ 선착장(船着場). 부두. 항구(開口). ¶港gǎng～ | 항구. ¶开～ | 개항하다. ❷ 도시. 시(市). ¶本～ | 본시 ¶外～ | 타시. ¶本～新闻 | 시내 뉴스.

【埠际】bùjì 名 시와 시 사이. 도시간. ¶～比赛 | 도시대항경기.

【埠头】bùtóu 名 方 항구. 선창. 부두. 선착장 =〔埠口〕〔埠子〕→〔码头①〕〔步头〕

1【部】bù 분류 부

❶ 부분. 일부. ¶东～ | 동부. ¶内～ | 내부. ¶其中一～ | 그 중의 일부. ❷ 名 부. 부처 [관청의 업무 분담을 나타내는 단위] ¶外交～ | 외교부. ¶国防～ | 국방부. ❸ 名 부 [군대 등의 명령기관이나 그 소재지] ¶司令～ | 사령부. ¶连～ | 중대 본부. ❹ 書 動 통솔하다. 관할하다. ¶所～五十人 | 50명을 관할하다. ❺ 부류. 부문. ¶～门↓ ¶～首↓ ❻ 量 부. 편. 대 [서적·영화·차량·기계 등에 쓰임] ¶两～小说 | 소설 두 편. ¶一～记录片 | 기록영화 1편. ¶三～汽车 | 자동차 3대. ¶一～机器 | 기계 1대. ❼ (Bù) 名 성(姓).

【部尺】bùchǐ ⇒〔营yíng造尺〕

【部从】bùcóng 書 名 수행원. ¶一行～, 离lí了东京 | 수행원 일행이 동경을 떠났다《水滸傳》

2【部队】bùduì 名〈軍〉부대. 군대. ¶整编zhěngbiān～ | 부대를 재편성하다. ¶驻zhù京～ | 북경 주둔 부대. ¶建设～ | 군대를 편성하다.

1【部分】bù·fen ❶ 名 부분. ¶～应该服从整体 | 부분은 전체에 복종해야 한다. ¶～支付 | 분할 지불. ❷ 名 부문(部門). 부서. ¶你是哪个～的? | 너는 어느 부서의 사람이냐? ❸ 書 名 부하. ¶指挥～ | 부하를 지휘하다. ❹ 量 부분. 일부. ¶一～人 | 일부 사람. ❺ 區 부분적. 일부의. 어법 명사나 동사 앞에 쓰임. ¶我省～地区遭zāo受了灾害zāihài | 우리 성의 일부 지역이 재해를 당하였다. ¶设备已经开始～更换gēnghuàn | 설비를 이미 부분적으로 교체하기 시작하였다. ❻ 書 動 배치하다. 배속하다. ¶～诸zhū将 | 모든 장수들을 배치하다.

4【部件】bùjiàn 名〈機〉부품. 부품 셋트. [몇 개의「零件」(부품)으로 조립되어 독립된 기능을 가진 부품] ¶万能～ | 만능 조립부품. ¶电视的～坏了可换 | 테레비젼의 부품이 망가지면 바꿀 수 있다 →〔附件(儿)〕〔配件〕〔元件〕

【部勒】bùlè 書 動 부서를 정하여 배치하다. 배속하다. ¶～人马 | 사람과 말을 배속시키다.

【部落】bùluò 名 ❶ 부락. 촌락. 마을. ¶～民 | 부락민. ❷ 부족(部族). ¶～社会 | 부족사회. ¶～同盟 | 부족 동맹.

2【部门】bùmén 名 부문. 부(部). 부서. 분과. ¶～经济学 | 부문 경제학. ¶您在电视台哪个～工作? | 텔레비젼 방송국의 어느 부서에서 일하십니까? ¶行政～ | 행정 부문.

【部首】bùshǒu 名〈言〉(한자의) 부수. ¶～检字法 | 부수검자법.

3【部署】bùshǔ ❶ 動 배치하다. 안배하다 [「安排」보다 정중한 어감임] ¶～战力 | 전력을 배치하다. ¶在停战tíngzhàn线～了许多军队 | 휴전선에 많은 군대를 배치하였다. ❷ 名 배치. ¶做～ | 배치를 하다. ¶战略～ | 전략 배치. ¶兵力～图 | 병력 배치도.

【部属】bùshǔ 名 ❶ 부하. 부속. ❷ 청대(清代) 육부(六部)의 관료.

4【部位】bùwèi 名 부위. 위치. ¶发音～ | 발음 부위. ¶受伤～ | 상처 부위. ¶～诊断 | 부분진단.

【部下】bùxià 名 부하. ¶ 忠实而能干的～ | 충실하고 능력있는 부하.

²【部长】bùzhǎng 名 장관. 대신. [중앙 정부 각부(各部)의 장관] ¶ 外交～ | 외교부 장관. ¶ 国防～ | 국방부 장관. ¶ 卫生～ | 보건부 장관. ¶ ～助理 | 차관 →〔大臣〕

【部长会议】bùzhǎnghuìyì 名組 각료회의(閣僚會議). ¶ ～主席 | 각료회의 의장. 총리.

【部置】bùzhì 動 배치하다. 포석하다. ¶ ～人员, 分配工作 | 인원을 배치하고, 일을 할당하다 →〔布置〕

【部族】bùzú 名 부족. ¶ ～语 | 부족어. ¶ ～主义 | 부족주의. 부족근성.

【瓿】bù 단지 부

書 名 고대의 작은 항아리. 단지.

【篰】bù 대그릇 부

名 奧 올이 굵은 대 그릇

【部篮】bùlán 名 奧 대바구니. 대동구미.

C

cā ㄘㄚ

【拆】 cā ☞ 拆 chāi Ⓑ

【搽】 cā ☞ 搽 chá

【嚓】 cā chā 발자국소리 찰

Ⓐ cā 擬 ❶ 끼익. 끽 [자동차를 급제동(急制動)할 때 나는 소리] ¶摩托mótuō车~的一声停tíng住了 | 오토바이가 끼익 소리를 내며 섰다.

Ⓑ chā 擬 뚝. 찰칵 [물건이 부러지는소리] →〔喀kā嚓〕

【嚓嚓】 cācā 擬 철벅철벅. 저벅저벅 [발걸음 소리] ¶~地走过去了 | 저벅저벅 발소리를 내며 지나갔다.

1 **【擦】** cā 비빌 찰, 닦을 찰

❶ 動 마찰하다. 비비다. 문지르다. ¶~根火柴chái | 성냥을 긋다. ¶摩mó拳quán~掌zhǎng | 주먹과 손바닥을 비비다. 모든 준비를 끝내다. ¶~破了一块皮 | 껍질이 문질러 벗겨졌다. ❷ 動 (천이나 수건 따위로) 닦다. 문지르다. 지우다. ¶~脸liǎn↓ ¶~洗↓ ¶~地板 | 바닥을 문지르다. ¶把玻璃~干净吧 | 유리를 깨끗이 닦아라. ¶老师自己~黑板 | 선생님이 직접 흑판을 닦는다. ¶~汗 | 땀을 닦다. ¶~皮鞋 | 구두를 닦다 →〔抹mǒ②〕 ❸ 動 바르다. 칠하다 ¶~油 | 기름을 바르다. ¶~粉 | 분을 바르다 →〔搽chá〕〔抹mǒ①〕 ❹ 動 (닿을 듯 말 듯하게) 근접하다. 스치다. ¶飞机~着山顶dǐng飞过去 | 비행기가 산꼭대기에 근접하여 지나갔다. ¶鸟儿~着屋檐yán儿飞过去了 | 새가 처마에 바짝 붙어 날아갔다. ❺ 動 채치다. 긁다. ¶把萝卜luó·bo~成丝儿 | 무를 채쳐 실같이 만들었다. ❻ 動 方 近 비방하다. 험담하다. ¶潘老老听见女儿这等~他, 走到里边屋里 | 반씨 할머니는 딸들이 자기 욕하는 것을 듣고는 안채로 들어 갔다《金瓶梅》 ❼ (~儿, ~子) 名 지우개. ¶黑板~ | 칠판 지우개. ¶橡皮~ | 고무 지우개. ❽ (Cā) 名 성(姓).

【擦板】 cābǎn 名 吳 빨래판.

【擦棒球】 cābàngqiú 名 〈體〉 파울팁(foultip) [야구용어]

【擦背】 cā/bèi 動 吳 近 등의 때를 밀다. 등을 밀다. ¶也有互相~的 | 서로 등을 밀게 하는 경우도 있다.

【擦鼻子】 cā bí·zi 動組 모욕을 당하다. 욕을 보다.

【擦边】 cābiān 動 ❶ 어떤 숫자에 가깝다 [주로 나이를 가리킬 때 씀] ¶老王才四十~, 老张六十出头了 | 왕 씨는 40세 전후이고 장 씨는 막 60세를 지났다. ❷ 모서리에 부딪히다. ¶~球qiú | 〈體〉(탁구의) 에지볼.

【擦布】 cābù 名 ❶ 행주. ❷ 걸레 →〔抹mā布〕

【擦不去】 cā ·bu qù 動組 닦을 수 없다. 지울 수 없다. 벗겨지지 않는다. ¶这黑点儿我擦了半天~ | 이 까만 점은 온 종일 닦아도 닦이지 않는다 ⇔〔擦得去〕

【擦车人】 cāchērén 名組 (길거리에서 걸레 따위를 들고) 세차하는 사람.

【擦窗器】 cāchuāngqì 名 자동차의 와이퍼(wiper)

【擦床儿】 cǎchuángr ⇒〔礤cǎ床儿〕

【擦得去】 cā ·de qù 動組 닦을 수 있다. 지울 수 있다. ¶这黑点儿用石油~ | 이 까만 점은 석유로 닦을 수 있다 ⇔〔擦不去〕

【擦粉亮】 cāfěnliàng 名 北 여명. 새벽녘. ¶~时, 他刚迷mí迷糊hú糊睡去 | 날이 밝아 올 때 그는 흐리멍덩하게 잠들어 버렸다.

【擦粉抹红】 cā fěn mǒ hóng 威 분을 바르다. 화장하고 모양을 내다. ¶尽jǐn管她~, 也掩饰yǎnshì不了脸上的褶zhě子与黑点 | 그녀가 제아무리 화장을 하여도 얼굴의 주름과 검은 기미는 숨길 수 없었다《老舍·四世同堂·惶己》

【擦干】 cāgān 動組 닦아서 마르게 하다. 물기를 닦아내다. ¶你把脸盆liǎnpén~ | 너 세숫대야의 물기를 닦아내라.

【擦干净】 cāgān·jing 動組 깨끗하게 닦다. ¶你把桌子上的尘chén土~ | 너 탁자 위의 흙 먼지를 깨끗이 닦아라.

【擦光】 cāguāng ❶ 動組 닦아서 광을 내다. ¶~料 | 광택약. ¶~油 | 광택유. ¶~粉 | 광내는 가루약. ❷ ⇒〔抛pāo光〕

【擦汗】 cāhàn 動組 땀을 닦다. 땀을 씻다. ¶你流汗流得太多, 快~ | 너 땀을 너무 흘렸다, 빨리 닦아라.

【擦黑(儿)】 cā/hēi(r) ❶ 動 어둠을 타다. 어둠 속에 행하다. ¶他们都擦着黑儿来 | 그들은 모두 어둠 속에 왔다. ❷ 動 과오를 고치다. ¶订措施~ | 하자를 고치기로 결정하였다. ❸ (cāhēi(r)) 名 北 황혼. 저녁. ¶天~的时候, 他出去有应酬chōu | 저녁 무렵 그는 접대가 있어 나갔다 →〔傍晚〕

【擦黑天】 cāhēitiān ⇒〔擦黑儿〕

【擦肩而过】 cā jiān ér guò 動組 어깨를 스치고 지나가다. ¶他跟我~ | 그는 나의 어깨를 스치고 지나갔다.

【擦痕】 cāhén 名 〈地質〉 찰흔. 마찰의 흔적 [빙하가 지나가면서 만든 흔적]

【擦脸】 cā liǎn ❶ 動組 얼굴을 닦다. ❷ (cā/liǎn) 動 京 체면을 잃다. ¶这是面子问题, 要是擦了脸大家都不光彩cǎi | 이것은 체면 문제로, 체면을 잃게 되면 모두 자랑스러울 것은 없다. ¶我不是擦您的脸 | 내가 당신의 체면을 손상시키는 것이 아니다 =〔擦面子〕〔擦盘子〕

【擦亮】 cā/liàng 動 ❶ 날이 밝아지다. ¶天刚~了, 他就出去了 | 날이 밝자 그는 나갔다. ❷ 반짝이게 닦다. 깨끗이 닦다. ¶~了眼镜了 | 안경을 말끔히 닦았다.

【擦面子】 cā/miàn·zi ⇒〔擦脸②〕

【擦盘子】 cā/pán·zi ⇒〔擦脸②〕

【擦屁股】 cā pì·gu ❶ 動組 엉덩이를 닦다. 똥을 닦다. ¶小孩儿自己还不能~ | 어린애가 아직은 스스로 똥을 닦을 수 없다. ❷ (cā/pì·gu) 動 남의

뒤치닥거리를 하다. 다른 사람의 뒤처리를 하다. ¶我专门擦了他的屁股了｜난 전문적으로 그의 뒤치닥거리를 했다 ¶你别叫人家给～!｜남에게 뒷처리를 시키지 말라!

【擦屁股瓦】cā pì·gu wǎ 名組 方 대변 후 똥을 닦는 기와 파편.

【擦破】cāpò 動 닳아 해지다. 닳다. ¶裤kù子～了｜바지가 닳아 해졌다.

【擦去字符】cāqù zìfú 名組〈電算〉소거(消去) 문자(文字).

【擦身】cāshēn 動 몸에 부딪히다. 몸에 가까이 붙다. ¶～而过｜몸을 스쳐 지나가다. ¶～坐在他旁边｜그의 옆에 바짝 붙어 앉다.

【擦声】cāshēng 名〈言〉마찰음 =〔摩mó擦音〕

【擦拭】cāshì 動 닦다. 갈다. ¶～武器｜무기를 닦다. ¶～桌椅｜탁자와 의자를 닦다.

【擦网】cāwǎng 名〈體〉공이 네트(net)에 닿다. ¶～出界｜네트 볼 아웃. ¶～球qiú｜네트 볼.

【擦洗】cāxǐ 動 깨끗하게 닦다. 문질러 빨다. 물기 있는 헝겊으로 닦다. ¶～餐具cānjù｜식기를 깨끗이 닦다. ¶把这个葡萄pútáo～～吃｜이 포도는 씻은 후 먹어라.

【擦音】cāyīn 名〈言〉마찰음 =〔摩擦音〕

【擦澡】cā/zǎo ❶ 動 (입욕(立浴) 하지 않고) 젖은 수건으로 몸을 닦다. ❷ (cāzǎo) 名 젖은 수건으로 닦는 목욕. ¶今天早上我做～了｜오늘 아침에 나는 젖은 수건 목욕을 하였다.

cǎ ㄘㄚˇ

【礤】cǎ 거친돌 찰 ❶ 書 名 굵은 돌. 거친 돌. ❷ ⇒〔礤床儿〕

【礤床儿】cǎchuángr 名 채칼 =〔擦床儿〕

cāi ㄘㄞ

2【猜】cāi 의심낼 시 ❶ 動 추측하다. 추정하다. 짐작하여 맞추다. ¶你～他来不来｜그가 올 지 안 올 지 맞혀 보아라. ¶～～我手里有什么｜내 손 안에 무엇이 있는지 알아 맞혀 보아라. ¶别瞎xiā～｜함부로 추측하지 마라. ¶～想↓ ❷ 書 動 의심하다. ¶～忌↓ ¶见～于人｜남에게 의심을 받다. ❸ 書 名 의심. ¶愚者怀～｜어리석은 사람은 의심을 품는다《梁書·夏侯祥傳》❹ 語 近 …하라 [명령의 어기를 표시함] ¶一个最大汉提雁翎yànlíng刀, 厉lì声叫到, 与我这里搜sōu～｜제일 큰 남자가 안령도를 뽑아 들고 큰 소리로 이곳을 수색하여 보아라 하고 외쳤다《董西廂》❺ (Cāi) 名 성(姓).

【猜不着】cāi ·bu zháo 動組 알아맞힐 수 없다. 짐작할 수 없다. ¶这个谜的意思太深, 我左猜右猜也～｜이 수수께끼의 뜻은 너무 깊어 이리 저리 궁리를 해도 맞힐 수 없다.

【猜猜猜】cāi cāi cāi 動組 가위 바위 보! [가위 바위 보 할 때 지르는 소리. 가위 바위 보 하는 것은 「划huá拳」이라 하고, 가위는 「剪jiǎn刀」 바위는 「石shí头」 보는 「布bù」라 하며, 북경에서는 「cèi, céi, cěi」라고 발음함]→〔划拳huáquán〕

4【猜测】cāicè 動 추측하다. 추정하다. 억측하다. ¶这不过是个～｜이것은 하나의 억측에 불과하다. ¶这件事一点儿线索也没有, 叫人很难～｜이 사건은 실마리가 조금도 없어 추측하기 매우 어렵게 한다→〔猜想〕

【猜对】cāiduì 動 알아 맞히다. 퀴즈 따위를 맞히다. ¶第一个问题, 你～了｜첫째 문제는 알아 맞히었다.

【猜度】cāiduó 動 추측하다. 짐작하다. ¶他很会～别人的心理｜그는 남의 마음을 잘 헤아린다. ¶别瞎xiā～了｜함부로 짐작하지 마라.

【猜忌】cāijì 動 시기하다. 질투하다. 샘하다. ¶不要总是～别人, 还是自己反省一下儿的好｜항상 다른 사람을 시기하지 말고 자신을 한번 반성해 보는 것이 좋다. ¶在这席xí上并没有疑惑yíhuò和～｜이 자리에는 의혹과 시기는 없다 =〔猜嫌xián〕

【猜枚】cāi/méi 動 주먹 속 알아 맞히기를 하다. 묵지바를 하다 [손에 바둑 알을 쥐고 그것의 짝홀수·색깔 등을 알아 맞히게 하는 술자리 놀이의 일종] ¶我当初做大圣shèng时, 曾在北天门与护hù国大王～耍shuǎ子｜내가 대성을 할 당시 일찌기 북천문에서 호국대왕과 묵지바 놀이를 하였다《西遊記》=〔猜单双〕〔猜拳②〕→〔猜子儿〕

【猜闷儿】cāi/mènr ⇒〔猜谜儿〕

【猜谜(儿)】cāi mí(r) ⊗ cāi mèi(r)) 動組 수수께끼를 풀다. 알아 맞히게 하다. ¶你有什么就说什么, 为什么让ràng人家～呢｜너 있는대로 말하지 왜 사람들이 수수께끼를 풀도록 하느냐? =〔方 猜闷儿〕〔破闷儿〕→〔谜〕〔灯谜〕

【猜拳】cāi/quán ❶ ⇒〔划huá拳〕 ❷ ⇒〔猜枚〕

【猜仨攥俩】cāi sā zuàn liǎ 狀組 망설이다. 주저하다. 머뭇거리다. 결정하지 못하다. ¶这么～的, 成不了大事｜이렇게 주저하다가는 큰 일을 해낼 수 없다.

【猜思】cāisī ⇒〔猜想〕

【猜算】cāisuàn 動 추산하다. 짐작하다. 심산하다. ¶～一下, 就知道大概的数目了｜추산하면 대강의 수를 알게 된다.

【猜题】cāi/tí 動 시험문제를 예상하다. 요행을 바라다. ¶靠kào～是解决不了问题的｜요행수에 의지해서는 문제를 해결할 수 없다.

【猜透】cāitòu 動 철저히 추측하다. 간파하다. ¶我早就～了他的心思｜나는 벌써부터 그의 심사를 알아 보았다. ¶～别人的想法｜다른 사람의 생각을 꿰뚫어 보다.

【猜嫌】cāixián ⇒〔猜忌〕

3【猜想】cāixiǎng 動 짐작하다. 억측하다. 미루어 생각하다. ¶你～得出这是谁shéi干的吗?｜너는 이것이 누가 한 것인지 짐작이 가느냐? ¶他～了那些东西老二都拿走了｜그는 둘째가 그 물건들을 모두 가져 갔다고 억측하였다 =〔猜思〕→〔猜侧cè〕

【猜着】cāi/zháo 動 (짐작으로) 맞히다. ¶猜得着｜추측하여 맞힐 수 있다. ¶猜不着｜알아 맞힐 수 없다.

【猜子儿】cāizǐr 名 주먹 속 알아 맞히기 [구슬·조

가비·돌 따위의 주먹 속 개수를 알아맞히는 어린 이의 놀이]→〔猜枚〕

【猜字儿镘儿】cāi zìr mànr 名組 동전 앞 뒤 맞히기 [동전을 돌리다가 손으로 덮은 후 안이냐 겉이냐를 맞히는 놀이. 글자가 있는 쪽을「字儿」이라 하고, 그 반대 쪽을「镘儿」이라 하며「镘」을「谩」이라고 쓰기도 함]

cái ㄘㄞˊ

1【才】① **cái 재주 재**
❶ 名 재능. 능력. 재간. ¶～能↓ ¶德dé～兼jiān备bèi | 덕과 재능을 겸비하다. ¶他有的是～, 就是不好好地学 | 그는 재능은 있으나 열심히 공부하지 않는다→〔材④〕 ❷ 인재(人材). 재능 있는 사람. ¶天～ | 천재. ¶俊jùn～ | 수재→〔材⑤〕 ❸ 사람 [못난 사람을 비방해서 하는 말] ¶奴nú～ | 노예. ¶蠢chǔn～ | 둔재. ¶钝dùn～ | 둔재. ❹ 量〈度〉재 [재목을 재는 단위. 재목의 절단면이 사방 한 치(寸)이고 길이가 12척(尺)인 통나무] ❺ ⇒〔三才〕 ❻ (Cái) 名 성(姓).

【才不胜任】cái bù shèng rèn 成 재능이 모자라 임무를 감당할 수 없다.

【才储八斗】cái chǔ bādǒu ⇒〔才高八斗〕

【才分】cáifèn 名 천부의 재능. ¶他的～不高 | 그의 천부적 재간은 많지 않다. ¶他不仅jǐn～出众zhòng, 而且刻苦努力, 因此成绩jì优异yōuyì | 그는 재능이 출중할 뿐아니라, 각고의 노력까지 하여 성적이 탁월하다 =〔才赋〕

【才赋】cáifù ⇒〔才分〕

4【才干】cáigàn 名 재간. 능력. 수완. 솜씨. ¶他很有～ | 그는 능력이 뛰어나다. ¶增长zēngzhǎng～ | 능력을 향상시키다 =〔材干①〕

【才高八斗】cái gāo bā dǒu 成 재간이 많다. 문재(文才)가 뛰어나다. 능력이 풍부하다 =〔才储八斗〕〔才贮zhù八斗〕→〔八斗之才〕

【才高意广】cái gāo yì guǎng 成 재주가 뛰어나고 품은 뜻도 크다→〔才疏意广〕

【才高运蹇】cái gāo yùn jiǎn 成 재주는 많으나 운명이 기구하다.

【才华】cáihuá 名 밖으로 드러난 재능. 예능적 재질. ¶他很有～, 我们应当着力培养péiyǎng | 그는 재주가 많으니 우리는 그를 키우는 데 힘써야 한다. ¶很有～的作家 | 재능이 많은 작가. ¶～横溢héngyì | 成 재능이 넘쳐 흐르다. ¶～盖gài世 | 재주가 많아 세인(世人)을 놀라게 하다. ¶～初露lù | 成 재능이 처음으로 발휘되다.

【才具】cáijù ⇒〔才器〕

【才俊】cáijùn 名 재능이 뛰어난 사람 =〔才畯〕

【才畯】cáijùn ⇒〔才俊〕

【才力】cáilì 名 재능. 능력. ¶～绝jué人 | 능력이 비범하다.

【才略】cáilüè 書 名 능력과 지략(智略). 재능과 기지. ¶有文武～ | 문무의 지략을 갖추고 있다. ¶他是我所接触jiēchù的青年军官中最有～的一个 | 그는 내가 접촉해본 군관 중에 가장 지모가 있는 사람 중의 하나이다《晋書·明帝記》

【才貌】cáimào 名 재능과 용모. ¶～双全 =〔才色兼美〕| 成 재색겸비(才色兼備). ¶～无双shuāng | 재능과 용모가 더없이 뛰어나다. ¶～品学 | 재능·용모·인품·학식.

3【才能】cáinéng 名 재능. 재간. 능력. 솜씨. ¶很有～的人 | 재능이 많은 사람. ¶他的绘画～长zhǎng进得很快 | 그의 회화 솜씨는 매우 빠르게 진보하였다 =〔材能〕→〔才情〕

【才女】cáinǚ 名 재능이 있는 여자. 시문(詩文)에 능한 여자. ¶他姐jiě姐是远yuǎn近闻wén名的～ | 그의 누나는 널리 이름이 알려진 재능 있는 여자이다→〔才子〕

【才气】cáiqì 名 (밖으로 드러난) 재능. 재질. 재기. ¶韩愈是唐代的破pò有～的文人 | 한유는 당대의 재질이 뛰어난 문인이었다.

【才器】cáiqì 書 名 재능과 기량. ¶我爸bà爸很有～ | 우리 아버지는 재간과 기량이 뛰어나다 =〔才具〕

【才情】cáiqíng 書 名 재능. 재화. 재능과 정조. ¶很多人已经注zhù意到他的文章真有～ | 많은 사람들은 일찌기 그의 문장에는 정말 재능이 있다는 것에 주목하였다 =〔才绪〕→〔才能〕

【才全德备】cái quán dé bèi 成 재능과 인품을 모두 갖추다. 재덕겸비(才德兼備).

【才人】cáirén ❶ ⇒〔才子〕 ❷ 名 궁정에 있는 여관(女官)의 관명(官名) [공주(公主)가 독서할 때 시문(詩文)의 작법을 지도하는 여관]

【才色兼美】cái sè jiān měi 成 재능과 미모가 모두 뛰어나다. 재색겸비 =〔才貌双全〕

【才识】cáishí 書 名 재능과 식견.

【才识过人】cái shí guò rén 成 재능과 식견이 출중하다.

【才士】cáishì ⇒〔才子〕

【才疏学浅】cái shū xué qiǎn 成 謙 재능도 없고 학식도 천박하다.

【才疏意广】cái shū yì guǎng 成 재능은 없으면서 포부는 크다→〔才高意广〕

【才思】cáisī 書 名 재기와 사상. (문학·예술 등의) 창작력. 문재(文才). ¶少有～ | 어릴 때부터 문재가 있었다.

【才望】cáiwàng 名 재능과 명망. ¶他在当时dāngshí很有～ | 그는 당시에 재능과 명망을 갖추고 있었다.

【才绪】cáixù ⇒〔才情〕

【才学】cáixué 名 재능과 학식. ¶～出众 | 재능과 학식이 남보다 뛰어나다.

【才媛】cáiyuán 書 名 재원. 학문·시문에 뛰어난 여자.

4【才智】cáizhì 名 재능과 지혜. ¶～过人 | 재능과 지혜가 비범하다.

【才贮八斗】cái zhù bā dǒu ⇒〔才高八斗〕

【才子】cáizǐ 名 재자. 문재(文才)가 뛰어난 남자. ¶～多病 | 재자는 병약하다 =〔才人①〕〔才士〕→〔材人〕

【才子佳人】cái zǐ jiā rén 成 재자와 미녀. 재능있는 남자와 아름다운 여자.

【才子书】cáizǐshū 名〈書〉청(清)의 김성탄(金聖

歎)이 여섯 재자의 작품을 뽑아 묶은 책 [이소(離騷)·남화진경(南華眞經)·사기(史記)·두시(杜詩)·서상기(西廂記)·수호전(水滸傳)을 「六才子书」라 함]

1【才(纔)】②cái 겨우 재 주의「才」는「纔」와 고대로부터 통용되어 왔으나, 대만(臺灣)에서는 두 자를 분별하여 쓰기로 하였고, 중국에서는「纔」를 쓰지 않음. 그러나 대만에서도 현재는「才」와「纔」를 분별하여 쓰지 않는 경향임. 副❶겨우. 그럭저럭 [수량·정도가 적음을 나타냄] ¶我～看了一遍, 还要再看一遍 | 겨우 한번 보았으니, 한번 더 보아야 한다. ¶这孩子～六岁, 已经认得不少字了 | 이 아이는 겨우 여섯 살인데, 이미 많은 글자를 안다. ❷방금. 이제 막. 이제서야 [일·동작이 방금 발생했음을 나타냄] ¶他～走了一会了 | 그는 조금 전에 막 떠났다. ¶我～从上海回来不久 | 내가 이제 막 상해에서 돌아온 지 얼마되지 않았다. 어법「就」와 호응하여 두개의 동작이 근접하여 발생하는 것을 나타냄. ¶你怎么～来就要走? | 너 어째서 오자마자 가려고 하니? ¶我～要去找你, 你就来了 | 내가 너를 보러 가려던 참이었는데, 네가 마침 왔다. ❸비로소 [어떤 조건·원인·목적 하에서 일·동작이 행해지는 것을 나타냄] 어법 앞에 일반적으로「只有」「必须」「要[因为]」「由于[为了]」「除非」등이 사용되어, 뒤의「才」와 호응됨. ¶只有依靠kào群众qúnzhòng～能做好工作 | 군중에 의거해야지 만, (비로소) 일을 잘 해낼 수 있다. ¶要多练习, ～能提高成绩jì | 연습을 많이 해야, (비로소) 성적을 높일 수 있다. ¶这样做～对人民有利 | 이렇게 일해야 (비로소) 인민들에게 유리하다. ¶除非你去请他, 他～会来 | 네가 그를 부르러 가야만, (비로소) 그가 올 것이다. ❹…에야 (비로소) [사건의 발생이나 끝맺음이 어느 시점(時點)에 이르러서야 비로소 발생하게 됨을 나타냄] ¶他明天～能到 | 그는 내일에야 비로소 도착할 수 있다. ¶都十二点了, 他～睡觉 | 12시가 되어야, 비로소 그는 잠을 잔다. ¶催了几次他～走 | 몇번 재촉해서야 비로소 그는 떠났다. ¶你怎么～来? | 너 어째서 이제서야 오니? ❺副강조의 어기를 나타냄. 어법 ⓐ「才+形+呢」의 형식으로 강조의 정도가 매우 높음을 나타냄. ¶这～好呢! | 이것이야말로 정말 좋구나! ¶他不知道～怪呢! | 그가 모르다니, 정말 이상하구나! ¶昨天那场球～精彩呢! | 어제 그 구기는 정말이지 멋있었어! ⓑ「才(+是)」의 형식으로「别的不是」(다른 것은 아니고)의 뜻을 내포함. ¶你～(是)撒谎呢 | 너야말로 거짓말하고 있다. ¶这～是名副其实的英雄! | 이 사람이야말로 명실상부한 영웅이다. ⓒ「才(+不)+動+呢」의 형식으로 자주 쓰임. ¶她～不说谎呢! | 그녀야말로 거짓말을 하지 않는다. 어법「才」와「再」의 비교⇒[再zài]

【才刚】cáigāng⇒[刚才]

【才将】cáijiāng⇒[刚才]

【才脚】cáijiǎo⇒[刚才]

【才是】cáishì 動組 …야 말로 …이다. ¶他～好人呢 | 그 사람이야말로 좋은 사람이다. ¶这～对呢 | 이제야 바로 됐다.

2【材】cái 재목 재, 재주 재 ❶名 재목. ¶美木良～ | 좋은 목재. ¶那棵kē树看起来不会成～ | 저 나무는 보아하니 재목이 될 것 같지 않다. ❷자료(資料). ¶题～ | 제재. ¶教～ | 교재. ¶素～ | 소재. ❸원료(原料). 재료. 자재. ¶药～ | 약재. ¶钢～ | 강재. ¶～料↓ ¶器～ | 기자재. ¶五～ | 다섯 가지 재료. 금(金)·목(木)·수(水)·화(火)·토(土). ❹名 능력. 재능. 자질. 소질. ¶～干 | 재능. 재간. ¶因～施shī教 | 능력에 따라 교육하다. ¶大～小用 | 뛰어난 재능을 충분히 활용하지 못하다→[才②] ❺名 (부릴) 사람. 인재. ¶人～ | 인재. ¶成不了～ | 쓸만한 인간이 되지 못하다. ¶奸jiān臣愈yù进而～臣退, 主惑huò而不知所行 | 간신이 많이 들어오고 올바른 신하가 물러나면 군주는 현혹되어 해야 할 것을 알지 못하게 된다《韓非子·飾非》→[才③] ❻名 簡 관 [「棺材」(관)의 약칭] ¶买了一口～, 装zhuāng殓liàn | 관 하나를 사서 납관(納棺)하였다. ❼量 台 재 [목재의 체적을 계산하는 단위. 정방 각 「六寸」을「一材」라고 함]

【材大难用】cái dà nán yòng 成 큰 재목은 쓰기 불편하다. 지나친 재능은 활용하기 어렵다《莊子·逍遙遊》

【材干】cáigàn 名❶재간. 재능. ¶～过人 | 재간이 남보다 뛰어나다＝[才干] ❷書 재목.

【材积】cáijī 名〈林〉목재의 체적(體積). 목재의 공간 용적(空間容積).

【材技】cáijì 書 名 재능과 기예. ¶选拔xuǎnbá～之士 | 재능과 기예가 있는 인재를 선발하다.

2【材料】cáiliào ⓧ cái·liao) 名❶재료. 자재. ¶种zhǒng的树shù全成～了 | 심은 나무 전부가 재목이 되었다. ¶建筑～ | 건축 자재. ¶原～ | 원자재. ❷자료. 데이터(data). ¶～汇集册 | 자료 모음집. ¶人事～ | 인사 자료. ¶搜sōu集～ | 자료를 수집하다. ¶调查diàochá～ | 자료를 조사하다. ❸자질. 소질. 감. 그릇. ¶科学者的～ | 과학자 감. ¶你天生是作明星的～ | 너는 천부적으로 스타의 자질이 있다. ¶天生没用的～ | 罵 나면서부터 쓸모 없는 놈.

【材料力学】cáiliào lìxué 名組 재료역학.

【材能】cáinéng⇒[才能]

【材器】cáiqì 名❶書 재목. 기량. ❷재능과 기량→[才器]

【材人】cáirén 名 재인. 재능이 있는 사람＝[材士]→[才子]

【材士】cáishì⇒[材人①]

【材质】cáizhì 名 재질. ¶～符号 | 재질 기호.

【材种】cáizhǒng 名 재목·강재(鋼材) 따위의 종류. 재목의 종류.

3【财(財)】cái 재물 재 名❶재물. 재화(財貨). ¶理～ | 재물을 관리하다. ¶钱～ | 돈. ¶发～ | 돈을 벌다. ¶～产 | 재산. ¶贪tān～舍shě命 | 成

재물을 탐내다가 목숨을 잃다. ❷ (Cái) 성(姓).
【财安】cái'ān 動組 札 사업 번창하길 기원합니다 [편지의 맨 끝에 써서 사업의 번창을 기원하는 말] ¶并祝zhù～ | 끝으로 사업 번창하기를 기원합니다 =〔财祺〕〔财祉〕→〔祺qí②〕
【财宝】cáibǎo 名 재화와 보배. 금전과 보물. ¶他家里有很多金银～ | 그의 집에 많은 금은보화가 있다.
【财帛】cáibó 書 名 금전. 돈. 재화. ¶清酒红hóng人面, ～动人心 | 諺 맑은 술은 얼굴을 붉게 하고, 금전은 마음을 움직인다.
[3]【财产】cáichǎn 名 재산. 자산. ¶～权 | 재산권. ¶～税 | 재산세. ¶北京人的观念上房产就是全～ | 북경인의 관념으로 부동산은 전 재산이다.
【财大气粗】cái dà qì cū 威 ❶ 재산이 많으면 함부로 행동한다. ❷ 금전적 여유가 있으면 말에 위세가 있다.
【财东】cáidōng 名 ❶ 옛날의 상점 주인. 가게 주인. ❷ 채권자. 자본가. 지주.
【财阀】cáifá 名 재벌 [일본어에서 들어 온 말]
[3]【财富】cáifù 名 부(富). 재산. 재화. ¶创造chuàngzào～ | 재화를 창출하다. ¶～积累jīlěi | 부의 축적. ¶精神～ | 정신적인 재산. ¶社会～ | 사회적 재화. ¶物质～ | 물질적 재산.
[4]【财经】cáijīng 名 재정과 경제. ¶他是分工管～的 | 그는 재정과 경제를 담당한다. ¶～纪律jìlǜ | 재정 경제 규칙. ¶～制度 | 재정 경제 제도.
[4]【财会】cáikuài 名 재무와 회계. 재정과 경리. ¶～专业 | 재정 회계 전공.
【财礼】cáilǐ ⇒〔彩cǎi礼〕
[4]【财力】cáilì 名 재력. 재원(財源). ¶～不足, 营yíng业不易发达 | 재력이 부족하면 영업이 발전하기 어렵다. ¶用尽jìn了最后一滴dī～ | 마지막 한 방울의 재력까지 다 썼다.
【财路】cáilù 名 재산을 모으는 방법. 재산을 획득하는 수단. ¶他～广guǎng大 | 그의 축재 수단은 다양하다.
【财贸】cáimào 名 재정과 무역. 재정과 통상.
【财迷】cáimí ❶ 形 재산에 홀리다. 돈에 대한 집착이 강하다. ¶他太～了 | 그는 지나치게 돈에 대한 애착이 강하다. ¶～鬼 | 수전노. ❷ 名 수전노. 구두쇠. 노랑이. ¶他是个～ | 그는 수전노이다→〔财奴〕
【财能通神】cái néng tōng shén 威 돈만 있으면 귀신하고도 통한다. 돈이면 무엇이나 할 수 있다 =〔钱能通神〕〔钱可通神〕
【财能壮胆】cái néng zhuàng dǎn 威 돈은 담을 키운다. 재력이 있으면 자신감이 생긴다.
【财奴】cáinú 名 돈의 노예. 돈을 모으는데 매달려 사는 사람 =〔财虏lǔ〕→〔财迷〕
【财祺】cáiqí ⇒〔财安〕
【财气(儿)】cái·qi(r) 名 재운(財運). 돈복. ¶～很大 | 재운이 좋다 =〔财命(儿)〕〔财运〕→〔彩气(儿)〕
【财权】cáiquán 名 〈法〉 ❶ 재산권. 재산 관리권 =〔财产权〕
【财散人亦散】cái sàn rén yì sàn 諺 돈이 없어지면 사람도 떨어져 나간다.
【财神】cáishén 名 ❶ 〈神〉 재복(財福)의 신 [도교의 신주인 조공명(趙公明). 조공원수(趙公元帥)라고도 불렀음] ¶在～面前叩kòu头 | 재신 면전에 머리를 숙여 절하다. ¶～庙 | 재신을 모시는 사당 =〔财神爷〕 ❷ 喻 돈보따리. 돈덩어리 [특별한 지식이나 기술을 가지고 있어 기업에 이익을 주는 사람]
【财神爷】cáishényé ❶ ⇒〔财神〕 ❷ 名 貶 돈줄 [회사의 금전을 관리하는 사람. 임금을 지불하는 경리원] ¶你是咱们这里的～呀 | 너는 이곳의 돈줄이야. ❸ 名 喻 돈회사. 은행. 단자회사. 금융기관.
【财势】cáishì 名 재산과 권세. ¶依仗yīzhàng～ | 재산과 권세에 의지하다.
【财是英雄胆, 衣是震人毛】cái shì yīngxióng dǎn, yī shì zhèn rén máo 諺 재산은 영웅의 담력이요 옷은 사람을 제압하는 모피이다. 돈의 위력은 대단하다.
【财税】cáishuì 名 재정과 세무.
【财团】cáituán 名 재벌(財閥) 재벌 그룹 [일본어에서 들어온 말]
【财物】cáiwù 名 재물. 재산. ¶个人～ | 개인 재산. ¶白受人～他心中不安 | 남의 재산을 공짜로 받으면 그 사람의 마음은 불안하다.
[4]【财务】cáiwù 名 재무. 재정. ¶～管理 | 재무 관리. ¶～报告 | 재무 제표. ¶公司的～要公开 | 회사의 재무는 공개하여야 한다.
【财缘儿】cáiyuánr ⇒〔财气(儿)〕
【财源】cáiyuán 名 재원. ¶开发～ | 재원을 개발하다. ¶开辟～ | 재원을 개척하다.
【财运】cáiyùn ⇒〔财气(儿)〕
[3]【财政】cáizhèng 名 재정. ¶～部 | 재무부. ¶～局jú | 재정국 [현의 재무 행정 기관] ¶～厅tīng | 재정청 [성(省)의 재무 행정기관] ¶～年度 | 회계 연도. ¶～赤字 | 재정 적자. ¶～危机 | 재정 위기. ¶～政策 | 재정 정책. ¶～支出 | 재정 지출. ¶～计划 | 재정 계획. ¶～总收入 | 세입 총액. ¶～总支出 | 세출 총액.
【财政包干】cáizhèng bāogàn 動組 재정을 책임지고 운영하다.
【财政结余】cáizhèng jiéyú 名 〈經〉 재정 잉여금.
【财祉】cáizhǐ ⇒〔财安〕
【财主】cái·zhǔ 名 ❶ 부자. 재벌. 자본가. 지주. ¶你是乡下的～ | 너는 시골의 부자이다. ❷ 書 물주. 전주(錢主).

[3]【裁】cái 마름질할 재
❶ 動 (칼·가위 등으로) 자르다. 재단하다. ¶～布bù | 천을 자르다. ¶～衣服 | 옷을 재단하다. ❷ 動 잘라버리다. 제거하다. 줄이다. 해고하다. ¶～军↓ ¶～员 | 감원하다. ¶我被～了 | 나는 해고되었다. ❸ 動 판단하다. 결단을 내리다. ¶～其取舍shě | 취사선택을 결정하다. ¶～判↓ ¶～夺↓ ❹ 헤아리다. 계획하다. ¶～度↓ ❺ 억압하다. 통제하다. ¶～制↓ ¶独～者 | 독재자. ¶制～ | 제재하다. ❻ 量 절 [전지의 자른 수를 나타내는 단위] ¶对～ | 반절. ¶八～

纸｜8절지. ¶十六～纸｜16절지.
【裁兵】cái/bīng ❶動군인을 감축하다. 군축 하다. ❷(cáibīng) 名군축. 군대의 감축.
【裁并】cáibìng 動기구를 통폐합하다. ¶这个公司～了两个科kē室｜이 회사는 과 두 개를 통폐합하였다.
【裁撤】cáichè 動(기구를) 폐지하다. ¶分校已经被～了｜분교는 이미 폐교되었다.
【裁尺】cáichǐ 名재봉척. 마름자. 재단용 자⇒〔裁衣尺〕
【裁处】cáichǔ 動판단하여 처리하다. ¶此cǐ事请予yǔ～｜이 일을 판단·처리하여 주십시오.
【裁定】cáidìng〈法〉❶動재정하다. 법원이 사건의 적법여부와 정당성 여부를 따져 판결하다. ¶～书｜판결문. ❷名재정.
【裁断】cáiduàn ❶動판정하다. ¶要是～得不公平, 怎么叫人心服fú呢?｜만약 불공평하게 판정한다면, 어떻게 남을 복종시킬 수 있겠는가? ❷名판정. ¶做出～｜판정하다.
【裁夺】cáiduó ⇒〔定夺〕
【裁度】cáiduó 書動추측하다. 판단하다. 헤아리다 =〔裁量〕
3【裁缝】ⓐcáiféng 動재봉하다. ¶～匠jiàng｜재봉사.
ⓑcái·feng 名재봉사. ¶明天叫～来给你做好衣服｜내일 재봉사를 불러 와 너에게 좋은 옷을 만들어 주도록 하겠다.
【裁减】cáijiǎn 動삭감하다. 감축하다. 줄이다. ¶～军备bèi｜군사 시설을 감축하다. ¶～军费｜군사비를 삭감하다. ¶～了不必要的官职zhí｜불필요한 관직을 감축하다→〔裁员〕
【裁剪】cáijiǎn ❶動재단하다. ¶～衣服｜옷을 재단하다. ¶～师｜재단사. ❷動(적당한 순서로) 배열하다. ❸名재단.
【裁简】cáijiǎn 動잘라내어 간소화하다. 정리하다. ¶～了很多人员和机构｜많은 인원과 기구를 정리하였다.
4【裁决】cáijué 動결재하다. 재정(裁定)하다. ¶请求qiú～｜결재를 청구하다. ¶服从委员会的～｜위원회의 재정에 복종하다.
4【裁军】cái/jūn ❶動군축 하다. ❷(cáijūn) 名군축. ¶～委员会｜군축 위원회.
【裁可】cáikě 書動재가하다. 결재하여 허가하다. ¶～大事｜큰 일을 재가하다.
【裁礼】cáilǐ ⇒〔彩cǎi礼〕
【裁量】cáiliàng ⇒〔裁度〕
【裁排】cáipái 動近안배(安排)하다. 배치하다. ¶武王伐fá纣zhòu功劳大, 一来是神天佑yòu护, 一来是天地～｜무왕이 주임금을 토벌한 공로가 크게 된 것은 한 가지는 신이 보우한 것이고 또 한 가지는 하늘과 땅이 그렇게 하도록 해 놓은 것이다《元曲外·介子推選》→〔安ān排〕
3【裁判】cáipàn ❶動〈法〉재판하다. ¶～权｜재판권. ¶～所｜재판소. ¶由法院～｜법원에서 재판을 하다. ¶我没有资格zīgé～他们｜나는 그들을 재판할 자격이 없다. ❷名〈體〉심판하다→〔审shěn判〕❸名재판. 심판. ¶做～｜심판을 하다. ¶担任～｜재판을 맡다. ¶～权｜재판권. ❹名〈體〉심판원. 레퍼리(referee). ¶主～｜주심. ¶～员yuán｜심판. 레퍼리(referee). 엄파이어(umpire) ¶～席｜심판석. ¶司垒lěi～｜(야구의) 누심. ¶～协商xiéshāng｜심판 협의.
【裁人】cáirén 動감원하다. 사람을 잘라내다. ¶到处～, 哪儿也不肯kěn多添吃饭的｜도처에 사람을 자르고 있어 어디에도 밥벌이 할 사람을 붙여주려 하지 않는다.
【裁衣】cáiyī 動옷을 마르다. 옷을 재단하다. ¶～尺chǐ｜재단척. 재봉용 자. ¶～剪jiǎn｜재단가위. ¶～匠jiàng｜재봉사. 재단사. 테일러(tailor). ¶～｜¶～用软ruǎn尺｜옷을 재단하는 데는 곡척(曲尺)을 쓴다→〔下剪子〕
【裁员】cái/yuán 動감원하다. ¶最近市面不景jǐng气, 各公司都在～｜최근 시장이 불경기라 각 회사는 감원 중에 있다. ¶听说, 年底dǐ要～了｜연말에 감원한다고 들었다→〔裁减jiǎn〕
【裁制】cáizhì 書動❶제어하다. 통제하다. ¶感情应受理智的～｜감정은 이성의 통제를 받아야 한다. ❷절제하다. ❸제재를 가하다. ¶要～犯法的人｜범법자에게는 제재를 가해야 한다. ❹의복을 재단하여 만들다. ¶不用灯烛dēngzhú之光, ～立成｜등잔의 빛을 쓰지 않고도 옷을 마름하였다《拾遺記》

cǎi ㄘㄞˇ

2【采〈埰B寀B〉】1 **cǎi cài 채색 채, 캘 채, 채지 채**
Ⓐcǎi ❶名사람의 풍모. 풍채. 표정. ¶风～ =〔姿采〕〔神采〕｜풍채. ¶兴xīng高～烈liè｜대단히 흥겹다. 신이 나다. ❷아름다운 색채. ¶～色↓ =〔彩①〕❸書名행운. ¶得后是自家～, 不得后是自家命｜후손을 얻는 것은 그 집안의 행운이고 후손이 없는 것은 그 집안의 운명이다. ❹(Cǎi) 名성(姓).
Ⓑcài 名고대 경대부(卿大夫)에게 준 봉지(封地).
Ⓐcǎi
【采采】cǎicǎi 書狀무성하다. 화려하다. 눈부시다.
【采采蝇】cǎicǎiyíng 名外〈蟲〉체체파리 (tsetse fly) =〔舌shé蝇〕
【采笺】cǎijiān ⇒〔彩笺〕
【采票】cǎipiào ⇒〔彩票〕
【采色】cǎisè 名❶아름다운 색채. ❷풍채. ❸안색. 표정 **어법**「彩色」는「천연색」이란 뜻임→〔彩色cǎisè〕
【采声】cǎishēng 書名갈채 하는 소리.
Ⓑcài
【采地】càidì ⇒〔采邑〕
【采邑】càiyì 名고대 경대부(卿大夫)에게 준 봉토(封土). 영지(領地) =〔采地〕
2【采(採)】2 **cǎi 캘 채, 딸 채, 가릴 채**
❶動(가지·열매·꽃 등을) 따다. 꺾다. 채취하다. ¶～花↓ ¶～茶↓ ❷수집하다. 채집하다. 모으다. ¶～集↓ ¶～蜜mì｜꿀을 채집하다. ❸선택하다. 고르다. 채택하다. ¶～用↓ ¶～购gòu↓ ¶～取↓ ❹발굴하다.

¶～矿↓ ❺動近 붙잡다. 끌고 가다. ¶～小的回家痛tòng打｜소생을 집으로 끌고가 죽도록 때렸습니다《初刻拍案驚奇》
【采拔】cǎibá 動 선택하다. 고르다. 인재를 뽑다. ¶～人才｜인재를 발탁하다.
【采办】cǎibàn ⇒〔采购gòu〕
【采茶】cǎichá 動 차를 따다. ¶～姑娘｜차 따는 아가씨. ¶～剪子｜차 따는 가위. ¶～歌｜차 따면서 하는 노래 ＝〔摘zhāi茶〕
【采茶灯】cǎichádēng 名〈舞〉차 바구니 춤. 차따기 춤 [차 바구니와 부채를 들고 하는 민간 무도(民間舞蹈)]
【采茶戏】cǎicháxì 名〈演映〉채다희 [강서(江西)·호북(湖北) 지방에서 성행하는 지방극의 일종. 「花鼓戏」와 비슷함]
【采伐】cǎifá 動 벌목하다. 벌채하다. ¶～山林｜산림을 벌채하다. ¶～工｜벌목 노동자. ¶～原始森sēn林｜원시림을 채벌하다.
4【采访】cǎifǎng 動 인터뷰하다. 탐방하다. 취재하다. ¶～新闻｜뉴스를 취재하다. ¶记者～了目击jī者｜기자가 목격자를 탐방하였다.
【采肥】cǎiféi 動 비료를 모으다. 비료를 준비하다.
【采风】cǎi/fēng 動 민가·민요를 수집하다. ¶到全国各地去～｜전국을 돌아 다니며 민가와 민요를 수집하다.
2【采购】cǎigòu 動 사들이다. 구입하다. ¶～了大量的木材｜목재를 대량으로 사들였다. ¶～额é｜구매액. ¶～目标｜구매 목표. ¶～圆｜구매 책임자. 구입 담당원 ＝〔采办bàn〕〔采买mǎi〕
【采光】cǎiguāng〈建〉❶動 채광하다 [일본어에서 들어 온 말] ❷名 채광. ¶～系数｜채광 계수.
【采花】cǎihuā 動 ❶ 꽃을 따다. 꽃을 꺾다. ❷ 꽃의 꿀을 따다. ¶～觅mì果｜꿀을 따고 과일을 찾다《西遊記》❸俗 여자를 욕보이다. 여자와 관계하다. ¶因他最爱～, 每逢féng夜间出入, 发fà边必簪zān一枝胡蝶húdié｜그는 여자와 관계하기를 가장 좋아하여 매번 야간에 출입할 때마다 머리에 나비 한 마리를 꽂고 나갔다《三俠五義》
【采花贼】cǎihuāzéi 名 강간범. 성 폭행범.
【采缉】cǎijī 書動 ❶ 칡을 자아 실을 뽑다. ¶闺guī人费fèi素手, ～作絺綌chīxì｜규수가 보드라운 손으로 가는 칡을 자아 갈포를 만든다《李白·黄葛篇》❷ 문장을 편집하다. ¶～前代文字｜전대의문장을 편집하다.
4【采集】cǎijí ❶動 채집하다. 수집하다. ¶～标biāo本｜표본을 채집하다. ¶～民间歌谣yáo｜민간가요를 채집하다. ❷名 채집. 수집. ¶草cǎo药～｜약초 채집 ‖ →〔收集〕
【采笺】cǎijiān ⇒〔彩cǎi笺〕
【采金】cǎi jīn 動組 금을 캐다. ¶～场｜채금갱(採金坑). ¶～船chuán｜채금선.
【采掘】cǎijué 動 캐다. 채굴하다. ¶～工地｜채굴현장. ¶～设备shèbèi｜채굴 설비. ¶～工业｜채굴 공업.
【采勘】cǎikān 動 (지하 자원을) 탐사하다. ¶～金矿kuàng｜금광을 탐사하다.
【采矿】cǎi/kuàng ❶動 광석을 캐다. 채굴하다. ❷ 채광. 채굴. ¶～技jì术｜채광 기술. ¶～场｜광산. 채광장. ¶～工人｜광부. ¶～设备shèbèi｜채광 설비. ¶露lù天～｜노천 채광. ¶地下～｜지하 채광. ¶～工程｜채굴 공정. ¶～冶yě金学｜채광 야금학.
【采兰】cǎilán 書動 황제가 현인을 채용하다.
【采兰赠芍】cǎi lán zèng sháo 威 난과 작약을 꺾어 선물하다. 선물을 주고 받으며 사랑하다《詩經·鄭風》
【采莲船(儿)】cǎiliánchuán(r) ⇒〔跑pǎo旱船〕
【采录】cǎilù 動 채록하다. 채집·기록하다. ¶～民歌｜민가를 채록하다.
【采买】cǎimǎi ⇒〔采购gòu〕
【采煤】cǎi méi ❶動組 채탄하다. 석탄을 캐다. ❷(cǎiméi) 名 채탄. ¶～工作面｜채벽(採壁). 채굴장. ¶～量｜채탄량.
4【采纳】cǎinà 動 채택하다. 받아들이다. ¶～意见｜의견을 받아들이다. ¶～建议jiànyì｜건의를 채택하다. ¶～了提tí出的方案àn｜제출된 방안을 받아들이다.
【采暖】cǎinuǎn 動〈建〉난방 설비를 하다. ¶～设备shèbèi｜난방 설비. ¶蒸zhēng气～｜증기 난방 설비.
2【采取】cǎiqǔ 動 채택하다. 취하다. ¶～缓huǎn和政策cè｜완화 정책을 취하다. ¶～合理lǐ原则zé｜합리적 원칙을 취하다. ¶～不正当的手段duàn｜부정당한 수법을 취하다.
【采桑】cǎi sāng 動組 뽕을 따다. 채상하다. ¶姐姐到田里采了桑回来｜누나가 밭에 나가 뽕을 따서 돌아 왔다.
【采生折割】cǎishēng zhégē 動組 산 사람의 혼령(魂靈)을 취하고 지체(肢體)를 잘라 약을 짓다.
【采诗】cǎishī 動 채시하다. 시가(詩歌)를 채집하다. 시가를 채집하여 민정(民情)을 살피다. ¶～之官｜채시관.
【采挖】cǎiwā 動 캐다. 채굴하다. ¶爬pá山～各种药yào材｜산에 올라가 각종 약재를 캐다.
【采撷】cǎixié 書動 ❶ 따다. 캐다. ¶那棵kē树shù的果子可以任rèn意～｜저 나무의 과일은 마음대로 따도 된다. ❷ 수집하다. ¶～思想的火花｜사상의 불꽃을 수집하다.
【采薪】cǎixīn 書動 땔감을 하다. 나무를 하다. ¶～之患｜땔나무를 할 수 없을 병. 병이 들다《孟子·公孫丑下》
【采样】cǎiyàng 動 표본을 추출하다. 견본을 채취하다. ¶～检查jiǎnchá｜표본 추출 검사. ¶～技术shù｜시료 채취법.
【采药】cǎi/yào 動 약초를 채집하다. 약초를 캐다. ¶到了春天山上很多人～｜봄이 되자 산에는 많은 사람들이 약초를 캤다.
2【采用】cǎiyòng 動 채용하다. 택하다. 응용하다. ¶～新的方法｜새로운 방법을 택하다. ¶～科研成果｜과학 연구의 성과를 응용하다.
【采油】cǎi yóu ❶動組 원유를 채취하다. 채유하다. ❷名 (cǎiyóu) 채유. ¶气举jǔ～｜가스 리프트(gas lift) 채유 ¶二次～｜2차 채유. ¶～队｜채유 작업반(採油作業班). ¶～泵bèng｜〈機〉

채유 펌프. ¶～树shù | 〈機〉 크리스마스 트리 [원유를 처리하는 시설의 일종] =〔油yǒu田开采〕

【采摘】cǎizhāi 動 따다. ¶～花朵duǒ | 꽃 봉우리를 따다. ¶～棉mián花 | 면화를 따다.

【采脂】cǎi zhī 〈林〉 ❶ 動組 수지(樹脂)를 채취하다. 수액을 뽑다. ❷ (cǎizhī) 名 수지 채취. 수액 채취. ¶～工 | 수지 채취 노동자 =〔抽chōu液〕

【采制】cǎizhì 動 채취하여 만들다. 채집하여 제조하다. ¶～中草药yào | 한방 약초를 제조하다. ¶～茶叶yè | 차 잎을 따서 차를 만들다.

【采种】cǎi/zhǒng ❶ 動 채종하다. 씨앗을 받다. ❷ (cǎizhǒng) 名 채종. ¶～场 | 채종장. ¶～栽培zāipéi | 채종 재배.

1【彩〈綵₃〉】cǎi 채색 채, 무늬 채, 비단 채 ❶ 아름다운 색깔. 화려한 채색. ¶五～影yǐng片 | 화려한 색깔의 영화. ¶～色影片 | 천연색 영화 =〔采cǎi②〕 ❷ 名 (전투로 입은) 명예로운 부상. ¶挂～了 =〔挂花了〕 | 그는 전투에서 부상을 입었다. ❸ 名 오색(五色)의 비단. ¶张zhāng灯dēng结～ | 오색 비단 등을 펴 걸다. ¶剪～ | 오색 테이프를 끊다. ❹ 名 상품. 경품. 상금. ¶得～ | 상을 받다. ¶中～ | 경품에 당첨되다. ❺ 갈채. ¶博bó得了满堂mǎntáng的～声shēng | 장내 가득 갈채를 받았다. ¶暴雷bàoléi似sì地喝hē了一个大～ | 우레와 같은 대단한 박수를 받았다. ❻ 名 전통극·요술·마술에 쓰이는 특수한 수법. ¶火～ | 도깨비불을 나타내는 기술. ❼ 名 간계. 계략. ¶别玩wán～了 | 계책을 꾸미지 마시오. ❽ (Cǎi) 名 성(姓).

【彩扮】cǎibàn ⇒〔彩唱②〕

【彩帛】cǎibó 名 오색(五色)의 견직물. ¶～铺pù | 견직물 가게.

【彩唱】cǎichàng 〈映演〉 ❶ 動 배우가 분장을 하고 연극하다. ¶若霞xiá在何时何地清唱或～ | 약하는 언제 어디서나 분장 없는 연기나 분장한 연기를 다 한다 =〔彩扮〕⇔〔清唱〕 ❷ 名 분장을 하고 하는 연극.

【彩绸】cǎichóu 名 오색 비단. 화려한 비단 [경사때 장식용으로 쓰임]

【彩带(子)】cǎidài(·zi) 名 색 테이프. 오색 테이프. =〔彩条儿〕〔彩练〕

【彩旦】cǎidàn 名 〈演映〉 여자 어릿광대 [연령이 많은 여자 어릿광대는 「丑婆子」「摇yáo旦」이라 함] =〔丑chǒu旦〕〔女丑〕

【彩蛋】cǎidàn 名 ❶ ⇒〔皮蛋①〕 ❷ 껍질에 그림을 그린 계란 민예품.

【彩灯】cǎidēng 名 ❶ 오색 등. 채색 등. ¶除夕chúxī, 街上挂满了～ | 제야에 온 거리에 오색 등이 걸렸다. ❷ 일류미네이션(illumination). 전광식(電光飾). 전식(電飾) =〔灯彩②〕〔灯饰〕〔电(光)饰〕.

【彩电】cǎidiàn 名 簡 ❶ 칼라 TV 방송[「彩色电视」(칼라 텔레비전 방송)의 약칭]→〔彩色电视〕 ❷ 칼라 TV [「彩色电视机」(칼라 텔레비전 수상기)의 약칭]→〔彩色电视机〕

【彩调】cǎidiào 名 〈演映〉 광서(廣西) 장족(壯族) 자치구에서 공연되는 연극의 일종.

【彩号(儿)】cǎihào(r) 名 부상병. 전상자(戰傷者) →〔挂彩②〕

【彩虹】cǎihóng 名 무지개. ¶她的～一般美丽lì的处女时代已经过去了 | 그녀의 무지개 처럼 아름다운 처녀 시절은 이미 지나갔다. ¶天涯yá～ | 하늘 끝에 뜬 무지개.

【彩画】cǎihuà ❶ 名 채색화 [주로 건축물의 벽에 그린 것을 지칭함. ¶～匠jiàng | 채색화 화공. ¶～醉仙zuìxiān | 술 취한 팔선(八仙)의 그림 [송(宋)·원(元) 시대 술집의 벽에 많이 그렸음] ❷ ⇒〔年nián画〕

【彩绘】cǎihuì ❶ 動 색을 칠하다. 채색화를 그리다. ❷ 名 (도기 따위에 그린) 채색화. ¶～磁器cíqì | 채색 자기. ¶～剪jiǎn纸 | 채색 세공지(細工紙).

【彩笺】cǎijiān 名 색종이 [그림·글·편지 따위에 쓰는 채색지] =〔采笺〕

【彩轿】cǎijiào 名 꽃가마. ¶十八岁就被抬上～, 远嫁他乡 | 18세에 꽃가마에 태워져 멀리 타향으로 시집갔다 =〔彩舆yú〕〔花huā轿〕

【彩结】cǎijié ⇒〔方fāng胜〕

【彩卷】cǎijuàn 名 名 즉석 복권 [「彩券」을 대만에서 종종 이렇게 틀리게 씀]→〔彩券quàn〕

【彩口】cǎikǒu 名 부상병의 상처→〔彩号(儿)〕

【彩裤】cǎikù 名 색깔있는 천으로 만든 바지.

【彩扩】cǎikuò 名 簡 칼라사진 확대 [「彩色照片zhàopiàn扩大」(칼라사진 확대) 의 약칭] ¶本复fù印中心～实行shíxíng优惠yōuhuì | 본 복사·인쇄 센터에서는 칼라사진 확대에 특별 써비스를 하고 있습니다.

【彩礼】cǎilǐ 名 납채(納采) 예물. 결납금(結納金). ¶金钱和～不可能带来真正的幸福xìngfú | 돈과 납채 예물이 진정한 행복을 가져다 줄 수는 없다 =〔财cáii礼〕〔裁cáii礼〕→〔聘pìn金〕

【彩练】cǎiliàn ⇒〔彩带(子)〕

【彩排】cǎipái 名 〈演映〉 시연(試演). 예행 연습. 리허설(rehearsal). ¶已经看了多次它的～和公演yǎn | 여러번 예행연습과 공연을 보았다→〔响xiǎng排〕

【彩牌】cǎipái ❶ 名 오색 게시판. 채색 게시대. ¶～上公布bù了最新记录 | 채색 게시대에 최신 기록이 발표되었다. ❷ ⇒〔彩牌楼〕

【彩牌楼】cǎipái·lou 名 오색 기념탑 [대나무·나무 등으로 엮어 여러 가지 색깔로 장식한 경축·기념탑] =〔彩坊〕〔彩楼〕〔彩门〕〔彩牌②〕

【彩盘】cǎipán 名 물감 그릇 =〔彩碟〕

【彩棚】cǎipéng 名 오색 가설 천막 [오색 종이·비단·소나무 가지 따위로 장식해 경축 행사에 쓰는 천막]

【彩票】cǎipiào 名 복권 =〔采票〕→〔奖jiǎng券〕〔彩券〕

【彩屏】cǎipíng 名 오색 병풍. 채색 병풍[경축 행사에 쓰이는 화려한 병풍]

【彩旗】cǎiqí 名 오색 기. 화려한 깃발 [귀빈의 환영 행사장에 씀]

【彩气(儿)】cǎiqì(r) ❶ 名 추첨 운. 행운. 요행. ¶

这几天，他赌dǔ兴大发，～十足｜요 며칠간 그는 도박이 잘되어 큰 행운을 잡았다. ¶没有～哪儿能得头彩呢｜추첨 운이 없었다면 어찌 일등상을 탈 수 있었겠는가?→[财cái气(儿)] ❷形 운이 좋다. 요행수가 있다.

【彩球】cǎiqiú 名 ❶ 오색 풍선. 채색 에드벌룬 [선전·경축 행사에 쓰임] ❷ 오색 비단으로 만든 공 [속에 향료를 넣어 액막이로 씀] ¶投tóu～｜채색 공을 던지다.

【彩券】cǎiquàn 名 즉석 복권 [종이 위의 지정된 곳을 긁으면 즉석에서 당첨여부를 알 수 있는 복권] ¶滥làn发～｜즉석복권을 남발하다→[彩卷][彩票][奖券]

2【彩色】cǎisè 圖 천연색. 칼라. ¶～版bǎn｜원색판. ¶～玻璃bōlí｜칼라 유리. ¶～影片｜칼라 영화. ¶～凹印机｜오프셋 칼라 인쇄기. ¶～胶jiāo片｜천연색 필름. ¶～铅笔｜색연필. 크레용(crayon). ¶～印刷｜칼라 인쇄. 어법「采色」와는 다른 뜻임→[采色cǎisè]

【彩色电视】cǎisè diànshì 名組 칼라 텔레비전(color television) 방송→[彩电①]

【彩色电视机】cǎisè diànshìjī 名組 칼라 텔레비전 수상기(color television set)→[彩电②][黑白电视]

【彩色片(儿)】cǎisèpiàn(r) 名 口 ❶ 칼라 필름＝[有色软片] ❷ 칼라 영화 필름＝[五彩影片][彩色影片]⇔[黑hēi白电影片]

【彩饰】cǎishì ❶ 動 채색하여 장식하다. 장식하다. 울긋불긋 꾸미다. ❷ 名 색채 장식. ¶～鲜明｜장식이 선명하다. ¶油漆qī～已经剥落bōluò了｜페인트 장식이 이미 벗겨졌다.

【彩陶】cǎitáo 名 ❶ 채도 [중국 신석기 시대의 채문도기(彩文陶器). 감숙(甘肅)·하남(河南)·산서(山西)의 앙소문화(仰韶文化) 유적지에서 출토됨] ❷ 채색 도기 [표면에 적·흑색의 문양을 넣은 토기] ¶～工艺yì｜채도 공예.

【彩陶文化】cǎitáo wénhuà ⇒[仰韶yǎngsháo文化]

【彩条儿】cǎitiáor ⇒[彩带(子)]

【彩头】ⓐ cǎitóu 名 ❶ 전통극에 사용하는 대도구. ❷ 奧 近 도박에서 승자에게 주는 상금. ¶中～｜일등상을 따다.

ⓑ cǎi·tou 名 ❶ 方 近 행운. 요행수. 좋은 징조. ¶～好｜징조가 좋다. ¶～话｜연분이 좋은 이야기. ❷ (공동 경영으로 얻은) 이익. 배당금. ¶赚zhuàn钱下来分给他一点～｜돈을 벌어 들여 그에게 조금 나누어 주다. ❸ 갈채 소리. 박수 소리. ¶满堂táng有～｜장내 가득 갈채 소리가 났다.

【彩图】cǎitú 名 채색화. ¶挂guà了几幅fú～｜몇 폭의 채색화를 걸었다.

【彩霞】cǎixiá 名 오색 놀. 아름다운 놀.

【彩鞋】cǎixié 名 오색 신. 수를 놓은 신.

【彩舆】cǎiyú ⇒[彩轿]

【彩云】cǎiyún 名 오색 구름. 아름 다운 구름. 꽃구름. 채운. ¶～易散sǎn, 琉璃liúlí脆cuì｜꽃 구름은 쉽게 흩어지고 유리는 깨지기 쉽다. 화무십일홍(花無十日紅)이요 달도 차면 기운다.

【彩照】cǎizhào 名 簡 칼라 사진 [「彩色照片」(칼라사진)의 약칭]

【彩纸】cǎizhǐ 名 색종이. 색지.

4【睬】cǎi 주목할 채

動 ❶ 주시하다. 눈여겨 보다. 상대하다. 관심을 가지다. ¶～也不～｜거들떠 보지도 않다. ¶扬yáng扬不～｜콧대가 높아 거들떠보지도 않는다. ¶连lián～也不～他｜그를 아는 체 하지도 않다. ¶你不要～他｜그를 아는 체도 하지 마라.

【睬倷白眼】cǎinǎi báiyǎn 動組 아는 체 하지도 않고 백안시 하다.

2【踩〈跴〉】cǎi 밟을 채

動 ❶ 밟다. 디디다. ¶～了一脚jiǎo泥｜온 발에 진흙을 밟았다. 轉 실패했다. ¶～着别人的肩膀jiānbǎng往上爬pá｜다른 사람의 어깨를 밟고 위로 올라가다. ❷ 轉 극복하다. 물리치다. ¶一切困难kùnnán～在脚jiǎo下｜모든 곤란을 극복하였다. ❸ 범인을 추적하다. ¶～案↓ ¶～捕bǔ↓

【踩案】cǎi'àn 動 범인을 추적하다. 사건을 수사하다. ¶他～颇pō有成绩jì｜그는 범인 검거에 탁월한 성과를 거두었다.

【踩扁】cǎi/biǎn 動 밟아 납짝하게 만들다.

【踩捕】cǎibǔ 動 수색하여 체포하다＝[踩获][踩缉]→[踩访fǎng]

【踩蛋儿】cǎidànr 動 方 새가 교미하다.

【踩道】cǎi/dào 動 ❶ 近 사전 답사하다. 미리 조사하다. 도둑이 미리 살펴 두다. ¶昨儿得dé了信，我就踩了一回道｜어제 전갈을 받고 한 차례 미리 살펴 두었다 ❷ 京 길을 안내하다. ¶我在前面～，你们跟着我来｜내가 앞에서 길을 안내할테니 나를 따라 와라＝[踩路]

【踩访】cǎifǎng 動 범인을 추적하다. 범인을 수색하다. ¶对于那个抢劫qiǎngjié犯fàn警jǐng方正在加紧jǐn～中｜경찰은 그 강도를 지금 바짝 추적하고 있다→[踩捕bǔ]

【踩风】cǎifēng 形 (발걸음이) 가볍다. ¶走起路来两脚～｜길을 걸어 보니 발걸음이 가볍다.

【踩高跷】cǎi gāoqiāo 動組 높은 나무 다리를 타다. 나무 다리 놀이를 하다. 경축 행사에 막대기를 발에 묶고 걸으면서 노래하고 춤추다.

【踩咕】cǎi·gu 動 京 헐뜯다. 비방하다. 멸시하다. 경멸하다. ¶你别尽jǐn～别人，谁shéi也好不了多少｜너 온통 남을 비방하지 마라, 누구도 더 나을 것이 없다.

【踩滑】cǎihuá 動組 발이 미끄러지다. ¶他～了，摔倒了｜그는 발이 미끄러져 넘어졌다.

【踩坏】cǎihuài 動組 밟아서 못쓰게 만들다. ¶～麦mài苗miáo｜보리 싹을 밟아 못쓰게 만들다.

【踩获】cǎihuò ⇒[踩捕]

【踩缉】cǎijī ⇒[踩捕]

【踩路】cǎilù ⇒[踩道②]

【踩水】cǎishuǐ ❶ 名 〈體〉 입영(立泳). 선 헤엄. ¶这小孩儿学会了～｜이 아이는 입영을 배워 할 줄 안다. ❷ (cǎi/shuǐ) 動 입영하다. 서서 헤엄치다. 선 헤엄을 하다. ¶踩着水过去｜선 헤엄으로

물을 건너 갔다.

【踩线】cǎixiàn〈體〉❶ 名 (농구의) 터치라인(touch line). ❷ 名 라인 텃치 [서브(serve)할 때 라인(line)을 밟는 반칙] ❸ 動 서브할 때 반칙선을 밟다 =〔发球fāqiú踏tà线〕

cài ㄘㄞˋ

1【采】cài ☞ 采 cǎi ① B

1【菜】cài 나물 채

❶ 名 채소. ¶种～ | 채소를 심다. ¶野～ | 산채(山菜). ❷ 名 요리. ¶中国～ | 중국요리. ¶荤hūn～ | 육류 요리. ¶素～ | 소채 요리. ¶叫～ | 요리를 시키다. ❸ 名 반찬. 부식물(副食物). ¶白薯shǔ也可以当饭吃, 也可以当～吃 | 고구마는 밥 대신으로 먹을 수도 있고, 부식으로 먹을 수도 있다. ¶咸～ | 짠 반찬. ❹ 유채(油菜). ¶～花 | 유채꽃. ¶～油 | 유채 기름→〔油菜②〕 ❺ 식용할 수 있는. ¶～牛↓ ❻ 形 京 나약하고 무능하다. ¶这小子真～, 这都不敢 | 이것조차도 감히 못하다니, 이 녀석은 정말 나약하구나. ¶～鸟↓ ❼ (Cài) 名 성(姓).

【菜案】cài'àn 名 ❶ 도마. ¶火炉lú与～却是新的 | 화덕과 도마는 모두 새 것이다.

【菜板(儿)】càibǎn(r) 名 도마.

【菜帮(儿, 子)】càibāng(r·zi) 名 겉대. 갓닢 [채소의 겉쪽에 붙은 줄기와 잎]→〔帮⑤〕

4【菜单(儿, 子)】càidān(r·zi) 名 식단. 메뉴. ¶请把～给我看看 | 식단을 내게 좀 보여 주시오→〔食谱shípǔ〕

【菜担(子)】càidàn(·zi) 名 ❶ 채소 묶음. 채소 다발. ¶担～ | 채소 묶음을 짊어지다. ❷ 채소 판매대. 채소 가판대.

【菜刀】càidāo 名 식칼. 부엌칼. ¶～不磨mó成死铁tiě, 老婆pó不管成妖yāo孽niè | 부엌 칼은 갈지 않으면 죽은 쇠덩어리가 되고, 마누라는 그냥 두면 화근이 된다 =〔切qiē菜〕〔厨chú刀〕

【菜地】càidì ⇒〔菜畦qí〕

【菜豆】càidòu 名〈植〉강낭콩 =〔芸(扁)豆〕〔四季豆〕〔云(扁)豆〕〔二生豆〕〔三生豆〕〔架豆〕

【菜饭】càifàn 名 ❶ 요리와 밥. 식사. ❷〈食〉비빔밥. 볶음밥 [야채와 고기 따위를 넣어 찐 것을 밥에 덮은 음식]

【菜贩】càifàn 名 야채 행상. ¶每天早上这儿来～ | 매일 아침 이곳에 야채 장수가 온다.

【菜干(儿)】càigān(r) 名〈食〉말린 채소.

【菜羹】càigēng 名〈食〉야채 수프. 야채국.

【菜梗】càigěng 名 야채의 줄기.

【菜瓜】càiguā 名〈植〉수세미. 월과(越瓜) =〔老lǎo阳瓜〕〔老秧瓜〕〔马mǎ瓟瓜〕〔越yuè瓜〕〔老腌yān瓜〕

【菜瓜布】càiguābù 名 수세미 세척포. 세척포 [수세미의 섬유질을 식기 세척에 사용해서 생긴 말. 화학섬유로 만든 것도 이렇게 말함]

【菜馆(儿, 子)】càiguǎn(r·zi) 名 요릿집. 음식점. ¶吃～ | 요릿집에서 식사하다.

【菜盒】càihé 名 반찬 그릇. 도시락.

【菜花(儿)】càihuā(r) 名〈植〉❶ 꽃양배추. ¶～状zhuàng癌ái | 양배추형 암→〔花(椰)菜〕 ❷ 유채의 꽃.

【菜窖】càijiào 名 야채 보관용 움막. 남새 움. ¶一个～可贮zhù藏cáng一百公斤大白菜 | 움막 하나에 배추 100kg을 저장할 수 있다.

【菜枯】càikū 名 채종유(採種油)를 짜낸 찌꺼기. 채유(採油)의 깻묵→〔菜子饼〕

【菜筐】càikuāng 名 채소 광주리.

【菜篮(子)】càilán(·zi) 名 채소 바구니. 시장 바구니. 장바구니.

【菜苗】càimiáo 名 ❶ 채소 모종. ❷ 솎음 푸성귀. 솎아 낸 채소.

【菜鸟】càiniǎo 名 ❶ 어린 새. 나약한 새. 轉 신병(新兵). 신참. ¶这傢伙jiāhuǒ还犒kào不清楚状况, 真是～一样 | 이 친구는 아직 상황 판단을 잘 못하는 걸 보니 정말 신병 같다 ❷ 俗 햇병아리. 풋내기. 신출내기→〔很hěn菜〕‖ ⇔〔老鸟〕

【菜牛】càiniú 名 | 식용우(食用牛). 육용우(肉用牛). 비육우.

【菜农】càinóng 名 소채농. 채소 농사.

【菜票】càipiào 名 식권. ¶一个月化了二百元～ | 한 달에 이백원 어치의 식권을 썼다.

【菜圃】càipǔ ⇒〔菜畦qí〕

【菜谱】càipǔ 名 식단. 메뉴 =〔食谱shípǔ〕

【菜畦】càiqí 名 남새밭. 채마 전. 채소 밭. ¶两旁páng却què是金黄的～ | 양측이 금황색의 채소 밭이다 =〔菜地〕〔菜圃〕〔菜园(儿, 子)〕

【菜青】càiqīng 名〈色〉황록색. 올리브색. 심록색.

【菜肉蛋卷】càiròudànjuǎn 名組〈食〉오믈렛(omelet).

【菜色】càisè 名 채소 빛. 누르스름한 빛깔. ¶面有～ | 얼굴이 (못 먹어) 누르스름하다.

【菜市】càishì 名 식료품 시장(市場). 채소 시장. 부식 시장. ¶这儿有个～, 生活很方便biàn | 이곳에는 식료품 시장이 있어 생활이 아주 편리하다 =〔菜市场〕→〔小菜场〕

【菜市场】càishìchǎng ⇒〔菜市〕

【菜薹】càitái =〔菜心xīn②〕

【菜摊(子)】càitān(·zi) 名 야채 노점(露店). ¶摆～ | 야채 노점을 열다.

【菜心(儿)】càixīnr 名 ❶ (～儿) 吳 粵 야채의 줄기. ❷ 꽃대. 장다리. 화축 =〔菜薹tái〕〔薹菜〕

【菜芽儿】càiyár 名 야채의 싹. ¶已经长zhǎng～了, 不能吃 | 이미 채소에 싹이 나 못 먹는다.

【菜蚜】càiyá 名〈蟲〉야채 진디→〔蚜虫〕

【菜肴】càiyáo 名 반찬. 요리. ¶～制作精细jīngxì | 요리를 정성껏 만들다.

【菜油】càiyóu 名〈食〉유채 기름. 채종유. ¶～灯 | 채종유 등 =〔菜子油〕〔菜仔油〕

【菜园(儿, 子)】càiyuán(r·zi) ⇒〔菜畦〕

【菜罩】càizhào 名 (파리 따위를 막기 위한) 상 덮개. 음식 덮개.

【菜粥】càizhōu 名〈食〉야채 죽.

【菜子(儿)】càizǐ(r) 名 ❶ 야채(野菜)의 씨앗. ¶～田 | 야채 종전(種田) =〔菜仔(儿)〕〔菜仔〕 ❷ 유채의 씨. ¶～油 | 유채 기름. 종유(種油) =

〔油yóu菜仔〕〔油yóu叶子〕
【菜子饼】càizǐbǐng 名 유채 깻묵 [비료로 쓰임] =〔菜饼〕→〔豆饼〕
【菜子油】càizǐyóu ⇒〔菜油〕
【菜仔(儿)】càizǐ(r) ⇒〔菜子(儿)①〕
【菜仔】càizǐ ⇒〔菜子(儿)①〕
【菜仔油】càizǐyóu ⇒〔菜油〕
【蔡】cài 풀 채, 거북 채, 나라이름 채 名 ❶ 書 큰 거북. ¶蓍shī～ | 점(을 치다) ❷ 書〈植〉채망. ❸ (Cài)〈史〉채 [주대(周代)의 나라 이름. 하남성(河南省) 상채현(上蔡縣) 서남 지방에 있었음] ❹ (Cài) 성(姓).
【蔡侯纸】Càihóu zhǐ 名組 채후지 [채륜(蔡倫)이 만들었다는 종이]
【蔡伦】Càilún 名〈人〉채륜 [종이를 발명한 후한(後漢) 사람]

cān ㄘㄢ

1【参(參)〈叅〉】cān cēn shēn sān 참여할 참, 헤아릴 참, 섞일 참, 석 삼, 별이름 삼, 인삼 삼
Ⓐ cān ❶ 動 참여하다. 참가하다. 가입하다. ¶～与↓ ¶～战↓ ❷ 動 대조하여 조사하다. 참고하다. ¶～以他书 | 다른 책을 참고하여 보다. ¶～考↓ ¶～看注解jiě | 주해를 참고해 보다. ❸ 動 배알하다. 알현하다. ¶～拜↓ ¶～见↓ ❹ 動〈法〉탄핵하다. ¶～劾hé | 탄핵하다. ¶～奏zòu | 탄핵하여 상주하다. ¶～他一本 | 죄상을 적은 글을 올려 그를 탄핵하다.
Ⓑ cēn ⇒〔参差〕〔参错〕
Ⓒ shēn 名 ❶〈植〉인삼. 삼의 총칭. ¶人～汤 |〈藥〉인삼탕. ¶海～ |〈動〉해삼 =〔蓡shēn〕 ❷〈天〉삼성(參星) [28수(宿)의 하나]
Ⓓ sān 數 3. 셋 [「叁」(삼·셋)을 흔히 「参」으로 씀] =〔叁sān〕
Ⓐ cān
【参拜】cānbài 動 ❶ 書 참배하다. ¶～陵墓língmù | 묘소를 참배하다. ❷ 書 배알(拜謁)하다. 알현하다. ¶～了天子 | 천자를 배알하다 =〔参谒yè〕 ❸ 近 무릎을 꿇고 예를 하다. ¶～天地 | 천지신명께 꿇어 예배하다.
【参半】cānbàn 書 動 반을 차지하다. 반수(半數)가 되다. ¶疑yí信～ | 반신반의(半信半疑)하다.
【参禅】cānchán 動〈佛〉참선하다. ¶～悟wù道 | 참선하여 도를 깨닫다→〔禅宗〕
1【参观】cānguān ❶ 動 참관하다. 견학하다. ¶～展zhǎn品 | 전시품을 참관하다. ¶～工厂chǎng | 공장을 견학하다. ❷ 動 살펴보다. ¶这是夜光表biǎo, 请～ | 이것은 야광시계이니, 살펴보세요. ❸ 名 참관. 견학. ¶进行～ | 견학을 하다. ¶～者 | 참관자. 견학자. ¶～访问 | 참관 방문. ¶～团 | 참관단. ¶欢迎～ | 참관을 환영합니다. ¶谢绝jué～ | 견학 사절.
【参合】cānhé 動 참고·종합하다. ¶这个计划jìhuà是～多种zhǒng资料zīliào订dìng出来的 | 이 계획은 많은 자료를 참고 종합하여 만든 것이다.
【参稽】cānjī 書 動 비교하여 고찰하다.
1【参加】cānjiā 動 ❶ 참가하다. 가입하다. 참석하다. 출석하다. ¶～邀yāo请赛sài | 초청 경기에 참가하다. ¶～讨论 | 토론에 참가하다. ¶～大会 | 대회에 출장하다. ❷ (의견을) 제시하다. 발표하다. ¶请您也～点儿意见 | 당신도 의견을 좀 내놓으시오.
【参见】cānjiàn 動 ❶ 참조하다→〔参看〕 ❷ 알현(謁見)하다. 배알하다. ¶～天子 | 천자를 알현하다 =〔参谒〕〔谒yè见〕
【参校】cānjiào 動 참고·비교하여 교정하다. 서로 비교하다.
4【参军】cān/jūn ❶ 動 입대하다. 종군하다. 군에 복무하다. ¶他参了两年军, 现在已经退伍tuìwǔ了 | 그는 2년 동안 군 복무를 하고 지금은 제대하였다. ❷ (cānjūn) 名 참군 [당대(唐代)에 군부(軍府)·왕부(王府)·지방관청에 소속된 장군의 군사 막료(幕僚)]
【参看】cānkàn 動 참고로 보다. 참조하다. ¶请～本书所附fù图表 | 본서에 붙은 도표를 참고하시오. ¶那本书内容róng很好, 可以～ | 그 책은 내용이 좋아 참조할 만하다.
3【参考】cānkǎo ❶ 動 참고하다. 참조하다. ¶～过去经验yàn | 과거의 경험을 참고하다. ¶我写这篇论文, ～了几十本专zhuān书 | 나는 이 논문을 쓰면서 몇 십 권의 전문서적을 참고하였다. ❷ 名 참고. ¶做～ | 참고하다. ¶存cún备～ | 참고용으로 보관하다. ¶～资料 | 참고 자료. ¶～文献xiàn | 참고 문헌. ¶～书 | 참고서. ¶～系 | 참조물. 좌표계.
【参量】cānliàng 名〈物〉페러미터(parameter). 매개 변수(媒介變數). ¶～放大 | 파라미터 증폭. ¶～器 | ¶～器 | 패러메트론(parametron)→〔参数②〕
3【参谋】cānmóu ❶ 名〈軍〉참모. ¶～部 | 참모부. ¶～总zǒng部 | 참모본부. ¶～长 | 참모장. ¶～的嘴, 副官的腿tuǐ | 참모의 입과 부관의 다리. 어떤 일에 각기의 특기를 살리게 하다. ❷ 名 상담역. 카운슬러(counselor). ¶在这方面我可以作你的～ | 이 방면에서는 내가 너의 상담역이 될 수 있다. ❸ 動 대신해서 지혜를 짜내다. 조언하다. ¶关于这件事, 请您为我～一下 | 이 일에 관하여 저에게 좋은 생각을 좀 해 주시오. ¶大家一～, 问题就解决了 | 여러 사람이 지혜를 내어 놓자 문제가 해결되었다.
【参赛】cānsài 動 시합에 참가하다. ¶～的选xuǎn手 | 경기에참가한 선수.
【参数】cānshù 名 ❶〈數〉매개 변수. 조변수(助變數). ❷〈物〉페러미터. 매개변수 계수(係數) [전도율(電導率)·도열율(導熱率)·팽창계수(膨脹係數) 따위] ¶～测定器 | 계수 측정기→〔参量〕
【参天】cāntiān 書 狀 하늘 높이 솟다. ¶古树～ | 고목이 하늘 높이 치솟아 있다. ¶～的白杨yáng | 하늘 높이 솟은 백양.
【参悟】cānwù 書 動 마음으로 깨닫다. 간파하다. 통달하다. ¶～出来个中的道理 | 중용의 도리라는 것을 마음 깊이 깨닫다.
【参验】cānyàn 動 비교·검증(檢證)하다.

【参谒】cānyè ⇒〔参拜②〕
【参议】cānyì ❶ 書 動 토의에 참여하다. 참의하다. ¶~国事 | 국사에 참의하다. ❷ 動 近 참고하다. ¶~旗qí汉 | 만족과 한족의 습관을 참고하다《兒女英雄傳》❸ 名 참의 [관직 이름]
【参议会】cānyìhuì 名 참의회 [항일전쟁기에 민중을 동원·조직해 참전하게 했던 인민 대표 기구. 각 시(市)·현(縣)·향(鄕)에 설치되었음]
4【参议院】cānyìyuàn 名〈政〉참의원 [양원제(兩院制) 국회에 있어서의 상원(上院)]
4【参与】cānyù 動 ❶ 참여하다. ¶~政事 | 정사에 참여하다. ¶他曾céng~这个计划的制定工作 | 그는 이번 계획의 수립 작업에 참여하였다. ❷ 가담하다. ¶~反革命政变 | 반혁명 쿠테타에 가담하다. ❸ 개입하다. 참견하다. ¶反对他国~ | 타국의 개입을 반대하다. ¶不要~别人的事情 | 남의 일에 참견하지 마라 =〔参预〕
【参预】cānyù ⇒〔参与〕
4【参阅】cānyuè 動 참고로 보다. 참고하여 조사하다. ¶关于本项xiàng请~十五页yè | 이 조항에 관해서는 15페이지를 참조하시오. ¶请~有关资料zīliào | 관계 자료를 참고하시오.
【参杂】cānzá 動 ❶ 어지럽게 뒤섞이다. ¶河滩tān上乱luàn石~ | 강변에 자갈이 혼란스레 섞여있다. ❷ 섞다. 혼합하다. ¶嘱咐zhǔfù和西药~着吃 | 양약과 섞어 먹으라고 당부하였다.
【参赞】cānzàn ❶ 名 참사관. ¶商务~ | 상무 참사관. ¶文化~ | 문화 참사관. ❷ 書 動 참여하여 돕다. ¶~军务jūnwù | 군무에 참여하다. ¶~朝cháo政 | 조정에 참여하다.
【参展】cānzhǎn 動 전람회에 참가하다. 출품하다. ¶这次画展huàzhǎn, ~的单位达dá一百以上 | 이번 미전에 참가한 기관이 100 이상에 달했다.
【参战】cānzhàn ❶ 動 참전하다. ¶第二次世界大战时, 俄é国早已~了 | 2차 세계대전에 소련은 일찍이 참전하였다. ❷ 動 (생산투쟁 따위의 운동에) 가담하다. 참가하다. ¶~自然改造 | 자연개조 운동에 참가하다.
4【参照】cānzhào 動 참조하다. 참고하다. ¶这个办法好, 值得~实行 | 이 방법이 좋다. 참고해 실행할 만한 가치가 있다. ¶~着很多古书写翻译本 | 많은 고서를 참고하여 번역본을 썼다.
【参政】cān/zhèng ❶ 動 정치에 참여하다. ¶毕业后, 你也希望~吗? | 졸업 후에 너도 정치에 참여하기 바라느냐? ❷ (cānzhèng) 名 참정. ¶~权quán | 〈法〉참정권. ❸ (cānzhèng) 名 참정 [송대(宋代)의 관직 이름]
【参酌】cānzhuó 動 참작하다. ¶我们~别人的作法决定吧 | 우리 다른 사람의 작법을 참조하여 결정하자. ¶请你自行~办理 | 스스로 참작하여 시행하십시오.
Ⓑ cēn
【参差】cēncī 貶 ❶ 장단·대소·고저 등이 일치하지 않다. 차이가 나다. ¶看不到任何rènhé~ | 어떠한 차이도 보이지 않는다. ¶如果你的经验jīngyàn和作者的经验~, 是谁更有道理? | 너와 작가의 경험이 차이가 난다면 누가 더 이치가 있겠니? ❷ 들쭉날쭉하다. 혼잡하다. ¶~错落 | 成 물건이 혼잡하게 뒤섞여 있다. ¶~不齐 | 成 들쭉날쭉 제멋대로 이다.
【参错】cēncuò ⊗ cāncuò) 書 貶 혼잡하다. 뒤섞이다. 교잡되다.
Ⓒ shēn
【参辰】shēnchén ❶ 名「参」과「辰」의 두 별. 서쪽에서 가장 밝은 별인「参」과 동쪽에서 가장 밝은 별인「辰」❷ 轉 서로 괴리가 있다. ¶~卯mǎo酉yǒu | 서로 적대하다.
【参膏】shēngāo 名〈漢醫〉인삼 응고액[엑스].
【参局】shēnjú 名 인삼 녹용 등의 귀중한 한약재를 파는 상점.
【参茸】shēnróng 名 인삼과 녹용. ¶~行 | 인삼·녹용 따위를 판매하는 상점.
【参商】shēnshāng ❶ 名「参」과「商」의 두 별. 서쪽의 별인「参」과 동쪽의 별인「商」❷ 轉「参」과「商」두 별이 동시에 나타나지 않는 것과 같이 서로 오랫동안 만나지 못하다. ❸ 轉 서로 감정이 상하다. ¶真是言yán和意顺shùn, 略无~ | 서로 감정 상할 일이 조금도 없다《紅樓夢》

【骖(驂)】cān 곁말 참
書 ❶ 名 한 수레에 맨 세 필의 말. ¶载zài~载驷sì | 세 필 말 네 필 말을 부리다《詩經·小雅·采菽》❷ 名 부마(副馬). 곁말. 참마. ¶两~如舞 | 참마 두마리가 춤추는 것 같다《詩經·鄭風·大叔于田》❸ 轉 動 모시다. 동반하다. 수행하다. ¶~乘↓
【骖乘】cānshèng ⊗ cānchéng) 書 名 참승. 배승(陪乘) [고대의 높은 사람 수레 옆에서 호위하는 사람]

2【餐〈湌飡〉】cān 먹을 찬, 음식 찬
❶ 動 먹다. ¶聚jù~ | 회식하다. ¶饱bǎo~一顿 | 한끼 배불리 먹다. 어법 북경어에서는 자립 동사로 쓰임. ¶他把一大盘pán子菜都给~了 | 그는 큰 그릇의 요리를 모두 먹어 치웠다. ❷ 名 식사. 요리. ¶午wǔ~ | 점심. ¶早~ | 아침. ¶自助zhù~ | 셀프 서비스(self service)식의 식사. 뷔페(buffet;프). ¶西~ | 서양요리. ❸ 量 끼 [식사의 회수를 세는 말] →〔顿⑧〕 ¶一日三~ | 하루 세 끼.
【餐布】cānbù ⇒〔餐巾〕
3【餐车】cānchē 名 식당차. 열차의 식당 칸 =〔饭车〕〔膳shàn车〕
【餐刀】cāndāo 名 식탁용 칼. 나이프(knife) →〔叉chā子①〕
【餐风宿露】cān fēng sù lù ⇒〔餐风饮露〕
【餐风饮露】cān fēng yǐn lù 成 바람을 먹고 이슬을 마시다. 야외에서 먹고 자는 어려움을 겪다. ¶他们为黄河治水, 不知多少日子~ | 그들은 황하의 치수를 위해 얼마나 많은 날들을 야외에서 고생을 했는지 모른다 =〔风餐露宿〕〔餐风宿露〕〔吸xī风饮露〕
【餐馆】cānguǎn ⇒〔餐厅〕
【餐巾】cānjīn 名 냅킨(napkin). ¶~纸 | 종이 냅킨 =〔餐布〕〔揩kāi嘴布〕
【餐具】cānjù 名 식기(食器). 식구(食具). ¶~橱

chú | 찬장. 식기 보관상.

2【餐厅】cāntīng 名 식당. ¶我在广东～吃过菜 | 나는 광동 식당에서 요리를 먹은 적이 있다＝〔餐馆〕〔食堂〕

【餐桌】cānzhuō 名 식탁. ¶～上摆bǎi着几碟dié凉菜 | 식탁 위에 몇 가지 찬 요리를 차려 두었다.

cán ㄘㄢˊ

3【残(殘)】cán 해칠 잔, 남을 잔 ❶ 해치다. 손상시키다. ¶自～ | 자해하다. ¶摧cuī～ | 심한 손상을 주다. ¶同类lèi相～ | 成 같은 무리끼리 서로 해치다. ❷ 흠이 있다. 불완전하다. 하자가 있다. ¶～品 | 하자품. ¶断duàn简～编biān | 成 손상되어 온전치 못한 책이나 글. ¶伤shāng～人 | 신체 장애자. ¶～兵败bài将↓ ❸ 잔인하다. 흉악하다. ¶～暴↓ ❹ 나머지. 남은. ¶～羹gēng剩shèng饭↓ ¶岁suì～ | 연말.

【残败】cánbài 動 손상되다. 훼손되다. 잔패하다. 엉망이 되다. ¶名胜shèng古迹jì都～不堪kān | 명승고적이 모두 차마 볼 수 없을 정도로 황폐되었다.

4【残暴】cánbào 形 잔학(殘虐)하다. 포악하다. ¶～行为 | 잔학 행위. ¶反动派pài对人民非常～ | 반동파는 인민에 대해 매우 잔혹하였다.

【残本】cán běn 名 결본. 잔본. 파손되어 온전하지 못한 고서.

【残编断简】cán biān duàn jiǎn 成 온전하지 못한 책. 파손된 책.

【残兵败将】cán bīng bài jiàng 成 패잔군. 패잔 장병. 부상당하여 퇴각한 군인＝〔残兵败卒〕

【残兵败卒】cán bīng bài zú ⇒〔残兵败将〕

【残部】cánbù 名 ❶ 패잔 후의 남은 군사. ¶敌酋qiú率shuài～逃窜táocuàn | 적의 수령은 남은 군사를 이끌고 도망가 숨어버렸다. ❷ 書 남은 부분. 잔여분. ¶收编～, 伺cì机再起 | 남은 부분을 다시 편집하여 재기할 기회를 엿보다.

【残茶剩饭】cán chá shèng fàn ⇒〔残羹剩饭〕

【残次】cáncì 區 불량. 규격 미달. ¶～品pǐn | 불량품. ¶～货huò | 규격 미달 상품. 불량품.

【残存】cáncún 動 (불완전한 상태로) 남아 있다. 잔존하다. ¶在山区里仍réng然～着古代的风俗sú | 산간 지역에는 아직도 옛 풍속이 남아 있다. ¶这儿的工厂chǎng连续xù倒闭dǎobì, ～的仅jǐn有少数几家 | 이 지역의 공장은 연이어 도산하고 남아 있는 것은 겨우 소수의 몇 개 뿐이다.

【残灯】cándēng 名 꺼지려고 하는 등불. 사물의 마지막 잔여기.

【残灯末庙】cán dēng mò miào 成 가물거리는 등불과 끝나 가는 묘회(廟會). 정월 대보름 다음날. 사물의 마지막 쇠퇴기.

【残敌】cándí 名 잔적. 남아 있는 적. ¶扫荡sǎodàng～ | 잔적을 소탕하다.

【残冬】cándōng 名 잔동. 늦겨울. 남은 겨울. ¶～已过, 春天来到了 | 늦겨울이 지나가고 봄이 도래하였다.

【残废】cánfèi ❶ 動 불구가 되다. 장애를 입다. ¶双手都～了 | 두 손이 모두 못쓰게 되었다. ❷ 名 장애인. 지체부자유. ¶他是个～ | 그는 장애인이다 ¶～军人 | 상이 군인. ¶～人奥ào运yùn会 | 장애자 올림픽.

【残羹冷炙】cán gēng lěng zhì ⇒〔残羹剩饭〕

【残羹剩饭】cán gēng shèng fàn 成 먹다 남은 국과 밥. 먹다 남긴 음식＝〔残茶剩饭〕〔残羹冷炙〕〔残羹余汤〕

【残羹余汤】cán gēng yú tāng ‖＝⇒〔残羹剩饭〕

【残骸】cánhái 名 ❶ 잔해. ¶敌机～ | 적기의 잔해. ¶鞭炮biānpào的～ | 폭죽의 잔해. ❷ 書 사체. 시체.

【残害】cánhài 動 상해를 가하다. 살해하다. ¶～肢体zhītǐ | 지체에 상해를 입히다. ¶～生命 | 살해하다.

【残花败柳】cán huā bài liǔ 成 ❶ 지고 남은 꽃과 떨어진 버들잎. ¶秋风过处, 一片～ | 가을 바람 지난 곳에 시든 꽃과 떨어진 버들 잎이 가득하다. ❷ 몸을 망친 여자. 부정한 부녀.

【残货】cánhuò 名 ❶ 잔품(殘品). ¶甩shuǎi卖～ | 잔품을 투매하다. ❷ 불량품. 규격 미달 상품 ‖＝〔残品〕

4【残疾】cán·ji 名 ❶ 신체적 장애. 불구. ❷ 후유증. 여병(餘病). 지병(持病). ¶～在身 | 몸에 지병이 있다.

【残局】cánjú 名 ❶ 파국(破局). 파괴된 국면. ¶只得由他来收拾shí～ | 그가 파국을 수습하는 수밖에 없다. ❷ 마지막 형세. 미해결의 국면. 막판. ¶棋qí赛已进入～ | 바둑은 이미 막판에 들어섰다. ¶陷xiàn入～ | 막판에 빠져들다.

【残苛】cánkē ⇒〔残酷〕

3【残酷】cánkù 形 잔혹하다. 비참하다. 참담하다. ¶～斗dòu争zhēng | 잔혹한 투쟁. ¶～的迫害 | 잔혹한 박해. ¶～无情 | 잔혹하고 무자비하다. ¶～暴行 | 잔혹한 폭행＝〔残苛〕

【残留】cánliú 動 잔류하다. 남아 있다. ¶脸liǎn上～着黑色的煤méi末mò子 | 얼굴에 검은 색의 석탄 가루가 남아 있다.

【残戮】cánlù ⇒〔残杀〕

【残年】cánnián 書 名 ❶ 여생. 만년(晚年). 여명(餘命). ¶～晚景 | 노경(老境). ¶吃些野果和树叶来送自己的～ | 야생 과일과 나뭇잎을 먹으면서 스스로의 만년을 보낸다. ❷ 연말. 세모. ¶光阴yīn似箭jiàn, 不觉jué～将尽jìn | 세월은 화살 같아 모르는 사이 한 해가 또 지나갔다.

【残孽】cán niè ⇒〔残渣zhā余孽〕

【残品】cánpǐn ⇒〔残货〕

【残破】cánpò 形 파괴되다. 황폐해지다. 파손되다. 헐다. 파산하다. 망하다. ¶～困穷qióng | 황폐하고 궁핍하다. ¶战zhàn后的市容～不堪kān | 전후 도시의 모습이 차마 볼 수 없을 정도로 파괴되었다.

【残秋】cánqiū 書 名 늦가을. 만추(晚秋).

【残缺】cánquē 形 불완전하다. 모자라다. 빠져 있다. ¶～不全 | 다 갖추어 있지 않다. ¶发现了一部～手稿gǎo | 완전하지 못한 육필 원고를 한 부 발견하였다.

4【残忍】cánrěn 形 잔인하다. 잔혹하다. 무정하다. ¶～行为 | 잔혹한 행위. ¶我觉得这太～了 | 이것은 너무 잔인하다고 느꼈다.

【残杀】cánshā 動 참살하다. 학살하다. ¶遭zāo到～ | 학살당하다. ¶不该gāi互相～ | 서로 학살하지 말았어야 했다 =〔残戮lù〕

【残山剩水】cán shān shèng shuǐ 成 적의 침략으로 황폐한 산천 =〔剩水残山〕

【残生】cánshēng ❶ 名 여생. 남은 목숨. ❷ 名 다행히 살아 남은 목숨. ¶逃躲táoduǒ～ | 다행히 남은 목숨을 건지다. ❸ 動 목숨을 해치다.

【残汤剩水】cán tāng shèng shuǐ ⇒〔残羹剩饭〕

【残头】cántóu 形 폐물이다. 찌꺼기이다. 쓸모 없다. 쓰레기 같다. ¶你这个～劲jìn儿, 别跟我耍shuǎ嘴zuǐ皮子 | 너 이 지저분한 짓이 뭐냐, 나에게 주둥이 놀리려 하지 마라. ¶这样～的东西谁还要啊? | 이런 쓰레기 같은 것을 누가 원하겠니? ¶～货 | 몹쓸 놈. 폐물.

【残星】cánxīng 名 지지 않은 별. 샛별. 새벽녘의 별. ¶天上依稀yīxī还有几颗kē～ | 하늘에는 아직 희미하게 별이 남아 있다.

【残阳】cányáng 名 석양. 저녁 해 =〔残照〕

4【残余】cányú 動 남아있다. 잔존하다. ¶～势shì力 | 잔존세력. ¶～份子 | 잔당. ¶～额 | 잔액. ¶还～着一些官僚主义 | 아직 관료주의가 남아있다. 名 잔재. 잔재물. ¶封建～ | 봉건 잔재. ¶剥削bōxuē阶级思想～ | 착취 계급의 사상 잔재.

【残垣断壁】cán yuán duàn bì 成 허물어진 담벽. 폐허가 된 가옥 =〔颓tuí垣断壁〕

【残月】cányuè 名 ❶ 아직 지지 않은 달. 희미해진 달. ¶到了早晨chén天上还有～ | 새벽이 되어 희미한 달이 아직 하늘에 있다. ❷ 그믐달.

【残渣】cánzhā 名 ❶ 남은 찌꺼기. 잔유물 =〔残滓zǐ〕 ❷ 잔재. ¶封建～ | 봉건 잔재.

【残渣余孽】cán zhā yú niè 成 잔당. 잔존한 악인 =〔残孽〕

【残照】cánzhào ⇒〔残阳〕

【残滓】cánzǐ ⇒〔残渣①〕

3【蚕(蠶)】cán 누에 잠

❶ 名 누에. ¶家～ | 가잠. 집누에 ¶柞zuò～ | 작잠. 산누에 ¶～吐tǔ丝做茧jiǎn | 누에가 실을 토해 고치를 치다. ❷ 動 양잠(養蠶)하다. ¶夫耕gēng妇～ | 남편은 밭 갈고 아내는 누에 친다. ❸ 갉아먹다. ¶～食↓

【蚕宝宝】cánbǎobǎo 名 奧 누에.

【蚕箔】cánbó 名 잠박. 누에 채반=〔蚕薄〕〔蚕帘lián〕〔薄bó曲〕〔簿bó曲〕〔枥lì〕〔曲qū薄〕〔曲簿〕

【蚕薄】cánbó ⇒〔蚕箔〕

【蚕床】cánchuáng ⇒〔蚕簇〕

【蚕蔟】cáncù ⇒〔蚕簇cù〕

【蚕簇】cáncù 名 누에섶 =〔蚕床〕〔蚕蔟〕〔蚕山〕

【蚕豆】cándòu 名〈植〉누에콩 =〔胡豆②〕〔罗汉豆〕〔佛豆〕〔青刀豆〕

【蚕豆象】cándòuxiàng 名〈蟲〉당콩바구미→〔豆象〕

【蚕蛾(儿)】cán'é(r) 名〈蟲〉누에나방.

【蚕妇】cánfù ⇒〔蚕女nǚ〕

【蚕姑】cángū ⇒〔蚕女nǚ〕

【蚕花】cánhuā 名 ❶〈蟲〉개미 누에. 갓 부화한 누에=〔蚕蚁yǐ〕 ❷〈魚貝〉절강성(浙江省) 오흥(吳興)에서 4월에 잡히는 작은 새우.

【蚕茧(儿)】cánjiǎn(r) 名 누에고치.

【蚕连】cánlián 名 잠란지(蠶卵紙). 잠종지(蠶種紙)=〔蚕纸〕〔蚕连纸〕

【蚕连纸】cánliánzhǐ ⇒〔蚕连〕

【蚕眠】cánmián 名 누에잠.

【蚕娘】cánniáng ⇒〔蚕女〕.

【蚕农】cánnóng 名 양잠농. 양잠업자.

【蚕女】cánnǚ 名 양잠을 하는 여자. 잠부 =〔蚕妇〕〔蚕姑〕〔蚕娘〕〔蚕妾〕

【蚕妾】cánqiè ⇒〔蚕女nǚ〕

【蚕桑】cánsāng 名 누에와 뽕나무.

【蚕沙】cánshā 名 누에똥.

【蚕山】cánshān ⇒〔蚕簇cù〕

【蚕食】cánshí 動 잠식하다. 야금야금 갉아먹다. ¶～邻lín国领土 | 이웃 나라 영토를 잠식하다. ¶～政策 | 잠식 정책. ¶～进攻 | 점진 공격→〔侵qīn蚀②〕

【蚕食鲸吞】cán shí jīng tūn 成 잠식하다가 고래처럼 삼키다. 잠식하다가 병탄(併呑)해 버리다 =〔鲸吞蚕食〕

【蚕市】cánshì 名 양잠 시장. 양잠 용구나 고치를 팔고 사는 시장.

【蚕丝】cánsī 名 잠사. 생사(生絲). ¶～绸缎chóuduàn | 견직물. ¶～夹jiā毛 | 비단과 털실의 교직=〔丝①〕→〔府fǔ绸〕

【蚕衣】cányī 名 ❶ 누에고치. ❷ 양잠복. 누에 칠 때 입는 옷. ❸ 비단옷.

【蚕蚁】cányǐ 名〈蟲〉개미 누에. 갓 부화한 누에. 의잠(蟻蠶)=〔蚕花①〕〔蚁蚕〕〔方 乌wū娘〕

【蚕蛹】cányǒng 名〈蟲〉누에 번데기. ¶～粉fěn | 누에 번데기 가루. ¶～干gān | 말린 번데기. ¶～油yóu | 번데기 기름.

【蚕纸】cánzhǐ ⇒〔蚕连lián〕

【蚕种】cánzhǒng ⇒〔蚕子(儿)〕

【蚕子(儿)】cánzǐ(r) 名 누에알. 잠종 =〔蚕种〕

3【惭(慚)〈慙〉】cán 부끄러울 참

動 부끄러워하다. 수치스럽게 생각하다. ¶自～ | 스스로 부끄러워하다. ¶满脸羞xiū～ | 온 얼굴에 부끄러운 기색을 띠다. ¶大言不～ | 成 부끄러운 줄 모르고 큰소리치다.

3【惭愧】cánkuì 形 ❶ 부끄럽다. 송구스럽다. ¶～万分 | 몹시 부끄럽다. ¶连这个也不知道, 真～! | 이것도 모르다니 정말 부끄럽다 =〔書 惭怍〕 ❷ 近 다행이다. 요행이다. ¶～!, 谁知也有这日 | 아 다행이다, 누가 이날이 있을 줄 알았겠는가.

【惭色】cánsè 名 부끄러워하는 기색. 송구해 하는 안색. ¶一脸liǎn有～ | 온 얼굴에 부끄러워하는 기색이다.

cǎn ㄘㄢˇ

3【惨(慘)〈憯₄〉】cǎn 슬플 참

❶ 잔인하다. 악독

하다. ¶～无wú人道↓ ❷形 비참하다. 처참하다. ¶他们的生活huó太～ | 그들의 생활은 너무나 비참하다. ¶死sǐ得那样～ | 그렇게도 비참히 죽었다 ❸形 (정도가) 심하다. 엄중하다. 대단하다. 지독하다. 처참할 정도이다. ¶把他骂得真～了 | 그를 형편없이 욕했다. ¶喜欢～了 | 지독히 좋아하다. ¶吓～了 | 대단히 놀라다. ❹슬프다. 비통하다. ¶～痛↓ ❺침침하다. 어슴푸레하다. ¶灯光～～ | 등불빛이 침침하다. ¶～白↓ ¶～淡↓ →〔黪cǎn〕

【惨案】cǎn'àn 名 참혹한 사건. 학살 사건. ¶又发生了一起～ | 학살 사건이 또 발생하였다.

【惨白】cǎnbái 狀 ❶어둡다. 으스름하다. ¶～的月光 | 으스름한 달빛. ❷창백하다. ¶脸liǎn色～ | 안색이 창백하다. ¶面孔miànkǒng～ | 얼굴이 파리하다.

【惨败】cǎnbài ❶動 참패하다. ¶敌dí军～ | 적군이 참패하였다. ¶项羽Xiàng Yǔ～于垓gāi下 | 항우는 해하에서 참패했다. ❷名 참패. ¶遭zāo到～ | 참패를 당하다.

【惨毙】cǎnbì ⇒〔惨杀shā〕

【惨变】cǎnbiàn ❶名 참사(慘事). 비참한 사건→〔惨剧〕 ❷動 (안색이) 참담하게 변하다.

【惨不忍睹】cǎn bù rěn dǔ 威 차마 볼 수 없을 정도로 참혹하다. ¶到处是受害者的尸shī体, 使人～ | 도처에 피해자의 시체가 있어, 참혹하여 차마 눈뜨고 볼 수가 없다.

【惨恻】cǎncè ⇒〔惨怆〕

【惨怆】cǎnchuàng 書 形 몹시 비통하다. 비참하다 =〔惨恻〕

【惨淡】cǎndàn ❶狀 침침하다. 어슴프레하다. ¶天色～ | 날이 어둠 침침하다. ¶～的雨天 | 어둠 침침하게 비오는 날. ❷形 암담하다. 처참하다. ¶～的心境jìng | 처참한 심경. ❸動 고심하다. ¶～经营 | 경영에 골몰하다 ‖ =〔惨澹〕

【惨澹】cǎndàn ⇒〔惨淡〕

【惨祸】cǎnhuò 名 참화. 참혹한 재앙. ¶遭zāo受～ | 참화를 당하다.

【惨叫】cǎnjiào ❶動 처참하게 울부짖다. 비명을 지르다. ❷名 비명. 처절한 절규. ¶痛恨tònghèn的～ | 통한의 절규.

【惨景】cǎnjǐng 名 처참한 광경. ¶地震zhèn过了, 那～真惨不忍rěn睹dǔ | 지진이 지난 뒤의 그 처참한 광경은 차마 눈뜨고 볼 수가 없다.

【惨剧】cǎnjù 名 참극. 참변. 비참한 사건 =〔惨变①〕

【惨绝人寰】cǎn jué rén huán 威 지옥과 같은 참상. 전대미문의 참상.

【惨烈】cǎnliè 形 처참하다. 비통하다. 참혹하다. ¶她的～遭遇zāoyù引yǐn起了人们的同情 | 그녀의 처참한 경우가 사람들의 동정을 일으켰다.

【惨情】cǎnqíng ⇒〔惨状〕

【惨然】cǎnrán 書 狀 슬퍼하다. 마음 아파하다. 걱정하다. ¶他什么也不说, 只是～一笑 | 그는 아무 말도 하지 않고 단지 슬픈 표정으로 웃었다.

【惨杀】cǎnshā 動 참살하다. 잔인하게 죽이다. ¶～无辜wúgū | 이유 없이 참살하다 =〔書惨毙〕〔残杀〕

【惨死】cǎnsǐ 動 참사하다. 참혹하게 죽다. ¶这位战zhàn士～在敌人的屠tú刀下 | 이 전사는 적의 도살 칼에 주었다.

【惨痛】cǎntòng 形 비통하다. 비참하고 침통하다. ¶听到～的消息 | 비통한 소식을 들었다.

【惨无人道】cǎn wú rén dào 威 잔인무도하다. 인간이라 할 수 없을 만큼 잔인하다.

【惨象】cǎnxiàng ⇒〔惨状zhuàng〕

【惨笑】cǎnxiào 動 쓴웃음을 짓다. 억지로 웃다. ¶他～一下, 立起来 | 그는 쓴웃음을 짓고는 일어섰다.

【惨遭】cǎnzāo 動 참혹한 일을 당하다. ¶～杀害 | 처참히 살해되다. ¶曾céng经～军国主义蹂躏róulìn | 일찍이 군국주의에 유린을 참혹하게 당했다.

【惨重】cǎnzhòng 形 가혹하다. 비참하다. ¶遭zāo到～的失败 | 가혹한 실패를 보았다.

【惨状】cǎnzhuàng 名 참상. 참혹한 광경. ¶车祸现场的～, 令人不忍rěn卒zú睹dǔ | 교통사고 현장의 참상은 차마 눈뜨고 볼 수 없었다 =〔惨情〕〔惨象〕

【穇(穇)】 cǎn 피 삼

⇒〔穇子〕

【穇子】cǎn·zi 名 〈植〉피 [포아풀과에 딸린 한해살이풀. 식용 및 사료용]

【黪(黲)】 cǎn 검푸르죽죽할 참

名 〈色〉혹청색. 거무스름한 빛. ¶黑～～的脸 | 거무틱틱한 얼굴→〔惨⑤〕

【黪黩】cǎndú 形 혼탁하다. 맑지 않다. 흐릿하다. 멍청하다.

càn ㄘㄢˋ

3【灿(燦)】 càn 빛날 찬

⇒〔灿烂〕

3【灿烂】cànlàn 形 찬란하다. 선명하게 빛나다. ¶～的前程chéng | 찬란한 전도(前途). ¶～的文化 | 찬란한 문화. ¶远景是光辉～的 | 미래는 휘황찬란하다 =〔粲烂〕〔璨烂〕

【灿然】cànrán ⇒〔粲càn然①〕

【掺】 càn ☞ 掺 chān Ⓑ

【孱】 càn ☞ 孱 chán Ⓑ

【粲】 càn 고울 찬, 정미 찬

❶形 신선하고 아름답다. ¶～花之论lùn | 우아하고 아름다운 말씀. ¶～～衣服fú | 아름다운 의복《詩經·小雅·大東》 ❷書 狀 방긋 웃다. ¶～然而笑 | 방긋 웃다. ¶博bó一～ | 한번 웃어 주세요 [자작 시(詩)나 글을 남에게 보이면서 겸손해 하는 말] ❸名 도정한 쌀. ¶白～ | 백미. ¶黄～ | 현미. ❹⇒〔粲烂〕

【粲烂】cànlàn ⇒〔灿càn烂〕

【粲然】cànrán 書 狀 ❶선명하게 빛나다. 눈부시다. ¶放出～的光芒máng | 눈부신 빛을 발하다 =〔灿然〕 ❷명료하다. 분명하다. ❸방긋 웃다. 명랑하게 웃다. ¶～一笑 | 방긋 웃다.

【粲笑】cànxiào 書 名 아름답게 웃는 웃음. 환한 웃음. ¶博取女人们的～ | 여인들의 아름다운 웃음을 받다.

【粲者】cànzhě 書 名 대부(大夫)의 아내와 첩. 喩 미녀.

【璨】càn 옥빛찬란할 찬
書 ❶ 名 아름답게 빛나는 옥(玉) ❷ 形 밝게 빛나다. ¶～若珠zhū贝bèi | 진주처럼 빛나다→[璀cuǐ璨]

【璨璨】càncàn 貶 밝게 빛나다. ¶星光～ | 별빛이 밝게 비치다.

【璨烂】cànlàn ⇒[灿càn烂]

cāng ㄘㄤ

3【仓(倉)】cāng 곳집 창, 푸를 창
❶ 名 창고. ¶米～ | 쌀 창고. ¶粮liáng～ | 곡물창고. ¶粮liáng食满mǎn～ | 곡식이 창고에 가득하다. ❷ 황급하다. 당황하다. ¶～卒↓ ¶～皇↓ ❸ (Cāng) 名 성(姓).

【仓敖】cāng'áo ⇒[仓廒]

【仓廒】cāng'áo 名 미곡 창고 =[仓敖]

【仓储】cāngchǔ 動 창고에 저장하다. ¶减jiǎn少商品在～过程中的损耗sǔnhào | 상품이 창고에 저장되어 있는 동안의 손상을 감소시켜라.

【仓卒】cāngcù 貶 황급하다. 황망하다. 급작스럽다. ¶～应战 | 황망히 응전하다. ¶～出发 | 황급하게 출발하다. ¶走得～, 没有向大家告别 | 황급히 떠나게 되어 여러분에게 작별인사도 하지 못하였다 =[仓促][仓猝][苍卒]

4【仓促】cāngcù ⇒[仓卒]

【仓猝】cāngcù ⇒[仓卒]

【仓房】cāngfáng ⇒[仓库]

【仓庚】cānggēng ⇒[鸧鹒cānggēng]

【仓皇】cānghuáng 貶 황급하다. 매우 급박하다. ¶～逃táo去 | 황망히 도망가다. ¶～失shī措cuò | 급박하여 어찌할 바를 모르다. ¶～逃遁dùn | 순식간에 도주하다 =[仓惶][苍惶]

【仓惶】cānghuáng ⇒[仓皇]

【仓颉】Cāngjié 名 ❶ 〈人〉 창힐 [황제(皇帝)의 사신(史臣)으로서 한자(漢字)를 처음으로 만들었다는 사람] =[苍颉] ❷ (cāngjié) 〈電算〉 창힐법 [대만에서 개발된 한자의 컴퓨터 고속 입력법]

【仓口单】cāngkǒudān ⇒[舱cāng单]

3【仓库】cāngkù 名 창고. ¶～船chuán | 창고 선. ¶～到～条款tiáokuǎn | 〈商〉 창고간 계약. ¶～交货 | 〈貿〉 창고 인도. ¶军用～ | 군용 창고. ¶～业 | 창고업 =[仓房][堆栈][货栈]

【仓廪】cānglǐn 書 名 곡물 창고. 곳집. ¶～实shí则知礼节lǐjié | 곳집이 차야 예절을 차린다.

【仓位】cāngwèi ⇒[舱cāng位]

【伧(傖)】cāng ⓧ chéng) ·chen 시골뜨기 창
Ⓐ cāng 形 비천하다. 속되다. 천박하다. ¶～俗↓
Ⓑ ·chen ⇒[寒hán伧]

【伧父】cāngfǔ 書 名 貶 촌 사람. 천박한 사람. 무뢰한 =[伧头]

【伧荒】cānghuāng 書 名 ❶ 촌사람. 시골뜨기. 비천한 사람. ¶殆以～而见隔 | 촌놈 같다는 것만으로 따돌림당하다《歐陽修/國學解元啓》 ❷ 산간벽지. 두메산골. 궁벽한 시골.

【伧人】cāngrén 書 名 시골뜨기. 비천한 사람 [오(吳) 나라 사람이 북방 사람을 비방하던 말]

【伧俗】cāngsú 形 속되고 비천하다. ¶～的野蛮mán人 | 비천한 야만인.

【伧头】cāngtóu ⇒[伧父]

【沧(滄)】cāng 큰바다 창, 찰 창
❶ 검푸른 바다. ¶～海↓ ❷ 싸늘하다. 차다. ¶～凉↓ ❸ (Cāng) 名 〈地〉 창현(滄縣) [하북성(河北省)에 있는 현 이름]

【沧海】cānghǎi 名 창해. 대해(大海). 넓고 푸른 바다. ¶～变biàn桑sāng田 | 푸른 바다가 뽕나무밭이 되다. ¶～巨jù变biàn | 세상사가 크게 변하다.

【沧海横流】cāng hǎi héng liú 成 창해의 물결이 험하고 거세다. 세상이 혼탁하다. 사회가 불안하다. ¶～方显xiǎn出英雄xióng本色 | 혼탁한 세상에서 영웅의 본령이 드러난다.

【沧海桑田】cāng hǎi sāng tián 成 푸른 바다가 뽕나무 밭으로 변하다. 세상이 급변하다. 상전벽해(桑田碧海). ¶～, 历尽lìjìn变迁qiān | 창해가 뽕밭이 되듯 크게 변하였다 =[沧桑]

【沧海一粟】cāng hǎi yī sù 成 큰 바다에 좁쌀 한 알. 극히 작은 것. 창해일속. 아주 사소한 것. ¶个人的才能只不过是～ | 개인의 재능은 창해일속에 불과하다.

【沧凉】cāngliáng 形 몹시 차다. 매우 춥다.

【沧桑】cāngsāng ⇒[沧海桑田]

3【苍(蒼)】cāng 푸를 창
❶ 名 〈色〉 짙은 청색. 짙은 녹색. ¶～天↓ ¶～松 | 푸른 소나무. ❷ 名 〈色〉 회백색(灰白色). ¶～鹰↓ ¶白发fà～～ | 백발이 성성하다. ❸ 動 北 얼굴이 창백해지다. ¶你怎么脸liǎn都～起来了? | 너 어째 얼굴까지 창백해졌니? ❹ 하늘. ¶～天↓ ❺ 백성. 국민. ¶～生↓ ❻ (Cāng) 名 성(姓).

3【苍白】cāngbái 形 창백하다. 파리하다. ¶脸色～ | 안색이 창백하다. ¶～无力 | 안색이 창백하고 무기력하다.

【苍苍】cāngcāng 書 貶 ❶ 회백색이다. 희끗희끗하다. ¶两鬓～ | 양쪽 살쩍이 희끗희끗하다. ¶白发～的娘niáng | 백발이 성성한 어머니. ❷ 푸르고 넓다. 창망하다. ¶～的大海 | 끝없이 넓고 푸른 바다. ¶天～, 野茫máng茫 | 하늘과 들판이 끝없이 넓고 푸르다.

【苍苍莽莽】cāngcāng mǎngmǎng 貶 푸르고 아득하게 넓다. ¶～的大平原 | 한없이 넓고 푸른 대평원.

【苍葱】cāngcōng ⇒[苍翠]

【苍翠】cāngcuì 名 〈色〉 청록색. 심록색. ¶～的山峦luán | 검푸른 산봉우리. ¶～松柏bó | 청록색의 송백 =[苍葱][葱cōng翠]

【苍耳】cāng'ěr 名 ❶ 〈植〉 도꼬마리[耳珰②][苓lí-ng耳] ❷ (～子) 名 도꼬마리의 열매 [한방에서

거풍·진통제로 쓰임]
【苍庚】cānggēng ⇒〔黄huáng鹂〕
【苍狗白云】cāng gǒu bái yún 成 푸른 하늘의 개 모양 구름. 일이 시시각각으로 변하다.
【苍古】cānggǔ 眖 (건물 따위가) 고색 창연하다. ¶～铁塔tiětǎ | 고색 창연한 철탑.
【苍昊】cānghào ⇒〔苍天①〕
【苍黄】cānghuáng ❶ 名〈色〉청색과 황색. 喻 사물의 변화. ¶～翻覆fānfù | 끊임없이 변하다. 변화무쌍하다. ❷ 眖 퍼렇고 누렇다. 푸르무레 누르스름하다. ¶脸色liǎnsè～ | 얼굴 색이 창백하다. ¶时近深shēn秋, 繁茂fánmào的树林变得一片～ | 가을이 깊어지자 무성한 수풀이 온통 누르스름해졌다.
【苍惶】cānghuáng ⇒〔仓cāng皇〕
【苍颉】cāngjié ⇒〔仓颉cāngjié〕
【苍劲】cāngjìng 眖 ❶ (필체가) 고목같이 굳세다. 고풍스럽고 힘이 있다. ¶笔力～ | 필치가 고아하며 힘차다. ¶～的字 | 박력있는 필적. ❷ (나무가) 고목이면서도 굳세다. ¶～挺拔tǐngbá的青松 | 굳세게 우뚝 솟은 푸른 소나무.
【苍空】cāngkōng ⇒〔苍天①〕
【苍老】cānglǎo 眖 나이가 들어 보이다. 나이티가 나다. ¶面容róng～ | 얼굴이 나이들어 보인다. ¶他比去年～得多了 | 그는 작년보다 훨씬 나이가 들어 보인다.
【苍凉】cāngliáng 書 眖 황량하다. 적막하다. ¶过去这一带满mǎn目mù～, 现在却有了无数的工厂 | 과거 이 일대는 온통 황량하였는데, 지금은 오히려 많은 공장이 들어섰다.
【苍龙】cānglóng 名 ❶ 검푸른 용. 청룡 =〔青龙〕 ❷ 전설상의 일종의 악신(惡神). 喻 적장(敵將). ❸ 푸른색의 큰 말 [8척 이상되는 말을 「龙」이라 고 함]
【苍鹭】cānglù 名〈鳥〉왜가리 =〔长cháng脖bó老等〕〔灰鹭〕〔青庄〕
【苍氓】cāngmáng ⇒〔苍生〕
【苍茫】cāngmáng 書 眖 넓고 멀다. 아득하다. 망망하다. ¶暮mù色～ | 모색이 창연하다. ¶一片～的海天景jǐng色 | 온통 넓고 푸른 대해의 풍경. ¶窗外的夜色也渐渐～起来了 | 창 밖의 밤 색깔은 점점 짙어져 갔다 =〔苍莽〕
【苍莽】cāngmǎng ⇒〔苍茫〕
【苍民】cāngmín ⇒〔苍生〕
【苍旻】cāngmín ⇒〔苍天①〕
【苍穹】cāngqióng ⇒〔苍天①〕
【苍生】cāngshēng 書 名 백성. 창생. 인민. ¶～之愿yuàn | 백성의 희망. ¶以致社稷jì丘墟qiūxū, ～涂炭tútàn | 사직을 폐허로 만들고 백성을 도탄에 빠뜨리다《三國志》=〔苍氓〕〔苍民〕
【苍松翠柏】cāng sōng cuì bǎi 成 변함 없이 푸른 소나무와 측백. 변치 않는 절개.
【苍天】cāngtiān 名 ❶ 푸른 하늘 =〔苍昊〕〔苍空〕〔苍旻〕〔苍穹〕〔苍玄〕〔穹苍〕 ❷ (신적인) 하늘. 하느님. ¶时人不解jiě～意, 空kōng使身心半夜愁chóu | 이때의 사람들은 하늘의 뜻을 알지 못하고 헛되이 한밤중에도 걱정하였다《警世通言》
【苍天下不负苦心人】cāng tiān xià bù fù kǔ xīn rén 成 하늘은 고생한 사람을 버리지 않는다. ¶苦kǔ苦干了三年, ～, 終zhōng于成功了 | 삼년 동안 고생하니 하늘도 저버리지 않아 드디어 성공하였다.
【苍头】cāngtóu 書 名 ❶ 노복(奴僕). 하인. 종. ¶～出入, 无wú非fēi是管guǎn屋管田 | 노복의 출입은 집을 돌보거나 들일을 하기 위함이 틀림없다《警世通言》❷ 병졸. 사병. ¶只是他手下有两个～ | 그의 아래는 병졸 둘 밖에 없다《古今小說》❸ 노인. ¶家中还有～ | 집에는 노인 한 분이 계십니다.
【苍鹰】cāngyīng 名〈鳥〉참매 =〔黄鹰〕〔鸡鹰〕
[3]【苍蝇】cāng·ying 名〈蟲〉파리. ¶两只～在脸上爬pá | 파리 두 마리가 얼굴에 기어 다닌다. ¶～不鉆zuān没缝féng的鸡蛋dàn | 諺 파리는 갈라지지 않은 계란에는 붙지 않는다. 자기가 결함이 있어 문제가 생긴다→〔蝇yíng〕
【苍蝇逐臭】cāng·ying zhú chòu 成 파리가 냄새 맡고 모여 들 듯 사람이 갑자기 모여들다.
【苍郁】cāngyù 書 眖 울창하다. 무성하다. ¶～的树林子 | 울창한 수풀.
【苍朮】cāngzhú 名〈植〉삽주 [구근(球根)을 이뇨(利尿)·건위제(健胃劑)로 씀] =〔山精〕〔山蓟jì〕〔仙朮〕

【鸧(鶬)】cāng 꾀꼬리 창, 재두루미 창
⇒〔鸧鹒〕〔鸧鸹〕
【鸧鹒】cānggēng 名〈鳥〉꾀꼬리 =〔仓庚①〕〔黄莺(儿)〕〔黄鹂〕
【鸧鸹】cāngguā ⇒〔玄xuán鹤〕

3【舱(艙)】cāng 선창 창
名 비행기나 배의 내부. 선창. 선실(船室). 비행기의 객실(客室). 화물칸. ¶客～ | 객실. ¶机～ | 비행기의 객실. ¶货～ | 화물칸. ¶官～ | 옛날, 일등 선실. ¶房～ | 옛날, 이등 선실. ¶统tǒng～ | 옛날, 삼등 선실. ¶头等～ | 일등 선실. ¶底dǐ～ | 삼등 선실. ¶订dìng～ | 선실(船室)을 예약하다.
【舱板】cāngbǎn 名 갑판(甲板) =〔仓板〕
【舱单】cāngdān 名 선적 목록. 선적 명세서 =〔舱口单(子)〕〔仓口单〕
【舱房】cāngfáng 名 선실. 선창→〔仓房〕
【舱口】cāngkǒu 名 배 갑판의 승강구. 선실 입구. 해치(hatch). ¶～盖 | 배의 승강구 문. 해치 도어(hatch door).
【舱口单(子)】cāngkǒudān(·zi) ⇒〔舱单〕
【舱位】cāngwèi 名 ❶ (배·비행기의) 객석. 좌석. 자리. ¶订～ | 자리를 예약하다. ❷ 선복(船腹). ¶～紧张 | 선복이 부족하다. ¶预yù订～ | 선복을 예약하다→〔吨dūn位〕‖ =〔仓位〕

cáng ㄘㄤˊ

2【藏】cáng zàng 감출 장, 오장 장, 서장 장

Ⓐ cáng ❶ 動 숨다. 간직하다. 감추다. ¶他～在树shù后头 | 그는 나무 뒤에 숨었다. ¶深shēn～不露lù | 깊게 숨겨 드러나지 않다. ¶笑xiào里～刀

| 웃음 속에 칼을 숨기다. 겉으로는 웃으면서 몰래 비수를 품고 있다. ❷動 저장하다. 보관하다. ¶把东西~起来吧 | 물건을 저장하여라. ¶把泡pào菜~在冰箱bīngxiāng里 | 김치를 냉장고에 저장하였다.

B zàng ❶名 창고. ¶宝~ | 보물 창고. ❷불교·도교 경전의 총칭. ¶道~ | 도교의 경전. ¶大~经 | 대장경. ❸名奥 금(金)이나 은(銀)이 매장된 곳. ¶掘jué~ | 금은을 캐다. ❹名簡「西藏」(티베트)의 약칭. ¶~族 | 티베트족. ❺「脏」과 통용 ⇒〔脏zàng〕

A cáng

【藏藏掖掖】cáng·cang yēyē ⇒〔藏掖〕

【藏而不露】cáng ér bù lòu 成 숨기고 밖으로 드러내지 않는다. ¶他虽suī有本事, 可是~ | 그는 비록 재능이 있지만 드러내지 않는다.

【藏锋】cángfēng 書動 ❶붓끝이 드러나지 않게 글을 쓰다. ❷재능을 밖으로 드러내지 않다.

【藏垢纳污】cáng gòu nà wū 成 허물을 숨기다. 은신하다. 남의 결점이나 허물을 모르는 체하다. ¶酒家林lín立的地方, 也是个~之处chù | 술집이 즐비한 곳은 은신하기 좋은 곳이다 =〔藏垢怀耻〕〔藏污纳垢〕

【藏垢怀耻】cáng gòu huái chǐ ⇒〔藏垢gòu纳污〕

【藏奸】cáng/jiān 動 ❶北 전력하지 않다. 요령을 피우다. ¶干gàn活huó的时候, 我没藏过一点儿奸 | 나는 일을 하면서 요령을 조금도 피운 적이 없다. ❷近 악의(惡意)를 품다. ¶你~, 还恼nǎo着我呢 | 너는 악의를 품고 나를 괴롭히고 있다《三俠五義》.

【藏龙卧虎】cáng lóng wò hǔ 成 용과 호랑이를 감추어 두다. 인재를 숨기다. 숨은 인재가 많다. ¶你们这里真~啊 | 너희 이곳은 정밀 숨은 인재가 많구나. ¶本地可是一个~之地 | 이곳은 정말 숨은 인재가 많은 곳이다.

【藏猫猫】cángmāo·māo ⇒〔藏猫儿〕

【藏猫儿】cángmāor ❶名 숨바꼭질. ¶~玩儿 | 숨바꼭질 놀이. ❷動 숨바꼭질하다. ¶去找小伙伴~ | 꼬마 녀석을 찾아 숨바꼭질을 하여라 =〔藏猫猫〕〔藏猫儿〕〔藏闷儿〕〔藏门哥儿〕〔藏蒙哥儿〕〔藏蒙格儿〕〔藏蒙蒙儿〕〔藏觅mì歌儿〕

【藏闷儿】cángmēnr ⇒〔藏猫儿〕

【藏门哥儿】cángméngēr ⇒〔藏猫儿〕

【藏蒙哥儿】cángménggēr ⇒〔藏猫儿〕

【藏蒙格儿】cángménggér ⇒〔藏猫儿〕

【藏蒙蒙儿】cángméng·mengr ⇒〔藏猫儿〕

【藏觅哥儿】cángmìgēr ⇒〔藏猫儿〕

【藏匿】cángnì 書動 감추다. 은닉하다. ¶~犯人 | 범인을 은닉하다. ¶缘yuán何~妇人在此? | 어떤 연유로 부인을 이곳에 은닉하였는가?《警世通言》

【藏品】cángpǐn 名 소장품. 보관하는 물품. ¶博物馆~多达百万件 | 박물관 소장품이 백만 건에 달한다.

【藏身】cángshēn 動 몸을 숨기다. ¶没有可以~之处 | 몸을 숨길만한 곳이 없다.

【藏书】cáng/shū ❶動 서적을 수장(收藏)하다. 장서하다. ❷(cángshū) 名 장서. ¶这全是李家的~ | 이것은 모두 이씨의 장서이다. ¶~家 | 장서가. ¶~库 | 서고. ¶~迷 | 도서 수집광.

【藏私】cángsī 動 ❶몰래 숨기다. 감추다. ¶有话就说, 别~在心里 | 숨기지 말고 할 말을 해라. ❷금제품(禁制品)을 숨기다. 불법 소지하다.

【藏头露面】cáng tóu lù miàn ⇒〔藏头露尾〕

【藏头露尾】cáng tóu lù wěi 成 머리는 숨기고 꼬리만 보이다. 진상을 숨기다. ¶说话喜欢~, 很不直爽shuǎng | 숨기고 말하길 좋아하고 솔직하지 못하다 =〔藏头露面〕〔藏尾露头〕〔露尾藏头〕

【藏尾露头】cáng wěi lù tóu ⇒〔藏头露尾〕

【藏污纳垢】cáng wū nà gòu ⇒〔藏垢gòu纳污〕

【藏掖】cángyē ❶動 몰래 가지다. 불법 소지하다. ¶夹jiā带~ | 금제품을 몰래 가지다. ❷名 숨다. 감추다. ¶~躲闪duǒshǎn | 남 몰래 숨다.

【藏之名山, 传之其人】cáng zhī míng shān, chuán zhī qí rén 成 명산에 숨겼다가 계승자에게 물려주다. 가치 있는 것을 보관했다가 물려주다.

【藏拙】cángzhuō 動 약점을 숨기다. 단점을 감추다. ¶倘tǎng若说错, 反不如~的好 | 만약 틀린 말이라 하더라도 약점을 감추는 것보다는 낫다.

B zàng

【藏红】zànghóng 名〈植〉티베트 산(産)의 사프란(saffraan; 네). ¶~花 | 사프란 =〔番fān红花〕

【藏经】zàngjīng 名 ❶불교·도교의 경전을 집성한 책. 대장경. ¶~楼lóu | 장경루. ❷라마교의 경문(經文). ¶猫māo念~ | 경문을 독송하다.

【藏蓝】zànglán 名〈色〉적남색. 붉은 남색.

【藏历】Zànglì 名 티베트족의 역법(曆法) [당대(唐代)에 중국으로 전래되었으며, 기본적으로 음력과 같음]

【藏民】Zàngmín 名 티베트 사람. 티베트 국민.

【藏青】zàngqīng 名〈色〉짙은 남색. 감남색.

【藏文】Zàngwén 名 ❶티베트 문자. ❷티베트어.

【藏戏】zàngxì 名 티베트의 전통 가무극 [티베트어로는「阿佳拉lā莫mò」라고 함]

【藏香】zàngxiāng 名 티베트 산(産)의 선향(線香) [흑·황의 두 종이 있음]

【藏语】Zàngyǔ 名 티베트어(語).

【藏族】Zàngzú 名〈民〉티베트족 [티베트 자치구 및 청해(淸海)·사천(四川)·감숙(甘肅)·운남(雲南) 등지에 많이 분포되어 있는 소수민족]

cāo ㄘㄠ

【糙】cāo 舊 cào) 현미 조, 거칠 조

❶ ⇒〔糙米〕 ❷形 조잡하다. 엉성하다. 거칠다. ¶这活做得太~ | 이 일은 너무 조잡하게 했다. ¶这张纸太~ | 이 종이는 너무 거칠다 ⇔〔细xì③〕

【糙糙儿】cāocāor 狀 엉성하다. 조잡하다. 대충. ¶~地画了一张画儿 | 대충 그림 한 장을 그렸다

【糙蛋】cāodàn ⇒〔操cāo蛋③〕

【糙活(儿)】cāohuó(r) 名 거친 일. 막일. 막노동. ¶~细事我都可以作 | 거친 일이건 세세한 일이건 모두 할 수 있다 =〔糙事〕→〔细活(儿)②〕

【糙粮】cāoliáng 名 (수수·조·콩 따위의) 잡곡 =〔粗cū粮〕

【糙米】cāomǐ 名 현미(玄米). ¶黄~ | 현미 →〔粗cū米〕

【糙人】cāorén 名 ❶ 謙 못난 첩 [처나 첩의 남편에 대한 겸칭] ❷ 거친 사람 ¶我是个~, 不懂礼节lǐjié | 저는 못난 사람이라 예절을 모릅니다 =〔粗cū人〕

【糙事】cāoshì ⇒〔糙活(儿)〕

1【操】cāo 부릴 조, 지조 조
❶ 動 조종하다. 사용하다. 부리다. ¶~舵duò | 배의 키를 조종하다. ¶~菜刀 | 부엌칼을 쓰다. ❷ 動 손에 쥐다. (권력 따위를) 잡다. ¶~弓矢gōngshǐ | 화살을 손에 잡다. ¶手~酒杯bēi, 为了我们的友谊yì干gān杯! | 손에 술잔을 들고, 우리들의 우의를 위해 건배! ¶~主动权quán | 주도권을 쥐다. ❸ 動 종사하다. ¶~医生业 | 의료업에 종사하다. ¶重~旧业 | 옛 사업을 다시 하다. ¶~贱业 | 천업에 종사하다. ❹ 動 외국어나 방언을 쓰다. 외국어로 말하다. ¶~法语 | 불어로 말하다. ¶~山东口音 | 산동 말을 사용하다. ❺ 動 (악기를) 타다. ¶~琴qín↓ ¶~五弦xián琴 | 오현금을 켜다. ❻ 動 병사를 훈련하다. 단련하다. ¶一日三~ | 하루에 세 번 체조하다. ❼ 名 훈련. 단련. 체조. ¶早~ | 아침 체조. ¶打野~ | 야외 훈련을 하다. ¶我们一起去做~吧 | 우리 함께 가 훈련하자. ❽ 품행. 지조. ¶~行↓ ¶~守↓ ¶节~ | 절조. ❾ 動 方 일하다. ¶我现在就要认真~一下子 | 나는 지금 성실하게 일하고 있다. ❿ 動 方 생활하다. ¶你想我还可以在北京~下去吗? | 내가 아직도 북경에서 살아 갈 수 있다고 생각하느냐? ⓫ 걱정하다. 속태우다. ¶~心↓ ¶~神↓ ⓫ 量 곡(曲) [금곡(琴曲)을 세는데 쓰임] ¶弹tán琴qín一~ | 금으로 한 곡 켜 보아라. ⓬ (Cāo) 名 성(姓).

【操办】cāobàn 動 ❶ 방법을 강구하다. 처리하다. ¶别的东西由我去~ | 다른 것은 내가 처리한다. ¶我替你哥哥, 我给你~ | 내가 네 형 대신에 너에게 해주마. ¶儿ér女~老父母的后事 | 노부모 사후의 일을 자녀가 처리하다. ❷ 운영하다. ¶他一手~那个牧mù场 | 그 혼자서 그 목장을 운영한다.

1【操场】cāochǎng 名 ❶ 운동장 =〔运动场〕〔方 操坪píng〕❷ 연병장.

【操持】cāo·chi 動 ❶ 처리하다. 관리하다. 경영하다. ¶~家务 | 가사를 처리하다. ¶这件事由你~着办吧 | 이 일은 네가 책임지고 처리해라. ❷ 계획하다. 준비하다. ¶听说闺guī女明天就过门了, 都~好了吗? | 따님이 내일 시집가게 된다고 하던데, 모두 준비했습니까?

【操蛋】cāodàn ❶ 名 罵 무능한 놈. 멍청한 놈 =〔草蛋〕❷ 動 혼란하다. 일이 개판이 되다 =〔糙cāo蛋〕

【操刀】cāo dāo 動組 칼을 잡다. ¶他~切qiè菜, 一会儿做了三菜cài一汤tāng | 그는 칼을 잡고 채소를 썰더니 금새 요리 세 가지와 탕 하나를 만들었다.

【操典】cāodiǎn 名〈軍〉조전 [교련 지도의 교칙서(教則書)] ¶步兵~ | 보병 조전. ❷ 動 北 지배하다. 조종하다. ¶我~了他多半辈bèi子 | 나는 그의 반 평생을 지배하였다.

4【操劳】cāoláo 動 열심히 일하다. 수고하다. 노고하다 ¶日夜yè~ | 밤낮으로 수고하다. ¶~过度 | 과로하다. ¶这事请您多~ | 이 일에 대해 수고 좀 해주세요 →〔操心〕

4【操练】cāoliàn ❶ 動 훈련하다. 연습하다 조련하다. ¶民兵在那里~了两个月 | 민병은 그곳에서 두 달간 훈련했다. ❷ 名 훈련. 조련. 연습. ¶做~ | 연습하다. ¶课堂~ | 교실에서의 연습.

【操坪】cāopíng ⇒〔操场①〕

【操切】cāoqiè 形 조급하다. 성급하다. ¶这件事他办得太~了 | 이 일을 그는 너무 서둘러 처리했다. ¶他始终zhōng劝quàn学生不要~ | 그는 시종 학생들에게 서두르지 말라고 권했다.

【操神】cāo/shén 動 신경쓰다. 심려하다. 애쓰다. ¶~受累 | 애쓰다가 피로에 지치다 →〔操心〕

【操守】cāoshǒu 書 名 자질. 품행. 지조. 절개. ¶~不谨jǐn | 몸가짐이 방정하지 못하다. ¶~端duān正 | 품행이 단정하다. ¶~坚贞jiānzhēn的人 | 지조가 곧은 사람.

3【操心】cāo/xīn 動 마음을 쓰다. 걱정하다. 애태우다. 심려하다. ¶这件事, 你不必~了 | 이 일에 대해 신경 쓸 필요 없다. ¶为他们操了许多心 | 그들을 위해 마음을 많이 썼다. ¶这孩子太让我~了 | 이 아이는 너무 내가 신경 쓰게 한다 →〔操劳〕〔操神〕

【操行】cāoxíng 名 조행. 품행. 몸가짐. ¶这学生~很好 | 이 학생은 품행이 매우 좋다. ¶他~总是优等 | 그의 조행은 항상 우등이다.

【操之过急】cāo zhī guò jí 威 너무 성급하게 일을 처리하다. ¶这件事得děi慢慢儿来, 不必~ | 이 일은 서두르지 말고 천천히 해야 한다.

3【操纵】cāozòng ❶ 動 조종하다. 조작하다. ¶会~新机器的工人 | 새 기기를 조작할 줄 아는 노동자. ❷ 動 貶 조종하다. 조작하다. ¶~物价 | 물가를 조작하다. ¶~市场 | 시장을 조작하다. ¶背后~这次总zǒng统选举 | 이번 대통령 선거를 배후에서 조종했다. ❸ 名〈機〉제어. 컨트롤. ¶远距离~ | 원격 조종. 리모트 컨트롤(remote control). ¶无线电~ | 전파 원격 제어(遠隔制御). 라디오 컨트롤(radio control). ¶~法 | 조종법. 조작법. ¶~杆 | 조종간. ¶~台 | 제어반. 조종대. ¶~仪yí器 | 자동 제어기. ¶~开关 | 제어 스위치.

3【操作】cāozuò ❶ 動 조작하다. ¶他刻苦kèkǔ学习了一年, 已经会~了 | 그는 일년 동안 각고 학습하여 이미 조작할 줄 안다. ❷ 名 조작. ¶结构简单, ~方便 | 구조는 간단하고 조작은 편리하다. ¶~程序图 | 작업 과정표. ¶~方法 | 조작법. ¶~率 | 조업률. 가동률. ¶~人员 | 오퍼레이터(operater). ¶~系统 |〈電算〉(컴퓨터의) 오퍼레이팅 시스템. ¶~时间 | 작동 시간.

【操作规程】cāozuò guīchéng 名組 조작 규칙. 취급 규칙. ¶技术~ | 기술 조작 규정. ¶安全~ |

안전 취급 수칙.

cáo ㄘㄠˊ

【曹】 **cáo 무리 조**
❶書尾 …들. …등 [복수를 나타냄] ¶吾wú～ | 우리들. ¶汝rǔ～ | 너희들. ¶儿～ | 아이들. ❷書名 무리. 또래. ¶冠guān其～ | 그 무리 중에서 가장 뛰어나다. ❸書名 관직(官職)·관서(官署). ¶部～ | 소속 부서의 관리. ¶闲xián～ | 한직. ❹書名 원고와 피고 [지금은 「两造」라 함] =〔两曹〕 ❺(Cáo) 名〈史〉조 나라 [산동성(山東省) 정도현(定陶縣)에 있었던 주대(周代)의 나라 이름] ❻(Cáo) 名 성(姓).

【曹白鱼】 cáobáiyú ⇒〔鳓lè鱼〕
【曹达】 cáodá ⇒〔苏sū打〕
【曹马】 Cáo Mǎ 名〈史〉위(魏) 나라와 진(晋) 나라 [위는 조(曹)씨의 왕조, 진은 사마(司馬)씨의 왕조임]
【曹牟】 Cáomóu 名 복성(複姓).
【曹丘】 cáoqiū 名 복성(複姓).
【曹魏】 Cáo Wèi 名 ❶〈史〉조비(曹丕)의 위(魏) 나라 [삼국시대 조비(曹丕)가 세운 나라] ❷ 시경(詩經)의 조풍(曹風)과 위풍(魏風).

【嘈】 **cáo 지껄일 조**
形 시끄럽다. 떠들썩하다. ¶～刺耳 | 떠들썩하여 귀를 찌르다.

【嘈吵】 cáochǎo ❶形 소란하다. 시끄럽다. ¶这儿太～了, 到你那儿去谈吧 | 이곳은 너무 소란하니 네 쪽에서 이야기 하자. ❷動 떠들다. 소란을 피우다. ¶你再～什么呢? | 너 무슨 소란을 또 피우니?
【嘈杂】 cáozá ❶形 시끄럽다. 소란하다. ¶街jiē上太～ | 길거리가 너무 시끄럽다. ¶听不到一点的～声shēng音 | 시끄러운 소리가 조금도 들리지 않는다. ❷動 소란을 피우다. 떠들다 ¶不准zhǔn你们在此～ | 너희들 여기에서 떠들어서는 안된다.

【漕】 **cáo 배저을 조, 뱃길 조**
❶動 물길을 이용해 곡식을 운송하다. 곡물을 수운(水運)하다. ¶～船↓ ¶～运↓ ❷名 뱃길. ¶～渠qú↓ ❸(Cáo) 名 성(姓).

【漕船】 cáochuán 名 곡물을 수송하는 배 =〔漕舫〕
【漕渡】 cáodù 動〈軍〉(선박·뗏목 등으로) 도하(渡河)하다.
【漕舫】 cáofǎng ⇒〔漕船〕
【漕钢】 cáogāng ⇒〔槽cáo铁〕
【漕沟】 cáogōu ⇒〔漕渠qú〕
【漕河】 cáohé 名 곡물을 운송하는 수로(水路) =〔运粮河〕→〔大运河〕
【漕渠】 cáoqú 書名 운하(運河). ¶发卒数万人～ | 병졸 수만명을 동원하여 운하를 팠다《史記》→〔运yùn河〕
【漕形钢】 cáoxínggāng ⇒〔槽cáo铁〕
【漕运】 cáoyùn 動 수운(水運)하다. 조운하다 [특히 장강(長江)의 운하를 이용해 북방으로 식량을 운반하는 것을 말함] ¶～行háng业 | 조운업. ¶～总督dū | 조운 총독 [청대(清代)의 각지 조운행정을 맡던 관직명]

4 **【槽】** **cáo 물통 조, 구유 조, 홈 조**
❶(～子) 名 탱크. 통 [액체를 담는 용기] ¶油yóu～ | 기름 탱크. ¶水～ | 물통. 물탱크. ¶酒～ | 술통. ¶石～ | 돌통. ❷名 (세탁기의) 세탁이나 탈수를 위한 회전식 용기. ¶洗衣～ | 세탁조. ¶脱tuō水～ | 탈수조. ¶单dān～式洗衣机 | 세탁·탈수 겸용 세탁기. ¶双shuāng～式洗衣机 | 세탁·탈수 분리식 세탁기. ❸名 구유. ¶猪～ | 돼지 구유. ¶马～ | 말구유. ❹(～儿, ～子) 名 홈. 고랑. ¶开～ | 고랑을 파다. ¶在木板上挖wā个～ | 목판에 홈을 파다. ¶河～ | 수로. 하상(河上). ❺(～子) 量方 칸. 틀 [창문·칸막이 따위를 세는 단위] ¶一～窗chuāng户 | 창문 한 틀. ¶五～隔扇géshàn | 방의 다섯 칸막이. 방 다섯 칸.

【槽刨】 cáobào 名 홈 파는 대패.
【槽床】 cáochuáng 名 구유대. 구유 받침.
【槽房】 cáofáng ⇒〔槽坊〕
【槽坊】 cáo·fang 名 ❶ 주조장(酒造場). 양조장(釀造場). ¶我们这儿有一所～ | 우리 이곳에는 양조장 하나가 있다. ❷ 종이 공장 [옛날 수공으로 종이를 만들던 공장] ‖ =〔槽房〕
【槽钢】 cáogāng ⇒〔槽铁〕
【槽糕】 cáogāo 名方〈食〉(틀에 반죽을 부어 만든) 중국식 카스텔라 =〔槽子糕〕→〔蛋dàn糕〕
【槽铁】 cáotiě 名〈工〉요형(凹形) 철강. 구형강(溝形鋼) =〔槽钢〕〔漕钢〕〔漕形钢〕〔方 水流铁〕
【槽头】 cáotóu 名 ❶ 가축의 사육장. ¶～买马看母mǔ子zǐ | 마사(馬舍)에서 말을 살 때는 어미와 새끼를 비교해 보아야 한다. 혼사를 정할 때 그 양친을 보면 알 수 있다. ❷ 가축의 구유.
【槽牙】 cáoyá 名 어금니 =〔白jiù齿〕
【槽子】 cáo·zi 名 ❶名 가축의 구유. ❷名 (액체를 담는) 통. ❸名 홈. ❹量 조. 홈 [패인 홈을 세는 단위] ❺量 칸. 틀 [창이나 칸막이 한 방을 세는 단위]
【槽子糕】 cáo·zigāo ⇒〔槽糕〕

【螬】 **cáo 굼벵이 조**
⇒〔蛴qí螬〕

【艚】 **cáo 거룻배 조**
⇒〔艚子〕

【艚子】 cáo·zi 名 목제(木製) 화물선 [선미(船尾)에 주거 설비가 있음]

cǎo ㄘㄠˇ

1 **【草〈艸騲₇〉】** **cǎo 풀 초, 흘릴 초**
❶名 풀 [재배식물 외의 초본식물의 총칭] ¶一根～ | 풀 한 포기. ¶野yě～ | 야생초. ¶枯kū～ | 마른 풀. ❷名 짚. 사료 [연료나 사료용의 잎이나 줄기] ¶稻dào～ | 볏짚. ¶～鞋xié↓ ¶断duàn粮liáng绝～ | 식량과 사료가 모두 바닥이 났다. ❸形 (글자를) 흘리다. 조잡하다. 어설프다. ¶潦liáo～ | 조잡하다. ¶字写得很～ | 글자를 갈겨썼다. ❹名 한자의 초서체. 로마자의 필기체. ¶～书↓ ¶大～ | 필기체 대문자. ¶小～ | 필기체 소문자. ❺ 초

고. 초안. 원고. 확정되지 않은 문서. ¶起qǐ～ | 기초하다. ¶～约↓ ¶～案↓ ❻動초고를 작성하다. 기초하다. 처음 만들다. ¶～檄xí | 격문을 기초하다. ¶～计划书 | 계획서를 기초하다. ¶～创↓ ❼(일부 가축의) 암컷. ¶～鸡↓ ¶～驴lǘ↓ →〔牝pìn〕〔雌cí①〕

³【草案】cǎo'àn 名 초안. ¶拟nǐ～ | 초안을 작성하다. ¶修xiū正～ | 초안을 수정하다. ¶关于征zhēng收所得税shuì的～ | 소득세 징수에 관한 초안.

【草包】cǎobāo 名 ❶ 포대. 가마니. 겉 포장. ¶～免收 | 겉포장비 무료 =〔草袋〕❷ 가마니·마대. ❸ 喻 무능한 사람. 바보. 머저리. ¶你真是个～, 连lián这么简jiǎn单的问题都解决jiějué不了 | 이렇게 간단한 문제도 해결하지 못하다니 넌 정말 멍청이다 =〔草蛋〕〔草鸡毛〕

【草本】cǎoběn ❶ 圖 초본. ¶～植物 | 초본 식물. ¶～花卉huì | 초화(草花). ¶～群落qúnluò | 초원(草原) →〔木本〕❷ ⇒〔草稿〕

【草编】cǎobiān ❶ 圖 풀로 엮어 만든. ¶～帽mào子 | 풀로 엮어 만든 모자. ❷ 名 식물의 잎·줄기 따위로 엮어 만든 세공품(細工品).

【草标(儿)】cǎobiāo(r) 名 풀로 한 표시 [주로 파는 물건임을 표시하기 위해 꽂음] ¶手里拿ná着一口宝bǎo刀, 插chā着个～儿, 立lì在街上 | 손에는 보도를 하나 들고, 판다는 표시로 풀 줄기를 꽂고 길가에 서있다《水滸傳》

【草草】cǎocǎo 胑 ❶ 대강하다. 대충하다. 적당히 하다. ¶～收拾一下 | 대강 수습하였다. ¶～了事 | 國 적당히 일을 끝마치다. ¶～地写了一封信 | 대강 편지 한 통을 썼다. ¶～不恭gōng | 대강 이렇게 줄입니다. 여불비례(餘不備禮) [편지 끝에 겸양을 나타내는 상투어] =〔草了儿〕❷ 무서워 하다. 초조해 하다. ¶心～ | 마음이 초조하다. ❸ 초목이 무성하다.

【草测】cǎocè 名 動 (지형을) 예비 측량(하다).

【草场】cǎochǎng 名 목초지(牧草地). 초지. 방목(放牧)용 초원.

【草成】cǎochéng ⇒〔草创①②〕

【草虫】cǎochóng 名 ❶〈蟲〉긴꼬리쌕새기 =〔草螽zhōng〕〔俗 织zhī布娘〕→〔螽zhōng斯〕❷〈蟲〉풀벌레. ❸〈美〉풀·꽃·벌레 따위를 제재로 그린 중국화.

【草创】cǎochuàng ❶ 名 초창. 창시. 창업. ¶～时期qī | 창시기. 초창기. ¶～阶jiē段 | 시작 단계. ❷ 動 초창하다. 처음 만들다. 창시하다. ¶公司～三月 | 회사를 창업한 지 석달 째이다 ‖ =〔草成〕❸ 名 초고(草稿) [주로 서명에 많이 씀] ¶国文法～ | 국문법 초고.

【草创未就】cǎo chuàng wèi jiù 國 처음 시작하여 아직 성과가 없다. 막 시작한 것에 불과하다.

【草刺儿】cǎocìr 名 ❶ 지푸라기. 검불. 轉 사소한 것. 털끝같이 작은 것. ¶割gē得非常干gān净, 连个～也没有 | 깨끗하게 베어내 지푸라기조차 없다. ¶～不值zhí | 하등의 가치도 없다.

【草丛】cǎocóng 名 풀숲. 풀 더미. ¶拔bá开～ | 풀 더미를 뽑아 없애다.

【草袋】cǎodài ⇒〔草包①〕

【草蛋】cǎodàn ⇒〔草包③〕

【草底儿】cǎodǐr ⇒〔草稿〕

²【草地】cǎodì 名 ❶ 잔디. ¶～球场qiúchǎng | 잔디 구장. ¶勿踏tà～! | 잔디를 밟지 마시오! ❷ 초지. 초원. 풀밭. ¶爬pá雪山过～ | 설산을 오르고 초지를 넘다. ¶～保护bǎohù | 초지 보호.

【草甸(子)】cǎodiàn(·zi) 名 方 풀이 무성한 저습지. 방목장의 초원. ¶～草原 | 저습지 초원. ¶～植zhí物 | 저습지 식물.

【草垫(子)】cǎodiàn(·zi) 名 ❶ 짚방석. 거적. 돗자리. ❷ 짚으로 만든 신의 바닥.

【草豆蔻】cǎodòukòu ⇒〔豆蔻〕

【草杜鹃】cǎodùjuān 名〈植〉채송화.

【草房】cǎofáng 名 초가집 =〔草屋wū〕→〔草篷péng〕

【草稿】cǎogǎo 名 원고. 초고. ¶已打好了～ | 초고를 이미 다 썼다. ¶～纸zhǐ | 초고지 =〔草本②〕〔口 草底儿〕〔草样儿①〕

【草菇】cǎogū 名〈植〉짚 버섯. 풀 버섯 [대가 길게 생긴 식용 버섯] =〔草菰gū〕

【草菰】cǎogū ⇒〔草菇〕

【草果】cǎoguǒ ❶ 名〈植〉초과(草果). ❷ ⇒〔草莓méi〕

【草合同】cǎohé·tong 名組 가계약서(假契約書) →〔草约〕

【草狐】cǎohú 名〈動〉초호 [잿빛을 띤 옅은 황색의 짧은 털로 덮힌 여우의 일종]

【草荒】cǎohuāng 形 밭에 잡초가 우거지다. 잡초가 무성하다.

【草灰】cǎohuī 名 ❶ 풀을 태운 재. ¶～结jié成饼bǐng, 将有风雨临lín | 짚을 태운 재가 떡같이 굳으면 비바람이 올 징조다. ❷〈色〉누런 회색.

【草鸡】cǎojī 名 ❶ 奥 京 암탉 =〔母鸡〕¶～不下蛋 | 암탉이 알을 낳지 않는다. 능력을 발휘하지 못한다. ¶～窝wō里拉lā不出凤凰fènghuáng来 | 암탉 둥지에서 봉황 나올 리 없다. 그아비에 그 아들이다. ❷ 喻 京 겁쟁이. 나약한 사람. ¶他就是那么个～人 | 그가 곧 그런 겁쟁이다.

【草鸡胆】cǎojīdǎn 名 喻 간이 작은 사람. 담력이 약한 사람. 겁쟁이. ¶～办bàn不了大事 | 겁쟁이는 큰 일을 할 수없다.

【草鸡毛】cǎojīmáo ⇒〔草包③〕

【草菅人命】cǎo jiān rén mìng 國 목숨을 초개같이 여기다. 인명을 초개 같이 여겨 함부로 죽이다. 함부로 사람을 죽이다. ¶旧社会统治阶jiē级审shěn案糊涂hútú, 经常～ | 구사회의 통치계급은 아무렇게나 사건을 심리하고 함부로 사람을 죽였다 =〔草菅民命〕

【草菅民命】cǎo jiān mín mìng ⇒〔草菅人命〕

【草芥】cǎojiè 名 지푸라기. 초개. 가치 없는 것. 형편 없는 것. ¶看人简直jiǎnzhí如同～似的 | 사람을 그야말로 개같이 본다. ¶你是何等～ | 너는 무슨 형편 없는 물건이냐?

【草寇】cǎokòu 書 名 초적. 작은 도둑. 비적. 산적. ¶我们只是～ | 우리는 산적에 불과합니다. ¶驱qū除～ | 산적을 몰아내다 =〔書 草贼〕

【草了儿】cǎoliǎor ⇒〔草草①〕
【草料】cǎoliào 名 꼴. 마소의 먹이. 사료. ¶给畜chù生上～ | 가축에게 꼴을 주다.
【草庐】cǎolú ⇒〔草堂〕
【草驴】cǎolǘ 名〈動〉암당나귀. ＝〔骒kè驴〕⇔〔叫jiào驴〕
【草履】cǎolǚ 名 짚신.
【草履虫】cǎolǚchóng 名〈微生〉짚신벌레.
【草绿】cǎolǜ〈色〉풀색. 초록색. ¶～军装 | 초록색의 군복. ¶～色的绵mián布 | 초록색의 면포.
【草骡】cǎoluó 名〈動〉암노새 ＝〔骒kè骡〕
【草马】cǎomǎ 名〈動〉암말 ＝〔母马〕
【草码】cǎomǎ ⇒〔苏sū州码(儿, 子)〕
【草莽】cǎomǎng 書 名 ❶ 풀숲. ❷ 초원. 광야(廣野). ¶～寒hán门 | 산골의 빈한한 농가 출신. ❸ 초야(草野). 재야(在野). ¶～之臣 | 관직에 나가지 않은 신하. ¶～英雄xióng | 초야에 묻힌 영웅→〔草茅〕 ❹ 잡초 [학문이 없음을 나타내는 말] ¶腹内原来～ | 뱃속에 학문이라고는 없다.
【草茅】cǎomáo 書 名 관직에 나가지 않은 사람. 재야인(在野人). ¶由一个～, 言天下事 | 일개 야인 신분으로 천하사를 논한다 ＝〔茅草cǎo②〕→〔草莽③〕
【草帽(儿)】cǎomào(r) 名 밀짚모자. ¶编biān～ | 밀짚모자를 짜다.
【草帽缏】cǎomàobiàn 名 모자·광주리 따위를 만들기 위해 보리 짚이나 밀짚으로 엮은 끈 ＝〔草帽辫biàn〕
【草帽辫】cǎomàobiàn ⇒〔草帽缏〕
【草莓】cǎoméi 名〈植〉딸기. ¶～酱jiàng |〈食〉딸기 잼. ¶～精jīng |〈食〉딸기 원액 ＝〔方 草果②〕〔方 杨梅〕
【草煤】cǎoméi ⇒〔草炭〕
【草昧】cǎomèi 書 形 원시적이다. 미개하다. ¶～初开 | 미개한 상태가 처음 열리다. 천지가 처음으로 창조되다.
【草棉】cǎomián 名〈植〉면화. 목화 ＝〔棉花〕〔古gǔ终〕〔方 木绵③〕
【草茉莉】cǎomò·li 名〈植〉분꽃 ＝〔紫zǐ茉莉〕
【草木】cǎomù 名 ❶ 초목. 풀과 나무. ¶～丛cóng生 | 초목이 무성하게 자랐다. ¶～灰huī | 풀과 나무를 태운 재. ❷ 喩 쓸모 없는 사람. ¶～之人 | 쓸모 없는 사람.
【草木皆兵】cǎo mù jiē bīng 成 초목이 모두 적의 병사로 보여 놀라다《晋書·符堅載記》
【草木犀】cǎomù·xi ⇒〔草木樨〕
【草木樨】cǎomù·xi 名〈植〉전동싸리 [사료(飼料)로 씀] ＝〔草木犀〕
【草拟】cǎonǐ 動 초안을 작성하다. 기초(起草)하다. ¶我替他～了一封电报 | 그를 대신해 전보 한 통의 초안을 해 주었다.
【草棚】cǎopéng 名 초가집. 초막 ＝〔草篷〕
【草篷】cǎopéng ⇒〔草棚〕
【草皮】cǎopí 名 ❶ 잔디. ¶剪jiǎn～ | 잔디를 깎다. ❷ 뗏장 [옮겨 심기 위해 떠 놓은 잔디]
【草坪】cǎopíng 名 ❶ 잔디밭. 론 코트(lawn court). ¶铺pū～ | 잔디를 깔다. ¶植zhí～ | 잔디밭을 만들다. ❷ 초지. 초원. ¶我家有一块小～ | 작은 초지 하나가 있다.
【草签】cǎoqiān 動 가조인(假調印)하다. 가서명하다. ¶～贸易协xié定 | 무역협정에 가조인하다 ＝〔缩写签子〕
【草蜻蛉】cǎoqīnglíng 名〈蟲〉풀잠자리.
【草裙舞】cǎoqún wǔ 名組〈舞〉훌라 댄스(hula dance).
【草人】cǎorén 名 허수아비. ¶扎zhā好～ | 허수아비를 만들다 ＝〔稻dào草人〕
【草石蚕】cǎoshícán 名〈植〉두루미냉이 ＝〔宝塔菜〕〔甘gān露②〕〔甘螺儿〕〔缸螺儿〕
【草食动物】cǎoshí dòngwù 名組 초식 동물 ＝〔草食兽shòu〕
【草食兽】cǎoshíshòu ⇒〔草食动物〕
【草书】cǎoshū 名 초서 [한자 서체(書體)의 하나] ＝〔草体①〕〔草写①〕〔草字①〕〔今草〕
4【草率】cǎoshuài 形 아무렇게나 하다. 소홀히 하다. 경솔하다. ¶～了事 | 대강 마무리짓다. ¶他办事一向～ | 그가 하는 일은 항상 엉성했다.
【草酸】cǎosuān 名〈化〉수산(蓚酸)(oxalic acid) ＝〔乙yǐ酸〕
【草台班子】cǎotái bān·zi 名組 소규모 유랑 극단(劇團). ¶这种～不可能演yǎn什么好戏 | 이런 작은 유랑 극단이 좋은 공연을 할 리 없다.
【草炭】cǎotàn 名〈鑛〉토탄(土炭). 이탄(泥炭) ＝〔草煤〕→〔泥炭〕
【草堂】cǎotáng 書 名 ❶ 초가집. ❷ 謙 누추한 집 [자기 집의 겸칭] ¶庐lú山～ | 여산 초당. 백거이(白居易)가 은거한 곳 ＝〔草庐〕〔茅máo庐〕 ❸ 중국 전통 가옥의 본채.
【草体】cǎotǐ ❶ ⇒〔草书〕 ❷ 名 필기체 ＝〔草写②〕
【草头】cǎotóu ❶ 名〈植〉클로버 ＝〔黄花苜蓿〕〔金花l〕 ❷ ⇒〔草字头(儿)〕
【草头大王】cǎotóu dàiwáng 名組 숲 속의 왕. 산적의 우두머리 ＝〔草头王〕
【草头方儿】cǎo·tóufāngr 名〈漢醫〉초약(草藥) 처방→〔草药〕
【草头王】cǎotóu·wang ⇒〔草头大王〕
【草图】cǎotú 名 ❶ 초안(草案)을 잡은 도면. 약도. 원도(原圖). ¶画huà了一张～ | 원도 한 장을 그렸다. ❷ 구상도. 스케치. ¶～纸zhǐ | 스케치 용지.
【草兔】cǎotù 名〈動〉산토끼. ¶～皮pí | 산토끼 가죽.
【草窝】cǎowō 名 ❶ 짚으로 엮은 보온구(保溫具). ❷ 둥우리. 초가. 헛간.
【草屋】cǎowū ⇒〔草房〕
【草乌(头)】cǎowū(tóu) 名〈植〉바곳 [적취(積聚)·심복통(心腹痛)·치통(齒痛) 따위의 치료약으로 쓰임]
【草席(子)】cǎoxí(·zi) 名 거적. 멍석. 돗자리. ¶龙lóng须xū～ | 골풀 돗자리. ¶编biān～ | 돗자리를 엮다.
【草鞋】cǎoxié 名 짚신. ¶打～ | 짚신을 엮다.
【草写】cǎoxiě ❶ ⇒〔草书〕 ❷ ⇒〔草体②〕

【草样儿】cǎoyàngr ❶⇒〔草稿〕❷名 겨냥도. 약도. ❸ 글씨의 견본.
【草药】cǎoyào 名〈漢醫〉❶ 약초. 초약. ¶～店｜약초 판매점→〔草头方儿〕❷ 민간약(民間藥). 민간 용법. ¶～一味, 气死名医｜諺 민간약 맛보자 명의가 화병으로 죽다. 장외의 것이 더욱 효과적이다.
【草野】cǎoyě 名 ❶ 書 민간. 벼슬하지 않은 백성. ¶上至zhì朝廷cháotíng, 下及～, 比比皆是｜위로는 조정에서 아래로는 민간에 이르기까지 모두 그러하다《紅樓夢》¶～英雄｜초야에 묻힌 영웅. ❷ 초원.
【草鱼】cǎoyú 名〈魚貝〉산천어(山川魚)＝〔鲩huàn鱼〕
2【草原】cǎoyuán 名 초원. 초원지대. ¶满蒙地区的大部分是～｜만주·몽고 지역의 대부분은 초원이다.
【草约】cǎoyuē 名 조약·의정서의 초안. 계약의 초고. 가계약서. ¶两国已经做了有关经济jì合作的～｜양국은 이미 경제협력에 관한 협의서 초안을 만들었다→〔草合同〕
【草泽】cǎozé ❶ 名 소택지대. ¶深山～｜깊은 산과 우거진 소택. ❷⇒〔草野①〕
【草贼】cǎozéi ⇒〔草寇〕
【草长莺飞】cǎo zhǎng yīng fēi 成 풀숲이 무성하고 꾀꼬리가 날아다니다. ¶暮mù春江南, ～, 杂zá树shù生花｜늦은 봄의 강남에는 풀이 무성하고 꾀꼬리가 날며, 오만 나무와 이름 모를 꽃으로 가득하였다.
【草纸】cǎozhǐ 名 ❶ 풀로 만든 조잡한 종이. ❷ 俗 方 화장지. 휴지＝〔坑kēng边纸〕〔卫生纸〕
【草质茎】cǎozhìjīng 名〈植〉초질경. 풀 줄기 [목질부(木質部)가 없는 연약한 풀의 줄기]
【草螽】cǎozhōng ⇒〔草虫①〕
【草猪】cǎozhū 名〈動〉어미돼지. 암퇘지.
【草字】cǎozì ❶⇒〔草书〕❷ 名 謙 나의 자. 소생의 자 [자기의 자(字)에 대한 겸칭]＝〔小字①〕
【草字头(儿)】cǎozìtóu(r) 名 한자 부수의 초두(艹) 변＝〔草头②〕〔草头儿〕〔大二十〕

cào ㄘㄠˋ

【肏】cào 씹할 조/초
動 俗 성교(性交)하다. 씹붙다 [주로 남자의 입장에서 욕할 때 쓰임] ¶～你妈!｜罵 네미 씹! ¶～蛋dàn｜못쓰게 되다. 망치다. 버려놓다. ¶～鬼guǐ｜음모를 꾸미다. 나쁜 짓을 하다→〔性xìng交〕〔咬yǎo鸡巴〕

【糙】cào ☞ 糙 cāo

cè ㄘㄜˋ

2【册〈冊〉】cè 책 책
❶ 名 책. 수첩 [원래 죽간(竹簡)의 묶음을 지칭한 것이나 지금은 장정(裝幀)한 것을 말함] ¶名～｜명단. 명단. ¶纪念～｜기념첩. ¶户口～｜호적 대장. ❷ 칙서(勅書). ¶亲～｜황제 자필의 칙서《古今小說》❸ 서간(書簡). ¶藏cáng其～于金柜guì, 无人知之｜서간을 금궤 속에 감추어 아무도 모릅니다《京本通俗小說》❹ 書 動 책봉하다. 옹립하다. ¶明年, ～为贵妃guìfēi, 半后服用｜명년에 귀비로 책봉하여 왕후의 반에 해당하는 대접을 하겠다《唐宋傳奇·長恨傳》→〔册立〕❺ 量 책. 권 [책을 세는 단위] ¶这套tào书一共五～｜이 책 한 질은 모두 5권이다→〔本běn〕
【册宝】cèbǎo 書 名 책봉하는 조서(詔書)와 옥새(玉璽). 옥책(玉冊)과 금보(金寶)→〔册印〕
【册封】cèfēng 動 책봉하다 ¶～皇贵妃fēi｜황귀비에 책봉하다→〔册立〕
【册立】cèlì 書 動 책립하다. 황제가 황후를 세우다→〔册封〕
【册页】cèyè 名 서화첩(書畵帖). 화첩. ¶一本～｜화첩 한 권＝〔册叶〕
【册叶】cèyè ＝〔册页〕
【册印】cèyìn 書 名 친왕세자 이하를 책봉한 조서(詔書)와 옥새(玉璽)→〔册宝〕
【册子】cè·zi 名 ❶ 책자. 장정(裝幀)한 서적. ¶小～｜소책자. 팜플렛(pamphlet). ¶总～｜원장(元帳)→〔本子①〕〔簿bù子②〕

3【侧(側)】cè zè zhāi 곁 측
Ⓐ cè ❶ 名 옆. 곁. 측면. ¶楼lóu两～｜건물의 양옆. ¶后～｜후측. ¶～面(儿)↓ ❷ 動 기울다. 치우치다. 굽다. ¶船身～了｜선체가 기울었다. ¶～耳ěr细听｜귀를 기울이고 자세히 듣다. ¶～重↓ ❸ 書 動 숨다. 감추다. ¶～溪谷xīgǔ之间｜계곡의 사이에 숨다. ❹ (Cè) 名 성(姓).
Ⓑ zè 「仄」와 통용⇒〔仄zè④〕
Ⓒ zhāi 動 京 北 기울다. 경사지다 [북경이나 북부의 방언음(方言音). 표준음은 「cè」이나 일부 낱말을 이 음으로 발음함] ¶～歪↓ ¶～愣↓
Ⓐ cè
【侧巴楞】cè·balēng ⇒〔侧不棱〕
【侧柏】cèbǎi 名〈植〉측백나무. ¶～叶yè｜〈漢醫〉측백엽→〔柏bǎi①〕
【侧扁】cèbiǎn 名 측편형. 납작한 형태.
【侧不棱】cè·bulēng 朕 北 비스듬히 넘어지다. 비틀거리다. 기우뚱거리다. 한쪽으로 밀리다. ¶滑huá了个～｜한번 미끄러져 비틀거리다. ¶挂guà个～, 歪wāi了两步又站住｜걸려 기우뚱하며 두 세 걸음 휘청대다가 바로 섰다＝〔侧巴楞〕〔侧不楞〕
【侧不楞】cè·bulēng ⇒〔侧不棱〕
【侧耳】cè'ěr ❶ 動 귀를 기울이다. 애써 듣다. ¶～而听｜귀를 기울여 듣다. ¶～留神liúshén｜귀를 기울이며 신경을 쓰다. ¶～倾qīng听｜귀를 기울여 경청하다→〔侧听〕❷ 名〈植〉측이 버섯 [활엽수의 줄기에서 자라는 일종의 버섯. 자양(滋養)·보신(補身劑) 등의 한약재로도 쓰임]
【侧房】cèfáng ⇒〔侧室①②〕
【侧夫人】cèfūre'n ⇒〔侧室②〕
【侧根】cègēn 名〈植〉곁뿌리. 옆뿌리＝〔支根〕
【侧击】cèjī 名 動 측면 공격(하다).
【侧记】cèjì 名 방청기(傍聽記). 탐방기. 취재기.

기자 수첩. 참관 기록 [주로 신문 보도의 표제로 쓰임] ¶出口商品交易会～ | 수출 상품 교역회에 관한 취재. ¶水库kǔ工地～ | 댐 공사 현장 탐방기.

【侧门】cèmén 名 옆문. 통용문(通用門). ¶由～进jìn里面 | 통용문으로 안에 들어 갔다.

⁴【侧面】cèmiàn 名 ❶ 측면. ¶物体的～ | 물체의 측면. ¶～图tú | 측면도. ❷ 방면. 점. ¶相互矛盾máodùn着的～ | 상호 모순된 점. ❸ 간접적 방면. ¶从～打听 | 간접적으로 알아 보다.

【侧目】cèmù 書 動 ❶ 곁눈으로 보다. 힐끔거리다. ¶～而视 | 成 곁눈질하다. 무서워 힐끗 보다. ❷ 질시(嫉視)하다. ¶经常招zhāo来一些人的非议和～ | 늘 다른 사람의 비난과 질시를 받는다 ‖ →〔侧视〕

【侧身】cè/shēn ❶ 動 몸을 옆으로 하다. 몸을 돌리다. ¶～而入 | 몸을 옆으로 돌리고 들어가다. ¶～睡着 | 옆으로 누어 자다. ¶～投球 | 〈體〉(야구 투수의) 세트포지션(set position). ❷ 動 몸을 두다. 끼어들다. ¶～于右派pài行列hángliè | 우파의 대열에 끼어 들다→〔厕身〕〔厕足〕〔侧足②〕 ❸ 名 과부(寡婦).

【侧室】cèshì 書 名 ❶ 옆방. 곁방. ❷ 첩(妾). ¶将女儿送他为～ | 딸을 그에게 첩으로 보냈다 =〔侧夫人〕‖ =〔侧房〕 ❸ 서자(庶子). 첩에서 난 자식.

【侧视】cèshì 動 곁눈질 하다. 옆으로 보다. ¶～左后方 | 좌우로 곁눈질 하다. ¶～雷达léidá | 측방 감시용 레이다. 측방 레이다. ¶～图tú | 측면도→〔侧目〕

【侧听】cètīng 動 귀를 기울여 듣다. 귀담아 듣다→〔侧耳①〕

【侧线】cèxiàn 名 ❶ 〈魚貝〉(어류·양서류의) 측선. ❷ 〈化〉 측선. 측류. ❸ 〈交〉 측선 [정상 철로 외에 조차용(操車用)이나 현장의 인도선(引導線) 따위]

【侧压力】cèyālì 名 〈物〉 측압 =〔旁压力〕

【侧芽】cèyá 名 〈植〉 곁눈. 액아(腋芽) =〔腋芽〕

【侧翼】cèyì 名 〈軍〉(군대·함대 등의) 양 날개. 측면. 양익(兩翼). ¶～警戒jǐngjiè | 측면 경계. ¶从～迂廻yūhuí和包抄chāo欧ōu洲 | 측면에서 우회하여 구주를 포위하였다.

【侧泳】cèyǒng 名 〈體〉 횡영(橫泳). 사이드 스트로크(side stroke). ¶～法 | 횡체 영법.

【侧玉儿】cèyùr 名 한자 부수의 구슬옥(玉) 변 =〔斜xié玉旁〕〔斜玉儿〕

【侧枝】cèzhī 名 〈植〉 측지. 곁가지. ¶～旁杈chà | 곁가지.

【侧重】cèzhòng 動 특히 중시하다. 편중(偏重)하다. 치중하다. ¶教外语应该～于听和说 | 외국어 교습에는 듣고 말하는 데 치중해야한다. ¶气功gōng～在静jìng心养yǎng气 | 기공은 마음을 가라 앉히고 기를 돋우는 데 치중한다.

【侧转】cèzhuǎn 動 옆으로 기울이다. ¶把盆pén子微wēi微～, 用汤匙chí将汤舀yǎo来喝了 | 동이를 살짝 기울이고 국자로 국을 떠서 마셨다.

【侧足】cèzú 書 動 ❶ 다리를 비스듬히 하다. 꼼짝 못하다. ¶～而立 | 무서워 옴쭉달싹 못하고 서 있다. ❷ 발을 들여 놓다. 관여하다. ¶这是我们家的事, 请你别～ | 이는 우리집의 일이니 간섭하지 마시오→〔侧身②〕〔厕身②〕〔厕足〕

【侧坐】cèzuò 動 ❶ 書 옆으로 앉다. 비스듬히 앉다 [옛날 어른 앞에 경의의 표시로 정면으로 앉지 않음을 말함] ❷ 걸터 앉지 않고 옆으로 앉다. ¶～自行车后座zuò是很危险wēixiǎn的 | 자전거 뒷좌석에 옆으로 앉는 것은 위험하다.

C zhāi

【侧巴棱】zhāi·balēng 動 京 (한쪽으로) 기울다. 비틀하다. 넘어지다. ¶摔了一个～ | 걸려 넘어졌다 =〔侧不棱〕

【侧不棱】zhāi·bulēng ⇒〔侧巴棱〕

【侧愣】zhāilēng 動 北 ❶ 기울이다. 비스듬히 하다. ¶他一说话, 大伙huǒ都～耳朵duǒ听 | 그가 말을 하자 모두들 귀를 기울였다. ❷ 한쪽으로 넘어지다. 한 방향으로 기울다. ¶～着身shēn子睡shuì | 모로 누워 자다 =〔侧棱〕싸

【侧棱】zhāilēng ⇒〔侧愣〕

【侧歪】zhāi·wai 動 北 기울다. 비스듬히 하다. ¶帽mào子～在一边 | 모자를 한쪽으로 재껴 쓰다. ¶车在山坡pō上～着开 | 차가 산비탈을 비스듬히 누운 채로 간다. 어법「仄zè歪」「摘zhāi歪」「裁cái歪」로도 씀.

2【厕(厠)〈廁〉】cè ·si 뒤간 측, 끼일 측

A cè ❶ 名 화장실 변소. ¶公～ | 공중 변소. ¶男nán～ | 남자 변소. ¶水～ | 수세식 변소→〔厕所〕 ❷ 書 動 끼어들다. 섞이다. 참가하다. ¶～身于队伍wǔ | 대열에 끼어들다→〔厕身〕

B ·si ⇒〔茅máo厕〕

【厕身】cèshēn 書 動 몸을 두다. 참여하다. 끼어들다. 관계하다. ¶～政界 | 정계에 몸을 담다. ¶～其间 | 그들 가운데 끼어들다→〔侧身②〕〔厕足〕〔侧足②〕

²【厕所】cèsuǒ 名 변소. 화장실. ¶～间 | 가옥 내의 변소. 집안의 화장실. ¶公共～=〔公厕〕| 공중 변소 =〔便biàn所〕〔近 东厕〕〔方 毛房〕〔方 茅房〕〔方 茅司〕〔方 茅厕máo·si〕〔中zhōng厕儿〕

【厕足】cèzú 書 動 발을 들여 놓다. 관계하다. 관여하다. ¶～其间 | 그들 사이에 발을 들여 놓다→〔侧身②〕〔侧足②〕

【恻(惻)】cè 슬퍼할 측

❶ 슬프다. 애통하다. 비통하다. ¶凄qī～ | 비탄해 하다. ¶悱fěi～ | 말 못하고 슬퍼하다. 마음 속으로 괴로와하다. ❷ 애절하다. ¶恳kěn～之心 | 애절한 마음 =〔切qiè③〕 ❸ 측은하다. 불쌍하다. ¶～然rán不忍rěn | 불쌍해 차마 볼 수 없다. ¶～隐yǐn之心 | 成 측은지심.

【恻隐】cèyǐn 書 狀 불쌍하다. 측은하다. ¶～之心, 人皆有之 | 측은히 여기는 마음은 사람마다 다 가지고 있다. ¶一看这情形, 顿dùn生～ | 이 상황을 보니 갑자기 측은한 생각이 들었다.

2【测(測)】cè 잴 측, 헤아릴 측

動 ❶ 추측하다. 추정하다. 예측하다. ¶天意真zhēn难nán～ | 하늘의 뜻은 정

말 예측하기 어렵다. ¶变幻huàn莫mò～ =〔变化莫测〕| 변화를 예측할 수 없다. ❷ 재다. 측량하다. 측정하다. ¶～角jiǎo器qì | 분도기(分度器). ¶～量↓ ¶～雨量 | 강우량을 측정하다. 재다. ❸ 문자점(文字占)을 치다. ¶～字↓

【测报】cèbào 名 動 측량·관측하여 보고하다. ¶～虫chóng情 | 병충해 상황을 관측·보고하다. ¶气象～ | 기상예보.

【测电笔】cèdiànbǐ 名〈電氣〉검전기(檢電器). 디텍터(detector).

4【测定】cèdìng 動 측정하다. ¶～水位 | 수위를 측정하다. ¶～面积jī | 면적을 측정하다. ¶～工具 | 측정 공구.

【测度】ⓐ cèdù 名〈數〉약수(約數). ¶公～ | 공약수(公約數).

ⓑ cèduó 動 추측하다. 헤아리다. 짐작하다. ¶根据jù风向～, 今天不会下雨 | 풍향으로 짐작해 보건대, 오늘 비가 오지 않을 것이다. ¶～人心 | 남의 마음을 헤아려보다.

【测风计】cèfēngjì 名〈機〉풍력계. 풍속계.

【测杆】cègān 名〈測〉측량대. 폴(pole) [측량할 때 특정 지점을 표시하는 데 쓰이는 붉은색과 흰색을 칠한 막대] =〔标杆〕〔标竿〕〔标柱〕〔标桩〕

【测候】cèhòu 書 動 기상을 관측하다. 천문(天文)을 관찰하다.

【测谎器】cèhuǎngqì ⇒〔测谎仪〕

【测谎仪】cèhuǎngyí 名〈機〉거짓말 탐지기 =〔测谎器〕

【测绘】cèhuì ❶ 動 측량하여 제도하다. 측량하여 도면을 그리다. ❷ 名 측량제도(測量製圖). ¶做～ | 측량 제도작업을 하다. ¶～板 | 측량제도판. ¶～生 | 제도사. 지도 제작자. ¶～学 | 지형학(地形學).

【测控】cèkòng 動 관측·측량하여 제어하다. ¶卫wèi星～中心 | 위성 관측 제어 센터.

3【测量】cèliáng ❶ 動 측량하다. ¶～土地 | 토지를 측량하다. ¶～一下这山的高度 | 이 산의 고도를 측량해 보아라. ❷ 名 측량. 측정. ¶做～ | 측량을 하다. ¶航háng空～ | 항공 측량. ¶～仪表 | 측량기계. ¶～员 | 측량사. ¶血压yā～ | 혈압측정.

【测量器】cèliángqì 名〈機〉측량기.

【测量学】cèliángxué 名 측량학.

3【测试】cèshì ❶ 動 검측하다. 시험하다. 테스트하다. ¶～一下他的英语水平 | 그의 영어 수준을 테스트해 보아라. ¶～土壤rǎng | 토양을 검측하다. ❷ 名 테스트(test). 시험(試驗). ¶做～ | 테스트하다. ¶能力～ | 능력 측정. ¶～电路 | 테스트 회로.

4【测算】cèsuàn ❶ 動 측량 계산하다. ¶用地震zhèn仪yí～地震震级 | 지진계로 지진의 강도를 측정하다. ❷ 動 추정하여 견적을 내다. ❸ 名 측량계산. ¶做～ | 측량계산을 하다.

2【测验】cèyàn ❶ 動 (성능·능력·수준 등을) 시험하다. 테스트하다. ¶～智zhì力 | 지능 테스트하다. ¶～一下他的水平 | 그의 수준을 시험해 보아라. ❷ 動 (의견을) 알아보다. ¶～民意 | 여론을 조사하다. ¶～小平 | 소평의 뜻을 알아 보다. ❸ 名 테스트. 측정. ¶做～ | 테스트하다. ¶学力～ | 학력 측정.

【测字】cè/zì 動 글자 점을 치다. 한자를 풀이하다 [한자의 편방(偏旁)·필획 등을 분해·종합하여 치는 점] ¶上街去找了一个～的 | 거리에 나가 글자점쟁이를 하나 찾았다《紅樓夢》=〔拆chāi字〕→〔算suàn命〕〔相xiàng面〕

2【策】cè 꾀 책, 대쪽 책 ❶ 名 계책. 계략. 책략. ¶政～ | 정책. ¶万全quán之～ | 완전 무결한 책략. ¶束shù手无～ | 속수무책. ❷ 書 名 채찍. ¶执zhí～ | 채찍을 잡다. 말을 타다. ❸ 書 動 채찍질하다. ¶扬yáng鞭biān～马 | 채찍을 들어 말에게 채찍질하다. ¶～马 | 말에게 채찍질하다. ¶～其驴lǘ, 忽hū先之, 忽后之 | 당나귀에 채찍질을 하니 갑자기 앞서거니 뒤서거니 한다. ❹ 書 名 죽간. 대쪽 [문자를 기록하는 대나무·나무의 조각] ¶简jiǎn～ | 간책. 죽간. ¶史～ | 사서 →〔简jiǎn④〕 ❺ 名 책 [과거(科擧)에 출제되던 문체의 하나] ¶～论↓ ¶～问↓ ¶～文↓ ¶对～ | 대책 [정치적 문제에 대해 의견을 묻는 것을 「策问」이라 하고, 이에 대답하는 것을 「对策」이라 함] ❻ 動 近 부축하다. 기대다. 짚다. ❼ 書 名 임관(任官)·봉작(封爵)의 부명(符命)·문서 [「册」의 가차자(假借字)로 쓰임] ❽ (Cè) 名 성(姓).

【策策】cècè 書 擬 척척. 사락사락 [낙엽이 지는 소리] ¶秋风落叶luòyè, ～有声 | 가을 바람에 낙엽이 사락사락 소리를 낸다.

【策动】cèdòng ❶ 動 貶 책동하다. 획책하다 [나쁜 뜻으로만 쓰임] ¶他们～了这起叛逃pàntáo事件 | 그들이 이번의 배신하고 도망간 사건을 책동하였다. ¶～反动派的政变 | 반동파의 정변을 부추겼다. ❷ 名 책동. 획책.

【策反】cèfǎn 動 (적의 내부에 들어가) 모반하도록 획책하다. 모반을 책동하다. ¶～工作 | 반란을 획책하는 작업을 하다.

【策画】cèhuà ⇒〔策划〕

4【策划】cèhuà ❶ 動 획책하다. 계략을 꾸미다. ¶幕mù后～ | 막후에서 획책하다. ¶～内战zhàn | 내전을 획책하다. ¶～造zào反 | 모반을 획책하다. ❷ 名 획책 =〔策画〕.

【策励】cèlì 書 動 독려[독려]하다. ¶时时刻刻～自己 | 시시각각 자신을 채찍질하다. ¶～盟méng友, 共同前进 | 맹우를 독려하여 함께 전진하다.

4【策略】cèlüè ❶ 名 책략. 전술. 기술. 방법. ¶想出来提tí高运yùn算速度的～ | 운산 속도를 높일 수 있는 묘안을 생각해 냈다. ¶使用～ | 책략을 쓰다. ¶～完全暴露bàolù了 | 책략이 완전히 폭로되었다. ❷ 形 전술적이다. ¶他很～, 我们要小心 | 그는 전술적이니 우리는 조심해야 한다.

【策论】cèlùn 名 책론 [과거에 출제된 정치적 문제에 대해 의론한 글. 대책(對策)과 의론문(議論文)] →〔策文〕〔策问〕

【策士】cèshì 書 名 책사. 책략가.

【策文】cèwén 書 名 책문 [과거(科擧)에서 정치적 견해를 묻는 문제인 「策问」에 대한 답안] →

〔策论〕〔策问〕

【策问】cèwèn 書名 책문 [과거(科擧)에서 정치적 견해를 묻는 문제]→〔策论〕〔策文〕

【策应】cèyìng 動〈軍〉협동 작전하다. 호응하여 참전하다. 함께 싸우다. ¶由三八军担任dānrèn～ | 삼팔군이 협동 응전을 담당하였다.

【策源地】cèyuándì 名 (사건의) 발원지(發源地). 발상지. ¶北京是五·四运动yùndòng的～ | 북경은 5·4운동의 발상지이다. ¶天安门是民主学潮xuécháo的～ | 천안문은 민주 학생 운동의 발원지이다.

【筴】cè ☞ 筴 jiā B

cēn ㄘㄣ

【参】cēn ☞ 参 cān B

cén ㄘㄣˊ

【岑】cén 멧부리 잠, 높을 잠
❶ 書名 작으면서 높은 산. ¶～岭兀wù立 | 작으면서도 높은 봉우리가 우뚝 솟아 있다. ❷ 조용하다. ¶～寂jì↓ ❸ (Cén) 名 성(姓).

【岑寂】cénjì 書 賍 적막하다. 고요하다. ¶四周一片piàn～了 | 사방이 온통 적막하다.

【涔】cén 큰물 잠, 못 잠, 줄줄올 잠
書 ❶ 動 (눈물·땀이) 흐르다. ¶得着那些见闻, 在当时竟jìng感伤shāng得～过一些眼泪lèi | 그 소식을 듣고 당시에 슬퍼 눈물을 흘렸다. ❷ 名 빗물. ❸ (눈물·빗물·땀 등이) 줄줄 흐르다 →〔涔涔〕

【涔涔】céncén 書 賍 ❶ 비가 많이 내리다. ❷ (눈물·땀 등이) 줄줄 흐르다. ¶～泪下 | 눈물이 줄줄 흐르다. ❸ 번뇌하다. 번민하다. ❹ 하늘에 구름이 끼여 음침하다.

【涔蹄】céntí 書名 마소의 발자국에 고인 물. 喩 조금의 물.

cēng ㄘㄥ

【噌】cēng chēng 왁자지껄할 쟁, 시끄러울 증

A cēng ❶ 擬 쓱싹. 픽. 푸드덕 [빠른 동작으로 나는 소리] ¶～的一声, 火柴chái划huá着了 | 피리릭하고 성냥불이 켜졌다. ¶麻雀máquè～的一声飞上了 | 참새가 푸드덕 소리를 내며 날아 올랐다. ❷ 動 京 질책하다. 규탄하다. ¶～了他一顿 | 그를 한바탕 꾸짖었다. ¶他挨āi～了 | 그는 질책을 받았다. ❸ 動 京 사이가 틀어지다. 등을 돌리다. 냉담해지다. ¶他们俩liǎ说～了 | 그들 둘은 말다툼을 하고 사이가 벌어졌다.

B chēng 擬 쾅쾅. 징징 [종·북을 치는 소리] ¶钟鼓gǔ之声, ～～盈yíng耳 | 종과 북소리가 쟁쟁하고 귀에 가득 울린다.

céng ㄘㄥˊ

2【曾】céng ☞ 曾 zēng B

1【层(層)】céng 겹 층
❶ 연이어. 겹겹의. ¶～出不穷↓ ❷ 계급. 계층. ¶阶jiē～ | 계층. ❸ 量 층. 겹. 가지. 벌. 어법 ⓐ 높게 쌓여 있거나 겹으로 된 것에 사용하며「的」를 붙일 수 있음. ¶这座楼有十五～, 我住在第五～ | 이 건물은 15층인데, 나는 5층에 산다. ¶五～的宝bǎo塔 | 오층탑. ¶双～窗户 | 겹으로 된 창문. ¶隔gé了一～玻bō璃·li | 유리 한 겹으로 간격을 두었다. ⓑ 여러 개의 항목으로 나누어지는 사상·이유·도리 등의 추상적인 뜻에 사용함. ¶这里还有一～原因 | 여기에는 한 가지 이유가 더 있다. ¶这句话有两～意思 | 이 말에는 두 가지 의미가 있다. ⓒ 물체의 표면을 덮은 것에 사용함. ¶桌上蒙méng了一～灰huī | 책상에 한 겹의 석회를 입혔다. ¶外面罩zhào着一～塑料sùliào薄膜báomó | 밖에 얇은 수지막 한 겹을 입혔다. ❹ (Céng) 名 성(姓).

【层报】céngbào 動 상급(上級)에 차례대로 보고하다.

【层层】céngcéng ❶ 賍 겹겹이 쌓이거나 포개어지다. ¶～包围wéi | 겹겹이 포위하다. ❷ 量 각 층. 여러 층. ¶～把关guān | 매 단계 마다 점검(點檢)하다. ¶～有理 | 줄줄이 이치에 맞다.

【层层包干】céngcéng bāogàn 動組 모든 작업 공정을 도급 맡아 하다.

【层层叠叠】céng·cengdiédié 賍 여러겹으로 겹쳐 있다.

4【层出不穷】céng chū bù qióng 成 끊임없이 일어나다. 계속 나타나다. ¶新人新事～ | 새 사람과 새로운 일이 연이어 나타나다.

4【层次】céngcì 名 ❶ (말·글의) 순서. 단계. ¶分～ | 단계를 나누다. ¶这篇piān文章～清楚 | 이 글은 순서가 명확하다. ❷ 상호 관계 있는 기구. ¶减jiǎn少～, 清简人员 | 관련 기구를 축소하고 인원을 줄여 정예화하다. ❸ 등급. 층별. ¶～号码 | 등급 번호.

【层流】céngliú 名〈物〉층류. 층운동. ¶～分离lí | 층류박리(剝離). ¶～混hùn合 | 층류 혼합.

【层楼】cénglóu 名 이층 이상의 건물.

【层峦】céngluán 名 겹겹이 쌓인 산. ¶～叠dié嶂zhàng | 成 첩첩산중. 산이 여러 겹 겹쳐 있다.

【层云】céngyún 名〈氣〉층운(層雲) [수평으로 층상(層狀)을 이룬 구름]

【郐〈鄫〉】Céng 나라이름 증
名 ❶〈史〉증 [산동성(山東省) 역현(嶧縣)의 동쪽에 있었던 춘추(春秋)시대 나라 이름. 거(莒)에 멸망 당함] ❷〈地〉증 [춘추(春秋)시대의 정(鄭) 나라에 속했던 지명. 하남성(河南省) 자성현(柘城縣)의 북쪽] ❸ 성(姓).

cèng ㄘㄥˋ

4【蹭〈擤$_{1,2}$〉】cèng 문지를 층
動 ❶ 문지르다. ¶～鼻bí子 | 코를 문지르다. ¶在衣服上～干净了刀dāo子 | 칼을 옷에 문질러 깨끗이 닦았다. ❷ (더러운 것이) 묻다. 더럽혀지다. ¶墨mò还没干, 留神

别~了 | 먹이 아직 마르지 않았으니 더럽혀지지 않도록 조심해라. ¶借jiè光, ~油 | 좀 비키시오. 기름때 묻습니다. ❸ 천천히 걷다. 발을 질질 끌다. ¶他的脚jiǎo受伤shāng了, 只能一步一步地往前~ | 그는 발에 상처를 입어 한 걸음 한 걸음 질질 끌며 앞으로 걸어 나간다. ¶小脚jiǎo娘niáng儿, 一步三~ | 전족한 여자가 질질거리며 걷는다. ❹ 方 (시간을) 질질 끌다. 연기하다. 꾸물거리다. ¶事儿老不干, 今天~明天, 明天~后天, 一天一天~ | 늘 일하지 않고 오늘 일은 내일로 내일 일은 모레로 하루 하루 연기한다. ¶还得děi往后~ | 아무래도 연기해야겠다. ❺ 京 공짜로 이익을 보다. 돈을 내지 않고 덕을 보다. ¶坐~车 | 차를 얻어타라. ¶~了一顿dùn饭 | 밥 한 끼 공짜로 먹다. ¶~吃~喝 | 공짜로 먹고 마시다. ❻ 유람하다. 다니며 놀다. ¶师傅shīfù逛guàng, 徒tú弟~ | 선생님께서 나가시니 제자도 따라 나가 논다.

【蹭蹬】cèngdèng ❶ 動 실패하다. 좌절하다. ¶科名~ | 과거에 낙방하다. ❷ 書 狀 불우하다. 실의에 빠지다. ¶一生~ | 한평생 실의에 빠졌다《兒女英雄傳》

chā ㄔㄚ

2【叉〈扠A〉】chā chá chǎ chà 양갈래 차 찌를 차, 막힐 차

Ⓐ chā ❶ (~子) 名 포크·갈퀴와 같이 끝이 갈라진 도구. ¶刀~ | 나이프와 포크. ¶渔~=[鱼叉] | 작살. ❷ 動 (포크·갈퀴 따위로) 찌르다. ¶用叉子~起一片苹píng果 | 포크로 사과 한 쪽을 찍어 들다. ¶~鱼↓ ❸ 動 손을 교차시키다. 손을 꽂다. ¶~手↓ ¶两手~在腰yāo间 | 두 손을 허리에 꽂다. ❹ (~儿) 名 「×」표 [오류·불가능·생략 따위를 나타내는 부호인 「×」를 이렇게 읽음] ¶打~ | 「×」표를 하다. ¶李~~ | 李 ×× →[钩gōu②][圈quān⑤] ❺ 動 목덜미를 쥐다. ¶~出门去 | 목덜미를 잡고 문밖으로 밀어내다. ❻ 動 方 (마작을) 하다. 놀다. ¶~麻雀↓ ❼ 量 江 뼘. ¶不管怎样, 你是她一~五寸养大的哪! | 어떻든 너는 그녀가 한 뼘하고도 다섯촌이나 키워 주었잖아!

Ⓑ chá 動 北 걸리다. 막히다. 걸리다. ¶骨头~在嗓sǎng子里 | 뼈가 목구멍에 걸렸다. ¶~路 | 길이 막히다. ¶游yóu行队伍wǔ把路口都~住了 | 시위대가 길 어귀를 모두 막았다.

Ⓒ chǎ ❶ 動 京 다리를 벌리고 버티어 서다. ¶~腿 | 다리를 벌리고 서다. ¶~着门不让人进来 | 문에 버티고 서서 사람들이 들어 오지 못하게 한다 =[扠chā①] ❷ ⇒[裤kù叉(儿)]

Ⓓ chà ⇒[劈pǐ叉]

Ⓐ chā

【叉巴子】chābā·zi 名 京 쇠스랑.

【叉车】ⓐ chāchē 名〈機〉불도저(buldozer)→[铲chǎn运车]

ⓑ chá chē 動 차가 밀리다. 앞차에 막혀 뒷차가 가지 못하다.

【叉床】chāchuáng ⇒[插chā床]

【叉动车】chādòngchē 名 지게차. 포크 리프트 트럭(fork lift truck)

【叉兜儿】chādōur 名 (중국옷의) 옆으로 낸 주머니 =[叉手·shou②]

【叉竿】chāgān 名 빗장. ¶妇fù人正手里拿着~放帘lián子 | 부인은 마침 문빗장을 손에 들고 발을 내리고 있다→[叉手·shou①]

【叉路】chālù 名 갈림길. 교차로. ¶他们在~口分手 | 그들은 갈림길 들머리에서 갈라 섰다.

【叉麻雀】chā máquè 動組 方 近 마작하다. ¶邀yāo几个朋友到家里~ | 친구 몇을 집으로 초청하여 마작을 하다→[打dǎ麻将]

【叉烧】chāshāo ❶ 動 고기를 꼬챙이에 꽂아 굽다. 꽂이 불고기를 하다. ❷ 名〈食〉꼬챙이에 꽂아 구운 불고기. ¶~肉ròu | 꽂이 불고기.

【叉手】ⓐ chā/shǒu 動 ❶ 두 손을 마주 잡다. ¶~直zhí立 | 두손을 마주 잡고 바로 서다. ❷ 名 두 손을 잡고 가슴까지 올리는 예를 올리다. ¶那妇人~向前道 | 그 부인은 두 손을 마주 잡는 예를 차려 앞으로 나가며 말했다《金瓶梅》=[拱手][杈手]

ⓑ chā·shou ❶ 名 문빗장→[叉竿] ❷ ⇒[叉兜儿]

【叉腿】ⓐ chā/tuǐ 動 다리를 엇갈리게 꼬다.

ⓑ chǎ/tuǐ 動 다리를 벌리다. 두 다리를 벌리고 서다. ¶守shǒu球门的叉着腿tuǐ站zhàn | 골 키퍼는 다리를 벌리고 서있다.

【叉腰】chā/yāo 動 손을 허리에 꽂다. ¶一手~站zhàn着 | 한 손을 허리에 꽂고 서 있다.

【叉鱼】chāyú 動 작살로 물고기를 찌르다. 작살로 물고기를 잡다.

2【叉子】chā·zi 名 ❶ 포크. ¶肉~ | 육식용 포크. ¶小~ | 소채용 포크. ¶用~吃西餐cān | 포크로 양식을 먹다→[餐cān刀] ❷ 쇠스랑. 갈고랑이. 갈퀴. ¶干草~ | 건초용 쇠스랑. ¶无柄bǐng四爪zhǎo~ | 자루 없는 네갈고랑이. ❸ (여인의) 머리핀. ❹ 자전거 앞바퀴의 지주(支柱). ¶我的自行车~断duàn了, 骑qí不了 | 내 자전거는 앞 바퀴 지주가 부러져 탈 수 없다.

Ⓑ chá

【叉车】cháchē ☞ [叉车] chāchē ⓑ

Ⓒ chǎ

【叉叉裤】chǎchǎkù 名 北 밑이 터진 유아용 바지.

【叉腿】chǎ/tuǐ ☞ [叉腿] chā/tuǐ ⓑ

【杈】chā chà 작살 차

Ⓐ chā 名 ❶ 긴발 쇠스랑 [짚이나 건초를 긁어모으는 농구] ❷ 작살 ¶鱼~ | 물고기 작살. ❸ (Chā) 성(姓).

Ⓑ chà (~儿, ~子) 名 (나무의) 가지. 곁가지. ¶~枝zhī | 곁가지. ¶树shù~儿 | 나무의 가지. ¶打棉mián~ | 목화의 곁가지를 치다.

【杈杆儿】chāgǎnr 名 ❶ 옛날 기녀들의 주인. ❷ 轉 京 보호자. 후견인. ¶大师走了, 谁给他做~? | 대사가 떠나셨으니 누가 그의 후견인이 되어 주지?

【杈子】chāzǐ 書 名 사람들의 왕래를 막기 위해 나무로 만든 바리케이트.

【杈桠】chàyā 形 方 나무의 곁가지가 무성하게 얽혀있다. ¶数十株老树～｜수십주 노목의 가지가 무성하게 뻗었다.

1【差】chā chà chāi cī cuō 틀릴 차, 들쑥날쑥할 치

Ⓐ chā ❶ 다르다. 차이가 나다. 떨어지다. ¶～别↓ ❷ 書 副 다소. 조금. ¶～轻｜비교적 가볍다. ¶～强人意↓ ❸ 잘못. 실수. 착오. ¶～错↓ ❹ 名〈數〉차. 차액. ¶七与三之～是四｜7과 3의 차는 4이다. ¶～数｜차. ❺ 書 副 대체로. 거의. ¶虽为娼chāng, ～足zú多乎｜비록 기생의 몸이지만 대체로 찬양할 가치가 있다《楊娼傳》❻ 名(사물간의) 차이. 상이점. ¶时～｜시차. ¶程度有～｜정도에 차이가 있다.

Ⓑ chà ❶ 動 틀리다. 위배되다. 잘못되다. ¶说～了｜잘못 말했다. ¶结帐zhàng总zǒng无～｜결산에 틀림이 없다. ❷ 動 다르다. 상이하다. ¶～得远｜크게 차이가 나다. ¶～不多↓ ¶大致zhì不～｜대체적으로 차이가 없다. ❸ 動 부족하다. 모자라다. 빠지다. ¶还～一个｜여전히 한 개가 모자란다. ¶大家都来了, 就～小平｜모두 다 왔는데 소평이만 빠졌다. ❹ 形 수준 미달이다. 못미치다. 나쁘다. 열등하다. ¶成绩jì～｜성적이 나쁘다. ¶质zhì量太～｜질이 너무 나쁘다.

Ⓒ chāi ❶ 動 파견하다. 보내다. ¶～人去问一下｜사람을 보내 물어 보아라. ❷ 심부름군. 사자(使者). ¶官～｜관리. 벼슬 아치. ¶邮yóu～｜우편배달부. ❸ 名 일시적으로 위탁 받은 일. 출장 업무. ¶出～｜출장가다. ¶兼～｜겸무하다. ¶～旅lǚ费｜출장비. ¶明天我有～｜내일 출장이 있다. ❹ (Chāi) 名 성(姓).

Ⓓ cī ❶ 고르지 않다. 가지런하지 않다. ¶～池chí↓ ¶参cēn～不齐qí｜가지런하지 않다. ❷ 書 動 등급을 매기다. ¶～等↓ ¶～爵jué禄lù｜작위와 봉록의 급수를 정하다.

Ⓔ cuō ⇒〔差跌〕

Ⓐ chā

3【差别】chābié 名 ❶ 차이. 상이(相異). 다름. ¶外行人瞧qiáo几乎无～｜문외한이 보면 거의 다른 점이 없다. ¶数量上有～｜양적으로 차이가 있다. ❷ 차별. 구별. ¶～待遇dàiyù｜차별 대우. ¶无男女～的教育｜남녀의 차별이 없는 교육. ❸ 격차. 차별. ¶缩suō小～｜격차를 줄이다. ¶～汇率huìlǜ｜차별 환율. 어법「分别」「区别」와는 달리 동사로 쓰이지 않음→〔分别〕〔区别〕

【差池】ⓐ chāchí 名 方 近 의외. 착오. 잘못. 불의. 변고. ¶有什么～, 那是会直接影响yǐngxiǎng到自记的职zhí业｜무슨 변고가 있게 되면 이는 자기의 직업에 직접 영향을 미치게 된다. ¶若ruò有～, 怎么办呢?｜만약 착오가 생기면 어떻게 하지? ＝〔差迟〕

ⓑ cīchí 形 고르지 않다. 들쑥날쑥하다. ¶每学生的成绩jì都很～｜매 학생의 성적이 매우 고르지 않다.

【差迟】chāchí ⇒〔差池 ⓐ〕

4【差错】chācuò 名 ❶ 틀림. 착오. 실수. 오류. ¶是谁的～?｜누구의 착오이냐? ¶放心吧, 出不了～｜안심해라, 틀릴 수가 없다. ❷ 의외. 불의. 변고. ¶老太太最疼téng的宝玉, 若有～, 可不是我的罪zuì名更重zhòng了｜할머니께서 가장 사랑하는 보옥에게 만약 무슨 일이라도 나는 날이면 나의 죄는 더욱 커지게 된단 말이요《紅樓夢》

【差等】ⓐ chāděng 名 차등. 차별. 구별. ¶爱无～｜사랑에는 차등이 없다.

ⓑ chàděng 名 열등. 차등. ¶～生｜열등생.

ⓒ cīděng 書 名 등급. 급수.

【差额】chā'é 名 차액. 잔고. 잉여. ¶贸mào易～｜무역 차액. ¶补bǔ足～｜차액을 보충하다. ¶实shí行～选举xuǎnjǔ｜다수결 투표를 하다.

【差价】chājià 名 가격차. 격차. ¶批pī发和零售língshòu的～｜도매와 소매의 가격차. ¶数shù量～｜수량 격차. ¶品质zhì～｜품질 격차.

4【差距】chājù 名 ❶ (감정·생각 등의) 차이. 격차. 갭(gap). ¶消除xiāochú～｜격차를 해소하다. ¶实shí力的～很大｜실력의 격차가 매우 크다. ❷〈貿〉증감(增減). 정확도의 차이. 오차. ¶数量和金额é上可允yǔn许有百分之五上下～｜수량과 금액상으로 5% 전후의 증감을 허용한다.

【差强人意】chā qiáng rén yì 成 사람들에게 다소 만족감을 주다. 그런대로 괜찮다《後漢書》¶那几幅fú画都不怎么样, 只有这幅梅花还～｜저 그림 몇 폭은 그렇고 그런데, 이 매화 그림은 그런대로 괜찮다.

【差数】chāshù 名 ❶〈數〉차. ¶50与20的～是30｜50과 20의 차는 30이다. ❷ 원가와 매출가의 차액. 마진. ¶这批pī货～是三十元｜이 상품의 마진은 30원이다.

4【差异】chāyì 名 차이. 상이. ¶同样的劳动力, 操cāo作方法不同, 生产效率xiàolǜ就会有很大的～｜같은 노동력이라도 조작 방법에 따라 생산 효율에는 큰 차이가 있을 수 있다. ¶仅jǐn仅是程chéng度～罢了｜정도의 차이일 뿐이다.

【差之毫厘, 谬以千里】chā zhī háo lí, miù yǐ qiān lǐ 成 털끝만한 실수가 천길의 오류를 가져 온다《禮記》¶执zhí行政策cè, 如果有偏piān差, 就会～｜정책을 시행함에 있어 편차가 생기면 호미로 막을 것을 가래로 막게 된다 ＝〔差以毫厘, 失之千里〕

Ⓑ chà

2【差不多】chà·buduō 形 ❶ 비슷하다. 별 차 없다. 대강 같다. ¶这两种颜色～｜이 두 색은 비슷하다. ¶姐妹俩liǎ长zhǎng相～｜자매 둘은 비슷하게 생겼다. ❷ 그럭저럭 되다. 대충 되다. ¶你办bàn不到这件事, 我去还～｜너는 이 일을 해낼 수 없어, 내가 하면 그런대로 될 것이다. ¶这饭～了｜밥이 거의 되었다. ❸ 일반적인. 보통의. 웬만한. 거의. 어법 뒤에「的」를 붙여 명사를 수식함. ¶～的农活huó儿他都会｜일반적인 농사일을 그도 할 줄 안다. ¶这种物wù理常识shí, ～的学生都懂｜이런 물리 상식은 웬만한 중학생은 다 안다. ❹ 대강. 대체로. 거의. 어법 ⓐ 동사 앞에 쓰여 수량·시간·정도가 거의 되었음을 나타냄. ¶火车～要进站了｜기차가 역에 들어 올 시간이 거의 되었다. ¶～等了两个小时｜거의 두

시간을 기다렸다. ¶～是两倍bèi｜거의 두 배이다. ⓑ 형용사 앞에 쓰여 수량·정도가 거의 비슷함을 나타냄. ¶他俩～高｜그들 둘의 키는 거의 비슷하다. ¶头发fà～都白了｜머리가 거의 하얗게 되었다. ⓒ 수량사 앞에 쓰여 수량이 비슷함을 나타냄. ¶对于这个问题, 他研究了～一年｜이 문제에 대해 그는 거의 일년 동안 연구하였다. ¶～一半同学会说英语｜거의 절반의 학생이 영어를 할 줄 안다. ⓓ 주어의 앞·뒤 어디에나 쓰일 수 있음. ¶～他们没到过北京｜그들은 거의 모두 북경에 간 적이 없다. ¶老师讲的, 我～全quán明白了｜나는 선생님이 한 말을 거의 모두 이해하였다 ‖＝〔差不离(儿)〕

【差不离(儿)】chà·bulí(r) ⇒〔差不多〕

【差得多】chà·de·duō 腆 크게 다르다. 차이가 많다 ＝〔差得远〕

【差等】chàděng ☞ chāděng ⓑ

【差点儿】chà/diǎnr ⇒〔差一点儿〕

【差劲】chà/jìn ❶ 動 차이가 나다. 뒤떨어지다. ¶他的水平还差点劲｜그의 수준은 아직 좀 처진다. ❷ (chàjìn) 形 수준이 떨어지다. 형편없다. 정도가 낮다. ¶我没有学好, 写xiě得还很～｜난 다 배우지 못해 아직은 쓰는 것이 형편없다. ¶这条路坑kēng坑洼wā洼的, 太～了｜이 길은 이리저리 패여 너무 형편없다 ‖＝〔差势(儿)〕〔欠qiàn劲儿〕

【差劲儿】chàjìnr 名 열등한 점. 모자라는 점. 뒤떨어진 점.

【差配儿】chà/pèir 動 京 짝이 없다. 짝이 맞지 않다. 외짝이다. ¶～鞋xié｜외짝 신. ¶～筷kuài子｜짝이 맞지 않은 젓가락.

【差劈儿】chàpīr 京 ❶ 動 얽히다. 흩어지다. ¶线一～就容易断duàn｜실이 얽히면 쉽게 끊어진다. ❷ 動 목소리가 갈라지다. ¶喊hǎn得嗓sǎng子都～了｜목이 쉬도록 소리 질렀다. ❸ 名 실수. 범실.

【差儿】chàr ⇒〔岔chà儿①〕

【差事】ⓐ chàshì 形 口 형편없다. 수준 미달이다. ¶这东西可太～了, 怎么一碰pèng就破pò了!｜이 물건은 정말 형편없구나, 어찌 부딪히기만 해도 깨져버리나!

ⓑ chāi·shi ❶ 名 파견되어 수행할 일. 출장 업무. 출장 용건. ¶当这份～, 不容易｜이 출장 용건을 담당하기는 쉽지 않다. ¶这～谁有能力办bàn呀｜이 출장 업무를 누가 능력이 있어 처리하느냐? →〔公事〕 ❷ 임시 직무. 임시 직책 →〔差chāi使·shi ①〕

【差势(儿)】chàshì(r) ⇒〔差劲〕

2【差一点儿】chà·yidiǎnr ❶ 腆 조금 다르다. 조금 뒤떨어지다. ¶这种笔比那种笔～｜이 붓이 저런 붓보다 조금 못하다. ¶质量很好, 就是颜yán色～｜질은 좋은데 색깔이 좀 떨어진다. ❷ 副 자칫하면. 하마트면. 거의. 어법 ⓐ 화자가 그렇게 되길 원하지 않았을 경우에는「差一点儿」과「差一点儿没」는 모두「그렇게 되지 않아 다행」이라는 뜻을 나타냄. ¶～闹nào出错cuò儿来了｜하마트면 실수할 뻔하였다. ¶～没摔shuāi死了｜하마트면 넘어져 죽을 뻔하였다. ⓑ 화자가 그렇게 되길 원했을 경우에는「差一点儿」은「그렇게 되지 않아 애석하다」는 뜻을 나타내고「差一点儿没」는「간신히 그렇게 되었음」을 나타냄. ¶我～就买到电影票了, 早来一会儿就好了｜거의 영화표를 살 수 있었는데 못 샀다. 조금 일찍 왔으면 좋았을 것을. ¶我～没买到电影票, 到我这儿已经是最后一张了｜하마트면 영화표를 못 살 뻔하였다. 내 차례가 되었을 때 이미 마지막 한 장이었다 ‖＝〔差点儿〕〔差(一)些儿〕〔方 差一眼〕

【差(一)些儿】chà(yī) ⇒〔差一点儿〕

【差一眼】chàyīyǎn ⇒〔差一点儿〕

Ⓒ chāi

【差馆】chāiguǎn 名 (홍콩의) 파출소 →〔差人③〕

【差旅】chāilǚ 名 출장. ¶～费｜출장비.

【差派】chāipài ⇒〔差遣〕

【差遣】chāiqiǎn 動 파견하다. 임명하다. ¶听候hòu～｜임명을 대기하다. ¶～三四个人去帮忙｜서너명을 도우도록 파견하다 ＝〔差派〕

【差人】chāirén ❶ 名 옛날, 관청의 하급 관리. ❷ (chāi/rén) 動 사람을 파견하다. ¶～去看病｜사람을 보내 병을 보게 하였다. ❸ 名 粵 순경.

【差使】ⓐ chāishǐ 動 출장 보내다. 공무로 사람을 파견하다. ¶～别人｜다른 사람을 파견하다.

ⓑ chāi·shi 名 ❶ 임시 직무. 임시 직책. 임시 관직. ¶守shǒu门的～最苦kǔ｜문을 지키는 직무가 가장 괴롭다 →〔差事 chāi·shi②〕 ❷ 관리. 관직. ¶倒霉méi的～｜빌어먹을 관리놈. ❸ 京 체포의 대상. 범인. ¶把这两个～带回去｜이 두 범인을 데리고 가라.

【差事】chāi·shi ☞〔差事〕chàshì ⓑ

【差役】chāiyì 名 ❶ 옛날, 하급 관리. 소리(小吏). ❷〈史〉차역 [송(宋)나라 때의 과역(課役)의 하나] ❸ 사역. 노역. 부역. ¶放免miǎn～｜부역을 면하여 주다.

Ⓓ cī

【差池】cīchí ☞〔差池〕chāchí ⓑ

【差等】cīděng ☞〔差等〕chāděng ⓒ

Ⓔ cuō

【差跌】cuōdiē 書 動 과실을 범하다. 실패하다 ＝〔蹉跌〕

2【插】chā 꽂을 삽

動 ❶ 꽂다. 끼우다. 삽입하다. ¶把花～在瓶píng子里｜꽃을 화병에 꽂다. ¶～上大门｜대문에 꽂다. ¶把双shuāng手～在口袋dài里｜두 손을 호주머니에 꽂다. ❷ 개입하다. 끼어들다. ¶他在旁边～了一句jù｜그가 옆에서 한 마디 끼어 들었다. ¶他没说完, 别人不敢gǎn～上嘴zuǐ｜그가 말을 끝내기 전에는 다른 사람은 감히 말 참견을 할 수 없었다. ¶～班↓ ❸ (모를) 심다. ¶～秧↓

【插班】chā/bān ❶ 動 편입하다. ¶他想～学中文｜그는 편입하여 중국어를 배우려 한다. ❷ (chābān) 名 편입. 보결 입학. ¶～生｜보결생. 편입생. ¶考～｜편입시험을 보다.

【插播】chābō〈新放〉❶ 名 스포트 뉴스(spot news). 정규 방송 중에 삽입하는 긴급 보도. ❷

動 긴급 보도를 하다. 스포트 뉴스를 방송하다. ¶随时～救jiù火实shí况｜수시로 진화 작업에 대한 실황 중계를 긴급 보도로 내보내다.

【插车】chāchē 動 ❶ 가축을 가진 농가가 우마차를 빌려 쓰다. ❷ 차 사이에 차를 끼워 넣다.

【插翅难飞】chā chì nán fēi 威 날개를 달아도 날 수 없다. 독안에 든 쥐 =〔插翅难逃〕

【插翅难逃】chā chì nán táo ⇒〔插翅难飞〕

【插床】chāchuáng 名〈機〉슬로터(slotter) =〔叉chā床〕〔铡zhá床〕〔闸zhá床〕

【插袋】chādài 名 옷의 양쪽에 붙은 호주머니.

【插戴】chādài ❶ 名 옛날 약혼 예물로 준 머리 장식품. 轉 약혼 예물. ¶放起～｜약혼 예물을 내어 놓았다《兒女英雄傳》→〔插定〕 ❷ 動 장신구를 꽂다.

【插定】chādìng 名 近 약혼 때에 교환하는 예물. ¶曾受了那人家～不曾｜이전에 그 사람의 약혼 예물을 받았는가 안 받았는가?《金瓶梅》→〔插戴〕〔定礼〕

【插队】chā/duì 動 ❶ 새치기하다. 줄에 끼어 들다. ¶请排队páiduì按顺序买票, 不要～｜새치기하지 말고 줄을 서서 순서대로 표를 사시오. ❷ 대열(隊列)에 가입하다. 농촌의 인민공사 대열에 끼어 노동을 하다. ¶～落luò户｜인민공사 대열에 가입하여 농촌에 정착하다. ¶～锻炼duànliàn｜생산대에 가입하여 자신을 단련하다→〔人民公社〕

【插关儿】chā·guanr 名 北 빗장. ¶上了～｜문빗장을 채웠다 =〔扦qiān关儿〕→〔长cháng关〕〔门闩〕

【插花】chā/huā ❶ 動 (화병에) 꽃을 꽂다. ¶～艺术yìshù｜꽃꽂이 예술. ❷ (chāhuā) 名 꽃꽂이. ❸ 動 方 꽃수를 놓다. ❹ (～儿) 動 京 北 간작하다. 사이사이에 끼우다. ¶这块玉米地里还～着种zhòng豆子｜이 옥수수 밭에 콩도 간작하고 있다. ❺ 動 京 교대하다. 바꾸다. ¶几种衣裳～着穿chuān｜몇 가지 옷을 바꿔가며 입다.

【插花地】chāhuādì 名 ❶ 혼작하는 농토. ❷ 분사되어 있는 토지. ¶两队有一块～｜두 생산대는 서로 다른 영역에 있는 토지가 있다.

【插话】chā/huà ❶ ⇒〔插嘴〕 ❷ (chāhuà) 名 일화. 에피소드(episode). ¶小说中的这一段～十分有趣qù｜소설 속의 이 에피소드는 정말 흥미롭다→〔插曲③〕

【插画】chāhuà ⇒〔插图〕

【插脚】chā/jiǎo 動 ❶ 발을 들여 놓다 [주로 부정문에 쓰임] ¶屋wū里坐得满mǎn满的, 后来的人没处chù～｜방안은 만원이라 나중에 온 사람은 발을 들여 놓을 틈이 없다. ❷ 개입하다. 참여하다. 관여하다. ¶这件事他也想插一脚｜그도 이 일에 관여하고 싶어 한다 ‖ =〔插腿〕〔插足〕→〔插身〕

【插进】chājìn 動 삽입하다. (사이에) 끼워 넣다. ¶从门缝féng里～来一张纸条tiáo｜문 틈 사이로 종이 쪽지가 끼어 들어왔다.

【插犋】chājù ❶ 名 공동 경작. 협동 영농 [농민의 인력·가축·농구 등의 공동 사용 경작 방법] ❷ 動 공동경작하다 =〔合犋〕

【插科打诨】chā kē dǎ hùn 威 극중에서 익살부리다. 관객을 웃기다 [「科」는 동작·표정,「诨」은 우스개 소리] ¶事情出岔chà子的时候, 便～, 轻鬆的把责任卸xiè在别人的头上｜일이 갈림길에 설 때마다 익살을 부려 가볍게 책임을 다른 사람에게 전가했다.

【插口】ⓐ chā/kǒu ⇒〔插嘴zuǐ〕
ⓑ chā·kǒu ⇒〔插座zuò〕

【插屏(儿)】chāpíng(r) 名 ❶ 탁상용 작은 병풍 [대리석·산호 등으로 조각한 장식품으로 높이 40cm 너비 20cm 정도됨] ❷ 조각한 사이 사이로 보이게 만든 칸막이. ¶大理石的大～｜대리석으로 조각한 큰 칸막이.

【插曲】chāqǔ 名 ❶ 삽입곡. 간주곡(間奏曲). ❷ 영화 등에서 주제가 이외의 삽입된 노래. 삽입가. ❸ 일화. 에피소드(episode). ¶他们在去美国途tú中遇yù上了劫jié机事件, 不过那只是一个小～｜그들이 미국에 가는 도중에 비행기 납치 사건이 벌어졌으나 이는 결국 작은 에피소드에 지나지 않았다→〔插话②〕

【插入】chārù ❶ 動 삽입하다. 끼워넣다. ¶将插头～就可以通tōng电了｜플러그를 꽂으면 전기가 통하게 된다. ❷ 名 삽입. ¶～句｜〈言〉삽입문. ¶～语｜〈言〉삽입어. ❸ 名〈電算〉인서트(insert).

【插舌】chāshé ⇒〔插嘴〕

【插身】chā/shēn 動 ❶ 몸을 들여 놓다. 투신하다. 종사하다. ¶在政界～｜정계에 투신하다. ❷ 관여하다. 개입하다. ¶我不想～在这场纠纷jiūfēn中间｜나는 이 분쟁에 개입하고 싶지 않다 ‖→〔插脚〕

【插手】chā/shǒu 動 ❶ 손을 꽂다. 팔짱을 끼다. ¶在人前插着手站着实在不好看｜다른 사람 앞에 팔짱을 끼고 서 있으면 정말 보기 싫다. ❷ 손을 쓰다. 개입하다. 끼어들다. ¶想干gàn又插不上手｜해보고 싶어도 개입할 수가 없다. ¶不要轻qīng易～别人的事情!｜남의 일에 함부로 끼어들지 마라!

【插穗】chāsuì ⇒〔插条〕

【插条】chātiáo 名 動〈植〉꺾꽂이(하다). 삽목(插木)(하다) =〔插穗〕〔插枝(儿)〕

【插头】chātóu 名〈電氣〉플러그(plug). ¶连接liánjiē～｜플러그 코드. ¶三～｜세 구멍 플러그 =〔插销②〕〔插子〕〔㊀扑pū落①〕→〔插座〕

【插图】chātú 名 삽화. 삽도. ¶这是～板本吗?｜이것이 삽도 판본이냐? =〔插画〕

【插腿】chā/tuǐ ⇒〔插脚〕

【插销】chāxiāo ❶ 名 빗장. ❷ ⇒〔插头〕

【插叙】chāxù 名〈言〉(수사법의) 플래시백(flashback). 삽입법(插入法).

【插言】chā/yán ⇒〔插嘴〕

[3]【插秧】chāyāng ❶ 動 모내기를 하다. ¶在东北五月就开始～｜동북 지역에는 오월이면 모내기를 시작한다. ❷ 名 모내기. 이앙. ¶～能手｜모심기를 잘 하는 사람. ¶～机｜이앙기→〔拔bá秧〕〔分fēn秧〕

【插页】chāyè 名〈印出〉❶(책·신문·잡지의 도표) 삽입 페이지. ❷입지(入紙). 삽지. ¶～机｜삽지기.
【插枝(儿)】chāzhī(r) ⇒〔插条〕
【插子】chā·zi ⇒〔插头〕
【插足】chāzú ⇒〔插脚〕
4【插嘴】chā/zuǐ 動 말참견하다. 남의 말을 가로채다. ¶你别～, 先听我讲完!｜너 말을 끊지 말고 우선 내 말이 끝까지 들어라. ¶这不是我的事, 插不上嘴｜이것은 내 일이 아니어서 말 참견을 할 수 없다 =〔插话①〕〔插口kǒu〕〔插舌〕〔插言〕→〔抢qiǎng嘴①〕
【插座】chāzuò 名〈電氣〉콘센트(consent). 소케트(socket). ¶安上～｜소케트를 달다 =〔插口·kǒu〕→〔插头〕

【锸(鍤)〈臿〉】chā 가래 삽 名❶삽→〔铁锹〕❷돗바늘. 긴 바늘. 시침 바늘.

【喳】chā zhā 속삭일 사, 짹소리 차
Ⓐ chā ⇒〔喳喳〕
Ⓑ zhā ❶擬 짹짹. 조잘조잘 [새가 우는 소리] ¶喜鹊què～～地叫｜까치가 깍깍 울다. ¶小鸟～地叫｜새 새끼가 짹짹하고 울다. ❷嘆 近 예이 [하인이 주인에 대하여 깍듯이 대답하는 말]
【喳喳】ⓐ chāchā ❶擬 소곤소곤 [속삭이는 소리] ¶嘁qī嘁～～｜소곤소곤. 조잘조잘. ¶他们在～地说话｜그들은 소곤소곤 이야기하고 있다. ⓑ chā·cha ❶動 京 北 속삭이다. 소곤거리다. ¶打～｜속삭이다. ¶在耳边～～了半天｜귓속말로 한참 속삭였다. ❷名 속삭임. 귓속말. ¶打～｜귓속말을 하다.
【喳呼】zhāhū 動 方 큰소리를 내며 소란을 피우다.

【馇(餷)】chā 끓일 사 動❶京 北 (사료를) 휘저으며 끓이다. ¶～猪zhū食｜돼지 먹이를 끓이다. ❷京 (죽을) 쑤다. ¶～粥zhōu｜죽을 쑤다.

【碴】chā ☞ 碴 chá Ⓑ

【嚓】chā ☞ 嚓 cā Ⓑ

chá ㄔㄚˊ

【叉】chá ☞ 叉 chā Ⓑ

【苴】chá ☞ 苴 jū Ⓑ

【茬】chá 그루터기 치, 풀모양 치 ❶(～儿) 名 그루터기. 농작물을 베어내고 남은 부분. ¶稻dào～儿｜벼 그루터기. ¶麦mài～儿｜보리 그루터기. ¶豆～儿｜콩 그루터기. ❷名 轉 하다가 남은 일. 하던 일. 흔적. 단서. ¶我可找到～啦｜단서를 잡았다. ¶接jiē上～儿｜하던 일을 이어 하다. ❸量 그루. 모작 [하나의 경지에 일년 동안 농작물을 짓는 회수] ¶换huàn～｜다모작을 하다. ¶这里天气暖和nuǎn·huo 一年能种zhǒng三四～｜이곳은 날씨가 따뜻하여 일년에 서너번 농사를 지을 수 있다. ¶头一～种白菜, 第二～种稻dào｜일 모작은 배추를 심고, 이 모작은 벼를 심었다. ❹量 (광산의) 발파 회수. ¶放了三～炮pào｜세 번 발파했다 ‖ =〔楂chá①〕〔槎chá③〕〔楂chá②〕
【茬口】chákǒu 名❶윤작작물(輪作作物). ¶选好～, 实shí行合理轮lún作｜윤작 작물을 잘 골라 합리적 윤작을 하다. ❷윤작지(輪作地). ¶西红柿shì～壮, 种白菜很合适shì｜토마토를 심었던 윤작지는 배추를 심기에 적합하다.
【茬子】chá·zi 名❶北 그루터기. 나무나 농작물의 베어내고 남은 흔적. ¶刨páo～｜그루터기를 깍아내다. ❷北 대처하기 어려운 사람. 임자. ¶这回他可碰pèng上～啦!, 叫他再敢撒野sāyě!｜이번에야말로 그는 임자를 만났다. 다신 더 함부로 놀 수 없을 것이다.

1【茶】chá 차 다, 차 차 名❶〈植〉차나무. ¶～树shù｜차나무. ❷〈食〉차. ¶喝～｜차를 마시다. ¶上一杯～来｜차를 한 잔 올리다. ¶采～｜차를 따다. ❸〈食〉(찻잎을 우려 만든) 각종 음료. ¶奶nǎi～｜우유와 혼합한 차. ¶绿lǜ～｜녹차. ¶乌wū龙～｜오룡차. ¶凉～｜찬차 ¶杏xìng仁～｜아몬드 차 ❹약혼 예물을 보낼 때 행하는 예(禮). ¶下～｜예단을 보내는 예를 차리다. ❺奧 北 국. 탕. ¶你快烧shāo一点儿～吧｜너 빨리 국을 좀 끓여라.
【茶杯】chábēi 名 方 찻잔→〔茶碗wǎn〕
【茶饼】chábǐng 名❶〈食〉차병 [찻잎을 원반형으로 뭉쳐 굳힌 것]→〔茶砖zhuān〕❷약혼 예물의 총칭(總稱) [예물로 찻잎·용봉병(龍鳳餅)·화장품 따위를 남자측에서 보내면 여자측은「茶饼」을 보내며 길일을 잡아 보냄]
【茶博士】chábóshì 名 近 찻집의 주인. 찻집의 종업원.
【茶不是茶, 饭不是饭】chá búshì chá fàn búshì fàn ⇒〔茶不思饭不想〕
【茶不思饭不想】chá bù sī fàn bù xiǎng 動組 차도 밥도 생각없다. 아무 것도 먹을 수 없다. ¶把他折磨zhémó得～｜그를 못살게 굴어 입맛을 싹 가시게 하였다 =〔茶不是茶, 饭不是饭〕
【茶场】cháchǎng 名❶차를 재배·관리·수확하는 생산단위. ❷〈農〉차 재배지. 차농장(茶農場).
【茶匙(儿)】cháchí(r) 名 찻숟갈. 티스푼.
【茶尺蠖】cháchǐhuò 名〈蟲〉자벌레.
【茶炊】cháchuī 名 차 끓이는 주전자. 차 탕관. ¶洗净jìng～｜찻주전자를 씻다 =〔方 茶汤壶〕〔方 烧心壶〕
【茶炊子】cháchuī·zi 名 차 파는 사람. 길흉사가 있는 집에 차를 공급하는 사람.
【茶点】chádiǎn 名❶다과. 차와 과자. 차와 간식. ¶到了用～时刻kè｜차와 간식을 먹을 시간이 되었다. ❷찻잎을 첨가하여 가공한 과자류. ¶最近市场上出来很多～类｜최근 시장에는 찻잎 첨가 과자류가 많이 나왔다 =〔茶食②〕
【茶碟(儿, 子)】chádié(r·zi) 名 찻잔 받침대. 찻잔을 받치는 접시 →〔茶托(儿, 子)〕

【茶饭】cháfàn ❶ 名 차와 밥. 음식물. ¶～不思 | 먹을 생각이 나지 않는다. ¶～不进, 日夜不安 | 음식을 먹을 수 없고 밤낮으로 불안하다.
【茶坊】cháfáng ⇒〔茶馆(儿)〕
【茶房】chá·fáng 名 ❶ (옛날의 여관·다방·극장 등에서 차를 나르는) 접대부. 심부름꾼. ¶～来整zhěng理座位了 | 접대부가 와서 좌석을 정리하였다. ❷ 近 찻집. 다방. ¶师兄且在～里少待, 小弟便来 | 형님께서 다방에서 좀 기다려 주시면 제가 곧 오겠습니다.
【茶麸】cháfū ⇒〔茶枯〕
【茶缸(子)】chá gāng(·zi) 名組 차 탕기. 탕관 [속이 깊고 넓으며 손잡이가 달린 탕관] =〔茶闷子〕
3【茶馆(儿)】cháguǎn(r) 名 중국식 다방 [이층 찻집은 「茶楼」라고도 하며, 중국 차만 파는 곳은 「清茶馆」이라고도 함] ¶坐～ | 찻집에서 차를 마시다. ¶泡pào～ | 찻집에 가다 =〔茶坊fáng〕〔茶居jū〕〔茶肆sì〕〔茶社〕〔茶园②〕〔茗míng坊〕〔茶寮liáo〕→〔茶楼lóu〕
【茶褐色】cháhèsè 名〈色〉다갈색 =〔茶色〕
【茶壶】cháhú 名 사기로 만든 찻주전자. 찻주전자. 찻병. ¶～把bǎ儿 | 찻주전자의 손잡이. ¶～套tào | 찻주전자의 보온용 싸개. ¶～嘴zuǐ儿 | 찻주전자의 물꼭지. ¶～里煮饺jiǎo子, 心里有数, 吐tǔ不出来 | 歇 찻주전자 속에 교자를 삶아도 그 숫자는 알 듯, 속으로는 알고 있으면서 입 밖에 내지 않다.
【茶户】cháhù 名 차 제조·판매 업자. 차 재배 농가. 차 판매상. ¶走访fǎng了几个～ | 차 농가 몇 군데를 방문했다.
【茶花(儿)】cháhuā(r) 名〈植〉❶ 동백꽃. ¶～女 | 춘희(椿姬) [프랑스의 작가 뒤마가 지은 소설 이름] =〔山茶花〕 ❷ 차 꽃. 차화. ¶请你折zhé枝zhī～给我好不好? | 차나무 꽃 가지 꺾어 주시겠어요?
3【茶话会】cháhuàhuì 名 다과회. 리셉션. ¶期末mò开一个～, 师生shīshēng之间可以多一些接触jiēchù和了解liǎojiě | 기말에 다과회를 열어 사제지간에 더 많은 접촉과 이해를 가지도록 하였다 =〔茶会〕
【茶会】cháhuì ⇒〔茶话会〕
【茶鸡蛋】chájīdàn ⇒〔茶叶蛋〕
【茶碱】chájiǎn 名〈化〉디 오 필 린 (theophylline) [찻잎에 함유된 알칼로이드. 카페인의 유기화합물] =〔茶硷xiǎn〕→〔咖kā啡碱〕
【茶晶】chájīng 名〈鑛〉다갈색 수정 [안경알을 만드는 데 쓰임]
【茶精】chájīng 名〈化〉카페인 (caffein) =〔茶精油〕〔茶素〕〔茶香精油〕〔咖kā啡因〕
【茶精油】chájīngyóu ⇒〔茶精〕
【茶镜】chájìng 名 색안경. 다갈색의 수정이나 유리로 만든 안경.
【茶居】chájū ⇒〔茶馆(儿)〕
【茶具】chájù 名 다구. 다기. ¶买了一套tào～ | 다기 한 셋트를 샀다 =〔茶器〕
【茶枯】chákū 名 차 씨 깨묵. 차 씨 기름을 짜고 남은 찌꺼기 [비료로 쓰임] =〔茶麸fū〕〔茶子饼〕〔茶籽zǐ饼〕
【茶来伸手饭来张口】chá lái shēn shǒu fàn lái zhāng kǒu 國 차 받치니 손 뻗고 밥 오니 입 벌린다. 꼼짝않고 놀고 먹다 =〔饭来开口〕
【茶寮】cháliáo ⇒〔茶馆(儿)〕
【茶楼】chálóu 名 차루. 이층 찻집 →〔茶馆(儿)〕
【茶闷子】chámēn·zi ⇒〔茶缸gāng子〕
【茶末(儿)】chámò(r) 名 분차(粉茶). 가루 차.
【茶农】chánóng 名 차 재배농. 차 농사하는 사람.
【茶盘(儿, 子)】chápán(r·zi) 名 차반. 다반. 차 쟁반. ¶把茶杯放在～上端duān过去 | 찻잔을 차 쟁반에 얹어 받쳐 들고 가다. =〔茶棚子〕
【茶毗】chápí 名 外〈佛〉다비(Jhapita; 범) [불교식 화장(火葬)]
【茶器】cháqì ⇒〔茶具〕
【茶钱】chá·qián 名 ❶ 찻값. 차대(茶代) =〔茶资〕 ❷ 京 팁(tip). ¶坐了太久觉jué得不好意思 给了一点～ | 너무 오래 앉아 있어 미안한 감이 들어 팁을 조금 주었다 =〔小费〕→〔小帐儿〕〔酒钱(儿)②〕 ❸ 京 집세 보증금 [옛날 북경에서 집주인에게 내던 보증금의 일종. 1개월분의 집세를 먼저 내고 이사가는 달의 집세로 대체함. 보통 「两份儿茶钱」이라 하면 보증금과 한 달 치 집세를 뜻하며, 「两份儿半」이라 하면 보증금과 한 달 반의 집세를 뜻함] ¶那幢zhuàng房子只要一～一房就能租下来 | 저 집은 1개월분 집세 보증금을 내면 빌릴 수 있다.
【茶青】cháqīng 名〈色〉진록색. 황록색. ¶～色 | 차청색.
【茶色】chásè ⇒〔茶褐色〕
【茶社】cháshè ⇒〔茶馆(儿)〕
【茶食】chá·shi ❶ 名 京 近 다과(茶菓) [땅콩·수박씨 같은 차 마시며 곁들여 먹는 심심풀이 음식] ❷ ⇒〔茶点②〕
【茶水】chá·shuǐ 名 ❶ 차를 끓인 물. 찻물. ¶～费fèi | 차대(茶代). ❷ (행인·여객에게 공급하는) 대용차. 끓인 물. ¶～站 | 끓인물 공급처.
【茶肆】chásì ⇒〔茶馆(儿)〕
【茶汤】chátāng 名 ❶〈食〉차탕 [기장·수수가루 등에 뜨거운 물을 부어 설탕을 친 죽같은 북경의 대중 식품] ❷ 차. 음료. 끓인 물. 수프. ¶～饭食 | 일상의 음식.
【茶汤壶】chátānghú ⇒〔茶炊〕
【茶亭】chátíng 名 간이 찻집 [앉을 자리는 없이 마실 차만 파는 작은 가게]
【茶托(儿, 子)】chátuō(r·zi) 名 찻잔 받침 =〔方 茶船(儿)〕〔書 茶舟〕→〔茶碟(儿, 子)〕
【茶碗】cháwǎn 名 찻잔. 찻종 →〔茶杯〕.
【茶硷】cháxiǎn ⇒〔茶碱jiǎn〕
【茶香精油】cháxiāngjīngyóu ⇒〔茶精〕
【茶锈】cháxiù 名 차 앙금 [찻잔·찻주전자 등에 붙은 차에서 나온 황갈색 앙금] ¶杯子里结jié了厚hòu厚一层céng～ | 잔 안에 두꺼운 차 앙금이 한 층 생겼다 =〔茶釉yòu子〕
3【茶叶】cháyè 名 찻잎. ¶把茶壶里的～倒掉 | 찻주전자 속의 찻잎을 쏟아내다. ¶～店 | 차 가게.

【茶叶蛋】cháyèdàn 名〈食〉찻잎 계란 [찻잎·오향(五香)·간장 등을 함께 넣어 삶은 계란] ¶论收入, 造zào原子弹dàn的比不上卖~的 | 수입만을 논한다면, 원자탄을 만드는 것도 찻잎 계란을 파는 것 보다 못하다 =〔茶鸡蛋〕

【茶油】cháyóu 名 차 열매 기름. 차유 =〔方 清油〕

【茶釉子】cháyòu·zi ⇒〔茶锈xiù〕

【茶余饭后】chá yú fàn hòu 成 밥을 먹고 차를 마신 후의 시간. 한가한 시간. 휴식 시간. ¶这种zhǒng事只能成为~的笑料 | 이런 일은 단지 한가한 시간의 우스개 거리에 지나지 않는다 =〔茶余酒后〕

【茶园】cháyuán ❶ 名 차 농원. 차 농장. ❷ ⇒〔茶馆(儿)〕

【茶砖】cházhuān 名〈食〉전차(磚茶). 벽돌 모양 차 덩어리 [찻잎을 벽돌 처럼 굳힌 것] =〔砖茶〕→〔茶饼①〕

【茶庄】cházhuāng 名 차 가게. 차 도매상.

【茶资】cházī ⇒〔茶钱①〕

【茶座(儿)】cházuò(r) 名 ❶ 노천 찻집. 옥외 다방. ¶树shù阴yīn下有~儿 | 나무 그늘 밑에 노천 찻집 하나가 있다. ❷ 찻집의 좌석. 다방의 자리. ¶这家茶馆有五十多个~儿 | 이 다방에는 50여개의 좌석이 있다. ❷ 찻집의 손님. ¶今天生意很好, 一共进了二百多~ | 오늘 영업이 좋았다, 차 손님이 모두 200여명 들어왔다.

【搽】chá ⓧ cā) 바를 차

動 (기름이나 분을) 바르다. 칠하다. ¶往脸liǎn上~油 | 얼굴에 기름을 바르다. ¶~粉 ↓ →〔擦cā③〕〔抹mǒ②〕

【搽粉】chá fěn ❶ 動組 분을 바르다. ¶她在镜jìng台前梳shū头发fà~ | 그녀는 경대 앞에서 머리를 빗고 분을 발랐다. ❷ (chá/fěn) 動 수식하다. 진상을 가리다. 정체를 가리다 ‖ =〔敷fū粉〕

【搽胭脂抹粉】cháyān·zhī mǒfěn 動組 연지 찍고 분바르다. 轉 미화하다. 수식하다. 진상을 감추다.

【搽药】chá yào 動組 약을 바르다. 연고를 바르다.

【搽油】chá yóu 動組 기름을 치다. 기름을 바르다. 기름을 입히다.

1【査】chá zhā 조사할 사

Ⓐ chá ❶ 動 검사하다. ¶~血xuè | 피 검사를 하다. ¶~卫wèi生 | 위생 검사를 하다. ❷ 動 조사하다. ¶~户hù口 | 호구조사를 하다. ¶~访fǎng | 탐방하다. ¶详细xiángxì地~一~ | 상세하게 조사해 보아라. ❸ 動 찾다. 뒤지다. 들추어 보다. ¶~辞cí典 | 사전을 찾아보다. ¶~地图 | 지도를 찾아보다. ❹ 動 北 세다. 헤아리다. ¶将一百五十元~好, 递dì给小平 | 150원을 세어 소평에게 넘겨 주었다. ❺ 書 名 뗏목 =〔楂chá②〕〔槎chá①〕

Ⓑ zhā ❶ ⇒〔山shān査〕 ❷ (Zhā) 名 성(姓).

【査办】chábàn 動 조사·처치하다. 조사하여 처벌하다. ¶撤chè职zhí~ | 파면하고 죄를 조사하여 처벌하다.

【査抄】cháchāo 動 조사·압류하다. 죄를 조사하고 재산을 압류하다. ¶~家产chǎn入官 | 가산을 조사하여 국고로 환수하다.

4【査处】cháchǔ 動 조사·처리하다. 범죄를 조사·처벌하다. 수사·처벌하다. ¶对搞gǎo不正之风的领导lǐngdǎo, 必须xū严肃yánsù~ | 부정행위를 하는 지도자에 대해서는 기필코 엄정하게 조사·처리해야 한다.

【査点】chádiǎn 動 점검하다. 체크하다. ¶~存货cúnhuò | 재고를 점검하다. ¶~人数 | 인원을 점검하다.

【査对】cháduì ❶ 動 대조하다. 조사·점검하다. ¶~原yuán书 | 원서와 대조하다. ¶~材料liào | 자료를 대조하다. ❷ 名 대조. 점검. ¶做~ | 대조하다.

【査房】cháfáng ❶ 動 의사가 병실을 돌며 회진(回診)하다. ¶医yī生正在~ | 의사는 지금 회진중이다. ❷ 名 회진.

【査访】cháfǎng 動 탐사하다. 탐문하다. 방문·조사하다. ¶~二十多位当事人 | 20여명의 해당자를 탐문·조사하다.

【査封】cháfēng 動 조사·봉인하다. 차압하다. ¶~房屋 | 가옥을 차압하다 =〔封押yā〕

【査岗】chágǎng ⇒〔査哨〕

4【査获】cháhuò 動 ❶ 조사·압수(押收)하다. ¶~的脏zāng款kuǎn予yú以没收 | 조사·압수한 부정한 돈을 몰수하였다. ❷ 수사·체포하다. ¶这些间谍dié是最近被~ | 이 간첩들은 최근에 수사·체포되었다. ❸ 수사·폭로하다. 조사하여 밝혀내다. ¶~了地下工厂 | 비밀 공장을 수사하여 찾아내다.

【査缉】chájī 動 ❶ (밀수·탈세를) 수사하다. ¶~走私sī品pǐn | 밀수품을 수사하다. ❷ (범인을) 수사·체포하다. ¶~逃犯táofàn | 도주범을 수사·체포하다.

【査缴】chájiǎo 動 조사·몰수하다. 수거하다. ¶~了几十箱xiāng假钞jiǎchāo票 | 위조 지폐 몇 십 상자를 몰수하였다.

【査禁】chájìn 動 수사·금지하다. 취체(取締)하다. ¶~赌博dǔbó | 도박을 금지하다. ¶~走私sī | 밀수를 수사·금지시키다.

【査究】chájiū ❶ 動 추궁하다. 조사하여 밝히다. ¶~真伪wěi | 진위를 조사하여 밝혀내다. ¶~责任 | 책임을 추궁하다. ❷ 名 취조. 추궁. ¶做~ | 추궁하다.

【査勘】chákān ❶ 動 현장 조사하다. 탐사하다. 답사하다. ¶~现场 | 현장 답사하다. ¶~矿kuàng产资源 | 광산 자원을 탐사하다. ❷ 名 현지 측량. 답사. 현장 감정. ¶做~ | 현장 조사를 하다. ¶~报告 | 현장 조사 보고.

【査看】chákàn 動 검열하다. 점검하다. 검사하다. ¶~货物 | 물품을 점검하다. ¶~帐zhàng目 | 장부를 검열하다.

【査考】chákǎo 動 조사·고증하다. 조사·확인하다. ¶无可~ | 고증할 수 없다. ¶~出土文物的年代 | 출토된 문물의 연대를 고증하다.

4【査明】chámíng 動 조사하여 밝히다. 조사하다. 밝혀내다. ¶~理由 | 이유를 조사하다. ¶~是

非 | 시비를 가려내다. ¶～真相 | 진상을 밝혀내다→〔察chá明〕

【查纳】chánà ⇒〔查收〕

【查票】chá/piào 動 검표(檢票)하다. ¶～员 | 검표원. ¶上车以后再～ | 승차 후에 다시 검표한다.

【查清】chá/qīng 動 자세히 조사하다. 철저히 조사하다. 조사해 밝히다. ¶～他的来历lì | 그 사람의 내력을 조사해 밝히다. ¶～问题tí | 문제를 조사해 밝히다.

【查入】chárù ⇒〔查收〕

【查哨】chá/shào 動〈軍〉초소를 점검하다. 보초병의 근무 상태를 점검하다 =〔查岗〕

【查收】cháshōu 動 (보낸 것을) 살펴보고 받다. 조사·수납하다 [주로 편지에 사용함] ¶即祈qí～ | 札 살펴 보시고 받아주시오. ¶到希xī～见复fù为荷hé | 札 받으시면 살펴 보시고 답장해 주시기를 바랍니다 =〔查纳〕〔查入〕〔察收〕

【查体】chátǐ 動 건강진단을 하다. 검진하다. ¶他这次为～住院几天了 | 그는 이번에 건강진단을 위해 며칠간 입원하였다.

【查问】chá/wèn ❶ 動 조사·심문하다. 취조하다. ¶～证zhèng人 | 증인을 심문하다. ¶必须xū子细～一下 | 반드시 자세하게 심문해야 한다. ❷ 名 심문. 취조. ¶做～ | 심문을 하다.

【查无实据】chá wú shíjù 動組〈法〉조사해도 확증이 없다 [「事出有因」(모든 일은 원인이 있게 마련) 다음에 이어 쓰임] ⇔〔查有实据〕

【查讯】cháxún ⇒〔查询〕

【查询】cháxún ❶ 動 문의하다. 조회하다. 알아보다. ¶～货价 | 가격조회를 하다. ¶～了有关情况 | 관계 상황을 조회하다. ❷ 名 조회. ¶做～ | 조회하다. ¶～电路 | 〈通〉안내회로. ¶～台 | 안내소. 인포메이션 데스크(information desk) =〔查讯xùn〕

【查验】cháyàn 動 검사하다. ¶～员 | 검사원. ¶～属shǔ实shí | 검사 결과 이상 없다. ¶～护照hùzhào | 여권을 사열하다.

【查夜】chá/yè 動 야간순찰을 하다. ¶每晚上警jǐng察～热闹rènào区 | 매일밤 경찰은 번화가를 순찰한다 =〔行xíng夜〕〔巡xún夜〕

【查有实据】chá yǒu shíjù 動組〈法〉조사 결과 실증적 증거가 있다 ⇔〔查无wú实据〕

4【查阅】cháyuè 動 자료를 조사하다. 찾아 열람하다. ¶～词cí义 | 낱말의 뜻을 조사하다. ¶～了历史资料 | 역사 자료를 찾아 보다.

【查帐】chá/zhàng ❶ 動 회계를 감사하다. 장부를 검열하다 ¶年终zhōng要仔zǐ细～ | 년말에는 정밀 회계 감사를 해야 한다. ❷ (cházhàng) 名 회계 검사. 장부 검열. ¶～报告 | 회계 감사 보고. ¶～人 | 회계 감사인. ¶～员 | 회계 감사원 =〔审shěn计〕

【查找】cházhǎo 動 조사·수색하다. ¶～资料 | 자료를 찾다. ¶～失shī主 | 유실물의 주인을 찾다.

【查照】cházhào 書 動 ❶ 조사·참조하다. 인지하다. ❷ 札 내용대로 시행하다. 참조하다 [구식 공문 용어] ¶希xī～办理 | 내용대로 처리해 주시기 바랍니다. ¶即jí希～ | 지시 대로 즉각 시행하기 바랍니다. ¶请～速sù复为荷hé | 위의 내용에 따라 시행하고 속히 회신하기 바랍니다.

【查证】cházhèng 動 조사·증명하다. ¶～属shǔ实shí | 조사한 결과 사실이다.

【嵖】 Chá 땅이름 차

지명에 쓰이는 글자. ¶～岈yá | 차하산 [하남성(河南省) 수평현(遂平縣)에 있는 산]

【猹】 chá 짐승이름 차

名 㓜〈動〉「獾huān」(오소리)를 닮은 야수(野獸)의 일종 [노신(魯迅)의 소설《故鄉》에 나옴]

【楂】 chá ☞ 楂 zhā B

【碴】 chá chā 깨질 차

A chá ❶ 動 京 (파편에) 손을 베다. 상처를 입다. ¶小心, 碎suì玻璃～手! | 깨진 유리에 손 다치겠다 조심해라. ¶手让ràng碎suì玻璃～破pò了 | 손이 깨진 유리에 찢어졌다. ❷ 깨지다. 결렬되다. ¶碎suì～了, 打起来了 | 산산이 결렬되자 싸움이 일어났다. ¶瓦～ | 깨진 기와 조각 ‖ =〔茬chá〕

B chā ❶ ⇒〔胡hú子拉碴〕 ❷ ⇒〔磕kē碴〕

【碴口】chá·kǒu 名 ❶ 말이 끝난 곳. 이야기가 중단된 곳. ¶大家正说在～, 他来了 | 모두 이야기를 막 마무리할 때 그가 왔다. ❷ 구실. 이유. ¶他一定找zhǎo个啥shá～祸害咱们 | 그는 무슨 구실을 찾아 틀림없이 우리를 해칠 것이다. ❸ 北 불화. 모순. 악감정. ¶两家之间的～更深了 | 두 집안의 불화는 더욱 깊어졌다. ❹ (말의) 조리. 앞뒤. ¶这话不对～ | 이 말은 앞뒤가 맞지 않는다. ❺ (～儿) 京 물체의 끊어진 부분. ❻ (～儿) 중요한 부분. 전환점. ¶书正说到～上, 留了扣kòu子了 | 책이 전환점에 이르렀을 때 매듭을 지어 두었다. ❼ (～儿) 京 어기. 어감. ¶一听这话, 不是～ | 이 말을 듣자 어감이 아니라고 생각했다.

【碴儿】chár 名 ❶ 파편. 조각. 부스러기. ¶冰～ | 얼음 조각. ¶玻璃～ | 유리 파편. ¶骨头～ | 뼈조각. ❷ (그릇의) 빠진 이. 깨진 자리. ¶碗wǎn上有个～ | 그릇에 이가 하나 빠졌다. ❸ 京 불화. (감정상의) 틈. ¶他们俩本来就有～ | 그들 둘은 본래 사이가 나빴다. ❹ 구실. 이유. ¶你不来就不来, 还找什么～ | 안 오려면 오지 말지 또 무슨 구실을 찾니? ¶找个～打架jià | 구실을 찾아 싸우다. ❺ 언급된 일. 방금 들은 말. ¶他不吃羊肉, 我早把这个～给忘了 | 그가 양고기를 먹지 않는다는 그 말을 일찍이 잊어버렸다. ¶你接jiē他的～说下去吧 | 네가 그의 말을 이어 말해 보아라. ❻ 方 기세. 모양세. 형편. ¶听听他的话～ | 그의 말투를 들어 보아라. ¶那个～来得不善shàn | 좋지 않은 기세로 다가 왔다. ❼ 남은 찌꺼기. 잔류. 흔적. ¶胡子～ | 수염 깎은 흔적. ❽ 짬. 기회. ¶找～把他训xùn一顿dùn | 기회를 봐서 그를 한바탕 훈계하겠다. ❾ 京 사고. 사건의 전말. 단서. ¶把这个～先搁gē着, 说别的 | 이 사건은 접어두고 우선 다른 말부터 하자. ¶这是个怎么个～? | 이게 어찌 된 일인가?

【槎】 chá 뗏목 차
❶書名 뗏목. ¶乘chéng～ | 뗏목을 타다. ¶浮fú～ | 뗏목을 띄우다 ＝〔查chá⑤〕〔楂chá②〕 ❷量北 회. 차. 번. ¶这不是斗dòu了三～了? | 이것이 3회전이 아니냐? ❸「茬」와 통용⇒〔茬chá〕

【槎枒】cháyá 朕 고목의 가지나 줄기가 서로 뒤엉키다.

【槎子】chá·zi 名京 ❶ 살을 바라낸 뼈대. ❷ 머리뼈만 남은 사체.

2 **【察】** chá 살필 찰
❶動 자세히 살피다. 관찰하다. 연구하다. ¶观～ | 관찰하다. ❷書動 천거하다. 선발하다. ¶郡～孝廉, 州举茂才 | 군에서는 효렴으로 뽑고, 주에서는 무재로 천거하였다《三國志·吳志》 ❸(Chá) 名簡〈地〉차하얼성(察哈爾省)의 약칭 [1928년에 성(省)으로 승격하였으나 1952년 산서(山西)·화북(華北)의 두 성(省)에 편입됨] ❹(Chá) 名 성(姓).

【察觉】chájué 動 느끼다. 알아차리다. 자각하다. ¶他～到事情不妙miào, 就赶紧gǎnjǐn溜liū了 | 그는 일이 묘하게 돌아간다는 것을 알아차리고 긴급하게 빠져버렸다.

【察勘】chákān ❶動 현장 조사하다. 답사하다. ¶～水源 | 수원지를 현장 답사하다. ❷名 현장조사. ¶做～ | 현장조사를 실시하다.

【察看】chákàn 動 관찰하다. 살펴보다. ¶～地形 | 지형을 관찰하다. ¶～脸liǎn色 | 안색을 살피다. ¶～动静jìng | 동정을 살피다.

【察明】chámíng 動組 조사하여 밝히다. ¶～事实shí | 사실을 조사하여 밝히다→〔查明〕

【察收】cháshōu ⇒〔查chá收〕

【察言观色】chá yán guān sè ⇒〔察颜观色〕

【察颜观色】chá yán guān sè 成 남의 안색을 살피다《論語·顔淵》남의 눈치를 보다. ¶善于～ | 남의 눈치살피기를 좋아하다 ＝〔察言观色〕

【檫】 chá 녹나무 찰
名〈植〉❶ 찰나무 [녹나무과의 낙엽교목으로 건축·조선·가구용 목재로 씀] ＝〔檫木〕〔檫树〕 ❷ 사사프라스(sassafras) 나무 [북미산의 녹나무과 식물]

chǎ ㄔㄚˇ

【叉】 chǎ ☞ 叉 chā Ⓒ

【衩】 chǎ ☞ 衩 chà Ⓑ

【镲(鑔)】 chǎ 동발 찰
名〈音〉동발. 작은 동발. 심벌즈→〔钹bó〕

【镲儿哄】chǎr·hong 動京 발이 울리다. 종치다. 끝장이 나다. ¶那件事就这么～了 | 그 일은 이렇게 종치고 말았다.

chà ㄔㄚˋ

【叉】 chà ☞ 叉 chā Ⓓ

【汊】 chà 물갈래질 차
名 물줄기의 분기점. 분류(分流). ¶河～ | 지류. ¶水～ | 지류. 분류.

【汊港】chàgǎng 名 강의 분기점(分岐點). 분류지점. 물갈래 항. 물갈래진 곳. ¶那船chuán就进了一个～ | 배는 곧 물갈래 진 곳으로 들어갔다 ＝〔港汊〕

【汊流】chàliú 名 지류. 분류 ＝〔岔流〕

【汊子】chà·zi 名 분류점(分流點). 분기점. 지류. ¶河～ | 강의 지류.

【杈】 chà ☞ 杈 chā Ⓑ

【衩】 chà chǎ 옷깃 차/채

Ⓐ chà 名 ❶ 옷자락의 양옆에 갈라진 곳 ＝〔开衩〕〔开气(儿)〕〔开隙(儿)〕→〔开口儿①〕 ❷ 바대 [옷의 잘 해지는 곳에 덧대는 헝겊 조각] ¶搽chá～ | 바대를 대다.

Ⓑ chǎ ⇒〔裤kù衩(儿)〕

【衩衩裤】chàchàkù ⇒〔开kāi裆dāng裤〕

4 **【岔】** chà 산길나뉠 차
❶名 갈림길. 분기점. ¶三～路 | 세 갈랫길. ❷(～儿, ～子) 名 말썽. 사고. 결함. ¶出～ | 말썽이 일어나다. ❸動 방향을 전환하다. 길을 바꾸다. ¶车子～上小道 | 차가 작은 길로 방향을 바꾸었다. ❹動 화제를 바꾸다. 말머리를 돌리다. ¶拿话～开 | 말을 다른 데로 돌리다. ¶打～ | 다른 사람의 말을 가로채다. ❺動(시간이 겹치지 않도록) 서로 엇갈리게 바꿔놓다. ¶把两个会的时间～开 | 두 회의의 시간을 엇갈리게 해라. ❻動方 목소리가 갈라지다. 목이 쉬다. 갈라진 목소리를 내다. ¶他伤shāng心得嗓sǎng音都～了 | 그는 상심하여 목소리까지 갈라졌다. ❼動近 모순되다 일치하지 않다. 어긋나다. ¶这话～了, 方才我见你妈出来, 我才关门 | 이 말은 앞뒤가 맞지 않아, 방금 너의 어머니가 나오시는 것을 보고야 문을 닫았어《紅樓夢》

【岔道(儿)】chàdào(r) 名 갈림길. 기로(岐路). 레일(rail)의 교차점. 교차로. ¶岔岔道道 | 길이 여러 갈래로 갈라져 있다. ¶三～ | 세 갈랫길. ¶铁tiě道～ | 철도용 철차(railway crossings) ＝〔岔路(儿)〕

【岔道口儿】chàdàokǒur 名 갈림길목. 갈림길의 입구.

【岔断】chàduàn ❶動 가로막다. 중단시키다. ¶他～了我的话 | 그는 나의 말을 가로막았다. ❷名〈電算〉인터럽트(interrupt). ¶～信息处理机 | 인터럽트 핸들러(handler).

ⓑ chà·hu ⇒〔岔和〕

【岔换】chàhuàn 動 기분을 돌리다. 분위기를 바꾸다. 기분을 전환하다. 마음을 털어 버리다. ¶看看戏xì把心中的烦闷fánmèn～～ | 연극을 보고 마음속의 번민을 털고 기분 전환을 해라.

【岔和】chà·huo 動 기분을 전환하다. 마음을 달래다. ¶出去散sàn步一下, 稍shāo微～～ | 나가 산보라도 좀해서 기분전환을 해라 ＝〔岔忽·hu〕〔打dǎ岔〕

【岔开】chàkāi 動 ❶ 갈라지다. ¶线路在这儿～了 | 선로가 여기에서 갈라졌다. ❷ 화제를 돌리다. 말을 가로 막다. ¶用笑xiào话～人家的正经jīng话 | 우스개 소리로 남의 정색으로 하는 말을 잘랐다. ❸ 시간을 서로 벌려 놓다. 엇갈리게 하다. ¶把假jià日～ | 휴가일을 엇갈리게 해라.

【岔口(儿)】chàkǒu(r) 名 ❶ 갈림길. ¶三～ | 세 갈랫길 길목. ❷ 틈새. 틈바구니. 여지. 전환점. ¶就在这～上, 家里又来电报, 妻qī子受伤shāng住院了 | 이 틈바구니에 아내가 다쳐 입원하게 되었다는 전보가 집에서 또 왔다. ❸ 말투. 어조. ¶～不对 | 어조가 다르다. ❺ 말의 요점. 말의 중요한 대목. ¶大家正说在～上, 他就来了 | 모두 중요한 대목을 말하고 있는데 그가 왔다.

【岔流】chàliú 名 강하류의 지류(支流). 바다로 흐러 들어가는 지류 =〔汊流〕

【岔路(儿)】chàlù(r) ⇒〔岔道(儿)①〕

【岔气】chà/qì ❶ 動 호흡할 때 옆구리가 결리다. ¶因用力太过, 岔了气了 | 과도하게 힘을 쓰다가 옆구리가 결렸다. ❷ (chàqì) 名 옆구리 결리는 증상.

【岔曲(儿)】chàqǔ(r) 名 잡곡(雜曲)의 하나 [「单弦」의 전주곡으로 연주됨]

【岔儿】chàr 名 ❶ 사고. 과오. 결점. ¶出了～了 | 사고가 생겼다. ¶你放心吧, 出不了～ | 고장 날 리 없으니 안심해라 =〔岔子②〕〔差儿〕〔差子〕 ❷ (사기·기와 등의) 조각. 파편. ¶缸gāng～ | 사금파리. ¶瓦wǎ～ | 기와 조각.

【岔子】chà·zi ❶ 名 갈림길 =〔岔道(儿)①〕 ❷ ⇒〔岔儿①〕

4【诧(詫)】chà 속일 타
❶ 書 動 기이하다. 놀라다. ¶～为奇qí事 | 놀랍게도 괴이한 일이다. ¶甘gān言～语 | 감언이설. ❷ 形 北 (정신이) 이상하다. ¶眼皮红肿zhǒng了不算, 眼神shén都是～的 | 눈꺼풀이 붉게 부어오른 것은 차치하고도 눈빛까지 이상하다. ❸ 자랑하다. ¶以孙子夸kuā～ | 손자를 자랑으로 생각하다. ❹ 動 方 겁내다. ¶不要～ | 겁내지 마라.

【诧怪】chàguài ⇒〔诧异〕

4【诧异】chàyì 形 이상하다. 기이하다. 의아하다. 놀라다. ¶他翻fān起～的眼光看我, 我笑着就跑pǎo了 | 그가 이상한 눈빛으로 나를 보길래 나는 웃으면서 도망쳤다 =〔詫怪〕

【姹〈奼〉】chà 아리따울 차
書 形 아름답다 ¶～女 | 아름다운 여인. 미녀. 소녀.

【姹紫嫣红】chà zǐ yān hóng 成 가지각색의 아름다운 꽃. ¶花园里百花盛shèng开～, 十分绚丽xuànlì | 화원에 수많은 꽃이 가지각색으로 활짝피어 눈부시게 아름답다.

【刹】chà shā 절 찰

Ⓐ chà ❶ 名 토지. 전답 [범어(梵語)로 토지를 이름] ¶～海↓ ❷ 名 轉 절. ¶古～ | 옛 절. ¶上～ | 스님께서 계신 절. ❸ ⇒〔刹那〕

Ⓑ shā 動 ❶ 멈추다. 정지하다. 세우다. 제동을 걸다. ¶～车↓ =〔杀shā⑧〕〔煞shā③〕 ❷ 수축하다. 굽다. 오므리다. ¶～下腰, 挺tǐng起胸xiōng | 허리가 굽고 가슴이 튀어나오다.

Ⓐ chà

【刹地利】Chàdìlì 名 外 크샤트리아(ksatriya; 범) [고대 인도의 4계급 중 둘째로 왕족과 무사가 속한 계급] =〔刹帝利〕

【刹海】chàhǎi 名〈佛〉수륙(水陸)

4【刹那】chànà 名 찰나(kasna ; 범) 아주 짧은 시간. 순간 [고대 인도의 시간의 최소 단위. 1초의 75분의 1] ¶一～ | 일순간 =〔刹子(间)〕⇔〔劫jié⑤〕

【刹子(间)】chà·zi(jiān) ⇒〔刹那〕

Ⓑ shā

【刹把】shābǎ 名〈機〉제동간(制動杆). 핸드 브레이크(hand brake). ¶双手将～往身侧cè一拉lā, 想来个紧急jǐnjí刹shā车 | 두 손으로 제동간을 몸 쪽으로 당겨 급브레이크를 잡으려 하였다.

4【刹车】shā/chē ❶ 動 제동을 걸다. 브레이크를 잡다. ¶前面有人! 快～ | 앞에 사람이 있다, 빨리 차를 세워라. ❷ 動 기계의 작동을 중지시키다. ¶这个机械xiè有一点毛病, 刹不住车 | 이 기계는 좀 고장나 정지시킬 수 없다. ❸ 動 일을 그만두게 하다. 진행하던 일을 중지시키다. ¶那项xiàng交易是违法的, 要赶快～ | 그 교역은 불법이니 속히 중지해야 한다. ❹ (shāchē) 名〈機〉제동기. 브레이크(brake). ¶手～ | 수동식 제동기. ¶～灯泡 | 브레이크등. ¶来令lìng～ | 라이닝 브레이크(lining brake). ¶～布 | 브레이크 라이닝(brake lining). ¶～油 | 브레이크 오일. ¶～距离jùlí | (자동차의) 제동 거리 =〔粤 白来〕〔制动器〕 ‖ =〔杀shā车①〕〔煞shā车②〕→〔闸zhá④〕

1【差】chà ☞ 差 chā Ⓑ

chāi ㄔㄞ

2【拆】chāi ⓧ chè) cā 터질 탁

Ⓐ chāi 動 ❶ (붙어 있는 것을) 떼다. 뜯다. ¶～封↓ ❷ 분해하다. 해체하다. 헐다. ¶～房子 | 집을 헐다. ¶～卸xiè机器 | 기계를 해체하다. ¶门面要不要～ | 출입구를 헐까요? ❸ (사이를) 갈라놓다. 이간하다. ¶～人家的和hé气 | 남의 좋은 사이를 갈라놓다.

Ⓑ cā 動 吳 (대·소변 등을) 배설하다. ¶～烂污lànwū↓

Ⓐ chāi

【拆白】chāibái 吳 ❶ 動 속임수로 돈을 빼앗다. 재물을 강탈하다. ¶用手枪qiāng逼bī着我去～ | 권총으로 내가 탈취하도록 강압하였다. ❷ 名 사기꾼. 야바위꾼. ¶女～ | 여자 사기꾼. 불량소녀.

【拆白党】chāibáidǎng 名 사기꾼. 사기 집단. ¶他们几个人成天东诈zhà西骗piàn, 整zhěng个儿是～ | 그들 몇 사람은 종일 사기만 치고 다니니, 몽땅 사기꾼들이다.

【拆除】chāichú 動 해체하다. 철거하다. ¶～非法

建筑zhù的房屋 | 불법으로 건축된 주택을 철거하다. ¶～了路障zhàng | 노상 장애물을 철거하였다.
【拆穿】chāichuān 動 파헤치다. 들추어내다. 폭로하다. ¶～西洋镜 | 요지경을 파헤치다. ¶终zhōng于～了他们的阴谋yīnmóu | 결국 그들의 음모를 파헤쳤다.
【拆掉】chāidiào 動 헐어버리다. 해체하다. 뜯어버리다. ¶～旧楼 | 낡은 건물을 헐어버리다. ¶把院子里的车棚péng～ | 정원에 있는 차고를 뜯어버렸다.
【拆东墙补西壁】chāi dōngqiáng bǔ xībì 諺 동쪽 담을 헐어서 서쪽 벽을 보수하다. 하석상대(下石上臺). 임시 방편으로 둘러맞추다＝[拆东篱lí, 补西壁]
【拆兑】chāiduì 動 京 北 ❶ 돈을 융통하다. ¶给我～五百元, 过几天还huán | 며칠 후 돌려 줄테니 오백원을 융통해주시오. ❷ 잔돈으로 바꾸다. ¶请把大票～～吧 | 고액권을 잔돈으로 좀 바꿔주시오.
【拆对(儿)】chāi/duì(r) 動 2개가 한 벌로 된 세트에서 한 개를 떼어내다. ¶这个东西不能～卖 | 이것은 한 개씩 따로 떼어 팔 수 없다.
【拆放】chāifàng 動 콜 머니(call money)를 대출하다→[拆款kuǎn]
【拆封】chāi/fēng 動 개봉하다. 봉투를 뜯다. ¶这封信已经被人～了 | 이 편지는 누군가에 의해 뜯겼다.
【拆股】chāi/gǔ 動 단체·조직을 해산하다. 공동경영에서 탈퇴하다→[拆伙huǒ①]
【拆行】chāi/háng ⇒[拆台]
【拆和气】chāi héqì 動組 좋은 사이를 벌려놓다. 이간하다. ¶拆人家的和气 | 남의 사이를 벌려놓다→[拆开③]
【拆毁】chāihuǐ 動 헐다. 해체하다. ¶把房子～ | 가옥을 해체하다. ¶～民房 | 민가를 헐다.
【拆伙】chāi/huǒ 動 ❶ (조직·공동사업·단체 등을) 해산하다→[拆股gǔ] ❷ 관계를 끊다.
【拆借】chāijiè 動 方 단기간 빌리다. ¶最近手头儿很紧jǐn张, 应该～一点 | 최근 수중에 돈이 없어 단기로 좀 꾸어야겠다.
【拆开】chāikāi 動 ❶ 뜯다. 개봉하다. ¶把信封～了 | 편지 봉투를 뜯었다. ❷ 분해하다. 해체하다. ¶把～的机器qì装zhuāng起来 | 해체한 기계를 조립하다. ❸ 남녀가 별거하다. 갈라서다→[拆和气]
【拆款】chāikuǎn 名 〈經〉 콜 머니(call money) 금융 기관 간의 단기 융자. 단기 자금. 단자(短資)]→[拆放][拆票piào]
【拆卖】chāi/mài 動 분할해 팔다. 떼어 팔다. ¶这套tào家具不能～ | 이 가구 세트는 따로 떼어 팔 수 없다.
【拆票】chāipiào 名 〈經〉 은행 간의 단기 대부 어음→[拆款]
【拆迁】chāiqiān 動 집을 헐고 이사하다. 이주하다. ¶～户 | 이주민. ¶限xiàn期～ | 한시적으로 이주하다.
【拆墙脚】chāi qiángjiǎo 動組 기초를 허물다. 기반을 무너뜨리다. ¶拆国家的墙脚 | 국가의 기반을 무너뜨리다.
【拆散】ⓐ chāi/sǎn 動 세트로 된 것을 서로 떼어놓다. 갈라놓다. ¶这些瓷器cíqì是整zhěng套的, 不要～了 | 이 도자기들은 세트이니 서로 따로 두지 마라.
ⓑ chāi/sàn 動 (가정·단체 등을) 분산하다. (관계를) 갈라놓다. ¶力图～联盟 | 연맹을 깨뜨리려고 애써 기도하다. ¶～婚姻 | 혼담을 깨뜨리다. ¶～两个人的友情 | 두 사람의 우정을 갈라 놓다.
【拆台】chāi/tái 動 실각시키다. 기반을 무너뜨리다. ¶他一直拆我的台tái | 그는 줄곧 나의 기반을 흔들었다. ¶拆他的台 | 그를 실각시키다＝[拆行háng]
【拆息】chāixī 名 (예금·대출의) 일변(日邊)·일리(日利). ¶合议～ | 협정 일리. ¶～市场 | 일변 시장.
【拆洗】chāixǐ 動 (의복·이불 등을) 뜯어 빨다. ¶～衣服 | 옷을 뜯어 빨다. ¶把被子～吧 | 이불을 뜯어 빨아라.
【拆卸】chāixiè 動 분해하다. 해체하다. ¶～机器qì | 기계를 분해하다. ¶他把枪qiāng～了 | 그는 총을 분해하였다.
【拆用】chāiyòng 動 ❶ 해체하여 쓰다. ❷ 方 단기 이자돈을 빌려 쓰다. 일수돈을 쓰다.
【拆帐】chāi/zhàng ❶ 動 수입을 비례 배분하다. 수입금을 노동량에 따라 나누다. ¶我们俩四六开～ | 우리 둘이 4대 6으로 수입금을 나누자 ❷ (chāizhàng) 名 수입의 비례 배분.
【拆字】chāi/zì ⇒[测cè字]
Ⓑ cā
【拆烂污】cā lànwū 動組 吳 ❶ 물똥을 싸다. 함부로 싸다. ❷ 轉 무책임하다. 일을 망치다. 책임을 전가하다. 함부로 놀다. ¶他做事总zǒng是～ | 그는 늘 일을 망쳐 놓는다. ¶撒sā了许多谎huǎng, 拆了许多烂污 | 많은 거짓말을 하고 고약한 짓을 무수히 하였다.
【拆尿】cā suī 動組 吳 오줌을 싸다. ¶～出 | 오줌을 싸다. 실금(失禁)하다.
【拆污】cāwū 動 吳 배변하다. ¶～出 | 똥을 싸다.
【拆泻】cāxiè 動 吳 설사하다.

1【差】chāi ☞ 差 chā Ⓒ

【钗(釵)】chāi 비녀 차/채
名 (갈래진) 비녀 ¶金～ | 금비녀. ¶～钏↓＝[岐qí笄]
【钗钏】chāichuàn 書 名 ❶ 비녀와 팔찌. ❷ 轉 부녀자 장신구의 총칭. ❸ 轉 여성(女性).
【钗珥】chāi'ěr ⇒[钗环]
【钗环】chāihuán 名 ❶ 비녀와 귀걸이. ❷ 轉 부녀자의 장신구의 총칭 ‖＝[钗珥]
【钗荆裙布】chāi jīng qún bù 成 가시 비녀를 꽂고 무명 치마를 입다. 소박한 차림의 여자. ¶是个～的女儿 | 소박한 차림의 딸이다《紅樓夢》＝[荆钗布裙]

chái 彳ㄞˊ

【侪(儕)】 chái 무리 제 ❶ 書 名 또래. 동배(同輩). ¶吾～ | 우리들. ❷ 書 動 짝지우다. 함께하다. 같이 살다. ¶～男女使莫mò违wéi | 남녀를 짝 지우는 데 틀림이 없도록 하다.《漢書·揚雄傳》¶长幼yòu～居 | 어른과 아이가 같이 살다《列子·湯問》 ¶岂qǐ若卑bēi论～俗, 与世沉chén浮fú, 而取荣róng名哉zāi? | 천박한 논리로 세속과 함께하며 세사에 빌붙어 부침해서야 어찌 영예를 얻겠는가?《史記, 游俠傳序》 ❸ 副 奧 모두. 전부. ¶人～到齐勒 | 사람들이 다 왔다.

【侪辈】 cháibèi 書 名 동류. 동료. 또래. 한 무리. ¶这样的功劳láo是在我们～中少见的 | 이러한 공로는 우리들 중에는 보기 드문 것이다 =〔侪等〕〔侪类〕〔曹偶〕

【侪等】 cháiděng ⇒〔侪辈〕

【侪类】 cháilèi ⇒〔侪辈〕

【茈】 chái cí zǐ 자초 차

Ⓐ chái ⇒〔茈胡〕

Ⓑ cí ⇒〔凫fú茈〕

Ⓒ zǐ ❶ 지명에 쓰이는 글자. ¶～湖口 | 자호구. 호남성(湖南省)에 있는 지명. ❷ ⇒〔茈草〕

Ⓐ chái

【茈胡】 cháihú ⇒〔柴chái胡〕

Ⓒ zǐ

【茈草】 zǐcǎo 名〈植〉자초(紫草) =〔紫zǐ草〕

2 **【柴〈㾹 3, 4〉】 chái 섶 시** ❶ 名 땔감. 땔나무. 장작. ¶木～ | 장작. ¶一根～ | 장작 하나. ¶劈pǐ～ | 장작을 패다. ❷ 形 京 (무·당근 등이) 바람이 들다. 속이 비다. ¶这个萝卜luó·bo～了 | 이 무는 바람이 들었다. ❸ 形 京 마르다. 여위다. 수척하다. ¶这只zhī鸡jī太～了 | 이 닭은 너무 말랐다. ❹ 形 京 굳다. 마르다. ¶～鱼 | 생선포. 말린 생선. ¶这煎jiān饼一凉就～ | 이 부침은 식자 마자 굳어버렸다. ❺ 形 京 열등하다. 조악하다. 하품(下品)이다. ¶这种皮鞋xié多～ | 이런 구두는 아주 조악하다. ¶我的字写得特～, 别笑xiào | 내가 쓴 글자는 특별히 형편없으니, 웃지는 마시오. ¶这个人～ | 이 사람은 저능하다. ❻ 書 動 (장작을 태워서) 하늘에 제사지내다. ¶～于上帝dì | 천제에게 장작을 태워 제사를 지내다《禮記·大傳》 ❼ 代 奧 어떻게. 어찌. ¶～弄? | 어떻게 하지? ❽ (Chái) 名 성(姓).

【柴把】 cháibǎ 名 땔감 다발. 장작 다발. 장작 더미. 땔나무. ¶家里一点～也没有 | 집에 장작 한 다발조차 없다.

【柴草】 cháicǎo 名 땔감용 건초(乾草). 불쏘시개용 마른 풀. ¶小山土博bó, 只长zhǎng些～ | 작은 산은 토양이 메말라 땔감용 풀만 자란다.

【柴刀】 cháidāo 名 나뭇군용 도끼. 벌목용 도끼.

【柴扉】 cháifēi ⇒〔柴门〕

【柴禾】 chái·he 名 ❶〈植〉시화. ❷ 轉 땔감. 마른 나무.

【柴胡】 cháihú 名〈植〉시호 [해열·진통제로 쓰는 약초의 일종] =〔茈zǐ胡〕〔山菜〕〔紫zǐ胡〕

【柴火】 chái·huo 名 장작. 땔나무. 땔감. ¶从山上拣jiǎn了一些～回来 | 산에서 땔감을 주워 왔다.

【柴鸡】 cháijī 名〈鳥〉중국 재래종 닭 [다리에 털이 많고 작음]→〔油yóu鸡〕

【柴瘠】 cháijí 書 狀 빼빼 마르다. 수척하다. ¶居母丧sāng, ～ | 모친 상 중이라 장작개비처럼 수척하였다.

【柴可夫斯基】 Cháikěfūsījī 名 外〈人〉차이코프스키(P.I. Chaikovskii, 1840～1893) [러시아의 작곡가, 지휘자]

【柴门】 cháimén 書 名 사립문. 喩 가난한 집. ¶乃nǎi推tuī开篱障lízhàng, 轻叩kòu～ | 섶울타리를 밀고 들어가 사립문을 가볍게 두드렸다《古今小說》=〔柴扉〕

【柴米】 cháimǐ 名 땔감과 쌀. 喩 생필품. ¶～夫妻fūqī | 成 생계 유지를 위해 결혼한 부부. ¶～油盐yán | 땔감·쌀·기름·소금. 생필품→〔开kāi门七件事〕

4 **【柴油】** cháiyóu 名 중유. 디젤유(diesel oil). ¶～车 | 디젤 자동차. ¶～电机 | 디젤 전기 기관. ¶～发电机 | 디젤 발전기 =〔狄dí赛尔油〕〔苏拉油〕〔重zhòng油〕→〔石油〕

【柴油发动机】 cháiyóu fādòngjī ⇒〔柴油(汽)机〕

【柴油(汽)机】 cháiyóu(qì) 名〈機〉디젤 기관. 디젤 엔진(disel engine) =〔柴油发动机〕〔柴油引擎〕〔狄dí赛尔机〕〔狄赛尔内燃机〕〔狄赛尔引擎〕〔狄塞耳机〕〔江 提tí士引擎〕〔粤 油渣机〕

【柴油引擎】 cháiyóu yǐnqíng ⇒〔柴油(汽)机〕

【豺〈犲〉】 chái 승냥이 시 名〈動〉늑대 =〔豺狗〕→〔狼láng①〕

【豺狼】 cháiláng 名 ❶ 승냥이와 이리. ❷ 喩 간악한 사람. 탐욕에 눈먼 악인. ¶不要把～当人, 也不必为人类lèi有了他们而失望shīwàng | 늑대 같은 인간들을 인간으로 보지 말것이며, 또 인류가 그러한 인간들이 있다고 실망할 필요도 없다.

【豺狼成性】 chái láng chéng xìng 成 성격이 늑대와 같이 극악무도하다.

【豺狼当道】 chái láng dāng dào ⇒〔豺狼横道〕

【豺狼横道】 chái láng héng dào 成 극악한 사람이 날뛰다. 잔인한 악인이 권력을 잡다《漢書·高恭之傳》 ¶这年月～, 百姓遭zāo殃yāng | 요 몇년 몇달간 간악한 무리들이 날뛰어 백성들은 재앙에 시달렸다 =〔豺狼当道〕.

【豺狼虎豹】 chái láng hǔ bào 成 승냥이·이리·범·표범. 인간을 해치는 맹수의 총칭. 喩 잔악한 무리.

【豺声】 cháishēng 書 名 승냥이 울음 소리. 무서운 소리. 음흉한 소리. ¶～四起 | 사방에서 음침한 소리가 일어났다.

chài 彳ㄞˋ

【虿(蠆)】 chài 전갈 채 名〈動〉고서(古書)에 보이는 전갈. ¶蜂fēng～有毒dú | 成 벌과 전갈은 독이

있다. 하찮아 보여도 경시하지 말아야 한다→〔蝎xiē〕
【虿芥】chàijiè 名 가시. 轉 독살스러운 것.
【虿尾】chàiwěi 名 ❶ 전갈의 꼬리. ❷ 轉 사람을 해치는 것.

【瘥】chài cuó 병나을 채, 역질 차
Ⓐ chài 書 動 병이 낫다. ¶久病初chū～ | 오랜 병이 처음으로 나았다.
Ⓑ cuó 書 名 병. 질병. ¶天方荐qiàn～ | 하늘에서 거듭 병을 내린다.

chān ㄔㄢ

【觇(覘)】chān ⓧ zhān) 엿볼 점
書 動 ❶ 엿보다. ¶门外有声shēng, 往～之 | 문밖에서 소리가 들려 가서 엿보다. ❷ 관측하다. 살피다. ¶～标↓ ¶～国↓
【觇标】chānbiāo 名〈測〉측량표(測量標). 측량을 위해 설치한 표지(標識).
【觇候】chānhòu 書 動 정찰하다. 측후하다.
【觇国】chānguó 書 動 국정(國情)을 살피다.

4【掺(摻)】chān càn shǎn 잡을 삼, 섬섬할 섬, 칠 참
Ⓐ chān ❶ 動 섞다. 혼합하다. ¶～搅jiǎo | 섞다→〔搀chān①〕 ❷ 動 잡다. 쥐다. 부축하다. ¶手～着那少shào年, 朝cháo东望着说话呢? | 손으로 그 소년을 잡고 동쪽을 바라보며 말하고 있다《老残遊記》→〔搀chān②〕
Ⓑ càn 名 고대 고곡(鼓曲)의 이름.
Ⓒ shǎn 書 動 잡다. 가지다. 쥐다. ¶～手 | 손을 잡다.
【掺半】chānbàn 動組 반반씩 혼합되다. 반씩 섞이다. ¶头发fà已经黑白～ | 머리털이 이미 흰 색 반 검은 색 반으로 섞였다.
【掺份子】chān fèn·zi 動組 京 분에 넘치는 행동을 하다. 격에 맞지 않게 관여하다. ¶人家的事, 你别去～ | 다른 사람의 일에 분에 넘치게 관여 하지 마라.
【掺合】chān·he ❶ 動 배합하다. 섞다. ¶把饭和菜～着吃 | 밥과 반찬을 섞어서 먹다. ❷ 動 北 끼어들다. 남의 일에 관여하다. ¶我们有我们的想法, 你们不要～ | 우리는 우리의 생각이 있으니 너희들은 끼어들지 마라. ❸ 名〈化〉배합. ¶～比 | 배합비율. ¶～油 | 혼합유. ¶～肥féi料 | 배합비료→〔搀chān合〕
【掺和】chān·huo ❶⇒〔掺合②〕 ❷ 動 의견을 말하다. 방법을 내놓다. ¶我给哥们儿～～ | 내가 형님들께 제안해 보겠습니다.
【掺假】chānjiǎ ＝〔搀假〕
【掺沙子】chān shā·zi 動組 ❶ 모래를 섞어 넣다. 농지(農地)가 굳지 않도록 모래를 섞다. ❷ 새로운 사람을 박아 넣다. 문혁(文革) 기간 중 지식인을 해방군이나 농촌에 배치하다. ¶给工人组织搀进知识shí分子的沙子 | 노동자 조직에 지식인을 배치하였다 ‖＝〔搀chān沙子〕
【掺言】chānyán ＝〔搀言〕
【掺杂】chānzá ＝〔搀杂〕

4【搀(攙)〈儳₁〉】chān 찌를 참
❶ 動 섞다. 타다. 혼합하다. ¶里面～糖táng了 | 속에 설탕을 탔다. ¶土石相～ | 흙과 자갈을 혼합하다. ¶饲料sìliào里再～点水 | 사료에 다시 물을 좀 타라→〔掺chān①〕 ❷ 動 옆에서 돕다. 부축하다. ¶你～着老坐车吧 | 네가 노인을 부축하여 차를 타라→〔掺chān②〕
【搀拌】chānbàn 動 섞다. 혼합하다. ¶用煤炉méilú渣zhā～在砖坯zhuānpī中 | 연탄 화로의 재를 벽돌을 굽는 흙과 섞다.
【搀兑】chānduì 動 섞다. 혼합하다. 타다. ¶把酒精jīng跟水～起来 | 알코올을 물에 섞다 ＝〔搀对〕
【搀对】chānduì ⇒〔搀兑〕
【搀扶】chānfú 動 손으로 잡다. 부축하다. 옆에서 도우다. ¶～老母去旅lǚ行 | 노모를 부축하여 여행을 가다.
【搀合】chānhé ⇒〔掺合〕
【搀和】chān·huo 動 ❶ 섞다. 혼합하다. ¶～着吃 | 섞어서 먹다. ¶把黄土、石灰、砂土～起来 | 황토·석회·모래를 섞다. ❷ 끼어 들다. 관여하다. 연루되다. ¶往人命案里～ | 다른 사람의 살인 사건에 연루되다 ＝〔掺chān和〕 ❸ 교란하다. 혼란하다. 어지럽다. ¶人家正忘着呢, 别在这里瞎xiā～ | 우리는 지금 몹시 바쁘니 여기에서 함부로 어지럽히지마라.
【搀假】chān/jiǎ 動 가짜를 섞다. ¶这里面搀了假啦, 不然怎么这样白呢? | 이 속에 가짜가 섞이지 않았다면 어떻게 이렇게 하얀 색일 수 있니? ＝〔掺假〕
【搀言】chānyán 動 말참견하다. 말을 자르다. ¶～接jiē语 | 함부로 말을 자르고 끼어 들다 ＝〔搀嘴〕〔掺言〕→〔插chā嘴〕
【搀杂】chānzá 動 뒤섞다. 함께 버무리다. 혼합하다. ¶大米和小米～在一起 | 쌀과 좁쌀을 함께 섞다. ¶～险xiǎn | 혼합 보험. 해상 보험 ＝〔掺杂〕
【搀嘴】chānzuǐ ⇒〔搀言〕

chán ㄔㄢˊ

【单】chán ☞ 单 dān Ⓑ

【婵(嬋)】chán 고울 선
❶ 아름답다. 곱다. ¶～娟↓ ❷ (Chán) 名 성(姓).
【婵娟】chánjuān 書 ❶ 形 용모가 아름답다 ＝〔婵媛①〕 ❷ 名 달 속의 미인. 달. ¶千里共～ | 먼리 떨어져 있어도 하나의 달을 보다.
【婵媛】chányuán ❶ ⇒〔婵娟①〕 ❷ 書 形 마음이 끌리다. 연연(戀戀)하다.

【禅(禪)】chán shàn 참선할 선, 선위할 선
Ⓐ chán〈佛〉❶ 名 簡 선. 참선 [범어(梵語)「禅那」(정좌·사색하다)의 약칭] ¶坐～ | 참선하다. ❷ 불교와 간계 있는 것. ¶～林↓
Ⓑ shàn ❶ 動 선위(禪位)하다. 제왕의 자리를 양

보하다. ¶～位↓ ¶～让↓ =〔壇shàn②〕 ❷名 땅에 지내는 제사 [태산(泰山)에서 하늘에 지내는 제사를「封」이라 하고, 양부산(梁父山)에서 땅에 지내는 제사를「禅」이라 함]→〔封禅〕

Ⓐ chán

【禅房】chánfáng 名〈佛〉선방. ¶很多高僧正在～里坐禅 | 많은 고승들이 선방에서 좌선을 하고 있다.

【禅机】chánjī 名〈佛〉선기. 선문설법(禪門說法)의 기봉(機鋒) [참선할 때 언행이나 사물로 교의(教義)를 암시해 주는 비결]

【禅林】chánlín 名〈佛〉사원. 선종(禪宗)의 절→〔丛cóng林①〕

【禅师】chánshī 名〈佛〉승려에 대한 존칭. 고승.

【禅堂】chántáng 名〈佛〉선방(禪房). 중이 참선하며 거처하는 집. 승당(僧堂).

【禅院】chányuàn 名〈佛〉선종의 절.

【禅宗】chánzōng 名〈佛〉선종 [좌선·수도에 의해 직접 체득하는 것을 교리로 삼는 불교의 일파] =〔佛fó心禅〕

Ⓑ shàn

【禅让】shànràng 書 動 임금의 자리를 주고 받다. 선양하다. ¶尧yáo舜shùn～ | 요임금과 순임금은 선양하였다 =〔擅shàn让〕

【禅位】shànwèi 書 名 양위(讓位)하다. 자리를 양보하다. ¶尧～给舜 | 요임금은 순임금에게 자리를 내주었다.

4【蝉(蟬)】chán 매미 선
❶名〈蟲〉매미. ¶寒hán～ | 쓰르라미 =〔⑤ 唧jī鸟儿〕〔⑤ 季jì鸟儿〕〔⑪ 知了liǎo〕→〔蜩tiáo〕 ❷(매미의 울음소리처럼) 계속 이어지다. ¶～联↓ ❸(Chán) 名 성(姓).

【蝉连】chánlián ⇒〔蝉联〕

【蝉联】chánlián 動 ❶(매미 소리같이) 계속 이어지다. 연속되다. ¶连续xù三次～世界冠guàn军 | 세번 연이어 세계 챔피언이 되었다. ❷연임하다. 임기 만료 후에도 직무를 계속하다. ¶他～了十几年的主席 | 그는 십 몇 년간 회장직을 연임하였다. ¶他再～下去 | 그는 다시 직무를 계속 맡았다 =〔蝉连〕

【蝉蜕】chántuì ❶名 매미의 허물 [한약재로 쓰임] =〔書 蝉衣〕〔蜩tiáo甲〕 ❷動 벗어나다. 해탈하다. ¶～于浊秽zhuóhuì | 더러운 곳으로부터 벗어나다《史記·屈原傳》→〔蜕變①〕

【蝉衣】chányī ⇒〔蝉蜕〕

【崭】chán ☞ 崭 zhǎn Ⓑ

【孱】chán càn 잔약할 잔

Ⓐ chán 形 허약하다. 쇠약하다. ¶吾王, ～王也 | 우리 임금은 나약한 왕이시다《史記·張耳陳餘列傳》 ¶～兵 | 나약한 병사.

Ⓑ càn ⇒〔孱头〕

Ⓐ chán

【孱羸】chánléi 書 形 허약하다. 쇠약하다.

【孱弱】chánruò 形 허약하다. 기력이 없다. 무능하다. ¶他每天安慰wèi那些～了的老人 | 그는 매일 허약해진 노인들을 위로한다. ¶他身体～, 不能当此重任zhòngrèn | 그는 몸이 허약하여 이런 중임을 맡을 수 없다.

【孱种】chánzhǒng 名 비겁한 사람. 나약한 사람. ¶他是个～, 受不了挫折cuòzhé | 그는 나약해서 좌절을 견디지 못한다.

Ⓑ càn

【孱困】cànkùn 書 形 비열하고 무능하다. ¶诚chéng不知钱塘táng君～如是 | 정말로 전당군이 이렇게 비열하고 무능할 줄은 몰랐다《唐傳奇·柳毅傳》

【孱头】càntóu ❶名 罵 나약하고 무능한 사람. 기력이 없는 사람. 비겁한 사람. ¶他是个～ | 그는 비겁한 사람이다. ¶他比这些～们懂dǒng事 | 그는 이런 무능한 무리들보다 철이 들었다. ❷形 비겁하다. 나약하다. 무력하다. ¶如果我是你, 我就不那么～! 我一定跟他报仇chóu | 만약 내가 너라면 그렇게 무력하지는 않았을 것이며, 반드시 그에게 복수하였을 것이다. ¶～货huò | 罵 비겁한 놈. 나약한 놈.

【潺】chán 졸졸흐를 잔
❶擬 졸졸. 콸콸. 주룩주룩 [물이 흐르는 소리. 비가 떨어지는 소리] ❷⇒〔潺流〕

【潺潺】chánchán 書 擬 ❶졸졸 [물이 흐르는 소리] ¶水声～ | 졸졸 물 흐르는 소리. ❷주룩주룩 [비오는 소리] ¶秋雨～ | 주룩주룩 내리는 가을비.

【潺流】chánliú 書 ❶名 졸졸 흐르는 물. ❷狀 물이 맑은 소리를 내며 흐르다. ¶忽闻水声～, 泻xiè出石洞dòng | 돌구멍에서 흘러 나오는 맑은 물소리를 갑자기 듣게 되었다《紅樓夢》

4【谗(讒)】chán 헐뜯을 참
動 비방하다. 남을 헐뜯다. 험담을 하다. ¶～害忠良zhōngliáng | 충직하고 착한 사람을 헐뜯다.

【谗害】chánhài 動 참언으로 남을 해치다. ¶～忠臣chén, 祸huò国殃yāng民 | 충신을 참언하고 나라와 백성에 해를 끼치다.

【谗佞】chánnìng 書 名 남을 헐뜯고 아첨을 일삼는 사람. ¶秦桧guì是个～的奸相 | 진회는 비방과 아첨을 일삼는 간신 재상이다.

4【谗言】chányán 名 참언. 중상 비방. 중상. ¶卑鄙bēibǐ的～ | 비열한 중상. ¶不可轻qīng信～ | 참언을 가볍게 믿어서는 안된다.

4【馋(饞)】chán 탐할 참
❶形 게걸스럽다. 식욕이 많다. ¶这个人太～! | 이 사람은 너무 게걸스럽다. ¶他又～又懒lǎn | 그는 게걸스럽고 나태하다. ❷形 탐욕스럽다. 욕심이 많다. ¶眼～ | 눈독을 들이다. ❸動 먹도록 하다. 먹이다. ¶姐姐拿梨～弟弟 | 누나는 배를 동생에게 먹였다.

【馋虫(子)】chánchóng(·zi) 名 罵 걸신들린 놈. 욕심쟁이. 밥벌레. ¶～发作 | 밥벌레가 발작하다. 배에서 쪼르륵 소리가 나다.

【馋鬼】chánguǐ 名 아귀(餓鬼). 걸귀(乞鬼). 먹통. ¶你这个～, 一闻到味儿就来了 | 아귀 같은 놈, 맛좋은 냄새를 맡고 곧장 왔구나.

【馋猫儿】chánmāor 名北 ❶ 입이 더러운 놈. 말씨가 사나운 사람. ❷ 걸신. 밥벌레. ¶这小～, 吃了还想吃 | 이 밥벌레 같은 놈은 먹고도 또 먹고 싶어한다.

【馋涎欲滴】chán xián yù dī 成 군침을 흘리다. 갈망하다. 탐욕스럽다.

【馋相】chánxiàng 名 물욕에 가득찬 표정. 탐색스러운 안색.

【馋眼】chányǎn 名 욕정에 불타는 눈. 굶주린 눈. ¶他那俩～盯dīng着蛋糕dàngāo, 一动也不动 | 그의 굶주린 두 눈은 카스텔라를 주시하면서 조금도 움직이지 않았다.

【镵(鑱)】chán 침 참 ❶ 名 보습 [고대의 쟁기 바닥에 붙이는 쇳조각] ❷ 動 찌르다. 침을 놓다→〔刺cì①〕〔扎zhā①〕

【镵斧】chánfǔ 名 제초용 도끼.

4【缠(纏)】chán 얽을 전 ❶ 動 감다. 말다. 싸매다. ¶拿绷bēng带～住伤shāng口 | 붕대로 상처를 싸매다. ¶头上～着一块布bù | 머리를 헝겊 조각으로 싸매다. ❷ 動 달라붙다. 귀찮게 굴다. 치근덕거리다. ¶不要胡～ | 함부로 달라 붙지 마라. ¶～到官司 | 송사에 얽매이다. ❸ 動北吳 상대하다. 대응하다. ¶这人真难～ | 이 사람은 정말 상대하기 어렵다. ❹ (Chán) 名 성(姓).

【缠脚】chán/jiǎo ❶ 動 강제로 다리를 묶다. 꼼짝못하게 하다. 전족을 만들다. ¶她的父母不许她读dú书, 却强迫pò她～ | 그녀의 부모는 공부를 못하게 하였을 뿐아니라, 오히려 억지로 그의 발을 묶어버렸다. (chán/jiǎo) ❷ 名 전족→〔小xiǎo脚(儿)〕

【缠绵】chánmián 書形 ❶ (병·감정 등에) 얽매이다. 사로잡히다. ¶～病榻tà, 无法主持chí朝政cháozhèng | 병상에 눕게되어 조정의 정무를 주지할 수 없다. ❷ 듣기가 좋다. 억양이 아름답다. 구성지다. ¶歌声是那样的柔róu和～ | 노래 소리는 그렇게도 부드럽고 아름답다.

【缠绵悱恻】chán mián fěi cè 成 시문이 애절하여 흥금을 울리다.

【缠磨】chán·mo 動 성가시게 하다. 귀찮게 굴다. 보채다. ¶孩子老～人, 不肯kěn睡觉 | 어린아이가 늘 사람을 성가시게하고 잠자려 하지 않는다.

【缠扰】chánrǎo 動 방해하다. 훼방놓다. 혼란스럽게 하다. ¶你快走吧, 别在这里老～我! | 너 빨리 떠나라. 여기에서 계속 귀찮게 하지 말고!

【缠绕】chánrào 動 ❶ 감다. 매다. 말다. ¶手上～着绷bēng带 | 손에 붕대를 감다. ❷ 얽히다. 얽매이다. ¶利害关系复杂地～在一起 | 이해 관계가 복잡하게 한테 얽혀 있다.

【缠绕茎】chánràojīng 名〈植〉 덩굴줄기.

【缠绕植物】chánrào zhíwù 名組〈植〉 덩굴성 식물. 덩굴식물.

【缠身】chánshēn 動 ❶ 몸에 달라붙다. ¶病魔mó～ | 병마가 몸에달라붙다. ❷ 몸을 얽매다. 얽매이다. ¶家事～ | 가사가 몸을 얽매다.

【缠手】chánshǒu 形 손을 쓰지 못하게 하다. 처리하기 어렵다. 귀찮다. 성가시다. 까다롭다. ¶这件事有些～, 不大好办 | 이 일은 좀 까다로워 처리하기 쉽지 않다.

【缠住】chán·zhu 動 ❶ 감다. 휘감기다. ¶被巨蛇shé～ | 큰뱀에 휘감겼다. ❷ 얽매이다. 구속되다. ¶被小孩～, 不能走了 | 어린이에 얽매여 갈 수가 없다.

【廛〈廛〉】chán 터 전 書名 주택. 주거 대지 ¶市～ | 저자. 시가지.(市街地).

【廛閈】chán hàn 書名 저자. 시가지.

【廛肆】chánsì 書名 가게. 점포. 상점.

【躔】chán 궤도 전, 자취 전, 밟을 전 ❶ 名 (짐승의) 발자취. 행적(行迹). ❷ ⇒〔躔次〕 ❸ 動 밟다. 여행하다. ¶～探tàn↓

【躔次】cháncì 書名 별의 위치. 성좌(星座).

【躔探】chántàn 書動 더듬어 찾다. 살피다. 탐방하다. ¶～一个消息回话你 | 소식을 알아 보고 너에게 알리겠다《京本通俗小說》

【蟾】chán 두꺼비 섬 ❶ ⇒〔蟾蜍〕 ❷ 書名 달 [달 속에 두꺼비가 산다는 전설에서 유래] ¶～宫①↓ ❸ (Chán) 名 성(姓).

【蟾蜍】chánchú 名〈動〉 두꺼비 [문학 작품에서 주로 쓰는 말]→〔疥jiè蛤蟆〕〔蛤há蟆〕

【蟾宫】chángōng 書名 달. 월궁(月宮) [신화에 나오는 달 속의 궁전] =〔蟾轮〕〔蟾盘〕〔蟾魄〕→〔月亮〕

【蟾宫折桂】chán gōng zhé guì 成 월궁에서 계수나무를 꺾다. 과거에 급제하다 [가을의 달 밝은 날에 과거를 시행한 데서 유래]

【蟾轮】chánlún ⇒〔蟾宫①〕

【蟾盘】chánpán ⇒〔蟾宫①〕

【蟾魄】chánpò ⇒〔蟾宫①〕

【蟾酥】chánsū 名〈漢醫〉 섬소 [두꺼비의 이선(耳線)에서 분비되는 점액(粘液)의 응고액으로 강심제(强心劑)·진통제·지혈제로 쓰임]

chǎn ㄔㄢˇ

1【产(產)】chǎn 낳을 산 ❶ 動 낳다. 출산하다. ¶～子 | 자식을 낳다. ❷ 動 산란(產卵)하다. 알을 놓다. ¶母鸡～卵luǎn | 암탉이 알을 낳다→〔下蛋〕 ❸ 動 산출하다. 나오다. ¶～煤méi | 석탄이 나다. ¶～棉mián区 | 목화 산출 지역. ❹ 動 만들다. 생산하다. 제배하다. ¶高山不～水稻dào | 높은 산에서는 수도가 나지 않는다. ¶出～大量农产品 | 대량의 농산품이 생산되다. ❺ 생산품. ¶土特～ | 지방토산품. ¶水～ | 수산물. ❼ 재물. 재산. ¶财～ | 재산. ¶房～ | 부동산으로서의 건물.

【产床】chǎnchuáng 名 출산용 침대.

【产道】chǎndào 名〈醫〉 산도 [태아(胎兒)가 나오는 통로]

4【产地】chǎndì 名 산지. 원산지. 생산지. ¶～交货huò | 원산지 인도. ¶～证zhèng明书 | 원산지 증명서.

【产额】chǎn'é 名 생산액 =〔生产额〕→〔产量〕

【产儿】chǎn'ér 名 ❶ 산아. 갓난아기. ❷ 산물(產物). ¶技术jìshù革gé新运动的～ | 기술 혁신 운동의 산물.

【产房】chǎnfáng 名 산실(產室) =〔暗àn房〕〔阴yīn房②〕

【产妇】chǎnfù ⇒〔产母mǔ〕

【产后】chǎnhòu 名 산후. ¶～出血 | 〈醫〉 산후 출혈. ¶～痛tòng | 산후진통 ⇔〔产前〕→〔产褥rù期〕

【产户】chǎnhù ⇒〔产门〕

【产假】chǎnjià 名 출산 휴가 [현재 중국에서는 56일을 받을 수 있으며 난산의 경우는 72일까지 가능함] ¶请～ | 출산 휴가를 신청하다.

【产科】chǎnkē 名 〈醫〉 산부인과. ¶～病房 | 산부인과 병동(病棟). ¶～医院 | 산부인과 의원.

2【产量】chǎnliàng 名 생산량. ¶提tí高～ | 생산량을 향상시키다→〔产额〕〔产值〕

【产卵】chǎnluǎn ❶ 名 산란. ¶～场 | 산란장. ¶～回游 | 산란회유. ¶～期 | 산란기. ❷ 動 산란하다. 알을 놓다.

【产门】chǎnmén 名 〈生理〉 산문. 산도(產道) =〔产户〕〔玉门②〕

2【产品】chǎnpǐn 名 생산품. 제품. ¶石油～ | 석유 제품. ¶副～ | 부산물. ¶农～ | 농산품. ¶土特～ | 지방 토산품. ¶～成chéng本 | 제품 원가. ¶～规格 | 제품 규격. ¶～质量 | 제품의 질 =〔出品①〕→〔产物〕

【产婆】chǎnpó 名 산파 =〔接生婆〕〔收生婆〕〔助产士〕

【产前】chǎnqián 名 산전. 출산 전. ¶～检查jiǎnchá | 산전 검사 ⇔〔产后〕

【产钳】chǎnqián 名 〈醫〉 (조산용) 겸자(鉗子) [태아를 끄집어내는 기구]

4【产区】chǎnqū 名 생산지구. 생산지역.

【产权】chǎnquán 名 재산권. ¶这个公司的～不明确què | 이 회사의 재산권은 명확하지 않다.

【产褥期】chǎnrùqī 名 〈醫〉 산욕기.

【产褥热】chǎnrùrè 名 〈醫〉 산욕열 =〔月子病〕

2【产生】chǎnshēng ❶ 動 (추상적 현상이) 생기다. 나타나다. 발생하다. ¶～问题 | 문제가 발생하다. ¶～困难 | 어려움이 생기다. ¶～了效xiào果 | 효과가 나타났다. ❷ 動 (인물이) 출현하다. 나타나다. ¶～了很多的民族英雄xióng和革命领袖xiù | 많은 민족 영웅과 혁명 지도자가 나타났다. ❸ 動 (감정적인 일이) 일어나다. 발생하다. ¶～了骄傲jiāo'ào情绪xù | 자랑스러워하는 정서가 생겨났다. ¶我忽hū然～一种担dān心 | 나는 갑자기 한 가지 우려가 생겨났다. ❹ 動 선출하다. ¶每个小组～一个代表 | 매 그룹마다 대표 하나씩을 선발하다. ❺ 名 발생. 출현. 선출. ¶分析～和发展 | 발생과 발전에 대해 분석하다. ¶～率lǜ | 발생율.

3【产物】chǎnwù 名 생산물. 생산품. 산물. ¶这个地方～很丰富fēngfù | 이 지역은 산물이 풍부하다→〔产品〕

【产销】chǎnxiāo 名 〈經〉 생산과 판매. 생산과 소비. ¶～税 | 생산 판매세. ¶～合同 | 생산 판매 계약. ¶～失衡héng | 생산과 소비가 균형을 잃다. ¶工艺品～两旺wàng | 공예품의 생산과 판매 양방면이 모두 왕성하다.

4【产业】chǎnyè ❶ 名 부동산. 재산. ¶这是他自己置zhì买的～ | 이것은 그가 스스로 사들인 재산이다 =〔业产〕→〔土业〕 ❷ 區 산업 [주로 공업 생산에 쓰임] ¶～部门 | 산업 부문. ¶～公害hài | 산업공해 →〔实业①〕

【产业革命】chǎnyè gémìng 名組 산업 혁명. 공업 혁명 =〔工业革命〕

【产业工会】chǎnyè gōnghuì 名組 산업 노조.

【产业结合】chǎnyè jiéhé 名組 〈經〉 기업 연합. 기업 결합 [카르텔(cartel)·트러스트(trust)·콘체른(conzern) 따위] =〔企业结合〕〔结合企业〕

【产院】chǎnyuàn 名 〈醫〉 산원. 산부인과 병원.

3【产值】chǎnzhí 名 〈經〉 생산액. 생산고. ¶其工业生产总zǒng值不到世界工业总～的百分之十 | 그 공업 생산총액은 세계 공업 총생산액의 10% 가 되지 않는다→〔产量〕

【产仔】chǎn/zǐ 動 동물이 새끼를 낳다.

【浐(滻)】Chǎn 강이름 산 名 〈地〉 산강(滻河) [섬서성(陝西省)에 있음]

3【铲(鏟)〈剷刬〉】chǎn 깎을 산 〈깎을 전/잔〉 ❶ 動 (삽으로 땅을) 깎다. 파다. ¶把地～平了 | 땅을 평평하게 깎았다. ¶～土 | 흙을 깎다. ❷ 動 (주걱 등으로) 파내다. 긁어내다. 퍼내다. ¶用小铲子～了里面的香灰huī | 작은 부삽으로 속의 향이 타고 남은 재를 파냈다 ¶～菜 | 주걱으로 요리를 퍼내다. ❸ 動 京 (가축의 등이 안장에 쓸리어) 벗겨지다. 상처나다. ¶～坏huài了牲shēng口 | 가축의 등에 상처가 났다. ❹ (～儿, ～子) 名 가래. 삽. 부삽. 주걱 =〔铲子〕〔铲儿〕 ¶铁tiě～ | 삽. ¶饭～ | 주걱→〔锹qiāo〕〔锨xiān〕

【铲币】chǎnbì 名 〈錢〉 산폐 [부삽 모양의 옛날 화폐. 구멍이 뚫려있기 때문에 「空心币kōngxīnbì」라고도 함]

【铲车】chǎnchē ⇒〔铲运车〕

【铲趟】chǎntāng 動 〈農〉 김을 매고 북을 돋우다. 흙을 돋우고 갈아 주다.

【铲土机】chǎntǔjī 名 〈機〉 ❶ 불도저(bulldozer). ❷ 그레이더(grader)→〔推tuī土机〕

【铲运车】chǎnyùnchē 名 〈機〉 지게차. 포크리프트(forklift) =〔铲车〕〔叉chā车〕

【铲运机】chǎnyùnjī 名 〈機〉 불도저(bulldozer)→〔推tuī土机〕〔叉chā车〕

【谄(諂)〈讇〉】chǎn 아첨할 첨 動 아첨하다. 비위를 맞추다 =〔巴结〕 ¶不骄jiāo不～ | 교만하지도 아첨하지도 않다→〔谀yú〕

【谄媚】chǎnmèi 動 아첨하다. 빌붙다. ¶宦huàn官大都是～的小人 | 환관은 대부분 아첨하는 소인들이다. ¶作出一种～的微wēi笑 | 일종의 알랑대는 미소를 지었다 =〔奉fèng承②〕

【谄上欺下】chǎn shàng qī xià 成 윗사람에게는

빌붙고 아랫사람에게는 모나게 굴다. ¶靠kào～起家的人 | 위에 빌붙고 아래로는 못된 짓을 해 일어선 사람 =〔谄上压下〕

【谄笑】chǎnxiào 動 간사한 웃음을 짓다. 살살거리며 웃다. ¶～的面孔kǒng | 아부하는 웃음을 띤 얼굴.

【谄谀】chǎnyú 動 아첨하다. 아부하다. 비위를 맞추다. ¶他原来是一个～的狗才gǒucái | 그는 원래부터 아부하는 개 같은 녀석이다. ¶他又显xiǎn出了～的本领lǐng | 그는 또 아부하는 근성을 나타내 보였다.

4【阐(闡)】chǎn 밝혀질 천 ❶ 動 밝히다. 명백히 하다. (이치를) 설명하다. ¶～明↓ ¶～发↓ ❷ (Chǎn) 名 성(姓).

【阐发】chǎnfā ❶ 動 밝히다. 명백히 하다. 설명하다. 분명히 하다. ¶这个报告bàogào详细xiángxì地～了国际jì主义和无产wúchǎn阶级jiējí的意义yìyì | 이 보고서는 국제주의와 무산계급의 의의를 상세히 밝혔다. ❷ 名 해명(解明). 석명. ¶做～ | 해명하다.

4【阐明】chǎnmíng 動 천명하다. 해명하다. 밝히다. 설명하다. ¶～了社会发展规律guīlǜ | 사회발전의 법칙을 밝혀 설명했다. ¶～态度 | 태도를 밝히다.

【阐释】chǎnshì 書 動 상세히 해석하다. 명쾌하게 해석하다. ¶对文化的价值jiàzhí进行了充chōng分的～ | 문화의 가치에 대해 충분히 상세한 설명을 하였다.

4【阐述】chǎnshù 書 動 명백히 논술하다. 밝혀 설명하다. ¶～立场chǎng | 입장을 밝히다. ¶～制造zhìzào的原理 | 제조의 원리에 대해 명백히 밝혔다.

【阐微探幽】chǎn wēi tàn yōu 成 심오한 진리를 탐구하고 설명하다 =〔阐幽发微〕

【阐扬】chǎnyáng 動 명백하게 주장하다. 밝혀내고 선전하다. ¶这本书是～资zī本主义原理 | 이 책은 자본주의의 원리를 설명하고 선전하는 것이다.

【阐幽发微】chǎn yōu fā wēi ⇒〔阐微探幽〕

【辴(冁)〈䟧〉】chǎn 껄껄웃을 천 書 動 껄껄 웃다. 너털웃음을 짓다 ¶～然↓

【辴然】chǎnrán 書 狀 껄껄 웃다. ¶～而笑 | 껄껄 웃다. 크게 웃다.

【蒇(蕆)】chǎn 갖출 천 ⇒〔蒇事〕〔蒇敕〕 書 動 완료하다. 완성하다. ¶～事 | 일을 끝내다.

【蒇敕】chǎnchì 書 動 경계하다.

【蒇事】chǎnshì 書 動 일을 끝내다. 완성하다. 완료하다. ¶选举xuǎnjǔ工作业已～了 | 선거 업무는 이미 끝났다. ¶由于他们的努力, 早日～ | 그들의 노력으로 일찍이 끝냈다.

【骣(驏)】chǎn 안장없이탈 잔 書 動 (재갈·고삐·안장 등의 마구를 갖추지 않고) 말을 타다. 생으로 말을 타다 ¶～骑 | 안장없이 말을 타다.

chàn ㄔㄢˋ

【忏(懺)】chàn 뉘우칠 참 ❶ 動 참회하다. 뉘우치다 [「忏摩mā」(ksama;범)의 약어] ¶～除↓ ¶～悔↓ ❷ 名〈佛〉참회를 위해 외는 경문(經文). 기도문(祈禱文). ¶梁liáng皇huáng～ | 양황참.

【忏除】chànchú 書 動 뉘우치다. 회개하다. ¶～罪障zuìzhàng | 죄과를 회개하다《華嚴經》

【忏悔】chànhuǐ ❶ 動 참회하다 [범어(梵語)와 한어(漢語)의 합성어] ¶快向上帝dì～吧 | 얼른 하느님께 참회하여라. ❷ 名 참회. 고해성사. ¶表示～ | 참회를 표하였다.

3【颤(顫)】chàn zhàn 떨릴 전

Ⓐ chàn 動 ❶ 진동하다. 요동하다. 흔들리다. ¶～动↓ ¶～抖↓

Ⓑ zhàn 動 (놀라움·추위·무서움으로) 와들와들 떨다. 벌벌 떨다. ¶胆dǎn～心惊jīng | 겁이 나 간담이 떨린다. ¶听你这么一说, 真叫人～得慌huāng | 네가 이렇게 말하니 정말 마음이 황급해 진다 =〔战③〕

Ⓐ chàn

3【颤动】chàndòng 動 진동하다. 흔들리다. ¶木板薄了就会～ | 판자가 얇으면 흔들리게 된다. ¶微微～的声shēng音 | 약하게 흔들리는 소리.

3【颤抖】chàndǒu 動 부들부들〔와들와들〕 떨다. ¶冻得全身～ | 추워서 온몸이 부들부들 떨리다. ¶他～着嘴唇zuǐchún, 低dī声地自语起来 | 그는 입술을 요동하면서 낮은 소리로 독백을 하였다.

【颤音】chànyīn 名 ❶〈言〉전동음(顫動音). 설전음(舌顫音). ❷〈音〉전음. 트릴(trill). 트릴로(trillo) [어떤 음과 2도(度) 높은 음을 교대로 빨리 연주하여 내는 파상음(波狀音)] ¶用～唱歌 | 전음으로 노래를 부르다.

【颤悠悠】chànyōuyōu 狀 부들부들 떨다. 흔들흔들하다. ¶～的花影 | 흔들거리는 꽃 그림자. ¶鸟笼niǎolóng～吱zhī吱响xiǎng | 새장이 흔들거리며 지지하고 소리를 낸다.

【颤悠】chàn·you 動 ❶ (걸음걸이가) 휘청휘청하다. 비틀비틀거리다. 흔들거리다. ¶他的脚步jiǎobù正合着那扁担biǎndān～的节拍jiépāi | 그의 발걸음은 멜대의 흔들거리는 박자와 같았다. ❷ (불빛이) 깜박거리다. ¶屋子里闪shǎn着～的灯dēng光 | 방안에는 깜박거리는 등잔 불이 빛나고 있다 =〔颤忽hū〕

Ⓑ zhàn

【羼】chàn 섞을 찬 動 섞다. 섞어 타다. 혼합하다. ¶～入酒中 | 술에 섞다. ¶和那些道士们胡hú～ | 그 도사들과 함께 함부로 섞이다《紅樓夢》 ¶～水 | 물을 타다.

【羼入】chànrù 動 섞어 넣다. 섞여 들어가다. ¶你怎么能够～这个社会里 | 네가 어떻게 이 사회에 어울려 들겠니?

【羼杂】chànzá 書 動 혼합하다. 뒤섞이다. ¶其他的色彩也～进来了 | 다른 색채도 섞여 들어왔다.

chāng ㄔㄤ

【伥(倀)】chāng 창귀 창 ❶ ⇒〔伥鬼guǐ〕 ❷書名악인(惡人)의 앞잡이. ¶为虎hǔ作～ | 악인의 앞잡이가 되다. ❸ (Chāng) 名 성(姓).

【伥伥】chāngchāng 書 貶 더듬거리다. 어찌할 바를 모르다 ¶若瞽gǔ者之～ | 소경이 어둠 속에서 더듬는 것 같다. ¶人无法则～然 | 사람에게 법이 없으면 어찌해야 할 지를 모르게 된다.

【伥鬼】chāngguǐ 名 ❶ 창귀 [호랑이에게 물려 죽은 귀신이 도리어 호랑이의 앞잡이 노릇을 했다는 전설 속의 귀신] ❷ 轉 악인의 앞잡이 →〔为wèi虎作伥〕

4【昌】chāng 창성할 창 ❶書形 번영하다. 번창하다. 무성하다. ¶使族益yì～, 而家益肥féi | 일족이 번영할수록 집안도 넉넉해진다. ¶万物wù以～ | 만물이 번성하다《荀子·禮論》❷ 왕성하다. 성대하다. ¶～盛 ↓ ¶～明 ↓ ❸書形 솔직하다. 정당하다. 거리낌이 없다. ¶～言无忌 | 거리낌없이 솔직히 말하다. ¶～言 ↓ ❹書名 사물. ¶百～皆jiē生于土 | 만물은 모두 흙에서 태어났다. ❺形京 동작이 아름답다. 멋지다. ¶这两下子要shuǎ得挺tǐng～ | 요번의 두 번은 멋지게 놀았다. ❻ (Chāng) 名 성(姓).

【昌盍】chānghé ⇒〔阊chāng阖风〕

【昌明】chāngmíng 書形 번영하다. 번창하다. ¶现在还可以看得出当时～的痕迹hénjì | 지금도 당시의 번성했던 흔적을 볼 수 있다.

4【昌盛】chāngshèng 書形 번창하다. 왕성하다. ¶生意～ | 장사가 번창하다. ¶把祖zǔ国建设shè成为一个繁荣fánróng～的民主国家 | 조국을 번영된 민주국가로 건설하다.

【昌鼠】chāngshǔ 名〈魚貝〉작은 병어 [병어와 비슷하며 약간 작음 [「黑鲳hēichāng」라고도 함]

【昌旺】chāngwàng 形 번성하다. 번창하다. 왕성하다. 번화하다. ¶人口～, 家道兴隆xīnglóng | 식구도 늘고 살림 형편도 좋아지다《老舍·四世同堂》

【昌言】chāngyán ❶書名 정론(正論). ❷書動 직언하다. 숨김없이 말하다. ¶～不忌jì | 바른 말을 서슴지 않다.

【倡】chāng ☞ 倡 chàng B

【娼】chāng 노는계집 창 名 기녀(妓女). 매춘부. ¶～妓jì | 창기. 매춘부. ¶私～ | 사창. ¶男盗dào女～ | 成 부부가 모두 나쁜 짓을 하다 =〔倡chāng②〕

【娼妇】chāng·fù 名 창녀. 매춘부.

【娼妓】chāngjì 名 창기. 기생. 창녀.

【娼优】chāngyōu 名 ❶ 기녀 배우. 기녀 예인(藝人). ❷ 기녀. 창녀. 기생 ‖ =〔倡优〕

4【猖】chāng 미칠 창 ❶ 난폭하다. 사납다. 미친듯 날뛰다. ¶～獗 ↓ ¶～狂 ↓

【猖獗】chāngjué ❶形 창궐하다. 들끓다. 성행하다. 무성하게 퍼지다. ¶外汇huì投tóu机买卖更为～ | 외국환의 투매가 성행하다. ¶¶谣yáo言～ | 유언비어가 막 퍼지다. ❷ 맹위를 떨치다. 세도를 부리다. 광폭하게 굴다. ¶日益yì～ | 나날이 흉폭해지다. ¶～一时的敌人, 终究zhōngjiū被我们打败bài了 | 한 때 맹위를 떨치던 적들은 결국 우리에게 패배하였다.

4【猖狂】chāngkuáng 形 광기를 부리다. 난폭하다. 횡포를 부리다. ¶我决不能容忍róngrěn你如此～ | 난 네가 이와 같이 광기부리는 것을 절대 용인할 수 없다. ¶要是你在场, 他不敢这么～ | 만약 네가 현장에 있었다면 그가 감히 이렇게까지 흉악을 떨지는 못했을 것이다.

【菖】chāng 창포 창 ❶ ⇒〔菖兰〕〔菖蒲〕 ❷ (Chāng) 名 성(姓).

【菖兰】chānglán 名〈植〉붓꽃. 당창포(唐菖蒲) =〔蝴hú蝶花〕〔洋蝴蝶〕

【菖蒲】chāngpú 名〈植〉창포. ¶石～ | 석창포. ¶～生日 | 음력 4월 14일. ¶～酒 |〈食〉창포주 [사기(邪氣)·질병을 쫓는다고 하여 단오절에 마심] = ¶～棒bàng儿 |〈植〉창포 꽃 줄기 =〔白菖〕〔兰荪〕〔蒲子〕〔水菖蒲〕〔溪荪〕

【阊(閶)】chāng 문 창 ⇒〔阊风〕〔阊阖〕

【阊风】chāngfēng ⇒〔阊阖风〕

【阊阖】chānghé 書名 ❶ 왕궁(王宮)의 정문. ❷ 하늘의 문(門) [신화나 전설에 나옴]

【阊阖风】chānghéfēng 書名 가을 바람 =〔阊风〕〔昌盍〕

【锠(錩)】chāng 그릇 창 書名 쇠그릇 [고대 그릇 이름]

【鲳(鯧)】chāng 병어 창 名〈魚貝〉병어 =〔鲳鱼〕

【鲳鱼】chāngyú 名〈魚貝〉병어 =〔狗瞌kē睡鱼〕〔镜鱼〕〔平鱼〕〔银鱼〕→〔昌鼠shǔ〕

cháng ㄔㄤˊ

1【长(長)】cháng zhǎng zhàng 길 장, 어른 장, 남을 장

A cháng ❶形 길다. ¶这条路很～ | 이 길은 꽤 길다. ¶冬天日短夜yè～ | 겨울은 낮이 짧고 밤이 길다 ⇔〔短〕 ❷名 길이. ¶这块布三尺～ | 이 천은 석자 길이다. ¶身～九尺 | 신장이 9척이다. ❸名 장점. 특기. ¶取～补bǔ短 | 장점은 취하고 단점을 보완하다. ¶以游泳yóuyǒng见～ | 수영이 장기이다. ❹動 뛰어나다. 특별히 잘하다. ¶他～于写作 | 그는 글을 잘 쓴다. ❺副 항상. 영원히. ¶细水～流 | 가는 물줄기가 영원히 흐른다. ❻副京 많이. 더. ¶今儿结帐zhàng～出十块钱 | 오늘 결산을 해보니 10원이 더 나왔다. ❼形方 키가 크다. ¶小平人～, 小明人短 | 소평은 키가 크고 소명은 키가 작다. ❽ (Cháng) 名 성(姓).

B zhǎng ❶動 나다. 생기다. ¶手上～了一个疮chuāng | 손에 종기가 하나 났다. ¶～满mǎn了草 | 풀이 가득 났다. ¶～锈xiù | 녹이 나다. 하게

나다. ❷動 성장하다. 자라다. 생기다. ¶杨yáng树～得快 | 버드나무는 빨리 자란다. ¶庄稼zhuāngjia～得很旺wàng | 농작물이 왕성하게 자란다. ¶这小姐～得很漂亮 | 이 아가씨는 아름답게 생겼다. ¶土生土～ | 본지에서 태어나고 자라다. ❸動 증가하다. 많아지다. ¶～力气 | 힘이 세어지다. ¶～见识shí | 식견이 많아지다. ¶～价 | 값이 오르다. ❹形 연상이다. (나이가) 많다. ¶他比我～两岁 | 그는 나보다 두 살 많다. ❺ 맏이의. 첫째의. ¶～兄↓ ¶～子↓ ❻ (친족 간에) 촌수가 높은. 손위의. ¶～辈 | 손윗사람. ¶师～ | 스승과 선배. ❼ (정부·단체의 기관의) 책임자. ¶校～ | 교장. ¶首～ | 우두머리. ¶部～ | 부장. 장관.

Ⓒ zhàng 書形 여분의. 쓰고 남은. ¶身无～物wù | 신변에 여유있는 것이라곤 없다. 가진 것이 하나도 없다.

Ⓐ cháng

【长安】Cháng'ān 名 ❶〈地〉장안 [섬서성(陕西省)의 현(縣) 이름. 지금의 서안(西安)] ❷〈地〉장안성 [한(漢) 혜제(惠帝) 때 축조한 도성. 섬서성(陕西省) 장안현(長安縣) 서북] ❸ 당(唐) 무후(武后)의 연호(701～704).

【长鼻目】chángbímù 名〈動〉장비목(proboscidea) [코끼리·매머드(mammoth)·마스트돈(mastdon)의 대형 포유류의 한 목(目)]＝[长鼻类]

【长臂猿】chángbìyuán 名〈動〉긴팔원숭이.

【长编】chángbiān 名 초고(草稿) [주로 서명(書名)에 씀] ¶两汉文学史～ | 양한 문학사 초고.

【长便】chángbiàn ⇒[常便①]

【长波】chángbō 名 장파 [파장이 3 내지 30km 무선 전파] ¶～通信tōngxìn | 장파 통신.

【长脖鹿】chángbólù 名〈動〉기린의 속칭 ＝[长颈jǐng鹿]

【长长短短】cháng·chang duǎnduǎn 貺 길이가 들쭉날쭉하다. 길이가 고르지 않다.

【长城】chángchéng 名 ❶ (Chángchéng)〈地〉만리장성(萬里長城). ❷ 국방. 방어. ¶毁huǐ～ | 국방이 무너지다. ❸ 적을 격퇴한 영웅.

【长虫】cháng·chong 名 ⓞ 俗〈動〉뱀. ¶～哨shào | 파충류의 울음소리. 뱀소리. 믿을 수 없는 말 →[蛇shé]

⁴【长处】cháng·chu 名 장점(長點). ¶他的～是脑nǎo子好, 又肯用功 | 그의 장점은 머리가 좋은데다 열심히 공부하려는 것이다.

【长川】chángchuān ❶副 항상. 언제나. 계속. ¶～住在上海 | 쭉 상해에서 살았다→[常cháng川] ❷動 영원히 변하지 않다. ❸名組 긴 하천(河川).

【长传】chángchuán 名〈體〉롱패스(long pass). ¶～快攻gōng | 롱패스 속공.

【长此】chángcǐ 副 이렇게 줄곧. 이런 식으로 늘. ¶两国的关系～恶è化 | 양국의 관계는 이렇게 계속 악화되어 갔다. ¶～力战zhàn | 이와 같이 필사적으로 전쟁을 하였다.

【长此以往】cháng cǐ yǐ wǎng 威 이런 식으로 계속 나아가다. ¶～, 什么时候是尽头呢? | 이런 식으로 간다면 언제 끝나겠느냐? ¶～, 这可怎么办哪? | 이렇게 나가면 도대체 어떻게 하란말이냐 ＝[长此因仍]

【长此因仍】cháng cǐ yīn réng ⇒[长此以往]

【长存】chángcún ❶動 영원히 존재하다. 소멸하지 않다. ¶祝中韩两国人民友谊yì～ | 중한 양국 인민의 우의가 영원하기를 축원합니다. ❷名 장기 예금. 적금식 예금→[浮fú存]

【长等短等】chángděng duǎnděng 動組 기다리고 기다리다. 오래 기다리다. ¶～不见来 | 기다리고 기다려도 나타나지 않는다.

【长凳(儿)】chángdèng(r) 名 ❶ 方 긴 나무의자 →[板bǎn凳(儿)①] ❷ 기차·전차의 좌석.

【长笛】chángdí 名〈音〉플루트(flute) ＝[大笛] [外 弗fú柳忒]→[短笛]

³【长度】chángdù 名 길이. 장도. ¶～系数 | 장도계수. ¶这块kuài布的～不够gòu | 이 천의 길이는 모자란다.

⁴【长短】chángduǎn ❶ (～儿) 名 길이. 치수. ¶这件衣裳～儿正合适shì | 이 옷의 치수는 꼭 맞다. ¶这两根绳子的～差不多 | 이 두 끈의 길이는 거의 같다. ❷名 의외의 일. 변고. 뜻밖의 사고. ¶年龄líng过大的老人不宜yí远行, 免miǎn得出什么～ | 연세가 많은 노인은 의외의 변고를 당할지 모르니 먼길을 떠나지 않는 것이 좋다. ❸名 시비(是非). 우열. ¶说长道短 | 남의 흉을 보다. ¶不应该背地里说人～ | 등 뒤에서 남의 허물을 말하지 않아야 한다. ❹副 北 어쨌든. 하여튼. ¶明天的迎新会你～要来 | 내일 신입생 환영회에 너는 어쨌든 와야 한다.

【长短句】chángduǎnjù 名〈文〉❶ 장단구 [장구(長句)와 단구(短句)가 섞여 있는 시]→[长短诗] ❷ 사(詞)의 별칭(別稱) [사(詞)는 장구와 단구가 섞여 있으므로 이렇게 말함]

【长短诗】chángduǎnshī 名 장구(長句)와 단구(短句)가 섞여 있는 시→[长短句①]

【长法(儿)】chángfǎ(r) 名 항구적인 방법. 완전한 방법. ¶头痛医yī头, 脚痛医脚, 这不是个～ | 머리 아프면 머리만 치료하고, 다리 아프면 다리만 치료하는 것은 항구적인 방법이 아니다.

【长发贼】chángfàzéi 名 장발적. 태평천국(太平天國)의 혁명군 [봉기군이 장발을 하였기 때문에 이렇게 부름]＝[长匪][长cháng毛(儿)][长毛贼][长毛子]→[太平天国]

【长方形】chángfāngxíng 名〈數〉직사각형.

【长匪】chángfěi ⇒[长发贼]

【长庚】chánggēng 名〈天〉장경성(長庚星) 금성(金星)의 옛이름 ＝[太tài白]

【长工】chánggōng 名 장기 고용인. 장기 소작인. 머슴 [「月yuè工」(달 품팔이)·「零líng工」(날품팔이) 등의 「雇gù农」(고용농)이 있음] ¶吃～ | 머슴살이를 하다. ¶老～ | 오래된 머슴 ＝[长活][长年 ⓐ②]→[短duǎn工②][揽lǎn工]

【长骨】chánggǔ 名〈生理〉장골. 관상골(管狀骨).

【长鼓】chánggǔ 名〈音〉장구. 장고.

【长关】chángguān 名 빗장. ¶下了～, 彻chè了大锁suǒ | 빗장을 내리고 큰 자물쇠를 열다.《董解

元·西廂記諸宮調》→〔插chā关儿〕〔门闩ménshuān〕
【长跪】chángguì 書動 상체는 세우고 무릎만 꿇다. ¶～而不拜 | 무릎만 꿇고 절은 하지 않다.
【长号】ⓐ chánghào 書動 소리내어 울다. 울부짖다. ¶～儿短号儿 | 대성통곡하다《兒女英雄傳》
ⓑ chánghào 名〈音〉트롬본(trombone) ＝〔长喇叭〕
【长河】chánghé 名 ❶ 큰 강. ❷ 큰 흐름. ❸ 긴 역정. 길고 연속적인 과정. ¶历史发展的～ | 역사 발전의 긴 과정. ❸ 書 은하(銀河) →〔天tiān河①〕
【长虹】chánghóng 名 무지개. ¶雨后～映現yìngxiàn在东天 | 비온 후 동쪽 하늘에 무지개가 나타났다.
【长话短说】chánghuàduǎnshuō 動組 긴 이야기를 간단한 말로 끝내다. 간단하게 말하다.
【长活】chánghuó ⇒〔长工(儿)〕
【长假】chángjià 名 ❶ 옛날의 사직. 제대. ¶乃取～还huán乡里 | 사직하고 고향으로 돌아가다《晋書·段灼傳》❷ 장기 휴가.
【长江】Chángjiāng 名 ❶〈地〉양자강(楊子江) ＝〔大dà江〕〔扬子江〕❷ 양자강의 목표량. 논 1묘(畝) 당 400kg의 수확 목표량 [1967년 설정한 회하(淮河)·장강(長江) 이남의 식량생산의 목표량] ¶越yuè过了～ | 1묘당 400kg의 수확 목표량을 초과하였다.
【长颈鹿】chángjǐnglù ⇒〔长脖bó鹿〕
3【长久】chángjiǔ ❶ 形 장구하다. 오래되다. 장시간 지속되다. ¶他看着这封信～地思索suǒ着 | 그는 이 편지를 보면서 오랫동안 사색에 잠겨있다. ¶这不会～的 | 이것은 오랫동안 지속되지 않을 것이다. ❷ 名 (과거의) 장시간. 오랫동안. ¶～以来 | 오래전 부터. ¶他不是～没来 | 그가 오랫동안 오지 않은 것은 아니다.
【长局】chángjú 名 장기간 지속되는 국면(局面). 오래지속되는 상태. ¶終zhōng非～ | 결국 장기간 지속될 국면은 아니다.
【长距离】chángjùlí 區 장거리. ¶～赛跑sàipǎo |〈體〉장거리 달리기. ¶～输shū电 | 장거리 송전. ¶～游泳yóuyǒng |〈體〉장거리 수영.
【长空】chángkōng 名 끝없이 넓은 하늘. ¶碧蓝的～ | 새파란 하늘. ¶～万里, 一片澄澈chéngchè | 끝없이 넓고 푸른 하늘이 맑기만 하다.
【长裤】chángkù 名 긴 바지.
【长喇叭】chánglǎ·ba ⇒〔长号 ⓑ〕
【长了人中, 短了鼻子】cháng·le rénzhōng, duǎn·le bí·zi 諺 인중이 길어지면 코가 짧아진다. 형식만 바뀌다 →〔人中〕〔换huàn汤不换药〕
【长里(下)】cháng·lǐ(·xià) 名 俗 길이. ¶～有多少呢? | 길이가 얼마이냐? ¶往～放线 | 길이를 재는 실을 치다.
【长毛(儿)】ⓐ chángmáo(r) ⇒〔长发贼〕
ⓑ zhǎngmáo(r) 動組 ❶ 털이 나다. ❷ 곰팡이가 슬다. ¶这面包都～了, 不能吃了 | 이 빵은 곰팡이가 슬어 먹을 수 없게 되었다.
【长毛贼】chángmáozéi ⇒〔长发贼〕
【长毛子】chángmáo·zi ⇒〔长发贼〕
【长门永巷】chángmén yǒngxiàng 成 언제나 닫힌 문과 골목. 외부와 연락을 끊다.
【长眠】chángmián 書動 영원히 잠들다. 서거하다. ¶在地下～ | 지하에 고이 잠들다.
【长鸣】chángmíng 名〈音〉옛날의 나팔. 고악기의 이름.
【长明灯】chángmíngdēng 名 ❶ 상야등(常夜燈) 항상 켜두는 등불 [불상(佛像)이나 신상(神像) 앞에 켜두는 등불] ¶一盏zhǎn悬在中梁上的～ | 대들보에 걸린 상야등 하나. ❷ 결혼 첫날밤에 신방을 밝히는 등불. ❸ 존경받는 사람 ‖＝〔常明灯〕
【长命百岁】chángmìng bǎisuì 動組 오래오래 살다. ¶谁都想～ | 누구나 오래 살기를 발나다.
【长年】ⓐ chángnián 名 ❶ 일년 동안. ¶他～在这里工作着 | 그는 일년 동안 여기에서 일하고 있다 →〔整zhěng年〕❷ ⇒〔长工(儿)〕❸ 오랜 기간. 일년 내내. 장기간. ¶～不息xī | 일년 내내 쉬지 않다. ¶～累月 | 오랜 세월 동안. ❹ 書 장수(長壽).
ⓑ zhǎngnián 名 ❶ 장년. 노인. ❷ 方 선주(船主).
【长袍(儿)】chángpáo(r) 名 장포. 남자용 중국식 두루마기.
【长袍儿短褂儿】chángpáor duǎnguàr 名組 장포에 마고자를 입다. 옷차림을 단정히 하다. ¶～的好像出去拜客 | 정장을 하는 것이 인사하러 가는 것 같다.
【长跑】chángpǎo 名〈體〉장거리 경주.
【长篇】chángpiān 名 장편. ¶～小说 | 장편소설. ¶～大论 | 일장 연설을 하다. 장황하게 늘어놓다. 장황한 글. ¶～累牍dú | 장황한 문장. 장황하게 설명하다.
2【长期】chángqī 區 장기. 긴 시간. ¶～计划 | 장기 계획. ¶～贷款dàikuǎn |〈經〉장기 대부. ¶～放款 | 장기 대부.
【长钱】ⓐ chángqián 名 늘여서 계산한 돈. 90문을 100문으로 친 돈 [수대(隋代)의 관청에서 90문(文)을 100문으로 계산하여 착취하였으며, 송대(宋代) 이후에는 100문을 100문으로 계산함. 민간에서는 80문을 100문으로 계산하였는데 이를 「短钱」이라 함] ＝〔老lǎo钱②〕〔足zú陌〕〔足钱〕
ⓑ zhàngqián 名 쓰고 남은 돈. 여분의 돈. 나머지 돈. ¶他今天买了很多东西, 不会有～ | 그는 오늘 많은 물건을 샀기 때문에 남은 돈이 있을 리 없다.
【长枪】chángqiāng 名 ❶ 장창. 긴 창. ❷ 장총(長銃).
【长青】chángqīng 書 狀 늘 푸르다. 항상 파랗다. ¶～不老 | 장생 불로. ¶松柏～ | 송백은 영원히 푸르다.
【长驱】chángqū 動 먼 곳까지 신속하게 진군하다. ¶～千里 | 천리를 신속히 진군하다. ¶假如我们的民众有了组织zǔzhī, 敌人决不敢轻易深shēn入～ | 만약 우리 민중이 조직되어 있었다면 적들은 절대로 쉽게 깊이 진군할 수는 없었을 것이다.
【长驱径入】cháng qū jìngrù ⇒〔长驱直入〕

【长驱直入】cháng qū zhí rù 成 곧바로 쳐들어가다. 거침없이 진공하다. ¶八国联lián军, 使着坚jiān船利炮pào～ | 8개국 연합군은 견고한 군함과 좋은 대포를 앞세워 파죽지세로 쳐들어갔다 =〔长驱径入〕
【长拳】chángquán 名 장권. 멀리 치기 [손·다리를 길게 뻗거나 멀리치는 권술의 하나]⇔〔短拳〕
【长日】chángrì ❶ 名 동지(冬至). ❷ 名 긴 낮. 여름 낮. ❸ 副 길게 빛을 쬐는 ¶～照 | 장시간의 일조. ❹ 副 항상. 늘.
【长日工】chángrìgōng 名 주간에 일하는 노동자 ⇔〔长夜工〕
【长日照植物】chángrìzhào zhíwù 名組〈植〉장일식물. 긴볕식물 [1일 일조(日照)시간이 12시간 이상일 때 꽃을 피우는 식물]
【长衫(儿)】chángshān(r) 名 ❶ 장삼 [두루마기 모양의 남자용 중국식 저고리] ¶穿～的 | 장삼을 입은 사람. 육체 노동을 하지 않는 사람 =〔长衣裳〕〔大褂(儿)〕〔大衫(儿)〕→〔短褂(儿)〕 ❷ 가운(gown) =〔长上衣〕
【长上衣】chángshàngyī ⇒〔长衫(儿)②〕
【长舌】chángshé 名 장광설(長廣舌). 수다쟁이. ¶～妇 | 수다스러운 부인. 남의 험담을 잘하는 부인.
【长蛇阵】chángshézhèn 名 장사진. 일렬로 된 긴 줄. ¶排pái成～ | 길게 줄을 서다. 장사진을 이루다.
【长呻短叹】cháng shēn duǎn tàn ⇒〔长吁xū短叹〕
【长生】chángshēng 書 動 오래 살다. 장수하다. ¶～不死 | 장생 불사. ¶你这是～之相 | 너는 오래 살 상이다.
【长生不老】cháng shēng bù lǎo 成 늙지 않고 오래 살다. ¶谁也不能～ | 누구도 늙지않고 오래 살 수 없다 =〔长生久视〕
【长生果】chángshēngguǒ 名 方〈植〉땅콩 =〔花huā生〕
【长生久视】cháng shēng jiǔ shì ⇒〔长生不老〕
【长胜军】chángshèngjūn 名 상승군(常勝軍). 항상 이기는 막강한 군대.
【长逝】chángshì 書 動 죽다. 서거하다. ¶孙中山先生～以后, 由蒋介jiè石执掌zhízhǎng国民党 | 손중산 선생이 서거한 후 장개석이 국민당을 장악하였다.
4【长寿】chángshòu ❶ 動 장수하다. 오래 살다. ¶希望像松柏sōngbó那样～ | 송백과 같이 장수하기를 바라다. ¶祝您健康～ | 건강하고 장수하십시오. ❷ 장수.
【长寿菜】chángshòucài 名〈植〉쇠비름.
【长寿花】chángshòuhuā 名〈植〉수선화.
【长寿面】chángshòumiàn 名 ❶ 장수면 [혼례나 생일 때 장수를 바라며 먹는 국수]
【长随】chángsuí 名 옛날의 시자(侍者). 심부름꾼. 방자=〔常随〕→〔跟班②〕
【长谈】chángtán ❶ 名 긴 이야기. ¶两个人的～, 也到了煞shà台的阶jiē段 | 두 사람의 긴 이야기도 막을 내릴 단계가 되었다. ❷ 動 긴 이야기를 하다. 충분히 의논하다. ¶彻chè夜yè～ | 밤을 세워 긴 이야기를 하다.
【长叹】chángtàn ❶ 動 길게 탄식하다. 장탄식하다. ¶他仰yǎng天～了一声 | 그는 하늘을 우러러 길게 탄식하였다. ❷ 名 장탄식. ¶无可奈何地发出一声～ | 어쩔수 없는 지경에서 한 가닥 길게 탄식하였다.
【长亭】chángtíng 書 名 장정 [도로변에 지은 여행자 초대소로 손님을 송영(送迎)하는 곳] ¶十里一～, 五里一短亭 | 십리마다 장정이요 오리마다 단정이다. ¶～短亭 | 옛날의 도로변에 설치한 역사(驛舍) [송별의 장소로 쓰임]
【长筒】chángtǒng ⇒〔长统〕
【长统】chángtǒng 區 발목 위 부분. ¶～雨靴xuē | 장화. ¶～鞋 | 장화 =〔长筒〕
【长统袜(子)】chángtǒngwà(·zi) 名組 긴 양말 =〔长袜(子)〕
【长统靴(子)】chángtǒngxuē(·zi) 名組 장화 =〔长靿yào儿靴(子)〕〔高gāo靿儿靴(子)〕
2【长途】chángtú 區 장거리. ¶～汽车 | 장거리 버스. ¶～赛sài跑 | 장거리 경주. ¶～旅行 | 장거리 여행. ¶～电话 | 장거리 전화. 시외 전화. 국제전화. ¶～列车 | 장거리 열차. ¶～公共汽车 | 장거리용 버스.
【长途跋涉】cháng tú bá shè 成 산 넘고 물 건너며 먼길을 여행하다. ¶这是我有生以来第一次独dú自～ | 이것은 내가 태어난 이래 처음으로 혼자 고생스럽게 하는 먼길 여행이다.
【长袜(子)】chángwà(·zi) 名 긴 양말.
【长啸】chángxiào 書 動 ❶ 큰 소리로 울부짖다. ❷ 휘파람을 길게 불다. ¶他仰yǎng天～, 豪háo情满怀huái | 그는 하늘을 향해 긴 휘파람을 불고 씩씩한 기상을 가슴 가득 품었다.
【长袖善舞, 多财善贾】cháng xiù shàn wǔ, duō cái shàn gǔ 成 소매 길면 춤 추기 좋고, 돈 많으면 장사하기 좋다. 밑천이 있으면 일하기 쉽다.
【长吁短叹】cháng xū duǎn tàn 成 거듭 탄식하다. 연이어 한숨쉬다. ¶你为什么要常常～? | 넌 무엇 때문에 항상 한숨만 쉬니? =〔长呻短叹〕〔短叹长吁〕
【长夜】chángyè 書 名 ❶ 기나긴 밤. 지리한 밤. ¶～难眠mián | 긴 밤을 잠 못 이루다. ¶熬过冬天的～ | 기나긴 겨울 밤을 참고 지새다. ❷ 喻 어두운 시기. ¶在～慢慢的旧社会里, 他过着孤苦gūkǔ伶仃língdīng的生活 | 그는 암담한 나날의 구사회에서 외롭고 적막한 생활을 보내었다. ❸ 喻 묘혈(墓穴).
【长夜工】chángyègōng 名 야간 노동자 ⇔〔长日工〕
【长夜难明】cháng yè nán míng 成 희망이 보이지 않는 기나긴 밤. 암담한 세월.
【长叶】chángyè 區 장엽. 긴 잎(의) ¶～冻绿dònglǜ | 名〈植〉장엽 산황나무.
【长衣裳】chángyī·shang ⇒〔长衫(儿)①〕
【长缨】chángyīng 名 긴 갓끈. 긴 끈.
【长于】chángyú …을 잘하다. …에 능하다. ¶～写作 | 글을 잘 쓰다. ¶他～说话, 但不会干活儿

| 그는 말은 잘 하지만, 일은 제대로 못한다.

3【长远】chángyuǎn 形 (앞으로의 시간이) 장원하다. 장기적이다. 항구적이다. 장구하다. ¶他已有～的打算suàn | 그는 이미 장기적인 계획을 가지고 있다. ¶往～看 | 멀리 바라 보다.

【长斋】chángzhāi 名〈佛〉불교신자의 장기간 소식(素食). 일년 간의 소식. ¶吃～ | 장기간 소식을 하다. 일년 간 소식하다.

4【长征】chángzhēng 名 ❶ 장정 [1929년 모택동(毛澤東)·주덕(朱德) 등이 인솔한 중국 홍군(紅軍)이 강남(江南)의 각 근거지에서 1930년부터 1933년 10월까지 5차례 장개석(蔣介石)의 국민당군의 포위공격으로 대패하자, 1934년 10월부터 1935년 10월까지 11개의 성(省)을 거쳐 섬서성(陝西省) 북부 해방지구까지 2만 5천리를 이동한 후 연안에 근거지를 마련한 전략적 이동] ¶～干部 | 장정의 간부. ¶二万五千里～ | 2만5천리 장정. ❷ 장기적 투쟁 [장기적인 투쟁·건설 등을 가리켜 이 말을 씀]

【长支】chángzhī ❶ 名 가불. ❷ 動 가불하다. ¶我每月生活费不够, 不断duàn地～来, 这总zǒng不是办法 | 나는 매월 생활비가 부족하여 끊임없이 가불해 왔는데 아무래도 이래선 안되겠다.

【长子】ⓐ cháng·zi 名 키다리. ¶这个老美是青眼儿～ | 이 미국놈은 파란 눈에 키다리이다. ⓑ zhǎngzǐ 名 장자. 장남. ¶～继承权jìchéngquán | 장자 상속권. ¶他是个～, 对父母责任zérèn很大 | 그는 장남이라 부모에 대한 책임이 매우 크다.

【长足】chángzú 名 장족. 사물의 급진. 대폭적. ¶取qǔ得了～的进展zhǎn | 장족의 진전을 거두다. ¶得到了～的发展 | 장족의 발전을 보다.

Ⓑ zhǎng

【长辈】zhǎngbèi 名 손윗사람. 연장자. ¶～总zǒng是爱护hù晚辈wǎnbèi | 연장자는 언제나 후배를 사랑하고 보살핀다 =〔老辈(儿,子)〕→〔前qián辈〕〔上shàng辈(儿)〕

【长膘】zhǎng/biāo 動 (가축이) 살찌다. ¶羊～ | 양이 살찌다 =〔上膘〕

【长大】zhǎngdà 動 자라다. 성장하다. ¶她是在韩国～的 | 그녀는 한국에서 자랐다. ¶～成人 | 성인으로 자라다. 성인이 되다.

【长房】zhǎngfáng 名 ❶ 종가(宗家). ¶他在这个大家庭tíng里又是～的长孙zhǎngsūn | 그는 이 대가족에서 또한 종가의 장손이다. ❷ 장남. 장남집. 큰집. ¶她是～的媳妇xífù儿 | 그녀는 큰집의 며느리이다.

【长官】zhǎngguān 名 (행정기관·군대의) 장. 기관장. 장관. ¶单凭píng～意志办bàn事的恶习èxí | 수장의 의지에만 기대어 일하는 악습. ¶报告～, 来电报了 | 기관장께 보고합니다. 전보가 왔습니다.

【长机】zhǎngjī 名〈軍〉편대 비행(編隊飛行)의 사령기(司令機) =〔主机〕

【长进】zhǎngjìn ❶ 名 진보. 향상. ¶很见～ | 진보를 보이다. ¶学习加紧jǐn, ～就快 | 정신차려 학습하면 진보도 빠르다. ¶他最近有一些～ | 그는 최근 얼마간 향상되었다. ❷ 動 진보하다. 향상되다. ¶～不～全在用功不用功 | 진보하느냐 못하느냐는 전적으로 노력하느냐 안 하느냐에 달렸다.

【长老】zhǎnglǎo 名 ❶ 노인. 장로. 가장(家長). ❷〈佛〉큰 스님. 덕이 높은 스님. ¶他们到寺sì院里去拜bài见～ | 그들은 절에 큰 스님 뵈러 갔다. ❸〈宗〉(장로회나 개신교의) 장로. ¶～会 | 장로교회.

【长满】zhǎngmǎn 動 가득 생기다. 잔뜩 자라다. ¶路上～了青苔tái | 길에 이끼가 잔뜩 돋았다. ¶田tián里～了杂草zácǎo | 밭에 잡초가 가득 자랐다.

【长毛(儿)】zhǎng/máo(r) ☞ 〔长毛(儿)〕 chángmáo(r) ⓑ

【长霉】zhǎng/méi 動 곰팡이가 슬다. ¶放了太久, 已经～了 | 너무 오래 두어서 곰팡이가 피었다 =〔发霉①〕

【长年】zhǎngnián ☞ 〔长年〕 chángnián ⓑ

【长女】zhǎngnǚ 名 장녀 →〔女儿①〕

【长亲】zhǎngqīn 名 항렬이 높은 친척.

【长肉】zhǎng/ròu 動 살이 찌다. 살이 오르다. ¶病后, 她长了一身肉 | 병치레를 한 후 그녀는 온몸에 살이 붙었다.

【长上】zhǎngshàng 名 ❶ 상사(上司). 윗사람. ❷ 할아버지. 어른 [남자 노인에 대한 경칭]

【长蛸】zhǎngshāo 名〈動〉낙지.

【长势】zhǎngshì 名 성장 상황. 작황. 성장도. ¶今年稻dào子～好 | 금년 벼의 작황은 좋다.

【长孙】zhǎngsūn 名 ❶ 맏손자. 장손. ¶祖zǔ父往往疼téng爱～ | 조부는 종종 맏손자를 총애한다. ❷ (Zhǎngsūn) 복성(複姓).

【长相(儿)】zhǎngxiàng(r) 名 용모. 얼굴의 생김새. ¶他的～不太好看, 但人很能干gàn | 그의 얼굴은 잘 못 생겼으나 재능은 뛰어나다.

【长心】zhǎng/xīn 動 ❶ (채소에) 심(心)이 생기다. ❷ 철이 들다. 마음을 쓰다. 생각이 깊어지다. ¶不是小孩儿了, 得～啊 | 이제 어린이가 아니야, 생각이 깊어야지 =〔长心眼儿〕 ❸ 주의하다 어법 주로 「长点心」의 형태로 쓰임. ¶长点心, 别忘了! | 잊지 않도록 주의하시오!

【长心眼儿】zhǎng xīnyǎnr ⇒〔长心②〕

【长兄】zhǎngxiōng 名 ❶ 맏형. 장남 =〔大兄②〕 ❷ 書 귀형(貴兄).

【长锈】zhǎngxiù 動 녹슬다. 녹이 나다. ¶铁器tiěqì就是爱～ | 쇠그릇은 쉽게 녹슨다 →〔起qǐ锈〕

【长芽】zhǎng/yá 動 싹이 트다. ¶麦mài子已经～ | 보리가 이미 싹이 났다.

【长眼】zhǎng/yǎn 動 눈여겨 보다. 식별하다. 자세히 보다. ¶要买这路货, 总zǒng得长住了眼yǎn | 이런 물건을 사려면 항상 잘 살펴야 한다.

【长者】zhǎngzhě 名 ❶ 윗사람. 연장자. 어른. ¶我和两位～同行 | 나는 어른 두 분과 동행한다. ❷ 덕(德)이 높은 어른. ¶忠厚zhōnghòu～ | 덕망이 높고 후덕한 어른.

【长子】zhǎngzǐ ☞ 〔长子〕 cháng·zi ⓑ

【长嘴的要吃, 长根的要肥】zhǎng zuǐ·de yào chī,

zhǎng gēn·de yào féi 諺 입이 달린 것은 먹어야 하고, 뿌리가 난 것은 비료를 주어야 한다. 농사를 짓는 데는 비료가 필요하다.

Ⓒ zhàng

【长钱】zhàngqián ☞〔长钱〕chángqián ⓑ

【长物】zhàngwù 名 여분의 물건. 남은 물건. ¶我平生无wú～ | 내 평생 남은 것이 없다《晋書·王恭傳》

【苌(萇)】cháng 양도 장 ❶ ⇒〔苌楚〕❷ (Cháng) 名 성(姓).

【苌楚】chángchǔ 名〈植〉다래. 양도 =〔羊yáng桃②〕

【场】cháng ☞ 场 chǎng Ⓑ

2【肠(腸)〈膓〉】cháng 창자 장 名 ❶ (～子) 장. 창자. ¶～管↓ ❷ 轉 마음. 마음씨. ¶热rè～人 | 열정가(熱情家). ¶柔róu～ | 마음이 부드러운 사람. ❸ (～儿)〈食〉순대 소시지류의 식품. ¶香～ | 중국식 소시지.

【肠穿孔】chángchuānkǒng 名〈醫〉장천공.

【肠断】chángduàn 動 창자가 끊어질 듯 아프다. 애통하다. ¶听到这个噩耗èhào, 真是令人～ | 이 놀라운 소식은 사람의 창자를 끊 듯 아픔을 느끼게 한다.

【肠肥脑满】cháng féi nǎo mǎn 威 살만 피둥피둥 찌고 무식하다. ¶他赚zhuàn得～ | 그는 살이 피둥피둥 찌도록 돈만 벌었다 =〔赚满肠肥〕

【肠梗阻】chánggěngzǔ 名〈醫〉장폐색증. 장경색증 =〔肠阻塞〕

【肠骨】chánggǔ 名〈生理〉장골 [관골(髖骨)의 뒤쪽 위에 있는 허리를 이루는 뼈] =〔髂qià骨〕

【肠管】chángguǎn 名〈生理〉창자. 소화관(消化管).

【肠激酶】chángjīméi 名〈生理〉엔테로키나제 [십이지장에서 분비되는 단백질 분해 효소]

【肠结核】chángjiéhé 名〈醫〉장결핵.

【肠扭结】chángniǔjié 名〈醫〉축념증(軸捻症). 창념전(腸捻轉).

【肠儿】chángr 名〈食〉동물 창자로 만든 중국식 소시지. ¶熏～ | 훈제 소시지. ¶腊～ | 소시지.

【肠热症】chángrèzhèng ⇒〔肠窒扶斯〕

【肠伤寒】chángshānghán 名〈醫〉장티푸스 =〔伤寒①〕

【肠套叠】chángtàodié 名〈醫〉장중적증(腸重積症). 장중첩증(腸重疊症).

【肠胃】chángwèi 名〈生理〉위장. ¶～炎 | 위장염. ¶～病 | 위장병. ¶～药 | 위장약.

【肠系膜】chángxìmò 名〈醫〉장간막(腸間膜)

【肠炎】chángyán 名〈醫〉장염. 대장염. ¶～菌jùn | 장염균.

【肠液】chángyè 名〈生理〉장액. 장선(腸線)의 분비액.

【肠衣】chángyī 名 소시지를 만드는 창자의 외피.

【肠痈】chángyōng 名〈漢醫〉맹장염. 충양돌기염(蟲樣突起炎).

【肠窒扶斯】chángzhìfúsī 名 外〈醫〉장티푸스 =〔肠热症〕

【肠子】cháng·zi 名 ❶ 창자. 장. ❷ 마음씨. 심정. 근성. ¶坏了～的人 | 심보가 썩어 빠진 사람. ¶直～ | 정직한 사람. ¶～都气坏huài了 | 기분을 잡쳤다.

【肠阻塞】chángzǔsè ⇒〔肠梗gěng阻〕

2【尝(嘗)〈嚐₁〉】cháng 맛볼 상 ❶ 動 맛보다. ¶～咸xián淡dàn | 간을 보다. ❷ 動 체험하다. 경험하다. 겪다. ¶备～辛艰xīnjiān | 온갖 고초를 다 겪다. ❸ 副 일찍이. 이전에. ¶操～造花园一所 | 조조(曹操)가 일찍이 화원 한 곳을 만든 적이 있다→〔曾céng〕

【尝鼎一脔】cháng dǐng yī luán 威 솥 안의 고기 한 점만 맛보면 모든 솥안 고기 맛을 알 수 있다. 한 가지를 보면 열 가지를 알 수 있다《吕氏春秋》

4【尝试】chángshì ❶ 動 시험해 보다. 실행해 보다. 시운전 해보다. ¶～过各种方法 | 각종 방법을 다 시험해 보았다. ¶因失败shībài再也不敢～ | 실패했기 때문에 감히 다시 더 해 볼 수 없다. ❷ 名 실험. 시험. 시행. ¶发表他们的～ | 그들의 시험 결과를 발표하다. ¶～法 | 시행법. ¶他们在这方面作了新的～ | 그들은 이 방면에 새로운 시험을 하였다

【尝味】chángwèi 動 ❶ 맛보다. ¶今晚我～到了非常好的菜 | 오늘 저녁 나는 굉장히 맛있는 요리를 맛보게 되었다→〔尝鲜①〕❷ 경험하다. 체험하다. ¶他对于生活的各个方面, 都想～一下 | 그는 생활의 모든 요소를 경험해 보고싶어 한다.

【尝鲜(儿)】cháng/xiān(r) 動 ❶ 맛보다. ¶蘸zhàn着酱jiàng油尝个鲜吧 | 간장을 찍어서 맛봐라. ¶葡萄pútáo刚上市shì, 来尝尝鲜 | 포도가 막 출하되었으니 와서들 맛보시오→〔尝味①〕❷ 만물을 맛보다. 신선한 것을 먹게 되다. ¶这么脆cuì的西瓜, 这一定是～ | 이렇게 사각거리는 수박이면 틀림없이 만물을 먹은 것이다. ¶刚收获huò的西红柿shì, 送给你们尝个鲜儿吧～ | 막 수확한 토마토를 보내니 신선한 맛을 보십시오 =〔尝新〕

【尝新】cháng/xīn ⇒〔尝鲜②〕

3【偿(償)】cháng 갚을 상 ❶ 動 갚다. 배상하다. ¶得不～失shī | 얻은 것으로 잃은 것을 변상할 수 없다. 얻은 것보다 잃은 것이 더 많다. ¶永不能～的遗憾yíhàn | 영원히 보상받을 수 없는 유감. ❷ 書 動 만족하다. 실현하다. ¶如愿yuàn以～ | 소원대로 실현되다. ❸ (Cháng) 名 성(姓).

【偿付】chángfù ❶ 動 채무를 갚다. 지불하다. ¶请尽速jìnsù办理～为荷hé | 조속히 상환하여 주시기 바랍니다. ❷ 動 지급하다. 지불하다. ¶延期～ | 지급 유예(猶豫). ❸ 名 결제. 상환. ¶～能力 | 상환 능력. ¶～银行 | 결제 은행. ❹ 名 지급. 지불. ¶～地点 | 지불 장소.

4【偿还】chánghuán ❶ 動 상환하다. 변제하다. 결제하다. ¶～债zhài务 | 채무를 상환하다. ¶按àn期～ | 기일에 맞춰 상환하다. ❷ 名 상환. 변제.

¶本金分八年作八次～｜원금은 8년 간 8회 분할 상환한다.

【偿命】cháng/mìng 動 목숨으로 죄의 대가를 치르다. ¶杀shā了我们, 你们就得～｜우리를 죽이면 너희도 생명으로 대가를 치루어야 한다. ¶借钱还债zhài, 杀shā人～｜돈을 빌렸으면 빚을 갚아야 하고 사람을 죽였으면 목숨으로 갚아야 한다 =〔抵dǐ命〕

【偿清】chángqīng 動組 모두 갚다. 청산하다. ¶～债務zhàiwù｜채무를 청산하다.

【倘】cháng ☞ 倘 tǎng Ⓑ

【徜】cháng 노닐 상
⇒〔徜徉〕

【徜徉】chángyáng 書 動 한가로이 거닐다. 유유자적하다. ¶临lín高纵zòng目, 逍遥xiāoyáo～｜높은 곳에 올라 멀리 바라보며 한가롭게 거닐며 여유를 즐기다. ¶信步～在一片花海之中｜바다와 같이 넓은 꽃밭을 발걸음 닿는대로 거닐다 =〔尚shàng羊〕〔倘佯〕〔常羊〕〔倡佯〕

1【常】cháng 항상 상
❶ 副 자주. 늘. 빈번히. ¶～来～往｜자주 오가다. ¶～到工地去｜자주 공사 현장에 가다→〔老〕❷ 영구적인. 변하지 않는. 불변의. ¶～绿↓ ¶冬dōng夏xià～青｜겨울이나 여름이나 항상 푸르다. ❸ 보통의. 일반적인. 평상의. ¶～事↓ ¶习xí以为～｜威 일상의 습관이 되다. ❹ 書 名 천자(天子)의 기(旗). 고대의 해와 달을 그려 넣은 기. ❺ 법칙. 윤리. ¶五～｜오상. ❻ 書 量 상 [옛날 길이의 단위. 8척(尺)이 1「寻」, 2「寻」이 1「常」임] ❼ (Cháng) 名 성(姓).

【常备】chángbèi ❶ 區 상비. 늘 갖춘 [일본어에서 들어 온 말] ¶～兵力｜상비병력. ¶～金｜비상금(非常金). ❷ 動 항상 준비하다. 늘 대비하다. ¶我们要～敌dí人来犯fàn｜우리는 적들이 침범해 올 것에 대해 항상 대비하여야 한다. ¶～消火器具｜소화기를 항상 갖추다.

【常备不懈】cháng bèi bù xiè 威 쉬지 않고 항상 대비하다. ¶～地守卫wèi着祖zǔ国边疆jiāng｜변방 수비를 소홀히하지 않고 항상 대비하다.

【常备军】chángbèijūn 名〈軍〉정규군. 상비군.

【常便】chángbiàn 名 ❶ 상시 대비. 장구한 계획. ¶你须计较一个～｜너는 장구한 계획을 따져 봐야 한다《京本通俗小說·錯斬崔寧》=〔长便〕❷ 近 원인. 이유. 방법. ¶如何没个心腹fù的人出来问个～备细｜어찌 믿을만한 사람이 나서서 원인을 자세히 따지지 않았는가.

1【常常】chángcháng (～儿) 副 항상. 흔히. 종종. 언제나. 어법 ⓐ「常常儿」의 경우에는「chángchāngr」으로 발음함. ⓑ 부정을 할 때는「不常」을 쓰고「不常常(儿)」은 쓰지 않음. ¶他不常来｜그는 자주 오지는 않는다. ¶他不常常来(×) ⓒ「常常」과「往往」의 비교⇒〔往往wǎngwǎng〕¶他～犯fàn那个毛病｜그는 늘 그런 잘못을 범한다. ¶我们两个人～见面｜우리 두사람은 항상 만난다.

【常川】chángchuān 副 끊임없이. 계속. 언제나. 항상 [중용(中庸)의「川流不息」에서 나온 말임] ¶～供给｜끊임없이 공급하다. ¶～往来｜항상 오가다→〔长cháng川①〕

【常春】chángchūn 區 상춘. 항상 봄인. 늘 봄 같은. ¶～藤téng｜〈植〉상춘등. 늘푸른 등나무. ¶～花｜〈植〉상춘화.

4【常规】chángguī ❶ 名 통칙. 관습. 관례. 관행. ¶按照～办bàn事｜관례대로 처리하다. ¶打破pò～｜관행를 깨다. ❷ 區 정상(正常). 평상(平常). 정규(正規). ¶～弹dàn头｜비핵탄두(非核彈頭). ¶～军备｜통상적인 군비. ❸ 名〈醫〉상용 처방. 일반적 조치. ¶血～｜일반 혈액 검사. 형적혈구 계수(計數)·백혈구 계수·백혈구 분류 등의 일반 검사. ¶尿～｜일반 소변 검사.

【常规武器】chángguī wǔqì 名組〈軍〉(핵무기가 아닌) 재래식 무기. 통상 무기.

【常规战争】chángguī zhànzhēng 名組〈軍〉(핵전쟁이 아닌) 재래식 전쟁.

【常轨】chángguǐ 名 정상 궤도. 상도(常道). 정상적 방법. ¶越yuè出～｜정상 궤도를 벗어나다. ¶这个问题可遵循zūnxún～来解决｜이 문제는 정당한 방법에 따라 해결할 수 있다.

【常衡】chánghéng 名 (금이나 약의 중량 단위법이 아닌) 상용 중량 단위법. 보통의 도량형. 영미(英美)의 도량형. 상용 중량 단위법→〔金衡〕〔药yào衡〕

【常会】chánghuì 名 정례 모임. 정기회의. ¶股gǔ东～｜정기 주주총회. ¶开～｜정례 회의를 개최하다.

【常会儿】chánghuìr ⓧ chánghuǐr) 副 항상. 늘. 자주. ¶她～来｜그녀는 자주 온다.

4【常见】chángjiàn 動 자주 나타나다. 흔히 있다. 빈출하다. ¶～的事｜흔히 볼 수 있는 일. ¶～病｜흔한 병. ¶这种东西在这儿可不～｜이런 물건은 이곳에 흔히 볼 수 있는 것이 아니다. ¶～汉hàn字｜빈출 한자. 상용 한자.

【常将有日思无日】cháng jiāng yǒurì sī wúrì 歇 있을 때는 없을 때를 생각해라. 항상 대비하여라 [「莫mò待无时思有时」가 뒤에 이어짐]《警世通言》

【常久】chángjiǔ 名 오랫동안. 오래. 긴 세월.

【常客】chángkè 名 늘 오는 고객. 단골 손님. ¶他成了我店diàn的～｜그는 우리 가게의 단골이 되었다.

【常例】chánglì 名 상례. 관례. ¶沿yán用～｜관례를 연용하다.

【常量】chángliàng 名〈數〉정수(定數). 상수(常數) =〔恒量〕

【常绿】chánglǜ 區 상록. 늘 푸른. ¶～植zhí物｜〈植〉상록 식물. ¶～草地｜〈體〉잔디 운동장.

【常绿树】chánglǜshù 名〈植〉상록수 =〔常青树〕

【常明灯】chángmíngdēng ⇒〔长cháng明灯〕

4【常年】chángnián 名 ❶ 일년 내내. 일년 동안. ¶他们～不懈xiè地坚持jiānchí锻练duànliàn｜그들은 일년 내내 쉬지 않고 꾸준히 단련하였다. ¶他～出差chāi在外｜그는 일년 내내 외지로 출장 다녔다. ❷ 평년(平年). ¶这儿小麦mài～亩mǔ产

五百斤 | 이 곳의 밀은 평년이면 1묘 당 500근이 생산된다.

【常青】chánɡqīnɡ 狀 ❶늘 푸르다. 사시로 푸르다. ❷ 喻 번영하다. 영원히 변하지 않다. ¶韩中友谊yì万古～ | 한·중의 우의는 영원히 변치 않는다.

【常青树】chánɡqīnɡshù ⇒〔常绿树〕

【常情】chánɡqínɡ 名 ❶상정. 일반적인 도리. 인지상정(人之常情). ¶按照～, 要跟他借钱, 他会借给的 | 의리상 그에게 돈을 빌려 달라고 하면 빌려 줄 것이다. ❷ 喻 흔히 있는 상황. 보통의 일. ¶赔péi赚zhuàn是买卖的～ | 손해를 보거나 돈을 버는 것은 장사에서 흔히 있는 일이다.

【常人】chánɡrén 名 보통 사람. 상인. ¶我是～, 不是不食人间烟火的神仙 | 나는 보통 사람이지, 불에 익힌 음식을 먹지 않는 신선이 아니다.

【常任】chánɡrèn 副 상임. ¶～理事 | 상임이사. ¶～制 | 상임제. ¶～理事国 | 상임이사국.

【常山】chánɡshān 名 ❶〈植〉조팝나무 [운향과의 낙엽 활엽관목] ❷〈漢醫〉조팝나무의 뿌리.

【常山蛇】chánɡshānshé 名 상산의 뱀 같은 진지(陣地) [뱀의 또아리와 같이 머리와 꼬리가 상응하여 공격·방어하는 병법]《孫子·九地篇》

【常设】chánɡshè 副 상설(常設). 상임(常任). 상비(常備). ¶～机构 | 상설 기구. ¶～机关 | 상설 기관. ¶～委员会 | 상임위원회.

3【常识】chánɡshí 名 상식 [일본어에서 들어온 말] ¶科学～ | 과학상식. ¶生活～ | 생활 상식. ¶一点～也没有 | 조금의 상식도 없다.

【常事】chánɡshì 名 일상사. 흔히 있는 일. ¶后来者居上, 这是～ | 후배가 선배를 앞서는 것은 흔히 있는 일이다. ¶厂长请客是～ | 공장장이 한턱 내는 것은 흔한 일이다.

【常数】chánɡshù 名〈數〉정수(定數) ⇔〔变数〕

【常随】chánɡsuí ⇒〔长随〕

【常态】chánɡtài 名〈心理〉정상 상태. ¶恢复huīfù～ | 정상 상태를 회복하다. ¶失shī去～ | 정상 상태가 아니다.

【常委】chánɡwěi 名 簡 상임 위원(常任委員). 상무위원(常務委員). ¶～会 | 상임 위원회(常任委員會). ¶中～会 | 중앙 상무 위원회.

【常温】chánɡwēn 名 상온. 표준 온도. 항온. ¶～动物 | 온혈동물(溫血동물). ¶～层 | 항온층.

4【常务】chánɡwù 副 일상적인 일. 상무. 상임. ¶～理事 | 상무 이사. ¶～委员 | 상무 위원.

【常言】chánɡyán 名 속담. 격언. 통속적인 말. ¶～道得好, 天下无难nán事, 只怕有心人 | 속담에 도 뜻이 있으면 천하에 안되는 일이 없다고 맞은 말을 했느니라.

【常羊】chánɡyánɡ ⇒〔徜徉〕

4【常用】chánɡyònɡ 形 늘 쓰다. 일상적으로 사용하다. ¶～词 | 상용 낱말. ¶～字 | 상용자(常用字). ¶这些药品都是很～的 | 이 약품들은 매우 상용하는 것들이다.

【嫦】 chánɡ 항아 항
⇒〔嫦娥〕

【嫦娥】Chánɡ'é 名〈人〉항아 [서왕모(西王母)의 선약(仙藥)을 훔쳐 달 속으로 도망해 들어 갔다는 전설 속의 선녀] ¶～奔bēn月 | 항아가 달 속으로 도망가다 =〔常娥〕〔姮hénɡ娥〕〔素sù娥①〕

【裳】 chánɡ·shanɡ 아랫도리옷 상

Ⓐ chánɡ ❶ 名 치마. ¶上衣下～ | 저고리와 치마. ❷ ⇒〔裳裳〕

Ⓑ ·shanɡ ⇒〔衣裳〕

【裳裳】chánɡchánɡ 書 狀 아름답게 빛나다.

【裳袂】chánɡmèi 書 名 옷소매.

chǎnɡ ㄔㄤˇ

1【厂(廠)】 chǎnɡ 헛간 창
【주의】「厂」은 원래 「庵ān」의 약자로 인명(人名)에 많이 사용되었음. 名 ❶공장. ¶纱～ | 방적 공장. ¶机械xiè～ | 기계 공장. ¶～规guī↓ ❷(～子) 상품을 보관·가공·판매하는 상점. ¶木～ | 목재상. ¶煤méi～ | 석탄상. ❸(～儿) 움집. 땅을 파고 만든 작은 집. ❹(Chǎnɡ) 성(姓).

【厂方】chǎnɡfānɡ 名 공장측. 회사측. ¶～答dá应增zēnɡ加工人的工资zī | 회사측은 근로자 임금의 상향 조정을 수락하였다.

4【厂房】chǎnɡfánɡ 名 공장 건물. ¶～会议yì | 공장의 종업원 회의.

【厂规】chǎnɡɡuī 名 공장의 규칙. ¶家有家法, 厂有～ | 가정에는 가정의 법규가 있고 공장에는 공장의 규칙이 있다 =〔厂纪〕

【厂籍】chǎnɡjí 名 직공의 명부(名簿) ¶开除chú～ | 직공의 명부에서 없애다. 해고하다.

【厂纪】chǎnɡjì ⇒〔厂规〕

【厂际】chǎnɡjì 副 공장대 공장. 공장과 공장의 사이. ¶～竞赛jìnɡsài | 공장 간의 생산 경쟁.

4【厂家】chǎnɡjiā 名 제조업자. 제작자. 메이커. 생산업자. 공장. ¶～不把货huò送sònɡ来, 我拿什么卖啊? | 공장에서 물건을 보내 오지 않으니 무엇을 팔란 말인가?→〔厂商①〕

【厂景】chǎnɡjǐnɡ 名(영화·방송 등의) 스튜디오 세트(studio set).

【厂矿】chǎnɡkuànɡ 名 공장과 광산. ¶～的工业产值zhí增长zēnɡzhǎnɡ了百分之九十 | 공장과 광산의 공업 생산량은 90%가 증가하였다. ¶～企业 | 제조업 및 광산 기업.

【厂礼拜】chǎnɡlǐ·bai 名 공장의 휴일. 산업체 휴무일 [주중(週中)에 시행하며 보통「小礼拜」라고 함] =〔小礼拜〕

【厂龄】chǎnɡlínɡ 名 공장의 근속 연수. 공장의 근무 경력. ¶你的～多少? | 너의 근무 연수는 얼마나 되느냐?

【厂容】chǎnɡrónɡ 名 공장의 모습. 공장의 외관. ¶～, 一副寒酸suān相, 不敢恭维ɡōnɡwéi | 공장의 모습은 형편없이 쪼들리는 상태여서 감히 바깥에 말할 수가 없다.

4【厂商】chǎnɡshānɡ 名 ❶ 제조업자. 공장. 메이커(maker). ¶这家～信誉yù可靠kào, 交货huò又快 | 이 공장은 신용과 명성이 믿을만 하고 상품도 빨리 인도한다. ¶～证zhènɡ明书 | 생산자 증

명서. ¶往来～ | 거래 업자→〔厂家〕 ❷ 상사(商社).

【厂休】 chǎngxiū 名 (공휴일을 포함한) 공장의 휴무일. ¶本厂的～是每周zhōu一 | 본 공장의 휴무일은 매주 월요일이다.

3【厂长】 chǎngzhǎng 名 공장장(工場長). 기업장.

【厂长负责制】 chǎngzhǎng fùzézhì 名組 공장장 책임제 [당(黨)에서 집체적으로 지도하고 공장장의 행정지휘 책임하에 공장을 효율적으로 운용하자는 제도]

【厂长基金】 chǎngzhǎng jījīn 名組 〈經〉 기업장 기금(企業長基金). 국영 기업의 원가의 절감 등으로 조성된 기금 [공장장은 이 기금을 사원을 위해 쓸 수 있음]

【厂址】 chǎngzhǐ 名 공장 소재지. 공장의 주소. ¶信纸上印～ | 편지지에 공장 주소를 인쇄했다.

【厂主】 chǎngzhǔ 名 공장주(工場主).

【厂子】 chǎng·zi 名 공장. 제조장(製造場). 제조판매 업소. ¶我们～里新成立了一个车间 | 우리 공장에는 작업장 하나를 새로 지었다.

1【场(場)〈塲〉】 chǎng cháng 마당 장, 때 장

Ⓐ chǎng ❶ (～子) 名 장소. ¶现～ | 현장. ¶会～ | 회의장. ¶商shāng～ | 시장. ❷ 名 무대. ¶上～ | 등장하다. ¶下～ | 퇴장하다. ❸ 量 편. 차례. 장. 번. 바탕. 과목. 어법 ⓐ 연극·영화·체육경기의 공연·관람·시합 회수를 나타냄. ¶看了一～电影yǐng | 영화 한 편을 보았다. ¶这部电影一天演yǎn出四～ | 이 영화는 하루에 4번 상영한다. ¶今天有一～足球比赛sài | 오늘 축구경기가 한 차례 있다. ⓑ 연극 구성의 장을 나타냄. ¶三幕mù五～戏xì | 3막5장의 극. ¶这个话剧分几～? | 이 연극은 몇 장으로 나누어져 있나? ⓒ 시험의 과목·회수를 나타냄. ¶今天考二～, 第一～英语, 第二～哲zhé学 | 오늘은 시험 두 과목을 본다. 첫 시간은 영어이고 둘째 시간은 철학이다→〔局jú⑨〕〔盘pán⑩〕 ❹ 名 〈物〉 (텔레비전의) 필드(field) [한번에 주사(走査)할 수 있는 화면] ❺ 〈物〉 장(場). ¶电～ | 전장. ¶磁cí～ | 자장. ❻ 名 近 과거의 시험장. ¶～中出这个题目 | 과거 시험에 이 문제가 나왔다《紅樓夢》

Ⓑ cháng ❶ 名 마당. 평탄한 공터 [보통 탈곡장을 말함] ¶打～ | 탈곡하다→〔场院〕 ❷ 名 方 장터. 시장. ¶赶gǎn～ | 시장에 가다. ❸ 量 차례. 바탕. 번 어법 바람·비 등의 자연 현상이나 병·재난·농사 활동 등의 비교적 긴 시간의 경과 회수를 나타냄. 주로「一场」의 형식으로 쓰임. ¶下了一～大雨 | 큰 비가 한 차례 왔다. ¶经jīng过一～大战 | 큰 전쟁을 한 차례 겪었다. ¶闹nào了一～大病 | 큰 병치레를 한 차례 하였다. ¶大哭kū一～ | 한바탕 크게 울었다. ¶又吵chǎo了一～ | 또 한 차례 말다툼 하였다.

Ⓐ chǎng

【场次】 chǎngcì 量 (연극·영화의) 공연이나 상영 회수. ¶演出～ | 공연 회수. ¶演yǎn出了多少～ | 몇 차례 공연 하였느냐?

3【场地】 ⓐ chǎngdì 名 장소. 공지. 운동장. 그라운드(ground). ¶施shī工～ | 공사장. ¶比赛sài～ | 시합장. ¶演yǎn出～ | 공연장. ¶人太多了, ～有限制xiànzhì, 活动dòng不开 | 사람은 너무 많고 장소는 좁아 마음대로 활동할 수 없다.

ⓑ chángdì 名 부지(敷地). 토지. 용지.

3【场合】 chǎnghé ⓐ 名 경우. 상황. 장면. 장소 [일본어에서 들어 온 말] ¶在这个～全无用了 | 이 경우에서는 아무 소용이 없게 되었다.

ⓑ chánghé 名 北 (도박을 하는) 장소. ¶赌博dǔbó～ | 도박장.

【场记】 chǎngjì 名 〈演映〉 현장 기록. 현장 기록원 스크립터(scripter) [영화 촬영이나 연극의 시연회에서 각종 상황을 기록하는 일이나 사람] ¶～圆 | 현장 기록원.

【场景】 chǎngjǐng 名 장면. 정경(情景). 현장의 광경. ¶热rè火朝cháo天的劳láo动～ | 열기가 하늘로 치솟는 노동 현장의 모습.

【场论】 chǎnglùn 名 〈物〉 장(場)의 이론.

3【场面】 chǎngmiàn 名 ❶ (영화·연극·소설 등의) 장면. 신(scene). 광경. ¶最后的～ | 라스트 신(last scene). ¶～布景 | (연극·영화의) 세트. ¶接jiē着是审shěn问的～ | 이어서 심문하는 장면이다. ¶～效xiào果 | 화면 효과. ❷ 〈演映〉 중국 전통극의 반주. ¶文～ | 관현악 반주. ¶武～ | 타악기 반주. ¶这齣chū戏xì我唱, 老兄给我作一个好～ | 이 극은 내가 부르니 노형은 좋은 반주를 해 주시오. ❸ 국면. 현장. 장면. ¶惊jīng人的～ | 깜짝 놀랄 장면. ¶热烈rèliè的～ | 열렬한 장면. ¶末尾mòwěi的～ | 마지막 장면. ¶遇yù着死的～ | 죽음의 국면에 봉착하였다. ❹ 겉치레. 외관. 외모. 외면. ¶摆bǎi～ | 겉치레를 하다. ¶撑chēng～ | 억지로 체면을 유지하다. ¶要这么做, ～上好看一点儿 | 이렇게 해야 외관상 보기 좀 좋다. ❺ 사교장. 사교계. ¶在～上有名的人 | 사교계에서 유명한 인물. ❻ 세상. 세간(世間). 물정. ¶他见过大～ | 그는 넓은 세상을 보았다. ¶不懂dǒng～ | 세상 물정을 모르다. ❼ 연회. 모임. ¶盛大的～ | 성대한 연회.

【场面话】 chǎngmiànhuà 名 사교적인 말씨. 연회장 어투. 외교적 언사. ¶他很会说一些～ | 그는 사교적인 말을 잘 한다.

【场面(上的)人】 chǎngmiàn(·shang·de) 名 유명한 사람. 명성이 높은 사람. 많이 알려진 사람. ¶他是个在政治zhèngzhì界jiè～ | 그는 정치계에 잘 알려진 인물이다.

【场儿】 chǎngr ⇒〔场子〕

4【场所】 chǎngsuǒ 名 장소. 시설 [일본어에서 들어 온 말] ¶公共～ | 공공 장소. ¶娱乐yúlè～ | 위락 시설. ¶这不是抽烟chōuyān的～ | 이곳은 담배를 피우는 장소가 아니다.

【场子】 chǎng·zi 名 (어떤 활동을 위해 사람이 모이는) 장소. 광장(廣場). 단지. ¶玩wán乐～ | 위락 단지. ¶空kōng～ | 빈터. ¶大～ | 넓은 마당. ¶网wǎng球～ | 테니스장. ¶摔shuāi交～ | 씨름 터 =〔场儿〕

Ⓑ cháng

【场地】chǎngdì ☞〔场地〕chǎngdì b
【场滚】chánggǔn 名〈機〉탈곡용의 롤러(roller).
【场合】chánghé ☞〔场合〕chǎnghé b
【场院】cháng yuàn 名(타작을 하는) 마당. 탈곡장. 농사용 작업장. ¶～里堆满duīmǎn了各种谷gǔ子｜탈곡장에 각종 곡식이 가득 쌓였다→〔打dǎ场〕

【昶】chǎng 해길 창, 화창할 창
❶ 해가 길다. ❷ 편안하다. 자유롭다. ¶通～｜속이 시원하다＝〔畅①〕 ❸ (Chǎng) 名 성(姓).

4【敞】chǎng 넓을 창
주의「敝bì」와 혼돈하기 쉬움→〔敝bì〕 ❶ (방안·뜰 따위가) 넓다. ¶这房子很宽kuān～｜이 집은 매우 넓다. ❷ 動 벌리다. 열어 놓다. ¶～着大门｜대문이 열려 있다. ¶～嘴zuǐ大笑｜입을 벌려 크게 웃다. ❸ 動 北 공개하다. ¶也想把这事～出来｜이 일도 공개할 생각이다. ❹ 거리낌없다. 거침없다. ¶～笑儿↓ ¶嘴zuǐ～｜입이 거칠다. 거리낌 없이 말하다.
【敞车】chǎngchē 名 무개차(無蓋車)→〔篷péng车③〕〔敞篷〕
【敞怀】chǎng/huái 動 ❶ 가슴을 들어내다. 가슴을 풀어헤치다. ¶你为什么不把钮扣niǔkòu上, 敞着怀呢?｜너는 왜 단추를 잠그지 않고 가슴을 들어내 놓고 있니?＝〔敞胸露怀〕 ❷ 흉금(胸襟)을 털어놓다. ¶～大笑xiào｜가슴을 털어 놓고 크게 웃다.
4【敞开】chǎngkāi 動 ❶ 활짝 열다. 크게 벌리다. ¶学校向群众qúnzhòng～了大门｜학교는 대중에게 문을 활짝 열었다. ¶把胸xiōng怀～｜가슴을 풀어헤치다. ❷ 공표하다. 공개하다. ¶要把问题～, 让群众qúnzhòng讲话｜문제를 공개하여 대중이 말하도록 해야 한다. ❸ 제한을 없애다. 완화하다. ¶～招zhāo生｜인원의 제한 없이 학생을 모집하다. ¶～供gōng应｜무제한 공급. ¶～发行｜무제한 발행하다. ❹ (～儿) 副 마음껏. 실컷. 터 놓고. ¶～玩儿｜실컷 놀다. ¶～吃没人管guǎn你｜실컷 먹어라, 아무도 말리지 않는다. ¶～说说心里话｜심중을 털어놓고 말해라→〔敞口儿③〕
【敞口】chǎngkǒu ❶ 形 北 입이 걸다. 말이 직선적이다. ¶说话太～啊｜너무 멋대로 지껄인다.
【敞口儿】chǎng/kǒur ❶ 動 열려 있다. 벌어져 있다. ¶～信封｜개봉 봉투. ¶伤shāng还hái敞着口儿呢｜상처가 아직 아물지 않았다. ❷ 動 공개되어 있다. 표면에 드러나 있다. 해결되지 않은 상태이다. ¶这个问题还敞着口儿呢｜이 문제는 아직 미정으로 남아 있다. ❸ (chǎngkǒur) 副 京 실컷. 양껏. 마음대로. 무제한으로. ¶你觉得可口, 就～吃吧｜네 입에 맞거든 양껏 먹어라. ¶～供应｜무제한 공급→〔敞开④〕.
【敞亮】chǎng·liang 形 ❶ 넓고 환하다. ¶三间～的平房｜넓고 환한 세 칸 짜리 단층집. ¶这座房子～｜이 집은 넓고 환하다→〔畅chàng亮〕 ❷ (기분이) 확 트이다. 명쾌하다. 후련하다. ¶这些日子心里非常～｜요 며칠 간 마음이 아주 후련하다.
【敞领衬衫】chǎnglǐng chènshān 名組 커터 셔츠(cutter shirt).
【敞棚】chǎngpéng 名 창고. 간이 저장소.
【敞篷】chǎngpéng 區 무개(無蓋). 뚜껑이 없는. 포장이 없는 ¶～车｜무개차. 오픈(open) 카. ¶～汽车｜무개 자동차.
【敞笑(儿)】chǎngxiào(r) 動 거침없이 웃다. 활짝 웃다. 크게 웃다. ¶老人听到这消息, 就～了一番fān｜노인은 이 소식을 듣자 크게 활짝 한바탕 웃었다.
【敞胸露怀】chǎng xiōng lù huái 成 앞가슴을 풀어헤치다＝〔敞怀①〕〔敞胸开怀〕

【氅】chǎng 새털옷 창
名 ❶ 외투. 코트. ¶大～｜오버 코트→〔大衣〕〔外套tào儿〕 ❷ 書 깃털로 만든 옷＝〔鹤hè氅〕
【氅衣】chǎngyī 名 近 ❶ 외투. 오버코트. ❷ 창의 [만주족(滿州族) 여자가 착용했던 예복의 일종. 「旗qí袍páo儿」위에 덧입음]

chàng ㄔㄤˋ

【怅(悵)】chàng 한탄할 창
形 실의(失意)에 빠지다. 슬프다. 서운하다. ¶来访不遇yù为～｜札 찾아뵈었으나 만나지 못하여 서운합니다 [방문하였으나 만나지 못했을 때 남기는 쪽지에 쓰임] ¶惆chóu～｜서글퍼하다. 실의에 빠지다.
【怅怅】chàngchàng 書 狀 실의에 빠지다. 낙담하다. ¶～而返fǎn｜실의에 빠져 돌아오다.
【怅恨】chànghèn 書 動 실망하여 원한을 품다. 실의 빠져 원망하다.
【怅然】chàngrán 書 狀 불만스럽다. 실의하다. 서운하다. ¶～嗟叹jiētàn｜실의에 빠져 비탄해하다《水滸傳》¶～若ruò失｜서운하다. 허전하다.
【怅惘】chàngwǎng 書 狀 실의에 빠져 초췌하다. ¶～若ruò失｜정신나간 듯 실의에 빠지다. ¶他～地站zhàn着很久不动｜그는 정신나간 듯 멍하니 오랫동안 꼼짝않고 서있다.

2【倡】chàng chāng 여광대 창, 부를 창
A chàng ❶ 動 제창(提唱)하다. 제의(提議하다. 앞서 외치다. ¶～導↓ ¶～議↓ ¶首shǒu～義舉yìjǔ｜의거를 앞장서 외치다→〔唱chàng②〕 ❷ (Chàng) 名 성(姓).
B chāng ❶ 가무인. 연주자. 악기를 연주하거나 춤을 추는 것이 생업인 사람. ❷「娼」과 통용⇒〔娼chāng〕
A chàng
【倡办】chàngbàn 動 ❶ 창설하다. 창립하다. 창건하다. ¶他首先～夜yè校, 得到同仁的热rè烈响xiǎng应｜그는 먼저 야간 학교를 설립하여 동료들의 열렬한 호응을 받았다. ❷ (학문 따위를) 창시하다. 창조하다. ¶～了一种新的研究方法｜새로운 연구방법을 창시하였다.
【倡导】chàngdǎo ❶ 動 발기하다. 제창(提唱)하다. 제안하다. 발의하다. 주도하다. ¶～革新｜혁

신을 주도하다. ¶～男女平等的人｜남녀 평등을 제창한 사람. ❷창도. 발기(發起). 제창. ¶做～｜발의를 하다. ¶～者｜발기인. 창립자. 시조(始祖).

【倡始】chàngshǐ ㊀動 창시하다. 제창하다. ¶～人＝〔发起人〕｜발기인. 창시자. 초안자.

【倡首】chàngshǒu 動 창시하다. 주도하다. 제창하다.

【倡言】chàngyán ㊀動 공언하다. 공개적으로 말하다. ¶～不讳huì｜거침없이 공언하다. 거리낌없이 말하다.

4【倡议】chàngyì ❶動 제안하다. 발의하다. ¶～召zhào开国际jì会议｜국제 회의 소집을 발의하다. ❷名 제안. 제의(提議). 발의(發議). ¶这个～得到了热rè烈的响xiǎng应｜이 제안은 열렬한 호응을 받았다. ¶提出利用废fèi料的～｜폐품 활용에 대한 제안을 하다.

【倡议书】chàngyìshū 名 제안서. 발의문. 건의서.

【倡议者】chàngyìzhě 名 발기자. 발의자. 제창자.

Ⓑ chāng

【倡佯】chāngyáng ＝〔徜cháng徉〕

【倡优】chāngyōu 名 ❶ 예인(藝人). 배우. 광대. 악사. ❷ 기녀. 창녀 ‖＝〔娼chāng优〕

1【唱】chàng 부를 창 ❶動 노래하다. ¶～一首shǒu歌儿｜노래를 한 곡 부르다→〔白bái〕〔咏yǒng〕 ❷動 창극(唱劇)을 공연하다. 구극(舊劇)을 하다. ¶～戏↓ ¶演～｜공연하다 ❸動 큰 소리를 내다. 크게 부르다. 울다. ¶～名↓ ¶鸡jī～了两遍biàn｜닭이 크게 두 번 울었다→〔倡chàng〕 ❹動 숫자를 부르다. 소리를 내며 세다. ¶～一件看一件｜한나씩 외치며 보다. ❺動 언명(言明)하다. 분명히 말하다. 밝히다. ¶还是先～明白了好些｜먼저 분명히 밝히는 것이 좋겠다. ❻(～儿) 名 노래. ¶唱个～儿｜노래를 부르다. ¶听tīng～儿｜노래를 듣다→〔小调(儿)〕 ❼(Chàng) 名 성(姓).

【唱白脸】chàng báiliǎn 動組 악역을 하다. 나쁜 언동(言動)을 하다［중국의 구극(舊劇)에서 악역(惡役)은 얼굴에 하얀 분을 바른「白脸」으로 나타냄］→〔白脸〕〔唱红脸〕

【唱本(儿)】chàngběn(r) 名 (가극의) 대본. ¶买了这部戏xì的～｜이 희극의 대본을 샀다.

【唱酬】chàngchóu ⇒〔唱和〕

【唱词】chàngcí 名 (가극·희곡의) 가사(歌詞) ⇔〔道白〕→〔戏词(儿)〕

【唱独角戏】chàngdújiǎoxì 動組 독자적으로 처리하다. 혼자 처리하다. ¶你要走了就剩shèng下我一个人～了｜네가 떠나면 나 혼자 남아 독자적으로 처리하게 된다.

【唱段】chàngduàn 名 희곡(戲曲)중의 가곡(歌曲) 부분. 아리아(aria).

【唱对台戏】chàng duìtáixì 動組 대들다. 대항하다. 맞서다. ¶他和我～, 要比个高低dī｜그는 나와 맞서 누가 나은지 겨루어 보려한다→〔对台戏〕

【唱反调】chàng fǎndiào 動組 공연히 반대하다. 이의를 나타내다. 엇나가다. ¶他总是跟老师～｜그는 늘 선생님과 맞선다＝〔唱反派〕

【唱反派】chàng fǎnpài ⇒〔唱反调diào〕

【唱高调(儿)】chànggāodiào(r) 動組 공연히 강력 주장하다. 큰소리 치다. 되지 않을 일을 주장하다. 억지 주장을 펴다. ¶别～了, 你的水平怎样谁不知道｜허튼 소리 마라, 너의 수준이 어떤지 누가 모르겠니.

【唱工(儿)】chànggōng(r) 名〈演映〉가극의 창기교. 노래하는 기교. 노래 솜씨. ¶～和做工儿｜노래와 연기의 기교＝〔唱功(儿)〕⇔〔做工(儿)〕→〔小生〕

【唱功(儿)】chànggōng(r) ⇒〔唱工(儿)〕

【唱和】chànghè 動 서로 운(韻)을 맞추며 시를 짓다. 시사(詩詞)를 서로 주고받다. ¶我们两个人共同有兴致zhì, ～～也好｜우리가 함께 흥미를 느낄 때 번갈아 한 수 읊는 것도 좋겠다.

【唱红脸】chàng hóngliǎn 動組 관대한 태도를 취하다. 인정이 많은 체하다. 충직한 역할을 하다［중국의 구극(舊劇)에서 충직(忠直)한 역은 얼굴에 붉은 분을 바른「红脸」으로 나타냄］¶一个～, 一个唱白脸｜한 사람은 관대한 역을 맡고, 다른 사람은 악인역을 하다→〔红脸〕〔唱白脸〕

【唱机】chàngjī 名 ❶ 축음기. 유성기→〔留liú声机〕 ❷ 녹음기·전축·반주기 따위의 총칭. ¶伴～｜반주기.

【唱经】chàng/jīng 動 독경(讀經)하다. ¶忽hū然又听见和尚shàng～的声音｜돌연 스님이 독경하는 소리가 들렸다＝〔诵经①〕

【唱空城计】chàng kōngchéngjì 動組 ❶ 위급한 상황에서 자기의 역량이 없음을 감추고 적을 속이는 계책을 쓰다《三國演義》¶他们把军队duì主力撤chè走, 只留下少数人唱了出空城计｜그들은 주력 군대를 철수하고 소수만 남겨 두는 계책을 썼다. ❷ 인력이 없다. 공허하다. 비다. 사람이 없다. ¶我去过好几次, 你们那里总zǒng～｜내가 몇 번이나 갔었는데 너희들 쪽에는 사람이 없었다.

【唱名】chàng/míng ❶動 호명하다. 점호하다. ❷動〈佛〉염불하다. 나무아미타불을 외우다. ❸(chàngmíng) 名〈音〉계명. 계명창법.

【唱名法】chàngmíngfǎ 名〈音〉계명 창법(階名唱法). ¶固定～｜고정 도(Do) 법(法). ¶首调～｜이동 도(Do) 법(法)＝〔视唱法〕

【唱片(儿)】chàngpiàn(r) 名 레코드. 음반. ¶听～｜레코드로 음악을 듣다. ¶放～｜전축을 켜다. ¶～录音原片｜레코드 원반(原盤). ¶雷射～｜콤팩트 디스크＝〔话匣子片(儿)〕〔留声(机)片〕〔音片〕

【唱票】chàng/piào 動 (개표할 때) 투표지를 소리내어 읽다. ¶～人｜(개표의) 계표원. ¶投tóu票后～｜투표 후에 표를 소리내어 읽다.

【唱腔】chàngqiāng 名〈演映〉(희곡의) 노래 곡조. 노래 가락.

【唱喏】chàng/rě 動 ㉤ 공손히 읍(揖)을 하다［송대(宋代)에 두 손을 포개어 가슴에 얹고 입으로는「喏喏」하면서 경의를 표했음］¶躬gōng身唱

个喏 | 몸을 굽히고 공손히 읍을 하였다《水滸傳》

【唱诗班】chàngshībān [名] (교회의) 성가대.

【唱收唱付】chàng shōu chàng fù [動組] 금액을 큰 소리로 말하며 돈을 주고 받다. ¶营yíng业员在收shōu钱找zhǎo钱时应该～ | 종업원이 돈을 받거나 거스름돈을 내줄 때 금액을 큰소리로 외쳐야 한다.

【唱头】chàngtóu [名] (전축의) 픽업(pickup).

【唱戏】chàng/xì [動] (희극을) 공연하다. ¶家里唱动戏 | 집으로 극단을 불러 극을 공연했다《紅樓夢》¶今天唱什么戏? | 오늘은 무슨 극을 공연하나?

【唱针】chàngzhēn [名] 전축 바늘.

3【畅(暢)】chàng 통할 창, 화창할 창

❶ 순조롭다. 막힘이 없다. 장애가 없다. ¶～销xiāo↓ ¶文笔wénbǐ流liú～ | 문필이 유창하다. ❷ 매우. 통쾌하게. 실컷. 시원하게. ¶～快↓ ¶～怀huái↓ ¶～饮↓ ¶～游yóu名胜shèng古迹jì | 명승고적을 마음껏 유람하다. ¶枝叶～盛shèng | 가지와 잎이 매우 무성하다. ¶～所欲言↓ ❸ (粵) 잔돈으로 바꾸다. 단위가 큰 화폐를 작은 화폐로 바꾸다. ❹ (Chàng) [名] 성(姓).

【畅达】chàngdá [形] ❶ (말·문장이) 유창하다. ¶文辞cí非常～ | 문장이 매우 유창하다. ❷ (교통이) 막힘 없이 통하다. ❸ (음색이) 맑다. 쾌청하다. ❹ (성격이) 시원시원하다. 활달하다. ¶他性格xìnggé很～ | 그는 성격이 매우 화통하다.

【畅怀】chànghuái [副] 유쾌하게. 후련하게. 시원스레. ¶～大笑 | 시원스레 크게 웃다. ¶～痛饮tòngyǐn | 통쾌하게 마시다.

【畅快】chàngkuài [形] 후련하다. 통쾌하다. 시원하다. 화통하다. ¶这个假jià期我们要～地玩一玩 | 우리들은 이번 휴가에 화끈하게 놀 작정이다. ¶为人～ | 사람됨이 시원스럽다. ¶他最近心情十分～ | 그는 최근 몹시 기분이 좋다.

【畅亮】chàngliàng [形] 넓고 밝다. 환하고 넓다→〔敞chǎng亮①〕

【畅所欲言】chàng suǒ yù yán [成] 마음대로 하고 싶은 말을 하다. 속시원히 털어 놓다. ¶今天开一个座谈会, 希望大家～ | 오늘 회의를 열게 되니 모두들 속시원히 말하길 바란다.

4【畅谈】chàngtán [動] 흉금을 터놓고 이야기하다. 속시원히 이야기하다. 마음껏 이야기하다. ¶咱们改天再～ | 우리 다음에 다시 솔직하게 이야기합시다. ¶一面大吃大喝, 一面～起来 | 마음껏 먹고 마시며, 속시원히 이야기하기 시작했다.

4【畅通】chàngtōng [動] 막힘 없이 잘 통하다. 잘 소통되다. ¶～无阻zǔ | 막힘 없이 통하다. ¶最近电话一直～了 | 최근에는 전화가 줄곧 잘 통했다. ¶他觉得喉hóu管突tū然～了 | 그는 갑자기 목구멍이 확 뚫리는 것을 느꼈다.

【畅想】chàngxiǎng [動] 마음대로 생각하다. 자유로이 상상(想像)하다. ¶～未wèi来 | 미래에 대해 마음껏 상상하다. ¶～曲qǔ | 〈音〉환상곡.

4【畅销】chàngxiāo ❶ [動] 많이 팔다. ¶这本书～了十万部 | 이 책은 십만부가 팔렸다. ❷ [形] 잘 팔리다. 판로가 좋다 ¶～货 | 잘 팔리는 물건. ¶最～的书 | 베스트 셀러(best seller).

【畅行】chàngxíng (書) [動] ❶ 순조롭게 진행되다. 잘 통하다. ¶～无阻zǔ | [成] 막힘 없이 통하다. 장애를 받지 않고 순조롭게 진행되다.

【畅叙】chàngxù (書) [動] 마음을 열고 이야기 하다. 흉금을 털어놓다. ¶～别情qíng | 이별하는 심정을 털어 놓다.

【畅饮】chàngyǐn (書) [動] 통쾌하게 마시다. 마음껏 마시다. ¶开怀huái～ | 마음을 열고 흔쾌하게 술을 마시다.

【畅游】chàngyóu (書) [動] ❶ 마음껏 유람(遊覽)하다. 여유있게 놀다. ¶～名胜shèng古迹jì | 마음껏 명승고적지를 유람하다. ¶他们在海边～了一天 | 그들은 해변에서 하루 동안 마음대로 놀았다. ❷ 마음껏 수영하다. ¶～长江 | 양자강에서 마음대로 수영을 즐기다.

【鬯】chàng 술이름 창

(書) ❶ [名] 울창주(鬱鬯酒) [검은 기장과 울금초(鬱金草)를 섞어 빚어 신에게 바치는 방향주(芳香酒)] ❷ [名] 활집. ❸ [形] 울창하다. 무성하다.

chāo ㄔㄠ

2【抄】chāo 베낄 초, 노략질할 초

❶ [動] 베끼다. 쓰다. ¶～录↓ ¶把自己的号码～下来 | 자기의 번호를 써두다. ❷ [動] 남의 것을 베끼다. 표절하다. ¶那篇文章是～人家的 | 저 글은 남의 것을 베낀 것이다. ¶～袭xí | 도작(盜作)하다 =〔剿chāo〕 ‖ =〔钞chāo③〕 ❸ [動] 수사·몰수하다. 수색하다. ¶～家↓ ¶～了一个赌窝dǔwō儿 | 비밀 도박장을 수색하였다. ❹ [動] 가까운 길로 가다. 질러가다. ¶～近道儿走 | 가까운 길로 질러가다. ❺ [動] 팔짱을 끼다. ¶她～着手站在一边儿笑 | 그녀는 팔짱을 끼고 웃으며 한 쪽에 서있다. ❻ [動] 움켜쥐다. 잡아채다. ¶～起一根棍子 | 막대기를 움켜쥐다. ¶由后头～了他一把 | 뒤에서 그를 잡아채었다 =〔绰chāo①〕 ❼ [動] (뜨거운 물에 살짝) 삶다. 데치다. ¶豆芽yá菜一～就行了 | 콩나물은 살짝 데치기만 하면 된다. ❽ [動] (물 위에 뜬 것을) 살짝 건져내다. 떠다. ¶～纸 | 종이를 뜨다. ❾ [動] 보측(步測)하다. 발걸음으로 재다. ¶用步子从南到北～了 | 발걸음으로 남에서 북으로 측량하였다. ❿ [動] 불법으로 가지다. 몰래 가지다. ¶谁把我的钢笔～走了? | 누가 내 만년필을 가지고 갔느냐? ¶这本书没主儿, 谁～着算谁的 | 이 책은 주인이 없으니, 누가 가져가도 그만이다. ⓫ [動] (北) (北) 들다. ¶用筷kuài子～起面条, 一呼噜hūlū吃下去 | 젓가락으로 국수를 집어 들고는 한꺼번에 후루룩 먹어버렸다. ¶他随suí手～一根棍gùn子就打 | 그는 손이 가는 대로 몽둥이를 들고 때렸다. ⓬ (Chāo) [名] 성(姓).

【抄暴】chāobào ⇒〔钞暴〕

【抄本(儿)】chāoběn(r) [名] 필사본. 초본(抄本). 사본(寫本). ¶这是一本禁书的～ | 이것은 금서

의 사본이다 =〔钞chāo本〕
【抄捕】chāobǔ ⇒〔抄拿ná〕
【抄车】chāo/chē 動 앞차를 추월하다. 앞지르기 하다 =〔超chāo车〕
【抄出】chāochū 動 색출하다. 수색하다. ¶~赃zāng物 | 장물을 색출하다.
【抄道(儿)】chāo/dào(r) ❶ 動 질러가다. ¶咱们~走两个钟头就到了 | 우리가 질러가면 두 시간이면 도착하게 된다. ❷ (chāodào(r)) 名 지름길. ¶走~去赶gǎn集, 要近五里路 | 지름길로 시장에 간다면 5리는 가깝다.
【抄封】chāofēng 動 압류·봉인(封印)하다. 압류하다. 수색·몰수하다. ¶~了他们家产chǎn | 그들의 가산을 차압하였다.
【抄后路】chāo hòulù 動組 적의 배후(背後)를 차단하다. 퇴로를 차단하다.
【抄化】chāohuà 動 승려가 동냥하다. 탁발하다. ¶沿yán道~将去 | 탁발하러 길가에 나섰다 =〔化缘〕
【抄获】chāohuò 動 수사·압수하다. 차압하다. ¶~了大量走私品 | 대량의 밀수품을 수색·차압하였다.
【抄家】chāo/jiā 動 재산을 몰수하다. 가산을 차압하다. ¶咱犯了个啥shá~的罪zuì? | 우리가 무슨 재산 몰수의 죄를 지었나? ¶他一直没还债zhài, 终于被~ | 그는 계속 빚을 갚지 않아 끝내 재산을 몰수당했다.
【抄家货(儿)】chāojiāhuò(r) 名 京 차압되어 팔려고 내놓은 기구나 가구.
【抄家伙】chāojiā·huo 動組 식기 따위를 치우다. 집안일을 하다.
【抄家灭门】chāo jiā miè mén 成 가산을 몰수하고 멸족하다. ¶骂mà皇帝huángdì可是要~的 | 황제를 모욕하면 가산을 몰수 당하고 일족을 멸하게 된다.
【抄件(儿)】chāojiàn(r) 名 사본. 복사본. ¶将~转寄jì贵方 | 사본을 귀측에 발송합니다.
【抄近儿】chāo/jìnr 動 질러가다. 지름길로 가다. ¶~走 | 지름길로 가다. ¶从这边儿~过去 | 이곳으로부터 질러가다 =〔抄近路〕
【抄近路】chāo/lù ⇒〔抄近儿〕
【抄录】chāolù ⇒〔抄写xiě〕
【抄拿】chāoná 動 수색·체포하다. ¶~赌犯dǔfàn | 도박범을 수색하여 잡다 =〔抄捕〕
【抄缮】chāoshàn ⇒〔抄写xiě〕
【抄身】chāo/shēn 動 몸을 수색하다. ¶~制 | 퇴근 시 근로자의 소지품을 검사 제도. ¶从上到下地~ | 위에서 아래로 몸을 수색하다.
【抄手】chāo/shǒu ❶ (~儿) 動 팔짱을 끼다. ¶她不知道两手放在哪儿好, 一会儿就抄起手来了 | 그녀는 두 손을 어디다 두어야 좋을지 몰라 하다가 금새 팔짱을 끼었다. ¶反~ | 뒷짐을 지다. ❷ (~儿) 動 수수 방관하다. 모르는 체하다. ¶卖~ | 수수방관하다. ¶抄了手坐看饿死èsǐ | 굶어 죽는 것을 수수방관하다. ❸ (chāoshǒu) (~儿) 名 토시 =〔皮pí手筒〕 ❺ (chāoshǒu) 名 北 〈食〉훈둔(餛飩) [아주 작게 빚은 만두]→〔馄饨húntún〕
【抄手兜儿】chāoshǒudōur 名組 웃옷의 허리 양쪽에 붙은 호주머니.
【抄送】chāosòng 動 서류를 베껴 보내다. 사본을 보내다. ¶把这个文件~给他们参考cānkǎo | 이 문서의 사본을 그들에게 보내어 참고하게 하다.
【抄袭】chāoxí 動 ❶ 표절하다. 도작(盜作)하다. ¶~别人的论文 | 남의 논문을 표절하다 =〔剿袭〕 ❷ 답습하다. 그대로 따르다. ¶~古人的笔法 | 옛 사람의 필법을 답습하다. ¶~老路 | 옛 방법을 답습하다. ❸ 우회하여 적을 급습하다.
2【抄写】chāoxiě 動 베껴 쓰다. 필사(筆寫)하다. ¶~了一些诗shī句 | 약간의 시구를 베꼈다. ¶这段引yǐn文是从报上~来的 | 이 인용문은 신문에서 베껴 온 것이다 =〔抄缮〕〔钞录〕
【抄用】chāoyòng 動 답습하여 사용하다. 그대로 사용하다.
【抄造】chāozào 動 펄프로 종이를 뜨다. 종이를 만들다.
【抄走】chāo zǒu 動組 ❶ 수색한 물건을 가져가다. ❷ 닥치는 대로 가져가다.

2【吵】chāo ☞ 吵 chǎo B

3【钞(鈔)】chāo ⓧchào) 지전 초, 베낄 초
❶ 名 지폐. ¶现~ | 현금. ¶外~ | 외국 지폐. ❷ 名 금전. 돈. ¶让ràng你破pò~了 | 네가 돈을 낭비하게 하였다. ❸「抄」와 통용 ⇒〔抄chāo①②〕 ❹ 노략질하다. ¶~暴↓ ❺ (Chāo) 名 성(姓).
【钞暴】chāobào 書 動 노략질하다. 만행을 저지르다 ¶匈奴xiōngnú~日增 | 흉노의 만행이 날로 심해지다 =〔抄暴〕
【钞本】chāoběn 名 사본(寫本). 초본 =〔抄本〕
3【钞票】chāopiào 名 지폐. ¶~挂帅guàshuài | 황금 만능. 금전 만능. ¶一沓dá~ | 한 뭉치의 지폐 =〔纸钞〕

【怊】chāo 슬퍼할 초
書 形 슬프하다. 우울하다 원망하며 슬퍼하다.
【怊怅】chāochàng 書 狀 ❶ 실망하다. 실의에 차다. ❷ 원망하며 슬픔에 잠기다.

2【超】chāo 뛰어넘을 초
❶ 動 넘다. 초과하다. 넘어서다. ¶~车 | 추월하다. ¶出~ | 수출초과. ¶~额↓ ❷ 頭 초(super). 뛰어 넘은. 규정을 벗어난. 제약을 받지 않는. 초월한. ¶~自然↓ ¶~现实xiànshí | 초현실. ¶~人↓ ¶~阶級jiējí和~政治zhèngzhì的论调lùndiào | 계급과 정치를 뛰어 넘은 논조. ❸ 書 動 넘다. 뛰어 넘다. ¶挟xié太山以~北海 | 태산을 끼고 북해를 뛰어넘다《孟子·梁惠王上》 ❹ 動 〈佛〉제도하다. 영혼을 고통에서 구원하다. 구제하다. ¶~度dù亡魂hún | 망혼을 제도하다. ❺ (Chāo) 名 성(姓).
【超拔】chāobá 動 ❶ 걸출(傑出)하다. 빼어나다. ¶~的人物 | 빼어난 인물. ❷ 발탁하다. 뽑아 올리다. ❸ (나쁜 환경·습관 따위에서) 빠져나오다. ❹ 近 죽은 사람의 영혼을 구제하다.

【超编】chāobiān 動 정원을 초과하다. ¶我们厂chǎng已经～了，所以不能再雇gù人了 | 우리 공장은 이미 정원을 초과하여 다시 더 사람을 쓸 수 없다.

[4]【超产】chāochǎn ❶ 名 초과 생산. ¶～归guī己，减jiǎn产赔偿péicháng | 초과 생산한 만큼은 생산자에 귀속되고, 부족 생산량은 배상한다. ❷ 動 초과 생산하다. ¶～百分之十五 | 예정량의 15%를 초과 생산하다 ＝〔超额生产〕

【超车】chāo/chē 動 (앞의 자동차를) 앞지르다. 추월하다. ¶不准～! | 추월 금지! ＝〔抄车〕

【超尘】chāochén 成 ❶ 세속을 초월하다. 속세를 떠나다. ❷ 출중하다. 우월하다. ¶再不见有～出色的女子 | 다시 더 볼 수 없이 빼어난 여자.

【超尘拔俗】chāo chén bá sú 成 세속을 초월하다. 속세를 떠나다 ＝〔超寰huán绝尖〕〔超凡脱俗〕

[4]【超出】chāochū 動 초과하다. 넘어서다. ¶～定额 | 정액을 초과하다. ¶～预yù料 | 예상을 뛰어넘다. ¶～了负责fùzé的范围fànwéi | 책임의 한계를 넘어섰다.

【超导】chāodǎo 名〈物〉초전도(超傳導).

【超导电性】chāodǎodiànxìng 名〈物〉초전도성.

【超导体】chāodǎotǐ 名〈物〉초전도체(超傳導體).

【超等】chāoděng 區 최상. 초특급. 특상. ¶～质量 | 최상급 품질. ¶～货 | 최상품 ＝〔超特一〕

【超低温】chāodīwēn 名〈物〉극저온(極低溫).

【超度】chāodù 動〈佛〉제도(濟度)하다. 구제하다. ¶请几众zhòng僧sēng人念经～ | 몇 몇 승려를 불러 독경하고 제도하다.

【超短波】chāoduǎnbō 名〈電子〉초단파 ＝〔米波〕

【超短裙】chāoduǎnqún 名 미니 스커트(miniskirt) ＝〔迷mí你裙〕

[3]【超额】chāo/é 動 (규정량·정액 따위를) 초과하다. ¶～百分之二十 | 정액의 20% 상회하다. ¶～行李需要付fù多少钱 | 중량 초과 화물은 얼마를 지불해야 합니까?

【超额利润】chāo'é lìrùn 名組〈經〉초과 이윤.

【超额生产】chāoé shēngchǎn ⇒〔超产〕

【超凡】chāofán 書 ❶ 動 범속(凡俗)을 초월하다. 세속을 벗어나다. 초탈하다. ¶～入圣shèng | 成 세속을 벗어나 성인의 경지에 들어가다. ❷ 形 보통 정도가 아니다. 비범하다. 평범하지 않다. ¶深谷shēngǔ里显xiǎn得～的安静jìng | 깊은 골짜기는 더욱 조용하다.

【超凡脱俗】chāo fán tuō sú ⇒〔超尘chén拔俗〕

【超高频】chāogāopín 名〈電子〉극초단파(極超短波). 초고주파(超高周波). UHF. ¶～变压器 | 극초단파 변압기 →〔微波〕

【超高压】chāogāoyā 名〈電氣〉〈物〉초고압.

[2]【超过】chāoguò 動 초과하다. 상회하다. 뛰어 넘다. 앞서다. ¶产量都～了原yuán来计划jìhuà | 생산량이 원래의 계획을 넘어섰다. ¶～规guī定的重zhòng量 | 규정 중량을 초과하다. ¶不能～一年 | 일년을 초과할 수 없다 ⇔〔落luò后〕

【超乎】chāohū 動組 …을 벗어나다. …보다 앞서다. …을 뛰어 넘다. ¶～寻xún常 | 보통을 초월하다. 일상적인 것을 벗어나다.

【超寰绝尘】chāo huán jué chén ⇒〔超尘拔俗〕

[4]【超级】chāojí 區 초(超). 수퍼(super). 최상급의. ¶～大国 | 초강대국(超强大國). ¶～蔬shū菜 | 수퍼 채소. ¶～通货膨胀péngzhàng | 초 악성 통화팽창. ¶～水泥ní | 수퍼시멘트. 초강력 시멘트.

【超级商场】chāojí shāngchǎng 名〈商〉수퍼마켓 ＝〔超级市场〕〔超级商店〕

【超级商店】chāojí shāngdiàn ⇒〔超级商场〕

【超级市场】chāojí shìchǎng ⇒〔超级商场〕

【超阶级】chāojiējí 區 초계급. 계급을 초월한. 계급 차별이 없는. ¶～的艺yì术 | 계급 차별을 초월한 예술. ¶～的国家 | 계급 차별이 없는 국가.

【超巨星】chāojùxīng 名〈天〉초거성(supergiant star).

【超绝】chāojué 書 動 월등하게 앞지르다. 특별히 뛰어나다. 탁월하다. ¶我国的气功qìgōng在世界上也是堪称kānchēng～之技jì | 우리나라의 기공은 세계에서 가장 앞섰다고 충분히 말할 수 있다.

【超龄】chāo/líng 動 규정 연령을 넘다. 나이가 초과되다. ¶～团tuán员 | 연령 초과 단원 [28세 이상된 중국 공산주의 청년 단원] ¶～队duì员 | 연령 초과 대원 [14세 이상된 중국 소년 선봉 대원(先鋒隊員)] ¶他已经～了，所以不必去服fú兵役yì了 | 그는 이미 연령이 초과되어 군에 갈 필요가 없게 되었다.

【超迁】chāoqiān 書 動 등급을 뛰어넘어 승진하다. 고속 승진하다. 특진하다.

【超群】chāo/qún 動 남보다 뛰어나다. 특출하다. ¶武艺wǔyì～ | 무예가 뛰어나다. ¶精jīng力～ | 정력이 남보다 뛰어나다. ¶～出众zhòng | 남보다 훨씬 뛰어나다. 특출하다.

【超群绝伦】chāo qún jué lún 成 남보다 훨씬 뛰어나다. 특출하다. 두드러지다 ＝〔逸群绝伦〕〔超逸绝伦〕

【超然】chāorán 動 초연하다. 관계에 얽메이지 않다. ¶～内阁gé | 연립내각. ¶～派pài | 중립파. 각 당파로부터 독립을 지키는 무리. ¶～的态tài度 | 초연한 태도. ¶～物wù外 | 成 세속에 구속되지 않고 초연하다. 어느 편에도 가담하지 않고 중립을 지키다.

【超人】chāorén ❶ 動 보통 인간을 능가하다. 초인간적이다. ¶他有～的记忆力 | 그는 초인적인 기억력을 가지고 있다. ❷ 名 초인. 수퍼맨.

【超升】chāoshēng 動 ❶ 특진하다. 급수를 뛰어넘어 격상하다. ¶～为少校 | 소령으로 특별 진급하다. ❷〈佛〉영혼이 승천하다. 극락 왕생하다. 승천하다.

【超生】chāoshēng 動 ❶ 목숨을 살려주다. 죽을 죄를 용서하다. 석방하다. ¶受了十年罪zuì, 总zǒng算suàn～了 | 10년간 복역한 후 드디어 석방되었다. ❷〈佛〉(영혼이) 환생하다. ¶永yǒng世不得～ | 영원히 환생하지 못하다《西遊記》

【超声】chāoshēng 區 초음속. 초음파. ¶～镀dù | 초음파 도금. ¶～显微镜xiǎnwēijìng | 초음파 현미경. ¶～加工 | 초음파 가공. ¶～疗liáo法 |

〈醫〉초음파 요법.
【超声波】chāoshēngbō 图〈物〉초음파. ¶～测cè距 | 초음파 측심(超音波測深). ¶～探tàn伤shāng器 | 〈醫〉초음파 진료기 =〔超音波〕
【超声波学】chāoshēngbōxué ⇒〔超声学〕
【超声物理学】chāoshēng wùlǐxué 名組〈物〉초음파 물리학(超音波物理學)→〔超声学〕
【超声学】chāoshēngxué 图〈物〉초음파학(超音波學)=〔超声波学〕→〔超声物理学〕
【超时】chāo/shí ❶動 시간을 초과하다. ¶他～了二十分钟 | 그는 20분 초과하였다. ❷(chāoshí) 图 초과 시간. 연장 시간.
【超时工作】chāoshí gōngzuò 图 초과 근무. 연장 근무. 잔업 =〔加jiā点工作〕
【超速】chāosù ❶動 제한 속도를 넘다. 최고 속도를 넘다. ¶～行驶xíngshǐ是要罚款fákuǎn的 | 속도 제한을 어기면 벌금을 내야 한다. ❷图 속도 위반. ❸图 초고속. ¶～传动 | 〈機〉초고속 구동.
【超特一】chāotèyī ⇒〔超等〕
【超脱】chāotuō ❶動 (관습·형식 등을) 벗어나다. 초탈하다. 이탈하다. 얽매이지 않다. ¶～俗sú事, 专zhuān心研究 | 세속을 벗어나 연구에 몰두하다. ¶～现实是不可能的 | 현실로부터 초연한다는 것은 불가능하다. ¶～阶jiē级利益yì | 계급의 이익을 초월하다. ❷動 초연한 태도를 가지다. ¶顾gù问要会当, 要～ | 고문이 고문 역할을 할 때는 초연한 태도를 취해야 한다. ❸形 활력이 넘치다. 분방하다. 자유롭다. ¶信xìn笔写来, 十分～ | 붓 가는 대로 써서 매우 활기 있다.
【超现实主义】chāoxiànshízhǔyì 图 초현실주의.
【超新星】chāoxīnxīng 图〈天〉초신성 (supernova).
【超逸】chāoyì 書形 (세속을) 벗어나다. 속되지 않다. 고상하다. ¶笔意～ | 글의 취지가 속되지 않다. ¶～不凡 | 속되지 않고 비범하다.
【超轶】chāoyì 書形 탁월하다. 뛰어나다. 우수하다. ¶辩biàn论～ | 변론이 매우 우수하다.
【超轶绝尘】chāo yì jué chén 國 급하게 속세를 이탈하다. 쏜살같이 내달리다《莊子·徐無鬼》
【超逸绝伦】chāo yì jué lún ⇒〔超群qún绝伦〕
【超音波】chāoyīnbō ⇒〔超声波〕
【超音速】chāoyīnsù 圖〈物〉초음속. 마하. ¶～喷pēn气机 | 초음속 제트기. ¶～战zhàn斗dòu机 | 초음속 전투기.
【超员】chāo/yuán 動 정원을 초과하다. ¶火车已经严重yánzhòng～ | 기차가 이미 심각하게 정원을 초과하였다. ❷(chāoyuán) 图 초과 인원.
4【超越】chāoyuè 動 초월하다. 뛰어넘다. 극복하다. ¶～一切qiè | 모든 것을 초월하다. ¶～世俗sú | 세속을 초월하다. ¶～了时间和空间的限制 | 시간과 공간의 제약을 뛰어 넘다. ¶～任何障碍zhàngài, 战胜shèng任何困难 | 모든 장애를 뛰어 넘고 어떠한 곤란도 싸워 이기다.
【超载】chāo/zài 動 초과 적재하다. 과적하다. ¶这船chuán已经～了 | 이 배는 이미 과적하였다.
【超支】chāo/zhī ❶動 초과 지출하다. 과다 지출하다. ❷(chāozhī) 图 초과 지출.
【超支户】chāozhīhù 图 ❶ 지불 초과 구좌(口座). ❷ 적자 가정(赤字家庭).
【超重】chāozhòng ❶動 중량을 초과하다. ¶这封信～三公分 | 이 편지는 규정 중량을 3그램 초과한다. ❷圖 중량 초과. 과중. ¶～元素 | 초중 원소. ¶～货huò物 | 중량 초과 화물. ¶～费fèi | 중량 초과 운임. ¶～行xíng李 | 중량 초과 수하물.
【超重量级】chāozhòngliàngjí 图〈體〉초중량급. 수퍼 헤비급.
【超重氢】chāozhòngqīng 图〈化〉삼중(三重) 수소. 트리튬(tritium).
【超轴】chāozhóu 動〈交〉차축량을 초과하다. 견인량을 초과하다.
【超子】chāozǐ 图〈原〉중핵자(重核子).
【超自然】chāozìrán 圖 초자연. 자연계 이외. ¶～现状 | 초자연적 현상.

【绰】 chāo ☞ 绰 chuò Ⓑ

【焯】 chāo ☞ 焯 zhuō Ⓑ

【剿】 chāo ☞ 剿 jiǎo Ⓑ

cháo ㄔㄠˊ

【晁〈鼂〉】 cháo zhāo 아침 조

Ⓐ cháo ❶ ⇒〔晁模油〕❷(Chāo) 图 성(姓).
Ⓑ zhāo「朝」의 고자(古字)⇒〔朝zhāo〕
【晁模油】cháomóyóu 图 대풍자유(大風子油).
【晁采】cháocǎi 图 아름다운 옥. 옥기 명(名).

【巢】 cháo 새집 소

❶图 (새·벌레·물고기 등의) 집. 둥우리. 둥지. (나무에 지은 집. ¶鳥～ | 새둥지. ¶蜂fēng～ | 벌집. ¶蟻yǐ～ | 개미집. ¶樹木爲～ | 나무가지로써 집을 짓다. ¶～居↓ ❷图轉 소굴. ¶匪fěi～=〔老巢〕| 비적의 소굴. ❸(Cháo) 图 성(姓).
【巢菜】cháocài 图〈植〉완두 =〔大dà巢菜〕〔苕tiáo子〕〔野yě豌wān豆③〕
【巢础】cháochǔ 图 소기(巢基). 인공 벌집 [벌이 쉽고 빠르게 벌집을 짓게 하기 위하여 밀랍으로 만든 모형 벌집]
【巢毁卵破】cháo huǐ luǎn pò 國 새둥지가 부서지면 새 알도 깨진다. 전 가족이 멸망하다. 믿는 도끼에 발등 찍힌다《後漢書》
【巢居】cháojū ❶图 나무 위의 집. ❷動 나무 위에 살다. ¶～知风, 穴xué居知雨 | 나무 위에 사는 동물은 바람을 알고 땅 속에 사는 동물은 비를 안다.
【巢窟】cháokū 書图 소굴. ¶直搗dǎo敌人的～ | 적들의 소굴을 들이치다 =〔巢窝〕〔巢穴〕
【巢脾】cháopí 图 소판(巢板). 벌집의 유충방(幼蟲房).
【巢破分飞】cháo pò fēn fēi 國 둥지가 깨어져 뿔뿔이 날아가다. 풍지박산되다. ¶闹nào得老两口

子几乎～ | 노부부는 거의 헤어질 지경에 이르기까지 다투었다.
【巢鼠】cháoshǔ 名〈動〉들쥐 =〔茅máo鼠〕〔萱鼠〕
【巢窝】cháowō ⇒〔巢窟〕
【巢穴】cháoxué ⇒〔巢窟〕
1【朝】cháo zhāo 조정 조, 왕조 조, 아침 조
A cháo ❶ 動 …로 향하다 [반드시 목적어(賓語)를 가짐] ¶这间屋子坐北～南 | 이 집은 남향집이다. ¶这个人背～着我, 没看清是谁 | 이 사람은 등이 나에게로 향하고 있었으므로 누구인지 정확히 볼 수 없었다. ❷ 介 …을 향하여. …에로. ¶～前走 | 앞으로 향하여 가다. ¶大门～东开 | 대문을 동쪽을 향하여 열다. 어법 「朝」와 「向」의 차이. ⓐ 「向」은 동사 뒤에 사용할 수 있지만 「朝」는 동사 뒤에 사용할 수 없음. ¶奔朝远方(×) ¶奔向远方 | 먼곳을 향하여 달리다. ⓑ 사람을 나타내는 말이 목적어일 때 「朝」는 구체적인 동작을 나타내는 동사에만 쓰이나 「向」은 추상적인 의미의 동사에도 쓰임. ¶朝老师借了一本书(×) ¶向老师借了一本书 | 선생님에게서 책 한 권을 빌렸다. 추상적인 동사를 수식하는 개사(介詞) 구조에는 사용하지 못함. ¶朝人民负责(×) ¶向人民负责 | 인민에게 책임을 지다. ⓒ 「朝」와 「往」의 차이 ⇒〔往wǎng〕 ❸ 動 (임금을) 뵙다. 알현하다. ¶～拜↓ ❹ 動 참배(參拜)하다. ¶～圣地 | 성지를 참배하다. ❺ 名 조정(朝廷). ¶～野↓ ❻ 名 왕조(의 시대). ¶唐～ | 당대. ¶改～换代 | 왕조의 교체. ❼ 名 簡〈史〉「朝鲜」(조선)의 약칭. ❽ (Cháo) 名 성(姓).
B zhāo 名 ❶ 아침. ¶～发夕至↓ =〔早晨chén〕 ❷ 날. 하루. ¶今～ | 오늘. ¶明～ | 내일 =〔日〕〔天〕 ❸ 書 초. 처음. ¶月～ | 월 초.
A cháo
【朝拜】cháobài 動 ❶ (황제를) 알현하다. 배알(拜謁)하다. ❷〈宗〉예배하다. 참배하다. ¶～圣主 | 성주를 참배하다.
【朝柄】cháobǐng 書 名 조정(朝廷)의 권력. ¶把持bǎchí～ | 조정의 권력을 독차지하다.
【朝代】cháodài 名 왕조(王朝)의 연대(年代).
【朝顶】cháodǐng 動 ❶〈佛〉산위의 사묘(寺廟)에 참배하다. ❷ 산 정상에 오르다.
【朝奉】cháofèng 名 方 ❶ 부자(富者). ❷ 전당포 주인.
【朝服】cháofú 名 ❶ 조하(朝賀)때 입는 예복→〔官服〕 ❷ 대례복(大禮服) ‖ =〔朝衣〕〔水袍〕
【朝纲】cháogāng 名 조정〔정부〕의 법과 기율. ¶整顿～ | 조정〔정부〕의 법과 기율을 정돈하다.
【朝贡】cháogòng 動 조공하다. ¶进京～ | 서울로 들어가 조공하다.
【朝见】cháojiàn 書 動 조현하다. 신하가 입조(入朝)하여 임금을 알현하다. ¶～皇上 | 입조하여 황제를 알현하다 =〔朝参cān〕〔朝觐jìn①〕〔朝谒yè〕〔进宫朝见〕
【朝觐】cháojìn ❶ ⇒〔朝见〕 ❷ 動〈宗〉참배하다. 순례하다. ¶伊斯兰yīsīlán教～团前往麦加màijiā朝圣shèng | 이슬람교 순례단은 메카(Mecca)를 참배하러 떠났다.
【朝山】cháoshān 動〈佛〉산 위의 사묘(寺廟)에 참배하다.
【朝圣(地)】cháoshèng(dì)〈宗〉❶ 動 성지(聖地)를 순례하다. ❷ 名 성지(聖地). 순례지.
【朝廷】cháotíng 名 조정. ¶在～为官 | 조정에서 관직을 맡다.
【朝向】cháoxiàng ❶ 動 …으로 향하다. ¶～相反的方向跑去了 | 반대 방향으로 도망쳐 버렸다. ❷ 名 (건축물의) 정면과 맞은편 방향.
【朝阳(儿)】cháo/yáng(r) ☞〔朝阳〕zhāo yáng ⓑ
【朝阳花】cháoyánghuā 名〈植〉해바라기. ¶鲜艳xiānyàn的～ | 산뜻하고 아름다운 해바라기.
【朝野】cháoyě 名 ❶ 옛날 조정(朝廷)과 민간. ❷ 여당과 야당. 정부와 재야(在野). ¶～两党达成协议 | 여당과 야당 두 당이 협의에 도달했다.
【朝着】cháo·zhe 介 (…로) 향하여. ¶～目标前进 | 목표를 향하여 전진하다.
【朝政】cháozhèng 名 조정의 정치. 국정. ¶议论～ | 국정을 논의하다. ¶不修～ | 국정을 돌보지 않다.
B zhāo
【朝不保夕】zhāo bù bǎo xī 威 저녁에 무슨 일이 일어날 지 아침에 모르다. 급하고 어려운 상황에 처하다. ¶他的父亲病势很重, 已经～ | 그의 부친은 병세가 위중하셔서, 이미 위급한 상황이다 =〔朝不虑夕〕〔朝不谋夕〕〔不保朝夕〕
【朝发夕至】zhāo fā xī zhì 威 아침에 출발하여 저녁이면 도착할 수 있다. 교통이 편리하거나 거리가 가까운 것을 말함. ¶从釜山到汉城可以～ | 부산에서 서울가는 것은 교통이 편리하다.
【朝晖】zhāohuī 名 아침 햇빛. ¶祖国大地尽～ | 조국의 대지가 아침 햇빛에 찬란하다. ¶满山～ | 산이 온통 아침 햇빛으로 가득하다.
【朝令夕改】zhāo lìng xī gǎi 威 아침에 공포한 법령이 저녁에 바뀌다. 주장이나 방법이 자주 바뀌다. 조령 모개(朝令暮改). ¶你老是～, 叫人怎么办才是呢? | 너는 늘 변덕이 심하니, 사람더러 어떻게 하라는 것이냐 =〔朝令暮mù改〕
【朝露】zhāolù 書 名 아침 이슬. 喩 짧은 목숨. 덧없는 것. ¶～人生 | 威 덧없는 인생.
4【朝气】zhāoqì 名 ❶ 생기. 패기. 진취적 기상. ¶他是个富有～的小伙子 | 그는 패기에 가득찬 젊은이이다. ❷ 아침의 신선한 공기.
4【朝气蓬勃】zhāoqì péngbó 威 생기 발랄하다 =〔朝气勃勃〕
【朝乾夕惕】zhāo qián xī tì 威 아침부터 저녁까지 부지런히 힘써 일하다. ¶康老师～ | 강선생님은 아침부터 저녁까지 힘써 일한다.
【朝秦暮楚】zhāo qín mù chǔ 威 貶 진나라에 붙었다가 또 초나라에 빌붙다. 주견이 없이 의견을 수없이 번복하다. 줏대없이 이쪽저쪽에 빌붙다. ¶这个人～, 是个不堪信用的人 | 이 사람은 자기 의견을 자꾸 번복하니 신용할 수 없는 사람이다.
【朝日】ⓐ zhāorì 名 아침의 태양.

ⓑ cháorì ㊯ ❶ 動 천자가 태양을 제사지내다. ❷ 名 천자가 청정(聽政) 하는 날.

4【朝三暮四】zhāo sān mù sì 成 조삼 모사. 간사한 꾀로 남을 속여 희롱하다. 喩 변덕스러워 갈피를 잡을 수 없다. ¶他是个~的人, 靠不住 | 그는 변덕장이라서 믿을 수가 없다.

【朝生】zhāoshēng 名 ❶〈植〉무궁화의 다른 이름 =〔朝菌②〕 ❷〈蟲〉하루살이. ❸ 喩 목숨이 짧음. ¶~寿 | ㊯ 喩 사람의 목숨이 짧은 것.

【朝生暮死】zhāo shēng mù sǐ 成 아침에 생겨나 저녁에 죽다. 생명이 매우 짧다.

【朝思暮想】zhāo sī mù xiǎng 成 아침저녁으로 생각하다. 늘 그리워하다 ¶她~当演员 | 그녀는 자나깨나 연기자가 되는 것을 생각하고 있다 =〔朝思暮恋〕

【朝夕】zhāoxī ㊯ 名 ❶ 아침저녁. 喩 날마다. 늘. ¶~见面 | 늘 자주 만나다. ¶~思慕mù | 札 늘 그리워하다. ¶~相处 | 늘 함께 지내다. ❷ 짧은 시간. ¶只争~ | 시간을 다투다. ¶~不保 | 금방 무슨 일이 벌어질지도 알지 못하다.

【朝霞】zhāoxiá 名 아침 노을.

【朝阳】ⓐ zhāoyáng 名 떠오르는 해. 아침 해 =〔㊯初阳〕

ⓑ (~儿) cháo/yáng(r) ❶ 動 태양을 향하다. 해가 들다. ¶这间房子是~的 | 이 집은 남향이다. ❷ (cháoyáng(r)) 名 양지. 양달. ¶把盆花儿放在~地方 | 화분을 양지에 놓다.

【朝云暮雨】zhāo yún mù yǔ 成 喩 남녀간의 지극한 정.

4【嘲】cháo zhāo 비웃을 조

Ⓐ cháo 動 ❶ 비웃다. 조소하다. 조롱하다. ¶冷~热rè讽fěng | 成 조롱하고 비웃다. ❷ 유혹하다. 유인하다. ¶~惹rě↓ ¶常把眉méi目~人, 双shuāng眼传意 | 항상 잘난 얼굴로 사람을 유혹하고, 두 눈으로 뜻을 전한다《金瓶梅》

Ⓑ zhāo ⇒〔嘲啾〕〔嘲哳〕

Ⓐ cháo

【嘲风弄月】cháo fēng nòng yuè 成 기녀들과 놀이를 하며 즐기다. 음풍 영월(吟風咏月)하다→〔嘲风咏yǒng月〕

【嘲风咏月】cháo fēng yǒng yuè 成 음풍 영월(吟風咏月). 자연을 주제로 시문(詩文) 놀이를 하다. ¶一帮无聊liáo的读dú书人总zǒng是喜欢在花前月下~ | 일단의 무료한 선비들은 언제나 꽃밭과 달빛 아래에서 음풍영월하기를 좋아한다 →〔嘲风弄nòng月〕

【嘲讽】cháofěng 動 풍자하다. 빗대어 조소하다. ¶~了统tǒng治阶级jiējí的专zhuān制 | 통치 계급의 독재를 풍자하였다.

【嘲弄】cháonòng 動 조롱하다. 희롱하다. ¶可不要~人 | 절대 다른 사람을 조롱하지 마시오. ¶他经常把~人当做一种乐趣lèqù | 그는 늘 다른 사람을 취미삼아 놀려댄다.

【嘲惹】cháorě 動 유혹하다. 집적대다. 교사하다. ¶倒把言语来~张三 | 오히려 장삼을 교묘한 말로 유혹하였다《水滸專》 ¶酒席jiǔxí之间用些话来~他 | 술 좌석에서 그를 유혹하는 말을 했다《水滸專》

【嘲戏】cháoxì ⇒〔调tiáo戏〕

4【嘲笑】cháoxiào ❶ 動 조소하다. 비웃다. 냉소하다. ¶不能~别人 | 다른 사람을 조소해서는 안된다. ❷ 名 조소. 냉소. ¶遭zāo到~ | 냉소를 당하다. 조소를 당하다.

Ⓑ zhāo

【嘲啾】zhāojiū 擬 짹짹. 지지배배 지지배배 [새가 우는 소리]

【嘲哳】zhāozhā ㊯ 擬 재잘재잘. 짹짹 조잘조잘 [새·말·악기의 소리] =〔啁zhāo哳〕

3【潮】cháo 조수 조

❶ 名 조수. 조류. ¶上~ | 조수가 들어오다. ¶落luò~ | 조수가 밀려 나가다. ¶涨zhǎng~ | 밀물. 만조. ¶~水 | 조수. ❷ (사회적) 조류. 추세. ¶思~ | 사조. ¶风~ | 풍조. 기풍. ¶高~ | 고조기. ❸ 소동. 소요. 변동. 변혁. ¶政~ | 정변. ¶学~ | 학생 소요. 학생운동. ¶工~ | 노동쟁의. ❹ 形 습기 차다. 눅눅하다. ¶屋wū里很~ | 방안이 눅눅하다. ❺ 名 습기. ¶防fáng~ | 방습하다. ¶受shòu~ | 습기를 먹다. ¶阴天返fǎn~ | 흐린 날은 눅눅하다. ❻ 形 京 순도가 낮다. 성분도가 낮다. ¶~银↓ ¶~金↓ ❼ 形 京 기술이 낮다. 수준이 모자라다. ¶他那手艺yì太~ | 그의 손재주는 너무 거칠다. ¶我眼yǎn力~ | 나의 시력은 모자란다. ❽ 形 京 품질이 나쁘다. 조잡하다. 불량하다. ¶不拿~货huò当好货卖 | 불량품을 양호한 것으로 속여 팔지 않는다. ❾ (Cháo) 名 簡〈地〉광동성(廣東省) 조주(潮州)의 약칭. ❿ (Cháo) 名 성(姓).

【潮白】cháobái 名 조주산(潮州產)의 백설탕.

【潮红】cháohóng ❶ 名 홍조. ❷ 動 얼굴에 홍조를 띠다. ¶面颊jiá~ | 얼굴에 홍조를 띠다.

【潮乎乎】cháohúhú ⇒〔潮呼呼〕

【潮呼呼】cháohūhū 貶 눅눅하다. 축축하다. ¶连lián下了四五天雨, 屋子里什么都是~的 | 4,5일 계속 비가 오니, 집안의 모든 것이 다 눅눅하다 =〔潮糊糊〕〔潮乎乎〕

【潮糊糊】cháohúhú ⇒〔潮呼呼〕

【潮解】cháojiě 名〈化〉흡습 용해(吸濕溶解). 조해. 조해성.

【潮金】cháojīn 名〈鑛〉순도(純度)가 낮은 금.

【潮剧】cháojù 名〈演映〉조극. 조지방의 연극 [광동성(廣東省) 조주(潮州)·산두(汕頭) 일대의 지방극. 대표작으로 「陈三五娘niáng」「扫sǎo会」「辞郎洲」따위가 있음]

4【潮流】cháoliú 名 ❶ 조류. 조수의 흐름. ❷ 풍조. 사회적 추세. 시대의 추세. ¶追随zhuīsuí~ | 시류(時流)를 따르다. ¶社会的~ | 사회적 조류. ¶经济jīngjì改革gé的~席卷xíjuǎn全国 | 경제 개혁의 조류가 전국을 뒤덮었다.

【潮渌渌】cháo·lu·lu 貶 축축하다. 눅눅하다. ¶到了雨期墙上地上都~的 | 우기가 되어 담벽이나 땅바닥이 모두 눅눅하다.

【潮气】cháoqì 名 습기. ¶地下室~太大 | 지하실이 너무 습하다.

³【潮湿】cháoshī ❶ 形 축축하다. 눅눅하다. 습기차다. ¶今天很～ | 오늘은 습도가 높다. ¶这地儿太～了 | 이 땅은 너무 젖었다. ❷ 動 젖다. 축축해지다. ¶两只zhī眼睛～了 | 두 눈이 축축해졌다. ❸ 名 습기. ¶带～ | 습기를 띠다. ¶～地 | 습지대. ¶勿wù近～ | 습지대 접근 금지 =〔湿潮〕

【潮水】cháoshuǐ 名 조수. ¶看热闹nào的人像～一样涌yǒng进来 | 구경꾼이 조수처럼 몰렸다.

【潮位】cháowèi 名 조수의 수위(水位). 조위.

【潮汐】cháoxī 名 조석(潮汐). 조수와 석수. 조수의 간만. ¶～表 | 조수 간만표. 조석표. ¶～电站zhàn | 조력 발전소.

【潮汛】cháoxùn 名 한 사리. 대조(大潮). ¶今年的～将临lín, 希xī各部门作好准备zhǔnbèi | 금년의 대조가 곧 오게되니 모든 부문에서 잘 대비하기 바랍니다.

【潮音】cháoyīn 名 ❶ 파도 소리. 물결 소리 =〔海潮音〕 ❷〈佛〉중들이 함께 큰 소리로 독경(讀經)하는 소리.

【潮银】cháoyín 名〈鑛〉순도가 낮은 은. 조은.

chǎo ㄔㄠˇ

2【吵】chǎo chāo 울 묘, 시끄러울 초

Ⓐ chǎo ❶ 形 시끄럽다. 떠들썩하다. ¶机器jīqì声shēng太～ | 기기 소리가 너무 시끄럽다. ❷ 動 떠들다. 떠들어대다. ¶～死人了 | 시끄러워 죽겠다. ❸ 動 말다툼하다. 언쟁하다. ¶一句话不中zhòng听, 就～了起来 | 듣기 싫은 말 한 마디 했다고 다투기 시작했다. ¶你们～什么? | 너희들 무엇을 가지고 말싸움하니? ❹ (～子) 名 언쟁. 말다툼. ¶打～ | 언쟁하다. ❺ 動 北 질책하다. 나무라다. ¶爸爸～她, 她却坚持jiānchí这样做 | 아버지가 그녀를 질책하였으나 그녀는 오히려 이렇게 하기를 고집한다.

Ⓑ chāo 動 京 말하다. 외치다. 떠들다. ¶你天天～头痛tòng, 夜里又不能睡觉 | 네가 매일 머리 아프다고 외쳐서 밤마다 잠을 잘 수가 없다.

Ⓐ chǎo

【吵包子】chǎo bāo·zi ❶ 動 京 떠들어대다. 소란을 피우다. ¶为了那件事, 大伙huǒ儿又～了 | 그 일 때문에 모두들 또 소란을 피웠다. ❷ (chāobāo·zi) 名 떠들어대는 사람. 잔소리꾼.

【吵吵火火】chǎo·chao huǒhuǒ 動組 왁자지껄 떠들다. 법석을 떨다. 어법 「吵火」로는 쓰이지 않음. ¶他们每天喝酒, ～着打架 | 그들은 매일 술을 마시고 법석을 떨며 싸운다.

【吵吵闹闹】chǎo·chao nàonào 動組 시끄럽게 떠들어대다. 왁자지껄 떠들다. ¶因为～睡shuì不着zháo | 너무 시끄러워 잠을 잘 수가 없다.

【吵吵嚷嚷】chǎo·chao rāngrāng 動組 시끄럽게 떠들다. 와글와글 떠들다. ¶～了半天还是没结果 | 오랫 동안 법석을 떨었으나 여전히 결과가 없었다.

【吵翻】chǎofān ⊗ 京 chāofān) 動 ❶ 말다툼하다. 언쟁하다. ¶昨儿我跟他～了, 所以今儿他没来 | 어제 그와 말싸움을 하였기 때문에 그는 오늘 오지 않았다. ❷ 말다툼하여 사이가 틀어지다. ¶两个头目因为分赃zāng不均jūn～了 | 장물의 분배가 고르지 않아 두 두목은 다투고 사이가 갈라졌다.

³【吵架】chǎo/jià 動 말싸움하다. 말다툼하다. 언쟁하다. ¶两口子感情很好, 从来不～ | 두 부부는 사이가 좋아 종래 싸운 적이 없다. ¶他跟老王吵了一架 | 그는 왕씨와 한바탕 싸웠다 =〔闹仗〕

⁴【吵闹】chǎonào 動 말다툼하다. 떠들썩하게 언쟁하다. 법석을 떨다. ¶你们为什么跟老李～? | 너희들은 왜 이씨와 싸우느냐? ¶～得使shǐ人不能入睡rùshuì | 법석을 떨어 잠을 잘 수 없다. ¶老张和老李又～起来了 | 장씨와 이씨는 또 다투기 시작했다.

【吵嚷】chǎorǎng ⊗ 京 chāorǎng) 動 큰소리로 떠들다. ¶你们太～, 吓着孩子了 | 너희들이 너무 소란을 피워 아이를 놀라게 했다.

【吵人】chǎorén ❶ 動 시끄럽게 하다. 사람을 귀찮게 하다. 소란을 피우다. ¶成心～ | 일부러 소란을 피우다. ¶他在用心念书, 你别～ | 그는 마침 열심히 공부하고 있으니 시끄럽게 하지 마라. ❷ 形 시끄럽다. 성가시다. ¶车来车往真～ | 자동차의 왕래가 많아 정말 시끄럽다.

【吵散】chǎosàn 動 소란을 피워 흩어지다. 엉망이 되다. 소동이 일어나다. ¶这次会议, 为几个反对派pài～ | 이번 회의는 반대파들 때문에 망쳤다.

【吵醒】chǎoxǐng 動 떠들어 잠을 깨우다. 시끄러워 잠을 깨다. ¶我刚睡着zháo, 又被孩子～了 | 나는 막 잠이 들었다가 또 아이들이 떠들어 잠을 깼다.

【吵子】chǎo·zi 名 말싸움. 언쟁. 말다툼. ¶你们不要常常打～ | 너희들 항상 말싸움하지 마라.

⁴【吵嘴】chǎo/zuǐ ❶ 動 말다툼하다. 언쟁하다. ¶他们两个又吵了嘴, 斗dòu气走了 | 그들 둘은 또 언쟁을 벌여 화를 내며 갔다. ❷ (chǎozuǐ) 名 언쟁. 말다툼. ¶～王 | 말썽꾸러기.

Ⓑ chāo

【吵吵】chāo·chao 動 北 떠들어대다. 떠들썩거리다. 소란을 피우다. ¶你别跟我在这儿瞎xiā～了 | 너 여기에서 나에게 함부로 떠들지 마라. ¶他们那儿～什么呢? | 그들 쪽에서는 무엇을 가지고 소란을 피우니?=〔吵吵(儿)叭bā喊hǎn〕〔吵吵(儿)叭bā火(儿)〕〔吵吵(儿)巴火(儿)〕

【吵吵(儿)叭喊】chāo·chao(r)bāhǎn ⇒〔吵吵chāo·chao〕

【吵吵(儿)叭火(儿)】chāo·chao(r)bāhuǒ(r) ⇒〔吵吵chāo·chao〕

【吵吵(儿)巴火(儿)】chāo·chao(r)bāhuǒ(r) ⇒〔吵吵chāo·chao〕

2【炒】chǎo 볶을 초

動 ❶ 볶다. 지지다. ¶～菜↓ ¶把昨天的剩shèng饭～来吃了 | 어제 남긴 밥을 볶아서 먹었다. ¶～黄huáng | 노르스름하게 볶다. ¶蛋～饭 | 〈食〉계란 볶음밥. ❷ 粵 (황금·주식 등의 동산)을 사다. 이자 수익을 위해 투자하다. 암거래 하다. ¶～黄金 | 황금에 투자하다. ¶～股gǔ

票↓

【炒菜】chǎocài ❶ 名 볶음 요리. ¶买了两碗wǎn～ | 볶음 요리 두 사발을 샀다. ❷ (chǎocài) 動組 요리하다. 반찬을 만들다. 야채를 기름에 볶다. ¶爱人正在厨chú房里～ | 아내는 주방에서 지금 요리하고 있다.

【炒菜锅】chǎocàiguō 名 볶음용 냄비 =〔炒锅〕

【炒菜面】chǎocàimiàn 名〈食〉야채 볶음 국수.

【炒茶】chǎo chá 動組 차잎을 볶아 차를 만들다. ¶～厂 | 차 제조 공장.

【炒炒闹闹】chǎo·chao nàonào ⇒〔炒炒七七〕

【炒炒七七】chǎo·chao qīqī 動組 와자지껄 떠들어대다. 어법 「炒七」로 쓰이지는 않음. ¶有甚事～ | 무슨 일로 야단법석인가?《元雜劇》=〔炒炒闹闹〕

【炒蛋】chǎodàn ❶ 名〈食〉스크램블드 에그 (scrambled eggs). ❷ 名 ㉧ 罵 망할자식 ¶没巴鼻bābí的～ | 얼빠진 녀석. ❸ (chǎo dàn) 動組 달걀을 볶다.

【炒饭】chǎofàn ❶ 名〈食〉볶음밥. ❷ (chǎo fàn) 動組 밥을 기름에 볶다. 밥을 데우다.

【炒股票】chǎo gǔpiào 動組〈商〉이익을 노리고 주식을 매매하다.

【炒锅】chǎoguō ⇒〔炒菜锅〕

【炒黑市】chǎo hēishì 動組〈商〉암거래하다. 비밀거래로 돈을 벌다. ¶拿了几百美元去～ | 미화 몇 백달러를 가지고 가 암거래를 했다.

【炒货】chǎohuò 名〈食〉볶음 음식. 호박씨·콩·수박씨 등을 볶은 것의 총칭.

【炒鸡蛋】chǎojīdàn ❶ 名〈食〉달걀 볶음 =〔炒蛋〕〔炒鸡子儿〕→〔摊tān鸡蛋②〕 ❷ (chǎo jīdàn) 動組 달걀을 볶다.

【炒鸡丝】chǎojīsī 名〈食〉가늘게 저민 닭고기 볶음. 실 닭살 볶음.

【炒鸡杂】chǎojīzá 名〈食〉닭내장 볶음.

【炒鸡胗】chǎojīzhēn 名〈食〉닭똥집 볶음.

【炒鸡子儿】chǎojīzǐr ⇒〔炒鸡蛋〕

【炒韭菜】chǎojiǔcài ❶ 名〈食〉부추 잡채. ❷ (chǎo jiǔcài) 動組 부추를 볶다.

【炒冷饭】chǎo lěngfàn 動組 ❶ 찬 밥을 데우다 ❷ 轉 재탕하다. 되풀이하다. ¶～ | ¶我已经听过好多次了, 你别～了 | 벌써 수없이 들었으니 그만 해라. ¶他今天的报告是～, 没有新内容róng | 오늘 한 그의 레포트는 재탕한 것으로 새로운 내용이 없다.

【炒马饭】chǎomǎfàn 名〈食〉짬뽕밥.

【炒马面】chǎomǎmiàn 名〈食〉짬뽕면.

【炒买】chǎomǎi 動 方 다투어 사다. 선매(先買)하다 =〔抢qiǎng购〕

【炒买炒卖】chǎomǎi chǎomài 名 方 투기매매하다. 선물 거래하다. ¶你们那些房屋地产要贵guì起来, 你又可以随suí意～了 | 너희들의 그 부동산 값이 오르면 네 맘대로 팔고 사도 된다 =〔投机倒把〕

【炒卖】chǎomài 動 方 이익을 남기고 팔다. 일괄출하하다. 전매(轉賣)하다. ¶～外汇 | 외화를 이익을 남기고 팔다.

【炒米】chǎomǐ ❶ 名〈食〉기장을 우지(牛脂)로 볶은 몽고인의 일상식품. ❷ 名〈食〉찰밥을 말려 볶은 화남(華南) 지방의 음식. ¶吃～ | 볶음 쌀을 먹다. ❸ (chǎo mǐ) 動組 쌀을 볶다.

【炒面】chǎomiàn ❶ 名〈食〉볶음 국수. ❷ 名〈食〉미숫가루. ¶～袋 | 미숫가루를 넣는 자루 =〔干gān粮〕 ❸ (chǎo miàn) 動組 국수를 기름에 볶다.

【炒肉】chǎoròu ❶ 名〈食〉돼지고기 볶음. ❷ (chǎo ròu) 動組 돼지고기를 볶다.

【炒三仙】chǎosānxiān ⇒〔炒三鲜〕

【炒三鲜】chǎosānxiān 名〈食〉삼선 볶음 [「三鲜」즉 죽순·표고버섯·닭〔햄〕을 섞어서 볶은 요리] =〔炒三仙〕

【炒勺】chǎoshāo 名 ❶ 프라이 팬(fry pan). ¶买了一把～ | 프라이 팬 한 개를 샀다. ❷ 볶음용 주걱. 조리용 주걱.

chào ㄔㄠˋ

【耖】chào 써레 초
❶ 名〈農〉써레 →〔耙bà〕 ❷ 動 써레질하다. ¶～地 | 밭에 써레질을 하다.

chē ㄔㄜ

1【车(車)】chē jū 수레 거/차

Ⓐ chē ❶ 名 차. 수레. 자전거. 육상 운송 도구의 총칭. ¶一辆liàng～ | 차 한 대. ¶坐～ | 차를 타다. ¶骑qí～上班 | 자전거를 타고 출근하다. ¶汽～ | 자동차. ¶轿jiào～ | 승용차. ¶摩mó托tuō～ | 모터사이클. 오토바이. ¶吉jí普pǔ～ | 지프차. ¶晕yūn～ | 차멀미하다. ¶倒dǎo～ =〔换车〕| 차를 바꿔 타다. ¶倒dào～ | 차를 뒤로 몰다. ¶撞zhuàng～ | 차가 충돌하다. ¶卡kǎ～ | 트럭. ¶自行～ =〔㉦ 脚踏tà车〕〔粤 单车〕| 자전거. ❷ 바퀴가 달린 기구. ¶风～ | 풍차. ¶吊diào～ | 기중기. ¶滑huá～ | 도르래. 활차. ¶纺fǎng～ | 물레. ¶水～ | 수차. ❸ 기계. 기기(機器). ¶开～ | 운전하다. 기계를 작동하다. ¶停～ | 주차하다. 기계의 작동을 멈추다. ¶～间↓ ¶试shì～ | 기계를 시작동하다. ❹ 動 수차를 발로 밟아 물을 퍼 올리다. ¶～水灌guàn田 | 수차로 물을 퍼 올려 밭에 대다. ❺ 動 선반을 발로 밟아 깎다. ¶～圆yuán | 선반으로 둥글게 깎다. ¶～玻bō璃lí | 유리를 선반으로 깎다. ¶～眼镜jìng片 | 안경알을 갈다. ❻ 動 ㊋ (몸을) 돌리다. ¶～过头来 | 머리를 돌리다. ¶留着这样的一句话, 便一～身走了 | 이러한 말 한 마디를 남기고는 곧 몸을 돌려 떠나버렸다. ❼ 動 ㊋ 수레로 실어 나르다. ¶用板车～木板 | 짐차로 널빤지를 실어 나르다. ❽ (Chē) 名 성(姓).

Ⓑ jū ❶ 名 차 [장기 알의 하나] ¶丢diū卒保～ | 졸을 버리고 차를 지키다. 하찮은 것은 버리고 중요한 것은 지키다→〔象棋〕 ❷ 名 잇몸. ¶牙～ | 잇몸. ¶辅～ | 하악골과 잇몸.

【车把(儿)】chēbǎ(r) 名 ❶ (수레·인력거의) 끌채. ❷ (자전거·자동차·기계의) 운전대. 핸들.

¶～套tào | 핸들 장갑 ‖ =〔(方)龙头②〕❸ (北)마부 =〔车把式〕

【车把式】chēbǎ·shi 名 마부 =〔车把势〕〔车把儿③〕

【车把势】chēbǎ·shi ⇒〔车把式〕

【车厂(子)】chēchǎng(·zi) 名 ❶ 인력거 임대 가게 =〔拴shuān车的〕❷ 자동차 공장. 자동차 수리소.

【车船费】chēchuánfèi 名 차비와 뱃삯. 여비(旅費). 노자(路資)=〔车舟费〕→〔旅lǚ费〕

4【车床】chēchuáng 名〈機〉선반(旋盤). ¶开动～ | 선반을 돌리다. ¶凹āo口～ | 절삭 선반. ¶水力～ | 수압 변속 선반. ¶螺丝luósī～ | 나사 절삭 선반. ¶卡qiǎ盘～ | 정면 선반. ¶高速～ | 고속 선반. ¶手摇yáo～ | 손틀 선반. ¶立式～ | 수직 선반. ¶旋轴zhóu～ | 차축 선반. ¶镗táng孔～ | 고공(刳孔)선반. ¶～工人 | 선반공 =〔车架(子)〕〔旋xuàn盘〕〔旋床〕→〔机jī床〕

【车次】chēcì 名 (열차·장거리 버스의) 운행 순서. 열차 번호 ¶请电告我火车的～, 以便去接站zhàn | 역으로 마중나가기 좋도록 열차 번호를 전보로 알려 주시오.→〔班bān次〕〔旅lǚ次〕〔舟zhōu次〕

【车大炮】chē dàpào ⇒〔吹chuī牛〕

【车带】chēdài ⇒〔轮lún胎〕

【车刀】chēdāo 名〈機〉(선반용) 바이트(bīte)→〔刨bào刀①〕

【车道】chēdào 名 차도 ⇔〔人rén行道〕

【车到山前必有路】chē dào shānqián bì yǒu lù 諺 수레가 산 앞에 이르면 길은 있는 법이다. 어떤 경우에도 마지막 이르면 해결책이 생긴다. ¶～, 老天爷yé总不会让咱们饿死的 | 막바지에서는 해결책이 있다. 하느님이 우리를 굶어 죽게 하지는 않을 것이다 =〔车到山前自有路〕〔船chuán到桥头自然直〕

【车灯】chēdēng 名 (차의) 전조등. 헤드 라이트.

【车底架】chēdǐjià 名〈機〉(자동차의) 샤시. 차대(車臺)=〔车底盘〕〔车架(子)④〕〔车框〕〔车盘③〕

【车队】chēduì 名 ❶ 자동차의 행렬. ❷ (운송회사의) 말단 조직. 운송 대기조.

【车房】chēfáng ⇒〔车库〕

【车费】chēfèi 名 찻삯. 차비. 여비 =〔车钱〕〔(方)车钿tián〕

【车夫】chēfū 名 마부. 인력거꾼. ¶骑三轮lún车的～ | 삼륜차를 끄는 인력거꾼.

【车辐】chēfú 名 (수레나 자전거의) 바큇살.

【车工】chēgōng 名〈機〉❶ 선반 작업. ❷ 선반공.

【车钩】chēgōu 名〈機〉차체 연결기. ¶～开闭键jiàn | 차체 연결기 개폐 장치. ¶～牵qiān引力 | 차체 연결 견인력.

【车轱辘话】chēgū·luhuà 名組 (京)(北) 곱씹는 말. 중언 부언. ¶别说～耽误dānwù工夫 | 중언 부언 시간을 끌지 마라.

【车轱辘会】chēgū·luhuì 名組 돌아가면서 차리는 연회. 순번대로 가지는 회식. ¶有时找zhǎo了几个朋友吃个～ | 어떤 때는 친구 몇을 찾아 돌아가며 회식을 하였다《紅樓夢》=〔车箍gū辘会〕〔车轮会〕〔车盘会〕

【车轱辘圆】chēgū·luyuán ⇒〔扯chě轱辘圆〕

【车箍辘(儿)】chēgū·lu(r) ⇒〔车轱辘(儿)〕

【车箍辘会】chēgū·luhuì ⇒〔车轱辘会〕

【车毂】chēgǔ 名 수레 바퀴 통.

【车毂辘(儿)】chēgǔ·lu(r) ⇒〔车轱辘(儿)〕

【车行】chēháng 名 자동차 판매·대여·수리소. ¶在～里租zū了一辆liàng车 | 자동차 대여소에서 차 한 대를 빌렸다.

【车祸】chēhuò 名 교통 사고. 윤화(輪禍). ¶世界上每分钟发生一起～ | 세계적으로 1분에 한 건씩 교통사고가 발생한다. ¶早上出～, 不能上班bān | 아침에 교통사고가 나서 출근할 수 없다.

【车技】chējì 名 자전거 곡예. ¶小平的～不高 | 소평의 자전거 곡예는 별 것 아니다.

【车架(子)】chējià(·zi) ❶ 名 선반(旋盤) =〔车床(子)〕❷ 名 프레임(frame). 차체(車體). ❸ 名 자동차 스탠드. 차대(車臺). ❹ ⇒〔车底架〕

【车驾】chējià 書 名 ❶ 천자(天子)가 타는 수레. ¶跟随suí～南渡dù | 황제의 수레를 따라 남쪽으로 내려 갔다《京本通俗小說》❷ 轉 천자(天子). ¶～西都dū长cháng安 | 천자께서 서쪽의 장안을 수도로 정하였다.

2【车间】chējiān 名 공장의 단일 제품을 생산하는 독립 작업장. 작업장. ¶～成chéng本 | 공장 원가. ¶～经费fèi | 작업장 경비. ¶～主任 | 직장(職長). ¶机械xiè～ | 기계 공장. ¶装zhuāng配pèi～ | 조립공장→〔工gōng段②〕

【车库】chēkù 名 차고 =〔车房〕〔车棚〕

3【车辆】chēliàng 名 차량. 차의 총칭. ¶～用材料 | 차량용 기자재.

【车裂】chēliè ❶ 名 거열 [옛날 죄인의 사지(四肢)를 수레 두 대에 묶고 끌어 찢어 죽이던 혹형(酷刑)] ❷ 거열의 형벌을 가하다. ¶商君～于秦 | 맹상군은 진나라에서 거열의 형을 당했다《三國志》=〔车磔zhé〕

【车铃(儿)】chēlíng(r) 名 자전거나 인력거의 방울이나 종.

【车轮(子)】chēlún(·zi) 名 수레바퀴. 차바퀴. ¶～修理厂chǎng | 타이어 수리 공장. ¶历史的～滚gǔn滚向前 | 역사의 수레바퀴는 끊임없이 앞으로 굴러갔다 =〔毂gū辘〕〔车轱辘(儿)〕

【车轮菜】chēlúncài ⇒〔车前(草)〕

【车轮会】chēlúnhuì ⇒〔车轱辘会〕

【车轮战】chēlúnzhàn 名 ❶〈軍〉파상 공격(波狀攻擊). ❷ 토너먼트(tournament) ‖ =〔轮番战〕

【车马费】chēmǎfèi 名 거마비. 교통비. 노자돈. ¶一来一回, 花了不少～ | 한 번 왕복에 적지 않은 노자돈을 썼다.

【车门】chēmén 名 ❶ 차문. 대문 옆의 거마(車馬) 출입문. ❷ (～儿) 名 차의 승강구. 자동차의 문. 마차·기차·자동차 따위의 승강구.

【车牌】chēpái 名 자동차 등록증.

【车盘会】chēpánhuì ⇒〔车轱辘会〕

【车棚】chēpéng ⇒〔车库〕

【车皮】chēpí 名 기관차를 뺀 화차(貨車). ¶运输

shū一万吨dūn货物要多少节～?｜1만 톤의 화물을 운송하려면 화차 몇 대가 필요한가?
【车前草】chēqiáncǎo 名〈植〉질경이 =〔车轮菜〕
【车前子】chēqiánzǐ 名 질경이씨 [이질 약이나 이뇨제(利尿劑)로 쓰임]
【车钱】chē·qián ⇒〔车费fèi〕
【车渠】chēqú ❶ ⇒〔砗chē磲②〕 ❷ (Chēqú) 名〈史〉거거 [진랍국(眞蠟國)의 남쪽에 있던 고대의 나라 이름]
【车水马龙】chē shuǐ mǎ lóng 成 거마가 꼬리를 물고 많이 다니다. ¶大街上～, 十分热闹rènào｜도로에 차가 그칠사이 없이 많이 다녀 매우 혼잡하다.
【车速】chēsù 名 차의 속력(速力). ¶保持一百公里～, 三四个小时就到｜100km 속도를 유지하면 서너 시간만에 도착한다. ¶～表｜속도계.
【车胎】chētāi 名 타이어. ¶给～打气｜타이어에 바람을 넣다. ¶～气qì门｜타이어 공기 구멍 =〔轮lún胎〕
【车钿】chētián 名 奧 찻삯. 차비 =〔车费〕
3【车厢】chēxiāng 名 ❶ (열차의) 객실이나 수하물간. 차간. ¶小小的～里全是人｜조그만 객실에 온통 사람이다. ¶一个～里有一百二十个座位｜객실 하나에 120개의 좌석이 있다. ¶行李～｜수하물차간. ¶硬yìng席～｜2등실. 딱딱한 의자객실. ¶软ruǎn席～｜1등실. ¶卧wò铺pū～｜침대차. ¶客车～｜객차의 승객실. ¶三号～｜열차의 3호차. ❷ (트럭의) 적재함. (승용차의) 트렁크 ‖ =〔车箱(儿)①〕
【车箱(儿)】chēxiāng(r) ❶ ⇒〔车厢〕 ❷ 名 인력거의 보관용 상자.
【车薪杯水】chē xīn bēi shuǐ 成 한 수레의 장작 불을 물 한 잔으로 끄려 든다. 역량이 아예 미칠 수 없다. 계란으로 바위치기. ¶给这么一点钱, 可真是～, 无wú济jì于事｜이정도의 얼마되지 않는 돈으로 일을 처리하기에는 정말 어림 반푼어치도 안된다.
【车萤孙雪】chē yíng sūn xuě 成 반딧불과 눈의 빛에 비춰 공부하다. 어려운 환경에서 열심히 공부하다 [진(晋)나라 차윤(車胤)은 반딧불 빛으로 책을 읽고, 손강(孫康)은 눈 빛에 독서하여 성공한 고사에서 나옴]
【车辕(儿, 子)】chēyuán(r·zi) 書 名 수레의 끌채.
【车运】chēyùn ❶ 動 차로 운반하다. ❷ 名 육상수송 ‖ →〔轮lún运〕
【车载斗量】chē zài dǒu liáng 成 차로 싣고 말로 될 정도로 많다《三國志》¶～, 不可胜shèng数｜너무나 많아 헤아릴 수조차 없다.
【车在马前】chē zài mǎ qián 成 차가 말 앞에서 끌다. 이끌어 주는 사람이 있으면 배우기 쉽다《禮記·學記》
【车闸】chēzhá 名 (자동차·자전거의) 브레이크. 제동기(制動器) =〔刹shā车〕〔闸〕〔制zhì动器〕
1【车站】chēzhàn 名 정거장. 정류소. 역. ¶火～｜기차역. ¶电～｜전동차 역. ¶公共汽～｜버스 정거장. ¶～大厅｜역사(驛舍)의 홀. ¶～服fú务wù员｜역의 안내원.
【车站交(货)】chēzhànjiāo(huò) 名組〈貿〉정차장도(停車場度). 기차 역 상품 인도 =〔火huǒ车站交(货)〕
【车照】chēzhào 名 ❶ 차량 운행증. 차량증. ❷ 운전면허증. ¶他有～, 一个人可以开车去｜그는 운전면허가 있으니 혼자서 운전해 갈 수 있다.
【车磔】chēzhé ⇒〔车裂〕
【车辙(儿)】chēzhé(r) 名 ❶ (자동차·수레의) 바퀴 자국. ¶土道上的～有些霜shuāng迹jì｜흙길의 바퀴 자국에 서리의 흔적이 있다. ❷ 京 큰길. 도로. ¶他整zhěng天在～里滚gǔn｜그는 온종일 길거리에서 빈둥거리며 돌아 다닌다.
【车舟费】chēzhōufèi ⇒〔车船费〕
【车轴(儿)】chēzhóu(r) 名〈機〉차축. 굴대. ¶他的脑nǎo子像一个行进xíngjìn着的～, 一天到晚在文学问题上不停tíng地旋转xuánzhuǎn｜그의 머리는 돌아가는 차축처럼 날이면 날마다 문학적인 문제로 쉬지 않고 회전한다. ¶～眼儿｜차축 구멍. ¶～车床｜차축 선반(旋盤). ¶～油｜차축 윤활유. 차축 그리스.
【车主】chēzhǔ 名 ❶ 차주. 차의 주인. ❷ 인력거 임대소의 주인.
【车资】chēzī 名 승차비. 거마비. 교통비.
【车子】chē·zi 名 ❶ 승용차. 소형차. 자동차. ¶买了一辆liàng新～｜새 차 한 대를 샀다. ❷ 奧 자전거. ¶骑qí不成～, 可以骑马｜자전거는 탈 수 없어도 말은 탈 수 있다.
【车租】chēzū 名 인력거 임대료. 거마 임대료. 차대(車代) →〔车厂chǎng(子)〕
【车座】chēzuò 名 차의 좌석. 자동차의 의자. ¶～有点晃huàng动｜자동차 의자가 좀 흔들거린다.
【车坐儿】chēzuòr 名 京 (인력거·삼륜차의) 승객. 손님. ¶你拉lā了多少～了｜너 승객 몇 사람을 끌었니? →〔乘chéng客〕

【砗(硨)】chē 옥돌 차/거

⇒〔砗磲〕
【砗磲】chēqú 名 ❷ 차거 [인도에서 생산되는 옥의 이름] ❷〈魚貝〉거거(車渠) [인도산 조개로 껍질에 백색 광택이 있음. 칠보(七寶)의 하나] =〔车渠①〕

chě ㄔㄜˇ

2 **【尺】** chě ☞ 尺 chǐ B

3 **【扯〈撦〉】** chě 찢을 차

動 ❶ 잡다. 잡아 당기다. 끌다. ¶～住他不放fàng｜그를 잡고 놓아 주지 않다. ¶你再笑xiào, 我～你的嘴zuǐ｜너 다시 웃으면 내가 너의 주둥이를 잡아 당기겠다. ❷ 실없는 소리를 하다. ¶闲～｜쓸 데 없는 소리를 하다. ¶东拉西～｜成 이것저것 실없는 소리를 하다. ¶我们几个人～了半天, 还是没有绪xù头｜우리 몇 사람이 종일 지껄였으나 여전히 서두가 잡히지 않는다. ❸ 잡아 찢다. 뜯다. ¶他把信～了｜그는 편지를 찢었다. ¶日历lì得每天一张一张地～下来｜일력은 매일 한 장씩 뜯어야 한다. ❹ 목을 빼다. 목청을 돋구다. ¶在街上～着脖子叫他

回来 | 거리에서 목을 빼고 그에게 돌아오라고 소리쳤다. ¶～开嗓sǎng子喊 | 목청을 돋구어 소리치다. ❺ 方 경박하다. 멋대로 하다. ¶这个人说话～哟 | 이 사람 말하는 것이 아주 경박하다. ❻ 천을 사다. 천을 끊다. ¶～了两件衣服的料liào子 | 옷 두벌 감을 샀다. ❼ 方 융통하다. ¶把买电视shì的钱～来先用 | 테레비전 살 돈을 돌려서 먼저 쓰자.

【扯白】chě/bái 動 北 거짓말을 하다. 실없는 소리를 하다. ¶他总zǒng是喜欢huān～ | 그는 항상 거짓말 하기를 좋아한다.

【扯不动】chě ·bu dòng 動組 (당겨도) 찢어지지 않는다. ¶这块kuài布很结实jiēshí扯都～ | 이 천은 질겨서 절대 찢어지지 않는다.

【扯长】chěcháng ❶ 動 길게 늘이다. 길게 빼다. ¶～耳朵ěrduǒ听 | 귀를 기울여 듣다. ❷ 副 北 긴 안목으로. 장기적으로. ¶～看 | 긴 안목으로 보다. ❸ 副 北 장기간. 오랫동안. ¶他～不来, 我等了半天了 | 그가 오랫동안 오지 않아 나는 온종일 기다렸다.

【扯蛋】chě/dàn ❶ 動 허튼 소리를 하다. 쓸 데 없는 소리를 하다. ¶不用～了, 说正经的吧 | 허튼 소리 그만하고 바른대로 말해라. ❷ (chědàn) 名 罵 허풍선이. 얼간이. 멍청이.

【扯淡】chě/dàn ❶ 動 北 한담하다. 잡담하다 ¶我没有工夫fū跟你～ | 나 너와 실없는 소리 할 시간이 없다. ❷ 動 北 실없는 말을 하다. 허튼 소리를 하다. ¶扯乱luàn淡 | 되는대로 지껄이다. ¶你不要～, 说正经些xiē | 너 허튼 소리 그만하고 바른대로 말해라→〔胡hú说②〕‖＝〔扯谈〕

【扯轱辘圆】chěgū·luyuán 名組 손을 잡고 원을 그리면서 빙글빙글 도는 아이들의 유희 ＝〔车chē轱辘圆〕

【扯后腿】chě/hòutuǐ 動組 뒷다리를 잡아당기다. 喻 방해하다. 가로막다. ¶青年人要求进步jìnbù, 当家长的不能～ | 젊은 사람이 진보하기를 바라는데 가장으로서 가로 막아서는 안된다 ＝〔拖tuō后腿〕〔拉lā后腿〕→〔掣chè后腿〕

【扯谎】chě/huǎng 動 거짓말을 하다. ¶也许xǔ你会以为我在～ | 아마도 너는 내가 거짓말을 한다고 여길 수도 있겠다 ＝〔扯空kōng〕〔撒sā谎〕〔说shuō谎〕

【扯鸡巴蛋】chějī·badàn 罵 ❶ 動組 허튼소리 하다. 멋대로 지껄이다. ¶你不用～, 我已经都知道 | 나는 모두 알고 있으니 넌 허튼소리 하지마라. ❷ 名 얼간이 . 멍청이.

【扯家常】chě jiācháng 動組 한담하다. 일상사 이야기를 하다. ¶他正跟妈妈～呢 | 그는 마침 어머니와 한담하고 있다.

【扯开】chě·kāi 動 ❶ 당겨 벌리다. 펴다. 크게 벌리다. ¶他～大步bù, 去找孩子了 | 그는 발걸음을 크게 벌려 아이를 찾으러 갔다. ¶～口笑道 | 입을 벌리고 웃으며 말하다. ❷ 당겨서 찢다. ¶劈pī半～ | 둘이 되게 당겨 찢다《醒世恒言》

【扯开嗓子】chě·kāi sǎng·zi 動組 목청을 돋구다. 큰소리로 지르다. ¶～乱luàn讲一通tōng | 목청을 돋구어 한바탕 함부로 떠들었다.

【扯空】chěkōng ⇒〔扯谎〕

【扯篷】chě/péng 動 奧 돛을 달다. 돛을 펴다. ¶扯满篷 | 배 가득 돛을 달다. ¶～船 | 돛단배.

【扯篷拉牵】chě péng lā qiān 俗 중개하다. 중재하면서 부당한 이익을 구하다. ¶我比不得他们～的图tú银子 | 나는 그들이 중개하면서 부당하게 먹은 돈에 비하면 아무것도 아니다《紅樓夢》＝〔扯篷拉纤〕

【扯篷拉纤】chě péng lā qiàn ⇒〔扯篷拉牵〕

【扯皮】chě/pí 動 北 ❶ 말다툼하다. 분규를 일으키다. 논쟁을 벌이다. ¶扯不完的皮 | 끊임없이 입씨름을 하다. ¶你推我, 我推你, 互相～ | 서로 미루면서 언쟁을 벌이고 있다. ❷ 쓸데없는 소리를 하다. 실없는 소리를 하다. ¶快工作去吧, 别在这儿～了 | 여기서 헛소리 그만하고 빨리 가서 일 해라. ❸ 남의 기분 살피다. 눈치를 보다. ¶还是让她去～才好 | 역시 그녀를 보내 분위기를 알아 보는 것이 좋겠다.

【扯平】chě/píng 動 ❶ 평평하게 하다. 펴다. 고르게 하다. ¶把这块kuài布料liào～ | 이 옷감을 평평하게 해라. ❷ 평균하다. ¶锭dìng～ | (방적에서) 방추 1개의 1일 평균 생산량. ¶～计算的话, 他一天顶多写几百字的稿 | 평균해 계산하면, 그는 하루에 기껏해야 몇 백자의 원고를 쓴 셈이다→〔平均①〕〔拉lā平①〕 ❸ 조정하다. 화해시키다. ¶你们两家的事, 我给～了说吧 | 당신들 두 집안의 일은 제가 조정해서 말씀 드리지요. ❹ 비기다. 평균이 되다. ¶你帮过我一回, 这次是我帮你, 咱俩现在～了 | 네가 나를 한 번 도왔고 이번에는 내가 너를 도왔으니 이제 우리 둘은 서로 비겼다.

【扯旗】chě/qí 動 깃발을 올리다. ¶旗杆gān上都～了 | 깃대에 이미 깃발을 올렸다. ¶～夺duó鼓gǔ | 전투에서 승리하여 기를 달고 북을 빼앗다. 전투에서 이기다.

【扯嗓子】chě sǎng·zi 動組 목청을 돋구다. 목소리를 높이다. ¶扯着嗓子喊hǎn | 목청을 높여 외치다.

【扯臊】chěsào 動 ❶ 부끄러운 줄 모르고 말하다. 염치없는 말을 하다. ¶你这话不是～吗? | 너의 이 말은 염치도 모르고 하는 것 아니냐? ❷ 京 허튼 소리를 하다. 실없는 소리를 하다. ¶别在这儿瞎xiā～了, 干活儿去吧! | 여기서 허튼 소리 작작하고 일하러 가라! ¶扯你娘niáng的臊 | 허튼 소리 그만 지껄여라.

【扯手】ⓐ chě shǒu 動組 손을 잡아 끌다.
ⓑ chě·shou 名 方 (우마의) 고삐. ¶把马～拉lā一拉 | 말고삐를 당겨라→〔缰jiāng绳〕

【扯碎】chěsuì 動 찢어발기다. 갈기갈기 찢다. ¶把他寄jì来的信～了 | 그가 보내온 편지를 갈가리 찢었다.

【扯闲盘儿】chě xiánpánr ⇒〔扯闲篇〕

【扯闲篇】chě xiánpiān 動組 京 쓸데없는 말을 하다. 한가하게 지껄이다. ¶谁有工夫跟你～? | 누가 너와 쓸데없이, 지껄일 시간이 있겠느냐? ¶他们一上班就开始～ | 그들은 출근하자마자 쓸데없는 말만 지껄인다 ＝〔扯闲盘儿〕

【扯远】chěyuǎn 動 초점에서 벗어나다. 변죽만 울리다. ¶别把话～了 | 이야기의 초점을 흐리게 하지 마라.
【扯住】chězhù 動組 붙잡다. 잡아 당기다. ¶他要去, 我～他不放 | 그가 가려 해서 내가 붙잡고 놓아 주지 않았다. ¶～衣袖xiù | 옷소매를 잡아 당기다.

chè ㄔㄜˋ

2【彻(徹)】chè 통할 철 ❶ 動 꿰뚫다. 관통하다. 스며들다. ¶寒hán风～骨gǔ | 찬 바람이 뼛속까지 스며들다. ¶一声shēng声～入心脾pí | 한마디 한마디가 가슴 속에 사무치다. ❷ 書 動 이르다. 도달하다. ¶～耳ěr通红 | 온통 귀가 빨갛게 되다. ¶下～九幽yōu之地 | 밑으로 구천의 땅에 이르다. 하다. ❸ 動 近 철저하다. 끝내다. 어법 동사 뒤에 보어로 쓰임. ¶言不～ | 말을 다하지 못하다. ¶受shòu～ | 다 받다. 모두 받아 들이다→〔澈chè②〕 ❹ (Chè) 名 성(姓).
2【彻底】chèdǐ ❶ 形 철저하다. ¶这回干得很～ | 이번에는 철저히 처리하였다. ¶～根gēn究jiū | 철저히 추궁하다. ¶～改gǎi正错误cuòwù | 오류를 철저히 바로 잡다. ¶这个问题没有讨论tǎolùn～ | 이 문제는 철저하게 토론하지 않았다. ❷ (chè/dǐ) 動 철저히 하다. 철저하게 하다 ‖＝〔澈底〕
【彻骨】chègǔ 動 뼈에 사무치다. ¶～仇恨chóuhèn | 원한이 뼈에 사무치다. ¶～贫寒pínhán | 가난이 뼈에 사무치다. 극빈하다.
【彻头彻尾】chè tóu chè wěi 成 철두철미하다. 완전하다. 처음부터 끝까지《朱子語類》. ¶这是～的谎huǎng言 | 이것은 철두 철미한 거짓말이다. ¶他是个～的混蛋hùndàn | 그는 완전한 망나니이다 ＝〔从头至尾〕
【彻悟】chèwù 動 철저히 깨닫다. 완전히 이해하다. ¶心中早已～ | 마음 속으로는 벌써 완전히 이해하고 있다 ＝〔澈悟〕
【彻宵】chèxiāo ⇒〔彻夜yè〕
【彻夜】chèyè 書 ❶ 動 철야하다. 밤을 새다. ¶连更～ | 연이어 밤을 새다. ¶～达dá旦dàn | 아침이 되도록 밤을 새다. ❷ 名 철야. ¶～不眠mián | 밤새 잠을 자지 않다. ¶～不能闭bì眼yǎn | 밤새 눈을 부쳐서는 안된다 ‖＝〔彻宵〕

【坼】chè 터질 탁, 금 탁 書 ❶ 動 터지다. 갈라지다. 쪼개지다. ¶～裂↓ ¶天旱hàn地～ | 가물어서 땅이 갈라지다. ¶地～山崩bēng | 땅이 갈라지고 하늘이 무너지다. ❷ 名 갈라진 금. 균열. ¶卜bǔ人占zhān～ | 점쟁이가 갈라진 금을 보고 점친다.
【坼裂】chèliè 書 動 터지다. 갈라지다. 균열이 가다. 찢어지다.

【拆】chè ☞ 拆 chāi

【掣】chè 끌 체, 당길 철 動 ❶ 잡아 당기다. 나꿔채다. 견제하다. ¶牵qiān～ | 견제하다. ¶他～着我的胳膊gēbó很猛烈měngliè的摇yáo了两下 | 그는 나의 팔을 잡아 당겨서 심하게 두 번 흔들었다《古今小說》 ❷ 뽑다. 빼다. ¶～签qiān | 제비를 뽑다. ¶他赶紧gǎnjǐn～回脚jiǎo走了 | 그는 서둘러 발을 빼고는 떠났다. ❸ 번쩍하고 지나가다. ¶风驰chí电～ | 바람이 일고 번개가 번쩍하다.
【掣电】chèdiàn 名 번쩍하는 번개. 전광(電光). 번쩍 하는 순간. 喩 찰나. 전광석화(電光石火). ¶～似地过去了 | 번개치듯 지나갔다.
【掣拐子】chèguǎi·zi ⇒〔掣肘〕
【掣后腿】chè hòutuǐ 動組 뒷다리를 잡아당기다. 喩 방해하다. 견제하다. ¶你不要老是掣我的后退 | 너 나를 항상 견제하는데 그러지 마라→〔扯chě后腿〕
【掣肘】chè/zhǒu 動 팔꿈치를 잡아당기다. 喩 방해하다. 견제하다. ¶他老是掣我的肘zhǒu | 그는 늘 나를 견제한다. ¶我办bàn事总zǒng受到上司sī的肘zhǒu | 내가 일을 하는 데는 항상 상사의 견제를 받았다 ＝〔掣拐guǎi子〕

3【撤】chè 걷을 철, 치울 철 動 ❶ 제거하다. 박탈하다. 없애다. ¶把障碍zhàngài物～了 | 장애물을 제거했다. ¶～职zhí↓ ❷ 철수하다. 물러나다. 철회하다. ¶～回提tí案 | 제안 철회하다. ¶向后～ | 뒤로 물러나다. ¶～兵↓ ❸ 京 줄이다. 경감시키다. ¶用酸suān来～咸xián | 신 맛으로 짠맛을 덜다. ¶～分量 | 분량을 줄이다. ¶～味 | 맛을 싱겁게 하다. ❹ 京 떠나다. 가다. ¶该～了 | 가야겠다. ❺ 北 때리다. 혼내다. ¶再胡说～他 | 다시 헛소리 하면 그를 때리겠다. ¶～了他嘴zuǐ巴 | 그의 주둥이를 때렸다. ❻ 京 야위다. 살이 빠지다. ¶～膘biāo↓ ¶他这程chéng子～了好些 | 이번에 그는 많이 야위었다.
【撤膘】chèbiāo 動 京 살이 빠지다. 여위다. ¶牲shēng口～ | 가축이 살이 빠지다. ¶你有点儿～ | 너 살이 좀 빠졌다.
【撤兵】chè bīng ❶ 動組 군을 철수하다. ¶～的诺nuò言 | 철병의 승낙→〔撤军〕 ❷ 名〈軍〉병력 철수. 철병. 철군.
【撤并】chèbìng 動 통폐합하다. 합병하다. 재편하다. ¶公司的很多机构已～了 | 회사의 많은 기구가 이미 통폐합되었다.
【撤差】chè/chāi 動 면직하다. 해고하다. 관직을 박탈하다. 파면하다. ¶被～的校长 | 해고된 교장. ¶最近很多村cūn长～了 | 최근 많은 촌장이 해고되었다.
【撤出】chèchū 動 철퇴(撤退)하다. 철수하다. ¶～越yuè南 | 월남으로부터 철수하다.
【撤除】chèchú 動 ❶ 면직하다. 머리를 자르다. ¶～两个课长 | 과장 둘을 면직시켰다. ❷ 없애다. 제거하다. 철거하다. ¶～了各种旧设备shèbèi | 각종 낡은 설비를 제거하였다.
【撤佃】chè diàn 動組 지주가 소작 준 땅을 회수하다. 소작 관계를 취소하다.
【撤掉】chèdiào 動 해임하다. 직위를 해제하다. ¶～职zhí务 | 직위 해제하다.
【撤防】chè/fáng 動 방어지로부터 군대를 철수하

다. 방어군을 철수하다. ¶三连赶gǎn快～, 由二连接防 | 3중대는 즉시 진지로부터 철수하고 2중대가 임무교대하라.

【撤换】chèhuàn 動 교체하다. 경질하다. ¶～代理人 | 대리인을 바꾸다. ¶～全体国务wù委wěi员 | 전 국무위원을 교체하다.

【撤回】chèhuí 動 ❶ 철수하다. ¶～军队 | 군대를 철수하다. ❷ 소환하다. ¶～代表 | 대표를 소환하다. ¶～步哨shào | 보초를 소환하다. ❷ 철회하다. 취하하다 ¶把提tí案～ | 제안을 철회하다. ¶向检察chá院～起诉sù | 검찰청에 기소 취하하다. ¶～意见 | 의견을 철회하다.

【撤火】chè huǒ 動組 난방 설비를 철거하다. 난로를 치우다. ¶天气逐zhú渐jiàn变暖nuǎn, 该～了 | 날씨가 점차 따뜻해지니 난로를 치워야겠다.

【撤军】chè/jūn 動 군대를 퇴각하다. 철병하다. ¶限xiàn期～ | 기한을 정해 철군하다→〔撤兵〕

【撤离】chèlí 動 철수하다. 퇴각하다. ¶～故乡 | 고향을 떠나다. ¶～阵zhèn地 | 진지로부터 퇴각하다. ¶在敌人强大的攻势shì面前只得～首都dū | 적들의 강력한 공세 앞에서는 수도로부터 철수하는 수 밖에 없었다.

【撤任】chè/rèn ⇒〔撤职〕

【撤水拿鱼】chè shuǐ ná yú 成 물을 빼고 고기를 잡다. 확실하고도 완전히 처리하다. 땅 짚고 헤엄치기.

4【撤退】chètuì 動〈軍〉철퇴하다. 철수하다. 퇴각하다. ¶敌dí军～了 | 적군이 철퇴했다. ¶从前线～下来 | 전선(戰線)으로부터 퇴각하다

【撤席】chè/xí 動 식사 후의 식탁을 수습하다. 연회석의 요리를 치우다.

【撤下】chèxià 動 철회하다. 취하하다. ¶～申shēn请 | 신청을 철회하다.

【撤消】chèxiāo ⇒〔撤销〕

4【撤销】chèxiāo 動 폐지·파기하다. 철회하다. ¶～对他的处chǔ分 | 그에 대한 처분을 철회하다. ¶～计划 | 계획을 취소하다. ¶我方所订的货huò, 不得不～ | 우리측에서 주문한 물품을 취소하지 않을 수 없습니다. ¶～禁jìn止 | 해금하다. ¶～了党dǎng内外一切qiē职zhí务 | 당 내외의 모든 직무를 철회하다 ＝〔撤消〕

【撤职】chè/zhí 動 면직하다. 해직시키다. ¶～处分 | 해직처분. ¶撤了他的职 | 그를 해직시켰다. ¶～查办bàn | 면직시키고 죄상을 조사하다 ＝〔撤任〕

【撤走】chèzǒu 動 철수하다. 퇴각하다. 철거하다. ¶从基jī地～ | 기지에서 철수하다. ¶敌军～了 | 적군이 퇴각하였다. ¶乘chéng飞机～了 | 비행기를 타고 철수하였다. ¶～股份gǔfèn | 투자자본을 철회하다. 주식을 철수하다.

【澈】chè 맑을 철

❶ 形 물이 맑다. ¶清～可鉴jiàn | 물이 맑아 거울처럼 비춰볼 수 있다. ❷ 動 近 다하다. 끝내다. 철저하다. 어법 동사 뒤에 보어로 쓰임. ¶受～ | 다 받다. ¶言不～ | 말을 다하지 못하다. →〔彻chè③〕❸ (Chè) 名 성(姓).

【澈底】chèdǐ ⇒〔彻chè底〕

【澈朗】chèlǎng 書 形 맑고 명랑하다. 투명하다.

【澈亮】chèliàng 形 맑고 밝다.

【澈悟】chèwù ⇒〔彻chè悟〕

chēn ㄔㄣ

【抻〈捵〉】chēn ⓧ shèn) 펼 신

動 ❶ 늘이다. 당겨서 펴다. 잡아당기다. 길게 뽑다. ¶把衣服～～ | 옷을 당겨서 펴라. ¶把袖xiù子～出来 | 옷소매를 잡아당기다. ¶～面↓ ❷ 京 신체의 일부를 내밀다. ¶～了脖bó子 | 목을 내밀다. ¶别把头～出去 | 머리를 내밀지 마라. ❸ 일을 질질 끌다. 연기하다. ¶这事老这么～着可不行, 得děi快解决jiějué | 이 일을 이렇게 늘 질질 끌어서는 안되니 빨리 해결하도록 하여라. ❹ (곤란한 문제로) 괴롭히다. 못살게 굴다. ¶你可别～我! | 나를 좀 괴롭히지 마시오!

【抻长】chēncháng 動 잡아 당겨 늘이다. 길게 하다. ¶把皮鞋xié～了 | 구두를 당겨서 늘이다.

【抻筋】chēnjīn 動 京 北 근육이 늘어져 아프다. ¶我这胳膊gēbó～了 | 나의 어깨 근육이 늘어져 아프다.

【抻练】chēnliàn 京 ❶ 動 (곤란한 문제로) 괴롭히다. ¶他这是故意～你呢 | 그는 고의로 너를 괴롭히고 있는 것이다. ❷ 名 난제(難題). 곤란한 문제. ¶这是个～ | 이것은 어려운 문제이다.

【抻面】chēn/miàn ❶ 動 밀가루 반죽을 길게 뽑아 국수를 만들다 ＝〔方 拉lā面②〕 ❷ (chēnmiàn) 名 北 밀가루 반죽을 길게 뽑아 만든 국수 ＝〔把bǎ儿条〕→〔切qiē面〕

【抻头(儿)】chēn/tóu(r) 動 北 (문제를) 노출시키다. 공연히 일을 만들다. ¶我不爱办bàn的事, 你就别～ | 공연히 내가 하기 싫은 일을 만들어 내지 마라.

【郴】Chēn 땅이름 침

名 ❶ 〈地〉침현(郴縣) [호남성(湖南省)에 있는 현 이름] ❷ 성(姓).

【琛〈賝〉】chēn 보배 침

書 名 보물. 보배. ¶国～ | 나라의 보배. ¶来献xiàn其～ | 와서 보물을 바치다《詩經》

【嗔】chēn 성낼 진

動 성내다. 화내다. 노하다. 불평하다. 짜증내다. ¶娇jiāo～ | 새침해지다. ¶～怪guài↓

【嗔怪】chēnguài 動 비난하다. 꾸짖다. 탓하다. ¶我决jué不～你 | 내가 결코 너를 나무라지는 않는다. ¶你不要～他 | 그를 나무라지 마라.

【瞋】chēn 부릅뜰 진

動 눈을 부릅뜨다. 눈을 부라리다. ¶～目↓

【瞋目】chēnmù 書 動 눈을 부라리다. 눈을 부릅뜨다. ¶～而视 | 눈을 부라리고 보다→〔怒nù目〕

chén ㄔㄣˊ

3【尘(塵)】chén 티끌 진

❶ 名 먼지. 티끌. 때. ¶一～不染rǎn | 먼지 하나 없다. ¶吸xī～器 | 진공 청

소기. ❷ 名〈佛〉속세. 인간 세상. 부정(不淨)한 것. ¶红～ | 속세. 현세(現世). ¶～界↓ ❸ 名 도가(道家)에서의 일세(一世). 현세(現世). ¶～～↓ ❹ 아주 작은 수. ¶～数 | 무수(無數). 아주 작은 수. ❺ (Chén) 名 성(姓).

【尘埃】chén'āi 名 ❶ 먼지. 티끌 =〔尘土〕 ❷ 喻 세속. 오점(汚點). 때. ¶这一切qiè已经成为历史的～ | 이 모든 것은 이미 역사의 오점이 되었다.

【尘埃传染】chén'āi chuánrǎn 名〈醫〉진애감염. 먼지 감염.

【尘尘】chénchén 書 ❶ 名 대대(代代). 세세. ❷ 形 화목하다. 화순(和順)하다.

【尘凡】chénfán ❶ ⇒〔尘世〕 ❷ 名 평민(平民).

【尘肺(症)】chénfèi(zhèng) 名〈醫〉진폐증(塵肺症) =〔灰尘肺〕

【尘封】chénfēng 動 먼지가 잔뜩 쌓이다. 먼지투성이가 되다. ¶拣jiǎn出几本～多年的旧书 | 먼지 속에 몇 년간 파묻혔던 옛 책 몇 권을 꺼집어 냈다.

【尘垢】chéngòu 名 먼지. 때. 오점. ¶脸上满是～ | 얼굴이 온통 먼지와 때 투성이다. ¶把许多～都洗净jìng了 | 많은 먼지를 깨끗이 씻었다.

【尘合泰山】chén hé tài shān 成 티끌 모아 태산.

【尘寰】chénhuán ⇒〔尘世〕

【尘界】chénjiè 名 ❶ 속세. 인간 세상 =〔尘境〕 ❷〈佛〉여섯 가지 부정(不淨) [색(色)·성(聲)·향(香)·미(味)·촉(觸)·법(法)의 부정(不淨)함] =〔六liù尘〕

【尘境】chénjìng ⇒〔尘界①〕

【尘世】chénshì 名 티끌 세상. 속세. ¶远离～, 削xiāo发fà为僧sēng | 속세를 멀리 떠나 머리를 깎고 중이 되었다 =〔尘凡①〕〔尘寰〕〔尘俗〕→〔尘外〕

【尘事】chénshì 書 名 세속의 일. 세상사(世上事).

【尘俗】chénsú ⇒〔尘世〕

3【尘土】chéntǔ 名 먼지. 흙 먼지. ¶～飞扬yáng | 먼지가 일다. ¶拍pāi了拍身上的～ | 몸에 묻은 먼지를 털어냈다.

【尘外】chénwài 書 名 속세의 밖. 세외(世外). ¶～高人 | 속세를 떠난 고고한 사람 →〔尘世〕

【尘嚣】chénxiāo 書 形 소란스럽다. 떠들썩하다. 먼지가 풀풀 날다.

4【臣】chén 신하 신

❶ 名 신하. 신. ¶大～ | 대신. ❷ 名 노예. ❸ 代 謙 신. 소신 [봉건시대 군주에 대한 신하의 자칭] ❹ 書 動 신하로 삼다. 복종시키다. ¶欲yù以力～天下之主 | 천하의 군주들을 힘으로 굴복시키려 한다. ❺ (Chén) 名 성(姓).

【臣服】chénfú 書 動 신하가 되다. 복종하다. ¶各诸zhū侯不得不～ | 각 제후국들은 신하로 복종하지 않을 수 없었다.

【臣僚】chénliáo 書 名 관리. 벼슬아치. 관료.

【臣民】chénmín 名 신민. 관원과 백성 =〔民庶〕

【臣下】chénxià 名 신하.

【臣子】chénzǐ 名 신하.

2【沉〈沈〉】chén 가라앉을 침

주의 ⓐ 원래 「沉」은 「沈」의 속자(俗字)이나, 「沉chén」은 동사(動詞)로 쓰고, 「沈shěn」은 성(姓)에 씀 ⇒〔沈shěn〕 ⓑ 「沈」은 「瀋」의 간체자로 쓰임 ⇒〔瀋shěn〕 ❶ 動 가라앉다. 잠기다. ¶船chuán～了 | 배가 가라앉았다 ⇔〔浮①〕 ❷ 動 함몰하다. 꺼지다. ¶地基下～了 | 지반이 꺼졌다. ❸ 動 몰입하다. 탐닉(耽溺)하다. ¶～于酒色 | 주색에 빠지다. ❹ (해·달 등이) 지다. ¶星xīng～月落luò | 별과 달이 지다. ❺ 動 억제하다. 진정하다. ¶～下心来 | 마음을 가라앉히다. ❻ 動 (얼굴을) 찌푸리다. 안색을 흐리다. ¶～下脸liǎn来 | 인상을 찌푸리다. ❼ 形 무겁다. ¶铁比木头～ | 철은 나무보다 무겁다. ❽ 形 정도가 심하다. 과하다. 넘치다. ¶睡得很～ | 매우 푹 잤다. ¶凤姐自觉酒～了, 心里突突的往上撞 | 봉저는 술이 과했다고 여기자 가슴이 쿵쿵 뛰었다《紅樓夢》 ❾ 形 北 많다. 크다. ¶花销xiāo一年比一年～起来 | 경비가 매년 증가한다. ❿ (～子) 名 갈고리가 달린 저울. ⓫ (Chén) 성(姓).

【沉不住】chén·buzhù 動組 감정을 억누르지 못하다. ¶～气qì | 분을 삭이지 못하다. 노여움을 풀지 못하다 ⇔〔沉得住〕

【沉沉】chénchén 狀 ❶ 무겁다. 묵중하다. ¶穗suì子～地垂下来 | 이삭이 묵중하게 드리워졌다. ❷ (잠을) 깊이 들다. ¶～睡去了 | 깊이 잠들었다. ❸ (정도가) 심하다. ¶暮mù气～ | 매우 쇠락하다. 활기가 없다. ¶夜yè～ | 밤이 아주 깊다. ❸ 書 무성하다. ¶衰shuāi柳尚shàng～ | 시든 버들이 아직도 우거져 있다. ❹ 書 (밤이 깊어) 적막하다. 고요하다. ¶月寒hán江jiāng清夜yè～ | 달빛은 차고 강물은 맑은데 밤이 깊어 적막하도다《李白·白紵辭》

【沉沉儿】chénchénr 動 잠시 연기하다. 시간을 잠시 끌다. 미루다. ¶～再说吧! | 잠시 미루었다가 얘기하자!

【沉得住】chén·dezhù 動組 마음을 가라 앉히다. 감정을 삭이다. 누르다. ¶～气 | 감정을 삭이다 ⇔〔沉不住〕

【沉甸甸】chéndiàndiàn 狀 묵중하다. 묵직하다. 신중하다. ¶～的谷gǔ穗suì | 묵직한 이삭. ¶任务wù还没有完成, 心里老是～的 | 임무를 아직 끝내지 못해 마음이 늘 무겁다 =〔沉颠颠〕〔沉点点〕〔沉钿钿〕〔重zhòng颠颠〕

【沉颠颠】chéndiàndiàn ⇒〔沉甸diàn甸〕

【沉钿钿)】chéndiàndiàn ⇒〔沉甸diàn甸〕

【沉点点】chéndiǎndiǎn ⇒〔沉甸甸〕

4【沉淀】chéndiàn ❶ 動 침전하다. 가라 앉다. ¶泥沙níshā～在河底dǐ | 흙모래가 강바닥에 침전했다. ❷ 名 침전. 침전물. ¶～池 | 침전지. ¶～剂jì | 〈化〉침전제. ¶～物 | 침전물. ¶～槽cáo | 침전조.

【沉浮】chénfú 動 부침(浮沈)하다. 뜨고 가라 앉다. 喻 흥망성쇠하다. 영고성쇠(榮枯盛衰)하다.

【沉痼】chéngù 書 名 ❶ 고질. 숙환. 중병. ❷ 악습. 폐해 ‖ =〔沉疴kē〕

【沉积】chénjī ❶ 動 퇴적하다. 침적하다. ¶～在河底 | 강바닥에 쌓이다. ❷ 名 침적. 퇴적. ¶～层céng | 퇴적층. ¶～作用 | 퇴적작용.

【沉积岩】chénjīyán 名〈地質〉퇴적암 =〔水成岩〕

【沉寂】chénjì 形 ❶ 고요하다. 적막하다. ¶像深夜那么～ | 심야와 같이 고요하다. ❷ 소식이 없다. 감감하다. ¶消息～ | 소식이 전혀 없다.

【沉降】chénjiàng ❶ 動 침강하다. 내려앉다. ¶地面～ | 지면이 침강하다. ❷ 名 침강. ¶～海岸àn | 침강해안. ¶～速sùdù | 침강 속도.

【沉浸】chénjìn 書 ❶ 動 (물 속에) 잠기다. ¶～泵bèng | 수중 펌프. ❷ 動 (생각에) 사로 잡히다. 휩싸이다. ¶他～在往事的回忆中 | 그는 지난날의 추억 속에 잠겼다.

【沉井】chénjǐng 名〈建〉잠함(潛函). 정통(井筒). 케송(caisson) [지하의 작업장] =〔沉箱〕

4【沉静】chénjìng 形 ❶ 고요하다. 잠잠하다. ¶夜yè深了, 四围wéi～下来 | 밤이 깊어지자 주위가 조용해졌다. ❷ 평온하다. 차분하다. ¶～的神shén色 | 평온한 기색. ¶～下来, 好好看 | 마음을 진정하고 잘 보아라.

【沉静寡言】chén jìng guǎ yán ⇒〔沉默mò寡言〕

【沉疴】chénkē ⇒〔沉痼〕

【沉雷】chénléi 名 큰 천둥.

【沉李浮瓜】chén lǐ fú guā 成 자두는 물 속에 가라앉고 오이는 물 위에 뜬다. 자두는 화기를 앉히고 오이는 화기를 돋운다. 사물은 각기 다른 특성이 있다 =〔浮瓜沉李〕

【沉虑】chénlǜ ⇒〔沉思〕

【沉沦】chénlún 書 動 ❶ 깊이 빠지다. 몰입하다. ❷ 타락하다. 몰락하다. ¶我决不能投降tóuxiáng, 不能～下去 | 나는 절대 투항하고 몰락할 수 없다.

4【沉闷】chénmèn 形 ❶ (기분이) 침울하다. 우울하다. 답답하다. 울적하다. ¶心情～ | 마음이 울적하다. ¶小姐走了, 他很～ | 아가씨가 떠나자 그는 매우 침울해 하였다. ❷ (분위기가) 무겁다. 칙칙하다. ¶会议的气氛fēn越来越～ | 회의의 분위기가 갈수록 무거워졌다. ❸ (날씨가) 음울하다. 음습하다. ¶这样雨天很～ | 이렇게 비오는 날씨는 매우 음침하다.

【沉迷】chénmí 動 ❶ 書 깊이 빠지다. 미혹되다. 어법 「～在」「～于」의 형태로 쓰임. ¶他～于酒色 | 주색에 빠지다. ¶～在幻huàn想里 | 환상에 사로잡히다. ❷ 近 혼미하다. 혼탁하다. ¶叹宦huàn海～ | 관계(官界)가 혼미함을 한탄하다《警世通言》

【沉湎】chénmiǎn 書 動 (주색 따위에) 빠지다. 탐닉하다. 어법 주로 「～在」「～于」의 형태로 쓰임. ¶～于纸醉zuì金迷mí的生活 | 호사 방탕한 생활에 빠지다. ¶～淫逸yínyì | 방탕함에 탐닉하다.

【沉没】chénmò 動 ❶ 침몰하다. 물에 가라앉다. ¶几艘sōu货huò船～了 | 화물선 몇 척이 침몰하였다. ❷ (안개 따위에) 파묻히다. ❸ 書 사망하다. 죽다.

2【沉默】chénmò ❶ 動 침묵하다. ¶～不语 | 成 말없이 침묵하다. ¶～了半天 | 한참 동안 침묵했다. ¶过去他并不是～的哑yǎ子 | 과거에 그는 침묵하는 벙어리가 결코 아니었다. ❷ 形 과묵하다 입이 무겁다. ¶他很～ | 그는 입이 무겁다. ❸ 名 침묵. ¶打破pò了～ | 침묵을 깨다. ¶～是金, 雄xióng辩是银yín | 諺 침묵은 금이요 웅변은 은이다.

【沉默寡言】chén mò guǎ yán 成 말이 적고 입이 무겁다. 과묵하다 =〔沉静寡言〕

【沉溺】chénnì 書 動 (나쁜 습성에) 빠지다. 탐닉하다. 어법 주로 「～在」「～于」의 형태로 쓰임. ¶～于饮yǐn酒 | 먹고 마시는 데 빠지다. ¶他还～在幻huàn想中 | 그는 아직도 환상에 사로잡혀 있다.

【沉水】chénshuǐ 名 ❶〈植〉심향 [「沉香」(침향)의 다른 이름] ❷ (Chénshuǐ)〈地〉침수 [사천성(四川省) 사홍현(射洪縣) 동남쪽에 있는 강]

【沉水香】chénshuǐxiāng ⇒〔沉香〕

【沉水植物】chénshuǐ zhíwù 名組〈植〉침수 식물. 수중 식물.

【沉睡】chénshuì 動 숙면하다. 깊이 잠들다. ¶平稳wěn地～着 | 평온하게 깊이 잠들었다.

3【沉思】chénsī ❶ 動 숙고(熟考)하다. 깊이 생각하다. ¶～了好久 | 오래도록 깊이 생각했다. ❷ 名 심사. 숙고. 장고. ¶陷xiàn入～之中 | 깊은 생각에 몰두하다 =〔沉虑〕

【沉思细想】chén sī xì xiǎng 成 심사숙고하다. 곰곰이 생각하다. 자세하게 따져보다.

4【沉痛】chéntòng 形 ❶ 침통하다. 비통하다. ¶我们～地悼dào念张同志 | 우리는 장 동지를 비통한 기분으로 애도하였다. ¶对他的处境chǔjìng我感gǎn到十分～ | 그의 처지에 대해 나는 십분 침통함을 느꼈다. ❷ 形 심각하다. 중대하다. 엄중하다. ¶～的教训 | 쓰라린 교훈. ¶～的历lì史 | 중대한 역사.

【沉稳】chénwěn 形 ❶ 침착하다. 신중하다. ¶这个人很～ | 이 사람은 매우 듬직하다. ❷ 편안〔평온〕하다. ¶睡得不～ | 잠을 편히 자지 못하다.

【沉下脸】chén·xia liǎn 動組 얼굴에 그림자가 드리우다. 얼굴이 어두워지다. 안색이 어두워지다. ¶～一言不发fā | 어두운 얼굴을 하고 한 마디도 하지 않는다.

【沉陷】chénxiàn ❶ 動 함몰하다. 내려 앉다. ¶路基～了 | 노반이 내려앉았다. ❷ 名 침하(沉下). 함몰(陷沒).

【沉香】chénxiāng 名〈植〉침향 [광동성(廣東省)에서 나는 향나무의 일종. 나무가 물보다 무거움] =〔沉水①〕〔沉水香〕〔奇南香〕〔伽qié南香〕〔水沉〕〔迦南〕

【沉箱】chénxiāng ⇒〔沉井〕

【沉毅】chényì 書 形 침착하고 강직하다. ¶态tài度～, 动作敏捷mǐnjié | 태도가 침착·강직하고 동작은 민첩하다.

【沉吟】chényín 動 ❶ 주저하다. 망설이다. ¶～不决jué | 결정하지 못하고 망설이다. ❷ 깊이 생각하다. 심사숙고하다. ¶～了一回 | 한동안 깊이 생각하였다. ¶他～了半天想不出好主意来 | 그는 한참동안 깊이 생각했으나 좋은 방법을 생각해내지는 못했다. ❸ 입 속으로 웅얼거리다. 혼자 중얼거리다. ¶他低dī着头～着 | 그는 고개를 숙

이고 입속으로 웅얼거렸다.

【沉鱼落雁】chén yú luò yàn 成 여자가 너무 아름다와 물고기가 물 속으로 들어가고 기러기가 내려 앉는다 [「毫háo嫱qiáng、丽姬jī、人之所美也, 鱼见之深入, 鸟见之高飞」《莊子·齊物論》에서 나온 말]

【沉郁】chényù 書 形 침울하다. 우울하다. ¶心情～ | 마음이 울적하다.

【沉冤】chényuān 名 누적된 원한. 원굴(冤屈). 쌓인 원한. 쌓이고 쌓인 누명. ¶几十年的～终于得到昭雪zhāoxuě | 몇 십년 쌓인 억울한 누명이 끝내 환하게 밝혀졌다.

【沉冤莫白】chén yuān mò bái 成 누적된 억울한 누명을 벗지 못하다.

【沉渣】chénzhā 名 ❶ 찌끼. 앙금. ¶～泛fàn起 | 가라앉은 찌끼가 뜨다. ❷ 轉 적폐(積弊). ¶扫sǎo除旧jiù社会遗yí留下来的～ | 구 사회가 남긴 적폐를 소탕하다.

【沉滞】chénzhì 書 動 ❶ 침체하다. ¶打破pò～的局jú面 | 침체국면을 타파하다. ❷ (경기·기분 등이) 가라 앉다.

3【沉重】ⓐ chénzhòng 形 ❶ (기분·부담·무게 따위가) 무겁다. ¶～负担fùdān | 무거운 부담. ¶这两天心情特tè别～ | 요 이틀 동안 마음이 특별히 무겁다. ❷ (병·죄 따위가) 심각하다. 중대하다. ¶妈妈的病势shì越来越～ | 어머니의 병세가 날이 갈수록 심해진다. ¶给敌dí人以～的打击jī | 적에게 심각한 타격을 가하였다.

ⓑ chén·zhong (～儿) 名 俗 무거운 책임. 무거운 부담. ¶这～我可担dān不了liǎo | 나는 이 무거운 책임을 질 수 없다. ¶谁不怕pà这种～儿啊 | 누가 이 무거운 책임을 겁내지 않겠니? =〔重担dàn子〕

【沉舟】chénzhōu 名 난파선(難破船). 침몰선(沉沒船). ¶～侧cè畔pàn千帆fān过, 病树前头万木春 | 침몰한 배 옆으로 수많은 배들이 지나가고, 병든 나무 앞에 온갖 나무들이 봄을 맞는다. 낡은 것은 사라지고 새로운 것이 왕성하게 나타나다 =〔沉船〕

【沉舟破釜】chén zhōu pò fǔ 成 (군을 이끌고 강을 건넌 후) 배를 침몰시키고, 솥을 깨뜨리다. 배수진(背水陣)을 치다 =〔破釜沉舟〕

【沉住气】chén zhù qì 動組 (감정을) 가라앉히다. 진정하다. ¶请你快～ | 빨리 감정을 삭이시오.

4【沉着】chénzhuó ❶ 形 침착하다. ¶～的态度 | 침착한 태도. ¶～应战zhàn | 침착하게 응전하다. ❷ 動 〈醫〉 (색소 따위가) 침착하다. 착색하다. 염색하다. ❸ 名 〈醫〉 침착. ¶色素sù～ | 색소 침착.

【沉醉】chénzuì 動 ❶ 술에 몹시 취하다. ¶他喝得～ | 그는 술에 몹시 취했다. ❷ 심취하다. 도취하다. ¶他～在美妙miào的旋律xuánlǜ中 | 그는 미묘한 선율에 도취하였다. ¶～于政治空谈kōngtán | 정치적 공담에 몰두하다.

【忱】chén 정성 침

❶ 名 정성. 성의. ¶热rè～ | 열의. ¶谢～ | 사의. ¶～悃xǔn | 정성. ¶聊liáo表寸～ | 약간의 성의를 표시하다. ❷ 성실하다. 진실하다. ¶～挚zhì | 진지하다. ❸ 名 감정. ¶带着一点敬畏jìngwèi之～站在角jiǎo上 | 경외하는 감정을 가지고 구석에 서있다. ❹ 名 (Chén) 성(姓).

4【辰】chén 별이름 진, 다섯째지 진

❶ 名 진 [십이지(十二支)의 다섯째] →〔干支〕 ❷ 진시[오전 7시~9시] =〔辰刻〕〔辰时〕 ❸ 동남(東南)의 방위(方位). ❹ 해·달·별의 총칭. ¶星～ | 성신. ¶北～ | 북극성. ❺ 시간 [고대에는 주야를 12진으로 나누었음] ¶一个时～ | 2시간. ❻ 때. 날. ¶生～ | 생일. ¶吉jí日良liáng～ | 길일. ¶忌jì～ | 기일. ¶良～美景jǐng | 좋은 날 좋은 경치. ¶逢～ | 좋은 때를 만나다. ❼ (Chén) 名 簡 〈地〉 진주(辰州)의 약칭 [옛 부명(府名). 부도(府都)가 지금의 호남성(湖南省) 완릉현(浣陵縣)에 있었음] ❽ (Chén) 名 성(姓).

【辰光】chénguāng 名 吳 때. 시간. 무렵. ¶等到啥shá～啊? | 얼마나 기다려야 하나? ¶我去的～ | 내가 갈 때. ¶需xū要～ | 시간이 필요하다 =〔时候〕

【辰刻】chénkè 書 名 진시(辰時) [오전 7~9시 사이] =〔辰时〕

【辰砂】chénshā 名 호남성(湖南省) 진주(辰州)에서 산출되는 주사(朱砂) =〔朱zhū砂〕

【辰时】chénshí ⇒〔辰刻〕

【宸】chén 집 신, 대궐 신, 하늘 신

❶ 집. ¶～宇 | 집. ❷ 궁궐 轉 제왕. 천자. ¶登～ | 왕위에 오르다. ¶～居↓ ¶～章↓ ❸ (Chén) 名 성(姓).

【宸笔】chénbǐ 名 천자의 친필 =〔宸翰〕〔宸墨〕

【宸翰】chénhàn ⇒〔宸笔〕

【宸居】chénjū 書 名 천자의 거처.

【宸墨】chénmò ⇒〔宸笔〕

【宸章】chénzhāng 名 천자가 쓴 글.

1【晨】chén 새벽 신

❶ 名 새벽. 아침. ¶清～ | 새벽. ¶今～三时 | 오늘 아침 3시. ¶一日之计jì在于～ | 하루의 계획은 아침에 있다. ❷ (Chén) 名 성(姓).

【晨报】chénbào 名 조간 신문 =〔早报〕→〔晚报〕

【晨炊】chénchuī 書 名 아침 식사. 조반 =〔早饭〕

【晨光】chénguāng 書 名 아침 햇살. ¶～初照zhào运动yùndòng场 | 아침 햇살이 막 운동장을 비추었다 =〔晨曦〕

【晨昏】chénhūn 書 名 조석(早夕). 아침과 저녁. ¶侍奉shìfèng～ | 조석으로 받들다 =〔晨夕〕

【晨练】chénliàn 名 아침 운동. ¶每天坚持jiānchí～ | 매일 아침 운동을 지속하다.

【晨夕】chénxī ⇒〔晨昏〕

【晨曦】chénxī ⇒〔晨光〕

【晨星】chénxīng 名 ❶ 새벽녘의 별. 새벽 별. 喻 매우 드문 것. ¶寥liáo若～ | 새벽 별처럼 드문드문하다. ❷ 〈天〉 샛별. 금성(金星) 혹은 수성(水星).

【晨钟暮鼓】chén zhōng mù gǔ ⇒〔暮鼓晨钟〕

3【陈(陳)】chén 늘어놓을 진

❶ 진열하다. 늘어놓다. ¶～

列↓ ❷말하다. 진술하다. 설명하다. ¶面～ | 만나서 말하다. ¶～述shù↓ ¶～诉sù↓ ¶备bèi～了一遍biàn | 한 차례 갖추어 설명하였다. ❸形 오래되다. 시간이 많이 지나다. ¶推tui～出新 | 낡은 것을 물리치고 새 것을 창조하다. ¶～酒↓ ¶新～代谢 | 신진대사. ¶年代太～了 | 년대가 오래되었다. ❹(Chén) 名〈史〉진 [지금의 하남성(河南省) 회양(淮陽) 일대에 있었던 주대(周代)의 나라이름] ❻(Chén) 名〈史〉진(557～589년) [진패선(陳霸先)이 세운 남조(南朝)의 하나] ❼(Chén) 名 성(姓).

【陈兵】chénbīng 書動 병력을 배치하다. ¶～边疆biānjiāng | 변강에 군대를 배치하다.

【陈陈相因】chén chén xiāng yīn 成 묵은 것을 그대로 답습하다. ¶～, 毫háo无创chuàng新 | 구식을 답습하여 새로울 것이 하나도 없다.

【陈词滥调】chén cí làn diào 成 진부하고 상투적인 논조. 케케묵은 소리. ¶不要用旧jiù小说上的～ | 구소설의 케케묵은 논조를 쓰지 마라 =〔陈词套tào调〕

【陈词套调】chén cí tào diào ⇒〔陈词滥làn调〕

【陈醋】chéncù 名 오래 숙성된 식초.

【陈腐】chénfǔ 書形 진부하다. 낡다. ¶～之言 | 진부한 말. ¶批判pīpàn了～的观guān念 | 진부한 관념을 비판했다. ¶这种想法是很～的 | 이러한 생각은 매우 진부한 것이다.

【陈谷子烂芝麻】chén gǔ·zi làn zhī·ma 成 묵은 곡식과 썩은 참깨. 轉 진부한 말이나 사물. ¶这些～, 我们不喜欢听 | 이런 쓸데 없는 말을 우리는 듣기 좋아하지 않는다.

【陈规】chénguī 名 낡은 규정. ¶打破pò～, 大胆dǎn创造chuàngzào | 낡은 규정을 타파하고 대담하게 창조하자. ¶～旧jiù说 | 케케묵은 논조.

【陈规旧法】chén guī jiù fǎ ⇒〔陈规陋lòu习〕

【陈规旧矩】chén guī jiù jǔ ⇒〔陈规陋lòu习〕

【陈规旧习】chén guī jiù xí ⇒〔陈规陋lòu习〕

【陈规陋习】chén guī lòu xí 成 낡은 규칙과 관습 =〔陈规旧法〕〔陈规旧矩〕〔陈规旧习〕→〔陈规〕

【陈货】chénhuò 名 낡은 물건. 오래된 물건. 고물. ¶～已经售shòu完, 新货尚未来到 | 묵은 상품은 이미 다 팔렸고 새 상품은 아직 들어오지 않았다 ⇔〔新货〕

【陈迹】chénjì 書名 옛 일. 지난 일. ¶这些事儿已成为历史的～ | 이런 일들은 이미 역사상의 지난 일이 되었다.

【陈见】chénjiàn 名 진부한 견해. 시대에 떨어진 견해.

【陈久】chénjiǔ 形 오래되다. ¶事情太～了, 难免miǎn有记不清楚的 | 일이 너무 오래 되면 분명히 기억하지 못하는 것은 불가피하다. ¶该gāi物wù十分～, 无法辨认biànrèn | 이 물건은 너무 오래 되어 판별할 방법이 없다.

【陈酒】chénjiǔ 名 잘 익은 술. 오래 숙성된 술. ¶他打开那瓶píng～, 立刻闻到一股gǔ醇chún香 | 그는 잘 익은 그 술병을 따고는 한 줄기의 강렬한 향기를 맡았다.

[4]【陈旧】chénjiù 形 낡은. 오래된. 케케묵은. ¶撤回～的设备 | 낡은 설비를 철거하다. ¶抛弃pāoqì～的观念 | 시대에 떨어진 관념을 버리다.

【陈姥姥】chénlǎo·lao ⇒〔陈妈妈〕

【陈粮】chénliáng 名 묵은 곡식. 지난해의 곡물. ¶这些～都长zhǎng蛀虫zhùchóng了 | 이 묵은 곡식에는 이미 쌀 벌레가 생겼다.

[3]【陈列】chénliè 動 진열하다. 전시하다. ¶～了新到的货huò物 | 새로 들어온 상품을 진열하였다. ¶～馆 | 전시관. ¶～品 | 진열품. ¶～室 | 전시실. ¶～柜guì | 진열대. ¶～所 | 진열소.

【陈列窗】chénlièchuāng 名 쇼 윈도(show window). ¶～里陈列着很多新到的衣裳yī·shang | 쇼 윈도에 새로 들어온 옷들이 진열되어 있다 =〔橱chú窗〕

【陈妈妈】chénmā·ma 名 ❶ 近 요강 =〔尿盆niàopén〕〔夜壶〕 ❷ 俗 생리대 =〔月经jīng带〕‖ =〔陈姥姥〕

【陈米】chénmǐ 名 묵은 쌀 =〔老米〕

【陈年】chénnián 區 吳 北 여러 해 된. 오래 숙성한. ¶～老酒 | 오래 숙성한 술. ¶终zhōng于解决了～的老帐zhàng | 오래된 빚을 끝내는 해결하였다.

【陈年烂账】chénnián lànzhàng 名 여러 해 된 빚. ¶他无法解决～, 终zhōng于自杀shā了 | 그는 오래된 빚을 해결하지 못하고 끝내는 자살하였다 =〔烂账〕

【陈皮】chénpí 名〈漢醫〉진피 [말려 묵힌 귤 껍질. 건위(健胃)·발한제(發汗劑)로 쓰임] =〔橘júp皮〕

【陈皮梅】chénpíméi 名〈食〉단맛을 가미해서 말린 매실 [차나 한약으로 쓰임]

【陈情】chénqíng 書動 진정하다. 심정을 서술하다 ¶～表 | 상부에 제출하는 상황 보고서.

【陈请】chénqǐng 書動 실정을 진술하고 청원하다. 청원하다. ¶～上级审shěn定 | 상부 기관에 심의를 청원하다.

【陈设】chénshè ❶動 진열하다. 장식하다. (가구 따위를) 들여 놓다. ¶屋里～着光洁jié的家具 | 방에 번쩍번쩍하는 가구가 놓여 있다. ❷名 진열품. 장식품. ¶房间里的一切～都很雅致yǎzhì | 방 안의 모든 장식품들은 매우 품위가 있다.

[4]【陈述】chénshù ❶動 진술하다. ¶～自己的见解jiě | 자기의 견해를 진술하다. ❷名 진술. ¶书面～ | 서면 진술. ¶口头～ | 구두 진술.

【陈述句】chénshùjù 名〈言〉진술문.

【陈说】chénshuō 動 설명하다. 진술하다. ¶～利害hài | 이해 관계를 설명하다. ¶快详xiáng细地～吧 | 빨리 상세히 진술하여라→〔启q-ǐ白〕

【陈诉】chénsù 書動 호소하다. ¶向父母～痛tòng苦 | 부모에게 고통을 호소하다.

【陈言】chényán 書 ❶名 진부한 말. 케케묵은 말. ¶～滥làn语 | 成 케케묵은 말. ¶～烂làn语 | 成 낡아빠진 말. ¶～务去 | 成 낡은 논조는 버려야 한다. ❷(chén/yán) 動 말하다. 진술하다. ¶率shuài直～ | 솔직하게 말하다.

【谌(諶)】 chén 믿을 심, 참 심

❶書動 믿다. ❷書形 진실하

다. 참되다. ❸ (Chén) 名 성(姓).

chěn ㄔㄣˇ

【碜(磣)〈硶1 墋2,3〉】chěn 돌섞일 참, 추할 참 ❶ 動 음식물에 모래가 섞이다. ¶牙～ | 돌을 씹다. ❷ 形 近 京 보기 흉하다. 징그럽다. ¶～样儿 | 흉한 몰골. ¶看蚯蚓qiūyǐn的样子多～ | 지렁이의 모습을 보아라, 얼마나 추한가. ❸ 形 京 부끄럽다. 창피스럽다. ¶～死(了)↓ ¶～人↓ ¶干gàn了～事 | 부끄러운 일을 저질렀다. ❹ 副 近 매우. 심히. ¶～大 | 매우 크다.

【碜得慌】chěn ·de huāng 形組 ❶ 매우 흉하다. 매우 추하다. ❷ 차마 볼 수 없다. ¶鲜xiān血淋漓lí-lí看着～ | 선혈이 뚝뚝 떨어지는 것을 차마 볼 수 없다.

【碜人】chěnrén 形 부끄럽다. 창피하다. ¶这些话可～了 | 이런 말은 정말 부끄럽다.

【碜死(了)】chěnsǐ(·le) 形組 창피해 죽겠다. 부끄러워 죽겠다. 죽도록 창피하다.

chèn ㄔㄣˋ

2【衬(襯)〈儭嚫3〉】chèn 속옷 츤/친 ❶ 動 속에 받치다. 안을 치다. 마찰이나 오염을 막기 위해 속에 겹쳐 넣다. ¶～上一张纸 | 종이 한 장을 대다. ¶木箱xiāng里～马口铁tiě | 나무 상자 속에 함석을 받치다. ❷ 動 속에 받쳐 입다. ¶里面～背bèi心 | 속에 조끼를 받쳐 입다. ¶～裤kù↓ ¶～衣↓ ❸ (～儿) 名 (옷·신발·모자 등의) 안감. 심. ¶帽mào～儿 | 모자의 심. ¶袖xiù～儿 | 소매의 심. ¶领lǐng～ | 깃의 심. ❹ 動 배경과 잘 어울리다. 색채를 두드러지게 하다. 부각시키다. ¶这朵duǒ红花～着绿lǜ叶, 真好看 | 이 빨간 꽃은 초록색 잎에 어울려 정말 아름답다. ¶白雪～着红梅, 景jǐng色十分美丽lì | 붉은 매화가 흰 눈에 부각되어 경치가 매우 아름답다. ❺ 보시(布施)하다. 시주하다. ¶～钱↓ ¶帮～ | 경제적으로 원조하다.

【衬布】chènbù 名 (의류·신발·모자 등의) 안감. 심. ¶领lǐng子里的～ | 깃 속의 심.

【衬层】chèncéng 名〈機〉라이닝(lining). ¶～玻璃bōlí | 라이닝 유리.

【衬垫】chèndiàn 名〈機〉❶ 안감. ¶～物wù | (포장용) 충전재(充塡材). ❷ 라이너(liner). 패킹(packing). 가스킷(gasket). ¶接jiē合～ | 접합 충전재. 조인트 라이너(joint liner).

【衬裤】chènkù 名 속바지. ¶短duǎn～ | 팬티 ＝〔裤 tǎ儿〕〔底裤〕〔汗裤〕〔里裤〕〔内裤〕〔方 小衣(儿)②〕

【衬尿布】chènniàobù ❶ 名 기저귀 ＝〔尿布〕 ❷ (chèn/niàobù) 動 기저귀를 대다.

【衬钱】chèn/qián ❶ 動 보시(布施)하다. ❷ (chènqián) 名 보시. ¶下了～就走 | 보시를 놓고 떠나갔다.

【衬裙】chènqún 名 ❶ 속치마. 페티 코트(petticoat). 슈미즈(chemise) ＝〔小裙〕 ❷ (상하가 붙은) 작업복. ❸ 비행복(飛行服).

2【衬衫】chènshān 名 ❶ 셔츠(shirt). 와이 셔츠. ¶他只穿着一件～ | 그는 셔츠 한 벌만 입고 있다. ❷ 블라우스(blouse). ¶女～ | 여성용 블라우스.

【衬托】chèntuō 動 ❶ (다른 사물에 의해) 돋보이게 하다. 대비하여 부각시키다. ¶用苍cāng松翠cuì柏来～英雄xióng人物 | 푸른 송백에 비겨 영웅적 인물을 부각시켰다. ¶有我这个笨蛋bèndàn, 才能～出你的伟wěi大 | 나 같은 바보가 있으니 너의 위대함이 돋보인다. ❷ (사이에) 끼워 넣다. 받치다. ¶帽子太大, ～着一点儿纸戴dài | 모자가 너무 커서 종이를 좀 대고 썼다 →〔反衬〕

2【衬衣(儿)】chènyī 名 속옷. 셔츠. 내의. ¶～店diàn | 내의 가게 →〔里衣〕

【衬字】chènzì 名〈文〉츤자. 첨구(添句)［운율(韻律)에 맞춰 지은 원래의 글자 외에 가창(歌唱)의 필요에 의해 덧붙인 글자. 예를 들면, 백모여(白毛女)의 「北风那个吹chuī, 雪花那个飘piāo」에 들어간「那个」］

【疢】chèn 열병 진 書 名 병. 질병.

【疢毒】chèndú 名 병독. 해독.

【疢疾】chènjí 名 열병(熱病). 질병.

【疢头怪脑】chèn tóu guài nǎo 成 미쳐 날뛰다. 미친 듯 행동하다.

2【称】chèn ☞ 称 chēng Ⓒ

【龀(齔)】chèn 이갈 츤 書 ❶ 動 젖니를 갈다. 영구치가 나다. ❷ 名 喩 유년(幼年). ¶逾yú～ | 유년을 넘기다. ¶童tóng～之子耽dān于嬉戏xīxì | 아이가 노는데 정신을 팔다.

【龀童】chèntóng 名 이갈 나이의 어린이. 7세 전후의 어린이.

2【趁〈趂〉】chèn 쫓을 진 ❶ 動 方 타다. 편승하다. ¶～船↓ ¶～车↓ →〔乘①〕 ❷ 動 (조건·때·기회를) 타다. 이용하다. 어법「趁」의 목적어(賓語)가 2음절일 때는 부로「趁着」로 쓰이며,「趁(着)…」는 보통 주어(主語)의 앞에 옴。¶～空kōng儿把车修xiū理一下 | 한가한 틈을 타 차를 수리하거라。¶～他没走, 你有甚么问题就问问他吧 | 그가 떠나지 않은 때를 이용해 무슨 문제가 있으면 그에게 물어 보아라 →〔乘②〕 ❸ 形 京 돈이 많다. 여유가 있다. 풍부하다. ¶他家可够gòu～的 | 그의 집은 아주 풍족하다. ¶现在农民可～了 | 요즘 농민은 정말 풍족하다. ❹ 動 北 합당하다. 적합하다. 마음에 들다. ¶～心↓ ¶你穿chuān那么贵guì的衣服～吗? | 네가 그렇게 비싼 옷을 입어도 어울리느냐? ＝〔称chèn①〕 ❺ 動 京 北 가지다. 보유하다. ¶人家每个人都～一辆liàng小汽车 | 다른 집은 사람마다 소형차 한 대 씩을 가지고 있다 ＝〔称chèn③〕 ❻ 動 京 장소를 차지하다. ¶这儿怎么～这么多钉子? | 여기에 왜 이렇게 많은 못이 박혀 있느냐? ❼ 動 近 좇아가다. 따라잡다. ¶黑狗gǒu～兔tù, 岂qǐ可不得? | 검은 개

가 토끼를 쫓고 있으니 어찌 잡히지 않으랴? ❽ 모여들다. 참가하다.

【趁便】chèn/biàn 動 편리한 때를 이용하다. …하는 김에. 어법 현대어에서는 주로 부사어(狀語)로 쓰이나 근대한어(近代漢語)에서는 동사로 쓰임. ¶你回家的时候，～给我带一本书 | 네가 집으로 가는 김에 나에게 책 한 권을 가져 와라. ¶这时就～问那老人 | 이때 틈을 타고 그 노인에게 물어 보았다. ¶珍zhēn哥媳xí妇趁着便就家去罢，我也就睡了 | 진형의 며느리가 편리한 틈을 타 집으로 돌아가 버리자 나도 잠을 잤다.

【趁车】chèn/chē 動 俗 차를 타다.

【趁船】chèn/chuán 動 俗 배를 타다.

【趁风】chènfēng 動 바람을 타다. 喩 기회를 이용하다. ¶～行驶shǐ | 바람을 타고 운행하다. ¶～扬yáng帆fān＝[趁风起帆] | 成 바람이 불 때 돛을 올리다. 기회를 보아 일을 하다.

【趁哄打劫】chèn huǒng dǎ jié ⇒[趁火打劫]

【趁火打劫】chèn huǒ dǎ jié 成 불난 집에 도둑질하다. 남의 위급함을 이용해 한몫 보다. ¶没有钱的便～ | 돈이 없는 사람들이 불난 집에서 약탈하였다＝[趁哄打劫][乘chéng火打劫][抢qiǎng火场]

【趁机】chènjī 動 ❶ 기회를 타다. 기회를 잡다. 어법 주로 부사어(狀語)로 쓰임. ¶～捣dǎo乱luàn | 기회를 틈타 소란을 피우다. ¶～活huó动 | 기회를 틈타 활약하다. ❷ 비행기에 편승하다.

【趁空(儿)】chèn/kòng(r) 動 한가한 틈을 이용하다. ¶～去洗个澡zǎo | 여가를 이용해 목욕하다＝[乘chéng空(儿)]

【趁凉】chèn/liáng 動 납량(納凉)하다. 서늘한 바람을 쐬다. ¶搬bān个小板凳dèng到外边儿～ | 조그만 나무 의자를 밖에다 내어 놓고 더위를 식히다.

【趁钱】chèn/qián 京 北 近 ❶ 動 京 北 돈을 벌다. ¶～养yǎng家 | 돈을 벌어 집안을 양육하다. ¶甚是～ | 돈을 아주 잘 번다《水滸傳》→[赚zhuàn钱][挣zhèng钱] ❷ (chènqián) 形 돈이 있다. 돈이 많다. ¶如今庄稼zhuāngjià人～的多了 | 오늘날 농촌 사람들 중에는 돈 많은 사람이 많아졌다 ‖＝[称chèn钱]

【趁热】chèn/rè 動 ❶ (～儿) 뜨거울 때를 이용하다. 어법 주로 부사어(狀語)로 쓰임. ¶～吃吧 | 뜨거울 때에 드십시오. ❷ (chènrè) 돈이나 권세가 있는 사람에 붙다. ¶你系xì娼门，不过～ | 너는 창녀이니 돈있는 놈에게 붙는 것에 불과하다《金瓶梅》

【趁热打铁】chèn rè dǎ tiě 成 쇠는 단 김에 두들겨야 한다. 쇠뿔도 단김에 빼야한다. 기회를 적극 활용하다. ¶～才能成功 | 기회를 적극 활용해야 성공할 수 있다.

【趁墒】chènshāng 動〈農〉땅에 물기가 충분할 때 파종하다＝[趁墒播种]

【趁势】chèn/shì 動 여세를 이용하다. 유리한 국면을 활용하다. ¶～把敌人消灭xiāomiè | 여세를 몰아 적들을 소멸하였다＝[乘chéng势]

【趁手】chèn/shǒu 動組 吳 粵 손이 가는 대로. 그때 그때. 어법 주로 부사어(狀語)로 쓰임. ¶～把门关上 | 출입시 문을 닫으시오＝[顺shùn手(儿)③][随手(儿)①]

【趁水行船】chèn shuǐ xíng chuán 成 물길에 따라 배를 나아가게 하다. 시류(時流)에 따라 일을 하다.

【趁心】chèn/xīn 動 마음에 들다. 만족해 하다. 흡족하다. ¶～如意 | 成 뜻대로 되어 흡족하다＝[称心]

【趁愿】chèn/yuàn 動 뜻대로 되다. 속시원하다. 후련하다. ¶他死了，大家都～ | 그가 죽어 모두들 잘되었다고 여겼다. ¶面上假作忧yōu愁，心中～ | 겉으로는 걱정하는 척 하고, 속으로는 후련해 한다＝[称愿]

【趁早(儿)】chènzǎo(r) 動 서둘러 하다. 급히 하다. 미리 하다 어법 주로 부사어(狀語)로 쓰임. ¶～准备zhǔnbèi | 미리 준비하다. ¶还是～走吧 | 아무래도 미리 가는 것이 좋겠다＝[打早儿②][赶早(儿)②][抓zhuā早儿]

【榇(櫬)】chèn 널 츤

書 名 관(棺). 널.

【榇宫】chèngōng 書 名 천자(天子)의 관.

【榇桐】chèntóng 名〈植〉천동.

【谶(讖)】chèn 조짐 참

書 名 (길흉화복에 대한) 예언. 징조 [진한시대(秦漢時代)의 무속인들의 은어(隱語)였음] ¶～书 | 참서. 참위서(讖緯書). ¶～语↓

【谶纬】chènwěi 名〈宗〉참위. 도참(圖讖)과 위서(緯書). 점술의 책.

【谶语】chènyǔ 名 참어. 참언(讖言). 예언. ¶两年后竟应了朱先生的那句～ | 2년 후에 주선생의 참언대로 되었다.

·chen ㄔㄣ·

【伧】·chen ☞ 伧 cāng Ⓑ

chēng ㄔㄥ

【柽(檉)】chēng 위성류 정

⇒[柽柳]

【柽柳】chēngliǔ 名〈植〉위성류(渭城柳). 홍류(紅柳)＝[赤柽][观音柳][河柳][红柳][人柳][三春柳][三串柳][西河柳][西湖柳]

【蛏(蟶)】chēng 긴맛 정

名〈魚貝〉맛조개. 긴 맛＝[蛏子][美人蛏]

【蛏埕】chēngchéng ⇒[蛏田]

【蛏干】chēnggān 名〈食〉말린 긴 맛＝[美人蛏]

【蛏田】chēngtián 名 긴 맛 양식장 [복건(福建)·광동(廣東)일대 해변에 많음]＝[蛏埕]

【蛏子】chēng·zi 名〈魚貝〉긴 맛. 맛조개.

²【称(稱)】chēng chèng chèn 일컬을 칭

Ⓐ chēng ❶ 動 무게를 달다. ¶把这包米～一～ | 이 부대의 쌀을 달아 보시오. ¶给我～三斤苹píng果 | 사과 세 근을 달아 주세요. ¶～体重 | 체

중을 달다. ❷ 動 …라고 부르다. …라고 이름을 붙이다. …라고 말하다. …라고 불리다. 어법 ⓐ 일반 명사를 목적어로 가지고 단독으로 쓰일 때는 주로 앞에 부사가 옴. ¶他自～多面手 | 그는 팔방미인으로 자칭한다. ¶古体诗又～古诗或古风 | 고체시는 또 고시 혹은 고풍으로 불린다. ⓑ 간접 목적어와 직접목적어를 가질 수 있으며 이 때「称…为…」혹은「把…称为…」형식으로 쓰임. ¶我们都～他李叔shū叔 | 우리들은 모두 그를 이씨 아저씨라고 부른다. ¶人们～他为活huó字典 | 사람들은 그를 살아 있는 자전이라고 부른다. ¶人们把他～为霸道王 | 사람들은 그를 패도왕이라고 부른다. ❸ 명칭. 칭호. ¶别～ | 별칭. ¶俗～ | 속칭. ¶尊～ | 존칭. ¶通～ | 통칭. ❹ 動 일컫다. 말하다. 칭하다. ¶拍pāi手～快 | 박수치며 쾌재를 부르다. ¶据jù外交部发言人～ | 외무부 대변인의 발표에 따르면. ¶人人～便 | 사람마다 편리하다고 말하다. ❺ 칭찬하다. 찬양하다. ¶～赞zàn↓ ¶～扬yáng↓ ¶以能文见～ | 문장력이 뛰어나 칭송을 듣다. ❻ 書 動 들다. 일으키다. ¶～兵bīng起义 | 군사를 일으켜 의거하다. ¶～觞shāng祝寿 | 잔을 들어 축수하다. ❼ (Chēng) 名 성(姓).

Ⓑ chèng「秤」과 통용 ⇒〔秤chèng①〕

Ⓒ chèn 動 ❶ 마음에 들다. 흡족하다. 합당하다. 적합하다. ¶～心↓ ¶～意↓ ¶～愿↓ ¶衣裳·shang～我的身儿 | 옷이 내 몸에 잘 맞다 =〔趁④〕 ❷ 균형이 잡히다. ¶两头相～ | 양쪽이 균형 잡히다. ¶对～轴zhóu | 대칭축. ❸ (돈·재산 등을) 가지다. 소유하다. ¶～钱↓ ¶这铺pū子～几亿yì的财产 | 이 가게는 수억대의 재산을 가지고 있다 =〔趁chèn⑤〕

Ⓐ chēng

【称霸】chēng/bà 動 패권을 잡다. 패도를 부리다. 남을 억누르다. ¶凭píng借势shì力～ | 세력으로 패권을 잡다. ¶梦mèng想～世界 | 세계제패의 꿈을 꾸다. ¶～一方 | 상대방을 억누르다 =〔称伯〕

【称便】chēngbiàn 動 편리하다고 말하다. 편리하다고 느끼다. ¶旅客无不～ | 여객 마다 모두 편리하다고 하다.

【称兵】chēngbīng 書 動 거병(擧兵)하다. 군사 행동을 하다.

【称病】chēngbìng 動 병을 구실로 삼다. 병을 핑계하다. ¶～告假jià | 병을 이유로 휴가를 얻다. ¶他～不肯kěn起身 | 그는 병을 구실로 일어나려 하지 않는다 =〔書 称疾〕

【称伯】chēngbó ⇒〔称霸bà〕

【称不起】chēng·bu qǐ 動組 …라고 부를 수 없다. …라고 말할 수 없다. ¶～英雄xióng好汉hàn | 영웅 호걸이라 할 수 없다 ⇔〔称得起〕

【称臣】chēngchén 書 動 ❶ 신하라고 칭하다. 신하로 복종하다. ¶俯fǔ首～ | 머리 숙여 신하로 굴복하다. ❷ 貶 부하가 되다. 하수인이 되다.

【称贷】chēngdài 動 돈을 빌다. 대출 받다.

【称道】chēngdào 動 칭찬하다. 찬양하다. ¶这些都是为人～的诗shī篇piān | 이것들은 모두 사람들에게 칭찬받던 시편들이다. ¶值zhí得～ | 칭찬할 만하다.

【称得起】chēng·de qǐ 動組 …라고 불릴 만하다. 칭송될 만하다. ¶～一把好手 | 명수라고 할 만하다 ⇔〔称不起〕

【称帝】chēngdì 動 제왕이 되다. 스스로 제왕이라 하다. 왕위에 오르다. ¶～称王 | 스스로 왕이라 고 하다.

【称孤道寡】chēng gū dào guǎ 成 스스로 왕이라 고 하다. 스스로 백성 위에 군림하다.

【称好】chēng/hǎo 動 좋다고 말하다. 잘했다고 찬양하다. 칭송하다. ¶拍pāi手～ | 박수치며 칭찬하다. ¶铲chǎn除恶è霸bà, 人人～ | 간악한 패도를 소탕하니 모두들 잘했다고 칭찬했다.

4【称号】chēnghào 名 칭호. 호칭. ¶获huò得了体育tǐyù英雄xióng的～ | 운동 영웅이라는 칭호를 받았다.

3【称呼】chēng·hu ❶ 動 부르다. 호칭하다. ¶怎么～都行 | 어떻게 불러도 좋습니다. ¶你别那么～我 | 너 나를 그렇게 부르지 마라. ❷ 名 호칭 [이름 대신에 서로 부를 때 쓰는 말.「叔叔」「同志」따위] ¶客气的～ | 겸손의 호칭.

【称疾】chēngjí ⇒〔称病〕

【称快】chēng/kuài 動 쾌재를 부르다. 유쾌해 하다. ¶拍pāi手～ | 손뼉을 치며 쾌재를 부르다. ¶～一时 | 잠시 통쾌해 하다.

【称量】chēngliáng ❶ 動 무게를 달다. ¶细xì加～ | 정밀하게 계량하다. ¶～配pèi方药材 | 무게를 달아 약재를 처방하다. ¶～体重 | 〈體〉체중 검사를 받다. ❷ 動 짐작하다. 추측하다. ¶人有雨点大的恩ēn情, 应该当海水一样～ | 사람은 빗방울 만한 은정이 있다해도 바닷물 같이 크게 헤아려야 한다.

【称赏】chēngshǎng 動 칭찬하다. 찬양하다. ¶点头～ | 고개를 끄덕이며 칭찬하였다.

【称说】chēngshuō 動 ❶ 들먹이다. 거론하다. ¶不可～ | 말로 다할 수 없다. ❷ 近 축하의 말을 하다. ¶～贺hè喜 | 경하의 말씀을 올리다.

【称颂】chēngsòng 書 動 칭송하다. 찬양하다. 칭찬하다. ¶他写了一首诗～故乡gùxiāng的新面貌mào | 그는 시 한 수를 써 고향의 새로운 모습을 찬양하였다. ¶做一个石碑bēi～了他的功德 | 비석 하나를 만들어 그의 공덕을 기렸다.

【称叹】chēngtàn 動 감탄하다. 찬탄(贊嘆)하다. ¶连lián声～ | 연거푸 찬탄하다. ¶啧zé啧～ | 찬탄이 자자하다. ¶无不～ | 찬탄하지 않는 이가 없다.

【称头】chēng·tou 名 중량. 무게. ¶这个孩儿～相当可观 | 이 아이의 무게는 상당하다.

【称王】chēng/wáng 動 ❶ 왕으로 자처하다. ❷ 세도 부리다. 군림하다.

【称王称霸】chēng wáng chēng bà 成 자칭 패왕이 되다. 군림하다. 지배하다. ¶骑qí在老百姓头上～ | 백성의 머리 위에 올라앉아 군림하다 =〔称王道霸〕

【称王道霸】chēng wáng dào bà ⇒〔称王称霸〕

【称谓】chēngwèi 名 명칭. 호칭. 칭호. ¶有几种不

同的～丨 몇 가지 다른 호칭이 있다. ¶～语丨호칭어.

【称为】chēngwéi 動 …라고 부르다. …로 불리다. …라 말하다. ¶～模范mófàn工人丨모범 근로자로 불리다. ¶这种现xiàn象～衰shuāi变丨이런 현상을 퇴락이라고 말한다.

【称羡】chēngxiàn 書 動 부러워하다. 흠모하다. ¶我平日很～你的学问丨나는 평소에 당신의 학문을 흠모하였습니다.

【称谢】chēngxiè 書 動 사의(謝意)를 표하다. 치사하다. ¶不止～丨끊임없이 고마움을 표하다. ¶～不已丨계속 고맙다고 하다.

【称兄道弟】chēng xiōng dào dì 成 호형호제하다. 형님·아우하는 가까운 관계가 되다. ¶和他～丨그와는 호형호제하는 관계이다. ¶他们凑còu在一块儿, ～, 你吹chuī我捧, 丑chǒu态百出丨그들은 한데 어울려 호형호제하면서 서로 추켜 세우면서 갖은 추태를 다 부린다 =〔道弟称兄〕

【称雄】chēng/xióng 書 動 자칭 영웅이되다. 통치하다. 세도를 부리다. 군림하다. ¶割剧gējù～丨할거하여 통치하다. ¶在关东～丨관동에서 군림하다.

【称许】chēngxǔ 書 動 칭찬하다. ¶品学兼jiān优, 深shēn受师长～丨품행과 학업이 우수하여 선생님과 선배의 칭찬을 많이 받다. ¶极jí力～丨극구 찬양하다.

【称扬】chēngyáng 書 動 찬양하다. 칭찬하다. 칭송하다.

【称引】chēngyǐn 書 動 인용하다. 예를 들어 증명하다. ¶举jǔ～以证zhèng明其事丨예를 들어 그 일을 증명하다. ¶他那文章还值zhí得～丨그의 그 문장은 인용할 가치가 있다.

2【称赞】chēngzàn ❶ 動 칭찬하다. ¶满mǎn口～丨구구절절 칭찬하다. ¶众口～丨모두가 칭찬다. ¶大家都～他的为人丨그의 사람됨을 모두가 칭찬하다. ❷ 名 칭찬. ¶得到～丨칭찬을 받다. ¶～不置zhì丨칭찬을 그치지 않다.

C chèn

【称份儿】chèn/fènr ❶ 動 신분에 맞게 하다. 분에 맞게 하다. ❷ (chènfènr) 形 신분에 맞다. 분수에 어울리다. 응분(應分)하다.

【称配】chènpèi 動 어울리다. 균형이 잡히다. ¶名实shí～丨成 명실상부하다.

【称钱】chèn/qián ⇒〔趁chèn钱〕

【称身】chèn/shēn 動 몸에 맞다. 어울리다. ¶衣裙～丨옷이 잘 어울리다.

【称体裁衣】chèn tǐ cái yī ⇒〔量liàng体裁衣〕

4【称心】chèn/xīn 動 마음에 들다. 흡족하다. ¶一人难称百人心丨모든 사람의 마음에 들기는 어렵다. ¶住这样的房fáng子, 他觉得很～丨이러한 집에 살게되어 그는 매우 만족해 한다. ¶～如意丨成 마음에 꼭 들다 =〔趁心〕

【称意】chèn/yì 動 마음에 들다. 만족하다. 흡족하다. ¶那件事办得总是不称他的意丨그 일은 아무래도 그의 맘에 들지 않게 되었다.

【称愿】chèn/yuàn 動 ❶ 바라는대로 되다. 소원대로 되다. ¶称平生的愿yuàn丨평생의 소원이 이루어지다. ❷ 고소하다. 미워하는 사람이 잘못되어 후련하다. ¶赵姨yí娘、贾环huán等自是～丨조씨 아주머니와 가환은 매우 고소하게 생각했다 =〔趁chèn愿〕

【称职】chèn/zhí 動 직무에 적합하다. 직무를 담당할 만하다. ¶～人员丨적임자. ¶他干这工作不很～丨그가 이 일을 하는 데 꼭 적합한 것은 아니다.

【琤(琤)】chēng 옥소리 쟁

⇒〔琤琤〕〔琤瑽〕

【琤琤】chēngchēng 擬 찰가랑. 쟁쟁. 졸졸 [거문고 타는 소리. 물 흐르는 소리. 옥기(玉器)가 부딪치는 소리] ¶泉quán水～地流liú着丨샘물이 졸졸 흐른다. ¶玉佩～丨옥패가 부딪쳐 쟁쟁 소리를 낸다.

【铛】chēng ☞ 铛 dāng B

3【撑〈撐牚〉】chēng 버틸 탱

❶ 動 괴다. 떠받치다. ¶拿棍gùn子～住丨막대기로 떠받치다→〔搡sǎng②〕 ❷ 動 버티다. 지탱하다. 견디다. ¶苦kǔ～危wēi局丨위험한 국면을 어렵게 버티다. ¶我知道, 我已经～不了liǎo几天了, 但我还想努力再多～几天丨나는 이미 며칠 더 버틸 수 없다는 것을 알지만 다시 며칠 더 버티어 보도록 노력하겠다. ❸ 動 벌리다. 펴다. 열다. 팽팽하게 하다. ¶～伞↓ ❹ 動 지나치게 부르다. 팽팽해지다. ¶少吃些, 别～得着丨배터지겠다 작작 먹어라. ¶看那肚dù子～的丨저 배터지게 부른 꼴 좀 보아라. ❺ 動 삿대질하다. ¶～船↓ ❻ 形 예쁘다. 뛰어나다. 빼어나다. ¶看了她容貌róngmào儿实是～丨그녀의 용모를 보니 참으로 빼어나다. ❼ 動 北 강탈하다. 빼앗다. ¶在我的眼yǎn皮子前开铺pū子要～我的买卖丨내 눈앞에다 점포를 열어 내 장사를 빼앗아 가다니.

【撑不住】chēng·bu zhù 動組 견딜 수 없다. 버틸 수 없다. ¶他～劲jìn儿了丨그는 힘을 버틸 수 없었다. ¶他也～笑了丨그도 참지 못하고 웃었다 ⇔〔撑得住〕

【撑场面】chēng chǎngmiàn 動組 체면을 유지하다. 겉치레를 하다. ¶他为～, 把不相干的人都请来了丨그는 겉치레를 위해 상관 없는 사람까지도 초청하였다 =〔撑门面〕

【撑持】chēngchí 動 北 지탱하다. 버티다. 유지하다. ¶勉强miǎnqiáng～丨간신히 버티다. ¶～局面丨국면을 간신히 끌고 나가다.

【撑船】chēng/chuán 動 삿대질하다. 배를 젓다. ¶把船撑到河边丨삿대질하여 배를 물가에 대다. ¶不要～了丨삿대질을 하지 마라 =〔支zhī船〕〔刺cì船〕

【撑得慌】chēng·dehuāng 形組 배가 터지게 부르다. ¶吃得太多, 肚dù子～了丨너무 많이 먹어 배가 터지게 부르다.

【撑得住】chēng·de zhù 動組 버틸 수 있다. 견딜 수 있다. ¶不必担dān心, 他们还～丨걱정할 필요없다. 그들은 아직 버틸 수 있다 ⇔〔撑不住〕

【撑渡】chēngdù 動 삿대질하여 건너다. 배를 저어

건너다.

【撑舵】chēng/duò 動 키를 잡다. 轉 마음을 단단히 먹다. 정신을 똑바로 차리다. ¶不论怎么跟你上劲jìn, 你得撑住舵 | 어떻게 수작을 걸어올지라도 정신을 똑바로 차리고 있어야 한다.

【撑杆跳高】chēnggān tiàogāo 名組 〈體〉 장대 높이뛰기 =〔撑竿跳高〕〔撑竿(儿)跳〕

【撑竿(儿)跳】chēnggān(r) tiào ⇒〔撑杆跳高〕

【撑竿跳高】chēnggān tiàogāo ⇒〔撑杆跳高〕

【撑门面】chēng mén·mian ⇒〔撑场面〕

【撑破】chēngpò 動 불러 터지다. 많이 넣어 터지다. ¶口袋dài~了 | 호주머니가 터졌다. ¶吃得太多, 肚dù子都快~了 | 너무 먹어 배까지 터지려 한다.

【撑伞】chēng/sǎn 動 우산을 펴다. 우산을 쓰다. ¶~参观体育比赛sài | 우산을 쓰고 운동 경기를 참관한다 →〔打伞〕

【撑食】chēngshí 動 배 부르다. 근기가 있다. 포만감을 주다. ¶吃米饭不如吃面~ | 쌀밥보다는 가루 음식이 쉽게 배부르게 한다.

【撑腰】chēng/yāo 動 지지하다. 뒷받침하다. 후원하다. ¶~的 | 지지자. ¶~打气 | 후원하여 기운을 돋아주다. ¶有王老师给你们~尽管jǐnguǎn放心去干 | 왕선생님이 너희들을 돕고 있으니 한껏 안심하고 가서 하여라 =〔垫diàn腰〕

【噌】chēng ☞ cēng B

【趟】chēng ☞ 趟 tàng C

【瞠】chēng 똑바로볼 당
書 動 눈을 크게 뜨고 바라 보다. ¶~目相视shì | 눈을 부릅뜨고 서로 보다.

【瞠乎后矣】chēng hū hòu yǐ ⇒〔瞠乎其后〕

【瞠乎其后】chēng hū qí hòu 威 뻔히 보면서 뒤에 처져 있다. 도저히 따라 잡을 수 없다《莊子·田子方》 ¶实在比不上他, 只能~ | 실제로 그와는 비길 수 없어 뻔히 알면서도 뒤떨어질 수 밖에 없다 =〔瞠乎后矣〕→〔望wàng尘莫及〕

【瞠目】chēngmù 書 動 눈을 크게 부릅뜨다. ¶~不知所答dá | 눈만 크게 뜨고 대답할 바를 모른다. ¶~吃惊jīng | 놀라 눈을 크게 뜨다.

【瞠目结舌】chēng mù jié shé 威 말을 못하고 눈만 크게 뜨다. 어안이 벙벙해지다 =〔结舌瞠目〕

chéng ㄔㄥˊ

1【成】chéng 이루어질 성
❶ 動 이루다. 성공하다. 완성하다. ¶事情已经~了 | 일은 이미 이루어졌다. ¶你先去办bàn, 如果不~, 我们一起去看 | 네가 먼저 가서 해 보고 성공하지 못하면 우리 함께 가서 보자 ⇔〔败bài③〕 ❷ 動 (…으로) 되다. (…으로) 변하다. ¶忧yōu思~病 | 威 근심이 병이 되다. ¶两个人~了好朋友 | 두 사람은 좋은 친구가 되었다. 어법 자주 동사 뒤에 보어로 쓰여, ⓐ「성공되다」「실현되다」의 뜻을 나타냄. 이때「得」「不」등을 넣을 수 있음. ¶文章昨天才写~ | 글은 어제야 비로소 써내었다. ¶下雨就去不~了 | 비가 오면 갈 수 없게 된다. ⓑ「…이 되다」「…로 변하다」의 뜻을 나타냄. 이 때는 반드시 목적어(賓語)가 와야 하며, 일반적으로「得」「不」를 넣을 수 없음. ¶小学改~六年制 | 초등학교를 6년제로 고치다. ¶水变biàn~气 | 물이 수증기가 되다. ¶这些素材打算写~一个剧jù本 | 이 소재들을 극본으로 쓸 계획이다. ❸ 動 일정한 수량〔단위〕에 이른 것을 나타냄. 어법 수량이 많거나 시간이 긴 것을 강조함. 중첩할 수 있음. ¶~千~万的群众 | 수천 수만의 군중. ¶~倍地增长 | 배로 증가하다. ❹ 기정(旣定)의. 기존의. 기성(旣成)의. 성숙한. ¶~规↓ ¶~品↓ ¶~人↓ ❺ 形 좋다. 괜찮다. 어법 승인·허가를 나타냄.「成了」의 형태로 쓰일 수 있으며, 문두(文頭)나 문미(文尾)에 사용함. ¶~, 就这么办 | 좋다, 이렇게 하자. ¶送到这儿就~了 | 이곳으로 보내면 된다. ❻ 形 훌륭하다. 대단하다. 어법 능력을 칭찬하는 말. 반드시「真」을 붙이며, 드물게 사용됨. ¶这个球队可真~, 这次又拿了冠guàn军 | 이 축구팀은 정말 대단해서 이번에 또 우승을 하였다. ❼ 구성물의 한 요소. ¶~分↓ ❽ 書 名 성과. ¶坐享其~ | 앉아서 (성과의) 덕을 보다. ¶收~ =〔年成〕| 수확. ❾ 書 名 강화(講和). 화해. ¶遣使求~ | 사절을 파견하여 강화를 요구하다. ❿ 量 10분의 1. 할. 10%. ¶八~ | 8할. 80%. ¶从收入里一~来捐juān给教会 | 수입의 10%를 떼어 교회에 헌금하였다. ⓫ 書 名 층(層). ¶九~之台tái | 9층의 대《呂氏春秋·音初》 ⓬ 書 名 (고대) 사방 10리의 땅. ¶有田一~ | 전답 10리를 소유하다《左傳·哀公元年》 ⓭ (Chéng) 名 성(姓).

【成百】chéngbǎi 數 백. 백에 달하는 수. ¶~个人 | 백 명에 이르는 사람. ¶~上千 | 수 천 수 백.

【成百万】chéngbǎiwàn 數 몇 천 몇 만. 수 천 수 만. ¶~的群众 | 수 천 수 만에 이르는 군중. ¶~只zhī苍蝇cāngyíng飞fēi来飞去 | 수 천 수 만에 이르는 파리가 이리 저리 날아 다닌다.

【成败】chéngbài 名 성패. 성공과 실패. ¶~在此一举jǔ | 성패는 이번의 행동에 달려 있다. ¶~之关键guānjiàn | 성패의 관건. ¶尽jìn看~说高低dī | 성패를 끝까지 지켜보고 결과를 말해라.

【成败利钝】chéng bài lì dùn 威 성공과 실패.《諸葛亮·後出師表》 ¶只要对国家有益的事, 就应当不顾gù~地去做 | 나라에 유익한 것이라면 성패 여부를 따지지 말고 해야 한다.

【成败论人】chéng bài lùn rén 威 승패를 기준으로 사람을 평가하다.

【成倍】chéngbèi 狀 배가 되다. 배로 증가하다. ¶财政cáizhèng收入有了~的增zēng加 | 재정 수입이 배로 증가하였다. ¶~地增加了 | 배로 증가하였다.

3【成本】chéngběn 名 〈經〉 원가. 코스트(cost). 생산비. ¶提tí高~ | 원가를 올리다. ¶这是由于生产数量增加, 降jiàng低~而带来的好处 | 이것은 생산량을 증가하고 원가를 낮춤으로 얻어낸 장점이다. ¶总zǒng~ | 총원가. ¶生产~ | 제조원가. ¶固定~ | 고정비. ¶可变~ | 가변 비용.

¶直接～ | 직접비. ¶间接～ | 간접비. ¶单位产品～ | 단위 제품 생산가. ¶出口～ | 수출 원가. ¶进口～ | 수입 원가 =〔底dǐ本②〕

【成材】chéng/cái ❶動 재목감이 되다. ¶～的木头 | 재료가 되는 나무. 재목. ¶～林 | 목재용 숲. 용재림. ❷動 쓸모 있는 사람이 되다. 인물로 만들다. ¶我只盼pàn他能～, 就安心了 | 나는 그가 쓸모 있는 인간이 되어 마음 놓을 수 있기 만을 바란다. ¶孩子不教育怎么能～呢? | 아이를 교육시키지 않으면 어떻게 쓸모 있는 인간이 되겠는가? →〔成器②〕 ❸名〈林〉(chéngcái) 목제품.

【成层圈】chéngcéngquān 名〈氣〉성층권.

【成齿】chéngchǐ 名〈生理〉영구치(永久齒) =〔恒héng齿〕

【成虫】chéngchóng 名(곤충의) 성충. ¶～龄líng | 성충령.

【成仇】chéng/chóu 動 원수가 되다. 사이가 나빠지다. ¶他们俩liǎ成了仇, 一见面就吵架chǎojià | 그들 둘은 원수가 되어 만나기만 하면 다툰다.

【成丁】chéngdīng 書名 성년이 된 남자 [한(漢)·송대(宋代)에는 20세, 당대(唐代)에는 21세, 명(明)·청대(清代)에는 16세 이상의 남자] ¶我也是个～的小伙huǒ子 | 나도 하나의 성년이 된 남자입니다.

【成堆】chéng/duī ❶動 산적(山積)하다. 많이 쌓이다. ¶不要等问题成了堆才去解决 | 문제가 산적한 후 해결하려 하지 마라. ¶问题～, 积jī重难返fǎn | 문제가 산적하고 오랫동안 쌓인 악습이라 고치기 어렵다. ❷(chéngduī) 名 산더미. 한 무더기. ¶～的蔬菜shūcài | 한 무더기의 채소.

【成对(儿)】chéng/duì(r) 動 ❶ 쌍을 이루다. 짝을 이루다. ¶～成双shuāng | 쌍을 이루다. ¶～使用 | 짝을 이루어 사용한다. ❷近 부부가 되다. ❸近 대구(對句)를 짓다. 대련(對聯)을 쓰다.

【成法】chéngfǎ 名 ❶ 실정법(實定法). 기존의 법률. ❷ 관습법.

【成方(儿)】chéngfāng(r) 名〈漢醫〉기성처방(旣成處方) [의사가 미리 만들어 둔 처방] ¶买～的药yào | 미리 처방해 만든 약을 사다.

[2]【成分】chéng·fen 名 ❶ 성분. 요소. 인자 [일본어에서 들어 온 말] ¶肥料féiliào的～ | 비료 성분. ¶社会～ | 사회 구성 인자. ¶化学～ | 화학 원소. ❷ 출신 성분. 출신 계급. ¶工人～ | 노동자 출신. ¶贫pín农～ | 빈농 출신. ❸ 비용. 생산비. ¶生产～ | 생산 비용. ❹〈言〉성분(element). ¶句子～ | 문장 성분 ❹〈貿〉등급. ¶订dìng～ | 물품의 등급을 결정하다 ‖ =〔成份〕

【成份】chéng·fen ⇒〔成分〕

【成风】chéngfēng 動 기풍을 이루다. 풍조가 되다. 유행이 되다. ¶勤俭qínjiǎn～ | 근검절약이 풍조를 이루다. ¶他的写作手法逐渐zhújiàn～ | 그의 창작 기법은 점차로 유행하다.

【成佛】chéngfó 動〈佛〉성불하다. ¶～做祖zǔ | 불교도가 수행하여 진리를 깨닫고 성불하다.

【成服】chéngfú ❶書動 상복(喪服)을 입다. ¶遵礼zūnlǐ～ | 유족이 예에 따라 상복을 입다. ❷名 기성복(旣成服).

【成个儿】ⓐ chéng/gèr 動 ❶ 성숙하다. ¶果guǒ子已经～了 | 과일이 이미 익었다. ❷ 모양을 갖추다. 틀이 잡히다. ¶他的字写得不～ | 그의 글씨는 격식이 갖추어지지 않았다.

ⓑ chéng·ger 圖 전부. 몽땅. 한꺼번. ¶～的卖mài | 전부 함께 팔다 =〔整zhěng个(儿)〕

[2]【成功】chénggōng ❶名 성공. 완성. ¶祝你～! | 성공을 빈다! ¶以～结束 | 성공리에 끝내다. ¶获得～ | 성공을 거두다. ❷(chéng/gōng) 動 성공하다. ¶试验shìyàn～ | 실험이 성공되었다. ¶你的恋爱liàn'ài成不了功 | 너의 연애는 성공할 수 없다 ‖ ⇔〔失shī败〕 ❸動 (드물게 동사 뒤에 보어로 쓰여) …이 되다. …로 이루어지다. …을 끝내다. ¶基础chǔ设计图终于绘huì制～了 | 기초 설계 도면을 마침내 다 그렸다. ¶由形容词转变zhuǎnbiàn～的 | 형용사에서 전성되어 이루어진 것이다. ❹動 奧 …이 되다. ¶空气流动liúdòng就～风 | 공기가 유동하여 바람이 된다. ❺形 성공적이다. ¶～地完成了任务rènwù | 성공리에 임무를 완수하였다. ¶大会开得很～ | 대회가 성공적으로 열렸다.

【成规】chéngguī 名 상규(常規). 기존의 규범. 관례. ¶打破pò～ | 기존의 규범을 타파하다. ¶墨守mòshǒu～ | 구습(舊習)을 고수하다.

[2]【成果】chéngguǒ 名 성과. 수확. 효과. ¶研究出～ | 연구가 성과를 거두다. ¶辛苦xīnkǔ劳动的～ | 고생스런 노동의 성과. ¶～很多 | 수확이 많다.

【成行】ⓐ chéng/háng 動 열을 짓다. 줄을 이루다. ¶柳树liǔshù～排pái在地边上 | 버드나무가 밭가에 열을 지어 서있다. ¶～播种bōzhǒng | 열을 지어 씨를 뿌리다.

ⓑ chéngxíng 動 출발하다. 여행을 실행하다. ¶出国考察kǎochá团年底～ | 해외 시찰단은 연말에 출발한다. ¶去虽则zé去, 但几时～, 不得而知 | 가기는 가지만 언제 출발할 지는 알 수가 없다.

【成化】Chénghuà 名 성화 [명(明) 나라 헌종(憲宗)의 연호(1465～1487)]

【成婚】chéng/hūn 動 결혼하다. ¶我是去年～的 | 나는 작년에 결혼 하였다 =〔成礼②〕〔结jié婚〕

【成活】chénghuó ❶動 활착(活着)하다. 살아나다. ¶树苗shùmiáo～和死亡的条件是什么? | 묘목이 활착하느냐 죽느냐의 조건은 무엇이냐? ❷名 활착(活着). ¶～率 | 활착율. 생육율.

[1]【成绩】chéngjì 名 ❶ 성적. 성과. ¶有了些～ | 얼마간의 성과가 있다. ¶～表 | 성적표. ¶～单 | 성적 통지표. ¶做出一点～来 | 얼마간의 성과를 내다. ❷(시합의) 기록. ¶第二名韩国运动员yùndòngyuán, ～46秒3 | 2위 한국 운동 선수, 기록 46초 3.

【成家】chéng/jiā 動 ❶ 가정을 이루다. (남자가) 결혼하다. ¶我哥哥成了家, 就搬bān走了 | 우리 형은 결혼하여 가정을 이루자 이사를 갔다. ¶～立户hù | 成 결혼하여 가정을 이루다. ❷(학문·예술·기술 등에서) 일가를 이루다. ¶满头想着个人成名～的人, 不可能好好儿工作 | 개인적으로 명성을 떨치고 일가를 이룰 생각이 머리 속에

가득한 사람은 부지런히 일할 수 없다.
【成家立业】chéng jiā lì yè 國 결혼하여 독립하다. 가업(家業)을 일으키다. ¶他已经不是小孩子, 早已~了 | 그는 이미 어린아이가 아니다. 일찌이 결혼하여 자립하였다.
【成见】chéngjiàn 名 선입관. ¶消除xiāochú~ | 선입관을 없애다. ¶抱bào~ | 선입관을 갖다. ¶存了~, 就不容易把真相观察guānchá出来 | 선입관을 가지면 진상을 관찰하기 어렵다. ¶固执gùzhí~ | 선입관을 고집하다.
4【成交】chéng/jiāo 〈商〉❶ 動 거래가 이루어지다. 매매가 성립되다. 계약이 이루어지다. ¶争zhēng取低dī价~, 以节省外汇huì | 저가 거래를 쟁취하여 외화를 절약하자. ❷ 名 매매 계약. 거래 약정. ¶~量 | 거래량. ¶~额é | 거래액. ¶确què认~ | 매매 계약을 확인하다.
2【成就】chéngjiù ❶ 名 성취. 성과. 업적. ¶获得了新的~ | 새로운 성과를 거두었다. ¶在学术shù上的~很大 | 학술상의 업적은 매우 크다. ❷ 動 성취하다. 이루다. 완성하다. 실현하다. ¶他用毕bì生精力~了这样一部光辉huī的巨著jùzhù | 그는 필생의 정력을 쏟아 이렇게 빛나는 거작을 완성하였다. ¶~大业 | 위대한 업적을 성취하다.
【成礼】chénglǐ ❶ 動 의식이 끝나다. 의식을 마치다. ❷⇒〔成婚〕
2【成立】chénglì 動 ❶ (조직·기구 등을) 조직하다. 설치하다. 설립하다. 결성하다. ¶~委wěi员会 | 위원회를 만들다. ¶村里新~了诊zhěn所 | 마을에 새로 진료소가 설치되었다. ¶新~了一所大学 | 새로 대학 하나가 설립되었다. ❷ (이론·의견 따위가) 성립되다. 성안되다. ¶这个论点理由不充分, 不能~ | 이 논점은 이유가 충분치 못해 성립될 수 없다. ❸ 書 어른이 되어 자립하다. 독립하다. ¶父母供gōng子女读书, 原只望他们~, 并不是放债zhài | 부모가 자녀를 공부시키는 것은 원래 단지 그들이 성장하여 자립하기를 바랄 뿐이지 교육비로 빚을 놓는 것은 아니다.
【成例】chénglì 名 관례(慣例). 전례(前例). ¶模仿已有的~ | 기존의 선례를 모방하다. ¶破坏~ | 관례를 깨다. ¶这件事没有~可受shòu | 이 일은 받아들일 만한 선례가 없다.
【成殓】chéngliàn 動 입관(入棺)을 마치다. 납관(納棺)하다.
【成龙】chéng/lóng 動 ❶ 하나로 조합하다. 하나를 형성하다. ¶服务项xiàng目初步~配套pèitào了 | 써비스 종목을 초보적인 수준에서 하나의 계통으로 조합하였다. ❷ 우쭐대다. 제일인 줄 알다. ¶把他给惯guàn得成了龙了 | 그가 우쭐대도록 버릇 들였다. ❸ 입신 출세하다. ¶~变虎 | 國 대단한 인물이 되다.
【成龙配套】chéng lóng pèi tào 國 (설비·기계·종목 등을) 조합(組合)하여 완성하다. ¶安全设备~ | 안전 설비를 조합하여 정비하다 =〔配pèi套成龙〕
【成寐】chéngmèi ⇒〔成眠〕
【成眠】chéngmián 書 動 잠을 이루다. ¶不能~ | 잠들 수가 없다 =〔成寐〕
【成名】chéng/míng 動 ❶ 이름을 날리다. 명성을 떨치다 [주로 과거에 급제하였음을 나타냄] ¶一举~ | 일거에 유명해지다. ¶他二十岁已经~了 | 그는 20세에 이미 명성을 날렸다. ¶~成家 | 國 이름을 떨치고 일가(一家)를 이루다. ❷ 書 이름을 붙이다. 명명하다.
【成命】chéngmìng 名 ❶ 이미 내린 명령. 기존의 지시. 공포된 명령. ¶收回~ | 공포된 명령을 철회하다. ❷ 정해진 운명(運命). ❸ 書 전술.
【成年】chéngnián ❶ 區 성년. ¶~人 | 성인. ¶~树 | 다 자란 나무. ¶未~ | 미성년. ❷ 副 口 일년 내내. ¶~在外 | 일년 내내 밖에 있다 =〔成年家〕 ❸ 書 動 남자가 만 20세가 되다.
【成年家】chéngnián·jie 副 方 만 일년. 일년 내내 =〔成年②〕〔成年价〕〔整zhěng年〕
【成年价】chéngnián·jie ‖⇒〔成年家·jie〕
【成年累月】chéng nián lěi yuè 國 오랜 세월. 장구한 세월.
【成批】chéngpī 貶 ❶ 대량의. 큰 덩어리의. 일괄적으로. 일단의. 다수의. ¶~的杰jié出人才 | 대량의 우수한 인재들. ¶~生产 | 대량 생산. ¶~处理 | 일괄 처리.
【成片】chéngpiàn 貶 일대(一帶). 전부. 온통. ¶~树木被风刮guā倒 | 일대의 나무가 바람에 쓰러졌다.
4【成品】chéngpǐn 名 완제품. 제품. ¶~检查jiǎnchá | 제품 검사. ¶~粮liáng =〔加工粮〕 | 가공 식품.
【成气耗】chéng qì·hao ⇒〔成气候〕
【成气候】chéng qì·hou 動組 ❶ 훌륭하게 되다. 유명해지다. 어법 주로 부정문으로 쓰이며, 「成器」의 「器」가 「气」로 쓰이고 괴물이 신통력을 가진 것을 「成气候」라고 했다 함. ¶成不了什么气候 | 쓸모 있는 인간이 될 수 없다. ¶他志zhì大才疏shū, 成不了气候 | 그는 뜻만 크고 재주는 없어 성공하기는 틀렸다. ❷ 둔갑하여 요괴가 되다. ¶传说歇xiē虎子~能变小孩儿 | 전설에 벽호가 둔갑하여 아이가 됐다고 한다 ‖ =〔成气耗〕
【成器】chéng/qì ❶ 動 그릇이 되다. ¶玉不琢zhuó, 不~ | 諺 옥도 다듬지 않으면 그릇이 되지 못한다. ❷ 動 쓸모 있는 인물이 되다. 인간 다운 인간이 되다. ¶不能~的败bài类 | 유용한 인간이 되지 못할 버린 부류들→〔成材②〕〔成人②〕 ❸ (chéngqì) 名 좋은 물건. 좋은 기구. ❹ (chéngqì) 名 재능이 풍부한 사람. ¶他是个~, 什么都能做出来 | 그는 재능있는 사람이라 무엇이든 해낼 수 있다.
【成千】chéngqiān 動 천이 되다. 수가 많다. ¶~的人 | 천 명이나 되는 사람. ¶~成百 | 國 수천 수백.
【成千成万】chéng qiān chéng wàn ⇒〔成千上万〕
【成千累万】chéng qiān lěi wàn ⇒〔成千上万〕
3【成千上万】chéng qiān shàng wàn 國 수천 수만. 수천만의. ¶~的群众qúnzhòng | 수천만의 군중 =〔成千成万〕〔成千累万〕〔累lěi千累万〕〔上千上万〕→〔千千①〕
【成亲】chéng/qīn 動 俗 결혼하다. ¶他最近才成

的亲｜그는 최근에야 결혼하였다. ¶你成了亲没有?｜너 결혼 했니?

【成全】chéngquán 動 남을 도와 일을 이루게 하다. 성사되게 하다. ¶～他们俩liǎ的好事｜그들 둘을 도와 좋은 일이 성사되도록 하다. ¶～人, 就～到底dǐ｜남을 도우려거든 끝까지 도와라.

【成群】chéngqún 動 무리를 이루다. 떼를 짓다. ¶儿女～｜자녀가 많다. ¶三五～｜삼삼오오 무리를 이루다. ¶～的牛羊｜소와 양의 무리.

【成群打伙】chéng qún dǎ huǒ 國 무리를 이루다. 한 패가 되다. ¶十几个人～地来了｜10여명이 무리를 지어 왔다 ＝〔成群结队〕〔成群结伙〕

【成群结队】chéng qún jié duì ⇒〔成群打伙〕

【成群结伙】chéng qún jié huǒ ⇒〔成群打伙〕

[4]【成人】chéng/rén ❶ 動 어른이 되다. ¶长zhǎng大～｜어른으로 자랐다. ❷ 動 인재가 되다. 훌륭한 사람이 되다. ¶～立事｜인재가 되어 사업을 일으키다 ＝〔成器②〕 ❸ (chéngrén) 名 성인. ¶～教育｜성인 교육. ¶～电影｜성인 영화. ¶～病｜성인병.

【成人之美】chéng rén zhī měi 國 남을 도와 좋은 일을 하다. 남에게 공덕을 베풀다《論語·顔淵》

【成仁】chéngrén 動 대의를 위해 희생하다. 정의를 위해 희생하다 ＝〔成仁取义〕〔杀身成仁〕

【成仁取义】chéng rén qǔ yì ⇒〔成仁〕

【成日】chéngrì ⇒〔成天〕

【成日家】chéngrì·jie ⇒〔成天〕

【成日价】chéngrì·jie ⇒〔成天〕

【成色】chéngsè 名 ❶ 순도(純度). 금·은의 함량. ¶～高｜순도가 높다. ¶这酒～好｜이 술은 순도가 좋다. ❷ 품질. 품위. 품격. ¶这种布料～好, 耐nài穿｜이런 천은 질이 좋아 오래 입는다. ¶看～, 定价钱｜품질을 보고 값을 정하다. ¶～鉴jiàn定｜품질 감정.

【成事】chéng/shì ❶ 動 성사하다. 성공하다. ¶谋móu事在人, ～在天｜일은 사람이 하나, 성사는 하늘에 달려 있다. ¶成不了事｜일을 성사시키지 못하다. ❷ (chéngshì) 書 名 지난 일. ¶～不说｜과거지사는 말하지 않는다.

【成事不足, 败事有余】chéng shì bù zú, bài shì yǒu yú 國 일을 성공시키지는 못하고 오히려 망치다.

[2]【成熟】chéngshú 動 ❶ 익다. 여물다. ¶桃táo子～了｜복숭아가 익었다. ¶～的稻dào子｜여문 벼. ¶～期｜성숙기. ❷ (때·조건이) 성숙되다. 적당한 시기〔정도〕가 되다. 숙련되다. ¶你的思想～了再干gàn｜네 사상이 성숙되거든 다시 해라. ¶条件～了｜조건이 성숙되었다. ¶他的技术一年比一年～了｜그의 기술은 해가 갈수록 숙련되었다.

【成数】chéngshù 名 ❶ 성수 〔「五十」「二百」「三千」 따위와 같이 우수리가 없는 정수〕 ¶～钱｜목돈 →〔整zhěng数①〕 ❷ (～儿) 비율. ¶这是～不多的买卖｜이는 이율이 낮은 거래이다.

【成双】chéng/shuāng 動 ❶ 쌍을 이루다. ¶筷子不～, 请再来一支zhī｜젓가락이 짝이 맞지 않으니 하나 더 가져와라. ❷ 喻 부부가 되다. ¶他俩～作对｜그들은 결혼하였다.

【成说】chéngshuō 名 통설(通說). 정설(定說). 기존 학설. ¶不能囿于～!｜통설에 얽매이지 마라.

【成算】chéngsuàn 名 이미 가진 생각. 이루어질 가능성. 이미 세운 타산. ¶他心里早有了个～｜그의 마음 속에는 이미 계산된 생각이 있었다.

[4]【成套】chéng/tào ❶ 動 조(組)를 이루다. 한 벌이 되다. ¶这些仪yí器是～的, 不要拆chāi散｜이 기기는 한 세트니, 분리하지 마라. ❷ (chéngtào) 區 한 조(組)의. 한 벌의. 한 세트의. 완전한. 분리할 수 없는. ¶～动力装zhuāng置｜완전 동력 장치. ¶～衣服｜한 벌의 옷. ¶～贸易｜프랜트 무역.

【成套设备】chéngtào shèbèi 名組 플랜트(plant) ＝〔整zhěng套设备〕

[3]【成天】chéngtiān 副 口 종일. ¶～忙得要命｜온종일 바빠 죽을 지경이다. ¶～下雨｜종일 비가 오다 ＝〔方 成日〕〔成日家〕〔成日价〕〔成天际〕〔成天家〕〔整zhěng天〕

【成天际】chéngtiān·ji ⇒〔成天〕

【成天家】chéngtiān·jie ⇒〔成天〕

[2]【成为】chéngwéi 動 …이 되다. 실현되다. 이루어지다. ¶～很大的障碍zhàngài｜큰 장애가 되다. ¶他已经～当代第一流作家｜그는 이미 당대의 일류 작가가 되었다. ¶希望～现实｜희망이 현실로 이루어지다.

【成文】chéngwén 名 ❶ 기존의 문장. 喻 틀에 박힌 글. ¶抄chāo袭～｜옛 문장을 그대로 베끼다. ❷ 성문. ¶～宪xiàn法｜성문 헌법.

【成文法】chéngwénfǎ 名 〈法〉 성문법 ⇔〔不成文法〕

【成问题】chéng wèntí 形組 문제가 되다. ¶你再不努力学习, 明天的考试就要～了｜너 다시 더 열심히 공부하지 않으면 내일 시험이 문제가 될 것이다. ¶这样做很～｜이렇게 하면 매우 문제가 된다.

【成仙】chéngxiān 動 신선이 되다. ¶你快～了, 连饭也不吃｜너 곧 신선이 되겠구나, 밥도 먹지 않으니 ＝〔登dēng仙①〕

[4]【成效】chéngxiào 書 名 성과. 효과. 효능. ¶这个办法已收到～｜이 방법은 이미 효과를 거두었다. ¶～卓著｜효과가 현저하다. ¶斗争的～不多｜투쟁으로 얻은 효과는 크지 않다.

[4]【成心】chéngxīn ❶ 狀 고의. 임의. ¶～破坏pòhuài｜고의로 파괴하다. ¶这是～跟我过不去｜이는 일부러 나를 곤경에 빠뜨리려 하는 것이다. ＝〔故gù意(儿)〕 ❷ 書 名 선입관. 편견.

【成行】chéngxíng ☞〔成行〕chéng/háng ⓑ

【成形】chéngxíng ❶ 名 〈機〉 성형. ¶～机｜성형기. ¶～装置zhuāngzhì｜성형장치. ¶爆炸bàozhà～｜폭발성형(爆發成形). ¶～车刀｜총형바이트(總型bite). ❷ 動 (자연적으로나 가공을 거쳐) 형체(形體)를 이루다. 모양을 갖추다. ¶浇铸jiāozhù～｜주물을 부어 성형하다. ❸ 動 일이 이루어지다. 모양을 갖추다. 표준에 이르다. ¶我们的计划开始～了｜우리들의 계획은 모양을 갖추기 시작하였다. ❹ 動 〈醫〉 정형하다. 성

형하다. ¶～外科 | 성형외과. ¶骨gǔ～术shù | 골 성형술. ❺動〈醫〉정상의 상태되다. 정상이다. ¶大便～ | 대변이 정상이다. ¶不～便 | 비정상 대변. ¶～外科 | 성형외과 ‖＝〔成型〕

【成型】chéngxíng⇒〔成形〕

【成性】chéng/xìng ❶動 습성이 되다. 버릇이 되다. ¶懒惰lǎnduò～ | 게으른 버릇이 들다. ¶生活奢侈shēchǐ～ | 생활에 사치스러운 버릇이 들다. ❷(chéngxìng) 名 습성. 버릇. ¶～难改 | 威 습성은 고치기 어렵다.

【成宿(儿)】chéngxiǔ(r) 몐 밤새. ¶～地不合眼 | 밤새 눈을 붙이지 못했다. ¶～的不睡觉, 那怎么行 | 밤새 잠을 자지 않으면 어떻게 하니?

【成药】chéngyào 名 조제되어 생산된 약. 매약(賣藥). ¶中～ | 한방 조제약.

【成也萧何, 败也萧何】chéng yě Xiāo Hé bài yě Xiāo Hé 威 잘 돼도 그 사람 탓, 못돼도 그 사람 탓 [한(漢) 고조(高祖) 때 공신 한신(韓信)이 소하(蕭何)로 인해 천거되었다가 후일 소하의 모략으로 살해된 고사에서 온 말]

【成衣】chéngyī ❶名 재봉. 양장. ¶～匠jiàng | 재봉사. ¶～铺pū | 재봉점. ¶～局 | 재봉소. ❷名 簡 近 재봉사 [「成衣匠」의 약칭] ¶叫个～做一身马褂guà | 재봉사를 불러 마고자 한 벌을 만들었다. ❸(～儿) 名 기성복. ¶～店 | 기성복 가게. ❹動 옷을 짓다. 재봉하다. ¶把这块布料裁剪cáijiǎn～ | 이 옷감을 마름하여 옷을 지어라.

【成议】chéngyì ❶書動 협의가 이루어지다. 합의를 보다. ❷名 이루어진 협의. 합의. 상담의 결말. ¶早有～ | 일찍이 협의가 이루어졌다.

【成因】chéngyīn 書名 생성 원인. 성인. ¶海洋的～ | 해양의 생성 원인. ¶问题的～ | 문제가 생긴 원인.

【成瘾】chéng/yǐn 動 인이 박히다. 중독 되다. ¶吸xī烟～ | 담배에 인이 박히다. ¶狎妓xiájì～ | 기생놀이에 중독이 되다.

【成鱼】chéngyú 名〈魚貝〉성어(成魚).

3【成语】chéngyǔ 名 성어. 관용 숙어. ¶～词典 | 성어 사전.

3【成员】chéngyuán 名 성원. 구성원. 회원. ¶全体～ | 전체 구성원. ¶家族的～ | 가족의 구성원.

【成约】chéng/yuē ❶動 계약이 성립되다. 계약을 이루다. ❷(chéngyuē) 名 이루어진 계약. ¶违wéi了～ | 계약을 위반하다.

【成则为王, 败则为寇】chéng zé wéi wáng, bài zé wéi kòu 威 이기면 왕이고 지면 역적 ＝〔成者为王, 败者为寇〕

2【成长】chéngzhǎng 動 성장하다. 자라다. ¶旧的势力毁灭huǐmiè, 新的生命～ | 구 세력이 소멸되고 새 생명이 자라나다. ¶～壮zhuàng大 | 장대하게 자라다.

【成者为王, 败者为寇】chéng zhě wéi wáng, bài zhě wéi kòu⇒〔成则zé为王, 败则为寇〕

【成竹在胸】chéng zhú zài xiōng⇒〔胸有成竹〕

【成总儿】chéngzǒngr 動 方 일괄하다. 한번에 처리하다. 대량으로 처리하다. 어법 주로 부사어(狀語)로 쓰임. ¶这笔钱你还是～付吧 | 이 돈은 네가 한꺼번에 지불해라. ¶用得多就～买吧 | 많이 쓰려면 한꺼번에 사라. ¶～订dìng货 | 일괄 주문하다 ＝〔打dǎ趸dǔn儿〕〔打垛儿〕→〔共gòng总儿〕

2【诚(誠)】chéng 정성 성 ❶ 진실하다. 성실하다. ¶～恳kěn↓ ❷書副 진실로. 참으로. ¶此情哀āi痛, ～不可忘 | 이런 비통한 심정을 참으로 잊을 수 없도다. ❸書副 확실히. 과연. ¶～有此事 | 확실히 이런 일이 있다. ❹書連 만일. 만약. ¶～能如此, 则是国家的大幸 | 만일 이같이 된다면 이는 국가로서는 크게 다행인 것이다. ❺名(Chéng) 성(姓).

【诚笃】chéngdǔ 書形 진지하다. 성실하다. ¶从这信里我们看到了他的一颗kē～的心 | 이 편지에서 우리는 그의 한 가닥 진실을 보았다.

【诚惶诚恐】chéng huáng chéng kǒng 威 ❶ 황공하옵니다 [신하가 군주에게 말할 때 어두에 쓰는 상투어] ❷ 두렵고 불안하다. ¶我平生首次接受这样的重任, 心中不免miǎn～ | 나는 평생 이런 중책은 처음 맡은 터이라 두려움을 금할 수 없다 ‖＝〔诚恐诚惶〕

2【诚恳】chéngkěn ❶形 성실하다. 간절하다. 성의가 있다. ¶表示～的感谢 | 진심으로 감사한 마음을 표하다. ¶态tài度非常～ | 태도가 매우 성실하다. ❷名 성실. 성의. 진실. ¶同志们的～ | 동지들의 성의.

【诚恐诚惶】chéng kǒng chéng huáng⇒〔诚惶huáng诚恐〕

【诚朴】chéngpǔ 形 성실하고 소박하다. 가식이 없다. ¶～的青年 | 순박하고 성실한 청년.

【诚然】chéngrán 副 ❶ 정말. 확실히. 참으로. 실로. ¶那小孩儿～可爱 | 그 아이는 정말 귀엽다. ¶～不错! | 정말 괜찮다! ❷ 물론. 당연히 … 하지만 어법 역접을 나타내는「但」「却」등이 뒤에 옴. ¶文章的辞藻cízǎo华丽～好, 但主要的还在于内容 | 문장의 수식이 화려한 것도 물론 좋지만, 중요한 것은 역시 내용에 있다.

【诚如】chéngrú 書動 정말 … 같다. 참으로 … 같다. ¶～先生指zhǐ出的那样 | 정말 선생이 지적한 그 모습대로이다. ¶～所言 | 말한대로 이다.

2【诚实】chéng·shí 形 성실하다. 신임이 가다. ¶～可靠 | 성실하여 믿을 만하다. ¶他是一个十分～的人 | 그는 충분이 믿을 만한 사람이다.

【诚心】chéngxīn ❶形 진실하다. 성실하다. ¶他很～ | 그는 매우 성실하다. ❷名 성심. 진심. ¶一片～ | 진실한 마음. ❸名 고의. 어법 주로 부사적으로 쓰임. ¶你不是～捣乱dǎoluàn吗? | 너 고의로 소란을 피우는 거 아니니?

4【诚心诚意】chéngxīn chéngyì 名組 성심성의. 진심. ¶他的话全出于～ | 그의 말은 모두 성심성의로 한 것이다.

4【诚意】chéngyì 名 성의. 진심. ¶毫háo无～ | 조금의 성의도 없다. ¶缺乏quēfá～ | 성의가 부족하다. ¶～地提tí出意见 | 성의껏 의견을 내다.

4【诚挚】chéngzhì 書形 성실하고 진지하다. ¶～友好的气氛 | 진지하고 우호적인 분위기. ¶表示

～的谢意 | 진심으로 감사하는 마음을 표시하다.

1【城】chéng 재 성
❶ 名 성벽(城壁). 내성(內城)의 성벽[내성(內城)을「城」이라 하고 외성(外城)은「郭」이라 함] ¶长～ | 만리장성. ❷ 名 도시. 도회지 ¶～市↓ ¶～乡交流 | 도·농 간의 교류 ⇔〔乡①〕 ❸ (Chéng) 성(姓).

【城堡】chéngbǎo 名 성보. 보루(堡壘). 성루.

【城池】chéngchí 書 名 ❶ 성지 [성 밖을 파고 물이 흐르게 하여 적이 쉽게 쳐들어오지 못하게 하는 강(江)을「池」라고 함] ¶攻打～ | 성지를 공격하다→〔汤池〕 ❷ 성(城). ¶金城汤池 | 成 금성 탕지. 철옹성(鐵甕城). ¶～宫殿diàn | 성과 궁전. ❸ 도시. 도회지.

【城防】chéngfáng 名 도시의 방위. ¶～部队 | 도시 방위 부대. ¶～工事 | 도시 방어 공사. ¶～司令 | 도시 방위 사령.

【城府】chéngfǔ 書 名 ❶ 도시와 관청. ❷ 경계심(警戒心). 마음속에 쌓은 담. 속셈. ¶胸xiōng无～ | 마음 속에 경계심이 없다. 솔직하다. ¶他很有～, 可以说是老谋móu深算 | 그는 꿍꿍이 속셈이 많으니, 늘 지모와 계략을 부리는 것 같다.

【城根(儿)】chénggēn(r) 名 성벽의 부근. 성 밑 =〔城脚〕→〔墙qiáng根(儿)〕

【城沟】chénggōu ⇒〔城河〕

【城关】chéngguān 名 성문 바깥쪽 일대. 성문 부근. 수도(首都)의 주변. ¶～镇zhèn | 성관진 [성문 밖이나 수도 주변의 읍(邑)]

【城廓】chéngguō 名 ❶ 성곽. ¶～不坚jiān, 兵甲不多 | 성벽은 견고하지 못하고 군사는 많지 않다. ❷ 도시 전체. ¶～乡村 | 도시와 시골. ¶～人民 | 성내 백성.

【城壕】chéngháo ⇒〔城河〕

【城河】chénghé 名 성호(城壕). 성지(城池) =〔城沟〕〔城壕〕〔書 城隍①〕〔护hù城河〕

【城狐社鼠】chéng hú shè shǔ 成 성안에서 행세하는 간신 무리. 권세에 빌붙어 나쁜 짓을 하는 무리 =〔社鼠城狐〕

【城隍】chénghuáng ❶ ⇒〔城河〕 ❷ 名 성황신 [저승의 재판관] ¶～庙miào | 성황당. 서낭당. ¶～神 | 성황신. 마을의 수호신.

【城郊】chéngjiāo 名 교외(郊外). 도시의 변두리. ¶～住宅zhái区 | 교외 주거지.

【城脚】chéngjiǎo ⇒〔城根gēn(儿)〕

【城里】chéng·lǐ 名 시내(市內). 성 안. ¶～人 | 도시 거주자. ¶有一条马路通到～ | 시내로 통하는 길 하나가 있다.

【城楼】chénglóu 名 성루. 성문 위에 세운 누각.

【城门】chéngmén 名 성문. ¶～楼子 | 성문 위에 세운 누각.

【城门失火, 殃及池鱼】chéngmén shī huǒ, yāng jí chí yú 諺 성문에 난 불로 성지(城池)의 고기가 화를 입었다. 까닭없이 연루되어 화를 당하다.

【城墙】chéngqiáng 名 성벽. ¶旧～已被毁坏huǐhuài | 옛 성벽이 이미 훼손되었다.

【城区】chéngqū 名 시구(市區). 시가(市街) 구역 ⇔〔郊区〕→〔市区〕

[1]【城市】chéngshì 名 도시. 시가지. ¶～污染wūrǎn | 도시 오염. ¶～规划 | 도시 계획. ¶～国家 | 도시 국가. ¶～贫民 | 도시 빈민. ¶～建设 | 도시 건설. ¶～美容师 | 환경미화원. ¶～骚sāo音 | 도시 소음. ¶～网络 | 도시회로망 [소·중·대 도시가 긴밀히 협조할 수 있도록 적당히 분포되어 있는 형태]

【城市病】chéngshìbìng 名 도시병 [밀폐된 공간의 공기 오염으로 생기는 병] =〔居室综合症〕

【城下之盟】chéng xià zhī méng 成 성 밑에서 체결한 강화(講和) 조약. 적에게 성밑 까지 침공당한 후 체결한 강화 조약《左傳·桓公》

【城乡】chéngxiāng 名 도시와 농촌. ¶～互助 | 도시와 농촌의 상호 협조. ¶～交流 | 도·농 간의 교류. ¶～差别 | 도·농 격차. ¶～合理的原则 | 도시와 농촌간의 합리적 이익분배.

【城厢】chéngxiāng 名 성의 안팎. 성문 근방. ¶～内外 =〔城内厢外〕| 성의 안팎 =〔关厢〕

【城垣】chéngyuán 書 名 성벽.

[4]【城镇】chéngzhèn 名 도시와 소도시. 시와 읍. ¶～居民 | 도시 주민. ¶～建设规划guīhuà | 도시 건설 계획.

【宬】chéng 장서각 성
名 고대(古代)의 장서실(藏書室) [「皇史宬」은 명청(明清)시대 황실의 사료(史料)를 보관하던 곳]

【晟】chéng ☞ 晟 shèng Ⓑ

【盛】chéng ☞ 盛 shèng Ⓑ

【铖(鋮)】chéng 사람이름 성
인명에 쓰이는 글자. ¶阮ruǎn大～ | 완대성 [명말(明末)의 유명한 간신]

【丞】chéng 도울 승
書 ❶ 動 돕다. 보좌(補佐)하다. ¶～上指zhǐ | 왕의 지시를 받들다. ❷ 名 (봉건시대의) 보좌관(補佐官). 차관(次官). ¶～相↓ ¶县xiàn～ | 현부지사. ¶府fǔ～ | 부장관 보좌.

【丞相】chéngxiàng 名 승상.

2【承】chéng 이을 승
❶ 動 (물건을 그릇 등에) 받다. ¶以盆pén～雨 | 대야로 빗물을 받다. ¶～尘chén↓ ❷ 動 (은혜 따위를) 입다. 받다. 받들다. ¶～大家热rè心招待zhāodài | 여러 사람의 열렬한 환대를 받다. ¶～大人下问 | 대인의 질문을 받다. ¶～命办理 | 명령을 받들어 처리하다. ❸ 動 계속하다. 잇다. ¶～上启下↓ ¶继jì～ | 계승하다. ❹ 動 담당하다. 맡다. 인수하다. 주문 받다. ¶～做家具 | 가구를 주문 받아 제조하다. ¶～担dān↓ ❺ 動 승인하다. 인정하다. ¶招zhāo～ | 자백하다. ¶自～其罪 | 죄를 스스로 인정하다. ❻ (Chéng) 名 성(姓).

[4]【承办】chéngbàn 動 맡아 처리하다. 청부맡다. ¶由三星集jí团～本届jiè电子产品展销xiāo会 | 삼성 그룹이 이번 전자 제품 전시·판매회를 맡아 한다→〔包办〕

[3]【承包】chéngbāo 動 청부맡다. 도급 맡다. ¶现代

集团～了这项工程 | 현대 그룹이 이번 공사를 청부맡았다. ¶～人 | 청부업자 =〔承揽〕→〔承办〕

【承保】chéngbǎo 動 ❶ 보증하다. 보증 인수하다. ¶～人 | 보증인. ¶～范围fànwéi | 보증 범위. ❷〈貿〉(보험업자가) 담보하다. 보험을 인수하다. ¶～通知书 | 부보(附保) 통지서. ¶～期 | 보험 기간. ¶～确认quèrèn书 | 보험담보 확인서. ¶～险xiǎn别 | 인수 조건.

【承报】chéngbào 動〈商〉오퍼(offer)를 받다. ¶～小型轿jiào车 | 소형 승용차의 오퍼를 받다.

【承尘】chéngchén ❶ 書 名 천자(天子)의 좌소(座所)나 침대 위에 치던 막(幕). ❷⇒〔天tiān花板〕

3【承担】chéngdān 動 담당하다. 맡다. 책임지다. ¶～了这个任务 | 이 임무를 맡다. ¶～义务 | 의무를 지다. ¶～责任 | 책임을 지다 =〔承当①〕

【承当】chéngdāng ❶⇒〔承担〕 ❷ 動 北 승낙〔응낙〕하다. ¶你还不～ | 넌 아직 승낙하지 않았다.

【承乏】chéngfá 書 動 謙 결원이 생겨 임시로 일을 맡아 보다. 재능이 없는 사람이 임시로 벼슬을 얻다 [벼슬한 사람이 스스로를 낮추어 하는 말] ¶～别人的位子 | 남의 자리를 제가 임시로 맡고 있습니다.

【承欢】chénghuān 書 動 (부모나 왕을) 받들어 모셔 기쁘게 해 드리다. 남의 비위를 맞추다. ¶～膝xī下 | 成 부모님을 기쁘게 해 드리다《白居易·長恨歌》

【承继】chéngjì 動 ❶ 양자로 후계를 잇다. 양자를 삼다. ¶他到四十还没有儿子, 就把他哥哥的小儿子～过来 | 그는 나이가 40이 되도록 아이가 없자 형의 작은 아들을 양자로 삼았다. ❷ (다른 집의) 상속인이 되다. (가업 등을) 계승하다. ¶～权 | 상속권. ¶～人 | 상속인. ¶～他的家业 | 그의 가업을 이어받다.

【承建】chéngjiàn 動 청부 건설하다. 공사를 맡아 하다. ¶～铁tiě路 | 철도 공사를 청부 맡아 하다. ¶这个工程由建筑zhù公司～ | 이 공사는 건축회사에서 청부 맡아 한다.

【承接】chéngjiē 動 ❶ 접속하다. 이어받다. ¶～上文 | 앞 문장을 이어받다. ❷ (왕위를) 계승하다. ❸ (재산을) 상속받다. ❹ 인수하다. ¶～报价bàojià | 오퍼를 인수하다. ¶～后交货jiāohuò | 인수 후 인도하다.

【承揽】chénglǎn ⇒〔承包〕

【承溜】chéngliù 書 名 물받이 =〔檐yán沟〕

【承蒙】chéngméng 書 動 謙 (은혜 따위를) 입다. (혜택 따위를) 받다. ¶～热情招待, 十分感激 | 열렬한 접대를 받아 매우 감격스럽습니다. ¶～照顾zhàogù | 보살핌을 받다.

【承诺】chéngnuò 書 動 승낙하다. 응답하다. ¶既jì然他～了, 就没有什么问题了 | 그가 응락했으니 별 문제가 없게 되었다.

【承平】chéngpíng 書 名 태평. 오랫동안의 평안. ¶～日久 | 태평한 지가 오래되었다. ¶累lěi世～ | 누대의 태평. ¶国家～ | 국가 태평. ¶～年月 | 태평한 시대.

【承前启后】chéng qián qǐ hòu 成 ❶ 옛 것을 이어받아 미래를 개척하다. ❷ 선인들을 계승하여 발전시키다

【承情】chéng/qíng 動 ❶ (기증한 물품을) 받다. 접수하다. ❷ (타인의 충고·권고·조언)을 받아들이다. ¶承他的情, 只好同意了 | 그의 충고를 받아 들여 동의하는 수 밖에 없었다. ❸ 은혜를 입다. 호의를 받다. ¶～得很 | 은정을 많이 받았습니다. ¶承您的情, 我感激gǎnjī不尽jìn了 | 당신의 호의에 감격해 마지 않습니다.

2【承认】chéngrèn ❶ 動 승인하다. 인정하다. 허가하다. 동의하다. 시인하다. ¶～土地私有制 | 토지 사유제를 승인하다. ¶～自己的错儿 | 자기의 잘못을 인정하다. ❷ 名 승인. 시인. ¶～书 | 승인서. ¶相互～ | 상호 승인.

【承上启下】chéng shàng qǐ xià 成 ❶ 앞의 문장에 이어 글을 쓰다. ❷ 상부의 지시를 받아 하부 기관에 전달하고 시행하게 하다.

4【承受】chéngshòu 動 ❶ 받아 들이다. 감당하다. 이겨내다. ¶～不起这种压力 | 이런 압력은 견뎌낼 수 없다. ¶～各种考验 | 각종 시련을 이겨내다. ❷ (재산·권리 등을) 이어받다. 계승하다. ¶～财产 | 재산을 물려받다. ¶～文学遗yí产 | 문학 유산을 이어받다→〔接jiē受〕 ❸〈商〉인수하다. 승낙하다. ¶～订dìng货 | 주문을 받아들이다. ¶～汇huì票 =〔承兑汇票〕 | 지급 승낙 환어음. ¶～银行 | 인수 은행.

【承题】chéngtí 名 승제 [기승전결(起承轉結)의 승의 부분. 팔고문(八股文)의 두번째 단계]→〔八bā股〕

【承望】chéngwàng 動 ❶ 예상하다. 짐작하다. 어법 대부분 부정형이나 반어문으로 쓰임] ¶不～你这时候来, 太好了 | 네가 이 때 올 줄은 몰랐는데 참 잘 됐다. ¶谁～的? | 누가 짐작이나 했겠어? ❷ 바라다. 원하다. ¶她本～流落luò在烟花柳巷! | 그녀는 원래부터 화류계에서 떠돌기를 바랐다.

【承袭】chéngxí 書 動 계승하다. 물려받다. ¶～了孔孟的儒学传统 | 공자 맹자의 유학전통을 계승하였다. ¶～了侯爵 | 후작을 물려받았다.

【承先启后】chéng xiān qǐ hòu 成 (선인의 학문·유지 등을) 계승 발전시키다. ¶他是一位～的历史伟人 | 그는 선대의 위업을 계승 발전시킨 역사적 위인이다.

【承修】chéngxiū 動 맡아 수리하다. 수리를 맡다. ¶本店～各种钟表 | 본 점포는 각종 시계 맡아 수리합니다.

【承印】chéngyìn 動 맡아 인쇄하다. 인쇄를 맡다. ¶本厂～各种刊物 | 본 공장은 각종 간행물을 맡아 인쇄합니다.

【承应】chéngyìng 動 승낙하다. 받아들이다. ¶主任～了他们的要求 | 주임은 그들의 요구를 받아들였다 =〔应承〕

【承运】chéngyùn 動 ❶ 운송을 맡다. 맡아 운송을 하다. ¶～各种物品 | 각종 물품을 맡아 운송하다. ❷ 書 (군주가) 천명(天命)을 받다.

【承载】chéngzài 動 적재된 중량을 견디다. ¶～能力 | 적재 능력. 부하(負荷) 능력.

【承重】chéngzhòng ❶ 名 (건조물에 가해지는) 하중(荷重). ❷ 動 장례와 제사를 지낼 중책을 맡다. 맏상제가 되다. ¶～孙sūn | 조부모 상을 당했을 때 아버지를 먼저 여윈 맏 손자의 자칭(自稱) [주로 부고에 쓰임] ¶～曾孙 | 아버지와 할아버지를 먼저 여의고 증조부모(曾祖父母)의 상을 당했을 때 맏 증손자의 자칭.

【承转】chéngzhuǎn 動 상부의 공문을 받아서 하부에 전해주다. ¶～ |

【承做】chéngzuò 動 주문을 받아 만들다. 맡아서 제조하다. ¶本店～各式服装fúzhuāng | 본 가게에서는 여러 가지 옷을 주문 받아 만듭니다.

2【乘】chéng shèng 탈 승

Ⓐ chéng ❶ 動 타다. ¶～马 | 말을 타다. ¶～飞机 | 비행기를 타다→〔趁chèn①〕〔坐zuò②〕 ❷ 動 (기회 등을) 이용하다. 타다. 어법「趁」의 용법과 같으며 뒤에「着」을 붙이지 않고 주로 북방이나 서면어에 많이 씀. ¶～敌不备攻击jī | 적이 대비하지 못한 틈을 이용해 공격하다. ¶～机破坏pòhuài | 기회를 틈타 파괴하다→〔趁chèn②〕 ❸ 動 곱하다. ¶五～四等于二十 | 5곱하기 4는 20이다. ❹ 量 대. 량(輛) [가마·수레를 세는 단위] ¶喊hǎn两～轿子来 | 수레 둘을 불러 왔다. ❺ (Chéng) 名 성(姓).

Ⓑ shèng ❶ 書 名 사서(史書) [춘추(春秋)시대 진(晋)의 사서(史書)를「乘」이라 불렀는데 후에 일반사서(史書)를 가리킴] ¶史～ | 사서. ¶野～ | 야사. ❷〈佛〉불교의 교리와 교파 [중생을 실어 열반에 이르게 하는 것을 가리킴] ¶小～ | 소승. ¶大～ | 대승. ❸ 量 승 [고대(古代)에 4필의 말이 끄는 전차를 세는 단위] ¶千～之国 | 천승지국. 천승의 병거를 가진 특별히 큰 나라.

【乘便】chéngbiàn 動 편리한 때를 이용하다. …하는 김에. …계제에. 어법 주로 부사어(狀語)로 쓰임. ¶请你～把那本书带给我! | 편리한 때에 그 책을 나에게 가져다 주시오! =〔顺便〕

【乘除】chéngchú ❶ 動〈數〉승제하다. 곱하기 나누기를 하다. ❷ 名〈數〉승제. 곱셈과 나눗셈. ❸ 書 名 부침(浮沈). 흥망성쇠. 영욕(榮辱). 공과죄. ¶万事～总在天 | 모든 일에는 부침이 있고 이는 결국 하늘에 달렸다.

【乘法】chéngfǎ 名〈數〉승법. 곱셈법. ¶～表 | 구구단.

【乘方】chéngfāng 名〈數〉거듭 제곱. 승멱(乘冪) =〔乘幂mì〕

【乘风破浪】chéng fēng pò làng 成 비바람을 무릅쓰고 항해를 계속하다. 어려움을 이기고 용감하게 나아가다《宋書·宗慤傳》

【乘号】chénghào 名〈數〉곱셈 부호. 승호.「×」→〔夹jiā⑦〕

【乘火打劫】chéng huǒ dǎ jié ⇒〔趁chèn火打劫〕

4【乘机】chéngjī 動 ❶ 기회를 타다 어법 주로 부사어(狀語)로 쓰임. ¶敌dí人往往～搞gǎo破坏pòhuài | 적들은 종종 기회를 타고 파괴를 자행한다. ❷ 비행기를 타다. ¶～前往欧洲 | 비행기를 타고 구주로 향했다.

【乘积】chéngjī 名〈數〉승적. 곱한 몫. ¶求～ | 곱셈 몫을 구하라.

【乘坚策肥】chéng jiān cè féi 成 튼튼한 수레를 타고, 살찐 말을 채찍질하다. 고관이나 부호의 생활을 하다 =〔乘坚驱良〕

【乘坚驱良】chéng jiān qū liáng ⇒〔乘坚策cè肥〕

【乘警】chéngjǐng 名 철도 공안원. ¶火车的每车厢里配备pèibèi两名～ | 기차의 모든 차간에는 두명의 공안원이 배치되어 있다.

3【乘客】chéngkè 名 승객. ¶～舱 | 객실. ¶新来的～不住地往里挤 | 새로 탄 승객은 끊임 없이 안으로 밀어 붙인다 =〔搭dā客〕→〔车chē座儿〕

【乘空(儿)】chéng/kōng(r) 動 한가한 틈을 이용하다. 기회를 타다. ¶～打个盹dǔn儿 | 한가한 때를 이용해 살짝 잠을 자다.

【乘凉】chéng/liáng 動 서늘한 바람을 쐬다. ¶在树下～聊天 | 나무 밑에서 더위를 식히며 한담을 한다 =〔纳nà凉〕〔書 取qǔ凉〕

【乘龙】chénglóng 書 ❶ 動 훌륭한 사위를 얻다 [한(漢) 나라의 태위(太尉) 환언(桓焉)이 황헌(黃憲)·이응(李膺) 등의 좋은 사위를 맞은 고사에서 유래] ❷ 名 사위. ¶～佳婿xù =〔乘龙快婿〕| 훌륭한 사위.

【乘幂】chéngmì ⇒〔乘方〕

【乘人之危】chéng rén zhī wēi 成 남의 위급한 때를 틈타다. 남의 약점을 이용하다 =〔乘人之厄〕

【乘人之厄】chéng rén zhī wèi ⇒〔乘人之危wēi〕

【乘胜】chéngshèng 動 승세(勝勢)를 타다. 기선을 제압하다. 승기를 잡다. 어법 주로 부사어(狀語)로 쓰임. ¶～追击zhuījī | 승세를 타고 추격하다. ¶～前进 | 승기를 잡고 전진하다.

【乘势】chéng/shì ⇒〔趁chèn势〕

4【乘务员】chéngwùyuán 名 승무원. 차장(車掌).

【乘隙】chéng/xì 動 기회를 타다. 틈을 타다 어법 주로 부사어(狀語)로 쓰임. ¶～突tū围 | 빈틈을 노려 포위를 뚫다. ¶乘敌之隙 | 적의 빈틈을 이용하다 =〔乘间〕

【乘兴】chéngxìng 動 신이 나다. 흥이 나다. ¶～而来, 败兴而归guī | 成 기분 좋게 왔다가 흥이 깨져 돌아가다.

【乘虚】chéngxū 書 動 허점을 노리다. 약점을 이용하다. 어법 주로 부사어(狀語)로 쓰임. ¶～而入 | 허점을 노리고 침입하다.

【乘坐】chéngzuò 動 타다. 승차하다. ¶～列车 | 열차를 타다. ¶～什么交通工具? | 무슨 교통 수단을 이용할 것이냐?.

4【呈】chéng 나타날 정

❶ 動 나타내다. 드러내다. 띠다. ¶乌鸦yā全身～黑色 | 까마귀는 온몸이 검은색을 띠고 있다. ¶地表～黑红色 | 지표는 흑홍색을 띠고 있다. ❷ 動 드리다. 올리다. 봉정하다. ¶谨jǐn～ | 삼가 증정하다. ¶把礼物～上 | 선물을 올리다. ❸ (～儿) 名 옛날, 하급 기관에서 상급 기관에 올리던 문서→〔呈文〕 ❹ (Chéng) 名 성(姓).

【呈报】chéngbào ❶ 動 상신(上申)하다. (상급 기관에) 문서로 보고하다. ¶～备案 | 문건을 상급 기관에 보고·등록하다. ❷ 名 보고서. 신청서. ¶

出港～ | 출항신고서.
【呈递】chéngdì 動 (상급기관에) 올리다. 제출하다. ¶～国书 | 신임장을 제출하다. ¶～申请书 | 신청서를 제출하다.
【呈览】chénglǎn ⇒〔呈阅〕
【呈露】chénglù ⇒〔呈现xiàn〕
【呈请】chéngqǐng 動 상급 기관에 신청하다. ¶～辞职cízhí | 사직원을 내다. ¶写个报告, ～中央批准 | 보고서를 써서 중앙의 재가를 신청하다.
【呈儿】chéngr ⇒〔呈文②〕
【呈送】chéngsòng 動 (상급 기관에) 문서를 보내다. ¶～状zhuàng子 | 소장(訴狀)을 제출하다.
【呈文】chéngwén ❶ 動 (상급 기관에) 문서를 제출하다. ¶向法院～ | 법원에 문서를 제출하다. ❷ 名 청원서. 상신서. 소송서류. ¶细看～ | 상신서를 자세히 보다. ¶上一个～给政府 | 정부에 상신서 하나를 올리다 =〔呈儿〕〔呈子①〕
4【呈现】chéngxiàn 書 動 나타내다. 모습을 보이다. 양상을 띠다. ¶～在眼前 | 눈앞에 나타나다. ¶那活生生的一幕mù总是～在脑nǎo海里 | 그 생생한 한 장면이 언제나 뇌리에서 사라지지 않는다 =〔呈露〕
【呈献】chéngxiàn 書 動 헌상하다. 바치다. 올리다. ¶虔诚qiánchéng地把祭jì品～给列liè祖zǔ列宗zōng | 경건한 마음으로 제수를 대대의 조상에게 바쳤다.
【呈阅】chéngyuè 動 문서를 보아 달라고 제출하다 =〔呈览〕
【呈正】chéngzhèng 書 動 敬 질정을 해 달라고 자기의 저작을 증정하다 =〔呈政〕
【呈子】chéng·zi ⇒〔呈文②〕

【埕】chéng 술독 정
名 ❶ 方 술독. 도기로 만든 옹기 =〔酒甕〕 ❷ (복건(福建)·광동(廣東) 연해 일대의) 맛조개 양식장.

2【程】chéng 한도 정
❶ 법식. 규정. ¶～式↓ ¶章～ | 규약. 규정. ❷ 길. 도로의 구간. 이정. 거리. ¶起～ | 출발하다. ¶里～牌pái | 이정표. ¶一里之～ | 1리의 길. ¶踏tà上征zhēng～ | 전쟁의 길에 들어서다. ¶射shè～ | 사거리. ❸ 순서. 진도. 한도. ¶日～ | 일정. ¶议yì～ | 회의 순서. ❹ 量 일단의 거리. 일단의 시간. 단락. ¶送你一～ | 너를 조금 바래다주겠다. ¶讲一～话 | 한 단락의 말을 하다. ❺ (Chéng) 名 성(姓).
【程次】chéngcì 名 절차. ¶安排～ | 절차를 안배하다. ¶做好～吧! | 절차를 마련해 둡시다. ¶研究～ | 연구 절차.
2【程度】chéngdù 名 정도. 수준. ¶～高 | 정도가 높다. ¶文化～ | 문화 수준. ¶～不齐 | 수준이 같지 않다. ¶天气虽冷, 还没有到上冻dòng的～ | 날씨가 비록 춥긴하지만 아직 얼음이 얼 정도가 되진 않았다.
【程控】chéngkòng 名 簡 〈電算〉 프로그램 제어 [「程序控制」의 약칭] ¶～电话交换机 | 프로그램 제어식 전화 교환기.
【程控电话】chéngkòng diànhuà 名組 〈電氣〉 프로프로그램 제어식 전화.
【程门立雪】chéng mén lì xuě 成 스승을 공경하며 가르침을 기다리다 [송대(宋代)의 유작(游酢)과 양시(楊詩)가 대 스승 정이(程頤)가 눈이 한 자 나 쌓이도록 명상을 끝내고 눈을 뜰 때까지 기다렸다는 고사에서 유래] ¶我有幸～, 亲受先生的教诲huì | 나는 다행히 선생님의 가르침을 기다려 직접 지도를 받게 되었다 =〔立雪程门〕
【程式】chéngshì ❶ 名 격식. 규격. 양식. ¶公文～ | 공문 양식. ¶～化 | 규격화. ¶表演的～ | 연기의 격식. ❷ ⇒〔程序②〕
【程限】chéngxiàn 名 ❶ 격식과 제한. 한계. ¶创chuàng作是没有一定的～的 | 창작에는 일정한 격식이 따로 없다. ❷ 近 기한. ¶有误wù～ | 기한을 어기다.
3【程序】chéngxù 名 ❶ 순서. 단계. 절차. ¶工作～ | 작업 순서. ¶会议yì～ | 회순(會順). ¶法律～ | 법률적 절차. ¶～不好 | 절차가 틀렸다. ❷ 〈電算〉 프로그램(program). ¶～包 | 프로그램 패키지(package). ¶～设计 | 프로그래밍(programming). ¶新开发的～ | 새로 개발한 프로그램 =〔程式②〕 ❸ 〈電算〉 절차(節次; procedure).
【程序表】chéngxùbiǎo 名 프로그램(program). 행사 진행 순서표.
【程序控制】chéngxù kòngzhì 名組 〈電算〉 프로그램 제어(program control) =〔程控〕
【程序语言】chéngxùyǔyán 名組 〈電算〉 절차언어(procedural language).
【程咬金】chéngyǎojīn 名 훼방꾼. 의외의 방해자 [당대(唐代) 설인귀(薛仁貴) 설화(說話)에 나오는 훼방꾼의 이름] ¶怎么半路上杀出个～? | 어떻게 중도에 불쑥 훼방꾼이 나타나느냐?
【程子】chéng·zi 量 京 北 때. 즈음. 어법 단독으로는 쓰이지 않으며, 「这」「那」의 뒤에 쓰임. ¶这一～ | 요사이. ¶那一～ | 그 때.

【裎】chéng chěng 벌거숭이 정
A chéng 書 動 발가벗다 =〔裸luǒ裎〕
B chěng 書 名 앞을 여미는 홑옷.

【酲】chéng 숙취 정
書 形 숙취(宿醉)하여 정신이 흐리다. ¶罔然若～ | 술에 취한 것처럼 몽롱하다. ¶忧yōu心如～ | 걱정으로 머리가 흐릿하다.

【枨(棖)】chéng 문설주 정
書 ❶ 動 접촉하다. 건드리다. ¶～触chù↓ ❷ 名 문의 기둥. 문설주 [수레의 출입을 막기 위해 세운 기둥]
【枨触】chéngchù 書 動 ❶ 건드리다. 접촉하다. ¶再～起昨天会议的争论 | 어제 회의의 쟁론에 대해 다시 건드리기 시작했다. ❷ 감동하다. ¶～万端duān | 무한하게 감동하다.

【塍】chéng 밭두둑 승
名 奧 밭두둑. 밭두렁. ¶田～ | 밭두둑.

4【澄】chéng ☞ 澄 dèng B

【橙】chéng 등자나무 등
名 ❶ 〈植〉 등자나무. 오렌지 나무. ❷ 등

자. 등자나무 열매. 오렌지.
【橙黄(色)】chénghuáng(sè) 名〈色〉등황색. 오렌지 색.
【橙黄素】chénghuángsù ⇒〔胡hú萝卜素〕
【橙皮】chéngpí 名〈漢醫〉등피 [등자 껍질을 말린 것으로 건위제(健胃劑)로 쓰임] ＝〔陈chén皮〕
【橙油】chéngyóu 名 등자 기름. 오렌지씨의 기름.
【橙汁】chéngzhī 名〈食〉❶ 오렌지에이드(orangeade). ❷ 오렌지 주스.
【橙子】chéng·zi 名 등자. 오렌지.

4【惩(懲)】chéng 징계할 징
動 ❶ 처벌하다. 징계하다. ¶严yán～ | 엄하게 처벌하다. ¶重～示儆jǐng | 엄하게 처벌하여 경계하도록 하다. ❷ 경계하다. ¶～前毖bì后↓
4【惩办】chéngbàn ❶ 動 처벌하다. 징벌하다. ¶必须～的反革命分子 | 반드시 처벌해야 할 반혁명분자. ¶依法～ | 의법 징계하다. ❷ 名 처벌. 징계. ¶严yán加～ | 엄격히 처벌하다. ¶～主义 | 응보주의(應報主義).
【惩毖】chéngbì ⇒〔惩前毖后〕
【惩处】chéngchǔ 動 처벌하다. 징계하다. ¶依法～ | 법에 따라 징계하다. ¶～了一批不法分子 | 일단의 불법분자들을 처벌하다.
4【惩罚】chéngfá ❶ 動 징벌하다. 처벌하다. ¶对于屡lǚ数不改的坏huài分子必须～ | 누차 고치지 않는 불량분자는 반드시 처벌하여야 한다. ❷ 名 징벌. 처벌. ¶严厉yánlì的～ | 엄중한 징벌. ¶～权 | 징벌권.
【惩戒】chéngjiè 動 징계하다. 경계하다. ¶～后人 | 후세 사람을 경계하다. ¶～处分 | 징계 처분. ¶～委员会 | 징계 위원회.
【惩前毖后】chéng qián bì hòu 成 과거의 잘못을 후일의 거울로 삼다《詩經·周頌》¶～, 治病救jiù人 | 과거의 잘못을 교훈 삼고, 병을 고쳐 사람을 구하다 ＝〔惩毖〕
【惩一儆百】chéng yī jǐng bǎi ⇒〔惩一警百〕
【惩一警百】chéng yī jǐng bǎi 成 한 가지 사례를 엄벌하여 각성하도록 하다. 일벌백계(一罰百戒) ＝〔惩一儆百〕〔一罚百戒〕〔以一警百〕
【惩治】chéngzhì 動 징벌하다. 처벌하다. ¶～贪污tānwū腐fǔ化的干部 | 수뢰하고 부패한 간부를 징벌하다 ＝〔惩办〕

chěng ㄔㄥˇ

【逞】chěng 쾌할 령/정
❶ 動 (재능·기량을) 과시하다. 뽐내다. 우쭐대다. ¶～能↓ ¶～强↓ ¶有一点儿本事别那么～ | 그까짓 정도의 기량을 너무 과시하지 마라. ¶～威wēi风 | 위장성세하다. ❷ 動 내버려 두다. 방임하다. ¶可不能～孩子 | 자식을 절대 그냥 내버려 두지 마라. ❸ (Chěng) 名 성(姓).
【逞脸】chěng/liǎn 動 ❶ 제멋대로 하다. ¶你休～多嘴多舌的 | 네 멋대로 지껄여 대지 말라《元雜劇》❷ 교만하다. 건방지게 굴다. 거드름을 피우다. ¶一则是怕逞了凤丫头的脸 | 첫째는 「凤」이란 계집이 거드름을 피울까봐 염려되는 것이다《紅樓夢》
【逞能】chěng/néng 動 (재능·기량을) 뽐내다. 자랑하다. 과시하다. ¶千万不要～ | 절대 과시하지 마라 ¶你逞什么能呢? | 너 무얼 그렇게 뽐내니? →〔出chū色②〕〔骋chěng能〕
【逞强】chěng/qiáng 動 강한 척하다. 위세를 부리다. 과시하다. 억지를 부리다. ¶有人在眼前他就要～ | 눈 앞에 누가 있기만 하면 잘난 체하려 한다. ¶～好胜 | 승벽을 부리다. ¶有病可不要～, 快治 | 병이 있으면 억지를 부리지 말고 빨리 치료하여라.
【逞威风】chěng wēifēng 動組 허세를 부리다. 위풍을 떨다.
【逞性子】chěng xìng·zi 動組 제멋대로 굴다. 성질대로 놀다.
【逞凶】chěng/xiōng 動 대담하게 흉폭한 짓을 하다. 행패를 부리다. ¶拿起鞭biān子就～ | 채찍을 들고 행패를 부리다.
【逞臆】chěngyì 動 억측하다. 함부로 추정하다. ¶其说～, 不足凭píng信 | 그 설은 억측이므로 믿을 만하지 않다.
【逞英雄】chěngyīngxióng 動組 잘난 체하다. 으시대다. ¶你少～ | 너 그만 우쭐대어라.

【裎】chěng ☞ 裎 chéng Ⓑ

【骋(騁)】chěng 달릴 빙, 펼 빙
書 動 ❶ 달리다. 질주하다. ¶汽车在公路上驰chí～ | 자동차가 도로를 내달리다. ¶～驰↓ ❷ 펴다. 펼치다. ¶～目↓
【骋驰】chěngchí 書 動 힘껏 빨리 달리다. 질주하다. 쾌주하다.
【骋怀】chěnghuái 書 動 흉금을 털어놓다. 속마음을 이야기하다. ¶～豪háo饮 | 흉금을 털어 놓고 호방하게 마시다.
【骋目】chěngmù 書 動 눈을 크게 뜨고 먼 곳을 바라보다. ¶～于广大的空间 | 눈을 크게 뜨고 광활한 공간을 바라 보았다 ＝〔骋望②〕〔骋目远眺〕
【骋能】chěngnéng 書 動 재능을 마음껏 발휘하다. 재주를 한껏 펼치다 →〔逞能〕
【骋望】chěngwàng 書 動 마음을 열고 멀리 바라보다. ¶～千里 | 멀리 바라 보다.

chèng ㄔㄥˋ

4【秤】chèng 저울 칭
❶ 名 저울 [「称」으로도 쓰임] ¶钩gōu～ | 갈고리 저울. ¶盘pán～ | 접시 저울. ¶杆gǎn～ | 대 저울. ¶弹簧dànhuáng～ | 용수철 저울. ¶案～ | 탁상용 저울. ¶一杆～ | 저울 한 대. ¶过～ | 저울에 달다 ＝〔称chèng〕 ❷ 量 近 15근(斤) ¶赐cì与金一提, 银一～, 权quán为信物 | 금 8양(兩)과 은 15근을 주고 서로의 증거로 삼았다《水滸傳》.
【秤不离砣】chèng bù lí tuó 諺 저울대와 저울추는 떨어질 수 없다. 아주 밀접한 관계이다. ¶他们俩一向～, 密切合作 | 그들 둘은 줄곧 저울대와 저울추의 관계처럼 밀접하게 협조하였다 ＝〔媳妇

不离婆〕〔鼓不离锣〕
【秤锤】chèngchuí 名 저울추 =〔秤砣〕〔秤铊〕
【秤锤虽小, 压千斤】chèngchuí suī xiǎo, yā qiānjīn 諺 저울추는 작아도 천 근을 단다. 고추는 작아도 맵다 =〔秤锤压千斤, 人小骨头重〕〔秤锤儿虽小, 能压千斤〕
【秤杆(儿)】chènggǎn(r) 名 저울대 =〔秤羹木〕
【秤羹木】chènggēnmù ⇒〔秤杆gǎn(儿)〕
【秤钩(儿, 子)】chènggōu(r·zi) 名 저울 고리.
【秤毫】chènghǎo ⇒〔秤纽〕
【秤花】chènghuā ⇒〔秤星(儿)〕
【秤纽】chèngniǔ 名 저울 끈 =〔秤毫〕〔秤组〕
【秤盘子】chèngpán·zi 名 저울판.
【秤砣】chèngtuó ⇒〔秤锤chuí〕
【秤铊】chèngtuó ⇒〔秤锤chuí〕
【秤星(儿)】chèngxīng(r) 名 저울 눈금 =〔秤花〕→〔杆秤〕
【秤薪而焚】chèng xīn ér fén 諺 나무를 저울에 달아서 불을 때다. 아주 세밀하다. 지나치게 아끼다 =〔数shǔ米而炊chuī〕
【秤组】chèngzǔ ⇒〔秤纽〕

【称】chèng ☞ 称 chēng B

chī ㄔ

1【吃〈喫〉】chī 말더듬을 흘, 먹을 흘, 〈마실 끽〉 ❶ 動 먹다. 마시다. 피우다. ¶～饭↓ ¶～药↓ 어법 목적어(賓語)는 대체로 고체식물(固體食物)이고 액체(液體)로는 「奶nǎi」(우유)와 「药yào」(약)만 쓰임. 방언에서는 「茶」「酒」가 목적어로 쓰이기도 함. 또한 음식물이 아닌 목적어(賓語)가 와 여러 가지 뜻으로 쓰임. ❷ 動 (…에서) 식사하다. 외식하다 어법 장소를 나타내는 말이 목적어가 됨. ¶～馆子↓ ¶～食堂↓ ❸ 動 (…로) 식사하다 어법 식사의 도구나 방식을 나타내는 말이 목적어가 됨. ¶～大碗 | 큰 공기로 먹다. ¶～大锅饭↓ ❹ 動 (…에 의지하여) 생활하다. ¶靠山～山, 靠水～水 | 산에서는 산에 의지하여 생활하고 물에서는 물에 의지하며 생활하다. ¶～利钱 | 이자로 생활하다. ❺ 動 소멸하다. 전멸시키다. 따먹다 [전쟁·바둑·장기에 쓰임] ¶～了敌人一个团 | 적일 개 연대를 전멸시키다. ¶他的马要～你的车呢 | (장기에서) 그의 말이 너의 차를 잡으려 한다. ¶～一个子儿 | (바둑에서) 알 하나를 따먹다. ❻ 動 흡수하다. 빨아들이다. ¶白菜很～油 | 배추는 기름을 많이 흡수한다. ❼ 動 (어떤 물체에) 삽입되다. (물에) 잠기다. ¶船身～水一米 | 선체가 물 속에 1미터 잠기다. ❽ 動 당하다. 받다. 입다. ¶～惊↓ ¶腿上～了一枪qiāng | 다리에 총 한 발을 맞았다. ❾ 動 近 (…에게) …당하다. ¶～他笑话 | 그에게 비웃음 당하다. ¶～他欺骗qīpiàn了 | 그 녀석에게 속았다. ❿ 動 먹혀들다. 받아들이다. ¶～软不～硬 | 부드러운 것은 받아들이고 단단한 것은 받아들이지 않는다. ⓫ 動 힘들다. 견디다. 참다. ¶～力 | 힘들다. ¶～劲↓ ¶～苦↓ ¶～重↓ ⓬ 動 (기회·틈을) 타다. ¶～他的空子 | 그의 빈틈을 파고들다. ⓭ 動 가리다. 방해되다. ¶～柱的地方 | 기둥이 가리는 곳 ⓮ 連 近 … 때문에. …로 인하여. 어법 주로 자기에게 불리한 경우에 쓰임. ¶只～性子不好, 必要惹rě出事来 | 오로지 성격이 나빴기 때문에 일이 일어나게 되었다《水滸傳》 ⓯ 舊 jí) 動 말을 더듬다. ¶口～ | 말을 더듬다. ¶～～ | 더듬거리다.
【吃白食】chībáishí 動組 奥 무전취식(無錢取食)하다. 공짜로 밥을 먹다. ¶～, 用白钱 | 놀고 먹고 쓰다.
【吃饱】chī/bǎo 動 배불리 먹다. ¶吃个饱 | 배불리 먹다. ¶～穿暖nuǎn | 배불리 먹고 따뜻하게 입다. 의식이 풍족하다.
【吃闭门羹】chī bì mén gēng 成 문전박대하다. 문앞에서 내쫓다. ¶给人～ | 다른 사람을 문전박대하다→〔闭门羹〕
【吃不服】chī ·bu fú 動組 입에 맞지 않다. 먹을 수 없다. ¶有些人～牛奶nǎi | 어떤 사람들은 우유가 입에 맞지 않는다. ¶生冷的东西我总zǒng～ | 날음식은 어쨌든 먹지 못한다 ⇔〔吃得服〕
【吃不开】chī ·bu kāi 動組 통하지 않다. 환영을 받지 못하다. 쳐주지 않다. ¶你这一套现在可～了 | 너의 이 방식은 이제 통하지 않는다. ¶这种农具现在在农村里也很～ | 이 농구는 이제 농촌에서 조차도 환영받지 못한다 ⇔〔吃得开〕
【吃不来】chī ·bu lái 動組 (음식이 입에 맞지 않거나 습관되지 않아) 먹지 못하다. ¶中国菜我还～呢 | 중국 요리는 아직 제대로 먹지 못한다. ¶辣的～ | 매운 것은 먹지 못한다 ⇔〔吃得来〕
【吃不了】chī ·bu liǎo 動組 다 먹을 수 없다. ¶这么多的菜我们两个人～ | 이렇게 많은 요리를 우리 둘이 다 먹을 수 없다 ⇔〔吃得了〕
【吃不了, 兜着走】chī ·bu liǎo, dōu·zhe zǒu 諺 다 먹을 수 없어서 싸 가지고 가다. 끝까지 책임을 지다. ¶要是出了事故, 全厂停tíng电, 我叫你～ | 만약 사고가 나 전 공장에 정전이 된다면 난 너에게 모든 책임을 지게 하겠다.
【吃不起】chī ·bu qǐ 動組 (너무 비싸) 먹을 수 없다. ¶这么贵的菜, 我～ | 나는 이렇게 비싼 요리를 먹을 수 없다 ⇔〔吃得起〕
【吃不上】chī ·bu shàng 動組 (시간이 맞지 않거나 가난하여) 먹을 수 없다. ¶快走吧, 再晚一点就～饭了 | 빨리 가자, 조금 더 늦으면 밥을 먹을 수 없다. ¶那时候连一碗面都～ | 그때는 국수 한 그릇조차도 먹을 수 없었다 ⇔〔吃得上〕
【吃不下】chī ·bu xià 動組 (배가부르거나 입맛이 없어) 먹고 싶지 않다. 더 이상 먹을 수가 없다. ¶他不太舒shū服, ～饭 | 그는 몸이 아파 밥을 먹을 수 없다. ¶我已经饱了, 实在～了 | 난 이미 배가 불러 정말 더 먹을 수 없다 ⇔〔吃得下〕
【吃不消】chī ·bu xiāo 動組 견딜 수 없다. 참을 수 없다. ¶累得～ | 피곤하여 견딜 수 없다. ¶一天走这么远, 你的身体怕pà～ | 하루에 이렇게 멀리 걸었으니 너의 몸이 지탱할 수 없을 것 같다 ⇔〔吃得消〕
【吃不住】chī ·bu zhù 動組 지탱할 수 없다. 견딜

수 없다. 감당하지 못하다. ¶机器太沉chén, 这个架子恐怕～ | 기계가 너무 무거워서 이 받침대는 견딜 수 없을 것 같다. ¶选他当首长, 只怕他～ | 그를 두목으로 뽑으면 감당할 수 없을 것 같다 ⇔〔吃得住〕

【吃吃喝喝】chīchīhēhē 動組 먹고 마시다. ¶整zhěng天～, 不干gàn正事 | 하루종일 먹고 마시며 할일은 하지 않는다.

【吃出甜头儿】chī chū tián·tour 動組 맛 들이다. 맛에 매료되다. 맛이 나다. ¶他～来, 不肯kěn放手 | 그는 맛에 끌려 손을 놓으려 하지 않는다.

【吃床板】chīchuáng bǎn ⇒〔吃床腿〕

【吃床腿】chī chuángtuǐ 動組 여객이 숙박업소에서 본인 부담인 식비 따위를 숙박비에 포함시켜 영수증을 끊어 줌으로서 양자가 부당이익을 취하다. ¶让旅客～ | 숙박객에게 본인 부담의 식대를 숙박비에 포함시켜 주다 =〔吃床板〕

【吃醋】chī/cù 動 질투하다. 시기하다. ¶林黛dài玉是位好～的女孩 | 임대옥은 질투가 심한 여자이다《紅樓夢》¶看到丈夫和一个漂亮的女人很亲热, 她就～得不得了liǎo了 | 남편이 아름다운 여인과 친숙한 것을 보자 그녀는 감당할 수 없을 만큼 질투하였다 →〔忌jì妒〕

【吃大锅饭】chī dàguōfàn 動組 큰 솥 밥을 함께 먹다. 능력·업적에 관계없이 동등한 대우를 받다. ¶现在实行计件jìjiàn工资zī制, 谁也不能～ | 지금은 업적에 따른 노임제를 실행하므로 누구도 일하지 않고 동등한 대우를 받을 수 없다 ⇔〔吃小锅饭〕

【吃大户】chīdàhù 動組 기업·유지 등으로부터 구실을 붙여 돈을 뜯다. 기근에 시달린 백성이 부잣집의 양식을 뺏아 먹다.

【吃刀】chī dāo ❶ 動組 칼을 맞다. 칼에 맞아 죽다. ❷ (chīdāo) 名〈機〉절단기의 칼 자국. ¶～深度 | 절단기의 칼 깊이.

【吃得服】chī ·de fú 動組 입에 맞다. 먹을 수 있다. ¶这些菜cài我～ | 이 요리는 내 입에 맞다 ⇔〔吃不服〕

【吃得开】chī ·de kāi 形組 통하다. 환영을 받다. 쳐주다. 잘해나가다. ¶那家伙在黑社会里很～ | 그는 암흑세계에서 잘 통한다. ¶新发明的农具在农村很～ | 새로 발명된 농구가 농촌에서 환영을 받는다. ¶他这个人, 到哪儿都～ | 그는 어디를 가나 잘한다 ⇔〔吃不开〕

【吃得来】chī ·de lái 動組 (좋아하지 않지만) 먹을 수는 있다. ¶牛肉我还～, 羊肉就吃不来了 | 나는 쇠고기는 먹을 수 있지만, 양고기를 먹지는 못한다 ⇔〔吃不来〕

【吃得了】chī ·de liǎo 動組 모두 먹을 수 있다. 다 먹다. ¶这些菜我们两个人还～ | 이 요리를 우리 둘이 다 먹을 수 있다 ⇔〔吃不了〕

【吃得起】chī ·de qǐ 動組 (비싸지만) 먹을 수 있다. ¶比较贵的菜, 我还～ | 좀 비싼 요리이지만 먹을 수 있다 ⇔〔吃不起〕

【吃得上】chī ·de shàng 動組 (여유·시간 등이 있어) 먹을 수 있다. ¶现在也～大米白面了 | 이제는 쌀밥이나 밀가루 음식도 먹을 수 있게 되었다. ¶十二点半以前赶回去还～饭 | 12시 반 전에 돌아가면 밥을 먹을 수도 있다 ‖ ⇔〔吃不上〕

【吃得下】chī ·de xià 動組 (병이 낫거나 하여) 먹을 수 있다. ¶她已经好多了, 饭也～了 | 그녀는 이미 많이 나아서 밥을 먹을 수 있다 ⇔〔吃不下〕

【吃得消】chī ·de xiāo 動組 견딜수 있다. 참을 수 있다. 소화해 낼 수 있다. ¶面对折磨zhémó和考验kǎoyàn, 要有勇yǒng敢精神才～ | 좌절과 시련에 부딪혀서는 용감한 정신을 가져야 지탱할 수 았다 ⇔〔吃不消〕

【吃得住】chī ·de zhù 動組 버틸 수 있다. 참을 수 있다. 감당할 수 있따. ¶过大卡车, 这座桥能～吗 | 큰 트럭이 지나가도 이 다리는 견딜 수 있느냐? ⇔〔吃不住〕

【吃掉】chīdiào 動 다 먹어 치우다. 적을 모두 해치우다. (장기에서) 상대방의 말을 따먹다. ¶好菜他都～了 | 좋은 요리는 그가 다 먹어 버렸다.

【吃定心丸】chī dìngxīnwán 動組 안정제를 먹다. 위안을 받아 안정되다. ¶有了这几文钱, 他就～ | 이 몇 푼의 돈을 가지게 되자 그는 안정되었다.

【吃豆腐】chī dòu·fu 動組 吳 北 ❶ (주로 여자를) 희롱하다. (여자에게) 수작을 걸다. ¶不要随便吃人家豆腐 | 남을 함부로 놀리지 말라. ¶那老头儿常要吃女人的豆腐 | 그 늙은이는 늘 여자에게 수작을 부리려 한다. ❷ 장례식에서 정진 요리(精進料理)를 먹다.

【吃独食(儿)】chī dúshí(r) 動組 독식하다. 혼자 차지하다. ¶大家一起做的事, 为什么他一个人要～ | 다같이 한 일인데 왜 그 혼자 이익을 독차지하려 하느냐?

【吃耳光】chī ěrguāng 動組 따귀를 맞다. ¶吃了几个耳光 | 따귀를 몇 대 맞았다.

【吃饭】chī/fàn ❶ 動 식사하다. ¶你来我家吃个饭 | 너 우리집에 와서 식사 한 끼 하여라. ❷ (chī fàn) 動組 밥을 먹다. ¶～别忘了种谷gǔ人 | 밥을 먹을 때는 농사 지은 사람을 잊어서는 안된다. ❸ 動 생계를 유지하다. 생활을 유지하다. ¶靠打猎liè～ | 사냥으로 생계를 유지하다. ¶～靠天 | 먹고 사는 것은 하늘에 달렸다.

【吃饭穿衣量家当儿】chīfàn chuānyī liáng jiā dāngr 諺 먹고 입기를 분수에 맞게하여라. 분수에 맞게 생활하라.

【吃干饭】chī gānfàn 動組 그저 밥이나 먹다. 하는 일이 없이 놀고 먹다. 능력이 없다. ¶公安局可不是～的, 不出三天就破pò了案 | 공안국은 공짜밥만 먹는 것이 아니었다. 3일도 되지 않아 사건을 해결하였다.

【吃官司】chī guān·sī 動組 고소 당하다. 피소되다. ¶干这种事可是要～的 | 이런 일을 한다면, 고소당하게 될 것이다.

【吃馆子】chī guǎn·zi 動組 俗 음식점에서 먹다. 외식하다. ¶昨天他家小孩儿过生日, 全家都出去～ | 어제는 그의 집 아이 생일이라 전가족이 외식하였다 =〔吃食堂①〕

【吃喝风】chīhēfēng 名組 공직자가 공금으로 먹고 마시는 사회 풍조. ¶有关当局警告jǐnggào最近很流行～ | 관계 당국에서는 최근에 먹고 마셔

대는 풍조가 유행하고 있다고 경고했다.

【吃喝拉撒睡】chī hē lā sā shuì 動組 먹고 싸고 잠자다. 하는 일 없이 빈둥거리기만 하다.

【吃喝嫖赌】chī hē piáo dǔ 動組 먹고·마시고·계집질하고·도박하다. 타락한 생활을 하다. ¶腐败的干部~, 无所不为 | 부패한 간부들이 먹고·마시고·계집질하고·도박하며 안하는 짓이 없다.

【吃喝儿】chī·hēr 名 ⓐ 먹고 마시는 것. 음식. ¶~太便宜 | 먹을 거리가 너무 싸다.

【吃喝玩乐】chī hē wán lè 動組 먹고·마시고·놀고·즐기다. 향락에 빠져 생활하다. ¶常年~, 游手好闲 | 일년내내 먹고 마시고 즐기는 떠돌이 한량이다.

【吃黑枣儿】chī hēizǎor 動組 俗 검정 대추를 먹다. 총살당하다. 총알을 맞다. ¶最后那土匪fěi吃了黑枣zǎo儿了 | 마지막에 그토비는 총살당하였다 =〔吃枪子儿〕〔吃卫生丸(儿)〕

【吃后悔药】chī hòu huǐ yào 動組 후회하다. ¶现在碰pèng壁了, ~也来不及了 | 지금 벽에 부딪혀 후회하여도 이미 때는 늦었다.

【吃花酒】chī huājiǔ 動組 꽃술을 먹다. 기생들과 먹고 마시다. ¶先参加开会, 后到酒家~ | 먼저 회의에 참석한 다음 술집에서 기생놀음하였다.

【吃回头草】chī huí·toucǎo 動組 ❶ 재혼하다. ❷ 그만 두었던 일을 다시 하다. ¶遇事要仔细考虑, 千万不要~ | 하던 일을 다시 하지 않도록 일을 당했을 때는 자세하게 따져 보아야 한다→〔好hǎo马不吃回头草〕

【吃荤】chī/hūn 動 비린내 나는 것을 먹다. 육식(肉食)하다. 냄새나는 것을 먹다 ⇔〔吃斋〕

【吃教】chī/jiào 動 貶 예수를 믿다. 예수쟁이가 되다 [교회에서 빈민에게 생활비를 보조한데서 유래된 말] ¶一吃了教, 就谁都管guǎn不了他 | 일단 예수 교인이 되면 누구도 어찌하지 못한다 =〔吃洋教〕

【吃紧】chījǐn 形 (정치·군사·금융 정세가) 급박하다. 절박해지다. ¶形势~ | 형세가 절박하다. ¶前线确què是~ | 전선은 확실히 긴박하다.

【吃劲】chījìn ❶ 形 중요하다. 긴요하다. 어법 주로 부정형으로 쓰임. ¶不~的东西别带了 | 중요하지 않은 물건은 휴대하지 마라. ¶看不看都不~ | 보고 보지 않고는 모두 중요하지 않다. ❷ (~儿) 形 힘들다. ¶他挑tiāo一百五十斤也不~ | 그는 짐 150근을 짊어져도 힘겨워하지 않는다. ❸ (chī/jìn) (~儿) 動 견디다. 지탱하다. ¶吃不住劲儿 | 버틸 수 없다.

4【吃惊】chī/jīng 動 놀라다. ¶大吃一惊 | 크게 한바탕 놀라다. ¶令人~ | 사람을 놀라게 하다 =〔受shòu惊〕

【吃酒】chī jiǔ 動組 ❶ 술을 마시다. ❷ 名 결혼식을 하다. 국수를 먹이다 [「吃喜酒」의 뜻. 「吃交杯酒」(신랑 신부가 천지(天地)에 절한 뒤 신방에서 술잔을 합하여 술을 마시다)의 약칭]→〔吃喜酒〕

【吃客】chīkè 名 음식점의 손님. 식객(食客). ¶~拥yōng进来主人高声大喊hǎn | 손님이 몰려 들자 주인은 큰소리로 외쳤다.

【吃口】chīkǒu ❶ 名 식구. ¶他家~很多, 生活比较困难 | 그의 집에는 식구가 많아 생활이 비교적 어렵다. ❷ 名 (음식물의) 맛. ¶这种梨水分不多, ~略lüè差 | 이런 배는 수분이 많지 않아 별로 맛이 없다. ❸ 名 (가축의) 먹성. 식욕. ¶这头牛~好 | 이 소는 먹성이 아주 좋다. ❹ (chī/kǒu) 動 粵 말을 더듬다. ❹ (chī kǒu) 動組 한 입 먹다. ¶~馒mán头 | 만두를 한 입 먹다.

3【吃苦】chī/kǔ 動 ❶ 고생하다.고통을 당하다. ¶~在前, 享xiǎng乐在后 | 먼저 고생하고 나중에 즐겨라. 고생은 앞서하고 남보다 뒤에 즐겨라. ¶我并没有~ | 나는 결코 고통스럽지 않다. ❷ 고생을 견디다. 고통을 참다. ¶~耐劳 | 고생을 노고를 견디다. ¶他能~ | 그는 괴로움을 잘 견딘다→〔受shòu苦①〕

【吃苦头(儿)】chī/kǔ·tou(r) 動組 고통을 당하다. 쓴 맛을 보다. ¶他吃了不少苦头儿 | 그는 많은 시련을 겪었다.

3【吃亏】chī/kuī ❶ 動 손해를 보다. 밑지다. ¶做了生意吃了大亏 | 장사를 하다가 큰 손해를 보았다. ¶吃了哑吧亏 | 말못할 손해를 보았다. ¶不听老人言, ~在眼前 | 諺 노인 말을 듣지 않으면, 바로 손해를 본다. ❷ 動 불리하다. ¶他跑pǎo得不快, 踢tī足球~ | 그는 빨리 달리지 못하므로, 축구 하는데 불리하다. ❸ (chīkuī) 副 애석하게도. 불행히도. ¶机会是很好, ~他不在这里 | 기회는 좋은데 애석하게도 그가 여기에 없다.

【吃劳保】chī láo bǎo 動組 노동보험의 혜택으로 살다. ¶他现在病退在家里~ | 그는 병으로 퇴직하여 집에서 노동보험으로 산다.

【吃老本(儿)】chī lǎoběn(r) 動組 ❶ 본전을 까먹다. 밑천을 털다. ¶~的生意 | 밑지는 장사. ❷ 옛 것에 기대다. 과거의 업적에 매달리다. ¶我们不应该~, 应该继续努力 | 우리는 과거에 만족하지 말고 계속 노력해야 한다. ¶靠~对付眼前的教学工作 | 옛날의 경험을 살려 눈앞의 교학을 꾸려나가다.

【吃了秤砣】chī·le chèngtuó 諺 굳게 결심하다. ¶我可真是~铁tiě了心了 | 나는 정말로 굳게 결심하였다.

【吃了人家的嘴软, 拿了人家的手短】chī·le rén·jia·de zuǐ ruǎn, ná·le rén·jia·de shǒu duǎn ⇒〔吃人的嘴软, 拿人的手短〕

【吃里爬外】chī lǐ pá wài 成 안에서 먹고 밖으로 기다. 몰래 이익을 빼돌리다 외부와 내통하다. ¶你这个~没良心的 | 너 외부와 내통하는 양심이 없는 놈.

3【吃力】chīlì ❶ 形 힘들다. ¶爬pá山很~ | 등산은 힘든다. ¶跟他讲话很~ | 그와 말하는 것은 매우 힘든다. ❷ 動 피로하다. 수고하다. 고생하다. ¶深觉shēnjué~ | 매우 피곤함을 느끼다. ¶~使气 | 成 기력을 쓰다.

【吃力不讨好】chīlì bù tǎohǎo 諺 애만 쓰고 좋은 소리 못 듣다. 고생한 보람이 없다. ¶他老干一些~的事儿 | 그는 늘 보람도 없는 고생을 한다.

【吃粮】chī/liáng 動 ❶ 군대 밥을 먹다. 군인이 되다. ¶~人 | 군인. ¶~不管穿 | 군대밥을 먹고

입는 것에 걱정하지 않다 =〔扛枪吃粮〕❷ 양식을 먹다. ¶吃农村粮 | 농촌 식량을 먹다. 농촌에서 살다. ¶吃商品粮 | 상품 식량을 먹다. 도시에 살다.

【吃零食(儿)】chī língshí(r) ⇒〔吃零嘴(儿)〕

【吃零嘴(儿)】chī língzuǐ(r) 動組 간식을 하다. 주전버리를 하다. ¶小孩儿吃太多零嘴儿不好 | 어린이가 간식을 너무 먹는 것은 좋지 않다 =〔吃零食(儿)〕→〔吃口〕

【吃奶的劲】chīnǎi·de jìn 名組 젖 먹던 힘. 필사적인 힘. ¶使出～也不行 | 젖 먹던 힘까지 다해도 되지 않는다.

【吃腻】chīnì 動 물리다. 싫증나다. 느끼하다. ¶肉已经～了 | 고기는 이미 물렸다→〔吃怕〕

【吃怕】chīpà 動 먹기가 두렵다. 넌더리 나다. 신물이 나다 [「吃腻」보다 정도가 심함] ¶这种鱼已经吃得太多, 现在～了 | 이런 생선은 이미 너무 먹어 이제는 신물이 난다. ¶我一吃生鱼片肚dù子疼téng, 实在～ | 생선회를 먹자 배가 아파 정말 정말 먹기 싫다.

【吃请】chīqǐng 動 향응을 받다. 대접을 받다. ¶不～, 不受贿huì | 접대도 뇌물도 받지 않다. ¶他今晚要出去～ | 그는 오늘 저녁에 나가 식사 대접을 받게 된다.

【吃人的嘴软, 拿人的手短】chī rén·de zuǐ ruǎn, ná rén·de shǒu duǎn 諺 남에게 뇌물을 받으면 원칙을 지키기 어렵다 =〔吃了人家的嘴软, 拿了人家的手短〕

【吃软不吃硬】chīruǎn bù chīyìng 諺 부드러운 것은 먹고 강한 것은 거부하다. 부드럽게 나오면 받아들이고 강하면 반발한다. ¶这小子特犟jiàng～ | 이녀석은 특별히 고집이 세어 부드러운 것은 먹고 딱딱한 것은 안 먹는다 =〔吃顺不吃抢〕

【吃软饭】chī ruǎnfàn 動組 方 마누라를 매춘(賣春)하게 하고 살다.

【吃谁向谁】chīshéi xiàngshéi 動組 댓가를 준 사람을 위해 일하다. 은혜를 베푼 사람을 잊지 않고 갚다. ¶～, 我拿他的钱就得替他干活儿 | 댓가를 준 사람을 위하는 법, 나는 그의 돈을 받았으니 그를 위해 일해야 한다.

【吃食(儿)】chī/·shí ❶ 動 (짐승이) 먹이를 먹다. ¶这种鸟专zhuān～树上的果子 | 이런 새는 나무의 열매만 먹는다. ¶母鸡生病了, 不～ | 어미 닭이 병이 나서 모이를 먹지 않는다. ❷ (chī·shí) 名 (간단한) 음식물. ¶他有时给我带些～来 | 그는 가끔 나에게 먹을 거리를 가져다 준다. ¶～担 | 간단한 음식을 파는 노점상.

【吃食堂】chī shítáng 動組 ❶ ⇒〔吃馆guǎn子〕❷ 상식(常食)하다. 직장이나 자취하는 곳의 식당에 달아 놓고 밥을 먹다.

【吃水】chīshuǐ ❶ 名 奧 식수(食水). 음용수. ❷ 名 (선박의) 흘수. ¶这船～很深 | 이 배는 흘수가 깊다. ¶～三米的船 | 흘수선이 3미터인 배. ¶～线 | 흘수선 =〔水呎chǐ〕❸ (chī shuǐ) 動組 方 물을 마시다. ¶～不忘挖wā井人 | 諺 물을 마시면서 우물 판 사람을 잊지 않는다. 신세진 사람을 잊지 않다.

【吃顺不吃抢】chīshùn bù chīqiǎng ⇒〔吃软ruǎn不吃硬〕

【吃素】chīsù 動 정진요리(精進料理)를 먹다. 채식(菜食)하다. ¶你还在～吗? | 너는 아직도 정진하고 있느냐? =〔吃斋〕

【吃糖】chī/táng 動 ❶ 사탕을 먹다. ❷ 轉 혼약하다. 약혼하다. 결혼하다. 국수를 먹이다 [혼사 때 친구에게 사탕을 선물하는 풍습에서 온 말] ¶我们快要吃他们的糖了 | 우리는 곧 그들의 국수를 먹게 된다. ¶你们什么时候请～? | 너희들은 언제 결혼할 것이냐?→〔吃喜酒〕

【吃头(儿)】chī·tou(r) 名 ❶ 맛. 먹어 볼 만한 가치. ¶这个菜没有～ | 이 요리는 먹을 만하지 않다.❷ (가축의) 먹성. 식욕. ¶这头牛～还不错cuò | 이 소는 먹성이 좋다.

【吃头子】chītóu·zi 動組 ❶ 꾸중듣다. 질책당하다. ❷ 고통을 받다. 곤란한 일을 당하다.

【吃透】chītòu 動 확실히 파악하다. ¶～了文件的精神 | 문건의 요점을 확실하게 파악했다.

【吃瓦片儿】chī wǎpiànr 動組 方 집세를 받아 생활하다. ¶王家北京有几栋房子, 他是～的 | 왕씨는 북경에 집이 몇채 있어 집세로 살아간다→〔吃租(儿, 子)〕

【吃喜酒】chī xǐjiǔ 動組 奧 (결혼) 축하주를 마시다. 잔치 술을 먹다. ¶你什么时候给我～ | 너 언제 나에게 축하주 먹이겠니?→〔吃糖〕〔吃酒〕

【吃闲饭】chī xiánfàn 動組 빈둥거리며 놀고먹다. ¶他家有一个～的 | 그의 집에는 식객이 하나 있다. ¶你别尽在家～ | 너 집에서 놀고 먹을 생각만 하지 마라.

【吃现成(儿)饭】chī xiànchéng(r)fàn 動組 다 된 밥만 먹다. 놀고 먹다. ¶他就是不愿动手, 尽想～ | 그는 꼼짝도 않고 공짜밥 먹을 생각만 한다.

【吃香】chīxiāng ❶ 形 평판이 좋다. 인기가 있다. ¶他在公司里很～ | 그는 회사에서 인기가 있다. ¶在群众很～ | 대중의 평판이 좋다. ❷ (chī/xiāng) 動 맛있는 것을 먹다. ¶～穿光 | 맛있는 것을 먹고 좋은 옷을 입다. ¶王家在外面～回来 | 왕씨는 밖에서 맛있는 것을 먹고 돌아 왔다.

【吃相】chīxiàng 名 먹는 모습. ¶他的～不雅观 | 그의 먹는 모습은 보기 흉하다.

【吃宵夜】chī xiāoyè 動組 야식을 먹다. 밤참을 먹다. ¶已经十二点了, 出去～ | 이미 12시가 되었다. 나가 밤참을 먹자 =〔吃消夜〕〔吃夜宵〕

【吃消夜】chī xiāoyè ⇒〔吃宵xiāo夜〕

【吃小锅饭】chī xiǎoguōfàn 動組 작은 솥밥을 각각 먹다. 사회주의 경제체제에서와는 달리 자기 몫은 자기가 책임지다. ¶实行计件jìjiàn工资zī制以后, 谁都～ | 건수에 따른 노임제를 실시한 이후로 누구나 자기 몫은 자기가 챙겨야 한다 ⇔〔吃大锅饭〕

【吃小亏占大便宜】chī xiǎo kuī zhàn dà pián·yi 諺 작은 손해를 보고 큰 이득을 얻다. ¶他总是～, 真吃亏的事他从来不干 | 그는 언제나 작은 손해는 보지만 정말 손해 본 일은 한 적이 없다.

【吃心】chīxīn ❶ 動 京 걱정하다. 마음을 쓰다. 의심하다. ¶为这么点儿事不要那么～ | 이만한 일

때문에 그렇게 걱정하지 마라→〔介jiè意〕❷(chī/xīn) 動 정신을 집중하다. 온힘을 쏟다. ¶他拿着一本书, ～地阅yuè读, 忘掉wàngdiào了一切 | 그는 책을 들고 온 정신을 쏟아 읽느라고 모든 것을 잊고 있다.

【吃鸭蛋】chī yādàn 動組 시험에서 영점(零點)을 받다. ¶昨天的考试, 他吃了鸭蛋了 | 어제 시험에서 그는 영점을 받았다 =〔吃光蛋〕〔吃鸡蛋〕〔吃零蛋〕

【吃哑吧亏】chī yǎ·ba kuī 動組 말못할 손해를 보다. ¶因为他干了暗昧之事, 竟吃了哑吧亏了 | 그는 정당하지 못한 일했기 때문에 손해를 보고도 말도 못하게 되었다→〔烧shāo鸡②〕

【吃眼前亏】chī yǎnqián kuī 動組 눈앞에서 손해보다. 뻔히 알면서도 손해 보다. ¶他是不会～的人 | 그는 눈뜨고 손해 보지 않을 사람이다.

【吃洋教】chī yángjiào ⇒〔吃教〕

【吃药】chī yào ❶ 動組 약을 먹다. 어법 「药面」(가루약)이나 「药水(儿)」(물약)을 막론하고 「喝」를 쓰지 않음. ¶吃了安眠药 | 수면제를 먹다. ❷(chī yào) 動 사기 당하다. 괴로움을 당하다. ¶你当心人家给你～ | 남에게 사기당하지 않도록 조심하여라.

【吃夜宵】chī yèxiāo ⇒〔吃宵xiāo夜〕

【吃鱼】chī yú ❶ 動組 생선을 먹다. ❷(chī/yú) 動 俗 (키스할 때) 혀를 빨다.

【吃斋】chī/zhāi 動 ❶ 소식을 먹고 정진하다. 정진결재(精進潔齋)하다. ¶～念佛 | 정진결재하며 염불하다. ¶吃长斋 | 장기간 소식하며 정진하다 =〔吃素〕〔吃斋把素〕〔素餐③〕⇔〔吃荤hūn〕→〔茹rú素〕❷ 공양하다. 스님이 식사를 하다.

【吃着碗里瞧着锅里】chī·zhe wǎn·li qiáo·zhe guō·li 諺 공깃밥 먹으면서 솥 안을 보다. 사람의 욕심은 끝이 없다. ¶你那～的心, 我都知道 | 너의 그 끝없는 욕심을 내가 다 안다.

【吃重(儿)】chīzhòng(r) 形 책임이 무겁다. 힘겹다. ¶这件工作对他来说比较～ | 이 일은 그에게 말하자면 비교적 힘겹다. ¶这个任务是很～的事儿 | 이 임무는 매우 힘겨운 일이다. ❸ 名 적재량. 하중(荷重). ¶这辆卡车～多少? | 이 트럭의 적재량은 얼마이냐?

【吃租(儿, 子)】chī/zū(r·zi) 動 소작료·집세를 받아 생활하다→〔吃瓦wǎ片儿〕

【吃嘴(儿)】chī/zuǐ(r) ❶ 動 京 간식하다. ¶我家的小孩子真能～ | 우리집 아이는 정말 주전버리를 많이 한다 =〔吃零食(儿)〕〔吃零嘴(儿)〕❷ 動 맛있는 것을 먹다. ¶节上也不过是吃一天的嘴儿 | 명절이라 해도 맛있는 것을 하루 먹는 것뿐이다. ¶只顾gù～ | 오로지 맛있는 것 먹는 것에만 신경쓴다. ❸ 名 近 입에 딱 맞은 음식.

【吃罪】chī/zuì 動 近 벌을 받다. ¶～不起 | 벌을 감당할 수 없다. ¶～不轻 | 큰 벌을 받다.

【哧】chī 웃음소리 적

擬 ❶ 낄낄. 키득키득 [웃음을 터뜨릴 때 나는 소리] ¶～～地笑 | 낄낄거리고 웃다. ❷ 쫙. 삭. 쉭 [천·종이를 찢 때 나는 소리] ¶～的一声撕sī下一块布来 | 쫙하고 천 한 조각을 찢었다. ¶～～～撕sī了个粉碎fěnsuì | 삭삭삭 갈기갈기 가루가 되도록 찢었다.

【哧呼哧呼】chīhūchīhū 擬 헉헉. 컥컥 [숨을 몰아쉴 때 나는 소리] ¶嘴里～的直响 | 입에서 헉헉대는 소리가 줄곧 나다.

【哧溜】ⓐ chīliū 擬 주르륵 [급히 미끄러지거나 무거운 물건이 계속해서 끌리는 소리] ¶～一下, 滑huá了一交 | 주르륵하고 한바탕 미끄러졌다. ⓑ chī·liu 動 함부로 돌아 다니다. ¶他到处乱～ | 그는 도처에 함부로 돌아 다닌다.

【蚩】chī 얕볼 치

❶ 書 形 무지하다. 우매하다. ¶～～ | 어리석다. ❷「媸」와 같음 ⇒〔媸chī〕❸「嗤」와 같음 ⇒〔嗤chī①〕❹ 名〈蟲〉체체파리 =〔蚩蚩蝇〕❺ (Chī) 名 성(姓).

【蚩蚩蝇】chīchīyíng 名 外〈蟲〉체체파리(tsetse-fly) [수면병(睡眠病)을 옮기는 남아프리카 독파리] =〔舌蝇〕

【蚩尾】chīwěi ⇒〔鸱chī尾〕

【蚩吻】chīwěn ⇒〔鸱chī尾〕

【蚩尤】chīyóu 名 치우 [전설 속의 제후(諸侯)로 전쟁을 좋아했으나 황제(黃帝)에게 평정됨]

【蚩拙】chīzhuō 書 形 치졸하다. 우매하다.

【嗤】chī 웃을 치

❶ 書 動 비웃다. 조소하다. ¶～笑↓ ¶～之以鼻↓ =〔蚩③〕❷ 擬 피식. 찌익. 사락사락 [웃거나 스치거나 찢어지는 소리] ¶～的一声撕sī破了 | 찌익하고 찢어졌다. ¶荷叶擦cā得～～地响 | 연꽃 잎에서 사락사락 스치는 소리가 난다. ¶～～地笑了 | 피식 소리내고 웃었다. ❸(·chi) 動 京 …을 계속하다. 반복하다. 어법 주로 손을 사용하는 동작의 단음절 동사 뒤에 보어로 쓰여, 동작의 연속·반복을 나타냄. 보통 경성으로 발음되는데, 「扯chě」의 경성 변음(輕聲變音)으로 볼 수 있음. ¶嚼jué～ | 계속 씹다. ¶抠kōu～ | 계속 후비다. ¶撇piě～ | 줄곧 밀어젖히다. ¶翻fān～ | 반복하여 돌다.

【嗤嗤】chīchī 擬 탁탁. 피식. 싸악 [웃거나 불에 타거나 찢어지는 소리] ¶两人交头接耳～笑着 | 두 사람이 머리를 맞대고 귓속말을 하며 킬킬거리고 웃었다. ¶手榴liú弹dàn～地冒mào烟 | 수류탄이 팡하고 터지면서 연기가 올랐다.

【嗤笑】chīxiào 動 조소하다. 비웃다. ¶为人～ | 남에게 비웃음 당하다. ¶你不要～我, 我就这么笨bèn | 나는 이렇게 바보 같으니 비웃지 마라.

【嗤之以鼻】chī zhī yǐ bí 動組 코웃음 치다. 경멸하고 비웃다. ¶这一点儿钱, 他会～的 | 이 정도의 작은 돈이라면 그는 코웃음 칠 것이다.

【媸】chī 추할 치

書 形 용모가 추하다. ¶求妍更～ | 예뻐지려다가 오히려 추해지다. ¶～里生妍 | 추한 속에서 아름다움이 나오다 =〔蚩chī②〕⇔〔妍yán〕

【郗】chī ☞ 郗 xī Ⓑ

【瓻】chī 술단지 치

書 名 도자기로 만든 술 단지. 술 독.

【鸱(鴟)】chī 올빼미 치, 단지 치
名❶書〈鳥〉고서(古書)에 나오는 솔개. 새매 =〔鹞yào鹰〕❷名 술그릇. 단지 등의 올빼미 모양을 비유함. ¶~目虎吻↓
【鸱顾】chīgù ❶動 올빼미 처럼 목만 돌려 보다. ❷名 몸통은 움직이지 않고 머리만 좌우로 돌리며 심호흡하는 양생법(養生法).
【鸱吓】chīhè 書動 자기 것을 남에게 빼앗길까봐 으르다《莊子·秋水》
【鸱甍】chīméng ⇒〔鸱尾〕
【鸱目虎吻】chī mù hǔ wěn 成 올빼미 눈과 호랑이 입. 몰골이 흉악하다.
【鸱尾】chīwěi 名〈建〉치미. 치문(鴟吻). 망새=〔鸱甍〕〔鸱吻〕〔蚩尾〕〔蚩吻〕〔祠cí尾〕
【鸱吻】chīwěn ⇒〔鸱尾〕
【鸱枭】chīxiāo ⇒〔鸱鸮〕
【鸱鸮】chīxiāo 名〈鳥〉올빼미 =〔鸱枭〕
【鸱鸺】chīxiū 名〈鳥〉부엉이 =〔怪鸱〕〔角鸱〕
【鸱张】chīzhāng 書形 허세를 부리며 소란을 피우다. 창궐하다. ¶群qún凶~ | 많은 사람이 흉포하게 위세를 부리다.

【眵】chī 눈곱 치
名 눈곱 =〔方眼屎〕〔方眵目糊〕
【眵模糊】chīmóhú ⇒〔眵目糊〕
【眵目糊】chī·muhū 名京 눈곱. ¶他擦cā了眼角儿上的~ | 그는 눈가의 눈곱을 닦았다 =〔眵〕〔眵模糊〕

【笞】chī 매질할 태
書動 때리다. 매질하다. ¶鞭biān~ | 채찍으로 때리다. ¶~其背bèi | 등을 때리다. ¶~之三百 | 300장 치다. ❷名 태장. 곤장 [옛날 대쪽으로 만든 채찍. 형구(刑具)의 하나] =〔俗小板子〕
【笞诟】chīgòu ⇒〔笞骂〕
【笞骂】chīmà 動 매질하며 욕하다. ¶以前父母常~孩子 | 이전에 부모는 늘 아이를 욕하며 때렸다 =〔笞诟〕
【笞杖】chīzhàng 名 태형과 장형.

【魑】chī 도깨비 리
⇒〔魑魅魍魉〕
【魑魅魍魉】chī mèi wǎng liǎng 成 온갖 귀신. 모든 괴물. 온갖 해악을 끼치는 사람.

4【痴】chī 어리석을 치
❶形 어리석다. 멍청하다. 미련하다. ¶白~ | 백치. ¶~呆dāi↓ ¶心眼儿太~ | 머리가 정말 나쁘다. ¶你真~ | 너 정말 바보다. ❷形 멍하다. 의식이 없다. ¶~~地等在那儿 | 멍하니 거기에서 기다리다→〔呆dāi〕〔笨bèn〕〔傻shǎ〕❸形吳 정신 이상이 되다. 미치다. ¶发~ | 미치다. ❹ 너무 집착하여 정상적인 판단력을 잃다. 푹 빠지다. 매혹되다. ¶情~ | 색욕(色欲)에 빠져 이성을 잃음. ¶书~ | 책벌레. ❺(Chī) 名 성(姓).
【痴爱】chī'ài 動 맹목적으로 사랑하다. 무조건 사랑하다. 사랑에 홀리다.
【痴病】chībìng 名 정신병. 정신장애.
【痴痴】chīchī 形 멍하다. 멍청하다. ¶~地坐着看灯笼 | 멍하니 앉아 등롱을 바라보다.
【痴呆】chīdāi ❶形 멍청하다. 미련하다. ¶他样子很~ | 그의 모습은 매우 멍청하다 =〔顽钝①〕❷名〈醫〉치매(痴呆). ¶老年性~ | 노인성 치매. ¶~病 | 치매증. 알츠하이머 병.
【痴呆呆】chīdāidāi 貺 멍하다. 바보같다. ¶他~地看着窗外 | 그는 멍청하게 창 밖을 보고 있다.
【痴肥】chīféi 形 미련하게 살찌다. 뒤룩뒤룩 살찌다. 바보같이 뚱뚱하기만 하다. ¶~臃肿yōngzhǒng | 成 미련하게 뚱뚱하다.
【痴福】chīfú ⇒〔痴人痴福〕
【痴汉】chīhàn 名❶ 바보. 머저리. ¶我是个直肠的~ | 나는 창자가 곧은 바보다. ❷ 색광(色狂). 치한.
【痴愣】chīlèng 貺 멍청하다. 얼빠지다. ¶她~地望着妈妈, 半晌shǎng说不出话来 | 그녀는 멍하니 어머니를 바라보고는 한참동안 말을 하지 못했다.
【痴迷】chīmí 動 얼이 빠지다. 정신을 못 차리다. ¶~酒色, 不务wù正业 | 주색(酒色)에 얼이 빠져 직업에 힘쓰지 못하다.
【痴男怨女】chīnán yuànnǚ 名組 치정(痴情)에 빠진 남녀. ¶有些小说倾qīng倒了多少~ | 어떤 소설은 다소간의 색정에 빠진 연인을 묘사하는 경향이 있다.
【痴情】chīqíng ❶形 치정에 이르다. 색정에 빠져 정신을 잃다. ¶你太~了 | 너는 너무 욕정에 눈이 멀었다. ❷名 치정.
【痴人痴福】chīrén chīfú 名組 미련한 자가 얻은 복. 어리석어서 얻어진 복 =〔痴福〕
【痴人说梦】chī rén shuō mèng 成 황당한 말을 하다. 헛소리 하다. ¶一天能写一万个字这纯粹chúncuì是~ | 하루에 1만자를 쓴다는 말은 순전히 헛소리다.
【痴想】chīxiǎng ❶名 망상. 어리석은 생각. ¶怎么会有这样的~ | 어떻게 이런 망상이 있을 수 있니? ❷動 망상하다.
【痴笑】chīxiào ❶名 무표정한 웃음. 멍청한 웃음. ❷動 멍청히 웃다. ¶那位小姐早上一起来, 就看着我~了 | 그 아가씨는 아침에 일어나자 나를 보면서 멍청하게 웃었다.
【痴心】chīxīn 名 망상(妄想). 어리석은 생각. 치정. ¶一片~ | 한가닥 골똘한 생각. ¶那个人还~等了一个星期 | 그는 여전히 망상 속에 일주일을 기다렸다.
【痴心妄想】chī xīn wàng xiǎng 成 허황된 생각을 하다. ¶他也要去美国留学, 这不是~吗? | 그도 아직도 미국으로 유학을 가려하니 이것은 망상이 아니냐?
【痴长】chīzhǎng 動謙 헛되이 나이만 먹었다. ¶我~你几岁, 也没多学什么东西 | 저는 헛되이 나이만 당신보다 몇 살 더 많을 뿐, 더 배운 것이 아무 것도 없습니다.
【痴子】chī·zi 名❶ 바보. 멍청이. ❷ 미치광이. 정신병자. 광인. 정신 나간 사람. ¶~望天坍tān, 穷qióng人望民反 | 미친놈은 하늘이 무너지기를 바라고, 가난뱅이는 인민의 반란이 일어나기를

바란다.

【螭】chī 용 리
[名] 교룡. 이무기 [고대의 건축물·공예품의 장식에 많이 쓰임] =〔螭龙〕→〔虬qiú〕

【螭首】chīshǒu [名] 이무기의 머리 조각.

chí ㄔˊ

【弛】chí (㊀shǐ) 느슨할 이
❶ 느슨하게 하다. 늦추다. ¶一张一～ | 한 번 당기고 한 번 늦추다. ¶松～ | 느슨해지다. ❷ 해제(解除)하다. ¶～禁↓ ❸ 방치하다. ¶废～ | 내버려두다. ❹ [書][動] 활줄을 풀다. ¶毋～而弓 | 활줄을 활대에서 풀지 마라《韓非子·揚權》

【弛缓】chíhuǎn ❶ [動] 이완하다. 완화되다. 느슨해지다. ¶紧张jǐnzhāng的心情渐jiàn渐～下来 | 긴장했던 마음이 점점 풀어졌다. ❷ [名] 이완. ¶～不能 | 〈醫〉(근육의) 이완불능.

【弛禁】chíjìn [書][動] 해금하다. 금령(禁令)을 풀다.

【弛累】chí·lèi ❶ [動] 폐를 끼치다. 짐이 되다. ¶～你了 | 폐를 끼쳤습니다. ❷ [名] 폐. 부담. ¶添tiān～ | 짐이 되다.

【弛张】chízhāng [書][動] 늘였다 줄였다 하다. 느슨해졌다 팽팽해졌다 하다. ¶～振荡zhèndàng | 〈機〉이완 진동.

【弛张热】chízhāngrè [名] 〈醫〉이장열.

2【池】chí 못 지
❶ [名] 못 [주로 인공적으로 파 놓은 곳] ¶游泳yóuyǒng～ | 수영장. ¶养yǎng鱼～ | 양어장. ❷ [書][名] 성호(城壕). 해자(垓字). ¶带甲百万, 江汉为～, 何畏wèi之有? | 백만 대군을 이끌고 장강(長江)과 한수(漢水)가 성호를 이루고 있는데 무슨 두려워 할 것이 있습니까? →〔城chéng〕 ❸ 주위 보다 낮게 패인 것. ¶浴yù～ | 욕조. ¶舞wǔ～ | 무도장. ¶乐yuè～ | 오케스트라의 연주석. ¶花～ | 꽃밭. ❹ (Chí) [名] 성(姓).

【池壁】chíbì [名] 수영 경기장의 벽. ¶触chù～ | (수영 경기에서) 터치하다.

【池鹭】chílù [名] 붉은털해오라기 =〔红毛鹭〕〔沙鹭〕

【池汤】chítāng [名] 공중 목욕탕. ¶我洗～ | 나는 공중 목욕탕에서 목욕한다 =〔池堂〕〔池塘②〕〔池子②〕→〔盆pén汤〕

【池堂】chítáng ⇒〔池汤〕

4【池塘】chítáng [名] ❶ 못. ¶～生春草 | 못에 봄풀이 돋다→〔池子〕 ❷ ⇒〔池汤tāng〕 ❸ [名] 못의 둑. 제방.

【池盐】chíyán [名] 호수(湖水)에서 채취한 소금 =〔青qīng盐①〕

【池鱼笼鸟】chí yú lóng niǎo [成] 연못의 고기와 새장의 새. 자유가 없는 사람. ¶他回到家里就成了～ | 그는 집에 돌아오자 마음대로 돌아 다닐 수 없는 신세가 되었다 =〔笼鸟池鱼〕

【池鱼受殃】chí yú shòu yāng ⇒〔池鱼之殃〕

【池鱼之殃】chí yú zhī yāng [成] 성(城)에 불이나 성호(城壕) 속의 고기가 입은 재앙. 의외의 재난. ¶赶gǎn快离开免遭zāo～ | 괜히 말려 들어 피해 보겠다, 빨리 피하자 =〔池鱼受殃〕〔池鱼之祸〕→〔城门失火, 殃yāng及池鱼〕

【池沼】chízhǎo [名] 못. 늪지. 못과 늪.

【池子】chí·zi [名][俗] ❶ 못. ¶挖wā～ | 못을 파다 =〔水池(子)①〕→〔池塘①〕 ❷ 욕조 =〔池汤〕 ❸ 무대(舞臺). 스테이지(stage) =〔舞wǔ池〕 ❹ 극장정면 중앙의 앞 부분 =〔池座〕

【池座】chízuò ⇒〔池子④〕

4【驰(馳)】chí 달릴 치
[書][動] ❶ 질주하다. (수레·말 등이) 쾌주하게 하다. ¶奔bēn～ | 달리다. ¶疾jí～ | 질주하다. ¶一辆liàng车飞fēi～而过 | 자동차 한 대가 날듯이 질주하여 지나갔다. ❷ 널리 퍼지다. 떨치다. ¶四远yuǎn～名 | 사방으로 멀리 이름을 떨치다. ❸ 마음이 가다. 그리워하다. ¶～念↓

【驰报】chíbào [動] 급히 보고하다. ¶～喜讯xùn | 기쁜 소식을 급히 알리다 =〔驰禀〕

【驰禀】chíbǐng ⇒〔驰报〕

【驰骋】chíchěng [書][動] ❶ (말을 타고) 달리다. 질주하다. 종횡무진 누비다. ¶在枪qiāng林弹雨中～ | 격전지에서 말을 타고 달리다 =〔驰骤〕 ❷ 활약하다. ¶～文坛tán数十年 | 수십년 동안 문단에서 활약하다. ❸ 섭렵(涉獵)하다. 종횡무진 누비다. ¶～于六艺yì | 육예를 섭렵하다.

【驰传】chíchuán ⇒〔驰驿yì〕

【驰马】chímǎ [書][動] 말을 힘차게 몰다. 말을 타고 달리다.

【驰名】chímíng [動] 명성을 떨치다. 유명하다. ¶～中外 | 국내외에 명성이 알려지다. ¶世界～的长城 | 세계적으로 유명한 만리장성. ¶～影艺yì圈 | 영화계에서 이름을 떨치다 =〔驰誉〕〔出chū名〕〔著zhù名〕

【驰念】chíniàn [書][動] 그리워하다. 사모의 정을 품다. ¶～弥mí深 | 그대를 그리워하는 마음 깊어만 갑니다 =〔驰思〕〔驰系〕〔驰心〕

【驰驱】chíqū [書][動] 힘껏 달리다. 최선을 다하다 =〔驱驰〕

【驰突】chítū [書][動] 돌진하다. 질주하다. ¶往来～, 如入无人之境 | (전쟁터에서) 무인지경으로 종횡 무진 돌진하다.

【驰行】chíxíng [動] (차를) 급하게 몰다. 질주하다. ¶火车向北～ | 기차가 북쪽으로 날듯이 달린다.

【驰驿】chíyì [書][動] 황제의 명을 받은 관리에게서 연도의 지방 관리가 급히 숙식·말·인부 따위를 공급받으며 급히 가다 =〔驰传〕.

【驰誉】chíyù ⇒〔驰名〕

【驰骤】chízhòu [書][動] 종횡무진 내닫다. 힘껏 달리다. ¶纵横zònghéng～ | [成] 종횡무진 뛰어다니다 =〔驰骋①〕

1【迟(遲)】chí 더딜 지
❶ [形] 느리다. 우물쭈물하다. ¶～～不去 | 꾸물대며 가지 못한다. ❷ [形] 늦다. ¶不～到, 不早退 | 지각하지 않고 조퇴하지 않는다. ¶起得很～ | 매우 늦게 일어났다→〔慢màn①〕〔晚wǎn①〕 ❸ [形] 둔하다. (머리 회전이) 느리다. ¶心～眼钝dùn | 우둔하고 눈치가 없다. ❹ (Chí) [名] 성(姓).

【迟笨】chíbèn [形] 느리고 둔하다. 우둔하다. ¶他

动作有点～ | 그는 동작이 좀 느리고 둔하다.
【迟迟】chíchí 㕷 ❶ 느릿느릿하다. 꾸물대다. ¶～不能解决来 | 질질 끌어 해결할 수 없다. ¶～没有进展 | 질질끌고 진전이 없다. ❷ 의연하다. 침착하다. ¶威仪wēiyí～ | 행동이 느긋하다《禮記·孔子閑居》
1【迟到】chídào 動 지각하다. 늦게 도착하다. ¶早上我～了! | 아침에 늦었습니다! ¶～罚三杯 | 諺 늦은 사람은 벌주(罰酒) 석잔.
【迟钝】chídùn 形 지둔하다. 굼뜨다. 우물쭈물하다. ¶神经～ | 신경이 무디다. ¶动作～ | 동작이 굼뜨다. ¶脑nǎo子～ | 머리가 둔하다. ¶嗅xiù觉～起来了 | 후각이 무디어지기 시작하였다. ¶他～了一下接着说下去 | 그는 잠시 주춤거리다가 말을 이었다 =〔迟顿〕⇔〔灵敏〕
【迟顿】chídùn ⇒〔迟钝dùn〕
4【迟缓】chíhuǎn ❶ 形 지연되다. 느리다. 완만하다. ¶这件事要赶快办, 不能～ | 이 일은 지연되면 안된다, 빨리 하여라. ❷ 名〈生〉이완. ¶～过敏性 | 지연형 과민증. ¶～作用 | 지연 작용.
【迟脉】chímài 名〈醫〉지맥. 느린 맥 [1분에 60회 이하의 맥박]
【迟暮】chímù 書 名 ❶ (인생의) 만년. ¶啊! 已经～了 | 아! 이미 만년이구나. ❷ 황혼 ¶到目的地已是～时分 | 목적지에 도착했을 때는 이미 황혼이었다.
【迟误】chíwù 動 늦어서 일을 그르치다. 시기를 놓치다. ¶工作～了 | 일이 지체되었다 ¶勿得～ | 지체하여 일을 그르치지 마라.
【迟延】chíyán 動 지연시키다. ¶按时纳税nàshuì不得dé～ | 제 때에 세금을 내고 체납해서는 안된다.
4【迟疑】chíyí ❶ 動 주저하다. 머뭇거리다. 망설이다. ¶～不决 | 망설이며 결정하지 못하다. ¶毫不～ | 조금도 머뭇거리지 않다 ⇔〔坚决〕
【迟早】chízǎo 副 조만간. 언젠가는. ¶我～也是死的 | 나도 조만간 죽게 된다. ¶此事的解决只是～的问题 | 이 일의 해결은 단지 시간 문제이다. ¶～会见面的 | 조만간 만나게 될 것이다→〔早zǎo晚(儿)②〕
【迟滞】chízhì ❶ 形 느리다. 완만하다. ¶河道淤yū塞, 流水～ | 하천에 진흙이 막혀 물 흐름이 느리다. ❷ 動 지체하다. 지연하다. 질질끌다. ¶这件事要立刻办, 不能～ | 이 일은 지체할 수 없으니 즉각하여야 한다.

【坻】 chí ☞ 坻 dǐ B

【茌】 chí 땅이름 치
❶ 지명에 쓰이는 글자. ¶～平 | 치평[산동성(山東省)에 있는 현(縣)] ❷ (Chí) 名 성(姓).

1【持】 chí 가질 지
❶ 動 가지다. 들다. 쥐다. ¶～枪qiāng | 총을 들다. ¶～票入场 | 표를 들고 입장하다. ¶～书而去 | 책을 들고 나가다. ¶～刀行凶 | 칼을 들고 흉악한 짓을 하다. ❷ 지키다. 견지하다. 맞서다. ¶坚jiān～原则 | 원칙을 고수하다. ¶维wéi～ | 유지하다. ¶支～ | 지지하다. ¶相～不下 | 대치하여 양보하지 않다. ❹ 장악하다. 관리하다. 주관하다. ¶主～ | 주관하다. ¶操cāo～ | 처리하다. ¶勤俭qínjiǎn～家 | 근검절약하여 가정을 다스리다. ¶～买卖 | 장사를 하다.
【持螯】chí'áo 書 動 게를 먹다. ¶～对酒 | 게를 안주 삼아 술을 마시다. 맛있게 먹고 마시다. ¶～赏shǎng菊jú | 게를 안주 삼아 술을 마시며 국화를 감상하다. 여유있게 풍류를 즐기다.
【持刀】chí/dāo 動 칼을 잡다. 칼을 지니다. ¶～抢劫qiǎngjié | 칼을 들고 강탈하다.
【持家】chí/jiā 動 살림하다. 집안 일을 돌보다. ¶母亲～有方, 終年辛劳也无怨言 | 어머니는 살림에 이력이 나셔서 일년 내내 고생하시지만 원망한 마디 없으시다. ¶～太严 | 집안 관리가 너무 엄하다 =〔方 把家〕
3【持久】chíjiǔ 動 오래 지속되다. 오래 끌다. ¶～力 | 지구력. ¶～和平 | 지속적 평화. ¶～性 | 내구성(耐久性). ¶～战 | 지구전.
【持论】chílùn ❶ 動 지론을 펴다. 주장하다. ¶～公平 | 주장이 공정하다. ¶～有据jù | 지론에 근거가 있다. ❷ 名 지론.
【持平】chípíng ❶ 形 공평하다. 공정하다. ¶～之论 | 공평한 주장. ¶他立论～, 言辞畅chàng达 | 그의 주장은 공정하고 말씨도 화통하다. ❷ 動 동일한 수준을 유지하다. ¶产量与去年～ | 생산량이 작년과 같은 수준이다. ❸ 動〈體〉동률을 이루다. ¶中国韩国金牌数～ | 중국과 한국의 금메달 수가 같다.
【持枪】chíqiāng ❶ 動 총을 잡다. ¶～胁迫xiépò | 총으로 협박하다. ❷ 名〈軍〉앞에 총! [군대의 구령]
【持球】chíqiú〈體〉❶ 名 (배구의) 홀딩(holding). ❷ 動 공을 쥐다. ¶～触杀chùshā | 터치 아웃(touch out).
【持身】chíshēn 書 動 처신하다. 몸가짐을 유지하다. ¶～严yán正 | 몸가짐을 엄정히 하다.
4【持续】chíxù ❶ 動 지속하다. 계속 유지하다. ¶那个议案～讨论了三天 | 그 의안은 삼일 동안 연이어 토의되었다. ¶～跃yuè进 | 계속 약진하다. ❷ 名 연속. 지속. ¶～射击shèjī | 연속 사격. ¶～振荡dàng | 연속 진동.
【持有】chíyǒu 動 소지하다. 가지고 있다. ¶～护照 | 여권을 소지하다. ¶～不同的政见 | 다른 정견을 가지고 있다.
【持斋】chízhāi 動 정진 결재(精進潔齋)하다. 육식을 삼가하고 정진하다. ¶～把素 | 정진요리를 먹다 =〔把bǎ素〕
【持之以恒】chí zhī yǐ héng 成 꾸준히 지속하다. ¶～, 一定会成功 | 꾸준히 지속하면 반드시 성공할 수 있을 것이다.
【持之有故】chí zhī yǒu gù 成 견해·주장에 근거가 있다. ¶～, 言之成理 | 주장에 근거 있고, 말에 이치가 있다《荀子·非十二子》
【持重】chízhòng ❶ 動 자중(自重)하다. 신중한 태도를 취하다. ¶行动～起来 | 행동이 신중하여졌다. ¶～待机 | 자중하며 기회를 기다리다. ❷

㊎ 신중하다. 침착하다. ¶老成～ | 노련하고 신중하다. ¶因为老, 他才能～, 才能淳朴 | 그는 나이가 들어 비로소 신중하고 순박해졌다.

3【匙】chí ·shi 숟가락 시, 열쇠 시

Ⓐchí 名 ❶(～子) 名 숟가락. ¶一把～ | 숟가락 하나. ¶汤～ =〔调tiáo羹〕| 국 숟가락. ❷스푼. 작은 숟가락. ¶茶～ | 차 스푼. ❸(Chí) 숟가락.
Ⓑ·shi ⇒〔钥yào匙〕

【匙大碗小之事】chí dà wǎn xiǎo zhī shì 名組 숟가락과 사발의 크기에 관한 일. (남의 집의) 사소한 일. 세세한 일. ¶他把我们家～都知道 | 그는 우리집의 사소한 일까지 다 알고 있다.

【匙羹】chígēng 名 粵 숟가락. 국자.

【匙箸】chí zhù 書 名組 ❶숟가락과 젓가락. 수저. ¶玄德闻言, 吃了一惊, 手中所执zhí～, 不觉jué落luò于地下 | 현덕은 말을 듣자 깜짝 놀라 손에 쥐고 있던 수저를 바닥에 떨어뜨렸다《三國志》❷향(香) 받침.

【墀】chí 지대뜰 지
書 名 ❶궁전 돌 계단 위의 뜰. ¶丹dān～ | 궁전의 붉은 색 계단 =〔阶墀〕〔玉墀〕❷돌층계. 계단.

【漦】chí 거품 시
書 名 침. 타액(唾液).

【踟】chí 머뭇거릴 지
⇒〔踟蹰〕

【踟蹰】chíchú 動 망설이다. 주저하다. ¶～未定 | 망설이며 결정하지 못하다. ¶～不前 | 망설이며 나아가지 못하다. ¶要奋fèn起直进, 切莫～ | 머뭇거리지 말고 떨치고 일어나 곧바로 나아가자 =〔踌chóu躇①〕〔踟躇〕

【篪〈箎〉】chí 저 지
名 구멍이 여덟 개인 죽관(竹管) 악기.

chǐ 彳ˇ

2【尺】chǐ chě 자 척

Ⓐchǐ ❶量 자. 척 [「寸」의 10배, 「丈」의 1/10, 미터(m)의 1/3에 해당하는 길이의 단위] ¶公～ | 미터(m) →〔英尺〕❷길이. 치수. ¶量～寸 | 치수를 재다. ❸(～子) 名 자. ¶皮～ | 줄자. ¶千分～ | 마이크로미터(micrometer). ¶丁字～ | T자 자. ❹자처럼 생긴 것. ¶镇zhèn～ | 문진(文鎭). 서진(書鎭). ¶铁tiě～ | 쇠로 된 자 모양의 무기(武器). ¶计算～ | 계산자. ❺名〈漢醫〉손목에 맥이 있는 부위. ¶～中↓ ❻名 㱏 서신(書信). ¶～牍↓ ❻ | (Chǐ) 名 성(姓).
Ⓑchě 名〈音〉척 [고대 음계(音階)의 하나. 「简谱」의 「2」에 해당함]

【尺布斗粟】chǐ bù dǒu sù 成 1자의 베와 1되의 조를 차지하려고 다투다. 형제 간에 물고 뜯다. ¶～之讥jī | 형제 간의 악의에 찬 싸움.

3【尺寸】chǐ·cun 名 ❶길이. 사이즈. 치수. ¶合～ | 길이가 맞다. ¶量～ | 길이를 재다. ¶～与样品不符fú | 치수가 견본과 일치하지 않다. ❷절도(節度). 분별. ¶人很规矩guījǔ, 凡事都有个～ | 사람됨이 규범적이라 매사에 절도가 있다. ¶我一看就明白你有～, 有见识shí | 너는 분별력과 식견이 있다는 것을 보자마자 알았다 =〔尺度②〕❸규정. 표준. ¶不合～的行动 | 규정에 맞지 않은 행동. ❹한자 한치. 작고 사소한 것. ¶～之功 | 작은 공로. ¶无～之地 | 한치의 땅도 없다.

【尺寸单子】chǐ·cun dān·zi 名組 치수표. ¶开kāi～ | 치수표를 쓰다.

【尺动脉】chǐdòngmài 名〈生理〉척동맥. 척골(尺骨) 동맥.

【尺牍】chǐdú 書 名 서간. 편지 =〔尺翰〕〔尺简〕〔尺书〕〔尺素〕

【尺度】chǐdù ❶名 척도. 표준. ¶实践jiàn是检验jiǎnyàn真理的唯wéi一～ | 실천은 진리를 검증하는 유일한 척도이다. ❷⇒〔尺寸②〕

【尺短寸长】chǐ duǎn cùn cháng 成 1자에도 짧은 것이 있고 1치라도 긴 것이 있다. 사람은 저마다 장단점이 있다《楚辭·要居》

【尺幅千里】chǐ fú qiān lǐ 成 한 자 화폭(畵幅)에 천 리 경치가 그려져 있다. 겉모양은 작으나, 많은 내용을 담고 있다. ¶小小邮票yóupiào, ～ | 작디 작은 우표에 온갖 것이 다 담겨있다 =〔尺幅万里〕

【尺骨】chǐgǔ 名〈生理〉척골.

【尺翰】chǐhàn ⇒〔尺牍〕

【尺蠖】chǐhuò 名〈蟲〉자벌레. ¶～蛾é | 자벌레나방 =〔斥chǐ蠖〕〔方 屈qū伸虫〕〔方 步bù屈〕〔方 步曲(虫)〕

【尺蠖之屈】chǐ huò zhī qū 成 자벌레가 몸을 움츠리다. 훗날의 성공을 위하여 당분간 굴신하다. ¶～, 以求伸shēn也, 尤蛇之蛰zhé, 以存伸也 | 자벌레가 움츠린 것은 몸을 펴기 위한 것이고, 뱀이 동면하는 것은 몸을 보존하기 위한 것이다. 훗날의 성공을 위해 굴신하고 준비하다.

【尺简】chǐjiǎn ⇒〔尺牍〕

【尺码(儿)】chǐmǎ(r) 名 ❶치수. 사이즈(size). 길이. ¶打～ | 치수를 재다. ¶各种～的帽子都齐qí全 | 모자가 여러 가지로 다 갖추어져 있다. ¶你穿多大～的鞋xié子? | 너는 몇 문 짜리 신발을 신느냐? =〔方 尺头儿①〕❷기준. 표준. 수준. ❸〈貿〉용적(容積). ¶量～ | 용적을 재다. ¶～证明书 | 용적증명서.

【尺书】chǐshū ⇒〔尺牍〕

【尺素】chǐsù ⇒〔尺牍〕

【尺头】chǐ·tou 名 方 㱏 피륙. 옷감. ¶送一块～让他做一件衣服 | 그에게 옷 한 벌 만들도록 피륙 한 필을 보내라.

【尺头儿】chǐtóur ❶⇒〔尺码(儿)①〕❷名 方 (옷감의) 자투리. ❸名 (말의) 여운. 여지. ¶说话留～ | 말에 여지를 남겼다.

【尺中】chǐzhōng 名〈漢醫〉척부(尺部)[손목의 맥을 짚는 부위]→〔寸口〕〔手脉〕

3【尺子】chǐ·zi 名 ❶자. ❷척도(尺度). 기준. 표본. ¶不必拿他们当～ | 그들을 표준으로 삼을 필요가 없다.

【呎】chǐ (又 yīngchǐ) 피트 척
量 피트(feet)의 약기(略記) [길이의 단위. 30.48cm에 해당함. 보통「英尺」라고 함]→〔英尺〕

4【侈】chǐ 사치할 치
❶사치스럽다. 낭비하다 =〔奢shē侈〕¶～饰shì↓ ❷과장(誇張)하다. 크다. ¶～谈↓
【侈靡】chǐmí 書 形 사치스럽고 음란하다. ¶穷极～ | 끝없이 사치하다.
【侈饰】chǐshì 書 ❶名 사치스런 장식. ❷動 화려하게 꾸미다.
【侈谈】chǐtán 書 ❶動 큰소리 치다. 허풍을 떨다. ¶还～什么永久和平 | 여전히 영속적 평화니 뭐니 하고 큰소리 치다. ❷名 큰소리. 과언. 식언.

【哆】chǐ ☞ 哆 duō B

3【齿(齒)】chǐ 이 치
❶이. 치아. ¶牙～ | 치아. ¶恒héng～ =〔恒牙〕| 영구치. ¶犬quǎn～ =〔犬牙〕| 송곳니. ¶唇chún亡～寒hán | 成 입술이 없으면 이가 시리다. 서로 밀접한 관계이다→〔牙yá①〕❷(～儿) 名 이같이 가지런히 배열된 물체. ¶锯jù～ | 톱니. ¶梳shū～儿 | 빗살. ¶～轮lún↓ ❸연령. ¶～尊zūn | 연세가 높다. ¶～稚zhì | 나이가 어리다. ❹언급하다. ¶～及↓ ¶不足～数 =〔不足挂齿〕| 언급할 대상이 안되다. ❺動 方 인정하다. 서열에 넣다. ¶行为恶劣èliè, 为人所不～ | 행동이 고약하여 사람으로 보지 않다. ¶哪一个都不～他 | 어느 누구도 그를 쳐주지 않는다. ❻(Chǐ) 名 성(姓).
【齿白唇红】chǐ bái chún hóng 成 흰 이에 붉은 입술. 아름다운 여인.
【齿敝舌存】chǐ bì shé cún ⇒〔齿亡wáng舌存〕
【齿槽】chǐcáo 名〈生理〉치조. 잇몸.
【齿唇音】chǐchúnyīn 名〈言〉순치음(唇齒音) [윗니와 아랫 입술이 접촉해서 나는 자음(子音). 「f」「v」따위]=〔唇齿音〕
【齿德俱尊】chǐ dé jù zūn 成 연령·덕행 모두 존경할 만하다.
【齿根】chǐgēn 名〈生理〉치근.
【齿根高】chǐgēngāo 名〈機〉톱니의 높이 [톱니바퀴의「节jié圆」에서「齿根圆」에 이르는 거리]
【齿根圆】chǐgēnyuán 名〈機〉톱니의 밑 부분을 연결한 원 =〔根圆〕
【齿垢】chǐgòu 名 치석(齒石). 프라그.
【齿冠】chǐguān 名〈生理〉치관.
【齿及】chǐjí 書 動 언급하다. 문제 삼다. ¶小小的帮忙, 您何足～? | 이런 작은 도움을 어찌 언급하십니까?→〔挂guà齿〕
【齿冷】chǐlěng 書 動 비웃다. 조소하다. ¶令人～ | 남의 비웃음을 사다 =〔冷齿〕
4【齿轮(儿)】chǐlún(r) 名〈機〉기어(gear). ¶正～ | 스퍼 기어(spur gear). ¶斜xié～ | 헬리컬(helical) 기어. ¶伞sǎn～ | 베벨(bevel) 기어. ¶～变速sù | 기어. 변속기 =〔牙yá轮〕
【齿鸟类】chǐniǎolèi 名〈鳥〉치조류 [백악기(白堊紀)의 화석(化石)에서 발견되는 고대의 조류]
【齿腔】chǐqiāng 名〈生理〉치강.
【齿髓】chǐsuǐ 名〈生理〉치수.
【齿亡舌存】chǐ wáng shé cún 成 잇빨은 빠져도 혀는 남는다. 유연한 것이 강한 것보다 오래 남는다 =〔齿敝舌存〕
【齿音】chǐyīn 名〈言〉치음. 잇소리[「齿头音」「正齿音」따위의 자음]→〔七qī音①〕〔五wǔ音〕
【齿龈】chǐyín 名〈生理〉치은. 잇몸. 치주 =〔牙床(子)①〕〔牙龈〕〔方 牙花(儿)②〕

4【耻〈恥〉】chǐ 부끄러울 치
❶名 수치. 부끄러움. 치욕 ¶人不可无～ | 사람은 수치심이 없어서는 안된다《孟子·盡心上》❷書 動 부끄러워하다. ¶丘qiū亦～之 | 공자께서도 그것을 부끄러워했다《論語·公冶長》¶～心↓ ¶～辱rǔ↓ ¶被人～ | 모욕을 당하다. ❸(Chǐ) 성(姓).
【耻骨】chǐgǔ 名〈生理〉치골.
【耻辱】chǐrǔ ❶名 치욕. ¶以损害祖国利益为最大的～ | 조국의 이익을 해치는 것이 가장 큰 치욕이다. ¶蒙méng受～ | 치욕을 당하다. ❷動 치욕적이다. 굴욕적이다. ¶他觉得不能参加会, 简直是很～的 | 그는 회의에 참가할 수 없음이 못내 굴욕적이라고 생각하였다.
【耻笑】chǐxiào ❶動 조소하다. 멸시하다. ¶为人太小气, 将被人～ | 사람됨이 너무 소심하면, 남에게 조소를 당한다. ¶我怕他～ | 그가 멸시할까 두렵다. ❷名 조소. 치욕. ¶万代之～ | 만대의 치욕.
【耻心】chǐxīn 名 수치심. 부끄러운 마음. ¶禁不住～ | 부끄러운 마음을 금할 수 없다.

【豉】chǐ 메주 시, 된장 시
名 메주. 된장→〔豆豉〕
【豉虫】chǐchóng 名〈蟲〉물매암이. 물무당=〔豉豆虫〕〔豉母虫〕
【豉油】chǐyóu ⇒〔酱jiàng油〕

【褫】chǐ 옷벗길 치
動 벗기다. 빼앗다. 박탈하다. ¶～职zhí | 직위를 박탈하다. 면직하다.
【褫夺】chǐduó 動 빼앗다. 박탈하다. ¶～政治权利 | 정치 권력을 박탈하다. ¶～公权 | 공민권을 박탈하다.

chì 彳丶

【彳】chì 조금걸을 척
⇒〔彳亍〕
【彳亍】chìchù 書 動 천천히 걷다. 머뭇거리다 [「彳」는 왼발 걸음,「亍」는 오른발 걸음이며 합하여「行」자가 됨] ¶独dú自在河边～ | 홀로 강가에서 어정거리다. ¶～而行 | 천천히 걷다.

【叱】chì 꾸짖을 질
❶書 動 나무라다. 꾸짖다. 질책하다. ¶手剑jiàn而～之 | 손에 검을 들고 그를 크게 꾸짖다《公羊傳》¶申～ =〔申斥〕〔申饬〕| 꾸짖다. ¶～呼↓ ¶怒nù～ | 노하여 꾸짖다. ❷소리치다. (이름을) 부르다. ¶～名↓ ❸(Chì) 名 성(姓).
【叱咄】chìduō ⇒〔叱咤①〕

【叱呵】chìhē ⇒〔叱骂mà〕
【叱喝】chìhè ⇒〔叱骂mà〕
【叱呼】chìhū 動 몹시 꾸짖다. 심하게 꾸짖다.
【叱骂】chìmà 動 큰소리로 호되게 꾸짖다. ¶他总是大声地～部下 | 그는 언제나 큰 소리로 부하를 욕한다 =〔叱呵〕〔叱喝〕→〔责zé骂〕
【叱名】chìmíng 動 큰소리로 이름을 부르다. 이름을 사뢰다. ¶代～请安 | 제 이름을 사뢰고 문안드려 주십시오.
【叱责】chìzé 動 꾸짖어 나무라다. ¶被父亲～了一顿dùn | 아버지에게 한바탕 꾸중을 들었다.
【叱咤】chìzhà 動 ❶ 書 질타하다. 큰 소리로 꾸짖다. ¶听了一声～道 | 한바탕 크게 질타 당하다 =〔叱咄〕 ❷ 큰소리를 치다. 위세를 떨치다. 으르다. ¶～风云 | 成 큰 소리를 쳐 바람과 구름을 일으키다. 대단한 위력을 나타내다.

3【斥】chì 물리칠 척
❶ 動 꾸짖다. 책망하다. ¶～他为叛徒pàntú | 그를 반도라고 힐책하였다. ¶痛tòng～ | 통렬히 책망하다. ¶遭zāo到～责zé | 질책을 받다. ❷ 물리치다. 배척하다. ¶排pái～ | 배척하다. ¶～逐zhú↓ ❸ 반박하다. ¶驳bó～ | 반박하다. ❹ 확장하다. 개척하다. ¶～地 | 땅을 개척하다. ❺ 탐색하다. 정찰하다. ¶～候↓ ¶～骑↓ ❻ 가득 차다. ¶充chōng～ | 가득차다. ❼ 염분이 많은 땅. ¶～卤lǔ↓
【斥革】chìgé 書 動 파면하다. 쫓아 내다. ¶有重大过失者均jūn被～ | 중대한 과실이 있는 자는 모두 파면 당한다.
【斥候】chìhòu ❶ 動 〈軍〉 척후하다. 적정을 살피다. ❷ 名 척후. ¶～兵 | 척후병. ¶～部队bùduì | 척후 부대.
【斥蠖】chìhuò ⇒〔尺chǐ蠖〕
【斥力】chìlì 名 〈物〉 척력 ⇔〔引yǐn力①〕
【斥卤】chìlǔ 書 名 척로 [염분이 많아 농사짓기 어려운 땅]
【斥骂】chìmà 動 꾸짖고 욕하다. 질책하다.
【斥卖】chìmài 書 動 팔아 치우다.
【斥骑】chìqí 名 〈軍〉 척후 병(斥候騎兵). 척후병.
【斥退】chìtuì 動 ❶ (학생을) 제명하다. 제적하다. ¶～牌pái | (학생의) 퇴학 공고. ❷ (관리를) 파면하다. ¶他已被上司～ | 그는 이미 상사에 의해 파면되었다. ❸ 물리치다. 물러가라고 호령하다. ¶～恶è人 | 악인을 물리치다.
【斥责】chìzé 動 질책하다. 꾸짖다. ¶厉lì声～ | 엄하게 꾸짖다. ¶父亲～他太不懂礼貌lǐmào | 아버지는 그가 너무 예의를 모른다고 욕했다.
【斥逐】chìzhú 動 쫓아내다. 추방하다. ¶把外国特务～出境jìng | 외국의 간첩을 국외로 추방하였다.

3【赤】chì 붉을 적
❶ 名 〈色〉 붉은 색. 적색. ¶～血球 | 적혈구. ❷ 혁명을 상징하는 색. ¶～卫队↓→〔红hóng⑧〕텅비다. 아무 것도 없다. ¶～手空拳↓ ¶今年大旱hàn千里～ | 금년은 크게 가물어 천리 땅에 풀 한 포기 나지 않았다. ❸ 動 드러내다. 벌거벗다. ¶～膊bó↓ ¶～脚jiǎo↓ =〔光〕 ❹ 복성(複姓) 중의 한 자(字). ¶～将↓ ❺ (Chì) 名 성(姓).
【赤白痢】chìbáilì 名 〈漢醫〉 적백리 [피가 섞인 이질]
【赤包儿】chìbāor 名 〈植〉 쥐참외. ¶～是一种小瓜, 红了以后, 北平的儿童拿着它玩wán | 쥐참외는 작은 오이의 일종으로 익으면 북평의 어린이들이 가지고 논다《老舍·四世同堂》=〔赤包子〕
【赤包子】chìbāo·zi ⇒〔赤包儿〕
【赤背】chì/bèi ❶ 動 윗통을 벗다. 상반신을 드러내다. ¶她现在已赤了背了 | 그녀는 이미 반라가 되었다. ❷ (chìbèi) 名 반라(半裸).
【赤壁】Chìbì 名 〈地〉 적벽 [호북성(湖北省)에 있는 산 이름으로 유명한 곳이 네 군데임. 가어현(嘉魚縣) 서쪽, 양자강의 남안(南岸)에 있는 산은 삼국(三國) 시대에 주유(周瑜)가 조조(曹操)의 군대를 대파한 곳이며, 황강현(黃岡縣) 동쪽에 있는 산은 소식(蘇軾)이 적벽부(赤壁賦)를 지은 곳이고 무창현(武昌縣) 동남쪽에도 있음] =〔赤矶〕
【赤壁鏖兵】chì bì áo bīng 成 적벽에서 벌어진 치열한 전쟁. 격전.
【赤膊】chì/bó ❶ 動 윗통을 벗다. ¶赤着膊捉zhuō虱shī子 | 윗통을 벗고 이를 잡다. ❷ (chìbó) 名 반라(半裸). ¶打～ | 윗통을 벗다. ¶～鬼guǐ | 무뢰한.
【赤膊上阵】chì bó shàng zhèn 成 윗통을 벗은채 적진(敵陣)에 나아가다. 무모하게 일을 처리하다. 함부로 나쁜 짓을 하다. 웃통을 벗어부치고 정신을 집중하여 일하다 ‖ =〔赤体上阵〕
【赤忱】chìchén ⇒〔赤诚〕
【赤诚】chìchéng 形 정성을 다하다. 성의를 다하다. 어법 주로 부사적으로 쓰임. ¶～待人 | 진심으로 사람을 대하다. ¶怀着一颗kē热爱祖国的～之心回到北京 | 조국을 열렬히 사랑하는 정성을 안고 북경으로 돌아 왔다 =〔書 赤忱〕〔赤心〕→〔赤胆〕
【赤带】chìdài 名 〈漢醫〉 적대하(赤帶下)→〔白bái带〕
【赤胆】chìdǎn 形 충성을 다하다. 성실하다. ¶～忠心 | 정성을 다하여 충성하다→〔赤诚〕
3【赤道】chìdào 名 〈天〉 적도. ¶～面 | 적도면. ¶～无风带 | 적도 무풍대. ¶～林 | 적도림.
【赤道几内亚】Chìdào Jǐnèiyà 名 外 〈地〉 적도 기니(Republic of Equatirial Guinea)[적도 아프리카의 서단에 위치한 나라. 수도는 「马拉博」(말라보;Malabo)]
【赤地】chìdì 書 名 황무지. 불모지 [한재(旱災)나 병충해 등으로 풀 한 포기 나지 않는 땅] ¶大旱hàn之年, ～千里 | 큰 가뭄이 든 해이라 천지에 풀 한 포기 나지 않았다.
【赤豆】chìdòu 名 〈植〉 적두. 붉은 팥 =〔赤小豆〕〔红hóng豆儿〕
【赤根菜】chìgēncài ⇒〔赤根草〕
【赤根草】chìgēncǎo 名 〈植〉 시금치 =〔赤根菜〕〔菠bō菜〕
【赤光光】chìguāngguāng ⇒〔赤条条〕

【赤红】chìhóng 名〈色〉진홍색(眞紅色).
【赤狐】chìhú 名〈動〉불여우 =〔红hóng狐〕〔火huǒ狐〕
【赤将】Chìjiàng 名 복성(複姓).
【赤脚】chì/jiǎo ❶ 動 맨발이 되다. 발을 그대로 드러내다. ¶赤着脚走路 | 맨발로 걷다 ¶赤着脚穿草鞋 | 맨발에 짚신을 신고 있다. ❷ (chìjiǎo) 名 맨발. ¶～人赶鹿, 着鞋人吃肉 | 諺 맨발인 사람은 사슴을 좇고 신을 신은 사람은 고기를 먹는다. 가난한 사람은 수고하고 부자는 앉아서 먹는다.
【赤脚医生】chìjiǎo yīshēng 名組 맨발의 의사. 농촌의 보건원 [1965년 6월 26일 모택동의 교시로 농촌 인민공사의 젊은 사람을 모집하여 속성교육을 시킨 뒤 농촌에서 의료·위생 업무를 담당하게 했던 초급 의료 종사자]=〔草cǎo鞋医生〕〔农nóng村红医〕
【赤金】chìjīn 名 순금(純金). ¶足～ | 24금. ¶九成金 | 22금. ¶七五成金 | 18금. ¶五八三成金 | 14금.
【赤痢】chìlì 名〈醫〉적리. 세균성 적리. ¶～菌jùn | 적리균 =〔红hóng痢〕
【赤楝蛇】chìliànshé ⇒〔赤练蛇〕
【赤炼蛇】chìliànshé ⇒〔赤练蛇〕
【赤练蛇】chìliànshé 名〈動〉율모기 [독뱀의 일종]=〔赤楝蛇〕〔赤炼蛇〕
【赤链蛇】chìliànshé ⇒〔赤练蛇〕
【赤磷】chìlín 名〈化〉적린. 홍린 =〔红磷hónglín〕→〔白磷〕
【赤露】chìlù 動 발가벗다. 알몸을 드러내다. ¶～着整个上身 | 상반신 알몸이 되다.
【赤裸】chìluǒ 動 ❶ 알몸이 되다. 나체가 되다. ¶全身～ | 전신 나체가 되다. ❷ 헐벗다. 그대로 드러나다. ¶～的原野 | 헐벗은 들녘.
【赤裸裸】chìluǒluǒ ⓧ chìluōluō) 貺 모두 들어내어 놓다. 적나라하다. ¶～的身体 | 아무 것도 걸치지 않은 알몸. ¶他把全部心思都～地说出来了 | 그는 모든 마음을 숨김없이 털어놓았다.
【赤眉】Chìméi 名 적미 [서한(西漢) 말년(末年)에 번숭(樊崇) 등이 왕망(王莽)에 맞서 일으킨 농민 반란군. 눈썹에 붉은 색을 칠하였다하여 이렇게 불렀음]
【赤霉】chìméi 名 녹균(菌). 수균(銹菌). ¶～病 | 녹병. 수병. ¶～酸suān |〈生化〉지베렐린산.
【赤霉素】chìméisù 名〈生化〉지베렐린(gibberellin) [식물 호르몬의 하나]
【赤贫】chìpín 貺 극빈하다. 몹시 가난하다. ¶我是～的人 | 나는 매우 가난한 사람이다. ¶～户 | 몹시 가난한 집. ¶～如洗 | 威 찢어지게 가난하다.
【赤日】chìrì 名 붉은 태양. 뜨거운 태양. 뙤약볕. ¶～炎yán炎 | 태양이 붉게 타오르다.
【赤色】chìsè 名 ❶〈色〉적색. ❷ 좌파 혁명·공산주의를 상징하는 색. ¶～政权 | 공산당 정권→〔白bái色〕〔红hóng色〕
【赤色国际】chìsè guójì 名組〈政〉제3 인터내셔널(International)=〔第dì三国际〕
【赤芍】chìsháo 名〈植〉적작약.
【赤身露体】chì shēn lù tǐ 威 발가벗다. 알몸이 되다. ¶几个小孩～地在河里嬉xī水 | 발가벗은 아이 몇명이 강에서 물놀이를 하고 있다.
【赤手】chì/shǒu ❶ 動 맨손이 되다. 빈손이 되다. ¶赤着手来 | 빈손으로 왔다. ❷ 빈손. 맨손. ¶～膊bó斗 | 맨손으로 격투하다.
【赤手成家】chì shǒu chéng jiā 威 자수성가하다. 맨손으로 일어나 성공하다 =〔白bái手起家〕
【赤手空拳】chì shǒu kōng quán 威 아무것도 가진 것이 없다. ¶武松～打死一只老虎 | 무송은 맨손으로 호랑이 한 마리를 때려 잡았다→〔手无寸铁〕
【赤松】chìsōng 名〈植〉적송.
【赤体上阵】chì tǐ shàng zhèn ⇒〔赤膊bó上阵〕
【赤条条】chìtiáotiáo ⓧ chìtiāotiāo) 貺 모두 들어내 놓다. 적나라하다. 꾸밈이 없다. ¶～的小孩儿 | 발가벗은 어린 아이. ¶～地睡着一个小姐 | 한 아가씨가 벗은 채로 자고 있다 =〔方 赤光光〕
【赤铜】chìtóng ⇒〔紫zǐ铜〕
【赤卫队】chìwèiduì ❶ 名 적위대 [중국 제2차 국내혁명전쟁기(1927～37)에 혁명 근거지에서 생업에 종사하며 홍군(紅軍)을 도운 대중 조직. 후에 「民兵」이라고 개칭됨] ❷ ⇒〔赤卫军〕
【赤卫军】chìwèijūn 名 적위군 [소련의 1917년 시월혁명(十月革命) 전후(前後) 조직된 노동자의 무장(武裝) 조직. 홍군(紅軍)의 전신(前身)]=〔赤卫队②〕
【赤县】Chìxiàn 名 중국(中國)의 별칭. ¶长夜难明～天 | 기나긴 밤이 계속되어 중국의 하늘을 밝히기는 어렵다→〔神Shén州〕
【赤小豆】chìxiǎodòu ⇒〔赤豆〕
【赤心】chìxīn ⇒〔赤诚〕
【赤熊】chìxióng 名〈動〉붉은 곰.
【赤血球】chìxuèqiú 名〈生〉적혈구 =〔红血球〕
【赤杨】chìyáng 名〈植〉적양. 오리나무.
【赤子】chìzǐ 名 ❶ 갓난아기. 신생아. ❷ 喩 천진함. 순결함. ¶～心 | 순결한 마음. 천진한 마음. ❸ 書 喩 (군대의) 부역에 종사하는 백성. ¶～苍cāng头 | 부역하는 노인《紅樓夢》
【赤子之心】chì zǐ zhī xīn 威 천진한 마음. 거짓 없는 마음. ¶他是一个有～的人 | 그는 천진한 마음을 가진 사람이다.
4【赤字】chìzì 名 적자. ¶～开支 | 적자 지출. ¶～财政 | 적자 재정. ¶～预算 | 적자 예산. ¶弥补míbǔ～ | 적자를 메꾸다.
【赤足】chì/zú ❶ 動 맨발이 되다. ❷ (chìzú) 名 맨발. ¶打～ | 발을 드러내다.

【饬(飭)】chì 갖출 칙

❶ 정돈하다. 바로잡다. ¶整～秩序 | 질서를 바로잡다. ❷ 명령하다. 경고하다. ¶～遵zūn | 준수할 것을 지시하다. ¶通～ | 통털어 명령하다. ❸ 名 옛날 상급기관에서 하급기관에 내리는 명령·공문서(公文書)→〔咨zī③〕
【饬呈】chìchéng 書 動 札 인편에 보냅니다 [인편으로 서신을 보낼 때 봉투 쓰는 말]=〔饬纪〕〔饬交〕〔饬价〕〔饬送〕
【饬纪】chìjì ⇒〔饬呈〕

【饬交】chìjiāo ⇒〔饬呈〕
【饬价】chìjiè ⇒〔饬呈〕
【饬令】chìlìng 書 動 札 상급 기관에서 하급 기관에 명령하다. 지시하다.
【饬送】chìsòng ⇒〔饬呈〕

【炽(熾)】chì 성할 치, 사를 치
❶ 활활 타다. 뜨겁다. ¶～热↓ ❷ 번성하다. 무성하다. ¶～茂mào↓
【炽烈】chìliè 狀 치열하다. 왕성하다. ¶炉lú火～ | 난로 불길이 세다. ¶～的情怀qínghuái | 뜨거운 정감.
【炽茂】chìmào 狀 매우 번성하다. ¶林木～ | 수풀이 무성하다.
【炽燃】chìrán 動 불이 활활 타오르다.
【炽热】chìrè 狀 이글거리다. 매우 뜨겁다. 열렬하다. ¶～的阳光 | 이글거리는 태양. ¶～的情欲 | 타오르는 정욕.
【炽盛】chìshèng 形 왕성하다. 번성하다. 세차다. ¶火势～ | 불길이 세차다.
【炽燥】chìzào 形 뜨겁고 건조하다. 건조하고 매우 덥다.

【眙】chì yí 눈여겨볼 치, 땅이름 이
Ⓐ chì 書 動 눈을 크게 뜨고 보다. 눈을 부라리다.
Ⓑ yí 지명에 쓰이는 글자. ¶盱xū～ | 우이현 [강소성(江蘇省)에 있는 현 이름]

2【翅】chì 날개 시
❶ 名 (새·곤충의) 날개. ¶展～ | 날개를 펴다. ¶雁yàn～ | 기러기 날개. ❷ (～子) 名 (어류의) 지느러미. ¶鱼～ | 지느러미. ❸ (～儿) 물건의 양쪽에 달린 날개같이 생긴 부분. ¶香炉lú～ | 향로의 양쪽에 달린 날개. ❹ 〈植〉 시과(翅果)의 날개같이 뻗은 과피(果皮).
2【翅膀(儿)】chìbǎng(r) 名 (새·곤충·비행기 등의) 날개. ¶展开～ | 날개를 펴다. ¶收起～ | 날개를 접다. ¶飞机～ =〔机翼〕| 비행기 날개. ¶～硬了 | (새의) 날개가 굳어지다. 제 구실을 할 수 있게 되다. ¶我恨不得生～飞出去 | 나는 날개가 돋아 날아 갈 수 없음이 한스럽다.
【翅饼】chìbǐng 名 〈食〉 상어 지느러미를 가늘게 만들어 뭉쳐 놓은 중국 요리.
【翅菜】chìcài 名 〈食〉 상어 지느러미 요리.
【翅果】chìguǒ 名 〈植〉 시과. 날개 열매.
【翅脉】chìmài 名 〈蟲〉 시맥. 횡맥.
【翅儿】chìr 名 ❶ 京 콧날개 [콧구멍 위의 볼록한 부분] ¶孩子发烧shāo, ～直扇忽shànhū | 아이가 열이 나서 콧날개가 줄곧 벌렁거린다. ❷ (조류·곤충의) 날개 또는 날개 모양의 물건. ¶生出两个～ | 날개 둘이 돋았다.
【翅席】chìxí 名 상어 지느러미 요리가 나오는 고급 연회석.
【翅子】chì·zi 名 ❶ 상어 지느러미. ¶～席 | 상어 지느러미 요리 연회. ❷ 方 날개.

【敕〈勅勑〉】chì 경례할 칙
❶ 황제의 명령. 칙령. ¶～命↓ ¶～令↓ ❷ (chì) 名 성(姓).
【敕封】chìfēng 動 (토지·작위를) 칙명으로 책봉하다.
【敕勒】chìlè 動 〈宗〉 도교(道教)에서 악귀를 쫓다. 부적에 「敕令」이라고 써서 귀신을 몰아내다.
【敕令】chìlìng 書 ❶ 動 칙령을 내리다. ¶～扑杀 | 박살하라고 칙명을 내리다. ❷ 名 칙령. 칙명.
【敕命】chìmìng 名 칙명. 황제의 명령.
【敕书】chìshū 名 칙서. 황제가 신하에게 내리는 조서(詔書).

【啻】chì 뿐 시
書 動 단지 …이다. …뿐이다 어법 대부분 「不」「岂qǐ」 뒤에 쓰여, 부정이나 반어(反語)로 쓰임. ¶不～如此 | 단지 이 뿐만 아니다. ¶何～ | 어찌 …뿐이랴. ¶两国人民情谊yì不～如兄弟 | 양국 국민의 정분은 형제지간 이상이다.
【啻啻磕磕】chìchìkēkē 狀 近 노인의 행동이 부자유스럽다. 어물거리다.

【傺】chì 낙망할 제
書 形 실망하다. 낙망하다. 낙심하다.

【瘈】chì ☞ 瘈 zhì Ⓑ

【瘛】chì 경기병 계/체
⇒〔瘛疭〕
【瘛疭】chìzòng 名 〈漢醫〉 계종. 경련. 경기 =〔瘈chì疭〕→〔抽chōu风①〕

chōng ㄔㄨㄥ

2【充】chōng 가득찰 충
❶ (가득) 차다. 충분하다. ¶～足↓ ¶～斥↓ ❷ 채우다. 보충하다. ¶～电↓ ¶～饥↓ ¶～实↓ ❸ 動 넘치다. ¶～血↓ ❹ 動 …으로 쓰다. 충당하다. ¶～做军用 | 군용에 충당하다. ¶～公↓ ❺ 맡다. 역할을 하다. ¶～当↓ ¶～任↓ ❻ …으로 속이다. …인 체하다. …으로 가장(假裝)하다. ¶拿假货～真货卖 | 가짜를 진짜로 속여 팔다. ¶冒～学生在学校偷tōu东西 | 학생을 사칭하고 학교에서 도둑질하다. ¶～能干↓ ¶～行háng家↓ ❼ (Chōng) 名 성(姓).
【充畅】chōngchàng 形 원활하다. 소통이 잘되다. ¶血液yè～ | 혈액 순환이 원활하다. ¶供应～ | 공급이 원활하다.
【充斥】chōngchì 動 貶 가득 차다. 충만하다. 넘치다. ¶百货公司里～着日本货 | 백화점에 일본 상품이 넘쳐나고 있다.
【充磁】chōng/cí 動 〈物〉 자성(磁性)을 채우다.
4【充当】chōngdāng 動 역할을 맡다. 충당하다. 담당하다. ¶～翻译 | 통역을 맡다. ¶～傀儡kuǐlěi | 괴뢰역을 맡다.
【充电】chōng/diàn 〈電氣〉 ❶ 動 충전하다. ❷ (chōngdiàn) 名 충전하다. ¶～电流 | 충전전류.
【充耳不闻】chōng ěr bù wén 成 귀를 막고 듣지 않다. 못들은 척하다《詩經·邶風》 ¶屡lǚ次告诉他, 他总是～ | 누차 그에게 말했지만 그는 늘 들은 체 만 체 했다.
【充发】chōngfā 動 유형(流刑)을 보내다 유형에 처하다 →〔充军〕
2【充分】chōngfèn 形 충분하다. 넉넉하다. 완전하다. 어법 비교적 추상적인 경우에 주로 부사어

(狀語)로 쓰임. ¶～燃烧ránshāo | 완전히 타다. ¶～利用 | 충분히 이용하다. ¶～交换意见 | 충분히 의견을 교환하다. ¶他的理由很不～ | 그의 이유는 충분하지 못하다 =〔充量〕→〔十分〕

【充公】chōng/gōng 動〈法〉몰수하여 공유화·국유화하다. ¶把他的财产～, 大家分 | 그의 재산을 의법 몰수하여 여럿이 나누다.

【充行家】chōng háng·jia 動組 정통한 체하다. 전문가인 척하다. ¶你别～了 | 전문가인 체하지 마라.

【充饥】chōng/jī 動 배를 채우다. 요기하다. ¶画饼bǐng～ | 그림 속의 떡으로 요기하다. 실속이 없다. ¶胡乱吃东西来～ | 아무 것이나 함부로 먹어 배를 채웠다.

【充军】chōng/jūn 動 범죄자를 먼 곳으로 보내 군인이 되게 하거나 노역하게 하다. ¶除正犯外, 全家发边远～ | 주범 외에도 전 가족을 먼 변방으로 보내 군무에 노역하도록 하였다→〔充发〕

【充量】chōngliàng ⇒〔充分〕

²【充满】chōngmǎn 動 가득 차다. 충만하다. 어법 장소를 나타내는 목적어(賓語)나 주어를 동반하여 쓰임. ¶欢呼声～了整个会场 | 환호성이 온 회의장에 넘쳐 흘렀다. ¶屋子里～着阳光 | 방 안에 햇볕이 가득 찼다. ¶他的心里～着快乐 | 그의 마음은 쾌락으로 가득 찼다 =〔充塞〕

【充能干(儿)】chōng nénggàn(r) 動組 재능이 있는 척하다. 유능한 체하다. ¶他什么都不会, 偏piān要～ | 그는 하등의 능력도 없으면서, 한사코 유능한 체한다 =〔充能个儿〕

⁴【充沛】chōngpèi 形 가득 차다. 넘쳐 흐르다. ¶精力～ | 정력이 왕성하다. ¶雨水～ | 빗물이 넘치다. ¶～的劳动热情 | 넘쳐 흐르는 근로 의욕.

【充其量】chōngqíliàng 副 많아야. 최대한도로. 기껏해야. ¶～十天就可以完成这个任务 | 기껏해야 열흘이면 이 임무를 완성할 수 있다. ¶他～不过是一个走卒而已 | 그는 기껏해야 졸병에 불과하다.

【充气灯泡】chōngqì dēngpào 名組 가스(gas) 전구(電球).

【充任】chōngrèn 動 담임하다. 맡다. 담당하다. ¶～生产队长 | 생산 대장을 맡기다. ¶～记帐员 | 기장원 일을 당당하다.

【充塞】chōngsè ⇒〔充满〕

³【充实】chōngshí ❶ 形 충실하다. ¶文字流畅, 内容～ | 문장이 유창하고 내용이 충실하다. ❷ 動 충실하게 하다. 강화하다. 보강하다. ¶派干部去～薄弱bóoruò的部门 | 간부를 파견하려 약한 부문을 강화하였다. ¶～教育内容 | 교육의 내용을 충실하게 하였다.

【充数(儿)】chōng/shù(r) 動 숫자를 채우다. ¶滥竽lànyú～ | 무능한 사람이 머릿수만 채우다. ¶我不过是来～罢了 | 나는 머릿수만 채우는 것에 불과합니다 =〔抵数〕

【充血】chōngxuè〈醫〉❶ 動 충혈되다. ❷ 名 충혈. ¶脑～ | 뇌충혈. ¶～的眼睛 | 충혈된 눈. ¶～性 | 충혈성.

【充要条件】chōngyào tiáojiàn 名組〈論〉필요충분조건.

【充溢】chōngyì 動 넘쳐흐르다. 가득차 넘치다. ¶脸上～着幸福的笑容 | 얼굴에 행복한 웃음이 넘쳐흐르고 있다.

【充盈】chōngyíng 書 形 ❶ 충만하다. 가득하다. ¶仓廪cānglǐn里～着粮食 | 창고에 식량이 가득찼다. ❷ (몸이) 풍만하다.

【充裕】chōngyù 形 풍족하다. 넉넉하다. ¶经济jīngjì～ | 경제적으로 풍부하다. ¶时间～ | 시간이 넉넉하다. ¶基金渐渐～了 | 기금이 점점 충분해졌다.

²【充足】chōngzú 形 충족하다. 충분하다. 어법 구체적인 사물에 주로 부사어(狀語)로 쓰임. ¶屋子里光线不～ | 방 안에는 광선이 부족하다. ¶经费～ | 경비가 충분하다. ¶他有～理由上诉sù | 그는 상소할 충분한 이유가 있다.

【充作】chōngzuò 動 近 …로 위장하다. …에 충당하다. ¶～打围的形势 | 포위 당한 형국으로 위장하다.

【茺】chōng 익모초 충

⇒〔茺蔚〕

【茺蔚】chōngwèi 名〈植〉익모초(益母草) =〔苦低草〕〔書 蓷tuī〕〔益yì母草〕

2【冲〈沖〉】1 chōng 물탈 충, 깊을 충

❶ 動 (물을) 붓다. 액체에 풀다. ¶～茶↓ ¶～服↓ ❷ 動 세찬 물로 가시다. ¶便后～水 | 용변 후에 물을 내려 씻으시오. ¶把碗用水～干净 | 사발을 물로 깨끗이 가셔라. ❸ 動〈撮〉현상하다. ¶～胶卷jiāojuǎn儿 | 필름을 현상하다. ❹ 動 (홍수 따위가) 휩쓸다. ¶大水～了河堤dī了 | 홍수가 강둑을 휩쓸었다. ❺ 상계하다. 상쇄하다. ❻ 動 유회되다. 무산되다. ¶今天的会～了 | 오늘 모임은 무산되었다. ❼ 書 形 어리다. 유치하다. ¶～幼↓ ❽ 書 形 겸허하다. ¶谦～ | 겸허하다. ❾ 名 方 산간지대의 평지. ¶～田 | 산간의 밭. ¶韶山～ | 소산 평지. ❿ 動 솟아 오르다. 치솟다. ¶飞上～天 | 하늘로 치솟아 나르다. ⓫ 動 돌진하다. ¶～入敌阵dízhèn | 적진으로 돌진하다. ⓬ 動 액맴하다. 액막이 하다. ⓭ (Chōng) 名 성(姓).

【冲茶】chōng chá 名組 차에 끓는 물을 붓다. 차를 타다. ¶客人来了, 赶gǎn快～ | 손님이 오셨다. 빨리 차를 타거라.

【冲淡】chōngdàn 動 ❶ 희석시키다. 묽게 하다. ¶～比例 | 희석율. ¶把80度酒精～为50度 | 80도 알코올을 50도로 희석시키다 =〔稀xī释〕 ❷ (효과 등을) 감소시키다. 약화시키다. ¶用笑谈来～僵jiāng持的气氛 | 우스갯 소리로 딱딱한 분위기를 부드럽게 하다. ¶加了这一场把整个剧本效果～ | 이 장면을 넣어서 전 극본의 효과가 감소되었다 ‖ =〔冲稀〕

⁴【冲锋】chōngfēng ⇒〔冲锋〕

【冲服】chōngfú 動 (액체에) 타서 복용하다. ¶这包药用开水～ | 이 약은 끓인 물에 타서 복용하시오.

【冲毁】chōnghuǐ 動 (물이) 휩쓸어 버리다. 물에 쓸어 버리다. ¶～了许多农田 | 많은 농지를 쓸

어 버렸다. ¶被洪水～了 | 홍수에 쓸려 버렸다.

【冲昏头脑】chōng hūn tóu nǎo 成 도취되다. 마비되다. 정신을 잃다. ¶他让胜利～了 | 그는 승리에 도취되었다.

【冲积】chōngjī 名〈地質〉충적. ¶～层 | 충적층. ¶～平原 | 충적 평야. ¶～土 | 충적토. ¶～期 | 충적기. ¶～扇 | 선상지. ¶～物 | 충적물.

[3]【冲击】chōngjī 動 (물살 등이) 세차게 부딪치다. ¶海浪～着石崖ái, 飞起像珠zhū子一般的水花 | 파도가 암벽에 부딪쳐 구슬 같은 물보라를 흩날리다. ¶大海的狂涛kuángtāo不时～着我的身体 | 대해의 미친 듯한 파도가 때때로 나의 몸을 때리고 있다.

【冲鸡蛋】chōngjīdàn ❶ 名〈食〉계란탕. ❷ 動 계란을 풀다. 계란탕을 만들다.

【冲决】chōngjué 動 (제방 등이) 터져 무너지다. ¶～堤防dīfáng | 홍수가 제방을 터뜨리다 =〔冲塌〕

【冲垮】chōng/kuǎ 動 (물 등이) 휩쓸다. 휩쓸어 무너뜨리다. ¶梯tī田被洪水～了 | 계단식 전답이 홍수에 쓸려나갔다.

【冲扩】chōngkuò 名〈撮〉현상과 확대.

【冲冷水】chōng/lěngshuǐ 動 ❶ 찬물을 끼얹다. ❷ 남을 모함하다. 중상하다.

【冲凉】chōng/liáng 動 ❶ 方 물을 끼얹다. 샤워하다. ¶他去～洗脸liǎn | 그는 찬물을 끼얹고 세수하였다. ❷ 찬물을 섞다. ¶我这给你冲冲凉 | 너에게 찬물을 섞어 주고 있잖아.

【冲龄】chōnglíng 書 名 유년(幼年) [주로 천자(天子)가 어린 경우에 쓰임] =〔冲年〕→〔冲幼〕

【冲昧】chōngmèi 書 形 (천자가) 어리고 우매하다. 미련하다.

【冲年】chōngnián ⇒〔冲龄〕

【冲泡】chōngpào 動 물에 불리다. ¶这药块～吃 | 이 약덩어리는 물에 불려 먹는다.

【冲晒】chōngshài ⇒〔洗xǐ印〕

【冲刷】chōngshuā 動 ❶ 물을 끼얹어 씻다. ¶把汽车～得干净 | 자동차를 깨끗하게 씻어 냈다. ❷ 물이 씻어 내다. 침식하다. ¶岩石上有被洪水～过的痕迹 | 바위에 홍수에 씻긴 흔적이 있다. ¶～作用 | 침식 작용.

【冲涮】chōngshuàn 動 물에 헹구다. ¶把这麻布～一下 | 이 마포를 물에 좀 헹구어라.

【冲水】chōngshuǐ 動 물을 붓다. 물에 헹구다. ¶～厕所 | 수세식 변소.

【冲塌】chōngtā ⇒〔冲决〕

【冲调】chōngtiáo 動 물에 타다. 물에 타 간 따위를 맞추다. ¶～一杯咖啡 | 커피 한 잔을 타다. ¶～方便 | 물에 타기 편리하다.

【冲稀】chōngxī ⇒〔冲淡〕

【冲洗】chōngxǐ ❶ 動 물로 씻다. 헹구다. ¶马路上经过一场暴风雨～之后, 格外干净了 | 도로가 한 차례 폭풍우에 씻겨 유난히 깨끗해졌다. ¶～污垢wūgòu | 때를 씻어 내다. ❷ 動〈撮〉사진을 현상하다. ¶～照片 | 사진을 현상하다→〔洗印〕 ❸ 名 세척(洗滌). ❹ 名〈撮〉현상. ¶～、晒印、放大 | 현상·인화·확대(D.P.E).

【冲象牙】chōngxiàngyá ⇒〔赛sài璐珞〕

【冲幼】chōngyòu 書 形 어리다. 유치하다→〔冲龄líng〕

【冲账】chōng/zhàng 動〈商〉청산하다. 상쇄하다. ¶你和我冲了账、已没有互相负债fùzhài | 나와 너는 탕감하였으니 이미 서로 빚진 것이 없다.

2【冲(衝)】 ② chōng chòng 찌를 충, 부딪힐 충

Ⓐ chōng ❶ 名 요충(要衝). 요지(要地). 요로(要路). ❷ 動 돌진하다. 돌파하다. ¶横～直撞 | 좌우로 돌진하다. 앞뒤 가리지 않고 돌진하다. 치솟다. ❸ 動 충돌하다. 돌진하다. 자극하다. 부딪치다. ¶臭味～上鼻子来 | 악취가 코를 찌르다. ¶～突↓ ❹ 名〈天〉충(衝)[행성(行星)과 태양이 180°로 놓여 밤 12시경 중천(中天)에 행성이 위치한 현상] ❺ 動 方 칼로 자르다. ¶用剪刀～布 | 가위로 천을 자르다. ❻ 書 動 액땜하다. 액막이하다.

Ⓑ chòng ❶ 動 향하다. ¶～南的大门 | 남쪽으로 난 대문. ¶～着大风前进 | 센 바람을 안고 전진하다. ❷ 介 …을 향하여. …에 대하여. ¶这话是～他说的 | 이 말은 그에게 한 것이다. ❸ 動 의지하다. 근거하다. ¶就～着这几句话, 我也不能不答应dāyìng | 이 말 몇 마디에 근거하여 나도 응낙하지 않을 수 없었다. ❹ 形 힘차다. 세차다. 맹렬하다. ¶唱得很～ | 매우 열렬하게 노래하다. ¶他说话太～ | 그는 너무 과격하게 말한다. ❺ 形 (냄새 등이) 강하다. 독하다. ¶大蒜气味儿很～ | 마늘 냄새가 지독하다. ❻ 形 번성하다. 홍성하다. ¶买卖很～ | 장사가 잘된다. ¶来的客人很～ | 오신 손님이 아주 많다. ❼ 動 체면을 세우다. 체면을 살려 주다. ¶～朋友 | 친구의 체면을 세우다. ❽ 動〈機〉구멍을 뚫다. 천공하다. ¶～铁板 | 철판에 구멍을 내다. ¶～眼 | (펀치로) 구멍을 뚫다. ❾ 量 京 투. 벌 [마작·포커 등과 같이 여러 개로 된 것을 세는 단위] ¶一～麻将 | 마작 한 짝. ¶一～扑pū克牌 | 포커 한 벌.

Ⓐ chōng

【冲波】chōngbō 名〈物〉충격파.

【冲波板】chōngbōbǎn 名〈體〉서프보드(surf board). 서핑(surfing).

【冲程】chōngchéng 名〈機〉충정(stroke). 행정. ¶四～发动机 | 4행정 엔진 =〔行xíng程②〕

【冲冲】chōngchōng 貶 감정이 격동(激動)하다. ¶怒nù气～ | 노기 충천하다.

【冲出虎口】chōng chū hǔ kǒu 成 호랑이 굴을 벗어나다. 위험에서 빠져 나오다.

【冲出来】chōng/·chu·lai 動組 돌격해오다. 세차게 빠져 나오다. ¶他冲出群众来, 扑pū向父亲的怀里 | 그는 군중들로부터 빠져 나와 아버지의 품에 날 듯 뛰어가 안겼다.

【冲刺】chōngcì ❶ 動〈體〉스퍼트(spurt)하다. ❷ 名〈體〉스퍼트. 전력 투구. ¶最后～ =〔终点冲刺〕 | 라스트 스퍼트. ¶向终点线～ | 골인 점을 향해 스퍼트하다. ❸ 名 喩 전력투구. 막바지 노력. ¶别泄xiè气, 打起精神作最后的～ | 낙심하지 말고 정신을 가다듬어 끝까지 최선을 다해라.

【冲倒】chōngdǎo 動 거세게 넘어뜨리다. 쳐서 넘어뜨리다. ¶忽然把我～了 | 갑자기 나를 쳐서 넘어뜨렸다.

【冲动】chōngdòng ❶ 動 격해지다. 충동을 일으키다. ¶不要～, 仔细考虑 | 흥분하지 말고 자세히 생각해라. ❷ 形 충동적이다. 흥분하다. ¶你太～了 | 너는 너무 흥분하였다. ❸ 名 충동. ¶引起很大的～ | 매우 큰 충동을 일으켰다.

【冲犯】chōngfàn 動 기휘(忌諱)에 저촉되다. 남이 꺼리는 언동을 하다. ¶他暂时不能控制kòngzhì自己, 说出几句话～了父亲 | 그는 잠시 자기 억제를 하지 못하고 몇 마디 해서 아버지를 건드렸다 =〔冲撞②〕.

[4]【冲锋】chōngfēng 名〈軍〉적진으로 돌격하여 들어가다. ¶～号 | 돌격 나팔〔명령〕. ¶吹～ | 돌격 나팔을 불다. ¶打～ | 돌격하다. ¶～队 | 돌격대.

【冲锋枪】chōngfēngqiāng 名〈軍〉자동 소총. 기관 단총 =〔自动枪〕

【冲锋陷阵】chōng fēng xiàn zhèn 威 돌격하여 적진(敵陣)을 함락하다. ¶每一个战士都是～的英雄 | 모든 전사가 돌격하여 적을 무찌른 영웅들이다 =〔簡 冲陷〕

【冲昏】chōnghūn 動 (자극·충격을 받아) 정신을 잃다. 도취되다. ¶～了脑袋nǎodài | 충격으로 정신을 잃었다. ¶被胜利～头脑是危wēi险的 | 승리로 이성을 잃는 것은 위험하다.

[3]【冲击】chōngjī ❶ 動 돌격하다. 진격하다. 도전하다. ¶遭zāo新手～ | 신인 선수의 도전을 받다 =〔冲撞③〕 ❷ 動 크게 영향을 주다. 충격을 가하다. ¶～着国际金融市场 | 국제 금융 시장에 충격을 주고 있다. ¶这场运动对他～很大 | 이 운동이 그에게 큰 영향을 주었다. ¶被电流～而死 | 전류 충격으로 죽다. ❸ 名 충격. 돌격. ¶遭受猛烈měngliè～ | 맹렬한 충격을 받다. ¶～波 |〈物〉충격파. ¶～姿势zīshì | 돌격 자세.

【冲坚毁锐】chōng jiān huǐ ruì 威 정예부대를 공격하여 무너뜨리다. 장벽을 뚫고 나아가다.

【冲劲】chōngjìn 名 타력(惰力). 관성(慣性)의 힘. ¶因为有～, 所以不能立刻站住 | 관성 때문에 바로 멈추어 설 수 없다.

【冲决】chōngjué 動 포위를 뚫다. 돌파하다. ¶勇敢的战士们～敌人的包围回来 | 용감한 전사들이 적의 포위를 뚫고 돌아 왔다 =〔冲围〕〔冲轶〕

【冲开】chōngkāi 動 (충격을 가해) 뚫다. 벌리다. 열어 젖히다.

【冲壳子】chōng ké·zi 動組 方 ❶ 허풍을 떨다. 과장하다. ❷ 세상사를 이야기하다. 한담하다. ¶喝茶～ | 차를 마시며 세상사를 논하다.

【冲克】chōngkè 動 ❶ 운명으로 결정되다. 생년월일의 간지가 작용하다 [오행설(五行說)의 상생(相生)을「冲」, 상극(相剋)을「克」라 함] ❷ 생년월일의 간지가 서로 저촉되다. ¶生肖xiào～ | 간지가 서로 저촉되다.

【冲口】chōngkǒu 動 생각 없이 말을 하다. 불쑥 입밖으로 나오다. 불쑥 튀어나오다. 되는대로 말하다. ¶我～想说 | 나오는 대로 말하고 싶다. ¶～而出 | 나오는 대로 지껄이다.

【冲垮】chōng/kuǎ 動 돌파하다. 뚫고 나가다. ¶～敌军防线 | 적군의 방어선을 돌파하다.

【冲力】chōnglì 名〈物〉❶ 관성력(慣性力). ❷ 충격력(衝擊力).

【冲量】chōngliàng 名〈物〉충격량(衝擊量;impulse). 역적(力積).

【冲跑】chōngpǎo 名〈體〉(단거리 경주의) 스타트 대시(start dash).

[4]【冲破】chōngpò 動 돌파하다. 타파하다. ¶～难关 | 난관을 돌파하다. ¶～封锁fēngsuǒ | 봉쇄를 돌파하다. ¶～障碍zhàngài物 | 장애물을 타파하다. ¶～了敌人的防线 | 적들의 방어선을 돌파하다.

【冲散】chōngsàn 動 ❶ 쫓아 흩뜨리다. 해산하다. 격퇴하다. 해체하다. ¶～人群 | 사람들을 해산시키다. ¶～委员会 | 위원회를 해산하다.

【冲杀】chōngshā 動 ❶ 돌격하다. 돌진하다. ¶奋勇～ | 용감히 돌진하다. ❷ 돌진하여 사람을 죽이다. ¶在枪qiāng林弹dàn雨中～了敌人 | 빗발치는 탄환을 무릅쓰고 돌격하여 적들을 살상하였다.

【冲煞】chōngshà 動 액땜을 하다. 액막이를 하다 =〔冲邪〕

【冲天】chōngtiān 動 충천하다. 하늘 높이 치솟다. 하늘을 찌르다. ¶怒nù气～ | 노기가 충천하다. ¶～干劲 | 치솟는 작업 의욕. ¶～砲pào | 유격용 로켓. ¶～牌pái | 상점 앞에 높게 세운 간판. ¶～炉lú |〈工〉용선로(鎔銑爐). 큐폴라(cupola). ¶～锥zhuī | 정수리의 머리를 위로 잡아 동여맨 아이들의 두발(頭髮) 형태.

[3]【冲突】chōngtū ❶ 動 서로 부딪히다. 상호 충돌하다. 겹치다. ¶利害～了 | 이해가 엇갈렸다. ¶两个会议的时间～了 | 두 회의의 시간이 겹쳤다. ❷ 動 모순되다. 대립되다. 일치하지 않다. ¶文章的论点前后～ | 문장의 논점이 앞뒤 모순되다. ❸ 動 돌파하다. 포위를 뚫다. ¶城中军马开城西门, ～而走 | 성안의 군사는 서문을 열고 돌파하여 떠났다. ❹ 名 (군사·논쟁·의견 등의) 충돌. 투쟁. ¶武装～ | 무장 충돌. ¶父与子的～ | 부자 간의 의견 충돌.

【冲围】chōngwéi ⇒〔冲决jué〕

【冲喜】chōng/xǐ 動 좋은 일을 거행하여 액땜을 하다. 액막이로 좋은 일을 하다.

【冲陷】chōngxiàn ⇒〔冲锋fēng陷阵〕

【冲邪】chōngxié ⇒〔冲煞〕

【冲眼】chōng/yǎn ☞〔冲眼〕chòngyǎn b

【冲轶】chōngyì ⇒〔冲决〕

【冲撞】chōngzhuàng ❶ 動 부딪치다. 충돌하다. ¶火车和汽车～了 | 기차와 자동차가 충돌했다. ¶用身体～对方 | 몸으로 상대방에 부딪히다. ❷ ⇒〔冲chōng犯〕 ❸ ⇒〔冲击①〕

B chòng

【冲鼻】chòngbí 動 코를 찌르다. 냄새가 지독하다. ¶～的气味 | 지독한 냄새.

【冲床】chòngchuáng 名〈機〉펀치 프레스(punch press). 천공기(穿孔機) =〔冲孔机〕〔冲压机〕〔压

力③〕〔压力机〕〔铳chòng床〕

【冲劲儿】chòngjìnr 名 ❶ 패기. 과감성. 적극성. ¶这小伙子真有～, 一个人干了这么多活儿 | 혼자서 이렇게 많은 일을 하다니, 이 녀석은 정말 패기가 있다. ❷ (향기·기세 등의) 자극성. ¶这酒有～, 少喝点儿 | 이 술은 자극성이 있으니 많이 마시지 마라.

【冲头】chòngtóu 名〈機〉드리프트(drift). 펀치(punch).

【冲眼】ⓐ chòngyǎn 名〈工〉종이 송곳. 종이에 구멍을 내는 송곳.
ⓑ chōng/yǎn 動 눈에 띄다. 잘 보이다. ¶把这东西放fàng在～的地方 | 이것을 잘 보이는 곳에 두어라.

【冲字机】chòngzìjī 名〈機〉각자기(刻字器) [돌이나 금속에 글자 새기는 공구] =〔刻kè字器〕

【冲子】chòng·zi 名〈機〉펀치(punch) =〔铳子〕

【忡〈㤊〉】chōng 근심할 충
⇒〔忡忡〕〔忡然〕

【忡忡】chōngchōng 書 貶 걱정하다. 불안하다. ¶忧心～ | 우려하고 걱정하다《詩經·召南》¶心里～的 | 마음이 불안하다.

【忡然】chōngrán 書 貶 近 근심하다. 걱정하다. ¶黛dài玉听了, ～变色 | 대옥이 듣고는 우려하는 모습으로 안색이 변하였다.

【涌】chōng ☞ 涌 yǒng Ⓑ

【舂】chōng 방아찧을 용
❶ 動 (곡물을) 찧다. 빻다. ¶～米 | 쌀을 빻다. 정미하다. ¶～药 | 약을 찧다.

【舂碓】chōngduì 名 방아.

【舂米郎】chōngmǐláng 名〈蟲〉방아깨비 =〔挂guà得扁儿〕〔書　qì螽〕→〔蚱zhà蜢〕

【憧】chōng 뜻정치못할 동, 그리워할 동
❶ 안절부절하다. 마음이 잡히지 않다. ¶～～↓ ❷ 그리워하다. ¶～憬↓ ❸ 擬 쉭. 싸악 [화살이 날아 가면서 내는 소리] ¶～地一箭, 只见翻筋fānjīn斗射shè下马去 | 쉭하고 화살이 나르자, 말이 맞아 곤두박치는 것이 보였다.

【憧憧】chōngchōng 貶 ❶ 마음이 잡히지 않다. 갈등을 느끼다. ❷ 흔들거리다. ¶人影～ | 사람의 그림자가 어른거리다. ¶灯影～ | 등불이 흔들거리다.

【憧憬】chōngjǐng ❶ 動 동경하다. ¶～着幸福的明天 | 행복한 내일을 동경하다. ¶～美好的未来 | 아름다운 미래를 동경하다. ❷ 名 동경. 희망. ¶心里充满着对未来的～ | 마음 속에 미래에 대한 희망으로 가득찼다.

【艟】chōng 몽동배 동/충
⇒〔艨méng艟〕

chóng ㄔㄨㄥˊ

2【虫(蟲)】chóng 벌레 충
❶ (～儿, ～子) 名 벌레. 곤충. ¶甲～ | 갑충. ¶毛毛máo·mao～ | 송충이. 모충. ¶衣服被～子蛀zhù了 | 옷이 벌레에게 좀먹혔다. ❷ (곤충 이외의) 동물. ¶毛～ | 짐승. ¶长～ | 뱀. ¶大～ | 범. 호랑이. ❸ 罵 버러지 같은 놈. ¶懒lǎn～ | 게으름뱅이. ¶可怜～ | 불쌍한 놈. ❹ (Chóng) 名 성(姓).

【虫草】chóngcǎo 名 簡〈植〉충초 [「冬虫夏草」(동충하초)의 약칭]

【虫吃牙】chóngchīyá 名 俗 충치(蟲齒). ¶长～ | 충치가 생기다 =〔虫蚀牙〕〔虫牙〕〔烂làn牙〕〔龋qǔ齿〕〔蛀zhù齿〕

【虫害】chónghài 名〈農〉충해. ¶非洲发生了特大～ | 아프리카에 대단한 충해가 벌어졌다 =〔虫患〕→〔虫灾〕

【虫患】chónghuàn ⇒〔虫害〕

【虫胶】chóngjiāo ❶ 名 셸락(shellac) [랙충(lac蟲)이 분비하는 수지상태(樹脂狀態)의 물질. 니스·레코드·절연재의 원료로 쓰임] ¶～脂zhī | 셸락 수지 =〔紫zǐ胶〕〔紫草茸〕❷ ⇒〔虫胶片〕

【虫胶片】chóngjiāopiàn 名 셸락 덩이. 가공한 셸락 =〔虫胶②〕〔虫漆〕〔片筷〕〔洋yáng干漆〕〔北 漆qī片〕〔外 舍shè来克〕〔士shì力(片)〕

【虫菊】chóngjú 名〈植〉제충국 =〔除虫菊〕

【虫媒】chóngméihuā 名 충매. ¶～花 | 충매화. ¶～植物 | 충매 식물 →〔风媒〕

【虫鸣】chóngmíng 名 벌레 울음소리. ¶～响遍xiǎngbiàn | 벌레 소리가 온통 울리다.

【虫漆】chóngqī ⇒〔虫胶片〕

【虫情】chóngqíng 名 ❶ 병충해 상황. ¶测cè报～ | 병충해 예보를 하다. ❷ 병충해. ¶～暴bào发了 | 병충해가 돌연 발생하였다.

【虫儿】chóngr 名 ❶ 작은 벌레. ❷ 喻 京 정통한 사람. 실정을 잘 아는 사람. ¶这你问他, 他是个～ | 이것은 그에게 물어보아라. 그가 정통한 사람이다. ❸ 俗 (어린이의) 자지. ❹ ⇒〔虫豸zhì②〕

【虫蚀牙】chóngshíyá ⇒〔虫吃牙〕

【虫牙】chóngyá ⇒〔虫吃牙〕

【虫眼】chóngyǎn 名 (나무의) 벌레 먹은 구멍.

【虫瘿】chóngyǐng 名〈植〉충영. 벌레혹 =〔瘿②〕

【虫灾】chóngzāi 名 충재 [해충에 의한 재해] ¶要预防yùfáng～发生 | 충재의 발생을 예방하여야 한다→〔虫害〕

【虫豸】chóngzhì 名 ❶ 奧 벌레. 곤충 [다리가 달린 벌레를「豸zhì」라고 함] ❷ 罵 벌레 같은 놈. ¶我是～, 还不放么? | 난 버러지 같은 놈인데도 놓아주지 않는단 말이냐?《魯迅·阿Q正傳》=〔虫儿④〕

【虫蛀】chóngzhù 動 좀먹다. 벌레 먹다. ¶树杆遭zāo了～ | 나무 기둥이 좀 먹혔다.

【虫字旁儿】chóngzìpángr 名 한자 부수의 벌레충(虫)변.

2【虫子】chóng·zi 名 ❶ 벌레. 곤충. ❷ 벌레 같은 놈. 사칭하는 사람. 사기꾼. ¶慈善císhàn～ | 자선가인척 하며 돈벌이하는 사람.

【种】Chóng ☞ 种 zhǒng ②

【重】chóng ☞ 重 zhòng Ⓑ

2【崇】chóng 높을 숭
❶ 높다. ¶～山峻岭↓ ¶～高↓ ❷ 숭

배하다. 존경하다. 존중하다. ¶尊～｜존중하다. 존경하고 숭배하다. ¶推～｜추앙하다. ¶～尚↓ ❸(Chóng) 名 성(姓).

4【崇拜】chóngbài 動 숭배하다. ¶他～他的祖先｜그는 그의 조상을 숭배한다. ¶～偶ǒu像｜우상을 숭배하다. ¶他最～女明星｜그는 여자 스타를 가장 숭배한다.

【崇奉】chóngfèng 動 신봉하다. 받들다. ¶～佛fó教｜불교를 신봉하다. ¶～为神明｜신격화하다.

2【崇高】chónggāo 形 숭고하다. 고상하다. ¶～理想｜숭고한 이상. ¶～品质｜고상한 품성. ¶～气节｜높은 기개.

4【崇敬】chóngjìng 動 숭배하고 존경하다. ¶怀着～的心情瞻仰zhānyǎng了英雄的遗容yíróng｜경건한 마음으로 죽은 영웅의 모습을 우러러 보았다.

【崇美】chóng Měi ❶ 名 簡 미국 숭배. ¶～观点｜미국을 숭배하는 관점. ¶～主义｜미국 숭배 주의. ❷ 形 숭고하고 아름답다. ¶神 而且～｜신비하며 숭고하고 아름답다.

【崇山峻岭】chóng shān jùn lǐng 成 고산준령. 험준한 산악. ¶四处都是～｜사방이 모두 고산준령이다.

【崇尚】chóngshàng 書 動 숭상하다. 존중하다. ¶～勤俭qínjiǎn｜근검을 숭상하다. ¶～正义｜정의를 숭상하다. ¶这儿的人～有知识的人士｜이곳의 사람들은 지식이 있는 사람을 숭상한다.

【崇外】chóngwài 動 貶 외국을 숭배하다. ¶～思想｜배외(拜外) 사상→〔崇洋〕

【崇洋】chóngyáng 動 貶 외국을 숭배하다. 서양을 동경하다. ¶盲目～｜맹목적으로 외국을 숭배하다. ¶～非中｜외국을 숭상하고 중국을 부정하다→〔崇外〕

【崇洋媚外】chóng yáng mèi wài 成 외국 문물을 숭배하고 외국 사람에게 아첨하다.

【崇洋迷外】chóng yáng mí wài ⇒〔崇洋媚外〕

【崇祯】chóngzhēn 名〈史〉숭정 [명(明)나라 주유검(朱由檢)의 연호(1628～1644)]

chǒng ㄔㄨㄥˇ

【冲】chǒng ☞ 冲 chōng ②Ⓑ

【宠(寵)】chǒng 사랑할 총
❶ 動 총애하다. 편애하다. ¶他外婆pó太～他｜그의 외할머니가 너무 그를 총애한다. ¶他老～着自己的孩子｜그는 늘 자기의 아이를 총애한다. ❷ 書 名 첩. ¶纳nà～｜첩을 들이다→〔妾qiè①〕 ❸ 名 총애 영예. ¶～辱不惊↓ ¶～辱皆忘｜영욕을 모두 잊다. ❹(Chǒng) 名 성(姓).

【宠爱】chǒng'ài 動 총애하다. 좋아하다. ¶老两口晚年得子, 非常～｜노 부부는 만년에 아이를 얻어 매우 총애한다. ¶备受父母的～｜부모의 총애를 듬뿍 받다.

【宠臣】chǒngchén 名 총신. 총애 받는 신하. ¶杨国忠是唐玄宗的一个～｜양국충은 당 현종의 총애받는 신하였다.

【宠儿】chǒng'ér 名 ❶ 총애하는 자식. 애지중지하는 자식. ❷ 총아. 풍운아. 행운아 [일본어에서 들어온 말] ¶时代的～｜시대의 총아.

【宠坏】chǒnghuài 動 총애하여 버려 놓다. 버릇없게 만들다. 응석받이로 키우다. ¶老父母太～了孩子｜노부모가 지나치게 아이를 사랑하여 버릇없게 만들었다.

【宠辱不惊】chǒng rǔ bù jīng 成 총애나 모욕에 연연하지 않다. 이해 득실에 신경쓰지 않다《新唐書》¶他心胸开阔, ～｜그는 마음이 확 트여 영욕에 매달리지 않는다.

【宠信】chǒngxìn 動 총애하고 신임하다. ¶不应该～阿谀yú奉fèng承的人｜아첨하는 사람을 총애해서는 안된다. ¶受～｜총애와 신임을 받다.

【宠幸】chǒngxìng 書 動 총애를 받다. 총애하다. ¶～一个妃fēi子, 名曰西施shī｜비를 총애하고 있었으니 그 이름이 서시였다《古今小說》

chòng ㄔㄨㄥˋ

【铳(銃)】chòng 도끼구멍 총, 총 총
❶ 名 화승총(火繩銃). 총포(銃砲). ¶火～＝〔火枪〕｜구식 총. 화승총. ¶鸟～｜새총→〔枪qiāng①〕 ❷ 書 名 도끼 자루를 박는 구멍. ❸ 動 奥 도둑맞다. ¶袋里钞票全部～脱｜주머니 속의 현금을 모두 도둑맞았다. ❹ 動 奥 돌출하다. 갑자기 나타나다. ¶～出｜갑자기 나타나다.

【铳口出】chòng kǒu chū 動組 奥 함부로 내뱉다. 생각없이 말하다.

【铳手】chòngchǒu 名 奥 소매치기. 좀도둑.

【铳子】chòng·zi ⇒〔冲子〕

chōu ㄔㄡ

1【抽】chōu 뽑을 추
動 ❶ 뽑다. 빼다. 꺼내다. ¶从信封里～出信纸｜편지 봉투에서 편지지를 꺼내다. ❷(전체에서 일부를) 취하다. 추출하다. 뽑다. ¶～一批工人支援我们｜일부의 근로자를 뽑아 우리를 지원한다. ¶～时间｜시간을 내다. ❸(싹·이삭 등이) 돋다. 패다. ¶～芽儿｜싹이 돋다. ¶～穗suì↓ ❹ 빨다. 들이마시다. ¶～烟↓ ¶～水↓ ¶～鼻子｜코를 훌쩍거리다→〔吸xī①〕 ❺ 줄다. 오그라들다. ¶这布一洗～了一寸｜이 천은 빨았더니 1치가 줄었다. ❻(가늘고 부드러운 것으로) 치다. ¶用鞭biān子～牲shēng口｜채찍으로 가축을 때리다. ❼ 징발하다. ¶～壮zhuàng丁｜장정을 징발하다.

【抽板】chōubǎn 動 발판을 빼다. 어렵게 만들다. 남을 궁지에 몰아 넣다. ¶想～｜남을 괴롭힐 생각을 하다.

【抽查】chōuchá ❶ 動 추출 검사하다. 표본 검사하다. ¶～学生的作业｜학생들의 숙제를 추출 검사하다. ¶最近～了一些伙huǒ食单位｜최근 식당 관계자의 일부를 표본 검사했다 ❷ 名 추출 검사. 표본 검사 ‖ ＝〔抽检〕

【抽抽搐搐】chōu·chou chūchū ⇒〔抽搐①〕

【抽出】chōuchū 動 ❶ 뽑다. ¶从腰yāo间～一把

小刀 | 허리춤에서 작은 칼 하나를 뽑았다. ❷흡출(吸出)하다. ¶~管 | 흡출관.

【抽搐】chōuchù ❶動 경련이 일어나다. (근육이) 떨다. ¶全身筋jīn肉都在不断地~ | 전신의 근육이 끊임 없이 경련이 일어나다 =〔抽抽搐搐〕〔抽动〕 ❷名〈醫〉틱병(Tic病;독). 신경경련 ‖=〔抽搦〕〔搐chōu搦〕 ❸⇒〔抽搭〕

【抽搭】chōu·da 動 흐느끼다. ¶小平还是不住的~ | 소평은 계속 흐느끼고 있다. ¶他含着泪lèi一边儿~, 一边儿倒在母亲的怀huái中 | 그는 눈물을 머금고 흐느끼면서 한편으로는 어머니의 품 안에 쓸어졌다 =〔抽搐③〕〔抽噎yē〕〔抽咽yè〕→〔啜chuò泣〕

【抽地】chōu/dì 動 (지주가) 소작지를 빼앗다. 땅을 빼앗다.

【抽调】chōudiào 動 (인력·물자를) 뽑아 재배치하다. 선발하여 배치하다. ¶~干部 | 간부를 선발하여 배치하다. ¶~部分兵力去支援zhīyuán了他们 | 일부 병력을 선발·배치하여 그들을 지원하였다.

【抽丁】chōu/dīng 動 장정을 징발하다. ¶~负fù兵役 | 장정을 징발하여 병역의무를 지우다 =〔抽壮丁〕

【抽动】chōudòng ⇒〔抽搐①〕

【抽斗】chōudǒu ⇒〔抽屉〕

【抽多补少】chōu duō bǔ shǎo 成 많은 쪽에서 뽑아내어 적은 쪽에 보태다. 서로 보완하다 =〔抽肥补瘦〕

【抽肥补瘦】chōu féi bǔ shòu ⇒〔抽多补少〕

【抽风】chōu/fēng ❶動〈醫〉경련을 일으키다. ¶这个孩子经常~ | 이 아이는 늘 경련을 일으킨다. ❷名〈醫〉경련 ‖=〔抽疯①〕 ❸動 공기를 뽑아 내다.

【抽风机】chōufēngjī 名〈機〉환풍기.

【抽疯】chōu/fēng ⇒〔抽风①②〕

【抽功夫(儿)】chōu gōng·fu(r) ⇒〔抽空(儿)〕

【抽检】chōujiǎn ⇒〔抽查〕

【抽筋(儿)】chōu/jīn(r) 動 ❶힘줄을 뽑다. ¶剥bāo皮~的酷kù刑 | 가죽을 벗기고 힘줄을 뽑는 혹형. ❷경련이 일어나다. 쥐가 나다. ¶忙得小腿tuǐ都~了 | 바빠서 다리에 쥐까지 났다→〔痉jìng挛〕

【抽阄】chōujiū ⇒〔抽签(儿)②〕

【抽捐】chōujuān ⇒〔抽税〕

【抽课】chōukè ⇒〔抽税〕

4【抽空(儿)】chōu/kòng(r) 動 틈을 내다. ¶抽出空来帮忙他搬bān家 | 시간을 내어 그가 이사하는데 도왔다 =〔抽功夫(儿)〕〔抽闲(儿)〕

【抽冷子】chōulěng·zi 副 京 갑자기. 불의에. 별안간. ¶灯~灭了 | 등불이 갑자기 꺼졌다. ¶他~跑出来 | 갑자기 그가 뛰어 나왔다.

【抽搦】chōunuò ⇒〔抽搐chù①②〕

【抽派】chōu/pài 動 선발해서 파견하다. 뽑아 보내다. ¶抽了部分兵力派边境 | 일부의 병력을 뽑아 변경지대로 보냈다.

【抽泣】chōuqì 動 흐느끼다. ¶暗自~ | 몰래 혼자 흐느끼다. ¶低dī声~ | 낮은 소리로 흐느끼다 =〔啜chuò泣〕

【抽气】chōu/qì 動 ❶숨을 들이쉬다. 헐떡이다. ¶抽了一口冷气 | 찬 공기를 들이마셨다. ❷탄식하다. 한숨을 쉬다. ¶抽了一口冷气, 凉了半截jié | 한바탕 탄식하고 낙담했다 ❸공기를 뽑다. ¶屋里空气太臭chòu, 快~ | 방 안의 공기가 너무 나쁘다, 빨리 환기해라 ⇔〔打dǎ气①〕→〔泵〕

【抽气泵】chōuqìbèng ⇒〔抽气机〕

【抽气机】chōuqìjī 名〈機〉환풍기. 에어 펌프(air pump) =〔抽气泵〕〔风泵〕〔气泵〕

【抽签(儿)】chōu/qiān(r) ❶動 점대를 뽑다. ❷動 추첨하다. 제비를 뽑다. ¶~决定 | 추첨하여 결정하다 =〔抽阄jiū(儿)〕〔掣签〕〔拈阄 ❸名 추첨. ¶公债zhài~ | 공채 추첨. ❹名 제비 뽑기 [도박의 일종] ❺動 관객이 공연이 끝나기 전에 퇴장하다.

【抽球】chōuqiú ❶名〈体〉(테니스·탁구 등의) 드라이브(drive). ❷(chōu/qiú) 動 드라이브 하다.

【抽取】chōuqǔ 動 뽑아 내다. ¶你从书架上随便~一本书交给我 | 너 책장에서 아무 책이나 하나 뽑아 나에게 다오.

【抽杀】chōushā 〈体〉❶名 스매시(smash). ❷動 스매시(smash)하다.

【抽身】chōu/shēn 動 ❶몸을 빼내다 손을 털다. 관계를 끊다. 벗어나다. ¶~跑了 | 빠져 나와 도망쳤다. ¶工作很忙, 抽不出身来 | 일이 바빠 몸을 뺄 수없다. ¶不暇xiá~ | 눈코 뜰 새 없다. ❷書 물러나다.

【抽水】chōu/shuǐ ❶動 물을 퍼다. 양수하다. ¶从河里~ | 강에서 양수하다. ¶~站 | 양수장. ¶~船 | 양수선. ¶~管 | 양수관. ❷動 (천 따위가) 물에 오그라들다 =〔缩suō水②〕

【抽水机】chōushuǐjī 名 양수기. 물 펌프 =〔水泵〕〔泵bèng〕

【抽水马桶】chōushuǐ mǎtǒng 名組 수세식 변기.

【抽税】chōu/shuì ❶動 세금을 징수하다. ¶这样的往来都要~的 | 이런 거래는 모두 세금을 징수한다 ❷名 징세 =〔抽捐juān〕〔抽课〕

【抽丝】chōu/sī 動 ❶고치를 켜다. 실을 뽑다. ¶~理绪xù | 고치에서 실을 뽑듯 두서를 잡다. ❷喻 (실을 뽑 듯) 느리다. ¶病去如~ | 成 병이 천천히 회복되다.

【抽穗(儿)】chōu/suì(r) 動 이삭이 패다. ¶稻dào子都~了 | 벼가 모두 이삭이 패었다.

【抽薹】chōu/tái 動 (배추·유채 등에) 장다리가 나오다. ¶油菜~了 | 유채에 장다리가 나왔다.

【抽替】chōutì ⇒〔抽屉〕

4【抽屉】chōu·ti 名 서랍. ¶~桌子 | 서랍이 달린 책상. ¶拉lā开~ | 서랍을 열다. ¶关上~ | 서랍을 닫다 =〔方 抽斗〕〔抽替〕〔抽匣xiá〕

【抽头】chōu/tóu 動 ❶(~儿) (도박에서) 개평을 떼다. ¶聚jù赌dǔ~ | 도박꾼을 모아 개평을 뜯다. ¶无论玩什么, 一律~ | 무슨 놀이를 하든 개평을 뗀다 =〔打头(儿)①〕 ❷(兒) 미리 구전을 떼다. 남의 이익의 일부를 떼어먹다 ❸(chōutóu) 名 구전. 개평. ¶他常邀yāo些人来赌dǔ钱, ~钱给她 | 그는 늘 사람을 불러 도박을 하고는 개

평을 뜯어 그녀에게 준다. ❹ (chōutóu) 名〈電氣〉 탭(tap). ¶～电压 | 탭 전압.
【抽匣】chōuxiá ⇒〔抽屉〕
【抽闲(儿)】chōu xián(r) ⇒〔抽空(儿)〕
²【抽象】chōuxiàng ❶ 名 추상 [일본어에서 들어온 말] ¶～化 | 추상화하다. ❷ 形 추상적이다. 전위적이다. ¶说法太～ | 말이 너무 추상적이다. ¶～艺术 | 추상 예술. ¶～雕塑diāosù | 전위 조각 ⇔〔具体〕
【抽象劳动】chōuxiàng láodòng 名組〈經〉추상적 노동 ⇔〔具jù体劳动〕
【抽血】ⓐ chōu xiě 動組〈醫〉채혈(採血)하다. 피를 뽑다.
ⓑ chōuxuè 名 채혈.
【抽薪止沸】chōu xīn zhǐ fèi 成 장작을 꺼내 끓지 않게 하다. 근본적으로 해결하다. 발본색원하다. ¶这样做很坚决jiānjué, 可以说是～ | 이렇게 하는 것은 확실하여, 근본적인 해결이라 할 수 있다 ＝〔釜fǔ底抽薪〕
【抽血】chōuxuè ☞〔抽血〕chōu xiě ⓑ
【抽芽】chōu yá 動組 싹이 돋다. 움이 트다. ¶树～了 | 나무에 싹이 났다.
【抽烟】chōu yān 動組 담배를 피우다. ¶请允许yǔnxǔ我～ | 담배피우게 해 주세요. ¶请我抽一根烟 | 담배 한 개피 주시겠어요 ＝〔吸xī烟〕〔吃chī烟〕〔俗 哈hā草〕
【抽羊癫疯】chōu yángdiānfēng ⇒〔抽羊角疯〕
【抽羊角疯】chōu yángjiǎofēng 動組 간질을 일으키다. 지랄병을 하다 ＝〔抽羊癫疯〕
【抽样】chōu/yàng 動 견본을 뽑다. 표본을 뽑다. ¶～误差 | 표본오차. ¶随机～ | 무작위 표본. ¶～调查 | 표본 조사. ¶～法 | 표본추출법(標本抽出法).
【抽液】chōuyè ⇒〔采脂cǎizhī〕
【抽噎】chōuyē ⇒〔抽搭dā〕
【抽咽】chōuyè ⇒〔抽搭dā〕
【抽绎】chōuyì 動 실마리를 끌어내다. 단서를 찾아내다. 단서를 잡다.
【抽印】chōuyìn 動 발췌(拔萃)하여 인쇄하다. 별쇄(別刷)하다. ¶～本 | 별쇄본(別刷本).
【抽油烟机】chōuyóuyānjī 名 배기 후드. 가스레인지 위에 달린 후드.
【抽壮丁】chōu/zhuàngdīng ⇒〔抽丁〕
【抽嘴巴】chōu zuǐ·ba 動組 뺨을 치다. ¶我就想抽你的嘴巴 | 너의 뺨을 갈기고 싶다.

【搐】 chōu ☞ 搐 chù

【瘳】 chōu 나을 추

書 動 ❶ (병이) 낫다. ¶期于有～ | 병이 낫기를 기원하다. ❷ 손해를 보다.

chóu ㄔㄡˊ

3 ## 【仇】 chóu qiú 원수 구, 짝 구

Ⓐ chóu ❶ 名 원한. ¶报～ | 원한을 갚다. ¶恩将～报 | 은혜를 원한으로 갚다. ¶跟他有～ | 그에게 원한이 있다. ❷ 名 원수. 적. ¶疾恶jíwù如～ | 원수와 같이 증오하다.
Ⓑ qiú ❶ 배우자. ¶～偶↓ ❷ ⇒〔仇犹〕 ❸ (Qiú) 名 성(姓).
Ⓐ chóu
【仇敌】chóudí 名 원수. 적. ¶视为～ | 원수로 여기다. ¶现在却成了～ | 지금은 오히려 원수가 되었다.
【仇方】chóufāng 書 名 적측(敵側). 적방.
³【仇恨】chóuhèn ❶ 動 원한을 품다. 증오하다. ¶互相～ | 서로 원한을 품다. ¶～统治阶级 | 통치계급을 증오하다. ❷ 名 원한. 증오. ¶刻骨～ | 골수에 사무친 원한. ¶满腔qiāng～ | 증오로 가득 차다. ¶并没和谁结下～ | 누구와도 원한 관계에 얽히지 않았다 ＝〔仇怨〕
【仇家】chóujiā ⇒〔仇人〕
【仇人】chóurén 名 원수. ¶昨天的～可以是今天的朋友 | 어제의 원수도 오늘의 친구가 될 수 있다 ＝〔仇家〕→〔恩ēn人〕
【仇杀】chóushā ❶ 動 원한으로 살해하다. ¶既然没有失盗dào, 那一定是～啦 | 도둑맞은 것이 없으니 틀림없이 원한에 얽힌 살인이다. ❷ 名 원한에 의한 살해. ¶～案 | 원한살인 사건.
【仇视】chóushì 動 원수같이 보다. 적대시하다. ¶他～日本人 | 그는 일본 사람을 원수로 여긴다 ＝〔敌dí视〕
【仇怨】chóuyuàn ⇒〔仇恨〕
Ⓑ qiú
【仇矛】qiúmáo 書 名 구모 [고대 병기의 일종]
【仇偶】qiú'ǒu 書 名 배필. 배우.
【仇犹】qiúyōu 名〈民〉구유족 ＝〔厹qiú由〕

【圳】 chóu ☞ 圳 zhèn Ⓑ

【俦(儔)】 chóu 무리 주

書 名 동류. 동배. 무리. 또래. ¶其人多智zhì术, 诸葛亮之～也 | 그는 지모가 뛰어나 제갈량과 같은 부류이다→〔畴chóu①〕
【俦伴】chóubàn ⇒〔俦侣〕
【俦类】chóulèi 名 같은 부류. 같은 또래 ＝〔俦俪〕〔俦伦〕〔俦匹〕
【俦俪】chóulì ⇒〔俦类〕
【俦伦】chóulún ⇒〔俦类〕
【俦侣】chóulǚ 名 동배. 동류. 짝. 동배 ＝〔俦伴〕
【俦匹】chóupǐ ⇒〔俦类〕

【帱(幬)】 chóu dào 휘장 주

Ⓐ chóu 書 名 ❶ 장막. 방장(房帳) ＝〔帱帐zhàng〕→〔帐子〕 ❷ 수레의 덮개.
Ⓑ dào 書 動 씌우다. 덮다 ＝〔焘dào②〕

4 ## 【畴(疇)】 chóu 무리 주, 밭 주

書 ❶ 名 동류. 짝. 동배. 무리. 부류. ¶物各有～ | 모든 사물은 각기 같은 부류가 있다. ¶范～ | 범주→〔俦chóu〕 ❷ 名 밭. 토지. ¶田～ | 밭. ¶平～ | 평지. ❸ 옛날. 이전. ¶～日↓ ¶～昔xī↓ ❹ (Chóu) 名 성(姓).
【畴辈】chóubèi 書 名 동배(同輩). 동류. ¶其～十余yú人皆jiē死 | 그 동배 10여명이 모두 죽었다.
【畴类】chóulèi 名 동류(同類). 같은 부류.

【畴人】chóurén 書 名 ❶ 선대의 직업을 세습하는 사람 [천문(天文)·역산관(曆算官) 따위를 말함] ❷ 천문(天文)·역산(曆算) 따위에 종사하는 사람.
【畴日】chóurì ⇒〔畴昔〕
【畴昔】chóuxī 書 名 옛날. 이전. 과거 =〔畴日〕
4【筹(籌)】chóu 산가지 주 ❶ (~子) 名 산가지. 산대 [수를 셀 때 쓰는 대나무·나무 등으로 만든 막대] ¶算suàn~ | 산가지. ¶酒~ | 술잔 수를 세는 산가지. ❷ 動 계획하다. 기획하다. ¶一~莫mò展 | 제대로 되는 계획이 하나도 없다. ❸ 動 조달하다. 마련하다. 모으다. ¶~款kuǎn↓ ¶~资金 | 자금을 모으다. ❹ 量 명. 인[구소설(舊小說)에서 사람을 세는 단위] ¶六~好汉正在后堂táng饮yǐn酒 | 6인의 멋진 사내가 마침 안채에서 술을 마시고 있다.
【筹安】chóu'ān 形 札 장사가 번창하다 [상인에게 보내는 편지의 인사말로 쓰는 말] ¶顺颂shùnsòng~ | 아울러 사업 번창하시기 바랍니다 =〔筹祺〕〔财安〕→〔祺qí②〕
【筹办】chóubàn 動 ❶ 계획·실시하다. ¶~简单的出版社 | 조촐한 출판사를 계획하여 열었다. ❷ 자금·자재를 조달하다. ¶~资zī金 | 자본금을 조달하다.
4【筹备】chóubèi 動 기획하다. 사전에 준비하다. 주비하다. ¶~委员会 | 주비 위원회. ¶~会议 | 예비 회의. ¶他忙着~一切 | 모든 것을 준비하느라 바쁘다. ¶~成chéng立学生自治zhì委员会 | 학생 자치 위원회의 설립을 기획하다.
【筹措】chóucuò 動 마련하다. 조달하다. 조치하다. ¶~旅费lǚfèi | 여비를 마련하다. ¶努力~资zī金, 支援zhīyuán失shī学少年 | 자금을 마련하여 미취학 소년을 지원하다.
【筹画】chóuhuà ⇒〔筹划〕
【筹划】chóuhuà 動 계획하다. 기획하다. 준비하다. ¶这儿正在~建设jiànshè一座水力发电站zhàn | 이곳에 수력발전소 하나를 건설할 계획을 하고 있다 =〔筹画〕
【筹集】chóují 動 (물자·자금 등을) 조달하다. 마련하다. 모으다. ¶~学校的基金 | 학교의 기금을 마련하다.
4【筹建】chóujiàn 動 설립을 계획하다. ¶~工厂 | 공장 설립을 계획하다. ¶~校舍shè | 교사 건립을 계획하다.
【筹款】chóu/kuǎn ❶ 動 돈을 마련하다. 자금을 조달하다. ¶他们正在忙着~创辦chuàngbàn出版社 | 그들은 지금 출판사를 차리기 위한 자금 조달에 바쁘다. ❷ (chóukuǎn) 名 조달된 금품. 마련된 돈. ¶~要归guī公 | 조달된 돈은 공금에 귀속된다.
【筹马(儿)】chóu·mǎ(r) ⇒〔筹码(儿)〕
【筹码(儿)】chóumǎ(r) 名 ❶ (주로 도박할 때 쓰던) 산가지. ¶付fù~ | 산가지로 갚다. ❷ 옛날에 화폐로 대용하던 표딱지. ❸ 수단(手段). ¶不成为美国对于中国讨价tǎojià还价的~ | 미국이 중국에 대해 협상할 수단이 되지 못한다 ‖ =〔筹马(儿)〕
【筹谋】chóumóu 動 방법을 강구하다. ¶~计划jìhuà | 계획을 모색하다.
【筹商】chóushāng 動 계획·상담하다. 협의하다. ¶~对策cè | 대책을 협의하다 =〔筹议〕〔商筹〕
【筹算】chóusuàn 動 ❶ (산가지로) 계산하다. ¶请你仔细zǐxì~吧 | 자세하게 계산해 보아라. ❷ 산출(算出)하다. 산정하다. 추산하다. 추정하다. ¶大概~一下, 需要一万元 | 대충 추산하니 1만원은 필요한 것 같다.
【筹议】chóuyì ⇒〔筹商〕
【筹组】chóuzǔ 動 계획·조직하다. 조직을 기획하다. ¶~合作促cù进会 | 합작 촉진회의 조직을 기획하다.
4【踌(躊)】chóu 머뭇거릴 주 ⇒〔踌躇〕〔踌伫〕
4【踌躇】chóuchú ❶ 動 주저하다. 망설이다. ¶~了半天, 终于直说了 | 한참동안이나 주저하다가 결국 직언하였다. ¶~不前 | 머뭇거리며 앞으로 나가지 못하다 =〔書 踌伫〕 ❷ 動 近 준비하다. 고려하다. ¶一切医药yīyào费, 恐怕不够, 我正在代你~呢 | 의약비가 모자라는 것 같아 내가 너 대신에 마련하고 있다. ❸ 形 득의양양하다. 의기충천하다. ¶独自坐着~ | 혼자 앉아 의기양양하다《儒林外史》
【踌躇满志】chóu chú mǎn zhì 成 득의양양하다. 으시대다《莊子·養生主》¶他年纪轻就当上了部长, 所以常常露lù出~的神情 | 그는 젊은 나이에 부장이 되어 늘 의기양양한 모습을 보인다 =〔得意满面〕
【踌伫】chóuzhù ⇒〔踌躇①〕
【惆】chóu 실심할 추 ⇒〔惆怅〕〔惆然〕
【惆怅】chóuchàng 書 形 실망하다. 낙담하다. 슬퍼하다. ¶她想起了旧事, 心中十分~ | 그녀는 옛 일이 생각나자 매우 낙담하였다.
【惆然】chóurán 書 狀 실망하다. 원망하다.
4【绸(綢)〈紬〉】chóu 얽을 주, 명주 주 名 (얇고 부드러운) 견직물. 주단(綢緞). ¶纺fǎng~ | 견직물. ¶买一匹pǐ~ | 견직물 한 필을 사다. ¶羽yǔ~ | 털공단.
【绸带】chóudài 名 리본(ribbon). ¶系xì~的瓶子 | 리본이 달린 병. ¶~舞wǔ | 〈舞〉리본 댄스→〔栏杆②〕
【绸缎】chóuduàn 名 비단과 공단. 견직물. ¶制成了~, 又有出产税shuì | 견직물을 제조하면 생산세가 부가된다. ¶~店 | 견직물 가게. ¶~庄zhuāng | 비단 가게.
【绸料】chóuliào 名 견직물. 견직 옷감.
【绸纹纸】chóuwénzhǐ 名〈紙〉비단 무늬 인화지 [비단과 같은 무늬있는 사진 인화지의 일종]
【绸舞】chóuwǔ 名〈舞〉비단 춤 [긴 비단을 흔들면서 추는 춤]
【绸庄】chóuzhuāng 名 견직물 점포. 비단 가게.
4【绸子】chóu·zi 名 견직물. 주단. ¶这一匹pǐ~很不错 | 이 비단 한 필은 참 좋다.

4【稠】chóu 빽빽할 조
❶[形] 조밀하다. 빽빽하다. ¶棉mián花种zhòng得太～ | 목화를 너무 빽빽하게 심었다. ❷[形] (농도가) 질다. ¶这粥zhōu太～了 | 이 죽은 너무 걸쭉하다⇔〔稀xī〕→〔糨jiàng〕〔浓nóng〕 ❸ (Chóu) [名] 성(姓).

【稠嘟嘟】chóudūdū ⇒〔稠咕嘟(儿)〕

【稠咕嘟(儿)】chóugū·du(r) [狀] 액체의 농도가 질다. 걸쭉하다. ¶把粥zhōu熬āo得太～了 | 죽을 너무 걸쭉하게 쑤었다 ＝〔稠嘟嘟(的)〕〔稠糊(儿)〕〔稠糊hú糊〕

【稠糊(儿)】chóu·hu(r) ⇒〔稠咕嘟(儿)〕

【稠糊糊】chóuhúhú ⇒〔稠咕嘟(儿)〕

4【稠密】chóumì [形] ❶ 조밀하다. 빽빽하다. ¶人口～ | 인구가 조밀하다. ¶人烟～ | 인구가 밀집되어 있다 ⇔〔稀xī疏〕 ❷ (近) 친밀하다. 가깝다. ¶如此亲切～ | 이렇게 친절하고 가깝다.

【稠人广众】chóu rén guǎng zhòng [成] 입추의 여지 없이 많은 군중. ¶她在～中感到孤独gūdú | 그녀는 많은 군중 속에서도 고독을 느꼈다 ＝〔稠人广座〕

【稠人广座】chóu rén guǎng zuò ⇒〔稠人广众〕

2【愁】chóu 근심할 수
[動] ❶ 걱정하다. 우려하다. 근심하다. ¶不～吃不～穿 | 먹고 입는 것을 걱정하지 않다. ¶你不要～孩子没人管 | 아이 돌볼 사람이 없을까봐 걱정하지 마라. ¶你不必～生活 | 너는 생활을 걱정할 필요가 없다. ❷ 걱정되어 …하다 [어법]「愁死」「愁坏」등과 같이 동보구조(動補結構)로 쓰여 사역을 나타냄. ¶～坏huài了 | 걱정되어 망쳐 놓겠다. ¶这件事该怎么办呢, 真～死我了 | 이 일을 어떻게 해야 할까, 정말 걱정이 되어 죽겠다.

【愁肠】chóucháng (書) [名] 걱정·근심스러운 마음. 애수에 잠긴 마음. ¶母亲渐渐地把～放开 | 어머니는 조금씩 우려하는 마음을 풀었다. ¶～百结 | [成] 수심이 가득차다. 걱정이 태산같다 ＝〔愁思〕〔愁绪〕

【愁楚】chóuchǔ (書) [動] 근심하며 슬퍼하다. 울적해하다. 수심에 잠기다. ¶想到这些, 他心里十分～ | 생각이 이러한 것들에 미치자 그는 내심 큰 근심에 잠겼다.

【愁帽】chóumào [名] 걱정거리. 근심사. ¶戴dài～ | 걱정거리가 생기다.

【愁眉】chóu/méi ❶ [動] 걱정되어 눈썹을 찡그리다. 근심에 잠긴 표정을 짓다. ❷ (chóuméi) [名] 근심으로 찡그려진 눈썹. 근심스러운 안색(顔色). ¶稍微shāowēi放开了他的～ | 수심으로 찡그러진 그의 눈썹이 조금 펴졌다.

【愁眉不展】chóu méi bù zhǎn [成] 수심에 잠겨 눈썹을 잔뜩 찡그리다. 수심이 가득차다. ¶你整日～, 有什么心事吗? | 하루 종일 수심에 가득차 있으니 무슨 걱정거리가 있느냐?

【愁眉苦脸】chóu méi kǔ liǎn [成] 찡그린 얼굴. 고통스러운 표정. 우거지상. ¶为什么总是一副～的样子 | 왜 줄곧 우거지상을 하고 있니? ＝〔愁眉苦眼〕〔愁眉锁眼〕

【愁眉苦眼】chóu méi kǔ yǎn ⇒〔愁眉苦脸〕

【愁眉锁眼】chóu méi suǒ yǎn ⇒〔愁眉苦脸〕

【愁闷】chóumèn ❶ [動] 걱정하다. 우울하다. 고민하다. ¶心情～ | 마음이 울적하다. ¶贫pín病交加, 使人～ | 빈곤과 병이 겹쳐 걱정되게 하다. ❷ [名] 슬픔. 근심. 답답함. ¶他觉得自己装满了一肚皮的～ | 그는 스스로 슬픔을 배 안 가득 안고 있다고 느꼈다.

【愁人】chóurén ❶ [動] 걱정스럽게 하다. 심려를 끼치다. ¶碰pèng见～的事儿 | 근심거리를 만나다. 걱정되는 일을 당하다. ❷ [形] 걱정하다. 근심하다. ❸ (chóu rén) [名組] 근심·고민이 있는 사람. ¶～莫向～说, 说向～愁杀人 | [諺] 자기의 고민을 남에게 말하지 마라. 고민이 있는 사람은 더 깊은 고민에 빠지게 된다.

【愁容】chóuróng [名] 수심에 찬 얼굴. 근심하는 모습. ¶面带～ | 얼굴에 근심하는 기색을 띠다. ¶一天到晚, 他总是～满面 | 하루 종일 그는 얼굴에 근심이 가득하다 ＝〔忧yōu容〕

【愁思】chóusī ⇒〔愁肠〕

【愁绪】chóuxù ⇒〔愁肠〕

【愁云惨雾】chóu yún cǎn wù [成] 처참하다. 참담한 정경. 암담한 모습.

3【酬〈酧詶〉】chóu 갚을 수
❶ 주객(主客)이 술잔을 주고받다. ¶～酢zuò↓ ❷ 접대하다. 교제하다. ¶应～ | 교제하다. ❸ (書) [動] (재물·돈으로) 사례하다. 보수를 주다. ¶～报↓ ¶～我万钱 | 만금(萬金)을 나에게 주다. ❹ (書) [動] 실현하다. ¶壮志zhuàngzhì未～ | 웅지가 아직 이루어지지 않았다. ❺ 보수. 사례. ¶稿gǎo～ | 원고료. ¶同工同～ | 동일한 노동에는 동일한 임금. ❻ (chóu) [名] 성(姓).

【酬报】chóubào ❶ [動] 보답하다. 사례하다. ¶改日再来～ | 다음에 다시 와 보답하겠습니다. ❷ [名] 보수. 사례 ‖→〔酬答〕

【酬宾】chóubīn [動] ❶ 손님을 접대하다. ¶他正在客厅～ | 그는 지금 응접실에서 손님을 접대하고 있다 ＝〔酬客〕 ❷ 할인 판매하다. 사은(謝恩) 판매를 하다. ¶冰箱九折～ | 냉장고를 10% 할인 판매한다. ¶本店今天大～ | 본 업소에서는 오늘 특별 사은 판매를 합니다.

【酬唱】chóuchàng [動] 시문(詩文)으로 응답(應答)하다. ¶作诗～是文人的雅yǎ事 | 시를 쓰고 서로 화창하는 것은 문인들의 우아한 활동이다 ＝〔酬和〕→〔酬答〕

【酬答】chóudá ❶ [動] 보답하다. 사례하다. ¶用掌声～他 | 박수 소리로 그에게 답례하다. ❷ 시문(詩文)으로 화답하다. ❸ [名] 답례. 화답 ‖→〔酬唱〕〔酬报〕

【酬对】chóuduì (書) [動] 응답(應答)하다. 응대(應對)하다. ¶无言～ | 응답할 말이 없다. ¶～如流liú | 막힘없이 응답하다.

【酬和】chóuhè ⇒〔酬唱chàng〕

【酬金】chóujīn (書) [名] 보수. 사례금. ¶那公司连～都发不出了 | 그 회사는 보수조차도 지급하지 못하게 됐다.

【酬客】chóukè ⇒〔酬宾①〕
【酬劳】chóuláo ❶動 노고에 보답하다. ¶总经理～了各位出力的朋友｜사장은 애쓴 동료들의 노고에 보답하였다. ❷名 위로금. ¶～金｜위로금.
【酬谢】chóuxiè 動 (돈·물품으로) 사례하다. 답례하다. ¶如将失shī物送还, 我一定当面～｜유실물을 돌려 주시면 반드시 사례하겠습니다.
【酬应】chóuyìng 動 ❶ 교제하다. ¶他不善于～｜그는 교제에 익숙하지 못하다. ❷書 응답하다. ¶～如矢shǐ｜화살처럼 응대가 빠르다.
【酬酢】chóuzuò 書 ❶動 주객(主客)이 서로 술을 권하다. 교제하다. ¶交换着普通～的客气话｜흔한 주석의 사교어(社交語)를 주고 받고 있다＝〔劝quàn酬〕→〔劝酒〕 ❷名 친구 간의 교제.

【雠(讎)〈讐〉】chóu 바로잡을 수, 원수 수 ❶ 바로잡다. 교정하다. ¶校jiào～｜교정하다. ❷「仇」와 통용 ⇒〔仇chóu〕
【雠校】chóujiào 書動 교정하다. 바로잡다. ¶～篆zhuàn籀zhòu｜고대 문자인 전문과 주문을 교정하다.
【雠问】chóuwèn 書動 힐문하다. 문책하다.

chǒu ㄔㄡˇ

3【丑】 ① chǒu 둘째지지 축
名 ❶ 축 [십이지(十二支)의 둘째]→〔干支〕 ❷ 축시 [오전 1시에서 3시까지]＝〔丑时〕〔丑刻〕 ❸ 옛날, 북동의 방위(方位). ❹ (～儿) (전통극의) 어릿광대 [보통 콧등을 하얗게 분장하며「文丑」과「武丑」이 있음] ¶从那时起, 他成为一个名～了｜그때부터 그는 유명한 어릿광대가 되었다. ¶小～｜코미디언＝〔三花脸〕〔小花脸〕〔小花面〕→〔戏子〕 ❺ (Chǒu) 성(姓).
【丑旦】chǒudàn 名〈演映〉전통극의 여자 어릿광대＝〔丑婆子〕〔彩cǎi旦〕
【丑化】chǒuhuà 動 해학화(諧謔化)하다. 우스꽝스럽게 하다. 희화하다. ¶小说中有不少～农民的描写miáoxiě｜소설에는 농민을 해학적으로 묘사하는 경우가 많다.
【丑角(儿)】chǒujué(r) 名〈演映〉전통극의 어릿광대 역＝〔丑脚(儿)〕〔丑儿〕〔花鼻子〕〔小丑①〕
【丑脚(儿)】chǒujué(r) ⇒〔丑角(儿)〕
【丑刻】chǒukè ⇒〔丑时〕
【丑婆子】chǒupó·zi ⇒〔丑旦〕
【丑儿】chǒur ⇒〔丑角(儿)〕
【丑三】chǒusān 名〈演映〉전통극의 어릿광대가 붙이는 길게 세 갈래로 늘어뜨린 수염.
【丑时】chǒushí 名 축시 [새벽 1시부터 3시까지]＝〔丑刻〕

3【丑(醜)】 ② chǒu 추할 추
❶形 추하다. 못 생기다. 흉하다. ¶长得很～｜매우 못 생겼다⇔〔美měi①〕 ❷名 추태. 추악함. ¶在我面前出了～了｜내 앞에서 추태를 보였다. ¶没有什么～｜무슨 특별한 추태는 없었다.
【丑八怪】chǒubāguài 名 추물. 못난이. 흉하게 생긴 사람. ¶这个人简直jiǎnzhí是个～｜이 사람은 어쨌든 못생겼다＝〔丑巴怪〕
【丑巴怪】chǒubāguài ⇒〔丑八怪〕
【丑表功】chǒubiǎogōng 動組 추하게 자기의 공을 내세우다. 자기의 공로를 떠벌리다. ¶他总爱在上司面前～｜그는 상사의 안전에서 자기의 공을 떠벌이기 좋아한다.
【丑诋】chǒudǐ 書動 욕설을 퍼붓다. 호되게 꾸짖다. ¶母亲～儿子出家当和尚héshàng｜어머니는 아들이 집을 떠나 중이 되려고 하여 호되게 나무랐다.
4【丑恶】chǒu'è 形 추악하다. ¶～面目｜추악한 모습. ¶～的本质zhì｜추악한 본질. ¶～嘴脸zuǐliǎn｜추악한 몰골.
【丑化】chǒuhuà 動 추악하게 묘사하다. 추악하게 하다. ¶～党的领导lǐngdǎo｜당의 지도를 더럽히다.
【丑话(儿)】chǒuhuà(r) 名 ❶ 비열한 말. 악담. 험담. 추한 말. ¶这种～不堪kān入rù耳ěr｜이런 추악한 말은 차마 귀에 담을 수가 없다. ❷ 솔직한 말. 꾸밈이 없는 말. ¶咱们～说在前头, 发生问题, 不准zhǔn推卸tuīxiè责任｜우리 솔직한 말을 먼저 하여 문제가 발생하여도 책임을 전가하지 않도록 하자.
【丑剧】chǒujù 名 추악한 연극. 추잡한 쇼. 추악한 짓. ¶演了一幕～｜추잡한 쇼를 한바탕 벌였다.
【丑类】chǒulèi 書名 악인(惡人). 악당(惡黨). 추악한 무리. ¶动手歼灭jiānmiè这些～｜손을 써 이러한 악당들을 섬멸하다.
【丑陋】chǒulòu 形 추악하다. 흉하다. ¶脸长得～｜얼굴 흉하게 생겼다. ¶～的内心世界｜더러운 내면의 세계.
【丑名(儿)】chǒumíng(r) 名 오명(汚名). 나쁜 평판. ¶他又担这样的～, 实实冤枉yuānwǎng｜그가 또 이러한 오명를 덮어쓰게 되자, 실제로 원망을 하였다.
【丑事】chǒushì 名 추악한 일. 인륜을 배반한 일. ¶众所周zhōu知的～｜모든 사람이 알고 있는 추잡한 일. ¶他做了一件～｜그는 추잡한 일 한 가지를 저질렀다.
【丑态】chǒutài 名 추태. 추잡한 행위. ¶露lù出了～｜추태를 부리다. ¶～百出｜國 온갖 추태를 다 부리다. ¶～毕露bìlù｜國 추태가 완전히 드러나다.
【丑闻】chǒuwén 名 추악한 소문. 나쁜 평판. 스캔들(scandal). ¶政界的～｜정계의 스캔들. ¶官场～｜관계의 스캔들.
【丑行】chǒuxíng 書名 추악한 행위. 추행. ¶做出了～｜추행을 저질렀다.

【田丑】chǒu 볼 추
「瞅」와 같음 ⇒〔瞅chǒu〕

【瞅〈偢〉】chǒu 볼 추
動北近 보다. ¶～了一眼｜한 번 보다. ¶一～这小子就知道不是好人｜이 녀석은 좋은 사람이 아니란 것을 한 번만 보아도 안다＝〔田丑chǒu〕→〔看kàn①〕〔瞧qiáo①〕
【瞅巴冷子】chǒu·balěng·zi 副京 갑자기. 돌연히. 불쑥. ¶他～来了｜그가 갑자기 왔다＝〔瞅不冷

(子)]〔瞅冷子①〕

【瞅不得】chǒu ·bu ·de 動組 차마 볼 수 없다. ¶他那丑态, 我真～ | 그의 추태를 난 차마 볼 수가 없다.

【瞅不见】chǒu ·bu jiàn 動組 보이지 않다. ¶哪有人影儿? 我怎么～? | 어디 사람의 그림자라도 있느냐? 어째서 나에겐 보이지 않지?

【瞅不冷(子)】chǒu·bulěng(·zi) ⇒〔瞅巴·ba冷子〕

【瞅不起】chǒu ·bu qǐ 動組 얕보다. 경멸하다. 멸시하다. ¶你别～他 | 너 그를 얕보지 마라.

【瞅睬】chǒucǎi 動 北 상대하다. 관심을 가지다. 염두에 두다. ¶没有人～ | 아무도 거들떠 보지도 않는다.

【瞅见】chǒu/jiàn 動 北 보다. ¶她～我来了, 马上站起来打招呼 | 그녀는 내가 온 것을 보고 곧바로 일어나 인사를 했다 =〔看见〕

【瞅空(儿, 子)】chǒu/kòng(r·zi) 動 시간을 내다. 기회를 타다. 틈을 내다. ¶我～再去看你, 这几天可实在没时间 | 시간을 내서 다시 너를 보러 가마, 요 며칠 정말 시간이 없다.

【瞅冷子】chǒulěng·zi 副 ❶ ⇒〔瞅巴·ba冷子〕❷ 가끔. 때때로. 간혹. ¶他们～熬āo点儿粥zhōu吃 | 그들은 가끔 죽을 쑤어 먹는다.

【瞅准】chǒuzhǔn 動 확실하게 보다. 똑똑히 보다. ¶我一眼就～是你 | 나는 한 눈에 너를 똑똑히 알아 보았다, ¶买东西要长眼, ～, 别买假jiǎ的来 | 물건을 살 때는 가짜를 사지 않게 오랫동안 정확히 살펴 보아라, ¶～了再说 | 확실히 보고 다시 말해라.

chòu ㄔㄡˋ

2【臭】chòu xiù 냄새 취

Ⓐ chòu ❶ 形 냄새나다. 악취가 나다. 상한 냄새가 나다. ¶这块肉～了 | 이 고기는 썩어 냄새가 난다. ¶～味儿↓ ¶～肉煮zhǔ不出好汤tāng来 | 諺 상한 고기로 좋은 국을 끓일 수 없다 ⇔〔香xiāng①〕❷ 形 추악하다. 평판이 나쁘다. 가치가 없다. 비열하다. ¶你把他的名声弄得很～了 | 너는 그의 명성을 아주 더럽혔다. ¶～名远扬 | 악명이 높다. ¶这银行的票子很～ | 이 은행의 지폐는 가치가 없다→〔臭架子〕❸ 形 철저하다. 확실하다. 심하다. 어법 보어(補語)나 수식어로 쓰여 정도·결과가 철저하고 심함을 나타냄. ¶搞～个人主义 | 개인주의를 철저하게 실행하다. ¶一顿～骂 | 한차례 심하게 꾸짖다. ¶～打↓ ❹ 形 北 (총알·포탄 등이) 불발(不發)하다. ¶～炮弹↓ ❺ 動 썩다. 무르다. ¶这块肉日子多了, 都～了 | 이 고기는 오래 되어 썩었다. ❻ 形 京 감정이 나빠지다. 사이가 벌어지다. ¶他们两个人～了 | 그들 둘은 사이가 틀어졌다. ❼ 形 京 오만하다. 거만하다. ¶他～得厉害lìhài, 不爱理人 | 그는 아주 거만하여 사람을 상대하려 하지 않는다. ❾ (Chòu) 名 성(姓).

Ⓑ xiù ❶ 名 냄새. ¶无色无～的气体 | 무색무취의 기체. ¶～ | ❷ 動 냄새를 맡다. ¶～觉jué | 후각 ‖ =〔嗅xiù〕→〔闻wén〕

Ⓐ chòu

【臭败】chòubài 動 方 명성을 손상하다. 평판을 더럽히다.

【臭不可当】chòu bù kě dàng ⇒〔臭不可闻〕

【臭不可闻】chòu bù kě wén 成 냄새가 고약해 맡을 수가 없다. 말할 수 없을 만큼 추악하다《柳宗元·河東先生集》=〔臭不可当〕

【臭吃臭喝】chòuchī chòuhē 動組 ❶ 罵 마구 먹고 마시며 놀기만하다. 먹고 마시고 빈둥거리다.

【臭虫】chòuchóng 名〈蟲〉빈대 =〔壁驼〕〔床虱〕

【臭出去】chòu ·chu ·qu 動組 方 貶 (명성·평판 등이) 널리 알려지다〔퍼지다〕. ¶你模范的名声早就～ | 네가 (나쁜 의미로서) 모범적이라는 평판이 벌써 널리 알려졌다[악명이 높다는 뜻]

【臭椿】chòuchūn 名〈植〉가죽나무. 참죽납, 저(樗)나무의 속칭.

【臭打】chòudǎ 動 심하게 때리다. 함부로 때리다 =〔臭揍zòu〕〔痛打〕

【臭大姐】chòudàjiě 名〈蟲〉노린재.

【臭弹】chòudàn ⇒〔臭炮弹〕

【臭豆腐】chòudòu·fu 名 ❶〈食〉취두부 [발효시킨 후 두부를 기름에 튀겨 먹는 특수한 냄새가 나는 식품] ¶～干 | 〈食〉취두부 말림. ❷ 京 貶 남방인(南方人) [취두부를 주로 남방에서 먹기 때문에 생긴 말]

【臭狗屎】chòu gǒushǐ 名組 罵 개차반. 개똥 같은 놈. ¶我把他看作一钱不值zhí的～ | 나는 그를 한 푼의 가치도 없는 개똥 같은 놈으로 본다.

【臭烘烘】chòuhōnghōng 狀 몹시 구리다. 악취가 물씬나다. ¶不干净的茅máo房一进去就～的扑pū鼻子 | 깨끗하지 못한 변소에 들어가면 구린내가 코를 찌른다.

【臭乎乎】chòuhūhū 狀 퀴퀴하다. ¶这块肉怎么～的, 是不是坏huài了? | 이 고기가 어째 이렇게 퀴퀴한 냄새가 나지, 썩지 않았느냐?

【臭话】chòuhuà 名 ❶ 추악한 말. 더러운 말. ❷ 꺼내기 어려운 말. 입에 담기 힘든 말.

【臭货】chòuhuò 名 罵 역겨운 사람. 더러운 사람 [주로 여자를 욕하는 말]

【臭架子】chòu jià·zi 名組 거만한 태도. 추악한 거드럼. ¶摆bǎi～ | 추하게 거드럼을 피우다.

【臭老九】chòulǎojiǔ 名 ❶ 추악한 지식 계급 [냄새 나는 아홉째란 뜻으로 문혁(文革) 기간 중에 지식인을 멸시하여 부르던 말] ❷ 추악한 아홉 계급 [문혁 기간 중에「知识分子」「地主」「富农」「反革命分子」「破坏分子」「右派分子」「反徒」「特务」(간첩)「走资派」를 멸시하던 말]

【臭骂】chòumà ❶ 動 심하게 욕하다. 호되게 꾸짖다. ¶～一顿 | 한바탕 심하게 욕하다. ❷ 名 심한 질책. 힐난. 욕설. ¶他挨了一顿～ | 그는 한바탕 욕서을 들었다.

【臭美】chòuměi 動 우쭐대다. 잘난 척하다. ¶都四十多的人了, 还～什么呀? | 이미 40이 넘은 사람이 무엇을 우쭐대느냐?

【臭名】chòumíng 名 악평(惡評). 악명(惡名). ¶～远扬yuǎnyáng | 成 악명이 높다. 악평이 자자

하다. ¶～昭著zhāozhù | 악명이 높다.
【臭炮弹】chòupàodàn 名 불발탄(不發彈) =〔臭弹〕〔臭子弹〕〔方 臭子儿〕〔俗 瞎炮〕〔俗 哑炮〕
【臭皮囊】chòupínáng 名 ❶〈佛〉몸뚱이. 육신(肉身). ❷ 罵 야비한 놈. 더러운 놈. ¶～, 贱jiàn骨gǔ头 | 후안무치한 놈.
【臭棋】chòuqí 名 서툰 장기. 풋장기. 서툰 바둑. ¶下～ | 서툰 바둑을 두다.
【臭气】chòuqì ❶ 名 악취. 고약한 냄새. ¶散发sànfā着～ | 고약한 냄새를 풍기고 있다. ❷⇒〔臭氧yǎng〕
【臭气熏天】chòu qì xūn tiān 成 악취가 코를 찌르다. ¶厕所无人打扫sǎo, 一进～ | 변소를 아무도 청소하지 않아 들어가기만 하면 악취가 코를 찌른다.
【臭钱】chòuqián 名 ❶ 부정한 돈. 더러운 돈. ¶谁要你的～! | 누가 너의 더러운 돈을 원하겠니? ❷ 형편없는 보수(報酬). ¶为了赚zhuàn几个～而整天跑pǎo街 | 몇 푼 안되는 보수를 위해 하루 종일 길거리를 뛰어다닌다.
【臭球(儿)】chòuqiú(r) 名〈化〉北 구형(球形)으로 굳힌 나프탈렌(naphthalin) =〔卫wèi生球〕→〔萘nài〕
【臭事】chòushì 名 ❶ 추악한 일. 추문(醜聞). ¶我不管guǎn他们的～ | 그들의 추문에 대해서는 개의하지 않겠다. ❷ 남녀간의 부정(不正). 불륜.
【臭鼠】chòushǔ 名〈動〉스컹크 =〔臭鼬yòu〕〔臭鼬鼠〕
【臭水(儿)】chòushuǐ(r) 名〈化〉페놀(phenol) =〔臭药水〕〔酚fēn〕
【臭死】chòusǐ 形 ❶ 냄새가 고약하여 참기 어렵다. ❷ 심하다. 호되다. 어법 보어로 쓰여 정도가 심함을 나타냄. ¶打得个～ | 심하게 때리다.
【臭素】chòusù 名〈化〉취소.
【臭味儿】chòuwèir 名 악취(惡臭). 취기(臭氣). 구린내. ¶发fā出～ | 구린내를 풍기다 ⇔〔香味(儿)〕
【臭味相投】ⓐ chòu wèi xiāng tóu 成 貶 (나쁜 일에) 한 통속이 되다. 배짱이 맞다. ¶自此二人～, 相与很厚 | 이로부터 두 사람은 한 통속이 되어 서로 돈독한 사이가 되었다《官場現形記》
ⓑ xiù wèi xiāng tóu 成 (좋은 일에) 의기투합하다. 같은 취미로 의기 투합하다. 잘 어울리다. ¶～, 一唱一和 | 취미가 맞아 서로 화답하는 사이가 되었다→〔气味相投〕
【臭梧桐】chòuwútóng 名〈植〉백양.
【臭腺】chòuxiàn 名〈生理〉취액선(臭液腺). 취선.
【臭氧】chòuyǎng 名〈化〉오존(ozone) =〔臭气②〕〔外 阿巽āxùn〕
【臭药水】chòuyàoshuǐ ⇒〔臭水(儿)〕
【臭油】chòuyóu 名 콜타르(coaltar) =〔柏bǎi油〕〔煤méi焦油〕〔煤沥青〕
【臭鼬】chòuyòu ⇒〔臭鼠〕
【臭鼬鼠】chòuyòushǔ ⇒〔臭鼠〕
【臭子弹】chòuzǐdàn ⇒〔臭炮弹〕
【臭子儿】chòuzǐr ⇒〔臭炮弹〕
【臭揍】chòuzòu ⇒〔臭打〕

Ⓑ xiù
【臭味相投】xiù wèi xiāng tóu ☞〔臭味相投〕chòu wèi xiāng tóu ⓑ

【篘】chōu ☞ 篘 zāo

chū ㄔㄨ

1【出】① chū 나갈 출, 달아날 출
Ⓐ chū ❶ 動 (안에서 밖으로) 나가다. 나오다. 어법 이 경우「出」는 장소를 나타내는 목적어만 쓸 수 있음.「出」뒤에 동태조사(動態助詞)「了」「过」는 올 수 있으나「着」는 올 수 없음. ¶他～国了 | 그는 출국하였다. ¶一会儿～, 一会儿进, 忙什么 | 금방 나갔다가 금새 들어 왔다가 무엇이 그리 바쁘냐? ⇔〔进②〕〔入①〕 ❷ 動 (범위·시간을) 초과하다. 넘다. 어법 이 경우「出」는 시간을 나타내는 목적어만 쓸 수 있음.「出」뒤에 동태조사「了」만 올 수 있음. ¶球～了边线了 | 공이 사이드라인을 넘어갔다. ¶不～一年 | 일 년을 넘지 않는다. ❸ 動 (재물을) 내놓다. 내다. ¶每人～一块钱 | 1인당 1원씩 내다. ¶你也～～主意吧 | 너도 생각을 내어 보아라. ¶～考题kǎotí | 시험문제를 내다. ❹ 動 발행하다. 간행하다. ¶～专zhuān刊 | 특집을 내다. ¶～文学杂志 | 문학 잡지를 간행하다. ❺ 動 …이 나타나다. 출현하다. 나오다. 어법「出」가 존현문(存現句)에 쓰이면「出」의 목적어가「出」(나타나는)의 주체임. ¶不少汗～了(×) ¶～不少汗了 | 많은 땀을 흘렸다. ¶天空～了一道彩虹cǎihóng | 하늘에 무지개 한 가닥이 나타났다. ¶果树～新芽了 | 과일 나무에 새싹이 돋았다. ❻ 動 …이 일어나다. 발생하다. ¶机器jīqì～毛病了 | 기기가 고장이 났다. ¶～了问题怎么办 | 문제가 발생하면 어떻게 하나? ❼ 動 생산되다. 산출(產出)하다. ¶我们家乡～铜tóng | 우리 고향에는 구리가 생산된다. ¶这里～米 | 여기에 쌀이 생산된다. ❽ 動 (표면에) 드러나다. 나타나다. ¶～面↓ ¶～名↓ ¶～头↓ ❾ 動 뛰어넘다. 뛰어나다. ¶～众↓ ❿ 動 양이 늘어나다. 불어나다. ¶～饭↓ ¶～粉↓ ⓫ 動 지출하다. ¶量入为～ | 수입에 따라 지출하다. ⓬ 名 轉 北 밖·바깥·외부. 어법「往出」의 형태로 쓰임. ¶散会了, 大家往～走 | 산회하자 모두 밖으로 나갔다. ⓭ (·chu) 動 다른 동사의 뒤에 붙어 쓰여 동사의 결과를 나타냄. 어법 ⓐ 동사 뒤에 보어(補語)로 쓰여, 동작이 안에서 밖으로 나오다·나타나다·완성되다·생산하다의 뜻을 나타냄. ¶列车lièchē从北京开～了 | 열차가 북경을 떠났다. ¶看得～ | 보아서 알아 낼 수 있다. ¶做～成绩 | 성적을 내다. ⓑ 장소를 나타내는 명사를 동반하고 동사 뒤에 쓰여 어떤 곳에서 밖으로 향함을 나타냄. ¶走～办公室 | 사무실을 나가다. ¶他把客人送～了大门 | 그는 손님을 대문 밖으로 전송했다. ⓒ 수량사를 동반하고 형용사 뒤에 쓰여 초과하다는 뜻을 나타냄. ¶这件衣服再长～一寸就合适了 | 이 옷은 한치가 더 길어야 맞겠다. ¶怎么屋里多～了一把椅子? | 어떻게 방안에 의자 한 개가

더 많아졌느냐?

[2]【出版】chūbǎn ❶ 動 출판하다. 발행하다. 발간하다. ¶那部书已经～了 | 그 책은 이미 출판되었다. ¶又出版了三种新刊 | 또 신간을 3종 출판하였다. ❷ 名 출판. ¶～社 | 출판사. ¶～合同 | 출판 계약. ¶～物 | 출판물. ¶～自由 | 출판의 자유→[发fāxíng ⓑ①]

【出版节】chūbǎnjié 名 출판의 날 [중화민국 13년 3월 30일에 손문(孫文)의 「삼민주의(三民主义)」가 출판된 것을 기념하여 중화민국 51년에 이 날을 출판절로 제정함]

【出榜】chū/bǎng 動 ❶ 합격자를 발표하다 =[放榜] ❷ 고시(告示)하다. 포고하다. ¶～安民 | 고시하여 백성을 안정시키다. ¶～招贤zhāoxián | 현인을 구하는 공고를 하다.

【出奔】chūbèn 書 動 도주하다. 달아나다. ¶～他乡 | 타향으로 도망가다. ¶弃qì家～ | 가정을 버리고 도주하다 =[出亡][出走]

【出殡】chū/bìn 動 출관(出棺)하다. 관을 묘지(墓地)로 옮기다. ¶择zé日～ | 날짜를 택하여 출관하다 =[出丧][起杠]

【出兵】chū bīng ❶ 動組 군대를 출동하다. 출병하다. ¶美国～伊拉克yīlākè | 미국이 이라크로 출병하였다. ❷ 名 출병.

【出操】chū/cāo 動 (운동장·연병(練兵)장에) 훈련을 나가다. ¶早晨chén六点,部队～ | 아침 6시에 부대 훈련을 나간다. ¶士兵每天要～ | 사병은 매일 훈련을 해야 한다.

【出岔儿】chū chàr 動組 사고가 발생하다. 문제가 생기다. ¶他要是不幸出了岔儿,你也跟着遭殃zāoyāng | 그가 불행히 문제가 생기면 너도 따라서 화를 당하게 된다 =[出岔子]

【出岔子】chū chà·zi ⇒[出岔儿]

[4]【出差】chū/chāi ❶ 動 출장하다. ¶因公～ | 공무로 출장가다. ¶他～到海外了 | 그는 해외로 출장을 갔다 ❷ (chūchāi) 名 출장. ¶～地点 | 출장지. ¶～补助 | 출장여비.

[4]【出产】chūchǎn ❶ 動 생산하다. 산출하다. ¶～了大量木材 | 목재를 대량으로 생산하였다. ¶云南～大理石 | 운남에서는 대리석이 생산되다 =[生产①] ❷ 名 산출물. 생산물. 특산. ¶～丰富 | 생산품이 풍부하다. ¶～量 | 생산량.

【出场】chū/chǎng ❶ 動 〈演映〉 배우가 무대에 등장하다. ¶当主角～时,观众报以热烈rèliè的掌声zhǎngshēng | 주인공이 등장할 때, 관중들은 열렬한 박수 소리로 보답하였다. ❷ 動 (운동 선수가) 출장하다. ¶～接力赛的选手 | 릴레이에 출장하는 선수. ❸ 動 세간에 나오다. 등장하다. 출현하다. 나서다. ¶他终zhōng于亲自～了 | 그는 드디어 직접 나섰다.

【出厂】chū/chǎng ❶ 動 생산품이 공장에서 출하(出荷)되다. 출고하다. ¶又一种新产品～了 | 또 신상품이 출하되었다. ❷ 名 출하. ¶～价格 | 출하 가격. ¶～税shuì | 출고세.

【出超】chūchāo ❶ 名 〈貿〉 수출 초과(輸出超過). 출초(出超) =[贸mào易顺差] ⇔[入超] ❷ 動 수출이 수입을 초과하다. ¶今年的对外贸易, ～二十亿yì美元 | 금년도 대외 무역은 20억불 수출 초과이다.

【出车】chū chē 動組 ❶ 발차하다. 차량이 출발하다. ¶早晨chén五点～ | 아침 5시에 발차한다. ❷ 차를 내다. 차를 빌리다. ¶我要出差去上海,出辆车吧 | 상해에 출장 가려 하니 차를 한 대 내주시오.

【出城】chū chéng 動組 성(城) 밖으로 나가다. 교외로 가다. 도시를 빠져 나가다. ¶～的末mò班车什么时候开? | 교외로 나가는 막차는 언제 출발하느냐?

【出乘】chū/chéng 動 승무원이 탑승하다.

【出丑】chū/chǒu 動 추태를 보이다. 망신하다. ¶在大家面前出了丑了 | 여러 사람 앞에서 추태를 보였다. ¶他偷偷地干了许多坏事,终于免不了～ | 그는 몰래 나쁜 짓을 많이 하더니 끝내 망신을 피하지 못하게 되었다 =[现丑]

【出处】ⓐ chūchǔ 書 名 출처진퇴(出處進退). 벼슬자리에 나감과 물러나 집에 있음. ¶君子之道,或出或处 | 군자의 도는 벼슬하여 나가기도 하고 물러나 은거도 하는 것이다《韓愈·送石處士序》 ¶～与之俱jù | 더불어 출처진퇴를 함께하다.

ⓑ chūchù 名 ❶ 출처·유래·근거. ¶这个成语的～不明 | 이 성어의 출처가 분명하지 않다. ❷ 물품의 출산지.

【出错】chū/cuò 動 실수를 하다. ¶注意别～ | 실수하지 않도록 조심하라. ¶～率lǜ | 오차율.

【出倒】chūdǎo 動 (점포·상품 등을) 양도하다. ¶你是想出租还是～呢? | 너는 점포를 임대할 생각이냐 아니면 양도할 생각이냐? =[出盘][退盘]→[盘pán店]

【出道】chūdào 動 吳 ❶ 도제(徒弟)가 견습을 끝내고 자립하다. ¶徒弟从师学艺已有成, 可以～ | 도제는 스승에게서 기예를 이미 다 배웠으니 자립할 수 있게 되었다. ❷ 경제적으로 자립하다. 독립하다. ¶他一个人已经～成家了 | 그는 혼자서 이미 자립하여 일가를 이루었다.

【出典】chūdiǎn ❶ 名 출전. 전고(典故). ¶这种说法是有～的 | 이렇게 말하는 것은 전고가 있는 것이다. ❷ 動 저당 잡히다.

【出点子】chū diǎn·zi 動組 생각을 내다. 방법을 모색하다. ¶出坏点子 | 나쁜 생각을 내다. ¶请你出个点子 | 방법을 모색해 보세요.

【出店】chūdiàn 吳 ❶ 動 외근하다. ❷ 외근(外勤)하는 점원.

【出顶】chūdǐng 動 吳 ❶ (가옥·점포 등을) 재임대(再賃貸)하다. 빌린 것을 다시 임대하다. ❷ 양도하다.

[4]【出动】chūdòng 動 ❶ 출동하다. ¶待dài令～ | 출동 명령을 기다리다. ❷ 파견하다. ¶～伞sǎn兵, 协同作战 | 낙하산병을 파견하여 협동작전을 하다. ❸ (어떤 목적을 수행하기 위해) 동원하다. 행동하다. 출동하다. ¶～救护车 | 구급차를 출동시키다.

【出痘】chū/dòu 動 〈醫〉 천연두가 나타나다. 천연두에 걸리다 =[出花儿][出天花]

【出尔反尔】chū ěr fǎn ěr 成 이랬다 저랬다 하다.

언행의 앞뒤가 모순되다 ¶出乎尔者反乎尔者｜남에게 하는 대로 돌아 온다《孟子·梁惠王》¶你昨天说同意，今天又说反对，怎么能这样～呢?｜너는 어제는 동의한다 해 놓고 오늘은 또 반대한다고 하니 어떻게 이렇게 할 수 있니?

1【出发】chū/fā ❶動 출발하다. 떠나다. ¶民兵都出了发，一个人也没有｜민병은 모두 떠나고 한 사람도 없다. ❷動 …을 기점으로 출발하다. …의 견지에서 보다[추상적 개념을 기점으로 하는 경우에 쓰임] ¶从长远利益lìyì～来考虑kǎolǜ问题｜영구적인 이익의 견지에서 문제를 고려하다. ¶从现实～，想出好方法｜현실로부터 출발하여 좋은 방법을 생각해 내다. ❸名 출발. ¶～港｜출발항.

4【出发点】chūfādiǎn 名 출발점. 기점(起點). 동기(動機). ¶他那样的行为～在哪儿｜그의 그러한 행위의 동기는 무엇이냐?

【出饭】chū/fàn 動 俗 밥이 붇다. ¶这种米真～｜이 쌀은 정말 밥이 붇는다.

4【出访】chūfǎng 動 외국을 방문하다. ¶我国总统～中国和日本｜우리나라 대통령이 중국과 일본을 방문한다.

【出粉】chū/fěn 動 (밀 등에서) 가루가 나오다. 가루가 산출되다. ¶今年的麦mài子～率lǜ不很高｜금년 밀의 가루 산출율은 그리 높지 않다.

【出风头】chū fēng·tou 動組 자기를 내세우다. 나서다. 잘난 체하다. ¶爱～｜나서기를 좋아하다 =〔出锋头〕

【出锋头】chūfēng·tou ⇒〔出风头〕

【出伏】chū/fú 動 복날을 넘기다. ¶今年八月十六日～｜금년은 8월 16일이 복을 넘기는 날이다.

【出格】chū/gé ❶(～儿) 動 격을 벗어나다. 남다르다. 일반적이지 않다. 특별나다. ¶你这么说太～了｜너 그렇게 말하면 너무 상식에 어긋난다. ¶这样做就～了｜이렇게 하면 일반적이지 못하다→〔出轨guǐ②〕 ❷(chūgé) 區 近 각별한. 특별한. ¶～赏赐shǎngcì｜특별 포상.

【出阁】chū/gé 動 출가하다. 시집가다. ¶他的老闺guī女还没有～｜그의 노처녀는 아직 시집가지 않았다 =〔出嫁jià〕

【出工】chū/gōng 動 일하러 가다. 출근(出勤)하다. ¶你不能～不出力呀｜너는 출근만 하고 일하지 않아서는 안된다. ¶早～晚收工｜일찍 일 나가고 늦게 일을 마친다 =〔上shàng班①〕

【出恭】chū/gōng 動 대변을 보다. 변소에 가다. ¶出小恭｜소변을 보다. ¶～大恭｜대변을 보다 →〔解jiě手儿〕

【出乖露丑】chū guāi lù chǒu 成 추태를 부리다. 밑천이 들어나다 =〔出怪露丑〕

【出怪露丑】chū guài lù chǒu ⇒〔出乖露丑〕

【出轨】chū/guǐ 動 ❶ 궤도를 벗어나다. 탈선(脫線)하다. ¶列车～了｜열차가 탈선하였다. ❷ (말·행동 등이) 상도(常道)를 벗어나다. ¶他安分守己，绝对不会有～的行为｜그는 본분을 잘 지켜 절대로 상도를 벗어나는 행위를 하지 않을 것이다→〔出格①〕〔离lí格儿〕‖ =〔越yuè轨〕

【出鬼】chū/guǐ ❶動 귀신이 나타나다. ¶出了鬼!｜귀신이 나왔다. 희한한 일이다. ❷形 믿을 수 없다. 불가사의하다. 희한하다. ¶真～｜정말 요상한 일이다.

【出锅】chū/guō 動 요리가 나오다. 요리가 완성되다. ¶新～的饺jiǎo子真好吃｜솥에서 막 꺼낸 교자는 정말 맛있다.

【出国】chū/guó 動 외국에 가다. 출국하다. ¶～旅行｜해외 여행을 가다. ¶～留学｜해외 유학을 가다→〔去国〕

【出海】chū/hǎi 動 바다로 나가다. 배가 바다로 나가다. ¶～捕bǔ鱼｜바다에 나가 고기를 잡다.

【出汗】chū/hàn 動 땀이 나다. ¶出了一身汗～｜온 몸에 땀을 흘리다 =〔冒汗〕→〔发汗〕

【出航】chū/háng 動 (배가) 출항하다. (비행기가) 출발하다. ¶下午三点～｜오후 3시에 출항하다.

【出号】chū/hào ❶動 점원이 상점을 그만두다. ¶上个月他就～了｜지난 달에 그는 가게 점원을 그만 두었다 ❷(～儿) 動 규격을 뛰어넘다. ¶这顶帽子是～的｜이 모자는 특대호이다. ❸名 특대호.

【出乎】chūhū 動組 (…로부터) 나오다. (범위를) 벗어나다. ¶～能力之外｜능력의 범위를 넘다. ¶～自愿｜자원으로부터 나오다. ¶～意料yìliào｜成 예상을 벗어나다. 뜻밖이다.

【出花样】chū huāyàng 動組 ❶ 잔꾀를 부리다. 농간을 부리다. 변덕을 부리다. ¶他就爱～｜그는 변덕부리기를 좋아한다. ❷ 남의 결점을 들추어내다. 남의 치부를 파헤치다. ¶我要出他的花样｜내가 그의 결함을 들추어내겠다.

【出活】chū huó ❶動組 近 목숨을 건지다. 문제를 해결하다. ❷(～儿) 動組 제품을 내다. 생산하다. ¶有了新式农具，干活又轻巧qīngqiǎo，～又快｜신식 농구를 가지자 일하기가 쉽고 빠르다. ❷(～儿) 形組 효율이 높다. 일이 잘 진척되다. ¶下午只干了两个钟头，可是很～｜오후에 두 시간 만 일했는데도 효율은 매우 좋았다.

【出货】chū/huò ❶動 출하(出荷)하다. 출고하다. 생산하다. ¶每日～一万多斤｜매일 1만여 근을 출하한다. ❷(chūhuò) 名 제조품.

【出货单】chūhuòdān ⇒〔交jiāo货单〕

【出击】chūjī ❶動〈軍〉출격하다. 출동하여 공격하다. ¶我军～敌dí人｜아군이 적을 향해 출격하다. ¶主动向敌人～｜적을 향해 주동적으로 출격하다. ❷動 (싸움·시합에서) 공세를 취하다. ¶全面～｜전면적으로 공세를 취하다. ❸名 출격. ¶～任务｜출격임무.

【出继】chūjì 動 양자(養子)가 되다. (대(代)를 이어 주기 위해) 양자로 가다. ¶他从小就～给王家了｜그는 어려서부터 왕씨 집안에 양자로 갔다.

【出家】chū/jiā ❶動 출가하다. 집을 떠나 중·도사가 되다. ¶自幼yòu～为僧sēng｜어려서부터 출가하여 중이되었다→〔入rù道〕 ❷(chūjiā) 名〈佛〉출가. ¶～道士｜묘당에서 사는 도사. ❸(chūjiā) 名 近 출신. ¶青楼～｜화류계 출신.

【出家人】chūjiārén 名〈佛〉출가한 사람. 승려(僧侶). 도사.

【出嫁】chū/jià 動 시집가다. 출가하다. ¶她出了嫁了吗? | 그녀는 시집갔느냐? ¶他十八岁就～了 | 그는 18살에 시집갔다 =〔出聘〕〔出阁〕〔方出门〕〔出门子〕

【出价】chū/jià ❶ 動 값을 정하다. 값을 부르다. 입찰하다. ¶他～多少钱 | 그는 값을 얼마로 정했니? ❷ (chūjià) 名 부르는 값. 입찰가격. 낙찰가격 =〔报价①〕〔报盘〕〔发价〕〔递dì价〕〔递盘〕

【出将入相】chū jiàng rù xiàng 國 나가면 장수이고 들어오면 재상. 문무(文武)를 겸비하다.

【出结】chū/jié 動 계약서·보증서를 제출하다 =〔出具保结〕

【出界】chū/jiè ❶ 動 〈體〉 경계선을 넘다. 아웃 사이드(out of bounds ;outside)가 되다. ¶这个球～了 | 이 공은 아웃 사이드이다. ❷ 名 〈體〉 아웃 사이드. ¶他的攻球不是落网luòwǎng就是～ | 그가 공격한 공은 넷 터치가 아니면 아웃 사이드가 된다.

【出借】chūjiè 動 대출(貸出)하다. 빌려주다 [돈을 받지 않는 경우임] ¶今天休息, 不～图书 | 오늘은 휴식하기 때문에 도서 대출을 하지 않는다.

4【出境】chū/jìng 動 ❶ 행정 구역의 경계를 넘다. 국외·성외(省外)·현외(縣外)로 나가다. ❷ 출국하다. ¶办理～手续 | 출국 수속을 하다. ¶～签证 | 출국 비자 ‖ ⇔〔入境〕

【出局】chū/jú ❶ 動 〈體〉 (야구 따위에서) 아웃되다. 아웃 당하다. ❷ ⇒〔出条子〕 ❸ 動 관리가 관직을 떠나 집으로 가다. ❹ 動 도박장을 떠나다.

【出具】chūjù 動 관청에서 서류를 작성·발행하다. ¶～检验证明书 | 검사증명서를 발급하다.

【出具保结】chūjù bǎojié ⇒〔出结〕

【出科】chū/kē 動 전통극 배우가 「科班」(배우 양성소)을 졸업하다.

2【出口】chū/kǒu ❶ 動 말을 꺼내다. ¶这种话真不好～ | 이런 말은 정말 꺼내기 좋지 않다. ❷ 動 (배가) 항구를 떠나다. 출항하다. ¶～准zhǔn单 | 출항 허가증 ⇔〔入口②〕 ❸ 動 수출하다. ¶～工业技术 | 공업기술을 수출하다 ⇔〔入口③〕 ❹ 動 (군대를 따라) 장가구(張家口) 이북의 땅으로 가다. 만리장성 이북으로 가다. ¶他家老大～, 有一点不放心 | 그의 집 장남이 장성 이북으로 출정을 가서 조금 마음을 놓을 수 없다. ❺ 動 청대(清代)에 범인(犯人)을 관외(關外)로 보내 변경(邊境)을 지키게 하다. ❻ (chūkǒu) 名 수출. ¶～报单 | 수출신고서. ¶～证 | 수출 허가증. ¶～税shuì | 수출세. ¶～货 | 수출품. ¶～免税准单 | 수출 면세(免稅) 허가증. ❼ (chūkǒu) 名 출구. ¶～在那儿 | 출구가 어디에 있느냐?

【出口成章】chū kǒu chéng zhāng 國 말하는 것이 그대로 문장이 되다. 글을 쓰 듯 말을 하다. 하는 말이 조리있고 풍아(風雅)하다 =〔出言成章〕

【出口伤人】chūkǒu shāngrén 國 남을 해치는 말을 하다. 남의 명예·위신·지위를 훼손하는 말을 하다. ¶他性情粗鲁cūlǔ, 常常～ | 그는 성격이 비루하여 항상 남을 중상하는 말을 한다.

1【出来】chū/·lái 動 ❶ 나오다. ¶你～, 我跟你说几句话 | 나오너라, 너에게 할 말이 있다. ¶叫他～, 外面有人找他 | 밖에 누가 찾으니 그에게 나오라고 하여라. ❷ 출현하다. 나타나다. ¶经过讨论, ～两种相反的意见 | 토론을 거쳐, 두 가지의 상반되는 의견이 나왔다. ❸ 얼굴을 내밀다. 나서다. ¶非我～不可 | 내가 나서지 않고는 안되겠어 =〔出面①〕〔出头〕 ❹ 생기다. 발생하다 ¶旧的问题解决了, 新的问题又～了 | 묵은 문제를 해결하자 새로운 문제가 발생하였다. ❺ (·chū/·lái) 나오다. 노출되다. 들어나다. 어법 동사의 뒤에 보어로 쓰여 동사의 동작 결과를 나타내며, 목적어는「出」과「来」의 사이에 들어감. ⓐ 동작이 안에서 바깥으로 행해지는 것을 나타냄 ¶拿～ | 꺼내다. ¶他从宿舍跑～ | 그는 기숙사에서 뛰어 나왔다. ⓑ 동작이 완성되거나 실현된 것을 나타냄. ¶创造chuàngzào出新产品来 | 새로운 생산품을 창조해냈다. ⓒ 은폐된 것이 노출됨을 나타냄. ¶我一眼就认出他来了 | 나는 한눈에 그를 알아보았다.

【出类拔萃】chū lèi bá cuì 國 (품성·재능이) 남보다 뛰어나다《孟子·公孫丑上》 ¶培养出一批～的人才 | 걸출한 인재들을 배양하다 =〔出群qún拔萃〕

【出力】chū/lì ❶ 動 힘을 다하다. 진력(盡力)하다. ¶～不讨tǎo好 | 애만 쓰고 보람은 없다. ¶有钱出钱, 有力～ | 돈 있는 사람은 돈을 내고, 힘있는 사람은 힘을 내다. ❷ (chūlì) 名 출력 =〔出量〕〔输shū出量〕

【出量】chūliàng ⇒〔出力②〕

【出列】chūliè 動 〈軍〉 열 앞으로 나오다. 앞으로! [군대의 구령] ¶张小平～ | 장소평, 앞으로 나왔!

【出猎】chūliè 動 사냥하러 가다. ¶他～去了 | 그는 사냥하러 갔다.

【出溜(儿)】chū·liu(r) 動 京 北 ❶ 미끄러지다. ¶他脚底jiǎodǐ下一～, 摔shuāi了一交 | 그는 미끄러져서 넘어졌다. ❷ 떨어지다. 퇴보하다. ¶～到平地 | 평지로 떨어지다. ¶打～ | 성적이 떨어지다. ❸ 신속히 행동하다. 후닥닥 해치우다. ¶～一下, 就干完了 | 후닥닥 해치웠다.

【出笼】chū/lóng 動 ❶ (만두·빵 등을) 시루에서 꺼내다. ¶快来买刚～的包子啦 | 빨리 와서 막 나온 만두를 사시오. ❷ 새가 조롱에서 나오다. ¶～鸟 | 조롱에서 나온 새. 다시 자유를 얻은 사람. ❸ (나쁜 것이) 출현하다. 나타나다. ¶毒草～了 | 독초가 출현하였다. ❸ 〈商〉 대량으로 매출하다.

【出楼子】chū lóu·zi ⇒〔出乱子〕

【出漏子】chū lòu·zi ⇒〔出乱子〕

3【出路】chūlù ❶ 名 출구(出口). ¶在大森林里迷失míshī方向, 很难找到～ | 큰 삼림에서 방향을 잃으면 출구를 찾기가 매우 어렵다. ❷ 전도(前途). 진로(進路). 활로(活路). 출로. ¶给～ | 활로를 주다. ¶最近大学毕业后用不着为～担优dānyōu | 최근에는 대학 졸업 후에 진로에 대해 걱정할 필요가 없다. ¶我们穷人的～在那儿 | 우리 가난한 사람들의 살길은 어디에 있단 말인가?

【出乱子】chū luàn·zi 動組 사고가 일어나다. 일이

생기다. ¶要注意, 千万别～ | 절대 사고가 나면 안되니 주의하시오. ¶你放心, 出不了乱子 | 사고가 나지 않을테니 안심하여라 =〔出楼子〕〔出漏子〕〔出蘑菇〕

【出落】chū·luo 動 성장하다. 젊은 남녀가 용모나 자태가 변화하다. ¶半年没见, 小姐～得更漂亮了 | 반년 동안 만나지 못한 사이 아가씨가 더욱 아름답게 변했다 =〔出挑〕

【出马】chū/mǎ ❶ 動 출진(出陣)하다. ❷ 動 나아가서 일을 처리하다. 나서다. ¶那件事很重要, 非你亲自～不行 | 그 일은 매우 중요하니 네가 직접 맡아 하지 않으면 안된다. ¶厂长亲自～ | 공장장이 직접나섰다. ❸ ⇒〔出诊zhěn〕

3【出卖】chūmài 動 ❶ 팔다. 매출하다. ¶～家具 | 가구를 팔다. ¶～劳动力 | 노동력을 팔다. 육체노동을 하다. ❷ 팔아먹다. 배반하다. 배신하다. ¶～自己人 | 자기 사람을 팔아 먹다. ¶他把我给～了 | 그가 나를 배신하였다.

【出毛病】chū máo·bing 動組 고장이 나다. 문제가 생기다. ¶机器～了 | 기계가 고장 났다. ¶车刚修好, 又～了 | 자동차를 방금 수리하였는데 또 고장이 났다→〔毛病〕

【出梅】chū/méi ❶ 動 장마가 끝나다. 장마철이 끝나다. ❷ (chūméi) 名 장마 때가 지남[대개 7월 15일 전후]

3【出门(儿)】chū/mén ❶ 動 외출하다. ¶他刚～, 你等一会儿吧 | 그가 방금 외출했으니, 좀 기다려라. ¶～看天色, 进门看脸色 | 밖에 나가면 하늘을 보고 집에 들어오면 사람의 안색을 본다. 주위를 살펴보고 알아서 행동해라. ❷ 動 집을 떠나 멀리 가다. ¶～后, 时常接到祖zǔ母的信 | 집을 떠난 후 늘 할머니의 편지를 받았다. ❸ (상품이) 팔려 나가다. ¶～不认rèn货huò | 점포를 떠난 상품은 물건을 알아 보지 못한다. 팔려 나간 상품은 교환해주지 않는다. ❹ ⇒〔出嫁jià〕

【出门子】chū/mén·zi ⇒〔出嫁〕

4【出面】chū/miàn 動 ❶ 표면에 나서다. 직접 나서다. ¶～反对 | 표면에 나서서 반대하다. ¶～组织zǔzhī | 직접 나서 조직하다 =〔出来i③〕〔出头〕 ❷ 얼굴을 내놓다. 직접 명의를 내놓다. ¶他为什么自己不～, 要借用你的名义 | 그는 왜 자기의 명의를 내놓지 않고 너의 명의를 빌리려 하느냐? =〔出名(儿)②〕→〔驰chí名〕

【出苗】chū/miáo 動 싹이 나오다. 싹이 돋다. ¶～期 | 발아기 =〔露苗〕

4【出名(儿)】chū/míng(r) ❶ 動 유명하다. ¶他写了这部小说出了名了 | 그는 이 소설을 써서 유명해졌다. ❷ ⇒〔出面②〕

【出蘑菇】chū mógū ⇒〔出乱子〕

【出没】chūmò 動 나타났다가 사라지다. 출몰하다. 어법「出没于」의 형태로 쓰임. ¶夜里～于大街上 | 밤에 큰길에 출몰하였다. ¶～于敌人心脏zàng | 적의 심장에 출몰하였다.

【出没无常】chū mò wú cháng 成 빈번히 출몰하다. 신출귀몰하다. ¶这个人～, 行踪zōng不定 | 이 사람은 신출귀몰하여 행방이 일정하지 않다.

【出谋划策】chū móu huà cè 成 지혜를 짜내다. 획책(劃策)하다. 일을 꾸미다. ¶躲duǒ在背后～ | 배후에 숨어서 일을 꾸미다. ¶这件事是他～ | 이 일은 그가 획책한 것이다.

【出纳】chūnà ❶ 動 출납하다. ¶在此～ | 이곳에서 출납한다. ❷ 名 금전 출납. ❸ 名 출납계. 출납원. ¶～官 | 출납관. ¶～科 | 출납과(出納課). ¶～员 | 출납원.

3【出难题】chū nán tí 動組 어려운 문제를 내다. 남에게 고통을 주다. 남을 어렵게하다. ¶你别给我～了 | 너 나를 곤란하게 만들지 마라.

4【出品】chū/pǐn 〈商〉 ❶ 動 물품을 제조(製造)하다. 생산하다. ¶我公司已开始～ | 우리 회사는 이미 생산하기 시작했다. =〔产品〕 ❷ 動 생산품을 내어놓다. (전시장에) 출품하다. ¶哪儿～? | 어디에서 출품한 것이냐? ❸ (chūpǐn) 名 제조품. 상품. 물품. ¶百货大楼有了新～ | 백화점에는 신 상품이 나왔다. ¶我工厂～ | 우리 공장의 제품.

【出聘】chūpìn ⇒〔出嫁jià〕

【出妻】chū/qī 書 ❶ 動 처를 내쫓다. 처를 버리다. ¶朱子～终身不瀁 | 주자는 처를 버리고 평생 돌보지 않았다. ❷ (chūqī) 名 버림받은 처. 쫓겨난 부녀 ‖ =〔去妻〕〔休妻〕

【出奇】chū/qí ❶ 動 진귀한 일이 일어나다. 보기드문 일이 일어나다. ¶你这嫉妒jídù都出了奇了 | 너의 이런 질투는 정말 보기드문 일이야. ❷ 動 기계(奇計)를 쓰다. 불의에 하다. 기습하다. 예상 밖의 일이 일어나다. ¶他又～地问 | 그는 불의에 갑자기 또 물었다. ❸ (chūqí) 形 희귀하다. 특별하다. 기이하다. ¶近来冷得～ | 요즘은 유난히 춥다.

【出奇制胜】chū qí zhì shèng 成 의외의 방법으로 공격하여 승리하다. ¶这不是冒险màoxiǎn, 这是～ | 이는 모험이 아니고 기습공격이다.

【出其不意】chū qí bù yì 成 예상 밖이다. 뜻 밖이다. 불의에 하다. ¶～地攻击gōngjī敌人 | 기습적으로 적을 공격하다.

【出气】chū/qì ❶ 動 화풀이를 하다. 분노를 삭이다. ¶拿他～ | 그에게 화풀이를 하다. ¶他也可以替我出一口气 | 그도 나 대신에 울분을 풀어 줄 수 있을 것이다. ❷ (～儿) 動 숨을 내쉬다. ¶不好了, 这个人快要死了, 竟jìng～没入气儿 | 큰일 났다. 이 사람은 곧 죽을 것 같아, 숨을 내쉬기만 하고 들이 쉬지는 않는다. ❸ (～儿) 動 소리를 내다. 말을 하다. ¶你怎么竟jìng不～呢? | 왜 통 말을 하지 않느냐? ¶不知你睡了, 还是故意不～ | 네가 잠을 자는지 고의로 말을 하지 않는지 모르겠다. ❹ (～儿) 動 공기를 뽑다. ¶屋里空气太不好, 快出个气儿 | 방 안 공기가 아주 나쁘니 빨리 공기를 빼내라.

【出气口】chūqìkǒu 名 가스 배출구. 공기 구멍 =〔通风孔〕〔通风口〕〔出烟孔〕

【出气筒】chūqìtǒng 名 ❶ 배기구. 환기창. ❷ 喻 이유없이 화풀이를 당하는 사람. 화풀이 대상. ¶父亲盛shèng怒nù之下, 把我当做～ | 아버지의 진노로 내가 화풀이 대상이 되었다.

【出气门】chūqìmén 名 〈機〉 배기구(排氣口)(ex-

haust valve) ⇔〔进气门〕
【出钱】chū qián 動組 돈을 내다. ¶～施主 | 금전을 헌납한 시주.
【出勤】chū/qín ❶ 動 출근하다. ¶出满勤 | 개근하다. ❷ 動 공무(公務)를 처리하기 위해 나가다. ❸ (chūqín) 名 출근. ¶～率lǜ | 출근율.
[1]【出去】chū/·qù 動 ❶ (안에서 밖으로) 나가다. 외출하다. ¶他刚～了 | 그는 지금 방금 외출하였다. ¶刚～了一个学生 | 막 한 학생이 나갔다 ⇔〔进来〕❷ (·chū/·qù) 나가다. 어법 동작이 말하는 사람으로부터 멀어져 가는 것을 나타냄. 동사의 뒤에 보어로 쓰여 동사의 동작 결과를 나타내며, 목적어는 「出」과 「去」의 사이에 들어감. ¶他的名声不久要传～ | 그의 명성은 오래지 않아 퍼져나갈 것이다. ¶他从宿舍跑～ | 그는 기숙사에서 뛰어 나갔다. ¶把行李都搬bān出门去了 | 짐을 모두 문 밖으로 옮겼다.
【出圈儿】chūquānr 形 일정한 범위를 벗어나다. 특별하다. 정도에 넘치다. ¶这样做太～了 | 이렇게 해서는 너무 상도에 어긋난다. ¶热得～ | 특별히 덥다→〔出格①〕〔离格儿〕
【出缺】chūquē 動 결원(缺員)이 생기다. 자리가 나다. ¶病故～ | (관리가) 병이나 자리가 비다.
【出群拔萃】chūqún bácuì 成 같은 무리보다 뛰어나다 =〔出类拔萃〕
【出让】chūràng 動 (사용하던 물건을) 팔려고 내놓다. 염가로 매출하다. 양도하다. ¶自行车廉价liánjià～ | 자전거를 염가로 팔다. ¶这房子已经～ | 이 집은 이미 양도하였다.
【出人命】chū rénmìng 動組 사상자(死傷者)가 생기다. 인명 사고가 나다. ¶这样做要～ | 이렇게 하다가는 인명 사고가 난다.
【出人头地】chū rén tóu dì 成 남보다 뛰어나다. 두각을 나타내다. ¶一心一意地想要～ | 전력을 다해 두각을 나타내려고 하다 =〔出头〕
【出人意表】chū rén yì biǎo 成 뜻밖이다. 의외이다. 예상을 뛰어넘다. ¶这件事情, 真是～ | 이 일은 정말 의외이다 =〔出乎意料〕〔出人意料〕〔出人意外〕
【出人意料】chū rén yì liào ⇒〔出人意表〕
【出任】chūrèn 書 動 임무·관직을 맡다. 취임하다. ¶～在外 | 타향으로 취임해 가다. ¶他再次～外交部长 | 그는 재차 외교부 장관으로 나갔다.
[4]【出入】chūrù ❶ 動 드나들다. 출입하다. ¶～随手关门 | 출입할 때마다 문을 닫으시오. ❷ 動 수출입하다. ❸ 動 近 출납하다. ¶银钱～ | 은전을 출납하다. ❹ 名 출입. 수출입. ¶～境jìng | 출입국. ❺ 名 차이. 오차. 착오(錯誤). ¶现款跟帐上的数目没有～ | 현금과 장부상의 숫자가 틀리지 않다. ¶译文和原文有些～ | 번역문과 원문이 얼마간 차이가 있다.
【出丧】chū/sāng ⇒〔出殡〕
[4]【出色】chūsè ❶ 形 특별히 훌륭하다. 보통이 아니다. ¶他干得很～ | 그는 훌륭하게 했다. ❷ 形 㽞 아름답다. 예쁘다. ¶这姑娘gūniáng长得很～ | 이 아가씨는 매우 잘 생겼다. ❸ 動 近 힘을 내다. 능력을 발휘하다. ¶休要替他～ | 그를 위해 애쓰지 마라→〔逞chěng能①〕
【出山】chū/shān ❶ 動 近 출사(出仕)하다. 벼슬길에 오르다. ¶只是目下尚shàng无～之志 | 단지 지금으로서는 벼슬길에 나갈 뜻이 없을 따름입니다《老残遊記》❷ 動 해가 솟다. ❸ (chū shān) 動組 산에서 나오다. 깊은 산 속에서 수행(修行)을 하고 속세로 나오다.
【出山虎】chūshānhǔ 名 산에서 나온 호랑이. 喩 독립적인 사람. ¶人到四十五, 好比～, 筋骨jīngǔ硬着呢! | 사람은 45세가 되면 산에서 나온 호랑이와 같이 강건하고 독보적이 되는 것이다.
[3]【出身】chūshēn ❶ 名 출신. 경력. 신원. ¶工人～ | 노동자 출신. ¶贫农～ | 빈농 출신. ❷ 名 최초의 직업이나 직책. ¶店员～ | 점원 출신. ¶翰林院～ | 한림원 출신. ❸ 動 … 출신이다. 어법 「出身于」의 형태로 쓰임. ¶墨子～于奴隶 | 묵자는 노예 출신이다. ❹ 動 관직에 나가다. 출세하다. ¶图tú个目前安逸yì, 日后～ | 현재의 안락함과 장래의 출세를 도모하다《醒世恒言》
[4]【出神】chū/shén ❶ 動 넋을 잃다. 정신이 나가다. ¶青年钢琴gāngqín家的演奏yǎnzòu使她听得～ | 젊은 피아니스트의 연주가 그녀의 넋을 잃게 했다. ¶她呆dāi呆地站在床前～ | 그녀는 침대 앞에 멍청하게 넋을 잃고 서있다. ❷ 動 혼이 육체를 떠나다.
【出神入化】chū shén rù huà 成 ❶ 신(神)의 경지에 이르다. 절묘하다. ¶他演奏yǎnzòu得～, 听众都陶醉táozuì了 | 그의 신과 같은 연주로 청중들은 모두 도취되었다. ❷ 현세(現世)를 초월하다 =〔出神入圣〕
【出神入圣】chū shén rù shèng ⇒〔出神入化〕
[2]【出生】chūshēng ❶ 動 출생하다. ¶他是～在地主家庭 | 그는 지주 가정에서 태어났다. ❷ 動 㽞 이윤을 남기다. ❸ 출생. ¶～地 | 출생지. ¶～率 | 출산율. ❷ 名 㽞 농작물의 수확.
【出生入死】chū shēng rù sǐ 成 ❶ 사람이 태어나서 죽음에 이르다《老子》❷ 생명의 위험을 무릅쓰다. 결사적으로 행동하다. ¶～地跟敌人作战 | 생명의 위험을 무릅쓰고 적과 싸우다.
【出声】chū/shēng ❶ 動 소리를 내다. ¶别～, 听他们讲些什么? | 소리 내지 말고 그들이 무슨 말을 하는지 들어 보아라. ❷ 㽞 말하다. ¶他光听不～ | 그는 듣기만하고 말하지 않는다.
【出师】chūshī 動 ❶ 도제(徒弟)가 스승을 떠나 독립하다. 제자가 수업 기한을 마치다. 수습 기간이 끝나다. ¶明天我就要～了 | 내일 나는 수업을 마친다. ¶他学了三年, 已经～ | 그는 삼년을 다 배우고 이미 선생 곁을 떠났다 =〔满师〕❷ 書 출병(出兵)하다. 싸우다. ¶～不利 | 출병하기에 불리하다. ❸ 名 출병. ¶～表 | 출사표 [제갈량(諸葛亮)이 건흥(建興) 5·6년 두 차례 북벌(北伐)할 때 올린 상주문. 전·후편이 있음]
【出使】chū/shǐ 動 외교 사절로 나가다. 사자(使者)가 되어 나가다. ¶～各国 | 각국에 외교 사절로 나가다. ¶他曾～欧美五国 | 그는 일찍이 구미 다섯 국가의 사절로 나갔다.
[4]【出世】chūshì 動 ❶ 출생(出生)하다. 태어나다.

탄생하다. ¶这城市就是他～的地方｜이 도시가 그가 출생한 곳이다. ❷(처음으로) 세상에 나오다. 나타나다. ¶新制度要～了｜새로운 제도가 나타날 것이다. ¶～作｜처녀작. ❸출가하다. 속세를 떠나다. ❹속세를 초월하다. ¶～之才｜인간 이상의 재능을 가진 인재.

【出仕】chūshì ㊔動 관직(官職)에 취임하다. 벼슬길에 오르다. 관리가 되다. ¶不愿yuàn～｜벼슬길에 나서길 원하지 않다.

【出示】chūshì 動 제시하다. 내보이다. ¶遇验～｜검사를 받을 때에 제시하다. ¶～证件｜증명서를 꺼내 보이다. ¶～月票｜정기권을 제시하다.

³【出事】chū/shì 動 ❶사고가 발생하다. 문제가 발생하다. ¶～那天他没在家｜사고가 일어난 날 그는 집에 없었다. ¶～地点｜사고 발생 지점. ❷죽다. 상사(喪事)가 발생하다. ¶他昨儿出了事｜그는 어제 죽었다.

【出事体】chū shìtǐ 動組 ㊊ 사고가 발생하다. 일이 터지다. ¶今朝厂里～了｜오늘 아침에 공장에 사고가 발생하였다.

【出手】chū/shǒu ❶動 (싼 값에) 매출(賣出)하다. 양도하다. 팔아 치우다. 처분하다. 손을 털다. ¶你就老为别人, 把财产都～, 不顾gù自己了吗?｜너는 항상 남을 위하여 재산까지도 모두 팔아치우는데 자신에 대해서는 생각하지 않느냐? ¶～货｜팔린 물건 ＝〔脱tuō手②〕〔打出手③〕 ❷動 꺼내다. ¶一～就给他两块钱｜꺼내는 대로 2원을 그에게 주었다. ❸動 돈을 내다. ¶～好几百块钱, 可不是小事情啊｜몇 백원을 낸다는 것은 정말 쉬운 일이 아니다. ❹動 탈고(脫稿)하다. ¶他写一首诗刚～了｜그가 시 한 수를 막 탈고하였다. ❺動 손을 쓰다. 가서 일을 떠맡다. ¶你～办事情就好解决｜네가 손을 쓰면 잘 해결될 것이다. ❻動 손에서 벗어나다. 갑자기 손에서 떨어뜨리다. ¶不是他成心出的手, 你就别说他啦｜그가 일부러 떨어뜨린 것이 아니니 그를 나무라지 마라. ❼動 손을 놓다. 그만 두다. ¶你们两谁先出的手?｜너희 둘 중에 누가 먼저 그만 두었느냐? ❽(chūshǒu) 名 소매의 길이. ❾(chūshǒu) 名 솜씨. ¶他的～确què实不凡fán｜그의 솜씨는 확실히 보통이 아니다. ❿(chūshǒu) 名 (돈의) 씀씀이. ¶他～很大方｜그의 씀씀이는 대범하다 ⓫칼·창을 던지며 격렬함을 나타내는 연기를 하다 ⇒〔打出手③〕

【出手得卢】chū shǒu dé lú 成 일거에 승리하다. 한 번에 성공하다.

⁴【出售】chūshòu 動 팔다. 매출하다. ¶正在～彩cǎi色电视｜지금 칼라 테레비젼을 판매한다. ¶～品｜팔 물건. ¶吉房～｜좋은 집 판매. ¶随其行háng情～｜시세에 따라 팔다. ¶公开～｜경매(競賣).

【出书】chū shū 動組 책을 내다. 책을 출판하다. ¶王教授每年出两本书｜왕 교수는 1년에 2권 씩 책을 낸다.

【出数儿】chū/shùr 形 俗 수가 불어나다. 많아지다. 붇다. 많이 나오다. ¶新米做饭不大～｜햅쌀로 밥을 지으면 별로 붇지 않는다. ¶这个米很～｜이쌀은 밥을 지으면 불어난다.

【出水】chūshuǐ ❶動〈商〉할증금을 내다. ❷動〈商〉현금 지불을 하다. ¶～簿bù｜현금 지출부. ❸動 출항하다. ¶～单｜출항 허가증. ❹動 기녀(妓女)가 기적(妓籍)에서 탈적하다 ＝〔从cóng良〕 ❺(chū shuǐ) 動組 수면에 나오다. 물 속에서 나오다. ¶鱼儿跳跃tiàoyuè～｜고기가 수면으로 뛰어오르다. ¶～才见两腿tuǐ泥ní｜諺 물밖에 나와서야 양 발에 진흙이 묻어 있는 것을 알다. 제 삼자가 되어서야 비로소 일의 옳고 그름을 분별할 수 있다. ❻(chū shuǐ) 動組 물이 나오다. ¶这口井挖wā了两丈多深, 还没有～｜이 샘은 2장이나 팠으나 물이 나오지 않는다. ❼(chū shuǐ) 動組 방수(放水)하다. 물을 흘려 보내다. ¶～闸zhá｜방수 수문.

【出水芙蓉】chūshuǐ fúróng 名組 물 위에 갓 핀 연꽃. 喻 청신(淸新)한 문장. 아름다운 여성 ＝〔初发芙蓉〕

【出台】chū/tái 動 ❶등장하다. (배우가) 출연하다. ¶最后～的是一个姑娘gū·niang｜마지막 출연은 아가씨이다. ❷(새로) 만들어 내다. 내놓다. ¶最近我们的财政比较困难, 需要～的东西很多｜최근 우리의 경제는 좀 어려우므로 새로 만들어 낸 물건이 많아야 하겠다. ❸(어떤 정책·방침이)공포되다. 실행되다. ¶新的税法将陆续lùxù～｜새로운 세법이 앞으로 연이어 공포된다.

【出堂】chūtáng 動 ❶관(棺)이 영당(靈堂)을 떠나다. 발인하다→〔起qǐ灵〕 ❷법정에 출두하다. 관청에 나가다. ❸출근하다. 사무실에 나가다.

【出堂差】chū tángchāi 動組 연예인이 출장하여 연기하다. 다른집에 초청받아 연기를 나가다.

【出逃】chūtáo 動 탈출하다. 도망가다. 하다.

【出题】chū/tí 動 ❶출제하다. 시험문제를 내다. ¶从课本里～｜교재 안에서 출제하다. ❷제목을 정하다. 제목을 공포하다 ＝〔命mìng题①〕

【出屉(儿)】chūtì(r) 動 (찐 음식을) 시루에서 꺼내다. ¶饺jiǎo子～｜교자를 시루에서 꺼내다. 轉 세상에 나오다.

【出挑】chū·tiao 動 (체격·용모·지능 등이) 잘 발육하다. 좋게 변하다. ¶不满一年, 他就～成师傅fù的得力助手｜일년도 채 안되어 그는 스승의 유력한 조수로 성장했다. ¶这位小姐越来越有～｜이 아가씨는 나날이 예뻐진다 ＝〔出落〕〔出跳〕〔出脱③〕〔出息·xi③〕

【出条子】chū tiáo·zi 動組 ㊗ 기녀(妓女)가 손님을 따라 나가 놀다 ＝〔出局②〕→〔叫jiào条子〕

【出粜】chūtiào 動 곡물을 매출하다. ¶～谷gǔ物｜곡물을 매출하다.

【出跳】chū·tiao ⇒〔出挑〕

【出庭】chū/tíng 動 법정에 나가다. 출정하다. ¶～作证zhèng｜법정에 나가 증언을 하다. ¶请证人～｜증인은 출정하시오.

【出头】chū/tóu 動 ❶지위가 높아지다. 두각을 나타내다. 출세하다. ¶解放后工农兵可～了｜해방후에 노동자·농민·군인들은 지위가 높아졌다. ❷얼굴을 내밀다. 나서다. 책임을 지다. ¶请你替我～｜나 대신 얼굴을 보여라. ¶你～给他们

调停吧｜네가 나서서 그들을 조정해 주어라 =〔出来③〕〔出面①〕 ❸(～儿) 어떤 수량 이상이 되다. 남짓하다. ¶年纪三十～了｜나이가 서른 살이 좀 넘었다. ¶有两个月～了｜두 달 이상되었다. ❹곤경에서 빠져 나오다. ¶打倒地主, 农民才有了～之日｜지주를 타도해야 농민은 곤경에서 헤어나는 날이 온다. ❺걸출하다. 뛰어나다. ¶～的国手｜걸출한 명인.

【出头露面】chū tóu lòu miàn 成 여러 사람 앞에 나서다. ¶他不爱～｜그는 여러 사람 앞에 나서기를 싫어한다.

【出土(儿)】chū/tǔ(r) 動 ❶발굴되다. 출토되다. ¶新～的古铜器｜새로 출토된 옛 동기. ¶爱护～文物｜출토된 문물을 애호하다. ❷(새싹 등이) 땅속에서 나오다. ¶小苗刚～｜싹이 막 나왔다. ❸태어나다. 출생하다. ¶人没有刚～儿就有知识的｜사람은 막 태어나면서부터 지식을 가지는 것이 아니다.

【出脱】chūtuō 動 ❶매출(賣出)하다. 팔아 치우다. ¶房主不肯～｜집주인이 양도하려 하지 않는다 =〔脱手②〕〔脱售〕 ❷면죄하다. 죄명을 없애다. ¶在旧社会, 只要有钱, 天大的罪名也～得了｜구사회에서는 돈만 있으면 아무리 큰 죄명이라도 없앨 수 있었다. ❸⇒〔出挑〕 ❹탈출하다. 자유의 몸이되다. ¶设法～她的丈夫｜그녀의 남편을 탈출시킬 방법을 강구하다. ¶快把他～了吧｜그를 빨리 방면하여라.

【出外】chū/wài 動 ❶외출하다. 바깥으로 나가다. ¶～一里, 不如家里｜諺 1리만 나가도 집안만 못하다. ❷집을 떠나 먼 곳으로 가다. 여행가다. ¶～经商jīngshāng｜집을 떠나 외지에서 장사를 하다. ❸수량이 넘다. 초과하다. ¶年纪有四十～了｜나이가 40이 넘었다.

【出亡】chūwáng 書 動 도망하다 =〔出奔bēn〕

3【出息】ⓐ chūxī 名 내쉬는 숨. 날숨 ⇔〔入息〕

ⓑ chū·xi ❶名 발전성. 전도(前途). 장래성. ¶没～的｜장래성이 없는 사람. ¶他女儿很有～｜그의 딸은 아주 희망이 있다. ❷(～儿) 名 北 이익. 수익. ¶那件事～很大｜그 일은 이익이 크다. ❸動 잘 성장하다. 발육하다. ¶几年不见, 这孩子可～多了｜몇 년 만나지 못했더니 이 아이는 정말 잘 자랐다 =〔出挑tiāo〕 ❹動 희망이 있다. 진보하다. 출세하다. ¶他将来能～个好干部｜그는 장래 훌륭한 간부로 출세할 것이다.

2【出席】chū/xí 動 ❶참석하다. 출석하다. ¶～宴yàn会｜연회에 참석하다. ❷近 주석(酒席)을 떠나다.

【出险】chū/xiǎn 動 ❶위험을 벗어나다. ¶他一定有办法保护你～｜그는 분명히 네가 위험을 벗어나도록 보호할 방법이 있을 것이다. ❷위험이 발생하다. 사고가 나다. 재해가 발생하다. ¶火车～了｜기차가 사고를 냈다. ¶万一～, 你就快告诉我｜만일 사고가 나거든 너는 빨리 나에게 말하여라.

【出见】chūxiàn ⇒〔出现①〕

1【出现】chūxiàn 動 출현하다. 나타나다. 노출되다. ¶～了一个英雄｜영웅 하나가 나타났다. ¶最近～了一些新的变化｜최근에 새로운 변화들이 나타났다. ¶不准～他的名字｜그의 이름이 드러나서는 안된다.

【出线】chū/xiàn ❶動〈體〉오버라인하다. 선을 넘다. ❷動〈體〉예선을 거쳐 본선에 출전할 자격을 얻다. ❸(chū/xiàn) 名〈體〉오버라인.

【出线外】chūxiànwài ❶名(탁구·테니스의) 아웃. ❷(chū xiànwài) 動組 아웃이 되다.

【出项】chūxiàng 名 지출액. 지출금. ¶～也增加了不少｜지출액도 적지 않게 증가하였다 =〔出款〕

【出血】chū/xiě ☞〔出血〕chū/xuè ⓑ

【出行】chūxíng 動 멀리 가다. 멀리 떠나다. 여행을 가다. ¶～东北一带｜멀리 동북지역 일대로 가다.

【出血】ⓐ chū/xuè ❶動 출혈하다. 피가 나다. ¶怎么你嘴上～｜너 어째 입가에 피가 났느냐? ❷⊗ chū/xiě) 動(아까운) 돈을 내다. 금전을 부담하다. ¶他为了跟上司拉关系, 已经出了不少血｜그는 상사와 줄을 대기 위해 이미 많은 돈을 썼다. ❸(chūxuè) 名 출혈. ¶～性肠痰｜출혈성 장염. ¶内～｜내출혈.

ⓑ chū xiě 動組 피를 흘리다.

【出言】chūyán ❶動 말을 하다. 말을 꺼내다. ❷名 꺼낸 말. ¶大人～谬miù矣｜대인께서 하신 말은 틀림이 있습니다《警世通言》¶～有章｜하는 말에 조리가 있다.

【出言不逊】chū yán bù xùn 成 말하는 것이 불손하다. ¶他～, 得罪了领导lǐngdǎo｜그는 불손하게 말하여 지도자의 미움을 샀다.

【出言无状】chū yán wú zhuàng 成 말하는 것이 형편없다. 거칠게 말하다.

【出洋】chū/yáng 動 외국으로 가다. ¶～考察｜시찰하러 외국에 가다. ¶他出过洋｜그는 출국한 적이 있다.

3【出洋相】chū yángxiàng 動組 俗 추태를 부리다. 흉한 모습을 드러내다. ¶少喝点吧, 省得回头～｜나중에 꼴불견이 되지 않도록 조금만 마셔라. ¶昨天他喝醉了酒, 出了不少洋相｜어제 그는 취해 많은 추태를 부렸다 =〔出洋像〕→〔宝贝④〕

【出迎】chūyíng 動 마중 나가다. 출영(出迎)하다. ¶未能～, 请恕shù罪zuì吧｜마중나가지 못했으니 용서 바랍니다.

【出游】chūyóu 動 여행을 가다. 관광을 떠나다. 유력(遊歷)하다. ¶～去了｜여행을 떠났다.

【出于】chūyú 動組 …에서 나오다. …에서 생기다. …에서 비롯되다. ¶我也是～好意｜나도 또한 호의에서 그러한 것입니다. ¶这篇piān文章～他的手笔｜이 문장의 그의 친필에서 나온 것이다. ¶他是～怜悯才这样做的｜그는 연민 때문에 이렇게 한 것이다.

2【出院】chū/yuàn 動 ❶퇴원하다. ¶让病人～｜환자를 퇴원시켜라 =〔住院〕⇔〔入院〕 ❷近 기루(妓樓)에서 손님이 돈이 없다고 쫓겨나다.

【出月】chūyuè ❶名 粵 다음달. ¶～初三｜다음달 3일→〔下月〕 ❷(chū/yuè(r)) (～儿) 動 달을 넘기다. 이 달을 넘기다. ¶出了月儿给你吧｜이 달을 넘기고 너에게 주마.

【出站】chū/zhàn 動 역·정거장으로 나오다. ¶～时间 | 차가 역으로 오는 시간. 발차 시간. ¶～口 | 역의 출구.

【出战】chūzhàn 動 ❶ 출병하다. 전쟁에 나가다. ❷ 시합에 나가다. 출전하다.

【出帐】chū/zhàng ❶ 動 (금전·물품의) 지출을 장부에 기재하다. ❷ 吳 지출하다. 지불하다. ¶要～几文钱 | 몇 문의 돈을 지불해야 한다. ❸ (chūzhàng) 名 吳 지출한 항목. 지출 금액. ¶这个月～不多 | 이 달의 지출은 많지 않다.

【出蛰】chūzhé 動 겨울잠이나 여름잠을 잔 동물이 지상에 나와 활동을 시작하다.

【出诊】chū/zhěn 動 (의사가) 왕진하다. ¶大夫出去～了 | 의사가 왕진하러 나갔다 =〔俗 出马③〕→〔门诊②〕

【出阵】chū/zhèn 動 ❶ 전쟁에 나가다. 출진(出陣)하다 =〔上shàng阵〕 ❷〈佛〉스님이 대중 앞에 문답하러 나가다 [그것을 마친 것을 「入阵」이라고 함] ❸ 시합에 나가다. 어떤 활동에 나가다.

【出征】chū/zhēng 動 출정하다. 원정하다. ¶～的战士 | 출정한 병사.

【出众】chūzhòng 動 남보다 뛰어나다. 출중하다. ¶他特别～ | 그 사람은 특별히 뛰어나다. ¶才华～ | 재능이 출중하다.

【出主意】chū zhǔ·yi 動組 생각을 짜내다. 의견을 내다. 구상하다. ¶你给我出出主意吧 | 네가 나를 위해 무슨 방안을 좀 내어 봐라. ¶给我出好主意 | 나에게 좋은 생각을 내어 봐라.

【出资】chūzī 動 ❶ 출자하다. ¶～兴办xīngbàn企业 | 출자하여 기업을 일으키다. ❷ 지불하다. 급료를 주다.

【出自】chūzì 動 (…로부터) 나오다. (…로부터) 나타나다. ¶～他的选集 | 그의 선집으로부터 나왔다. ¶～肺腑的话 | 마음 속으로부터 나온 말. ¶～意外 | 의외의 일이 일어나다.

【出走】chūzǒu 動 피하다. 떠나다. 도망가다. ¶仓卒cāngzú～ | 황급히 탈출하다. ¶他不得意, 只能～ | 그는 부득의하여 떠나는 수 밖에 없었다.

3【出租】chūzū 動 세를 놓다. 대여하다. ¶～人 | 임대인(賃貸人). ¶～房间 | 대실(貸室). ¶～小说 | 대본(貸本) 소설. ¶～房屋 | 셋방. 가옥을 세놓다. ¶～仓库 | 영업용 창고.

1【出租汽车】chūzū qìchē 名組 영업용 택시. ¶～站 | 택시 정거장→〔计程车〕

【出(齣)】 ② chū 일절 착/척, 일회 착/척 量 ❶ (～儿) 전기(傳奇)의 일회(一回). 희극(戲劇)의 한 단락. ¶一～戏 | 단막극. ❷ (～子) 俗 한 차례. 한 번 [「一次」「一回」를 속되게 하는 말] ¶一～子 | 한 번. ¶骂一～子 | 한 바탕 욕을 하다.

1【初】 chū 처음 초

❶ 시작. 처음. 최초. ¶年～ | 연초. ❷ 副 처음으로. 최초로. ¶他～到这儿, 我们应该帮助他 | 그는 처음으로 이곳에 왔으니 도와 주어야 한다. ❸ 頭 초. 처음의 [계절이나 시간을 표시하는 명사나 수사 앞에 쓰임] ¶正月～一 | 정월 초하루. ¶～十 | 초열흘. ¶～旬 | 초순. ❹ 副 방금. 막. 갓. ¶红日～升 | 붉은 해가 지금 막 떠올랐다. ❺ 초급의. 초등의. ¶～级班 | 초급반. ¶～等↓ ❻ 원래. 본디. ¶～衷↓ | ¶和好如～ | 종전과 같이 화목해지다. ¶当～就是这样 | 원래부터 이렇다. ❼ (Chū) 名 성(姓).

【初案】chū'àn 名 최초의 사건.

【初版】chūbǎn 名〈印出〉(서적의) 초판.

2【初步】chūbù ❶ 形 초보적이다. 시작의 단계이다. 1차적이다. ¶我的想法是很～, 还不成熟chéngshú | 나의 생각은 아직 초보 단계이라 성숙되지 못했다. ¶提tí出～意见yìjiàn | 기초적 의견을 내놓다. ¶这些问题已经得到～解决jiějué | 이 문제들은 이미 1차적인 해결을 보았다. ❷ 名 제1차. 제1단계. 제1보. ¶大团结tuánjié的～ | 대단결의 제1단계.

【初产】chūchǎn 名〈醫〉초산. ¶～妇 | 초산부.

【初出茅庐】chū chū máo lú 成 처음으로 세상에 나오다. 사회에 처음으로 진출하다. 경험이 부족하다. ¶他～, 没有经验 | 그는 처음으로 사회에 나와 경험이 부족하다. ¶～的青年记者 | 풋내기 기자.

【初创】chūchuàng ❶ 動 처음으로 설립하다. 초창하다. ❷ 區 시초의. 초창의. ¶～阶段jiēduàn | 초창의 단계. ¶～时期 | 초창 시기.

【初春】chūchūn 名 ❶ 초봄. 이른 봄. ¶～之风仍réng有凉意 | 초봄의 바람이 여전히 찬기운이 돈다. ❷ 음력 정월(正月).

【初次】chūcì 名 첫번. 처음. 제1회. ¶～见面 | 처음 만나다. ¶～交易 | 1차 교역→〔首次〕

【初等】chūděng 區 초등의. 기초적인. 초급의. ¶～数学 | 기초 수학. 초등 수학. ¶～教育 | 초등 교육.

【初冬】chūdōng 名 ❶ 초겨울. ❷ 음력 10월.

【初犯】chūfàn 名〈法〉초범(자). ¶念你～, 不加追zhuī究 | 네가 초범인 점을 감안하여 더이상 추궁하지 않는다.

【初伏】chūfú 名 초복→〔伏天〕〔三伏〕

【初稿】chūgǎo 名 초고.

【初更】chūgēng 名 초야. 초경 [오후 8시부터 10시까지]=〔初鼓〕〔初夜①〕〔申夜〕〔起更①〕〔头更〕〔一更〕〔一鼓〕→〔五更(时)〕

【初鼓】chūgǔ ⇒〔初更〕

【初婚】chūhūn 名 ❶ 초혼. ❷ 신혼.

【初基】chūjī 書 名 기초. 근원 =〔始shǐ基〕

2【初级】chūjí 區 초급. ¶～读本 | 초급 독본. ¶～产品 | 1차 제품.

【初级小学】chūjí xiǎoxué 名組 초급 소학교 [초등학교 1～4학년에 해당함]=〔簡 初小〕

【初级中学】chūjí zhōngxúe 名 초급 중등학교. 중학교 [「高级中学」은 고등학교]=〔簡 初中〕→〔高中〕

【初交(儿)】chūjiāo(r) 名 첫 교제. 첫 거래. ¶我和他还是～ | 나와 그는 아직 사귄 지 얼마 되지 않았다. ¶我们是～, 对他不太了解 | 우리는 사귄 지 얼마 되지 않아 그에 대해 별로 아는 것이 없다.

【初具】chūjù 書 動 대강 갖추다. ¶～雏chú形 | 成

대강 모양을 갖추었다. ¶他们的企业已经～规模guīmó | 그들 기업은 이미 기본적 체제를 갖추었다.
【初来乍到】chū lái zhá dào 成 처음으로 방금 도착했다. ¶我～, 还不了解这儿的情况 | 나는 처음으로 막 도착하여 이곳의 상황을 잘 모른다.
【初恋】chūliàn 名 첫사랑. 초연.
【初露锋芒】chū lù fēngmáng 成 처음으로 능력을 나타내다. 처음으로 두각을 나타내다. ¶他已是～, 很有前途 | 그는 이미 두각을 나타내기 시작하여 장래가 매우 밝다.
【初民】chūmín 書 名 초민. 원시사회의 인간.
【初妻】chūqī ⇒〔元yuán配〕
3【初期】chūqī 名 초기. ¶抗战kàngzhàn～ | 항전 초기. ¶～作品 | 초기의 작품.
【初起】chūqǐ ⇒〔起头(儿)①〕
【初秋】chūqiū 名 ❶ 초가을. ❷ 음력 7월.
【初赛】chūsài 名〈體〉첫 시합. 제1회전. 첫 경기.
【初丧】chūsāng 名 초상 [사람이 죽은 후 장사 지낼 때까지의 일]
【初审】chūshěn 名〈法〉제1심. 초심. 제1차 심의.
【初生】chūshēng 區 ❶ 초생의. 갓난. 처음 태어난. ¶～子 | 초생아. 신생아. ¶～态 | 발생기 상태. ❷ 일차의. ¶～材 | 1차재. ¶～根 | 주근(主根). ¶～再结晶 | 1차 재결정.
【初始】chūshǐ 區 처음의. 최초의. 시초의. ¶～条件 | 최초의 조건. ¶～轨guǐ道 | 초기 궤도.
【初试】chūshì 名 초시. 첫 번째 시험. 1차 시험.
【初试锋芒】chū shì fēngmáng 成 처음 시도해 보다. ¶还没来得及在高考中～, 便投身文化大革命的洪流 | 대학 입시를 한 번 보기도 전에 문화대혁명의 조류에 투신하였다.
【初速】chūsù 名〈物〉초속도(初速度). 초속(初速) =〔初速度〕
【初速度】chūsùdù ⇒〔初速〕
【初唐】Chū Táng 名〈史〉초당 [당대(唐代)를 사분(四分)한 제1기. 고조(高祖) 무덕(武德) 원년(618)에서 현종(玄宗) 즉위의 전년(前年)(711)까지]
【初唐四杰】Chū Táng Sìjié 名〈人〉초당사걸 [초당(初唐))의 사대시인(四大詩人). 왕발(王勃)·양형(楊炯)·노조린(盧照隣)·낙빈왕(駱賓王)]
【初头】chūtóu 名 奥 연(年)·월(月)의 초. 초두. ¶一九九六年～ | 1996년 초. ¶五月～ | 5월초.
【初夏】chūxià 名 ❶ 초여름. 초하(初夏). ❷ 음력 4월.
【初弦】chūxián 名 초현. 음력 매월 상순(上旬).
【初小】chūxiǎo ⇒〔初级小学〕
【初选】chūxuǎn 名 ❶ 예선. 1차 선발. ¶～, 我被选上了 | 예선에서 나는 선발되었다. ❷ 書 최초의 임명.
【初学】chūxué ❶ 動 처음 배우다. 배우기 시작하다. ¶对～的人加以指导 | 초학자를 지도하다. ¶～者 | 초학자.
【初雪】chūxuě 名 첫눈. 초설. ¶下～ | 첫눈이 내리다.
【初旬】chūxún 名 초순. ¶十月～ | 시월 초순.
【初阳】chūyáng 書 名 아침 해 =〔朝zhāo阳〕
【初叶】chūyè 名 書 초기(初期). 초엽(初葉). ¶二十世纪～ | 20세기 초엽.
【初夜】chūyè ❶ ⇒〔初更〕❷ 名 결혼 첫날 밤.
【初一】chūyī 名 ❶ 초하루. ¶五月～ | 5월 1일. ¶大年～ | 원단(元旦). 정월 초하루. ❷ 簡 중학교 1학년 [「初中一年级」의 약칭]
【初愿】chūyuàn ⇒〔初衷〕
【初战】chūzhàn 名〈軍〉초전. 첫 전투. 서전. ¶～失利, 军心动摇yáo | 초전에 불리해지면 군인의 심리가 동요한다 =〔序战〕
【初诊】chūzhěn 名〈醫〉초진. ¶～费 | 초진료.
【初志】chūzhì ⇒〔初衷〕
3【初中】chūzhōng ⇒〔初级中学〕
【初衷】chūzhōng 名 초지(初志). 처음의 뜻. 처음의 생각. ¶虽然经过百般挫折cuòzhé, 也不改～ | 비록 수없이 좌절을 당했지만, 초지는 바꾸지 않았다 =〔初愿〕〔初志〕

【樗】 chū 가죽나무 저
❶ 名〈植〉가죽나무 =〔臭chòu椿〕❷ ⇒〔樗蒲〕❸ (Chū) 名 성(姓). ❹ 복성(複姓) 중의 한 자(字). ¶～里↓
【樗材】chūcái ⇒〔樗栎lì〕
【樗蚕】chūcán 名〈蟲〉가죽나무 누에 =〔椿蚕〕
【樗里】Chūlǐ 名 복성(複姓).
【樗栎】chūlì 名 喻 謙 쓸모 없는 사람. 무능한 사람. ¶～之村 | 喻 저력지재. 쓸모 없는 인간 =〔樗材〕〔樗散〕〔栎散sǎn〕
【樗栎庸材】chū lì yōng cái 成 謙 쓸모 없는 인간. 무용지물. ¶某～, 何敢当此重誉yù | 저는 불민한 인간이온데 어찌 이 큰 영예를 감당할 수 있으오리까?《三國志》
【樗蒲】chūpú 名 저포 [360개의 눈이 그려진 반상(盤上)에 여섯 개의 말을 올려 오목(五木;5개로 된 윷짝 모양의 나무쪽)을 던져서 노는 놀이. 한(漢)·위(魏)시대에 성행함.
【樗散】chūsǎn ⇒〔樗栎〕

chú ㄔㄨˊ

【刍(芻)】 chú 꼴 추
❶ 名 꼴. 여물. ¶反～ | 반추하다. ¶～秣↓ ❷ 名 초식(草食)을 하는 가축. ¶～豢huàn↓ ❸ 하찮은. 형편없는. ¶～议↓ ❹ 가축을 기르다. ¶～牧mù | 가축을 기르다. ❺ 풀을 베다. ¶～荛↓ ❻ (Chú) 名 성(姓).
【刍豢】chúhuàn 書 名 가축(家畜) [「刍」는 초식가축, 「豢」은 곡식 가축. 소·양·개·돼지 등]
【刍秣】chúmò 書 名 여물. 꼴.
【刍荛】chúráo 書 名 ❶ 나무꾼. 꼴꾼. ❷ 謙 초야에 묻힌 비천한 사람. 보잘 것 없는 것. ¶～可采 | 어리석은 사람의 의견도 받아 들일 만하다《詩經·大雅》
【刍言】chúyán ⇒〔刍议〕
【刍议】chúyì 書 名 謙 보잘것없는 주장·의견. 천박한 의견. ¶他写过一篇《文学改良～》| 그는 「문학개량에 대한 의견」이란 문장 한 편을 썼다 =〔刍言〕

【雏(雛)〈鶵〉】 **chú 병아리 추, 새새끼 추** ❶(~儿)名조류의 새끼. 새 새끼. ¶鸡jī~ | 병아리. ¶~燕yàn↓ ❷처음의 모양. ¶~形↓ ❸(Chú) 성(姓).

【雏鸡儿】chújīr 名〈鳥〉병아리. ¶黄色的~很美 | 황색의 병아리가 매우 예쁘다.

【雏儿】chúr 名❶어린 새. 새 새끼. ¶燕~ | 제비새끼. ❷喻풋내기. 어리고 경험이 풍부하지 못한 사람. ❸(옛날의) 풋내기 기생. ❹소녀(少女). 어린아이. ¶不知是那个庵ān里的~ | 어느 암자의 아이인지 모르겠다《紅樓夢》

【雏形】chúxíng 名❶원형. 최초의 형식(形式). ❷축조 모형. ¶建筑jiànzhù~ | 건축 모형.

【雏燕】chúyàn 名새끼 제비.

1【除】 **chú 섬돌 제, 덜 제, 나눌 제** ❶動없애다. 제거하다. ¶~根gēn | 뿌리를 뽑다. 근절하다. ¶为民~害hài | 백성을 위해 폐해를 제거하다. ❷動제외하다. ¶~外 | 제외하다. ¶~了他以外, 我是谁都欢迎的 | 그를 제외하고는, 누구든지 환영한다→〔除非〕〔除外〕❸介…을 제외하고. 어법 뒤에 반드시「外」「以外」「之外」「而外」가 따라 오고 서면어(書面語)에 많이 쓰임. ¶他~烧shāo火之外, 没有别的事 | 그는 밥을 하는 것 외에는 다른 일이 없다. ❹書動관직을 주다. 제수(除授)하다. ¶真~ | 서리(署理)에서 정식 직위에 제수하다. ❹動〈數〉나누다. ¶~法↓ ¶六~以三等于二 =〔六被三除等于二〕| 6을 3으로 나누면 2이다. ¶用二~四得二 | 2로 4를 나누면 2이다. ❺書名섬돌. 계단. ¶洒sǎ扫sǎo庭tíng~ | 계단에 물을 뿌리고 청소하다. ❻제야(除夜). ¶~夕xī↓ ❼(Chú) 名성(姓).

【除拜】chúbài 書動관직을 주다 =〔除官〕〔除授〕

【除暴安良】chú bào ān liáng 成포악한 무리를 없애고 양민(良民)을 평안하게 하다. ¶~的英雄 | 포악한 무리를 제거하여 백성을 안심시킨 영웅 =〔锄暴安民〕〔安良除暴〕

【除草】chú cǎo ❶動組제초(除草)하다. 김을 매다. ❷名제초. ¶~剂jì | 제초제. ¶~机 | 제초기. ¶~药 | 제초약.

【除尘】chú/chén 動먼지를 제거하다. 집진하다.

【除尘器】chúchénqì 名진공 소제기(眞空掃除器) =〔清洁器〕〔吸xī尘器〕

【除臭】chúchòu 動냄새를 없애다. 탈취하다. ¶~剂jì | 탈취제.

【除此以外】chúcǐyǐwài 連이것 이외에. 이밖에. ¶~一律lǜ免费 | 이 밖에는 모두 무료이다 =〔除此而外〕〔除此之外〕

【除错】chúcuò 名〈電算〉디버깅(debugging)

【除错器】chúcuòqì 名〈電算〉디버거(debugger) [오류를 검색하는 소프트웨어의 총칭]

【除恶务尽】chú è wù jìn 成철저히 악을 제거하다. 죄악은 철저히 없애버려야 한다. 죄악은 반드시 소탕하여야 한다 =〔去恶务尽〕

【除法】chúfǎ 名〈數〉나눗셈. 제법(除法).

【除非】chúfēi 㛪連❶반드시 …하여야 하다. 오직 (…하여야) …하다. 어법 유일한 조건을 나타내며「才」「不」「否fǒu则」「不然」등과 호응하여 쓰임. ¶~你去, 他才会去, 否则他不会去 | 네가 가야만 그도 비로소 갈 것이고, 그렇지 않으면 그도 안 갈 것이다. ❷(…하려면) 반드시 …하여야 한다. 어법「如果」「要」등에 호응하여 어떤 결과를 나타내려면「반드시 …하여야 함」을 나타냄. ¶如果你要得到他的同意, ~找老张去跟他谈谈 | 만약 네가 그의 동의를 얻으려면, 반드시 장씨를 찾아가서 그와 이야기해야 한다. ❸(비록)…하지만. 어법「除非」뒤에 한 동사의 정면(正面)과 반면(反面)을 중복하여 어떤 행위를 부각시키거나 강조함. ¶他平时~不喝酒, 喝起酒来谁也比不上他 | 그는 평소 술을 마시지 않지만, 마셨다 하면 누구도 그와 견줄 수 없다. ¶他~不出去, 一出去就是一天 | 그는 비록 나가지 않지만, 나갔다 하면 하루 종일 밖에 있다. ❹…가 아니고는. …않고는. 어법「除了」(제외하고는)와 같은 의미로 쓰임. 뒤에「不」「没有」가 유일한 사물이나 동작임을 강조함. ¶~他, 谁都不知道 | 그를 제외하고는 누구도 모른다→〔除了〕어법「除非」와「只有」는 같은 뜻으로 쓰이나 다음과 같은 차이가 있음. ⓐ「只有」는 정면(正面)으로 어떤 조건을 제시하는 것이고,「除非」는 반면(反面)으로 빠질 수 없는 유일한 조건을 강조함. ⓑ「除非」는「才」「不」와 호응할 수 있으나,「只有」는「才」와만 호응할 수 있음. ⓒ「除非」는「是…」앞에 쓰일 수 있으나「只有」는 쓸 수 없음. ¶除非是你才那样想 ¶只有你才那样想 | 너만 그렇게 생각한다→〔只有〕

【除服】chú/fú 動탈상(脫喪)하다 =〔除灵〕〔除丧〕〔除孝〕

【除根(儿)】chú/gēn(r) 動뿌리를 뽑다. 근절(根絶)하다. ¶斩zhǎn草~ | 成철저히 제거하다.

【除官】chúguān ⇒〔除拜〕

【除号】chúhào 名〈數〉나눗셈 부호.「÷」

【除籍】chújí ⇒〔除名〕

【除九】chújiǔ 名동지(冬至)에서 81째 되는 날 이후 =〔出chū九〕

【除旧布新】chú jiù bù xīn 成구태를 일소하고 새로운 것을 세우다 =〔除旧更gēng新〕〔去旧布新〕

【除开】chúkāi ❶動제거하다. ❷介…을 제외하고 =〔除了〕

【除了】chú·le 介❶…을 제외하고는. 어법 뒤에「外」「以外」「之外」「而外」등이 호응되어 쓰이며, 주어(主語) 앞에 쓸 수 있음. ¶那条山路, ~他以外, 谁也不熟悉 | 그 산길은 그를 제외하고는 누구도 익숙히 알지 못한다. ❷…외에는 …하다. 어법「都」「全」등과 호응하여, 특수한 경우 외에는 모두 일치함을 나타내거나,「不」「没(有)」와 호응하여, 유일한 사물이나 동작임을 강조함. ¶~老王, 我都通知了 | 왕씨 외에는 모두 통지하였다. ¶~小张, 没人来过 | 장씨 외에는 아무도 오지 않았다. ❸…외에 또 …하다. 어법「还」「也」「只」등과 호응하여 어떤 것 외에 또 다른 것이 있음을 나타냄. ¶~他还有两个人 | 그 외에 또 두 사람이 더 있다. ❹…아니면 …하다. 어법「就是」와 호응하여「이것 아니면 저것이

다」라는 뜻을 나타냄. ¶他～吃, 就是睡 | 그는 먹지 않으면 잠잔다. ¶这几天～刮风, 就是下雨 | 요 며칠은 바람 불지 않으면 비가 온다 ‖＝〔除开②〕〔除去②〕〔除脱〕

【除名】chú/míng 動 제명하다. 제적하다. ¶他已经被学校～ | 그는 이미 학교에서 제명되었다＝〔除籍〕

【除去】chúqù ❶ 動 제거하다. ¶～水分 | 수분을 제거하다. ❷⇒〔除了〕

【除数】chúshù 名〈數〉제수. 나누는 수.

【除脱】chútuō ⇒〔除了〕

【除外】chúwài 動 제외하다. ¶星期日～ | 일요일은 예외이다. ¶～责任 |〈貿〉면책.

【除夕】chúxī 名 섣달 그믐 밤. 제야. ¶农历lì～ | 음력 섣달 그믐 밤＝〔除夜〕〔大除夕〕〔大年三十(儿)〕〔大年夜〕〔年晚〕〔年夜〕〔三十〕〔三十(儿)晚上〕〔書 岁除〕→〔元旦〕

【除夜】chúyè ⇒〔除夕〕

【除(了)…以外】chú(·le)…yǐwài ⇒〔除了①〕

【滁】chú 물이름 저
名〈地〉❶ 저하(滁河) [안휘성(安徽省)에 있는 하천] ❷ 저현(滁縣)[안휘성(安徽省)에 있는 현(縣)]

【蜍】chú 두꺼비 여
⇒〔蟾chán蜍〕

2【厨〈廚〉】chú 부엌 주
❶ 名 주방. 부엌. ¶～房↓→〔庖páo①〕 ❷ 名 요리사. ¶名～ | 명요리사. ❸「橱」와 통용 ⇒〔橱chú〕 ❹ (Chú) 名 성(姓).

【厨刀】chúdāo 名 식칼. 부엌칼＝〔菜càiDao〕

【厨房】chúfáng 名 ❶ 부엌. 주방＝〔锅屋〕 ❷ 粵 요리사.

【厨具】chújù 名 주방 기구. 요리 기구.

【厨娘】chúniáng 名 여자 요리사.

【厨人】chúrén ⇒〔厨师〕

【厨师】chúshī 名 요리사. 조리사＝〔厨人〕〔厨手〕〔厨子〕→〔案儿上的〕〔掌灶(儿)〕

【厨手】chúshǒu ⇒〔厨师〕

【厨司头子】chúsītóu·zi 名組 요리장.

【厨子】chú·zi ⇒〔厨师〕

【橱〈櫥〉】chú 궤짝 주
(～儿, ～子) 名 장롱. 궤짝. 찬장. ¶衣～ | 옷장. ¶碗wǎn～ | 찬장. ¶玻璃～ | 유리 찬장. ¶纱shā～ | 방충망을 친 찬장＝〔厨chú③〕

【橱窗】chúchuāng 名 ❶ 쇼 윈도(show window). 진열장. 진열대. ¶～里挂着获奖huòjiǎng者的大幅fú照片 | 진열장에 수상자의 큰 사진이 걸려 있다＝〔窗橱〕〔陈chén列窗〕〔饰shì柜〕

【橱柜(儿)】chúguì(r) 名 ❶ 찬장. ❷ 작은 찬장 겸용 탁자＝〔橱柜桌儿〕〔柜橱(儿)〕

【蹰〈躕〉】chú 머뭇거릴 주
⇒〔踟chí蹰〕

4【锄(鋤)〈鉏耡〉】chú 호미 서
❶ 名 호미. 괭이. ¶一把～ | 호미 한 자루＝〔锄头〕 ❷ 動 김매다. 잡초를 없애다. ¶～地↓ ❸ 제거하다. 없애다. ¶～奸jiān↓

【锄暴安良】chú bào ān liáng ⇒〔除chú暴安良〕

【锄草】chú cǎo 動組 김을 매다. 잡초를 없애다. ¶～机 |〈機〉제초기(除草機)→〔拔bá草〕

【锄地】chú/dì 動 김을 매다.

【锄奸】chú/jiān 動 간신을 제거하다. ¶为党dǎng～ | 당을 위해 간악한 무리를 제거하다.

【锄苗】chú/miáo 動 모판의 잡초를 뽑다.

【锄头】chú·tou 名 ❶ (중국 남방의) 괭이. ¶有扁担biǎndān的用扁担, 有～用～ | 멜대가 있는 사람은 멜대를 사용하고 괭이가 있는 사람은 괭이를 사용하다. ❷ 호미. ¶刚放下～, 才拿起枪qiāng的 | 호미를 방금 놓고 총을 든 사람. 농민병.

【锄头雨】chútóuyǔ 名 농사에 물이 필요할 때 내리는 단비. ¶下午下了一阵zhèn～ | 오후에 단비가 한바탕 내렸다.

【锄土】chú/tǔ 動 땅을 갈아 엎다. 땅을 갈다.

4【躇】chú 머뭇거릴 저
⇒〔踌chóu躇〕

chǔ ㄔㄨˇ

1【处】chǔ ☞ 处 chù B

【杵】chǔ 공이 저
❶ 名 절굿공이. ¶～臼↓ ❷ 名 빨래 방망이＝〔棒槌〕 ❸ 名 절굿공이 같은 고대의 무기. ❹ 動 (가늘고 긴 것으로) 찌르다. ¶用手指头～他一下 | 손가락으로 그를 한 번 찌르다→〔戳chuō〕〔捅tǒng〕 ❺ 動〈漢醫〉약절구로 생약을 빻다. ❻ 動 京 北 (몽둥이처럼) 우두커니 서다. ¶别人都走了, 你还～在这儿干什么 | 다른 사람은 다 갔는데 너만 여기 멀대 같이 서서 뭘하느냐? ❻ 京 돈. 금전(金錢).

【杵臼】chǔjiù 名 절굿공이와 절구통.

【杵头】chǔtóu 名 절굿공이. ¶～掉在碓duì臼里 | 歇 절굿공이가 절구 속에 떨어지다. 진실이다. 거짓이 없다 [「石杵」(돌 절굿공이)가 「石臼」(돌 절구)에 떨어지는 것은 「石打石」(돌이 돌을 침)이고, 「石shí」는 「实shí」와 음(音)이 같으므로 결국 「实打实」(진실이 진실을 침)와 같으므로 나온 말]＝〔杵头儿〕〔杵头子〕

【杵子】chǔ·zi 量 京 ❶ 대. 주먹 [몽둥이나 주먹으로 치는 동작의 회수를 나타냄] ¶打了他一～ | 그를 한 대 때렸다. ❷ 회. 차례 [교역(交易)의 회수를 나타냄] ¶这是一～的买卖 | 이것은 한 차례의 거래이다.

1【础(礎)】chǔ 주춧돌 초
❶ 名 주춧돌. 초석(礎石). ❷ 일의 기초. 기저(基底). ¶基～ | 기초.

【础石】chǔshí 名 주춧돌. 초석.

【础润知雨】chǔ rùn zhī yǔ 成 주춧돌이 물기가 있는 것을 보고 비 올 것을 알다. 사소한 일로 깊은 뜻을 알다＝〔础润而雨〕

【础润而雨】chǔ rùn ér yǔ ⇒〔础润知雨〕

1【楚】chǔ 가시나무 초, 아플 초, 초나라 초
❶ 고통. ¶苦～ | 고초. ❷ 선명하다. 분명하다. ¶清～ | 분명하다. ❸ 名〈植〉모형(牡

荊). 인삼목(人蔘木) [이뇨제(利尿劑)로 쓰이는 마편초과에 속하는 낙엽관목(落葉灌木)] ❹ 회초리. 매. ¶笞chī～ | 회초리. ❺ (Chǔ) 名〈史〉 초나라 [춘추전국시대(春秋戰國時代)에 호북(湖北)·호남(湖南) 일대에 있었던 나라] ❻ (Chǔ) 名 簡〈地〉 호남(湖南)·호북(湖北)의 통칭(通稱). ❼ (Chǔ) 名 성(姓).

【楚材晋用】chǔ cái jìn yòng 成 초나라의 인재가 진나라에서 쓰여지다. 인재가 외국으로 나가다.

【楚楚】chǔchǔ 書 狀 ❶ 선명하다. 깔끔하다. 산뜻하다. ¶衣冠guān～ | 옷차림이 깔끔하다. ❷ (초목이) 무성하다. 우거지다. ❸ 여자가 가냘프고 애처롭다. ¶～动人 | 가냘프고 애절하여 사람을 감동시킨다.

【楚辞】Chǔcí 名〈文〉 초사 [고대 남방(南方) 문학(文學)의 대표. 한(漢)나라 때에 유향(劉向)이 굴원(屈原)·송옥(宋玉)·가의(賈誼)·회남소산(淮南小山) 등의 사부(辭賦)를 모아서 이렇게 부름]

【楚河汉界】Chǔhé Hànjiè 成 초 나라와 한 나라의 경계. 서로 적대시하는 영역. ¶～, 各不相犯 | 자기의 영역을 고수하고 서로 침범하지 않다.

【楚剧】chǔjù 名〈演映〉 초극 [호북(湖北) 지방의 전통극. 황강(黃岡)·효감(孝感) 일대(一帶)의 화고희(花鼓戲)가 발전해서 이루어진 것임]

【楚囚】chǔqiú 名 초나라의 포로. 역경에 빠진 급박한 사람.

【楚囚对泣】chǔ qiú duì qì 成 나라가 망한 슬픔에 서로 붙잡고 울다. 곤경에 빠져 서로 울다.

【楚腰】chǔyāo 名 喩 가냘픈 미인의 허리 [초(楚)의 영왕(靈王)이 가는 허리의 여인을 좋아하여 절식(絶食)하는 여자가 많았다는 고사에서 연유함]《韓非子》 ¶～如柳 | 미인의 가는 허리가 버들가지 같다.

4【储(儲)】chǔ 쌓을 저

❶ 動 축적하다. 저축하다. 비축하다. ¶～存↓ ❸ 書 名 임금의 후사(後嗣). 태자(太子). ¶皇～ | 황태자. ¶～君↓ ❸ (Chǔ) 名 성(姓).

【储备】chǔbèi ❶ 動 비축하다. 저장하다. ¶～粮食 | 식량을 비축하다. ¶～了两百斤大白菜 | 배추 2백 근을 비축하다. ❷ 名 비축한 물건. 예비품. ¶～年年增长zēngzhǎng | 비축품이 해마다 늘어나다.

【储藏】chǔcáng 動 ❶ 저장하다. ¶～珍宝zhēnbǎo | 진귀한 보물을 저장하다. ¶把不用的器具～起来 | 쓰지 않는 기구는 저장하여라. ¶～室 | 저장실. ❷ 매장되어 있다. ¶～量 | 매장량.

【储存】chǔcún ❶ 動 저장하다. 저축하다. ¶～余粮yúliáng | 남은 양식을 저장하다. ❷ 名 저장. ¶还有一些～ | 아직 얼마간의 저장이 있다. ❸ 名〈電算〉 기억 기억장치.

【储存器】chǔcúnqì 名〈電算〉 메모리(memory). 램(RAM). 기억장치.

【储嫡】chǔdí ⇒〔储君〕

【储宫】chǔgōng ⇒〔储君〕

【储户】chǔhù 名 ❶ 예금주. ¶这些～大部分是个体户 | 이 예금주들은 대부분 자영업자들이다. ❷ 예금 구좌.

【储金】chǔjīn 名 ❶ 예금. ¶～折zhé子 | 예금 통장. ❷ 저금한 돈.

【储君】chǔjūn 書 名 황태자(皇太子). ¶家有家长, 国有～ | 가정에는 가장이 있고 국가에는 태자가 있다 =〔储嫡〕〔储宫〕〔储嗣〕

【储款】chǔkuǎn ❶ 名 저금. 예금. ❷ (chǔ/kuǎn) 動 예금하다.

【储蓄】chǔxù ❶ 動 저축하다. ¶将每月花不完的钱都～起来 | 매달 쓰고 남은 돈을 모두 저축하다. ¶一次旅遊lǚyóu把历来的～都花光了 | 한 차례의 여행으로 그 동안 저축한 돈을 모두 다 썼다. ❷ 名 저축. 예금. ¶～存款kuǎn | 저축성 예금. ¶活期～ | 당좌 예금. ¶定期～ | 정기 예금 =〔蓄积①〕〔贮zhù蓄〕

【储蓄存款】chǔxù cúnkuǎn 名組 저축성 예금

【储油】chǔyóu 動〈化〉 석유가 매장되어 있다. ¶～层 | 석유 매장층. ¶～构造 | 〈地質〉 석유광상(石油礦床). ¶～罐guàn | 석유 저장 탱크. ¶～量 | 매장량.

【储运】chǔyùn 名 저장과 수송. ¶做好石油的～工作 | 석유의 저장과 운송의 일을 잘하다.

【楮】chǔ 닥나무 저

❶ 名〈植〉 닥나무 [종이를 만드는 원료] =〔构gòu树〕〔谷gǔ〕 ❷ 종이의 다른 이름. ¶～墨 | 종이와 먹.

【楮币】chǔbì 名 닥나무 종이로 만든 화폐 [북송시대부터 국가나 상인이 발행했음]

【楮待制】chǔdàizhì ⇒〔楮知白〕

【楮先生】chǔxiān·sheng 名 종이 저선생 [종이를 의인화한 이름]→〔楮知白〕

【楮知白】chǔzhībái 名 종이의 다른 이름 =〔楮待制〕→〔楮先生〕

【褚】Chǔ zhǔ 주머니 저

Ⓐ Chǔ 名 성(姓).

Ⓑ zhǔ 書 ❶ 名 풀솜. ❷ 名 풀솜을 넣은 옷. ❸ 名 관(棺)에 덮는 붉은 천. ❹ 名 주머니. ❷ 動 옷에 풀솜을 넣다.

chù ㄔㄨˋ

【亍】chù 조금걸을 촉

❶ ⇒〔彳chì亍〕 ❷ 書 動 잠시 멈추다. ❸ 書 名 작은 걸음. 오른 발로 걷는 걸음. ❹ (Chù) 名 성(姓).

1【处(處)〈処〉】chù chǔ 곳 처

Ⓐ chù ❶ 장소. 곳. ¶住～ | 주소. ¶通信～ | 연락처 =〔处所〕 ❷ 처 [기관·조직의 단위] ¶总务zǒngwù～ | 총무처. ¶人事～ | 인사처→〔局jú〕 ❸ (우열을 가르는 경우) 부분. 점. ¶长cháng～ | 장점. ¶短～ | 단점. ❹ 量 곳. 채 [장소·가옥의 수를 나타내는 양사] ¶一～地方 | 한 곳. ¶赁lìn下一～房屋 | 집을 한 채를 빌리다. ❺ 近 …때 [동사 뒤에 쓰임] ¶正走～, 不觉天晚 | 막 떠날 때는 날이 저문 지 몰랐다.

Ⓑ chǔ ❶ 거주하다. 살다. ¶穴居野～ | 동굴이나 들에서 거주하다. ❷ 動 처하다. (어떤 장소·지위에) 있다. ¶～在任何环境huánjìng, 他都能坚持jiānchí原则yuánzé | 그는 어떤 환경에 처하더라도 늘 원칙을 고수한다. ¶出～进退jìntuì | 취임·사퇴 따위의 진퇴. ❸ 動 함께 생활하다. 더불어 지내다. ¶我们俩liǎ～得特别好 | 우리 둘은 특별히 잘 지낸다. ¶朝夕cháoxī相～ | 조석으로 같이 있다. ¶～得来↓ ❹ 動 처리하다. 결단하다. ¶～理↓ ¶～得公平 | 공평하게 처리하다. ❺ 動 처벌하다. 처치하다. ¶～罚fá↓ ¶～以徒刑túxíng | 징역에 처하다. ❻ 벼슬을 하지 않은. ¶～士↓ ❼ 시집가지 않은. ¶～女↓ ❽ (Chǔ) 名 성(姓).

Ⓐ chù

【处处(儿)】chùchù(r) 副 도처에. 어디서나. 모든 것에. ¶～都有 | 어디든지 있다. ¶～为他着zháo想 | 모든 것을 그를 위해 착상하다→〔到处〕

【处处拨拨】chù·chu bōbō 名組 이런 일 저런 일. 이것 저것. ¶～得花钱 | 이런 일 저런 일에 돈을 써야 한다.

【处所】chùsuǒ 名 곳. 장소. 처소. ¶没有可以藏cáng身的～ | 몸을 숨길 마땅한 장소가 없다 =〔地方ⓑ①〕

【处长】chùzhǎng 名 처장. 부처(部處)의 수장. 국장. 소장. ¶会计～ | 회계국장.

Ⓑ chǔ

【处不来】chǔ ·bu lái 動組 함께 지낼 수 없다. ¶我和小平绝对～ | 나와 소평은 절대 함께 잘 지낼 수 없다 ⇔〔处得来〕.

【处得来】chǔ ·de lái 動組 함께 지낼 수 있다. ¶我和小平～ | 나와 소평은 함께 잘 지낼 수 있다 ⇔〔处不来〕.

【处罚】chǔfá ❶ 動 처벌하다. ¶对偷税tōushuì漏lòu税的人要严加yánjiā～ | 세금을 포탈한 사람에 대해서는 엄하게 처벌하여야 한다. ¶～犯人 | 범인을 처벌하다. ❷ 名 처벌. 형벌. ¶受～ | 처벌을 받다. ¶这也是一种～ | 이것도 처벌의 한 종류이다.

【处方】chǔfāng ❶ 動 처방하다. 처방전을 내다. ¶请大夫dài·fu～ | 의사에게 처방을 청하다. ¶先～, 再配药pèiyào | 먼저 처방하고 다시 조제하다. ❷ 名 처방. ¶按～配药 | 처방에 따라 약을 조제하다. ¶医生yīshēng开了一张～ | 의사가 처방전 한 장을 내었다.

【处分】chǔfèn ❶ 動 처벌하다. ¶～犯过的学生 | 과실을 범한 학생을 처벌하다. ¶本单位已～他了 | 이 기관에서는 이미 그를 처벌하였다. ❷ 書 動 처리하다. 처치하다. ¶关于本案如何～, 容后再告 | 본안을 어떻게 처리했는지에 대해서는 나중에 다시 보고하도록 해주십시오.

【处境】chǔjìng 名 처지. (처해 있는) 환경. 입장 [주로 좋지 못한 상황을 말함] ¶～困难 | 입장이 난처하다. ¶～危险wēixiǎn | 처지가 위험하다. ¶就是～不利也要努力 | 입장이 불리하다해도 노력해야 한다.

【处决】chǔjué ❶ 動 사형을 집행하다. 처형하다. ¶～死囚qiú | 사형수를 처형하다. ¶从速sù～一批pī政治犯zhèngzhìfàn | 일단의 정치범을 조속히 처형하다. ❷ 動 처단하다. 처결하다. ¶休会期间, 一切事项shìxiàng由常委会chángwěihuì～ | 휴회 기간에 모든 사항은 상임위원회에서 처결한다. ❸ 名 〈法〉 사형.

【处理】chǔlǐ ❶ 動 처리하다. 해결하다. ¶～了很多问题 | 많은 문제를 처리하였다 =〔处置〕 ❷ 動 처벌하다. 처분하다. ¶宽kuān大～ | 관대하게 처벌하다. ❸ 動 (내린 가격 혹은 시가(時價)로) 처분하다. ¶～了一批压yā库商品 | 얼마간의 재고품을 처분하다. ❹ 動 특정한 공정을 거치게 하다. 처리하다. ¶用硫酸liúsuān～ | 유산 처리하다. ❺ 名 처리. ¶热～ | 열처리. ¶～量 | 처리양. ❻ 名 〈電算〉 프로세스(process). ¶字～机 | 워드 프로세서(word processor). ¶～程序 | 프로세싱 프로그램

【处理品】chǔlǐpǐn 名 처분 품목. 할인 판매품. 처리품.

【处女】chǔnǚ 名 ❶ 처녀. 미혼의 여자. ¶～时代 | 처녀 시절. ¶～膜mó | 처녀 막 =〔处子①〕 ❷ 맨 처음. 제 일차. ¶～作 | 처녀작. ¶～表演 | 처녀 공연. 첫 공연. ¶～航háng | 처녀 항해.

【处女地】chǔnǚdì 名 처녀지. 개간하지 않은 땅. ¶开垦kěn这一片～ | 이 처녀지를 개간하다.

【处身】chǔshēn 動 처신하다. 입신하다. ¶～涉shè世 | 입신처세하다.

【处士】chǔshì 名 처사. 거사 [벼슬하지 않은 선비] ¶庙里有一～ | 절에 처사 한 분이 있다 =〔处子②〕

【处世】chǔshì 動 처세하다. 세간에서 활동하다. ¶～接jiē物 | 사회생활을 하다. ¶善于～的人 | 처세에 능한 사람.

【处事】chǔshì 動 일을 처리하다. 대처하다. ¶他～严肃, 态度却十分温wēn和 | 그는 일은 엄격하게 처리하지만 태도는 매우 온화하다.

【处暑】chǔshǔ 名 처서 [24절기의 하나. 8월 23,24일경]

【处死】chǔsǐ 動 사형에 처하다. ¶～凶手 | 흉악범을 사형에 처하다.

【处窝子】chǔ·wo·zi 名 꽁생원. 샌님. 물정을 모르는 사람. ¶他是个没见过大世面shìmiàn的～ | 그는 세상 구경도 하지 못한 꽁생원이다 =〔杵chǔ窝子〕〔怵chù窝子〕

【处心积虑】chǔ xīn jī lǜ 成 貶 오만 궁리를 다하다. 오랫동안 생각하다. ¶～要破坏pòhuài他们的团结 | 별의별 궁리를 다해 그들의 단결을 무너뜨리려하다.

【处刑】chǔxíng 動 〈法〉 처형하다. 형벌에 처하다.

【处以】chǔyǐ 動 …에 처하다. ¶～徒刑 | 징역형에 처하다. ¶～两千元罚款fákuǎn | 2천원의 벌금형에 처하다.

【处于】chǔyú 動 …에 처하다. … 위치에 놓이다. ¶～优势 | 우세한 위치에 놓이다. ¶～不利地位 | 불리한 위치에 처하다.

【处在】chǔzài 動 …에 처하다. …에 놓이다. ¶～紧要jǐnyào关头 | 중요한 시점에 놓이다.

【处之泰然】chǔ zhī tài rán 成 태연하게 일을 처리하다. 태연하게 대처하다.
【处治】chǔzhì ❶ 動 처벌하다. ¶必须严加yánjiā～ | 엄중히 처벌하다. ❷ 名 처벌. 책벌. ¶给予yǔ犯人严厉yánlì的～ | 범인에게 엄중한 처벌을 가하다.
【处置】chǔzhì 動 처리하다. 처치하다. 처분하다. 어법 「处理」보다는 구체적인 행동을 말함. ¶～得宜 | 마땅히 잘 처리하다. ¶快把他～ | 빨리 그를 처치하여라.
【处子】chǔzǐ ❶⇒〔处女①〕 ❷⇒〔处士〕

【怵】chù 두려워할 출, 꾈 술
❶ 動 두려워하다. 무서워 하다. 기가 죽다. ¶你放开胆dǎn子讲话, ～什么? | 너 용기를 내서 말해라, 무엇을 두려워 하니? ¶～着不敢进去 | 두려워 감히 들어가지 못하다 =〔发怵〕〔憷chù〕 ❷ 슬프다. 쓸쓸하다. 서글프다. ¶心～而奉之以礼 | 마음이 서글퍼져 예로써 제사를 받들다《禮記·祭統》
【怵场】chùchǎng 動 北 나서기를 두려워하다. ¶她一登台就～ | 그녀는 무대에 나가자마자 앞에 나서기를 두려워하였다 =〔怵场〕
【怵怵忐忐】chù·chu tǎn·tǎn 貶 무서워 주뼛주뼛하다. 두려워 망설이다.
【怵见】chùjiàn 書 動 사람 대하기를 꺼리다. 낯을 가리다→〔认rèn生〕
【怵目惊心】chù mù jīng xīn ⇒〔触目惊心〕
【怵惕】chùtì 書 貶 두려워 마음이 편하지 않다. 주눅이 들다. ¶～恻隐cèyǐn之心 | 남의 일에 두려워하고 측은해 하는 마음《孟子·公孫丑》=〔怵怵惕惕〕
【怵头】chùtóu 動 겁내다. 두려워하다. 주눅이 들다. ¶一听到他的声音, 我就～ | 그의 목소리를 듣기만하면 나는 기가 꺽인다 =〔憷chù头〕
【怵头怵脑】chùtóu chùnǎo 貶 벌벌 떨다. 두려워하다. ¶我没有预备功课, 上课有点儿～了 | 나는 예습을 하지 않아, 수업하기가 좀 두렵다.
【怵窝子】chù·wo·zi ⇒〔处chǔ窝子〕

【绌(絀)】chù 꿰맬 출
書 動 ❶ 꿰매다. 깁다. ❷ 轉 부족하다. 결핍되다. ¶相形见～ | 成 서로 비교하여 부족함이 드러나다. ¶经费支～ | 경비의 지불이 부족하다.

【黜】chù 떨어뜨릴 출
書 動 떨어뜨리다. 격하하다. 면직하다. 물리치다. ¶他因违wéi犯纪律被～ | 그는 규율을 어겨서 면직 당했다. ¶罢～ | 파면하다. 면직하다.
【黜废】chùfèi ⇒〔黜官〕
【黜革】chùgé ⇒〔黜官〕
【黜官】chùguān 書 動 파면하다. 면직하다. 해임하다 =〔黜废〕〔黜退〕〔黜革〕〔黜免〕
【黜免】chùmiǎn ⇒〔黜官〕
【黜职】chùzhí 書 動 해임하다.
【黜陟】chùzhì 書 名 출척. 관직의 강등과 승진.

4【畜】chù xù 기를 축, 짐승 축
A chù 名 금수(禽獸). 짐승. 가축. ¶家～ | 가축. ¶～群↓
B xù ❶ 動 가축을 기르다. 사육하다. ¶～两只猛勇měngyǒng善吠fèi看家狗 | 용맹하고 잘 짖어 집 잘 보는 개 두 마리를 기르다 =〔畜养〕 ❷ 動 가족을 부양하다. ¶仰yǎng事俯fǔ～ | 위로는 부모를 봉양하고 아래로는 처자를 부양하다. ❸ (Chù) 名 성(姓).
A chù
【畜肥】chùféi 名 가축의 똥거름. 두엄. 퇴비. ¶施shī～的西瓜比施化肥的甜tián | 두엄을 주어 기른 수박이 화학비료를 준 것보다 달다.
【畜力】chùlì 名 축력. 가축의 노동력. ¶～脱粒tuōlì机 | 축력 탈곡기. ¶～农具 | 축력 농구. ¶～犁lí | 축력 경운기.
【畜群】chùqún 名 가축 떼. 짐승 무리.
【畜生】chù·sheng 名 ❶ 금수(禽獸). 가축. ¶～草料 | 가축 사료. ❷ 罵 짐승 같은 놈. ¶你这个～ | 이 짐승 같은 놈 =〔畜种〕
【畜种】chùzhǒng ⇒〔畜生②〕
B xù
4【畜产物】xùchǎnwù 名 축산물.
4【畜牧】xùmù ❶ 動 목축하다. ❷ 名 목축. 방목. ¶～场 | 목축장. ¶～业 | 목축업. ¶～兽医站 | (소규모의) 가축 병원. ¶从事～ | 목축업에 종사하다.
【畜养】xùyǎng 動 (동물을) 기르다. 사육하다. ¶～牲shēng口 | 가축을 사육하다.

【搐】chù ⓧ chōu) 땅길 축
動 당기다. 근육이 당겨서 아프다. 경련이 일어나다. ¶抽～ | 근육이 당기고 경련이 일어나다. ¶～动↓
【搐动】chùdòng 動 (근육이) 수축되다. 경련이 일다. ¶全身～ | 전신에 경련이 일어나다.
【搐搦】chùnuò ⇒〔抽chōu搐①②〕
【搐缩】chùsuō 動 (천 따위가)오그라들다. 수축하다 =〔抽chōu缩〕

2【触(觸)】chù 닿을 촉
❶ 動 접촉하다. 부딪치다. ¶再没有～礁jiāo的危险 | 다시 암초에 부딪칠 위험은 없다. ¶抵dǐ～ | 저촉되다. ¶～电↓ ¶一～即发 | 일촉즉발. ❷ 動 느끼다. 마음에 닿다. ¶忽hū有所～ | 문득 느끼는 바가 있다. ¶～起前情 | 옛정에 사로 잡히다. ❸ 動 뿔로 받다. ¶羝dī羊～藩fān | 숫양이 뿔로 울타리를 들이받다. 진퇴양난에 빠지다. ❹ 범하다. 침범하다. ¶去礼义, ～刑法 | 예의를 버리고 형법을 범하다. ❺ (Chù) 名 성(姓).
【触电】chù/diàn ❶ 動 감전(感電)되다. ¶他好像～似地发抖dǒu了 | 그는 감전된 듯이 떨었다. ¶小心～! | 감전조심! =〔中zhòng电〕
【触动】chùdòng 動 ❶ 부딪치다. 마주치다. 충돌하다. ¶忽然～了什么, 响xiǎng了一下 | 갑자기 무언가에 부딪쳐 소리가 났다. ❷ 불러일으키다. 자아내다. 감동되다. ¶这句话～了他的心思 | 이 말은 그의 심사를 건드렸다. ¶忽然～了他的记忆jìyì | 순간적으로 그의 기억을 되살려 놓았다.

【触发】chùfā ❶動 촉발하다. 유발하다. ¶解雇工人又～了一次新的罢bà工 | 해고 노동자는 또 한 차례 새로운 파업을 촉발하였다. ¶～思乡之情 | 고향을 그리워하는 마음을 일으키다. ❷名 촉발. ¶～地雷 | 촉발 지뢰. ¶～电路 | 촉발 회로.

【触犯】chùfàn ❶動 저촉되다. 위반하다. ¶～法律 | 법률을 위반하다. ¶～人民利益 | 국민의 이익에 저촉되다. ❷감정을 해치다. 가슬리다. ¶她的话～了他 | 그녀의 말이 그의 감정을 상하게 하였다.

【触机】chùjī 書動 영감이 일어나다. 미묘한 감정을 일으키다. ¶～即发地做了一首诗 | 영감이 떠오르는 대로 시 한 수를 썼다 =〔触动灵机〕

【触及】chùjí 動 닿다. 건드리다. 언급하다. ¶对于这个问题, 不敢～ | 이 문제에 대해서는 감히 건드릴 수 없다. ¶～人们灵魂 | 사람의 영혼에 대해 언급하다.

【触礁】chù/jiāo ❶動 암초에 부딪치다. 좌초하다 →〔搁gē浅①〕 ❷(chùjiāo) 名 좌초. 저촉.

【触角】chùjiǎo ❶⇒〔触须〕 ❷名〈數〉접각.

【触景伤情】chù jǐng shāng qíng 威 어떤 정경(情景)을 접하고 연상되는 일로 가슴 아파하다.

【触景生情】chù jǐng shēng qíng 威 어떤 정경(情景)이나 일에 부딪혀 감정이 일어나다→〔触物生情〕

【触觉】chùjué 名〈生理〉촉각. ¶～器官 | 촉각 기관 =〔触感〕

【触类旁通】chù lèi páng tōng 威 한 가지를 통해 다른 것을 유추하다《周易》¶善shàn于～ | 하나의 일로 다른 것을 잘 유추해내다.

【触媒】chùméi 名〈化〉촉매 =〔催cuī化剂〕

【触梅头】chùméitóu ⇒〔触霉头〕

【触楣头】chùméitóu ⇒〔触霉头〕

【触霉头】chù méitóu 動組 ⑧ 고배를 마시다. 나쁜 일을 당하다. 재수 없다. ¶我今天真～ | 오늘은 정말 재수 없다 =〔触梅头〕〔触楣头〕〔倒dǎo霉〕

【触摸】chùmō 動 접촉하다. 닿다. ¶忽然～到口袋里的东西 | 갑자기 포켓 안 물건이 손에 닿았다.

【触目】chùmù 書動 ❶ 눈에 띄다. 눈길이 닿다. ¶一上街～都十分神奇 | 길가에 나가자 눈에 띄는 것이 모두 신기하였다. ❷돋보이다. 눈길을 끌다. 주목을 끌다. ¶菊花开得更～ | 국화가 피어 더욱 눈길을 끈다. ¶黑板上写着～的几个大字「今天罢bà课」| 흑판에 「오늘 수업 거부」라는 큰 글자가 눈길을 끌도록 쓰여 있다.

【触目皆是】chù mù jiē shì 威 눈에 보이는 것은 모두 한 가지다. 모든 것이 똑 같다. ¶解放前在城市的街头, 乞丐qǐgài～ | 해방 전, 도시의 거리에는 온통 거지들 뿐이었다.

【触目惊心】chù mù jīng xīn 威 보기만 해도 놀랍다. 보기에 가슴 아프다. ¶看到那种惨象cǎnxiàng, 真是～ | 그러한 참상을 보니, 정말 가슴 아프다 =〔触目伤心〕

【触目伤心】chù mù shāng xīn ⇒〔触目惊心〕

【触怒】chùnù 動 노여움을 사다. 분노를 일으키다. ¶他的话～了她 | 그의 말이 그녀의 분노를 일으켰다.

【触杀】chùshā ❶名〈體〉(야구의) 터치 아웃(touch out). ❷動 터치 아웃되다. ❸動 접촉하여 죽이다. ¶这种医药有较高的～效果 | 이 의약은 비교적 높은 촉살 효과가 있다.

【触杀剂】chùshājì 名〈農〉접촉제(接觸劑) [직접 닿아 죽이는 살충제의 한가지]

【触手】chùshǒu ⇒〔触须〕

【触痛】chùtòng 動 (마음·감정의) 아픈 곳을 건드리다. 약점(弱點)을 찌르다. ¶一句话～了他的隐衷yǐnzhōng | 한마디로 그의 말 못할 아픔을 건드렸다.

【触须】chùxū 名〈動〉촉수. 촉각. 더듬이. ¶鱼类～ | 어류의 수염. ¶无脊椎jǐchuí动物～ | 무척추 동물의 촉수 =〔触角①〕〔触手〕

【憷】chù 두려워할 초

動 京 두려워하다. 주눅이 들다. ¶～见生人 | 낯선 사람 만나기를 꺼려하다 =〔怵chù①〕

【憷场】chù/chǎng 動 京 나서기를 꺼리다. 앞에 나서기를 두려워하다. ¶刚上台就～ | 막 무대에 나와 여러 사람 앞을 두려워하다 =〔怵chù场〕

【憷头】chùtóu 動 京 겁내다. 두려워하다. 주눅이 들다. ¶他看到陌mò生人, 就～ | 그는 낯선 사람을 만나기만 하면 기가 꺾인다 =〔怵chù头〕

【矗】chù 우거질 촉

形 ❶書 초목이 무성하다. ❷우뚝 솟다. 높이 솟다. ¶大厦shà～立 | 빌딩이 우뚝 서 있다. ¶～天～地↓ ¶～高 | 높이 우뚝 솟다.

【矗立】chùlì 動 우뚝 솟다. ¶人民英雄纪念碑～在天安门广场上 | 인민 영웅 기념비가 천안문 광장에 우뚝 솟아 있다.

【矗天矗地】chùtiān chùdì 狀 높이 우뚝 치솟다. ¶一座高楼真是～的 | 고층 빌딩 하나가 높이 우뚝 솟아 있다.

chuāi ㄔㄨㄞ

【揣】chuāi chuái chuǎi chuài 품을 취, 헤아릴 췌

Ⓐ chuāi 動 ❶ 감추다. 품다. 넣다. ¶她把孩子～在怀里 | 그녀는 아이를 품 안에 품었다. ¶～在口袋里 | 호주머니에 넣다 =〔搋chuāi②〕→〔揣手儿〕 ❷비비다. 이기다. ¶把衣服洗了又～ | 옷을 씻고 비벼 빨았다 =〔搋chuāi①〕 ❸京 北 (가축이) 새끼를 배다. ¶这匹马又～上了 | 이 말은 또 새끼를 배었다.

Ⓑ chuái 動 京 ❶ 음식을 먹다. ¶～得太饱bǎo了 | 너무 배부르게 먹었다. ❷(병자·아이·가축에게) 음식을 먹이다. ¶别净jìng～孩子 | 아이에게 억지로 먹이지 마라.

Ⓒ chuǎi ❶動 추측하다. 헤아리다. ¶人们心里～想着 | 사람들은 마음 속으로 생각하고 있다. ¶～度↓ ❷(Chuǎi) 名 성(姓).

Ⓓ chuài ⇒〔挣zhèng揣〕〔囊nāng揣〕

Ⓐ chuāi

【揣大】chuāidà 動 고생하면서 자라다. ¶他是野菜糟糠zāokāng～的 | 그는 채소와 지게미나 겨를 먹으면서 고생으로 자랐다.

【揣手(儿)】chuāi/shǒu(r) 動 팔짱을 지르다. ¶

天冷了，在外面就要揣着手儿｜날이 추워져 밖에서는 팔짱을 질러야 한다 =〔揣手(儿)〕
Ⓒ chuǎi
【揣测】chuǎicè 動 추측하다. 짐작하다. 헤아리다. ¶据我～，他已经离开北京了｜내 짐작으로 그는 이미 북경을 떠났다. ¶他常～别人的心思，并且很准｜그는 늘 남의 마음을 헤아리는데 아주 잘 맞춘다 =〔揣度〕〔揣摩②〕〔揣想〕
【揣度】chuǎiduó ⇒〔揣测〕
【揣摩】chuǎi·mó ❶ 動 상세하게 따지다. 궁리하다. 탐구하다. ¶这篇文章比较深奥shēnào，必须仔细～，才能透彻tòuchè了解｜이 글은 비교적 심오하여 자세히 따져보아야 철저히 이해할 수 있다. ¶我始终～不透他的心思｜나는 끝내 그의 속셈을 알 수 없다. ❷ ⇒〔揣测〕
【揣情度理】chuǎi qíng duó lǐ 成 정리(情理)를 생각하다. ¶～，让他过去｜인정과 도리로 보아 그를 보아 주었다.
【揣想】chuǎixiǎng ⇒〔揣测〕

【搋】chuāi 넣을 취 비빌 취
動 ❶ 비비다. 문지르다. ¶～了米饭做饼子｜밥을 비벼서 떡을 만들었다 =〔揣chuāi②〕 ❷ 품다. 숨기다. ¶把那些钱怀中～｜그 돈을 품안에 숨겼다 =〔揣chuāi①〕 ❸ 京 (빨판으로) 빨다 ¶多使劲～～，管子就通了｜힘껏 빨았더니 관이 뚫렸다. ❹ 京 때리다. ¶～了他一顿dùn｜그를 한 대 때렸다.
【搋和】chuāi·he ⊗ chuāi·huo) 動 반죽하다. ¶～面粉miànfěn｜밀가루를 반죽하다.
【搋手(儿)】chuāi/shǒu(r) ⇒〔揣chuāi手(儿)〕

chuái ㄔㄨㄞˊ

【揣】chuái ☞ 揣 chuāi Ⓑ

chuǎi ㄔㄨㄞˇ

【揣】chuǎi ☞ 揣 chuāi Ⓒ

chuài ㄔㄨㄞˋ

【啜】Chuài ☞ 啜 chuò Ⓑ

【揣】chuài ☞ 揣 chuāi Ⓓ

【踹】chuài 발구를 단
動 ❶ 밟다. 발을 디디다. ¶～了一脚｜한번 짓밟았다. ¶没留神一脚～在水沟gōu里｜정신을 팔다가 한쪽 다리가 도랑에 빠졌다. ❷ 차다. ¶一脚把门～开｜문을 발로 차서 열다. ❸ 파괴하다. 깨뜨리다. 망가뜨리다. ¶婚姻给～了｜혼사가 깨어졌다. ❹ 俗 뻗다. 죽다. ¶他～了｜그는 뒈졌다.
【踹开】chuàikāi 動 발로 차서 열다.
【踹破门】chuàipò mén 動組 문턱이 밟아서 닳다. 많은 사람들이 드나들다.
【踹死】chuàisǐ 動 밟아 죽이다. 채여 죽다. ¶小鸡儿叫牛脚～了｜병아리가 소 발에 밟혀 죽었다.
【踹腿儿】chuàituǐr 動 京 俗 죽다. 뻗다. 뒈지다. ¶他当场～了｜그는 그 자리에서 뻗었다 =〔蹬dēng腿儿〕

【嘬】chuài ☞ 嘬 zuō Ⓑ

【膪】chuài 살찔 시, 돼지배살 체
❶ 動 사료를 주어 살지게 하다. ❷ 形 피둥피둥하다. 살이 찌다. ¶她长zhǎng得～，太难看｜그녀는 살이 피둥피둥하여 매우 보기 흉하다. ❸ ⇒〔囊nāng膪〕

chuān ㄔㄨㄢ

4【川〈巛〉】chuān 내 천
❶ 名 내. 하천. ¶名山大～｜유명한 산천. ¶～流不息xī↓ ❷ 名 평지. 평원. ¶米粮liáng～｜곡창 지대. ¶一马平～｜일마평원. ❸「氽」과 같음 ⇒〔氽cuān①〕 ❹ (Chuān) 名 簡〈地〉사천성(四川省). ¶～菜↓ ❺ 副 轉 끊임없이. 계속해서. ¶常～｜시종. 끊임없이 ❻ (Chuán) 名 성(姓).
【川贝】chuānbèi 名〈植〉사천성(四川省)에서 나는 패모(貝母)→〔贝母〕
【川菜】chuāncài 名 簡 사천요리(四川料理). ¶～馆guǎn｜사천 요릿집 =〔四川菜〕→〔中国菜〕
【川剧】chuānjù 名〈演映〉사천(四川) 지방의 전통극 [「昆kūn腔」「胡hú琴腔」「弹tán戏」「灯dēng戏」등의 5종(種)이 있음]
【川军】chuānjūn 名〈藥〉대황(大黃) [사천성(四川省)에서 많이 나며 설사약으로 쓰임]
【川流不息】chuān liú bù xī 成 냇물이 쉬지 않고 흐르다. 사람들이 끊임없이 오가다《論語·子罕》 ¶马路上人们来来往往～｜거리에는 사람들이 끊임없이 오간다. ¶～的人群从门前通过｜사람의 무리가 끊임없이 문 앞을 지나간다.
【川芎】chuānxiōng 名〈植〉사천성(四川省)에서 나는 천궁[뿌리는 약재로 쓰임. 혈액순환을 도움]→〔芎䓖qióng〕
【川榛】chuānzhēn 名〈植〉개암나무.
【川资】chuānzī 名 노비. 여비. ¶他去旅游的～还没着落｜그가 여행 가는 데 쓰일 여비가 아직 마련되지 않았다 =〔盘缠pán·chan〕

【氚】chuān (트리튬 천)
名〈化〉화학 원소 명. 트리튬(T; tritium) [삼중수소. 원자량이 3인 수소]=〔超重氢〕→〔氢qīng〕
【氚核】chuānhé 名〈物〉트리튬의 원자핵. 트리톤(triton)→〔超chāo重氢〕

1【穿】chuān 통할 천, 꿸 천
❶ 動 (구멍을) 뚫다. ¶用锥zhuī子～一个洞｜송곳으로 구멍 하나를 뚫다. ❷ 動 구멍이 나다. 뚫어지다. ¶顶棚上～了一个大窟窿kūlóng｜천장에 큰 구멍 하나가 뚫렸다. ¶袜wà子～了｜양말에 구멍이 났다. ❸ 動 …를 뚫고 지나가다. 통과하다. 어법 장소를 나타내는 말이 목적어(賓語)가 됨. ¶～过这片草地就到了江边｜이 풀밭을 지나 바로 강변에 이르렀다. ❹ 動 …로 꿰다. 어법 꿸 수 있는 실·노끈 등의 도구를 나타내

는 말이 목적어가 됨. ¶～线 | 실을 꿰다. ¶在牛鼻子上～了一个铁圈tiěquānㄦ | 소 코에 쇠 코뚜레를 꿰었다. ¶～针↓ ❺動 …을 착용하다. 입다. 신다. ¶～鞋xié↓ ¶～衣 | 옷을 입다. ¶～得很朴pǔ素 | 매우 소박하게 입고 있다⇔[脱] 어법 의복이나 신발·양말 등의 착용에만 쓰며, 「帽子」「手套」의 착용에는 「戴」를 씀→[戴] ❻動 꿰뚫다. 폭로하다. 들추어내다. 어법 동사 뒤에 보어로 쓰여 여러가지 뜻을 보충함. ¶看～了他的心思 | 그의 생각을 간파하다. ¶说～了 | 설파(說破)하였다. ❼(Chuān) 名 성(姓).

【穿帮】chuān/bāng 動 비밀을 누설하다. 폭로하다. ¶他的事情给王先生穿了帮了 | 그의 일은 왕씨에게 폭로되었다→[泄xiè底]

【穿帮秀】chuānbāngxiù 名 俗 台 스트립쇼 [「秀」는 「show」의 음역]=[脱衣舞]

【穿鼻】chuānbí 動 ❶ 코뚜레를 꿰다. ❷ 喻 남에게 끌려 다니다. 남의 조종을 받다. ¶听tīng人～ | 남에게 끌려 다니다.

【穿不起】chuān ·bu qǐ 動組 입을 능력이 없다. (돈이 없어 사서) 입을 수 없다. ¶我～绫罗línglúo绸缎chóuduàn | 나는 능라나 비단옷을 입을 능력이 못 된다.

【穿插】chuānchā ❶ 動 교차하다. 엇바꾸다. 뒤섞이다. ¶施肥shīféi和除草～进行 | 시비와 제초를 교대로 하다. ¶男孩子和女孩子～在一起跳绳 | 남자 아이와 여자 아이가 섞여 줄넘기를 한다. ❷ 動 삽입하다. 집어넣다. ¶他在报告中～了一些生动的例子 | 그는 보고서 중에 생동감 넘치는 예를 좀 집어넣었다. ❸ 動 〈軍〉 돌진하다. ¶大胆～, 分割gē敌人 | 대담하게 돌진하여 적을 갈라놓다. ¶派几个人～到敌人的后方 | 몇 사람이 적의 후방까지 뚫고 들어가도록 보냈다. ❹ 動 중재(仲裁)하다. ¶由你一～就成了 | 네가 중재하면 성사된다. ❺ 名 (소설·희곡 등의) 삽화(揷話). 에피소드(episode). ¶他写的小说是编很多～作成的 | 그가 쓴 소설은 많은 일화(逸話)를 엮어서 쓴 것이다.

【穿刺】chuāncì 名 〈醫〉 천자. ¶～术 | 천자술.

【穿戴】chuāndài ❶ 動 의복을 입고 모자를 쓰다. ❷ 名 입고 쓰는 것. 옷차림. 의관(衣冠). ¶不讲究～的人 | 의관에 신경을 쓰지 않는 사람.

【穿过】chuānguò 動 관통하다. 뚫고 지나가다. ¶～巷子就是大街 | 골목을 곧바로 지나가면 큰 길이다.

【穿红挂绿】chuān hóng guà lǜ 成 화려하게 치장하다. 요란하게 차려입다. ¶～, 各是各福 | 諺 울긋불긋 차려 입는 것도 각자의 복이다. 행·불행은 팔자 소관이다 =[穿红着绿]

【穿红着绿】chuān hóng zhuó lǜ ⇒[穿红挂绿]

【穿旧鞋, 走新路】chuān jiù xié, zǒu xīn lù 諺 헌 신을 신고 새 길을 걷다. 구태의연한 방법으로 새로운 정책을 펴나려 하나 잘 되지 않을 것이다.

【穿孔】chuān/kǒng ❶ 動 천공하다. 구멍을 뚫다. ❷(chuānkǒng) 名 천공. 펀치(punch). ¶～卡片 | 〈電算〉 천공카드. 펀치카드. ¶～纸带 | 〈電算〉 데이터(data)를 수록하는 천공테이프. ¶～机 | 천공기. ❸(chuānkǒng) 名 〈醫〉 천공. ¶胃wèi～ | 위 천공.

【穿廊】chuānláng ⇒[穿山shān游廊]

【穿山甲】chuānshānjiǎ 名 ❶ 〈動〉 천산갑 =[鲮líng鲤][龙lóng鲤] ❷ 〈漢醫〉 천산갑의 말린 껍질 [투창·마진 등의 치료제로 쓰임]

【穿山游廊】chuānshān yóuláng 名組 가옥의 한 쪽을 돌아 건물 뒤로 통하는 복도 [「厢xiāng房」의 앞을 통해 「正房」의 바깥 쪽을 돌아 뒤 건물로 통하는 복도 =[穿廊]

【穿素】chuān/sù ⇒[穿孝]

【穿梭】chuānsuō 動 베틀의 북집처럼 빈번하게 왕래하다. ¶快车道上汽车～不息 | 자동차길에 차가 쉴새없이 오간다.

【穿梭外交】chuānsuō wàijiāo 名組 〈外〉 왕복 외교. 국제간의 문제 해결을 위해 빈번히 오가는 외교 활동 [1973년 제4차 중동전쟁(中東戰爭) 때 미국의 키신저 국무경이 관련 국가를 분주히 오가며 외교 활동을 전개한 데서 유래]

【穿堂(ㄦ)】chuāntáng(r) 名 ❶ 정원과 정원 사이의 통로 역할을 하는 건물. ¶～大厦 | 정원 통로가 있는 큰 집 =[穿堂屋] ❷ 패보(牌寶) [노름의 하나. 1대 3으로 승부를 하는 방법임]

【穿堂风】chuāntángfēng ⇒[过guò堂风(ㄦ)]

【穿堂门(ㄦ)】chuāntángmén(r) 名 〈建〉 골목과 골목을 연결하기 위해 한 골목 입구에 세운 문.

【穿堂屋】chuāntángwū ⇒[穿堂①]

【穿小鞋】chuān xiǎoxié 動組 따끔한 맛을 보여 주다. 냉대(冷待)하다. ¶我怕～, 不敢给他提意见 | 나는 모욕이 두려워 감히 의견을 말할 수 없다. ¶不怕他们给我～! | 그들의 나에 대한 보복이 두렵지 않다.

【穿孝】chuān/xiào 動 상복(喪服)을 입다. ¶～尽礼 | 상복을 입고 예를 다 갖추다 =[穿素][带孝][挂guà孝]

【穿新鞋, 高抬脚】chuān xīnxié, gāotái jiǎo 諺 새 신 신고 발을 높이 쳐들다. 하찮은 것을 뽐내다.

【穿新鞋, 走老路】chuān xīnxié, zǒu lǎolù 諺 새 신 신고 옛 길을 걷다. 형식만 바뀌었지 구태의연하다. ¶要改过自新, 不能～ | 개과천선하는 데는 새 신 신고 옛길 가는 방식이어서는 안되다→[换汤不换药][新瓶装旧酒]

【穿靴戴帽】chuānxuē dàimào 動組 신을 신고 모자를 썼다. 문장이나 연설이 정치적이고 상투적이다.

【穿一条裤子】chuān yī tiáo kù·zi ⇒[穿一条连裆liándāng裤]

【穿一条连裆裤】chuān yī tiáo liándāngkù 諺 가랑이가 하나로 된 바지를 입다. 한 통속이다. ¶原来你俩～呀 | 원래 너희 둘은 한 통속이었구나. ¶你别信他, 他跟老板是～的 | 그와 주인은 한 통속이니 믿지 마라 =[穿一条裤子]

【穿衣镜】chuānyījìng 名 체경(體鏡)

【穿凿】chuānzuò ⇒[穿凿附会]

【穿凿附会】chuān zuò fù huì 成 이치에 맞지 않게 끌어다 붙이다. 견강부회(牽强附會)하다. ¶此为～之说, 殊不可信 | 이것은 견강부회한 말이

니 절대로 믿어서는 안된다 =〔穿凿〕〔牵锐附会〕
【穿针】chuān/zhēn 動 바늘에 실을 꿰다 =〔纫rèn针〕〔认rèn针〕
【穿针引线】chuān zhēn yǐn xiàn 成 바늘에 실을 꿰다. 중개 역할을 하다. 남과 관계를 맺어 주다. ¶这件事都是他～才办成的 | 이 일은 다 그가 중간 역할을 하여 성공한 것이다.
【穿着】chuānzhuó 名 옷. 복장. ¶～朴pǔ素整洁jié | 옷차림이 검소하고 단정하다. ¶～时髦máo | 옷차림이 유행을 따르고 있다 =〔穿罩zhào〕〔衣yī着〕

chuán ㄔㄨㄢˊ

2【传(傳)】chuán zhuàn 전할 전, 주막 전, 책 전

A chuán 動 ❶ 전하다. 전달하다. 전수(傳受)하다. ¶由古代～下来的文化遗产 | 고대로부터 전해 온 문화 유산. ¶师傅fù把手艺～给徒弟 | 스승이 제자에게 기예를 전하다. ❷ 널리 알리다. 전파하다. ¶～遍全国 | 온 나라에 알려지다. ❸ (전기·열 등이) 통하다. ¶～电↓ ¶～热 | 열을 전도하다. ❹ 불러내다. 호출하다. ¶～人开会 | 사람을 불러서 회의를 열다. ¶～呼电话↓ ❺ 나타내다. 표현하다. ¶眉méi目～情 | 추파를 보내다. ¶～神↓ ❻ 감염되다. ¶这种病会～人 | 이 병은 다른 사람에게 전염될 수 있다.
B zhuàn 名 ❶ 전기(傳記). ¶自～ | 자서전. ¶列～ | 열전. ¶外～ | 외전. ❷ 역사 고사를 쓴 소설. ¶水浒～ | 수호전. ❸ 경서(經書)에 주석을 붙인 책. ¶春秋谷梁～ | 춘추곡량전. ¶春秋公羊～ | 춘추 공양전.

A chuán

【传遍】chuánbiàn 動 널리 퍼지다. 두루 전파되다. ¶这个消息～了全国 | 이 소식이 전국에 널리 전해졌다.
【传播】chuánbō ❶ 動 널리 퍼뜨리다. 전파하다. 유포하다. ¶～花粉fěn | 꽃가루를 뿌리다. ¶向少年儿童～坏huài书 | 소년·아동에게 나쁜 책을 유포하다. ❷ 名 전파. 보급. 유포. 만연. ¶这种～,并不可靠 | 이런 전파는 믿을 수 없다. ¶～速度 | 전파 속도. ¶传梁病的～ | 전염병의 만연 ‖ =〔传布〕
【传布】chuánbù ⇒〔传播〕
【传抄】chuánchāo 動 (원고·책 등을) 전사(傳寫)하다. 베껴 전하다.
【传达】chuándá ❶ 動 전달하다. ¶～上级的指示 | 상급기관의 지시를 전하다. ❷ 名 접수. 전달. ¶～处 | 접수처. ¶～室 | 접수실. ¶做～ | 전달하다.
【传代】chuán/dài 動 대를 물리다. 대대로 전하다. ¶这种好传统还要～给年轻人呢 | 이런 좋은 전통은 젊은 사람들에게 역시 대를 물려 주어야 한다 =〔传代接宗〕→〔传宗接代〕
【传代接宗】chuándài jiēzōng ⇒〔传代〕
【传单】chuándān 名 전단. 삐라. ¶撒sā～ | 전단을 뿌리다.
【传导】chuándǎo ❶ 名 〈物〉(열·전기의) 전도. ¶热～ | 열 전도. ¶～体 | 전도체. ¶～性 | 전도성. ❷ 動 전도하다.
【传道】chuán/dào 動 ❶ 전도하다. 포교하다. ¶～者 | 전도사. ¶到国外去～ | 국외에 나가 전도하다. ❷ 성현의 도(道)를 전하다. ¶～穷经 | 경전을 탐구하고 유가의 도를 전하다.
【传递】chuándì 動 ❶ (차례 대로) 전달하다. (공을) 패스(pass)하다. ¶～信件 | 우편물을 전달하다 →〔传球〕❷ 건네다. 전해 주다. ¶～情报 | 정보를 건네다. ¶一切不许～ | (시험장에서 쪽지를) 전달하는 행위를 일체 허용하지 않다. ¶暗àn中向外界～消息 | 암암리에 외부로 소식을 전하다.
【传电】chuán/diàn ❶ 動 전기가 전도(傳道)되다. ❷ (chuándiàn) 전기 전도.
【传动】chuándòng 〈機〉❶ 名 구동. 전달. 전동. ❷ 動 전동(傳動)하다 =〔北 带dài动②〕〔北 驱qū动〕〔江 拖tuō(动)〕
【传动带】chuándòngdài ⇒〔传动皮带〕
【传动皮带】chuándòng pídài 名組 전동 벨트(belt) =〔传动带〕
【传讹】chuán'é 書 動 잘못 전해지다. 와전되다. ¶在报上声明一下,以免～ | 신문지상에 성명을 내어 와전을 방지하다.
【传粉】chuánfěn 〈植〉❶ 名 수분. 꽃가루받이. ❷ 動 수분하다. 꽃가루받이하다 →〔自花传粉〕
【传感器】chuángǎnqì 名 〈電氣〉감응(感應) 신호 장치.
【传告】chuángào 動 전언하다. 전달하다. ¶互相～着这个消息 | 서로 이 소식을 전하고 있다. ¶～喜讯xùn | 기쁜 소식을 전하다.
【传呼】chuánhū ❶ 動 (전화로) 호출(呼出)하다. ¶～邻居 | 옆집 사람을 호출하다. ❷ 名 호출. ¶夜间～ | 야간 호출.
【传呼电话】chuánhū diànhuà 名組 호출 전화(呼出電話).
【传话】chuán/huà ❶ 통역하다. ¶～容易闹成是非 | 통역에는 흔히 시비가 일어난다. ¶有人从中～ | 어떤 사람이 중간에서 통역하다. ❷ (chuán huà) 動組 말을 전하다. 전언하다. ¶传我的话给他 | 나의 말을 그에게 전하다. ❸ 動 고자질하다. ¶他爱～ | 그는 고자질을 잘한다. ❹ 動 명령하다. 분부하다. ¶主席传下话了 | 주석이 명령하였다.
【传话筒】chuánhuàtǒng ⇒〔传声筒①〕
【传唤】chuánhuàn 動 〈法〉소환하다. ¶～证人 | 증인을 소환하다.
【传家宝】chuánjiābǎo 名 ❶ 집안에 대대로 전해 오는 보물. 가보. ❷ 소중한 유산. 집안의 가훈. ¶艰jiān苦奋斗是我家的～ | 어려움을 참고 분투 노력하는 것이 우리 집안의 내력이다. ❸ (Chuánjiābǎo) 〈書〉전가보 [청(清)의 석성금(石成金)이 처세교훈(處世教訓)에 관해 쓴 책]
【传见】chuánjiàn 動 통지하여 만나다. ¶～学生代表 | 학생대표를 통지하여 만나다.
【传教】chuán/jiào ❶ 動 〈宗〉선교하다. 포교하다. 전도하다. ¶他～似地继续jìxù说着安慰wèi的话

| 그는 선교하듯 계속 위로의 말을 하였다. ❷名 선교. 전도. ¶～士 | 전도사.

【传接】chuánjiē〈體〉❶名 릴레이. (공·바통을) 주고 받기. ¶排球的～技术很高 | 배구 공을 주고 받는 기술이 아주 뛰어나다. ❷動 바통을 주고받다. 릴레이를 하다.

【传戒】chuánjiè 動〈佛〉수계(授戒)하다. 계법(戒法)을 전하여 정식 중이 되게 하다.

【传经】chuánjīng 動 ❶ 경학(經學)을 전수하다. ❷ 중요한 경험이나 요점을 전수(傳授)하다. ❸〈漢醫〉상한(傷寒)이 경락(經絡)을 따라 전신에 퍼지다.

【传经送宝】chuán jīng sòng bǎo 成 귀중한 경험과 지식을 다른 사람에게 전수(傳授)하다. ¶他们给咱们～来了 | 그들은 중요한 경험을 우리에게 전해 주었다.

【传看】chuánkàn 動 (사진·그림 등을) 돌려보다. 회람(回覽)하다. ¶这个文件请大家～一下 | 이 문건을 모두 회람하여라 =〔传观〕〔传阅①〕

【传令】chuán/lìng ❶動 명령을 전달하다. ¶司令部～嘉jiā奖jiǎng | 사령부가 포상(褒賞) 명령을 전달했다. ❷ (chuánlìng) 名 전령(傳令). ¶～兵 | 전령병.

【传流】chuánliú 動 널리 퍼지다. 두루 전해지다. ¶～着这种思想 | 이런 사상이 널리 번지고 있다 =〔流传〕

【传票】chuánpiào 名 ❶〈法〉호출장. 소환장. ¶法院已送来了～ | 법원에서는 소환장을 이미 보내 왔다. ❷〈商〉전표.

【传奇】chuánqí 名 ❶〈文〉전기 [당(唐)·송(宋) 시대의 단편 소설] ❷〈文〉전기 [명(明)·청(淸) 시대의 장편 희곡] ❸ 낭만. 로맨스(romance). ¶～主义 | 낭만주의. 로맨티시즘(romanticism). ¶富有～色彩 | 낭만적인 색채가 농후하다. ❹ 전기. 기담. 공상적 이야기. ¶～式的英雄 | 전기적 영웅. ¶～式的故事 | 전설적 이야기.

【传情】chuán/qíng 動 감정을 전하다. 사랑의 정을 서로 전하다. ¶眉méi目～ | 成 눈짓으로 사랑을 전하다.

【传球】chuánqiú〈體〉❶動 (공을) 패스(pass)하다. ❷名 패스. ¶三角～ | 삼각 패스→〔传递〕

【传染】chuánrǎn 動 ❶〈醫〉전염되다. 감염되다. ¶～疾jí病 | 질병을 전염하다. ¶空气～ | 공기 전염. ¶接触jiēchù～ | 접촉 전염. ¶～性肝gān炎 | 전염성 간염→〔疫yì病〕❷ (감정·악습 등이) 옮다. 전염되다. 전달되다. ¶她那股gǔ快活的情绪立刻～了我 | 그녀의 쾌활한 기분이 곧바로 나에게 전달되었다.

【传染病】chuánrǎnbìng 名 전염병.

【传人】chuánrén ❶動 (학문·기술을) 전수하다. ❷名 (학문·기술 등의) 전수자. 계승자. ❸動〈法〉소환하다. ¶～问话 | 소환하여 신문하다.

【传入神经】chuánrù shénjīng 名組〈生理〉감각신경 =〔感gǎn觉神经〕

【传神】chuánshén 動 묘사가 생생하다. 진수(眞髓)를 전하다. ¶他画的马非常～ | 그가 그린 말은 살아 있는 것 같다. ¶～之笔 | 생동하는 필치.

【传声器】chuánshēngqì 名 外 마이크로폰(microphone) =〔外 麦mài克风〕〔微wēi音器〕

【传声筒】chuánshēngtǒng 名 ❶ 外 메가폰(megaphone) =〔传话筒〕〔话huà筒〕❷ 喻 남의 말만 그대로 전하는 사람. 앵무새. ¶做别人的～ | 다른 사람의 앵무새 노릇을 하다. ¶我不能只当上级的～ | 나는 상급자의 말만 전달하는 앵무새 노릇을 할 수 없다.

【传世】chuánshì 動 후세에 전해지다. 자손 대대로 전하다. ¶～珍宝zhēnbǎo | 전대로부터 전해 내려오는 보물. ¶康有为先生大量著作～ | 강유위 선생의 대량 저작물은 후세에 전해진다.

【传授】chuánshòu 動 전수하다. ¶～技术 | 기술을 전수하다. ¶～知识 | 지식을 전수하다.

【传输】chuánshū ❶動 전송(傳送)하다. 송신하다. ❷名 전송. 전달. ¶～损耗sǔnhào | 전송 손실(轉送損失).

【传述】chuánshù ⇒〔传说①〕

【传说】chuánshuō ❶動 말이 전해지다. ¶～那里有人活到一百二十岁 | 전하는 말에 의하면 그곳에 120살을 산 사람이 있었다고 한다 =〔传述〕❷名 소문. 풍문. ¶那仅仅是个～ | 그것은 단지 소문에 불과하다. ❸名 전설. 설화. ¶民间～ | 민간 설화.

【传送】chuánsòng 動 전달하여 보내다. ¶～情报 | 정보를 전송하다.

【传送带】chuánsòngdài 名〈機〉❶ 컨베이어(conveyer) =〔传动机〕〔传送机〕〔传送器〕〔传送设备〕〔传送装置〕〔输shū送机〕〔运yùn送机〕❷ 벨트 컨베이어(belt conveyer).

【传送器】chuánsòngqì ⇒〔传送带①〕

【传颂】chuánsòng 書 動 전해 내려오며 칭송하다. ¶这个事迹jì一直在人民当中～ | 이 사적은 줄곧 인민들 사이에서 칭송되어 오고 있다.

【传诵】chuánsòng 動 입에서 입으로 전하여지다. 암송으로 전달되다. ¶唐诗宋词一直为世人所～ | 당시·송사는 줄곧 세상 사람이 남송하여 전달하였다.

【传统】chuántǒng 名 전통. ¶～观念 | 전통적 관념. ¶～音乐yuè | 전통음악. ¶优yōu良～ | 우수한 전통.

【传闻】chuánwén ❶動 전하여 듣다. ❷名 전문(傳聞). 뜬소문. 풍문. 루머(rumour). ¶那些～有根据 | 그 소문은 근거가 있다.

【传习】chuánxí 動 전수(傳授)받아 배우다. ¶～所 | 전수소.

【传檄】chuánxí 書 動 격문(檄文)을 돌리다. ¶～声讨 | 격문을 돌려 성토하다.

【传信】chuán/xìn ❶動 편지나 소식을 전하다. ¶请你传个信给他 | 편지 하나 그에게 전해 주시오. ❷ (chuánxìn) 名 인편(人便)에 의해 전해진 소식.

【传信鸽】chuánxìngē 名 전서구(傳書鳩). 통신용 비둘기 =〔传书鸽〕〔信鸽〕〔書 飞fēi奴〕→〔鸽〕

【传讯】chuánxùn 動〈法〉소환하여 심문하다. ¶法院～两名嫌疑xiányí犯 | 법원은 혐의자 둘을 불러 심문하였다 =〔传究〕〔传审〕

【传言】chuányán ❶ 名 떠도는 말. 소문. 풍문. ❷ 動 말을 전하다. ¶～过话, 多讨人骂 | 남의 말을 전하다 보면 욕을 많이 먹는다.
【传扬】chuányáng 動 전파(傳播)되다. 전하여 퍼지다. ¶这事在工厂里很快地～开了 | 이 일은 공장에 곧바로 퍼졌다.
【传艺】chuányì 動 기예를 전수하다.
【传译】chuányì 動 통역하다. 번역하다. ¶即时～ | 동시 통역.
【传阅】chuányuè ❶ ⇒〔传看〕 ❷ 名 회람. 공람.
【传真】chuánzhēn ❶ 動 초상화를 그리다. ¶请～的好手给他画下像来 | 초상화를 잘 그리는 사람을 청하여 초상 하나를 그렸다. ❷ 動 사진을 전송(電送)하다. ❸ 名 動 外 팩시밀리(facsimile). ¶无线电～ | 무선 전송 사진 =〔传真电报〕
【传真电报】chuánzhēn diànbào ⇒〔传真③〕
【传种】chuán/zhǒng 動 종자로 이어나가다. 종자로 번식하다. ¶择优良的品种来～ | 우량종을 골라 번식시키다.
【传宗接代】chuán zōng jiē dài 成 대를 잇다. 혈통을 잇다. ¶他是儿子, 要靠他来～呢 | 그는 아들이라 그로 대를 이어야 한다→〔传代〕
B zhuàn
4【传记】zhuànjì 名 전기. ¶伟wěi人～ | 위인 전기. ¶～作家 | 전기 작가.
【传略】zhuànlüè 名 약전(略傳).
【传赞】zhuànzàn 名 전기 평론. 인물평 [기전체(紀傳體) 역사서의 전기 뒤에 붙이는 평론]

【舡】 chuán 배 강

「船」과 같음 ⇒〔船chuán①〕

1【船】 chuán 배 선

名 ❶ 배. ¶河里有一条～ | 강에 배 한 척이 있다. ¶轮～ | 기선. ¶帆～ | 돛단배. ¶货～ | 화물선. ¶开～ | 출항하다. ¶坐～ | 배를 타다 =〔舡〕 ❷ (Chuán) 성(姓).
【船帮】chuánbāng 名 ❶ 뱃전. 선측(船側) =〔船舷〕 ❷ 선단(船團).
【船边交(货)】chuánbiānjiāo(huò) 名〈商〉선측 인도(Free Alongside Ship). F.A.S. ¶～价(格) =〔靠kào船价格〕 | 선측 인도 가격 =〔船舷交(货)〕
4【船舶】chuánbó 名 배. 선박. ¶码头上停靠着许多～ | 부두에 많은 선박들이 정박해 있다→〔舰jiàn艇〕
【船埠】chuánbù 名 부두. 선창 =〔码头〕
【船舱】chuáncāng 名 선실(船室). 선복. 선창.
【船到江心补漏迟】chuán dào jiāngxīn bǔ lòu chí 諺 배가 강 복판에 이르러 물 새는 구멍을 막으려 하다. 이미 때가 늦었다《元曲·救風塵》=〔船到江中补漏迟〕
【船到江中补漏迟】chuán dào jiāngzhōng bǔ lòu chí ⇒〔船到江心补漏迟〕
【船到桥头自然直】chuán dào qiáotóu zìrán zhí ⇒〔车chē到山前必有路〕
【船东】chuándōng 名 선주(船主) =〔船业yè主〕〔船主〕
【船夫】chuánfū 名 뱃사공. 선부(船夫). 선원. ¶～曲 | 뱃노래. ¶她丈夫是～, 常年生活在水上 | 그의 남편은 선원이라 항상 물 위에서 생활한다→〔船家〕
【船篙】chuángāo 名 삿대. 상앗대.
【船工】chuángōng 名 ❶ (뱃)사공. 선원→〔船家〕 ❷ 조선공(造船工).
【船公】chuángōng ⇒〔船家〕
【船公多了打烂船】chuángōng duō ·le dǎ làn chuán 諺 사공이 많으면 배를 부순다. 사공이 많으면 배가 산으로 올라간다 =〔木匠多了盖歪房〕
【船户】chuánhù ❶ ⇒〔船家〕 ❷ 名 方 수상(水上) 생활자. ¶许多～盼pàn望有一所水上小学 | 많은 수상 생활인은 초등학교 하나가 있기를 바란다.
【船家】chuán·jia 書 名 뱃사공. 선원 =〔船公〕〔船户①〕→〔舟子〕
【船客】chuánkè 名 선객.
【船篷(子)】chuánpéng(·zi) 名 ❶ 배의 덮개. ❷ 돛 =〔风篷〕
【船票】chuánpiào 名 배표. 승선표(乘船票). ¶预yù订～ | 배표를 예약하다.
【船破有底】chuán pò yǒu dǐ 成 배가 부서져도 배 바닥은 남는다. 부자는 망해도 3년 간다.
【船破又遇顶头风】chuán pò yòu yù dǐngtóufēng 諺 배가 부서지고 역풍(逆風)까지 만나다. 엎친 데 덮친 격. 설상 가상(雪上加霜). ¶他身体不好, 上医院路上又被车撞了, 真是～ | 그는 몸이 나빠 병원에 가는 길에 또 차에 부딪혔다. 정말 엎친 데 덮친 격이었다.
【船期】chuánqī 名 출범 기일. 배의 출입항의 일시. ¶出入口～表 | 선박 출입항 예정표.
【船钱】chuán·qian 名 배삯 =〔船价〕
【船梢】chuánshāo ⇒〔船尾〕
【船艄】chuánshāo ⇒〔船尾〕
【船身】chuánshēn 名 선체(船體).
【船首】chuánshǒu 名 선수(船首). 뱃머리. 이물. ¶～楼lóu | 배의 앞 갑판 =〔船头〕〔艏shǒu〕⇔〔船尾〕
【船艘】chuánsōu ⇒〔船只〕
【船台】chuántái 名 조선대(造船臺). 조선소의 선대(船臺). ¶～上焊花闪闪, 一片繁忙 | 조선대 위에 용접하는 불길이 번쩍이며 온통 바삐 돌아가고 있다.
【船头】chuántóu ⇒〔船首〕
【船尾】chuánwěi 名 선미. 고물 =〔船梢〕〔船艄〕⇔〔船首〕
【船位】chuánwèi 名 ❶ 선위. 배의 위치. ¶测cè定～ | 배의 위치를 측정하다. ❷ 배의 객실. 배의 숙박실. ¶订～ | 배의 자리를 예약하다.
【船坞】chuánwù 名 도크(dock). 선거(船渠). ¶浮～ | 부양식 도크. 부선거(浮船渠). ¶～费 | 도크 사용료. 입거료(入渠料) =〔船澳〕〔船渠〕
【船舷】chuánxián ⇒〔船帮①〕「交(货)」
【船舷交(货)】chuánxián jiāo(huò) ⇒〔船边
【船业主】chuányèzhǔ ⇒〔船东〕
【船用油】chuányòngyóu 名〈化〉벙커유(bunker油). 박용 기름.
【船邮】chuányóu 名 선박 우편.
【船员】chuányuán 名 선원→〔船家〕

【船员收货单】chuányuán shōuhuòdān 名組 선원 수취증(船員受取證).

【船闸】chuánzhá 名 (선박 출입용) 수문(水門). ¶带有码头设备的大型～ | 부두 설비를 갖춘 대형 수문→〔闸①〕

【船长】chuánzhǎng 名 선장.

4【船只】chuánzhī 名 선박. ¶～失事 | 난파. 선박 조난. ¶载zài货～ | 적재 선박. ¶～停靠处 | 선박 정박지 =〔船艘〕

【船主】chuánzhǔ 名 ❶ 선장. ❷ 선주 =〔船东〕

【遄】chuán 빠를 천

書 ❶ 形 왕래가 빈번하다. ❷ 副 빨리. 신속히. 급히. ¶～返故乡 | 서둘러 고향으로 돌아가다. ¶～往↓

【遄返】chuánfǎn 書 動 급히 돌아가다. ¶因有要事, ～上海 | 중요한 일이 있어 서둘러 상해로 돌아가다.

【遄往】chuánwǎng 動 서둘러 가다.

【椽】chuán 서까래 연

名 ❶〈建〉서까래. ¶出头～子先烂làn | 튀어 나온 서까래가 먼저 썩는다. 모난 돌이 정 맞는다 =〔書 榱cuī〕〔方 桷jué〕→〔檩lǐn〕 ❷ (Chuán) 성(姓).

【椽笔】chuánbǐ 名 명문(名文). 훌륭한 글 [남의 글에 대한 찬사] =〔椽大之笔〕

【椽条】chuántiáo 名〈建〉서까래 =〔椽子〕

【椽柱】chuánzhù 書 名 굵은 기둥.

【椽子】chuán·zi ⇒〔椽条〕

chuǎn ㄔㄨㄢˇ

【舛〈僢踳〉】chuǎn 틀릴 천, 〈실의할 준, 그르칠 준〉

❶ 틀리다. 어긋나다. 위배되다. ¶～错↓ ¶～讹↓ ¶时乖guāi命～ =〔命途多舛〕| 成 운세가 좋지 않다. 운이 불길하다. ❷ 등지다. 배반하다. ¶～逆nì↓

【舛驳】chuǎnbó 書 狀 뒤섞여 바르지 못하다. 순수하지 못하다. ¶其书五车, 其道～ | 그 책은 다섯 수레나 되고 학문은 잡박하기만 하다《莊子·天下》

【舛驰】chuǎnchí 書 動 반대 방향으로 달리다.

【舛错】chuǎn·cuò 書 ❶ 名 착오. 잘못. ¶音韵～ | 음운상의 오류→〔闪shǎn失①〕 ❷ 狀 가지런하지 않다. 들쭉날쭉하다. ¶～纵横zònghéng | 종횡으로 들쭉날쭉하다.

【舛讹】chuǎn'é 書 名 잘못. 실수. 착오.

【舛逆】chuǎnnì 書 動 ❶ 순서가 바뀌다. ❷ 위배하다. 어긋나다.

【舛误】chuǎnwù 書 名 잘못. 착오. ¶所据版本, ～颇多, 故不足为证 | 근거로 삼은 판본에 오류가 아주 많기 때문에 증거로 삼기에는 부족하다.

3 ## 【喘】chuǎn 숨찰 천

❶ 動 숨차다. 헐떡거리다. ¶他跑得直～ | 그는 달려와서 줄곧 헐떡거린다. ¶～吁吁(的)↓ ❷ 動 숨을 돌리다. ¶笑得～不过气儿来 | 웃느라 숨도 돌릴 수가 없다. ¶他～了一口气, 接着骂 | 그는 한 숨 돌리고는 연이어 욕을 했다. ❸ 名 숨. 호흡. 목숨. ¶苟gǒu延yán残～ | 成 남은 목숨을 겨우 부지해 나가다. ❹ 名 簡〈醫〉천식 [「气喘」(천식)의 약칭] ¶哮xiào～ | 천식.

【喘气(儿)】chuǎn/qì(r) 動 ❶ 헐떡거리다. 숨차다. ¶跑得喘不过气来 | 뛰느라 숨을 돌릴 수 없을 지경이다. ❷ 한숨 돌리다. ¶～的工夫都没有 | 바빠 숨돌릴 틈조차 없다 ‖ =〔喘息①〕

【喘息】chuǎnxī ❶⇒〔喘气(儿)〕 ❷ 名〈漢醫〉천식.

【喘息未定】chuǎnxī wèidìng 動組 가쁜 숨이 아직 진정되지 않다. 기력이 회복되지 않다. ¶我们～, 又有任务下来了 | 우리는 아직 기력도 회복하지 못했는데 또 임무가 하달되었다.

【喘吁吁】chuǎnxūxū 狀 (숨이 차서) 헐떡이다. ¶累得～的 | 피곤해 헐떡이다 =〔喘嘘嘘〕

【喘嘘嘘】chuǎnxūxū ⇒〔喘吁吁〕

chuàn ㄔㄨㄢˋ

3 ## 【串】chuàn 꿰미 천, 꿸 천

❶ 動 꿰다. ¶～上一串 | 한 꿰미에 꿰다. ¶很多珠zhū子～连在一起 | 많은 구슬을 한 줄로 꿰다. ❷ 動 결탁하다. 공모하다. 한 패가 되다. ¶勾gōu～ | 결탁하다. 공모하다. ¶～供↓ ¶～话↓ ❸ 動 뒤섞이다. 잘못 잇다. 어긋나다. ¶电话～线 | 전화가 혼선되다. ¶说～了 | 말이 빗나가다. ¶看～了行háng | 행을 잘못 보았다. 행이 틀렸다. ❹ 動 감전(感電) 되다. ¶要摘zhāi下电灯泡pào, 让电～了 | 전구를 떼려다가 감전되었다. ❺ 動 (남의 집에) 드나들다. 돌아다니다. ¶到处乱～ | 여기 저기 돌아다니다→〔走门串户〕 ❻ 動 배역을 맡다. 출연하다. ¶～戏↓ ❼ 動 (병에) 부어넣다. ¶把这壶hú酒～回原来的瓶子里了 | 이 병의 술을 원래의 병에 도로 부어 넣었다. ❽ 動 京 다시 데우다. 덥히다. ¶把包子～～ | 만두를 다시 데워라. ¶这剩shèng饭一～就行 | 이 남은 밥은 다시 데우면 된다. ❾ 動 京 땅을 갈아 엎다. ¶到春先把这块地～一遍biàn | 봄이 되면 먼저 이 땅을 한 번 갈아 엎어라. ❿ 動 京 곡물의 껍질을 벗기다. ¶～高粱gāoliáng | 고량의 껍질을 벗기다. ⓫ 친척. ¶亲～ | 친척. ⓬ 名 近 영수증. ¶～票↓ ⓭ 量 꿰미. 꾸러미. 줄. ¶一～珍珠 | 한 꿰미의 진주. ¶一～儿钥匙yào·shi | 한 꿰미의 열쇠. ¶～葡萄pútáo | 포도 한 줄. ⓮ (Chuàn) 名 성(姓).

【串单】chuàndān ⇒〔串票〕

【串房檐(儿)】chuàn fángyán(r) 動組 ❶ (거지·탁발승이) 동냥하며 돌아다니다. ❷ 京 셋방살이를 전전하다. ¶而今房租大, ～真吃亏 | 지금 집세가 비싸서 셋방 살이하는 것은 정말 손해본다 =〔串房沿儿〕〔串瓦檐儿〕

【串供】chuàngòng 動 공모하여 허위 진술을 하다. 모의하여 입을 맞추다. ¶要把案犯隔离gélí开来, 防止fángzhǐ他们～ | 사건의 범인을 서로 격리시켜 공모하여 허위 진술하는 것을 방지하다.

【串行传递】chuànháng chuándì 名組〈電算〉(컴퓨터의) 직렬 전송(直列傳送).

【串胡同儿】chuàn hú·tongr 動組 ❶ 골목을 돌아다니다. 유곽에서 놀다. ❷ 京 손가락으로 발가락 사이의 때를 후벼내다.

【串花】chuànhuā 動〈生〉자연 교잡(自然交雜).

【串话】chuànhuà ❶動 공모하다. 결탁하여 말을 맞추다. ❷動 고자질하다 =〔传chuán话③〕❸名〈通〉혼선(混線). 누화(漏話).

【串换】chuànhuàn 動 교환하다. 거래하다. ¶～优良品种 | 우량 품종을 교환하다.

【串激】chuànjī 名〈電氣〉직렬 여자(直列勵磁). ¶～电动机 | 직렬 전동기. ¶～发电机 | 직렬 발전기.

【串讲】chuànjiǎng 動 ❶ 한 자(字) 한 자 설명하다. 단락을 따라 가며 설명하다. ❷ 한 문장이나 책의 내용을 개괄하다.

【串街】chuànjiē 動 거리를 돌아다니다. ¶～游yóu乡 | 成 거리와 마을을 돌아다니다.

【串联】chuànlián ❶動 차례 대로 연결하다. 하나 하나 연락하다. ¶进行革命大～ | 혁명적 연계를 진행하다. ❷動〈電氣〉직렬연결하다 ⇔〔并bìng联②〕❸動 한 패가 되어 결탁하다. ❹動 경험을 교류하기 위해 방문하다. ❺名 경험을 교류하기 위한 방문. ¶搞～ | 경험의 교환을 위해 방문하다. ❻名〈電〉직렬연결.

【串铃】chuàn·ling 名 ❶ 점쟁이·행상인 등이 손님을 끌기 위해 흔드는 방울. ❷ 가축의 목에 거는 방울.

【串门儿】chuànménr ⇒〔串门子〕

【串门子】chuàn mén·zi 動組 回 이웃에 놀러 가다. 이집 저 집 돌아다니다. ¶她就～, 东家长西家短地传话 | 그녀는 이 집 저 집 돌면서 이 집은 어떻고 저 집은 어떻고 하면서 소문을 퍼뜨린다 =〔串门儿〕〔穿chuān门儿〕〔撞zhuàng门子〕

【串票】chuànpiào 名 납세 영수증 =〔串单〕

【串气】chuànqì ❶動 결탁하다. 내통하다. ¶他跟敌人～了, 要造反 | 그는 적과 내통해서 모반하려 한다 =〔勾gōu结〕❷名〈漢醫〉산증(疝症) →〔疝shàn气②〕

【串亲】chuànqīn 動 친척집에 돌아 다니다 =〔串亲戚〕

【串亲戚】chuàn qīn·qi ⇒〔串亲〕

【串通】chuàn·tōng 動 결탁하다. 내통하다. 한 패거리가 되다. ¶～一气 | 成 한 통속으로 결탁하다. ¶他～坏人到处作恶 | 그는 나쁜 놈들과 한 패거리가 되어 도처에서 나쁜 짓을 한다 =〔串同〕〔勾gōu结〕

【串同】huàntóng ⇒〔串通〕

【串瓦檐儿】chuàn wǎyánr ⇒〔串房檐(儿)②〕

【串味】chuànwèi 動 ❶ (맛·냄새 등이) 스며들다. 섞이다. ¶茶一～就不好喝了 | 차는 서로 섞이면 마시기 나쁘다.

【串戏】chuànxì ❶名 아마추어가 하는 연극. ❷ (chuàn/xì) 動 배우가 아닌 사람이 연극에 출연하다. ¶他～的本领很大 | 그는 임시로 끼어 드는 수법이 대단하다 →〔反fǎn串(儿)〕

【串演】chuànyǎn 動 역을 담당하다. 출연하다. ¶～五家坡 | 「五家坡」역을 맡아 출연하다.

【串悠】chuànyōu ⇒〔串游〕

【串游】chuàn·you 動 京 한가로이 거닐다. 산보하다. ¶磨mó刀的总zǒng是到处～ | 칼 가는 사람은 언제나 이곳 저곳 한가로이 거닌다 =〔串悠yōu〕〔游串〕

【串纸】chuànzhǐ ⇒〔串票〕

【串珠(儿)】chuànzhū(r) 名 ❶ 구슬 꿰미. ❷ 염주.

【钏(釧)】 chuàn 팔찌 천

名 ❶ 팔찌. ¶玉～ | 옥팔찌. ¶～钗↓ ❷ (Chuàn) 성(姓).

【钏钗】chuànchāi 名 팔찌와 비녀.

chuāng ㄔㄨㄤ

2【创】 chuāng ☞ 创 chuàng B

4【疮(瘡)】 chuāng 부스럼 창

名 ❶ 피부궤양. 부스럼. 종기. ¶头上长zhǎng～ | 머리에 부스럼이 나다. ¶脚上生～, 已经好些了 | 다리에 부스럼이 났는데 이미 많이 나았다. ¶疱pào～ | 천연두(天然痘) →〔疡yáng〕❷ 외상(外傷). 상처. ¶金～ | 금속에 부딪혀 생긴 상처. ¶棒～ | 매를 맞아 생긴 상처 =〔创chuāng①〕

【疮疤】chuāngbā 名 ❶ 부스럼 자국. 상흔. 상처 자국. ¶～遍体的身子 | 온통 상처투성이인 몸 =〔方 疤bā疤子〕❷ 喻 허물. 아픈 곳. ¶揭jiē你的～! | 너의 아픈 곳을 폭로하겠다!

【疮痂】chuāngjiā 名 상처 딱지. ¶～病 | 〈農〉흑두병(黑痘病).

【疮口】chuāngkǒu 名 상처의 터진 자리. 상처. ¶不要动～ | 상처를 건드리지 마라 =〔创口〕

【疮痍】chuāngyí 書 ❶動 상처를 입어 살이 들어나다. ❷名 상처. 창이. ¶满目～ | 온통 상처 투성이이다. ❸名 喻 인민의 고통. 참상 =〔创痍〕

【疮痍满目】chuāng yí mǎn mù 成 상처투성이이다. 만신창이(滿身瘡痍)가 되다. 엉망진창이다. ¶战后的南京, ～ | 전후의 남경은 만신창이가 되었다 =〔满目疮痍〕

【囱】 chuāng ☞ 囱 cōng B

1【窗〈窓牕牕〉】 chuāng 창 창

❶ (～儿, ～子) 名 창(문). ¶玻璃～ | 유리창. ¶钢～ | 쇠 창 =〔窗户〕〔囱chuāng〕❷ 함께 배운 사람. ¶同～ | 동창(생). ¶～友 | 동창생. 학우. ❸ (Chuāng) 名 성(姓).

【窗洞(儿)】chuāngdòng(r) 名 벽에 있는 환기 구멍. 공기 창.

【窗格(子)】chuānggé(·zi) 名 창의 격자. 창살 =〔窗户凳儿〕〔窗户磴儿〕〔窗棱儿〕〔方 窗棂(子)〕

1【窗户】chuāng·hu 名 창문. 창호. ¶开～ | 창문을 열다.

【窗户挡儿】chuāng·hudǎngr 名組 창문 휘장·커튼·덧문 →〔窗帘(儿)〕

【窗户凳儿】chuāng·hudèngr ⇒〔窗格(子)〕

【窗户磴儿】chuāng·hudèngr ⇒〔窗格(子)〕

【窗户洞儿】chuāng·hudòngr 名組 창살 사이의 틈. 창호지가 찢어진 구멍. ¶～里吹喇叭lǎbā, 名声在外 | 歇 창살 사이로 나팔을 불다. 제 집 허물을 남에게 말하다.

【窗户帘儿】chuāng·huliánr ⇒〔窗帘(儿)〕
【窗户台儿】chuāng·hutáir ⇒〔窗台儿〕
【窗户眼儿】chuāng·huyǎnr [名組] 창살 사이의 공간. 창호지 구멍. ¶我巴着～瞧qiáo了 | 나는 창호지 구멍에 붙어 몰래 보았다.
【窗户纸】chuāng·huzhǐ [名] 창호지. ¶吓xià得他脸都像～似的 | 놀라서 얼굴까지 창호지처럼 창백해졌다.
【窗花(儿)】chuānghuā(r) [名] 창문에 붙이는 장식지. ¶快过年了, 家家户户忙着贴tiē～呢 | 곧 설이 오게되자 집집마다 창문 장식지를 붙이기에 바쁘다.
³【窗口(儿)】chuāngkǒu(r) [名] ❶ 창가. 창문 옆. ¶坐在～旁 | 창가에 앉다. ❷ 창구(窗口). ¶～工作差不多都是由女职员担任dānrèn | 창구의 일은 거의가 여직원이 담당한다.
【窗棱儿】chuānglénɡr ⇒〔窗格(子)〕
³【窗帘(儿)】chuānglián(r) [名] 창문 커튼. 블라인드(blind). ¶打开～ | 커튼을 젖히다 =〔窗户帘儿〕〔窗幔〕〔窗帷〕
【窗棂(子)】chuānglíng·zi ⇒〔窗格(子)〕
【窗明几净】chuāng míng jī jìng [成] 창은 밝고 책상은 깨끗하다. 서재나 거실이 밝고 깨끗하다.
【窗幕钢轨】chuāngmù gāngguǐ [名組] 커튼 레일(curtain rail).
【窗纱】chuāngshā [名] 창문용 방충망. 창에 다는 엷은 망사나 가는 철사망 →〔窗屉(儿, 子)〕
³【窗台儿】chuāngtái(r) [名] 창문 턱. 창문의 아래에 받쳐진 틀. ¶～上摆bǎi着一盆pén君子兰 | 창문 턱에 군자란 한 분이 놓여있다 =〔窗户台儿〕〔窗槛〕〔窗沿〕
【窗屉(儿, 子)】chuāngtì(r·zi) [名] 방충망 테. 창문에 망사나 철사망을 고정시키는 테 →〔窗纱〕
【窗沿】chuāngyán ⇒〔窗台儿〕
【窗子】chuāng·zi [名] 창(窗) =〔窗儿〕

chuáng ㄔㄨㄤˊ

1【床〈牀〉】chuáng 평상 상
❶ [名] 침대. ¶一张～ | 침대 하나. ¶卧wò～ | 침대에 눕다. ¶弹簧dànhuáng～ | 스프링 침대. 쿠션 침대. ❷ (～子) [名] 물건을 놓거나 걸쳐 세우는 대(臺). ¶琴～ | 거문고의 대(臺). ¶笔～ =〔笔架〕 | 붓걸이. ¶菜～ | 채소대. 야채 가게. ❸ 넓은 평면을 가진 것. ¶刨bào～ |〈機〉평삭반(平削盤). ¶牙～ | 잇몸. ¶河～ | 하상. ❹ [量] 자리. 채 [침구의 수를 세는 단위] ¶一～被褥rù | 요·이불 한 채. ¶一～大红锦jǐn被 | 붉은 비단 이불 한 채.
【床板】chuángbǎn [名] 침대 널판자. 침대 판.
【床布】chuángbù [名] 침대보.
³【床单(儿, 子)】chuángdān(r·zi) [名] 침대 시트(sheet).
【床底下放风筝】chuáng dǐ xià fàng fēng zhēng [諺] 침대 밑에서 연 띄우기. 높이려고 해도 한도가 있어 불가능하다.
【床垫】chuángdiàn [名] 침대 매트리스(matress). ¶弹簧dànhuáng～ | 스프링 매트리스.
⁴【床铺】chuángpù [名] 침대. 침상. ¶～都按排好了 | 침대를 모두 준비해 두었다 =〔床次〕
【床头】chuángtóu [名] 침대의 머리맡. 베갯머리. ¶～语 | 부부가 잠자리에서 하는 이야기. ¶～灯 | 침대 머리 전등. 베드 사이드 램프(bed side lamp). ¶～柜(子) | 침대 옆 탁자. 나이트 테이블(night table).
【床头箱】chuángtóuxiāng [名]〈機〉(선반 등의) 주축대(主軸臺). 축받이.
⁴【床位】chuángwèi [名] (호텔·기차·기선·병원의) 침대. ¶～票 | 침대표. ¶给他留了两个～ | 그들에게 침대 두 자리를 남겨 두었다.
【床沿儿】chuángyánr [名] 침대의 가장자리.
【床毡】chuángzhān [名] 침대에 까는 모포.
【床帐】chuángzhàng [名] 침대에 둘러치는 커튼. 침대 휘장. 침대 모기장.
【床罩】chuángzhào [名] 침대 커버.
【床子】chuáng·zi [名] ❶ 선반. 공작 기계. ❷ [方] 침대. ❸ 노점의 좌판. 노점. ¶羊肉～ | 양고기를 파는 좌판. ¶鱼～ | 어물 가게.

3【幢】chuáng zhuàng 기 당, 괴목 당
Ⓐ chuáng ❶ [名] 당기 [고대 깃발의 일종] ¶幡fān～ | 번당 [불당(佛堂)에 세우는 기] ❷ [名] 불교의 경문(經文)을 새긴 육각형의 돌 기둥 =〔经幢〕〔石幢〕 ❸ [書] [狀] 그림자가 흔들흔들거리다. ¶灯下人影～ | 등불 밑에 사람의 그림자가 흔들거리다.
Ⓑ zhuàng [量] [方] 동(棟) [건물의 동(棟)수를 세는 말] ¶一～楼房lóufáng | 한 동의 다층 건물 →〔座zuò③〕
【幢幢】chuángchuáng [書] [狀] 그림자가 흔들거리다. ¶人影～ | 사람의 그림자가 어른거리다.
【幢幡】chuángfān [名]〈佛〉당번 [부처 앞에 세우는 깃발]

chuǎng ㄔㄨㄤˇ

2【闯(闖)】chuǎng 쑥내밀 틈, 엿볼 틈
❶ [動] 갑자기 뛰어들다. 돌입(突入)하다. ¶往里～ | 갑자기 안으로 들어오다. ❷ [動] 수련하다. 경험을 쌓다. ¶我没见过世面, 总zǒng得～才好 | 나는 세상 경험이 없기 때문에, 고생하며 단련해야 한다. ❸ [動] 함부로 돌아다니다. 마구 싸다니다. ¶～荡↓ ❹ ([台] chuàng) [動] 재난을 일으키다. 문제를 일으키다 →〔闯祸〕 ❺ ([台] chuàng) [動] (몸으로) 부딪치다. 돌파하다. ¶～倒 | 부딪쳐 넘어뜨리다. ¶我要想法子～过这一关去 | 나는 방법을 모색하여 이 난관을 돌파해야 한다. ❻ (Chuǎng) [名] 성(姓).
【闯出】chuǎngchū [動] (고난을 이겨내고) 개척하다. ¶为治山～了一条新路 | 치산을 하기 위해 새로운 길을 개척하였다.
【闯大运】chuǎng dàyùn [動組] 운에 맡기다. 운에 부딪쳐 보다. ¶抱bào着～的态度是不科学的 | 운에 맡기는 태도는 과학적이지 못하다.
【闯荡】chuǎngdàng ⇒〔闯江湖〕
【闯关】chuǎng/guān [動] ❶ 난관을 돌파하다. ❷

세관의 눈을 속이다.

【闯关东】chuǎng Guāndōng 動組 喩 관동에서 떠돌다. 타향에서 겨우 생계를 꾸려 나가다 [옛날 산동(山東)·하북(河北) 일대 사람들이 산해관(山海關)의 동쪽 지방에서 떠돌며 살아간 데서 유래]→〔闯江湖〕

【闯光棍】chuǎngguāng·gun 動組 떠돌아다니며 무뢰한 짓을 하다. ¶谁都明白这是在～ | 이는 떠돌며 무뢰한 짓을 하고 있는 것임을 누구나 다 안다.

【闯红灯】chuǎng hóngdēng 動組 교통 신호의 빨간 불을 무시하고 지나가다→〔红绿灯〕

【闯祸】chuǎng/huò 動 ❶ 사고를 일으키다. 화를 당하다. 손해를 보다. ¶开车特别要小心, 千万别～ | 차를 몰 때는 특별히 조심해서 절대 사고를 내지 않도록 하여라.

【闯江湖】chuǎngjiāng·hu 動組 세상을 떠돌며 먹고살다. 유랑 생활을 하다. ¶他打小就～, 所以很能干 | 그는 어릴 때부터 떠돌이 생활을 하여 아주 재간이 많다 =〔闯荡〕

【闯将】chuǎngjiàng 名 용장. 맹장. 개척자 [주로 비유 쓰임] ¶改革的先锋fēng, 生产的～ | 개혁의 선봉장과 생산의 맹장. ¶她也是一員～ | 그녀도 맹장의 일원이다.

【闯劲】chuǎngjìn 名 추진력. 돌파력. 용맹심(勇猛心). ¶他缺乏quēfá～ | 그는 돌파력이 부족하다. ¶我很喜欢他的这股gǔ～ | 나는 그의 이러한 돌파력을 좋아한다.

【闯练】chuǎng·liàn 動 실제로 부딪치며 단련하다. 연마하다. ¶孩子们越出去～, 越有出息 | 아이들은 밖에 나가 단련할수록 장래성이 있다.

【闯路(子)】chuǎng lù(·zi) 動組 목적 달성을 위해 필사적으로 돌진하다.

【闯门子】chuǎngmén·zi 動組 함부로 남의 집에 뛰어 들다. 분수를 넘어 다른 것을 탐내다. ¶你规guī规矩jǔ矩地搞你的本分工作吧, 不要瞎xiā～了 | 너 본래의 일이나 착실하게 하고 남의 일에 함부로 뛰어 들지 마라.

【闯入】chuǎngrù 動 난입(亂入)하다. 함부로 뛰어들다. ¶盗贼dàozéi～了邻lín家 | 이웃집에 도둑이 들어 왔다. ¶不小心～了禁区 | 주의하지 않아 금지 구역에 들어 왔다.

【闯事】chuǎng/shì 動 사건을 일으키다. 일을 저지르다. ¶你安分些, 不要随便～ | 너 함부로 일을 저지르지 말고 본분을 지켜라.

【闯王】chuǎngwáng 名 ❶ 틈왕 [명대(明代) 이자성(李自成)의 칭호] ❷ 轉 포악한 사람. ¶你随便拿刀动杖的, 真成了～了 | 너 함부로 칼이나 몽둥이를 휘두르는 것이 정말 틈왕 같이 포악한 놈이구나.

【闯席】chuǎng/xí ⇒〔闯宴yàn〕

【闯宴】chuǎng/yàn 動 초대 받지도 않고 연회석(宴會席)에 뛰어 들다 =〔闯席〕

chuàng ㄔㄨㄤˋ

2【创(創)〈刱〉】chuàng chuāng 비롯할 창, 다칠 창

Ⓐ chuàng 動 ❶ 처음으로 …하다. 창조하다. ¶～新记录 | 신기록을 세우다. ¶～设↓ ❷ 書 혼내주다. 징계하다. ❸ 書 슬퍼하다.

Ⓑ chuāng ❶ 상처. 외상. ¶刀～ | 칼에 입은 상처. ¶～巨jù痛深 | 상처가 크고 아픔이 깊다 =〔疮chuāng②〕 ❷ 名 타격. 손해. ¶予以重～ | 중대한 손해를 끼치다.

Ⓐ chuàng

4【创办】chuàngbàn 動 창립하다. 설립하다. ¶～农具修配厂 | 농구 수리 공장을 설립하다. ¶～人 | 창업자. 창설자. ¶～一所夜yè校 | 야학 한 군데를 설립하다.

【创汇】chuànghuì ❶ 動〈經〉가공품 수출액이 원료비 수입지출(收入支出)을 초과하다. 외화를 모으다. ¶～额 | 외화가득액. ¶～率 | 외화가득율. ¶为国家～一亿多美元 | 국가를 위해 일억여 달러를 모았다.

【创获】chuànghuò 名 새로운 수확. 업적. 신발견(新發見). ¶他潜qián心著述, ～颇pō多 | 그는 조용히 저술에 전념하여 업적이 매우 많다.

【创记录】chuàng/jìlù 動組 ❶ 선례(先例)를 깨다. ❷ 신기록을 세우다. ¶游泳部分又～ | 수영 부문에서 또 신기록이 수립되었다.

【创见】chuàngjiàn 名 독창적인 견해. ¶有～的思想家 | 독창적인 사상가. ¶富有～ | 창의가 풍부하다.

4【创建】chuàngjiàn 動 ❶ 창건하다. 창립하다. 창설하다. ¶列宁～了苏联共产党 | 레닌(Lenin)은 소련 공산당을 창설했다. ¶～者 | 초창자. ❷ (주의·학설 등을) 세우다.

【创举】chuàngjǔ 名 창거. 창업. 선구적 사업. 처음 하는 기획. ¶这次电影周在亚洲是一个～ | 이번 영화 주간은 아시아에서는 최초의 기획이다. ¶史无前历的～ | 역사상 일찍이 없었던 선구적인 일.

【创刊】chuàng/kān ❶ 動 창간하다. ¶人民日报于一九四八年六月十五日～ | 인민일보는 1948년 6월 15일에 창간되었다. ❷ 名 창간. ¶～号 | 창간호. ¶～词 | 창간사.

3【创立】chuànglì 動 창립하다. 창조하다. ¶～新学派 | 신학파를 창립하다. ¶～理论 | 이론을 창조하다. ¶父亲一手～了家业 | 부친은 혼자서 가업을 창립하였다.

【创牌儿】chuàngpáir 動 상표의 인식도를 높이다. 자기 상품을 선전을 하다. ¶新商品做出来, 头十天贱jiàn卖～ | 새 상품을 만들었을 때는 처음 10일간 싸게 팔아서 상표를 알려야 한다.

【创牌子】chuàng pái·zi ❶ 動組 (공장·기업 등에서) 간판급 상품을 만들다. 명품(名品)을 만들다. ¶他们厂创了牌子大力做广告 | 그들 공장에서는 새 상품을 만들어 대대적으로 광고를 하고 있다. ❷ (chuàngpái·zi) 名 샌드위치 맨 (sandwich man) [눈길을 끄는 옷을 입고 악기를 울리면서 돌아다니며 광고하는 사람] =〔三明治人〕

【创设】chuàngshè 動 ❶ 창설하다. 창립하다. ¶～一个新的研究所 | 새로운 연구소를 하나 창립하다. ❷ (조건·분위기 등을) 조성하다. 만들다.

¶～有利的条件 | 유리한 조건을 조성하다.
【创始】chuàngshǐ 動 창시하다. 처음으로 시작하다. ¶～人 | 창시자. ¶～国 | 창시국.
【创世】chuàngshì 動 창세하다. 세계를 만들다. ¶～记 | 창세기.
【创收】chuàngshōu 動 어떤 기관을 위해 새로운 수입원을 만들다. ¶他开发电脑程序, 为系里～ | 그는 컴퓨터 프로그램을 개발하여 학과의 수입원을 만들었다.
3【创新】chuàng/xīn 動 새로운 것을 창조하다. 새 것을 만들다. 새로운 것을 수립하다. ¶要有～精神 | 새로운 것을 창조하는 정신을 가져야 한다. ¶～记录者 | 〈體〉신기록을 수립한 사람. 신기록 보유자.
4【创业】chuàng/yè 動 창업하다. ¶～百年, 败家一天 | 창업하는 것은 어렵지만 망하기는 쉽다. ¶～很难 | 창업은 매우 어렵다.
【创意】chuàngyì 名 창의. 창안. ¶这种设计颇有～ | 이 설계는 상당히 창의적이다.
2【创造】chuàngzào 動 창조하다. 처음으로 만들다. ¶～新记录 | 신기록을 수립하다. ¶～力 | 창조력. ¶～奇迹qíjì | 기적을 창조하다.
【创制】chuàngzhì 動 (법률·문자·제도 등을) 창제하다. 처음으로 제정하다. ¶李朝世宗大王～了韩国文字 | 이조의 세종대왕은 한국 문자를 창제하였다.
2【创作】chuàngzuò ❶ 動 (문예작품을) 창작하다. 새로운 것을 만들다. ¶～经验 | 새로운 경험을 쌓다. ¶～了一部长篇小说 | 장편소설 한 편을 창작하다.❷ 名 창작. 문예작품. ¶～技巧 | 창작기교. ¶划huà时代的～ | 획기적인 창작. ¶～经验 | 창작 경험.
B chuāng
【创痕】chuānghén 名 흉터. 상처.
【创口】chuāngkǒu ⇒〔疮chuāng口〕
【创面】chuāngmiàn 名 상처의 표면 →〔疮口〕
【创伤】chuāngshāng 名 외상(外傷). 상처. ¶医治战争的～ | 전쟁으로 인한 상처를 고치다. ¶他的过去的～ | 그의 과거에 있었던 상처.
【创痛】chuāngtòng 名 상처로 오는 고통.
【创痍】chuāngyí ⇒〔疮chuāng痍〕

【怆(愴)】chuàng 슬퍼할 창
書 動 슬퍼하다. 비통하다. ¶～然↓ =〔凄qī怆〕
【怆恻】chuàngcè 書 形 구슬프다. 측은하다. 처량하다. ¶心情～ | 심정이 처량하다.
【怆恼】chuàngnǎo ⇒〔懊ào恼〕
【怆然】chuàngrán 書 形 슬퍼하다. 처량하다. ¶独～而泪lèi下 | 홀로 슬퍼하며 눈물을 흘리다.

chuī ㄔㄨㄟ

1**【吹】chuī 불 취, 바람 취**
動 ❶ 바람이 불다. ¶～风 | 바람이 불다. ¶风～草动 | 바람이 불어 풀이 흔들리다. ❷ 숨을 내뿜다. 입김을 불다. ¶把灯～灭miè了 | 등불을 불어 껐다. ❸ 악기 따위를 불다. ¶～喇叭lǎbā | 나팔을 불다. ¶～哨子↓ ¶～笛↓ ❹ 札 허풍을 치다. ¶先别～, 做出具体成绩来再说 | 먼저 허풍치지 말고 구체적 성과가 있은 뒤 다시 말해라 →〔吹牛〕〔夸kuā①〕 ❺ 선전하다. 추천하다. 고취하다 =〔吹嘘〕 ❻ 京 실패하다. (약속·일 등이) 무효가 되다. 틀어지다. (사람 사이가) 벌어지다. ¶我看这件事～了 | 내가 보기에 이 일은 다 틀렸다. ¶他们俩已经～了 | 그들 두 사람은 이미 틀어졌다. ¶这笔生意～了 | 이번 장사는 다 틀렸다 =〔票piào〕→〔糟糕〕〔拉倒①〕
【吹吹打打】chuī·chui dǎ dǎ 動組 나팔을 불고 북을 치며 떠들썩하다. 시끄럽게 혼자 떠들다. ¶他今天结婚, ～的十分热闹 | 그는 오늘 결혼하게 되어 나팔 불고 북치며 시끌벅적하다 →〔吹打〕.
【吹打】a chuīdǎ 動 ❶ (악기를) 불고 치다. ¶～的 | 악사(樂師). ¶外面一班吹鼓gǔ手开始～ | 밖에서 악사들이 치고 불기 시작하였다. ❷ (비바람이) 내려 치다. 엄습하다. ¶经受暴风雨的～ | 폭풍우의 엄습을 겪다 =〔吹袭〕
b chuī·da 動 ❶ (재나 연기 등을) 입으로 불어 털다. ¶豆腐掉进灰huī堆里, ～不净 | 두부가 잿더미 속에 떨어져 불어 털어도 깨끗해지지 않는다. ❷ 方 말로써 다른 사람을 자극하다. ¶支zhī钱不支给, 说话～人 | 줄 돈은 주지도 않으면서 남을 자극하는 말만 한다. ❸ 方 허풍을 떨다. ¶别～, 谁都知道你是怎么样的人 | 허풍 떨지 마라, 네가 어떤 사람인지 누구나 다 안다 =〔吹牛〕
【吹大牛】chuī dàniú 動組 허풍을 떨다. 큰소리 치다. ¶光～吓xià不了人 | 오로지 큰 허풍만 쳐서는 남을 겁줄 수 없다 =〔吹大气〕〔吹大炮pào〕
【吹大炮】chuī dàpào ⇒〔吹大牛〕
【吹大气】chuī dàqì ⇒〔吹大牛〕
【吹灯】chuī dēng ❶ 動組 등불을 불어서 끄다. ❷ (chuī/dēng) 動 京 (일이) 틀어지다. 중단되다. 취소되다. (사람의) 사이가 벌어지다. ¶小兰的婚事差一点～ | 소란의 혼사는 하마터면 취소될 뻔 하였다. ❸ (chuī/dēng) 動 죽다. ¶我怎么想到那么结实的他会～了 | 그렇게 튼튼한 그가 죽을 줄을 내가 어떻게 생각인들 했겠나. ¶人谁都有～的那天 | 사람은 누구나 죽는 날이 있다. ❹ ⇒〔喷pēn灯〕
【吹灯拔蜡】chuīdēng bálà 動組 완전히 소멸되다. 만사가 끝장나다. ¶这些坏huài人快要～ | 이런 나쁜 놈들은 곧 끝장이 날 것이다. ¶竟jìng一病不起, 最后～了 | 결국 병들어 일어나지 못하고 끝내 죽었다.
【吹笛】chuī/dí 動組 피리를 불다.
【吹动】chuīdòng 動 ❶ 바람에 불려 요동하다. 바람에 날리다. ¶凉风～着他斑bān白的头发 | 서늘한 바람이 그의 반백의 머리카락을 날린다. ❷ 부채질하다.
【吹风】chuī/fēng 動 ❶ 바람이 불다. ❷ 인공적으로 바람을 보내다. 바람으로 말리다. ¶把头发～一下 | (헤어드라이로) 머리를 말려라. ❸ 바람을 쐬다. ¶吃了药别～ | 약 먹고 바람을 쏘이지 마라. ❹ 俗 넌지시 알리다. ¶他～他也要参加晚会 | 그는 넌지시 자기도 만찬에 참석하고 싶다고 알렸다. ❺ 俗 헛소문을 퍼뜨리다. 말을 흘리

다. ¶有人往我耳朵里边～ | 어떤 사람이 내 귀에 소문을 전했다.

【吹风机】chuīfēngjī 名 헤어 드라이어(hair dryer)→〔暖nuǎn风扇〕

【吹拂】chuīfú 動 ❶ 書 바람이 스치다. 바람에 흔들리다. ¶晨chén风～着垂chuí柳 | 새벽 바람이 늘어진 수양버들을 흔든다. ¶春风～在脸liǎn上 | 봄바람이 얼굴을 스치다. ❷ 남의 장점을 들어내다. 추천하다. ¶我老师～了我找工作 | 선생님이 내가 일을 찾도록 추천했다.

【吹干】chuīgān 動 바람을 쐬어 말리다. ¶～了就行了 | 바람에 말리면 그만이다.

【吹胡子】chuī/hú·zi 動 화내다. 성내다. ¶你不要跟我～, 谁也不怕pà你 | 누구도 너를 두려워하지 않으니 나에게 화내지 마라. ¶～瞪dèng眼 | 눈을 부릅뜨고 성을 내다.

【吹喇叭】chuī lǎ·ba ❶ 動組 나팔을 불다. ❷⇒〔吹牛〕❸⇒〔吹捧〕❹ 動組 京 아이가 큰 소리로 울다. ¶孩子又～了 | 아이가 또 큰 소리로 울었다. ❺ 動組 京 술을 마시다. ❻ 動組 俗 台 여자가 남자의 성기를 빨다.

【吹了】chuī·le 動組 틀어지다. 실패하다. 끝장나다. ¶这门婚hūn事～ | 이 혼사는 실패이다. ¶他跟她～ | 그와 그녀는 사이가 틀어졌다.

【吹擂】chuīléi ⇒〔吹牛〕

【吹冷风】chuī lěngfēng 動組 찬바람을 쐬다. ¶他现在头脑发热, 你要给他～ | 그는 머리에 열이나니 네가 그에게 찬바람을 쐬도록 하여라. ❷ 냉대하다. 찬물을 끼얹다. ¶对人要热诚相对, 不能～ | 사람을 열성으로 대해야지 냉대하면 안된다.

【吹毛求疵】chuī máo qiú cī 威 털을 불어 가며 흠집을 찾다. 샅샅이 뒤지다 =〔吹浮土找裂缝〕

4【吹牛】chuī/niú 動 허풍을 떨다. 큰소리 치다. ¶～大王 | 허풍선이. 거짓말 대장. ¶那个人就爱～, 并没什么真本事 | 저 사람은 큰소리 치기만 좋아하지 진정한 능력은 결코 없다 =〔吹喇叭②〕〔吹擂〕〔吹牛膀股〕〔吹牛皮〕〔吹牛腿〕〔吹嘴〕〔粤 车chē大炮〕

【吹牛膀股】chuī/niúkuàgǔ ⇒〔吹牛〕

【吹牛皮】chuī/niúpí ⇒〔吹牛〕

【吹牛腿】chuī/niútuǐ ⇒〔吹牛〕

【吹拍】chuīpāi 動 허풍을 떨며 서로 치켜 세우다 [「吹牛皮拍马屁pì」의 준말] ¶你不要在我面前～ | 내 면전에서 시끄럽게 아부하지 마라.

4【吹捧】chuīpěng 動 치켜세우다. 추어올리다. ¶互相～ | 서로 치켜세우다. ¶在某人的～之下, 他抬高了身价 | 그는 어떤 사람이 치켜세워 몸값이 올라 갔다 =〔吹喇叭③〕

【吹腔】chuīqiāng 名〈音〉취강. 피리 반주곡 [전통극 가락의 하나. 원래는 「弋yì腔」의 변체(變體)였음]

【吹求】chuīqiú 動 털을 불며 찾다. 꼬치 꼬치 들추어내다. ¶你不要对他的工作如此～ | 너 그의 일에 대해 이렇게 꼬치 꼬치 따지지 마라 =〔吹毛求疵〕

【吹哨】chuīshào ❶ 名〈體〉레 퍼 리 (referee) =〔裁cái判员〕❷ (chuī/shào(r,·zi)(～儿, ～子) 호루라기를 불다. 휘파람을 불다.

【吹嘘】chuīxū 動 자신을 내세우다. 자기 자랑을 하다. 선전하다. ¶他～能搞gǎo到祕方 | 그는 비방을 입수했다고 자기 자랑을 했다. ¶自我～ | 자화자찬.

【吹奏】chuīzòu 動 취주하다. ¶～乐 | 취주악. ¶～国歌 | 국가를 취주하다.

【吹嘴】chuī/zuǐ ⇒〔吹牛〕

4【炊】chuī 불땔 취
書 ❶ 動 불을 때다. 불을 지펴 밥을 짓다. ¶～米成饭 | 쌀로 밥을 짓다. ❷ 名 밥. ¶巧qiǎo妇难为无米之～ | 諺 손재주가 좋은 여자라도 쌀 없이는 밥을 짓지 못한다. 없으면 할 방법이 없다. ❸ 名 성(姓).

【炊火】chuīhuǒ ❶ 불을 지피다. 불을 때다. ¶在灶zào下～ | 아궁이에 불을 때다. ❷ 書 名 대를 이을 자식. 사자(嗣子). ¶王氏无～ | 왕씨는 대이을 자식이 없다. ❸ 名 밥 짓는 불.

【炊具】chuījù 名 취사 도구. ¶不锈钢xiùgāng～ | 스테인레스 취사 도구.

【炊事】chuīshì 名 취사. 조리. ¶～班 | 취사반. ¶～用具 | 취사 도구. ¶～兵 | 취사병.

4【炊事员】chuīshìyuán 名 취사부(炊事婦). 요리사. 취사원. 식사 당번.

【炊烟】chuīyān 名 ❶ 밥짓는 연기. ¶已经有在这村庄上～飘漾piāoyàng | 이미 이 마을에는 밥짓는 연기가 날리고 있다. ❷ 書 사람이 사는 곳. 인가(人家).

【炊帚】chuī· zhou 名 취사용 솔. 설거지 솔 =〔筅xiǎn帚〕

chuí ㄔㄨㄟˊ

3【垂】chuí 늘어질 수, 가 수, 변방 수
❶ 動 드리우다. 늘어지다. ¶帘lián子下～着 | 발이 아래로 쳐져 있다. ¶往下～ | 아래로 늘어지다. ¶～钓diào↓ ❷ 書 敬 선배·상사 등이 아래사람에게 내려주다. 은혜를 베풀다. ¶～爱↓ ¶～察chá↓ ❸ 書 動 후세에 전해지다. ¶名～千古 | 威 천고에 이름을 남기다. ❹ 書 動 거의 …이 되다. 가깝다. ¶～成↓ ¶～暮mù↓ ¶～老 | 노년에 이르다. 늙어가다.

【垂爱】chuí'ài 札 ❶ 動 호의를 베풀다. 총애를 해 주시다. ❷ 名 후의(厚意). 호의.

【垂察】chuíchá 名 札 보살펴 주시다.

【垂成】chuíchéng 書 動 거의 이루어지려하다. 완성에 가까워지다. ¶功败～ | 다 되어가다가 마지막에 실패하다.

【垂钓】chuídiào 動 낚시를 드리우다. 낚시를 하다. ¶在河边悠闲地～ | 강변에서 한가로이 낚시대를 드리우다.

【垂范】chuífàn 書 動 모범을 보이다. ¶～后世 | 후세에 모범이 되다.

【垂花门】chuí·huamén 名 수화문 [구식 저택의 「二门」위에 아치형으로 조각이나 단청을 한 문]

【垂教】chuíjiào 動 교훈을 내리다 =〔垂训〕

【垂怜】chuílián 書 動 불쌍히 여겨 주시다. 동정하여 주시다. ¶幸好上天～他 | 다행히 하늘이 불

쌍하게 여겨 주셨다.

【垂帘】chuí lián ❶ 動組 발을 드리우다. ❷ (chuílián) 動 수렴 청정하다. 황태후가 섭정하다. ¶慈禧cíxǐ太后几度～ | 자희태후는 몇 차례 섭정하였다 =〔垂帘听政〕

【垂帘听政】chuílián tīngzhèng =〔垂帘②〕

【垂柳】chuíliǔ ⇒〔垂杨柳〕

【垂暮】chuímù 書 ❶ 動 저녁이 다되어 가다. ❷ 名 저녁 무렵. 저녁이 다 되어 가는 때. ¶～之时, 炊烟四起 | 저녁 무렵 밥짓는 연기가 사방에서 피어 오르다. ❸ 만년. 늘그막. ¶～之年 | 만년(晚年).

【垂念】chuíniàn 動 札 배려(配慮)하시다. 보살펴 주시다. ¶承蒙chéngméng～, 感谢不尽 | 보살펴 주셔서 한없이 감사합니다 =〔垂眷〕→〔关guān垂〕

【垂青】chuíqīng 書 動 각별히 사랑하다. 특히 애호하다. 호의를 보이다. 중시하다. ¶荷蒙héméng～, 感激jī无既jì | 호의를 베풀어 대단히 감격스럽습니다. ¶他这么漂亮piāoliàng, 怎么会～于他呢? | 그녀는 이렇게 예쁜데 어떻게 그를 특별히 좋아하지?→〔青眼〕

【垂手】chuíshǒu 動 두 손을 공손하게 드리우다. ¶～侍shì立 | 공손하게 어른을 모시고 서다.

【垂死】chuísǐ 動 ❶ 죽어가다. 죽음에 직면하다 =〔垂亡〕❷ 파멸에 이르다. 거의 망하다. ¶无法挽wǎn救其～的命运 | 패망에 이른 운명을 구제할 방법이 없다.

【垂死挣扎】chuí sǐ zhēng zhá 成 결사 저항을 하다. 최후의 저항을 하다. ¶敌人正在作～ | 적은 마지막 발악을 하고 있다.

【垂体】chuítǐ 名〈生理〉뇌하수체. ¶～后叶yè | 뇌하수체 후엽. ¶～前叶 | 뇌하수체 전엽 =〔脑nǎo垂体〕〔脑下垂体〕

【垂髫】chuítiáo 書 名 ❶ 아이의 땋아 늘어뜨린 머리. ¶黄发～ | 땋아 늘어뜨린 노랑머리. ❷ 아이. 동자. 유년 ‖ =〔垂发〕

【垂头丧气】chuí tóu sàng qì 成 기가 꺾이다. 의기 소침하다. ¶即使遇到困难也用不着～ | 설사 어려움에 직면했다 해도 기가 꺾일 필요는 없다 =〔低dī头丧气〕

【垂亡】chuíwáng ⇒〔垂死①〕

【垂危】chuíwēi 書 動 위험에 직면하다. 위기에 이르다. ¶生命～ | 생명이 위독한 고비에 이르다.

【垂问】chuíwèn ⇒〔垂询〕

【垂涎】chuí xián ❶ 動組 침을 흘리다. ¶～三尺 | 탐이나서 침을 석 자나 흘리다. ❷ (chuíxián) 動 탐내다. 욕심내다. 차지하고 싶어 하다. ¶成为众人～的目标 | 대중이 갖고 싶어 하는 목표가 되었다. ¶胡炳bǐng～金凤fèng姐, 不是今天开始的 | 호병이 금봉 누이를 탐낸 것은 어제 오늘 시작된 것이 아니다.

【垂涎欲滴】chuí xián yù dī 成 침을 흘려 떨어지려 하다. 매우 갖고 싶어 하다. 매우 먹고 싶어 하다 =〔馋涎欲滴〕

【垂线】chuíxiàn 名〈數〉수직선 =〔垂直线〕

【垂线足】chuíxiànzú 名〈數〉수족. 수직선의 아래 끝 =〔垂趾〕〔垂足〕

【垂心】chuíxīn 名〈數〉수심 [삼각형의 각 꼭지점에서 대변에 이르는 직선의 교차점]

【垂询】chuíxún 書 動 札 하문(下問)하다. ¶姜泽民同志～各军将士们的生活 | 강택민 동지는 3군 장병들의 생활에 대해 하문하셨다 =〔垂问〕

【垂杨柳】chuíyángliǔ 名 俗〈植〉수양버들 =〔垂柳〕〔水杨②〕〔書 杨柳③〕→〔钻zuān天柳〕

3【垂直】chuízhí 名〈數〉수직. ¶～作业 | 수직 작업. ¶～起飞 | 〈航〉수직 이륙. ¶～起落飞机 | 수직 이착륙 항공기. ¶～载荷zàihé | 수직 하중. ¶～下降 | 수직 하강. ¶～照明 | 수직 조명.

【垂直舵】chuízhíduò 名〈航〉수직 방향타.

【垂直面】chuízhímiàn 名 수직면.

【垂直平分线】chuízhí píngfēnxiàn 名組〈數〉수직 이등분선 =〔中垂线〕

【垂足】chuízú 名〈數〉수족 =〔垂线足〕

4【捶〈搥〉】chuí 종아리칠 추

動 ❶ (방망이로) 두드리다. 두들여 빨다. ¶～衣裳 | 옷을 두들여 빨다. ❷ 치다. 때리다. ¶～背↓ ¶顿dùn足～脑nǎo | 발을 구르며 머리를 치다 =〔锤chuí④〕〔椎chuí②〕〔棰chuí②〕❸ 채찍질하다. 구타하다. ¶～马 | 말에 채찍질을 하다. ❹ 奥 뒤에서 당기다. ¶～衣角 | 옷자락을 뒤에서 당기다.

【捶板石】chuíbǎnshí ⇒〔捶布石〕

【捶背】chuí/bèi 動 등을 두드리다. ¶给祖父～ | 할아버지의 등을 때려 드리다.

【捶布】chuí/bù 動 다듬이질하다.

【捶布石】chuíbùshí 名 다듬잇돌 =〔捶板石〕

【捶打】chuí·da 動 ❶ (방망이·주먹으로) 두드리다. 치다. ¶腿部酸suān痛时, ～一阵, 便觉舒服一些 | 다리가 쑤시고 아플 때 두드리면 좀 시원해진다. ¶～衣服 | 옷을 방망이로 두드려 빨다. ❷ 의식화하다. 각성하게 하다. 생산운동이나 정치 투쟁을 통하여 정치적 의식이나 능력을 제고시키다. ¶我们选了几个苗miáo子交给你, 在这里～～ | 우리가 꿈돌이[어린 새싹] 몇을 골라 당신들에게 맡기니 이곳에서 잘 가르쳐 주세요.

【捶心泣血】chuí xīn qì xuè 成 가슴을 치며 피눈물을 흘리다. 비통해 하다.

【捶胸】chuíxiōng 動 가슴을 치다. 통분하다. ¶～大哭 | 가슴을 치며 통곡하다.

【捶胸跌脚】chuí xiōng diē jiǎo ⇒〔捶胸顿足〕

【捶胸顿足】chuí xiōng dùn zú 成 가슴을 치고 발을 동동 구르다 =〔捶首顿足〕〔捶胸跌脚〕

【捶胸跺脚】chuí xiōng duò jiǎo 成 가슴을 치고 발버둥치며 원통해 하다. ¶他上当以后, ～地大哭大闹nào | 그는 속고 나서 가슴을 치고 발을 구르며 통곡하고 소란을 피웠다.

【陲】chuí 변방 수

書 名 경계지역. 변경. 국경 지방. ¶边～ | 변경. ¶像怒潮nùcháo一样的生产运动很快就冲击到西～ | 노도와 같은 생산운동이 곧바로 서쪽 국경지대까지 충격을 가하였다.

【棰〈箠〉】chuí 매 추

書 ❶ 名 짧은 막대기. 몽둥이.

❷ 動 매질하다. 막대기로 치다.

【棰楚】chuíchǔ 名 채찍으로 때리는 태형.

4【锤(錘)〈鎚〉】chuí 저울추 추 ❶ 名 추. 분동(分銅). ¶ 秤chèng～ | 저울 추. ❷ (～儿, ～子) 名 망치. 해머(hammer). ¶ 铁tiě～ | 쇠망치. ¶ 气～ | 에어 해머. ¶ 电～ | 전기 해머. ¶ 球头～ | 볼(ball) 해머 ＝〔椎①〕〔槌chuí①〕 ❸ 名 쇠 몽둥이 [고대 병기의 일종. 나무 자루가 달린 금속 쇠뭉치] ❹ 動 (쇠망치로) 두드리다. ¶ 千～百炼liàn | 골백번 쳐 단련하다 ＝〔槌chuí②〕〔椎chuí②〕〔捶chuí②〕. ❺ (～子) 量 차례. 회 [매매의 회수를 나타내며 주로 1회에 한해 쓰임] ¶ 一～买卖 | 한 차례의 매매. ❻ (Chuí) 名 성(姓)

【锤骨】chuígǔ 名〈生理〉추골 ＝〔槌chuí骨〕

【锤击】chuíjī 動 ❶ 망치로 치다. 단련하다. ❷ (문장을) 다듬다. 퇴고(推敲)하다.

【锤炼】chuí·liàn 動 ❶ 단련하다. 연마하다. ¶ 他经常～自己 | 그는 늘 자기를 단련한다. ❷ (글귀를) 다듬다. 손질하다. ¶ ～字句 | 자구를 다듬다. ¶ 好文章不加～是出不来的 | 좋은 글은 다듬지 않고는 나오지 않는다.

【锤子】chuí·zi 名 ❶ 쇠망치 ＝〔小锤子〕 ❷ 저울추.

【椎】chuí zhuī 몽치 추, 칠 추

Ⓐ chuí ❶ 名 망치. 방망이. ¶ 铁tiě～ | 쇠망치 ＝〔锤chuí②〕〔槌chuí①〕＝ ❷ 動 두드리다. 때리다. 치다. ¶ ～鼓 | 북을 치다 ＝〔锤chuí④〕〔槌chuí②〕〔捶chuí②〕 ❸ 어리석다. 멍청하다. ¶ ～鲁lǔ↓

Ⓑ zhuī ❶ 名〈生理〉척추. 등뼈. 등골. ¶ 颈jǐng～ | 경추. 목등뼈. ¶ 胸xiōng～ | 흉추. 가슴등뼈.

Ⓐ chuí

【椎心泣血】chuí xīn qì xuè 成 가슴을 치고 피눈물을 흘리다. 원통하고 슬프다. ¶ 每想及jí此, 不禁jīn～ | 이것을 생각할 때 마다 슬픔을 금할 길 없다.

【椎鲁】chuílǔ 書 ❶ 名 어리석은 사람. ❷ 形 어리석다. 바보 같다. ¶ ～无能 | 어리석고 무능하다.

【椎牛】chuíniú 書 動 소를 때려잡다. ¶ ～飨xiǎng士 | 소를 잡아서 선비를 대접하다. ¶ ～宰zǎi马 | 소와 말을 때려 잡다.

Ⓑ zhuī

【椎骨】zhuīgǔ 名〈生理〉척추. 등뼈 ＝〔脊椎骨〕

【椎间盘】zhuījiānpán 名〈生理〉추간 원판. 디스크(disk). ¶ ～突出症 | 추간 원반 돌출증.

【椎间软骨】zhuījiān ruǎngǔ 名組〈生理〉추간 연골. 등뼈 연골.

【椎轮】zhuīlún 名 ❶ 바퀏살 없는 수레바퀴. ❷ 사물의 시초. 완벽하지 못한 상태.

【槌】chuí 망치 추/퇴, 칠 추/퇴 ❶ (～儿, ～子) 名 망치. 방망이. 몽둥이. ¶ 棒bàng～ | 빨래 방망이. ¶ 鼓gǔ～ | 북채 ＝〔锤chuí②〕〔槌chuí①〕 ❷ 動 치다. 때리다. 두드리다 ＝〔锤chuí④〕〔椎chuí②〕〔捶chuí②〕

【槌骨】chuígǔ 名〈生理〉추골(槌骨) ＝〔锤chuí骨〕

chūn ㄔㄨㄣ

1【春】chūn 봄 춘, 술 춘 ❶ 圖 봄. 봄철. ¶ ～意正浓 | 봄기운이 한참 짙다. ¶ 一年之计在于～ | 일년의 계획은 봄에 세운다. ❷ 생기. 활력. ¶ 妙手回～ | 좋은 의술로 생기를 되찾다. ❸ 춘정. 정욕. 색정. ¶ ～心↓ ❹ 書 名 술 [당대(唐代)에 술을 나타내는 말로 사용] ¶ 玉壶hú买～ | 옥 주전자로 술을 사다. ❺ 動 京 내부의 기밀을 누설하다. ¶ ～出去了 | 내부의 기밀이 새어 나갔다. ❻ (Chūn) 名 성(姓).

【春安】chūn'ān 名 札 봄철의 건강. 봄의 안녕 [서간문의 맺음 인사에 쓰이는 말] ¶ 此肃sù, 顺颂sòng～ | 이만 줄이며 아울러 봄철에 편안하시길 바랍니다 ＝〔春祺qí〕〔春祉zhǐ〕

【春饼】chūnbǐng ⇒〔薄báo饼〕

【春播】chūnbō ❶ 名 봄 파종. ¶ ～已经开始了 | 봄 파종이 이미 시작되었다. ❷ 動 봄 파종을 하다. ¶ ～高粱liáng | 수수를 봄 파종하다. ¶ ～作物 | 봄 파종 작물.

【春不老】chūnbùlǎo 名 方〈植〉갓 ＝〔雪xuě里红hóng〕

【春册】chūncè 名 춘화첩(春畵帖) ＝〔春宫册〕

【春潮】chūncháo 名 ❶ 봄철의 조수(潮水). 喩 신속하고 맹렬한 세력. ¶ ～滚gǔn滚 | 봄철의 조수가 출렁인다. ¶ 人群～般地拥yōng向广场 | 사람의 무리가 봄바다의 조수처럼 광장으로 몰려들었다. ❷ 남녀 간의 애모의 정. 애욕. ¶ ～涨满了全身 | 애정이 온몸에 가득찼다.

【春凳】chūndèng 名 넓고 길며 등받이가 없는 걸상. 고급 가구의 일종.

【春地】chūndì 名 봄 파종 밭.

【春肥】chūnféi 名〈農〉봄 거름. 봄 비료. ¶ 下～ | 봄비료를 주다.

【春分】chūnfēn 名 춘분. ¶ ～那天南北半球昼zhòu夜都一样长 | 춘분인 날의 남북반구 주야의 길이는 같다.

【春分点】chūnfēndiǎn 名〈天〉춘분점.

【春风】chūnfēng 名 ❶ 춘풍. 봄바람. ¶ 严寒将化为～ | 엄동 설한이 따뜻한 봄바람이 되었다. ¶ ～送暖 | 봄바람이 훈훈하게 불다. ❷ 喩 희색(喜色). 따뜻한 표정. 온화한 표정. ¶ 带着满面～ | 온 얼굴에 온화한 표정을 짓다.

【春风得意】chūn fēng dé yì 成 모든 일이 순조로와 마음이 흡족하다. ¶ ～马蹄tí疾jí | 봄바람을 맞으며 마음대로 말을 달리다. 훈훈한 봄바람에 득의만면하다《孟郊·登科後詩》

【春风化雨】chūn fēng huà yǔ 成 봄 바람에 비. 초목(草木)이 자라기 좋은 환경. 좋은 교육 환경. ¶ 母校～, 滋zī养了一代又一代学子 | 모교의 훌륭한 교육이 대대로 학생을 길러냈다 ＝〔东风化雨〕〔化雨春风〕

【春风满面】chūn fēng mǎn miàn 成 희색이 만면하다 ＝〔满面春风〕

【春风已渡玉门关】chūn fēng yǐ dù yù mén guān 成 올바른 사상이 사람들 사이에 깊이 자리잡다.

4【春耕】chūngēng 名〈農〉춘경. 봄갈이. ¶～忙｜봄갈이가 한창이다. ¶～夏耘yún, 秋收冬藏cáng｜봄에 밭 갈고 여름에 김매고, 가을에 수확하여 겨울에 저장하다.

【春宫(儿)】chūngōng(r) ❶ ⇒〔东dōng宫①〕. ❷ 名 춘화(春畵) [송(宋) 화원(畵苑)에 춘궁비희도(春宮秘戲圖)가 있은 후 춘화(春畵)를「春宮」이라 하게 됨] ¶春(宫)册｜춘화첩. ¶～电影｜도색 영화 =〔春画(儿)〕

【春宫册】chūngōngcè ⇒〔春册〕

【春菇】chūngū 名 봄 버섯.

【春灌】chūnguàn 名〈農〉봄철의 관개(灌漑).

【春光】chūnguāng 書 名 봄 경치. 봄 풍경. 봄빛. ¶在～明媚mèi的日子里游yóu览名胜shèng古迹jì｜봄빛 화창한 날 명승고적을 유람하다.

【春寒】chūnhán 書 名 꽃샘 추위. 이른 봄의 추위. ¶冬暖nuǎn易～｜따뜻한 겨울이 추운 봄으로 바뀌다.

【春寒料峭】chūn hán liào qiào 成 꽃샘 추위가 살을 에이는 듯하다 =〔料峭轻寒〕〔料峭春寒〕

【春花】chūnhuā 名 춘화. 봄에 피는 꽃.

【春花秋月】chūn huā qiū yuè 成 봄에 핀 꽃과 가을밤의 달. 아름다운 풍경.

【春花作物】chūnhuā zuòwù 名組 봄철에 꽃피는 농작물.

【春华】chūnhuá 書 名 ❶ 봄에 피는 꽃. ❷ 喩 왕성한 것. ❸ 轉 겉에 드러난 아름다움.

【春华秋实】chūn huá qiū shí 成 봄의 꽃과 가을의 열매. 외적인 미와 내적인 충실. ¶～, 硕shuò果累lěi累｜봄에 꽃피고 가을에 열매 맺어 큰 과일이 주렁주렁 달렸다.

【春画(儿)】chūnhuà(r) ⇒〔春宫②〕

【春荒】chūnhuāng 名 보릿고개. 춘궁(春窮). ¶闹nào～｜춘궁기의 소동이 일어나다. 봄에 식량 부족 사태가 일어나다.

【春晖】chūnhuī 書 名 ❶ 봄볕. 봄날의 따뜻한 빛. ❷ 喩 부모의 은혜.

3【春季】chūnjì 名 봄철. 춘계, ¶～天儿｜봄(철). ¶～嫁jià接jiē｜〈林〉춘계 접목.

【春祭】chūnjì 名 옛날 천자(天子)·제후(諸侯)가 종묘로 나가 지내는 봄 제사.

【春假】chūnjià 名 봄 방학. 봄 휴가. ¶放～｜봄방학을 하다.

【春江水暖鸭先知】chūn jiāng shuǐ nuǎn yā xiān zhī 成 봄 강물이 풀리는 것은 오리가 먼저 안다. 몸소 실천하는 사람이 먼저 변화를 깨닫는다.

2【春节】chūnjié 名 구정. 음력설.

【春卷(儿)】chūnjuǎn(r) 名〈食〉춘권 [얇게 민 밀가루로 가늘게 썬 돼지고기나 닭고기·부추·숙주나물 등의 소를 넣어 둥그스름하게 말아 기름에 튀긴 음식]

【春困】chūnkùn 名 춘곤. ¶～秋乏fá｜봄의 졸음과 가을의 피곤함.

【春兰】chūnlán 名〈植〉춘란 =〔兰花①〕

【春兰秋菊】chūn lán qiū jú 成 봄 난초와 가을 국화. 제 철에 맞은 사물.

【春雷】chūnléi 名 ❶ 춘뢰(春雷). 봄날의 우레. ¶平地一声～｜봄날 평지에 우레터지다. 돌연한 변화가 일어나다. ❷ 喩 소식의 첫 일성(一聲) 어떤 일이 일어날 조짐. ¶专听～第一声｜기쁨을 전하는 첫 소식을 잔뜩 기다리다.

【春联(儿)】chūnlián(r) 名 춘련. 신년에 문·기둥·미간(楣間) 등에 써 붙이는 대구(對句).

【春令】chūnlìng 名 ❶ 춘계. 봄철. ¶严冬已过, ～就到｜추운 겨울이 지나갔으니 봄날이 곧 온다. ❷ 봄 기후. ¶冬行～｜겨울이 봄 날씨 같다.

【春满人间】chūn mǎn rén jiān 成 천지에 봄 기운이 가득 하다. ¶祖国南北, ～, 一片繁荣fánróng｜조국이 온통 기상이 넘치고 번영된 모습이다.

【春忙】chūnmáng 名 봄갈이 철. 봄철 농번기.

【春梦】chūnmèng 名 ❶ 춘몽. 봄날의 달콤한 꿈. 덧없는 꿈. ¶富贵只是一场cháng～｜부귀는 단지 일장 춘몽에 불과하다. ❷ 공상. 환상.

【春暖花开】chūn nuǎn huā kāi 成 봄은 따뜻하고 꽃도 피다. 봄은 좋은 계절이다. ¶在一个～的季节里, 我们在校园里相识shí了｜따뜻하고 꽃피는 봄철에 우리들은 교정에서 서로 알게 되었다.

【春祺】chūnqí ⇒〔春安ān〕

【春情】chūnqíng 名 춘심(春心). 춘정. 욕정. ¶～萌méng动期｜사춘기. ¶动了～｜춘심이 발동하다.

【春秋】chūnqiū 名 ❶ 봄과 가을. ¶～穿｜춘추복. ❷ 일 년. 나이. 연령. ¶～正富｜나이가 한창이다. ❸ (Chūnqiū)〈書〉춘추(春秋) [노(魯)나라의 은공(隱公) 1년(B.C. 722)에서 애공(哀公) 14년(B.C. 481)까지의 12대 242년 간의 편년체(編年體) 역사서. 공자(孔子)가 수정했다고 전하며 좌씨(左氏)·곡량(穀粱)·공양(公羊)의 삼전(三傳)이 있음] ¶晏子～｜안자 춘추. ¶吴越～｜오월 춘추. ❹ (Chūnqiū)〈史〉춘추시대 [춘추에 기록되어진 B.C. 772~481년 간. 일반적으로는 B.C. 770~476년을 이르기도 함]

【春秋鼎盛】chūn qiū dǐng shèng 成 혈기 왕성한 나이.

【春秋笔法】chūn qiū bǐ fǎ 成 춘추필법. 간결하나 심오한 필치.

【春色】chūnsè 書 名 ❶ 봄 빛. 봄 경치. ¶～满园, 风光无限好｜봄 빛이 정원에 가득하여 경치가 한없이 좋다. ❷ 술을 마신 후의 붉어진 얼굴. ¶两杯下肚, 脸上渐jiàn现～｜두 잔을 마시더니 얼굴에 점점 붉은 색을 띠었다. ❸ (주로 여자의) 색정(色情).

【春上】chūn·shang 名 口 봄. 봄철. ¶今年～雨水多｜금년 봄에는 비가 많았다. 어법「冬上」「夏上」「秋上」이라는 말은 없음.

【春社】chūnshè 名 ❶ 음력 2월에 토신(土神)에게 농사가 잘 되길 기원하며 지내는 제사. ❷ 입춘(立春) 다음 다섯 번째 무일(戊日).

【春试】chūnshì 名 명청(明淸) 때의 봄에 보는 과거. 춘시 [회시(會試)를 봄에 시행하여서 춘시라 함] =〔春闱wéi〕→〔会huì试〕

【春事】chūnshì 名 봄갈이. 봄 농사.

【春笋】chūnsǔn 名 ❶ 봄 죽순. ¶雨后～｜우후죽순 →〔冬笋〕 ❷ 喩 섬세하고 아름다운 것. ¶～纤

长xiānchánɡ | 여인의 손가락이 죽순처럼 세밀하고 길다.

1【春天(儿)】chūntiān(r) 名 봄. 봄철. ¶到了~, 天气暖和nuǎnhuó起来 | 봄철이 되자 날씨가 따뜻해지기 시작하였다.

【春闱】chūnwéi ⇒〔春试〕

【春瘟】chūnwēn 名 봄철에 유행하는 전염병.

【春捂秋冻】chūn wǔ qiū dòng 諺 봄에는 두껍게, 가을에는 얇게 입는 것이 몸에 좋다 [뒤에「老来无病」이 이어짐]

【春禧】chūnxǐ 名 새봄의 기쁨. 새해의 기쁨. ¶恭贺gōnghè~=恭贺新禧 | 즐거운 새해입니다 [연하장에 주로 쓰임]=〔新xīn禧〕

【春宵】chūnxiāo 名 춘야(春夜). 봄철의 밤.

【春宵一刻值千金】chūnxiāo yīkè zhí qiānjīn 俗 봄 밤의 일 각은 천 금과 같다. 봄철의 밤은 지극히 귀중하다.

【春心】chūnxīn 名 춘정. 춘심. 이성에 대한 감정. 연심(戀心). ¶少男少女, ~荡漾dàngyàng | 소년 소녀의 연심이 끓어오르다 =〔春意〕

【春汛】chūnxùn 名 해빙기 하천 범람. 봄철의 하천이 증수(增水)=〔桃花汛〕

【春药】chūnyào 名 춘약. 미약(媚藥). 최음약(催淫藥)=〔春方(儿)〕

【春意】chūnyì 名 ❶ 봄 기운. 봄 빛. ¶~正浓 | 봄 기운이 바야흐로 짙다. ¶已经出现了几分~ | 이미 얼마간의 봄 기운이 나타났다. ❷⇒〔春心〕

【春意盎然】chūn yì àngrán 成 봄 빛이 무르익다. 봄 기운이 완연하다. ¶花园里~ | 화원에는 봄빛이 완연하다.

【春游】chūnyóu ❶ 名 봄 놀이. 봄철 야유회. ❷ 名 봄철 시찰. 임금이 민정(民情)이나 농사를 살피기 위해 봄에 나가는 시찰. ❸ 動 봄 놀이를 가다. ¶明天去香山~ | 내일 향산에 야유회 간다.

【春雨】chūnyǔ 名 봄비. ¶~贵如油, 春风吹倒牛 | 諺 봄비는 기름같이 귀하고, 봄 바람은 황소도 넘어뜨린다. 봄비는 농사에 이롭고 봄 바람은 해롭다.

【春运】chūnyùn 名 구정(舊正) 기간의 인적·물적 수송. 음력설 귀성객 수송. ¶铁tiě道部已经按排好今年的~工作 | 철도부는 이미 금년의 춘절 수송대책을 마무리하였다.

【春祉】chūnzhǐ ⇒〔春安〕

【春装】chūnzhuāng 名 봄 옷. 봄 차림. 춘장. ¶山野披pī上~ | 산과 들이 봄 단장을 하였다.

【椿〈杶〉】chūn 참죽나무 춘

❶ 名 가죽나무. 저(樗)나무 =〔香xiāng椿〕〔臭chòu椿〕〔山茶〕 ❷ 장수하는. 오래 사는. ¶~龄líng↓ ¶~寿shòu↓ ❸ (Chūn) 名 성(姓).

【椿龄】chūnlíng 書 名 장수. 장수하기를 축원할 때 쓰는 말 [옛날에 대춘(大椿)이란 사람이 만년을 살았다는 장자(莊子)의 우언(寓言)에서 유래] =〔椿年〕〔椿寿〕

【椿年】chūnnián ⇒〔椿龄〕

【椿寿】chūnshòu ⇒〔椿龄〕

【椿树】chūnshù 名〈植〉참죽나무.

【椿象】chūnxiàng 名〈蟲〉노린재 =〔蝽chūn〕

【椿萱】chūnxuān 書 名 춘훤. 춘당(椿堂)과 훤당(萱堂) 남의 부모 [남의 부모를 높여 일컫는 말] ¶~并茂mào | 부모가 모두 건재(健在)하시다. ¶小平十六岁时, ~俱jǔ丧sāng | 소평은 16세에 부모를 여의었다.

【蝽】chūn 노린재 춘

名〈蟲〉노린재 =〔椿象〕

chún ㄔㄨㄣˊ

3【纯(純)】chún zhǔn 순수할 순, 선두를 준

Ⓐ chún ❶ 形 순수하다. 섞음이 없다. ¶~金 | 순금. ¶~钢↓ ¶~洁jié↓ ❷ 形 숙련되다. 익숙하다. ¶工夫有点不~还得练! | 실력이 좀 부족하니 좀더 연습해야겠다. ❸ (Chún) 名 성(姓).

Ⓑ zhǔn 書 名 ❶ 옛날의 의복·신·모자 따위의 테두리에 두른 선. ❷ 옛날의 천이나 비단의 폭(幅).

4【纯粹】chúncuì ❶ 形 순수하다. 깨끗하다. ¶他说~的北京话 | 그는 순수한 북경 말을 한다 =〔淳粹〕 ❷ 副 순전히. 완전히. 순수하게. ¶此次争吵, ~是他一人挑tiāo起来的 | 이번 말싸움은 완전히 그 사람이 일으킨 것이다. ¶这种想法~是只为目前打算 | 이런 사고는 순전히 눈앞의 타산만을 한 것이다.

【纯度】chúndù 名 순도. ¶这药的~不够 | 이 약은 순도가 부족하다.

【纯钢】chúngāng 名 순강. 정강(精鋼).

【纯化】chúnhuà ❶ 名 순화. ❷ 動 정화(淨化)하다. 순화(純化)하다.

【纯技术】chúnjìshù 名 기술본위(技術本位). 기술본위의 사고. 기술 자체만을 중시하는 사고.

【纯碱】chúnjiǎn ⇒〔苏sū打〕

3【纯洁】chúnjié ❶ 形 순결하다. 깨끗하다. ¶~的心 | 순결한 마음. ¶心地~ | 심성이 순결하다. ❷ 動 순결하게 하다. 정화하다. ¶~组织 | 조직을 순결하게 하다.

【纯净】chúnjìng 形 순수하다. 잡스럽지 않다. 불순물이 없다. ¶~物质 | 불순물이 없는 물질.

【纯利】chúnlì 名 순리. 순익(純益). ¶获huò得二倍~ | 2배의 순익을 보았다.

【纯绿宝石】chúnlǜbǎoshí 名 에메랄드(emerald).

【纯朴】chúnpǔ 形 순박하다. 소박하다. 꾸밈이 없다. ¶笑中包含了一种~的友谊 | 웃음 중에 일종의 소박한 우의를 띠고 있다 =〔淳朴〕

【纯熟】chúnshú 形 익숙하다. 숙련되어 있다. 능란하다. ¶用得~ | 매우 익숙하게 사용한다. ¶背得~ | 막힘없이 암송하다. ¶技术~ | 기술이 노련하다.

【纯属】chúnshǔ 書 動 완전히 …이다. 오로지 …이다. ¶他的话~造谣yáo | 그의 말은 완전한 날조다. ¶~欺qī人之谈 | 순전히 사람을 기만하는 말이다.

【纯小数】chúnxiǎoshù 名〈數〉순소수.

【纯一】chúnyī ❶ 名 단일(單一) ❷ 形 단일(單一)하다.

【纯一不二】chún yī bù èr 成 조금도 섞임이 없이 순수하다.
【纯音】chúnyīn 名〈物〉순음. 단순음. 단일 진동수의 음.
【纯真】chúnzhēn 形 순진하다. ¶～无邪xié｜순진하고 사악함이 없다. ¶这个孩子很～｜이 아이는 매우 순진하다.
【纯正】chúnzhèng 形 순수하다. 잡스런 것이 없다. ¶酒味很～｜술맛이 아주 순수하다. ¶他说～的北京话｜그는 순수한 북경어를 쓴다.
【纯种】chúnzhǒng 名 순종. ¶我家有～北京狗｜우리집에는 순종 북경개가 있다.

【莼(蒓)〈蓴〉】chún 순채 순 ⇒〔莼菜〕
【莼菜】chúncài 名〈植〉순채 [수련과에 속하는 다년생 풀로 식용함]＝〔露lù葵〕〔水葵〕〔缺盆草〕

3【唇〈脣〉】chún 놀랄 진, 입술 순 名 입술. ¶嘴zuǐ～｜입술. ¶豁huō～子｜언청이.
【唇齿】chúnchǐ 名 ❶ 입술과 이. ❷ 喻 밀접한 관계가 있는 사이. ¶～之邦bāng｜아주 밀접한 관계에 있는 나라.
【唇齿声】chúnchǐshēng⇒〔唇齿音〕
【唇齿相依】chún chǐ xiāng yī 成 서로 돕는 밀접한 관계이다. ¶中韩两国人民～, 血肉相连｜중한 양국 인민은 아주 밀접하게 서로 돕고 혈육까지 이어진 사이이다.
【唇齿音】chúnchǐyīn 名〈言〉순치음. 경순음(輕脣音)[윗니와 아랫입술로 내는 마찰음.「f」「v」따위]＝〔唇齿声〕〔齿唇音〕
【唇膏】chúngāo 名 립스틱(lipstick)＝〔口红〕
【唇红齿白】chún hóng chǐ bái 成 입술이 붉고 이가 하얗다. 여자가 아주 아름답다.
【唇化】chúnhuà〈言〉❶ 名 순음화. ❷ 動 순음화하다.
【唇焦舌敝】chún jiāo shé bì ⇒〔唇焦舌烂〕
【唇焦舌烂】chún jiāo shé làn 成 입술이 마르고 혀가 터지다. 말을 많이 하다. 극력 자기 주장을 하다＝〔唇干口燥〕〔唇焦舌敝〕〔唇破舌敝〕
【唇裂】chúnliè 名 언청이＝〔兔唇〕〔豁huō嘴〕〔豆瓣儿嘴〕〔方 偏piān缝〕〔缺quē唇〕〔三瓣儿嘴〕〔兔缺〕〔裂唇〕〔花嘴子〕〔豁(唇)子〕
【唇破舌敝】chún pò shé bì ⇒〔唇焦舌烂〕
【唇枪舌剑】chún qiāng shé jiàn 成 격렬하고 날카롭게 논쟁하다. ¶辩biàn论两方～地斗了三个回合, 不分胜shèng负｜논쟁의 쌍방이 격렬하고 날카롭게 세 번이나 싸웠지만 승부가 가려지지 않았다＝〔舌剑唇枪〕
【唇舌】ⓐ chúnshé 名 입술과 혀.
ⓑ chún·she 名 말. 언사. 엽변. 말재주. ¶我费了许多～, 才把他说动了｜나는 많은 말을 하여 간신히 그를 설득시켰다.
【唇亡齿寒】chún wáng chǐ hán 成 입술이 없으면 이가 시리다. 상호 이해 관계가 밀접하다. ¶他一走之后就～, 我就显得孤立无援了｜그가 떠난 다음에 순망치한의 꼴이 되어 나는 더욱 고립무원의 처지가 되었다.
【唇吻】chúnwěn 書 名 ❶ 입술. ❷ 喻 구변(口辯). 말재주.
【唇音】chúnyīn 名〈言〉순음. 입술소리 [쌍순음과 순치음의 통칭.「b」「p」「m」「f」「v」따위]
【唇脂】chúnzhī ⇒〔唇膏〕

【淳】chún 순박할 순, 깨끗할 순 ❶ 形 꾸밈이 없다. 순박하다. 순수하다. ¶～美｜순박하고 아름답다. ❷ 복성(複姓) 중의 한 자(字). ¶～于↓ ❸ (Chún) 名 성(姓).
【淳风美俗】chún fēng měi sú 成 순박하고 아름다운 풍속.
【淳厚】chúnhòu 書 形 순박하고 인정스럽다. ¶他心地善良为人～｜그는 순박하고 인정 있으며 마음씨가 착하다＝〔淳庞〕
【淳鲁】chúnlǔ ⇒〔淳朴〕
【淳庞】chúnpáng ⇒〔淳厚〕
【淳朴】chúnpǔ 書 形 순박하다. 성실하고 꾸밈이 없다. ¶他的气质qìzhì很～｜그의 기질은 아주 순박하다. ¶战zhàn士们非常～可爱｜전사들은 아주 성실하고 꾸밈이 없으며 사랑스럽다＝〔淳鲁〕→〔纯朴〕
【淳于】Chúnyú 名 복성(複姓).

【醇】chún 진할 순 ❶ 맛이 진하다. 농후하다. ¶～酒↓｜맛이 진하고 순수한 술. ❷ 순수하다. ¶～化↓ ¶～粹cuì｜순수하고 섞임이 없다. ❸ 중후하다. 순박하다. ¶～朴｜순박하다. ¶～厚↓ ❹ 名〈化〉알코올류의 총칭. ¶甲～＝〔木精〕｜메틸알코올(methyl alcohol). 메타놀(methanol). ¶乙～＝〔酒精〕｜에틸 알코올(ethyl alcohol). ¶丙三～＝〔二甘油〕｜글리세린(glycerine). ¶杂～油｜퓨젤유(fusel油)＝〔外 阿尔科尔〕 ❺ 名 簡 에타놀 [「乙醇」(에탄올)의 약칭]
【醇和】chúnhé 形 순수하고 부드럽다. ¶这种绍兴酒很～｜이런 소흥주는 아주 순수하다.
【醇厚】chúnhòu 形 순수하고 온후하다. ¶风俗～｜풍속이 순수하고 온전하다＝〔淳厚〕
【醇化】chúnhuà 書 動 순화하다. ¶应当使这种艺术yìshù更加～, 更加丰富多采｜이 예술은 더욱 순화하고 다채롭게 하여야겠다.
【醇醲】chúnnóng 形 ❶ (맛과 향기가) 순수하고 그윽하다. ¶～的乌龙茶wūlóngchá｜그윽한 오룡차. ¶初入口时,～好吃｜처음 입에 넣을 때 향기가 그윽하고 맛있다. ❷ 순수하고 짙다. 진하며 순박하다. ¶她演唱得很～｜그녀는 아주 순박하고도 짙게 노래를 불렀다.
【醇酸】chúnsuān 名〈化〉알코올(alcohol) 산. ¶～树脂shùzhī｜알키드(alkyd) 수지.
【醇香】chúnxiāng 狀 순수하고 향기롭다. 새큼하다. 들큼하다. ¶～的米酒mǐjiǔ｜시큼한 미주(米酒). ¶～的奶nǎi酒｜들큼한 젖 술.

【鹑(鶉)】chún 메추라기 순 名〈鳥〉메추라기. 메추리.
【鹑居】chúnjū 書 動 주거가 일정하지 않다. 메추리처럼 사는 곳이 일정하지 않다. 주거가 부정하다. ¶夫圣人～｜무릇 성인은 메추리처럼 사는 곳이 일정하지 않다《莊子·天地》

【鹑衣】chúnyī 書 名 여러 곳을 기운 옷. 누더기 옷. ¶～百结 | 成 너덜너덜 기운 옷.

chǔn ㄔㄨㄣˇ

3【蠢〈惷〉】chǔn 꿈틀거릴 준, 어리석을 준 ❶ 形 어리석다. 우둔하다. ¶这人太～了 | 이 사람은 너무 미련하다. ¶～材↓ =〔惷〕 ❷ 벌레가 꿈틀꿈틀하다. ¶大蛇～～而动 | 큰 뱀이 꿈틀거리며 움직인다. ❸ 轉 나쁜 무리가 소동을 부리다. ¶～动↓

【蠢才】chǔncái ⇒〔蠢材〕

【蠢材】chǔncái 名 罵 미련한 놈. 바보 같은 놈. ¶你这个不可造就zàojiù的～! | 너 이 인간되지 않을 미련한 놈! =〔蠢才〕〔蠢货〕〔蠢驴〕〔蠢人〕〔蠢物〕〔蠢猪〕

【蠢蠢】chǔnchǔn 狀 ❶ 벌레가 꿈틀거리다. ¶～而动 | 꿈틀꿈틀 움직이다. ¶～欲动 | 成 꿈틀꿈틀 움직이려 하다. 악인·적·불순분자가 교란을 책동하려 하다. ❷ (일·정세가) 어지럽다.

【蠢动】chǔndòng 動 ❶ (벌레가) 꿈틀거리다. ❷ (적·불순분자가) 준동하다. ¶敌人又在～ | 적들이 또 준동하고 있다.

【蠢货】chǔnhuò ⇒〔蠢材〕

【蠢驴】chǔnlǘ ⇒〔蠢材〕

【蠢人】chǔnrén ⇒〔蠢材〕

【蠢事】chǔnshì 名 어리석은 일. 미련한 짓. 바보스러운 일. ¶再也不能干这种违wéi反经济规律guīlǜ的～了 | 다시는 이런 경제 규율을 위반하는 바보 짓은 할 수 없다.

【蠢物】chǔnwù ⇒〔蠢材〕

【蠢猪】chǔnzhū ⇒〔蠢材〕

chuō ㄔㄨㄛ

【踔】chuō 넘을 초, 멀 탁 書 ❶ 動 뛰다. 뛰어 넘다. ¶～腾téng | 뛰어 오르다. ❷ 초월하다. 우월하다. ¶～绝↓

【踔绝】chuōjué 書 形 탁월하다. 빼어나다. ¶～之能 | 탁월한 재주.

【踔厉】chuōlì 書 動 떨치고 일어나다. ¶～风发 | 成 논변(論辯)이 탁월하여 당할 도리가 없다. 언사가 힘차고 날카롭다.

【踔远】chuōyuǎn 書 狀 멀고 아득하다.

【戳】chuō 찌를 탁, 도장 탁 ❶ 動 (뾰족한 것으로) 찌르다. 구멍을 뚫다. ¶～个洞 | 구멍 하나를 내다. ¶用手指头～了一下 | 손가락으로 살짝 구멍을 내다. ❷ 動 北 (단단한 물건에 부딪혀) 다치다. 상하다. ¶打球～了手 | 공놀이하다가 손가락을 다쳤다. ¶钢笔尖儿～坏了 | 만년필 촉이 부딪혀 망가졌다. ❸ 動 京 北 (똑바로) 세우다. 바로 서다. ¶他一个人～在河边儿 | 그는 강변에 혼자 우뚝 서 있다. ¶～着腿tuǐ坐起来 | 무릎을 세우고 앉다. ¶这架子～不住 | 이 시렁은 세워지지 않는다. ❹ 動 京 지지하다. 후원하다. 원조하다. ¶你给他～着点儿 | 네가 그를 좀 도와 주어라. ❺ (～儿, ～子) 名 俗 도장. 스탬프. 인감. ¶木～ | 나무 도장. ¶橡皮～ | 고무 도장. ¶邮～ | 소인(消印). ¶盖gài～子 | 도장을 찍다→〔图tú章〕

【戳穿】chuōchuān 動 ❶ 찔러서 뚫다. 구멍을 내다. ❷ 폭로하다. ¶～了他的诡计 | 그의 간계를 폭로했다. ¶～了敌人的阴谋yīnmóu | 적의 음모를 들추어냈다 =〔戳破〕

【戳脊梁骨】chuō jí liáng gǔ 成 뒤에서 욕을 하다. 뒤에서 손가락질하다. ¶让人～ | 남의 손가락질을 받다. ¶你干这种伤shāng天害理的事就不怕别人～吗? | 너 이렇게 천리에 어긋나는 짓을 하고도 다른 사람이 욕하는 것이 두렵지 않느냐?

【戳记】chuōjì 名 도장. 스탬프(stamp) [주로 단체·조직에서 사용하는 것] ¶骑qí缝～ =〔骑缝印〕| 계인(契印). 문서와 문서에 걸쳐서 찍는 도장. ¶照片上有个～ | 사진에 도장이 찍혀 있다.

【戳儿】chuōr ⇒〔戳子〕

【戳印】chuōyìn ❶ 動 도장을 찍다. ❷ 動 부딪쳐 흔적을 남기다. ❸ 名 인감. 도장.

【戳子】chuō·zi 名 도장. ¶橡皮～ | 고무 도장. ¶请你在这文件上盖个～ | 너 이 문건에 도장을 찍어라 =〔戳儿〕

chuò ㄔㄨㄛˋ

【淖】chuò ☞ 淖 nào B

【绰(綽)】chuò chāo 너그러울 작, 많을 작

A chuò ❶ 넉넉하다. 여유 있다. ¶手头儿宽kuān～ | 생활이 여유가 있다. 돈이 여유가 있다. ❷ 넓다. ¶宽kuān～ | 방이 넓다. ❸ ⇒〔绰约〕〔绰号〕 ❹ (Chjò) 名 성(姓).

B chāo 動 ❶ 움켜 쥐다〔잡다〕. ¶～起一根棍gùn子 | 막대기를 하나 움켜 쥐다 =〔抄⑥〕 ❷「焯」와 같음 ⇒〔焯zhuō B〕

A chuò

【绰绰有余】chuò chuò yǒu yú 成 여유가 많다. 넉넉하다. ¶这块kuài布做两条裤kù子～ | 이 천은 바지 두 개를 충분히 만든다 =〔绰乎有余〕〔绰有余裕〕

【绰号(儿)】chuòhào(r) 名 별명. 작호. ¶取下一个～ | 별명 하나를 짓다. ¶黑旋风是李逵kuí的～ | 흑선풍은 이규의 별명이다 =〔绰名〕〔别bié号(儿)〕〔混hùn号〕〔混hùn名〕〔浑号〕〔诨hùn号〕〔書 诨hùn名〕〔外wài号(儿)〕

【绰乎有余】chuò ·hu yǒu yú ⇒〔绰绰有余〕

【绰名】chuòmíng ⇒〔绰号(儿)〕

【绰约】chuòyuē 書 狀 (여자의 자태가) 곱고 아름답다.

【绰约多姿】chuò yuē duō zī 成 날씬하고 아름답다. 시원스럽고 멋있다 ¶桂guì林山水, ～ | 계림의 산수는 시원스럽고 아름답다.

B chāo

【绰经】chāojīng 動 近 기회를 타다. ¶八戒就～说道 | 저팔계가 기회를 틈타 말하였다《西遊記》

【绰酒座儿】chāo jiǔzuòr 動組 近 술좌석에 나가다. ¶～唱的 | 술좌석에 나가는 기예인.

【绰揽】chāolǎn 動 近 널리 장악하다. ¶～公事 | 공무를 완전 장악하다《金瓶梅》

【啜】chuò Chuài 먹을 철, 훌쩍거릴 철

Ⓐ chuò 書 動 ❶ (훌쩍거리며) 마시다. 먹다. ¶～茗↓ ¶～了一口 | 한 입 훌쩍 마시다. ❷ 훌쩍거리며 울다. ¶～泣↓

Ⓑ Chuài 名 성(姓).

【啜茗】chuòmíng 動 차를 마시다.

【啜泣】chuòqì 動 훌쩍이며 울다. ¶孩子受了委屈wěiqū, 在那儿～不止 | 아이는 억울함을 당했다고 저기에서 계속 훌쩍이고 있다 =〔抽chōu泣〕→〔抽噎〕

【辍(輟)】chuò 그칠 철, 버릴 철 書 動 그만 두다. 중지하다. ¶中～ | 중지하다. ¶～学↓ ¶日夜yè不～ | 주야로 쉬지 않다. ¶这小说时写时～ | 이 소설은 쓰다가 쉬다가 했다.

【辍笔】chuòbǐ 動 붓을 놓다. 쓰기를 그만 두다. ¶手不～ | 손에서 붓을 놓지 않다.

【辍课】chuòkè ⇒〔辍学〕

【辍学】chuòxué 動 학업을 중도에 그만두다. ¶因病～ | 병으로 중퇴하다. ¶～了半年 | 반년만에 중퇴하다 =〔辍课〕

【辍业】chuòyè 書 動 폐업하다.

【婼】chuò ☞ 婼 ruò Ⓑ

【龊(齪)】chuò 작을 착 ⇒〔龌wò龊〕

cī ㄘ`

【刺】cī ☞ 刺 cì Ⓑ

【呲】cī zī 꾸짖을 차

Ⓐ cī ❶ (～儿) 動 俗 질책하다. 꾸짖다. ¶他的态度很不老实, 我～儿了他一顿 | 그의 태도는 성실하지 않아 그를 한바탕 욕하였다. ❷ (～儿) 名 俗 질책. 힐난. 꾸지람. ¶挨ái～ | 꾸지람을 듣다. ❸ 動 方 김에 손을 데다. ¶一掀xiān锅, 把手～了个泡pào | 솥을 들다가 데어 손에 물집이 생겼다.

Ⓑ zī「龇」와 같음 ⇒〔龇zī〕

【呲啦】cīlā 擬 ❶ 짝 찌익 [천이 찢어지는 소리] ¶把布撕sī得～～地响 | 천을 찌익찌익하고 찢다. ❷ 쓰쓰. 찍찍 씩씩 [귀에 거슬리는 소리] ¶他说话太～～了, 叫人听得不愉快 | 그는 씩씩하고 잡음을 내며 말해 듣는 사람의 귀에 거슬린다.

【疵】cī 흉 자, 흉볼 자 名 ❶ 흠. 흠집. 결함. 과실. 결점. ¶吹毛求～ | 털을 불어 가며 흠을 찾다. 남의 흠을 열심히 들추어 내다. ¶完美无～ | 결함이 없이 완전하다.

【疵布】cībù 名 하자가 있는 천.

【疵点】cīdiǎn 書 名 결점. 흠. 결함. ¶肉眼都看不见～ | 육안으로는 흠이 보이지 않는다. ¶简直没有～可寻xún | 어쨌든 찾아낼 결함이 없다.

1【差】cī ☞ 差 chā Ⓓ

cí ㄘˊ

1【词(詞)】cí 고할 사, 말 사 ❶ (～儿) 名〈言〉 단어(單語; word). 낱말. ¶语～ | 단어와 구(句). ¶单音～ | 단음절 낱말→〔句jù①〕〔字zì①〕 ❷ (～儿) 名 말. 문구. ¶振zhèn振有～ | 成 당당하게 말하다. ¶用～不当 | 문구를 잘못 쓰다. ¶你说的什么～ | 네가 무슨 말을 했느냐? ❸ 다듬어진 말. 원고. ¶演讲～ | 연설문. ¶歌～ | 가사. ❹ 名 주장. ¶各执zhí一～ | 각기 주장을 고집하다. ¶一面之～ | 일방적인 주장. ❺ 名〈文〉 사 [당대(唐代)에 처음 나타나고 송대(宋代)에 가장 성행한 시체(詩體)로 구(句)의 길이가 가조(歌調)에 따라 바뀌어서 「长短句」라고도 하며 「诗余」라고도 함. 「小令」과 「慢词」의 두 종류가 있고 일반적으로 상하(上下) 양결(兩闋)로 나누어 짐]→〔填tiánci词〕

【词不达意】cí bù dá yì 成 말·글의 뜻이 잘 통하지 않다. ¶如果有～的地方请诸位原谅 | 뜻이 통하지 않는 곳이 있더라도 여러분께서 양해하여 주시기 바랍니다.

1【词典】cídiǎn 名 사전 [「辞cí典」은 백과사전·전문사전에, 「词典」은 어문사전(語文詞典) 에 주로 쓰임] ¶编biān～ | 사전을 편찬하다. ¶查chá～ | 사전을 찾다 =〔词书〕〔辞典〕〔辞书〕→〔字zì典〕

【词调】cídiào 名 사(詞)의 격조(格調). 사의 곡조 →〔填tián词〕

【词法】cífǎ 名〈言〉 형태론.

【词锋】cífēng 書 名 필봉(筆鋒). ¶～犀xī利 | 필봉이 예리하다.

【词赋】cífù 名〈文〉 사와 부→〔赋fù〕

【词干】cígàn 名〈言〉 어간. 어근 [「桌子」의 「桌」, 「石头」의 「石」 따위]=〔语根〕

【词根】cígēn ⇒〔词干〕

【词华】cíhuá ⇒〔词藻〕

【词话】cíhuà 名〈文〉 ❶ 사의 내용이나 형식에 대한 평론. ❷ 문사(文士)의 일화를 기록한 책. ❷ 산문과 운문이 섞인 문학 형태의 일종. 장회소설(章回小說)의 일종 [산문(散文) 가운데 운문(韻文)을 섞어 넣은 설창문학(說唱文學) 형식으로 장회소설(章回小說)의 전신]

3【词汇】cíhuì 名 어휘(語彙). 낱말. ¶～丰fēng富 | 어휘가 풍부하다. ¶方言～ | 방언 어휘 =〔语yǔ汇〕

【词汇学】cíhuìxué 名〈言〉 어휘학. 의미론.

4【词句】cíjù 名 ❶ 낱말과 글. 문장. 문구. ¶这篇文章的～很生动 | 이 문장의 문구는 매우 생동적이다. ¶改变一点～ | 어구를 좀 고치다. ❷ 시(詩)·사(詞)의 구(句).

【词客】cíkè ⇒〔词人〕

【词类】cílèi 名〈言〉 품사. ¶～划分 | 품사 분류.

【词令】cílìng ⇒〔辞令〕

【词律】cílǜ 名 ❶ 사(詞)의 격률(格律). ❷ (Cílǜ)〈書〉 사율 [청대(淸代) 만수(萬樹)가 편찬한 20권으로 된 전사(塡詞)의 규칙을 상세히 서술한

책. 후에 서본립(徐本立)이 사율습유(詞律拾遺) 8권(卷)을 지었고, 두문란(杜文瀾)이 사율보유(詞律補遺)를 지었음]

【词牌】cípái 名 사패. 사의 곡조.

【词品】cípǐn 名〈言〉품사 ⇒〔词类〕

【词谱】cípǔ 名 ❶ 사보 [사(詞)의 평측(平仄)·자수(字數)·구수(句數)·운각 등을 적어 둔 책] ❷ (Cípǔ)〈書〉사보 [청(淸) 강희(康熙) 년간에 왕혁(王奕)이 만든 책]

【词曲】cíqǔ 名 사와 곡의 총칭(總稱).

【词人】círén 名 사인(詞人). 문사(文士) =〔词客〕〔辞人〕

【词书】císhū ⇒〔词典〕

【词素】císù 名〈言〉형태소 [단어 구성의 가장 작은 의미 단위]

【词头】cítóu 名〈言〉접두사. 접미어 =〔语yǔ头〕〔前缀〕→〔词尾〕

【词尾】cíwěi 名〈言〉접미사. 접미어 =〔语yǔ尾〕〔后缀〕→〔词头〕

【词形】cíxíng 名〈言〉어형(語形). ¶～变化 | 어형 변화 →〔词法〕

【词性】cíxìng 名〈言〉단어의 문법적 특성(特性). 품사 특성.

【词序】cíxù 名〈言〉어순(語順). 단어의 순서. ¶～相同, 但意义不同 | 낱말의 순서는 같으나 뜻은 다르다.

【词学】cíxué 名 ❶〈言〉어휘론(語彙論;lexicology). ❷ 사학 [사(詞)를 연구하는 학문]

【词严义正】cí yán yì zhèng 成 언사가 엄격하고 뜻이 바르다 =〔辞严义正〕

【词义】cíyì 名〈言〉어의(語義). ¶～学 | 의미론. ¶～家 | 의미론 학자.

【词意】cíyì ⇒〔辞意〕

【词余】cíyú 名〈文〉사여. 곡(曲) [곡(曲)이 사(詞)에 이어 발흥하여 이렇게 말함]

【词语】cíyǔ 名〈言〉단어와 구. 낱말과 구. 어휘. ¶避免方言～ | 방언 어휘를 피해야 한다

【词源】cíyuán 名 ❶〈言〉어원(語源). ¶～学 | 어원학 =〔辞源〕❷ (Cíyuán)〈書〉사원 [송말(宋末) 장염(張炎)이 편찬한 상·하 2권으로 된 책. 상권은 오음 십이율(五音十二律)과 궁조관색(宮調管色)에 대해, 하권은 제곡(制曲)·구법(句法)·자면(字面)·허자(虛字) 등에 기술함]

【词韵】cíyùn 名 ❶ 사를 지을 때 참고하는 운서(韻書). ❷ 사(詞)의 운율.

【词藻】cízǎo 名 ❶ 문사(文詞). 시문(詩文)에 쓰인 말. 수식된 말. ¶～华丽 | 문사가 화려하다. ❷ 시문의 재능 ‖ =〔词华〕〔辞藻〕

【词缀】cízhuì 名〈言〉접사(接辭). 접두사와 접미사 →〔前缀〕〔后缀〕

【词组】cízǔ 名〈言〉구(phrase). ¶名词～ | 명사구.

【祠】cí 제사지낼 사

名 사당. 묘당. ¶宗～ | 종묘 [일족의 조상을 모시는 사당] ¶先贤xián～ | 선현을 모시는 사당. ¶土地～ | 지신(地神)을 모시는 사당.

【祠官】cíguān 書 名 제관(祭官).

【祠庙】címiào ⇒〔祠堂〕

【祠堂】cítáng 名 사당 =〔祠庙〕〔祠宇〕

【祠宇】cíyǔ ⇒〔祠堂〕

【茨】cí 띠 자, 납가새 자, 쌓을 자

名 ❶ 띠나 갈대로 이은 지붕. ❷〈植〉질려(蒺藜). 납가새 =〔蒺藜jílí①〕❸ (Cí) 성(姓).

【茨冈人】cígāngrén ⇒〔吉jí卜bǔ赛人〕

【茨菇】cí·gu ⇒〔慈姑①〕

【茨菰】cí·gu ⇒〔慈姑①〕

【茨藻】cízǎo 名〈植〉나자스말 =〔鱼yú囊草〕

3【瓷】cí 오지그릇 자

❶ 名 사기그릇. 자기 [고령토(高嶺土)로 구워 만든 그릇] ¶搪táng～锅 | 법랑 냄비. ¶陶táo～ | 도자기 =〔磁③〕❷ 단단하다. 견고하다. ¶～实↓

【瓷公鸡铁仙鹤】cígōngjī tiěxiānhè 名組 자기(磁器)로 만든 수탉과 쇠로 만든 학. 喩 구두쇠. 수전노 =〔磁公鸡铁仙鹤〕

【瓷盘】cípán 名 자기 쟁반. 자기로 만든 큰 접시.

【瓷盆】cípén 名 도자기 사발. 도자기로 만든 대야.

【瓷瓶】cípíng ❶ 名 도자기 병 ❷ ⇒〔绝jué缘子〕

【瓷漆】cíqī 名 에나멜 페인트(enamel paint). ¶快干gān～ | 속건성(速乾性) 에나멜 페인트. ¶胶jiāo玉～ | 합성 에나멜 페인트 =〔磁漆〕→〔珐fà琅〕

【瓷器】cíqì 名 자기 =〔磁cí器〕

【瓷实】císhí 形 京 튼실하다. 견고하다. 충실하다. ¶学得很～ | 매우 충실하게 배웠다. ¶房子盖得～ | 집을 견고하게 지었다 =〔磁实〕

【瓷土】cítǔ 名 자토. 도 토 (陶土) =〔方 坩gān 子土〕〔俗 白土①〕〔陶táo土〕→〔高gāo岭(瓷)土〕

【瓷碗】cíwǎn 名 ❶ 사기 대접. ❷〈電氣〉애자(礙子) =〔瓷珠儿〕〔绝缘子〕

【瓷砖】cízhuān 名 자기 타일(tile). ¶铺pū～ | 자기 타일을 깔다. ¶～工程chéng | 자기 타일 공사 =〔磁砖〕

【兹】cí ☞ 兹 zī Ⓑ

4【慈】cí 사랑할 자, 어머니 자

❶ 形 자애롭다. 정이 깊다. 애정이 깊다. ¶～善↓ ¶心～面软ruǎn | 마음이 따뜻하고 얼굴이 부드럽다. ❷ 書 動 사랑하다. 자애롭게 대하다. ¶敬老～幼 | 노인을 공경하고 어린이를 사랑하다. ❸ 어머니. ¶家～ | 우리 어머니. ¶～亲↓→〔严yán④〕❹ (Cí) 名 성(姓)

【慈蔼】cí'ǎi 形 자애롭고 온화하다. ¶～的笑容 | 온화하게 웃는 얼굴 =〔慈和〕

4【慈爱】cí'ài ❶ 動 따뜻하게 사랑하다. 자애를 베풀다. ¶母亲～儿女 | 어머니가 자식을 따뜻하게 사랑하다. ❷ 形 자애롭다. 인자하다. ¶母亲对他很～ | 어머니는 그에게 아주 자애롭다.

【慈悲】cíbēi ❶ 動 자비를 베풀다. 정을 베풀다. ¶请你～吧 | 자비를 베풀어 주세요. ❷ 名 자비. ¶大发～ | 자비를 크게 베풀다. ¶出家人～为怀, 行善积jī德 | 출가인은 인정을 마음 속 깊이 간직하고 선을 행하며 덕을 쌓아야 한다.

【慈悲杀人】cíbēishārén ⇒〔安乐死〕

【慈父】cífù 書名❶자부. 자애로운 아버지. ❷아버지.

【慈姑】cí·gu 名❶〈植〉자고. 쇠귀나물 =〔慈菇〕〔慈菰〕〔茨菇〕〔茨菰〕〔借jiè姑〕〔河凫fú茈〕〔白bái地栗〕→〔荸荠〕 ❷시어머니 [인자한 시어머니란 뜻으로 며느리의 시어머니를 칭호]

【慈菇】cí·gu ⇒〔慈姑①〕

【慈菰】cí·gu ⇒〔慈姑①〕

【慈和】cíhé ⇒〔慈蔼ǎi〕

【慈眉善脸】cí méi shàn liǎn ⇒〔慈眉善目〕

【慈眉善目】cí méi shàn mù 成자비롭고 인자한 얼굴. ¶我老师长zhǎng得～的, 很让人尊敬 | 우리 선생님은 자애롭고 인자하게 생겨 사람들로부터 존경을 받는다 =〔慈眉善脸〕

【慈母】címǔ 書名자모. 인자한 어머니. 어머니. ¶～严yán父 | 인자한 어머니와 엄한 아버지 =〔慈亲〕

【慈亲】cíqīn ⇒〔慈母〕

【慈善】císhàn ❶形자비심이 깊다. 인자하고 선량하다. ❷名자선. ¶～心 | 자선심. ¶～机关 | 자선기관. ¶～家 | 자선가.

【慈善事业】císhàn shìyè 名組자선 사업. ¶他毕生从事～ | 그는 평생 자선 사업에 종사하였다.

4【慈祥】cíxiáng 形자상하다. 인자하다. 자애롭다. ¶眼光～ | 눈빛이 자애롭다. ¶～的眼睛 | 인정어린 눈.

1【磁】cí 지남석 자
❶자성(磁性). ¶起～ | 자성을 띄다 →〔磁性〕 ❷자석 =〔吸铁石〕→〔磁铁〕 ❸자기. 사기 =〔瓷①〕 ❹단단하다. 든든하다. 견고하다. ¶磁实↓

【磁棒】cíbàng 名〈物〉막대자석.

【磁暴】cíbào 名〈物〉자기 폭풍 =〔磁狂〕〔磁岚〕

【磁场】cíchǎng 名〈物〉자장. ¶～方向 | 자장 방향. ¶～密度 | 자계 밀도. ¶～强度 | 자장 강도 =〔磁界〕→〔磁力线〕

4【磁带】cídài 名〈電算〉자기 테이프. ¶～录像lùxiàng | 비디오 테이프(video tape). ¶～机 | 자기 테이프 장치. ¶～存储器cúnchǔqì | 자기 테이프 기억 장치.

【磁带录音机】cídài lùyīnjī 名組〈電氣〉테이프 레코더(tape recorder) =〔磁性录音机〕〔胶jiāo带录音机〕

【磁导率】cídǎolǜ 名〈物〉투자율(透磁率).

【磁碟】cídié 名〈電算〉디스크(disk). ¶～作业系统 | 도스(DOS). 디스크 오퍼레이팅 시스템(disk operating system).

【磁感应】cígǎnyìng 名〈物〉자기 감응(磁氣感應). 자기 유도(磁氣誘導) =〔磁诱导〕

【磁钢】cígāng 名〈物〉영구 자석(永久磁石) =〔永yǒng久磁铁〕

【磁公鸡】cígōngjī 名수전노(守錢奴). 구두쇠 =〔瓷cí公鸡〕〔铁仙鹤〕

【磁鼓】cígǔ 名자기 드럼(drum).

【磁合金】cíhéjīn 名〈物〉영구 자석 합금.

【磁化】cíhuà 名〈物〉자화. 자기화. ¶～力 | 자화력. ¶～场 | 자장. ¶～率lǜ | 자화율. ¶～电流 | 자화 전류.

【磁极】cíjí 名〈物〉자극. ¶～强度 | 자극 강도. ¶～铁心 | 자극 철심.

【磁界】cíjiè ⇒〔磁场〕

【磁卡】cíkǎ 名〈電算〉마그네틱 카드(magnetic card).

【磁控管】cíkòngguǎn 名〈機〉마그네트론(magnetron). 자전관(磁電管).

【磁狂】cíkuáng ⇒〔磁暴〕

【磁岚】cílán ⇒〔磁暴〕

【磁力】cílì 名〈物〉자기력(磁氣力). ¶～勘探kāntàn | 자력 탐광(磁力探鑛). ¶～选矿xuǎnkuàng | 자력 선광.

【磁力线】cílìxiàn 名〈物〉자력선.

【磁流体】cíliútǐ 名〈物〉자기 유체. ¶～力学 | 자기 유체 역학.

【磁路】cílù 名〈物〉자기 회로.

【磁能】cínéng 名〈物〉자기 에너지.

【磁盘】cípán 名〈電子〉자기 디스크(disc). ¶高密度～ | 고밀도 디스크(2HD; Double Sided High Density).

【磁盘存储器】cípán cúnchǔqì 名組〈電子〉자기 디스크 장치.

【磁漆】cíqī ⇒〔瓷cí漆〕

【磁器】cíqì 名자기 =〔瓷器〕

【磁石】císhí ❶⇒〔磁铁〕 ❷名〈鑛〉자철광.

【磁石发电机】císhí fādiànjī 名組〈機〉자석 발전기 =〔磁电机〕〔外麦mài尼多〕

【磁实】cí·shi ⇒〔瓷cí实〕

【磁体】cítǐ 名〈物〉자성체(磁性體).

4【磁铁】cítiě 名자석(磁石). 자철. ¶马蹄tí形～ | 말굽 자석. ¶棒bàng～ | 막대 자석. ¶暂zàn时～ | 일시 자석 =〔磁石①〕〔慈石〕〔俗吸xī铁石〕

【磁铁开关】cítiě kāiguān 名자석 스위치.

【磁头】cítóu 名〈電算〉자기 헤드(head). 디스크 헤드. ¶我的电算机～坏了 | 내 컴퓨터의 디스크 헤드가 망가졌다.

【磁线记忆体】cíxiàn jìyìtǐ 名組〈電算〉와이어 메모리(wire memory).

【磁效应】cíxiàoyìng 名〈物〉자기 효과.

【磁心】cíxīn 名〈電子〉자기 코어(core). ¶～存储chǔ器 | 자기 코어 기억 장치.

【磁性】cíxìng 名〈物〉자성. ¶顺～ | 상자성(常磁性). ¶抗～ | 항자성. ¶～变化 | 자성 변동.

【磁性虎钳】cíxìng hǔqián ⇒〔磁性卡盘〕

【磁性录音机】cíxìng lùyīnjī ⇒〔磁带录音机〕

【磁性卡盘】cíxìng qiǎpán 名組〈機〉자성 바이스(vice) =〔磁性虎钳〕〔日吸xī铁轧头〕

【磁轴(线)】cízhóu(xiàn) 名〈物〉자축.

【磁砖】cízhuān ⇒〔瓷砖〕

【磁子午线】cízǐwǔxiàn 名〈物〉자기 자오선 =〔地dì磁子午线〕

【鹚(鷀)〈鶿〉】cí 가마우지 자
⇒〔鸬lú鹚〕

【糍〈餈〉】cí 인절미 자
⇒〔糍粑〕

【糍粑】cíbā 名〈食〉찹쌀 찜 말림[찹쌀을 떡 모양으로 이겨 그늘에 말린 것. 주로 기름에 튀겨 먹음]＝〔糍巴〕

【糍饭】cífàn 名〈食〉찹쌀 찜 [주로「油yóu条」를 속에 싸서 먹음]

【茈】cí ☞ 茈 chái B

4【雌】cí 암컷 자
❶ 區 (동·식물의) 암컷 ¶～雄↓ ¶～鸡 | 암 탉 ⇔〔雄〕→〔母mǔ③〕〔女nǚ⑤〕〔牝pìn〕 ❷ 動 近 이를 드러내다. ¶～着嘴笑 | 이빨을 드러내고 웃다→〔龇zī〕 ❸ 書 形 연약하다. ¶守其～ | 그의 약한 것을 지켜주다. ❹ 動 近 (여자가 남자에게) 달라 붙다. ¶～着和我睡 | 나에게 달라 붙어 잤다《金瓶梅》

【雌花】cíhuā 名〈植〉암꽃 ＝〔雌蕊ruǐ花〕

【雌黄】cíhuáng ❶ 名〈鑛〉자황. 석황(石黄) [유황(硫黄)과 비소(砒素)의 화합 결정체]＝〔三硝化砷shēn〕〔砷黄〕 ❷ 書 動 첨삭하다. 시문의 글귀를 고치다. ¶妄下～ | 마음대로 글귀를 고치다. ❸ 書 動 함부로 말하다. ¶信口～ | 입에서 나오는 대로 비평하다.

【雌老虎】cílǎo·hu 名 ❶ 암호랑이. ❷ 喩 남편을 이기는 여자. 과격한 여자. ¶他太太是～, 十分厉害lìhài, 把他管得服fú服帖tiē帖 | 그의 마누라는 암호랑이 같아 남편을 쩔쩔매게 만든다.

【雌蕊】círuǐ 名〈植〉암술. 암꽃술. ¶～先熟shú | 암술 선 숙성 ⇔〔雄蕊〕

【雌蕊花】círuǐhuā ⇒〔雌花〕

【雌雄】cíxióng 名 ❶ 암컷과 수컷. ¶～异花 | 자웅 이화. ❷ 喩 승패. 우열. ¶分个～ | 승패를 가리다. ¶你上来, 与我见个～! | 와라, 나하고 겨루어 보자.

【雌雄同体】cí xióng tóngtǐ 名組〈生〉암수한몸. 자웅동체.

【雌雄同株】cíxióng tóngzhū 名組〈植〉암수 한 그루. 자웅동주.

【雌雄异体】cíxióng yìtǐ 名組〈生〉자웅이체.

【雌雄异株】cíxióng yìzhū 名組〈植〉암수 딴 그루. 자웅이주.

【雌牙露嘴】cíyá lùzuǐ ⇒〔龇zī牙咧嘴〕

3【辞(辭)】cí 말씀 사
❶ 動 이별의 말을 하다. 작별 인사를 하다. ¶不～而别 | 작별 인사도 없이 떠나다. ¶～行↓ ＝〔告辞〕 ❷ 動 그만두다. 거절하다. ¶～职zhí↓ ¶他把工作～了 | 그는 일을 그만 두었다. ¶固～ | 고사하다. ❸ 動 피하다. ¶不～辛苦 | 노고를 마다하지 않다. ❹ 名 말. 언사(言辭). 세련되고 아름다운 말. ¶文～ | 문사. ¶修～ | 수사. ¶～典↓ ＝〔词cí②〕〔说辞〕〔言辞〕 ❺ 書 名 소송. 진술. ¶调～架讼 | 成 사람을 부추겨 소송을 일으키고 이익을 차지하다. ❻ 名〈文〉사 [고전 문학 문체의 일종] ¶楚chǔ～ | 초사→〔辞赋〕 ❼ 名 사 [고체시(古體詩)의 일종] ¶木兰～ | 목란사. ¶归去来～ | 귀거래사. ❽ (Cí) 名 성(姓).

【辞别】cíbié 動 고별하다. 작별의 말을 하다. ¶～了友人 | 우인에게 작별을 고하다. ¶～宴会 | 송별회.

【辞呈】cíchéng 名 사직원(辭職願). 사표. ¶上～ | 사표를 내다. ¶外交部长因健康jiànkāng原因向总统zǒngtǒng交了～ | 외교부장이 건강을 이유로 총통에게 사직원을 제출하였다.

【辞典】cídiǎn ⇒〔词cí典〕

【辞掉】cídiào 動 그만두다. 사직하다. ¶他～工作回家 | 그는 사직하고 집으로 돌아갔다.

【辞费】cífèi 動 필요 없는 말이 많다. 산만하다 [주로 작품 비평에 쓰임] ¶此文～甚shèn矣 | 이 문장은 매우 산만하다. ¶何须～到如此? | 어찌 이 지경으로 쓸데없는 말을 많이 늘어놓을 필요가 있겠는가?

【辞赋】cífù 名〈文〉사부 [구말(句末)을 압운하는 시가의 통칭]

【辞旧迎新】cí jiù yíng xīn 成 ❶ 묵은 해를 보내고 새해를 맞다. 송구영신(送舊迎新). ¶～的除夕xī之夜 | 새해를 맞이 하는 섣달 그믐 밤. ❷ 낡은 것을 버리고 새 것을 맞이하다.

【辞灵】cí/líng 動 영결(永訣)하다. ¶～典礼 | 영결식.

【辞令】cílìng 名 사령. 응대어. 받아 넘기는 말. ¶外交～ | 외교 사령. ¶他应对敏捷mǐnjié, 善于～ | 그는 응대가 민첩하고, 말을 되받는 데 능하다 ＝〔辞命〕〔词令〕

【辞命】címìng ⇒〔辞令〕

【辞前挨后】cíqián āihòu 動組 망설이다. 우물쭈물하다. ¶听见前头打起来了, 他一个劲儿～的 | 앞쪽에서 싸움이 벌어졌다는 것을 듣고 그는 다만 우물쭈물하고 있을 뿐이다→〔瞻zhān前顾后〕

【辞趣】cíqù 書 名 문장의 취지.

【辞让】círàng 書 動 사양하다. ¶他～了一番, 才坐在前排pái | 그는 한 차례 사양하고서 앞줄에 앉았다.

【辞色】císè 書 名 말과 표정. 언사와 안색. ¶他欣xīn喜之情, 形于～ | 그의 기뻐하는 마음이 말과 표정에 나타난다.

【辞书】císhū 名 사서 [사전류의 총칭] ¶编纂了多部～ | 사서 여러 종을 편찬하였다.

【辞岁】císuì ❶ 名 섣달 그믐날 아랫사람이 윗사람에게 절을 하며 평안을 비는 풍속. ❷ 動 섣달 그믐날 윗사람에게 예를 올리다. ¶想到你们府上～去 | 어른의 댁에 예를 올리러 갈까 합니다.

【辞退】cítuì ❶ 動 그만두다. 사직하다. ¶～工作不干了 | 일을 그만 두어 버리다. ❷ 해고하다. 그만 두게 하다. ¶他已被校长～了 | 그는 이미 교장에게 해고 당했다. →〔开kāi除①〕 ❸ 名 의원 면직.

【辞谢】cíxiè 動 사절하다. 사퇴하다. ¶～了别人的热情邀请yāoqǐng | 다른 사람의 정성어린 초청을 사절하였다.

【辞行】cí/xíng 動 작별 인사를 하다. ¶向亲友～ | 친구에게 작별인사를 하다→〔送sòng行〕

【辞严义正】cí yán yì zhèng 成 언사가 준엄하고 도리에 맞다 ＝〔词严义正〕

【辞意】cíyì 名 어의(語意). 말의 뜻 ＝〔词意〕

【辞源】cíyuán 名 어원(語源) =〔词源①〕

【辞藻】cízǎo 名 ❶ 문사(文詞). 시문(詩文)에 쓰인 말. 수식된 말. ¶堆砌duīqì～ | 필요없는 말을 많이 써 글을 꾸미다. ¶讲究～문사에 신경을 많이 쓰다. ❷ 시문의 재능 ‖ =〔词藻〕

【辞章】cízhāng 名 ❶ 운문(韵文)과 산문(散文). ❷ 창작 기교. 수사(修辞) ‖ =〔词章〕

4【辞职】cí/zhí 動 사직하다. ¶～书 | 사직서. ¶提出～申请 | 사직서를 내다→〔去qù职〕〔离lí职〕

cǐ ㄘˇ

2【此】cǐ 이 차 ❶ 代 이. 이것 ¶如～ | 이와 같다. ¶由～及彼bǐ | 이것에서 저것에 이르다 =〔这〕〔这个〕⇔〔彼bǐ〕 ❷ 代 이곳 [장소를 가리킴] ¶由～往北 | 여기서 북쪽으로 가다 =〔这儿〕〔这里〕 ❸ 代 이때 [시간을 가리킴] ¶从～病bìng有起色 | 이때부터 병이 나아지는 기색이 있었다. ❹ (Cǐ) 名 성(姓).

【此岸】cǐ'àn 名 〈佛〉 차안. 이승 [열반(涅槃)인 피안(彼岸)의 상대적인 상태]

【此道】cǐdào 書 名 이런 일. 이런 방면. ¶不习～ | 이 일은 익숙하지 않다. ¶精jīng于～ | 이 방면에 정통하다.

【此等】cǐděng 書 名 이들. 이런 것들 =〔这一类〕

【此地】cǐdì 名 이 곳. 이 땅. ¶～无人 | 여기는 사람이 없습니다. ¶你几时离开～? | 당신은 언제 여기를 떠나십니까?

【此地无银三百两】cǐ dì wú yín sān bǎi liǎng 成 여기에 은 300냥을 (있는데도) 없다고 하다. 뻔한 거짓말을 하다. ¶他们还口口声声说并无侵qīn略的野心, 真是～ | 그들은 침략의 야심은 없다고 여전히 입버릇처럼 말하나, 실은 눈감고 아옹하는 식이다.

【此番】cǐfān 書 名 이번. 금번. ¶～前来, 正为的是这事 | 이번에 온 것은 바로 이 일을 위해서이다→〔这zhè次〕

4【此后】cǐhòu 書 名 이후. 이 다음. 금후. ¶～你不再来 | 이후에 너 다시 오지 마라 =〔自zì今以后〕

【此呼彼诺】cǐ hū bǐ nuò 成 여기에서 부르면 저기에서 대답하다. 서로 호응하다. ¶他们对任何事情常常～的 | 그들은 무슨 일에나 항상 서로 호응한다.

【此际】cǐjì ⇒〔此时〕

【此家】cǐjiā 書 名 이 사람. ¶～疏诞shūdàn, 不克kè重用 | 이 사람은 무책하여 중용할 수 없다 =〔此人〕

【此间】cǐjiān 書 名 여기. 이곳. 당지. 현지. ¶～天气渐jiàn暖nuǎn, 海棠táng花已盛开 | 이곳 날씨는 점차 따뜻해져 해당화가 활짝 피었다. ¶据jù～人士透露tòulòu | 현지 인사의 공개에 의하면.

3【此刻】cǐkè ⇒〔此时〕

【此路不通】cǐ lù bù tōng 成 이 길은 막혀 있습니다. 통로가 아닙니다. 진입 금지.

【此起彼伏】cǐ qǐ bǐ fú 成 한 쪽에서 일어나면 다른 쪽이 수그러지다. 끊임 없이 일이 터지다. ¶欢呼声～ | 환호성이 여기 저기서 연이어 일어나다 =〔此起彼落〕〔此伏彼起〕

【此人】cǐrén ⇒〔此家〕

【此生】cǐshēng ⇒〔今jīn生〕

4【此时】cǐshí 書 名 이 때. 지금. ¶～此刻 | 바로 이 때. ¶～此际jì | 이 때 =〔此际〕〔此刻〕

2【此外】cǐwài 連 이 밖에. 이 이외. ¶庭园里有很多苹píng果树、梨树、～还有一些桃táo树 | 정원에는 많은 사과 나무와 배나무가 있으며, 이외에도 약간의 복숭아 나무가 있다. 어법 「此外」는 접속사(連詞)로만 쓰이고 「另lìng外」는 접속사 및 지시대사(指示代詞)로 쓰임. ¶今天我们先讨论这两个问题, 此外的两个明天再讨论(×) ¶今天我们先讨论这两个问题, 另外的两个明天再讨论 | 오늘은 먼저 이 두 문제에 대해 토론하고 다른 두 문제는 내일 토론하자.

【此行】cǐxíng 書 名 이번 여행. 이번 행차. ¶祝你～顺利 | 이번 여행이 순조롭기를 바랍니다.

【此一时, 彼一时】cǐ yī shí, bǐ yī shí 成 지금은 지금이고 그 때는 그 때이다. 지금과 그때는 사정이 다르다.

【此致】cǐzhì 動 札 이에 …에게 보냅니다 [편지 끝에 쓰는 말] ¶～王先生 | 왕선생에게 보냅니다. ¶～敬礼 | 이에 예를 올립니다.

cì ㄘˋ

1【次】cì 차례 차, 머무를 차 ❶ 두 번째의. 다음의. 제2의. ¶～女↓ ¶～日↓ ❷ 形 (품질이) 떨어지다. 나쁘다. 어법 ⓐ 명사의 수식어로 쓰임. ¶～品↓ ¶～货↓ ⓑ 술어(謂語)로 쓰임. ¶这钢笔很～, 老不出墨水儿 | 이 만년필은 질이 좋지 않아 자주 잉크가 나오지 않는다. ¶这个酒还是比茅台～ | 이 술은 아무래도 마오타이 술 보다는 못하다. ⓒ 「不次于…」의 형식의 부정문으로 쓰임. ¶他的中国话不次于小平 | 그의 중국어는 소평 보다 못하지는 않다. ❸ 名 순번. 순서. 차례. ¶依～前进 | 차례대로 나아가다. ¶失～ | 순서가 깨지다. ❹ 量 번. 회수. 어법 ⓐ 중복해서 나타날 수 있는 사물에 사용함. 「次」 뒤에 「的」를 덧붙일 수 있음. ¶第二～世界大战 | 제2차 세계대전. ¶第二～的电报你收到没有? | 두 번째 전보를 받았니 못 받았니? ¶一～机会 | 한 차례의 기회. ⓑ 여러 번 반복될 수 있는 동작에 동량사로 사용함. ¶这话我说过好多～了 | 이 말은 내가 여러 번 말한 적 있다. ¶问了一～ | 한 차례 물었다. ⓒ 목적어(賓語)가 인칭대사일 때는 동량사는 목적어 뒤에만 올 수 있음. ¶每周开会一～ | 매주 한 차례 회의가 열린다. ¶每周开一～会 | 매주 한 차례 회의가 열린다. ¶我见过一～他(×) ¶我见过他一～ | 나는 그를 한 번 본 적이 있다. ❺ 숙소. 여행 도중 잠시 휴식하는 곳. ¶旅～ | 여행 중의 임시 거처(居處). ¶途tú～ | 중간 숙소. ❻ 가운데. 안에. ¶胸xiōng～ | 가슴 속. ¶言～ | 언중. ❼ 〈化〉 차(次). 아(亞). 하이퍼(hypo－) [화합물 속의 중심 원소는 동일하나 산소 원자가 두 개 적은 것] ¶～氯lǜ酸 | 차아 염소산. ❽ 形 인품이 떨어지다. 품격이 모자라다. ¶这个人太～了 |

이 사람은 너무 인품이 떨어진다. ❾[書][動]머물다. 정박하다. 주둔하다. 이르다. ¶大军~于江南 | 대군이 강남에 주둔하다. ❿[書][動]순서대로 배열하다. 편찬하다. ¶~之诗传zhuàn | 시전을 편찬하다. ⓫(Cì)[名]성(姓).

【次布】cìbù [名]품질이 떨어지는 면포(綿布). 규격을 벗어난 면포.

【次常式】cìchángshì [名]〈電算〉서브루틴(subroutine).

【次大陆】cìdàlù [名]〈地〉아대륙(亞大陸).

【次等】cìděng [區]차등. 차급(次級). 2등급. ¶~明星 | 이류 스타. ¶~货 | 이급품.

【次第】cìdì [名]❶순서. 차례. [어법]주로 부사적으로 쓰임. ¶在阳春三月好风光里, 所有的花, ~开放 | 춘삼월 호시절에 모든 꽃이 차례대로 피고 있다. ¶~入座 | 차례대로 자리에 앉다. ❷두서(頭緒). 실마리. ¶未见~, 不曾获得 | 실마리가 보이지 않아 수확을 얻지 못했다《水滸傳》❸결과. ¶他明日回话, 必有个~ | 그가 내일 회답을 할테니 반드시 결과가 있을 것이다.

【次骨】cìgǔ [書][動]골수에 사무치다. 가혹하다. 심각하다. ¶恨hèn之~ | 원한이 뼈에 사무치다. ¶内容~ | 내용이 심각하다→[刺cì骨]

【次货】cìhuò [名]이급품. 열등품. 비(B)급품.

【次级】cìjí [區]차급. 2차. 차등. 하급. ¶~宝石 | 이급품 보석. ¶~资料 | 이차 자료. 간접 자료. ¶~电路 | 이차 회로. ¶~电压yā | 이차 전압. ¶~线圈quān | 2차 코일(coil)

【次男】cìnán ⇒[次子]

【次年】cìnián [書][名]다음해. 익년(翌年).

【次女】cìnǚ [書][名]차녀.

4【次品】cìpǐn [名]하등품. 조잡품. ¶把~排pái出来展览zhǎnlǎn | 하등품을 내 놓고 전람을 하다.

【次清】cìqīng [名]〈言〉무성 유기음(無聲有氣音) [중국 전통 음운학 용어]

【次轻量级】cìqīngliàngjí [名組]〈體〉페더급(feather級).

【次日】cìrì [書][名]이튿날. 익일(翌日).

【次生】cìshēng [狀]차생. 제2기. 제2차. ¶~矿kuàng床 |〈鑛〉2차 광상. ¶~根 | 이차 뿌리. ¶~矿物kuàngwù | 이차 광물. ¶~林 | 이차 삼림.

【次声】cìshēng [名]〈物〉가청 주파수(可聽周波數) 이하의 음파. 대개 20 데시벨 이하의 소리. ¶~波bō | 아음파(亞音波).

4【次数(儿)】cìshù(r) [名]차수. 회수. 도수(度數). ¶去的~不少了, 但没找着他 | 수차 갔지만 그를 찾지 못했다. ¶~在年年增zēng加 | 회수가 해마다 증가한다 =[回huí数][遭zāo数(儿)]「式水杨酸铋」

4【次序】cìxù [名]차례. 순서. ¶接照~入场 | 순서대로 입장하다. ¶按字母~排列páiliè | 자모 순으로 배열하다 =[序次]

3【次要】cìyào [區]이차적. 부차적. ¶这是~的问题 | 부차적인 문제. ¶~地位 | 부차적인 위치. ¶~课 | 부차적인 과목. ¶形式是~的 | 형식은 부차적이다→[主zhǔ要]

【次于】cìyú [書][動]…의 다음이다. …보다 못하다. ¶~外货huò | 외국산 보다 못하다. ¶质量~欧ōu美产 | 질이 구미산 보다 떨어진다.

【次韵】cìyùn [動]〈文〉차운하다. 상대방의 시운(詩韻)에 맞추어 시를 짓다.

【次长】cìzhǎng [名](정부 각부의) 차관. ¶教育~ | 교육부 차관.

【次之】cìzhī [書][動]…의 다음이다. …보다 못하다. ¶该省矿藏kuàngcáng, 以锡xī最多, 铜~ | 그 성의 광물 매장량(埋藏量)은 주석이 가장 많고 그 다음은 구리이다.

【次中级】cìzhōngjí [名]〈體〉웰터급(welter級) =[轻中级]

【次子】cìzǐ [名]둘째 아들.

【次重量级】cìzhòngliàngjí [名組]〈體〉미들 헤비급(middle heavy級).

【次最轻量级】cìzuìqīngliàngjí [名組]〈體〉플라이급(fly級).

【伺】cì ☞ 伺 sì [B]

2【刺】cì ⓧqì) cī 찌를 자, 헐뜯을 자

[A] cì ❶[動]찌르다. ¶~杀shā | 찔러 죽이다→[扎zhā①][锛chán③] ❷[動]자극하다. 찌르다. ¶他的话太~耳 | 그의 이야기는 너무 귀에 거슬린다. ¶一针一针地~在他们的心上 | 한 바늘 한 바늘 그의 가슴을 찔렀다. ¶~鼻bí | 코를 찌르다. ❸암살(暗殺)하다. ¶被~ | 암살 당했다. ¶~客↓ ❹남의 약점을 이야기하다. 풍자하다. ¶~讽 | 빈정대다. 풍자하다. ¶面~ | 면전에서 비방하다. ¶~了他一句 | 그에게 한 마디 쏘았다. ¶别拿话~人 | 말로 남을 쏘아붙이지 마라. ❺정찰하다. 탐지하다. ¶~探↓ ❻[動]배를 젓다. ¶~船 | 배를 젓다. ❼재판하다. ¶司~ | 옛날 재판관. ❽(~儿)[名]가시. 바늘 모양으로 뾰족한 것. ¶蔷薇qiángwēi~ | 장미 가시. ¶鱼~ | 물고기 가시. ¶手上扎zhā了个~ | 손에 가시가 박혔다. ❾명함. ¶投~ | 명함을 넣다. 방문하다. ❿[動]먹물 뜨기하다. 문신(文身)하다. ¶~青 | 먹물 뜨기하다. ⓫[動]자수(刺繡)하다. ¶~绣↓ ⓬(Cì)[名]성(姓).

[B] cī [擬]❶찍. 주르르. 쭉 [미끄러짐을 나타내는 소리] ¶~的一声, 滑了一个跟头 | 찍하고 미끄러져 곤두박질쳤다. ❷칙칙. 뿌직뿌직 [불이 붙었음을 나타내는 소리] ¶~~地直冒mào火星 | 칙칙하고 불꽃이 계속 튄다.

[A] cì

【刺柏】cìbǎi [名]〈植〉전나무 =[桧guì树]

【刺鼻】cìbí [形](냄새가) 지독하다. 코를 자극하다. ¶~怪guài味 | 코를 찌르는 고약한 냄새. ¶这酒味太~了 | 이 술 냄새는 너무 자극적이다.

【刺穿】cì/chuān [動]찔러서 뚫다. ¶用铁针tiězhēn~ | 철침으로 찔러 꿰뚫었다.

【刺刺】cìcì [形]말이 많다. 수다스럽다. ¶~不休 | [成]끊임없이 잔소리하다. ¶说几句就算了, ~的多讨厌呀! | 몇 마디 하고 말 것을 끊임없이 지껄이니 정말 성가시다.

【刺刀】cìdāo [名]총검. ¶用~扎zhā | 총검으로 찌

르다. ¶被～刺伤shāng了 | 총검에 찔려 상처를 입었다. ¶～见红 | 총검이 붉어지다. 백병전을 벌이다＝[枪qiāng刺(子)]

【刺耳】cì'ěr 形 (말·소리 등이) 귀를 자극하다. 귀에 거슬리다. 듣기 거북하다. ¶～之声shēng | 귀를 찌르는 날카로운 소리. ¶一句句都很～ | 한 마디 한 마디가 모두 귀를 자극한다. ¶这话听起来有点儿～ | 이 말은 듣기가 좀 거북하다＝[扎zhā耳朵]→[顺shùn耳]

【刺股】cìgǔ 動 넓적다리를 찌르다. 졸음을 쫓아가며 공부하다. ¶～悬xuán梁liáng | 國 다리를 찌르고 상투를 대들보에 매달아 졸음을 쫓아가며 공부하다.

【刺骨】cìgǔ 動 ❶ (추위가) 뼈를 찌르다. 살을 에다. ¶寒风～ | 國 찬바람이 살을 에다. ❷ (원한이) 골수에 사무치다. ¶恨之～ | 골수에 사무치도록 한을 품다→[次骨]

【刺槐】cìhuái 名 〈植〉 아카시아(acacia)＝[洋yáng槐][针zhēn槐][茨cí槐]

3【刺激】cìjī ❶ 動 자극하다. 흥분시키다. ¶～皮肤 | 피부를 자극하다. ¶～生产 | 생산을 자극하다. ❷ 名 자극. 흥분. ¶做～ | 자극을 주다. ¶他受到了很大的～ | 그는 매우 큰 자극을 받았다. ¶精神～ | 정신적 자극. ¶～疗法 | 자극 요법＝[書 刺戟][激刺]

【刺激素】cìjīsù 名 〈生理〉 생장 호르몬(hormone)＝[生长素]→[激素]

【刺客】cìkè 名 자객. 암살자. ¶日本～杀害了有名人士 | 일본 자객이 요인을 암살하였다.

【刺目】cìmù ⇒[刺眼]

【刺挠】cì·nao 形 가렵다. 근질근질하다. ¶好几天没洗澡了, 身上～得很 | 며칠간 목욕을 하지 않았더니 몸이 몹시 가렵다＝[回 刺戟][刺闹]

【刺配】cìpèi 動 (도망가지 못하도록) 죄인의 얼굴에 문신을 넣어 유배하다. ¶林冲被～到沧cāng州 | 임충은 묵형을 당하고 창주로 유배되었다.

【刺儿】cìr ❶ 名 가시. ¶玫瑰méiguī有很多～ | 장미에는 가시가 많다. ❷ 形 京 까다롭다. 괴팍하다. ¶他可～了 | 그는 매우 까다로운 사람이다.

【刺儿头】cìrtóu 名 ❶ 장발. 길게 기른 머리. ❷ 京 北 성미가 괴팍한 사람. 까다로운 사람. ¶谁也不敢惹rě他这个～ | 누구도 감히 괴팍한 그 사람을 건드리지 못한다. ¶他是我们村里有名的～ | 그는 우리 마을에서 괴팍한 사람으로 유명하다.

【刺杀】cìshā ❶ 動 찔러 죽이다. 암살하다. ¶～人 | 사람을 찔러 죽이다. ❷ 名 총검. ¶练liàn～ | 총검술을 연마하다.

【刺伤】cìshāng 動 ❶ 찔러서 상처를 입히다. ❷ 마음을 상하게 하다. ¶～自尊zūn心 | 자존심을 상하게 하다. ¶～人们的心 | 사람의 마음을 상하게 하다.

【刺参】cìshēn 名 〈動〉 자삼 [해삼의 일종]＝[沙噀shāxùn]

【刺史】cìshǐ 名 자사 [한(漢)·당(唐) 시대의 주장관(州長官)]

【刺丝】cìsī 名 자사 [강장동물(腔腸動物) 유자포류(有刺胞類)의 자세포(刺細胞)]

【刺探】cìtàn 動 정탐하다. 탐지하다. ¶～军事情报 | 군사 정보를 탐지하다. ¶～内情 | 내막을 정탐하다→[探听]

【刺猬】cì·wei 名 〈動〉 고슴도치.

【刺细胞】cìxìbāo 名 〈動〉 자세포.

【刺绣】cìxiù ❶ 動 수를 놓다. 자수하다. ❷ 名 자수. ¶～画 | 자수화. ¶～品 | 자수품. ¶～针 | 자수 바늘→[顾gù绣]

【刺眼】cìyǎn ❶ 形 눈부시다. 눈을 자극하다. ¶～颜yán色 | 눈부신 색깔. ¶～雪野xuěyě | 눈부신 설원. ¶打扮bàn得太～ | 지나치게 화려하게 치장하다. ❷ 動 눈에 거슬리다. 이목을 끌다 ‖＝[刺目]

【刺痒】cì·yang ⇒[刺挠náo]

【刺针】cìzhēn 名 자침 [강장동물(腔腸動物) 유자포류(有刺胞類)의 자세포(刺細胞)에 딸린 침. 감각기관의 일종]

【刺字】cìzì ❶ 名 묵형. 자자 [얼굴에 문신을 새겨 넣는 고대 형벌의 하나] ❷ (cì zì) 動組 자자하다. 문신을 하다. 바늘로 먹물을 넣어 글자를 새기다. ¶岳母在岳飞的背上刺了四个字「精忠报国」| 악비의 어머니는 악비의 등에 「정충보국」이라는 4개의 글자를 새겨 넣었다.

B cī

【刺啦】cīlā 擬 칙. 차라락 [부딪치거나 찢어지면서 나는 소리] ¶～一声, 衣服撕sī了个口子 | 찌익하고 옷이 찢어져 구멍이 났다. ¶～一声划着了火柴chái | 치직하고 성냥불이 붙었다.

【刺棱】cīlēng 擬 주르르. 후다닥. 쪼르르 [미끄러지거나 빠르게 움직이는 소리] ¶猫māo～一下跑pǎo了 | 고양이가 쪼르르 도망쳤다.

【刺溜】cīliū 擬 ❶ 주르르. 후다닥. 꽈당 [미끄러지는 소리] ¶不留神, ～一下滑huá倒了 | 주의를 하지 않아 꽈당 미끄러져 넘어졌다. ❷ 휙. 핑핑 [빠르게 지나가는 소리] ¶子弹～～地从耳边擦cā过去 | 탄환이 핑핑 귓전을 스쳐지나 갔다.

【赐(賜)】 cì 줄 사

❶ 書 動 하사하다. 베풀다. 주다. ¶希～回音 | 회신 주시기를 바라옵니다. ¶～教↓ ❷ 書 名 하사품. 은혜. 은덕. ¶皆jiē受其～ | 모두 그 혜택을 받다. ¶受～良多 | 은혜를 많이 받았습니다. ❸ (Cì) 名 성(姓).

【赐恩】cì'ēn ⇒[赐惠]

【赐福】cìfú 動 복을 주다. 행복을 내리다. ¶愿上苍cāng永远～给下民 | 원컨데 하늘에서 백성들에게 영원히 복을 내리소서.

【赐复】cìfù 書 動 札 회신하다. 회답을 내리다. ¶请即～为荷hé | 곧바로 회신해 주시기 바라옵니다＝[赐覆fù]

【赐覆】cìfù ⇒[赐复fù]

【赐函】cìhán 動 札 편지를 보내주시다. ¶承蒙～示教 | 서한으로 가르침을 받게 되다.

【赐惠】cìhuì 書 動 은혜를 베풀다＝[赐恩]

【赐教】cìjiào 動 敬 가르침을 주시다. ¶不吝lìn～ | 아무쪼록 가르쳐 주시기 바랍니다. ¶今蒙méng兄～不胜shèng感激gǎnjī | 오늘 형의 가르침을 받게되어 감격을 금할 수 없습니다.

【赐死】cìsǐ 書 動 사약을 내리다. 임금이 사약을 내려 죽게하다.
【赐予】cìyǔ 書 動 (윗사람이) 하사하다. 내려 주다. ¶他把皇上～的书藏cáng在衣柜guì里 | 그는 황제가 하사한 책을 옷장에 감추었다.
【赐正】cìzhèng 書 動 바로잡아 주시다. 정정하여 주시다. ¶敬祈qí～为荷 | 札 잘못된 점을 바로 잡아 주시기 바라옵니다.

cōng ㄘㄨㄥ

1【从】cōng ☞ 从 cóng Ⓑ

【苁(蓯)】cōng 육종용 종 ⇒〔苁蓉〕
【苁蓉】cōngróng 名〈植〉❶ 육종용(肉蓯蓉) ❷ 초종용(草蓯蓉)과 육종용.

【枞(樅)】cōng zōng 전나무 종
Ⓐ cōng 名 ❶〈植〉전나무 =〔枞树〕 ❷ (Cōng) 성(姓).
Ⓑ zōng 지명에 쓰이는 글자. ¶～阳 | 종양 [안휘성(安徽省)에 있는 현(縣)]

3【匆〈怱悤悤〉】cōng 바쁠 총
書 形 바쁘다. 총망하다. 분주하다. ¶来去～～ | 분주히 왔다갔다 하다.
4【匆匆】cōngcōng 貺 분주하다. 황급하다. 총망하다. ¶～不及 | 바빠서 손이 미치지 못하다. ¶他～～地走到门口 | 그는 황급히 문앞으로 걸어 갔다. ¶～赴fù京 | 급하게 상경하다. ¶～肃sù复 | 札 급히 회신을 드립니다.
【匆卒】cōngcù ⇒〔匆促cù〕
【匆促】cōngcù 形 촉박하다. 황급하다. ¶可惜xī我这次时间～ | 애석하게도 이번에는 시간이 없다. ¶因为动身的时候太～了, 把稿gǎo子忘在家里没带来 | 출발할 때 너무 서둘러 원고를 집에 두고 가져 오지 않았다 =〔匆卒〕〔匆猝〕
【匆猝】cōngcù ⇒〔匆促cù〕
【匆遽】cōngjù 書 形 바쁘다. 황급하다. 분주하다. ¶～之间难免miǎn有失 | 바삐 서둘다가는 실수하기 마련이다.
3【匆忙】cōngmáng 形 총망하다. 분주하다. 황망하다. ¶他～地跑pǎo走了 | 그는 황망히 뛰어갔다. ¶乘chéng客们～地上了火车 | 승객들은 급히 열차에 올랐다.

4【葱〈蔥〉】cōng 파 총, 푸를 총
❶ 名〈植〉파. ¶洋～ | 양파. ¶小～ | 햇파. ¶一根～ | 파 한 뿌리 =〔青葱〕〔鹿胎〕 ❷ 청색. 푸르다. 새파랗다. ¶～绿↓ ¶～翠cuì↓
【葱白】cōngbái 名〈色〉연한 청색. 파 뿌리 색.
【葱白儿】cōngbáir 名 파의 백근(白根). 파의 밑동 =〔葱白头〕
【葱白头】cōngbáitóu ⇒〔葱白儿〕
【葱拌豆腐】cōng bàn dòu·fu ⇒〔小葱拌豆腐〕
【葱爆牛肉】cōngbàoniúròu 名〈食〉쇠고기 골파 볶음.
【葱翠】cōngcuì 貺 짙푸르다. 시퍼렇다. ¶～的竹林 | 시퍼런 대나무 숲 =〔苍cāng翠〕
【葱花(儿)】cōnghuā(r) 名 ❶ 파의 꽃. ❷ 실파. 잘게 썬 파. ¶～汤tāng | 파를 잘게 썰어 끓인 국.
【葱花儿饼】cōnghuārbǐng 名〈食〉실파를 넣어 붙인 밀가루 지짐 =〔葱花烙lào饼〕→〔饼子①〕
【葱茏】cōnglóng 貺 시퍼렇고 무성하다. 짙푸르고 울창하다. ¶～的松树林 | 짙푸르고 무성한 송림. ¶茫máng茫大地, 一片～ | 가없는 대지가 온통 시퍼렇고 울창하다 =〔葱郁〕〔茏葱〕
【葱绿】cōnglǜ ❶ 名〈色〉담녹색. 연두색 =〔葱心儿绿〕 ❷ 貺 짙푸르다. 시퍼렇다. ¶～的田野 | 시퍼런 들판. ¶雨后的松林更加～可爱 | 비 온 뒤의 송림은 한결 더 푸르고 아름답다.
【葱丝(儿)】cōngsī(r) 名 가늘고 길게 썬 파. 실파.
【葱头】cōngtóu 名 양파. ¶～汤tāng | 양파국 =〔洋葱〕
【葱郁】cōngyù ⇒〔葱茏lóng〕

3【囱】cōng chuāng 굴뚝 총, 창 창
Ⓐ cōng 名 굴뚝. 연돌 =〔烟囱〕
Ⓑ chuāng「窗」의 본자(本字) ⇒〔窗chuāng〕

【骢(驄)】cōng 총이말 총
書 名〈動〉총이말. 청백색말. ¶五花～ | 얼룩말. ¶～马使shǐ | 명청대(明淸代)의 감찰어사의 속칭 =〔骢〕

【璁】cōng 옥같은돌 총
書 名 옥돌과 비슷한 돌. ¶～琤 | 옥이 부딪치는 소리.

【骢(驄)】cōng 총이말 총
「骢」과 같음 ⇒〔骢cōng〕

2【聪(聰)】cōng 밝을 총
❶ 形 귀가 밝다. ¶耳ěr～目明 | 귀와 눈이 밝다. ❷ 形 총명하다. 영리하다. ¶天资zī～颖yǐng | 선천적으로 총명하다. ❸ 名 청력(聽力). 청각. ¶右耳失～ | 오른쪽 귀를 먹었다. ❹ (Cōng) 名 성(姓).
【聪慧】cōnghuì 形 총명하다. 지혜롭다. ¶自小就很～ | 어릴 적부터 매우 총명하다. ¶～过人 | 남들보다 훨씬 총명하다.
니다《後漢書·孔融傳》
【聪敏】cōngmǐn 形 똑똑하다. 영리하다. ¶头脑nǎo～ | 머리가 아주 민첩하고 영리하다. ¶他很～ | 그는 매우 영리하다.
【聪明才智】cōng míng cái zhì 成 총명하고 재질이 뛰어나다. ¶凭着你的～, 还怕考不上研究生吗? | 너의 총명한 재질에도 불구하고 대학원 시험에 떨어질까봐 겁을 내니?
2【聪明】cōng·ming 形 ❶ 총명하다. 영리하다. ¶～能干gàn | 총명하고 유능하다. ¶～毕bì露的眼睛yǎnjīng | 총명기가 졸졸 흐르는 눈매 =〔聪睿ruì〕〔聪悟wù〕〔聪颖yǐng〕⇔〔笨bèn①〕〔糊hú涂②〕〔愚yú蠢〕 ❷ (귀나 눈이) 밝다. 예리하다. ¶耳目～ | 이목이 예리하다.
【聪明一世, 糊涂一时】cōng·ming yīshì, hú·tu yīshí 諺 총명한 사람도 바보 같을 때가 있다.
【聪睿】cōngruì ⇒〔聪明〕

【聪悟】cōngwù ⇒〔聪明〕
【聪颖】cōngyǐng ⇒〔聪明〕

cóng ㄘㄨㄥˊ

1【从(從)】cóng cōng 좇을 종, 따를 종
Ⓐ cóng ❶ 介 …로부터. …에서. 어법 장소·시간·범위 따위의 출발점을 나타내며, 일반적으로「到」「往」「向」등과 어울려 사용됨. ¶～东向西 | 동쪽에서 서쪽으로 향하다. ¶我刚～学校回来 | 나는 방금 학교에서 돌아왔다. ¶～早到晚 | 아침부터 저녁까지. ¶～古到今 | 옛날부터 지금까지. ¶～头到尾 | 처음부터 끝까지→〔打dǎ〕〔起qǐ〕〔解jiě〕〔由yoǔ〕〔自zì〕〔自从〕 ❷ 介 …로. …을 지나 [경유하는 노선·장소를 나타냄] ¶～小路走 | 작은 길을 걷다. ¶队伍刚～操cāo场上出来 | 군대는 방금 운동장을 거쳐 나왔다. ❸ 介 …에서. …로부터 [근거를 나타냄] ¶～实际jì情况出发 | 실제 상황에서 출발하다. ¶～脚步声就能听出是你 | 발걸음 소리로부터 너라는 것을 알 수 있다. ❹ 介 …에서 …가 되다 [변화·발전의 출발점을 나타냄] ¶～无到有 | 무에서 유가 되다. ¶～外行变成内行 | 비전문가에서 전문가로 변하다. 어법「从」과「打」의 비교 ⇒〔打dǎ〕→〔打dǎ〕〔解jiě⑨〕〔由yōu①〕〔自zì④〕〔起qǐ⑫〕 ❺ 動 …을 좇다. …뒤를 따르다. ¶～母归guī家 | 어머니를 따라 집으로 돌아오다. ¶～风而靡mí | 바람 부는 대로 넘어지다. ❻ 動 순종하다. 따르다. ¶在家～父, 出门～夫, 夫死～子也 | 출가 전에는 아버지에 순종하고, 출가 후에는 남편에 순종하며, 남편이 죽으면 자식을 따른다. ❼ 動 굴복하다. ¶至死不～ | 죽어도 굴복하지 않다. ❽ 動 다스리다. 종사하다. ¶～政↓ ¶～公↓ ❾ 動 참가하다. ¶～军↓ ❿ 動 어떤 원칙이나 방침을 따르다. …하도록 하다. ¶～速sù解决 | 빨리 해결하도록 하다. ¶一切～简jiǎn | 모든 것을 간소화하도록 하다. ⓫ 書 連 …함으로써. 그리하여. 그래서. ¶经过讨论, ～而作出决定 | 토론을 거쳐 결정을 내리다. ⓬ 副 지금까지. 종래 어법 주로 부정사 앞에서 사용됨. ¶～没有吃过 | 지금까지 먹어본 적이 없다→〔从来〕 ⓭ 名 따르는 사람. 종자(從者). ¶仆pú～ | 종복. ¶侍shì～ | 시종. ⓮ 名 부수적인 것. 종속적인 것. ¶主～ | 주된 것과 부차적인 것. ¶～犯fàn↓ ⓯ 名 부. 종 [옛날, 위계(位階)의 동급에서 정(正)의 아래] ¶～三位 | 종삼품. ⓰ 名 종 [친조부(親祖父) 아래의 친족관계를 나타냄] ¶～兄弟↓ ⓱ (Cōng) 名 성(姓).
Ⓑ cōng「从容」의 구독음(舊讀音).

【从表兄弟】cóngbiǎoxiōngdì 名 고종 사촌 형제. 이종 사촌 형제.
【从表侄】cóngbiǎozhí 名 고종 조카. 이종 조카.
【从伯】cóngbó 名 종백. 부친보다 나이가 많은 친사촌 형님. ¶～母 | 나이 많은 큰 사촌 형수님.
2【从不】cóngbù 副 지금까지 …하지 않다. 종래 …한 적이 없다. ¶～讲假jiǎ话 | 종래 거짓말 하지 않았다. ¶他～缺quē课 | 그는 지금 까지 결석한 적이 없다→〔从来〕
【从长】cóngcháng 形 천천히 하다. 신중하게 하다. 장기적으로 하다. ¶～商量shāngliáng | 여유를 가지고 상담하다.
【从长计议】cóng cháng jì yì 成 여유를 가지고 신중하게 논의하다. ¶这个问题很复杂fùzá, 应该～, 不要马上就决定 | 이 문제는 복잡하니, 바로 결정하지 말고 여유를 가지고 논의하여라.
【从长期来看】cóng chángqī lái kàn 動組 장기적으로 보다. 긴 안목으로 보다. ¶～, 中韩两国还是有很多项xiàng目可以合作的 | 장기적 안목으로 보면 중한 양국은 역시 합작할 수 있는 항목이 많다.
【从长远看】cóng chángyuǎn kàn 動組 긴 안목으로 보다. ¶你不要着急, ～你们关系 | 너 조급해 하지 말고 긴 안목으로 너희 관계를 보아라.
2【从此】cóngcǐ 連 여기부터. 이제부터. 지금부터. 그로부터. 이곳부터. 어법 ⓐ 동사구(動詞詞組)·형용사구(形容詞詞組)를 수식함. ¶他搬bān走后就没来过信, 我们～失去了联系liánxì | 그는 이사 간 후 편지 보내 온적이 없어 우리는 이로부터 연락이 끊어졌다. ⓑ 발생·소실·변화된 기점을 표시하며 2음절의 동사를 직접 수식함. ¶原始公社shè解体jiětǐ以后, 阶jiē级社会～产生 | 원시 공동체가 해체된 후, 계급사회가 이로부터 나타났다. ¶那件事情已经查清, 误解～消除xiāochú | 그 일에 대해서는 이미 분명히 조사되어 오해는 이로부터 사라졌다. ⓒ 하나의 문(句子) 앞에 옴. ¶发生了这事故, ～小平再也不敢糊涂hútū大意了 | 이 사고가 발생하고 부터 소평은 다시 더 소홀히 하지 않았다.
【从打】cóngdǎ 介 …부터. …에서 어법 시간·공간의 기점을 나타냄. ¶～那天就觉得不舒服shūfú | 그날부터 몸이 편치 못함을 느꼈다. ¶他是～很远的地方来的 | 그는 아주 먼곳에서 왔다 ＝〔打从〕→〔自zì打〕
【从动】cóngdòng 區〈機〉동력 전달. 구동. 전동(傳動). ¶～齿轮 | 전동 기어(gear). ¶～轴zhóu | 전동축→〔从轮〕
2【从而】cóng'ér 書 連 따라서. 그리하여. …함으로써. 어법 원인·방법을 나타내는 절 다음에 오는 결과·목적 등을 나타내는 절을 연결함. ¶他们加强了学习, 改进了方法, ～提高了工作效率xiàolǜ | 그들은 학습을 강화하고 방법을 개선함으로써 작업 효율을 높였다.
【从犯】cóngfàn 名〈法〉종범→〔正zhèng犯〕〔主zhǔ犯〕
【从丰】cóngfēng ❶ 副 풍부히. 충분히. 족히. ¶要求～报酬chóu | 충분한 보수를 요구하였다. ❷ 動 풍부하게 하다. 충분하게 하다. ¶报酬chóu～ | 보수를 충분하게 하다.
【从根儿】cónggēnr 副 처음부터. 근본적으로. 철저히. ¶这件事～计较, 可就麻烦má·fan多了 | 이 일은 처음부터 따지자면 상당히 귀찮아진다. ¶～解决jiějué | 근본적으로 해결하다.
【从公】cónggōng 書 ❶ 動 공무에 종사하다. 의무를 이행하다. ¶枵xiāo腹～ | 공복(空腹)으로 공

무에 종사하다. 喩 보수 없이 일하다. ❷ 副 공평하게. ¶～办理 | 공평하게 처리하다.

【从古】cónggǔ 副 옛날부터. 고래로. ¶～至今 | 옛날부터 지금에 이르기 까지. ¶～就这样 | 옛날부터 이러하였다.

【从何】cónghé 代 ❶ 어디에서. 어디로부터. ¶～而来 | 어디로부터 오는가? ¶一部二十五史不知～说起 | 이십오사는 어디부터 말하는 건지 모르겠다. ❷ 어디로. ¶这钱不知～而去 | 이 돈이 어디로 갔는지 알 수 없다.

【从缓】cónghuǎn ❶ 動 늦추다. 지연하다. ¶决不～ | 절대 지연시키지 않다. ❷ 副 천천히. 지연하여. ¶～处理 | 지연 처리하다. ¶～商议 | 천천히 상의하다.

【从吉】cóngjí 動 복상(服喪) 중 경사(慶事)가 있어 임시로 상복을 벗고 길복(吉服)으로 갈아입다[상중에 경사를 처리할 때 초대장에「从吉」라 고 씀]

【从价税】cóngjiàshuì 名 종가세. ¶～率 | 종가세율→〔从量税〕

【从俭】cóngjiǎn 動 절약하다. 검약하다. ¶现在提倡chàng节约jiéyuē, 凡fán事～ | 지금은 절약을 외치고 있으므로 모든 일에 검소해야 한다. ¶诸事～ | 모든 일에 검약하다. ¶婚hūn事～ | 혼사를 검약하게 하다.

【从简】cóngjiǎn ❶ 副 간략히. 간단히. ¶～说明 | 간단하게 설명하다. ❷ 動 간략하게 하다. ¶仪yí式～ | 의식을 간략하게 하다. ¶一切qiè～ | 모든 것을 간략하게 하다.

【从谏如流】cóng jiàn rú liú 成 물 흐르듯 임금이 신하의 직간을 자연스럽게 받아들이다.

【从今】cóngjīn 副 지금부터. 이제부터. ¶～以后我再也不上你的当了 | 이제부터 다시는 너에게 속지 않을 것이다. ¶～以后 | 금후. 지금부터. ¶～以前 | 이전. 종전.

【从井救人】cóng jǐng jiù rén 成 우물에 뛰어 들어 사람을 구하려 하다. 위험을 무릅쓰고 사람을 돕다《論語·雍也》

【从句】cóngjù 名〈言〉종속절. 종속문.

【从军】cóngjūn 動 종군하다. 입대하다. 군무를 보다. ¶木兰lán扮bàn男装zhuāng, 替tì父～ | 목란은 남장을 하고 아버지를 대신하여 군에 갔다→〔从戎〕

【从宽】cóngkuān ❶ 副 관대히. 너그러이. ¶～处罚 | 관대하게 처벌하다. ❷ 動 너그러이 보아주다. 관대히 하다. ¶对老年罪犯fàn的处罚要～ | 노년 범죄의 처벌은 관대하게 해야 한다.

[2]【从来】cónglái 副 지금까지. 여태껏. 이제까지. ¶他～不喝酒 | 그는 이제까지 술을 마시지 않았다. 어법 ⓐ「从来」는 주로 부정문에 쓰이며,「从来」뒤에「没(有)」가 있을 때는 동사·형용사 뒤에「过」를 붙임. ¶～没去过 | 종래 간 적이 없다. ¶～没有生过气 | 여태껏 성을 낸 적이 없다. ¶这种事我～没听说过 | 이런 일을 나는 여태까지 들어본 적이 없다. ⓑ「从来不〔没(有)〕」와「从不〔未〕」는 같은 의미로 쓰이나,「从不」다음에는 단음절 동사를 단독으로 쓸 수는 없음. ¶从不想(×) ¶从来不想 | 종래 생각한 적이 없다. ¶从不考虑 | 지금까지 고려하지 않았다. ⓒ 긍정문에 쓰일 때는 부사「就」「都」등이 뒤에 옴. ¶他～就喜欢文学 | 그는 이제까지 문학을 좋아하였다. ¶他们的宿舍sùshè～都是很干净 | 그들의 기숙사는 지금까지 매우 깨끗하였다. ⓓ「历来」「向来」도「从来」와 같은 뜻으로 쓰이나,「历来」는 부정문으로 쓰이지 않음. ¶这个人历来不糊涂(×) ¶这个人从来〔向来〕不糊涂 | 이 사람은 종래 흐리멍덩한 적이 없다→〔从不〕〔历来〕〔向来〕

【从良】cóng/liáng 動 창기(娼妓)가 탈적(脫籍)하고 결혼하다. 노비가 몸값을 치르고 자유인이 되다. ¶合家～, 再不在烟花巷xiàng里 | 기녀에서 탈적하여 가정을 이루어 다시는 더 거리에 나타나지 않았다《警世通言》‖ =〔出水④〕

【从量税】cóngliàngshuì 名 종량세→〔从价税〕

【从略】cónglüè ❶ 副 간략히. 간단히. ¶～说明 | 간략하게 설명하다. ❷ 動 생략하다. ¶具体办法～ | 구체적인 방법은 생략하다. ¶以下因时间关系～ | 이하는 시간 관계상 생략함.

【从轮】cónglún 名〈機〉종륜. 딸림 기어.

【从命】cóngmìng 動 명령에 따르다. ¶欣xīn然～ | 기꺼이 명령에 따르다. ¶恭gōng敬不如～ | 成 복종이 공경보다 낫다. 존경 보다는 명령에 따르라.

【从旁】cóngpáng 副 옆에서. 곁에서. ¶～观之 | 곁에서 보다. ¶我可以～帮一把 | 내가 곁에서 한 번 도와 줄 수 있다.

[1]【从前】cóngqián ❶ 副 이전에. 종전에. ¶～来过一趟tàng | 전에 한 번 왔던 일이 있다. ❷ 名 종전. 이전(以前). 옛날. ¶～人类不知道利用火 | 옛날 인류는 불을 이용할 줄 몰랐다. ¶两年没见, 你跟～不一样了 | 2년 동안 만나지 못했더니 너는 전과 달라졌다 =〔从先〕→〔以前〕

【从轻】cóngqīng ❶ 副 가볍게. 관대히. 느슨하게. ¶～减罚jiǎnfá | 처벌을 경감(輕減)하다. ❷ 動 가볍게 하다. 경감하다. ¶对这些人量刑xíng要～ | 이 사람들의 형량을 가볍게 처리하다.

【从轻发落】cóngqīng fāluò 動組 가볍게 문책하다. ¶念在他年幼yòu无知, 姑gū且～ | 그가 나이가 어리고 무지함을 고려하여 가볍게 처벌하다.

【从权】cóngquán 書 ❶ 副 임시적. 일시적. 편리한 대로. ¶～处理 | 임시적으로 처리하다. ❷ 動 편리한 대로 하다. 일시적으로 변통하다. ¶因时因地而采取～的办法 | 때와 장소에 따라 임시 방편의 방법을 취하다. ¶今宜～, 不可拘jū执zhí常理 | 상리에 얽매일 수 없으니 지금은 임기응변으로 처리함이 마땅하다《三國志》

【从缺】cóngquē 動 부족한 대로 처리하다. 결원으로 처리하다. ¶这次大赛, 评出二等奖两名, 三等奖五名, 一等奖～ | 이번 대회에서 이등상은 두명, 삼등상은 다섯으로, 일등상은 없는 것으로 심사하였다.

【从戎】cóngróng 書 動〈軍〉종군하다. 입영하다. 입대하다. ¶投tóu笔～ | 붓을 던지고 군에 입대하였다→〔从军〕

3【从容】cóngróng 舊 cōngróng) 形 ❶ 유연하다. 침착하다. 안정되다. ¶ 举止jǔzhǐ～ | 행동거지가 유연하다. ¶ ～地应付yìngfù这些事情 | 유연하게 이 일에 대처하다. ❷ 여유가 있다. 넉넉하다. 충분하다. ¶ 手头～ | 수중에 여유가 있다. ¶ 时间很～ | 시간적 여유가 있다.

4【从容不迫】cóng 舊 cōng) róng bù pò 成 태연자약하다. 여유 만만하다. 유유자적하다.

【从容就义】cóng 舊 cōng) róng jiù yì 成 의연하게 정의를 위해 희생하다.

【从容应对】cóng 舊 cōng) róng yìng duì 成 여유있게 응대하다.

【从容自若】cōng 舊 cōng) róng zì ruò 成 태연자약하다. 의연하다.

【从善如登山】cóng shàn rú dēng shān 成 선을 행하는 것은 산에 오르는 것과 같이 어렵다. ¶ ～, 从恶è如川流 | 선은 행하기 어렵고, 악은 행하기 쉽다《國語·周語下》

【从善如流】cóng shàn rú liú 成 타인의 충고를 잘 받아들이다. ¶ ～, 宜yí哉 | 남의 충고를 잘 받아들이니 좋은 일이다《左傳·成公》

【从师】cóngshī 動 사사(師事)하다. 스승으로 받들다. ¶ ～习艺yì | 스승을 따라 기예를 익히다.

2【从事】cóngshì 動 ❶ 종사하다. 헌신하다. ¶ 我～农业 | 나는 농업에 종사한다. ¶ ～革命 | 혁명에 종사하다. ¶ ～社会运动 | 사회운동에 헌신하다. 어법 단음절(單音節) 낱말이 목적어가 될 수는 없음. ❷ (규정대로) 처리하다. 처치하다 ¶ 军法～ | 군법에 따라 처리하다.

【从属】cóngshǔ ❶ 區 종속. 부수. ¶ ～关系 | 종속관계. ¶ ～费用 | 종속 비용. ¶ ～句 | 〈言〉종속절. ❷ 動 종속하다. 어법 주로「从属于」의 형태로 쓰임. ¶ 文艺是～于政治的 | 문학·예술은 정치에 종속되어 있다.

【从俗】cóngsú 動 풍속·습관에 따르다. ¶ 一切～ | 모든 것은 관습에 따른다.

【从速】cóngsù 書 ❶ 副 속히. 급히. 조속히. ¶ ～处理 | 급히 처리하다. ¶ ～把事情解决jiějué | 조속히 사안을 해결하시오. ❷ 급히 하다. 속히 하다. ¶ 存书不多, 欲购gòu～ | 서적 재고가 많지 않으니 구입하실 분은 빨리 사십시오.

【从天而下】cóng tiān ér xià 書 動組 하늘에서 내려오다. 갑자기 나타나다. 의외가 일어나다. ¶ 大祸huò～ | 큰 재앙이 하늘에서 내려 오다.

4【从头(儿)】cóngtóu(r) 副 ❶ 처음부터. ¶ ～做起 | 처음부터 시작하다 ⇔〔从尾〕 ❷ 다시. 새로. 거듭. ¶ ～再来 | 다시 한 번 오다→〔从新〕

【从头到脚】cóng tóu dào jiǎo 成 머리에서 발끝까지. 처음부터 끝까지. ¶ ～打量了一番fān | 머리에서 발끝까지 한 번 훑어보다→〔从头至尾〕

【从头到尾】cóng tóu dào wěi ⇒〔从头至尾〕

【从头至尾】cóng tóu zhì wěi 成 머리에서 꼬리까지. 처음부터 끝까지. 시종. ¶ ～都没发言yán | 시종 발언하지 않았다. ¶ ～说了一遍biàn | 처음부터 끝까지 한 번 말하다 =〔从根到梢〕〔从头到尾〕〔起根到梢儿〕〔一五一十〕→〔从头到脚〕

4【从未】cóngwèi 副 지금까지…하지 않았다. 여태껏 …한 적이 없다. ¶ 我～打过架jià | 나는 지금까지 싸움을 해본 적이 없다 =〔从无〕

【从无】cóngwú ⇒〔从未〕

【从无到有】cóng wú dào yǒu 成 무(無)에서 유(有)를 창조하다. ¶ 航空hángkōng工业～地发展起来 | 항공 공업이 무에서 유를 창조하듯 발전하기 시작했다 =〔从无生有〕

【从无生有】cóng wú shēng yǒu ⇒〔从无到有〕

4【从小(儿)】cóngxiǎo(r) 副 어릴 때부터. ¶ 他～就爱音乐 | 그는 어려서부터 음악을 좋아하였다.

【从新】cóngxīn 副 새로. 다시. ¶ ～再做 | 다시 하다. ¶ 日后即请～提示为荷 | 며칠 후 다시 제시하여 주시면 대단히 감사하겠습니다.

【从刑】cóngxíng 名〈法〉(선거권·공민권 박탈 등의) 부가형(附加刑) =〔附加刑〕

【从兄弟】cóngxiōngdì 名 친사촌 형제. ¶ 再～ | 재종형제 =〔从父兄弟〕〔口 堂táng兄弟〕→〔从表兄弟〕

【从严】cóngyán ❶ 副 엄격히. 철저히. 엄중히. ¶ ～处罚fá | 엄중히 처벌하다. ❷ 動 엄중히 하다. 엄격하게 하다. 엄히 다스리다. ¶ 宽kuān大了一些人, ～了几个反动分子 | 일부 사람에게는 관대히 하고 반동분자 몇 사람은 엄히 다스렸다. ¶ 对干部的处理要～ | 간부에 대한 처리는 엄히 해야 한다.

【从一开始】cóng yī kāishǐ 動組 처음부터 …하다. 시작하자 마자 … 하다. 어법 여기의「一」는 부사적으로 쓰여「开始」를 강조함. ¶ ～他们就鼓gǔ足干劲jìn争取zhēngqǔ早日完成任务rènwù | 처음부터 그들은 조기에 임무를 완성하려고 온힘을 다하였다.

【从政】cóngzhèng 動 정사(政事)에 참여하다. 정치 활동을 하다. ¶ 他不想做学, 还是～轻鬆qīngsōng一点 | 그는 학문을 할 생각은 없어 역시 정치 활동에 참여하는 편이 좀 편하다.

4【从中】cóngzhōng 副 중간에서. 사이에서. ¶ ～取利 | 중간에서 이득을 취하다. ¶ ～捞lāo一把 | 가운데서 한 건 건졌다.

【从中鱼利】cóng zhōng yú lì 成 어부지리하다. 가운데서 이득을 보다.

【从中作梗】cóng zhōng zuò gěng 成 중간에서 훼방을 놓다.

【从兹】cóngzī 書 副 이로부터. 이것으로부터. ¶ ～了结 | 이것으로 결말이 났다.

3【丛(叢)〈藂〉】cóng 모일 총 ❶ 모이다. 군집하다. 무리를 이루다. ¶ 草木～生 | 초목이 무리를 지어 자라다. ❷ 숲. ¶ 草～ | 풀숲. ¶ 树～ | 수림. ❸ (사람·물건의) 무리. 떼. 무더기. ¶ 人～ | 사람 무리. ❹ (Cóng) 名 성(姓).

【丛残】cóngcán 書 名 세상에 알려지지 않은 이야기. 일사(逸事). ¶ 掇拾duōshí～ | 일사를 정리하여 모으다. ¶ ～小语 | 잡문·일사(逸事) 등을 정리한 책.

【丛簇】cóngcù 書 動 밀집하다. 떼를 짓다. 우거지다. ¶ 花木～ | 꽃과 나무가 우거져 있다. ¶ 万山～ | 많은 산이 연이어 있다.

【丛集】 cóngjí 書 動 떼지어 모이다. 모으다. 한 덩어리가 되다. ¶诸zhū事～ | 만사가 쌓이다. ¶百感～ | 오만 감정이 혼란스레 일어나다.

【丛刊】 cóngkān ⇒〔丛书①〕

【丛刻】 cóngkè ⇒〔丛书①〕

【丛林】 cónglín 名 ❶ 〈佛〉 사원(寺院) →〔禅chán林〕 ❷ 밀림(密林). ¶他们在～中迷mí了路 | 그들은 밀림에서 길을 잃었다.

【丛论】 cónglùn 名 총론. 논설 모음집.

【丛密】 cóngmì 形 조밀하다. 빽빽하다. 밀집되어 있다. ¶～的松sōng林 | 빽빽한 소나무 숲. ¶林木～ | 숲의 나무가 빽빽하게 들어서 있다.

【丛轻折轴】 cóng qīng zhé zhóu 成 가벼운 것도 많이 쌓이면 차축(車軸)을 부러뜨린다. 티끌 모아 태산.

【丛生】 cóngshēng 動 ❶ 군생하다. 떼지어 자라다. ¶草木～ | 초목이 무더기로 자라다. ¶山脚下～着杜鹃juān花 | 산 기슭에 두견화가 떼지어 자라고 있다. ❷ (질병·폐해가) 한꺼번에 발생하다. ¶百弊bì～ | 成 온갖 폐해가 한꺼번에 발생하다. ¶疾jí病～ | 온갖 질병이 함께 발생하다.

【丛书】 cóngshū 名 총서. 총간. ¶汉学研究所出版了一套～ | 한학연구소에서 한 질의 총서를 출판하였다 =〔丛刊〕〔丛刻〕

【丛谈】 cóngtán 名 총담 [같거나 비슷한 성질의 내용을 모아 기술한 문장(文章)이나 책] ¶写作技巧jìqiǎo～ | 작문 기법 총담.

【丛杂】 cóngzá 形 난잡하다. 어수선하다. 뒤섞여 있다. ¶～树林 | 잡목림. ¶～的内容需要简化 | 난잡한 내용을 간결하게 할 필요가 있다.

【丛葬】 cóngzàng ❶ 動 여러 시체를 합장하다. 많은 시체를 한 곳에 묻다. ❷ 名 많은 시체를 한데 합장한 분묘.

【丛冢】 cóngzhǒng 書 名 ❶ 천인총(千人塚). 공동묘지. ¶这里是穷人的～ | 이곳은 가난한 사람들의 공동 묘지이다.

【淙】 cóng 물소리 종

⇒〔淙淙〕

【淙淙】 cóngcóng 擬 졸졸 [물 흐르는 소리] ¶泉quán水～ | 샘물이 졸졸 흐르다.

【琮】 cóng 옥홀 종

❶ 名 옥홀 [가운데 둥근 구멍이 뚫린 8각형으로 의식에 사용하는 옥기] ❷ ⇒〔琮琤〕 ❸ 名 (Cóng) 성(姓).

【琮琤】 cóngchēng 擬 찰찰. 졸졸 [옥석이 부딪치거나 물이 흐르는 소리] ¶溪xī水～ | 시냇물이 졸졸 흐른다.

còu ㄘㄡˋ

3 **【凑〈湊〉】** còu 항구 주, 모일 주

動 ❶ (흩어진 것을) 모으다. ¶～在一起 | 한곳에 모으다. ¶～钱 | 모금하다. 돈을 모으다. ❷ 만나다. 마주치다. ¶以后又～机会到那儿打听过一次 | 그후 또 그곳에 가서 한번 물어볼 좋은 기회가 있었다. ¶～巧↓ ❸ 가까이 가다. 다가가다. 접근하다. ¶往前～一步 | 앞으로 한 걸음 다가가다. ¶～上去 | 접근하다. 다가서다. ¶把头～过去 | 머리를 갖다대다.

【凑巴】 còu·ba 動 俗 한곳으로 모으다. ¶他多少也有点儿积蓄jīxù, ～～就可以买台彩cǎi电 | 그는 저축한 것이 조금은 있어서 이리저리 모으면 칼라 TV 한 대는 살 수 있다.

【凑不起】 còu ·bu qǐ 動組 모으지 못하다. 액수를 채우지 못하다. ¶目下～价钱 | 현재로는 값을 마련할 수 없다.

【凑不上】 còu ·bu shàng 動組 ❶ 모을 수 없다. ¶这笔款kuǎn子, 凭píng他的力量并不是～的额é数 | 이만한 돈은 그의 능력으로 보아 결코 모을 수 없는 액수는 아니다. ❷ 서로 어울리지 않다. ¶你穿那样, 衣服跟人更加～了 | 너 그렇게 입으니 옷과 사람이 더욱 어울리지 않는다.

【凑成】 còu/chéng 動 모아서 …를 만들다. ¶他用一些零星废fèi料～了结实的杂物架jià | 그는 자질구레한 폐품을 끌어 모아 매우 단단한 잡물 선반을 만들었다.

【凑搭】 còu·da 動 近 方 (긁어) 모으다. ¶好些的, 不过那些经书～～还罢·ba了 | 좋은 것은 경서 같은 곳에서 모아 온 것일 따름이다.

【凑分子】 còu fèn·zi 動組 ❶ 할당금을 모으다. 추렴하다. 갹출하다. ¶大家凑些分子热闹一下 | 모두 자기 분담금을 내어 한번 즐겨보자 →〔份fèn资①〕 ❷ 적당히 얼버무리다. 머릿수만 채우다. ¶他哪是诚心帮忙啊, 不过是～罢了 | 그가 어디 성심껏 돕고 있나, 적당히 머릿수만 채우고 있지 ‖ =〔凑份子〕

【凑份子】 còu fèn·zi ⇒〔凑分子〕

【凑付】 còufù ⇒〔凑合〕

【凑和】 còuhé ⇒〔凑合〕

4 **【凑合】** còu·he ❶ 動 한 곳에 모이다. ¶大家都～在一起练习唱歌 | 모두들 한곳에 모여 노래 연습을 한다. ❷ 動 임시 변통하다. ¶好笔没有了, 你～着先用这支zhī吧 | 좋은 붓이 없으니 임시로 이 붓을 쓰시오. ❸ 動 가까이 다가서다. ¶慢慢儿往前～ | 천천히 앞으로 다가섰다. ❹ 動 서로 보조를 맞추다. 양보하다. ¶两边一～这批买卖就能成交了 | 쌍방이 서로 양보하자 이번 거래는 성립되었다. ❺ 形 친하다. 의좋다. 서로에게 좋다. ¶～的两口子 | 의좋은 부부. ¶这么一来实在～我了 | 이렇게 되면 실재로 나에게도 좋다 ‖ =〔凑付〕〔凑和〕〔凑活〕

【凑乎】 còu·hu 動 끌어 모으다. 모아 맞추다. ¶临lín时～了一篇piān讲稿 | 임시로 강연 원고 한 편을 짜 맞추었다.

【凑凑乎乎】 còu·cou·hu·hu 狀 어느새. 나도 모르는 사이에. 그럭저럭. ¶凑凑乎乎过了一个月 | 어느듯 한 달이 지나가 버렸다.

【凑机会】 còu jīhuì 動組 기회를 타다. 호기를 잡다. ¶要买便宜货一定～ | 싼 물건을 사려면 반드시 기회를 잡아야 한다.

【凑集】 còují 動 모으다. 모이다. ¶大家～在一起闲谈 | 모두들 한데 모여 한담을 한다. ¶～材料 | 재료를 한데 모으다 =〔凑聚〕

【凑近】 còujìn 動 접근하다. 가까이 다가가다. ¶我就用胸xiōng口～他们的枪qiāng刺 | 나는 가슴

으로 그들의 총검 앞에 다가섰다.

【凑拢】còulǒng 動 與 한 곳으로 모으다. 모이다. ¶大伙～一点儿吧! | 모두들 좀 가까이 모이시오. ¶～到一起 | 함께 모으다.

【凑满】còumǎn 動 가득 모으다. ¶终于～了一筐kuāng | 마침내 한 광주리 가득 채웠다.

【凑齐】còuqí 動 빠짐없이 모으다. 모두 모이다. ¶人都～了 | 사람이 모두 모였다.

【凑钱】còu qián 動組 돈을 걷다. 돈을 모으다. ¶给他～吧 | 그에게 돈을 모아주자. ¶大家～买了一些图书 | 모두들 돈을 모아 얼마간의 도서를 구입하였다.

4【凑巧】còuqiǎo ❶ 形 공교롭다. 시간·장소가 딱 들어맞다. ¶机会也真～ | 기회도 역시 꼭 들어맞았다. ¶事有～ | 일이 공교롭게 되다. ❷ 副 마침. 공교롭게도. ¶真～, 他来了 | 정말 공교롭게도 그가 왔다. ¶我正想去找他, ～他来了 | 내가 그를 찾아가려 할 때 마침 그가 왔다. ¶～, 我正想搬bān家呢 | 마침 나도 이사하려던 참이다→〔恰qià巧〕

【凑趣儿】còu/qùr 動 ❶ 맞장구를 치다. 비위를 맞추다. ¶正凑了他的趣儿 | 때맞춰 그의 비위를 맞추었다. ❷ 농담을 하다. 장난으로 하다. 취미로 하다. 재미로 하다. ¶他跟我很熟, 常常拿ná我～ | 그는 나와 잘 아는 사이여서 항상 농담을 한다. ¶～笑道 | 장난 삼아 웃으며 말하다. ¶只是凑凑趣儿跟他们玩玩儿 | 다만 재미로 그들과 놀아보는 것이다.

【凑热闹(儿)】còu rè·nao(r) 動組 ❶ 함께 떠들썩하게 즐기다. ¶我也想～参加你们的晚会 | 나도 너희들의 저녁 모임에 참가하여 떠들석하게 놀고 싶다 =〔趁chèn热镬〕 ❷ 소란을 피우다. 귀찮게 하다. ¶我们够gòu忙的, 别再～了 | 우리들은 몹시 바쁘니, 다시는 귀찮게 하지 마라.

【凑手】còu/shǒu ❶ 形 손에 익다. 쓰기에 편하다. ¶这把刀用起来很～ | 이 칼은 쓰기에 매우 편하다. ❷ 動 (돈·물건·사람 등을) 수중에 두다. 필요한 만큼 마련하다. ¶～不及 | 미처 수중에 넣지 못하다. ¶一时又不～, 因此甚觉为难 | 일시에 마련하지 못하여 어려움을 심각하게 느끼고 있다.

【凑数(儿)】còu/shù(r) 動 수를 충분히 채우다. 인원을 채우다. 머릿수만 채우다. 충원하다. ¶我在球队里, 只是～而已 | 나는 구기팀에서 머릿수만 채울 뿐이다. ¶需xū要他们来～ | 그들이 와서 충원할 필요가 있다.

【凑整儿】còu/zhěngr 動 필요한 수를 채우다. 옹근수가 되게 하다. ¶我这里有九元, 再给我一元, 凑个整儿吧 | 나에게 9원이 있으니 다시 1원만 다오, 10원으로 채우자.

【凑足】còuzú 動 족하게 채우다. 충분히 모으다. ¶～五千之数了 | 오천이란 숫자를 족히 채우다.

【辏(輳)】còu 모일 주 動 중심으로 쏠리다. 모이다. ¶～集↓

【辏队】còuduì 動 近 집단을 이루다. 무리로 몰리다. ¶～上梁山泊去, 投奔晁盖 | 무리를 지어 양산박으로 가 조개에게 투항하였다《水滸傳》

【辏集】còují 動 近 집중하다. ¶人烟～ | 사람들이 몰려들다《水滸傳》

【辏力】còulì 名 〈機〉 중심력.

【腠】còu 살결 주 ⇒〔腠理〕

【腠理】còulǐ 名 ❶ 피부·근육 등에 붙은 가는 근육. ❷ 살결. 피부. ❷ 〈漢醫〉 피부와 근육사이의 틈. ¶寒气已入于～ | 한기가 이미 살 속에 파고들었다 ‖ =〔凑理〕

cū ㄘㄨ

2【粗〈觕麤麁麄〉】cū 거칠 조 〈거칠 추〉 ❶ 形 굵다. 크다. ¶～面 | 굵은 밀가루. ¶～线 | 굵은 실. ¶～眉méi大眼↓ ¶他的手指头很～ | 그의 손가락은 매우 굵다 ⇔〔细①〕 ❷ 形 조잡하다. 거칠다. ¶这个手工制品太～了 | 이 수공 제품은 너무 조잡하다 ⇔〔精①〕 ❸ 形 거칠거칠하다. 껄껄하다. ¶皮肤pífū很～ | 피부가 거칠다. ¶板面很～ | 판면이 거칠다 ⇔〔光〕 ❹ 形 (소리가) 굵고 크다. ¶嗓sǎng音很～ | 목소리가 크다. ❺ 形 세심하지 않다. 마음씨가 거칠다. ¶别拿他当～人, 他也很细心呢 | 그도 세심하니 거친 사람으로 보지마라. ¶～手笨脚↓ ❻ 形 상스럽다. 촌스럽다. ¶说话太～ | 말하는 것이 너무 촌스럽다. ❼ (Cū) 名 성(姓).

4【粗暴】cūbào 形 거칠다. 난폭하다. ¶态度很～ | 태도가 거칠다. ¶～的脾气 | 거친 성격. ¶～办法 | 난폭한 방법.

【粗笨】cūbèn 形 ❶ 우둔하다. 미련하다. ¶他身体大, 但是动作并不～ | 그는 몸집은 크지만 동작은 결코 둔하지 않다. ❷ 육중하다. 둔중하다. ¶这些家具太～, 搬bān运起来挺tǐng费劲jìng | 이 가구들은 너무 무거워 옮기려면 무척 힘든다.

【粗鄙】cūbǐ 形 저속하다. 야비하다. 열등하다. ¶～之言 | 저속한 말. ¶～不堪kān | 형편없이 저속하다.

【粗布】cūbù 名 ❶ 올이 거친 천. ¶染rǎn色～ | 염색한 시트천 =〔被bèi单料子〕 ❷ 중국 재래의 광목. 무명 =〔土布〕〔老布〕

【粗菜】cūcài 名 공급량이 많은 계절 채소. 제철 채소. ¶今天只有～, 没有大白菜 | 오늘은 제철 채소 밖에 없어 배추는 없다.

【粗糙】cūcāo 形 ❶ 거칠다. 조잡하다. ¶皮肤pífū～ | 피부가 거칠다. ¶做得～ | 조잡하게 만들었다. ¶表面很～ | 표면이 매우 거칠다. ¶手工很～ | 솜씨가 매우 조잡하다. ❷ (성격이) 포악하다. 거칠다. ¶性子～ | 성격이 조악하다.

【粗茶淡饭】cū chá dàn fàn 成 조악한 차와 맛없는 음식. 검소한 생활. ¶～的生活 | 검소한 생활 =〔粗淡〕〔淡饭粗茶〕

【粗瓷】cūcí 名 유약(釉藥)을 바르지 않고 구운 도기. 애벌구이 자기.

【粗粗拉拉】cū·culālā 狀 거칠다. 조잡하다. ¶我的手一到冬天就～的 | 내 손은 겨울만 되면 거칠어진다. ¶这活儿做得～的 | 이 일은 너무 조잡

하게 하였다 =〔粗剌〕〔粗剌剌〕〔粗拉〕〔粗拉拉〕

【粗大】cūdà 形❶굵고 크다. ¶~手掌 | 큼직한 손바닥. ¶长cháng年的劳动使他的胳膊gēbó~有力 | 오랫동안의 노동으로 그의 팔은 굵고 힘있게 되었다. ❷(소리가) 크다. ¶发出~的鼾hān声 | 코 고는 소리를 크게 내다.

【粗墩墩】cūdūndūn 貺 굵고 짧다. 뚱뚱하고 키가 작다. ¶~的个子 | 작고 뚱뚱한 체구.

【粗纺】cūfǎng 名 조방 [굵은 실로 먼저 만드는 방직(紡織) 과정] ¶~机 | 조방기.

【粗放】cūfàng ❶形(일이) 거칠다. (동작이) 크다. 면밀하지 않다. ¶他大手大脚, 动作~ | 그는 손발이 크서 동작도 거칠다. ❷形 조방하다. 호방하다. 자연스럽다. 야성이 있다. ¶这部影yǐng片在艺yì术处理上~简练jiǎnliàn | 이 영화는 예술적 처리가 호방하고 간결하다. ❸名〈農〉조방. ¶~栽培zāipéi | 조방 재배. ¶~耕gēng作 | 조방 경작.

【粗放农业】cūfàng nóngyè 名〈農〉조방 농업 ⇔〔集jí约农业〕→〔粗放③〕

【粗犷】cūguǎng ❶形 거칠고 난폭하다. 조심성이 없다. ¶性情~ | 성격이 거칠다. ❷⇒〔粗豪①〕

【粗豪】cūháo 形❶호방하다. ¶~坦率tǎnshuài | 호쾌하고 진솔하다 =〔粗犷②〕 ❷요란하다. 장엄하다. 웅대하다. ¶汽笛dí发出~的声音 | 기적이 큰 소리를 낸다.

【粗话】cūhuà 名 저속한 말. 야비한 말. 외설적인 말. ¶女孩子可不能讲~ | 여자 아이는 저속한 말을 해서는 안된다.

【粗活(儿)】cūhuó(r) 名 막노동. 중노동. 힘든 일.

【粗加工】cūjiāgōng 名 애벌가공. 초벌 가공.

【粗看】cūkàn 動 대충 보다. 개괄하다. ¶这家具~上去还行 | 이 가구는 대충 보아하니 그런대로 괜찮다. ¶那篇piān文章我只~一遍biàn | 나는 대략 한 번 그 문장을 훑어 보았다.

【粗剌】cū·la ⇒〔粗粗拉拉〕

【粗剌剌】cūlālā ⇒〔粗粗拉拉〕

【粗拉】cū·la ⇒〔粗粗拉拉〕

【粗拉拉】cūlālā ⇒〔粗粗拉拉〕

4【粗粮】cūliáng 名 잡곡. 잡곡류 =〔方 糙粮〕→〔细xì粮〕〔杂粮〕

【粗劣】cūliè 形 조잡하다. 열등하다. 저열하다. 조악하다. ¶质zhì量~ | 품질이 조악하다. ¶~的赝yàn品 | 조잡한 모조품 =〔粗窳yǔ〕

【粗陋】cūlòu 形 초라하다. 볼품이 없다. 조잡하다. ¶这所房子盖gài得很~ | 이 집은 형편없이 조잡하게 지었다 =〔粗率②〕

【粗卤】cūlǔ ⇒〔粗鲁〕

4【粗鲁】cū·lǔ 形(성격·행동 등이) 거칠다. 우악스럽다. ¶举动~ | 행동거지가 거칠다. ¶小平这人很~ | 소평의 사람됨은 아주 거칠다 =〔粗卤lǔ〕〔粗莽mǎng〕

【粗略】cūlüè 形 허술하다. 그럭저럭. 대략적인. 대충의. ¶~地计算一下 | 대충 한 번 계산해 보다. ¶得到~的了解 | 대충 이해하다. ¶~的想法 | 허술한 생각.

【粗麦】cūmài 名〈植〉귀리.

【粗莽】cūmǎng ⇒〔粗鲁〕

【粗眉大眼】cū méi dà yǎn 國 굵은 눈썹과 커다란 눈. 시원시원하게 생겼다. 이목구비가 반듯하다. ¶这小伙huǒ子长得很~ | 이 녀석은 시원하게 잘 생겼다.

【粗气油】cūqìyóu 名〈化〉나프타(Naphtha). ¶~裂liè化 | 나프타 분해.

【粗浅】cūqiǎn 形❶조잡하다. 천박하다. ¶我可以讲jiǎng我的~看法吗? | 나의 천견(淺見)을 말해도 되겠어요? ❷(내용·수준이) 얕다. 쉽다. 초보적이다. ¶我程度很低dī, 只能看一些~的书 | 나는 수준이 낮아 이런 내용이 쉬운 책 밖에 볼 수 없다.

【粗人】cūrén 名❶거친 사람. 촌 사람. 상스런 사람. ¶我是个~, 说话直来直去, 你可别见怪guài | 나는 거친 사람이니 곧이곧대로 말하더라도 언짢게 여기지 말라. ❷무식한 사람 [주로 자기 겸양사로 쓰임] ¶我是个~, 这篇文章看不懂 | 나는 무식한 사람이어서 이 글을 보아도 이해가 되지 않는다.

【粗纱】cūshā 名〈紡〉조사(粗絲). 굵은 방사(紡絲) ¶~车间 | 조사 작업장. ¶~机 | 조방기.

【粗声】cūshēng 名 굵고 거친 소리. ¶~大气 =〔粗声粗气〕〔粗声大嗓〕| 國 거칠고 큰 소리.

【粗实】cū·shi 形 굵고 튼튼하다. 세고 강하다. ¶这张桌子的腿tuǐ儿很~ | 이 탁자 다리는 굵고 튼튼하다. ¶~的腰yāo身 | 굵고 튼튼한 허리.

【粗手笨脚】cū shǒu bèn jiǎo 國 굼뜨다. (솜씨가) 서툴다. 미련하다. ¶别看他~的, 心眼可鬼呢 | 그는 정말 귀신 같으니 꿈뜨다고 생각마라.

【粗疏】cūshū 形 엉성하다. 소홀하다. 꼼꼼하지 않다. 면밀하지 않다. ¶工作作风~了一点儿 | 일하는 모습이 좀 엉성하다.

【粗率】cūshuài ❶形 경솔하다. 덤벙거리다. ¶~的决定 | 경솔한 결정. ¶他人很~ | 그는 사람됨이 침착하지 않다. ❷⇒〔粗陋〕

【粗饲料】cū sìliào 名組 조사료. 거친 사료 =〔粗料〕⇔〔精饲料〕

【粗俗】cūsú 形 거칠고 속되다. 조야(粗野)하다. 저속하다. ¶说话~ | 말하는 것이 저속하다. ¶这个女人太~了 | 이 여자는 너무 저속하다.

【粗体字】cūtǐzì 名〈印出〉고딕체. 돋움체 =〔粗字体〕〔黑hēi体字〕

4【粗细】cūxì ❶名 굵기. ¶这样~的沙子最合适shì | 이런 굵기의 모래가 가장 적당하다. ¶只有火柴杆那样~ | 단지 성냥개비 만큼의 굵기이다. ❷名 거칠고 세밀한 정도. 신중한 정도. 거칠고 세련된 정도. ¶地里出粮多少, 也看活的~ | 밭에서 곡물이 얼마나 생산되느냐도 일을 정성들여 하였느냐에 달렸다. ❸形 굵거나 가늘다. 조악하고 세련되다.

【粗线】cūxiàn 名 굵은 실. ¶用~缝féng一缝 | 굵은 실로 꿰매어라.

【粗线条】cūxiàntiáo 名❶필력이 강하고 굵은 선. 대략 나타내는 굵은 윤곽선. ¶美丽的风景在~的描miáo绘中浮fú现出来 | 아름다운 풍경이 굵은 선의 묘사로 잘 드러나 있다. ❷언행이 거친

사람. 성격이 황당한 사람. ¶～作风｜거친 사람의 작태.

3【粗心】cūxīn 形 세심하지 못하다. 부주의하다. 덤벙거리다. ¶作事儿不要～｜일을 아무렇게나 처리하지 마라. ¶～大胆dǎn｜거칠고 대담하다. 조심성이 없이 대담하게 하다. ¶～人｜조심성이 없는 사람. 경솔한 사람. 덜렁이 ⇔〔细心〕

3【粗心大意】cū xīn dà yì 成 꼼꼼하지 않다. 세심하지 않다. 주의하지 않다. ¶～, 往往搞gǎo错｜조심성 없이 덤벙대다가는 자주 실수를 범한다 →〔马mǎ马虎虎〕

【粗有头绪】cūyǒutóuxù 動組 약간의 실마리가 잡히다. 실마리를 대략 알다.

【粗造】cūzào 形 近 거칠고 침착하지 않다. 조급하다. ¶谁想你这两个兄弟, 也这般无知～｜누가 너의 두 형제도 이렇게 무지하고 거치리라고 생각했겠는가?《水滸傳》=〔粗燥〕〔粗躁〕

【粗燥】cūzào ⇒〔粗造〕

【粗躁】cūzào ⇒〔粗造〕

【粗针大线】cūzhēn dàxiàn ❶ 名組 애벌 바느질. 거친 바느질. ❷ 狀組 조잡하다. 엉성하다. ¶工作～的｜일하는 것이 엉성하다.

【粗枝大叶】cū zhī dà yè 成 (일 처리가) 거칠다. 엉성하다. 조잡하다. ¶工作要细致zhì, 千万不可～｜일은 절대로 엉성하게 하지말고 꼼꼼하게 해야 한다 →〔粗浅〕

【粗制】cūzhì 狀 마구 만든. 엉성하다. 조잡하다. ¶～品｜조제품. ¶～油｜원료유.

【粗制滥造】cū zhì làn zào 成 조잡하게 만들다. 함부로 해치우다. ¶这便是他～的产品｜이것이 바로 그가 형편없이 만들어낸 제품이다.

【粗中有细】cū zhōng yǒu xì 成 조잡한 가운데 세밀한 데가 있다. ¶他是个～的人, 干这种工作很合适shì｜그는 거칠지만 세심한 면이 있는 사람이어서 이런 일을 하는 데는 아주 적합하다.

【粗重】cūzhòng 形 ❶ (소리가) 굵고 거칠다. ¶～的喘chuǎn息声｜거친 숨소리. ❷ (손·발이) 투박하다. (물체가) 육중하다. ¶～的手｜투박한 손. ¶～的钢管｜육중한 강철관. ¶听见～脚步声｜무거운 발자국 소리가 들렸다. ❸ 굵고 진하다. ¶他的眉méi毛显xiǎn浓nóng黑～｜그의 눈썹이 아주 굵어 보인다. ¶～的笔道儿｜굵직한 필획. ❹ (일이) 힘들다. 고되다. ¶～的活儿｜막일. ¶～事儿｜고된 일.

【粗壮】cūzhuàng 形 ❶ (몸이) 크고 건장하다. ¶身体～｜체격이 건장하다. ¶看上去～有力｜건장하고 힘이 있어 보인다. ❷ (물체가) 굵고 든든하다. 단단하다. ¶～的绳shéng子｜굵고 튼튼한 끈. ❸ 方 (소리가) 크다. 우렁차다. ¶～的嗓sǎng声｜우렁찬 목소리.

【粗字体】cūzìtǐ ⇒〔粗体字〕

cú ㄘㄨˊ

【徂】 cú 갈 조
❶ 書 動 가다. 이르다. ¶自西～东｜서쪽에서 동쪽으로 가다. ¶自春～夏｜봄에서 여름에 이르다. ❷「殂」와 같음 ⇒〔殂cú〕 ❸ 書 動 지나가다. 흘러가다. ¶岁月其～｜세월이 흘러가다. ❹ 시작하다. ¶～暑↓

【徂来】cúlái 書 動 왕래하다.

【徂落】cúluò ⇒〔殂cú逝〕

【徂暑】cúshǔ 書 ❶ 動 덥기 시작하다. ❷ 名 음력 6월의 별칭.

【徂谢】cúxiè ⇒〔殂cú逝〕

【殂】 cú 죽을 조
書 動 죽다. 사망하다. ¶～化｜죽다 =〔徂②〕

【殂殁】cúmò ⇒〔殂逝shì〕

【殂逝】cúshì 書 動 죽다. 사망하다. ¶今魏征wèi-zhēng～, 逐zhú亡一镜矣｜이에 위징이 서거한 것은 거울 하나를 잃은 것과 같습니다《隋唐嘉話》=〔徂落〕〔徂谢〕〔殂殁〕〔殂谢〕

【殂谢】cúxiè ⇒〔殂逝shì〕

cù ㄘㄨˋ

【卒】 cù ☞ 卒 zú B

【猝】 cù 갑작스러울 졸
書 副 갑자기. 돌연히. 급격히. ¶～生变化｜갑자기 변화가 일어나다 =〔卒cù①〕

【猝不及防】cù bù jí fáng 成 너무 갑작스러워 미처 막아낼 수 없다. ¶遭zāo到一个～的打击｜너무 갑자기 일어나 도저히 막아낼 수 없는 타격을 받았다.

【猝尔】cù'ěr ⇒〔猝然〕

【猝然】cùrán 副 갑자기. 느닷없이. 돌연. 뜻밖에. ¶～决定｜갑자기 결정하다. ¶～飞来喜报｜뜻밖에 기쁜 소식이 날아왔다. ¶～问了这样一句｜갑자기 이러한 한 마디를 물었다 =〔猝尔〕

【猝死】cùsǐ 書 動 급사(急死)하다. ¶因心肌jī梗gěng塞而～｜심근 경색으로 갑자기 돌아가시다.

2 **【促】** cù 절박할 촉, 급할 촉
❶ 급하다. 촉박하다. 절박하다. 급박하다. ¶～急↓ ❷ 좁다. 협소하다. ¶～狭xiá↓ ❸ 재촉하다. 독촉하다. ¶～进↓ ¶督dū～｜독촉하다. ❹ 動 가까이 가다. 접근하다. ¶～膝xī↓ ❺ 名 성(姓).

【促成】cùchéng 動 촉성하다. 빨리 이루어지게 하다. ¶～栽培｜〈農〉촉성 재배. ¶终于～了他们的婚事｜끝내 그들의 혼사를 독촉하여 마무리하였다.

2【促进】cùjìn ❶ 動 촉진하다. ¶～剂｜〈化〉조촉매(助觸媒). ¶～了群qún众运动｜대중 운동을 촉진시켰다. ❷ 名 촉진력. 재촉. 빨리 하라는 자극. ¶这对他们也是一种～｜이것도 그들에게는 일종의 재촉이었다 ⇔〔促退〕

【促进派】cùjìnpài 名組 급진파 ⇔〔促退派〕

【促脉】cùmài 名〈漢醫〉촉맥 [빠르고 불규칙하게 뛰는 맥박]

【促生素】cùshēngsù 名〈化〉비오틴(biotīn). 비타민H =〔生物素〕〔维wéi生素H〕

【促声】cùshēng 名〈言〉입성(入聲) →〔舒声〕

3【促使】cùshǐ 動 …를 빨리 하도록 재촉하다. (급히) …하게 하다. ¶～他进步｜그를 진보하도록

하다. ¶我公司必当尽力～该业务成交 | 우리 회사로서는 전력을 다해 그 업무가 이루어질 수 있도록 노력하여야 한다.
【促死促灭】cùsǐ cùmiè 動組 죽음을 재촉하다. 앞당겨 죽다.
【促退】cùtuì 動 퇴보를 재촉하다. 후퇴시키다. ¶你这样说丧sāng气话实在～，而不是促进 | 네가 이렇게 김빼는 소리를 하는 것은 정말 퇴보시키는 것이지 진보시키는 것은 아니니다 ⇔〔促进派〕
【促退派】cùtuìpài 名 후퇴파. 퇴보파 ⇔〔促进派〕
【促膝】cùxī 書 動 무릎을 맞대다. 두 사람이 마주 앉다. ¶两个人～密谈 | 두 사람은 무릎을 맞대고 밀담을 나눈다.
【促膝谈心】cù xī tán xīn 成 마주 앉아 흉금(胸襟)을 터놓고 이야기하다. ¶师徒俩经常～ | 사제지간이 항상 무릎을 맞대고 마음 속의 이야기를 나눈다.
【促狭】cùxiá ❶ 形 京 吳 좀스럽다. 야박하다. ¶这家伙huǒ很～ | 이 녀석은 각박하다. ❷ 形 京 吳 음험하다. 음흉하다. ¶他真～，惯guàn于搞恶è作剧 | 그는 정말 음흉하여 못된 장난하는 버릇이 있다. ❸ 動 京 吳 장난질을 하다. 사람을 곤경에 빠뜨리다. ¶怪guài小淫yín妇儿，使～灌彻guànchè了我一身 | 기괴하고 음란한 여인이 내 한 몸을 철저히 해쳤다.
【促狭鬼】cùxiáguǐ 名 罵 좀스러운 놈. 야박한 놈. 음흉한 사람. 고얀 놈. ¶你这个～，早晚不得好死 | 너 이 고약한 놈, 언젠가 바로 죽지는 못할 것이다.
【促狭嘴】cùxiázuǐ 名 罵 심술 사납고 입이 건 사람. 음흉한 사람.
【促销】cùxiāo 動 판매를 촉진하다. 판촉하다. ¶～效果 | 판촉효과. ¶进行～活动 | 판촉활동을 벌이다.
【促织】cùzhī 名〈蟲〉귀뚜라미 =〔蟋xī蟀〕

【酢】cù ☞ 酢 zuò B

【趋】cù ☞ 趋 qū B

【蔟】cù 섶 족, 태주 주, 정월 주
名 ❶ (누에) 섶. 잠족(蠶蔟) 잠박 [누에가 고치를 치기 좋도록 짚 따위로 만든 섶] ¶上～ | 누에를 섶에 올리다. ❷〈音〉태주(太蔟) [12율(十二律)의 하나] ❸ 음력 정월(正月)의 다른 이름.

【簇】cù 모일 족, 떼 족
❶ 動 무리를 이루다. 떼를 짓다. 모으다. 모이다. ¶团tuán团～～ | 떼지어 모여 있다. ¶～了一盆pén炭tàn火 | 탄 불 한 대야를 끌어 모았다. ❷ 量 무리. 떼. 무더기. ¶一～鲜花 | 생화 한 무더기. ¶一～人 | 한 무리의 사람. ❸ 빽빽하다. ¶～拥↓ ❹ 매우. 대단히. ¶～新↓
【簇簇】cùcù 狀 빽빽하게 모이다. ¶人马～ | 말과 사람이 빽빽하다.
【簇捧】cùpěng ⇒〔簇拥yōng〕
【簇新】cùxīn 形 최신식이다. 참신하다. ¶～的西装zhuāng | 최신식의 양복.
【簇拥】cùyōng 動 떼지어 둘러싸다. 무리지어 몰려오다. ¶工人们～着自己的代表，热烈地欢呼着 | 근로자들은 그들의 대표를 무리지어 둘러싸고 열렬하게 환호하고 있다 =〔簇捧〕

2【趣】cù ☞ 趣 qù B

2【醋】cù 초 초
❶ 名〈食〉식초→〔忌讳huì④〕 ❷ 轉 질투. ¶～意↓ ¶她又吃～儿了 | 그녀는 또 질투하였다. ❸ 動 近 질투하다. ¶～得了liǎo不得 | 질투가 심하다.
【醋大】cùdà 書 名 貶 가난뱅이. 가난뱅이 서생 =〔措cuò大〕
【醋罐(子)】cùguàn(·zi) 名 ❶ 식초병. ❷ 질투가 많은 사람. 시샘쟁이. ¶这～又发疯了 | 이 질투단지가 또 발광하였다 ‖=〔醋瓶子〕
【醋海生波】cù hǎi shēng bō 成 질투로 소동을 일으키다. ¶你别跟他老婆多唠láo叨，弄不好她丈夫又要～了 | 너 그의 마누라와 너무 노닥거리지 마라, 잘못되면 그녀의 남편이 또 질투심으로 난동을 부린다.
【醋劲(儿)】cùjìn(r) ❶ 名 식초의 강도. ❷ ⇒〔醋意yì〕
【醋精】cùjīng 名 농축 식초.
【醋栗】cùlì 名〈植〉구즈베리 (gooseberry) =〔灯笼果〕
【醋溜】cùliū 區 갈분과 초장으로 만든 양념을 얹는 요리법. ¶～鱼 |〈食〉기름에 튀긴 생선에 갈분과 초장으로 만든 양념을 얹은 음식.
【醋柳酸】cùliǔsuān ⇒〔阿ā司匹林〕
【醋瓶子】cùpíng·zi ⇒〔醋罐子〕
【醋酸】cùsuān 名〈化〉초산. ¶冰bīng～ | 빙초산. ¶～钾jiǎ | 초산 칼륨 =〔乙yǐ酸〕
【醋心】cù·xin 動 京 위에서 신물이 나다. 위산이 나와 가슴이 쓰리다. ¶净吃白薯爱～ | 고구마를 생으로 먹으면 신물이 나와 가슴이 쓰리게 된다.
【醋性】cùxìng ❶ 名 신맛. 산성. ❷ ⇒〔醋意〕
【醋意】cùyì 名 질투심. 샘. ¶看到女生跟她丈夫说说笑笑，她顿dùn生～ | 여학생과 그녀의 남편이 웃고 떠드는 것을 보자 그녀는 갑자기 질투를 일으켰다 =〔醋劲(儿)②〕〔醋性②〕

【蹴】cù 편편할 척, 삼갈 축
❶ ⇒〔蹴踖〕 ❷「蹙」와 같음 ⇒〔蹙cù①〕
【蹴踖】cùjí 書 形 삼가 공경하다. 공손하고 조심하다. ¶复fù其位，～如也 | 자기 자리로 돌아가서는 공손하고 조심하다《論語·鄉黨》
【蹴然】cùrán 書 形 공경하고 조심하다.

【蹙】cù 재촉할 축, 줄 축
❶ 절박하다. 긴박하다. ¶形势shì迫～ | 정세가 긴박하다. ¶穷qióng～ | 절박하다 =〔蹴②〕 ❷ 動 찌푸리다. 찡그리다. 수축하다. 오그라들다. ¶眉头紧jǐn～ | 눈살을 잔뜩 찌푸리다. ❸「蹴」와 같음 ⇒〔蹴cù①〕
【蹙蹙】cùcù 書 狀 오그라들다.
【蹙金】cùjīn 名 금실 홀치기 자수 [금실로 수를 놓은 자리가 오그라들게 하는 자수법]
【蹙眉】cù/méi 動 눈살을 찌푸리다. ¶他蹙了一下

眉 | 그는 눈살을 한 번 찌푸렸다.

【蹙然】cùrán 書 形 근심하고 불안해 하다.

【蹙缩】cùsuō 動 ❶ 수축하다. 오그라들다. ¶老人的脸liǎn～得满是皱纹zhòuwén | 노인의 얼굴이 오그라지자 온통 주름이었다. ❷ 없어지다. 줄어들다. 사라지다. ¶畏wèi难～ | 두려움과 어려움이 줄어들다.

【蹴】cù·jiu 찰 축, 삼갈 축

A cù 書 動 ❶ 차다. ¶～鞠↓ ＝〔蹵③〕 ❷ 밟다. 내딛다. ¶一～而就 | 한 걸음을 내딛자 곧 이루어내다. 단번에 해내다.

B ·jiu ⇒〔圪gē蹴〕

【蹴鞠】cùjú 名 축국［고대의 공차기 놀이］

【蹴然】cùrán 書 形 근신하다. 불안해 하다.

cuān ㄘㄨㄢ

【氽】cuān 삶을 찬, 끓일 찬

❶ 動 국에 넣어 끓이다. 삶다. ¶～丸wán子 | 완자탕을 끓이다 ＝〔川chuān③〕 ❷ 動 方 (물을) 끓이다. ¶～一壶水 | 물 한 주전자를 끓이다. ❸ 動 㫌 기름에 튀기다. 볶다. ¶买了一斤排pái骨, 等一会油里～～ | 갈비 한 근을 샀으니 좀 있다가 기름에 튀겨라. ❹ (～儿, ～子) 名 北 얇은 철판으로 길게 만든 물 끓이는 양철통. ¶你要喝水, 我拿～子给你烫tàng | 네가 물을 마시려면 내가 양철통을 가져다가 끓여 주겠다.

【氽三片】cuānsānpiàn 名〈食〉돼지 넓적다리 살·닭고기·죽순을 넣어 끓인 국.

【氽三丝】cuānsānsī 名〈食〉닭고기·햄·죽순을 가늘게 잘라 끓인 국.

【氽三仙】cuānsānxiān 名〈食〉고기 세 가지를 데쳐 끓인 국.

【氽汤】cuāntāng ❶ 名〈食〉채소와 고기로 끓인 국. ❷ 動 국을 끓이다.

【氽丸子】cuānwán·zi 名〈食〉완자탕.

【氽鸭肝】cuānyāgān 名〈食〉오리 간 국.

【氽羊肉】cuānyángròu 名〈食〉국물에 삶은 양고기. 양고기 수육.

【氽子】cuān·zi 名 ❶ 길게 생긴 물 끓이는 양철통 →〔铫diào子〕 ❷ 고기 국물. ¶～面miàn |〈食〉고기국물 국수.

【撺(攛)】cuān 던질 찬, 권할 찬

動 ❶ 던지다. 내동댕이치다. ¶～在火里烧shāo | 불 속에 던져 넣어 태우다. ¶～在河里 | 강에 갖다 버리다. ❷ 급히 서둘다. ¶事先不弄nòng, 临时旋xuàn～ | 미리 해 놓지 않고 임시로 서둔다. ❸ 京 화를 벌컥 내다. ¶他一听, 就～了 | 그는 듣자 마자 벌컥 화를 냈다. ❹ 권고하다. 부추기다. ¶～掇duō↓ ❺ 급히 팔아치우다. ¶压yā的多, 把剩shèng货～出去 | 쌓인 물건이 많으니, 남은 것을 급히 팔아 치워라. ❻ 近 㫌 높은 곳에서 뒹구르다. 곤두박질하다. ¶从半空里～降下来 | 공중에서 곤두박질하며 내려왔다.

【撺掇】cuān·duo 動 ❶ 俗 부추기다. 꼬드기다. 권하다. ¶他天天～我学滑雪huáxuě | 그는 매일 나에게 스키를 배우라고 꼬신다. ¶我本来不想买, 都是你买的 | 난 본래 살 생각이 없었는데 모두 네가 부추겨 산 것이다 ＝〔回 撺弄〕〔撺怂〕

【撺弄】cuān·nong ⇒〔撺掇〕

【撺怂】cuān·song ⇒〔撺掇〕

【镩(鑹)】cuān 얼음뚫을 찬

❶ (～子) 얼음을 깨는 송곳. ❷ 動 (송곳으로) 뚫다. 깨다. ¶～冰 | 송곳으로 얼음을 쪼개다.

【蹿(躥)】cuān 솟을 찬

動 ❶ 뛰어 오르다. 솟구쳐 오르다. ¶猫māo～到树shù上去了 | 고양이가 나무위로 뛰어 올랐다. ¶身子往上～把球qiú接jiē住 | 몸을 위로 날려 공을 나꿔챘다. ❷ 北 뿜어내다. ¶鼻bí子～血xiě | 코피를 쏟다. ❸ 京 몸이 갑자기 자라다. 커지다. ¶一年不见, 这孩子又～出半头来了 | 한 해 동안 보지 못한 사이 이 아이가 머리의 반 만큼 부쩍 자랐다. ❹ 급하게 내다 팔다. ¶～货↓

【蹿房越脊】cuān fáng yuè jǐ 成 지붕에서 지붕으로 날아서 다니다. 훨훨 뛰어 날다. ¶飞贼fēizéi可以～ | 비적은 지붕 위를 뛰어 다닐 수 있다.

【蹿行】cuānháng 動 급히 시장에 내어 놓다. 서둘러 팔아 치우다.

【蹿货】cuānhuò 動 급히 내다 팔다. ¶上市去～ | 시장에 나가 서둘러 팔아 치우다.

cuán ㄘㄨㄢˊ

【攒】cuán ☞ 攒 zǎn B

cuàn ㄘㄨㄢˋ

3【窜(竄)】cuàn 숨을 찬, 달아날 찬

動 ❶ 도망치다. 달아나다. ¶东跑pǎo西～ | 이리저리 도망치다. ¶～来～去 | 이리 저리 달아나다. ❷ (글자를) 고쳐쓰다. 수정하다. ¶点～ | 문구를 고치다. ¶～改↓ ❸ 書 내쫓다. 몰아내다. 추방하다. ¶两度～荒huāng徼jiào | 두 번 변경으로 추방당하였다. ❹ (연기·불꽃 등이) 분출하다. 흩날리다. ¶喷pēn着火星乱～的黑烟 | 불꽃을 뿜으면서 마구 흩날리는 검은 연기. ❺ 노기를 품다. 화를 내다. 어법 「～儿了」의 형식으로 쓰임. ¶他～儿了 | 그는 화를 내었다. ❻ 形 京 향기가 강하다. 냄새가 코를 찌르다. ¶这味真～! | 이 냄새는 정말 코를 찌른다.

【窜出去】cuàn·chu·qu 動組 도주하다. 도망치다. 달아나다. ¶那条小狗已经～就没影yǐng了 | 그 강아지는 이미 도망쳐 그림자조차 보이지 않는다.

【窜定】cuàndìng 動 개정하다. 고치다. ¶这个行程chéng表得děi再一次～ | 이 일정표는 다시 한번 고쳐야 한다.

【窜犯】cuànfàn 動 침범하다. 잠입하다. ¶～边境jìng的匪徒fěitú已全部歼灭jiānmiè | 국경을 침범한 비적들은 이미 모두 섬멸되었다.

【窜伏】cuànfú 動 잠복하다. 몰래 들어와 숨다. ¶

敌人的间谍dié～了后方 | 적의 간첩이 후방에 잠복하였다.
【窜改】cuàngǎi 動 ❶ 글자나 문장을 고치다. 개찬하다. ¶这篇piān稿gǎo子稍微wēi～一下就行了 | 이 원고는 조금만 고치면 되겠다. ❷ 함부로 고치다. 왜곡하다. ¶～帐zhàng目 | 장부를 함부로 고치다. ¶～历史 | 역사를 함부로 고치다.
【窜红】cuànhóng 動 갑자기 인기를 얻다. 일약 스타 덤에 오르다. 갑자기 잘 나가다. ¶最近～的演yǎn员 | 최근 인기가 오른 배우 =〔走红〕
【窜扰】cuànrǎo 動 (소수의 적이) 침입하여 교란하다. 침범하여 난동을 부리다. ¶一架jià～我领空的敌机被击落jīluò了 | 우리 영공을 교란하던 적기 한 대가 격추되었다.
【窜逃】cuàntáo 動 도주하다. 달아나다. ¶～的小股gǔ匪徒fěitú全部被我搜sōu山部队歼灭jiānmiè | 도망치던 소수의 비적들은 모조리 우리의 산악 수색 부대에 의해 섬멸되었다.

【篡】cuàn 빼앗을 찬
❶ 動 신하가 임금의 자리를 빼앗다. 찬탈하다. ¶～汉hàn称chēng帝 | 한 나라를 찬탈하고 황제라고 부르다. ❷ 動 (불법으로 지위나 권력을) 빼앗다. 탈취하다. ¶～夺duó↓ ¶～位↓ ❸ (Cuàn) 名 성(姓).
【篡夺】cuànduó 動 탈취하다. 찬탈하다. ¶～政权zhèngquán | 정권을 탈취하다. ¶～领导lǐngdǎo权 | 지도권을 탈취하다.
【篡改】cuàngǎi 動 함부로 고치다. 왜곡하다. ¶～历史 | 역사를 왜곡하다. ¶肆sì意～中央指示 | 함부로 중앙의 지시를 고치다.
【篡权】cuàn/quán 動 정권·권력·권리를 탈취하다. 빼앗다. ¶～复fù辟bì | 정권을 회수하여 왕정을 회복하다. ¶篡了世袭xí的权 | 세습권을 빼앗았다.
【篡位】cuàn/wèi 動 자리를 빼앗다. 찬위하다. ¶妄wàng图～当国家主席 | 함부로 지위를 빼앗아 국가 주석이 되었다.
【篡政夺权】cuàn zhèng duó quán 成 불법으로 정권을 탈취하다.

【爨】cuàn 부뚜막 찬
❶ 動 (불을 피워) 밥을 짓다. 취사(炊事)하다. ¶～婢bì | 취사 노비. ¶～妇fù | 식모. ¶同居各～ | 한 집에 살면서 취사는 각자 하다. ¶分～ | 분가하다. ❷ 名 부뚜막. ❸ (Cuàn) 名 名 성(姓).
【爨器】cuànqì 書 名 취사구. 취사 도구.
【爨室】cuànshì 書 名 부엌. 주방.

cuī ㄘㄨㄟ

【衰】cuī ☞ 衰 shuāi B

【榱】cuī 서까래 최
書 名 서까래 =〔椽chuán〕
【榱题】cuītí 書 名 서까래 끝. ¶～数尺chǐ | 서까래 끝이 수 척이나 되다. 큰 집《孟子·盡心下》

【缞(縗)】cuī 상옷이름 최
名 고대의 상복 [상복의 가슴앞에 대는 길이 6촌(寸) 폭 4촌의 거친] ¶～墨↓ ¶～衣 | 상복.
【缞裳】cuīcháng 書 名 상복.
【缞粗】cuīcū 書 名 고대의 올이 굵은 천으로 만든 상복.
【缞墨】cuīmò 書 名 검은 상복 [상중(喪中)이면서 출전(出戰)해야 할 때 입는 옷]

【崔】cuī 높을 최
❶ 書 形 (산이) 높고 웅장하다. ¶～～ | 높고 크다. ❷ (Cuī) 名 성(姓).
【崔巍】cuīwēi 書 狀 (산·건축물이) 높고 웅장하다. ¶你看山势shì～ | 너 산세가 험준한 것을 보아라《西遊記》
【崔嵬】cuīwéi 書 ❶ 名 크고 웅장한 돌산. ❷ 形 높고 크다. ¶群qún山～ | 여러 산이 높고 크다.

2【催】cuī 재촉할 최, 일어날 최
動 ❶ 재촉하다. 독촉하다. 촉구하다. ¶～他快来 | 그를 빨리 오도록 독촉하여라. ¶～开信用证zhèng | 신용장 개설을 독촉하다. ❷ (사물의 성장·변화를) 촉진시키다. 빨리 발생하게 하다. ¶～眠mián↓ ¶～奶nǎi↓
【催办】cuībàn 動 빨리 처리하라고 독촉하다. 재촉하다. ¶我已去电话～了 | 나는 이미 전화를 해 독촉하였다.
【催逼】cuībī 書 動 촉구하다. 다그치다. ¶～还债zhài | 빚을 갚으라고 다그치다. ¶～紧急jǐnjí | 급박하게 다그치다.
【催并】cuībìng 動 近 ❶ 재촉하다. 독촉하다. ¶他～的来, 不放片时刻 | 그는 일각의 시간도 주지 않고 재촉하였다《元曲·謝金吾》❷ 급박하게 끌어 모으다. ¶～礼物完足 | 예물을 충분하도록 급히 모으다.
【催拨】cuībō ⇒〔催款kuǎn〕
【催产】cuī/chǎn ⇒〔催生①〕
【催促】cuīcù 動 재촉하다. 독촉하다. ¶～他早一点儿来 | 그를 좀 일찍 오라고 재촉하다. ¶～实行计划 | 계획을 실행하도록 촉구하다 =〔促使cùshǐ〕
【催肥】cuīféi ❶ 動 (가축의) 성장을 촉진하다. 비육하다. ❷ 名 비육(肥育) ‖ =〔肥育〕
【催付】cuīfù 書 動 빨리 지불하라고 재촉하다. ¶向上级～ | 상급 기관에 교부를 독촉하였다.
【催赶】cuīgǎn 動 서둘도록 재촉하다. ¶这事儿我们一定抓zhuā紧, 不必～ | 이 일은 확실하게 장악해야 하니 서두를 필요가 없다.
【催告】cuīgào 動〈法〉최고하다.
【催归】cuīguī ⇒〔杜dù鹃①〕
【催化】cuīhuà 動〈化〉촉매 작용을 받게 하다. 촉진시키다. ¶～反应 | 촉매 반응. ¶～作用 | 촉매 작용. ¶～动力学 | 촉매 동력학. ¶～重chóng整 | 촉매 작용에 의한 조정.
【催化剂】cuīhuàjì 名〈化〉촉매제 =〔触chù媒〕〔促cù染剂〕〔接jiē触剂〕
【催款】cuīkuǎn 動 금전 지불을 재촉하다. 예산 집행을 독촉하다. ¶报告上部～ | 상부에 보고하여 돈을 내려 주도록 촉구하다 =〔催拨〕
【催泪】cuīlèi 動 눈물이 나게 하다. ¶～毒气 | 최

루 가스. ¶～弹dàn | 최루탄.
【催马】cuīmǎ 動 말을 급히 몰다. ¶～加鞭biān | 채찍질을 하여 말을 급히 몰다.
【催眠】cuīmián ❶ 名〈心〉최면. ¶～疗liáo法 | 최면 요법. ¶～状态 | 최면 상태. ¶～术 | 최면술. ❷ 動 잠을 재촉하다. 잠이 오게 하다.
【催眠曲】cuīmiánqǔ ⇒[摇yáo篮歌]
【催眠药】cuīmiányào 名〈藥〉수면제. 최면제＝[安眠药]
【催命】cuī/mìng 動 ❶ 죽음을 재촉하다. ¶你～似的叫什么呀 | 너 숨 넘어가듯 뭘 그렇게 부르니? ❷ 바싹 조이다. 사람을 달달 볶다. ¶你不要催我的命好不好 | 나를 좀 달달 볶지 마라.
【催命符】cuīmìngfú 名組 사람의 죽음을 재촉하는 부적. 남이 빨리 죽어라고 쓴 부적.
【催命鬼】cuīmìngguǐ 名組 ❶ 저승 사자. 염라대왕. ❷ 남을 못살게 구는 놈. ¶要是没有你这个～, 我怎么会把伞sǎn忘了呢? | 너 같이 사람을 성가시게 하는 놈이 아니었더라면 어떻게 우산 가져 오는 것을 잊었겠니?
【催奶】cuī/nǎi 動 젖을 나오게 하다. ¶～剂jì | 최유제＝[下奶②]
【催迫】cuīpò 動 핍박하다. 조르다. 재촉하다. ¶～还债zhài | 빚은 갚으라고 독촉하다. ¶来函hán～迅速xùnsù前往 | 편지를 보내와 빨리 가라고 재촉하였다.
【催青】cuīqīng 動 ❶ (약물을 사용하여 동물의) 성적(性的) 성숙을 촉진시키다. ❷〈農〉춘화 처리하다＝[春化处理]
【催情】cuīqíng ❶ 動 암컷의 발정을 촉진하다. ❷ 名 발정 촉진.
【催请】cuīqǐng 動 참석해 줄 것을 다시 청하다. 참석하라고 독려하다. 재차 참석해 줄 것을 환기시키다. ¶恕shù不～了! | 札 재차 연락 드리지 않더라도 부디 참석하여 주시기 바랍니다.
【催生】cuī/shēng ❶ 動〈醫〉분만을 촉진하다. ¶～剂jì | 분만 촉진제. ¶～符fú | 산기를 돋구는 부적＝[催产] ❷ 動 빨리 나타나게 하다. ¶为新社会～ | 새로운 사회를 위해 빨리 나타나게 하다. ❸ (cuīshēng) 名 출산 한달 전에 순산을 바라는 마음으로 친정에서 보내는 신생아 용품 등의 선물.
【催收】cuīshōu 動 재촉하여 거두어 들이다. ¶～赊shē欠qiàn | 외상을 독촉하여 거두다.
【催熟】cuīshú 動 숙성을 촉진시키다. 결실을 촉진하다.
【催索】cuīsuǒ ⇒[催讨]
【催讨】cuītǎo 動 (금전·부채 따위를 빨리 갚으라고) 재촉하다. 독촉하다. ¶～金钱 | 돈을 독촉하다＝[催索]
【催吐剂】cuītùjì 名〈藥〉구토제(嘔吐劑). ¶吃了～肚dù里东西都吐出来了 | 구토제를 먹고 배 속의 것을 모두 토해냈다.
【催芽】cuī/yá ❶ 動〈農〉발아를 촉진하다. ❷ (cuīyá) 名 발아 촉진. ¶～床 | 발아 촉진 온상.
【催账】cuīzhàng 動 빚을 독촉하다. ¶债zhài主又～来了 | 채권자가 또 빚을 독촉해 왔다.
【催租】cuīzū 動 임대료·소작료·조세 따위를 재촉하다. ¶～逼bī债zhài | 소작료를 재촉하고 빚을 독촉 하다.

3【摧】cuī 꺾을 최, 누를 최
動 ❶ 부수다. 파괴하다. ¶无坚jiān不～ | 威 부수지 못하는 것이 없다. 어떠한 곤란도 이겨내다. ¶～毁huǐ↓ ❷ 꺾다. 부러뜨리다. ¶单则易折zhé, 众则难～ | 하나는 꺾기 쉬워도 많은 것은 꺾기 어렵다. ¶把筷kuài子～成两段duàn | 젓가락을 두 동강으로 꺾다. ❸ 名 (Cuī) 성(姓).
4【摧残】cuīcán ❶ 動 손상을 주다. 파괴하다. ¶～文化 | 문화를 파괴하다. ¶～民主 | 민주주의를 파괴하다. ¶严yán重地～少年的身心健康jiànkāng | 소년의 심신 건강을 심각하게 해쳤다. ❷ 動 박해하다. 괴롭히다. 고통을 주다. ¶给人家～了 | 남에게 고통을 주다. ❸ 名 파괴. 손상. 어법 주로「受」「遭受」의 목적어(賓語)로 쓰임. ¶遭zāo受了自然灾害zāihài的～ | 자연 재해의 손상을 입다.
【摧挫】cuīcuò ⇒[摧折]
3【摧毁】cuīhuǐ 動 훼멸하다. 분쇄하다. 타파하다. ¶～迷mí信 | 미신을 타파하다. ¶～一切qiè旧jiù制度zhìdù | 모든 낡은 제도를 분쇄하다. ¶～了敌人的阵zhèn地 | 적의 진지를 쳐 부수다→[捣dǎo毁]
【摧枯拉朽】cuī kū lā xiǔ 威 썩은 나무를 꺾는 것처럼 쉽다. 식은 죽 먹기이다. 아주 쉽다《漢書·異姓諸侯王表》
【摧垮】cuīkuǎ 動 조직을 무너뜨리다. 붕괴시키다. ¶～了侵略qīnlüè军 | 침략군을 붕괴시켰다.
【摧折】cuīzhé 書 動 ❶ 꺾다. 부러뜨리다. ¶狂风～了树枝shùzhī | 돌풍이 나뭇가지를 부러뜨렸다. ❷ 좌절하다 ‖＝[摧挫]

cuǐ ㄘㄨㄟˇ

【洒】cuǐ ☞ 洒 sǎ [1] C

【璀】cuǐ 빛날 최
書 形 빛나다. 찬란하다. 눈부시다. ¶微wēi雪落luò～ | 드문드문 내리는 눈이 반짝반짝 눈부시다《蘇軾詩》
【璀璨】cuǐcàn 書 狀 찬란하다. 반짝반짝 빛나다. ¶手上戴dài着～夺duó目的钻zuàn石戒jiè指 | 손에는 반짝이는 다이아 반지를 끼고 있다.

cuì ㄘㄨㄟˋ

【啐】cuì 뱉을 췌, 지껄일 줄
❶ 動 (침·가래를) 뱉다. ¶～了一口吐沫tǔmò | 침을 한 번 탁하고 뱉다→[吐tǔ] ❷ 動 (침·가래를 뱉으며) 크게 욕하다. 혹독하게 꾸짖다. ¶～骂mà↓ ¶～了一口 | 한 마디 심하게 꾸짖다. ❸ 嘆 퉤. 칫. 흥. 픽. 칫 [경멸·질타·매도(罵倒)·모욕 등의 뜻을 나타냄] ¶～! 不要脸liǎn的东西… | 퉤! 뻔뻔스러운 놈 같으니라고. ¶呀～! 休xiū得děi胡言húyán乱语luànyǔ! | 칫! 허튼 소리 집어치워! ¶～! 我们何必怕pà他 | 칫! 우리가 뭐 때문에 그를 겁내?

【啐骂】cuìmà 動 침을 뱉으며 욕하다. 심하게 꾸짖다. ¶卖国贼zéi永久被人民～ | 매국노는 영원히 인민으로부터 욕을 먹는다.

【悴〈顇〉】cuì 야윌 췌, 파리할 췌 ❶ 形 초췌하다. 파리하다. 수척하다. ¶憔qiáo～ | 초췌하다. ❷ 動 俗 시들다. 풀이 죽다. 생기를 잃다. 나른하다. ¶炎yán热焦jiāo酷kù, 人物同～ | 날씨가 지독하게 더워 사람이나 물건이 다 시들었다 ❸ 書 動 괴로워하다. 번민하다.

【悴薄】cuìbó ⇒〔悴贱jiàn〕

【悴贱】cuìjiàn 書 形 초췌하고 천박하다 =〔悴薄〕

【淬】cuì 담글 쉬, 물들 쉬 動 ❶ 담금질하다. 가열한 금속을 찬물에 넣어 경화(硬化)시키다. ¶～火↓ ❷ (물에) 담그다 ‖ =〔焠cuì②〕 ❸ 書 (물에). 젖다. ¶身～霜shuāng露lù | 서리와 이슬에 몸이 젖다. 온갖 고생을 다 겪다.

【淬火】cuì/huǒ 動〈金〉담금질하다. ¶～法 | 담금질 법. ¶高频pín率lǜ电流～法 | 고주파 전류 야금법 =〔沾zhān火〕〔蘸zhàn钢〕〔蘸火〕

【淬火钢】cuìhuǒgāng 名 담금질한 강철 =〔淬钢〕〔硬yìng钢〕〔硬化钢〕

【淬砺】cuìlì 動 ❶ (쇠를) 벼리다. 굳게 만들다. ❷ 喻 단련하다. 고난을 겪다. ¶不经～, 哪来英雄? | 고난을 겪지 않고 어떻게 영웅이 탄생하겠는가? ‖ =〔淬勉〕

【淬勉】cuìmiǎn ⇒〔淬砺〕

【萃】cuì 모을 췌, 야윌 췌, 스칠 췌 書 ❶ 動 (풀이) 군생(群生)하다. 무성하게 자라다. ❷ 名 무리. 류(類). ¶拔bá乎其～ =〔出类拔萃〕| 무리 중에서 빼어나게 뛰어나다. 출중하다. ❸ 모으다. 모이다. ¶～集 | 모으다. ¶～于一堂↓ ¶～于一门 | 한 집안에 모이다. ❹ (Cuì) 名 성(姓).

【萃萃蝇】cuìcuìyíng 名〈蟲〉체 체 파 리 (tsetse fly) =〔采cǎi采蝇〕〔舌shé蝇〕

【萃取】cuìqǔ ❶ 動〈化〉(용액 중에서) 추출하다. ❷ 名 추출. ¶～法 | 추출법. ¶～器 | 추출기.

【萃于一堂】cuì yú yī táng 成 한 집에 모이다. 한 자리에 모이다.

【焠】cuì 태울 쉬, 담글 쉬 ❶ 書 動 태우다. ¶～掌↓ ❷「淬」와 통용 ⇒〔淬cuì①②〕

【焠掌】cuìzhǎng 動 (잠을 쫓으려고) 손바닥을 태우다. 喻 어렵게 공부하다. 고난을 이기다.

【瘁】cuì 병들 췌 ❶ 書 名 질병과 과로. 고난. ¶鞠躬jūgōng尽～ | 成 나라를 위해 모든 것을 다 바쳐 일하다. ¶劳～ | 고생하다 ❷ 무너지다. 붕괴하다. 부서지다. ¶瞶kuì～ | 무너져 내리다.

【瘁瘠】cuìjí 書 形 병들고 쇠약하다. ¶俄见一～乌驴lǘ | 쇠약한 검은 나귀 한 마리가 갑자기 나타났다.

4【粹】cuì 순수할 수, 같을 수 ❶ 形 순수하다. 섞임이 없다. ¶～而不杂zá | 잡스럽지 않고 순수하다. ¶～白↓ ¶～美↓ ❷ 오로지 한 가지임. 섞임이 없음. 정수(精粹). ¶精jīng～ | 정수. ¶选xuǎn～ | 정수를 골라내다. ¶国～ | 국수.

【粹白】cuìbái 書 形 순백(純白)이다. 새하얗다. ¶～之裘qiú | 순 흰색의 가죽 옷.

【粹美】cuìměi 書 形 순수하고 아름답다. ¶品学～ | 품행과 학업이 고결하다.

4【翠】cuì 비취색 취, 물총새 취 名 ❶〈鳥〉물총새. 취조. ¶点～ | 물총새의 깃을 넣어 만든 세공품. ❷〈色〉비취색. ¶青山～谷gǔ | 푸른 산과 비취색의 계곡. ¶～绿lǜ色的衣服 | 청록색의 옷. ❸〈鑛〉비취. ¶戒指jièzhǐ上镶xiāng了一块～ | 반지에 비취를 하나 끼웠다. ¶珠zhū～ | 비취 구슬 ¶翡fěi～ | 비취. ❹ (Cuí) 성(姓).

【翠菊】cuìjú 名〈植〉취국. 과꽃 =〔江jiāng西腊〕〔蓝lán菊〕

4【翠绿】cuìlǜ 圖〈色〉청록색. ¶～的西瓜guā皮 | 청록색의 수박 껍질.

【翠鸟】cuìniǎo 名〈鳥〉물총새 =〔翠雀quèル〕〔钓diào鱼郎〕

【翠雀儿】cuìqiǎor ⇒〔翠鸟〕

【翠生生】cuìshēngshēng 狀 파릇파릇하다. 청록빛을 띠고 여리고 부드럽다. ¶～的一片芳fāng草 | 파릇파릇한 한 무더기의 방초.

【翠色】cuìsè 名 비취색. 청록색.

【翠色欲滴】cuì sè yù dī 成 초록빛이 뚝뚝 떨어질 듯하다. ¶雨花的禾hé苗miáo, ～ | 비방울 속의 벼싹에 초록빛이 뚝뚝 떨어지는 듯하다.

【翠微】cuìwēi 書 名 ❶ 산 중턱의 경사가 완만한 곳. ❷ 담청색(淡青色)의 산색(山色).

【翠竹】cuìzhú 名 비취색 참대. 녹죽(綠竹). 청죽(青竹). ¶窗前种了一些～ | 창문 앞에 참대를 좀 심었다.

2【脆〈膬₂〉】cuì 무를 취 形 ❶ 무르다. 부서지기 쉽다. 약하다. ¶这纸太～ | 이 종이는 너무 약하다. ¶木头好～, 一劈pī就碎suì | 나무가 너무 물러 쪼개면 부서져버린다. ¶又硬yìng又～ | 단단하지만 부서지기 쉽다. ❷ 씹기 좋다. 입에 녹는 듯하다. 바삭바삭하다. 사각사각하다. ¶刚出炉lú的饼bǐng干, 好～ | 막 화로에서 꺼낸 과자는 사각사각하다. ¶这苹píng果又～又香 | 이 사과는 입에 녹는 듯 맛있다 ⇔〔肉ròu④〕 ❸ (목소리·발음 등이) 맑다. 낭랑하다. 쟁쟁하다. ¶嗓sǎng音挺tǐng～ | 목소리가 매우 낭랑하다. ¶口音清～ | 발음이 카랑카랑하다. ❹ 奧 (언행이) 시원시원하다. 화끈하다. ¶说话干～ | 시원스럽게 말하다. ¶办bàn事很～ | 시원스럽게 처리하다 ⇔〔肉ròu⑤〕

【脆骨】cuìgǔ 名〈食〉식품으로 쓰이는 동물의 연골. 도가니.

【脆快】cuìkuài 形 方 (언행이) 시원시원하다. 화끈하다. 화통하다. ¶他做事～了liǎo当 | 그는 시원스럽게 일한다. ¶他是个直zhí性子人, 办起事来总zǒng是那么～ | 그는 곧은 성미라서 일하는 데는 늘 그렇게 화끈하다.

【脆亮】cuìliàng 形 (소리가) 맑고 우렁차다. ¶歌喉hóu～ | 노래 소리가 우렁차다. ¶唱腔qiāng甜美～ | 노래 가락이 달콤하고 우렁차다.

【脆亮亮】cuìliàngliàng 貺 (소리가) 낭랑하다. 우렁차다. 카랑카랑하다. ¶～ |

【脆嫩】cuìnèn 形 입에 부드럽다. 씹는 기분이 부드럽다. 사각사각하다. ¶春笋sǔn十分～, 真好吃 | 봄철의 죽순은 부드럽게 씹혀 참 맛이 있다.

4【脆弱】cuìruò 形 취약하다. 연약하다. 여리다. ¶感情～ | 감정이 여리다. ¶他个性～, 不适合独dú当一面 | 그는 사람됨이 물러서 혼자 한몫하기에는 적합하지 않다 =〔削xiāo薄〕⇔〔坚jiān刚〕

【脆生】cuì·sheng 形 俗 ❶ 씹기에 연하다. 사각사각하다. 아삭아삭하다. ¶韩国的苹píng果吃着很～ | 한국의 사과는 먹기에 아주 연하다. ¶这瓜又～香甜tián | 이 참외는 연하고 달콤하다. ❷ (소리가) 낭랑하다. 맑고 깨끗하다. ¶那小姐的声音可真～ | 그 아가씨의 목소리는 정말 맑고 깨끗하다. ❸ (언행이) 시원시원하다. 화통하다. ¶说得很～ | 시원하게 말하다.

【脆生生】cuì·sheng·sheng 貺 ❶ 연하고 부드럽다. 아삭아삭하다. 사각사각하다. ¶这种花生吃在嘴里～的 | 이런 땅콩은 먹으면 입에서 바삭바삭한다. ❷ (소리가) 맑고 깨끗하다. 낭랑하다. ¶～地喊hǎn道 | 낭랑한 목소리로 외쳤다.

【脆甜】cuìtián 形 부드럽고 달다. ¶这瓜吃着～ | 이 참외는 먹기에 아삭거리고 달콤하다.

【脆性】cuìxìng 名 〈物〉 부스러지기 쉬운 성질. 취성. ¶～破裂pòliè | 취성 균열.

【脆枣(儿)】cuìzǎo(r) 名 方 〈食〉 씨를 빼고 말린 대추 =〔挂guà拉枣儿〕〔挂络枣儿〕

【毳】 cuì 솜털 취, 연할 취
❶ 名 조수(鳥獸)의 연한 털. ¶～幕mù ↓ ¶～毛 ↓ ❷ 書 名 썰매. ¶水行乘chéng舟, 泥ní行乘～ | 물에서는 배를 타고 펄에서는 썰매를 탄다《漢書·溝洫志》→〔橇qiāo〕

【毳毛】cuìmáo 名 ❶ 솜털. 잔털 [두발·음모 외의 인체의 털] ❷ 조수(鳥獸)의 연한 털.

【毳幕】cuìmù 書 名 모직으로 만든 장막. 몽고인들이 짐승의 털로 만든 천막 =〔毳帐〕

【毳帐】cuìzhàng ⇒〔毳幕〕

cūn ㄘㄨㄣ

1【村〈邨〉】 cūn 마을 촌
❶ (～儿, ～子) 名 마을. 촌락. 부락. ¶乡～ | 향촌. 시골. ❷ 形 京 촌스럽다. 거칠다. 비루하다. 구차하다. ¶这么～的话 | 이렇게 촌스러운 말. ¶那话多～ | 그 말은 얼마나 촌스러운가. ❸ 動 京 거친 말로 욕하다. 나무라다. 꾸짖다. ¶撒sā～骂街 | 成 거리낌없이 마구 상스런 욕을 하다. ¶～了他几句 | 그를 몇 마디 거칠게 나무랐다. ❹ 名 (Cūn) 名 성(姓).

【村村寨寨】cūncūn zhàizhài 名組 여러 마을. 마을 마을. ¶巡xún回～ | 이 마을 저 마을을 돌아 다니다. ¶～闹nào新春 | 여러 마을을 돌며 설맞이 놀이를 하다→〔村寨〕

【村董】cūndǒng ⇒〔村长〕

【村夫】cūnfū 書 名 ❶ 촌사람. 촌놈. ¶～俗子 | 시골 뜨기. ¶～野老 | 시골의 촌놈들→〔乡xiāng下人(儿)〕 ❷ 거친 사람. 무식한 사람. ¶～不知高下 | 예절을 모르는 무지한 놈《水滸傳》

【村夫子】cūnfūzǐ 名 시골 학자. 학문·견식이 천박한 지식인 =〔村学究〕

【村公所】cūngōngsuǒ 名 마을 사무소.

【村姑(儿)】cūngū(r) 名 시골 처녀. ¶娶qǔ了个～ | 시골 처녀를 마누라로 얻었다 =〔村女〕

【村落】cūnluò 名 촌락. 마을. ¶～露营lùyíng | 부락 야영.

【村民】cūnmín 名 촌민. 부락민. ¶～大会 | 부락 회의.

【村女】cūnnǚ ⇒〔村姑gū(儿)〕

【村社】cūnshè 名 부락 공동체. 촌사. ¶氏族公社为～所代替 | 씨족 공동체는 부락 공동체로 대체되었다 =〔邻社〕〔农村公社〕〔土地公社〕〔乡社〕

【村塾】cūnshú 名 마을 서당. 부락 서원. ¶他在～念过两年书 | 그는 시골 서원에서 2년 동안 공부하였다 =〔村校〕〔村学〕〔村学堂〕

【村校】cūnxiào ⇒〔村塾shú〕

【村学】cūnxué ⇒〔村塾shú〕

【村学究】cūnxuéjiū ⇒〔村夫fū子〕

【村野】cūnyě ❶ 名 시골의 마을과 들판. ¶～之人 | 시골 사람. ❷ 形 촌스럽다. 거칠다. ¶为人～ | 사람됨이 거칠다.

【村妪】cūnyù 書 名 시골의 노부인. 촌 아낙네.

【村寨】cūnzhài ⇒〔村庄(儿)〕

【村长】cūnzhǎng 名 촌장. ¶这次老李被选xuǎn为～ | 이번에는 이 씨가 촌장으로 당선되었다 =〔村董〕〔村正〕

【村正】cūnzhèng ⇒〔村长〕

3【村庄(儿)】cūnzhuāng(r) 名 마을. 부락. 촌락 =〔村寨zhài〕

3【村子】cūn·zi 名 마을. 부락. 촌락. ¶故乡gùxiāng～ | 고향 마을.

【皴】 cūn 틀 준, 준법 준
❶ 動 (살갗이) 트다. ¶冻dòng得脸liǎn都～了 | 얼어서 얼굴까지 텄다. ¶手都～了 | 손이 모두 텄다. ❷ 名 京 北 (피부에 묻은) 때. ¶脖bó子上, 一擦cā就有好多～ | 목을 비비기만 하면 많은 때가 나온다. ¶脚上都长～了, 快好好洗吧 | 다리에 온통 때가 일었으니 빨리 잘 씻어라. ❸ ⇒〔皴法〕

【皴法】cūnfǎ 名 〈美〉 준법 [동양화에서 문양(紋様)으로 명암을 나타내는 화법. 「披pī麻皴法」「斧劈fǔpī皴法」등이 있음]

【皴脸】cūnliǎn 名 ❶ 피부가 튼 얼굴. ❷ 때가 묻은 얼굴. 더러운 얼굴.

【皴裂】cūnliè 動 (살갗이) 터다. 갈라지다. ¶手足～ | 손발이 터지다.

【皴皮】cūnpí 書 名 ❶ 〈植〉 여지(荔枝)의 별칭. ❷ 갈라진 피부.

cún ㄘㄨㄣˊ

2【存】 cún 있을 존, 살필 존
❶ 動 생존하다. 살아 있다. ¶父母俱jù

～ | 부모가 모두 살아 계시다. ❷ 있다. 잔류하다. 남아 있다. ¶名～实shí亡 | 㓎 유명무실하다. ¶片瓦wǎ无～ | 㓎 기왓장 하나 남아있지 않도록 완전히 파괴되다. ❸ 動 맡겨두다. 보관하다. ¶这东西暂且zànqiě～在我这儿吧 | 이 물건은 잠시 내게 맡겨라. ❹ 動 저축하다. ¶把现款kuǎn～在银行里 | 현금을 은행에 예금하다. ❺ 動 괴어 있다. 고여 있다. ¶下水道修好, 街上就不～水了 | 하수도는 이미 수리하였기 때문에 길거리에 물이 고이지 않는다. ¶新建的水库已经～满了水 | 새로 건설한 댐에 물이 이미 가득 찼다. ❻ 動 (생각을) 가지다. 마음을 품다. ¶他本来并没有～多大的希望 | 그는 본래 희망을 많이 가지고 있지는 않았다. ¶你～着什么心? | 너는 무슨 속셈을 가지고 있느냐? ❼ 動 보류하다. 남겨두다. ¶～而不论↓ ❽ 남은 것. 나머지. 잔고. ¶余yú～ | 잔여(殘餘). ¶除chú支净jìng～ | 순이익. ¶库kù～ | 재고품. ¶实～ | 현재고. ❾ 위로하다. ¶温wēn～ | 정성껏 위로하다. 위안하다. ¶～问↓ ❿ (Cún) 名 성(姓).

【存案】cún'àn ❶ 名 (기관·단체 등에 보관하는) 문서. 파일(file). ❷ (cún/àn) 動 등록하여 문서를 보존하다. ¶已经办了～手续 | 등기 수속을 마쳤다.

【存本付息】cúnběn fùxī 名組 〈商〉 월 이자 지급 정기예금 =〔存本取息〕〔存行生息〕

【存簿】cúnbù ⇒〔存折zhé〕

【存不住】cún ·bu zhù 動組 남겨 둘 수 없다. ¶肚子里～话 | 배 안에 말을 남겨 두지 못하다 ⇔〔存得住〕

【存查】cúnchá 書 動 조사·검열에 대비해 보관해 두다. ¶原件放在官里～ | 원문은 관청에 보관해 두다.

【存车处】cúnchēchù 名 ❶ 주차장. 차고. ❷ 자전거 보관소.

【存储】cúnchǔ ❶ 動 저장하다. ¶把白菜～在地窖jiào里 | 배추를 움에 저장하다. ❷ 動 돈을 저축하다. ❸ 名 〈電算〉 저장. 기억. ¶～电路 | 기억회로. ¶～二极管 | 기억 다이오드. ¶～器 | 기억 장치. ¶～元件 | 기억 소자. ¶～容量 | 기억용량. ¶～装置zhuāngzhì | 기억 장치.

【存单】cúndān ⇒〔存款kuǎn单〕

【存档】cún/dàng ❶ 動 공문·자료 등을 보존하다. 파일(file)을 보존하다. ¶成绩单是要～的 | 성적표는 보존하여야 하는 것이다. ❷ 名 파일(file). ❸ 動 〈電算〉 파일(file)로 저장(save)하다. ¶你不要忘记～ | 너 저장하는 것을 잊지 마라.

【存得住】cún ·de zhù 動組 남겨 둘 수 있다. ¶他能～钱 | 그는 돈을 능히 저금해 둘 수 있다 ⇔〔存不住〕

【存而不论】cún ér bù lùn 㓎 당분간 논하지 않고 보류하다. ¶这个问题可以暂时zànshí～, 先讨论其他问题 | 이 문제는 잠시 보류하고 논하지 않아도 되니, 먼저 다른 문제를 토론하자.

4【存放】cúnfàng ❶ 動 (돈·물품을) 맡기다. 보관하다. ¶～行李 | 짐을 맡기다. ¶把暂zàn时不用的东西～在地下室 | 당분간 쓰지 않는 물건은 지하실에 두어라. ¶～自行车 | 자전거를 맡기다. ❷ 名 〈商〉 예금과 대출. ¶～方便 | 예금과 대출이 간편하다.

【存废】cúnfèi 名 보존과 폐기. 존속과 폐지. ¶制度的～问题 | 제도의 존폐 문제

【存根】cúngēn ❶ 動 (계약서·공문서 등을) 근거로 보존하다. ❷ 名 부본(副本). 영수증. 인수증. 보관증. ¶一张～ | 영수증 한 장. ¶发票～ | 전표 부본. ¶支票～ | 수표 부본 ‖ =〔存执zhí〕

【存候】cúnhòu ⇒〔存问〕

【存户】cúnhù ⇒〔存款户〕

【存活】cúnhuó 動 생존하다. 생명을 부지하다. 살려 내다. 살려 두다. ¶二名垂危chuíwēi病人, 经过抢救qiǎngjiù全部～ | 위독한 환자 두 사람을 응급처치하여 모두 목숨을 살려 내었다.

【存货】❶ cúnhuò 名 〈商〉 재고품. 팔려고 저장해 둔 상품. ¶～丰fēng富 | 재고가 풍부하다. ¶～单 | 창고 증권. ¶倾qīng销～ | 재고품을 방매하다. ¶～目录 | 재고품 명세서 =〔现xiàn货〕 ❷ (cún huò) 動組 상품을 저장하다.

【存货底帐】cúnhuò dǐzhàng 名組 재고품 대장.

4【存款】cúnkuǎn ❶ 名 〈商〉 저금. 예금. ¶活huó期～ | 당좌 예금. ¶个人～ | 개인 구좌. ¶小xiǎo额活期～ | 소액 당좌예금. ¶通tōng知～ | 통지 예금. ¶定期～ | 정기 예금. ¶储chǔ蓄～ | 저축 예금. ¶往来帐zhàng户～ | 당좌 예금. ¶提tí取～ | 예금을 인출하다. ¶～不足 | 예금 부족. ❷ 名 공탁금(供託金). ¶海损～ | 해손 공탁금. ❸ (cún/kuǎn) 動 저금하다 ‖ ⇔〔放款〕

【存款本子】cúnkuǎn běn·zi ⇒〔存折zhé〕

【存款簿】cúnkuǎnbù ⇒〔存折〕

【存款单】cúnkuǎndān 名 〈商〉 예금증서 =〔存单〕〔存款据〕

【存款户】cúnkuǎnhù 名 〈商〉 예금주. 통장 명기인. 구좌주 =〔存户〕

【存款据】cúnkuǎnjù ⇒〔存款单〕

【存款折(子)】cúnkuǎn zhé(·zi) ⇒〔存折〕

【存栏】cúnlán 名 사육중인 가축. 가축의 사육. ¶～总zǒng头数比去年增加了一倍 | 총 사육 두수는 작년보다 한 배 증가하였다. ¶～率lǜ | 사육 비율.

【存钱】cún/qián 動 저금하다. 예금하다. ¶不要把工资zī都花光了, 存点钱吧 | 노임을 몽땅 쓰지 말고 저금을 좀 해라.

【存取】cúnqǔ 名 ❶ 〈商〉 예입(預入)과 인출(引出). ❷ 〈電算〉 억세스(access). ¶～程序 | 억세스 프로그램. ¶～臂bì | 억세스 암(access arm). ¶～週zhōu期 | 억세스 싸이클(cycle).

【存入】cúnrù 名 ❶ 예입. 예금. ❷ 〈電算〉 로깅(logging). ¶～程序 | 로깅 프로시듀어(procedure).

【存身】cún/shēn 書 動 ❶ 몸을 두다. 몸을 의탁하다. ¶没有地方～ | 몸을 의지할 곳이 없다. ¶在一个废碉堡diāobǎo里～ | 부서진 진지 속에 몸을 숨겼다. ❷ 생명을 보전(保全)하다.

【存食】cún/shí 動 얹히다. 식체하다. ¶吃饱bǎo了就睡, 容易存住食 | 배불리 먹고 바로 잠을 자

면 체하기 쉽다 =〔停tíng食〕
【存水】cúnshuǐ ❶ 名 고인 물. 저수(貯水). ❷ (cún shuǐ) 動組 물이 고이다. ¶这院子一下雨就～ | 이 정원에는 비만 오면 물이 고인다. ❷ (cún shuǐ) 動組 물을 받다.
【存亡】cúnwáng ❶ 名 존망. 생사(生死). 존립과 멸망. ¶生死～的关头 | 생사 존망의 고비. ¶关系民族生死～的战争 | 민족의 생사 존망에 관계되는 전쟁. ❷ 書 動 멸망하다. 잃다. 어법 여기에서는「存」의 의미는 없음. ¶险xiǎn些性命～ | 목숨을 잃어 버릴 만큼 약간은 위험하다.
【存问】cúnwèn 書 動 안부를 묻다. 위문하다. ¶～长老 | 어른을 위문하다 =〔存候〕
【存项】cúnxiàng 名 ❶ 잔액. 잔고. ¶我的～不够付这些钱 | 나의 잔고는 이 돈을 치르기에 부족하다. ❷ 예금액. 예입액.
【存心】cúnxīn ❶ 名 마음씨. 심보. ¶～不良 | 심보가 나쁘다. ¶～忠厚zhōnghòu | 마음씨가 충후하다 =〔存意〕 ❷ (cún/xīn) 動 어떤 생각을 품다. 마음을 먹다. 어법 주로 부사어(狀語)로 쓰임. ¶但是一个人存了这片心, 说了这句话, 岂可丝毫sīháo摇动yáodòng? | 한 사람이 이런 마음을 먹고 이런 말을 하였는데 어찌 조금의 동요라도 있을 수 있겠는가?《兒女英雄傳》¶只要你～给帮忙, 我就有把握bǎwò | 네가 나를 도와 줄 마음만 있다면 나는 자신이 있다→〔居jū心叵pǒ测〕 ❸ (cún/xīn) 動 고의로 …하다. 일부러 …하다. ¶你这不是～叫我为难吗? | 네가 이렇게 하는 것은 고의로 나를 어렵게 하려는 것 아니냐? ¶他们存着心要反对社会主义 | 그들은 고의로 사회주의를 반대하고 있다.
【存疑】cúnyí 動 의문으로 남겨두다. 미제로 남겨두다. ¶这件事情只好暂时～, 留待将来解决吧 | 이 일은 잠시 의문으로 남겨두었다가 나중에 해결하는 수 밖에 없다.
【存意】cúnyì ⇒〔存心①〕
【存有】cúnyǒu 書 動 가지고 있다. 지니고 있다. ¶～恐惧jùxīn理 | 공포심리를 가지고 있다.
【存余】cúnyú 名 이월금(移越金). 잔여. 잔고. 잉여금. ¶略有～ | 이월금이 조금 있다.
²【存在】ⓐ cúnzài ❶ 動 존재하다. 현존하다. 어법 보통 주로「存在着」의 형태로 추상적인 것의 존재를 나타내며,「那里存在着许多人」과 같이 구체적인 것에는 잘 쓰이지 않음. ¶中间～着严重的问题 | 그 중에는 심각한 문제가 현존한다. ❷ 名〈哲〉존재. 실존. 자인(Sein;독). ¶～决定意识, 而不是意识决定～ | 존재가 의식을 결정하지, 의식이 존재를 결정하는 것이 아니다. ¶～哲学 | 실존주의 철학. ¶～主义 | 실존주의.
ⓑ cún·zai 動組 (…에) 맡겨 두다. …에 두다. ¶把钱～银行 | 돈을 은행에 맡겨 두다.
【存照】cúnzhào 書 動 (계약서·공문 등을) 증거로 삼기 위해 보존하다. ¶王先生～ | 왕 선생께서 증거로 보존하십시오 [영수증·수령서 등의 뒤에 씀] ¶见有执凭píng公文～ | 지금 증빙이 될 공문이 있으니 증거로 보관하시오《水滸傳》
【存折】cúnzhé 名 예금 통장. ¶我给你我的～, 去取qǔ钱回来 | 내가 너에게 지금 통장을 줄테니 가서 돈을 찾아 오너라 =〔存簿〕〔存款本子〕〔存款簿〕〔存款折(子)〕
【存执】cúnzhí ⇒〔存根gēn〕

【蹲】cún ☞ 蹲 dūn Ⓑ

cǔn ㄘㄨㄣˇ

【忖】cǔn 헤아릴 촌
❶ 動 추측하다. 미루어 짐작하다. 마음속으로 헤아리다. ¶我自～体tǐ力不够标准biāozhǔn | 나는 스스로 체력이 표준에 이르지 못한다고 생각한다. ¶暗àn～ | 몰래 생각하다. ¶～度↓ ❷ (Cǔn) 名 성(姓).
【忖度】cǔnduó 又 cǔnduò) 動 미루어 생각하다. 짐작하다. 추측하다. ¶心中先～一番fān | 마음 속으로 먼저 한 번 생각해 보아라. ¶我不知道你的心事, 我只能用我的心～一切 | 나는 너의 심사를 모르니 나의 마음으로 모든 것을 미루어 짐작할 수 밖에 없다 =〔忖摸〕
【忖量】cǔnliàng ❶ 動 추측하다. 짐작하다. ¶一边走, 一边～着刚才他说的那番fān话的意思 | 걸으면서 방금 그가 한 말의 의미를 짐작하고 있다. ❷ 動 생각하다. 숙고하다. ¶～了半天, 还没有想出怎么说好 | 한참 동안 궁리하였으나 어떻게 말하는 것이 좋을지 생각하지 못했다. ❸ 名 京 수단. 수완. ¶别愣lèng来, 干什么都得有个～ | 바보 같이 나오지 마라, 무슨 일을 하든 일에는 방법이 있는 것이다. ❹ 名 京 주장. 견해. 의견. 생각. ¶拿个～来 | 의견을 내 놓아라.
【忖摸】cǔn·mo ⇒〔忖度duó〕

cùn ㄘㄨㄣˋ

2【寸】cùn 치 촌
❶ 量〈度〉촌. 치 [10분의 1「尺」. 0.0333미터] ¶十～是一尺chǐ | 열 치가 한 자이다. ❷ 量 喩 (아주) 짧은. 작은. ¶～步难行 | 한 걸음도 걸을 수 없다. ¶～男尺女皆无 | 成 자식이 하나도 없다. ¶鼠shǔ目～光 | 식견이라곤 조금도 없다. ❸ 形 京 北 공교롭다. 우연하다. 마침 …하다. ¶你来得真～ | 때마침 잘 왔다. ¶这也是个～事 | 이것 또한 공교로운 일이다 =〔巧qiǎo④〕 ❹ ⇒〔寸口〕 ❺ (Cùn) 名 성(姓).
【寸步(儿)】cùn bù(r) 名組 촌보. 한 걸음. 아주 가까운 거리. ¶～难移yí =〔寸步难行〕| 成 한 발자국도 걸을 수 없다. 조금 움직일 수 없다. ¶～不让 | 조금도 양보하지 않다.
【寸步不离】cùn bù bù lí 成 한 발자국도 곁을 떠나지 않다. ¶每日跟随gēnsuí, ～ | 매일 붙어 다니며 한 발자국도 떠나지 않는다《水滸傳》
【寸草】cùncǎo 名 작은 풀. ¶～不生 | 작은 풀조차 나지 않다. 불모의 땅이다.
【寸草不留】cùn cǎo bù liú 成 풀 한 포기조차 남기지 않다. 여지없이 파괴하다. ¶杀了个～ | 남김없이 모두 죽이다.
【寸草春晖】cùn cǎo chūn huī 成 한 치도 안되는 풀에 은혜로운 봄빛이다. 자녀에 대한 부모의 사

랑이 깊다.

【寸断】cùnduàn 動 토막을 내다. 여러 토막으로 끊다. ¶肝肠gānchána～｜간장을 토막내듯 비통하다.

【寸功】cùngōng 名 작은 공로. ¶～未立｜작은 공로도 세우지 못하다. ¶身无～｜세운 공이 하나도 없다.

【寸金之地】cùnjīnzhīdì 名 금싸라기 땅. ¶市中心可以说是～｜시의 중심지는 그야말로 금싸라기 땅이다.

【寸金难买寸光阴】cùn jīn nán mǎi cùn guāng yīn 諺 돈으로 시간을 살 수 없다. 시간은 돈이다.

【寸劲儿】cùnjìnr ❶ 名 俗 기회. 운수. ¶这种东西早已不兴了, 赶上～, 还能买到旧的｜이런 물건은 이미 시장에서 사라진 지 오래다. 기회가 닿으면 헌 것이라도 살 수 있을 것이다. ¶抓zhuā住这个好机会, 真是～｜이 좋은 기회를 잡은 것은 아주 운이 좋았다 ❷ 名 京 요령. 재간. ¶打网球儿全在～上头｜테니스를 치는 데는 전적으로 요령에 달려 있다. ❸ 形 京 운이 닿다. 공교롭다. 우연스럽다. ¶瞧qiáo这～, 你前脚儿走, 他后脚儿就来｜보다시피 이건 공교롭다, 네가 한 발 앞서 떠나자 그가 한 발 늦게 왔다 ‖ ＝[巧qiǎo劲儿]

【寸楷】cùnkǎi 名 촌해체 [한 치 크기의 해서체(楷書體). 서체의 일종] 큰 해서체. ¶～羊豪háo｜큰 해서체를 쓰는 붓→[大楷①][小楷]

【寸口】cùnkǒu 名〈漢醫〉손목에 있는 맥짚는 자리 ＝[关脉]

【寸悃】cùnkǔn ⇒[寸心]

【寸权必夺, 寸利必得】cùn quán bì duó, cùn lì bì dé 成 하찮은 권리와 이익을 모두 빼앗아 가다. ¶他贪婪tānlán成性, ～｜그는 탐욕스런 성품이라 하찮은 것 까지도 모두 뺏아 간다.

【寸丝不挂】cùn sī bù guà 成 실오라기 하나 걸친 것이 없다. 발가 벗다. 가진 것이 하나도 없다.

【寸铁】cùntiě 名 촌철. 작은 쇳조각이나 무기. ¶手无～｜하찮은 무기 하나도 없다.

【寸土】cùntǔ 名 촌토. 손바닥만한 땅. ¶～寸地｜손바닥 만한 땅. ¶～寸金｜금싸라기 같은 땅. 귀중한 당 ＝[寸地]

【寸土必争】cùn tǔ bì zhēng 成 한 치의 땅도 양보하지 않다 ＝[寸土不让ràng]

【寸隙】cùnxì ⇒[寸暇]

【寸暇】cùnxiá 書 名 짧은 여가. 겨를. ¶略无～｜조금의 짬도 없다 ＝[寸隙]

【寸心】cùnxīn 名 ❶ 마음. 심중. ¶得失～知｜득실은 마음이 안다. ¶孩子的小小～｜어린아이의 작은 심중. ❷ 촌지(寸志). 작은 뜻. 조그마한 성의. ¶聊liáo表～｜적은 성의나마 표시합니다 ‖ ＝[寸肠][寸忱][寸悃][寸志][寸衷]

【寸阴】cùnyīn 書 名 촌음. 아주 짧은 시간. ¶爱惜xī～｜촌음도 아끼다. ¶～若ruò岁suì｜일각이 여삼추 ＝[寸晷]

【寸志】cùnzhì ⇒[寸心]

【寸衷】cùnzhōng ⇒[寸心]

【吋】cùn ⓧ yīngcùn) 인치 촌
量〈度〉인치(inch) [지금은「英yīng寸」이라고 쓰며, 합성자(合成字)로 보아「yīngcùn」이라고 읽기도 함] ¶十二～是一呎｜12인치는 1피트이다.

cuō ㄘㄨㄛ

1【差】cuō ☞ 差 chā Ⓔ

3【搓】cuō 비빌 차
動 ❶ 비비다. 문지르다. ¶～洗衣服｜옷을 비벼서 빨다. ❷ 꼬다. 말다. ¶～绳shéng子｜노끈(새끼)을 꼬다. ¶～纸捻niǎn｜종이 노끈을 꼬다.

【搓板(儿)】cuōbǎn(r) 名 빨래판 ＝[洗衣板]

【搓擦】cuō·ca 動 비비다. 문지르다. ¶洗衣服不要那么用力～｜옷을 그렇게 힘써서 비벼 빨지 마라.

【搓球】cuōqiú〈體〉❶ 名 깎아 치는 공. ¶他擅shàn长～｜그의 장기는 깍아 치는 공이다. ❷ 動 (탁구에서) 공을 깎아 치다. ¶一板一板地把球搓过去｜한 판 한 판 공을 모두 깎아 쳤다.

【搓揉】cuōróu 動 비벼 문지르다. 비벼 꼬다. 비벼 반죽하다. ¶将面团miàntuán～均匀jūnyún｜밀가루 덩어리를 고르게 반죽하다.

【搓绳】cuō/shéng 動 노끈을 꼬다. 새끼를 꼬다. ¶搓草绳｜새끼를 꼬다. ¶～机｜새끼틀. 새끼 꼬는 기계.

【搓手】cuō/shǒu 動 손을 비비다. ¶他正急jí得直～｜그는 조급하자 줄곧 손을 비볐다.

【搓手顿脚】cuō shǒu dùn jiǎo 成 손을 비비고 발을 동동 구르다. 쩔쩔매다. ¶光～也解决不了问题｜손을 비비고 발을 동동 굴러서는 문제가 해결될 수 없다.

【搓澡】cuō/zǎo 動 등의 때를 밀다. ¶你给我搓搓澡｜내 등을 좀 밀어 다오. ¶～的｜때밀이 ＝[擦cā背]

4【磋】cuō 갈 차
❶ 書 動 (뼈·뿔·옥·돌 등을) 갈아 기물을 만들다. ❷ 궁리하다. 연구하다. 논의하다. ¶如切如～｜깊이 연구하다. ¶切～琢磨zhuómó｜成 서로 토론하며 연구하다. ¶～商↓

4【磋商】cuōshāng ❶ 動 협의하다. 의논하다. 교섭하다. 절충하다. ¶与各有关部门进行～｜각 관계 부처와 교섭을 하다. ¶经过～之后, 双方同意各自作出合理的让ràng步｜절충을 한 후, 쌍방은 각자 합리적인 양보를 하기로 동의하였다 ❷ 名 회담. 절충. 협의. ¶举jǔ行～｜회담을 열다. ¶进行具体的～｜구체적 협의를 하다 ‖ ＝[磋议]

【磋议】cuōyì ⇒[磋商]

【蹉】cuō 넘어질 차, 지날 차
❶ 넘어지다. ¶～跌diē↓ ❷ 지나다. 발걸음을 옮기다. ¶～步↓

【蹉步】cuōbù ❶ 動 조금씩 걷다. ¶双腿tuǐ横héng～｜두 발로 조금씩 옆으로 걷다 [전통극에서 영웅적 기개를 나타내는 연기] ❷ 名 작은 걸음.

【蹉车】cuōchē 動 교행(交行)하다. 자동차가 엇갈리다. ¶往南的车和往北的车在这站～｜남행 열차와 북행 열차는 이 역에서 교행한다.

【蹉跌】cuōdiē ⓧ cuōdié) 書動 ❶ 발을 헛디디어 넘어지다. 실족하다. ¶赵升心正, 能投树上, 足不～ | 조승은 마음이 바르고 나무에도 잘 올라 실족하지않는다. ❷ 좌절하다. 실패하다.

【蹉跎】cuōtuó 書動 허송세월을 하다. 헛되이 시간을 보내다. 시기를 놓치다. ¶岁月～ | 허송세월 하다. ¶一再～ | 다시 또 기회를 놓치다. ¶～自误 | 威 허송세월 하면서 자신을 망치다.

【撮】cuō zuǒ 집을 촬, 모을 촬

Ⓐ cuō ❶ 動 方 손으로 집다. ¶～药↓ ¶～了点儿盐yán | 소금을 조금 집어내다. ¶把土～起来 | 흙을 손으로 집다. ❷ 動 (요점을) 간추리다. 추려내다. ¶～要↓ ❸ 動 퍼담다. 쓸어 담다. ¶～了一簸箕bòjī土 | 한 쓰레받기의 흙을 쓸어 담다. ❹ 動 긁어모으다. ¶～成一堆duī | 한 무더기로 긁어모으다. ❺ 動 몰아내다. 쫓아버리다. ¶把她快快～出去 | 그녀를 빨리 쫓아 버려라. ❻ 動 튀어나가다. 튕겨 나가다. ¶～出很远 | 멀리 튕겨 나갔다. ❼ 動 (입을) 오므리다. ¶～口↓ ❽ 動 京 먹다. ¶咱们～一顿dùn去 | 우리 한 끼 먹으러 가자. ❾ 量 〈度〉 밀리리터(millilitre). ❿ (～儿, ～子) 量 京 奧 줌. 움큼 [분말 상태의 물건에 쓰임] ¶几～土 | 몇 줌의 흙. ¶一～盐yán | 소금 한 줌. ¶一小～儿米 | 쌀 한 움큼. ⓫ 量 무리들. 놈들 어법 「一小撮」의 형태로 극소수의 나쁜 무리나 사물을 가리키는데 쓰임. ¶一小～儿反革命分子 | 일부 극소수의 반 혁명 분자. ¶一小～坏huài人 | 일부 극소수의 나쁜 사람.

Ⓑ zuǒ (～儿, ～子) 量 줌. 움큼. 어법 「撮」가 손이나 공구로 잡을 수 있는 분말상태의 물건과 극소수의 나쁜 무리를 나타내는 명사의 양사(量詞)로 쓰일 때는 「撮(儿)cuō(r)」로 읽고, 다발형태의 머리카락 등에 쓰일 때는 「撮(儿, 子)zuǒ(r,·zi)」로 읽음. ¶脸liǎn上有一小～儿毛 | 얼굴에 한 줌의 털이 나있다. ¶剪jiǎn下一～子头发fà | 머리털을 한 움큼 잘라내다.

【撮鸟】cuōdiǎo 名 罵 좆같은 놈. ¶俺ǎn猜cāi着这个～是翦径jiǎnjìng的强人 | 내 생각에 이 자식은 노상 강도 같다《水滸傳》

【撮合】cuō·he 動 ❶ 중재하다. 중매하다. 관계를 맺다. ¶我给他们两下里～ | 내가 그들 두 사람 사이에 다리를 놓았다. ¶我把他们俩liǎ～成夫妻fūqī | 내가 그들 둘을 부부가 되게 중매하였다. ❷ 긁어모으다 ‖＝〔作合〕

【撮合山】cuōhéshān 名 喻 중매쟁이. 중재인. ¶～的嘴 | 중매쟁이 말. ¶这次, 我作媒méi, 当了他们的～ | 이번에는 내가 소개를 하여 그들의 중매쟁이가 되었다.

【撮箕】cuōjī 名 쓰레받기 ＝〔簸bò箕②〕

【撮聚语】cuōjùyǔ 名 〈言〉 포합어(抱合語 ; polysynthetic language)[형태상으로 분류한 언어의 한가지 유형]＝〔合hé抱语〕〔缉jí合语〕

【撮口】cuōkǒu 動 입을 오므리다.

【撮口呼】cuōkǒuhū 名 〈言〉 촬구호 [「四呼」중의 하나로 운모(韻母)가 「ü」이거나 운두(韻頭)가 「ü」인 글자의 음(音)]→〔四呼〕〔开口呼〕〔齐齿呼〕〔合口呼〕

【撮弄】ⓐ cuōnòng ❶ 動 가지고 놀다. 업신여기다. 조롱하다. ¶那个人不怎么样, 专zhuān门～别人 | 그 사람은 별 것 아니고 전적으로 다른 사람을 희롱하기만 한다. ❷ 動 부추기다. 교사(教唆)하다. 선동하다. ¶～人闹事 | 남을 부추겨 소란을 피웠다.

ⓑ cuō·nong 動 京 마구 주물다. 함부로 처리하다 [추상적인 것에 많이 쓰임] ¶事情都给～坏huài了 | 일마다 함부로 처리해 망쳤다.

【撮要】cuōyào ❶ 書 動 요약하다. 요점을 간추리다. ¶把工作内容～报告 | 일의 내용을 요약해서 보고하다. ❷ 名 적요. 요지. 개요. ¶论文～ | 논문 요지.

【撮药】cuō yào 動組 ❶ 奧 近 약을 조제하다. 조합하다. ¶兼jiān内外科～ | 내과와 외과의 약을 조합하다. ❷ 近 탕약(湯藥)을 사다. 약을 짓다. 조제하다. ¶去县里～来 | 현청 소재지에 가서 약을 지어 와라.

cuó ㄘㄨㄛˊ

【痤】cuó 부스럼 좌

⇒〔痤疮〕

【痤疮】cuóchuāng 名 여드름. ¶那位小姐脸liǎn蛋dàn上有很多～ | 그 아가씨는 얼굴에 많은 여드름이 있다 ＝〔粉刺〕〔面疱pào〕〔酒刺〕

【矬】cuó 작을 좌

❶ 形 京 北 키가 작다. 작달막하다. ¶他长zhǎng得太～ | 그는 키가 너무 작다. ¶小～个儿 | 작달막한 사람. ¶比他～半尺 | 그보다 반 자 작다. ❷ (～子) 名 京 北 난쟁이 ‖→〔矮ǎi〕 ❸ 動 京 삭감하다. 깎다. 낮추다. ¶～了他十块钱工钱 | 그에게 노임 10원을 삭감하였다. ❹ 動 허리를 낮추다. 몸을 낮추다. 구부리다. ¶他靠在椅子上打盹dǔn儿, 不自觉便慢慢～下去了 | 그는 의자에 기대어 조느라고 자기도 모르게 꼬부라졌다. ¶这孩子不让人领着, 直往下～ | 이 아이는 다른 사람이 데려 가지 못하도록 계속 아래로 몸을 움추렸다.

【矬子】cuó·zi 名 京 北 난쟁이. 키가 작은 사람 ＝〔矮ǎi人〕

【矬子里选将军】cuó·zi lǐ xuǎn jiāngjūn 諺 난쟁이 중에서 장군 뽑기. 도토리 키 재기. 사자 없는 산에 토끼가 대장이다 ＝〔矬子队里选将军〕〔矬子里头拔将军〕〔此cǐ地无朱砂, 红土子为贵〕

【嵯】cuó 우뚝솟을 차

⇒〔嵯峨〕

【嵯峨】cuó'é 書 狀 산세가 높고 험하다. ¶怪guài石～ | 괴석이 높이 우뚝 솟아 있다. ¶师徒tú们入此山, 正行到～之处 | 제자들이 이 산에 들어와서 산세가 험한 곳으로 갔다《西遊記》

【瘥】cuó ☞ 瘥 chài Ⓑ

【鹾(鹺)】cuó 짤 차

書 ❶ 名 소금. ¶～贾 | 소금 장사. ¶～使 | 염운사(鹽運使)의 다른 이름. ¶～务 | 소금 다루는 일. ¶～纲 | 소금 전매의 규정.

❷ 形 짜다. ¶～鱼 | 소금에 저린 생선.

cuǒ ㄘㄨㄛˇ

【脞】 cuǒ 잘 좌, 좀스러울 좌 ⇒〔丛cóng脞〕

cuò ㄘㄨㄛˋ

3【挫〈剉$_1$〉】 cuò 꺾을 좌 ❶ 좌절하다. 운이 나쁘다. 실패하다. ¶经受了许多～折zhé | 많은 좌절을 겪었다. ¶受～ | 좌절을 당하다. ❷ (소리를) 낮추다. 억누르다. ¶语音抑扬yìyáng顿dùn～, 很生动 | 말소리가 억양이 있어 매우 생동적이다. ❸ 動 꺾다. 깨뜨리다. ¶～敌人的志zhì气, 长zhǎng自己的威wēi风 | 적의 기세를 꺾고 자기의 위풍을 돋구다. ❹ 動 近 기회를 놓치다. ¶今番～过, 后次难逢péng | 이번의 기회를 놓치면 다음 기회는 오기 어렵다《水滸傳》

【挫败】 cuòbài ❶ 動 좌절시키다. 좌절되다. 깨뜨리다. 물리치다. ¶计划～了 | 계획이 좌절되었다. ¶～了敌人的阴谋yīnmóu | 적의 음모를 좌절시켰다. ¶坚决jiānjué～对手 | 상대방을 기어코 좌절시키다. ❷ 名 좌절과 실패. ¶在这次比赛sài中, 我队士气不振zhèn, 结果遭zāo到～ | 이번 시합에서 우리 팀은 사기가 부진하여 결국 좌절과 실패를 맛보았다.

【挫伤】 cuòshāng ❶ 名〈醫〉타박상. 좌상. ❷ 動 (의욕·투지·적극성 등을) 꺾다. 손상시키다. ¶～锐ruì气 | 예봉을 꺾다. ¶不要～他的积极jījí性 | 그의 적극성을 꺾지 마라.

3【挫折】 cuòzhé ❶ 動 좌절시키다. 패배시키다. ❷ 動 좌절하다. 패배하다. 실패하다. ¶～ | ❸ 名 좌절. 실패. ¶事业遭zāo到～ | 사업이 좌절당하였다. ¶他受到～后, 再也没站起来 | 그는 실패를 겪은 후 다시 더 일어서지 못했다.

【锉(銼)】 cuò 꺾을 좌, 가마솥 좌 ❶ (～子) 名 줄. 줄칼. ¶扁biǎn～ | 납작 줄. ¶毛～ | 거친 날 줄 =〔锉刀〕 ❷ 動 줄로 쓸다. 줄질하다. ¶把锯jù～一～ | 톱을 줄로 쓸다. ¶～锯齿 | 톱날을 줄로 쓸어 세우다.

【锉草】 cuòcǎo 名〈植〉속새 =〔木贼〕

【锉床】 cuòchuáng 名〈機〉줄 선반. 줄 작업대.

【锉刀】 cuòdāo 名 줄. 줄칼. ¶一把～ | 줄칼 한 자루. ¶半bàn圆～ | 반쪽이 둥근 줄. ¶三角～ | 삼각 줄. ¶锯jù～ | 톱날 세우는 줄. ¶用～锉一锉 | 줄칼로 좀 하여라.

【锉鱼】 cuòyú 名〈魚貝〉곱상어.

【厝】 cuò 둘 조, 섞일 착, 숫돌 착 ❶ 書 動 두다. 놓다. ¶～火积jī薪xīn↓ ¶～棺guān于某mǒu寺sì | 어느 절간에 임시로 관을 놓아두다 =〔措cuò①〕 ❷ 動 가매장(假埋葬)하다. ¶浮fú～ | 가매장하다. ¶暂zàn～ | 가매장하다. ❸ 書 名 숫돌. ❹ (Cuò) 名 성(姓).

【厝火积薪】 cuò huǒ jī xīn 成 장작더미 밑에 불을 놓다. 큰 재앙이 숨어 있다《賈子新書·數寧》 ¶目前局势júshì是～ | 지금의 정세는 큰 위험에 휩싸여 있다.

2【措】 cuò 놓을 조, 베풀 조, 처리할 조 動 ❶ 놓다. 두다. 배치하다. ¶～辞↓ ¶手足无～ | 成 손발을 둘 곳이 없다. 쩔쩔매다. ¶～身无地 | 몸 둘 곳이 없다 =〔厝cuò①〕 ❷ 처리하다. 처분하다. 조치하다. ¶惊惶jīnghuáng失～ | 成 당황하여 쩔쩔매다. ¶筹chóu～款项kuǎnxiàng | 돈을 마련하다. ¶把货huò物～出去 | 상품을 처분하다. ❸ 書 베풀다. ¶举jǔ而～之天下之民 | 천하의 만백성에게 베풀어 주다. ❹ 書 버리다. 그만두다. ¶学之弗fú能, 弗～也 | 배워도 안 되면, 알 때까지 그만두지 않다《中庸》

【措词】 cuòcí ⇒〔措辞〕

【措辞】 cuò/cí ❶ 動 어휘를 배치하다. 단어를 골라 쓰다. 글자를 적절히 배치하다. ¶这儿怎么～, 要研究一下 | 여기에 어휘가 어떻게 배치되었는지 연구해 보자. ❷ (cuòcí) 名 문장에 쓰인 낱말. 조사 어휘의 선택 [시가·문장 등의 문자의 용법과 사구(辭句)의 배치] ¶～不当 | 단어의 배치가 적당치 않다. ¶～严厉yánlì | 표현이 엄정하다. ¶～强硬qiángyìng | 표현이 강경하다. ¶～上很下工夫 | 어휘의 선택에 많은 신경을 썼다 ‖ =〔措词〕

【措大】 cuòdà 書 名 貶 가난뱅이 서생. 비루한 선비. ¶～习气 | 궁색하고 비루하다 =〔醋cù大〕

2【措施】 cuòshī ❶ 名 조치. 대책. 시책(施策). 시행. ¶采取cǎiqǔ适当的～ | 적당한 조치를 취하다. ¶临时～ | 임시 조치. ❷ 動 조치하다. 방법을 쓰다. ¶凡所～, 无不适宜shìyí | 조치를 취한 것은 모두 적당하였다.

【措手】 cuòshǒu 書 動 손을 쓰다. 선처하다. 조처하다. ¶～不及 | 成 미처 손을 쓰지 못하다.

【措意】 cuòyì 書 動 유의하다. 염두에 두다 =〔置zhì意〕

【措置】 cuòzhì ❶ 動 처리하다. 처치하다. 대처하다. ¶～盘费pánfèi | 여비를 처리하다《警世通言》 ❷ 名 처치. 조치. 시말. ¶做～ | 조치를 취하다. ¶～失shī当, 使公司蒙méng受巨大的损sǔn失 | 조치가 옳지 못해 회사에 큰 손해를 끼쳤다.

1【错(錯)】 cuò 어긋날 착, 번갈아 착, 꾸밀 착, 숫돌 착 ❶ 形 틀리다. 맞지 않다. ¶你～了 | 네가 틀렸다. ¶事情究竟jiūjìng～在哪儿? | 도대체 어디에서 일이 틀렸느냐? ⇔〔对〕 어법 ⓐ 동사 앞에 놓여 동사를 수식함. 이때는 「그렇게 하지 말아야 할 것을 잘못하였다」는 의미를 나타냄. ¶你～认了人 | 너는 사람을 잘못 알아 보았다. ¶你～听了他的话 | 너는 그의 말을 (잘 들었어야 했는데) 잘못 들었다. ⓑ 일반 형용사와는 달리 정도부사(程度副詞)의 수식을 받을 수 없음. ¶很～(×). ¶非常～(×). ¶～极了(×). ❷ 形 나쁘다. 좋지 않다. 서투르다. 어법 ⓐ 이 경우는 「不错」의 형태로 쓰이고, 「不错」가 명사를 수식할 때는 앞에 「很」「相当」 등의 정도부사가 있어야 하며, 뒤에는 「的」를 붙여야 함. ¶很不～的意见 | 괜찮은 의견. ¶这是一篇相当不～的文章 | 이것은 한 편의 상당히 좋은 문장이다. ⓑ 「不错」는 독립적으로 쓰여, 「맞다」「옳지」「그렇지」「괜찮다」「잘한다」의 뜻을

나타냄. ❸動 들쭉날쭉하다. 가지런하지 않다. 뒤섞이다. ¶没排齐páiqí, 这儿~进去了点儿 | 가지런하게 놓지 않아, 이곳이 조금 들어갔다. ¶犬quǎn牙交~ | 개 이빨처럼 들쭉날쭉하다. ❹動(노선·시간·위치 등을 바꾸어) 서로 충돌하지 않게 하다. 교행(交行)하다. 엇갈리다. ¶~车↓ ¶这两个会不能同时开, 得~一下 | 이 두 회의는 동시에 열 수 없으므로 겹치지 않도록 해야 한다. ¶把工作日期~开 | 작업이 겹치지 않도록 해라. ¶往后~ | 뒤로 연기하다. ❺動轉(기회·차 등을) 놓치다. ¶~过了机会 | 기회를 놓치다. ¶晌午~了 | 정오가 지났다. ❻動(이를) 갈다. 문지르다. 비비다. ¶上下牙~得很响xiǎng | 아래 위 이빨을 갈다. ❼動(뼈가) 빠지다. 삐다. ¶~了骨缝féng儿了 | 뼈가 삐었다. ❽(~儿) 名 틀림. 착오. 실패. 잘못. ¶没~儿 | 틀림이 없다. ¶出~儿 | 착오가 생기다. ¶认~ | 잘못을 인정하다. ❾書動(금·은 등을) 박아 넣다. 도금하다. ¶~刀 | (옥·돌·뿔 등을) 가는 도구→[镶嵌xiāngqiàn] ❿書動 옥이나 돌을 갈고 닦다. ¶攻gōng~ | 연마하다. 轉 남의 장점을 취하여 자기의 단점을 고치다. ⓫名 숫돌. 옥을 가는 돌. ¶他山之石, 可以为~ | 다른 산의 돌이라도, 옥을 가는 데에 쓸 수 있다. 다른 사람의 하찮은 언행일지라도, 자기의 수양에는 도움이 된다《詩·小雅·鶴鳴》

【错爱】cuò'ài ❶名謙 과분한 사랑 [남의 호의에 대한 겸양어] ¶承蒙chéngméng~ | 과분한 호의를 받았습니다. ❷動 잘못 사랑하다. 사랑하지 않아야 할 것을 사랑하다.

【错案】cuò'àn 名〈法〉오심(誤審). 오심 사건. ¶平反了一大批pī~ | 다수의 오심을 바로 잡았다.

【错别字】cuòbiézì 名 잘못 쓴 글자. 틀린 글자. 오자. 와자.

【错不开身】cuò·bukāi shēn 動組 바빠서 몸을 뺄 사이가 없다. 너무 빠쁘다.

【错不了】cuò ·bu liǎo 動組 틀릴 리 없다. 잘못될 수 없다. ¶这样做绝对~ | 이렇게 한다면 틀릴 수 없다.

【错彩镂金】cuò cǎi lòu jīn 成 여러 가지 색과 금으로 아로새기다. 시문(詩文)이 정교하고 화려하다 =[镂金错彩]

【错车】cuò chē 動組 기차·자동차를 교행(交行)시키다. 충돌하지 않도록 운행하다.

【错处】cuò·chu 名 틀린 곳. 과실(過失). ¶知道自己的~, 改了就好 | 자기의 과실을 알고 고치면 된다.

【错舛】cuòchuǎn 書名 착오. 잘못. 오류. 범실.→[舛错①]

【错打定盘星】cuò dǎ dìngpánxīng 動組 ❶ 저울 수평을 틀리게 잡다. 저울 눈금을 잘못 설정하다. ❷ 생각을 잘못하다. 계획을 잘못 잡다. 예측을 잘못하다→[定盘星]

【错打主意】cuò dǎ zhǔ·yi 動組 예상을 잘못하다. 잘못 생각하다. ¶想从我这儿捞lāo便宜, 你怕pà是~了 | 나 한테서 쉽게 덕을 보려고 했다면 잘못 생각한 것이다.

【错翻眼皮】cuò fān yǎnpí 動組京 사람을 잘못 보다. ¶我~把你当朋友看待 | 내가 사람을 잘못 보아 너를 친구로 대했다.

【错非】cuòfēi 連京北 …이외에는. …가 아니면. ¶~他那个人, 没人有这个胆dǎn量 | 그 사람 외에는 이렇게 간이 큰 사람이 없다 =[除chú非]

【错怪】cuòguài 動 잘못 알고 책망하다. 오해하여 남을 원망하다. ¶真对不起, 我们都~你了 | 정말 미안하다. 우리들 모두가 너를 오해하여 나무랐다. ¶别~他 | 알지도 못하면서 그를 나무라지 마라.

【错过】cuòguò ❶動 놓치다. ¶如果~了机会, 那就麻烦了 | 만약 기회를 놓치면 귀찮아 진다. ¶机会难得, 不可~! | 기회는 늘 있는 것이 아니니 놓치지 마시오. ❷動 스치고 지나가다. ¶二人就这么~了, 谁也没看见谁 | 두 사람은 누구도 서로를 보지 못하고 이렇게 스치고 지나갔다. ❸名 과실. 허물. 과오. ¶她从来没说丈夫的半点~ | 그녀는 종래 남편의 허물을 조금이라도 말한 적이 없다.

【错见】cuòjiàn ❶動 오해하다. 오해가 생기다. ¶不知怎的~了 | 어떻게 오해가 일어났는지 알 수 없다《金瓶梅》❷名 오해. 틀린 견해.

【错角】cuòjiǎo 名〈數〉엇각.

【错金】cuò jīn 動組〈工〉금으로 상감(象嵌)하다. 금속·도자기 등의 표면에 무늬나 글자를 파서 금·은·적동 등을 넣다.

【错觉】cuòjué 名 착각. ¶人有时难免有~ | 사람은 가끔 착각을 일으킬 수 밖에 없다.

【错开】cuò/kāi 動 ❶(약속·시간 등이) 중복되지 않게 하다. 시차를 두다. ¶各班利用操cāo场时间须得~ | 각 반의 운동장 이용 시간을 서로 중복되지 않도록 해야 한다. ¶~时间上班 | 시차 출근을 하다. ¶~了农忙季节 | 농번기를 피하다. ❷(기차를) 교차시켜서 충돌하지 않게 하다. 교행시키다. ¶那两部车总算~了 | 그 2대의 차를 결국 교행토록 하였다.

【错乱】cuòluàn 動 착란을 일으키다. 질서를 어지럽히다. 혼란을 야기하다. ¶精神~ | 정신 착란을 일으키다. ¶颠倒diāndǎo~ | 뒤죽박죽 혼란을 일으키다.

【错落】cuòluò 書動 가지런하지 않다. 들쭉날쭉하다. 어수선하게 흩어지다. ¶苍cāng松翠cuì柏, ~其间 | 푸른 소나무와 잣나무가 들쭉날쭉하다. ¶我把字句标点的~处加了一番改正 | 자구와 표점이 통일되지 않은 곳은 수정을 하였다.

【错落不齐】cuòluò bù qí 狀組 가지런하지 않다. 들쭉날쭉하다. ¶~的几十间草房 | 어수선하게 늘어선 수십 채의 초가.

【错儿】cuòr 名 과실(過失). 오류. ¶这事儿不能怪guài你, 都是我的~ | 이 일은 모두 나의 과실이라 너를 책망할 수 없다.

【错上加错】cuò shàng jiā cuò 成 거듭하여 잘못을 저지르다.

【错位】cuòwèi ❶名 역방향(逆方向). ❷(cuò/wèi) 動(뼈 따위가) 제자리를 벗어나다. 골절하다. ❸(cuò/wèi) 動 위치가 겹치지 않도록 하다.

1【错误】cuòwù ❶ 形 잘못되다. 틀리다. ¶～思想 | 잘못된 사상. ¶～的结论 | 잘못된 결론. ¶～地估gū计形势shì | 상황을 잘못 판단하다. ❷ 名 착오. 오류. 과오. 실수. 잘못. ¶犯fàn～ | 실수를 범하다. ¶改正～ | 과오를 바로잡다.. ¶弄出～ | 과오를 저지르다. ❸ 名 〈電算〉 버그(bug). 오류. ¶～检测码 | 버그 검출 부호.

【错杂】cuòzá 動 뒤섞이다. 복잡하다. 혼란하다. ¶这院子很久没有人管guǎn, 各种杂草花儿都～起来了 | 이 뜰은 오랫동안 아무도 관리하지 않아, 온갖 잡초와 꽃이 뒤엉켰다 =〔杂错〕

3【错字】cuòzì 名 오자(誤字). 오식(誤植). ¶校jiào对时要找出～, 予yú以改正 | 교열할 때는 오자를 찾아 내 바로 잡아야 한다. ¶他每天到报社bàoshè去校jiào对～ | 그는 매일 신문사에 가서 오자를 교열한다.

【错综】cuòzōng 動 뒤섞이다. 뒤엉키다. ¶他自己又落在复杂～的思想网里 | 그는 스스로 또 복잡하게 뒤엉킨 사상의 함정 속에 빠졌다.

【错综复杂】cuòzōng fùzá 成 뒤엉키어 복잡하다. 혼란 스럽다. ¶这部小说的情节qíngjié～, 引人入胜shèng | 이 소설의 줄거리는 복잡하게 얽혀, 사람의 마음을 사로잡는다. ¶面对～的形势, 头脑nǎo一定要冷静lěngjìng | 복잡하게 얽힌 문제에 부딪혀서는 냉정하게 생각하여야 한다.

D

dā

【奋】dā 큰귀 답
❶書名 큰 귀. ❷動 (물이) 뚝뚝 떨어지다. ¶ ～～↓ ❸動 내리 처지다. 드리우다. ¶ ～头～脑nǎo↓

【奋奋】dā·da 動 (물이) 똑똑 떨어지다. ¶ 衣裳没拧níng干, 直～水儿 | 옷을 꼭 짜지 않아 물이 줄곧 똑똑 떨어진다.

【奋拉】dā·la 動 축 처지다. 늘어지다. 숙이다. ¶ 狗～着尾wěi巴跑pǎo了 | 개가 꼬리를 드리우고 달아났다. ¶ 他～着脑袋nǎodài, 半天不说话 | 그는 머리를 푹 숙이고 종일 말을 하지 않았다 =〔搭dā拉〕

【奋拉鞋】dā·laxié ⇒〔趿tā拉儿〕

【奋头奋脑】dā tóu dā nǎo 成 고개를 숙이다. 풀이 죽다. 기운이 없다.

【嗒】dā ☞ 嗒 tà B

2【搭】dā 칠 탑, 탈 탑
❶動 치다. 짓다. 세우다. 설치하다. 엮어 만들다. 얹다. 어법 술어로 쓰이며 목적어와 보어를 동반함. ¶ ～一个舞台wǔtái | 무대를 설치하다. ¶ 乌鸦wūyā把窝wō～在树上 | 까마귀가 나무에 둥지를 틀다. ¶ ～一座桥qiáo | 다리를 가설하다. ❷動 (두 사람 이상이) 맞들다. ¶ 我一个人拿不动, 两个人～吧 | 나 혼자서는 들 수 없으니, 둘이서 맞듭시다. ¶ 把桌子～起来 | 탁자를 맞들었다. ❸動 짝을 이루다. 결탁하다. ¶ 他们～在一起住 | 그들은 짝이 되어 함께 산다. ❹動 연결시키다. 연결되다. 중첩시키다. 중첩되다. 접촉하다. 붙다. ¶ 很快～好了电线diànxiàn | 아주 빨리 전선을 연결시켰다. ¶ 两根电线～上了 | 두 전선이 붙었다. ¶ 前言yán不～后语 | 앞 뒤 말이 연결되지 않는다. ❺動 배합하다. 조합하다. 취합하다. ¶ 两种材料cáiliào～着用 | 두 가지 재료를 조합하여 쓰다. ❻動 걸치다. 덮다. 널다. 싸다. 어법 일반적으로 술어로 쓰이며 목적어와 보어를 동반함. ¶ 身上～着一条毛毯máotǎn | 몸에 담요 한 장을 걸쳤다. ¶ 把衣服～在竹竿zhúgān上 | 옷을 대나무 장대 위에 걸치다. ¶ 把围wéi巾～在肩jiān上 | 어깨 위에 목도리를 걸치다. ❼動 (화살을) 얹다. ¶ 把箭jiàn～在弦xián上 | 화살을 활 시위에 얹다. ❽動 京 두 가지를 서로 교대하다. 바꾸어 가며 …하다. ¶ 今儿吃大米, 明儿吃白面, 两～ | 오늘은 쌀밥을, 내일은 밀가루 음식을 먹는 식으로 두 가지를 번갈아 가며 먹다. ¶ 新旧衣裳～着穿 | 헌 옷과 새 옷을 번갈아 가며 입다. ❾動 (차·비행기·배 등을) 타다. 어법 술어로 쓰이며 목적어나 보어를 동반함. ¶ ～车去还是～船去, 由你自己定 | 차를 타고 가든 배를 타고 가든 네가 정해라. ¶ ～船出海 | 배를 타고 바다에 나가다. ¶ 货船huòchuán不～客人 | 화물선은 승객을 태우지 않는다. ¶ 车～错了 | 차를 잘 못 탔다. ¶ ～错了车 | 차를 잘 못 탔다. ¶ ～过一次他的车 | 그의 차를 한 번 타본 적이 있다→〔乘chéng①〕〔坐zuò②〕 ❿動 말을 보태다. 거들다. ¶「这样就好了」, 我在旁páng～了一句 |「이렇게 하면 된다」하고 옆에서 한 마디 거들었다. ⓫動 方 슬쩍 보다. ¶ 一～就知道他不是好人 | 보기만 하면 그는 좋은 사람이 아니란 것을 알게 된다. ⓬動 京 더하다. 보태다. 보조하다. 보충하다. 보상하다. ¶ 再～上三个 | 세 개를 더 보태다. ¶ 把这些钱～上还不够 | 이 돈을 보태도 여전히 충분하지 않다. ¶ ～上一条命tiáomìng | 사람 목숨 하나를 보상하였다. ⓭動 京 조절하다. 융통하다. 가감하다. ¶ ～着裁cái | (옷감을) 조절하여 재단하다. ⓮動 京 (눈·비·서리 등에) 젖다. 맞다. ¶ 叫露lù水～了 | 이슬에 젖었다. ⓯動 (남녀가) 관계를 가지다. 밀통(密通)하다. ¶ 那位小姐～上了李经理 | 그 아가씨는 이 부장과 관계를 가졌다. ⓰動 吳 近 체포하다. 붙잡다. ¶ 两边埋伏máifú下五十个挠钩náogōu手, 把秦明～将起来 | 양쪽에 갈고랑이를 든 사람 50명을 세워 진명을 체포하였다《水滸傳Shuǐhǔzhuàn》 ⓱動 近 주판알을 튀기다. 산가지를 쓰다. ¶ 昊用再把铁算子～了一回 | 오용은 다시 한번 철로된 주산을 썼다《水滸傳》 ⓲ (Dā) 名 성(姓)

【搭把手(儿)】dā bǎ shǒu(r) 動組 거들다. 도와주다. ¶ 请～扶fú我上岸àn | 내가 상륙할 수 있도록 좀 부축해 주십시오. ¶ 我拿不动这个, 谁来～ | 이것은 내가 들 수 없으니 누가 좀 도와 주시오.

【搭白】dābái 動 ❶ 소리 내다. 지껄이다. ¶ 这一路上还和他～说话 | 이 길을 오면서 그와 같이 계속 지껄였다. ❷ 말하다. 말대꾸하다. ¶ 他还能～几句, 甚至于开玩笑 | 그는 몇 마디 말 대꾸도 할 줄 알고, 심지어 농담할 줄도 안다.

【搭班(儿, 子)】dā/bān(r·zi) 動 ❶〈演映〉극단에 들어가 배우 생활을 하다. ¶ 独脚戏dújiǎoxì不如～好 | 일인극하는 것 보다는 극단에 들어가는 것이 좋다. ❷ 함께 연기하다. 공연(共演)하다. ¶ 在上海～演戏xì | 상해에서 희곡을 함께 공연하였다. ❸ 조(組)를 짜다. 반(班)을 만들다. ¶ 我和几个青年～工作 | 나는 청년 몇 사람과 같은 조가 되어 일을 한다 ‖ =〔结jié伴儿〕

【搭伴】dābàn ❶名 파트너. 동반자. ¶ 最近他又找到了新～ | 최근 그는 새 파트너를 또 만들었다. ❷ (～儿) (dā/bàn(r)) 動 길동무가 되다. 동행하다. ¶ 他也到新疆Xīnjiāng去, 你们搭个伴吧 | 그도 신강에 가니 너희들도 같이 가자.

【搭帮】a dā/bāng ❶ 京 東北 무리를 짓다. 무리를 지어 동행하다. ¶ 从前这地方狼láng很多, 人们出门都得～走 | 이전에 이곳에는 늑대가 많아 사람들은 집을 나서면 무리를 지어 걸었다. ❷動 덕을 보다. 덕택이다. ¶ ～一位本家借了我一笔bǐ本钱 | 친척 한 사람의 덕분으로 나에게 얼마간의 자금을 빌려 주었다 =〔托福〕

b dā·bāng 動 돕다. 원조하다. 협력하다. ¶ 亲戚qī们互相～着点儿, 困难就解决了 | 친척들이 서로 조금씩 도와 주어 어려움이 곧 해결되었다.

【搭背】dābèi 名 탑배 [수레채와 굴레를 고정시키기 위해서 가축의 잔등에 지우는 띠] =〔搭腰〕

【搭便】dābiàn 副 方 …하는 김에. ¶我是出差来这里的, ～看看大家 | 나는 이곳에 출장을 온 김에 여러분을 보려고 한다 =〔顺shùn便〕

【搭补】dābǔ 動 東北 보태다. 메우다. 보충하다. 채우다. ¶她给人家看孩子～着生活 | 그녀는 남의 아이를 보아 주는 것으로 생활을 메워 나간다 =〔补贴〕〔帮补〕

D

【搭茬儿】dā/chár ⇒〔搭碴chá儿〕

【搭碴儿】dā/chár 動 東北 近 응대하다. 말을 받다. ¶他见对方没～, 只好单刀直入地说 | 그는 상대방이 응수하지 않으니 단도직입적으로 말하는 수 밖에 없었다. ¶大家讲得很热闹nào, 她却一句话也没有～ | 모두 왁자지껄 떠드는데 그녀만은 한 마디도 하지 않았다 =〔搭茬儿〕〔搭岔儿〕〔方 接jiē茬儿〕〔答dā茬儿〕

【搭岔儿】dā/chàr ⇒〔搭碴chá儿〕

【搭衩】dāchà 名 京 (옷감이 모자라는 데에 덧대는) 헝겊 조각.

【搭缠】dāchán 動 귀찮은 일에 걸려들다. 말려들다. ¶哥哥, 你也这般～, 倘tǎng或入城事发拿住, 如何脱身? | 형님, 형님도 이렇게 귀찮은 일에 말려들었다가, 만약 성 안에 들어가 일이 들통나 붙잡히면 어떻게 도망가지요?《水滸傳》

【搭车】dā chē 動組 차를 타다. ¶搭夜车到北京 | 밤차를 타고 북경에 가다. ¶准备～回上海 | 차를 타고 상해에 돌아갈 준비를 하다. ¶他搭错了车 | 그는 차를 잘못탔다. 그는 원래부터 일을 그르쳤다 →〔坐车①〕

【搭乘】dāchéng 書 動 (차·배·비행기 등을) 타다. 탑승하다. ¶～飞机回北京 | 비행기를 타고 북경으로 돌아가다. ¶～站 | 탑승지.

【搭船】dā chuán 動組 ❶ 배를 타다. ¶搭轮lún船到上海 | 기선을 타고 상해에 가다. ❷ 배에 싣다. ¶把货物～运出去 | 화물을 배에 실어내다 =〔搭轮〕

【搭错线】dācuò xiàn 動組 粤 ❶ 전화번호를 문의하다. ❷ 말에 논리가 없다. 남의 말을 오해하고 반응하다.

【搭当】dādāng ⇒〔搭档〕

【搭挡】dādǎng ⇒〔搭档dàng〕

【搭档】dādàng 吳 粤 ❶ 動 협력하다. 힘을 모으다. ¶我们两个人～吧! | 우리 둘이서 협력해 봅시다 =〔协作〕 ❷ 名 단짝. 콤비. ¶再好不过的一副～ | 더 없이 좋은 단짝. ¶老～ | 오래된 짝 ‖ =〔搭挡〕〔搭当〕

【搭话】dā huà 動組 ❶ 말을 걸다. 말대꾸를 하다. 말참견하다. ¶大家抢qiǎng着跟他～ | 모두들 다투어 그에게 말을 걸었다. ¶别混hùn～! | 곁에서 쓸데없이 말참견하지 마라! ❷ 말을 전하다. 전언하다. ¶他母亲～来了, 说过了年后要到北京来看你 | 그의 어머니는 설을 쉰 후에 북경와서 너를 만나겠다고 말을 전해 왔다.

【搭伙(儿)】dā/huǒ(r) 動 ❶ 한패가 되다. 함께 어울리다. ¶他们明天去郊游, 我也想～一起去 | 그들은 내일 야유회를 가는데, 나도 함께 어울려 가고 싶다 =〔搭伙计〕 ❷ 취사(炊事)를 공동으로 하다. ¶～吃饭 | 함께 밥을 해 먹다 ‖ =〔合h-é伙〕

【搭伙计】dāhuǒ·ji ⇒〔搭伙(儿)①〕

【搭货】dāhuò ⇒〔装zhuāng货〕

【搭架子】dā jià·zi 動組 ❶ 골격을 만들다. 뼈대를 세우다. ¶先搭好架子, 然后再充实内容 | 먼저 골격을 세우고 나서 내용을 충실하게 하다. ❷ 으스대다. 거드름 피우다 =〔摆bǎi架子〕 ¶他官儿不大, 可动不动就爱～ | 그는 벼슬은 높지 않으면서 걸핏하면 으스댄다. ¶你跟我～可不成 | 너 나에게 잘난 체해서는 안된다.

【搭脚(儿)】dā/jiǎo(r) 動 ❶ (걷는 대신에) 탈 것을 이용하다. ¶你要觉得很累, 可以雇辆车搭搭脚儿吧 | 네가 피곤하다면 차 한 대를 세내어 타고가도록 하자. ❷ 무료로 탈것을 이용하다. 편승하다. ¶让我～进城吧 | 시내까지 편승합시다.

【搭街坊】dā jiē·fang 動組 이웃이 되다. 이웃을 만들다. ¶房子好找, 街坊难搭 | 國 집을 구하기는 쉬워도 이웃을 사귀기는 어렵다 =〔搭隔jiē房〕〔搭邻lín舍〕

【搭隔房】dājiē·fang ⇒〔搭街坊〕

【搭界】dājiè ❶ 動 경계선에 접하다. 접경(接境)하다. ¶这里是两省～的地方 | 이곳은 두 성의 접경 지역이다. ❷ 動 吳 관련되다. 얽히다. ¶那是大人的事和我们不～ | 그것은 어른들의 일이고 우리와는 상관없다.

【搭救】dājiù 動 (위험·재난에서) 구조하다. 손을 쓰다. ¶～两个游yóu客的命 | 두 여행객의 생명을 구하다.

【搭客】dā/kè ❶ 動 승객을 태우다. ¶这只船不～ | 이 배는 손님을 태우지 않는다. ❷ (dākè) 名 승객 =〔乘chéng客〕

【搭拉】dā·la 動 축 처지다. 늘어지다. 숙이다. 드리우다. ¶狗～着尾wěi巴跑pǎo了 | 개가 꼬리를 드리우고 달아났다. ¶～着脑袋nǎodài走路 | 머리를 숙이고 길을 걷다. ¶～尾wěi巴了 | 꼬리를 내리다. 기가 죽다 =〔耷dā拉〕〔近 答刺〕

【搭拉话儿】dā·la huàr 動組 더듬더듬 말하다. 말을 더듬다. ¶这个小孩儿刚会～ | 이 아이는 이제 막 말을 더듬거리며 할 줄 안다.

【搭拉货】dā·lahuò 名 불량품. 열등품. 조악한 물건.

【搭拉脸】dā·la liǎn 動組 언짢은 표정을 짓다. 얼굴을 찡그리다. ¶搭拉着脸儿来 | 언짢은 표정을 짓다. ¶有点儿不喜欢就把脸搭拉 | 조금만 제 마음에 안 들면 곧 인상을 쓴다.

【搭理】dā·li ⇒〔答dā理〕

【搭凉篷】dā liángpéng 動組 ❶ (햇빛을 가리기 위해) 차일을 치다. ❷ 멀리 보기 위해 이마에 손을 얹다. ¶手～, 睁zhēng眼观看 | 손을 이마에 얹어 햇빛을 가리고 눈을 크게 뜨고 바라 보았다《西遊記》

【搭邻舍】dālínshè ⇒〔搭街坊〕

【搭轮】dā lún =〔搭船chuán〕

【搭脉】dā/mài 動 吳 진맥하다. 진찰하다. ¶医生给病人～ | 의사가 환자를 진찰하다 =〔诊zhěn脉〕〔按àn脉〕

【搭卖】dāmài 動 끼워 팔다. ¶买一台相机～一盒hé胶jiāo卷 | 카메라를 한 대 사면 필름 한 통을 끼워 준다 =〔搭售shòu〕

4【搭配】dāpèi ❶ 動 배합하다. 섞다. ¶这几种肥féi料要～着用 | 이 비료 몇 가지는 서로 섞어 사용해야 한다. ❷ 動 결합하다. 배열하다. ¶动词与宾bīn语的～关系 | 동사와 목적어의 결합 관계. ¶这两个词～不当 | 이 두 단어는 배열이 틀렸다. ❸ 動 곁들이다. 끼우다. ¶～着卖 | 끼워 팔다. ❹ 名 조합. 배합. ¶营养素的～ | 영양소의 배합. ❺ 名 (동물의) 교미.

【搭棚】dā/péng 動 천막을 치다. 발을 치다. ¶～行háng | 대나무 발을 친 가게.

【搭腔】dā/qiāng 動 ❶ 맞장구 치다. 응대하다. 동의하다. 말대꾸하다. ¶光他一个人说, 别人没有～ | 그 혼자서 말하고 다른 사람은 아무런 대꾸도 하지 않았다. ¶我问了半天, 没人～ | 내가 한참이나 물어도 아무도 대답하지 않았다. ❷ 말하다. 이야기를 주고받다. ¶他很少和人～ | 그는 사람들과 거의 이야기 하지 않는다. ¶从前他俩liǎ合不来, 彼bǐ此不～ | 전에 그들 둘은 뜻이 맞지 않아 서로 말하지 않았다 ‖ =〔答dā腔〕

【搭桥】dā qiáo 動組 ❶ 다리를 놓다. 교량을 가설하다. ❷ 動 轉 중간 역할을 하다. 사람 사이를 연결하다. 다리를 놓아 주다. ¶你抽chōu空给咱们搭个桥吧! | 시간을 내어 우리에게 다리를 놓아주시오. ¶你想当演yǎn员, 我认识导dǎo演, 可以～ | 너 배우가 되고 싶다면 내가 연출가를 알고 있으니 다리를 놓아 줄 수도 있다. ❸ (dāqiáo) 名 대문놀이 [여러 사람이 두 줄로 마주 서서 팔을 펴고 「伦敦lúndūn桥塌tā倒dǎo了」라고 노래하며 손을 내려 못 가게 막는 어린이들의 유희] ❹ (dāqiáo) 名 가설한 다리.

【搭人情】dā rénqíng 動組 인정에 얽매이다. 얽매여 승낙하다. 인정에 사로 잡히다. ¶我托tuō的事, 他搭了我的人情了 | 내가 부탁한 일은, 그가 내 낯을 보아 승낙하였다.

【搭撒】dā·sa 動 ❶ (눈꺼풀이) 축 처지다. ¶～着眼皮儿 | 눈꺼풀이 처졌다. ❷ (머리·팔을) 아래로 늘어뜨리다. 숙이다. ¶他～着脸liǎn | 그는 얼굴을 숙이고 있다 ‖ =〔答飒dāsà〕

【搭讪】dā·shan 動 ❶ 멋쩍어 하다. 어색해 하다. 무안해 하다. 어법 주로 「搭讪着」의 형태로 쓰임. ¶他～着进来了 | 그는 무안해 하며 들어왔다. ❷ 적당히 얼버무리다. 어색해 하며 이야기 하다. 슬쩍 넘어가다. ¶在旁边～了几句闲xián话, 也没有答dā理他 | 옆에서 몇 마디 한담으로 얼버무리려 하였으나 그를 상대하지 않았다.

【搭上】dā·shàng 動 ❶ 보태다. 첨가하다. 보충하다. ¶把这些钱～还不够 | 이 돈을 보태어도 여전히 부족하다 =〔加上〕❷ 응답하다. 응대하다. ¶跟他～三言两语 | 그에게 몇 마디 말로 응대하였다. ❸ 관계를 맺다. 관계를 가지다. ¶～关系 | 관계를 맺다.

【搭手】dā/shǒu ❶ 動 돕다. 거들다. ¶他赶紧gǎnjǐn跑来～了 | 그는 급히 달려와서 거들었다. ¶你来搭个手! | 너 좀 거들어 줘! ¶搭不上手 | 손을 빌릴 수 없다. 도와 주지 못하다. ❷ (dāshǒu) 名 어깨 종창→〔瘩dá背〕

【搭售】dāshòu ⇒〔搭卖mài〕

【搭头(儿)】ⓐ dātóu(r) 動 시작되다. ¶事情刚～ | 일이 막 시작되었다.
ⓑ dā·tou(r) 名 부속물. 덤. 덧붙은 물건. ¶这是～, 不要钱 | 이것은 덤이니 돈은 필요 없다. ¶那儿是书铺pū, 文具是～ | 저곳은 서점이고 문방구는 딸린 것이다. ¶有～的不好找结婚对象 | 딸린 식구가 있는 사람은 결혼 대상을 찾기 어렵다.

【搭腰】dā·yāo ⇒〔㈤搭背〕

【搭嘴】dā/zuǐ 動 말참견하다. 남의 말에 끼어 들다. ¶大人说话, 小孩不能随便～ | 어른이 말하는데 어린 아이가 함부로 끼어 들면 안된다.

1【答】dā ☞ 答 dá Ⓑ

【褡】dā 허리띠 탑
⇒〔褡包〕〔褡膊〕

【褡包】dā·bao 名 (폭이 넓고 긴) 요대(腰帶) ¶破pò棉袄miánǎo上拢lǒng了根～ | 해어진 솜옷 위에 요대를 둘러 매었다 =〔褡膊〕〔搭包〕〔搭膊〕

【褡膊】dā·bo ⇒〔褡包〕

【褡连(儿)】dā·lian(r) ⇒〔褡裢(儿)〕

【褡裢(儿)】dā·lian(r) 名 전대(纏帶) 견대(肩帶) ¶说毕, 从～中取出一面镜子来 | 말을 마치고는 전대에서 거울 하나를 꺼내었다《紅樓夢》=〔褡连(儿)〕〔搭连(儿)〕

【锘(鎝)】dā 써레 탑
書 名〈農〉써레 [땅을 갈아 엎는 농기구의 일종] ¶铁tiě～ | 철로 된 써레.

【哒(噠)】dā dá ·da 오랑캐이름 달
Ⓐ dā 擬 뚜루룩 [기관총을 쏠 때 나는 소리] ¶一阵～～的机枪qiāng声 | 한 차례의 뚜루룩하는 기관총 소리 =〔嗒dā〕
Ⓑ dá ❶ 擬 다다닥 다다닥. 달가닥 달가닥 [말발굽 소리] ¶马蹄tí子～～地响 | 말발굽 소리가 다가닥 다가닥하고 난다. ❷ ⇒〔哒嗪qín〕
Ⓒ ·da ⇒〔咯gē哒〕

【哒嗪】dáqín 名〈化〉外 타친 [염기성 유기화합물의 일종]

dá ㄉㄚˊ

【打】dá ☞ 打 dǎ Ⓑ

2【达(達)】dá tà 통할 달, 이를 달
Ⓐ dá ❶ 動 통하다. 달하다. 닿다. ¶四通八～ | 사방 팔방으로 통하다. ¶直～上海 | 상해로 직통하다. ❷ 動 통달하다. 정통하다. ¶通～事理 | 사리에 정통하다. ❸ 성취하다. 이루다. 실현하다. ¶目的已～ | 목적을 이미 이루었다. ¶～协议xiéyì | 합의를 이루었다. ❹ 動 표현하다. 의미를 나타내다. ¶词不～意 | 成 말이 뜻을 충분히 나타내지 못하다. ¶表情～意 | 감정과 의사를 잘 표현하다 =〔表达〕❺ 動 도달하다. 이르다. ¶到～ | 도달하다. ¶抵～广州 | 광주에 도착하다.

❻ 動 이해하다. 알다. 깨닫다. ¶良久思之, 方~其义 | 오랫동안 생각한 후 그뜻을 깨달았다. ❼ 지위가 높다. 저명하다. ¶~官↓ ❽ 변함이 없다. 항상 통하다. ¶知、仁、勇三者, 天下之~德也 | 지·인·용 세 가지는, 천하에 변함없는 덕이다. ❾ (Dá) 名 성(姓)

Ⓑ tà ⇒〔挑tāo达〕

【达标】dá/biāo 動 ❶ (기준·표준에) 이르다. ¶~赛sài | 승급·인정·승진 시합. ❷ 목표를 달성하다. ¶我们班全部~ | 우리 반 전체가 목표에 도달했다.

3【达成】dáchéng 動 이루다. 달성하다. 도달하다. ¶~了协议xiéyì | 합의를 보았다. ¶~交易 | 교역을 체결하다.

【达成申信】dáchéng shēn xìn 國 자기의 진심을 표명하다.

【达达】ⓐ dádá 名 ❶ 外〈文〉〈美〉다다(dada;프) [1차 대전 후 차라(Tzara) 등을 중심을 일어난 유럽의 문학·미술 운동. 극단적인 반이성 주의. 「다다」란 아무 뜻이 없다는 말] ¶~绘画 | 다다이즘 회화. ¶~主义 | 다다이즘(dadaïsme;프) ❷ ⇒〔鞑dá靼①〕

ⓑ dá·da 名 京 ❶ 두목. 보스. ❷ 황족의 자녀가 조부(祖父) 세대의 대감을 부르는 경칭.

【达旦】dádàn 書 動 이튿날 아침까지 이르다. ¶通宵xiāo~ | 밤을 새우다. ¶每读书~不寐mèi | 책을 읽을 때마다 아침에 이르기까지 잠을 자지 않는다.

2【达到】dá/dào 動 ❶ 이르다. 달성하다. ¶达得到 | 달성할 수 있다. 이룰 수 있다. ¶~国际水平 | 국제 수준에 이르다. ¶~自给自足 | 자급자족을 이루다. ❷ 도달하다. 도착하다. ¶不到天亮, 便可以~目的地 | 날이 밝기 전에 목적지에 도착할 수 있다. 어법 「达到」의 목적어(賓語)는 상황을 나타내는 말이 쓰이고 「到达」의 목적어(賓語)는 장소를 나타내는 말이 쓰였으나 지금은 크게 분별하지 않음→〔到达〕

【达尔文】Dá'ěrwén 名 外〈人〉찰스 다윈(Charles Robert Darwin, 1809~1882) [진화론(進化論)을 세운 영국의 생물학자]

【达尔文主义】Dá'ěrwén zhǔyì 名 外〈生〉다위니즘(Darwinism) =〔进jìn化论〕

【达佛灯】dáfódēng ⇒〔安全灯〕

【达官】dáguān 書 名 고관(高官) 벼슬이 높은 사람. ¶~贵人 | 貶 고관과 귀인.

【达观】dáguān ❶ 動 달관하다. ¶他颇pō能~ | 그는 제법 달관 할 수 있었다. ❷ 形 달관적이다. 초연하다. ¶我这个人比較~, 乐lè天知命 | 나라는 사람은 비교적 달관하여 하늘의 뜻에 순응하고 내 처지에 만족한다.

【达呼尔族】Dáhū'ěr zú ⇒〔达斡wò尔族〕

【达喀尔】Dákā'ěr 名 外〈地〉다카르(Dakar) [「塞内加尔Sāinèijiā'ěr」(세네갈;Senegal)의 수도]

【达卡】Dákǎ 名 外〈地〉다카(Dacca) [「孟加拉国Mèngjiālāguó」(방글라데시;Bangladesh)의 수도]

【达赖(喇嘛)】Dálài(Lǎ·ma) 名 外〈宗〉달라이라마(Dalai Lama) 라마교 교주.

【达累斯萨拉姆】Dálèisīsàlāmǔ 名 外〈地〉다르에스 살람(Dar es Salaam) [「坦桑尼亚Tǎnsāngníyà」(탄자니아;Tanzania)의 수도]

【达姆弹】dámǔdàn 名 外 연심(鉛心) 탄알 [1757년 영국이 인도의 「达姆达姆」(Dum Dum) 지역 병기 공장에서 만든 살상용 탄알. 1907년 「헤이그 조약」에 의해 사용 금지됨] =〔柔róu鼻弹〕

【达姆明】dámǔmíng 名〈藥〉드라마민(Dramamin;독)

【达那马特】dánàmǎtè 名 外 다이나마이트(dynamite) =〔炸油爆药zhàyóubàoyào〕

【达斡尔族】Dáwò'ěr zú 名 外〈民〉다우르족(Daur 族) [흑룡강(黑龍江)·내몽골(內蒙古)·신강(新疆) 지역에 분포한 소수 민족] =〔达呼尔族〕

【达奚】Dáxī 名 복성(複姓)

【达意】dáyì 動 생각을 나타내다. 뜻을 나타내다. ¶词cí不~ | 생각을 잘 표현해내지 못하다. 뜻을 잘 나타내지 못하다.

【达因】dáyīn 量 外〈物〉다인(dyne) [힘의 단위] →〔牛niú顿②〕

【达子】dá·zi ⇒〔鞑dá子〕

【哒】

dá ☞ 哒 dā Ⓑ

【荙(薘)】

dá 질경이 달 ⇒〔莙jūn荙菜〕

【跶(躂)】

dá 머뭇거릴 달, 뛸 달 ❶ ⇒〔溜liū跶〕 ❷ ⇒〔蹦bèng跶〕

【鞑(韃)】

dá 칠 달, 오랑캐이름 달 ⇒〔鞑靼〕〔鞑虏〕〔鞑子〕

【鞑靼】Dádá 名 ❶〈民〉타타르(Tatar) 달단 [북방 유목 민족에 대한 총칭. 명대(明代)에는 동몽골인을 가리켰는데, 내몽골(內蒙古)과 몽골인민공화국의 동부에 거주했었음] =〔达达②〕 ❷〈地〉타타르(Tatar) 공화국 [러시아 서부에 있는 자치 공화국]

【鞑虏】dálǔ 名 罵 만주놈 [한인(漢人)이 만주조정(滿洲朝廷)을 욕하는 말] ¶驱qū除~, 恢huī复中华 | 오랑캐를 몰아 내고 중화를 회복하자.

【鞑子】Dá·zi 名 俗 몽골인. ¶~馆 | 달관 [옛날 북경의 북성(北城) 내의 몽골인이 많이 살던 곳] ¶~狗gǒu | 몽골개 =〔达dá子〕→〔蒙měng古〕

【妲】

dá 계집이름 달
인명에 쓰이는 글자. ¶~己↓

【妲己】Dájǐ 名〈人〉달기 [은(殷)나라 주왕(紂王)의 비(妃)] ¶天下美女数shǔ~ | 달기는 천하의 미인으로 손꼽힌다.

【怛】

dá 근심할 달
書 動 한탄하며 슬퍼하다. 근심하다.

【怛怛】dádá 書 動 슬프고 불안해하다. ¶劳心~ | 마음 조리며 슬프고 불안해 하다.

【怛化】dáhuà 書 動 사람이 죽다. ¶某君旬xún前~, 众皆哀悼āidào | 아무개가 10일 전에 돌아가셔서 모두 애도하고 있다.

【怛伤】dáshāng 書 形 애통하다. 슬프고 아프다. ¶心～之担dān担 | 마음이 몹시 슬프고 아프다.

【笪】dá 대자리 달
名 ❶ 書 대자리 [주로 곡식을 말릴 때 사용하도록 대로 엮은 자리] ❷ 書 배를 끄는 밧줄. ❸ (Dá) 성(姓)

【靼】dá 오랑캐이름 단
❶ ⇒〔鞑dá靼〕 ❷ 書 名 부드러운 가죽.

【沓】dá ☞ 沓 tà B

1【答〈荅〉】dá dā 대답할 답

A dá ❶ 動 대답하다. 답하다. ¶笑而不～ | 웃으며 답하지 않았다. ¶一问一～ | 일문일답하다. ❷ 보답하다. 답례하다. ¶～谢↓ ¶报～ | 보답하다. ❸ 복성(複姓) 중의 한 자(字) ¶～禄↓ ❹ (Dá) 名 성(姓)

B dā ❶ 뜻은 「答dá」와 같고, 구어(口語)에서 「dā」로 발음하는 낱말이 많음. ❷ 많은 낱말에서 「搭dā」 대신에 쓰임. ¶～茬chá儿↓

A dá

2【答案】dá'àn 名 답안. 해답. ¶找不到～ | 해답을 찾지 못하다. ¶老师要求学生提出～来 | 선생은 학생에게 답안지를 제출하라고 요구하였다→〔试shì卷〕

【答拜】dábài 動 답방하다. ¶今天下午～李先生 | 오늘 오후 이 선생을 답방한다 =〔回huí拜〕

4【答辩】dábiàn ❶ 動 답변하다. ¶公开～的权quán利 | 공개 답변의 권리. ¶～书 | 답변서. ❷ 名 답변. ¶做～ | 답변을 하다. ¶硕shuò士论文～会 | 석사 논문 구술 시험.

【答不上】dá·bu shàng 動組 대답할 수 없다. 대답하지 못하다. ¶对不起，我～你 | 미안하지만 대답할 수가 없습니다 ⇔〔答得上〕.

【答词】dácí 名 답사. 답변. ¶新选xuǎn上的班长连～都忘wàng了 | 새로 선출된 반장은 답사조차도 잊었다 =〔答辞〕

【答辞】dácí ⇒〔答词〕

【答道】dádào 動 대답하다. …라고 답하다. 대답하여…라고 하다. ¶他～「不来」| 그는 오지 않는다고 대답하였다.

【答得上】dá·de shàng 動組 대답할 수 있다. 답할 수 있다 ⇔〔答不上〕.

【答对】a dáduì 動組 (질문·퀴즈 등에) 답을 맞추다. 알아맞히다. ¶今天他～了五个题 | 그는 오늘 다섯 문제를 맞혔다. ¶～了! | (퀴즈 등에서) 맞았습니다!
b dá·dui 動 응대하다. 상대하다. 대답하다. ¶售货员应耐nài心地～顾gù客 | 판매원은 인내심을 갖고 고객을 상대하여야 한다.

【答非所问】dá fēi suǒ wèn 成 엉뚱한 대답을 하다. 동문서답하다. ¶他半天才～地说 | 그는 한참만에 동문서답식으로 대답하였다.

3【答复】dá·fù ❶ 動 회답하다. 대답하다. ¶尽jìn快～ | 속히 대답하다. ¶赶gǎn紧给我～吧 | 속히 나에게 회답하시오. ❷ 名 (주로 서면상의) 대답. 회답. ¶正确的～ | 정확한 회답. ¶做肯定的～ | 긍정적 회신을 하였다.

【答话】dáhuà 動 대답하다. 응답하다. ¶人家问你，你怎么不～ | 남이 묻는데 어째서 응답하지 않느냐?

2【答卷】dá/juàn ❶ 動 답안을 쓰다. 시험 문제를 풀다. ¶认真地～ | 착실하게 답안을 쓰다. ¶答完卷的同学请出去 | 답을 다쓴 학생은 나가시오. ❷ (dájuàn) 名 답안. ¶标准biāozhǔn～ | 표준 답안. 모범 답안. ¶交了一份合格的～ | 합격된 답안을 제출하였다.

【答礼】dálǐ ❶ 動 답례하다. ¶部下向长官敬礼，长官也举手～ | 부하가 상관에게 경례하니 상관도 부하에게 손을 들어 답례하였다. ❷ 名 답례. ¶做～ | 답례를 하다 ‖ =〔还huán礼①〕

【答禄】Dálù 名 복성(複姓)

【答数】dáshù 名 〈數〉(계산의) 답. ¶三除六的～是二 | 3으로 6을 나눈 답은 2이다 =〔得dé数〕

【答问】dáwèn ❶ 動 문제에 답하다. 문답하다. ¶～之先，要仔细考虑kǎolǜ回答的内容 | 답을 하기 전에 회답할 내용을 자세히 생각해야 한다. ¶～节jié目 | 퀴즈 프로그램. ❷ 名 문답. 묻고 답하기 [문답체 글의 편명에 주로 쓰임]

【答谢】dáxiè ❶ 動 답례하다. 사례하다. ¶举行一个宴会，～他们 | 연회를 개최하여 그들에게 답례하였다. ❷ 名 답례. ¶做～ | 답례를 하다. ¶～宴会 | 답례연.

【答疑】dáyí ❶ 動 다른 사람의 의문에 답하다. ❷ 名 질문 시간 [학생의 의문이나 질문에 답하는 정규 수업 외의 과목]

B dā

【答茬儿】dā/chár ⇒〔搭碴dāchá儿〕

【答答】dādā ❶ 擬 사각사각. 스르륵스르륵 [대나무가 흔들리는 소리] ❷ 尾 부끄러워하다. 쑥스러워 하다. ¶羞xiū～不肯把头抬tái | 부끄러워서 머리를 들지 못한다.

【答咯】dā·ge 動 京 ❶ 아는 체하다. 인사하다. ¶叫他他不～ | 그를 불러도 그는 거들떠보지도 않는다. ❷ 잡담하다. 조잘거리다. ¶两个人一直～的，很亲热的呢 | 두 사람은 줄곧 조잘거리며 매우 친숙하다.

【答剌】dā·la ⇒〔搭dā拉〕

【答理】dā·li 動 응대하다. 상대하다. 말대꾸하다. 어법 주로 부정문에 쓰임. ¶我叫了他两声，他没～我 | 내가 두 번이나 그를 불러도 그는 거들떠보지도 않았다. ¶人家不～咱们了 | 남들은 우리를 쳐주지 않는다. ¶他就是不爱～人 | 그는 사람들을 상대하기 싫어한다 =〔搭dā理〕〔理碴儿〕

【答腔】dā/qiāng ⇒〔搭dā腔〕

【答儿】dār 名 北 곳. 장소. ¶那～有不少学生 | 그곳에는 많은 학생이 있다. ¶他不知道小王藏cáng在哪～，找了半天也没找着 | 그는 왕군이 어느 곳에 숨었는지 몰라 한참 동안 찾지 못했다 =〔搭dā儿〕

【答飒】dā·sa ⇒〔搭撒sā〕

【答讪】dā·shan ⇒〔搭讪〕

【答声(儿)】dā/shēng(r) 動 소리를 내어 대답하다. ¶叫了好半天，没听见有人～儿 | 한참 동안

불렀으나 누구도 대답하는 소리를 듣지 못했다.

[2]【答应】dā·ying 動 ❶ 응답하다. 대답하다. ¶喊hǎn了好几声，也没有人～｜여러번 외쳤으나 대답하는 사람이 아무도 없다. ❷ 승낙하다. 동의하다. ¶她起初不肯kěn，后来才～了｜그녀는 처음에는 내키지 않았으나, 나중에는 승낙하였다. ¶勉强miǎnqiáng～｜마지못해 승낙하다. ¶痛tòng快地～｜통쾌하게 응락하다. ❸ 京 양해하다. 양보하다. ¶打了人家孩子，人家能～吗?｜남의 아이를 때렸는데도 양해할 수 있단 말인가?

4【瘩】dá·da 부스럼 답

Ⓐ dá ⇒〔瘩背bèi〕

Ⓑ ·da ⇒〔疙gē瘩〕

【瘩背】dábèi 名〈漢醫〉등창 [등에 생기는 악성종기]→〔搭手②〕

dǎ ㄉㄚˇ

1【打】dǎ dá 칠 타

Ⓐ dǎ ❶ 動 치다. 때리다. ¶～鼓gǔ｜북을 치다. ❷ 動 싸우다. 구타하다. ¶两个人～起来了｜두 사람이 싸우기 시작했다. ❸ 動 부수다. 깨뜨리다. ¶～了一块玻璃bōlí｜유리를 깨뜨렸다. ¶把碗wǎn给～了｜그릇을 깨뜨렸다. 어법「打」는 다음과 같은 체적인 동작을 나타내는 동사 대신에 두루 쓰임. ⓐ 보내다. 발신(發信)하다. (전보를) 치다. (전화를) 걸다. (번개가) 치다. (우레가) 울다. ¶～枪qiāng｜총을 쏘다. ¶～信号｜신호를 보내다. ¶电报～了没有?｜전보를 쳤니 안 쳤니? ¶～了一个电话｜전화 한 통을 걸었다. ⓑ (짐승을) 잡다. 포획하다. ¶～鸟｜새를 잡다. ¶武松～虎｜무송이 호랑이를 잡다. ⓒ 묶다. 싸다. ¶～包裹guǒ｜포장을 하다. 보따리를 싸다. ⓒ 발급하다. 발급 받다. ¶～证明｜증명서를 받다. ⓓ 날인하다. 찍다. 쓰다. ¶～个问号｜물음표를 찍다. ⓔ 들다. (우산을) 펴다. ¶～伞↓ ¶～着一面大旗｜큰 깃발을 들고 있다. ¶灯笼lóng我来～｜초롱불은 내가 든다. ⓕ 제거하다. 벗기다. 따내다. ¶～皮↓ ¶叶yè子已经～过了｜잎을 이미 따냈다. ⓖ 퍼 올리다. (물을) 긷다. ¶从这缸gāng里～了五斤油｜이 항아리에서 기름 다섯 근을 올렸다. ¶～水↓ ⓗ (농작물을) 수확하다. 거두어들이다. ¶一亩mǔ地～多少粮食?｜1묘에서 양식 얼마를 수확하지요? ⓘ 계산하다. 짐작하다. 예상하다. ¶每班～五个人，三个班要十五人｜각 반은 다섯 명으로 쳐서, 세 반이니 열 다섯 명이어야 한다. ¶～他不来吧，我们还有八个人呢!｜그가 안 온다고 쳐도, 우리에게는 여전히 여덟 명이 있다. ⓙ 종사하다. ¶～了几个月的短工｜몇 개월간의 임시공으로 일했다. ⓚ (놀이·행위·운동을) 하다. ¶～游击yóujī↓ ¶～篮球｜농구를 하다. ⓛ (동작을) 하다. ¶～了一个喷嚏pēntì｜재채기를 했다. ⓜ (언어·행위·방법을) 쓰다. 하다. ¶～比喻yù｜비유하다. ¶～了一个马虎眼儿｜속임수를 썼다. ⓝ 축조하다. 쌓다. 만들다. ¶～井｜우물을 파다. ¶～好英语基础jīchǔ｜영어의 기초를 잘 쌓다. ¶～家具｜가구를 만들다. ⓞ 짜다. 결다. (짚신 등을) 삼다. ¶这件毛衣～得不错｜이 털옷 잘 짰다. ¶～草鞋xié｜짚신을 엮다. ⓟ 열다. 파다. 뚫다. ¶～开窗户｜창문을 열다. ¶～眼↓ ❹ 介 方 …로부터. …에서. 어법 ⓐ「打」는 북방 방언의 색채를 띠고 있으며, 표준말에서는 일반적으로「从」을 사용함. ⓑ 단음절 방위사 앞과 사자구(四字句) 앞에는 일반적으로「从」을 씀. ¶从早到晚｜아침부터 저녁까지. ¶从里到外｜안에서 바깥으로 ⓒ 장소·시간·범위의 출발점을 표시함. ¶～这儿东去｜여기에서 동쪽으로 가다. ¶清理仓库cāngkù～明儿开始｜창고를 깨끗이 정리하고 내일부터 시작한다. ⓓ 경유하는 노선·장소를 표시함. ¶～水路走，两天可以到｜물길로 가면, 이틀이면 도착할 수 있다. ¶太阳～窗口射shè进来｜태양이 창문으로 비치어 들어왔다→〔从cóng〕〔解jiě〕〔起qǐ〕〔由yóu〕〔自zì〕 ❺ 頭 동사의 앞에 붙어 다른 낱말을 만듦. ¶～搅jiǎo↓ ¶～扫sǎo↓ ❻ (Dǎ) 名 성(姓)

Ⓑ dá ❶ 名 外 다스. 타 [「dozen」의 음역. 열두 개를 「一打」라고 하고, 열두 다스를 「一罗」라고 함] ¶一～铅笔｜연필 한 다스. ❷「沓」와 같음 ⇒〔沓tà Ⓑ〕

Ⓐ dǎ

【打唉唉】dǎ'āi'·ai 動 탄식하다. ¶躺tǎng在床上，盖着被子～了｜침대에 누워 이불을 덮어 쓰고 탄식하였다.

【打暗号(儿)】dǎ ànhào(r) 動組 암호를 보내다.

【打把式】dǎ bǎ·shi ⇒〔打把势〕

【打把势】dǎ bǎ·shi 動組 ❶ 무술을 연마하다. ¶～的｜무술을 연기하는 사람 =〔练liàn把式〕 ❷ 깡충깡충 뛰다. 날뛰다. 발버둥치다. ¶屋子小，别～｜방이 작으니 함부로 날뛰지 마라. ¶屋子小，你别～，老老实实地坐着吧!｜방이 비좁으니, 발버둥치지 말고 얌전히 앉아 있어라! ❸ 이런저런 명목으로 돈을 갈취하다. ❹ (돈을) 이리저리 둘러대다. 이렇다 할〔일정한〕직업 없이 지내다. ¶还是找个职业好，哪能老～啊!｜그래도 직업을 구하는 것이 좋다. 어떻게 늘 일정한 직업 없이 살 수가 있는가! ‖ =〔打把式〕

【打靶】dǎ/bǎ 名 ❶〈軍〉사격. ¶打靶场｜사격(연습)장. ❷ 動〈軍〉사격(연습)을 하다. ¶我们得学～｜우리는 사격을 배워야 한다. ❸ 名 動 粵 총살(하다)

【打摆子】dǎ bǎi·zi 江 학질에 걸리다. ¶天天晚上受到蚊子的包围，不久就打起摆子来了｜매일 저녁 모기에게 물렸더니 얼마 지나지 않아 학질에 걸렸다 =〔发疟fāyào子〕

[3]【打败】dǎ/bài 動 ❶ 물리치다. 이기다. ¶～了敌人｜적을 쳐서 물리쳤다 ❷ 지다. 패배하다. ¶日本队不幸～了｜일본팀은 불행히도 패배했다 =〔打败仗〕→〔打输shū〕

[2]【打扮】dǎ·ban ❶ 動 꾸미다. 화장하다. 분장하다. 치장하다. 단장하다. 장식하다. 어법 술어로 쓰이며 목적어나 보어를 동반함. 중첩식은 ABAB식임. ¶母亲喜欢～孩子｜어머니는 아이

를 치장하기 좋아한다. ¶～了好半天｜한참 동안 치장했다. ¶～得很漂亮piàoliàng｜아주 예쁘게 화장(단장)을 했다. ¶节日的天安门～得格外géwài壮观zhuàngguān｜경축일의 천안문은 정말 볼 만하게 꾸며져 있다 =〔化huà装〕〔装zhuāng扮〕 ❷(～儿) 名 차림새. 분장. 치장. 어법「爱」「注重zhùzhòng」의 목적어로 많이 쓰임. ¶她很爱～｜그녀는 화장하는 것을 좋아한다. ¶她是一身学生～｜그녀는 학생 차림이다. ¶两个都是一样的～｜두 사람은 같은 차림새이다. ¶瞧qiáo他的～, 像个军人｜그의 차림을 보니, 군인 같다.

【打包】dǎ/bāo ❶ 動 포장하다. 짐을 싸다. ¶～成出口包装｜수출용 포장을 하다. ¶～厂｜포장 공장. ¶～铁皮｜포장용 엷은 철띠. ¶～的｜포장하는 사람. ¶～用品｜포장 재료. ¶～费｜포장비. ¶再～用品｜이중 포장 재료. ❷ 動 포장을 풀다. ❸ (dǎbāo) 名 바랑. 걸낭.

【打包裹】dǎ bāoguǒ 動組 ❶ (물품을) 포장하다. 소포를 싸다. ❷ (환자의 환부를) 봉합하다. ❸ 보따리를 싸다.

【打包票】dǎ bāopiào 動組 보증하다. 단언(斷言)하다. ¶我敢gǎn～, 货品huòpǐn一定准时运到｜제가 보증하건데 물품은 꼭 제 시간에 도착할 것입니다→〔包票〕

【打苞(儿)】dǎbāo(r) 動 (밀·수수 등의) 이삭이 패다.

【打饱嗝(儿)】dǎbǎogé(r) 動組 트림하다 =〔打呃è〕

【打抱不平】dǎ bào bù píng 成 ❶ 마음에 불평을 품다. ❷ 억울하게 피해를 받는 사람의 편을 들다. 피해자를 돕다. ¶他无辜gū被打,很多人为他～｜그가 무고하게 구타를 당하자, 많은 사람들이 그의 편을 들어 도와 주었다 =〔打不平②〕

【打奔儿】dǎ/bēnr 動 方 ❶ (말을 하거나 글을 욀 때) 도중에서 막히다. ¶背得飞熟, 一点不～｜줄줄 외워 조금도 막힘이 없다. ❷ (길을 갈 때 다리에 힘이 빠지거나 무엇에 걸려서) 넘어질 뻔하다 ‖ =〔打磕绊儿kēbànér〕

【打蹦儿】dǎbèngr 動 껑충껑충 뛰다. ¶听了这喜讯xǐxùn, 他乐lè得直～｜기쁜 소식을 듣고 그는 좋아서 줄곧 껑충껑충 뛰었다. ❷ 발을 동동 구르다. ¶急得～｜급해서 발을 동동 구르다 ‖ =〔打迸儿dǎbèngr〕

【打比】dǎbǐ 動 ❶ 비유하다. ¶拿具体的东西来～, 就容易使人明白｜구체적인 것으로 비유하면 사람들을 이해시키기 쉽다 =〔打比方〕→〔比方①〕 ❷ 方 비교하다. ¶他六十多岁了, 怎能跟你十七八岁的小伙子～呢?｜그는 60 여 세나 되는데 어찌 십 칠팔세의 너와 같은 젊은이와 비교할 수 있겠는가?

【打边鼓】dǎ biāngǔ ⇒〔敲qiāo边鼓〕

【打鳔儿】dǎbiàor 動 다리가 꼬이다. ¶两条腿～了｜두 다리가 꼬였다.

【打不开】dǎ ·bu kāi 動組 ❶ 열리지 않다. 열 수 없다. ¶这盒hé子怎么～?｜이 상자는 왜 열리지 않지? ❷ 자유롭게 움직일 수 없다. 마음대로 움직일 수 없다. ¶地方太小～｜장소가 너무 좁아서 몸을 자유롭게 움직일 수 없다. ❸ (날씨가) 개이지 않다. ¶这天气看起来～｜날씨를 보아하니 개일 것 같지 않다.

【打不平】dǎ ·bu píng 動組 ❶ 평평하게 할 수 없다. 평정할 수 없다. ❷ ⇒〔打抱不平②〕

【打不着】dǎ ·bu zháo 動組 ❶ 맞힐 수가 없다. ❷ 때릴 수 없다.

【打草】dǎ/cǎo 動 풀을 베어 모으다. ¶～大忙时节｜풀을 베어 모으는 바쁜 때.

【打草稿(儿)】dǎ cǎogǎo(r) 動組 ❶ 초고를 쓰다. ¶他写文章从不～｜그는 글을 쓸 때 전혀 초고를 쓰지 않는다. ❷ (사전) 준비를 하다 ‖ =〔打草底儿cǎodǐr〕

【打草惊蛇】dǎ cǎo jīng shé 諺 풀을 베어 뱀을 놀라게 하다. ❶ 갑(甲)을 경계하여 을(乙)을 깨우치다. ¶这是我～的办法｜이것은 내가 한 사람을 다스려 다른 사람이 경계하도록 하는 방법이다. ❷ 경솔한 행동을 하여 계획·책략 등이 사전에 누설되어 상대방으로 하여금 경계하게끔 하다〔미리 다 대비하게 만들다〕 ¶咱们先别声张, 免得～｜당분간 입밖에 내지 말도록 합시다, 사전에 대비하지 못하도록 하기 위해서.

【打叉】dǎ/chā ❶ ⇒〔打岔chà〕 ❷ 動「×」표를 하다 [틀리거나 재판소의 포고·대자보 등에서 처형자 또는 비판 대상자의 이름 위에「×」표를 하는 것을 말함.]

【打插(儿)】dǎchā(r) 動 말참견하다. 끼어 들다. ¶人家发表意见时,别～!｜다른 사람이 의견을 이야기 할 때는 끼어들지 마세요!

【打喳喳】dǎchā·cha 動組 方 소곤거리다. 귓속말하다. ¶他们俩躲在一旁～｜그들 둘은 한쪽 옆에 숨어서 소곤거리고 있다 =〔打耳ěr喳〕

【打茶围】dǎcháwéi 書 動組 기루(妓樓)에서 기생들과 놀다 [옛날에 기루에서 차를 대접했으므로 이렇게 일컬었음]=〔开kāi盘子〕〔开盘(儿)③〕

【打岔】dǎ/chà 動 ❶ 남의 말을 가로 막고 말하다. (일을) 방해하다. ¶他吃着饭, 你别～｜그는 지금 밥 먹고 있으니 방해하지 말아라. ¶你别～, 听人家说完了｜말을 막지 말고, 얘기를 끝까지 들어 봅시다. ❷ 말참견하다. ¶我们说正经话, 你别～｜우리는 공적인 이야기를 하고 있으니, 끼여들지 말아라.

【打杈】dǎ/chà 動 가지치기를 하다. ¶给棉花mián-huā～｜면화에 가지치기를 해 주다.

【打柴】dǎ/chái 動 땔나무를 하다. ¶上山～｜산에 가서 땔나무를 하다. ¶～的｜나무꾼.

【打禅】dǎ/chán 動 좌선하다. 참선하다 =〔打参〕〔打坐〕〔書参禅〕〔坐参〕〔坐禅〕

【打场】dǎ/cháng 動 (보리·콩·수수 등과 같은 농작물을 수확하여) 마당에 놓고 두들겨 타작하다. ¶他们忙着～｜그들은 타작하느라 바쁘다.

【打吵子】dǎ chǎo·zi 動組 方 소란을 피우다. 말다툼하다. ¶这是病室,不要～!｜이곳은 병실이니 소란을 피우지 마시오!

【打沉】dǎchén 動 침몰시키다. 가라앉히다. ¶～了七艘sōu小船｜작은 배 일곱 척을 침몰시켰다.

【打成一片】dǎ chéng yī piàn 成 (주로 생각·감정 등이) 하나로 되다. 일체가 되다. 한 덩어리가 되다. 하나로 융합되다. ¶城市chéngshì和乡村xiāngcūn～ | 도시와 농촌이 일체가 되다. ¶领导lǐngdǎo跟群众qúnzhòng～ | 지도자와 대중이 한 덩어리가 되다.

【打赤脚】dǎ chìjiǎo 動組 맨발로 걷다. ¶孩子们一到夏天就～ | 어린 아이들은 여름이 되자 마자 맨발로 다닌다.

【打冲锋】dǎ chōngfēng 動組 ❶ 돌격하다. 돌진하다. ¶向敌人阵地zhèndì～ | 적진으로 돌격하다 ❷ 선두에 서다. 앞장 서다. ¶他是事事～ | 그는 무슨 일이든 앞장선다.

【打抽丰】dǎ chōufēng ⇒〔打秋风qiūfēng〕

【打出手】dǎ chūshǒu 動組 ❶ (～儿) 〈演映〉칼·창을 던지거나 찌르는 시늉을 하며 격투의 긴장·격렬함 등을 나타내는 연기를 하다 =〔过guò家伙〕→〔出手⑪〕 ❷ 方 서로 치고 받으며 싸우다. ¶大～ | 대판 싸우다. ¶差点儿～ | 하마터면 싸울 뻔하였다 ❸ 〈商〉투매하다. 덤핑(dumping)하다 =〔出手①〕

【打春】dǎ/chūn 名 ❶ 曰 입춘(立春) [부(府) 혹은 현(縣)의 관리가 입춘 전날에「春牛」(흙으로 만든 소)를 관청의 앞에 세우고 입춘날 붉고 푸른 채찍으로 이것을 치는 의식에서 입춘을 속칭(俗稱)「打春」이라 했음. 이 의식은 그 해의 풍년을 비는 것이라고도 하고, 추위를 쫓는 것이라고도 함] =〔鞭biān春〕〔鞭土牛〕 ❷ 중국 호남(湖南) 일대의 유민들이 음력설을 전후하여「小锣xiǎoluó」「竹板zhúbǎn」등을 치고 노래를 부르며 돈을 구걸하는 것.

【打从】dǎcóng 介 …로부터. …에서. ¶他～南京上来了 | 그는 남경에서 올라 왔다 =〔从打〕

【打错算盘】dǎcuò suànpán 動組 주판을 잘못 놓다. 轉 잘못 예상하다. 잘못 계산하다. ¶想从他那儿赚zhuàn, 怕是～了 | 그에게서 돈을 벌 생각인데 잘못 생각하고 있는 건 아닌지 걱정된다.

【打打闹闹】dǎ·da nàonào 動組 장난치며 법석대다. ¶两姐妹成天～ | 두 자매는 하루 종일 야단법석이다.

[2]【打倒】dǎ/dǎo 動 타도하다. 넘어뜨리다. 무너뜨리다. 어법 술어로 쓰이며 목적어나 처소보어(處所補語)를 동반하기도 함. ¶～列强lièqiáng | 열강을 타도하다. ¶～帝国主义! | 제국주의를 타도하자! ¶～军阀jūnfá! | 군벌을 타도하자! ¶他一拳把对方～地 | 그는 주먹 한 방으로 상대를 땅에 넘어뜨렸다. ¶反动派终究zhōngjiū要被～ | 반동파는 결국에는 무너진다.

【打道】dǎ/dào 動 벽제(辟除)하다 [옛날에 관리가 행차할 때 사람의 통행을 금하는 일] ¶～还宫huángōng | 벽제하여 환궁하다→〔开路kāilù①〕

【打稻】dǎ/dào 動 탈곡하다. 타작하다. ¶秋收时, 农民忙着在田里～ | 가을걷이 때, 농부들은 밭에서 타작하느라 바쁘다.

【打底(儿, 子)】dǎ dǐ(r·zi) ❶ 기초를 다지다. 기초를 닦다. ❷ 초안을 작성하다. 초고를 작성하다. 밑그림을 그리다. ¶这篇文章你先打个底子, 咱们再商量shāngliáng怎样修改 | 이 글은 네가 먼저 초고를 작성한 다음 우리 어떻게 고칠지를 의논하자. ❸ 方 (행사 전에) 간단히 요기하다. ¶先吃点儿～, 免miǎn得一会儿饿过了劲儿 | 먼저 조금 먹어서 요기를 해라, 나중에 너무 허기가 져서 먹지 못하지 않도록. ❹ 밑바닥을 뚫어 구멍을 내다.

【打点滴】dǎ diǎndī 動組 ❶ 曰 수혈하다. ¶手术后他一直在～ | 수술 후, 그는 줄곧 수혈을 받고 있다. ❷ 曰 링거(ringer)주사를 맞다(놓다)

【打电报】dǎ diànbào 動組 전보를 치다.

【打电话】dǎ diànhuà 動組 전화를 걸다.

【打点】dǎ·dian 動 ❶ 꾸리다. 준비하다. ¶行李xíngli都～好了吗? | 짐은 다 꾸려 두었느냐? ¶～行装xíngzhuāng | 행장을 꾸리다. ¶～礼物lǐwù | 선물을 준비하다. ❷ 뇌물을 주다. 뇌물을 쓰다. ¶～使费shǐfèi | 운동비를 쓰다.

【打掉】dǎdiào 動 쳐서 떨어뜨리다. 떼어내다. 무찌르다. 퇴치하다. ¶把红柿hóngshì～ | 홍시를 쳐서 떨어뜨리다. ¶～敌人一个师 | 적 1개 사단을 무찌르다.

【打叠】dǎdié 動 접어서 포개다. 접어 개다. (짐을) 꾸리다. ¶～行装xíngzhuāng | 행장을 꾸리다.

【打顶】dǎ/dǐng ⇒〔打尖jiān③〕

【打定】dǎdìng 動 (마음을) 정하다. 결정하다. ¶你～主意了吗? | 마음의 결정을 내렸습니까?

【打洞】dǎdòng 動 (차표 등에)구멍을 뚫다. 구멍을 내다. ¶老鼠到处～ | 쥐가 여기 저기에 구멍을 뚫었다.

【打动】dǎdòng 動 마음을 울리다. 감동시키다. 어법 술어로 쓰이며 목적어를 동반할 수 있음.「把」「被」형식의 문장에서도 사용될 수 있음. ¶他的一句话～了妈妈的心 | 그의 말 한마디가 어머니의 마음을 감동시켰다. ¶她那灿烂cànlàn的音色把他～了 | 그녀의 찬란한 음색이 그를 감동시켰다. ¶他容易被钱～ | 그는 쉽게 돈에 마음이 움직인다.

【打斗】dǎdòu 動 方 다투다. 싸우다. ¶他们过去经常～, 现在成了好朋友 | 그들은 과거에는 항상 다투었으나, 지금은 좋은 친구가 되었다.

【打斗片】dǎdòupiàn 名 활극(活劇) 액션 드라마(action drama) ¶他爱看香港Xiānggǎng的～ | 그는 홍콩 액션 드라마를 즐겨 본다.

【打逗】dǎdòu 動 方 소란을 피우다. 떠들어대다. 빈정대다. ¶说笑～ | 웃고 떠들며 소란을 피우다.

【打赌(儿)】dǎ/dǔ(r) 動 내기를 하다. 내기를 걸다. ¶拿甚么东西～? | 무엇으로 내기를 걸겠느냐? ¶我跟你～, 他明天一定来 | 그가 내일 꼭 온다고 너에게 내기를 걸겠다.

【打短儿】dǎ/duǎnr 動 曰 ❶ 날품팔이하다. 임시 공원으로 일하다. ¶他从十五岁那年起, 就给人家～, 养活全家老小 | 그는 열 다섯 살 때부터 남의 집 날품일을 하면서 전 가족을 먹여 살렸다 =〔打短工〕 ❷ (활동하기에 편한) 짧은 옷을 입다. 경장(輕裝)을 하다. ¶做起事来还是～方便 | 일을 하는 데는 아무래도 짧은 옷을 입는 것이 편리하다→〔短装duǎnzhuāng〕

【打断】dǎduàn 動 끊다. 끊어 버리다. 잘라 버리다. 어법 술어로 쓰이며 목적어를 동반하기도 함. ¶～你的狗腿gǒutuǐ | 너의 다리 몽둥이를 잘라 버리겠다. ¶随便suíbiàn～人家的讲话jiǎnghuà, 是不礼貌lǐmào的行为 | 함부로 남의 말을 끊는 것은 예의없는 행동이다. ¶他的话被那人的声音～了 | 그의 말은 그 사람의 소리에 의해 중간에서 잘렸다.

【打盹儿】dǎ/dǔnr 動 口 졸다. ¶他正在树下～ | 그는 지금 나무 아래에서 졸고 있다 =〔打瞌睡kēshuì〕〔打睡〕〔眯mī盹儿〕

【打趸儿】dǎdǔnr 動 ❶ 대량으로 사다. ¶～买 | 대량으로 사다. ❷ 총괄하다. ¶我告诉你一句～的话 | 내가 너에게 개괄적인 말 한 마디 해 주마《紅樓夢》‖ =〔成chéng总(儿)〕

【打呃】dǎ'è ⇒〔打饱嗝bǎogé(儿)〕

【打耳光】dǎ ěrguāng 動組 따귀를 때리다. ¶自己～, 责骂zémà自己 | 자신의 따귀를 때리며 자책하다 =〔打耳刮子ěrguāzǐ〕→〔耳刮子〕

4【打发】dǎ·fa 動 ❶ 보내다. 파견하다. 떠나가다. 어법 겸어문 형식에서 쓰이며 「把」구문, 피동문에서도 쓰임. ¶爸爸～我去找哥哥 | 아버지는 나를 보내 형을 찾도록 했다. ¶她才把他～走, 王先生就摇yáo着扇子shànzi走了过了 | 그녀가 그를 보내자 왕선생이 바로 부채질을 하며 걸어 왔다. ❷ 내쫓다. 해고시키다. ¶你为甚么把他～走了 | 너는 어째서 그를 해고했느냐. ¶来人没坐上三分钟, 就被他几句话～走了 | 손님은 3분도 앉아 있지 못하고 그의 몇 마디에 쫓겨났다. ¶事情办bàn完后, 把他们都～回去了 | 일이 다 끝나서 그들을 모두 돌아가게 했다. ❸ 돌보아 주다. 도와주다 어법 대개 조기 백화(早期 白話)에 나타남. ¶～他们舒服点 | 그들이 편안하도록 돌보아 주다. ❹ (시간·날·세월을) 보내다. 허비하다. 소모하다. 어법 술어로 쓰이며 목적어나 보어를 동반함. 목적어는 일반적으로 「日子」「时间」등과 같은 낱말이 옴. ¶我看书只是为了～时间 | 내가 책을 보는 것은 단지 시간을 보내기 위해서이다. ¶就这么一天天地把时间～过去, 也不是个办法呀! | 이렇게 하루 하루 시간을 허비하는 것이 대수는 아니야!

【打翻】dǎfān 動 때려 엎다. 뒤집어 엎다. 뒤집어 놓다. 전복되다. ¶～花瓶huāpíng | 꽃병을 거꾸로 뒤집다. ¶渔船被风浪～ | 어선이 풍랑으로 전복되었다.

【打翻身仗】dǎ fān shēn zhàng 成 낙후된 면이나 불리한 조건을 극복하고 열심히 일하다. ¶这一回我要下功夫打一个漂亮piàoliàng的～ | 이번에는 열심히 노력해서 멋진 만회를 해야겠다.

【打饭】dǎ/fàn 動 ❶ 밥을 짓다. ❷ 밥을 푸다. ❸ 밥을 (받아) 나르다. ¶给大家～ | 모두에게 밥을 날라다 주다.

【打榧子】dǎ fěi·zi 動組 方 엄지손가락과 가운뎃손가락을 튀겨서 소리를 내다 =〔打诽fěi子〕〔响梆儿xiǎngbāngr〕

【打伏击】dǎ fújī 動 매복하여 습격하다.

【打嗝儿】dǎ/gér 動 口 ❶ 딸꾹질하다. ¶～的时候, 连着喝几口水就不～了 | 딸꾹질할 때는 물 몇 모금을 계속해서 마시면 딸꾹질을 하지 않는다 =〔呃逆ènì〕 ❷ 트림하다 =〔嗳气ǎiqì〕〔打嗝蹬dēng儿〕〔打噎yē〕

【打个照面(儿)】dǎ·ge zhàomiàn(r) 動組 ❶ 얼굴을 맞대다. 대면하다. ¶叫他们两个～ | 그들 두 사람을 대면시키다 =〔打对面〕 ❷ 잠깐 얼굴을 내밀다〔비치다〕.

【打根底】dǎ gēndǐ 動組 기초를 다지다.

【打更】dǎ/gēng 動 야경을 돌다. ¶～的 =〔更夫fū〕〔更卒zú〕| 야경꾼. ¶～木 | 딱다기 ‖ =〔敲qiāo更〕

【打工】dǎ/gōng ⇒〔做zuò工(儿)〕

【打躬作揖】dǎ gōng zuò yī 成 읍(揖)하다. 轉 공손하게 간청하다. 고분고분 따르다. ¶他很讲究礼貌lǐmào, 逢féng谁都～ | 그는 예의를 잘 차려 누구를 만나든지 공손하게 절을 한다 =〔打拱gǒng作揖〕〔打恭作揖〕

【打钩儿】dǎ/gōur 動 「V」표를 하다 [옳은 해답이나 동의의 표시로 하는 기호] ¶打对钩儿 | 맞았다고 「V」표를 하다.

【打狗棒】dǎgǒubàng 名組 ❶ 거지나 행상들이 개를 쫓기 위하여 가지고 다니는 막대기 =〔打狗棍gǒugùn〕 ❷ 죽은 사람에게 저승에서 개가 달려들면 쫓으라고 쥐여주는 수숫대

【打咕噜】dǎ gūlū 動組 꼬르륵 소리를 내다.

【打鼓】dǎ/gǔ 動 ❶ 북을 치다. ¶从新～另开张 =〔重chóng新打鼓另开张〕| 成 처음부터 다시 하다 =〔㊀敲qiāo鼓〕 ❷ (자신이 없어) 가슴이 두근거리다. ¶为这件事, 他心里直～ | 이 일 때문에 그는 계속 마음이 두근거린다.

【打鼓儿的】dǎgǔr·de 名組 북을 치며 고물을 사러 다니는 사람 =〔打鼓儿挑子gǔrtiāozǐ〕

【打瓜】dǎguā ❶ 名〈植〉수박의 일종 [씨가 크고 많아 씨를 먹기 위해 재배함. 보통 손으로 「打开」(쪼개다)해서 먹으므로 이렇게 불리어짐] ❷ (dǎ/guā) 動 수박을 쪼개다.

【打卦】dǎ/guà 動 ❶ 점치다. ¶测字cèzì～ | 점을 보다 =〔打数〕 ❷ 우롱하다. 놀리다. ¶我说个笑话给姨妈解闷儿, 姨妈反倒弄我打起卦来了 | 나는 우스운 이야기로 이모의 기분을 풀어 드리려고 했는데 이모는 오히려 나를 놀려댔다.

【打官腔】dǎ guānqiāng 動組 관리 투의 말을 쓰다. 관리 티를 내다. ¶官虽不大, 但很爱～ | 자리도 높지 않으면서 티를 많이 낸다.

【打官司】dǎ guān·si 動組 소송을 걸다. 소송을 일으키다. ¶他要跟你～ | 그는 너와 소송을 걸려고 한다.

【打光棍儿】dǎ guānggùnr 動組 俗 홀아비로 살다. ¶干咱们这行儿的就得打一辈子～! | 우리같이 이런 일을 하는 사람은 평생을 홀아비로 살아야 할 거야!

【打鬼】dǎ/guǐ ❶ 動 요괴를 퇴치하다. ❷ ⇒〔跳布札tiàobùzhá〕

【打滚(儿)】dǎ/gǔn(r) 動 ❶ 구르다. 뒹굴다. ¶你不记得从前我们在上面打青草滚qīngcǎogǔn? | 우리가 옛날에 저 위 잔디밭에서 구르며 놀던

기억 않나니? ¶疼得téngdé直～ | 아파서 데굴데굴 구르다. ¶在这行里～了二十多年, 多少有些经验 | 이 장사 바닥에서 20여년 굴러먹어서 웬만큼 경험이 있다. ❷소·말 등의 가축을 먹이거나 부린 후 가볍게 걸리다. ¶让马先打个滚儿, 再牵走qiānzǒu | 우선 말을 걸리고 나서 끌고 가라.

【打哈哈】dǎ hā·ha 動組 ❶농담하다. 조롱하다. ¶别拿我～! | 나를 놀리지 마세요! ¶这是正经事, 你可别～! | 이것은 진지한 일이니 농담하지 마라! ❷(큰 소리로) 하하하고 웃다.

【打哈欠】dǎ hā·qian 動組 하품을 하다. ¶不停地～ | 계속해서 하품을 하다. ¶累得直～ | 피곤해서 계속 하품만 한다 =〔打哈失〕〔打哈息〕〔打呵站hēzhàn〕〔打站〕

【打鼾】dǎ/hān 動 코를 골다. ¶一躺下tǎngxià就～ | 눕자 마자 코를 골다 =〔打呼hū(噜lū)〕〔打鼻雷bíléi〕

【打夯】dǎ/hāng 動 달구질하다. ¶工人在工地上～ | 노동자가 공사판에서 달구질을 하다. ¶～歌 | 달구 노래 =〔砸zá夯〕

【打黑枪】dǎ hēiqiāng 動組 암살하다. 모살하다.

【打横(儿)】dǎ/héng(r) 動 ❶긴 탁자의 가장자리에 앉다. 말석(末席)에 앉다. ¶武大叫妇人坐了主位, 武松对席, 武大～ | 무대는 부인을 주석에 앉히고, 그 맞은 편에 무송을, 무대 자신은 말석에 앉았다《水滸傳》=〔打横凳dèng儿〕 ❷가로로 눕다. ❸가로막다. 훼방놓다.

【打滑】dǎhuá 動 ❶(바퀴나 핏대 등이) 공전(空轉)하다. 헛바퀴 돌다. 헛돌다. ¶～空转 | 미끄러지며 헛돌다. ❷方 미끄러지다. ¶大雪纷纷下, 我走路脚～ | 눈이 펑펑 내리는 가운데 나는 길을 가다가 미끄러졌다.

【打幌(儿)】dǎ/huàng(r) 動 비틀거리다. 휘청거리다. ¶两条腿直～ | 두 다리가 계속 휘청거리다. ¶两天没吃饭走道儿打了幌儿了 | 이틀이나 밥을 못 먹어서 길을 걷는데도 비틀거렸다 =〔打晃儿〕

【打诨】dǎhùn 動 ❶(연극에서 주로 어릿광대가) 익살을 부리다. ¶他的演讲近于丑角的～ | 그의 강연은 어릿광대의 익살에 가깝다. ❷농담을 하다 ‖ =〔打浑〕

【打火】dǎ/huǒ 動 ❶부싯돌로 불을 일으키다. ¶～石 | 부싯돌 =〔撇piē火〕 ❷길손이 불을 피워 손수 밥을 지어먹다. ¶～做饭 | 불을 피워 밥을 짓다→〔打尖jiān①〕

【打火机】dǎhuǒjī 名 라이터. ¶燃rán气～ | 가스라이터. ¶烟盒yānhé～ | 라이터 달린 담배합. ¶打～ | 라이터를 켜다 =〔点diǎn烟机〕〔自来火②〕

【打火镰】dǎhuǒlián ❶動 부싯돌을 쳐서 불을 일으키다. ❷名 부시.

【打火石】dǎhuǒshí 名 부싯돌. 라이터돌.

【打伙(儿)】dǎ/huǒ(r) 動 ⓪ 무리를 짓다. 한패가 되다 =〔合hé伙〕〔结伴jiébàn〕

【打基础】dǎ jīchǔ 動組 기초를 닦다.

【打饥荒】dǎ jī·huang 動組 ❶기황(饑荒)이 들다. ¶素来硬朗yìnglǎng的铺子今年都～ | 늘 견실하던 점포가 올해는 모두 난관에 부딪쳤다. ❷생활이 궁핍하다. ❸方 喩 빚을 지다. 신세를 지다. ¶这一年来, 真不知和他打了多少饥荒 | 일년새 그에게 얼마나 많은 신세를 졌는지 모르겠다 →〔闹nào饥荒〕

3【打击】dǎjī ❶動 (악기 등을) 치다. 때리다. 어법 명사로 활용되어 관형어 역할을 하기도 함. ¶～石器shíqì | 타제석기. ¶～乐器yuèqì | 타악기. ❷名 공격. 타격. ¶受了很大的～ | 아주 큰 타격을 입다. ❸動 공격하다. 타격을 주다. 어법 술어로 쓰이며 목적어나 보어를 동반하기도 함. ¶～侵略者qīnlüèzhě | 침략자를 공격하다. ¶决不能～改革者的积极性jījíxìng | 개혁자의 적극성에 타격을 주어서는 결코 안된다. ¶～对方阵营zhèníng | 상대 진영을 공격하다. ¶～了一下 | 한 차례 타격을 주다. ❸名〈體〉(야구의) 타격.

【打家劫舍】dǎ jiā jié shè 成 (도적 떼가) 민가를 습격하여 약탈하다. ¶这伙胡匪huǒhúfěi经常出没chūmò在那一带,～ | 이 오랑캐 도적 떼들은 늘 이 일대에 나타나서 민가를 습격하여 약탈한다.

3【打架】dǎ/jià 動 싸움하다. 다투다. ¶他们俩打起架来了 | 두 사람은 싸우기 시작했다 =〔打相打〕〔北 干仗〕〔闹仗〕

【打价(儿)】dǎ/jià(r) 動 ❶값을 깎다. 어법 일반적으로 부정문에서 많이 쓰임. ¶记住了,别一买就买成,样样东西都～是的 | 모든 물건을 다 깎을 수 있으니 단번에 사서는 않된다는 것을 기억해 두어라 =〔还huán价(儿)①〕 ❷값을 더 얹어서 부르기도 하고, 값을 깎자고 하다. 흥정을 하다

【打尖】dǎ/jiān 動 ❶(여행 도중에) 쉬면서 요기를 하다. ¶～下店 | 여행도중 쉬면서 요기를 하러 상점에 들러다. ¶打早尖 | 여행 도중에 아침 식사를 하다. ¶打茶尖chájiān | 여행 도중에 휴식을 취하다→〔打火②〕 ❷변사(辯士)가 이야기 도중에 잠깐 쉬며 차를 마시거나 간식을 먹다. ❸(～儿) 動〈農〉적심(摘心)하다. 순치기를 하다. ¶要想多结黄瓜huángguā, 要勤qín～ | 오이가 많이 열리게 하려면 부지런히 순을 쳐줘야 한다 =〔打顶〕

【打江山】dǎ jiāngshān 動組 천하를 차지하다. 정권을 탈취하다. 창업(創業)하다. ¶～坐江山 | 정권을 빼앗아 천하를 다스리다.

【打浆】dǎjiāng 動 ❶〈紙〉(제지 공정에서) 펄프를 반죽하다. ¶～机 | 제지기계. ❷풀을 쑤다.

3【打交道】dǎ jiāo·dao 動組 왕래하다. 접촉하다. 교제하다. 사귀다. 교섭하다. ¶我们俩～已经有十年了 | 우리 둘이 사귄 지도 벌써 10년이 되었다. ¶他很难～ | 그는 사귀기 힘들다. ¶这个人好～ | 이 사람은 붙임성이 좋다 =〔打交待〕〔打交代〕

【打脚】dǎ/jiǎo 動 方 신발이 작아서, 물집이 생겨 터지다.

2【打搅】dǎjiǎo 動 ❶(일을) 방해하다. 지장을 주다. ¶人家正在看书, 别去～ | 그 사람 지금 독서중이니 방해하지 마라. ❷婉 폐를 끼치다. 어법 일반적으로 목적어를 동반한 술어로 쓰임. ¶对不起,～你们了! | 폐를 끼쳐 죄송합니다. ¶～您一下 | 폐를 좀 끼치겠습니다 ‖ =〔取扰qǔrǎo〕

❸ 교란시키다. 휘젓다. ¶存心～他们 | 일부러 그들을 교란시키다 ‖ =〔打扰dǎrǎo〕

【打醮】dǎ/jiào 動 중이나 도사가 독경하여 망령(亡靈)을 천도(薦度)하다. ¶请了几个茅山道士～ | 모산의 도사 몇 분을 청하여 망령을 천도하다.

【打劫】dǎ/jié 動 ❶ 재물을 약탈하다. ¶趁火～ | 成 불난 집에서 도둑질하다. 남이 위급한 때를 틈타서 한 몫 잡다. ❷ (바둑에서) 패를 쓰다.

【打紧】dǎ/jǐn 形 중요하다. 긴요하다 [주로 부정문에 쓰임] ¶打甚么紧? | 무엇이 그리 중요한가? 중요하지 않다→〔要yào紧〕

【打酒】dǎ jiǔ ❶ 술을 사다. ¶他到小店里打了几瓶酒来 | 그는 구멍 가게서 술 몇 병을 사왔다. ❷ 술을 팔다. ❸ 술을 따라 마시다.

【打卡】dǎkǎ 名〈電算〉펀치 카드(card)

【打卡机】dǎkǎjī 名〈電算〉카드 천공장치(card punch)

【打开】dǎ/kāi 動 ❶ 열다. 펼치다. 풀다. ¶～抽屉chōutì | 책상 서랍을 열다. ¶～包袱bāofú | 보따리를 풀다. ¶～箱子xiāngzi | 상자를 열다. ¶～书本 | 책을 펼치다. ❷ 타개하다. ¶～僵局jiāngjú | 교착 상태의 국면을 타개하다. ❸ 두들겨 쪼개다. 두들겨 깨다. ¶～鸡子儿 | 달걀을 깨다. ❹ (스위치를) 넣다. 켜다. 틀다. ¶～收音机 | 라디오를 틀다. ¶～电灯diàndēng | 전등을 켜다. ¶～电视diànshì | 텔레비전을 켜다.

【打开话匣儿】dǎ·kai huàxiár 動組 축음기를 틀다. 喩 이야기 보따리를 풀다.

【打开天窗说亮话】dǎ·kai tiān chuāng shuō liànghuà 成 툭 털어놓고 말하다. ¶大家都是自己人, 最好～不要转弯抹mò角 | 다 한 식구이니 빙빙 둘러대지 말고 툭 털어놓고 말하는 것이 가장 좋다 =〔打开鼻子说亮话〕〔打开窗户说亮话〕〔打开窗子说亮话〕〔敲qiāo开板壁说亮话〕

【打瞌睡】dǎ kēshuì ⇒〔打盹(儿)〕

【打孔】dǎkǒng 名〈電算〉펀치(punch)

【打垮】dǎkuǎ 動 쳐부수다. 파괴하다. 격멸(擊滅)하다. ¶把日寇rìkòu～了 | 왜구를 쳐부수다.

【打篮球】dǎlánqiú 動組 농구를 하다. ¶今天下午我打算去～ | 오늘 오후에 나는 농구하러 갈 생각이다.

【打捞】dǎlāo 動 인양(引揚)하다. 끌어 올리다. ¶～沉船chénchuán | 침몰선을 인양하다. ¶～尸体shītǐ | 시체를 인양하다. ¶～队duì | 해난 구조대.

【打落】ⓐ dǎlào 俗 (살 생각도 없으면서 값을 물어 보며) 놀리다. ¶先打个落, 便宜piányí就要 | 먼저 가격을 물어보고 싸면 사겠다. ¶他没打算买, 不过是白～ | 그는 살 생각은 없고 다만 값만 물어보면서 쓸데없이 수작만 걸뿐이다.

ⓑ dǎluò 動 ❶ 떨어뜨리다. ❷ 끌어내리다. ¶下起雨来了, 快把旗子～吧 | 비가 온다, 빨리 기를 내려라.

【打擂(台)】dǎ lèi(tái) ❶ (무대에서) 무술을 겨루다. ¶他准备上台～ | 그는 무대에 올라 가서 무술을 겨룰 준비를 하고 있다. ❷ (기량·재주 등을) 겨루다. (생산 경쟁 등에) 응전(應戰)하다 →〔摆bǎi擂台〕〔擂台〕

【打冷枪】dǎ lěngqiāng 動組 기습적으로 총을 쏘다. 轉 불의에 일격을 가하다. 음험한 수법으로 공격하다. ¶小心背后～ | 뒤에서 총 쏘는 것을 조심하시오.

【打冷战(儿)】dǎ lěng·zhan(r) 動組 (춥거나 무서워서) 몸을 부들부들 떨다. 전율하다. ¶一眼看见它, 她马上就～ | 그녀는 그것을 보자 마자 바로 부들 부들 떨었다. ¶憋biē着尿niào～ | 오줌을 참느라고 부들부들 떨다 =〔打冷颤zhàn(儿)〕〔打冷噤jìn儿〕〔打冷惊jīng〕〔打寒噤〕〔打冷嗝gé儿〕〔打战战〕〔打颤颤〕

【打愣儿】dǎ/lèngr 動 方 멍청해 있다. 멍해 있다. ¶他不由得打个愣儿 | 그는 자기도 모르게 멍하게 하고 있다 =〔发呆dāi〕〔发愣lèng〕

【打连厢】dǎliánxiāng ⇒〔霸王鞭bàwángbiān②〕

3【打量】dǎ·liang 動 ❶ (복장·외모 등을) 관찰하다. 살펴보다. 훑어보다. 어법 술어로 쓰이며 목적어나 보어를 동반하기도 함. 중첩식은 ABAB식임. 목적어으로는 일반적으로 사람의 외모나 복장 혹은 사물의 외부상황을 나타내는 낱말이 오기도 함. ¶她不住地～我 | 그녀는 계속 나를 훑어본다. ¶～～自己 | 자신을 살펴보다. ¶她仔细zǐxì～了一下自己, 才出了门 | 그녀는 자세히 자신을 살펴보고서 문을 나섰다. ¶他把我上下～了一番fān | 그는 나를 아래 위로 죽 훑어보았다. ❷ (…라고) 여기다. 가늠하다. 예측하다. ¶你～我真不知道吗? | 너는 내가 정말로 모른다고 생각하느냐? ¶我口袋里有甚么东西, 你～～ | 내 주머니 속에 무엇이 있는 지 너 좀 맞춰봐라 ‖ =〔打谅liáng〕

4【打猎】dǎ/liè 動 사냥하다. 어법 술어로 쓰이며 명사로 활용되기도 함. ¶上山～去了 | 산으로 사냥하러 갔다. ¶～要认路rènlù | 사냥을 하려면 길을 잘 알아야 한다. ¶他爱好～ | 그는 사냥하는 것을 좋아한다. ¶他对～有着浓厚nónghòu的兴趣xìngqù | 그는 사냥에 아주 깊은 흥미를 갖고 있다. ¶～的 | 사냥꾼 →〔打围wéi〕

【打零】dǎlíng ❶ 動 임시로 고용되어 일을 하다. 날품을 팔다. ¶农闲时他常出去～儿, 凑合còuhé着养家口 | 농한기에 그는 늘 날품을 팔아 임시변통으로 가족을 부양한다. ❷ 잔일을 하다. ❸ 方 고독하다. 외롭다. 단신(單身)이다.

【打流(儿)】dǎliú(r) 動 方 직업을 구하지 못하여 떠돌아다니다. ¶打一世的流 | 일생동안 방랑생활을 하다.

【打落】dǎluò ☞〔打落〕dǎlào ⓑ

【打马虎眼】dǎ mǎ ·hu yǎn 成 ❶ 속임수를 쓰다. ¶这是你干的, 你怎么～, 也骗piàn不了人 | 이것은 네가 한 짓이야 네가 아무리 속이려고 해도 속일 수는 없어 →〔打眼②〕❷ (잘 보이지 않아서) 눈을 깜빡거리다 ‖ =〔打马胡眼〕

【打骂】dǎmà 動 때리고 욕하다. ¶孩子不听话, 光是～总不是好办法 | 아이가 말을 안 듣는다고 덮어놓고 때리고 욕만 하는 것은 결코 좋은 방법이 아니다.

【打埋伏】dǎ mái·fu 動組 ❶ 매복(埋伏)하다. ¶

连长留下一排人在这里～ | 중대장은 1개 소대를 여기에 매복시켜 놓았다. ❷ 喩 (물자·인력·문제 등을) 숨기다. ¶剩余shèngyú物资要如数上报, 不许～ | 잉여물자는 그대로 보고 해야지 숨겨서는 안된다.

【打麦】dǎ mài 動 밀·보리를 타작하다. ¶～场 | 밀·보리 타작 마당.

【打门】dǎmén ⇒〔敲qiāo门〕

【打门儿】dǎménr ❶ 名〈體〉(축구의) 슛 ❷ 動〈體〉(축구의) 슛을 하다. ¶～打得好 | 슛을 잘 하다.

【打闷雷】dǎ mènléi 動組 方 (일의 내막을) 추측하다. (사정을 알 수 없어) 불안해하다. ¶先别说,让他自己～去 | 일단 말하지 말고 그로 하여금 알아 맞춰 보게 하라. ¶叫人打了半天的闷雷 | 남에게 한참 동안 답답하게 굴다.

【打鸣(儿)】dǎ/míng(r) 動 닭이 울다. (닭이) 때를 알리다. ¶鸡还没～? | 닭이 아직 울지 않았잖아? =〔打明〕〔叫鸣jiàomíng(儿)〕

【打磨】ⓐ dǎ·mó 動 갈다. 갈아서 윤을 내다. ¶那些紫檀zǐtán家具都～得锃zèng亮 | 그 자단 가구들은 모두 잘 닦여져 번쩍거린다

ⓑ dǎmò 動 맷돌의 결을 돋구다. 맷돌을 쪼아 고치다 =〔断duàn磨〕

【打闹】dǎnào 動 소란을 피우다. ¶他们俩常为芝麻大的事～ | 그들 둘은 늘 깨알만한 일로 소란을 피운다. ¶有人在门外～ | 누가 문밖에서 떠든다.

【打蔫(儿)】dǎniān(r) 動 北 시들다. 마르다. (몸이) 늘어지다. ¶菜叶～了 | 푸성귀 이파리가 시들었다. ¶怎么直～啊, 不舒服吗? | 왜 그렇게 축 늘어져 있는가, 불편한가?

【打牌】dǎpái ❶ 마작·트럼프 등을 하다. ¶吃酒～ | 술 마시며 마작을 하다. ¶打了通宵tōngxiāo的牌 | 밤 새도록 트럼프를 했다 =〔江 看kàn牌〕 ❷ 喩 한 나라로부터 돈을 빌어 제3국에 빚을 갚는 것.

【打泡】dǎ/pào ❶ 動 (손발에) 물집이 생기다. (손발이) 부르트다. ¶在拉练中, 他脚上打了泡, 坚持不掉队 | 야영 훈련 중에 그는 발이 부르텄지만, 버티면서 낙오되지 않았다. ❷ ⇒〔打炮②〕

【打炮】dǎpào 動 ❶ 대포를 쏘다. ¶山上正在～ | 산에서 막 대포를 쏘고 있다. ❷ 옛날, (연극을 선전하기 위해) 장기를 자랑하다. ¶～戏xì | 선전 공연물 =〔打泡②〕

【打喷嚏】dǎ pēntì 動組 재채기를 하다. ¶他呛qiāng得直～ | 그는 사레들려 재채기를 했다.

【打坯】dǎ pī (흙담의 재료인) 흙덩이를 만들다. ¶～筑墙zhùqiáng | 흙덩이를 뭉쳐 담을 쌓다.

【打皮】dǎpí 動組 껍질을 벗기다. ¶打果皮guǒpí | 과일 껍질을 벗기다→〔剥bāo皮〕

【打屁股】dǎ pì·gu ❶ 名 태형(笞刑). ❷ 動組 볼기를 치다. ¶小孩子不听话, 该～ | 어린애가 말을 듣지 않으면 볼기를 쳐야 한다. ❸ 動 엄하게 비판을 하다. 질책을 하다. 어법 일반적으로 해학적으로 쓰임. ¶那个小青年因为不好好工作, 被厂长打了一顿屁股dùnpìgǔ | 그 젊은이는 일을 잘하지 않아 공장장에게 질책을 받았다.

【打票】dǎ piào 動 표를 사다.

【打平手】dǎ píngshǒu 動組 무승부가 되다. 승패가 갈리지 않다. ¶韩中两队打了个平手 | 한국팀과 중국팀은 무승부로 비겼다.

3【打破】dǎ/pò ❶ 動 타파하다. 깨다. 깨뜨리다. 어법 술어로 쓰이며 목적어나 보어를 동반하기도 함. ¶不小心～了碗wǎn | 조심하지 않아 그릇을 깨뜨렸다. ¶～旧习惯jiùxíguàn | 낡은 습관을 타파하다. ¶～常规chángguī | 成 상례를 타파하다. ¶～迷mí信 | 미신을 타파하다. ¶已～了两次世界记录 | 이미 세계 기록을 두번이나 깼다. ¶这个纪录不容易～ | 이 기록은 쉽게 깨지지 않는다. ❷ (～儿) (dǎpò(r)) 動 北 잔돈으로 바꾸다. ¶这样大的票得děi到大铺子才能～呢 | 이렇게 큰 지폐는 큰 점포에 가야 바꿀 수가 있다 =〔破pò开〕→〔换huàn钱①〕

【打破沙锅问到底】dǎpò shāguō wèn dàodǐ 歇 끝까지 캐물어 일의 진상(眞相)을 밝힌다 [본래 「打破沙锅璺wèn到底」(질냄비를 깨뜨려 잔금이 바닥에까지 가다)에서 나온 말로 「璺wèn到底」를 「问wèn到底」(끝까지 캐고 따지다)로 바꾼 것임] ¶这我也不知道,你别～了 | 이것은 나도 잘 모르는 것이니 너무 캐묻지 마라 =〔打破沙锅〕

【打谱】dǎ/pǔ 動 ❶ 기보(碁譜)를 보고 바둑돌이나 장기알을 놓아가면서 익히다. ❷ (～儿) 계획하다 =〔打主意〕

【打气】dǎ/qì 動 ❶ 공기를 넣다. 바람을 넣다. ¶给自行车～ | 자전거 타이어에 바람을 넣다⇔〔抽chōu气②〕 ❷ 喩 격려하다. 고무하다. ¶你给孩子们鼓鼓劲, 打打气吧! 애들을 격려하고 용기를 북돋우어 주어라! →〔撑chēng腰〕〔加jiā油②〕

【打前站】dǎ qiánzhàn 動組 먼저 가서 준비하다. 선발대로 가다. ¶游击队yóujīduì～的已经到达了那里 | 유격대의 선발대가 이미 그곳에 도착했다→〔打头阵〕

【打钱】dǎ/qián 動 ❶ (놀이·도박 등에서) 돈을 걸다. ❷ 옛날, 재주를 파는 사람이 구경꾼으로부터 돈을 거두다. ¶说书的一回一～ | 설화자(說話者)가 매 회마다 돈을 거두다. ❸ 수금하다. ¶挑水的一月一～ | 물장수는 한 달에 한 차례 수금한다.

【打枪】dǎ/qiāng ❶ 動 총을 쏘다. ❷ ⇒〔枪替qiāngtì〕

【打情骂俏】dǎ qíng mà qiào 成 남녀가 서로 장난치며 히히덕거리다.

【打秋风】dǎ qiūfēng 動組 구실을 대어 돈을 갈취하다. ¶旧社会有些没落mòluò的文人常向有钱的人～ | 옛날 사회에서는 일부 몰락한 문인들이 부자들에게 늘 구실을 대어 돈을 갈취했다 =〔打抽丰chōufēng〕

【打秋千(儿)】dǎ qiūqiān(r) 動組 그네를 타다. 추천(鞦韆) 놀이를 하다 =〔打悠yōu千(儿)〕〔荡dàng秋千儿〕

【打球】dǎqiú ❶ 名〈體〉(핸드볼에서) 공격자의 볼을 치는 수비. ❷ (dǎ qiú) 공을 치다. (야구·테니스 등의) 구기를 하다. ¶打乒乓球 | 탁구를

하다. ¶打棒球bàngqiú | 야구를 하다.

【打趣】dǎqù 動 놀리다. 골려 주다. ¶你别～我! | 놀리지 말라! ¶他作五言一首～这种小吏生活 | 그는 오언시 한 수를 지어 이러한 소관리의 생활을 비꼬았다 =〔打鈸〕

【打圈(儿)】dǎ/quān(r) ❶動 (과제물·답안지 등에) 동그라미를 쳐서 채점하다. ¶昨儿交的笔记本儿老师还没～呢 | 어제 제출한 노트는 선생님이 아직 채점을 하지 않았다. ❷名 땅에 한 점을 중심으로 몇 개의 원을 그리고 원에다 물건을 던져 넣어 득점을 계산하는 아이들 놀이의 하나.

【打拳】dǎ/quán 動 ❶ 주먹으로 치다. 주먹으로 때리다. ❷ (권법·태극권 등을) 연마하다. ¶他每天早上起来跑步～ | 그는 매일 아침 일어나서 조깅을 하며 태극권을 연마한다.

【打群架】dǎ qúnjià 動組 패싸움을 하다. ¶今天又有一起～的事故 | 오늘 또 패싸움하는 사고가 있었다 =〔全武行②〕

[2]【打扰】dǎrǎo ⇒〔打搅dǎjiǎo〕

【打人不打脸, 撅人不撅短】dǎ rén bù dǎ liǎn, juē rén bù juē duǎn 諺 사람을 때려도 얼굴은 때리지 않는다. 사람을 책망할 때 그 사람의 아픈 곳을 찌르지 말라. 남을 책망하더라도 결점을 들추어 내어 책망하지 않는다 =〔打人别打脸, 说人别说短〕〔打人不打脸骂mà人别揭短〕

【打入冷宫】dǎ rù lěng gōng 成 아무도 관심 두지 않는 곳에다 밀어 넣다. ¶我的这个好主意竟被他～ | 나의 이런 좋은 생각이 결국 그에게 무시당했다.

【打伞】dǎ sǎn 動組 우산을 받다. 우산을 쓰다. ¶下雨了, 得～去 | 비가 오는데 우산을 쓰고 가야지 →〔撑chēng伞〕

【打散】ⓐ dǎsǎn 動 (뿔뿔이 사방으로) 흩뜨리다. ¶把东西～了 | 물건을 흩뜨렸다.
ⓑ dǎsàn 動 (총을 쏘아) 쫓아 버리다. ¶～了这对鸳鸯 | 한 쌍의 원앙새를 쫓아 버렸다.

[3]【打扫】dǎsǎo 動 ❶ 청소하다. 소제하다. 어법 술어로 쓰이며 목적어나 보어를 동반하기도 함. ¶把屋子～干gān净了 | 방을 깨끗이 청소했다. ¶教室被他们～过了 | 교실이 그들에 의해서 청소되었다. ¶～院子 | 마당을 쓸다. ❷ 나머지를 없애다. 치우다. 재고품을 처분하다. ¶这几个饺子jiǎozǐ他给～了 | 이 만두 몇 개를 그가 먹어 치웠다. ¶剩下不多, 你给～了吧 | 얼마 남지 않았는데 네가 처리해 버려라. ¶把陈货chénhuò都～出去 | 재고품을 모두 처분해 버리다.

【打闪】dǎ/shǎn 動 ❶ 번개 치다. ¶～了, 可能要下雨了 | 번개가 치니 비가 올 것 같다. ¶～认针rènzhēn | 번개불로 바늘 찾다. 일이 급해 똥끝이 타다 =〔打忽闪hūshǎn〕 ❷ 화장할 때 거울로 뒤를 비춰 보다. ¶～看看后头 | 거울로 뒷모습을 비춰보다 =〔打后镜〕

【打扇】dǎ/shàn 動 부채질하다. ¶给她轻轻～ | 그녀에게 살살 부채질해 주다.

【打伤】dǎshāng ❶名 타박상. ❷動 때려서 상처를 입히다.

【打胜】dǎshèng 動 이기다. ¶韩国队又～了 | 한국팀은 또 승리했다. ¶～仗zhàng | 전쟁에이기다 →〔打赢yíng〕

【打湿】dǎshī 動 젖다. ¶被雨～了 | 비에 젖었다.

【打食】dǎ/shí 動 ❶ (새나 짐승이) 먹이를 찾다. ¶鸡～ | 닭이 모이를 찾다 =〔找zhǎo食儿〕 ❷ 소화제를 써서 소화를 돕거나 하제(下劑)를 써서 위장의 내용물을 체외로 배출시키다.

【打是亲, 骂是爱】dǎ·shi qīn, mà·shi ài 諺 때리는 것도 꾸짖는 것도 사랑하기 때문이다. 귀한 자식 매 한 대 더 때린다 =〔打是疼, 骂是爱〕

【打是疼, 骂是爱】dǎ·shi téng, mà·shi ài ⇒〔打是亲qīn, 骂是爱〕

【打手出界】dǎshǒu chūjiè 〈體〉(탁구의) 아웃 오브 바운드(out of bound)

【打输】dǎshū 動 (경기 등에서) 지다 ⇔〔打赢yíng〕→〔打败bài〕〔打胜shèng〕

【打水】dǎ/shuǐ ❶動 물을 긷다. ¶到河边～ | 물을 길으러 강가로 가다. ¶打洗脸水 | 세숫물을 긷다. ❷ ⇒〔灌肠guàn cháng①〕 ❸ (dǎshuǐ) 名〈體〉(수영의) 크롤 스트로크(crawl stroke)

【打死】dǎsǐ 動 때려죽이다. ¶～人命 | 사람을 타살하다.

【打算盘】dǎ suàn·pan ❶ 주판을 놓다. ¶掌柜zhǎngguì的正在～ | 주인이 주판을 놓고 있다. ❷轉 (손익을) 계산하다. 이해 득실을 따지다. ¶打小算盘 | 작은 이익을 따지다. ¶他真会～ | 그는 정말 이해 타산에 밝다.

[1]【打算】dǎ·suan ❶能 …하려고 하다. …할 작정이다. 어법 술어로 쓰이며 목적어나 보어를 동반함. 중첩식은 ABAB식임. ¶你～几点走? | 너는 몇 시에 가려느냐? ¶他～到天津Tiānjīn去一趟tàng | 그는 천진에 한 번 가 볼 작정이다. ¶他～当老师 | 그는 선생님이 되려고 한다. ❷動 계획하다. (이용하려고) 꾀하다. ¶给自己～ | 자신을 위해서 (이해)타산하다. ❸名 생각. 타산. 계획. 기도(企圖) ¶你有你的主意, 我有我的～ | 너는 너의 생각이 있듯이 나는 나의 계획이 있다. ¶战略zhànlüè～ | 전략적 기도.

【打碎】dǎsuì 動 (때려) 부수다. ¶玻璃杯～了 | 유리잔이 깨졌다. ¶～了他们的野心 | 그들의 야심을 분쇄시켰다.

【打胎】dǎ/tāi ❶名 유산. 낙태. ¶～药yào | 낙태약 ❷動 유산하다. 낙태시키다 =〔人rén工流产〕〔堕duò胎〕

【打探】dǎtàn ⇒〔探听tīng〕

【打天下】dǎ tiānxià 動組 ❶ (무력으로) 정권을 잡다. ❷喩 새로운 사업을 개척하다. ¶三十岁正是～的时候 | 나이 서른이면 새로운 일을 개척할 때이다.

【打铁】dǎ/tiě 動 ❶ 回 쇠를 두들기다. 쇠를 단련하다. (강철을) 주조하다. ¶趁热chènrè好～ | 諺 쇠는 달았을 때 두들기기 쉽다. (어떤 일·사업 등을)기회가 주어졌을 때 처리하다. 떡 본 김에 제사지내다. ❷方 싸우다. 다투다.

[2]【打听】dǎ·tīng 動 탐문하다. 수소문하다. 알아보다. 어법 술어로 쓰이며 목적어나 보어를 동반하기도 함. 중첩식은 ABAB식임. 목적어로는 「消

息」「下落」「情况」등과 같은 낱말이 오기도 하며 비명사성사어(非名詞性詞語)가 오기도 함. 어떠한 사실·상황에 대해서 묻는 것으로, 상대방의 의견이나 생각을 묻는 것이 아님. ¶跟您～一件事｜당신에게 한가지 물어 보겠습니다. ¶到处～叔叔的消息xiāoxi｜삼촌의 소식을 사방으로 수소문하다. ¶～得很详细｜아주 상세하게 알아보다. ¶没～清楚qīngchǔ｜확실하게 알아보지 못했다. ¶你去～～她家发生了什么事｜그녀의 집에 무슨 일이 생겼는지 네가 가서 알아보아라. ¶你去～一下他的下落｜네가 가서 그의 행방을 좀 알아보아라. ¶对这种事, 我不便～｜이런 일은 내가 알아보기 불편하다. ¶你去了以后, 好好地帮我～～｜네가 가서 나를 도와(내 대신) 잘 알아보아라 =〔打问dǎwèn①〕

【打挺儿】dǎtǐngr 動 方 몸을 꼿꼿이 펴 버티다. ¶这孩子怕吃药, 在妈妈的怀里直～｜이 애는 약 먹기가 두려워 어머니 품속에서 꼿꼿이 버티고 있다.

【打通】ⓐ dǎ/tōng 動 ❶ 관통시키다. 소통시키다. 통하게 하다. ¶把这两个房间～｜두 방이 통하게 하다. ¶隧道suìdào～了｜터널이 관통되었다. ¶～两国间的关系｜두 나라 사이의 관계를 소통시키다. ¶电话diànhuà打不通｜전화가 불통이다. ❷ 연극을 보거나 강연을 들으면서 (불만의 표시로) 「通」하고 소리쳐 야유하다→〔叫jiào倒好(儿)〕

ⓑ (～儿) dǎ/tòng(r) (연극에서) 개막 전에 징과 북을 쳐서 알리다.

【打通关】dǎ tōngguān 動組 (술좌석에서) 모든 사람과 차례로 「划拳huáquán」하며 술을 마시다→〔划huá拳〕

【打通宵】dǎ tōngxiāo 動組 철야하다. 밤샘하다. ¶～打牌dǎpái｜밤을 새워 카드 놀이를 하다→〔开夜车kāiyèchē②〕

【打通(儿)】dǎ/tòng(r) ☞〔打通〕dǎ/tōng ⓑ

【打头(儿)】dǎ/tóu(r) ❶ 動 (도박에서) 개평을 떼다 =〔抽头(儿)〕❷ 動 앞장서다. 선두에 서다. ¶～的｜지휘자. 리더. 상용인(常傭人)의 우두머리. ¶由你～, 我们都跟着｜네가 앞장서라 우리 모두 따라 갈테니 =〔带dài头〕〔领先lǐngxiān〕❸ 초장에 콧대를 꺾다. ❹ (dǎtóu(r)) 副 方 처음부터. ¶失败了再～儿来｜실패하면 다시 처음부터 하자 =〔从cóng头(儿)〕

【打头风】dǎtóufēng 名 역풍(逆風) ¶船怕～｜배는 역풍이 무섭다 =〔顶dǐng风②〕

【打头炮】dǎ tóu pào 動組 喩 첫 포문을 열다. 첫 개시를 하다. 첫 발언을 하다.

【打头阵】dǎ tóuzhèn 動組 선두에 서다. 선봉에 서다. ¶我先～, 你们再跟着去｜내가 선두에 설테니 너희들은 따라 오너라→〔打前站〕

【打退】dǎtuì 動 ❶ 돌려주다. 물리다. ¶这东西我不要, ～吧｜이 물건은 필요 없으니, 물립시다. ❷ (결정된 것을) 거절하다. 약속을 파기하다. ¶～婚姻hūnyīn｜파혼하다. ❸ 격퇴하다. 물리치다. ¶～敌人的进攻｜적의 침공을 물리치다.

【打退堂鼓】dǎ tuì táng gǔ 成 퇴청(退廳)의 북을 울리다. ❶ 함께 하던 일을 그만두고 중도에 물러나다. 뒷걸음질하다. ¶不能遇到点困难, 就～｜조그마한 곤란에 부딪혔다 해서 이내 중도에서 물러서서는 안된다→〔半bàn途而废〕 ❷ 약속〔언약〕을 취소하다. ¶说好了的, 哪能～吧!｜이미 언약된 것을 어떻게 취소할 수 있느냐? ‖=〔打散堂鼓〕→〔打退②〕

【打网】dǎ/wǎng 動 ❶ 그물을 뜨다. ❷ 方 그물을 치다. 그물을 놓다. 그물을 던지다. ❸ 喩 (그물을 쳐서 고기를 잡듯이) 여러 가지 수단을 써서〔경조사(慶弔事)때 널리 통지하여〕 금전을 긁어모으다. ❹ 喩 함정을 파다. 올가미를 씌우다 어법 주로 조기백화(早期白話)에서 많이 나타남.

【打网球】dǎ wǎngqiú 動組 테니스를 치다.

【打网子】dǎ wǎng·zi 動組 俗 台 돈을 걸고 당구 치다→〔敲qiāo杆〕

【打围】dǎ/wéi 動 ❶ 몰이하다. ❷ 사냥하다. ¶一到农闲nóngxián, 他总上山去～｜농한기만 되면 그는 늘 산에 가서 사냥을 한다→〔打猎liè〕

【打问】dǎwèn ❶ 물어보다. 알아보다. ¶人们～着损失sǔnshī的情形｜사람들은 손실의 상황을 알아보고 있다⇒〔打听〕❷ 動 고문하다.

【打问号】dǎ wènhào 動組 ❶ 의문 부호를 찍다. ❷ 轉 의문을 가지다. 의문스럽게 생각하다. ¶心里在不停地～｜마음속으로 계속 의문을 가지고 있다.

【打下】dǎ/xià 動 ❶ 함락시키다. 공략(攻略)하다. ¶～敌阵dízhèn｜적진을 공략하다. ❷ 기초를 닦다. 기초를 쌓다. 기초를 다지다. ¶～基础jīchǔ｜기초를 닦다. ¶～草稿cǎogǎo｜초고를 쓰다. ❸ (뱃속의 것을) 배설하다. ¶吃点药把坏东西～来就退烧了｜약을 먹어 나쁜 것을 모두 배설하면 열은 곧 내립니다.

【打先锋】dǎ xiānfēng 動組 ❶ 앞장서서 일하다. 앞서서 싸우다. ❷ 선두(先頭)에 서다. 선봉이 되다. ¶三连～,二连掩护yǎnhù｜3개 중대는 선봉에 서고 2개 중대는 엄호를 하다.

【打响】dǎxiǎng 動 ❶ 전투가 시작되다. ¶战斗zhàndòu～了｜전투가 시작되었다. ❷ 喩 초보적인 성과를 거두다. ¶这一炮～了, 下一步就好办了｜이번에 성과를 거두면, 다음 단계는 수월하다.

【打消】dǎxiāo 動 (생각을) 단념하다. 취소하다. ¶她～了念书的念头｜그녀는 학교 다닐 생각을 단념했다. ¶她～了春节回家的念头｜그녀는 음력 설에 집에 돌아갈 생각을 버렸다.

【打小报告】dǎ xiǎobàogào 動組 ❶ 고자질하다. ❷ 어떤 사람의 상황을 비밀리에 보고하다. ¶到秘书耳边～去了｜비서의 귀에 대고 상황을 보고했다.

【打小鼓儿的】dǎxiǎogǔr·de 名組 方 고물장수 =〔打鼓儿挑者tiāozhě〕〔买破烂儿mǎipòlànr的〕〔敲qiāo小鼓儿的〕

【打小儿】dǎxiǎor 副 어릴 적부터. ¶她～就住在汉城Hànchéng, 从来没离开过｜그는 어릴 적부터 서울에 살면서, 이제껏 서울을 떠나 본 적이 없다.

【打斜】dǎxié 動 ❶ (손윗 사람이나 손님과) 비스

듬히 마주하다. ¶～坐在一边儿 | 비스듬히 한쪽에 앉다. ❷ 비스듬히 기울다.

【打行李】dǎ xíng·li 動組 ❶ 행장(行狀)을 풀다. 여장을 풀다. ¶刚到旅馆正～呢 | 막 여관에 도착하여 짐을 풀고 있는 중이다. ❷ 행장을 챙기다. 여장을 꾸리다. ¶刚要动身正～呢 | 막 출발하려고 짐을 챙기고 있는 중이다.

【打雪仗】dǎ xuězhàng 動組 눈싸움하다. ¶一群孩子正在操场上～呢 | 아이들이 운동장에서 눈싸움을 하고 있다.

【打鸭子上架】dǎ yā·zi shàng jià 諺 喩 오리를 몰아다 홰에 오르게 하다. 능력 이상의 일을 무리하게 떠맡기다〔시키다〕 ¶大家一定要我唱,真是～! | 모두 나더러 노래를 부르라고 하는데 정말 오리를 홰에 몰아 올리려는 격이군! =〔赶鸭子上架〕〔打着鸭子上架〕

【打牙祭】dǎ yájì 動組 方 ❶ 매달 초(初)나 중순(中旬) 경에 고기 요리를 먹다. ❷ 喩 좋은 음식을 푸짐하게 먹다. ¶他去的那个地方生活很苦,难得打一次牙祭yájì | 그가 간 그곳은 생활이 아주 빈곤하여 좋은 음식을 한 번 푸짐하게 먹기도 힘들다.

【打哑谜】dǎ yǎmí 動組 ❶ 수화(手話)하다. ❷ 은어(隱語)로 말하다. ¶你要有甚么要求,请直率地告诉我,用不着跟我～ | 네가 무엇을 원하는지 그렇게 알아 들을 수 없는 말할 필요없이 솔직하게 얘기 해 보아라.

【打掩护】dǎ yǎnhù ❶ 〈軍〉 엄호하다. ¶为主力部队～ | 주력 부대를 엄호하다. ❷ 喩 (나쁜 일·나쁜 놈을) 두둔하다. 비호하다. ¶儿子偷了东西,她还给他～ | 아들이 물건을 훔쳤는데도 그녀는 여전히 그를 두둔하고 있다.

【打眼】dǎ/yǎn 動 ❶ (～儿) 구멍을 뚫다. ¶～机 | 천공기(穿孔機) ❷ 方 (물건을) 속아 사다. 잘못 보다. 눈이 삐다. ¶买东西打了眼了 | 물건을 잘못 보고 샀다. ¶他错打了眼了 | 그는 눈이 삐었다 =〔输shū眼(力)〕〔走眼〕 ❸ (dǎyǎn) 方 주의를 끌다. ❹ (dǎyǎn) 손을 얹다. ¶～看 | 손을 얹고 보다. ❺ (dǎyǎn) (두리번두리번) 둘러보다. ¶左右一～ | 두리번두리번 좌우를 둘러보다. ❻ (dǎyǎn) 속이다. 사기를 치다.

【打佯儿】dǎ/yángr 動 方 모르는 척하다. ¶我问他,他跟我～ | 내가 그에게 물었더니 그는 모르는 척하였다.

【打烊】dǎ/yàng 動 方 그날의 영업을 마감하다. 가게문을 닫다. 간판을 거둬들이다. ¶现在店铺diànpū都～了, 到哪儿买蛋糕dàngāo? | 지금은 상점이 모두 문을 닫았는데 어디 가서 케잌을 산담? =〔收shōu市〕〔上板儿〕

【打药】dǎ/yào ❶ 動 한약(漢藥)을 사다. ❷ 動 약초에서 약을 취(取)하다. ❸ 動 약을 뿌리다〔살포하다〕. ❹ (dǎyào) 名 하제(下劑) 설사약. ❺ (dǎyào) 名 方 옛날 떠돌이 의사들이 팔았던 약 [주로 외용약(外用藥)이었음]

【打野鸡】dǎ yějī 動組 오입하다. 창녀를 상대하다. ¶他又去～了 | 그는 또 오입하러 갔다

【打野外】dǎ yěwài 動組 〈軍〉 야외 훈련을 하다.

【打印】dǎyìn ❶ 動 타자하여 인쇄하다. ¶这篇文章需要马上～ | 이 글은 바로 인쇄를 해야 한다 =〔打字油印〕 ❷ 名 〈電算〉 직접 호출 방법. DAM(Direct Access Method) ❸ (dǎ/yìn) 動 도장을 찍다. 날인하다 =〔盖图章gàitúzhāng〕

【打赢】dǎyíng 動 이기다. 승리하다. ¶昨天哪边儿～了? | 어제는 어느 편이 이겼습니까? ⇔〔打输shū〕→〔打败〕〔打胜〕

【打硬仗】dǎyìngzhàng 動組 막중한 일을 떠맡다. ¶这下可要 ～了 | 이번에는 아주 중대한 일을 맡아 처리해야 한다.

【打油】dǎ yóu ❶ 기름을 푸다. ❷ 기름을 팔다. ❸ 기름을 사다. ❹ 方 기름을 짜다. ❺ 기름을 치다.

【打油诗】dǎyóushī 名 평측(平仄)과 운(韻)에 구애받지 않은 통속적인 해학시 [중국 당대(唐代)에 장타유(張打油)가 눈(雪)을 노래한 시「黄狗身上白,白狗身上肿」에서 유래함] ¶他写了一首～ | 그는 통속시 한 편을 지었다 =〔打狗诗dǎgǒushī〕

【打游击】dǎyóujī 動組 ❶ 〈軍〉 유격전을 벌이다. ❷ 口 떠돌아다니면서 일을 하다. ¶当建筑工人,就得～,哪儿需要到哪儿去 | 건축노동자는 수요가 있는 곳으로 돌아 다니며 일을 해야 한다. ❸ (어떤 목적으로) 혼자 독자적으로 행동하다.

【打鱼】dǎ yú 動組 (그물로) 물고기를 잡다. ¶～的 | 어부.

【打预防针】dǎ yù fáng zhēn 成 예방주사를 놓다. 예방주사를 맞다. 경고하다.

【打援】dǎ/yuán 動 적(敵)의 원군(援軍)을 공격하다.

【打圆场】dǎ yuánchǎng 動組 원만히 수습하다. 화해하다. ¶一看他们俩的话有了火药味,我马上去～ | 그들 둘의 말하는 투가 싸울 것 같아 바로 제지하여 화해시켰다→〔排pái解①〕

【打砸抢】dǎ zá qiǎng 動組 폭행(暴行)·파괴(破壞)·약탈(略奪) 행위를 하다. ¶严禁～ | 폭행·파괴 및 약탈 행위를 엄금하다. ¶～者 | 폭행·파괴 및 약탈자.

【打杂儿】dǎ/zár 動 口 자질구레한 일을 하다. ¶他在公司里～ | 그는 회사에서 지질구레한 일을 한다. ¶～的 | 잡역부. 심부름꾼.

【打早儿】dǎzǎor ⇒〔趁chèn早(儿)〕

【打造】dǎzào 動 만들다. ¶～农具nóngjù | 농기구(農器具)를 만들다→〔打铁tiě〕

【打战(儿)】dǎzhàn(r) 動 (추위·공포 등으로) 떨다. ¶吓xià得浑身húnshēn～ | 놀라서 온몸이 떨리다 =〔打冷战(儿)〕

【打颤】dǎ/zhàn ❶ 動 (추위·공포·화 등으로)떨다. ¶气得我浑身～ | 너무 화가 나서 온 몸이 부들부들 떨렸다. ¶她牙齿打着颤说 | 그녀는 이를 덜덜 떨며 말했다. ❷ (～儿) (dǎzhàn(r)) ⇒〔打冷战(儿)〕

³【打仗】dǎ/zhàng 動 ❶ 싸우다. 어법 술어로 쓰이며 목적어나 보어를 동반하지 않음. 주어나 목적어로 쓰일 때는 동작행위를 표시하는 것이 아니라 전쟁이나 전투를 표시함. ¶要～了 | 싸우려고 했다. ¶打雪仗 | 눈싸움을 하다. ¶～要讲究

士气 | 전투에서는 사기에 신경을 써야한다. ¶打胜shèng仗 | 승전(勝戰)하다. ¶打败bài仗 | 패전하다. ❷轉(상점이 판매) 경쟁을 하다. ¶我们在生产战线上打了个漂亮仗 | 우리는 생산 전선에서 한바탕 멋들어지게 싸웠다.

³【打招呼】dǎ zhāo·hu 動組 ❶(가볍게) 인사하다. ¶他向我打了个招呼 | 그는 나에게 인사를 했다. ¶见了人连招呼都不打 | 사람을 보고도 인사조차 않다. ❷(사전에) 알리다. 통지하다. ¶有甚么事, 请早给我们打个招呼! | 무슨 일이 생기면 먼저 우리에게 알려 주시오. ❸주의를 주다. 경고하다. ¶事先打个招呼, 免得犯错误 | 잘못을 범하지 않도록 사전에 주의를 주다.

【打照面儿】dǎ zhàomiànr 動組 ❶얼굴만 잠깐 내밀다. ¶一～就跑去了 | 얼굴만 잠깐 내밀고 가버렸다. ¶打个照面儿, 即刻就回来了 | 잠깐 얼굴을 내밀었다가 곧바로 돌아왔다. ❷우연히 마주치다. ¶弟兄两个打了个照面 | 형과 동생이 우연히 마주쳤다《老舍·四世同堂》

【打折】ⓐdǎ/zhé 動組 할인하다. 에누리하다. ¶打八折 | 20% 할인하다. ¶打九五折卖 | 5% 할인 판매하다. 어법 할인율 표현법이 한국어 습관과 다름→〔打折扣kòu〕〔折扣〕

ⓑdǎshé 動 ❶꺾(이)다. 끊(어지)다. ❷할인하다→〔打折扣〕

【打折扣】dǎ zhékòu 動組 ❶할인하다. 에누리하다. ¶～价格 | 가격을 할인하다. ¶商店卖东西不～ | 상점에서 물건을 팔 때 할인하지 않는다→〔打折〕〔折扣〕❷喻(계약·약속 등을) 이행하지 못하다. 에누리해서 실행하다. ¶说到做到, 决不～ | 말한 것은 다 실행하고 결코 에누리해서 하지는 않다. ❸융통성을 발휘하다. ❹손어림(손대중)하다. ❺손을 빼다. ❻횡령하다. 떼먹다 =〔打夹账〕

²【打针】dǎ/zhēn 動 주사를 놓다. ¶打预防针yùfángzhēn | 예방주사를 놓다. ¶打退烧针tuìshāozhēn | 해열 주사를 놓다 =〔注zhù射〕→〔扎zhā针〕

【打整】dǎ·zheng 動 方 ❶수습하다. 정리하다. 정돈하다. ¶～得干干净净 | 깨끗하게 정리정돈하다. ❷준비하다. 마련하다. ¶ ～礼物 | 선물을 준비하다.

【打制】dǎzhì 動(금속이나 돌로) 만들다. ¶当时～的石器很粗糙cūcāo | 당시의 타제석기는 아주 조잡했다. ¶～石磨 | 맷돌을 만들다.

【打钟】dǎ zhōng 動組 ❶종을 치다. ❷종이 울리다.

【打肿了脸充胖子】dǎzhǒng·le liǎn chōngpàng·zi 諺 얼굴을 때려서 붓게 하여 살찐 사람인 체하다. 억지로 허세를 부리다. 능력이 있는 체하다. ¶还说你有钱, 别～了! | 그래도 너가 돈이 많다고? 너무 허세 부리지 마라.

【打中】dǎzhòng 動 명중시키다. 꿰뚫다. ¶他的话已经～了对方的心里 | 그의 말은 벌써 상대의 마음을 꿰뚫었다. ¶～一艘敌舰sōudíjiàn | 적함 한 척을 명중시키다.

【打粥】dǎ zhōu ❶죽을 얻으러 가다. 죽을 타러 가다. ¶他每天早起去食堂～ | 그는 매일 일찍 일어나 식당에 가서 죽을 타러간다. ❷죽을 뜨다. ❸죽을 사러 가다.

【打皱(儿)】dǎzhòu(r) 動 方 ❶주름을 잡다. ❷주름(살)이 잡히다. ¶她～的脸笑起来了 | 그녀의 주름진 얼굴에 웃음이 일었다.

【打主意】dǎ zhǔ·yi 動組 마음을 정하다. 결정하다. ¶这件事, 你可要～ | 이 일은 네가 결정해야 한다. ¶打错主意 | 잘못 결정하다. ❷방법을 생각하다. ¶这种事别打我的主意 | 이런 일은 내 손을 빌 생각을 말라 ‖ =〔打谱②〕

【打住】dǎ/zhù 動 ❶그만두다. 집어치우다. ¶他说到这里突然～了 | 그는 여기까지 이야기 하고 갑자기 말을 멈추었다. ¶～话头 | 이야기를 그만두다. ❷方(남의 집이나 타향에서) 잠시 묵다〔머물다〕.

【打砖】dǎ zhuān ❶벽돌 모양을 만들다. ❷벽돌을 부수다. ¶～机 | 벽돌 분쇄기.

【打转(儿)】dǎzhuàn(r) 動 맴돌다. 왔다갔다하다. ¶船在河里直～ | 배가 강 가운데서 맴돌고 있다. ¶他讲的话老是在我脑子里～ | 그가 한 말이 여전히 나의 머릿속에 맴돌고 있다 =〔打旋(儿)〕〔打转转〕

【打桩】dǎ/zhuāng 動 말뚝을 박다. ¶～机 | 말뚝 박는 기계.

【打字】dǎ/zì 動 타자를 치다. ¶他还不会～ | 그는 여전히 타자를 칠 줄 모른다. ¶～机 | 타자기. ¶～圆 | 타자수. 타이피스트. ¶～纸 | 타자용지. ¶一架轻便～机 | 한 대의 휴대용 타자기.

【打字带印字机】dǎzìdàiyìnzìjī 名組〈電算〉타이프 벨트 프린터(type belt printer)

【打字电报机】dǎzìdiànbàojī 名組〈電算〉텔레타이프(teletype) =〔电传打字机〕

【打字鼓印字机】dǎzìgǔyìnzìjī 名組〈電算〉타이프 드럼 프린터(type drum printer)

【打字链印字机】dǎzìliànyìnzìjī 名組〈電算〉타이프 체인 프린터(type chain printer)

【打总儿】dǎzǒngr 動 ⓪ 한데 합하다. ¶～算帐suànzhàng | 합쳐 계산하다. ¶～卖 | 합쳐서 팔다.

【打嘴】dǎ/zuǐ ❶動 창피를 당하다. 면목을 잃다. ¶活打了嘴了 | 창피를 당하다. ❷動 언행이 상반(相反)되다.언행이 서로 맞지 않다.

【打坐】dǎ/zuò 動〈佛〉좌선(座禪)하다. ¶老和尚在那儿盘腿pántuǐ～呢 | 노승이 거기에 가부좌로 앉아 좌선을 하고 있다 =〔打禅〕

Ⓑdá

【打子】dá·zi 量 뭉치. 묶음. ¶一～信纸 | 편지지 한 묶음→〔沓dá〕

dà ㄉㄚˋ

1【大】dà dài tài 클 대, 클 태

Ⓐdà ❶形 크다. 많다. 세다. ¶昨天晚上下了一场～雨 | 어제 저녁에 한 바탕 큰 비가 내렸다. ¶出～力, 流～汗 | 큰 힘을 내서, 많은 땀이 흐르다 ⇔〔小xiǎo①〕❷形 계절·시간·명절·기념일 등의 앞에 놓여 강조를 나타냄. ¶～晴天怎么下起

雨来了｜활짝 개인 날 어떻게 비가 내렸는가. ¶一～清早人就不见了｜이른 새벽이 되자마자 사람이 보이질 않다. ¶～年初一的, 应该高兴高兴才是｜새해 초하루는 응당 즐거워야 한다. ❸항렬이 높음을 나타냄. ¶～哥↓ ¶～姐↓ ❹상대편을 존중하여 쓰는 말. ¶尊姓～名｜성함. ¶～作↓ ❺副 매우. 완전히. 철저히. 대단히. 명백히 어법 ⓐ「大＋有＋名」의 형식으로 쓰이는 경우가 많으며, 이때 명사는 쌍음절(雙音節)에 국한됨. ¶～有问题｜문제가 매우 많다. ¶～有关系｜명백히 관계가 있다. ⓑ「大」가 동사를 수식할 때는 단음절(單音節)에 국한됨. ¶真相～白｜진상이 철저히 밝혀졌다. ¶天已经～亮｜날이 이미 매우 밝았다. ⓒ「大＋为＋動(形)」의 형식으로 쓰일 경우 동사·형용사는 쌍음절임. ¶～为不满｜매우 불만이다. ¶～为感动｜매우 감동하다. ¶～为高兴｜매우 즐거워하다. ❻副 그리. 그다지 [「不」「没」 뒤에 쓰여 정도가 낮거나 빈도가 적음을 나타냄] ¶不～好｜그다지 좋지 않다. ¶这孩子这几天不～吃东西｜이 아이는 요 며칠 그리 많이 먹지 않는다. ¶站在这儿听不～清楚｜여기에 서서는 그리 정확하게 들을 수 없다. ❼名〈錢〉옛날에 쓰이던 큰 동전 [2문(文)에 해당함] ¶我现在一个～也没有｜나는 지금 동전 한 푼도 없다. ❽名 方 ⓐ (자기의) 아버지. ⓑ 方 백부(伯父) 숙부(叔父) ¶二～是个老师｜둘째 숙부는 선생님입니다. ❾頭 ⓐ 어느 날이나 어느 해 보다 그 전의 날이나 해를 표시함. ¶～前天↓ ¶～后天↓ ¶～～前天↓ ¶～前年↓ ⓑ 시간사(時間詞) 앞에 쓰여 그 시간 이상임을 나타냄. ❿(Dà) 名 성(姓)

Ⓑ dài 뜻은 「大dà」와 같고, 「大城」「大夫」「大黄」「大王」 등과 같은 옛 낱말은 「dài」로 읽기도 함 [「大王牌」(대왕표;상표명), 「汽车大王」(자동차 왕)과 같은 새 낱말들은 「dà」로 읽음]

Ⓒ tài 고서(古書)에서 「太tài」「泰tài」와 통하여 사용함. ¶～子＝〔太子〕｜왕태자. ¶～山＝〔泰山〕｜태산.

Ⓐ dà

【大把】dàbǎ 量 한줌 가득. ¶一～米｜한 줌 가득한 쌀.

【大把地】dàbǎ·de 副 ❶몽땅. 송두리째. 크게. ¶～抓zhuā钱｜돈을 크게 벌다. ❷한줌 덥석. ¶～抓一把｜한줌 덥석 쥐다.

【大白】dàbái ❶名 方 백악(白堊) 소석회(消石灰) ❷名 술잔＝〔酒杯〕 ❸動 (진상이) 명백히 밝혀지다. ¶真相已～于天下｜진상이 이미 세상에 명백히 밝혀졌다.

【大白菜】dàbáicài ⇒〔白菜〕

【大白话】dàbáihuà 名 살아 있는 상용어 [「白话」(백화문(白話文))과 구분하여 사용할 때 쓰는 말] ¶他就会说～｜그는 상용어를 잘 쓴다.

【大白天】dàbáitiān 名 대낮. 백주(白晝)

【大白天说梦话】dàbái·tiān shuō mènghuà 威 喻 실제적이지 않거나, 근거 없는 말을 하다.

【大白于世】dà bái yú shì 威 세상에 밝혀지다. 백일하에 드러나다. ¶真相终于～｜진상이 드디어 백일하에 드러났다.

【大败】dàbài 動 ❶크게 물리치다. 대패시키다. ¶～敌军｜적군을 대패시키다. ❷대패하다. 참패하다. ¶～而归｜대패하고 돌아가다. ¶～而退｜대패하고 퇴각하다.

【大班】dàbān 名 ❶㊁ 외국 상사(商社)의 지배인→〔经jīng理②〕 ❷유치원에서 6～7세 아이들로 편성된 상급반. ¶小儿子进幼儿园～了｜우리 아이는 유아원 상급반에 들어갔습니다.

【大板车】dàbǎnchē 名 사람이 끄는 짐 달구지＝〔排pǎi子车〕

[3]【大半(儿)】dàbàn(r) ❶名 태반(太半) 대부분. 절반 이상. ¶他的著作～是游记｜그의 저작의 대부분은 여행기(旅行記)이다＝〔大半截〕→〔多半(儿)〕〔过半〕〔少shǎo半(儿)〕 ❷副 대개. 대략. 대체로. ¶他～不来了｜그는 십중 팔구 오지 않을 거야.

【大半天】dàbàntiān 名組 ❶한나절 이상. 반일 이상. ❷긴 시간. 한참 동안.

【大办】dàbàn 動 크게 만들다. 크게 운영하다. ¶他儿子结婚就～酒席jiǔxí｜그는 아들 결혼식에 큰 잔치를 열었다. ¶～民兵师｜민병대(民兵隊)를 대규모로 조직하다.

【大帮其忙】dàbāngqímáng 威 대대적으로 돕다.

【大棒】dàbàng 名 (정치·경제적인) 압력. 위협. 공갈. ¶帝国主义的「～加胡萝卜」政策｜제국주의의 「위협과 회유(怀柔)」정책→〔恫dòng吓〕〔恐kǒng吓〕〔威wēi吓〕〔威胁〕

[4]【大包大揽】dà bāo dà lǎn 威 貶 ❶모든 일을 도맡아 하다. ❷모든 책임을 떠맡다 ‖＝〔一手承当〕

【大鸨】dàbǎo 名〈鳥〉능에＝〔野雁yěyàn〕〔独豹dúbào〕

【大本营】dàběnyíng 名 ❶전시(戰時)의 최고 사령부. ❷喻 (활동의) 근거지. ¶香港Xiānggǎng是走私zǒusī的～｜홍콩은 밀수의 근거지이다. ❸(등산이나 탐험의) 베이스 캠프(base camp) ¶登山运动员胜利返回～｜알피니스트가 성공을 거두고 베이스 캠프로 돌아왔다.

【大鼻子】dàbí·zi 名 큰 코. 轉 서양 사람에 대한 멸칭(蔑稱) ¶～了｜方 대단한 존재가 되었다.

【大笔】dàbǐ ❶形 거액의. ¶～钱｜거액의 돈. ❷量 큰 몫. ¶一～钱｜한 몫의 큰 돈. ❸名 큰 붓. ❹名 敬 대필(大筆) 필적. ¶这是老师的～吗?｜이것은 선생님의 필적입니까? ¶请您～一挥huī｜일필휘지(一筆揮之)를 부탁드립니다.

[3]【大便】dàbiàn ❶名 대변. ¶～不通tōng｜변비에 걸리다. ¶解～｜대변을 보다 ❷動 대변을 보다. 뒤를 보다. ¶大了便｜대변을 봤다→〔大粪fèn〕〔大解〕〔解手(儿)〕〔小便①〕

【大兵】dàbīng 名 ❶書 병사. 사병(士兵) ❷書 대군(大軍) ❸書 대전쟁. ❹(사병(私兵)이 아닌) 정규병〔군〕. ❺貶 해방군(解放軍) 병사에 대한 멸칭. ¶当过三年～｜3년간의 사병생활을 했다.

【大兵团】dàbīngtuán 名 대군단. 대병단.

【大饼】dàbǐng ❶名〈食〉크고 둥글게 구운 밀가루 떡. 북방의 주식(主食)의 하나. ❷⇒〔烧shāo饼〕

【大伯(父)】dàbó(fù) 名 ❶ 큰아버지. 백부(伯父) ❷ 아저씨 [나이가 부모와 비슷하거나 많은 사람을 정답게 부를 때 쓰는 말] ‖ =〔大伯伯〕

【大脖子病】dàbó·zibìng 名〈醫〉㊄ 갑상선종(甲狀腺腫) =〔甲状腺肿jiǎzhuàngxiànzhǒng〕→〔甲状腺jiǎzhuàngxiàn〕

【大不了】dà·bu liǎo 動組 ❶ 크지 못하다. ❷ 대단하다. 중대하다 어법 일반적으로 부정문에서 많이 쓰임. ¶这个病没有甚么～，吃点药就会好的 | 이 병은 뭐 그리 대단한 것이 아니니 약을 좀 먹으면 나을 것이다. ¶这有甚么～的事! | 이게 뭐 그리 대단한 일이야! ❸ 기껏해야. 고작. ¶～也不过十几天的样子 | 기껏해야 십여 일 밖에 안 된다. ¶最～就是吃点苦 | 기껏해야 고생이나 좀 하겠지.

【大不列颠】Dàbùlièdiān 名 ㊕ 대영 제국(Great Britain)→〔不列颠〕

【大不相同】dà bù xiāng tóng 威 크게 다르다. ¶两处风景～ | 두 곳의 풍경이 크게 다르다.

【大布】dàbù 名 ❶ ㊄ 조포(粗布) 거친 피륙 =〔夸kuā布〕❷〈錢〉옛 화폐의 일종.

【大步流星】dà bù liú xīng 威 성큼성큼 걷다. ¶他～地向前走去 | 그는 성큼성큼 앞으로 걸어 나갔다.

【大部】dàbù 名 ❶ 敬 중앙 관서(官署)의 각부. ❷ 대부분. ¶消灭了敌人的～ | 적의 대부분을 격멸했다. ❸ 대부(大部) ¶～经文 | 대부의 경문.

【大部分】dàbù·fen ❶ 名 대부분. ¶～学生都到了 | 대부분의 학생들이 다 도착했다. ❷ 副 대부분. 거의 다. ¶工程～完成了 | 공정이 거의 다 완성되었다.

【大部头】dàbùtóu 名 편폭이 많은 서적. ¶～的著作放在下面 | 편폭이 많은 서적을 아래에 두다.

【大材小用】dà cái xiǎo yòng 威 큰 인재를 작은 일에 쓰다. 큰 인재가 썩다. 큰 인재를 썩히다. ¶有的青年人总觉得自己是～ | 어떤 젊은이는 언제나 자기 같은 큰 인재가 썩고 있다고 느낀다 =〔大器小用dàqìxiǎoyòng〕

【大菜】dàcài 名 (통닭·통오리 등과 같이) 큰 접시에 담은 요리.

【大草包】dàcǎobāo 名組 속 빈 강정. 허울 좋은 하눌타리.

【大肠】dàcháng 名〈生理〉대장(大腸) ¶～癌ái | 대장암. ¶～炎 | 대장염.

【大肠杆菌】dàcháng gǎnjūn 名〈醫〉대장균

【大氅】dàchǎng ⇒〔大衣〕

【大吵大闹】dà chǎo dà nào 威 큰 소리로 대소동을 일으키다. 아우성치며 떠들다. ¶你～的要干甚么? | 소란을 피우며 뭐 하는 것이냐?

【大车】dàchē ❶ 名 (주로 소나 말이 끄는) 대형 짐차. ❷ 名 敬 (기차나 기선의) 일등 기관사.

【大彻大悟】dà chè dà wù 威 완전히 깨닫다.

4【大臣】dàchén 名 대신. 중신 →〔部长bùzhǎng〕

【大乘】dàchéng 名〈佛〉대승 →〔小乘〕

【大吃八喝】dà chī bā hē ⇒〔大吃大喝〕

【大吃大喝】dà chī dà hē 威 ❶ 진탕 먹고 마시다. ❷ 낭비하다 ‖ =〔大吃八喝〕

【大冲】dàchōng 名〈天〉(화성의) 대접근(大接近) →〔冲〕

【大虫】dàchóng 名 ㊄〈動〉대충. 호랑이의 다른 이름 =〔老lǎo虎〕

【大出血】dàchūxuè 名〈醫〉대출혈.

【大处(儿)】dàchù(r) 名 ❶ 큰 일. 중요한 점. ¶从～想 | 중요한 것부터 생각하다. ¶凡事要从～着眼 | 모든 일은 중요한 것에서부터 착안해야 한다. ¶～不算小处儿算 | 威 큰 것은 따지지 않고 작은 것만 따지다. 큰 돈을 쓸 때는 아무렇지도 않게 생각하면서 작은 돈엔 인색하다. ¶～着想 | 대국적으로 착상하다. ❷ 큰 지역. 도회지.

【大处落墨】dà chù luò mò 威 중요한 데서부터 먹칠을 하다. 큰 일부터 착수하다. 핵심적인 문제부터 해결하다 =〔大处着zhuó墨〕

【大处着墨】dà chù zhuó mò ⇒〔大处落墨〕

【大疮】dàchuāng 名 ㊀〈醫〉매독 등과 같은 성병으로 생긴 궤양(潰瘍) =〔杨梅疮yángméichuāng〕

【大吹大擂】dà chuī dà léi 威 貶 나발을 불다. 큰소리 치다. 과대 선전하다. ¶～地强调qiángdiào美苏战争 | 미소 전쟁을 크게 강조하다. ¶他就喜欢～的 | 그는 큰소리 치기를 좋아한다.

【大吹特吹】dà chuī tè chuī 威 마구 호언장담하다. 크게 허풍을 떨다.

【大春】dàchūn 名 ㊄ ❶ 봄철. ❷ 봄에 파종(播種)하는 작물 =〔大春作物〕

【大词】dà cí 名 ❶〈論〉빈사(賓辭) →〔三段论(法)〕❷ (일상 생활 용어가 아닌) 사회·정치·경제 용어.

【大慈大悲】dà cí dà bēi 威 ❶〈佛〉대자 대비. ❷ 諷 대자 대비한 척하다. ¶～的心肠 | 대자대비한 마음.

【大葱】dàcōng 名〈植〉굵은 파. ¶拔bá～ | 굵은 파를 뽑다. 轉 일을 근본적으로 시행하다 =〔老lǎo葱〕〔京葱〕→〔小葱(儿)〕

【大错】dàcuò ❶ 名 큰 잘못. 큰 실수. 큰 착오. ❷ 形 크게 틀리다.

【大错特错】dà cuò tè cuò 威 크게 틀리다. 완전히 틀리다. ¶要当作玩笑的话,那就～了 | 한갓 우스갯 소리로 치부하려 한다면 그것은 큰 착오이다.

【大打出手】dà dǎ chū shǒu 威 큰 싸움판을 벌이다.

3【大大】ⓐ dàdà 副 크게. 대단히. ¶今年的棉花产量miánhuāchǎnliàng～超过了去年 | 금년의 면화 생산량은 작년을 크게 상회했다. ⓑ dà·da 名 ❶ 큰어머니. 백모(伯母) =〔伯bó母①〕❷ 아주머니 [부인네를 높여 정답게 부를 때 쓰는 말]

【大…大…】dà…dà… 크게 …하고 또 …하다 어법 의미가 비슷한 단음절(單音節) 형용사·동사·명사 앞에 쓰여 규모가 크거나 정도가 심함을 나타냄. ¶～吵chǎo～闹nào | 몹시 시끄럽다. ¶～拆chāi～卸xiè | 대분해 하다. ¶～吃～喝 | 진탕 먹고 마시다. ¶～鱼～肉 | 진수성찬. ¶～红～绿 | 대단히 울긋불긋하다. ¶～摇yáo～摆bǎi | 대단히 거들먹거리다.

【大大小小】dàdà xiǎoxiǎo ❶ 貺 들쭉날쭉하다. ❷ 名 큰 것과 작은 것. ❸ 名 어른 아이. ¶一家～全都是近视眼 | 어른 아이 할 것 없이 온 가족이

모두 근시안이다.
【大大】dà·da ☞〔大大〕dàdà ⓑ
【大大咧咧】dà·daliēliē 狀 方 건성건성하다. 대충대충이다. ¶她的举止jǔzhǐ～ | 그녀의 행동거지는 사려 깊지 못하다.
【大大落落(儿)】dà·daluō·luo(r) 狀 方 언행에 여유가 있고 대범하다. 의젓하다. 태연하다. ¶你～地说几句话 | 대범하게 몇 마디 하십시오.
【大袋鼠】dàdàishǔ 名〈動〉캥거루 =〔袋鼠〕〔外 更格卢gēnggélú〕
2【大胆】dàdǎn 動 대담하다. 어법 술어로 쓰이며 보어를 동반할 수 있음. 관형어나 부사어로 쓰이기도 함. ¶他很～, 甚么都不怕 | 그는 무척 대담해서 아무것도 두려워하지 않는다. ¶你～! | 네가 감히! ¶他～得很 | 그는 아주 대담하다. ¶他非常～地提出新的假设 | 그는 아주 대담하게 새로운 가설을 제시했다. ¶～暴露 | 대담하게 폭로하다. ¶～的革新géxīn | 대담한 혁신.
【大刀阔斧】dà dāo kuò fǔ 成 큰 칼이나 큰 도끼를 휘두르다. ❶ 일을 과감하게 처리하다. ¶并不会有～的经济措施 | 과감한 경제개혁 조치는 결코 없을 것이다. ¶～地实行政治改革 | 정치개혁을 과감하게 실시하다. ❷ 큰 것부터 손을 대고, 작은 것에 신경 쓰지 않다.
3【大道】dàdào 名 ❶ 큰 길. 가도(街道) ❷ 書 올바른 길. 정도(正道) ¶合于～ | 정도에 맞다. ¶～生shēng财 | 올바른 경로로 돈을 벌다. ¶～为wéi公 | 정도(正道)로 정무(政務)를 처리하다.
【大道理】dàdào·li 名組 주요 원칙. 일반 원칙. 대원칙. ¶小道理要服从fúcóng～ | 소소(小小)한 원칙은 대원칙을 따라야 한다.
【大纛】dàdào 名 대독(大纛) 큰 깃발. ¶自由的～ | 자유의 큰 깃발 =〔大纛旗〕
【大敌】dàdí 名 강적(强敵) 대적(大敵) ¶骄傲jiāo'ào是进步jìnbù的～ | 교만은 진보의 가장 큰 적이다 =〔主zhǔ要敌人〕〔强qiáng敌〕
【大敌当前】dà dí dāng qián 成 강적(强敵)과 맞서다. 대적을 앞에 두다.
【大抵】dàdǐ 副 대개. 대략. 대체로. ¶她的意思～是这样儿 | 그녀의 생각은 대체로 이러하였다. ¶这样做, ～是不会错的 | 이렇게 하면 대체로 틀릴 리는 없다.
3【大地】dàdì 名 ❶ 대지. 땅. ¶～回春 | 成 대지에 봄이 오다. ¶～的儿子 | 대지의 아들. ❷ 지구(地球) ¶～测量学 | 〈地〉측지학. ¶～构造学 | 〈地〉지각 구조학. ¶～水准面 | 〈地〉지오이드. ❸ (Dàdì)〈書〉대지 [1931년 미국의 여류작가 펄벅이 지은 장편소설]
【大地主】dàdìzhǔ 名組 대지주.
【大典】dàdiǎn 書 名 ❶ 큰 의전. 성전(盛典) ¶开国～ | 개국의전. ¶国家的～ | 나라의 큰 의식. ❷ 큰 법전. ¶永乐Yǒnglè～ | 〈書〉영락 대전.
【大殿】dàdiàn 名 ❶ 옛날의 정전(正殿) ❷ (절의) 본당.
【大动干戈】dà dòng gān gē 成 ❶ 전쟁을 일으키다. ❷ 야단 법석을 떨다. ¶这点小事何必～呢? | 이런 사소한 일에 야단 법석을 떨 필요가 있느냐?
【大动脉】dàdòngmài 名 ❶〈生理〉대동맥 =〔主动脉〕❷ 喩 대동맥 [한 나라의 교통로의 큰 간선(幹線)을 일컬음] ¶京釜铁路是我国南北交通的～ | 경부선은 우리 나라 남북교통의 대동맥이다.
3【大都】ⓐ dàdōu 副 대개. 대체로. ¶每年～是这样的 | 해마다 대충 이렇다. ¶人～来了 | 사람들이 대체로 다 왔다. ¶成绩～不错 | 성적이 대체로 괜찮다 =〔大多〕
ⓑ dàdū ❶ 名 대도시. ❷ (Dàdū) 名 대도 [중국 원대(元代)의 수도로 지금의 북경(北京)을 말함]
【大豆】dàdòu 名〈植〉대두. 콩.
【大都】dàdū ☞〔大都〕dàdōu ⓑ
【大肚子】dàdù·zi 名 ❶ 큰 배(腹) ❷ 口 임신부. ❸ 口 대식가. ❹ 方 지주. 자본가. 부자. ❺ 말의 복대(腹帶)
【大度】dàdù 書 形 도량이 크다. 너그럽다. ¶他这个人很～ | 그는 도량이 아주 넓다. ¶豁达huòdá～ | 成 너그럽고 커서 작은 일에는 구애받지 않다. ¶～包容bāoróng | 成 도량이 넓고 포용력이 있다.
【大端】dàduān 名 ❶ 대사건. ❷ 사건의 개략〔줄거리〕¶略知～ | 사건의 줄거리를 대략 알고 있다. ❸ 대강. ¶仅举其～ | 대강만을 들다.
3【大队】dàduì 名 ❶〈軍〉대대. ❷ 큰 대열. 대대. ¶～人马 | 큰 병력.
4【大多】dàduō ⇒〔大都dōu〕
2【大多数】dàduōshù 名 대다수. ¶～人 | 대다수의 사람. ¶～是华侨huáqiáo | 대다수가 화교이다.
【大而全】dà ér quán 名組 크고도 완비되어 있다 [생산에 필요한 설비·기술·인원·자재 등 모든 것을 기업 내에서 자체적으로 공급·조달하는 것을 말함]
【大而无当】dà ér wú dàng 成 방대하기만 하고 실속이 없다. 크기만 하고 쓸무가 없다. 속 빈 강정이다. ¶他的话～,不切实际 | 그의 말은 속 빈 강정이라 실제적이지 못하다.
【大发雷霆】dà fā léi tíng 成 격노하다. 노발대발하다. ¶父亲～, 把他打了一顿dùn | 아버지는 노발대발하여 그를 한 차례 때렸다. ¶芝麻大的事, 哪里值得这样～ | 보잘것없는 일에 이렇게 노발대발할 필요가 있겠느냐?
【大发其财】dàfā qícái 번창하여 크게 돈을 벌다 =〔大发财源cáiyuán〕
【大发洋财】dàfā yángcái 크게 횡재하다. 벼락 부자가 되다. ¶他贩黄鱼～了 | 그는 조기를 팔아 갑자기 부자가 되었다.
【大发(儿)了】dà·fa(r) 狀組 方 어법 일반적으로 동사 뒤에 보어로 쓰여, (정도가) 지나치다. (일이) 크게 벌어지다의 뜻을 나타냄. ¶饿è～, 倒不敢多吃了 | 지나치게 배고프면 도리어 많이 먹을 수 없다. ¶喝酒喝～ | 지나치게 술을 마시다. ¶闹nào～ | 문제가 확대되었다.
【大法】dàfǎ 名 헌법.
【大凡】dàfán 副 대개. 대체로. ¶～作甚么事, 都得有一个计划 | 대체로 어떤 일을 하자면 반드시

계획이 있어야 한다.

3【大方】ⓐdàfāng ❶書名 식자(識者) 대가(大家) 전문가. ¶～之家｜대가. ¶贻yí笑～｜成 세상 식자(識者)들의 웃음거리가 되다. ¶见笑于～｜식자(識者)들에게 웃음을 사다. ❷書名 대지. 토지. ❸名 녹차(綠茶)의 일종 [절강성(浙江省)·안휘성(安徽省)에서 생산됨]

ⓑdà·fang 形 ❶(씀씀이가) 시원스럽다. 인색하지 않다. ¶他很～, 不会计较这几个钱｜그는 인색하지 않아서 이 몇 푼의 돈을 가지고 따질 리는 없다. ¶花钱～｜돈을 쓰는 것이 시원스럽다. ❷(언행이) 시원시원하다. 거리낌없다. 대범하다. ¶举止～｜거동이 시원시원하다. ❸(스타일·색깔 등이) 고상하다. 우아하다. 점잖다. ¶这种布的颜色和花样看着很～｜이 천의 색깔과 모양은 보기에 매우 고상하다.

【大方脉科】dàfāngmàikē 名〈漢醫〉대방맥과. 성인 내과.

【大方向】dàfāngxiàng 名 대방침(大方針) 기본 방향. 전략적(戰略的) 방향. ¶牢牢掌握改革的～｜개혁의 대방침을 굳건하게 지켜 나가다.

【大防】dàfáng 名 철저한 금칙. 경계. 규율. ¶男女之～｜남녀간에 지켜야 할 규율.

【大放厥词】dà fàng jué cí 成貶 허무맹랑한 소리를 하다. 쓸데없는 공론(空論)을 펴다. ¶他又在会中～｜그는 또 회의 중에 쓸데없는 공론을 편다. ¶他还在那儿～, 真不像话｜그는 아직도 거기서 허무맹랑한 소리만 하고 있으니 정말 꼴볼견이다＝[大放厕辞cìcí]

【大放异彩】dà fàng yì cǎi 成 크게 이채를 띠다. 뛰어나게 빛을 내다.

【大粪】dàfèn 名 인분(人糞) 똥. 대변. ¶～干儿gānr｜말린 인분→[大便]

【大风】dàfēng 名 큰 바람. ¶外面刮着～｜밖에는 큰 바람이 불고 있다.

【大风暴】dàfēngbào 名 ❶대폭풍. ❷사회의 커다란 변화.

【大风大浪】dà fēng dà làng 成 ❶거센 풍랑(風浪) 질풍노도(疾風怒濤) ❷사회의 대변동[대변화] ¶～都闯过来了,还怕这点儿小事儿?｜크나큰 풍랑도 다 겪어 헤쳐왔는데도 이런 작은 일을 두려워 하느냐?

【大风子】dàfēngzǐ 名〈植〉대풍자. ¶～油｜대풍자유.

【大夫】ⓐdàfū 名〈史〉대부→[士大夫shìdàfū]

ⓑdài·fu 名口 의사. ¶张～,我脚疼了,走不得｜의사선생님 저는 발이 아파 걸을 수가 없습니다＝[医生]

【大伏】dàfú 名 삼복(三伏) 더위→[伏天]

【大幅度】dàfúdù ❶名 대폭. ❷狀 대폭적이다. ¶生产～地增长zēngzhǎng了｜생산이 대폭적으로 증가했다.

【大副】dàfù 名 1등 항해사(航海士) [「二副」는 2등 항해사. 「三副」는 3등 항해사임]

【大腹便便】dà fù pián pián 成 올챙이처럼 배가 불룩하다 [임산부나 착취자의 배를 형용함] ¶一个～的外籍商贾当她是个妓女,侮辱了她｜배가 불룩한 외국 상인이 그녀를 기생으로 삼아 모욕했다.

1【大概】dàgài ❶名形 개략. 대요. 대강. ¶对这个问题,我只了解一个～｜이 문제에 대해 나는 개략을 알고 있을 뿐이다. ¶这件事我记不清楚,只有个～的印象｜이 일을 나는 분명하게 기억할 수는 없고 다만 대체적인 인상만을 가지고 있을 뿐이다. ❷副 아마도. 대개는. ¶这里离门站～十里左右｜여기서부터 역까지는 아마 대개 십리쯤 될것이다. ¶我～月底回来｜나는 아마 이 달 말쯤 도착할 것이다 ‖＝[方 大概其][方 大齐盖][大较①]

【大概其】dàgàiqí ⇒[大概]

【大干】dàgàn 動 대대적으로 처리하다. ¶～社会主义｜사회주의를 위해 크게 분투하다. ¶打算～一番｜한바탕 크게 할 작정이다. ¶～快上｜판을 크게 벌리고 빨리 해치우다. ¶～苦干｜적극적으로 애써 일하다＝[大搞]

【大纲】dàgāng 名 대강(大綱) 요강(要綱) 적요(摘要) ¶论文的～写好了｜논문의 대강을 다 썼다. ¶国史～｜국사대강.

【大搞】dàgǎo ⇒[大干]

3【大哥】dàgē 名 ❶만형. 장형(長兄) ❷口 형(님) [동년배의 남자에 대한 존칭]

【大哥大】dàgēdà 名俗 휴대폰. 휴대용 전화(기) [홍콩의 영화배우 홍금보(洪金寶)를 팬들이「大哥」라고 불렀는데 많은 영화장면에 이것을 들고 나와 이런 이름이 생김]

【大革命】dàgémìng 名 ❶대혁명. ❷(Dàgémìng) 특히 중국의「第Dì一次国内革命战争」을 가리킴.

【大个子】dàgè·zi 名 몸집이 큰 사람. 키다리. ¶他那么一个～还和小孩子们一块儿玩儿｜그는 저런 큰 몸집을 하고서 아직까지도 어린애들과 함께 놀고 있다.

【大公国】dàgōngguó 名 대공국.

4【大公无私】dà gōng wú sī 成 공평 무사하다. ¶我们应该～, 努力救亡图存｜우리는 마땅히 사사로움을 버리고 공생공존하는 길을 모색해야 한다.

【大功】dàgōng 名 ❶큰 공적. ¶为人民立了～｜인민을 위해 큰 공을 세우다. ¶记jì一次～｜큰 공적을 기록해 두다→[大过] ❷대공 [5복(五服)의 하나]→[五服①]

【大功告成】dà gōng gào chéng 成 큰 일이 이루어짐을 알리다. 큰 성공을 거두다.

【大功率】dàgōnglǜ 區〈電氣〉고성능. ¶～可控硅｜고성능 실리콘(silicon) 제어 정류기(制御整流器)

【大姑娘】dàgū·niang 名 ❶맏딸. 장녀. ❷方 나이찬 처녀＝[大妞niūㄦ]

【大骨节病】dàgǔjiébìng 名〈醫〉캐신벡(Kaschin Beck)병 [중국 동북과 서북지방의 풍토병]＝[柳拐子病]

【大鼓】dàgǔ ❶名〈音〉큰 북. 대고(大鼓) ❷⇒[大鼓(书)]

【大鼓(书)】dàgǔ(shū) 名「鼓(儿)词」에 속하는 중국 민간 노래이야기의 하나 [보통 2인 1조

(組)로 연창(演唱)하는데, 한 사람은 「三弦(儿)」로 반주를 맡고 또 한 사람은 왼손에 「拍pāi板」을, 오른손에 북채를 들고, 「竹zhú条鼓架子」에 평평하게 받쳐 놓은 작은 북을 치며 박자에 맞춰 노래함. 「单dān鼓板」「奉fèng天大鼓」「梨lí花大鼓」「湖hú北大鼓」「京jīng韵大鼓」「妞niū儿大鼓」등이 있음] =〔大鼓②〕〔鼓书〕

【大故】dàgù 書 名 ❶ 부모의 상사(喪事) ❷ 큰 죄〔허물〕. 대죄(大罪)

【大褂(儿)】dàguà(r) 名 남자용의 홑두루마기 [중국 전통옷의 일종] =〔长cháng衫(儿)①〕

【大关节目】dàguān jiémù 名組 方 대요(大要) ¶ 事情千头万绪, 必须把握～, 才能成功 | 일이 천만 갈래로 뒤엉켜 있어, 반드시 대요를 파악해야만 성공할 수 있다.

【大观】dàguān 書 名 ❶ 웅대한 경관. 장관(壯觀) ¶ 洋洋～ | 成 매우 많아서 볼 만하다. ¶ 蔚为～ | 成 다채롭고 성대하여 장관이다. ❷ 喩 집대성한 문물.

【大观园】dàguānyuán 名 ❶ (학교 등과 같은 곳에서) 강당 같은 넓은 곳에 설치한 레크리에이션 활동의 장소 [제일(祭日)에 설치함] ❷ (Dàguānyuán) 〈地〉 대관원 [홍루몽(紅樓夢)의 남자 주인공 가보옥(賈寶玉)의 집에 있는 화원]

【大规模】dàguī·mo 區 狀 대규모. 대량. ¶ ～地发展 | 대규모로 발전하다. ¶ ～的经济建设 | 대규모의 경제 건설. ¶ ～生产 | 대량 생산. ¶ ～集成电路 | 〈電子〉 대규모 집적회로.

【大闺女】dàguī·nü 名 ❶ 나이 찬 처녀. ❷ 맏딸. 장녀.

4【大锅饭】dàguōfàn 名 ❶ 한 솥의 밥 ⇔〔小锅饭〕 ❷ 諺 대중 식사. 공동 취사. ❸ 사회주의 경제체제의 공동분배. ¶ 吃～ | 한 솥의 밥을 먹다. (일하든 안하든) 공동분배를 받다.

【大国沙文主义】dàguó shāwén zhǔyì 名組 대국의 맹목적 애국주의(great nation chauvinism) =〔大民族主义〕

【大海】dàhǎi 名 ❶ 큰 바다. 대해. ¶ ～禁jīn不住瓢piáo儿舀yǎo | 諺 바다 물도 바가지로 퍼내는 데는 견디지 못한다. 아무리 많더라도 소비가 심하면 언젠가는 없어지고 만다. ¶ ～有鱼十万担, 不撒鱼网打不到鱼 | 諺 바다에 고기가 아무리 많아도 그물을 치지 않으면 잡지 못한다. 부뚜막에 소금도 집어넣어야 짜다. ❷ 큰 대접. 큰 사발→〔海碗〕 ❸ 큰 술잔.

【大海捞针】dà hǎi lāo zhēn 成 바다에서 바늘 찾기. ¶ 比～还难呢! | 그야말로 바다에 빠진 바늘을 찾기보다 더 어렵다! =〔大海寻针〕〔海底捞针〕→〔海里捞针〕〔水shuǐ中捞月〕

【大函】dàhán 名 札 敬 귀하의 서한. ¶ ～已悉xī | 당신의 편지를 잘 받아 보았습니다 =〔大柬jiǎn〕〔大札〕

【大寒】dàhán 名 ❶ 대한. 24절후 중 마지막 절후 →〔节气〕〔二十四节气〕 ❷ 혹한. 극한.

【大韩民国】Dàhánmínguó 名 〈地〉 대한민국(Korea) [수도는 「汉城Hànchéng」(서울;Seoul)]

【大喊大叫】dàhǎn dàjiào ❶ 큰 소리로 부르짖다. ❷ 대대적으로 선전하다.

【大汗淋漓】dà hàn lín lí 成 땀에 흠뻑 젖다. 비지땀을 줄줄 흘리다. 땀 투성이가 되다.

【大旱望云霓】dà hàn wàng yún ní 成 큰 가뭄에 비 소식 바라듯, 곤경에서 벗어나기를 갈망하다. 애타게 기다리다.

【大汉】dàhàn 名 ❶ (～子) 체격이 큰 남자. ❷ (～子) 사내 대장부. ❸ (dà Hàn) 敬 한조(漢朝)

【大汉族主义】dà Hànzú zhǔyì 名 한(漢) 민족의 민족주의(Han chauvinism) →〔民mín族主义〕〔沙shā文主义〕

【大好】dàhǎo 狀 ❶ 매우 좋다. ¶ ～条件tiáojiàn | 아주 좋은 조건. ¶ ～时机 | 절호의 시기. ❷ 곱다. 아름답다. ¶ ～春光 | 아름다운 봄 경치. ❸ 方 (병이) 완전히 낫다. 완쾌하다.

【大好河山】dàhǎo héshān 名組 아름다운 강산. ¶ 畅游chàngyóu祖国的～ | 조국의 아름다운 강산을 유람하다.

【大号】dàhào ❶ 名 敬 존함 =〔台甫táifǔ〕 ❷ 名 敬 귀점(貴店) 귀하의 점포. ❸ 名 〈音〉 튜바. ❹ (～儿) 名 큰 치수. 큰 사이즈. ¶ 这双鞋穿上挤脚, 买～的吧! | 이 신발은 너무 작으니 큰 치수를 사자! ¶ ～的鞋 | 문수가 큰 신발.

【大合唱】dàhéchàng 名 〈音〉 대합창. 칸타타.

【大河没水小河干】dàhé méi shuǐ xiǎohé gān 諺 큰 강에 물이 없으면, 작은 강은 바싹 마른다.

【大喝一声】dà hè yī shēng 成 대갈일성하다. 크게 호통치다 =〔大吼hǒu一声〕

【大黑天】dàhēitiān 名 한밤중 [보통 「大黑天的」의 형태로 쓰임] ¶ ～的, 别出去了! | 한밤중인데 나가지 마시오!

【大亨】dàhēng 名 거두(巨頭) 거물. 유력자. 보스. ¶ 政治～ | 정치거물. ¶ 流氓～ | 떠돌이의 보스.

【大红】dàhóng 名 〈色〉 진홍색.

【大红大绿】dà hóng dà lǜ 成 현란하다. 울긋불긋하다. ¶ 她专挑～的衣服穿 | 그녀는 현란한 옷만을 골라 입는다.

【大红大紫】dà hóng dà zǐ 成 ❶ 위세가 대단하다. ¶ 人家混hùn得～, 哪儿看得起咱们呢? | 저 사람은 쩡쩡거리며 살아가는데, 어찌 우리를 거들떠나 보겠느냐? ❷ 밑천·수고에 비하여 이문이 썩 많다. ¶ ～的事 | 좋은 돈벌이.

【大后方】dàhòufāng 名 ❶ 〈軍〉 후방. 전화(戰火)가 미치지 않는 지역. ¶ 把学校搬到～去 | 학교를 후방으로 옮겨가다. ❷ 〈史〉 중일 전쟁 시기에 국민당 통치하에 있던 서남·서북 지역.

【大后年】dàhòunián 名 내후년. ¶ ～是我建厂jiànchǎng十周年 | 내후년이면 우리 공장 열 돌이 된다→〔今jīn年〕

【大后天】dàhòutiān 名 글피. ¶ 我～过生日 | 글피가 내 생일이다 =〔大后儿(个)〕〔江 大后日〕→〔今jīn天〕

【大呼隆】dàhūlóng 名組 ❶ 方 내용없이 소리만 크다. ❷ 단순한 협업관계로〔분업으로〕 이루어지는 집단 노동 방식의 병폐를 이르는 말. ¶ 这个工地管理混乱, 工人干活儿～, 浪费现象严重 | 이

공사 현장은 관리가 혼란스러우며 노동자들이 일하는 것도 소리만 크지 실효성이 없어 낭비가 막대하다 =〔大帮轰〕‖ =〔大轰隆〕

【大湖】Dàhú 名〈地〉동정호(洞庭湖)의 다른 이름.

【大户】dàhù 名 ❶ ⇒〔大户人家〕 ❷ 대주가(大酒家) 호주가(豪酒家) 술고래. ❸ 큰 거래처. ❹ 대가족.

【大户人家】dàhù rén·jia 名組 대부호(大富豪) =〔大户①〕〔大家③〕

【大花脸】dàhuāliǎn 名 중국 전통극에서 원로(元老)·대신·재상으로 분장하는 역(役) [얼굴에 색칠을 크게 한 데서 나온 이름] =〔大花面〕〔方 大面〕〔黑头〕〔铜锤tóngchuí(花脸)〕〔正净〕

【大话】dàhuà 名 큰소리. 흰소리. ¶咱们不爱说～,吹牛｜우리는 큰 소리 치거나 허풍떠는 것을 싫어한다. ¶竟jìng说～, 没点儿真本事｜큰소리 떵떵 치지만, 진짜 능력은 조금도 없다 →〔大吹大擂〕

【大患】dàhuàn 名 대환. 큰 재난. ¶这将是以后的～｜이것은 장차 이후의 큰 재난이 될 것이다.

【大黄鱼】dàhuángyú 名 ❶〈魚貝〉수조기 =〔黄鱼①〕〔大黄花鱼〕 ❷ 열 냥의 금가락지 →〔金条〕

【大灰狼】dàhuīláng 名 늙은 이리. 轉 악인 [이리는 늙으면 회색으로 변한다는 데에서 온 말]

【大茴香】dàhuíxiāng 名〈植〉대회향 =〔八角(茴香)〕

²【大会】dàhuì 名 대회. 총회(總會) ¶举行～｜대회를 거행하다. ¶～日程｜대회의 일정. ¶开一个～｜대회를 개최하다. ¶股东～｜주주 총회. ¶庆祝～｜경축 대회.

²【大伙(儿)】dàhuǒ(r) 代 口 모두들. 여러 사람. ¶～一齐心,想想办法｜모두들 마음을 합쳐 방법을 생각해 봅시다.

【大惑不解】dà huò bù jiě 成 크나큰 의혹이 풀리지 않다. ¶这事儿我可真的～了｜이 일은 도무지 어떻게 되는 것인지 정말 모르겠다.

【大祸临头】dà huò lín tóu 成 큰 재난이 닥쳐오다. 큰 불행이 닥쳐오다. 발등에 불이 떨어지다. ¶快～了,你还乐甚么?｜큰 재난이 닥쳐오는데 너는 아직도 희희락락하고 있느냐?

【大获全胜】dà huò quán shèng 成 완전히 승리하다.

【大吉】dàjí ❶ 名 대길. ❷ 形 대길하다.

【大计】dàjì 名 ❶ 대계. 큰 계획. ¶决定juédìng～｜원대한 계획을 결정하다. ¶国家～｜국가 대계. ¶～已成｜대계가 이미 완성되었다. ❷ 청대(清代)에 3년마다 지방관의 성적을 고과(考課)하는 일.

【大忌】dàjì ❶ 動 매우 꺼리다. 대기(大忌)하다. ❷ 名 대금물(大禁物) 몹시 금기하는 물건.

¹【大家】dàjiā ❶ 名 대가. 권위자. ¶书法～｜서예의 대가. ¶～手笔｜대가의 저작〔친필〕. ❷ 名 명문집. 명문(名門) 명가(名家) ¶～闺秀｜대갓집 규수. ❸ ⇒〔大户人家〕 ❹ 代 모두 어법 ⓐ 일정한 범위 내의 모든 사람을 가리킴. ¶～快来看｜다들 빨리 와서 보아라. ¶～的事～关心｜여러 사람의 일에 모두들 관심을 가져야 한다. ⓑ「你们」「我们」「他们」「咱们」등의 복수 인칭대명사 뒤에 놓여 한 번 더 강조하는 역할을 한다. ¶我们～｜우리 모두들. ¶明天咱们～开个会谈谈｜내일 우리 모두 회의를 열어 이야기해 봅시다. ⓒ 일정한 사람을 제외한 범위 내의 모든 사람을 가리킴. 따라서「大家」내에 이들은 포함되지 않음. ¶他们一进来, ～都鼓掌表示欢迎｜그들이 들어오자, (그들 이외의) 모두들은 박수를 쳐서 환영을 표시했다. ¶我决不辜负～的希望｜난 결코 (나를 제외한) 여러분의 희망을 저버리지 않겠습니다 =〔大家伙(儿)〕

【大家伙(儿)】dàjiāhuǒ(r) ⇒〔大家④ⓒ〕

【大家庭】dàjiātíng 名組 ❶ 대가정. 대가족. ❷ 공동체. ¶我们班是一个～｜우리 반은 하나의 공동체이다. ¶民族的～｜민족 공동체. 喩 다민족 국가.

【大价(儿)】dàjià(r) 名 비싼 가격. 고가(高價) ¶卖～｜비싼 가격으로 팔다 =〔大价钱〕

【大驾】dàjià 名 ❶ 書 어가(御駕) 대가(大駕) ❷ 탈 것. ❸ 轉 귀하(貴下) ¶～光临,荣幸得很｜당신께서 왕림해주시니 대단히 영광입니다. ¶欢迎～光临｜당신께서 오신 것을 환영합니다.

【大件】dàjiàn 名 (손목시계·재봉틀·자전거·텔레비전·선풍기·냉장고 등과 같이) 비교적 귀중한 물건. ¶家里的～都买齐了｜집에서 필요한 물건은 모두 다 사 갖추었다.

【大建】dàjiàn ⇒〔大尽dàjìn〕

【大讲特讲】dà jiǎng tè jiǎng 成 크게 떠벌리다. 크게 허풍을 치다.

【大匠运斤】dà jiàng yùn jīn 成 거장(巨匠)이 도끼를 휘두르다. 정확하고도 적절하다.

【大将】dàjiàng 名 ❶ 대장. ¶他可真点儿～风度fēngdù｜그는 정말로 대장의 기풍이 있다. ¶～难nán免阵前亡｜諺 대장이 된 자는 싸움터에서 죽는 것을 면하기 어렵다. ❷ 고위 장성.

【大脚】dàjiǎo 名 ❶ 큰 발. ❷ 전족(纏足)하지 않은 발. ¶～姨娘yíniáng｜전족하지 않은 여종 →〔小脚〕

²【大街】dàjiē 名 번화가. 큰 거리. 대로(大路) ¶～小巷｜成 거리와 골목. 온 거리.

【大捷】dàjié 名 대첩. 대승(大勝) ¶告～｜대승을 알리다.

【大姐】dàjiě 名 ❶ 큰누이. 맏누이. 큰언니. ❷ 언니 [나이가 비슷하거나 많은 여성을 높이어 정답게 부르는 말] →〔小姐〕

【大解】dàjiě ❶ 名 대변. ❷ 動 대변을 보다. 뒤를 보다 →〔大便〕〔解手(儿)〕〔小xiǎo解〕

【大襟(儿)】dàjīn(r) ⓧ dàjiē(r)) 名 중국 옷의 오른쪽 앞섶 [안으로 들어가는 것을「底dǐ襟(儿)」라고 함] =〔大衿〕

【大尽】dà·jin 名 (음력의) 큰달. 대월(大月) =〔大建〕〔大月②〕⇔〔小尽〕

【大惊失色】dà jīng shī sè 動 대경실색하다. ¶张老师听说小女儿被汽车撞了,～｜장선생님은 막내딸이 차에 치었다는 말을 듣고 대경실색을 했다.

【大惊小怪】dà jīng xiǎo guài 成 (놀라지 않을 일에) 크게 놀라다. 하찮은 일에 크게 놀라다. ¶有甚么值得～的?｜뭐 크게 놀랄 만한 게 있느냐?

【大静脉】dàjìngmài 名〈生理〉대정맥.

【大舅子】dàjiù·zi 名口 손위 처남 =〔内兄〕

4【大局】dàjú ⇒〔大势shì①〕

【大举】dàjǔ ❶ 副 대거. 대대적으로. 대규모로. ¶～反攻fǎngōng | 대대적으로 반격하다. ❷ 名 야단스러운 행동〔짓〕 ¶为甚么出此～呢? | 왜 이런 야단스런 행동을 하느냐?

【大军】dàjūn 名 대군. ¶百万～ | 백만 대군

【大卡】dàkǎ 名 킬로칼로리(kilocalorie) =〔千卡(路里)〕

【大开眼界】dà kāi yǎn jiè 成 시야를 넓히다. 눈이 번쩍 뜨이다. ¶来了一趟美国, 可真是～啊! | 미국에 한 번 오니 정말 시야가 넓어지는구나!

【大楷】dàkǎi 名 ❶ 크게 쓴 해서체(楷書體) 글씨. ¶～笔 | 해서체용 붓 →〔小xiǎo楷〕 ❷ 알파벳의 인쇄체 대문자.

【大考】dàkǎo 名 ❶ 학기말 시험. 학년말 시험. 본고사. ¶不久就要～了 | 오래지 않아 학기말 시험이다. ❷ 書 청대에 한림관(翰林官)으로 하여금 특별히 선비들에게 치르게 하던 시험. ❸ 書 주대(周代)에 3년마다 관리의 능력과 근태(勤怠)를 조사하던 일.

【大课】dàkè 名 합반 수업. 합병 수업. ¶今天李老师病了, 他的甲班得跟乙班合起来上～了 | 오늘은 이선생님이 아프셔서 그의 갑반과 을반이 합반수업을 했다.

【大快人心】dà kuài rén xīn 成 사람의 마음을 통쾌하게 하다. 속이 후련하다. ¶这几个歹徒受到应有的惩罚, 真是大快人心 | 몇 명의 악당들이 응당 받아야 할 징벌을 받아서 정말 속이 후련하다. ¶～的消息 | 통쾌한 소식 =〔人心大快〕

【大块】dàkuài 名 ❶ 큰 덩어리. ¶～地吃肉 | 큰 덩어리의 고기를 먹다. ❷ 커다란 범위. ¶～根据地 | 광대한 근거지. ❸ 書 대지. 천지.

【大块头】dàkuàitóu 名 方 ❶ 뚱뚱보 =〔胖子〕 ❷ 거한(巨漢)

【大懒支小懒】dàlǎn zhī xiǎolǎn 諺 게으름쟁이가 자기가 할 일을 남에게 미루다.

【大牢】dàláo 名口 감옥. ¶坐了～ | 감옥살이를 했다.

【大老粗】dàlǎocū 名 조야(粗野)한 사람. 무식쟁이. ¶我是一个～, 没有文化 | 나는 무식쟁이라서 문명의 혜택을 받지 못했다.

【大老婆(子)】dàlǎo·po(·zi) 書 名 정처(正妻) 본처(本妻) =〔老婆pó〕〔大太太tàitài〕

【大老爷儿们】dà lǎo yér·men 名組口 성년 남자. ¶～怎么能怕娘们? | 성년 남자들이 어찌 아가씨들을 두려워 하겠는가?

4【大理石】dàlǐshí 名 대리석 =〔大理岩yán〕〔云yún石〕

【大礼拜】dàlǐbài 名 ❶〈宗〉기독교의 주일 예배. ❷ 두 주일만에 쉬는 일요일.

【大礼服】dàlǐfú 名 대례복.

3【大力】dàlì ❶ 名 큰 힘. 강력(强力) ❷ 副 강력하게. 힘껏. ¶～推广tuīguǎng新技术 | 새기술을 강력하게 확산시키다. ¶～支持 | 힘껏 지지하다

【大力士】dàlìshì 名 ❶ 대력사. 역사(力士) 장사. ¶项羽Xiàngyǔ是个～, 力能扛鼎kángdǐng | 항우는 장사로 그 힘이 능히 솥을 들어 올릴 수 있다. ❷ 레슬링이나 역도를 하는 사람. ❸ (Dàlìshì)〈人〉헤르쿨레스(Hercules) 〔그리스 신화의 괴력의 영웅〕

【大吏】dàlì 名 옛날 지방 장관 →〔大官员〕

【大丽花】dàlìhuā 名〈植〉달리아(dahlia) =〔大利花〕〔大理花〕〔大丽莲lián〕〔西风fèng莲〕〔天竺牡丹tiānzhúmǔdān〕〔洋粉yángfěn莲〕〔地瓜花(儿)〕〔洋菊jú〕〔洋牡丹yángmǔdān〕

【大殓】dàliàn ❶ 名 납관(納棺) ❷ 動 납관(納棺)하다. ¶～时候到了 | 납관할 때가 되었다.

【大亮】dàliàng 動 날이 훤하게 밝다. ¶天已经～ | 날이 이미 훤히 밝았다.

2【大量】dàliàng ❶ 數 量 대량〔다량〕(의, 으로) ¶～推销tuīxiāo | 대량으로 판매하다. ¶～购买 | 대량으로 구매하다. ¶收集～科学资料 | 대량의 과학 자료를 수집하다. ¶～杀伤敌人 | 적을 대량 살상하다. ❷ 形 도량이 넓다. 관대하다. ¶你便这么～, 我可不行! | 너는 이렇게 관대할지라도 나는 안된다. ❸ 形 주량(酒量)이 세다.

【大料】dàliào ❶ 名〈植〉붓순 나무의 열매 〔중국요리의 향료로 쓰임〕=〔八角bājiǎo②〕 ❷ 副 대략. 거의. 대체로.

【大龄】dàlíng ❶ 區 (혼기를 놓친 30세 이상의) 노총각과 노처녀 =〔大男大女〕 ¶～男女 | 노총각과 노처녀. ❷ 소년 아동이나 청년들 중 나이가 많은 사람. ¶～儿童塑料鞋sùliàoxié何其难买? | 나이 많은 아동의 비닐구두 사기가 왜 그리도 힘이 드는지.

【大溜】dàliù 名 센 물살. ¶随～ | 센 물살을 따라 내려가다. 喩 대세(大勢)에 순응하다. 다수에 부화뇌동하다.

2【大陆】dàlù 名 대륙. ¶～棚péng | 대륙붕. ¶～气候 | 내륙기후. ¶～漂移说piāoyíshuō |〈地質〉대륙이동설 =〔大洲〕

【大陆架】dàlùjià 名〈地質〉대륙붕 =〔大陆棚péng〕

【大陆妹】dàlùmèi 名 俗 台 중국에서 대만으로 밀입국하여 접객업소 등에 종사하는 여자.

【大陆坡】dàlùpō 名〈地質〉대륙붕의 사면 =〔大陆斜坡〕

【大陆性气候】dàlùxìng qìhòu 名組〈氣〉대륙성기후.

【大路货】dàlùhuò 名 ❶ 잘 팔리는 상품. 대중 소비품. ¶这是～, 到处都有 | 이것은 잘 팔리는 상품이라 어디에나 다 있습니다. ❷〈商〉평균 중등품질. F.A.Q.(Fair Average Quality) ❸ 일상 필수품. 평균양호 품질.

【大略】dàlüè ❶ 名 대략. 대개(大概) 대요. ¶～懂得一些 | 대략적으로 조금 알고 있다. ¶～地说一下 | 대략적으로 말하겠습니다. ❷ 副 대략. 대강. 대충. ¶你～说说吧 | 대충 얘기해라. ¶革命的性质～相同 | 혁명의 성격은 대체로 같다. ❸ 書 名 큰 모략〔책략〕 ¶雄才～ | 웅대한 재능과 원대한 지략.

【大妈】dàmā 名 ❶ 백모(伯母) 큰어머니. ❷ 아주머님 〔나이 지긋한 부인을 높이어 정답게 부르는

말로 쓰임]

【大麻】dàmá 名 ❶〈植〉대마. 삼 =〔火麻〕〔秋qiū麻〕〔线麻〕 ❷〈藥〉마리화나(mari huana) 대마초. ¶种~, 提炼毒粉 | 마리화나를 심어 독분을 제련하다.

【大麻疯】dàmáfēng ⇒〔麻má疯〕

【大麻哈鱼】dàmáhāyú 名〈魚貝〉연어 =〔鲑guī鱼〕〔大马哈鱼〕

【大麻子】dàmázǐ 名〈植〉❶ 삼씨 =〔大麻仁〕〔火麻仁〕 ❷ 아주까리 =〔蓖麻bìmá〕 ❸ 아주까리씨. 피마자(蓖麻子)

【大马士革】Dàmǎshìgé 名 外〈地〉다마스쿠스(Damascus) [叙利亞Xùlìyà」(시리아;Syria)의 수도]

【大麦】dàmài 名〈植〉보리 =〔俗 三sān月黄〕

【大忙】dàmáng ❶ 形 매우 바쁘다. ¶你这个~,今儿怎么有空在家里呀? | 너 같이 바쁜 사람이 오늘은 어떻게 집에 있느냐? ❷ 動 매우 바쁘게 하다. ¶你最近~一些甚么事情? | 너는 최근에 무슨 일로 그리 바쁘냐? ❸ 名 농번기. ¶~快到了, 把孩子送托儿所吧! | 농번기가 다가오니 아이들을 탁아소로 보내자!

【大猫熊】dàmāoxióng ⇒〔大熊猫〕

【大毛(儿)】dàmáo(r) ❶ 名 (여우·너구리 등의) 털이 긴 모피 [가죽옷을 만드는 데 쓰임] ¶~衣服 | 모피 옷 →〔小毛(儿)〕 ❷ 인민화폐의 단위인「元」의 애칭.

【大帽子】dàmào·zi 名 ❶ 청대(清代)의 예모(禮帽) ❷ 고압적인 태도. ¶拿~压服大众 | 고압적인 태도로 대중을 억누르다.

【大媒】dàméi 名 敬 정식 중매인. ¶由我作~准保没错儿 | 내가 중매를 서면 틀림없다 →〔媒人〕

【大门】dàmén 名 ❶ 대문. 정문. 앞문. ¶~口 | 정문 앞 →〔门洞(儿)〕〔侧cè门〕〔二èr门〕 ❷ 書 좋은 가문.

【大门不出】dàmén bùchū 動組 집안에만 있고 바깥 출입을 하지 않다. ¶~二门不迈mài | 成 앞문으로도 외출하는 일이 없고, 둘째 문으로도 외출하는 일이 없다. 바깥출입을 전혀 하지 않다.

2【大米】dàmǐ 名 쌀. ¶~饭 | 쌀밥 =〔白bái米〕

【大面】dàmiàn ⇒〔大花脸dàhuāliǎn〕

【大面儿】dàmiànr 名 ❶ 겉. 표면. 외관(外觀) 외형. ¶~上搞gǎo得很干净gānjìng | 겉은 아주 깨끗이 했다. ¶办事得让人~上过得去 | 일 처리가 표면상으로는 그런대로 봐 줄만 하다 =〔大面皮儿〕 ❷ 눈에 잘 띄는 곳. ¶这个东西不能搁在~上, 总得找僻pì角落儿放 | 이 물건은 눈에 잘 띄는 곳에 놓아서는 안되고 어쨌든 구석진 곳을 찾아서 두어야 한다. ❸ 얼굴. 체면. ¶他还懂得顾全gùquán~ | 그는 그래도 체면을 돌볼 줄 안다.

【大民族主义】dà mínzú zhǔyì 名組 국수주의(國粹主義) 국민주의. 쇼비니즘(chauvinism) =〔大国沙文主义〕

【大名】dàmíng ❶ 名 명성. 명망. ¶老舍在中国文坛上是一位~的作家 | 노사는 중국문단에서 명성이 높은 작가이다. ❷ 名 敬 고명(高名) 존함(尊銜) ¶久闻~ | 존함은 오래 전부터 알고 있었습니다. ¶尊姓~? | 존함은 어떻게 되십니까? ❸ ⇒〔学xué名(儿)〕

【大名鼎鼎】dà míng dǐng dǐng 成 명성(名聲)이 자자하다. 이름이 높이 나다. ¶附近的人都认得这个~的老革命家 | 부근의 사람들은 모두 명성이 높은 이 늙은 혁명가를 안다. ¶~的数学家 | 고명(高名)한 수학자.

【大谬不然】dà miù bù rán 成 완전히 틀려서 절대로 그렇지는 않다. 황당하기 그지없다. ¶这种~的主张,我们坚决不同意 | 이런 황당하기 그지없는 주장은 우리가 결코 동의할 수 없다.

【大漠】dàmò 書 名 큰 사막.

【大模大样(儿)】dà mú dà yàng(r) 成 ❶ 느긋하다. 의젓하다. 대범하다. ¶~地说话 | 의젓하게 말하다 =〔大大方方〕〔方 大大落落(儿)〕〔大落落〕 ❷ 거들먹거리다. 거드름을 피우다. 건방지다. ¶他连门也不敲就~地进来了 | 그는 노크도 하지 않고 거들먹거리며 들어왔다. ¶他~地坐在椅子上, 见了我也不理 | 그는 거만하게 의자에 앉아서 나를 보고도 상대하지 않았다 =〔方 大大咧咧②〕‖ =〔大模厮样(儿)〕

【大拇哥(儿)】dà·mugē(r) 名 方 엄지손가락 =〔大拇指〕

4【大拇指】dà·muzhǐ 名 口 엄지손가락. ¶竖起shùqǐ~叫好 | 엄지손가락을 세우고 좋다고 하다 =〔方 大拇哥(儿)〕〔大拇指zhǐ头〕〔拇指〕〔大指①〕〔大指头〕→〔指头〕

【大拿】dàná 方 ❶ 動 대권(大權)을 장악하다. ❷ 動 독점하다. 독차지하다. ❸ 名 거물. 실권자. 보스(boss) ❹ 名 대가(大家) ¶技术~ | 기술 방면의 대가.

【大男大女】dànán dànǚ ⇒〔大龄①〕

【大难】dànàn 名 큰 재난. ¶~不死, 必有厚福 | 諺 큰 재난에 죽지 않으면, 반드시 큰 복을 받는다.

【大难临头】dà nàn lín tóu 成 큰 재난이 임박하다. ¶快~了, 赶紧逃吧! | 큰 재난이 임박했으니 빨리 피하자!

3【大脑】dànǎo 名〈生理〉대뇌.

【大脑脚】dànǎojiǎo 名〈生理〉대뇌각.

【大脑皮层】dànǎo pícéng 名〈生理〉대뇌피질.

【大脑炎】dànǎoyán 名〈醫〉유행성 B형 뇌염.

【大闹】dànào 動 ❶ 몹시 떠들어대다. ❷ (많은 사람이) 대대적으로 행하다. ¶~技术革新 | 대대적으로 기술 혁신을 하다. ¶~起事 | 대대적으로 거사하다.

【大内】dànèi 書 名 궁중. 황궁(皇宮) =〔内庭〕〔内中②〕〔内里②〕

【大鲵】dàní 名〈動〉큰 도롱뇽 =〔俗 娃娃鱼〕〔大嘴娃鱼〕

【大逆不道】dà nì bù dào 成 대역 무도. 도에 어긋나는 반역 행위. ¶~的罪名 | 대역 무도의 죄명.

【大年】dànián 名 ❶ 노인. 고령(高齢) 고년(高年) ¶享~ | 장수를 누리다 =〔高gāo年②〕 ❷ (음력의) 정월. ¶~初一 | 음력 정월 초하루 →〔大年夜〕〔大年初一〕〔大除夕〕 ❸ 풍년. 풍작이 든 해. ¶今年的梨是~,树枝都快压折了 | 올 해의 배는 많이 열려서 가지가 꺾여지려고 한다. ⇔〔小xiǎo年①]→[丰fēng年] ❹ 음력 12월이 30일인 해 →[小年③]

【大年初一】dànián chūyī 名組 口 음력 정월 초하루. ¶～人人都出去拜年 | 음력 정월 초하루에는 사람들 모두 다 세배하러 간다 =[年初一][正zhēng月初一][元yuán旦]

【大年夜】dàniányè 名 方 음력의 제야(除夜) 섣달 그믐밤 =[除chú夕]

【大娘】dàniáng 名 ❶ 口 큰어머니. 백모 =[伯bó母①] ❷ 口 아주머니. 아주머님 [나이 지긋한 부인에 대한 존칭] ❸ 정실(正室) 본처 =[大太太] ❹ 황후.

【大怒】dànù 動 크게 화를 내다. ¶他一听就～ | 그는 듣자 마자 크게 노했다.

【大排档】dàpáidàng 名 (길거리의) 작은 음식점 [주로 홍콩에서 많이 씀]

4【大炮】dàpào 名 ❶ 〈軍〉 대포. ❷ 喩 口 허풍(선이) ¶他是全村有名的周～,甚么都敢讲 | 그는 온 마을에 이름이 나 있는 허풍쟁이라 무엇이든 말을 해댄다. ¶放～ | 허풍 떨다. ❸ 喩 口 열변을 토하는 사람.

【大篷车】dàpéngchē 名 좌석 수가 적고 공간이 넓고 용량이 큰 버스 혹은 전차.

2【大批】dàpī 狀 대량의. 대대적으로. 대량으로. ¶～生产 | 대량생산(하다.) ¶教育出～的干部 | 많은 간부를 교육하여 배출하다. ¶～进口 | 대량 수입하다. ¶～军jūn火 | 대량의 병기 =[俗 大拨儿]

【大劈叉】dàpǐchā 動 가랑이를 쫙 벌리다. 가랑이가 쫙 벌어지다. ¶摔shuāi了一个～ | 가랑이를 쫙 벌리면서 넘어졌다.

【大辟】dàpì 名 옛날의 사형. 대벽→[五刑]

【大瓢】dàpiáo 名 〈植〉 대표 [부평초과(浮萍草科)에 속하는 다년생 초본 식물로, 수면에 부생(浮生)하며 돼지의 사료로 쓰임] =[水shuǐ浮莲]→[浮fú萍(草)]

【大破大立】dà pò dà lì 成 낡은 사상·사물을 철저하게 비판·타파하고 새로운 사상·사물을 과감하게 수립하다.

【大谱(儿)】dàpǔ(r) 名 ❶ 생각의 대체적인 윤곽. 대체적인 복안. 대체적인 생각. ¶究竟怎么做,心里应该先有个～ | 결국 어떻게 할 것인가는 마음에 먼저 대체적인 복안이 있어야 한다. ❷ 거만한 태도. 방자한 태도.

【大漆】dàqī ⇒[生漆shēngqī]

【大齐】Dàqí 名 〈史〉 대제 [당말(唐末) 황소(黃巢)가 세운 정권]

【大气】dàqì ❶ 名 〈氣〉 대기. 공기. ¶～污染wūrǎn | 대기 오염. ¶～环流huánliú | 대기환류. ¶～折射 | 대기 굴절. ❷ (～儿) 名 큰 숨. ¶他吓得连～也不敢出 | 그는 놀라서 숨조차 크게 쉬지 못하다. ¶跑得直喘chuǎn～ | 뛰어서 줄곧 헐떡거리다. ❸ 形 당당하다. ¶～磅páng礴 | 成 기세가[기백이] 당당하다. ❹ 形 대범하다. ❺ 形 (색깔·모양이) 점잖다. 차분하다. ¶这个颜色很～ | 이 색깔은 매우 점잖다.

【大气层】dàqìcéng 名 〈氣〉 대기층.

【大气候】dàqì·hou 名 ❶ 〈氣〉 대기후. ❷ 대업. 큰 사업. 위업. ❸ 큰 인물. ❹ 喩 국가의 전체적인 정책이나 방침. ¶现在国际社会的～对我们很有利 | 현재 국제사회의 기류가 우리 쪽으로 유리해지고 있다.

4【大气压】dàqìyā 名 〈氣〉 대기압.

【大器晚成】dà qì wǎn chéng 成 대기 만성. 큰 재능(그릇)은 늦게 이루어진다.

【大千世界】dàqiān shìjiè 〈佛〉 대천 세계. 대천계. 끝없이 광활한 세계.

【大前年】dàqiánnián 名 그끄저께. 삼작년(三昨年) 재재작년(再再昨年) 저 재작년→[今jīn年]

【大前提】dàqiántí 名 〈論〉 대전제. ¶以和平为～ | 평화를 대전제로 하다→[三段论]

【大前天】dàqiántiān 名 그끄저께. 재재작일 =[大前儿(个)][江 大前日]→[今jīn天]

【大钱】dàqián 名 〈錢〉 옛날의 동전의 일종 [보통의 동전보다 비교적 크며, 화폐 가치도 높았음] ¶把我说了个大钱也不值 | 나를 한푼 어치도 안되게 비평하였다 =[大个儿钱][簡 大⑦]

【大枪】dàqiāng 名 소총 [「手枪shǒuqiāng」(권총)이나, 기타의 짧은 총과 구별하여 사용함] ¶放～ | 소총을 쏘다. ¶都挎了枪了,有橹子枪有～ | 다 총을 어깨에 메고 있었는데 브라우닝총도 있었고 소총도 있었다.

【大清早(儿)】dàqīngzǎo(r) 名 새벽. 이른 아침. ¶他～就出门了 | 그는 이른 아침에 집을 나섰다 =[大清早起][大清早晨]→[清早(儿)]

【大晴天】dàqíngtiān 名 아주 맑은 날 어법 「晴天」의 강조형. ¶～的怎么会下雨呢? | 이렇게 맑은 날 어찌 비가 오리요?

【大庆】dàqìng 名 ❶ 크게 경하(慶賀)할 일. ❷ 나라의 경사. ¶十年～ | 건국 10주년 제전. ❸ 敬 노인의 탄신일. ¶七十～ | 70회(고희) 생일. ❹ (Dàqìng)〈地〉 대경. ¶～油田 | 대경 유전. 흑룡강성(黑龍江省) 남서부에 있는 유전으로, 1960년부터 채굴했음.

【大秋】dàqiū 名 ❶ 추수의 계절. 가을걷이 철. ¶现在正是～繁忙季节fánmángjìjié | 지금은 한창 바쁜 추수의 계절이다. ❷ 추수. 가을걷이. 가을 수확. ¶收～忙 | 추수하기에 바쁘다. ❸ 가을철 작물.

【大曲】dàqǔ 名 ❶ 정조(正調) ❷ 템포가 느린 곡조. ❸ 〈音〉 대곡 [송대(宋代)의 가곡 이름] ❹ 대곡. 활이름 =[大屈]

【大去】dàqù 書 動 ❶ 한번 가서 다시 돌아오지 않다. ❷ 婉 죽다. 세상을 하직하다. ¶他行将～,早早儿地立下了遺嘱 | 그는 지금 막 세상을 하직하려 하는데 일찌기 유서를 만들어 두었다.

【大权】dàquán 名 ❶ 큰 권력. 큰 권한. 대권. ¶～在握zàiwò | 成 대권을 장악하다. ¶～旁落pángluò | 成 대권이 다른 사람에게 넘어가다. ❷ 국가 통치권.

【大犬座】dàquǎnzuò 名 〈天〉 큰개자리.

【大热天】dàrètiān 名 혹심하게 더운 날.

2【大人】ⓐ dàrén 名 敬 ❶ 대인 군자. ❷ 어르신네. 대인 [부모나 손윗 사람에 대한 존칭. 주로 서신

에 씀] ¶父亲～ | 아버님. ¶令尊～ | 춘부장. 춘부 대인. ❸ 거인(巨人) ¶东海之外…有～之国 | 동해밖에 …거인의 나라가 있다.

[b] dà·ren [名] ❶ 성인. 어른. ¶这是～的事, 小孩儿别管 | 이것은 어른 일이니, 어린아이는 상관하지 말라. ¶小孩儿总比～知道的少 | 어린아이는 아무래도 어른보다 아는 게 적다→〔小孩儿〕 ❷ [書] 각하 [옛날 높은 관직에 있는 벼슬아치나 장관에 대한 존칭]

【大人物】dàrénwù [名] 큰 사람. 거물(巨物) 요인(要人) ¶他称得上是个～ | 그는 거물이라고 칭할 만 하다.

【大肉】dàròu ⇒〔肥féi肉①〕

【大儒】dàrú [名] 대학자. 대유(大儒) ¶他祖父是前清～ | 그의 할아버지는 청조의 대학자이다.

【大撒巴掌(儿)】dàsābā·zhǎng(r) [狀組] ❶ 손을 완전히 떼다. 완전히 손을 놓다. ❷ 내버려두다. 방치하다. 방임하다. ¶要是～地过日子, 无论赚多少钱也剩不下 | 만약 하고 싶은 대로 지낸다면 아무리 돈을 벌어도 남지 않는다. ❸ 결심하고. 결단을 내려서. 과감히. 마음껏. ¶～让农业发展 | 결연히 농업을 발전시키다.

【大扫除】dàsǎochú [名] 대청소. ¶参加～ | 대청소에 참가하다. ¶他们是在拿条帚, 要～ | 그들은 비를 들고 대청소를 하려고 한다. ¶在节前, 要进行一次～ | 명절을 앞두고 한 차례 대청소를 해야 한다.

[3]【大嫂(子)】dàsǎo(·zi) [名] ❶ 큰형수 [맏형의 처에 대한 호칭] ¶～如母 | [成] 큰형수는 어머니와 같다. ❷ [敬] 아주머니. 부인(夫人) [동년배의 부인(婦人)이나 친구의 아내에 대한 호칭] ❸ 부인 [남편이 아내에 대한 호칭] ¶～, 你说哪里话? | 부인, 무슨 말을 하시오?

【大杀风景】dà shā fēng jǐng [成] ❶ 크게 흥을 깨뜨리다. ¶大家唱歌跳舞,正玩得高兴,忽然停电了,真是～ | 모두들 노래부르고 춤을 추며 막 재미있게 놀고 있을 때 갑자기 정전이 되어 흥이 깨졌다. ❷ 정말 살풍경(殺風景)이다.

【大傻瓜】dàshǎguā [名] 바보. 멍청이. 머저리.

[4]【大厦】dàshà [名] 빌딩. 고층 건물. 맨션(mansion) ¶建了许多高楼～ | 많은 고층 건물을 지었다. ¶～千间夜眠七尺 | [諺] 부자는 방이 많은 큰 건물에서 살지만, 밤에 잘 때 필요한 넓이는 보통 사람과 별 차이가 없다.

【大少】[a] dàshǎo [名][俗][台] 둘째 주인. 작은 주인 =〔小老板〕

[b] dàshào ❶ [名] 어른과 젊은이. ❷ ⇒〔大少爷〕 ❸ [名][江] 젊은이.

【大少爷】dàshàoyé [名] ❶ (부잣집의) 큰 도련님. ❷ [貶] 행실 나쁜 부잣집 자제. 탕아. 한량(閑良) ‖ =〔大少shào②〕

【大舌头】dàshé·tou [口] ❶ [名] 긴 혀. ❷ [形] 혀가 잘 돌지 않다. ❸ [名] 혀가 길어, 말이 똑똑하지 않은 사람. ¶～说话不清楚 | 혀기 긴 사람은 말하는 것이 똑똑하지 않다.

【大赦】dàshè ❶ [名] 대사면. ¶实行～ | 대사면을 실시하다. ❷ [動] 대사면하다.

【大婶(儿)】dàshěn(r) [名] ❶ [口] 아주머니 [어머니와 동년배로 나이가 적은 부인에 대한 존칭. 「大嫂」보다는 나이가 위일 경우에 사용함] ❷ [方] 큰숙모.

[1]【大声】dàshēng ❶ [名] 큰 소리. 높은 소리. ¶～疾呼 | (주의를 끌기 위해) 큰 소리로 외쳐 대다. ¶别～说话 | 큰 소리로 이야기하지 마시오. ❷ (dà/shēng) [動] 소리를 크게 내다. ¶大声叫好 | 큰 소리로 좋다고 소리치다. ¶大点声说 | 소리를 좀 크게 내어 이야기하다. ❸ [副] 소리 높이. ¶～喊 | 큰 소리로 외치다.

【大声疾呼】dà shēng jí hū [成] ❶ (주의를 끌기 위해) 큰 소리로 외치다. ¶～地唤醒人们的沉睡 | 큰 소리로 외쳐 사람들의 깊은 잠을 깨우다. ❷ 역설하다 ‖ =〔大声急呼〕

【大失所望】dà shī suǒ wàng [成] 바라던 것이 아주 허사로 되다. 크게 실망하다. ¶小弟今年又没考上大学,全家～ | 동생이 올해 대학입시에서 떨어져 전가족이 크게 실망하고 있다.

【大师】dàshī [名] ❶ 〈佛〉 대사 [승려에 대한 존칭] ¶四溟～ | 사명 대사. ❷ 거장. 대가. 권위자. ¶他是画坛的～ | 그는 화단의 거장이다. ¶戏剧～ | 연극계의 거장.

【大师傅】[a] dàshī·fu [名][口][敬] ❶ 스님. ❷ 직인(職人)에 대한 존칭.

[b] dà·shi·fu [名][口] 요리사. 주방장. =〔厨chú师傅〕

[3]【大使】dàshǐ [名] 대사. ¶互派～ | 대사를 서로 파견하다. ¶～馆 | 대사관. ¶特命全权～ | 특명전권 대사. ¶～馆 | 대사관. ¶～衔xián | 대사급. ¶～级会谈 | 대사급 회담. ¶驻韩国中国～ | 주한 중국 대사. ¶巡回xúnhuí～ | 순회 대사.

【大事】dàshì ❶ [名] 큰 일. 대사. ¶国家～ | 국가대사. ¶终身zhōngshēn～ | 종신 대사. [轉] 혼인. ¶～不糊涂hútú | [成] 큰 일에〔원칙적인 문제에〕 들어서는 시비가 똑똑하다. ❷ [書][名] 부모의 상(喪) ❸ [名] (일반적인) 상황. ¶～不好 | 상황이 좋지 않다. ❹ [書][名] 국가의 전쟁이나 제사. ❺ [書][副] 크게. 대대적으로. ¶～宣传xuānchuán | 크게 선전하다. ¶～谩骂mànmà | 마구 욕질하다.

【大事记】dàshìjì [名] ❶ 년·월·일의 순서에 따라서 한 중대 사건의 기록. ¶学校改革～ | 학교개혁 기록. ❷ (Dàshìjì) 〈書〉 대사기 [송(宋)의 여조겸(呂祖謙)이 지은 책]

【大是大非】dà shì dà fēi [成] ❶ 근본적인 시비(是非)·선악(善惡) 근본적인 문제. ¶～的界限很清楚 | 근본적인 시비의 경계가 아주 명확하다. ¶分清～ | 근본적인 시비·선악을 분명히 가리다. ❷ 정치 원칙에 있어서의 시비. ¶这是两条路线的～的问题 | 이것은 두 노선에 관한 원칙적인 문제다.

【大势】dàshì [名] ❶ 대세 [주로 정치의 형세를 가리킴] ¶跟着大势走 | 대세를 따라가다. ¶～已定 | 대세가 이미 정해졌다. ¶～所趋, 人心所向 | [成] 대세의 흐름과 인심이 지향하는 바 =〔大局〕〔全quán局〕 ❷ 대략의 상황. ❸ 큰 권세.

【大势已去】dà shì yǐ qù [成] 대세가 이미 기울어져 지다. ¶项羽看到～,在乌江自刎而死 | 항우는 대

세가 이미 기울어진 것을 보고 오강에서 자결을 했다.

【大手笔】dàshǒubǐ ❶ 名 대작(大作) 명작(名作) 명저(名著) ¶这可是苏轼的～啊 | 이것은 정말로 소식의 명작이다. ❷ 名 문호(文豪) 이름난 작가. ❸ 名 돈을 물 쓰듯 쓰는 사람. ¶他真是～,花钱一点儿也不在乎 | 그는 돈을 물 쓰듯 쓰는 사람이라 돈 쓰는 것에 대해 조금도 염두에 두지 않는다. ❹ 動 대규모의 사업을 시작하다.

【大手大脚】dà shǒu dà jiǎo 威 ❶ 돈이나 물건을 마구 물 쓰듯 헤프게 쓰다. ¶他～过惯了的 | 그는 돈을 헤프게 쓰는데 습관이 되었다. ¶他挣钱挣得不少,就是因为～,一个子儿也没存下 | 그는 돈을 적지 않게 벌지만, 돈을 물 쓰듯 쓰기 때문에 동전 한 푼도 남지 않았다. ❷ (발육이 좋아) 튼튼하다. ¶这个孩子～的好养活 | 이 애는 발육이 좋아서 기르기 쉽다.

【大寿】dàshòu ❶ 名 100살 되는 생일. ❷ 名 敬 60 또는 80살 되는 생일. ¶六十～ | 회갑.

【大书】dàshū ❶ 名 설화인(說話人)〔강담사(讲谈师)〕의 대본. ❷ 動 1촌(寸) 이상의 크기의 글자로 쓰다. ¶各报纸上～特书了中央军胜利的消息 | 신문마다 중앙군의 승리 소식을 대서특필했다.

【大书特书】dà shū tè shū 威 대서 특필하다. ¶这件事儿值得～ | 이 일은 대서특필할 만 하다.

【大叔】dàshū 名 ㊀ ❶ 아저씨 [부친과 동년배나 나이가 비교적 적은 남자에 대한 존칭] ❷ 큰 숙부(叔父) 큰 삼촌.

【大输】dàshū ❶ 名 대패. ❷ 動 대패하다. ¶我认为日本队是会～的 | 나는 일본팀이 대패할 것이라고 생각한다.

【大蜀】Dàshǔ 名〈史〉대촉(994～995) [중국 북송(北宋) 초에 이순(李順)이 성도(成都)에 세운 나라의 칭호]

【大暑】dàshǔ 名 ❶ 대서. 24절후의 하나→〔节气〕〔二十四节气〕❷ 대단한 더위. 몹시 심한 더위.

【大数】dàshù 名 ❶ 대체적인 수. 대강수. 어림수. ¶只要～不差就行了 | 대체의 수만 틀리지 않으면 된다. ¶～是对 | 대략적인 숫자는 맞다. ❷ 운명. 숙명(宿命) ¶～使然 | 운명이 그렇게 되게 했다. ¶～已尽 | 운명이 이미 다했다→〔大限〕 ❸ 큰 계책. ¶用兵之～ | 용병의 큰 계책.

【大甩卖】dàshuǎimài 動組 헐값으로 막 팔아 치우다. ¶本店清仓～ | 우리 점포에서는 점포정리를 위해 특별할인 판매합니다.

【大帅】dàshuài 名 ❶ 총수(總帥) ❷ 敬 청대(清代)「总督zǒngdū」「巡抚xúnfǔ」를 이르는 말.

【大率】dàshuài ⓧ dàlǜ) 書 副 대체로. 대략. 대충. ¶～如此 | 대충 이와 같다.

【大水冲了龙王庙】dàshuǐ chōng·le lóngwángmiào 歇 큰물이 용왕(龍王)의 사당을 씻어 내려가다. 한 집안 사람도 몰라본다 =〔大水冲了龙王庙,一家人不认得一家人〕

【大顺】Dàshùn 名 명말 농민 혁명의 우두머리 이자성(李自成)이 세운 나라 이름.(1644－1645)

4【大肆】dàsì 副 제멋대로. 함부로. ¶～簧huáng鼓 | 제멋대로 열을 올리다. ¶～用暴力鼓吹无政府主义 | 함부로 폭력을 행사하여 무정부주의를 고취하다.

【大苏打】dàsūdá 名 俗〈化〉티오황산나트륨 =〔大梳shū打〕〔海波hǎibō〕〔硫代硫酸钠liúdàiliúsuānnà〕〔苏打〕

【大蒜】dàsuàn 名〈植〉마늘. ¶腌yān～ | 마늘 절임 =〔方 大蒜头〕〔蒜〕

【大踏步】dàtàbù 副 큰 걸음으로. 활보하며. ¶～地向前迈进màijìn | 큰 걸음으로 앞을 향해 매진하다. ¶向新的科学技术～前进 | 새로운 과학 기술을 향해 큰 걸음으로 전진하다 =〔大岔chà步〕

【大谈特谈】dà tán tè tán 威 서로 실컷 이야기하다. ¶～工具改革 | 도구의 개혁에 대하여 서로 실컷 이야기하다.

【大堂】dàtáng 書 名 ❶ 옛날 관공서의 정청(正廳) 轉 장관. ¶～,二堂 | 장관과 차관. ❷ 법정.

【大…特…】dà…tè… 어법 동일한 동사의 앞에 각각 붙어서 규모가 크거나 정도가 깊음을 나타냄. ¶大书特书 | 대서 특필하다. ¶大错特错 | 크게 틀리다. ¶大演特演 | 대대적으로 공연하다.

【大提琴】dàtíqín 名〈音〉첼로. ¶～师 | 첼리스트→〔小xiǎo提琴〕

4【大体】dàtǐ ❶ 名 대체. 대국. 중요한 이치〔도리〕 ¶不识～ | 중요한 이치를 모르다. ❷ 名 전체. ❸ 副 대체로. ¶我～上同意你的看法 | 나는 대체로 너의 견해에 동의한다 =〔大体上〕

【大天白日】dà tiān bái rì 威 ㊀ 대낮. 백주(白晝) ¶～的,怕甚么! | 대낮에 무엇이 무서운가! =〔白天〕

【大田】dàtián 名 큰 전답. 대단위 전지(田地) [곡물·공업 원료·사료 작물 등을 경작함]

【大田作物】dàtián zuòwù 名組 (수수·밀·옥수수·면화 및 목초(牧草) 등의) 경작 면적이 큰 농작물.

【大厅】dàtīng 名 ❶ 대청. 홀. ¶在～里举行宴会yànhuì | 홀에서 연회를 거행하다. ❷ 법정

【大庭广众】dà tíng guǎng zhòng 威 대중이 모인 공개적인 장소. 대중의 앞. ¶在～面前出丑 | 대중 앞에서 추태를 보이다.

【大同】dàtóng ❶ 名 대동 [예기(禮記) 예운편(禮運篇)에 나타나는 국가와 계급이 없고 사람마다 평등하고 자유로운 이상향을 추구하는 세계관] ¶～社会 | 대동 사회. ¶～境域 | 이상향. ❷ 形 대체로 같다. ¶～小异 | 대동소이하다.

4【大同小异】dà tóng xiǎo yì 威 대동 소이하다. 별 큰 차이가 없다. ¶这两种版本～ | 이 두 판본은 대동소이하다.

【大头】dàtóu 名 ❶ (세상 물정에 어둡고 남에게 잘 속는) 얼뜨기. 봉. 어리석은 호인. 바가지 쓴 사람. ¶拿～ | 봉으로 여기다. ¶价钱虽然买贵了,东西倒是地道,还不算～吧 | 비싸게는 샀지만 물건은 그래도 확실하니까 바가지를 쓴 셈은 아니다 =〔冤yuān大头〕 ❷ 중국 민국(民國) 초의 원세개(袁世凯)의 옆 얼굴이 찍혀 있는 1원짜리 은전 =〔袁yuán(大)头〕 ❸ 가면. 탈. ❹ (～儿) 큰 일. 주요 부분. ¶抓～儿 | 주된 면을 파악하다.

【大头菜】dàtóucài 名〈植〉❶갓의 변종(變種) =〔疙瘩gēdá菜〕〔疙瘩头〕〔根用芥菜〕〔方芥(菜)疙瘩〕〔方芥菜头〕〔咯哒头〕〔方水芥〕 ❷「芜菁」이나「苤piě蓝」또는「甘蓝」과 혼동하여 쓰임 ‖ =〔大头芥〕

【大头鱼】dàtóuyú 名〈魚貝〉대구 =〔鳕xuě鱼〕

【大头针】dàtóuzhēn 名 핀(pin)

【大屠杀】dàtúshā 名 대학살. ¶日寇rìkòu制造了血腥xuèxīng的南京~ | 일본군은 피비린내 나는 남경대학살을 저질렀다.

【大团结】dàtuánjié 名 10원(元)짜리 인민화폐에 대한 애칭.

【大团圆】dàtuányuán 名 ❶전 가족의 단란함. 전 가족의 친목. ❷대단원. 해피 엔딩(happy ending) =〔皆jiē大欢喜〕

【大腿】dàtuǐ 名 대퇴. 넓적다리. 허벅지. ¶~骨 | 대퇴골. ¶~舞wǔ | 라인 댄스. ¶~片piàn | 에로 영화. 색정 영화.

【大晚上】dàwǎn·shang 名 한밤중. ¶~的, 你出门上哪里? | 한밤중인데 너는 어디 나가느냐?

【大王】ⓐ dàwáng 名 ❶대왕. 국왕. 군주. 왕→〔山大shāndài王〕❷거물. 거두. …왕. ¶汽车~福特 | 자동차 왕 포드. ¶煤méi油~ | 석유 왕. ¶钢铁~ | 강철 왕 =〔巨jù子〕❸가장 우수한 사람. …왕. ¶足球~ | 축구 왕. ¶爆破~ | 폭파왕. ¶他成了全班中的故事~ | 그는 반 전체에서 이야기를 가장 잘하는 사람이 되었다. ❹트럼프의 조커(joker) [두 장이 들어 있는데, 색깔이 있는 것을「大王」, 단색의 것을「小王」이라고 함] →〔扑pū克(牌)〕

ⓑ dài·wang 名 대왕 [희곡·소설에서 국왕이나 강도의 우두머리에 대한 칭호]

【大为】dàwéi 書 副 크게. 대단하게. ¶~感动 | 크게 감동하다. ¶~不然 | 전혀 그렇지 않다. ¶他对你~不满 | 그는 너에 대해 아주 불만이다.

【大尉】dàwèi ❶名〈軍〉대위. ❷⇒〔司sī马〕

【大我】dàwǒ 名 ❶書 집단. ¶牺牲xīshēng小我的利益, 服从fúcóng~的利益 | 개인의 이익을 희생하고 집단의 이익에 따르다. ❷〈哲〉〈佛〉대아 ⇔〔小xiǎo我〕

⁴【大无畏】dàwúwèi 區 조금도 두려워하지 않는. ¶~的精神 | 조금도 두려워하지 않는 정신. ¶~的革命气概 | 조금도 두려워 하지 않는 혁명의 기개.

【大五金】dàwǔjīn 名(철판·강관 등의) 각종 큰 금속 재료→〔小xiǎo五金〕

【大西】Dàxī 名 대서 [명(明)말, 농민 반란을 일으켰던 장헌충(張獻忠)이 성도(成都)에 세운 정권 (1643~1646)]

【大西洋】Dàxīyáng 名 대서양. ¶~公约gōngyuē | 북대서양 조약. NATO. ¶~集团jítuán | 북대서양 조약국. NATO가맹국.

【大溪地岛】Dàxīdì dǎo 名 外〈地〉타히티(Tahiti)섬 =〔大赫hè地岛〕

【大喜】dàxǐ ❶ 狀 ⓞ 대단히 기쁘다. ¶您~啦 | 정말 기쁘시겠습니다. ¶在这~的日子里 | 이 대단히 기쁜 날에. ❷(출산이나 결혼을) 축하드립니다. ❸名(출산이나 결혼 등과 같은) 경사. ¶~之事 | 결혼. ¶嫂sǎo夫人~了吗? | 부인께서는 출산하셨습니까? ¶哪天是你们~的日子? | 당신들의 경사가 언제이지요?

【大喜过望】dà xǐ guò wàng 威 기대 이상의 성과에 매우 기뻐하다. 뜻밖의 성과에 크게 기뻐하다. ¶这是我~的事情 | 이것은 나에게 있어 뜻밖의 기쁨이다. ¶我队得冠军真是~ | 우리 팀이 1등을 하여 정말 기쁘다.

【大戏】dàxì 名 ❶가극 =〔戏剧xìjù〕 ¶排演一场~ | 가극을 공연하다. ❷方(중국의) 경극(京劇) =〔京戏jīngxì〕

【大戏院】dàxìyuàn 名 극장.

【大显身手】dà xiǎn shēn shǒu 威 솜씨를 크게 떨치다. 실력을 크게 드러내다. ¶在这种生活中, 她常常~ | 이런 생활속에서 그녀는 늘 솜씨를 크게 발휘한다. ¶只有这块土地, 才是他~的战场 | 이 지역만이 그가 크게 실력을 과시하는 싸움터다 =〔大展身手〕

【大显神通】dà xiǎn shén tōng 威 신통력(神通力)을 크게 발휘하다. ¶这下儿你可以~了 | 이번에는 네가 크게 신통력을 발휘할 수 있을 것이다→〔神shén通〕

【大限】dàxiàn 書 名 사기(死期) 죽음. ¶~将临jiānglín | 죽음이 임박하다. ¶~临头líntóu | 죽음이 임박하다→〔大数②〕

【大相径庭】dà xiāng jìng tíng 威 현저한 차이가 있다. 아주 동떨어지다. ¶他们的意见~, 无法折衷 | 그들의 의견은 아주 동떨어져 있어 절충할 수가 없다. ¶~的观点 | 현저한 차이가 나는 관점.

【大象】dàxiàng 名〈動〉코끼리→〔象①〕

²【大小】dàxiǎo ❶名 어른과 아이. ¶全家~五口 | 어른 아이해서 다섯 식구. ❷名(친족간의) 존비·상하. ¶不分~ | (친족간의) 존비·상하를 가리지 않다. ❸(~儿) 名 크기. ¶这双鞋我穿上~正合适 | 이 신발은 내가 신으니 크기가 꼭 맞는다. ❹名 큰 것과 작은 것. 대소. ¶国家不论~, 应该一律平等 | 국가는 대소를 막론하고 일률적으로 평등해야 한다. ❺名 본처와 첩. ❻副 아무튼. 어쨌든. ¶~是个缺点 | 아무튼 결점이다.

【大小姐】dàxiǎo·jie 名 ❶미혼 여성. ❷큰 따님. 맏 따님→〔小姐〕

【大校】dàxiào 名〈軍〉대령.

【大协作】dàxiézuò 名(생산대·공장 등의) 대규모적인 공동 작업. 대규모적인 협동 생산. ¶各行各业~ | 각 분야 전체에 걸친 대규모 공동 작업.

【大写】dàxiě 名 ❶대문자. ¶~字母 | 대문자. ¶~体tǐ | 대문자체. ❷갖은자.「壹」「贰」「参」「肆」「伍」「陆」「柒」「捌」「玖」「拾」「佰」「仟」등→〔小写②〕❸옛날 외국인 상점에서 일하는 수석 서기.

【大写特写】dà xiě tè xiě 威 대서 특필(大書特筆)하다. ¶这件事儿不值得~ | 이 일은 대서 특필할 만 한 것이 못된다.

【大兴】dàxīng ❶動 크게 일으키다. ¶~协作之风 | 협력하는 기풍을 크게 일으키다. ¶~调查研究之风 | 조사·연구의 풍조를 크게 일으키다. ❷(Dàxīng) 名 대흥 [동진(東晋) 원제(元帝)의

연호(年號), 318～321]❸ (Dàxīng) 名〈地〉대흥[북경시(北京市)의 현(縣) 이름]

【大兴土木】dà xīng tǔ mù 成 건설공사를 대대적으로 벌이다[주로 집을 짓는 것을 가리킴] ¶他们~,铺张浪费 | 그들은 건설공사를 대대적으로 벌려 낭비만 일삼고 있다.

【大猩猩】dàxīng·xing 名〈動〉고릴라.

【大刑】dàxíng 書 名 ❶ 중형(重刑) 참혹한 형벌. ¶动~问供 | 고문을 하여 진술(자백)을 받다. ❷ 참혹한 형구(刑具)

【大行星】dàxíngxīng 名〈天〉대행성. 대혹성.

2【大型】dàxíng 區 대형. ¶~歌剧gējù | 대형가극. ¶~彩色cǎisè记录片 | 장편 컬러 기록 영화. ¶~企业qǐyè | 대기업. ¶~运输机yùnshūjī | 대형 수송기. ¶~音乐会yīnyuèhuì | 대형 음악회.

【大型积体】dàxíngjítǐ 名〈電算〉대규모집적회로(LSI) ¶~电路 | 대규모집적회로.

【大姓】dàxìng 名 ❶ 명족(名族) 권문 세가(權門勢家) =〔大宗③〕❷ 흔한 성. (장(張)·왕(王)·이(李) 등의) 대성. ❸ 敬 당신의 성함(姓銜) =〔贵guì姓〕

【大幸】dàxìng ❶ 名 아주 큰 행운. ¶爸爸健康,这是我家的~ | 아버지께서 건강하신 것은 우리 집의 크나 큰 행운이다. ❷ 書 動 총애하다. 큰 총애를 받다.

【大熊猫】dàxióngmāo 名〈動〉자이언트 팬더(giant panda) 팬더 =〔大猫熊〕〔猫熊〕

【大熊座】dàxióngzuò 名〈天〉대웅좌. 큰곰자리 =〔大熊星座〕

【大修】dàxiū ❶ 名 분해 수리. 대수리. 오버홀(overhaul) ❷ 動〈機〉분해 수리하다. 대수리하다. 오버홀(overhaul)하다. ¶这辆车得děi~了 | 이 차는 오버홀 해야겠다.

【大选】dàxuǎn 名 ❶ 대통령 선거. ¶快要进行总统zǒngtǒng~了 | 곧 대통령선거를 실시한다. ❷ 총선거→〔普pǔ选〕

1【大学】dàxué ❶ 名 대학. ¶~教授 | 대학교수. ¶综合~ | 종합대학. ¶~校长 | 총장. ❷ (Dàxué) 名〈書〉대학. ❸ 動 크게 배우다〔학습하다〕 ¶~政治理论 | 정치 이론을 크게 학습하다.

【大学生】a dàxuéshēng 名 대학생.

b dà xué·sheng ❶ 큰 학생. 나이 먹은 학생. ❷ 方 나이가 비교적 많은 남자아이.

【大学院校】dàxué yuànxiào 名組 종합대학과 단과대학. 4년제 대학과 전문대학.

【大雪】dàxuě 名 ❶ 대설. 장설(壯雪) ¶下xià~ | 큰 눈이 내리다. ❷ 대설. 24절기의 하나.

【大循环】dàxúnhuán 名〈生理〉대순환 =〔体tǐ循环〕

【大牙】dàyá 名 ❶ 어금니. ❷ 앞니. 문치. ¶笑掉了人的~ | 몹시 우습다. 우스워 죽겠다.

【大雅】dàyǎ 名 ❶ 書 대아. 몹시 우아함. ❷ (Dàyǎ) 〈書〉대아 [시경(詩經) 육의(六義)의 하나] ❸ 대아. 군자(君子) 바르고 품격이 높은 사람 [문인·학자가 서로 높여 일컫는 말]

【大雅之堂】dàyǎ·zhitáng 名組 고상한〔우아한〕자리. ¶不登~ | 고상한 자리에 내놓을 만한 것이 못된다.

【大烟】dàyān 名 아편. ¶~瘾yǐn | 아편 인. ¶抽~ | 아편을 피우다 =〔雅yā片(烟)〕〔阿ā片〕

【大烟鬼】dàyānguǐ 名 아편 중독자. 아편쟁이.

【大言不惭】dà yán bù cán 成 큰소리치고는 조금도 부끄러워하지 않다. 뻔뻔스럽게 흰소리를 치다. ¶他~的自居为文化人 | 그는 뻔뻔스럽게 큰소리 치며 문화인이라고 자처하고 있다.

【大盐】dàyán 名 굵은 소금→〔精jīng盐〕

【大眼儿瞪小眼儿】dàyǎnr dèng xiǎoyǎnr 成 서로 눈만 멀뚱멀뚱 바라보고 있다. 눈만 말똥말똥 뜨고 있다. ¶你们别光~,得赶快想个辦法呀! | 서로 눈만 멀뚱멀뚱 바라보고 있지 말고 빨리 방법을 생각해 보아라!

【大眼贼】dàyǎnzéi ⇒〔黄huáng鼠〕

4【大雁】dàyàn ⇒〔鸿hóng雁①〕

【大洋】dàyáng 名 ❶ 대양. 큰 바다. ¶~床 | 해저. ❷ 옛날의「银yín洋」일원(一元)짜리 은화의 이름. ¶~票piào | 옛날의 일원(一元)짜리 지폐. ¶她从腰包里掏tāo出十块~ | 그녀는 허리춤에서 은화 10원을 꺼냈다→〔小xiǎo洋〕

【大洋洲】Dàyángzhōu 名〈地〉대양주. 오세아니아(Oceania) =〔海hǎi洋洲〕

【大摇大摆】dà yáo dà bǎi 成 어깨를 으쓱거리며 걷다. 목에 힘주고 걷다. ¶~地走出门去了 | 어깨를 으쓱거리며 문을 나섰다.

【大要】dàyào 名 대요. 개요(槪要) 요지. 대략. ¶文章的~ | 문장의 대요.

【大爷】a dàyé 名 나리. 나리마님. ❶ 하인이 주인을 높여 이르는 말. ❷ 아랫 사람이 현장(縣長)을 높여 이르는 말. ¶州zhōu~ | 주지사나리. ❸ 돈과 권세 있는 사람을 높여 이르는 말. ¶阔kuò~ | 부자 나리. ¶~作风 | 거만한 태도.

b dà·ye 名 口 ❶ 큰아버지. 백부(伯父) ❷ 아저씨 [연상의 남자에 대한 존칭]

【大业】dàyè 名 ❶ 대업. ¶促进祖国统一的~ | 조국통일의 대업을 촉진하다. ¶建国~ | 건국의 대업. ❷ 심오한 학업〔학문〕.

2【大衣】dàyī 名 외투. 오버코트. ¶外边冷,穿上~出去吧 | 밖이 추우니 외투를 입고 나가시오 =〔大氅〕→〔外wài套(儿)①〕

【大姨(子)】dàyí(·zi) 名 口 처형 =〔姨姐〕→〔小xiǎo姨(子)〕

【大异其趣】dà yì qí qù 成 원래의 취지와 크게 다르다.

3【大意】a dàyì 名 ❶ 대의. ¶~是这样儿 | 대의는 이렇다. ¶段落duànluò~ | 단락의 대의 =〔大义②〕❷ 書 큰 뜻. 대지(大志)

b dà·yi 形 부주의하다. 소홀하다. ¶太~了 | 너무 소홀하다. ¶千万不可粗心~ | 절대로 방심하거나 부주의해서는 안된다 ‖⇔〔小心〕

【大义】dàyì ❶ 名 대의. 정도(正道) ¶深明~ | 대의를 깊이 알다. ❷ ⇒〔大意yì①〕❸ 名 경서(經書)의 요의(要義)

【大义灭亲】dà yì miè qīn 成 국가의 대의를 위해서는 혈친의 사사로운 정도 돌보지 않는다.

【大印】dàyìn 名 국새(國璽) 큼직한 도장. ¶掌~

| 정권을 장악하다.
【大油】dàyóu 名口 돼지 기름. 라드(lard) =〔猪zhū油〕
4【大有可为】dà yǒu kě wéi 成 전도가 매우 유망하다. 큰 일을 이루어 낼 소지가 있다. ¶他这个可造之才,将来一定～ | 그는 무한한 가능성을 지닌 인재로 앞으로 틀림없이 큰 일을 이루어 낼 것이다. ¶淡水养鱼～ | 담수 양어는 유망하다.
【大有人在】dà yǒu rén zài 成 그런 사람은 얼마든지 있다. ¶搞电子的我们这儿可是～ | 전자를 다루는 사람은 우리 이곳에도 얼마든지 있다.
【大有文章】dà yǒu wén zhāng 成 ❶ 그럴만한 사유(事由)가〔사정이〕많다. ❷ 생각해 보지 않으면 안 될 일이 많다. ❸ 큰 보람이 있는 일이다.
【大有作为】dà yǒu zuò wéi 成 능력을 충분히 발휘할 여지가 있다. 크게 이바지할 수 있다. ¶大学毕业生在这工作里～ | 대학 졸업생은 이 일에서 충분히 능력을 발휘할 수 있다.
4【大于】dàyú 動 …보다 크다. …보다 나이가 많다. ¶他～她 | 그는 그녀보다 나이가 많다.
【大鱼吃小鱼, (小鱼吃虾米)】dàyú chī xiǎo yú, (xiǎoyú chī xiā·mi) 諺 큰 물고기가 작은 물고기를 잡아먹고, 작은 물고기가 작은 새우를 잡아먹다. 약육강식(弱肉强食)
【大雨】dàyǔ 名 큰 비. 호우. ¶～倾qīng盆 =〔大雨如注rúzhù〕| 成 큰 비가 억수로 쏟아지다.
【大元帅】dàyuánshuài 名〈軍〉대원수.
【大员】dàyuán 名 ❶ 書 하늘 ❷ 고관(高官) ¶来了一帮军政～ | 군정고관들이 왔다.
【大院(儿)】dàyuàn(r) 名 ❶ 안마당. 뜰. ¶我们三家住一个～ | 우리 세 집은 한 뜰에서 산다 =〔大杂院(儿)〕 ❷ 가도거민위원회(街道居民委員會)의 말단 조직 [「四sì合院儿」과 같이 뜰을 같이하는 네 집이 한 조(組)가 되어 자녀들의 교외 활동·위생·학습·가사(家事) 등의 일을 공동 지도함]
2【大约】dàyuē 副 ❶ 대략. 대강. 얼추. ¶他～有二十五六岁了 | 그는 대략 스물 대여섯 살 되었다. ¶～有多少人参加? | 대략 몇 명 정도가 참가했지? ❷ 아마. 대개는. ¶～今天回不来 | 아마 오늘은 돌아오지 못할 것이다 =〔也许〕‖ =〔方 大约摸〕
【大约摸】dàyuēmō ⇒〔大约〕
【大月】dàyuè ❶ 名 큰 달. 31일이 있는 달. ❷ ⇒〔大尽〕
【大运】dàyùn 名 ❶ 성명가(星命家)에서 10년마다 한 번 바뀐다는 운. ❷ 천명(天命)
【大运河】Dàyùnhé 名〈地〉대운하 [중국 하북성(河北省) 천진(天津)으로부터 절강성(浙江省)의 항주(杭州)에 이르는 운하] =〔京杭运河Jīngháng yùnhé〕〔簡 运河〕
【大杂烩】dàzáhuì 名 ❶ (고기·야채 등의) 잡탕찜. ❷ 喩 잡탕. ¶这篇文章是各种思想的～ | 이 글은 온갖 사상이 뒤섞인 잡탕이다.
【大杂院(儿)】dàzáyuàn(r) 名 여러 집이 한 마당에 모여 사는 한 뜰. 한 울안 [옛날에 주로 빈민(貧民)들이 사는 주거였음]
【大藏经】dàzàngjīng 名〈佛〉불교 경전의 총칭 =〔藏经〕
【大灶(儿)】dàzào(r) 名 ❶ (벽돌로 벽에 붙여 만든) 아궁이. ❷ (공동 취사·집단 급식에서의) 대중 식사 →〔中灶(儿)〕〔小灶(儿)③〕
【大砟】dàzhǎ 名 方 무연탄 =〔无wú烟煤〕
【大战】dàzhàn ❶ 名 큰 전쟁. 대전. ¶世界～ | 세계대전. ❷ 動 크게 싸우다. 생산에 전력 투구하다. ¶～三十回合,不分胜负 | 30회합의 싸움을 치러고도 승부를 가리지 못하다. ❸ 名 생산에 대한 전력 투구.
【大张旗鼓】dà zhāng qí gǔ 成 대대적으로 일을 벌이다. ¶～地进行 | 대대적으로 진행하다. ¶～地宣传 | 대대적으로 선전하다.
【大张挞伐】dà zhāng tà fá 成 ❶ 무력으로 토벌을 하다. ❷ 호되게 폭로·비판하다. ¶对异己分子的言论～ | 이색분자의 주장에 대해 호되게 비판하다. ¶对于浪费现象就是要～ | 낭비현상에 대해 호되게 비판하다.
【大丈夫】dàzhàng·fu 名 대장부. ¶男子汉～怕甚么? | 남자 대장부가 무엇을 두려워 하느냐? ¶～一言为定 | 대장부는 한 입으로 두 말 하지 않는다.
【大旨】dàzhǐ 名 요지(要旨) ¶请你把～说一下 | 요지를 좀 말씀해 주십시오 =〔大指②〕
【大指】dàzhǐ ❶ ⇒〔大拇指〕 ❷ ⇒〔大旨〕
【大志】dàzhì 名 큰 뜻. 대지(大志) ¶立～ | 큰 뜻을 세우다. ¶胸怀～ | 큰 뜻을 품다.
【大治】dàzhì ❶ 名 태평(太平) ¶～之年 | 태평성세(太平盛世) ❷ 動 크게 다스려지다. ¶天下～ | 천하가 크게〔잘〕다스려지다.
3【大致】dàzhì 副 ❶ 대체로. 대강. ¶～和报纸上的消息xiāoxī差不多 | 대체로 신문의 소식과 비슷하다. ¶～地说明一下 | 대강 한 차례 설명하다. ¶意见～一样 | 의견이 대체로 같다. ❷ 대개. 대략. 아마. ¶我把我～的想法告诉大家 | 나의 대략적인 생각을 여러분께 말씀드리겠습니다. ¶看看太阳, ～是十一点钟 | 해를 보니 대략 11시쯤 되었겠다.
【大智大勇】dà zhì dà yǒng 成 슬기롭고 용맹하다. ¶有了这样的～! | 이런 슬기와 용기가 있었다니!
【大智若愚】dà zhì ruò yú 成 ❶ 겉보기에는 어수룩하나 아주 총명하다. ❷ 여문 곡식일수록 더 머리를 숙인다.
3【大众】dàzhòng 名 대중. ¶～传播chuánbō | 대중매체. ¶～电影diànyǐng | 대중 영화. ¶～文学 | 대중 문학. 속문학. ¶～歌曲 | 대중가요. ¶人民～ | 민중.
【大众化】dàzhònghuà ❶ 名 대중화. ❷ 動 대중화하다. ¶语言要～, 别之乎者也的 | 말은 대중화해야지 고문투로 써서는 안된다.
【大轴子】dàzhòu·zi 名〈演映〉중국 전통 경극(京劇)에서 그 날 레퍼토리 중 맨 마지막 상연물 =〔大轴戏〕〔大胄子〕〔压台戏〕
【大主教】dàzhǔjiào 名〈宗〉대주교.
【大著】dàzhù 名 敬 대저. 대작 =〔大作①〕
【大专院校】dàzhuān yuànxiào 名組 簡 대학과 전문학교 [「大学」(종합대학)·「专科学校」(전문학

교)·「学院」(단과대학)에서 한 글자씩 취한 것임]=〔大专学校〕

【大传】dàzhuàn 名 (개인에 관한 것이 아닌) 상세한 전기(傳記)

【大篆】dàzhuàn 名 대전.(한자 서체(書體)의 일종)→〔小篆〕

【大庄稼】dàzhuāng·jia 名 ❶ 주식(主食)으로 하는 작물 [북방에서는 쌀·보리·조·피·수수·옥수수 등을 말하고, 남방에서는 쌀·보리를 말함] ❷ 方 가을에 수확하는 작물→〔大秋dàqiū③〕

【大字报】dàzìbào 名 ❶ 대자보 [중국 인민이 자기 견해를 주장하기 위하여 붙이는 대형의 벽보(壁報) 1957년의 반우파(反右派)투쟁 이래 발전하여, 문화 혁명 중 헌법에 명문화되었다가 제5기「全人代」(80.9)에서 이에 관한 조항을 삭제하였음]→〔墙qiáng报〕 ❷ 큰 글자로 쓴 벽보. 대자보.

3【大自然】dàzìrán 名 대자연. ¶向～挑战tiāozhàn | 대자연에 도전하다.

【大宗】dàzōng ❶ 名 形 거액(의) 대량(의) 다액(多額)(의) ¶～贷款dàikuǎn | 거액을 대출하다. ¶买进～货物 | 대량의 화물을 사들이다. ¶～款项必须存入银行 | 거액의 돈은 반드시 은행에 예금해야 한다. ❷ 名 대종. ¶本地出产以棉花为～ | 이곳 생산물은 면화가 대종을 이룬다. ❸ ⇒〔大姓①〕 ❹ 名 대종. 시조(始祖)의 맏아들에서 이어 내려오는 종가(宗家)

【大总统】dàzǒngtǒng 名 대통령. ¶孙中山～ | 손중산 대통령 =〔外 伯里玺天德bólǐxǐtiāndé〕

【大族】dàzú 名 ❶ 대가족. ❷ 명문(名門)

【大作】dàzuò ❶ ⇒〔大著dàzhù〕 ❷ 動 크게 (행)하다. ❸ 名 큰 일. ❹ 書 動 크게 일어나다. ¶狂kuáng风～ | 광풍이 크게 일다. ¶瘴zhàng疫～ | 전염병이 크게 돌다. ❺ 書 動 토목 공사를 크게 벌리다. ¶～不时, 天降灾jiàngzāi | 토목 공사를 크게 벌린 것이 적당한 때가 아니면 하늘이 재앙을 내린다.

【大做文章】dàzuò wénzhāng 動組 크게 문장을 쓰다. 轉 크게 논진(論陣)을 펴다.크게 문제 삼다. 크게 떠들어대다. ¶对他的错误,你何必如此～? | 그의 잘못에 대해 구태여 이렇게 크게 문제 삼을 필요가 있느냐? ¶对这个问题～ | 이 문제에 대해 대대적으로 논의하다.

B dài

【大城】Dàichéng 名 〈地〉 대성 [중국 하북성(河北省)에 있는 현(縣) 이름]

1【大夫】dài·fu 名 의사. ☞〔大夫〕dàfū b

【大黄】dàihuáng 名 〈植〉 대황.

【大王】dài·wang ☞〔大王〕dàwáng b

·da ㄉㄚ·

【哒】·da ☞ 哒 dā C

【塔】·da ☞ 塔 tǎ B

4【瘩】·da ☞ 瘩 dá B

dāi ㄉㄞ

2【呆〈獃〉】dāi 어리석을 매 주의「呆」는「ái」로 발음하는 경우도 있으나「dāi」로 통일하기로 함. ❶ 形 둔하다. 미련하다. 멍청하다. ¶你真～ | 너 정말 멍청하구나. ❷ 形 어리둥절하다. 무표정하다. ¶她～～地站在那里 | 그녀는 무표정으로 그 자리에 서 있다. ❸ 形 융통성이 없다. 막히다. ❹ 動 머무르다. 체재(滯在)하다. ¶他～了半天 | 그는 한참동안 머물렀다 =〔待dāi〕 ❺ 動 (하는 일없이) 빈둥거리다. 놀다. ¶没一个～着的 | 할 일없이 노는 사람은 하나도 없다. ❻ (～子) 名 멍청이. 얼간이.

【呆板】dāibǎn 形 융통성이 없다. 고지식하다. 생기가 없다. 단조롭다. ¶学数学要多动脑筋nǎojīn, 不要太～ | 수학을 배우는 데는 머리를 많이 써야지, 너무 융통성이 없어서는 안된다. ¶他的表演动作十分～ | 그의 연기 동작은 딱딱하다.

【呆笨】dāibèn 形 ❶ 우둔하다. 미련하다. ¶他心地善良, 虽然有些～, 大家还是很喜欢他 | 그는 마음씨가 선량해서 비록 약간 우둔하지만 모두들 그를 매우 좋아한다. ❷ 얼이 빠져 있다. 멍해 있다. ¶～的眼光 | 초점이 흐릿한 눈. ❸ 서투르다. ¶他手脚灵活,一点也～ | 그는 손이 민첩하여 조금도 서투르지 않다.

【呆不下】dāi ·bu xià 動組 멍하니 있을 수는 없다. 그냥 있을 수 없다. ¶他在那里～了 | 그는 거기서 멍하니 있을 수는 없었다.

【呆痴】dāichī 形 어리석다. 멍청하다. ¶～的神气 | 흐리멍텅한 정신.

【呆呆地】dāidāi·de 副 멍청히. ¶～瞅chǒu甚么啊? | 뭘 그렇게 멍청하게 바라보고 있느냐?

【呆里撒奸】dāilǐ sājiān 動組 외관(外觀)은 바보처럼 보이지만 실은 음험(陰險)하다. ¶你休～, 说长道短, 我手里使不得巧语花言, 帮闲钻懒 | 바보인양 꾸미고 중언 부언 늘어놓지 말라, 내편에서 보면 아첨이나 하게 하고 놀려 두고 거저 밥만 먹일 수는 없는 노릇이다.

【呆气】dāiqì ❶ 名 멍청한 꼴〔태도〕. 무기력한 태도. ¶他有些～ | 그는 멍청한 데가 좀 있다. ❷ 形 멍청하다. 바보스럽다. ¶他看上去太～了 | 그는 너무 바보스럽다.

【呆人有呆福】dāirén yǒu dāifú 諺 바보에게는 바보 나름대로의 행복이 있다.

【呆若木鸡】dāi ruò mù jī 威 무엇에 놀라 얼빠진 사람처럼 멍해 있다. 목석처럼 무표정하다. ¶突然听到母亲去世的消息,他～,不知怎么才好 | 어머니가 돌아가셨다는 소식을 갑자기 듣고 그는 얼이 빠진 채로 어찌해야 좋을 지를 몰라했다.

【呆头呆脑】dāi tóu dāi nǎo 威 멍청하다. 어리벙벙하다. ¶老太太～还在想甚么? | 할머니는 멍하니 아직도 무엇을 생각하고 있지?

【呆小症】dāixiǎozhèng 名 크레틴병(cretinism)

【呆帐】dāizhàng ❶ 名 대손(貸損) ❷ 動 대손(貸損)을 보다 =〔荒huāng帐〕〔挞tà帐〕

【呆怔】dāizhèng 形 멍청하다. 무표정하다. ¶他～

了好一会儿才清醒过来 | 그는 한 동안 정신이 나갔다가 깨어났다.

【呆滞】dāizhì 賦 ❶ 활기〔생기〕가 없다. ¶目光～ | 눈빛이 생기가 없다. ¶两眼～无神 | 두 눈이 흐리멍덩하다. ❷ (시황 등이) 부진하다. 침체하다. 정체하다. ¶避免资金～ | 자금의 침체를 피하다. ¶商业～ | 상업이 부진하다.

【呆住】dāizhù 動 꼼짝 않고 멍하니 있다. ¶能在大学里～就算不错了 | 대학에 쭉 남아 있는 것도 괜찮은 것이다.

【呆子】dāi·zi 名 바보. 머저리. 멍텅구리. ¶他表面上看是个～,可是干起活来又快又好 | 그는 겉으로는 바보 머저리 같지만 일을 하기 시작하면 빨리 잘 처리한다 =〔呆汉〕〔呆人〕

【呔〈呀$_A$嚎$_B$奋$_B$〉】dāi tǎi 야소리 태

Ⓐ dāi 嘆 近 주의를 환기시키거나 행동을 제지할 때 내는 소리. 야! 이봐! [소설·희곡에 흔히 쓰임]

Ⓑ tǎi 動 方 다른 지방 말씨를 쓰다. 사투리를 쓰다.

【待】dāi ☞ 待 dài Ⓑ

dǎi ㄉㄞˇ

4【歹】dǎi 앙상한 뼈 알, 못쓸 대

❶ 形 나쁘다. 악하다. ¶有好有～ | 좋은 것도 있고 나쁜 것도 있다. ❷ 名 악한 일.

【歹斗】dǎidòu ⇒〔歹毒〕

【歹毒】dǎidú 形 方 악독하다. 악랄하다. ¶他为人～, 你得多加防备fángbèi | 그는 사람됨이 악랄하므로 너는 더욱 더 조심해야 한다. ¶他太～了, 没人敢和他交朋友 | 그는 너무 악랄해서 그와 감히 친구로 사귀려는 사람이 없다 =〔歹斗〕

【歹人】dǎirén 名 方 악인(惡人) [일반적으로 강도를 가리킴] ¶怕～乱闯luànchuǎng, 没打三更就上了锁了 | 강도가 난입할까 봐 초저녁에 문을 걸어 잠갔다.

4【歹徒】dǎitú 名 악인. 악당. ¶突然tūrán来了几个～ | 갑자기 악당이 몇 명 들이 닥쳤다.

【歹心】dǎixīn 名 나쁜 마음. ¶起qǐ了～ | 나쁜 마음이 일었다.

【傣】Dǎi 태족 태

名〈民〉태족(傣族) [중국 운남성(雲南省)에 거주하는 소수 민족]=〔洞dòng台〕

【傣剧】Dǎijù 名 태극 [태족(傣族)의 희곡극]

【傣族】Dǎizú 名〈民〉태족 [중국 운남성(雲南省)에 거주하는 소수 민족]→〔泰tài族〕

3【逮】dǎi dài 잡을 체, 미칠 태

Ⓐ dǎi 動 (붙)잡다. 체포하다. ¶猫māo～老鼠shǔ | 고양이가 쥐를 잡다. ¶～住了特务 | 간첩을 붙잡았다→〔逮捕dàibǔ〕

Ⓑ dài ❶ 書 動 미치다. 이르다. ¶力有未～ | 힘이 미치지 못하다. ❷「逮捕」「逮狱」의 경우에 나타나는 이독음(異讀音) ¶～入狱中 | 체포하여 투옥하다.

Ⓐ dǎi

【逮着】dǎizháo 動 ❶ 체포하다. 잡다. ¶～了一只耗子hàozi | 쥐 한 마리를 잡았다. ❷ 발견하다. 찾아내다. ¶他～甚么, 吃甚么 | 그는 찾아 낸 것은 무엇이든지 먹는다.

【逮住】dǎi·zhu 動 붙잡다. ¶他～我不放, 非让我替他打字不可 | 그는 나를 붙잡고 놓아주지 않아 타자를 쳐주지 않을 수가 없었다.

Ⓑ dài

3【逮捕】dàibǔ ❶ 名 체포. ¶～和囚禁qiújìn | 체포와 구금. ¶～证zhèng=〔逮捕状〕| 구속 영장. ❷ 動 체포하다. ¶～法办fǎbàn | 체포하여 의법 처리하다

dài ㄉㄞˋ

1【大】dài ☞ 大 dà Ⓑ

1【代】dài 대신할 대

❶ 動 대신하다. ¶请你～我问候 | 나를 대신하여 안부를 전해주시오. ¶我～你写吧! | 내가 당신 대신 쓰겠소! ¶历史课我～过两个月 | 역사과목은 내가 두 달간 대신 수업을 했다. ❷ 名 (역사의) 대. 시대. ¶现～ | 현대. ¶朝～ | 조대. ❸ (족보의) 대. 세대. ¶下～ | 다음 세대. ❹ 대리(代理) ¶～局长 | 국장 대리. ❺ 名〈地質〉대. ¶古生～ | 고생대. ❻ (Dài) 名 성(姓)

3【代办】dàibàn ❶ 動 대신 처리하다. 대행(代行)하다. ¶～托运tuōyùn | 운송을 대행하다. ¶～业务 | 업무를 대행하다. ❷ 名〈外〉대리 공사(代理公使) 대리 대사(代理大使) ¶临时～ | 임시 대리 공사〔대사〕. ❸ 名 대리자.

【代办所】dàibànsuǒ 名 대리점. 중개점(仲介店) 취급소. ¶储蓄chǔxù～ | 예금 취급소. ¶邮政yóuzhèng～ | 우체국. 우편국 =〔代理处〕

【代笔】dài/bǐ ❶ 動 대필하다. ¶这信由我～ | 이 편지는 내가 대필한다. ❷ (dàibǐ) 名 대필. ❸ ⇒〔代书〕

1【代表】dàibiǎo ❶ 名 대표. 대표자. ¶～们乘火车出发了 | 대표들은 기차를 타고 출발했다. ¶～团 | 대표단. ¶～名额 | 대표자의 정원(定員) ¶双方～ | 쌍방의 대표자. ¶～作 | 대표작. ❷ 動 대표하다. 대신하다. 대리하다. 표시하다. 나타내다. ¶～学生家长感谢您 | 학부모를 대신해서 감사를 드립니다. ¶～时代精神 | 시대정신을 나타내다.

【代表大会】dàibiǎo dàhuì 名組 대표 대회. ¶人民～ | 인민 대표 대회 [중국의 국가 최고 권력 기관. 전국 인민 대표 대회와 지방 각급 인민 대표 대회로 구성됨]

【代步】dàibù 書 ❶ 動 걸음을 대신하다. ¶用自行车～ | 자전거로 걸음을 대신하다. ❷ 動 轉 걷는 대신에 말·자동차 등을 타다. ❸ 名 (말·자동차 등과 같은) 탈 것.

【代拆代行】dàichāi dàixíng 動組 책임자가 부재중(不在中)에 지정(指定)된 사람이 공문서를 개봉하여 사무를 대행하다.

【代偿】dàicháng 名〈醫〉대상(代償)작용. ¶～现象 | 보상현상.

【代词】dàicí 名〈言〉대명사. ¶人称～ | 인칭대명사. ¶指示～ | 지시 대명사. ¶疑问～ | 의문 대

명사 =〔代名词①〕

【代代】dàidài ❶ 名〈植〉등자나무. ¶～花 =〔玳玳dài花〕| 등자나무의 꽃. ¶～茶chá | 등자나무의 꽃을 넣은 차. ❷ 名 대대(代代)

【代电】dàidiàn 名 簡 옛날의 표현이 간략한 전문식(電文式)의 공문(公文) [긴급을 요하는 사항일 경우 대개 속달 편으로 보낸 데서「快邮代电kuài-yóudàidiàn」이라고도 칭함]→〔快信〕

【代沟】dàigōu 名 세대차(世代差) ¶两代人之间存在很深的～ | 두 사람 사이에는 아주 큰 세대차이가 있다.

【代购】dàigòu 書 ❶ 名 대리 구입. ❷ 動 대리 구입하다. ¶这个商店由他～ | 이 상점은 그가 대리 구입했다. ¶～代销店dàixiāodiàn | 구판대리점(購販代理店)

【代管】dàiguǎn 書 動 대신 관리하다〔돌보다〕.

4【代号(儿)】dài/hào(r) ❶ 動 부호로 하다. ❷ (dà-ihào(r)) 名 (부대·기관·공장·상품·도량형 단위 등과 같이) 정식 명칭을 대신하는 부호. 약호.

3【代价】dàijià 名 ❶ 書 물건 값. 대금(代金) ¶～券 | 구입권(購入券) ❷ 대가(代價) ¶付出～ | 대가를 치르다. ¶用最小的～办最多的事情 | 가장 작은 대가로 가장 많은 일을 하다.

【代金】dàijīn ❶ 名 대금. ❷ 動 대금을 지불하다.

【代课】dài/kè ❶ 動 대신 강의〔수업〕하다. ¶张老师病了,今天你给代一下课吧 | 장 선생님이 아프니 오늘 당신께서 강의를 대신 좀 하십시오. ❷ (dàikè) 名 대리 강의〔수업〕. 대강(代講)

【代劳】dàiláo 動 ❶ 대신 수고해 주십시오. ¶你～辛苦xīnkǔ一趟, 打听打听, 行不行? | 수고롭겠지만 대신 한 번 가서 물어봐 주시는 것이 어떻습니까? ¶这件事就请你～了 | 이 일은 당신이 대신 수고 좀 해 주십시오. ❷ 대신 일하다〔수고하다〕 ¶这事由我～吧! | 이 일은 제가 대신 하겠습니다. ¶先生肯～我就感谢不尽了 | 당신이 대신 수고해 주시겠다니 고맙기 이를 데 없습니다.

3【代理】dàilǐ ❶ 動 대리(代理)하다. 대행(代行)하다. 어법 술어로 쓰이며 목적어나 보어를 동반하기도 함. ¶～校长 | 교장직을 대행하다. ¶由他～十天 | 그가 십일간 대행하다. ¶让他～我去 | 그를 내 대신 가게 하다. ❷ 名 대리. ¶作为～委员长出席 | 위원장 대리로서 출석하다. ¶～处 | 대리소. 대리 사무소. 대리기관. ¶～权 | 대리권. ❸ 名 대리자. 대행자.

【代理人】dàilǐrén 名 ❶ 대리인. 에이전트(agent) =〔代办人〕〔经理人〕→〔代理商〕 ❷〈法〉(법정) 대리인. ❸ 앞잡이. 부하.

【代理商】dàilǐshāng 名〈商〉대리상. ¶他当上了～ | 그는 대리상이 되었다. ¶总zǒng～ =〔总经理②〕〔独dú家经理〕| 총대리인. 총대리점 =〔代办商〕〔经理③〕→〔代理人①〕

【代领】dàilǐng 動 대신 받다. 대신 인수하다. 대신 수령(受領)하다. ¶～奖学金jiǎngxuéjīn | 장학금을 대신 수령하다. ¶如委托wěituō他人～, 应有委托证明 | 남에게 위탁해서 수령하면, 위탁 증명이 있어야 한다.

【代脉】dàimài 名〈漢醫〉간격이 긴 맥박.

【代名词】dàimíngcí 名 ❶〈言〉대명사 =〔代词〕 ❷ 대명사. ¶诸葛亮Zhūgéliàng在民间传说中成了智慧zhìhuì的～ | 제갈량은 민간 전설에서 지혜의 대명사가 되었다.

【代庖】dàipáo 書 動 대신 일하다. 대행하다. ¶越俎yuèzǔ～ | 成 월권 행위를 하다. ¶这事在下无法～了 | 이 일은 제가 대실 할 수 없겠습니다.=〔庖代〕

【代乳粉】dàirǔfěn 名 분유 대용품. 대용분유→〔奶nǎi粉〕

【代收】dàishōu 動 대신 받다. 대신 수령하다. 대신 접수하다. ¶～货价huòjià | 물품 대금을 대신 받다.

【代售】dàishòu ❶ 書 名 대리 판매. 위탁 판매. ❷ 書 動 대리 판매하다. 위탁 판매하다. ¶～店 | 대리 판매점. ¶～人 | 대리 판매인. ¶～处chù | 대리 판매소 =〔代销〕

【代书】dàishū ❶ 名 대서. ¶～人 =〔代书的〕| 대서인. 대서사. ¶～房 | 대서소 ❷ 動 대서하다. ¶请人～ | 다른 사람에게 대서해 달라고 부탁하다 =〔代笔③〕〔代字〕

4【代数】dàishù 名 ❶ 簡〈數〉대수. 대수학(代數學) ¶～方程 | 대수 방정식. ¶～根 | 대수의 근. ¶～和 | 대수합(大數合) ¶～式 | 대수식. ¶～学 | 대수학. ❷ 세대(世代)의 수효. 대수(代數)

2【代替】dàitì 動 대신하다. 대체하다. 어법 술어로 쓰이며 목적어나 보어를 동반함. ¶你～他当主席吧! | 당신이 그를 대신하여 주석을 맡아 주세요! ¶他不能去,你～他去一趟吧! | 그가 갈 수 없으니 당신이 대신하여 가 주세요! ¶用国产品～进口货 | 국산품으로 수입품을 대체하다. ¶准备zhǔnbèi～的方案fāngàn | 대체 방안을 준비하다. ¶机械j-īxiè～人力 | 기계가 인력을 대신하다. ¶你去～一下他 | 네가 가서 그를 대신해라. ¶彼此不能～ | 서로 대신해 줄 수 없다 =〔替代〕

【代为】dàiwéi 書 動 대신…하다. ¶可由我公司～推销tuīxiāo | 우리 회사에서 대신 인수하여 판매할 수 있다. ¶～办理bànlǐ | 대신 처리하다. ¶～保管bǎoguǎn | 대신 보관하다.

【代销】dàixiāo ⇒〔代售〕

【代谢】dàixiè ❶ 名 신진 대사(新陳代謝) 신구 교대. ¶～作用 | 대사작용. ❷ 動 신구 교대(新舊交代)하다. 신진대사를 하다.

【代序】dàixù 書 ❶ 動 차례로 바뀌다. 순서대로 교체하다 =〔代叙〕 ❷ 名 대서. 머리말을 대신하는 글. ❸ 動 대서하다. 서(序)에 대신하다.

【代言人】dàiyánrén 名 대변인. 대변자. ¶在野黨的～ | 야당 대변인. ¶他充当了侵略者的～ | 그는 침략자의 대변자가 되었다.

【代议制】dàiyìzhì 名 대의 제도. ¶～机构 | 대의제 기구 =〔议会制yìhuìzhì〕

【代用】dàiyòng 區 대용의. ¶～地图 | 대용 지도. ¶～材料 | 대용 재료. ¶～品 | 대용품.

【代字号】dàizìhào 名〈印出〉파상 기호(波狀記號) 파형(波形)대시.「～」.

【岱】Dài 태산 대

名〈地〉태산(泰山)의 다른 이름. ¶～宗 =〔岱山〕| 태산.

【玳〈瑇〉】dài 대모 대
⇒〔玳瑁〕

【玳瑁】dàimào 名 ❶〈動〉대모［거북의 한 종류］ ❷대모갑(玳瑁甲) 대모. ¶～边的眼镜｜대모테 안경. ¶～镯zhuó｜대모 팔찌.

4【贷(貸)】dài 빌릴 대
❶動(돈을) 빌다. 빌리다. 빌려주다. 대출하다. ¶向银行～款kuǎn｜은행 대부를 받다. ❷動 너그럽게 보아주다. 용서하다. ¶决不宽～｜成 결코 너그럽게 보아주지 않다. ❸書動(책임·죄 등을) 전가하다. ¶责无旁zéwúpáng～｜책임을 남에게 전가하지 않다. ❹名 대부금. ¶农～｜농업 대부금. ❺名〈商〉(부기의) 대변(貸邊)

【贷方】dàifāng 名〈商〉(부기의) 대변(貸邊)＝〔付方〕→〔借jiè方〕

4【贷款】dài/kuǎn ❶動 대부하다. 대출하다. 차입하다. ¶为了买房子, 他向银行～｜그는 집을 사기 위해서 은행에서 돈을 대출했다. ❷(dàikuǎn) 名 대부금. 대여금. 차관(借款) ¶外滙wàihuì～｜외화 차관. ¶银行yínháng～｜은행 융자. ¶生活～｜생활 대여금. ¶长期～｜장기대부. ¶活期～｜당좌 대부. ¶信用～｜신용 대부.

【贷粮】dàiliáng 動 식량을 대여하다.

2【袋】dài 자루 대
❶(～儿) 名 자루. 주머니. ¶草～｜가마니. ¶米～｜쌀자루. ¶旅行～｜여행용 배낭. ¶衣～｜호주머니. ❷量 ⓐ (～儿) 자루. 포대［자루나 포대에 넣은 물건을 세는 단위］ ¶一～米｜쌀 한가마니. ⓑ 대［담배를 세는 단위］ ¶抽一～烟｜담배 한대를 피우다.

【袋茶】dàichá 名(1인분의 차를 넣은) 봉지 차. 티백［뜨거운 물을 부으면 차가 됨］ ¶～冲泡很方便｜봉지차로 차를 타면 아주 간편하다.

【袋鼠】dàishǔ 名〈動〉캥거루＝〔大dà袋鼠〕

【袋装】dàizhuāng ❶動 봉지에 넣다. ¶这些糖果必须马上～｜이 사탕은 바로 봉지에 넣어야 한다. ❷名形 봉지 들이(의) ¶～花生米｜봉지(에넣은) 땅콩 알. ¶～奶粉｜봉지분유.

【袋子】dài·zi 名 ❶江 상의(上衣)의 호주머니. ❷주머니. 봉지. 자루. 포대. ¶面～｜밀가루 포대.

【黛〈黱〉】dài 눈썹먹 대
名 ❶눈썹 먹［옛날에 여자들이 눈썹을 그리던 화장품］ ¶粉fěn～｜백분(白粉)과 눈썹. 轉 미인. ❷書 여자의 눈썹. ❸〈色〉검푸른 색.

【黛绿】dàilǜ 書名 ❶(산이나 숲의) 검푸른 빛. ¶深秋的树林, 一片～, 一片金黄｜늦가을의 숲은 한 쪽이 검푸른가 하면 한 쪽은 황금 빛이다. ❷喻 미인(美人)

【黛青】dàiqīng 名〈色〉짙은 청색.

【甙】dài 배당체 대
名〈化〉배당체(配糖體) 글루코 사이드［「苷gān」이라고도 함］＝〔配糖物〕〔配糖体〕〔糖苷gān〕

2【待】dài dāi 기다릴 대, 대접할 대

Ⓐ dài ❶動 기다리다. ¶急不可～｜급해서 기다릴 수 없다. ¶～候hòu｜기다리다. ❷動(사람을) 대하다. 대우하다. ¶他～人很厚道hòudào｜그는 사람들을 너그럽게 대한다. ❸動 접대하다. ¶慢～｜대접을 소홀히 하다. 대접을 잘못하다. ¶这菜是准备～客的｜이 음식은 손님을 접대하기 위해 준비한 것이다. ❹動 필요하다. ¶自不～言｜두말할 필요가 없다. ❺能 近(막) …하려고 하다. ¶～问他时, 他已去了｜그에게 물어보려고 했을 때 그는 이미 가버렸다. ¶～说不说｜말하려고 하다가 그만두다.

Ⓑ dāi 動 口 머물다. 체류하다. ¶～了三年｜3년간 체류했다. ¶你打算在中国～多久? ｜중국에 어느 정도 체류하실 생각이십니까?→〔留liú①〕〔住zhù①②〕

Ⓐ dài

【待毙】dàibì 書動 죽음을 기다리다. ¶束手shùshǒu～｜꼼짝 못하고 죽음을 기다리다.

【待查】dàichá 書動 조사할 필요가 있다 조사를 기다리다. ¶引文出处～｜인용문의 출처는 조사할 필요가 있다.

【待承】dài·cheng 動 대접하다. 돌보아 주다. 대우하다. ¶没有好～, 您多包涵bāohán吧｜좋은 대접도 못해 드린 것, 널리 양해해 주십시오＝〔待称〕

【待机】dàijī 動 시기〔기회〕를 기다리다. ¶～而动｜기회를 기다려 행동에 옮기다.

【待价而沽】dài jià ér gū 成 값이 오를 때를 기다려 팔다. 출세할 기회를 기다리다. 등용해줄 때를 기다리다. ¶他留着这些宝贝,打算～呢｜그는 이 보물들을 남겨두어 값이 오를 때를 기다리고 있다.

【待考】dàikǎo 動 ❶고려할 필요가 있다. 조사검토를 요하다. ¶这个还～｜이것은 아직 조사검토를 해야한다. ❷시험을 기다리다.

【待命】dàimìng 書動 명령을 기다리다. ¶请在原地～｜원래 위치에서 명령을 기다리시오.

【待人接物】dài rén jiē wù 成 사람·사물을 대하는 태도. ¶～要讲究一个"诚"字｜사람이나 사물을 대할 때는 "진실함"을 소중히 해야 한다.

4【待业】dàiyè 動 취업을 기다리다. 어법 술어로 쓰이며 일반적으로 보어를 동반함. 보어는 수량사나 전치사구로 충당됨. ¶毕业bìyè后, 考不上研究生, 便在家～了｜졸업후 대학원 시험에도 낙방하고 집에서 취업을 기다리고 있다. ¶她～多年, 最近才有了个工作｜그녀는 여러 해 동안 취업을 기다렸는데 최근에서야 일이 생겼다.

3【待遇】dàiyù ❶名(봉급·급료·보수·권리·지위 등의) 대우. 취급. ¶～很低｜대우가 매우 낮다. ¶提高tígāo～｜급여를 올리다. ¶平等～｜평등한 대우. ¶政治～｜정치적 대우. ¶物质～｜물질적인 대우. ¶周到的～｜세심한 대우. ❷動 대우하다. 어법 술어로 쓰이며 일반적으로 목적어를 동반함. ¶不再拿一般社员～他了｜더 이상 그를 일반사원으로 대우하지 않는다. ¶不管对哪一方都要平等～｜어느 쪽이든 모두 평등하게 대우해야 한다.

【待字】dàizì 書動 혼인을 기다리다. 처녀가 과년하도록 약혼을 하지 않고 있다. ¶他还有一个小女儿

～呢｜그에게는 아직 과년한 딸이 있다＝〔待年〕
[B] dāi

【待不住】dāi ·bu zhù [動組] 한 자리에 오래 머물지 못하다. 한 곳에 붙어 있지 못하다. ¶一天到晚老～｜하루 온종일 한 곳에 붙어 있지를 못한다⇔〔待得住〕

【待(一)会儿】dāi(yī)huìr [副] 이따가. 잠시 후에. ¶这事不急, ～再说｜이 일은 급하지 않으니 이따가 다시 얘기하자＝〔等(一)会儿〕

4【怠】dài 게으를 태
❶ [形] 나태하다. 게으르다. ¶懈xiè～｜해이하고 태만하다. ❷ [形] 피로하다. 싫증나다. ¶倦juàn～｜권태증을 느끼다. ❸ [書][動] 소홀히 하다. 태만히 하다. ¶～于听断｜판단을 내리는데 소홀히 하다.

【怠傲】dàiào ⇒〔怠惰〕

【怠惰】dàiduò ❶ [書][名] 게으름. ¶～者｜게으른 사람. ❷ [形] 게으르다. ¶这个人很～, 甚么也不干｜이 사람은 너무 게을러서 아무것도 아지 않는다. ＝〔怠傲ào〕

【怠耕】dàigēng [動] 농사를 게을리 하다.

4【怠工】dài/gōng ❶ [動] 태업(怠業)하다. 사보타즈(sabotage;프)하다. ❷ (dàigōng) [名] 태업. 사보타즈. ¶各处的铁路工人怠罢工, 煤矿工人也实行～, 罢工｜각지의 철도 노동자들은 태업·파업하고 광산 노동자도 태업과 스트라이크에 들어갔다 ‖ →〔旷kuàng工〕〔罢bà工〕〔劳动争议〕〔磨洋工móyánggōng〕

【怠倦】dàijuàn [書][動] 진절머리가 나다. 싫증내다. ¶坚守岗位不敢～｜보초를 서는 것을 싫증내어서는 안된다.

4【怠慢】dàimàn [動] [어법] 술어로 쓰이며 목적어나 보어를 동반하기도 함. ❶ 태만히 하다. 등한시 하다. 소홀히 대하다. ¶我什么时候～过你?｜내가 언제 너를 소홀히 대한적이 있었느냐? ¶您吩咐fēnfù我的事怎敢～?｜분부하신 일을 어찌 등한히 하겠습니까? ¶不可～｜태만해서는 안된다. ❷ 푸대접하다. 냉대하다. ¶别～了客人｜손님을 푸대접하지 말라. ❸ [套] 대접이 소홀했습니다. 푸대접했습니다. ¶今天真是～了你, 请多多包涵｜오늘은 정말 대접이 소홀해서 죄송합니다.

【迨】dài 미칠 태, 이를 태
[書] ❶ [動] (시기에) 이르다. 도달하다. ¶～明天续谈｜내일 다시 의논합시다. ¶出国～一月矣｜출국한지 한 달이 되었다. ❷ [介] (…의 기회를) 틈타서. …을 이용하여. ¶～其未渡dù河而击jī之｜그들이 아직 강을 건너지 못한 틈을 타서 격파하다＝〔趁着chènzhe〕

【迨今】dàijīn [書][副] 지금까지. 오늘까지. ¶～未来｜지금까지 오지 않았다.

【绐(紿)】dài 속일 태
[書][動] 속이다. 기만하다. ¶～言｜속여 말하다.

【骀】dài ☞ 骀 tái [B]

【殆】dài 위험할 태
[書] ❶ [形] 위험하다. 위태롭다. ¶危wēi～｜위태롭다. ❷ [形] 피곤하다. 기진하다. ¶车～马烦mǎfán｜수레와 말이 다 기진 맥진하다. ❸ [副] 거의. 대개. 대체로. ¶～至一载zǎi｜거의 1년이 되어간다. ¶～不可得｜거의 얻을 수 없다. ❹ [副] 겨우. 간신히. ¶～存而已｜간신히 남아 있을 뿐이다. ❺ [動] 접근하다. (막) …하려 하다. ¶死亡～尽｜죽음이 임박하다. ❻ [動] 두려워하다.

【殆尽】dàijìn [書][動] 거의 다하다. ¶弹药消耗dànyàoxiāohào～｜탄약 소모가 거의 다 되었다.

【殆死不活】dàisǐ bùhuó [書] 반은 죽고 반은 살다. 거의 죽게 되다. 빈사 상태가 되다.

1【带(帶)】dài 띠 대, 데릴 대
❶ (～儿) [名] 띠. 벨트. 테이프. ¶皮pí～｜가죽 벨트. ¶鞋xié～｜신발끈. ¶腰yāo～｜허리 띠. ¶录音～｜녹음 테이프. ❷ [名] 타이어. ¶车～｜자동차 타이어. ¶自行车～｜자전거 타이어. ❸ 지대(地帶) 지역. ¶亚热yàrè～｜아열대. ¶温wēn～｜온대. ¶热rè～｜열대. ❹ 〈醫〉 대하증 [부인병의 일종] ¶白～下｜백대하증. ¶红～下｜적대하증 ❺ [動] (몸에) 지니다. 휴대하다. ¶～雨伞去｜우산을 가지고 가다. ¶我没有～钱｜나는 돈을 지니고 있지 않다. ❻ [動] (…한 모양을) 띠다. 나타내다. 가지다. ¶面～愁容｜얼굴에 근심하는 빛이 있다. ¶微～红色｜약간 붉은 빛을 띠다. ❼ [動] (시계·안경 등을 몸에) 지니다. 달다. 쓰다. ¶～手表biǎo｜시계를 차다. ¶～眼镜｜안경을 쓰다. ❽ [動] 인솔하다. 데리고 다니다. 이끌다. ¶～小孩儿上外婆家去｜아이를 데리고 외할머니 댁에 가다. ❾ [動] (…하는) 김에 …하다. (인편에) 전하다. ¶上街时给～点茶叶来｜시내에 나간 김에 찻잎을 좀 사다 주세요. ❿ [動] 붙어있다. 부대(附帶)하다. 곁들여 하다. ¶～叶的苹果｜잎이 붙어있는 사과. ¶他们书店里～卖文具｜저 책방에서는 문방구도 곁들여 팔고 있다. ⓫ [動] (…에) …까지를 더하다. …까지 겹쳐 하다 [「连」과 연용됨] ¶连老师～学生共有一百｜선생님과 학생까지 모두 100명이다. ¶连房～饭一包在内｜방세에 식대도 포함한다. ⓬ [動] 끌어당기다. 걸리다. ¶～上门｜문을 당기시오. ⓭ [動] 보살피다. 돌보다. ¶～孩子｜아이를 돌보다. ⓮ [動] 솔선하여 지도하다. 발동시키다. ¶他这样一来, ～得大家都勤快了｜그가 이렇게 하자 모두 발동되어 부지런해졌다→〔带动①〕〔调diào动②〕

【带班(儿)】dài bān(r) [動] ❶ 분대·반을 이끌다. 그룹을 지도하다. ¶今夜排长páizhǎng亲自～｜오늘 저녁에는 소대장이 직접 대원을 이끌고 간다. ❷ (각 직장에서) 근무의 지도를 맡다.

【带兵】dài bīng ❶ 군대를 인솔하다. ¶他带过兵, 打过仗｜그는 병사들도 이끌어 보았고 전쟁도 치러 보았다. ¶～的｜대장. 지휘관. ❷ 무기를 휴대하다.

【带病】dài bìng 병중(病中)임에도 불구하고. 병(病)을 무릅쓰고. 앓는 몸으로. ¶他～来上课｜그는 병중임에도 불구하고 수업하러 왔다.

【带操】dàicāo [名] 〈體〉 (신체조의) 리본 체조. ¶今天由李老师～｜오늘은 이선생님이 리본 체조

를 한다.

【带刺儿】dài/cìr 動 (말에) 가시가 있다. 가시 돋친 말을 하다. ¶话中～,叫人听着不舒服 | 가시 돋친 말을 하여 듣기가 거북하다.=〔放fàng刺儿〕

【带大】dàidà 動 (아이를 슬하에서) 키우다.

【带电】dài/diàn 〈物〉❶動 전기를 띠다. ¶～体 | 대전체. ¶～导线dǎoxiàn | 활선(活線) ¶～作业 zuòyè | 활선 작업. ❷(dàidiàn) 名 대전(帶電)

3【带动】dàidòng 動 ❶ 인도하다. 이끌어가다. 대동하다. 선도하다. 어법 술어로 쓰이며 목적어를 동반함. 명사로 활용되기도 함. 일반적으로 사람의 활동을 표시할 때 사용됨. ¶文艺革命～了地方戏剧xìjù的改革 | 문예혁명은 지방극의 개혁을 선도했다(촉진시켰다) ¶～全局 | 전체적인 국면을 이끌어 나가다. ¶一人～十人 | 한 사람이 열 사람을 움직이게 하다. ¶先进～后进 | 앞선 자가 뒤진 자를 이끌어가다. ¶在班长的～下,我们提前完成了任务 | 우리는 반장의 선도하에 임무를 조기에 완성했다. ❷(동력을 전달하여) 움직이게 하다. ¶用电～机器 | 전기로 기계를 움직이다. ¶小火轮～着七八只木船向前驶去 | 작은 기선이 목선 7,8척을 끌고 앞으로 나아가다. ¶机车～货车 | 기관차가 화물차를 끌다.

【带队】dài duì 動 대열을 인솔하다. 대열을 거느리다. ¶这次去农村调查由校长亲自～ | 이번 농촌 조사는 교장선생님이 직접 대열을 인솔했다.

【带分数】dàifēnshù 名〈數〉대분수.

【带坏】dàihuài 動 나쁜 영향에 물들다. 같이 나쁘게 물들다. 덩달아 나빠지다. ¶许多学生被这种作风～了 | 많은 학생들은 이러한 기풍에 같이 물들어 나빠졌다.

4【带劲】dàijìn 形 ❶ 재미가 있다. 신이 나다. ¶下象棋很～, 咱们不去游泳yóuyǒng了 | 장기 두는 것은 재미있어 수영하러 가지 않는다. ¶甚么时候我也会开汽车, 那才～呢 | 언제 나도 자동차 운전을 할 수 있게 되면, 정말 신이 날거야. ❷(～儿) 힘이 있다. 원기가 좋다. ¶他干起活来可真～ | 그가 일하는 것은 정말 힘이 있다. ❸ 격렬해지다. 고조에 달하다. ¶会开得可～呢 | 회의가 격렬해지고 있다.

【带菌】dài/jūn 動 병균을 갖고 있다. ¶～者 | 보균자.

【带来】dài·lái 動 가져오다. 가져다주다. ¶～了一个小女孩 | 여자 아이를 데리고 왔다. ¶希望新年会给你们～繁荣和幸福 | 새해에는 너희들에게 번영과 행복이 함께 하기를 바란다.

【带累】dàilěi 動 연루되다. 말려들다. ¶这件事把他也～了 | 이 사건은 그 사람도 말려들게 했다 →〔连lián累〕

3【带领】dàilǐng 動 ❶ 데리다. 안내하다. ¶老同学～新同学去见老师 | 재학생이 신입생을 데리고 선생님을 뵈러 가다. ¶～父亲进京 | 아버지를 모시고 상경하다 =〔领带②〕 ❷ 인솔하다. ¶～人马 | 군대를 인솔하다.

【带路】dài/lù 動 길 안내하다. ¶找个～的 | 길 안내인을 찾다. ¶～人 | (혁명의) 선도자. ¶我来～ | 제가 길을 안내하겠습니다 =〔带道(儿)〕〔带道路〕〔引yǐn道〕〔领道(儿)〕

【带门】dài mén 動組 …하는 김에 문을 닫다. ¶出来时别忘了～! | 나올 때 문 닫는 것 잊지 마세요!

【带枪】dài/qiāng 動 총기를 휴대하다.

【带球】dàiqiú ❶名〈體〉드리블(dribble) ❷動 드리블하다.

3【带儿】dàir ⇒〔带子dài·zi〕

【带伤】dài/shāng 動 부상하다. 다치다 →〔受shòu伤〕

【带上】dài·shang 動 ❶ …하는 김에 (문을) 닫다. ¶把门～ | 문도 좀 닫아 주세요. ❷ 쓰거나 몸에 착용하다.

【带手儿】dàishǒur 副 方 곁들여. …하는 김에. ¶你先去吧, 你的事我～就做了 | 당신의 일은 내가 하는 김에 할 테니 당신 먼저 가시오. ¶出去的时候, ～将门关上 | 나가는 김에 문을 닫으시오 =〔顺便〕

【带水】dàishuǐ 動 뱃길을 안내하다. 물기를 머금고 있다. ¶这些鱼还～呢, 很新鲜的 | 이 생선들은 아직 물기가 있어 아주 신선하다. ¶～而走 | 뱃길을 안내하여 가다. ¶～的 | 뱃길 안내(인)

3【带头(儿)】dài/tóu(r) 動 앞장 서다. 선두에 서다. 맨 앞장서다. 솔선수범하다. ¶～维护wéihù社会秩序 | 솔선하여 사회질서를 지키다. ¶～作用=〔火车头作用〕| 지도적 역할. 선구적 활동. 솔선수범의 역할. ¶～干最艰苦的工作 | 가장 힘드는 일을 앞장서서 하다 =〔领头(儿)〕〔俗 打幺〕

【带头人】dàitóurén 名 선도적 인사. 리더. 주모자. ¶闹事nàoshì的～ | 소동을 일으킨 주모자.

【带徒弟】dài/tú·di 動組 제자를 가르치다. 도제(제자)를 거느리다. ¶师傅shīfù～ | 사부가 제자를 거느리다(가르치다.)

【带孝】dài/xiào 動 상복을 입다. 상장을 달다. ¶～的女子 | 상복을 입은 여자 =〔穿chuān孝〕〔戴dài孝〕〔挂guà孝〕

【带音】dàiyīn 名〈言〉유성음(有聲音) =〔带声〕→〔清qīng音〕〔浊zhuó音〕

【带有】dàiyǒu 動 지니고 있다. 띠고 있다. ¶～反革命fǎngémìng的色彩sècǎi | 반혁명적인 색채를 띠고 있다.

【带鱼】dàiyú 名〈魚貝〉갈치.

【带子】dài·zi 名 띠·끈·밴드·리본 등의 총칭. ¶系jì～ | 끈을 매다 =〔带儿〕

【带走】dàizǒu 動 가지고 가다. ¶两个小偷被公安局～了 | 두 명의 도둑이 공안국에 끌려갔다. ¶词典被他～了 | 사전은 그가 가져갔다.

【埭】dài 둑 태
❶名 方 둑. 제방. ❷ 지명에 쓰이는 글자. ¶石～县 | 석태현 [안휘성(安徽省)에 있는 현 이름]

3【逮】dài ☞ 逮 dǎi B

【叇(靆)】dài 구름낄 태
⇒〔叆ài叇〕

1【戴】dài 일 대, 받들 대
❶動 (얼굴·몸 등에) 착용하다. 지니다. (머리에) 쓰다. 이다. ¶～眼镜yǎnjìng | 안

경을 쓰다. ¶～戒指jièzhi | 반지를 끼다. ¶不共～天之仇 | 함께 하늘을 이고 살 수 없는 원수. ❷ 존경하여 추대하다. 모시다. ¶爱～ | 존경하여 받들다. ¶拥yōng～ | 추대하다. ❸ (Dài) 名 성(姓)

【戴绿帽子】dài lǜmào·zi 動組 喩 ❶ 서방질하다. 아내가 다른 남자와 놀아나다. ¶不是甘心戴这一顶绿头巾 | 좋아서 서방질 한 것은 아니다. ❷ (dàilǜtóujīn) 名 貶 아내가 다른 남자와 놀아나는 것을 모르는 남자. ¶武大郎是个～的男人 | 무대랑은 아내가 다른 남자와 놀아나는 것도 모르는 남자이다. ‖ =〔戴绿头巾〕

【戴帽子】dài/mào·zi 動組 ❶ 모자를 쓰다 ❷ (사람에게) 딱지가 붙다. ¶戴上坏分子的帽子 | 악질 분자의 딱지가 붙다. ❸ 구전을 떼다. 차액을 떼먹다 [일정액 이상의 값으로 팔았을 때 그 차액을 버는 것] ¶帽子随你去戴, 多卖了算你的 | 네 마음대로 구전을 떼라. 많이 팔면 그 만큼 네 것이다. ¶他好像是好意替我卖, 其实戴了帽子了 | 그는 호의를 베풀어 팔아주는 것 같지만, 실은 (팔고 남은) 차액을 떼먹었다.

【戴孝】dài/xiào 動 (어버이를 여의어) 상장을 달다. 상복을 입다 =〔带孝〕

【戴罪立功】dài zuì lì gōng 成 공적을 세움으로서 자신의 죄과를 보상하다. ¶给你一个～的机会 | 너에게 공을 세워 잘못을 보상할 기회를 주겠다 =〔戴罪图功〕

dān ㄉㄢ

4【丹】dān 주사 단, 붉을 단
❶ 名〈色〉붉은 것. 붉은 색. ❷ 形〈色〉붉은. 붉은 색의. ❸ 名〈鑛〉주사(朱砂) 단사(丹砂) [천연색 붉은빛의 유화수은으로 한약의 재료로도 쓰임] =〔朱砂〕 ❹ 名〈漢醫〉처방에 따라 조제한 환약, 또는 분말의 한약 [도가(道家)에서 약을 만들 때 주로 주사(朱砂)를 사용한 데서 비롯됨] ❺ (Dān) 名 성(姓)

【丹忱】dānchén ⇒〔丹心〕

【丹诚】dānchéng ⇒〔丹心〕

【丹顶鹤】dāndǐnghè 名〈鳥〉두루미 =〔白鹤〕〔仙xiān鹤〕

【丹毒】dāndú 名〈漢醫〉단독 =〔火瘅dān〕〔流火liúhuǒ②〕

【丹凤朝阳】dān fèng zhāo yáng 成 인재가 밝은 세상을 만나다.

【丹桂】dānguì 名〈植〉❶ 박달목서의 꽃. ❷ 계피나무의 일종.

【丹诀】dānjué ⇒〔丹方①〕

【丹款】dānkuǎn ⇒〔丹心〕

【丹荔】dānlì ⇒〔荔枝〕

【丹麦】Dānmài 名 外〈地〉덴마크(Denmārk) [유럽 서북부의 왕국. 수도는「哥本哈根Gēběnhāgēn」(코펜하겐;Copenhagen)]

【丹皮】dānpí 名〈藥〉모란뿌리의 껍질.

【丹青】dānqīng 書 名 ❶ 빨갛고 파란 안료(顔料) 단청. ❷ 그림. ¶李先生是～能手 | 이선생은 그림에 뛰어난 사람이다. ¶～妙笔miàobǐ | 뛰어난 그림. 절묘한 그림. ❸ 역사책.

【丹参】dānshēn 名〈植〉단삼(Salvia miltiorhiza) [약재로 쓰임]

【丹田】dāntián 名〈生理〉단전.

【丹心】dānxīn 書 名 진심. 정성스런 마음. 충성심 =〔丹忱chén〕〔丹诚chéng〕〔丹款kuǎn〕〔丹悃kǔn〕〔赤心chìxīn〕

1【单(單)】dān chán Shàn 홑 단, 고을이름 선

Ⓐ dān ❶ 名 形 단일(한) 하나(의) ¶～间儿↓ ¶～只鞋zhīxié | 신발 한 짝 ⇔〔双shuāng①〕〔复fù③〕 ❷ 名 形 혼자(의) 단독(의) 고독(의) 따로따로(의) ¶我是～来的 | 나는 혼자 왔다. ❸ 名 形 기수(의) 홀수(의) ¶～号↓ ¶～日↓ ⇔〔双shuāng②〕 ❹ 區 (의복 등이) 한 겹(의) 홑겹(의) ¶～衣↓ ¶～帽↓ ❺ (～儿, ～子) 名 (글을 적어 넣은) 쪽지. ¶节目jiémù～ | 공연 프로그램. ¶清～ | 명세서. ¶菜cài～ | 식단. 메뉴. ❻ 名 (침대의) 시트. (물건을 덮는) 보. 잇. ¶床～ | 침대시트. ¶被～ | 이불잇. ¶里～ | 안감. ❼ 形 간단하다. 단순하다. ¶简～ | 간단하다. ¶～纯↓ ❽ 形 (박)약하다. (힘이) 적다. ¶实力太～薄了 | 실력이 너무 부족하다. ❾ 形 (사람수가) 부족하다. 충분치 못하다. ¶一个人太～了 | 한 사람으로는 너무 부족하다. ❿ 副 단지. 다만. 오직. ¶～是嘴里那么说不行! | 단지 말로만 해서는 안된다. ¶～听他讲是不全面的 | 단지 그의 이야기를 듣는 것만으로도 완전하지 못하다.

Ⓑ chán ⇒〔单chán于〕

Ⓒ Shàn 名 ❶〈地〉선현(單縣) [산동성(山東省)에 있는 현 이름]❷ 성(姓)

Ⓐ dān

【单摆】dānbǎi 名〈物〉단진자.

【单板机】dānbǎnjī 名 簡〈電算〉원보드 컴퓨터(oneboard computer) [「单板计算机」의 약칭]

【单帮】dānbāng 名 도부 장수. 도부꾼. 행상. ¶跑～ | 행상을 하다 =〔单帮客人〕

【单倍体】dānbèitǐ 名〈生〉한 쌍인 염색체(monoploid, haploid) =〔单元体dānyuántǐ〕

【单倍体植物】dānbèitǐ zhíwù 名組〈植〉단배체 식물.

【单被】dānbèi 名 홑이불.

【单比】dānbǐ 名〈數〉단비.

【单比例】dānbǐlì 名〈數〉단비례.

【单边】dānbiān 區〈經〉일방적인. 단독적인. ¶～进口 | 일방적인 수입. ¶～出口 | 일방적인 수출.

【单兵】dānbīng 書 名〈軍〉부족한 병력. ¶～作战 | 부족한 병력으로 싸움을 하다. ¶～独马dúmǎ | 成 병력이 충분하지 못하다. 喩 외톨이. 혼자.

【单薄】dānbó 形 ❶ (힘·논리적 근거·병력 등이) 부족하다. 약하다. 어법 술어나 보어로 쓰임. ¶这篇论文, 论据～, 论证不充分 | 이 논문은 논리적 근거가 약하며 논증이 불충분하다. ¶这个中篇小说的人物形象太～了 | 이 중편소설의 인물형상은 너무 단편적이다. ¶内容显得更～了 | 내용이 더 빈약해졌다. ¶兵力～ | 병력이 부족하다. ❷ (신체가) 허약하다. ¶他身体不那么～ |

그는 몸이 그렇게 허약하지는 않다. ❸ (옷을 입은 것이) 얇다. ¶天冷了，你穿得过于～ | 날씨가 추워졌는데, 너는 너무 얇게 입었다. ¶衣服这么～，不冷吗？| 옷이 이렇게 얇은데 춥지 않는냐?

【单产】dānchǎn 名 (연간 또는 한 계절의) 단위면적 당 생산량. ¶水稻～每亩400公斤 | 벼의 1묘당 생산량은 400킬로그램이다.

【单车】dānchē 名 粵 자전거 ＝〔自行车(儿)〕

【单程】dānchéng 名 편도. ¶买～的火车票 | 편도 기차표를 사다.

【单程票】dānchéngpiào 名 편도 (차)표 →〔来lái回票〕

【单传】dānchuán 動 ❶ 한 스승의 학설(學說)만 전하다. ❷ 가전(家傳)으로 한 자식에게만 전하다. ¶是十世～的秘方 | 십대에 걸쳐 전해져 오는 비방이다. ❸ 몇 대에 걸쳐 외아들만 이어지다.

[3]【单纯】dānchún ❶ 形 단순하다. 순진하다. ¶她心地善良而～ | 그녀는 마음이 선량하고 순진하다. ¶思想～ | 머리가 단순하다. ¶历史～ | 경력이 단순하다. ¶他给我留下了～，天真的印象 | 그는 나에게 순진하고 천진한 인상을 남겨 주었다. ❷ 副 오로지. 단순히. ¶反对～追求数量 | 오로지 양만을 추구하는 것을 반대하다. ¶～的财政观点 | 재정 제일의 관점.

【单纯词】dānchúncí 名 〈言〉 단순어 [한 개의 어소(語素)를 갖는 낱말. 한 글자로 표시되는「马」「跑」「快」등과 두 글자 이상이 반드시 합쳐야 뜻을 갖는「葡萄pútáo」「徘徊páihuái」「朦胧ménglóng」「玻璃bōlí」「阿司匹林āsīpǐlín」등이 있음] ＝〔单词①〕→〔合成词〕

[2]【单词】dāncí ❶ ⇒〔单纯词〕 ❷ 名 〈言〉 단어 →〔词组cízǔ〕

【单打】dāndǎ 名 〈體〉 (테니스·탁구 등의) 단식(單式) ¶～比赛 | 단식 경기. ¶男～ | 남자 단식 →〔双打shuāngdǎ①〕

【单打一】dāndǎyī ❶ 動 한 가지 일이나 한 쪽으로만 일에 전념하다. ¶各方面需要综合平衡pínghéng，不能～ | 각 부분이 모두 전체적인 평형을 이루어야지 한 쪽으로만 치우쳐서는 안된다. ❷ 名 편협한 마음

【单单】dāndān 副 오직. 홀로. ¶别人都来了，～她没来 | 다른 사람은 모두 왔는데 오직 그녀만 안 왔다. ¶你不能～骂女的 | 너는 오로지 여자쪽만 나무라서는 안된다.

【单刀】dāndāo 名 ❶ 자루가 짧은 긴 칼. ❷ 〈體〉 무술 운동의 하나. 한 자루의「单刀」를 사용함.

【单刀赴会】dān dāo fù huì 成 삼국시대 촉(蜀)의 명장 관우(關羽)가 칼 한 자루만 가지고 적장(敵將)의 초대연에 나아갔다는 고사. 대담하고 용감하다.

【单刀直入】dāndāo zhí rù 動 喩 ❶ 단도직입적으로 말하다. 문제의 핵심을 곧바로 말하다. ¶他～地问我为甚么反对我当主任 | 그는 그가 주임을 맡는 것을 내가 왜 반대하는 지를 단도직입적으로 물었다. ❷ 용맹스럽게 정진하다.

[2]【单调(儿)】dāndiào(r) ❶ 名 〈音〉 단순한 가락. ❷ 形 단조롭다. ¶～的生活 | 단조로운 생활. ¶色彩sècǎi～ | 색채가 단조롭다.

【单丁】dāndīng 名 ❶ 書 외아들. 형제가 없는 남자. ❷ 외짝. 한 짝. ¶～的鞋xié | 외 짝 신발.

[3]【单独】dāndú 副 단독(으로) 혼자서. ¶我要和她～谈一谈 | 나는 그녀와 단독으로 이야기하겠다. ¶～一个干不了这个活儿 | 단독으로는 이 일을 할 수 없다.

【单耳刀(儿)】dān'ěrdāo(r) 名 한자 부수의 병부절(卩) ＝〔单耳朵〕〔单耳旁(儿)〕〔小耳朵〕〔硬耳刀(儿)〕〔硬耳朵①〕

【单耳朵】dān'ěrduǒ ⇒〔单耳刀(哪)〕

【单耳旁(儿)】dān'ěrpáng(r) ⇒〔单耳刀(儿)〕

【单方】dānfāng 名 ❶ 민간에 전해 내려오는 간단한 약 처방. ❷ 일방(一方) 한 쪽.

【单方面】dānfāngmiàn 副 일면(一面) 일방(一方) 어법 주로 부사어(狀語)로 많이 쓰임. ¶～地牺牲xīshēng两国友好关系 | 일방적으로 양국의 우호 관계를 희생시키다. ¶～撕毁sīhuǐ协定 | 일방적으로 협정을 파기(破棄)하다.

【单峰驼】dānfēngtuó 名 〈動〉 단봉낙타 ＝〔独峰驼〕

【单干】dāngàn 動 ❶ 단독으로 (일을) 하다. ¶搞gǎo～ | 단독으로 일을 하다. ¶～汉hàn | 친척이 없는 독신자. ❷ (합작사나 인민공사에 들어가지 않고) 개인 경영을 하다. ¶～风fēng | 개인 경영을 하는 풍조.

【单干户】dāngànhù 名 ❶ 농업 합작 시기 합작사(合作社)나 인민공사(人民公社)에 참가하지 않은 농가 ＝〔单干农户〕〔社shè外农民〕 ❷ 喩 단독으로 일하기를 좋아하는 사람.

【单杠】dāngàng 名 〈體〉 ❶ (운동용) 철봉. ❷ 철봉 [체조경기 종목의 하나] ¶练习liànxí～ | 철봉을 연습하다.

【单个儿】dāngèr ❶ 副 단 한사람 어법 부사적 용법으로 주로 많이 쓰임. ¶说好了大家一起去，他偏要～去 | 모두 함께 가자고 했는데, 그는 한사코 혼자서 가려한다. ❷ 量 한 짝. 한 개. ¶那副手套只剩下～了 | 그 장갑은 한 짝만 남았다.

【单轨】dānguǐ 名 ❶ 단선 궤도. ¶～铁路tiělù | 단선 철로 →〔双shuāng轨〕 ❷ 모노레일(monorail)

【单寒】dānhán ❶ 形 옷을 얇게 입어서 춥다. ¶穿得太～，小心着凉zháoliáng！| 옷을 너무 얇게 입었으니 감기에 걸리지 않도록 조심해라! ❷ 形 외롭고 가난하다. ¶出身～ | 출신이 가난하다. ❸ ⇒〔单弱〕

【单行】dānháng ☞〔单行〕dānxíng ⓑ

【单号】dānhào 名 (입장권·좌석권 등의) 홀수 번호. ¶持～票的人先入场 | 홀수 번호의 표를 가진 사람이 먼저 입장하세요. ¶～门 | 홀수 번호의 입구 [중국에서는 대개 극장·영화관 등의 좌석 번호를 홀수와 짝수로 나누어 놓고 출입구 역시 그것에 따라 갈라 놓았음] ⇔〔双shuāng号〕

【单鹄寡凫】dān hú guǎ fú 成 홀로 있는 고니나 들오리. 배필 없는 외로운 신세. 외톨이.

【单簧管】dānhuángguǎn 名 〈音〉 클라리넷 ＝〔黑hēi管〕〔外 克拉立涅特kèlālìniètè〕〔洋箫yángxiāo〕

【单季】dānjì 形 일모작(의) ¶～稻dào | 일모작(의) 벼. ¶～耕作gēngzuò | 일모작(의 경작)

【单家独户】dān jiā dú hù 成 오직 한 집. ¶~无力抵抗dǐkàng疾病 | 한 집만으로는 병을 막을 힘이 없다.

【单价】dānjià 名 ❶〈商〉단가. ¶商品的~涨一倍 | 상품의 단가가 두배로 올랐다. ❷〈化〉일가(一價) ❸〈生理〉(염색체의) 일가(一價)

【单间(儿)】dānjiān(r) 名 ❶ 단칸방. ¶~铺面pùmiàn | 단칸방 가게. ❷ (식당이나 여관의) 독방. 작은 방.

【单晶体】dānjīngtǐ 名〈物〉단결정(체) ⇔〔多晶体〕

【单句】dānjù 名〈言〉단문.

【单孔目】dānkǒngmù 名〈動〉단공류(單孔類)

【单口相声(儿)】dānkǒu xiàng·shēng(r) 名組 (혼자서 하는) 만담〔재담〕=〔单口〕〔单春〕〔单活〕〔单笑话〕

【单立人儿】dānlìrénr 名 한자 부수의 사람인(亻)변 =〔立人③〕〔立人(旁)儿〕〔人字边儿〕〔单人旁儿〕→〔双shuāng立人(儿)〕

【单利(息)】dānlì(·xi) 名〈經〉단리. ¶按~计算jìsuàn | 단리로 계산하다 =〔简jiǎn利息〕

【单买】dānmǎi 動 낱개로 사다. ¶这种鞋子不~, 只能一双一起买 | 이런 신발은 낱개로 살 수 없고 켤레로 살 수 있다.

【单面】dānmiàn 名 한쪽. 편도(片道) 일방적. ¶~印刷yìnshuā | 단면 인쇄. ¶~交易jiāoyì | 일방적 상행위. ¶~供应gōngyìng | 일방적 제공.

【单名】dānmíng 名 외자 이름. ¶王力姓王, ~力 | 왕력은 성이 왕이고 이름은 외자인 역이다.

【单名数】dānmíngshù 名〈數〉단명수 [한가지 단위로 표시하는 숫자]

【单宁酸】dānníngsuān 名 外〈化〉타닌산=〔鞣róu酸〕

【单皮】dānpí 名〈音〉작은 북 같은 타악기 [희곡을 연출할 때 다른 악기들을 지휘함]=〔单皮鼓〕

【单枪匹马】dān qiāng pǐ mǎ 成 단기(單騎)로 창을 들고 적진에 뛰어들다. 남의 도움을 받지 않고 혼자 해내다. ¶他一个人~闯chuǎng入敌阵厮杀sīshā | 그는 혼자 적진에 뛰어들어 가서 싸웠다 =〔单刀匹马〕〔匹马单枪〕

【单人】dānrén 名 한사람. 혼자. ¶~床 | 일인용 침대.

【单人独马】dānrén dúmǎ ❶ 名 혼자. 단독. ❷ 動 단독으로 하다. ¶这个战士~活捉huózhuō了一个捕虏bǔlǔ | 이 전사는 혼자서 적을 포로로 생포했다.

【单人旁儿】dānrénpángr ⇒〔单立人儿〕

【单弱】dānruò 形 허약하다. 힘이 없다. ¶他身子骨儿~, 气候qìhòu一变就生病 | 그는 몸이 허약해서 기후가 변하기만 하면 병이 난다 =〔单寒hán③〕

【单色】dānsè 區 단색(單色) 단채(單彩) 어법 일반적으로 관형어로 쓰임. ¶~电视 | 흑백 텔레비전. ¶~胶印机jiāoyìnjī | 단색 오프셋 인쇄기. ¶~画 | 단색화(單色畵) 흑백 사진. ¶~辐射fúshè | 단색 복사(單色輻射) ¶~性 | 단색성(單色性)

【单身】dānshēn 名 단신. 홑몸. 독신. ¶~宿舍 | 독신자 기숙사. ¶~在外 | 홀로 외지에 있다.

【单身贵族】dānshēnguìzú 名 俗 台 독신자→〔单身汉〕

【单身汉】dānshēnhàn 名 독신자(獨身者) ¶他快四十了, 还是个~ | 그는 곧 40인데도 아직 독신이다 =〔独身汉dúshēnhàn〕〔光棍儿guānggùnr〕〔方 光身汉〕

【单生花】dānshēnghuā 名〈植〉(모란·작약 등의) 엽액(葉腋)이나 가지의 끝 부분에 꽃 하나만 피는 식물.

【单式编制】dānshì biānzhì 名組〈教〉단식(單式) 학급 편성 [정도가 비슷한 학생들로 반 편성하는 제도]

【单数】dānshù 名 ❶ 홀수 =〔奇jī数〕❷〈言〉단수.

【单丝不成线】dān sī bù chéng xiàn 成 손바닥도 마주쳐야 소리가 난다. 독불장군. 혼자서는 큰 일을 못한다 =〔孤木不成林〕

【单瘫】dāntān 名〈漢醫〉단탄. 단마비(單痲痹)

【单糖】dāntáng 名〈化〉(포도당·과당 등과 같은) 단당류.

【单体】dāntǐ 名〈化〉단량체(單量體)

【单条(儿)】dāntiáo(r) 名 족자 「屏píng条」와 구별됨]

²【单位】dānwèi 名 ❶ 단위. ¶~价格 | 단가. ¶~产量 | 단위 생산량. ¶~面积 | 단위 면적. ¶长度~ | 길이의 단위. ¶货币~ | 화폐단위. ❷ (단체·기관 등의) 단위〔부문〕¶直属~ | 직속 기관〔부문〕¶附属~ | 부속 단위.

【单细胞生物】dānxìbāo shēngwù 名組〈生〉단세포 생물.

【单弦(儿)】dānxián(r) 名〈音〉❶ 호궁(胡弓)과 비슷한 단현(單弦)의 악기. ❷ 팔각고(八角鼓)와 사피선(蛇皮線)의 반주에 맞추어 노래하는 연예(演藝)

【单线】dānxiàn 名 ❶ 외줄. ❷ (선로의) 단선. ¶~轨道 | 단선 궤도. ❸ (비밀 공작에서의) 직접적인 연락계통. ¶~联系 | 직접 연락.

【单相思】dānxiāngsī ❶ 名 짝사랑. ❷ 動 짝사랑하다. ¶他喜欢人家, 可人家不爱他,于是他只好~了 | 그는 그 사람을 좋아하나 그 사람은 그를 사랑하지 않으니 그는 짝사랑을 할 수 밖에 없다.

【单向】dānxiàng 區 한 방면(方面)의. ¶~电路 | 단일 회로. ¶~天线 | 단일 방향성 안테나. ¶~交通 | 일방 통행.

【单相】dānxiàng 名〈電氣〉단상. ¶~合金 | 단상 합금.

【单项】dānxiàng 名〈體〉종목(種目) ¶~比赛bǐsài | 각 종목별 경기. ¶~冠军guànjūn | 종목별 우승자.

【单项式】dānxiàngshì 名〈數〉단항식.

【单行本(儿)】dānxíngběn(r) 名 단행본.

【单行道】dānxíngdào ⇒〔单行线〕

【单行线】dānxíngxiàn 名 일방 통행로 =〔单行路〕〔单行道〕〔单程道路〕

【单性花】dānxìnghuā 名〈植〉단성화.

【单眼】dānyǎn 名〈蟲〉홑눈.

【单眼皮(儿)】dānyǎnpí(r) 名 홑으로 된 눈꺼풀 →〔双眼皮(儿)〕

【单一】dānyī 區 단일하다. ¶～种植zhǒngzhí | 단일 경작〔재배〕 ¶～经营=〔狭窄经营〕| 단일 작물 재배 경영. ¶～经济 | 모노컬처(monoculture)경제.
【单衣】dānyī 名 홑옷. 한 겹으로 된 옷.
【单音词】dānyīncí 名〈言〉단음절어 [「山」「川」「水」「吃」등]
4【单元】dānyuán 名 ❶ 단원. 단일한 근원. ¶～操作cāozuò | 단위 조작. ❷ ㊍ (빌딩의) 현관. ¶三号楼四～七号 | 3호 건물 4현관 7호.
【单元音】dānyuányīn 名〈言〉단모음→〔韵yùn母〕
【单质】dānzhì 名〈化〉단체(單體)
【单子】ⓐ dānzǐ 名〈哲〉단자. 모나드(monad)
ⓑ dān·zi 名 ❶ 침대보. ¶床～ | 침대보. ❷ 명세서. 표. 리스트. 메모. 쪽지. ¶开个～ | 전표를 떼다. 쪽지를 쓰다. 계산서를 떼다. ¶菜～ | 메뉴. ¶货～ | 물품 명세서.
【单子叶植物】dānzǐyè zhíwù 名組〈植〉외떡잎식물.
【单字】dānzì 名 ❶〈言〉단자→〔单音词〕 ❷ 단어. ¶学外语记～很重要 | 외국어를 배우는데 단어를 외우는 것이 매우 중요하다.
Ⓑ chán
【单于】chányú 名 ❶ 書 한 나라 때, 흉노의 군주를 부르던 말. ❷ (Chányú)名 성(姓)

【郸(鄲)】dān 조나라서울 단
❶ 지명에 쓰이는 글자. ¶～城 | 단성. 하남성(河南省)에 있는 현 이름. ❷ ⇒〔邯Hán郸〕

【殚(殫)】dān 다할 탄
書 動 ❶ 다하다. ¶～力↓ ❷ 다 써버리다. 다 없어지다. ¶～天下之财 | 세상의 재물을 다 써버리다《漢書·杜欽傳》
【殚竭】dānjié 書 動 다하다. ¶～国力,未能取胜 | 국력이 다하여 승리할 수 없다.
【殚精竭虑】dān jīng jié lǜ 成 전심전력하다.
【殚力】dānlì 動 힘을 다하다 =〔竭力〕

【瘅】dān ☞ 瘅 dàn Ⓑ

【箪(簞)】dān 밥그릇 단
書 名 밥을 담는데 쓰던 대오리로 엮은 둥근 그릇. 소쿠리 [네모진 것은「笥sì」라고 함]
【箪食壶浆】dān sì hú jiāng 成 음식을 들고 나와 자기편 군대를 열렬히 환영하다
【箪食瓢饮】dān sì piáo yǐn 成 소쿠리 밥과 표주박 물. 겨우 입에 풀칠하다. 喻 안빈낙도.

2【担(擔)】dān dàn 멜 담, 짐 담
Ⓐ dān 動 ❶ 메다. 지다. ¶～着两筐kuāng青菜 | 두 바구니의 야채를 메고 있다. ¶把两桶水～回去 | 물 두통을 지고 돌아가다 =〔儋〕→〔负fù①〕 ❷ (일이나 책임 등을) 맡다. 담당하다. ¶做事不怕～重儿 | 중책을 맡는 것을 두려워하지 않다. ¶责zé任由他来～ | 책임을 그가 진다→〔负②〕〔肩jiān②〕〔抬tái① ②〕〔背bēi〕 ❸ 걱정하다. 근심하다. ¶你母亲为你～着心呢 | 너의 어머니는 너 때문에 걱정하고 계시다.
Ⓑ dàn ❶ (～子) 名 짐. 喻 책임. ¶货huò郎～ | 황아 장수의 짐 보따리. ¶维持一家八口生活的重～, 压得他喘不过气来 | 여덟 식구의 생활을 유지해야 하는 무거운 책임은 숨도 못 쉴 정도로 그를 짓눌렀다. ❷ 量 짐 [멜대로 메는 짐을 세는 데 쓰임] ¶一～青菜 | 야채 한 짐. ¶挑tiāo一～柴火 | 땔나무를 한 짐 지다. ❸ 量 簡〈度〉「市担」(무게 단위)의 약칭 [용량(容量) 1石(우리의 5말 5리) 혹은 중량(重量) 100斤(약 50kg)을「一担」이라 함]
Ⓐ dān
4【担保】dānbǎo 動 보증하다. 담보하다. ¶交给他办, ～错不了 | 보장컨대, 그에게 맡기면 틀림없다. ¶～书 =〔保函〕| 보증서.
【担不是】dānbù·shi 動組 (잘못에 대해서) 책임을 지다. ¶万一出了问题, 也不能让他一个人～ | 만일 문제가 생긴다 해도 그 한 사람에게 책임지게 할 수 없다 =〔耽dān不是〕
【担待】dāndài 動 口 ❶ 양해하다. 봐주다. ¶请你～点儿吧 | 좀 양해하여 주십시오. ¶请～我这一回吧 | 이번만 너그럽게 봐주십시오 =〔担忽〕 ❷ 감당하다. 책임을 지다. ¶你放心吧! 一切有我～ | 당신은 안심하시오! 모든 것을 내가 책임지겠소. ❸ 보살피다 ‖ =〔担代〕〔耽待〕
【担担子】dān dàn·zi 動組 喻 책임을 짊어지다. ¶他就怕～,所以不敢当队长 | 그는 책임을 지는 것을 두려워 하여 대장을 맡으려 하지 않는다.
【担当】dāndāng 動 맡다. 감당하다. ¶他～着一项十分重要的机密工作 | 그는 아주 중요한 기밀공작을 맡고 있다. ¶这个责任你～得起吗? | 이런 책임을 감당해 낼 수 있겠느냐? =〔担戴dài〕
3【担负】dānfù 動 (책임·사업·비용 등을) 부담하다. 책임지다. ¶一切路费, 用费, 都归我～ | 일체의 차비와 비용은 내가 책임진다. ¶～建设祖国的责任zérèn | 조국 건설의 책임을 맡다. ¶～费用fèiyòng | 비용을 부담하다.
【担搁】dān·ge ⇒〔耽搁dānge〕
【担架】dānjià 名〈醫〉(환자용) 들 것. 담가 =〔担床〕〔活huó络床〕
【担惊受怕】dān jīng shòu pà 成 두려워 하며 놀라다. 간이 콩알만해지다. ¶她成天为开车的丈夫～ | 그녀는 차를 모는 남편 걱정에 하루 종일 노심초사한다 =〔担惊胶怕〕〔耽惊受怕〕
【担名(儿)】dān/míng(r) 動 (명분·이름을)얻다. (뒤집어) 쓰다. ¶担罪名 | 죄명을 쓰다. ¶担了个虚名 | 허명을 얻다.
2【担任】dānrèn 動 담임하다. 맡다. ¶这学期小张～了班长 | 이번학기에 장군은 반장을 맡았다. . ¶这项工作由我来～ | 이 일은 내가 담당한다.
2【担心】dān/xīn 動 걱정하다. 염려하다. 근심하다. ¶母亲～在外地的孩子 | 어머니는 외지에 나가 있는 자식을 걱정한다. ¶你不必～我的健康jiànkāng | 너는 나의 건강은 걱정할 필요가 없다. ¶你不要为他的成绩chéngjì～ | 그의 성적은 근심하지 마라. ¶叫父母～ | 부모를 걱정하게 하다 =〔耽心〕

4【担忧】dānyōu 動 염려하다. 걱정하다. 근심하다. ¶不要为我的身体～ | 나의 건강을 걱정하지 말라 =〔担愁dānchóu〕〔耽忧dānyōu〕

B dàn

4【担子】dàn·zi 名 ❶ 짐. ¶放下～歇歇xiē吧! | 짐을 내려놓고 좀 쉬지. ¶挑tiāo～ | 짐을 지다. ❷ 喩 부담. 책임. ¶他担不起这个～ | 그는 이 부담을 감당하지 못한다.

【眈】dān 노려볼 탐
⇒〔眈眈〕

【眈眈】dāndān 狀 예의 주시하다. ¶虎视hǔshì～ | 호시탐탐하다.

3【耽〈酖1〉】dān 빠질 탐
❶ 書 動 지나치게 좋아하다. 탐닉하다. (푹) 빠지다. ¶～于声色 | 가무와 여색에 빠지다. ❷ 動 지연하다. 지체하다. ¶～搁gē↓ ¶～误wù↓

【耽搁】dān·ge 動 ❶ 머무르다. ¶在上海多～了三天 | 상해에서 사흘을 더 묵었다. ❷ 끌다. 지연하다. 지체시키다. ¶事情忙, 把回信给～了 | 일이 바빠서 회신이 늦었다. ¶一分钟也不能～ | 일분도 지체할 수 없다. ❸ 시간을 허비하다 ‖ =〔担搁dāngē〕〔担阁〕〔耽阁gé〕

【耽迷】dānmí 動 도취되다. 매혹되다.

【耽溺】dānnì 動 (모종의 사상 혹은 불량한 경지에) 깊이 빠지다. ¶～于幻想之中 | 환상에 빠지다.

3【耽误】dān·wu 動 ❶ (시간을 지체하다가) 일을 그르치다. ¶工作再忙, 也不能～学习 | 일이 아무리 바빠도 학습을 게을리 하지 않다. ¶我不能～你的前途 | 너의 앞길을 망칠 수 없다. ❷ 시간을 허비하다. ¶对不起, ～老师的时间 | 선생님의 귀한 시간을 허비하게 해 죄송합니다. ¶夺回被～了的时间 | 허비한 시간을 만회했다. ❸ 지체하다. 머물다. 시간을 끌다. ¶在这儿～五天 | 여기서 닷새동안 머물다. ¶一直～到今年 | 올해까지 (시간을) 끌어왔다.

【聃〈耼〉】dān 귀바퀴없을 담
❶ 書 形 귀가 넓고 축 쳐지다. ❷ 인명에 쓰이는 글자. ¶老～ | 노담. [聃은 노자(老子)의 이름]

【儋】dān 멜 담, 두섬 담
❶「担」의 고자(古字) ⇒〔担dàn①〕 ❷ 書 名 독. 오지그릇. ❸ 書 量 두섬 [한 섬의 배] ❹ 名 (Dān) 〈地〉 담현(儋縣) [광동성(廣東省)에 있는 현 이름]

dǎn ㄉㄢˇ

2【胆(膽)】dǎn 쓸개 담
名 ❶ 〈生理〉 쓸개. 담낭(膽囊) ❷ (～儿, ～子)담력. 용기. ¶～大 | 담대하다. ¶～大心细↓ ¶壮～儿 | 용기를 내다. ❸ 내부에 장치하는 구형 또는 원통형의 속이 빈 물건. ¶热水瓶～ | 보온병 속의 유리병. ¶球～ | (농구·배구·축구공 등의) 내피. 튜브. ¶炉～ | 난로나 화로의 연소통.

【胆大】dǎndà 形 담대하다. 간이 크다. 담이 크다. ¶～包天 | 貶 매우 대담하다. 간덩이가 크다. ¶他可真是～,连这种话也敢说 | 이런 말까지 감히 하다니, 그는 정말로 대담하다

【胆大妄为】dǎn dà wàng wéi 成 겁 없이 함부로 날뛰다. 겁 없이 함부로 행동하다.

【胆大心细】dǎn dà xīn xì 成 대담하면서도 세심하다. ¶凡事要～ | 모든 일은 대담하면서도 세심하게 해야 한다.

【胆敢】dǎngǎn 書 副 대담하게도. 감히. ¶～向虎挑衅tiǎoxìn | 대담하게도 호랑이에게 덤벼들었다. ¶敌人～来犯,我们要一举消灭掉xiāomièdiào | 적이 감히 쳐들어오면 우리는 일거에 쳐 부셔 버리겠다→〔大胆〕

【胆固醇】dǎngùchún 名 〈生化〉 콜레스테롤(cholesterol) 콜레스테린(cholesterin) ¶～结石jiéshí | 콜레스테린 결석 =〔胆甾zāi醇〕

【胆管】dǎnguǎn 名 〈生理〉 담관. 쓸개관. ¶～炎 | 담관염.

【胆寒】dǎnhán 形 喩 간담이 서늘하다. 오싹하다. 무서워 떨다. ¶听起这个来真叫人～呢 | 이 일을 듣자니 정말 오싹해진다 =〔胆战dǎnzhàn〕

【胆红素】dǎnhóngsù 名 〈生化〉 빌리루빈(bilirubin) [담즙에 있는 붉은 색소]

【胆碱】dǎnjiǎn 名 〈生化〉 콜린(choline) [비타민 B 복합체의 하나]=〔胆硷dǎnxiǎn〕

【胆结石】dǎnjiéshí 名 〈醫〉 담결석.

【胆力】dǎnlì 名 담력. 용기→〔胆气qì〕

4【胆量(儿)】dǎnliàng(r) 名 용기. 담보. ¶很有～ | 제법 담보가 있다. ¶～很大 | 담보가 크다.

【胆绿素】dǎnlǜsù 名 〈生化〉 빌리버딘(biliverdin) [담즙 안에 있는 녹색 색소]

【胆略】dǎnlüè 書 名 담력과 지모. ¶～过人 | 담력과 꾀가 남보다 뛰어나다.

【胆囊】dǎnnáng 名 〈生理〉 담낭. 쓸개. ¶～炎yán | 담낭염.

【胆瓶】dǎnpíng 名 목이 가늘고 길며 몸이 둥근 꽃병 [모양이 쓸개와 비슷한데서 연유한 이름]

【胆气】dǎnqì 名 담력과 기백 →〔胆力lì〕

4【胆怯】dǎnqiè 形 겁이 많다. ¶他一听就～了 | 그는 말을 듣자 마자 겁이 났다.

【胆丧心寒】dǎn sàng xīn hán ⇒〔胆战心惊〕

【胆丧心惊】dǎn sàng xīn jīng ⇒〔胆战心惊〕

【胆色素】dǎnsèsù 名 〈生化〉 담즙의 색소 [홍(紅)·록(綠) 두 가지로 나뉨]

【胆石】dǎnshí 名 〈醫〉 담결석. ¶～病 | 담석증.

【胆识】dǎnshí 名 담력과 식견. ¶创chuàng大业, 总得要有～才行 | 큰 일을 시작하려면 반드시 담력과 식견이 있어야 한다.

【胆酸】dǎnsuān 名 〈生化〉 담즙산(cholic acid)

【胆小】dǎnxiǎo 形 겁이 많다. 소심(小心)하다. 배짱이 없다. ¶他太～, 不敢做那样的事 | 그는 너무 겁이 많아서 그런 일을 감히 하지 못한다.

【胆小鬼】dǎnxiǎoguǐ 名 겁쟁이.

【胆小如鼠】dǎn xiǎo rú shǔ 成 쥐새끼처럼 간이 콩알만 하다. 겁이 많다.

【胆战心寒】dǎn zhàn xīn hán ⇒〔胆战心惊〕

【胆战心惊】dǎn zhàn xīn jīng 成 간담이 서늘하다. 벌벌 떨다 =〔胆战心寒hán〕〔胆丧心惊dǎnsāngxīnjīng]〔胆丧心寒〕

【胆汁】dǎnzhī 名〈生理〉담즙.

4【胆子】dǎn·zi 名 담력. 용기. ¶放开～ | 용기를 내다. ¶～不小 | 담력이 작지 않다 =〔胆儿〕

【疸】dǎn 달병 달
❶ ⇒〔黄huáng疸①〕 ❷ 名〈農〉식물의 병명. ¶黄～(病) =〔黄锈病huángxiùbìng〕| (주로 밀과 같은 식물의) 황수병. ¶黑hēi(病) =〔黑穗病hēisuìbìng〕| (보리·옥수수 등의) 흑수병. 깜부기병.

【亶】dǎn dàn 실로 단, 다만 단
Ⓐ dǎn 書 副 정말로. 참으로. 진실로. ¶～其然乎? | 진실로 그러한가?
Ⓑ dàn 書 連 그러나. 다만.

【掸(撣)〈撢A〉】dǎn Shàn 털 탄, 종족이름 선
Ⓐ dǎn ❶ 動 (흙·먼지를) 털다. 털어내다. ¶拿～子～一～灰尘huīchén | 먼지떨이로 먼지를 털다. ¶～掉diào衣服上的雪 | 옷 위의 눈을 털어버리다→〔扑pū③〕 ❷ (～子) 名 먼지떨이. ¶一把～子 | 먼지떨이 하나.
Ⓑ Shàn 名〈民〉❶ 샨족 [미얀마(Burma)의 선방(撣邦)에 거주하는 미얀마 민족의 하나]❷ 중국 소수 민족인 「傣Dǎi族」(태족)의 옛 이름.

【掸帚】dǎnzhǒu 名 총채. 새털로 만든 비.

【掸子】dǎn·zi 名 먼지떨이. 총채. ¶鸡jī毛～ | 닭털로 만든 먼지떨이. ¶布～ | 천으로 만든 먼지떨이.

【赕(賧)】dǎn 바칠 담
動 바치다 [중국 소수민족인 태족(傣族)의 말임] ¶～佛↓

【赕佛】dǎnfó 動〈佛〉불당(佛堂)에 재물을 바치고 부처에게 복을 빌다.

dàn ㄉㄢˋ

3【旦】dàn 아침 단
❶ 書 名 아침. ¶清～ | 이른 아침. ¶平～ | 새벽녘. ❷ 書 名 날. ¶元～ | 원단. ¶一～ | ⓐ 하루(사이) ⓑ 일단. 어느 때. ❸ 名〈演映〉구극(舊劇)에서 여자 배역의 명칭[「青衣qīngyī」「花旦huādàn」「花衫huāshān」「老旦lǎodàn」「刀马旦dāomǎdàn」「武旦wǔdàn」 등의 구분이 있음]→〔戏xì子〕 ❹ 量 外〈度〉〈紡〉「但尼尔」(데니르(denier;프))의 약칭 [(생사·인조견사·나일론 등의) 섬도(纖度)의 단위. 옛 이름은 「紿dài」임]

【旦不保夕】dàn bù bǎo xī 成 위독하여 저녁까지 가기 어렵다. 아주 위독하다.

【旦角(儿)】dànjué(r) 名〈演映〉여자 역(役) =〔旦脚(儿)〕

【旦夕】dànxī 書 名 ❶ 아침과 저녁. ❷ 喻 짧은 시간. 단시간. ¶～之间 | 짧은 시간동안. ¶命在～ | 목숨이 경각에 달렸다.

1【但】dàn 다만 단
❶ 副 다만. 단지. ¶东西不～好, 而且很便pián宜 | 물건이 좋을 뿐만 아니라, 아주 싸다. ¶～愿他早日恢复健康 | 오직 건강의 빠른 회복을 바랍니다. ❷ 副 마음놓고 얼마든지. ¶此系私室, ～说无妨 | 여기는 나 혼자 있는 방이니 얼마든지 말해도 괜찮다. ¶～坐不妨 | 마음놓고 앉아 있어도 무방하다. ❸ 連 그러나. 그렇지만. ¶工作虽然忙, ～一点也没放松fàngsōng学习 | 일이 비록 바쁘지만 조금도 학습을 소홀히 하지 않았다. ❹ 連 다만 …만 한다면. ¶～能得点儿好处就行 | 조금이라도 이익이 있으면 그것으로 족하다. ¶～能节省jiéshěng就节省 | 절약할 수만 있다면 절약해야 한다 ‖→〔但是〕 ❺ (Dàn) 名 성(姓)

【但凡】dànfán ❶ 副 무릇. ¶～过路的人, 没有一个不在这儿打尖的 | 무릇 (이곳을) 지나는 사람은 여기에서 쉬어 가지 않는 이가 없다. ❷ 連 다만…하기만 하면. ¶～没事, 我也不来 | 일이 없으면 나 또한 안 온다 =〔只须zhǐxū〕

【但求无过】dàn qiú wú guò 成 오직 잘못 없기만을 빈다. ¶他做事的原则是不求有功, ～ | 그가 일을 하는 원칙은 공을 세우는 데 있는 것이 아니라 오직 잘못 없기만을 바라는 것이다.

1【但是】dànshì 連 ❶ 그러나. 그렇지만 어법 일반적으로 앞에 「虽然」「尽管」 등이 와서 호응함. ¶他虽然已经七十多了, ～精力仍然很健旺 | 그는 이미 70여세가 되었지만, 정력은 여전히 왕성하다→〔不bù过〕〔可kě是〕〔然rán而〕 ❷ 단지…이라면. 무릇…이라면. ¶～南来北往的经商客旅, 都来我这店里喝酒 | 무릇 남쪽에서 북쪽으로 가는 장사치 여객이라면, 모두 우리 가게에 와서 술을 마신다

【但书】dànshū 名〈法〉단서.

【但愿】dànyuàn 단지〔오로지〕…을 원하다. ¶～如此 | 오로지 그러기를 바라다.

【担】dàn ☞ 担 dān Ⓑ

【亶】dàn ☞ 亶 dǎn Ⓑ

【石】dàn ☞ 石 shí Ⓑ

3【诞(誕)】dàn 날 탄, 거짓 탄
❶ 태어나다. 탄생하다. ¶圣～节 | 성탄절. ❷ 생일. ¶华～ | 敬 탄생일. ¶寿～ | 書 생신→〔生shēng日〕 ❸ 황당하다. 터무니없다. ¶妄～ | 황당(무계)하다. ¶放～ | 터없이 허튼 소리만 하다.

4【诞辰】dànchén 名 敬 탄신. 생일 [일반적으로 존경하는 사람에게 많이 사용함] ¶明天是孙中山先生的～ | 내일은 손중산선생의 탄신일이다. ¶纪念孙中山先生～一百周年 | 손중산 선생 탄신 백주년을 기념하다 =〔诞日〕→〔生日〕

3【诞生】dànshēng 動 ❶ 태어나다. 탄생하다. ¶他1881年9月5日～在浙江绍兴 | 그는 1881년 9월 5일 절강성 소흥현에서 탄생했다. ¶他～的日期是9月9日 | 그가 탄생한 날은 9월 9일이다. ¶一九四八年八月十五日, 大韩民国～了 | 1948년 8월 15일 대한민국이 탄생했다. ❷ 생기다. 나오다. ¶活字印刷术huózìyìnshuāshù本来～于韩国 | 활자 인쇄술은 본래 한국에서 나왔다.

【啖】dàn 먹을 담, 삼킬 담
❶書動 먹다. 먹이다. ¶～饭 | 밥을 먹다. ¶饮～如常 | 먹고 마시는 것은 변함없다. ¶健jiàn～ | 밥을 잘 먹다 =〔啗dàn〕 ❷書動 (이익으로) 꾀다. 유인하다. ¶～以重利 | 막대한 이익으로 사람을 꾀다. ❸ (Dàn) 名 성(姓)

【啖好食】dànhǎoshí 動組 단물을 빨아먹다. 이익만 챙기다. ¶属shǔ下人员常常～ | 부하들이 항상 단물만 빨아먹는다.

2【淡】dàn 엷을 담
❶形 (농도가) 엷다. 희박하다. ¶云～风轻 | 구름은 엷고 바람은 부드럽다 ⇔〔浓nóng〕 ❷形 (색이) 엷다. 연하다. ¶颜色～ | 색이 엷다. ¶～红↓ ❸形 (맛이) 싱겁다. ¶～而无味 | 싱거워서 맛이 없다. ¶一杯～酒 | 약한 술 한 잔. ❹形 냉담하다. 차다. 쌀쌀하다. ¶态度很冷～ | 태도가 아주 냉담하다. ¶～～一笑 | 냉소하다. ¶～～地回答 | 쌀쌀하게 대답하다. ❺形 (영업이) 홍성하지 못하다. 불경기이다. ¶生意很～ | 장사가 아주 한산하다. ❻ 질소.

【淡巴菰】dànbāgū 名 外 〈植〉 담배 (tabacco; 포) =〔淡巴菇gū〕〔烟草yāncǎo〕

【淡泊】dànbó 書形 담박하다. 욕심이 없다. ¶他这个人一向～, 并无名利思想 | 그 사람은 항상 욕심이 없어, 공명과 이익을 챙기려는 생각을 하지 않는다. ¶～明志 | 공명심과 사리사욕에 뜻을 두지 않다 =〔澹泊dànbó〕

【淡薄】dànbó 形 ❶ 희박하다. 옅다. ¶朝雾渐渐地～了 | 아침 안개가 점차 걷혔다. ❷ (감정·흥미 등이) 담담하다. 시들하다, 식다. 적다. ¶他爱上了乒乓球, 对象棋的兴趣逐渐～了 | 그는 탁구를 좋아하게 되자 장기에 대한 취미가 점차 시들해졌다. ❸ (인상·관념이) 희미하다. 어렴풋하다. ¶时间隔得太久, 这些印象都非常～了 | 시간이 지난지 너무 오래되어 이러한 인상이 아주 희미해졌다. ❹ 맛이 싱겁다. ¶酒味～ | 술맛이 싱겁다. ¶味道～ | 맛이 싱겁다.

【淡菜】dàncài 名 ❶ 〈魚貝〉 섭조개 =〔贻贝yíbèi〕〔文蛤nié〕 ❷ 轉 謙 보잘것없는 요리.

【淡出】dànchū 〈演映〉 페이드 아웃(fadeout) =〔渐隐〕

【淡淡】dàndàn 書 狀 ❶ 희미하고 어렴풋하다. ¶～的红晕yūn | 희미한 홍조. ❷ (마음이) 담담하다. ¶她～地一笑 | 그녀는 담담하게 웃었다.

【淡褐色】dànhèsè 名 〈色〉 담갈색.

【淡红】dànhóng ⇒〔浅qiǎn红〕

【淡化】dànhuà ❶ 名 담수화(淡水化) 탈염(脫鹽) ¶海水的～ | 바닷물의 담수화. ❷ 動 담수화(淡水化)하다. 탈염(脫鹽)하다. ❸ (관념·인식 등이) 엷어지다. ¶～政治 | 아무 생각 없이 하는 정치

【淡黄】dànhuáng 名 〈色〉 담황색.

4【淡季】dànjì 名 ❶ 〈商〉 불경기 계절. ¶秋冬二季是游泳业yóuyǒngyè的～ | 가을 겨울 두 계절은 수영업계의 불경기다. ❷ 산출이 적은 계절. 단경기(端境期) ‖ =〔淡节〕 ⇔〔旺wàng季〕

【淡酒】dànjiǔ 名 안주 없는 맨 술. 좋은 안주가 없는 술.

【淡绿】dànlǜ 名 〈色〉 연두색.

【淡漠】dànmò 形 ❶ 書 냉담하다. ❷ (기억이) 어렴풋하다. 희미하다. ¶这件事在人们记忆里已经～了 | 이 일은 사람들의 기억 속에서 이미 희미해 졌다.

【淡青】dànqīng 名 〈色〉 담청색.

【淡然】dànrán 書 狀 ❶ 무심하다. 쌀쌀하다. 태연하다. ¶～处之 | 대수롭지 않게 여기다. 담담하게 대처하다 =〔澹然〕 ❷ (맛이) 담백하다. ¶～无wú味 | 담백하여 맛이 없다.

【淡入】dànrù 名 〈演映〉 페이드 인(fade-in) =〔渐显jiànxiǎn〕

【淡色】dànsè 名 옅은 색.

【淡色调】dànsèdiào 名組 〈演映〉 하이키(highkey) =〔亮色调liàngsèdiào〕

4【淡水】dànshuǐ 名 담수. 민물. ¶～鱼 | 담수어.

【淡水湖】dànshuǐhú 名組 담수호.

【淡忘】dànwàng 動 기억이 흐려져 잊혀지다. ¶时间一久, 大家也就把这件事～了 | 시간이 오래되자 모두 그 일을 차츰 잊어버렸다.

【淡雅】dànyǎ 書 形 말쑥하고 우아하다 아담하다. ¶她的衣着zhuó打扮很～ | 그녀의 말쑥하고 우아하게 꾸미고 입었다.

【淡远】dànyuǎn 形 단아하고 심원하다.

【淡月】dànyuè 名 ❶ 불경기인 달 =〔書 困kùn月〕 ❷ 어슴푸레한 달빛 ‖ ⇔〔旺wàng月〕

【淡竹】dànzhú 名 〈植〉 담죽 [대는 죽세품의 재료로 사용되며 잎은 약재로 쓰인다] =〔方 白夹竹〕〔方 钓diào鱼竹〕〔方 甘gān竹〕

【淡妆】dànzhuāng 書 名 옅은 화장 =〔轻qīng妆〕

4【氮】dàn (질소 담)
名 〈化〉 화학 원소 명. 질소(N ; nitrogenium) [비금속 원소의 하나로 비료 제조에 쓰임] =〔俗 淡气dànqì〕

【氮肥】dànféi 名 〈化〉 질소 비료. ¶效果良好的～ | 효과가 좋은 질소비료.

【氮化】dànhuà ❶ 名 〈化〉 질화(窒化) ¶～钙gài | 석회 질소 ❷ 動 〈化〉 질화(窒化)하다 =〔渗shèn氮〕

【氮气】dànqì 名 〈化〉 질소(가스)

【氮族】dànzú 名 〈化〉 질소족 원소 [질소·인·비소·안티몬·창연(蒼鉛)의 다섯 가지]

【啗】dàn 먹을 담, 마실 담
「啖」과 같음 ⇒〔啖dàn①〕

【萏】dàn 연꽃봉우리 담
⇒〔菡hàn萏〕

1【蛋〈疍$_2$〉】dàn 오랑캐이름 단, 새알 단
名 ❶ 알. ¶鸭yā～ | 오리알. ¶鸡jī～ | 달걀 =〔弹dàn③〕→〔卵luǎn①〕 ❷ (～儿, ～子) 알 처럼 둥근 물건. ¶山药～ | 方 감자. ❸ 〈民〉 중국 남방의 수상(水上)에 사는 종족 이름. ❹ 罵 새끼. 놈. ¶王八～ | 쌍놈의 자식. ¶混hùn～ | 멍청한 놈. ¶坏～ | 나쁜 놈. ❺ 속어(俗語)에서 비유 용법. ¶捣dǎo～ | 훼방 놓다.

【蛋白】dànbái 名 ❶ 단백질. ❷ 알의 흰자위 =〔蛋清(儿)〕

【蛋白胨】dànbáidòng 名〈化〉펩 톤 (peptone) =〔百布顿bǎibùdùn〕〔簡胨dòng〕
【蛋白酶】dànbáiméi 名〈生化〉단백질 분해 효소. 프로테아제(protease)
【蛋白尿】dànbáiniào 名〈醫〉단백뇨.
【蛋白色】dànbáisè 名〈色〉백황색(白黃色)
【蛋白石】dànbáishí 名〈鑛〉단백석. 오팔(opal) =〔白宝石báibǎoshí〕
【蛋白银】dànbáiyín 名〈藥〉콜로이드은.
[3]【蛋白质】dànbáizhì 名〈生化〉단백질→〔朊ruǎn〕
【蛋包饭】dànbāofàn 名〈食〉오므라이스.
【蛋粉】dànfěn 名 계란가루. 건조란(乾燥卵)
[2]【蛋糕】dàngāo 名〈食〉카스텔라(castella;포) ¶生日～ | 생일 케이크 =〔鸡蛋糕〕
【蛋羹】dàngēng 名〈食〉달걀을 풀어 그릇에 담아 찐 것 =〔蛋蒸碗dànzhēngwǎn〕〔蒸鸡蛋zhēngjīdàn〕
【蛋黄(儿)】dànhuáng(r) 名 ❶ 계란 노른자. ❷〈色〉엷은 노랑색 =〔卵黄luǎnhuáng〕
【蛋鸡】dànjī 名 양계용 닭.
【蛋民】Dànmín 名〈民〉광동성(廣東省)이나 복건성(福建省)의 수상 생활을 하는 사람들 =〔蛋人〕〔蛋户hù〕〔蛋家〕〔水上居民〕
【蛋品】dànpǐn 名 난제품(卵製品) 알로 만든 제품.
【蛋青】dànqīng 名〈色〉옥색 =〔鸭蛋青〕
【蛋清(儿)】dànqīng(r) 名 ⓪ 단백. 달걀이나 오리알 등의 흰자위 =〔蛋白②〕〔鸡蛋青jīdànqīng〕
【蛋子】dàn·zi 名 알 같이 생긴 것. ¶泥～儿 | 진흙 덩이. ¶脸liǎn～ | 얼굴.

2【弹(彈)】dàn tán 탄알 탄, 튀길 탄

Ⓐ dàn ❶ (～儿) 名 둥근 알. 작은 덩어리. ¶～丸wán↓ ¶泥ní～儿 | 흙 덩어리. ❷ (총포의) 탄환. ¶枪qiāng～ =〔子弹zǐdàn〕| 총탄. ¶炮pào～ | 포탄. ¶空响kōngxiǎng～ | 공포탄. ¶炸zhà～ | 폭탄. ¶原子～ | 원자폭탄. ¶氢qīng～ | 수소 폭탄. ¶导dǎo～ | 유도탄. ¶飞～ | 미사일. ❸「蛋」과 통용⇒〔蛋dàn①〕
Ⓑ tán ❶ 動 (손가락으로) 튀기다. 털다. ¶把烟灰～掉diào | 담배 재를 털어버리다. ❷ (탄성을 이용하여) 발사하다. ¶～射shè↓ ❸ 動 (악기를) 타다. 켜다. 치다. ¶～琵琶pípá | 비파를 타다. ¶～钢琴gāngqín | 피아노를 치다→〔拨bō①〕〔拉lā④〕 ❹ 규탄하다. ¶～劾hé↓ ¶～章zhāng↓ ❺ 動 (기계 등으로) 솜을 타다. ¶～棉花↓ ❻ 탄력. ¶～簧huáng↓ ¶～性↓

Ⓐ dàn
【弹道】dàndào 名〈物〉탄도. ¶～式洲际导弹zhōujìdǎodàn | 대륙간 탄도탄. ¶～导弹 | 탄도 미사일. ¶～火箭jiàn | 탄도 로켓.
【弹弓】dàngōng 名 ❶ (고무줄) 새총. ❷ 탄궁. 탄알을 쏘는 활. ❸ 솜을 타는데 쓰는 활.
【弹尽粮绝】dàn jìn liáng jué 成 탄환도 다하고 식량도 떨어지다. ¶他们～只好束手待俘 | 그들은 탄환도 다하고 식량도 다 떨어져 가만히 앉아서 포로가 될 수 밖에 없었다.
【弹壳】dànké 名〈軍〉❶ 약협(藥莢) =〔药筒〕 ❷ 탄피(彈皮)
【弹坑】dànkēng 名 (폭발로 인한) 포탄 구멍
【弹孔】dànkǒng 名 총탄 또는 포탄에 맞은 구멍. ¶～累累 | 포탄 구멍이 빽빽하다.
【弹片】dànpiàn 名 포탄의 파편.
【弹头】dàntóu 名 탄두.
【弹丸】dànwán 名 ❶ (탄궁의) 탄환. ❷ (총탄의) 탄두. 탄환. ❸ 書 喩 비좁은 땅. ¶～之地 | 비좁은 땅.
【弹无虚发】dàn wú xū fā 成 하나도 헛방이 없다. 백발백중. ¶他是神枪手,能做到～,百发百中zhòng | 그는 특등사수라 실탄이 하나도 빗나감이 없이 백발백중이다.
[4]【弹药】dànyào 名 탄약. 탄환과 화약. ¶～筒tǒng | 탄약통.
【弹着点】dànzhuódiǎn 名 탄착점.
【弹子】ⓐ dàn·zi ❶ 名 方 당구. ¶～房 | 당구장. ❷ 名 구슬.
ⓑ tán·zi 名 배를 끄는 줄.

Ⓑ tán
【弹拨】tánbō 動 타다. 손가락이나 피크(pick)로 현악기의 줄을 켜다. ¶她从墙上取下琵琶, 坐在床上轻轻地～着 | 그녀는 벽에서 비파를 내려, 침상에 앉아 가볍게 켜고 있다.
【弹唱】tán/chàng ❶ 動 (악기를 연주하며) 노래 부르다. 병창하다. ❷ (tánchàng) 名 병창.
【弹词】táncí 名 탄사 [현악기에 맞추어 노래하는 일종의 민간 문예. 남방 각지에서 성행했으며「苏州sūzhōu弹词」「扬州yángzhōu弹词」「长沙chángshā弹词」등이 있음]→〔讲jiǎng唱文学〕〔评píng弹〕
【弹钢琴】tán gāngqín 動組 ❶ 피아노를 치다. ❷ 전체를 통찰하고 핵심을 파악하며 일을 진행하다.
【弹冠相庆】tán guān xiāng qìng 成 (자신도 장차 임용되리라는 기대를 가지고) 친구의 임관·승진을 축하하다. ¶张勋复辟fùbì,前清旧臣们～ | 장훈이 복벽하자 청조의 관리들은 좋아라고 축하했다.
【弹劾】tánhé 書 動 탄핵하다. ¶联名上奏皇上,～奸臣秦桧Qínguì | 연명으로 황제에게 상서를 올려 간신 진회를 탄핵했다 =〔弹参〕
【弹簧】tánhuáng 名 용수철. 스프링. ¶～床 | 침대의 매트. ¶～椅子 | 용수철을 사용하여 만든 의자 =〔绷簧bēnghuáng〕
【弹簧秤】tánhuángchèng 名 용수철 저울.
【弹簧门】tánhuángmén 名 용수철로 장치한 문. 문에 용수철이 달려 저절로 닫히는 문.
【弹力】tánlì 名〈物〉탄력. 탄성. ¶失去～的橡皮圈xiàngpíquān | 탄력이 없어진 고무줄.
【弹棉花】tán mián·hua 動組 솜을 타다. ¶～戴纱帽dàishāmào | 솜을 타는 데에는「弓」(솜을 타는 활)이 있어야 하고, 사모(紗帽)를 쓰는 것은「臣」(관리)이므로,「弓」과「臣」은「功臣」과 통한다고 해서 공적을 세운 사람·진력(盡力)한 사람이라는 뜻으로 쓰임.
【弹琴】tánqín 動 거문고를 타다. 거문고를 연주하다.

【弹球(儿)】tán/qiú(r) 動 구슬치기 놀이를 하다 =〔弹玻璃球dànbōlíqiú〕〔弹弹子dàn·zi〕〔弹蛋(儿)〕
【弹射】tánshè 動 ❶ 탄력이나 압력 등을 이용하여 사출(射出)하다. ¶气压qìyā～器 | 기압 사출기. ❷ 書 지적하다. ¶～利病lìbìng | 이로운 점과 병폐를 지적하다.
【弹跳】tántiào 動 튀다. 도약하다. 뛰어오르다. ¶从机舱jīcāng～出去 | 배의 기관실에서 튀어 나가다.
【弹性】tánxìng 名 ❶ 탄(력)성. ¶又软又有～的地毯dìtǎn | 부드럽고 탄력성이 있는 양탄자. ❷ 喩 탄력성. 신축성. 유연성. ¶我们应采取cǎiqǔ更大的～ | 우리는 더 큰 신축성을 발휘해야 한다.
【弹压】tányā ❶ 名 탄압. ❷ 動 탄압하다. ¶政府军～示威shìwēi的学生 | 정부군은 시위 학생을 탄압했다.
【弹章】tánzhāng 書 名 탄핵하는 상주문(上奏文) =〔弹简〕〔弹事〕
【弹指】tánzhǐ 名 喩 손가락을 튀길 동안의 시간. 아주 짧은 시간. ¶～之间 | 눈 깜짝할 사이. 일순간. ¶～光阴 | 짧은 시간〔세월〕.
【弹子】tán·zi ☞〔弹子〕dàn·zi Ⓑ
【弹奏】tánzòu 動 (현악기를) 뜯다. 연주하다. ¶～钢琴gāngqín | 피아노를 연주하다.

【惮(憚)】dàn 꺼릴 탄

書 動 ❶ 꺼리다. 기피하다. 두려워하다. ¶过则勿～改 | 成 잘못을 저질렀으면 고치기를 주저하지 말라. ¶肆无忌sìwújì～ | 成 방자하여 거리낌이 없다. ❷ 꺼리다. 싫어하다. ¶不～烦 | 귀찮아하지 않다.
【惮烦】dànfán 書 動 귀찮아하다. 번잡한 것을 꺼리다.

【瘅(癉)】dàn dān 병들 단, 괴롭힐 단

Ⓐ dàn 書 ❶ 名 피로로 인한 병. ¶下民卒～ | 백성들은 피로가 쌓여 병이 들었다《詩經·大雅》❷ 動 미워하다. 증오하다. 원망하다. ¶彰善zhāngshàn～恶è | 선을 표창하고 악을 미워하다《書經·畢命》
Ⓑ dān ⇒〔瘅疟〕
【瘅疟】dānnüè 名〈醫〉열이 몹시 나는 학질.

【澹】dàn Tán 조용할 담

Ⓐ dàn 書 形 조용하다. 편안하다.
Ⓑ Tán 名 성(姓)
【澹泊】dànbó ⇒〔淡泊〕
【澹澹】dàndàn 貺 (물이) 출렁이다. 물결이 흔들리다.
【澹然】dànrán ⇒〔淡然dànrán①〕

dāng ㄉㄤ

1【当(當)】① dāng dàng 맡을 당, 마땅할 당, 당할 당, 덮을 당

주의 「当」은「噹」의 간체자로도 쓰임.
Ⓐ dāng ❶ 動 담당하다. 맡다. …이 되다. ¶他～这次会议的主席 | 그는 이번 회의의 의장을 맡았다. ❷ 動 맡아 주관하다. 관리하다. ¶～权↓ ¶～家作主↓ ❸ 動 감당하다. 승인하다. 책임지다. ¶敢做敢～ | 成 과감하게 하고 용감하게 받아들이다. ¶不敢～ | 황송하옵니다. ❹ 動 막다. 저항하다. 대처하다. ¶螳臂～车 | 成 버마재비가 수레와 맞서려하다. 제 힘을 헤아리지 않고 덤벼들다. ¶锐不可～ | 맹렬한 기세를 막을 수가 없다. ❺ 介 사건 발생 시간을 가리킴. ¶～我回来的时候, 他已经睡了 | 내가 돌아온 그때, 그는 이미 잠들었다. 어법「当」다음에는 시간사(時間詞)가 단독으로 올 수 없으나「在」다음에는 올 수 있다. ¶当一九九一年(×) ¶在一九九一年 | 1991년에. ¶当那时(×) ¶在那时 | 그때에. ❻ 介 사건이 발생한 장소를 나타냄. ¶～众表演 | 대중 앞에서 연극하다. ¶～面交谈 | 맞대면하여 이야기하다. 어법「当」다음엔 명사구(名詞詞組)만 올 수 있고 처소사(處所詞)나 방위사(方位詞)가 붙은 말은 올 수 없으나,「在」다음에는 처소사나 방위사가 붙은 명사구만 올 수 있음. ¶当我的面前讲(×) ¶当我的面讲. ¶在我的面前讲 | 나의 면전에서 말하다. ¶在头泼冷水(×) ¶在头上泼冷水. ¶当头泼冷水 | 머리에 찬물을 끼얹다. ❼ 꼭대기. 끝. 꼭지. ¶瓦～ | 와당. ¶瓜～ =〔瓜蒂〕| 오이·참외 등의 꼭지. ❽ 서로 어울리다. 대등하다. 엇비슷하다. ¶两方实力相～ | 쌍방의 실력이 백중 하다. ¶门～户对 | (혼담에서) 양가 실력이 대등하다.
Ⓑ dàng ❶ 動 …라고 생각하다. …라고 간주하다. …으로 여기다. ¶我～谁, 原来是你呀! | 누군가 했더니, 바로 너였구나! →〔想xiǎng①〕〔以yǐ为〕 ❷ 動 저당 잡히다. 담보물로 하다. ¶～手表 | 손목시계를 저당 잡히다. ¶把房～了一些钱 | 집을 저당 잡히고 약간의 돈을 빌었다. ❸ 動 당하다. 맞먹다. 필적(匹敵)하다. ¶以一～十, 以十～百 | 成 하나를 가지고 열을 당하고, 열을 가지고 백을 당하다. 적은 병력으로 큰 병력을 당하다. ❹ 動 俗 台 시험에 떨어지다. ¶物理考试～了 | 물리시험에 떨어졌다. ❺ 적당하다. 타당하다. ¶适～ =〔恰当qiàdàng〕| 타당하다. 적절하다. ❻ 바로 그 해. 그 날 등과 같이 동일 시간 내에 있는 것을 가리킴. ¶她～天就走了 | 그녀는 그 날 바로 떠났다. ¶～日↓ ¶～年↓ ❼ 속임수. 흉계. 간계. ¶你不要上～ | 너 속임수에 넘어가지 마라. ❽ 저당물. ¶～头↓ ❾ 名 簡 전당포.
Ⓐ dāng
【当班(儿)】dāng/bān(r) ⇒〔值zhí班(儿)〕
【当兵】dāng/bīng 動 군인이 되다. 군대에 가다. ¶～的 | 군인. ¶好男不～ | 諺 훌륭한 사람은 군인이 되지 않는다.
【当不了】dāng·bu liǎo 動組 …이 될 수 없다.
【当不起】dāng·bu qǐ ❶ 감당할 수 없다. 담당할 수 없다 ⇔〔当得起〕❷ 황송하다 =〔不敢当〕
【当差】dāng/chāi ❶ 動 하급 관리로 일하다. ¶他在县里～ | 그는 현에서 하급관리로 일하고 있다. ❷ 動 취임하다. 역할을 맡다. ❸ 動 고역에 종사하다. 하인 노릇을 하다. ¶～的 | 하인. 종. 심부름꾼. ❹ (dāngchāi) 名 하인. 심부름꾼.

4【当场】dāngchǎng 名 당장. 즉석. 현장 어법 일반적으로 부사적으로 많이 사용됨. ¶～开奖kāijiǎng｜즉석에서 당첨을 발표하다.
【当场出彩】dāng chǎng chū cǎi 成 그 자리에서 본색이 드러나다. 그 자리에서 비밀이 드러나다.
【当场出丑】dāng chǎng chū chǒu 成 여러 사람 앞에서 창피를 당하다. 그 자리에서 추태를 보이다.
【当场交(货)】dāngchǎng jiāo(huò) 名組〈商〉현장 인도 =〔当地交货〕〔当地付货〕
【当朝】dāngcháo ❶ 書 名 바로 이전의 조대(朝代) ❷ 名 제위하고 있는 황제나 재상. ❸ 動 조정을 주재하다.
3【当初】dāngchū 名 당초. 처음. 이전. 당시 어법 일반적으로 주로 부사적 용법으로 많이 쓰임. ¶～我不知道怎么办才好｜그 당시에는 나는 어떻게 해야 좋을 지 몰랐다. ¶～很难,后来容易做了｜당시에는 아주 어려웠지만 그 뒤에 쉽게 했다. ¶～这里是一片海洋｜이전에 여기는 넓은 바다였다. ¶～几天｜처음 며칠 =〔方 开初〕〔方 先起头〕
3【当代】dāngdài 名 당대. 그 시대. 현대. ¶～美国文学｜당대 미국문학→〔现代〕
【当道】dāngdào ❶ 動 貶 정권을 잡다. ¶自古有训,歹人～,是非难伸｜예로부터 나쁜 놈이 정권을 잡으면 시비를 바로잡기가 힘들다는 훈계가 있다. ❷ (～儿) 名 길 가운데. ¶别在～站着｜길 가운데 서 있지 마시오. ❸ 名 옛날 요직에 있는 사람. 권력자. 당국자 ‖ =〔当路〕
【当得起】dāng·de qǐ 動組 감당할 수 있다. 맡을 수 있다. ¶～教师｜교사직을 맡을 수 있다⇔〔当不起〕
2【当地】dāngdì 名 ❶ 당지. 그 지방. ¶～人｜현지인. 그 지방 사람. ❷ 현지. 현장. ¶在～接交｜현장에서 인수인계하다. ❸ 방바닥.
【当断不断】dāng duàn bù duàn 成 결단성이 없다. 우유부단하다.
【当官】dāng/guān ❶ 動 관리가 되다. ¶他想去～｜그는 관리가 되려고 한다. ¶～的｜관리. ❷ (dāngguān) 名 해당 관청. ¶交在～｜해당 관청에 넘겨주다.
【当归】dāngguī 名〈藥〉당귀 =〔山蕲qí〕→〔薛xuē①〕
【当行出色】dānghāng chūsè 動組 ❶ (그 상황에) 그대로 합치하다. ❷ 본업에 능통하다. 본업에서 뛰어나다.
【当机立断】dāng jī lì duàn 成 주저없이 결단을 내리다. 과단성 있다. ¶情况紧急, 必须～｜상황이 급박하니 즉시 결단을 내려야만 한다.
【当即】dāngjí 書 副 즉시. 곧. 바로. ¶～表示同意｜즉시 동의를 표시하다. ¶～奉还fènghuán｜즉시 돌려드리겠습니다.
3【当家】dāng/jiā 動 ❶ 집안 일을 맡아 처리하다. ¶～才知柴米贵｜집안 일을 맡아보아야 비로소 땔감과 쌀이 귀함을 안다. ❷ 혼자 생각으로 맡아 처리하다. ¶我那个小问题, 你还当不了家?｜나의 그 사소한 문제를 네가 혼자 맡아서 처리 못하느냐?
【当家的】dāngjiā·de ❶ 名 세대주. 호주. 집주인. ❷ 名 口 (절의) 주지 =〔主持〕〔住持〕 ❸ 名 方 남편. 집주인 [아내가 남편을 일컫는 말]=〔当头人〕
【当家作主】dāngjiā zuòzhǔ 動組 주인이 되다. ¶在我国人民～｜우리 나라에서는 국민이 주인이다.
【当间儿】dāngjiànr 名 方 한 가운데. 한복판. ¶他坐在众人～｜그는 여러 사람 한복판에 앉아 있다.
【当街】dāng/jiē ❶ 動 길에 근접해 있다. 거리에 접하다. ❷ (dāngjiē) 名 方 길거리. ¶～全是人｜거리에 온통 사람이다.
【当今】dāngjīn 名 ❶ 현재. 지금. ¶～的天下｜오늘의 세상. ❷ (재위중인) 황제〔천자〕.
4【当局】dāngjú ❶ 動 국면을 담당하다. 일을 책임지다. ¶～者迷mí, 旁观者清｜諺 당사자는 알지 못하지만 방관자는 명확히 안다. 당사자 보다 제삼자가 더 잘 안다 =〔当事shì〕 ❷ 名 당국. ¶政府～｜정부당국. ¶学校～｜학교 당국.
【当空】dāngkōng ❶ 名 하늘. 공중. ¶～有一朵云彩yúncǎi｜하늘에 구름 한 점이 있다. ❷ 動 하늘에 걸려있다. ¶太阳～照着｜태양이 하늘에서 내리 비치다. ¶皓月～｜밝은 달이 하늘에 걸려 있다.
【当口(儿)】dāng·kou(r) 名 口 (일이 발생한, 혹은 진행 중인) 바로 그때. ¶正在这个～他来了｜바로 그때 그가 왔다 =〔当儿①〕
【当啷】dānglāng 擬 ❶ 금속 등이 부딪치거나 떨어지면서 나는 소리. ❷ 종이나 벨이 울리는 소리. ¶～, ～, 上课铃响了｜따르릉 따르릉 수업 시작 종이 울렸다 ‖ =〔当郎〕
【当量】dāngliàng 名〈化〉당량.
【当令】dānglìng 動 ❶ 철에 맞다. 때에 맞다. ¶现在是伏天, 西瓜正～｜지금은 삼복 때이니 수박이 마침 철에 맞는다. ❷ 권력을 잡다.
【当门】dāngmén ❶ 動 똑바로 문을 향하다. ¶他～一站, 挡住了那个人的去路｜그는 문을 향하여 서서 그 사람이 가는 길을 가로 막았다. ❷ 名 문 앞.
3【当面(儿)】dāng/miàn(r) 動 마주보다. 직접 맞대다 어법 일반적으로 부사적 용법으로 많이 쓰임. ¶～请教qǐngjiào｜직접 가르침을 청하다. ¶～说话可成是非｜諺 직접 맞대고 얘기해야 시비가 가려진다.
【当面锣对面鼓】dāng miàn luó duì miàn gǔ 諺 喩 얼굴을 맞대고 의논하다.
2【当年】ⓐ dāngnián 名 ❶ 그 때. 그 당시. 그해. ¶想～我离开家乡的时候儿,这里还没有火车｜그 당시 내가 고향을 떠날 때를 돌이켜 보면 이곳에는 기차가 없었다. ¶～我才十三岁｜그해 나는 겨우 열 세 살이었다. ❷ 한창 나이. 황금기. ¶他正在～, 干活一点儿也不觉累｜그는 한창 때여서 일을 해도 조금도 피곤함을 느끼지 않는다.
ⓑ dàngnián(r) (～儿) 書 名 그 해. 같은 해. 당년. ¶这个水库～修成, ～就发挥了它的作用｜이 댐은 그 해에 완성하여 같은 해에 그 기능을 발휘했다.
【当炮灰】dāng pàohuī 動組 총알받이가 되다. ¶那些朴实,善良的农民被军阀逝去当了炮灰｜소박하고 선량한 농민들은 군인들에게 끌려가 총알받이가 되었다.

2【当前】dāngqián ❶名 눈 앞. ¶～利益｜눈앞의 이익. ¶～急务｜급선무. ❷動 직면하다. ¶大敌～｜큰 적(敵)이 눈 앞에 닥치다.
【当枪使】dāngqiāngshǐ 動組 喩 사람을 때릴때 쓰는 도구. ¶你可别让人～｜매 맞을 짓은 절대로 하지 말라.
【当权】dāng/quán 動 권력〔실권〕을 장악하다. ¶～人物｜정권·지배권 등을 장악한 인물. ¶～派｜집권파.
【当儿】dāngr ❶⇒〔当口(儿)〕 ❷名 回 (시간·장소 등의) 간격. 거리. ¶两张床中间留一尺宽的～｜두 침대사이에 일 척 너비의 간격을 두다.
1【当然】dāngrán ❶形 당연하다. 물론이다. ¶理所～｜成 이치상 당연하다. 너무나 지당하다. ¶事之～｜당연한 일이다. ❷副 당연히. 물론. ¶我们～会等你的｜우리는 당연히 너를 기다릴 것이다. ¶～要去｜물론 가야 한다.
【当仁不让】dāng rén bù ràng 成 (옳은 일에) 발벗고 나서다. 의로운 일에 적극적으로 나서다. ¶你们大家既然选我作主任,那我就～了,一定不辜负大家的信任｜여러분께서 기왕에 저를 주임으로 뽑아 준 이상 적극적으로 맡아서 여러분의 신임을 저버리지 않도록 하겠습니다.
【当日】ⓐ dāngrì 書名 그 날. 그 때. 그 당시 =〔当dāng天〕
ⓑ dàngrì ⇒〔当dàng天〕
2【当时】ⓐ dāngshí 名 당시. 그 때. ¶这篇文章是1939年写成的, ～并没有发表｜이 글은 1939년도에 쓴 것인데, 당시에는 발표되지 않았다.
ⓑ dàngshí 名副 바로 그 때. 즉시. 즉각. ¶他接到家里来的电报～就赶回去了｜그는 집에서 온 전보를 받고, 곧 바삐 돌아갔다. ¶没～了｜문제삼지 않았다.
4【当事人】dāngshìrén 名 ❶ 당사자 =〔当事者〕〔当手(人)〕 ❷〈法〉소송 당사자. ¶～不到庭必须有委托人代理｜당사자가 갈 수 없으면 수탁인이 대신 처리해야 한다.
4【当天】ⓐ dāngtiān ⇒〔当dāng日〕
ⓑ dàngtiān 名 그날. 당일. 같은 날. ¶～可以打来回｜당일에 돌아올 수 있다. ¶～的事～做完｜그 날 일은 그 날 다하다 =〔当dàng日〕
【当头】ⓐ dāngtóu ❶副 머리 위에. 머리를 향해. 정면에. ¶～一棒bàng｜諺 정수리에 일침을 가하다. ❷動 직면하다. 눈앞에 닥치다. ¶给他～一瓢piáo冷水｜그의 머리 위에 냉수 한 바가지를 퍼붓다. ¶国难～, 人人怀着抗敌的决心｜국난이 눈앞에 닥치자 사람들은 적에게 항거할 결심을 다졌다. ❸動 제일로 하다. 수위(首位)에 두다. ¶破字～, 立在其中｜먼저 부수고 나서 그 속에서 건설한다 [문화대혁명 때의 유행어]
ⓑ dàng·tou 名 ❶ 回 저당물 =〔典物〕〔方押头(儿)①〕 ❷ 이불잇.
【当头棒喝】dāng tóu bàng hè 成〈佛〉불교에서 신자를 받아들일 때 흔히 몽둥이로 머리를 한번 치거나 고함을 한번 질러서 상대방으로 하여금 미처 생각해 볼 사이 없이 물음에 대답하게 하여 그의 불교 교리를 터득한 정도를 시험함을 이르는 말. 喩 따끔한 경고나 충고를 하다 =〔当头一棒〕
【当务之急】dāng wù zhī jí 成 급선무. 당장 급한 일. ¶眼下的～是编一部实用性的中韩词典｜지금 급선무는 실용 한사전을 만드는 일이다 =〔当前急务〕
【当下】dāngxià 副 즉각. 바로. ¶不要～着手｜바로 착수하지 마라. ¶要～打发人去｜즉시 사람을 보내야 한다.
【当先】dāngxiān 動 앞에 서다. 먼저 하다. ¶无论作甚么事都是钱～｜무슨 일을 하든지 돈이 앞선다. ¶他一马～冲了上去｜그는 앞장서서 돌진해 갔다.
4【当心】dāng/xīn ❶動 조심하다. 주의하다. ¶～! 汽车来了｜조심해! 자동차가 온다. ❷ (dāngxīn) 名 한 가운데. 정 중앙. 가슴 한복판. ¶当自己的心开了一枪｜자신의 가슴에 정통으로 대고 총을 쏘다.
4【当选】dāngxuǎn 動 당선하다. 당선되다. ¶他～为代表｜그가 대표로 당선되다 ⇔〔落luò选〕
【当央】dāngyāng 名 方 한 가운데. ¶夹jiā在人～｜사람들 한 가운데에 끼이다.
【当腰】dāngyāo 名 (주로 긴 물체의) 중앙. 한가운데. ¶两头细, ～粗｜양끝은 가늘고 가운데는 굵다.
【当一天和尚撞一天钟】dāngyītiānhé·shangzhuàngyītiānzhōng 諺 하루 중이 되면 하루만 종을 친다. (환경의 지배를 받으며 생활에 순종하여) 하루하루 그럭저럭 지내다.
【当院(儿)】dāngyuàn(r) 名 方 마당. 마당 가운데. ¶大家都在～乘凉｜모두들 마당에서 바람을 쏘인다 =〔院子里〕
【当政】dāngzhèng 動 정권을 잡다. ¶今年由民主党～｜올해는 민주당이 정권을 잡았다.
【当之无愧】dāng zhī wú kuì 成 부끄럽지 않다. 손색이 없다. ¶他是～的民主运动的领袖lǐngxiù｜그는 하나도 손색이 없는 민주운동의 영수이다.
【当值】dāng/zhí 動 당직근무를 하다. 숙직근무를 서다. =〔值班zhíbān(儿)〕〔当直〕
3【当中】dāngzhōng ❶名 중간. 한복판. ¶记念碑jìniànbēi座落在广场～｜기념비는 광장 한복판에 있다 =〔回当中间儿〕 ❷ 그 가운데. ¶这是他一生～最难忘的时刻｜이것은 그의 일생 중 가장 잊기 어려운 시간이다.
【当中间儿】dāngzhōngjiànr ⇒〔当中①〕
【当众】dāngzhòng 副 대중 앞에서. ¶～开票｜대중 앞에서 개표하다. ¶～认错｜여러 사람 앞에서 잘못을 인정하다.
【当轴】dāngzhóu 書名 요직에 있는 사람.
【当子】dāng·zi 名 方 (일정한) 간격. 빈자리. 틈. ¶拉开lākāi～｜간격을 벌리다.
Ⓑ dàng
【当成】dàngchéng ⇒〔当做〕
【当儿戏】dàng/érxì 動 농담으로 여기다. 아이들 놀이로 여기다. ¶你别把婚姻大事～｜결혼을 아이들 놀이처럼 너무 쉽게 여기지 마라 =〔当玩意儿〕
【当耳边风】dàng ěr biān fēng 成 흘러가는 얘기로 듣다. 한 귀로 듣고 한 귀로 흘려버리다 =〔当

耳旁风pángfēng〕
【当家子(儿)】dàngjiā·zi(r) 名方 동족(同族) 친족(親族) =〔当家什户〕
【当卖】dàngmài 動 전당잡히거나 팔다. ¶他很穷天天儿～着过日子｜그는 매우 가난하여 매일 전당잡히거나 팔거나 하여 살아간다.
【当年】dàngnián ☞〔当年〕dāngnián ⓑ
【当票(儿)】dàngpiào(r) 名 전당표 =〔典diǎn票〕
【当铺(子)】dàng·pu(zi) 名 전당포 =〔典diǎn当(铺)〕〔质zhì库〕
【当日】dàngrì ☞〔当日〕dāngrì ⓑ
【当时】dàngshí ☞〔当时〕dāngshí ⓑ
【当是】dàng·shi 動 …라고 생각한다. …로 여기다. ¶我～谁, 原来是你呀!｜나는 누군가 했는데 원래 너였구나!
【当天】dàngtiān ☞〔当天〕dāngtiān ⓑ
【当头】dàng·tou ☞〔当头〕dāng·tou ⓑ
【当月】dàngyuè 名 그 달. 같은 달.
【当真】dàngzhēn ❶ 形 사실이다. ¶这话～?｜이 말이 사실인가? ❷ 動 진실로 받아들이다. 정말로 여기다. ¶我不过是说笑话,他竟～了｜나는 농담으로 한 것인데 그는 정말로 여겼다. ¶是闹着玩儿的, 可别～哩｜농담으로 하는 말이니 정말로 여기지 마시오. ❸ 과연. 정말로. ¶那天他答应给我画幅画儿, 没过几天, 他～送来了一幅｜그 날 그는 나에게 그림을 그려 주겠다고 하더니 며칠 안 돼서 정말 하나를 보내왔다.
【当作】dàngzuò ⇒〔当做〕
²【当做】dàngzuò 動 …로 여기다. …로 삼다. …로 간주하다. ¶不要把我的话～耳边风｜내 말을 귓등으로 듣지 말라 ‖ =〔当成〕〔当作〕

【当(噹)】 ② dāng 방울 당
擬 땡땡. 땡그랑. 달랑달랑 [종·금속이 부딪치는 소리] ¶叮dīng～｜땡그랑. 딩동.
【当当儿】dāng·dangr 名京 멍청이. 물정을 모르는 사람. 시골뜨기. ¶一个～哪儿能有外场劲儿呢?｜일개 촌뜨기가 어찌 세상을 살아 갈 힘이 있겠는가?
【当当儿车】dāng·dangr chē 名京 전차(電車) [전차의 벨소리를 본따 한 말]

【珰(璫)】 dāng 귀엣고리옥 당
書 名 ❶ (옛날 중국 여자들의) 구슬 귀걸이. ❷ 한대(漢代) 병무를 맡았던 환관(宦官)의 모자 장식. 轉 환관.

【铛(鐺)】 dāng chēng 쇠사슬 당, 솥 쟁
Ⓐ dāng ❶ 擬 땅땅 [금속이 부딪치는 소리]→〔当dāng〕 ❷ 名 옛날 죄인을 묶는 쇠사슬 =〔锒铛〕 ❸ 名 방울 =〔铃铛〕
Ⓑ chēng 名 ❶ 書 발이 셋 달린 가마솥. ❷ 납작하고 밑이 평평한 솥 [「烙饼」이나 「锅贴儿①」를 굽는데 쓰임]
【铛铛】dāngdāng 擬 땡땡 [금속을 치는 소리] ¶钟声～响｜땡땡 종소리가 울린다.

【裆(襠)】 dāng 잠방이 당
名 ❶ 바지 가랑이 사이. ¶裤kù～｜바지의 바대. ¶横～｜바지가랑 통의 치수. ❷ 〈生理〉 샅 [두 다리의 사이] ¶腿～｜샅.

dǎng ㄉㄤˇ

²【挡(擋)〈攩〉】 dǎng dàng 막을 당
Ⓐ dǎng ❶ 動 가로막다. 차단하다. ¶前面有车～住了路｜앞에 있는 차가 길을 막았다. ❷ 動 가리다. ¶～太阳｜태양을 가리다. ¶～得看不见｜가리어 보이지 않는다. ❸ 動 저항하여 막다. ¶兵来将～｜병사가 오면 장수가 막는다. ❹ 名 (～儿, ～子)(가리는 데 사용하는) 덮개. 가리개. ¶火～｜화로의 주위를 싸는 철판. ¶窗chuāng～儿｜창문가리개. ❺ 名 簡 〈機〉「排挡páidǎng」(변속 기어·변속 장치;gear)의 약칭. ❻ 量 계기나 측량장치로 나타내는 광량(光量)·전기량(電氣量)·열량(熱量) 등의 등급(等級)
Ⓑ dàng 書 動 정리하다. 수습하다. 처치하다→〔摒bìng挡〕
【挡板】dǎngbǎn 名 ❶ 덧문. 바람막이 문. ❷ 방음 판.
【挡不住】dǎng·bu zhù 動組 막을 수 없다. ¶～的感觉｜(너무 좋아서) 어찌할 수 없는 느낌. ¶运气来了用门板也～｜운이 따르면 한 없이 따른다 ⇔〔挡得住〕
【挡车】dǎngchē 動 〈紡〉 방적기계를 맡다 방적기계를 관리하다.
【挡车工】dǎngchēgōng 名 (동력 기계의) 정비공.
【挡风】dǎng fēng 動組 바람을 막다. ¶～墙qiáng｜바람막이 벽. ¶～玻璃bōlí｜자동차의 바람막이 유리.
【挡横儿】dǎnghèngr 動 가로막다. 비호해주다. ¶要不是他～,我早就去了美国｜그가 막지만 않았다면 나는 벌써 미국에 갔을 것이다. ¶路见不平忘我～｜길에서 불공평한 일을 보면 자기를 돌보지 않고 나서서 도와준다.
【挡驾】dǎng/jià 動 ❶ 婉 방문(객)을 사절하다. ¶生客拜访, 一概～｜잘 모르는 손님이 방문하면 다 사절한다. ❷ 謙 찾아오는 번거로움을 사양하다.
【挡箭牌】dǎngjiànpái 名 ❶ (화살을 막는) 방패. 轉 후원자. ❷ (책임 회피의) 구실.
【挡雨】dǎng yǔ 動組 비를 막다. 비막이를 하다. ¶～板｜비막이 판자.
【挡住】dǎng·zhù 動 저지하다. 막다. ¶～路口不让进｜길목을 막고 들어가지 못하게 하다.
【挡子】dǎng·zi 名 덮개. 가리개. 씌우개.

²【党(黨)】 dǎng 무리 당, 일가 당
❶ 名 당. 정당. ¶政～｜정당. ¶～政民｜당·정부·인민대중. ❷ 名 貶 (개인의 이해 관계로 조직된) 집단. 도당(徒黨) ¶结～营私｜도당을 이루어 사리(私利)를 도모하다. ❸ 친족. ¶父～｜친가(親家) ¶妻qī～｜처가(妻家) ❹ 書 名 고대의 지방 조직 이름 [「五百家」가 「一党」이었음] ¶五族为～｜5족이 당이 된다 《漢書·食貨志》 ❺ 書 動 편애하다. 치우치다. 두둔하다. ¶～同伐异↓ ❻ (Dǎng) 名 성(姓) ❼ 「谠dǎng」과 통용 ⇒〔谠dǎng①〕
【党报】dǎngbào 名 당 기관지. ¶《人民日报》是中央～｜《인민일보》는 중앙 당 기관지이다.

【党部】dǎngbù 名〈政〉정당의 기관. ¶～中央会｜당의 중앙회.

【党阀】dǎngfá 名〈政〉❶당수. 정당(政黨)의 우두머리. ❷당벌(黨閥)

【党费】dǎngfèi 名〈政〉당비. ¶缴jiǎo～｜당비를 납부(納付)하다.

【党风】dǎngfēng 名 당풍. 당의 기풍. ¶～不正｜당의 기풍이 바르지 못하다.

【党纲】dǎnggāng 名 당의 강령. ¶修改～｜당의 강령을 수정하다.

【党锢】dǎnggù 書 名(옛날 어떤 파벌이나 관련자들의) 사진(仕進)의 길을 막는 것. ¶实行～｜당고를 실행하다.＝[党禁①]

【党棍】dǎnggùn 名 정당의 권세를 등에 업고 나쁜 짓을 하는 우두머리.

【党祸】dǎnghuò 名 당쟁으로부터 생기는 참화.

【党籍】dǎngjí 名 당적. 당원의 적(籍) ¶开除～｜당적을 제명하다.

【党纪】dǎngjì 名 당의 기율.

【党禁】dǎngjìn ❶⇒[党锢dǎnggù] ❷名 다른 당들의 정치활동을 금지하는 것.

【党课】dǎngkè 名 당내의 교육과정. ¶～制度｜당내 교육제도.

【党魁】dǎngkuí 書 名 貶 당수. 도당의 괴수

【党龄】dǎnglíng 名 당력(黨歷) 당원의 재적년수(在籍年數) ¶有着二十多年的～｜20여년의 당력이 있다.

【党内】dǎngnèi 名〈政〉당내(黨內) ¶～走资本主义道路的党权派｜주자파(走資派) 계열의 당내 실권파(黨內實權派) ¶～和平论｜당내(黨內)는 평화(平和)를 유지해야 한다고 하는 주장 [유소기(劉少奇)가 제창했으며 문화 대혁명 기간중에 비판당했음] ¶～民主｜당내 민주주의.

3【党派】dǎngpài 名 당파. 도당(徒黨) ¶～斗争dòuzhēng｜당파싸움.

【党票】dǎngpiào 名 俗 당표 [중국에서 당원을 홀하게 일컫는 말]

【党旗】dǎngqí 名 당기 [정당을 상징하는 기(旗)]

【党群】dǎngqún 名 당과 대중. ¶～之间｜당과 대중의 사이. ¶～关系｜당과 대중의 관계.

【党人】dǎngrén 名 ❶정당활동에 참가하는 사람. ❷書 정당을 조직하고 경영하는 사람.

【党参】dǎngshēn 名〈植〉상당(上黨;산서성 동남부) 인삼 [길림(吉林)에서 나는 인삼(人參)과 구분해서 일컬음]

【党史】dǎngshǐ 名 ❶당사. 당의 역사. ¶国民～｜국민당사. ❷중국 공산당사.

【党同伐异】dǎng tóng fá yì 成 같은 파끼리 싸고 돌면서 다른 파를 배척하다. ¶对同事应该一视同仁,不应该～｜동료간에는 똑같이 대해야지 자기 편이라고 싸고 돌면 안된다.

【党徒】dǎngtú 名 貶 도당. 같은 패.

【党团】dǎngtuán 名 ❶중국 공산당과 공산주의 청년단. ❷정당과 단체. ❸어느 한 정당의 국회대표.

【党外】dǎngwài 名〈政〉당외(黨外) ¶～组织｜정당 밖의 조직. ¶～人士｜당외 인사.

3【党委】dǎngwěi 名 ❶당의 위원회. ❷당의 위원.

【党务】dǎngwù 名 당의 사무.

【党项】Dǎngxiàng 名〈民〉고대 강족(羌族)의 한 줄기 [북송(北宋)때 감숙(甘肅)·섬서(陝西)·내몽골(內蒙古) 일대에 서하(西夏)를 세웠음]

【党校】dǎngxiào 名(중국 공산당의) 당 간부 학교.

4【党性】dǎngxìng 名 ❶당에 대한 충실성. ❷공산당원의 당성. ¶用自我批评提高～｜자아비판을 통하여 당성을 제고하다.

【党羽】dǎngyǔ 名 貶 동지. 도당. ¶培植péizhí～｜동지를 육성하다＝[党与]

2【党员】dǎngyuán 名 당원.

4【党章】dǎngzhāng 名 정당의 정관. 정당의 규약.

【党政】dǎngzhèng 名 여당과 정부 [중국에서는 중국 공산당과 정부를 가리킴] ¶～干部｜당과 정부의 간부.

【党证】dǎngzhèng 名 당원증(黨員證)

4【党中央】dǎngzhōngyāng 名 簡 당 중앙위원회.

【谠(讜)】dǎng 곧은말 당

書 ❶形 정직하다. 바르다. 솔직하다＝[党dǎng⑦]→[谠论][谠言] ❷名 직언(直言) 정론(正論) ¶忠～不昭于时｜충성스런 직언은 그 당시에는 빛나지 않는다《魏志·王修傳》

【谠辞】dǎngcí 書 名 정직한 언사[말].

【谠论】dǎnglùn ⇒[谠言]

【谠言】dǎngyán 名 직언. 올바른 의견＝[谠论]

【谠议】dǎngyì 書 名 정직한 의론[논의].

dàng ㄉㄤˋ

【凼〈氹〉】dàng 물웅덩이 당

名 方 ❶물 웅덩이＝[水凼] ¶打～子｜물 웅덩이를 파다. ❷(들의) 분뇨 구덩이＝[粪凼fèndàng] ¶～肥féi↓‖＝[荡⑦]

【凼肥】dàngféi 名〈農〉중국 남방에서 나뭇잎·잡초·분뇨 등을 흙구덩이에 쏟아 넣어 만드는 비료.

【当】dàng ☞ 当 dāng ① Ⓑ

【挡】dàng ☞ 挡 dǎng Ⓑ

3【档(檔)】dàng 책상 당

❶(～儿) 名 가로장. 가름대 [기물의 버팀대나 고정대로 쓰임] ¶算盘上的～｜주판의 틀. ¶桌子的横～儿｜책상 가름대. ❷名(살을 대고 만든) 선반이나 장 [주로 문서·서류 등을 보관하는 데 쓰임] ¶把文件归～｜서류를 서류함에 보관하다. ❸名(각 기업이나 기관등이 분류·보관하는) 문서. 자료. 서류. ¶历史～案｜역사 문헌→[档案] ❹量 단 [기계의 속도 단계를 나타냄] ¶有十一～速度sùdù｜11단계의 속도를 낼 수 있다. ¶头～｜일단 속력. ❺名(상품·생산품의) 등급. ¶高～商品｜고급 상품. ❻⇒[档子]

3【档案】dàng'àn 名 ❶분류하여 보관하는 공문서. ¶建立～｜보관용 문서를 만들다. ¶～柜guì｜서류함. ¶～馆｜문서 보관소. 문서국. ¶～室｜서류실. ¶健康jiànkāng～｜건강 진료부. ¶～管理员｜기록 보관인. ¶人事～｜인사 기록부. ❷

〈電算〉파일(file)

3【档次】dàngcì 名 등급.

【档名】dàngmíng 名〈電算〉파일명(file name)

【档尾】dàngwěi 名〈電算〉파일끝(end of file)

【档子】dàng·zi 方 ❶ 量 사건이나 일거리를 세는 단위. ¶这～事我来管吧 | 이 일은 내가 맡겠다. ¶又来了一～事了 | 또 일거리 하나가 생겼다 =〔当儿〕❷ 量 조(組)를 이루어 하는 곡예나 잡기 등의 단위. ¶刚过去两～龙灯lóngdēng, 又来了一～旱船 | 두 조의「龙灯」팀이 막 지나가자 또「旱船」한 조가 왔다. ❸ 名 지위. 등급.

【宕】dàng 방탕할 탕, 미룰 탕 書 ❶ 動 연기하다. 지연하다. 길게 끌다 =〔延yán宕〕〔宕延〕❷「荡」과 통용 ⇒〔荡dàng⑤〕❸ 걸걸하다. ¶豪～ | 호탕하다.

【宕户】dànghù 名 ❶ 석공(石工) 채석공(採石工) ❷〈商〉외상을 잘 갚지 않는 사람.

【宕冥】dàngmíng 書 狀 까마득하다. 아득하다. 요원하다.

【宕延】dàngyán 動 질질 끌다. 연기하다. 지연하다.

【菪】dàng 미치광이 탕 ⇒〔莨làng菪〕

【砀(碭)】dàng 옥돌 탕 名 ❶ 書 무늬 있는 돌. ❷ 지명에 쓰이는 글자. ¶～山 | 탕산 [안휘성(安徽省)에 있는 현 이름] ❸ (Dàng) 성(姓)

4【荡(蕩)〈盪$_{1, 2, 3}$〉】dàng 쓸 탕, 흔들릴 탕 動 ❶ 다 없애다. 일소(一掃)하다. ¶他把财产cáichǎn都～尽了 | 그는 재산을 모두 탕진했다. ¶～然无存 | 成 모두 없어져 남은 게 없다. ❷ 씻다. 헹구다. ¶冲chōng～ | 씻어내다. ❸ 흔들다. 흔들려 움직이다. 동요하다. ¶飘piāo～ | 바람에 흔들려 움직이다. ¶～秋千 =〔打秋千〕| 그네를 뛰다. ¶～样↓ ❹ 하는 일없이 어슬렁거리다. ¶～马路 | 일없이 대로를 어슬렁거리다. =〔游荡yóudàng〕❺ 形 방탕하다. 방종하다. 행위가 단정하지 못하다. ¶放～ | 방탕하다. ¶～妇fù↓ =〔宕dàng②〕❻ 名 늪. 얕은 호수. ¶芦花～ | 갈대가 무성한 호수. ¶黄天～ | 황천탕. ⓐ 지금의 강소성(江蘇省) 남경시(南京市) 동북 일대. ⓑ 지금의 강소성(江蘇省) 소주시(蘇州市) 동쪽 봉문(葑門) 밖의 지역. ❼「凼」과 통용 ⇒〔凼dàng〕❽ (～子) 名 직업 없이 떠돌아다니는 건달.

【荡荡】dàngdàng 狀 ❶ 광대하다. ¶浩浩～ | 가없이 넓다. ¶黄沙～, 一望无际 | 황사가 크게 일어 끝이 보이지 않는다. ❷ 평탄하다.

【荡涤】dàngdí 書 動 깨끗이 씻다. 가시다. 세척하다. ¶山光水色足以～胸襟xiōngjīn | 산천경개는 가슴을 후련하게 가셔주기에 족하다.

【荡妇】dàngfù 名 ❶ 탕부. ❷ 창기. 기생 ‖ =〔荡女〕

【荡桨】dàng jiǎng 動 노를 젓다. ¶我们就都帮助他～, 我们很快就到了堤边dībiān | 그의 노젓는 것을 우리가 거들어 아주 빨리 강가에 닿았다.

【荡寇】dàngkòu 動 적(賊)을 정벌하다. 반란을 평정하다.

【荡平】dàngpíng 動 소탕(掃蕩)하여 평정하다. ¶～叛乱pànluàn | 반란을 평정하다.

【荡气回肠】dàng qì huí cháng ⇒〔回肠荡气〕

【荡然】dàngrán 書 狀 완전히 없어지다. 사라지고 없다. ¶～无存 | 成 하나도 남지 않고 완전히 없어지다. 아무것도 남지 않다.

【荡漾】dàngyàng 動 출렁이다. 넘실거리다. (음성·감정 등이) 물결치다. 감돌다. 맴돌다. ¶歌声～ | 노래소리가 감돌다. ¶湖水～ | 호수가 출렁이다. ¶～着欢乐 | 기쁨이 넘쳐흐르고 있다.

【荡舟】dàngzhōu 書 動 ❶ 배를 젓다. ¶我们在湖上～ | 우리는 호수에서 배를 젓는다. ❷ 배를 손으로 밀어 움직이다. ¶～赤壁chìbì | 적벽으로 노를 저어 가다.

dāo ㄉㄠ

1【刀】dāo 칼 도 ❶ 名 (～儿, ～子) 칼. ¶一把菜～ | 식칼 한 자루. ¶雕diāo～ | 조각칼. ¶剪～ | 가위. ❷ 칼 모양을 한 것. ¶冰～ | 스케이트의 날. ¶瓦～ | 흙손. ❸ 書 名 옛날, 칼 모양의 화폐 =〔刀币〕❹ 量 종이를 세는 단위 [종이 100장을「一刀」라고 부름] ❺ 名 (Dāo) 성(姓)

【刀疤】dāobā 名 칼자국 =〔刀瘢〕

【刀把儿】dāobàr ⇒〔刀把子〕

【刀把子】dāobà·zi 名 ❶ 칼자루 =〔刀柄〕〔俗 刀攥zuàn〕❷ 轉 (추상적인 의미에서의) 무력(武力) 권력. 힘. ¶～在人民手里了 | 권력(칼자루)은 백성의 손에 있다. ❸ 약점. 꼬리. 구실 ‖ =〔刀把儿〕〔刀靶儿〕→〔把bǎ柄〕

【刀背(儿)】dāobèi(r) 名 칼 등. ¶把钱花在～上 | 돈을 쓸데없는 데 쓰다 ⇔〔刀口①〕

【刀笔】dāobǐ 書 名 대나무 조각에 글자를 새기는 칼. 轉 貶 (소송 관계의) 문서를 작성하는 일 또는 사람. ¶吏～ | 소송 문서를 작성하는 관리. ¶弄～ | 소송장을 만들다. ¶～郎 | 대서인. ¶～老手 | 소송장을 쓰는 일에 뛰어난 사람.

【刀兵】dāobīng 書 名 무기. 轉 군사. 전쟁. ¶动dòng～ | 군사행동을 하다. ¶～四起 | 병란(兵亂)이 사방에서 일어나다. ¶～之灾 | 전쟁의 재난.

【刀柄】dāobǐng 名 칼자루 =〔北 刀把子 bǎzǐ①〕〔北 刀杆dāogān〕〔江 刀排dāopái〕

【刀叉】dāochā 名 나이프와 포크. ¶吃西餐xīcān要用～ | 양식을 먹을 때는 나이프와 포크를 써야 한다.

【刀锋】dāofēng ⇒〔刀尖jiān(儿)〕

【刀割】dāogē 動 칼로 자르다. ¶心里像～一样 | 가슴이 에이는 듯하다.

【刀耕火种】dāo gēng huǒ zhòng 成 화전(火田) 경작 =〔刀耕火耨huǒnòu〕

【刀工】dāogōng 名 ❶ (썰거나 저미는) 칼 솜씨 =〔刀功〕❷ 도공.

【刀光剑影】dāo guāng jiàn yǐng 成 칼 빛과 검(劍) 그림자 [격렬한 전투나 살기등등한 기세를 형용]

【刀尖(儿)】dāojiān(r) 名 칼날. 칼끝 =〔刀锋fēng〕〔刀头tóu〕

【刀具】dāojù 名〈機〉절삭 공구(切削工具)의 총

칭(cutting tool) =〔挠gē削工具〕〔切qiē(削工)具〕〔刀具rènjù〕

【刀锯】dāojù 名 ❶ 칼과 톱. 옛날에 사람을 처형하는데 쓰던 형구(刑具) ❷ 喩 형벌.

【刀口】dāokǒu 名 ❶ 칼날 =〔刀刃(儿)〕⇔〔刀背(儿)〕❷ 喩 가장 중요한 곳. 요긴한 곳. 결정적인 곳. ¶钱要花在～上 | 돈은 요긴한 곳에 써야 한다. ¶把力量用在～上 | 힘을 가장 결정적인 곳에 쓰다. ❸ 벤 자리.

【刀马旦】dāomǎdàn 名〈演映〉중국 전통극에서 무예에 뛰어난 여자역.

【刀片】dāopiàn 名 ❶〈機〉절삭공구의 날 =〔刀头〕❷ (～儿) 안전 면도날. ¶一片保bǎo险～ | 안전 면도날 한 장.

【刀枪】dāoqiāng 名 칼과 창. 무기. ¶～入库, 马放南山 | 무기를 입고시키고 병마를 산에 풀어놓다. ⓐ 전쟁을 피하고 평화를 바라다. ⓑ 경계심을 늦추다.

【刀儿】dāor ⇒〔刀子〕

4【刀刃(儿)】dāorèn(r) 名 칼날. ¶～钝dùn了 | 칼날이 무디어 졌다 =〔刀口①〕〔刀脸〕

【刀山火海】dāo shān huǒ hǎi 成 칼 산과 불 바다. 매우 험악하고 위험한 곳. ¶为了救儿子, 就是～也要去 | 아들을 구하기 위해서라면 아무리 위험한 곳이라도 가겠다. ¶闯刀山踏火海 | 물불을 가리지 않다. 물과 불 속이라도 뛰어들다 =〔火海刀山〕

【刀削面】dāoxiāomiàn 名〈食〉(밀가루를 반죽하여 길게 뽑은 것을 자른) 중국식 칼국수.

2【刀子】dāo·zi 名 ⓓ 작은 칼. ¶剃tì～ | 면도칼. ¶那人说话像～似的 | 저 사람의 말은 칼처럼 날카롭다 =〔刀儿〕

【刀子嘴, 豆腐心】dāo·zizuǐ, dòu·fuxīn 諺 입은 칼인데 마음은 두부다. 喩 말씨는 날카로워도 마음은 부드럽다. ¶她就是～, 所以只要你理解她就不难相处 | 그녀는 말씨는 날카로워도 마음은 부드러워 그녀를 이해하기만 하면 같이 어울리는 것은 어렵지 않다.

【刀俎】dāozǔ 書 名 식칼과 도마. 喩 박해자.

4【叨】dāo ☞ 叨 tāo Ⓑ

【忉】dāo 근심할 도
書 狀 근심스러워 하다 =〔忉怛dāodá〕¶～～ | 근심스러워 하다.

【氘】dāo (듀테륨 도)
名〈化〉화학 원소명. 듀테륨(D ; deuterium) 중수소(重水素) [수소의 동위원소]=〔重氢〕→〔氢qīng〕

【氘核】dāohé 名〈化〉중양자(重陽子) =〔重zhòng氢核〕

【魛(魛)】dāo 웅어 도
名〈魚貝〉❶ 갈치 =〔刀鱼〕〔带鱼〕❷ 웅어 =〔刀鱼〕〔凤尾鱼〕〔鲚jì鱼〕‖ =〔魛鱼〕

dǎo ㄉㄠˇ

1【导(導)】dǎo 이끌 도
❶ 動 이끌다. 가르쳐 인도하다. 영도하다. ¶～向正轨zhèngguǐ | 바른 길로 인도하다. ¶领～ | 영도하다. ¶引～↓ ❷ 전도하다. 전달하다. ¶～热rè↓ ¶～电↓ ❸ 타이르다. ¶亲自开～ | 직접 타이르다. ¶教～ | 가르쳐주다. ¶指～ | 지도하다. ❹ 名 (붓글씨의) 일곱 가지 운필법(運筆法)의 하나.

【导标】dǎobiāo 名 항로 표지(標識)

【导播人员】dǎobō rényuán 名組〈新放〉방송 프로듀서. ¶广播电台的～ | 방송국의 프로듀서.

3【导弹】dǎodàn 名〈軍〉유도탄. 미사일. ¶～驱逐舰qūzhújiàn | 미사일 적재 구축함. ¶～发射井fāshèjǐng | 미사일 사일로(missile silo) ¶～发射器 | 미사일 발사기(missile launcher) ¶～发射台fāshètái | 미사일 발사대(missile launching pad) ¶～基地 | 미사일 기지. ¶～核套艇hétàotǐng | 미사일 적재 핵잠수함. ¶洲际zhōujì～ | 대륙간 탄도 미사일(ICBM) ¶天闪式tiānshǎnshì～ | 스카이 볼트(sky bolt) ¶～预警卫星 | 미사일 탐지 위성.

【导电】dǎo/diàn〈物〉❶ 動 전기가 통하다. 전도하다. ❷ (dǎodiàn) 名 전기 전도. ¶～性 | 전도성. ¶～弓 | 팬터그래프(pantagraph) ¶～体 | 전도체.

【导管】dǎoguǎn 名 ❶〈機〉파이프. 도관. ❷〈植〉도관(導管) ❸〈動〉맥관(脈管)

4【导航】dǎoháng 動〈航〉항해나 항공을 유도하다. ¶～设备shèbèi | 유도시설. ¶～台tái | 관제탑. ¶无线电～ | 무선 유도. ¶雷达léidá～ | 레이더 유도. ¶～卫星wèixīng | 항해 위성.

【导火线】dǎohuǒxiàn 名 ❶〈軍〉도화선 =〔导火索〕❷ 喩 사건을 유발하는 직접 원인. ¶第二次世界大战的～ | 제 2차 세계대전의 도화선(직접적인 원인)

【导坑】dǎokēng 名〈工〉터널 공사를 할 때, 먼저 예비적으로 뚫는 작은 굴.

【导轮】dǎolún 名〈機〉기관차나 신식 농기구 앞에 장치된 보조 바퀴 [지탱 작용만 함]=〔压yā带轮〕

【导论】dǎolùn 名 서론. ¶写～ | 서론을 쓰다.

【导热】dǎo/rè〈物〉❶ 動 열을 전도하다. ❷ (dǎorè) 名 열전도. ¶～率lǜ | 열전도율. 열전도성. ¶～性能好 | 열전도성능이 좋다.

3【导师】dǎoshī 名 ❶〈教〉지도 교사. ¶～制 | 지도교사제. ¶硕士研究生～ | 석사반 학생 지도교수. ❷ 지도자. 지도교관. ❸〈佛〉도사(導師) 상좌(上座)

【导数】dǎoshù 名〈數〉도함수(導函數)

4【导体】dǎotǐ 名〈物〉도체(導體) ¶～材料 | 도체 재료 =〔良liáng导体〕→〔非导体〕

【导线】dǎoxiàn 名〈電氣〉도선.

【导向】dǎoxiàng 動 ❶ 발전하다. ¶这次会谈～两国关系的正常化 | 이번 회담은 양국관계의 정상화 방향으로 나아가고 있다. ❷ 방향을 인도하다. ¶这种火箭huǒjiàn的～性能良好 | 이 로켓트의 방향 유도 기능은 아주 좋다.

【导言】dǎoyán 名 머리말. 서론.

3【导演】dǎoyǎn〈演映〉❶ 動 연출하다. 감독하다. 안무하다. ❷ 名 연출자. 감독. 안무. ¶大女儿是

电影~｜큰 딸은 영화 감독이다. ¶~助理zhùlǐ｜조연출. 조감독.
4【导游】dǎoyóu ❶動(관광객을) 안내하다. ¶~小姐｜관광 안내원(아가씨) ¶~图｜관광 안내지도. ❷名관광 안내원.
【导源】dǎoyuán 動❶발원(發源)하다. ¶黄河Huánghé~于青海Qīnghǎi｜황하는 청해에서 발원하다. ❷喩나오다. 생기다. ¶认识~于实践｜지식은 실천으로부터 생긴다.
3【导致】dǎozhì 書動야기하다. 초래하다. ¶这迟早会~一場帝国主义战争｜이것은 조만간에 한바탕 제국주의 전쟁을 초래할 것이다. ¶~通货膨胀｜통화팽창을 초래하다. ¶由此~时局的紧张｜이로 인하여 시국의 긴장을 초래하다. ¶~意外的失败｜의외의 실패를 초래하다.

2【岛(島)〈嶋〉】dǎo 섬 도 名섬. ¶半~｜반도. ¶海~｜바다의 섬.
【岛国】dǎoguó 名섬나라.
【岛弧】dǎohú 名〈地〉호형군도(弧形群島)
【岛屿】dǎoyǔ 書名❶섬. 도서. ¶台湾Táiwān是中国最大的~｜대만은 중국의 가장 큰 섬이다. ❷크고 작은 여러 섬들. 열도(列島)

4【捣(搗)〈擣〉】dǎo 찧을 도 動❶(절구 등에)찧다. 빻다. ¶~米mǐ↓ ❷쿡 찌르다. ¶用胳膊gēbó~他一下｜팔꿈치로 그를 한번 쿡 찌르다. ❸치다. 돌진하다. ¶直~敌人巢穴cháoxué｜적의 소굴을 줄곧 공격하다. ❹다듬이질하다. 두들기다. ¶~衣yī↓ ❺교란(攪亂)하다. 귀찮게 굴다. ¶~蛋dàn↓ ¶~乱luàn↓
4【捣蛋】dǎo/dàn 動트집을 잡아 시비를 걸다. 소란을 피우다. ¶把~的人轰hōng出去!｜소란을 피우는 사람을 쫓아내시오!
【捣鼓】dǎo·gu 動方❶계속 주물러대다. 계속 만지작거리다. ¶他把锺拆chāi了又装zhuāng,就这样他~一天｜그는 시계를 뜯었다가 조립했다 하며 하루종일 만지작거리고 있다. ❷말을 되뇌다. ❸처리하다. 수습하다. ¶村里的大事小情,都由他一个人~｜마을의 크고 작은 일을 그가 다 처리한다.
【捣鬼】dǎo/guǐ 動❶음모를 꾀하다. 나쁜 일을 계획하다. ¶你们在这儿捣甚么鬼?｜너희들 여기서 무슨 나쁜 일을 꾸미고 있느냐? ❷짓궂은 장난을 하다 ‖ =〔调diào鬼〕〔掉鬼diàoguǐ〕〔方弄鬼nòngguǐ〕〔弄鬼弄神shén〕〔弄神〕〔弄神弄鬼〕
【捣毁】dǎohuǐ 動때려부수다. 파괴하다. ¶~敌巢dícháo｜적의 소굴을 때려부수다→〔摧cuī毁〕
【捣烂】dǎolàn ⇒〔捣碎dǎosuì〕
4【捣乱】dǎo/luàn 動교란하다. 성가시게 굴다. 소란을 피우다. ¶无故跟我~｜까닭없이 내게 성가시게 군다. ¶~分子｜교란 분자→〔起哄qǐhōng〕
【捣麻烦】dǎo má·fan 回귀찮게 굴다. 성가시게 하다 =〔打dǎ麻烦〕
【捣弄】dǎonòng 動❶들볶다. ❷잔 품이 드는 세공을 하다.
【捣碎】dǎosuì 動찧어 부수다 =〔捣烂〕
3【捣腾】dǎo·teng 又 dáo·teng 動俗❶주선하다. 소개하다. ¶~手儿｜브로커. ❷뒤집어 놓다. ¶把底下的~上来｜아래 것을 뒤집어 올리다. ❸변경하다. ¶~时间｜시간을 변경하다. ❹불유쾌한 일을 들추어내다. 옛 일을 회상하다. ❺옮기다. ¶把粪~到地里去｜거름을 밭으로 옮겨내다. ❻판매하다. 전매(轉賣)하다 ‖ =〔倒dǎo腾〕〔捣登〕〔叨登〕〔叨蹬〕〔叨腾〕〔倒dáo登〕〔倒dáo动〕〔踢弄〕
【捣衣】dǎoyī 動(빨래 방망이로 옷을)두들기다. ¶传来一片~声｜빨래 방망이 두드리는 소리가 들려오다. ¶~棰chuí｜빨래 방망이.

1【倒】dǎo dào 넘어질 도
Ⓐ dǎo 動❶넘어지다. 거꾸러지다. ¶树~了｜나무가 쓰러졌다. ¶推~｜밀어 넘어뜨리다. ❷(사업이) 실패하다. 파산하다. ¶那家铺子~了｜그 가게는 파산되었다. ¶~闭↓ ❸(경영난으로 상점을) 넘기다. 양도하다. ¶铺子~出去了｜가게를 넘겨주다. ¶~过来｜양도받다. ❹바꾸다. 교대하다. ¶~车↓ ¶由右手~在左手｜오른손에서 왼손으로 바꾸어 가지다. ❺(목이) 잠기다. 건강을 해치다. ¶嗓子sǎngzi~了｜목이 잠겼다. ¶只要身子不~, 就要工作｜몸에 이상이 없으면 일을 한다. ❻(몸을) 움직이다. 이동하다. ¶地方太小, ~不开身儿｜장소가 너무 좁아서 몸을 움직일 수 없다.
Ⓑ dào ❶動거꾸로 되다. 반대로 하다. ¶水~流｜물이 역류(逆流)하다. ¶筷子拿~了｜젓가락을 거꾸로 잡았다. ❷動뒤로 물러나다. 후퇴하다. ¶~退↓ ¶~车↓ ❸動붓다. 따르다. 쏟다. ¶~水↓ ¶~茶↓ ¶这水不要了, ~了吧｜이 물은 필요 없으니 쏟아 버려라. ¶他把心里话都~出来了｜그는 가슴 속에 있는 말을 몽땅 털어놓았다. ❹副오히려. 도리어. 어법 ⓐ 예상이나 기대 또는 일반 상식에 상반됨을 나타냄. ¶妹妹~比姐姐高｜동생이 오히려 언니보다 크다. ¶没吃甚么药, 这病~好了｜약을 먹지 않았더니 오히려 이 병은 좋아졌다. ⓑ 사실과 상반됨을 나타냄 [책망하는 어기(語氣)를 가짐]ⓒ 동사「说」「想」「看」등의 뒤에 있는 보어(補語)「容易」「简单」「轻松」등의 앞에 제한적으로 쓰이며, 주어는 2·3인칭에 한(限)함. ¶你说得~简单, 你试试看｜네가 그리 쉽게 이야기하니, 한번 해보아라. ¶他想得~容易, 事情哪儿有这么好办!｜그는 쉽게 생각하는데, 일이 그렇게 쉬울 수가 없다. ❺副의외로 [뜻밖임을 나타냄] ¶你一说, 我~想起来了｜네가 말하니까 나는 의외로 생각이 났다(본래는 생각나지 않았다) ¶哪儿也没找到, 你~在这儿｜어디서도 찾을 수 없었는데 뜻밖에 너는 여기에 있다니! ❻副(…지만) 오히려 [전환을 나타냄] ¶房间不大, 陈设chénshè~挺考究｜방은 그리 크지 않지만, 장식품은 매우 정교하다. ❼副비록…지만 [양보를 나타냄.「就是」「但是」「不过」와 상응하여 쓰임] ¶质量~挺好, 就是价钱贵了点儿｜품질은 매우 좋지만 가격이 좀 비싸다. ❽副추궁이나 재촉에 사용됨.

¶你～说说看｜너 한번 말해봐라. ¶你说一声～去不去呀?｜너 도대체 가겠니 안 가겠니? ⑨副 (그럭저럭·대충·괜찮아요·좋아요·매우·정말·조금 등의) 완만한 어기(語氣)에 쓰임. ¶好～好, 可是太麻烦｜좋기는 하지만 너무 번거로워요. ¶～还算好｜대체로 좋아요. ¶咱俩能一起去, 那～挺好｜우리 두 사람이 함께 갈 수 있다면 정말 좋을 것이다.

Ⓐ dǎo

【倒把】dǎobǎ 動 北 ❶〈經〉차금매매(差金賣買)를 하다. ¶投机tóujī～｜투기 거래를 하다. ❷남의 처와 눈이 맞아 도망가다 ‖＝〔捣把dǎobǎ〕

【倒班(儿)】dǎo/bān(r) 動 (작업을) 교대하다. ¶～做工｜교대로 일하다.

【倒板】dǎobǎn 名〈演映〉중국 전통극, 특히 경극(京劇)의 박자의 일종 [노래를 시작하기 직전에 함]＝〔导板〕

4【倒闭】dǎobì 動 (상점·회사·기업체가) 도산(倒產)하다. ¶他的公司～了｜그의 회사는 도산했다.

【倒不过来】dǎo ·bu guò ·lai 動組 ❶돈의 융통이 잘 안되다. ❷손을 뗄 수가 없다. ¶倒不过手来｜손을 뗄 수가 없다.

【倒不开】dǎo ·bu kāi 動組 융통이 잘 안되다→〔周zhōu转〕

【倒仓】dǎo/cāng ❶動 창고의 곡물을 밖에 내어 말리다. ❷動 곡물을 이 창고에서 저 창고로 옮기다. ❸⇒〔倒嗓dǎosǎng〕

【倒茬】dǎo/chá ❶名〈農〉윤작. ❷動〈農〉윤작하다＝〔轮作lúnzuò〕〔换huàn茬〕

【倒车】ⓐ dǎo/chē 動 차를 바꿔 타다. 차를 갈아타다. ¶直达北京, 不用～｜북경까지 곧바로 가니, 갈아 탈 필요 없다→〔换huàn车〕

ⓑ dào/chē 動 차를 뒤로 몰다. 차를 후진시키다. ¶开～｜차를 후진시키다. 시대의 조류에 역행하다. ¶开历史～｜역사의 흐름에 역행하다.

【倒伏】dǎofú 動〈農〉쓰러지다. 넘어지다. ¶一场台风táifēng, 稻子dàozǐ都～了｜태풍으로 벼가 모두 쓰러졌다.

【倒阁】dǎogé 動〈政〉내각을 쓰러뜨리다. 정부가 무너지다.

【倒换】dǎohuàn 又 京 dáohuàn) ❶動 (차례를) 바꾸다＝〔掉换diàohuàn〕❷⇒〔倒替dǎotì〕

【倒脚】dǎo/jiǎo 動 北 방식〔방법〕을 바꾸다. 형세를 만회하다. ¶这次的损失, 是因为倒不过脚来｜이번 손실은 방법을 바꿀 수 없었기 때문인 것이다. ¶等我倒过脚来, 一定好好揍你一顿｜내 형세가 만회되면 반드시 너를 톡톡히 혼내주겠다.

【倒嚼】dǎojiào 名 動 (소·양·낙타 등 반추동물이) 반추(하다) 되새김질하다＝〔倒草〕〔倒噍jiào〕

【倒卖】dǎomài 動 ❶(이득을 남기고) 전매(轉賣)하다. ❷암거래를 하다. ¶他是靠～服装发财的｜그는 옷을 암거래 하여 돈을 벌었다.

3【倒霉】dǎo/méi ❶動 재수 없는 일을 당하다. ¶今天真～!｜오늘 정말 재수없다! ¶如果相信他的话, 就会倒大霉｜만약 그의 말을 믿으면 크게 재수 없는 일을 당할 것이다＝〔方 背兴①〕〔倒灶②〕❷動 婉 생리가 있다. ¶～纸｜생리용 패드. ❸(dǎoméi) 形 재수 없다. 불운하다. ¶认～｜운이 없다고 생각하다 ‖＝〔倒眉〕〔倒楣〕

【倒嗓】dǎo/sǎng ❶動 (중국 전통극 배우의) 목소리가 쉬다. 목소리가 변하다. ❷(dǎosǎng) 名 변한 음성 ‖＝〔倒仓〕〔倒呛qiāng〕〔倒嗓子〕

【倒手】ⓐ dǎo/shǒu 動 ❶손을 바꾸어 가지다. 손에 쥐다. ❷수고를 더하다. ❸(제삼자에게) 되넘겨 주다 [주로 상품 거래에서] ¶行李我自己带着吧, 倒省得～了｜보따리는 자기가 가지자. 맡기고 찾는 수고를 덜 수 있도록.

ⓑ dàoshǒu 動 손등을 뒤집다. ¶～打｜손등으로 때리다.

【倒塌】dǎotā ⇒〔倒坍〕

【倒台】dǎo/tái 動 실각하다. 쓰러지다. ¶文人政府～了｜문인정부가 쓰러졌다. ¶军阀倒了台了｜군벌은 실각됐다. ¶使别人～破产pòchǎn｜남을 쓰러뜨려 파산하게 하다＝〔垮kuǎ台〕

【倒坍】dǎotān 動 (건물·담 등이) 무너지다. 넘어지다＝〔倒塌tā〕〔倒毁huǐ〕〔坍毁〕〔倾圮qīngpǐ〕

3【倒腾】dǎo·teng ⇒〔捣dǎo腾〕

【倒替】dǎotì 動 돌려가며 바꾸다. 교체하다. ¶几种作物～看种｜몇 가지 작물을 윤작하다. ¶两个人～着看护病人｜두 사람이 번갈아 환자를 간호하고 있다＝〔倒换②〕

【倒头】dǎo/tóu 動 ❶옆으로 눕다. ¶～就睡｜눕자마자 잠이 든다. ❷ 方 罵 죽다. ¶～咒zhòu＝〔倒头经〕｜〈宗〉입관하기 전 죽은 사람의 머리맡에서 하는 독경. ¶～饭｜사자(死者)의 머리맡에 놓는 밥. ¶～纸｜사람이 숨을 거두었을 때 태우는 종이.

【倒胃口】dǎo wèi·kou 動組 ❶비위에 거슬리다. 물리다. ¶这东西吃多了容易～｜이 음식은 많이 먹으면 쉽게 물린다. ❷비위 상하다. 싫증나다. ¶听了他的话觉得～｜그가 말하는 것은 비위에 거슬린다. ¶看了一场～的电影｜뒷맛이 구역질 나는 영화를 봤다.

【倒向…】dǎoxiàng 動 …에 치우치다. …로 기울다. ¶观众的同情～了韩国队这一边｜관중은 한국팀 쪽으로 동정을 했다.

【倒血霉】dǎo/xiěméi 動組 피를 볼 액운이 들다. 불운을 당하다. ¶碰上你啊, 我可算是～了｜너를 만난 것이 나에게는 불운(을 당한 격)이다.

【倒休】dǎoxiū 名 교체 휴일＝〔补休〕〔调diào休〕

【倒牙】ⓐ dǎo yá 方 이가 시다. 이가 흔들리다. ¶酸东西吃得太多了, 牙都倒了｜신 것을 너무 먹어 이까지 다 시다.

ⓑ dàoyá 名 ㊀〈機〉왼나사＝〔左螺纹〕

【倒运】dǎo/yùn ❶動 方 재수 없는 일을 당하다＝〔倒霉①〕❷(dǎoyùn) 動 암거래로 물건을 옮겨다 팔다.

【倒灶】dǎo/zào ❶動 俗 실패하다. 파산하다. 파멸하다. ❷⇒〔倒霉①〕‖＝〔倒造〕

【倒帐】dǎozhàng 名 받지 못한 외상값. 떼인 외상값. ¶吃了几笔～｜몇 몫의 외상값을 떼어 먹혔다.

Ⓑ dào

【倒背如流】dào bèi rú liú 成 막힘 없이 줄줄 암송하다. ¶这首诗我能～｜나는 이 시를 줄줄 암송

할 수 있다.

【倒不如】dào ·burú 動組 오히려 …보다 못하다. ¶吃药~休息为好｜약을 먹는 것은 오히려 휴식을 하는 것보다 못하다.

【倒彩】dàocǎi ⇒〔倒好(儿)〕

【倒插门儿】dàochāménr 名組 데릴사위. ¶~的女婿nǚxù｜데릴사위 =〔倒踏门tàmén〕〔倒装门儿zhuāngménr〕

【倒茶】dào/chá 動 차를 따르다. ¶倒一杯茶来｜차를 한 잔 (따라) 주시오.

【倒车】dào/chē ☞ 〔倒车〕dǎo/chē ⓑ

【倒持泰阿】dào chí tài ē 成 검을 거꾸로 잡아 자루를 남에게 주다. 경솔히 대권을 남에게 넘겨주고 화를 입다 =〔倒持太阿〕〔泰阿倒持〕

【倒抽一口凉气】dàochōu yīkǒuliángqì 動組 깜짝 놀라 헉하고 숨을 들이키다. 실망하여 훅하고 숨을 내뱉다 =〔倒抽一口气〕

【倒出】dàochū 動 쏟아내다. ¶把桶里的水都~来吧!｜통 속의 물을 모두 쏟아내어라

【倒刺】dàocì 名 ❶ 손거스러미 =〔倒拉刺〕〔倒利刺〕〔倒里刺〕〔倒柳刺〕〔倒流刺〕 ❷ 작살의 뾰족한 끝.

【倒打一耙】dào dǎ yī pá 成 자기의 잘못은 인정치 않고 오히려 남에게 넘겨씌우다. ¶人家好心劝他, 他倒~｜남은 좋은 뜻에서 타일렀는데, 그는 도리어 자기의 잘못은 인정하려 하지 않고 남을 책망한다 =〔倒打一瓦〕〔倒踢tī一脚〕

【倒反】dàofǎn 副 方 오히려. 도리어. 의외로. ¶这会儿~做得不错｜이번에는 의외로 괜찮게 되었다 =〔反倒〕

【倒飞】dàofēi〈航〉❶ 名 공중회전. ❷ 動 공중에서 회전하다. 거꾸로 날다. ¶这种直升飞机可以左右横飞~｜이런 기종의 헬리콥터는 좌우로 비스듬히 날 수도 있고 거꾸로 날 수도 있다.

【倒粪】dào/fèn 動 ❶ 두엄 등을 뒤집어 가며 잘게 부수다. ❷ (dàofèn) 方 곱씹다. 한 말을 뇌고 또 되뇌다. ¶他在会议上最能~｜그는 회의에서 가장 잘 같은 말을 되씹는다.

【倒挂】dàoguà 動 ❶ 상하가 거꾸로 매달려 있다. ❷ 상품이 판매가격보다 높게 팔리다.

【倒过儿】dào/guòr 動 京 뒤바꾸다. 뒤바뀌다. 거꾸로 하다. ¶倒着过儿搁｜뒤바꾸어 놓다. ¶把号码倒个过儿就对了｜번호를 뒤바꾸면 바로 맞다.

【倒好(儿)】dàohǎo(r) 嘆 우우. 잘한다 잘해 [관객이 배우나 운동 선수 등의 실수나 잘못을 보고 야유하여 외치는 말] ¶观众在台下叫~｜관중들이 무대 아래에서 야유를 보내며 잘한다고 외치다. ¶喊hǎn~=〔叫倒好(儿)〕｜잘한다 잘해 하며 야유를 보내다 =〔倒彩〕→〔叫jiào好(儿)〕

【倒空吐净】dào kōng tǔ jìng 成 뱃속을 속속들이 드러내다. 하나도 숨김없이 몽땅 털어놓다.

【倒扣】dàokòu 動 ❶ 채점 방식의 하나로, 답을 틀리게 했을 때 감점(減點)하다. ❷ 엎어놓다. ¶天空像个~的锅guō, 漆黑漆黑｜하늘은 마치 솥을 엎어놓은 것처럼 캄캄하다.

【倒苦水】dào kǔshuǐ 動組 (과거에 받은) 고통을 털어놓다. ¶她回到娘家~去了｜그녀는 친정에 가서 고통을 털어 놓았다→〔诉sù苦〕

【倒冷饭】dào lěngfàn 動組 찬밥을 빌어 그릇에 담다. 밥을 빌다. ¶老花子每天在街头~｜걸인이 매일 길거리에서 밥을 구걸한다.

【倒立】dàolì ❶ 動 거꾸로 서다. 물구나무 서다. ¶宝塔的影子~在水里｜탑의 그림자가 수면에 거꾸로 서 있다. ❷ 名〈體〉물구나무서기 ‖ =〔方 拿大顶〕〔竖蜻蜓〕

【倒流】dàoliú ❶ 動 역류하다. ¶河水不能~｜강물은 역류시킬 수 없다. ❷ 名 喩 역수송(逆輸送) ¶运输上迂回和~现象必须克服｜운수에 있어 우회와 역수송 현상은 반드시 극복해야 한다.

【倒卵形】dàoluǎnxíng 名 도란형.

【倒轮闸】dàolúnzhá 名 (발로 멈추게 하는) 자전거 브레이크 =〔脚煞车jiǎoshāchē〕

【倒赔】dàopéi 動 배상하다. 변상하다.

²【倒是】dào·shi 副 오히려. 도대체. 의외로. (답답하게 하지 말고) 제발 좀. ¶肥料féiliào上多了~长不好｜거름은 많이 주었는데도 오히려 발육 상태가 좋지 않다. ¶她处处为自己打算, 没想到吃亏chīkuī的~自己｜그녀는 매사에 자기 위주로 생각하였는데, 손해보는 사람이 도리어 자기일 줄은 생각도 못했다. ¶你~开口说话呀!｜제발 좀 입을 열고 말 좀 해 보아라! ¶他虽然才五岁, 个子~不矮ǎi｜그는 비록 다섯 살 밖에 되지 않지만 체구는 오히려 작지 않다.

【倒手】dàoshǒu ☞ 〔倒手〕dǎo/shǒu ⓑ

【倒数】ⓐ dàoshǔ 動 거꾸로 세다. 밑줄부터 세다. 뒤에서부터 세다. ¶~第五行｜밑에서 다섯째 줄. ¶他是~第一名｜그는 꼴찌에서 일등이다. ⓑ dàoshù 名〈數〉역수(逆數)

【倒算】dàosuàn ❶ 名 도로 빼앗음. ❷ 動 도로 빼앗다 [중국이 공산화되기 전, 공산당이 농민에게 일단 분배한 토지를, 지주나 부농이 국민당을 등에 지고 그 토지를 다시 빼앗는 것]

【倒贴(儿)】dàotiē(r) 動 ❶ (여자가 남자에게) 돈을 대다. ¶你~我十万块钱我也不上你家吃饭｜너가 10만원만 대 준다면 네 집 신세를 지지 않겠다. ❷ 돈을 얹어서 물건을주다.

⁴【倒退】dàotuì ❶ 動 뒤로 물러나다. 후퇴하다. (시간을) 거슬러 올라가다. ¶不觉~了几步｜자기도 모르게 몇 발자국 뒤로 물러났다. ¶~二十年, 我也是个壮小伙子｜20년 전에는 나도 혈기 왕성한 젊은이였다. ❷ 名 후퇴. 역행.

【倒行逆施】dào xíng nì shī 成 시대의 흐름에 역행하다. 도리에 맞지 않는 일을 하다. ¶临时政府~, 做尽坏事｜임시정부는 도리에 어긋나는 온갖 나쁜 짓은 다했다.

【倒叙】dàoxù 名〈文〉도서 [문학 작품 등에서 사건의 결말을 먼저 쓴 다음, 발단과 전개 과정을 쓰는 작법(作法)]

【倒悬】dàoxuán 書 動 ❶ 거꾸로 매달리다. ❷ 喩 극도의 곤경·위급함에 처하다. ¶~之危｜당장 해결하지 않으면 안될 위험. ¶苦如~｜고통이 극도에 이르다.

【倒仰儿】dàoyǎngr 書 動 (뒤로 벌렁) 나자빠지다. ¶滑huá一个~｜미끄러져 뒤로 벌렁 넘어지

다. ¶吓xià了个～ | 놀라 나자빠지다 =〔大dà仰颏〕〔大仰颏儿〕

【倒也罢了】dào yě bà·le 動組 그런 대로 괜찮다. ¶你不来～, 来了不帮忙可不像话 | 네가 오지 않았다면 모르겠는데,(이왕) 왔으면서도 도와 주지 않는 것은 말이 되지 않는다.

【倒影(儿)】dàoyǐng(r) 名 거꾸로 선 그림자. 수면에 비친 그림자. ¶石拱桥的桥洞和水中的～正好合成一个圆圈yuánquān | 아치형 돌다리의 반원아치와 물에 비친 그림자가 딱 원을 이루었다.

【倒映】dàoyìng 動 비치다. 투영되다. ¶群山～在湖面上 | 산이 호수 위에 비치다.

【倒栽葱】dàozāicōng 動 거꾸로 처박히다. 곤두박질하다. ¶一架飞机～掉到海里了 | 비행기 한대가 바다에 곤두박질하여 추락하였다.

【倒置】dàozhì ❶ 動 거꾸로 놓다. ¶做事不要本末～ | 일을 하는데, 본말(本末)을 전도하지 말아라. ¶轻重～ | 경중을 뒤바꾸다. ❷ 名 도치. 뒤바뀜.

【倒转】dàozhuǎn ❶ 動 서로 바꾸다. 본래대로 되돌아가다. 방향을 바꾸다. ¶～来说, 也是这样 | 본래대로 말해 봐도 이러하다. ❷ 副 方 도리어. 반대로. ¶你把事情做坏, ～来怪我 | 네가 일을 망쳐 놓고, 도리어 나를 원망하는구나.

【倒装】dàozhuāng 動 ❶ 거꾸로 넣다. 거꾸로 놓다 ❷〈言〉도치하다.

【倒装句】dàozhuāngjù 名〈言〉도치문.

【倒座(儿)】dàozuò(r) ❶ 名 ㅁ자형 집에서 안방 맞은편 채. 사랑채 →〔四sì合房(儿)〕 ❷ (차나 배에서 가는 방향과 반대로) 돌아앉은 좌석.

【祷(禱)】dǎo 빌 도

動 ❶ 기도하다. 빌다. ¶祈～ | 기도하다. ❷ 札 바라다. 염원하다. ¶盼pàn～ | 간절히 바랍니다.

【祷告】dǎogào 動 기도 드리다. 기원하다. ¶向耶苏Yēsū～ | 예수님께 기도 드리다.

【祷祝】dǎozhù 動 기도하다. 기원하다 =〔祷祈dǎoqí〕

3【蹈】dǎo 밟을 도

動 ❶ 書 밟다. 디디다. ¶赴汤fùtāng～火 | 威 물불을 가리지 않다. ¶舞wǔ～ | 춤추다. ❷ (전례대로) 따라 행하다. ¶循规～矩 | 威 규칙에 따라서 행하다.

【蹈海】dǎohǎi 書 動 바다에 몸을 던지다. ¶～自杀zìshā | 바다에 몸을 던져 자살하다.

【蹈袭】dǎoxí 書 動 답습하다. ¶～挞辙tàzhé | 전철을 밟다. 같은 실패를 되풀이하다 =〔袭蹈〕

dào ㄉㄠˋ

1【到】dào 이를 도

❶ 動 이르다. 도착하다. 도달하다. ¶春天～了 | 봄이 왔다. ¶～北京 | 북경에 도착하다. ¶～八点再开会 | 8시에 다시 회의를 연다. ❷ 介 …(으)로. …에 어법 반드시 장소를 나타내는 목적어(賓語)만 가짐. ¶你～那儿去? | 너는 어디로 가느냐? ¶他是昨天～这儿来的 | 그는 어제 여기에 왔다. ❸ 介 …까지. ¶坚持jiānchí～底 | 끝까지 견지하다. ¶～目前为止 | 지금까지. ❹ 動 동사 뒤에 보어로 쓰여, ⓐ …을 해내다. …게 되다 [동작의 목적달성이나 어떤 결과에 도달함을 나타냄] ¶你说的都办得～ | 네가 말한 것 모두 해냈다. ¶找～ | 찾아내다. ¶我今天收～了一封信 | 오늘 나는 편지 한 통을 받았다. ⓑ …에 이르다 [사람이나 사물이 동작에 의하여 어떤 곳에 도착하게 됨을 나타냄] ¶他回～了家乡 | 그는 고향에 돌아 왔다. ¶成绩单已经寄～学生家里去了 | 성적표는 이미 학생 집으로 부쳐졌다. ⓒ …까지 미치다 [동작이 어떤 시간까지 계속됨을 나타냄] ¶等～明年暑假我再来看你 | 내년 여름 방학 때까지 기다렸다가 다시 너를 만나러 올 것이다. ❺ 形 전반적이다. 빈틈없다. 주밀하다. ¶想得很～ | 매우 주도면밀하게 생각하다. ¶怕有照顾不～之处 | 살핌이 두루 미치지 못한 곳이 있을까 두렵다. ❻ (Dào) 名 성(姓)

【到岸加汇费价格】dàoàn jiā huìfèi jiàgé 名組〈經〉운임·보험료 및 송금료 포함 가격(C.I.F. & E.)

【到岸加利息价格】dàoàn jiā lìxī jiàgé 名組〈經〉운임·보험료 및 이자 포함 가격(C.I.F. & I.)

【到岸加佣金价格】dàoàn jiā yòngjīn jiàgé 名組〈經〉운임·보험료 및 수수료 포함 가격(C.I.F. & C.)

【到岸价(格)】dàoàn jià(gé) 名組〈經〉운임·보험료 포함 가격(C.I.F.) =〔抵岸价〕〔外 西数〕→〔离岸价(格)〕

【到不了】dào ·bu liǎo 動組 ❶ (어떤 상태에) 도달할 수가 없다. ¶派别不同, ～一块儿 | 파가 달라서, 한 데 합칠 리가 없다. ❷ 도달할 리가 없다 ‖ ⇔〔到得了〕

【到差】dào/chāi 書 動 부임하다. ¶～不满一个月 | 부임한 지 만 1개월이 되지 않았다.

【到场】dào/chǎng 動 ❶ 현장에 도착하다. ¶亲自～ | 몸소 현장에 오다. ❷ (집회에) 출석하다. 참가하다.

2【到处】dàochù 名 도처. 이르는 곳. 가는 곳. ¶～是欢乐的景象 | 가는 곳마다 즐거워하는 광경이다. ¶～碰pèng钉子 | 이르는 곳마다 거절당하다.

【到此】dàocǐ 動 여기에 이르다. ¶他特地～ | 그는 일부러 여기에 왔다. ¶～告一段落 | 여기까지 일단락을 짓다.

2【到达】dàodá 動 도착하다. 도달하다. ¶一直～北京 | 곧바로 북경에 도착하다. ¶直接～ | 직접 도착하다. ¶～港gǎng | 도착항. 어법 「到达」의 목적어(賓語)는 구체적인 장소를 나타내는 말을 쓰고 「达到」의 목적어는 상황을 나타내는 말을 주로 씀 →〔达到②〕

【到得了】dào ·de liǎo 動組 이를 수 있다. …까지 할 수 있다. ¶只要一条光线xiàn能～屋子里就行 | 빛 한 줄기라도 방안에 도달할 수 있다면 좋다 ⇔〔到不了〕

2【到底】dàodǐ ❶ 副 도대체 어법 일반적으로 의문문에서 쓰여 어세를 강조함. ¶他们～有甚么关系? | 그들은 도대체 무슨 관계인가? ❷ 副 마침내. 결국. ¶新方法～成功了 | 새 방법은 마침내 성공했다. ❸ 副 아무래도. 역시. ¶～还是年轻人

干劲大｜아무래도 역시 젊은 사람이 열의가 높다. ¶他～是新手, 干活还不熟练｜그는 아무래도 신출내기라 일에 아직 숙련되지 않았다. ❹(dào/dǐ) 動 끝까지 하다. ¶努力～｜끝까지 노력하다. ¶负责fùzé～｜끝까지 책임지다. 어법「到底」와「终于」의 차이⇒〔终zhōng于〕

【到点】dàodiǎn ❶ 名 도착 시간. ❷ 動 예정시간이 되다. ¶就要～了, 快走吧!｜예정시간이 다 되어 가니 빨리 가자!

【到顶】dào/dǐng 動 절정에 이르다. ¶增产～｜증산이 절정에 이르다.

【到会】dàohuì 動 회의〔모임〕에 참가하다. ¶～的多半是学生｜회의에 참가한 사람은 대부분 학생이다.

【到货】dàohuò ❶ 名 입하(入荷) ❷ 動 입하(入荷)하다. ¶预定yùdìng明天～｜내일 입하하기로 예정되어 있다.

【到家】dào/jiā ❶ 動 집에 도착하다. 집으로 돌아가다. ¶今儿动身, 明儿～｜오늘 출발하면, 내일 집에 도착한다. ❷ 動 절정에 이르다. 최고도에 달하다. 완숙해지다 [주로 보어(補語)로 많이 쓰임] ¶便pián宜～｜무지무지하게 싸다. ¶聪明～｜이루 말할 수 없이 총명하다. ¶防止噪音可说是做～了｜소음방지는 완벽하다고 말할 수 있다. ❸(dàojiā) 名 실제로 받는 금액. ¶借主是九五～｜빌리는 사람은 5프로를 할인하고 받는다 →〔到手〕

4【到来】dàolái 動 닥쳐오다. 도래하다. ¶新时代～了｜새로운 시대가 도래했다.

【到了儿】dàoliǎor 副 方 ❶ 마침내. 결국. ¶～竟剩shèng了他一个｜결국은 그 사람 혼자 남았다. ❷ 마지막까지. 끝까지. ¶念～｜마지막까지 읽다. ❸ 어쨌든. 하여튼. ¶～是口音清楚｜하여튼 발음이 똑똑하다.

4【到期】dào/qī 動 기한이 되다. 만기가 되다. ¶～不来, 作弃权qìquán处理｜기간이 되어도 오지 않으면 기권처리하겠다. ¶～的期票｜기한이 된 약속어음. ¶签证qiānzhèng下月～｜비자는 다음달이 만기일이다.

【到齐】dàoqí 動 모두 도착하다. ¶大家～了｜모두들 다 왔다.

【到任】dàorèn 動 부임하다. ¶新～的老师｜새로 부임한 선생님.

【到时】dàoshí ⇒〔届jiè时〕

【到手】dào/shǒu 動 손에 넣다. 획득하다. 받다. ¶钱没～｜돈은 아직 손에 들어오지 않았다. ¶好容易才到了手了｜가까스로 손에 넣었다.

【到庭】dào/tíng 動 법정에 출두하다.

【到头(儿)】dào/tóu(r) ❶ 動 정점(頂點)에 이르다. 맨 끝에 이르다. ¶这条街走～就有一个电话局｜이 거리는 맨 끝에 다다르면 전화국이 하나 있다. ¶到了头儿的大造化｜이 이상 없는 행복. ❷(dàotóu(r)) 副 결국. 마침내.

【到头来】dàotóulái 副 마침내. 결국 어법 일반적으로 나쁜 방면에 쓰임. ¶不老实的人～总是要栽跟头的｜성실하지 않은 사람은 결국에는 실패하게 마련이다.

【到位】dào/wèi 動 예정된 곳에 도달하다. ¶资金zījīn不～,工程不能如期完成｜자금이 예정된 대로 도착하지 않아 공정을 계획한 대로 마칠 수가 없다.

【到职】dào/zhí 動 부임하다. 취임하다.

1【倒】dào ☞ 倒 dǎo B

4【悼】dào 슬퍼할 도, 떨 도
書 動 ❶ 슬퍼하다. 애도하다. ¶哀āi～｜애도하다. ¶追zhuī～｜추도하다. ❷ 두려워하다.

【悼词】dàocí 名 추도사. 애도사 =〔悼辞cí〕

4【悼念】dàoniàn 動 애도하다. 추모하다. ¶沉痛chéntòng～阵亡zhènwáng的将士｜죽은 군인을 침통하게 애도하다.

【悼亡】dàowáng 書 動 ❶ 죽은 아내를 애도하다. ¶～诗｜죽은 아내를 애도하는 시. ❷ 喩 아내가 죽다.

2【盗】dào 훔칠 도, 도둑 도
❶ 動 훔치다. ¶～卖｜훔쳐다 팔다. ¶欺qī世～名｜세상 사람을 속이고 명성을 도둑질하다. ❷ 動 (쥐·도둑 등이) 구멍을 뚫다. ¶耗hào子～窟kū窿｜쥐가 구멍을 뚫다. ¶贼zéi～窟窿kūlong｜도적이 들어갈 구멍을 내다. ❸ 名 도적. 도둑. ¶强～｜강도. ¶防～｜도둑을 방비하다.

【盗匪】dàofěi ⇒〔盗贼zéi〕

【盗汗】dàohàn 名 〈漢醫〉 도한 [몸이 쇠약하여 잠잘 때 나는 식은 땀] ¶出～｜도한이 나다 =〔虚汗②〕〔自汗〕

【盗掘】dàojué 動 도굴하다. ¶严禁～古墓｜고분 도굴을 엄금하다.

【盗寇】dàokòu ⇒〔盗贼〕

【盗卖】dàomài 動 훔쳐 팔다. ¶～文物｜문물을 훔쳐 팔다.

【盗名欺世】dào míng qī shì 成 명예를 절취하고, 세인들을 속이다. ¶他是一个～的小人｜그는 명예를 절취하고 세인들을 속인 소인배이다.

【盗墓】dào/mù 動 도굴하다. ¶～人｜도굴꾼 =〔書 盗椁guǒ〕

【盗骗】dàopiàn 動 절도하다. 편취(騙取)하다. ¶～国家财产｜국가 재산을 절도 편취하다.

4【盗窃】dàoqiè 動 도둑질하다. 절도하다. ¶～机密jīmì｜기밀을 훔치다. ¶～罪｜절도죄. ¶～案àn｜절도 사건.

【盗用】dàoyòng 動 도용하다. 횡령하다. 함부로 사용하다. ¶～公款gōngkuǎn｜공금을 횡령하다. ¶～名义｜명의를 도용하다.

【盗贼】dàozéi 名 簡 도적 =〔盗匪fěi〕〔盗寇kòu〕

1【道】dào 길 도, 말할 도
❶(～儿) 名 길. 통로. ¶人行～｜인도. ¶街～｜길거리. ¶火车～｜기차길. ¶羊肠小～｜꾸불꾸불한 오솔길. ¶志同～合｜지향하는 바가 일치하다→〔道儿①〕〔道路①〕 ❷ 名 도덕. 도의. 도리. ¶有～｜도리가 있다. ¶头头是～｜모든 것이 도리에 맞다. ❸ 名 방법. ¶照他的～儿办｜그의 방법대로 하다. ❹ 名 簡 도가(道家) 도교(道教) 도사(道士) ¶～姑↓ ¶老～｜도사.

❺ (～儿) 名 줄. 선. ¶红～儿 | 붉은 선. ¶铅笔～儿 | 연필로 그은 선. ❻ 名 (학술·종교 등의) 사상. 사상체계. ¶传～ | 사상을 전하다. ¶尊师重～ | 스승을 존경하고 그의 학술 사상을 중요하게 여기다. ❼ (～儿) 名 〈度〉「忽hū米」(100분의 1미터)의 속칭(俗稱) ❽ 名 도 [중국 역사상 행정구역의 명칭으로 당나라 때는 지금의「省」(성)과 대등했고, 청나라 때와 중화민국 초기에는「省」의 아래에 몇 개의「道」를 두었음] ❾ 名 〈電算〉 트랙(track) [컴퓨터 자기 테이프의 기억장치가 연속하여 정보를 기억하는 선상의 부분] ❿ (Dào) 名 〈地〉 도현(道縣) [호남성(湖南省)에 있는 현 이름] ⓫ (Dào) 名 성(姓) ⓬ 動 말하다. ¶说～ | 말하다. ¶能说会～ | 말을 잘하다. ¶胡说八húshuōbā～ | 엉터리로 말하다. ⓭ (남에게 뜻을) 표시하다. ¶～喜xǐ↓ ¶～歉qiàn↓ ¶～谢xiè↓ ⓮ 動 …라고 생각한다. 여기다. ¶办成这件事的, 你～是谁 | 이 일을 한 사람이 누구라고 생각하는가? ⓯ 量 줄기. 가닥. 줄 [강·하천 등과 같이 긴 것을 세는 데 쓰임] ¶一～河 | 한 줄기의 강. ¶万～金光 | 수만 가닥의 금빛. ¶冒出一～烟 | 피어오르는 한줄기 연기. ⓰ 量 (문·담 등의) 가로막는 사물에 쓰임. ¶一～门 | 한 개의 문. ¶一～围墙 | 하나의 담. ⓱ 量 개. 번째 [어떤 횟수나 항목 또는 순서를 나누는 사물에 쓰임] ¶一～命令 | 한 차례의 명령. ¶来了一～公文 | 첫 번째 공문이 왔다. ¶这是第一～手续 | 이것은 첫 번째 수속이다. ⓲ 量 번·번째·차례 [어떤 순서·횟수를 나누는 동작에 쓰임] ¶上了三～漆 | 3번 칠을 했다.

【道安】dào'ān 動 札 문안 여쭈다. 안부를 묻다.

【道白】dàobái 名 〈演映〉 (희곡의) 대사 [독백도 포함함] ＝[说shuō白①]

【道班】dàobān 名 선로(線路) 보수반. ¶～工人 | 선로공. 보선공.

【道别】dào/bié 動 작별 인사를 하다. 서로 인사하고 헤어지다. ¶握手～ | 악수를 하며 작별 인사를 하다. ¶他一一地跟朋友道了别了 | 그는 몸소 친구에게 작별을 고했다.

【道…不…】dào…bù… 方 …인가하면…하지도 않고… 인가하면…하지도 않다. ¶～长～短 | 긴가하면 길지도 않고 짧은가 하면 짧지도 않다. ¶～高～矮 | 높은가 하면 높지도 않고 낮은가 하면 낮지도 않다.

【道不拾遗, 夜不闭户】dào bù shí yí, yè bù bì hù 威 길에 떨어진 것을 줍지 않고 밤에 문을 닫지 않다. 세상이 태평하다 ＝[露lù不拾遗]

【道岔】dàochà 名 〈交〉 전철기(轉轍機) 전로기(轉路器) 포인트(point)

【道场】dàochǎng 名 ❶ 도장. ❷ 도량. ❸ 법사(法事) ¶七日七夜做～ | 칠일 밤낮 법사를 하다.

【道床】dàochuáng 名 〈土〉 도상 [철도 등의 궤도에서 침목(枕木)이 받는 차량의 하중(荷重)을 노반(路盤)에 고루 분포시키기 위하여 깔아 놓은 자갈 등의 층] ¶整体～ | 지하철에 해 놓은 콘크리트 도상.

【道道(子)】dào·dao(·zi) 名 方 ❶ 선. 줄기. 가닥. 이치. 사리. ¶书上划满了红～ | 책에 붉은 선이 가득 그어져 있다. ❷ 방법. 방식. 방도. ¶想了好多年, 还没有想出～来呢 | 여러 해를 생각했지만 아직 방법을 생각해내지 못하였다 ＝[道道儿]

[2]【道德】dàodé ❶ 名 도덕. 윤리. ¶～观念 | 도덕관념. ¶～修养 | 도덕적 수양. ¶～品质 | 도덕적 품격. ❷ 形 도덕적이다. 어법 주로 수식어와 같이 쓰임. ¶不～ | 부도덕하다.

【道地】dàodì ❶ ⇒[地道①] ❷ 形 方 착실하다. 진실하다. ¶那个女人不～ | 그 여자는 착실하지 않다. 그녀는 품행이 방정하지 않다. ❸ 名 方 여지. 여유. ¶把话说得太满了, 将来恐怕没有～了 | 말을 너무 자신만만하게 하면 나중에 물러설 여지가 없을 것이다.

【道钉】dàodīng 名 ❶ 레일을 침목(枕木)에 고정시키는 못 ＝[轨guǐ道钉][狗gǒu头钉] ❷ 구두 밑창에 박는 못.

【道乏】dào/fá 動 남의 수고에 감사의 인사를 드리다. ¶大人如果不要见他,叫人出去～就是了 | 어르신께서 그를 보지 않으신다면 사람을 보내 인사를 드리면 됩니다. ¶他还要亲自来给你～呢 | 그가 친히 와서 자네에게 수고했다는 인사를 하려고 하네 ＝[道劳]

【道高一尺, 魔高一丈】dào gāo yīchǐ, mò gāo yīzhàng 威 도(道)가 한 자(尺) 높아지면, 마(魔)는 한 장(丈) 높아진다. 좋지 않은 것이 좋은 것을 압도할 정도로 크다. 어느 정도 성과를 거두고 나니 더 큰 어려움이 닥치다→[魔高一尺, 道高一丈]

【道姑】dàogū 名 여도사(女道士)

【道观】dàoguàn 名 도교의 사원. ¶五台山上,～很多 | 오대산에는 도교 사원이 많다 ＝[道院][道士庙][俗 丹dān房][洞dòng宫]

【道光】dàoguāng 名 ❶ 도덕의 빛. ❷ (Dàoguāng) 청(清) 선종(宣宗)의 연호(1821～1850)

【道贺】dào/hè ⇒[道喜]

【道行】dào·heng 又 dào·hang) 名 ❶ 口 승려·도사가 수도한 도력(道力)이나 법력(法力) ❷ 喻 재주. 재간. 조예. ¶他才练了两年的工夫, ～可不少 | 그는 단지 2년 동안 수도하였지만, 재간은 대단하다 ‖ ＝[道数][道力]

【道家】Dàojiā 名 〈哲〉 도가 [선진 시대의 학파로, 노자·장자가 그 대표로 도가는 도(道)란 천지 만물의 근원이며 창시자라 여기며, 청정 무위(清淨無爲)를 주장하고, 싸움을 반대함] ❷ 도교(道教)

【道教】Dàojiào 名 〈宗〉 도교 [황제(黃帝)·노자(老子)를 교조로 하는 중국의 다신적 종교(多神的宗教) 무위(無爲)·자연을 주지(主旨)로 하는 노장 철학(老莊哲學)의 유(流)를 받아들여, 음양 오행설과 신선 사상을 가미하여서 불로 장생의 술(術)을 구하고, 부주(符呪)·기도 등을 행함. 동한(東漢)말 장도릉(張道陵)이 창립하여 남북조 때에 성행하였고, 창립 당시, 입교자는 쌀 다섯 말을 내야 했으므로「五斗米教」라고도 함. 도교도(道教徒)가 장도릉을「天师」라 존칭하여서「天师道」라고도 부름. 노자를「太上老君」이라 존칭함]

【道具】dàojù 名 ❶〈佛〉불교 수업에 쓰이는 모든 도구. ❷〈演映〉무대 장치에 필요한 도구. ¶剧团的～整整装了两卡车｜극단의 무대 장치 도구를 두 대의 짐차에 꽉 채워 실었다.

【道口(儿)】dàokǒu(r) 名 ❶ 길 어귀. 도로의 교차점 ＝〔路口〕❷ 철도의 건널목.

1【道理】dào·li 名 ❶ 법칙. 규율. 규칙. ¶他跟大家讲生物进化的～｜그는 모두에게 생물 진화의 법칙을 강의하였다. ❷ 도리. 일리. 이치. 경우. 근거. ¶摆bǎi事实, 讲～｜사실을 들어가며 이치를 설명하다. ¶讲解深耕细作的～｜깊이 갈고 알뜰히 보살피는 농경의 이치를 설명하다. ¶言语不多～深｜말은 많지 않지만 이치는 심오하다 ＝〔理数〕❸ 방법. 수단. 대책. ¶到那个时候再做～｜그 때에 가서 다시 대책을 세우자. ❹ 행위. 짓. ¶这哪里是出家人做的～｜이게 어디 중들이 할 짓인가.

【道林纸】dàolínzhǐ 名 外 질이 좋은 흰 서적 인쇄용지 [미국 다우링(Dowling)사에서 개발해서 「Dowling paper」라 함. 광택이 나는 것은 「光道林纸」 또는 「洋宣yángxuān」이라 하며 무광인 것은 「毛道林纸」라 함]→〔宣xuān纸〕

2【道路】dàolù 名 ❶ 도로. 길 어법 추상적인 의미로 쓰이기도 함. ¶～不好走｜길이 걷기에 나쁘다. ¶～泥泞｜길이 진흙투성이다. ¶走前人没有走过的～｜앞사람이 걷지 않은 길을 걷다. ¶～网wǎng｜도로망. ¶～传闻｜세간의 소문. ¶～相告｜사람들이 서로 평판을 하다. ❷ 진로. 일. ¶另lìng找好～｜달리 좋은 일을 찾다. ❸ 노선. ¶两条～的斗争dòuzhēng｜두 노선의 투쟁.

【道貌岸然】dào mào àn rán 成 도덕 군자인양 점잔을 빼다. 용모나 풍채가 속되지 않고 늠름하여 감히 범접할 수 없다. ¶那篇小说辛辣地调刺了～的正人君子｜그 소설은 도학자인 양 점잔을 빼는 정인 군자를 신랄하게 풍자하였다 ＝〔岸然道貌〕

【道门】dàomén 名 ❶ (～儿) 옛날 종교 단체나 비밀 결사 ＝〔会门〕❷ 입도(入道)의 문로(門路) ¶～需自己深寻, 不能专靠旁人指点｜입도의 지름길은 자기 스스로 찾아야지, 남의 가르침에만 의지할 수 없다. ❸ 도교(道教)

【道木】dàomù 名 침목(枕木) ＝〔枕木〕

【道旁苦李】dào páng kǔ lǐ 成 길가의 떫은 살구. 버림받은 물건〔처지〕.

【道袍】dàopáo 名 도포.

【道破】dàopò 動 설파하다. 갈파(喝破)하다. ¶一语～｜한 마디로 갈파하다→〔说shuō破〕

2【道歉】dào/qiàn 動 사과하다. 사죄하다. 미안함을 표시하다. ¶我向你～｜자네에게 사과하러 왔네.→〔歉意〕

【道情】dàoqíng 名〈音〉창(唱) 위주의 곡예(曲藝)로 「鱼yú鼓」와 「简jiǎn板」으로 반주하며 원래는 도사(道士)들이 강창(講唱)한 도교 고사(道教故事)의 곡(曲)이었는데, 뒤에 일반 민간고사(民間故事)로 제재를 삼았음 ＝〔渔鼓②〕〔渔鼓道情〕

【道儿】dàor ❶ 名 길. 도로. ¶～上｜도중에. ¶～不平, 旁人铲chǎn｜길이 울퉁불퉁하면 옆 사람이 평평하게 깎는다. 공평한 판단은 제3자가 내린다. ❷ 名 연고. 연줄. 친분 관계. ¶找一位有个～的人替他谋事｜연줄이 닿는 사람을 찾아서 취직을 부탁하다. ❸⇒〔道子〕

【道人】dàorén 名 ❶ 敬 도사. ❷ 불교도. 중. ❸ 方 절에서 일하는 사람.

【道士】dàoshì 名 도사. 도교도. 「全quán真」이라고도 하고, 불로 불사의 단약을 만든다 하여 「丹dān侣」라고도 함. 「道人①」「道长zhǎng」은 존칭이며, 「道末」「小道」는 자칭]

【道术】dàoshù 名 도술. 법술. 요술.

【道听途说】dào tīng tú shuō 成 길에서 주워들은 풍문. 근거 없는 말 [「途」는 「涂」로도 씀] ¶我不～过罢了｜나는 소문을 말했을 뿐이다. ¶这些消息决不是～｜이 소식은 결코 길에서 주워들은 풍문이 아니다.

【道统】dàotǒng 名 ❶ 도통 [송명(宋明) 이학가(理學家)가 일컫는 유가 학술 사상의 전수계통] ¶他们自认为是继承周公, 孔子的～的｜그들은 스스로가 주공·공자의 도통을 계승하였다고 여긴다. ❷ 유교의 도덕 전통.

【道喜】dào/xǐ 動 축하하다. 축복하다. ¶我向您～来了｜축하하러 왔습니다. ¶～新正zhēng｜새해를 축하하다 ＝〔道贺〕

【道谢】dào/xiè 動 감사의 말을 하다. 사의(謝意)를 표하다. ¶向热情的东道主～｜열정적인 주인에게 감사를 드리다.

【道学】dàoxué ❶ 名〈哲〉송대(宋代)의 정자(程子)·주자(朱子) 등이 주창한 성리학(性理學) ❷ 名 도교에 관한 학문. ❸ 形 지나치게 신중〔소심〕하다. 융통성이 없고 고루하다. ¶～气｜도학자풍(道學者風) ¶～先生｜도학 선생.

【道义】dàoyì 書 名 도의. 도덕과 정의. ¶～(之)交｜도의를 바탕으로 한 사귐. ¶～上的支持｜도덕적인 지지.

【道藏】Dàozàng 名〈書〉도장 [도교 경전의 집대성. 명(明) 정통(正統) 연간에 편찬된 「正统道藏」이 유명함]

【道砟】dàozhǎ 名 (도로나 선로에 까는) 자갈. ¶铺pū～｜자갈을 깔다.

【道长】dàozhǎng 名 도사의 존칭.

【道子】dào·zi ❶ 名 선. 줄. 금. ¶画了一条红斜～｜비스듬한 붉은 선을 하나 그었다. ❷ 量 줄 [선이나 끈 모양의 것에 쓰임] ¶划huà了两～｜두 줄을 그었다 ‖ ＝〔道儿③〕

【帱】dào ☞ 帱 chóu B

【焘(燾)】dào ⓧ tāo) 비출 도, 덮을 도 書 ❶ 비추다. 감싸다. 보호하다. ❷「帱dào」와 같음⇒〔帱dào〕

【焘育】dàoyù 動 보호하여 기르다.

2【稻】dào 벼 도 名〈植〉벼. ¶～子｜벼. ¶旱hàn～｜올벼. ¶水～｜논벼. 벼. ¶栽zāi～｜벼를 심다. ¶挠náo～｜벼를 베다.

【稻苞虫】dàobāochóng 名〈蟲〉벼명충나방 ＝〔苞

虫〕
【稻草】dàocǎo 名 볏짚.
【稻草人】dàocǎorén 名 허수아비. ¶扎几个～插chā在田里｜허수아비를 밭에 세우다＝〔草人〕
【稻场】dàochǎng 名 탈곡장.
【稻垛】dàoduò 名 볏가리. ¶堆duī～｜볏가리를 쌓다.
【稻飞虱】dàofēishī 名〈蟲〉벼멸구＝〔浮尘子fúchénzǐ〕
【稻谷】dàogǔ 名 벼.
【稻糠】dàokāng 名 벼의 겉겨＝〔稻壳ké〕〔稻砻糠lóngkāng〕〔俗 稻皮(子)〕〔砻lóng糠〕
【稻苗】dàomiáo ⇒〔稻秧yāng(子)〕
【稻田】dàotián 名 논.
【稻瘟病】dàowēnbìng 名〈農〉도열병＝〔稻热病dàorèbìng〕
【稻秧(子)】dàoyāng(·zi) 名 볏모. 벼의 모종. ¶下～＝〔插chā稻秧(子)〕｜모내기하다＝〔稻苗〕
【稻种】dàozhǒng 名 볍씨.
4【稻子】dào·zi 名 口〈植〉벼.

【纛】dào 又 dú) 기 도, 기 독 書 名 ❶ 군대에서 썼던 큰 기(旗) ❷ 검은 소꼬리 털로 만든 장식물 [황제의 수레에 닮]

dé ㄉㄜˊ

1【得】dé ·de děi 얻을 득, 탐할 득, 덕 덕

Ⓐ dé ❶ 動 얻다. 획득하다. ¶～了好评｜호평을 얻다⇔〔失shī①〕 ❷ 動 계산한 값이 …이 되다. ¶二三～六｜이 삼은 육. ¶二加三～五｜2 더하기 3은 5. ❸ 形 알맞다. 적합하다. ¶～法｜적절하다. 적당하다. ❹ 動 口 다 되다. 완성되다. ¶衣服做～了,你下午就可以穿了｜옷을 다 만들어졌으니 오후에는 입을 수 있다. ¶饭～了｜밥이 다 되었다. ❺ 動 득의(得意)하다. 만족하다. ¶扬扬自～｜의기양양하다. ❻ 動 됐어. 좋아. 그렇지. 응 [대화를 일단락 지을 때 동의나 제지를 나타냄] ¶～了,别说了｜됐어! 그만 말하지. ¶～,就这么办｜좋아! 이렇게 하자. ❼ 嘆 아이고. 아차. 에이. 아뿔싸 [체념할 수밖에 없는 상황임을 나타냄] ¶～,这一张又画坏了｜에이고, 이번에도 잘못 그렸다. ❽ 能 …해도 좋다. …할 수 있다 [법령이나 공문에 많이 씀] ¶不满十八岁的公民不～参加选举｜만 18세가 되지 않은 국민은 선거에 참가할 수 없다. ¶车上不～吸烟｜차내에서는 담배 피울 수 없다. ❾ 能 方 …할 것이다. (충분히) …할 수 있다. 어법 대개 부정문으로 쓰임. ¶这次工程昨天才动手,没有三天不～完｜이번 공사는 어제야 시작했으므로 3일이 지나지 않고는 완공할 수 없을 것이다. ¶～吃｜(충분히) 먹을 수 있다. ¶～用｜(충분히) 쓸 수 있다.

Ⓑ ·de ❶ 助 동사와 정도보어(程度補語)·결과보어(結果補語) 사이에 쓰는 구조조사(結構助詞) [「的」로 쓰기도 함] ¶说～快｜말을 빨리 한다. ¶来～早｜일찍 왔다. ¶累～气都喘不过来｜숨도 돌릴 수 없을 정도로 피곤하다. ¶清楚～很｜아주 분명하다. 어법 ⓐ 정도보어나 결과보어를 부정할 때는 보어 자체를 부정형으로 고쳐야 함. ¶不写得好(×) ¶写得不好｜잘 쓰지 못한다. ⓑ 동사가 목적어를 가지고 있을 때는 동사를 반복하고 「得」와 보어를 붙임. 이때 앞의 동사는 생략할 수 있음. ¶他写汉字得很好(×) ¶他写汉字写得很好. ¶他汉字写得很好｜그는 한자를 매우 잘 쓴다. ⓒ 선택식 의문문은 보어 자체의 긍정 부정형식으로 만듦. ¶他汉字写不写得好(×) ¶他汉字写得好不好?｜그는 한자를 잘 쓰느냐 못쓰느냐? ❷ 助 동사와 보어(補語) 사이에 쓰여 가능(可能)을 나타내는 구조조사(結構助詞) 이런 보어를 「가능보어(可能补语)」라고 함. ¶拿～动｜들어서 옮길 수 있다. ¶回～来｜돌아올 수 있다. 어법 ⓐ 가능보어의 부정은 「得」를 「不」로 바꾸어 나타냄. ¶不拿得动(×) ¶拿不动｜들어 옮길 수 없다. ⓑ 가능보어의 선택식 의문문은 동사와 보어 전체의 긍정 부정형식으로 만듦. ¶拿不拿得动(×) ¶拿得动拿不动?｜들어서 옮길 수 있어요 없어요? ❸ 助 동사 뒤에 보어로 쓰임. 어법 ⓐ 동사의 내용이 가능함을 나타냄. 가능하지 않음을 나타낼 때는 「得」를 부정하여 「不得」를 씀. ¶她去～,我为甚么去不～｜그녀가 갈 수 있다면, 왜 내가 갈 수 없느냐? ¶笑不～｜웃을 수 없다. ⓑ 동작이 이미 완성된 것을 나타냄 [주로 조기백화(早期白話)나 방언에 보이며, 「了」「到」「在」의 의미를 복합적으로 지니고 있음] ¶回～家来｜집에 돌아왔다. ¶出～门来｜문을 나서다. ❹ 尾 사유·지각 등을 나타내는 몇 개의 동사에 쓰임. ¶认～｜알고 있다. 안면이 있다. ¶觉～｜느끼다. ¶记～｜기억하고 있다.

Ⓒ děi ❶ 動 필요하다. (시간·돈 등이) 들다. 걸리다. ¶这个工作～三个人才能做完｜이 일은 세 사람이 있어야만 끝낼 수 있다. ¶～多少钱才能买下来?｜돈이 얼마나 있어야 살 수 있습니까? ❷ 動 京 기분이 좋다. 만족하다. 알맞다. 즐기다. ¶洗得·de真～｜씻었더니 기분이 좋다. ¶这个位子看戏真～｜이 자리는 연극을 보기에 아주 알맞다. ❸ 動 京 보이다. 마주치다. ¶这个人～谁跟谁吵｜그는 마주치는 사람이면 누구하고나 말다툼한다. ¶他一到商店～甚么要甚么｜그는 상점에 갔다하면 보이는 것은 무엇이나 사려고 한다. ❹ 能 口 (마땅히) …해야 한다. ¶有错误～批评｜틀린 점이 있으면 당연히 비판해야 한다＝〔必须〕〔应该〕 어법 이 경우의 부정은 「不得」가 아니고 「无须」「不用」「甭」등으로 나타내어야 함. ❺ 能 口 …일 것이다. …이 틀림없다. ¶我会猜,他～说甚么｜내가 추측하건대 그는 무언가 말할 것이 틀림없다＝〔会〕 ❻ 能 方 …할 수 있다. ¶他～敢骂我｜그가 감히 나에게 욕할 수 있겠는가?＝〔会〕 ❼ 擬 동동. 다다다. ¶～～｜딩딩. 동동.

Ⓐ dé

【得便(儿)】dé/biàn(r) 動 (안성맞춤인) 기회를 얻다. 형편이 닿다. ¶～再来!｜기회가 있으면 또 오시오! ¶您明天～不～?｜당신은 내일 형편이 되십니까?→〔顺shùn便(儿)〕

³【得病】dé/bìng 動 병을 얻다. 병에 걸리다. ¶身体健壮jiànzhuàng, 从未～ | 몸이 건장하여 병에 걸린 적이 없다→〔染rǎn病〕

⁴【得不偿失】dé bù cháng shī 成 얻는 것보다 잃는 것이 많다. 수지가 맞지 않다.

【得逞】dé/chěng 動 貶 뜻대로 되다. 목적을 달성하다. ¶敌人的阴谋yīnmóu未能～ | 적들의 음모는 실현될 수 없었다.

【得宠】dé/chǒng 動 貶 총애 받다. ¶她以前很～ | 그는 예전에 아주 총애를 받았다.

【得出】déchū 動 …을 얻어내다. ¶～了结论 | 결론을 얻어냈다.

【得寸进尺】dé cùn jìn chǐ ⇒〔得陇望蜀lǒngwàngshǔ〕

【得当】dédàng 形 (틀림이나 잘못됨이 없이 아주) 타당하다. 알맞다. ¶处理不～ | 처리가 타당하지 못하다. ¶这办法倒很～ | 그 방법은 매우 타당하다.

¹【得到】dé/dào 動 ❶ 손에 넣다. 얻다. ¶～勝利 | 승리를 얻다. ¶得不到一点儿消息 | 소식을 조금도 얻지 못하다. ¶～一笔奖金 | 상금을 받다. ❷ 받다. (이룩)되다 어법 목적어는 일반적으로 2음절 이상의 복합어인 행위를 나타내는 명사가 쓰임. ¶～了许多有益的经验 | 유익한 많은 경험을 얻었다. ¶～改进 | 개진되다. ¶～鼓励gǔlì | 격려를 받다.

【得道】dédào 動 도에 들어맞다.

【得道多助, 失道寡助】dé dào duō zhù, shī dào guǎ zhù 成 도의가 있으면 원조자가 많고 도의가 없으면 원조자가 적다. 국민 대중의 편에 선다는 원칙을 세우면 옹호(擁護)해 주는 이가 많다 〔본래「孟Mèng子」에 있는 말로서 1970년 모택동(毛澤東)이 사용한 이래 널리 퍼지게 되었음〕 =〔得道多助〕

【得法】défǎ 形 ❶ 요령 있다. 알맞다. 적절하다. ¶管理guǎnlǐ～, 庄稼zhuāngjià就长得好 | 관리를 적절하게 잘하면 곡식이 잘 자란다. ❷ 일이 순조롭다.

【得分】dé/fēn ❶ 動 득점하다. 점수를 얻다. ¶客队的七号～最多 | 방문팀의 7번 선수가 득점을 제일 많이 하다. ❷ (défēn) 名 (시험) 성적. 점수. (시합의) 득점. ¶两队的～逐渐zhújiàn悬殊xuánshū起来 | 양 팀의 점수가 점차 크게 벌어지기 시작했다.

【得过且过】dé guò qiě guò 成 그날그날 되는대로 살아가다. ¶他抱着～的心理在厂里混日子 | 그는 그날그날 되는대로 살아간다는 생각으로 공장에서 아무렇게나 살아가고 있다→〔今朝有酒今朝醉zuì〕

【得计】déjì 動 (계략·계획 등이) 실현되다. 성공하다. ¶他自以为～, 没想到被人发现了 | 그는 계획이 성공할 것으로 여겼지 사람들에게 들통나리란 생각은 못했다.

【得济】dé/jì 動 힘이 되다. 도움을 받다. ¶养儿～, 养女儿送终 | 諺 아들을 가지면 의지가 되고 딸을 가지면 늙어서 도움이 된다.

【得奖】dé/jiǎng 動 ❶ 칭찬(稱讚)받다. ❷ 상(賞)을 받다. 상장(賞狀)이나 상금(賞金)을 받다. ¶～人 | 수상자(受賞者) ¶～单位 | 수상부문(受賞部門)

【得解】déjiě 動 ❶ (까닭·사정을) 알다. ❷ (속박을) 풀다.

【得劲(儿)】déjìn(r) 形 ❶ 기분이 좋다. 편안하다. ¶我今天有点儿不～要请一天假 | 나는 오늘 몸이 좀 좋지 않아서 하루 휴가를 내야겠다. ❷ 순조롭다. ¶这几天来工作进行得很～ | 요 며칠간 일의 진행이 매우 순조롭다.

【得空(儿)】dé/kòng(r) 動 틈〔시간〕이 나다. ¶你～来玩儿啊! | 틈이 나거든 놀러 오너라! =〔得闲〕

【得乐且乐】dé lè qiě lè 成 즐길 수 있을 때 즐기다.

³【得了】ⓐ dé·le ❶ 마치다. 되다. ¶衣服洗～ | 옷 세탁이 다 됐다. ¶饭～吗? | 밥이 다 됐습니까? ❷ 됐다. 되다. 좋다 〔허락이나 금지를 나타냄〕 ¶这么做就～ | 이렇게 하면 됐다. ¶～, 别哭了 | 됐어, 그만 울어. ¶～, 你拿去吧 | 좋소, 당신이 가져가시오.

ⓑ déliǎo 큰일나다. 심각하다. 곤란하다 〔사태의 심각함을 나타내며 주로 반어(反語)나 부정으로 쓰임〕 ¶照这样下去, ～呢 | 이대로 나간다면 큰일이다. ¶这日子怎么～? | 이 생활이 어째서 심각하지 않느냐?

ⓒ ·deliǎo ❶ 다 할 수 있다. 그렇게 될 수 있다. 어법 ⓐ 동작을 양적(量的)으로 완결 또는 완료할 수 있다는 뜻을 나타냄. ¶这样的事我一个人办～ | 이런 일은 나 혼자라도 다 처리할 수 있다. ¶五片面包我都吃～ | 다섯 조각 빵을 나는 다 먹을 수 있다. ⓑ 그렇게 될 수 있다고 하는 뜻을 나타냄. ¶哪儿能忘～您的好意呀? | 어떻게 당신의 호의를 잊어버릴 수가 있겠습니까? ‖⇔〔…不了〕

⁴【得力】dé/lì ❶ 動 힘을 입다. 도움을 받다. ¶我得她的力很不少 | 그녀의 도움을 받은 바가 매우 크다. ❷ (délì) 形 효과가 있다. 효험이 있다. ¶我吃这个药很～ | 이 약을 먹으니 매우 효험이 있다. ❸ (délì) 形 유능하다. ¶～干部 | 유능한 간부. ❹ (délì) 形 유력〔강력〕하다. ¶他一向办事～ | 그의 일 처리는 늘 힘이 있다. ¶～的领导lǐngdǎo | 강력한 영도.

【得陇望蜀】dé lǒng wàng shǔ 成 농(隴)〔감숙성(甘肅省)〕땅을 얻으면 촉(蜀)나라까지 갖고 싶다. 말 타면 경마 잡히고 싶다. 욕망은 한이 없다 〔후한서(後漢書) 잠팽전(岑彭傳)의 고사에서 온 말〕=〔得一望二〕〔得寸进尺〕〔得寸思尺〕〔得步进步〕〔得一步(儿)进一步(儿)〕

【得门径】dé ménjìng 動組 요점을 얻다. 비결을 깨닫다 =〔得窍qiào〕

【得名】dé/míng 動 이름을 얻다. 이름을 떨치다. ¶得其美名 | 훌륭한 명성을 얻다.

【得人】dérén 書 動 적임자를 얻다.

【得人儿】dérénr ⇒〔得人意儿〕

【得人心(儿)】dé rénxīn(r) ⇒〔得人意儿〕

【得人意儿】dé rén·yir 動組 인심을 얻다. 호감을 사다. ¶这孩子就是～,从不讨人厌 | 이 아이는

호감을 사 사람들의 미움을 받지 않는다 =〔得人心(儿)〕〔㊎得人儿〕

【得忍且忍】dé rěn qiě rěn 威 참을 수 있는 데까지 참다.

【得胜】dé/shèng 動 ❶ 승리하다. ¶旗开~, 马到成功 | 초전을 신속하게 장식하여 승리를 거두다 [출전할 때 쓰는 문구] ¶~回朝 | 개선하여 황제를 배알하다 =〔获huò胜〕 ❷ (분투하여) 성공하다. 목적한 바를 달성하다.

【得失】déshī 名 ❶ 얻은 것과 잃은 것. 성공과 실패. 이해 득실. ¶不计较个人的~ | 개인의 이해 득실을 따지지 않다. ❷ 좋은 점과 나쁜 점. 좋고 나쁨. ¶两种办法各有~ | 두 가지 방법은 각기 좋은 점과 나쁜 점이 있다.

【得时】dé/shí ❶ 動 때를 얻다. 기회를 만나다. 호기를 만나다. ¶这次交jiāo涉才不~呢 | 이번 교섭은 그야말로 때가 나빴다. ❷ ⇒〔走zǒu运〕

【得势】dé/shì 動 貶 권력을 얻다. 득세하다. ¶他在李总统执政时期很~ | 그는 이대통령 집정기에 아주 득세를 했다.

【得手】dé/shǒu ❶ 動 손쉽게 하다. 순조롭게 처리하다. ¶家里没有人看着, 贼得了手, 偷了个干净 | 집에 지키는 사람이 없어 도둑이 손쉽게 싹 쓸어갔다. ❷ (déshǒu) 形 순조롭다. ¶那件事办得~ | 그 일은 순조롭게 처리되었다.

【得数】déshù 名 (수학 문제의) 답 =〔答数〕

【得体】détǐ 形 (언어나 행동 등이) 틀에 꼭 맞다. 신분에 걸맞다. 제격이다. ¶他说话做事都很~ | 그는 말하고 일하는 것이 아주 제격이다.

【得天独厚】dé tiān dú hòu 威 하늘로부터 받은 것이 홀로 두텁다. 혼자서 좋은 혜택을 받다. 남달리 좋은 환경에 처하다.

【得闲】dé/xián ⇒〔得空(儿)〕

【得心应手】dé xīn yìng shǒu 威 ❶ 뜻대로 되다. 순조롭게 진행되다. ¶万事~, 一举作就 | 모든 일이 순조롭게 진행되어 단번에 이루어졌다. ❷ 매우 익숙해 있어서 자유자재로 하다. ¶画得~, 栩xǔ栩如生 | 자유자재로 능숙하게 그려 살아 움직이는 듯하다 ‖ =〔得手应心〕

【得样(儿)】déyàng(r) 形 ㊎ 잘 어울리다. ¶她穿这件衣服很~ | 그녀가 이 옷을 입으니 참 잘 어울린다.

【得宜】déyí ㊕ 形 적절하다. ¶措置cuòzhì~ | 조치가 적절하다.

4【得以】déyǐ 能 …할 수 있다. ¶使生产~迅速发展 | 생산을 빨리 발전시킬 수 있게 되다.

【得益】déyì 動 이익(利益)을 얻다. 덕(德)을 입다. ¶从他那儿~不少 | 그에게서 얻은 이익이 적지않다. ¶读者的意见使他~不少 | 그는 독자들의 견해(見解)에서 적지 않은 덕을 보았다.

3【得意】dé/yì 動 ❶ 뜻을 얻다. 뜻을 이루다. (일이) 뜻대로 되어가다. ¶他最近很~ | 그는 최근 일이 아주 잘 되어간다. ❷ 마음에 들다. ¶~的作品 | 회심작(會心作) ¶~门生 | 威 마음에 드는 제자. ❸ 의기양양하다. ¶~扬扬 =〔得意洋洋〕 | 득의양양하다. ❹ ㊕ 시험에 합격하다.

【得意忘形】dé yì wàng xíng 威 뜻을 이루자 기쁜 나머지 자기 자신을 잊다. 자만하여 자신의 처지를 잊다. ¶绝不能~ | 절대로 자만하여 우쭐거려서는 안된다.

【得意扬扬】dé yì yáng yáng 威 득의양양해 하다. ¶他~地走了 | 그는 득의양양해 하며 갔다.

【得用】déyòng 形 쓸모 있다. 유능하다. 쓸만하다. ¶这把剪子很~ | 이 가위는 꽤 쓸만하다. ¶很~的干部 | 매우 유능한 간부.

【得鱼忘筌】dé yú wàng quán 威 고기를 잡은 뒤엔 고기 잡던 통발을 잊어버리다. 성공하고 나면 소용되었던 것을 잊고 만다. 배은망덕하다.

【得着风就是雨】dé·zháo fēng jiù·shi yǔ 諺 지레 짐작하다 →〔见jiàn风是雨〕

【得知】dézhī 札 알다. 알게 되다. ¶我~你将来访问美国 | 나는 너가 곧 미국을 방문할 것이라고 알고 있다.

【得志】dé/zhì 動 (주로 공명심을 충족시키려는) 뜻을 이루다. 희망이 실현되다. ¶不~的人 | 뜻을 이루지 못한 사람. 실의에 빠진 사람.

4【得罪】ⓐ dé/zuì 動 죄를 짓다. ¶~者难逃法网 | 죄를 진 자는 법망을 벗어나기 힘들다.

ⓑ dé·zui ❶ 動 미움을 사다. 노여움을 사다. 기분을 상하게 하다. 실례가 되다. ¶~老师 | 선생님의 노여움을 사다. ¶~人的地方不少 | 남에게 실례를 끼친 점이 많다. ¶我甚么地方儿~了你? | 나의 어느 점이 당신을 기분 나쁘게 했습니까? ❷ 사과할 때 쓰는 말. ¶~! ~! | 실례했습니다. 미안합니다. 죄송합니다.

Ⓑ ·de

【…得到】…·dedào … 할 수 있다. 어법 동사 뒤에 보어로 쓰여 동작이 어떤 위치·정도까지 도달할 수 있는 뜻을 나타냄. ¶样样都做~ | 이것도 할 수 있고 저것도 할 수 있다. ¶甚么地方都张罗~ | 어느 면이나 모두 두루두루 보살필 수 있다.

【…得动】…·dedòng 움직일 수 있다. 옮길 수 있다. 어법 동사 뒤에 보어로 쓰여, ⓐ 위치를 바꾸거나 움직일 수 있을 정도의 힘이 있다는 뜻을 나타냄. ¶拿~ | 들어 움직일 수 있다. 들어 옮길 수 있다. ¶请~ | 청할 수 있다. ¶不重, 我一个人搬~ | 무겁지 않아, 나 혼자 옮길 수 있다. ⓑ 물리적으로 효과를 미칠 수 있을 정도의 힘이 있다는 뜻을 나타냄. ¶刀子很快, 切qiē~ | 칼이 매우 잘 들어서 자를 수 있다.

【…得过】…·deguò 넘길 수 있다. 이길 수 있다. 능가하다. 어법 보어로 쓰여 상대방보다 능가한다는 뜻을 나타냄. ¶怎么能瞒mán~他呢? | 어떻게 그를 속여 낼 수 있겠는가? ¶说~他 | 그에게 말로는 지지 않는다 ⇔〔…不过①〕

【…得过来】…·deguò ·lai 건널 수 있다. 지날 수 있다. 미칠 수 있다. 어법 보어로 쓰여, ⓐ 어느 장소를 경유해서 올 수 있다는 뜻을 나타냄. ¶那座桥过~过不过来? | 저 다리는 건널 수 있습니까? ⓑ 정상적인 상태로 되돌릴 수 있다는 뜻을 나타냄. ¶他的毛病谁能改~呢? | 그의 결점은 누가 고칠 수 있겠습니까? ¶劝quàn~ | 권고하여 (생각이나 태도를) 바꾸게 할 수 있다. ⓒ 동작의 결과, 어떤 것이 뒤바뀔 수 있다는 뜻을 나타

타냄. ¶那条胡同不窄, 通得过车来 | 그 골목은 좁지 않으므로 차를 돌릴 수 있다. ⓓ 동작이 넓은 범위에 골고루 미칠 수 있다는 뜻을 나타냄. ¶喝~ | 모두 마실 수 있다. ¶客人不多, 张罗~ | 손님이 많지 않으므로 골고루 대접할 수 있다 ⇔〔…不过来〕

【…得过去】….deguò qù … 할 수 있다. 나갈 수 있다. 어법 보어로 쓰여 어떤 경험을 겪어갈 수 있다. 할 수 있다·관철시킬 수 있다는 뜻을 나타냄. ¶走~ | 걸어갈 수 있다. ¶忍rěn~ | 참을 수 있다. ¶这句话说~ | 그 이야기는 일리가 있다 ⇔〔…不过去〕

1【…得很】….dehěn 매우 …하다. …이 몹시 심하다. 어법 형용사·동사 뒤에서 보어로 쓰여 정도(程度)가 심한 것을 나타냄. ¶好~ | 대단히 좋다. ¶大~ | 매우 크다

【…得欢】….dehuān 매우 홍청대다. 홍얼거리다. 어법 보어로 쓰여 대단히 떠들썩하게 홍청거리는 것을 나타냄. ¶比过年热闹~ | 설날보다도 훨씬 홍청거린다 ＝〔㊄…得欢势〕

【…得欢势】….dehuānshì ⇒〔…得欢〕

【…得慌】….de·huang 황당하다. 매우 심하다. 어법 보어로 쓰여 기분이나 감각상으로 어느 정도를 넘어 불쾌감이나 부족감이 몹시 심한 뜻을 나타냄. ¶饿è~ | 몹시 시장하다. ¶今日冷~ | 오늘은 대단히 춥다. ¶难受~ | 몹시 괴롭다. ¶屋子里烟太大了, 呛qiàng~ | 방에 연기가 꽉 차서 지독하게 맵다.

【…得及】….dejí 이르 수 있다. 할 시간이 있다. 어법 보어로 쓰여 시간상으로 여유가 있을 수 있다는 뜻을 나타냄. ¶现在去还来~ | 지금 가도 충분히 시간에 닿을 수 있다 ⇔〔…不及〕

【…得紧】….dejǐn ⇒〔…得很〕

【…得开】….dekāi 떨어질 수 있다. 분리할 수 있다. 어법 보어로 쓰여, ⓐ 어떤 사물을 확대·분리·전개·수용할 수 있다는 뜻을 나타냄. ¶这只箱子打~ | 이 상자는 열 수 있다. ¶不忙, 分~身子 | 바쁘지 않아, (일에서) 몸을 뺄 수 있다. ⓑ 장소에 여유가 있어 어떤 동작이 가능하다고 하는 뜻을 나타냄. ¶伸~腿 | 발을 뻗을 수 있다. ¶这旅馆一百个人住~ | 이 여관은 백 명이 묵을 수 있다 ⇔〔…不开〕

【…得来】….delái 할 수 있다. 올 수 있다. 어법 ⓐ 동사 뒤에 보어로 쓰여 동작의 결과가 화자(話者)쪽으로 접근해 올 수 있다는 뜻을 나타냄. ¶当天回~回不来? | 당일로 돌아올 수 있습니까 없습니까? ⓑ 보어로 쓰여 경험 또는 습득이 충분하거나 습관상 익숙해져서 할 수 있다는 뜻을 나타냄. ¶中国菜我吃~ | 중국 음식은 먹는데 습관이 되어 먹을 수 있다 ‖ ⇔〔…不来〕 ❸ ⇒〔…得很〕

【…得了】….deliǎo ☞〔得了〕dé·le Ⓒ

【…得起】….deqǐ 할 수 있다. 할 능력이 있다. 어법 보어로 쓰여, ⓐ (재정(財政) 능력이 충분하여) 능력상 할 수 있다는 뜻을 나타냄. ¶价钱贵一点儿我也买~ | 값이 조금 비싸더라도 나는 살 수가 있다. ¶那件事我担~ | 그 일은 내가 감당할 수 있다. ¶你的成绩比~他 | 너의 성적은 그와 견줄 수 있다. ⓑ 정신적으로 감당해낼 수 있다고 하는 뜻을 나타냄. ¶甚么人我都对~ | 어떤 사람에게라도 나는 떳떳하게 대할 수 있다 ⇔〔…不起〕

【…得去】….deqù 멀어질 수 있다. 떨어질 수 있다. 어법 보어로 쓰여, ⓐ 동사 뒤에 두어, 동작의 결과가 화자(話者)로부터 멀어져 갈 수 있다는 뜻을 나타냄. ¶那儿并不远我送~ | 거기는 별로 머지 않아서 내가 보낼〔바래다 줄〕 수 있다. ¶这不是死胡同, 过~ | 이것은 막다른 골목이 아니므로 빠져나갈 수 있다. ⓑ 마음 속에 맺힘 없이 통할 수 있다는 뜻을 나타냄. ¶我对他过~ | 나는 그에게 떳떳하다 ‖ ⇔〔…不去〕

【…得上】….deshàng 할 수 있다. 실현될 수 있다. 어법 보어로 쓰여 동작이 성취 또는 실현될 수 있다는 뜻을 나타냄. ¶你跟~形势了 | 너는 형세를 따라 잡을 수 있다. ¶这件衣服正合适, 我穿~ | 이 옷은 꼭 맞아서 내가 입을 수 있다 ⇔〔…不上〕

【…得下】….dexià 수용할 수 있다. 담을 수 있다. 어법 보어로 쓰여, ⓐ 장소가 충분하여 수용할 수 있다는 뜻을 나타냄. ¶人不多, 坐~ | 사람이 많지 않으므로 앉을 수 있다. ⓑ 「…해 두다」라는 뜻을 나타냄. ¶定~坐儿 | 좌석을 예약해 두다. ⓒ 위에서 아래로 동작이 이루어질 수 있음을 나타냄. ¶跳~电车 | 전차에서 뛰어내릴 수 있다 ⇔〔…不下〕

【…得下去】….de xià ·qù 지속할 수 있다. 내려갈 수 있다. 어법 보어로 쓰여, ⓐ 위에서 아래로 내려가게 할 수 있음을 나타냄. ¶这么小的东西, 搬~ | 이렇게 작은 물건은 옮겨 내릴 수 있다. ⓑ 동작이 지속될 수 있음을 나타냄. ¶一口气念~ | 단숨에 읽어내려 갈 수 있다 ⇔〔…不下去〕

【…得着】….dezháo 미칠 수 있다. 할 수 있다. 어법 보어로 쓰여, ⓐ 동작이 대상에 미칠 수 있다는 뜻을 나타냄. ¶这事儿你管~吗? | 너는 이 일을 관여하여 처리해 낼 수 있느냐? ¶在中国吃~香蕉 | 중국에서 바나나를 먹을 수 있다. ¶三十万块钱也借~ | 30만원이라도 빌릴 수 있다. ⓑ 동작이 대상에 미치는 것이 허락되어 있다는 뜻을 나타냄. ¶别人的钱也花~吗? | 다른 사람의 돈이라도 쓸 수 있는가? ¶你这身分, 可以见~他 | 너의 이런 신분이라면 그를 만날 수 있다 ‖ ⇔〔…不着〕

【…得住】….dezhù 고정시킬 수 있다. 움직이지 않게 할 수 있다. 어법 동작이나 상태가 안정·확립·정지·부동(不動)의 성질을 지니며, 움직임이 없게 되거나 또는 그렇게 만드는 뜻을 나타냄. ¶纸里包~火吗? | 종이 속에 불을 싸둘 수 있느냐? ¶有柱子就支持~ | 기둥이 있으면 버틸 수 있다 ⇔〔…不住〕

Ⓒ děi

【得亏】děi·kui ㊇ dé·kui 副㊌ 다행히. ¶~我来得早, 不然又见不着你了 | 다행히 내가 일찍 왔으니까 망정이지 그렇지 않았더라면 또 너를 만나지 못할 뻔했다 ＝〔幸亏〕〔多亏①〕

【锝(鍀)】 dé (테크네튬 득)
名〈化〉화학 원소 명. 테크네튬(Tc ; technetium) [방사성 금속원소. 「锝mǎ」는 옛 이름]

2【德〈悳〉】 dé 덕 덕, 덕베풀 덕
❶名 덕. 도덕. ¶美～ | 미덕. ¶品～ | 인품과 덕성. ¶～才兼备cáijiānbèi↓ ❷名 마음. 뜻. ¶同心同～ | 한마음 한 뜻. ¶离心离～ | 成 한마음 한뜻이 아니다. 불화반목(不和反目)하다. ❸名 은혜. ¶以怨报～ | 원한을 은혜로 보답하다. ¶感念大～ | 큰 은혜에 감격하여 마음에 새기다. ❹尾 명사 뒤에 쓰여 직업에 있어서의 도덕성을 나타냄. ¶艺～ | 예술에 있어서의 도덕성. ¶商～ | 상업에 있어서의 도덕성. ❺(Dé) 名簡〈地〉「德国」(독일)의 약칭. ¶～国货 | 독일 제품. ¶～(国)人 | 독일인. ¶～军 | 독일군. ❻(Dé) 名 성(姓)

【德才兼备】 dé cái jiān bèi 成 재능과 덕을 함께 갖추다.

【德高望重】 dé gāo wàng zhòng 成 덕성과 명망이 높다. ¶请一位～教授当校长 | 덕성과 명망이 높은 교수를 총장으로 모셔오다.

【德国】 Déguó 名〈地〉독일(Germany) [제2차 세계대전 후 서독과 동독으로 분할되었다가 1990년에 다시 통일됨. 수도는 「柏林Bólín」(베를린; Berlin)]＝〔德意志Déyìzhì〕→〔西德Xīdé〕

【德黑兰】 Déhēilán 名外〈地〉테헤란(Teheran) [「伊朗Yīlǎng」(이란:Iran)의 수도]

【德律风】 délǜfēng 名外 텔레폰(telephone)

【德谟克拉西】 démókèlāxī 名外 데모크라시(democracy)＝〔德先生〕

【德望】 déwàng 名 덕망. 도덕과 명망(名望)

【德行】 ⓐ déxíng 名 덕행.
ⓑ dé·xing 方 꼴불견이다. 꼬락서니 [사람의 행동거지나 모습이 남에게 혐오감을 주는 것] ¶长得～ | 꼴사납게 생겼다. ¶瞧他那个～劲儿 | 그의 그 꼬락서니를 보라＝〔德性·xing〕

【德性】 ⓐ déxìng 名 덕성.
ⓑ dé·xing⇒〔德行 ⓑ〕

【德意志联邦共和国】 Déyìzhì Liánbāng Gònghéguó 名〈地〉독일연방공화국(The Federal Republic of Germany) [일반적으로 「西德」(서독; West Germany)라고 부름. 수도는 「波恩Bō'ēn」(본;Bonn)]

【德意志民主共和国】 Déyìzhì Mínzhǔ Gònghéguó 名〈地〉구(舊) 독일민주공화국(The German Democratic Republic) [통상적으로 「东德」(동독;East Germany)라고 부름. 1990년에 서독에 통일됨. 수도는 「柏林Bólín」(베를린;Berlin)]

2【德语】 Déyǔ 名〈言〉독일어.

【德育】 déyù 名〈教〉덕육. 도덕 교육. ¶重要视～ | 도덕교육을 중요시하다.

【德政】 dézhèng 名 덕정. 어질고 바른 정치.

·de ㄉㄜ˙

【地】 ·de ☞ 地 dì Ⓑ

【底】 ·de ☞ 底 dǐ Ⓑ

1【的】 ·de dì dí 과녁 적, 밝을 적, 꼭 적

Ⓐ ·de 助 ❶ 관형어(定語)의 뒤에 붙는 구조조사(結構助詞)로서 수식과 피수식의 관계임을 나타냄. ⓐ 일반적인 수식관계임을 나타냄. ¶聪明～学生 | 총명한 학생. ¶新鲜～空气 | 신선한 공기. ⓑ 종속·소유의 관계임을 나타냄 [이 경우의 「的」는 「底」로도 썼었음] ¶我～爸爸 | 나의 아빠. ¶我～书 | 나의 책. ⓒ 사실상 동격관계임을 나타냄 [피수식어의 앞에 지시대사(指示代詞)를 두는 경우가 많음] ¶明天出发～消息 | 내일 출발한다는 소식. ¶大家都喜欢～那个小姐 | 모두들 좋아하는 그 아가씨. ⓓ 口 어떤 사람의 직무나 신분을 나타냄. ¶在学校里, 你的老师, 我的学生 | 학교에서는 너는 선생이고, 난 학생이다. ¶谁的介绍人 | 누가 소개인 인가? 누구의 소개인. ⓔ 동사의 동작대상임을 나타냄. ¶请我的客 | 나를 초대하다. ¶生他的气 | 그에게 화를 내다. ¶找我的麻烦 | 나에게 귀찮게 하다. 어법 관형어와 명사 사이에 「的」를 쓰는 경우와 쓰지 않는 경우는 다음과 같음. ⓐ 관형어(定語)와 명사가 하나의 낱말처럼 굳어진 경우. ¶经济政策 | 경제정책. ¶绝对真理 | 절대적 진리. ⓑ 단음절 형용사 다음에는 일반적으로 쓰지 않으나, 강조할 때는 쓸 수 있음. ¶这是一个新问题 | 이것은 하나의 새로운 문제이다. ¶旧～问题解决了, 又会出现新～问题 | 낡은 문제를 해결하여도, 또 새로운 문제가 나타난다. ⓒ 쌍음절 형용사 다음에는 일반적으로 쓰나, 낱말로 굳어진 경우에는 쓰지 않음. ¶坚决～态度 | 확고한 태도. ¶紧急会议 | 긴급회의. ⓓ 형용사가 중첩되었거나 부사의 수식을 받고 있으면 반드시 써야 함. ¶长脸. ¶长长脸(×) ¶长长～脸 | 긴 얼굴. ¶好事情. ¶很好事情(×) ¶很好的事情 | 매우 좋은 일. ⓔ 병렬된 형용사가 명사를 수식하거나 형용사가 병렬된 명사를 수식할 때는 반드시 써야 함. ¶伟大,光荣,正确党(×) ¶伟大,光荣,正确～党 | 위대하고 영광스럽고 정확한 당. ¶正确立场, 观点,方法(×) ¶正确～立场,观点,方法 | 정확한 입장·관점 및 방법. ⓕ 타동사 뒤에는 반드시 써야 하지만 동사와 명사가 동목구조(動賓結構)가 아닌 때는 쓰지 않아도 됨. ¶研究～问题 | 연구한 문제. ¶研究问题 | 문제점을 연구하다. ¶管理方法. ¶管理～方法 | 관리하는 방법. ⓖ 부사의 수식을 받는 동사 뒤에는 반드시 써야 함. ¶参考资料 | 참고자료. ¶很好参考资料(×) ¶很好～参考资料 | 아주 좋은 참고자료. ⓗ 인칭대사(人稱代詞)가 관형어로 쓰인 경우, 소속이나 친족 관계를 나타낼 때는 일반적으로 쓰지 않음. ¶你意见(×) ¶你～意见 | 너의 의견. ¶我们党 | 우리들의 당. ¶我父亲 | 나의 아버지. ⓘ 지시대사(指示代詞) 다음에는 쓰지 않으나, 성질이나 상태를 나타낼 경우에는 쓸 수도 있음. ¶这～东西(×) ¶这东西 | 이 물건. ¶这样现象. ¶这样～现象 | 이러한 현상. ⓙ 수량사(數量詞) 다

음에는 쓰지 않으나, 도량형 양사와 차용된 양사(量詞) 뒤에는 쓸 수 있음. ¶一本～书(×) ¶一本书｜한 권의 책. ¶三斤鱼. ¶三斤～鱼｜세 근의 고기. ⓚ 각종 구(詞組)로 된 관형어 뒤에는 일반적으로 씀. ¶参加大会代表(×) ¶参加大会～代表｜대회에 참가한 대표. ❷ 명사구(名詞詞組)를 만드는 결구조사(結構助詞) ⓐ「的」다음의 사람이나 사물을 나타내는 피수식어인 명사를 생략한 경우. ¶这是我～｜이것은 나의 것이다. ¶菊花开了, 有红～, 也有黄～｜국화가 피었다. 빨간 것 노란 것이 피었다. ⓑ 불특정의 사람 또는 사물을 나타냄. ¶男～｜남자. ¶吃～｜먹을 것. ¶开车～｜운전수. ⓒ 상황에 대해 강조함. ¶大星期天～,你怎么老在家里? ｜일요일인데도 집안에만 있니? ⓓ 인칭대사인 주어에「的」를 붙여 목적어(賓語) 위치에 두면, 어떤 일이 화자(話者)와 무관함을 나타냄. ¶这里用不着你, 你管你～｜여기에는 네가 필요 없으니, 네 일이나 해라. ¶你们讨论你们～我不参加了｜너희들은 너희들대로 토론해라, 난 참가하지 않겠다. ⓔ「動〔形〕+的+動〔形〕」의 형식으로「…하는 사람은〔…한 것은〕…하고」의 뜻을 나타냄. ¶推～推, 拉～拉｜미는 사람은 밀고, 끄는 사람은 끈다. ¶这几篇文章, 深～深, 浅～浅｜이 몇 편의 문장은 어려운 것은 어렵고, 쉬운 것은 쉽다. ⓕ「動+得」의 다음이나 성어류(成語類)·중첩 형식의 다음에 쓰여 어떠한 결과의 상태를 나타냄. ¶写得很清楚～｜아주 깨끗하게 썼다. ¶现在兵荒马乱～｜지금은 세상이 어수선한 상태다. ⓖ 병렬구조(並列結構)의 끝에 쓰여,「…등」「…같은 것들」의 의미를 나타냄. ¶破铜烂铁～, 他都捡了一大堆｜헌 구리쇠와 고철 등을 그가 한 무더기 주워 왔다. ¶问这问那～, 兴趣真大｜이것 저것 등등을 묻는 것이, 흥미가 참으로 대단했다. ⓗ 수량사(數量詞)의 사이에 쓰여, 곱하기나 더하기의 의미를 가짐. ¶一块～八毛, 一块八毛｜1원에 80전을 더하면 1원 80전이요. ¶两米～四米, 是八平方米｜2m 곱하기 4m는 8㎡이다. ❸ 문(句)의 끝에 어기조사(語氣助詞)로 쓰임. ⓐ 긍정이나 확신의 어기를 나타냄. ¶他会来｜그는 아마 올 것이다. ¶他会来～｜그는 (확실히) 올 것이다. ¶我问过老张～｜나는 (분명히) 장씨에게 물어 보았다. ⓑ 원래부터 …하였다〔동작이 이미 발생했음을 나타냄〕¶我知道了｜나는 알았다. ¶我知道～｜나는 이미 알고 있었다. ¶他甚么时候走? ｜그는 언제 가느냐? ¶他甚么时候走～｜그는 언제 갔느냐? ⓒ 동사와 목적어 사이에, 혹은 문장(句)의 끝에 쓰여 이미 발생한 동작의 주어·목적어·시간·장소·방법 등을 강조함. 이때 주어 다음에「是」를 넣어 호응하기도 함. ¶我(是)昨天进～城｜난 어제 시내에 간 것이다. ¶谁买～票｜누가 표를 샀나? ¶我(是)在北京买～酒｜나는 북경에서 술을 샀다. ¶他(是)到美国去学习～｜그는 미국에서 배운 것이다.

Ⓑ dì ㊀名 과녁. 대상. 목표. ¶中～｜표적에 맞다. 적중하다. ¶目～｜목표. 목적.

Ⓒ dí ㊀形 진실한. 명확한. 실제의. ¶～确↓

Ⓐ ·de

²【的话】·dehuà 助 (가정하여) …한다면. …이면 어법「要是」등과 같은 가정을 나타내는 접속사가 있으면「的话」는 있어도 되고 없어도 됨〕¶如果你有事～, 就不用来了｜만약 네게 일이 있다면, 오지 않아도 된다.

Ⓑ dì

【的黎波里】Dìlíbōlǐ 名 外〈地〉트리폴리(Tripole)〔「利比亚」(리비아;Libya)의 수도〕

【的士高】dìshìgāo ⇒〔迪dí斯科〕

【的士】dì·shi 名 外 택시 어법 일반적으로 홍콩·싱가포르 등지에서 많이 쓰는 낱말임. ¶出门叫了一辆～｜문을 나서서 택시를 부르다 =〔出租汽车chūzūqìchē〕〔计程车jìchéngchē〕

Ⓒ dí

【的当】dídàng ㊀ 形 적확타당(的確妥當)하다. 적절하다. ¶此语甚为wéi～｜이 말은 매우 적확하고 타당하다. ¶的的当当(地)｜적절히.

【的款】díkuǎn ㊀ 名 확실한 금액.

²【的确】díquè 副 확실히. 정말. 참으로. ¶～不错｜정말 괜찮다. ¶～如此｜확실히 이와 같다. ¶现在～进步多了｜지금은 확실히 많이 진보하였다.

⁴【的确良】díquèliáng 名 外〈紡〉데이크런(dacron) 테릴렌(terylen)〔양털과 비슷한 폴리에스테르계(系) 합성 섬유의 하나〕=〔的确凉〕〔涤纶dílún〕〔粤 的确靓díquèliàng〕〔达克龙dákèlóng〕

【的系】díxì 動 ㊀ 확실히 …이다. ¶～他的所为｜확실히 그가 한 짓이다.

【得】·de ☞ 得 dé Ⓑ

děi ㄉㄟˇ

【得】děi ☞ 得 dé Ⓒ

dēng ㄉㄥ

1【灯(燈)】dēng 등잔 등
名 ❶ 등. 등불. ¶电～｜전등. ¶油～｜등잔불. ¶萤光yíngguāng～ =〔日光灯〕｜형광등. ¶点～｜등불을 켜다. ¶熄～｜등불을 끄다. ¶开～｜전등을 켜다. ¶关guān～｜전등을 끄다 =〔镫②〕 ❷ (버너·램프 등의) 액체 또는 기체를 사용하는 가열용 연소기. ¶酒精～｜알코올 버너. 알코올 램프. ¶本生～ =〔煤气灯méiqìdēng〕｜분젠버너(Bunsen burner) 분젠등. ❸ 俗 (라디오·텔레비전의) 전자관(電子管)·진공관(眞空管) ¶五～收音机｜5극 라디오.

【灯不点不亮】dēng bùdiǎn bùliàng 俗 등불도 켜지 않으면 밝지 않다. 부뚜막의 소금도 넣어야 짜다. 솥 속의 콩도 쪄야 익는다.

【灯彩】dēngcǎi 名 ❶ (민간 공예품인) 장식한 초롱〔등롱〕=〔花huādēng〕 ❷ (무대 도구인) 조명〔장식〕등. 일류미네이션(illumination) ¶满台～｜무대가 온통 장식등이다 =〔彩灯②〕〔灯光饰〕〔灯饰〕

【灯草】dēngcǎo ⇒〔灯心〕

【灯光】dēngguāng 名 ❶ 불빛 =〔灯亮儿〕❷ 광도. 럭스(lux) →〔勒lè(克司)〕❸ 조명. ¶舞台wǔtái～ | 무대 조명. ¶～球场 | 조명 시설을 갖춘 구장. ¶～渐暗 | 조명이 점점 어두워지다.

【灯红酒绿】dēng hóng jiǔ lǜ 成 홍등 녹주. 화류계가 홍청거리다. ❷사치스럽고 방탕한 생활을 하다. ¶他沈湎于～的生活 | 그는 사치스럽고 방탕한 생활에 빠져 있다. ‖ =〔红灯绿酒〕〔酒绿灯红〕

【灯虎(儿)】dēnghǔ(r) ⇒〔灯谜dēngmí〕

【灯花(儿)】dēnghuā(r) 名 등화. 불똥 [좋은 징조를 나타냄] ¶～爆bào了 | 등화가 튀겼다. 무언가 좋은 일이 있을 것 같다. ¶～报喜 | 成 등화가 앉아 좋은 징조를 나타내다.

3【灯火】dēnghuǒ 名 등화. 등불 어법 집합체를 가리키므로 「一盏灯火」라고는 쓰지 않음. ¶～管制guǎnzhì | 등화 관제. ¶万家～ | 시가지의 야경이 화려한 모양.

【灯会】dēnghuì 名 정월 대보름에 거행되는 등불놀이.

【灯节】Dēng Jié ⇒〔元宵节Yuánxiāojié〕

【灯具】dēngjù 名 조명 용구.

3【灯笼】dēng·long 名 등롱. 초롱. ¶打dǎ～ | 초롱을 켜다. ¶纸糊的～, 里外亮 | 歇 종이로 바른 등롱은 안이나 밖이나 다 밝다. 마음속의 것이 바로 얼굴에 나타나다.

【灯笼裤】dēng·longkù 名 ❶ (승마복·운동복처럼) 위 부분은 헐렁헐렁하고 발목 부분은 딱 붙게 만든 바지. ❷ 골프바지. 니커보커즈(knickerbockers)

【灯谜】dēngmí 名 음력 정월 보름이나 중추절 밤, 초롱에 수수께끼의 문답을 써넣는 놀이. ¶猜cāi～ =〔打灯谜〕|「灯谜」를 하다 =〔灯虎(儿)〕〔灯题〕〔文虎〕

【灯苗(儿)】dēngmiáo(r) 名 램프의 불꽃.

【灯捻儿】dēngniǎnr 名 ❶ 등심(燈心) 심지. ❷ 램프의 심지를 올리고 내리는 나사 ‖ =〔灯捻头儿〕

4【灯泡(儿)】dēngpào(r) 名 ❶ 口 전구 =〔电diàn灯泡(儿)〕❷ 方 진공관 ‖ =〔灯泡子〕

【灯伞】dēngsǎn 名 (전)등갓.

【灯市】dēngshì 名 정월 대보름날에 등롱이 가득 켜진 시가(市街)

【灯丝】dēngsī 名〈電氣〉(전구·진공관 등의) 필라멘트(filament) ¶～电流 | 필라멘트 전류. ¶～电池组 | 필라멘트 바테리 =〔丝极〕〔白bái热丝〕

【灯塔】dēngtǎ 名 ❶ 등대 =〔灯台②〕 ❷ 轉 진로를 밝혀 주는 것.

【灯台】dēngtái 名 ❶ 등잔 받침대. 촛대 =〔烛斗zhúdǒu〕❷ 등대. ¶～草 | 등대풀 =〔灯塔①〕❸ 등(잔)불. ¶丈八～照远不照近 | 등잔 밑이 어둡다.

【灯头】dēngtóu 名〈電氣〉❶ 전등의 소켓. ¶螺丝口的～ | 스크루 소켓. ¶开关～ | 스위치 소켓. ❷ 전등 ❸ (심지나 등피 등을 다는) 등잔 통. ❹ 전등의 수(數) ¶这间屋里有五个～ | 이 방은 전등이 다섯 개 있다. ¶按～交费 | 전등 수에 따라 요금을 내다.

【灯心】dēngxīn 名 등심. 등의 심지 =〔灯草〕〔灯芯xīn〕〔灯炷zhù〕

【灯心草】dēngxīncǎo 名〈植〉골풀. 등심초 =〔蔺lìn①〕

【灯心绒】dēngxīnróng 名〈紡〉코르텐 =〔畦qí天绒〕〔起qǐ楞布〕〔条绒〕

【灯影】dēngyǐng 名 등불의 그림자. ¶暗淡的～ | 어둡고 희미한 등불의 그림자. ¶～憧憧chōngchōng | 등불의 그림자가 흔들흔들하다.

【灯油】dēngyóu ❶ ⇒〔火huǒ油②〕 ❷ ⇒〔煤méi油〕

【灯盏】dēngzhǎn 名 ❶ 갓이 없는 유등(油燈) ❷ 등잔 →〔油yóu灯〕

【灯罩(儿)】dēngzhào(r) 名 ❶ 전등갓. ❷ 램프나 가스 등의 등피 ‖ =〔灯罩子〕

【灯座】dēngzuò 名 ❶ 전등 소켓 =〔灯口〕❷ 커다란 입식(立式) 스탠드.

2【登】dēng 오를 등

❶ 動 (위로) 오르다. ¶～山↓ ¶一步～天 | 喩 단번에 높은 지위〔경지〕에 오르다 →〔蹬①〕❷ 動 기재(記載)하다. 게재하다. ¶～上帐簿 | 장부에 기재하다. ¶～报↓ ¶～广告 | 광고를 내다. ❸ 動 方 높이 들다. 위로 올리다. ¶拿两脚～孩子 | 어른이 누워서 두 발 위에 아이를 태우고 어르다. ❹ 動 方 (신을) 신다. (바지를) 입다. ¶～靴子 | 장화를 신다. ¶～上裤子 | 바지를 입다 →〔蹬②〕❺ 動 밟다. 디디다. ¶～水车 | 수차를 밟아서 돌리다. ¶～在窗台儿上擦户 | 창문턱에 발을 디디고 창문을 닦다 →〔蹬②〕❻ 書 動 여물다. 익다. 열매 맺다. ¶五谷丰～ | 오곡이 풍성하게 여물다. ❼ 名 고대의 와제(瓦製)로 된 식기의 일종 →〔笾biān〕

【登岸】dēng'àn ⇒〔登陆〕

【登报】dēng/bào 動 신문에 실리다. ¶这件事都登了报了 | 이 사건이 신문에 실렸다. ¶～声明退出这个组职 | 이 조직을 떠나겠다고 신문에 성명을 발표했다.

【登场】ⓐ dēng/cháng 動 (곡물을) 수확하여 타작 마당으로 운반하다. ¶大豆～之后, 要马上晒 | 콩은 수확하여 타작 마당으로 운반한 뒤에 곧 볕에 쬐어 말려야 한다.

ⓑ dēng/chǎng ❶ 動 (극중 인물이) 무대에 등장하다. ¶粉墨～ | 분장을 하고 등장하다 [주로 악인이 딴 모습으로 변신하여 정치 무대에 등장함을 비유함] ¶各路英雄纷纷～表演 | 각 계의 영웅들이 분분히 등장하여 공연을 하다. ❷ 動 (물건이) 나돌다. ¶新货已～ | 새로운 물품이 이미 나돌았다. ❸ 副 近 方 그 자리에서 바로. 당장에. 즉시 =〔当dāng场〕

【登程】dēngchéng ⇒〔起qǐ程〕

【登第】dēngdì 書 動 급제하다. 과거 시험에 합격하다.

【登峰造极】dēng fēng zào jí 成 ❶ 최고봉에 이르다. 절정에 달하다. 학문·기능이 최고 수준에 이르다. ¶他在围棋上的成就可算～, 多次赢得世界冠军 | 바둑에 있어서의 그의 성취는 최고봉에 달하여 세계제패를 여러번 하였다. ❷ 나쁜 짓을 함이 극도에 달하다.

【登高】dēnggāo 動 ❶ 높은 곳에 오르다. ¶～远望

|높은 곳에 올라 멀리 바라보다. ❷음력 9월 9일 중양절(重陽節)에 산에 오르다. ¶九日~|중양절에 산에 올라 국화주를 마시며 일 년의 재액을 떨쳐버린다는 풍습. ❸지붕에 오르다 [지붕에 올라갈 때 이웃집에게 인사로써「登高」라고 말하며 올라가는 일이 있음]

【登高一呼】dēnggāoyīhū 威 높이 올라 한번 외치다. (영향력 있는 사람이) 선두에 서서 외치다 =〔登高一吁〕

【登高自卑, 行远自迩】dēnggāo zìbēi, xíngyuǎn zìěr 威 높이 오르려면 낮은 데서부터, 멀리 갈려면 가까운 데서부터. 천리 길도 한 걸음부터.

【登基】dēng/jī 動 제위에 오르다. 등극하다. ¶新皇帝~了|새로운 황제가 등극하다 =〔登极〕〔登龙位〕〔登位〕

【登机】dēng/jī 動 (비행기에) 탑승하다. ¶~门|탑승구. ¶~牌|탑승 카드.

【登极】dēng/jí ⇒〔登基〕

2【登记】dēngjì ❶名 등기. 등록. ¶结婚jiéhūn~|혼인 신고. ¶~簿bù|등기부. ¶户口hùkǒu~|호적신고 ❷動 등기하다. 등록하다 [일반적으로 법률상의 수속 등에 많이 쓰임]→〔注册zhùcè〕❸名 체크인(checkin) ❹動 체크인(checkin)하다.

【登科】dēngkē 動 옛날, 과거 시험에 합격하다. ¶小~|喻 아내를 얻다 =〔登榜bǎng〕〔大dà登科〕

【登临】dēnglín 動 ❶산을 오르고 강을 찾다. ❷喻 명산 대천의 명승지를 유람하다.

4【登陆】dēng/lù 動 상륙하다. ¶台风táifēng~|태풍이 상륙하다. ¶~场|〈軍〉해안 상륙 거점. 교두보. ¶~艇tǐng|〈軍〉상륙용 함정 =〔登岸〕〔上shàng岸〕

【登录】dēnglù ⇒〔注zhù册〕

【登门】dēng/mén 動 방문하다. 심방하다. ¶~诊治zhěnzhì|환자를 왕진(往診)하다. ¶亲自~拜访|몸소 방문하다. ¶~拜师|나아가서 제자가 되다. 찾아 뵙고 가르침을 청하다 =〔登堂〕

【登攀】dēngpān 動 등반하다. ¶世上无难事, 只要肯~|세상에는 어려운 일이 없다, 단지 오르려고〔극복하려고〕만 하면 =〔攀登〕

【登山】dēng/shān 動 등산하다. 산에 오르다. ¶~踏tà水 =〔登山临水〕|산수의 경치를 (두루) 보다. ¶~队|등산대. ¶~电车|등산 전차. ¶~家|등산가 =〔爬pá山〕〔越岭〕

【登时】dēngshí 書 副 즉시. 곧. 당장 어법 일반적으로 과거의 사실을 서술하는 데 많이 쓰임. ¶~(之)间|잠깐 사이에. ¶她~改了态度|그녀는 태도를 즉시 바꿨다 =〔北 立刻〕

【登台】dēng/tái 動 ❶무대〔연단〕에 오르다. 등단하다. ¶~表演biǎoyǎn|무대에 올라 공연하다. ¶~演yǎn说|연단에 서서 연설하다. ❷정치 무대로 나가다.

【登堂入室】dēng táng rù shì 威 마루에 올라 방으로 들어오다. 학문이나 예술에 대한 조예가 깊어지다. ¶他的学问已经~了|그의 학문은 이미 경지에 올랐다 =〔升堂入室〕

【登天】dēng/tiān 動 하늘에 오르다 [어려움을 비유함] ¶比~还难呢!|하늘에 오르기보다 어렵구나!

【登载】dēngzǎi 動 (신문 등에) 싣다. 게재한다.

【噔】dēng 부딪치는 소리 등
擬 등. 쾅 [무겁거나 딱딱한 것이 땅에 떨어지거나 물체에 부딪치는 소리] ¶~~地跑过一个人来|쾅쾅거리면서 한 사람이 달려왔다. ¶~的一拳打在桌子上|쾅하고 책상을 주먹으로 쳤다.

【噔愣】dēng·leng 擬 둥당둥당. 딩당디당 [현악기를 타는 소리] ¶~~地弹起三弦儿来|둥당둥당 삼현금을 타기 시작했다.

【簦】dēng 우산 등
名 삿갓. 우산 [옛날의 자루가 삿갓].

3【蹬】dēng dèng 헛디딜 등

Ⓐ dēng 動 ❶(위로) 오르다. ¶~梯子tīzǐ|사다리를 오르다→〔登①〕❷(다리를) 뻗다. (발을) 들어넣다. (발로) 밟다. 디디다. ¶~被子|(잠잘 때) 이불을 차내다. ¶~上鞋|신을 신다. ¶~自行车|자전거를 타다. ¶把裤子kùzǐ~下来|바지를 발로 밟아서 벗다→〔登④⑤〕❸㊄ 얕보다. 무시하다. 짓밟다. ¶他爱~人|그는 남을 깔보기를 좋아한다. ❹㊄ 따돌리다. 제외하다. 선택하다. ¶把我~出来|나를 제외시켜라.

Ⓑ dèng ⇒〔蹭cèng蹬〕

【蹬踹】dēng·chuai 動 짓밟아 부수다. ¶你看他把褥子都~烂了|그가 요를 온통 짓밟아 뭉개는걸 봐라 =〔蹬哧·chi〕

【蹬腿儿】dēng/tuǐr 動 俗 죽다 =〔踹chuài腿儿〕

【蹬鞋踩袜子】dēngxié cǎiwà·zi 動組 신을 밟고 양말을 밟다. 사소한 분쟁을 하다. ¶人跟人来往, 不能没个~的事|사람끼리 내왕하다 보면 사소한 분쟁은 있게 마련이다 =〔登鞋踩袜子〕

děng ㄉㄥˇ

1【等】děng 등급 등
❶動 기다리다. ¶他正~着你呢|그는 마침 너를 기다리고 있다. ❷動 …때까지 기다리다 [시간이나 조건이 될 때까지의 뜻임] 어법 뒤에 항상「再」「才」「就」등이 호응함. ¶~他来了再说|그가 오기를 기다렸다가 다시 이야기하자. ¶~着挨说才干可不行|잔소리를 듣고서야 한다면 정말 곤란하다. ❸量 등급이나 종류를 나타내는 준양사(準量詞) ¶一~品|일등품. ¶特~品|특등품. ¶这~人|이러한 사람. ¶你是何~人?|당신은 어떤 사람이냐? ❹같다. 대등하다→〔等于〕❺助 ⓐ 書 등. 따위 [다 열거하지 않았음을 나타냄. 중첩할 수도 있음] ¶唐代著名诗人有李白,杜甫,白居易~|당대의 유명한 시인으로는 이백·두보·백거이 등이 있다. ⓑ 등 [열거를 끝낸다는 뜻으로, 뒤에 열거한 항목의 총 숫자가 옴] ¶中国有长江,黄河,黑龙江,珠江~四大河流|중국에는 양자강·황하·흑룡강·주강 등의 4대 하천이 있다. ❻書 尾 인칭대사(人稱代詞)나 사람을 가리키는 낱말(詞) 뒤에 붙어 복수를 나타냄. ¶我~|우리들. ¶彼~|그들. ❼「戥」과 같음 ⇒〔戥děng〕

【等比】děngbǐ 名 등비.
【等边】děngbiān 名〈數〉등변(等邊) ¶～三角形 | 등변 삼각형. 정삼각형.
【等不及】děng ·bu jí 動組 기다릴 수 없다. ¶他早就～了 | 그는 이미 더 이상 기다릴 수 없었다.
【等差】děngchā ❶ ⇒〔等次〕 ❷ 名 등급의 차이. 등차. ¶～级jí数 |〈數〉등차 급수.
【等次】děngcì 名 차례. 순위. 등급. ¶～表示 | 등급 표시. ¶产品按质量划分～ | 생산품은 품질에 따라 등급을 나눈다 =〔等差①〕〔書 等棹〕
2【等待】děngdài 動 기다리다. ¶～机会, 东山再起 | 기회를 기다려 재기하다.
3【等到】děngdào ❶ 連 …때에는. 때에 이르러. ¶～天亮 | 날이 밝을 무렵에 이르러. ❷ 動 (…까지) 기다리다. ¶～他来, 一块儿去 | 그가 올 때까지 기다려 같이 가자.
【等等】ⓐ děngděng 助 기타. 등등. ¶桌上有纸, 笔, 墨mò, 砚yàn～文具 | 탁자 위에 종이·붓·먹·벼루 등등의 문구가 있다.
ⓑ děng·deng 動 잠시 기다리다.
【等第】děngdì 書 名 (사람의) 등급. 순위. 서열.
【等而下(之)】děng ér xià (zhī) 成 다른 것만 못하다. 그보다 아래로 처지다. ¶最好的尚且如此, ～的就不必谈了 | 제일 좋은 것이 이러하니, 그보다 못한 것은 말할 필요도 없다 =〔等而次之〕
【等分】děngfēn ❶ 名〈數〉등분. ❷ 動〈數〉등분하다. ¶将一米三～ | 1 미터를 3등분하다.
【等份(儿)】děngfèn(r) 名 등분. ¶分成五～ | 5 등분하다.
【等高线】děnggāoxiàn 名〈地〉등고선.
【等号】děnghào 名〈數〉등호.「=」.같음표.
3【等候】děnghòu 書 動 기다리다 어법 주로 구체적인 대상에 쓰임. ¶～消息 | 소식을 기다리다. ¶～命令 | 명령을 기다리다.
4【等级】děngjí 名 ❶ 등급. 차별. ¶按商品～规定价格 | 상품 등급에 따라 가격을 정하다. ❷ 계급.
【等价】děngjià 名〈經〉등가. ¶～交换 | 등가교환.
【等价物】děngjiàwù 名〈經〉등가물. ¶谷物gǔwù是另一商品的～ | 곡물은 다른 상품의 등가물이다.
【等角】děngjiǎo 名〈數〉등각. ¶～三角形 | 등각 삼각형.
【等距】děngjù 名 등거리(等距離) 같은 거리. ¶～外交(等距离外交) | 〈外〉등거리 외교 =〔等距离〕
【等,靠,要】děng kào yào 動組 자력갱생을 하지 않고 국가로부터의 원조를 기다리고, 의지하고, 요구하는 것.
【等量】děngliàng 名 ❶〈物〉〈化〉당량(當量) ❷ 동등.
【等量齐观】děng liàng qí guān 成 동등하게 보다. 동일시하다. ¶这两部小说差得很远了, 怎么能～呢? | 이 두 소설은 차이가 큰데, 어떻게 동등하게 볼 수가 있겠는가?
【等米下锅】děng mǐ xià guō 成 솥에 안칠 쌀이 없다. 그날 벌어 그날 먹는 생활을 하다.
【等人】děngrén ❶ 名 동년배. ❷ (děng/rén) 動 사람을 기다리다. ¶我在～ | 저는 지금 사람을 기다리고 있습니다.
【等日】děngrì 副 며칠 지나서. 며칠 후.
【等身】děngshēn 名 등신. ¶～金 | 자기 몸무게와 같은 무게의 금. ¶～书 | 자기 키와 같은 높이의 저서〔장서〕¶著作～ | 저서가 많다.
【等甚么】děngshén·me 動組 ❶ 무엇을 기다리느냐. ❷ (…하지 아니하고) 어찌하랴. …하지 아니할 수가 없다. 어법 부정적인 결과를 강조하는 데 쓰임. ¶这件事, 要照这么办不失败～ | 이 일을 만약 그렇게 한다면 실패하지 않을 수 없다.
【等式】děngshì 名〈數〉등식.
【等死】děng sǐ 動 죽음을 기다리다. ¶只好～了 | 죽음을 기다릴 수밖에 없게 되었다.
【等速运动】děngsù yùndòng 名組〈物〉등속운동 =〔匀yún速运动〕
【等同】děngtóng 書 動 같이 보다. 동일시하다. ¶抽烟～于慢性自杀 | 흡연은 천천히 자살하는 것과 같다.
【等外】děngwài 名 등외. 등급 밖. ¶～品 | 등외품.
【等温线】děngwēnxiàn 名〈氣〉등온선.
【等闲】děngxián 書 ❶ 形 등한하다. 예사롭다. 보통이다. 쉽다. ¶～视之 | 등한시하다. ¶事非～ | 예사 일이 아니니다. ❷ 動 되는〔내키는〕대로하다. 등한히 하다. 홀시하다. ¶莫～白了少年头, 空悲切 | 젊음을 되는 대로 보내고, 헛되이 슬퍼하지 말라. ❸ 副 헛되이. 까닭없이. 공연히. ¶大好时光, 不可～度过 | 값진 시간을 헛되이 보내지 말라.
【等效】děngxiào ❶ 名〈電氣〉등가(等價) ¶～电抗 | 등가 리액턴스(等價reactance) ¶～天线 | 등가 안테나(等價antenna) ❷ 動 등가(等價)상태가 되어 있다.
【等压线】děngyāxiàn 名〈地〉등압선.
【等腰】děngyāo 名〈數〉이등변(二等邊)
【等(一)会儿】děng(·yi)huìr 㕛 děng·yihuǐr 動組 좀 기다리다. 이윽고. 이따가 [「等(一)会儿」은「等一下」보다 약간 긴 시간을 말하며,「等(一)等(儿)」은 양자의 중간에 있음] ¶～再来吧 | 얼마 이따가 다시 오시오 =〔等等儿〕〔等会儿〕〔等(一)等(儿)〕〔等一下〕〔待dāi(一)会儿〕〔赶gěn(一)会儿〕〔听tīng听(儿)〕〔停tíng停(儿)〕〔俗 打dǎ个沉儿〕〔俗 打个迟儿〕〔愣lèng愣儿〕
【等因奉此】děngyīn fèngcǐ 動組 ❶ 札 시달한 명령을 …와 같이 조치하였습니다. ❷ 喩 형식적인 공공 행사나 틀에 박힌 문장.
【等用】děng/yòng 動 당장 필요하다. ¶急等着用 | 지금 당장 필요하다.
2【等于】děngyú ❶ …와 같다. 맞먹다. ¶三加六～九 | 3 더하기 6은 9다. ¶我们厂去年的产量～一九六五年的五倍 | 우리 공장의 작년 생산량은 1965년의 5배에 맞먹는다. ❷ …이나 매한가지다. …이나 다름없다. …에 해당하다. ¶不识字就～睁眼瞎子 | 글자를 모르면 눈뜬 장님이나 다름없다.
【等韵学】děngyùnxué 名〈言〉등운학 [당말(唐末)·송초(宋初)부터 시작된 것으로, 이전의 반절(反切)을 위주로 한 음운 연구에 반하여, 지금

의 음성학(音聲學)적 연구를 취한 중국 음운학]
【等着】děng·zhe ❶기다리고 있다. ¶他在门口儿～ | 그는 문 앞에서 기다리고 있다. ¶～瞧qiáo! | 두고 보자! ❷기다려서 (…하다) ¶快给我送来吧, 我～用哪 | 제가 바로 사용해야 하니 빨리 보내주세요. ¶～穿 | 곧 입다.
【等值线】děngzhíxiàn 名〈地〉등치선. ¶～图 | 등치선도.

【戥】děng 천칭 등
❶⇒[戥子] ❷(작은 저울로) 달다. ¶用～子～一～ | 작은 저울로 달아보다 =[等⑦]→[秤chèng]
【戥子】děng·zi 名 천평칭(天平秤) 천칭 [귀금속·약품 등을 다는 작은 저울]=[戥秤][等子]

dèng ㄉㄥˋ

【邓(鄧)】Dèng 나라이름 등
名❶〈史〉주대(周代)의 나라 이름. ❷성(姓)

3【凳〈櫈〉】dèng 걸상 등
名(등받이가 없는) 걸상. ¶木～ | 나무 걸상. ¶板bǎn～＝[长cháng凳] | 긴 나무 걸상. ¶圆～ | 둥근 걸상. ¶～套儿 | 걸상 커버→[椅yǐ]
3【凳子】dèng·zi 名 걸상. 등받이가 없는 의자. ¶买了两只～ | 걸상 두 개를 사다.

【嶝】dèng 고개 등
書名 산으로 오르는 좁은 길.

【澄〈澂B〉】dèng chéng 가라앉힐 등, 맑을 징
Ⓐdèng 動(침전시켜서) 맑게 하다. 받다. ¶这盆水有泥, ～一～吧 | 이 대야의 물에는 진흙이 있으니, 가라 앉혀서 맑게 해라. ¶水～清了再喝 | 물을 밭은 다음에 마셔라.
Ⓑchéng 形❶(물이) 맑다. ¶～彻↓ ❷맑게 하다. 분명하게 밝히다.
Ⓐdèng
【澄清】ⓐdèng/qīng 動 침전시키다. 가라앉히다. ¶这水太浑, ～地后才能用 | 이 물은 너무 흐려서 가라앉힌 후에야 쓸 수 있다.
ⓑchéngqīng ❶狀 맑다. ¶湖水碧绿～ | 호수의 물이 파랗게 맑다. ❷動(혼란한 국면을) 평정하다. 숙청(肅淸)하다. ¶～天下 | 천하를 평정하다. ❸動(인식·문제 등을) 해명(解明)하다. 똑똑하게 밝히다. 명확히하다. ¶～被歪曲的事实 | 왜곡된 사실을 똑똑히 밝히다. ¶～事实 | 사실을 해명하다.
【澄沙】dèngshā 名〈食〉걸러서 곱게 만든 팥소. ¶～馅xiàn儿的包 | 고운 팥소를 넣은 찐만두 =[洗沙]→[豆dòu沙]
Ⓑchéng
【澄彻】chéngchè 狀(물이) 맑다. 아주 맑다 =[澄澈]
【澄澈】chéngchè ⇒[澄彻]
【澄空】chéngkōng 書名 맑게 개인 하늘. ¶万里～ | 아주 맑게 개인 하늘.
【澄清】chéngqīng ☞[澄清] dèngqīng ⓑ
【澄莹】chéngyíng 書形 맑다.
【澄湛】chéngzhàn 書形 맑고 투명하다.

3【瞪】dèng 눈똑바로뜨고볼 징
動❶눈을 크게[휘둥그렇게] 뜨다. ¶目～口呆 | 成 눈을 둥그렇게 뜨고 입을 멍하니 벌리다. 어안이 벙벙하다. ¶眼睛～得大大的 | 눈을 크게 뜨다. ❷노려보다. 쏘아보다. ¶～了他一眼 | 그를 한번 노려보다. ❸(눈을 크게 뜨고) 주시(注視)하다. 응시하다. ¶～着眼睛仔细看看 | 주시하면서 자세히 보다.
【瞪眼】dèng/yǎn 動❶눈을 크게 뜨다. ❷노려보다. 부라리다. ¶你怎么老爱跟人～? | 너 어째 늘 사람들을 노려보니?
【瞪直】dèngzhí 動 응시하다. ¶～眼睛 | 응시하다.

【磴】dèng 섬돌 등
❶名 섬돌. 징검돌. 디딤돌. 돌층계. ¶～道 | 디딤돌을 깐 길. ❷(～儿)量 층. 계단 [돌층계·사다리 등의 계단을 세는 단위] ¶一～一～地往上走 | 한 계단 한 계단씩 위로 올라가다.
【磴道】dèngdào 名 산의 돌계단 길.

【镫(鐙)】dèng 등자 등
名❶(말)등자 [말(馬)을 탈 대 두 발로 디디는 마구] ¶马～ | 말 등자. ¶执鞭随～ | 成 채찍을 들고 말 뒤를 따르다. 수고를 아끼지 않고 남에게 봉사하다. ❷「灯」과 통용 ⇒[灯dēng①]
【镫骨】dènggǔ 名〈生理〉등골.
【镫子】dèng·zi 名 口 등자.

【蹬】dèng ☞ 蹬 dēng Ⓑ

dī ㄉㄧ

【氐】dī dǐ 근본 저, 오랑캐이름 저
Ⓐdī 名❶(Dī) 고대(古代) 중국의 서북 일대에 살던 부족명(部族名) ❷이십팔수(二十八宿)의 하나 =[氐宿] ❸고서(古書)에「低」와 통용 ⇒[低]
Ⓑdǐ 書名 근본.

1【低】dī 낮을 저, 숙일 저
形❶낮다. ⓐ(키·사물의 높이가) 낮다. ¶妹妹比姐姐～一个头 | 동생은 언니보다 머리 하나 정도 작다. ¶飞机～飞 | 비행기가 낮게 날다. ⓑ(일반적인 기준이나 표준보다) 낮다. ¶～地 | 저지. ¶～年级 | 저학년. ¶最～限度 | 최저한도. ⓒ(가격·금액이) 낮다[싸다] ¶最～的价格 | 가장 싼 가격. ⓓ(소리가) 낮다[작다] ¶～声说话 | 작은 소리로 말하다. ⓔ(정도가) 낮다[뒤떨어지다] ¶经济水平～ | 경제 수준이 낮다. ¶眼高手～ | 눈만 높고 재주[솜씨]는 뒤떨어지다. ❷ⓐ(머리를) 낮게 하다. 숙이다. ¶～头↓ ⓑ(소리를) 낮추다. ¶～着声音讲话 | 목소리를 낮춰서 이야기하다.
【低潮】dīcháo ❶名 썰물 =[干gān潮②] ❷名 저조(低調) 부진. 침체 상태. ¶改革处于～ | 개혁이 침체 상태에 빠지다. ❸形 저조(低調)하다. 부진하다. 열악(劣惡)하다. ¶银色～ | (은화의) 은의 질이 낮다.

【低沉】dīchén 形 ❶ (날씨가) 흐리다. 우중충하다. ¶～的天空给人一种窒息的感觉 | 우중충한 하늘은 사람들에게 일종의 질식할 것 같은 느낌을 준다. ❷ (소리가) 낮다. 나지막하다. ¶语调～ | 어조를 나지막히 하다. ¶～的歌声 | 나지막한 노래 소리. ❸ (사기가) 떨어지다. 의기소침하다. ¶这几天他的情绪有些～ | 요 며칠 동안 그는 다소 의기소침해 있다.

【低荡】dīdàng 名 外 台 〈政〉 데탕트(détente;프)

【低档】dīdàng 形 저급(低級)의. ¶～商品 =〔低档产品〕| 저급품 →〔高档〕〔档⑤〕

【低等动物】dīděng dòngwù 名組 〈動〉 하등 동물.

【低估】dīgū 動 과소〔낮게〕평가하다. 얕잡아보다. ¶其影响不可～ | 그 영향을 과소 평가해서는 안된다.

【低回】dīhuí 書 動 ❶ 저회하다. 배회하다 =〔低徊huái〕〔徘pái徊〕 ❷ 떠나기 싫어 머뭇거리다.

4【低级】dījí 形 ❶ 초보적인. ¶这是社会发展的～阶段jiēduàn | 이는 사회 발전의 초보적인 단계다. ❷ 저급의. 저속한. ¶～趣味qùwèi | 저속한 취미.

【低栏】dīlán 名 〈體〉 로 허들(low hurdles) 낮은 장애물. ¶～赛sài跑 | 저장애물 경기 →〔跨kuà栏〕

【低廉】dīlián 形 싸다. 저렴하다. ¶～的劳动力 | 저렴한 노동력. ¶物价～ | 물가가 저렴하다 =〔便pián宜〕

4【低劣】dīliè 形 낮다. 저열하다. 비열하다. ¶言行～ | 언행이 비열하다.

【低落】dīluò 動 떨어지다. 하락하다. ¶士气～ | 사기가 떨어지다. ¶物价～ | 물가가 하락하다. ¶～的情绪 | 침체된 정서.

【低能】dīnéng 形 저능하다. ¶～儿ér | 저능아. ¶～下驷sì | 능력이 낮고 보잘것없는 말. 능력이 없고 하찮은 사람.

【低频】dīpín 名 〈電氣〉 저주파(低周波) ¶～变压器biànyāqì | 저주파 변압기. ¶～放大器 | 저주파 증폭기 →〔音yīn频〕

【低热】dīrè 名 〈醫〉 미열(微熱) ¶有～ | 미열이 있다 =〔低烧〕

【低三下四】dī sān xià sì 威 굽실거리다. 비천하다. 비굴하다. ¶看成～的事 | 비굴한 일로 생각하다. ¶他在领导面前一惯～的 | 그는 영도자의 앞에서 줄곧 굽실거린다.

【低声波】dīshēngbō 名 〈物〉 20사이클 이하의 불가청(不可聽) 저음파 [해양탐사·지질조사·의료·로켓·인공위성 등 여러 방면에 두루 이용됨]

【低声下气】dī shēng xià qì 威 소리를 낮춰 부드럽게 말하다. 스스로 낮춰 말하다. 굽실거리다. ¶～地求情qiúqíng | 굽실거리며 사정하다.

【低首下心】dī shǒu xià xīn 威 굴복하여 순종하다. 머리를 숙이고 자기를 낮추다. ¶～地听从教诲 | 머리를 숙이고 가르침을 듣다 =〔低首下气〕〔低心下气〕

【低速】dīsù 名 저속. ¶～飞行 | 저속 비행.

【低碳钢】dītàngāng 名 〈金〉 저탄소강.

【低头】dī/tóu 動 ❶ 머리를 숙이다. ¶～想了半天 | 고개를 숙이고 한참 동안 생각하다. ¶～认罪 | 머리를 숙이고 죄과를 인정하다. ❷ 喩 굴복하다. ¶他在任何困难面前都不～ | 그는 어떤 어려움 앞에서도 굴복하지 않는다 ‖ =〔低首〕

【低洼】dīwā ❶ 形 움푹 패이다. ¶～地区必须及时采取防涝·排涝的措施 | 지대가 낮은 곳은 제때에 수해 방지와 물을 빼는 조치를 하여야 한다. ❷ 名 움푹 팬 곳.

【低微】dīwēi 形 ❶ (소리가) 낮다. ¶～的呻吟shēnyín | 낮은 신음 소리. ❷ (신분·지위가) 낮다. ¶地位～ | 지위가 낮다.

【低纬度】dīwěidù 名 〈地〉 저위도. 낮은 위도.

4【低温】dīwēn 名 ❶ 저온. ¶～多雨 | 기온이 낮고 비가 계속 오는 날씨. ❷ 〈物〉 −192℃～−263℃의 공기 액체의 온도. ❸ 〈醫〉 저 체온. ¶～麻醉 | 저온 마취. ¶～生物学 | 저온 생물학.

【低息】dīxī 名 〈經〉 저리(低利) 어법 부사적으로도 쓰임. ¶～放款 | 저리로 대출(貸出)하다.

4【低下】dīxià 形 (생산 수준이나 사회적 지위 등이 일반적 기준보다) 낮다. ¶他以前认为养猪是～的工作 | 그는 이전에 양돈은 생산 수준이 낮은 일이라고 여겼다.

【低压】dīyā 名 ❶ 〈物〉 저압. ¶～锅guō炉 | 저압 보일러. ❷ 〈氣〉 저기압. ❸ 〈醫〉 저혈압. ❹ 〈電氣〉 저 전압.

【低压槽】dīyācáo 名 〈氣〉 기압골 =〔高空槽〕

【低哑】dīyǎ 形 목이 잠기다. 목이 쉬다. ¶用～的声音回答 | 쉰 목소리로 대답하다.

【低音(大)提琴】dīyīn (dà) tíqín 名 〈音〉 콘트라베이스(contrabass) 더블 베이스(double bass) =〔倍bèi大提琴〕

【低吟浅唱】dī yín qiǎn chàng 威 낮은 소리로 노래하다. ¶一群诗友在亭子里～ | 시우들이 정자 안에서 낮은 소리로 노래하다.

【低语】dīyǔ 書 動 작은 소리로 말하다. 소곤소곤 말하다. ¶他在妻子耳旁～几声 | 그가 아내의 귓가에서 몇마디 소곤거렸다 =〔小语〕

【低云】dīyún 名 〈氣〉 낮은 구름 [지상에서 3킬로미터 이하에 뜨는 구름]

【羝】dī 수양 저

書 名 〈動〉 숫양 [양의 수컷] ¶～羊触藩yángchùfān | 威 숫양이 뿔로 바자울을 받다. 진퇴양난(進退兩難)이다 →〔公gōng羊①〕

3【堤〈隄〉】dī ⓧ tí) 둑 제

名 둑. 제방. ¶～防↓ →〔坝bà①〕

【堤岸】dī'àn ⇒〔堤防①〕

【堤坝】dībà ⇒〔堤防①〕

【堤防】dīfáng ❶ 名 제방. 동(垌)둑. 호안(護岸) ¶培修péixiū～ | 제방을 수축하다 =〔堤岸〕〔堤坝〕〔堤埂〕〔堤塘〕 ❷ ⇒〔提dī防〕

【堤埂】dīgěng ⇒〔堤防①〕

【堤塘】dītáng ⇒〔堤防①〕

【堤围】dīwéi 名 ❶ 제방으로 둘러싸인 마을. ❷ 제방.

【提】dī ☞ 提 tí Ⓑ

【嘀】dī ☞ 嘀 dí Ⓑ

2【滴】dī 물방울 적
❶動(액체가) 떨어지다. (액체를) 떨어뜨리다. ¶雨水顺着屋檐wūzhān往下～ | 빗물이 처마를 따라서 아래로 떨어지다. ¶～下汗来 | 땀방울이 떨어지다. ¶～眼药水 | 안약을 넣다. ❷名(액체) 방울. ¶雨～ | 빗방울. ¶水～ | 물방울. ¶汗～ | 땀방울. ¶点～ | 喩 미량(소량)의 것. ❸量 방울 [떨어지는 액체를 세는 단위] ¶流下两～眼泪来 | 눈물을 한 두 방울 흘리다. ¶两～眼药 | 안약 두 방울.

【滴虫】dīchóng 名〈動〉트리코모나드(trichomonad) [사람·하등 동물에 기생하는 편모(鞭毛)가 있는 원생 동물(原生動物)] ¶～病 | 트리코모나스증(trichomoniasis) 질염(膣炎)

【滴翠】dīcuì 貺 새파랗다. ¶春风过处，万木～ | 봄바람이 지나간 곳은 모든 나무가 새파랗다.

【滴答】ⓐ dīdā 擬 ❶ 뚝뚝. 똑똑 [빗방울이 떨어지는 소리] ¶雨～地下个不停 | 비가 뚝뚝 멈추지 않고 온다. ❷ 똑딱똑딱 [시계추가 흔들거리는 소리] ¶屋里异常寂静，只有钟摆～～地响着 | 방안이 몹시 조용해서 똑똑똑딱 시계추 소리만 나고 있다. ❸ 또또또 [무전기 등의 소리] ¶发报机滴滴答答不停地发出电报 | 송신기가 멈추지 않고 또또거리며 전보를 보내다 ‖ ＝[滴嗒][滴搭][滴打][嘀嗒dā][的dì得]

ⓑ dī·da 動(물방울이) 똑똑 떨어지다. ¶屋顶上的雪化了，～着水 | 지붕 위의 눈이 녹아서 물방울이 똑똑 떨어지고 있다. ¶给我～点儿香油 | 참기름을 조금만 떨어뜨려 줘요 ＝[滴嗒][滴搭][滴打][嘀嗒·da][的dì得]

【滴滴】dīdī 貺 물방울 같이 뚝뚝 떨어지다. 철철 넘치다. ¶她娇jiāo～的，跟个小姐似的 | 그녀는 애교가 철철 넘치는 것이 꼭 처녀 같다.

【滴滴地】dīdīdì ⇒[滴滴涕]

【滴滴涕】dīdītì 名〈藥〉디디티(D.D.T.) ＝[滴滴地][滴可凡][二èr二三][二氯二苯三氯之乙氯][氯lǜ苯乙氯]→[六liù六六]

【滴滴搭搭】dī·didādā ⇒[滴滴答答]

【滴滴答答】dī·didādā 擬 다그닥 다그닥. 뚝뚝 [말발굽소리나 빗소리] ¶花鹿～地跑开了 | 꽃사슴이 다그닥 다그닥 달려갔다 ＝[滴滴搭搭dā][滴滴打打]

【滴滴打打】dī·didǎdǎ ⇒[滴滴答答]

【滴定】dīdìng 名〈化〉적정. ¶比浊～ | 비탁적정. ¶碘量～ | 요드 적정. ¶～度 | 적정도. ¶～剂 | 적정제.

【滴定管】dīdìngguǎn 名〈化〉적정관. 뷰렛(burette) ＝[玻bō璃量管][滴管①]

【滴管】dīguǎn ❶⇒[滴定管] ❷名 스포이트(spuit) 액즙 주입기(液汁注入器)

【滴剂】dījì 名〈醫〉적제.

【滴里搭拉】dī·lidālā 擬 후두둑. 주룩주룩 ＝[低里搭拉①]

【滴里嘟噜】dī·lidūlū 貺 ❶ 크고 작은 것들이 달려 있다. 이것 저것 쌓여 있다. ¶架上的葡萄结得～的 | 시렁 위에 포도가 주렁주렁 달려 있다. ❷ 재잘재잘 되는대로 지껄이다. 알아들을 수 없게 빨리 말하다 ＝[嘀dī里嘟噜]

【滴溜溜】dīliūliū 貺 ❶ 줄줄 흐르다. ❷ 빙글빙글 돌다. 뱅뱅 돌다. ¶她～地转动zhuǎndòng了一双大眼睛 | 그녀는 큰 두 눈을 빙글빙글 돌렸다.

【滴溜儿】dīliūr 貺 ❶ 빙글빙글·뱅글뱅글·대굴대굴 돌다. ¶～转 | 빙글빙글 돌다. ¶忙得也在家里～转 | 너무 바빠서 집에서 뱅뱅 돈다. 무지무지하게 바쁘다. ❷ 동그란 모양. ¶两个眼睁得～圆 | 두 눈을 동그랗게 뜨다.

【滴溜(儿)圆】dīliū(r) 貺 동그랗다. 둥그렇다. ¶～的眼 | 동그랗게 뜬 눈. ¶～的球 | 동그란 공.

【滴水不漏】dī shuǐ bù lòu 威 ❶ 물 한 방울도 새지 않다. 언행에 실수가 없다. ¶她说话严谨yǎnjǐn，～ | 그녀는 말을 신중히 하여, 한마디 실수도 없다. ❷(비밀이) 조금도 누설되지 않다.

【滴水成冰】dī shuǐ chéng bīng 威 물방울이 얼음이 되다. 몹시 심한 추위를 비유하는 말.

【滴水成沧海】dī shuǐ chéng cāng hǎi 威 방울방울의 물이 모여 바다를 이루다. 티끌 모아 태산.

【滴水穿石】dī shuǐ chuān shí 威 낙숫물이 댓돌을 뚫는다. 작은 힘이라도 끈기 있게 계속하면 성공한다 ＝[水滴石穿]

【滴水瓦】dīshuǐwǎ 名(처마 끝의 기와) 암막새 ＝[滴水①]

【滴水】dī·shui ❶⇒[滴水瓦] ❷名 빗물이 잘 빠지도록 건물과 건물 처마 사이에 남겨 놓은 공지(空地) ❸名(떨어지는) 물방울. 낙숫물. ¶～成河，聚沙成塔 | 諺 낙숫물이 모여 냇물이 되고 모래알이 모여 탑이 된다. 티끌 모아 태산.

【镝(鏑)】dī dí (디스프로슘 적), 살촉 적

Ⓐ dī 名〈化〉화학 원소 명. 디스프로슘(Dy;dysprosium)

Ⓑ dí 名 ❶書 화살촉. ¶锋～ | 칼끝과 화살촉 ＝[箭jiàn头] ❷(말의) 재갈 ＝[镝衔xián]

【镝衔】díxián 書 名 말의 재갈.

dí ㄉㄧˊ

【狄】dí 오랑캐 적
名 ❶ 고대(古代) 북방의 종족 이름 ＝[北狄] ❷(Dí) 성(姓)

【狄边】díbiān 名 外〈化〉테바인(thebain) [아편 속에 존재하는 백색 결정의 유독성 알칼로이드]

【狄克推多】díkètuīduō 名 外 독재자(dictator) ＝[迪克推多]

【荻〈藡〉】dí 물억새 적
名 ❶〈植〉물억새. ¶～苇wěi | 물억새와 갈대→[芦lú苇] ❷(Dí) 성(姓)

【荻笔】díbǐ 名 물억새로 만든 붓 [재(灰) 위에다 글씨 연습을 하는 붓]

【迪〈廸〉】dí 나아갈 적
❶書 動 인도하다. 향도하다. ¶启qǐ～后人 | 뒷사람을 깨우쳐 인도하다. ❷ 음역어에 쓰임. ¶安～生 ＝[安徒生] | 안데르센. ¶～斯尼↓

【迪斯科】dísīkē 名 外 ❶ 디스코 춤. ❷ 디스코 음악 ‖ ＝[的dì士高]

【迪斯尼】Dísīní ⇒〔迪斯尼乐园〕
【迪斯尼乐园】Dísīní lèyuán 名組 外 디즈니랜드(Disney Land) =〔迪斯尼游乐场〕〔迪斯尼游乐园〕〔迪斯尼〕
【迪斯尼游乐场】Dísīníyóulèchǎng⇒〔迪斯尼乐园〕
【迪斯尼游乐园】Dísīníyóulèyuán⇒〔迪斯尼乐园〕

4【笛】 dí 피리 적
❶(~儿, ~子) 名 피리. 저. ¶一管~子 | 피리 한 대. ¶长~ | 플루트. ¶短~ | 피콜로. ¶吹~ | 피리를 불다. ❷ 기적. 경적. 사이렌. ¶警~ | 경적. ¶汽~ | 기적.
【笛咕】dí·gu ⇒〔嘀咕dí·gu〕
【笛膜(儿)】dímó(·r) 名 피리 혀. 피리청.
4【笛子】dí·zi 名 피리.

1【的】 dí ☞ 的 ·de C

【籴(糴)】 dí 쌀살 적
書 動 (식량을) 사들이다. 사다. ¶~米 | 쌀을 사들이다. ¶~粜tiào | 미곡의 매입과 매출 ⇔〔粜tiào〕

2【敌(敵)】 dí 원수 적
❶ 名 적. 원수. ¶分清~我 | 적과 우리편을 분명히 하다. ¶仇~ | 원수. ❷ 動 맞서다. 대항하다. 적대하다. ¶与人民为~的人绝不会有好下场 | 백성과 적대하는 사람은 결코 좋은 결말이 있을 수 없다. ¶以寡~众 | 적은 수효로 많은 수효를 대적하다. ❸ 形 (역량이) 견줄 만하다. 필적하다. 서로 대등하다. ¶势均力~ | 세력이 백중하다. ¶遇见~手 | 호적수를 만나다.
【敌百虫】díbǎichóng 名〈藥〉디프테렉스(Dipterex;독)[농업용 살충제의 일종]
【敌兵】díbīng 名 ❶ 적병. 적군. ❷ 적의 병력.
【敌不过】dí ·bu guò 動組 대적할 수 없다. 당해낼 수 없다. ¶~他 | 그를 당해낼 수 없다⇔〔敌得过〕
【敌不住】dí ·bu zhù 動組 당해낼 수 없다. ¶喝了啤酒也~这股寒气 | 맥주를 마셔도 이 추운 기운을 당해낼 수 없다.
【敌敌畏】dídíwèi 名〈藥〉디디브이피(DDVP) 유기인산제(有機燐酸劑)[살충제의 일종]
4【敌对】díduì 動 적대하다. 대치(對峙)하다. ¶~行为 | 적대행위. ¶中国跟日本~了几十年 | 중국과 일본은 몇십년간 대치하였다.
【敌方】dífāng 名 적방. 적 쪽. 적 측.
【敌国】díguó ❶ 名 적국. ❷ 書 名 국력이 비슷한 나라. ❸ 動 나라에 견줄 만하다. ¶富fù可~ | 부는 한 나라에 견줄 만하다. ¶~(之)富 | 엄청난 부.
【敌后】díhòu 名 적진(敵陣)의 후방(後方) ¶深入~ | 적진의 후방에 깊숙이 들어가다. ¶~游击队 | 적진 후방의 유격대.
【敌机】díjī 名 적기. 적의 비행기.
【敌舰】díjiàn 名 적의 함정(艦艇)
【敌境】díjìng 名 적진. 적지. ¶深入~ | 적진에 깊이 들어가다.
【敌军】díjūn 名 적군.
【敌忾】díkài 書 名 적개심. ¶~同仇chóu =〔同仇敌忾〕| 成 공동의 적이나 민족·국가의 적에게 적개심을 불태우다.
【敌寇】díkòu 名 무장 침입자.
【敌情】díqíng 名 적정. 적군의 정황(情況) ¶了解~ | 적의 상황을 알아보다. ¶侦察zhēnchá~ | 적정을 정찰하다.
【敌酋】díqiú 名 적의 우두머리. ¶杀死了~, 打败了敌军 | 적의 우두머리를 죽이고, 적군을 물리쳤다.
2【敌人】dírén 名 적(敵)
4【敌视】díshì 動 적대시(敵對視)하다. 적대(敵對)하다. ¶~的态度tàidù | 적대적인 태도. ¶他们~黑人 | 그들은 흑인을 적대시한다 =〔仇chóu视〕
【敌手】díshǒu 名 ❶ 적수. 맞수. ¶棋逢~ | 成 강한 적수가 서로 만나다. ❷ 적의 수중(手中)
【敌台】dítái 名 적국(敵國)의 방송국.
【敌探】dítàn 名 적의 스파이. 간첩 =〔敌特dítè〕
【敌特】dítè ⇒〔敌探dítàn〕
【敌伪】díwěi 名 ❶ 적(敵)과 그 괴뢰 정권. ❷ (중국 항일 전쟁 시기의) 일본 침략군과 그와 결탁한 괴뢰 정권.
【敌我】díwǒ 名 적(敵)과 아(我)
【敌我矛盾】díwǒ máodùn 名組 적아 간의 모순. 적대적 모순.
【敌焰】díyàn 名 적의 기세. 적의 기염(氣焰)
【敌意】díyì 名 적의(敵意) ¶充满了~ | 적의가 충만하였다.
【敌占区】dízhànqū 名 적의 점령 지구.
【敌阵】dízhèn 名 적진.

4【涤(滌)】 dí 닦을 척, 우리 척
書 ❶ 動 씻다. 빨다. ¶洗~ | 씻다. 세척하다. ❷ 動 제거하다. 쓸어버리다. ¶~除恶习 | 악습을 제거하다.
【涤荡】dídàng 書 動 (더러운 것을) 씻어 없애다. 세척하다. ¶~旧习, 开创新风 | 구습을 없애고, 새로운 풍조를 열다 =〔荡dàng涤〕
【涤纶】dílún 名 外〈紡〉테릴렌(terylene)
【涤瑕荡垢】dí xiá dàng gòu 成 흠과 때를 씻어 버리다. 과거의 실패에서 벗어나 면목을 일신하다 =〔涤瑕荡秽〕
【涤罪所】dízuìsuǒ 名〈宗〉연옥(煉獄)

【嘀】 dí dī 중얼거릴 적
A dí ⇒〔嘀咕〕
B dī ⇒〔嘀嗒〕〔嘀里嘟噜〕
A dí
【嘀咕】dí·gu 動 ❶ 속닥거리다. 소곤거리다. ¶你们俩~甚么呢? | 너희 둘은 무엇을 수군거리고 있냐? ❷ 중얼거리다. 투덜거리다. ¶自言自语地~ | 혼자말로 중얼거리다. ❸ 애태우다. 조바심하다. ¶别~了, 该怎么办就怎么办吧 | 애태우지 말고 그렇게 하여야만 할 것이면 그렇게 하여라. ❹ 주저하다. 망설이다. ❺ 의심하다. ¶他老~这件事 | 그는 늘 이 일을 의심한다 ‖ =〔笛dí咕〕
B dī
【嘀嗒】 a dīdā ⇒〔滴答dīdā a〕
b dī·da ⇒〔滴答dīdā b〕

【嘀里嘟噜】dī·lidūlū 말을 따다다다 재잘거려서 알아들을 수 없다. ¶传来一阵～ | 재잘대는 알아들을 수 없는 소리가 한차례 들려오다 =〔滴里嘟噜〕

【嫡】dí 아내 적, 맏아들 적
❶ 본처. 정실(正室) ⇔〔庶shù③〕→〔妻qī〕 ❷ 본처가 낳은 아들→〔嫡子〕 ❸ 일가의. 혈통이 가장 가까운. ¶～亲哥哥 | 친형. ❹ 계통이 가장 가까운. ¶～系↓

【嫡出】díchū 名 본처의 소생. ¶这两个孩子都是他的～ | 이 두 아이는 모두 그의 본처 소생이다.

【嫡传】díchuán ❶ 區 직계(直系)(의) 정통(의) ¶孟子是孔子的～徒孙 | 맹자는 공자의 직계 제자의 제자이다. ❷ 動 직계(直系)로 전하다.

【嫡母】dímǔ 書 名 적모. 서자(庶子)가 아버지의 정실(正室)을 일컫는 말.

【嫡派】dípài 書 名 ❶ 적파(嫡派) (혈족의) 직계. ❷ (기술·무예 등의) 직계. 정통. ¶～部下 | 직계 부하 ‖ =〔嫡流〕〔嫡系〕

【嫡亲】díqīn 區 한 핏줄을 이은 친 혈육. 육친. ¶～哥哥 | 친형.

【嫡嗣】dísì 名 적자(嫡子)

【嫡堂】dítáng 名 동조친(同祖親) 할아버지를 같이하는 친족.

【嫡系】díxì ⇒〔嫡派pài〕

【嫡子】dízǐ 文 名 ❶ 적자. 본처가 낳은 아들. ❷ 적장자(嫡長子) 본처가 낳은 맏아들⇒〔嫡派pài〕

【镝】dí ☞ 镝 dī B

【翟】dí ☞ 翟 zhái B

【觌(覿)】dí 볼 적
書 動 서로 마주 보다. 맞대면하다. ¶～面交谈 | 얼굴을 맞대고 이야기하다.

【觌面】dímiàn 動 맞대면하다. 직접 만나다. ¶～商量shāngliáng | 직접 만나서 의논하다.

dǐ ㄉㄧˇ

【氐】dǐ ☞ 氐 dī B

【邸】dǐ 집 저, 주막 저, 사처 저
名 ❶ 고급 관리가 거주하는 큰 저택. ¶官～ | 관저. ¶王～ | 옛날 왕의 저택→〔府fǔ②〕 ❷ 제후(諸侯)가 내조(來朝)하였을 때 묵는 집. ❸ 여관. 여인숙 =〔旅邸〕 ❹ (Dǐ) 성(姓)

【邸第】dǐdì 名 ❶ 제후가 황제를 알현하기 전 머물던 저택. ❷ 귀족·고급관리의 저택 ‖ =〔邸舍shè〕

【邸宅】dǐzhái 名 저택.

【诋(詆)〈呧〉】dǐ 꾸짖을 저
書 動 ❶ 비방중상하다. 헐뜯다. 욕하다. ¶～毁huǐ↓ ❷ 꾸짖다. 나무라다. ❸ 속이다. 기만하다.

【诋诃】dǐhē ⇒〔诋毁〕

【诋毁】dǐhuǐ 書 動 헐뜯다. 비방하다. 중상(中傷)하다. ¶肆意～领导 | 제멋대로 지도자를 비방하다 =〔诋诃〕〔诋訾zǐ〕

【诋訾】dǐzǐ ⇒〔诋毁〕

【坻】dǐ chí 땅이름 저, 작은섬 지
A dǐ 지명에 쓰이는 글자. ¶宝～县 | 보저현. 천진시(天津市)에 있는 지명.
B chí 書 名 (강 가운데 있는) 작은 섬.

2【底】dǐ ·di 밑 저, 바닥 저
A dǐ ❶ (～儿, ～子) 名 밑. 바닥. 아래. ¶井～之蛙wā | 國 우물 안 개구리. ¶鞋～ | 신바닥. ¶～价↓ ❷ (～儿, ～子) 名 일의 내막. 내정(內情) 저의(底意) ¶事情的～细 | 사건의 진상. ¶～蕴yùn↓ ❸ (～儿,～子) 名 기초. 근원. 소질. 소양(素養) ¶有三年的～, 学习自然容易 | 삼년간의 기초가 있으니, 공부하기가 당연히 쉽다. ❹ (～儿, ～子) 名 원고. 초안. 초고. ¶留个文件～子 | 문건의 초고를 남겨 두다. ¶他现在打～ | 그는 지금 원고를 작성한다. ❺ (～子) 名 출신. 성분. 신분. ¶她是个庄稼zhuāngjià～子 | 그녀는 농민 출신이다. ❻ (～子) 名 직물·도안 등의 밑바탕. ¶黑～黄花 | 검은 색 바탕에 노란 색 무늬. ❼ (～子) 名 자본. 본전. 밑천. ¶那件事～大 | 그 일은 밑천이 많이 든다. ❽ (～子) 名 나머지. ¶货～子 | 잔품(殘品) ❾ 名 끝. 말(末) ¶年～ | 연말. ¶看到～ | 끝까지 보다. ❿ (～儿) 名 사전(事前) 계획. ¶要打～ | 사전 계획을 세워야 한다. ⓫ 書 動 멎다. 그치다. 정체(停滯)하다. ¶～止↓ ⓬ 書 代 어떤. 무슨. 무엇. ¶～处 | 어느 곳. ¶～事 | 무슨 일. ⓭ 量 몫 [도박에서 처음에 각자가 갖고 있는 돈의 단위를 나타내는 말로, 각자 「1万元」씩으로 시작하면 이것을 「一底」라고 함] ⓮ 「抵」와 통용 ⇒〔抵⑦〕 ⓯ (Dǐ) 名 성(姓)
B ·de 「的」와 같음 ⇒〔的·de ①ⓑ〕

【底版】dǐbǎn ⇒〔底片〕

【底本(儿)】dǐběn(r) 名 ❶ 저본. 원고. 초고. ❷ 원가(原價) =〔成本②〕

【底边】dǐbiān 名 〈數〉 밑변. 저변(底邊) =〔底条〕

【底舱】dǐcāng 名 배의 밑바닥 선실. 3등 선실.

【底册】dǐcè 名 원장(元帳) 원부(原簿) ¶清抄两份, 一份上报, 一份留做～ | 두 부(部) 정서(淨書)해서 한 부는 위에 보고하고 한 부는 원부로 남겨 두다 =〔底帐〕

【底层】dǐcéng 名 ❶ 〈建〉 1층(層) ❷ (맨)밑바닥. 하층. 말단. ¶在旧中国, 妇女被压迫在社会的最～ | 옛날 중국에서 부녀자는 사회에서 압박 받는 최하층이었다. ¶处于生活的～ | 밑바닥 생활을 하다.

【底垫】dǐdiàn 名 ❶ 밑바탕. 기초. ❷ 밑에 까는 것.

【底肥】dǐféi 名 〈農〉 밑거름. ¶上～ | 밑거름을 주다 =〔基肥〕

【底分】dǐfēn 名 ❶ 평가나 계산을 위한 기본 노동점수 =〔固定工分〕 ❷ 기본 점수.

【底粪】dǐfèn 名 〈農〉 밑거름용 유기 비료.

【底稿(儿)】dǐgǎo(r) 名 ❶ 초고(草稿) ¶～要保存好 | 초고를 보존해야 한다. ❷ 구상(構想)

【底工】dǐgōng 名 (주로 연극에서의) 기본기(基

本技)
【底火】dǐhuǒ 名 ❶ 밑 불. ❷ 俗〈軍〉뇌관(雷管)
【底货】dǐhuò 名 ❶ 재고품. 잔품(殘品) ¶这些～要赶快抛出去 | 이런 재고품들은 빨리 내다 버려야 한다 =〔存cún货〕〔存底货〕 ❷ 저하(底荷) (배의) 바닥 짐. 밸러스트(ballast) =〔底衡〕
【底价】dǐjià 名 ❶ 최저 가격. 바닥 시세. ❷ 기본 가격. 표준 가격.
【底角】dǐjiǎo 名〈數〉저각(底角) 밑 변의 각.
【底金】dǐjīn ⇒〔定dìng钱〕
【底襟(儿)】dǐjīn(r) 名 중국 옷의 섶 =〔底衿〕〔小襟〕
【底里】dǐlǐ 名 실정(實情) 내정(內情) 속사정. ¶～根由 | 國 내놓고 이야기할 수 없는 복잡하고 미묘한 속 사정. 사유 =〔底细〕
【底料】dǐliào 名 ❶ 체질. ❷ 소지. 본바탕.
【底漏】dǐlòu 名 ❶ 눈에 보이지 않는 지출. ¶别看他家收入多, ～也不少 | 그의 집은 수입도 많지만 눈에 보이지 않는 지출도 적지 않다. ❷ 轉 며느리가 친정에 생활비를 보내는 일.
【底牌】dǐpái 名 ❶ (카드놀이에서) 으뜸 패 →〔王牌① ⓑ〕 ❷ 喻 비장의 카드. 최후의 수단. ¶摊tān～ | 비장의 카드를 제시하다. ¶亮～ | 손 속을 펴 보이다. 계획을 털어놓다. ❸ 마작(麻雀)에서 자모(自摸)할 수 없는 최후 일곱 겹(14개)의 패. ❹ 轉 급소.
【底盘】dǐpán 名 ❶〈經〉최저 가격. 바닥 시세. ❷〈機〉샤시(chassis) 차대(車臺) =〔车底盘〕〔车台〕. ❸〈機〉(전자기기의) 샤시. ❹ (～儿)(꽃병 등의) 밑(바닥)
3【底片】dǐpiàn 名 (사진의) 원판. ¶照片的～还保存着 | 사진의 원본을 아직도 보존하고 있다 =〔底版〕〔阴yīn画〕〔负fù片〕
【底栖生物】dǐqī shēngwù 名組〈動〉저생 생물(底生生物)
【底漆】dǐqī 名 (페인트 등의) 초벌칠.
【底气】dǐqì 名 ❶ 각오. 자신(自信) ¶他就是～不足 | 그는 자신감이 부족하다. ❷ 저력(底力) 잠재력. ¶给他增加了信心和～ | 그에게 자신감과 저력을 불어넣었다. ❸ 뱃심. ¶他～大, 啥也不怕 | 그는 뱃심이 좋아 아무것도 두려워하지 않는다.
【底儿】dǐr 名 ❶ 밑. 바닥. ❷ 기초. ¶英文我有点儿～ | 나는 영어의 기초가 좀 되어있다. ❸ 원고(原稿) ❹ 내막. 내정(內情) 속 사정. 저의(底意) ❺ 사전(事前) 계획. ¶下个～ | 사전 계획을 세우다.
【底色】dǐsè 名 (직물 등의) 바탕색.
【底墒】dǐshāng 名〈農〉파종(播種) 전의 토양의 습도. ¶蓄足xùzú～ | 땅의 습기를 충분히 보존하다.
【底数】dǐshù 名 ❶ 사건의 경위〔진상〕 ¶心里有了～ | 사건의 경위를 알다. ¶告诉你个～ | 네게 사건의 진상을 알려주마. ❷〈數〉밑수.
【底土】dǐtǔ 名 저토. 밑바닥의 흙.
【底细】dǐ·xi 書 名 (사람이나 사건 등의) 속사정. 내막. 진상. 경위. ¶他们不了解这件事～ | 그들은 이 일의 내막을 잘 모른다. ¶摸到了～ | 속사정을 알아냈다 =〔底里〕〔底理〕〔底里深情〕〔底理深情〕
2【底下】dǐ·xia ❶ 名 밑. 아래. ¶山～ | 산 아래. ¶树～ | 나무 밑. ¶上头, ～ | 상하(上下) →〔下边(儿)〕〔下头①〕 ❷ 名 주위(周圍) ¶手～工作多 | 내 주위에 일이 많다. 매우 바쁘다. ❸ 名 …하는 일. …방면. ¶笔～不大行 | 글을 쓰는 일은 그리 능하지 못하다. ¶手～不便 | 자금 사정이 여의치 않다. 돈을 융통하는 일은 마음대로 되지 않는다. ❹ 名 이후. 금후(今後) 그 다음. ¶～还有甚么话吗? | 다음 또 무슨 할말이 있습니까? ¶等～再去看 | 이후에 다시 가 보자. ¶～怎么样, 我不知道 | 그 후에 어떻게 되었는지 나는 모른다. ❺ 書 形 졸렬(拙劣)하다. ¶材质～ | 재질이 낮다.
【底下人】dǐ·xiarén 名組 옛날의 종. 하인. 부하.
【底薪】dǐxīn 名 기본급. 본봉(本俸) ¶他的～不高, 但小费收入很可观 | 그의 기본급은 높지 않으나, 팁으로 올리는 수입은 대단하다 →〔工gōng资〕
【底样】dǐyàng 名 ❶ 밑그림. ❷ (복사 등의) 원본. 견본. 원형(原型)
【底蕴】dǐyùn 書 名 ❶ 상세한 내용〔경위〕. 내막. 속사정. 실정. ¶不知其中～ | 그 상세한 내막을 모르다. ❷ 온축(蘊蓄) 오랜 연구로 깊이 쌓은 학식.
【底帐】dǐzhàng 名 대장(臺帳) 원부(原簿) =〔底册〕〔底簿〕
【底止】dǐzhǐ 書 ❶ 動 멈추다. 그치다. ¶不知～ | 國 그칠 줄을 모르다. ❷ 名 끝. 마지막. 종극(終極)
【底子】dǐ·zi ❶ 名 밑. 바닥. ❷ 名 기초. ¶他的古文～很好 | 그의 고문 기초는 매우 튼튼하다. ¶～厚 | 기초가 든든하다. ❸ 名 원고(原稿) 초고(草稿) ¶发出的文件要留个～ | 발송하는 문서는 그 초고를 남겨 두어야 한다. ❹ 名 나머지. ¶粮食～ | 남은 식량. ❺ 名 속사정. 내막. 내정. 저의(底意) ❻ 名 方 (직물·도안 따위의) (밑)바탕. ¶白～红花的上衣 | 흰 바탕에 빨간 무늬의 윗도리.
【底座(儿)】dǐzuò(r) 名 ❶ 밑받침. 받침판. 대석(臺石) 대좌(臺座) ¶磅秤的～ | 앉은뱅이 저울의 받침판. ¶钢筋混凝土柱子的～ | 철근콘크리트 기둥의 받침돌. ❷ (도자기·그릇 등의) 실굽.

3【抵〈牴觝〉】 **dǐ 겨룰 저, 던질 저**
주의 「抵」와 「觝」는 다른 글자 임. ❶ 動 균형이 맞다. 균형을 맞추다. 상쇄하다. ¶收支相～ | 수입과 지출이 서로 균형이 맞다. ¶两相～销 | 쌍방이 서로 상쇄되다. ❷ 動 상당하다. 필적하다. 맞먹다. ¶家书～万金 | 집에서 온 편지는 만금에 맞먹는다. ❸ 動 대항하다. 저항하다. ¶～敌 | 적에 대항하다. ¶不可～的力量 | 항거할 수 없는 힘. ❹ 動 버티다. 받치다. 고이다. ¶把门～住 | 문을 버티다. ¶她用手～着下巴颏儿 | 그녀는 손으로 턱을 고이고 있다. ❺ 動 저당 잡히다. ¶用手表作～ | 시계를 저당 잡히다. ❻ 소용되다. 쓸모 있다. ¶究竟～不～事, 试一试看! | 도대체 소용이 되는지 안되는

지 시험해 봅시다! =〔抵事〕❼[書][動]이르다. 도착하다. ¶平安～家｜무사히 집에 도착하다. ¶日内～京｜며칠 내에 북경에 도착한다. ❽[動]던지다. ¶～地｜땅에 내던지다. ❾[動]보상하다. 배상하다. ¶～命↓ ❿[動](소·양 등의 뿔이 있는 짐승이 뿔로) 버티거나 밀다. ⓫[名](붓글씨의) 일곱 가지 운필법(運筆法)중의 하나.

【抵岸价】dǐ'ànjià ⇒〔到dào岸价(格)〕

【抵补】dǐbǔ [書][動](부족을) 보충하다. 채우다. 메우다. 벌충하다. ¶可以用救济金来～｜구제금으로 벌충할 수 있다. ¶～损失｜손실을 메우다.

【抵不了】dǐ ·bu liǎo ❶ 도저히 당해낼 수 없다. ¶我十句话～你一句话｜나의 열마디 말이 너의 한 마디 말을 도저히 당해낼 수 없다. ❷ 소용없다. ¶对于他, 你的劝告quàngào～甚么?｜그에 대한 당신의 충고가 무슨 소용이 되겠습니까? ‖⇔〔抵得了〕

【抵不上】dǐ ·bu shàng [動組](수가 모자라) 감당할 수 없다. ¶他的力气～你｜그의 힘은 너를 감당할 수 없다.

【抵不住】dǐ ·bu zhù [動組]❶ 저항할 수 없다. 버틸 수 없다. 억누를 수 없다. ❷ 필적(匹敵)할 수 없다.

【抵偿】dǐcháng [動]갚다. 배상하다. 변상하다. ¶～对命｜[成]목숨으로 갚다.

【抵偿摆】dǐchángbǎi [名]온도 변화의 영향을 받지 않고 늘 일정한 길이를 유지하는 진자(振子)

【抵偿器】dǐchángqì [名]〈機〉각종 제어기(制御器)·보정기(補正器)

【抵斥】dǐchì [書][動]❶ 배척하다. ❷ 명함을 건네다. ❸ 전하다. 배부하다.

【抵充】dǐchōng [動](다른 부분에서) 보충하다. 충당하다.

【抵触】dǐ·chù ❶[名]저촉. 모순. ¶在个人利益和集体利益有～的时候, 应服从集体利益｜개인의 이익과 집단의 이익이 저촉될 때에는 응당 집단의 이익을 따라야 한다 ❷[動]저촉하다. 모순되다. ¶他的话前后～｜그의 말은 앞뒤가 모순된다. ❸[動]위화감(違和感)을 느끼다. ¶～情绪qíngxù｜위화감(違和感)

4【抵达】dǐdá [書]❶[名]도달. 도착. ❷[動]도달하다. 도착하다. ¶～上海｜상해에 도착하다.

【抵挡】dǐdǎng [動]저항하다. 방지하다. 저지하다. ¶～洪水｜홍수를 막다. ¶对方～不住, 终于败下阵来｜상대방은 막아내지 못하고 끝내 패전했다.

【抵过】dǐguò [動]필적하다. ¶两个人～三个人｜두 사람이 세 사람에 필적하다.

【抵换】dǐhuàn [動]❶ 대체하다. 교환하다. ¶拿不好的东西～好货｜나쁜 물건을 좋은 물건으로 대체하다. ❷ 배상하다. 보상하다.

3【抵抗】dǐkàng ❶[名]저항. 대항. ¶增强对疾病的～力｜질병에 대한 저항력을 증강시키다. ❷[動]저항하다. 대항하다. ¶～到底dàodǐ｜끝까지 저항하다.

【抵赖】dǐlài [動](잘못 등을) 부인하다. 발뺌하다. ¶明明是你干gàn的坏事huàishì, 你还敢～吗?｜분명히 네가 저지른 나쁜 짓인데, 아직도 감히 부인하느냐?

【抵命】dǐ/mìng [動](자기의) 목숨으로 보상하다 =〔偿cháng命〕

【抵事】dǐ/shì [動][方]쓸모가 있다. 유익하다. 소용에 닿다 [어법]주로 부정형(否定形)에 쓰임. ¶这把锯子jùzǐ不～｜이 톱은 쓸모가 없다. ¶究竟抵不～, 试一试看!｜어쨌든 쓸모가 있는지 없는지를 시험해 봅시다 =〔顶dǐng事〕

【抵死】dǐsǐ ❶[動]죽음에 이르다. ❷[副]결사적으로. 한사코. 끝까지. ¶～推tuī辞｜한사코 거절하다. ¶～抗争｜결사적으로 항쟁하다.

【抵消】dǐxiāo [動](작용 등을) 상쇄하다. …와 맞비기다. 중화하다. ¶两相～｜서로 상쇄하다. ¶～药物的作用｜약물의 작용을 중화하다. ¶功劳和错误正好～｜공로와 착오가 딱 상쇄되다 =〔抵销xiāo〕

【抵押】dǐyā ❶[名]저당. ¶～权｜저당권. ¶～品｜담보물. ¶以货作～｜상품을 저당 잡히다. ¶不还钱拿你媳妇儿作～｜돈을 갚지 못하면 너의 아내를 저당잡혀라. ❷[動]저당하다. 저당 잡히다.

【抵御】dǐyù [書][動]막아내다. 방어하다. ¶～自然灾害｜자연 재해를 막다.

【抵债】dǐ/zhài ⇒〔抵帐〕

【抵掌而谈】dǐ zhǎng ér tán [成]기분 좋게 이야기하다. 흉금을 털어놓고 이야기하다. ¶他俩～, 相得甚欢｜그들 둘이 흉금을 털어놓고 이야기하며 서로가 매우 즐거워하다.

【抵帐】dǐ/zhàng [動]채무(債務)를 다른 물건이나 노동력으로 상환하다. ¶给地主扛活～｜지주에게 머슴살이를 하여 빚을 갚다 =〔抵债〕

【抵针】dǐzhēn [名]골무.

4【抵制】dǐzhì [動]제압하다. 배척하다. 막아내다. ¶～外货｜외국 상품을 배척하다. ¶～恶è势力的引诱｜나쁜 세력의 유혹을 제압하다.

【抵罪】dǐ/zuì [書][動]❶ 죄를 지어 그에 상응하는 벌을 받다. ❷ 속죄하다.

【柢】dǐ 뿌리 저, 싹틀 저

[書][名]❶ 나무의 뿌리. ¶根深～固｜뿌리가 깊고 단단하게 뻗어 있다. 요지부동이다. ❷[轉]기초. 근본 =〔根柢〕

【砥】dǐ ⓧ zhǐ) 숫돌 지, 갈 지

[書]❶[名](결이 고운) 숫돌 =〔砥石〕❷[動]연마하다. 단련하다. 갈다. ¶～品行｜도덕수양을 쌓다. ¶～砺↓ ❸[形]숫돌처럼 평평하다.

【砥砺】dǐlì ❶[名]숫돌. ❷[動]갈다. 연마하다. 단련하다. ¶～意志｜의지를 단련하다. ❸[動]고무격려하다.

【砥平】dǐpíng [書][形]숫돌처럼 평평하다.

【砥矢】dǐshǐ [形][喻]평평하고 곧다.

【砥柱】dǐzhù ⇒〔中zhōng流砥柱〕

【骶】dǐ 꽁무니 저

[名]〈生理〉미저골(尾骶骨)[허리의 아래, 미골(尾骨)의 위 부분]→〔骶骨〕

【骶骨】dǐgǔ [名]〈生理〉미저골(尾骶骨) 미려골(尾閭骨) 꽁무니뼈 =〔骶椎zhuī〕〔尾wěi骶骨〕〔荐jiàn骨〕〔荐椎〕

【骶椎】dǐzhuī ⇒〔骶骨〕

dì ㄉㄧˋ

1【地】dì ·de ⓧ ·di) 땅 지, 지위 지, 어조사 지

Ⓐ dì 名 ❶ 땅. 대지. 지구(地球) ¶天～ | 하늘과 땅. ❷ 육지. 토지. 전지(田地) ¶在乡下种～ | 농촌에서 경작하다. ¶～主↓ ¶整～ | 밭을 정리하다. ❸ 지구(地區) 지방. 장소. ¶世界各～ | 세계각지. ¶此～ | 이 지방. ❹ 지위. 입장. ¶易～则皆然 | 입장을 바꿔 놓고 생각하면 모두 다 옳다. ¶设身处～ | 자신을 다른 사람의 처지에 놓고 생각하다. ❺ (～儿)(직물·종이·화문·글 등의) 바탕. ¶红字白～ | 붉은 색 글자에 흰색 바탕→〔底⑥〕 ❻ 노정. 길 [길의 거리. 이수(里數)·역참수(驛站數) 뒤에 씀] ¶里把～ | 1「里」정도의 거리. ¶十里～ | 10리 길. ❼ 바닥. ¶水泥～ | 시멘트 바닥.

Ⓑ ·de ⓧ ·di) 助 부사어(狀語)의 뒤에 붙는 구조조사(結構助詞) 어법 중국의 학교문법에서는 관형어(定語) 뒤에 붙는「的」와 부사어(狀語) 뒤에 붙는「地」를 분별하지 않고 모두「的」를 쓰기로 하였으나 실제로는 분별하여 쓰는 경우가 더 많음.「地」의 구체적 용법은 다음과 같음. ⓐ 추상명사가 부사어로 쓰인 경우에는 반드시 붙여야 함. ¶科学～论证 | 과학적으로 논증하다. ¶历史～考察 | 역사적으로 고찰하다. ⓑ 단음절(單音節) 형용사가 부사어로 쓰인 경우는 붙이지 않음. ¶快走 | 빨리 가다. ¶大叫 | 크게 부르다. 외치다. ⓒ 쌍음절(雙音節) 형용사가 부사어로 쓰인 경우에는 술어와 자주 어울려 쓰는 경우에는 생략할 수도 있지만 대체적으로「地」를 씀. ¶认真(地)研究 | 착실히 연구하다. ¶兴奋说(×) ¶兴奋地说 | 흥분하여 말하다. ⓓ 중첩된 형용사 뒤에는 쓰지 않아도 됨. ¶慢慢(地)走 | 천천히 가다. ¶高高兴兴(地)回去 | 기쁘게 돌아가다. ⓔ 형용사 앞에 부사가 있을 때는 반드시 씀. ¶最清楚～看到 | 가장 분명히 보았다. ⓕ 구(詞組)가 부사어가 될 때는 반드시 씀. ¶意味深长～说 | 의미심장하게 말하다→〔的·de〕〔得·de〕

3【地板】dìbǎn 名 ❶ 마루. 마루청. ❷ 方 땅. 토지. ¶～很肥féi | 토지가 매우 비옥하다.

【地保】dìbǎo 名 청조(淸朝)와 중화민국 초기에 실시된 지방 자치 제도로 마을의 치안 담당인 =〔地方·fang③〕〔地甲〕〔保长〕

【地堡】dìbǎo 名〈軍〉지하에 엄폐된 토치카(totschka) ¶炸毁zhàhuǐ了敌人的～ | 적의 토치카를 폭파시켰다.

【地边(儿)】dìbiān(r) 名 ❶ 땅의 끝. ❷ 논·밭의 가장자리 =〔田边〕

【地表】dìbiǎo 名 지구의 표면. 지표.

【地鳖】dìbiē 名〈蟲〉흙바퀴 =〔地鳖虫〕〔地乌龟〕〔土鳖〕〔土别〕

【地波】dìbō 名〈物〉표면파(表面派)→〔表面波〕

3【地步】dìbù 名 ❶ (일반적으로 좋지 못한) 형편. 지경. 상태. 처지. ¶事情已经闹nào到这种～ | 일이 이미 이런 상태에 이르렀다. ❷ 書 발판. 지위. ¶占zhàn～ | 지위를 차지하다. ❸ 여지. ¶做事得děi留点儿～ | 일을 하는 데는 조금 여지를 남겨 두어야 한다. ❹ 도달한 정도. ¶兴奋xìngfèn到不能入睡的～ | 흥분해서 잠을 못 이룰 정도에 이르다.

【地财】dìcái 名 方 (지주(地主)·부농(富農)이) 땅 속에 묻어 놓은 재물.

【地蚕】dìcán 名 方 ❶〈蟲〉굼벵이 =〔地老虎〕 ❷〈蟲〉풍뎅이의 유충 =〔蛴qí螬〕 ❸〈植〉감로 =〔草cǎo石蚕〕

【地层】dìcéng 名〈地質〉지층. ¶～水 | 지층수. ¶～学 | 지층학. ¶～压缩 | 지반침하(地盤沉下)

【地产】dìchǎn 名 ❶ 토지 재산. ¶～价格 | 땅값. 지가. ¶～公gōng司 | 토지 부동산 회사. ¶～税 | 토지세. ❷ 그 토지의 산물.

【地秤】dìchèng 名 앉은뱅이 저울 =〔磅bàng秤〕

【地磁】dìcí 名〈物〉지자기(地磁氣) 지구 자기.

【地大物博】dì dà wù bó 成 땅이 넓고 생산물이 풍부하다. ¶中国～, 人口众多 | 중국은 땅이 넓고 산물이 풍부하며, 인구가 많다.

2【地带】dìdài 名 지대. 지역. 지구. ¶危险wēixiǎn～ | 위험지대. ¶草原～ | 초원지대. ¶无人～ | 무인지대.

3【地道】ⓐ dìdào 名 지하도. 지하 갱도
ⓑ dì·dao 形 ❶ 진짜의. 본고장의. 명산지의. ¶～的药材 | 명산지의 약재. ¶这是～广东货 | 이것은 진짜 광동산 물건이다 =〔方 道地〕 ❷ (일이나 재료의 질이) 알차다. 단단〔튼튼〕하다. 질이 좋다. ¶这东西真～ | 이 물건은 참 질이 좋다. ¶他干的活儿真～ | 그가 일하는 것은 참 알차다. ¶这个玩艺儿做得真～ | 이 완구는 정말 잘 만들어졌다. ❸ 순수하다. 진짜의. ¶一口～的北京话 | 순수한 북경말.

【地地道道(儿)】dì·di dàodào(r) ⓧ dì·di dāodāo(r)) 狀 틀림없이 진짜다 [「地道dì·dao」의 중첩형] ¶～的坏人 | 진짜 나쁜 사람.

2【地点】dìdiǎn 名 지점. 장소. 위치. 소재지(所在地) ¶开会～在大礼堂 | 회의 장소는 대강당이다.

【地丁】dìdīng 名 ❶ 書 지세와 인두세. ❷〈植〉고깔제비꽃 =〔紫花地丁〕

【地洞(子)】dìdòng(·zi) 名 땅굴→〔地窖jiào子〕

【地动山摇】dì dòng shān yáo 成 천지를 뒤흔들다. ¶民主运动搞得轰轰烈烈, ～ | 민주화 운동의 기세가 드높아 천지를 뒤흔들다.

【地动仪】dìdòngyí 名 지진계(地震計)

【地段】dìduàn 名 구역. 지역 [시내의 구(區)·동(洞) 등] ¶这一～禁止建筑高楼 | 이 지역은 높은 건물 짓는 것이 금지되어 있다.

21【地方】ⓐ dìfāng 名 ❶ (중앙에 대하여) 지방 [각급 행정구역의 총칭] ¶～色彩 | 지방색. 향토색. ¶～政府 | 지방 정부. ¶～调 | 지방 사투리. 지방 말투. ¶～工业 | 지방 공업. ❷ 그 지방. 그 곳. ¶他在农村的时候, 常给～上的农民讲农业技术课 | 그는 농촌에 있을 때, 늘 그곳 농민들에게 농업기술 과목을 강의해 주었다.
ⓑ dì·fang ❶ (～儿) 名 장소. 곳. 공간의 일부분. 부위. ¶你是甚么～的人? | 너는 어디 사람이냐? ¶这个～有点疼 | 이 부위가 좀 아프다 =

〔方 地处〕〔地界②〕 ❷ 名 부분. 점. ¶这话有对的～, 也有不对的～ | 이 말은 옳은 부분도 있고 틀린 부분도 있다 ‖ =〔地场〕 ❸ ⇒〔地保〕

【地方病】 dìfāngbìng 名〈醫〉 지방병. 풍토병.

【地方税】 dìfāngshuì 名 지방세.

【地方戏】 dìfāngxì 名〈演映〉 지방〔지역〕 극(劇) [「川chuān剧」「越yuè剧」 등]

【地方志】 dìfāngzhì 名 지방지 =〔方志〕

【地方主义】 dìfāng zhǔyì 名 ❶ 지방색을 강조하는 주의. ¶～是宗派主义的一种表现 | 지방색을 강조하는 것은 종파주의의 일종의 표현이다. ❷ (문학에서의) 지방주의.

【地方自治】 dìfāng zìzhì 名組〈法〉 지방 자치.

【地缝儿】 dìfèngr 名 땅이 갈라진 틈.

【地肤】 dìfū 名〈植〉 대싸리 =〔扫sào帚②〕〔扫帚菜〕〔扫帚草〕〔帚zhǒu草〕〔落luò帚〕〔王wáng彗〕

【地府】 dìfǔ 名 저승. 지부. 황천.

【地根儿】 dìgēnr 名 처음. 근본 =〔地起〕

【地瓜】 dìguā ❶ ⇒〔甘gān薯〕 ❷ ⇒〔豆薯〕

【地广人稀】 dì guǎng rén xī 成 땅은 넓고 사람은 적다. ¶美国的阿拉斯加州～ | 미국의 알래스카주는 땅은 넓고 사람은 적다 =〔地旷kuàng人稀〕

【地壕】 dìháo 名〈地質〉 지구(地溝) 지층이 내려앉아 생긴 계곡 =〔地堑qiàn〕

【地核】 dìhé 名〈地質〉 지핵. 지심(地心) 코어(core)

【地黄】 dìhuáng 名〈植〉 지황 [현삼과(玄蔘科)에 속하는 다년생 초본 약초] =〔地髓〕〔苄hù〕〔牛niú奶子〕〔芑qǐ①〕

【地黄牛】 dìhuángniú 名 참대로 만든 팽이 →〔陀tuó螺〕

【地基】 dìjī 名 ❶ 택지(宅地) ❷ (건축물의) 기초. 지반. 토대. ¶打～ | 지반을 닦다 =〔地盘③〕〔方 地脚·jiao〕

【地积】 dìjī 名 토지 면적. 지적.

【地极】 dìjí 名〈地質〉 지구의 양극(兩極) 북극과 남극.

【地价】 dìjià 名 지가. 땅값. ¶这几年～猛涨 | 요 몇년간 땅값이 엄청나게 올랐다.

【地脚】 ⓐ dìjiǎo 名 책장(冊張)의 아래 쪽 여백. ⓑ dì·jiao ⇒〔地基②〕

【地窖(子)】 dìjiào(·zi) 名 움. (저장용) 토굴. ¶挖～贮脏zhùzàng大白菜 | 토굴을 파서 배추를 저장하다 =〔地窨yìn子〕〔窟kū窖〕

【地界】 dìjiè ❶ 名 땅의 경계. 지계. 지경(地境) ❷ ⇒〔地方·fang①〕

【地窟】 dìkū 名 땅의 움푹 들어간 곳. 동굴.

【地拉那】 Dìlānà 名 外〈地〉 티라나(Tirana) [「阿尔巴尼亚Āěrbāníyà」(알바니아 ; Albania)의 수도]

【地缆】 dìlǎn 名 (지하에 매설된) 전선 케이블(cable)

【地牢】 dìláo 名 지하 감옥.

【地老虎】 dìlǎohǔ 名〈蟲〉 굼벵이 =〔方 地蚕cán①〕〔方 土蚕②〕〔方 切根虫②〕

【地老鼠】 dìlǎoshǔ 名 ❶〈動〉 두더지 =〔鼹yǎn鼠〕 ❷ 폭죽의 일종 [땅에서 빙빙 돌다가 터짐]

【地老天荒】 dì lǎo tiān huāng 成 길고 긴 세월(을 지나다) ¶今日一别, ～, 何时再聚? | 오늘 헤어지면, 길고 긴 세월 흘러, 언제 다시 모이려나? =〔天荒地老〕

【地雷】 dìléi 名〈軍〉 지뢰. ¶布～ | 지뢰를 설치하다. ¶炸zhà～了 | 지뢰를 터뜨렸다. ¶～场 | 지뢰원 =〔铁西瓜〕

【地梨】 dìlí 名 方〈植〉 올방개 =〔荸bí荠〕

[3]【地理】 dìlǐ 名〈地〉 ❶ 지리. ¶～知识 | 지리 지식. ❷ 지리학.

【地理学】 dìlǐxué 名〈地〉 지리학.

【地力】 dìlì 名 지력. 토지의 생산력. ¶用肥料加强～ | 비료를 써서 지력을 강화시키다.

【地利】 dìlì 名 ❶ 지리적 우세함. ¶天时～ | 시간적 지리적 우세. ¶主队战胜客队, ～因素也起作用 | 홈팀이 어웨이 팀에 승리한 것은 지리적 우세의 요인도 작용한 것이다. ❷ 농작물을 심기에 유리한 토지 조건. ¶充分发挥～, 适合种甚么就种甚么 | 토지 조건을 충분히 살려 그 토지에 맞는 것을 심다.

【地利人和】 dì lì rén hé 成 지리적 조건이 좋고 사람은 화목하다. 환경조건과 인심이 좋다.

【地邻】 dìlín 動 (두 집의) 경지(耕地)가 서로 맞닿(아 있)다.

【地漏】 dìlòu 名 ❶ 음력 2월 25일에 내리는 비 [이 날 비가 오면 그 해에 비가 많이 온다고 함] ❷〈建〉 배수구.

【地脉】 dìmài 名 지맥. 토맥.

【地幔】 dìmàn 名〈地質〉 맨틀(mantle)

【地貌】 dìmào 名〈地質〉 지모. 땅 거죽의 생김새. ¶～图 | 지모도.

[2]【地面】 dìmiàn 名 ❶ 지면(地面) 지표. 지상. ¶高出～五尺 | 지면보다 다섯 자 높다. ¶～部队 | 지상 부대. ❷ (집이나 건물의 포장된) 바닥. 마루. ¶瓷砖cízhuān～ | 타일 바닥. ¶水磨石～ | 테랏초 바닥. ❸ (～儿) 口 (행정관할의) 지역. 구역. 轉 당국. ¶这里已经进入河南～ | 이 곳은 이미 하남 지역으로 들어갔다. ¶叫～儿上拉了去 | 당국에 끌려갔다. ❹ (～儿) 口 그 곳. 그 고장. ¶他在～儿上很有威望 | 그는 그 곳에서 매우 위신이 있다 =〔当地〕 ❺ ⇒〔地盘pán(儿)②〕

【地名】 dìmíng 名 지명. ¶～叫甚么? | 지명을 무엇이라 하는가? ¶～辞典 | 지명 사전. ¶～学 | 지명학.

【地盘】 dìpán ❶ 名〈地質〉 지반. 지구 표면의 단단한 부분. ❷ (～儿) 名 지반. 세력 범위. 근거지. ¶争夺～ | 근거지를 쟁탈하다. ¶湖南是共产党的～ | 호남은 공산당의 근거지이다 =〔地面⑤〕 ❸ ⇒〔地基②〕

【地皮】 dìpí ❶ 名 (건축) 부지. ❷ 名 喩 주민. ¶刮guā～ | 주민을 착취하다. 가렴주구(苛斂誅求)

【地痞】 dìpǐ 名 본 바닥의 건달〔불량배〕 =〔地棍gùn〕〔地头蛇〕〔把棍〕〔土棍〕〔土混混儿〕〔土包〕

【地平线】 dìpíngxiàn 名 지평선.

【地铺】 dìpù 名 땅바닥에 임시로 깐 잠자리. ¶打～ =〔搭地铺〕 | 땅바닥에 잠자리를 깔다.

【地契】 dìqì 名 땅 문서. 토지 매매 계약서.

【地气】dìqì 名 ❶ 음기(陰氣) ❷ 훈내. 땅 냄새 =〔土气tǔqì〕❸ (동식물이 받는) 땅의 생기. 토지의 정기(精氣) =〔土tǔ气儿〕

【地壳】dìqiào 名〈地質〉지각. ¶～运动 | 지각운동.

【地勤】dìqín 名〈航〉(항공 관계의) 지상 근무. ¶～人员 | (비행장의) 지상 근무원 ⇔〔空勤〕

2【地球】dìqiú 名 지구. ¶～卫星 | 지구 위성.

【地球仪】dìqiúyí 名 지구의. 지구의 모형.

2【地区】dìqū 名 ❶ 지구. 지역. ¶～差价 | 지역 간의 가격차. ¶～津贴jīntiē | 지역 특별 수당. ❷ 독립하지 못한 지역〔식민지〕.

【地权】dìquán 名 토지 소유권. ¶～国有 | 토지 소유권은 국가의 소유이다.

【地儿】dìr 名 方 ❶ 밭. 토지. ❷ 좌석. 장소. ¶我来迟chí了,已经没～了 | 나는 늦게 와서 이미 자리가 없다. ❸ 근거. ¶他说话没～ | 그의 말엔 근거가 없다. ¶这儿没你说话的～ | 여기에 너가 말한 근거가 없다. ❹ (천·종이 등의) 바탕.

【地热】dìrè 名〈地質〉지열. ¶～学 | 지열학. ¶～电力 | 지열 전력. ¶～能原 | 지열 에너지원 =〔地下热〕

3【地势】dìshì 名 ❶ 지세. 땅의 형세. ¶～险要 | 지세가 험하다. ❷ 지위(地位)

【地摊儿】dìtānr 名 ❶ 노점(露店) ¶摆～ | 노점을 벌여놓다. ❷ 땅바닥이나 널빤지 위에 앉는 것. ¶打～ | 땅바닥에 앉다 =〔地座儿〕❸ 깔개 =〔地座儿〕

3【地毯】dìtǎn 名〈紡〉융단. 양탄자. 카펫.

4【地铁】dìtiě 名 簡 지하철 =〔地下铁(路)〕

【地头】dìtóu 名 ❶ (～儿)논·밭의 가장자리〔두렁〕. ❷ 方 목적지. 목표. ¶快到～了,你准备下车吧 | 곧 목적지에 도달하니 내릴 준비를 하시오. ❸ (～儿) 方 당지(當地) 그 지방. ❹ 지위. 위치. ❺ (～儿)책장의 아래 쪽 여백 →〔天地头〕

【地头蛇】dìtóushé ⇒〔地痞pǐ〕

2【地图】dìtú 名 지도. ¶～集 | 지도첩.

【地望】dìwàng 書 名 지위와 명망.

2【地位】dìwèi 名 ❶ (개인이나 단체의 사회적) 위치. 지위. ¶国际～ | 국제적 지위. ¶～很高 | 지위가 매우 높다. ❷ (사람이나 물건이) 차지한 자리.

【地温】dìwēn 名 지온.

【地峡】dìxiá 名〈地質〉지협 =〔地颈jǐng〕〔地腰yāo〕

2【地下】Ⓐ dìxià 名 ❶ 땅 밑. 지하. ¶～铁道tiědào | 지하철(도) ¶～水 | 지하수. ¶～宫殿gōngdiàn | 지하 궁전. ❷ 지하(비밀 활동) ¶～党dǎng | 지하당. ❸ 땅. ¶～天上 | 成 하늘과 땅(이다) 차이가 많이 나다.

Ⓑ dì·xia 名 ❶ 지면. 땅바닥. ¶掉在～了,快捡jiǎn起来 | 땅바닥에 떨어졌으니 빨리 주워라. ❷ 주부가 하는 집안 일.

【地线】dìxiàn 名〈電氣〉❶ 접지선(接地線) ❷ 지하선(地下線) 지하 케이블(cable) ⇔〔天线〕

【地心】dìxīn 名〈地質〉지심. 지구의 중심. ¶～吸xī力 =〔地心引力〕| 지구 인력.

3【地形】dìxíng 名 지형. 땅의 형세. ¶～复杂fùzá | 지형이 복잡하다. ¶先头部队抢占qiǎngzhàn有利～ | 선봉 부대가 유리한 지형을 점거하다.

【地学】dìxué 名 지학. 지구 과학.

【地域】dìyù 名 ❶ 지역. ¶～辽阔liáokuò | 지역이 드넓다. ❷ 본고장. 본향(本鄕) 본토(本土) 향토. ¶～观念 | 향토 의식. ❸〈體〉(농구 등의) 존(zone) 지역. ¶～防御fángyù | 존 디펜스(zone defense) 지역 방어.

【地狱】dìyù 名 ❶〈宗〉지옥. ¶下～ | 지옥에 떨어지다. ¶～无门自己寻 | 諺 지옥에는 문(門)이 없는데도 (사람들은) 스스로 (나쁜 짓을 해서) 찾는다 ⇔〔天堂①〕❷ 喩 지옥. 아주 괴로운 지경. ¶活～ | 생지옥.

【地缘政治学】dìyuán zhèngzhìxué 名組〈政〉지정학(地政學) =〔地理政治学〕

3【地震】dìzhèn 名〈地〉지진. ¶～表biǎo | 지진계. ¶～波 =〔震波〕| 지진파. ¶～地带 =〔地震带〕| 지진대. ¶～法 | 지진 탐사법. ¶～学 | 지진학. ¶～工作者 | 지진학자. ¶～中心 | 진원지(震源地) ¶～观测 | 지진 관측. ¶～预报 | 지진 예보. ¶～区 | 진역(震域) ¶～海啸 | 지진에 의한 해일. ¶～波曲线 | 진동도(振動圖) ¶～震级 =〔震级〕| 매그니튜드(magnitude) =〔俗 地动〕

【地震仪】dìzhènyí 名 지진계 =〔地震计〕

【地支】dìzhī 名 지지. 십이지(十二支) [자(子)·축(丑)·인(寅)·묘(卯)·진(辰)·사(巳)·오(午)·미(未)·신(申)·유(酉)·술(戌)·해(亥)]=〔十二支〕〔十二辰〕〔十二子〕⇔〔天干〕→〔干gān支〕

2【地址】dìzhǐ 名 ❶ 소재지. 주소. ¶没有一个人晓得他的～ | 그의 주소를 아는 사람이 한사람도 없다 →〔住址〕❷〈電算〉(컴퓨터 기억 장치의) 어드레스(address) ¶～代码 | 어드레스코드.

【地志】dìzhì 名 지지(地誌) ¶～学 |〈地〉지지학. ¶编纂～ | 지지를 편찬하다.

3【地质】dìzhì 名〈地質〉지질. ¶～学 | 지질학. ¶～调查 =〔地质考察〕| 지질 조사. ¶～图 | 지질도. ¶～学家 | 지질학자. ¶～构造 | 지질 구조.

【地轴】dìzhóu 名 ❶〈天〉지축. ❷ 江〈機〉기계를 지면이나 대(臺) 위에 설치할 때의 주축.

3【地主】dìzhǔ 名 ❶ 지주. ¶～阶级 | 지주 계급 =〔方 粮liáng户〕→〔富农〕〔贫农〕〔中农〕❷ (타향에서 온 사람에 대한) 본 지방 사람. 본토인(本土人)

【地主之谊】dì zhǔ zhī yì 成 주인이 응당 해야 할 일.

【地租(子)】dìzū(·zi) 名 지세(地稅) =〔方 地子钱〕〔地头钱〕

1【弟】dì tì 아우 제

Ⓐ dì 名 ❶ 동생. 아우. ¶胞bāo～ =〔亲弟〕| 친동생. ¶堂～ | 사촌 동생. ¶令～ | 敬 영제 [남의 아우의 존칭] ❷ 문인(門人) 문제(門弟) 제자. ¶徒～ | 도제 =〔弟子〕❸ 동배(同輩)의 친척 중에 손아래 남자. ¶表～ | 고종(이종) 사촌 동생. ❹ 謙 소생(小生) [자기의 겸칭]=〔小弟〕〔愚弟〕❺ 손아래의 친한 사람에 대한 호칭. ¶老～ | 자네. 동생. ❻ (Dì) 성(姓)

Ⓑ tì「悌」과 통용 ⇒〔悌tì〕

1【弟弟】dì·dì 名 아우. 남동생. ¶叔伯～ | 사촌 동생 =〔兄弟xiōng·di①〕

【弟妇】dìfù 名 계수. 아우의 아내 =〔弟媳妇(儿)〕〔回 弟妹②〕

【弟妹】dìmèi 名 ❶ 남동생과 여동생. ❷ 回 계수. 아우의 아내 =〔弟妇〕〔弟媳妇(儿)〕

3【弟兄】dì·xiong 名 ❶ 형제. 형과 아우. ¶～相狱 | 威 혈육지간에 싸우다. ¶他们是亲～ | 그들은 친형제이다. ¶他就～一个 | 그는 (형제라고는 없고) 저 혼자다. ❷ 轉 전우(戰友) [군대에서 전우(戰友)끼리 친밀감을 나타내어 일컫는 말] ¶阶级～ | 계급 전우. ‖→〔兄弟〕〔哥gē儿① ③〕〔姐妹〕〔作弟兄的〕 ❸ 동료.

【弟子】dìzǐ 名 ❶ 문인(門人) 제자(弟子) 학생. ❷ 어린이.

【娣】dì 손아래누이 제, 손아래동서 제

書 名 ❶ 시동생의 아내를 부르던 말 =〔娣妇〕⇔〔姒sì②〕 ❷ 여동생 ⇔〔姒sì①〕 ❸ 나이 어린 첩(妾)

【娣姒】dìsì 名 ❶ 동서. 동서의 관계 =〔姒娣〕 ❷ 자매(姊妹)

【睇】dì 훔꾸볼 제

動 ❶ 書 곁눈질하다. ❷ 粵 보다 =〔看〕

1【第】dì 차례 제, 집 제, 다만 제

❶ 頭 수사(數詞) 앞에 쓰여 순서를 나타냄. 어법 「第」「头」「前」이 수량사 앞에 쓰였을 때, 「第一名」「头一名」「前一名」은 모두 「일등」의 뜻이지만 수사가 「一」이 아닌 경우에는 의미가 다름. ¶第三名 | 3등. ¶头三名 =〔前三名〕 | 1·2·3 등. ¶～一天 | 제일 첫날. ¶～两次(×) ¶～二次 | 제2차. ¶～九 | 제9. ¶～一,二次 | 제1, 2차. ❷ 차례. 순서. ¶～次 | 순서. 차례. ❸ 書 名 과거급제(科擧及第) 등급. ¶及～ | 급제하다. ¶落～ | 낙제하다. ❹ 書 名 (봉건사회의 관료의) 저택(邸宅) ¶门～ | 가문(家門) =〔府第〕〔宅第〕 ❺ 書 副 그러나. 다만. 단지 …할 뿐. ¶～静观其变 | 단지 그 변화를 관망하다. ¶～恐… | 다만 …을 두려워하다. ❻ (Dì) 名 성(姓)

【第八艺术】dì bā yìshù 名組 제8 예술. 영화(映畵)

【第比利斯】Dìbǐlìsī 名 外 〈地〉 트빌리시(Tbilisi) [「格鲁吉亚」(그루지야;Gruzija)의 수도]

【第二】dì'èr 數 ❶ 제2. ❷ 다음. ¶～天 | 이튿날. 다음날. ❸ 2세(世)

【第二产业】dì èr chányè 名 제 이차 산업. ¶大力发展～ | 제 이차 산업을 크게 발전시키다.

【第二次大战】Dì'Èr CìDàzhàn ⇒〔第二次世界大战〕

【第二次国内革命战争】Dì Èr Cì Guónèi Gémìng Zhànzhēng 名組 〈史〉 제2차 국내 혁명 전쟁 [1927년에서 1937년까지 중국 공산당이 일으킨 토지 혁명 전쟁] =〔土地革命战争〕

【第二次世界大战】Dì Èr Cì Shìjiè Dàzhàn 名組 〈史〉 제2차 세계 대전 =〔第二次大战〕

【第二代】dì'èrdài 名 다음 세대. 후대 =〔下一(世)代〕

【第二国际】Dì Èr Guójì 名組 〈史〉 제2인터내셔널(International) =〔国际社会党〕〔黄色国际〕

【第二轮】dì'èrlún 名 (영화의) 재개봉. ¶～电影院 | 재개봉관 =〔二轮〕

【第二世界】Dì Èr Shìjiè 名組 〈政〉 제2세계 [제2차 세계 대전 후, 미국·소련과 개발 도상국을 제외한 일본·영국 등 선진국을 총칭하는 말]→〔第三世界〕

【第二信号系统】dì'èr xìnhào xìtǒng 名組 〈生理〉 제이신호계(第二信號系)

【第二宇宙速度】dì èr yǔzhòu sùdù 名組 〈物〉 제2 우주 속도.

【第二职业】dì'èrzhíyè 名組 부직. 아르바이트. ¶在下班以后搞～ | 퇴근 후에 아르바이트를 한다.

【第九】dìjiǔ 名 ❶ 제9. 아홉번째. ❷ 諷 불청객 초대받지 않은 손님 [한 식탁에 보통 여덟 명이 식사하는 데서 온 말. 여덟이 앉는 식탁을 「八仙桌」이라고 함]

【第六感觉】dìliùgǎnjué 名 〈心〉 제육감. ¶凭～知道你在公园里等我 | 제육감에 의해 너가 공원에서 나를 기다리는 것을 알았다.

【第三产业】dì sān chǎnyè 名組 제3차 산업. 즉 서비스업.

【第三次国内革命战争】Dì Sān Cì Guónèi Gémìng Zhànzhēng 名組 〈史〉 제3차 국내혁명 전쟁 [제2차 대전 후부터 1949년에 이르는 동안, 중국 국민당이 공산당에 패배하여 대만(臺灣)에 도피하기까지의 내전을 말함]

【第三次浪潮】dì sāncì làngcháo 名組 제삼의 물결 [1980년 미국의 사회학자 토플러(A. Toffler)가 제시한 개념]

【第三国际】Dì Sān Guójì 名組 〈史〉 제3 인터내셔널(International) =〔赤Chì色国际〕〔红色国际〕〔共产国际〕〔外 康Kāng民团〕

【第三纪】Dìsānjì 名 〈地質〉 제3기.

【第三甲】dìsānjiǎ 名 과거(科擧) 시험의, 최종 시험인 전시(殿試)에서 제3급으로 합격한 사람들 [이들에게 「同tóng进士出身」의 자격이 주어짐]

【第三人称】dìsānrénchēng 名組 〈言〉 제3인칭.

【第三世界】Dì Sān Shìjiè 名組 〈政〉 제3 세계.

【第三系】Dìsānxì 名 〈地質〉 제3계. 제3기층(第三紀層)→〔第三纪〕

【第三宇宙速度】dì sān yǔzhòu sùdù 名組 〈物〉 제3 우주 속도.

【第三者】dìsānzhě 名 ❶ 〈法〉 제삼자. ❷ 婉 (부부 이외의) 제삼자. 애인 [남녀의 삼각 관계를 가리킴] ¶～插足造成婚姻破裂 | 제삼자가 개입하여 혼인 파탄을 조성하다.

1【第一】dìyī ❶ 數 제1. 첫(번)째. 최초. 맨 처음. ¶～紧要的问题 | 가장 긴요한 문제. ¶～课 | 제1과. ¶他跑百米得了～ | 그는 100미터 달리기에서 1등을 하였다. ❷ 轉 가장 중요하다. 제일이다. ¶质量～ | 품질이 제일이다. 품질 본위.

【第一把交椅】dìyībǎ jiāoyǐ ⇒〔头tóu把交椅〕

【第一把手】dìyī bǎshǒu 名組 제1인자. 직장의 최고 책임자. ¶他是公司里的～ | 그는 회사의 최고 책임자이다 =〔一把手③〕

【第一产业】dì yī chǎnyè 名組 제 일차 산업. 즉 농업·임업·어업·목축업 등.

【第一次大战】Dì Yī CìDàzhàn ⇒〔第一次世界大战〕

【第一次国内革命战争】Dì Yī Cì Guónèi Gémìng Zhànzhēng 名組 〈史〉 제1차 국내 혁명 전쟁

[1924년에서 1927년까지 중국 공산당이 제국주의 및 북양군벌(北洋軍閥)에 대항하여 싸운 전쟁]

【第一次世界大战】Dì Yī Cì Shìjiè Dàzhàn 名組〈史〉제1차 세계 대전 =〔簡 欧战〕〔欧洲大战〕〔第一次大战〕

【第一道防线】dìyīdào fángxiàn 名組〈軍〉제1방어선.

【第一个】dìyī·ge 數 첫 번째. 제1차(第一次) 제일(第一) ¶～五年计划 | 제1차 5개년 계획. ¶这是你～不对 | 이것은 일차로 네가 잘못이다. 이것은 너의 첫 번째 틀린 점이다.

【第一国际】Dì Yī Guójì 名組〈史〉제1 인터내셔널(International) =〔国际工人协会〕

【第一甲】dìyījiǎ 名 과거시험의 최종시험인 전시(殿試)에서 1등·2등·3등으로 합격한 세 사람[그 중 1등을「状zhuàng元」, 2등을「榜bǎng眼」, 3등을「探tàn花」라고 하였으며, 이들에게「进士及第」의 자격이 주어짐]=〔一甲①〕

【第一流】dìyīliú 名(제)일류. 일등급. 최상급. ¶～的农场 | 최고의 농장. ¶～的学者 | 일류 학자.

【第一手】dìyīshǒu ❶ 名 제일인자(第一人者) ❷ 區 가장 중요한. ¶「禁书」作为研究明清之间的历史的～资料 |「금서」는 명·청대의 역사를 연구하는 데에 가장 중요한 자료가 된다. ❸ 區 직접의. 원시의.

【第一线】dìyīxiàn 名 제일선(第一線) 최전선(最前線) ¶努力在技术革新运动的～ | 기술 혁신 운동의 제일선에서 노력하다.

【第一信号系统】dì yī xìnhào xìtǒng 名組〈生理〉제일신호계(第一信號系)→〔第二信号系统〕

【第一宇宙速度】dì yī yǔzhòu sùdù 名組〈物〉제1우주 속도.

【第宅】dìzhái 名 저택 =〔宅第〕〔第舍〕

1【的】dì ☞ 的 ·de B

2【帝】dì 임금 제

名 ❶ 임금. 천자. 황제. ¶～王↓ ¶三皇五～ | 삼황오제. ❷〈宗〉우주의 창조자. 하느님 =〔上帝〕〔天帝〕 ❸ 簡「帝国主义」(제국주의) ¶反～斗争 | 반제 투쟁.

【帝俄】Dì'é 名 제정 러시아 =〔沙Shā俄〕

4【帝国】dìguó 名 제국. ¶大英～ | 대영 제국.

4【帝国主义】dìguó zhǔyì 名〈政〉❶ 제국주의. ¶～战争 | 제국주의 전쟁. ¶～阵营 | 제국주의 진영. ❷ 제국주의 국가.

【帝号】dìhào 名 천자(天子)의 칭호.

【帝君】dìjūn 名 신(神)에게 대한 존칭. ¶关Guān圣～ | 관우(關羽)를 존경하여 부르는 말→〔太上老君〕

【帝力】Dìlì 名 外〈地〉딜리(Dili) [「东帝汶」(동티모르;East Timor)의 수도]

【帝王】dìwáng 名 제왕. 군주 =〔帝皇〕

【帝位】dìwèi 名 제위 =〔帝祚〕

【帝业】dìyè 名 제왕의 업적. ¶十年奋斗, 終于成就了～ | 십년 동안 노력하여, 결국 제왕의 업적을 성취하였다 =〔帝绪〕

【帝制】dìzhì 名〈政〉군주제(君主制) ¶废除fèichú～ | 군주제를 폐지하다.

【谛(諦)】dì 자세히알 체

❶ 書 副 자세히. 상세히. 찬찬히. ¶～听 | 상세히 듣다. ¶～视 | 찬찬히 보다. ❷ 名〈佛〉의의. 도리. ¶真～ | 참된 도리. ¶妙～ | 묘한 뜻.

【谛思】dìsī 書 動 자세히 생각하다. 심사숙고하다.

4【蒂〈蔕〉】dì 꼭지 체, 밑 대

❶〈植〉과일의 꼭지 =〔蒂把儿〕 ¶瓜熟～落 | 참외가 익어 꼭지가 떨어지다. 조건이 성숙되면 자연히 결과를 맺는다→〔并bìng头莲〕〔把bà〕 ❷ 書 근본. ¶根深～固 | 國 깊이 뿌리 박다. 흔들리지 않다. ❸ 書(마음 속에) 맺힌 감정. 원한. 응어리. ¶～芥↓

【蒂芥】dìjiè 名 ❶ 작은 방해. 지장. ❷(마음에 맺힌) 응어리. ¶心存～ | 마음 속에 응어리가 있다.

4【缔(締)】dì 맺을 체

動 ❶(계약·조약 등을) 체결하다. 맺다. ¶～结协定 | 협정을 체결하다. ❷ 제한하다. 금지하다. ¶取～ | 금지하다. ❸ 창건하다. 창시하다. ¶～造↓

【缔交】dìjiāo 書 動 ❶(친구간에) 친교를 맺다. ❷(나라간에) 수교(修交)하다. 외교 관계를 맺다. ¶韩中两国于一九九二年～ | 한중 양국은 1992년에 수교했다.

4【缔结】dìjié 書 ❶ 名 체결. ❷ 動 체결하다. ¶～邦交bāngjiāo | 국교를 맺다. 수교를 맺다. ¶～条约tiáoyuē | 조약을 체결하다 =〔缔订dìng〕

【缔盟】dìméng 動 동맹을 맺다. 맹약(盟約)하다. 동맹 관계를 체결(締結)하다.

【缔约】dìyuē 動 조약을 맺다. ¶～国 | 조약을 체결한 국가.

【缔造】dìzào 書 動(위대한 사업을) 창건하다. 창립하다. 창설하다. ¶苏维埃国家的～者列宁 | 소비에트 국가의 창시자 레닌. ¶～者 | 창조자.

【碲】dì (텔루륨 제)

名〈化〉화학 원소 명. 텔루륨(Te ; tellurium) [비금속 원소의 하나. 도자기·유리 등을 만드는데 사용됨]

【棣】dì 산앵두나무 체, 아우 제

名 ❶〈植〉죽도화나무 =〔棣棠táng〕 ❷〈植〉산 앵두나무의 일종 =〔棠棣〕 ❸ 書 아우. 동생 [주로 서신에서 후배를 지칭할 때 쓰임] =〔弟〕 ❹(Dì) 성(姓)

【棣华】dìhuá 名 喩 형제.

2【递(遞)】dì 번갈아 체

❶ 動 차례차례로 하다. 순서대로 하다. ¶～补bǔ | 차례로 보충하다. 차례로 채워 넣다. ¶～换↓ ❷ 動 넘겨주다. 전달하여 보내다. 전해주다. ¶邮yóu～ | 우편으로 보내다. ¶传～ | 전해주다. ¶他～了一本书给我 | 그는 나에게 책 한 권을 건네주었다. ❸ 動 차례차례로 건네다. 보내다. ¶一个～一个的传到前边儿去 | 차례차례로 한 사람씩 건네어 앞으로 보내다. ❹ 書 形 아득히 멀다. ¶迢tiáo～ | 아득히 멀다. ❺ 副 차례차례로. 순서대로. 차츰차츰. ¶～减jiǎn↓ ❻ 名 순서. 차례.

【递变】dìbiàn 動 점차로 변하다. 차례로 변화하다.
【递补】dìbǔ 書 動 차례로 보충하다. ¶中央委员名额míngé不足时, 由中央候补委员～ | 중앙 위원의 정원이 부족할 때에, 중앙 후보 위원을 차례로 보충한다.
【递给】dìgěi 動 건네(주)다. 넘겨주다. 수교(手交)하다. ¶把那茶碗～我吧! | 그 찻잔을 건네주십시오!
【递过】dì·guo 動 건네(주)다. 내주다. 제출하다. ¶～信 | 편지를 건네주다.
【递话儿】dì/huàr 動 말을 전(달)하다. 용건을 전하다. ¶上边已经向他～了 | 위에서 이미 그에게 용건을 전하였다.
【递换】dìhuàn 動 차례로 바꾸다. 차례 차례 바뀌다.
4【递加】dìjiā 動 점차 늘다. 차츰차츰 증가하다. 체증(遞增)하다. ¶每年～百分之十五点儿三 | 매년 15.3%씩 늘어나다 =〔递增zēng〕
【递减】dìjiǎn 動 점차 줄다. 차츰 감소하다. 체감하다. ¶通货tōnghuò膨胀率péngzhànglǜ每年～3% | 통화 팽창률이 매년 3%씩 감소하다.
4【递交】dìjiāo 動 직접 내주다. 건네다. 수교(手交)하다. ¶～本人 | 본인에게 직접 건네다. ¶～国书 | 국서(國書)를 수교하다.
【递解】dìjiè 動 (범인을) 차례로 호송하다→〔押yā解〕
【递升】dìshēng 動 차례차례 승진하다. 차례로 진급하다. 점점 상승(上昇)하다. 첨차 올라가다. ¶气温～ | 기온이 점점 올라가다. ¶张副校长～为校长了 | 장부총장이 (총장을) 이어 승진하여 총장이 되었다.
【递送】dìsòng 動 ❶ (공문서를) 발송하다. 부치다. 보내다. ¶～公文 | 공문을 발송하다. ❷ 순서대로 보내다. ❸ (우편물을) 배달하다.
【递眼色(儿)】dì yǎnsè(r) 動組 눈짓하다. ¶我给他～, 但他就是不理会 | 내가 그에게 눈짓을 해도, 그는 알아 차리지 못한다 =〔使shǐ眼神(儿)〕
4【递增】dìzēng 動 점증하다. 차츰 늘어나다. 체증(遞增)하다. ¶每年～百分之五十以上 | 매년 50% 이상 증가한다 =〔递加〕

·di ㄉ丨˙

【地】·di ☞ 地 ·de

diǎ ㄉ丨ㄚˇ

【嗲】diǎ 아양떨 다
動 方 아양을 떨다. 어리광을 부리다. ¶发～ | 응석부리다. ¶他那么大了还～ | 그는 그렇게 컸는데도 아직도 어리광을 부린다. ¶～里～气的样子 | 어리광 부리다.

diān ㄉ丨ㄢ

4【掂〈战〉】diān 손바닥에얹을 점
動 손대중으로 무게를 가늠하다. 손바닥에 얹어 무게를 알아보다. ¶你～一～这棵白菜有多重 | 이 배추의 무게가 얼마나 되는지 손짐작해 보시오.
【掂对】diān·dui 動 方 ❶ 어림쳐서 헤아리다. 짐작하다. ¶大家～, 看怎么办好 | 다들 어떻게 하면 좋을지 생각해 보십시오. ❷ (임무·근무를) 바꾸다 ‖ =〔掂配pèi〕
【掂掇】diān·duo 動 ❶ 손대중으로 무게를 가늠하다. ¶你～这包裹有多重 | 이 소포의 무게가 얼마인지 가늠해 봐라 =〔掂合〕 ❷ 짐작하다. 따져보다. ¶这件事由你～着办吧, 我没有甚么意见 | 이 일은 당신이 따져보고 처리하시오, 나는 아무 의견도 없으니까 =〔掂算〕 ❸ 추측하다. 헤아리다. ¶我～着那么办能行 | 내 추측으로는 그렇게 하면 될 수 있을 것 같다. ¶～了半天, 还没有拿准主意 | 한참동안 헤아려 보았지만, 아직도 좋은 생각이 나지 않았다.
【掂斤播两】diān jīn bō liǎng 成 이해 득실을 시시콜콜히 따지다. 사소한 일에 지나치게 신경 쓰다 =〔掂斤掰bāi两〕〔掂斤簸bǒ两〕〔搬bān斤播两〕
【掂量】diān·liang 動 方 ❶ 손대중하다. 손으로 무게를 가늠하다. ¶他把戒指放在手里一～, 就知道不是纯金的 | 그는 반지를 손에 놓고서 대중해 보자마자 순금이 아니라는 것을 알았다. ❷ 짐작하다. 고려하다. 헤아리다. ¶事情就是这些, 各组回去～着办得了 | 일은 바로 이것들 뿐이니, 각 그룹은 돌아가서 고려하여 처리하면 된다.
【掂三掂】diānsāndiān 動組 京 깊이〔잘〕 생각하다. 심사 숙고하다. ¶凡事都要～ | 무릇 일이란 다 심사 숙고해야 한다.

【滇】Diān 못이름 전
名 ❶ 簡 〈地〉 운남성(雲南省)의 다른 이름. ¶～池 | 운남성에 있는 호수 이름. ❷ 〈史〉 전국시대(戰國時代) 지금의 운남 지방에 있었던 나라 이름.
【滇红】diānhóng 名 〈食〉 전홍차 [운남성(雲南省)에서 생산되는 홍차]
【滇苦菜】diānkǔcài 名 〈植〉 방가지똥 =〔苦苣菜〕

4【颠(顛)】diān 이마 전, 뒤집힐 전
❶ 動 아래 위로 흔들리다. ¶车～得厉害 | 차가 몹시 흔들리다. ¶道路不平, 坐车～得难受 | 도로가 평탄하지 않아 차가 덜컹거려 견딜 수가 없다. ❷ 動 넘어지다. 쓰러지다. ¶～沛pèi↓ ❸ 動 뒤집다. 뒤집히다. ¶书放～倒了 | 책이 거꾸로 놓여 있다. ❹ 動 깡충깡충 뛰다. 달리다. ¶连跑带liánpǎodài～ | 깡충깡충 뛰어가다. ❺ 動 떠나다. ¶我的话没说完, 他就～儿了 | 내 말이 다 끝나지 않았는데도, 그는 가버렸다. ❻ 名 머리꼭대기. 정수리. ¶白发盈～ | 백발이 희끗희끗한 머리. ❼ 名 꼭대기. 끝. ¶山～ | 산꼭대기. ¶树～ | 나무 꼭대기. ❽ 書 名 근본. 시초. ❾ (Diān) 名 성(姓) ❿ 「癫」과 통용 ⇒〔癫diān〕
4【颠簸】diānbǒ 動 (뒤)흔들리다. 요동하다. ¶风大了, 船身更加～起来 | 바람이 세어지자 선체는 더욱 흔들거렸다 =〔颠荡dàng〕
4【颠倒】diāndǎo 動 ❶ (순서·위치가) 뒤바뀌다. 전도하다. ¶把这两个字～过来意思就不同了 | 이 두 글자를 서로 뒤바꾸면 뜻이 달라진다. ¶这一面朝上, 别放～了 | 이 면이 위쪽이니, 거꾸로

놓지 말라. ❷착란(錯亂)하다. 뒤섞여서 어수선하다. ¶神魂～ | 정신 착란이 일어나다 ‖ =〔丁d-īng倒〕〔钉dīng倒〕

【颠倒黑白】diān dǎo hēi bái 成 흑백을〔시비를〕전도하다. 고의로 사실을 왜곡하다.

【颠倒是非】diān dǎo shì fēi 成 시비를 전도하다. ¶要坚持原则, 不能～ | 원칙을 견지해야지, 시비를 전도해서는 안된다.

4【颠覆】diānfù 動 전복하다. ¶成功地～了一个小国的新兴的民主政权 | 한 작은 국가의 신흥 민주 정권을 성공적으로 전복하였다. ¶警惕jǐngtì帝国主义的～和侵略qīnlüè | 제국주의의 전복과 침략을 경계하다.

【颠来倒去】diān lái dǎo qù 成 ❶같은 것을 여러 차례 되풀이하다. ¶就那么点事, 他～地说个没完 | 그까짓 일을 그는 계속해서 곱씹으며 그만두지 않았다. ❷엎치락뒤치락하다 ‖ =〔翻fān来挞去〕

【颠鸾倒凤】diān luán dǎo fèng 喻 남녀가 얽혀 뒹구는 모양 =〔倒凤颠鸾〕

【颠沛】diānpèi 書 ❶動 넘어지다. 엎어지고 자빠지다 =〔颠狈bèi〕〔颠顿dùn〕 ❷動 喻 좌절하다. 고생하다. 곤궁에 빠지다. ❸名 짧은 시간.

【颠沛流离】diān pèi liú lí 成 형편이 어려워져 마구 떠돌다. 영락(零落)하여 유랑(流浪)하다.

【颠扑不破】diān pū bù pò 成 (이론·학설 등이 객관적 사실에 부합하여) 절대로 뒤엎을 수 없다. 움직일 수 없다. 깰 수 없다. ¶～的真理zhēnlǐ | 만고불변(萬古不變)의 진리.

【颠儿(丫子)】diānr(yā·zi) 動 京 ❶나가다. 외출하다. 가출하다. ❷달아나다. 도망치다. 피해버리다. ¶放下筷kuài子就～了 | 젓가락을 놓자마자 달아났다. ❸걷다. ¶就这么几步bùlù路, 我们～着去吧! | 얼마 안되는 거리니까, 걸어갑시다. ❹일을 하다. ¶可他从不当回事, 还成天拖tuō着两条腿tuǐ在地里～～的 | 그는 아무 일도 없다는 듯이, 하루종일 두 다리를 끌면서 밭에서 일을 하고 있다.

【颠三倒四】diān sān dǎo sì 成 ❶(말이나 일을 하는 데) 조리와 순서가 없다. 뒤죽박죽이다. ¶你这个人做事怎么这样～? | 너 이 자식 일을 하는데 어찌 이렇게 엉망이냐? ❷(정신 상태가) 흐리멍덩하다. 몽롱하다. ¶他酒一喝多了, 就～, 满口胡言乱语 | 그는 술을 많이 마셨다 하면, 정신이 몽롱해져 온통 허튼 소리를 지껄인다.

【巅(巔)】diān 산꼭대기 전

名 산꼭대기. ¶山～ | 산꼭대기. ¶～峰fēng | 최고봉.

【巅峰状态】diānfēng zhuàngtài 名組 최상의 컨디션. ¶由于旅途劳顿, 踢球时比平常较为吃力, 所以并没有达到～ | 여독(旅毒)으로 인하여 공을 찰 때 평상시보다 힘이 들어서 최상의 컨디션에 이르지 못하였다.

【癫(癲)】diān 미칠 전

名〈醫〉지랄병. 정신 착란. 간질병. ¶发～ | 方 발광하다 =〔颠⑩〕

【癫狂】diānkuáng ❶名 전광. 광증(狂症) ❷狀 (말·행동거지가) 경박하다. 경솔하다. ¶他言语轻佻, 举止～ | 그는 말이 경망스럽고, 행동거지가 경솔하다.

【癫痫】diānxián 名〈醫〉전간. 지랄병 =〔羊曾风〕〔羊角疯〕

diǎn ㄉㄧㄢˇ

1 ## 【典】diǎn 법 전

❶표준. 기준. 법칙. ¶～范↓ ❷(기준·표준이 되는) 서적. ¶字～ | 자전. ¶词～ | 사전. ❸의식(儀式) 전례(典禮) ¶毕业～礼 | 졸업식. ¶盛～ | 성전. 성대한 의식. ❹전고(典故) ¶用～ | 전고를 인용하다. ¶他写文章爱用～故 | 그는 글을 쓸 때 옛 이야기를 인용하기 좋아한다. ❺名 簡 方 전당포 [주로 전당포의 이름 앞에 사용함] ¶出～房子 | 집을 저당 잡히다. ❻書 주관하다. 맡아하다. ¶～试 | 시험치는 것을 맡아서 주관하다 또는 그 관리. ❼(Diǎn) 名 성(姓)

【典当】diǎndàng ❶動 저당〔전당〕잡히다. ¶～业重新兴隆 | 저당업이 다시 홍성하다 =〔典押yā〕〔典质〕 ❷名 전당포 =〔当dàng铺〕

【典范】diǎnfàn 名 전범. 모범. 본보기.

【典故】ⓐ diǎngù 名 ❶전고. ¶这个成语儿有甚么～? | 이 성어는 어떤 전고가 있는가? ❷까닭. 이유. 사정. ¶其中必有～ | 그 가운데는 반드시 까닭이 있다.

ⓑ diǎn·gu 名 (여러 가지의) 요구〔주문〕 ¶那个人～太多了 | 저 사람은 요구하는 게 너무 많다.

【典籍】diǎnjí 名 전적. ¶先秦～ | 선진의 전적 =〔典册〕〔典策〕〔牒dié籍〕

【典借】diǎnjiè 動 저당을 잡히고 빌다.

3【典礼】diǎnlǐ 名 전례. 의식(儀式) ¶毕业～ | 졸업식. ¶举行～ | 식을 거행하다. ¶结婚～ | 결혼식. ¶开幕～ | 개막식.

【典卖】diǎnmài 動 다시 사는 조건으로 팔다 =〔活huó卖〕⇔〔绝jué卖〕

【典妻鬻子】diǎn qī yù zǐ 成 아내를 전당 잡히고 자식을 팔아먹다. 몹시 가난하다.

3【典型】diǎnxíng ❶名 전형. 전형적임. ❷形 전형적이다. 전형적인. ¶～人物 | 전형적인 인물. ¶～事例shìlì | 전형적인 사례. ¶～性 | 전형성. ¶树立～ | 전형을 수립하다.

【典押】diǎnyā ⇒〔典当①〕

【典雅】diǎnyǎ 書 形 전아하다. 우아하다 [주로 문사(文詞)에 대해서 말함] ¶文笔～ | 문필이 전아하다.

【典章】diǎnzhāng 名 전장. 법령 제도(法令制度) 제도와 문물(文物) ¶～制度 | 전장 제도. ¶元～ | 원의 법령집(法令集)

【典租】diǎnzū 名 전조 [토지를 저당 잡힌 사람이 담보인에게 내는 지세]

【碘】diǎn (요오드 전)

名〈化〉요오드(iodine) 옥도(沃度) ¶～锌 | 요오드화 아연(亞鉛) ¶～量滴定法 | 요드 적정법.

【碘仿】diǎnfǎng 名〈化〉요드포름(iodoform) =

〔三sān碘甲烷〕〔黄huáng碘〕
【碘化银】diǎnhuàyín 名〈化〉요드화 은(silver iodide, AgI)
【碘酒】diǎnjiǔ 名〈藥〉옥도정기(沃度丁幾)＝〔碘酊〕
【碘钨灯】diǎnwūdēng 名 요오드 등.

1【点(點)】diǎn 점 점 ❶(~儿) 名 점. 얼룩. ¶黑~儿｜검은 점. ¶斑bān~儿｜반점. ¶墨~儿｜잉크 얼룩. ❷(~儿) 名 (액체의) 방울. ¶水~儿｜물방울. ¶雨~儿｜빗방울. ❸(~儿) 名 (한문 자획의 하나인) 점(丶) ¶三~水｜삼수변(氵) ❹ 名 일정한 지점. 일정한 위치. ¶起~｜기점. 시발점. ¶终~｜종점. ¶顶~｜정점. ¶沸fèi~｜비등점. ❺ 名 사물의 한 방면. 한 부분. 한 측면. ¶缺~｜결함. ¶要~｜요점. ¶有两~要注意｜두 가지 면에서 주의를 해야 한다. ❻ 名 시(时) 시간. 시점. ¶上午九~｜오전 9시. ¶现在几~｜지금 몇 시입니까? ¶到~了, 咱们开会吧｜시간이 되었다. 회의를 시작하자. ¶上班的钟~｜출근시간. ❼ 名 거점. 근거지. ¶居民~｜주거지역. ❽ 名〈数〉(기하에서의) 점. ¶两线的交~｜두 선의 교차점. ❾(~儿) 名〈数〉소수점. ¶四~六｜4.6 ❿ 名 옛날 시간 단위의 일종 [「更」의 5분의 1에 해당함] ⓫ 名〈印出〉포인트(point) [활자의 크기를 나타내는 단위] ⓬ 名〈音〉운판 [옛날 절에서 사용하던 구름 무늬를 청동판에 새긴 타악기의 일종]＝〔云版〕 ⓭ 간식. 가벼운 식사. ¶茶~｜다과. ⓮ 動 점을 찍다. ¶~句｜구두점을 찍다. ¶评~｜시문(詩文)의 중요한 곳에 점을 찍다. ⓯ 動 일일이 대조·조사하다. 하나 하나 점검하다. ¶你~~件数儿对不对｜수가 맞는지 하나하나 세어서 대조해 보아라. ¶~明↓ ⓰ 動 (머리를) 끄덕이다. (손을) 상하로 움직이다. ¶他~了头就算答应了｜그는 고개를 끄덕이고 승낙하려 하였다. ⓱ 動 (가볍게) 건드리다. 스치다. ¶用手指头轻轻一~｜손가락으로 살짝 건드리다. ⓲ 動 (액체 방울을) 떨구다. ¶~眼药｜안약을 넣다. ⓳ 動 불을 켜다. 불을 붙이다. ¶~蚊wén香｜모기향에 불을 붙이다. ¶他是火爆性子, 一~就着zháo｜그는 격하기 쉬운 성격이어서 조금만 불을 붙여도 발끈한다. ⓴ 動 지적하다. 깨우쳐 주다. 귀띔하다. ¶稍微一~就知道｜조금만 지적해 주어도 바로 안다. ㉑ 動 지정하다. 지명하다. 주문하다. ¶~菜↓ ¶~戏xì↓ ¶把他~出来｜그의 이름을 지목하여 불러내다. ㉒ 動〈農〉점파(點播)하다. 점뿌림하다. ¶~花生｜땅콩을 점파하다. ㉓ 動 장식하다. ¶装~｜꾸미다→〔点缀〕 ㉔(~儿) 量 약간. 조금. 소량 어법 ⓐ 수사는 「一」와 「半」만이 올 수 있으며, 구어(口語)에서 「一」는 생략됨. ¶他今天好~了｜그는 오늘 좀 나아졌다. ¶半~儿声音也没有｜소리가 조금도 나지 않는다. ¶我一~儿都不要｜나는 조금도 원하지 않는다. ⓑ 「点」과 「些」의 비교⇒〔些xiē〕 ㉕(~儿) 量 가지 [사항·의견·희망·내용을 세는 말] ¶三~竟见｜3가지 의견. ¶内容大致有四~｜내용은 대강 4가지가 있다.

【点兵】diǎn/bīng 動 병사를 소집하여 검열하다. 병사들을 점호하다. 군인을 점검하다.
【点兵派将】diǎn bīng pài jiàng 威 병사를 뽑고 장수를 파견하다. 일에 맞게 인원을 배치하다. 적절한 인원을 수배하여 배치하다. ¶对方~准备zhǔnbèi大战zhàn一场｜상대방이 병사를 뽑고 장수를 파견하여, 한차례 큰 전쟁을 준비하다＝〔点兵遣将〕
【点播】diǎnbō ❶ 名〈農〉점파. 점뿌림. ¶~机｜점파기＝〔点种zhǒng〕〔点籽〕→〔条tiáo播〕 ❷ 動 (방송에서) 리퀘스트(request)하다. ¶听众~的音乐节目｜청취자 리퀘스트 음악 프로그램.
【点拨】diǎn·bo 動 口 ❶ 지적하여 가르치다. 이끌어 주다. ¶你~~他吧｜자네 그를 좀 이끌어 주게나＝〔指点①〕 ❷ 부추기다. 꼬드기다. 교사(教唆)하다.
【点不透】diǎn/bu tòu 動組 지적해도 통하지 않다. ¶那件事我怎么点也他~｜그 일은 내가 아무리 지적해도 그에게는 통하지 않는다.
【点补】diǎn·bu 動 요기하다. ¶先~点儿点心, 等会儿吃饭吧｜우선 과자로 좀 요기를 하고, 이따가 밥을 먹읍시다.
【点菜】diǎn/cài 動 요리를 (지정하여) 주문하다. ¶你是客人, 由你~｜네가 손님이니, 네가 요리를 주문해.
【点唱】diǎnchàng 動 구극(舊劇)이나 가곡의 곡목을 지정하여 공연하게 하다＝〔点曲〕→〔点戏〕
【点穿】diǎnchuān ❶⇒〔点破〕 ❷⇒〔揭jiē发〕
【点窜】diǎncuàn 動 점찬하다. 문장의 자구(字句)를 고치다. ¶经他一~, 这篇文章就好多了｜그의 수정을 거치니 이 문장은 훨씬 좋아졌다.
【点灯】diǎn/dēng 動 점등하다. 전등을 켜다. 등불을 켜다.
【点滴】diǎndī 名 ❶ 낱낱의 물방울. ❷ 사소. 약간. ¶重视别人的~经验｜다른 사람의 사소한 경험을 중시하라. ¶这批资料是点点滴滴积累起来的｜이런 자료들은 조금씩 조금씩 모아진 것이다. ❸〈醫〉점적(주사) 링거(ringer)주사. ¶打葡萄糖~｜포도당 점적 주사를 놓다.
【点发】diǎnfā ❶ 名 점사(點射)＝〔点射〕 ❷ 動 (특정 내용을) 정기 간행물에 실어 달라고 요청하다. ¶上海徐玉海等读者~「妈妈的吻」这首歌｜상해의 서옥해 등의 독자들이 「어머니의 입맞춤」이라는 이 곡을 실어줄 것을 신청했다＝〔点载〕
【点鬼火】diǎn guǐhuǒ 動組 도깨비불을 붙이다. 喻 음모를 꾸미다. 은근히 부채질하다.
【点焊(接)】diǎnhàn(jiē) 名 動〈工〉점용접(點溶接)(하다]＝〔点熔接〕
【点化】diǎnhuà 動 점화하다. 신선이 법술(法術)을 사용하여 사물을 변화시키다. 喻 교화(教化)하다.
4【点火】diǎn/huǒ 動 ❶ 점화하다. 불을 붙이다. ¶~装置｜점화장치. ¶~药｜점화약. ¶~器｜점화기→〔对duì火〕〔生shēng火①〕 ❷ 喻 사람을 부추겨서 소란을 일으키게 하다. 선동(煽動)하다. ¶你不要在旁边~｜너는 옆에서 선동하지 마라.

【点货】diǎn/huò 動 ❶ 물품을 조사하다. ¶他们在后仓～ | 그들은 뒷창고에서 물품을 조사한다. ❷ 상품의 재고 조사를 하다.
【点饥】diǎn/jī 動 요기하다. ¶吃个馒头～ | 만두를 먹고 요기하다.
【点将】diǎn/jiàng 動 ❶ (중국 전통극에서) 사령관이 장군을 지명하여 임무를 부여하다. 譬 지명하여〔선발하여〕 임무를 부여하다. ❷ 선수를 선발하다. ¶此次足球协会～, 在众多球员里, 他被挑上了 | 이번 축구 협회의 선수 선발에서는 많은 선수들 중에서 그가 선발되었다. ❸ 임의의 사람을 지명하여「划huá拳」을 해서 지는 사람이 질 때마다 술을 마시다 [연회석에서「划拳」을 하는 방법의 하나]→〔划huá拳②〕
【点金成铁】diǎn jīn chéng tiě 成 喻 남의 훌륭한 문장을 손을 대서 오히려 나쁘게 만들다. ¶您的稿子写得真不错, 我这一改倒是～了 | 당신의 원고는 참으로 잘 쓰셨습니다. 그것을 제가 고쳐 오히려 망쳐 놓은 것 같습니다.
【点金乏术】diǎn jīn fá shù 成 신선이 돌을 금으로 만드는「点石成金」의 술법이 통하지 않게 되다. 轉 오만가지 책략〔술책〕이 다하다. 어찌할 도리가 없다.
【点金术】diǎnjīnshù 名 물건을 금으로 되게 하는 마술.
【点睛】diǎnjīng ⇒〔画huà龙点睛〕
【点亮】diǎnliàng 動 불을 켜 밝게 하다. ¶～了油灯 | 기름 등불을 밝게 켰다.
【点卤】diǎnlǔ 動 두부에 (굳히기 위해) 간수를 치다.
【点卯】diǎn/mǎo 動 옛날 관청에서 관리들을 점호(點號)하다 [묘시(卯時;상오 5시부터 7시까지의 사이)에 점호가 행해졌기 때문에 이렇게 일컬음] 轉 출근을 확인하다. 출근 도장을 찍다. ¶点个卯就走 | 얼굴만 내밀었다가 곧 돌아가다＝〔画huà卯〕
4【点名】diǎn/míng 動 ❶ 출석을 부르다. 점호를 하다. ¶～单 | 출석표. ¶上课前先～ | 수업 하기 전에 먼저 출석을 부르다. ¶～簿bù＝〔点名册〕| 출석부. ❷ 지명(指名)하다. ¶他要求派人支援, ～要你去 | 그가 사람을 파견하여 지원해 줄 것을 요구하니, 네가 갈 것을 지명한다.
【点明】diǎnmíng 動 일일이 명확하게 밝히다. ¶注释中～了书中引语的出处 | 주석에서 책에 인용한 말의 출처를 일일이 밝혀 놓았다.
【点炮】diǎn/pào 動 꽃불이나 폭약에 불을 붙이다.
【点破】diǎnpò 動 ❶ (뾰족한 것으로) 톡 건드려 터뜨리다. ❷ (진상(眞相)을) 폭로하다. 지적하다. 간파하다. ¶开头我也没有留神, 倒是我屋里人给我～的 | 처음에는 나도 주의를 하지 않았는데, 오히려 내 집사람이 지적해 주었다. ¶我没有～他的真实意图 | 나는 그의 진정한 의도를 간파하지 못하였다 ‖＝〔点穿①〕
【点钱】diǎn qián 돈을 세어 보다. ¶当面～不为薄 | 면전에서 돈을 세어 본다 해서 박정한 것은 아니다. 돈은 그 자리에서 세어 보아야 하는 법이다.
4【点燃】diǎnrán 動 불을 붙이다. 점화하다. ¶～一枝香烟 | 담배에 불을 붙이다. ¶由国际奥委会主席～了火炬 | 국제 올림픽 위원회 위원장이 성화에 점화했다.
【点染】diǎnrǎn 動 ❶〈美〉그림 그릴 때 점경(點景)하거나 색칠을 하다. ❷ 轉 문장을 수식하다. 윤색(润色)하다.
【点射】diǎnshè ⇒〔点发①〕
【点收】diǎnshōu 動 일일이 검사하여 접수하다. ¶按清单～物品 | 명세서에 근거하여 물품을 일일이 검사하여 접수하다＝〔点接〕
【点题】diǎn/tí 動 (담화나 문장의 요점을) 요약해 내다.
【点铁成金】diǎn tiě chéng jīn 成 (신선 이야기 중에 신선이) 손가락을 조금 무쇠에 대어 술법으로 금을 만들다. 남의 글을 조금 다듬어서 훌륭한 글이 되게 하다. ¶这稿子经您一改, 真是～了 | 이 원고는 당신이 손질하자 참으로 훌륭해졌습니다＝〔点石成金〕⇔〔点金成铁〕
【点头(儿)】diǎn/tóu(r) 動 (동의·승인·찬성·인사 등의 표시로) 머리를 끄덕이다. ¶～打招呼 | 꾸벅 인사하다. ¶点了下头 | 머리를 끄덕였다. ¶～之交 | 일면식(一面識)의 친분＝〔点首〕
【点头哈腰(儿)】diǎntóu hāyāo(r) 回 굽실거리다. ¶我最讨厌他～的德性 | 나는 그의 굽실거리는 꼬락서니를 가장 싫어한다＝〔点头躬腰(儿)〕
【点头(儿)票】diǎntóu(r) 名 표를 사지 않고 안면을 팔아 고개를 끄덕하고 차를 타거나 극장에 입장하는 것. ¶在旧社会里地痞, 流氓都使～, 哪有看戏还花钱的! | 구 사회에서는 지방 깡패나 부랑자들은 모두 표도 없이 고개만 끄덕하고 입장했는데, 어디 연극을 구경하면서 돈을 썼겠는가!
【点戏】diǎnxì (극장에서 또는 집에서 손님을 초대해서 구극(舊劇)을 관람할 때) 공연 작품을 지정하여 배우로 하여금 연출하게 하다→〔点唱〕
1【点心】ⓐ diǎn/xīn 動 方 요기하다. ¶吃点儿饼干～～ | 비스켓을 조금 먹어 요기하다.
ⓑ diǎn·xin 名 간식(間食) 가벼운 식사. ¶～铺pù | 과자점. ¶～盒子 | 과자 상자.
【点穴】diǎn/xué 動 ❶ (권법에서 손가락에 전신의 힘을 모아) 급소를 찌르다. ❷ 지관(地官)이 묏자리를 잡다.
【点雁儿】diǎnyànr 名 한자 부수의 엄호(广)변.
【点药】diǎn/yào 動 약을 넣다. 물약을 떨어뜨리다.
【点阅】diǎnyuè 動 ❶ 하나 하나 검사하다. 일일이 조사하다. ❷ 점을 찍어가며 읽다. 열람하다. ¶～古籍 | 고서를 점을 찍어가며 읽다.
【点着】diǎnzháo 動 점화하다. 불을 붙이다. ¶天黑了, 路灯都～了 | 날이 어둡자 가로등이 모두 켜졌다. ¶屋里～灯 | 방에 불이 켜져 있다.
1【点钟】diǎnzhōng 名 ❶ 시(時) ¶五～ | 5시 ❷ 시간. ¶三～的工夫 | 세 시간 동안.
【点种】ⓐ diǎn/zhǒng 動〈農〉점파(點播)하다.
ⓑ diǎnzhòng 名〈農〉점파(點播) 점뿌림＝〔点播①〕
4【点缀】diǎn·zhui 動 ❶ 꾸미다. 장식하다. 아름답게 하다. ¶这个庭园的树木又好又多, 再摆上几块太湖石～～, 够多么好啊! | 이 정원의 수목은 좋고 많은데, 태호석을 몇 개 더 놓아 꾸미면 정말 얼마나 아름답겠는가! ❷ 숫자〔머릿수〕를 채

우다. 구색을 맞추다.
【点籽】diǎnzǐ ⇒〔点播①〕
4【点子】diǎn·zi ❶名 (액체의 작은) 방울. ¶雨～｜빗방울. ❷名 점. 작은 흔적〔자국〕¶黑～｜검은 점. ¶油～｜기름 얼룩. ❸名 타악기(打樂器)의 박자〔리듬〕¶踩着鼓～跳舞｜북의 리듬에 맞추어서 춤을 추다. ❹量 方 소량(少量) 약간. ¶这个病抓～药吃就好了｜이 병은 약을 조금 지어 먹으면 곧 낫는다. ❺名 급소. 관건. 요점. 키 포인트. ¶他的话说到～上｜그의 말은 핵심을 찌르고 있다. ❻名 생각. 방법. ¶鬼～｜나쁜 생각. ¶这是谁出的～?｜이것은 누가 해낸 생각이냐? ¶他肚子里鬼～真多｜그의 뱃속에는 나쁜 생각이 정말 많다. ❼名 方 모양. 형편. 낌새. ¶一看～不对, 就逃跑了｜낌새가 좋지 않다고 보자, 곧 도망쳤다. ❽名 方 암시. 의미. ¶他挥手想叫她回去, 可是她不懂这个～｜그는 손을 흔들어서 그녀에게 돌아가게 하려 하였으나, 그녀는 이러한 뜻을 알지 못했다.
【点字元印刷】diǎn zì yuán yìn shuā 名組〈電算〉도트(dot) 인쇄.

【踮〈跕〉】diǎn 밟을 점

動 발돋움하다. 발끝으로 서다. ¶～着脚看｜발돋움하고 보다. ¶～着脚拿桌子上的东西｜발돋움하고서 탁자 위의 물건을 집다.
【踮脚(儿)】diǎnjiǎo(r) 動 方 절룩거리다.

diàn ㄉㄧㄢˋ

1【电(電)】diàn 번개 전, 전기 전

❶名 전기. 전력. ¶走～了｜누전 되다. ¶～没了｜정전이 되었다. 전지가 떨어지다. ¶～改变了农村的面貌｜전기가 농촌의 양상을 변화시켰다. ❷名 簡「电报」(전보),「电话」(전화)의 약칭. ¶急～｜급전. ¶贺～｜축전. ¶～文｜전보문. ❸名 번개. ¶闪～｜번개. ❹動 감전되다. ¶电门可能有毛病了, 我一开灯, ～了我一下｜내가 불을 켤 때 감전되는 것을 보니, 아마 스위치에 결함이 있는 것 같다. ❺動 簡 전보 치다. ¶～贺hè↓
【电棒(儿)】diànbàng(r) 名 方 손전등 =〔手shǒu电筒〕
2【电报】diànbào 名 전보. 전신. ¶打dǎ～｜전보를 치다. ¶普通～｜보통 전보. ¶加急～=〔急电〕｜지급 전보. ¶～局jú｜전신국. ¶～纸zhǐ=〔电报稿纸〕〔电报单〕｜전보 발신지. ¶～密mì码书｜전보 암호서. ¶～码本｜코드 북(code book) ¶～儿｜전신기. ¶～线｜전신선. ¶～音响器｜전신 음향기. ¶～交换｜텔렉스(telex) ¶传chuán真～｜팩시밀리(facsimile) 전보. ¶～费｜전보료. ¶～员｜전보통신원.
【电报挂号】diànbào guàhào 名組 전신 약호 =〔电挂〕
【电笔】diànbǐ 名 전기 연필.
【电表】diànbiǎo 名〈電氣〉❶ 테스터(tester) 회로계(回路計) =〔电计〕❷ 전기미터(meter) 적산 전력계(積算電力計) =〔电度表〕
2【电冰箱】diànbīngxiāng 名 전기 냉장고.
【电波】diànbō ⇒〔电磁波〕
【电铲】diànchǎn ⇒〔掘jué土机〕
【电场】diànchǎng 名〈物〉전장(electric field) 전계(電界) ¶～强度｜전계 강도.
【电厂】diànchǎng 名 ❶ 발전소. ¶～内噪音很大｜발전소 내에 소음이 매우 크다. ❷ 전기 기계 공장.
【电唱机】diànchàngjī 名 전기 축음기. 전축 =〔电唱盘〕〔方 电转儿〕
1【电车】diànchē 名 ❶ 전차. ¶～司机｜전차 운전기사. ¶～站｜전차 정류소. ¶～厂chǎng｜(전차) 차고. ¶～道｜전찻길. ❷ 트롤리 버스(trolley bus) 무궤도 전차 =〔无wú轨电车〕❸ 北 옛날, 자동차의 속칭.
【电陈】diànchén 書 動 (사유를) 전보로 진술하다. ¶详情～｜상세한 상황을 전보로 진술하다.
3【电池】diànchí 名 전지. ¶干gān～｜건전지. ¶太阳能～｜태양전지. ¶～组｜바테리(battery) →〔电瓶〕
【电船】diànchuán ⇒〔汽qì船〕
【电传】diànchuán 動 전송(電送)하다.
【电传打字机】diànchuán dǎzìjī 名組 텔레타이프라이터(teletypewriter) =〔电传打字电报机〕→〔打字电报机〕
【电锤】diànchuí 名 전기 해머(hammer)
【电磁】diàncí 名〈物〉전자.
【电磁波】diàncíbō 名〈物〉전자파 =〔电波〕〔电浪〕
【电磁场】diàncíchǎng 名〈物〉전자장.
【电磁感应】diàncígǎnyìng 名組〈物〉전자 감응. 전자 유도.
【电磁铁】diàncítiě 名〈物〉전기 자석.
【电大】diàndà 名 簡「广播电视大学」(방송통신대학) ¶他在～学习英语｜그는 방송통신대학에서 영어를 배운다. =〔电视大学〕
1【电灯】diàndēng 名 전등. ¶安一盏zhǎn～｜전등을 하나 달다. ¶六十支zhī(烛zhú)光的～｜60촉광 전등→〔荧yíng光灯〕
【电灯泡(儿)】diàndēngpào(r) 名 ❶ 전구(電球) =〔灯泡(儿)①〕〔电灯泡子〕❷ 轉 (아무리 타일러도) 알아듣지 못하는 사람. 도리를 분별 못하는 사람. 벽창호. ❸ 罵 대머리. ❹ (연애하는 사람의) 방해꾼. 훼방꾼 [어두운 곳에서 남녀가 밀애할 때 갑자기 전등이 켜지면 밝아져 방해를 받는 데서 유래]
【电动】diàndòng 區〈電氣〉전동(電動) ¶～裁判器｜(펜싱의) 전기 심판기(電氣審判器) ¶～泵｜전동 펌프(pump) ¶～车｜전동차. ¶～剃刀｜전기 면도기. ¶～挠草机｜전기 제초기. ¶～回转罗盘｜전동 회전 나침반. ¶～机车｜전기 기관차. ¶～记分牌｜전동 득점 게시판. ¶～力｜전기 동력. ¶～吸尘机=〔电动聚尘机〕｜전기 청소기. ¶～自动门｜자동문.
4【电动机】diàndòngjī 名 전동기. 모터(motor) =〔北 电滚子②〕〔北 滚gǔn子②〕〔外 马mǎ达〕
【电(动)势力】diàn(dòng) 名組〈物〉기전력(起電力; electromotive force) [실용단위는 볼트(V)임]
【电度表】diàndùbiǎo 名〈電氣〉적산 전력계. 전기

계량기. 전기 미터(electric meter) =〔电表②〕

【电镀】diàndù 名動 전기 도금(하다) ¶~术 | 전기 도금술.

【电饭煲】diànfànbào 名粤 전기 (밥)솥. ¶自动~ | 자동 전기 밥솥.

【电饭锅】diànfànguō 名 전기 (밥)솥. ¶用~做饭很方便 | 전기 밥솥으로 밥을 하면 매우 편리하다 =〔电锅①〕

【电(风)扇】diàn(fēng) 名 선풍기. ¶吊diào式~ | 천장 선풍기. ¶台tái式~=〔台(风)扇〕| 탁상 선풍기. ¶立式~ | 스탠드 선풍기 =〔电扇〕→〔风扇②〕

【电感】diàngǎn 名〈電氣〉인덕턴스(inductance) =〔感应yìng率〕

【电稿】diàngǎo 名 전문(電文)의 원고. 전문안(電文案) ¶我替他起草了一份~ | 나는 그를 대신하여 전문의 원고 한부를 기초하였다.

【电镐】diàngǎo 名〈機〉❶ 전기 착암기. ❷ 전기〔동력〕삽 =〔电diàn铲〕

【电告】diàngào 書動 전보로 통지·보고하다 =〔电致〕

【电工】diàngōng 名 ❶ 전기공학(電機工學) ❷ 전공. 전기 기술자. ❸ 전기 기술.

【电工学】diàngōngxué 名 전기공학. 전기 응용을 연구하는 기초 이론 과학.

【电功率】diàngōnglǜ 名〈電氣〉전력(電力) ¶~计 | 전력 계량기 →〔瓦wǎ特〕

【电灌】diànguàn ❶ 名 전기를 이용하여 양수나 관개를 하는 것. ❷ 動 전기를 사용하여 양수(揚水)·관개(灌漑)하다.

【电灌站】diànguànzhàn 名 전기 관개·양수 펌프장. ¶建立小型~ | 소형 전기 양수 펌프장을 건립하다.

【电光】diànguāng 名 ❶ 전광. ¶修理电器时, 如不小心, 就会发生~ | 전기 기구를 수리할 때 조심하지 않으면 스파크가 생긴다. ❷ 번갯불. ❸ 喩 시각의 짧음·행동의 민첩함을 비유함. ¶疾如~ | 번개처럼 빠르다.

【电光石火】diàn guāng shí huǒ 成 전광 석화. 몹시 짧은 시간. 몹시 재빠른 동작. ¶他~似的赶快缩了头 | 그는 전광석화같이 재빨리 머리를 움츠렸다 =〔石火电光〕

【电滚子】diàngǔn·zi 名方 ❶ 발전기. ❷ 전동기 =〔电动机〕〔马mǎ达〕

【电锅】diànguō ❶ ⇒〔电饭锅〕❷ 名 전기 보일러.

【电焊】diànhàn ❶ 名 전기 용접. ¶~工 | 전기 용접공. ❷ 動 전기 용접하다.

【电荷】diànhè 名〈電氣〉전하. 대전(帶電) 하전(荷電) ¶正~ | 양전하. ¶负fù~ | 음전하.

【电贺】diànhè 動 전보로 축하하다.

【电弧】diànhú 名〈電氣〉전호(電弧) 전기 불꽃 아크(arc) [전호는 고온과 센 빛을 발생시켜 조명과 용접·제련 등에 사용함] ¶~炉 | 전호로. 아크로. ¶~挠切机 | 아크 절단기.

【电花】diànhuā 名 전기 불꽃. 스파크(spark) ¶~闪闪shǎn | 전기 불꽃이 번쩍이다 =〔电气火花〕〔电火花〕

【电化教育】diànhuà jiàoyù 名 시청각 교육. ¶发展~ | 시청각 교육을 발전시키다 =〔簡 电教〕〔视听教学〕

1【电话】diànhuà 名 전화. ¶打~ | 전화를 걸다. ¶~(号码)簿 | 전화 번호부. ¶~间 | 전화실. ¶~用户 | 전화 가입자. ¶~机 | 전화기. ¶~铃líng | 전화벨. ¶~线 | 전화선. ¶无线~ | 무선 전화. ¶长途~ | 장거리 전화. ¶自动~ | 자동 전화. ¶市内~ | 시내 전화.

【电话会议】diànhuà huìyì 名組 전화 회의. ¶中央召开~, 传达新的经济政策 | 중앙에서 전화 회의를 소집하여, 새 경제 정책을 전달하다.

【电汇】diànhuì 名 전신환(電信換)

【电机】diànjī 名〈電氣〉전기 기계 [주로 전동기·발전기 등을 말함] ¶~厂 | 전기 기계 공장. ¶~系 | 전기기계학과.

【电击】diànjī 名 전격. 전기충격 [강한 전류를 갑자기 몸에 받을 때에 일어나는 충격] ¶他不幸受~而死了 | 그는 불행하게도 전기 충격을 받아 죽었다.

【电极】diànjí 名〈物〉전극. ¶阳~ | 양전극. ¶阴~ | 음전극.

【电加工】diànjiāgōng 名〈物〉전기가공 [전기를 써서, 비교적 경도(硬度)가 높은 금속을 가공하는 것]

【电键】diànjiàn 名 전건. 전화 전신용의 키.

【电教】diànjiào ⇒〔电化教育〕

【电解】diànjiě 名〈化〉전해. 전기 분해. ¶~铜 | 전해동. 전기동. ¶~铁 | 전해철. ¶~机床 | 전해 공작 기계. ¶~槽 | 전해조.

【电解质】diànjiězhì 名〈化〉전해질.

【电介】diànjiè 名〈電氣〉유전(誘電) ¶~器 | 유도 전동기. ¶~物 | 유도 전동기물.

【电介质】diànjièzhì 名〈物〉전매질(電媒質) 유전체. 절연체. 부도체(不導體) =〔绝缘体〕

【电晶体】diàn jīngtǐ 名〈電算〉트랜지스터(transistor)

【电抗】diànkàng 名〈物〉전기 저항(電氣抵抗)

【电缆】diànlǎn 名 ❶〈電算〉케이블(cable) ¶海底~ | 해저 케이블. ❷〈電氣〉코드(cord)

【电烙铁】diànlàotiě 名 ❶ 전기다리미→〔电熨yùn(斗)〕❷ 전기 납땜 인두.

【电离】diànlí 名 ❶〈電氣〉이온화. 전리(電離) ❷〈化〉이온화 [전해질(電解質)이 용액 가운데서 이온을 형성하는 현상]

【电离层】diànlícéng 名〈物〉전리층 [대기의 상층에 있어 전파를 반사하는 층]

3【电力】diànlì 名 전력.

【电力网】diànlìwǎng 名 (각각의 발전소용 전선을 연결하여 만든) 전력 계통. ¶建立农村~ | 농촌 전력 계통을 만들다 =〔电力系统〕〔电系〕〔供gōng电系统〕

【电力线】diànlìxiàn 名 ❶〈物〉전력선. 전기역선 [전장(電場)안에 있어서의 전장의 크기와 방향을 나타내는 곡선] ❷ (송)전선.

【电量】diànliàng 名〈電氣〉전량. 전기량 [물체가 전하(電荷)를 띤 양]

【电疗】diànliáo ❶ 名〈醫〉(물리치료의 일종인) 전기 치료. 전기 요법. ¶～法fǎ | 전기 치료법. ¶治关节炎可以用～ | 관절염 치료에 전기 요법을 사용한다. ❷ 動 전기 치료하다.

【电铃】diànlíng 名 초인종. 벨. 전기 종. ¶～响了 | 초인종이 울렸다. ¶按～ | 벨을 누르다.

[3]【电令】diànlìng ❶ 動 전보로 명령하다. ❷ 名 전령. 전명(電命) ‖ ＝〔电饬chì〕

[3]【电流】diànliú 名〈電氣〉전류.

【电流表】diànliúbiǎo 名 전류계 ＝〔安ān培计〕〔电流计〕

[3]【电炉】diànlú 名 ❶ (가정용) 전기 난로. 전기 스토브(stove) ❷ 전기 풍로 ＝〔电灶zào〕❸ (공업용) 전기로(melting furnace) ❹ (요리용) 전기 히터. 음식용 보온기.

[4]【电路】diànlù 名〈電氣〉전로. (전기)회로(回路) ＝〔轮lún道〕

【电路图】diànlùtú 名 전기 회로도.

【电驴(子)】diànlǘ(·zi) 名 方 오토바이 ＝〔机器脚踏车〕〔摩mó托车〕

【电码】diànmǎ 名 ❶ 전신 부호. ¶莫Mò尔斯～ | 모르스 부호(Morse 符號) ¶明～ | 보통 전신부호. ¶密mì～ | 암호 전신부호. ❷ 중국에서 한자(漢字)로 전보칠 때 「电」자를 7193처럼 4개의 숫자를 사용하여 한 개의 한자를 나타내는 것도 「电码」라 부름.

【电鳗】diànmán 名〈魚貝〉전기 뱀장어.

【电门】diànmén 名 (전기) 스위치(switch) ＝〔开kāi关①〕

【电木(胶)】diànmù(jiāo) 名〈化〉베이클라이트(bakelite) 석탄산수지. 페놀수지 [석탄산과 포름알데히드(form aldehyde)를 합성시켜 만든 합성 수지. 재질이 견고하며, 표면에 광택이 있고, 주로 전기 절연재료(絶緣材料)로 사용함]＝〔酚fēn醛塑胶〕

[3]【电脑】diànnǎo 名〈電算〉컴퓨터(computer) 전자 계산기. ¶语音～ | 워드 프로세서(word processor) ¶个人～ | 퍼스널 컴퓨터. ¶笔记本～ | 노트북 컴퓨터. ¶灌进～ 컴퓨터에 입력하다. ¶～存储器～ | 메모리 ＝〔电子计算机〕

【电能】diànnéng 名〈電氣〉전기 에너지(energy)

[4]【电钮】diànniǔ 名 전기 스위치(switch) 누름 단추. ¶按～ | 버튼을 누르다.

【电暖器】diànnuǎnqì 名 전기 스토브.

【电瓶】diànpíng 名 俗 축전지 ＝〔蓄xù电池〕

【电瓶车】diànpíngchē 名 축전지로 움직이는 차.

【电气】diànqì 名 전기. ¶～设备 | 전기 설비.

【电气化】diànqìhuà ❶ 名 전화(電化) ❷ 動 전화(電化)하다.

[3]【电器】diànqì 名 전기 기구. ¶家用～ | 가정용 전기 기구.

【电热】diànrè 名 전열. ¶～水壶 | 전기 포트.

【电热杯】diànrèbēi 名 커피포트(pot) ＝〔俗 热得快〕

【电容】diànróng 名〈物〉〈電子〉전기용량 [단위는「法拉」(패러드;farad)임]

【电扇】diànshàn ⇒〔电(风)扇〕

【电石】diànshí 名〈化〉칼슘 카바이드(calcium carbide) 탄화 칼슘. ¶～灯 ＝〔水月灯〕| 카바이드 램프. 아세틸렌 등 ＝〔碳tàn化钙〕

[1]【电视】diànshì 名 텔레비전(television) ¶～机 | 텔레비전. ¶～实况转播 | 텔레비전 생중계 방송. ¶～转播卫星 | 텔레비전 중계 위성. ¶～摄影机 텔레비전 카메라. ¶～收看率(＝收视率) | 텔레비전 시청률. ¶～塔tǎ | 텔레비전 탑. ¶彩色～ ＝〔天然色电视〕| 컬러 텔레비전 ＝〔外 德dé律维雄〕

【电视大学】diànshì dàxué ⇒〔电大〕

【电视机】diànshìjī 名 텔레비전 ＝〔电视接收机〕

【电视剧】diànshìjù 名 텔레비전 방송극.

【电视连续剧】diànshìliánxùjù 名組 텔레비전 연속극 ＝〔连续剧〕

【电视片】diànshìpiàn 名 텔레비전 필름 [인물소개·지역동정을 위주로 한 텔레비전 방송용] ¶制作～ | 텔레비전 필름을 제작하다.

[2]【电视台】diànshìtái 名 텔레비전 방송국. ¶设立专门的教育～ | 전문 교육 텔레비전 방송국을 설립하다 ＝〔电视播送站〕

【电视游戏】diànshìyóuxì 名〈電算〉비디오게임(video game)

【电枢】diànshū 名〈電氣〉전기자(電機子) 발전자. 아마추어(armature) ¶～铁心 | 전기자 철심. ¶～绕组 ＝〔电枢线圈〕| 전기자 권선.

【电死】diànsǐ ❶ 名 감전사. ❷ 動 감전사하다.

【电算器】diànsuànqì ⇒〔电脑〕〔电子计算器〕

[2]【电台】diàntái ❶ 名 방송국. ¶～教jiāo唱歌曲 | 라디오 방송에서 프로그램과 프로그램 사이에 반복하여 방송하는 교육적 내용을 담은 노래 ＝〔广guǎng播电台〕❷ 名 무선 통신기. ❸ ⇒〔无wú线电台〕❹ 名 선박의 무전실. ¶～长 ＝〔一电报员〕| 통신장. ¶～士 ＝〔二电报员〕| 2등 통신사. ¶次席～士 ＝〔三电报员〕| 3등 통신사.

【电烫】diàntàng ❶ 名 파마. ❷ 動 파마하다.

[2]【电梯】diàntī 名 엘리베이터(elevator) ¶～小姐 | 엘리베이터 걸 ＝〔升shēng降机〕

【电筒】diàntǒng 名 손전등. 회중 전등 ＝〔手shǒu电筒〕

【电网】diànwǎng 名 전기를 통해 놓은 철조망.

【电位】diànwèi 名〈電氣〉전위. ¶～计 | 전위계 ＝〔电势〕

【电位差】diànwèichā 名〈電氣〉전위차. 전압 ＝〔电势差〕〔电压〕

【电文】diànwén 名 전문.

【电匣子】diànxiá·zi 名 方 라디오(radio) ＝〔收音机〕〔无线电②〕

[3]【电线】diànxiàn 名 전선. ¶不准私拉～ | 개인적으로 전선을 끌어써면 안된다.

【电(线)杆(子)】diàn(xiàn)gān(·zi) 名 전신주. 전봇대. ¶～上绑鸡毛 | 歇 전봇대에 닭털을 잡아맸군. 배짱이 대단하다. ¶竖～ | 전봇대를 세우다 ＝〔电杆(子)〕

【电信】diànxìn 名 전신. ¶～局 | 전신국.

【电刑】diànxíng 動 전기 고문을 당하다.

【电讯】diànxùn ❶ 名 전보. 급보. ¶世界各地发来

的～ | 세계 각지에서 온 전보. ❷[名]전기 통신. ¶～设备 | 전기 통신 설비. ❸[名]무전 신호. ❹[動]전보·전신·무선으로 통신하다.

[3]【电压】diànyā ⇒〔电位差〕

【电压计】diànyājì [名]〈電氣〉전압계. 볼트미터(Volt meter) =〔电压表〕〔伏fú特计〕→〔瓦wǎ特(小时)计〕

【电眼】diànyǎn [名]〈電氣〉❶사진 판정(photo finish) ¶凭～判决输赢shūyíng | 사진 판정으로 승부를 판결하다. ❷매직 아이(magic eye) [라디오 수신기용의 지시용 진공관]

【电唁】diànyàn [書][動]조전(弔電)을 치다.

【电邀】diànyāo [書][動]전보로 초청하다. 초청 전문을 보내다. ¶我昨天接到中国语言学会的～, 今天已电复应邀了 | 나는 어제 중국언어학회로부터 초청 전문을 받았는데, 오늘 이미 응락 답전을 보냈다.

【电冶】diànyě [名]〈機〉전기 야금 =〔电冶金〕

【电椅(子)】diànyǐ(·zi) [名](사형 집행 등에 사용되는) 전기 의자.

[1]【电影(儿)】diànyǐng(r) [名]영화. ¶有声～ | 유성 영화. ¶宽银幕～ | 와이드 스크린(wide screen) 영화. ¶宽银幕立体～ =〔星涅拉马〕| 시네라마(Cinerama) ¶拍～ | 영화를 촬영하다. ¶放～ | 영화를 상영하다. ¶看～ | 영화를 보다. ¶～迷 =〔影迷〕| 영화 팬. 영화광(狂) ¶～导演 | 영화 감독. ¶～演员 | 영화 배우. ¶～明星 | 영화 스타(star) ¶～胶片jiāopiàn | 영화 필름(film) ¶～界 =〔电影圈儿quānr〕〔影界〕| 영화계. ¶彩色～ | 칼라(colour)영화. ¶～译制厂 | 영화 더빙(dubbing)소. ¶～发行公司 | 영화 배급소. ¶～票 | 극장 입장권. ¶～撮影师 | 영화의 카메라맨(cameraman)

【电影放映机】diànyǐng fàngyìngjī [名組] 영사기.

【电影节】diànyǐngjié [名]영화제. ¶举行～ | 영화제를 거행하다. ¶巴黎城域～ | 파리·칸 영화제(Paris Cannes映畵祭)

【电影片(儿)】diànyǐngpiàn(r) [名](촬영하여 작품화된) 영화 필름(film) ¶～ | =〔影片(儿)①〕

[2]【电影院】diànyǐngyuàn [名]영화관 =〔影(戏)院〕〔影(戏)馆〕

【电影周】diànyǐngzhōu [名]영화 주간. ¶亚洲～在京开幕 | 아시아 영화 주간 북경에서 개막.

【电泳】diànyǒng [名]〈化〉전기 영동(電氣泳動) 전기 이동 [콜로이드(colloid) 용액 속에 양·음 두 전극을 넣고 직류 전압을 가했을 때, 콜로이드 입자가 어느 한 쪽의 전극으로 이동하는 현상. 전기 영동은 각 방면으로 응용 범위가 날로 넓어져 점토(粘土)의 정화·공장의 먼지 제거와 임상진단(臨床診斷) 등 각 방면에서 실제 성공을 거두고 있음]

【电谕】diànyù [動]전보로 지시하다. 분부하다.

[4]【电源】diànyuán [名]〈電氣〉전원(power supply) ¶～开关 | 전원 스위치 =〔供电〕〔电力供应〕

【电晕】diànyùn [名]〈電氣〉코로나(corona) [고압선 주위에 생기는 발광(發光)현상] ¶～放电 | 코로나 방전. ¶～损耗 | 코로나 손실.

【电熨(斗)】diànyùn(·dou) [名]전기 다리미 =〔电熨①〕→〔电烙铁①〕

【电闸】diànzhá [名][北](비교적 대형의 전원(電源)에 사용되는) 스위치(switch) [작은 전등 스위치 같은 것은「电门」「开关①」이라 함]

【电站】diànzhàn [名]발전소. ¶水shuǐ～ | 수력 발전소 =〔电力站〕〔发电站〕〔发电厂〕

【电针疗法】diànzhēn liáofǎ [名組]〈漢醫〉침에 미량의 전기를 통하여 치료하는 요법.

【电钟】diànzhōng [名]전기 시계.

【电珠】diànzhū [名]작은 전구 [손전등에 사용하는 것 같이 작은 것]

【电铸】diànzhù ❶[名]전기 주조. ❷[動]전기 주조하다.

【电转儿】diànzhuànr ⇒〔电唱机〕

[3]【电子】diànzǐ [名]〈物〉전자.

【电子伏特】diànzǐ fútè [名]〈物〉전자 볼트(electron volt)

【电子干扰】diànzǐ gānrǎo [名組]〈物〉델린저 현상(Dellinger 現象)

【电子管】diànzǐguǎn [名]〈物〉전자관. 진공관 =〔真zhēn空管〕〔[俗]灯dēng泡(儿)②〕

【电子光学】diànzǐ guāngxué [名組]전자 광학.

【电子计算机】diànzǐ jìsuànjī ⇒〔电脑〕

【电子计算器】diànzǐ jìsuànqì [名組]전자식 탁상계산기. 컴퓨터 =〔电算器〕

【电子流】diànzǐliú [名]〈物〉전자류.

【电子琴】diànzǐqín [名]전자 오르간. ¶给孩子买一架～ | 아이에게 전자 오르간을 한 대 사주다 =〔电子风琴〕

【电子(手)表】diànzǐ (shǒu)biǎo [名組]전자 손목시계.

【电子束】diànzǐshù [名]〈物〉전자빔(電子beam)

【电子学】diànzǐxué [名]전자 공학.

【电子游戏机】diànzǐ yóuxìjī [名]전자식 오락기=〔电子游艺机〕

【电阻】diànzǔ [名]〈電氣〉저항. ¶绝缘～计 | 절연 저항계. ¶～箱 | 저항 상자.

【电钻】diànzuàn [名]〈電氣〉전기 드릴(drill) 전기 착암기.

【佃】 diàn tián 밭갈 전, 소작인 전, 사냥할 전

[A] diàn ❶[名]소작. ¶永～权 | 영구 소작권. ❷[動]소작을 하다. ¶～来的田 | 소작으로 짓고 있는 밭. ❸[名]소작인.

[B] tián [書][動]❶농사짓다. 경작하다. ❷사냥하다 =〔畋tián〕

【佃户】diànhù [名]소작농가. 소작인. ¶～向地主定期交租来 | 소작인이 지주에게 기한에 맞춰 세를 가져오다 =〔佃客〕〔佃农〕

【佃农】diànnóng ⇒〔佃户〕

【佃权】diànquán [名]소작권.

【佃租】diànzū [名]소작료.

【甸】 diàn 경계 전

❶(～子) [名](옛날에) 교외(郊外)를 일컫던 말. ❷지명에 쓰이는 글자. ¶缅～ | 미얀마. 버마(Burma) ¶桦huà～ | 화전. ❸묵직하

다 →〔沉chén甸甸〕

【甸地】diàndì 名 교외(郊外)

【甸子】diàn·zi 名 方 방목지(放牧地)

【钿(鈿)】diàn tián 나전세공 전

A diàn 名 (금·은 보석으로 만든) 꽃무늬의 장신구. 자개 박이. 나전. ¶螺luó～ | 나전. ¶金～ | 금 꽃 장식.

B tián 名 ❶ 方 경화(硬貨) 동전. ¶铜～ | 동전. ¶洋～ | 은화. ❷ 금전. 비용. ¶几～? | 얼마요? ¶车～ | 차비.

【钿针】diànzhēn 名 보석으로 장식한 비녀. 금을 새겨 박은 비녀.

【阽】diàn ⓧ yán) 위태할 점
書 ❶ 動 위험하다. ¶～危↓ ❷ 動 접근하다. 임박하다.

【阽危】diànwēi 動 위험하다. 위태롭다.

【坫】diàn 잔대 점
書 ❶ 名 옛날에 방 안에 물건을 놓아두던 대(臺)나 선반. ❷ 名 (병풍 등의) 가리개. ❸ 옛날 제후들이 모여 맹약을 맺던 곳.

1【店】diàn 전방 점
名 ❶ 상점. ¶零líng售～ | 소매점. ¶白货商～ | 백화점. ¶收～ | 상점 문을 닫다. ❷ 여관. 여인숙. ¶找了一个～住下了 | 한 여관을 찾아 숙박했다.

【店东】diàndōng 名 (옛날의) 상점 또는 여관의 주인 =〔店主〕

【店家】diànjiā 名 ❶ (여관·술집·식당의) 주인 또는 지배인. ❷ 方 상점. 점포.

【店面】diànmiàn 名 가게 앞.

【店铺】diànpù 名 상점. 가게. 점포 =〔店号〕〔店肆〕

【店小二】diànxiǎo'èr 名 近 음식점·여관·술집의 심부름꾼. 보이.

【店有店规, 铺有铺规】diàn yǒu diànguī, pù yǒu pùguī 諺 轉 객줏집에는 객줏집의 규칙이 있고, 가게에는 가게의 규칙이 있다 [어떤 일이든지 정해진 규칙은 있는 법이다]

4【店员】diànyuán 名 점원 =〔方 店倌guān〕〔店伙huǒ〕〔铺pū伙〕〔店友〕→〔伙huǒ计〕

【店主】diànzhǔ ⇒〔店东〕

【玷】diàn 옥티 점, 이지러질 점
❶ 名 옥의 티. ¶白圭guī之～ | 백옥의 티. ❷ 名 흠. 결점. ❸ 名 치욕. ❹ 動 더럽히다. 흠을 내다. ¶～污↓ ¶～辱↓

【玷辱】diànrǔ 動 더럽히다. 모욕을 당하다. ¶～人格 | 인격을 더럽히다.

【玷污】diànwū ❶ 動 더럽히다. 모욕당하다. ¶～了他的名声 | 그의 명성을 더럽혔다. ❷ 名 오점. 티끌 [비유(比喩)에 많이 쓰임]

3【惦】diàn 염려할 점
動 (그리워하면서) 걱정하다. 염려하다. 간절히 생각하다. ¶心里老～着工作 | 마음은 언제나 일에 대해서 염려하고 있다. ¶请勿～念 | 걱정하지 마시기 바랍니다. 어법 단독으로 쓰일 때는「～着」의 형태로만 쓰임 →〔惦记〕

3【惦记】diànjì 動 늘 생각하다. 염려하다. ¶～在心 | 언제나 마음에 새기고 있다. ¶叫您费心老～着, 谢谢! | 항상 염려해 주셔서 감사합니다 =〔惦挂guà〕〔惦念〕

【惦念】diànniàn ⇒〔惦记〕

【惦着】diàn·zhe 動 염려하다. 걱정하다.

3【垫(墊)】diàn 받칠 점, 빠질 점
❶ 動 (밑에) 깔다. 받치다. ¶桌子不稳, ～一块木片儿 | 책상이 흔들거리니 나무조각을 한 개 받치시오. ¶抽屉chōutì里～一张纸 | 서랍 속에 종이를 한 장 깔다. ❷ 動 (무엇을 넣어) 두텁게 하다. 평평하게 하다. ¶～猪圈 | 돼지우리에 짚이나 흙을 깔다. ¶把院子～平了 | 마당에 평평하게 흙을 깔다. ❸ 動 (공백이나 모자라는 것을) 채우다. 메우다. ¶正戏还没开演, 先～出小戏 | 본 연극이 아직 시작되지 않아서 우선 단막극으로 공백을 메우다. ❹ 動 (우선 돈을) 대신 내다. ¶～钱↓ ¶车费我先给你～上了 | 차비를 우선 내가 대신 냈다. ❺ 動 함입(陷入)하다. 빠지다. ¶～没 | 함몰하다. ❻ (～儿, ～子) 名 깔개. 까는 물건. ¶桌～子 | 책상 깔개. ¶椅～子 | 걸상 깔개. ¶鞋～ | 신 깔개. ❼ 名〈機〉패킹(packing) 틈막이. 끼우개. ¶轴zhōu～ | 차축(車軸) 패킹.

【垫背】diàn/bèi 方 ❶ 動 다른 사람을 대신해서 희생하다. ❷ 動 순장하다. 따라 묻히다. ❸ (diànbèi) 名 대신. 희생물. ¶临死拉一个人作～ | 죽음에 임하여 한사람을 희생물로 끌어들이다. ❹ (diànbèi) 名 죽은 사람의 등 밑에 까는 것 =〔垫被bèi②〕

【垫被】diànbèi ❶ 名 깔 방석. 요 ⇔〔盖gài被〕 ❷ ⇒〔垫背④〕

【垫本】diànběn 動 투자하다. 출자하다. 증자하다.

【垫补】diàn·bu ❶ 動 돈을 입체하다. ❷ 動 方 간식을 먹다 =〔点补〕 ❸ ⇒〔垫底④〕

【垫底(儿, 子)】diàn/dǐ(r·zi) 動 ❶ 밑에 깔다. ❷ (요리 등에서) 주재료로 쓰다. ¶白菜～ | 배추를 주로 하다. ❸ 요기하다. ¶你先吃点儿点心～ | 너는 우선 간식 약간 먹고 요기해. ❹ 선수를 치다. 복선을 깔다 =〔垫补③〕 ❺ (미리) 준비하다.

【垫付】diànfù 動 입체(立替)하다. 잠시 대신 지불하다.

【垫肩】diànjiān 名 ❶ 어깨 받이 [물건을 어깨에 멜 때 대는 두터운 헝겊] ¶买了一副～ | 어깨 받이를 샀다. ❷ 양복의 어깨 부분에 넣는 심. 패드(pad) ‖ =〔护hù肩〕

【垫脚】a diàn/jiǎo 動 ❶ 발을 디디다. 轉 (일이 뒤틀렸을 때) 빠져 나올 틈〔기회〕을 잡다. ¶没有～的地方儿 | 빠져 나올 틈이 없다. ❷ 발로 짓밟다. ¶你别～了 | 발로 짓밟지 말라 ‖ =〔掂diān脚〕

b diàn·jiao 名 口 깃 [외양간·마구간·닭의 둥우리 등에 까는 짚이나 마른 풀]

【垫脚石】diànjiǎoshí 名 ❶ 발판. 디딤돌. ¶他们国家要把香港当dàng～ | 그들 나라에서는 홍콩을 발판으로 삼으려 하고 있다. ❷ 출세의 발판.

【垫圈】a diàn/juàn 動 (가축의) 우리에 깃을 깔아 주다.

b diànquān(r) (～儿) 名〈機〉(고무·쇳조각으

로 된) 좌금(座金) 와셔(washer) ¶开kāi口～=〔C形垫圈(儿)〕| C형 좌금(座金)=〔华huā司〕〔衬chèn片〕

【垫款】diànkuǎn ❶ 名 입체금(立替金) 일시 차입금. ❷ (diàn/kuǎn) 動 돈을 입체하다. ¶替职工～买大米 | 직공을 대신하여 돈을 입체해 쌀을 사다.

【垫平】diànpíng 動 ❶ 평평하게 고르다. ¶把高的地方铲chǎn一铲～了吧 | 높은 데를 깎아서 평평하게 하여라. ¶把亏空的地方～了 | 결손되어진 부분을 메웠다. ❷ 반듯하게 괴다.

【垫钱】diàn/qián ❶ 動 돈을 입체해 주다. ¶我替他～垫得太多了 | 나는 그에게 너무 많이 입체해 주었다. ❷ (diànqián) 名 입체금(立替金)→〔垫款diànkuǎn〕

【垫球】diànqiú 名〈體〉(배구의) 언더 핸드 리시브(under hand receive)=〔垫击〕

【垫上运动】diànshàng yùndòng 名組〈體〉(체조의) 마루운동. ¶女子项目有～,单杠,平衡木,跳箱 | 여자 종목에는 마루운동·철봉·평행봉·뜀틀이 있다.

【垫子】diàn·zi 名 ❶ 방석.깔개. 매트. ¶椅～ | 의자 방석. ¶体操～ | 체조 매트. ¶弹簧～ | 스프링 매트리스. ❷ 월경대의 다른 이름. ¶她现在带～呢 | 그녀는 지금 월경 중이다.

【淀】 ① diàn 얕은물 전
지명에 쓰이는 글자 [얕은 호수라는 뜻을 지님] ¶海～区 | 북경시(北京市)에 있는 구역 이름. ¶茶～ | 하북성(河北省)에 있는 지명.

4【淀(澱)】 ② diàn 찌끼 전, 괼 전
❶ 名 침전물. 앙금. ¶沉～ | 앙금이 앉다. ❷ 전분→〔淀粉〕 ❸ 名 動 침전(시키다) ¶水浑了用矾～一～ | 물이 흐리면 백반으로 침전시켜라. ❹ 名〈染〉쪽의 잎으로 만든 염료.

4【淀粉】diànfěn 名 전분. 녹말. ¶头等～ | 일등 전분. ¶特等～ | 특등 전분. ¶氧yǎng化锌～ | 아연화 전분. ¶用～勾芡gōuqiàn | 전분으로 걸쭉하게 하다. ¶菊jú～ =〔菊醣〕| 이눌린(inulin) =〔小xiǎo粉〕〔根gēn白粉〕

【淀积作用】diànjī zuòyòng 名組〈地質〉집적(集積) 작용.

【靛】 diàn 청대 전
❶ ⇒〔靛蓝〕 ❷ 名〈色〉(짙은) 남색. 남빛. 쪽빛.

【靛缸里扯不出白布来】diàngāng·li chě·buchū báibùlái 諺 쪽 항아리에서 흰 천이 나올 수 없다. 악인의 무리 속에서 착한 사람이 나올 수 없다.

【靛颏儿】diànkér 名 ⓑ〈鳥〉울새.

【靛蓝】diànlán 名〈染〉인디고(indigo) 쪽물감 =〔㋕靛青②〕

【靛青】diànqīng ❶ 名〈色〉짙은 남색(藍色) ❷ ⇒〔靛蓝〕

3【奠】 diàn 둘 전, 전올릴 전
動 ❶ 다지다. 건립하다. 설정하다. ¶～都↓ ¶～基↓ ❷ 제물을 차려 바치다. 제사를 지내다. ¶祭～ | 제사 지내다. ¶～酒↓

4【奠定】diàndìng 動 다지다. 닦다. 안정시키다. ¶～了国家的基础 | 국가의 기초를 다졌다 =〔尊立〕

【奠都】diàndū 動 수도를 정하다. ¶1949年10月中华人民共和国北京～ | 1949년 10월 중화인민공화국은 북경에 수도를 정하다.

【奠基】diànjī 動 기초를 잡다〔정하다, 닦다〕 ¶～礼 | 정초식. ¶～石 | 초석.

【奠基人】diànjīrén 名 창시자(創始者) 기초를 다진 사람. ¶孙中山是中国民主革命的～ | 손중산은 중국 민주 혁명의 기초를 다진 사람이다.

【奠酒】diànjiǔ 書 動 제주(祭酒)를 올리다 [술을 땅에 부어 신에게 제사하거나, 술로 죽은 자에게 제사 지내는 것]=〔奠浆jiāng〕

【奠仪】diànyí 名 향전(香奠) 부의(賻儀)⇒〔奠敬〕

3【殿】 diàn 큰집 전, 후군 전
❶ 名 큰 집. 훌륭한 가옥. ❷ 名 궁전. 신전(神殿). 불전(佛殿) ❸ 形 최후의. 맨 뒤의.

【殿后】diànhòu ❶ 動 행군(行軍)할 때 맨 뒤에서 걷다. ¶一连开道, 三连～ | 1중대가 선도하고, 3중대가 맨 뒤에서 걷는다. ❷ 名 최후. 후미.

【殿试】diànshì 名 전시 [임금이 대전(大殿)에서 친히 집행하는 과거의 최종시험] ¶举行～ | 전시를 거행하다 =〔廷tíng试〕→〔科kē举〕

【殿下】diànxià 名 ❶ 전하 [태자(太子) 및 친왕(親王)에 대한 존칭] ❷ 궁전의 섬돌 아래.

【殿宇】diànyǔ 名 신불(神佛) 등을 모신 집. 전당(殿堂)

【癜】 diàn 어루러기 전
名〈醫〉전풍(癜風) 어루러기 [피부병의 일종] ¶白～风 | 흰 어루러기. 백납.

【癜蒜(儿)】diànsuàn(r) 名 ㋕ 터무니없는 짓. 황당한 일. ¶不知道怎么搞的, 整天作～ | 어찌된 일인지 모르지만 종일 황당한 짓만 한다.

【簟】 diàn 대자리 점
名 ㋕ 대나 갈대로 엮은 자리〔깔개〕.

diāo ㄉㄧㄠ

4【刁】 diāo 조두 조
❶ 形 교활하다. 간사하다. ¶这个人真～! | 이 사람은 참으로 교활하다. ❷ 動 난폭하게 굴다. 지랄을 부리다. 떼를 쓰다. ¶撒sā～ | 만행을 부리다. ¶放～ | 난폭하게 굴다. ❸ (Diāo) 名 성(姓)

【刁妇】diāofù 名 교활하고 간사한 계집.

【刁悍】diāohàn 形 교활하고 난폭하다〔흉악하다〕 ¶这人一向～无礼 | 이 사람은 언제나 교활하고 난폭하다.

【刁横】diāohèng 形 버릇없다. 건방지다. 제멋대로다. ¶她有没出阁的大姑娘脾气, 在家里更～一些 | 그녀는 노처녀 히스테리가 있어, 집에서는 더욱 제멋대로이다

【刁滑】diāohuá 形 교활하다. 간사하다. ¶他为人～, 你要多提防着点儿 | 그는 사람이 교활하니, 네가 많이 경계를 해야 한다 =〔刁皮pí〕〔刁诈zhà〕〔刁狡jiǎo〕〔刁猴hóu〕

【刁难】diāonàn 動 (남을) 곤란하게〔난처하게〕 하다. 못살게 굴다. 괴롭히다. ¶～人 | 사람을

곤란에 빠뜨리다. ¶你为甚么要这样~我?｜너는 왜 이렇게 나를 못살게 구니? ¶百般~阻挠｜백방으로 곤란에 빠뜨리고 방해하다.

【刁皮】diāopí ⇒〔刁滑huá〕

【刁泼】diāopō ⇒〔刁顽wán〕

【刁顽】diāowán 形 교활하고 완고(頑固)하다 =〔刁泼〕

【刁诈】diāozhà ⇒〔刁滑huá〕

【刁钻】diāozuān 形 교활하다. 간사하다 =〔刁赚zuàn〕

【刁钻古怪】diāo zuān gǔ guài 成 교활하고 괴벽스럽다. (성미가) 괴팍하면서도 간교하다. ¶这位老先生怎么这样~｜이 어르신네는 어쩌면 이렇게 교활하고도 괴벽스러울까.

4【叼】diāo 입에물 조

動 ❶ (입에) 물다. ¶嘴里~着雪茄｜입에 여송연을 물고 있다. ¶猫~来一只老鼠｜고양이가 쥐 한 마리를 물어왔다. ❷ (죄 없는 사람을) 무고(誣告)하여 죄를 씌우다. ¶他叫人给~出来了｜그는 알지도 못하는 일에 말려들어 죄를 뒤집어썼다.

【凋】diāo 시들 조

動 ❶ (잎이나 꽃 등이) 시들다. 지다. ¶花~谢了｜꽃이 시들었다. ❷ 쇠퇴하다. 쇠약하다. ¶老~｜노쇠하다 ‖ =〔雕diāo③〕

【凋敝】diāobì ❶ 形 (생활이) 힘들다. 고생스럽다. ¶民生~｜국민생활이 힘들다. ❷ 動 (사업이) 쇠퇴하다. 부진하다. ¶百业~｜모든 사업이 부진하다.

【凋零】diāolíng 動 ❶ (초목이) 시들어 떨어지다. ¶秋风吹来, 树叶~｜가을 바람이 불어와 나뭇잎이 시들어 떨어지다. ❷ (체력·재능 등이) 쇠잔해지다 ‖ =〔雕零〕

【凋落】diāoluò ⇒〔凋谢〕

【凋谢】diāoxiè 動 ❶ (초목·꽃잎이) 시들어 떨어지다. ¶鲜花也有~的时候｜신선한 꽃도 시들어 떨어질 때가 있다. ❷ 喻 (노인이) 죽다. ¶老成~｜늙어서 죽다 ‖ =〔凋落〕

【碉】diāo 돌집 조

名 석실(石室) ¶~房｜돌로 만든 집. ¶~楼↓ ¶~堡↓

【碉堡】diāobǎo 名 토치카(totschka) 돌로 만든 보루.

【碉楼】diāolóu 書 名 방어(防禦)를 겸한 석조(石造)의 망루.

3【雕〈鵰₁彫₂琱₂〉】diāo 수리새 조, 새길 조, 시들 조

❶ 名 〈鳥〉수리개. 수리. ❷ 動 조각하다. 새기다. 장식하다. 색채를 입히다. ¶石~｜석조. ¶~刻↓ ¶~梁画栋｜화려한 건물. ❸「凋」와 통용 ⇒〔凋diāo〕

【雕版】diāobǎn ❶ 動 〈印出〉판목(版木)에 새기다. ❷ 名 조각한 나무판.

【雕虫小技】diāo chóng xiǎo jì 成 보잘것없는 재주 [대부분이 문장의 자구(字句)나 수식하는 기교를 가리킴] ¶此乃区区~, 不足挂齿｜이는 보잘것 없는 재주여서, 언급할 만한 것이 못된다 =〔彫虫篆刻〕

【雕花】diāohuā ❶ 動 (목기(木器)나 방안의 칸막이 장지 또는 창에) 그림이나 무늬를 조각하다. ¶~匠｜조각사. ¶~木床｜조각한 나무 침대. ❷ 名 조각한 그림이나 무늬.

3【雕刻】diāokè 名 動 조각(하다) ¶~刀｜조각도. ¶~工艺｜조각 공예 =〔書 雕镌〕〔書 雕镂〕

【雕梁画栋】diāo liáng huà dòng 成 기둥에 부조(浮彫)를 하고 대들보를 채화(彩畵)로 장식하다. 화려하게 장식〔단청〕한 집.

【雕漆】diāoqī 名 퇴주(堆朱) [특종(特種) 공예의 일종으로 기물(器物)에 여러 차례 칠(漆)을 바르고 그늘에 말린 후 각종 무늬를 부조(浮彫)한 것. 북경(北京)과 양주(揚州)에서 나오는 것이 가장 유명함] =〔剔tī红〕〔堆红〕〔堆漆〕〔堆朱〕

【雕砌】diāoqì 書 動 (시문의 자구를) 갈고 다듬어 꾸미다. ¶他惯于~词藻, 其实文章并无什么深意｜그는 문채를 갈고 다듬는데 익숙해있으나, 사실 문장에 어떤 깊은 뜻은 없다.

【雕饰】diāoshì ❶ 動 조각하고 장식하다. ❷ 名 조각한 무늬나 그림장식 ❸ 動 지나치게 꾸미다. 과도하게 수식하다.

4【雕塑】diāosù 名 조각(彫刻)과 소조(塑造)

【雕像】diāoxiàng ❶ 動 상을 조각하다. ❷ 名 조각한 상.

【雕琢】diāozhuó 書 動 ❷ (옥석을) 조각하다. ¶这是一个用整块翡翠~成的西瓜｜이것은 비취 덩어리를 조각해서 만든 수박이다. ❷ (시문(詩文) 등을) 아름답게 다듬다. ¶不通的文章总爱镂心刻骨的~｜통하지 않는 문장을 애써 아름답게 꾸미기를 좋아하다. ❸ (기술을) 연마하다. (사람의 인격을) 다듬다.

【鲷(鯛)】diāo 도미 조

名 〈魚貝〉도미 =〔过腊lā〕 ¶黑~ =〔乌颊鱼〕｜감성돔. ¶真~ =〔加级鱼〕｜참돔. ¶髭zī~ =〔铜tóng盆鱼〕｜꼽새돔.

【貂】diāo 담비 초

名 ❶ 〈動〉담비. ¶~皮↓ =〔貂鼠〕❷ (Diāo) 성(姓)

【貂皮】diāopí 名 담비의 모피(毛皮)

【貂裘】diāoqiú 名 담비 모피로 만든 옷[귀인(貴人)의 옷이므로,지위가 높고 귀한 사람을 가리킴]

【貂熊】diāoxióng 名 〈動〉늑대오소리 ⇒〔狼獾lánghuān〕

diǎo ㄉㄧㄠˇ

【鸟】diǎo ☞ 鸟 niǎo Ⓑ

diào ㄉㄧㄠˋ

2【吊〈弔〉】diào 매달 조, 조상할 조

❶ 動 매달다. 걸다. ¶杆子上~着一个灯笼｜장대 위에 등롱 하나가 매달려 있다. ¶上~自杀｜목매달아 죽다. ❷ 動 (끈 등으로 매서) 끌어올리거나 내려보내다. ¶把和好的水泥~上去, 把空桶~下来｜이긴 시멘트를 끌어올리고, 빈 통은 내려보내다. ❸ 動 옷의 겉이

나 안에 모피를 대서 꿰매다. ¶～面子 | 겉감에 모피를 대다. ¶～里子 | 안감에 모피를 대다. ❹ 動 (발행한 증서 등을) 회수하다. 철회하다. ¶～销↓ ❺ 動 내버려두다. 방치하다. ¶～他两天再说 | 한 이틀 내버려두었다가 다시 보자. ❻ 動 가다듬다. 조정(調整)하다. ¶～一～嗓子 | 목소리를 가다듬다. ❼ 動 조문(吊問)하다. 제사하다. ¶开～ | (상가(喪家)에서 날짜를 정해) 조문을 받다. ¶～唁↓ ❽ 書 動 불행을 당한 사람을 위문하다. ❸ 書 우려하다. 애통해하다. ❾ 名 옛날의 화폐 단위 [엽전 1000문(文)을 「一吊」라 함. 북방에서는 100문(文)] ❿ 名〈機〉기중기. 크레인(crane)

【吊膀(子)】diàobàng(·zi) 動 吳 (주로 남자가) 여자를 꾀다 =〔吊棒(子)〕

【吊鼻子】diàobí·zi ⇒〔鼻bí疽〕

【吊臂】diàobì 名〈機〉기중기의 팔. ¶吊车的～下面严禁站人 | 기중기의 팔 아래에 사람이 서 있는 것을 엄격히 금하다.

【吊车】diàochē ⇒〔吊机〕

【吊窗】diàochuāng 名 들창(문)

【吊床】diàochuáng ⇒〔吊铺〕

【吊打】diàodǎ 動 매달아 놓고 치다〔때리다〕.

【吊带】diàodài 名 ❶ 양복 바지의 멜빵. ❷ 양말 대님 ‖ =〔吊袜wà带〕

【吊灯】diàodēng 名 펜던트(pendant)등.

【吊儿郎当】diào·erlángdāng 狀 ⓑ (용모·품행 등이 단정하지 못하고) 건들건들하다. ¶他成天～的, 不干一点儿正事儿 | 그는 온종일 건들거리며, 옳은 일이라고는 조금도 하지 않는다 =〔吊儿啷当〕

【吊钩】diàogōu 名〈機〉(축받이 등의) 매다는 고리. 후크(hook)

【吊环】diàohuán 名組〈體〉조환(吊環)

【吊机】diàojī 名 기중기 =〔起qǐ重机〕〔吊车〕

【吊架】diàojià 名 ❶〈機〉(축받이 등의) 매다는 고리 =〔北 吊挂①〕〔江 挂guà脚〕 ❷ 교수대 =〔绞jiǎo架〕

【吊楼】diàolóu 名 方 ❶ 수상 가옥 =〔吊脚楼〕 ❷ 산간지대의 나무로 받침대를 만들고 계단으로 오르내리는 (대)나무 집.

【吊炉】diàolú 名 ❶ 매다는 화로 [그 속에 불을 담아 위로부터 열이 가해지는 화로] ❷〈食〉매다는 화로에서 구은 떡 [「吊炉烧饼diàolúshāobǐng」의 약칭]

【吊民伐罪】diào mín fá zuì 成 고생하는 백성을 위로하고 죄 지은 통치자를 징벌하다. ¶仁义之师, ～, 安邦定国 | 인의에 찬 군대는 백성을 위로하고 통치자를 벌하여, 나라를 안정시킨다 =〔伐罪吊民〕

【吊铺】diàopù 名 해먹(hammok) =〔吊床〕

【吊旗】diàoqí 名 조기(吊旗)

【吊桥】diàoqiáo 名〈土〉❶ 가동교(可動橋) [전부 혹은 일부분을 들어올리고 내릴 수 있는 다리] ❷ 적교(吊橋) =〔悬索桥xuánsuǒqiáo〕 ‖ =〔钓桥〕〔寓桥〕

【吊球】diàoqiú 名〈體〉(구기에서) 페인트(feint) 공격. ¶打了一个漂亮的～ | 절묘한 페인트를 했다.

【吊丧】diào/sāng 動 조상하다. 조문하다 =〔吊孝〕〔探tàn丧〕

【吊嗓子】diào sǎng·zi 動組 연극 배우 혹은 가수가 악기 반주에 맞추어 발성 연습을 하다 =〔喊嗓子〕

【吊死】diàosǐ 動 ❶ (스스로) 목매어 죽다. ¶～鬼guǐ(儿) | 목매달아 죽은 귀신 또는 그 사람 ❷ 죽은 자를 조상하다.

【吊死鬼打秋千, 不上不下】diàosǐguǐ dǎ qiūqiān, bùshàng bùxià 歇 목 매달은 놈이 그네를 타면, 올라가지도 내려가지도 않는다. 이것도 저것도 아니다. 어중간하다.

【吊梯】diàotī 名 줄사다리.

【吊桶】diàotǒng 名 두레박. ¶十五个～(打水), 七上八下 | 歇 가슴이 두근거리다. 안절부절못하다. ¶～绳 | 두레박 줄.

【吊袜带】diàowàdài ⇒〔吊带〕

【吊胃口】diào wèi·kou 상대방의 비위를 맞추다.

【吊线】diào/xiàn 動 ❶〈建〉(건축 측량 시) 끈으로 추를 매달아 수직으로 늘어 뜨려 수직의 상태를 보다. ❷ 여자에게 추파를 던져 유혹하다.

【吊销】diàoxiāo 動 (발급해 준 증명을) 회수하여 취소하다. ¶控以醉酒驾车之罪, 罚款一千块钱及～执照一个月 | 음주 운전한 죄로 벌금 천 원과 일개월간 면허 정지를 당하다.

【吊孝】diào/xiào ⇒〔吊丧〕

【吊唁】diàoyàn 動 조문하다. 애도의 뜻을 표시하다. ¶～仪式 | 조문 의식 =〔吊慰wèi〕〔吊问〕

【吊帐】diàozhàng 動 옛날 장부를 내다 놓고 회계 감사를 하다.

【吊装】diàozhuāng 動〈建〉인공(人工) 혹은 기중기 등으로 건축물의 프리캐스트(precast) 부재(部材)를 조립하다.

【铞(銱)】 diào 걸쇠 조

⇒〔钌liào铞儿〕

2【钓(釣)】 diào 낚을 조, 낚시 조

❶ 動 낚다. 낚시질하다. ¶～鱼↓ ¶又～上了几条鱼 | 또 물고기를 몇 마리 낚았다. ❷ 動 꾀여서〔수단을 부려〕얻다. ¶沽名～誉 =〔沽名吊誉〕| 成 온갖 수단을 부려 명예를 추구하다. ❸ 名 簡 「钓钩」(낚시)의 약칭. ¶垂～ | 낚시를 물 속에 드리우다.

【钓饵】diào'ěr 名 ❶ 미끼. 낚싯밥. ❷ 喻 사람이나 동물을 꾀어내는 물건이나 수단. ¶以钱为～ | 돈을 미끼로 하다.

【钓竿(儿)】diàogān(r) 名 낚싯대 =〔钓鱼竿〕〔鱼竿〕

【钓钩(儿)】diàogōu(r) 名 ❶ 낚시. ❷ 喻 사람을 꾀어내는 수단〔계략〕.

【钓具】diàojù 名 낚시 도구.

【钓鱼】diào yú 물고기를 낚다. ¶～的(人) | 낚시꾼. ¶～钩儿 | 낚시(바늘) ¶～丝 | 낚싯줄. ¶～用具 | 낚시 도구.

1【调(調)】 diào tiáo 고를 조, 헤아릴 조, 가락 조

Ⓐ diào ❶ (～儿, ～子) 名〈音〉곡조. 가락. 멜로

디(melody) ¶C～ | C 장조(長調) 다장조. ¶他唱的～儿很好听 | 그가 부르는 곡조는 아주 듣기 좋다. ¶高～ | 높은 곡조. ❷(～儿, ～子) 名 말투. 말씨. 어조(語調) ¶那人说话的～儿有点特别 | 저 사람의 말투는 좀 특별하다. ¶法国～ | 불어의 어조. ❸名〈言〉성조(聲調) ¶四声八调 | 사성 팔조 [사성은「平」「上」「去」「入」, 팔조는「阴平」「阳平」「阴上」「阳上」등의 성모(聲母)의「清」(무성음)「浊」(유성음)에 따른 분류]→〔八调〕 ¶～值↓ ❹능력. ¶才～ | 재능. ❺名(옛날) 호별세(戶別稅) ¶户～ | 호세. 호별세. ❻動(군대나 관리 등을) 이동하다. 파견하다. 전속·전근시키다. ¶～兵↓ ¶人事上有了新的～动 | 새로운 인사이동이 있었다. ¶他被～到广州去 | 그는 광주로 파견되어 갔다. ¶他们俩的职务对～了一下 | 그들 두 사람의 직무가 한차례 서로 바뀌었다. ❼動 안배하다. 배치하다. ¶～度↓ ❽動 유인하여 끌어내다. 몰래 (사람에게 부탁하여) 불러내다. ¶我咳嗽késòu一声往外～他 | 나는 기침 소리로 그를 밖으로 유인해 냈다. ❾動 조사하다. ¶～查↓

Ⓑ tiáo ❶動 고루 섞다. 적절하게 혼합하다. 배합하다. ¶～味↓ ¶～制↓ ¶石灰～水 | 석회를 물과 배합하다. ❷어울리다. 조화하다. ¶～协↓ ¶～和↓ ❸중재하다. 조정하다. ¶～停↓ ¶～解↓ ❹조절하다. ¶～整↓ ¶～剂↓ ❺놀리다. 희롱하다. ¶～笑↓ ¶～弄↓ ❻충동질하다. 부추기다. ¶～唆↓ ❼건강을 지키다. ¶～养↓ ❽교육하다. ¶～教↓ ❾形 고르다. 일정하다. 알맞다. 적당하다. ¶风～雨顺 | 成 비바람이 순조롭다. 날씨가 매우 좋다. ¶饮食失～ | 식사가 고르지 못하다. ¶月经不～ | 월경 불순.

Ⓐ diào

【调兵】diàobīng 動 군대를〔병력을〕이동하다. ¶这得děi从边境～才成 | 이는 변경에서 군대를 이동해와야만 된다. ¶～遣将 | 成 병력을 이동시키고 장수를 파견하다. 인원을 이동·배치하다.

【调拨】diàobō 動 (주로 물자를) 조달하다. ¶国家给他们～了大量化肥 | 국가는 그들에게 대량의 화학 비료를 조달해 주었다.

2【调查】diàochá 名動 조사(하다) ¶～人口 | 인구 조사하다. ¶～那儿方言 | 그 곳의 방언을 조사하다. ¶～报告 | 조사보고.

【调茬】diàochá ⇒〔轮lún作〕

【调车】diào/chē 動 배차(配車)하다. ¶～场 | 배차장. ¶～组 | (철도의) 배차반.

【调调(儿)】diào·diao(r) 名 ❶곡조. 가락. 멜로디. ❷논조(論調) ❸꼴. 꼬락서니. 겉치레. ¶你看看他那～! | 그의 저 꼬락서니를 좀 봐라! ❹⇒〔花huā样(儿)①〕 ❺자기가 특히 좋아하는 습관적인 일. ¶我就喜欢喝酒这个～ | 나는 술을 마시는 이 재미가 제일 좋다.

3【调动】diàodòng ❶動 (위치·용도·인원을)옮기다. 이동하다. ¶～队伍 | 대오를 이동하다. ¶～工作 | 전근하다. 전임(轉任)하다. ¶～兵力 | 병력을 배치 전환하다. ❷名 인사 이동. 배치 전환. ¶人事～ | 인사 이동. ❸動 동원하다. ¶～一切潜力和可能性 | 모든 잠재력과 가능성을 동원하다. ¶～他的积极性 | 그의 적극성을 동원하다.

4【调度】diàodù ❶動 (일·인력·차량 등을) 관리하고 배치하다. 지도하다. ¶～员 | 업무 지도원. ¶～室 | (일·인력·차량 등의) 배치실. 관리실. ¶～楼＝〔调度台〕〔调度塔〕| 관제탑(管制塔) ❷名 지시. 지도. 배치. ❸名 운전 조차계(操車係) 배차계. ¶他是公共汽车公司的～ | 그는 버스 회사의 배차원이다. ❹動 꾀하다. 획책하다. ¶那将军会～ | 그 장군은 책략이 능란하다.

【调防】diào/fáng 動 (군대가) 이주(移駐)하다. 수비 임무를 교체하다. ¶从苏伊士运河～到埃,以边界上 | 수에즈 운하에서 이집트·이스라엘 국경으로 이주하다＝〔换防〕

【调干】diàogàn ❶動 학습을 위하여 잠시 직위를 이탈하다. ❷학습을 위하여 잠시 직위를 떠나 있는 간부.

【调干学员】diàogàn xuéyuán 名組 간부 신분의 학생이나 연수생(研修生)＝〔调干生〕

【调个儿】diàogèr 動 물건의 양 끝을 바꾸어 놓다. 180도로 방향을 바꾸다. ¶恐怕是颠diān倒了, 你～再试试 | 거꾸로 되어 있는지도 모르니, 방향을 바꿔 다시 해 봐.

【调号(儿)】diàohào(r) 名 ❶〈言〉성조 부호 [표준어의 경우「ˉ」「ˊ」「ˇ」「ˋ」로 나타냄. ❷〈音〉조호. 조표(調標)

【调虎离山】diào hǔ lí shān 成 범을 산으로부터 유인해 내다. 적을 유리한 장소나 진지로부터 유인해 내어 그 허점을 이용하여 공략하다. ¶使～计 | 유인하는 계략을 쓰다.

4【调换】diàohuàn ⇒〔掉换〕

【调回】diàohuí 動 (군대 등을) 소환(召還)하다. 귀환시키다.

【调集】diàojí 動 이동 집결시키다. 소집하다. ¶～军队 | 군대를 소집하다. ¶～防汛器材 | 홍수 막이 기재를 한 곳에 집결시키다.

【调卷】diào/juàn 書 動 ❶서류를 꺼내다. 문서를 찾다. ❷문서를 조사하다 ‖＝〔吊卷〕

【调坎(儿)】diào/kǎn(r) 動 方 동업자들끼리 은어(隱語)로 말하다. 직업어로 말하다. ¶他们直～, 我一句也听不懂 | 그들이 줄곧 은어로 말해서 나는 한 마디도 알아들을 수 없었다＝〔吊坎(儿)〕〔吊侃kǎn(儿)〕

【调类】diàolèi 名〈言〉성조(聲調)가 있는 언어의 성조 분류 [고한어(古漢語)의「调类」는 평성(平聲)·상성(上聲)·거성(去聲)·입성(入聲)의 네 가지 종류가 있으며, 현대 중국어의「调类」는 음평(陰平)·양평(陽平)·상성·거성·경성(輕聲)의 다섯 종류가 있음]

【调离】diàolí 動 (직장·직업 등을) 바꾸다. 옮기다. ¶他去年～, 到内地一个工厂当厂长 | 그는 작년에 직장을 옮겨, 내지로 가서 한 공장의 공장장이 되었다.

【调令】diàolìng 名 ❶이동 명령. 소환령. ¶他接到～, 准备工作完了就回来 | 그는 소환령을 받고, 작업이 마치는대로 곧 돌아가려고 준비하였다. ❷전근(轉勤) 명령. ¶她的～已到 | 그녀의

전근 명령이 이미 도착하였다.
【调门(儿)】diàomén(r) 名 口 ❶ 음의 높낮이. 음조(音調) 톤(tone) 轉 말투. 태도. ¶我今天嗓子不好, ~定低点儿 | 나는 오늘 목구멍이 좋지 않아서 톤을 조금 낮추겠다. ¶这小子~高了, 一步登天不认识老乡亲了 | 이 녀석은 태도가 거만해졌어, 졸지에 벼락 출세하더니만 고향 사람도 몰라본다. ❷ 논조(論調)
【调派】diàopài 動 파견하다. 인사 이동하다. ¶上级决定~大批干部支援农业 | 상부에서 많은 간부들을 농업 지원에 파견할 것을 결정하다.
【调配】ⓐ diàopèi ❶ 動 이동시켜 배치하다. 할당하다. ¶劳动力和工具~得非常合理 | 노동력과 공구를 대단히 합리적으로 이동 배치하다. ❷ 名 이전배치(移轉配置) 할당. 지시. 분배. ¶服服贴贴地听从~ | 고분고분 지시대로 움직이다.
ⓑ tiáopèi 動 ❶ (안료·약물 등을) 고루 섞다. 배합하다. ❷ 고루 배치하다. 안배하다.
【调遣】diàoqiǎn ❶ 動 파견하다. 배정하다. ¶~军队jūnduì | 군대를 파견하다. ¶~人员 | 인원을 배정하다. ❷ 名 지시. 지휘. ❸ 動 지시하다. 지휘하다. ¶听他的~ | 그의 지시대로 따르다.
【调人】diào/rén 動 ❶ 사람을 파견하다. 전근시키다. ¶上边儿决定~来帮忙 | 상부에서 사람을 파견하여 돕기로 결정하다. ❷ 사람을 바꾸다. 교체하다.
【调任】diàorèn ❶ 名 전임(轉任) 전근 ❷ 動 전임(轉任)시키다. 전근시키다. ¶他已~车间主任 | 그는 이미 현장주임으로 전근되었다.
【调式】diàoshì 名〈音〉음계(音階)
【调头】ⓐ diào/tóu ❶ ⇒〔掉diào头③〕 ❷ ⇒〔掉头⑤〕 ❸ (diàotóu) 名 논조(論調)
ⓑ diào·tou 書 名 ❶ 가락. 멜로디. ❷ 어기(語氣)
【调研】diàoyán ❶ 名 조사 연구. ❷ 動 조사 연구하다. ¶进行~ | 조사 연구를 진행하다. ¶~报告bàogào | 조사연구하여 보고하다.
【调演】diàoyǎn 動 여러 극단을 한 곳에 모아 공연하다. ¶文艺节目~ | 문예 프로그램을 공연하다.
【调用】diàoyòng 動 (인력·물자를) 이동하여〔조달하여〕 쓰다. 전용(轉用)하다. ¶~物资 | 물자를 전용하다.
【调阅】diàoyuè 動 (물건·자료 등을) 뽑아내어 검열하다.
【调运】diàoyùn 動 이동하여〔조달하여〕 운반하다. 옮겨 실어 보내다. ¶~大批工业品到农村 | 대량의 공산품을 조달하여 농촌으로 운송하다.
【调值】diàozhí 名〈言〉조치.
【调职】diào/zhí 動 전임(轉任)하다.
【调转】diàozhuǎn ❶ 動 전임하다. 전근하다. (직장을) 바꾸다. ❷ ⇒〔掉diào转〕
【调子】diào·zi 名 ❶〈音〉가락. 멜로디. 조(調) ❷ 어조(語調) 논조(論調) ¶~低沉, 无精打采 | 어조가 나지막하고 맥이 없다.
【调走】diàozǒu 動 ❶ (다른 데로) 옮기다. 재배치하다. 철거하다. ¶车床封了一批, ~了一批 | 선반의 일부는 봉인(封印)되었고 일부는 다른 데로 옮겼다. ❷ 전임〔전근〕 시키다. 전출(轉出)하다. ¶科长~了 | 과장이 전근 갔다.
Ⓑ tiáo
【调处】tiáochǔ ⇒〔调解jiě〕
【调幅】tiáofú 名〈物〉진폭 변조. 에이엠(AM)
【调羹】tiáogēng 名 국을 떠먹는 숟가락 =〔汤匙〕
4【调和】ⓐ tiáo·hé ❶ 形 (배합이) 알맞다. 어울리다. 조화롭다. ¶雨水~ | 비가 알맞게 오다. ❷ 動 중재하다. 화해시키다. 조정(調停)하다. ¶从中~ | 중간에서 조정하다. ¶~矛盾 | 모순을 조정하다. ❸ 動 타협하다. 양보하다 어법 주로 부정문에서 많이 쓰임. ¶不可~的斗争 | 타협할 수 없는 투쟁.
ⓑ tiáo·huo 動 (음식을 만들기 위해) 재료를 잘 섞다. 음식을 맛있게 만들다.
【调护】tiáohù ❶ 名 간호. 보호. ¶病人需要特别~ | 환자는 특별한 보호가 필요하다. ❷ 動 조호하다. 간호하다. 보호하다.
4【调剂】tiáo/jì 動 ❶ 조제하다. ¶~天秤 | 조제용 천평. ❷ (tiáojì) 조절하다. 조정하다. ¶~物资 | 물자를 조절하다. ¶~生活 | 생활을 적당히 조절하다 =〔调济〕 ❸ (tiáojì) 조미(調味)하다.
【调教】tiáojiào ❶ 名 교육. 훈육. ¶他一点儿~也没有 | 그는 통 배워먹지 못했다. ❷ 動 (어린이를) 교육하다. 훈육하다. ¶小孩儿总得有大人~ | 아이들은 어쨌든 어른의 훈육이 있어야 한다. ❸ 動 (짐승을) 길들이다. 훈련하다.
3【调节】tiáojié ❶ 名 조절. 조정. ¶空气~ | 공기조절. ❷ 動 조절하다.조정하다. ¶水能~动物的体温 | 물은 동물의 체온을 조절할 수 있다. ¶工作虽然重要, 但也要注意~劳逸结合 | 작업이 비록 중요하지만, 노동과 휴식을 유의해서 조절해야 한다. ❸ 名〈音〉조율. ❹ 動〈音〉조율하다.
4【调解】tiáojiě ❶ 名 조정.중재.화해. ❷ 動 조정하다. 중재하다. 화해시키다. ¶~家庭纠纷 | 가정내의 분규를 조정하다 =〔调处〕〔调说〕
【调经】tiáojīng 名〈漢醫〉조경.
【调侃】tiáokǎn 動 희롱〔조롱〕하다. 비웃다. 조소하다. ¶不能用讽刺的话来~她 | 비꼬는 말로 그녀를 조롱해서는 안된다. ¶他~了几句就走了 | 그는 몇마디 비웃고는 가버렸다.
【调理】tiáo·lǐ ❶ ⇒〔调养〕 ❷ 動 돌보다. 관리하다. ¶~伙食 | 식사를 돌보다. ¶~牲口 | 가축을 관리하다. ❸ 動 버릇을 가르치다. 훈련시키다. 훈육하다. ¶好好~~他, 叫他学老实点 | 그를 잘 가르쳐 좀 착실하게 구는 걸 배우도록 해라. ¶~儿媳妇儿 | 며느리를 훈육하다. ❹ 動 方 놀리다. 희롱하다. ¶不许这样~人 | 이렇게 남을 놀리지 마시오. ❺ 動 (음식을) 조리하다. 요리하다.
【调弄】tiáonòng 動 ❶ 놀리다. 희롱하다. 조소하다. ❷ 정리하다. 조정하다. 처리하다. ❸ 부추기다. 사주하다 =〔调唆〕 ❹ 악기를 연주하다.
【调配】tiáopèi ☞〔调配〕diàopèi ⓑ
3【调皮】tiáopí ❶ 形 장난치다. 까불다. ¶~的孩子 | 개구쟁이→〔顽wán皮〕 ❷ 形 말을 잘 듣지 않다. 유순하지 않다. ¶~捣蛋 | 말을 잘 듣지 않으며 소란을 피우다. ¶训练~的马 | 사나운

말을 훈련시키다. ❸動 요령을 부리다. ¶科学是老老实实的学问, 任何一点～都是不行的 | 과학은 매우 정직한 학문으로, 어떠한 약간의 요령도 용납되지 않는다 ‖ =〔调脾〕
【调频】tiáopín 名〈物〉주파수 변조. 에프엠(FM) ¶～收音机 | 에프엠 라디오.
【调情】tiáoqíng 動 (남녀간에) 희롱하다. 시시덕거리다. ¶也会和人溜眼, 也会和人～ | 추파를 던지기도 하고, 희롱하기도 한다 =〔拿ná情〕
【调三窝四】tiáo sān wō sì 成 싸움을 부추기다. 이간질하다. ¶专会～ | 부추겨 이간질하는 데 능하다 =〔挑三摧四〕〔挑三窝四〕〔调三惑四〕〔调三弄四〕〔调三斡四〕
【调色板】tiáosèbǎn 名 ❶〈美〉조색판. 팔레트(palette) ❷〈電算〉팔레트 [컴퓨터 그래픽에서 색을 골라 넣을 수 있도록 보여 주는 부분]
【调色】tiáoshǎi 動〈美〉조색하다. 색을 배합하다.
【调摄】tiáoshè ⇒〔调养〕
【调试】tiáoshì ❶動 시험·조정하다. ❷名〈電算〉디버그(debug) =〔排除错误〕〔调整③〕
【调唆】tiáo·suō 動 부추기다. 충동질하다. 사주하다 =〔调弄③〕〔挑唆〕〔摆bǎi唆〕
【调停】tiáo·tíng 動 조정하다. 중재하다. ¶～人 | 중재인. ¶居中～ | 가운데서 조정하다 →〔调解〕
【调味】tiáo/wèi 動 (요리의) 맛을 내다. 맛을 조절하다. ¶～品 | 양념감. 조미료. ¶花椒,八角都可以～ | 산초·팔각은 모두 음식의 맛을 낼 수 있다.
【调息】tiáoxī 書 動 ❶ 조용히 앉아 숨을 돌리다. 호흡을 가다듬다 =〔调气〕 ❷ 조정하여 해결 짓다. ¶～讼事 | 송사를 조정하여 해결 짓다.
【调戏】tiáo·xì 動 (부녀자를) 희롱하다. ¶打架, 骂人,～妇女等不良现象不断发生 | 싸움질·욕질·부녀 희롱 등 좋지 못한 현상이 끊임없이 일어나고 있다 =〔嘲戏〕
【调笑】tiáoxiào 動 놀리다. 희롱하다. 조소하다. 농담하다. ¶和别人～一通, 口角一通 | 남과 시시덕거리거나, 입씨름하거나 하다《魯迅·阿Q正傳》
【调协】tiáoxié 動 ❶ 타협하다. 절충하다. ¶彼此固执己见不容易～ | 피차 자기의 의견을 고집하여 타협하기 어렵다. ❷ 소리가 어울리다. 조화되다.
【调谐】tiáoxié ❶形 조화롭다. 어울리다. ❷名〈電氣〉동조. ¶～器 | 동조 기. 튜너(tuner) ❸〈電氣〉동조하다.
【调谑】tiáoxuè 名 희롱하다. 조소하다.
【调养】tiáoyǎng 動 몸조리하다. ¶他身体～得不错 | 그는 몸조리를 잘하였다. ¶精心～ | 정성껏 몸조리하다 =〔调理①〕〔書 调摄shè〕
【调匀】tiáoyún ❶動 잘 섞다. 고루 혼합하다. 알맞게 조절하다. ❷形 알맞다. 고르다. 적절하다. ¶今年雨水～ | 올해는 비가 알맞게 왔다.
²【调整】tiáozhěng ❶名 조정. 조절. ¶工资gōngzī～ | 노임 조정. ❷動 조정하다. 조절하다. ¶～作息时间 | 작업 시간과 휴식 시간을 조정하다. ❸ ⇒〔调试shì②〕
【调治】ⓐ tiáozhì 動 몸조리하다. 요양하다
ⓑ tiáo·zhi 動 ❶ 처리하다. ¶他真有才干, 不论有多少事, 他都～得有条不紊 | 그는 정말 재간이 있어서 아무리 일이 많을지라도 깔끔하게 처리한다. ❷ 조리〔요리〕하다. ¶这碗汤～得很得味儿 | 이 국은 아주 맛있게 끓였다.
【调制】tiáozhì ❶動 조제하다. 재료를 배합하여 만들다. 가공 제조하다. ❷動 도면을 그리다. 표를 작성하다. ❸名〈物〉변조(變調).
【调资】tiáozī ❶名 임금조정. ¶开一个～工作会议 | 임금 조정 회의를 열다. ❷動 임금 조정하다 =〔工调gōngtiáo〕
【调嘴学舌】tiáo zuǐ xué shé 成 뒤에서 이러쿵저러쿵 남의 흉을 보며 말썽을 일으키다〔시비를 붙이다〕.

【窎(窵)】 diào 아득할 조

形 아득히 멀다. 아주 멀리 떨어져 있다. ¶～远↓ ¶他住的地方太～ | 그가 사는 곳은 너무 멀다. ¶～桥 =〔吊桥〕| ⓐ 적교(吊橋) ⓑ 성(城)의 해자(垓字)에 매달아 놓은 다리.
【窎远】diàoyuǎn 膠 아득히 멀다. 요원하다.

1【掉】 diào 흔들 도, 바로잡을 도

動 ❶ 떨어지다. 떨어뜨리다. 빠지다. ¶～在地上 | 땅바닥에 떨어지다. ¶～雨点儿 | 빗방울이 떨어지다. ¶～眼泪 | 눈물을 흘리다. ¶衬衫chènshān的扣子～了 | 와이셔츠 단추가 떨어졌다. ¶～牙 | 이가 빠지다. ¶～下巴 | 아래턱이 빠지다. ❷ 뒤에 처지다. 뒤떨어지다. ¶跑了五十米他就～在后头了 | 50미터를 달리자 그는 곧 뒤처졌다. ¶～队↓ ❸ 잃다. 유실(遺失)하다. 빠지다. 빠뜨리다. ¶别把钥匙～了 | 열쇠를 잃어버리지 마라. ¶钢笔～在操场上了 | 만년필을 운동장에서 잃어버렸다. ¶这本书～了三页 | 이 책은 세 페이지가 빠졌다. ¶这篇文章里～了一个字 | 이 문장에는 한 글자가 빠졌다. ❹ 감소하다〔내리다〕. 소실(消失)되다. ¶药品普遍～了价儿 | 약품은 전반적으로 가격이 내렸다. ¶这块布已经～色了 | 이 천은 이미 퇴색했다. ❺ 방향을 돌리다〔바꾸다〕 ¶～过脸来 | 얼굴을 돌리다. ¶把船身～过来 | 선체(船體)를 돌리다. ❻ (서로) 바꾸다. 교환하다. ¶～换↓ ¶～座位 | 자리를 바꾸다. ❼ 書 흔들다. 요동(搖動)하다. ¶尾大不～ | 成 꼬리가 커서 흔들지 못하다. 부하의 세력이 커서 다스릴 수 없다. ❽ 동사 뒤에 보어(補語)로 쓰여, …해 버리다 [소실·이탈·변화를 나타냄] ¶卖～房子 | 집을 팔아버리다. ¶吃～ | 먹어버리다. ¶这话不能忘～ | 이 말은 잊어버릴 수 없다. ¶跑～ | 달아나 버리다. ¶散～ | 흩어져 버리다.
【掉包(儿)】diào/bāo(r) 動 (가짜를 진짜로, 나쁜 것을 좋은 것으로) 몰래 바꾸다. ¶这件事只有一个～的法子 | 이 일은 몰래 바꾸는 방법밖에 없다 =〔调包(儿)〕〔调白〕〔丢diū包〕〔搠shuò包(儿)〕
【掉秤】diào/chèng 動 方 양이 줄다. 무게가 축나다 =〔折shé秤〕
【掉底儿】diào dǐr 動組 ❶ 밑이 빠지다. ❷ 실패하다. ❸ 헛수고하다. 헛물켜다.
【掉点儿】diào diǎnr 動組 口 빗방울이 떨어지다.

비가 오기 시작하다. ¶掉大点儿了 | 굵은 빗방울이 떨어졌다. ¶老天～了, 快把雨伞打开 | 하늘에서 빗방울이 떨어지니, 빨리 우산을 펴.

【掉队】diào/duì 動 (…에) 뒤떨어지다. 낙오하다〔되다〕 ¶在接连三天的急行军中, 没有一个～的 | 연속 3일간의 강행군 중에 하나도 낙오된 사람이 없었다. ¶只有加紧学习才不致～ | 힘써 공부해야 낙오하지 않을 것이다.

【掉个儿】diào/gèr 動 ❶ 몸의 방향을 바꾸다. ¶我跟你～怎么样? | 내가 너와 방향을 바꾸면 어때? ❷ 자다가 몸을 뒤척이다. ❸ 자기편을 배반하고 적에 붙다. ❹ 장소를 바꾸다.

【掉过儿】diào/guòr 動 ❶ 위치나 처지를 바꾸다. ¶这两花盆～放才好看 | 이 두개의 화분을 자리를 바꾸어 놓으니 보기가 좋다. ¶那件事你～来想一想 | 그 일은 입장을 바꾸어 생각해 보시오. ❷ 교환하다. ¶～用 | 교환해서 사용하다 ‖ =〔调过儿〕

【掉花枪】diào huāqiāng ⇒〔掉枪花〕

【掉换】diàohuàn 動 ❶ 교환하다. 바꾸다. ¶～职业 | 직업을 바꾸다 =〔调换〕〔倒换〕〔更换①〕 ❷ 경질(更迭)하다 =〔更换②〕

【掉魂(儿)】diào/hún(r) 動 깜짝 놀라다. 얼이 빠지다. 혼이 나가다. ¶他像是掉了魂, 甚么也不顾了 | 그는 얼빠진 사람처럼 아무것도 돌보지 못했다 =〔失shī魂〕

【掉泪】diào/lèi 動 눈물을 흘리다〔떨구다〕 ¶像女孩子, 一有事儿就～ | 계집아이처럼, 일만 생기면 눈물을 흘린다 =〔掉眼泪〕

【掉脑袋】diào nǎo·dai 動組 목이 날아가다. 살해되다. ¶这事儿搞不好要～的, 懂吗! | 이 일을 잘못 처리하면 목이 날아갈줄 알아, 알았니! =〔掉头④〕

【掉枪花】diào qiānghuā 動組 方 농간을 부리다. 속임수를 쓰다. 수작을 피우다. ¶你别跟我～了 | 내게 농간을 부리지 말라 =〔掉花枪〕

【掉肉】diào ròu 살이 빠지다. 여위다.

【掉色】diào/shǎi 動 빛이 바래다. 퇴색하다. ¶这种料子不会～, 耐洗耐穿 | 이 옷감은 퇴색될 리가 없고, 세탁이나 착용에도 질기다 =〔退色〕

【掉手】diào shǒu ❶ 손을 바꾸어 쥐다. ¶这个东西太沉了, 要～拿 | 이 물건은 너무 무겁다, 손을 바꾸어 들어야겠다. ❷ 사람을 바꾸다.

【掉书袋】diào shūdài 動組 喩 貶 전고(典故)나 어려운 말을 즐겨 써서 학문·재주를 자랑하다. ¶这位李先生, 一开口就～ | 이 이선생께서는 입만 열면 문자를 쓰신다→〔转zhuǎn文〕

【掉头】diào/tóu 動 ❶ 고개〔머리〕를 흔들다〔가로젓다〕. ❷ 고개를〔얼굴을〕 돌리다. 외면하다. ¶说完～就走了 | 다 말하고서는 머리를 돌리고 가버렸다. ¶～不顾gù | 외면하고 돌아보지 않다. ❸ (사람·차·배 등이) 방향을 바꾸다〔되돌리다〕 ¶这地方太窄, 汽车不好～ | 이곳은 너무 좁아 차를 돌리기가 어렵다. ¶敌人见势不妙, ～就跑 | 적은 사태가 좋지 않음을 보자, 되돌아 달아났다 =〔调头diào/tóu①〕 ❹ 목이 날아가다. 살해되다. ¶～的大罪 | 목이 날아갈 대죄 =〔掉脑袋〕 ❺ 江 금전의 항목을 바꾸다 =〔调头diào/tóu②〕 ❻ 江 옛날 기녀(妓女)가 거처를 옮기다.

【掉牙】diào yá 이가 빠지다. ¶笑xiào掉了牙 | 이가 빠지도록 웃었다. 크게 웃었다. ¶掉了一颗牙 | 이가 하나 빠졌다.

【掉以轻心】diào yǐ qīng xīn 威 대수롭지 않게 여기다. 경솔히 하다. 소홀히 하다. ¶这事儿可不能～ | 이 일은 결코 소홀히 해서는 안된다.

【掉转】diàozhuǎn 動 (방향을) 돌리다. ¶～方向 | 방향을 돌리다 =〔调转②〕

【铫(銚)】 diào yáo 냄비 요, 가래 조

Ⓐ diào →〔铫子〕

Ⓑ yáo 名 ❶ 〈農〉큰 보습의 일종. ❷ (Yáo) 성(姓)

【铫子】diào·zi 名 (물)주전자. 탕관(湯罐) ¶药～儿 | 약탕관. ¶沙～儿 | 도자기 탕관 =〔吊子〕〔水壶〕→〔汆cuān子①〕

diē ㄉㄧㄝ

3 【爹】 diē 아비 다

名 口 아버지. 아빠. ¶～～↓ ¶～妈↓ →〔爸bà〕 어법 「老爹」는 「할아버지」「나리」「노인장」의 뜻임→〔老lǎo爹〕

【爹爹】diē·die 名 方 ❶ 아버지. ❷ 조부(祖父) 할아버지.

【爹妈】diēmā 名 부모. 양친 =〔爹娘〕

【爹娘】diēniáng ⇒〔爹妈〕

2 【跌】 diē 넘어질 질

動 ❶ (걸려) 넘어지다. ¶打～ | 걸려 넘어지다. ¶～了一跤 | 넘어지다. 엎어지다. ¶～了嘴啃泥 | 곤두박이치다. ❷ (값이) 내리다. 하락(下落)하다. ¶米价～得厉害 | 쌀값이 몹시 떨어졌다. ¶物价～了百分之十 | 물가가 10% 하락했다 ⇔〔涨〕 ❸ (물체가) 떨어지다. ¶～水↓ ❹ 書 그르치다. 틀리다. 실수하다.

【跌宕】diēdàng 書 動 ❶ 자유 분방하다. ¶情绪～多变 | 정서가 자유 분방하게 변화하다. ❷ 음조나 문장 변화가 풍부하다 ‖ =〔跌荡〕

【跌荡】diēdàng ⇒〔跌宕〕

【跌倒】diēdǎo 動 걸려 넘어지다. ¶～在地 | 땅에 넘어지다 =〔跌扑〕

【跌跌铳铳】diē·diechòngchòng ⇒〔跌跌撞撞〕

【跌跌撞撞】diē·diezhuàngzhuàng 狀 갈짓자 걸음으로 비틀거리다. 흔들거리며 걷다. ¶他喝醉了酒, ～地走了回去 | 그는 술에 취해서 갈짓자 걸음으로 비틀거리며 돌아갔다 =〔跌跌铳铳〕〔跌里跌斜〕〔蹀dié里蹀躞xiè〕

【跌份儿】diēfènr 俗 形 면목이 서지 않다. 체면을 잃다. ¶这点小事都让我搞糟了真～! | 이까짓 사소한 일조차도 엉망으로 했으니, 정말 면목이 서지 않는다 =〔丢diū份儿〕

【跌价】diē/jià 動 값이 떨어지다〔내리다〕 ¶电子品～了 | 전자제품의 가격이 내렸다→〔贬biǎn值〕〔涨zhǎng价〕

【跌交(子)】diē/jiāo(·zi) 動 ❶ (발이 걸려) 넘어지다. ¶小孩儿学走路免不了要～ | 어린 아이가

걸음마를 배울 때에는 넘어지기 마련이다. ¶跌了一交 | 넘어졌다. ❷喩잘못하다. 좌절하다. 실패하다. ¶这样的人没有不～的 | 이러한 사람은 좌절하지 않은 경우가 없다 ‖ ＝〔跌跤〕〔栽交①〕

【跌里跌斜】diē·li diēxié ⇒〔跌跌撞撞〕

【跌落】diēluò 動❶(물체가) 떨어지다. ¶屋瓦～在地上 | 기와가 땅에 떨어지다. ❷(물가·생산량 등이) 떨어지다. 하락하다. ¶股价～ | 주식가격이 떨어지다 ＝〔下xià跌〕

【跌水】diēshuǐ 名❶갑자기 쏟아져 내리는 물줄기. ❷댐 수문 등에서 낙차를 크게 하는 계단.

【跌足】diē/zú 動발을 동동 구르다. 동동거리다 ＝〔顿dùn足〕〔跺脚〕

dié ㄉㄧㄝˊ

【垤】dié 개밋둑 질
書名❶개밋둑. 의봉(蟻封) ❷작은 토산(土山)

【绖(絰)】dié 질 질
名질 [상복에 사용하는 삼베로 만든 머리에 쓰는 수질(首絰)과 허리에 두르는 요질(腰絰)이 있음]

【耋】dié 늙을 질, 늙은이 질
書名70～80세의 노령(老齡)〔노인〕 ¶耄mào～之年 | 노년. 노령. ¶～艾ài | 노인과 젊은이. 노인→〔耄mào耋〕

【佚】dié ☞ 佚 yì Ⓑ

【迭】dié 번갈아 질, 갈마들 질
❶書動번갈아 하다. 교대로 하다. ¶更～ | 경질하다. ¶～为宾主 | 번갈아 손님이 되고 주인이 되다. ❷動미치다. 이르다. ¶忙不～ | 바빠서 어쩔 수 없다. ❸動그치다. ¶叫苦不～ | 成끊임없이 비명을 지르다. ❹書副자주. 누차. 여러 번. ¶～次↓ ¶～挫强敌 | 강적을 여러 차례 물리치다. ¶近年来, 他～有新见 | 근년에 그는 여러 차례 새로운 발견을 하였다.

【迭床架屋】dié chuáng jià wū 成❶침대 위에 침대를 놓고 집 위에다 집을 짓는다. 옥상가옥. ❷(말을) 곱씹다. ¶写文章要简洁明快, 不能～ | 문장은 간결 명쾌하게 쓰야지, 중복되어서는 안된다.

【迭次】diécì 書副누차. 여러 차례. ¶～磋商cuōshāng | 누차 의논하다 ＝〔叠dié次〕

【迭起】diéqǐ 書動자꾸 일어나다〔출현하다〕 ¶惨cǎn案～ | 학살 사건이 자꾸 일어나다. ¶罢业风潮～ | 파업의 분위기가 자꾸 일어나다.

【瓞】dié 북치 질
書名작은 오이. 북치. ¶瓜～绵绵 | 成박과가 차례차례 열려 끊이지 않다. 喩자손이 번성하다.

【谍(諜)】dié 염탐할 첩
❶動(적의 상황을) 염탐〔정탐〕하다. ¶～报↓ ❷간첩. ¶间jiàn～ ＝〔谍报员〕 | 간첩. ¶保密防～ | 비밀을 지키고 간첩을 막다.

【谍报】diébào 名〈軍〉첩보. ¶～员 | 첩보원

【谍谍】diédié ⇒〔喋喋〕

【喋〈啑〉】dié zhá 재재거릴 첩, 쪼아먹을 잡
Ⓐ dié ❶재잘거리다. 수다떨다. ¶～～↓ ❷피를 흘리다. ¶～血↓
Ⓑ zhá ⇒〔喋呷〕

Ⓐ dié

【喋喋】diédié 狀재잘거리다. 재잘재잘 지껄이다. ¶～不休 | 재잘재잘 쉴새 없이 지껄이다 ＝〔谍谍diédié〕

【喋血】diéxuè 書動(사람이 많이 죽어) 피를 많이 흘리다. 피투성이가 되다. 유혈(流血)이 낭자하다. ¶～抗战 | 피를 흘리며 항전하다 ＝〔蹀dié血〕

Ⓑ zhá

【喋呷】zháxiá 書擬삭삭 [물고기 떼나 물새 떼가 먹이를 먹는 소리]＝〔唼shà喋〕

【堞】dié 성가퀴 첩
名〈建〉성(城)가퀴. 성첩(城堞) [성 위에 「凸」자형으로 낮게 쌓은 담]. ¶雉zhì～ | 성가퀴.

【堞口】diékǒu 名성가퀴의 망을 보는 구멍 ＝〔垛duǒ口〕

【揲】dié ☞ 揲 shé Ⓑ

【牒】dié 서찰 첩, 문서 첩
名❶(공)문서. ¶通tōng～ | (외교문서로 된) 통첩. ¶度dù～ | 도첩 [옛날, 관청에서 승려에게 발급하던 증명서]❷(Dié) 성(姓)

【牒报】diébào 書動서찰로 보고하다.

4【碟】dié 접시 접
❶名(작은) 접시. ¶玻璃～儿 | 유리접시→〔盘pán②〕〔皿mǐn①〕 ❷量접시. ¶一～菜 | 한 접시의 요리.

【碟儿】diér 名(작은) 접시.

4【碟子】dié·zi 名접시 [「碟子」가 「碟儿」보다 상대적으로 큼]

3【蝶〈蜨〉】dié 나비 접
名〈蟲〉나비. ¶蝴hú～ | 나비.

【蝶骨】diégǔ 名〈生理〉호접골(胡蝶骨)

【蝶形花】diéxínghuā 名〈植〉나비꽃 [「蛾é形花」는 옛 이름]

【蝶泳】diéyǒng 名〈體〉❶(수영의) 접영. 버터플라이. ❷돌핀 킥(dolphin kick)

【蹀】dié 밟을 접
❶書動밟다. 발을 구르다. ❷→〔蹀躞〕

【蹀躞】diéxiè 書動❶종종걸음으로 가다. ❷배회하다.

【鲽(鰈)】dié 가자미 접
名〈魚貝〉가자미. ¶星～ | 범가자미. ¶高眼～ | 용가자미. ¶～鹣＝〔鹣鲽〕 | 가자미와 비익조. 喩사이가 좋은 부부 ＝〔方老lǎo板鱼〕

2【叠(疊)】dié 겹칠 첩
❶動겹쳐 쌓다. 포개다. ¶～罗汉↓ ¶堆～ | 쌓아 올리다. ¶～石为山 | 書

돌을 쌓아 산을 만들다. ❷動(손으로) 접다. 개다. ¶把报纸～起来｜신문을 접다. ¶～被子｜이불을 개다. ¶～衣服｜옷을 개다. ❸動중복하다. 겹치다. ¶双声～韵｜〈言〉쌍성 첩운. ¶～床架屋↓ ❹(～子) 量겹. 뭉치 [찬합·옷 등의 겹치거나 포갠 것을 세는 단위] ¶一～钞票｜지폐 한 뭉치.

【叠床架屋】dié chuáng jià wū 成침대 위에 침대를 겹치고 지붕 위에 거듭 지붕을 얹다. 옥상가옥(屋上架屋) 쓸데없이 중복하다. ¶这篇文章～, 不够简洁｜이 문장은 중복되어 그다지 간결하지 못하다.

【叠翠】diécuì 動푸르럼으로 어우러지다[중첩되다] ¶春风过处, 万山～｜봄바람이 스치자 온산이 푸르름으로 어우러진다.

【叠放】diéfàng 動쌓아[포개어] 두다[놓다]

【叠罗汉】diéluóhàn 名〈體〉텀블링(tumbling)

【叠印】diéyìn 名〈撮〉(영화의) 더블 프린팅(double printing)

【叠影】diéyǐng 名첩영 [두개 이상의 화면이 겹쳐 보이게 하는 것]

【叠韵】diéyùn 名〈言〉첩운 [복음사(複音詞)가 공통의 운모(韻母)를 갖고 있는 것으로, 「阑干」「千年」「匍匐」「螳螂」등]

【叠嶂】diézhàng 名첩장. 첩봉(疊峰) 첩첩한 산봉우리. ¶层峦luán～｜산이 첩첩이 겹쳐져 있다.

【叠字】diézì 名〈言〉첩어(疊語) 첩자 [같은 글자를 중복시켜 만든 낱말. 「人人」「高高兴兴」「明明白白」등]＝[重chóng言]

【叠字号】diézìhào 名동자(同字) 부호 [어떤 글자가 앞과 같음을 나타내는 부호「々」]

【叠子】dié·zi 量포개거나 겹쳐지는 것을 셀 때 씀. ¶一～文艺书籍｜한 벌의 문예 서적. ¶一～报纸｜신문지 한 묶음.

【褶】dié ☞ 褶 zhě B

dīng ㄉㄧㄥ

3【丁】dīng zhēng 네째천간 정

A dīng ❶名정 [십간(十干)의 넷째]→[干gān支] ❷성년남자. 장정. ¶壮～＝[丁夫][丁男]｜장정. ¶抓～｜장정을 붙잡아 가다. ❸인구. 가족 수. ¶添tiān～｜아들을 낳다. 식구가 한 사람 더 불어나다. ❹(어떤 직업에 종사하는) 일꾼. 고용인. ¶园～｜정원사. ¶家～｜문지기. ❺(～儿) 名(주사위 모양으로 잘게 썬) 도막. 덩이. ¶肉～儿｜잘게 썬 고기 도막. ¶切成～｜도막으로 썰다. ¶一～点儿｜조금. 약간. ❻數(순서의) 네 번째. ¶辞海～种｜사해의 제4종. ¶～等｜4등. 4급. ❼書動당하다. 만나다. ¶～忧｜부모상을 당하다. ¶～兹盛世｜이 태평성세를 만나다. ❽(Dīng) 名성(姓)

B zhēng→[丁丁]

A dīng

【丁坝】dīngbà 名정(丁)자형 제방.

【丁苯橡胶】dīngběn xiàngjiāo 名組〈化〉에스비아르(SBR) 합성 고무의 일종.

【丁村人】Dīngcūnrén 名정촌인 [고대 인류의 하나로, 구석기 시대 중기에 살았으며, 1954년 산서성(山西省) 양분현(襄汾縣) 정촌(丁村)에서 화석(化石)이 발견되었음]

【丁当】dīngdāng 擬딸랑딸랑. 댕그랑 [쇠붙이나 질그릇 등이 부딪치는 소리] ¶铁马～｜풍경이 딸랑거리다. ¶碟子碗碰得丁丁当当的｜접시와 대접이 댕그랑 댕그랑 부딪치다＝[叮当dīngdāng][玎珰][丁珰]

【丁点(儿)】dīngdiǎn(r) 量方극히 적은 양 [「点儿」보다 더 적거나 작은 것을 나타냄] ¶这么～的小岛上, 挤了三百万的人口｜이렇게 작은 섬에 300만의 인구가 붐비고 있다. ¶一～毛病也没有｜조그마한 결함도 없다＝[钉点(儿)]

【丁丁】a dīngdīng 書擬땡그랑. 댕댕. 똑똑 [구슬·쇠붙이가 부딪치는 소리. 물방울이 떨어지는 소리]

b zhēngzhēng 書擬쩡쩡. 딱딱. 뚝딱 [도끼소리. 바둑·장기를 두는 소리]

【丁丁当当】dīng·dingdāngdāng 擬댕그랑 댕그랑 [쇠붙이가 부딪치는 소리]＝[叮叮当当]

【丁东】dīngdōng 擬댕그랑 댕그랑 [구슬이나 쇠붙이가 부딪쳐서 나는 소리] ¶～作响｜댕그랑 댕그랑 소리가 나다＝[丁冬][丁丁冬冬][东dōng丁]

【丁冬】dīngdōng⇒[丁东]

【丁二烯】dīng'èrxī 名〈化〉부타디엔(butadiene)＝[二乙烯]

【丁基橡胶】dīngjī xiàngjiāo 名組〈化〉부틸 합성 고무＝[丁烯xī橡胶][异yì丁(烯)橡胶]

【丁腈橡胶】dīngjīng xiàngjiāo 名組〈化〉부타디엔 아크릴로니트릴(butadiene acrylonitrile) 고무.

【丁铃铃】dīnglínglíng 擬종이나 벨(bell)이 울리는 소리. ¶～上课的铃声响了｜따르릉하고 수업 시작 벨이 울렸다＝[丁令令][丁零零]

【丁零】dīnglíng 擬딸랑딸랑. 댕그랑 댕그랑. 따르릉 따르릉 [방울 소리 또는 작은 금속 물체가 부딪치는 소리] ¶塔上的铜铃～～地响｜탑 위의 구리 방울이 딸랑딸랑거리며 울리다. ¶～～的自行车铃声｜따르릉 따르릉 자전거 벨 소리.

【丁零当郎】dīng·lingdānglāng 擬땡그랑 땡그랑 [쇠붙이나 자기 등이 계속해서 부딪치는 소리] ¶～地掉出几枚硬币｜땡그랑하며 몇개의 동전이 떨어져 나왔다.

【丁宁】dīngníng 動재삼 부탁하다. 신신 당부하다. ¶千～万嘱咐zhǔfù｜신신 당부하다＝[叮咛]

【丁是丁, 卯是卯】dīng shì dīng mǎo shì mǎo 諺 ❶일하는 것이 빈틈없다[꼼꼼하다] ¶他从来是个～的人｜그는 본래 일을 빈틈없이 하는 사람이다. ❷(책임 등의) 한계가 분명하다. ¶这件事咱们可～, 谁的责任谁负｜이 일은 우리가 정말 책임한계를 분명히 해서 책임 있는 사람이 책임을 지도록 합시다. ❸융통성이 없다 ‖＝[钉是钉, 铆是铆][针的针, 卯的卯]

【丁酸】dīngsuān 名〈化〉낙산(酪酸)＝[酪lào酸][乳rǔ脂酸]

【丁烷】dīngwán 名〈化〉부탄(butane) ¶～气｜부탄 가스→〔烷wán①〕
【丁香】dīngxiāng 名〈植〉❶ 정향나무(Syringa palibiniana)＝〔丁香花〕〔紫丁香〕 ❷ 정향나무(Syrygium aromatica)[말린 빨간 꽃봉오리는 약재 및 정향유(丁香油)의 원료로 씀]‖＝〔鸡jī舌香〕
【丁字尺】dīngzìchǐ 名 티(T)자. 정자정규(丁字定規)＝〔丁字扳〕〔丁字矩〕〔丁形定规〕〔丁字规〕
【丁字镐】dīngzìgǎo 名 정자형(丁字型)의 곡괭이. ¶挥动～挖山｜곡괭이로 산을 파다＝〔十shí字镐〕〔双shuāng头镐〕
Ⓑ zhēng
【丁丁】zhēngzhēng ☞〔丁丁〕dīngdīng ⓑ

【仃】dīng 고독할 정
⇒〔伶líng仃〕

4【叮】dīng 물을 정, 정성스러울 정
動 ❶ 캐묻다. 다짐하여 묻다. ¶我又～了他一句｜나는 그에게 재차 다짐하며 한마디 물었다＝〔钉dīng③〕 ❷ (모기 등이) 빨다. 쏘다. 물다. ¶苍蝇cāngyíng～过的东西不要吃｜파리가 빨았던 것은 먹지 마라. ¶你别叫蚊子～了｜모기한테 물리지 마시오. ❸ 간절히 부탁하다. 신신당부하다. ¶～嘱↓ ❹ ⇒〔叮当dīngdāng〕
【叮当】ⓐ dīngdāng⇒〔丁当〕
ⓑ dīng·dang 動 俗 충돌하다. 주먹다짐하다. ¶他们两个人～起来了｜그들 두 사람은 싸우기 시작하였다.
【叮叮当当】dīng·dingdāngdāng⇒〔丁丁当当〕
【叮咛】dīngníng⇒〔丁宁〕
【叮问】dīngwèn⇒〔追zhuī问〕
4【叮嘱】dīngzhǔ 動 재삼 부탁하다. ¶母亲～他冷暖要当心, 飲食要注意｜어머니께서는 그에게 추위와 더위에 조심하고 음식에 주의할 것을 신신당부하셨다.

【玎】dīng 옥소리 정
⇒〔玎珰〕〔玎玲〕
【玎珰】dīngdāng⇒〔丁当〕
【玎玲】dīnglíng 擬 옥(玉) 등이 부딪치는 소리.

【町】dīng ☞ 町 tīng Ⓑ

【疔】dīng 정 정
名〈漢醫〉정(疔) 정저(疔疽) 정종(疔腫)[얼굴·머리·궁둥이 등에 나는 악성 부스럼] ¶他长zhǎng了个～｜그에게 악성 부스럼이 났다.
【疔疮】dīngchuāng 名〈醫〉정. 정종.
【疔疽】dīngjū 名〈醫〉정저＝〔钉疽〕

3【盯】dīng 똑바로볼 정
動 ❶ 주시(注視)하다. ¶直拿眼睛～人｜줄곧 사람을 주시하다. ¶～着他的背影｜그의 뒷모습을 주시하고 있다. ¶～住目标, 努力迈进｜목표를 주시하여, 열심히 매진하라. ❷ 바싹 뒤쫓다. 감시하다. 물고 늘어지다. ¶～住那个坏东西, 别让他跑掉｜저 악당을 놓치지 않도록 바싹 뒤쫓아라 ‖＝〔钉dīng④〕 ❸「顶」과 같음⇒〔顶dǐng⑥〕
【盯人】dīngrén 名 動〈體〉(농구에서의) 마크(mark)(하다) ¶采用紧逼jǐnbī～的战术｜밀착 마크 전술을 채택하다.
【盯梢】dīng/shāo⇒〔钉dīng梢〕

3【钉(釘)】dīng dìng 못 정
Ⓐ dīng ❶ (～儿, ～子) 名 못. ¶铁～｜쇠못. ¶螺luó丝～｜나사못. ¶图tú～(儿)＝〔摁 èn 钉(儿)〕〔揿 qìn 钉(儿)｜압정. ❷ 動 독촉하다. 재촉하다. ¶你要经常～着一点儿, 免得他忘了｜그가 잊지 않도록 당신이 늘 재촉해 주시오! ❸「叮」과 같음⇒〔叮①〕 ❹「盯」과 같음⇒〔盯〕 ❺「顶」과 같음⇒〔顶⑥〕
Ⓑ dìng 動 ❶ (못을) 박다. (못을 박아) 철하다. ¶～钉dīng子｜못을 박다. ¶～楔子xiēzǐ｜쐐기를 박다. ¶～成本子｜철하여 책으로 만들다. ❷ (단추 등을) 달다. ¶～钮niǔ扣｜단추를 달다.
Ⓐ dīng
【钉齿耙】dīngchǐbà 名〈農〉스파이크 투드 해로(spikētooth harrow)
【钉锤(儿)】dīngchuí(r) 名 망치. 장도리.
【钉疽】dīngjū⇒〔疔疽〕
【钉螺】dīngluó 名〈魚貝〉다슬기의 일종. ¶消灭～, 防止吸血虫病｜다슬기를 없애, 흡혈충병을 방지하다＝〔钉螺蛳sī〕
【钉帽(儿)】dīngmào(r) 名 못대가리＝〔钉头①〕〔钉(子)帽儿〕
【钉耙】dīngpá 名〈農〉써레. 갈퀴.
【钉梢】dīng/shāo 動 方 미행하다. 뒤를 밟다. ¶他钉我的梢监视我呢｜그는 나를 미행하면서 감시하고 있다. ¶你负责fùzé～, 我负责向上峰滙报shàngfēnghuìbào｜너는 책임지고 뒤를 밟아라, 나는 책임지고 봉우리에 올라 보고를 하겠다＝〔盯dīng梢〕
【钉是钉, 铆是铆】dīng shì dīng, mǎo shì mǎo⇒〔丁是丁, 卯是卯〕
【钉鞋】ⓐ dīngxié 名 ❶ 옛날, 비가 올 때 신는 징을 박은 신＝〔钉靴〕〔丁鞋〕 ❷〈體〉스파이크 슈즈(spike shoes)＝〔钉子鞋〕〔跳tiào鞋〕→〔鞋〕
ⓑ dìngxié 動 (신 바닥에) 징을 박다.
3【钉子】dīng·zi 名 ❶ 못. ¶钉dìng～｜못을 박다. ❷ 장애. ¶碰～｜장애에 부딪치다.
【钉子户】dīng·zihù ❶ 이사를 해야 하나 태도가 완고하여 옮기기를 거부하고 있는 주민. ❷ 법률 기강을 무시하고 함부로 국가이익을 손상시키는 단위나 개인.
Ⓑ dìng
【钉(马)掌】dìng(mǎ)zhǎng 動組 말의 편자를 달다. ¶～的｜편자를 박는 사람＝〔钉掌〕
【钉书】dìngshū 動 제본(製本)하다. ¶～的＝〔钉书匠jiàng〕｜제본공(製本工) ¶～铺pù｜제본소. ¶～器｜호치키스(hotchkiss)

【耵】dīng 귀지 정
⇒〔耵聍〕
【耵聍】dīngníng 名 귀지＝〔耳ěr垢〕

【酊】dīng ☞ 酊 dǐng Ⓑ

dǐng ㄉㄧㄥˇ

2【顶(頂)】dǐng 꼭대기 정 ❶(~儿) 名 정상. 꼭대기. 끝. ¶山~ | 산꼭대기. ¶楼~ | 옥상. ¶头~ | 머리 꼭대기. ¶秃~ | 머리가 벗어지다. ❷動 머리에 이다. 머리에 얹다. ¶头~着饭盒 | 머리에 도시락을 이다. ¶把书~在头上 | 책을 머리 위에 얹다. ❸動 머리로 받다. 머리에 닿다. ¶羊也会~人 | 양도 사람을 받을 수 있다. ¶他的个子高, 站直了就要~着门框了 | 그는 키가 커서, 똑바로 서면 문틀에 닿는다. ❹動 버티다. 지탱하다. 밀다. ¶用椅子~门 | 의자로 문을 받치다. ¶用棍子~门 | 막대기로 문을 버티어 놓다. ¶机车在后头~着列车走 | 기관차가 뒤에서 열차를 밀고 간다. ❺動 상당하다. 맞먹다. 필적하다. ¶一个人~三个人的力量 | 한 사람이 세 사람의 힘과 맞먹는다. ¶这次生产~六个月的工作 | 이번 생산은 6개월 동안의 일에 상당한다. ❻動(역할·임무를) 해내다. 담당하다. 책임을 지다. ¶活儿重, 我一个人~不下来 | 일이 중대하기 때문에, 나 혼자서는 떠맡을 수 없다 =〔盯dīng③〕〔钉dīng⑤〕 ❼動 대체하다. 대신하다. 보충하다. ¶由你~她的缺 | 그녀의 빈자리를 당신이 메우시오. ¶冒mào名~替 | 남의 이름을 사칭하고 대역(代役)하다. ❽動 소용되다. 쓸모 있다. ¶菜刀~甚么用? | 식칼이 무슨 쓸모가 있는가? ¶不~事 | 소용이 닿지 않다. ❾動 옛날, 경영권이나 건물의 임대권을 양도하거나 취득하다. ¶~出去 | 권리를 양도하다. ¶招~ =〔召顶〕〔出顶〕 | 권리를 양도받을 사람을 구하다. ❿動 方 (시각에) 이르다. ¶后天我~一点钟来 | 나는 모레 1시까지 오겠다. ¶~下午三点钟我才吃饭 | 오후 3시가 되어서야 나는 겨우 밥을 먹었다. ⓫動 밑에서 위로 밀어 움직이다〔들어올리다〕 ¶种子发了芽, 把土~起来了 | 씨앗이 싹이 터서, 흙을 밀어 올리다. ⓬動 …을 무릅쓰다. …을 아랑곳하지 않고 …을 하다. ¶~着雨迈步前进 | 비를 무릅쓰고 앞으로 전진하다. ⓭動 상대방에게 대들다. 말대답하다. 반항하다. 대립하다. ¶我几句话把她~回去了 | 나는 몇 마디 말로 그녀를 쏘아 주었다. ¶他和主人~起来了 | 그는 주인에게 대든다. ⓮動 환산(換算)하다. ¶地, 房子, 牲口全~粮食分给穷人了 | 밭·집·가축 등을 모두 식량으로 환산해서 빈민에게 나누어주었다. ⓯副 아주. 대단히. 상당히. 어법 「顶」과 「最」의 차이 ⇒〔最zuì①〕 ⓰副 끝. 극단의 [방위사(方位詞)와 결합하여 방위의 극단을 나타낸다] ¶~上头 | 최상단. ¶~东头 | 동쪽 끝. ⓱量(모자·천막·가마 등의) 꼭대기가 있는 것을 세는 양사. ¶一~帽子 | 모자 한 개. ¶三~花轿 | 꽃가마 세 개.

【顶班】dǐngbān 動 ❶ 상근(常勤)하다. 담당하다. 책임을 맡다. ¶夜班由他~ | 야근은 그가 담당한다. ❷ 대근(代勤)하다 ‖ =〔方 顶岗gǎng〕

【顶板】dǐng/bǎn ❶動 천장에 부딪치다. 喻 곤란·어려움 등에 부닥치다. ¶果不其然, 一上阵就顶了板 | 아니나 다를까, 나서자마자 난관에 부닥쳤다. ❷動 方 (의견·주장 등이) 서로 충돌되다. 부딪치다. ¶他俩一说话就~ | 그 두 사람은 말만 했다하면 서로 다툰다. ❸(dǐngbǎn) 名〈鑛〉 천판(天板) 천반(天盤) ¶~岩石 | 천반 암석. ¶~压力 | 천반압력. ¶~支架 | 천반보강.

【顶不住】dǐng·bu zhù 動組 ❶ 감당〔지탱〕하지 못하다. 버틸 수 없다. ¶你快来换我, 我实在~了 | 너 빨리와서 나와 교대해줘, 사실 나는 버틸 수가 없어. ❷ 상당(相當)하지 않다. 필적하지 못하다 ‖ ⇔〔顶得住〕

【顶到底】dǐngdàodǐ 動組 끝까지 (지탱)해 내다. ¶改「一天两班轮倒dǎo」为「一天一班~」 | 하루 2교대제(交代制)를 하루 한 조(組)가 끝까지 해내는 방침으로 바꾸다.

4【顶点】dǐngdiǎn 名 ❶ 정점. 꼭대기. 정상(頂上) ¶只有不畏劳苦的人, 才有希望达到光辉的~ | 오직 고생을 마다하지 않는 사람만이 빛나는 정상에 도달할 수 있다. ¶金字塔从基底到~有142公尺高 | 피라미드는 바닥에서 꼭대기까지 142미터이다. ❷ 정점. 절정(絶頂) 최고조. 클라이맥스. ¶欢乐的气氛达到了~ | 즐거운 분위기가 최고조에 달했다. ❸〈數〉 정점. 꼭지점.

4【顶端】dǐngduān 名 ❶ 꼭대기. 정상. ¶从~向下裁开 | 위에서 아래로 재단하다. ❷ 끝. 가. 가장자리.

【顶多】dǐngduō ❶形 가장 많다. ¶他的话~了 | 그가 말이 가장 많았다. ❷副 기껏해야 =〔至zhì多〕

【顶风】dǐng/fēng ❶動 바람을 안다. 바람을 무릅쓰다. ¶开~船 | 바람을 안고 항해하다. ¶~冒雪 | 成 눈보라를 헤치다. 난관을 뚫다. ❷(dǐngfēng) 名 맞바람. 역풍(逆風) =〔顶头风〕〔逆nì风〕〔打dǎ头风〕〔迎yíng面风〕〔戗qiāng风〕〔斗dǒu风〕〔石shí尤风〕〔石邮风〕

【顶峰】dǐngfēng 名 ❶ 산의 최고봉(最高峰) 산의 정상(頂上) ❷ 喻 (어떤 분야의) 최고봉. 정상. ¶攀登艺术的~ | 예술의 최고봉에 올라서다. ¶到达了~ | 정상에 도달하다.

【顶缸(儿)】dǐng/gāng(r) 動 口 喻 대신 책임을 지다. 대신 벌을 받다. 방편〔수단〕으로 이용되다. ¶可不能拿别人~ | 다른 사람이 대신 책임을 지게 할 수는 없다.

【顶骨】dǐnggǔ 名〈生理〉 두정골(頭頂骨)

【顶呱呱】dǐngguāguā 狀 方 대단히 좋다. 매우 좋다. 가장 뛰어나다. ¶他买的真是~的了 | 그가 산 것은 정말 대단히 좋다 =〔顶瓜瓜guā〕〔顶刮刮guā〕〔顶聒聒guō〕→〔刮刮叫〕

【顶刮刮】dǐngguāguā ⇒〔顶呱呱〕

【顶聒聒】dǐngguāguā ⇒〔顶呱呱〕

【顶柜】dǐngguì 名 장 위에 놓는 작은 궤짝 →〔立lì柜〕

【顶回去】dǐng/·huí/·qù 動組 일축(一蹴)하다. 되받아 물리치다. ¶把他的话顶了回去 | 그의 말을 일축해 버렸다.

【顶角】dǐngjiǎo 名〈數〉 정각(頂角)

【顶了石臼做戏】dǐng·le shíjiù zuòxì 諺 돌절구를 머리에 이고 연기를 하다. 고생만 하고 애쓴 보람이 없다.

【顶礼】dǐnglǐ 名〈佛〉정례(頂禮) [무릎을 꿇어 두 손으로 땅을 짚고 존경하는 사람의 발 밑에 머리를 대는, 가장 공경하는 뜻으로 하는 절]

【顶礼膜拜】dǐng lǐ mó bài 成 정례(頂禮) (권력·권위 등에) 무릎 꿇다. 굴복하다. 설설 기다 어법 보통 부정적 의미로 쓰임. ¶对金钱～ | 금력(金力) 앞에 무릎 꿇다.

【顶梁柱】dǐngliángzhù 名 ❶ 대들보를 떠받치는 기둥. ❷ 喩 중축(中軸) 중추. 동량(棟梁) ¶他是我们厂里的～ | 그는 우리 공장의 동량이다.

【顶楼】dǐnglóu 名 ❶ 다락방. ❷ (옥상에 지은) 조그만 방. 펜트 하우스(pent house)

【顶门(儿)】dǐngmén(r) ❶ 名 정문(頂門) ¶～上的头发已经脱光了 | 정수리 부분의 머리칼이 벌써 다 빠졌다. ❷ (dǐng mén(r))대신 죄를 걸머지다. 남 대신 벌을 받다. ❸ (dǐng mén(r)) 문을 버팀목으로 괴다[버티다]. ❹ (dǐng mén(r)) 한 집안을 지탱[유지]하다.

【顶门杈】dǐngménchā 名 ❶ 문의 버팀목. ❷ 喩 자신을 도와주는 버팀목. ¶想借他做个～ | 그를 자신의 버팀목으로 삼고 싶어하다.

【顶门杠】dǐngméngàng 名 빗장.

【顶名(儿)】dǐngmíng(r) ❶ 動 남의 이름을 사칭(詐稱)하다 ＝[冒mào名] ❷ 形 명목[이름]뿐인. ¶～的团员 | 이름뿐인 단원.

【顶命】dǐng/mìng 動 항명하다. 명령을 어기다.

【顶牛(儿)】dǐng/niú(r) ❶ 動 ⓐ (소가 뿔로) 서로 (떠)받다. ⓑ 喩 (머리·의견 등이) 맞부딪치다. 정면 충돌하다. ¶他俩意见分歧, 一谈就顶起牛儿来了 | 그들 둘은 의견이 맞지 않아 말하자마자 다투었다. ¶两辆车顶起牛儿了 | 자동차 두 대가 정면 충돌했다. ⓒ 트집 잡아 싸움을 걸다. (고의로) 남의 비위를 거스르다. ❷ (dǐngniú(r)) 名 골패(骨牌) 놀이의 하나 [두 사람 이상이 차례로 패쪽을 내면서 먼저 낸 패쪽의 숫자를 많이 알아맞히는 사람이 이김]＝[接龙]

【顶盘(儿)】dǐngpán(r) 動 옛날, 도산한 공장[상점]을 인수(하여 영업)하다→[招zhāo盘]

【顶棚】dǐngpéng 名 北 천장. ¶糊～ | 천장에 종이를 바르다 ＝[顶槅gé]→[天tiān花板]「포장.

【顶球】dǐngqiú ❶ 名〈體〉헤딩(heading) ❷ 動〈體〉헤딩(heading)하다.

【顶人】dǐng/rén 動 ❶ 박치기하다. 머리로 (남을) 받다. ❷ 남을 거역하다.

【顶上】ⓐ dǐngshàng 名 ❶ 정상(頂上) 꼭대기. ❷ 최고. 최상. ¶这是～货huò | 이것은 최상품이다.

ⓑ dǐng·shang 動 떠받치다. 버티다. 괴다. ¶把门～ | 문을 떠받치다.

【顶事(儿)】dǐng/shì(r) 動 쓸모 있다. 유능하다. 소용되다. 효력[효과]이 있다. ¶他不～ | 그는 쓸모 없다. ¶这剂药真～ | 이 약은 정말 효험이 있다. ¶老金干起活来可～呢 | 김씨는 일을 하는데 정말 유능하다 ＝[抵dǐ事]

【顶数】dǐng/shù 動 ❶ 숫자[머릿수]나 채우다. ❷ 쓸모 있다. 유용하다. 소용되다. 어법 주로 부정에 많이 쓰임. ¶你说的话不～ | 네가 한 말은 쓸모가 없다.

【顶替】dǐngtì 動 대신하다. ¶下半场球, 由他～你 | 후반전에는 그가 너를 대신한다. ¶冒mào名～ | 成 남의 이름을 도용하다. ¶～工 | 대체공. 퇴직 노동자의 후임자로서, 동일 직장에 취직한 자녀를 가리킴 ＝[顶换]

【顶天立地】dǐng tiān lì dì 成 하늘을 떠받치고 땅 위에 우뚝 서다 [영웅적 기개(氣概)를 형용하는 말] ¶～的男子汉 | 영웅적 기개를 지닌 사내 대장부.

【顶头】dǐngtóu ❶ 名 정상(頂上) 꼭대기. ❷ 名 맨 끝. 끄트머리. 막다른 곳. ¶这条胡同的～有个公用厕所 | 이 골목 맨 끝에 공중 화장실이 있다. ❸ 名 轉 맞은 편. 정면. 직접. ¶～碰pèng见 | 딱 만나다. ❹ 動 맞받다. 머리로 서로 떠받다. ¶那两只羊直～ | 그 두 마리 양이 머리로 서로 떠받다.

【顶头上司】dǐngtóu shàng·si 名組 口 직속 상관. 직속 상급 기관. ¶张主任是咱们的～ | 장주임이 우리의 직속 상관이다.

【顶箱】dǐngxiāng 名 方 농이나 찬장 위에 놓는 조그만 상자.

【顶芽】dǐngyá 名〈植〉정아. 꼭지눈.

【顶叶】dǐngyè 名 ❶〈植〉줄기의 맨 끝에 나는 잎. ❷〈生理〉두정엽(頭頂葉)

【顶用】dǐng/yòng 動 유용하다. 쓸모가 있다. ¶不～的东西, 再便宜也别买 | 쓸모가 없는 것은 아무리 싸더라도 사지 말라. ¶这件事需要你去, 我去不顶甚么用 | 이 일은 네가 가야지 내가 가서는 아무 소용이 없다.

【顶帐】dǐng/zhàng 動 상쇄(相殺)하다.

【顶针(儿)】dǐng·zhen(r) ❶ 名 골무 ＝[方 顶箍儿][顶凿zhǐ] ❷ 名〈機〉중심. ¶死～ | 고정시킨 중심. ¶～轴 | 중심축. ❸ ⇒[顶真②]

【顶真】dǐngzhēn ❶ 形 方 성실하다. 착실하다. ¶大事小事他都很～ | 큰 일에나 작은 일에나 그는 매우 성실하다. ¶他辨起事来很～ | 그는 일을 매우 착실히 한다 ＝[认rèn真②] ❷ 名 정진 [시(詩) 등에서 앞 구의 마지막 글자나 구를 다음 구의 첫 부분에서 다시 이어 쓰는 일종의 수사(修辭)방법]＝[顶针(儿)③]

【顶珠(儿)】dǐngzhū(r) 名 청조(清朝)때 관리 제모(制帽) 위에 붙이는 등급을 나타내는 구슬 [구슬의 색과 재료로 품급(品級)을 나타냈음]＝[顶子②]

【顶住】dǐng/·zhù 動 감당[지탱]해내다. 버티다. ¶顶不住 | 버틸 수 없다. 지탱해 낼 수 없다. ¶～压力 | 압력을 견디다. ¶他们～了敌人的五次冲锋 | 그들은 적의 다섯 차례 공격을 견디었다 →[支zhī持①]

【顶柱】dǐngzhù 名 지주(支柱) 버팀목.

【顶撞】dǐngzhuàng 動 (주로 윗사람·상관에게) 말대꾸하다. 반박하다. ¶儿子～了父亲几句 | 자식이 아버지에게 몇 마디 말대꾸를 하였다. ¶千万不可～领导 | 절대로 지도자에게 반박할 수 없다.

【顶子】dǐng·zi ❶ 名 정자·탑·가마 등의 꼭대기 장식 부분. ❷ ⇒[顶珠(儿)] ❸ 名 지붕. ¶挑tiǎ-

o～ | 지붕을 수리하다.
【顶嘴(儿)】dǐng/zuǐ(r) 動 回 (주로 윗사람에게) 말대꾸〔말대답〕하다. ¶你还跟我～吗? | 너 아직도 나에게 말대꾸하려는 거냐? =〔回huí嘴〕
【顶罪】dǐng/zuì 動 대신하여 벌을 받다. 죄를 대신하다.

【酊】 dǐng dīng 술취할 정
Ⓐ dǐng 動 잔뜩 취하다. 거나하게 취하다→〔酩mǐng酊〕
Ⓑ dīng 〈藥〉 정기(丁幾) 팅크(tincture) ¶碘～ =〔碘diǎn酒〕| 옥도정기. ¶辣椒～ | 고추 팅크 =〔丁几〕〔酊剂〕→〔酒jiǔ②〕
【酊剂】dīngjì 名 〈藥〉 팅크제(tincture劑)

【鼎】 dǐng 솥 정
❶ 名 세 발 솥 [음식을 익히는데 쓰이는 발이 셋이 달리고 귀가 두개 달린 솥] ❷ 名 方 냄비. 솥. ¶～间 | 부엌 =〔锅guō①〕 ❸ 名 재상의 지위. ❹ (솥에 달린 세 발과 같이) 서로 대립하다. ¶～立↓ ❺ 크다. 대단하다. ¶～力↓ ❻ 중요하다. ¶～言↓ ❼ 書 副 바야흐로. 바로. ¶～盛↓ =〔正当〕〔正在〕
【鼎鼎】dǐngdǐng 貶 성대하다. ¶大名～ | 명성이 높다.
【鼎鼎大名】dǐng dǐng dà míng 成 세상에 명성이 자자하다.
【鼎沸】dǐngfèi 書 動 (솥의 물이 끓듯이) 떠들썩하다. 의론(議論)이 분분하다. ¶人声～ | 몹시 떠들썩하다.
【鼎革】dǐnggé 書 動 왕조가 바뀌다. 혁신(革新)하다 =〔鼎新〕
【鼎力】dǐnglì 書 形 큰 힘 [부탁 혹은 감사를 표시할 때 사용하는 말] ¶全仗您的～帮助 | 전적으로 당신의 큰 도움만 믿습니다.
【鼎立】dǐnglì 書 動 정립하다. 세 세력이 병립하다. ¶三国～ | 삼국이 정립하다. ¶赤壁之战决定了魏,蜀,吴三国～的局面 | 적벽전은 위·촉·오 삼국이 정립하는 국면을 결정하였다.
【鼎盛】dǐngshèng 書 貶 바야흐로 한창 홍성하다. 한창이다. ¶三十岁正是人生的～时期 | 30세는 정말 인생의 한창시기이다.
【鼎新】dǐngxīn ⇒〔鼎革〕
【鼎新革故】dǐng xīn gé gù 成 낡은 것을 없애고 새 것으로 바꾸다. 혁신하다.
【鼎言】dǐngyán 書 名 중요한 말. 轉 당신의 말씀.
【鼎峙】dǐngzhì 動 세 세력〔방면〕이 대립하다〔병립하다〕.
【鼎足】dǐngzú 書 ❶ 名 정립(鼎立) ❷ 動 정립(鼎立)하다. ¶～而三 =〔鼎足而立〕| 세 세력이 정립하다.
【鼎足之势】dǐng zú zhī shì 成 세 세력이 정립(鼎立)한〔대립한〕국면〔형세〕 ¶三个小国成～ | 세 개의 작은 국가가 정립의 형세를 이루고 있다.

dìng ㄉㄧㄥˋ

2【订(訂)】 dìng 맺을 정, 바로잡을 정
動 ❶ (조약·계약·계획·규칙 등을) 정하다. 체결하다. ¶～条约 | 조약을 체결하다. ¶～约↓ ❷ 예약하다. 주문하다. ¶预～ | 미리 주문하다. ¶～杂志 | 잡지를 구독 신청하다 =〔定④〕 ❸ 정정(訂正)하다. ¶修～ | 수정하다. ¶考～ | (고증하여) 교정하다. ❹ 장정(裝幀)하다. 철하다. ¶～书 | 책으로 만들다. ¶～成一个本子 | 한 권의 노트로 만들다.
【订报】dìngbào 動 신문을 주문하다. ¶上报社～去 | 신문사에 신문을 신청하러 가다. ¶～处chù | 신문 구독 신청소 =〔定dìng报〕
【订单】dìngdān ⇒〔定单〕
4【订购】dìnggòu 動 주문하여 구입하다. ¶中国～了四百零五辆火车机车 | 중국은 405량의 기관차를 주문하였다. ¶他们向公司～了几箱罐头 | 그들은 회사에서 통조림 몇상자를 주문하여 구입하였다 =〔定购〕
【订合同】dìng hétong 動組 계약을 체결하다.
【订户】dìnghù 名 (신문·잡지 등의) 정기 구독자. (우유 등의) 정기 구매자. ¶报bào纸～ | 신문 구독자 =〔定户〕
3【订婚】dìng/hūn 動 약혼하다 =〔订亲〕〔定婚〕〔定亲〕〔書 文定〕
【订活】dìnghuó ❶ 일을 부탁하다. ❷ (dìnghuó) 名 청부 사업.
4【订货】dìnghuò ❶ 물품을 주문하다. ❷ (dìnghuò) 名 주문(품) ¶样yàng本～ | 견본에 의한 주문 ‖ =〔定货〕
【订交】dìngjiāo 動 ❶ 교제를 맺다. ❷ 국교를 맺다.
【订金】dìngjīn 名 보증금. 계약금 =〔订款kuǎn〕
【订立】dìnglì 動 (계약·조약을) 맺다. 체결하다. ¶～合hé同 =〔订立契qì约〕| 계약을 맺다. ¶两国～了贸易协定 | 양국이 무역 협정을 맺었다. ¶双方～了技术合作协议 | 쌍방이 기술 합작 합의서를 체결하였다.
【订亲】dìng/qīn ⇒〔订婚〕
【订约】dìng/yuē ❶ 動 협정〔조약〕을 맺다. ❷ 動 (혼약·교제 등을) 맺다. ❸ (dìngyuē) 名 결정한 약속 ‖ =〔定约〕
4【订阅】dìngyuè 動 (신문·잡지 등을) 예약 구독하다. ¶他每年～五种报刊 | 그는 매년 다섯종류의 잡지를 예약 구독한다 =〔定阅〕
【订正】dìngzhèng 動 (글이나 글자의 잘못을) 정정하다. 수정하다. ¶～了第一版中的错误 | 제 1판의 잘못을 수정했다 =〔厘正〕
【订座】dìngzuò 動 좌석을 예매하다. ¶这剧院上演「关汉卿」, 15号开始～ | 이 극장에서는 「관한경(关汉卿)」을 상연하는데, 15일부터 좌석예매를 시작한다.

【饤(飣)】 dìng 늘어놓을 정
❶ 書 動 음식을 그릇에 담아 늘어놓다. ❷ ⇒〔饾dòu饤〕→〔饾dòu〕

3【钉】 dìng ☞ 钉 dīng Ⓑ

1【定】 dìng 정할 정
❶ 動 고정하다〔시키다〕. 움직이지 않게 하다. ¶两脚好象～住了, 挪不动 | 두 발이 고정된 것처럼 움직일 수 없다. ¶眼睛～在书上 |

눈을 책에 고정시키다. ❷動(정서를) 안정시키다. 진정시키다. ¶～～神再说｜정신을 진정시키고 다시 말해보시오. ¶孩子没出事，心才～了下来｜아이가 무사해서, 마음이 겨우 진정됐다. ❸動결정하다〔되다〕. 확정하다. ¶计划已经～了｜계획이 이미 결정되었다. ¶货物～于九月一日起运｜화물은 9월 1일에 운반하기로 결정하였다. ❹動예약하다. 주문하다. ¶在饭馆～了一桌菜｜음식점에 요리 한 상을 주문했다. ¶机位已经～了｜비행좌석을 이미 예약했다. ¶跟他商量一下，把时间～下来｜그와 상의를 좀 하고, 시간을 결정합시다＝〔订dìng②〕 ❺動응고하다.굳어지다. ¶血～上了｜피가 엉겼다. ¶油～了｜기름이 굳어졌다. ❻動안정되다. ¶局势已～｜정세가 이미 안정되다. ❼形안정된. 진정된. 확정된. 규정된. 어법 술어(謂語)로 쓰이지 않으며 관형어(定語)로 쓰일 때도「的」를 붙이지 않고 직접 명사를 수식함. 이때 대개 독립된 하나의 낱말(詞)를 구성함. ¶～理↓ ¶～量↓ ¶～局↓ ❽形동사 뒤에 보어(補語)로 쓰여, 어법 ⓐ 움직이지 않고 고정되어 있음을 나타냄.「得」「不」를 앞에 넣지 않으며, 소수의 자동사 뒤에 쓰임. ¶站～｜꼼짝 않고 서 있다. ¶过几天住～以后，再给你写信｜며칠 지나 주거가 정해진 후 다시 너에게 편지 쓰마. ⓑ 확정됨·결정됨을 나타냄.「得」「不」를 앞에 쓰며 (쌍음절 동사 뒤에서는 쓰지 않음), 타동사에 주로 씀. ¶下～决心｜결심이 정해졌다. ¶办法已经商量～了｜방법이 이미 논의하여 확정되었다. ¶商量得～(×) ⓒ 꼭·반드시·기어코의 의미를 나타냄. 이때「定」은 강하게 읽으며, 반드시「了」를 동반하고,「得」「不」를 쓸 수 없음. ¶不管怎么说，我是走～了｜뭐라고 말하든 나는 기필코 가겠다. ❾書副 반드시. 꼭. ¶～能成功｜반드시 성공할 수 있다. ¶～有原因｜반드시 원인이 있다. ¶明日～来相会｜내일 꼭 만나러 온다＝〔必定〕 ❿(Dìng)名성(姓)

【定案】 dìng/àn ❶動안건〔방안, 의안〕을 최종적으로 결정하다. ¶由县公安局～｜현공안국에서 안건을 최종 결정하다. ❷(dìng'àn)名결정된 안건〔방안, 의안〕 ¶这是～，很难推翻｜이는 결정된 안건이어서 번복하기가 매우 어렵다.

【定编】 dìngbiān 動편제를 확정하다.

【定产】 dìng/chǎn ❶動생산량을 결정하다. ❷(dìngchǎn) 名(논밭의) 기준 생산량 [「三定」곧「定产」「定销」「定购」의 하나]

【定场白】 dìngchǎngbái 名〈演映〉중국 전통극에서 배우가 제일 처음 무대에 등장하여 말하는 자기 소개의 독백(獨白)

【定场诗】 dìngchǎngshī 名〈演映〉중국 전통극에서 배우가 제일 처음 무대에 등장하였을 때 읊는 시(詩) 보통 4구(句)로 되었음＝〔坐场诗〕→〔引yǐn子〕

【定出】 dìngchū 動(구체적으로) 정하다〔짜다〕 ¶～几条章程｜몇 가지 규칙을 정하다.

【定单】 dìngdān 名주문서. ¶～纷纷邮来｜주문서가 잇달아 부쳐오다＝〔定货单〕〔订单〕〔订货单〕

【定当】 ⓐ dìngdāng 副반드시. 꼭. ⓑ dìngdàng 形타당하다. 적당하다. 순조롭다. ¶安排～｜안배가 적당하다. ¶商量～｜상담이 이루어지다.

[4]**【定点】** dìngdiǎn 名〈物〉정점. ¶定～｜정점을 정하다.

【定东儿】 dìngdōngr 動묵을 만들다. 묵이 되다. 응기다. ¶那盆里的汤tāng都～了｜저 그릇의 국물이 모두 묵이 되었다.

【定都】 dìng/dū 動수도를 정하다. ¶～北京｜북경에 수도를 정하다.

【定夺】 dìngduó 動가부(可否)나 취사(取捨)를 결정하다. ¶这事由你～，我不便表态｜이 일은 네가 가부를 결정해, 나는 입장을 표명하지 않겠다. ¶等讨论后再行～｜토론을 한 후에 가부를 결정하자. ¶自行～之权｜자체로 결정하는 권한＝〔裁cái夺〕

[4]**【定额】** dìng'é 名정액. 정량(定量) 정원. 노르마(norma) ¶～包工｜노르마 청부제. ¶装zhuāng载～｜적재 규정량. ¶生产～｜책임 작업량 →〔定员〕〔名míng额〕

【定额管理制】 dìng'é guǎnlǐzhì 名組생산 책임제(生產責任制)와 함께 국영 공장에서 취해지고 있는 생산 관리의 방법으로, 일정한 기계설비가 갖는 생산 한계를 정하여 두고 필요한 일정 노동력을 배치하여, 일정 수량의 원료로, 일정 수량의 성과를 올리는 것을 말함.

【定岗】 dìnggǎng 動직장·근무 부서를 확정하다.

【定稿】 dìnggǎo ❶名최종적으로 마무리 지은 원고. ¶这已经是～，可以付印了｜이것은 탈고된 원고이므로 인쇄에 들어가도 된다. ❷動원고를 탈고하다〔완성하다〕 ¶词典正在修改，尚未～｜사전은 수정 중에 있으며 아직 탈고되지 않았다.

【定更(天)】 dìnggēng(tiān) 名옛날, 초경(初更)을 알리는 시각. 곧 저녁 8시경＝〔起qǐ更①〕

【定购】 dìnggòu ⇒〔订购〕

【定规】 ⓐ dìngguī ❶名규정. 일정한 법규. ¶甚么事都有个～，办起来才不发生困难｜무슨 일이든 규정이 있어야만, 일을 하는데 어려움이 생기지 않는다. ❷副方반드시. 꼭. 기어코 [주로 주관적 의지를 가리킴] ¶他～要去｜그는 기어코 가려고 한다.
ⓑ dìng·gui 動方결정하다. 정하다. ¶还没～上哪儿去｜아직 어디로 갈 것인지 결정하지 않았다.

【定户】 dìnghù ⇒〔订户〕

【定滑轮】 dìnghuálún 名고정 도르래→〔滑车①〕

【定婚】 dìng/hūn ⇒〔订婚〕

【定货】 dìnghuò ⇒〔订货〕

【定货单】 dìnghuòdān ⇒〔定单〕

[4]**【定价】** dìngjià ❶名정가. ¶～太高｜정각가 매우 비싸다. ¶～单dān＝〔定价表biǎo〕｜정가표. ¶～不二｜정가에 에누리없음. ❷(dìng/jià)書動가격을 정하다.

【定见】 dìngjiàn 名정견. 일정한 견해(見解)나 주장(主張) ¶关键是你自己要有～｜관건은 너 스스로가 일정한 견해를 지녀야 하는 것이다.

【定睛】 dìngjīng 動시선을 집중시키다. 주시하다.

눈여겨보다. ¶～细看｜눈 여겨 자세히 보다.

4【定居】dìng/jū 動 정주(定住)하다. 정착하다. ¶汉朝就有一些人～印度尼西亚, 成为在南洋最早的华侨｜한대에 약간의 사람들이 인도네시아에 정착하여, 남양에서 가장 일찍 화교가 되었다. ¶～农村｜농촌에 정착하다.

【定居点】dìngjūdiǎn 名 유목민이나 어민(漁民) 등의 정주지(定住地)〔정착지〕 ¶在一些地区建立～｜일정 지역에 정착지를 건립하다.

【定局】dìngjú ❶ 動 (최종적으로) 결정을 하다. ¶事情还没～, 明天还可以再研究｜일이 아직 최종적으로 결정되지 않았으니, 내일 다시 검토합시다. ❷ 名 정해진 국면〔형세〕 ¶今年丰收已成～｜금년의 풍작은 이미 확정적이다.

【定据】dìngjù 名 계약 증서.

4【定理】dìnglǐ 名 ❶ 불변의 진리(眞理) ❷ 〈數〉 정리(定理)

【定礼】dìnglǐ 名 납폐(納幣) 납채(納采) 약혼 시 신랑집에서 신부집으로 보내는 예물.

【定例】dìnglì 名 상례(常例) 상규(常規) ¶这差不多成了～了｜이는 대체로 상례가 되었다.

4【定量】dìngliàng ❶ 動 〈化〉 물질에 포함된 각종 성분의 양을 측정하다. ❷ 名 규정된 수량. 일정량. 정량.

【定量分析】dìngliàng fēnxī 名組 〈化〉 정량 분석. 「引力～｜만유인력의 법칙.

4【定律】dìnglǜ 名 (과학상의) 법칙. ¶万有

【定论】dìnglùn 名 정설(定说) 정론. ¶这个问题尚无～｜이 문제는 아직 정설이 없다. ¶这个问题已有～很难推翻｜이 문제는 이미 정설이 있어, 뒤집기가 매우 어렵다.

【定苗】dìng/miáo 動 〈農〉 (일정한 포기 간격에 따라) 잘 자란 모종은 남겨두고 나머지 것은 솎아 내다→〔间jiàn苗〕

【定名】dìng/míng 動 명명(命名)하다. 이름짓다〔사람에게는 쓰이지 않음〕 ¶这个厂～为上海造船厂｜이 공장은 상해 조선창이라 명명되었다→〔命mìng名〕

【定盘星】dìngpánxīng 名 ❶ 대저울에 첫 번째 저울 눈금〔중량이 0(零)되는 곳〕을 표시한 눈금. ❷ 喩 일정한 주장〔주견〕〔주로 부정문·의문문에 쓰임〕 ¶他做事没有～｜그는 일을 하는데 일정한 주장이 없다.

【定评】dìngpíng 名 정평. 평판(評判) ¶很好的～｜매우 좋은 평판. ¶他是一个有～的作家｜그는 정평이 있는 작가이다.

3【定期】dìngqī ❶ 副 기일·기한을 정하다. ¶～召开代表大会｜기일을 정해 대표 대회를 개최하다. ❷ 區 정기(定期)(의) ¶～航线｜정기 항공로. ¶～刊物｜정기 간행물. ¶～检查｜정기 검사.

【定钱】dìng·qian 名 계약금. 착수금. ¶下xià～ ＝〔放fàng定钱〕〔付fù定钱〕〔给gěi定钱〕｜계약금을 걸다＝〔方定金〕〔定洋〕〔定银〕〔订银〕〔订洋〕〔订钱〕〔底dǐ金〕

【定亲】dìng/qīn ⇒〔订婚〕

【定情】dìngqíng 動 ❶ (남녀가 서로 언약의 물건을 주고받으며) 결혼을 약속하다. ❷ 애정을 쏟다. 사랑이 쏠리다. ¶那个女子早就～于他｜그녀는 일찍부터 그에게 애정을 쏟았다. ¶～诗｜약혼할 때 짓는 시.

【定然】dìngrán 副 반드시. 꼭. 틀림없이. ¶你要那么办～办不成｜그렇게 해서는 틀림없이 일이 되지 않는다.

【定身法】dìngshēnfǎ 名 보행(步行)을 멈추게 하는 마법(魔法)의 일종＝〔定神法〕

【定神(儿)】dìng/shén(r) 動 ❶ 주의력을 집중하다. ¶听见有人叫我, ～一看原来是她｜누군가가 나를 부르는 소리가 들려 봤더니 바로 그녀였다. ¶让我喝口茶, 定定神再说｜내가 차를 마시고, 정신을 집중해서 다시 이야기 하자. ¶～细看｜눈여겨 보다. ❷ 마음을 안정시키다. ¶～药｜진정제.

【定神丸】dìngshénwán 名 〈藥〉 진정제.

【定时】dìngshí ❶ 名 정시. 정해진 시간. ¶～定量｜ⓐ 규정된 노동 시간과 노동량. ⓑ (식이요법 등에서) 정해진 시간과 섭취량. ¶～自动开关｜타이머 스위치. ❷ 動 시간을 정하다. ¶这电风扇可以自动～｜이 선풍기는 자동으로 시간조절을 할 수 있다.

【定时器】dìngshíqì 名 〈電算〉 타이머(timer)

【定时炸弹】dìngshí zhàdàn 名組 시한 폭탄. ¶埋下～｜시한 폭탄을 장치하다＝〔延yán期炸弹〕

【定式】dìngshì 名 정해진 양식. 서식(書式)

【定数】dìngshù ❶ 書 名 정해진〔타고난〕 운명. ¶～难nán逃｜國 (타고난) 운명은 피하기 어려운 것이다. ❷ 名 정원(定員) 정액(定額) ❸ 副 方 꼭. 반드시. 틀림없이. ¶他～不来了｜그는 틀림없이 오지 않을 것이다.

【定位】dìngwèi ❶ 動 위치를 정하다. ¶～器｜〈鑛〉 포지셔너(positioner) ¶～在这一点上｜여기에다 위치를 정하다. ❷ 名 측량 후 확정된 위치.

【定息】dìngxī 名 ❶ 일정한 이자. 일정한 배당. ❷ 중국의 1956년의 업종별 공사 합영회(合營化) 후에 취해진 개인 출자의 자본에 대한 고정이자〔그 비율은 원칙상 일률적으로 년 5부이고, 지불되는 기간은 당초는 1956년부터 7년간으로 되어 있었음. 이 제도에 의해서 자본가의 생산 수단 소유권은 본질적으로 변화하게 되어 직접 점유·사용 및 처분은 없어졌음〕

【定下】dìng·xia 動 정하여 두다. 예약해 놓다.

【定弦(儿)】dìng/xián(r) 動 ❶ 조율(調律)하다. 현악기의 줄을 조정하다〔맞추다〕. ❷ 喩 方 견해를 세우다. ¶你先别追问我, 我还没～呢｜나에게 캐묻지 마시오. 아직 마음을 정하지 못했오.

4【定向】dìngxiàng ❶ 區 일정한 방향. ¶～仪｜방향 측정의. ¶～武wǔ器｜원격 조정 무기. ¶～爆破bàopò｜정방향 폭파. ❷ (dìng/xiàng) 動 방향을 정하다.

【定向天线】dìngxiàng tiānxiàn 名組 〈電氣〉 지향성 안테나(指向性 antenna)

【定心丸】dìngxīnwán 名 ❶ 〈藥〉 진정환. ❷ 喩 생각이나 정서를 안정시킬 수 있는 말이나 행동.

¶吃了～｜(진정제를 먹은 것 같이) 정서가 안정되었다.

【定型】dìng/xíng ❶動 정형화(定型化)하다. 형태가 고정되다. ¶这种插秧机正在试制, 尚未～｜이 이앙기는 지금 시험 제작 중이어서 아직 형태가 고정화되지 않았다. ¶这孩子已经～了, 不会再有多大变化了｜이 아이는 이미 형태가 고정되어, 다시 큰 변화가 없을 것이다. ❷(dìngxíng) 名 정형.

4【定性】dìng/xìng 動 ❶〈化〉물질이 포함한 성분 및 성질을 측정하다. ❷잘못을 저지르거나 죄가 있는 사람에 대해서 그 문제의 성질을 규정하다. ¶～错误｜범죄〔과실〕에 대한 성질 규정을 잘못하다.

【定性处理】dìngxìng chǔlǐ 名組〈化〉정성 처리.

【定性分析】dìngxìng fēnxī 名組〈化〉정성 분석.

【定眼】dìngyǎn 動 눈여겨 보다. ¶我～细看, 才发现错了｜내가 눈여겨 자세히 보니, 잘못이 발견되었다.

4【定义】dìngyì 名 정의(定義)

【定音鼓】dìngyīngǔ 名〈音〉팀파니(timpani) [타악기의 한 가지]

【定影】dìngyǐng 名 動〈化〉정착(定着)(하다) ¶～液yè｜정착액. ¶～剂jì＝〔定影(药)水〕｜정착제＝〔定象〕

【定于】dìngyú 書 動 ❶(…에) 예정하다. ¶～十号开会｜10일 개회 예정이다. ❷(…에 의하여) 정하다.

【定于一尊】dìng yú yī zūn 成(사상·학습·도덕 등의 영역에서) 최고의 권위자를 유일한 목표나 기준으로 삼다. ¶各种观点可以讨论, 不必～｜각종 관점은 토론할 수 있으며, 반드시 최고의 권위자를 유일한 기준으로 삼을 필요없다.

【定语】dìngyǔ 名〈言〉한정어. 규정어. 형용사어 [명사·대명사·형용사·수량사 등이「定语」가 될 수 있음]→〔句jù子成分〕

【定员】dìngyuán 名 정원→〔名额〕

【定阅】dìngyuè ⇒〔订阅〕

【定主意】dìngzhǔ·yì ⊗ 京 dìng zhú·yì) 動 생각〔의지·의향〕을 결정하다→〔打dǎ主意〕

【定准】dìngzhǔn ❶(～儿) 名 정확한 표준. 일정한 표준. ❷副 꼭. 반드시. ¶你看见了～满意｜네가 보면 반드시 만족해할 것이다. ❸動 확정하다. ¶单凭你吐一句话～了｜네가 말한 한 마디 말에 의해 확정됐다.

【定子】dìngzǐ 名〈電氣〉고정자(固定子, stator)＝〔静jìng定子〕→〔转zhuàn子〕

【定座(儿)】dìngzuò(r) ❶名 예약석. ❷動 자리를 예약〔예매〕하다.

【定做】dìngzuò 動 주문하여 만들다. 맞추다. ¶～西装｜양복을 맞추다. ¶我～了一个生日蛋糕｜나는 생일 케익을 하나 주문하였다. ¶～的｜주문하여 만든 것→〔现xiàn成(儿)①〕

【啶】dìng (피리딘 정) 名〈化〉피리딘(pyridine) ¶嘧mì～｜피리미딘(pyrimidine) ¶哌～｜피페리진(piperizine)＝〔吡啶〕

【腚】dìng 볼기 정 名 北 볼기. 둔부(臀部) ¶一群光～的孩子跟在车后跑｜볼기짝을 드러낸 한 무리의 어린 애들이 차 뒤를 따라서 달린다→〔屁pì股①〕

【碇〈椗〉】dìng 닻 정 名(배를 멈출 때에 닻처럼 물 속에 던져 넣는) 돌 추. 닻. ¶下～｜정선(停船)하다. ¶启～｜닻을 걷어올리다＝〔石碇〕〔碇石〕→〔锚máo〕

【锭(錠)】dìng 은화 정 ❶名 금속 또는 금은(金銀)의 덩어리. ¶金～＝〔锭金〕｜금괴. ¶黄铜huángtóng～｜놋쇠 덩어리. ❷(～子) 名〈紡〉방적기의 방추(紡錘). 북. ¶二十万～的纱厂shāchǎng｜20만추의 방적 공장. ❸名〈藥〉정제(錠劑)→〔片piàn①〕 ❹量 정. 덩어리. 개 [금속 덩어리·먹 등을 세는 단위] ¶一～元宝｜원보 [배(舟) 모양을 한 순은(純銀) 덩어리]하나. ¶一～墨｜먹 한 개.

【锭金】dìngjīn 名 금괴＝〔金锭〕

【锭银】dìngyín 名 은괴(銀塊) [옛날에는「锭块」라고도 하였음]

【锭子】dìng·zi 名〈紡〉가락. 방추. 스핀들(spindle)＝〔纱锭〕

【锭子油】dìng·ziyóu 名 스핀들(spindle)유.

【铤】dìng ☞ 铤 tǐng Ⓑ

diū ㄉㄧㄡ

1【丢】diū 잃어버릴 주 動 ❶잃다. ¶我～过一个钱包｜나는 돈지갑을 잃어버린 적이 있다. ¶这件事使他～了面子｜이 일이 그의 체면을 잃게 했다. ❷떨어뜨리다. 던지다. ¶把球～给他｜공을 그에게 던져 주어라. ¶向她～了一个眼色｜그녀에게 눈짓을 한 번 했다. ¶不要乱～果皮｜과일 껍질을 함부로 버리지 말라. ❸방치하다.내버려두다. ¶只有那件事～不开｜저 일 만은 방치해 둘 수 없다. ¶汉语我已～了好几年｜중국어는 안한 지가 벌써 몇 년이 되었다.

【丢差(事)】diūchāi(·shi) 動 ❶일을 잘못하다. ❷일을 잘못하여 실직하다. ¶因为经常迟到而～了｜늘 지각하여 면직이 되었다.

【丢丑】diū/chǒu ⇒〔丢人〕

【丢掉】diūdiào 動 ❶잃다. 없애다. ¶我的一本书～了｜내 책 한 권을 잃어버렸다. ¶～了一只鞋｜신 한 짝을 잃어버렸다. ¶～信心｜신념을 잃다. ❷내버리다. 덜다. ¶～包袱｜정신적 부담을 덜다. ¶～幻想｜환상을 버리다.

【丢官】diū/guān 動 관직을 잃다. ¶不要怕～｜관직을 잃을까 걱정하지 마라.

【丢魂】diū/hún 動 ❶넋〔정신〕을 잃다. 실신하다. ¶他从失恋之后简直象～似的｜그는 실연하고 난 후부터는 그야말로 넋을 잃은 것 같다. ❷깜짝 놀라다.

【丢魂落魄】diū hún luò pò 成 넋을 놓고 멍하니 있다. ¶他一天到晚～的不知在想些什么｜그는

하루 종일 넋이 빠진 듯 멍하니 있는데 무얼 생각하고 있는 지 모르겠다 =〔丢魂丧胆〕

【丢开】diū·kāi 動 (떨쳐)버리다. 그만 두다. 손을 떼다. ¶现在有事丢不开手｜지금은 볼 일이 있어 손을 뗄 수 없다. ¶专心做事, 把一切杂念～｜일에 전념하여 모든 잡념을 떨쳐 버리다.

【丢盔卸甲】diū kuī xiè jiǎ 成 투구와 갑옷을 벗어던지다. 전쟁에 패하다. ¶敌军被打得～, 狼狈lángbèi而逃｜적군이 참패를 당하여 뿔뿔이 도망쳤다 =〔丢盔弃甲〕

【丢脸】diū/liǎn 動 체면을 잃다. 망신하다. ¶不要给我们集团～｜우리 그룹을 전부 체면 깎이게 하지 말라. ¶丢了脸｜체면이 깎였다 ⇒〔丢人〕

【丢面子】diū miàn·zi ⇒〔丢人〕

【丢弃】diūqì 動 내던져 버리다. ¶被～的木材｜내던져 버려진 목재(木材)

【丢钱】diū qián ❶ 돈을 잃어버리다. ❷ (쓰거나 도둑맞거나 하여) 돈이 없어지다. ❸ (거지 등에게) 돈을 던져 주다.

4【丢人】diū/rén 形 체면이 서지 않다. 면목이 없게 되다. 망신스럽다. ¶做出这种事, 真～｜이런 일을 저지르다니 정말 망신스럽다. ¶他的行为给全家～｜그의 행위는 집안 식구 모두를 망신시켰다 =〔丢脸〕〔丢面子〕〔丢体面〕〔丢丑〕〔丢身分〕

【丢人现世】diū rén xiàn shì ⇒〔丢人现眼〕

【丢人现眼】diū rén xiàn yǎn 成 체면이 깎이다. 웃음거리가 되다. ¶我决不会给你们～｜나는 결코 너희들에게 체면이 깎이게 하지 않을 것이다. ¶你别在这儿～了!｜너 여기서 웃음거리가 되지 마라! =〔丢人现世〕

【丢三拉四】diū sān là sì ⇒〔丢三落四〕

【丢三落四】diū sān luò sì 成 이것 저것 잘 잊어버리다〔빠뜨리다〕. 대충대충 하다. ¶最近记忆力不好, ～的｜요즘은 기억력이 나빠 이것 저것을 잘 잊어버린다. ¶做事要认真. 不能～｜일은 성실히 해야지 대충대충 해서는 안된다 =〔丢三拉四〕〔丢三忘四〕

【丢三忘四】diū sān wàng sì ⇒〔丢三落四〕

【丢身分】diū shēn·fen ⇒〔丢人〕

4【丢失】diūshī 動 분실하다. 잃어버리다. ¶钱包～了｜돈지갑을 잃어버렸다. ¶他～了一本书｜그는 책 한 권을 잃어버렸다.

【丢手】diū/shǒu 動 손을 떼다. 그만두다. 내버려두다. ¶工作还没有结束, 不能～｜일이 아직 끝나지 않았으니 손을 떼서는 안된다. ¶这件事你不能～不管｜이 일은 너가 손을 떼고 상관하지 않아서는 안된다. ¶那件事你就丢开手, 不要再管了｜그 일에 대해서 너는 손을 떼고 더이상 상관하지 말라.

【丢下】diūxià 動 ❶ 잃다. 떨어뜨리다. ¶～的钱｜잃어버린 돈. ❷ (권력 등을) 포기하다. ❸ (처자식 등을) 버리다. 내버려두고 돌보지 않다. ¶～包袱bāofú｜낡은 사상을 버리다. ❹ (일을) 태만히 하다. 방치하다. ¶～手中的活儿｜하던 일을 방치하다.

【丢眼色】diū yǎnsè 動 눈짓을 하다. ¶他们两人互～｜그들 두 사람은 서로 눈짓을 한다 =〔丢眼角〕〔丢招〕〔使shǐ眼神(儿)〕

【丢在脑后】diū·zai nǎohòu 動組 몽땅 잊어버리다. 전혀 염두에 두지 않다. ¶把过去的事～, 别再想了｜과거의 일을 몽땅 잊어버리고 더이상 생각하지 말라.

【丢卒保车】diū zú bǎo jū 成 (중국 장기에서) 차(車:큰 것)를 살리기 위해 졸(卒:작은 것)을 죽이다. 주의 이 때「车」는「jū」로 읽어야 함.

【铥(銩)】diū (툴륨 주)

名〈化〉화학 원소 명. 툴륨 (Tm ; Thulium) [희토류 금속원소의 하나]

dōng ㄉㄨㄥ

1【东(東)】dōng 동녘 동

名 ❶ 동쪽. ¶公园～面有一排柳树｜공원 동쪽에는 버드나무가 한 줄 있다. ¶往～去｜동쪽으로 가다. ¶学校的大门向～｜학교의 정문은 동향이다. ❷ (～儿) 주인 [주인의 자리는 동쪽, 손님의 자리는 서쪽에 두었던 데서 유래] ¶房～｜집주인. ¶股～｜주주(株主) ❸ (～儿) 주최자. 주인역(主人役) ¶今天我做～｜오늘은 내가 한턱낸다. ❹ (Dōng) 성(姓)

【东半球】dōngbànqiú 名〈地〉동반구 ⇔〔西半球〕

2【东北】dōngběi 名 ❶ 동북간의 방향. ❷ (Dōngběi) 〈地〉중국의 동북 지구 [요녕(遼寧)·길림(吉林)·흑룡강(黑龍江)의 3성(省) 및 내몽골(內蒙古) 자치구의 동부를 포함함] ¶去～出差chūchāi了｜동북지역으로 출장갔다 →〔东三省〕

【东奔西跑】dōngbēn xī pǎo ⇒〔东奔西走〕

【东奔西突】dōngbēn xī tū 成 이리저리 날뛰다.

4【东奔西走】dōngbēn xī zǒu 成 동분서주하다. 이리저리 뛰어 다니다 =〔东跑西奔〕〔东奔西跑〕〔东跑西颠〕〔东跑西顾〕〔东跑西踮〕〔东走西顾〕〔南nán奔北跑〕→〔跑pǎo跑颠颠〕

1【东边(儿)】dōng·bian(r) 名 동쪽. 동녘.

2【东部】dōngbù 名 동부.

【东不拉】dōngbùlā ⇒〔冬不拉〕

【东藏西躲】dōng cáng xī duǒ 成 여기저기로 도망쳐 숨다 =〔东躲西藏〕

【东昌纸】dōngchāngzhǐ 名 창호지 =〔毛máo头纸〕〔牛niú庄皮〕

【东窗事发】dōng chuāng shì fā 成 못된 짓이 드러나다. 죄악이 폭로되다. ¶～被捕入狱｜못된 짓이 드러나 잡혀서 감옥에 갔다.

【东床】dōngchuáng 書 名 사위. ¶～快kuài婿 =〔东床娇jiāo婿〕｜훌륭한 (새) 사위. ¶他将是杨家的～快婿了｜그는 머지 않아 양씨 집안의 사위가 되기로 되어 있다 =〔东坦〕→〔女nǚ婿〕

【东倒西歪】dōng dǎo xī wāi 成 ❶ 비틀거리다. 쓰러질 듯하다. ¶～地走路｜비틀거리며 걷다. ¶～的破土房｜쓰러질 듯한 헌 토담집. ❷ 세력이나 살림이 기울어져 넘어가다. 쇠락하다.

【东道】dōngdào 名 주인. (객에 대한) 주인역. ¶～国｜초청국. 주최국. ¶做～｜주인 역할을 하다. 한턱내다. ¶今天我做～, 请你吃饭｜오늘은 내가 한턱내서 너에게 식사 대접을 하지 =〔东道主〕〔北běi道主人〕〔俗 东儿〕

[4]【东道主】dōngdàozhǔ ⇒〔东道〕

【东帝汶】Dōng Dìwèn 名外〈地〉동 티모르(East Timor) [말레이제도의 작은 섬나라. 수도는「帝力」(딜리;Dili)]

【东佃】dōngdiàn 名 지주(冬主)와 소작인의 합칭.

【东渡】dōngdù 書動 동쪽(일본)으로 (건너) 가다. ¶他～日本，学习矿业管理 | 그는 일본으로 건너가서 광업 관리를 공부한다.

【东躲西藏】dōng duǒ xī cáng ⇒〔东藏西躲〕

[2]【东方】ⓐ dōng·fang 名 동방(東方) ¶～红，太阳升 | 동쪽 하늘이 붉게 물들더니, 태양이 솟아오르다.

ⓑ Dōngfāng 名 ❶ 동양. 아시아. ¶～人 | 동양인. ❷ 복성(複姓).

【东非】Dōng Fēi 名〈地〉아프리카(Africa)의 동부.

【东风】dōngfēng 名 ❶ 동풍. 춘풍(春風) ¶～解jiě冻 | 威 봄바람에 얼음이 녹다. ❷ 喻 혁명의 역량이나 기세. ¶～压倒西风 | 동풍이 서풍을 압도하다. 새로운 세력이 낡은 세력을 압도하다. ❸ 마작 패(牌) 중의 동풍(東風)

【东风吹马耳】dōngfēng chuī mǎ'ěr 威喻 마이동풍. 소 귀에 경 읽기 =〔马耳东风〕→〔耳旁风〕

【东宫】dōnggōng 名 ❶ 옛날 태자가 거주하는 곳 =〔青qīng宫〕〔春chūn宫〕〔春坊〕 ❷ 태자 =〔东储〕〔太子〕 ❸ (Dōnggōng) 복성(複姓)

【东郭】Dōngguō 名 복성(複姓)

【东郭先生】Dōngguō xiān·sheng 名〈人〉동곽선생 [쫓기는 늑대를 숨겨 주었다가, 오히려 늑대에게 잡혀 먹힐 뻔한 인물] ¶不能做～，不分是非善恶一概同情 | 동곽선생처럼 시비와 선악을 가리지 않고 모두 동정해서는 안된다.

【东海】Dōnghǎi 名〈地〉양자강 이남, 대만 해협 이북 일대의 바다를 말함.

【东海扬尘】dōng hǎi yáng chén 威 바다가 변하여 육지가 되다. 시국의 변화가 격심하다.

【东汉】Dōng Hàn 名〈史〉동한(東漢) [광무제(光武帝) 건무(建武) 원년부터 헌제(獻帝) 연강(延康) 원년까지, 낙양(洛陽)에 건도(建都)하였음. (A.D. 25～220)]=〔后汉〕

【东胡】Dōng Hú 名〈民〉퉁구스 족(Tunguses) =〔通Tōng古斯〕

【东家】dōng·jia 名 ❶ (옛날, 상점·중소 기업의) 자본주. 자금을 낸 사람. ❷ 옛날, 점원·고용인이 주인을 이르는 말. ¶我替～看门，～待我真不错 | 나는 주인 집의 문지기인데 주인이 나를 정말 잘 대해 준다. ❸ 소작인이 지주를 이르는 말 ‖ =〔东人〕

【东晋】Dōng Jìn 名〈史〉동진(東晋) [원제(元帝) 건무(建武) 원년부터 공제(恭帝)원희(元熙) 2년까지. 수도는 건강(建康;지금은 남경)에 세움. (A.D. 317～420)]

【东京】Dōngjīng 名〈地〉❶ 한대(漢代)의 낙양(洛陽)의 다른 이름. ❷ 송(宋)의 개봉(開封)을 일컬음. ❸ 월남과 중국의 국경 지대. 통킹(Tonking) ❹ 일본의 수도. 도쿄(Tokyo)

【东经】Dōngjīng 名〈地〉동경. 본초 자오선(本初子午線)으로부터 동쪽의 경도(經度) 혹은 경선(經線) →〔经度〕〔经线〕

【东拉西扯】dōng lā xī chě 威 ❶ 횡설수설하다. 두서없이 이것저것 말하다. ¶他不等听完就～滔tāo滔不绝地说起来 | 그는 이야기를 끝까지 들어보지도 않고, 두서없이 말을 끊이지 않고 계속했다. ¶别～了，快切入正题 | 횡설수설하지말고 빨리 본문제로 들어가자. ❷ 이곳 저곳에서 잡아당기다 ‖ =〔拉东扯西〕〔东扯西拉〕

【东鳞西爪】dōng lín xī zhǎo 威 용(龍) 그림에서, 용비늘을 부분적으로 한쪽에 그리고, 다른 한 쪽에는 발톱만 그리는 것 외에는 용의 몸체가 구름에 가리우게 그려 용의 전신이 보이지 않는 것. 사물이 조각조각으로 완전하지 않음을 비유. 단편(斷片) ¶他只收集了一些～的材料 | 그는 단지 단편적인 자료를 수집했을 뿐이다. ¶这里～地记了一些我在苏州的见闻，是很不全面的 | 여기 제가 소주에 있을 때 보고 들었던 것을 조금조금씩 적었는데 아주 전면적이질 못합니다 =〔一鳞半爪〕

[2]【东面(儿)】dōngmiàn(r) 名 동쪽.

[2]【东南】dōngnán 名 ❶ 동남 방향. ❷ (Dōngnán) 중국의 동남부 연해 지역 [상해(上海)·강소(江蘇)·절강(浙江)·복건(福建)·대만(臺灣) 등의 성시(省市)를 포함] ¶～地区经济起飞很快 | 동남지구는 경제 발전이 아주 빠르다.

【东南亚】Dōngnán Yà 名〈地〉동남아시아.

【东欧】Dōng Ōu 名〈地〉동구. 동부 유럽. ¶～局势一直很动荡dòngdàng | 동부 유럽의 정세가 줄곧 동요하고 있다.

【东萨摩亚】Dōng sàmóyà 名〈地〉미국령 동사모아(Easten Samoa) [수도는「帕果帕果」(파고파고;Pago Pago)]

【东三省】Dōng Sān Shěng 名〈地〉중국 동북지역의 세 개의 성(省) [요령(遼寧)·길림(吉林)·흑룡강(黑龍江) 성(省)] ¶日寇kòu首先占领了～ | 침략자 일본놈 들이 먼저 동북 삼성을 점령했다.

【东山再起】dōng shān zài qǐ 威 재기하다. 권토중래하다 [동진(東晋)의 사안(謝安)이 퇴직하여, 동산(東山)에서 은거하였는데 후에 다시 천거되어 큰벼슬을 하게 된 고사로, 지금은 실패 후 새로이 세력을 얻음을 비유하기도 함] ¶他前几年被撤职chèzhí，如今～，又担任了重要职务 | 그는 몇 년 전에 해직되었으나 최근 다시 중용되어 중요한 직무를 맡았다.

【东施效颦】dōng shī xiào pín 威 남의 결점을 장점인 줄 알고 무턱대고 본떠서 오히려 잘못되다 [절세의 미인인 서시(西施)가 병으로 가슴을 누르고 양미간을 찌푸리고 다녔는데 그 모습이 역시 아름다웠다. 이웃에 사는 추녀인 동시(東施)가 그 흉내를 내려다 더 망측해졌는 이야기에서 유래됨《장자·천운(莊子·天運)》] =〔效颦〕〔捧pěng心效西子〕

【东魏】Dōng Wèi 名〈史〉동위 [왕조 이름. 후위(後魏)의 효무제(孝武帝)가 서쪽으로 도망가자, 고환(高歡)이 따로 효정제(孝靜帝)를 세운 것이 동위임(534～550)]→〔北魏〕

1【东西】ⓐ dōngxī 名 ❶ 동쪽과 서쪽. ¶教室～两头都有黑板｜교실 동서 쪽에 모두 칠판이 있다. ❷ 동쪽에서 서쪽까지(의 거리) ¶教室～长20米｜교실의 동쪽에서 서쪽까지 길이는 20미터이다.
ⓑ dōng·xi 名 ❶ 사물. 물건. 음식. ¶上街买～｜시내에 가서 물건을 사다. ¶她病好了, 能吃～了｜그녀는 병이 나아서 음식을 먹을 수 있다. ¶他在写～｜그가 무엇인가를 쓰고 있다＝〔方 物事②〕 ❷ 놈. 녀석. 자식 [사람이나 동물을 가르킴. 혐오 뿐 아니라 호감도 나타냄] ¶笨bèn～｜멍청한 자식. ¶你算个什么～?｜너는 무슨 놈이냐? ¶小～, 别淘气táoqì!｜요 꼬마녀석, 말썽좀 피우지 마라!
【东…西…】dōng…xī… ❶ 여기 저기. ¶东找西找｜여기저기 찾아다니다. ❷ 이것 저것. ¶东拉西扯｜이것저것 마구 지껄이다.
【东西南北】dōng xī nán běi 名組 동서남북.
【东乡族】Dōngxiāngzú 名〈民〉동향족 [중국 소수 민족의 하나. 주로 감숙성(甘肅省) 동향족(東鄕族) 자치구에 거주하며 인구 약 28만(1982) 이고 종교는 회교]
【东亚】Dōng Yà 名〈地〉동아. 동아시아.
【东洋】Dōngyáng 名 ❶ 동양. ¶～道dào德｜동양의 도덕. ❷ 일본 [「日本」이라 지칭하는 것에 비해 경멸·혐오감을 띰] ¶～鬼子guǐzi｜일본놈. 중국을 침략한 일본군을 가리킴. ¶～人｜일본인. ¶～乌龟wūguī＝〔东洋矮ǎi子〕〔东洋赤chì老〕｜方 쪽발이. 왜놈.
【东洋车】dōngyángchē 名 인력거(人力車) [일본에서 전래되었기 때문임]＝〔人力车①〕〔黄包车〕→〔洋车〕
【东摇西摆】dōng yáo xī bǎi 成 비틀비틀하다.
【东摇西晃】dōngyáo xīhuàng 動組 (곡선의 형태로) 이리저리 흔들리다.
【东野】Dōngyě 名 ❶ 당대(唐代)의 시인 맹교(孟郊)의 자(字) ❷ 복성(複姓)
【东一榔头西一棒】dōng yī lángtóu xīyībàng 動組 계획없이 일시적 기분으로 일을 (추진)하다＝〔东一钯子西一扫帚〕
【东岳】Dōngyuè 名〈地〉동악 [태산(泰山)의 다른 이름. 산동성(山東省) 태안현(泰安縣) 북쪽에 있음]
【东张西望】dōng zhāng xī wàng 成 여기저기 두리번거리다. ¶在剧场门口儿～地找人｜극장 입구에서 두리번거리며 사람을 찾다＝〔东眺西望〕〔东撒西看〕〔东看看西望望〕
【东正教】Dōngzhèngjiào 名〈宗〉희랍정교＝〔希腊正教〕
【东周】Dōng Zhōu 名〈史〉동주 [왕조 이름. 주(周)의 평왕(平王)이 낙읍(洛邑)으로 동천(東遷)한 후의 이름(B.C. 770～256)]

【崇(東)】dōng 땅이름 동
지명에 쓰이는 글자. ¶～罗｜동라 [광서성(廣西省) 동족 자치구(僮族自治區)에 있는 지명]

【鸫(鶇)】dōng 지빠귀 동
名〈鳥〉개똥지빠귀. 티티새. ¶黑～｜흑지빠귀.

1【冬】1 dōng 겨울 동
名 ❶ 겨울. ¶立～｜입동. ¶仲～｜음력 동짓달. ¶～天↓ ❷ 書 해. 연(年) ¶他在韩国住了三～｜그는 한국에서 3년 동안 머물렀다. ❸ (Dōng) 성(姓)
【冬安】dōng'ān 札 추운 겨울에 건강하십시오. ¶敬颂～｜추운 겨울에 건강하시길 기원합니다＝〔冬祺〕〔冬祉〕
【冬不借衣, 夏不借扇】dōng bù jiè yī, xià bù jiè shàn 諺 겨울에는 옷을 빌지 않고 여름에는 부채를 빌지 않는다. 서로 꼭 필요한 것은 빌려주거나 빌지 말라.
【冬不拉】dōngbùlā 名〈音〉카자흐(kazakh)족의 현악기(弦樂器)＝〔东不拉〕〔敦dūn布拉〕
【冬菜】dōngcài 名 배추 혹은 갓의 잎으로 만든 말린 채소＝〔京jīng冬菜〕
【冬虫夏草】dōngchóng xiàcǎo 名〈植〉동충 하초 [겨울에는 벌레 모양, 여름에는 버섯모양으로 변한다는 소형 버섯으로 「虫草」라고도 함]
【冬储】dōngchǔ 書 ❶ 名 겨울 식량의 비축. ¶～工作｜겨울 비상식량 비축 작업. ❷ 動 겨울 식량을 비축하다.
【冬防】dōngfáng 名 ❶ 겨울철의 치안 방비. ❷ 겨울철의 방한 대책.
【冬菇】dōnggū 名〈植〉입춘(立春)전에 딴 버섯→〔香菇〕
4【冬瓜】dōngguā 名〈植〉동과. ¶～汤｜동과로 끓인 국(탕)＝〔东瓜〕
【冬灌】dōngguàn 名〈農〉겨울철 밭에 물을 대어 봄 가뭄에 대비하는 겨울 관개. ¶搞好～｜겨울 관개를 잘하다.
【冬烘】dōnghōng 形 貶 생각이 어리석고 무식하다. ¶～先生｜어리석고 무식한 양반.
【冬候鸟】dōnghòuniǎo 名〈鳥〉겨울새.
3【冬季】dōngjì 名 동계. ¶～作物｜겨울 작물. ¶～体育运动｜겨울 스포츠. ¶～世界运动会｜동계 올림픽 경기＝〔冬季天儿〕〔冬景天儿〕〔冬令①〕→〔四季(儿)〕
【冬假】dōngjià 名 겨울 방학. ¶放fàng～｜겨울 방학을 하다＝〔寒hán假〕
【冬节】dōngjié ⇒〔冬至〕
【冬令】dōnglìng 名 ❶ 겨울＝〔冬季〕 ❷ 겨울의 날씨.
【冬麦】dōngmài ⇒〔冬小麦〕
【冬忙】dōngmáng 名 겨울 농번기.
【冬帽】dōngmào 名 털모자. 방한 모자＝〔暖nuǎn帽〕
【冬眠】dōngmián 動 (동물이) 겨울잠을 자다. ¶青蛙～了｜개구리가 겨울잠을 잔다＝〔冬蛰〕
【冬暖夏凉】dōngnuǎn xiàliáng 成 ❶ 겨울에는 따뜻하고 여름에는 시원하다. ¶这房子～｜이 집은 겨울에는 따뜻하고 여름에는 시원하다. ❷ 철마다 정성을 다하여 부모님을 모시다＝〔冬温夏清〕
【冬青】dōngqīng ❶ 名〈植〉감탕나무＝〔万wàn年枝〕 ❷ ⇒〔槲hú寄生〕

【冬日】dōngrì 名 ❶ 겨울. ❷ 書 겨울의 태양.
【冬日可爱】dōngrìkě'ài 成 겨울의 태양은 사람을 따뜻하게 해 줄 수 있다. 사람 됨됨이가 온화하고 자혜(慈惠)롭다.
【冬扇夏炉】dōng shàn xià lú 成 무익한 일. 무용한 물건.
【冬笋】dōngsǔn 名〈植〉겨울 죽순 =〔苞bāo笋〕
1【冬天】dōngtiān 名 겨울. ¶韩国的～很冷lěng | 한국의 겨울은 춥다.
【冬瘟】dōngwēn 名〈漢醫〉겨울에 유행하는 급성 전염병 =〔冬温〕
【冬闲】dōngxián 名 농한기. ¶～时节大伙儿就常在一起打牌 | 농한기에는 늘 모두들 같이 모여 카드놀이를 한다.
【冬小麦】dōngxiǎomài 名〈農〉가을에 파종하여 겨울을 지나 그 다음 여름에 거두는 밀 =〔冬麦〕
【冬学】dōngxué 名 농민이 겨울 농한기에 글이나 상식을 학습하는 일. ¶参加～ | 겨울 특강에 참가하다 =〔冬训〕
【冬汛】dōngxùn 名〈水〉겨울의 고기잡이 철.
【冬训】dōngxùn ⇒〔冬学〕
【冬芽】dōngyá 名〈植〉동아.
【冬衣】dōngyī 名 겨울 옷. 동복(冬服)
【冬泳】dōngyǒng 名 겨울철 수영.
【冬月】dōngyuè 名 음력 11월. 동짓달 =〔方 冬子月〕〔冬至月〕
【冬至】dōngzhì 名 동지 [12월 22일 혹은 23일. 북반구(北半球)에서는 밤이 가장 긴 날] =〔冬节〕〔短duǎn至〕〔南至〕→〔节气〕〔二十四节气〕
【冬至点】dōngzhìdiǎn 名〈天〉동지점.
【冬至线】dōngzhìxiàn 名〈天〉남회귀선(南回歸線) 동지선 =〔昼zhòu短圈〕→〔夏xià至线〕〔回归线〕
【冬装】dōngzhuāng 名 겨울의 복장. 겨울 옷. ¶买了几件～ | 겨울 옷을 몇 벌 샀다.
【冬子月】dōng·ziyuè ⇒〔冬月〕

【冬(鼕)】 2 dōng 북소리 동
擬 ❶ 둥둥. 덩덩 [북을 두드리는 소리] ¶鼓声～～ | 북소리가 둥둥 나다 =〔冬冬〕❷ 똑똑 [문을 두드리는 소리]
【冬冬】dōngdōng 擬 둥둥. 똑똑 [북소리·문 두드리는 소리] ¶大鼓～响 | 큰 북이 둥둥 울리다.
【冬冬鼓】dōngdōnggǔ 名 당대(唐代)에 도둑을 방비(防備)하던 북.

【咚】 dōng 쿵소리 동
擬 ❶ 쿵쿵 [무거운 것이 떨어지거나 마룻바닥을 밟는 소리] ¶炮声～～地响 | 포성이 쿵쿵하고 울리다. ❷ 둥둥 [북을 두드리는 소리]

【氡】 dōng (라돈 동)
名〈化〉화학 원소 명. 라돈(Rn ; radon) =〔镭léi射气〕

dǒng ㄉㄨㄥˇ

4【董】 dǒng 바로잡을 동
❶ 動 감독하다. 관리하다. ¶～其成 | 완성될 때까지 감독하다 =〔董理〕❷ 名 簡 이사(理事) 중역 [「董事」의 약칭] ¶校～ | 학교의 이사. ❸ 골동품 =〔古董〕❹ (Dǒng) 名 성(姓)
【董吉诃德】Dǒngjíhēdé 名 外〈書〉동기 호테(Don Quixote; 스) =〔堂Táng吉诃德〕
4【董事】dǒngshì 名 이사(理事) 중역. ¶～长 | 이사장. ¶常务～ | 상무이사. ¶～会 | 이사회.

1【懂】 dǒng 알 동, 명백할 동
動 알다. 이해하다. ¶他～中国语 | 그는 중국어를 안다. ¶一听就～了 | 한번 듣고 곧 이해한다. ¶干部必须～政策 | 간부는 반드시 정책을 이해해야 한다.
2【懂得】dǒng·de 動 (뜻·방법 등을) 알다. 이해하다. ¶你～这句话的意思吗? | 너는 이 말의 뜻을 알겠니? ¶他不～怎样做 | 그는 어떻게 하는 것인지 모른다.
【懂行】dǒngháng 方 ❶ 形 (상업·기술·골동품 등의) 방면에 밝다. 정통하다. 능통하다. ¶这位供销gōngxiāo员不大～ | 이 판매원은 그다지 업무를 잘 알지 못한다. ¶对于这样儿的事情, 他倒是很～ | 이런 일에 관해서 그는 대단히 능통하다. ❷ 名 전문가 ‖ =〔懂眼〕〔通tōng行〕
【懂礼】dǒnglǐ 形 예의를 알다. 예의에 밝다. ¶这孩子很～ | 이 아이는 아주 예의가 밝다.
【懂门儿】dǒngménr 動 ❶ 어떤 일에 대하여 잘 알다. ❷ 요령을 터득하다.
3【懂事】dǒng/shì 動 사리를〔일을〕분별하다. 철들다. ¶～明理 | 사리에 밝다. ¶他还不～ | 그는 아직 철이 덜 들었다.

dòng ㄉㄨㄥˋ

1【动(動)】 dòng 움직일 동
❶ 動 움직이다. 행동하다. ¶没有风, 连树叶都不～ | 바람이 불지 않아서 나뭇잎조차 움직이지 않는다. ¶好hào～不好静 | 움직이는 것은 좋아하고 가만히 있는 것은 싫어한다 ⇔〔静①〕❷ 動 (사물의 원래의 위치나 모양을) 바꾸다. 건드리다. ¶别～人家的东西 | 다른 사람의 물건을 건드리지 마라. ¶桌上的书有人～过 | 책상 위의 책을 어떤 사람이 건드렸다. ❸ 動 사용하다. 쓰다. ¶～脑子 | 머리를 쓰다. ❹ 動 (사상이나 정서를) 불러일으키다. 발생시키다. ¶～了感情 | 감정을 일으키다. ¶～了公愤 | 대중의 분노를 불러일으키다. ❺ 動 감동시키다. ¶这齣chū戏演得很～人 | 이 연극은 사람을 매우 감동시킨다. ❻ 動 方 먹다. 손을 대다 어법 주로 부정문에 쓰임. ¶他向来不～牛肉 | 그는 전부터 쇠고기는 손을 대지 않는다(먹지 않는다) ❼ 動 시작하다. 착수하다. ¶～手术↓ ¶～工↓ ❽ 副 늘. 언제나. 걸핏하면. ¶～以抗战为念 | 늘 항전을 염두에 두고 있다. ¶这剧上演, 观众～以数万计 | 이 연극을 상연만 하면 관중은 언제나 수만에 이른다. ¶～辄得咎 | 걸핏하면 비난을 받다. ❾ 動 동사(動詞) 뒤에 보어로 쓰임. 어법 ⓐ 그 동작에 의해 목적한 것을 움직일 수 있거나 또는 효과가 미침을 나타냄. ¶拿得～ | 가져갈 수 있다. ¶太重了, 一个人拿不～ | 너무 무거워 혼자서는 들 수 없다. ¶她走不～, 你抱抱她 | 그녀는 걸을 수가 없으니, 네가 안아라.

ⓑ 동작에 의해 생각을 변하게 했음을 나타냄. ¶一句话打~了他 | 한 마디 말로 그를 설득시켰다. ¶我说不~他 | 나는 그를 설득시키지 못했다.

【动笔】dòng/bǐ 動 ❶ 붓을 들다. ❷ 글을 쓰다. ¶想清楚了再~ | 분명히 생각한 연후에 다시 써라.

【动兵】dòng/bīng 動 출병(出兵)하다. 전쟁을 시작하다. ¶谈判失败, 只能~了 | 담판이 실패했으니 전쟁을 할 수 밖에 없다 =〔用yòng兵〕

【动不动(儿)】dòng·budòng(r) 副 걸핏하면. 언제나. 늘 [대개「就」와 함께 연용되며 귀찮게 여기는 일에 사용됨] ¶~就生气 | 걸핏하면 화를 낸다. ¶他身子骨儿太差, ~就感冒 | 그는 기골이 너무 약해서 걸핏하면 감기에 걸린다 =〔动一动〕

【动产】dòngchǎn 名 동산 ⇔〔不动产〕

【动程】dòngchéng 名 움직임의 폭.

【动词】dòngcí 名〈言〉동사.

4【动荡】dòngdàng 形 (상황·정세 등이) 흔들리다. 불안정하다. ¶~不安 | 成 동란상태에 있다. ¶国际局势很~ | 국제 정세가 불안정하다.

【动刀】dòngdāo 動 ❶ 칼을 대다. ❷ 칼부림하다.

【动刀动枪】dòng dāo dòng qiāng 成 칼부림하는 지경에까지 이르다. ¶虽说没有~, 实际上比那个还厉害 | 칼부림 지경까지는 안 갔지만 사실은 그것보다도 더 지독했다.

【动干戈】dòng gāngē 군대를 움직이다. 싸움을 시작하다.

【动肝火】dòng gānhuǒ 動組 화를 내다. 성을 내다. ¶别~ | 화를 내지 마시오.

4【动工】dòng/gōng 動 ❶ 착공하다. 공사(工事)를 시작하다. ¶我家里正动着工呢 | 우리 집은 마침 공사를 시작하고 있습니다. ❷ 공사하다. ¶这里正在~, 车辆不能通过 | 이곳은 공사 중이기 때문에 차량들은 통과할 수 없다.

【动滑轮】dònghuálún 名 움직도르래.

【动画】dònghuà 名 만화 영화.

【动画片儿】dònghuàpiānr 名 口 만화영화. ¶小孩儿们喜爱看~ | 아이들은 만화영화를 좋아한다 =〔卡kǎ通(片)〕〔活huó动卡通〕〔动画片〕

【动火(儿)】dòng/huǒ(r) 動 口 성내다. 화를 내다. ¶动无名火 | 공연히 성을 내다 =〔动怒〕

3【动机】dòngjī 名 동기. ¶既要有好的~, 又要有好的方法, 才能取得好的结果 | 동기도 좋아야 하고 또 방법도 좋아야만 좋은 결과를 얻을 수 있다. ¶不知他这样做的~是什么 | 그가 이렇게 한 동기가 무엇인지를 모르겠다.

【动劲(儿)】dòngjìn(r) 動 方 ❶ 힘을 들이다〔쓰다〕. ❷ 맞서 싸우다. 힘내기를 하다.

3【动静(儿)】dòng·jing(r) ❶ 名 동정. 동태. ¶侦察zhēnchá敌人的~ | 적의 동태를 살피다. ¶敌人没有什么~ | 적은 아무런 동정도 없다. ❷ 名 인기척. 무슨 소리. ¶听不见半点~ | 조그만 인기척도 들리지 않는다.

【动觉】dòngjué 名〈心〉근육 운동 지각.

3【动力】dònglì 名 ❶〈物〉동력(動力) ¶~机 | 〈機〉동력기. 발동기. ¶~耕耘机 | 동력 경운기. ¶~学 | 동력학. ¶~铲chǎn | 동력 삽. ¶~平衡 | 동력 균형. ❷ 원동력. ¶社会发展的~ | 사회 발전의 원동력.

【动量】dòngliàng 名 ❶〈物〉운동량. ❷〈言〉동량. 동작의 횟수·시간. ¶~词 | 동량사 [동사의 동작 회수나 지속 시간을 나타내는 품사]

4【动乱】dòngluàn ❶ 名 동란. 난리. 분쟁. ¶出现了~ | 난리가 일어났다. ❷ 動 난리가 나다. (난리로) 어지러워지다. ¶世界更加~, 形势越来越不好 | 세상은 더욱 어지러워지고 형세는 점점 좋지 않다.

【动轮】dònglún 名 동륜 =〔主zhǔ动轮〕

4【动脉】dòngmài 名 ❶〈生理〉동맥. ¶~炎 | 동맥염. ¶~硬化 | 동맥 경화. ¶~粥样硬化 | 동맥 경화증. ¶~弓 =〔大动脉弓〕| 대동맥궁→〔静jìng脉〕〔主动脉〕❷ 轉 동맥. 교통의 간선(幹線) ¶南北交通的大~ | 남북 교통의 대동맥.

【动脑筋】dòng nǎojīn 動組 ❶ 머리를 쓰다. 연구하다. ¶别问他, 你自己动动脑筋 | 그에게 묻지 말고 너 스스로 머리를 좀 써봐라. ❷ 계획하다. ¶他正在动增产的脑筋 | 그는 지금 증산을 계획중이다. ❸ 마음을 두다. ¶你别动她的脑筋了, 她早有了男朋友了 | 너 그녀에게 마음을 두지마, 그녀는 벌써부터 남자친구가 있었어.

【动能】dòngnéng 名〈物〉운동 에너지→〔热rè能①〕〔势shì能〕

【动怒】dòng/nù 動 화를 내다. 울화통을 터뜨리다. 분개하다. ¶她修养很深, 是不容易~的 | 그녀는 수양이 깊어 쉽게 분개하지 않는다. ¶心平气和地说吧, 动什么怒 | 마음을 차분히 가라앉히고 말해라, 무슨 화를 그렇게 내느냐 =〔动气〕〔生气〕〔动火(儿)〕〔发怒〕

【动气】dòng/qì 動 口 화를 내다. ¶我从来没有看见他动过气 | 나는 이제껏 그가 화를 내는 것을 보지 못했다. ¶你别~啊! | 너 너무 화내지 마! =〔动怒〕〔生气〕

【动情】dòng/qíng 動 ❶ 흥분되다. 격동되다. ¶他~地说了几句 | 그는 흥분해서 몇 마디 했다. ❷ 연정을 품다〔느끼다〕 ¶他俩相处不久, 但彼此都动了情, 爱情的种子悄悄地萌发了 | 그 둘은 가까이한 지 얼마되지 않지만 서로 감정이 동하여 애정의 싹이 조금씩 싹트기 시작했다. ❸ 발정하다. ¶~周期 | (동물의) 발정 주기.

2【动人】dòngrén 形 감동적이다. 감동시키다. ¶~的场面 | 감동적인(시키는) 장면. ¶这个故事很~ | 이 이야기는 아주 감동적이다.

【动人心弦】dòng rén xīn xián 成 심금(心琴)을 울리다. ¶~的不朽诗篇 | 심금을 울리는 불후의 시편 =〔扣kòu人心弦〕

【动容】dòngróng 書 ❶ 動 (감동된) 표정을 짓다. (얼굴에) 감동의 빛이 어리다. ¶人人为之~ | 사람마다 그것 때문에 얼굴에 감동의 빛이 어렸다 =〔动色〕❷ 名 거동〔동작〕과 표정.

2【动身】dòng/shēn 動 출발하다. 여행을 떠나다. ¶你什么时候~? | 너는 언제 출발하느냐? ¶明天早上就~ | 내일 아침에 출발한다. ¶咱们~吧 | 우리 출발합시다 =〔起qǐ身①〕

2【动手(儿)】dòng/shǒu(r) 動 ❶ 착수하다. 시작

하다. ¶大家一齐～, 任务很快就完成了 | 모두들 같이 일을 시작하여 임무가 아주 빨리 끝났다. ¶请你也来帮个忙, 动一下手 | 당신도 와서 한번 거들어주세요 →〔下xià手①〕〔着zhuó手〕 ❷손을 대다. ¶展览品只许看, 不许～ | 전시품은 보기만 하고 손을 대지 마시오. ❸사람을 때리다. ¶谁先动的手? | 누가 먼저 때린거냐?

【动手动脚(儿)】dòngshǒu dòngjiǎo(r) 成 ❶요란하게 떠들어대다. 소란을 피우다. ❷손찌검·발길질하다. 사람을 때리다. ¶有话好说, 不要～ | 할말 있으면 좋은 말로 해, 때리지 말고. ❸희롱하다. 집적거리다. ¶他总爱～的, 讨厌死了 | 그는 걸핏하면 집적거리기를 좋아해서 정말 성가셔 죽겠다.

【动手术】dòngshǒushù 動組 ❶수술(手術)을 하다 =〔开kāi刀〕 ❷수술을 받다. ¶为病人头部～ | 환자의 두부(頭部)를 수술하다.

4【动态】dòngtài 名 ❶(일의) 변화〔발전〕하는 상태〔움직임〕. 동태(動態) ¶教师应经常了解学生的～ | 교사는 늘 학생들의 움직임을 잘 이해하고 있어야 한다. ¶科技～ | 과학기술의 동태. ❷동작. ¶那威武的～是多么动人哪! | 그 위엄 있는 동작은 얼마나 감동적인가! ❸〈物〉동태(動態) ¶～特性 | 〈電氣〉(진공관의) 동특성. ¶～平衡 | 〈物〉동적 균형.

【动弹】dòng·tan 動 (몸을) 움직이다. (동물·기계 등이) 움직이다. ¶汽车上人太多, 挤jǐ得～不得 | 버스에 사람이 너무 많아 붐벼서 움직일 수가 없다. ¶机器不～了 | 기계가 돌아가지 않는다 =〔动转〕

【动听】dòngtīng 形 들음직하다. 감동적이다. ¶他的演说非常～ | 그의 연설은 매우 감동적이다. ¶极平常的事儿, 让他说起来就很～ | 지극히 평범한 일도 그가 얘기하면 매우 재미있다.

【动土】dòng/tǔ 動 ❶(공사 등으로) 땅을 파다. ❷공사를 시작하다. ¶风水先生说明日不宜～ | 풍수쟁이가 내일 공사를 시작하면 좋지 않다고 한다 →〔动工〕

【动问】dòngwèn ❶套 方 삼가 여쭙겠습니다. ¶不敢～, 您贵姓? | 삼가 여쭙겠습니다만 성함이 무엇인지요? ❷動 질문하다. 묻다.

【动窝儿】dòng/wōr 動 ❶이사하다. ❷자리를 뜨다〔옮기다〕 ¶催了半天, 他还没～ | 오랫동안 재촉하였으나 그는 아직도 자리를 뜨지 않았다. ¶不管你说什么, 他就是不～ | 네가 무어라고 하던지 그는 옮기지 않는다.

【动武】dòng/wǔ 動 무력 행사하다. 완력을 사용하다. 주먹다짐하다. ¶他俩言语不合竟～起来 | 그들 둘은 말이 통하지 않자, 급기야 주먹다짐을 벌였다.

1【动物】dòngwù 名 동물. ¶～园yuán | 동물원. ¶～生态学 | 동물 생태학. ¶～纤维 | 동물성 섬유. ¶～油 | 동물유. ¶～淀粉 =〔糖原〕 | 글리코겐(glykogen) ¶～胶 =〔明胶〕 | 젤라틴(gelatine)

2【动物园】dòngwùyuán 名 동물원.

【动向】dòngxiàng 名 동향(動向) ¶密切注视敌人的～ | 적의 동향을 예의 주시하다. ¶时局～ | 시국의 동향 =〔动径〕

【动心】dòng/xīn 動 마음이 끌리다〔동요되다〕 ¶他本不想买, 一听价钱便宜又～了 | 그는 본래 살 생각이 없었으나 가격이 싸다는 말을 듣고 또 마음이 동했다. ¶动了心儿了 | 마음이 동요되다.

【动心眼儿】dòng xīnyǎnr 動組 못된 일을 꾸미다. 획책(劃策)하다. ¶他惯于～ | 그는 못된 짓을 꾸미는 것이 버릇이 되었다 =〔动心术〕

【动刑】dòng/xíng 動 (형구(刑具)를 사용하여) 고문하다. ¶审讯shěnxùn犯人, 不可～ | 범인을 신문할 적에 고문해서는 안된다 =〔拷kǎo打动刑〕

3【动摇】dòngyáo ❶動 동요하다. 흔들리다. ¶绝不～ | 절대로 동요하지 않다. ❷動 흔들리게 하다. 동요케 하다. ¶环境再艰苦也～不了他的信念 | 환경이 아무리 어렵고 고생이 되더라도 그의 신념을 흔들리게 하지는 못한다 ‖ ⇔〔坚定〕

【动议】dòngyì 名 동의(動議) ¶提出紧急jǐnjí～ | 긴급 동의를 내다.

4【动用】dòngyòng 動 (공금·물자 등을) 유용(流用)하다. ¶～公款gōngkuǎn | 공금을 유용하다. ¶～库存kùcún | 재고품을 유용하다. ¶为了应急, 只好～军用储备chǔbèi | 응급처치를 위하여 하는 수 없이 군사 비축품을 유용하다.

2【动员】dòngyuán 動 (군대나 민중을) 동원하다. ¶～全体学生举行全校大扫除 | 전 학생을 동원하여 전교 대청소를 하다. ¶～农民群众增产农作物 | 농민들을 동원하여 농작물을 증산하다. ¶全市人民～起来, 积极开展爱国卫生运动 | 전 시민이 함께 모여 적극적으로 애국 위생 운동을 전개했다.

【动辄】dòngzhé 書 副 툭하면. 걸핏하면. ¶～得咎 | 成 하는 일마다 책망을 듣다. 걸핏하면 책망을 듣는다. ¶～发怒 | 툭하면 성을 내다 →〔动不动(儿)〕

【动嘴】dòngzuǐ 動 말하다. 지껄이다. ¶别光～快干活! | 쓸데없이 지껄이지 말고 빨리 일이나 해!

2【动作】dòngzuò ❶名 움직임. 행동. 어법 「动作」는 주로 군사, 체육, 문예 등 방면의 동작을 말하고 명사형으로 주로 사용되는 반면, 「行动」은 사용 범위가 넓고 주로 동사로 쓰여짐. ¶～敏捷 | 행동이 민첩하다. ¶优美的舞蹈wǔdǎo～ | 우아한 춤 동작. ❷動 움직이다. 행동〔동작〕하다. ¶弹钢琴要十个指头都～ | 피아노를 치는데는 열 손가락이 모두 움직여야 한다.

2【冻(凍)】dòng 얼 동

❶動 (물 등이) 얼다. ¶今天河水没有～ | 오늘은 강이 얼지 않았다. ¶地都～硬了 | 땅이 얼어 굳어졌다. ¶～了两块豆腐 | 두부 두 모가 얼었다. ¶不～港 | 부동항. ❷形 (손·발이) 얼다. 차다. 춥다. ¶好～啊 | 몹시 춥다. ¶脚～了 | 발이 시리다. ❸(～儿, ～子) 名 액체가 얼거나 끓어서 반고체(半固體)나 젤리(jelly) 모양으로 된 것. ¶鱼～儿 | 생선을 삶아 굳힌 것.

【冻冰】dòngbīng 動 얼음이 얼다. 결빙하다. ¶河上～了 | 강에 얼음이 얼었다 →〔结jié冰〕

【冻疮】dòngchuāng [名] 동상(凍傷) ¶长zhǎng~ | 동상에 걸리다 =〔灶瘃zàozhú〕〔[方]冻瘃〕

【冻豆腐】dòngdòu·fu [名組] ❶ [名] 언 두부. ❷ [歇] 처리하기 힘들다 [「冻豆腐难拌bàn」(언 두부는 버무리기가 힘들다)에서 「难拌」과 「难办」이 발음이 같은 데서 나옴] ¶要是没有这笔钱, 那可是~, 办(拌)不开 | 만약 이 돈이 없으면 처리할 수가 없다.

【冻饿】dòng'è [名] 추위와 굶주림. ¶不怕~, 在外面奔波bēnbō了一天 | 추위와 굶주림도 상관않고 하루 종일 밖에서 바쁘게 돌아다녔다.

【冻害】dònghài [名]〈農〉동해(凍害)

【冻坏】dònghuài [動] 얼어서 못쓰게 되다.

【冻僵】dòngjiāng [動] (추워서 손발이) 곱다. ¶冷得把人都~了 | 손발이 곱을 정도로 춥다. ¶手脚都~了 | 손발이 다 곱았다 =〔冻木〕

4【冻结】dòngjié [動] ❶ (물이) 얼다. ¶河水~了 | 강물이 얼었다. ¶缸里的水已~成冰 | 항아리 속의 물이 이미 얼어서 얼음이 되었다. ❷ [喻] (자금·자산 등을) 동결하다. 묶어두다. ¶~了物价 | 물가를 동결했다. ¶资金~ | 자금 동결. ¶~了人犯在银行的存款 | 범인의 은행 예금을 묶어두었다.

【冻裂】dòngliè [動] 얼어 터지다〔갈라지다〕.

【冻凝】dòngníng [動] 얼(리)다. 동결(凍結)하다. ¶~点 | 빙점(冰點)

【冻肉】dòngròu [名] 냉동육(冷凍肉). 냉장육.

【冻伤】dòngshāng ❶ [名] 동상. ¶受了~了 | 동상에 걸리다 ❷ [動] 동상에 걸리다.

【冻死】dòngsǐ [動] 얼어죽다. ¶~不下驴lǘ | 얼어죽더라도 당나귀에서 내리지 않는다. 융통성이 없다. 완고하다.

【冻土】dòngtǔ [名] 언 땅. 동토(凍土) ¶~带 |〈地質〉동토대. 툰드라(tundra)

【冻鱼】dòngyú [名] 냉동어.

【冻肿】dòngzhǒng [動] 동상에 걸리다.

【冻瘃】dòngzhú ⇒〔冻疮dòngchuāng〕

【胨(腖)】 dòng (펩톤 동)

[名][簡]〈化〉펩 톤 (peptone) =〔百布顿〕〔蛋白胨〕

4 ## 【栋(棟)】 dòng 마룻대 동

❶ [名] (건물의) 마룻대. ¶~梁↓ ❷ [量] 동(棟) 채 [집을 세는 단위] ¶一~房子 | 집 한 채. ¶一~楼房 | 다층집 한 채.

【栋梁】dòngliáng [名] ❶ 마룻대와 들보. ❷ [喻] 동량지재(棟梁之材) (한 집안이나 국가의) 기둥. ¶青年是国家的~ | 청년은 나라의 기둥이다.

【侗】 Dòng 미련할 통, 정성 동

[名]〈民〉동족(侗族)=〔侗族〕

【侗剧】dòngjù [名] 동족(同族)의 희극(戲劇)→〔侗族〕

【侗族】Dòngzú [名]〈民〉동족 [귀주(貴州)·호남(湖南)·광서(廣西)지역에 분포한 소수민족]=〔洞家〕

【垌】 dòng tóng 동막이 동

[A] dòng ❶ [名][方] 밭. ¶田tián~ | 밭. ❷ 지명에 쓰이는 글자 [광동(廣東)·광서(廣西) 등지에서 많이 쓰임] ¶儒Rú~ | 유동 [광동(廣東)에 있는 지명]

[B] tóng 지명에 쓰이는 글자. ¶~冢zhǒng | 동총. 호북성(湖北省)에 있는 지명.

【峒】 dòng tóng 동굴 동

[A] dòng ❶ [名] (산 속의) 동굴. 터널. ❷ 지명에 쓰이는 글자. ¶~中 | 동중 [광동성(廣東省)에 있는 지명]

[B] tóng 지명에 쓰이는 글자. ¶崆kōng~ | 공동산 [감숙성(甘肅省)·사천성(四川省)·하남성(河南省)·강서성(江西省) 각 지역에 같은 이름인 공동산(崆峒山)이 있음]

【恫〈痌B〉】 dòng tōng 으를 통, 상심할 통

[A] dòng [書][動] 위협하다. 놀라게 하다. 으르다. ¶~喝hè↓ ¶~她, 不许声张shēngzhāng | 그녀를 위협하여 입밖에 내지 못하게 하다.

[B] tōng [書][動] 아파하다. 상심하다. 슬퍼하다. 애통해 하다.

【恫吓】dònghè [動] 으르다. 위협하다. ¶不能~小孩, 以免造成心理创伤chuāngshāng | 어린 아이를 위협해서 마음에 상처가 되도록 해서는 안된다.

【恫喝】dònghè [動] 협박하다. 겁을주다.

2 ## 【洞】 dòng 골 동, 꿰뚫을 통

❶ (~儿, ~子) [名] 구멍. 동굴. ¶老鼠进了~ | 쥐가 구멍으로 들어갔다. ¶衣服上有一个~ | 옷에 구멍이 하나 났다. ¶山~ | 산굴. 동굴. ❷ [數] 0. 영(零) [숫자의 영(零)을 알아듣기 쉽게 읽는 말] ❸ [名] 갱도. 터널. ❹ [形] 분명하다. 명백하다. ¶~若观火↓ ¶~晓↓

【洞察】dòngchá [書][動] 꿰뚫어보다. 통찰하다. ¶~秋毫 | [成] 미세한 것까지 환히 꿰뚫어 보다. ¶~是非 | [成] 옳고 그름을 꿰뚫어 보다. ¶~力 | 통찰력 =〔洞鉴〕

【洞察一切】dòng chá yī qiè [成] 모든 것을 통찰하다. ¶他高瞻远瞩, ~ | 그는 멀리 내다볼 수 있고 모든 것을 꿰뚫어 볼 수 있다.

【洞彻】dòngchè ⇒〔洞达〕

【洞达】dòngdá [書][動] 통달하다. 명확히 알다. 철저하게 이해하다. ¶~事理 | 사리에 통달하다 =〔洞彻〕〔洞澈〕

【洞房】dòngfáng [名] 신방(新房) ¶入rù~ | 신방에 들다. ¶~花烛(夜) | [成] 신혼 초야 =〔新房〕〔新人房〕

【洞府】dòngfǔ [名] 신선(神仙)이 사는 곳.

【洞见】dòngjiàn [動] 간파하다. ¶~症zhēng结 | [成] 문제점을 간파하다.

【洞鉴】dòngjiàn [書][動] 통찰(洞察)하다. 자세히 살피다 =〔洞知〕〔洞悉〕〔洞晰〕〔洞明〕〔洞察〕

【洞口】dòngkǒu [名] ❶ 동굴〔구멍〕의 입구. ❷ (Dòngkǒu) 동정호(洞庭湖)의 어귀.

【洞若观火】dòng ruò guān huǒ [成] 불을 보는 것 같이 분명하다 =〔明míng若观火〕

【洞天福地】dòng tiān fú dì [成] 도교에서 말하는 신선들이 사는 명산 승경. 명승지. 낙원 =〔福地

洞天〕

【洞悉】dòngxī 動 매우 분명하게 알다. ¶指挥员应该~敌情 | 지휘관은 적정에 대해 잘 알고 있어야 한다⇒〔洞鉴〕

【洞箫】dòngxiāo 名〈音〉통소. 퉁소.

【洞晓】dòngxiǎo 書 動 명확히〔환히〕 알다. ¶~其中利弊 | 그 중의 이해 득실을 명확히 알다. ¶他对琴棋书画, 无不~ | 그는 악기, 바둑, 서예 및 그림에 대해서 모르는 것이 없다.

【洞穴】dòngxué 名 ❶ (땅이나 산의) 동굴. ¶~墓 | 지하 묘지 =〔洞窟〕 ❷ 터널.

【洞幽烛微】dòngyōuzhúwēi 成 심오한 이치를 뚜렷이 꿰뚫어 보다. ¶他目光锐利ruìlì, ~ | 그는 보는 눈이 예리하여 심오하고 미묘한 것까지도 꿰뚫어 볼 수 있다.

【洞烛其奸】dòng zhú qí jiān 成 간계를 간파하다. ¶不管他们要什么花招, 我们都能~了 | 그들이 어떤 속임수를 쓰더라도 우리는 간계를 간파할 수 있다.

【洞子】dòng·zi 名 ❶ 回 구멍. 동굴. ❷ 方 온실=〔花儿洞子〕 ❸ 광산의 갱도. ¶下xià~ | 갱도에 들어가다.

【胴】dòng 구간 동, 몸통 동
名 ❶ 몸뚱이. 몸통. ¶双~飞机 | 동체가 둘인 비행기. ❷ 書 대장(大腸)

【硐】dòng 굴 동
名 ❶ (광산의) 갱. 광갱(鑛坑) ❷ 굴. 동굴.

dōu ㄉㄡ

4【兜】dōu 쌀 두, 투구 두
❶ 動 에워싸다. 감돌다. 빙빙 돌다. ¶~来~去 | 뱅뱅 돌아 치다. ¶~了一个圈子 | 한 바퀴 돌았다. ❷ 動 (종이나 손수건 등으로 느슨하게) 싸다. ¶吃不了~着走 | 다 먹지 못하겠으면 싸 가지고 갑시다. ¶用手巾~着几个鸡蛋 | 손수건으로 계란을 몇 알 싸다. ❸ 動 (거래나 주문을) 몽땅 틀어쥐다. 독점하다. ¶~售↓ ¶~生意 | 장사를 독점하다. ❹ 動 책임을 지다. 떠맡다. ¶出了什么事, 我~着 | 무슨 일이 나면 내가 책임지겠다. ❺ (~儿) 名 호주머니. 주머니. 자루. ¶裤kù~ | 바지 주머니. ¶带四个~的上衣 | 주머니가 네 개 달린 웃옷. ❻「蔸」와 같음⇒〔蔸dōu〕

【兜捕】dōubǔ 動 포위해서 잡다. ¶~逃走的嫌疑犯 | 달아나는 혐의자를 포위하여 잡다 =〔兜拿〕

【兜抄】dōuchāo 動 포위 공격하다. ¶敌人向我军~过来 | 적이 아군을 향해 포위해 들어왔다 =〔包bāo抄〕

【兜得转】dōu ·de zhuǎn 動組 ❶ 주머니 사정이 좋다. 손안에 여유가 있다. ¶趁他手头~, 打算办了这件事 | 그의 주머니 사정이 좋을 때에 이 일을 처리할 생각이다. ❷ 안면이 넓다. 얼굴이 알려져 잘 통한다. ¶哪一方面都~ | 어느 방면에나 얼굴이 알려져 잘 통한다.

【兜底(儿, 子)】dōu/dǐ(r·zi) 動 回 (비밀이나 내막을) 낱낱이 들추어내다. 폭로하다. 어법 목적어를 갖지 않고 연동 구조로 사용됨. ¶我把这事儿~告诉你 | 이 일을 너에게 낱낱이 알려주겠다. ¶这件事我给你兜个底 | 이 일에 대해서 너에게 내막을 철저히 폭로하겠다.

【兜底翻】dōudǐ fān 動組 모조리 뒤집다. ¶把仓库物资来个~! | 창고의 물건을 까뒤집어보자!

【兜兜】dōu·dou ⇒〔兜肚〕

【兜兜裤儿】dōu·doukùr ⇒〔兜肚裤儿〕

【兜兜嘴儿】dōu·douzuǐr 名 배두렁이.

【兜肚】dōu·du 名 배두렁이 =〔兜兜〕〔兜子②〕〔書 抹mò胸〕

【兜肚裤儿】dōu·dukùr 名 (어린아이가 여름에 입는) 배두렁이가 달린 바지 =〔兜兜裤儿〕〔水shuǐ裤儿〕

【兜翻】dōu·fan 動 方 ❶ 오래된 것을 뒤져내다. ¶老太太又在开箱子~她那点儿绣花的活计 | 할머니는 또 농짝을 열고 그녀의 자수 일감을 뒤져냈다. ❷ 지난 일을 들추어내다. ¶过去的那些事别~了 | 지나간 그런 일들은 들추어 내지 말라. ❸ (비밀을) 파헤치다. 폭로하다. ¶他把我的事情, 都给~出来 | 그가 나의 일들을 다 드러냈다. ¶把所有的隐情yǐnqíng都给~出来了 | 숨겨진 모든 일들을 다 파헤쳤다 ‖ =〔抖dǒu翻〕〔抖搂⑤〕

【兜风】dōu/fēng 動 ❶ 方 (기분 전환을 위해) 바람을 쐬다. 드라이브하다. ¶我们开车到马路上~去! | 우리 차 몰고 신작로로 드라이브하자! ¶兜了两个小时风 | 두시간 동안 드라이브했다. ¶到乡下去~ | 시골로 가서 바람 좀 쐬자. ❷ 바람을 쐬다〔맞게 하다〕 ¶抡lūn着竹竿儿一~, 就干了 | 대나무 장대를 휘둘러 가며 바람을 쐬면 바로 마른다. ❸ (돛 등이) 바람을 안다〔받다〕 ¶破帆兜不住风 | 諺 망가진 돛으로는 바람을 안을 수 없다.

【兜剿】dōujiǎo 動 포위하여 토벌하다. ¶~匪贼 | 비적을 포위하여 토벌하다.

【兜揽】dōulǎn 動 ❶ (손님을) 끌어들이다. ¶不要~他 | 그를 끌어들이지 마시오. ❷ (거래·주문 등을) 도맡다. 독점하다. ¶这些事情都是他替我~来的 | 이 일들은 모두 그가 나 내신 도맡아 한 다 =〔兜揽买卖〕〔兜揽生意〕→〔招zhāo揽〕 ❸ 관계하다. 상대하다. ¶~闲xián事 | 쓸데없는 일에 관계하다 ‖ =〔抖dǒu揽〕

【兜拢】dōulǒng 動 결말〔매듭〕을 짓다. ¶谈了好几次好容易~了 | 여러 차례 담판을 벌려서 가까스로 매듭지었다.

【兜起】dōu·qi 動 (소매나 바짓가랑이 등을) 걷어붙이다. ¶~裤子 | 바지를 걷어붙이다.

【兜圈子】dōu quān·zi 動組 ❶ 빙빙 돌다. 선회하다. ¶兜两个圈子 | 두어 바퀴 빙 돌다. ¶飞机在树林子上空~ | 비행기가 숲 상공에서 선회하고 있다. ❷ 돌려서 말하다. 말을 에두르다. ¶别跟我~, 有话直截了当地说吧 | 빙빙 돌려서 말하지 말고 할말이 있으면 단도직입적으로 말하시오. ¶有什么想法尽管说出来, 不必~ | 무슨 생각이 있으면 다 말해라, 그렇게 우물쭈물하지 말고. ❸ 여기저기 빈둥빈둥 돌아다니다. ¶他到处~ | 그는 도처로 빈둥빈둥 돌아다닌다.

4【兜儿】dōur 名 호주머니. 포켓.
【兜售】dōushòu 動 ❶(장사치가) 물건을 팔러 다니다. 행상 하다. ¶村民们向游客~农产品 | 마을 주민들이 관광객들에게 농산품을 팔려고 좇아 다니다 =〔兜销〕〔兜卖〕❷(부정적인 생각 등을) 강요하다. 퍼뜨리다. 넓히다. ¶~群众落后论 | 「민중 낙후론」을 강요하다. ¶~亚安体系 | 아시아 안보 체계를 넓히다 =〔兜卖〕
【兜销】dōuxiāo ⇒〔兜售①〕
【兜胸】dōuxiōng 名 두렁이.
【兜着】dōu·zhe 動 떠맡다. 감당하다. ¶要是出了事, 我替你~ | 일이 생긴다면 내가 너 대신에 떠맡겠다.
【兜子】dōu·zi ❶名 주머니. 자루. ¶裤~ | 바지 주머니. ¶车~ | 자전거에 달린 백. ❷⇒〔兜肚〕❸⇒〔篼dōu①〕

【蔸】dōu 그루터기 두
❶名 포기. 그루. ¶禾~ | 벼 포기. ¶树~脑 | 나무의 그루터기. ❷量 그루. 포기. 떨기. ¶一~树 | 나무 한 그루. ¶两~白菜 | 배추 두 포기. ¶一~草 | 풀 한 무더기 ‖ =〔兜⑥〕
【蔸距】dōujù 名 方 (곡식 등의) 그루사이. 포기사이. 포기간격 =〔株距〕

【篼】dōu 가마 두
名 ❶(산길을 갈 때 타는) 가마 =〔篼子〕〔兜子③〕❷ 삼태기. 광주리.
【篼子】dōu·zi ⇒〔篼①〕

1【都】dōu ☞ 都 dū B

dǒu ㄉㄡˇ

【斗】1 dǒu 말 두
❶量 말. 두(斗) [곡물의 양을 재는 단위. 「升」(되)의 10배]❷名 말 [낟알을 되는 도구] ¶用~量 | 말로 되다. ¶~大的字 | 말만큼 큰 글씨. 매우 크게 쓴 글씨. ❸(~儿) 말(斗)처럼 생긴 기구 [방형이나 구형] ¶漏lòu~ | 깔때기. ¶水~ | 물방아에 달린 물바가지. ¶熨yùn~ | 다리미. ¶烟~ | 곰방대. ¶风~ | 바람구멍. 환기구멍. ❹名 簡〈天〉「北斗七星」(북두칠성) ¶北~ | 북두칠성. ❺名〈天〉두성(斗星) [28수의 하나]=〔南斗〕❻名 둥근 지문(指紋) ❼ 작다. 좁다. ¶~室↓ ❽ 크다. 많다. ¶~胆↓
【斗车】dǒuchē 名 광차(鑛車)
【斗胆】dǒudǎn 形 謙 대담하게도…하다. 과감히 …하다. 어법 정도부사를 취할 수 없고, 단독으로 술어가 될 수 없음. ¶我~问一声 | 제가 감히 한마디 여쭙겠습니다.
【斗方】dǒufāng ❶形 네모지고 크다. ❷(~儿) 名 서화용(書畫用)의 네모진 종이. ❸(~儿) 名 신년에 써 붙이는 마름모꼴 정사각형의 서화(書畫)
【斗方名士】dǒu fāngmíngshì 威 諷「斗方(儿)」에 시나 그림을 그리면서 풍류가(風流家)인 체하는 문인(文人)
【斗拱】dǒugǒng 名〈建〉두공.
【斗箕】dǒu·ji 名 지문(指紋) [원형의 지문을 「斗」, 말발굽형이나 활형인 것을 「箕」라 함. 이를 통칭하여 「斗箕」라 함] ¶按~ | 지문을 찍다 =〔斗记〕〔指zhǐ纹〕
【斗笠】dǒulì 名 삿갓 =〔方 斗篷②〕
【斗门】dǒumén 名 댐(dam)의 수문(水門) 수갑(水閘)
【斗门(儿)】dòumén(r) 名 한자 부수의 싸움 투(鬥)
【斗牛】dǒuniú 名〈天〉북두성과 견우성. ¶气冲qì-chōng~ | 기세가 하늘을 찌를 듯 하다.
【斗篷】dǒu·peng ❶名 망토. 소매 없는 외투. ¶披pī着一件~ | 소매 없는 외투를 걸치다 =〔方 一口钟zhōng〕〔一裹圆儿①〕❷⇒〔斗笠〕
【斗渠】dǒuqú 名 (밭에 물을 대는) 작은 수로(水路)
【斗筲】dǒushāo 名 ❶ 한 말들이 말과 한 말 두 되들이 죽기(竹器) ❷喻 좀스런〔옹졸한〕사람. 좀생원 =〔斗筲之器qì〕〔斗筲之人〕〔斗筲之徒tú〕〔斗筲之辈bèi〕❸喻 쥐꼬리만한 녹봉(祿俸) 적은 녹봉.
【斗升之水】dǒu shēng zhī shuǐ 威 약간의 원조(援助) 극히 적은 도움. ¶危难之中, ~也让人感恩不尽 | 위난 중에는 아무리 적은 도움이라도 대단히 고맙게 받아들이게 된다.
【斗室】dǒushì 名 ❶書 아주 작은 방. 두실(斗室) ¶他就在区区~之中写出了许多鸿文巨著 | 그는 바로 이 변변치 못한 작은 방에서 웅대한 저서를 많이 써냈다. ❷ 캐빈(cabin) 선실(船室)
【斗粟尺布】dǒu sù chǐ bù 威 한 말의 좁쌀, 한 자의 베. 형제의 불화(不和) [한(漢)의 문제(文帝)와 동생 회남왕(淮南王)이 불화를 민간에서 풍자한데서 나온 말]=〔尺布斗粟〕
【斗烟丝】dǒuyānsī ⇒〔烟斗丝〕
【斗转星移】dǒu zhuǎn xīng yí 威 세월이 흐르다. 시간이 가다. ¶~, 世事易变啊! | 세월이 흐르면 세상일도 바뀌는 법이다!
【斗子】dǒu·zi 名 ❶(탄광이나 집에서) 석탄을 담는 쇠통. 철통(鐵桶) ❷ 나무통. 광주리.

2【斗(鬥)〈鬭〉】2 dòu 싸울 투/각
❶動 싸우다. ¶两只牛~起来了 | 두 마리의 소가 싸우기 시작했다. ¶~了几年 | 몇 년을 싸웠다. ¶文~ | 말과 글로 투쟁하다. ¶武~ | 무력으로 투쟁하다. ¶械xiè~ | 무기를 들고 싸우다. ❷動 투쟁하다. ¶~个人主义 | 개인주의와 투쟁하다.❸動 (승패를) 겨루다. 다투다. ¶~不过他 | 그와 겨룰 수 없다. ¶~意见 | 의견이 달라 말씨름하다. ❹動 (동물을) 싸움 붙이다. ¶~牛↓ ¶~鸡jī↓ ❺動 비판하다. 규탄하다. ¶在会场上~~他们 | 회의장에서 그들을 규탄해 주겠다. ❻動 한데 모으다. 맞추다. ¶大家把意见~一~ | 모두들 의견을 좀 맞추어 보시오. ¶~眼↓ ¶两个正方形~起来成一个矩形jǔxíng | 두개의 정사각형을 한데 붙이면 직사각형이 된다. ❼「逗」와 통용 ⇒〔逗dòu②〕
【斗不过】dòu ·bu guò 動組 이겨내지 못하다. 당해내지 못하다. ¶我~他 | 나는 그를 당해내지 못한다.
【斗法】dòu/fǎ ❶動 도술(道術)을 부려 싸우다.

❷動 꾀를 써서 싸우다. 계략을 꾸며 암투(暗鬥)하다. ¶他还想跟我～｜그는 아직도 나와 암투를 하려 한다. ❸(dòufǎ) 名 투쟁 방법.

【斗鸡】dòujī ❶名 닭싸움. 투계(鬥鷄) ❷名 싸움닭. ¶～坑kēng｜투계장. ❸(dòu jī) 닭싸움을 붙이다. 투계(鬥鷄)하다.

【斗劍】dòujiàn ❶名 펜싱(fencing) 검술 ❷動 펜싱(fencing)을 하다. 검술을 겨루다.

【斗口齿】dòu kǒuchǐ ⇒〔斗嘴(儿)〕

【斗牛】dòuniú ❶名 투우. ❷動 투우하다. ¶西班牙Xībānyá盛行shèngxíng～｜스페인에는 투우가 유행한다. ¶～场｜투우장. ¶～士｜투우사. ❷(dòu niú) 소를 싸움 붙이다.

【斗殴】dòu'ōu 動 때리며 싸우다. 서로 구타하다. ¶不良少年常发生～事情｜불량 소년들은 항상 싸움을 일으킨다. ¶～家｜싸움꾼.

【斗气(儿)】dòu/qì(r) ❶ 고집을 부리며 다투다. (일시적 감정으로) 싸우다. ¶他最喜欢和那些伪君子～｜그는 저런 사이비 무리들과 다투기를 좋아한다 ＝〔合hé气〕 ❷싸움을 걸다. ¶他成心跟我～｜그는 일부러 내게 싸움을 건다.

【斗拳】dòu/quán 動 주먹질하다. 권투를 하다. ¶两位武林高手正在～｜두 명의 무림 고수가 권법으로 싸우고 있다.

【斗蟋蟀】dòu xīshuài 動組 귀뚜라미를 싸우게 하여 승패를 정하다. ¶他们几个小孩一下课就～｜그 애들 몇 명은 수업이 끝나자마자 귀뚜라미 싸움을 하고 논다 ＝〔斗促cù绩〕〔俗 斗蛐蛐儿〕〔書 斗蛩〕

【斗眼(儿)】dòuyǎn(r) 名俗 내사시(内斜視)＝〔斗鸡眼〕〔内斜视〕〔对duì眼(儿)〕→〔斜xié视①〕

【斗阵】dòuzhèn ⇒〔吵架〕

²【斗争】dòuzhēng 어법 「斗争」은 「奋斗」과는 달리 정치 경제 사상 등 여러 방면의 단어와 어울리며, 목적어를 취할 수 있다. ❶名動 투쟁(하다) ¶政治(思想)～｜정치(사상) 투쟁. ¶进行～｜투쟁을 하다. ❷動 분투·노력하다. ¶为完成五年计划而～｜5개년 계획을 완성하기 위해 분투 노력하다. ❸動 드러내다. 비판하다. ¶～坏分子｜악질분자를 비판하다.

⁴【斗志】dòuzhì 名 투지. 투 혼. ¶～松懈sōngxiè｜투지가 해이해지다. ¶～昂扬ángyáng｜威 투지가 높다.

【斗嘴(儿)】dòu/zuǐ(r) 動 ❶ 언쟁(言爭)하다. 입씨름하다. ¶你们俩别～!｜너희들 입씨름 그만두어라! ¶～呕气｜말다툼하고 기분이 나빠지다. ❷ 장광설을 늘어놓다 ‖ ＝〔俗 斗牙钳子〕〔逗嘴(儿)〕〔書 斗口齿〕

2【抖】dǒu 떨 두

動 ❶ 떨다. ¶发～｜벌벌 떨다. ¶吓得浑身乱～｜깜짝 놀라 온몸이 덜덜 떨리다. ❷ 털다. 흔들다. ¶～掉身上的雪｜눈을 몸에서 털어버리다. ¶～一～衣服上的土｜옷 위의 먼지를 털다. ❸ 폭로하다. 들춰내다. 까발리다 어법 주로 보어와 함께 쓰임. ¶把那些事全～出来了｜그 일을 몽땅 까발렸다. ❹ 진작시키다. 고무하다. ¶～起精神｜정신을 진작시키다. ❺(돈을 벌거나 출세를 해서) 우쭐대다. 거들먹거리다. ¶他～起来了｜그는 (출세를 했다고) 거들먹거렸다.

【抖动】dǒudòng 動 ❶ 떨다. 진동하다 어법 목적어는 취하지 못함. 대개 보어와 함께 사용됨. ¶地震时, 大地忽然～起来｜지진 때 땅이 갑자기 흔들렸다. ❷ 털다 어법 목적어나 보어를 취함. ¶把衣服～了一下｜옷을 한번 털었다.

【抖抖簌簌】dǒu·dousùsù 狀 부들부들 떨다. ¶他～地从怀中掏出一块铜圆｜그는 부들부들 떨면서 품 속에서 동전 한 잎을 꺼냈다.

【抖漏】dǒulòu 動 비책(秘策)을 누설하다. ¶他把决议全～出去了｜그는 결의 내용을 모두 누설했다.

【抖搂】dǒu·lou 方 ❶動 (흔들어) 털다. ¶把衣服上的灰～干净｜옷의 먼지를 털어 깨끗이 하다. ¶把这桌布拿出去～～吧｜이 테이블 보를 들고 나가 좀 털어라. ❷動 (재산을) 낭비하다. 탕진하다. ¶别把钱～光了｜돈을 다 써버리지 마라. ❸動 (비밀을) 폭로하다. 들추어내다 어법 대개 「出来」「出去」와 함께 쓰임. ¶把问题都～出来｜문제되는 것을 모두 들추어내라 ＝〔抖露〕 ❹動 (갑자기 옷을 얇게 입어 추워서) 부르르 떨다. ¶别这么早脱棉袄, 看～了｜이렇게 빨리 솜옷을 벗지 말라, 부르르 떨지 않게. ❺⇒〔兜dōu翻〕 ‖ ＝〔抖落·luo〕

【抖落】ⓐ dǒuluò 動 (일을) 분명히 하다. ¶是青是白～～看!｜검은 지 흰 지 분명히 밝혀 보자!

ⓑ dǒu·luo ⇒〔抖搂〕

【抖擞】dǒusǒu 動 정신을 차리다〔가다듬다〕 ¶～精jīng神｜정신을 가다듬다. ¶精神～｜원기가 왕성하다.

【抖威风】dǒu wēi·feng 動組 위풍(威風)을〔기세를, 위세를〕떨치다. ¶抖了几个月的威风, 一下子丢光了｜몇 개월간 기세를 떨치더니, 단번에 (그 기세를) 잃었다. ¶他就是爱在老百姓面前～｜그는 오로지 백성들 앞에서 위세를 떨려고만 한다.

【抖袖】dǒuxiù 動 〈演映〉(중국 전통극 동작 중) 소매 끝에 달린 얇고 긴 명주 자락을 흔들다 [우아한 자태를 드러내는 효과를 지님]

【钭(鈄)】Dǒu ⓧ Tǒu) 성 두

名 성(姓)

【蚪】dǒu 올챙이 두

⇒〔蝌kē蚪〕

3【陡】dǒu 가파를 두

❶形 가파르다. 험하다. ¶这个路太～｜이 길은 너무나도 험하다. ¶这山太～, 上不去｜이 산은 너무 가팔라서, 오를 수가 없다→〔坡pō③〕 ❷副 갑자기. 돌연히. ¶风云～变｜날씨가 갑자기 변하다.

【陡峻】dǒujùn 形 (지세가) 높고도 가파르다. ¶～的黄山｜험준한 황산 ＝〔险xiǎn峻〕

【陡坡(儿, 子)】dǒupō(rzi) 名 험한 비탈길. 가파른 고개 ＝〔陡坡子〕〔高gāo坡(儿)〕〔高坡子〕〔揿qìn坡(儿)〕〔揿坡子〕

【陡峭】dǒuqiào 形 (지세가) 험준하다. 가파르다.

¶这个～的山峰连山羊也上不去｜이 가파른 산봉 우리는 산양조차도 올라갈 수 없다＝〔险xiǎn峻〕

【陡然】dǒurán 書副 갑자기. 뜻밖에. ¶～下降｜갑자기 떨어지다. ¶局势～变化｜정세가 갑자기 변하다＝〔陡顿〕

【陡增】dǒuzēng 動 갑자기 증가하다. ¶人数～, 一时无法安置｜사람수가 갑자기 증가하여 한동안 배치할 도리가 없다.

【陡长】dǒuzhǎng 動 ❶ 갑자기 성장하다. ❷ (물가가) 갑자기 오르다. ¶行háng市～｜시세가 갑자기 오르다＝〔陡涨〕‖＝〔陡发〕

【陡涨】dǒuzhǎng ⇒〔陡长②〕

【陡直】dǒuzhí 形 (지세가) 가파르다. 비탈지다. ¶坡太～, 不好上｜언덕이 너무 비탈져서 오르기가 나쁘다.

dòu ㄉㄡˋ

2【斗】dòu ☞ dǒu ②

2【豆〈荳₁〉】dòu 콩 두 名 ❶ (～儿, ～子) 콩. ¶黄～｜황두. ¶绿～녹두. ¶花生～儿｜땅콩. ¶土～｜俗 감자. ¶小～｜팥. ❷ 두(豆) [고대 식기의 하나로 대나무·옥·자기·동(銅) 등으로 만들며 굽이 높고 뚜껑이 있음] ❸ (Dòu) 성(姓)

【豆瓣儿酱】dòubànrjiàng 名〈食〉콩짜개 된장＝〔豆板酱〕〔豆酱〕

【豆包儿】dòubāor 名〈食〉팥소를 넣은 찐빵＝〔豆包子〕

【豆饼】dòubǐng 名 콩깻묵 [주로 비료나 가축의 사료로 쓰임. 이런 종류의 비료로는 「柏jiù売饼」「菜cài(子)饼」「茶籽zǐ饼」「棉mián籽饼」 등이 있음] ¶～干部｜隱 농촌의 하급 간부＝〔油渣yóuzhā饼〕

【豆豉】dòuchǐ 名〈食〉콩을 발효시켜 만든 말린 청국과 비슷한 식품 [발효시킨 후 소금·생강·고추 등을 더한 것을 「咸xián豉」라고 함]

【豆粉】dòufěn 名 ❶ 콩가루＝〔黄huáng豆粉〕 ❷ 전분가루.

2【豆腐】dòu·fu 名〈食〉두부. ¶炖dùn～｜두부를 데우다.

【豆腐干(儿)】dòu·fugān(r) 名〈食〉두부 말림. 말린 간두부.

【豆腐花】dòu·fu huā ⇒〔豆腐脑(儿)〕

【豆腐脑(儿)】dòu·funǎo(r) 名〈食〉순두부. 수(水)두부＝〔江 豆腐花〕〔方 豆花(儿)〕

【豆腐皮】dòu·fupí 名 ❶ (～儿) 콩국에 뜨는 단백질막＝〔方 豆腐衣〕 ❷〈食〉方 얇게 썰어 말린 두부＝〔千张〕

【豆腐乳】dòu·furǔ 名〈食〉(네모나게 잘게 썰어서) 삭인 두부＝〔方 豆乳②〕〔腐乳〕

【豆花(儿)】dòuhuā(r) ⇒〔豆腐脑(儿)〕

【豆荚】dòujiá 名 콩꼬투리. ¶饱满的～｜속이 꽉 찬 콩꼬투리.

3【豆浆】dòujiāng 名〈食〉콩국＝〔豆腐浆〕〔豆汁②〕

【豆角】dòujiǎo ❶ ⇒〔豇jiāng豆〕 ❷ (～儿) 名 口 (어리고 연할 때 꼬투리 채로 조리하여 먹을 수 있는) 콩꼬투리＝〔豆荚〕→〔菜cài豆〕

【豆科】dòukē 名〈植〉콩과. ¶～植物｜콩과식물.

【豆蔻】dòukòu 名〈植〉육두구(肉豆蔻)＝〔草cǎo豆蔻〕〔草果〕

【豆卢】Dòulú 名 복성(複姓)

【豆绿】dòulǜ 名 ❶〈色〉푸른 콩색. 녹두색(綠豆色)＝〔豆青〕 ❷ 녹색 모란.

【豆奶】dòunǎi 名〈食〉두유(豆乳)＝〔豆乳①〕

【豆萁】dòuqí 書 名 方 콩깍지. 콩 껍질. ¶煮豆燃～｜成 콩깍지를 지펴 콩을 볶는다. 형제의 의가 좋지 못하다.

【豆青】dòuqīng ⇒〔豆绿①〕

【豆儿】dòur 名 ❶〈植〉콩. ¶～大｜콩알만한 크기. 매우 작다. ❷ 콩알 같은 작은 물건.

【豆蓉】dòuróng 名 粵 콩고물. ¶～月饼｜〈食〉콩고물 넣은 월병→〔月饼bǐng〕

【豆乳】dòurǔ ❶ ⇒〔豆奶〕 ❷ ⇒〔豆腐乳〕

【豆沙】dòushā 名 콩소. ¶～馅xiàn儿｜(찐빵 종류의) 콩소. ¶～包子｜콩소를 넣은 찐빵→〔澄dèng沙〕

【豆薯】dòushǔ 名〈植〉등본(藤本) 식물로 고구마의 일종＝〔凉薯〕〔地瓜②〕

【豆象】dòuxiàng 名〈蟲〉콩바구미.

【豆芽(儿)】dòuyá(r) 名 ❶ 콩나물＝〔黄huáng豆芽(儿)〕 ❷ 숙주나물 ‖＝〔豆芽菜〕〔芽菜〕

【豆油】dòuyóu 名 콩기름＝〔大豆油〕

【豆渣】dòuzhā 名 콩비지＝〔豆腐渣〕

【豆汁】dòuzhī ❶ (～儿) 名〈食〉녹두로 만든 북경 음료. ¶喝～｜녹두 음료를 마시다. ❷ ⇒〔豆浆〕

【豆制品】dòuzhìpǐn 名 콩으로 만든 식품. 「豆腐干(儿)」「豆腐皮(儿)」「臭chòu豆腐」등→〔豆腐〕

3【豆子】dòu·zi 名 ❶〈植〉콩. ❷ 콩알.

【豆嘴儿】dòuzuǐr 名 물에 불리거나 싹이 튼 콩→〔豆芽(儿)〕〔豆瓣(儿)〕

【饾(餖)】dòu 늘어놓을 두 ⇒〔饾版〕〔饾饤〕→〔饤dīng〕

【饾版】dòubǎn 名 「木刻水印」(목판 인쇄)의 옛 이름.

【饾饤】dòudìng 書 名 ❶ 잔뜩 진열해 놓은 음식. ❷ 喻 불필요한 미사여구를 늘어놓은 글 ‖＝〔斗饤〕

2【逗】dòu 어를 두 ❶ 動 어르다. 희롱하다. 놀리다. ¶～孩子｜어린애를 어르다. ¶他正拿着一枝红花～孩子玩｜그는 지금 붉은 꽃을 들고 아이를 놀리며 놀고 있다. ❷ 動 끌다. 자아내다. 유발하다. ¶～人发笑｜사람을 웃기다＝〔斗⑦〕 ❸ 動 方 웃기다. ¶这话真～｜이 말은 정말 웃긴다. ¶她是一个爱说爱～的姑娘｜그녀는 말하기 좋아하고 (우스갯 소리로) 웃기기 좋아하는 아가씨다. ❹ 머무르다. ¶～留↓ ❺ 「句读 jùdòu」(구두)의 「读」(〈言〉휴지. 쉼)의 뜻으로 사용됨. ¶～号↓

【逗点】dòudiǎn ⇒〔逗号〕

【逗动】dòudòng 動 야기시키다. 건드리다. 일으키다. ¶～小孩的好奇hàoqí心｜아이의 호기심을 일으키다.

【逗哏(儿)】dòu/gén(r) ❶ 動 (우스갯 소리로)

웃기다＝〔逗笑(儿)〕 ❷(dòugén(r)) 名 재담(才談)의 주역. ¶你当～, 我当捧哏 | 너가 만담 주역을 해라, 내가 조역을 할테니→〔捧pěng哏(儿)〕‖＝〔斗哏(儿)〕

【逗哈哈】dòu ha·ha 動組 농담하다＝〔开玩笑〕

【逗号】dòuhào 名 콤마(comma)「,」＝〔逗点〕〔读号〕→〔标biāo点(符号)〕

【逗哭】dòukū 動 놀려서 울리다. ¶把小孩～了 | 어린아이를 놀려 울게 했다.

【逗乐(儿)】dòu/lè(r) ⇒〔逗笑(儿)〕

【逗留】dòuliú 書 動 머물다. 체류하다. ¶今年春节在家乡～了一个星期 | 금년 음력설에 고향에서 일주일 동안 머물렀다. ¶～在北京 | 북경에 머물고 있다＝〔逗遛〕〔淹yān留〕

【逗闷子】dòumèn·zi 動組 方 농담하다. 우스갯 소리를 하다＝〔斗闷子〕

【逗鸟】dòuniǎo 動 새를 어르며 놀다. 새를 기르다.

【逗弄】dòu·nong 動 ❶ 부추키다. 꼬드기다. ¶他常会～人 | 그는 늘 사람을 잘 꼬드긴다. ❷ 貶 희롱하다. ¶别～小孩, 这样做不好 | 아이를 희롱하지 마라, 이러는 것은 나쁘다＝〔作弄〕

【逗气儿】dòu qìr ❶ (약올려서) 골나게 하다. ❷ 장난으로 말다툼을 걸다.

【逗趣(儿)】dòu/qù(r) 動 方 (우스갯 소리 등으로) 웃기다. ¶他真会～! | 그는 정말 (우스갯 소리로) 잘 웃긴다!＝〔逗笑(儿)〕

【逗人】dòu/rén 動 ❶ 놀리다. 조롱하다. ❷ (우스갯 소리 등으로) 웃기다. ¶他的各种～的姿态不时引起观众大笑 | 그의 온갖 우스운 자태는 때때로 관객의 폭소를 자아낸다.

【逗笑(儿)】dòu/xiào(r) 動 方 (우스갯 소리 등으로) 웃기다＝〔方 逗乐(儿)〕〔方 逗趣(儿)〕〔逗哏(儿)〕〔斗趣(儿)〕〔斗笑(儿)〕〔斗哏(儿)〕→〔开kāi玩笑〕

【逗引】dòuyǐn 動 ❶ 꾀어내다. 유혹하다. ¶终于把她～着关起来了 | 마침내 그녀를 꾀어내어 감금했다→〔勾gōu引〕 ❷ 놀리다. 어르다. ¶～小孩儿玩 | 어린애를 어르며 놀다.

【逗着玩(儿)】dòu·zhewán(r) 장난하(며 놀)다. ¶两只小猫直～ | 고양이 새끼 두 마리가 계속 장난하고 있다.

【痘】dòu 마마 두
名〈醫〉❶ 수두(水痘) ❷ 천연두. ¶种zhòng～ | 종두(하다)

【痘疮】dòuchuāng 名 천연두. 마마. 두창(痘瘡)＝〔痘疹〕〔俗 痘子〕〔疱pào疮〕〔俗 天花①〕〔簡 花④〕

【痘痂】dòujiā 名 천연두 자국 위에 앉은 부스럼 딱지.

【痘浆】dòujiāng 名〈醫〉두묘(痘苗) 천연두의 왁친 [소의 두창(痘瘡)에서 뽑은 우장(牛漿)]＝〔牛niú痘(苗)①〕〔痘苗〕〔痘种〕

【痘苗】dòumiáo ⇒〔痘浆〕

1【读】dòu ☞ 读 dú B

【窦(竇)】dòu 구멍 두
名 ❶ 구멍. ¶闭门塞～ | 威 문을 닫고 구멍을 막다. 방비를 튼튼히 하다. ¶鼻～炎 | 콧구멍 염. ¶疑～ | 의심스러운 점. 의혹＝〔窬dòu〕→〔情qíng窦〕〔空kòng子 b〕 ❷〈生理〉공동(空洞) 두(竇) [인체에 있는 각종 구멍] ❸ (Dòu) 성(姓)

【窬】dòu ☞ 窬 yú B

dū ㄉㄨ

1【都】dū dōu 도읍 도, 모두 도

A dū ❶ 수도. 도읍. ¶首～＝〔国都〕| 수도. ¶建～ | 수도를 세우다. ❷ 도시. 도회지. ¶～市↓ ¶钢～ | 강철 도시. ¶通～大邑 | 威 (사방으로 통하는) 대도시. ❸ 名 옛날, 현(縣)과 향(鄉) 사이에 설치되었던 행정 조직 [4현(縣)을 「都」라 함] ❹ (Dū) 名 성(姓)

B dōu 副 ❶ 모두. 다. ¶我们～是好朋友 | 우리들은 모두 좋은 친구사이이다. ¶这～是你的吗? | 이것은 모두 너의 것이냐? 어법 ⓐ 총괄의 대상을 의문대사(疑問代詞)로 나타냄. ¶给谁～行 | 누구에게 주어도 좋다. ¶怎么办～可以 | 어떻게 해도 좋다. ¶我什么～不要 | 난 무엇이든 모두 원하지 않는다. ⓑ 총괄의 대상 앞에 「不论」「无论」「不管」 등의 연사(連詞)를 쓸 수 있음. ¶不管刮风下雨, 我们～坚持锻炼 | 바람이 불든 비가 오든 우리는 신체단련을 지속한다. ⓒ 의문문에서는 총괄의 대상이 동사 뒤에 놓임. ¶你～去过哪些地方? | 너 모두 어디 어디를 갔었느냐? ¶～有些什么? | 모두 무엇 무엇이 있느냐? ⓓ 「一共」「共总」「总共」은 수량을 총괄하므로 뒤에 수량사(數量詞)가 오는 반면, 「都」는 범위를 총괄함. ¶你家一共有几口人? | 당신 집엔 모두 몇 식구냐? ❷ 「是」와 연용(連用)해서 이유를 설명함. ¶～是他不好, 你就没一点责任吗? 모두가 그가 나빴기 때문이고, 너는 조금의 책임도 없단 말인가? ¶～是你一句话把他惹翻rěfān了 | 모두가 너의 한 마디 말 때문에 그의 속을 뒤집어 화나게 했다. ❸ 심지어. …까지도. …조차도. ¶我～不知道你会来 | 나 조차도 네가 올 줄은 몰랐다. ¶真抱歉, 我～忘了你的名字了 | 정말 미안합니다. 당신의 이름마저 잊어버렸군요. 어법 ⓐ 「连」과 호응하여 어기를 강조함. ¶这阵狂风连大树～吹倒了 | 이 폭풍은 큰나무마져도 쓰러뜨려 버렸다. ⓑ 「都」 앞 뒤에 긍정과 부정의 동사를 둠. ¶我动～没动 | 나는 건드리는 것조차도 하지 않았다. ¶你怎么问～不问我一声 | 넌 어째 한마디조차 나에게 묻지 않니? ⓒ 「一＋量＋都＋動」의 형식으로 쓰임. ¶一口～没喝 | 한 모금 조차도 마시지 않았다. ¶一个人～不见 | 한 사람 조차도 보이지 않는다. ❹ 이미. 벌써 [문(句子)의 끝에 항상 「了」를 씀] ¶～一点钟了, 还不休息 | 벌써 한 시가 되었는데 아직도 자지(쉬지) 않느냐. ¶饭～凉了, 快吃吧 | 밥이 이미 식었다. 빨리 먹어라. ❺ 아직. 여태까지. ¶真丢脸! 你学了三年～不会讲 | 정말 창피하다. 삼 년 동안 배웠는데도 아직 말할 수 없다니.

[A] dū

【都城】dūchéng [書][名] 수도. 서울 =〔都门〕

【都督】dū·du [名] 도독. ❶ 제주(諸州)의 군무(軍務)를 맡아보던 무장(武將) ❷ 민국(民國) 초에 각 성(省)에 설치된 군정(軍政) 장관 [후에 「将jiāng军①」「督军」「督办②」으로 개칭됨]

【都会】dūhuì ⇒〔都市〕

4【都市】dūshì [名] 도시. 도회. ¶她喜欢住在大～里 | 그녀는 대도시에서 사는 것을 좋아한다 =〔都会〕〔城市〕

【都头】dūtóu [名] ❶ 당대(唐代) 군관(軍官)이름. ❷ 원대(元代)의 나졸의 존칭.

【都尉】dūwèi [名] ❶ 정삼위(正三位)에서 종사위(從四位)까지의 무관. ❷ (Dūwèi) 복성(複姓)

[B] dōu

【都柏林】Dōubólín [名][外]〈地〉더블린(Dublin) [「爱尔兰」(아일랜드;Ireland)의 수도]

【阇(闍)】 dū shé 망대 도, 성문 도

[A] dū [書][名] 성문(城門) 위의 대(臺) 망루.

[B] shé ⇒〔阇梨〕

【阇梨】shélí [名][簡]〈佛〉고승(高僧). 「阿ē阇梨」(Atcharya;범)의 약칭.

【嘟】 dū 입나올 도

❶ ⇒〔嘟嘟〕 ❷ [動][方] (화가 나서) 입을 비죽 내밀다 [어법] 대개 「～着嘴」 형태로 쓰임. ¶她～着嘴, 一转身, 走开始了 | 그녀는 입을 비죽 내민채 몸을 돌려 가버렸다.

【嘟嘟】dūdū [擬] 뚜우뚜우. 빵빵 [나팔·기적 등의 소리] ¶汽车喇叭lǎbā～～响 | 자동차 경적이 빵빵 울린다.

【嘟嘟囔囔】dū·dunāngnāng ⇒〔嘟囔〕

【嘟噜】dū·lu [口] ❶ [量] (포도 등의) 송이. ¶一～葡萄 | 포도 한 송이. ❷ [量] (열쇠 등의) 꾸러미. ¶一～钥匙yàoshi | 열쇠 한 꾸러미. ❸ [動] 축 늘어지다. 드리우다 [어법] 목적어를 취하지 않으며, 「着」과 같이 쓰임. ¶那个人裤子口袋～着, 很可能揣chuāi着什么重的东西 | 그 사람 바지 주머니가 축 늘어져 있는 것이 아마도 무언가 무거운 물건을 넣어둔 것이 틀림없다. ❹ (～儿) [名] 혀를 떨어 내는 발음. ¶打～儿 | 혀를 떨다. ❺ ⇒〔嘟囔〕 ‖ =〔都噜〕

【嘟囔】dū·nang [動] 중얼거리다. 투덜거리다. 소곤거리다. ¶嘴里不住地～ | 계속 입 속으로 투덜거리다. ¶别瞎～了! | 함부로 중얼거리지마! =〔嘟哝〕〔嘟噜⑤〕〔嘟嘟囔囔〕〔嘟嘟哝哝〕〔都哝〕〔都噜〕〔咕gū囔〕〔咕哝〕〔咕叨〕〔[京]嘀dí哝〕

【嘟哝】dū·nong ⇒〔嘟囔〕

【嘟嘴】dū/zuǐ [動] 입을 비죽 내밀다. ¶她嘟着嘴, 气得说不下去 | 그녀는 입을 비쭉 내밀고 화가 나서 말을 잇지 못했다.

3 ## 【督】 dū 살필 독, 재촉할 독

❶ [動] 재촉하다. 독촉하다. ¶～战zhàn↓ ¶～着人快走 | 빨리 걸으라고 재촉하다. ¶把他的火儿给～上来了 | 그의 화를 더욱 돋구었다. ❷ 살피다. 감독하다. 관리하다. ¶监～ | 감독하다. ¶～导↓ ❸ [書][動] 책망하다. 꾸짖다. ❹ 대장. 우두머리 [관명에 주로 쓰임] ¶总zǒng～ | 총독. ¶～学↓ ❺ (Dū) [名] 성(姓)

【督办】dūbàn [書] ❶ [動] 감독하다. 관리하다. ❷ [名] (총)감독 ‖ =〔督理〕〔督管〕 ❸ 옛날의 도독(都督) →〔都督②〕

【督察】dūchá [書][動] 감독하다. 감찰하다.

4【督促】dūcù ❶ [名] 독촉. 재촉. ❷ [動] 독촉하다. 재촉하다. ¶～大家及时归还工具 | 다들 공구를 제때에 반환하도록 독촉하다. ¶～工人提早完成任务 | 앞당겨 임무를 완성하도록 노동자들을 재촉하다 =〔督催〕

【督导】dūdǎo [書][動] 감독 지도하다. ¶～学生 | 학생을 감독 지도하다.

【督抚】dūfǔ [名] 총독(總督)과 순무(巡撫) [명(明) 청대(清代)의 최고 지방관임]=〔大dà府②〕

【督军】dūjūn [名] 민국(民國)초의 성(省)의 최고 군사 장관.

【督学】dūxué [名] 독학(督學) (옛날의) 학사(學事)를 감독하던 교육 행정 기관(의 임원) =〔视shì学〕

【督战】dūzhàn [動] 전투를 독려하다. 독전(督戰)하다. ¶由李师长亲自～坐阵 | 이 사단장이 친히 독전하면서 진지에 주재하다. ¶～队 | 〈軍〉독전대.

【督阵】dūzhèn [書][動] 군대를 지휘하다.

dú ㄉㄨˊ

2 ## 【独(獨)】 dú 홀로 독

❶ 혼자. 하나. 단독. ¶孤gū～ | 고독. ¶～唱↓ ¶无～有偶ǒu | [成] 하나만 있는 것이 아니라 그 짝이 있다. 같은 패거리가 있다. ❷ [書][名] 자식이 없는 노인. ¶鳏guān寡guǎ孤～ | [成] 홀아비·과부·고아·늙어서 자식이 없는 사람. 의지할 데 없는 사람. ❸ [副] 단지. 다만. ¶今天的活动～有老王没有参加 | 오늘 활동에는 왕씨만 참가하지 않았다. ¶大家都去, 唯～他不去 | 모두들 가는데 유독 그만이 가지 않는다 ❹ 독단으로 결정〔처리〕하다. ¶～裁cái↓ ¶～断～行↓ ❺ ⇒〔独龙族〕 ❻ 복성(複姓) 중의 한 자. ¶～孤↓

【独霸】dúbà ❶ [動] 제패하다. ¶～一方 | [成] 어느 한곳을 독차지하다. ¶～世界 | 세계를 제패하다. ❷ ⇒〔独揽lǎn〕

【独白】dúbái [名]〈演映〉독백. 모놀로그.

【独步】dúbù [書][動] ❶ 홀로 걷다. ¶～江边 | 강변을 홀로 걷다. ❷ 독보적으로 뛰어나다. ¶他～文坛, 成为一代宗师 | 그는 문단에서 독보적인 존재로 한 시대의 대가가 되었다.

4【独裁】dúcái ❶ [名] 독재. ¶～者 | 독재자. ¶～政治zhèngzhì | 독재 정치. ¶～政权zhèngquán | 독재 정권. ❷ [動] 독재하다.

【独唱】dúchàng ❶ [名] 독창. ¶女高音～ | 소프라노 독창. ❷ [動] 독창하다⇔〔合hé唱〕

【独出心裁】dú chū xīn cái [成] (시문의 구상이나 설계 등이) 독창적이다. ¶这个设计真有点～ | 이 설계는 정말 독창적인 데가 있다 =〔别出心裁〕

【独处】dúchǔ 書 動 혼자 거처(居處)하다. ¶我爱~, 也爱群居 | 나는 혼자 살아도 좋고 여럿이서 같이 살아도 좋다.

【独创】dúchuàng 名 독창. ¶艺术上要有~精神 | 예술에 있어서는 독창적인 정신이 있어야 된다. ¶~性 | 독창성. ¶这种新产品是本厂的~ | 이 신상품은 이 공장의 독창적인 제품이다.

【独胆英雄】dú dǎn yīng xióng 成 용감 무쌍한 사람.

【独当一面】dú dāng yī miàn 成 독자적으로 어느 한 부분을 맡다〔담당하다〕. 혼자서 한몫을 감당하다. ¶他现在的工作能力, 已经可以~了 | 현재 그의 작업 능력은 독자적으로 어느 한 부분을 맡아볼 수 있게 되었다.

【独到】dúdào 區 (견해나 수법이) 독특한. 독창적인. ¶~的见解 | 독창적인 견해. ¶他见解有~之处 | 그의 견해에는 독특한 점이 있다.

【独独】dúdú 副 겨우. 다만 =〔单dān单(地)〕

【独断】dúduàn 名 動 독단(하다) ¶这事应由大家商定, 怎能一人~ | 이 일은 마땅이 여러 사람이 상의해서 결정해야지 어떻게 혼자서 독단할 수 있는가. ¶做工作切忌~独行 | 일을 하는 데는 독단적으로 행해서는 절대로 안된다.

【独断独行】dú duàn dú xíng 成 제 마음대로 결단하여 행하다. 독단전행(獨斷專行)하다 =〔独断专行〕

【独断专行】dú duàn zhuān xíng ⇒〔独断独行〕

【独夫】dúfū 書 名 ❶ 독신 남자. ❷ 喩 악정(惡政)을 행하여 인심을 잃은 폭군. ¶~民贼 | 폭군. 포악한 독재자.

【独根独苗】dúgēn dúmiáo ⇒〔独根儿〕

【独根儿】dúgēnr 名 독자. ¶~的一个女孩子 | 하나 뿐인 딸자식. ¶他是张家的~ | 그는 장씨 집안의 독자이다 =〔独根苗〕〔方 独根独苗〕〔独苗〕

【独孤】Dúgū 名 복성(複姓)

【独户】dúhù 名 의지할 사람이 없는 집안.

【独家】dújiā ❶ 區 자사(自社)의 독창적인. ¶~产品 | 자사의 독창적인 제품. ❷ 副 독점적으로. ¶~经售 | 독점적으로 판매하다.

【独家新闻】dújiā xīnwén 名組 독점 뉴스.

【独角戏】dújiǎoxì 名 ❶〈演映〉모노드라마(monodrama) =〔单dān边戏〕 ❷ 만담(漫談) =〔滑稽剧〕〔滑稽戏②〕 ❸ 轉 혼자 모든 일을 도맡아 처리하는 것. ❹ 喩 고립 무원(孤立無援) =〔独脚戏〕→〔独木难支〕

【独具慧眼】dú jù huì yǎn ⇒〔独具只眼〕

【独具匠心】dú jù jiàng xīn 成 (기교·기술 등이) 독자적인 경지에 이르다. 독창성을 띠다→〔别具匠心〕

【独具只眼】dú jù zhī yǎn 成 남다른 견해를 가지고 있다. 탁월한 식견을 가지고 있다 =〔独具慧眼〕〔别具只眼〕

【独来独往】dú lái dú wǎng 成 자유롭게〔마음대로〕행동하다. ¶过惯了~的生活 | 독신의 자유로운 생활에 익숙해져 있다. ¶他一向是天马行空, ~ | 그는 여태 혼자서 마음껏 자유롭게 생활하고 있다.

【独揽】dúlǎn 動 독점하다. 독차지하다. ¶~经济大权 | 경제 대권을 독점하다 =〔独霸bà②〕

【独力】dúlì 名 副 혼자의 힘(으로) ¶~经营 | 혼자의 힘으로 경영하다.

[2]【独立】dúlì ❶ 名 독립. ¶宣布xuānbù~ | 독립을 선포하다. ❷ 動 독립하다. ¶第二次世界大战后, 有很多植民地国家~了 | 제2차 세계대전 이후 많은 식민지 국가들이 독립했다. ❸ 動 홀로 서다. ¶他的高大形象有如~山巅diān的苍松 | 그의 그 고고한 모습은 산꼭대기에 홀로 서 있는 푸른 소나무같다. ❹ 動 독자적으로 하다. ¶他完全能够并且应当~了 | 그는 완전히 홀로 설 수 있을 뿐 아니라 마땅히 그래야 한다. ¶~地生活 | 독립적으로 생활하다

【独立国家国协】Dúlìguójiāguóxié 名組 外〈地〉독립국가연합(Community of Independent States) [구 소련의 붕괴로 1991년에 생긴 국가간의 연합체. 수도는「名斯克Míngsīkè」민스크;Minsk)]

【独立王国】dúlì wángguó 名組 ❶ 독자적(獨自的) 영역. ¶虚无主义思想的~ | 허무주의 사상의 독자적인 영역. ❷ 어떤 지구(地區)·부문(部門)의 당위원회(黨委員會)가 당중앙(黨中央)의 지도를 따르지 않고, 독자적으로 구축해 놓은 세력권.

[4]【独立自主】dúlì zìzhǔ 名組 독립자주. 자주독립.

【独龙族】Dúlóngzú 名〈民〉중국 소수 민족의 하나. 운남성(雲南省)에 거주함.

【独轮车】dúlúnchē 名 손으로 미는 외바퀴 수레 =〔小xiǎo车①〕

【独门独院(儿)】dúmén dúyuàn(r) 名組 독립 가옥. 독채. ¶他家~, 十分安静 | 그의 집은 독채라서 아주 조용하다 =〔独门独户〕

【独门方子】dúmén fāng·zi 名〈藥〉가문(家門)에서 전해 내려오는 비방(秘方)

【独门儿】dúménr 名 한 사람이나 한 집안의 특유한 기능이나 비결. ¶这种药是他的~ | 이 약은 그의 비방이다.

【独苗】dúmiáo ⇒〔独根〕

【独木不成林】dú mù bù chéng lín 諺 한 그루 나무로는 숲을 이룰 수 없다. 혼자의 힘으로는 큰 일을 이룰 수 없다 =〔独木不林〕

【独木难支】dú mù nán zhī 成 혼자서는 큰 일을 감당하지 못한다 =〔一木难支〕

【独木桥】dúmùqiáo 名 외나무다리 =〔書 独梁〕

【独木舟】dúmùzhōu 名 독목주. 마상이 =〔独木船〕

【独幕剧】dúmùjù 名〈演映〉단막극. 일막극→〔多duō幕剧〕

【独辟蹊径】dú pì xī jìng 成 독창적인 풍격이나 방법을 개발하다. ¶他在古典文学的研究方法上~, 取得了可喜的成果 | 그는 고전문학 연구 방법에 있어서 독창적인 방법을 개발하여 경하할 만한 성과를 거두었다.

【独善其身】dú shàn qí shēn 成 자기 한 몸의 선(善)만을 꾀하다. ¶我们不应有~的思想 | 우리는 자기만 생각하고 남을 생각하지 않는 그런 생각을 갖고 있어서는 안된다. ¶他不理会外界的情势, 坚持~ | 그는 바깥 세상의 정황을 거들떠

보지도 않고 오로지 자기만을 생각하고 있다.
【独身】dúshēn 名❶단신(單身) 홀몸. ¶十几年～在外｜십여 년 동안 홀몸으로 객지에 있었다. ❷독신. ¶～主义｜독신주의. ¶～宿舍｜독신자 숙사.
【独生】dúshēng 區 슬하의 유일한.
【独生女】dúshēngnǚ 名 외딸. 외동딸 ＝〔独女〕
【独生(儿)子】dúshēng(ér) 名 외아들. 독자(獨子) ＝〔独子〕
【独树一帜】dú shù yī zhì 成 독자적으로 한 파(派)를 형성하다. ¶他勇于创新，在学术界～｜그는 새롭게 창조하는 데 용감하여 학술계에서 독자적인 계파를 형성했다. ¶他在鲁迅研究领域里是～的｜그는 노신 연구 영역에 있어서 일가를 이루었다→〔别bié树一帜〕
3【独特】dútè 形 독특하다. 특수하다. ¶这个人的性格很～，从不与人来往｜이 사람은 성격이 아주 독특하여 지금까지 남들과 왕래를 하지 않는다.
【独吞】dútūn 動 (이익을) 독점하다. 독차지하다. 독식하다. ¶～利益lìyì｜이익을 독점하다.
【独舞】dúwǔ 名〈舞〉독무 ＝〔单dān人舞〕
【独享】dúxiǎng 書 動 자기 혼자만 향유(享有)하다. 누리다. ¶～利益｜이익을 독점하다. ¶～其惠｜혜택을 독차지하다.
【独眼龙】dúyǎnlóng 名 애꾸눈이 [비꼬는 의미가 있음]
【独一份儿】dúyīfènr 狀組 유일하다. ¶这个文文雅雅的态度，在祁家是～｜이런 점잖은 태도는 기가에서는 유일한 것이다《老舍·四世同堂》
【独一无二】dú yī wú èr 成 유일 무이(唯一無二)하다. 오직 하나 뿐이다. ¶他是美国～的电脑行háng家｜그는 미국에서 유일무이한 컴퓨터 전문가이다.
【独院(儿)】dúyuàn(r) 名 독채. 외딴 집.
【独占】dúzhàn 名 動 독점(하다) ¶～资zī本｜독점 자본 ＝〔垄lǒng断资本〕
【独占鳌头】dú zhàn áo tóu 成 (과거 시험에서) 장원 급제하다. 수위(首位)를 차지하다. ¶他在比赛中～，勇夺冠军｜그는 시합에서 수위를 유지하여 우승을 차지했다.
【独资】dúzī 書 名 개인 자본. ¶～经营｜개인 자본으로 경영하다.
【独子】dúzǐ ⇒〔独生(儿)子〕
3【独自】dúzì 副 단독으로. 혼자(서) ¶～一人｜혼자(만으로) ¶～决定｜단독으로 결정하다 ＝〔独自个(儿)〕
【独奏】dúzòu ❶名〈音〉독주. ❷動〈音〉독주하다. ¶钢琴gāngqín～｜피아노 독주. ¶～会｜독주회. ¶～者｜독주자→〔合hé奏〕

1【读(讀)】dú dòu 읽을 독, 구두 두
Ⓐ dú 動 ❶(소리 내어)읽다. 낭독하다. ¶他把公开信～给大家听｜그는 공개장을 모두에게 읽어 준다. ¶朗lǎng～｜낭독하다. ❷읽다. 독서하다. ¶本报～者｜본지(本紙)의 구독자. ¶值得一～｜한 번 읽어볼 만하다. ¶学习这种文件，还要精～｜이런 종류의 문서를 익히려면 좀 더 정독(精讀)해야 한다. ❸공부〔면학〕하다. 배우다. (학교를) 다니다. ¶他在大学～经济｜그는 대학에서 경제를 공부하고 있다. ¶～中文｜중국어를 배우다. ¶～大学｜대학을 다니다→〔看kàn〕〔念niàn〕
Ⓑ dòu 名〈言〉휴지. 쉼. ¶句～｜구두(句讀). ¶～号＝〔逗号〕｜쉼표→〔标biāo点(符号)〕
【读本(儿)】dúběn(r) 名 독본. ¶汉语～｜중국어 독본.
【读法】dúfǎ 名 독법.
【读后感】dúhòugǎn 名 독후감. ¶写了一篇～｜독후감을 한 편 썼다.
【读经】dújīng 動 경서를 읽다.
【读卡机】dúkǎjī 名〈電算〉카드 리더(reader)
【读破】dúpò 動 ❶독파하다. ❷「破音」으로 읽다 [「长幼」의「长」을「cháng」으로 읽지 않고「zhǎng」으로,「好奇心」의「好」를「hǎo」로 읽지 않고「hào」로 읽는 것]
【读破句】dúpòjù 動組 문장을 잘못 끊어 읽다 [앞 문장의 마지막 글자를 뒤 문장에 붙여서 읽거나, 뒷 문장의 첫 글자를 앞 문장에 붙여서 읽는 것]
2【读书】dú/shū 動 ❶책을 읽다. 독서하다. ¶他一不～，二不看报｜그는 책도 읽지 않고 신문도 보지 않는다. ¶读了一遍书｜책은 한번 다 읽었다. ¶～笔记｜독서 노트. ❷공부하다. ¶读过两年书｜한 2년 공부를 하였다. ¶他～很用功｜그는 공부를 아주 열심히 한다. ❸학교를 다니다. ¶他正在大学～｜그는 지금 대학을 다니고 있다. ¶每人至少要读六年书｜모든 사람은 적어도 6년간은 학교를 다녀야 한다.
【读数】dúshù 名 도수(度數) 눈금. ¶温度计～｜온도계 눈금 ＝〔度数〕
3【读物】dúwù 名 도서(圖書) ¶儿童～｜아동도서. ¶通俗～｜통속 서적. ¶盲人mángrén～｜맹인용 도서.
【读音】dúyīn 名 ❶(글자의) 발음. ¶他把这个字的～忘了｜그는 이 글자의 발음을 잊어버렸다. ¶～统一｜자음(子音)의 통일. ❷문어음(文語音)
2【读者】dúzhě 名 독자. ¶～休息室｜독자 휴게실.

【渎(瀆)〈瀆₂〉】dú 도랑 독, 더럽힐 독
❶더럽히다. 깔보다. 무례하다. ¶亵xiè～｜모독하다. 모멸하다. ¶冒mào～｜모독(하다) ¶～职↓＝〔黩②〕❷名 도랑. 수로(水路) ¶沟gōu～｜도랑. ¶四～｜고대에 장강(長江)·황하(黃河)·회수(淮水)·제수(濟水)의 4대 강을 일컫던 말.
【渎职】dúzhí 動 직위나 직무를 남용해서 비행을 저지르다. 직책을 더럽히다. ¶～行为｜독직 행위. ¶凡官吏～者，应予惩戒｜무릇 관리들 중 독직한 자는 반드시 징계를 해야 한다.

【椟(櫝)〈匵〉】dú 함 독, 널 독
書 名 ❶궤. 함. ¶买～还珠｜成 상자를 사고 구슬은 돌려주다. 무용(無用)한 것에 현혹되어 유용(有用)한 것을 잊어버리다. 취사선택이 부적당하다. ❷관(棺)

【犊(犢)】dú 송아지 독
名 송아지. 轉 아이. 자식. ¶初

生的牛～不怕虎 =〔初生(之)犊子不怕虎〕〔犊不畏wèi虎〕| 諺 하룻강아지 범 무서운 줄 모른다. ¶带～ | 전 남편의 자식을 데리고 재가하다. ¶护～子 | 喩 자기 자식을 편애하다. ¶老年舐shì～=〔舐犊情深〕| 成 부모가 자식을 대단히 귀여워하다.

【犊子】dú·zi 名 ❶ 송아지 =〔牛犊子〕❷ 어린 아이.

【牍(牘)】dú 서찰 독
名 ❶ 목간(木簡) [옛날, 글씨를 쓰는데 사용하던 나무 조각]=〔札zhá①〕→〔简jiǎn④〕〔椠qiàn①〕❷ 공문서. 편지. ¶文～| 문서. ¶尺～ | (문어체의) 서간(書簡)

【黩(黷)】dú 더럽힐 독
書 動 ❶ 제멋대로 굴다. 방종하다. ¶～武↓ ❷「渎」와 같음 ⇒〔渎①〕

【黩武】dúwǔ 書 動 무력을 남용하다. ¶穷兵～ | 成 무력을 남용하여 전쟁을 일삼다. ¶～主义(者) | 호전주의(자)

3【毒】dú 독 독, 해칠 독
❶ 名 독. 유독한 것. ¶病～ | 병독. ¶中zhòng～ | 중독되다. ¶消～ | 소독하다. ¶这种蘑菇mógū有～ | 이런 버섯은 독이 있다. ❷ 名 폐해. 해로운 것. ¶不要看有～的书刊 | 불건전한 출판물을 보아서는 안된다. ¶中了这本坏书的～ | 이 나쁜 책에 중독되었다. ❸ 名 마약. ¶贩～ | 마약을 판매하다. ¶吸～ | 마약을 흡입하다. ❹ 形 흉악하다. 지독하다. ¶手段好～ | 수단이 아주 악랄하다. ¶太阳真～, 烤得人直淌汗tǎnghàn | 햇볕이 얼마나 지독한지 하도 뜨겁게 내려쬐서 땀이 비오듯 한다. ¶～打↓

【毒草】dúcǎo 名 ❶ 독초. 독풀. ❷ 喩 유해(有害)한 말이나 글〔작품〕¶年轻人分不清香草～ | 젊은이들은 좋은 글과 해로운 글을 잘 분간하지 못한다→〔香草〕

【毒虫】dúchóng 名 독충.

【毒疮】dú chuāng 名 方 〈醫〉❶ 독창 =〔毒疙gē瘩〕❷ 회저(壞疽) 상태의 상처.

【毒打】dúdǎ 動 심하게 때리다. 흠씬 두들겨 패다. ¶把他～了一顿 | 그를 한차례 흠씬 두들겨 패주었다.

【毒蛾】dú'é 名 〈蟲〉독나방.

【毒饵】dú'ěr 名 독이 있는 미끼.

【毒谷】dúgǔ 名 (파종 시 땅속 병해충을 없애기 위해 만든) 독을 묻혀놓은 낟알.

4【毒害】dúhài ❶ 動 독살하다. 해치다. ❷ 動 해독을 끼치다. ¶他的思想还在继续～着人们 | 그의 사상은 아직도 사람들에게 계속 해독을 끼치고 있다. ❸ 名 해독.

【毒花花】dúhuāhuā 狀 ❶ 햇볕이 따갑게 내리쬐다. 빛이 따갑다. ¶～的太阳 | 아주 따갑게 내리쬐는 햇볕. ❷ (색·모양이) 너무 천하다.

【毒化】dúhuà 動 ❶ (마약·해로운 사상 등으로) 해치다. 해독을 끼치다. ❷ 악화시키다. ¶～两国的关系 | 양국의 관계를 악화시키다.

【毒计】dújì 名 악랄한 계략.

【毒剂】dújì ⇒〔毒药〕

【毒箭】dújiàn 名 독전. 독화살. ¶放～ | 독화살을 쏘다.

【毒酒】dújiǔ 名 독주.

【毒辣】dúlà 形 악랄하다. ¶～手段 | 악랄한 수단. ¶阴险yīnxiǎn～ | 음험하고 악랄하다.

【毒瘤】dúliú 名 〈醫〉악성 종양 =〔恶è性肿瘤〕

【毒麦】dúmài 名 〈植〉독보리.

【毒谋】dúmóu 名 악랄한 음모. 악독한 계책.

4【毒品】dúpǐn 名 (마약 등의) 독물(毒物) ¶走私～ | 마약류를 밀수하다.

【毒气】dúqì 名 ❶ 독기. ❷ 〈化〉독가스. ¶～弹 | 〈軍〉독가스탄. ¶～室 | (독)가스 (처형)실. ¶～面罩zhào =〔毒气面具〕| 방독면 =〔毒瓦斯〕

【毒砂】dúshā 名 〈鑛〉독사. 황비철광 =〔砷shēn黄铁矿〕

【毒蛇】dúshé 名 ❶ 〈動〉독사. ❷ 轉 악인(惡人) 나쁜 놈. ¶坚决消灭人世间的～猛兽měngshòu | 인간 세상의 해를 끼치는 나쁜 놈들을 결단코 없애야한다.

【毒手】dúshǒu 書 名 잔혹한〔악랄한〕수단. 독수. ¶下～ | 악랄한 수단을 쓰다.

【毒死】dúsǐ 動 ❶ 독살(毒殺)하다. ❷ 독사하다 ‖ =〔毒毙〕〔毒杀〕

【毒素】dúsù 名 ❶ 〈化〉독소. 톡신(toxin) →〔类lèi毒素〕❷ 喩 해로운 말이나 글. 독소. ¶封建～ | 봉건적 독소.

【毒物】dúwù 名 독물. 유독 물질.

【毒腺】dúxiàn 名 〈生理〉독선.

【毒刑】dúxíng 名 가혹한 형벌. 혹형(酷刑) ¶敌人对她用了～ | 적은 그녀에게 가혹한 형벌을 가했다.

4【毒性】dúxìng 名 독성.

【毒蕈】dúxùn 名 〈植〉독버섯. 독이(毒栮) =〔俗 毒蘑mó菇〕

【毒牙】dúyá 名 (독사 등의) 독니.

【毒药】dúyào 名 독약 =〔毒剂〕

【毒液】dúyè 名 독액.

【毒蝇蕈】dúyíngxùn 名 〈植〉독버섯의 일종.

【毒汁】dúzhī 名 ❶ (동·식물의) 독액. 독. ❷ 喩 악의에 찬 말이나 글. 독설. ¶一篇～四溅的反党文章 | 한 편의 악의에 넘치는 반당적인 글.

【碡】dú ☞ 碡 zhóu

【纛】dú ☞ 纛 dào

【顿】dú ☞ 顿 dùn Ⓑ

【髑】dú 해골 촉
⇒〔髑髅〕

【髑髅】dúlóu 書 名 해골. ¶一具～ | 해골 한 구.

dǔ ㄉㄨˇ

【肚】dǔ ☞ 肚 dù Ⓑ

2【堵】dǔ 담 도, 막힐 도
❶ 動 막다. 차단하다. ¶水沟～住了 | 도랑이 막혔다. ¶～老鼠洞 | 쥐구멍을 막다. ¶～不住大家的嘴zuǐ | 모든 사람의 입을 틀어막

을 수는 없다. ❷ 動 (가슴이 막혀) 답답해지다. 우울[울적]하다. ¶胸口～得慌 | 명치가 몹시 답답하다. ¶心里～得难受 | 마음이 울적해서 견딜 수 없다. ❸ 書 名 담. 벽. 울타리. ¶观者如～ | 구경꾼이 (담을 두른 듯) 매우 많다. ❹ 量 담을 세는 단위. ¶一～墙 | 담 하나. ❺ (Dǔ) 名 성(姓)

【堵耳不听】dǔ ěr bù tīng 成 남의 말에 귀를 기울이지 않다. ¶～人家的话 | 남의 말에 귀를 기울이지 않다.

【堵击】dǔjī 動 요격(邀擊)하다. 영격(迎擊)하다. ¶～逃敌 | 도주하는 적을 가로막고 치다.

【堵截】dǔjié 動 차단하다. 통과하지 못하게 막다. ¶～敌人的退路 | 적의 퇴로를 차단하다. ¶对敌人进行围追～ | 적을 포위하여 퇴로를 봉쇄하다.

【堵门儿】dǔ/ménr 動 문을[입구를] 가로막(고 서)다. ¶别堵着门儿站着! | 문을 가로막고 서 있지 마라!

4【堵塞】dǔsè 動 ❶ 막히다. 가로막다. ¶公路被塌下来的山石～了 | 낙석(落石)으로 길이 막혔다. ¶交通～了 | 교통 마비되었다. ❷ 메우다. 보충하다. ¶～工作中的漏洞 | 일의 결함을 보충하다.

【堵心】dǔxīn 形 기분이 울적하다. 가슴이 답답하다. ¶这事想起来真～ | 이 일은 생각만 해도 가슴이 답답하다.

【堵嘴】dǔ/zuǐ 動 ❶ 입을 틀어막다. 말을 못하게 하다. ¶～不说 | 입을 봉하고서 말을 하지 않다. ❷ 말문이 막히다.

4【睹〈覩〉】dǔ 볼 도
書 動 보다. ¶这是我亲眼目～的 | 이것은 내 눈으로 직접 본 것이다. ¶耳闻目～ | 成 직접 보고 듣다. ¶有目共～ | 成 모든 눈이 다 보고 있다. 모든 사람이 다 알고 있다. ¶熟视无～ | 成 보고도 못 본 척하다. 본체만체하다.

【睹物思人】dǔ wù sī rén 成 (죽었거나 떠나간 사람의) 물건을 보고 그 사람을 생각하다. ¶～, 能不感慨gǎnkǎi万千? | 두고 떠난 물건을 보며 그 사람을 생각하자니 어찌 감개 무량하지 않겠는가?

4【赌(賭)】dǔ 걸 도, 노름 도
❶ 動 노름[도박]을 하다. 내기를 하다. ¶～钱↓ ¶～了一夜 | 도박으로 밤을 세웠다. ¶家产都让他给～光了 | 그는 도박으로 가산을 모두 날렸다. ¶设～抽头 | 도박판을 벌여 자리세로 판돈을 뜯어내다. ❷ 名 내기. ¶打一个～ | 내기하다. ¶你敢跟我打～吗? | 감히 나와 내기를 하겠느냐?

【赌本】dǔběn 名 ❶ 도박 밑천. ¶他一心想捞lāo回～ | 그는 오로지 밑천을 건져오려는 생각 뿐이다. ❷ 喩 (모험적인 일을 할 때) 믿는 힘.

4【赌博】dǔbó ❶ 名 노름. 도박. ❷ 動 노름 하다. 도박하다. ¶禁止～ | 도박 금지.

【赌(博)场】dǔ(bó) 名 도박장. 노름판. ¶～无父子 | 노름판에서는 아비도 자식도 없다.

【赌东(儿)】dǔ dōng(r) 動組 한턱 내는 내기를 하다. ¶赌个酒东儿 | 술 내기를 하다《紅樓夢》¶要是～的话, 保管你输 | 먹기 내기를 하면 틀림없이 네가 진다 =[赌东道][拍pāi东儿]→[作zuō东(儿)]

【赌东道】dǔ dōng·dao ⇒[赌东(儿)]

【赌犯】dǔfàn 名 도박범.

【赌风】dǔfēng 名 도박을 좋아하는 풍조.

【赌鬼】dǔguǐ 名 노름꾼. 도박꾼.

【赌棍】dǔgùn ⇒[赌徒dǔtú]

【赌局】dǔjú 名 노름판. 도박장. ¶设～ | 도박장을 만들다.

【赌具】dǔjù 名 도구. 노름판에 쓰이는 물건.

【赌窟】dǔkū 書 名 도박 소굴 =[赌窝dǔwō]

【赌气(儿)】dǔ/qì(r) 動 (불만족하거나 꾸중을 들어서) 삐치다. 삐쳐서 멋대로 행동하다. ¶他一～就走了 | 그는 삐치자마자 가버렸다 =[赌气(子)][堵气] ¶即使有意见, 也不要～ | 설사 할 말이 있더라도 삐쳐 네 멋대로 해서는 안된다.

【赌钱】dǔ/qián 動 돈내기를 하다. 도박하다.

【赌输】dǔshū 動 도박이나 내기를 하여 지다.

【赌头】dǔ·tou 名 ❶ 도박에[내기를] 건 금품. ❷ (～儿) 노름판을 제공하고 구전을 먹는 사람. 물주(物主)

【赌徒】dǔtú 名 노름꾼. ¶世上～最贪婪tānlán | 세상에서 노름꾼이 가장 탐욕스럽다 =[赌棍][赌痞pǐ]

【赌窝】dǔwō ⇒[赌窟]

【赌债】dǔzhài 名 노름빚. ¶～如山 | 노름빚이 산더미같다.

【赌咒】dǔ/zhòu 動 맹세하다. 서약하다. ¶凭píng天～ | 하늘에 맹세하다 =[起qǐ誓]

【赌注】dǔzhù 名 노름 돈. 도박에 건 돈.

【赌资】dǔzī 名 도박할 때 사용할 돈.

【笃(篤)】dǔ 도타울 독, 중할 독
書 形 ❶ 충실하다. 성실하다. 진실하다. ¶～学↓ ¶～行而不倦 | 성실하게 꾸준히 노력하다. ❷ 두텁다. 극진하다. ¶～志↓ ¶信心甚～ | 믿음이 매우 두텁다. ❸ (병세가) 심각하다. ¶危～ | 위독하다. ¶病～ | 병이 위독하다.

【笃定】dǔdìng 形 方 ❶ 확실하다. 확정적이다. ¶遥遥领先而～胜局 | 훨씬 리드하고 있어서 승리는 확정적이다. ❷ 침착하다. 태연자약하다.

【笃厚】dǔhòu 書 狀 褒 독실하고 후덕하다. ¶他为人～可信 | 그는 사람됨이 독실하고 믿음직하다 =[笃诚]

【笃实】dǔshí 形 褒 ❶ 독실하다. 성실하고도 극진하다. ¶他为人～敦厚 | 그는 사람이 아주 독실하고 정이 도탑다. ❷ 충실하다. 견실하다. ¶他的学问很～ | 그의 학문은 매우 견실하다.

【笃守】dǔshǒu 動 충실하게 준수하다.

【笃信】dǔxìn 動 깊게 믿다. 독실하게 믿다. ¶～上帝 | 하느님을 독실하게 믿다.

【笃行】dǔxíng 書 ❶ 名 독행. 독실한 행실. ❷ 動 성실히 실행하다.

【笃学】dǔxué 動 학문에 충실하다. 열성으로 학문을 닦다.

dù ㄉㄨˋ

【芏】dù 방동사니 도
⇒[茳jiāng芏]

2【肚】dù dǔ 배 두, 밥통 두

Ⓐ dù ❶ (～儿, ～子) 名 배. 복부. ¶～子疼得厉害 | 배가 몹시 아프다. ¶小～ | 아랫배. ¶闹～(子) | 배탈이 나다. ¶～大腰圆 | 成 뚱뚱하다 ❷ (～儿, ～子) 둥글고 불룩하게 튀어나온 부분. ¶腿～子 | 장딴지. ¶大～瓶 | 배가 불룩 나온 병. ❸ 名 마음. 뱃속. ¶～内寻私 | 마음 속에 이것저것을 생각하다. ¶一～子气没地方说去 | 가슴 속 가득한 분노를 터뜨릴 데가 없다→〔腹 fù〕

Ⓑ dǔ (～儿, ～子) 名 〈生理〉 동물의 위(胃) ¶猪～子 | 돼지의 위. ¶羊～ | 양의 위→〔下水·shui〕

Ⓐ dù

【肚肠(儿, 子)】dùcháng(r·zi) 名 배. 위와 장이 있는 부분. ¶乐lè得～疼 | 배가 아플 정도로 우습다. ¶他一向是小鸡儿～ | 그는 원래 속이 좁다.

【肚带】dùdài 名 (말의) 뱃대(끈)

【肚兜(儿)】dùdōu(r) 名 복대(腹帶) =〔肚套〕

【肚量】dùliàng ❶⇒〔饭fàn量(儿)〕 ❷⇒〔度dù量②〕

【肚满肠肥】dù mǎn cháng féi 成 뱃속에 기름기가 꽉 차다.

【肚皮(子)】dùpí(·zi) 名 方 ❶ 뱃가죽. ❷ 배.

【肚脐(儿)】dùqí(r) 名 배꼽 =〔肚脐眼儿〕〔肚脐子〕

【肚痛】dùtòng ❶ 名 복통. ❷ 動 배 아파하다. 轉 아까워하다. ¶一提捐献, 他就～ | 헌금 소리만 나오면 저 사람은 배 아파한다. ¶花了八万块钱买了一颗珍珠, 我真觉得怪～ | 8만원이나 주고 진주를 한 알 샀는데 정말 아까운 생각이 든다.

【肚泻】dùxiè ❶ 名 설사. ❷ 動 설사하다.

【肚胀】dùzhàng 動 배가 터질 듯 부풀다. ¶吃得太多, ～了 | 너무 많이 먹어서 배가 터질 듯하다.

2【肚子】ⓐ dù·zi 名 ❶ 배. 복부(腹部) ❷ 물체의 볼록하게 돌출된 부분. ¶腿～ | 장딴지.

ⓑ dǔ·zi 名 〈生理〉 위(胃) =〔肚dǔ儿〕

Ⓑ dǔ

【肚儿】dǔr ⇒〔肚子dǔ·zi〕

【肚丝儿】dǔsīr 名 (돼지 등의) 위를 잘게 썬 것.

【肚子】dǔ·zi ☞ 〔肚子〕 dù·zi ⓑ

4【杜〈戲₁〉】dù 막을 두, 팥배나무 두 ❶ 動 막다. 근절하다. ¶～口不言 | 입을 봉하고 말하지 않다. ¶～绝流弊 | 오랫 동안의 폐해를 근절시키다. ❷ 名 〈植〉 팥배 나무. ❸ (Dù) 名 성(姓)

【杜衡】dùhéng 名 〈植〉 족두리풀 =〔杜蘅〕

【杜渐防微】dù jiàn fáng wēi 成 나쁜 일이 싹트는 것을 막아 후환이 없게 하다. 사전에 방지하다 =〔杜渐防萌〕

【杜鹃】dùjuān ❶ 名 〈鳥〉 두견새 =〔杜宇〕〔催cuī归〕〔谢xiè豹〕〔子zǐ规〕〔俗 自自黑儿〕〔思sī归鸟〕 ❷ 名 〈植〉 진달래꽃 =〔杜鹃花〕〔映山红〕〔红踯躅hóngzhízhú〕〔山踯躅〕

4【杜绝】dùjué 動 ❶ 두절하다. 끊다. ¶音信～ | 소식이 끊기다. ❷ 철저히 막다. (나쁜 일을) 근절하다. ¶～贪污和浪费 | 탐오와 낭비를 근절하다. ¶这种坏风气早就应该～, 但从来没有～过 | 이런 나쁜 풍조는 일찌감치 근절되어야 했는데 여태 근절된 적이 없다. ¶～作弊现象 | 부정행위(커닝)를 근절하다. ❸ 되 물리지 않는 조건으로 팔아 넘기다. ¶～卖 | 되 물리지 않는다는 조건으로 팔다. ¶～契qì | 되 물리지 않는 계약.

【杜门】dùmén 書 動 집 안에 틀어박혀 밖에 나가지 아니하다. ¶～谢xiè客 | 문을 닫고 면회를 사절하다. ¶削发xiāofà～ | 머리를 삭발하고 집에서 나가지 않다 =〔杜门不出〕〔杜门却扫〕〔闭关却扫〕

【杜尚别】Dùshāngbié 名 外 〈地〉 듀삼베 (Dyushambe) [「塔吉克Tǎjíkè」(타지크;Tadzhik)의 수도]

【杜撰(儿)】dùzhuàn(r) 書 動 없는 것을 있는 것처럼 꾸미다. 날조하다. ¶这个故事写的是真人真事, 不是～的 | 이 이야기는 사실대로 쓴 것이지, 허구로 쓴 것이 아니다. ¶他～了一个传奇故事 | 그는 전기(傳奇) 소설을 한 편 꾸며 냈다.

4【妒〈妬〉】dù 새암할 투 動 질투하다. 시샘하다. 시기하다 =〔忌妒〕〔嫉妒〕〔妒忌〕〔妒嫉〕 ¶她～劲儿很大 | 그녀는 질투심이 강하다. ¶生～心 | 질투심이 생기다. ¶含有～意 | 시샘하는 마음이 있다.

【妒火】dùhuǒ 書 名 질투의 불꽃. 질투심. ¶她一听就～中烧 | 그녀는 듣자마자 질투심이 타올랐다.

【妒嫉】dù·jí ⇒〔妒忌〕

【妒忌】dù·jì 動 질투하다. 시샘하다. ¶看到别人比自己强, 不要～, 要虚心向人学习 | 다른 사람이 자기보다 더 낫더라도 질투하지 말고 겸허하게 배워야 한다. ¶她很～小张, 总觉得没有小张, 她在班里的成绩就是第一名了 | 그녀는 장군을 아주 시샘하는데, 장군만 없으면 그녀가 반에서 성적이 일등일 것이라고 늘 생각한다. ¶见小南得了科技发明奖, 他～得要命 | 남군이 과학기술 발명상을 탄 것을 보고 그가 시샘이 나 죽을 지경이다 =〔妒嫉〕〔忌妒〕

1【度】dù duó 법도 도, 번 도, 헤아릴 탁

Ⓐ dù ❶ 尾 (形 +「度」) 정도를 나타냄. ¶高～ | 고도. ¶长～ | 길이. ¶温～ | 온도. ¶能见～ | 가시도. ❷ 尾 (名, 動 +「度」) 폭을 나타냄. ¶角～ | 각도. ¶经～ | 경도. ¶倾斜～ | 경사도. ❸ 尾 (「年」「季」「月」 뒤에 붙어) 시간의 단락을 나타냄. ¶年～ | 년도. ¶季～ | 분기. ❹ 量 도 [각도·경도·위도·온도·안경의 도수·전력량의 계산단위] ¶直角为九十～ | 직각은 90° 이다. ¶二十～电 | 20킬로와트시의 전력. ❺ 量 (횟수를 나타내는) 회(回) 차(次) ¶机构再～调整 | 기구를 재차 조절하다. ¶一～ | 1회. ❻ 名 길이를 재는 기구 또는 단위. ¶～量衡 | 도량형. ❼ 名 〈數〉 차원(次元) ¶长～ | 1차원. ¶厚～ | 3차원. ¶三～空间 | 3차원 공간. ❽ 정도. 한도. ¶过～ | 과도. ¶适～ | 적당하다. ❾ 도량(度量) ¶气～ | 기개. ¶大～包容 | 큰 도량으로 포용하다. ❿ 書 動 개의(介意)하다. 마음에 두다. ¶置之～外 | 도외시하다. ⓫ 動 (시간을) 보내다. 지내다. 건너다. ¶欢～节日 | 명절을 즐겁게 보내다. ¶～了一冬 | 한 해 겨울을 보내다→〔渡②〕 ⓬

〈佛〉불문에 들다. 수계(受戒)하다 =〔济度〕⑬ (Dù) 名 성(姓)

B duó 書 動 추측하다. 헤아리다. 미루어 짐작하다. ¶我揣chuǎi～你不能不会唱 | 나는 네가 노래하지 않을 수 없다고 생각된다. ¶以己～人 | 자신의 생각으로 남을 헤아리다. ¶量入～出 | 수입을 생각해서 지출을 가늠하다.

A dù

【度牒】dùdié 名 도첩 [옛날, 관청에서 승려에게 부여한 출가(出家) 증명서]=〔戒牒〕

2【度过】dùguò 動 보내다. 지내다. 어법 「度过」는 주로 시간의 경과를 나타내는 데 쓰이고, 「渡过」는 강·바다나 어려운 지경을 건너는 것을 의미한다. ¶我们～了愉快的夏假 | 우리는 여름방학을 즐겁게 보냈다.

【度荒】dùhuāng 動 기근·흉년을 극복하다. ¶灾后立即做出～计划 | 재해 후 즉시 기근을 극복할 계획을 세우다.

【度假】dùjià 書 動 휴가를 보내다. ¶去海边～ | 해변에 가서 휴가를 보내다.

【度假村】dùjiàcūn 名 휴양지. ¶海滨hǎibīn～ | 해변가의 휴양지.

【度量】dùliàng 名 ❶ 書 자(尺)와 말(斗) ❷ (～儿) 도량. ¶他～大, 能容人 | 그는 도량이 커서 능히 사람을 포용할 수 있다 =〔肚量②〕〔器量〕

【度量衡】dùliànghéng 名 (길이·무게·부피 등의) 도량형. ¶采用世界通行的～ | 세계에서 통용되는 도량형을 채택하다.

【度命(儿)】dùmìng(r) 動 생활을 유지하다. 겨우 살아가다. ¶他从前是靠收房租来～的 | 그는 예전에는 방세를 거둬 근근히 살았다.

【度曲】dùqǔ 書 動 ❶ 곡에 맞추어 노래하다. ❷ 작곡하다.

【度日】dùrì 書 動 어려운 환경에서 살아가다. 지내다 =〔过guò度②〕→〔过日子〕

【度日如年】dù rì rú nián 成 하루가 일년 같다.

【度数】dù·shu 名 도수 =〔读dú数〕→〔次cì数〕

B duó

【度德量力】duó dé liàng lì 成 자신의 덕행과 능력을 헤아려 살피다.

2【渡】dù 건널 도, 나루 도

❶ 動 (배를 타거나 수영을 해서 물을) 건너다. ¶横héng～ | 가로지르다. ¶抢qiǎng～ | 빨리 건너다. ¶飞～太平洋 | 태평양을 날아서 건너다. ❷ 動 보내다. 통과하다. 지나치다. ¶过～时期 | 과도기. ¶～过难关nánguān | 난관을 통과하다→〔度⑪〕 ❸ 動 (술 등을) 따르다. 넣다. ¶你来, 给我把酒～到锡壶xīhú里, 温一温 | 여보시오! 술을 주석 병에 넣어서 따끈하게 좀 데워 주시오. ❹ 나루터. 도선장 [대개 지명에 많이 쓰임] ¶风陵～ | 산서성(山西城)에 있는 지명. ¶深～ | 안휘성(安徽省)에 있는 신안강(新安江) 나루.

【渡槽】dùcáo 名 (용수로의)수로교(水路橋)

4【渡船】dùchuán 名 나룻배. 도선. ¶～停tíng在岸边ànbiān | 나룻배가 강기슭에 정박해있다 =〔渡轮①〕

【渡过】dùguò 動 ❶ 지내다. 보내다. 겪다. ¶～难关 | 난관을 넘기다. ¶～困难时期 | 곤란한 시기를 넘기다. ❷ 건너가다. ¶～了长江 | 장강을 건넜다.

4【渡口】dùkǒu 名 나루터. ¶在～摆摊bǎitān | 나루터에 노점을 차리다 =〔渡头〕→〔摆bǎi渡①〕

【渡轮】dùlún ❶ ⇒〔渡船〕 ❷ 名 카페리.

【渡头】dùtóu ⇒〔渡口〕

【渡鸦】dùyā 名 〈鳥〉 당까마귀 =〔渡乌〕

4【镀(鍍)】dù 올릴 도

名 動 도금(鍍金)(하다) ¶银胎～的 | 은 바탕에 도금한 것. ¶～金↓ ¶电～ | 전기도금(하다)

【镀铬】dùgè ❶ 名 크롬(Cr) 도금. ❷ (dù/gè) 動 크롬 도금을 하다.

【镀铬钢】dùgègāng 名 크롬을 도금한 강철.

【镀金】dù/jīn ❶ 動 도금하다. ¶银坯yínpī～的 | 은 바탕에 금을 도금한 것 =〔涮shuàn金〕〔洗xǐ金〕 ❷ 動 諷 간판을 따다. ¶出国留学不是为了～ | 외국에 유학 가는 것은 간판을 따기 위한 것이 아니다. ❸ (dùjīn) 名 금도금.

【镀铜】dùtóng ❶ 名 구리 도금. ❷ 動 구리 도금을 하다.

【镀锡】dùxī ❶ 名 주석(朱錫) 도금. ¶～铁皮 | 생철. 양철. ❷ 動 주석(朱錫) 도금을 하다.

【镀锌】dùxīn ❶ 名 아연 도금. ¶～钢管gāngguǎn | 아연 도금 강철 파이프 ❷ 動 아연도금을 하다.

【镀银】dùyín ❶ 名 은도금. ¶～餐具cānjù | 은도금한 식기 ❷ 動 은도금을 하다.

【蠹〈蠧〉】dù 좀 두

❶ 名 〈蟲〉 좀. 반대좀. ¶木～ | 나무좀. ¶书～ | 책좀→〔蠹鱼〕 ❷ 〈蟲〉 나무굼벵이 [나무 속에 기생(寄生)하는 굼벵이] ❸ 動 좀먹다. 벌레 먹다. ¶户枢不～ | 문 지도리는 좀 먹지 않는다. ❹ 書 動 재물을 침해하다 =〔蠹蚀〕 ❺ 書 形 해롭다. 나쁘다.

【蠹弊】dùbì 書 名 폐해.

【蠹虫】dùchóng 名 ❶ 〈蟲〉 좀 =〔蠹鱼(子)〕 ❷ 喩 좀. 좀벌레와 같은 인간. ¶这些～专钻国家政策的空子 | 이런 좀벌레 같은 인간들은 오로지 국가 정책의 빈틈만 비집고 든다.

【蠹鱼(子)】dùyú(·zi) 名 〈蟲〉 좀. 좀벌레. ¶这本书被～打了 | 이 책은 좀이 쏠았다 =〔蠹虫〕〔纸zhǐ鱼〕〔书shū鱼〕〔书虱shī〕〔书蠹〕〔衣yī鱼〕〔壁bì〕→〔蛀zhù虫〕

duān ㄉㄨㄢ

2【端】duān 끝 단, 바를 단

❶ 물건의 끝. ¶笔～ | 붓 끝. ¶横木的两～ | 도리의 양 끝. ¶岛的南～ | 섬의 남단. ❷ 원인. 이유. ¶无～发笑 | 이유없이 웃다. ❸ (일의) 시초. 발단. ¶发～ =〔开端〕 | 발단. ❹ 사건. ¶引起事～来了 | 사건이 나다. ¶争～ | 논쟁. ❺ 항목. 사항. 측면. ¶举其一～ | 그 중의 단 한 측면만을 말하다. ¶不只一～ | 단 하나에 그치지 않는다. ❻ 動 두 손으로 물건을 받쳐들다. 들어 나르다. ¶她温了白菜汤, ～出去 | 그녀는 배

축국을 데워서, 받쳐들고 나갔다. ¶你好好儿～着别撒sǎ了｜쏟지 않도록 조심해서 잘 드시오. ⑦動 들어올리다. ¶～着肩膀儿走｜어깨를 으쓱 치켜올리고 걷다. ⑧動 내놓다. ¶把问题都～出来讨论｜문제를 모두 끄집어내어 토론하다. ⑨形 (품행이나 태도가) 단정하다. 바르다. ¶行为不～｜행위가 단정하지 못하다. ¶品行～正｜품행이 바르다. ¶写字写得端端正正｜글자를 똑바로 쓰다. ⑩ (Duān) 名 성(姓)

【端出去】duān/·chū/·qù 動組 (요리 등을 두 손으로 받쳐서) 나르다. 轉 일러바치다. ¶要不好好儿请请, 我可都给你～｜잘 대접해 주지 않으면, 너의 일을 모조리 일러바칠 거야.

【端底】duāndǐ 近 ❶ 名 까닭. 경우. 자초지종. 이유. ¶要知～, 请看下回分解｜그 상세한 내막을〔자초지종을〕알고 싶으면 다음 회를 읽어 주십시오 [장회소설(章回小說) 등의 상투어]=〔端的③〕 ❷ 動 남의 비밀을 들추다. ❸ 名 속사정. 내막.

【端的】duāndì 近 ❶ 副 과연. 확실히. 분명히 [「端的」는 조기백화(早期白話)에서 많이 보임] ¶～是好｜과연 좋다. ❷ 副 도대체. ¶他～是谁? ｜그는 도대체 누구인가? ❸ ⇒〔端底①〕

【端端正正】duānduānzhèngzhèng 狀 단정하다. 바르다.

【端方】duānfāng 書 形 얌전하고 바르다. 단정하다. ¶品格～｜품행이 단정하다.

【端架子】duān jià·zi 動組 方 거만을 떨다 =〔摆bǎi架子〕〔拿架子〕

【端节】Duānjié ⇒〔端午(节)〕

【端量】duānliáng 動 자세히 가늠해보다. ¶你～这件东西有多重｜이 물건의 무게가 얼마나 될지 잘 가늠해 보시오. ¶我把他浑身上下～了一番｜나는 그를 아래 위로 한참 훑어보았다. ¶你自个儿～吧! ｜네 자신이 자세히 가늠해 보아라.

【端面(儿)】duānmiàn(r) 名 원주형(圓柱形) 기계 부품의 양단의 평면.

【端木】Duānmù 名 복성(複姓)

【端倪】duānní 書 名 실마리. 단서. ¶～可察｜成 일의 실마리를 알 수 있다. ¶未见～｜아직 단서가 안 보이다. ¶他已经察见事情的一些～｜그는 이미 일의 단서를 약간 찾아내었다.

【端平】duānpíng ❶ 形 공정하다. 공평하다 ❷ 動 공정하게 하다. ¶这事儿你得děi～了｜이 일은 공평하게 해야해. ❸ 動 물건 등을 비스듬히 들지 않고 평평하게 들다.

【端然】duānrán 副 단정하게. ¶～正坐｜단정하고 바르게 앉아 있다.

【端容】duānróng 書 名 단정한 용모.

【端视】duānshì 動 자세히 보다. ¶～良久｜오랫동안 자세히 보다.

【端午(节)】Duānwǔ(jié) 名 단오 =〔端节〕〔端五(儿)〕〔端阳(节)〕〔重午〕〔重五〕〔夏xià节〕〔蒲pú节〕〔五月节〕〔午节〕→〔五毒〕

【端详】ⓐ duānxiáng ❶ 名 일의 경위. 상세한 사정. ¶听～｜자세한 내막을 듣다. ❷ 形 신중하고 조용하다. ¶容止～｜용모와 행동이 신중하고 조용하다. ⓑ duān·xiang 動 자세히 보다. ¶仔细zǐxì～｜자세히 살펴보다. ¶～了半天, 也没认出是谁｜한동안 자세히 보았지만 누구인지 알아보지 못했다.

【端相】duān·xiang 動 ❶ 자세히 보다. 곰곰이 들여다보다. ¶满屋里～一会儿｜온 방안을 한동안 자세히 살펴보았다 =〔端详·xiang〕 ❷ 俗 (갈수록) 좋은 점을 알게 되다. ¶他猛看不好看, 可是受～｜그는 얼핏 보면 못생겼지만, 그러나 보면 볼수록 좋은 점이 있어 보인다.

【端秀】duānxiù 形 단정하고 수려하다.

【端绪】duānxù 名 (사건의) 단서. 실마리. ¶有了～了｜실마리가 잡혔다. ¶找了半天, 仍然毫无～｜한참을 찾았지만 여전히 아무런 단서도 없다. ¶理出一丝～｜실마리를 한가닥 풀어내다 →〔头tóu绪〕

【端砚】duānyàn 名 단계(端溪)지방에서 나는 벼루.

【端阳(节)】Duānyáng(jié) ⇒〔端午(节)〕

【端着金碗讨饭吃】duān·zhe jīnwǎn tǎo fàn chī 諺 금으로 된 밥공기를 내밀고서 동냥을 하다. 훌륭한 것을 헛되이 사용하다.

³【端正】duānzhèng ❶ 形 (물체가) 똑바르다. 반듯하다. ¶五官～｜오관이 단정하다. ¶他的字写得端端正正｜그의 글씨는 아주 반듯하다. ❷ 形 (품행 등이) 바르다. 단정하다. ¶行为～｜행동이 바르다. ¶品行～｜품행이 단정하다. ❸ 動 (태도·자세·방향·사상 등을) 바르게 하다. 바로잡다. ¶～态度｜태도를 바로잡다. ¶～思想｜사상을 바로잡다. ¶你的服务态度要～～｜너의 써비스 태도를 좀 바르게 해라.

【端庄】duānzhuāng 形 단정하고 점잖다. ¶相xiàng貌～｜용모가 단정하고 점잖다. ¶他容止～, 仪表大方｜그는 용모와 행동이 단정하고 대범하다 =〔瑞凝〕

duǎn ㄉㄨㄢˇ

1【短】**duǎn 짧을 단, 허물 단**

❶ 形 짧다. ¶冬天昼～夜长｜겨울은 낮은 짧고 밤은 길다. ¶～袜子｜짧은 양말. ¶时间太～｜시간이 너무 짧다. ¶～距离跑｜단거리 달리기 ⇔〔长 cháng①〕 ❷ 方 動 부족하다. 적다. 결핍되다. 모자라다. ¶这一套书～了一本｜이 한 질의 책에 한 권이 빠졌다. ¶算来算去还～了一百元｜이리저리 계산해봐도 여전히 백 원이 모자란다. ¶不～吃, 不～穿｜먹고 입는 것이 부족하지 않다 =〔缺quē①〕 ❸ 動 빚지고 있다. ¶我还～着他五百元哪｜나는 아직도 그한테 오 백원을 빚지고 있다. ¶～你三块钱｜너에게 삼원을 빚지다. ¶钱不够, 今天不用给了, 先～着吧｜돈이 부족하면, 오늘 줄 필요없으니 우선 더 빌려 쓰시오. ❹ 書 動 다른 사람의 결점을 말하다. ❺ (～儿) 名 결점. 단점. ¶说长道～｜장단점을 말하다. ¶揭人的～｜남의 결점을 들추어내다.

【短袄(儿)】duǎn'ǎo(r) 名 짧은 솜 저고리.

【短兵相接】duǎn bīng xiāng jiē 成 백병전을 하다. 격렬한 투쟁을 하다. ¶进行～的交锋jiāofēng｜백병전을 하다.

【短波】duǎnbō 名〈物〉단파. ¶～收shōu音机｜단파라디오.

【短不了】duǎn ·bu liǎo 動組 ❶ 없어서는 안된다. 꼭 필요하다. ¶人一天～水｜사람은 하루도 물이 없어서는 안된다. ❷ 피할 수 없다. …하기 마련이다. 꼭 …하게 되다. ¶过两天我～往这里来｜이틀 후에는 내가 꼭 이곳으로 오게 된다. ¶搞gǎo技术革新，～要找老师傅商量｜기술 혁신을 이룩하려면, 숙련공과 의논하지 않을 수 없다.

【短长】duǎncháng 名 ❶ (길이의) 장단. ❷ 장점과 단점. 우열(優劣) ¶一較～｜우열을 비교하다 ‖＝〔长短〕 ❸ 시비(是非) 옳고 그름. ❹ 변(變) 변괴. ¶他们有了什么～吗?｜그들에게 무슨 변괴라도 생겼는가?

4【短处】duǎn·chu 名 결점. 약점. ¶各有长处，各有～｜사람마다 장점도 있고 단점도 있다＝〔缺quē点〕

4【短促】duǎncù 形 (시간이) 촉박하다. ¶时shí间～｜시간이 촉박하다.

【短打】duǎndǎ ❶ 動〈演映〉(무술 공연을 할 때 배우가) 간편한 옷을 입고 무술을 하다. ¶～戏｜무술 공연극. ¶～武生｜무술 배우. ❷⇒〔短装①〕

【短打扮】duǎndǎ·ban 名 가벼운 옷차림. 경쾌한 복장. ¶他一身～，干净利落lì·luo｜그는 가벼운 옷차림을 하고 있어 깨끗하고 단정하다.

【短大衣】duǎndàyī 名 짧은 외투→〔大dà衣〕

【短刀】duǎndāo 名 단도.

【短笛】duǎndí 名〈音〉피콜로(piccolo)

【短短】duǎnduǎn 狀 매우 짧다. ¶～的一个学期｜아주 짧은 한 학기.

【短工(儿)】duǎngōng(r) 名 ❶ 임시로 고용한 일꾼. ❷ 품팔이꾼. ¶打～｜품팔이하다→〔长cháng工(儿)〕

【短褂(儿)】duǎnguà(r) 名 짧은 웃옷→〔长cháng衫(儿)①〕

【短划】duǎnhuá 名 하이픈(hyphen)

【短见】duǎnjiàn 名 ❶ 좁은 소견. 짧은 생각. ¶～寡guǎ闻｜견문(見聞)이 좁다. ❷ 자살(自殺) ¶自寻xún～｜자살을 하다.

【短斤缺两】duǎn jīn quē liǎng 動組 (매출 상품의) 무게가 모자라다. ¶不法商人，～，克扣kèkòu顾客｜불법 상인이 무게를 모자라게 하여 고객의 물건을 떼어먹다＝〔短斤站两〕〔缺斤短两〕〔缺斤少两〕

【短距离】duǎnjùlí 名 단거리. ¶～赛跑｜단거리 경주. ¶～射击杀伤力很大｜단거리 사격은 살상력이 아주 크다.

【短裤】duǎnkù 名 짧은 바지. 반바지.

【短路】duǎnlù ❶ 名〈電氣〉단락(短絡) ❷ 動〈電氣〉단락(短絡)되다. ¶～的时候，保险丝断了｜단락이 될 때, 퓨즈가 끊어졌다＝〔捷jié路〕 ❸ 動 方 길목을 지키고 있다가 강탈하다.

【短命】duǎnmìng 動 단명하다. ¶缺少群众基础的政权总是～的｜군중의 기초가 부족한 정권은 항상 단명하는 법이다. ¶～鬼(儿)｜罵 빨리 뒈질 놈. 급살맞을 놈.

【短跑】duǎnpǎo ❶ 名 단거리 경주→〔赛跑〕 ❷ 動 조금 달리다.

【短篇】duǎnpiān 名 단편. ¶～小说选｜단편 소설 선집.

【短评】duǎnpíng 名 단평. 짧고 간단한 비평. ¶时事～｜시사 단평.

2【短期】duǎnqī 名 단기(일) ¶在～内｜단기간 내에.

【短气】duǎn/qì 動 ❶ 낙담하다. 낙심하다. 의기소침하다. ¶人生不如意事常八九，何必～｜인생이란 마음먹은 대로 되지 않는 일이 십중팔구인데, 어째서 낙담을 하느냐. ❷〈漢醫〉숨이 가쁘다. 숨이 차다.

【短钱】duǎnqián 動 돈이 부족하다.

【短浅】duǎnqiǎn 形 사물에 대한 인식이나 분석이 좁고 얕다. ¶目光～｜안목이 짧다. ¶见识～｜견식이 짧고 얕다＝〔浅短〕

【短枪】duǎnqiāng 名 ❶ 단총. 총신이 짤막한 총. ❷ 권총＝〔手shǒu枪〕

【短球】duǎnqiú 名〈體〉드롭 쇼트(drop shot) 쇼트볼. ¶采用传～快攻的战术｜쇼트볼을 보내 빠르게 공격하는 전술을 쓰다.

【短缺】duǎnquē ❶ 名 결핍. 부족. ❷ 動 결핍하다. 부족하다. ¶物品～黑市猖獗chāngjué｜물품이 부족해지자 암시장이 성행하다.

【短裙】duǎnqún 名 짧은 치마.

【短少】duǎnshǎo 動 부족하다. 모자라다. ¶～一页｜한 페이지가 부족하다＝〔缺quē少〕

【短视】duǎnshì 形 ❶ 근시(近視)이다. ¶～眼｜근시안. ¶眼睛有些～｜눈이 약간 근시이다. ❷ 근시안적이다. ¶对这个问题采取了极为～的政策｜이 문제에 대하여 극히 근시안적인 정책을 취하였다. ¶要看远些，不要～｜좀 멀리 봐야지 근시안적이여서는 안된다.

【短寿】duǎnshòu 形 단명하다.

【短途】duǎntú 區 근거리의. 단거리의. ¶～运输｜단거리 운송.

【短小】duǎnxiǎo 形 (몸집이) 작다. 짧고 간단하다. ¶身材～｜몸집이 작다. ¶～的序幕｜간결한 서막.

【短小精悍】duǎn xiǎo jīng hàn 成 ❶ 체격은 작지만 민첩하고 용감하다. ❷ (문장·연극 등이) 짧지만 힘이 있다. 짧고 세련되다. ¶他写的文章～，很有份量｜그가 쓴 글은 짧지만 힘이 있고, 꽤 내용이 있다.

【短袖】duǎnxiù 名 짧은 소매. 반소매. ¶现在女子的衣服都是～｜지금의 여자 의상은 모두 짧은 소매이다.

【短训班】duǎnxùnbān 名 단기 연수반〔코스〕 ¶举办～｜단기 연수반을 주최하다.

【短语】duǎnyǔ 名〈言〉둘 이상의 단어의 결합. 구(句) 연어(連語)

【短元音】duǎnyuányīn 名〈言〉단모음(短母音) ⇔〔长cháng元音〕→〔母mǔ音〕〔元yuán音〕

4【短暂】duǎnzàn 形 (시간이) 짧다. ¶～的一瞬｜일순간. ¶在南京作～停留｜남경에서 잠시 머무르다＝〔暂短〕

【短中抽长】duǎn zhōng chōu cháng 成 나쁜 것 중에서 좋은 것을 고르다. 단점 중에서 장점을 찾아내다.
【短装】duǎnzhuāng 名 ❶ 간편한 옷차림 =〔短打②〕 ❷ 적하(積荷) 부족.

duàn ㄉㄨㄢˋ

1【段】duàn 조각 단, 나눌 단
❶ 量 (～儿) 토막. 조각 [가늘고 긴 모양의 물건을 몇 개로 나눈 부분을 세는 말] ¶两～铁丝接起来就够长了｜두 토막의 철사를 연결하면, 길이가 충분하겠다. ¶把绳子剪成两～儿｜노끈을 두 토막으로 잘랐다. ❷ 量 구간. 단 [시간·노정(路程)의 일정한 구간을 세는 말. 수사는 주로 「一」가 쓰임] ¶过一～时间再来看你｜시간이 얼마간 지난 뒤에 다시 너를 보러 오마. ¶这～路不太好走｜이 구간의 길은 걷기에 그리 좋지 않다. ❸ 量 단락. 대목. 편 [음악·희곡·문장·말의 단락에 사용함. ¶我来唱一～京剧｜내가 경극을 한 대목 부르겠다. ¶一～评书｜한 편의 평가서. ❹ 방법. 수단. ¶手～｜수단. ❺ (야채나 고기의) 작게 자른 것→〔刀工〕 ❻ 書 名 단자(緞子) 새틴(satin) =〔缎〕 ❼ (Duàn) 名 성(姓)
【段干】Duàngān 名 복성(複姓)
【段落】duànluò 名 단락. 구분. ¶这篇文章～清楚｜이 문장은 단락이 명확하다.
【段位】duànwèi 名 장기·바둑의 등급〔급수〕 ¶由围棋wéiqí协会确定选手的～｜바둑협회에서 선수의 급수를 확정한다.
【段子】duàn·zi 名 「大鼓」「相声」「评书」 등에서의 한 단락.

4【缎(緞)】duàn 비단 단
名 단자(緞子) [바탕이 곱고 광택이 있으며 두꺼운 비단] ¶绸～｜견직물의 총칭. ¶花～｜무늬 있는 단자. ¶这件衣服镶xiāng着～边｜이 옷은 단자로 가선을 두르고 있다 =〔段⑥〕
4【缎子】duàn·zi 名 단자. 새틴(satin)

【椴】duàn 단양 단
❶ 名 〈植〉 피나무. ❷ ⇒〔椴杨〕 ❸ 名 〈植〉 무궁화 =〔木槿〕
【椴木】duànmù 名 피나무 또는 「河北杨」(백양나무의 일종)의 목재(木材)
【椴杨】duànyáng 名 〈植〉 백양나무 =〔河北杨〕

【煅】duàn 두드릴 단
❶ 「锻」과 같음 ⇒〔锻①〕 ❷ 動 구워서 만들다. 굽다. ¶～烧↓ ❸ 動 구워서 약의 극성(劇性)을 약화시키다 [중국 전통의 제약법의 하나] ¶～石膏｜석고를 굽다.
【煅烧】duànshāo 動 하소(煆燒)하다. ¶～炉｜하소로.

1【锻(鍛)】duàn 두드릴 단
動 ❶ 단조(鍛造)하다. ¶～铁｜강철을 단조하다. ¶～工车间｜단조 작업장 =〔煅duàn①〕 ❷ 단련하다. 연마하다. ¶～炼↓ ❸ 금속을 접합(接合)하다 =〔锻接〕
【锻锤】duànchuí 名 〈機〉 단조 해머(forging hammer)
【锻工】duàngōng 名 ❶ 단조. ¶～车间｜단조 작업장. 대장간. ❷ 단조공(鍛造工) 대장장이.
【锻件(儿)】duànjiàn(r) 名 단조품(鍛造品)
【锻接】duànjiē 動 簡 「锻工焊接」의 약칭. 단접하다 =〔锻焊〕
1【锻炼】duànliàn ❶ 動 (쇠를) 단련하다. ❷ 轉 (몸과 마음을) 단련하다. ¶～身体｜몸을 단련하다. ¶～上肢shàngzhī｜상체를 단련하다. ¶到农村调查, 这对我来说也是一个～｜농촌에 가서 조사했던 일은 나에게 있어 하나의 단련이었다고도 할 수 있다. ¶～成才｜단련을 통해 재목이 된다.
【锻料】duànliào 名 단조(鍛造) 재료.
【锻铁】duàntiě 名 연철(鍊鐵) 단철(煅鐵) =〔熟shú铁〕
【锻压】duànyā 名 단조(鍛造)와 압연(壓延)
【锻造】duànzào ❶ 名 〈機〉 단조. ¶～车间｜단조 작업장 ❷ 動 〈機〉 단조하다.

2【断(斷)】duàn 자를 단, 단연 단
❶ 動 (긴 것이 중간에서) 끊기다. 자르다. 절단되다. ¶～了一根电线｜전선을 한줄을 잘랐다. ¶～气了｜숨이 끊어지다. ¶树枝～了｜나무가지가 부러졌다. ¶藕ǒu～丝连｜연뿌리는 잘라졌어도 실은 붙어 있다. 喩 관계가 끊기지 않고 남아 있다. ❷ 動 (관계 등을) 끊다. 끊어지다. ¶音讯～了｜소식이 끊기다. ¶～了关系｜관계를 끊었다. ¶一刀两～｜칼로 자르듯이 관계를 딱 끊다. ¶～奶喂wèi粥zhōu｜젖을 떼고 죽을 먹이다 ❸ 動 (술·담배 등을) 끊다. ¶他已～了烟了｜그는 이미 담배를 끊었다. ¶～了酒｜술을 끊었다→〔戒jiè③〕 ❹ 판단〔결정〕하다. 판결하다. ¶法官～案｜법관이 사건을 판결하다. ¶优柔寡～｜우유부단하다. ❺ 動 俗 (가격 등을) 알아맞히다. 판단해 보다. ¶你～一～这自动铅笔值多儿钱｜이 샤프가 얼마나 하는지 한 번 알아 맞혀 보아라. ❻ 書 副 단연코. 절대로. 결코. ¶～无此理｜이럴 리가 결코 없다. ¶～～不可｜단연코 불가하다. ¶～不同意｜절대로 동의하지 않는다.
【断垵】duàn/ǎn 動 〈農〉 (조·기장 등의 농작물을) 호미로 이랑을 무더기 무더기로 끊어 솎아내다 =〔断垵〕
【断案】duàn/àn ❶ 動 안건(案件)을 판결하다. ¶那位审shěn判员～如神｜저 판사는 판결하는 것이 귀신같다. ¶～要以事实为依据, 以法律为准绳zhǔnshéng｜판결은 사실에 의거해야 되고, 법률로 기준삼아야 한다. ❷ (duàn'àn) 名 전제에서 추론하여 얻은 판단이나 결론 =〔结论〕
【断壁颓垣】duàn bì tuí yuán 成 담장이 쓰러지고 벽이 무너지다. 폐허로 되여 버리다.
【断编残简】duàn biān cán jiǎn 成 (떨어지거나 빠져서) 완전하지 못한 책이나 문장(文章) ¶前朝遗事, 只剩下～, 不足为证｜전대의 역사는 완전하지 못한 서적만 남아있어 증거가 부족하다 =〔断简残编〕〔断简残篇〕〔残篇断简〕
【断不了】duàn ·bu liǎo 動組 끊어질 수가 없다. 轉 끊임없이. 부단하게. 언제나. ¶老二和她～见面, 两个和和气气的｜차남과 그 여자는 늘 만나고

있고, 두 사람은 매우 화목하다.
【断层】duàncéng 名〈地〉단층.
【断肠】duànchǎng 動 喩 애끊다. 매우 슬프다. ¶～人在天涯｜아득히 먼 곳에서 애끊다.
【断炊】duàn/chuī 動 (가난하여) 끼니를 굶다. 밥을 짓지 못하다.
【断代】duàndài 動 ❶ 집안의 대가 끊어지다. ❷ 시대 구분을 하다. ¶中国历史的～也有几个看法｜중국 역사의 시대 구분에도 몇 가지의 견해가 있다→〔通tōng史〕
【断代史】duàndàishǐ 名〈史〉단대사→〔通tōng史〕
【断档】duàndàng 動 품절 되다. ¶如遇持续高温, 恐怕今年冷饮供应会出现～现象｜만일 계속 고온이 지속된다면 아마도 올해 냉음료 공급은 품절 현상이 나타날 수 있다.
【断电】duàndiàn ❶ 名 정전. ❷ 動 정전이 되다 =〔停tíng电〕
[4]【断定】duàndìng ❶ 名 단정. 결론. ❷ 動 단정하다. 결론을 내리다. ¶我～他们是不得安宁的｜나는 그들이 평안할 수 없다고 단정한다.
【断断】duànduàn 副 절대로 어법 부정문에서 쓰임 ¶～使不得｜절대로 쓸 수 없다. 절대로 안된다.
[4]【断断续续(地)】duànduànxùxù(·de) 狀 끊어졌다 이어졌다 하며〔하는〕. 단속(斷續)적인. ¶雨～下着｜비가 오락가락한다. ¶传来了～的歌声｜끊어질 듯 이어지는 노래 소리가 들려왔다
【断顿儿】duàn/dùnr 動 하루 세 끼를 제대로 못 먹다. ¶再不发工资我可就要～了｜더이상 임금을 주지 않는다면 나는 정말 끼니를 걸러야 된다.
【断发文身】duàn fà wén shēn 成 머리를 짧게 깎고, 문신(文身)을 하다 [옛날, 야만족을 이르는 말]=〔祝发文身〕
【断根】duàn/gēn 動 ❶ 뿌리를 끊다〔뽑다〕. ❷ 喩 (병이) 완치〔근치〕되다. ¶你的病, 吃这个药准能～｜너의 병은 이 약을 먹으면 틀림없이 근치될 수 있다. ❸ 喩 후사가 끊기다.
【断鹤续凫】duàn hè xù fú 成 학의 긴 다리를 잘라 들오리 다리에 붙여놓는다. 사물의 법칙을 위반하고 억지로 하다.
【断后】duàn/hòu ❶ ⇒〔断嗣〕 ❷ 動 적의 퇴로를 끊다. ❸ 動〈軍〉군대가 후퇴할 때 부대의 후방을 엄호하다. ¶你们快撤chè, 我来～｜너희들은 빨리 철수해라. 내가 엄호하겠다.
【断魂】duànhún ⇒〔销xiāo魂〕
【断交】duànjiāo 動 ❶ 절교하다. ¶你俩可不能为这点小事就～｜너희 둘은 이 작은 일로 절교해서는 절대로 안된다. ❷ 국교를 단절하다. ¶两国～后又复交了｜양국은 국교 단절후 또 다시 수교했다.
【断句】duàn/jù 名 중국의 고서(古書)를 읽을 때 문장의 뜻에 따라 쉬거나, 또는 구두점을 찍는 것. ¶正确的～, 有助于理解文义｜정확한「끊기」는 문의를 이해하는 데 도움이 된다.
[4]【断绝】duànjué 動 끊다. 단절하다. 차단하다. ¶～外交关系｜외교 관계를 단절하다. ¶～交通｜교통을 차단하다. ¶～来往｜왕래를 끊다. ¶～联系｜연락을 끊다 =〔绝断〕
【断开】duàn·kāi 動 ❶ 나누어 놓다. 사이를 떼어 놓다. ❷〈電氣〉스위치를 끄다.
【断口】duàn·kou 名 ❶ 갈라진 틈. ❷〈鑛〉광물의 깨진 면.
【断粮】duàn/liáng 動 식량이 떨어지다. ¶～绝草｜식량도 사료도 다 떨어지다.
【断裂】duànliè ❶ 動 분열되다. 흩어지다. ❷ 名 암석층 등이 분열되어 있는 곳.
【断流】duànliú 動 ❶ (가뭄 등으로) 물이 마르다. ❷ 물의 흐름을 막다. ¶筑坝bà～, 发展水力电站｜댐을 세워 물을 막고 수력발전소를 발전시키다.
【断垄】duàn/lǒng ❶ 動 (토질의 불량·병충해·파종 방법의 미숙으로) 밭이랑 중에서 싹이 나오지 않다. ❷ 名 (토질의 불량이나 병충해 또는 파종 방법의 미숙 등으로) 밭이랑 중에서 싹이 나오지 않는 현상.
【断路】duàn/lù 動 ❶ 方 길을 막고 빼앗다. ❷ 왕래가 끊기다. ❸ 생활할 길을 끊다. ❹ 앞날의 희망을 끊다. ❺ (duànlù)〈電氣〉선로가 끊겨 전기가 통하지 않다.
【断面】duànmiàn ⇒〔剖pōu面〕
【断奶】duàn/nǎi 動 이유(離乳)하다. 젖을 떼다. ¶十个月左右～｜10개월 전후해서 젖을 떼다 =〔断乳〕〔忌jì奶〕
【断片】duànpiàn ❶ 名 끊어진 조각. 토막진 한 부분. ¶过去生活的～又在我脑海里浮现fúxiàn｜과거 생활의 단편들이 내 머리 속에 다시 떠올랐다. ❷ 動 영화 상영 중 필름이 끊어지다. ¶电影～了, 真急人!｜영화가 도중에 필름이 끊어져서 정말 사람 조급하게 한다.
【断七】duànqī 動 사십구(四十九) 재를 지내다. ¶他父亲～没有搞迷信活动｜그 부친 사십구재 때에는 미신 행사를 하지 않았다 =〔俗 七七〕
【断气(儿)】duàn/qì(r) 動 ❶ 숨이 끊어지다. 죽다. ❷ 숨이 차다→〔串chuàn气儿〕 ❸ 가스(gas)를 끊다.
【断亲】duànqīn 動 친척 관계를 끊다. ¶她和他～了｜그녀는 그와 친척 관계를 끊었다.
【断球】duànqiú〈體〉❶ 名 (탁구의) 커트(cut) ❷ (duàn/qiú) 動 커트 하다.
【断然】duànrán ❶ 副 절대로. 결단코 어법 주로 부정문에 사용됨. ¶～不能接受｜절대로 받아들일 수 없다. ¶～不肯｜결코 승낙하지 않는다. =〔断乎〕 ❷ 狀 단호한. 절대적인. ¶～的立场｜단호한 입장. ¶～拒绝jùjué｜단호히 거절하다.
【断事】duànshì 動 일을 판단하다. ¶～以理｜成 이치로써 시비를 가르다.
【断嗣】duànsì 動 대가 끊어지다 =〔断后①〕
【断送】duànsòng 動 (생명과 희망을) 내버리다. 상실하다. ¶两个人的生命白白地～了｜두 사람의 목숨이 헛되이 버려졌다. ¶～了自己的前途｜자신의 앞날을 포기하다.
【断头】duàn/tóu 動 ❶ 목을 베다. ¶～将军｜죽어도 굴하지 않는 장군. ❷ 끊어지다. 끝장나다. ¶这微弱的声音老是不～｜미약한 소리가 끊어지지 않고 계속 이어졌다. ❸〈紡〉실이 끊어지다. ¶～率｜단사율(斷絲率)

【断头台】duàn tóutái 名 단두대. ¶把叛乱者送上～ | 반란자를 단두대로 올려보내다.
【断屠】duàntú 書 ❶ 名 도살금지. ❷ 動 도살금지하다 [옛날에는 기우제를 드릴 때 관청에서 도살금지령을 내려 부정을 타지 않도록 조치함]
【断尾】duànwěi 名〈牧〉(가축의) 꼬리를 자르다.
【断弦】duàn/xián 動 ❶ 현악기의 줄이 끊어지다. ❷ 아내를 잃다. (아내와) 사별하다.
【断线风筝】duàn xiàn fēngzhēng 成 실이 끊어진 연. 喻 떠난 후 소식이 없는 사람이나 물건. 함흥차사. ¶老王一去三年, 似～一般, 至今尚无音信 | 왕씨는 한 번 가더니 삼년이 되도록 실 끊어진 연과 같이 지금까지도 소식이 없다 =〔断线鷂子〕
【断行】duànxíng 動 단행하다.
【断袖】duànxiù ❶ 動 소매를 자르다. ❷ 名 한(漢)나라의 애제(哀帝)가 신하인 동현(董賢)을 지극히 총애하며, 낮잠을 자다가 깨었을 때 동현이 애제의 소매를 깔고 자므로 동현의 수면을 방해하지 않도록 제 소매를 자르고 일어났다는 고사. 轉 남색(男色) =〔断袖之癖pǐ〕
【断续】duànxù 動 끊겼다 이어졌다 하다. 단속(斷續)하다. ¶远处的歌声～可闻 | 먼 곳의 노래소리가 단속적으로 들려온다→〔断断续续(地)〕
【断言】duànyán ❶ 名 단언. ❷ 動 단언하다. 어법 일반적으로 주술구조의 형식에서 목적어로 쓰임. ¶我们可以～, 胜利shènglì终将属于人民 | 우리는 결국 국민이 승리할 것임을 단언할 수 있다.
【断由】duànyóu 書 名 판결 사유(事由)
【断语】duànyǔ 名 단언. 결론. 어법 일반적으로 동사「下」의 목적어로 쓰임. ¶下xià～ | 단언을 내리다. ¶这事还没了解, 先不要下～ | 이 일은 아직 제대로 파악하지 못했으니 우선 단언은 내려서는 안된다.
【断狱】duànyù 書 動 (소송 사건을) 판결하다. 단죄하다. ¶～如神 | 成 귀신같이 판결하다. ¶老吏～ | 成 매우 숙련되고 통달해 있다.
【断垣残壁】duànyuán cánbì 成 건축물이 산산 조각으로 부서지다.
【断章取义】duàn zhāng qǔ yì 成 단장취의(斷章取義) 문장의 일부를 끊어서 작자의 본의에 구애하지 않고 제멋대로 끊어내어 빌려쓰는 일. ¶批评别人的观点, 不能采用～的办法 | 남의 관점을 비평하는 데 있어서 단장취의의 방법을 써서는 안된다.
【断肢】duànzhī 動 사지(四肢)가 끊어지다.
【断肢再植】duànzhī zàizhí 名組〈醫〉절단된 사지(四肢)의 재이식 수술(再移植手術)
【断种】duàn/zhǒng 動 후대가 끊기다.
【断子绝孙】duànzǐ juésūn 俗 罵 (대를 이을) 자손이 끊어지다. ¶这～的阿Q, … | 이 대도 못 이을 아Q놈!, ….

【簖(籪)】duàn 통발 단

名 어살. 어전(魚箭) 통발 [물고기·새우·게를 잡기 위해서 물 속에 세운 대나무 울타리] =〔鱼簖yúduàn〕

duī ㄉㄨㄟ

2【堆】duī zuī 무더기 퇴, 쌓을 퇴

Ⓐ duī ❶ 動 쌓다. 쌓이다. ¶把书～在一起 | 책을 한 데 쌓아 두다. ¶～雪人 | 눈사람을 만들다. ¶许多问题～在一块儿了 | 많은 문제가 한 데 쌓였다. ❷ (～儿) 名 쌓아 놓은 더미. 무더기. ¶煤～ | 석탄더미. ¶土～ | 흙더미. ¶草～ | 풀 더미. ❸ 量 더미. 무더기. 무리. 떼 [사물·사람 모두에 쓰임] ¶一～黄沙 | 한 무더기 모래. ¶外面生了好几～火 | 밖에 몇 군데서나 불이 났다. ¶院子里围了一～人 | 뜰 안에 한 무리의 사람이 둥글게 모여 있다. 어법 추상명사에 확대 사용되어 수량이 많음을 형용함. 주로「一大堆」의 형태로 쓰임. ¶一大～事情在等着他办呢! | 많은 일이 그가 처리해 주기를 기다리고 있다.
Ⓑ zuī「归里包堆」에 보이는 이독음(異讀音)⇒〔归guī里包堆〕
【堆存】duīcún 書 動 쌓아 두다. ¶～货物 | 상품을 쌓아 두다.
【堆叠】duīdié 動 (겹겹이) 쌓아 올리다. ¶桌上～着学生的作业本 | 탁자 위에는 학생들의 숙제노트가 쌓여져 있다. ¶～石头 | 돌을 층층이 쌓아 올리다.
【堆垛】duīduò ❶ 動 (산 모양으로) 쌓아 올리다. 겹쳐 쌓다. ¶仅jǐn～费就超过商品成本15% | 쌓아 올리는 비용이 상품 원가의 15%를 초과하였다. ❷ 名 쌓아 올린 물건. ❸ 動 (재산 등을) 축적하다.
【堆放】duīfàng 動 쌓아 두다〔놓다〕¶库房里～着许多农具 | 창고에 많은 농기구가 쌓여 있다.
【堆房】duī·fang 名 헛간. 광. 창고→〔货huò栈〕
【堆肥】duīféi 名〈農〉퇴비.
【堆焊】duīhàn 名 깨진 곳 등을 땜질하는 용접.
4【堆积】duījī ❶ 動 쌓아 두다. 쌓이다. ¶厂房外面的空地上, ～着铁筋木材 | 공장 작업장 밖 공터에 철근과 목재를 쌓아 두었다. ¶～如山 | 산처럼 높이 쌓이다. ¶～了不少工作 | 적지 않은 일이 밀려 있다. ❷ 名〈地〉퇴적 ‖ =〔堆集〕〔堆聚〕
【堆金积玉】duī jīn jī yù 成 금은보화를 쌓아두다. 재물이 많다 =〔积玉堆金〕
【堆砌】duīqì ❶ ⇒〔堆叠〕❷ 動 미사 여구나 군더더기 말로 글을 짓다. ¶写文章切忌qièjì～词藻cízǎo | 글을 쓸 때는 너무 수식이나 기교를 부리는 것을 절대 삼가해야 한다.
【堆笑】duīxiào 動 웃음을 띄다. 빙그레 웃다. ¶她满脸～地说 | 그녀는 만면에 미소를 지으며 이야기한다.
【堆雪人儿】duī xuěrénr ❶ 動組 눈 사람을 만들다. ❷ 名 눈사람 놀이.
【堆栈】duīzhàn 名 (상품) 창고 =〔货huò栈〕

duì ㄉㄨㄟˋ

2【队(隊)】duì zhuì 대오 대, 떨어질 추

Ⓐ duì ❶ 名 열. 대열. ¶排着～走 | 줄지어 걷다. ¶站～ | 줄지어 서다. ❷ 팀. 단(團) [어떤 성질을 지닌 단체] ¶军～ | 군대. ¶篮球～ | 농구팀.

¶足球～｜축구팀. ❸ 名 簡 ⓐ「少年先锋队」(소년 선봉대) ¶～礼↓ ¶～旗↓ ⓑ「生产队」(생산대)의 약칭. ❹ 量 무리. ¶一～战士｜한 무리의 전투병. ¶一～人马过去了｜한 무리의 대오가 지나갔다.

B zhuì「고문(古文)에서「坠」와 통용⇒〔坠zhuì〕

【队部】duìbù 名 簡 ❶ 부대(部隊)의 본부. ❷ 인민공사의 생산대의 본부 =〔生产队队部〕

【队礼】duìlǐ 名 대오 경례 [소년 선봉대 대원이 오른손 손가락을 죽 펴서, 손바닥을 앞을 향하게 하고, 머리 위로 올리는 경례로, 국민의 이익이 모든 것에 우선한다는 뜻을 지님]

【队列】duìliè 名 대열.

【队旗】duìqí 名 ❶〈體〉팀 페넌트(team pennant) ¶互赠～｜팀 페넌트를 서로 교환하다. ❷ 대(隊)의 기(旗) 특히「少shào年先锋队」의 기(旗) ¶少先队员向～敬礼｜소년선봉대 대원이 깃발을 향해 경례하다.

【队日】duìrì 名 소년 선봉대가 훈련을 받는 날→〔少shào年先锋队〕

2【队伍】duì·wu 名 ❶ 조직적인 군중의 행열. 대열. ¶～排pái得很齐qí｜대열이 가지런하다. ¶游行～｜데모〔시위〕대열. ❷ 군대. ❸ 어떤 직업이나 조직의 체계. 대열. ¶干部～日益壮大｜간부 대열이 나날이 장성하다.

【队形】duìxíng 名 대형(隊形) ¶战斗～｜전투 대형. ¶密集〔散开〕～｜밀집〔산개〕대형.

3【队员】duìyuán 名 대원. ¶消防～｜소방 대원.

2【队长】duìzhǎng 名 ❶〈體〉주장 =〔主将②〕 ❷ 대장. ¶生产队～｜생산대 대장.

1【对(對)】duì 마주볼 대, 대답할 대

❶ 形 옳다. 적합하다. 맞다. ¶你说的都～｜네가 말한 것은 모두 옳다. ¶～, 就这么办吧｜맞아, 그러면 그렇게 하자⇔〔错〕 ❷ 形 정상적이다. 좋다. ¶他的神色不～｜그의 얼굴빛이 이상하다. ¶味道不～, 颜色也不～｜맛이 이상하고, 색깔도 이 색깔이 아니다. ❸ 動 (상)대하다. 대처하다. 대응하다. ¶批评要～事不～人｜한 일에 대해서 비평을 해야지 사람(그 자체)에 대해서 해선 안된다. ¶今天的足球赛, 蔚山队～釜山队｜오늘의 축구 경기는 울산팀이 부산팀과 붙는다. ¶这件事没办好, 我真有点～不住他｜이 일을 다 처리하지 못해서 난 정말 좀 그를 대하기 미안하다. ❹ 動 향하다 어법 보통「着」가 붙음. ¶窗户～着马路｜창문은 큰 길을 향해 있다. ¶枪口～准靶bǎ心｜총구가 바로 과녁의 중심을 정확히 겨누다. ❺ 動 대답하다. ¶无言以～｜대답할 말이 없다. ❻ 動 (꼭)맞다. (의기)투합하다. 사이가 좋다. ¶这道菜～不上他的口胃｜이 요리는 그의 입맛에 맞지 않는다. ¶～他的心里｜그의 마음에 들다. ¶他们俩向来不～｜그들 두 사람은 원래 사이가 좋지 않다. ❼ 動 (두 개를) 마주 합치다. 접촉시키다. ¶～上门｜문을 맞추어 닫다. ¶两块板没～正｜두 판자를 똑바로 맞붙이지 못했다. ❽ 動 (서로) 맞서다. 마주 향하다. ¶～调↓ ¶～流↓ ❾ 動 (맞는가 어떤가를)맞추어 보다. 대조하다. ¶校jiào～｜교정하다. ¶～相片｜사진과 대조하다. ¶把这两篇稿子～一下｜이 원고 두 편을 한번 대조해보라. ❿ 動 (일정한 표준에) 맞추다. 조절하다. ¶拿胡琴来～～弦｜호금을 가져다 줄을 맞추다. ¶～～表｜시계를 맞추다. ⓫ 動 (액체 등을) 섞다. 혼합하다. ¶水里～点儿蜂蜜｜물에 꿀을 좀 타다. ¶杀虫剂里面～水～多了｜살충제에 물을 너무 많이 탔다 =〔搀和chānhé〕 ⓬ 動 반으로 나누다. 이등분하다. ¶～半儿↓ ¶～折｜반액으로 할인하다. ⓭ 介 …에 대해. …에 관해. …에게 [동사의 동작 방향을 가리킴] ¶小黄～我笑了笑｜황군은 나에게 살짝 웃었다. ¶决不～困难低头｜결코 어려움에 기죽지 않다→〔朝〕〔向〕 ⓮ 介 …에 대하여. …에게 [동사의 동작대상을 가리킴] ¶我们～你完全信任｜우리들은 너를 완전히 신임한다. ¶我～你的学习非常关心｜나는 너의 학업에 대해 대단히 관심을 두고 있다→〔对于〕 어법 ⓐ「对」는 동사의 동작 방향을 나타내기 때문에「跟gēn」과는 다름.「对」는 일방적인 것이고「跟」은 쌍방적인 것임. ¶你去跟他谈谈｜네가 가서 그와 (함께) 이야기해 보아라. ¶你去对他谈谈(×) ⓑ「对」가 동사의 동작대상을 나타낼 때는 심리·인식·태도 등에 관한 것이므로 일반적인 동작대상을 나타내는 목적어(宾语)와는 다름. ¶我们对敌人打退了(×) ¶我们把敌人打退了. ¶我们打退了敌人｜우리는 적을 물리쳤다. ⓒ「对」와「对于」의 차이⇒〔对于〕 ⓯ (～儿)量 짝. 쌍 [성별·좌우·정반 등의 두 쪽이 배합되어 있는 것을 셀 때 쓰임] ¶一～夫妇｜한 쌍의 부부. ¶一～儿鸟儿｜한 쌍의 새. ¶一～花瓶｜한 쌍의 꽃병. ¶一～翅膀chìbǎng｜한 쌍의 날개. 어법 서로 같은 두 부분이 연결된 하나의 물건에는 사용하지 못함. ¶一～裤子(×) ¶一条裤子｜바지 한 벌. ¶一～眼镜(×) ¶一副眼镜｜안경 하나. ¶一～剪刀(×) ¶一把剪刀｜가위 한 개. ⓰ 名 대립하는 것. 맞은 편. 상대방.적수. ¶～方↓ ¶为wéi仇作～｜적대하다. ⓱ 名 짝. 배우자. 대구(對句) ¶五言～儿｜5언 대구. ¶做～｜짝을 이루다. ⓲ 名〈化〉파라(para)[구상(球狀) 화합물의 대위(對位)]

4【对岸】duì'àn 名 대안. 맞은 편 기슭.

【对白】duìbái 名 (연극·영화의) 대화. ¶全部～有声影片｜올 토키(all talkie) 영화

【对半(儿)】duìbàn(r) ❶ 名 절반. ❷ 動 절반으로 나누다. ¶～分吧｜절반씩 나누어라→〔对分〕〔一yī半(儿)〕 ❸ 한 배. 곱. ¶～利｜한 배의 이익. 곱으로 이익을 본다.

【对保】duì/bǎo 動 보증인을 세우다. 보증서와 대조하여 확인하다.

【对杯】duìbēi 動 술잔을 대하다. 술을 마시다. ¶友人相聚, ～畅饮｜친구끼리 모여 마음껏 술을 마시다.

【对本】duìběn 名 이윤 또는 이자가 원금과 상등(相等)한 돈. ¶～(对)利｜원금과 같은 액수의 이자.

2【对比】duìbǐ ❶ 名 대비. 대조. ❷ 動 대비하다. 대조하다. 어법 일반적으로 목적어를 갖지 않음. ¶

新旧～ | 새 것과 옛 것을 대비하다. ¶同先进单位～, 我们的工作还有不少差距chājù | 모범 부서와 대비하면 우리 작업은 아직 적지 않은 차이가 있다. ❸名 비(比) 비율. ¶男女学生人数～是一对四 | 남녀 학생의 인원수의 비율은 1대 4이다.

【对边】duìbiān 名〈數〉대변.

【对簿】duìbù 書動 심문을 받다. 취조를 받다. 재판을 받다. ¶公堂gōngtáng～ | 법정에서 재판을 하다. ¶他～公庭gōngtíng | 그는 법정에서 재판을 받다.

[1]【对不起】duì·bu qǐ ❶動組 (미안해서) 대할 수 없다. ¶成绩不好就～父母 | 성적이 나빠서 부모님을 대하기가 죄송하다 ⇔〔对得起〕 ❷套 미안합니다. ¶～, 请让一让 | 미안합니다만 좀 비켜 주세요. ¶把你的新衣服弄脏nòngzāng了, 真～ | 당신의 새 옷을 더럽혀서 참으로 미안합니다 =〔对不住〕⇔〔对得起〕

【对不住】duì·bu zhù ⇒〔对不起〕

[4]【对策】duìcè 名 ❶ 옛날, 과거 응시자가 황제의 물음에 대답한 치국(治國)에 관한 책략. ❷ 대책. ¶采取～ | 대책을 취하다. ¶你有没有好的～? | 너 좋은 대책이 있느냐?

【对茬儿】duì/chár 動 方 서로 부합되다. 일치되다. ¶这事情很不～, 应该对证一下 | 이 일은 잘 맞지 않아 검증해 보아야겠다 =〔对碴儿〕

【对碴儿】duì/chár ⇒〔对茬chá儿〕

【对唱】duìchàng ❶名〈音〉대창 [대화를 응답하는 형식으로 부르는 노래 창법의 일종] ❷動〈音〉대창하다.

[4]【对称】duìchèn 形 대칭이다. 어법 여기의 「称」은 「chēng」으로 읽지 않음. ¶～形xíng | 대칭형. ¶～轴 | 대칭축. ¶室内的布置不太～ | 실내 장식이 그다지 대칭되지 않는다. ¶这两个图案很～ | 이 도안 둘은 아주 대칭적이다.

【对答】duìdá 動 응답하다. ¶有几个问题～不上来 | 몇 가지 문제는 대답하지 못했다. ¶在论文答辩会上, 小王滔滔不断, ～如流 | 논문 구술시험에서 왕군은 막힘 없이 아주 유창하게 답변했다.

【对打】duìdǎ 動 일 대 일로 서로 때리다〔싸우다〕.

[2]【对待】duìdài 動 (사람이나 사물을) 대하다. 대처하다. ¶他～工作, 非常严肃认真 | 그는 일하는 것이 대단히 엄정하고 진지하다. ¶你不应当这样～她 | 너가 마땅이 그녀를 이렇게 대해서는 안된다. ¶这个人让我去～ | 이 사람은 나를 보내서 응대하게 하라 →〔对付①〕

[3]【对得起】duì·deqǐ 動組 떳떳하여 대할 수 있다. 볼 낯이 있다〔서다〕. 떳떳하다. ¶这样你还～父母吗? | 이러고도 너가 부모님을 떳떳하게 대할 수 있겠느냐? =〔对得住〕⇔〔对不起〕

【对得住】duì·dezhù ⇒〔对得起〕

【对等】duìděng 形 대등하다. 평등하다. ¶～条约 | 대등 조약. ¶～的敌手 | 대등한 적수.

【对敌】duìdí ❶名 적수. 대적. ❷動 적수가 되다. 대적하다. ¶～斗争dòuzhēng要讲究策略cèlüè | 적을 맞아 싸우는 데는 책략을 잘 써야 한다.

【对调】duìdiào 動 (위치·임무·직위 등을 서로) 교체하다〔바꾸다〕 ¶咱们俩～一下座位, 好吗? | 우리 둘이서 좌석을 좀 바꾸는 것이 어떨까요? ¶从工作需要出发, 他俩～了工作 | 작업상 필요에 따라 그들 둘이 일을 바꾸었다.

【对顶角】duìdǐngjiǎo 名〈數〉대정각. 맞 꼭지각.

【对对付付】duì·duifūfū 副 이럭저럭. 그럭저럭. ¶那件事我～办完了 | 그 일은 내가 그럭저럭 끝냈다 →〔对付②〕

【对对子】duìduì·zi 動 대구(對句)를 만들다 =〔对对儿②〕→〔对联(儿)〕

[2]【对方】duìfāng 名 상대방. 상대편. ¶尊重～的意见 | 상대방의 의견을 존중하다. ¶打球要看准～的弱点进攻 | 구기종목에선 상대방의 약점을 정확히 간파하여 공격해야 한다.

【对分】duìfēn 動 절반으로 나누다. ¶这些东西我们～ | 이것들을 우리 절반으로 나누자 →〔对半(儿)〕

【对佛说法】duì fó shuō fǎ 成 석가에게 설법하다. 공자 앞에서 문자쓰다 →〔班bān门弄斧〕

[2]【对付】duì·fu 動 ❶ 대응하다. 대처하다. 다루다. 맞서다. 어법 「对付」는 사람이나 사물에 대한 방법이나 조치를 주로 의미하고, 「对待」는 태도에 중점이 있음. 또 「对待」는 「对待②」와 같은 뜻으로는 사용되지 않음. ¶这匹马除了主人谁也～不了 | 이 말은 주인 외에는 누구도 못 다룬다. ¶～严重的局面 | 엄중한 국면에 대처하다. ¶她的喋喋dié不休令人无法～ | 그녀의 쉴새없이 지껄이는 수다에는 어찌할 방도가 없다 →〔对待〕 ❷ 그런 대로 참고 견디다. 아쉬운 대로 우선 참고 쓰다. 어법 보통 「着」을 동반함. ¶旧衣服可以修修补补～着穿 | 낡은 옷을 기우면 그런 대로 입을 수 있다. ¶这件衣服长一点, ～着穿吧 | 이 옷은 좀 길지만 아쉬운 대로 참고 입어라 =〔将就jiāngjiù〕 ❸ (마음들이) 맞다. ¶他们俩不～, 见面就吵嘴 | 그들 두 사람은 마음이 맞지 않아 만나기만 하면 다툰다.

【对歌】duìgē ❶名 일문 일답식(一問一答式)의 노래 ❷動 일문 일답식(一問一答式)의 노래를 하다.

【对光】duì/guāng 動 ❶ (사진기의) 초점·조리개·시간을 맞추다. ❷ 현미경·망원경·안경 등의 도수를 맞추다. ❸ 시선이 마주치다.

【对过儿】duìguòr 名 건너 편. 맞은 편. ¶他就住在～ | 그는 바로 건너 편에 산다. ¶正～ | 바로 맞은 편. ¶我家～就是百货商店 | 우리 집 맞은 편이 바로 백화점이다.

【对号】duì/hào ❶動 번호를 맞추다. ¶～票piào =〔座zuò位票〕| 좌석권. ¶～席 | 지정석. ¶～入座 | 번호대로 앉다. 지정 좌석에 앉다. 喻 소설·영화 등의 등장 인물에 자기 자신을 들어맞추다. ¶～锁 | 숫자로 된 자물쇠. ❷動 일치하다. 꼭 맞다. 적합하다. ¶他说的和做的不～ | 그는 말과 행동이 일치하지 않는다. ¶备用零件对不上号 | 예비부품이 맞지 않다. ❸ (～儿) (duìhào(r)) 名 (「○」「∨」 등의) 체크 마크(check mark)

[2]【对话】duìhuà ❶名. ¶～体 | 대화체. ¶～者 | 대화자. ¶这篇小说中的～很多 | 이 소설 중에는

대화가 많이 있다. ❷動 대화하다. 어법 일반적으로 목적어를 취하지 않음. ¶老师应直接跟学生～ | 선생님은 마땅히 학생들과 직접 대화해야 한다. ¶政府和请愿的学生进行～ | 정부가 탄원한 학생과 대화하다.

【对火】duì/huǒ 動 불을 옮기다. ¶对不住, 对对火! =〔借光, 对个火儿!〕 | 미안하지만 담뱃불 좀 빌려주십시오! →〔点diǎn火①〕

【对家】duìjiā ⇒〔对手①②〕

【对角】duìjiǎo 名〈數〉대각.

【对角线】duìjiǎoxiàn 名〈數〉대각선.

【对接】duìjiē 動 (우주선 등이) 서로 만나다. 도킹(docking)하다. ¶上海的黄浦大桥从两头同时开工, 最后～成功 | 상해의 황포대교는 양단에서 동시에 공사를 시작하여 마지막에 서로 성공적으로 연결했다.

【对襟(儿)】duìjīn(r) 名 중국식 웃옷의 두 섶이 겹치지 않고 가운데에서 단추로 채우게 되어 있는 것 =〔对衿(儿)〕

【对劲(儿)】duì/jìn(r) 形 ❶ 마음에 들다. 적합하다. ¶干这个工作我觉得很～ | 이 일을 하는 것이 내 마음에 썩 든다. ❷ 사이가 좋다. 의기투합하다. ¶他们俩很～ | 그들 두 사람은 대단히 사이가 좋다 ❸ 정상적이다. 옳다. ¶这件事我越想越觉得不～ | 이 일은 생각하면 할수록 옳지 않다고 느껴진다.

【对局】duì/jú ❶ 動 대국하다. 바둑을 두다. (구기 종목의) 경기를 하다→〔对弈yì〕 ❷ (duìjú) 名 대국. 대전(對戰)

【对开】duìkāi ❶ 動 (자동차·배 등이) 쌍방에서 동시에 출발하다. 쌍방에서 (서류를) 작성하거나 발행하다. ¶305次列车和306次列车每天在上海和南京之间～ | 305호 열차와 306호 열차가 매일 상해와 남경 간을 동시 출발 운행한다. ¶～信xìn用状 | 동시 개설 신용장. ❷ 名〈印出〉전지(全紙)의 2분의 1. 반절지 [신문 용어로 보통 신문의 크기를 말함] ¶～报纸 | 보통 신문지 [이것은 보통 둘로 접어 4페이지 세로로 하고 있음]→〔八bā开〕 ❸ 動 절반씩 분배하다. ¶两家合营, 赢利～ | 두 집이 합작하여 이익을 절반씩 나누다. ❹ 動 마주보고 점포를 개설하다.

4【对抗】duìkàng 動 ❶ 대치하다. 서로 대립하다. ¶两军～勇者胜 | 두 군대가 대치하여 용감한 쪽이 이긴다. ¶伊拉克敢于跟美国～ | 이라크가 감히 미국과 대치하다. ❷ 대항하다. 저항하다. 반항하다. ¶～性 | 적대성. ¶～者 | 적대자. 반항자. ¶～赛 | 대항전. ¶～性矛盾 | 적대적 모순. ¶～改革的人毕竟是少数 | 개혁에 반항하는 사람은 필경 소수일 것이다.

【对口】duìkǒu ❶ 名 (만담·산간민요에서) 둘이서 번갈아 가며 노래나 대담을 하는 방식. ¶～山歌 | 둘이 번갈아 가며 노래하는 산간민요 =〔对活〕 ❷ (～儿) 動 서로 관련된 쌍방이 작업 내용과 성질에 있어 일치하다. 쌍방의 희망조건이 일치하다. ¶我的专业正好跟他们工厂～ | 나의 전공이 마침 그들 공장과 딱 들어 맞는다. ❸ ⇒〔合hé口味〕

【对口词】duìkǒucí 名 두 사람이 말을 주고받는 공연의 한 형식 [두 사람이 넘는 단체 출연을 「群qún口词」 또는 「多duō口词」라 함]

3【对了】duì·le 그렇습니다. 맞습니다. ¶～!, 我要的就是这个 | 맞아! 내가 원하던 것이 바로 이것이야.

【对垒】duìlěi 書 動 바둑·장기·구기 경기에서 대전하다. 대치하다. ¶兹将比赛全部～秩序列后 | 이에 전 시합의 대전 순서를 다음에 열기(列記)한다. ¶两军～ | 양군이 대치하다.

3【对立】duìlì ❶ 名 대립. ¶～面 | 대립면. ¶～物 | 대립물. 정반대의 사물. ¶两条～的路线 | 대립되는 두 노선. ❷ 動 대립하다. ¶他一向跟中央闹～ | 그는 줄곧 중앙과 대립을 일으켰다.

4【对联(儿)】duìlián(r) 名 대련. 주련 [종이나 천에 쓰거나 (대)나무·기둥 등에 새긴 대구(對句) 특히 설날에 쓰이는 것을 「春联(儿)」이라고 함] =〔对子①〕〔对字〕〔对儿②〕→〔上shàng联(儿)〕〔下xià联(儿)〕

【对流】duìliú 名〈物〉대류. ¶空气～ | 공기가 대류하다.

【对骂】duìmà 動 서로 욕하다 =〔相骂〕

3【对门(儿)】duìmén(r) ❶ 動 대문이 서로 마주하다〔보다〕 ¶～对户 | 집이 서로 마주보다〔하다〕. ❷ 名 건너편. 바로 맞은편. ¶～有一所大学 | 맞은편에 대학교가 하나 있다. ❸ 名 건넛집. 맞은편 집. ¶我们家～新搬来一家中国人 | 우리 집 건넛집에 중국 사람이 새로 이사 왔다.

2【对面】duìmiàn ❶ (～儿) 名 반대 편. 맞은편. ¶他坐在我的～ | 그는 내 맞은편에 앉아 있다. ¶～就是邮局 | 맞은편이 바로 우체국이다. ❷ 動 바로 앞. 정면. ¶～走来一个人 | 바로 앞에 어떤 사람이 걸어 온다. ❸ 副 직접 얼굴을 마주하고서. 어법 보통 「说」「谈」의 부사어로 쓰임. ¶有些情况要你们俩～谈清楚 | 어떤 상황에선 너희 둘이 직접 얼굴을 맞대고 분명히 이야기를 나누어야 된다.

【对内】duìnèi 名 대내. ¶～政策 | 대내 정책.

【对牛弹琴】duì niú tán qín 成 쇠귀에 거문고 뜯기. 쇠귀에 경 읽기. ¶你跟小学生讲哲学不是～吗? | 너가 초등학생에게 철학을 강의한다면 쇠귀에 경 읽기 아니겠느냐? =〔对驴抚琴〕

【对偶】duì'ǒu 名 ❶ 쌍. 짝. ❷〈言〉대우 [수사학(修辭學)상 어떤 두 개의 사물을 상대시켜 대립의 미(美)를 나타내는 법] ¶～工整 | 대구가 잘 짜여 있다 =〔对仗〕→〔骈pián文〕〔律lǜ诗〕

【对牌】duìpái 名 (증거로 삼는) 목패(木牌) ¶贾jiǎ珍便命人取宁国府的～ | 가진(賈珍)은 사람을 시켜서 영국부(寧國府)를 증명하는 목찰(木札)을 가지고 오게 하였다.

【对儿】duìr ❶ 名 상대. 적수. ¶没～, 真是! | 상대가 없으니, 참으로! [애석한 모양] ❷ ⇒〔对联(儿)〕

【对生】duìshēng 名〈植〉마주나기. 대생. ¶～叶 | 대생엽. 마주나기 잎.

【对诗】duì/shī 動 시로 응수하다. ¶两位文坛高手～应和 | 문단의 고수 두 분이 시를 주고 받으며 화답한다.

【对视】duìshì 動 서로 응시하다. 서로 노리다.
4【对手】duìshǒu ❶ 名 상대. ¶我们的～是个素负盛名的球队 | 우리의 상대는 평소에 명성이 높은 팀이다. ❷ 名 호적수(好敵手) ¶棋逢～ | 호적수끼리 만나다. ¶玩权术, 我哪是他的～? | 권모술수를 부리는 데는 내가 어찌 그의 적수가 되겠는가? ‖ ＝〔对家〕
【对数】duìshù 名〈數〉대수(對數) 로가리듬(logarithm) ¶～表 | 대수표. ¶常用～ | 상용대수. ¶双曲线～ | 쌍곡선 대수. ¶自然～ | 자연 대수. ¶～方程 | 대수 방정식.
【对台戏】duìtáixì 名 ❶ 두 개의 연극 단체가 경쟁을 하기 위하여 똑같은 내용을 가지고 동시에 상연하는 것. ❷ 轉 상대방과 상대되는 행동을 취하여 상대방을 무너뜨리거나 반대하다. ¶唱～＝〔演～〕| 맞서서 경쟁하다. ¶他们两家工厂相互协作, 从不唱～ | 그들 두 공장은 서로 협조를 잘하여 여태 맞선 적이 없다.
【对天明誓】duìtiān míngshì 動組 하늘에 맹세를 하다. 천지 신명에게 맹세하다. ¶这件事我敢～ | 이 일은 내가 하늘에 맹세할 수 있다.
4【对头】ⓐ duìtóu 形 ❶ 정확하다. 맞다. 어법 일반적으로 술어로 많이 쓰임. ¶他的想法很～ | 그의 생각이 맞다. ❷ (마음·성격이) 맞다. 어울리다 어법 일반적으로 부정문에 많이 쓰임. ¶这兄弟俩性格不～, 合不来 | 이 형제 둘은 성격이 맞지 않아 잘 어울리지 못한다. ❸ 정상이다. 어법 일반적으로 부정문에 쓰임. ¶他神色不～ | 그는 안색이 이상하다.
ⓑ duì·tou 名 ❶ 원수. 적수. ¶他俩是死～ | 그들 둘은 철천지 원수 사이이다. ❷ 상대.
【对外】duìwài ❶ 名 대외. ¶～工作 | 대외 공작. ¶～关系 | 대외 관계. ¶～扩张政策 | 대외 확장 정책. ¶～贸易 | 대외 무역. ¶～援助 | 대외 원조. ¶～政策 | 대외 정책→〔对内〕❷ (duì/wài) 動 외부에 대응하다. ¶团结起来, 一致～ | 단결해서 함께 외부에 대응하다.
【对味(儿)】duì/wèi(r) 形 ❶ 입맛〔구미〕에 맞다. ¶我吃这个菜很～ | 나는 이 요리가 아주 입맛에 맞는다. ¶很对我的味儿 | 내 입맛에 아주 잘 맞다. ❷ (자신의 감정이나 성격 등과) 맞다. 어울리다. 어법 주로 부정문에 쓰임. ¶他的性格跟我不～ | 그의 성격은 나와 잘 맞지 않는다.
【对胃口儿】duì wèi·kour 動組 ❶ ⇒〔合hé口味〕❷ 기질에 맞다. 마음에 맞다. ❸ ⇒〔合脾胃〕
【对虾】duìxiā 名〈魚貝〉참새우 ＝〔大dà虾〕〔斑bān节虾〕〔明虾〕
2【对象】duìxiàng 名 ❶ 대상. ¶研究～ | 연구대상. ❷ 애인. 결혼의 상대. ¶他已经有～ | 그는 이미 교제 상대가 있다. ¶找～ | 결혼〔연애〕의 상대를 찾다.
【对消】duìxiāo 動 상쇄(相殺)하다. ¶甲乙双方将旧帐～ | 갑·을 쌍방은 오래 된 빚을 서로 상쇄하였다.
【对眼】duì/yǎn ❶ 動 俗 눈에 들다. 마음에 들다. 기분이 맞다. ¶这货不～ | 이 물건은 마음에 들지 않는다. ❷ (～儿) (duìyǎn(r)) 名 내사시(内斜视) ＝〔内斜视〕〔俗 斗dòu眼(儿)〕
【对弈】duìyì 動 (장기·바둑에서) 대국하다. 승부를 겨루다. ¶他们～了两场 | 그들은 두 차례 대국했다→〔对局〕
【对饮】duìyǐn 動 마주 앉아서 술을 마시다. ¶他俩～了半天, 才离开这个酒店 | 그 둘은 한참 동안 서로 대작하고서는 이 술집을 떠났다.
4【对应】duìyìng ❶ 名 대응. 응대 ❷ 動 대응하다.
2【对于】duìyú 介 「对」의 개사(介詞)용법과 같음 ⇒〔对⑭〕❶ 동사의 동작 대상을 가리킴. ¶我～数学特别爱好 | 나는 수학을 특별히 좋아한다. ¶～这些建议, 领导上非常重视 | 이 건의들에 대해서 책임간부급에서 매우 중시하고 있다. ❷ 관련을 나타냄. ¶～国际形势, 大家都畅谈了自己的看法 | 국제 정세에 대해서 모두들 자기의 의견을 마음껏 나누었다. 어법 「对」와 「对于」는 다음과 같이 다름. ⓐ 사람이 사람을 대상으로 할 때는 「对」만 씀. ¶大家对于我都很热情(×) ¶大家对我都很热情 | 모두들 나에게 아주 열정적이었다. ⓑ 「对」는 조동사·부사의 앞뒤, 주어의 앞에 쓸 수 있으나, 「对于」는 조동사·부사의 뒤에는 쓸 수 없음. ¶我们会对这件事提出意见的. ¶我们对(于)这件事会提出意见的. ¶对(于)这件事, 我们会提出意见的 | 이 일에 대해서 우리들은 의견을 제기할 수 있다. ¶大家都对于这个问题很感兴趣(×) ¶大家都对这个问题很感兴趣 | 모두들 이 문제에 대해서 흥미를 느낀다. ¶我也会对于这件事有成见(×) ¶我也会对这件事有成见 | 나도 이 일에 대해 선입견이 있을 수 있다 ＝〔关于〕〔至于〕
【对仗】duìzhàng ⇒〔对偶②〕
4【对照】duìzhào 動 ❶ 대조하다. 참조하다. ¶把译文～原文加以修改 | 번역문을 원문과 대조하여 수정하다. ❷ 대비(對比)하다. ¶言文～商业通信 | 구어(口語)·문어(文語) 대조의 상업 통신문. ¶～表 | 대조표. ¶～自己的言行, 觉得说得多, 做得少 | 자기의 언행과 대조해보니 말은 많이 했는데 한 일은 적다고 여겨진다. ¶～一下过去, 就能体会现在的生活确实是大为改善了 | 옛날에 비하면, 현재의 생활이 확실히 크게 개선되었다고 곧 알 수 있다.
【对折】duìzhé 名 50% 할인. ¶旧书打dǎ～出售 | 고서는 50% 할인하여 판다.
【对着干】duì·zhe gàn 動組 정면으로 대항하여 일을 하다. ¶同错误的政治路线～ | 잘못된 정치노선과 대결하다.
【对阵】duìzhèn 書 動 대진(對陣)하다. ¶第一轮由聂卫平跟赵治勳～ | 일회전에서는 섭위평과 조치훈이 대진한다.
【对症下药】duì zhèng xià yào 威 병의 증세에 따라 처방하다. 실정에 맞는 해결책을 취하다 ＝〔对病下药〕〔对症发药〕〔对症投方〕
【对证】duì·zhèng 動 맞춰보다. 대조하다. 대조 검증하다. ¶～笔迹 | 필적을 대조 검토하다. ¶这件事要到实地去～～ | 이 사건은 현장에 가서 대조 검증해 볼 필요가 있다.
【对峙】duìzhì 書 動 대치하다. 서로 맞서다. ¶两

军～｜양군이 대치하다→〔对垒lěi〕

【对质】duìzhì ❶動〈法〉대질하다. ¶传chuán到公堂去～｜법정으로 출두시켜 대질시키다＝〔反fǎn诘③〕 ❷動 문제와 관련있는 각 측이 같은 자리에서 서로 대조하다. ¶这个问题, 我可以同他～｜이 문제는 내가 그와 만나 대조할 수 있다.

【对子】duì·zi ❶⇒〔对联(儿)〕 ❷名 마작에서, 같은 패(牌) 2개를 짝 지우는 것 [「雀头」라고 불리는 「对子」 1조(一組)와 「刻子」 또는 「顺子」 4조가 되도록 짝짓지 못하면 「和hú了」(마지막 짝짓기)를 할 수 없다] ❸名 대구(對句) ❹名 상대 짝.

【怼(懟)】duì 원망할 대 書 ❶動 원망하다. 미워하다. 원한을 품다. ¶怨～｜원망하다. ❷名 원망. 원한 ‖＝〔憝duì〕

3【兑】duì 바꿀 태, 태괘 태 ❶動 (돈을) 바꾸다. 환전(換錢)하다. (낡은 것을 새 것으로) 갈아치우다. ¶～一点钱｜돈을 조금 바꾸다. ¶挤～｜예금을 찾으려고 몰려들다. ¶～零钱｜잔돈으로 바꾸다. ❷動 팔아버리다. ¶把铺底～出去｜가게의 권리를 팔아버리다. ❸名 8괘의 하나→〔八卦〕

【兑付】duìfù 動 지불하다＝〔兑给〕

3【兑换】duìhuàn ❶動 현금과 바꾸다. 화폐로 환전하다. ¶用美金～人民币｜미국 달러를 중국돈으로 바꾸다. ¶我有50元外币, 给我～一下｜내게 외국돈 50원이 있는데 환전 좀 해 주세요. ¶把美元～成韩币｜미국 달러를 한국돈으로 환전하다. ❷名 태환.

【兑换券】duìhuànquàn 名〈經〉태환권 [이전에 외국인이 중국 국내의 지정된 상점이나 호텔에서 사용할 수 있게 했던 지폐]→〔钞chāo票〕

【兑款】duì/kuǎn 動 태환(兌換)하다. (어음 등을) 현금으로 바꾸다.

【兑命】duìmìng 動 목숨을 걸고 보증하다. ¶你要不信, 我敢～! ｜네가 만약 신용하지 않는다면 나는 목숨을 걸고 보증하겠다.

【兑钱】duìqián 動 돈을 바꾸다.

4【兑现】duìxiàn 動 ❶ (환·어음 등을) 현금으로 바꾸다. ¶厂长～了就职时的许诺xǔnuò｜공장장은 취임시에 했던 약속을 실행했다. ¶这张支票不能～｜이 수표는 현금으로 바꿀 수 없다. ❷ 轉 약속을 실행하다. ¶说的话必须～｜말한 것은 실행하여야 한다.

【兑银发货】duìyín fāhuò 動組 돈을 받고 물건을 내주다.

【敦】duì ☞ 敦 dūn B

【憝】duì 원망할 대 書 ❶動 원망하다. 미워하다. ❷形 악하다. 나쁘다. ¶元恶大～｜매우 악독하고 나쁘다. ❸名 악(惡) 악인 ‖＝〔怼duì〕

【镦】duì ☞ 镦 dūn B

【碓】duì 방아 대 名 디딜방아 [발로 디디어 곡식을 찧거나 빻는 데에 쓰는 방아]

【碓房】duìfáng 名 (디딜)방앗간. 정미소.

【碓臼】duìjiù 名 ❶ 디딜방아. ❷ 방아확.

【碓米】duìmǐ 動 디딜방아로 쌀을 찧다. ¶用力地～｜힘을 내어 쌀을 찧다.

dūn ㄉㄨㄣ

2【吨(噸)】dūn 톤 돈 量 ❶ 外 톤(ton) [중량 단위] ¶一公～｜1000kg ❷ 배의 화물 적재 용적 단위. 등부 톤 [1 등부 톤은 2.83m³ 또는 100 입방 피트에 해당함]＝〔登记吨〕 ❸ 선박 운수에서 화물의 체적에 따라 운송비를 계산하는 단위 [1.133m3 (40입방 피트)을 1톤이라고 하며 화물에 따라 체적을 재는 톤수의 기준이 달라짐]

【吨公里】dūngōnglǐ 量〈度〉톤 킬로 미터(ton kilometer) [1톤 화물을 1킬로 운반하는 것을 「一吨公里」라 하고, 3톤 화물을 100킬로 운반하면 「三百吨公里」라고 쓰이는 복합양사]

【吨海里】dūnhǎilǐ 量〈度〉해운 화물의 수송량 계산단위[1톤 화물을 1해리 수송하는 것을 「一吨海里」라고 함]

【吨位】dūnwèi 名 제한 중량. 적재량.

【惇】dūn 도타울 돈 ❶形 성실하고 인정에 두텁다. 돈후(敦厚)하다. ¶～～｜인정 있고 후하다. ❷ 인명에 쓰이는 글자.

【敦】dūn duì 도타울 돈

A dūn ❶形 ⓐ 성실하다. 진실하다. ⓑ (의가) 두텁다. 돈독(敦篤)하다. ¶～睦邦交｜국교를 돈독하게 하다. ❷ (Dūn) 名 성(姓)

B duì 書 名 고대의 곡식을 담는 용기.

【敦促】dūncù 動 정중히 독촉하다. 간절히 재촉하다. ¶请～各地代表按时出席｜각지 대표들에게 제 시간에 출석할 것을 정중하게 재촉해 주시오. ¶警方～劫机犯半小时内释放全部人质｜경찰측은 비행기 탈취범에게 인질 전부를 반시간 이내에 석방할 것을 정중히 독촉했다.

【敦厚】dūnhòu 形 돈후하다. 돈독하다. ¶温柔～｜온유하며 돈후하다. ¶质朴zhìpǔ～｜순박하고 돈독하다 ⇔〔轻qīng薄①〕

【敦睦】dūnmù 書 動 친밀하게 하다. 화목하게 하다. ¶～邦bāng交｜국교를 친밀하게 하다.

【敦聘】dūnpìn 動 정중히 초빙하다.

【敦请】dūnqǐng 書 動 간청하다. 정중히 초청하다. ¶人民～政府减少课税｜국민이 정부에 과세 감면을 간청하다.

【敦实】dūn·shi 形 (신체 등이) 다부지다. 옹골차다. (그릇 등이) 단단하고 좋다. ¶敦敦实实的身子｜아주 다부진 체격. ¶这小伙子长得很～｜이 젊은이는 생김새가 아주 다부지다. ¶这套茶具挺～, 你在哪儿买的? ｜이 찻잔 세트는 대단히 단단하고 좋은데, 어디서 샀느냐? ＝〔墩实〕

【墩】dūn 돈대 돈 ❶名 흙더미. 작은 구릉. ¶土～｜흙더미. ❷ (～儿·子) 名 크고 두꺼운 나무토막이나 돌 혹은 시멘트 벽돌 등으로 쌓아 만든 건축물의

기초. ¶桥～ | 교각. 교대(橋臺) ❹量 떨기. 무더기 [여러 줄기가 하나로 뭉쳐 다보록한 무더기] ¶一～花木 | 한 무더기의 꽃나무.

【墩布】dūnbù 名 자루 걸레. ¶用～拖tuō地板 | 자루 걸레로 마루바닥을 닦다 =〔拖把〕

【墩子】dūn·zi 名 ❶ 크고 두터운 돌 또는 나무. ¶菜～ | 칼 도마. ¶坐在石～上 | 평평한 돌 위에 앉다 =〔砧凳zhēndèng〕❷ 건축물의 기초. ¶桥～是由混凝土hùnníngtǔ浇成的 | 교대(橋臺)는 콘크리트로 주조해 만든 것이다.

【礅】dūn 평평한돌 돈
名 반석(盤石) [두껍고 큰 돌] ¶石～ | 돌로 만든 등받이가 없는 둥근 의자.

【镦(鐓)】dūn duì 창고달 대
Ⓐ dūn ❶ 動 금속판을 압연(壓延)하다. ¶冷～ | 냉간 압연하다. ¶热～ | 열간 압연하다.
Ⓑ duì「鐓」와 같음.

2【蹲】dūn cún 쭈그릴 준
Ⓐ dūn ❶ 動 (엉덩이를 땅에 붙이지 않고) 쪼그리고 앉다. 웅크리고 앉다. ¶门口～着石狮子 | 문 입구에 돌사자가 쪼그리고 앉아 있다. ¶～在地上 | 땅에 쪼그리고 앉아 있다. ❷ 動 비교적 긴 시간 동안 머무르거나 빈둥거리다. ¶不能老～在家里吃闲饭 | 늘 집에서 빈둥거리며 밥만 얻어 먹고 있을 수 없다. ¶～了十天的禁闭了 | 감금되어 10일간 꼼짝 못하고 있었다. ¶～监狱 | 감옥에 갇히다. ❸ →〔蹲点〕
Ⓑ cún ❶ 動 方 (뛰어 내리다가) 발을 삐다. ¶由车上跳下来～了腿 | 차에서 뛰어내리다가 발을 삐었다. ❷「蹲dūn」의 문어음(文語音)

【蹲班】dūn/bān 動 유급하다.

【蹲班房】dūn bānfáng 口 動 감옥살이하다.

【蹲膘(儿)】dūn/biāo(r) 動 ❶ (동물 등이) 많이 먹고 활동을 적게 하여 비대해지다. ¶催肥～ | 가두어 놓고 잘 먹여 살찌게 하다. ❷ 貶 잘 먹고 빈둥거려서 살이 찌다.

【蹲点】dūn/diǎn 動 현장에 가서 실습하다 [책임자 또는 상급 간부가 현장에 가서 실제 작업도 하고 연구 조사도 하는 것] ¶他在化工厂～ | 그는 화학 공장에서 현장 실습을 한다. ¶蹲了三个月的点 | 삼개월 동안 현장 실습을 했다.

【蹲坑】dūn/kēng 動 ❶ (～儿) 변소 위에 웅크리고 앉다. ¶～的时候不要看书或读报 | 화장실에 앉아 있을 때는 책을 보거나 신문을 읽지 말라. ❷ 方 씨를 뿌리기 위해 구덩이를 파다.

【蹲下】dūn·xia 動 쪼그리고〔웅크리고〕 앉다. 허리를 구부리다.

dǔn ㄉㄨㄣˇ

【盹】dǔn 선잠 돈
(～儿) 名 졸음. 선잠. ¶打一个～儿 | 깜박 졸다. ¶睡了一个～儿 | 깜박 졸다. ¶醒xǐng～儿 | 선잠에서 깨다.

【趸(躉)】dǔn 도거리 돈
❶ 통째로 사들이다. ¶现～现卖 | 그 자리에서 사들이고 그 자리에서 팔다. 喩 금방 들은 이야기를 남에게 즉시 받아 옮기다. ❷ 통째. 전부. ¶～批↓

【趸船】dǔnchuán 名 부두에서 다른 배가 정박할 수 있게 하여 사람이나 물건을 내리고 싣게하는 잔교(棧橋)로 쓰이는 배.

【趸卖】dǔnmài 動 도매하다 =〔趸批②〕〔趸售〕〔批发〕

【趸批】dǔnpī ❶ 名 도매 어법 일반적으로 부사적으로 많이 쓰임. ¶～买进 | 도매로 사들이다. ¶～出卖 | 도매로 팔다. ❷ ⇒〔趸卖〕

【趸售】dǔnshòu ⇒〔趸卖〕

dùn ㄉㄨㄣˋ

【囤】dùn tún 곳집 돈
Ⓐ dùn 名 통가리 [쑥대·사리·짚 등을 새끼로 엮어 곡식을 넣을 수 있도록 만든 기구] ¶粮liáng～ | 양곡 통가리. ¶大～满, 小～流 | 통가리마다 양곡이 차고 넘치다. ¶这个～能装500斤粮食liángshí | 이 통가리에는 양식을 500근이나 담을 수 있다.
Ⓑ tún 動 (물건·식량 등을) 쌓아두다. 저장하다. 사재다. ¶～粮↓ ¶～了不少米 | 적지 않은 쌀을 사 쟀다.
Ⓐ dùn

【囤底儿上打算盘】dùndǐr·shang dǎ suàn pán 動組 통가리가 바닥나게 되어서야 주판을 퉁기다. (돈 등이) 없어질 때 가서야 아끼려 한다.
Ⓑ tún

【囤积】túnjī 動 사서 모아두다. 사재다. ¶主妇们开始～白糖 | 주부들은 설탕을 사재기 시작했다 =〔屯tún积〕

【囤积居奇】tún jī jū qí 成 매점하다. 투기하다. ¶不法商人～, 哄抬hōngtái物价 | 불법 상인들이 매점하여 물가를 다투어 올리다→〔奇qí货可居〕

【囤聚】túnjù 動 물건을 저장해 두다. 모아두다.

【囤粮】tún/liáng 動 곡식을 저장하다. 양식을 사서 쌓아두다. ¶～过冬 | 월동을 위하여 양식을 저장하다 =〔屯粮②〕

【沌】dùn zhuàn 물결칠 돈, 땅이름 전
Ⓐ dùn →〔混hùn沌〕
Ⓑ zhuàn ❶ (Zhuàn) 名〈地〉전하(沌河) [호북성(湖北省)에 있는 강 이름]❷ 지명에 쓰이는 글자. ¶～口 | 전구. 호북성(湖北省)에 있는 지명.

【炖〈燉〉】dùn 삶을 돈, 불이글이글할 돈
動 ❶ (약한 불에 오랫동안) 푹 삶다. 고다. ¶～鸡 | 닭을 고다. 곤 닭. ¶清～ | 백숙. ¶～一锅肉 | 고기를 한 가마 푹 삶다. ❷ 데우다. ¶～酒 | 술을 데우다. ❸ 江 끓이다. ¶～开水 | 물을 끓이다.

【炖肉】dùnròu 名 푹 곤 고기. 삶은 고기.

【炖杂碎】dùnzá·sui 名〈食〉양내장 곰 [양의 내장 등을 삶아 만든 음식]

【砘】dùn 다질 돈
動 (파종한 후 흙을 덮고) 다지다. 다져

주다. ¶～土 | 흙을 다지다.

【砘子】dùn·zi 名〈農〉씨앗을 뿌리고 흙을 덮은 후 땅을 단단하게 고르는 농기구.

【钝(鈍)】dùn 무딜 둔 形❶(날붙이가) 무디다. ¶这把菜刀太～了, 该磨mó了 | 이 식칼은 너무 무디니 갈아야겠다 ⇔〔快③〕〔利〕〔锐ruì①〕 ❷(머리·동작이) 둔하다. 우둔하다. ¶鲁lǔ～ | 우둔하다. ¶迟chí～ | 둔하다. 굼뜨다.

【钝笔】dùnbǐ 書名 서툰 글씨〔문장〕¶我是～, 写不出什么好文章 | 나는 글솜씨가 없어 그럴듯한 글을 써내지 못한다.

【钝刀(子)】dùndāo(·zi) 名(날이) 무딘 칼.

【钝刀慢剐】dùndāo mànguǎ 動組 喩 서서히 고통을 주다.

【钝汉】dùnhàn 名 우둔한 사람. ¶他是一个不开窍kāiqiào的～ | 그는 세상 물정에 어두운 사람이다.

【钝角】dùnjiǎo 名〈數〉둔각. ¶～三角形 | 둔각 삼각형 →〔锐ruì角〕

【钝响】dùnxiǎng 名 둔탁한 소리. ¶远处传来爆竹bàozhú的～ | 멀리서 둔탁한 폭죽 소리가 들려온다.

1【顿(頓)】dùn dú 머무를 돈, 조아릴 돈, 흉노왕이름 돌

Ⓐ dùn ❶動(잠깐) 멈추다. 정지하다. 좀 쉬다 어법 목적어를 갖지 않고, 대개 「了」와 함께 쓰임. ¶他～了一下, 又继续说下去 | 그는 잠시 멈추고 나서 다시 계속해서 말해 나갔다. ❷動(발을) 구르다. ¶～了几下脚 | 발을 몇 번 굴렀다 =〔跺duò〕 ❸量 끼니 [식사의 횟수] ¶一天三～饭 | 하루에 세 끼니. ¶～～吃大米饭 | 끼니마다 쌀밥을 먹다 →〔餐cān②〕 ❹量 번. 차례 [질책·권고·매도의 횟수] ¶打了两～ | 두 번 때렸다. ¶骂了一～ | 한 차례 욕했다. ¶教训了他一～ | 그에게 한차례 훈계를 했다. ❺처리하다. 안치하다. ¶整～ | 정돈하다. ¶安～ | 적절히 배치하다. ❻갑자기. 문득. ¶～时↓ ❼(머리가 땅에 닿도록) 절을 하다. 조아리다. ¶～首↓ ❽(Dùn) 名 성(姓)

Ⓑ dú ⇒〔冒Mò顿〕

【顿笔】dùnbǐ 動❶붓을 잠깐 멈추다. 쓰기를 멈추다. ❷글씨·문장의 중요한 대목에서 힘을 주기 위하여 잠깐 멈추다.

【顿挫】dùncuò 形(어조나 음률 등이) 잠깐씩 멈추거나 바뀌다. ¶他朗诵诗歌时, 抑扬～, 非常动听 | 그가 시가를 낭송할 때 어조나 음률에 변화가 있어 대단히 감동적이다.

【顿挫疗法】dùncuò liáofǎ 名組〈醫〉치료 방법의 일종 [초기에 대량으로 투약하여 병세의 진전을 막고, 이후에 제 분량대로 써서 치료하는 것을 말함]

【顿号】dùnhào 名〈言〉모점 [「、」을 일컬으며, 문장에서 병렬 관계에 있는 낱말 또는 구 사이의 멈춤을 표시함]

【顿开茅塞】dùn kāi máo sè 成 갑자기 막혔던 것이 훤히 뚫리다. 문득 도리를 깨닫다. ¶你这些话, 使我～ | 너 이 몇 마디가 나를 갑자기 깨우쳤다. ¶听了他的报告, 我～, 懂得了很多东西 | 그의 보고를 듣고 나는 문득 깨달은 바가 있어 많은 것을 알았다 =〔茅塞顿开〕

3【顿时】dùnshí 副 바로. 갑자기. 별안간. 단번에 어법 강조하려고 주어 앞에 둘 때는 대개 주어 앞에 휴지가 온다. ¶上课铃声一响, 教室里～安静下来 | 수업 종이 울리자 교실 안은 바로 조용해졌다. ¶临时停电, ～, 屋子里黑得伸手不见五指 | 임시 정전으로 별안간 집안이 칠흑같아 손을 내밀어도 다섯 손가락이 보이지 않을 정도야. ¶～想起来 | 갑자기 생각이 나다. ¶一听此话, 他～语塞yǔsè | 이 말을 듣자마자 그는 말문이 막혔다.

【顿首】dùnshǒu 書❶動 머리를 땅에 닿도록 숙이고 절을 하다. ❷名 돈수. 계수(稽首) [편지 끝에 써서 경의(敬意)를 표(表)하는 말] ‖ =〔叩kòu首〕〔叩头〕

【顿悟】dùnwù 書動❶문득 깨닫다. ❷〈佛〉불교의 참뜻을 문득 깨닫다.

【顿足】dùnzú 書動 발을 (동동) 구르다. ¶他常在众人面前～大骂, 简直像一个泼妇pōfù | 그는 늘 사람들 앞에서 발을 동동 구르며 욕을 해대는데 정말 막되먹은 여자같다. ¶～大惊jīng | 발을 동동 구르며 놀라다 =〔顿脚〕〔跌diē足〕〔蹀dié足〕

2【盾】dùn 방패 순 ❶名 방패. 방패 모양의 물건. ¶矛～ | 창과 방패. 모순. ¶金～ | 방패 모양의 금장식 기념물 =〔書楯〕 ❷名〈錢〉ⓐ 굴덴(gulden) [화란의 화폐 단위] ⓑ 루피아 [인도네시아의 본위 화폐] ⓒ 길더 [네덜란드의 화폐 단위] ⓓ 동(Dong) [베트남의 화폐 단위]

【盾牌】dùnpái 名❶방패. ❷喩 핑계. 변명

【遁〈遯〉】dùn 달아날 둔, 숨을 둔 ❶動 도망치다. 달아나다. 도피하다. ¶夜～ | 야반 도주하다. ❷피하다. 숨다. ¶隐～ | 은둔하다. ❸名 둔괘 [역(易)의 64괘(卦) 중의 하나]

【遁词】dùncí 書名 핑계 대는 말. 발뺌하려고 꾸며 대는 말 =〔遁辞〕

【遁迹】dùnjì 書動 자취를 감추다. 은거하다. ¶～山林 | 산속에서 은거하다. ¶寒冬既临, 蛇蛙～ | 추운 겨울이 다가와 뱀 개구리들이 모두 자취를 감추었다.

【遁入空门】dùnrù kōngmén 喩 불문(佛門)에 들어가다. ¶李叔同后来～, 成为弘一大师 | 이숙동은 후에 불문에 들어가서 홍일 대사가 되었다.

【遁世】dùnshì 書動 속세를 피하여 은거하다.

【楯】dùn shǔn 난간 순

Ⓐ dùn 「盾」과 같음 ⇒〔盾dùn①〕

Ⓑ shǔn 書名 난간(欄杆)

duō ㄉㄨㄛ

1【多】duō 많을 다 ❶動 …이 더 많다. 과다하다. 불필요하다. 어법 ⓐ「多」뒤에 수량사(數量詞)〔＋名〕을 두어 원래보다 초과하였음을 나타냄. ¶～了三

个 | 3개가 더 많아졌다. ¶～了一个字 | 한 자가 더 많다. ¶「玉」字比「王」字～一点 | 옥(玉)자가 왕(王)자보다 점 하나가 더 많다. ⓑ「多」다음에「事」「话」「嘴」「心」등의 목적어(賓語)가 옴. ¶别～事了 | 쓸 데 없는 짓 하지 마라. ¶～心↓ ⓒ 자연현상을 나타내는 명사는「多」의 주어가 되거나 목적어(賓語)가 되어도 같은 뜻이 됨. ¶春天～风, 夏天～雨. ¶春天风～,夏天雨～ | 봄에는 바람이 많고, 여름에는 비가 많다. ❷形(수량이) 많다. 어법 ⓐ 명사를 수식하는 경우,「多」앞에 반드시 다른 수식어가 있어야 함. ¶～人(×) ¶很～人 | 많은 사람. ¶～朋友(×) ¶好～朋友 | 아주 많은 친구. ⓑ「多」단독으로 명사를 수식하는 경우는 고정어(固定詞語)에 국한됨. ¶～民族国家 | 다민족국가. ¶～年的朋友 | 다년간의 친구. ¶～才～艺 | 다재다예. 다재다능. ⓒ「很多」는「的」를 동반하지 않고 직접 명사를 수식함. 이때「很」은 매우란 뜻 없이 쓰이므로「很多」를 하나의 관형사(定詞)로 봄. ¶很～的人(×) ¶很多人 | 많은 사람 ⇔〔少〕 ❸形 더 많다. 더 많이 …하다. 어법 ⓐ「多」를 동사 앞에 쓰고, 동사 뒤에 수량사를 써서 원래보다 초과하였음을 나타냄. ¶～吃了一碗 | (원래보다) 한 그릇 더 먹었다. ¶比去年～收了上万斤粮食 | 작년보다 10만여 근의 양식을 더 수확하였다. ⓑ 동사의 보어로 쓰여 원래보다 초과하였음을 나타냄. ¶酒喝～了对身体有害 | 술을 지나치게 마시면 신체에 해롭다. ¶钱找～了 | 돈을 더 많이 내어 주었다. ⓒ 형용사의 보어로 쓰여, 차이가 많음을 나타냄. ¶好～了 | 훨씬 좋아졌다. ¶新鲜～了 | 아주 신선하다. ¶好得～ | 훨씬 좋다. ¶简单得～ | 훨씬 간단하다. ❹數 …여. …남짓. 어법 ⓐ 수사가 10단위 이상의 정수(整數)일 때는「數＋多＋量〔＋名〕」의 순서임. ¶十～封信 | 10여 통의 편지. ¶一百～号人 | 100여 명의 사람. ⓑ 수사가 단 단위(單單位)일 때는「數＋量＋多〔＋名〕」의 순서이고, 양사는 대개 도량사(度量詞)·용기양사(容器量詞)·시간양사(時間量詞)·「倍」등임. ¶六斤～菜 | 여섯여 근의 채소. ¶过了一个～月 | 일 개월 여가 지났다. ¶提高了一倍～ | 한 배 남짓 올렸다.ⓒ 수사가「十」이고 양사가 도량사일 때「多」의 위치에 따라 뜻이 아주 달라짐. ¶十～斤菜. ¶十几斤菜 | 열 몇 근의 채소. ¶十斤多菜 | 열 근 남짓의 채소. 열 근 이상, 열한 근 미만의 채소. ⓓ 미수(尾數)를 나타내는「多」「来」「把」의 비교 ⇒〔来lái〕 ❺副 얼마나 [의문문에 쓰여 정도·수량을 물음] ¶前面那座楼有～高? | 앞의 저 빌딩은 얼마나 높은가요? ¶他～大年纪 | 그는 나이가 얼마나 되었는가? ❻副 얼마나. 아무리. 어법 감탄문에 쓰여 정도가 매우 높음을 나타내는데, 부정 앞에 쓰일 때는「쉬운 것」,「좋은 것」등에 국한됨. ¶～有精神 | 얼마나 원기 왕성한가? ¶～不简单 | 얼마나 복잡한지! ¶～不复杂(×) ¶～不容易呀 | 얼마나 쉽지 않은가? ¶～不难(×) ¶～不好啊 | 얼마나 좋지 않은가! ¶～不坏(×) ❼副 아무리〔제 아무리〕…하여도. ¶～复杂的算术题他都能做出来 | 아무리 복잡한 산술 문제라 해도 그는 다 풀어낼 수 있다. ¶无论山有～高, 路有～陡dǒu, 他总是走在前面 | 산이 아무리 높고 길이 아무리 험하다 해도 그는 항상 앞에서 걸었다. 어법「多」가 부사로 쓰인 경우 구어에서는「duó」로 많이 읽음. ❽書動 칭찬하다. 훌륭하게 여기다. ¶众皆～具谦虚好学 | 모두들 겸허하고 배우기를 좋아한다고 칭찬하였다. ❾(Duō) 名 성(姓)

[3]【多半(儿)】duōbàn(r) ❶數 대다수. 대부분. 어법 대개「是」앞에서 쓰임. ¶我使用的工具书～是自己买的 | 내가 사용하고 있는 참고서들은 대개 내가 산 것이다. ¶参加足球运动的～是男学生 | 축구 운동에 참가한 사람은 대부분 남학생이다. ❷副 대개. 아마. 대체로. ¶台风～发生在夏季 | 태풍은 대개 여름철에 발생한다. ¶听口音, 他～是广东人 | 말씨를 들으니 그는 아마 광동 사람인 것 같다. ¶他到现在还不来, ～不会来了 | 그가 지금까지도 안 오는걸 보니 아마 오지 않을 것 같다 ＝〔多一半(儿)〕‖＝〔多分〕

【多宝槅(儿)】duōbǎogé(r) 名 골동품·귀금속 등을 진열하는 장식 선반 ＝〔十shí景橱〕

【多倍体】duōbèitǐ 名〈生〉배수체(倍數體) 폴리플로이드(polyploid)

【多边】duōbiān 區 다변(다각)의. 다방면의. ¶～形 | 다변형. 다각형. ¶～协定 | 다각적 협정. ¶～关系 | 다각적 관계.

【多变】duōbiàn 形 변하기 쉬운. (날씨 등이) 변덕스러운. 변화 있는. 다채로운. ¶～的气候 | 변덕스러운 기후. ¶～的战术 | 다양한 전술. ¶战争时代, 情况～ | 전쟁 시기에는 상황이 변화가 많다.

【多病】duōbìng 形 병약하다. 병이 많다. ¶～方知健是仙 | 諺 병약하게 되어 보아야, 비로소 건강의 고마움을 안다.

【多才多艺】duō cái duō yì 成 다방면에 재주가 많다. 다재다능하다. ¶他是个～的人 | 그는 아주 다재다능한 사람이다 ＝〔多材多艺〕

【多产】duōchǎn ❶名 다산. ❷動 많이 만들다. ¶～粮食 | 양식을 많이 생산하다.

【多愁善感】duō chóu shàn gǎn 成 쉽게 자주 감상에 빠지다. ¶今天的青年千万不要～ | 오늘날의 청년들은 절대로 너무 감상적이어서는 안된다.

【多出】duō·chu …만큼 초과하다. …만큼 많다. ¶你取来的这五件, ～两只箱子 | 네가 가져온 이 다섯 종류의 물건은 두 상자를 초과하였다.

【多此一举】duō cǐ yī jǔ 成 불필요한 짓을 하다. 부질없는〔쓸 데 없는〕짓을 하다. ¶何必要～! | 필요 이상의 짓을 할 필요가 있겠느냐! ¶麻袋上绣xiù花, ～ | 마대에 꽃을 수놓은 것처럼 불필요한 짓을 하다.

【多次】duōcì 數量 여러 번. 자주. ¶～试过了, 可没有效果 | 여러 번 시도해 보았지만 하나도 효과가 없다. ¶去过～, 一直没碰上 | 여러 번 간 적이 있으나 줄곧 만나지질 못했다.

【多大】duōdà ❶ 얼마의. (연령·시간 등에 관하여) 어느 정도(의) ¶你今年～岁数suìshù? | 당신은 올해 나이가 얼마입니까? ¶得děi等～工夫

儿？｜얼마나 기다려야 하느냐? ¶有～劲儿就掏tāo出～劲儿｜있는 만큼 힘을 쓰다. ❷참으로 큰. 얼마나 큰. ¶他的力气～呀｜그는 힘이 얼마나 센가. ¶再下～的雨也甭béng怕啦｜아무리 큰 비가 와도 두려울 것 없다. ❸(부정문에 쓰여) 별로. 그다지. ¶没有～空地方｜빈 자리가 별로 없다. ¶我等着他不是～的工夫｜내가 그를 기다린 것은 그다지 오랜 시간은 아니다.

【多带】duōdài 動 많이 휴대하다. ¶山上会冷, ～几件衣服吧｜산 위는 추울 지 모르니 옷을 몇 벌 더 가져가라.

【多多(地)】duōduō(·de) 副 대단히. 충분히. 많이. ¶请您～原谅yuánliàng!｜널리 양해해 주시기 바랍니다! ¶～劳驾｜대단히 수고하셨습니다.

【多多少少】duō·duoshǎoshǎo 副 많든 적든 간에. 다소간. 얼마간에. ¶～受了影响｜다소 영향을 받았다. ¶我～对你也有一点贡献吧｜내가 얼마간은 너에게 공헌을 했을 것이다.

【多多益善】duō duō yì shàn 成 다다익선. 많으면 많을수록 좋다 =〔越yuè多越好〕

【多儿多女】duō'ér duōnǚ 動組 자식이 많다. 자식 복이 있다 =〔多男多女〕

【多发病】duōfābìng 名 다발성의 질병.

【多方】duōfāng ❶ 名 다방면. ❷ 副 다방면으로. 다방면에 걸쳐서. 갖은 방법으로. ¶～设法｜여러 모로 방법을 강구하다. ¶～协助｜여러 모로 협조하다 =〔多方面〕

【多分】duōfèn ⇒〔多半(儿)〕

【多付】duōfù 動 더 지불하다.

【多高】duōgāo ❶ 높이〔키〕가 얼마나 되느냐. ¶你有～?｜너 키가 얼마냐? ❷ 참으로 높다. ¶那座山, ～啊!｜저 산은 참으로 높구나!

【多哥】Duōgē 名 外 〈地〉 토고(Togo) [아프리카 서부에 위치한 나라. 수도는「洛美」(로메;Lomé)]

【多寡】duōguǎ 名 많고 적음. 다소. ¶你随意给他, ～不拘｜당신 마음대로 그에게 주십시오. 많고 적음에 구애되지 말고.

【多管闲事】duō guǎn xián shì 成 상관 없거나 필요 없는 일에 참견하다. ¶狗gǒu拿耗子, ～｜歇 쥐 잡는 것은 고양이에게나 맡기지 개가 나서서 참견할 일이 아니다.

【多哈】Duōhā 名 外 〈地〉 도하(Doha) [「卡塔尔」(카타르;Qatar)의 수도]

【多会儿】duō·huir 代 口 ❶ 언제. 어느 때. ¶～动身?｜언제 떠납니까? ¶你是～来的?｜너는 언제 왔느냐? ❷(진술문에서) 언젠가(는) 어떤 때. ¶～大家都齐心, 事就好办了｜언젠가 모두가 마음을 합치기만 하면, 일은 잘될 것이다. ¶现在还不敢说定了, ～有空～去｜지금 확실히 말할 수는 없고, 언제 틈이 나면 가겠다. ¶～也没听他叫过苦｜그가 고생스럽다고 하는 소리를 한 번도 듣지 못했다.

【多极】duōjí 名 〈電氣〉 다극. ¶～发电机｜다극 발전기.

【多加】duōjiā 副 더 많이 …(하다) 충분히 …(하다) ¶～小心｜더욱 조심하다. ¶～注意｜더욱 주의하다. ¶对这号人要～防范fángfàn｜이 사람에 대해서는 더욱 경계해야 된다.

【多晶体】duōjīngtǐ 名 〈物〉 다결정체(多結晶體) ⇔〔单dān晶体〕

【多久】duōjiǔ ❶ 代 얼마 동안. ¶你等了～?｜얼마나 오래 기다렸습니까? ¶盐放～了不会馊sōu｜소금은 오래 두어도 쉬지 않는다.. ¶不大记得哭了～｜얼마 동안 울었는지 모른다. ❷ 副 오랫동안. 오래. ¶～没见了｜오랫동안 만나 뵙지 못했습니다.

【多孔】duōkǒng 區 구멍이 많은. 다공(多孔)의. ¶～动物｜해면 동물. ¶～砖zhuān｜다공식 벽돌.

【多口相声】duōkǒu xiàng·sheng 名 두 사람 이상이 출연하는「相声」을 가리킴.

【多快】duōkuài ❶ 어느 정도의 속도. ❷ 참으로 빠르다 =〔多么快〕 ❸ 정말 빠르다.

【多快好省】duō kuài hǎo shěng 形組 더 많이, 더 빨리, 더 좋게, 더 절약하자는 1958년 5월, 중국 공산당 제8기 전국대표 대회 제2회 회의에서 정식화된 사회주의 건설 총 노선의 슬로건 중의 하나→〔鼓gǔ足干劲〕〔总zǒng路线③〕

3【多亏】duōkuī ❶ 副 덕분에. 다행히 어법 보통 문두에 쓰이며, 부사「才」나 접속사「要不」「否则」과 함께 쓰임. ¶～你的帮助, 才取得这样好的成绩｜너의 도움 덕분에 이렇게 좋은 성적을 얻을 수 있었다. ¶这次～医生及时抢救, 要不这小孩早没命了｜이번에 다행히도 의사가 제때에 응급조치를 했기에 망정이지 아니었으면 이 아이는 벌써 목숨을 잃었을 것이다. ¶～你及时打来电话, 否则我要白跑一趟｜다행히 너가 제때에 전화를 했기 망정이지 그렇지 않았으면 헛걸음칠 뻔 했다. ¶～是你, 要是别人准做不来｜다행히 너였기에 망정이지 다른 사람이었다면 할 수 없었을 것이다 =〔多得〕→〔幸xìng亏〕 ❷ 動 은혜를 입다. …의 덕택이다. ¶今年这么好的收成, ～他们的帮助啊!｜금년에 이렇게 좋은 수확은 그들의 도움 덕택이야!

3【多劳多得】duō láo duō dé 成 많이 일하면 많이 얻는다. ¶这儿的分配原则是:各尽所能, ～｜여기의 분배 원칙은 각자 최선을 다하여 많이 일한 만큼 분배를 많이 받게 하는 것이다 =〔多劳多收〕〔按劳取酬〕

【多了去】duō·le·qu 形 대단히 많다. ¶这种事不足为奇, 真～啦!｜이런 일은 신기하게 여길 것이 못된다. 정말 비일비재하다.

【多虑】duōlǜ 動 걱정이 많다. 과다하게 걱정하다.

1【多么】duō·me 副 ❶ 얼마나. 어느 정도 어법 일반적으로 의문문에 쓰여 정도를 물음. ¶你一小时能跑～远?｜너는 한 시간에 얼마나 뛸 수 있느냐? ¶学校离你家有～远?｜학교는 너의 집에서 얼마나 먼가? ❷ 얼마나 어법 감탄문에 쓰여 정도가 심한 것을 나타냄. ¶这幅画～美啊!｜이 그림은 얼마나 아름다운가! =〔多们〕 ❸ 아무리 어법 조건문에 쓰여 심한 정도를 가리킴.「不管」「无论」과 호응함] ¶不管下～大的雨, 他总是按时到校｜아무리 큰 비가 와도 그는 항상 제시간에 학교에 온다. 어법 ⓐ「多么」의 용법은 기본적으로「多」와 같으나「多么」는 감탄문에만 주로

쓰임. 「多」는 위의 모든 경우에 상용됨 ⇒〔多⑤⑥⑦〕ⓑ 구어에서는 「duó·me」로 많이 읽음.

【多米尼加共和国】Duōmǐníjiā Gònghéguó 名 外 〈地〉 도미니카공화국(The Dominican Republic) [서인도제도에 위치한 나라. 수도는 「圣多明各」(산토 도밍고; Santo Domingo)]

【多米尼加联邦】Duōmǐníjiā liánbāng 名 〈地〉 도미니카연방(Common wealth of Dominica) [서인도제도에 위치한 나라. 수도는 「罗索」(로조; Roseau)]

【多米诺骨牌】duōmǐnuò gǔpái 名組 外 도미노(domino)놀이. 또 그 놀이에 쓰는 패. ¶～理论 | 〈政〉 도미노 이론.

【多面】duōmiàn 區 다면의. ¶～角 | 다면각.

【多面手】duōmiànshǒu 名 만능인 사람. ¶他是～, 写诗·唱歌·打桥牌, 样样在行háng | 그는 정말 만능이다. 시 짓기나 노래 하기 그리고 브릿지 카드놀이 등 모든 방면에 전문가이다.

【多面体】duōmiàntǐ 名 〈數〉 다면체.

【多民族】duōmínzú 形 다민족의.

【多谋善断】duō móu shàn duàn 成 지모(智謀)가 뛰어나고 판단력이 좋다. ¶军事指挥员要～ | 군사 지휘관은 지모가 뛰어나고 판단력도 좋아야 한다 =〔好谋善断〕

【多幕剧】duōmùjù 名 〈演映〉 장막극(長幕劇)

【多难兴邦】duōnàn xīngbāng 成 여러 차례의 재난이 겹친 상황이 오히려 국민들을 분발시켜 어려움을 극복하고 나라를 일으키다.

【多年】duōnián 名 여러 해. 오랜 세월. ¶～的交情 | 오랜 친분.

【多年生】duōniánshēng 名 〈植〉 다년생. 여러해살이.

【多胚生殖】duōpēi shēngzhí 名 〈生〉 다배 생식. 다배 현상.

【多歧亡羊】duō qí wáng yáng 成 갈림길이 많아 양을 결국 못찾다 [열자(列子) 설부편(說符篇) 고사]. 학문의 길이 너무 다방면으로 갈리어 진리를 얻기 어렵다.

【多情】duōqíng 形 열렬하다. 감상적이다. 다정하다. ¶他其实不喜欢你, 你太～了 | 그는 사실 너를 좋아하지 않는데, 넌 너무 혼자서만 열렬하다. ¶不要自作～ | 혼자서만 정을 쏟지 말라.

【多如牛毛】duō rú niú máo 成 쇠털같이 많다. ¶苛捐kējuān杂税záshuì～ | 여러가지 가혹한 세금이 쇠털같이 엄청나게 많다.

【多色】duōsè 區 다색(의) ¶～染料 | 다색 염료. ¶～印刷 | 다색 인쇄. ¶～印版 | 다색판.

1【多少】ⓐ duōshǎo ❶ 名 (수량의) 많고 적음. 분량. ¶～不等, 长短不齐 | 수량이 같지 않고, 길이가 같지 않다. ¶～不拘 | 많건 적건 제한하지 않는다. ❷ 副 다소간. 많든 적든 간에. 어법 대개 「点」「些」와 호응함. ¶您～吃点儿吧 | 많든 적든 좀 먹어라. ¶这对改进工作～有点好处 | 이것은 작업을 개선하는데 많든 적든 잇점이 좀 있다. ¶～能学到一些东西 | 약간은 뭔가를 배울 수 있다. ❸ 副 조금. 약간. ¶住院以后, 病～好了一些 | 입원한 이후에 병이 조금 좋아졌다.

ⓑ duō·shao 代 ❶ 얼마. 몇. ¶学校里有～学生? | 학교에 학생은 몇 명 있습니까? ¶算算有～ | 얼마나 있는가 좀 세어 보십시오 =〔江 几jǐ多〕❷ 얼마 [부정(不定)의 수량을 나타냄] ¶我跟你说过不知～次了 | 나는 너에게 몇 차례나 말했는지 모른다. ¶有～人就拿～ | 사람 수만큼 가져가라. ¶要吃～就吃～ | 먹고 싶은 만큼 먹어라.

【多神教】duōshénjiào 名 〈宗〉 다신교→〔一神教〕

【多时】duōshí 名 오랫동안. ¶～未见面 | 오랫동안 만나지 못하다. ¶等候～ | 오랫동안 기다리다.

【多事】duō/shì 動 ❶ 쓸데없는 일을 하다. 해서는 안될 일을 하다. ¶不要～了 | 쓸데없는 일을 하지 말라. ¶你真会～ | 넌 정말 참견이 심하다. ❷ (duōshì) 形 다사(多事)하다. 일이 많다. ¶～之秋 | 다사다난한 시기.

【多手多脚】duō shǒu duō jiǎo 成 쓸데없이 〔부질없이〕 손을 대다. 쓸데없이 나서다. ¶这些东西很娇嫩jiāonèn, 你别～地动 | 이 물건들은 대단히 약하니 쓸데없이 손을 대지 마시오.

2【多数】duōshù ❶ 名 다수. ¶少数服从～ | 소수가 다수에게 복종하다. ¶绝大～ | 절대 다수. ❷ 區 다수의. 다수인. ¶～学生是少先队员 | 다수의 학생이 소년선봉대원이다. ¶～党 | 다수당. ❸ 副 대개. 대체로. ¶雷雨以后, ～是晴天 | 뇌우 이후에는 대체로 날씨가 맑다.

【多说】duōshuō 動 쓸데〔필요〕없는 말을 하다. 쓸데없이 지껄이다. ¶～一句 | 쓸데없이 한 마디 하다. ¶别～了! | 쓸데없는 말을 하지 말라!

【多糖】duōtáng 名 〈化〉 다당류(多糖類)〔多聚糖〕

【多头】duōtóu 名 ❶ (증권 시장 등에서 시세가 오를 것을 예상하고 다량으로 주식을 구매하는) 투기(꾼) ¶做～ | 투기를 하다→〔买空卖空〕⇔〔空kōng头 ⓐ ②〕❷ 여러 방면. ❸ 많은 우두머리〔지도자〕.

【多细胞生物】duōxìbāo shēngwù 名組 〈生〉 다세포생물.

【多嫌】duō·xian 動 方 싫어하다. 배척하다. ¶你不必～我, 我这就走 | 날 싫어하는 얼굴을 할 필요가 없어, 곧 갈 테니까.

【多项式】duōxiàngshì 名 〈數〉 다항식.

【多谢】duōxiè 套 대단히 감사합니다. ¶～您的好意 | 당신의 호의에 감사드립니다. ¶～你帮了我的忙 | 저를 도와주셔서 대단히 감사합니다.

【多心】duō/xīn 動 ❶ 의심하다. 의심이 나다. ¶那句话不是针对你讲的, 请别～ | 그 말은 너를 겨냥해서 한 말이 아니니 의심하지 말라. ❷ 공연한 걱정을 하다. ¶你太～了! | 너는 공연한 걱정을 하는구나! 어법 일반적으로 목적어를 취하지 않음. ‖ =〔多疑〕

【多行不义】duō xíng bù yì 成 나쁜 짓을 많이 하다. ¶～必自毙bì | 나쁜 짓을 많이 하면 반드시 스스로 목숨을 잃게 된다.

【多言】duōyán 動 말이 많다. 수다를 떨다. ¶不必～了! | 더 이상 말이 필요 없다!

【多言多语】duō yán duō yǔ 成 말이 많다. 수다를 떨다. ¶我既打定主意了, 不许你们～ | 내가 이미 작정을 한 이상, 너희들이 이러쿵저러쿵 말하

지 말라.

【多样】duōyàng ❶图 다양(함) ❷形 다양하다. ¶形式～ | 형식이 다양하다.

【多样化】duōyànghuà 图動 다양화(하다) ¶～的艺术风格 | 다양한 예술 풍격. ¶把食堂里的菜搞得～ | 식당의 요리를 다양하게 하다.

【多一半(儿)】duōyībàn(r) ⇒〔多半(儿)②〕

【多一事不如少一事】duō yīshì bù rú shǎo yīshì 謠 쓸데없는 일을 하는 것보다는 삼가는 편이 낫다. 쓸데없는 일은 하지 않는게 좋다.

【多疑】duōyí ⇒〔多心〕

【多义词】duōyìcí 图〈言〉다의어(多義語)

【多于】duōyú 書 …보다 많다. ¶娃wá娃～大人 | 어린이가 어른보다 많다.

3【多余】duōyú ❶動 남다. 어법 대개 목적어나 보어를 동반함. ¶今年的收成好, 村上人家普遍～了不少粮食 | 금년엔 수확이 많아, 마을 사람들 대부분에게 적지 않은 양식이 남았다. ¶这些钱是～下来的 | 이 돈들은 남은 것이다. ¶把～的给他 | 남은 것은 그에게 주어라. ❷形 불필요하다. ¶这篇文章中～的字句要删去 | 이 글 중에서 불필요한 자구는 삭제해야 된다. ¶～的事 | 쓸데없는 일. ¶～的话 | 불필요한 말. ¶你去那儿也是～的 | 너가 그기에 가는 것은 역시 불필요하다.

【多元论】duōyuánlùn 图〈哲〉다원론→〔一yī元论〕

【多元酸】duōyuánsuān 图〈化〉다염기산(多鹽基酸)

【多云】duōyún 形〈氣〉구름이 많다 [일기 예보용어] ¶～间阴 | 구름이 많이 끼고 때때로 흐림. ¶～转晴 | 구름이 많이 낀 후 맑음. ¶～转阴 | 구름이많이 낀 후 흐림.

【多灾多难】duō zāi duō nàn 成 재해가 많다. ¶我们～的民族, 什么时候才能幸福祥和? | 우리 이 재난이 많은 민족은 언제쯤 되서야 행복해 질 수 있을까?

【多咱】duō·zan 代 方 ❶ 언제. 어느 때 [용법은 「多会儿」과 같으며 「多早晚(儿)」의 축음(縮音)임] ¶这是～的事? | 이것은 언제 일이냐? ❷ 부정적인 수량을 나타냄 ‖ ＝〔多儿〕〔多暂〕〔多早〕〔多早晚(儿)〕〔多阵〕

【多种多样】duōzhǒng duōyàng 狀組 가지각색이다. 여러 가지이다. ¶斗争的形式是～的 | 투쟁의 형식은 여러 가지이다.

【多子多孙】duō zǐ duō sūn 成 자손이 많다. ¶老人们总想～ | 노인들은 늘 자손이 많기를 바란다.

【多足类】duōzúlèi 图〈動〉다족류.

【多嘴(儿)】duō/zuǐ(r) 動 쓸데없는 말을 하다. 쓸데없는 말참견하다. ¶这事儿与你毫不相干, 你～干什么呢? | 이 일은 너와는 조금도 관계가 없는데, 무엇 때문에 쓸데없는 일에 말참견을 하는 것이냐? ¶～多舌 | 成 수다를 떨다. 말이 많다.

3【哆】duō chǐ 벌벌떨 다, 입딱벌릴 치

Ⓐ duō ❶ ⇒〔哆嗦〕 ❷動 京 바늘 끝으로 무늬를 그리다. ¶用针尖在纸上～出一朵花来 | 종이에 바늘끝으로 한 송이의 꽃무늬를 그렸다.

Ⓑ chǐ 書動 ❶ 입을 벌리다. ¶～着嘴 | 입을 딱 벌리다. ❷ 크게 꾸짖다. ¶～然 | 큰소리로 야단치다.

3【哆嗦】duō·suō 動 몸을 떨다. 전율하다. ¶他～了一会儿 | 그는 한동안 몸을 떨었다. ¶气得直～ | 화가 나서 계속 부들부들 떤다. ¶冷得打～ | 추워서 덜덜 떨다. ¶吓xià得浑身打～ | 무서워서 온 몸을 벌벌 떨다 ＝〔打哆〕〔哆里哆嗦〕〔哆罗哆嗦〕

【咄】duō 꾸짖을 돌

嘆 ❶ 쳇. 이놈. 자석 [꾸짖는 소리] ¶～, 何事 | 이놈아! 무슨 짓이냐? ❷ 에. 저런 [탄식·놀람을 나타내는 소리] ¶～～怪事↓

【咄咄】duōduō 嘆 두려움이나 놀라움을 나타내는 소리.

【咄咄怪事】duō duō guài shì 成 전연 뜻밖의 일이라 경악스럽다. ¶一个号称革命的作家竟然去美化反动阶级, 岂非～! | 혁명 작자라 불리는 자가 뜻밖에도 반동 계급을 미화하다니 이 어찌 경악스러운 일이 아니라고 하겠는가!

【咄嗟】duōjiē 書 ❶動 일갈(一喝)하다. 호통치다. 꾸짖다. ❷副 순식간에. 당장에.

【咄嗟立办】duō jiē lì bàn 成 분부가 떨어지자마자 바로 다 처리하다. ¶此事～, 请君放心 | 이 일은 명령만 하시면 즉각 처리되오니 안심하십시오.

【掇】duō ⓐ duó) 주을 철

❶ 줍다. 채취하다. ¶～取 | 줍다. ❷ 매만지다. 손질하다. 수리하다. ¶拾～ | 정돈하다. 수리하다. ❸ 부추기다. ¶撺cuān～ | 꼬드기다. 부추기다. ❹ 方 (의자 등을) 두 손으로 들다. ¶把椅子～上一步 | 의자를 한 걸음 앞으로 끌어당겨라. ¶～一张倚子来 | 긴 의자 하나를 두손으로 들고오다.

【掇弄】duōnòng 動 方 ❶ 수습하다. 수리하다. 정리하다. ¶机器坏了, 经他一～就好啦 | 기계가 망가졌는데, 그가 한번 만지자마자 잘되는군. ❷ 손으로 가지고 놀다. 만지작거리다. 꼬드기다. 부추기다. ¶小孩子爱～水 | 아이들은 물장난을 좋아한다. ¶他没事就～电视机 | 그는 일이 없으면 텔레비젼을 가지고 논다. ¶受人～ | 남에게 꼬드김을 당하다 ＝〔簸bǒ弄〕〔把bǎ弄〕〔摆bǎi弄①〕〔拨bō弄①〕〔播弄①〕 ❸ (꽃·가축 등을 재미로) 기르다〔가꾸다〕 ¶～鱼 | 재미로 물고기를 기르다. ¶～牲口 | 애완용으로 가축을 사육하다. ¶～花草 | (취미로) 화초를 가꾸다.

【裰】duō ⓐ duó) 기울 철

❶ 書 動 (옷의 해진 부분을) 깁다. ¶补～ | 터진 데를 깁다. ❷ ⇒〔直zhí裰〕

duó ㄉㄨㄛˊ

2【夺(奪)〈敓〉】duó 빼앗을 탈

動 ❶ (강제로) 빼앗다. 탈취하다. ¶把敌人手中的枪～过来 | 적의 손에 있는 총을 빼앗아오다. ¶从暴徒手中～下刀子 | 폭도의 손에서 칼을 빼앗다. ¶抢qiǎng～ | 빼앗다. ¶掠lüè～ | 약탈하다. ❷ 먼저 얻다. 쟁취하다. 획득하다. ¶～锦旗 | 우승기를 쟁취

하다. ❸ 잃다. 잃게 하다. 착취하다. ¶剥bō～ | 박탈하다. ¶勿～农时 | 농사의 시기를 잃어버리지 마라. ❹ 書 결정짓다. 결정을 내리다. ¶定～ | 결정짓다. ¶裁cái～ | 헤아려 결정짓다. 판결짓다. ❺ 書 (문자가) 빠지다. 누락되다. ¶讹é～ | 틀리거나 빠지다. ❻ 이기다. 낫다. ¶巧～天工 | 威 인공의 정교함이 천연적인 것보다 낫다.

【夺标】duó/biāo 動 ❶ 우승하다. ¶韩国男子足球队在亚运会上再次～ | 한국 축구팀은 아시안 게임에서 또 다시 우승했다. ¶参加全国横渡长江赛, 广州选手～归来 | 전국 양자강(揚子江) 횡단 레이스(race)에 참가하여 광주(廣州) 선수는 우승하고 돌아오다→〔冠guàn军〕 ❷ 轉 시험에 합격하다 ＝〔夺锦〕

4【夺得】duódé 動 이룩하다. 달성하다. 쟁취하다. ¶～了丰收 | 풍작을 이룩하다. ¶～胜利 | 승리를 쟁취하다.

【夺掉】duódiào 動 탈취하다. 빼앗다. ¶一把～了他的手枪 | 덥석 그의 권총을 빼앗았다.

【夺冠】duó guàn 動 우승을 차지하다. ¶中国女排在奥运会上首次～ | 중국 여자 배구는 올림픽에서 처음으로 우승을 차지했다.

【夺回】duóhuí 動 되찾다. 탈환(奪還)하다. ¶～一局 | 한 판을 만회하다. ¶～阵地 | 진지를 탈환하다.

【夺眶而出】duó kuàng ér chū 威 눈물이 쏟아지다. 울음을 터뜨리다. ¶热泪不禁～ | 뜨거운 눈물이 자기도 모르게 흘러내리다.

【夺门】duómén 動 출입구로 쇄도(殺到)하다. 출입문에 급히 뛰어들다. ¶～而出 | (급박한 상황으로 인해) 문을 부수고 뛰어 나가다.

【夺目】duómù 形 눈부시다. ¶光辉guānghuī～ | 찬란한 빛이 눈부시다. ¶鲜艳xiānyàn～ | 눈이 부실 정도로 아름답다.

3【夺取】duóqǔ 動 ❶ (무력으로) 빼앗다. 탈취하다. ¶～敌人的阵地 | 적의 진지를 빼앗다. ¶武装～政权 | 무력으로 정권을 탈취하다. ❷ 노력하여 차지하다. 쟁취하다. ¶～新的胜利 | 새로운 승리를 차지하다.

【夺权】duó/quán 動 권리를 빼앗다. 권력을 탈취하다. ¶～容易, 但要保住权力就不容易 | 권력을 빼앗는 것은 쉬워도 권력을 유지하는 것은 쉽지 않다. ¶想夺我的权 | 나의 권리를 박탈하려고 한다.

【度】duó ☞ 度 dù Ⓑ

【踱】duó ⓐ duò) 천천히걸을 도
動 ❶ 천천히 걷다. 거닐다. ¶～方步 | 팔자 걸음을 걷다.

【踱来踱去】duóláiduóqù 動組 천천히 왔다갔다하다.

【铎(鐸)】duó 방울 탁
名 ❶ 옛날 정치·종교상의 법령의 선포나 전쟁 때 쓰던 큰 방울. ¶木～ | 목재의 큰 방울. 목탁. ¶金～ | 금속제 큰 방울. ❷ (Duó) 성(姓)

【掇】duó ☞ 掇 duō

【敠】duó 손짐작할 철
⇒〔掂diān敠〕

【裰】duó ☞ 裰 duō

duǒ ㄉㄨㄛˇ

2【朵】duǒ 봉오리 타, 퍼질 타
❶ 量 송이. 점 [꽃·구름 등을 세는 데 쓰임] ¶一～花 | 한 송이 꽃. ¶几～白云 | 흰 구름 몇 점. ❷ 꽃. 꽃봉오리. ¶花～ | 꽃. 꽃송이. ❸ 動 (구름 등이) 피어오르다. ¶白云～～ | 흰 구름이 뭉게뭉게 피어오르다. ❹ (Duǒ) 名 성(姓)

【朵翰】duǒhàn 名 札 옥서(玉書) 귀하의 서한 [남의 편지에 대한 경칭] ＝〔朵云〕

【垛】duǒ duò 장벽 타

Ⓐ duǒ ❶ (～子) 名 (성벽·담 등에) 밖이나 위로 돌출한 부분. ¶城～ | 성가퀴. ❷ 흙을 돋운 곳. ¶箭jiàn～ | 활터에서 흙더미로 만든 과녁.

Ⓑ duò ❶ 動 차곡차곡 쌓아 올리다. 가리다. ¶～砖头 | 벽돌을 차곡차곡 쌓다. ¶稻子～得比房子还高 | 장작을 집보다 높이 쌓아 올렸다. ¶把木头～起来 | 나무를 쌓아 올리다. ❷ 名 차곡차곡 쌓아 올린 무더기. 가리. ¶草～ | 풀가리. ¶煤～ | 석탄 더미. ❸ 量 낟가리. 더미. ¶一～柴火 | 땔나무 한 가리. ¶一～干草 | 건초 한 무더기.

Ⓐ duǒ

【垛子】duǒ·zi 名 성벽·담벽 등에 밖이나 위로 돌출된 부분.

Ⓑ duò

【垛砖】duòzhuān 動 벽돌을 쌓아 올리다 [단지 벽돌만 쌓아 올리는 것이 「垛砖」이고, 시멘트를 사용하여 벽돌을 쌓는 것은 「砌qì砖」이라고 함]

【哚】duǒ 인돌 타
⇒〔吲yǐn哚〕

2【躲】duǒ 피할 타
動 ❶ 숨다. (몸을) 숨기다. ¶那儿～着一个人 | 저기에 한 사람이 숨어 있다. ¶～在家里 | 집안에 숨다. ¶快～起来吧 | 빨리 숨으시오. ❷ 피하다. 비키다. ¶～雨↓ ¶他总是～着我 | 그는 늘 나를 피한다. ¶小心～车 | 조심해서 차를 피하다.

4【躲避】duǒbì 動 숨다. 피하다. ¶他故意～我 | 그는 고의로 나를 피한다. ¶你要是嫌人多太吵, 可以～～ | 너가 만일 사람이 많아 너무 떠드는 것이 싫으면 좀 자리를 피해도 된다. ¶～不及, 被自行车撞zhuàng了一下 | 피하지 못해서 자전거에 한번 받쳤다. ¶～在深山里 | 깊은 산 속으로 몸을 피해 숨다. ¶～国法 | 나라의 법망을 피하여 빠져나가다. ¶不应该～困难 | 곤란 앞에서 물러서지 않아야 한다.

4【躲藏】duǒcáng 動 도망쳐 숨다. 피하다. ¶这儿～着几个小孩 | 여기에 아이들이 몇 명 숨어 있다. ¶这里～不住, 赶快换个地方 | 여기는 숨을 수 없으니 빨리 장소를 바꾸어라.

【躲得过初一, 躲不过十五】duǒ·deguò chūyī, du-

ǒ·buguò shíwǔ 諺 (돈을 빌려) 첫날은 피할 수 있지만 15일 날은 피할 수 없다. 언젠가는 잡힌다.
【躲躲闪闪】duǒ·duoshǎnshǎn 動組 슬슬 피하다. 외돌다. 겉돌다. ¶他平日总是～的, 不敢见人 | 그는 평소에 늘 외돌며 남을 감히 보지 못한다.
【躲风】duǒ/fēng 動 곤란을 피하여 숨다.
【躲开】duǒ·kāi 動 비키다. 물러서다. ¶你～点儿让我过去 | 지나갈 수 있도록 조금만 비켜주세요. ¶～敌人的火力 | 적의 화력(공격)을 비켜 피하다.
【躲懒(儿)】duǒ/lǎn(r) 動 게으름 피우다 =〔托tuō懒儿〕〔脱tuō懒(儿)〕
【躲哪儿追哪儿】duǒnǎr zhuīnǎr 動組 어디까지라도〔끝까지〕 뒤쫓아가다. ¶～一定得要抓他 | 어디까지라도 쫓아가서 반드시 붙잡아야 한다.
【躲闪】duǒshǎn 動 잽싸게 몸을 돌려 비키다〔피하다〕 ¶我～不及, 和她撞了个满怀 | 나는 미처 몸을 돌려 피하지 못해 그녀와 정면으로 부딪쳤다 =〔躲身〕
【躲闪儿】duǒ·shanr 名 은신처. 몸을 숨길 수 있는 곳. ¶这屋子太浅, 一点～都没有 | 이 방은 너무 좁아 몸을 숨길 곳이 조금도 없다.
【躲一枪挨一刀】duǒ yīqiāng ái yīdāo 諺 喩 난관에 계속 부닥치다. 산 넘어 산이다.
【躲雨】duǒ yǔ 비를 피하다. 비를 긋다. ¶夏天不能在大树下～, 那样易受雷击 | 여름철에 큰 나무 아래에서 비를 피해서는 안된다. 그러면 벼락 맞기 쉽다.
【躲灾】duǒ/zāi 動 재난을 피하다.
【躲债】duǒ/zhài 動 빚쟁이를 피하다. ¶他到山里～去了 | 그는 빚쟁이를 피해 산속으로 갔다 =〔躲帐〕
【躲帐】duǒ/zhàng ⇒〔躲债〕

duò ㄉㄨㄛˋ

【驮】duò ☞ 驮 tuó Ⓑ

【剁】duò 꺾을 타
動 ❶ 내려 찍다. 베다. 자르다. 끊다. ¶～骨头 | 뼈를 내려 찍다. ¶他把柳条～成了三段 | 그는 버드나무 가지를 세 토막으로 잘랐다. ❷ (곱게) 다지다. 잘게 썰다. ¶把白菜～碎了 | 배추를 잘게 썰었다. ¶～得很细 | 아주 잘게 다지다. ¶～肉 ↓ ❸ 겨냥하여 꿰뚫다〔찌르다〕 ¶拿针～ | 바늘로 찌르다.
【剁烂】duòlàn 動 아주 잘게 다지다 =〔剁得烂烂儿lànlānr的〕
【剁肉】duòròu ❶ 名 잘게 썬 고기. ❷ 動 고기를 잘게 다지다.
【剁碎】duòsuì 動 잘게 썰다. 다지다. ¶把肉～了做馅儿xiànr | 고기를 다져서 소를 만들다.
【剁馅(儿)】duòxiàn(r) ❶ 名 고기 등을 다져 만든 소. ❷ (duò xiàn(r)) 소를 잘게 다지다.

【垛】duò ☞ 垛 duǒ Ⓑ

4【跺】duò 머뭇거릴 타
動 발을 들어 힘있게 땅을 치다. 발을 (동동) 구르다. ¶他急得直～ | 그는 급해서 마냥 발을 동동 굴렀다. ¶把脚一～就出去了 | 발로 땅을 한 번 치고는 나가버렸다. ¶～一～鞋上的土 | 신발에 붙어 있는 흙을 (발로 탁탁 쳐서) 털어버리다. ¶～折 ↓ ¶～碎 ↓
【跺脚】duò/jiǎo 動 (흥분 또는 분해서) 발로 땅을 치다. 발을 (동동) 구르다. ¶～捶胸chuíxiōng | 成 (분하고 억울하여) 발을 동동거리며 가슴을 치다. ¶他气得直～ | 그는 화가 나서 마냥 발을 동동 굴렀다.

【柁】duò ☞ 柁 tuó Ⓑ

4【舵】duò 키 타
名 (배나 비행기의) 방향타. 키. ¶你要把稳了～ | 키를 단단히 잡고 있어라. ¶里～ =〔左舵〕| 왼쪽 키. ¶外～ =〔右舵〕| 오른쪽 키 =〔柁duò〕
【舵轮】duòlún 名 ❶ (선박의) 조타륜(操舵輪) 타륜. ❷ (자동차의) 핸들(handle) ‖ =〔方向盘〕〔舵盘〕
【舵手】duòshǒu 名 ❶ 키잡이. 조타수 =〔舵工〕〔舵手〕 ❷ 喩 지도자. ¶他是人民前进路上的～ | 그는 백성들을 앞으로 나아가게 하는 지도자이다.

【饳(飿)】duò 고기만두 돌
⇒〔馉gǔ饳〕

【柮】duò 마들가리 돌
⇒〔榾gǔ柮〕

4【堕(墮)】duò huī 떨어질 타, 무너뜨릴 휴
Ⓐ duò 動 떨어지다. 빠지다. 무너지다. ¶～在地上 | 땅 위에 떨어지다. ¶敌机díjī中弹zhòngdàn～入rù海hǎi中 | 적기가 포탄에 맞아 바다에 떨어졌다. ¶～入云yún雾wù中 | 안개 속으로 빠져들다. 오리무중에 빠지다. 미궁에 빠지다. ¶～于消极xiāojí | 소극적이 되다.
Ⓑ huī 書 動 ❶ 부수다. 깨뜨리다. 파괴하다. ❷ 부서지다. 깨지다. 파괴되다. 무너지다. ¶～颓tuí | 파괴되고 무너지다. ¶古城已～ | 옛 성은 이미 무너졌다 =〔隳huī〕
4【堕落】duòluò 動 ❶ 떨어지다. 빠지다. ❷ 영락(零落)하다. 쇠락하다. 퇴락하다. ❸ (정치가) 부패하다. 타락하다. ¶腐化fǔhuà～ | 부패 타락하다. ¶不能再～下去了 | 더 이상 타락해서는 안된다.
【堕入】duòrù 書 動 빠지다. 빠져들다. ¶～空想和盲动的深坑 | 헛된 생각과 맹목적인 행동의 깊은 구덩이에 빠지다. ¶～陷阱xiànjǐng | 함정에 빠지다.
【堕入五里雾中】duò rù wǔ lǐ wù zhōng 成 오리무중(五里霧中)에 빠지다.
【堕胎】duò/tāi 動 낙태하다. 인공 유산하다. 어법 목적어를 둘 수 없는 동사임. ¶生这种病不能怀孕huáiyùn, 必须～ | 이런 병에 걸리면 임신할 수 없으니 인공 유산을 해야 한다 =〔人工流产〕〔俗 打胎〕〔掉diào胎〕〔化huà胎〕〔落luò胎〕〔坠zhuì胎〕 →〔小xiǎo产〕

4【惰】duò 게으를 타
形 게으르다. ¶勤～ | 근면과 나태. ¶怠dài～=〔懒lǎn惰〕| 나태(하다)⇔〔勤qín①〕

【惰性】duòxìng 名 ❶ 타성. 오래 되어 굳어진 버릇. ¶他人不错就是～太大 | 그는 사람은 아주 괜찮은데 타성이 너무 지나친 것이 흠이다. ¶应该克服工作中的～ | 마땅이 작업 중의 타성을 이겨내야 한다. ❷〈物〉타성(惰性) 관성(慣性) ❸〈化〉불활성(不活性) ¶～气体 | 불활성 기체.

【惰性元素】duòxìng yuánsù 名組〈化〉불활성 원소(不活性元素)

【踱】duò ☞ 踱duó

E

ē ㄜ

【阿】ē ☞ 阿 ā Ⓒ

【婀〈妸娿婐〉】ē ⓧ ě) 아리따울 아 ⇒〔婀娜〕

【婀娜】ēnuó 舊 ěnuǒ) 䝤 부드럽고 아름답다. ¶杨柳yángliǔ～ | 수양버들이 부드럽고 아름답다 =〔阿那〕

【屙】ē 똥눌 아
動 方 대소변을 보다. 배설하다. ¶～屎shǐ | 대변을 보다. ¶～尿niào | 소변을 보다. ¶～痢lì | 설사를 하다.

【痾】ē ☞ 痾 kē

é ㄜˊ

4【讹(訛)〈吪譌₁〉】é 잘못 와, 속일 와
❶ 名 (문자의) 잘못. 착오. (말의) 와음(訛音). ¶书中「生」字为「主」字之～ | 책 속의 「生」자는 「主」자의 잘못이다. ¶以～传～ | 成 잘못이 그대로 전해지다. ❷ 動 속이다. ¶你别～我! | 나를 속이지 말아라! ❸ 사취(詐取)하다. 빼앗다. ¶他有一次～过人家的钱 | 그는 남의 돈을 한차례 사취한 적이 있다. ❹ (É) 名 성(姓).

【讹病】ébìng ❶ 名 꾀병. ❷ 動 꾀병을 부리다 ‖ =〔讹疾jí〕

【讹传】échuán ❶ 名 잘못 전해진 소문. 와전. ❷ 動 와전되다. ¶社会上～他是私生子 | 사회적으로 그는 사생아라고 와전되어 있다.

【讹舛】échuǎn 書 名 (문자의) 착오. 잘못. 오류. 틀림.

【讹夺】éduó 書 名 (문자의) 착오(錯誤)와 탈락(脫落) =〔讹脱tuō〕

【讹火】éhuǒ 書 名 들불.

【讹疾】éjí ⇒〔讹病〕

【讹搅】éjiǎo 動 속이다. ¶这分明是我们的, 你别～呀! | 이것은 분명히 우리의 것이니, 너 속이려고 하지 마라.

【讹赖】élài 動 方 트집 잡아 가로채다. ¶谁都知道他最喜欢～人家银钱 | 그가 트집 잡아 남의 돈 가로채기를 가장 좋아한다는 것은 누구든지 다 알고 있다→〔讹诈zhà〕

【讹谬】émiù 名 착오(錯誤). 잘못.

【讹人】érén 動 사람을 속이다. ¶你别当dàng人家是傻shǎ子～啊! | 사람을 바보로 여기고 속이지 마!

【讹脱】étuō 名 (문자상의) 착오와 탈락 =〔讹夺duó〕

【讹误】éwù 名 (문자·기록 등의) 착오(錯誤).

【讹音】éyīn 名 사투리 발음. 부정확한 발음

【讹诈】ézhà ❶ 動 사취(詐取)하다. 빼앗다. ¶他是专门喜欢～人家的钱财 | 그는 전문적으로 남의 재산 사취하기를 좋아한다 =〔勒lè诈〕〔图赖túlài②〕→〔讹赖〕 ❷ 動 위협하다. ❸ 名 위협. 공갈. ¶核～ | 핵(전쟁) 위협. ¶经济～ | 경제적 협박.

【讹字】ézì 書 名 오자(誤字).

【俄】é 갑자기 아
❶ 副 순식간에. 갑자기. 홀연히. ¶～顷qǐng之间 | 순식간(에). ¶～见一人跑过 | 갑자기 한 사람이 달려가는 것이 보였다→〔蛾é③〕 ❷ 台 è) 名 簡 〈地〉「俄罗斯」(러시아)의 약칭. ¶苏Sū～ | 구(舊) 소비에트 러시아(Soviet Russia)→〔俄罗斯族〕 ❸ 書 形 기울다. 경사지다.

【俄得克】é·dekè 名 外 〈食〉 보드카(vodka; 러) =〔俄斯克〕

【俄国】Éguó 名 簡 〈地〉 러시아. ¶～革命 | 러시아 혁명. ¶～语 =〔俄国话〕| 러시아어. ¶～人 | 러시아인 =〔俄罗斯国〕→〔苏联sūlián〕

【俄罗斯】Éluósī 名 外 〈地〉 러시아(Russia) [「独立国家国协」(독립국가 연합;CIS)중의 한 나라. 수도는「莫斯科」(모스크바;Moscow)]

【俄罗斯族】Éluósī zú 名 〈民〉 러시아족.

【俄顷】éqǐng 名 ❶ 書 삽시간. 일순간. ¶～天变雨作 | 삽시간에 날씨가 바뀌어 비가 내렸다. ❷ 外 데시아틴(deciatine) [러시아의 지적(地積) 단위의 하나]

3【俄文】Éwén 名 러시아어 =〔俄语〕〔俄国话〕

【俄语】Éyǔ ⇒〔俄文wén〕

【哦】é ☞ 哦 ó Ⓓ

【娥】é 예쁠 아
❶ 書 形 (여자가) 아름답다. ❷ 書 名 미녀. ¶宫～ | 궁녀. ❸ ⇒〔嫦cháng娥〕 ❹ (É) 名 성(姓).

【娥眉】éméi 名 ❶ (누에나방의 눈썹처럼) 아름다운 눈썹. ❷ 轉 미인. 미녀. ¶～粉黛fěndài人人爱 | 미인의 아름다운 얼굴은 모든 사람들이 좋아한다 ‖ =〔蛾眉〕

【峨〈峩〉】é 높을 아
❶ 形 (산이) 높다. 높이 솟다. ¶嵯cuó～ =〔巍峨〕| 산이 높고 험하다. ¶～冠guān博带bódài | 높은 관(冠)과 폭이 넓은 띠. 喩 사대부(士大夫)의 복장. 轉 예복(禮服)(을 입다). ¶～然不群 | 기상이 도도하여 대중과 휩쓸리지 않다. ❷ ⇒〔峨眉山〕

【峨峨】é'é 書 䝤 ❶ 험준하다. 웅장하다. ❷ 풍채가 늠름하다.

【峨冠博带】é guān bó dài 成 높은 관과 넓은 띠. 사대부(士大夫). ¶屈原～, 行吟yín泽畔yìpàn | 굴원이 높은 관과 넓은 띠를 하고서, 호수 가를 거닐며 읊조린다 =〔高冠博带〕

【峨特式】étèshì 名 外 고딕(Gothic) 식.

【莪】é 미나리 아
⇒〔莪蒿〕〔莪术〕

【莪蒿】éhāo 名 〈植〉 미나리.

【锇(鋨)】é (오스뮴 아)
名 〈化〉 오스뮴(Os ; osmium) [백금속 원소의 하나]

2【鹅(鵝)〈鵞〉】é 거위 아 名〈鳥〉거위. ¶～鸟niǎo｜거위. ¶家～｜집 거위. ¶天～｜백조(白鳥).

【鹅脖喇叭】ébó lǎ·ba 名組〈音〉트롬본(trombone).

【鹅黄】éhuáng 名〈色〉담황색(淡黃色).

【鹅卵石】éluǎnshí 名 (건축 골재용) 자갈→〔卵石〕

【鹅毛】émáo 名 ❶ 거위의 깃털. ❷ 喩 가볍고 미세한 것. 하찮은 것. ¶千里送～, 礼轻情意重｜諺 멀리서 작은 물건을 보내오니, 선물은 하찮은 것이지만 그 정성은 지극하다.

【鹅毛大雪】émáodàxuě 名 함박눈. ¶下了一场～｜함박눈이 한바탕 내렸다.

【鹅绒】éróng 名 우단. 빌로도 ＝〔天鹅绒〕

【鹅行鸭步】é xíng yā bù 威 거위 걸음. 느릿느릿 걷다. 뒤뚱뒤뚱 걷다.

【鹅掌】ézhǎng 名 거위의 물갈퀴.

【鹅掌风】ézhǎngfēng 名〈漢醫〉아장풍(鵞掌風). 아장선(鵞掌癬) ＝〔手掌鳞屑癣〕〔角皮症〕

【蛾】é yǐ 나방 아, 개미 의

Ⓐ é ❶ (～儿, ～子) 名〈蟲〉나방. ¶灯～｜불나방. ¶天～｜박나방. ❷ ⇒〔蛾眉〕 ❸ 副 순식간에. 갑자기→〔俄①〕 ❹ (É) 名 성(姓).

Ⓑ yǐ「蚁」와 통용 ⇒〔蚁yǐ〕

【蛾眉】éméi ⇒〔娥é眉〕

【蛾眉皓齿】é méi hào chǐ 威 어여쁜 눈썹과 하얀 이. 미녀. ¶好hǎo一个～的美女｜어여쁜 눈썹과 하얀 이를 가진 미녀를 좋아한다.

4【蛾子】é·zi 名 俗〈蟲〉나방.

4【额(額)〈頟〉】é 이마 액 ❶ 名 이마 ＝〔方 脑门子〕〔脑门儿〕 ¶长发覆～｜긴 머리가 이마를 가리다. ❷ (일정한) 수량. ¶名～｜정원. ¶定～｜정액. ❸ 액자. 액틀. ¶匾biǎn～｜편액. 현판. ¶横～｜가로 액자.

【额定】édìng ❶ 區 규정된. 정액(定額)의. ¶～的人数｜규정된 사람수. ¶～的工资｜정액 임금. ¶～马力｜〈電氣〉정격 마력(定格馬力). ¶～速度｜규정 속도. ❷ 動 정수(定數)를 정하다. ¶学校的重要职员是早就～好了｜학교의 주요 직원은 이미 인원수가 정해졌다.

【额角(头)】éjiǎo(tóu) 名〈生理〉관자놀이. ¶他急得～都淌汗｜그는 조급해져 관자놀이에 땀을 흘렸다.

【额满】émǎn 動 정원에 달한다. 정원이 차다. ¶本校已经～了, 所以不再招生了｜본교는 이미 정원이 차서, 다시 모집하지 않는다. ¶公开招聘pìn, ～为止｜공개적으로 초빙을 했으나, 정원이 차서 그만 두었다 ＝〔满额〕

【额缺】équē 名 결원(缺員). ¶一有～, 就给您补补bǔ｜결원이 생기면 곧바로 그 자리를 내어 드리겠습니다.

【额手称庆】é shǒu chēng qìng 威 손을 이마에까지 올려 경의(敬意)나 축하 인사를 하다. ¶清除奸臣, 固人莫不～｜간신들을 척결하니, 진실로 경의를 표하지 않는 사람들이 없도다 ＝〔额手相庆〕〔额手称项〕

【额数(儿)】éshù(r) 名 규정된 숫자. 정수(定數). 정액(定額). ¶～已经满了｜규정된 숫자가 이미 다 차버렸다 ＝〔额子〕

【额头】é·tou 名 이마의 통칭(通稱). ¶宽宽kuān的～｜훤한 이마.

4【额外】éwài 形 정액〔정원〕외의. (어떤 한도를) 벗어난. 초과의. 과도한. ¶～收入｜초과 수입. ¶～利润｜초과 이윤. ¶～津贴jīntiē｜초과 (근무) 수당. ¶决不作～的要求｜결코 과도한 요구를 하지 않는다.

ě ㄜˇ

【恶】ě ☞ 恶 è Ⓑ

【婀】ě ☞ 婀 ē

è ㄜˋ

【厄〈阨戹〉】è 재앙 액 書 ❶ 名 재난. 곤란. ¶不忘当年之～｜그때의 재난을 잊지 못하다. ¶遭受困～｜곤란에 부딪히다. ❷ 名 요해처(要害處). 요새. ¶险～｜요해지. ¶闭关据～｜威 관문을 닫고 요새에 틀어박히다. ❸ 動 재난·곤란을 당하다〔만나다〕. ¶船行海上, ～于风暴｜배가 (바다를) 항해 중에 폭풍우를 만났다.

【厄瓜多尔】Èguāduō'ěr 名 外〈地〉에콰도르(Ecuador) [남아메리카 서북부에 위치한 나라. 수도는「基多」(키토;Quito)]

【厄境】èjìng 名 곤경(困境). ¶身处～, 好学不倦｜곤경에 처해 있을때 싫증내지 않고 배우게 된다.

【厄尼诺】Èn í nuò 名 外〈氣〉엘 리 뇨 (Elino;스) (현상).

【厄斯科多】èsīkēduō 名 外〈錢〉에스쿠도(escudo) [포르투갈 및 칠레의 통화 단위의 하나] ＝〔埃āi士库多〕

【厄运】èyùn 書 名 재난. 역경. 액운. ¶～当头｜액운이 다가오다. ¶难逃～｜재난을 힘들게 벗어나다.

【呃〈呝〉】è ·e 딸꾹질할 액, 어조사 액 Ⓐ è ❶ 名 動 딸꾹질(하다). 트림(하다). ¶～逆↓ ❷ 擬 끄윽. 딸꾹 [딸꾹질〔트림〕하는 소리] ¶～～↓ ❸ 擬 꺅. 꼬끼오 [새·닭이 우는 소리] ¶乌鸦～儿啊地飞｜까마귀가 깍하고 울며 날다. ¶～喔 ＝〔喔喔〕｜꼬끼오 [닭 우는 소리]

Ⓑ ·e 어기조사. 어법 문장의 끝에 쓰여 찬탄이나 경이감을 나타냄. ¶红霞映山崖～! ｜저녁 놀이 산 벼랑을 비추고 있구나!

【呃呃】è'è 擬 딸꾹질하는〔트림하는〕소리.

【呃逆】ènì 名 動 딸꾹질(하다) ＝〔打dǎ嗝(儿)〕

【扼〈搤〉】è 누를 액 動 ❶ 꽉 쥐다〔잡다〕. 억누르다. ¶力能～虎｜威 호랑이를 졸라 죽일 만한 힘이

있다. ¶～杀敌人｜적을 눌러 죽이다. ❷ 지키다. 수비하다. ¶～关↓ ¶～阻要塞｜요새를 지키다.

【扼关】èguān 書動 관문(關門)을 지키다.

【扼喉】èhóu 書動 목을 조르다. 喩 급소를 누르다. ¶～抚背fǔbèi｜成 적의 요해지를 차지하여 꼼짝 못하게 하다.

【扼居】èjū 動 요소·요충(要衝)을 누르(는 곳에 위치하)다. ¶～亚细亚的国家｜아시아를 장악하고 있는 나라.

【扼流(线)圈】èliú(xiàn)quān 名〈電氣〉초크코일(choke coil).

【扼杀】èshā 動 목을 눌러 죽이다. 喩 (새로운 세력을) 압살(壓殺)하다. ¶统治者企图把民主运动～在摇篮yáolán里｜통치자가 민주화 운동을 요람속에서 압살하려 하다.

【扼守】èshǒu 動 요충(要衝)을 지키다.

【扼死】èsǐ 動 목을 졸라 죽이다.

【扼腕】èwàn 書動 손목을 불끈 쥐다. ¶～叹息｜成 손목을 불끈 쥐고 탄식하다.

【扼要】èyào ❶ 動 요충에 웅거하다. ❷ 形 (글이나 말이) 요점을 찌르다〔잡다〕. ¶他这些话说得简明～｜그의 이 말은 간단명료하다. ¶很～地作了解释｜대단히 명료하게 해석을 하다.

【扼住咽喉】èzhù yānhóu 動組 ❶ 손으로 목을 누르다〔조르다〕. ❷ 급소를 찌르다.

【苊】è (아세나프텐 액)

名〈化〉아세나프텐(acenaphthene). ¶～烯xī｜아세나프틸렌(acenaphthylene).

【轭(軛)】è 멍에 액

名 (수레의) 멍에. ¶～子｜멍에. ¶～架｜멍에.

1【俄】è ☞ 俄 é

【饿(餓)】è 주릴 아

❶ 形 배고프다. 굶주리다. ¶肚子太～了｜배가 몹시 고프다. ¶～了吃糠kāng甜如蜜, 不～吃蜜也不甜｜배가 고프면 겨를 먹어도 꿀같이 달고, 배부르면 꿀을 먹어도 달지 않다 ⇔〔饱bǎo①〕 ❷ 動 轉 굶기다. 배고프게하다. ¶让牲口多拉几趟不要紧, 可别～着它!｜가축을 좀 더 부리는 것은 상관없지만 굶겨서는 안된다!

【饿不起】è·buqǐ 動組 배고픔을 참을 수가 없다. 굶주림을 견딜 수 없다. ¶我这个人～, 一顿不吃就走不动路｜나 이사람은 배고픔을 참을 수가 없어, 먹지 않고서는 길을 걸을 수가 없다.

【饿不着】è·buzháo 動組 굶주림을 당하지 않다. ¶你放心吧, 在我这儿～你｜너는 걱정마라, 내가 있는 곳에 있게되면, 네가 굶주림을 당하게 하지는 않을 것이다.

【饿饭】è/fàn 動 方 굶주리다. 굶주림을 당하다 ＝〔挨饿〕

【饿鬼】èguǐ 名 ❶〈佛〉악인(惡人)이 죽은 후에 떨어지는 곳. ❷ 罵 아귀. ¶你这个～, 一吃就是三大碗｜너와 같은 이런 아귀는 한번 먹으면 세 그릇이나 먹는다.

【饿汉】èhàn 名 굶주린 사람. ¶饱汉不知～饥｜배부른 녀석은 굶주린 사람의 배고픔을 알지 못한다.

【饿虎扑食】è hǔ pū shí 成 굶주린 호랑이가 먹이를 덮치다. 번개같이 덮치다. ¶他像～一样逮dǎi住了这个小孩｜그는 굶주린 호랑이가 먹이를 덮치듯이 이 어린아이를 잡아갔다 ＝〔饿虎扑羊〕〔饥虎扑食〕

【饿狼】èláng 名 굶주린 이리. 喩 음식물이나 재물을 탐내는 사람. ¶～军｜喩 용맹 무쌍한 군대.

【饿莩】èpiǎo 書名 굶어 죽은 사람 ＝〔饿殍piǎo〕

【饿莩遍野】è piǎo biàn yě 成 곳곳에 굶어 죽은 사람의 시체가 널려져 있다. ¶大旱之年, ～, 民不聊生｜큰 가뭄이 든 해에 곳곳에 굶어 죽은 사람의 시체가 널려져 있으니 백성들이 안심하고 살아갈 수 없다 ＝〔饿莩载道〕〔饿殍载道〕

【饿瘦】èshòu 動 굶주려서 여위다. ¶他总不吃饭, ～了｜그가 늘상 밥을 먹지 않아 여위었다.

【饿死】èsǐ 動 ❶ 굶어 죽다. 굶겨 죽이다. ¶宁可～, 可不愿意偷人家的｜차라리 굶어 죽을지언정, 남의 것을 훔치는 것은 원치 않는다. ❷ 배가 고파 견딜 수 없다.

【饿死鬼】èsǐguǐ 名 아귀.

【饿死事小, 失节事大】è sǐ shì xiǎo, shī jié shì dà 成 굶어 죽는 것은 작은 일이지만 정절을 잃는 것은 큰일이다 [부도(婦道)에 대한 말]

【垩(堊)】è 백토 악

❶ 名 백토(白土). 백악(白堊) →〔白bái垩〕 ❷ 書動 백토로 바르다〔칠하다〕.

【垩粉】èfěn 名 백악분(白堊粉). 백악 가루.

3【恶(惡)〈噁B〉】è ě wù wū 나쁠 악, 미워할 오, 어찌 오

Ⓐ è ❶ 名 악. 악행. 못된 일. ¶罪大～极｜成 죄악이 극도에 달하다. 극악무도하다. ¶无～不作｜成 갖은 못된 짓을 다하다 ⇔〔善shàn②〕 ❷ 形 악하다. 나쁘다. ¶～习↓ ❸ 形 흉악하다. 사납고 거칠다. 지독하다. ¶～狗↓ ¶一场cháng～战｜치열한〔격렬한〕 일전(一戰). ❹ 書形 추하다. 보기 흉하다. 초라하다. 변변치 못하다. ¶相貌xiàngmào不～｜용모가 보기에 흉하지 않다. ¶～衣｜초라한 의복. ❺ 副 매우. 몹시. 대단히. ¶～灵líng利｜대단히 영리하다.

Ⓑ ě ⇒〔恶心〕

Ⓒ wù 書動 ❶ 싫어하다. 미워하다. 증오하다. ¶人皆有好hào～之心｜사람은 누구나 좋아하기도 하고 싫어〔미워〕하기도 하는 마음이 있다. ¶深～痛绝｜成 극도로 미워하다 ⇔〔好hào〕 ❷ 노하게 하다. 기분을 상하게 하다. ¶我因～了高太尉, 生事陷害｜나는 고태위의 노여움을 샀기 때문에 터무니없는 일로 모함을 받았다.

Ⓓ wū 書 ❶ 代 어찌(하여). 어떻게. ¶～有此事｜어떻게 이런 일이 있을 수 있는가 ＝〔乌wū④〕 ❷ 嘆 아. 아니. 아이고 [놀라움을 나타냄] ¶～! 是何言也!｜아아! 이게 무슨 말인가!《孟子·公孫丑下》

Ⓐ è

【恶巴巴】èbābā 狀 밉살스럽다. 극성맞다. ¶俩人～地争吵zhēngchǎo起来｜두 사람은 밉살스럽게도 싸우기 시작했다.

【恶霸】èbà 名 악질 토호(土豪). ¶谁不知道他父亲是咱们村上的~呢!|그의 아버지가 우리 마을의 악질 토호라는 것을 누가 모르겠니!

【恶报】èbào 名 악보. 악과(惡果). ¶恶人有~|악인에게는 악의 보답이 있다. ¶常言道;「善有善报, 恶有~」|속담에 이르길「선에는 선의 보답이 있고, 악에는 악의 보답이 있다」고 한다.

【恶病】èbìng 名 악병. 악질(惡疾).

【恶病质】èbìngzhì 名〈醫〉카켁시(Cachexy). 병중(病中) 또는 병의 말기에 볼 수 있는 극도의 체중 감소 및 쇠약.

【恶臭】èchòu ❶ 名 악취. 나쁜 냄새. ❷ 狀 악취가 나다. ¶厕所里~难当|화장실의 악취는 견디기 힘들다.

【恶斗】èdòu 名 動 고투(苦鬥)(하다).

4【恶毒】èdú 形 악랄하다. 악독하다. ¶~诽谤|악랄하게 비방하다.

【恶恶实实】è·eshíshí 狀 方 악독하다. 지독하다. 독살스럽다. ¶只抬起眼皮儿来~地瞪dèng了我一眼|단지 눈꺼풀을 치켜올리고 표독스럽게 나를 한 번 노려보았다.

【恶风】a èfēng 名 ❶ 나쁜 풍속·습관. ❷〈漢醫〉감기. 고뿔.

b wùfēng 名〈漢醫〉오풍증(惡風症). 악풍증.

【恶感】ègǎn 名 나쁜 감정. 싫은 느낌. ¶毫无~|나쁜 감정이 털끝만큼도 없다.

【恶根】ègēn 名 악의 뿌리. 악의 근원. ¶肃清~|악의 근원을 깨끗이 정리하다.

【恶狗】ègǒu 名 흉악한 개. 맹견(猛犬).

【恶贯满盈】è guàn mǎn yíng 成 돈 꾸러미에 차도록 돈을 꿰어 놓은 듯 저질러 놓은 죄악이 많음. 온갖 나쁜 짓을 다하다. ¶商纣王~, 死有余辜|상나라 주왕은 저질러 놓은 죄악이 많아, 죽어서도 그 죄를 씻을 수가 없다 =〔盈贯guàn〕

【恶鬼】èguǐ 名 ❶〈佛〉악귀 [사람을 괴롭히는 귀신] ❷ 罵 악귀 같은 놈.

【恶棍】ègùn 名 불량배. 무뢰한(無賴漢). 악질분자. ¶这家伙无法无天的, 真是一个~|이 놈은 법도 없고 하늘 높은줄도 모르는 정말 나쁜 놈이다→〔恶霸〕

【恶果】èguǒ 名 나쁜 결과. 나쁜 결말. ¶有恶因必有~|잘못된 원인이 있으면 반드시 나쁜 결과가 있다.

3【恶化】èhuà 動 악화되다. 악화시키다. ¶父亲的病情~了|아버지의 병세가 악화되었다.

【恶疾】èjí 名 악질. 난치병 =〔恶症〕

【恶迹】èjì 名 (과거의) 악행. 악업(惡業). 구악(舊惡). ¶~败露|과거의 악행이 드러나다.

【恶口】èkǒu 名 악랄한 말. 욕. ¶~伤人|악랄한 말로 남을 헐뜯다.

【恶狼】èláng 名 흉폭한 이리. 喩 비정·흉폭한 자.

3【恶劣】èliè 形 아주 나쁘다. 열악하다. 악질이다. ¶~手段|아주 나쁜 수단.

【恶梦】èmèng 名 무서운 꿈. 악몽. ¶真像是做了一场~|정말 한차례 악몽을 꾼것 같다 =〔噩梦〕

【恶苗病】èmiáobìng 名〈農〉악묘병 [벼 이삭이 나오기 전에 말라죽는 병] =〔白秆gǎn〕

【恶名】èmíng 名 악명. 나쁜 소문.

【恶魔】èmó 名 ❶ 악마. ❷ 喩 흉악한 사람.

【恶人】èrén 書 名 ❶ 악인. 나쁜 사람. ¶~自有~磨|諺 악인은 반드시 악인으로부터 들볶이게 된다. 천리(天理)는 공평하다. ❷ 추한 사람. ¶你这不是叫我当~, 你当好人吗?|너 이게 나를 추한 사람 만들어 놓은 것 아니냐, 네가 좋은 사람이란 말이니?

【恶煞】èshà 名 액신(厄神). 사기(邪氣). ¶犯了~|액신의 재앙을 받다. 喩 흉악한 사람.

【恶少】èshào 名 불량 소년. ¶这班~在村子里专门调tiáo戏人家的大姑娘|이들 불량배들은 마을에서 전문적으로 남의 집 처녀들을 희롱한다.

【恶神】èshén 名 악신.

【恶声】èshēng 名 ❶ 좋지 못한 평판. ❷ 욕설. ❸ 통속적인 악곡(樂曲).

【恶事】èshì 書 名 악행(惡行). ¶~传千里|추잡한 소문은 발 없이도 천리를 간다 =〔恶事行千里〕

【恶讼师】èsòngshī 名組 엉터리 변호사.

【恶俗】èsú 名 나쁜 풍속. ¶赌博dǔbó这样的~已经没有了|도박과 같은 이런 나쁜 풍속은 이미 근절되었다.

【恶习】èxí 名 악습. 나쁜 습관. ¶改~|나쁜 습관을 고치다. ¶~难改|나쁜 습관은 고치기 힘들다.

【恶心】a èxīn 書 名 악심. 악한〔나쁜〕마음. ¶~钱|정당하지 못한 돈. 부정축재한 돈.

b ě·xin ❶ 名 動 오심(이 일어나다). 구역질(이 나다). ¶有~|속이 메스껍다. ❷ 轉 혐오감을 일으키다. (남의) 속을 뒤집어 놓다. ¶这种样子叫人一看就~|이런 꼴은 남이 보면 혐오감이 일어나게 한다. ¶这次行径, 真叫人~|이번의 행실은 진실로 사람들에게 혐오감을 일어나게 한다.

4【恶性】èxìng 形 악성의. ¶~感冒|악성 감기. ¶~贫血|악성 빈혈. ¶~循环|악순환.

【恶性肿瘤】èxìng zhǒngliú 名組〈醫〉악성 종양.

【恶言詈辞】è yán lì cí 成 남을 모략하는 악담. 욕.

【恶意】èyì 名 악의. ¶并无~|결코 악의는 없다.

【恶有恶报】è yǒu è bào 成 악에는 악의 결과가 따른다.

【恶语中伤】è yǔ zhòng shāng 成 악담으로 남을 중상하다.

【恶战】èzhàn 名 치열한 전투. 힘든 싸움. 악전고투. ¶难免有一场~|한차례의 치열한 전투를 면하기 힘들다.

【恶仗】èzhàng 名 격렬한 전투.

【恶兆】èzhào 名 흉조(凶兆) =〔噩兆〕

【恶浊】èzhuó 形 더럽고 탁하다. ¶空气~|공기가 더럽고 탁하다.

【恶作剧】èzuòjù 名 못된〔짓궂은〕장난. 지나친 장난. ¶做~|못된 장난을 하다. ¶这是谁搞的~|이는 누가 한 장난이냐? =〔恶戏〕

B ě

3【恶心】ě·xin ☞〔恶心〕èxīn b

Ⓒwù
【恶风】wùfēng☞〔恶风〕èfēng Ⓑ
【恶劳好逸】wù láo hào yì 成 일하기를 싫어하고 편안한 것을 좋아하다.

【阏(閼)】è yān 막을 알, 한가할 어, 흉노 왕비 연
Ⓐè 書❶動 막다. 막히다. ¶水道壅yōng～｜물길이 막히다. ❷名(수문의) 갑문비(閘門扉).
Ⓑyān ⇒〔阏氏〕
【阏氏】yānzhī 名 한대(漢代)에 흉노족(匈奴族)이 군주(君主)의 정실(正室)을 일컫던 말.

【谔(諤)】è 곧은말할 악
⇒〔谔谔〕
【谔谔】è'è 書 狀 말이 곧다. 직언하다. 바른말을 하다. ¶千人之诺nuò诺, 不如一士之～｜만인이 예예 하고 대답하는 것은 한 선비가 직언하는 것만 못하다＝〔鄂鄂〕
【谔谔以昌】è è yǐ chāng 成 직언이 성행하여 나라가 부흥하다.

【愕】è 놀랄 악
書 動 놀라다. ¶～然↓ ¶～视＝〔愕眙〕｜놀라서 보다. ¶～顾｜놀라서 뒤돌아 보다. ¶惊～｜경악하다.
【愕愕】è'è 書 狀 ❶ 놀라다. 당황하다. ❷⇒〔谔è谔〕
【愕然】èrán 狀 놀라다. 당황하다. ¶消息传来, 大家都为之～｜소식이 전해지자 모두 당황해 했다.

【萼】è 꽃받침 악
名〈植〉꽃받침. 화악. ¶花～｜〈植〉꽃받침. ¶～片↓
【萼片】èpiàn 名〈植〉꽃받침.

【鄂】è 한계 악, 나타날 악
❶ 書 名 끝. 가. ❷(È) 名 호북성(湖北省)의 다른 이름. ❸(È) 名 성(姓) ❹ 음역어에 쓰임. ¶～毕河｜〈地〉오비강. ❺⇒〔鄂伦春族〕〔鄂温克族〕
【鄂博】èbó 名 몽골말로, 유목부락(游牧部落)의 경계를 표시하기 위하여 돌을 쌓아올린 것＝〔敖áo包〕
【鄂鄂】è'è ⇒〔谔谔〕
【鄂伦春族】Èlúnchūnzú 名 外〈民〉오르촌족 [중국 내몽골(內蒙古)로부터 동북 대흥안령(大興安嶺)의 산림에 사는 소수 민족]
【鄂温克族】Èwēnkèzú 名 外〈民〉오원커족 [중국 소수 민족의 하나]

【腭〈齶噩〉】è 입천장 악
名〈生理〉(위)턱. 입천장. 구개(口蓋)＝〔上膛②〕〔俗 口盖〕 ¶硬yìng～｜경구개. ¶软ruǎn～｜연구개. ¶～下腺｜타액선(唾液腺)＝〔颚è②〕→〔颌hé〕〔颔hàn〕
【腭裂】èliè 名〈醫〉구개열(口蓋裂).

【锷(鍔)】è 칼날 악
書 名 칼날.

【鹗(鶚)】è 물수리 악
名〈鳥〉물수리＝〔鱼yú鹰①〕
【鹗表】èbiǎo 書 名 추천서(推薦書)＝〔鹗书〕
【鹗荐】èjiàn 書 動 인품을 보증·추천하다＝〔保荐〕
【鹗书】èshū ⇒〔鹗表〕

【颚(顎)】è 턱 악
❶ 名 턱. (곤충의) 악각(顎脚). ¶上～위턱. ¶下～｜아래턱→〔腭〕 ❷「腭」와 통용⇒〔腭è〕 ❸⇒〔颚针鱼〕
【颚骨】ègǔ 名〈生理〉턱뼈＝〔颌骨〕
【颚针鱼】èzhēnyú 名〈魚貝〉동갈치(needlefish)＝〔青条〕〔鹤hè嘴鱼〕〔针zhēn良鱼〕〔双shuāng针鱼〕

【鳄(鱷)〈鱷〉】è 악어 악
名〈動〉악어.
【鳄鱼】èyú 名〈動〉악어.
【鳄鱼眼泪】èyú yǎnlèi 名組 악어의 눈물. 喻 나쁜 사람이 인자한 척함. 고양이 쥐 생각함. [서양의 고대 전설에, 악어가 사람을 잡아먹을 때 눈물을 흘리면서 씹어먹는다고 함. 보통「假装慈悲」를 이어서 씀]

【遏】è 막을 알, 머무를 알
❶ 動 막다. 저지하다. 억제하다. ¶势不可～｜그 세(勢)가 강해서 저지할 수가 없다. ¶阻～｜저지하다. ¶～抑↓ ¶怒不可～｜노여움을 억제할 수가 없다. ❷(È) 名 성(姓).
【遏恶扬善】è è yáng shàn 成 남의 결점은 가려주고 좋은 점은 칭찬하다.
【遏抑】èyì 書 動 억압하다.
【遏止】èzhǐ 動 (힘껏) 저지하다. 억제하다. ¶无法～｜저지할 방법이 없다. ¶～物价的上涨｜물가 상승을 억제하다.
【遏制】èzhì 書 動 억제하다. 저지하다. ¶～愤怒的情绪qíngxù｜분노한 기분을 억누르다. ¶～心头的怒火｜마음 속의 노여움을 억제하다＝〔遏阻zǔ〕
【遏阻】èzǔ ⇒〔遏制〕

【榅】è ☞ 榅 wēn

【噩】è 놀랄 악, 엄숙할 악
❶ 形 놀랄만하다. 두려워할 만하다. ¶～耗↓ ¶～梦↓ ❷⇒〔浑hún噩〕
【噩耗】èhào 名 사망통지. 부고(訃告). 흉보. ¶这真是一个～, 谁也意料不到的｜이것은 정말 흉보인데, 아무도 생각치 못한 일이다. ¶～传来, 举国同悲｜흉보가 전해지자 거국적으로 함께 슬퍼했다＝〔噩音〕
【噩梦】èmèng 名 ❶ 악몽. 놀라며 꾸는 꿈. ¶这几天我做了几个～｜요 며칠간 나는 몇차례 악몽을 꾸었다. ¶～醒来是晴天｜악몽에서 깨어나자 맑게 개어있었다. ❷(Èmèng)〈書〉악몽 [청초(清初)의 왕부지(王夫之)가 지은 정치(政治)에 대한 의론서(議論書)]

·e ㄜ˙

【呃】·e ☞ 呃 è Ⓑ

ē ㄝ

【诶(誒)〈欸〉】ē ě (又 éi) ě (又 ěi) è (又 èi) 억지로할 희, 느른할

희, 아 희, 한숨쉴 애
Ⓐ ē 嘆 이봐. 어이. 에이 [부름·분부 등을 나타냄] ¶～, 我没有时间, 你快来! | 이봐, 시간 없으니 빨리 와! ¶～, 你再来一个! | 어이, 한 개 더 가져와!
Ⓑ é ⓧéi) 嘆 아니. 아 [놀람·의문 등을 나타냄] ¶～, 他怎么也来了! | 아니, 어째서 그도 왔지!
Ⓒ ě ⓧěi) 嘆 에이. 아니. 응. [반대의 어기나 부득이하다는 의향을 나타냄] ¶～, 你这话可不能这么说! | 아니야, 그렇게 말할 수는 없어!
Ⓓ è ⓧèi) 嘆 예. 응. 그래 [찬성·동의 등의 어기를 나타냄] ¶～, 我这就来 | 예, 곧 갑니다.

ê ㄝˊ

【诶】ê ⓧéi) ☞ 诶 ē Ⓑ

ě ㄝˇ

【诶】ě ⓧěi) ☞ 诶 ē Ⓒ

è ㄝˋ

【诶】è ⓧèi) ☞ 诶 ē Ⓓ

éi ㄟˊ

【诶】éi ☞ 诶 ē

ěi ㄟˇ

【诶】ěi ☞ 诶 ē

èi ㄟˋ

【诶】èi ☞ 诶 ē

ēn ㄣ

4【恩】ēn 은혜 은, 사랑할 은
❶ 名 은혜. ¶报～ | 은혜에 보답하다. ¶忘～负义 | 은혜를 잊고 의리를 저버리다. ❷ 은혜를 베풀다. 사랑하다. ¶～爱↓ ¶～物↓ ❸ (Ēn) 名 성(姓).
4【恩爱】ēn'ài ❶ 名 (부부간의) 애정. ¶不忘夫妻的～ | 부부간의 사랑은 잊을 수가 없다. ❷ 形 (부부간에) 사랑〔애정〕이 깊다. ¶小两口十分～ | 젊은 부부가 대단히 금실이 좋다.
【恩爱夫妻】ēn'ài fūqī 名組 서로 사랑하는 부부
【恩宠】ēnchǒng 名 은총. 총애. ¶她很得老爷子的～呢 | 그녀는 아버지의 대단한 총애를 받고 있다.
【恩仇】ēnchóu 名 ❶ 은혜와 원한. ¶～分明 | 은혜와 원한을 분명히 구분하다. ❷ 자기편과 적(敵).
【恩赐】ēncì 動 ❶ 은혜를 베풀다. 인정을〔자비를〕베풀다. ❷ (가엾게 여겨) 주다. 하사(下賜)하다. ¶承蒙～, 小生感激不尽 | 은혜를 입으니, 소생은 감격하여 다할 바가 없습니다.
【恩德】ēndé 名 ❶ 은덕. ¶忘不了您的～ | 당신의 은덕을 잊을 수 없습니다. ¶歌颂～ | 은덕을 노래하다. ❷ 〈佛〉 여래삼덕(如來三德) 중의 하나로, 타인에게 은혜를 베푸는 덕.
【恩典】ēn·dian ❶ 名 은혜. 은전(恩典). ¶受～ | 은혜를 입다. ❷ 動 은혜를 베풀다. 은전을 내리다.
【恩公】ēngōng 書 名 ❶ 敬 은인(恩人)을 높이 부르는 말. ❷ 임금. 군주(君主).
【恩公两便】ēn gōng liǎng biàn 成 공적으로나 사적으로나 다 유리하다. ¶这是～的事情, 请不必推辞吧 | 이것은 공적으로나 사적으로나 다 유리한 일이니, 사양하실 필요가 없습니다.
【恩惠】ēn·huì 名 은혜. ¶他给我的～, 永远难忘 | 그가 내게 베풀어준 은혜는 영원토록 잊을 수 없다. ¶～期日 | 〈法〉 은혜 기일.
【恩贾梅纳】Ēnjiǎméinà 名 外 〈地〉 은자메나(N'—djamena) [「乍得」(차드; Chad)의 수도]
【恩将仇报】ēn jiāng chóu bào 成 은혜를 원수로 갚다. 배은 망덕(背恩忘德)하다. 물에 빠진 놈 건져 놓으니 내 보따리 내노라 한다. ¶这小子竟～, 翻脸fānliǎn不认人 | 이 녀석이 결국 은혜를 원수로 갚고는, 얼굴을 바꾸어 모른채 하는구나.
4【恩情】ēnqíng 名 애정. 친절. 은정(恩情). ¶我是一辈子也忘不了您的～ | 저는 평생토록 당신의 은정을 잊을 수 없습니다.
4【恩人】ēnrén 名 은인. ¶救命～ | 생명의 은인→〔仇chóu人〕
【恩深义重】ēn shēn yì zhòng 成 은정이 깊고 의리가 두텁다.
【恩师】ēnshī 書 名 은사(恩師). ¶感谢～的教诲 | 은사님의 깨우침에 감사드린다.
【恩同父母】ēn tóng fù mǔ 成 은혜가 부모님과 같이 끝없고 깊다.
【恩同再造】ēn tóng zài zào 成 생명의 은인. ¶您这样的救我, 真是～ | 당신께서 이렇게 저를 구해주시다니, 정말 생명의 은인이십니다.
【恩威并施】ēn wēi bìng shī 成 은혜도 베풀고 위엄도 부리다. 인자할 때는 인자하고 엄할 때에는 엄하다 =〔恩威并用〕〔恩威并行〕〔恩威并举〕〔恩威并重〕〔恩威并著〕
【恩物】ēnwù 名 교육용 완구. 喻 좋아하는 〔아끼는〕 물건. ¶卡通片是孩子们的～ | 만화영화는 어린이들의 애호품이다.
【恩怨】ēnyuàn 名 은혜와 원한. ¶不计较个人～ | 개인적인 은혜와 원한을 계산하지 않다. ¶从前的～, 过了几十年, 又何必再提呢? | 옛날의 은혜와 원한을 몇십년이 지나서 무엇하러 또 다시 제기하니?
【恩泽】ēnzé 書 名 은택 =〔恩润〕
【恩重如山】ēn zhòng rú shān 成 태산같은 은혜. ¶您老人家对我是～, 我今生今世永不忘怀 | 댁내 아버님께서 저에게 베푸신 은혜가 태산같아서, 저는 이 세상 영원토록 잊을 수가 없습니다 =〔恩重丘山〕
【恩准】ēnzhǔn 書 名 특별한 은전으로 허락하다.

【蒽】ēn (안트라센 은)
名 〈化〉 안트라센(anthracene) [물감원

료]＝〔绿油脑〕
【蒽油】ēnyóu 名〈化〉안트라센 기름 ＝〔绿lǜ油〕

èn ㄣˋ

【摁】èn 누를 은
動❶(손이나 손가락으로) 가볍게 누르다. ¶不要～电铃｜벨을 누르지 마라. ¶～住不放｜꽉 누르고 놓지 않다. ❷눌러놓다. 차압하다. ¶这件事多亏你给～住了｜이 일은 다행히도 선생께서 막아 주셔서 도움이 되었습니다 ‖＝〔按àn②〕
【摁钉儿】èndīngr 名口 압정 ＝〔图tú钉〕
【摁扣儿】ènkòur 名口 스냅 파스너(snap fastner). 똑딱단추 ＝〔揿钮qìnniǔ〕〔子母扣儿〕
【摁窝儿】ènwōr 動 꽉 누르다. ¶被强人抓住，～捆起来了｜강도에게 잡혀 꽉 눌려 묶였다.

ér ㄦˊ

1【儿(兒)】ér·er 아이 아, 어조사 아
A ér ❶名 아동. 어린이. ¶六月一日是国际～童节｜6월1일은 국제 아동절이다. ¶幼～｜어린이. ¶婴～｜영아. ❷名 아들. 사내 아이. ¶生～育女｜아들 딸을 낳아 기르다＝〔儿子〕 ❸書名 내 아들. 소자 [자식이 부모에 대한 자칭.부모가 자식을 부르는 말] ¶梅～知悉｜札 내 아이「梅」에게 알린다,「梅」야 사정이 이렇단다. ¶～自别家，已两月余｜札 소자가 집을 떠난 지 벌써 두 달 남짓이 됩니다. ❹젊은이 [주로 청년을 가르침] ¶健～｜혈기왕성한 사나이. ❺形 (말·개 따위) 동물의 수컷. ¶～小狗｜수캉아지→〔公 gōng ⑨〕
B ·er 어법 단독으로 하나의 음절(音節)이 되지 못하고 앞 음절에 흡수되는데 이런 현상을「儿化」라고 함. 발음법에 대해서는 본 사전 앞에 있는《일러두기》참조. 尾❶명사 접미사(後綴)로 쓰임. 어법 ⓐ 작은 것을 나타냄. ㉠ 앞 성분이 단독으로는 말할 수 없는 의존형태소(不自由詞素)인 경우. ¶兔～｜토끼. ¶帽～｜모자. ¶壳～｜껍질. ㉡ 앞 성분이 단독으로 말할 수 있는 자유형태소(自由詞素)인 경우. ¶刀～｜칼. ¶鱼～｜물고기. ¶球～｜공. ⓑ 작은 것을 나타내지는 않음. ㉠ 앞 성분이 의존형태소인 경우. ¶味～｜맛. 냄새. ¶手绢～｜손수건. ¶瓜子～｜오이 따위의 씨. ㉡ 앞 성분이 자유형태소인 경우. ¶山沟～｜산골짜기. ¶树枝～｜나뭇가지. ¶问题～｜문제. ⓒ「儿」이 첨가됨으로써 단어의 뜻이 달라짐. ¶皮～｜어떤 얇은 조각 형태의 물건. ¶腿～｜각종 용구의 아래 부분에 사람의 다리처럼 지탱 작용을 하는 부분. ¶头～｜사물의 출발점 혹은 도착점 등. ⓓ「名＋儿＋名」의 형식으로 쓰이는 경우. ¶片～汤｜수제비. ¶灯～节｜정월 대보름. ¶花～市｜꽃시장. ⓔ ㉠ 양사(量詞) 뒤에 붙어 명사화함. ¶块～｜덩어리. ¶个～｜(사람의) 키. (물건의) 크기. ㉡ 어떤 양사는「儿」이 붙어도 그대로 양사로 쓰임. ¶一对～枕头｜한 쌍의 베개. ⓕ 형용사 뒤에 붙어 명사화함. ¶亮～｜빛. ¶香～｜향기. ¶长短～｜길이. ¶短～｜약점. ⓖ 일정한 동사 뒤에 쓰이는 명사에만 붙음. ¶(打)杂～｜잡일을 하다. ¶(包)圆～｜물건을 모조리 사다. 모든 책임을 떠맡다. ⓗ 동사 뒤에 붙어 명사화함. ¶盖～｜덮개. ¶吸管～｜빨대. ❷극히 제한적으로 동사의 접미사(後綴)로 쓰임. ¶我不玩～｜나는 장난하지 않는다. ¶他火～了｜그는 화가 났다. 어법「儿」과「子」의 비교⇒〔子·zi〕
【儿辈】érbèi ❶名 아들의 대(代). ❷⇒〔儿曹〕
【儿茶】érchá 名 ❶〈植〉아카시아. ❷〈漢藥〉아선약(阿仙藥).
【儿歌】érgē 名 동요. ¶他编了几首～｜그가 동요 몇 곡을 지었다.
【儿化】érhuà 名〈言〉음절 뒤에 권설(捲舌) 모음인「儿(er)」을 붙여 전체 음절을 권설음화 하는 현상.
【儿化韵】érhuàyùn 名〈言〉「儿化」된 운모(韻母) ＝〔儿韵〕→〔儿化〕
【儿婚女嫁】ér hūn nǚ jià 諺 아들은 장가를 들여야 하고, 딸은 시집을 보내야 한다. ¶～，谁能例外?｜다들 딸 장가들이고 시집보내는 일에, 누가 예외일 수 있겠는가?
【儿科】érkē 名 소아과. ¶～大dài夫＝〔儿科医生〕｜소아과의사.
【儿郎】érláng ❶書名 사내 아이. ❷⇒〔儿夫〕 ❸書名 사졸(士卒). 사병. 졸개.
【儿马】érmǎ 名口 수말 ＝〔公马〕
3【儿女】érnǚ 名 ❶아들과 딸. 사내아이와 계집아이. 자녀. ¶～都已长大成人｜자녀들이 이미 다 성장하여 성인이 되었다. ❷書 남녀.
【儿女情长，英雄气短】érnǚ qíng cháng, yīngxióng qì duǎn 成 남아의 의기도 여자의 사랑을 이겨내지 못한다. ❶애틋한 정에 사로잡히다. ❷나약한 마음. 측은한 마음.
【儿女心肠】ér nǚ xīn cháng 成 청춘남녀의 유약한 감정.
【儿孙】érsūn 名 ❶아들과 손자. ❷자손.
【儿孙自有儿孙福】érsūn zì yǒu érsūn fú 諺 자손들은 각자 제 복을 지니고 태어난다. ¶～，莫为儿孙作马牛｜諺 자식들은 각자 제 복을 제가 지니고 태어나니, (부모들은) 자식들을 위해 소나 말처럼 일할 필요는 없다.
2【儿童】értóng 名 어린이. 아동. ¶～保育事业｜아동 보육 사업. ¶～读物｜아동 도서. ¶～会｜어린이회. ¶～羁留所｜소년원. 감화원(感化院). ¶～健康赛｜우량아 선발 대회. ¶～学｜아동학. ¶～心理学｜아동 심리학. ¶～影院｜어린이 전용 영화관. ¶～专场｜어린이 영화회.
【儿童节】Értóng Jié 名 어린이날.
【儿童团】Értóngtuán 名 아동단 [중국 인민 공화국 성립 이전 혁명 근거지에서 중국공산당의 영도 하에 건립된 소년 아동 조직]
【儿童文学】értóng wénxué 名組 아동 문학.
【儿媳妇(儿)】érxí·fu(r) 名 며느리 ＝〔儿媳〕〔儿妇〕
【儿戏】érxì 名 어린애 장난. 喻 무책임하고 진지하게 여기지 않는 것. ¶视同～｜어린애 장난처

럼 여기다. ¶婚姻hūnyīn大事, 非同～ | 혼인은 일생의 중대사로 어린애 장난같은 것이 아니다 =〔儿童戏〕〔儿嬉〕

【儿韵】éryùn ⇒〔儿化韵〕

1【儿子】ér·zi 名 아들.

2【而】 ér néng 말이을 이, 뿐 이, 어조사 이

Ⓐ ér ❶ 連 …지만. …면서. …나 어법 역접(逆接)을 나타내며, 용법은 「然而」「但是」「却」와 같음. 명사는 연결할 수 없음. ⓐ 형용사·동사를 연결함. ¶这种苹果píngguǒ大～不甜tián | 이런 종류의 사과는 크지만 달지 않다. ⓑ 절을 연결함. 이때 「而」은 뒷 절의 첫머리에만 씀. ¶这里已经春暖花开, ～北方还是大雪纷飞fēnfēi的季节 | 이곳은 이미 화창한 봄날이지만, 북방은 아직도 큰 눈이 흩날리는 계절이다. ⓒ 긍정과 부정을 연결하여 상호 대비(對比) 설명함. ¶不应当把理论当作教条, ～应当看作行动的指南zhǐnán | 이론을 교조로 삼아서는 안되고, 행동의 지침으로 여겨야 한다. ¶这里的气候有利于种zhòng小麦mài, ～不利于种水稻dào | 이곳의 기후는 밀을 심기에는 이롭고, 벼를 심는 데는 불리하다. ❷ 連 …이면서도. …이라지만. 어법 의미상으로는 대립되나 형식적으로는 주술(主謂) 관계에 있는 주어와 술어 사이에 놓여 「如果」「但是」의 의미로 쓰임. ¶作家～不为人民写作, 那算什么样的作家呢? | 작가이면서도 인민을 위해서 글을 쓰지 않는다면, 그 무슨 작가라고 하겠는가? ❸ 連 …고. …하고도. …면서도 어법 순접(順接)을 나타냄. ⓐ 병렬관계에 있는 형용사를 연결함. ¶小～精 | 작고도 정교하다. ¶文笔简练jiǎnliàn～生动 | 문장이 간결·세련되고도 생동감이 있다. ⓑ 동사나 동사구(動詞詞組)를 연결함. 연이어지는 동작이나 점진적 관계임을 나타냄. ¶战～胜之 | 싸워서 이기다. ¶经验是宝贵的, ～经验的获得又往往是需要付出代价的 | 경험은 귀중한 것이나, 경험을 얻는데는 종종 대가를 치러야 한다. ❹ 連 …을 위해. …때문에. …로. …에 의하여. 어법 ⓐ 동사 앞에 목적·원인·근거·방법·상태 따위를 나타내는 말을 연결함. ⓑ 앞에 「为了」「为」「为着」「因为」「由于」「通过」등을 사용함. ¶为实现祖国的民主化～奋斗终身 | 조국의 민주화 실현을 위해 한평생 분투하다. ¶我们决不能因为取得了一些成绩～骄傲jiāoào自满起来 | 우리들은 얼마간의 성적을 얻었다고 교만하고 자만해져서는 결코 안된다. ⓒ 앞에 「随」「依」「因」「就」「对」 등이 있을 때는 일반적으로 단음절 동사를 씀. ¶工作不能完全随个人的兴趣～定 | 일은 완전히 개인의 흥미에 따라 정해질 수는 없다. ⓓ 앞에 동사·형용사를 연결하여 방법·상태를 나타냄. ¶顺流～下 | 흐르는 물을 따라 내려가다. ¶匆匆～去 | 총총히 가다. ¶不战～胜 | 싸우지 않고 이기다. ❺ 連 …로부터 …까지. 어법 의미상 단계로 나눌 수 있는 명사나 명사구를 주로 연결하여 한 단계(상황)에서 다른 한 단계(상태)로 넘어가는 것을 표시함. ¶由春～夏, 由秋～冬 | 봄부터 여름까지, 가을에서 겨울까지. ¶由童年～少年, ～壮年 | 아동에서 소년까지, 장년까지. 어법 단음절 형용사의 병렬은 「而」을 사용해야 하고, 쌍음절 형용사의 경우는 중간에 「而」을 써도 되고, 쓰지 않아도 됨. 단음절 형용사의 병렬도 숙어성을 띠는 경우에는 쓰지 않아도 됨. ¶这件衣服长瘦shòu(×) ¶这件衣服长～瘦 | 이 옷은 길고도 솔다. ¶天安门广场庄严zhuāngyán(而)雄伟xióngwěi | 천안문 광장은 장엄하고 웅장하다. ¶他个子矮ǎi小 | 그의 키는 왜소하다. ❻ 尾 고대한어(古代漢語)의 접미사(後綴). ¶已～ | 끝이다.

Ⓑ néng ❶ 書 動 能 능히 …하다. …할 수 있다. ¶唯～以尚同一义为政故也 | 오직 상동이라는 한가지로 다스릴 수 있기 때문입니다《墨子·尙同下》 ❷ 名 재능. ¶～征一国 | 그 재능이 나라를 다스리다《莊子·逍遙游》

4【而后】érhòu 連 이후(에). 연후(에). ¶确有把握～动手 | 확실히 파악한 다음에 손을 쓰다. 어법 「以后」는 단독으로 쓰여 「현재 이후」라는 뜻을 나타낼 수 있으나, 「而后」는 단독으로 쓰일 수 없음.

【而今】érjīn 名 현재. 지금. ¶～而后 | 지금 이후(에) ¶～你已长大成人 | 지금 너는 이미 성인이 되었다 =〔尔今〕

【而况】érkuàng 連 하물며 =〔何况〕

【而立】érlì 書 名 30세 [논어의 「三十而立」에서 온 말] ¶～之年 | 30세.

1【而且】érqiě 連 게다가. …뿐만 아니라. 또한. ¶不但东西好, ～价钱jiàqián也便宜 | 물건이 좋을 뿐만아니라, 가격도 저렴하다→〔不但〕

【而外】érwài 書 副 이외(以外). ¶除chú此～ | 이것 이외에.

4【而已】éryǐ 成 助 …만. …뿐. ¶有仁义～矣 | 인의가 있을 따름이다.

【鸸(鴯)】 ér 새이름 이

⇒〔鸸鹋〕

【鸸鹋】érmiáo 名 〈鳥〉 에뮤(emu). 오스트레일리아 타조.

ěr 儿ˇ

3【尔(爾)】 ěr 너 이, 그러할 이

❶ 書 代 너(의). 그대(의)[고대한어에 보임] ¶～等 | 너희들. ¶非～之过 | 너의 잘못이 아니다. ¶～母 | 너의 어머니→〔汝rǔ①〕 ❷ 書 代 이. 그. ¶～时 | 그 때. ¶～处 | 여기. ❸ 書 連 이와〔그와〕같다. 이러하다. ¶不～, 则将败事 | 이와 같이 하지 않으면, 장차 실패할 것이다. ❹ 書 連 …일 따름이다 =〔耳⑤〕 ❺ 尾 부사 접미사(後綴)로 쓰임. ¶偶～去玩儿 | 이따금 놀러 가다. ¶率～而对 | 경솔하게 대답하다. ❻ 복성(複姓) 중의 한 자. ¶～朱↓

【尔曹】ěrcáo 書 代 그대들. 너희들.

【尔格】ěrgé 名 外 〈物〉 에르그(erg) [일 또는 에너지의 C.G.S 단위] =〔爱ài格〕〔厄è格〕

【尔后】ěrhòu 書 連 이후. 그 후. ¶～即离开住处 | 그 후로 곧 살던 곳을 떠났다.

【尔虞我诈】ěr yú wǒ zhà 成 서로 속고 속이다. ¶我们的关系是一种相互利用, ～的关系 | 우리들

의 관계는 서로 이용하고, 속고 속이는 관계이다 =〔尔诈我虞〕

【尔诈我虞】ěr zhà wǒ yú ⇒〔尔虞我诈〕

【尔朱】Ěrzhū 名 복성(複姓).

【迩(邇)】ěr 가까울 이, 가까이할 이 書❶形 가깝다. ¶密mì～｜가깝다. ¶名闻wén遐xiá～｜이름이 널리 알려져 있다. ❷動 가까이하다. 접근하다. ¶不～声色shēngsè｜(마음을 어지럽히는) 노래와 색을 가까이하지 않다.

【迩来】ěrlái 書 名 근래. 요즈음.

2【耳】ěr 귀 이, 뿐 이, 어조사 이 ❶名〈生理〉귀. ¶～闻不如目见｜귀로 듣는 것은 눈으로 보는 것만 못하다. ¶言犹在～｜말이 귀에 쟁쟁하다. ❷귀처럼 생긴 것. ¶木～｜목이 버섯. ❸(～子)(기물의) 귀. 손잡이 [병·솥 따위의 손잡이] ¶锅～｜솥귀. ❹名 簡 「耳房」(양쪽 끝 방)의 약칭. ¶五间两～｜다섯 칸 방과 두 칸의 「耳房」. ❺書 助 …일 뿐이다. …일 따름이다. ¶前言戏之～｜앞서 한 말은 농담일 따름이다 =〔而已〕〔罢了〕〔尔④〕

【耳巴子】ěrbā·zi ⇒〔耳刮guā子〕

【耳报神】ěrbàoshén 名 方 貶 喩 밀고자(密告子). ¶遍地都是他的～｜도처에 모두 그에게 밀고하는 사람들이 깔려 있다.

【耳背】ěrbèi 形 귀가 어둡다. 귀가 멀다. 잘 듣지 못하다. ¶我有点儿～，请你大声点儿说｜나는 귀가 좀 머니, 약간 크게 말해 주세요 =〔方 耳沉〕〔耳朵沉〕

【耳鼻喉科】ěrbíhóukē 名組〈醫〉이비인후과. ¶～医生｜이비인후과 전문의.

【耳边】ěrbiān 名 귓전. 귓가. ¶～风 =〔耳旁风〕｜마이 동풍(馬耳東風).

【耳鬓厮磨】ěr bìn sī mó 成 귀와 살쩍을 서로 문지르다. 아주 친밀하다. 머리를 맞대고 다정히 지내다. ¶他们小时候～，两小无猜｜그들은 어려서부터 아주 친밀하게 지냈기에, 두사람은 작은 것도 의심함이 없다 =〔耳鬓撕磨〕〔耳鬓相磨〕〔耳须厮磨〕

【耳不听，心不烦】ěr bùtīng, xīn bùfán 諺 듣지 않으면 속 태울 일도 없다. 모르는 것이 약이다.

【耳沉】ěrchén ⇒〔耳背〕

【耳垂(儿)】ěrchuí(r) 名〈生理〉귓불. ¶大～人有福气｜귓불이 큰 사람은 복이 있다 =〔耳朵duǒ垂儿〕〔耳唇chún〕

【耳聪目明】ěr cōng mù míng 成 귀와 눈이 밝다. (노인이) 매우 정정함. ¶他六十岁了，依然～｜그는 육십세가 되었는데도 여전히 정정하다.

【耳刀(儿)】ěrdāo(r) 名❶한자 부수의 병부절(卩) =〔双耳刀(儿)〕❷한자 부수의 우부방·좌부방(阝)

2【耳朵】ěr·duo 名 귀. ¶～尖jiān｜귀가 밝다. ¶～背 =〔耳朵沉〕｜귀가 멀다. ¶掏～ =〔挖耳朵〕｜귀지를 파다. ¶咬～｜귀엣말을 하다. ¶在～上说｜귓전에 대고 말하다.

【耳朵软】ěr·duo ruǎn 귀가 얇다. 남의 말을 잘 믿는다. ¶他～，听不得妻子的枕边风｜그는 남의 말은 잘 믿지만, 아내가 곁에서 하는 말은 듣지를 않는다.

【耳朵眼儿】ěr·duoyǎnr 名組 귓구멍. ¶～有耳屎shǐ｜귓구멍에 귀지가 있다.

【耳房】ěrfáng 名 정방(正房)의 양 쪽으로 붙어 있는 작은 방.

【耳风】ěr·feng 名 뜬소문. 풍문.

【耳福】ěrfú 名 아름다운 음악·오페라 등을 들을 수 있는 복. 귀의 복. ¶昨晚听了贝多芬bèiduōfēn的英雄交响曲，真是大饱～｜어제 저녁에 베토벤의 영웅교향곡을 들었는데, 정말 귀를 크게 즐겁게 하였다..

【耳根】ěrgēn 名❶(～子) 귀뿌리 (부분) =〔耳朵根子〕❷(～儿) 方 귀. ❸귀로 듣는 상황. ¶～清净｜귀로 듣는 것이 깨끗하다. 아주 근심없이 되다. ❹〈佛〉청각(聽覺) [육근(六根)의 하나]

【耳垢】ěrgòu 名 귀의 때. 귀지. ¶掏tāo～｜귀지를 후비다 =〔耳粪fèn〕〔耳秽huì〕〔耳蜡là〕〔耳塞·sāi〕〔耳屎shǐ〕〔耳脂zhī〕〔盯聍dīngníng〕

【耳鼓(膜)】ěrgǔ(mó) 名 고막. 귀청 =〔鼓膜〕

【耳刮子】ěrguā·zi 名❶(양쪽) 귀의 뒷부분. ❷轉 (뺨)따귀. ¶打～ =〔给耳刮子〕｜따귀를 때리다. ¶吃～｜뺨을 맞다 ‖ =〔方 耳掴guāi子〕〔耳瓜guā子〕〔耳聒guō子〕〔耳巴bā子〕〔耳光(子)〕→〔嘴zuǐ巴①〕〔撇piē子〕

【耳掴子】ěrguāi·zi ⇒〔耳刮子〕

【耳光(子)】ěrguāng(·zi) ⇒〔耳刮子〕

【耳郭】ěrguō 名〈生理〉귓바퀴 =〔耳廓kuò〕〔耳扇shàn②〕

【耳环】ěrhuán 名 귀걸이 =〔耳圈〕〔方 钳qián子②〕〔耳坠zhuì子〕〔耳坠zhuì儿〕〔环坠〕

【耳机(子)】ěrjī(·zi) 名❶수화기(受話機) =〔听tīng筒①〕〔话筒①〕❷이어폰(earphone). 리시버(receiver). ¶装上～收听｜이어폰을 꽂고 듣다. ¶头戴式～｜헤드폰 =〔耳塞sāi①〕〔受话机〕〔听筒②〕

【耳际】ěrjì 名 귓가. ¶他的话在我～萦绕yíngrào｜그의 말이 귓가에 맴돈다.

【耳尖】ěrjiān ❶名 귀의 끝. ❷形 청각이 예민하다. 귀가 밝다. ¶她～得很｜그녀는 귀가 매우 밝다 =〔耳朵尖〕〔耳快〕

【耳科】ěrkē 名〈醫〉이과 [귓병을 고치는 의술(醫術)]

【耳孔】ěrkǒng 名〈生理〉귓구멍 =〔外听道〕〔耳朵眼儿①〕

【耳聋】ěrlóng 動 귀가 먹다. 귀가 들리지않다.

【耳聋口吃】ěrlóngkǒuchī 動組❶귀는 어둡고 말은 더듬거리다. ❷喩 쓸모 없는 사람.

【耳轮】ěrlún 名❶〈生理〉귓바퀴 =〔耳轮子〕❷書 귀.

【耳鸣】ěrmíng 名〈醫〉이명. 귀울음.

【耳目】ěrmù ❶名 귀와 눈. ❷名 남의 이목. 세간의 이목. ❸名 밀정. 내탐자. 스파이(spy). ❹名 견문. 식견. ¶～不广｜견문이 넓지 않다. ¶～所及｜시야가 미치다. ❺名 動 감독(하다). 감시(하다).

【耳目一新】ěr mù yī xīn 成 보고 듣는 것이 다 새롭다. 몰라보게 변하다. ¶读了王维之诗, 感到～ | 왕유의 시를 읽으면, 보고 듣는 것이 새로와짐을 느낀다.
【耳旁风】ěrpángfēng 귀담아 듣지 않다. 마이 동풍 =〔耳边风〕
【耳屏】ěrpíng 名〈生理〉이주(耳珠).
【耳濡目染】ěr rú mù rǎn 成 자주 보고 많이 들어서 (모르는 사이에) 영향을 받다. 늘 보고 듣는데서 영향을 받다. 서당개 삼 년에 풍월을 읊는다 =〔目濡耳染〕〔耳习目染〕〔耳熏目染〕
【耳软】ěrruǎn 形 귀가 여리다〔얇다〕. 남의 말을 잘 믿다.
【耳软心活】ěr ruǎn xīn huó 成 주견이 없이 남의 말만 믿다. 귀가 항아리 만하다.
【耳塞】ⓐ ěrsāi 名 ❶ 이어폰(earphone). ❷ (수영할 때 쓰는) 귀마개.
ⓑ ěr·sai ⇒〔耳垢gòu〕
【耳生】ěrshēng 形 귀에 설다. 귀에 익지 않다 ⇔〔耳熟〕
【耳食】ěrshí 書 動 남이 하는 말을 그대로 믿다. 설듣다. ¶～之谈, 不足为据 | 설들은 이야기를 증거로 삼을 수 없다.
【耳屎】ěrshǐ ⇒〔耳垢gòu〕
【耳熟】ěrshú 形 귀에 익다. ¶这个地名听着很～ | 이 지명은 매우 귀에 익다 ⇔〔耳生〕
【耳熟能详】ěr shú néng xiáng 成 귀에 익어 줄줄 욀 수 있다.
【耳顺】ěrshùn ❶ 形 귀에 거슬리지 않다. ¶这戏词我听着倒还～ | 이 극의 대사는 그런 대로 귀에 거슬리지 않는다. ❷ 書 名 60세. ¶年逾～ | 60세가 넘었다 =〔耳顺之年〕
【耳提面命】ěr tí miàn mìng 成 귀를 끌어 당겨 얼굴을 맞대고 타이르다. 간곡하게 타이르다. ¶业师～使我得益很多 | 스승님의 간곡한 타이름은 나에게 많은 도움이 되었다 =〔面命耳提〕〔耳提面训〕
【耳听八方】ěr tīng bā fāng 成 팔방(八方)으로 귀〔주의〕를 기울이다. 기민(機敏)하다. 약삭빠르다. ¶生在这个社会里, 要是没有一种眼观六路～的本事, 是不成的 | 이 사회에서 살아가려면, 눈치 빠르고 약삭빠르지 않으면 안된다 =〔耳听六路〕→〔眼yǎn观八方〕
【耳挖勺(儿)】ěrwāsháo(r) ⇒〔耳挖子〕
【耳挖子】ěrwā·zi ⓧ ěrwá·zi) 名 귀이개. ¶拿着～剔牙 | 귀이개를 가지고 이를 쑤시다 =〔耳挖勺(儿)〕〔挖耳(朵)②〕
【耳闻】ěrwén 動 귀로 듣다. ¶～不如目见 =〔耳闻不如眼见〕| 귀로 듣는 것은 눈으로 보는 것만 못하다.
【耳闻目睹】ěr wén mù dǔ 成 귀로 듣고 눈으로 보다. 직접 보고 듣다.
【耳蜗】ěrwō 名〈生理〉와우각.
【耳下腺】ěrxiàxiàn 名〈生理〉이하선 [구강의 가장 큰 타선(唾腺)] ¶～炎 =〔痄zhà腮〕| 이하선염 =〔腮sāi腺〕
【耳性】ěrxìng 名 기억력 =〔记性〕
【耳穴】ěrxué 名〈漢醫〉인체(人體)의 어떤 부분에 병이 났을 때, 귓바퀴의 일정한 부위에 반응이 오게 되는데, 이러한 부위가 바로 침(針)을 놓는 곳이 되며, 이러한 곳들을 통칭(通稱)해서「耳穴」라 함.
【耳炎】ěryán 名〈醫〉이염.
【耳咽管】ěryānguǎn 名〈生理〉에우스타키관(Eustachi 管) =〔欧ōu氏管〕
【耳语】ěryǔ 書 名 動 귀엣말(하다). ¶他不时地跟他太太～几句 | 그는 종종 아내에게 귀엣말을 몇 마디 속삭인다 =〔咬yǎo耳朵〕
【耳针】ěrzhēn 名〈漢醫〉귓바퀴에 침을 놓아 신체의 질환을 치료하는 침 치료법의 일종 =〔耳针疗法〕
【耳坠子】ěrzhuì·zi 名 ⓞ 귀걸이 =〔耳环〕〔耳坠儿〕
【耳子】ěr·zi 名 (솥이나 병 따위의) 귀 →〔把bà儿〕

【洱】ěr 물이름 이
지명에 쓰이는 글자. ¶～海 | 이해 [운남성(雲南省) 대리현(大理縣)에 있는 호수. 모양이 귀처럼 생김]

【饵(餌)】ěr 먹이 이, 미끼 이
❶ 名 (쌀가루·밀가루를 주로 써서 만든) 떡. 과자류의 식품. ¶饼～ =〔饼食〕| (불에 구운) 밀가루 떡 또는 쌀가루 떡의 총칭. ❷ 名 각종 음식물의 총칭. ¶果～ | 당과류. ¶药～ | 약과. ❸ 名 낚싯밥. 미끼 =〔鱼饵〕¶钓～ | 낚시미끼. ❹ 名 사람을 끌어들이는 미끼. ¶以女色为～ | 여색으로 사람을 끌어들이는 미끼로 삼다. ❺ 書 動 이익으로써 사람을 유인하다. 꼬이다. ¶～敌 | 미끼로 적을 유인하다. ¶～以重利 | 큰 이익으로써 사람을 유혹하다.
【饵料】ěrliào 名 ❶ 고기밥. ❷ 미끼. ¶巧设～, 诱敌上钓 | 교묘하게 미끼를 설치하여 유인한 다음 낚시를 한다.

【珥】ěr 귀고리 이, 햇무리 이
❶ 名 진주나 옥으로 만든 귀고리 =〔珥珰〕❷ 名 햇무리 =〔日珥〕❸ 名 칼의 날 밑. ❹ 書 動 끼우다. 끼워 넣다.
【珥珰】ěrdāng 名 귀걸이.

【铒(鉺)】ěr èr (에르븀 이) 갈고리 이
Ⓐ ěr 名〈化〉화학원소명. 에르븀(Er; erbium) [희토류(希土類) 금속 원소]
Ⓑ èr 書 名 갈고리 =〔钩gōu〕

èr 儿丶

1【二】èr 두 이, 두가지마음 이
❶ 數 둘. 2. ¶～加～等于四 | 2 더하기 2는 4. ¶～层楼 | 이층집. ❷ 數 둘째. 두 번째. 다음의. ¶第～天 | 이튿날. ¶他是～儿子 | 그는 둘째 아들이다. ¶～把手↓ 어법「二」과「两」은 용법상 다음과 같은 차이가 있음. ⓐ 일반 양사「个」「衍」「本」「件」따위의 앞에서는「两」을 사용함. ¶两本书 | 책 두 권. ¶两件事 | 두 가지 일. ¶两匹马 | 말 두필. ⓑ 수를 셀 때는「二」을

씀. ¶一, 二, 三, 四 | 하나, 둘, 셋, 넷. ⓒ 소수와 분수, 서수도「二」만을 씀. ¶零点二 | 0.2. ¶五分之二 | 2/5. ¶二哥 | 둘째 형. ⓓ 단 단위와「十」앞에서는「二」만 쓰고,「千」「万」「亿」또는「百」앞에서는 보통「二」을 쓰는데,「两」도 쓸 수 있음. 단지「千」이「万」「亿」다음에 올 때는 주로「二」을 씀. ¶两万二千二百 | 22, 200 ¶两千＝〔二千〕| 2천. ¶两亿二千万 | 2억 2천만. ⓔ「半」앞에서는「两」을 쓴다. ¶两个半月 | 2개월 반. ⓕ 전통적 도량형 단위인「尺」「斤」「丈」등의 앞에서는「两」「二」둘 다 쓰는데, 주로「二」을 많이 쓰고, 새로운 도량형 단위 앞에서는 일반적으로「两」을 씀. ¶两斤＝〔二斤〕| 두 근. ¶二里 | 2리. ¶两吨 | 2톤. ¶两公里 | 2킬로미터. ⓖ 성어(成語)·숙어(熟語) 중의「二」과「两」은 각기 고정적으로 쓰임. ¶三言两语 | 두 세 마디 말. ⓗ「양쪽 다」「두 개 중 어느 쪽이든」의 뜻에서는 반드시「两」을 쓴다. ¶两相情愿 | 쌍방이 다 원하고 있다. ❸形 다른. 두 가지의. ¶不～价 | 정찰가. ¶说一不～ | 두말하지 않는다 ‖ ＝〔弍〕〔贰①〕

【二把刀】èrbǎdāo 方 ❶名 풋내기. 얼치기. 반거들충이 ＝〔二半破子〕→〔半瓶(子)醋〕 ❷動 대강 알다. 어림잡아 알다. ❸名 요리사의 조수 ＝〔帮bāng案(儿)的〕〔帮厨chú②〕〔油伙儿〕

【二把手】èrbǎshǒu 名 두 번째 책임자.

【二百二】èrbǎièr 名 口〈藥〉머큐로크롬(mercurochrome) ＝〔二百二十〕〔红药水(儿)〕〔红汞gǒng〕

【二百五】èrbǎiwǔ 名 ❶口 천치. 멍청이. 바보. 멍텅구리. ¶他是个～ | 그는 멍텅구리이다 ＝〔三八〕→〔十三点①〕 ❷方 풋내기. 얼치기. 반거들충이 ＝〔半瓶(子)醋〕〔二把刀①〕

【二半破子】èrbànpò·zi ⇒〔二把刀①〕

【二倍体】èrbèitǐ 名〈生〉이배체 ＝〔二元体〕

【二部制】èrbùzhì 名 이부제. ¶～学校 | 이부제 학교.

【二茬(儿)】èrchá(r) 名 ❶ 이모작. 양그루. 그루갈이 ＝〔二茬(儿)庄稼zhuāngjià〕 ❷俗 베낸 뒤에 다시 돋아나는 것. ¶～头发 | 잘라낸 후 다시 자라난 머리. ¶我们可不愿意吃二遍苦, 受～罪 | 우리는 다시 되풀이 해서 고통당하고, 죄 받는 것을 원하지 않는다. ‖ ＝〔二楂chá(儿)〕

【二重性】èrchóngxìng 사물 자체에 본질적으로 내재해 있는 서로 대립적인 두가지 속성.

【二传手】èrchuánshǒu 名 ❶〈體〉(배구) 속공플레이에서의 세터(setter). ❷轉 중재·조정역할을 하면서 얼굴을 나타내지 않는 개인이나 집단.

【二次方】èrcìfāng 名〈數〉자승(自乘). 제곱. 평방(平方).

【二次方程】èrcì fāngchéng 名組〈數〉이차 방정식.

【二次能源】èrcì néngyuán 名組 이차 에너지 [일차에너지부터 직·간접으로 전환된 인공에너지. 석유·전기·증기·알콜 등] ¶积极利用～ | 이차 에너지를 적극적으로 이용해야 한다.

【二当家】èrdāngjiā 名 ❶ 둘째 주인. 제2인자. ❷ 주인공처럼 행세하는 사람.

【二道贩子】èrdào fàn·zi 名組 (투기 전매를 전문으로 하는) 암거래상. 브로커. ¶防止～投机倒把 | 암거래상의 투기거래를 방지하다.

【二等】èrděng ❶名 두 등급(等級). ❷形 이등(의). 이류(二流)(의). ¶～客车 | 이등 객차. ¶～奖jiǎng | 이등상. ¶～品 | 이류품.

【二地主】èrdìzhǔ 名 ❶ 마름. 사음(舍音). 지대를 징수하는 사람. ❷ 빌린 토지를 전대(轉貸)하는 사람. 토지 거간꾼→〔二房东〕

【二叠纪】Èrdiéjì 名〈地質〉이첩기. 페름기(紀).

【二叠系】Èrdiéxì 名〈地質〉이첩계. 페름계(系).

【二二三】èr'èrsān 名〈藥〉디디티(D.D.T) ＝〔滴dī滴涕〕

【二房】èrfáng 名 ❶ 가족 중 둘째 항렬의 계통. ❷ 첩. ¶他爷爷娶qǔ了～就冷落了他奶奶 | 그의 할아버지는 첩을 얻자 곧 그의 할머니를 냉대하였다 ＝〔妾qiè①〕

【二房东】èrfángdōng 名 (빌린 집을 다시 남에게 빌려주어 이익을 얻는) 전대인(轉貸人)→〔二地主〕〔房东〕〔大房东〕〔三房客〕

【二分】èrfēn ❶名 춘분과 추분. ❷書動 둘로 나누다. 이분(二分)하다.

【二伏】èrfú 名 중복(中伏) ＝〔中伏〕→〔伏天〕

【二副】èrfù 名 이등 항해사→〔大dà副〕

【二杆子】èrgǎn·zi 名 方 얼간이. 멍청이. ¶他是一个十足的～ | 그는 정말 얼간이이다.

【二哥】èr·gē 名 ❶ 둘째 형〔오빠〕. ❷ 동생에 대한 친밀감에서 말하는 호칭.

【二鬼子】èrguǐ·zi 名 괴뢰 정부의 군대 ＝〔伪wěi军〕

【二锅头】èrguōtóu 名 순수한 백주(白酒) [증류할 때에 맨 처음과 맨 마지막에 나온 술을 제거한 나머지의 순수한 술. 주정(酒精)의 함량은 60%～70%]

【二胡】èrhú 名〈音〉이호 [호금(胡琴)의 일종으로, 현(弦)이 둘이고 음이 낮은 악기] ＝〔嗡hù嗡儿〕〔南胡〕〔楠nán胡〕→〔京二胡〕

【二虎】èrhǔ ❶名 바보. 멍청한 사람. ¶看你这～! | 이 얼빠진 놈 좀 봐! ＝〔糊hú涂虫〕 ❷形 엄벙하다. 꼼꼼하지 않다. 소홀하다 ＝〔麻糊〕〔马虎〕

【二虎相争, 必有一伤】èr hǔ xiāng zhēng, bì yǒu yī shāng 諺 두 마리 호랑이가 싸우면 반드시 한 마리는 다친다. 두 영웅은 병립할 수 없다.

【二乎】èr·hu 方 ❶動 위축되다. ❷動 망설이다. 의혹(疑惑)을 품다. ❸形 희망이 거의 없다 ‖ ＝〔二忽〕

【二花脸】èrhuāliǎn 名〈演映〉개성이 있거나 난폭한 인물로 분장한 (조연) 배우 ＝〔副净〕〔架子花〕〔二花面〕→〔花脸〕

【二话】èrhuà 名 ❶ 두말. 딴말. 다른 말. 다른 의견. ¶～不提, 坚决照辨 | 다른 의견이 없다면, 단호하게 그대로 처리하겠다. ¶我决没有～ | 나는 결코 다른 말〔의견〕이 없다. ❷ 불평. 불만.

【二黄】èrhuáng 名 경극의 강조(腔調) 이름으로, 호금(胡琴)으로 반주하며,「서피(西皮)」와 합

해서「피황(皮黄)」이라 함 =〔二簧(腔)〕

【二婚头】èrhūntóu 名 (경시(輕視)하는 투로) 재혼한 여자. ¶天祥没有儿女, 杨氏是个~, 初嫁时带个儿女来 | 천상에겐 자식이 없었고, 양씨는 재혼한 여인네로, 시집올 때에 아이들을 데리고 왔다 =〔二婚儿〕〔二河水〕〔二水货②〕

【二混子】èrhùn·zi ⇒〔二流子〕

【二极管】èrjíguǎn 名〈電氣〉이극관.

【二价】èrjià 名 에누리. 이중 가격. ¶言不~ | 정찰(正札). 에누리 없음. ¶不~ | 정찰 가격→〔谎huǎng价〕〔毛价〕〔虚xū价〕

【二进】èrjìn 區〈電算〉2진법. ¶~加法 | 2진 가산. ¶~算术演算 | 2진 연산. ¶~码十进记法 | 2진화 10진법. ¶~数 | 2진수. ¶~位 | 2진 =〔二元〕.

【二进宫】èrjìngōng 動 ❶ 俗 재범(再犯)으로 또 수감되다. ¶他刚放出就赌, 这回是~了 | 그는 막 풀려나자마자 또 도박을 하여 재범으로 또 수감되었다. ¶他~,三进宫之后出来, 又做了坏事 | 그는 재범·3범으로 수감되었다가 나와서 또 나쁜 짓을 저질렀다. ❷ 喻 재 입원하다.

【二进制】èrjìnzhì〈數〉이진법 =〔二进位制〕

【二郎腿】èrlángtuǐ 名 方 다리를 꼬고(포개고) 앉은 자세. ¶跷qiāo起~ | 다리를 포개고 앉다. ¶她跷着~喝咖啡看杂志 | 그녀는 다리를 꼬고 앉아 커피를 마시며 잡지를 본다.

【二老】èrlǎo 書 名 ❶ (Èrlǎo)〈人〉백이(伯夷)와 태공망(太公望). 노자(老子)와 노래자(老萊子). 백이와 숙제(叔齊). ❷ 書 부모 =〔二人①〕

【二愣子】èrlèng·zi 名 덜렁이. 분별없이 행동하는 사람. 마구 덤비는 사람. 난폭한 사람. ¶不能再做~了 | 다시 덜렁이가 될 수는 없었다 =〔隔gé楞子〕

【二流子】èrliú·zi ⓧ èrliù·zi) 名 건달. 망나니. ¶他是一个地道的~, 成天在外边儿瞎xiā逛荡guàngdàng | 그는 진짜 건달로서, 종일토록 밖에서 무턱대고 빈둥빈둥 돌아다닌다 =〔㊁二混子〕〔二大流〕〔京 混hùn混儿〕〔二赖lài子〕〔屯tún溜子〕

【二硫化物】èrliúhuàwù 名〈化〉이유화물.

【二路货】èrlùhuò 名 이등품. ¶这些~根本不值钱 | 이런 것들은 이등품이어서 근본적으로 가치가 없다.

【二律背反】èrlǜ bèifǎn 名〈哲〉이율 배반.

【二门(儿, 子)】èrmén(r·zi) 名 중문(中門). 중문(重門) =〔重chóng门〕〔腰yāo门〕

【二面角】èrmiànjiǎo 名〈數〉이면각.

【二拇指(头)】èr·muzhǐ(·tou) 名 ㊀ 식지(食指). 인지(人指). 집게손가락 =〔食指①〕〔二指〕〔二拇〕→〔指zhǐ头〕

【二年生】èrniánshēng 名〈植〉이년생. ¶~植物 | 이년생 식물. ¶~作物 | 이년생 작물

【二皮脸】èrpíliǎn 名 철면피. 낯두꺼운 사람. ¶他是一个~, 干坏事从不害羞 | 그는 철면피여서 나쁜 일을 하고도 부끄러워 하지 않는다.

【二人台】èréntái 名〈演映〉❶ 두 사람이 서로 춤을 추며 노래를 주고받는 민간 예술의 하나 [내몽골 자치구에서 유행함] ❷ 중국 이인(二人) 곡예가 발전하여 이루어진 새로운 극종(劇種)의 하나.

【二人转】èrrénzhuàn 名〈演映〉❶「板胡」「哨呐」로 반주하며, 두 사람이 춤추며 노래를 주고받는 민간 예술 [흑룡강(黑龍江)·길림(吉林)·요령(遼寧) 일대에서 유행함] ❷ 중국 이인(二人) 곡예가 발전되어 창조된 새로운 극종(劇種)의 하나.

【二十八宿】èrshíbāxiù 名組〈天〉이십팔수 =〔二十八舍〕〔二十八星〕

【二十四节气】èrshísì jiéqì 名 이십사 절기 =〔二十四节〕〔二十四候〕

【二十四史】èrshísìshǐ 名〈書〉이십사사 [청대(清代) 건륭(乾隆) 연간에 정한 중국의 정사(正史)] ¶一部~, 不知叫我从何说起 | 이십사사는 어디서부터 말을 해야할지 모르겠다 =〔廿niàn四史〕

【二十五史】Èrshíwǔshǐ 名〈書〉이십오사 [중국의 정사(正史) 이십사사(二十四史)에 신원사(新元史)를 더한 것]

【二手】èrshǒu ❶ 名 조수(助手). ❷ 形 간접적인. (물건 따위가) 남의 손을 거친.

【二手货】èrshǒuhuò 名 중고(품) =〔第二手②〕

【二水货】èrshuǐhuò ❶ 名 상등품 [「头水货」(최상등품)에 다음 가는 상등품] ¶~虽然不好看, 但价钱便宜 | 상등품은 (최상등품에 비해) 비록 보기엔 못하지만, 가격은 싸다. ❷ ⇒〔二婚头〕‖→〔二路货〕

【二水儿】èrshuǐr 名 한 번 사용했던 물건. ¶婚礼一切从简, 礼服去租~就行了 | 결혼식은 일체를 간소화함을 따라, 예복은 한 번 입었던 것을 빌리면 된다→〔头tóu水儿〕

【二踢脚】èrtījiǎo 名 ㊀ 方 두 번(터지는) 소리가 나는 폭죽. ¶他们在院子里放~呢 | 그들은 뜰에서 폭죽을 터뜨렸다 =〔二起脚〕〔二踢子〕〔二铁角〕〔双响〕→〔爆bào竹〕

【二天】èrtiān 副 方 나중에. 하루 이틀 지나서. ¶我~再来 | 나는 하루이틀 지나서 다시 오겠다.

【二体人】èrtǐrén 名 어지자지.

【二五眼】èr·wuyǎn 方 ❶ 形 (사람의) 능력이 모자라다. ¶俄语, 我可是~, 看看可以, 要说话可不成 | 나는 러시아어 실력이 모자라 볼 수는 있으나, 말은 할 수가 없다. ❷ 形 (물품의) 질이 낮다. 질이 떨어지다. ❸ 名 맹꽁이. 맹추. 얼치기 ‖ =〔二古gǔ眼〕〔二股眼〕〔二乌眼〕

【二线】èrxiàn ❶ 名 (거문고 등의) 중간 굵기의 줄. ❷ ⇒〔坠zhuì子③〕

【二项式】èrxiàngshì 名〈數〉이항식. 두 개의 항을 가지는 다항식(多項式).

【二象性】èrxiàngxìng 名〈物〉이중성. ¶物质的~ | 물질의 이중성.

【二心】èrxīn 名 ❶ 두 마음. 이심(異心). ¶我决无~ | 나는 결코 다른 마음이 없다. ❷ 전념하지 않음. 열의가 없음.

【二性子】èrxìng·zi ❶ ⇒〔二体人〕 ❷ 名 물건의 성질이 섞인 것. 중간 치기. ¶~水 | 단맛도 쓴맛도 아닌 물. ❸ 혼혈아.

4【二氧化碳】èryǎnghuàtàn 图〈化〉이산화탄소(CO_2)＝〔二氧化碳气〕→〔碳(酸)气〕
【二氧化物】èryǎnghuàwù 图〈化〉이산화 화합물.
【二一添作五】èryī tiān zuò wǔ 諺 ❶ 주산(珠算) 나눗셈의 구결(口訣)로, 1/2＝0.5란 뜻임. ❷ 둘로 나누다. 이등분하다. ¶～, 咱们平分吧 | 이등분하면 우리가 공평하게 나누는 것이다.
【二元】èryuán ❶ 图〈數〉이차원. 이원성(二元性). ❷ 形〈化〉두 성분으로 된.
【二元方程式】èryuán fāngchéngshì 名組〈數〉이차 방정식.
【二元论】èryuánlùn 图〈哲〉이원론(dualism).
【二则】èrzé ❶ 图 둘째 항목. 둘째. ¶一则是天雨, ～是事忙 | 첫째는 비가 오기 때문이고, 둘째는 일이 바빠서이다. ❷ 副 게다가. ¶～定要惊动别人 | 게다가 반드시 남을 놀라게 할 것이다.
【二者】èrzhě 图 양자(兩者). ¶～不可缺一 | 둘 가운데 어느 하나라도 없어서는 안된다. ¶～必居其一 | 필경 둘 중 하나다.

【弍】èr 두 이
「二」의 고체자⇒〔二èr〕

4【贰(貳)】èr 두 이, 변할 이, 도울 이
書 ❶「二」의 갖은자 [증명서의 금액기재 따위에 사용함]＝〔二〕→〔大写②〕 ❷ 图 방조자. 보좌하고 대리하는 사람. 다음가는 사람＝〔储贰〕 ❸ 動 변절하다. 배반하다. ❹ 動 보좌하고 대리하다.
【贰臣】èrchén 書 图 두 임금을 섬기는 신하. 절조가 없는 신하. ¶他是～, 在前清也是红得发紫的人物 | 그는 절조가 없는 신하로서, 清朝에서도 권세가 극에 달했던 사람이다.
【贰心】èrxīn 書 图 두 마음. 딴 마음＝〔二心〕

【佴】èr ☞ 佴 nài Ⓑ

【铒】èr ☞ 铒 ěr Ⓑ

·er 儿·

【儿】·er ☞ 儿 ér Ⓑ

F

fā ㄈㄚ

[1]【发(發)〈醱₁₂〉】 ① fā 필 발, 일으킬 발 ❶動 발생하다〔시키다〕. 생기다. ¶种子~芽了 | 씨가 발아했다. ¶他的病又~作了 | 그의 병이 또 재발하였다. ¶这个音怎么~ | 이 음은 어떻게 내는가. ❷動 (숨김없이 사실대로) 나타나다. 드러내다. (의사·감정 따위를) 무의식중에 표출하다 [주로 유쾌하지 않은 상황을 가리킴] ¶引人~笑 | 사람을 웃기다. ¶心里~慌 | 당황하다. ¶你别~急 | 당신은 조급해 하지 마시오. ❸動 느끼다. ¶嘴里~辣 | 입 안이 맵다. ¶浑身~痒yǎng | 온 몸이 가렵다. ❹動 보내다. 교부하다. 부치다. ¶~了一封信 | 편지 한 통을 부쳤다. ¶货已经~了, 月底可以到 | 짐을 이미 부쳤으니, 월말에 도착할 것이다. ¶入学通知书~给本人 | 입학통지서를 본인에게 교부하였다. ❺動 내주다. 지급하다. 발급하다. ¶~证明书 | 증명서를 발급하다. ¶~工资 | 임금을 지급하다. ¶~传单 | 전단을 보내다 ⇔〔领lǐng⑥〕 ❻ 발전하다. 확대하다. 커지다. ¶~扬↓ ¶~育↓ ¶~展↓ ❼動 재물을 얻어 부자가 되다. ¶她一下子就~了 | 그녀는 일순간에 부자가 되었다. ❽動 발산하다. 흩어지다. ¶~散着香气 | 향기를 내다. ¶蒸~ | 증발(하다) ❾動 출발하다. 떠나다. ¶朝~夕至 | 아침에 떠나 저녁에 도착하다. ❿動 (옛날, 범인을) 호송하다. 귀양 보내다. ¶把犯人~到边疆去 | 범인을 변방으로 귀양 보내다 →〔押yā③〕 ⓫動 조짐을 보이다. …을 띠게 되다. …이〔하게〕되다. ¶味儿~甜 | 맛이 달콤해지다. ¶脸色~黄 | 얼굴빛이 노래지다. ¶人老了手脚~笨 | 사람이 나이가 들면 수족이 둔하여진다. ⓬動 발효하다〔시키다〕. 부풀리다. (건조한 것을 물에 불려서) 본래대로 하다. ¶~面做馒头 | 밀가루를 발효시켜 찐빵을 만들다. ¶面已经~了 | 밀가루가 이미 부풀었다. ¶~海带 | 다시마를 물에 불리다. ¶水~蹄筋 | 물이 발굽의 근육을 불려놓았다. ⓭書動 꽃이 피다. ¶桃花怒~ | 복숭아 꽃이 만발하다. ⓮動 발사하다. ¶~枪＝〔放枪〕〔开枪〕| 발포하다. ¶百~百中 | 백발백중. ⓯動 말하다. 표현하다. ¶他已~过言了 | 그는 이미 토로하였다. ¶~命令 | 명령을 내리다. ⓰動 시작하다. 일으키다. ¶~起反攻 | 반격을 개시하다. ¶~动汽车 | 자동차에 발동을 걸다. ⓱量 발. 알 [총탄·포탄을 세는 데 쓰임] ¶三十~子弹 | 탄알 30발. ¶枪膛táng里只剩shèng下一~子弹 | 탄창에 탄알이 단 한 발만 남아 있다.

【发案】 fā'àn 動 사건이 발생하다. ¶~地点 | 사건 발생 지점. ¶~时间 | 사건 발생 시간.

【发暗】 fā'àn 動 어두워지다. ¶他脸色~, 两眼发直, 想了想说 | 그는 표정이 어두워지며, 두 눈을 멍하니 뜨고, 생각을 하고는 말했다.

【发白】 fābái 動 ❶ (색이) 하얗게 바래다. ❷ 동이 트다. 날이 밝다. ¶东方~ | 동녘 하늘이 밝아오다. ❸ 창백해지다. ¶脸色~ | 얼굴이 창백해지다.

【发斑伤寒】 fābān shānghán ⇒〔发疹zhěn窒扶斯〕

【发榜】 fā/bǎng 動 방을 붙이다. 합격자 명단을 공포(公布)하다. ¶录取名单下午才能~ | 합격자 명단은 오후에 공포할 것이다＝〔放fàng榜〕〔出榜①〕→〔科kē举〕

【发包】 fābāo 動 (건축·가공·산물 집하 등의 일을) 하청 주다.

【发报】 fā/bào 動 전보를 치다. 송신하다. 발신하다. ¶~机 | 발신기. 송신기.

【发标】 fā/biāo 動 方 으스대다. 허세를 부리다. 우쭐거리다＝〔发标劲jìn〕

[2]【发表】 fābiǎo ❶名動 발표(하다). 공표(하다). 게재(하다). ¶~会 | 발표회. ¶~了一篇论文《论语研究》|《논어연구》논문 한 편을 발표하였다. ❷動 〈漢醫〉 체내의 독기를 발산시키다＝〔解jiě表〕

【发殡】 fā/bìn 動 출관(出棺)하다. 발인하다.

【发兵】 fābīng 動 출병하다. 군대를 파견하다.

[4]【发病】 fā/bìng 動 병이 나다〔도지다〕. ¶~率lǜ | 발병율.

[4]【发布】 fābù 動 선포(宣布)하다. 내리다. ¶接二连三~命令 | 연이어 명령을 내리다.

[4]【发财】 fā/cái 動 돈을 벌다. 재산을 모으다. 부자가 되다. ¶发大财 | 돈을 많이 벌다＝〔起水①〕

【发车】 fā/chē 動 발차하다. ¶按时~ | 시간에 맞춰 발차하다.

【发痴】 fāchī ❶ ⇒〔发呆dāi〕 ❷動 미치다. ¶别~了! | 미치지 마!

[4]【发愁】 fā/chóu 動 ❶ 근심하다. 걱정하다. 우려하다. ¶老金正为这事~ | 김씨는 이 일로 걱정하고 있다. ❷ (좋은 생각이나 방법이 없어) 머리가 아프다. ¶我看了教科书就~ | 나는 교과서만 보면 머리가 아프다 ‖＝〔犯愁〕

【发臭】 fāchòu 動 나쁜 냄새가 나다. 악취를 풍기다. ¶杯子里的茶水都~了 | 찻잔 속의 차가 온통 악취를 풍긴다.

[2]【发出】 fāchū 動 ❶ (소리 등을) 내다. ¶~回声 | 메아리 치다. ❷ (명령·지시 등을) 발포·발표하다. ¶~警告 | 경고를 발포하다. ❸ (편지 등을) 보내다. 띄우다. 부치다. ¶~函件 | 편지를 보내다.

【发憷】 fāchù 動 方 겁을 내다. 두려워하다. ¶新演员初上场总有点~ | 신인 연기자가 처음 출연을 하게되면 다소 두려워하기 마련이다.

【发喘】 fāchuǎn 動 숨이 차다. 숨을 헐떡이다. ¶老金一上楼梯就~ | 김씨는 계단을 오르기만 하면 곧 숨을 헐떡인다.

[2]【发达】 fādá 形 ❶ 발달하다. 향상하다. 발전하다. ¶科学~ | 과학이 발달하다. ❷ 발전〔발달〕시키다. ¶~工业 | 공업을 발전시키다. ❸ 번성하다. 경기가 좋다. ¶营业很~ | 장사가 아주 번창한다. ❹ 출세하다. ¶不~, 我不回家 | 출세하지 못하면, 나는 집에 돌아가지 않는다.

【发呆】fā/dāi 動 멍해 하다. 어리둥절해 하다. ¶他话也不说, 眼直直地瞪着, 坐在那儿～ | 그는 말도 하지않고, 눈을 휘둥그래 뜨고서, 그 곳에 멍하니 앉아 있다 ＝〔方 发痴①〕〔发獃yāi〕

【发单】fādān 名〈商〉인보이스(invoice). 하물 송장(荷物送狀). 적하 명세서 ＝〔发货单〕

【发嗲】fādiǎ ⇒〔撒娇sājiāo(儿)〕

3【发电】fādiàn ❶ 動 전보를 치다. ¶～祝贺 | 축하 전보를 치다. ❷ 名 動 발전(하다). ¶水力～ | 수력 발전. ¶～灯 | 발전등.

【发电机】fādiànjī 名 발전기. 다이너모(dynamo). ¶直流～ | 직류 발전기. ¶交流～ | 교류 발전기. ¶柴chái油～＝〔狄赛尔发电机〕| 디젤 발전기. ¶汽油～ | 가솔린 발전기.

2【发动】fādòng ❶ 動 개시하(게 하)다. 행동하기 시작하다. ¶～进攻 | 공격을 개시하다. ❷ 動 동원하다. ¶～群众 | 군중을 동원하다. ❸ 動 시동을 걸다. (기계를) 돌아가게 하다. ¶机器～了 | 기계가 작동하기 시작했다. ❹ 名 분만하려고 할 때의 진통.

【发动机】fādòngjī 名〈機〉발동기. 엔진. 모터 ＝〔动力机〕〔外 引擎引yǐnqíng〕〔外 马mǎ达〕

2【发抖】fādǒu 動 (벌벌·덜덜) 떨다. ¶气得～ | 화가 나서 부들부들 떨다 ＝〔方 作抖〕

【发端】fāduān 名 실마리. 발단 →〔起头(儿)①〕

【发凡】fāfán 名 動 요지·대의(를 말하다) ＝〔起义②〕

【发凡起例】fā fán qǐ lì 威 ❶ 요지와 범례. ❷ 예를 들어가며 대의를 설명하다.

【发烦】fāfán 動 귀찮아지다. 싫증이 나다. ¶事事都令人～ | 사사건건 모두 사람을 귀찮게 한다.

【发放】fāfàng 動 ❶ (정부나 기구 등이) 돈이나 물자를 방출(放出)하다. ¶～粮食 | 식량을 방출하다. ❷ ⇒〔发落〕

【发粉】fāfěn ⇒〔发酵jiào粉〕

【发愤】fāfèn 動 ❶ 분발하다. 단단히 결심하다. ¶～学习 | 분발하여 공부하다. ❷ 書 분통을 터뜨리다. 분노를 내보이다.

4【发愤图强】fā fèn tú qiáng 威 향상을 위해 분발하다.

【发奋】fāfèn 動 분투하다. 분발하다. ¶～有为 | 일을 도모하려고 분투 노력하다.

【发疯】fā/fēng 動 ❶ 미치다. 발광(發狂)하다 ＝〔发狂〕❷ 미친 것처럼 행동하다. 정신 나간 사람처럼 행동하다. ¶你～啦, 这么大热天, 还穿棉袄 miánǎo | 너 정신 나갔구나, 이렇게 더운 날에 솜옷을 입다니 ＝〔发神经〕

【发福】fā/fú 動 몸이 좋아지셨습니다 [주로 중년 이상의 사람에게 살이 쪘다고 말할 때 쓰여지는 듣기 좋은 표현] ¶几年不见, 你真～了! | 몇년 동안 못뵈었는데, 몸이 정말 좋아지셨습니다! →〔清瘦qīngshòu〕

【发付】fāfù 動 ❶ 書 보내다. 파견하다 →〔打发〕❷ 발급하다. 지급하다. ¶～工资 | 임금을 지급하다.

【发绀】fāgàn 名〈醫〉청색병.

【发糕】fāgāo 名〈食〉(쌀·밀가루 등을 발효하여 만든) 백설기나 과자.

【发稿】fā/gǎo 名 (신문사·출판사·인쇄소에) 원고를 발송하다. ¶这部小说已经～, 下月可望上市 | 이 소설의 원고은 이미 발송되어져, 다음 달이면 판매가 될 전망이다.

【发给】fāgěi 動 ❶ 발급〔교부〕하다. 지급하다. 배포하다. ¶～执照 | 면허증을 발급하다. ❷ (역할 따위를) 할당하다.

【发光】fā/guāng 動 광채를 내다. 발광(發光)하다. ¶～度 | 발광도. ¶～强度 | 발광 강도. ¶～生物 | 발광 생물. ¶～油漆 | 발광 도료. ¶～体 | 발광체.

【发寒】fā/hán 動 오한이 나다. 한기가 들다.

【发汗】fā/hàn 動 (약물로) 땀을 내다. ¶～剂jì | 발한제. 취한제(取汗劑) →〔出汗〕

【发行】ⓐ fāháng 動 ❶ 매출하다. 도매하다 ＝〔批发〕❷ 名 도매. 도매상 ‖ ＝〔发庄〕

ⓑ fāxíng 動 ❶ (서적·화폐·공채 따위를) 발행하다. ¶～银行 | 발권(發券)은행. ¶～权 | 발행권. ¶～人 | 발행인. ❷ 발매하다. ❸ (영화를) 배급하다.

【发号施令】fā hào shī lìng 威 명령을 내리다. 지시하다. ¶不能只是坐在办公室里～ | 단지 사무실에만 앉아 지시만 내릴 수는 없다.

【发黑】fā/hēi 動 ❶ 어두워지다. ¶天有点儿～了, 该吃晚饭了 | 날이 좀 어두워졌으니 저녁을 먹어야겠다. ❷ 거무스름해지다. ❸ 눈이 핑 돌다. 현기증이 나다. ¶病刚好, 一起床, 眼睛就～ | 병이 낫자마자 자리에서 일어나면 바로 눈이 핑 돈다.

【发狠】fā/hěn 動 ❶ 결심〔분발〕하다. 맘먹다. ¶～戒酒 | 술을 끊기로 결심하다. ❷ 화내다. 노발대발하다. ¶他们要是～来跟我们为难, 也很麻烦 | 그들이 만약 화가 나서 우리를 괴롭히면 정말 성가신 노릇이다.

【发恨】fāhèn 動 원망하다. 미워〔증오〕하다.

【发横】fāhèng 動 ❶ 강경한 태도를 보이다. ❷ 제멋대로 날뛰다. 횡포하게 굴다. ¶他一～, 六亲不认 | 그는 횡포해지기만 하면 부모 형제도 몰라본다. ❸ 비정(非情)한 마음이 되다.

【发横财】fā hèngcái 動組 (부정하게) 횡재하다. ¶靠残酷的剥削手段～ | 잔혹한 착취 수단으로 횡재하다.

【发糊涂】fā hú·tu 動組 멍청해지다. 헛소리를 하다. 노망하다. ¶病得不轻竟～ | 병이 심해지자 결국 자꾸 헛소리를 한다.

【发花】fāhuā 動 ❶ 꽃이 피다. ❷ 눈이 침침해지다. 아물거리다. ¶我最近眼睛有点儿～了 | 나는 요즘 눈이 다소 침침해졌다.

【发滑】fāhuá 動 번드르르해지다. 미끈미끈해지다. ¶一出汗, 皮肤就～了 | 땀이 흘러 피부가 미끈미끈해졌다.

【发话】fā/huà 動 ❶ 구두(口頭)로 지시하다. ❷ 말을 꺼내다. 발언하다. ¶去, 还是不去, 你赶快～呀 | 가든 안 가든 빨리 말하시오. ¶老爷yé子～了, 叫我一定回家过春节 | 아버지는 나에게 반드시 집에 돌아와 설을 쇠라고 말씀하셨다. ❸ 화를 내고 말하다. ❹ 송화(送話)하다. ¶～器＝

〔话筒①〕| 송화기.
【发还】fāhuán 動 도로 돌려주다. 반환〔반려〕하다. ¶把报告~给学生 | 보고서를 학생들에게 돌려주다.
【发慌】fā/huāng 動 허둥대다. 당황하다. 갈팡질팡하다. ¶心里~ | 당황해 하다. ¶一听这话就~ | 이 말을 듣자마자 허둥대다.
【发黄】fā/huáng 動 누렇게 되다. 누래지다. ¶树叶子~ | 나뭇잎이 누렇게 되다.
2【发挥】fāhuī 動 ❶ 발휘하다. ¶~潜qián力 | 잠재력을 발휘하다. ❷ (의사나 도리를) 충분히 나타내다. 해명(解明)하다. 발표하다. ¶~题意 | 문제의 뜻을 충분히 표현하다. 의사를 표시하다.
【发昏】fā/hūn 動 ❶ 눈이 핑 돌다. 현기증이 나다. ¶我的头有点儿~ | 약간 현기증이 나다. ❷ 멍청해지다. ¶他不是~, 怎么会做出这种事来? | 그가 멍청해지지 않았다면, 어떻게 이런 일을 할 수가 있겠니?
4【发火】fā/huǒ ❶ 動 발화하다. ❷ 動 탄알을 발사하다. ¶打了一枪, 没有~ | 총을 한 방 쏘았는데 불발이었다. ❸ 動 方 불이 나다〔일다〕. ❹ (~儿) 動 화를 내다. ¶他动不动就~, 叫人很害怕 | 그는 걸핏하면 화를 내어 사람들이 매우 두려워한다 =〔发脾气〕〔发脑②〕 ❺ (fāhuǒ) 形 方 (아궁이 따위의) 불이 잘 붙다. ❻ (fāhuǒ) 名 발화. ¶~点 =〔着zháo火点〕| 〈物〉 발화점. ¶~器 | 점화 장치.
【发货】fāhuò 動 출하하다. 하물(荷物)을 발송하다. ¶~人 | 적송인(積送人) →〔收shōu货①〕
【发货票】fāhuòpiào ❶ ⇒〔发票①〕 ❷ ⇒〔发单〕
【发货通知书】fāhuò tōngzhīshū 名組 하물 발송 통지서.
【发急】fā/jí 動 조급〔초조〕해 하다. ¶大家等得~ | 모두가 조급하게 기다리다 =〔发极①〕
【发迹】fā/jì 動 입신 출세하다. 뜻을 이루다. ¶这个青年人日后定能~ | 이 청년은 훗날 반드시 성공할 것이다. ¶江泽民是在上海~的 | 강택민은 상해에서 입신 출세하였다 =〔書 迈mài迹〕
【发家】fā/jiā 動 집안을 일으키다. 집안이 흥하다. ¶他辛勤工作, 终于发了家 | 그는 열심히 일을 하여 마침내 집안을 일으켰다.
【发僵】fājiāng 動 ❶ 굳어서 꼿꼿하게 되다. 경직(硬直)되다. ¶冻得手脚~ | 얼어서 손발이 굳다. ❷ 거북해지다. 답답해지다.
【发奖】fā/jiǎng 動 상품〔상장〕을 주다. ¶~仪式 | 표창식. ¶明天开~大会 | 내일 경품대회가 열린다.
【发酵】fā/jiào ❶ 動 발효시키다〔하다〕. ❷ (fājiào) 名 발효 →〔酝酿yùnniàng〕
【发酵粉】fājiàofěn 名 베이킹 파우더(baking powder). 발효분 =〔发粉〕〔焙bèi粉〕
【发噱】fājué 形 方 웃음을 터뜨리다. 웃음보가 터지다. ¶他说话很~ | 그의 말은 정말 우스꽝스럽다.
3【发觉】fājué 動 ❶ 발견하다. ¶~人才 | 인재를 발견하다. ❷ 깨닫다. ¶走在路上, 他忽然~头上没有戴帽子 | 길을 가다 그는 갑자기 모자를 쓰지 않았다는 것을 깨달았다.
【发刊】fākān 動 발간하다. ¶~词 | 발간사.
【发棵】fākē 動 方 분얼(分蘖)하다.
【发狂】fā/kuáng ⇒〔发疯fēng①〕
【发聩振聋】fā kuì zhèn lóng ⇒〔发聋振聩〕
【发困】fākùn 動 口 (피곤하여) 졸리다. 졸음이 오다. ¶因为昨晚在酒楼喝酒, 所以今天早上~了 | 어제 저녁 술집에서 술을 마셨기에 오늘 아침에 졸음이 왔다 =〔发睏kùn〕
【发蓝】fālán 動 ❶ 검푸르게 되다. ❷ 〈工〉 강철의 표면을 산화시켜 검푸르게 하다 [정밀 기계·총의 부속물 등이 녹스는 것을 방지함] =〔烧shāo蓝〕〔烤kǎo蓝〕
【发冷】fālěng 動 추위를 느끼다. 오한이 나다. ¶觉得~ | 오한을 느끼다.
【发愣】fā/lèng 動 口 ❶ 멍청해지다. 당혹하다. 얼이 빠지다. ❷ 깜짝 놀라다. 섬뜩해지다. ¶别在那儿~啊 | 거기서 놀라지 마! ‖ =〔发怔zhèng〕
【发亮】fāliàng 動 밝아지다. 빛나다. 번쩍이다. ¶把家具擦得~ | 가구를 반짝반짝 윤이 나게끔 닦다.
【发令】fā/lìng ❶ 動 명령〔구령〕을 내리다. ❷ (fālìng) 名 콧날.
【发令枪】fālìngqiāng 名 (경주의 출발 신호용) 권총. 피스톨(pistol).
【发聋振聩】fā lóng zhèn kuì 威 귀머거리도 듣게 크게 외치다. 무지한〔멍청한〕 인간을 깨우쳐 주다 =〔振聋发聩〕〔发聩振聋〕
【发露】fālù 動 노출시키다. 나타나다. 드러내다.
【发落】fāluò 書 動 처리하다. 처분하다. 처벌하다. ¶听候~ | 처분을 기다리다 =〔发放②〕
【发毛】fā/máo ❶ 動 口 소름이 돋다. 겁이 나다. 놀라 당황하다. ¶他见阴谋败露, 有些~ | 그는 음모가 탄로 나자, 다소 놀라 당황하였다. ❷ ⇒〔发脾气〕 ❸ 動 곰팡이가 쓸다.
【发霉】fā/méi 動 ❶ 곰팡이 슬다 =〔长zhǎng霉〕 ❷ 발효하다.
【发闷】ⓐ fāmēn 動 (날씨·공기 따위가) 칙칙하다. 음울하다.
ⓑ fāmèn 動 울적해 하다. 우울해 하다. 답답해 하다.
【发蒙】ⓐ fāmēng 動 口 몽롱해지다. (의식이) 흐릿해지다.
ⓑ fāméng ❶ 動 옛날에 어린이에게 글자를 (처음) 가르치기 시작하다. ❷ 名 어린이들을 가르치는 선생 =〔启qǐ蒙〕
【发蒙启蔽】fāméngqǐbì 威 가르치고 일깨워 주다.
【发懵】fāměng 動 멍하다. 어안이 벙벙하다. 어리둥절해지다. ¶酒喝多了, 头直~ | 술을 많이 마셔 머리가 계속 멍하다.
【发面】fā/miàn ❶ 動 밀가루를 발효시키다 =〔起面〕 ❷ (fāmiàn) 名 발효시켜 부풀어 오른 밀가루 반죽 =〔面起饼〕
2【发明】fāmíng ❶ 名 動 발명(하다). ¶~权 | 발명 특허권. ¶瓦特~了蒸气机 | 와트는 증기기관을 발명했다. ❷ 書 動 설명하다. 분명하게 나타내다. ¶~文义 | 문장의 뜻을 설명하다.
【发难】fā/nàn 動 반항하다. 반란을 일으키다. ¶敢于向政府~ | 감히 정부를 향해 반란을 일으키다.

【发腻】fānì 動 혐오감을 자아내다. 진저리 나게 하다.

【发蔫】fāniān 動 ❶ (초목이) 시들어 생기가 없게 되다. 시들다. ❷ 풀이 죽다. 생기가 없다.

【发怒】fā/nù 動 노하다. 성내다. ¶他动不动就～ | 그는 걸핏하면 화를 낸다.

【发排】fāpái 動 (원고를) 제판이나 식자에 돌리다.

【发胖】fāpàng 動 살찌다. 뚱뚱해지다.

【发配】fāpèi 書 動 죄인을 귀양 보내다.

[4]【发脾气】fā pí·qi 動組 화를 내다. 성질을 부리다. ¶人不应该随便～ | 사람은 함부로 성질을 부려서는 안된다 =〔发皮气〕〔方 发毛②〕〔闹nào脾气①〕〔使shǐ脾气〕〔发火④〕

[4]【发票】fāpiào ❶ 名 상점에서 고객에게 떼어 주는 영수증. ¶开～ =〔写发票〕| 영수증을 발행하다 =〔发货票①〕 ❷ 名 〈貿〉(상품 발송의) 송장(送狀;invoice) =〔清单〕〔发(货)单〕 ❸ 動 수표·약속 어음 등을 발행하다. ¶～人 | (수표·약속 어음 등의) 발행인.

[4]【发起】fāqǐ 動 ❶ 발기하다. ¶～人 | 발기인. ¶由他～成立了教授联谊会 | 그가 교수 친목회를 발기 설립하였다. ❷ (전쟁·진공(進攻) 등을) 개시하다. ¶～反攻 | 반격을 개시하다. ¶～冲锋chōngfēng | 돌격하다.

【发情】fāqíng 動 발정하다. ¶～期 | 발정기.

【发球】fā/qiú 動 〈體〉 서브를 넣다. ¶换～! | 서브 체인지(serve change). ¶～区 | 서브 구역(service area). ¶～犯规 | 폴트(fault). ¶～得分 | 에이스(ace) →〔收shōu球〕

[4]【发热】fā/rè ❶ 動 열을 발하다〔내다〕. ❷ 動 喩 (냉정하지 못하고) 열내다. 발끈하다. ¶头脑～ | 머리에 열이 오르다. ❸ ⇒〔发烧shāo〕

【发人深省】fā rén shēn xǐng 成 (사람을) 깊이 깨닫게 해주다. 심사 숙고하게 하다 =〔发人深醒〕〔发人深思〕

【发轫】fārèn 動 차바퀴에 괸 나무토막을 풀어서 차를 움직이게 하다. 喩 새로운 일이 발족되다〔시작되다〕. ¶空手道～韩国 | 공수도가 한국에서 발족되다.

【发软】fāruǎn 動 ❶ 부드럽게 되다. ❷ 힘이 빠지다. 나른해지다.

【发散】fāsàn 動 ❶ (빛 등이) 발산되다. ¶～镜 | 볼록 렌즈. ¶～透tòu镜 | 오목 렌즈. ❷ 발산하다. ¶有气没地方～ | 화가 나도 발산할 데가 없다. ❸ 〈數〉(무한 수열 또는 급수가 수렴하지 않고) 발산하다. ❹ 〈漢醫〉 체내(體內)의 열을 발산시키다. ¶～药 | 해열제.

【发丧】fā/sāng 動 ❶ 부고를 내다. ❷ 장사를 지내다.

【发涩】fāsè 形 ❶ 떫다. ¶这个柿shì子～ | 이 감은 떫다. ❷ 매끄럽지 않다. 텁텁하다.

【发痧】fā/shā 動 方 더위를 먹다 =〔中zhòng暑①〕

[1]【发烧】fā/shāo 動 ❶ (병으로) 열이 나다. ❷ (부끄러워 얼굴이) 붉어지다. ¶脸也发起烧来 | 얼굴이 붉어졌다 ‖ =〔发热③〕

【发烧友】fāshāoyǒu 名 廣 열광하는 사람. 깊이 몰두하는 사람.

[3]【发射】fāshè 動 ❶ (포탄·인공 위성 등을) 발사하다. ¶一次能～七颗kē子弹 | 한번에 일곱 발을 발사할 수 있다. ❷ 〈物〉 보내다. 방출하다. ¶～管 | 발사관. ¶～光谱 | 방출 스펙트럼(emission spectrum). ¶～机 | 무선 송신기.

【发身】fāshēn ❶ 書 動 몸을 일으키다. ❷ 名 사춘기가 되어 신체적 변화가 일어나는 것.

【发神经】fā shénjīng ⇒〔发疯fēng②〕

[1]【发生】fāshēng ❶ 動 발생하다. 생기다. ❷ 名 난자(卵子)가 정자(精子)를 받은 후에 성장해 가는 과정. ❸ 動 왕성하게 되다.

【发声】fāshēng ❶ 名 발성(發聲). ❷ 動 발성하다. 소리를 내다.

【发市】fā/shì 動 方 ❶ 맨 처음 팔다. 마수하다. ❷ 번창하다. 번영하다.

[4]【发誓】fā/shì 動 맹세하다. ¶他～要奋回冠guān军 | 그가 분발하여 다시 우승할 것을 맹세하다 =〔起qǐ誓〕

【发售】fāshòu 動 팔(기 시작하)다. ¶～车票 | 차표를 팔다 =〔发客〕

【发抒】fāshū 書 動 (의견·감정 등을) 나타내다. 발표하다 =〔发舒①〕

【发水】fā/shuǐ 動 ❶ 큰물이 지다. ❷ 재물을 약탈하다 [강호(江湖)에서 쓰이는 은어]

【发送】ⓐ fāsòng 動 ❶ 발송하다. ¶～货物 | 상품을 발송하다. ❷ (무선전신 등을) 보내다. 송출하다. ¶～密码电报 | 암호 전보를 보내다. ¶～机 | 무선 송신기.

ⓑ fā·song 動 장례를 치르다. ¶儿女～老家儿 | 자녀가 (부모의) 장례를 치르다.

【发酸】fāsuān 動 ❶ 시큼해지다. ❷ 부패하다. ❸ (몸이) 나른해지다. ¶浑hún身～ | 온 몸이 나른해지다. ❹ 시큰거리다. ¶腰yāo有点～ | 허리가 다소 시큰거리다.

【发条】fātiáo 名 〈機〉 태엽. 용수철. ¶上～ | (시계 따위의) 태엽을 감다 →〔弹簧tánhuáng〕

【发威】fā/wēi 動 거만하게 굴다. 위세(威勢)를 부리다.

【发文】fā/wén ❶ 動 공문(公文)을 보내다〔발송하다〕. ¶～簿 | 공문 발송 대장. ¶上级已～给我们, 我们只得照辦 | 상부에서 이미 우리에게 공문을 보내왔기에 그대로 처리해야만 한다. ❷ (fāwén) 名 발송한 공문서.

【发问】fāwèn 動 문제를 제기하다. 질문하다. ¶同学们不懂的请举手～ | 동학 여러분 이해되지 않는 부분은 손들어 질문하시오.

【发物】fā·wù 名 알레르기를 일으키기 쉬운 음식.

【发下】fāxià 動 ❶ (위에서 아래로 명령 따위를) 내리다. ¶～命令 | 명령을 내리다. ❷ 세우다. (소원을) 빌다. ¶～心愿 | 소원을 빌다.

[1]【发现】fāxiàn ❶ 名 動 발견(하다). ¶～一些线索 | 약간의 단서를 발견하다. ¶重大的～ | 중대한 발견. ❷ 書 動 나타내다〔나다〕. ¶良心～ | 양심이 드러나다.

【发祥】fāxiáng 書 動 ❶ 길조(吉兆)가 나타나다. 상서로운 일이 발생하다. ❷ 흥기(興起)하다. 발생하다.

【发祥地】fāxiángdì [名] 발상지. ¶黄河流域是中国古代文明的～ | 황하 유역은 중국 고대 문명의 발상지이다.

【发饷】fā/xiǎng [動] (경찰들에게) 급료·봉급을 지불하다. ¶每月十七日～ | 매월 17일에 급료를 지불한다 ⇔〔领饷〕〔关饷〕

【发笑】fāxiào [動] 웃(기)다. ¶令人～ | 사람을 웃기다.

【发泄】fāxiè [動] (불만·감정 따위를) 털어놓다. ¶～不满 | 불만을 털어놓다. ¶唱唱歌可以～苦闷 | 노래를 부르면 고민을 털어 버릴 수 있다.

【发薪】fā/xīn [動] 급료를 지급하다. ¶病假期间不～ | 병가 기간에는 급료를 지급하지 않는다.

【发信】fā/xìn [動] 편지를 부치다. 발신하다. ¶～人 | 발신인 ⇔〔收信〕

3【发行】fāxíng ☞〔发行〕fāháng ⓑ

【发虚】fāxū [動] ❶ (몸이) 허약해지다. ❷ (마음에) 걸리다. 켕기다.

【发噱】fāxué (方) ❶ [名] 웃기는 것. 우스운 것. ❷ [形] 우습다. 우스꽝스럽다. ❸ [動] 웃기다.

【发芽】fā/yá [動] 발아하다. 싹이 트다. ¶～率 | 발아율. ¶～试验 | 발아 시험. ¶～剂jì | 발아제 =〔萌méng芽①〕〔出芽(儿)〕

2【发言】fā/yán ❶ [動] 발언하다. ❷ (fāyán) [名] 발언. ¶～人 | 대변인. ¶～权 | 발언권.

4【发炎】fāyán [名][動] 〈醫〉 염증(炎症)(을 일으키다). ¶伤口～了 | 상처가 염증을 일으켰다.

【发洋财】fā yángcái [動組] 큰돈을 벌다. ¶他们这几年～了 | 그들은 요몇년간 큰 돈을 벌었다 →〔发财〕

2【发扬】fāyáng [動] 앙양하다. 고취하다. 고무하다. 발휘하다. 활용하다. ¶～优点 | 장점을 살리다. ¶～火力, 消灭敌人 | 화력을 활용하여 적군을 소탕하다.

【发扬踔厉】fā yáng chuō lì [成] 의기 분발하고 투지가 높다. 기운차고 씩씩하다 =〔发扬蹈dǎo厉〕

4【发扬光大】fā yáng guāng dà [成] (사업·전통 등을 원래의 기초 위에서) 더욱 확대 발전시키다. 더욱 빛내다. ¶把儒家传统～ | 유가적 전통을 더욱 발전시키다.

【发痒】fā/yǎng [動] 가렵게 되다. 근질근질하다 =〔(北) 刺cì痒〕

【发音】fā/yīn ❶ [動] 발음하다. ¶那个字怎么～? | 저 글자는 어떻게 발음하니? ❷ (fāyīn) [名] 발음. ¶老李的～很准确zhǔnquè | 이형의 발음은 매우 정확하다. ¶～学 | 발음학. ¶～部位 | 발음 부위.

【发引】fāyǐn [動] 영구가 출발하다. 발인하다 =〔执绋zhífú〕

【发语词】fāyǔcí [名] 〈言〉 발어사 [문언문에서 한 편(篇)이나 한 단락의 맨 앞에 쓰임. 「夫」「盖」등이 있다] =〔发端duān词〕

3【发育】fāyù [名][動] 발육(하다). ¶～异常 | 발육 이상. ¶～阶段 | 발육 단계.

【发源】fāyuán [名][動] 발원(하다). 기원(하다). 발단(이 되다). ¶～地 | ⓐ 발원지. 발생지. ⓑ 수원지(水源地).

【发愿】fā/yuàn [動] 소원〔소망〕을 빌다〔나타내다〕 =〔发下心愿〕

【发晕】fāyūn [動] 현기증이 나다. ¶一听这话就～ | 이 말을 듣자마자 곧 현기증이 났다.

1【发展】fāzhǎn [名][動] 발전(하다). 확대(하다). ¶～心理学 | 〈心〉 발전 심리학. ¶～中国家 | 개발도상 국가.

【发胀】fāzhàng [動] 부풀어오르다. 팽팽해지다. ¶吃多了, 肚子有点儿～ | 많이 먹었더니, 배가 다소 팽팽하다.

【发涨】fāzhàng [動] (어떤 부분에) 피가 오르다. ¶头脑～ | 골치가 욱신거린다.

【发疹窒扶斯】fāzhěn zhìfúsī (外) [名] 〈醫〉 발진티푸스 =〔发斑bān伤寒〕〔斑疹伤寒〕〔发疹伤寒〕

【发怔】fāzhèng ⇒〔发愣lèng〕

【发直】fāzhí [動] (눈의 초점을 잃고) 멍청히 한곳만 바라보다. ¶他吓得两眼～ | 그가 놀라 두 눈을 멍하니 뜨고 있다.

【发紫】fāzǐ [動] 자색(紫色)이 되다. ¶她嘴唇～ | 그녀의 입술이 자색이 되다.

【发字头(儿)】fāzìtóu(r) [名] 한자 부수의 필발(癶) 밑.

【发踪指示】fā zōng zhǐ shì [成] (사냥꾼이) 들짐승의 자취를 발견하여, 사냥개를 풀어 추격하게 하다. 막후에서 조정하다. 뒤에서 부추기다 =〔发纵zòng指示〕

【发作】fāzuò [動] ❶ (잠복해 있던 일·병 등이) 발작하다. ¶胃病～ | 위장병이 갑자기 발작하다. ❷ 화를 내다.

【发(髮)】② fà (台 fǎ) 머리 발

❶ [名] 두발. 머리카락. ¶烫～ | 파마하다. ¶白头～ | 흰머리. ❷ 두발과 관계 있는 물건. ¶～蜡 | 포마드. ¶～夹 | 헤어핀. ❸ [名][簡] 「结发」의 약칭. ¶～妻↓ ❹ [名] 초목(草木). ❺ [量] 「一寸」의 1000분의 1. ❻ (Fà) [名] 성(姓).

【发辫】fàbiàn [名] 변발.

【发髻】fàjì [名] 상투. 낭자 =〔头髻〕

【发夹(子)】fàjiā(·zi) [名] 머리핀 =〔发插〕〔发针〕

【发浆】fàjiāng [名] 헤어 크림(hair cream).

【发蜡】fàlà [名] 머릿기름. 포마드(pomade) =〔光发胶jiāo〕〔美发膏〕

【发廊】fàláng [名] (方) 이발소. ¶新开了几家～ | 이발소 몇 집이 새로이 개업을 했다.

【发妻】fàqī (書) [名] 본처 =〔结jié发妻〕

【发卡】fàqiǎ [名] 머리 핀(pin).

【发乳】fàrǔ [名] 헤어 크림(hair cream).

【发式】fàshì ⇒〔发型〕

【发饰】fàshì [名] 머리 장식.

【发刷(子)】fàshuā(·zi) [名] 머릿솔(hairbrush) =〔毛máo刷〕

【发网】fàwǎng [名] 헤어네트(hairnet).

【发屋】fàwū [名] 이발소. ¶～的价格比较贵 | 이발요금이 비교적 비싸다.

【发型】fàxíng [名] 헤어스타일. ¶新潮～ | 새로운 경향의 헤어스타일 =〔发式〕

【发癣】fàxuǎn ⇒〔白秃tū风①〕

【发针】fàzhēn ⇒〔发夹(子)〕

【发指】fàzhǐ 動 머리털이 치솟다. 喻 매우 분노(憤怒)하다. ¶令人～ | 사람을 대단히 분노케 하다.

【发指眦裂】fà zhǐ zì liè 成 대노하다. 노발 대발하다.

1【法】fā ☞ 法 fǎ

fá ㄈㄚˊ

2【乏】fá 모자랄 핍
❶ 形 피곤하다. 지치다. 피로하다. ¶我跑了一天的路, 身上有点～ | 나는 온 종일 뛰었더니, 몸이 다소 피곤하다. ¶人困马～ | 사람도 말도 다 지치다. ❷ 形 方 힘이 없다. 약하다. 쓸모가 없다. 효력이 없다. ¶火～了 | 불기운이 약해졌다. ¶贴～了的膏药 | 붙여서 효력이 없어진 고약. ¶他是个～人 | 그는 무능한 사람이다. ❸ 形 부족하다. 결핍되다. 없다. ¶我缺～经验 | 나는 경험이 부족하다. ¶～味至极 | 매우 싫증나다. ¶承～ | 결원의 대리를 하다. ❹ 量 外〈電氣〉바(var) [무효 전력의 단위]

【乏货】fáhuò ❶ 名 方 罵 쓸모 없는 녀석 =〔乏桶tǒng〕〔乏种zhǒng〕〔乏东西〕〔乏人〕 ❷ ⇒〔劣liè货①〕

【乏力】fálì 形 ❶ (육체·정신력이) 쇠퇴해 있다. 기력이 없다. ¶感到四肢～ | 온 몸에 기력이 없게 느껴지다. ❷ (그만한) 힘이 없다.

【乏煤】fáméi 名 완전히 타지 않은 석탄.

【乏术】fáshù 書 形 손댈 수가 없다. 방법이〔도리가〕없다. ¶海底油井起火燃烧, 专家救火～ | 해저 유전이 불을 뿜으며 타고 있는데, 전문가들이 불길을 잡으려 해도 방법이 없다.

【乏桶】fátǒng ⇒〔乏货①〕

【乏味】fáwèi 形 맛이 없다. 재미가 없다. 무미 건조하다. ¶语言～ | 말이 무미 건조하다. ¶这故事太～了 | 이 이야기는 정말 재미가 없었다.

【乏种】fázhǒng ⇒〔乏货①〕

4【伐】fá 칠 벌
動 ❶ (나무 등을) 찍다. 베다. ¶～区↓ ¶～了几棵树 | 몇 그루의 나무를 베었다. ¶灼～木材 | 목재를 채벌하다. ❷ 공격하다. 징벌하다. ¶征～ | 무력으로 치다. ¶讨～ | 토벌하다. ❸ 書 스스로 자랑하다. 뽐내다. ¶～善↓ ¶自～其功 | 스스로 그 공적을 자랑하다. ❹ 書 두드리다. 치다. ¶～鼓↓

【伐功矜能】fá gōng jīn néng 成 자신의 공로와 재능을 자랑하다〔우쭐대다〕. ¶人不能～, 只有虚心才能使人不断长进 | 사람은 자신의 공로와 재능을 자랑해서는 안되며, 단지 겸허안 마음을 지니면 끊임없이 발전할 수 있다.

【伐鼓】fágǔ 書 動 북을 치다.

【伐区】fáqū 名〈林〉벌채 구역(伐採區域).

【伐善】fáshàn 書 動 자기의 장점을 자랑하다.

【垡】fá 갈 벌
❶ 動 (논밭을) 갈다. 일구다. ¶～地↓ ❷ 名 갈아엎은 흙덩어리. ¶深耕晒shài～ | 깊이 갈고, 흙덩이를 햇빛에 쬐어 푸석푸석하게 하다.

【垡地】fádì 動 (논·밭을) 갈다. ¶秋～ | 가을갈이.

【垡头】fátóu ⇒〔垡子①〕

【垡子】fá·zi 名 方 ❶ 갈아서 뒤집어 놓거나 파낸 토양(土壤) =〔垡头〕 ❷ 상당히 긴 일단(一段)의 시간. ¶那一～ | 그 긴 시간.

4【阀(閥)】fá 지체 벌
名 ❶ 특수한 세력이나 권력을 가진 집단. 파벌. ¶军～ | 군벌. ❷ 가문. 문벌 [세력 있는 집안의 사회적 지위를 나타냄] ¶门～ | 문벌. ❸ 外〈機〉(기계의) 밸브. 개폐기. ¶吸气～ | 흡기 밸브. ¶排气～ | 배기 밸브. ❹ ⇒〔阀阅〕

【阀门】fámén 名〈機〉밸브. ¶封死～, 防止煤气泄漏 | 밸브를 잠궈 가스 누출을 방지하다.

【阀阅】fáyuè 書 名 ❶ 공로(功勞)와 경력(經歷). ❷ 권문 세가.

【筏】fá 떼 벌
(～子) 名 뗏목→〔木排pái〕〔簰pái①〕〔皮筏子〕

【筏渡】fádù 名 動 뗏목으로 건넘〔건너다〕.

3【罚(罰)〈罸〉】fá 벌할 벌
❶ 動 (처) 벌 하 다. ¶～款kuǎn↓ ¶有偿cháng有～ | 상벌을 분명히 하다. ❷ 名 벌. 책벌.

【罚不当罪】fá bù dāng zuì 成 처벌이 부당하다. 부당한 처벌을 하다.

【罚出场】fáchūchǎng ❶ 名〈體〉반칙 퇴장. ❷ 動 組 (fá chūchǎng)(반칙을 범한 선수에게) 퇴장을 명하다.

【罚跪】fá/guì 動 벌로 무릎을 꿇게 하다. ¶完不成作业就～ | 숙제를 다하지 못하면 벌로 무릎을 꿇게 한다.

【罚金】fájīn 名 動 벌금(을 내다) =〔罚款〕

【罚酒】fájiǔ 名 動 벌주(를 마시게 하다). ¶敬酒不吃, 吃～ | 권하는 술은 마시지 않고 벌주를 마시다.

4【罚款】fá/kuǎn ❶ 動 벌금을 내다〔부과하다〕 ❷ (fákuǎn) 名 벌금. 과태료. ¶～条款 | 벌금 조항 ‖ =〔罚金〕〔罚银〕〔罚钱〕

【罚钱】fá/qián ⇒〔罚款〕

【罚球】fáqiú 名〈體〉(축구 등의) 페널티 킥(penalty kick). (농구 등의) 프리드로(free throw).

【罚站】fá/zhàn 動 벌로 서 있게 하다. ¶罚他儿子站 | 그의 아들을 벌로 서 있게 하다. ¶因上课做小动作而被老师～ | 수업 시간에 잔꾀 부리다 선생님에게 벌을 받다.

【砝】fá ☞ 砝 fǎ

fǎ ㄈㄚˇ

【发】fǎ ☞ 发 fà

4【法】fǎ (台 fà fā ·fa) 법 법
❶ 名 법률. 제도. 법칙. ¶国际～ | 국제법. ❷ (～儿, ～子) 名 방법. 방식. ¶写～ | 쓰기법. ¶用～ | 용법. ¶教～ | 교수법. ❸ 名 (불교

의) 교리. 도리. ¶说～ | 설법(하다). ❹名(도교의) 법술. ¶道士作～ | 도사가 법술을 부리다. ❺名 표준. 모범. 본보기. ¶～帖 | 글씨본. ¶不足为～ | 본보기로 삼기에는 부족하다. ❻남의 서화(書畵)작품에 대한 존칭. ¶～书↓ ¶～绘↓ ❼動 모방하다. 본받다. ¶～其遗志 | 그 남긴 뜻을 본받다. ❽㊀fà) 名簡「法兰西」(프랑스)의 약칭. ❾㊀fá) ⇒〔法子〕 ❿㊀·fa)「没法儿」(방법이 없다)「想个法儿」(방법을 생각하다)의 경우⇒〔法儿〕 ⓫(Fǎ) 名 성(姓).

【法案】fǎ'àn 名 법안.

【法办】fǎbàn 動 법에 의해 처벌하다. ¶由上级政府～ | 상급 기관에 의해 처벌받다.

【法宝】fǎbǎo 名 ❶〈佛〉법보 [삼보(三寶)의 하나인 불법(佛法)을 말함] ❷〈佛〉중이 사용하는 의발(衣鉢)·석장(錫杖) 등. ❸ 도교 신화에서 나오는, 요귀를 제압하거나 죽일 수 있는 신기한 보물. ❹喩 신변에서 일상 사용하는 물건 [특히 유효한 공구·방법 또는 경험] ¶装zhuāng病是他逃táo学的～ | 꾀병은 그의 무단결석의 상투적인 핑계이다.

【法币】fǎbì 名〈錢〉1935년 이후 국민당 정부가 발행한 지폐 =〔法货〕

【法场】fǎchǎng 名 ❶ 옛날의 사형장 =〔刑xíng场〕 ❷ 불법(佛法)을 선양(宣揚)하는 장소 =〔道场〕

【法典】fǎdiǎn 名 법전.

4【法定】fǎdìng 形 법률로 규정된. 법정의. ¶～传染病 | 법정 전염병. ¶～代理 | 〈法〉법정 대리. ¶～继承人 | 〈法〉법정 상속인. ¶～劳役 | 〈法〉법정 노역〔노동〕. ¶～利率 | 〈法〉법정 이율. ¶～利息 | 〈法〉법정 이자. ¶～人数 | 〈法〉법정 인수. ¶～刑 | 〈法〉법정형. ¶～滋息 | 〈法〉법정 이익. ¶～债务 | 법정 채무. ¶～准备 | 법정 준비. ¶～准备率 | 법정 준비율.

【法度】fǎdù 名 ❶ 법률. ❷ 행위의 준칙. ¶没有～, 国家就会乱 | 법이 없다면, 국가는 아마 혼란에 빠질 것이다.

4【法官】fǎguān 名 ❶ 법관. ❷ 직위가 있는 도사.

4【法规】fǎguī 名〈法〉법규. ¶健全～ | 법규를 완비하다.

【法国】Fǎguó ㊀Fàguó) 名〈地〉프랑스(France) [서유럽에 위치한 나라. 정식 명칭은 French Republic. 수도는「巴黎」(파리;Paris)] ¶～铜角 | 〈音〉프랑스 호른(French horn). ¶～话〔文〕 | 프랑스어. ¶～梧桐 | 〈植〉플라타너스 =〔法兰西〕

【法号】fǎhào ⇒〔法名〕

【法绘】fǎhuì 名敬 다른 사람의 그림(을 높여 부르는 말).

【法纪】fǎjì 名 법률(法律)과 기율(紀律). ¶遵守～ | 법률과 기율을 준수하다.

【法家】Fǎjiā 名 ❶ 법가. 선진 시대 제자 백가의 일파. ❷(fǎjiā) 書 대가 =〔方家〕

【法警】fǎjǐng 名簡〈法〉사법 경찰.

【法考福】Fǎkǎofú 名外〈地〉파카오포(Fakaofo) [「托克劳群岛」(토켈라우제도;Tokelau Islands)의 수도]

【法(拉)】fǎ(lā) 名〈物〉패러드(farad).

【法拉第定律】Fǎlādì dìnglǜ 名〈物〉패러데이(Faraday) 법칙.

【法兰绒】fǎlánróng 名〈紡〉플란넬(flannel) =〔法绒〕〔佛fó兰绒〕〔佛冷绒〕〔法蓝绒〕〔法琅绒〕

【法兰西】Fǎlánxī ⇒〔法国〕

【法兰西堡】Fǎlánxībǎo 名〈地〉포르드 프랑스(Fort de France) [「马提尼克岛」(프랑스령 마르티니크섬;Martinique)의 수도]

2【法郎】fǎláng 名外〈錢〉프랑 =〔佛fó郎〕

【法琅】fǎ·lang ⇒〔珐fà琅〕

【法理】fǎlǐ 名 ❶〈法〉법리. ¶～学 | 법리학. ❷〈佛〉법리. 불교의 진리.

【法力】fǎlì 名 ❶ 불법(佛法)의 힘. ¶～无边 | 불법의 힘은 무한하다. ❷轉 신통력.

3【法令】fǎlìng 名〈法〉법령.

2【法律】fǎlǜ 名〈法〉법률. ¶～案 | 〈法〉법률안. ¶～不溯既往原则 | 〈法〉법률 불소급의 원칙. ¶～社会学 | 법률 사회학.

【法盲】fǎmáng 名 법맹 [법률 지식이 없는 사람] ¶他是一个十足的～ | 그는 무척이나 법률 지식이 없는 사람이다.

【法门】fǎmén 名 ❶〈佛〉법문. ❷ 학문이나 수행(修行) 따위의 방법.

【法名】fǎmíng 名〈佛〉법명 =〔法号〕〔戒jiè名〕

【法葡萄酒】fǎpú·taojiǔ 名組〈食〉브랜디.

【法器】fǎqì 名 ❶〈佛〉(인경·목어 따위의) 법기. 불구(佛具). ❷〈佛〉법기. 불연(佛緣)이 있는 사람. ❸ 법도(法度).

【法权】fǎquán 名〈法〉법권. ¶治外～ | 치외 법권.

【法儿】fǎr 名 방법. 방식. 방도. [「没法儿」「想个法儿」의「法」를 대만에서는「fà」로 읽음] =〔法子〕

4【法人】fǎrén 名〈法〉법인. ¶～团体 | 법인 단체. ¶～税 | 법인세.

【法师】fǎshī 名 ❶〈佛〉법사. ❷(법술(法術)에 능한) 도사(道士).

【法式】fǎshì 名 법식.

【法事】fǎshì 名〈佛〉법사. 불사(佛事).

【法书】fǎshū 名 ❶ 법서나 법첩(法帖). ❷敬 상대의 글씨. ❸ 법서. 법률 서적.

【法属波利尼西亚】Fǎshǔ Bōlìníxīyà ㊀Fàshǔ Bōlìníxīyà) 名〈地〉프랑스령 폴리네시아(French Polynesia) [하와이, 사모아와 더불어 대양주 3대 구역으로 일컬음. 수도는「帕皮提」(파피티;Papeete)]

【法术】fǎshù 名 법술. ❶ 법가(法家)의 학술. ❷ 방사(方士)의 술법.

4【法庭】fǎtíng 名〈法〉법정. ¶～辩论 | 법정 변론 =〔法厅〕→〔公gōng堂②〕

【法统】fǎtǒng 名 ❶ 헌법과 법률의 전통. ❷ 법적 정통성.

【法网】fǎwǎng 名 법망. ¶～难逃 | 법망을 빠져나가기는 어렵다.

【法文】fǎwén 名 ❶〈法〉법문. 법률 조문. ❷(Fǎwén)〈言〉프랑스어. 불어. ¶他曾céng学过两年～ | 그는 전에 2년 간 불어를 배운 적이 있다 =〔法语①〕

4【法西斯】fǎxīsī 名 外 ❶ 파쇼(Fascio;이). ¶～蒂dì | 파시스트(fascist). ¶～党＝〔国粹cuì党〕〔黑衣党〕〔泛fàn系党〕〔棒bàng喝团〕| 파시스트당. ¶～主义＝〔棒喝主义〕〔棒斧fǔ主义〕〔泛系主义〕〔国家社会主义②〕| 파시즘(fascism). ❷ 파쇼적 경향·운동·체제 따위.
【法线】fǎxiàn 名 ❶〈數〉법선. ❷〈物〉법선.
【法新】fǎxīn 名 外〈錢〉(영국의) 파딩(farthing) 동전[1/4페니(penny)]
【法新社】Fǎxīnshè 名 프랑스 통신사. AFP＝〔法国新闻社〕
【法学】fǎxué 名 법학. ¶～家 | 법학가.
【法筵】fǎyán ⇒〔法座②〕
【法衣】fǎyī 名 ❶〈佛〉법의. 가사(袈裟). ❷〈法〉법복.
【法医】fǎyī 名 ❶ 법의. 법의학자(法醫學者). ¶出示～的验尸报告 | 법의의 검시 보고를 제시하다. ❷ 법의학＝〔法医学〕
1【法语】fǎyǔ ❶ ⇒〔法文②〕 ❷ 名〈佛〉법어.
3【法院】fǎyuàn 名〈法〉법원. ¶～组织法 | 법원 조직법.
4【法则】fǎzé 名 ❶ 규율(規律). ❷ 書 법규. ❸ 書 모범.
【法政】fǎzhèng 名 법정.
3【法制】fǎzhì 名〈法〉법제. ¶实行民主和～ | 민주와 법제를 실행하다.
【法治】fǎzhì 名 ❶ (선진시대 법가의 사상으로) 법에 의한 통치. ❷ 법치.
3【法子】fǎ·zi ㊀ fá·zi) ⇒〔法儿〕
【法座】fǎzuò 名 ❶ 옥좌(玉座). 임금이 정사를 보는 곳＝〔法坐〕 ❷〈佛〉법좌. 법연(法筵). 불도(佛道)를 설법하는 좌석＝〔法筵〕

【砝】fǎ ㊀ fá) 추 법, 단단할 겁
⇒〔砝码(儿)〕
【砝码(儿)】fǎmǎ(r) 名 ❶ 저울추. 분동(分銅)＝〔法码(儿)〕〔俗 码子⑧〕 ❷ 方 방법.

fà ㄈㄚˋ

【发(髮)】fà ☞ 发 fā ②

【法】fà ☞ 法 fǎ

【珐(琺)】fà 법랑 법
⇒〔珐琅〕
【珐琅】fàlàng ⇒〔珐琅〕
【珐琅】fàláng ㊀ fàlán) 名 법랑. 에나멜＝〔珐蓝①〕〔珐琅〕〔法fǎ琅〕〔搪磁tángcí〕〔搪瓷cí〕
【珐琅质】fàlángzhì ㊀ fàlánzhì) 名〈生理〉법랑질＝〔釉yòu质〕

·fa ㄈㄚ·

【法】·fa ☞ 法 fǎ

fān ㄈㄢ

4【帆】fān 돛 범
名 돛. ¶一～风顺 | 喻 일이 순조롭게 진행되다. ¶～樯qiáng林立 | 돛대가 숲을 이루고 서있다. 배가 많다.
【帆板】fānbǎn 名〈體〉윈드서핑(windsurfing).
【帆布】fānbù 名 범포. 즈크(doek;네) [천막·신·캔버스 등에 쓰임] ¶～包 |〈軍〉잡낭.
4【帆船】fānchuán 名 돛단배. 범선. ¶乘～游玩 | 돛단배를 타고 노닐다.
【帆樯】fānqiáng 名 돛대. ¶～如林 | 돛대가 숲을 이루고 있다. 배가 매우 많다＝〔帆竿gān〕

3【番】fān pān 번 번
Ⓐ fān ❶ 量 번. 차례. 바탕 [횟수나 시간·비용·노력을 요하는 행위를 나타냄] ¶思考一～ | 한 바탕 생각하다. ¶三～五次 | 여러 번. ¶费了一～心思 | 한바탕 애를 썼다. ❷ 量 배(倍). 어법 ⓐ 동사「翻」의 뒤에만 쓰임. ⓑ「翻＋數＋番」은 원래 2의 자승을 나타내었음. ¶一百翻三番 | 100×2×2×2＝800. ⓒ 현재는「翻＋數＋番」이 단순한 배수를 나타내기도 함. ¶一百翻三番 | 100×3＝300. ¶钢铁产量翻两～ | 강철의 생산량은 4배가 되었다. ¶翻一～ | 배가 되었다. ❸ 量 종류. 가지. ¶别有一～天地 | 또 다른 세상이 있다. ❹ 외국. 이민족(異民族). ¶～邦↓ ¶～茄↓＝〔蕃fān〕 ❺ 교체하다. ¶～代↓
Ⓑ pān ❶ 지명에 쓰이는 글자. ¶～禺yú | 광동성(廣東省)에 있는 현 이름. ❷ (Pān) 名 성(姓).
【番邦】fānbāng 書 名 ❶ 외국. ❷ 야만인의 나라.
【番菜】fāncài 名 서양 요리＝〔西菜〕
【番代】fāndài 書 動 번갈아 가며 교체하다.
【番瓜】fānguā 名〈植〉❶ 파파이아(papaya)＝〔番木瓜〕〔木瓜②〕 ❷ 方 호박＝〔南瓜〕
【番鬼】fānguǐ 名 罵 粵 양놈. 코쟁이 [서양 사람을 멸시해서 일컫는 말]＝〔番鬼佬〕
【番国】fānguó ⇒〔蕃fān国〕
【番号】fānhào 名 번호 [군대에서 부대명을 표시하는 고유 번호] ¶中国军突然跟一支～不详, 战斗力很旺的部队遇上了 | 중국군은 갑자기 소속을 알 수 없는 전투력이 강력한 부대를 만났다.
【番椒】fānjiāo ⇒〔辣là椒〕
4【番茄】fānqié 名 江〈植〉토마토. ¶～汁 | 토마토 주스＝〔番柿shì〕〔蕃fán茄〕〔蕃柿〕〔六liù月柿〕〔红hóng茄〕〔外wài国茄子〕〔京 西xī红柿〕〔北 洋yáng柿子〕
【番茄酱】fānqiéjiàng 名〈食〉토마토 케첩(ketchup). 토마토 페이스트＝〔洋茄酱〕〔蕃茄酱〕
【番柿】fānshì ⇒〔番茄〕
【番薯】fānshǔ 名 方〈植〉고구마. ¶烤～很香 | 군 고구마가 정말 맛있다＝〔甘薯〕
【番子】fān·zi 名 粵 외국인＝〔番鬼子〕〔老lǎo番〕〔番客〕

【幡〈旛〉】fān 표기 번
❶ 名 (수직으로 거는) 좁고 긴 깃발. 기치. ❷ (～儿) 名 상가 앞에 세우는 깃발. (발인할 때 상주가 들고 나가는) 조기. ❸ ⇒〔幡然〕
【幡杆】fāngān 名 상가(喪家)의 깃대 [문 앞에 세

워 두었다가 장송할 때에 가지고 감] ¶ ～帐zhàng＝〔门鼓帐〕 | 부모의 장례 후에 돌려 주기로 하고 빌려 쓰는 돈.

【幡架子】 fānjià·zi 名 상가에 다는 깃대.

【幡然】 fānrán 副 갑자기. 번연히. 불현듯＝〔翻然〕

【幡然悔悟】 fān rán huǐ wù 成 불현듯 뉘우치다. 갑자기 깨닫다. ¶他对过去的错误～决心改正 | 그는 지난날의 잘못을 불현듯 뉘우치고 고치기로 결심하였다.

【蕃】 fān ☞ 蕃 fán B

【藩】 fān 울 번

❶ 名 울타리. ¶～篱lí↓ ❷ 書 名 변방. 외지. ¶～镇zhèn↓ ❸ 名 (봉건 제후의) 속국. 속지. ¶～属shǔ↓ ¶～国↓ ❹ 書 動 가려서 막다. 보위하다. 지키다.

【藩国】 fānguó 名 제후의 나라.

【藩篱】 fānlí 書 名 ❶ 울타리. 담. 喩 문호. 가려서 막는 물건. ¶难于超越老师的学术～ | 스승의 학문 수준을 뛰어넘기는 힘들다. ¶谁也逃不出这个～ | 아무도 이 울타리를 벗어날 수 없다＝〔藩障〕 ❷ 범위.

【藩属】 fānshǔ 名 봉건 시대 왕실의 속지 또는 속국＝〔藩附〕

【藩镇】 fānzhèn 名 번진 [당대(唐代) 중기(中期)에 변경과 중요 지역에서 군정(軍政)을 관장하던 절도사] ¶～割据 | 군웅 할거.

1【翻〈飜〉】 fān 뒤집을 번

動 ❶ (책장·종이 등을) 넘기다. 펼치다. ¶～到第十页 | 10페이지를 펼치다. ¶～书页 | 책장을 넘기다. ❷ 뒤집히다. 전복되다. ¶车～了 | 차가 뒤집혔다. ¶推～ | 뒤집어엎다. ❸ 번역하다. ¶～译↓ ¶把这本小说～成英文 | 이 소설을 영어로 번역해라. ❹ 번복하다. 뒤집다. ¶延期决定～了 | 연기 결정이 번복되었다. ¶～供↓ ❺ 넘(어가)다. 뛰어넘다. ¶～山越岭 | 成 산을 넘고 고개를 넘다. ❻ (수량 등이) 배로 증가하다. 어법 양사(量詞)는 「番」을 쓰며 배수를 나타내는 방법에 주의해야 함⇒〔番fān〕 ¶产量～一番 | 생산량이 배가 되다. ❼ 되풀이하다. 반복하다. ¶又把这个问题～出来了 | 또다시 이 문제를 들고 나왔다. ❽ (～儿) 화를 내다. 사이가 틀어지다. ¶他又～了 | 그는 또 화를 냈다＝〔翻脸〕 ❾ 반항하다. 대항하다. ¶你跟我～儿～儿吗? | 네가 나에게 반항하는 거니? ❿ 어지럽히다. 소란을 피우다. ¶敌人直～一天 | 적은 하루 종일 소란을 피웠다. ⓫ 들추다. 뒤적이다. ¶从箱子里～出来了 | 상자 속에서 들추어냈다. ⓬ 고쳐 만들다. ¶～修↓ ⓭ (눈을) 부라리다. ¶他～了我一眼 | 그는 나에게 눈을 부라렸다.

【翻案】 fān/àn 動 ❶ 결정된 판결을 뒤집다. ❷ 정론(定論)을 뒤집어 놓다. ¶～文章＝〔反fǎn跌文章〕 | 반대 학설을 진술한 문장. ❸ 명예를 회복하다. 복권(復權)하다.

【翻把】 fān/bǎ 動 ❶ (패배하였다가) 다시 세력을 회복하다. ¶不让政敌～ | 정적으로 하여금 세력을 회복하지 못하게 하다. ❷ (약속이나 승낙한 말을) 뒤집다. 인정하지 않다. ¶你干嘛～? | 너는 왜 말을 번복하니?

【翻白眼(儿)】 fān báiyǎn(r) 動組 ❶ 눈의 흰자위를 까뒤집다〔번득이다〕. ¶气得爷爷直～ | 할아버지는 화가 나서 눈을 부릅뜨셨다. ❷ 轉 후회하다. ¶你就这么干吧, 多咱一出麻烦该～了 | 너 이렇게 해야만 해, 언젠가 문제가 복잡해지면 반드시 후회할 거야. ❸ 轉 (어쩔 수 없어) 체념〔단념〕하다. ¶事情已然到了这步天地, 也就是～了 | 일이 이미 이 지경에 이르렀으니 체념할 수 밖에 없다. ❹ 轉 (흰자위를 까뒤집고) 죽다. ¶从楼上摔下来, 就摔得～了 | 2층에서 곤두박질쳐 눈이 까뒤집힌 채 죽었다.

【翻版】 fānbǎn 名 動 ❶ 번각(하다). 복각(하다). 복제(複製)(하다). ¶～书 | 복각본. ❷ 喩 재판(再版)(하다). 복제품. ¶挪威的提案实际上是艾森豪威尔演说的～ | 노르웨이의 제안은 사실상 아이젠하워 연설의 재판이다.

【翻本(儿)】 fān/běn(r) ❶ 動 (도박 등에서) 본전을 찾다. ¶输了就输了, 等会儿再～ | 잃은 것은 잃은 것이고, 좀 이따가 다시 본전을 찾도록 해. ¶越想～, 就陷得越深 | 본전을 찾으려고 할수록, 더욱더 함정에 깊게 빠진다.＝〔翻梢①〕 ❷ (fānběn(r)) 名 번각(翻刻)한 책.

【翻本透赢】 fānběn tòuyíng 成 밑천을 다 잃고 나서 나중에 따다. ¶一上场手气不济, 哪知道结果竟jìng是～ | 초장에는 운이 좋지 않았지만 뜻밖에도 나중에는 본전을 찾고도 많이 땄다.

【翻茬】 fān/chá 動 (작물을 베어낸 뒤) 논이나 밭을 갈아 작물의 그루터기를 파서 뒤집다.

【翻车】 fān/chē ❶ 動 차가 뒤집히다. 전복(顚覆)되다. ¶道儿不好, 留神别～ | 길이 좋지 않으니 차가 전복되지 않도록 조심하시오. ❷ 動 원래의 계획·결정을 뒤집다〔바꾸다〕. ❸ 動 喩 (일이) 실패로 돌아가다. 좌절하다. ❹ 動 성내다. 화내다. ¶老金又翻了车了 | 김씨는 또 화를 냈다. ❺ 動 喩 큰 사고나 특별히 불리한 일이 일어나다. ❻ (fānchē) 名 方 (논에 물을 대는) 수차(水車). ¶就指着这架～抗旱了 | 오로지 이 수차로써 가뭄을 막았다. ❼ (fānchē) 名 方 새를 잡는 그물.

【翻船】 fānchuán 動 ❶ 배가 뒤집어지다. ❷ 喩 뒤집어 엎어지다. 실패하다. ¶阳沟yánggōu里头～ | 喩 뻔히 알고 있으면서도 실수하다.

【翻地】 fān/dì 動 (쟁기나·삽 따위로) 땅을 갈아엎다.

【翻动】 fāndòng 動 원래의 위치나 모양을 바꾸다.

【翻斗】 fāndǒu 名 스킵 버킷(skip bucket). ¶～车 | 광차(鑛車).

【翻斗卡车】 fāndǒu kǎchē 名組 덤프 트럭(dump truck). 덤프 카(dump car)＝〔翻底车〕〔翻斗汽车〕〔倾qīng卸xiè汽车〕

【翻飞】 fānfēi 動 ❶ (새·나비 등이) 훨훨 날다. ¶蝴蝶húdié上下～ | 나비가 아래 위로 훨훨 날다. ❷ 펄럭이다. 나풀거리다.

【翻覆】fānfù ❶ 動 전복하다. 뒤집히다. ¶车辆～ | 차량이 전복하다. ❷ 名 거대하고 철저한 변화. ❸ 動 몸을 뒤척이다. ¶夜间～不能眠 | 밤에 몸을 뒤척이며 잠을 이루지 못하다. ❹ 書 動 번복하다. 이랬다저랬다 하다 ＝〔反复②〕

【翻盖】fāngài 動 (집을) 개축하다. 고쳐 짓다. ¶～房屋 | 집을 개축(改築)하다. ¶～了一个厕所 | 화장실을 고쳐 지었다.

【翻个(儿)】fān gè(r) ❶ (형세가) 뒤바뀌다. 뒤집어지다. ¶天与地翻了个儿 | 하늘과 땅이 뒤바뀌었다. ❷ 완전히 변화하다. ¶那里完全翻了个个儿变了个样儿 | 그 곳은 완전히 모든 면모가 변화하였다. ❸ 몸을 확 돌리다. ❹ 배(倍)로 늘어나다. ¶物价一天一个～ | 물가가 하루에 배로 오르다. ❺ 퍼뜩 생각이 들다.

【翻跟头】fān gēn·tou ❶ 動組 공중 회전하다. 공중제비하다. ¶飞机连翻了三个跟头 | 비행기가 연속하여 세차례 공중 회전을 하다. ❷ (fāngēn·tou) 名〈體〉공중 회전. ❸ 喩 쓰라린 경험을 하다. ❹ 喩 일순간에 변하다. ¶这样下去早晚要～ | 이렇게 계속하면 조만간 일순간에 변화할 것이다. ‖ ＝〔翻斤斗〕〔翻筋斗〕〔打dǎ跟头〕〔打斤斗〕〔打斤头〕〔打筋头〕〔折zhē跟头〕 ❺ 方 원가보다 몇 갑절 비싸게 팔다.

【翻工】fān/gōng ⇒〔返fǎn工①〕

【翻供】fān/gòng 動〈法〉진술을 부인하다〔번복하다〕. ¶头审已然招认了, 哪知到二审又～了 | 일심에서 이미 인정하였는데, 이심에서 번복할 줄 어찌 알았으랴.

【翻滚】fāngǔn 動 ❶ 데굴데굴 구르다. 나뒹굴다. ¶他肚子疼得直～ | 그는 배가 아파서 계속 데굴데굴 굴렀다. ❷ (물이) 펄펄〔부글부글〕 끓다. ¶水～ | 물이 펄펄 끓다. ❸ 소용돌이치다. 용솟음치다. ¶白浪～ | 파도가 용솟음치다.

【翻过来】fān ·guò ·lái 뒤집다. ¶把衣裳～做 | 옷을 뒤집어 만들다.

【翻花样儿】fānhuāyàngr 動組 실뜨기 ［놀이의 일종］ ¶和小孩儿～玩 | 아이와 실뜨기를 하며 놀다 ＝〔翻花鼓〕〔翻绳shéng儿〕〔翻古〕〔翻股gǔ〕〔编biān鼓〕

【翻悔】fānhuǐ 動 마음이 변하다〔돌아서다〕. ¶上回你不是答应了吗, 怎么又～了呢? | 지난번에 너가 승낙하지 않았느냐, 왜 또 마음이 변하였느냐? ＝〔反fǎn悔〕〔返悔〕

【翻家】fānjiā 名 動 가택 수색(하다).

【翻检】fānjiǎn 動 (책·문서·물건 따위를) 뒤지며 검사하다. ¶把行李～了半天才放行 | 짐을 한참 동안 뒤지며 검사하고서야 통행을 허락하였다. ¶近日～旧作, 得旧体诗两首 | 근자에 옛 작품을 조사하여, 구체시 두 수를 구하였다.

【翻江倒海】fān jiāng dǎo hǎi 成 ❶ 강물을 가르고 바다를 뒤엎다. ❷ 기세가 대단하다 ＝〔倒海翻江〕〔翻山倒海〕〔翻江搅jiǎo海〕

【翻浆】fān/jiāng ❶ 動 (봄에 얼었던 것이 녹아서 물이 배어) 진창으로 되다. ¶～道 | 진창길. ❷ (fānjiāng) 名 춘니(春泥). 눈 따위가 녹은 봄의 진창 ‖ ＝〔反浆〕

【翻开】fānkāi 動 ❶ (책 따위를) 젖혀 열다〔펴다〕. ¶～书本儿 | 책을 펴다. ❷ 부글부글〔펄펄〕 끓다. ¶水越～越好 | 물은 펄펄 끓으면 끓을수록 좋다.

【翻看】fānkàn 動 (책이나 문서 따위를) 펴 보다. ¶～里边的插图, 才发现那上边的题字 | 책 속의 삽화를 펴보고 나서야 비로소 그 위에 있는 제자를 발견했다.

【翻来覆去】fān lái fù qù 成 ❶ 같은 일을 여러 번 되풀이하다. ¶～地看了半天也没挑出毛病来 | 되풀이하여 한참 동안 보았지만 결점을 찾아내지 못했다. ¶他说了半天, 但～总是那几句活 | 그는 한참 얘기하였으나 결국 그 몇마디만을 되풀이 하였다. ❷ (잠들지 못하고) 이리저리 뒤척이다. ¶我整夜在床上～, 没有睡好 | 나는 밤새 침대에서 이리저리 뒤척이며 잠들지 못하였다. ❸ 병세가 좋아졌다 나빠졌다 하다. ❹ 곱씹어 말하다 ‖ ＝〔颠diān来倒去〕〔覆去翻来〕→〔来回来去〕

【翻老帐】fān lǎozhàng 묵은〔지난〕 일〔잘못, 모순〕을 꺼내다〔들추어내다〕. ¶他又～ | 그는 또 묵은 일을 들추어낸다 ＝〔翻旧帐〕

【翻脸】fān/liǎn 動 외면하다. 반목(反目)하다. 태도를 바꾸다. 사이가 틀어지다. ¶～不认帐 | 태도를 바꾸어 이전의 일을 부인하다. ¶他们夫妇俩生活了几十年从来没翻过脸 | 그들 부부는 몇십년동안 사이가 틀어짐이 없이 살아왔다 ＝〔翻腔〕〔翻面〕〔反fǎn脸〕

【翻脸不认人】fānliǎn bù rènrén 成 외면하고 상대를 하지 않다 ＝〔反面不认人〕

【翻领(儿)】fānlǐng(r) 名 밖으로 꺾어 넘기도록 만든 옷깃. 열린〔접은〕 깃.

【翻蛮】fān/mán 動 ❶ 알아듣지 못할 말을 중얼거리다. 뭐라고 지껄이다. ¶外国人咿yī喇lā哇wā喇地翻半天的蛮 | 외국인이 쏼라쏼라 모를 소리를 한참이나 지껄였다. ❷ 야만스런 짓을 하다.

【翻皮】fānpí 名 가죽을 뒤집은 것. ¶～靴子 | 가죽을 뒤집어 지은 장화.

【翻砂】fānshā 動 ❶ 주조하다. ❷〈工〉주형을 만들다. ¶～工 | 주물공. ¶～厂 | 주물 공장. ¶～模型 | 주물 모형

【翻山越岭】fān shān yuè lǐng 成 ❶ 산 넘고 재를 넘다. ¶他们～, 终于找到了灵芝草 | 그들은 산 넘고 재를 넘어, 결국 영지를 찾았다. ❷ 곤란을 박차다.

[3]【翻身】fān/shēn 動 ❶ 몸을 돌리다. 엎치락뒤치락하다. ¶～觉 | 몸을 엎치락 뒤치락하며 자다. ¶他～便走 | 그는 몸을 돌려 달아났다. ❷ 喩 (압박에서) 해방되다. ¶～户 | 억압에서 해방된 세대〔사람〕. ❸ 喩 낙후한 면모나 불리한 처지를 개변시키다.

【翻手为云, 覆手为雨】fān shǒu wéi yún, fù shǒu wéi yǔ ⇒〔翻云覆雨〕

【翻腾】fān·teng 動 ❶ 미친 듯이 날뛰다. 끓어오르다. ¶波浪～ | 파도가 광란하다 ¶许多问题在他脑子里像滚了锅一样～着 | 많은 문제가 그의 머리 속에서 달아오른 솥처럼 끓어올라 있다 ＝

〔翻涌〕❷휘저어 어지럽히다. 들추다. ¶把桌上的书都～乱了 | 책상 위의 책을 온통 뒤섞어놓아 엉망이 되었다 ‖ =〔反腾〕❸지난 일을 끄집어내다. ❹몸을 뒤척이다. 엎치락뒤치락하다. ¶直～到三更天才睡着了 | 3경까지 내내 엎치락뒤치락하다 겨우 잠이 들었다.

【翻天】fān/tiān 動❶(하늘이 뒤집힐 정도로) 매우 소란을 피우다. ¶闹～ | 야단법석을 떨다. ❷喩 반란을 일으키다. 반역하다. ¶你是想～不成? | 너는 반역을 꾀하려고 하지 그렇지?

【翻天覆地】fān tiān fù dì ⇒〔天翻地覆〕

【翻土】fān tǔ 흙을 뒤집어엎다. 땅을 갈아엎다.

【翻蔓儿】fān/wànr 動(고구마 따위의) 덩굴을 뒤집다.

【翻胃】fān/wèi ⇒〔反fǎn胃〕

【翻箱倒柜】fān xiāng dào guì ⇒〔翻箱倒箧〕

【翻箱倒箧】fān xiāng dào qiè 威❶샅샅이 뒤지며 철저하게 검사하다〔수사하다〕. ¶他～地找东西 | 그가 샅샅이 뒤지며 철저히 물건을 찾다. ❷(주장·의견을) 숨김없이 털어놓다 ‖ =〔翻箱倒柜〕

【翻新】fānxīn 動❶(옷 따위를) 수선하다. ¶～大衣 | 오버코트를 수선하다. ❷새맛이 나다. 새롭게 하다. ¶耕作技术～了 | 경작 기술이 새로와졌다.

【翻修】fānxiū 動(건물이나 도로 따위를) 복원하다〔보수하다〕. 개축(改築)하다. ¶～房屋 | 집을 개축하다. ¶～工程 | 개축 공사=〔翻建〕

【翻眼】fān/yǎn 動❶눈을 부라리다. 노려보다. ¶他翻了我一眼 | 그는 나를 한 차례 노려보았다. ❷외면하다. 모르는 체하다. ¶他～不承认 | 그가 모르는 체하며 승인하지 않다. ❸(～儿) 눈을 치켜뜨다.

1【翻译】fān·yi ❶名動번역(하다). 통역(하다). ¶～戏 | 번역극. ❷名통역(자). 번역자. ¶当～ | 통역이 되다. ¶～官 | 통역관. ¶随团～ | 수행 통역원.

【翻印】fānyìn 名動번각(番刻)(하다). 해적판(을 찍다). ¶我们要～小册子 | 우리는 작은 책자를 번각하려 한다.

【翻越】fānyuè 動뛰어〔타고〕넘다. ¶～障碍物 | 장애물을 뛰어넘다.

【翻阅】fānyuè 動❶(서적·문서 따위를) 조사하다〔뒤지다〕. ¶到图书馆去～资料 | 도서관에 가서 자료를 뒤지다. ¶闲来～旧报纸, 很有意思 | 한가로이 옛 신문을 뒤져보면 정말 재미있다. ❷일독(一讀)하다.

【翻云覆雨】fān yún fù yǔ 威❶변덕스럽다. ❷권모 술수에 능하다 ‖ =〔翻手为云, 覆手为雨〕

【翻造】fānzào 名動재생(하다). ¶～橡皮 | 재생 고무 =〔收复橡胶〕〔翻造橡胶〕

【翻制】fānzhì 名動복제(하다). ¶～副本发售 | 복사판을 복제하여 팔다.

【翻铸】fānzhù 動개주(改鑄)하다. ¶这些废铁要回炉～农具 | 이런 폐철들은 용광로로 되돌려서 농기구로 개주해야 한다.

【翻转】fānzhuǎn 動자면서 몸을 뒤척이다. ¶飞机在半空～ | 비행기가 공중에서 곡예하다.

fán ㄈㄢˊ

2【凡】fán 대강 범
❶평범하다. 보통이다. ¶平～的工作 | 평범한 일. ¶不～ | 비범하다. ❷副대체로. 무릇. 대저. ¶～年满十八岁公民都有选举权xuǎnjǔquán | 무릇 나이가 만 18세가 된 국민은 누구나 선거권이 있다. ❸書名속세. 인간 세상. ¶仙女下～ | 선녀가 인간 세상에 내려오다. ❹名〈音〉중국 옛날 악보에서의 음표의 하나 〔약보(蔑譜)의「4」에 해당함〕

【凡尘】fánchén 名인간 세계. 속세(俗世). ¶清心寡欲脱～ | 마음을 비우고 속세를 떠나다.

【凡尔丁】fán'ěrdīng ⇒〔凡立丁〕

【凡夫俗子】fán fū sú zǐ 威범속한 사나이. 속된 인간. ¶此事非～之所能为 | 이 일은 속된 인간이 할 수 있는 것이 아니다.

【凡立丁】fánlìdīng 名外〈紡〉바레틴(valetin) =〔外凡尔丁〕

【凡例】fánlì 名범례. ¶使用这本词典前, 一定要认真阅读yuèdú～, 以便了解如何使用 | 이 사전을 사용하기 전에 반드시 범례를 착실히 읽어 어떻게 사용하는 지를 알아야 한다.

【凡人】fánrén 名❶書범인. 평범한 사람. 보통사람 =〔凡材〕〔凡夫〕❷속인(俗人) ⇔〔神仙〕

【凡事】fánshì 名만사(萬事). 모든 일. ¶～预yù则立, 不预则废fèi | 諺사전에 준비하면 성공하고 그렇지 않으면 실패한다.

3【凡是】fánshì ❶副대강. 대체로. 무릇. ¶～有生命的, 总免不了死 | 무릇 생명이 있는 것은 모두다 죽음을 피할 수 없다. ❷連만약 …한다면 어법 주로「就」「便」과 호응함. ¶～这样做了的, 生产就上去了 | 만약 이렇게 한다면 생산이 늘어날 것이다. ‖ =〔凡属〕

【凡士林】fánshìlín 名外〈化〉바셀린(vaseline) =〔花士苓〕〔矿脂〕〔石油脂〕〔硬石脂〕

【凡属】fánshǔ ⇒〔凡是〕

【凡胎俗骨】fán tāi sú gǔ 威보통 사람. 평범한 사람 =〔凡胎浊骨〕

【凡心】fánxīn 書名평범한 생각. 속념(俗念). ¶动～ | 속념이 일다.

【凡亚林】fányàlín 名外바이올린 =〔小提琴〕〔凡阿林〕〔伐fá乌林〕〔梵fàn亚铃〕〔外奥林〕

【凡庸】fányōng 形평범하다. ¶～之辈bèi | 평범한 사람들.

【矾(礬)】fán 광물이름 반
名〈化〉반류(礬類). 금속의 유산염. ¶明～ | 명반. ¶白～ | 백반. ¶烧明～ | 소명반. ¶绿～ | 유산철. 녹반. ¶胆～ =〔蓝矾〕| 유산동. 담반.

【矾土】fántǔ 名〈化〉반토(礬土). 알루미나. 산화알루미늄. ¶～水泥 | 반토 시멘트. 알루미나 시멘트 =〔氧yǎng化铝〕〔铝lǚ氧土〕〔方宝bǎo砂〕→〔刚石〕

【钒(釩)】fán (바나듐 범)
名〈化〉화학 원소명. 바나듐

(V ; vanadium)[금속 원소의 일종]

【氾】Fán ☞ 氾 fàn Ⓑ

1【烦(煩)】fán 번민할 번 ❶形 답답하다. 산란하다. 괴롭다. ¶心～意乱 | 成 마음이 산란하다. ¶心里有点～ | 마음이 다소 괴롭다. ❷形 번거롭다. 귀찮다. 싫다. ¶腻nì～ | 진저리가 나다. ¶这些话都听～了 | 이런 말은 지겹도록 들었다. ¶厌yàn～ | 번거롭고 싫다. ❸形 번잡하다. 장황하다. ¶要言不～ | 말이 간결하고 장황하지 않다. ❹動 번민하다. 걱정하다. ¶你～什么? | 너 무얼 걱정하니? ❺動 敬 수고를 끼치다. 번거롭게 하다. ¶～您给带点儿东西 | 수고스러우시겠지만, 물건 좀 갖다 주세요.

【烦愁】fánchóu 動 번뇌하다. 우울해하다 =〔烦忧〕

【烦得慌】fán·de huāng 狀組 몹시 귀찮다. 대단히 번거롭다. 아주 우울하다〔갑갑하다〕. ¶心里～, 上哪儿散sàn散闷mèn去才好呢 | 마음이 몹시 갑갑해 어디 가서 답답함을 좀 풀어버렸으면 좋겠다.

【烦劳】fánláo ❶ 고생하다. ❷敬 수고를 끼치다. 수고스럽지만 …하다. 미안하지만 …하다. ¶～您帮帮忙吧 | 수고스럽지만 좀 도와 주십시오→〔烦请〕〔烦托〕 ❸ 근심에 싸여 고민하다 ‖ =〔劳烦〕

【烦累】fánlèi 動 번거롭게 하다. 폐를 끼치다. ¶这么～您, 我真不过意 | 이렇게 번거롭게 하여 정말 죄송합니다.

【烦乱】fánluàn 形 마음이 산란하다. ¶近来心理十分～ | 요즈음 마음이 매우 산란하다.

4【烦闷】fánmèn 名形 번민(하다). 고민(하다). ¶你干吗这样～? | 너는 왜 이렇게 고민하느냐? =〔烦懑mèn〕〔烦郁yù〕〔气闷②〕

【烦难】fánnán ⇒〔繁fán难〕

4【烦恼】fánnǎo ❶形 번뇌하다. 걱정하다. 마음을 졸이다. ¶这都是运气, 你不要～ | 이게 다 운이니, 번뇌하지 말아라. ¶越思量越～ | 생각하면 할수록 더 걱정이 된다. ❷名 번뇌. 걱정. ¶似乎有什么～ | 무슨 걱정이 있는 것 같다 ‖ =〔烦虑〕

【烦请】fánqǐng 敬 부탁을 드리다. 수고스럽지만…. ¶～把您的简历和学历证明寄来 | 수고스럽겠지만 당신의 이력서와 학력증명서를 부쳐주십시오→〔烦劳②〕

【烦缺】fánquē 名 번거로운〔번잡한〕 직책. ¶这是个～, 要做就得任劳任怨 | 이것은 번거로운 직책이므로, 만약 맡게된다면 고생이나 원망쯤은 각오해야 한다.

【烦扰】fánrǎo ❶動 성가시게〔귀찮게〕 굴다. 폐〔수고〕를 끼치다. ¶～了人家半天自然要道谢 | 한참 동안 남에게 폐를 끼쳤으면 당연히 고마움을 표해야 한다. ❷形 귀찮다. 성가시다.

【烦热】fánrè ❶形 찌는 듯이 무덥다. ¶要是痛痛快快下场大雨就不会这么～了 | 좍좍 시원스레 큰비라도 내리면 이렇게 찌는 듯이 무덥지는 않을 텐데. ¶重庆的夏天使人有～之感 | 중경의 여름 날씨는 찌는 듯한 느낌을 준다. ❷名〈漢醫〉 번열증(煩熱症).

【烦人】fánrén ❶形 귀찮다. 번거롭다. 성가시다. ¶这孩子真～! | 이 아이는 정말 귀찮구나! ¶他整天吸烟, 真～ | 그가 온종일 담배를 피우니, 정말 괴롭다. ❷動 귀찮게 하다. 번거롭게 하다.

【烦冗】fánrǒng 書形 ❶(사무·일 따위가) 번잡하다. ¶杂务～令人厌倦 | 잡무가 번잡하여 싫증나게 한다. ❷(문장이) 너더분하다. 장황하다 ‖ =〔繁冗〕〔烦缛rù〕

【烦缛】fánrù ⇒〔烦冗〕

【烦神】fánshén 動 신경〔마음〕을 쓰다. 걱정하다. ¶这事儿很叫人～ | 이 일은 너무 신경쓰이게 한다.

【烦事】fánshì 名 번거로운 일. 걱정되는 일. ¶这程子～太多把人都愁坏了 | 요즘 번거로운 일이 너무 많아 사람들이 온통 걱정에 빠져있다.

【烦琐】fánsuǒ 形(주로 문장·말 따위가) 너더분하다. 장황하다. 번거롭다. ¶～的手续 | 번거로운 수속 ¶过于详细, 有点～了 | 지나치게 상세하면, 도리어 다소 너더분해 진다 =〔繁琐〕

【烦琐哲学】fánsuǒ zhéxué 名組 ❶〈哲〉 번쇄 철학. 스콜라 철학 =〔经院哲学〕 ❷口 표면적인 현상만을 장황하게 늘어놓는 작풍(作風)이나 문풍(文風).

【烦问】fánwèn 套 말씀 좀 물읍시다. ¶～一声, 到地铁站怎么走? | 말씀 좀 묻겠는데, 지하철 역은 어떻게 갑니까?→〔请qǐng问〕

【烦嚣】fánxiāo 書形 떠들썩하다. 시끄럽다. ¶市声～扰人安眠 | 거리의 소리가 시끄러워서 사람들이 편히 잠을 잘 수 없다. ¶～的声音一点也听不到了 | 시끄러운 소리는 조금도 들을 수가 없었다.

【烦心】fánxīn 形 고민하다. 걱정〔근심〕하다. ¶谁也想不出好法子, 真～透了 | 아무도 좋은 방법을 생각해 내지 못해 정말 고민이다. ¶别谈这些～的事情了 | 이런 고민거리 일은 얘기하지 마시오.

【烦杂】fánzá 形 번잡하다. ¶事务～请多加小心 | 업무가 번잡하니, 더욱 주의를 기하십시오. ¶事情更加～了 | 일이 더욱 번잡해졌다 =〔繁杂〕

4【烦躁】fánzào ❶形 초조하다. ¶心里～ | 마음이 초조하다. ¶～不安 | 초조하여 편하지가 않다. ❷名〈漢醫〉 번조.

【袢】fán ☞ 袢 pán

【蕃】fán fān 우거질 번

Ⓐ fán ❶ 무성하다. 우거지다. ¶草木～盛shèng | 풀과 나무가 우거지다. ❷ 많아지다. 번식하다. ¶～息 | 번식하다.

Ⓑ fān 「番」과 통용 ⇒〔番fān④〕

【蕃息】fánxī 書動 번식하다 =〔蕃育〕〔蕃滋zī〕

【蕃衍】fányǎn ⇒〔繁衍〕

【蕃滋】fánzī ⇒〔蕃息〕

【燔】fán 사를 번

書動 ❶ 불사르다. 태우다. ❷(불에) 굽다. 쬐다.

【燔柴】fánchái 書名 섶으로 옥백(玉帛)과 희생

(犧牲)을 태우면서 지내는 천제(天祭).
【燔肉】fánròu 書 名 (옛날에) 제사에 쓰는 익힌 고기.

【璠】fán 옥 번
❶ 書 名 보옥(寶玉). 아름다운 옥(玉). ¶～玙 | 아름다운 옥.
【璠玙】fányú 아름다운 옥→〔玙璠〕

【蹯】fán 발바닥 번
名 (짐승의) 발. ¶熊xióng～ | 곰의 발 →〔熊掌zhǎng〕

【樊】fán 울 번
❶ 書 名 새장. ❷ 名 울타리. 바자울. ¶～篱lí↓ ❸ 書 形 어지럽다. 어수선하다. ❹ (Fán) 名 성(姓).
【樊篱】fánlí 書 名 울. 울타리. 喻 사물의 제한〔속박〕. ¶冲破chōngpò旧的～ | 낡은 속박을 타파하다.
【樊笼】fánlóng 書 名 ❶ 새장. ❷ 喻 자유롭지 못한 처지. ¶他去年终于冲破家庭的～, 到日本去留学 | 그는 작년에 마침내 가정의 굴레를 타파하고 일본으로 유학 갔다. ¶久在～里, 今朝得自由 | 오래토록 갇혀지내다, 오늘 아침에야 자유를 얻었다.

4【繁】fán pó 번거로울 번, 뱃대끈 반
Ⓐ fán ❶ 形 복잡하다. 번잡하다. ¶删shān～就简 | 복잡함을 삭제하여 간단하게 하다 ⇔〔简jiǎn①〕 ❷ 形 성가시다. 귀찮다. ¶头绪纷～ | 일이 성가시다. ❸ 形 많다. ¶人口日～ | 인구가 날로 많아지다. ¶～星满天 | 무수한 별들이 하늘에 가득하다. ❹ 動 (가축 등이) 번식하다. ¶自～自养 | 스스로 번식하고 저절로 자라다. ❺ 名 (말의) 뱃대끈.
Ⓑ pó ❶ 지명에 쓰이는 글자. ¶～台 | 하남성(河南省)에 있는 지명. ❷ (Pó) 名 성(姓).
【繁博】fánbó 貶 ❶ 방증(傍證)이 풍부하고 광범하다. ❷ 書 박학하다. ¶看他其貌不扬, 敢情肚子里这么～呢 | 그의 용모는 별로인데, 그야말로 내면은 대단히 박학하구나.
4【繁多】fánduō 貶 대단히 많다. ¶花色～ | 상품의 종류가 대단히 많다 =〔繁庶〕
【繁分数】fánfēnshù 名〈數〉번분수.
【繁复】fánfù 形 번잡〔복잡〕하다. ¶那事内情～, 不是三两句话说得清的 | 그 일은 내부 사정이 복잡하므로 두세 마디의 말로는 다 할 수 없다. ¶～的登记手续 | 복잡한 등기 수속. ¶～的组织工作 | 복잡한 조직 활동.
4【繁华】fánhuá 形 ❶ 번화하다. ¶这一带是城里最～的地方 | 이 일대가 시내에서 가장 번화한 지역이다. ❷ (색깔이) 선명하다〔곱다〕.
【繁丽】fánlì 形 사조(詞藻)가 풍부하고 화려하다. ¶词藻～ | 사조가 풍부하고 화려하다.
【繁缕】fánlǚ 名〈植〉별꽃 =〔蘩缕〕
【繁乱】fánluàn 形 (일이) 번잡하다. 난잡하다.
4【繁忙】fánmáng 形 번거롭고 바쁘다. ¶任务十分～ | 임무가 대단히 번거롭고 바쁘다 =〔烦fán忙〕
【繁茂】fánmào 形 ❶ 초목이 무성하다〔우거지다〕. ¶草木～ | 초목이 우거지다. ¶枝叶～ | 가지와 잎이 우거지다. ¶到处都盛开着～的樱花yīnghuā | 곳곳에 무성한 벚꽃이 활짝 피어있다. ❷ 번성하다. 번창하다 ‖ =〔蕃fán茂〕
【繁密】fánmì 形 많고 빽빽하다. ¶～的树叶 | 무성한 나뭇잎. ¶～的星辰 | 빽빽한 별자리.
【繁难】fánnán 形 복잡하고 어렵다. ¶这个～的问题解决了, 大家非常轻松 | 이 복잡하고 어려운 문제가 해결되어 모두가 대단히 마음이 가볍다 =〔烦fán难〕
2【繁荣】fánróng ❶ 形 번영하다. 번창하다. ¶母国日趋～ | 조국이 나날이 번영하다. ❷ 動 번영시키다. ¶发展生产, ～经济, 提高人民的生活水平 | 생산력을 발전시키고, 경제를 번영시켜, 국민의 생활 수준을 향상시킨다.
【繁冗】fánrǒng ⇒〔烦fán冗〕
【繁缛】fánrù 書 形 자질구레하여 번거롭다. ¶新社会里～的礼节却简化了 | 새로운 사회에서는 번거로운 예절이 간소화되었다.
【繁盛】fánshèng 形 번성하다. 번창하다. ¶这个城市越来越～了 | 이 도시는 갈수록 더 번창해간다.
【繁琐】fánsuǒ ⇒〔烦琐〕
4【繁体字】fántǐzì 名 번체자. 정자(正字) ⇔〔简jiǎn体字〕
【繁文缛节】fán wén rù jié 成 ❶ 번거롭고 까다로운 예절〔의식〕. ❷ 번잡하고 쓸모 없는 일. ¶要去掉～, 提高行政效率 | 번잡하고 쓸모없는 일을 제거하여, 행정효율을 드높힌다. ‖ =〔繁文缛礼〕
【繁芜】fánwú 書 形 문장이 장황하다.
【繁星】fánxīng 書 名 뭇별. 무수한 별. ¶～在天空中闪烁shǎnshuò | 하늘에 무수한 별들이 반짝거린다. ¶月黑之夜, ～满天 | 달이 없는 어두운 밤에 뭇별들이 하늘에 가득하다.
【繁言蔓词】fán yán màn cí 成 끝없이 늘어놓는 말.
【繁衍】fányǎn 書 動 많이 퍼지다. 번영하다. 번성하여 뻗어 나가다. ¶旧社会的老人就盼pàn着子孙～ | 옛날 세대의 노인들은 자손이 번성하는 것을 간절히 바랬다 =〔蕃衍〕
【繁育】fányù 動 번식〔육성〕시키다. ¶～优良品种 | 우량 품종을 번식시키다.
【繁杂】fánzá 形 번잡하다. ¶～的日常事务 | 번잡한 일상 업무. ¶不赞成这些～的礼节 | 이와같이 번잡한 예절에 반대 한다 =〔烦杂〕
3【繁殖】fánzhí 名 動 번식(하다). ¶～力 | 번식력. ¶～率 | 번식률 =〔蕃殖fánzhí〕
4【繁重】fánzhòng 形 (일·임무 따위가) 많고 무겁다. ¶这是一个极其～的任务 | 이것은 대단히 막중한 임무이다.

【蘩】fán 산흰쑥 번
❶ 名〈植〉산흰쑥 [「白蒿hāo」의 옛 이름] ❷ ⇒〔蘩缕〕
【蘩缕】fánlǚ ⇒〔繁fán缕〕

fǎn ㄈㄢˇ

1【反】fǎn 돌이킬 반, 뒤집을 반
❶ 區 반대의. 거꾸로의. ¶图章上刻的

字是～的 | 도장에 새긴 글자는 거꾸로 된 것이다. ¶这张纸看不出～面正面 | 이 종이는 앞뒤쪽을 구별할 수 없다. ❷ 動 바꾸(어 놓)다. 뒤집(어 놓)다. ¶～守为攻 | 방어로부터 공격으로 전환하다. ¶易如～掌 | 손바닥 뒤집듯이 쉽다. ❸ 頭 반대하다. 반항하다. ¶～法西斯斗争 | 반 파쇼 투쟁. ¶～帝国主义 | 제국주의에 반항하다. ❹ 頭 위반하다. 다르다. ¶～时代的思想 | 시대에 어긋나는 사상. ¶～常 | 이상하다. ❺ 書 動 돌이켜 생각하다. 반성하다. ¶～求诸己 | 자기 반성을 하다. ❻「返」과 통용 ⇒〔返〕 ❼ 副 반대로. 도리어. 오히려. ¶他～说我不对 | 그는 도리어 내가 잘못이라고 말한다. ¶吃下这药, ～而更疼了 | 이 약을 먹었더니 도리어 배가 더 아팠다. ❽ 頭 반대로. 거꾸로. 어법 ⓐ 명사를 만듦. ¶～面↓ ¶～作用↓ ⓑ 동사·형용사를 만듦. ¶～动↓ ¶～对↓ ❾ 頭 되돌아오다. 어법 ⓐ 명사를 만듦. ¶～应↓ ¶～光↓ ⓑ 동사를 만듦. ¶～问↓ ¶～射shè↓

【反霸】fǎnbà ❶ 動 패권주의(霸權主義)를 반대하다. ❷ 名 반패권주의(反霸權主義). ¶第三世界国家的～斗争 | 제3세계 국가의 반패권주의 투쟁. ❸ 名 토지 개혁 운동중에 악덕 지주의 죄행(罪行)을 청산하는 것→〔霸〕

【反败为胜】fǎn bài wéi shèng 成 패국을 만회하여 승리하다. ¶韩国选手～, 终于以三比二险胜科威特队 | 한국 선수들은 결국 패배를 승리로 이끌어 쿠웨이트 팀에 3대 2의 힘든 승리를 했다.

【反包围】fǎnbāowéi 名 動〈軍〉역포위(逆包圍)(하다).

【反比】fǎnbǐ ❶ 名〈數〉반비. 역비(逆比). ❷⇒〔反比例〕

【反比例】fǎnbǐlì 名〈數〉반비례 =〔反比②〕

[4]【反驳】fǎnbó 動 반박(하다). ¶坚决～敌方的诬词 | 적의 모함하는 말을 단호하게 반박하다 =〔顶驳〕

【反差】fǎnchā 名〈撮〉콘트라스트(contrast). ¶用一张～合度的负片, 用强, 中, 柔róu三种像纸印成照片 | 콘트라스트가 합당한 원판을 사용하여 경조(硬調)·중간조·연조(軟調) 3종류의 인화지로 사진을 인화한다.

[4]【反常】fǎncháng 形 비정상적이다. 정상이 아니다. ¶～气候qìhòu | 이상 기후. ¶情况qíngkuàng有点儿～ | 상황이 비정상적이다. ¶近来他的性情有些～ | 요즈음 그의 마음이 정상이 아니다.

【反潮流】fǎn cháoliú 動組 조류에 역행하다.

【反衬】fǎnchèn 動 (문예나 회화 따위에서) 그 반대면을 묘사함으로써 정면을 표현하다→〔衬托〕

【反冲锋】fǎnchōngfēng 名 반돌격(反突擊).

【反冲力】fǎnchōnglì 名〈物〉반동력 =〔坐力〕〔后坐力〕

【反刍】fǎnchú 名 動 반추(하다). 새김질(하다). ¶～动物 =〔反刍类〕| 반추동물 =〔倒嚼dǎojiáo〕

【反串(儿)】fǎnchuàn(r) 動 ❶〈演映〉대역하다. 다른 연기를 하다→〔钻zuān锅〕〔反串戏〕 ❷ 대행하다. 대신하다. ¶由他～扼è守中坚jiān | 그가 대신하여 중앙을 지키다.

【反串戏】fǎnchuànxì 名〈演映〉대역 연극→〔反串(儿)①〕

【反唇相讥】fǎn chún xiāng jī 成 남의 비평에 (상대방을) 비난하다 =〔反唇相稽〕

【反导弹导弹】fǎndǎodàn dǎodàn 名組〈軍〉탄도탄 요격 미사일.

[4]【反倒】fǎndào 副 오히려. 도리어. ¶不但不赔钱～赚zhuàn钱了 | 손해를 보지 않고 오히려 돈을 벌었다 =〔㊄倒反〕

【反调】fǎndiào 名 반대의 논조. ¶唱～ | 반대의 논조를 외치다.

[2]【反动】fǎndòng ❶ 名〈物〉반동. 반작용. ¶～力 | 반동력 =〔反冲chōng〕 ❷ 名 形 반동(적이다). ¶～分子 | 반동 분자.

【反动派】fǎndòngpài 名 반동파 ¶打倒～! | 반동파를 타도하자.

[1]【反对】fǎnduì 名 動 반대(하다). ¶～侵攻 | 침공을 반대하다. ¶～票 | 반대표.

【反对党】fǎnduìdǎng 名〈政〉반대당. ¶成立～ | 반대당을 성립하다.

[3]【反而】fǎn'ér ❶ 副 오히려. 역으로. ¶风不但没停, ～越来越大了 | 바람이 그치기는 커녕 오히려 갈수록 더 거세졌다. ❷ 連 그런데. 글쎄 말이지 [의외의 기분을 나타냄] ‖ =〔反是〕

【反封建】fǎn fēngjiàn ❶ 名 반봉건. ❷ 動 봉건주의를 반대하다. ¶～的斗争 | 반봉건적 투쟁.

【反封锁】fǎnfēngsuǒ 名 動組 역봉쇄(하다).

[2]【反复】fǎnfù ❶ 動 반복하다. 되풀이하다. ¶～思考 | 반복하여 생각하다. ¶～实践 | 반복하여 실천하다. ❷⇒〔翻覆④〕 ❸ 動 (병이) 도지다. 재발하다. ¶他的病又～了 | 그의 병이 또 다시 재발하였다.

【反复无常】fǎn fù wú cháng 成 변덕스럽기 짝이 없다. ¶这个人～, 决不可靠 | 이 사람은 변덕이 죽 끓듯하여 결코 믿을 수 없다.

[4]【反感】fǎngǎn 名 形 반감(을 가지다). ¶我对他的话很～ | 나는 그의 말에 매우 반감을 가지고 있다.

【反戈】fǎngē 動 창끝을 돌려 반격하다.

【反戈一击】fǎn gē yī jī 成 되돌아서서 일격을 가하다.

[4]【反革命】fǎngémìng ❶ 名 반혁명(분자). ¶～罪 | 반혁명죄. ❷ 動 혁명에 반대하다.

[4]【反攻】fǎngōng 名 動 역습(하다). 반격(하다).

【反躬自问】fǎn gōng zì wèn 成 자신을 돌이켜보다. 스스로 묻다〔반성하다〕.

【反骨】fǎn·gǔ ❶ 書 動 모반하다. 거역하다. ❷ 名 반골 [후두부에 돌출한 뼈. 모반의 상이라함]

【反顾】fǎngù 書 動 뒤돌아보다. 후회하다. ¶义无～ | 成 도리상〔대의명분상〕 자신을 뒤돌아보지 않다.

【反光】fǎn/guāng ❶ 動 빛을 반사하다. ¶～灯 | 반사등. ❷ (fǎnguāng) 名 반사 광선

【反光镜】fǎnguāngjìng 名〈物〉반사경.

【反函数】fǎnhánshù 名〈數〉역함수.

【反话】fǎnhuà 名 ❶ 고의적으로 자기 생각과 반

대되게 하는 말 ¶你说～呢, 你还美什么啊? | 너는 반대로 말하고 있는데, 아직도 무엇을 미화하려고 하느냐? =〔反面话〕 ❷〈語〉 반어 =〔反语②〕

【反悔】fǎnhuǐ ⇒〔翻fān悔〕

3【反击】fǎnjī 名 動 반격(하다). 역습(하다). ¶对敌人的挑衅xìn给予有力的～ | 적의 도전에 대하여 강력히 반격하다.

【反剪】fǎnjiǎn 動 ❶ 뒷짐을 지워 묶다. ❷ 뒷짐 지다. ¶～着手 | 뒷짐을 지고 있다.

【反间】fǎnjiàn 動 적의 간첩을 역이용하다. (적을) 이간시키다. ¶～计 | 이간책.

【反间谍】fǎnjiàndié 名 역(逆) 스파이(spy). ¶～机构 | 반간첩 기구.

【反诘】fǎnjié ❶ 動 반문하다. ❷ 動 반어로 묻다. 반어법을 쓰다. ❸ ⇒〔对duì质①〕

2【反抗】fǎnkàng 名 動 반항(하다). ¶～精神 | 반항 정신.

【反客为主】fǎn kè wéi zhǔ 成 ❶ 주객(主客)이 전도되다. ❷ 피동적인 처지에서 벗어나 주도권을 쥐다.

【反扣】fǎnkòu 動 밖에서 열리지 않게 빗장을 지르다.

4【反馈】fǎnkuì 名〈電子〉 귀환(歸還). 반결합. 피드백(feedback).

【反了】fǎn·le 모반했다. 轉 罵 엄청난 놈. 고약한 놈. ¶你～, …你这… | 고약한 놈, …이놈… 《魯迅·阿Q正傳》

【反粒子】fǎnlìzǐ 名〈物〉 반입자.

4【反面】fǎnmiàn 名 ❶ (～儿) 이면(裏面). 안. ❷ 부정적이거나 소극적인 면. ❸ (일·문제 따위의) 다른 일면. 반면 ‖→〔正zhèng面〕〔背bèi面〕

【反面教育】fǎnmiàn jiàoyù 名組 부정적 자료로 부정을 극복하기 위한 교육. ¶这正好作为～的材料 | 이것이 꼭 맞는 반면 교육의 자료가 되었다.

【反面教员】fǎnmiàn jiàoyuán 名組 반면 교사 [부정적인 언행으로 본질을 더욱 깊이 파악하게 하는 역할을 하는 인물] =〔反面教师〕

【反面人物】fǎnmiàn rénwù 名組 (문학 예술 작품 중의) 반동적이고 부정적인 인물 =〔反派人物〕

【反目】fǎnmù 名 動 반목(하다). ¶夫妻～ | 부부가 서로 반목하다. ¶好朋友也会～成仇人的 | 좋은 친구도 반목하여 원수가 될 수 있다.

【反派】fǎnpài 名 (연극·영화·소설 따위의) 악역(惡役). 부정적 인물.

【反叛】ⓐ fǎnpàn 動 모반을 일으키다 =〔叛变〕 ⓑ fǎn·pan 名 ⓞ 모반한 사람. 반역자. 喩 횡포하고 의리가 없는 악인.

【反批评】fǎnpīpíng 名 반대 비평.

【反片(儿)】fǎnpiàn(r) 名 한자 부수의 조각장(爿)변.

【反扑】fǎnpū 名 動 반격(하다). ¶打退敌dí人的～ | 적의 반격을 물리치다.

【反其道而行之】fǎn qí dào ér xíng zhī 成 정반대의 방법을 쓰다[행사하다]. 배치되는 길로 나아가다.

【反气旋】fǎnqìxuán 名〈氣〉 역선풍.

【反潜】fǎn/qián 動 대잠수함 작전을 하다.

【反切】fǎnqiè 名〈言〉 반절 [한자(漢字)의 두 자 음을 반씩만 따서 하나의 음을 만들어 읽는 법] =〔翻fān切〕

【反侵略】fǎn qīnlüè 動組 반침략. ¶～示威 | 반침략 시위.

【反求诸己】fǎn qiú zhū jǐ 成 (결점이나 잘못의 원인을) 돌이켜 자기 자신에게서 구하다. ¶别把一切责任推给别人, 应该～, 从自己检查起 | 모든 책임을 전부 남에게 미루지 말고, 마땅히 자신을 돌아보고 자신으로부터 찾아야 한다.

【反犬(儿)】fǎnquǎn(r) 名 한자 부수의 개사슴록(犭)변 =〔反犬旁(儿)〕〔犬犹(儿)〕〔犬子(儿)〕

【反犬旁(儿)】fǎnquǎnpáng(r) ⇒〔反犬(儿)〕

【反三角函数】fǎnsānjiǎo hánshù 名〈數〉 역삼각함수.

【反扫荡】fǎnsǎodàng 動組 소탕전에 맞서서 반격하다. ¶开展kāizhǎn～斗争 | 반소탕 투쟁을 전개하다.

4【反射】fǎnshè 名 動〈物〉〈生〉 반사(하다).

【反射角】fǎnshèjiǎo 名〈物〉 반사각.

【反射炉】fǎnshèlú 名〈物〉 반사로 =〔倒dào焰炉〕

【反是】fǎnshì ⇒〔反而〕

【反噬】fǎnshì ❶ 書 動 은혜를 원수로 갚다. ❷ ⇒〔反咬yǎo〕

【反手】fǎn/shǒu ❶ 動 손바닥을 뒤집다. ¶～打 | 손등으로 때리다. ❷ 動 喩 일이 쉽게 처리되다. ❸ (fǎnshǒu) 名〈紡〉 실의 좌연(左撚). ❹ (fǎnshǒu) 名 方 왼손 ⇔〔顺手(儿)⑤〕 ❺ (fǎnshǒu) 名〈體〉 (탁구의) 백핸드(backhand). ¶～抽球 | 백 핸드 드라이브.

【反水不收】fǎn shuǐ bù shōu ⇒〔覆fù水难收〕

4【反思】fǎnsī 動 (사상적 자아 운동으로써 지나간 일을) 사고[회고]하다. ¶要好好～一下过去的工作, 以免过去的错误 | 지나간 일을 잘 반성하여 과거의 잘못을 벗어나다.

【反诉】fǎnsù 名 動〈法〉 반소(하다).

【反锁】fǎnsuǒ 動 문이 안[바깥]으로 잠기다.

【反弹琵琶】fǎntánpí·pa 名組 喩 ❶ 일의 잘못의 근본 원인을 찾아 처음부터 다시 시작하는 것. ❷ 일의 잘못을 자신에게서 찾고 자신의 노력으로 상대를 진작시킴. ¶如今「～」成了一句时髦的话 它也适用于团体工作 | 이제는 「반탄비파」라는 말이 유행어가 되었으며, 그것은 단체 작업에서도 적용되고 있다.

【反坦克】fǎntǎnkè 區〈軍〉 대전차(對戰車). ¶～兵 | 대전차병. ¶～雷 | 대전차 지뢰.

【反题】fǎntí 名〈哲〉 반정립(反定立). 안티테제(Antithese;독).

【反胃】fǎn/wèi 〈醫〉 ❶ 動 번위하다. 위장이 뒤집히다. ❷ (fǎnwèi) 名 번위 ‖ =〔翻fān胃〕

3【反问】fǎnwèn ❶ 名 動 반문(하다). ¶他～了一句 | 그는 한 마디 반문을 했다. ❷ 名〈言〉 반어법.

【反诬】fǎnwū 動 도리어 상대방을 무고하다 ¶他竟～揭发者 | 그는 마침내 도리어 폭로자를 무고

하였다.

【反响】fǎnxiǎng 名動 ❶ 반향(을 일으키다). ¶引起广泛的～ | 광범위한 반향을 야기시키다. ❷ 메아리(치다).

【反向】fǎnxiàng 名 역방향. 반대 방향. ¶～行驶 | 반대 방향의 질주.

【反省】fǎnxǐng ❶ 名動 반성(하다). ¶你要好好儿地～一下自己的过错儿 | 그는 자신의 과실을 한차례 반성하려 하다. ❷ 名 시말서.

【反咬】fǎnyǎo 動 피고가 원고·고발인·증인 등을 공범이라고 무고하다. ¶老金竟～别人 | 김씨는 결국 다른 사람을 공범이라고 무고했다 =〔反噬②〕

【反咬一口】fǎn yǎo yī kǒu 成 비난·항의 따위를 되받아 상대방에게 도리어 책임을 전가하며 반박하다. 허위(虛僞)를 날조하여 상대방을 무고하다.

【反义词】fǎnyìcí 名〈言〉반대어. 반의어 ⇔〔同义词〕

2【反映】fǎnyìng ❶ 名動 반영(하다. 시키다). ¶观念是现实生活的～ | 관념은 현실 생활의 반영이다. ❷ 動(객관적 상황 또는 다른 사람의 의견 등을 상급 기관 혹은 관련 기관에) 보고하다. 전달하다. ¶要～的事太多, 一时说不过来 | 보고할 일이 너무 많아, 한꺼번에 다 말할 수 없다. ❸ 動 충고하다. 비판하다.

【反映论】fǎnyìnglùn 名〈哲〉반영론.

2【反应】fǎnyìng ❶ 名〈物〉〈化〉〈心〉반응. ¶连liánchuàn～ | 연쇄 반응. ¶热核～ | 열핵 반응. ❷ 名 반응. 반향. ¶他的演说得到的～很好 | 그의 연설은 좋은 반응을 얻었다. ❸ 動 반응하다.

【反应堆】fǎnyìngduī ⇒〔原子反应堆〕

【反语】fǎnyǔ ❶ 名〈言〉아이러니(irony) =〔讽fěng刺②〕〔讥jī讽②〕 ❷ ⇒〔反话〕

【反战】fǎnzhàn ❶ 名 반전. ¶～情绪 | 반전 정서. ❷ 動 전쟁을 반대하다.

【反掌】fǎnzhǎng 動 손바닥을 뒤집다. 喻 일이 매우 쉽다. ¶易如～ | 손바닥 뒤집는 것처럼 쉽다.

【反照】fǎnzhào ⇒〔返照〕

2【反正】ⓐ fǎnzhèng ❶ 動(적의 군대 또는 사람이) 투항해 오다〔귀순하다〕→〔倒戈dǎogē〕 ❷ 動 정도(正道)에 반하다. 정상적인 궤도를 벗어나다. ❸ 動 정상적인 상태로 돌아오다. ¶拨乱～ | 혼란 상태를 수습하여 바로잡다. ❹ 名 정(正)과 부정(不正). ¶～合 | 정반합의 이론.

ⓑ fǎn·zheng 副 어차피. 결국. 어쨌든. 아무튼. ¶不管你怎么说, ～他不答应 | 네가 어떻게 말하든지간에, 어쨌든 그는 대답을 하지 않는다.

【反正话儿】fǎnzhènghuàr 名組 농담 반 진담 반으로 이야기하다.

【反证】fǎnzhèng 名動 반증(하다).

【反证法】fǎnzhèngfǎ 名 귀류법(歸謬法). 배리법(背理法) =〔归谬miù法〕

4【反之】fǎnzhī 書 連 반대로〔바꿔〕 말하면. ¶～亦然 | 반대로 말해도 역시 그러하다.

【反质子】fǎnzhìzǐ 名〈物〉반양자(反陽子).

【反中子】fǎnzhōngzǐ 名〈物〉반중성자.

【反转】fǎnzhuǎn 動 되돌다. 역전(逆轉)하다. 시계의 반대 방향으로 돌다 =〔反时针向〕〔反钟向〕 ⇔〔正zhèng转〕

【反转来】fǎnzhuǎnlái ⇒〔反过来〕

【反作用】fǎnzuòyòng 名 ❶〈物〉반작용. ❷ 반작용. 역효과. ¶这样做会产生～的 | 이렇게 하면 역효과가 생길 것이다.

【反坐】fǎnzuò 名動〈法〉반좌(하다).

3【返】fǎn 돌아올 반

動 돌아가다〔오다〕. 복귀하다. ¶～家 | 집으로 돌아가다. ¶～国 | 귀국하다. ¶重chóng～故乡 | 다시 고향으로 돌아가다. ¶一去不复～ | 가서 다시 돌아오지 않다 =〔反⑦〕

【返哺之恩】fǎn bǔ zhī ēn 成 새끼들이 자라서 어미새에게 먹이를 물어다 먹이다. 轉 부모의 은정을 갚다 =〔反哺〕〔返哺〕

【返潮】fǎn/cháo 動 습기가 차다. (지면·물건 등이) 축축해지다. ¶阴天～ | 흐린 날에는 습기가 찬다 =〔反潮〕

【返程】fǎnchéng 書 名 귀로. ¶～的火车票订好了 | 돌아오는 기차표를 예약하였다.

【返防】fǎn/fáng 動〈軍〉기지(基地)로 돌아가다. ¶所有飞机完成任务后, 全部安然～ | 모든 비행기가 임무를 완수하고, 모두 무사히 기지로 돌아왔다.

【返工】fǎn/gōng 動 ❶ (공사 혹은 제품이 불합격되어) 다시 만들다. 다시 시작하다. 뒷손질하다. ¶这房子漏水, 要～ | 이 방은 물이 새니, 뒷손질을 해야 한다 =〔反工〕〔方 翻fān工〕 ❷ 직장으로 복귀하다. ¶承诺～ | 직장으로 복귀하는 것을 승낙하다. ❸ 출근하다 [홍콩 등지에서 씀] ¶返夜工 | 야근하러 가다

【返航】fǎn/háng 動(배·비행기 등이) 귀항하다. ¶在～途中 | 귀항 도중에 있다.

4【返回】fǎnhuí 動 되돌아가다〔오다〕. ¶由海外～本国 | 해외에서 본국으로 되돌아가다

【返碱】fǎn/jiǎn ❶ 動〈農〉땅에 소금기가 돋아나다. ❷ (fǎnjiǎn) 위와 같은 소금기 ‖ =〔返盐〕〔泛碱〕

【返老还童】fǎn lǎo huán tóng 成 다시 젊어지다. ¶再好的也药也不能使人～ | 다시 좋은 약을 쓴다해도 사람이 젊어질 수 없다 =〔反老还童〕

【返绿】fǎn/lǜ 動(봄이 되어) 나뭇잎이 싹트다.

【返青】fǎn/qīng 動 ❶ (월동 후에) 식물이 파란 싹을 내다. ❷ (이식한 묘종이) 뿌리를 박아 성장하기 시작하다.

【返身】fǎn/shēn 動 몸을 돌리다. 방향을 바꾸다. ¶～回家 | 방향을 바꿔 집으로 돌아가다.

【返乡】fǎnxiāng 動 고향으로 돌아가다 =〔書 返里〕

【返销】fǎnxiāo 動 국가가 농촌으로부터 구입한 식량을 농촌에 다시 팔다. 국가가 소지하고 있는 식량을 방출하다. ¶～粮 | 정부가 매도한 식량 =〔回销〕

【返校】fǎnxiào 動 ❶ (방학이 끝난 뒤에) 학교로 되돌아가다. ¶暑假中应该～两次 | 여름 방학동안 반드시 두 번 학교에 가야한다. ❷ (방학 도중

숙제를 검사 받거나 학교 행사에 참가하기 위해) 학교에 가다.
【返修】fǎnxiū 動 재차 수리하다.
【返照】fǎnzhào ❶動 반사하다. ❷名 석양. 낙조(落照). ¶夕阳～ | 저녁놀. ❸名 환자가 임종 직전에 돌연히 의식을 되찾는 것 ‖ ＝〔反照〕→〔回huí光返照〕
【返祖现象】fǎnzǔ xiànxiàng 名組〈生〉격세 유전. 간헐 유전.

fàn ㄈㄢˋ

【氾】fàn Fán 넘칠 범, 넓을 범
Ⓐ fàn「泛」과 통용⇒〔泛fàn③⑥〕
Ⓑ Fán 名 성(姓).

2【犯】fàn 범할 범
❶動 (법·규칙 따위를) 위반하다. ¶～法↓ ❷動 침해〔침범〕하다. ¶人不～我, 我不～人 | 남이 나를 침해하지 않으면, 나도 남을 침해하지 않는다. ❸動 발작하다. 발생하다 [주로 잘못이나 좋지 않은 일 등을 나타냄] ¶～病↓ ¶～疑↓ ❹動 저촉되다. 탈이 되다. ¶冷酒后～ | 찬 술은 나중에 취한다. 轉 그때는 가만히 있다가 나중에 소란을 떨다. ¶这个颜色一needs zhān水就～ | 이 색은 물에 젖으면 곧 변한다. ❺動 …할 만하다. …할 가치〔필요〕가 있다 어법 부정형으로 쓰임. ¶不～ | 필요가 없다. 할 만한 가치가 없다. ¶～不上这个冒险 | 이런 모험을 할 필요가 없다. ❻名 범죄자. 범인. ¶战～ | 전범자. ¶盗窃dàoqiè～ | 절도범.
【犯案】fàn/àn ❶動 (범죄 행위가) 발각되다. ❷動 범죄를 저지르다. ¶他～了 | 그는 범죄를 저질렀다. ❸ (fàn'àn) 名 범죄 사건→〔犯罪〕
【犯病】fàn/bìng 動 ❶ 지병(持病)이 재발하다. ❷ 나쁜 버릇을 되풀이하다.
【犯不上】fàn ·bu shàng 動組 …할 만한 가치가 없다. …할 필요는 없다. …할 만한 것이 못되다. ¶我～给他出力 | 내가 그를 위하여 힘쓸 필요는 없다 ＝〔犯不着〕〔为wéi不着〕⇔〔犯得上〕
【犯不着】fàn ·bu zháo ⇒〔犯不上〕
【犯愁】fàn/chóu ⇒〔发fā愁〕
【犯错误】fàn cuò·wù 動組 실수하다. ¶要帮助～的同志 | 실수한 동지를 도우려하다.
【犯得上】fàn ·de shàng 動組 (무리해서라도) …할 만한 가치가 있다. …할 만하다. 무릅쓰고 강행하다. ¶你～这样做吗? | 무리해가며 이렇게 할 만한 가치가 있는가? ＝〔犯得着〕⇔〔犯不上〕〔犯不着〕
【犯得着】fàn ·de zháo ⇒〔犯得上〕
【犯嘀咕】fàn dí·gu 動組 의심이 가다. 이것저것 생각하며 망설이다. ¶他心里直～ | 그는 마음 속으로 의심을 하다.
4【犯法】fàn/fǎ 動 법을 어기다. ¶～行为 | 범법 행위 ＝〔書犯科〕
【犯规】fàn/guī ❶動 규칙을 어기다. ❷動〈體〉반칙하다. ¶日本队～被判罚点球 | 일본팀은 반칙을 하여 심판으로부터 페날티킥을 당하였다. ❸ (fànguī) 名 반칙. ❹ (fànguī) 名〈體〉반칙. 파울(foul). ¶侵人～ | 신체상의 접촉 반칙.
4【犯浑】fànhún 動 언행이 상식을 벗어나다.
【犯忌】fàn/jì 動 금기(禁忌)를 어기다.
【犯忌(讳)】fàn jì(huì) 남의 비위를 건드리다. 금기(禁忌)를 어기다.
【犯节气】fàn jié·qi 動組 환절기에 병에 걸리다.
【犯戒】fàn/jiè 動〈佛〉계율을 어기다.
【犯禁】fàn/jìn 動 금제(禁制)를 어기다. 금령(禁令)을 어기다. ¶～的东西＝〔犯禁的货〕| 금제물. 금제품.
【犯困】fànkùn 動 졸리다. 졸음이 오다. ¶吃过中饭就～ | 점심을 먹고나면 곧 졸음이 온다.
【犯难】ⓐ fàn/nán 動 俗 (입장 따위가) 곤란하다. 난처하다 ＝〔为wéi难①〕
ⓑ fànnàn 書 ❶動 모험하다. 위험〔곤란〕을 무릅쓰다. ❷形 (처리하기가) 어렵다. ¶再来整他, 也不～ | 다시 와서 그를 처리하는 것 역시 어렵지 않다.
【犯脾气】fàn pí·qi 動組 짜증을 내다. 울화가 치밀다
3【犯人】fànrén 名 범인.
【犯傻】fàn/shǎ 動 얼빠진 체하다. 어리석은 체하다. 멍청해지다.
【犯上作乱】fàn shàng zuò luàn 成 윗사람을 거역하여 반란을 일으키다.
【犯事】fàn/shì ⇒〔犯罪〕
【犯颜】fànyán 動 상관의 싫어하는 안색에도 불구하고 간(諫)하다 ＝〔犯顺②〕
【犯颜相谏】fàn yán xiāng jiàn 成 (봉건 사회에서) 임금의 안색이 흐려지는 것도 무릅쓰고 바른 말을 하다 ＝〔犯颜苦谏〕
【犯疑(心)】fàn/yí(xīn) 動 의심하다. 의심이 가다〔나다〕. ¶他又开始～了 | 그는 또 의심하기 시작했다 ＝〔犯猜〕〔犯疑影〕
【犯瘾】fànyǐn 動 (나쁜 것에) 중독되다. 인이 박이다.
【犯嘴】fàn/zuǐ 動 方 말다툼〔입씨름〕하다. ¶我和他犯了几句嘴 | 나는 그와 몇 마디 말다툼을 했다.
3【犯罪】fàn/zuì ❶動 죄를 범하다. ❷ (fànzuì) 名 범죄. ¶～心理学 | 범죄 심리학. ¶～行为 | 범죄 행위 ‖ ＝〔書犯事〕→〔犯案〕

2【范】① Fàn 성 범, 땅이름 범
❶〈地〉범현(範縣). 산동성(山東省)에 있는 현이름. ❷名 성(姓).
【范氏图】Fànshìtú 名〈電算〉벤다이어그램(Venn diagram).

2【范(範)】② fàn 법 범
❶名 (모)형. ¶铁～ | 철의 주형. ❷ 모범. 본보기. ¶示～ | 본보기를 보이다. ❸ 규칙. ¶规～ | 규칙. ❹ 구분. 범위. ¶就～ | 궤도에 오르다. ¶～围↓ ❺ 제한하다. 막다. ¶防～ | 방지하다.
【范本】fànběn 名 (습자나 그림 따위의) 본. 모범이 되는 책. ¶习字～ | 습자본.
4【范畴】fànchóu 名 ❶〈哲〉범주. ❷ 유형. 범위.

【范例】fànlì 名 범례. ¶这是解决两国争端的～ | 이는 양국 분쟁 해결의 범례이다 =〔范式〕

【范式】fànshì ⇒〔范例〕

2【范围】fànwéi ❶ 名 범위. ¶～极其广泛 | 범위가 대단히 광범하다. ¶作业～ | 작업 범위. ¶活动～ | 활동 범위. ❷ 書 動 제한하다. 개괄하다. ¶纵横四溢, 不可～ | 사방에서 넘치니 제한할 수 없다.

【范文】fànwén 名 모범적인 문장. ¶认真学习～, 才能提高写作能力 | 모범 문장을 열심히 학습해야 비로소 작문 능력을 향상시킬 수 있다.

【范性】fànxìng 名〈物〉가소성(可塑性). ¶～形变 | 가소성 변형 =〔塑性〕

2【泛〈汎1,3〉】fàn 뜰 범, 넘칠 범 ❶ 書 動 (물 위에) 뜨다. 띄우다. ¶～舟↓ ❷ 動 (표면에) 나타나다. 띠다. 떠돌다. ¶脸上～起了红晕 | 얼굴에 홍조를 띠다. ¶～臭chòu味儿 | 악취가 나다. ❸ 形 넓다. 일반적이다. 광범하다. ¶～论↓ ¶这句话用得很广～ | 이 말은 아주 널리 쓰인다. ❹ 形 얄팍하다. 내용이〔알맹이가〕없다. 평범하다. 불확실하다. ¶～～的交情 | 깊지 못한 우정. ¶这文章作得～ | 이 글은 내용이 없이 쓰여졌다. ❺ 動 (물이) 범람하다. ¶～滥↓ ❻ 대강대강. 두루. 대충. 일반적으로. ¶～览↓ ¶～问↓

【泛潮】fàncháo 動 ❶ 습기 차다. ❷ 습기가 밖으로 스며 나오다.

【泛称】fànchēng 書 名 動 총칭(總稱)(하다)

【泛读】fàndú ⇒〔泛览lǎn〕

【泛泛】fànfàn 貺 ❶ 書 표류하다. ❷ 평범하다. ¶～地说了几句 | 평범하게 몇마디 했다. ❸ (교제가) 깊지 못하다. ¶～的交情 =〔泛泛之交〕| 威 깊지 못한 교제. 형식 상의 교제. ❹ 書 가득 차다.

【泛泛而谈】fàn fàn ér tán 威 피상적인 의론(議論)만 하다.

【泛函分析】fànhán fēnxī 名組〈數〉함수 해석학(函數解釋學).

【泛碱】fànjiǎn ⇒〔返fǎn碱〕

【泛览】fànlǎn 書 動 전체적으로 보다. 대강대강〔건성건성〕보다. 데면데면하게 보다 =〔泛观〕〔泛读〕

3【泛滥】fànlàn 名 動 범람(하다). ¶洪水～ | 홍수가 범람하다.

【泛滥成灾】fàn làn chéng zāi 威 범람하여 재난을 이루다. 喻 그릇된 사상이나 언행이 널리 퍼져 나쁜 영향을 일으키다.

【泛论】fànlùn 動 광범위하게 논술하다.

【泛美】Fàn Měi 名 팬아메리칸(Pan American). ¶～航空公司 | 팬아메리칸 항공 회사.

【泛起】fànqǐ 動 솟아오르다. ¶～恶心来了 | 속이 메스꺼워졌다.

【泛神论】fànshénlùn 名〈哲〉범신론.

【泛酸】fànsuān 名〈化〉판토텐산(pantothenicacid) [비타민B 복합체의 하나] =〔本běn多酸〕

【泛问】fànwèn 書 動 널리〔두루〕묻다.

【泛音】fànyīn 名〈音〉배음(倍音). 상음(上音) =〔陪音〕

【泛指】fànzhǐ 動 일반적으로 …을 가리키다. 총괄하여 가리키다. ¶亚太地区～亚洲和太平洋沿岸国家和地区 | 아태지역이란 일반적으로 아시아와 태평양 연안 국가 및 그 지역을 가리킨다.

【泛舟】fànzhōu 書 動 배를 띄우다. 배를 타고 놀다. ¶～北海公园 | 북해 공원에서 뱃놀이를 하다.

1【饭(飯)】fàn 밥 반 ❶ 名 식사. 밥. ¶开～ | 식사를 시작하다〔대접하다〕. ¶每天吃三顿～ | 매일 세 끼의 식사를 하다→〔膳shàn〕❷ 名 (쌀)밥 [밀가루 음식에 대(對)하여 말함] ¶你今天早晨吃的是～, 还是馒头? | 네가 오늘 아침에 먹은 것이 밥이니 찐빵이니?→〔干gān饭①〕❸ 轉 밥벌이. 생활. ¶～落儿↓

【饭菜】fàncài 名 ❶ 밥과 찬. 식사. ¶～可口, 服务周到 | 음식이 입에 맞고 서비스도 좋다. ❷ 찬. 반찬.

【饭袋】fàndài ⇒〔饭桶tǒng〕

1【饭店】fàndiàn 名 ❶ 호텔(Hotel). 여관. ❷ 方 레스토랑(restaurant). 식당.

3【饭馆(儿, 子)】fànguǎn(r·zi) 名 요리집. 식당. ¶上～ | 식당에 가다→〔饭铺〕

【饭锅】fànguō ❶ 名 밥솥. 솥. ❷ ⇒〔饭碗②〕

【饭盒(儿)】fànhé(r) 名 ❶ 도시락. ❷ 반합 =〔饭包(儿)〕

【饭局】fànjú 名 옛날의 연회. 회식. ¶今天晚上有～ | 오늘 저녁에 회식이 있다.

【饭来开口】fàn lái kāi kǒu 威 밥을 떠먹이면 입을 벌려 받아 먹기나 할 뿐 그 밥이 어떻게 온 것인지는 생각지 않는다. 喻 놀고 먹거나 응석받이로 자란 사람을 형용함 =〔饭来张口, 衣来伸手〕〔茶来伸手, 饭来张口〕〔水来伸手, 饭来张口〕

【饭落儿】fànlàor 名 밥벌이. 밥줄. ¶好歹dǎi是个～, 先将就吧 | 좋든 싫든 하여간 밥벌이다, 우선 한번 해보자.

【饭粒(儿, 子)】fànlì(r·zi) 名 밥알.

【饭量(儿)】fànliàng(r) 名 식사량. ¶他～不大 | 그는 식사량이 많지 않다 =〔肚dù量①〕〔食shí量〕

【饭票(儿)】fànpiào(r) 名 식권. ¶～用完了 | 식권을 다 썼다 =〔饭券quàn〕

【饭铺(儿)】fànpù(r) 名 음식점. 밥집→〔饭馆(儿, 子)〕

【饭前】fànqián 名 식전. ¶～服 | 식전 복용

【饭钱】fànqián 名 식대. 밥값→〔膳shàn费〕

【饭勺(儿, 子)】fànsháo(r·zi) 名 밥주걱 =〔饭铲儿〕

【饭时】fànshí 名 方 끼니 때.

【饭食】fàn·shi 名 ❶ 식사. 밥. ❷ 쌀밥→〔面miàn食〕

【饭厅】fàntīng 名 식당.

【饭桶】fàntǒng 名 밥통. 喻 대식가. 밥벌레. 먹보. 무능한 인간. ¶～大人 | 밥벌레 =〔饭袋dài〕〔饭囊náng〕

【饭碗(儿)】fànwǎn(r) 名 ❶ 밥그릇. 밥공기. ❷ 轉 직업. 생계. 생활의 근거. 밥벌이. ¶～问题 | 생활 문제. ¶打破了～ | 밥벌이가 없어졌다. ¶别砸zá了～ | 밥벌이를 잃지마라. ¶他拿他的姑

娘做～ | 그는 딸의 벌이로 생계를 꾸려간다 =〔饭锅②〕
【饭甑】fànzèng 名 밥을 찌는 기구→〔蒸zhēng笼〕
【饭庄(子)】fànzhuāng(·zi) 名 (규모가 큰) 요리점. 음식점. 레스토랑(restaurant).
【饭座儿】fànzuòr 名 식당〔음식점〕손님.

4【贩(販)】fàn 살 판 ❶ 動 사들이다. 구입하다. ¶ 新～来了一批货 | 새로 많은 상품을 사들이다. ❷ 動 판매하다. 장사하다. ¶ ～布 | 천을 팔다. ❸ 名 (소)상인. 행상인. ¶ 菜～ | 야채 장수〔장사〕. ¶ 摊tān～ | 노점 상인.
【贩毒】fàndú 動 독극물을 팔다. 아편·마약 등을 팔다. ¶ 他们靠～年取暴利 | 그들은 독극물 판매에 의해 해마다 폭리를 취한다.
4【贩卖】fànmài 動 팔다. ¶ 他是～布匹的 | 그는 포목상이다. ¶ ～合作社 | 판매 조합. ¶ ～部 | 판매부. ¶ ～人口 | 인신 매매하다. ¶ 到处～他的陈腐的学说 | 도처에서 그의 낡은 학설을 팔고 있다.
【贩运】fànyùn 動 구입하여 운반하다.
【贩子】fàn·zi 名 ❶ 소상인. 행상인. 노점 상인 =〔贩客〕〔贩夫〕 ❷ 중매인(仲買人). (마소의) 거간꾼. ¶ 战争～ | 전쟁 상인. 죽음의 상인 [무기 등을 팔기 위해 전쟁을 일으키는 사람]

【畈】fàn 밭 반 ❶ 名 方 밭. 전답. ❷ 지명에 쓰이는 글자. ¶ 张家～ | 섬서성(陝西省)에 있는 지명. ❸ 量 方 뙈기 [넓은 전답을 세는 데 사용함] ¶ 一～田 | 밭 한 뙈기.

【梵】fàn 깨끗할 범 ❶ 書 形 청정(淸淨)하다. ❷ 불교에 관한 것에 쓰임. ¶ ～宫↓ ❸ 名 고대, 인도의 다른 이름. ¶ ～僧 | 인도승.
【梵刹】fànchà 書 名 불사(佛寺). 절 =〔梵宫〕〔書 梵宇〕
【梵宫】fàngōng ⇒〔梵刹〕
【梵文】Fànwén 名 ❶ 범자(梵字) =〔梵书②〕 ❷ 〈言〉범어(梵語). 산스크리트 =〔梵语〕
【梵哑铃】fànyǎlíng 名 外 〈音〉바이올린 =〔小xiǎo提琴〕〔梵亚玲〕〔梵哦é玲〕〔凡fán亚林〕
【梵语】fànyǔ ⇒〔梵文②〕

fāng ㄈㄤ

1【方〈昉₇〉】fāng 모 방 ❶ 名 사변형. 육면체 [4개의 모서리가 모두 직각이거나 6면이 모두 직사각형인 입체] ¶ 正～ | 정방형. ❷ 名 〈數〉멱(冪). 제곱. 자승. ¶ 平～ | 제곱. ¶ 立～ | 세제곱. ¶ 2的3次～是8 | 2의 3제곱은 8이다→〔乘冪chéngmì〕 ❸ 形 사각의. 네모난. ¶ ～桌 | 사각 테이블. ¶ ～头(儿)↓ ❹ 形 바르다. 정직하다. ¶ 品行～正 | 품행이 방정하다. ❺ 量 개. 장. 덩어리 [네모진 것에 쓰임] ¶ 一～砚台 | 벼루 한 개. ¶ 一～手帕 | 손수건 한 장. ¶ 一～豆腐 | 두부 한 모. ❻ 動 簡「平方」(제곱)「立方」(세제곱)의 약칭으로서, 면적이나 체적을 나타내는 단위. 어법 ⓐ 면적을 나타낼 때는 1평방장(平方丈)이「一方」임. ⓑ 체적을 나타낼 때는 물체에 따라 다름. ㉠ 모래·흙 따위에서는 1/10 입방장(立方丈) [1평방장(平方丈)에 1자(尺) 높이의 체적] ㉡ 목재(木材)에서는 1/100 입방장(立方丈) [1평방척(平方尺)에 1장(丈) 높이의 체적] ㉢ 석재(石材)에서는 1/1000 입방장(立方丈) [가로·세로 높이가 1자(尺)인 체적] ❼ 量 外 〈物〉폰(phon) [음의 강도의 단위. 1000「赫兹」(Hz)의 소리를 사람의 귀로 들을 수 있는 음강(音强)이 기준이 됨] ❽ 名 쪽. 방. 측. 편. ¶ 前～ | 앞쪽. 전방. ¶ 对～ | 상대편. ❾ 名 어떤 구역〔지대〕의 것. ¶ ～言↓ ❿ (～儿, ～子) 名 약의 처방. ¶ 开～子 | 처방을 내리다. ⓫ 書 副 지금 한창. 바야흐로. ¶ 国家～兴 | 나라가 바야흐로 흥하고 있다. ⓬ 書 副 방금. 막. ¶ 如梦～醒 | 꿈에서 막 깬것 같다. ⓭ 書 副 비로소. ¶ 雨到晚～停 | 비가 저녁이 되자 비로소 그쳤다. ⓮ 書 動 어기다. 거역하다. ¶ ～命↓ ⓯ (Fāng) 名 성(姓).
2【方案】fāng'àn 名 ❶ 설계도. ❷ 초안. 계획. 방안. 방책. ¶ 汉字简化～ | 한자 간화 방안. ¶ 汉语拼音pīnyīn～ | 한어 병음 방안. ¶ 制订zhìdìng新的～ | 새로운 방안을 제정하다.
1【方便】fāngbiàn ❶ 形 편리하다. ¶ 有电话diànhuà就～多了 | 전화가 있으면 매우 편리하다 =〔便利〕 ❷ 形 남에게 이롭다. ¶ 对别人也很～ | 남에게도 이롭다. ❸ 形 婉 (돈이) 넉넉하다. 푼푼하다. ¶ 手头儿不～ | 수중에 돈이 넉넉하지 못하다. ❹ 形 (형편에) 알맞다. 적당하다. 적합하다. ¶ 要是不～的话, 不去也行 | 만일 형편에 맞지않으면 가지 않아도 좋다. ❺ 動 편의를 꾀하다〔도모하다〕. ¶ ～使用者 | 사용자의 편의를 도모하다. ❻ 動 (대소)변을 보다. ¶ 对不起, 等我去～一下再谈吧! | 미안합니다, 제가 화장실에 다녀와서 다시 이야기합시다! ❼ 書 名 편의. 수단. 방편. 방법. ¶ 提供tígōng～ | 편의를 제공하다.
【方便门】fāngbiànmén ⇒〔便biàn门〕
【方便米饭】fāngbiànmǐfàn 名組 인스턴트(instant) 밥. 전투 식량 [봉지째로 끓는 물에 10분 정도만 데우면 먹을 수 있음]
【方便面】fāngbiànmiàn 名 인스턴트(instant) 라면 =〔方便面条〕〔快速面〕
【方步】fāngbù 名 ❶ 옛날, 한 변의 길이가 일보(一步)가 되는 네모꼴의 면적 [「一步」는 5척(尺)] ❷ (～儿) 천천히 발을 크게 떼서 걷는 걸음. ¶ 他不紧不慢地迈着～ | 그는 빠르지도 느리지도 않게 큰걸음으로 걸어가다.
【方才】fāngcái 副 ❶ 방금. 이제 막. 지금. ¶ ～吃了饭, 你又饿了? | 방금 밥을 먹었는데, 너 또 배고프니? =〔刚才〕 ❷ 겨우. …해서야 비로소. ¶ 等到天黑, 他～回来 | 날이 어두워져서야 그는 비로소 돌아왔다 =〔方始〕〔才〕
【方城之戏】fāngchéngzhīxì 名組 喩 마작(麻雀) [네 명이 패(牌)를 네 각에 쌓아 놓은 것이「方城」과 유사한 데서 나옴] ¶ 做～ | 마작하다.
4【方程】fāngchéng 名 〈數〉방정식. ¶ 解～组 | 연

립 방정식을 풀다. ¶线性～ | 일차 방정식 =〔方程式①〕

【方程式】fāngchéngshì ❶⇒〔方程〕 ❷⇒〔化学方程式〕

【方尺】fāngchǐ 量 ❶ 평방 척. ❷ 1척 평방.

【方寸】fāngcùn ❶ 量 1촌(寸) 평방. ¶～之中, 景象万千 | 일 촌 가운데, 천만의 경치가 있다. ❷ 量 평방 촌(平方寸). ❸ 書 名 喩 마음.

【方寸已乱】fāng cùn yǐluàn 成 마음이 산란하다.

【方寸之地】fāng cùn zhī dì 成 사방 한치의 땅. 喩 마음.

【方凳】fāngdèng 名 네모진 의자.

【方底圆盖】fāng dǐ yuán gài 成 네모 그릇에 둥근 뚜껑을 덮다. 서로 맞지 않다→〔方枘ruì圆凿záo〕

[1]【方法】fāngfǎ 名 방법. 수단. 방식. ¶研究～ | 연구 방법. ¶谋求解决～ | 해결 방법을 도모하다.

【方法论】fāngfǎlùn 名〈論〉방법론.

【方根】fānggēn 名〈數〉루트(root). 평방근. ¶四的～是二 | 4의 평방근은 2이다.

【方毫米】fānghǎomǐ 量 평방 밀리 미터(mm^2)

【方技】fāngjì ⇒〔方术①〕

【方剂】fāngjì 名〈藥〉처방. ¶郎中出新的～ | 한의사가 새로운 처방을 내다 =〔药方①〕

【方家】fāngjiā 名 簡 전문가. 대가 [「大方之家」의 약칭]

【方将】fāngjiāng 書 막…하려고 하다 =〔正要〕

【方解石】fāngjiěshí 名〈鑛〉방해석.

【方巾】fāngjīn 名 ❶ 명대(明代)에 문인이 썼던 두건. ❷ 轉 문인. 선비 ‖ =〔方纱〕〔角巾〕→〔方巾气〕

【方巾气】fāngjīnqì 名 ❶ 문인 기질. 선비티. 선비의 문아(文雅)한 용모·태도. ¶他老是带着那么一股～ | 그에게는 늘 그렇듯 선비적 기질이 배어 있다. ❷ 轉 사상·언행이 우원(迂遠)하고 진부함을 형용 ‖ =〔书shū卷气〕

【方可】fāngkě 書 …이야말로 …라 할 수 있다. 그래야 비로소 …된다. ¶如此做～成功 | 이렇게 해야 비로소 성공할 수 있다.

【方块(儿)】fāngkuài(r) ❶ 名 네모난 덩어리. ❷ 形 고지식하다. 근실하고 정직하다. ¶为人～ | 사람됨이 고지식하여 융통성이 없다. ❸ 名 트럼프의 다이아몬드→〔黑桃hēitáo〕 ❹ 名 (신문의) 칼럼 =〔专栏〕

【方(块)糖】fāng(kuài) 名 각설탕 =〔方糖〕

【方块字】fāngkuàizì 名 네모난 글자라는 뜻으로, 한자(漢字)의 다른 이름.

【方框图】fāngkuàngtú 名 전기 회로·공정 순서 따위의 내재 관계를 나타낸 도식〔도표〕[사각형 속에 각 부분의 성능·작용 등을 표시하고, 그 사각형끼리는 각 부분 상호간의 관계를 나타내는 일정한 선으로 연결함] =〔方块图〕〔簡 框图〕

【方括号】fāngkuòhào 名〈印出〉꺾쇠묶음. (대괄호).

【方里】fānglǐ 量 평방리(平方里). 사방 1리.

【方略】fānglüè 書 名 (전반적인) 계획과 책략. ¶孙中山写了一本《建国～》| 손중산이 《건국방략》을 썼다.

【方帽】fāngmào 名 사각 모자.

[1]【方面】fāngmiàn 名 ❶ 방면. 측면. 측. 쪽. ❷ 분야. 영역. ¶必须不断提高航空产业～的科学化水平 | 반드시 항공 산업 분야의 과학화 수준을 끊임없이 향상시켜야 한다. ❸ 모난 얼굴. ¶～大耳 | 네모난 얼굴에 큰 귀. 喩 당당한 용모→〔方头(儿)②〕

【方面军】fāngmiànjūn 名〈軍〉어느 한 방면의 작전 임무를 맡은 군대의 최대 편성 조직. ¶第四～由林彪总帅 | 제4방면군은 임표가 총수이다.

【方命】fāngmìng 書 動 명령을 거역하다. ¶～之愆qiān | 札 명령을 거역한 죄 =〔放命〕

【方能…】fāngnéng… 書 비로소 …할 수 있다. ¶像他那样的人～称得起是个人材 | 그와 같은 사람이야말로 인재라고 칭할 수 있다.

【方铅矿】fāngqiānkuàng 名〈鑛〉방연광.

【方枘圆凿】fāng ruì yuán záo 成 네모난 장부를 둥근 장부 구멍에 맞추다. 서로 투합하지 못하다. 서로 맞지〔어울리지〕않다 =〔圆凿方枘〕→〔方底圆盖〕

【方始】fāngshǐ ⇒〔方才②〕

【方士】fāngshì 名 ❶ 방사. 도사(道士) =〔道士②〕 ❷ 고대의 재판관. 옥리.

[2]【方式】fāngshì 名 방식. 방법. ¶他说的话并无恶意, 但说话的～令人不能接受 | 그의 말에 악의는 없으나, 말하는 방식에 있어 사람들이 납득할 수가 없다→〔方法〕

【方术】fāngshù 名 ❶ 신선·도사의 술법·재간 [의술·점성·점·연단술 따위] =〔方技〕 ❷ 학문이나 예술적 기교.

【方头(儿)】fāngtóu(r) ❶ 書 形 머리가 둔하다. ❷ 名 네모난 머리. ¶～大耳 | 네모난 머리와 큰 귀. 복스러운 상의 얼굴→〔方面③〕 ❸ 끝이 네모진 것. ¶～螺栓shuān | 사각 볼트. ¶～螺钉 | 사각 나사. ¶～螺母 | 사각 너트.

【方位】fāngwèi 名 방위. 방향. ¶确定正确的～ | 정확한 방향을 확정하다.

【方位词】fāngwèicí 名 방위사 [방향 또는 위치를 표시하는 명사. 「东」「西」「上」「下」 따위의 단순 방위사와 「以上」「前边」「上下」「头里」 따위의 합성 방위사가 있음]

[1]【方向】ⓐ fāngxiàng 名 방향. ¶顺时针～ | 시계 바늘 방향. ⓑ fāng·xiang 名 方 정세(情勢). ¶看～做事 | 정세를 보아가며 일하다.

【方向舵】fāngxiàngduò 名〈航〉방향타.

【方向盘】fāngxiàngpán 名 (자동차·선박 따위의) 핸들(handle) =〔㊁ 回huí而盘〕

【方兴未艾】fāng xīng wèi ài 成 한창 성하여 멈추지 않다. 한창 발전 중에 있다 =〔方生未艾〕

【方形】fāngxíng 名 사각형. 정방형.

【方言】fāngyán 名 ❶〈言〉방언. ¶～学 | 방언학. ¶～土语 | 방언. ¶～志 | 방언을 모은 책→〔标biāo准语〕〔土tǔ话〕 ❷ (Fāngyán)〈書〉방언 [한대(漢代) 양웅(揚雄)이 각 지방의 방언을 수록한 책]

【方药】fāngyào 名 ❶처방과 약. ❷처방에 따라 지은 약.

【方音】fāngyīn 名〈言〉방음. 지방의 발음. 방언에 의한 발음. ¶他的普通话中杂着～ | 그의 표준말에는 지방 발음이 섞여 있다.

【方圆】fāngyuán ❶名 사각과 원형. ❷書名 주위. 사방. ¶～四百里 | 사방 4백 리. ¶～左近的人, 谁不知道他 | 이웃에 있는 사람이라면 누군들 그를 모르겠는가. ❸名 둘레의 거리.

【方丈】ⓐ fāngzhàng 量 일 장의 정방형. 평방장 [사방 일 장이 되는 면적]

ⓑ fāng·zhang 名 ❶주지 스님의 처소. ❷주지.

2【方针】fāngzhēn 名 방침. ¶生活～ | 생활 방침. ¶基本～ | 기본 방침.

【方正】fāngzhèng 形 ❶방정하다. 단정하다. ¶字写得很～ | 글자를 매우 단정하게 썼다. ¶举止～ | 품행이 방정하다. ❷정직하다. ¶老李为人很～ | 이형은 사람됨이 매우 정직하다.

【方正不阿】fāng zhèng bù ē 成 사람됨이 정직하여 아첨하거나 미혹되지 않다 =〔方正不苟〕

【方志】fāngzhì 書名 지방지(地方誌) [지방의 지리·역사·풍속 등을 기록한 책] ¶县政府组织人力编写～ | 현정부에서 지방지를 편찬했다 =〔地方志〕〔地志〕〔方书②〕

【方舟】fāngzhōu 書 ❶名 방주 [서구에선 피난처를 상징] ¶诺nuò亚的～ | 노아(Nōah)의 방주. ❷名動 나란히 맨 두 척의 배. 배를 나란히 하다〔매다〕. ¶爱的～飘向何处 | 사랑스런 두 척의 배가 어디로 가는가?

【方砖】fāngzhuān 名 네모난 벽돌.

【方桌】fāngzhuō 名 네모난 탁자.

【方字】fāngzì 名 어린이가 글자를 익히는데 사용하는 종이 카드 =〔方号儿〕

【方子】fāng·zi ❶名 처방전. ¶开～ | 처방전을 쓰다 =〔药yào方〕❷⇒〔配pèi方④〕❸名 각목. 각재(角材) =〔方材〕〔枋子〕

4【坊】fāng fáng 동네 방

Ⓐ fāng 名 ❶골목. 거리 [주로 거리 이름으로 많이 씀] ¶白纸～ | 북경(北京)에 있는 길 이름. ¶街～ | 이웃. ¶～间↓ ❷옛날, 도시나 읍의 하급 행정 구획 이름 [20려(二十閭;500戶)가「一坊」] ❸옛날, 선행·공덕자를 표창·기념하기 위해 세운 문(門) 모양의 건축물. ¶忠孝～ | 충효방. ¶牌～ | 패방. ❹청나라 때 북경의 네 성(城)에 두었던 재판소. ¶交～看押 | 재판소에 넘겨져 구금되다. ❺(Fāng) 성(姓).

Ⓑ fáng 名 ❶(비교적 구식·소규모의) 공장. 작업장. ¶作～ =〔作房〕| 작업장. ¶染rǎn～ | 염색 공장. ❷작업장에 딸려 있는 가게. ¶酒～ | 술집. 양조장 =〔房⑨〕

【坊本】fāngběn ⇒〔板(刻kè)本〕

【坊间】fāngjiān 名 ❶거리. 골목 [옛날에는 주로 책방 거리를 가리킴] ¶～偶有一些珍本见售 | 옛 거리에 우연히 진귀한 물건들이 있다. ❷轉 세상.

3【妨】fāng ☞ 妨 fáng Ⓑ

4【芳】fāng 향내날 방

❶形 향기롭다. 냄새가 좋다. ¶～香↓ ¶芬fēn～ | 향기롭다. ❷形 훌륭하다. 아름답다 [남의 물건에 붙이는 경칭(敬稱)] ¶～翰↓ ❸名 명성. 덕행. ¶万古流～ | 만고에 명성을 날리다. ❹(Fāng) 名 성(姓).

【芳草】fāngcǎo 名 방초. 향초. 喩 군자의 미덕(美德). 여자.

【芳菲】fāngfēi 書名 ❶화초의 방향(芳香). ¶人间四月～尽 | 세상이 4월이면 화초의 향기가 가득하다. ❷화초.

【芳馥】fāngfù 書形 향기가 그윽하다. ¶酒气～扑pū鼻 | 술 냄새가 향기롭고 그윽하여 코를 찌른다.

【芳翰】fānghàn 書名敬 남의 편지의 높임 말. 귀간(貴簡). 귀함(貴函) =〔芳笺jiān〕〔芳缄jiān〕

【芳邻】fānglín 書名敬 정다운 이웃.

【芳龄】fānglíng 書名 여자의 나이. 방년(芳年). ¶敢问小姐～几何? | 감히 묻건데 아가씨의 나이는 몇인지요?.

【芳名】fāngmíng 書名 ❶높은 명성. 좋은 평판. ❷敬 여자의 이름. ¶那位小姐的～叫什么? | 저 아가씨의 이름은 무엇입니까? ‖ =〔芳字〕

【芳容】fāngróng 書名 여자의 아리따운 용모.

【芳香】fāngxiāng 名 방향. 꽃다운 향기.

【芳心】fāngxīn 書名 젊은 여자의 마음. ¶她终于动了～ | 그녀는 결국 마음을 움직였다.

【芳泽】fāngzé ⇒〔香xiāng泽〕

【邡】fāng 땅이름 방

지명에 쓰이는 글자. ¶什～ | 사천성(四川省)에 있는 현 이름.

【枋】fāng 나무이름 방, 자루 병

名 ❶〈植〉다목. 소방목 =〔苏枋〕❷각재. 각재목. ❸어살 [나무를 세워 흐르는 물을 막아 물고기를 잡는 장치] ❹손잡이. 자루. 轉 권력 =〔柄〕

【枋子】fāng·zi 名 ❶각재. 각 재목. ❷方 관. 널.

【钫(鈁)】fāng 되그릇 방 (프란슘 방)

名 ❶〈化〉화학 원소명. 프란슘(Fr;francium) [방사성 원소의 하나] ❷주둥이가 네모지고 몸통이 큰 고대의 단지.

fáng ㄈㄤˊ

【坊】fáng ☞ 坊 fāng Ⓑ

2【防】fáng 막을 방

❶動 막다. 지키다. 방어하다. ¶预～ | 예방하다. ❷名 방비. 대비. ¶边～ | 국경 수비. ¶意外之～ | 뜻밖의 사고에 대한 대비. ❸名 둑. 제방 =〔堤dī防〕

【防暴】fángbào 動 폭력·폭동을 방지하다〔진압하다〕. ¶～警察 | 폭동 진압 경찰.

【防备】fángbèi 名動 방비(하다). 대비(하다) ¶～情况突变 | 상황의 급작스런 변화에 대비하다 →〔提dī防〕

【防波堤】fángbōdī 名 방파제 =〔海hǎi堤〕

【防不胜防】fáng bù shèng fáng 成 막을래야 막을 수 없다. ¶他的球路多变, 打得对手～ | 그의

구질은 변화 무쌍해서, 때리면 상대방이 막을래야 막을 수가 없다 =〔防不及防〕

【防潮】fáng/cháo 動 ❶ 습기를 방지하다. ¶～纸 | 방습지. ❷ 조수(潮水)를 막다. ¶～闸zhá门 | 조수를 막는 갑문.

【防尘】fángchén 動 먼지를 막다. ¶～罩zhào | 방진 마스크〔커버〕. ¶～设备 | 방진 시설.

【防虫】fángchóng 動 벌레나 곤충을 막다. ¶～剂 | 방충제.

【防除】fángchú 名 動 방제(하다). ¶～白蚁yǐ | 흰개미를 방제하다.

【防弹】fángdàn 名 動 방탄(하다). ¶～玻璃 | 방탄 유리.

【防盗】fángdào 動 도난을 방지하다. ¶～门 | 도난 방지 문.

【防地】fángdì 名〈軍〉방어 지역. 수비 지역

【防冻】fángdòng 動 동상을 방지하다. ¶～药品 | 동상 방지 약품.

【防毒】fáng/dú ❶ 動 방독하다. ❷ (fángdú) 名 방독.

【防范】fángfàn 書 動 방비하다. 경비하다. ¶预先～ | 미리 방비하다. ¶做好～工作 | 경비 작업을 완수하다.

【防风】fángfēng ❶ 名〈植〉방풍나물. ❷ 動 바람을 막다. ❸ (Fángfēng) 名〈地〉방풍. 주대(周代)의 나라 이름.

【防风林】fángfēnglín 名 방풍림.

【防腐】fángfǔ 動 썩는 것을 방지하다.

【防旱】fánghàn 動 한발을 막다 =〔抗旱〕

【防洪】fánghóng ⇒〔防泛fàn〕

4【防护】fánghù 動 방어하여 보호하다.

【防护林】fánghùlín 名 방호림.

【防患未然】fáng huàn wèi rán 成 사고나 재해를 미연에 방지하다. ¶要仔细检查,～做到 | 자세히 검사하여, 사고를 미연에 방지하다.

【防火】fánghuǒ ❶ 名 방화. ❷ 動 불을 막다. ¶～措施cuòshī | 방화 시설. ¶～隔离线 | 방화선.

【防火墙】fánghuǒqiáng 名 방화벽.

【防奸】fángjiān 動 간첩 또는 배반자를 막다.

【防空】fángkōng 名〈軍〉방공. ¶～体系 | 방공 체계.

【防老】fánglǎo 動 노후에 대비하다. ¶养儿～ | 자식을 양육하여 노후에 대비하다.

【防涝】fánglào 名 動 수해 방지(를 하다). ¶抗旱～ | 가뭄을 막고 수해를 방지하다.

【防凌】fánglíng 動 해동(解凍)시, 유빙(流冰)이 수로(水路)를 막는 것을 방지하다.

【防区】fángqū 名 방어 구역. ¶这是三连的～ | 여기는 3중대의 방어 구역이다.

【防热】fángrè ⇒〔防暑〕

【防沙】fángshā 動 모래를 막다.

【防身】fáng/shēn 動 침해로부터 자신을 보호하다. ¶买了一把～用的手枪 | 호신용 권총 한자루를 샀다 =〔卫wèi身〕

【防湿】fángshī 名 방습. ¶～布 | 방습포.

3【防守】fángshǒu 動 막아 지키다. 수비하다

【防暑】fángshǔ 動 더위를 막다 =〔防热〕

【防水】fángshuǐ 動 ❶ 홍수를 막다. ❷ 방수하다.

【防缩】fángsuō 形〈紡〉빨아도 줄지 않는. ¶～绵织品 | 빨아도 줄지 않는 면직품.

【防微杜渐】fáng wēi dù jiàn 成 (일이) 아직 경미할 때 더 이상 커지지 못하게 방지하다 =〔杜渐防微〕〔防萌méng杜渐〕

【防卫】fángwèi 名 動 방위(하다). ¶军队的～能力明显提高了 | 군대의 방위 능력이 뚜렷이 향상되었다.

【防务】fángwù 書 名 ❶ 국방 사무. ❷ 예방 사무.

4【防线】fángxiàn 名 방위선. 방어선. ¶第一道～ | 제1 방어선. ¶冲垮了敌人的～ | 적의 방어선을 돌파하다.

【防锈】fángxiù 動 녹스는 것을 방지하다.

4【防汛】fáng/xùn 書 動 장마철의 홍수를 예방하다. ¶～救灾 | 홍수를 예방하여 재난을 없애다.

4【防疫】fáng/yì 動 방역하다. ¶～站 | 방역소. ¶～措施 | 방역 조치.

【防雨】fángyǔ 動 비를 막다. ¶～布 =〔防水布〕〔雨衣布〕| 방수포. ¶～呢 | 방수 나사(羅紗)천.

3【防御】fángyù 名 動 방어(하다). ¶～力 | 방어력. ¶～部队bùduì | 방어 부대. ¶～阵地zhèndì | 방어 진지.

【防灾】fángzāi 動 재해를 방지하다.

【防震】fángzhèn ❶ 名 방진. ¶～工作 | 방진 작업. ❷ 動 지진에 대비하다.

2【防止】fángzhǐ 動 방지하다.

3【防治】fángzhì 名 動 예방 치료〔퇴치〕(하다). ¶对疾病的研究和～ | 질병에 대한 연구와 예방치료. ¶～病虫害 | 병충해를 예방 퇴치하다.

【妨】fáng fāng 거리낄 방

A fáng 動 ❶ 방해하다. 지장을 주다. ¶这样做倒无～ | 이렇게 해도 오히려 지장이 없다. ¶～碍↓ ❷ 해치다. 손상시키다. ¶用物过度,～于财 | 물건을 지나치게 쓰면, 재물에 손상이 간다《國語·周語下》¶～害↓

B fāng 動 방해되다. 지장이 되다. 어법 주로 부정문·의문문에 「不妨」「何妨」의 형태로 쓰여 무방함을 나타냄. ¶不～早点动身 | 다소 일찍 출발해도 무방하다. ¶何～试试看? | 시도해 본들 무슨 지장이 있겠니?

3【妨碍】fáng'ài 動 지장(을 주다). 방해(하다). 저애(하다). ¶大声说话～别人学习 | 큰 소리로 말하면 다른 사람의 학습에 지장을 준다.

【妨害】fánghài 動 방해하다. 지장을 주다. ¶酗xù酒～健康 | 술주정은 건강을 해친다.

1【房】fáng 집 방

❶ (～子) 名 집. 가옥. ¶瓦～ | 기와집. ¶盖～子 | 집을 짓다→〔家jiā①〕 ❷ 名 방. ¶侧～ | 옆방. ¶书～ | 서재. ❸ 名 분가한 가족. ¶长～ | 장남(의 가족). ❹ 轉 처(妻). ¶正～ | 본처. ¶二～ =〔偏房〕| 첩. ❺ 名 (벌집 따위처럼) 여러 개의 작은 공간으로 분리되어 있는 것. ¶蜂～ | 벌집. ¶心～ | (심장의) 심방. ❻ 名〈天〉방수(房宿) [이십팔수(二十八宿)의 하나] ❼ 名 방사(房事). ¶行～ | 방사를 하다. ❽ 量 명. 년

〔옛날, 처나 첩을 셀 때 쓰임〕 ¶娶了一～媳妇xífù儿 | 한 명의 아내를 얻었다. ❾「坊」과 통용⇒〔坊fáng〕 ❿ (Fáng) 名 성(姓).
【房舱】fángcāng 名 ❶ (배의) 승객용 선실. ❷ (옛날의) 이등 선실→〔大餐间〕〔官guān舱〕〔统tǒng舱〕
【房产】fángchǎn 名 부동산. 가옥의 부지. ¶～税 | 가옥세. ¶～主 | 가옥주→〔产业①〕
【房地产】fángdìchǎn 名 (토지·가옥 따위의) 부동산. ¶他做～生意 | 그는 부동산업을 한다→〔产业①〕
【房顶(儿)】fángdǐng(r) 名 지붕. 옥상. ¶～上开门=〔鼻子朝cháo天〕 | 喻 매우 뽐내다=〔房盖儿〕
4【房东】fángdōng 名 집 주인. ¶叫～撵niǎn出来了 | 집주인에게 쫓겨났다. ¶～大娘很关心这些房客 | 주인 마님은 이들 세입자들에게 많은 관심이 있었다=〔房主(人)〕→〔房客〕〔二房东〕
【房号】fánghào 名 簡「房间号码」(방 번호)의 약칭. ¶～牌 | 방 번호패.
【房基】fángjī 名 건물의 기초. 36부지. 집터.
【房脊】fángjǐ 名 지붕의 용마루 [단지 「脊」라고도 말함] ¶～头 | 용마루의 양끝=〔屋脊〕
1【房间】fángjiān 名 방. ¶开kāi～ | 호텔 방을 잡다.
【房客】fángkè 名 세 든 사람. 세입자. ¶～对卫生设施不满 | 세 든 사람이 위생시설에 대해 불만이다→〔房东〕
【房梁】fángliáng 名 (집의) 대들보=〔房柁tuó〕
【房门】fángmén 名 대문. 현관.
【房契】fángqì 名 집문서. 가옥 권리증. 가옥 증서=〔宅zhái券〕
【房山】fángshān ⇒〔山墙qiáng〕
【房舍】fángshè 書 名 집. 가옥.
【房事】fángshì 名 방사. 성교. ¶～过多 | 방사과다
【房贴】fángtiē 名 주택 수당.
3【房屋】fángwū 名 ❶ 가옥. 집. 건물. ❷ 〈生理〉 (심장의) 심방과 심실.
【房檐(儿)】fángyán(r) 名 처마. ¶人总不能老站在别人的～下过日子 | 사람이란 늘상 다른 사람의 처마 밑에서 세월을 보낼 수는 없다.
【房主(人)】fángzhǔ(rén) ⇒〔房东〕
2【房子】fáng·zi 名 집. 건물.
4【房租】fángzū 名 ❶ 집세. 점포세. ¶～补贴 | 주택 수당. ❷ 숙박료 ‖=〔房钱〕

【肪】fáng 비계 방
⇒〔脂zhī肪〕

【鲂(魴)】fáng 방어 방
⇒〔鲂鱼〕
【鲂鱼】fángyú 名 〈魚貝〉 방어=〔鳊biān鱼〕

fǎng ㄈㄤˇ

2【仿〈倣髣2〉】fǎng 비슷할 방
❶ 動 본뜨다. 모방하다. ¶～着这个做一个模型 | 이것을 본떠 모형 하나를 만들다. ¶～造↓ ❷ 形 닮다. 비슷하다. ¶相～ | 엇비슷하다. ❸ 名 글씨본대로 쓴 글자. 따라 쓴 글자. ¶写了一张～ | 글씨본대로 한 장 썼다.
【仿办】fǎngbàn 動 (전례에 따라) 처리하다
【仿单】fǎngdān 名 상품의 성질·용도·사용법 등을 소개하는 설명서.
2【仿佛】fǎngfú ❶ 副 마치…인 듯하다. ¶～看得见 | 마치 보이는 듯하다. ¶他～是钢铁做的, 不吃不睡也可以 | 그는 마치 강철로 만든 것 같아, 먹고 자고 하지않아도 괜찮다. ❷ 形 유사하다. 비슷하다. ¶他的模样还和十年前相～ | 그의 모습은 아직도 10년 전과 비슷하다.
【仿古】fǎnggǔ 動 ❶ 고기(古器)를 본떠서 만들다. ¶～青铜器 | 청동기 모조품. ¶～建筑 | 모조 건축. ❷ 옛 글씨체를 모방하여 쓰다 ‖=〔放古〕
【仿冒】fǎngmào 動 위조 상표를 붙여 팔다. ¶～的商品冲击了市场 | 위조 상품이 시장에 충격을 주었다.
【仿生学】fǎngshēngxué 名 생물 복제학.
【仿宋(体)】fǎngsòng(tǐ) 名 방송체 [송대(宋代) 각본(刻本) 글자 모양을 본떠 만든 인쇄체] =〔仿宋字〕
【仿宋字】fǎngsòngzì ⇒〔仿宋(体)〕
【仿效】fǎngxiào 動 (다른 사람의 방법이나 스타일 등을) 흉내내다. 모방하다=〔仿傚xiào〕〔效仿〕
【仿行】fǎngxíng 書 動 본떠서 하다.
【仿造】fǎngzào 名 動 모조(하다). ¶这是～的真珠 | 이것은 모조한 진주이다. ¶他～了一张邀请信 | 그는 초청장 한 통을 위조하였다. ¶～品 | 모조품=〔仿制〕
【仿照】fǎngzhào 動 (기존의 방법·양식에) 따르다. (원형대로) 모방하다. 본뜨다. ¶～惯例 | 관례에 따르다.
【仿纸】fǎngzhǐ 名 습자지.
【仿制】fǎngzhì ⇒〔仿造〕

1【访(訪)】fǎng 찾을 방
❶ 動 방문하다. ¶～友↓ ¶有客来～ | 손님이 내방하다. ❷ 찾아 구하다. 탐방하다. ¶采～新闻 | 뉴스를 취재하다. ¶查～ | 수사하다. ❸ (Fǎng) 名 성(姓).
【访查】fǎngchá 動 탐방 조사하다. 현장 조사하다. ¶经过长期～, 终于发现了事实真相 | 장기간의 현장 조사를 거친 다음, 결국 사실의 진상이 밝혀졌다=〔访察〕
【访贫问苦】fǎngpín wènkǔ 威 가난한 집을 찾아가 곤란한 점을 알아보다.
【访求】fǎngqiú 動 탐방하여 구하다.
【访问】fǎngwèn ❶ 名 動 방문(하다). ¶～演出 | 순회 공연(하다). ¶金泳三总统～了中国 | 김영삼 대통령이 중국을 방문했다. ❷ 動 물어서 찾다〔밝히다〕. ¶府上在哪儿, 我～了半天才明白了 | 댁이 어디인지 저는 한참 동안이나 물어 보고서야 겨우 알았습니다.
【访友】fǎngyǒu 動 친구를 방문하다. ¶我星期天准备出去～ | 나는 일요일에 친구를 방문하려고 준비하다.

【访员】fǎngyuán 名 탐방 기자.

【彷】fǎng páng 비슷할 방, 배회할 방
A fǎng ⇒〔彷佛〕
B páng ⇒〔彷徨〕〔彷徉〕
A fǎng
【彷佛】fǎngfú ⇒〔仿fǎng佛〕
B páng
【彷徨】pánghuáng 動 방황하다. 배회하다. 망설이다. ¶～岐途qítú | 기로에서 배회하다. ¶心里有些～ | 마음속으로 다소 망설이다＝〔旁皇〕
【彷徉】pángyáng 書 動 배회하며 나아가지 못하다.

2【纺(紡)】fǎng 자을 방, 실 방 ❶ 動 (고치나 목화 따위에서) 실을 뽑다〔잣다〕. ¶一天～了多少纱? | 하루에 실을 얼마나 뽑느냐? ¶～纱厂 | 방적 공장＝〔纺绩〕 ❷ 名 견직물. ¶～绸↓ ¶小～ | 올이 가는 견직물. ¶杭～ | 절강성(浙江省) 항주(杭州) 산의 견직물. ¶白～ | 흰 포플린.
【纺车(儿, 子)】fǎngchē(r·zi) 名 물레. ¶现在～都找不到了, 所以孩子们不知～为何物 | 요즈음 일절 물레를 찾아 볼 수가 없어, 아이들은 무슨 물건인지도 모른다.
【纺绸】fǎngchóu 名 중국산 견직물. 비단.
【纺锤(儿)】fǎngchuí(r) 名 (방적 기계의) 방추＝〔纱shā锭〕〔纺锭〕
【纺锭】fǎngdìng ⇒〔纺锤(儿)〕
【纺棉(花)】fǎngmián(huā) 動 솜을 잣다＝〔纺花〕
【纺纱】fǎng/shā 動 방적하다. ¶～厂 | 방적 공장. ¶～锭管dìngguǎn | 방적용 물레. ¶～工人 | 방적공＝〔纺线①〕
【纺纱娘】fǎngshāniáng 名〈蟲〉철써기＝〔纺线娘〕〔纺织娘〕〔络luò丝娘〕〔書 络纬〕〔書 莎shā鸡〕〔書 酸suān鸡〕
2【纺织】fǎngzhī 名 動 방직(하다). ¶～机器 | 방직 기계. ¶～用皂 | 방직용 비누. ¶～工人 | 방직공. ¶～工业 | 방직 공업. ¶～厂 | 방직 공장. ¶～品 | 방직물.
【纺织娘】fǎngzhīniáng ⇒〔纺纱娘〕
【纺绉】fǎngzhòu 名〈紡〉얇고 부드러우며 윤이 나는 순백색 비단.

4【舫】fǎng 방주 방, 배 방 名 ❶ (작은) 배. ¶画～ | 아름답게 장식한 (유람용의) 배. ❷ 書 두 척을 매어 나란히 가게 한 배.

fàng ㄈㄤˋ

1【放】fàng 놓을 방 ❶ 動 (풀어) 놓다. 놓아 주다. ¶她紧拉着姐姐的手不～ | 그녀는 언니의 손을 꼭 잡고 놓아 주지 않는다. ❷ 動 방목하다. 놓아 기르다. ¶我小时候～过牛 | 내가 어릴 때는 소를 놓아먹였다. ¶到河边～鸭子 | 강가에서 오리를 방목한다. ❸ 動 방송하다. 방영하다. ¶～收音机 | 라디오를 방송하다. ¶一天～了两场电影 | 하루에 두 편의 영화를 방영했다. ❹ 動 마치다. 쉬다. 놀다. 어법 「放」뒤에 「假」「学」「工」등의 일부 목적어만 올 수 있음. ¶国庆节～了两天假 | 국경일에 이틀간 쉰다. ¶十二点～学回家 | 12시에 학교를 마치고 집에 돌아간다. ❺ 動 꽃이 피다. ¶鲜花争～ | 신선한 꽃이 다투어 피다. ¶心花怒～ | 마음속에 웃음꽃이 활짝 피다. ❻ 動 냄새를 발산하다. (소리·빛 따위를) 발하다〔내다〕. 발사하다. 불을 붙이다. ¶瓶里的氨ān水～出刺鼻的气味 | 병 속의 암모니아수가 코를 찌르는 냄새를 내뿜는다. ¶～出光彩来 | 광채를 내다. ❼ 動 넓히다. 확대하다. ¶这件衣服～身长就能穿 | 이 옷은 키가 커지면 입을 수 있다. ¶相片不必～得太大 | 사진을 너무 크게 확대할 필요가 없다. ❽ 動 놓다. 두다. ¶这儿～桌子, 那儿～椅子 | 여기에 책상을 두고, 저기에 의자를 두어라. ¶门口～着一辆自行车 | 문 앞에 자전거 한 대가 놓여 있다. ❾ 動 방치하다. 내버려 두다. 포기하다. ¶这件事情不要紧, 先～一～! | 이 일은 중요하지 않으니, 우선 내버려 둬! ❿ 動 (집어) 넣다. 타다. 섞다. ¶先给锅里～点水 | 먼저 솥에 물을 좀 부어라. ¶汤里多～点盐 | 국에 소금을 좀더 뿌려라. ⓫ 動 (원래의 장소나 상태대로) 놓아 두다. ¶鲜肉不能～得太久 | 신선한 고기는 너무 오랫동안 놓아 두어선 안 된다. ¶～着正路不走, 走邪路 | 올바른 길로 가지 않고, 잘못된 길로 가다. ⓬ 動 (돈을) 빌려 주다. 대출하다. ¶～债↓ ¶～款↓ ⓭ 動 제멋대로 하다. 거리낌 없이 마음대로 하다. ¶～声大哭 | 목놓아 울다. ¶～声高歌 | 목놓아 크게 노래하다. ⓮ 動 속도나 태도를 억제하다. 자기를 억제하다. ¶汽车的速度～慢了 | 자동차의 속도가 늦춰졌다. ¶做事～谨慎点 | 일을 할 때는 좀 신중하게 해라. ¶说话～和气些 | 좀 부드럽게 말하다. ⓰ 介 方 …으로. ¶～刀子剪 | 칼로 자르다→〔用〕〔拿〕
【放爆竹】fàng bàozhú 動組 폭죽을 터뜨리다. ¶除夕之夜, 家家户户～ | 섣달 그믐날 밤에는, 집집마다 폭죽을 터뜨린다＝〔放鞭炮〕→〔爆竹〕
【放鞭炮】fàng biānpào ⇒〔放爆竹〕
【放步】fàng/bù 動 성큼성큼〔힘차게〕걷다. 활보하다. ¶～前进 | 힘차게 전진하다.
【放不下】fàng·bu xià 動組 놓을 수 없다. 안심할 수 없다. ¶心里～ | 마음이 놓이지 않다.
【放不下心】fàng·bu xià xīn 動組 안심할 수가 없다. 마음이 떠름하다. ¶去了好几个月, 还是没信我真～ | 떠난 지가 몇개월이 지났으나 아직 편지가 없으니 나는 정말 마음을 놓을 수 없다.
【放长线, 钓大鱼】fàng cháng xiàn, diào dà yú 威 낚시줄을 길게 늘여 놓고 큰 고기를 낚다. 喻 비교적 큰 대가를 지불하거나 비교적 오랜 기간을 거쳐 점차적으로 조건을 마련하여 큰 효험을 봄＝〔拉长线(儿)〕
【放出】fàngchū 動 ❶ 내보내다. 내뿜다. 발하다. ¶～光来 | 빛을 발하다. ¶～清香 | 청아한 향기를 내뿜다. ❷ 대출하다. 빌려 주다. ¶把款子～去 | 돈을 대출하다.
【放达】fàngdá 書 形 세속에 구애받지 않다. 대범하다. 방광(放曠)하다.

²【放大】fàngdà ❶ 動 크게 하다. ¶胆子~些吧 | 마음을 크게 먹어라. ❷ 名 動 〈撮〉 확대(하다). ¶冲洗, 曬印~ | 현상·인화·확대. D.P.E. ❸ 名 動 〈電氣〉 증폭(하다). ¶~装置 | 증폭 장치. ¶高频~ | 고주파 증폭. ¶低频~ =〔音频放大〕| 저주파 증폭. ¶~率 =〔放大系数〕| 〈物〉 증폭률.

【放大镜】fàngdàjìng 名 ❶ 확대경. ¶用~才可以阅读 | 확대경을 사용해야만 읽을 수 있다. ❷ 볼록 렌즈 =〔凸tū透镜〕

【放大炮】fàng dàpào 動組 ❶ 허풍을 떨다. 큰소리 치다. ¶除了~他还会什么! | 허풍을 떠는 것 외에 그가 또 무엇을 할 수 있니! ❷ 대포를 쏘다.

【放大器】fàngdàqì 名 〈電氣〉 증폭기 =〔放大机〕

【放贷】fàng/dài 動 대금을 방출하다. ¶他们向小企业~ | 그들은 작은 기업들에게 자금을 방출한다.

【放胆】fàng/dǎn ❶ 動 마음을 크게 먹다. 용기를 내다. ¶放着胆试一试 | 용기를 내서 한번 해보자. ❷ (~子) 動 대담하게 하다. 마음껏 하다. ¶有他保镖biāo怕什么, ~干就是了 | 그의 신변 보호가 있는데 무서울 것이 뭐 있어, 대담하게 하면 되지.

【放诞】fàngdàn 動 터무니 허튼 소리만 하다. ¶~无忌 | 거리낌 없이 허튼 소리를 해대다 =〔書 散诞②〕

【放荡】fàngdàng 形 방탕하다. ¶这家伙太~了 | 이 집사람들은 매우 방탕하다 =〔狂kuáng荡〕

【放荡不羁】fàng dàng bù jī 成 방탕하기 짝이 없다. 제멋대로 하다 =〔放浪不羈〕

【放倒】fàngdǎo 動 거꾸로 놓다. 거꾸로 하다.

【放电】fàng/diàn 名 動 〈電氣〉 방전(하다). ¶尖端~ | 첨단 방전. ¶~灯 | 방전등. ¶火花~ | 불꽃 방전.

【放刁】fàngdiāo ❶ 動 터무니없이 남을 못살게 굴다. 부당하게 남을 곤란하게 하다. 되지 못하게 굴다. ❷ 생떼를 쓰다. 난폭하게 굴다 =〔撒sā刁〕

【放掉】fàngdiào 動 놓아 주다. 풀어 주다. 석방하다.

【放定】fàng/dìng 動 ❶ 약혼 예물을 보내다. 납폐(納幣)하다. ¶~的礼物 | 약혼 예물. ¶~之礼 | 약혼식. ❷ 깔끔히 정리해 놓다. 제자리에 정돈하다.

【放毒】fàng/dú 動 ❶ 독을 넣다. ❷ 해로운 사상을 퍼뜨리다〔선전하다〕. ❸ 악의에 찬 언동을 일삼다. ¶别让他向孩子们~ | 그가 아이들에게 악의에 찬 이야기를 퍼뜨리지 못하게 하시오.

【放对】fàngduì 動 方 ❶ 무력으로 대항하다. 대전(對戰)하다. ❷ 맞서다. 대립하다. 대항하다. 반항하다. ❸ 동종(同種)의 동물 암컷과 수컷을 동일한 환경에 함께 두어 자연적으로 교배하게 하다.

【放飞】fàngfēi 動 ❶ (비행기가) 이륙하도록 허가하다. ❷ 새를 풀어 날게 하다. ¶他把逮dǎi到的一只鸟~了 | 그는 잡혀온 새 한 마리를 날아가게 하였다.

【放风】fàng/fēng 動 ❶ 공기가 통하게 하다. ❷ 감옥의 죄인들이 밖에 나와 바람을 쏘이게 하다. ❸ 소문을 퍼뜨리다. ❹ 方 망보다 =〔把风〕

【放风筝】fàng fēng·zheng 動組 연을 띄우다〔날리다〕. ¶树林子~ | 숲속에서 연을 날리다. 일이 복잡해지다. ¶床底下~ | 침대 밑에서 연을 띄우다. 아무리 하려고 해도 제한되어 있다.

【放鸽子】fàng gē·zi 俗 台 비둘기를 놓아 주다. 그대로 방치하여 되는 대로 내버려 두다. (택시 운전수나 안내원이) 손님을 중도에 내버려 두다.

【放工】fàng/gōng 動 일을 끝내다. 퇴근하다 =〔放活①〕

【放狗屁】fàng gǒupì 動組 입에서 나오는 대로 마구 지껄이다. ¶别在这儿~了! | 여기서 입에서 나오는 대로 마구 지껄이지 마!

【放关】fàngguān 動 면세(免稅)하여 통과시키다 →〔放行〕

【放光】fàngguāng 動 빛나다.

【放虎归山】fàng hǔ guī shān 成 범을 놓아 산으로 돌려보내다. 후환(後患)을 남기다. ¶你现在让他回去可真是~, 后患无穷啊 | 당신이 지금 그를 돌려보내는 것은 정말 범을 산으로 돌려 보내는 격이어서, 후환이 끝이 없을 것이다 =〔纵虎归山〕

【放荒】fàng/huāng 動 ❶ 들불을 지르다. ❷ 황무지를 불하하다. ❸ (fànghuāng) 황폐하게 내버려 두다.

【放火】fàng/huǒ 動 ❶ 불을 놓다〔지르다〕. 방화하다. ¶准是他~烧的 | 틀림없이 그가 방화한 것이다. ❷ 喻 선동하다.

¹【放假】fàng/jià 動 휴가로 쉬다. 방학하다. ¶放暑shǔ假 | 여름 방학을 하다. ¶放两天的假 | 이틀간 쉬다 →〔放学〕〔放工〕〔请假〕

【放箭】fàngjiàn 動 활을 쏘다 →〔放冷lěng箭〕

【放开】fàng·kāi 動 ❶ 크게 하다. ¶~胆子 =〔放开胆量〕| 마음을 크게 먹다. ❷ 길게 하다. 넓히다. 펴다. ¶从下半年起~粮价, 市场调节 | 하반기부터 곡식 가격의 폭을 넓혀, 시장을 조절한다. ❸ 놓아 주다. 석방하다. 방면(放免)하다. ¶你~他 | 너는 그를 놓아 주어라.

【放空】fàng/kōng 動 ❶ 공중에 놓아 주다. 풀어 놓다. ¶把传信鸽gē~ | 전서구(傳書鳩)를 공중에 놓아 주다. ❷ (자동차 따위가 짐을 싣지 않고) 빈 채로 가다. ¶~的骆驼 | 짐을 싣지 않은 낙타.

【放空炮】fàng kōngpào 動組 ❶ 공포(空砲)를 쏘다. ❷ 무책임한 말을 하다. 말만하고 행동으로 옮기지 않다. ¶不要~, 拿出行动来 | 말만해대지 말고, 행동으로 보여라.

【放空气】fàng kōngqì 動組 貶 ❶ 분위기를 조성하다. ¶他故意~, 为自己当校长制造舆论 | 그는 고의로 자신이 총장을 맡아야 한다는 여론을 조성하였다. ❷ 소문을 내다.

【放宽】fàngkuān 貶 ❶ 넓히다. 확장하다. ❷ (규칙 등을) 완화하다. 늦추다. ¶~禁运限制 | 수입 금지 제한을 완화하다. ¶~禁令 | 금령을 완화하다. ¶~期限 | 기한을 늦추다. ¶~条件 | 조건을 완화하다. ¶~日 | 어음 지불 유예 기간. ❸ (마음을) 느긋하게〔편히〕 가지다〔먹다〕.

【放款】fàng/kuǎn ❶ 動 대출하다. 대부하다. ❷ (fàngkuǎn) 名 대출. 대부. ¶~业务 | 대출 업무. ¶~过多 | 〈經〉 대출 초과. ¶~增加 | 대출

이 증가하다. ❸ (fàngkuǎn) 名 대부금 ‖ ⇔〔存cún款〕

【放浪】fànglàng 제멋대로 하다. 방탕하다.

【放冷风】fàng lěngfēng 動組 喩 유언 비어를 퍼뜨리다. ¶他就会~，打击别人的积极性 | 그는 유언비어를 퍼뜨려, 다른 사람의 적극성에 타격을 입혔다.

【放冷箭】fàng lěngjiàn 動組 ❶ 불의의 습격으로 놀라게 하다. ❷ 喩 배후에서 중상 모략하다 ‖ =〔放冷炮〕〔放暗箭〕

【放亮】fàngliàng 動 ❶ 方 빛을 내다. ❷ (날이) 밝아지다. ¶天刚~，他们就动身了 | 날이 막 밝자, 그들은 출발하였다.

【放量】fàngliàng 副 마음껏. 실컷. 한껏. ¶~喝酒 | 한껏 술마시다. ¶有的是饭，你~吃吧! | 있는게 밥이니, 실컷 먹어라! →〔尽jǐn量(儿)〕

【放马】fàngmǎ 말을 방목(放牧)하다.

【放马后炮】fàng mǎhòu pào 成 뒷북치다. 행차 후 나팔 불기. ¶你为什么不早说，现在~有什么用? | 너는 왜 일찍 말하지 않았니, 이제와서 뒷북치면 무슨 소용이 있니?

【放慢】fàngmàn 動 (걸음을) 늦추다. ¶~脚步 | 발걸음을 늦추다.

【放忙假】fàngmángjià 動組 (학교가) 농번기에 방학하다〔쉬다〕=〔放农忙假〕

【放明白】fàngmíng·bai 動組 ❶ 명백하게 하다. ❷ 분명히 알다. 잘 기억하다. ¶~些! | (싸울때) 두고 보자!

【放牧】fàngmù 動 방목하다. ¶~牛羊 | 소·양을 방목하다. ¶~期 | 방목기 =〔牧放〕

【放牛娃】fàngniúwá 名〈牧〉소 치는 목동. ¶从前是~，现在成了研究生 | 이전에는 목동이었으나, 지금은 대학원생이 되었다.

【放排】fàng/pái 動 ❶ 뗏목을 띄워 보내다=〔放簰〕❷ 뗏목으로 화물을 수송하다.

【放盘(儿)】fàng/pán(r) 動 ❶ (상점이) 할인하다. ¶~出售 | 할인 판매(하다). ¶~二十天 | 20일간 대할인 판매 →〔减jiǎn价〕❷ 비싼 값으로 사들이다.

【放跑】fàngpǎo 動 놓치다. 놓아 주다.

【放炮】fàng/pào 動 ❶ 대포를 쏘다 =〔开炮〕❷ 빵구가 나다. 파열하다. ¶灯泡~ | 전구가 나가다. ¶轮胎放了炮了 | 타이어가 빵구났다. ❸ (탄광이나 암석을) 발파하다. ❹ 喩 (말로) 맹렬하게 상대를 공격하다. ¶不了解情况不要乱~ | 상황을 이해하지 못하고서 함부로 상대를 공격하지 말라. ❺ 폭죽을 쏘다.

【放屁】fàng/pì 動 ❶ 방귀를 뀌다 =〔出chū虚恭〕〔放谷气〕❷ 罵 근거가 없거나 불합리한 말을 하다. 헛소리하다. ¶那些话简直是~，我不要听 | 그런 말은 정말 터없는 말이어서 나는 듣지 않겠다.

2【放弃】fàngqì 動 (원래의 권리·주장·의견 따위를) 버리다. 포기하다. ¶~原来的计划 | 원래 계획을 포기하다. ¶他愿意~继承权 | 그는 상속권을 포기하려고 한다 =〔弃让〕〔抛pāo弃〕

【放钱】fàngqián 動 ❶ (옛날, 자선가나 관청 등이) 가난한 사람들에게 돈을 주다. ❷ (fàng/qián) 돈놀이하다. ¶~的 | 돈놀이(꾼).

【放枪】fàng/qiāng 動 총을 쏘다. 발포하다. ¶放了一枪 | 한 방 쏘았다 =〔开枪〕〔发枪〕

【放青】fàng/qīng 動 (가축을) 초지에 방목하다. ¶春天到了，牲口也该~去了 | 봄이 왔으니 가축들도 초지에 방목해야 한다.

【放轻】fàngqīng 動 가볍게 하다. ¶~了重担 | 부담을 가볍게 하다. ¶~了声音 | 소리를 낮추다.

【放晴(儿)】fàng/qíng(r) 動 (비 온 후에) 날씨가 맑게 개이다. ¶雨住了，天~了 | 비가 그치고 날이 개었다.

【放权】fàngquán 動 권력을 (하급 기관에) 분산, 이관하다. ¶国家~给地方政府 | 국가가 지방 정부에 권한을 이관하려 한다.

【放热】fàngrè 名動 발열(하다).

【放热反应】fàngrè fǎnyìng 名組〈化〉발열 반응.

【放人】fàngrén 名 은인(隱人). 속세를 떠나 숨어 사는 사람.

【放任】fàngrèn 動 방임하다. ¶~主义 | 방임주의. ¶~政策 | 방임 정책.

【放任自流】fàngrèn zìliú 成 제멋대로 되도록 내버려 두다. ¶对这项工作不能~ | 이 사업에 대해서는 제멋대로 되도록 내버려 두어서는 안 된다.

【放散】fàngsàn 動 (연기나 냄새 따위를) 발산하다. 풍기다.

【放哨】fàng/shào 動 보초를 세우다〔서다〕. ¶在门口~ | 입구에 보초를 세우다 =〔放卡子〕

4【放射】fàngshè 名動 방사(하다). 방출(하다). ¶~能 | 방사능.

【放射线】fàngshèxiàn 名〈物〉방사선.

【放射形】fàngshèxíng 名 방사형.

【放射性】fàngshèxìng 名〈物〉〈化〉방사성.

【放射性同位素】fàngshèxìng tóngwèisù 名組〈物〉〈化〉방사성 동위 원소.

【放射性元素】fàngshèxìng yuánsù 名組〈物〉〈化〉방사성 원소.

【放生】fàng/shēng 動〈佛〉방생하다. ¶~池 | 방생지. ¶~会 | 방생회. ¶购海龟~，在龟背上刻上~时的年月 | 바다거북을 사서 방생하면서, 거북의 등에 방생일자를 새기다.

【放声】fàngshēng 副 소리를 내다〔지르다〕. ¶~大哭 | 대성 통곡하다. ¶~大笑 | 큰 소리로 웃다.

3【放手】fàng/shǒu 動 ❶ 손을 놓다〔떼다〕내주다. ¶~不得 | 손을 뗄 수 없다. ❷ 손을 늦추다. 내버려 두다. ¶那件事他做了一半儿就~了 | 저 일은 그가 하다가 내버려 두었다. ❸ 대담하게〔과감히〕하다. 어법 부사성 수식어로 주로 쓰임. ¶这事一定可以成功，你~去作吧 | 이 일은 반드시 성공할터이니 네가 과감히 해봐. ❹ 광범위하게 하다. ¶~买卖 | (자금같은 것을 무시하고) 광범위하게 장사하다. ❺ 철저히 하다.

【放肆】fàngsì 動 ❶ 제멋대로 굴다〔하다〕. 방자하게 굴다. ¶我们决不能允许yǔnxǔ他这样~ | 우리는 결단코 그의 이런 방자함을 용납할 수 없다. ¶~地攻击gōngjī前辈学者 | 방자하게 선배 학자를 공격하다. ❷ 난폭한 짓을 하다. ¶老金在我家门口~呢 | 김씨는 우리집 앞에서 난폭한 짓을

하고 있다.

3【放松】fàngsōng 動 ❶ 늦추다. 느슨하게 하다. ¶～学习, 就会落后｜학습을 느슨하게 하면, 낙오하게 될 것이다. ❷ 관대하게 하다. ¶何必斤斤计较呢, ～一点算了｜어찌 세세한 점까지 파고 들겠니, 좀 관대하게 해도 괜찮아. ❸ 풀어 주다. 방면하다.

【放送】fàngsòng 動 방송하다. ¶电台～音乐｜방송국에서 음악을 방송하다. ¶～大会实况录音｜대회 실황 녹음을 방송하다.

【放下】fàngxià 動 ❶ 내려놓다. ¶～行李｜짐을 내려놓다. ❷ 내버리다. ¶把工作～不管｜일을 내던지고 관계하지 않다. ❸ 임명되다. ¶～外任来｜지방관으로 임명되다.

【放下包袱】fàng·xia bāo·fu 成 보따리를 내려놓다. 轉 낡은 사상이나 사상적 부담을 버리다. ¶你要～, 不要老为过去的事情而折磨自己｜당신은 낡은 사상을 버려야 한다. 그렇지 않으면 항상 과거의 사건들이 자신을 괴롭히게 된다＝[丢diū掉包袱][丢下包袱]

【放下架子】fàng xià jià·zi 成 잘난 체하는 모습을 버리고 겸허한 자세로 사람을 대하다. 거만한 태도를 버리다. ¶领导者必须bìxū～, 才能和群众qúnzhòng打成一片｜영도자는 거만한 태도를 버려야만이 군중과 하나가 될 수 있다.

【放下脸来】fàng·xialiǎn·lai 動組 무뚝뚝한[시무룩한] 얼굴이 되다.

【放下枪】fàng·xiaqiāng 動組〈軍〉세워 총!

【放下屠刀, 立地成佛】fàng xià tú dāo, lì dì chéng fó 成 백정도 칼만 놓으면 당장 부처가 된다. 마음을 고쳐 먹고 새사람이 되다.

2【放心】fàng/xīn ❶ 形 마음을 놓다. 안심하다. ¶放不下心 안심할 수 없다. ¶一百个～｜완전히 마음놓다. ¶这事儿～我不｜이 일은 내가 안심할 수 없다. ❷ (fàngxīn) 書 名 방일한 마음.

【放心大胆】fàngxīn dàdǎn 狀組 겁이 없고 대담하다.

【放行】fàngxíng 動 (초소나 세관 등에서) 통행을 허가하다. (지나)가게 하다. ¶免税～｜면세로 통과하게 하다. ¶～单(子)｜ⓐ 납세 증명서. ⓑ 허가증. 출항 면허장. 수입 허가증→[放关]

3【放学】fàng/xué 動 ❶ 학교가 파하다. ¶～回家｜학교를 마치고 집에 돌아가다＝[下学] ❷ 방학하다. 학교가 쉬게 되다. ¶放五天学｜(학교가) 5일 동안 쉬게 되다 ‖＝[散sàn学]

【放血】fàng/xuè 動〈醫〉피를 뽑다.

【放鸭子】fàng yā·zi 動組 喩 방임해 두다. ¶他对学生采取～的办法｜그는 학생들에게 방임적 방법을 채택하였다＝[放羊②]

【放烟幕弹】fàng yān mù dàn 成 연막탄을 터뜨리다. 貶 일의 진상을 가리다. ¶他故意～说不参加总统竞选, 是为了麻痹mábì对手｜그는 고의적으로 대통령 선거에 출마하지 않는다고 연막을 치는데, 이는 상대방의 경계를 늦추기 위한것이다.

【放眼】fàngyǎn 動 시야를 넓히다. 시선을 멀리 두다. ¶胸怀祖国, ～世界｜조국을 가슴에 품고, 세계로 시야를 넓히다.

【放羊】fàng/yáng ❶ 動 양을 방목하다. ¶～的｜양치기＝[拦lán羊] ❷⇒[放鸭子]

【放洋】fàngyáng 動 ❶ 배가 출항하다. ¶这艘sōu船今天下海～｜이 배는 오늘 진수되어 출항한다. ❷ 외국에 사절로 나가거나 유학을 가다. ¶他的儿女都～了｜그의 자녀들은 모두 유학을 갔다. ¶他年轻时～留过几年学｜그는 젊었을 때 몇 년간 외국에 유학을 갔었다.

【放养】fàngyǎng 動 (물고기 따위를) 놓아 기르다[치다]. ¶水库里～了许多种鱼｜저수지에 여러 종류의 물고기를 놓아 기른다

【放印子】fàng yìn·zi 動組 일수돈을 놓다 [「일수돈을 쓰다」는「打印子」임]

【放鹰】fàng/yīng 動 ❶ 매를 이용하여 사냥하다. ❷ 喩 다시 돌아오지 않다. 전부 없어지다. ¶那笔钱算是～了, 别指望能收回来｜그 돈은 다시 돌아오지 않으니, 받을 수 있다고 기대하지 말아라. ❸ 喩 아내를 다른 남자와 통정하게 하고 남편이 그것을 구실로 삼아 그 남자로부터 돈을 긁어내다.

3【放映】fàngyìng 動 상영하다. ¶～电影｜영화를 상영하다. ¶～网｜상영망. 배급 조직. ¶～员｜영사 기사＝[上映]

【放映机】fàngyìngjī 名〈機〉영사기＝[放影机]

【放淤】fàngyū 動 강의 흙탕물을 논밭에 끌어들여 침전시켜서 토지를 비옥하게 하다

【放远】fàngyuǎn 먼 곳을 내다보다. ¶～眼光｜장래를 내다보다. 멀리 내다보다.

【放在…】fàngzài… 動組 …에 놓다[두다]. ¶～这儿｜여기에 놓다. ¶～心上＝[放在心里]｜마음속에 두다.

【放在脑后】fàng zài nǎohòu 動組 喩 완전히[까맣게] 잊어 버리다. 조금도 관심을[마음에] 두지 않다. ¶那件事儿他早就～了｜그 일은 그가 일찌기 잊어버렸다.

【放在眼里】fàng zài yǎn lǐ 成 눈에 들다＝[看在眼里]

【放债】fàng/zhài 動 돈을 놓다(빌려주다). ¶～人｜빌려준 사람. 채권자. ¶～图利｜돈을 빌려주고 이자를 받다＝[放帐]

【放帐】fàng/zhàng⇒[放债]

【放赈】fàngzhèn 動 (이재민에게) 금전·양식·물품 등을 주어 구제하다.

【放之四海而皆准】fàng zhī sì hǎi ér jiē zhǔn 成 어느 곳에 놓아도 모두 꼭 들어맞다. 보편성이 있는 진리는 어디에도 다 적용된다. ¶这是一条～的真理｜이는 어느 곳에나 들어맞는 진리이다.

【放置】fàngzhì 動 방치하다. 그대로 버려두다. ¶～不用｜방치하여 사용하지 않다

【放重】fàngzhòng 動 무겁게 하다. ¶故意～脚步｜고의로 발걸음을 무겁게 내딛다.

【放猪】fàng/zhū 動 돼지를 놓아먹이다[기르다]. ¶～的｜돼지 기르는 사람.

【放逐】fàngzhú 動 (옛날, 죄인을 먼 곳으로) 쫓아내다. 추방하다. ¶反政府的政治家都～到国外｜반정부적 정치가들은 모두 해외로 추방하다.

【放恣】fàngzì 書 形 방자하다→[放肆sì][放纵]

【放纵】fàngzòng ❶動 내버려 두다. 방임하다. ¶你太～孩子了｜너는 아이들을 너무 제멋대로 내버려 둔다. ❷形 방종하다. 법규를 지키지 않고 제멋대로다. 예의에 어긋나다→〔放肆〕〔放恣〕

【放走】fàngzǒu 動 놓아 주다. 놓치다→〔放跑〕

fēi ㄈㄟ

1【飞(飛)〈緋1, 2〉】fēi 날 비, 높을 비 ❶動 (새·곤충·비행기 따위가) 날다. ¶秋天到了, 大雁南～｜가을이 되어, 기러기가 남쪽으로 날아간다. ¶明天有飞机～中国｜내일 중국으로 비행하는 항공기가 있다. ❷動 (물체가 공중에서) 휘날리다. 떠다니다. ¶～沙走石｜(바람이 세게 불어) 모래가 휘날리고 돌멩이가 굴러다닌다. ¶～雪花儿｜눈발이 흩날리다. ❸動 던져 날리다. 던지다. ¶～砖zhuān头｜벽돌을 던지다. ¶他向她～一个热烈的吻来｜그는 그녀를 향해 열렬한 키스를 던졌다. ❹動 발산하다. 휘발하다. ¶盖上瓶子, 别让香味～了｜향기가 날아가지 않도록 병을 막아라. ¶樟脑zhāngnǎo放久了, 都～净了｜나프탈렌을 오래 놔 두었더니, 다 날아갔다. ❺形 높다. 지면에서 떨어져 있다. ¶～桥↓ ¶凡声有～沉｜모든 목소리에는 높낮이가 있다. ❻形 사실 무근의. 아무 근거 없는. ¶流言～语｜유언 비어. ❼副 나는 듯이 빨리. 매우 빨리. ¶她沿着大路～跑｜그녀는 한 길을 따라 나는 듯이 달려갔다. ¶～奔↓ ❽副 매우. 특별히. 대단히. ¶刀也～快, 剪子也～快｜칼도 잘 들고, 가위도 매우 잘 든다. ¶心里乐～了｜마음이 무척이나 즐겁다. ❾名 方 자전거의 뒷바퀴에 장치된 플라이휠(fly wheel)＝〔飞轮〕

【飞白】fēibái 書 名 비백 [먹을 적게 하여 붓자국에 흰 잔 줄이 생기게 쓰는 서체(書體)]

【飞报】fēibào ❶名 속보. 급보. ❷動 속보하다. 급보하다. ¶派轻骑～朝廷｜경비병을 파견하여 조정에 급보하다. ❸動 지급 전보를 치다.

【飞奔】fēibēn 動 나는 듯이〔쏜살같이〕달리다. 급히 가다.

【飞迸】fēibèng 動 사방으로 튀어나오다→〔飞溅jiàn〕

【飞笔】fēibǐ 名 비필. 속필.

【飞镖】fēibiāo 名 ❶ 표창 던지기. ❷ 표창. ¶从袖中打出一支～｜소매 속에서 표창을 꺼집어 내다.

【飞兵】fēibīng 書 動 병사를 급파(急派)하다.

【飞步】fēibù ❶名 나는 듯이 빠른 걸음. ❷副 아주 급하게. ¶我立刻～报告园警｜나는 즉각 아주 급하게 공원 경비원에게 알렸다.

【飞车走壁】fēi chē zǒu bì 잡기의 일종. 자전거·자동차·오토바이 따위를 타고 철확 모양의 건조물 내벽(內壁)을 빨리 달리는 곡예.

【飞尘】fēichén 名 ❶ 날리는 먼지. ❷ 석탄가루. 탄진(炭塵).

【飞驰】fēichí 動 나는 듯이 달리다. 질주하다. ¶火车～而过｜기차가 나는 듯이 지나갔다.

【飞虫】fēichóng 名 ❶ 나는 곤충 [파리·벌 따위] ❷ 書 나는 새. 비조(飛鳥).

4【飞船】fēichuán 名 우주 비행선. ¶～对接｜도킹. ¶～会合｜랑데부＝〔飞艇tǐng〕

【飞弹】fēidàn 名 ❶ 유도탄. 미사일. ❷ 유탄＝〔流弹〕

【飞刀】fēidāo ❶動 칼을 날렵하게 휘두르다＝〔飞刀乱斫zhuó〕 ❷動 칼을 날려 사람을 죽이다＝〔飞剑〕 ❸名〈機〉프레이즈반(fraise盤).

【飞抵】fēidǐ 動 비행기로 도착하다. ¶由广州～北京｜광주에서 비행기로 북경에 도착하다→〔飞往〕

【飞地】fēidì 名 ❶ 다른 성(省)이나 현(縣)에 예속된 토지. ¶这块～还是托管吧｜이 토지는 여전히 위탁 관리하게 하여라. ❷ 타국에 예속된 영토.

【飞碟】fēidié 名 ❶ 비행 접시. ¶～研究会三月二十五号在汉城举行｜비행 접시 연구회가 3월 21일 서울에서 거행되다. ❷ (서로 던지고 노는) 작은 원반 ‖＝〔飞盘〕 ❸ (클레이 사격의) 클레이 피전(clay pigeon)＝〔飞碟靶〕

【飞短流长】fēi duǎn liú cháng 成 낭설을 퍼뜨리며 남을 헐뜯다＝〔蜚fēi短流长〕

【飞蛾】fēi é 名〈蟲〉불나방＝〔灯dēng蛾〕〔灯相公〕〔扑pū灯蛾(子)〕〔慕光〕〔火花③〕

【飞蛾投火】fēi é tóu huǒ 成 불나비가 불에 뛰어들다. 喩 스스로 화를 청하다. 스스로 죽음을 택하다＝〔飞蛾扑pū火〕〔飞蛾赴火〕〔灯dēng蛾扑火〕

【飞赴】fēifù 書 動 비행기로 가다. 공로(空路)로 가다. ¶～战地, 亲自督战｜비행기로 전장터에 가서, 친히 전쟁을 독려하다.

【飞归】fēiguī ❶名〈數〉주산에서 빠른 나누기법. ❷動 비행기로 돌아오다.

【飞滚】fēigǔn 動 모래나 먼지 따위가 날아다니다. ¶尘土还在～着｜먼지가 여전히 날고 있다.

【飞红】fēihóng 動 (수줍어서) 얼굴을 붉히다. ¶她不觉把个粉脸羞的～｜그녀는 무의식중에 고운 얼굴을 수줍음으로 붉혔다＝〔绯fēi红〕

【飞鸿踏雪】fēi hóng tà xuě 成 지난날이 남겨 놓은 흔적＝〔飞鸿雪爪〕〔飞鸿印雪〕

【飞鸿雪爪】fēi hóng xuě zhǎo ⇒〔飞鸿踏雪〕

【飞狐】fēihú 名 날아다닌다는 전설상의 여우＝〔飞生②〕

【飞花】fēihuā ❶名〈紡〉솜 부스러기. ❷ (fēi/huā) 動 (솜신에 구멍이 나서) 솜이 밖으로 나오다.

【飞黄腾达】fēi huáng téng dá 成 신마(神馬)가 날아 오름. 출세 영달이 빠르다. 벼락 출세하다. ¶能像他一样～的, 同辈中实不多见｜그 사람처럼 벼락 출세한 것은 실로 동년배 중에서는 흔치 않은 것이다＝〔飞黄腾踏tà〕

【飞蝗】fēihuáng 名〈蟲〉메뚜기.

【飞祸】fēihuò 書 名 簡 뜻하지않은 재난 [「飞灾横祸」의 약칭]

1【飞机】fēijī 名 비행기. 항공기. ¶直升～｜헬리콥터. ¶喷pēn气式～＝〔喷射shè式飞机〕｜제트기. ¶旋xuán桨式～｜프로펠러(propeller)식 비행기. ¶～女服务员＝〔空中小姐〕〔航空小姐〕｜스튜어디스. ¶歼jiān击机＝〔战斗机〕｜전투기. ¶轰hōng炸机｜폭격기. ¶强击机｜공격기.

¶侦察机 | 정찰기. ¶教jiào练机 | 연습기.

【飞机梯级】fēijī tījí 名 비행기 트랩.

【飞剑】fēijiàn ⇒〔飞刀②〕

【飞溅】fēijiàn 動 사방으로 흩날리다〔흩뿌리다, 튀다〕. ¶浪花~到甲板上 | 물보라가 갑판 위에 흩날리다. ¶钢花~ | 불꽃〔불똥〕이 사방에 튀다 =〔飞迸bèng〕

【飞将军】fēijiāngjūn 名 ❶ 용맹스럽고 싸움을 잘하는 장군 [한대(漢代)에 흉노(匈奴)가 명장(名將)인 이광(李廣)을 이르던 말에서 유래] ❷ 전투기 비행사. ❸ 낙하산 선수.

【飞脚】fēijiǎo 名 양발을 교대로 머리 높이까지 차올리는 구식 무술의 일종. ¶踢tī~ | 양발을 교대로 계속해서 머리 높이까지 차올리는 동작(을 하다).

F

【飞开】fēikāi 動 날아 오르다. 날아가다. ¶刚想伸手去抓, 谁知蜻蜓qīngtíng一下子~了 | 막 손을 내밀어 잡으러 가려는데, 누가 알았겠는가 왕잠자리가 한번에 날아가버릴 줄을.

3【飞快】fēikuài 形 ❶ 재빠르다. 날래다. ¶~地跑着 | 재빠르게 달리고 있다. ¶~地作准备 | 재빨리 준비하다. ❷ (칼 따위가) 굉장히 잘 들다. 매우 예리하다. ¶刀也~了, 剪jiǎn子也~了 | 칼도 잘 들고 가위도 잘 든다 ‖ =〔飞风〕

【飞来横祸】fēi lái hèng huò 成 뜻밖의 재난. ¶这~, 谁能料到? | 이는 뜻 밖의 재난으로, 누군들 짐작했겠는가? =〔飞殃yāng走祸〕

【飞灵】fēilíng 形 方 ❶ 대단히 영민하다. ❷ 대단히 효험이 있다.

【飞龙乘云】fēi lóng chéng yún 成 용이 구름 타고 승천하다. 喻 영웅이 때를 만나 득세하다.

【飞轮】fēilún 名 ❶〈機〉플라이휠(flywheel) =〔北 甩shuǎi轮〕〔整zhěng速轮〕〔江 发fā势盘〕 ❷ (~儿) 자전거의 뒷바퀴에 장치된 체인(chain)이 걸리는 톱니바퀴.

【飞毛腿】fēimáotuǐ 名 준족(駿足). 발걸음이 매우 빠른 사람. ¶他是~, 一天能走二百公里 | 그는 준족이어서, 하루에 2백 킬로미터를 갈 수 있다.

【飞沫】fēimò 名 비말. 날아 흩어지는 물방울. ¶~传染 | 〈醫〉비말 전염.

【飞鸟尽, 良弓藏】fēiniǎo jìn liánggōng cáng 成 잡을 새가 없어지면 좋은 활도 깊이 간직하고 만다. 喻 쓸모가 없게 되면 버림을 받는다. 천하가 평정된 다음 공신을 없애다 =〔鸟尽弓藏〕→〔狡jiǎo兔死走狗烹pēng〕

【飞女】fēinǚ 名 粤 불량 소녀.

【飞跑】fēipǎo 動 날쌔게 도망치다. 쏜살같이 달리다. ¶他一路~, 赶回家中 | 그가 날쌔게 도망쳐서, 뒤쫓아 집으로 가는 중이다 =〔飞奔〕

【飞蓬】fēipéng ❶ 名〈植〉쑥 =〔蓬〕 ❷ 狀 흔들거리며 안정되지 않다. ¶~随风 | 쑥이 바람 부는 대로 흔들리다. 일정한 주의나 방침이 없이 상황에 따라 움직이다.

【飞签火票】fēi qiān huǒpiào 名 옛날, 귀퉁이를 태워서 지급의 의미를 나타낸 범인 체포 수배서. 喻 매우 급한 모양. ¶你们这么~似的把我抓来, 是什么事啊? | 너희들이 이렇게 긴급 수배장이라도 나온 듯이 나를 잡으러 왔는데, 도대체 무슨 일이냐? →〔烧shāo角文书〕

【飞禽动植】fēiqíndòngzhí 名組 각종 동식물.

【飞桥】fēiqiáo 名 조교(吊橋). 현교(懸橋). 현수교(懸垂橋) =〔悬xuán桥〕

【飞禽】fēiqín 名組 비금. 날짐승. 조류(鳥類) =〔飞鸟〕〔蜚fēi禽〕

【飞禽走兽】fēiqín zǒushòu 名 조수(鳥獸). 금수(禽獸) ¶自然界的~, 形状各异 | 자연계의 짐승들은 각기 그 형상이 다르다 =〔飞走〕

【飞泉】fēiquán ❶ 書 名 폭포. ❷ ⇒〔喷pēn泉〕

【飞拳】fēiquán 動 주먹을 날리다. 주먹을 맞닥뜨리다 [무술을 단련하는 방법의 하나]

【飞沙】fēishā ❶ 名 바람에 날리는 모래. ❷ 動 모래를 날리다.

【飞沙走石】fēishā zǒushí 動組 모래를 날리고 돌마저 굴린다. 바람이 세차게 불다. ¶这里地势不好, 大风一起就~, 尘土满天 | 이곳은 지세가 좋지 않아, 큰 바람이 불면 매우 세차게 불어서, 흙먼지가 온통 자욱하게 일어난다 =〔飞沙转石〕

【飞身】fēishēn 動 다이빙 자세. ¶他~跳上桌子 | 그는 다이빙하듯 몸을 날려 탁자위에 뛰어 올랐다.

【飞虱】fēishī 名〈蟲〉나비강충이.

【飞石】fēishí 名 석궁(石弓).

【飞逝】fēishì 動 (시간 등이) 빨리 흐르다〔지나가다, 사라지다〕. ¶时光~, 来日无多 | 시간이 매우 빨리 흘러, 다가올 날도 많지가 않다.

【飞鼠】fēishǔ ❶ ⇒〔鼯wú鼠〕 ❷ ⇒〔蝙biān蝠〕

【飞送】fēisòng 動 지급〔특급〕으로 보내다. ¶把信件~对方 | 편지를〔우편물을〕 상대방에게 특급으로 보내다.

【飞速】fēisù 狀 나는 듯이 빠르다. 급속하다. ¶祈即~来 | 札 급히 왕림해 주시기를 바랍니다. ¶~发展 | 급속한 발전.

【飞腾】fēiténg 動 ❶ (급속히) 날아 오르다. 공중으로 높이 떠오르다. ¶烟雾~ | 연무가 높이 떠오르다 →〔飞黄腾达〕 ❷ (물가가) 폭등하다. ¶物价~了 | 물가가 폭등했다 →〔暴涨bàozhǎng〕

【飞天】fēitiān ❶ 動 하늘을 날다. ¶~大侠 | (미국 텔레비전 영화의) 슈퍼맨. ❷ 名〈佛〉비천. 천녀(天女). 상계(上界)에 살며 하늘을 날아다닌다는 상상의 선인(仙人).

【飞艇】fēitǐng 名 비행선 =〔飞船〕

【飞往】fēiwǎng 動 비행기로 …를 가다〔향하다〕. ¶~上海 | 비행기로 상해를 가다 →〔飞抵dǐ〕

【飞吻】fēiwěn 名 動 입술에 손을 대었다가 상대방에게 던지는 시늉을 하는 키스(를 하다).

4【飞舞】fēiwǔ 動 ❶ 춤추며 날다. 춤추듯이 공중에 흩날리다. ¶雪花~ | 눈꽃이 공중에서 춤추듯 흩날리다. ¶蝴蝶húdié在花丛中~ | 나비가 꽃밭에서 춤추며 날다. ❷ 喻 생기가 넘치고 활발하다.

4【飞翔】fēixiáng 動 비상하다. 하늘을 빙빙 돌며 날다. ¶鸽gē子在天空~ | 비둘기가 하늘을 빙빙돌며 날고 있다.

3【飞行】fēixíng 名 動 비행(하다). ¶~帽 | 비행모. ¶~训练 | 비행 훈련. ¶~时间 | 비행 시간. ¶~员 =〔飞行士〕〔飞机师〕 | 비행사. ¶仪表~

丨계기〔맹목〕비행. ¶～服丨비행복. ¶不着陆～丨논스톱 비행. ¶水平～丨수평 비행.
【飞檐斗拱】fēiyán dǒugǒng 名組 고전적인 건축물[「飞檐」은 잘 지은 집의 번쩍 들린 높은 처마를 말하고, 「斗拱」은 기둥의 상단에 붙여져 있는 정방형의 나무를 말함]
【飞檐走壁】fēi yán zǒu bì 成 추녀와 벽을 나는 듯이 넘나들다. 동작이 몹시 날쌔다. ¶他从小练得一身轻功, ～无所不能丨그는 어려서부터 몸을 가볍게 하는 공력을 쌓아, 동작이 몹시 날래서 못하는 것이 없다 =〔飞墙qiáng走壁〕
【飞眼(儿)】fēi/yǎn(r) 動 추파를 던지다.
【飞燕式跳水】fēiyànshì tiàoshuǐ 名組〈體〉다이빙.
【飞扬】fēiyáng 動 높이 오르다. 날려 올라가다. ¶大风起兮云～丨큰바람이 일어 구름이 날려 올라가다《漢書·高祖紀》¶尘土～丨먼지가 날리다 =〔飞飏yáng〕〔飞越②〕
【飞扬跋扈】fēi yáng bá hù 成 횡포하게 굴다. 세도를 부리다.
【飞翼】fēiyì 名 행글라이더(hang glider) =〔三角洲翼〕
【飞鱼】fēiyú 名 ❶〈魚貝〉날치 =〔燕yàn鱼①〕〔燕儿鱼〕〔燕鳐yáo〕〔文wén鳐鱼〕 ❷〈建〉지붕의 용마루의 양쪽 끝에 씌우는 것. ❸ 喻 수영에서의 탁월한 선수에 대한 미칭.
【飞语】fēiyǔ 名 뜬소문. 유언(流言). 낭설. ¶～流言丨유언 비어 =〔蜚语〕
【飞越】fēiyuè ❶ 動 공중으로 날아 건너다〔넘다〕. ¶～大西洋丨대서양 비월 횡단. ❷ ⇒〔飞扬〕
3【飞跃】fēiyuè 名 動 비약(하다). ¶中国的经济正在～地发展丨중국의 경제가 비약적으로 발전하고 있다.
【飞灾】fēizāi 名 뜻밖의 재난 =〔飞祸〕
【飞贼】fēizéi 名 ❶ 지붕이나 담을 뛰어넘어 들어오는 도적. ❷ 공중으로 침범한 적.
【飞涨】fēizhǎng 動 폭등하다. ¶物价～丨물가가 폭등하다→〔暴bào涨〕
【飞针走线】fēi zhēn zǒu xiàn 成 바느질이 빠르고 솜씨가 매우 좋다.
【飞舟】fēizhōu 名 나는 듯이 빨리 달리는 배. ¶浪遏è～丨파도가 나는듯이 달리는 배를 막는다.

【妃】fēi pèi 왕비 비, 짝 배

Ⓐ fēi 名 ❶ 옛날, 황제의 비〔첩〕→〔贵妃〕 ❷ 황태자나 왕·제후의 아내. ❸ 배우자. 배필. ❹ 여신(女神)의 존칭. ¶天～丨항해의 신. 해신(海神).
Ⓑ pèi ❶ 書 名 짝. 배필 =〔配〕 ❷ ⇒〔妃色〕
Ⓐ fēi
【妃嫔】fēipín 名 임금의 정실(正室)과 소실(小室)의 통칭 =〔后hòu宫②〕
【妃色】ⓐ fēisè 名 ❶〈色〉담홍색 =〔杨妃色〕 ❷ 여색(女色).
ⓑ pèisè ⇒〔女nǚ色〕
【妃子】fēi·zi 名 임금의 비〔첩〕.
Ⓑ pèi
【妃色】pèisè ☞〔妃色〕fēisè ⓑ

1【非】fēi 아닐 비, 그를 비

❶ 副 (뒤에 「不」와 결합하여) 꼭. 반드시. 무슨 일이 있더라도 …하지 않으면 안 된다. 어법 뒤에 「不行」「不可」「不成」등과 호응함. 때로는 「非」뒤에 「得」를 쓰기도 함. ¶～看不行丨보지 않으면 안 된다. ¶要学好一种语言, ～下苦功不可丨언어를 잘 배우려면, 힘든 노력을 해야만 한다. ¶这件事～得他来不行丨이 일은 그가 꼭 와야만 된다. ¶不让他去, 他～要去丨그에게 가지 말라고 했는데도, 그는 꼭 가려고 한다. ❷ 副 (뒤에 「才」와 결합하여) 꼭 …해야 한다. 꼭 그렇게 해야만 된다[어떤 조건을 갖춰야만 어떻게 할 수 있음을 나타냄] ¶～把事实摆出来我才相信丨사실을 내보여야만 나는 믿을 수가 있다. ¶要修一条大水渠～几个公社联合起来才行丨큰 수로를 하나 세우려면 몇 개의 회사가 연합해야만 된다. 어법 「非…不…」와 「非…才…」의 뜻은 기본적으로 같지만, 「非…才…」 뒤에는 「可」를 사용할 수 없음. ❸ 動 …이 아니다. 어법 ⓐ 「非…所…」의 형식으로 쓰여 「…하는 것이 아니다」의 뜻을 나타냄. ¶答～所问丨묻는 말의 대답이 아니다. ¶这件事～你我所能解决丨이 일은 너나 내가 해결할 수 있는 것이 아니다. ⓑ 「非…非…」로 쓰여 「…도 아니고 …도 아니다」의 뜻을 나타냄. ¶～亲～故丨친척도 아니고 고향 사람도 아니다. ¶～驴～马丨당나귀도 아니고 말도 아니다. ⓒ 「非…即…」의 형식으로 「…이 아니면 …이다」의 뜻을 나타냄. ¶～此即彼丨이것이 아니면 저것이다. ¶～攻即守丨공격이 아니면 수비이다. ⓓ 「似…非…」의 형식으로 「…일듯 말듯」「…인 것 같기도 하고 아닌 것 같기도 하다」의 뜻을 나타냄. ¶似醒～醒丨깨어난 듯 아닌 듯. ¶似红～红丨붉은 듯 아닌 듯. ❹ 動 옳지 않다고 보다. 그르다고 여기다. 반대하다. ¶众人皆～之丨사람들이 모두 반대한다. ¶～笑↓ →〔非非〕 ❺ 動 …에 맞지 않다. ¶～分的事丨본분에 맞지 않는 일. ¶已～原状丨이미 원상에 맞지 않다→〔微wēi⑨〕 ❻ 頭 어떤 범위에 속하지 않음을 나타내는 명사 접두사(前綴). ¶～会员丨비회원. ¶～金属元素丨비금속원소. ¶～卖品丨비매품. ¶～正常情况丨비정상적 상황. ❼ 名 과실. 악행. 잘못. ¶为～作歹丨나쁜 짓을 하다. ¶痛改前～丨이전의 잘못을 철저히 고치다 ⇔〔是shì①〕→〔非计〕 ❽ (Fēi) 名 「非洲」(아프리카)의 약칭.
【非病原菌】fēibìngyuánjūn 名組 비병원균.
2【非…不可】fēi…bùkě …하지 않으면 안 된다. 꼭 …(해야) 한다. ¶非他不可丨그가 아니면 안 된다. ¶非看不可丨꼭 보지 않으면 안 된다.
4【非…才…】fēi… cái… …이 아니면 …할 수 없다. ¶非组织来才能发挥力量丨조직적이지 않으면 역량을 발휘할 수 없다 =〔非…不…〕 어법 「非…才…」와 「非…不…」의 차이 ⇒〔非②〕
1【非常】fēicháng ❶ 形 예사롭지 않은. 비상한. 특별한. ¶～时期丨비상 시기. ¶～会议丨비상 회의. ¶～警察丨비상 경찰. ❷ 副 대단히. 심히. 아주. ¶～光荣丨대단히 영광이다. ¶～高兴丨매

우 기분이 좋다. ¶～努力 | 십분 노력하다.

【非常之】fēichángzhī 副 대단히. ¶数量当然～多 | 수량이 당연히 매우 많다.

【非此即彼】fēi cǐ jí bǐ 成 이것이 아니면 저것이다. ¶他是教师还是职工, ～, 你快告诉我 | 그가 교사인지 노동자인지, 이것 아니면 저것일테니, 너는 빨리 나에게 알려 줘.

【非但】fēidàn 連 (비단) …뿐만 아니라. 어법 보통 뒤에「而ér且」「并bìng且」「还hái」「反fǎn而」따위가 붙음. ¶他～能完成自己的任务, 还肯帮助别人 | 그는 자신의 임무를 완수할 수 있을 뿐만 아니라, 또한 기꺼이 남을 돕는다. ¶～我不知道, 连他也不知道 | 내가 모를 뿐만 아니라, 그 역시도 모른다 =〔不bú但〕〔非独〕〔非止〕〔非第〕〔非直〕〔非特〕〔非惟〕〔非维〕〔非徒〕〔匪fěi特②〕〔匪惟〕

【非导体】fēidǎotǐ ⇒〔绝缘体〕

【非得】fēiděi 副 …하지 않으면 안 된다. 반드시 …해야 한다. 어법 보통 뒤에「不行」「不成」「不可」가 붙음. ¶～你去才能开出证明来 | 너가 가야만 비로소 증명이 된다. ¶～这么办不行 | 이렇게 하지 않으면 안 된다. ¶这病～马上开刀不可 | 이 병은 곧바로 수술하지 않으면 안된다 =〔非要〕

【非独】fēidú ⇒〔非但〕

【非对抗性】fēiduìkàngxìng 名組 비적대성(非敵對性). ¶～矛盾 | 비적대적 모순 [인민 내부의 모순을 가리킴]

⁴【非法】fēifǎ 形 불법적인. 비합법적인. ¶～行xíng为 | 불법 행위. ¶～夺duó取 | 불법으로 탈취하다.

【非凡】fēifán 形 보통이 아니다. 뛰어나다. 비범하다. ¶才能～ | 재능이 뛰어나다. ¶～的本领 | 비범한 솜씨.

❷ 名〈佛〉현묘(玄妙)한 것. ❸ 動 생각이 상리(常理)를 초월하다. ¶想入～ | 헛된 생각을 하다. ¶～之想 | 헛된 생각.

【非…非…】fēi…fēi… …도 …도 아니다. ¶非僧非俗 | 승려도 속인도 아니다.

【非分】fēifèn 書 形 분수에 맞지 아니하다. ¶不求～不作非为 | 분수에 맞지 않는 것을 구하지 아니하고 잘못을 행하지 않는다.

【非分之想】fēi fèn zhī xiǎng 成 분에 없는 복을 누리려 하다. ¶我也没有什么～ | 나 역시 어떤 분에 없는 복을 누리려 하지 않는다.

【非公莫入】fēi gōng mò rù 공무(公務) 이외에는 출입을 금함.

【非官方】fēiguānfāng 形 비공식적인. 사적인. ¶～消息 | 비공식 뉴스.

【非核国家】fēihéguójiā 名組 비핵보유국.

【非…即…】fēi…jí… …아니면 …이다. ¶非此即彼 | 이것이 아니면 저것이다. ¶非亲即友 | 친척이 아니면 친구이다.

【非交战国】fēijiāozhànguó 名組 비교전국.

【非今是昔】fēi jīn shì xī 成 지금을 그르다 하고 옛날을 옳다 함. 새로운 것을 그르다 하고, 낡은 것을 옳다 함 ⇔〔非昔是今〕

【非金属】fēijīnshǔ 圖〈化〉비금속. ¶～元素 | 비금속 원소. ¶～光泽 | 비금속 광택. ¶～矿物 | 비금속 광물.

【非晶体】fēijīngtǐ 名〈鑛〉비결정체.

【非军事化】fēijūnshìhuà 비무장화하다.

【非军事区】】fēijūnshìqū 名組〈軍〉비무장 지대

【非类】fēilèi 書 名 ❶ 행실이 바르지 않은 자. ¶不交～ | 나쁜 무리와는 어울리지 않는다. ❷ 같은 종류나 같은 종족이 아닌 것.

【非离子】fēilízǐ 名〈化〉비이온.

【非礼】fēilǐ 圖 예의에 어긋나다. 무례하다. ¶～行为 | 예의에 어긋나는 행위.

【非驴非马】fēi lǘ fēi mǎ 成 당나귀도 말도 아니다. 죽도 밥도 아니다 =〔非鸦非凤〕

【非卖品】fēimàipǐn 名 비매품. ¶这种纪念册是～ | 이런 기념 책자는 비매품이다.

【非命】fēimìng 名 비명. 횡사(橫死). ¶他死于～ | 그는 횡사했다.

【非难】fēinàn 名 動 비난(하다). 힐책(하다). ¶他这样做是对的, 是无可～的 | 그가 이렇게 하는 것은 옳은 것이니, 힐책할 수 없다. ¶遭到同事的～ | 동료의 비난을 받다.

【非诺尔】fēinuò'ěr 名 外〈化〉페놀(phēnol).

【非亲非故】fēi qīn fēi gù 成 친족도 친지도 아니다. 일가도 친구도 아니다.

【非特】fēitè ⇒〔非但〕

【非条件刺激】fēitiáojiàn cìjī 名組〈心〉무조건 자극.

【非条件反射】fēitiáojiàn fǎnshè 名組〈心〉무조건 반사 =〔无条件反射〕

【非同小可】fēi tóng xiǎo kě 成 예삿일이 아니다. 사소한 일이 아니다. 학문이나 기능이 보통이 아니다. ¶这件事～, 你要好好儿思量 | 이 일은 예삿일이 아니니, 너는 잘 생각해야 한다 =〔非通小可〕

【非同寻常】fēi tóng xún cháng 成 보통이 아니다. 각별하다. 예외이다. ¶老金和他们建立了～的关系 | 김씨는 그들과 각별한 관계를 맺었다.

【非徒】fēitú ⇒〔非但〕

【非我族类, 其心必异】fēi wǒ zú lèi, qí xīn bì yì 成 한 겨레가 아니면 마음도 다르다. 한 겨레가 아니면 믿지 말라.

【非昔是今】fēi xī shì jīn 成 옛날을 그르다 하고 지금을 옳다 함 ⇔〔非今是昔〕

【非笑】fēixiào 動 조소하다. 비웃다.

【非刑】fēixíng 名 부당한 형벌. ¶～拷kǎo打 =〔非刑毒打〕| 불법으로 고문하다.

【非议】fēiyì 書 ❶ 動 비방하다. 비난하다. ¶无可～ | 비난의 여지가 없다. ❷ 名 비난. 이의(異議).

【非圆唇元音】fēiyuánchún yuányīn 名組〈言〉비원순 모음. 전순(展脣) 모음.

【非战】fēizhàn ❶ 名 반전(反戰). 전쟁 반대 ¶～论 | 반전론. ❷ 動 전쟁을 반대하다.

【非正规军】fēizhèngguījūn 名組〈軍〉비정규 군 =〔非正规兵〕→〔正zhèng规军〕

【非正式】fēizhèngshì 圖 비공식의. 비공식적인.

¶～访问 | 비공식 방문. ¶～会议 | 비공식 회의.

【非洲】Fēizhōu [名]〈地〉아프리카 주.「阿Ā非利加洲」의 약칭. ¶亚Yà非各国 | 아시아·아프리카 제국.

【非洲统一组织】Fēizhōu Tǒngyī Zǔzhī [名組] 아프리카 통일 기구.

【非主流】fēizhǔliú [名] 비주류. ¶他们这一派在政坛上属于～ | 그들 일파들은 정치 집단에서 비주류에 속한다.

1【啡】fēi 커피 비, 모르핀 비
⇒〔咖kā啡〕〔吗mǎ啡〕

【菲】fēi fěi 채소이름 비, 엷을 비, 향초 비
[A] fēi ❶ [書][形] 화초가 무성하다. ¶芳～ | 화초가 무성하다. ❷ [書][形] 향기롭다→〔菲菲〕 ❸ [名]〈化〉페난트렌(phenanthrene)＝〔品三苯〕 ❹ [名][簡]「菲律宾」(필리핀)의 약칭.
[B] fěi ❶ 보잘것없다. 변변치 못하다. 가볍다. 적다 [주로 겸손의 뜻으로 사용됨] ¶～薄的礼物 | 보잘것없는 선물→〔菲仪〕 ❷ [名]〈植〉고서(古書)에서 무 비슷한 야채를 가리킴.

[A] fēi

【菲菲】fēifēi [書][狀] ❶ 무성하고 아름답다. ¶绿草～ | 푸른 풀이 무성하다. ❷ 향기가 그윽하다. ❸ 어지럽게 뒤섞여 있다.

【菲律宾】Fēilǜbīn [名][外]〈地〉필리핀(Philippines) [아세아에 있는 섬나라. 수도는「马尼拉」(마닐라;Manila)]

[B] fěi

【菲薄】fěibó [書] ❶ [形] (능력이나 재력 등이) 약하다. (대우가) 박하다. (질이) 나쁘다. (수량이) 적다. ¶～的礼品 | 질이 나쁜 물건. ¶工资～ | 임금이 박하다＝〔匪薄②〕 ❷ [動] 겸손해하다. ¶妄自～ | 무턱대고 겸손해하다.

【菲仪】fěiyí [書][名][謙] 변변치 못한 선물. 조품(粗品)＝〔菲敬〕〔菲礼〕〔菲物〕

【绯(緋)】fēi 붉을 비, 비단 비
[名] ❶〈色〉적색(赤色)＝〔绯色〕 ¶～红↓ ❷ 붉은 비단.

【绯红】fēihóng [形] 새빨갛다. ¶两颊jiá～ | 양쪽 뺨이 새빨갛다. ¶～的晚霞xiá | 붉게 타오르는 저녁놀.

【扉】fēi 문짝 비
[名] ❶ [書] 문짝. ¶柴～ | 사립문. [轉] 보잘것없는 허술한 집. ❷ [喻] 문과 같은 것. ¶心～ | 마음의 문. ❸ 책의 속표지.

【扉画】fēihuà [名] 속표지의 삽화.

【扉页】fēiyè [名] ❶ 속표지. ¶～上写着「献给恩师」| 속표지에「선생님께 올림」이라고 쓰여져 있다＝〔内封〕〔里封面〕〔副封面〕〔封面①〕 ❷ 면지(面紙).

【蜚】fēi fěi 바퀴 비, 날 비
[A] fēi [書][動] 날다＝〔飞〕
[B] fěi [書][名] ❶ 바퀴벌레 [바퀴과에 속하는 곤충으로 몸빛은 갈색이고 악취가 남]＝〔蜚蠊lián〕 ❷ 베짱이.

[A] fēi

【蜚短流长】fēi duǎn liú cháng ⇒〔飞短流长〕

【蜚声】fēishēng [書][動] 명성을 날리다. 유명해지다. ¶～银坛 | 영화계에서 유명해지다. ¶他以学术而～海外 | 그는 학술 분야에서 해외에 명성을 날리다. ¶～文坛 | 문단에서 유명하게 되다.

【蜚语】fēiyǔ ⇒〔飞语〕

[B] fěi

【蜚蠊】fěilián [名]〈蟲〉바퀴벌레＝〔蟑螂zhāngláng〕

【霏】fēi 눈올 비, 나부낄 비
[書] ❶ [狀] 눈·비 등이 심하게 내리다. ¶淫雨～～ | 장마비가 주룩주룩 내리다＝〔雨雪霏霏〕 ❷ [動] 나부끼다. 흩날리다. ¶烟～云敛 | 안개가 흩어져 날리고, 구름이 모이다.

【霏霏】fēifēi [書][狀] (비·눈·연기·구름 등이) 매우 심하다. ¶雨雪～ | 진눈깨비가 자욱하게 내리다

【霏微】fēiwēi [書][狀] (안개·가랑비 등이) 자욱하다.

【鲱(鯡)】fēi 청어 비, 곤이 비
[名]〈魚貝〉청어＝〔鲱鱼〕

féi ㄈㄟˊ

2【肥】féi 살질 비, 기름지게할 비
❶ [形] 지방분이 많다. 살지다 [일반적으로 사람에게는 쓰이지 않음] ¶这两只兔子都很～ | 이 두 마리 토끼 모두 매우 살지다. ¶～肉大酒 | 살진 고기와 좋은 술 ⇔〔瘦shòu〕→〔胖pàng〕 ❷ [形] (옷의 품이나 신발의 크기 따위가) 커서 헐렁하다. 너르다. ¶裤管儿太～ | 바지통이 너무 헐렁하다. ¶腰身得再～一点儿 | 허리품이 좀더 헐렁해야 한다. ❸ [形] (땅이) 비옥하다. 기름지다. ¶这块地很～ | 이 땅은 매우 비옥하다 ⇔〔瘦shòu〕 ❹ [動] 땅을 비옥하게 하다. 비료를 주다. ¶～田↓ ❺ [名] 비계. 기름기. ¶我买的肉～的少, 瘦的多 | 내가 산 고기는 비계는 적고, 살은 많다. ❻ [名] 비료. 거름. ¶化～ | 화학비료. ¶上～ | 거름을 주다. ¶氨～ | 암모니아 비료→〔肥料〕〔肥田〕 ❼ (Féi) [名] 성(姓).

【肥膘】féibiāo [名] 지육(脂肉). ¶长得一身～, 确实该减减肥了 | 몸이 비만하니, 확실히 지방질을 빼야겠다.

【肥肠(儿)】féicháng(r) [名] (식품용의) 양이나 돼지의 대장. ¶猪zhū～ | 돼지의 창자.

【肥畜】féichù [名] 살찐 가축.

【肥大】féidà ❶ [形] 커서 헐렁하다. ¶衣服～ | 옷이 커서 헐렁하다. ❷ [形] 비대하다. ¶～的河马 | 비대한 하마 ‖ ⇔〔瘦shòu小〕 ❸ [名]〈醫〉이상 비대. ¶心脏～ | 심장 비대.

【肥地】féidì [名] 기름진 땅＝〔肥田②〕

【肥分】féifèn [名]〈農〉비료의 성분.

【肥汉】féihàn [名] 뚱뚱보.

【肥厚】féihòu [形] ❶ 살이 쪄서 두텁다. 두툼하다. ¶～的手掌zhǎng | 두툼한 손바닥. ❷ (토지층이) 비옥하고 두껍다. ❸ (음식이) 맛이 있고 진하다.

【肥力】féilì [名]〈農〉토양의 비옥도(肥沃度).

3【肥料】féiliào [名] 비료. ¶钾jiǎ质～ | 칼리 비료. ¶有机～ | 유기 비료. ¶农家～ | 농가 비료.

【肥马轻裘】féi mǎ qīng qiú [成] 살찐 말과 가벼운 털

가죽 옷. 호사스런 생활. ¶他～, 畅游江南 | 그는 호사스런 생활을 하며, 강남을 마음껏 유람하다.

【肥煤】féiméi 名〈鑛〉점결탄.

【肥美】féiměi 形 ❶ (땅이) 비옥하다. 기름지다. ¶～的土地 | 기름진 땅. ❷ 살지고 기름지다. 토실토실하다. ¶～的牛羊 | 살이 쪄서 기름진 소와 양. ¶～的牧草 | 기름진 목초.

【肥嫩】féinèn 形 (고기 따위가) 살이 쪄서 말랑말랑하다.

【肥腻】féinì 形 고기가 기름기가 많다.

【肥年】féinián 名 풍년. 풍족한 살림살이. ¶过一个～ | 풍족한 생활을 하다.

【肥胖】féipàng 形 뚱뚱하다. ¶～病 | 비만증.

【肥缺】féiquē 名 옛날, (주로 불법적인) 수입이 좋은 관직. ¶这个～引得好多人争呢 | 이 관직은 많은 사람과의 다툼을 불러 일으킨다 =〔美měi缺〕

【肥肉】féiròu 名 ❶ 비육. 기름진 고기. ¶～大酒 | 살진 고기와 좋은 술. 喻 호화로운 요리 =〔大dà肉②〕→〔瘦shòu肉〕❷ 喻 부유한 가정.

【肥上加膘】féishàng jiābiāo 動組 살진 데다가 또 살이 오르다. 喻 좋은 일이 겹치다.

【肥实】féi·shi 形 ㊀ ❶ 살지다. ¶～的马 | 살찐 말. ❷ 지방질이〔기름기가〕많다.

【肥瘦儿】féishòur 名 ❶ (옷의) 품 =〔肥瘦②〕❷ 方 비계와 살코기가 반반 있는 고기. ¶这块肉～正好 | 이 고기는 비계와 살코기가 반반이어서 딱 좋다 =〔肥瘠jí①〕

【肥硕】féishuò 形 ❶ 書 (과실이) 크고 알차다. ❷ (지체가) 크고 살지다.

【肥田】féi/tián ❶ 動 (거름·비료를 주어) 논밭을 기름지게 하다. ¶～草 | 퇴비용 풀. ¶～粉 =〔硫liú酸铵〕| ㊀ 유산 암모늄. ❷ (féitián) 名 비옥한 전답. 옥답(沃畓) =〔肥地〕〔肥土②〕

【肥田料】féitiánliào 名 비료 =〔田料〕

【肥头大耳(朵)】féitóu dàěr(·duo) 狀組 포동포동 살이 찌다. ¶这家伙长得～的 | 이 집 사람들은 포동포동 살이 올라 있다.

【肥土】féitǔ ❶ 名 옥토. 기름진 땅. ❷ ⇒〔肥田②〕

4【肥沃】féiwò 形 비옥하다. ¶～的土地 | 비옥한 토지 =〔肥饶ráo〕⇔〔瘠jí薄〕

【肥效】féixiào 名〈農〉비료 효과.

【肥袖】féixiù 名 넓은 소매.

【肥腴】féiyú 形 ❶ 비옥한. ❷ 살이 찐.

【肥育】féiyù 名 動〈牧〉비육(하다). ¶～期 | 비육기. ¶～牛 | 비육우 =〔育肥〕〔催肥〕

【肥源】féiyuán 名〈農〉비료의 원료 공급원.

3【肥皂】féizào 名 ❶ 세탁비누. ¶～泡 | 비누 거품. ¶～盒 | 비누합. ¶～粉 | 가루비누 =〔方 洋碱〕〔方 胰子〕→〔香xiāng皂〕❷ 무환자나무 열매의 육질(肉質) 부분 [옛날, 갈아서 세탁에 사용했음]

【肥猪】féizhū 名 살찐 돼지. 喻 뚱보. ¶～粉 | 돼지의 촉비(促肥) 사료.

【肥壮】féizhuàng 形 (가축 따위가) 살찌고 힘이 세다. (열매 따위가) 알차다. ¶牲口～ | 가축이 살찌고 힘이 세다.

【淝】Féi 물이름 비
名〈地〉비수(淝水)[안휘성(安徽省)을 흐르는 강 이름]

【蜰】féi 빈대 비
書 名〈蟲〉빈대 =〔臭chòu虫〕

【腓】féi 장딴지 비
書 名 장딴지. 종아리 =〔腿肚(子)〕〔小腿肚(子)〕

【腓肠肌】féichángjī 名〈生理〉비장근.

【腓骨】féigǔ 名〈生理〉비골. 종아리뼈.

fěi ㄈㄟˇ

4【诽(誹)】fěi 헐뜯을 비
動 사람을 비난〔비방〕하다. 헐뜯다. ¶腹～心谤bàng | 마음 속으로 비방하고 있다. ¶不要信口～谤人 | 입에서 나오는 대로 남을 헐뜯어서는 안 된다.

4【诽谤】fěibàng 動 비방하다. ¶～诽谤同事是不道德的 | 동료를 비방하는 것은 비도덕적이다. ¶～罪 | 명예 훼손죄. ¶～之木 =〔华表木〕| 옛날, 간언(諫言)하고 싶은 말을 쓰도록 한 나무 =〔毁huǐ谤〕

4【匪】fěi 비적 비, 아닐 비
❶ 名 강도. 비적(匪賊). 토비. ¶土～ | 토비. ¶剿～ | 비적을 토벌하다. ❷ 행위가 바르지 못한 사람. ¶～类↓ =〔匪人〕❸ 形 경솔하다. 경망하다. ¶她打扮得很～ | 그녀는 차림새가 매우 단정치 못하다. ❹ 書 副 …이 아니다 =〔非〕〔不〕〔不是〕¶获益～浅 | 이익되는 바가 적지 않다. ¶得之～易 | 이것을 얻는 것은 쉽지 않다.

【匪帮】fěibāng 名 비적 집단. 도당. ¶法西斯～ | 파시스트 도당 →〔匪特①〕

【匪兵】fěibīng 名 적병. ¶打得～哇哇乱叫 | 와와 어지러이 외치며 적을 공격하다.

【匪巢】fěicháo 名 비적의 소굴 =〔匪窟kū〕〔匪窝wōㄦ〕〔匪穴xué〕

【匪盗】fěidào 名 비적. 도적.

【匪患】fěihuàn 名 비적(匪賊)들에 의한 재난 =〔匪祸〕

【匪祸】fěihuò ⇒〔匪患huàn〕

【匪军】fěijūn 名 貶 적군(敵軍). 적병(敵兵)

【匪窟】fěikū ⇒〔匪巢cháo〕

【匪类】fěilèi 名 ❶ 강도. ❷ 불량배. ❸ 폭도.

【匪气】fěi·qi ❶ 形 품위가 없다. 천하다. 불성실하다. ¶～的话 | 천한 말. ❷ 名 불쾌감. 혐오감.

【匪石匪席】fěi shí fěi xí 成 마음이 영원히 변치 않는다.

【匪石之心】fěi shí zhī xīn 成 영원토록 변치 않는 마음.

【匪首】fěishǒu 名 비적의 두목.

【匪特】fěitè ❶ 名 비적의 특무 공작원 →〔匪帮〕❷ ⇒〔非fěi但〕

4【匪徒】fěitú 名 ❶ 강도. ¶清除～五十人 | 강도 오십명을 처리하다. ❷ 악당. 무뢰한.

【匪穴】fěixué ⇒〔匪巢〕

【匪夷所思】fěi yí suǒ sī 成 ❶ 보통 사람은 생각해 낼 수도 없다. ¶发生这种事情实在是～ | 이

런 일이 발생하는 것은 사실 보통 사람은 생각해 낼 수도 없다. ❷생각이 괴이하다.

【匪贼】fěizéi 名 비적.

【菲】fěi ☞ 菲 fēi B

【悱】fěi 말나오지아니할 비
書 形 ❶말로써 표현해 내지 못하다. 우물거리다. ¶不～不发 | 말로 표현하지 못해 어물거리지 않으면 계발(啓發)하지 않는다《論語·述而》 ❷가엽게 여기다. 슬프고 마음이 괴롭다. ¶～恻↓

【悱恻】fěicè 書 動 마음속으로 슬퍼하며 괴로워하다. ¶缠绵chánmián～ | 슬픔에 잠기다.

【斐】fěi 문채날 비
❶書 形 문채(文彩)가 아름답다. ¶文彩～然 | 문장이 뛰어나다. ❷書 形 현저하다. 뛰어나다. ¶他的成绩～然 | 그는 성적이 뛰어나다. ❸名 外 (그리스 문자의) 피(φ)→〔希腊字母〕 ❹(Fěi) 名 성(姓).

【斐济】Fěijì 名 外 〈地〉 피지(Fiji) [남태평양의 섬나라. 수도는「苏瓦」(수바;Suva)]

【斐然】fěirán 書 朊 ❶문채(文彩)가 있다. ¶～成章 | 威 글 재간이 대단하다. 글을 잘 쓰다. ❷우수하다. 현저하다. ¶学习成绩～ | 학업 성적이 우수하다.

【榧】fěi 비자나무 비
名 〈植〉 비자. 비자나무 [과실로는 기름을 짜거나 한약제로 쓰며, 목재는 건축용으로도 사용됨] =〔榧fěi树〕〔香榧〕

【榧实】fěishí ⇒〔榧子②〕

【榧子】fěi·zi 名 ❶〈植〉 비자나무. ❷비자나무의 열매 =〔榧实〕〔香xiāng榧〕〔回 三代果〕〔玉山果〕 ❸엄지 손가락과 장지를 튕겨서 소리를 내는 것.

【翡】fěi 물총새 비
⇒〔翡翠fěicuì〕

【翡翠】fěicuì 名 ❶〈鳥〉 물총새 =〔翡翠鸟〕〔翡雀儿〕〔翠鸟〕〔鱼狗〕〔水狗②〕〔赤chì羽雀〕 ❷〈鑛〉 비취 =〔翡玉〕〔翠玉〕〔硬玉〕

【蜚】fěi ☞ 蜚 fēi B

【篚】fěi 광주리 비
書 名 대나무로 만든 광주리 같은 용기→〔筐kuāng①〕

fèi ㄈㄟˋ

【吠】fèi 짖을 폐
動 개가 짖다. ¶群犬狂～ | 여러 마리의 개가 몹시 짖어 대다. ¶一犬～形, 百犬～声 | 개 한 마리가 그림자를 보고 짖으면, 다른 개들도 모두 따라 짖는다.

【吠叫】fèijiào 動 (개가) 짖다.

【吠日】fèirì 사천성(四川省) 지방은 안개가 잦아서 해를 보는 일이 드물다보니, 그 곳의 개는 해가 나오면 이상하게 여겨 짖어댄다는 뜻. 喻 견문이 좁아서 새로운 것을 이상하게 생각하다.

【吠陀】Fèituó 名 外 〈書〉 〈佛〉 베다(Veda;범) =〔韦Wéi陀〕〔毗Pí陀〕〔韦驮tuó〕

【吠形吠声】fèi xíng fèi shēng ⇒〔一犬吠影, 百犬吠声〕

【芾】fèi fú 작을 비, 우거질 불
A fèi 書 名 작은 나무 줄기와 작은 나뭇잎. ¶蔽bì～ | 수목의 가지나 잎이 작고도 잘 우거져 있다.
B fú ❶形 초목이 무성하다. ❷名 옛날 제복(祭服)의 일종 =〔祓fú〕

2【肺】fèi 허파 폐, 마음 폐
名 ❶폐. 허파. ¶尘～ | 진폐 =〔肺脏〕 ❷書 심중(心中). 마음속→〔肺腑〕

【肺癌】fèi'ái 名 〈醫〉 폐암.

【肺病】fèibìng ⇒〔肺结核〕

【肺部】fèibù 名 〈生理〉 폐부.

【肺动脉】fèidòngmài 名 〈生理〉 폐동맥.

【肺腑】fèifǔ 名 ❶〈生理〉 폐부. 폐장. ❷轉 진심. 내심(內心). ¶肺腑之言 | 흉금에서 우러나는 말. ¶～里掏tāo出来的话 | 속마음을 털어놓은 이야기. ¶感人～ | 마음 속에 감명을 주다. ❸喻 친밀한 관계〔사람〕=〔肝gān膈〕

【肺活量】fèihuóliàng 名 폐활량.

【肺结核】fèijiéhé 名 〈醫〉 폐결핵. ¶老金害过～ | 김씨는 폐결핵을 앓은 적이 있다 =〔俗 肺病〕〔回 肺痨láo〕〔痨(病)〕〔肺劳〕

【肺痨】fèiláo ⇒〔肺结核〕

【肺瘰】fèiluǒ 名 〈漢醫〉 폐결핵.

【肺脓肿】fèinóngzhǒng 名 〈醫〉 폐농양(肺膿瘍) =〔肺痈yōng〕

【肺泡】fèipào 名 〈生理〉 폐포. 허파꽈리 =〔肺胞〕〔气胞〕

【肺气肿】fèiqìzhǒng 名 〈醫〉 폐기종 =〔肺胀zhàng〕

【肺吸虫】fèixīchóng 名 〈醫〉 폐디스토마 =〔肺蛭zhì〕〔肺叶蛭〕

【肺循环】fèixúnhuán 名 〈生理〉 폐순환 =〔小循环〕

【肺炎】fèiyán 名 〈醫〉 폐렴. ¶孩子得了～ | 아이가 폐렴에 걸리다 =〔肺热病〕〔肺风〕

【肺鱼】fèiyú 名 〈魚貝〉 폐어.

【肺脏】fèizàng 名 〈生理〉 폐장. 폐.

【佛】fèi ☞ 佛 fú

3【沸】fèi 끓을 비
❶動 (액체를) 끓이다. 끓다. 비등하다. ¶整个市场一片～腾 | 온 시장이 들끓다. ¶把水煮zhǔ～ | 물을 펄펄 끓이다. ¶～腾↓ ❷動 (물 따위가) 솟아 나오다→〔沸泉〕 ❸書 形 소란하다. 시끄럽다. ¶鼎～ | 떠들썩하다. 의론이 분분하다. ¶～天震地 | 천지를 진동하다.

【沸点】fèidiǎn 名 〈物〉〈化〉 비등점.

【沸反盈天】fèi fǎn yíng tiān 威 왁자지껄하다. ¶整个会场～ | 온 회장이 왁자지껄하다.

【沸沸扬扬】fèi fèi yáng yáng 威 왁자지껄하다. 자자하다. 파다하다. ¶大家～地嚷rǎng起来 | 다들 왁자지껄하게 떠들기 시작하다 =〔沸沸腾腾téng〕

【沸泉】fèiquán 名 (80℃ 이상의) 온천.

【沸热】fèirè 朕 후끈후끈하다.
【沸水】fèishuǐ ❶名 끓는 물. ❷書動 물을 끓이다.
3【沸腾】fèiténg 動 ❶〈物〉비등하다. ❷ 들끓다. 떠들썩해지다. ¶物议～ | 사람들의 비난이 떠들석하다. ¶民怨～ | 백성의 원성이 들끓다. ¶热血～ | 뜨거운 피가 끓어오르다.

【狒】fèi 원숭이 비
⇒〔狒狒〕
【狒狒】fèifèi 名〈動〉비비[머리가 개 같이 생긴 아프리카 원숭이] =〔犬头猿〕〔俗 狗头猴〕

2【费(費)】fèi 쓸 비, 소모할 비
❶名 요금. 비용. 수수료. ¶保险～ | 보험료. ¶经～ | 경비. ¶电～ | 전기 요금. ¶免～ | 무료로 하다. ❷動 쓰다. 소비하다. 들이다. 헤프다. ¶浪～ | 낭비하다. ¶这样做太～钱啊 | 이렇게 하려면 돈이 너무 많이 든다. ¶叫你～心了 | 걱정을 끼쳤습니다. ¶他穿皮鞋太～ | 그는 구두를 너무 헤프게 신는다. ¶～工夫↓ ⇔〔省shěng ③〕 ❸形 성가시다. 힘들다. ¶这书上的字很小, 太～眼 | 이 책의 글자는 너무 작아서, 무척 보기 힘들다. ❹ (Fèi) 名 성(姓).
【费边主义】Fèibiān zhǔyì 名 外〈政〉페이비어니즘(Fabianism) =〔费边社会主义〕
【费唇舌】fèi chúnshé 動組 ❶ 장광설을 늘어놓다. 쓸데없는 말을 하다. ¶好了好了, 别～了 | 좋아 좋아, 쓸데없는 말 하지마. ❷ 입이 아프도록 설명〔충고〕하다. ¶费了不少唇舌, 才算把他说通了 | 입이 아프도록 설명하고서야 비로소 그가 설득된 것 같다.
【费电】fèi/diàn 動 ❶ 전력을 쓰다. ❷ 전력이 소비되다.
【费厄泼赖】fèiè pōlài 名 外 페어 플레이(fair play).
【费尔】fèiěr 名 外〈錢〉필(fil) [이라크·요르단의 보조 화폐]
【费工夫】fèi gōng·fu ❶ 시간이 걸리다. 시간을 낭비하다. ¶这种牙雕很～ | 이러한 상아 조각은 시간이 많이 걸린다. ❷ 품이 들다. 잔손이 많이 가다.
【费话】fèi/huà ❶動 불필요한 이야기를 하다. ¶不用～ | 쓸데없는 이야기 하지 말라→〔废话②〕 ❷動 많은 말을 허비하다. 상세한 설명을 하다. ¶我费了许多话才把他说服 | 나는 많은 말을 허비하고서야 비로소 그를 설복했다 =〔费嘴zuǐ〕 ❸ (fèihuà) 名 쓸데없는 말 =〔废话①〕
【费解】fèijiě 形 (문장이나 말이) 알기 어렵다. 난해하다. ¶他这句话太～了 | 그의 이 말은 정말 난해하다.
【费劲(儿)】fèi/jìn(r) ❶動 힘을 들이다. 애를 쓰다. ¶～拔力 | 成 힘을 들여 짜내다. ❷ (fèijìn(r)) 形 힘들다. ¶这山越往上爬越～ | 이 산은 오르면 오를수록 더욱더 힘이 든다. ¶这种话儿干起来很～ | 이 말을 하려니까 매우 힘이 든다.
【费尽心机】fèi jìn xīn jī 成 ❶ 심혈을 기울이다. ❷ 온갖 계책을 다 쓰다.
3【费力】fèi/lì ❶動 애쓰다. 정력〔힘〕을 소모하다. ¶～不讨好 | 諺 애쓴 보람이 없다. ❷ (fèilì) 形 일이 까다롭다. 힘들다. ¶不怕～ | 힘든 것을 두려워하지 않다.
【费料】fèi/liào 動 ❶ 원료나 자재를 많이 사용하다. ❷ 재료비가 비싸게 들다.
【费难】fèi/nán ⇒〔费事〕
【费钱】fèi/qián ❶動 돈을 쓰다. 돈을 낭비하다 =〔费钱化钞chāo〕 ❷ (fèiqián) 形 돈이 들다 ‖ ⇔〔省shěng钱〕
【费神】fèi/shén ⇒〔费心〕
【费时】fèishí ❶動 시간을 소비하다. ❷形 시간이 걸리다 ⇔〔省shěng时〕
【费事】fèi/shì ❶動 품을 들이다. 힘을 들이다. ❷ (fèishì) 形 귀찮다. 번거롭다. 까다롭다. ¶给你们烧点水喝, 并不～ | 너희들에게 마실 물을 좀 끓여 주는 것은 그리 힘들지 않다 ‖ =〔费难〕〔费手〕〔费手脚〕 ⇔〔省shěng事〕
【费手脚】fèi shǒujiǎo ⇒〔费事〕
【费唾沫】fèi tuò·mo 動組 쓸데없는 말을 하다.
【费鞋】fèixié ❶動 (신는 버릇이 나빠서) 신발이 잘 닳다. ❷形 신발이 닳기 쉽다.
【费心】fèi/xīn ❶動 마음〔신경〕을 쓰다. 걱정하다. ¶这件事真叫你～ | 이 일은 너에게 정말 신경 쓰이게 한다→〔分fēn心〕 ❷套 귀찮으시겠습니다만 [부탁이나 감사의 뜻] ¶叫您～! | 귀찮게 해드려 죄송합니다! ¶～! | 신경 써 주셔서 감사합니다! ¶您要是见到他, ～把这封信交给他 | 당신이 그를 만나게 되면 귀찮으시겠습니다만 이 편지를 그에게 전해 주십시오 ‖ =〔费神〕
【费心思】fèi xīnsī 動組 마음〔정신〕을 쓰다. 배려하다. 궁리하다. 고심하다. ¶这样做也是白～ | 이렇게 하는 것 역시 헛되이 마음 쓰는 것이다.
【费心血】fèi xīnxuè 動組 심혈을 기울이다. 대단히 고심하다.
【费眼】fèiyǎn 動 눈을 피로하게 하다. 시력을 상하게 하다.
2【费用】fèi·yòng 名 비용. ¶住宿～ | 숙사비. ¶生产～ | 생산비.
【费周折】fèi zhōuzhé 動組 손이 많이 가다.
【费嘴皮子】fèi zuǐpí·zi 쓸데없는 말을 하다.

【镄(鐨)】fèi (페르뮴 비)
名〈化〉화학 원소명. 페르뮴(Fm ; fermium) [악티늄(Actinium)계열에 딸린 인공 방사성 원소의 하나]

3【废(廢)〈癈癈〉】fèi 못쓰게될 폐
❶動 폐지〔폐기〕하다. 버리다. ¶～除封建制度 | 봉건 제도를 폐지하다. ¶把～弃的土地变成良田 | 버렸던 밭을 좋은 밭으로 만들다. ❷動 그만두다. 포기하다. ¶我不能半途而～ | 나는 중도에서 포기할 수 없다. ❸形 불구의. 불구가 된. ¶残～的人 | 불구자. ❹形 名 효력이 없어진 (것). 쓸모없는 (것). 쓰고 남은 (것). ¶百～俱兴 | 成 온갖 못쓰게 되어 있던 것을 새롭게 하다. ¶修旧利～ | 成 옛 것을 수리하고, 폐품을 이용하다.
【废弛】fèichí 動 (규율·기풍 따위가) 문란해지다. 풀어지다. ¶～公事 | 공무를 태만하게 하다.

[3]【废除】fèichú 動 (법령·제도 등을) 취소하다. 폐지하다. 폐기하다. ¶～不平等条约｜불평등 조약을 폐기하다. ¶他俩～了婚约｜그들 두 사람은 결혼 약속을 취소했다＝〔弃qì除〕

【废黜】fèichù 動 파면하다. 폐위시키다. (특권이 있는 지위에서) 쫓아내다.

【废掉】fèidiào 動 없애 버리다. 파기하다.

[3]【废话】fèihuà ❶ 名 쓸데없는 말. ¶～! 我还不知道?｜쓸데없는 소리! 내가 아직 모르는 줄 알아?＝〔闲话〕 ❷ 動 쓸데없는 말을 하다. ¶别～｜쓸데없는 소리 하지 마라. ¶～连篇｜成 쓸데없는 소리를 늘어놓다. 지루한 공담(空談).

【废货】fèihuò 名 罵 병신. 무능력자. ¶他真是个～!｜그는 정말 무능력자이다.

【废旧】fèijiù 區 낡아서 쓸모가 없는. ¶～物资｜폐기 물자.

【废料】fèiliào 名 ❶ 폐기물. 폐품. 소용이 없는 재료. ❷ 罵 쓸모 없는 놈 ‖＝〔废材〕

[4]【废品】fèipǐn 名 ❶ 폐품. ¶～收购站｜폐품 매입소. ¶～回收｜폐품 회수. ❷ 불합격품. 불량품. ¶最近十年来没出过～｜최근 10년 이래 불량품을 낸 적이 없다 ‖＝〔废件〕

[4]【废气】fèiqì 名 폐기. 배기(排氣)→〔三废〕

【废弃】fèiqì 動 폐기하다. ¶～原判｜〈法〉 원심을 파기하다.

【废寝忘食】fèi qǐn wàng shí 成 침식을 잊다. ¶～地工作｜침식을 잊은듯이 일하다＝〔废寝忘餐〕〔忘寝废食〕

【废然】fèirán 書 狀 낙담하여 넋을 잃다. ¶～而归｜실망하여 돌아가다.

【废人】fèirén 名 ❶ 폐인. ¶他是一个～｜그는 폐인이다. ❷ 불구자. 병신. ❸ 쓸모 없는 사람. 변변치 못한 인간.

【废水】fèishuǐ 名 폐수. ¶～处理场｜폐수 처리장＝〔废液〕→〔三废〕

【废铁】fèitiě 名 고철. 파철(破鐵)＝〔败铁〕

【废铜】fèitóng 名 헌 구리. ¶～烂铁｜못 쓰게 된 쇠붙이.

【废土】fèitǔ 名 필요없는 흙.

[4]【废物】fèiwù ❶ 名 폐물. ¶～箱｜쓰레기통. ¶～利用｜폐품 이용. ❷ ⓧ fèi·wu) 名 罵 쓸모없는 놈. 무능력자. ¶你这个～｜너 이 못난 놈아＝〔废料②〕 ❸ ⓧ fèi·wu) 形 무능하다. ¶他多么低能, 多么～!｜그는 얼마나 저능이며 얼마나 무능한가! ‖＝〔朽xiǔ物〕

【废物点心】fèi·wu diǎn·xin 名組 喩 北 쓸모 없는 인간. 등신. ¶他整个一个～｜그는 완전히 쓸모없는 인간이다.

[3]【废墟】fèixū 名 폐허.

【废学】fèixué 動 중도에서 학업을 그만두다＝〔废业②〕

【废液】fèiyè 名 폐액(廢液).

【废渣】fèizhā 名 ❶ 고형(固型) 폐기물. ❷ 찌꺼기→〔三废〕

【废止】fèizhǐ ❶ 名 動 (법령·제도를) 폐지(하다). ¶～肉刑｜체형(體刑)을 폐지하다. ❷ 動 없애다. 제거하다.

【废纸】fèizhǐ 名 ❶ 파지(破紙). ¶不要乱扔～｜파지를 마구 버리지 말라. ¶作为～｜무효로 하다. ❷ 무효가 된 증권·서류.

【废置】fèizhì 動 ❶ (관공서·시설물 따위를) 폐쇄하다. ❷ 무용지물로 제쳐놓다. 묵살하다. ¶～了他的建议｜그의 건의를 묵살하다→〔弃qì置〕

【痱〈疿〉】 fèi 뾰루지 비

(～子) 名 땀띠＝〔热痱〕〔暑疹〕〔痱疮chuāng〕

【疿子粉】fèi·zifěn 名 땀띠약.

fēn ㄈㄣ

1 【分】 fēn fèn 나눌 분, 본분 분

Ⓐ fēn ❶ 動 나누다. 구분하다. ¶这药～两次吃｜이 약은 두 번에 나누어서 복용하시오⇔〔合hé②〕 ❷ 動 분배하다. 배당하다. ¶这个工作～给他｜이 일은 그에게 배당한다. ¶他～到了一千斤粮食｜그는 천 근의 양식을 분배받았다. ❸ 動 분별하다. 식별하다. 가리다. ¶不～青红皂白｜옳고 그른 것을 가리지 않다. ❹ 量 전체를 몇으로 나눈 부분. ¶三～之一｜3분의 1. ¶百～之六｜100분의 6. 6%. ❺ 量 분. 푼 [단위의 명칭] ⓐ (길이의) 푼 [10「分」은 1「寸」] ¶十～是一寸｜열 푼은 한 치이다. ⓑ 토지의 면적 [10「分」은 1「亩」] ¶五～果树园子｜반 묘의 과수원. ⓒ (중량의) 푼 [10「分」은 1「钱」] ¶一两五钱三～｜한 냥 닷 돈 서 푼. ⓓ (화폐 제도의) 전 [10「分」은 1「角」] ¶三～钱｜3전. ⓔ (시간의) 분 [60「分」은 1「小时」] ⓕ (각도의) 분 [60「分」은 1「度」] ¶东经129度15～｜동경 129도 15분. ❻ (～儿) 量 (학업 성적·스포츠 따위의) 점. ¶得了三十～｜30점을 받았다. ¶赛球赢了五～｜시합에서 5점 이겼다. ❼ 量 (이율의) 푼. 할 [월리 1「分」은 100분의 1, 연리 1「分」은 10분의 1] ¶月利一～｜월리 1푼. ❽ 書 形 조금. 근소한. 얼마 안 되는 [적은 양을 나타냄] ¶惜～阴｜촌음을 안타까워 하다. ❾ 부분. ¶部～｜부분. ¶～会↓ ❿ 〈數〉 분수. ¶约～｜약분(하다).

Ⓑ fèn ❶ 名 본분. 지위. 직책. 권리의 한도. ¶本～｜본분. ¶保卫祖国, 人人有～｜조국을 지키는 데는 사람마다 다 책임이 있다. ❷ 성분. ¶水～｜수분. ❸「份」과 통용⇒〔份fèn〕

Ⓐ fēn

【分班】fēn/bān 動 반을〔조를〕 나누다.

【分半】fēnbàn ❶ 名 簡 1푼 5리. ¶～利钱｜1푼 5리의 이자. ❷ 動 반으로 나누다.

【分贝】fēnbèi 量 〈物〉 데시벨(db ; decibel).

【分崩离析】fēn bēng lí xī 成 뿔뿔이 흩어지다. 지리멸렬하다. 사분오열되다. ¶旧的阵营一下子～｜옛 진영이 단번에 뿔뿔이 흩어졌다.

[4]【分辨】fēnbiàn ❶ 名 動 분별(하다). 구분(하다). ¶～真正的敌友｜진정한 적과 동지를 구별하다. ❷ 名 〈物〉 분해. ¶～率｜분해능(分解能).

[4]【分辩】fēnbiàn 名 動 변명(하다). 해명(하다). ¶不容～｜변명을 허용하지 않다＝〔分说〕〔分争〕〔分证〕

2【分别】fēnbié ❶[動] 헤어지다. 이별하다. ¶他跟哥哥～了二十年 | 그와 형은 이십년간 헤어져 있었다. ❷[名][動] 구별(하다). 식별(하다). ¶～善恶 | 선악을 구분하다→〔区别②〕 ❸[名] 다름. 차이. 차별. ¶两者之间没有任何～ | 양자간에는 어떠한 차이도 없다. ❹[書][動] 분해하다. 나누다. ❺[副] 각각. 따로따로. ¶～处理 | 따로따로 처리하다. ¶～通知 | 각각 통지하다 =〔分头②〕→〔个gè别〕

【分别部居】fēn bié bù jū [成] 분류하여 배열하다.

【分兵】fēn bīng 병력을 분산시키다. 병력을 나누다. ¶～把口 | 병력을 분산하여 요소를 지키다. ¶～把守 | 병력을 나누어 지키다. ¶～而进 | 병력을 분산시켜 진격하다.

3【分布】fēnbù [動] 분포하다. 널려 있다. ¶地域～图 | 지역 분포도.

【分不开】fēn ·bu kāi [動組] 나눌〔떼어 놓을〕 수 없다. ¶～他们俩 | 그들 둘을 떼어 놓을 수가 없다 ⇔〔分得开〕

【分不清】fēn ·bu qīng [動組] 확실히 분간할 수 없다. ¶也～谁是谁非 | 누가 옳고 누가 틀렸는지 역시 분간할 수 없다 ⇔〔分得清〕

【分菜】fēncài [動] 요리를 따로따로 나누다→〔布bù菜〕

【分册】fēncè [名] 분책. ¶第二～ | 제2분책.

【分岔】fēn/chà [動] 분기하다. 갈라지다. ¶从这儿分了岔 | 여기서부터 갈라지다.

【分杈】fēnchà ❶[名] 분지(分枝). ❷(fēn/chà) [動] 가지를 가르다.

【分场】fēnchǎng [名] 연극의 횟수·출연수.

【分厂】fēnchǎng [名] 분공장(分工場).

【分成】fēnchéng [動] 나누다. ¶～两半 | 양분하다. ¶四六～ | 사륙제로 나누다.

【分出去】fēn ·chu ·qu [動組] 나누어 주다. 나누어 가져가다. ¶～一部份产业给他 | 일부분의 부동산을 그에게 나누어 주다.

【分炊】fēnchuī ⇒〔分爨cuàn〕

【分词】fēncí ❶[名]〈言〉분사. ¶现在〔过去〕～ | 현재〔과거〕 분사. ❷(fēn/cí) [動]〈言〉단어로 나누다. ¶～连写 | 단어를 단위로 한 띄어쓰기.

【分爨】fēncuàn [書][動] ❶ 분가하다. ¶兄弟～ | 형제가 분가하여 살다 =〔分灶zào〕 ❷ 별거하다 →〔分居〕 ‖ =〔分炊chuī〕〔分烟yān〕

4【分寸】ⓐ fēncùn [名] 조금. 근소. 약간. ¶～之功 | 약간의 공적. ¶～也不差 | 조금도 틀리지 않다.
ⓑ fēn·cun [名] (일이나 말의) 적당한 정도나 범위. [轉] 분별. 한계. 한도. 분수. ¶不知～ | 분수를 모르다. ¶要掌握好～ | 좋은 부분을 장악하려 하다. ¶合～ | 타당하다.

【分担】fēndān [動] 분담하다. 나누어 맡다. ¶～着别人的疼痛 | 남의 아픔을 함께 나누다.

【分道扬镳】fēn dào yáng biāo [成] 각기 제갈길을 가다. ¶老金终于跟我～了 | 김씨는 결국 나와 각기 다른 길을 걸었다 =〔分道而行〕〔分路扬镳〕

【分得】fēndé 자기 몫을 분배하여〔나누어〕 받다.

【分等】fēnděng [動] 등급을 나누다. 격(格)을 정하다. ¶产品按质～ | 생산품은 품질에 따라 등급을 정한다.

【分店】fēndiàn ⇒〔分行〕

4【分队】fēnduì [名]〈軍〉분대.

【分而治之】fēn ér zhì zhī [成] 분할 통치하다. 나누어 다스리다.

【分发】fēnfā ❶[動] (하나씩 하나씩) 나누어주다. ¶～慰问品 | 위문품을 하나씩 하나씩 나누어 주다. ❷[動] 각각 파견하다. ❸[動] (따로따로) 배치하다. ❹[名] 왼쪽으로 삐치는 서법(書法)→〔掠lüè⑤〕

【分肥】fēn/féi [動] (부당하게 얻은) 이익을 나누어 갖다. 장물(贓物)을 분배하다. ¶他也想～ | 그도 역시 이익을 나누어 가지려고 하다.

【分赴】fēnfù [書][動] 각자 (행선지로) 떠나다. ¶～不同的工作岗gǎng位 | 각자 다른 근무지로 부임하다.

【分付】fēn·fu ⇒〔吩fēn咐〕

【分高低】fēn gāodī [動組] 선악·높낮이를 가르다〔분명하게 하다〕. ¶他们两人可难～ | 그들 두사람은 우열을 가리기 힘들다.

3【分割】fēngē ❶[動] 분할하다. 갈라 놓다. ¶～韩半岛 | 한반도를 분할하다. ¶～联系 | 이어진 관계를 갈라 놓다. ❷[名] 분할. 분단.

【分隔】fēngé [動] ❶ 갈라 놓다. 사이를 두다. ❷ (방 따위를) 칸막이 하다.

【分给】fēngěi [動] 나누어 주다. 분배하다.

3【分工】fēn/gōng ❶[動] 분업하다. 분담하다. ¶～包片 | 분담하여 일정 부분을 책임지다. ❷(fēnggōng) [名] 분업. 분담. ¶～负责制 | 책임 분담제. ¶～合作 | 분업하여 합작하다. ¶国际～ | 국제적 분업 =〔分功〕〔分业〕

【分公司】fēngōngsī [名] ❶ (회사의) 지점. ❷ (국영 기업의) 계열 회사.

【分股】fēngǔ [動] ❶ 주식(株式)을 나누다→〔股份〕 ❷ 여러 개로 나누다. 조(組)로 나누다. ¶～办理 | 나누어서 처리하다.

【分光镜】fēnguāngjìng [名]〈物〉분광기(分光器).

【分规】fēnguī ⇒〔分线规〕

【分行】fēnháng [名] 지점. 분점 =〔分点①〕〔分店〕〔分号②〕〔分铺〕〔分庄〕⇔〔总zǒng行〕

【分毫】fēnháo ❶[名][喩] 극히 적은 분량. 아주 미세한 양. ¶～不错 | 털끝만큼도 틀리지 않다. ❷[形] 아주 미세하다 =〔分厘lí〕〔分厘毫丝〕〔分丝〕

【分毫不爽】fēn háo bù shuǎng [成] 조금도 틀리지 않다.

【分号】fēnhào ❶[名] 쌍반점(;). 세미콜론. ❷⇒〔分行〕

【分洪】fēnhóng [動] 홍수가 나지 않도록 상류에서 분류(分流)시키다. ¶～渠qú道 | 방수로.

4【分红】fēn/hóng [動] ❶ 인민 공사에서 사원들에게 이익을 정기적으로 배당하다. ❷ (기업 따위에서) 이익을 분배하다.

4【分化】fēnhuà ❶[動] 분화하다. 갈라지다. ❷[名][動] 분열(하다, 시키다). ¶～日本军 | 일본군을 분열시키다. ¶民族～ | 민족 분열. ❸[名]〈生〉분화.

【分会】fēnhuì [名] (회사·위원회·협회 따위의) 지부(支部). 분회(分會).

【分机】fēnjī 名 교환 전화. 구내 전화→〔总zǒng机〕

【分级】fēn/jí 動 등급을 나누다. 학년을 나누다.

【分寄】fēnjì 動 나누어 부치다. 따로따로 보내다.

【分家】fēn/jiā 動 ❶ 분가하다. 세간 나다. ¶他跟他父母～了 | 그는 부모로부터 분가했다. ❷ 분할하다. 나누다.

【分拣】fēnjiǎn 動 (각 지방으로 가는 우편물 등을) 분류해서 골라내다.

[3]【分解】fēnjiě 動 ❶ 분해하다. ❷〈化〉분해하다. ¶复～反应 | 복분해 반응. ❸ 분쟁을 해결하다. 화해시키다. ❹ 분열·와해되다. ❺ 해설하다. 설명하다 [장회 소설(章回小說) 용어임] ¶且听下回～ | 다음 회의 이야기를 들으시오. ❻〈漢醫〉열이 내리다.

【分界】fēn/jiè ❶ 動 경계를 나누다. 분계로 하다. ❷ (fēnjiè) 名 경계. 분계.

【分斤掰两】fēn jīn bāi liǎng 成 근을 나누고 양을 쪼개다. ❶ 꼬치꼬치 따지다. ❷ 빈틈없이 계획하다 =〔分金掰两〕〔分金剥两〕

【分进合击】fēn jìn hé jī 成 몇 갈래로 나누어 진군하여 함께 공격하다.

【分居】fēn/jū 動 별거하다. 분가하다. ¶他已经跟他太太～两年多了 | 그는 이미 아내와 이년여간 별거하였다→〔分爨cuàn②〕

【分局】fēnjú 名 분국. 지국(支局).

【分句】fēnjù 名〈言〉복문(複文)을 구성하는 단문→〔复fù句〕〔单dān句〕

【分开】fēn/kāi 動 ❶ 갈라지다. 떨어지다. 헤어지다. 분리되다. ¶弟兄两人～已经五年了 | 두 형제가 헤어진 지 이미 5년이 되었다. ❷ 나누다. 가르다. 구별하다. ¶把好的和坏的～ | 좋은 것과 나쁜 것을 나누다. ¶这两个问题咱们～来谈 | 이 두가지 문제는 우리가 나누어 이야기하자. ❸ 헤치다. ¶他用手～人群, 挤jǐ到台前 | 그는 손으로 사람들을 헤치고 연단 앞으로 다가갔다.

[4]【分类】fēn/lèi ❶ 動 분류하다. ❷ (fēnlèi) 名 분류. ¶～学 | 〈生〉분류학. ¶图书～法 | 도서 분류법.

【分厘】fēnlí 名 매우 적은 수량.

[3]【分离】fēnlí ❶ 名 動 분리(하다). ¶～器 | 〈化〉분리기. ¶～出氮dàn气来 | 질소를 분리해 내다. ❷ 動 헤어지다. 이별하다.

【分力】fēnlì 名〈物〉분력.

【分列】fēnliè 動 각기 배열되다. ¶韩国选手获男子跳高金牌, 中国, 日本～二三名 | 남자 높이뛰기에서 한국 선수가 금메달을 획득했으며 중국과 일본이 각각 2, 3등을 했다.

【分列式】fēnlièshì 名〈軍〉분열식.

[3]【分裂】fēnliè ❶ 名 動 분열(하다). 결별(하다). ¶细胞～ | 〈生〉세포 분열. ¶核～ | 〈物〉핵분열. ¶～菌jūn | 세균. ¶～主义分子 | 파벌[분파]주의자. ¶妄图～祖国 | 망령되이 조국의 분열을 도모하다. ❷ 動 분열시키다.

【分流】fēnliú 動 ❶ (강이) 분류하게 되다. ¶让洪水～而下 | 홍수를 나뉘어 흘러 내려가게 하다. ❷ 나누어서 발전적인 방향으로 나아가게 하다.

【分馏】fēnliú 名 動〈化〉분별 증류(하다). 분류(分溜)(하다).

【分路】fēnlù 名 ❶ 갈림길. ¶～前进 | 갈림길로 전진하다 =〔分途〕 ❷〈物〉분로. 션트(shunt).

【分袂】fēnmèi 書 動 헤어지다. 결별하다.

【分门别类】fēn mén bié lèi 成 부류를 가르다. 유별(類別)로 나누다. ¶对现象～地进行研究 | 현상에 대해 유형별로 나누어 연구를 진행하다 =〔分别门类〕→〔群qún分类聚〕

【分米】fēnmǐ 名〈度〉데시미터 =〔公寸〕

[3]【分泌】fēnmì 名 動 ❶〈生理〉분비(하다). ¶～物 | 분비물. ¶～胃液 | 위액을 분비하다. ¶～腺 | 분비선. ❷ 암석의 갈라진 틈이 유동(流動)하는 광물 용액에 의해 메워지다. 또는 이렇게 형성된 광물.

【分蜜】fēnmì 動 제당(製糖)에서 꿀을 분리하다.

【分娩】fēnmiǎn 動 ❶ 아기를 낳다. 분만하다. 출산하다. ¶他太太昨晚～了 | 그의 부인은 어제 저녁에 아기를 낳았다. ❷ (동물이) 새끼를 낳다.

【分秒】fēnmiǎo 名 ❶ 분초. ❷ 喻 매우 짧은 시간.

【分秒必争】fēn miǎo bì zhēng 成 분초를 다투다. 일분 일초도 소홀히 하지 않다 =〔争分夺duó秒〕

[3]【分明】fēnmíng ❶ 形 뚜렷하다. 분명하다. 명확하다. 확실하다. ¶这件事情是非～, 无可争辩 | 이 일은 시비가 분명해서, 논쟁의 여지도 없다. ❷ 副 명백히. 분명히 확실히. ¶～是强盗, 却要装圣贤 | 분명히 강도인데도 성현인 체 하려 들다.

[4]【分母】fēnmǔ 名〈數〉분모.

【分蘖】fēnniè 動〈農〉분얼하다.

【分派】fēnpài ❶ 動 분견(分遣)하다. 따로 내보내다 =〔分拨②〕 ❷ 動 분배하다. 할당하다. 배당하다. ¶～股gǔ利 | 주(株)의 이익을 배당하다. ❸ 名 (강의) 지류(支流). (산의) 지맥(支脈).

[2]【分配】fēnpèi ❶ 名 動 분배(하다). 할당(하다). ¶～宿舍 | 기숙사를 분배하다. ¶按劳～ | 노동량에 따라 할당하다. ❷ 名 動 배치(하다). 배속(하다). ¶～给我的房子 | 내게 배속해 준 집. ¶～到营里去 | 부대에 배속되다. ❸ 名〈經〉분배. ¶～律 | 분배율. ¶～制度 | 분배 제도.

[4]【分批】fēn/pī 動 여러 조(組)로 나누다. ¶～派遣 | 여러 조로 나누어 파견하다. ¶～进入会场 | 조별로 회의장에 들어가다. ¶～订货 | 나누어 주문하다.

【分片】fēn/piàn 動 부분으로 나누다. ¶～负责 | 나누어 책임을 지다. ¶～包户 | 구역을 나누어 호별로 책임을 지다.

[4]【分期】fēn/qī 動 시기를〔기간을〕 나누다. ¶现代史的～问题 | 현대사의 시기 구분 문제. ¶～票 | 분할 지불 증서. ¶～付款 =〔分期交款〕 | 정기 분할 지불(하다). ¶～摊tān付 | 분할 지불하다.

[4]【分歧】fēnqí ❶ 動 어긋나다. 엇갈리다. 갈라지다. ¶意见～ | 의견이 갈라지다. ❷ 名 (의견 따위의) 불일치. 상이. ¶意见～ | 의견 상이 ‖ =〔纷歧〕

[4]【分清】fēn/qīng 動 분명하게 가리다〔밝히다〕. 분명히 하다. ¶～是非 | 시비를 분명하게 가리다.

F

¶～敌我｜적과 동지를 분명히 하다. ¶～主次｜(일의) 경중을 분명히 하다. ¶～好坏｜좋고 나쁨을 분명하게 가리다.

【分权】fēn/quán 動 권력을 나누다. ¶中央和地方适当～｜중앙과 지방이 적당히 권력을 나누다.

【分群】fēn/qún 名動 분봉(分蜂)(하다) =〔分蜂fēng〕

【分润】fēnrùn 動 이익을 나누다→〔分肥〕

³【分散】fēnsàn ❶ 名動 분산(하다). ¶～主义｜분산주의. ¶～注意力｜주의력을 분산시키다. ¶兵力的～和集中｜병력의 분산과 집중. ¶华侨～居住在釜山市的南部｜화교들이 부산시의 남부에 흩어져 거주하다. ❷ 動 널리 배부〔배포〕하다. ¶～传单｜전단을 널리 배포하다.

【分色镜】fēnsèjìng 名 분색경.

【分设】fēnshè 動 나누어 설치하다. 분설하다. ¶这家银行～了几个分行｜이 은행은 몇 개의 지점을 분설했다.

【分身】fēn/shēn ❶ 動 손을 떼다. 몸을 빼다. ¶现在很忙, 无法～｜지금은 너무 바빠서 몸을 뺄 수가 없다. ❷ (fēnshēn) 名動 분만(分娩)(하다). ❸ (fēnshēn) 名〈佛〉분신.

【分神】fēn/shén 動 套 폐〔수고〕를 끼치다. ¶那本书请您～去找一找｜수고스럽지만 당신이 가서 그 책을 좀 찾아주십시오.

【分式】fēnshì 名 유리방정식(有理方程式) =〔有理分式〕〔分式方程〕

【分手】fēn/shǒu 動 헤어지다. 이별하다. 관계를 끊다. ¶他俩终于～了｜그들 두사람은 결국 헤어졌다. ¶～散去｜헤어져 흩어지다 =〔分背①〕〔分首〕

³【分数】fēnshù 名 ❶ 점수. ¶五门功课的平均～是89分｜다섯 과목의 평균 점수가 89점이다. ❷ 분수. ¶～式｜분수식. ¶～法｜분수 표기법. ¶～方程式｜분수 방정식. ¶带～｜대분수.

【分水岭】fēnshuǐlǐng 名 분수령 =〔分水线〕〔分头岭〕

【分说】fēnshuō 動 설명하다. 해명하다. 변명하다. ¶不容～｜변명을 용납하지 않다 =〔分辩〕

【分送】fēnsòng 動 나누어 보내다. ¶把新出版的著作～各位同仁好友｜새로이 출판한 저서를 각계의 동지와 친구에게 보내다.

【分摊】fēntān 動 ❶ (비용을) 균등하게 분담하다. ¶按àn月～｜매달 분담하다 =〔均jūn摊〕 ❷ 書 나누어 늘어놓다. ¶按组～｜조별로 나누어 늘어놓다.

【分田】fēntián 動 ❶ 논밭〔전답〕을 나누다. ¶～单干｜전답을 나누어서 개인 책임으로 생산하다. ❷ (토지 개혁으로) 농지를 분배하다〔받다〕.

【分庭抗礼】fēn tíng kàng lǐ 成 대등한 지위나 예의로써 대하다. 지위가 대등하다. 상호 대립하다 =〔分庭亢kàng礼〕

【分头】fēn/tóu ❶ 動 일을 나누어 하다. 轉 제각기. 각각. 따로따로. 분담하여. ¶～办理｜각각 일을 처리하다. ¶～去找｜따로따로 가서 찾다 =〔分别⑤〕 ❷ 動 가리마를 타다. ❸ (fēntóu) 名 가리마를 탄 머리. ¶梳shū大～｜머리를 갈라 넘기다 =〔博bó士头〕

【分为】fēnwéi 動 (…으로) 나누다〔나누어지다〕. ¶把问题～两方面看｜문제를 두 가지 측면으로 나누어서 보다. ¶三八线把韩半岛～南北两大部分｜38선은 한반도를 남북 양대부분으로 나누고 있다.

【分文】fēnwén 名 약간의 돈. 푼돈. ¶身无～｜한 푼도 없다. ¶～不入｜약간의 수입도 없다. ¶～不取｜(당연한 보수나 대금을) 한푼도 받지 않다. ¶～不值｜한푼의 값어치도 안 된다. 보잘것 없다.

【分我杯羹】fēn wǒ bēi gēng 成 나누어 먹다. 나누어 가지다.

【分析化学】fēnxī huàxué 名組〈化〉분석 화학.

【分析语】fēnxīyǔ 名〈言〉고립어.

²【分析】fēn·xi 名動 분석(하다). ¶～法｜분석 방법. ¶～目前国际形势｜눈앞의 국제 정세를 분석하다→〔综合〕

【分线规】fēnxiànguī 名 디바이더(divider) =〔分规〕〔两liǎng脚规①〕

【分享】fēnxiǎng 動 ❶ 몫을 받다. 배당을 받다. ¶～技术进步带来的利益｜기술 발전이 가져다 준 이익을 배당받다. ❷ (기쁨을) 함께 나누다〔누리다〕. ¶～胜利的喜悦｜승리의 기쁨을 함께 누리다.

【分晓】fēnxiǎo ❶ 書 形 뚜렷하다. 분명하다. ¶且看下图, 便可～｜아래 그림을 보면 분명해질 것이다. ❷ 書 名 일의 진상 또는 결과. ¶究竟谁是冠军, 明天就见～｜도대체 누가 우승할지는 내일이면 그 결과를 알 수 있다. ❸ 名 도리. 이치. 어법 부정(否定)문에 주로 쓰임. ¶没～的话｜도리에 어긋나는 말. ❹ 書 名 새벽. 동틀 무렵.

【分心】fēn/xīn 動 ❶ 한눈〔정신을〕 팔다. 마음을 분산시키다. ¶干活儿时要精力集中, 不要～｜일할 때는 온 힘을 다해야지, 한 눈을 팔아서는 안된다. ¶这孩子让我分了不少心｜이 아이가 내 마음을 꽤나 흐트러지게 한다. ❷ 염려하다. 걱정하다. 폐를 끼치다. ¶叫您～｜걱정을 끼쳐드렸습니다→〔费fèi心①〕 ❸ 딴마음을 갖다. 소원하게 되다.

【分野】fēnyě 名 분야. 한계. 영역. ¶经济～｜경제 분야. ¶南北两大学派的学术～很清楚｜남북 양대학파의 학술 영역이 매우 분명하다.

【分页】fēnyè 名動〈電算〉페이징(paging)(하다). 페이지를 매기다.

【分阴】fēnyīn 名 촌음. 짧은 시간. ¶惜～｜짧은 시간도 안타까워 하다→〔寸cùn阴〕

【分忧】fēnyōu 動 (다른 사람의) 걱정을 함께 하다〔나누다〕. ¶你有什么为难的事, 我可以想法子～｜당신에게 어떤 어려운 일이 있으면, 제가 해결 방법을 생각하여 걱정을 덜어 드리겠습니다. ¶年轻人要为国～｜젊은 사람이 나라를 위해 걱정을 하다.

【分赃】fēn/zāng 動 장물(贓物)을 나누어 가지다. ¶坐地～｜그 자리에서 훔친 물건을 나누다.

【分张】fēnzhāng 書 動 ❶ 헤어지다. 이별하다. ❷ 분포하다.

【分支】fēnzhī 名 ❶ 갈라져 나온 부분. 분리되어 나온 부분. ❷ 분과(分科). 분파. 분점. ¶银行的~机构 | 은행의 분점.
【分枝】fēnzhī 名 ❶ (나뭇)가지. 분지. 갈래. ❷ (철도 지선의) 분선. ❸ (학문·과학 등의) 소부문. ❹ (동맥·신경 등의) 가지. ❺ 분가(分家). ❻ (산맥의) 지맥.
【分指手套】fēnzhǐ shǒutào 名組 (야구) 글러브 →〔连lián指手套〕〔手套②〕
【分指数】fēnzhǐshù 名〈數〉분수 지수.
【分至点】fēnzhìdiǎn 名〈天〉춘분점. 추분점. 하지점. 동지점.
【分装】fēnzhuāng 動 나누어 넣다〔싣다〕. ¶这些材料应~十二个口袋 | 이런 재료들은 반드시 열두개의 자루에 나누어 넣어야 한다.
1【分子】ⓐ fēnzǐ 名 ❶〈數〉(분수의) 분자. ❷〈化〉분자. ¶~式 | 분자식. ¶~射线＝〔分子束〕| 분자선. ¶~键 | 분자 결합. ¶高~ | 고분자. ¶~热 | 분자열. ¶~结构 | 분자 구조. ¶~力 | 분자력. ¶~引力 | 분자 인력. ¶~溶液＝〔真溶液〕| 분자 용액. ¶~病 | 분자병. ¶~量 | 분자량. ¶~论 | 분자론.
ⓑ fènzǐ 名 (국가나 단체 등을 구성하는) 분자. ¶坏~ | 나쁜 무리. ¶知识~ | 지식인. ¶右派~ | 우파 분자 ＝〔份子ⓐ〕
ⓒ fèn·zi ⇒〔份fèn资①〕
【分组】fēn/zǔ 動 조를 나누다. ¶下午~讨论 | 오후에 조를 나누어 토론하다.
【分座】fēnzuò 動 좌석을 구분하다. ¶男女~ | 남녀가 따로 앉다.
Ⓑ fèn
3【分量】fèn·liang 名 ❶ 분량. 무게. 저울에 단 무게. ¶家庭作业的~不少 | 숙제의 분량이 적지 않다. ❷ (말의) 무게. 뜻. ¶说话很有~ | 말이 꽤 무게가 있다 ‖＝〔份量〕
4【分外】fènwài ❶ 副 유달리. 특별히. ¶~地好看 | 유달리 아름답다. ¶月到中秋~明 | 國 음력 팔월 보름이 되면 달이 한 층 더 밝다. ¶~之赏 | 특별상. ❷ 名 본분〔의무〕밖의 일.
1【分子】fènzǐ ☞〔分子〕fēnzǐ ⓑ
1【分子】fèn·zi ☞〔分子〕fēnzǐ ⓒ

2【吩】fēn 분부할 분
❶ ⇒〔吩咐〕❷ 量 1「吋cùn」(인치)의 1/8.
2【吩咐】fēn·fu 動 ⓘ 분부하다. ¶我们俩做什么, 由你~吧! | 우리 둘이 뭘 해야하는지, 분부하여 주십시오! ＝〔分付〕

4【芬】fēn 향내 분
書 ❶ 名 향기. ¶清~＝〔清香〕| 맑은 향기. ❷ 形 향기롭다.
4【芬芳】fēnfāng 名 貶 향기(롭다). ¶~四溢 | 향기가 주위에 가득하다. ¶~的花朵 | 향기로운 꽃송이. ¶丁春花的~ | 라일락꽃 향기.
【芬菲】fēnfēi 書 貶 풀이나 꽃이 향기롭고 아름답다.
【芬兰】Fēnlán 名 外〈地〉핀란드(Finland)〔북유럽에 위치한 나라. 수도는 「赫尔辛基」(헬싱키; Helsinki)〕
【芬郁】fēnyù 書 貶 향기가 짙다〔그윽하다〕. ¶传来一阵~的茉莉花香 | 그윽한 말리화향이 전해 오다.

2【纷(紛)】fēn 어지러울 분
❶ 뒤섞이어 어지럽다. 난잡하다. ¶人事~~ | 세상과의 관계가 여러가지로 번거롭다. ¶~乱↓ ❷ 많다. 분분하다. ¶大雪~飞 | 큰 눈이 펑펑 내리다.
【纷繁】fēnfán 形 많고 복잡하다. 번잡하다. ¶头绪~ | 두서가 번잡하다.
【纷飞】fēnfēi 動 (눈·꽃 등이) 어지러이 날리다. ¶瑞ruì雪~ | 서설이 어지러이 날리다.
2【纷纷】fēnfēn ❶ 副 (많은 사람이나 물건이) 잇달아. 연이어. 쉴사이 없이. 계속하여. ¶海外各方~与我建立贸易关系 | 해외 각지에서 연이어 우리 나라와 무역 관계를 맺고 있다 ＝〔分分〕❷ 形 분분하다. 어수선하게 많다. ¶落叶~ | 낙엽이 어지러히 떨어지다. ¶议论~ | 의론이 분분하다.
【纷纷扬扬】fēnfēn yángyáng 貶 (눈·꽃·나뭇잎 등이) 어지럽게 흩날리다.
【纷华】fēnhuá 書 ❶ 形 번화하다. ❷ 名 영광.
【纷乱】fēnluàn 形 뒤섞여 어지럽다. 혼잡하고 어수선하다. ¶~的脚步声 | 뒤섞여 어지러운 발걸음 소리.
【纷纶】fēnlún 書 貶 많고 어수선하다.
【纷披】fēnpī 書 貶 어지럽게 퍼지다. ¶枝叶~的 | 나뭇가지가 어지럽게 퍼져 있다.
【纷扰】fēnrǎo 名 形 혼란(스럽다). ¶内心的~使他无法入睡 | 마음이 혼란하여 그는 잠을 이룰 수가 없다.
【纷纭】fēnyún 形 (말이나 일 등이) 많고 어지럽다. 분분하다. ¶头绪~ | 두서가 없다 ＝〔纷杂〕
【纷争】fēnzhēng 名 動 분규(하다). 분쟁(하다).
【纷至沓来】fēn zhì tà lái 國 (사람들이) 꼬리를 물고 계속 오다. ¶各种消息~, 叫人不知信谁的好 | 갖가지 소식이 꼬리를 물고 계속되니, 사람들이 누구를 믿어야 좋을지 몰라하다.

【玢】fēn ☞ 玢 bīn Ⓑ

3【氛】fēn 기운 분, 요기 분
書 名 ❶ 기(氣). 공기. ¶夕~ | 저녁 공기. ❷ 기분. 모양. 상황. ¶团结的气~ | 단결의 분위기. ¶战~ | 전황. ❸ 옛날, 점괘에서 요기(妖氣). 악기(惡氣) ＝〔氛气〕
【氛围(气)】fēnwéi(qì) 名 ❶ 書 대기. 공기. ❷ 분위기. ¶我们在欢乐的~中迎来了新的一年 | 우리들은 즐거운 분위기 속에서 새해를 맞이했다 ¶形成一种民主的~ | 민주적 분위기가 형성되다→〔气氛〕

【棻】fēn 향내나는나무 분
書 名 ❶ 향기가 좋은 나무.

【酚】fēn (페놀 분)
名〈化〉페놀(phenol). 석탄산 〔방향족(芳香族) 화합물의 하나. 특수한 냄새를 가진 무색의 결정으로, 합성 수지·나일론·염료·의약 등 화학 공업 원료로서 널리 쓰임〕＝〔苯běn酚〕〔石

炭酸suān]〔加波力(克酸)〕
【酚醛】fēnquán 名〈化〉페놀 알데히드(phenolic aldehyde). ¶～树脂＝〔酚醛塑胶sùjiāo〕〔酚醛塑料〕〔白氏塑胶〕〔电木(胶)〕〔胶木〕| 페놀 수지.
【酚酞】fēntài 名〈化〉페놀프탈레인(phenolphthalein).
【吻】fēn 일찍이아니할 분/물
副 奥 아직 …한 적이 없다. …하지 아니하다 [「曾勿」의 합성어] ¶～说过歇xiē | 아직 말한 적이 없다→〔未曾〕

fén ㄈㄣˊ

【汾】fén 물이름 분
지명에 쓰이는 글자 [산서성 분양(山西省 汾陽) 일대에 많이 쓰임] ¶～河 | 분하 [산서성에 있는 강 이름.]
【汾酒】fénjiǔ 名 분주 [산서성 분양현(汾陽縣) 행화촌(杏花村)에서 생산되는 술]
【棼】fén 어지러울 분
書 ❶ 形 분란(紛亂)하다. 뒤엉키다. ¶治丝益～ | 실을 풀려다 오히려 더 헝클어뜨리다. 喻 일을 점점 더 망쳐 버리다＝〔棼督〕 ❷ 名 짧은 대들보.
【鼢〈蚡〉】fén 두더지 분
⇒〔鼢鼠〕
【鼢鼠】fénshǔ 名〈動〉두더지＝〔鼢〕〔盲máng鼠〕〔方 地dì羊〕
3【坟(墳)】fén 무덤 분
名 (흙을 쌓아 올린) 무덤. 묘. ¶上～ | 성묘(省墓)하다→〔冢zhǒng①〕
【坟地】féndì 名 묘지＝〔坟场〕
【坟典】féndiǎn 書 名 고서(古書) ¶熟知～ | 고서를 숙지하다. [삼분 오전(三墳五典)의 약칭]
【坟墩】féndūn 名 쌓아 올린 토루(土壘). 돈대(墩臺).
【坟坑】fénkēng 名 묘혈. ¶刨páo～ | 묘혈을 파내다.
4【坟墓】fénmù 名 ❶ 무덤. ¶财产也不会带进～里 | 재산 역시 무덤 속으로 가져갈 수 없는 것이다. ❷ 별 이름.
【坟山】fénshān 書 名 ❶ 묘지로 쓰는 산. 묘지. ❷ 높고 큰 묘. ❸ 묘 뒤의 흙 담＝〔坟山子〕
【坟头(儿)】féntóu(r) 名 봉분(封墳)＝〔坟包〕
【坟茔】fényíng 書 名 ❶ 묘. ❷ 묘지.
【坟冢】fénzhǒng 名 분묘.
【焚】fén 태울 분
書 動 (불)태우다. 불타다. 피우다. ¶报纸自～ | 신문지가 저절로 불타다. ¶忧心如～ | 근심 걱정으로 속이 타다.
【焚风】fénfēng 名〈氣〉푄(foehn).
【焚膏继晷】fén gāo jì guǐ 成 밤낮을 가리지 않고 열심히 면학하다[일하다]. ¶多少年来～地读书思考, 才有今日的累累硕果 | 몇 년간의 밤낮을 가리지 않고 열심히 면학하였기에, 오늘날 뚜렷한 성과가 있는 것이다＝〔继jì晷焚膏〕
【焚骨扬灰】fén gǔ yáng huī 成 시체의 뼈를 태우고 그 재조차 버리다. 극도의 보복.
【焚化】fénhuà 動 ❶ 지전(紙錢)·유상(遺像) 따위를 태우다→〔焚纸〕 ❷ 화장(火葬)하다.
【焚毁】fénhuǐ 動 불태워 버리다. 소각하다. ¶～文件 | 서류를 소각하다.
【焚琴煮鹤】fén qín zhǔ hè 成 거문고를 불태우고 학을 잡아 삶는다. 흥을 깨는 일. 살풍경한 일. 기분을 잡치게 하는 일의 비유. ¶切真做此等～, 大煞shā风景之事 | 정말 이와같이 거문고를 불태우고 학을 잡아 삶는다면, 크게 흥을 깨뜨리는 일이다＝〔煮鹤焚琴〕
【焚烧】fénshāo 動 태우다. 불태우다.
【焚书坑儒】fén shū kēng rú 成 분서 갱유 [진시황이 학자들의 정치 비평을 금하기 위하여 시서육경(詩書六經)을 불태우고 유학자 460여 명을 생매장한 일] 학문·사상을 탄압하는 일＝〔焚坑〕
【焚香】fén/xiāng 動 향을 피우다. ¶～顶礼 | 향을 피우고 예를 올리다. 경건한 예배·숭배＝〔簡 焚顶〕
【焚纸】fénzhǐ 動〈佛〉공양(供養)을 위하여 지전(紙錢)을 태우다→〔焚化①〕

fěn ㄈㄣˇ

2【粉】fěn 가루 분
❶ 분(粉). 분말. 가루. ¶药～ | 가루약. ¶藕ǒu～ | 연뿌리(에서 얻은) 전분. ¶肥皂～ | 가루 비누. ¶面～ | 밀가루. ❷ 名 (화장용) 분. ¶涂tú脂抹mǒ～ | 연지 찍고 분을 바르다. 속이기 위해 가장하다. ❸ 名 가루로 만든 식품. ¶凉～ | 묵. ¶干～ | 당면. ❹ 분홍색. 핑크. ¶～红 | 분홍. ❺ 動 方 가루가 되다. ¶～身碎骨↓ ¶石灰放得太久, 已经～了 | 석회를 너무 오래 두었더니, 가루가 되어 버렸다. ❻ 動 (벽 따위를) 석회로 희게 칠하다. ¶这墙是刚～的 | 이 벽은 방금 회칠한 것이다. ❼ 形 흰색의. 흰 가루의. ¶～蝶↓ ❽ 形 외설적인. 에로. 육감적인. ¶～戏↓
【粉白】fěnbái 名 ❶ (화장에 쓰는) 흰 분. ❷ 화장.
【粉白黛黑】fěn bái dài hēi 成 ❶ 분단장하고 눈썹을 그리다. (아름답게) 화장하다. ❷ 喻 미인 ‖＝〔粉白黛绿〕〔粉白墨黑〕〔簡 粉黛①〕
【粉板】fěnbǎn 名 칠판＝〔黑板〕
2【粉笔】fěnbǐ 名 백묵. 분필. ¶一枝～ | 분필 한 자루. ¶～盒儿 | 분필통＝〔白bái墨①〕〔粉条(儿)②〕
【粉壁】fěnbì ❶ 名 흰 벽. ¶～花墙 | 채색을 한 훌륭한 집. 喻 옛날, 기생집. ❷ (fěn/bì) 動 벽을 희게 칠하다.
【粉尘】fěnchén 名 분진. 가루먼지.
【粉刺】fěncì 名 여드름. ¶～露 | 여드름에 쓰는 약용 화장수. ¶～霜shuāng | 여드름에 쓰는 약용 크림＝〔痤cuó疮〕
【粉黛】fěndài ❶ ⇒〔粉白黛黑〕 ❷ 書 名 흰 분과 눈썹먹. 화장품＝〔粉墨①〕〔铅qiān黛〕 ❸ 書 動 화장하다.
【粉底】fěndǐ 名 메이크업 베이스(make－up base). ¶～霜 | 파운데이션＝〔粉底子〕

【粉蝶】fěndié 名〈蟲〉흰나비. ¶～翩翩piān｜나비가 나풀나풀거리다.
【粉坊】fěnfáng 名 제분소 =〔粉房〕
【粉骨碎身】fěn gǔ suì shēn 成 분골쇄신. 목숨을 바치다 =〔粉身碎骨〕
【粉红】fěnhóng 名〈色〉분홍색. ¶她买了一件～色的上衣｜그녀가 분홍색 상의를 한 벌 샀다 =〔粉色〕
【粉剂】fěnjì 名〈藥〉분제.
【粉蜡笔】fěnlàbǐ 名 크레파스→〔蜡là笔〕
【粉面】fěnmiàn 書 名 분을 바른 얼굴. ¶～朱唇｜분바른 얼굴. 미모(美貌). ¶油头～｜여자의 화장. 여인.
4【粉末(儿)】fěnmò(r) 名 가루. 분말.
【粉末冶金】fěnmò yějīn 名組〈金〉분말 야금.
【粉墨登场】fěn mò dēng chǎng 成 ❶ 분장하여 나타나다. ❷ 탈을 쓰고 정치 무대에 등장하다. ¶投机分子一个个～, 极尽自我表现之能事｜투기꾼들이 각각 탈을 쓰고 무대에 등장하여, 자기 표현을 능사로 하다.
【粉牌】fěnpái 名 분판(粉板).
【粉皮(儿)】fěnpí(r) 名 ❶ 얇은 녹말묵→〔粉条(儿)①〕❷ 털을 제거한 양가죽.
【粉扑儿】fěnpūr 名 퍼프(puff). 분첩 =〔粉铺儿〕〔粉扑子〕〔粉要〕〔粉拍〕
【粉芡】fěnqiàn 名〈食〉마름 죽. 가시연밥 죽.
【粉色】fěnsè 名〈色〉분홍색.
【粉沙】fěnshā 名〈地質〉양토(壤土). ¶～岩｜〈地質〉분사암.
【粉身碎骨】fěn shēn suì gǔ ⇒〔粉骨碎身〕
【粉饰】fěnshì 書 動 보기 좋게 꾸미다. 일시적인 꾸밈을 하다. ¶你的不好, 就是怎么～也不成｜너의 잘못은 아무리 꾸며도 소용이 없다.
【粉饰太平】fěn shì tài píng 成 어둡고 혼란한 상황을 감추고 태평한 것처럼 꾸미다. ¶他就爱写一些～的诗歌｜그는 혼란한 상황을 감추고 태평한 것처럼 꾸민 시 짓기를 좋아한다.
【粉刷】fěnshuā ❶ 動 석회를 칠하다. ¶～一新｜면목을 일신하다. ❷ 動 겉치레하다. ¶～的乌鸦白不久｜속임수는 오래 못간다. ❸ 動 方 회색칠을 하거나 꽃무늬를 새기다. ❹ 名 칠판 지우개 =〔板擦cā(儿)〕❺ 名 귀얄. ❻ 名 方 건물의 겉면에 바른 보호층.
【粉丝】fěnsī 名 녹말로 만든 당면.
3【粉碎】fěnsuì 動 가루로 만들다. 분쇄하다. ¶～日本军的进攻｜일본군의 공격을 분쇄하다. ¶～他们的阴谋｜그들의 음모를 분쇄하다.
【粉碎机】fěnsuìjī 名 분쇄기. ¶饲料～｜사료 분쇄기. ¶球磨～｜볼밀(ball mill).
【粉汤】fěntāng 名〈食〉당면에 가늘게 썬 돼지고기를 넣고 끓인 국 =〔冬粉汤〕
【粉条(儿)】fěntiáo(r) 名 ❶ 녹두나 고구마·감자의 전분으로 만든 당면[물에 담가 놓은 것을「水粉」, 바싹 건조된 것을「干粉」이라고 말함] =〔粉丝〕〔粵 粉仔①〕〔江 索suǒ粉〕〔江 线xiàn粉〕❷ 분필.
【粉戏】fěnxì 書 名 외설적인 연극.
【粉线】fěnxiàn 名 재단사가 선을 그을 때 쓰는 도구.
【粉蒸肉】fěnzhēngròu 名〈食〉고기에 쌀가루를 묻혀 찌는 요리 =〔方 米粉肉〕〔方 鲊zhǎ肉〕

fèn ㄈㄣˋ

【分】fèn ☞ 分 fēn Ⓑ

2【份】fèn 부분 분, 몫 분, 빛날 빈
❶ (～儿) 量 분. 분량 [전체를 몇 개의 부분으로 나눈 각 부분] ¶分成三～, 给他一～｜셋으로 나누어 그에게 하나를 주다. ¶为祖国贡献一～力量｜조국을 위해 한 몫을 담당하다. ❷ (～儿) 量 그러한. …같은. 어법「这」「那」와 같이 쓰이며, 반드시「儿化」함. ¶瞧qiáo你这～儿模样!｜네 그 모양을 봐라! ❸ (～儿) 量 부 [신문·문건(文件) 따위를 세는 단위] ¶订两～报纸｜신문 2부를 예약하다. ¶这文件我只有一～儿｜이 문건은 단지 한 부만 가지고 있다. ❹ (～儿) 量 분 [식당·상점에서 한 사람에게 제공하는 음식량] ¶一～菜｜한 사람분의 요리. ¶两～客饭｜두 사람분의 정식. ❺ 성(省)·현(縣)·연(年)·월(月)의 뒤에 붙여, 구분하는 단위를 나타냄. ¶省～｜성의 범위·구역. ¶月～｜달분 ‖ =〔分fèn ③〕
【份额】fèn'é 名 배당. 몫. 점유율. (상품의) 시장 점유율. ¶～不足｜배당이 부족하다. ¶在市场上取得很大的～｜시장 점유율이 대단히 높다.
【份礼】fènlǐ 名 (남에게) 선물하는 현금.
【份儿】fènr ❶ 量 분. 벌. 세트. 몫. ¶一～妆奁lián｜신부 혼수 세트. ¶把钱数shǔ了数分作两～｜돈을 세어 두 몫으로 나눈다. ❷ ⇒〔份资①〕❸ 名 위세. 힘. ❹ 名 정도. ¶到这～上他还不觉悟｜이 지경에 이르러서도 그는 아직 깨닫지 못한다. ❺ 名 신분. 지위. ❻ 形 方 훌륭하다. 아름답다. ❼ 名 의복을 재맬 때의 시접 ‖ =〔分儿〕
【份儿菜】fènrcài 名 ❶ 1인분의 요리. 한 상의 요리. ¶买～回家炒一炒｜일인분으로 된 음식을 사서 집으로 돌아와 요리하다. ❷ 요리 재료의 일습.
【份儿饭】fènrfàn 名 정식(定食)→〔客kè饭〕
【份子】ⓐ fènzǐ ⇒〔分fèn子 ⓑ〕
ⓑ fèn·zi ❶ 名 (단체로 선물할 때) 각자가 낼 몫. ¶凑còu～ =〔随份子〕｜추렴새를 걷다. ¶～钱｜(부조금의) 할당금. ❷ 名 주식. ¶吃～｜주식에서의 수입으로 살다. ❸ ⇒〔份资①〕
【份资】fèn·zi 名 ❶ 부조금. 축의금. ¶出～｜축의금을 내다 =〔份金〕〔份儿②〕〔份子ⓑ ③〕〔分金〕〔分子fèn·zi〕〔分资〕❷ 轉 부의·축하 방문이나 인사. ¶今儿我有个～｜오늘 나는 방문할 데가 있다.

【忿】fèn 성낼 분
❶ 動 形 원망하여 화를 내다. 분개하다. 노하다. ¶～怒↓ ¶～不欲生｜화가 나서 살고 싶지 없다. ❷ ⇒〔不忿(儿)〕
【忿忿】fènfèn 書 狀 성내다. 화가 나 씩씩대다. ¶～不平｜화가 나서 마음이 평온하지 않다.
【忿恨】fènhèn 書 動 성내고 원망하다. 분개하고

증오하다.
【忿怒】fènnù ㊥動 화를 내다. 분개하다.
【忿然作色】fèn rán zuò sè 成 화가 나 얼굴색이 변하다. ¶一听到别人对他导师dǎoshī的不恭言论，当时就～拂fú袖xiù而去 | 그의 지도교수에 대해 다른 사람이 공손하지 못한 말을 했다는 걸 듣자마자 곧바로 화가나서 소매를 뿌리치고 갔다.

2【奋(奮)】fèn 떨칠 분
動 ❶ 분발〔분기(奮起)〕하다. ¶～不顾身↓ ¶动～ | 분투 노력하다 =〔振zhèn奋〕 ❷ ㊥ 치켜들다. ¶～臂bì高呼 | 팔을 치켜들고 큰소리로 외치다. ❸ ㊥ 새가 활개 치다. ¶～翼高飞 | 활개 치며 높이 날다. ❹ ㊥ 격하다. ¶～袂mèi↓
【奋不顾身】fèn bù gù shēn 成 자신의 생명을 돌보지 않고 분투하다. 헌신적으로 분투하다. ¶他～地跳下水去，抢救落水的儿童 | 그는 목숨을 걸고 물 속으로 뛰어들어가서, 물에 빠진 아이를 급히 구하였다 =〔奋不顾生〕〔奋不虑死〕
2【奋斗】fèndòu 動 분투하다.
【奋发】fènfā 動 분발하다.
【奋发图强】fèn fā tú qiáng 成 분발하여 부강을 꾀하다. 분발 노력하다.
【奋飞】fènfēi 動 (새가) 날개를 떨며 날아가다.
【奋进】fènjìn 動 기운을 떨쳐 나아가다.
【奋力】fènlì 副 힘을 내다. 분발하다. ¶～前进 | 분발하여 전진하다.
【奋袂】fènmèi ㊥形 감정이 격동할 때 소매를 떨치고 벌떡 일어나다. ¶～而起 | 成 팔소매를 뿌리치며 벌떡 일어나다. 노발대발하다.
【奋勉】fènmiǎn 動 분발 노력하다.
【奋起】fènqǐ 動 기운을 내어 힘차게 일어 서다. ¶～直追 | 成 분발하여 앞을 따라 잡다.
【奋迅】fènxùn ㊥動 분발하여 빨리 행동하다.
4【奋勇】fènyǒng 動 용기를 불러일으키다. 용기를 내다. ¶自告～ | 成 자진하여 나서다. ¶～作战 | 용기를 내어 싸우다.
4【奋战】fènzhàn 動 분전하다. 분투하다 =〔力lì战〕

【偾(僨)】fèn 넘어질 분
㊥動 ❶ 넘어지다. 쓰러지다. ❷ 轉 못쓰게 되다. 망치다. 깨지다. ¶～军之将 | 패군지장. ❸ 움직이다. ¶～兴 | 움직이기 시작하다.
【偾事】fènshì ㊥動 일을 망치다. ¶胆大而心不细，只能～ | 대담하지만 세심하지 못하면 그저 일을 망칠 수 밖에 없다.

2【愤(憤)】fèn 결낼 분
名動 ❶ 분개(하다). 분노(하다). ¶惹rě起公～ | 대중의 분노를 야기시키다. ¶气～ | 분개하다. ❷ 원망(하다). 원한(을 품다). 번민(하다). ¶泄～ | 울분을 터뜨리다. ¶～恨↓ ¶不～不启 | 원망하지도 말하지도 않다.
【愤愤】fènfèn ㊥ 狀 화가 나 씩씩거리다. 분개하다 =〔忿忿〕
4【愤恨】fènhèn ❶ 動 분노하고 원망하다. 분개하고 증오하다. ❷ 名 분개.
【愤激】fènjī 動 격분하다. 울분이 북받치다.
【愤慨】fènkǎi 動 분개하다.
【愤懑】fènmèn ㊥動 분하여 가슴이 답답하다.
2【愤怒】fènnù 名形 분노(하다).
【愤然】fènrán 狀 벌컥 성을 내다. 와락 화를 내다.
【愤世嫉俗】fèn shì jí sú 成 불합리한 사회 현상을 증오하다 =〔忿世嫉邪〕

【鲼(鱝)】fèn 가오리 분
名〈魚貝〉가오리→〔鳐yáo〕

3【粪(糞)】fèn 똥 분
❶ 名 대변. 똥→〔屎shǐ①〕 ❷ 名 비료. ¶上～ =〔送粪〕〔粪落〕 | 거름을 주다. ❸ 動 청소하다. ¶～除↓ ❹ 形 서투르다. ¶～棋↓
【粪便】fènbiàn 名 대소변. 똥오줌. ¶～清除工人 | 분뇨 수거인.
【粪车】fènchē 名 똥달구지. 분뇨차.
【粪池】fènchí 名 똥통 =〔粪坑kēng〕〔粪缸gāng〕
【粪除】fènchú ㊥動 청소하다. 소제하다.
【粪肥】fènféi 名 똥거름. ¶～浇的西瓜比较好吃 | 똥거름을 한 수박이 비교적 맛있다 =〔粪料〕
【粪缸】fèngāng ⇒〔粪池chí〕
【粪箕(子)】fènjī(·zi) 名 (거름을 나르는) 삼태기 =〔粪筐kuāng②〕
【粪坑】fènkēng→〔粪池chí〕
【粪筐】fènkuāng ❶ 名 거름 광주리. ❷⇒〔粪箕(子)〕
【粪门】fènmén ⇒〔肛gāng门〕
【粪棋】fènqí 名 서투른 장기. 풋장기 =〔屎shǐ棋〕
【粪蛆】fènqū 名〈蟲〉구더기.
【粪桶】fèntǒng ❶ 名 똥통. 거름통. ❷⇒〔马mǎ桶〕
【粪土】fèntǔ 名 ❶ 더러운 흙. 썩은 흙. ❷ 喩 쓸모없는 인간. 하찮은 것. ¶把这种小人视为～ | 이런 소인배는 쓸모없는 인간으로 본다 =〔粪壤①〕
【粪土之墙不可圬】fèn tǔ zhī qiáng bù kě wū 成 더러운 흙으로 쌓은 담은 하찮은 것이어서 바를 여지도 없다. 양성할 나위조차 없는 사람. 팔불출.

【瀵】fèn 샘 분
動 분출하다. 물이 솟아나다..
【瀵泉】fènquán 名 분천.

fēng ㄈㄥ

1【丰】① fēng 어여쁠 봉
❶ 名 아름다운 용모. 자태. ¶～采↓ ❷ 形 (용모가 탐스럽게 살쪄) 아름답다.
【丰采】fēngcǎi 名 풍채(風采). ¶容光焕发的～ | 용모가 훤하고 늠름한 풍채 =〔风采①〕
【丰容】fēngróng ㊥名 복스런 얼굴. 탐스런 모습.
【丰润】fēngrùn ㊥形 함치르르하다. 포동포동하다.

1【丰(豐)】② fēng 풍년들 풍, 넉넉할 풍
❶ 形 풍부하다. 많다. ¶～满↓ ¶产量甚～ | 생산량이 대단히 많다. ❷ 形 거대하다. 크다. ¶～功伟绩↓ ❸ (Fēng) 名 성(姓).
【丰碑】fēngbēi 名 ❶ 높고 큰 비석. ❷ 喩 위대한 공적. 금자탑(金子塔). ¶在人民心中立下了一块

～｜사람들의 마음 속에 하나의 금자탑이 세워졌다.

³【丰产】fēngchǎn 名 풍작(豐作). ¶～模范｜농업 증산의 모범. 다수확 왕. ¶～经验｜풍작의 경험.

【丰登】fēngdēng ⇒〔丰熟shú〕

¹【丰富】fēngfù ❶ 形 풍부하다. 많다. ¶～的知识｜풍부한 지식. ¶经验～｜경험이 풍부하다. ❷ 動 풍부하게〔넉넉하게〕하다. (내용 따위를) 높이다. ¶～儿童的学校生活｜아동의 학교 생활을 풍요롭게 하다. ¶～了节目的内容｜프로그램 내용을 확충했다.

【丰富多彩】fēng fù duō cǎi 成 풍부하고 다채롭다. ¶～的节日活动｜풍부하고 다채로운 경축일 행사.

【丰功伟绩】fēng gōng wěi jì 成 위대한 공적. ¶建立了～｜위대한 공적을 세우다 ＝〔丰功盛烈〕

【丰厚】fēnghòu 形 ❶ 두툼하다. 두텁다. ¶海狸的皮绒róng毛十分～｜해리의 가죽 솜털은 매우 두텁다. ❷ 푸짐하다. 융숭하다. 풍성(豐盛)하다. ¶～的礼品｜푸짐한 선물 ＝〔丰腆tiǎn〕 ❸ 살림이 넉넉하다. 유복하다.

⁴【丰满】fēngmǎn ❶ 形 풍부〔풍족〕하다. 그득하다. 충분하다. ¶粮仓～｜곡물 창고가 그득하다. ❷ 形 풍만하다. 포동포동하다. 살지다. ¶～的脸盘儿｜포동포동 살찐 얼굴. ❸ 動 (깃털 따위가) 자라다. ¶羽毛～｜깃털이 자라다. ❹ 動 (사상 따위가) 풍부하다. (문체 따위가) 화려하다. 현란하다.

【丰茂】fēngmào 書 狀 (초목이) 무성하다. 울창하다. 울울창창하다 ＝〔丰蔚wèi②〕〔丰庑wǔ〕

【丰美】fēngměi 書 狀 푸짐하다. 소담스럽다. ¶这菜真～｜이 요리는 정말 푸짐하다.

【丰年】fēngnián 名 풍년 ⇔〔荒huāng年〕→〔大年③〕

【丰年稔岁】fēng nián rěn suì 成 풍년이 들다

【丰沛】fēngpèi 狀 풍부하다. 충분하다. 넉넉하다. ¶雨量～｜강우량이 충분하다.

【丰饶】fēngráo 形 풍요롭다. ¶～的社会｜풍요로운 사회. ¶辽liáo阔～的大草原｜광활하고 풍요로운 대초원.

【丰润】fēngrùn 形 풍부하고 윤택함.

【丰赡】fēngshàn 書 形 풍부하다. 풍요하다.

【丰盛】fēngshèng 形 풍성하다. ¶～的酒席｜성대한 주연. ¶受了～的款待kuǎndài｜융숭한 대접을 받았다.

³【丰收】fēngshōu 動 풍작. ¶连年～｜해마다 풍작이다. ¶～在望｜풍작이 내다보인다. ¶～年｜풍년. ¶获得了～｜풍작을 이루었다 ⇔〔歉qiàn收〕

【丰熟】fēngshú 書 形 많이 달리고 잘 여물다. ¶庆祝五谷～｜오곡의 풍성함을 축하하다 ＝〔丰登dēng〕〔丰穰ráng〕〔丰稔rěn〕〔丰盈yíng③〕

【丰硕】fēngshuò 形 (과일이) 크고 많다. 잘 여물고 알이 크다. ¶～的葡萄pútáo｜잘 여물고 알이 큰 포도. ¶取得～的成果｜풍성한 성과를 거두다.

【丰衣足食】fēng yī zú shí 成 먹고 입을 것이 모두 풍족하다. 살림이 넉넉하다. ¶过着～的生活｜풍족한 생활을 하다.

【丰盈】fēngyíng ❶ 書 形 (몸이) 풍만하다. 포동포동하다. 보기좋게 살지다. ❷ 書 形 (물건이) 넉넉하다. 풍족하다. 윤택하다. ¶经济～｜경제가 풍족하다. ❸ ⇒〔丰熟shú〕

【丰腴】fēngyú 形 ❶ (몸이) 풍만하다 ＝〔丰盈①〕 ❷ (땅이) 풍요롭다. ❸ (음식물이) 풍성하다.

【丰裕】fēngyù 形 부유하다. ¶生活～｜생활이 부유하다.

【丰足】fēngzú 形 풍족하다. ¶衣食～｜의식이 풍족하다 ＝〔丰实〕

【沣(灃)】Fēng 물이름 풍

名〈地〉풍수(灃水)〔섬서성(陕西省)에 있는 강 이름〕

1【风(風)】fēng 바람 풍

❶ 名 바람. ¶和～｜산들바람. ¶朔～｜삭풍. 북풍. ¶刮～｜바람이 불다. ❷ 바람에 말린 것. ¶～干↓ ❸ 풍경. 경치. ¶～光↓ ¶～景↓ ❹ 풍속. 풍조. ¶世～｜세상 풍속. ¶勤俭成～｜근검이 세상의 풍조가 되다. ❺ 태도. 작풍(作風). ¶作～｜작풍. ¶歪～｜바르지 않은 태도. ❻ (～儿) 名 소식. ¶闻～而至｜소식을 듣고 오다. ¶走～｜소식〔비밀〕이 새나가다. ❼ (확실한 근거가 없는) 소문. 풍문. ¶～闻↓ ¶～言～语↓ ❽ 기풍. 기백. 품격. 풍격. ¶～气↓ ¶这幅画大有古～｜이 그림은 매우 옛스러운 풍격이 있다. ❾ 名 (일의 발전)상황. 추세. 경향. ¶他是一个善于看～的机会主义者｜그는 상황 파악을 잘하는 기회주의자이다. ❿ 名 민가〔시경(詩經) 안의 국풍(國風)이 고대 15개국의 민가임〕 ¶采cǎi～｜민가를 수집하다. ⓫ 名〈漢醫〉풍〔고대 병의 요인으로 생각되었던 육음(六淫)의 하나〕 ¶伤～｜감기. ¶羊痫xián～｜지랄병. ¶湿shī～｜류머티즘. ⓬ (Fēng) 名 성(姓).

⁴【风暴】fēngbào 名 ❶ 㓜 폭풍. 폭풍우. ¶～将来之前的瞬刻寂静｜태풍 전의 일시적 정적. ❷ 喩 규모가 크고 기세가 맹렬한 사건이나 현상. ¶革命的～｜혁명의 폭풍.

【风泵】fēngbèng 名 ❶ 공기 펌프 ＝〔鼓gǔ风机〕 ❷ 공기 압축기 ＝〔气泵〕〔压yā气机〕→〔泵bèng〕

【风痹】fēngbì 名〈漢醫〉유주성 관절 풍습통(遊走性關節風濕痛).

【风波】fēngbō ❶ 名 풍파. ❷ 狀 동요하다. 안정되지 않다. 喩 세상의 풍파나 변고. 분쟁이나 소란. ¶平地起～｜평지에 풍파가 일다. ¶引起yǐnqǐ一场～｜한바탕 풍파를 일으키다.

【风伯】fēngbó ⇒〔风神②〕

【风不刮树不摇】fēng bù guā shù bù yáo 諺 바람이 불지 않는데 나무가 흔들릴까. 아니 땐 굴뚝에 연기 날까.

【风采】fēngcǎi 名 ❶ 풍모. 풍채. ¶～骨力｜풍모와 골격 ＝〔丰采〕 ❷ 문채(文采). ❸ 옛날, 어떤 관리들이 가졌던 강직한 풍격. ¶展现时代的～｜현시대의 풍격을 드러내다.

【风餐露宿】fēng cān lù sù [成] 바람과 이슬을 맞으며 한데서 먹고 자라다 =〔露宿风餐〕〔餐风宿路〕

【风潮】fēngcháo [名] ❶ 바람의 방향과 조수의 간만. ❷ 태풍. 눈보라. ❸ 소동. 충돌. 분쟁. 쟁의. ¶闹nào~ | 분쟁을 일으키다. ¶劳工láogōng~ | 노동 쟁의 =〔浪làng潮②〕 ❹ 시대의 풍조·경향.

【风车(儿)】fēngchē(r) [名] ❶ 〈農〉 풍구 =〔扇车〕 ❷ 풍차. ¶~转动 | 풍차가 돌다. ❸ 팔랑개비 =〔风葫hú芦②〕

【风尘】fēngchén [名] [喻] ❶ 세상의 속된 일. 속세간(俗世間). ¶~碌碌一事无成 | 속세에서 무슨 일 하나 변변히 한 것이 없다《紅樓夢》 ¶~表物 =〔风尘外物〕〔风尘物表〕 | 세속을 초월한 사람. ❷ 여행 중의 고생. ¶满面~ | 여행 중의 고생이 온 얼굴에 가득하다. ❸ 어지러운 사회 또는 떠다니는 처지. ¶~侠士 | 난세의 협객. ❹ 병란(兵亂). 난리. ❺ 옛날, 창기(娼妓)의 생활. ¶寄身乱世, 误落~ | 어지러운 세상에 몸을 기탁하다 보니, 유흥업으로 잘못 빠져들게 되었다. ¶堕duō落~ | 타락하여 유흥업으로 세상을 살아가다.

【风尘仆仆】fēngchén púpú [成] 고생스레 이리저리 떠다니다. 세상의 온갖 고생을 다 겪다.

【风驰电掣】fēng chí diàn chè [成] [喻] 질풍같이 달리다. 번개같이 달리다 =〔风驰电赴〕

【风传】fēngchuán ⇒〔风闻〕

【风吹不晕, 沙打不迷】fēng chuī bù yūn, shā dǎ bù mí [成] 고난과 역경 속에서도 길을 잃지않다.

【风吹草动】fēng chuī cǎo dòng [成] ❶ 바람기만 있어도 풀이 흔들거리다. 아주 작은 변화가 일어나다. 아주 작은 일에도 영향을 받다. ❷ 소문이 나다. ¶稍shāo有点儿~的意思 | 다소 약간의 소문이 나다. ❸ ⇒〔无wú风不起浪〕

【风吹浪打】fēng chuī làng dǎ [成] 풍파의 시련을 겪다. ¶不怕~ | 시련 겪음을 두려워하지 않다.

【风吹日曬】fēng chuī rì shài [成] 바람을 맞고 햇볕에 쬐다. ¶那些黑字标语, 经过~, 大部分剥落和褪了色 | 이 검은 글씨로 된 표어는 바람을 맞고 햇볕에 쪼여서 대부분 벗겨져 떨어지고 퇴색했다.

【风吹雨打】fēng chuī yǔ dǎ [成] ❶ 비바람을 맞다. ❷ [轉] 온갖 풍상을 다 겪다.

【风锤】fēngchuí [名] 〈機〉 에어 해머(air hammer). 공기 해머.

【风刀霜剑】fēng dāo shuāng jiàn [成] 찬바람이 살을 에다. 아주 나쁜 환경.

【风灯】fēngdēng [名] 폭풍용 램프. 허리케인 램프(hurricane lamp) =〔气qì死风〕〔耐nài风灯〕〔风雨灯〕

【风笛】fēngdí [名] 〈音〉 (유럽의 민간 악기인) 풍적.

【风动】fēngdòng ❶ [名] 바람의 움직임. [喻] 움직임. ❷ [動] 풍력으로 움직이게 하다. ¶~工具 | 공기 공구. ¶~输送机 | 공기 운반기. ¶~锤chuí | 공기 망치. ¶~凿záo岩机 | 공기 착암기.

【风斗(儿)】fēngdǒu(r) [名] 통풍구. 환기창. ¶窗上安~ | 창에 통풍구를 달다 =〔风口②〕

4【风度】fēngdù [名] 풍격. 훌륭한 태도. 훌륭한 인격. ¶他身材魁梧, 很有一种军人~ | 그는 신체가 장대하여, 대단히 군인의 풍모를 지니고 있다. ¶他少有豪迈~ | [書] 그는 젊었을 때부터 훌륭한 인격을 갖고 있었다 =〔风气②〕〔丰度〕〔韵yùn度〕

【风发】fēngfā [書] [形] 바람이 이는 것처럼 기운차게 일어나다. [喻] 득의양양하다. 분발하다. ¶意气~ | 의기 분발하다. 의기양양하다 =〔风生〕

【风范】fēngfàn [書] [名] 풍모와 재능. 풍채와 도량. 패기.

【风风火火】fēngfēnghuǒhuǒ [貶] ❶ 당황하여 쩔쩔매다. 어쩔 줄 모르다. ¶他~地闯了进来 | 그가 당황하여 어쩔 줄 몰라하며 뛰어들어왔다. ❷ 기세 등등하다. 위세가 대단하다. ❸ 일을 데면데면히 하여 문제를 일으키다. 몹시 화를 내다. ¶你别再像过去那样~的 | 너는 다시는 이전처럼 그렇게 데면데면하여 말썽을 일으키지 마라.

【风风雨雨】fēng·fengyǔyǔ ❶ [貶] 마음이 동요하다. 정세가 어지럽다. ❷ [名組] 간난신고(艱難辛苦). 시련. ❸ 의견이 분분하다.

【风干】fēnggān [動] ❶ 바람에 말리다. ¶~栗lì子 | 말린 밤. ¶~腊là肉 | 소금에 절여 말린 돼지고기. ❷ 말라서 바삭바삭해지다. 바짝 마르다.

【风镐】fēnggǎo [名] 〈機〉 공기 착암기.

3【风格】fēnggé [名] ❶ 풍격. 품격. 태도나 방법. ¶时代~ | 시대 풍격. ❷ 특정 시대·민족·유파(流派) 또는 개인의 문예 작품에 표현된 사상적·예술적 특징. ¶中国~ | 중국적 특징.

【风骨】fēnggǔ [名] ❶ 견강불굴의 기개. ❷ (시·문·그림 등의) 웅건하고 힘있는 풍격.

4【风光】[a] fēngguāng [名] ❶ 풍경. 경치. ¶新xīn年~ | 신년 풍경. ¶南国~ | 남국의 경치. ❷ [書] 품격(品格). 인품.

[b] fēng·guang [形] [方] ❶ (관혼상제 등이) 굉장하다. 훌륭하다. 어마어마하다. ¶这场事办得极~ | 이번 일은 정말 어마어마하게 처렀다. ❷ 영광스럽다.

【风害】fēnghài [名] 풍해.

【风寒】fēnghán [名] 냉풍과 냉기. [轉] 감기. ¶受~ =〔感冒风寒〕 | 감기에 걸리다 →〔伤shāng风〕

【风花雪月】fēng huā xuě yuè [成] ❶ 춘하추동의 사시 풍경. ¶他就爱吟一些~的诗句 | 그는 사계절의 풍경이 담겨진 시구를 즐겨 읊조린다. ❷ 내용이 빈약하고 공허한 시문.

【风华】fēnghuá [書] [名] 풍채와 재능. ¶~正茂 | 풍채와 재능이 한창이다. 한창 젊었을 때. ¶~绝代 | 풍채와 재능이 그 시대에서 으뜸이다.

【风化】fēnghuà ❶ [名] 풍속 교화. 감화. ¶有伤~ | 풍속 교화에 해가 되다. ❷ [名] 〈地質〉〈化〉 풍화. 풍해. ❸ [動] 감화시키다. ❹ [動] 〈地質〉〈化〉 풍화〔풍해〕하다.

【风火墙】fēnghuǒqiáng [名] 방화벽.

【风级】fēngjí [名] 〈氣〉 풍력 계급.

【风纪】fēngjì [名] 풍기. 규율. 군기. ¶~扣 | (스탠딩 칼라의) 호크(hock). ¶~不正 | 규율이 바르지 않다.

2【风景】fēngjǐng [名] ❶ 풍경. 경치. ¶~画 | 풍경

화. ¶～林｜풍치림. ¶～区｜풍치 지구. ¶～照｜풍경 사진. ¶～树｜관상수. ❷書풍채.

【风景不殊】fēng jǐng bù shū 成 풍경이 예나 다름없다. ¶这边儿～｜이 곳의 경치는 예나 다름이 없다.

【风镜】fēngjìng 名 풍안(風眼).

【风卷残云】fēng juǎn cán yún 成 바람이 남은 구름을 휘말아 가다. 단숨에 말끔히 쓸어 없애다. ¶大军南下，～般地清灭了守敌｜대군이 남하하여, 방어하는 적군을 단숨에 말끔히 쓸어 없애버렸다.

【风口】fēngkǒu ❶名 바람받이. 바람이 통하는 곳. ❷⇒〔风斗(儿)〕❸名〈金〉(용광로의) 바람 구멍.

【风口浪尖】fēng kǒu làng jiān 成 바람이 세고 파도가 높은 곳. 격렬하고 첨예화된 투쟁의 마당. ¶在这～上，说话，干事得格外小心｜이런 격렬한 투쟁의 상황속에서, 말을 하고, 일을 처리할 때에는 특별히 주의해야 한다.

4【风浪】fēnglàng 名 ❶ 풍랑. ¶突然～大作｜갑자기 풍랑이 크게 일다. ❷喻 위험한 일. 풍파. ¶冲破～｜풍파를 뚫고 나가다. ¶久经～｜오랫동안 풍파를 겪다.

【风雷】fēngléi 名 광풍과 우레. 폭풍우. 喻 대단한 힘. ¶这真是平地起～｜이는 정말 평지에서 폭풍우를 일으키는 것이다.

【风里来, 雨里去】fēng·li lái, yǔ·li qù 俗 비바람을 무릅쓰고 모진 시련을 겪다＝〔风来雨去〕〔成 栉zhì风沐mù雨〕

【风里雨里】fēng·li yǔ·li 狀組 비바람 속. 비바람을 무릅쓰다. ¶她～去请医生｜그녀는 비바람 속에서 의사를 부르러 갔다.

2【风力】fēnglì 名 ❶ 풍력. 풍속(風速). ¶～发电机｜풍력 발전기. ¶～发电站｜풍력 발전소. ¶～表｜풍력계→〔风级〕❷書 풍채(風采)와 골력(骨力). ❸書 남을 감화시키는 힘.

【风凉】fēngliáng ❶形 바람이 불어 서늘하다. ¶大家在～的地方休息｜다들 서늘한 곳에서 쉬다. ❷⊗ fēng·liang) 動 납량하다. 바람을 쐬다. ¶在这里～～吧!｜여기서 바람을 좀 쐬자.

【风凉话】fēngliánghuà 名 무책임한 말. 비아냥거리는 말. ¶他最爱说～｜그는 비아냥거리길 좋아한다. ¶～谁不会说｜그런 무책임한 말을 누구는 못하나.

【风量】fēngliàng 名 (매 단위 시간 내의) 공기 유통량.

【风铃】fēnglíng 名 풍령. 풍경.

【风流】fēngliú ❶形 공적이 있고 예문(藝文)에 통달하다. 걸출하다. ¶～人物｜영웅호걸. 풍류 인물. ❷形 풍류스럽다. 풍치있고 멋드러지다. 재학(才學)이 있고 예법에 구애되지 않다. ❸名 풍류. ❹書名 운치. 운미(韻味). ❺書名 품격. 풍격. 풍도. ❻名 남녀간의 염사(艷事). ¶～(公)案｜연애(소송) 사건. ❼形 방탕하다. 에로틱하다.

【风流云散】fēng liú yún sàn 成 바람같이 사라지고 구름같이 흩어지다. 뿔뿔이 흩어지다＝〔云散风流〕

【风流韵事】fēng liú yùn shì 成 ❶ 시를 짓고 노래를 들으며 즐기다. ❷ 남녀간의 정분이 애틋하다.

【风轮】fēnglún 名 풍차.

【风马牛不相及】fēng mǎ niú bù xiāng jí 成 喻 방일한 소나 말의 암컷과 수컷이 서로 찾아도 이를 수 없다. 서로 멀리 떨어져 있음. 서로 아무런 관계가 없음. ¶这是两件～的事儿，何必要扯chě在一起｜이는 두가지의 아무런 관계가 없는 일인데, 하필 함께 끌어들이려 하느냐.

【风帽(子)】fēngmào(·zi) 名 ❶ 방한모. ❷ (외투 따위의) 후드(hood).

【风貌】fēngmào 名 ❶ 풍격(風格)과 면모. ¶中国艺术的～｜중국 예술의 풍격과 면모. ❷ 풍채와 용모. ❸ 경치.

【风媒】fēngméi 名組〈生〉풍매. ¶～传粉｜바람에 의한 수분(受粉). ¶～花｜〈植〉풍매화→〔虫chóng媒〕

【风门儿】fēngménr 名 ❶ 방한용 덧문. ❷〈機〉공기 마개. 에어 코크(air cock) ‖＝〔风门①〕〔风门子〕〔风窗(儿)〕

【风门子】fēngmén·zi ⇒〔风门儿〕

【风靡】fēngmǐ 書 動 풍미하다. ¶四大天王的金曲～东南亚各国｜4대 천왕의 히트 곡이 동남아 각국을 풍미하다.

【风靡一时】fēng mǐ yī shí 成 일세(一世)를 풍미하다→〔风行一时〕

【风磨】fēngmò 名 풍차 방아.

【风鸟】fēngniǎo 名〈鳥〉풍조. 극락조＝〔极乐鸟〕

【风派】fēngpài 名 기회주의 집단. ¶～人物｜기회주의자.

【风平浪静】fēng píng làng jìng 成 풍랑이 일지 않고 고요하다. 무사 평온하다.

【风起云涌】fēng qǐ yún yǒng 成 바람과 구름이 일다. 폭풍처럼 거세게 일어나다. ¶民族统一的运动正在～｜민족 통일 운동이 폭풍처럼 세차게 일어나고 있다＝〔风起水涌〕

3【风气】fēngqì ❶書名 풍조(風潮). 기풍(氣風). ¶如今就有这个～，都想把女儿嫁给富人｜지금은 이런 풍조가 있어 모두가 딸을 부자에게 시집 보내려한다. ¶形成了～｜기풍을 형성했다. ❷⇒〔风度〕❸書名 공기. 바람. ❹名〈漢醫〉중풍. 풍병(風病).

【风墙】fēngqiáng 名 ❶〈建〉바람벽. ❷ (초목 보호를 위한) 바람막이.

【风茄儿】fēngqiér ⇒〔曼màn陀罗〕

【风琴】fēngqín 名〈音〉풍금. 오르간. ¶弹tán～｜풍금을 치다. ¶管～｜파이프 오르간. ¶簧huáng～｜리드 오르간. 페달식 풍금→〔手shǒu风琴〕

【风清月朗】fēng qīng yuè lǎng 成 ❶ 바람 시원하고 달 밝다. ❷ 맑고 깨끗한 마음. 심지가 결백하다.

【风情】fēngqíng 名 ❶ 풍향(風向)·풍력(風力)의 상황. ❷貶 남녀의 새롱거리기. ¶卖弄～｜추파를 던지다＝〔风怀〕❸ 풍치. 운치.

4【风趣】fēngqù 形 (말·문장의) 재미. 해학. 유머. ¶他是一个很～的人｜그는 매우 재미있는

사람이다.

【风圈】fēngquān 名〈氣〉해나 달의 무리.

【风骚】fēngsāo ❶ 書 名 ⓐ 시경(詩經) 국풍(國風)과 굴원(屈原)의 이소(離騷). ⓑ 轉 시부(詩賦). 문학 작품. ❷ 形 (여자의 행실이) 경망스럽다. 경박하다. ¶她是一个很～的少妇｜그녀는 경박한 여자이다.

【风色】fēngsè 名 ❶ 풍향. ¶～突然变了, 由南往北刮, 而且风势渐渐大起来了｜풍향이 갑자기 바뀌어 남쪽으로부터 북쪽으로 점점 더 세차게 불어댔다. ❷ 喩 동정(動靜). 동향. 형세. 정세. ¶～有点不对｜동향이 다소 좋지않다. ¶看～｜동정을 살피다. ¶善于观看敌人的～｜적의 동향을 살피는 데 뛰어나다. ❸ 書 경치. 풍경. ❹ 書 안색. 기색(氣色).

4【风沙】fēngshā 名 바람에 날리는 모래. 풍사(風砂). ¶这里春天～很大｜이곳은 봄에 풍사현상이 매우 심하다.

【风扇】fēngshàn 名 ❶ 풍향계(風向計). 바람개비. ❷ 옛날, 여름에 실내에 장치하여 바람을 일으키던 수동식 선풍기. ❸ 선풍기. ❹〈機〉환기용 선풍기. 송풍기. 통풍기＝[通风机][扇风机][送风机][通风扇]

4【风尚】fēngshàng 書 名 풍격. 기풍. 풍습. 풍조. ¶出现了新～｜새로운 풍조가 나타났다. ¶体育～｜스포츠맨십.

【风神】fēngshén 名〈神〉(신화의) 바람을 관리하는 신. ¶～肆虐｜바람이 휘몰아치다＝[风伯bó][风家姨][风师][风姨yí]

【风声】fēngshēng 名 ❶ 바람 소리. ❷ 평판. 풍설. 소문. ¶他的～不好｜그의 평판은 좋지 않다. ¶走漏～｜소문을 퍼뜨리다. ¶听到～｜풍문을 듣다.

【风声鹤唳】fēng shēng hè lì 成 바람 소리와 학의 울음소리를 듣고도 적이 오는 줄 알고 허겁지겁 달아나다. 바람 소리만 나도 달아나다. 겁을 집어 먹은 사람은 하찮은 일에도 크게 놀란다→[草木皆兵]

【风湿】fēngshī 名〈醫〉류머티즘. ¶～性关节炎｜류머티스성 관절염＝[风湿病][风湿痛][外 偻lóu麻质斯]

【风蚀】fēngshí 名 動〈地質〉풍식(하다).

【风势】fēngshì 名 ❶ 풍세. 바람의 세기. ❷ 형세. 정세. ¶～不对｜형세가 불리하다. ¶看～｜정세를 살펴보다.

【风霜】fēngshuāng ❶ 名 바람과 서리. ❷ 名 어려움. 고난. 고초. ¶饱bǎo阅～＝[饱经风霜]｜成 풍상고초를 다 겪다. ❸ 名 세월. 광음. 성상(星霜). ❹ 形 엄숙하고 맹렬하다.

【风水】fēng·shui 名 풍수. ¶～先生＝[风水家][大风水][形家][堪kān舆师][堪舆家]｜지관(地官). 풍수장이.

2【风俗】fēngsú 名 풍속. ¶当地～｜이 곳 풍속. ¶革新不好的～｜좋지 못한 풍속을 혁신하다. ¶～习惯｜풍속 습관.

【风俗画】fēngsúhuà 名 풍속도. 풍속화.

【风速】fēngsù 名 ❶ 풍속. ¶～计＝[风速表]｜〈地〉풍속계. ¶～器｜풍속기. ❷ 풍력. 풍세.

【风瘫】fēngtān 名〈漢醫〉중풍(中風)＝[疯瘫][瘫痪huàn①]

【风调雨顺】fēng tiáo yǔ shùn 成 알맞게 비가 오고 바람이 순조롭다. 시절이 좋다. 기후가 알맞다 [풍년의 징조] ¶过去中国农民靠天吃饭, 渴kě望～｜이전 중국의 농민은 날씨에 의지하여 생활하였으므로 알맞은 기후를 갈망하였다＝[雨顺风调]

【风头】fēng·tóu 名 ❶ 풍향(風向). ❷ 喩 정세. 동향. 형세. ¶看～办事｜동향을 보아가며 처리하다. ¶～不顺＝[风头不对]｜형세가 불리하다. ❸ 貶 자기를 내세우는 것. 주제넘게 나서는 것. ¶出～｜주제넘게 나서다. ❹ 위세. 세력. 위력.

【风头主义】fēng·tóu zhǔyì 名 공명(功名)주의. ¶～对工作是有害的｜공명주의는 일에 방해가 된다.

【风土】fēngtǔ 名 풍토. ¶～人情｜풍토와 인정. ¶～志｜풍토기(風土記).

【风土驯化】fēngtǔxúnhuà 名〈地〉풍토 순화

4【风味】fēngwèi 名 ❶ 기분. 맛. 특색. ¶这首诗很有民歌～｜이 시는 민가적인 맛이 아주 많이 난다. ¶地方～｜지방의 맛. ❷ 고상하고 아름다운 멋. 풍미. ❸ (음식의) 독특한 맛. ¶新出产的一种苹果, ～特佳｜새로이 출하된 사과는 맛이 특별히 좋다. ❹ 깊은 의미. ¶别具～｜또다른 깊은 의미를 갖고 있다 ‖＝[风致]

【风闻】fēngwén 名 떠도는 소문. 풍문. ¶～他发了大财了｜떠도는 소문에 그가 큰 돈을 벌었다고 한다＝[风说][风言][风语][风传]

【风物】fēngwù 名 풍물. 경치.

4【风险】fēngxiǎn 名 喩 위험. ¶冒mào～｜위험을 무릅쓰다. ¶担dān～｜위험을 각오하다.

【风箱】fēngxiāng 名 풀무. ¶拉～＝[打风箱]｜풀무질하다＝[风匣xiá][风鞴bèi][方 韛bài][書 鞴]

【风向】fēngxiàng 名 ❶〈氣〉풍향. 바람 방향. ¶～图｜풍배도(風配圖). ¶～袋｜(비행장 따위의) 풍향 기드림. ❷ 동향(動向). 동정(動靜). 형세. ¶看看～再说吧!｜동향을 좀 살펴보고 다시 얘기하자!

【风向标】fēngxiàngbiāo 名 풍신기(風信器). 풍향계＝[风向器][风向仪][风信器][风针][相xiàng风][相风竿gān][相风乌][相乌]

【风信子】fēngxìnzǐ 名〈植〉히아신스＝[俗 洋水仙]

【风行】fēngxíng 動 ❶ 書 바람이 불다. ❷ 喩 널리 퍼지다. 유행하다. 성행하다. ¶～一时｜한때 널리 유행하다.

【风行一时】fēng xíng yī shí 成 한때 크게 유행하다. ¶这种打扮曾～｜이런 치장은 일찌기 한때 크게 유행하였다→[风靡一时]

【风雪】fēngxuě 名 ❶ 풍설. 눈바람. 눈보라. ¶～大衣｜모자가 달린 방한복. ¶～天｜눈보라 치는 날. ¶～交加｜눈보라가 휘몰아 치다. ❷ 가혹한 시련.

【风雅】fēngyǎ ❶(Fēng Yǎ) 名 풍아 [시경(詩經)의 국풍(國風)·대아(大雅)·소아(小雅)를 가리킴] ❷名 轉 시문(詩文). ¶~之道 | 시문의 도. ❸形 풍아하다. 문아(文雅)하다. 고상하고 멋이 있다. ¶举止~ | 품행이 고상하고 멋이 있다＝[丰雅]
【风烟】fēngyān 名 바람에 흩어지는 연기.
【风言风语】fēng yán fēng yǔ 成 ❶ 근거 없는 소문. 뜬소문. ¶听到不少关于他的~ | 그에 관한 많은 뜬소문을 들었다. ❷ 남을 중상하는 말. ❸ 뒷공론 ‖＝[风里言, 风里语]
【风谣】fēngyáo 名 풍요＝[谣言①]
【风衣】fēngyī 名 ❶ 스프링 코트. 더스터 코트 (duster coat)＝[春chūn大衣][风雨衣] ❷ 윈드 재킷.
【风雨】fēngyǔ 名 ❶ 바람과 비. ❷ 喻 혹독한 시련. 고초. ¶经~, 见世面 | 成 혹독한 시련을 겪고서야 세상을 알게 된다. ¶~人生 | 혹독한 시련의 인생.
【风雨不透】fēng yǔ bù tòu 成 물샐틈없다.
【风雨操场】fēngyǔcāochǎng 名組 우천 체조장.
【风雨故人】fēng yǔ gù rén 成 환난을 같이 하던 옛 친구.
【风雨交加】fēng yǔ jiāo jiā 成 비바람이 휘몰아치다. 재난이 겹치다. 설상가상.
【风雨莫测】fēng yǔ mò cè 成 ❶ 어느 구름에서 비가 올지. ❷ 시국이 어떻게 될지 모르겠다.
【风雨飘摇】fēng yǔ piāo yáo 成 비바람에 흔들리다. 시국이 매우 불안정하다. ¶专制政权正处于~之中 | 전제 정권이 지금 시국이 불안정한 상황에 처해있다.
【风雨如晦】fēng yǔ rú huì 成 비바람이 몰아쳐 천지가 캄캄하다. 시국이 암담하다. 앞이 캄캄하다＝[风雨如磐pán]
【风雨同舟】fēng yǔ tóng zhōu 成 생사고락을 같이하다＝[同舟风雨]
【风雨无乡, 怨恨不及】fēng yǔ wú xiāng, yuàn hèn bù jí 成 오가는 비바람을 누가 원망하겠는가. 공정하게 일을 처리하면 원망을 사지 않는다.
【风雨无阻】fēng yǔ wú zǔ 成 날씨가 어떻든지 간에 진행하다. ¶他们每天去酒楼, ~ | 그들은 날씨에 관계없이 매일 술집에 간다.
【风月】fēngyuè 名 ❶ 바람과 달. 좋은 경치. 喻 풍류→[清qīng风明月] ❷ 옛날 남녀간의 정사(情事). ¶~话 | 사랑 이야기. ¶~子弟 | 방탕아.
【风云】fēngyún 名 ❶ 바람과 구름. ❷ 喻 복잡하게 급변하는 정세.
【风云变幻】fēng yún biàn huàn 成 ❶ 날씨가 변덕스럽다. ❷ 정세가 급변하다. ¶当今之世, ~, 谁也不能当常胜将军 | 지금 세상은 정세가 급변하기 때문에, 누구도 항상 승리하는 장군이 될 수 없다＝[风云变色][风云突变]
【风云际会】fēng yún jì huì 成 인재가 기회를 만나다. 바람은 호랑이에서 오고 구름은 용으로부터 온다는 말에서 호랑이와 용이 서로 만나다. 군(君)과 신(臣)이 서로 만나다＝[际会风云]
【风云人物】fēng yún rén wù 成 풍운아.
【风韵】fēngyùn 書 名 ❶ 우미한 자태 [주로 여자에 쓰임] ❷ 고상한 운치. ❸ 바람 소리 ‖＝[丰韵]
【风灾】fēngzāi 名 풍재. 풍해.
【风闸】fēngzhá 名〈機〉공기 제동기.
【风障】fēngzhàng 名〈農〉바람막이 바자. 방풍 시설.
【风疹块】fēngzhěnkuài 名〈醫〉심마진. 두드러기＝[风疙瘩 gēdá][疯fēng疙瘩][鬼guǐ饭疙瘩][方 鬼风疙瘩][荨xún麻疹zhěn][风块]
4【风筝】fēng·zheng 名 ❶ 연. ¶放fàng~ | 연을 날리다. ¶~琴 | 연에 달아 바람으로 소리나게 하는 물건. ¶抖dǒu~ | 연실을 당기다＝[风鹰yīng][风鸢yuān][方 纸鹞yào][纸鸢] ❷ 書 풍령(風鈴). 풍경(風磬).
【风致】fēngzhì 名 풍치＝[风味]
【风中之烛】fēng zhōng zhī zhú 成 풍전등화＝[风前烛]
【风烛残年】fēng zhú cán nián 成 얼마 남지 않은 여생. 꺼져가는 촛불과 같은 여생.
【风姿】fēngzī 名 풍자. 풍채. ¶~万千 | 풍채가 다양하다＝[丰姿]
【风钻】fēngzuàn 名〈機〉❶ 착암기. ❷ (압축) 공기 드릴→[钎qiān子]

【枫(楓)】fēng 단풍나무 풍

❶ 名〈植〉단풍나무. ¶~树↓＝[枫香树] ❷ 단풍잎. ¶~叶↓
【枫树】fēngshù 名〈植〉단풍나무.
【枫杨】fēngyáng 名〈植〉풍양나무.
【枫叶】fēngyè 名 단풍잎.

3【疯(瘋)】fēng 미칠 풍

❶ 動 미치다. (정신이) 이상해지다. 발작하다. ¶这个人~了 | 이 사람은 미쳤다. ¶抽了一阵~ | 한 차례 발작을 일으켰다. ❷ 動 (농작물이 열매는 맺지 않고 가지만) 자라다. 웃자라다. 도장(徒長)하다. ¶这些棉花~了 | 이 목화는 가지만 자라고 다래가 열리지 않았다. ❸ (언어가 정상적 궤도를) 벗어나다. ¶~言~语 | 헛튼 소리. 잠꼬대. ❹ (~子) 名 광인. 미치광이. ¶半~ | 반미치광이. ❺ 名 정신병. 미친 증세. ¶发~ | 미치다.
【疯杈】fēngchà 名 열매를 맺지 않는 가지. 불결과지(不結果枝). 웃자란 가지. ¶打~ | 웃자란 가지를 잘라 내다＝[疯枝][疯秧]
【疯癫】fēngdiān ❶ 名 정신병. 정신 이상. ❷ 狀 미치다. 실성하다＝[癫狂]
【疯疯癫癫】fēng·fengdiāndiān 狀 ❶ 정신 나가다. 실성하다. ❷ 정신 나간 것 같다. 비정상적이다. ¶你整天~的干什么啊? | 너는 종일 정신 나간 것처럼 하여 무엇을 하는 거니? ¶~地闹事 | 미친 사람처럼 소란을 피우다 ‖＝[疯疯魔魔mó]
【疯狗】fēnggǒu 名 미친 개. 광견(狂犬)＝[风狗][疯犬]
【疯话】fēnghuà 名 미친 소리. 정신 나간 소리.

망언(妄言).

【疯劲儿】fēngjìnr 名 정신 나간 모습. 얼빠진 모습. 실성한 모습. ¶你瞧你儿子这股～ | 너는 네 아들의 이런 얼빠진 모습을 보라.

3【疯狂】fēngkuáng 形 ❶ 미치다. 실성하다. ❷ 喩 미친 듯이 날뛰다. 광분하다. 창광(猖狂)하다 ‖ =〔风狂〕

【疯魔】fēngmó ❶ ⇒〔疯人〕 ❷ 動 미치다. 실성하다. 정신이 이상해지다. ❸ 動 열광하다. 열광시키다 ‖ =〔风魔〕

【疯人】fēngrén 名 정신병자. 미치광이 =〔疯子〕〔疯魔mó①〕〔风人③〕〔风子〕

【疯人(病)院】fēngrén(bìng) 名 정신병원 =〔疯医院〕

【疯丫头】fēngyā·tou 名組 딴 데 정신 팔린 계집애. 정신 나간 여자.

【疯长】fēngzhǎng 動 웃자라다. 도장(徒長)하다. ¶施肥过度, 使麦首～ | 비료를 많이 주어, 보리의 머리를 웃자라게 하다.

【疯枝】fēngzhī ⇒〔疯杈chà〕

4【疯子】fēng·zi ⇒〔疯人〕

【砜(碸)】fēng (설폰 풍)

名 〈化〉 설폰(sulfone).

1【封】fēng 봉할 봉

❶ 動 (닫아) 막다. 봉하다. 밀폐하다. ¶大雪～山 | 큰 눈으로 산이 막히다. ¶～瓶口 | 병아가리를 막다. ❷ 動 (제왕이 신하에게) 봉하다. 작위를 주다. ¶～侯↓ ❸ 動 봉인하다. 차압하다. ¶查～ | 조사하여 봉인하다. ¶启～ | 봉인을 뜯다. ❹ 量 통. 장 [편지 등의 봉한 것을 세는 단위] ¶一～信 | 편지 한 통. ❺ (～儿) 名 봉지. 봉투. ¶赏～ | 상금 봉투. ¶信～ | 편지 봉투. ❻ (Fēng) 名 성(姓).

4【封闭】fēngbì 動 ❶ 밀봉하다. 봉(인)하다. ¶用火漆qī～瓶口 | 봉랍으로 병입구를 밀봉하다. ❷ 폐쇄하다. 봉쇄하다. ¶～港口 | 항구를 폐쇄하다. ¶～学校 | 학교를 폐쇄하다. ❸ 〈法〉 차압하다. ¶～铺面 | 점포를 차압하다.

【封册】fēngcè 名 봉책 [제후에 봉(封)하는 천자의 조서(詔書)]

【封存】fēngcún 動 봉하여 보관해 두다. ¶将试卷～起来 | 시험 답안지를 봉하여 보관해 두다. ¶所有文件, 一律～ | 가지고 있는 서류를 일률적으로 봉하여 보관하다.

【封底】fēngdǐ 名 (책의) 뒤표지 =〔封四〕〔底封(面)〕→〔封面〕

【封地】fēngdì 名 봉지.

【封顶】fēngdǐng 動 최고한도액을 규정하다. ¶这房屋明天可以～ | 이 건물은 내일이면 최고한도액을 규정할 수 있다.

【封冻】fēngdòng 動 (강이) 얼어붙다. ¶河～了 | 강이 얼어붙었다. ¶～期 | 결빙기.

【封官许愿】fēng guān xǔ yuàn 成 (자기 편으로 끌어들이기 위하여) 관직을 주거나 요구조건을 들어주다. ¶他还没当上主席, 已经在朋友中开始～了 | 그는 아직 주석에 취임하지 않았으나, 이미 친구들의 요구를 들어주기 시작했다.

【封河】fēng/hé 動 ❶ 강이 얼어붙다. ❷ 강이 얼어붙어 뱃길이 막히다 ⇔〔开kāi河①〕

【封侯】fēnghóu 書 名 動 제후(로 봉하다).

【封火】fēng/huǒ 動 ❶ 불을 덮어버리다. ❷ (음식점이 장사를 끝내고) 불을 끄고 문을 닫다.

2【封建】fēngjiàn ❶ 名 봉건(제도). ¶～统治 | 봉건통치. ¶～思想 | 봉건사상. ¶～制度 | 봉건제도. ¶～时代 | 봉건시대. ¶～社会 | 봉건사회. ¶～主义 | 봉건주의. ¶～势力 | 봉건세력. ¶反～ | 반봉건. ¶～割据 | 봉건 할거. ❷ 形 봉건적이다. ¶头脑～ | 생각이 봉건적이다. ¶他的思想太～了 | 그의 사상은 매우 봉건적이다.

【封建主】fēngjiànzhǔ ⇒〔领主〕

【封疆】fēngjiāng 書 名 ❶ 경계. 국경 =〔封域〕〔封略〕〔封圻qí〕 ❷ 국경을 지키는 장군 ❸ 국경〔경계〕 근교의 땅. ¶居～之间 | 국경 근교의 땅에 거주하다.

【封爵】fēng/jué 動 ❶ 작위를 주다. ❷ (부정적인 의미에서) 고위직을 주다.

【封口(儿)】fēng/kǒu(r) 動 ❶ (봉투나 병의 아가리를) (밀)봉하다. (상처를) 봉합하다. (상처가) 아물다. ¶这封信还没～ | 이 편지는 아직 봉하지 않았다. ❷ 입을 봉하다〔다물다〕.

【封里】fēnglǐ 名 ❶ 앞표지의 안쪽면 =〔封二〕 ❷ 뒤표지의 안쪽면 =〔封三〕 ¶～上印着广告 | 표지 안쪽면에 광고가 인쇄되어 있다.

【封炉】fēnglú ❶ 名 진흙으로 아가리를 틀어막은 난로. ❷ (fēng/lú) 動 난로의 아가리를 틀어막다.

【封面】fēngmiàn 名 ❶ (책의) 표지. ❷ (책의) 속표지. ❸ (책의) 앞표지 =〔封一〕 ¶本期～人物是民族主义者金九 | 이번 호의 표지인물은 민족주의자 김구선생이다.

【封面(儿)女郎】fēngmiàn(r)nǚláng 名 잡지 표지의 여성 모델.

【封皮】fēngpí 名 方 ❶ 봉인 종이〔용지〕=〔封条〕 ❷ 책표지. 책뚜껑 =〔封面〕 ❸ 포장지. ❹ (편지) 봉투 =〔信封〕

【封妻荫子】fēng qī yìn zǐ 成 공신(功臣)의 처는 봉전(封典)을 받고 자손은 대대로 관직을 받다. 처자까지 영화를 누리게 하다.

【封三】fēngsān 名 뒤표지의 안쪽면 =〔封底里〕

【封山】fēngshān 動 벌채를 금지하다. ¶～育林 | 벌채를 금지하고 산림을 육성하다.

【封禅】fēngshàn 動 名 봉선식 [옛날, 제왕이 태산(泰山)에 가서 천지(天地)에 제사 지내는 전례]

【封四】fēngsì 名 (책의) 뒤표지 =〔封底〕〔底封(面)〕

3【封锁】fēngsuǒ 名 動 봉쇄(하다). ¶经济～ | 경제 봉쇄. ¶～边境 | 변경을 봉쇄하다. ¶～机场 | 공항을 봉쇄하다.

【封套(儿)】fēngtào(r) 名 ❶ 봉투 =〔封筒〕 ❷ 서적 등의 케이스.

【封条】fēngtiáo 名 봉인 종이〔용지〕=〔封皮①〕

【封网】fēngwǎng 名 動 〈體〉 (배구 시합에서)

블로킹(하다).

【封箱】fēngxiāng 動 ❶상자를 봉하다. ❷〈演映〉연말에 극장이 휴연(休演)하다. ¶～戏 | 연말의 마지막 공연 =〔封台〕→〔开kāi箱〕

【封一】fēngyī 名 책의 앞표지.

【封斋】fēng/zhāi 動〈宗〉회교도가 회교력 9월 한 달 동안 대낮에 단식하고 재계(齋戒)하다 =〔把斋〕

【葑】fēng fèng 순무 봉

Ⓐ fēng 書 名〈植〉「芜菁」(순무)의 옛이름→〔芜wú菁〕

Ⓑ fèng 書 名〈植〉고근(菰根).

【葑菲】fēngfēi 書 애정으로 결합되어 서로 불만스럽더라도 버리지 아니하는 부부 관계.

3【峰〈峯〉】fēng 산봉우리 봉 ❶名 산봉우리. ¶顶～ | 산꼭대기. 산정(山頂). ¶高～ | 높은 봉우리. ❷산봉우리 같이 생긴 것. ¶独～骆驼 | 단봉 낙타. ¶双～骆驼 | 쌍봉 낙타. ❸量 마리. 두 [낙타의 수를 세는 단위] ¶一～骆驼 | 낙타 한 마리.

【峰峦】fēngluán 書 名 연봉. 죽 이어져 있는 산봉우리. ¶～叠秀 | 산봉우리들이 아름답게 연이어져 있다.

【峰值】fēngzhí 名〈電氣〉주기파(周期波)의 최대치.

【烽】fēng 봉화 봉 名 ❶봉화. ❷轉 적에 대한 경계.

【烽墩】fēngdūn 名 봉화대.

【烽鼓不息】fēng gǔ bù xī 成 전란이 그칠새 없다. ¶边疆地区～, 百姓四处逃难 | 변경 지방에는 전란이 그칠 새가 없어, 백성들이 사방으로 피난을 간다.

【烽火】fēnghuǒ 名 ❶봉화. ¶～台 | 봉화대 ¶～鼙pí鼓 | 봉화와 북소리. ❷喩 전쟁. 전화. ¶～连天 | 전쟁의 불길에 휩싸이다. ¶～相连 | 전쟁이 자주 일어나다.

【烽燧】fēngsuì 書 名 봉수. 봉화.

【烽烟】fēngyān 名 봉화 ¶～滚滚, 战事不息 | 봉화가 끊임없이 이어지니, 전쟁이 그치지가 않도다→〔烽燧〕

4【锋(鋒)】fēng 끝 봉 名 ❶(창·검 등의) 날. (기물의) 날카로운 부분. 끝. 끝부분. ¶刀～ | 칼날. ¶交～ | 싸우다. 맞서다. ¶笔～ | 필봉. 붓끝. ¶针～相对 | 바늘의 끝과 끝을 마주치다. 날카롭게 맞서다. ❷〈軍〉(군대의) 선봉. 선두. 전위(前衛). ¶先～ | 선봉. ¶前～ | 전위. ❸〈氣〉전선(前線). ¶冷～ | 한랭 전선. ¶暖～ | 온난 전선.

【锋镝】fēngdí 名 ❶書 창끝과 살촉. 병기. ❷喩 전쟁. ¶～余生 | 전쟁에서 살아남은 목숨.

4【锋利】fēnglì 書 形 ❶(공구·무기 등의) 끝이 날카롭다. ¶～的匕首 | 날카로운 비수. ❷(언론·문장 등이) 예리하다. ¶～的论调 | 예리한 논조. ¶谈吐tǔ～ | 말투가 날카롭다 ‖ =〔尖jiān利〕

【锋芒】fēngmáng 名 ❶칼끝. 예봉. ❷喩 서슬. 겉으로 드러난 재간. ¶～外露 | 재간이 드러나다. ¶～逼人 | 成 서슬이 시퍼렇다. 말에 가시가 돋치다. ❸사소한 일. ¶～毫发之事 | 지극히 사소한 일.

【锋芒毕露】fēngmáng bì lù 成 貶 자신의 예기(銳氣)와 재주를 모두 드러내 보이다. 자신을 내세우고 과시하다. ¶他最大的缺点就是不虚心, 处处表现自己～ | 그의 가장 큰 결점은 겸허하지 못하고 어디서나 자신을 내세우고 과시하려는 것이다.

2【蜂〈蠭〉】fēng 벌 봉 ❶名〈蟲〉벌. ¶蜜～ | 꿀벌. ¶熊～ | 어리 호박벌. ❷(벌처럼) 무리〔떼〕를 짓다. ¶～起↓ ¶～拥yōng↓

【蜂虿】fēngchài 名 벌과 전갈.

【蜂巢】fēngcháo 名 (꿀)벌집.

【蜂巢胃】fēngcháowèi 名〈生〉봉소위. 반추위.

【蜂出】fēngchū 書 動 벌떼처럼 나오다. ¶邪说～ | 그릇된 학설이 벌떼처럼 나오다→〔蜂起〕

【蜂房】fēngfáng 名 벌집 =〔蜂窝①〕

【蜂分蚁争】fēng fēn yǐ zhēng 成 벌이나 개미들이 제 무리 안에서 싸우다. 아귀다툼. 같은 무리끼리 물고 뜯으며 싸움.

【蜂皇精】fēnghuángjīng 名〈藥〉왕유(王乳). 로열 젤리(royal jelly) =〔蜂乳rǔ〕〔王浆〕

【蜂蜡】fēnglà 名 봉랍. 밀랍 =〔蜜mì蜡①〕〔黄蜡〕→〔白bái蜂蜡〕

【蜂螨】fēngmǎn 名〈蟲〉꿀벌의 해충.

4【蜂蜜】fēngmì 名〈食〉벌꿀. ¶纯净～ | 정제한 벌꿀 =〔蜂糖〕〔蜂饧xíng〕→〔蜂皇精〕

【蜂鸣器】fēngmíngqì ⇒〔蜂音器〕

【蜂鸟】fēngniǎo 名〈鳥〉벌새.

【蜂起】fēngqǐ 動 벌떼처럼 일어나다. 봉기하다 →〔蜂出〕

【蜂王】fēngwáng 名〈蟲〉여왕벌.

【蜂窝】fēngwō 名 ❶벌집 =〔蜂房〕 ❷(～儿)벌집처럼 구멍이 많이 뚫린 것. ¶这块糕gāo上有很多～ | 이 떡은 벌집처럼 구멍이 숭숭 뚫려 있다.

【蜂窝煤】fēngwōméi 名 구멍탄. 구공탄 =〔大煤球〕→〔炭tàn基〕

【蜂腰】fēngyāo 名 ❶꿀벌의 허리. 가는 허리. ❷喩 중간 것이 뒤떨어진 경우를 말함 [예를 들면 세 형제 중에 둘째가 못난 것] ❸「八病」의 하나 [5언시(五言詩)의 두 번째 자(字)와 다섯번째 자(字)의 성(聲)이 같은 것]

【蜂拥】fēngyōng 動 벌떼처럼 붐비다. ¶～而来 | 成 벌떼처럼 모여들다. 쇄도하다 =〔蜂拥而至〕

【酆】fēng 나라이름 풍 ❶지명에 쓰이는 글자. ¶～都县 | 풍도현 [사천성(四川省)에 있는 현으로 지금은 「丰都县」이라고 함] ❷(Fēng) 名 성(姓).

【酆都城】fēngdūchéng 名 저승 =〔阴yīn间〕〔阴世〕

féng ㄈㄥˊ

【冯(馮)】Féngpíng 성 풍, 도섭할 빙
Ⓐ Féng 名 성(姓).
Ⓑ píng 書 ❶ 動 도섭(徒涉)하다. ¶~河↓ ❷ 動 말이 빨리 달리다. ❸「凭」과 통용⇒〔凭píng〕
【冯河】pínghé 動 도보로 강을 건너다. 喻 무모한 짓을 하다→〔暴bào虎冯河〕

2【逢】féng 만날 봉
❶ 動 만나다. 영합하다. …때가 되다. ¶萍píng水相~ | 成 (모르던 사람을) 우연히 만나다. 우연히 알게 되다. ¶每~月初他必来一趟tàng | 매달 초면 그는 반드시 한 번씩 온다. ¶~迎↓ ❷ 書 形 크다. ¶衣~掖yè之衣 | 큰 소매가 달린 옷을 입다《禮記·儒行》❸ (Féng) 名 성(姓).
【逢场作戏】féng chǎng zuò xì 成 극이나 곡예 노는 장면을 만나면 끼어들어 한번 놀아보다. 만난 김에 한번 놀아보다. 닥친 김에 심심풀이. ¶我下象棋不过是~，并没有特别爱好 | 내가 장기를 두는 건 심심풀이 일 따름이지 특별히 좋아하는 것은 아니다 =〔逢场作乐lè〕
【逢集】féngjí 動 시장이 서다.
【逢年过节】féngnián guòjié 成 설이나 명절 때마다. ¶~行xíng人情 | 설이나 명절 때마다 인사를 차린다 =〔逢年按节〕
【逢人说项】féng rén shuō xiàng 成 만나는 사람마다 칭찬하다. 가는 곳마다 칭찬하다.
【逢人只说三分话，不可全抛一片心】féng rén zhǐ shuō sān fēn huà, bù kě quán pāo yī piàn xīn 諺 사람을 만나면 3부만 이야기하고, 마음 전부를 내던지지 말라. 사람을 만나면 말은 조심스레 삼가고, 마음속을 보이지 말라.
【逢山开道】féng shān kāi dào 成 위험을 무릅쓰고 앞장서(서 일하)다.
【逢凶化吉】féng xiōng huà jí 成 전화위복. ¶这档子事儿终于~ | 이 일은 결국 전화위복되었다.
【逢迎】féngyíng 動 ❶ 書 접대하다. ❷ 貶 아첨하다. 영합하다. ¶~权势 | 권세에 영합하다→〔奉fèng承②〕〔迎阿〕

3【缝(縫)】féng fèng 꿰맬 봉
Ⓐ féng 動 바느질하다. 꿰매다. 깁다. ¶动过手术，伤口刚~好 | 수술을 한 후에 상처를 방금 꿰맸다. ¶把衣服上的口子~上 | 옷의 터진 데를 깁다.
Ⓑ fèng (~儿, ~子) 名 ❶ 꿰맨 자리. (옷의) 솔기. 이은 자리. ¶天衣无~ | 成 천인의 옷에는 바느질 자리가 없다. 자연스럽고 완벽하다. ¶缭liáo~ | 솔기를 감치다. ¶无~钢管 | 이음새가 없는 강철관. ❷ 틈(새). 갈라진 자리. ¶门~儿 | 문 틈. ¶裂~ | 금이 가다. ¶说话漏了~ | 이야기가 누설되었다. ❸ (언행상의) 결점. 실수. ¶找人错~ | 남의 실수를 찾다. ❹ (이용할 만한) 기회. 찬스. ¶见~插chā针 =〔见了缝就钻〕| 기회만 있으면 곧 그것을 이용한다.

Ⓐ féng
【缝补】féngbǔ 動 바느질이나 수선을 하다.
【缝缝连连】féngféngliánlián 動組 꿰매고 수선하는 일 =〔缝缝补补〕
【缝合】fénghé 名 動〈醫〉봉합(하다). ¶~伤口 | 상처를 봉합하다 =〔缝拢lǒng〕
【缝口】féngkǒu 動 터진 곳을 꿰매다.
【缝穷】féngqióng 名 삯바느질. ¶~妇 | 삯바느질 하는 여자.
【缝纫】féngrèn 書 名 動 재봉(하다).
【缝纫机】féngrènjī ⇒〔缝衣机〕
【缝衣机】féngyījī 名 재봉틀 =〔缝纫机〕
【缝制】féngzhì 動 (옷·이불을) 만들다. 봉제하다. ¶~了一付手套 | 장갑을 만들다.
Ⓑ fèng
【缝隙】fèngxì 名 틈. 갈라진 곳. ¶从门的~中看外面 | 문의 틈새로 밖을 보다.

fěng ㄈㄥˇ

3【讽(諷)】fěng 월 풍
動 ❶ 書 암송하다. 외다. ¶~诵↓ ❷ 풍자하다. 비꼬다. ¶讥~ | 풍자하다. ¶嘲~ | 조소하다.
3【讽刺】fěngcì ❶ 名 動 풍자(하다). ¶~画 | 풍자화. ¶~世事 | 세상일을 풍자하다. ❷ ⇒〔反fǎn语〕
【讽诵】fěngsòng 書 動 ❶ 읊조리다. 흥얼거리다. ❷ 암송하다.
【讽言讽语】fěngyán fěngyǔ 名組 넌지시 풍자하다. 빈정대다. ¶~打趣他 | 빈정대며 그를 조롱하다.
【讽喻】fěngyù ❶ 名 풍유법. ¶~诗 | 풍유시. ❷ 動 풍유하다. 슬며시 돌려서 타이르다 ¶对苛损杂税进行~ | 가혹한 잡세에 대해 풍유를 하다 ‖ =〔讽谕〕

【唪】fěng 읊을 봉
書 動 (종교인이 경을) 큰 소리로 읽다. ¶~经↓ →〔念经〕
【唪经】fěngjīng 動 독경하다 =〔念经①〕

fèng ㄈㄥˋ

4【凤(鳳)】fèng 봉새 봉
❶ 名〈動〉봉황 [전설상의 길조. 수컷을「凤」, 암컷을「凰」이라 함] ¶龙~ | 용과 봉황. ❷ (요리에 나오는) 닭의 다른 이름. ¶~爪zhuǎ↓ ❸ (Fèng) 名〈地〉봉현(鳳縣) [섬서성(陝西省)에 있는 현 이름] ❹ (Fèng) 名 성(姓).
【凤城春色】fèng chéng chūn sè 成 서울에서 벼슬하다. 출세하다.
【凤雏】fèngchú 書 名 ❶ 봉황(鳳凰)의 새끼. ❷ 喻 재기 발랄한 소년→〔伏fú龙凤雏〕
【凤蝶】fèngdié 名〈蟲〉호랑나비. ¶~飞舞 | 호랑나비가 춤을 추며 날다 =〔凤车③〕
【凤冠】fèngguān 名 ❶ 봉황 모양의 장식을 단 관. ❷ 봉황 모양의 장식을 단 혼례식 예모(禮帽).

4【凤凰】fènghuáng 名 봉황 =〔凤皇〕〔仁rén鸟〕→〔凤①〕

【凤凰来仪】fènghuáng lái yí 成 봉황이 와서 춤을 춘다. 천하태평의 길조(吉兆).

【凤凰于飞】fènghuáng yú fēi 成 봉황이 나란히 날다. 봉황새 같이 의좋은 부부 [신혼 축하 인사말로 자주 쓰임] =〔凤凰于蜚〕

【凤梨】fènglí 名〈植〉❶ 아나나스. ❷ 파인애플(Pineapple) =〔波罗〕

【凤毛麟角】fèng máo lín jiǎo 成 봉황의 털과 기린의 뿔. 진귀한 인재나 물건. ¶能懂中文电脑处理的人在韩国是～ | 한국에서 중국어 컴퓨터 프로그램을 처리할 수 있는 사람은 진귀한 인재이다 =〔麟角〕〔凤毛〕〔麟凤〕〔麟角凤毛〕

【凤鸣朝阳】fèng míng zhāo yáng 成 봉새가 이른 아침 태양이 뜰 때 울다. ❶ 드문 길조(吉兆). ❷ 인재가 좋은 때〔기회〕를 만나다.

【凤尾鱼】fèngwěiyú 名 俗〈魚貝〉웅어 =〔鲚jì〕〔刀dāo鱼②〕

【凤尾竹】fèngwěizhú 名〈植〉봉황죽 =〔凤凰竹〕

【凤仙(花)】fèngxiān(huā) 名〈植〉❶ 봉선화 ❷ 봉선화 꽃 ‖ =〔指甲花〕〔小桃红〕〔染rǎn指草〕

【凤眼】fèngyǎn 名 봉안.

【凤阳花鼓(戏)】fèngyáng huāgǔ(xì) 名組 명대(明代), 안휘(安徽) 봉양부(鳳陽府) 각 현(縣)의 민간 곡조로부터 발전되어 이루어진 지방 희곡 =〔花鼓(戏)〕〔俗 打花鼓〕〔卫wèi调〕→〔楚chǔ剧〕

【凤友鸾交】fèng yǒu luán jiāo 成 喩 남녀간의 성교(性交).

【凤爪】fèngzhuǎ 名〈食〉닭발 볶음. ¶五香～ | 오향 닭발 볶음.

4【奉】fèng 받들 봉
❶ 書 動 드리다. 바치다. ¶双手～上 | 두 손으로 드리다. ❷ 書 動 받다. ¶～到命令 | 명령을 받다. ¶昨～手书 | 어제 보내신 서신을 받았습니다. ¶敬～ | 삼가 받다. ❸ 動 받들다. 존중하다. 추대하다. ¶～为指针 | 우러러 지침으로 삼다. ¶～之为首 | 그를 우두머리로 받들다. ¶～命而行 | 명령을 받들어 행하다. ❹ 動 섬기다. 모시다. ¶～养↓ ❺ 動 믿다. 신봉하다. ¶～基督教 | 기독교를 믿다. ¶信～ | 신봉하다. ❻ 名 簡 옛날 봉천성(奉天省) [요녕성(遼寧省)의 옛 이름] ❼ (Fèng) 名 성(姓).

【奉承】fèng·cheng 動 ❶ 書 敬 명을 받들다. 명을 받다. ❷ 아첨하다. 비위를 맞추다. ¶～人家 | 다른 사람들의 비위를 맞추다. ¶他惯于～吹捧chuīpěng领导 | 그는 윗사람의 비위를 맞춰 치켜세우는데 익숙해있다 =〔恭gōng维〕〔诌诌zhōuchǎn媚〕→〔逢féng迎〕〔讨tǎo好①〕〔溜liū须〕〔阿谀ēyú〕

【奉此】fèngcǐ 札 …의 취지를 양지하였습니다. ¶奉二四号训令, 内开:…等因. ～, … | 24호 훈령에 의하면 …의 취지를 양지하였습니다→〔据jù此〕

【奉复】fèngfù 名 動 敬 회답(하다) [주로 편지에 쓰임] ¶谨此～ | 이에 삼가 회신을 드립니다.

【奉告】fènggào 書 動 敬 알려 드립니다. ¶详情待我回来后, 当面～ | 자세한 상황은 제가 돌아간 후에 직접 알려 드리겠습니다.

【奉公不阿】fèng gōng bù ē 成 공무에 충실하고 타인과 영합하지 않다.

【奉公守法】fèng gōng shǒu fǎ 成 공무에 충실하고 법을 잘 지키다. ¶他为人中正, 一向～ | 그는 사람됨이 정확하여, 언제나 공무에 충실하고 법을 잘 지킨다.

【奉还】fènghuán 動 敬 반환하겠습니다. 돌려 드립니다. ¶明日一定～ | 내일 반드시 돌려 드리겠습니다.

【奉令承教】fènglìng chéngjiào 動組 札 명령을 준수합니다.

【奉令前因】fènglìng qiányīn 動組 札 전기(前記)한 내용의 명령을 받았습니다.

【奉命】fèng/mìng 書 動 명령을 받다. 명령에 따르다. ¶～出发 | 명령에 따라 떠나다. ¶～到 | 명령을 받고 오다 =〔奉令〕

【奉陪】fèngpéi 動 敬 도안하겠습니다. 함께 모시겠습니다. ¶恕不～ | 모시지 못함을 양해해 주십시오.

【奉劝】fèngquàn 動 敬 충고합니다. 권합니다. ¶～你少喝一点儿酒! | 술을 좀 적게 드실 것을 충고합니다!

【奉若神明】fèng ruò shén míng 成 신처럼 모시다 =〔奉如神明〕〔敬若神明〕

【奉示】fèngshì 札 편지 받아 보았습니다→〔捧pěng读〕

【奉祀】fèngsì 書 動 제사를 받들다.

【奉送】fèngsòng 動 敬 ❶ (웃사람에게) 드리다. 선물을 올리다 =〔奉赠〕 ❷ 전송합니다. 배웅해 드립니다.

【奉天承运】fèng tiān chéng yùn 成 하늘로부터 군권(君權)을 수여받다 [황제의 칙령에서 상투적으로 쓰임]

【奉为圭臬】fèng wéi guī niè 成 유일한 기준으로 삼다. 어김없는 기준으로 삼다. ¶他把老师的话～ | 그는 선생님의 말씀을 어김없이 기준으로 삼고 있다.

【奉为楷模】fèng wéi kǎi mó 成 모범으로 받들다. 기준으로 삼다.

4【奉献】fèngxiàn 書 動 삼가 바치다. ¶向社会～自己的聪明才智 | 자신의 총명한 재능을 사회에 삼가 바치다.

【奉谢】fèngxiè 書 動 감사드리다.

4【奉行】fèngxíng 書 動 명령을 받들어 시행하다. 신봉하다.

【奉行故事】fèng xíng gù shì 成 관례대로 일을 집행하다. 전례를 답습하다.

【奉询】fèngxún 動 札 여쭈다. ¶专此～ | 이에 여쭙니다.

【奉养】fèngyǎng 動 (부모나 웃어른을) 봉양하다. ¶～老人 | 노인을 봉양하다→〔供gōng养〕

【奉迎】fèngyíng 動 ❶ 명을 받들다. 접대하다. ❷ 書 敬 영접하다.

【奉谕】fèngyù 動 札 타이름을 받다. 훈시를 받

다. ¶～敬悉xī一切｜가르치심을 다 잘 받았습니다.

【奉召】fèngzhào 動 소환에 응하다. ¶～进京｜소환되어 북경에 왔다.

【奉旨】fèng/zhǐ 書 動 임금의 명(命)을 받들다. 취지를 받들다.

【俸】fèng 녹 봉
名 ❶ (옛날, 관리에게 주던) 봉급. ¶官～｜관리의 봉급. ¶领～｜봉급을 타다[받다]. ❷ (Fèng) 성(姓).

【俸禄】fènglù 名 봉록. ¶当官就是为了取得～｜관리가 된 것은 봉록을 받기 위해서이다.

【葑】fèng ☞ 葑 fēng B

【赗(賵)】fèng 보낼 봉
書 ❶ 動 (상가에) 부의하다. 부조하다. ¶赙fù～｜부의하다. 부조하다. ❷ 名 (상가에 보내는) 부의금.

4【缝】fèng ☞ 缝 féng B

fiào ㄈㄧㄠˋ

【勡】fiào (말 표)
❶ 能 …하지 마라. …필요없다 [「勿」과 「要」의 합성자] ¶～动气｜화내지 마라 =[不要][别] ❷ 動 필요없다. 원하지 않다. ¶我要牛肉, ～猪zhū肉｜나는 소고기가 필요하고 돼지 고기는 필요 없다.

fó ㄈㄛˊ

2【佛〈彿B髴B〉】fó fú 부처 불, 어그러질 불, 〈비슷할 불〉, 〈머리장식 불〉
A fó 名 ❶ 부처. 불타(佛陀, Buddha;범). ¶成～｜〈佛〉성불하다. ❷ 簡「佛教」(불교)의 약칭. ¶～老↓ ❸ 轉 불상. ¶石～｜석불.
B fú ⇒[佛戾][仿fǎng佛]

A fó

【佛得角】Fódéjiǎo 名〈地〉카보베르데(Cape Verde, Cabo Verde) [1975년 포르투갈에서 독립한 서아프리카에 있는 나라. 수도는 「普拉亚」(프라이아;Praia)]

【佛地】fódì 名〈佛〉피안(彼岸).

【佛殿】fódiàn 名 불전. 불당.

【佛法】fófǎ 名〈佛〉❶ 불교의 교리. 불법. ¶～无边｜불법은 끝이 없다. ❷ 불력(佛力). 부처의 힘.

【佛骨】fógǔ 名〈佛〉석가의 유골. 불사리 =[佛舍利]

3【佛教】Fójiào 名〈宗〉불교. ¶信奉～｜불교를 신봉하다. ¶～徒｜불교도.

【佛经】fójīng 名 불경. 불전. 불교 경전 =[释典shìdiǎn]→[释藏zàng]

【佛龛】fókān 名 불단(佛壇) =[佛爷龛]

【佛口蛇心】fó kǒu shé xīn 成 입으로는 번지르르하게 자비(慈悲)를 늘어 놓으나 뱃 속은 검다[음흉하다]. 웃고 사람친다. 겉은 보살같으나 속은 독사같다→[口蜜腹剑]

【佛郎】fólánɡ ⇒[法fǎ郎]

【佛老】fólǎo 名 ❶ 석가(釋迦)와 노자(老子) ❷ 불교와 도교.

【佛历】fólì 名 불교력(佛教曆).

【佛门】fómén 名〈佛〉❶ 불문(佛門). 불가(佛家). ¶～弟子｜불제자. ¶皈依guīyī～｜불가에 귀의하다. ❷ 승려.

【佛事】fóshì 名〈佛〉불사. 법사(法事). 법요(法要).

【佛手】fóshǒu 名〈植〉❶ 불수감나무. ❷ 불수감. 불수감나무의 열매 ‖ =[佛手柑gān][佛手瓜guā]

【佛寺】fósì 名 절. 불사.

【佛塔】fótǎ 名 불탑. ¶～林立｜불탑이 수풀처럼 서있다.

【佛堂】fótánɡ 名 불당. 불전(佛殿).

【佛头着粪】fó tóu zhuó fèn 成 부처 머리에 똥칠하다. 남을 모독하다.

【佛陀】Fótuó 名〈佛〉불타.

【佛像】fóxiànɡ 名 불상.

【佛学】fóxué 名 불교학. 불학.

【佛牙】fóyá 名 석가모니의 시체를 화장하고 난 후 남은 치아.

【佛眼相看】fó yǎn xiānɡ kàn 成 호의(好意)를 갖고 대하다. 너그럽게 보아주다.

【佛爷】fó·ye 名 俗 ❶ 부처님. ❷ 청대(清代)에 내신(內臣)의 황제에 대한 존칭 =[老佛爷]

【佛珠】fózhū 名 (중이 지니는) 염주. ¶手捻～, 口中念念有词｜손으로는 염주를 헤아리며, 입으로는 염불을 외었다.

B fú

【佛戾】fúlì 書 動 어그러지다. 엇갈리다. 위배되다.

fǒu ㄈㄡˇ

【缶】fǒu 장군 부
❶ 書 名 장군 [아가리가 좁고 중배가 큰 질그릇] ¶酒盈yíng瓦～｜술을 장군에 가득 담다. ❷ 名〈音〉장군으로 된 악기 [진대(秦代) 사람은 이것을 두드려 장단을 맞추었음] ¶击～｜질장군을 치다. ❸ 量〈度〉옛날 용량(容量)의 단위. 4곡(斛hú) [즉 40두(斗)] ❹ 名 용기(容器)의 한 부분품. ¶氧rǎnɡ气呼吸器中的清净～｜산소 호흡기의 정화장치.

【缶口】fǒukǒu 名 항아리 아가리.

2【否】fǒu pǐ 아닐 부, 악할 비
A fǒu ❶ 動 그렇지 않다. 부정[부인]하다. 어법 「否」는 「不」와 용법이 다름. ⓐ 단음절 다음에는 그대로 붙임. ¶是～?=[是不是]｜인가 아닌가? ¶可～?=[可不可]｜되는가 안되는가? ¶明天能～出发｜내일 출발할 수 있는가? ⓑ 다음절(多音節) 다음이나 목적어가 있을 때는 앞에 「与」를 붙임. ¶有问题与～, 还不知道｜문제가 있을지 여부는 아직 모른다. ❷ 書 助 의문을 나타냄 [구어(口語)의 「吗」「么」와 같음] ¶汝知之～｜너는 그것을 아느냐? ❸ 書 副 (앞의 문을 부정하여) 아니.

아니다 어법 구어(口語)의 「不」와 같음. ¶～, 此非吾意 | 아니, 이것은 나의 의사가 아니다.
Ⓑ pǐ 書 ❶ 名 비괘(否卦). 64괘의 하나. ❷ 形 열악(劣惡)한〔막힌〕 상태. 나쁘다. 악하다. ❸ 動 헐뜯다. 악평하다. 곤경에 빠지다.
Ⓐ fǒu
[2]【否定】fǒudìng ❶ 名 動 부정(하다). ¶～别人的意见yìjiàn | 다른 사람의 의견을 부정하다. ¶～之～ | 부정의 부정. ❷ 區 부정의. 부정적인. ¶～副词 | 〈言〉부정 부사. ¶～式 | 〈言〉부정 형식. 부정적인 표현. ¶～判断pànduàn | 부정적 판단 ‖ ⇔〔肯定②〕
[4]【否决】fǒujué 動 부결시키다. 거부하다. ¶提案被大会～了 | 제안은 대회에서 부결되었다.
【否决权】fǒujuéquán 名 거부권. 비토(veto) ¶行使xíngshǐ～ | 거부권을 행사하다.
[4]【否认】fǒurèn 動 부인하다. ¶～说没有那么回事 | 그런 일은 없었다고 부인하다.
[2]【否则】fǒuzé 書 連 만약 그렇지 않으면. ¶现在就得去, ～要误事 | 지금 바로 가야만 한다, 만약 그렇지 않으면 일을 그르치게 된다. ¶快点走, ～要迟chí到了 | 좀 빨리 걸어, 그렇지 않으면 늦겠다.
Ⓑ pǐ
【否极泰来】pǐ jí tài lái 威 불운이 극에 달하면 행운이 온다. 고생끝에 낙이 온다 =〔否极反泰〕⇔〔乐lè极生悲bēi〕
【否泰】pǐtài 書 名 불운과 행운.
【否运】pǐyùn 名 불운.

fū ㄈㄨ

1【夫〈悢₂〉】fū fú 지아비 부
Ⓐ fū 名 ❶ 남편. ¶有妇之～ | 유부남. ¶姑gū～ | 고모부. ❷ 書 名 사나이. (성년) 남자. ¶壮～ | 장년 남자. ❸ 부역꾼. 인부(人夫). ¶拉lā～ | 부역꾼을 강제로 징발하다. ❹ 육체 노동에 종사하는 사람. ¶农～ | 농부.
Ⓑ fú 書 ❶ 助 대저. 무릇. 어법 문어(文語)에서 문(句子)의 첫머리에 놓여 의견을 말하고자 함을 나타내는 발어사로 쓰임. ¶～战, 勇气yǒngqì也 | 무릇 전쟁이란 용기인 것이오. ❷ 助 …구려. …구나. 어법 문장의 끝 또는 중간에 놓여 감탄의 뜻을 나타냄. ¶逝者如斯～! | 흘러가는 것은 이와 같구나! ❸ 代 이(것). 그(것). ¶独不见～螳螂tángláng乎? | 혼자만이 저 사마귀를 보지 못하는가? ❹ 代 그(사람). ¶使～往而学焉 | 그로 하여금 가서 배우도록 하다.
【夫唱妇随】fū chàng fù suí 威 ❶ 부창부수. 부부가 화목하다. ¶他们俩～, 十分和谐 | 그들 부부는 부창부수여서, 매우 화목하다 =〔夫倡妇随〕〔簡 倡随〕 ❷ 남편이 시키는 대로 하다 =〔女必从夫〕
【夫党】fūdǎng 名 남편의 친족→〔父fù党〕
[4]【夫妇】fūfù 名 부부.
【夫家】fūjiā 名 시집. 시가. ¶～贫困 | 시댁이 빈곤하다.
【夫君】fūjūn 書 名 ❶ 부군. ❷ 친구. 벗.
[3]【夫妻】fūqī 名 부부.
【夫妻店】fūqīdiàn 名 (점원없이) 부부가 경영하는 작은 가게. ¶他们开了一个～ | 그들은 부부가 경영하는 작은 가게를 개업했다.
【夫权】fūquán 名 부권.
[1]【夫人】fū·ren 名 ❶ 書 제후(諸候)의 아내. ❷ 書 천자(天子)의 첩. 후궁. ❸ 명청(明清)시대에 1·2품(品) 관리의 아내. ❹ 본처. ❺ 부인〔아내의 높임말〕 ❻ 외교 사절의 부인.
【夫荣妻贵】fū róng qī guì 威 남편이 출세하면 아내도 따라 높아진다. ¶～, 自古而然 | 남편이 출세하면 아내도 따라 높아지는 것은, 예로부터 그러한 것이다 =〔夫荣róng妻显xiǎn〕
【夫婿】fūxù 書 名 남편.
【夫子】ⓐ fūzǐ 書 名 ❶ 학자나 연장자에 대한 존칭. ❷ 스승에 대한 호칭. 또는 공자를 가리킴〔주로 편지에 쓰임〕 ¶孔～ | 공자. ¶～庙 =〔孔庙〕| 공자묘. ❸ 남편. ❹ 諷 고서를 많이 읽어서 사상이 진부한 사람. ¶～气 | 진부한 기질. ¶迂yū～ | 세상 물정에 어두운 사람.
ⓑ fū·zi 名 인부 =〔夫役①〕
【夫子自道】fū zǐ zì dào 威 ❶ 남을 훈계하는 체하며 제자랑을 하다. ❷ 貶 자기 자랑을 하다. ¶他这话儿可真是～哩! | 그의 이 말은 사실은 자기 자랑을 하는 것이다!

【呋】fū (푸란 부)
⇒〔呋喃〕
【呋喃】fūnán 名 外 〈化〉 푸란(furan) =〔氧yǎng茂〕

2【肤(膚)】fū 살갗 부, 길이 부
❶ 名 피부. 살결 =〔皮肤〕〔肌肤〕 ¶切～之痛 | 살을 에는 듯한 고통. ❷ 書 形 천박하다. ¶～见↓ ❸ 書 形 크다. ¶～功↓
【肤泛】fūfàn 形 피상적이다. 깊은 뜻이 없다. ¶～之论 | 피상적인 견해.
【肤功】fūgōng 名 큰 공.
【肤见】fūjiàn 書 名 부견. 천박한 견해.
【肤觉】fūjué 名 〈生理〉 피부 감각.
【肤廓】fūkuò 書 形 내용이 없고 실제에 부합하지 않다.
【肤理】fūlǐ 名 피부. 살결.
【肤皮潦草】fūpí liǎocǎo ⇒〔浮皮潦草〕
【肤浅】fūqiǎn 形 (학식이) 얕다〔천박하다〕. ¶我对戏曲的了解很～ | 나는 희곡에 대한 이해가 매우 미천하다. ¶他的见解jiànjiě太～了 | 그의 견해는 매우 천박하다.
【肤如凝脂】fū rú níngzhī 피부가 매끈매끈하고 윤기가 있다.
【肤色】fūsè 名 피부색. ¶～白皙xī | 피부색이 하얗다.

【砆】fū 옥닮은돌 부
⇒〔碔wǔ砆〕

【趺】fū 받침 부, 책상다리할 부
❶ 「跗」과 같음 ⇒〔跗〕 ❷ ⇒〔趺坐〕
【趺坐】fūzuò 書 名 動 〈佛〉 결가부좌(하다) =〔跏

jiā趺坐〕

【麸(麩)〈稃〉】fū 밀기울 부 名 밀기울 =〔麸子〕

【麸壳】fūké 名 ❶ 밀기울. 기울. ❷ 보릿겨.

【麸料】fūliào ⇒〔麸子〕

【麸皮】fūpí ⇒〔麸子〕

【麸子】fū·zi 名 밀기울 =〔麸皮〕〔麸料〕〔粉渣fěnzhā〕

【跗】fū ⓧ fù) 발등 부, 받침 부 名 발등 =〔趺①〕

【跗骨】fūgǔ 名〈生理〉부골. 족근골 =〔足zú跗骨〕〔足趺骨〕

【跗面】fūmiàn 名 발등.

【稃】fū 껍질 부 名 곡식의 겉을 싸고 있는 껍질. 겨. ¶内～ | 속겨. ¶外～ | 겉겨.

【孵】fū 알깔 부 動 (알을) 까다. 부화하다. ¶～小鸡 | 병아리를 까다. ¶～化器 | 부화기.

【孵豆芽儿】fūdòuyár 動組 콩나물을 기르다. 轉 집에만 틀어박혀 있다. ¶你别尽在图书馆里～ | 너는 도서관에만 틀어박혀 있지 마라.

【孵坊】fūfáng 名 부화장.

【孵化】fūhuà 名動 부화(하다). ¶～期 | 부화기. ¶～场 | 부화장 =〔孵育〕

【孵鸡】fūjī 動 부계. 알을 품은 닭 =〔書 伏fú雌〕

【孵卵】fūluǎn 名動 부화(하다). ¶人工～ | 인공부화. ¶～器 | 부화기. 부란기.

【孵育】fūyù ⇒〔孵化〕

【鄜】Fū 땅이름 부 名〈地〉부현(鄜縣)[섬서성(陝西省)에 있는 현 이름. 지금은 「富县」으로 씀]

4【敷】fū 펼 부, 바를 부 動 ❶ 書 두루 말하다. ¶～陈其事 | 그 일을 널리 진술하다. ❷ 바르다. 칠하다. ¶～粉↓ ¶外～药 | 외용약. ❸ 충분하다. 넉넉하다. ¶足～应用 | 필요한 만큼은 충분하다. ¶入不～出 | 수입이 지출에 비해 부족하다. ❹ 설치하다. 놓다. ¶～设水管儿 | 수도관을 설치하다.

【敷陈】fūchén 書 動 상세하게 서술하다.

【敷料】fūliào 名〈醫〉(외상 치료용의) 약품·붕대류.

【敷设】fūshè 動 부설하다[깔다]. ¶～铁路 | 철로를 부설하다. ¶～管道guǎndào | 파이프를 설치하다.

【敷贴】fūtiē 動 (끈적끈적한 약을) 바르다. ¶把膏药～跌肿的膝盖上 | 고약을 넘어져 부어오른 무릎에 바르다.

4【敷衍】ⓐ fūyǎn 動 부연하다. ¶～经文要旨 | 경문의 요지를 부연하다 =〔敷演yǎn〕 ⓑ fū·yan 動 ❶ 성실하지 않게 (대강대강) 하다. (사람을) 무성의하게 대하다. ¶他不诚恳, 对人总是～ | 그는 성의가 없이 남에게 언제나 적당히 대한다. ❷ 억지로 유지하다. 그럭저럭 버티다.

【敷衍了事】fū yǎn liǎo shì 成 적당히 일을 얼버무려 버리다. 어물어물 해치우다.

【敷衍塞责】fū yǎn sè zé 成 적당히 얼버무려 책임을 회피하다. 얼버무려 넘기다. ¶这简直是～ | 이 정말 적당히 얼버무려 넘기려는 구나! =〔敷衍搪塞〕

【敷用】fūyòng 動 사용하기에 충분하다.

fú ㄈㄨˊ

【夫】fú ☞ 夫 fū Ⓑ

2【扶】fú 도울 부, 붙들 부 ❶ 動 (손에 힘을 주어 자신의 몸을) 지탱하다. 기대다. 의지하다. 짚다. ¶～杖而行 | 지팡이를 짚고서 가다. ¶～着栏杆 | 난간에 기대다. ❷ 動 (손의 힘으로) 똑바로 세우거나 앉히다. 조력하다. 부축하다. ¶弟弟跌倒了, 赶快把他～起来 | 남동생이 넘어졌으니, 빨리 그를 일으켜 세워라. ¶搀chān～老年人过马路 | 노인을 부축하여 길을 건너다. ❸ 動 돕다. 보좌하다. 원조하다. ¶济弱～倾 | 成 약자와 가난한 사람을 구제하고 위험에 처한 사람을 돕다. ❹ (Fú) 名 성(姓).

【扶病】fúbìng 書 動 병을 무릅쓰다. ¶～出席 | 병을 무릅쓰고 출석하다 =〔扶疾jí〕

【扶持】fúchí 動 ❶ 부축하다. ❷ 돕다. 보살피다. ¶～到底 | 끝까지 보살피다. ¶政府～贫困地区 | 정부가 빈곤 지역을 보살피다.

【扶乩】fújī 名 길흉을 점치는 점술의 일종 =〔扶箕〕〔扶鸾luán〕

【扶箕】fújī ⇒〔扶乩〕

【扶柩】fújiù ⇒〔扶灵〕

【扶老携幼】fú lǎo xié yòu 成 늙은이를 부축하고 어린이를 거느리다. 늙은이 젊은이 할 것 없이 모두.

【扶灵】fúlíng 動 영구를 호송하다 =〔扶榇〕〔扶柩jiù〕

【扶鸾】fú/luán ⇒〔扶乩jī〕

【扶苗】fú/miáo 動 쓰러진 농작물을 바로 세우다.

【扶贫】fúpín 動 빈민농가를 부양하다. ¶开展～工作 | 빈민 농가 부양 사업을 시작하다.

【扶贫济困】fúpínjìkùn 動 빈민농가를 부양하고 구제하다.

【扶弱抑强】fú ruò yì qiáng 成 약한 자를 도와주고 강한 자를 억누르다 =〔扶弱挫强〕〔抑强扶弱〕

【扶桑】fúsāng ❶ 名 부상 [동해(東海)에 있다고 전해지는 신목(神木)으로, 여기에서 해가 뜬다고 함] ❷ (Fúsāng) 名 옛날 일본이 다른 이름 ‖ =〔榑fú桑〕 ❸ ⇒〔朱槿zhūjǐn〕

【扶善惩恶】fú shàn chéng è 成 착한 이를 도와주고 나쁜 사람을 벌주다. ¶他为人侠义, 常行～之事 | 그는 의협적 인물이어서, 항상 착한 사람을 도와주고 나쁜 사람을 벌주는 일을 행하였다.

【扶上马】fúshàngmǎ 動組 喩 새 간부를 지도 직책에 추천하다.

【扶手】fú·shou 名 ❶ (난간 따위의) 손잡이. (의자 따위의) 팔걸이. ¶椅子两边的～ | 의자

양 옆의 팔걸이. ¶～椅 | 휠체어. ❷난간.

【扶疏】fúshū 形 (가지와 잎이) 무성하다. ¶枝叶～ | 가지와 잎이 무성하다.

【扶梯】fútī 名 ❶ (난간이 있는) 계단. ❷승강대. ❸ 方 사다리.

【扶危定乱】fú wēi dìng luàn 成 어려움에 빠진 자를 구하고 환란을 평정하다.

【扶养】fúyǎng 動 부양하다. 양육하다.

【扶摇】fúyáo ❶ 書 名 아래에서 위로 몰아치는 폭풍. 회오리 바람 =〔扶舆①〕 ❷⇒〔扶摇直上〕 ❸ 名 부요. 부상.

【扶摇直上】fú yáo zhí shàng 成 줄곧 위로 올라가다. 계속 상승의 일로를 걷다. ¶物价～ | 물가가 계속 오르다 =〔扶摇②〕

【扶掖】fúyè 書 動 돕다. 부조하다. 부축하다.

【扶正】fúzhèng 動 ❶ 주(主)되는 것으로 삼다. 첩을 본처로 삼다. ¶邀他～ | 그를 맞아 주임으로 하다 =〔册cè正〕 ❷똑바로 놓다. ❸〈漢醫〉항균 능력을 기르다.

【扶正黜邪】fú zhèng chù xié 成 정의를 돕고 사악함을 축출함 =〔扶正祛邪〕

【扶正祛邪】fú zhèng qū xié ⇒〔扶正黜邪〕

【扶植】fúzhí 動 ❶ 키우다. 육성시키다. ❷ 지반을 닦고 세력을 뿌리박다. ¶～地方势力 | 지방 세력을 뿌리박다 =〔扶殖zhí〕

【扶助】fúzhù 書 動 도와주다. 부조하다. 원조하다. ¶～老弱 | 노약자를 도와주다 =〔扶丞chéng〕〔扶翼〕

【芙】 fú 부용 부

⇒〔芙蕖〕〔芙蓉〕

【芙蕖】fúqú 書 名〈植〉연꽃 =〔夫渠qú〕〔扶渠〕→〔荷hé花(儿)〕

【芙蓉】fúróng ❶⇒〔木芙蓉〕 ❷ 名〈植〉연꽃. ¶出水～ | 연못에 활짝 핀 연꽃. ❸ 名 아편의 다른 이름.

【芙蓉国】Fúróngguó 名 중국 호남(湖南)의 다른 이름. ¶毛泽东,刘少奇都是湖南人, 可以说～里多伟大人 | 모택동, 유소기등이 모두 호남사람이기에, 부용국에는 위대한 인물이 많다고 말할 수 있다.

【芙蓉汤】fúróngtāng 名〈食〉부용탕 [계란과 전분으로 만든 국]

【蚨】 fú 나비 부, 청부 부

❶ ⇒〔青qīng蚨〕 ❷ ⇒〔蚨蝶〕

【蚨蝶】fúdié 名〈蟲〉나비 =〔蝴hú蝶〕

【弗】 fú 아닐 불

❶ 書 副 …하지 않다. …이 아니다. 어법 문어(文語)나 방언(方言)에서 「不」의 뜻으로 쓰이며, 목적어가 없는 동사를 부정함. ¶～用客气 | 사양하지 마시오. ¶他～去 | 그는 가지 않는다. ¶自愧～如 | 남만 같지 못한 것을 스스로 부끄러워하다. ❷「氟」와 같음⇒〔氟fú〕

【弗里敦】Fúlǐdūn 名 外〈地〉프리타운(Freetown) [「塞拉利昂」(시에라리온;Sierra Leone)의 수도]

【佛】 fú ☞ 佛 fó B

【怫】 fú ⓧ fèi) 답답할 불

書 形 ❶ 우울하고 답답해 하다 =〔怫郁〕 ❷불끈 화를 내다. 오락 화를 내다. ¶～然作色 =〔怫然不悦〕 | 불끈 화를 내며 안색이 변하다 =〔艴fú〕

【拂】 fú 털 불, 스칠 불

❶ 動 털다. 털어 내다. ¶轻轻～着泥土 | 진흙을 살짝 털어 내다. ¶～尘 | 먼지를 털다. ❷ 動 (바람 따위가) 스쳐 지나가다. ¶暖风～面 | 따뜻한 바람이 얼굴을 스쳐 지나가다. ❸ 動 뿌리치다. 휘두르다. 털다. ¶～袖↓ ❹ 動 거역하다. 반대하다. ¶不忍～其意 | 그 뜻을 차마 거스를 수 없다. ❺ (～子) 名 簡 먼지떨이. 총채 [「拂尘」의 약칭] ¶棕～ | 종려 먼지떨이.

【拂尘】fúchén ❶ 名 먼지떨이. 구식 파리채. ❷ 名 중이나 도사가 번뇌 따위를 물리치는 표지로 쓰는 총채 ‖ =〔書 麈zhǔ尾〕〔書 拂麈〕〔拂子〕〔書 蝇yíng拂〕〔俗 蝇甩shuǎi儿〕 ❸⇒〔接jiē风〕 ❹ 動 먼지를 털다.

【拂掉】fúdiào 動 털어 버리다.

【拂拂】fúfú 書 貶 (바람이) 솔솔 불다. ¶凉风～ | 시원한 바람이 솔솔 불다.

【拂落】fúluò 動 털다. 털어내다. ¶～身上的雪 | 몸의 눈을 털어내다.

【拂拭】fúshì 動 ❶ (먼지를) 털고 닦다. ❷ (경향 따위를) 없애다. 불식시키다. ❸ 書 轉 총애하다. 특별히 우대하여 기용하다.

【拂晓】fúxiǎo 書 名 새벽녘. 여명 =〔拂曙〕〔拂晨〕〔侵早〕

【拂袖】fúxiù 書 動 (불쾌하거나 화가 나서) 옷소매를 뿌리치다. ¶～而去 =〔拂袖而起〕〔拂衣而去〕 | 화가 나서 옷소매를 뿌리치고 가다 =〔拂衣①〕

【拂煦】fúxù 書 動 (바람이) 훈훈하게 불어 오다.

【茀】 fú 우거질 불

書 ❶ 貶 풀이 무성하게 우거지다. 轉 막히다. ¶道～不可行也 | 길이 풀로 막혀 갈 수 없다. ❷ 動 제초(除草)하다. 풀을 베다. 轉 정리하다. 다스리다. ❸ 名 形 행복(하다) =〔福〕

【绋(紼)〈綍〉】 fú 상여줄 불

書 名 상여를 메고가는 밧줄. 상여줄. ¶执～ | 상여줄을 잡다. 轉 장송(葬送)하다.

【氟】 fú 불소 불

名〈化〉화학 원소 명. 불소(F;fluorum) [할로겐족 원소의 하나] =〔弗②〕

【氟化】fúhuà 名〈化〉불소화(弗素化).

【氟化钡】fúhuàbèi 名〈化〉불화 바륨(BaF_2).

【氟化钙】fúhuàgài 名〈化〉불화 칼슘(CaF_2).

【氟化铝】fúhuàlǚ 名〈化〉불화 알루미늄(AlF_3).

【氟化镁】fúhuàměi 名〈化〉불화 마그네슘(MgF_2).

【氟化氢】fúhuàqīng 名〈化〉불화 수소(HF) =〔氟酸〕

【氟化物】fúhuàwù 名〈化〉불화물.

【氟化亚铁】fúhuà yàtiě 名〈化〉불화 제일철

(FeF₂).
【氟化氧】fúhuàyǎng 名〈化〉불화 산소(F_2O)
【氟利昂】fúlì'áng 名〈化〉프레온(freon).
【氟石】fúshí ⇒〔萤yíng石〕
【氟素】fúsù 名〈化〉불소.
【氟酸】fúsuān ⇒〔氟化氢〕

【砩】fú 형석 불
名〈鑛〉「萤yíng石」(형석)의 옛 이름.

【艴】fú 화낼 불
「怫」과 같음⇒〔怫②〕

4【伏】fú 엎드릴 복, 숨을 복, 절기 복
❶動 엎드리다. ¶～地不动 | 땅에 엎드려 움직이지 않다. ❷動 숨다. 매복하다. ¶暗设～兵 | 몰래 군대를 매복시키다. ¶埋～ | 매복하다. ❸動 (잘못을) 인정하다. 굴복하다. 항복하다. ¶他低头～罪 | 그는 머리를 숙이고 죄를 인정하였다. ¶降龙～虎 | 어떤 무서운 강적도 다스릴 수 있는 능력. ¶降～ =〔降服〕 | 항복하다. ❹動 굴복시키다. (잘못을) 인정케 하다. ¶～辩biàn↓ ❺動 내려가다. 굽히다. 낮아지다. ¶起～的群山 | 높고 낮은 산들. ❻名 (절기상의) 복. ¶初～ | 초복. ¶中～ | 중복. ¶末～ | 말복→〔伏天〕 ❼量 簡〈電氣〉볼트(volt) [「伏特」의 약칭으로 전압의 단위]→〔伏特〕 ❽(Fú) 名 성(姓).
【伏安】fú'ān 名〈電氣〉〈物〉볼트 암페어(volt ampere). ¶千～ | 키로 볼트 암페어 =〔伏特安培〕
【伏案】fú'àn 動 ❶ 책상에 엎드리다. 책상 앞에 앉다. ¶～读书 | 책상에 앉아 독서하다. ¶～埋头 | 책상에 앉아 공부에 열중하다. ¶终日～写作 | 종일 책상에 앉아 글을 쓰다. ❷ 일을 생각하다.
【伏笔】fúbǐ 名 (소설이나 문장 따위의) 복선(伏線). ¶埋下了～ | 복선을 깔다.
【伏辩】fúbiàn 名 반성문. 사과문. 시말서 =〔服辩〕
【伏兵】fúbīng ❶名 복병. ¶～四起, 余声震天 | 복병이 사방에서 일어나, 소리가 하늘을 진동시켰다. ❷(fú/bīng) 名 병사를 매복시키다.
【伏雌】fúcí ⇒〔孵fū鸡〕
【伏打电池】fú dǎ diànchí 名組〈物〉볼타 전지 (Voltaic cell).
【伏地】fúdì ❶名 方 그 지방 산물. ¶～大米 | 본고장의 쌀. ❷名 方 그 지방의 전통 비법에 의해 제조된 것. ¶～面 | 전통 비법에 의해 만들어진 소맥분. ❸副 몰래. 은밀히. ❹動 땅에 엎드리다.
【伏法】fúfǎ 動 사형을 집행하다 =〔伏刑〕〔伏诛zhū〕〔伏辜gū〕〔伏罪②〕
【伏伏贴贴】fú·fu tiētiē ⇒〔伏首贴耳〕
【伏旱】fúhàn 名 복중(伏中)에 나타나는 한발 현상.
【伏虎】fúhǔ 名 ❶ 웅크리고 있는 호랑이. ❷ 변기. ❸〈體〉덤블링.
【伏击】fújī 動 매복 공격하다. ¶～战 | 매복 기습전.
【伏流】fúliú 名 복류. 지하수. 지하 수맥.
【伏龙凤雏】fú lóng fèng chú 成 엎드려 있는 용과 봉황새끼. 재능을 가지고 있으면서 은거하는 인재.
【伏龙芝】Fúlóngzhī 名 外〈地〉프룬제(Frunze) [「吉尔吉纱(키르기스;Kirgiz)의 수도]
【伏尸】fúshī ❶名 가로 널린 시체. ❷動 엎드려서 시체를 어루만지다. ¶～荒野 | 황야에 엎드려서 시체를 어루만지다.
【伏侍】fú·shi ⇒〔服fú侍〕
【伏首贴耳】fú shǒu tiē ěr 成 굽신거리다. 순종하다 =〔伏伏贴贴〕
【伏输】fú/shū 動 실패를 인정하다. 항복하다 =〔服输〕
【伏暑】fúshǔ 名 복더위.
【伏(特)】fú(tè) 名 外〈電氣〉볼트(Volt). ¶～计 | 볼트 미터. 전압계 =〔伏打〕〔伏(尔)脱〕
【伏特加(酒)】fútèjiā(jiǔ) 名 外 보드카(vodka).
【伏天】fútiān 名 복날 =〔伏日〕〔数shǔ伏〕→〔三伏〕
【伏帖】fútiē 形 ❶ 편안하다. ¶很不～ | 매우 편안하지가 않다. ¶心里很～ | 마음이 매우 편안하다. ❷ 순종하다. 고분고분하다 =〔服帖①〕
【伏贴】fútiē 動 위에 바싹 붙다.
【伏汛】fúxùn 書 名 여름철에 강물이 갑자기 불어나는 것.
【伏罪】fú/zuì ❶動 자기 죄를 인정하다. ¶低头～ | 머리 숙이고 자기 죄를 인정하다. ¶只得～认输 | 단지 자기 죄를 인정하고 무릎을 꿇다 =〔服罪〕 ❷⇒〔伏法〕 ❸(fúzuì) 名 아직 발각되지 않은 옛 죄.

【茯】fú 복령 복
⇒〔茯苓〕
【茯苓】fúlíng 名〈植〉복령 [한약재의 하나] =〔伏苓〕〔伏灵〕

3【袱〈襆〉】fú 보자기 보
名 보자기. (물건을 싸는)보 →〔包bāo袱①〕
【袱子】fú·zi 名 方 ❶ 보자기. ❷ 두건. ❸ 손수건.

【芾】fú ☞ 芾 fèi B

【凫(鳧)】fú 물오리 부
❶名〈鳥〉물오리 =〔野鸭(子)〕 ❷「浮」와 통용⇒〔浮fú②〕
【凫茈】fúcí 名〈植〉올방개 =〔凫茨cí〕〔荸bí荠〕→〔慈cí姑①〕
【凫水】fúshuǐ ⇒〔游yóu泳〕

【孚】fú 미쁠 부
❶形 진실하다. 참되다. ¶诚～ | 진실하다. ❷書 動 믿게 하다. 신복(信服)시키다. ¶不～众望 | 대중의 신임을 받지 못하다.

4【俘】fú 사로잡을 부
❶名 포로. ¶战～ | 전쟁 포로. ¶～虏↓ ❷動 (전쟁에서) 적을 사로잡다. ¶敌军千余名被～ | 적군 천여명이 사로 잡히다 =〔俘敌〕
【俘获】fúhuò ❶名 포로와 전리품. ¶～甚众 |

포로와 전리품이 매우 많다. ❷動 포로를 잡거나 전리품을 노획하다. ¶～了叛军五千余名 | 반란군 5천여명을 포로로 잡았다.

4【俘虏】fúlǔ ❶動 포로로 하다. ¶～六个日本兵 | 여섯 명의 일본군을 포로로 하다. ❷名 포로 ＝〔俘囚qiú〕〔囚虏〕

2【浮】fú 뜰 부
❶動 뜨다. 轉 띄우다. ¶油～在水面上 | 기름이 물 위에 떠 있다. ¶她脸上～着微笑 | 그녀는 얼굴에 미소를 띠고 있다 ⇔〔沉chén①〕 ❷動 方 헤엄치다. ¶我一口气～到了对岸 | 나는 단숨에 건너편 기슭까지 헤엄쳐 갔다 ＝〔凫fú②〕 ❸ 표면에 떠 있는. 표면에 뜬. ¶～皮↓ ¶～土↓ ❹ 일시의. 잠시의. ¶～记帐 | 임시 출납 장부. ¶～支zhī↓ ❺形 침착하지 않다. 경솔하다. 들떠 있다. ¶她人太～了 | 그녀는 너무 경솔하다. ¶心～气躁zào | 마음이 침착하지 못하고 성급하다. ❻ 공허한. 실속이 없는. ¶～华↓ ❼(～子) 名 물고기의 부레. (카뷰레터의) 플로트(float). ❽ 살짝. 대충. ¶把门～掩yǎn | 문을 살짝 닫다.

【浮报】fúbào ❶動 과장하여〔허위로〕 보고하다. ❷名 허위 보고 ‖ ＝〔浮开冒报〕→〔虚报〕

【浮标】fúbiāo 名 부표 ＝〔浮泡②〕〔浮椿chūn〕〔浮筏fá〕→〔浮筒tǒng〕

【浮冰】fúbīng 名 부빙.

【浮财】fúcái 名 ❶ 동산. ❷ 명목상의 재산. 외관상의 재산. ❸ 여분의 재산. ¶没收一切～ | 모든 여분의 재산을 몰수하다.

【浮产】fúchǎn 名 동산(動產). ¶～归国家所有 | 동산은 국가의 소유로 돌아가다.

【浮沉】fúchén ❶名動 부침(하다). ❷名轉 흥망성쇠. 번영과 쇠퇴. ¶与世～ | 威 세속에 따라 적당히 살아가다. ¶宦海～ | 威 (관직에) 승진 또는 좌천되다.

【浮(沉船)坞】fú(chénchuán)wù 名 부도크. 부선거(浮船渠). ¶英国公布解禁品货单, 包括～, 塑胶等等 | 영국은 부도크·플라스틱 등을 포함한 해금 품목을 공표하였다 ＝〔浮船渠〕〔浮船坞〕〔浮坞〕

【浮尘】fúchén 名 티끌. 먼지.

【浮尘子】fúchénzǐ 名〈蟲〉멸구 ＝〔浮沉子〕

【浮词曲说】fú cí qū shuō 威 피상적이며 진지하지 못한 말. 사실과 다르게 왜곡되어진 말.

【浮厝】fúcuò 名 매장하지 않고 묘지에 임시로 놓여 있는 관(棺).

【浮荡】fúdàng 動 흔들흔들하다. 흔들거리다. 떠돌다. ¶歌声在空中～ | 노래 소리가 공중에서 울려 퍼지다.

4【浮雕】fúdiāo 名〈美〉부조. 양각. 돋을 새김.

【浮吊】fúdiào 名〈機〉기중기선 ＝〔起重船〕

4【浮动】fúdòng 動 ❶ 떠서 움직이다. 유동하다. ¶树叶在水面上～ | 나뭇잎이 물위에 떠서 움직이다. ❷ 안정되지 않다. 안착하지 못하다. ¶～工资 | 유동 임금. ¶～价格 | 변동 가격. ¶让物价自由～, 一切由市场调节 | 물가를 자유 변동에 맡겨 두면, 일체가 시장에 의해 조정되게 된다.

【浮泛】fúfàn ❶書動 물위에 뜨다. ¶轻舟～ | 쪽배가 물위에 뜨다. ❷動 나타나다. 떠오르다. 어리다. ¶她的脸上～着愉快的表情 | 그녀의 얼굴에 즐거운 표정이 어려 있다. ❸形 표면적이다. 절실하지 않다. ¶～之论, 不足为信 | 표면적인 이론은 믿을 수가 없다.

【浮光掠影】fú guāng lüè yǐng 威 인상이 깊지 않다. 학습이 깊지 못하다. 수박 겉핥기.

【浮花】fúhuā ❶動 돈을 낭비하다. ¶～乱费 | 돈을 마구 낭비하다. ❷名 부조(浮彫). 돋을 새김.

【浮华】fúhuá 形 실속없이 겉만 화려하다. 겉치레뿐이다. ¶文辞wéncí～ | 문사가 겉만 화려하다.

【浮记】fújì 動 (장부에 기록하지 않고 다른 곳에) 임시로 기록하다.

【浮家泛宅】fú jiā fàn zhái 威 ❶ 배에서 뜨내기 살림하다. ❷ 정처없이 떠다니다.

【浮夸】fúkuā 形 과장하다. 허풍떨다. 자만하다. ¶语言～ | 말이 과장되다.

【浮夸风】fúkuāfēng 名 허풍. 우쭐함. 과장

【浮礼儿】fúlǐr 名 方 허례(虛禮).

【浮力】fúlì 名〈物〉부력.

【浮面(儿)】fúmiàn(r) 名 표면. 겉. ¶竟说～话 | 온통 겉치레 말만 한다 ＝〔方 浮头(儿)〕

【浮名】fúmíng ⇒〔虚xū名(儿)〕

【浮名薄利】fú míng bó lì 威 명리(名利)가 보잘것 없다〔미약하다〕. ¶不贪～ | 보잘것 없는 명리를 탐하지 않다.

【浮皮(儿)】fúpí(r) 名 ❶ 생물체의 표피. ❷ (물체의) 표면. 겉면. ❸ 비듬.

【浮皮潦草】fúpí liǎocǎo 威 건성건성하다. ¶这等～的话儿 | 이런 건성으로 하는 말 ＝〔肤fū皮潦草〕

【浮漂】fúpiāo 形 (일이나 공부가) 착실하지 않다.

【浮萍(草)】fúpíng(cǎo) 名〈植〉개구리밥. 부평초 ＝〔水萍〕〔紫zǐ萍〕

【浮浅】fúqiǎn 形 경박하다. 천박하다. ¶知识～ | 지식이 천박하다. ¶很～的见解jiànjiě | 대단히 경박한 견해.

【浮桥】fúqiáo 名 부교. 배다리. 선교(船橋)

【浮丘】Fúqiū 名 ❶〈地〉부구 ［광동성(廣東省)·안휘성(安徽省)·하남성(河南省)에 각각 있는 산이름］ ❷ 복성(複姓).

【浮色】fúsè 名 초벽. 초벌〔애벌〕 칠. ¶刷了一层～再上油 | 한 번 초벌 칠을 하고서 다시 페인트를 칠하다.

【浮沙】fúshā 名 (땅 위에 있는) 모래(흙).

【浮生】fúshēng ❶書名 덧없는 인생. ❷動 부생하다. ¶～海外 | 해외에서 부생하다.

【浮尸】fúshī 名 물위로 떠오른 익사체. ¶发现一具～ | 물 위로 떠오른 익사체 한 구를 발견하다.

【浮石】fúshí ❶名〈鑛〉부석. 속돌. 경석(輕石) ＝〔轻qīng石〕〔浮岩〕 ❷⇒〔磬qìng②〕

【浮水】fú/shuǐ 動 ❶ 물에 뜨다. ❷方 헤엄치다. 수영하다 ＝〔洑fù水〕

【浮筒】fútǒng 名 부표(浮標). 부이(buoy). ¶系

船～ | 계선 부표. ¶响xiǎng～＝〔打钟浮筒〕| 타종 부표(打鐘浮標).
【浮头(儿)】fútóu(r) ⇒〔浮面(儿)〕
【浮屠】fútú ❶⇒〔浮图〕❷(Fútú) 名 복성(複姓).
【浮图】fútú 名 ❶불타. ❷화상(和尙). 중. ❸불탑‖＝〔浮屠①〕
【浮土(儿)】fútǔ(r) 名 ❶부토. 표면 흙. ❷먼지.
【浮现】fúxiàn 動 떠오르다. 생각나다. ¶往事又～在眼前 | 지난 일들이 또 눈앞에 아른거리다.
【浮想】fúxiǎng 名 ❶끊임없이 떠오르는 많은 생각. ❷회상(回想).
【浮想联翩】fú xiǎng lián piān 成 끊임없이 공상이 떠오르다. 많은 것이 연상되다. ¶看到孩子的照片儿, 他不禁～, 夜不能寐 | 아이의 사진을 보고서, 그는 많은 생각이 떠오르는 것을 금할 길 없어, 밤새 잠을 이루지 못하였다.
【浮艳】fúyàn 書 形 내용은 없고 문구만 번지르르하다.
【浮游】fúyóu ❶動 떠다니다. ❷書 動 이리저리 돌아다니다. 만유(漫遊)하다. ❸名〈蟲〉하루살이 ＝〔蜉蝣yóu〕
【浮语虚辞】fú yǔ xū cí 成 공론(空論). 빈말. 큰 소리. ¶他～, 言不中的 | 그가 큰 소리 치는 것은, 말이 맞지가 않는 것이다.
【浮云】fúyún ❶名 뜬구름. 부운(浮雲). ❷名 喩 덧없는 것. ¶～富贵 | 成 뜬구름같이 덧없는 불의(不義)의 부귀. ❸名 소인(小人). 간인(奸人). 간물(奸物). ❹動 변화하다. 자유로이 움직이다. 필세(筆勢)가 약동하다.
【浮云蔽日】fú yún bì rì 成 ❶검은 구름이 해를 가리다. ❷악세력이 앞을 막다.
【浮云朝露】fú yún zhāo lù 成 뜬구름과 아침 이슬. 喩 매우 짧은 시간. 덧없는 세월.
【浮躁】fúzào 形 경솔하다. 경박하다. ¶一个～的学者 | 경솔한 한 학자. ¶学风很～ | 학풍이 매우 경박하다.
【浮支】fúzhī 名 가불(假拂). 가지급.
【浮肿】fúzhǒng〈醫〉❶名 俗 부종(浮腫). 부증(浮症). 수종(水腫)＝〔水肿〕❷動 (몸이) 붓다. ¶浑身～ | 온 몸이 붓다. ¶眼泡pāo～ | 눈 윗꺼풀이 붓다.
【浮子】fú·zi 名 낚시찌 ＝〔漂piāo儿〕〔鱼漂〕

【郛】fú 발재 부
書 名 성의 외곽→〔郛郭〕
【郛郭】fúguō ❶名 부곽. ❷名 名轉 방위(하여) 보존(하다). 보장(하다).

【莩】fú piǎo 갈대청 부, 굶어죽을 표
Ⓐ fú「苻」와 같음⇒〔苻①〕
Ⓑ piǎo「殍」와 같음⇒〔殍piǎo〕

【桴】fú 북채 부, 떼 부
書 名 ❶북채. ❷(조그마한) 뗏목. 참대 뗏목. ❸(～子) 方 이중 대들보. 마룻대.
【桴鼓相应】fú gǔ xiāng yìng 成 북채로 치면 북이 울린다. 긴밀하게 호응하다. 맞장구를 치다.

【蜉】fú 하루살이 부, 왕개미 부
❶⇒〔蜉蝣〕❷⇒〔蚍pí蜉〕
【蜉蝣】fúyóu 名〈蟲〉하루살이. 부유‖＝〔浮游③〕

【苻】fú 껍질 부
名 ❶〈植〉갈청 ＝〔鬼目②〕＝〔莩〕❷書 갈대 줄기의 흰 껍질. ❸(Fú) 성(姓).

2【符】fú 맞을 부, 부신 부
❶動 부합하다. 일치하다. 딱 맞다. 어법 일반적으로「相」또는「不」의 뒤에 옴. ¶他说话前后不～ | 그는 말의 앞뒤가 맞지 않다. ¶名实相～ | 명분과 실리가 부합하다. ❷名 부호. 기호. ¶音～ | 음표. ¶星～ | 별표. ❸書 名 부절. 부신 [옛날, 대나무·옥(玉)·나무·금속 등을 두 동강내어 한 조각 씩 가졌다가 후에 맞추어 봄으로써 서로 증명하는 물건] ¶兵～ | 병부. ¶虎～ | 호랑이 모양의 병부 ＝〔符节〕❹(～子) 名 부적(符籍). ¶催cuī命～ | 남의 죽음을 재촉하는 저주의 부적. ¶护身～ | 호신부. ❺(Fú) 名 성(姓).
【符传】fú chuán 名 外〈電算〉포트란(FORTRAN) [혹은「公式翻译程式」라 부르기도 함]
4【符号(儿)】fúhào(r) 名 ❶기호. 표기. 부호. ¶代数～ | 대수 기호. ¶发音～ | 발음 부호. ¶标点～ | 문장 부호. ❷휘장(徽章).
2【符合】fúhé 動 부합하다. 맞다. 일치하다. ¶～要求 | 요구에 부합하다. ¶所言～实际 | 말하는 바가 사실과 일치하다→〔切qiè合〕
【符节】fújié 名 부절. 신표. 할인(撓印). 위임장. ¶若合～ | 부절을 맞춘 것같다.
【符拉迪沃斯托克】Fúlādíwòsītuōkè 名 外〈地〉블라디보스톡(Vladivostok).
【符码】fúmǎ 名 (상점에서) 상품 값을 나타내는 은어나 기호. 암호.
【符信】fúxìn 名 ❶증거. 신표. 부절(符節). ❷계약 서류.
【符咒】fúzhòu 名 주문. 주술.

【绂(紱)】fú 인끈 불
❶名 (옛날) 인(印) 끈. 도장 끈. 인수(印綬). ❷「黻」과 같음⇒〔黻fú①〕

【祓】fú 떨 불
❶書 名 재난을 물리치고 복을 구하는 일종의 제사. ❷動 轉 (깨끗이) 제거하다. 없애 버리다.
【祓除】fúchú 動 부정한 것을 없애다. ¶～心头之患 | 마음 속의 걱정을 떨어버리다.

【韨(韍)〈市〉】fú 슬갑 불
書 名 고대 제복(祭服)의 일종 [주로 무릎 가리개로 쓰임]‖＝〔芾fú②〕〔黻②〕

【黻】fú 보불 불
❶書 名 고대, 예복에 표시한 무늬 [검은색으로「己」또는「弓」자를 2개씩 반대 방향으로 합친 모양의 자수]＝〔绂②〕❷「韨」와 같음⇒〔韨fú〕‖＝〔市fú〕

1【服】fú fù 옷 복, 말을 복, 먹을 복
Ⓐ fú ❶名 의복. 복장. ¶大礼～ | 대례복. ¶制～ | 제복. ❷動 (업무에) 복무하다. 담당하다.

맡다. ¶～兵役｜병역에 복무하다. ❸動 적응하다. 익숙해지다. ¶水土不～｜새로운 풍토에 적응치 못하다. ¶面食吃得～｜분식이 입에 맞다. ❹動 복용하다. (약을) 먹다. ¶～毒自杀｜독약을 먹고 자살하다. ❺書名 상복(喪服). ¶有～在身｜상중(喪中)이다. ❻書動 (옷을) 입다. ¶夏～单衣｜여름에는 홑옷을 입는다. ❼動 탄복하다. 복종하다. 순종하다. ¶心悦诚～｜마음 속으로 기쁘게 따르다. ❽動 심복시키다. 설득하다. ¶说～力｜설득력. ¶以理～人｜이치로써 사람을 감복시키다. ❾書名 네 마리가 끄는 마차의 안쪽에 있는 두 말 [바깥의 두 말은 「骖」이라 함]→〔骖cān〕 ❿書名〈史〉옛날, 왕기(王畿) 이외의 지방에서 오백리마다 설정한 구역. ⓫(Fú) 名 성(姓).

Ⓑ fù 量 첩 [한약의 1회 복용량을 세는 단위] ¶吃一～药就好了｜약 한 첩을 먹으면 바로 낫게 된다 =〔付④〕→〔剂jì④〕

【服辩】fúbiàn ❶動 판결에 승복하다. ❷動 이의(異議)를 제기하다. 해명하다. ❸名 자인서. ❹名 시말서 ‖ =〔伏辩〕

【服伺】fúcì ❶名 곁에서 시중드는 일. ❷動 곁에서 시중들다.

2【服从】fúcóng 名動 ❶ 복종(하다). ¶～命令｜명령에 복종하다. ❷ 종속(하다). ¶个人利益～集体利益｜개인의 이익은 집단의 이익에 종속된다.

【服毒】fú/dú 動 독약을 먹다. 음독하다. ¶～自杀｜음독 자살하다.

【服法】fúfǎ ❶動 법률에 복종하다. ¶两名歹徒, 终于～｜두 사람의 악당이 결국 법률에 복종하다. ❷名 약 먹는 법.

【服老】fúlǎo 動 스스로 늙었다고 체념하다. ¶他总是不～｜그는 결국 스스로 늙었다고 체념하지 않았다 =〔伏老〕

4【服气(儿)】fú/qì(r) 動 진심으로 굴복〔복종〕하다. ¶不～就再讲理去｜복종하지 않으면, 다시 이치를 따지러 가다. ¶你这话儿我听了有点儿不～｜너의 이 말을 나는 듣고서 다소간 복종할 수가 없다 =〔伏气(儿)〕

【服人】fú/rén 動 남을 납득〔설득〕시키다. ¶不～是不行的｜남을 설득시키지 못하면 행할수 없다.

【服软(儿)】fúruǎn(r) 動 ❶ 양보하다. 순순히 지다. ❷ 잘못을〔실패를〕 인정하다. ❸ 복종하다. 지다. 약함을 보이다. ¶好汉决不～｜사내 대장부는 결코 약함을 보이지 않는다. ❹ 공손하게 나오면 말을 듣다. ¶～不服硬｜成 공손하게 나오면 시키는 대로 하지만, 강하게 나오면 말을 듣지 않는다 ‖ =〔伏软(儿)〕

【服丧】fú/sāng 動 상복을 입다.

【服饰】fúshì 名 복식. 의복과 장신구. ¶苗族的～很奇异｜묘족의 의복과 장신구는 매우 특이하다.

【服侍】fú·shi 動 섬기다. 시중들다. 돌보다. ¶～父母｜부모님을 섬기다 =〔伏侍〕〔扶侍〕

【服输】fú/shū ⇒〔伏fú输〕

【服帖】fútiē 形 ❶ 양순하다. 고분고분하다 =〔伏帖②〕 ❷ 타당하다. 온당하다. ¶事情弄得服服帖帖｜일을 타당하게 처리하다.

1【服务】fú/wù 動 ❶ 복무하다. 근무하다. 일하다. ¶～年限｜근무 연한. ¶为祖国～｜조국을 위해 복무하다. ❷ 봉사하다. 서비스하다. ¶～行业｜서비스업. ¶～员｜(서비스업의) 종업원. ¶～价格｜봉사 가격. ¶～费｜봉사료. ¶～站｜서비스 센터.

【服孝】fú/xiào 動 상복을 입다.

【服刑】fú/xíng 動 징역 살다. 복역하다. ¶在牢里～｜감옥에서 복역하다.

【服药】fúyào 動 약을 먹다.

【服役】fú/yì 動 ❶ 병역에 복무하다. ❷ 옛날, 부역을 하다.

【服膺】fúyīng 書動 (도리·격언 등을) 마음에 새겨 잊지 않다.

【服用】fúyòng ❶書名 의복과 일용품. ❷動 (약을) 먹다. ❸書動 (의복·물건을) 사용하다. ¶～甚俭｜몹시 아껴 사용하다.

4【服装】fúzhuāng 名 복장. ¶民族～｜민족 의상. ¶～设计｜의상 디자인.

【服罪】fú/zuì 動 자기의 죄를 인정하다 =〔伏罪①〕

【菔】 fú 무우 복

⇒〔莱lái菔〕

【罘】 fú 그물 부

書名 ❶ 병풍. ❷ 그물.

【匐】 fú 엉금엉금길 복/북

⇒〔匍pú匐〕

【涪】 fú 물이름 부

名〈地〉부강(涪江) [사천성(四川省)에 있는 강이름]

2【幅】 fú 폭 폭

❶ (～儿) 名 (천의) 폭. 너비. 어법 「儿化」의 경우에는 「fǔ」로 발음됨. ¶单～｜단폭. ¶双～｜쌍폭. ¶宽～｜넓은 폭. ❷名 (넓은 의미의) 폭. 넓이. ¶振～｜진폭. ❸ (～儿) 量 폭 [포목·종이·그림 따위를 세는 단위] 어법 「儿化」의 경우에는 「fǔ」로 발음됨. ¶一～画｜한 폭의 그림. ¶两～布｜천 두 폭.

4【幅度】fúdù 名 정도. 폭. 喻 사물의 변동 폭. ¶物价涨落的～｜물가 등락의 폭. ¶大～地调整产业结构｜대폭적으로 산업구조를 조정하다.

【幅面】fúmiàn 名 (옷감의) 폭. 너비.

【幅员】fúyuán 名 ❶ 폭과 둘레. ❷ 땅의 넓이. ❸ 국토의 면적. ¶～辽阔的国家｜영토가 광활한 국가 ‖ =〔幅陨〕

【幅陨】fúyuán ⇒〔幅员〕

1【福】 fú 복 복

名 ❶ 복. 행복. ¶享xiǎng～｜복을 향유하다. ¶为人类造～｜인류를 위해 행복을 구축하다 ⇔〔祸huò①〕 ❷ 簡 옛날, 부녀자들이 하는 절 [「万福」의 약칭]→〔万wàn福〕 ❸ 書 (제사용) 술과 고기. ❹ (Fú) 簡〈地〉「福建」(복건(성))의 약칭. ❺ (Fú) 성(姓).

【福庇】fúbì 名 덕분. 덕택. ¶多蒙～｜덕분입니

다 =〔福荫yìn〕
【福不双至】fú bù shuāng zhì 成 복은 겹쳐서 오지 않는다. ¶～, 祸不单行=〔福无双至, 祸必重来〕| 諺 복은 겹쳐서 오지 않고, 화는 하나씩 오지 않는다 =〔福无双至〕
【福地】fúdì 名 ❶ 신선(神仙)이 사는 곳. ¶此乃调天～ | 여기가 하늘을 다스리는 신선이 사는 곳이다. ❷ 안락한 곳. 보금자리.
【福尔马林】fú'ěrmǎlín 名 外〈化〉포르말린 =〔甲jiǎ醛(溶)液〕
【福分】fú·fen 名 타고난 복. 행운. ¶～不是强求的 | 행운은 억지로 구해지는 것이 아니다. ¶这可是您老人家的～ | 이는 당신 아버님의 행운이다 =〔福份〕→〔福气〕
【福份】fú·fen ⇒〔福分〕
【福克兰群岛】Fúkèlán Qúndǎo 名 外〈地〉포클랜드제도(Falkland Islands) [아르헨티나의 동남쪽 남대서양에 있는 영국령제도. 수도는「斯坦利港」(스탠리;Stanley)]
4【福利】fúlì ❶ 名 복리. 복지. 후생. ¶～事业 | 복지 사업. ¶为人民谋～ | 국민을 위해 복지사업을 도모하다. ❷ 書 動 복리를 증진시키다. ¶大力发展工业, ～人民 | 공업을 크게 발전시켜 국민의 복리를 증진시키다.
【福林】fúlín 量 外〈錢〉포린트(forint) [헝가리의 화폐 단위] =〔弗林①〕
【福禄】fúlù 名 ❶ 복록. 행복. 번영. 융성. ¶～胜常 | 札 일익 건승하십시오 =〔福履〕〔福泽〕 ❷〈動〉노새와 비슷하며 희고 검은 얼룩 무늬가 있는 말의 일종 =〔福俚〕
【福履】fúlǚ ⇒〔福禄①〕
4【福气】fúqì ❶ 名 복. 행운. ¶我没这个～ | 나는 이런 복이 없다. ❷ 形 행복하다. 유복하다. ¶您夫妇和谐, 子女孝顺, 真是好～ | 당신 부부는 화목하고 자녀는 효도하고 순종하니 정말 행복하십니다→〔福分〕
【福如东海】fú rú dōng hǎi 成 (생일 등을 축하하는 말로) 동해 바다처럼 한없는 복을 누리십시오. ¶寿比南山, ～ | 천수를 누리시고, 한없는 복을 누리십시오.
【福寿绵绵】fú shòu mián mián 成 다복(多福)하고 장수(長壽)하기를 축원하는 말. ¶敬祝老人家～ | 아버님의 만수무강을 축원하옵니다 =〔福寿绵长〕〔福寿齐天〕〔福寿天齐〕〔福寿无疆jiāng〕
【福寿齐天】fú shòu qí tiān ⇒〔福寿绵绵〕
【福特】Fútè 名 外〈人〉포드(G.R. Ford, 1913～) [미국의 제38대 대통령]
【福星】fúxīng 名 ❶ 행운의 신(神). ⓐ 구세주. ⓑ 행운. ¶一路～ | 도중에 무사하기를 빕니다. ¶～高照 =〔福星供照〕| 복성이 높이 비치다 [축하하는 문구에 쓰임] ❷〈天〉목성(木星)의 다른 이름.
【福音】fúyīn 名 ❶〈宗〉복음. ¶～书 | 복음서. ❷ 기쁜〔복된〕소식.
【福荫】fúyìn ⇒〔福庇bì〕
【福祉】fúzhǐ 書 名 복지. 행복. ¶为了整个韩半岛的同胞的～而奋斗 | 한반도 전체 동포의 행복을 위해 노력하다.
【福至心灵】fú zhì xīn líng 成 운이 트이면 생각도 영민해진다.
【福州戏】fúzhōuxì ⇒〔闽mǐn剧〕

4【辐(輻)】fú 바퀴살 복
名 (차의) 바퀴살 =〔轮辐〕
【辐凑】fúcòu 動 ❶ 바퀴살이 바퀴통에 모이다. ❷ (한 곳으로) 모여들다. 집결하다 ‖ =〔辐辏〕
4【辐射】fúshè 名 動〈物〉방사(하다). 복사(하다) ¶台湾的经济已经～到大陆 | 대만의 경제가 이미 대륙에 복사되다→〔雷léi姆〕
【辐射能】fúshènéng 名〈物〉복사능. 방사능
【辐照】fúzhào 名〈物〉(자외선 따위의) 조사(照射). 투사(投射). ¶～度 | 투사도(投射度).

【蝠】fú 노랑가오리 복 박쥐 복
❶ ⇒〔蝠鲼〕 ❷ ⇒〔蝙biān蝠〕
【蝠鲼】fúfèn 名〈魚貝〉노랑가오리.

【幞】fú ⓧ pú) 건 복
⇒〔幞头〕
【幞头】fútóu 名 옛날, 남자용의 터번 =〔書 帕mò头〕

fǔ ㄈㄨˇ

1【父】fǔ ☞ 父 fù Ⓑ

4【斧】fǔ 도끼 부
❶ (～子) 名 도끼. ¶一把～子 | 도끼 한 자루. ¶板bǎn～ | 날이 넓은 도끼. ❷ 名〈軍〉고대 병기(兵器)의 하나. ¶～钺yuè↓ ❸ 書 動 도끼로 자르다.
【斧锉】fǔcuò ⇒〔斧正〕
【斧头】ⓐ fǔtóu 名 도끼머리.
ⓑ fǔ·tou 名 도끼. ¶～镰lián刀 | 도끼와 낫.
【斧削】fǔxuē ⇒〔斧正〕
【斧钺】fǔyuè 書 名 ❶ 작은 도끼와 큰 도끼. ❷ 사형. 형륙(刑戮). 중형(重刑).
【斧正】fǔzhèng 書 ❶ 名 시문(詩文)의 첨삭(添削). ❷ 動 (시문 따위를) 손대다. 고치다. 수정하다. ¶恭请～ | 삼가 많이 고쳐 주십시오. ¶呈上拙稿zhuōgǎo, 望不吝～ | 졸고를 드리오니, 고쳐주시기 바랍니다. ‖ =〔斧锉cuò〕〔斧削xiāo〕〔斧政〕〔削xuē正〕〔郢yǐng正〕
【斧政】fǔzhèng ⇒〔斧正〕
【斧质】fǔzhì ⇒〔斧锧〕
【斧锧】fǔzhì 書 名 ❶ 사람을 베는 형구(刑具)와 사람을 벨 때 올려 놓는 대(臺). ❷ 喻 형륙(刑戮). 주륙(誅戮) ‖ =〔斧质〕〔斧櫍zhì〕〔铁锧〕
4【斧子】fǔ·zi 名 도끼 =〔方 开山子〕

【釜〈鬴〉】fǔ 가마솥 부
❶ 名 (옛날의) 가마. 솥 [현재의「锅guō①」에 해당함] ¶破pò～沉舟 | 솥을 부수고 배를 침몰시키다. 배수진을 치다. ❷ 量 옛날, 용량의 단위 [6말 4되에 해당함]
【釜底抽薪】fǔ dǐ chōu xīn 成 솥 밑에 타고 있는 장작을 꺼내어 끓어 오르는 것을 막다. 근본적으로 문제를 해결하다. 발본색원(拔本塞源)하

다. ¶这回总要断然执行~的调动 | 이번에는 아무래도 근본적으로 문제를 해결하는 인사 이동을 해야 한다→〔抽chōu薪止沸〕

【釜底游鱼】fǔ dǐ yǒu yú [成]솥안에서 헤엄치고 있는 물고기. 죽을 운명에 처한 사람. 운이 다한 사람. 멸망에 직면하다. ¶你不过是~，来日不多了 | 너는 솥안에서 헤엄치고 있는 물고기에 불과하니, 다가 올 날도 많지 않도다 =〔釜底枯鱼〕〔釜里之鱼〕〔釜中之鱼〕

【釜里之鱼】fǔ lǐ zhī yú ⇒〔釜底游鱼〕

【釜中之鱼】fǔ zhōng zhī yú ⇒〔釜底游鱼〕

【滏】fǔ 물이름 부
지명에 쓰이는 글자. ¶~阳河 | 부양하. 하북성(河北省)에 있는 강이름.

【呒】fǔ ☞ 呒 m' [B]

4【抚(撫)】fǔ 어루만질 무
[動]❶ 위로하다. 위안하다. ¶~问↓ ¶好言相~ | 상냥하게 위로하다. ❷ 돌보다. 보호하다. ¶~育孤儿 | 고아를 돌봐 키우다. ❸ 쓰다듬다. 어루만지다. ¶母亲~摸着孩子的头 | 어머니가 어린아이의 머리를 쓰다듬다. ❹ [書] 두드리다. 치다. ¶~掌大笑 | 손뼉을 치며 크게 웃다 =〔拊fǔ〕

【抚爱】fǔ'ài [動] 어루만져 사랑하다.

【抚躬自问】fǔ gōng zì wèn [成] 가슴에 손을 얹고 생각해보다. 스스로 반성해 보다. ¶如果别人不尊重你，你就应该~，你首先尊重别人了没有? | 만약에 다른 사람이 당신을 존중하지 않는다면, 당신이 먼저 다른 사람을 존중했는지를 반드시 반성해보아야 한다 =〔抚心自问〕〔反躬gōng自问〕

【抚今思昔】fǔ jīn sī xī ⇒〔抚今忆yì往〕

【抚今忆往】fǔ jīn yì wǎng [成] 눈앞의 경물(景物)을 보고 지난 일을 추억하다. 현실의 여러 일과 부딪치면서 지난 날을 회상하다 =〔抚今追昔〕〔抚今思昔〕

【抚摸】fǔmō [動] 어루만지다. 쓰다듬다. ¶老汉~着孩子的头说 | 노인네가 아이의 머리를 쓰다듬으며 말하다 =〔摸抚〕〔抚摩mó〕

【抚摩】fǔmó ⇒〔抚摸〕

【抚弄】fǔnòng [動] ❶ (현악기를) 타다. 연주하다. ❷ (애석해서) 어루만지다.

【抚琴】fǔqín [書][動] 현악기를 타다. ¶~吟唱 | 현악기를 타며 노래하다 =〔弹tán琴〕〔拊fǔ琴〕

【抚慰】fǔwèi [動] 위안하다. 위로하다.

【抚问】fǔwèn [動] 위문(慰問)하다.

【抚恤】fǔxù [動] 무휼(撫恤)하다. (국가나 단체에서) 공적인 일로 부상하거나 불구가 된 사람. 또는 순직한 이의 가족을 위로하고 물질적 도움을 주다. ¶~金 | 무휼금·연금·위로금 따위.

4【抚养】fǔyǎng [動] 부양하다. 정성들여 기르다. ¶~子女 | 자녀를 부양하다.

4【抚育】fǔyù [動] (어린이나 동식물을) 정성껏 키우다. 육성하다. ¶~孤儿 | 고아를 키우다.

【抚掌】fǔzhǎng [書][動] (기뻐서) 손뼉을 치다. ¶~大笑 | [成] 손뼉을 치면서 크게 웃다 =〔拊fǔ掌〕

【甫】fǔ 겨우 보, 씨 보, 클 보
❶ [名] 옛날, 남자 이름 뒤에 붙이는 미칭(美稱). 후에 사람의 자(字)를 가리킴 ¶周大夫有嘉~ | 주(周)나라의 대부에 가(嘉)라는 남자가 있었다. ¶贵台~? | 귀하의 자는 무엇입니까? =〔父fǔ①〕 ❷ [書][副] 겨우. 막. 방금. ¶年~十岁 | 나이 겨우 10살이다. ¶~入门 | 막 문에 들어서다. ¶~到 | 방금 왔다 =〔刚刚〕 ❸ (Fǔ) [名] 성(姓).

【甫一发轫】fǔ yī fārèn [成] 수레가 막 떠나다. 일을 방금 시작하다. 시초를 떼다.

1【辅(輔)】fǔ 도울 보, 광대뼈 보
❶ [書][動] 돕다. 보좌하다. ¶相~而行 | 서로 도와 나가다. ¶以友~仁 | 친구로서 어짐을 더한다. ❷ [書][名] 광대뼈. ❸ 부차적인. 부수적인. 부(副). ¶自力更生为主，争取外援为~ | 자력갱생을 주(主)로 하고 외부원조의 획득을 부(副)로 하다. ❹ (Fǔ) [名] 성(姓).

【辅弼】fǔbì ❶ [書][動] 보필하다. ¶孔明~少帝有功 | 제갈공명은 어린 황제를 보필함에 공로가 있다. ❷ [名][轉] 재상.

【辅币】fǔbì [名] 보조 화폐 ⇔〔主zhǔ币〕

1【辅导】fǔdǎo [動] (학습·훈련 등을) 도우며 지도하다. ¶个别~ | 개별적으로 지도하다. ¶~孩子学习英语 | 아이의 영어 학습을 지도하다.

【辅导员】fǔdǎoyuán [名] ❶ (정치 및 이념 관계를 담당하는) 지도원. 교관. ¶政治~ | 정치 지도원. ¶理论~ | 정치 이론 교관. ❷「少shào年先锋队」의 지도원.

【辅音】fǔyīn [名]〈言〉자음(子音) =〔子音〕

4【辅助】fǔzhù ❶ [動] 거들어 주다. 도와주다. 보조하다. ¶~人 |〈法〉피고의 법정 대리인. ❷ [形] 보조적인. 보충하는. ¶~学习 | 보충 학습.

【辅佐】fǔzuǒ [書][動] (주로 정치적으로) 도와주다. 보좌하다. ¶~皇上扫sǎo平天下 | 황제의 천하 평정을 도와 주다.

【脯】fǔ pú 포 포, 가슴 포

[A] fǔ [名] ❶ 말린 고기. 포. ¶牛肉~ | 쇠고기 포. ❷ (꿀이나 설탕에 절여) 말린 과일. ¶杏~ | 꿀에 절여 말린 살구. ¶桃~ | 꿀에 절여 말린 복숭아 =〔果脯〕

[B] pú ❶ (~儿, ~子) [名] 가슴. 흉부. ¶胸~ | 가슴. ❷ (~子) [名] 가슴 부위의 고기. ¶鸡~ | 닭의 가슴살. ❸ 음역어에 쓰임. ¶~氨酸ānsuān |〈化〉플로린(proline).

[A] fǔ

【脯醢】fǔhǎi [名] ❶ 포와 젓. ❷ 사람을 죽여 포뜨고 젓 담그던 고대의 잔혹한 형벌.

【脯鲞】fǔxiǎng [名] 건어(乾魚).

[B] pú

【脯子】pú·zi [名] (닭·오리 등의) 가슴살. ¶鸭~ | 오리의 가슴살.

【簠】fǔ 보 보
[書][名] 옛날, 제사에 쓰던 그릇.

【簠簋】fǔguǐ 名 오곡(五穀)을 담던 제기(祭器).

【黼】fǔ 수 보
書 名 고대의 예복에 놓은 수 [검은색과 흰색의 도끼가 각기 반대쪽으로 붙은 형상임]

【黼冕】fǔmiǎn 名 고대의 예복과 예관(禮冠).

【黼座】fǔzuò 書 名 황제의 자리. 옥좌(玉座).

1【府】fǔ 곳집 부
書 ❶ 名 서류나 재물을 넣어 두는 곳. ¶天~ | 천연의 보고(寶庫). ¶书~ | 서고. ❷ 名 관청. 관공서. ¶官~ | 관청. ❸ 名 (옛날) 귀족 또는 관료의 저택. 관저. ¶王~ | 왕궁. ¶总统~ | 대통령 관저. ❹ 名 敬 댁 [남의 집에 대한 높임말] ¶贵~ | 귀댁. ¶~上↓ ❺ 名 옛날, 행정구역의 명칭 [현(縣)과 성(省)사이에 해당함] ❻ 名 옛날, 외국 대사관. ¶英国~ | 영국 대사관. ❼「腑」와 같음⇒〔腑fǔ〕

【府城】fǔchéng 名 부(府)의 수도.

【府绸】fǔchóu 名〈紡〉❶ 산동주(山東綢). 폰지(pongee). 견주(繭綢) =〔山shān东府绸〕❷ 포플린(poplin) =〔罗缎duàn〕〔毛葛〕〔丝罗缎duàn〕

【府邸】fǔdǐ ⇒〔府第〕

【府第】fǔdì 名 ❶ 관저. 관사. ❷ 저택 ¶~深深 | 저택이 매우 깊다. ‖ =〔府邸fǔdǐ〕

【府君】fǔjūn 名 ❶ 돌아가신 아버지나 할아버지에 대한 존칭. ❷ 한(漢)나라 때 태수(太守)의 별칭. ❸ 나이가 많거나 지위가 높은 사람에 대한 존칭.

【府库】fǔkù 名 옛날, 관청의 문서나 재물을 간직하던 곳집. ¶~充盈chōngyíng | 관청의 창고가 가득차다.

【府上】fǔ·shang 名 ❶ 댁(宅). ❷ 댁의 가족. ¶~都好啊? | 댁의 가족들은 다들 안녕하십니까?→〔贵guì府〕〔舍shè下〕

【府学】fǔxué 名 옛날, 부립(府立)학교.

【拊】fǔ 칠 부
書 動 두드리다. (손뼉을) 치다 =〔抚fǔ④〕

【拊背扼喉】fǔ bèi è hóu 國 숨통과 잔등을 누르다. 급소를 찌르다.

【拊膺顿足】fǔ yīng dùn zú 國 가슴을 치고 발을 구르다. 너무 비통하여 자제하기가 어렵다. ¶一听噩耗èhào, 他不禁~, 号啕háotáo大哭 | 사망통지를 듣자, 그는 비통함을 금하지 못한 채, 큰 소리로 울부짖었다.

【拊掌】fǔzhǎng 書 動 손뼉을 치다. 박수치다. ¶~大笑 | 손뼉을 치며 크게 웃다 =〔拊手〕〔抚fǔ掌〕

3【俯〈俛頫〉】fǔ 숙일 부
動 ❶ 숙이다. 굽히다. ¶~拾 | 몸을 굽혀 줍다. ¶~视山下 | 산아래를 굽어보다. ❷ 札 敬 …해 주십시오. …해 주시기를 바랍니다. ¶~允 | 허락하여 주시기 바랍니다.

【俯冲】fǔchōng 名 動〈航〉급강하(하다). ¶~轰炸hōngzhà | 급강하 폭격. ¶~角 | 강하각 =〔俯冲下降〕

【俯伏】fǔfú 動 ❶ (땅에) 엎드리다. 부복하다. ❷ 굽실거리다. 아첨하다. 빌붙다.

【俯角】fǔjiǎo 名〈數〉부각. 내려본 각 =〔负fù角〕⇔〔仰yǎng角〕

【俯就】fǔjiù 動 ❶ 자기를 굽혀 (남을) 따르다. 억지로 응하다. ¶耐nài着烦fán儿~他 | 꾹 참고서 그를 따르다. ❷ 敬 몸을 굽혀 천직(賤職)에 종사하다 [남에게 직무를 의뢰할 때 쓰임] ¶您要是肯~的话, 那是求之不得的 | 만일 당신께서 말아 주신다면, 그건 바라마지 않던 바입니다 ‖ =〔俯给〕〔屈qū就〕〔迁qiān就④〕

【俯瞰】fǔkàn 書 動 굽어보다. 내려다보다. ¶从飞机上~太平洋 | 비행기에서 태평양을 내려다보다. ¶~摄影shèyǐng | 부감 촬영 =〔俯视〕

【俯念】fǔniàn 動 ❶ 敬 굽어 살펴 주십시오. 양해해 주십시오. ❷ 머리 숙여 생각하다.

【俯拾即是】fǔ shí jí shì 國 몸을 굽혀 줍기만 하면 얼마든지 있다. ❶ 흔하고 얼마든지 있다. ❷ 수두룩하다. ¶这样的故事这儿~ | 이런 이야기는 여기에 수두룩하다.

【俯视】fǔshì ⇒〔俯瞰kàn〕

【俯视图】fǔshìtú 名 부감도(俯瞰圖). 조감도(鳥瞰圖) =〔顶视图〕

【俯首帖耳】fǔ shǒu tiē ěr 國 고개를 숙이고 귀를 늘어뜨리다. 비굴하게 굽실거리다. 고분고분 순종하다.

【俯首听命】fǔ shǒu tīngmìng 國 (다소곳하게) 고개를 숙여 명령을 듣다. ¶他~于他的上司 | 그가 고개 숙여 상사의 명령을 듣다.

【俯卧撑】fǔwòchēng 名〈體〉엎드려 팔 굽혀펴기 =〔俯卧撑屈伸qūshēn〕

【俯仰】fǔyǎng ❶ 動 굽어보고 쳐다보다. 부앙(俯仰)하다. ❷ 名 순식간. 삽시간. ❸ 名 일거일동. 행동거지. ❹ 名 動 임기 응변(하다). ¶从俗浮沉, 与时~ | 시세나 세속에 따라 적당히 행동하다. ❺ 名 動 (배·비행기 따위의) 뒷질(하다). ¶~运动 | 뒷질 운동. ¶~角 | 뒷질각.

【俯仰由人】fǔ yǎng yóu rén 國 남이 하라는〔시키는〕대로 하다. 남에게 매여 살다.

【俯仰之间】fǔ yǎng zhī jiān 國 순식간. 눈 깜짝할 사이. ¶~世事大变 | 순식간에 세상 일이 크게 바뀌었다.

【腑】fǔ 내장 부
名〈漢醫〉(인체의) 내장(內臟) [위·담·삼초(三焦)·대장·소장·방광을 가리킴] ¶五脏六~ | 오장육부 =〔書 府⑦〕

2【腐】fǔ 썩을 부
❶ 動 썩다. 부패하다. 진부하다. ¶流水不~ | 흐르는 물은 썩지 않는다. ¶陈~ | 진부하다. ❷ 名 簡「豆腐」(두부)의 약칭. ❸ ⇒〔腐刑xíng〕

4【腐败】fǔbài 動 ❶ 썩다. 부패하다. ¶不要吃~的食物 | 부패한 음식물을 먹지 말라. ❷ (생각이) 낡고 뒤떨어지다. 케케묵다. (도덕적으로) 썩다. 타락하다. ❸ (제도·조직·기구 따위가) 부패하다. 문란하다 =〔腐烂②〕

【腐臭】fǔchòu 動 썩어서 고약한 냄새가 나다.

【腐恶】fǔ'è ❶ 形 썩고 흉악하다. ❷ 名 썩고 흉악한 세력.

4【腐化】fǔhuà ❶動 부패하다. 타락하다. ¶～分子 | 타락자. ¶～的政治 | 부패한 정치. ❷動 썩이다. 부패시키다. 타락시키다. ¶～生活 | 생활을 타락시키다. ❸⇒〔腐烂làn①〕

4【腐烂】fǔlàn ❶動 썩어 문드러지다. 부식(腐蝕)하다. ¶植物～在泥土里,变成肥料 | 식물이 흙속에서 썩어 비료가 된다＝〔腐化③〕 ❷⇒〔腐败③〕

【腐肉】fǔròu 名 썩은 고기.

【腐儒】fǔrú 名 부유. 썩어빠진 선비. 쓸모없는 학자＝〔腐生①〕

【腐乳】fǔrǔ ⇒〔豆dòu腐乳〕

【腐生】fǔshēng ❶⇒〔腐儒〕 ❷動〈生〉부생하다. ¶～植物 | 부생 식물. ¶～细菌 | 부생 세균.

3【腐蚀】fǔshí ❶動 부식하다. 썩어 문드러지다. ❷動 타락시키다. 좀먹다. ¶～干部的温床 | 간부를 타락시키는 온상. ❸名 부식. ¶～机 | 부식 (동판)기. ¶～铜版 | 부식 동판. 에칭(etching). ¶～性 | 부식성

【腐史】fǔshǐ 名 사기(史記)의 다른 이름 [저자인 사마천(司馬遷)이 궁형(宮刑)을 받은 데서 나옴]

【腐熟】fǔshú 動 ❶〈農〉부식화(腐蝕化)하다. ❷〈漢醫〉위 속의 음식물이 소화·흡수가 용이한 상태로 되다.

【腐刑】fǔxíng ⇒〔宫gōng刑〕

3【腐朽】fǔxiǔ 動 ❶ 썩다. ¶这些木材已经～了 | 이런 목재는 이미 썩어버렸다. ❷喩 (사상이) 진부하다. (제도가) 문란하다. (생활이) 타락하다. ¶生活方式～透顶 | 생활 양식이 극도로 타락하다.

【腐殖质】fǔzhízhì 名〈化〉부식질.

【腐竹】fǔzhú 名 봉상(棒狀)으로 말아 자른「豆腐皮(儿)」＝〔腐衣〕

【幅】fǔ ☞ 幅 fú

fù ㄈㄨˋ

1【父】fù fǔ 아비 부, 자 보
Ⓐ fù 名 ❶ 아버지. ¶家～ | 우리 아버지. ❷ (가족·친척의) 손위 남자에 대한 존칭. ¶叔～ | 숙부. ¶姨～ | 이모부.
Ⓑ fǔ 書 ❶「甫」와 같음⇒〔甫fǔ①〕 ❷名 옹. 노인 [노인의 통칭] ¶渔yú～ | 어옹. ¶樵qiáo～ | 초옹.

【父爱】fù'ài 名 부성애. ¶从小就没得到一点儿～ | 어려서부터 약간의 부성애도 받지못했다.

【父辈】fùbèi 名 아버지 대(代). ¶到～才衰落下来 | 아버지 대에 이르러 쇠퇴하기 시작했다.

【父本】fùběn 名〈植〉웅성식물(雄性植物).

【父党】fùdǎng 書名 아버지 쪽의 친척＝〔父族〕

【父老】fùlǎo 名 ❶ (존경의 뜻을 포함하여) 노인. ❷ 동네에서 나이가 많은 어른. ¶对不起家乡～ | 고향 어른에 사죄하다.

【父母】fùmǔ 名 부모.

【父母国】fùmǔguó 書名 모국＝〔祖国〕〔母国〕〔父母之邦〕

【父母之邦】fùmǔ zhī bāng ⇒〔父母国〕

【父女】fùnǚ 名 부녀.

1【父亲】fù·qīn 名 부친＝〔方 老爷yé子①〕→〔爸bà爸〕

【父权】fùquán 名 부권.

【父系】fùxì 名 부계. ¶～亲属 | 부계 친척. ¶～制度 | 부계 제도.

【父兄】fùxiōng 名 ❶ 아버지와 형. ❷轉 가장(家長).

【父训】fùxùn 書名 아버지의 가정 교육〔교훈〕. ¶～很严yán | 아버지의 가정 교육이 매우 엄하다.

【父业】fùyè 名 부업. ¶子承～ | 아들이 아버지의 업을 계승하다.

【父一辈, 子一辈】fù yībèi, zǐ yībèi 名組 대대로. 대대의.

【父债子还】fù zhài zǐ huán 諺 아버지의 빚은 자식이 갚는다. 아버지의 인과(因果)가 자식에게 미치다.

【父执】fùzhí 書名 아버지의 친구.

【父子】fùzǐ 名 부자.

【父子兵】fùzǐbīng 名 喩 (부자처럼) 일치단결한 매우 강한 군대.

【讣(訃)】fù 부고 부
書動 사망을 알리다. ¶～告↓ ¶～闻↓＝〔赴fù③〕

【讣告】fùgào ❶名 부고. 사망통지. ¶给他发一份一～ | 그에게 사망통지서 한 통을 보내다. ❷動 부고하다. 사망을 통지하다 ‖＝〔赴fù告〕

【讣闻】fùwén 名 부고(訃告). 사망 통지. ¶接到～ | 부고장을 받다＝〔赴fù闻〕〔讣文〕

4【赴】fù 다다를 부
❶動 (…로) 가다. 향하다. ¶～北京 | 북경으로 가다. ¶赶～战线 | 급히 전선으로 가다. ❷動 헤엄치다. ¶～水 | 헤엄치다. ❸「讣」와 통용⇒〔讣fù〕【赴敌】fùdí 書動 싸움터로 싸우러 나가다＝〔赴战〕

【赴告】fùgào ⇒〔讣告〕

【赴会】fùhuì ❶書動 회합에 출석하다. ❷⇒〔赴宴yàn〕

【赴京】fùjīng 書動 상경(上京)하다. 서울로 가다. ¶他～赶gǎn考 | 그는 서울로 시험보러 가다.

【赴考】fùkǎo 書動 응시하러 가다＝〔赴试〕

【赴难】fùnàn 書動 위험에 처한 나라를〔남을〕 구하러 가다.

【赴任】fùrèn 名動 부임(하다). ¶～文凭píng | 신임장(信任狀).

【赴试】fùshì ⇒〔赴考〕

【赴汤蹈火】fù tāng dǎo huǒ 成 끓는 물과 타는 불에 들어가다. 물불을 가리지 않다＝〔赴汤投火〕

【赴汤投火】fù tāng tóu huǒ ⇒〔赴汤蹈火〕

【赴席】fùxí ⇒〔赴宴yàn〕

【赴宴】fùyàn 書動 연회에 참석하다＝〔赴席〕〔赴会②〕

【赴约】fùyuē 書動 ❶ 약속한 장소로 가다. ¶如期～ | 예정대로 약속한 장소로 가다. ❷ 초대

된 곳으로 나가다.

2【付】fù줄 부 ❶動교부하다. 넘겨주다. 부여하다. ¶交～ | 교부하다. ¶～以全权 | 전권을 넘겨주다 =〔交给〕 ❷動지불하다. 지출하다. ¶～帐zhàng↓ ❸動(…의 처리에) 부치다. ¶～表决 | 표결에 부치다. ¶～之一笑 | 일소에 부치다.❹量첩 [중국 한약을 세는 단위] ¶一～药 | 약 한 첩 =〔服fù〕→〔剂jì④〕 ❺「副」와 같음 ⇒〔副fù③④〕

【付畀】fùbì 書動하사하다. 주다 =〔付与〕〔付给〕

【付丙】fù/bǐng 書動태워 버리다. 소각하다 [옛날, 비밀 문서의 끝에 써서 읽은 후 소각하기를 원한다는 뜻을 나타내며, 「丙」또는 「丙丁」은 불을 가리킴] =〔付丙字〕〔付火〕〔付于丙丁〕

4【付出】fùchū 動지출하다. 지불하다. 바치다. 들이다. ¶～系 | 지불계. ¶～帐 | 현금 지출 대장. ¶～了许多为代价 | 많은 대가를 지불했다.

【付方】fùfāng 名〈經〉대변(貸邊) =〔贷dài方〕⇔〔收shōu方①〕

【付费】fù/fèi 動비용을 지불하다.

4【付款】fù/kuǎn 動돈을 지불하다〔지급하다〕. ¶～人 | (어음 따위의) 지급인. ¶～日期rìqī | 지불 기일. ¶～行 | 지급 은행. ¶～票据piàojù | 지급 어음 ⇔〔领lǐng款〕

【付利】fù/lì 動이자를 지불하다 =〔付息〕

【付排】fùpái 動(원고 따위를) 조판에 넘기다. ¶这本书今天～ | 이 책은 오늘 조판에 넘긴다.

【付讫】fùqì ⇒〔付清qīng〕

【付钱】fù qián 돈을 지불하다.

【付清】fùqīng 名動청산(하다) =〔付讫qì〕〔付楚chǔ〕

【付托】fùtuō 書動위탁하다.

【付息】fù/xī ⇒〔付利〕

【付印】fùyìn 動❶(원고 따위를) 출판사에 넘기다. ❷인쇄에 넘기다. ¶这个文件必须在下午～ | 이 서류는 반드시 오후에 인쇄해야 한다.

【付邮】fùyóu 書動우편으로 부치다. 우송하다. ¶～寄呈chéng | 우편으로 기증하다 =〔交jiāo邮〕

【付与】fùyǔ ⇒〔付畀bì〕

【付运】fùyùn 動(물건을) 실어 보내다. 운송하다.

【付帐】fù/zhàng 動후불하다.

【付之东流】fù zhī dōng liú ⇒〔付诸zhū东流〕

【付之一炬】fù zhī yī jù 成태워 버리다. ¶战争zhànzhēng期间qījiān, 他的藏书都不幸被～ | 전쟁기간 동안에 그의 장서가 불행하게도 몽땅 다 태워졌다.

【付之一哂】fù zhī yī shěn ⇒〔付之一笑〕

【付之一笑】fù zhī yī xiào 成웃어 넘기다. 일소에 부치다. ¶对这种传闻chuánwén, 他～不作任何解释jiěshì | 이런 풍문에 대해, 그는 어떤 해석도 하지 않았다 =〔付之一哂shěn〕

【付诸】fùzhū 書動(…에) 부치다. ¶～表决 | 표결에 부치다.

【付诸东流】fù zhū dōng liú 成수포로 돌아가다 =〔付之流水〕〔付之东流〕

【付诸实施】fù zhū shí shī 成실천에 옮기다. 현실로 되게 하다.

【付梓】fùzǐ 動출판하다. 발간하다 =〔梓行〕

2【咐】fù분부할 부, 숨내쉴 부 ❶書動숨을 내뿜어 따뜻하게 하다. ❷⇒〔吩fēn咐〕〔嘱zhǔ咐〕

1【附〈坿〉】fù붙을 부 動❶덧붙이다. 첨부하다. ¶～录↓ ¶信里面～着一张相片 | 편지 속에 사진이 한 장 첨부되어 있다. ❷접근하다. 다가서다. ¶～近↓ ¶～耳交谈 | 귀에 대고 소곤소곤하다. ❸부속하다. 붙다. 따르다. ¶～庸↓ ¶～逆↓ ❹달라붙다. 부착하다. ¶病菌～在苍蝇cāngyíng脚上 | 병균이 파리의 다리에 달라붙다. ¶依～ | 의거하다.

【附笔】fùbǐ 名추신(追伸).

【附编】fùbiān 名증보(增補). 부록.

【附表】fùbiǎo 名부표.

4【附带】fùdài ❶動덧붙이다. 부대하다. ¶～地说明 | 덧붙여서 설명하다. ❷形부대의. 부수적인. ¶～单据 | 첨부 서류. ¶～业务yèwù | 부수적 업무. ¶～条件tiáojiàn | 부대 조건.

【附敌叛国】fù dí pàn guó 成나라를 배반하고 적에 붙다.

【附耳】fù'ěr 動귓속말을 하다. ¶～低dī言 | 귓속말로 소곤거리다.

【附睾】fùgāo 名〈生理〉부고환. ¶～炎 | 부고환염.

4【附和】fùhè 動貶남의 언행을 따라하다. 부화하다. ¶～雷同 | 成부화뇌동하다. ¶～大势 | 대세를 따라가다→〔趋qū承〕〔趋附〕

【附会】fùhuì 動❶억지로 갖다 붙이다. ¶牵强～ =〔穿凿chuānzuò附会〕| 견강부회하다. ❷남의 뒤를 따라 다니다. 비위를 맞추다. 맞장구 치다 ‖ =〔傅会〕

【附会假借】fùhuì jiǎjiè 成억지로 갖다 붙이다. ¶绝无～的缺点quēdiǎn | 억지로 갖다 붙이는 결점은 결코 없다《鲁迅·阿Q正傳》

【附记】fùjì ❶名(서적의) 후기. ❷名보유(補遺). ❸⇒〔附言〕

【附骥】fùjì 書動파리가 말 꼬리에 붙어서 (천리를) 가다. 喩유명한 사람에게 붙어서 이름을 내다. 뒤따르다 =〔附骥尾〕

【附骥攀鸿】fù jì pān hóng 成다른 사람에게 아부하여〔기대어〕 이름을 얻다〔날리다〕. ¶他一向～, 以期扶摇fúyáo直上 | 그는 줄곧 남에게 아부하여 이름을 얻어, 이로써 계속 상승 일로를 기대하다.

4【附加】fùjiā 名動부가(하다). 추가(하다). ¶～保险费 | 추가 보험금.

【附笺】fùjiān 名부전. 부전지 =〔附条②〕

【附件(儿)】fùjiàn(r) 名❶부속품. 기구·기계의 부속 장치→〔零líng件〕〔部bù件〕 ❷별지. ¶它的法律地位在～中规定guīdìng | 그 법률적 지위는 별지의 규정에 있다. ❸관련 문서〔물품〕. 부록.

1【附近】fùjìn 名부근. 근처 ¶～的酒馆 | 부근의 술집 =〔方近前〕

【附丽】fùlì 書動덧붙이다. ¶无所～ | 덧붙일 데

가 없다 =〔附隶〕

【附录】fùlù 名動 부록(을 덧붙이다) ¶加写一个～ | 부록 한 편을 더 쓰다 =〔附载zǎi〕

【附逆】fù/nì 書動 반역의 무리에 가담하다〔붙다〕. 조국을 배반하다. ¶有的虽然在北平，可是隐姓埋名地闭户读书不肯～ | 어떤 이는 비록 북평에 머물러 있지만, 이름을 숨기고 문을 닫은 채 독서하면서 적의 편에 붙으려고 하지 않는다《老舍·四世同堂》

【附上】fùshàng 動 함께 동봉하여 보내다. 첨가해서 보내다. ¶随信～商品shāngpǐn目录mùlù一份 | 상품 목록 한 부를 동봉하여 보냅니다 =〔書附同〕

【附设】fùshè 動 부설하다. ¶这个图书馆～了个读书指导部 | 이 도서관에서는 독서 지도부를 부설하였다.

【附势】fùshì ⇒〔附炎趋势〕

[4]【附属】fùshǔ ❶ 名動 부속(하다). ¶～品 | 부속품. ¶～国家 | 부속 국가. ¶～物 | 부속물. ❷ 動 예속되다. 종속되다.

【附条】fùtiáo ❶ 名 단서(但書). ❷ ⇒〔附笺jiān〕

【附图】fùtú 名 부도(附圖). ¶参见～ | 부도를 참고하다.

【附小】fùxiǎo 名 簡「附属小学」(부속 초등학교)의 약칭.

【附言】fùyán 名 (편지 따위의) 추신. 단서(但書) =〔附记③〕

【附炎趋势】fù yán qū shì 成 세력 있는 자에게 붙다. ¶他铁骨铮铮zhēng, 从不～ | 그는 기개가 강경하여, 지금까지 세력 있는 자에게 빌붙지 않았다 =〔附势〕

【附议】fùyì 動 제안에 찬성하다.

【附庸】fùyōng ❶ 名 예속국가. 속국. ¶～国 | 속국. ❷ 名動 종속(하다). 예속(되다). ¶～地位 | 종속적인 지위.

【附庸风雅】fù yōng fēng yǎ 成 문화적 소양, 문화 수준이 없는 사람들이 겉치레를 위하여 고상한 척 하면서 문화계에 뛰어들다〔문화 활동에 참가하다〕. ¶他为了～, 在客厅里挂了一幅山水画 | 그는 문화적 허식을 위해, 거실에다 산수화 한 폭을 걸었다.

【附载】fùzǎi ⇒〔附录〕

【附则】fùzé 名 부칙.

【附识】fùzhì 名動 부기(하다). ¶～谢忱chén | 사의를 부기하다 =〔附志〕

【附中】fùzhōng 名 簡「附属中学」(부속중학교)의 약칭.

【附注】fùzhù 名動 주(를 붙이다).

【附赘悬疣】fù zhuì xuán yóu 成 피부에 자란 혹과 매달린 사마귀. 喩 군더더기. 무용지물.

【附着】fùzhuó 動 부착하다. 틈이 없이 착 붙다. ¶～根 | 〈植〉기근(氣根). ¶～力 | 부착력. 점착력.

【附子】fùzǐ 名〈植〉부자 →〔乌wū头①〕

【驸(駙)】fù 곁말 부

書名 곁마. 부마(副馬) →〔骖cān〕

【驸马】fùmǎ 名 ❶ 簡「驸马都尉」(한(漢)나라 때 말을 관리하던 관직)의 약칭. ❷ 천자(天子)나 왕(王)의 사위 [위(魏)·진(晋) 이후에는 왕의 사위들이 「驸马都尉」가 되었으므로 후대에는 왕의 사위의 뜻으로만 쓰임]

【跗】fù ☞ 跗 fū

【鲋(鮒)】fù 붕어 부

名〈魚貝〉붕어. ¶涸hé辙之～ | 成 물마른 수레바퀴 자국 속의 붕어. 궁지에 빠져 간절히 도움〔구원〕을 필요로 하는 사람 =〔鲫jì鱼〕

[2]【妇(婦)】fù 지어미 부

名 ❶ 부녀자. 부인. 여자. ¶少～ | 젊은 부인. ¶～道↓ ❷ 처(妻). 아내. ¶夫～ | 부부 →〔妻qī〕 ❸ 며느리. ¶长zhǎng～ | 큰 며느리 =〔儿ér媳妇(儿)〕〔媳xí妇①〕

【妇产科】fùchǎnkē 名〈醫〉산부인과.

【妇道】ⓐ fùdào 名 부도. 부인이〔여자가〕 지켜야 할 도리.
ⓑ fù·dao 名 俗 부인. 부녀자 =〔妇道家〕〔妇道人家〕

【妇德】fùdé 名 부덕.

【妇姑勃谿】fù gū bó xī 成 고부간의 다툼. 喩 하찮은 일에 다툼질하다.

【妇科】fùkē 名〈醫〉부인과. ¶～大夫 | 부인과 의사.

【妇联】fùlián 名 簡「妇女联合会」(부녀연합회)의 약칭.

[2]【妇女】fùnǚ 名 부녀자. ¶国际～节 | 국제 여성의 날(3월8일). ¶～运动 | 여성 운동.

【妇女病】fùnǚbìng 名〈醫〉부인병.

[3]【妇人】fùrén 名 기혼녀. 부인. 아내. ¶小～ | 옛날, 여자가 자신을 낮추어 일컫는 말. 소첩.

【妇孺】fùrú 書名 부인과 아동. ¶～救济会 | 부녀 아동 구제회. ¶～皆知 | 여인네와 어린이까지 다 안다.

【妇幼】fùyòu 書名 부인과 유아. ¶～卫生 | 부인과 아이의 위생 =〔妇稚zhì〕

【妇运】fùyùn 名 簡 여권 운동. 여성 운동 [「妇女运动」(여성운동)의 약칭]

[1]【负(負)】fù 질 부

❶ 動 짊어지다. (짐 따위를) 메다. ¶～薪xīn | 땔감을 짊어지다. ¶肩～机枪一挺 | 어깨에 기관총 1정을 메다 =〔背bèi〕 ❷ 名動 임무(를 맡다). 책임(을 지다). ¶身～重任 | 중임을 맡다. ¶～完全责任 | 완전히 책임을 지다. ❸ 書動 믿다. 의지하다. ¶自～ | 자부하다. ¶～险固守 | 요충지에 의지하여 굳게 지키다. ❹ 動 어기다. 위반하다. 저버리다. ¶～约↓ ¶忘恩～义 | 成 은혜를 잊고 의리를 저버리다 →〔辜gū负〕 ❺ (좋지 않은 일을) 받다〔당하다〕. ¶～屈qū↓ ¶～伤shāng↓ ❻ 書動 가지다. 갖추고 있다. 누리다. ¶～有名望 | 명망을 지니고 있다. ¶素～盛名 =〔久负盛名〕 | 成 명성을 오랫동안 누리다. ❼ (빚을) 지다. ¶～债zhài↓ ❽ 名動 패배(하다). ¶胜～未

分=〔不分胜负〕| 승패를 가리지 못하다⇔〔胜shèng①②〕→〔败bài①〕 ❾名〈數〉〈電氣〉부(負). 마이너스(minus). ¶～数↓ ¶～乘～得正 | 마이너스 곱하기 마이너스는 플러스. ¶～极jí↓ ¶～电diàn↓⇔〔正⑬〕

【负才任气】fù cái rèn qì 成 자신의 재능만 믿고 방자하게 굴다 ¶他～, 群众关系不好 | 그는 자신의 재능만 믿고 방자하게 굴어, 대인 관계가 좋지 않다=〔负才使shǐ气〕

3【负担】fùdān 名動 ❶ 부담(하다). ¶减轻～ | 부담을 덜어 주다. ❷ 책임(지다).

【负电】fùdiàn 名〈電氣〉음전기.

【负号(儿)】fùhào(r) 名〈數〉마이너스(minus) 부호. 즉「－」.

【负荷】fùhè ❶ 書 名 부담(負擔). ¶减轻生活上的～ | 생활상의 부담을 줄이다. ❷ 書 動 짐을 지다. ❸ 書 動 (아들이) 부조(父祖)의 일을 계승하다. ❹⇒〔负载zài②〕

【负笈】fùjí 書 動 책궤를 짊어지고 가다. 유학(遊學)하다. ¶一九八七年, 他～北上, 投于朱师门下 | 1987년 그는 책궤를 짊어지고 북으로 가서, 주선생의 문하에 투신하였다.

【负笈从师】fù jí cóng shī 成 책 궤짝을 지고 스승을 찾아가다. 배움의 길로 떠나다.

【负极】fùjí 名〈電氣〉음극.

【负荆】fùjīng 書 動 스스로 형장(刑杖)을 짊어지고 사죄하다.

【负荆请罪】fù jīng qǐng zuì 成 회초리를 지고 가서 죄를 청하다 [염파(廉頗)와 인상여(藺相如)의 고사에서 연유함] 喻 자신의 과오를 뉘우치고 벌을 내려줄 것을 청하다.

【负疚】fùjiù 書 動 양심의 가책을 받다. 불안을 느끼다. 남에게 미안함을 느끼다.

【负老携幼】fù lǎo xié yòu 成 ❶ 온 국민이 함께 매진함. ❷ 노약자들이 갈곳 잃어 헤매이는 참상 ‖ =〔负老提tí幼〕

【负弩前驱】fù nǔ qián qū 成 활을 메고 앞장서 나아가다. (어떤 일의) 선구자 역할을 하다.

【负片】fùpiàn 名 사진의 원판(negative) =〔底dǐ片〕→〔负像xiàng〕〔正zhèng片①〕

【负气】fùqì 動 ❶ 버럭 화를 내다. 격앙하다. ❷ 書 기세(氣勢)를 믿다.

【负情】fùqíng 書 動 정을〔정리를〕저버리다. ¶自古多情女子～汉 | 예로부터 정이 많은 여자가 남자를 저버린다. ¶～负义 | 成 정리를 등지다. 의리를 잊다.

【负屈】fùqū 書 動 ❶ 굴욕을 받다. ❷ 억울한 죄를 뒤집어 쓰다.

4【负伤】fù/shāng ❶ 動 부상을 당하다. ¶负过一次伤 | 부상을 한 차례 당한 적이 있다=〔受伤〕❷ (fùshāng) 名 부상. 부상자.

【负数】fùshù 名〈數〉음수⇔〔正zhèng数〕

【负项】fùxiàng 名〈數〉마이너스 항.

【负像】fùxiàng 名〈物〉(사진의) 음화=〔反fǎn像〕→〔负片〕

【负心】fù/xīn 動 ❶ 양심을 어기다. ❷ 은혜를 배반하다. (주로 애정에 있어서) 정리를 저버리다. ¶～贼zéi | 은혜를 모르는 자. 배반자.

【负心汉】fùxīnhàn 名 (사랑의) 배신자. 변심한 사내=〔负心郎〕

【负心郎】fùxīnláng⇒〔负心汉〕

【负有】fùyǒu 動 (책임 따위를) 지고 있다. ¶～名望 | 명망을 지니고 있다. ¶他～不可推卸xiè的责任 | 그는 회피할 수 없는 책임을 지고 있다.

【负嵎】fùyú 書 動 (적이나 도적들이) 험준한 지형에 의지하다. ¶～顽抗 | 成 험준한 지형에 의지해 완강하게 저항하다=〔负隅yú〕

【负约】fù/yuē 動 약속을 어기다〔깨다〕. ¶～要负法律责任的 | 법률적 책임을 져야할 약속을 어기다.

【负载】fùzài ❶ 書 動 등에 지고 머리에 이다. ❷ 名 부하. 하중. ¶高峰～=〔最大负载〕| 최대 부하(peak load)=〔负荷hè④〕〔载荷〕

1【负责】fù/zé ❶ 動 책임이 있다. 책임을 지다. ¶～人 | 책임자. ❷ (fùzé) 形 책임감이 강하다. ¶他对工作很～ | 그는 일에 대한 책임감이 매우 강하다.

【负债】fùzhài ❶ 名 빚. 부채. ❷ 名〈經〉부채. ❸ (fù/zhài) 動 빚을 지다. ¶他从来没有负过债 | 그는 지금까지 빚을 져 본 적이 없다=〔站qiàn债〕

【负重】fù/zhòng 書 動 무거운 짐을 짊어지다. 喻 중책을 지다.

【负重致远】fù zhòng zhì yuǎn 成 무거운 짐을 지고 먼 길을 가다. 喻 중임을 떠맡고 목적을 향해 가다. 중책을 짊어지다=〔负重涉远〕

【服】fù☞ 服 fú Ⓑ

【阜】fù 언덕 부

書 ❶ 名 언덕. 토산(土山). ❷ 形 많다. 풍부하다. 풍부하게 하다. ¶物～民丰 | 成 산물이 풍부하고 민중의 생활이 풍요롭다. ¶～财 | 부(富)를 늘리다.

【阜螽】fùzhōng 名〈蟲〉메뚜기=〔蚱zhà蜢〕

1【复(復)】① fù 다시 부, 회복할 복

❶ 動 본래대로 하다〔되다〕. 회복하다〔시키다〕. ¶已～原状 | 이미 원상대로 복귀했다. ¶收～失地 | 잃어버린 땅을 회복하다. ¶身体～原 | 몸이 회복되다. ❷ 動 대답하다. 회답하다. ¶～信↓ ¶敬～ | 삼가 회답을 드립니다. ¶请即电～ | 즉시 전보로 회답주시기 바랍니다=〔覆③〕❸ 動 보복하다. ¶～仇chóu↓ ¶报～ | 보복하다. ❹ 動 반전(反轉)하다. 돌아오다〔가다〕. ¶反～无常 | 成 변덕스럽다. ¶往～ | 왕복하다=〔覆fù③〕❺ 書 副 다시. 또. ¶去而～返fǎn | 갔다가 다시 돌아오다. ¶死灰～发 | 成 사그라진 재가 다시 타오르다. 소멸된 세력이 되살아나다. ¶故态～萌 | 成 묵은 버릇〔나쁜 습성〕이 되살아나다. ❻ 名 복괘 [64괘의 하나]

4【复辟】fùbì 動 ❶ 폐위된 천자가 다시 제위에 오르다. ❷ (반대 세력이) 부활하다. 복귀하다 ‖ =〔重祚chóngzuò〕

【复仇】fùchóu 動 복수하다. ¶开展～活动 | 복수

를 시작하다.
【复蹈前辙】fù dǎo qián zhé 成 전철을 밟다. 다시 과오를 저지르다. ¶你这样做难免～ | 너가 이와같이 하면 다시 과오를 저지르는 것을 면하기 어렵다 ＝〔复蹈其qí辙〕
【复读】fùdú 動 재수(再修)하다.
【复犯】fùfàn ❶ 名 動 재범(再犯)(하다). ❷ 動 (병이) 재발하다.
【复工】fù/gōng 動 ❶ (일단 중지 또는 파업했다가) 다시 일을 시작하다. ❷ 복직하다. 직장에 복귀하다. ¶提出了～的条件 | 복직 조건을 제시했다.
【复古】fùgǔ 動 복고하다. 옛 습속이나 제도로 되돌아 가다. ¶他们主张尊孔～ | 그들은 공자 존중으로 복고할 것을 주장하다 ＝〔反fǎn古〕
【复国主义】fùguózhǔyì 名 국가 부흥 주의.
【复函】fùhán 名 動 札 회답(하다) ＝〔复回huí〕〔复简jiǎn〕〔复书shū〕〔复文wén〕〔复信xìn〕
【复核】fùhé 動 ❶ 대조하다. 점검하다. ❷〈法〉재심리하다. 재조사하다 [특히 사형 안건에 대한 최고 법원의 재심을 말함] ¶如果当事人不服, 还可以申请上一级人民法院～ | 만일 당사자가 불복하면, 다시 상급 법원에 재심을 신청할 수 있다.
【复会】fùhuì 動 회의·회담을 재개하다. ¶航空协定谈判再北京～ | 항공협정 회담이 북경에서 재개되었다.
【复婚】fùhūn 動 (이혼한 부부가) 재결합하다. ¶他跟他太太～了 | 그는 아내와 재결합했다.
4【复活】fùhuó 名 動 부활(하다). 소생(하다). ¶防止专制王朝～ | 전제왕조의 부활을 방지하다. ¶～节 | 부활절.
【复交】fùjiāo 動 외교 관계를 회복〔재건〕하다.
【复校】fùjiào 動 ❶ (원고를) 정정·교열하다. 교정하다. ❷ (기계를) 재점검하다.
【复刊】fù/kān ❶ 動 복간하다. ❷ (fùkān) 名 복간. 복간 간행물.
【复考】fùkǎo 名 動 재시험(보다).
【复课】fù/kè 動 수업을 재개하다. ¶从下周起～ | 다음 주부터 수업을 재개한다.
【复萌】fùméng 動 다시 싹이 나다. 다시 움이 돋다.
【复明】fùmíng 動 (실명(失明)했다가) 시력(視力)을 다시 회복하다.
【复命】fù/mìng 動 복명하다.
【复痊】fùquán 書 動 완쾌되어 건강을 회복하다.
【复权】fùquán 名 動〈法〉복권(하다).
【复任】fùrèn 名 動 복임(하다). 복직(하다)
【复审】fùshěn 名 動 복심(하다).
【复生】fùshēng 名 動 재생(하다). 부활(하다).
2【复述】fùshù ❶ 動 다시 말하다. 재차 진술하다. 복창하다. ¶把课文kèwén大意～一遍biàn | 본문의 대의를 한차례 복창하다. ¶～命令 | 명령을 복창하다. ❷ 名 복술 학습법 [배운 것이나 읽은 것의 내용을 이해하고 자기 말로 바꿔 말하는 어학 학습의 하나] ¶做～ | 자기 말로 바꿔 말하다.
【复苏】fùsū 名 動 재생(하다). 회복(하다). 소생(하다). 회생(하다). ¶俄国的经济jīngjì正在缓慢huǎnmàn地～ | 러시아의 경제가 완만하게 회복되고 있다.
【复位】fùwèi ❶ 動 복위하다. ❷ 名〈電算〉(컴퓨터에서) 클리어(clear).
【复文】fùwén ⇒〔复函hán〕
1【复习】fùxí ⇒〔复习〕
【复信】fù/xìn ❶ 動 회답하다. ❷ (fùxìn) 名 회답 편지. ¶给他写了一封～ | 그에게 회답 편지를 한 통 썼다 ‖＝〔复函hán〕
4【复兴】fùxīng ❶ 名 부흥. ¶民族～ | 민족 부흥. ¶文艺～ | 문예 부흥. ❷ 動 부흥하다. 부흥시키다. ¶～祖国 | 조국을 부흥시키다.
【复姓】fùxìng 動 본집으로 돌아가서 원래의 성(姓)으로 되돌아가다. ¶～归宗 | 양자가 본집으로 되돌아가서 본래의 성(姓)과 종족관계를 따르는 것.
【复学】fù/xué 名 動 복학(하다).
【复业】fù/yè 動 ❶ (쉬던 상점이) 신장 개업하다. ❷ 업무를 그만둔 사람이 다시 업무에 종사하다. ¶政府帮助他复了业 | 정부에서 그가 다시 업무에 종사하도록 돕다.
【复员】fù/yuán 動 ❶ 전시 상태로부터 평화상태로 되다. ❷ 제대하다. ¶～军人 | 제대 군인. ¶～令 | 제대 명령.
【复原】fù/yuán 動 ❶ 복원하다. ¶这座在战争中破坏的城市已经～ | 전쟁 동안에 파괴된 이 도시는 이미 복원되었다. ❷ (건강 등을) 회복하다. ¶经过住院治疗, 他的身体已经～ | 입원 치료를 통해, 그의 건강은 이미 회복되었다.
【复诊】fùzhěn 名 動〈醫〉재진(하다).
【复职】fù/zhí ❶ 動 복직하다. ❷ (fùzhí) 名 복직.

1【复(複)】② fù 겹칠 복
❶ 動 겹치다. 중복〔중첩〕하다. ¶～写↓ ¶～制zhì↓ ❷ 복잡하다. 번잡하다. ¶～杂zá↓ ❸ 복수의 사물 명칭에 덧붙여 쓰임. ¶～姓↓ ¶～合词 | 복합사 ⇔〔单dān①〕
【复本】fùběn ❶ 名 動〈電算〉카피(copy)(하다). ❷ 名 부본. 복본 [원본과 그대로 베낀 여러통의 부본(副本)]
【复本位制】fùběnwèizhì 名組〈經〉복본위제.
【复查】fùchá 名 動 재검사(하다). ¶三个月后再到医院去～ | 삼개월 후에 다시 병원에 가서 재검사를 하다.
【复称】fùchēng 名〈言〉재귀대명사.
【复调音乐】fùdiào yīnyuè 名組〈音〉다성부 음악(多聲部音樂).
【复方】fùfāng 名〈藥〉복방. ❶ 한의학에서 두 개 이상의 약재로 조제하는 약방문. ❷ 양약(洋藥)에서 두 가지 이상의 약품을 함유한 복합제. ¶～阿司匹林 | 복방 아스피린 →〔单dān方①〕
【复方氯化钠注射液】fùfānglǜhuànàzhùshèyè 名〈藥〉링게르 주사액 ＝〔林lín格氏液〕
【复分解】fùfēnjiě 名〈化〉복분해.

【复辅音】fùfǔyīn 名〈言〉복자음. 중자음.
【复根】fùgēn 名 ❶〈植〉복근. 가랑이진 뿌리 =〔须xū子〕❷〈化〉기(基).
4【复合】fùhé 名 動 복합(하다). ¶这种桌面由两种材料~而成的, 比较结实 | 이 테이블은 두가지 재료를 복합하여 만들어진 것이기에, 비교적 튼튼하다.
【复合词】fùhécí ⇒〔合成词〕
【复合句】fùhéjù ⇒〔复句〕
【复合元音】fùhé yuányīn 名組〈言〉복모음.
【复句】fùjù 名〈言〉복문 =〔复合句〕→〔单句〕
【复名】fùmíng 名 두 글자로 된 이름.
【复赛】fùsài 名〈體〉준결승. ¶半~ | 준준결승 =〔半bàn决赛〕
【复色光】fùsèguāng 名〈物〉복색광.
【复式】fùshì 名 복식.
【复试】fùshì 名 제2차 시험. ¶参加研究生~ | 연구생 제2차 시험에 응시하다.
【复数】fùshù 名 ❶〈言〉복수→〔单数②〕❷〈數〉복소수.
【复习】fùxí 名 動 복습(하다). ¶~功课 | 수업을 복습하다 =〔复习〕
【复写】fùxiě 名 動 복사(하다). ¶~机 =〔复写器〕〔拷kǎo贝(印刷)机〕| 복사기. ¶~纸 =〔复印纸〕〔拷贝bèi纸〕〔拓tà蓝纸〕| 복사 용지 =〔复印①〕
【复姓】fùxìng 名 복성(複姓) =〔双shuāng姓〕
【复眼】fùyǎn 名 복안. 겹눈→〔单dān眼〕
【复音】fùyīn 名〈物〉복합음.
【复音词】fùyīncí 名〈言〉다음절어 [2음절어인 경우에는 「双音词」라고도 함] =〔多音词〕〔多音节词〕
2【复印】fùyìn 名 動 ❶ 복사(하다). ¶~机 =〔拷贝机〕| 복사기. ¶把这本书~一下 | 이 책을 복사하다. ¶~纸 =〔拷贝纸〕| 복사 용지 =〔复写〕❷ 복제(하다)
【复元音】fùyuányīn 名〈言〉복모음. 복운모
1【复杂】fùzá 形 복잡하다. ¶情况~ | 상황이 복잡하다. ¶~劳动 | 숙련 노동.
3【复制】fùzhì 名 動 복제(하다). ¶~了几幅地图 | 지도 몇 장을 복제했다. ¶~品 | 복제품. ¶~模型 | 복제 모형.

4【腹】fù 배 복
❶ 名〈生理〉배. ¶小~ =〔小肚子〕| 아랫배. ¶满~含冤yuān | 가슴 가득 원한을 품다→〔肚dù①〕❷ 轉 가슴속. 마음 속. ¶~稿↓ ❸ 중앙부. 가운데. ¶~地↓ ❹ (술·병 따위의) 배·몸통(부분). ¶瓶~ | 병의 배.
【腹背受敌】fù bèi shòu dí 國 앞뒤로 적의 공격을 받다. ¶处于~的境地 | 앞뒤로 적의 공격을 받는 상황에 처하다.
【腹部】fùbù 名 복부.
【腹地】fùdì 名 오지(奧地). 내지(內地).
【腹诽】fùfěi 書 動 말은 하지 않으나 마음 속으로는 비방하다. ¶我不敢明说, 只能~ | 나는 감히 숨김없이 말하지 못하고, 단지 마음 속으로만 비방하다 =〔腹非〕
【腹诽心谤】fù fěi xīn bàng 國 속으로 이를 갈다.
【腹稿】fùgǎo 名 복고. 복안. 구상. ¶这不过是~, 还没有写出来 | 이것은 구상에 불과할 뿐 아직 쓰지는 않았다 =〔默mò稿〕
【腹股沟】fùgǔgōu 名〈生理〉서해부(鼠蹊部) =〔鼠shǔ蹊〕
【腹结】fùjié 名〈醫〉변비. 변비증.
【腹面】fùmiàn 名 복면. 몸의 가슴·배 쪽.
【腹膜】fùmó 名〈生理〉복막. ¶~炎 | 복막염.
【腹鳍】fùqí 名〈魚貝〉배지느러미.
【腹腔】fùqiāng 名〈生理〉복강. ¶~镜 | 복강경.
【腹式呼吸】fùshì hūxī 名組 복식 호흡.
【腹水】fùshuǐ 名〈醫〉복수. ¶抽chōu~ | 복수를 빼내다.
【腹泻】fùxiè 名〈醫〉설사 =〔水shuǐ泻〕
【腹心】fùxīn 名 喩 ❶ 마음속 깊은 곳. 신체의 중심 부분. ❷ 심복 =〔心腹〕❸ 성심. 진심. ¶敢布~ | 감히 진심을 털어 놓다.
【腹议】fùyì 動 마음속으로 생각하다.
【腹中有剑, 笑里藏刀】fùzhōng yǒujiàn, xiàolǐ cángdāo 諺 뱃속에 검이 있고, 웃음 속에 칼이 있다.
【腹足类】fùzúlèi 名〈動〉복족류.

【蝮】fù 살무사 복
⇒〔蝮蛇〕
【蝮蛇】fùshé 名〈動〉살무사.

【鳆(鰒)】fù 전복 복
⇒〔鳆鱼〕
【鳆鱼】fùyú 名〈魚貝〉전복 =〔鲍bào鱼②〕→〔石shí决明〕

4【覆】fù 엎어질 복, 덮을 부
❶ 動 뒤집(히)다. ¶~舟↓ ¶颠diān~ | 전복하다. ¶翻天~地 | 國 하늘과 땅이 뒤집히다. 커다란 변화가 일어나다. ❷ 動 덮다. 덮어 씌우다. 덮어 가리다. ¶被~ | 덮히다. ¶天~地载 | 國 하늘이 만물을 뒤덮고 땅이 모든 것을 받아들이는 듯하다. 은택이 깊고 두텁다. ¶以巾~面 | 헝겊으로 얼굴을 덮어 씌우다. ❸「复」와 통용⇒〔复③ ④〕
【覆巢毁卵】fù cháo huǐ luǎn 國 둥지를 뒤엎어 알을 깨버리다. 온 가족을 몰살시키다 =〔覆巢破pò卵〕〔覆巢倾qīng卵〕
【覆巢无完卵】fù cháo wú wán luǎn 國 엎어진 둥지에 성한 알 없다. 전체가 난관에 부딪치면 개인도 헤어나지 못한다 =〔覆巢之下无完卵〕
【覆车】fùchē 名 ❶ 喩 일의 실패나 잘못. ❷ 새잡는 공구(工具).
【覆车之戒】fù chē zhī jiè 國 앞차가 뒤집힌 것을 보고 뒷차가 교훈으로 삼다. 앞 사람의 실패를 보고 교훈으로 삼다 ¶要记住~ | 앞사람의 교훈을 기억하려 하다 =〔前车覆, 后车戒〕〔覆车之鉴jiàn〕〔覆车当戒〕→〔覆辙zhé〕
4【覆盖】fùgài ❶ 動 가리다. 덮다. ¶积雪~着地面 | 쌓인 눈이 땅을 덮고 있다. ❷ 名〈機〉피복. ❸ 名〈農〉지면을 덮어서 토양을 보호해 주는 식물. ❹ 名〈電算〉오벌레이(overlay) =〔覆戴dài〕

【覆灭】fùmiè ⇒〔覆没mò②〕
【覆没】fùmò 動 ❶ 書 배가 뒤집혀 가라앉다. ❷ 전멸하다. ¶日本军～ | 일본군이 전멸하다 =〔覆灭miè〕 ❸ 가운이 몰락하다.
【覆盆】fùpén ❶ 動 대야를 엎다 [억수같은 비가 내리는 모습을 형용할 때 씀] ¶～大雨 | 억수 같은 비가 쏟아지다. ❷ 動 喩 억울한 누명을 뒤집어 쓰다. ¶～之冤yuān | 근거없는 죄를 뒤집어 쓴 억울함. ❸ ⇒〔覆盆子〕
【覆盆子】fùpénzǐ 名〈植〉〈漢醫〉복분자 =〔簡 覆盆③〕〔毕愣bìlíng伽〕
【覆手】fùshǒu ❶ 動 손바닥을 뒤집다. ❷ 形 喩 (손바닥을 뒤집듯이) 일이 매우 쉽다.
【覆水难收】fù shuǐ nán shōu 成 한번 엎지른 물은 다시 주워담지 못한다 =〔反水不收〕
【覆亡】fùwáng 動 멸망하다.
【覆雨翻云】fù yǔ fān yún 成 ❶ 이랬다 저랬다 대중없이 변하다. ❷ 온갖 술책을 다 부리다. ¶政客们～, 诡辩不已 | 정치가들은 온갖 술책을 다 부리며, 궤변을 끊임없이 내세운다 ‖ =〔翻云覆雨〕
【覆辙】fùzhé 名 복철. 전철(前轍). ¶重蹈dǎo～ | 전철을 다시 밟다→〔覆车之戒〕
【覆舟】fùzhōu 書 動 난파하다.

【馥】fù 향기 복
書 ❶ 名 향기. ¶～郁↓ ❷ 形 향기롭다. ¶芬～ | 향기롭다. ¶花朵散发着～的香气 | 꽃은 그윽한 향기를 발산하고 있다.
【馥馥】fùfù 書 狀 향기가 아주 짙다.
【馥郁】fùyù 書 狀 향기가 짙다. ¶～的花香 | 짙은 꽃향기.

2【副】fù 버금 부, 쪼갤 복
❶ 形 (주요한 것·「正」에 대(對)하여) 부(副). ¶～总理 | 부총리. ¶～食↓ ¶～本↓ ❷ 動 적합하다. 부합하다. ¶名不～实 | 명실이 상부하지 않다. ❸ 量 조. 벌. 켤레. 쌍 [한벌·한쌍으로 되어있는 물건에 쓰임] ¶一～机器 | 한 조의 기계. ¶四～碗筷 | 네 벌의 그릇과 수저. ¶两～手套 | 장갑 두 켤레. ¶一～对联 | 한쌍의 주련 =〔付⑤〕 ❹ 量 얼굴 표정 등에 쓰임. ¶一～笑脸 | 웃는 얼굴. ¶脸上显出一～惊喜的样子 | 얼굴에 놀라고 기뻐하는 모양이 나타나다 =〔付fù⑤〕
【副本】fùběn 名 부본. 사본 =〔副张〕→〔原yuán本①〕
【副标题】fùbiāotí 名組 부제(副題). 소표제(小標題) =〔副题〕
【副册】fùcè 名 ❶ 부록. 팜플렛. ❷ 사본.
【副产品】fùchǎnpǐn 名 부산물〔품〕 =〔副产物〕
【副产物】fùchǎnwù ⇒〔副产品〕
【副词】fùcí 名〈言〉부사→〔状zhuàng语〕
【副动词】fùdòngcí 名〈言〉개사(介詞). 전치사.
【副歌】fùgē 名〈音〉(노래의) 후렴.
【副官】fùguān 名〈軍〉부관. ¶这位是李～ | 이 분이 이부관이다.
【副虹】fùhóng 名 이차 무지개. 암무지개 =〔書 雌cí虹〕
【副件】fùjiàn 名 ❶ 부록. ❷ 서류의 부본(副本) 따위.
【副教授】fùjiàoshòu 名 부교수.
【副经理】fùjīnglǐ 名 부지배인 =〔副管事〕〔副执事〕→〔经理②〕
【副净】fùjìng 名〈演映〉중국 전통극에서 악역을 맡은 조연자 =〔二花脸〕〔二花面〕〔二面〕〔架jià子花(脸)〕〔架子净〕
【副刊】fùkān 名 (신문의) 문화면이나 문화난. ¶文艺～ | 문예 부간→〔专zhuān刊〕
【副品】fùpǐn 名 (공업 제품의) 규격외 제품. 불량품 =〔付品〕→〔正zhèng品〕〔废fèi品②〕
【副伤寒】fùshānghán 名〈醫〉파라티푸스.
【副神经】fùshénjīng 名〈生理〉부신경.
【副肾】fùshèn 名〈生理〉부신 =〔肾上腺xiàn〕
2【副食】fùshí 名 부식(물). ¶～费 | 부식비. ¶～品 | 부식품. ¶～物 | 부식물.
【副室】fùshì 名 첩. ¶暗娶～ | 몰래 첩을 얻다 =〔妾qiè①〕
【副手】fùshǒu 名 조수. 조역→〔助zhù教〕
【副题】fùtí ⇒〔副标biāo题〕
【副线圈】fùxiànquān 名〈物〉이차 코일 =〔次cì级线圈〕
【副性徵】fùxìngzhēng 名〈生理〉제2차 성징
4【副业】fùyè 名 부업. ¶家庭～ | 가정 부업.
【副油箱】fùyóuxiāng 名〈航〉❶ 보조 연료 탱크 =〔副燃料箱〕 ❷ (항공기에서 사용 후 투하해 버리는) 연료 탱크.
【副职】fùzhí 名「副」에 해당하는 직위. ¶～干部 | (부시장 등의) 부직(副職) 간부. ¶～人员 | 부직 인원. ¶担任～ | 부직을 담당하다.
4【副作用】fùzuòyòng 名 부작용. ¶有～ | 부작용이 있다.

1【富】fù 넉넉할 부
❶ 形 돈이 있다. 재산이 많다. 부유하다 ¶贫～ | 빈부 ⇔〔贫pín①〕 ❷ 形 풍부하다. 많다. ¶～有经验 | 경험이 풍부하다. ¶～于养分 | 양분이 많다. ❸ (Fù) 名 성(姓).
【富而不骄】fù ér bù jiāo 成 재물이 부유해도 교만하지 않다. ¶人应该～ | 사람은 모름지기 재물이 부유해도 교만하지 않아야 한다 =〔富而无骄〕
【富而好礼】fù ér hào lǐ 成 재물이 부유해도 겸손하며 예의바르다.
【富尔玛林】fù'ěrmǎlín 名 外〈藥〉포르말린 =〔福fú美林〕〔甲jiǎ醛(溶)液〕
【富贵】fùguì 名 形 부귀(하다). ¶～寿考 =〔富贵神仙〕 | 부귀와 장수. 喩 가장 행복한 사람. ¶～荣华 | 부귀영화.
【富贵不能淫】fù guì bù néng yín 成 부귀에 미혹되지 않는다.
【富贵浮云】fù guì fú yún 成 부귀를 하늘에 뜬구름 같이 보다. ¶他一向～, 乐善好施hàoshī | 그는 줄곧 부귀를 뜬구름 같이 보아, 즐겨 남을 돕는다.
【富贵骄人】fù guì jiāo rén 成 재산과 권세를 믿고 거들먹거리다.

【富国】fùguó ❶動 나라를 부유하게 하다. ¶～强兵 | 成 부국강병. ❷名 부국. 부유한 나라.
【富豪】fùháo 名 부호.
【富户(儿)】fùhù(r) ⇒〔富人家〕
【富家】fùjiā 名 부자집.
【富矿】fùkuàng 名〈鑛〉부광.
【富丽】fùlì 形 화려하다. 웅대하고 아름답다. ¶～堂皇 | 화려하고 웅장하다.
【富纳富提】Fùnàfùtí 名 外〈地〉푸나푸티(Funafuti) [「图瓦卢」(투발루;Tuvalu)의 수도]
【富农】fùnóng 名 부농.
4【富强】fùqiáng 形 부강하다. ¶繁荣fánróng～ | 번영하고 부강하다.
【富饶】fùráo 形 풍요롭다. ¶～之国 | 풍요로운 나라. ¶美丽měilì～的韩半岛 | 아름답고 풍요로운 한반도 =〔富美xiàn〕〔富润rùn〕
【富人】fùrén 名 부자.
【富人家】fùrénjiā 名 부자. 부호 =〔富户(儿)〕〔富家翁①〕
【富赡】fùshàn 書 形 풍부하고 넉넉하다. ¶才辞～ | 재능과 언사가 뛰어나다 =〔富足〕
【富商】fùshāng 名 호상(豪商). 거상(巨商)
【富庶】fùshù 形 인구가 많고, 물자가 풍부하다. 풍요롭다. ¶人民rénmín～ | 사람들이 풍요롭다.
【富态】fù·tai 形 方 복스럽다. (보기좋게) 통통하다. ¶中等身材shēncái, 相当的～ | 보통 체격에 제법 통통하다 =〔富胎tāi〕〔富泰tài〕
【富翁】fùwēng 名 부옹. 부유한 노인. ¶他现在是大～ | 지금 그는 큰부옹이다 =〔富家翁②〕
3【富有】fùyǒu 形 ❶ 부유하다. 유복하다. ¶～的家庭jiātíng | 부유한 가정. ❷ 풍부하다. 강하다. 다분하다. ¶～生命力 | 생명력이 강하다.
【富于】fùyú 動 書 …이 풍부하다. ¶～生产力 | 생산력이 풍부하다. ¶～想像力 | 상상력이 풍부하다.
3【富裕】fùyù 形 부유하다. ¶日子过得挺tǐng～ | 대단히 부유하게 생활하다.
4【富余】fù·yu 形 여유가 있다. 넉넉하다. 남아돌다. ¶～的钱 | 여유 돈 =〔敷fū余〕
【富源】fùyuán 書 名 부의 원천. 천연자원. 재원(財源) =〔利lì源〕
【富在深山有远亲】fù zài shēnshān yǒu yuǎn qīn 諺 부귀하면 깊은 산 속에 살아도 먼 친척이 찾아 온다→〔贫pín居闹nào市无人问〕
【富足】fùzú ⇒〔富赡shàn〕

1【傅】fù 스승 부, 도울 부
❶ 書 動 보좌하다. 도우며 지도하다. ¶～佐↓ ❷ 書 動 붙다. 부착하다. 덧붙이다. ¶皮之不存, 毛将安～? | 가죽이 없다면, 털이 어떻게 붙어 있겠는가? ¶～彩↓ ❸ 名 스승. 사부. ¶师～ | 사부. ❹ (Fù) 名 성(姓)
【傅彩】fùcǎi 書 名 착색하다. 색을 칠하다.
【傅会】fùhuì ⇒〔附fù会〕
【傅科摆】fùkēbǎi 名 外〈物〉푸코 진자.
【傅佐】fùzuǒ 書 動 보좌하다. ¶他～少帝立了大功 | 그는 어린 황제를 보좌하여 큰 공을 세웠다.

3【缚(縛)】fù 묶을 박
動 (끈 따위로) 묶다. 동이다. ¶束shù～ | 속박하다. ¶手无～鸡jī之力 | 成 손에는 닭을 동여맬 힘도 없다. 힘이 매우 약하다.
【缚绑】fùbǎng 書 動 묶다. 옭아매다.

【赙(賻)】fù 부의 부
書 動 (초상난 집에) 부조하다. 부의하다. ¶～钱 | 부의금. ¶～赗fèng | 부조하다.
【赙仪】fùyí 書 名 부의금. 조의금.
【赙赠】fùzèng 書 動 초상집에 조의금을 보내다.

4【赋(賦)】fù 구실 부, 줄 부, 지을 부
❶ 動 주다. 부여하다. ¶～给他权力 | 그에게 권력을 주다. ¶～以新任务 | 새 임무를 부여하다. ❷ 動 세금을 거두다. 징수하다. ❸ 動 시를 짓다〔읊다〕. ¶～诗一首 | 시 한 수를 짓다. ¶～咏↓ ❹ 名 옛날, 토지세. ¶田～ | 농지세. ❺ 名 부. 문체의 일종 [한대(漢代)에 성행했음] ¶汉～ | 한부. ❻ 名 부. 시경(詩經) 육의(六義)중의 하나.
【赋税】fùshuì 名 ❶ 옛날의 각종 세금의 총칭. ❷ 세금을 정하여 부과함.
【赋闲】fùxián 書 動 ❶ 관직을 그만두고 한거(閒居)하다. ¶～无事 =〔赋闲没事〕| 한가하다. 유유자적하다 [진(晋)의 반악(潘岳)이 관직을 사양하고 집에서 한거부(閒居賦)를 지은 데서 유래함] ❷ 轉 직업이 없이 놀고 있다.
【赋性】fùxìng 名 천성. 타고난 성품. ¶～刚强 | 타고난 성품이 강직하다 =〔赋分〕〔赋质〕
【赋役】fùyì 書 名 ❶ 조세(租稅)와 부역. ❷ 국세(國稅)의 총칭 ‖ =〔赋徭yáo〕
【赋咏】fùyǒng 動 시가(詩歌)를 읊다.
【赋有】fùyǒu 動 (어떤 성격이나 기질 따위를) 가지다. 지니다. ¶他～文学的气质 | 그는 문학적 기질을 지니고 있다.
4【赋予】fùyǔ 書 動 (중대한 임무나 사명 따위를) 부여하다. 주다. ¶～权力 | 권한을 부여하다. ¶这是历史～年轻人的使命 | 이는 젊은 사람에게 부여된 역사적 사명이다 =〔赋与〕
【赋与】fùyǔ ⇒〔赋予〕

G

gā ㄍㄚ

【旮】gā 구석 가
⇒〔旮旮旯旯儿〕〔旮旯儿〕
【旮旮旯旯儿】gā·galálár 名組 方 구석구석. ¶～都打扫干净了｜구석구석 모두 깨끗이 청소했다.
【旮旯儿】gālár 名 方 구석. 후미진 곳. 모퉁이. ¶墙～｜담 구석. ¶背～｜벽지(僻地). ¶山～｜산골짜기. ¶庙～｜절의 외진 곳.

【夹】gā ☞ 夹 jiā Ⓒ
【伽】gā ☞ 伽 qié Ⓒ
【咖】gā ☞ 咖 kā Ⓑ
【呷】gā ☞ 呷 xiā Ⓑ
【胳】gā ☞ 胳 gē Ⓒ
【嘎】gā gá 두루미소리 알
Ⓐ gā 擬 와르르. 깔깔. 꽥꽥. 끽 [우뢰·웃음·새소리 등] ¶～～地笑｜까르륵거리며 웃다. ¶～啦一声雷响léixiǎng｜콰르릉 천둥 소리가 울렸다.
Ⓑ gá ❶ ⇒〔嘎调diào〕〔嘎嘎〕〔嘎儿〕〔嘎子〕 ❷ 動 내기하다. 걸다. ¶咱们～～点儿吧?｜우리 내기나 한 번 해볼까?→〔噶gá点儿〕
Ⓐ gā
【嘎巴】ⓐ gābā 擬 딱. 우지끈. 우지직 [나뭇가지 등이 부러질 때 나는 소리] ＝〔嘎叭bā〕
ⓑ gā·ba 方 ❶ 動 (끈적끈적한 것이 그릇 등에) 말라붙다〔엉겨붙다〕. ¶在人家那里～着不走｜남의 집에 붙어서 가지 않다. ❷ 名 말라붙은〔엉겨붙은〕것. 더덕이. ¶泥～｜말라붙은 진흙덩이. ¶起～｜엉겨붙은 딱지를 떼다.
【嘎巴儿】gā·bar 名 方 말라붙은〔엉겨붙은〕 것. 더덕이. 더뎅이. ¶粥zhōu～｜죽 얼룩.
【嘎巴嘴】gā·bazuǐ 動 쩝쩝거리다. 쩍쩍거리다. 입맛을 쩍쩍 다시다.
【嘎叭】gābā ⇒〔嘎巴 ⓐ〕
【嘎迸(儿)脆】gā·bèng(r)cuì ⊗ gábèng(r) cuì) 狀組 方 ❶ (과자 등이) 몹시 연하다. 아삭아삭하다. 바삭바삭하다. ❷ 말이 시원시원하다. 거침이 없다.
【嘎嗒嘎嗒】gā·dagā·da 擬 덜컹덜컹. 째깍째깍. ¶钟～地走｜시계가 째깍째깍 간다.
【嘎噔】gādēng 擬 뚝. 파르르 [물체가 부러지거나 맹렬히 떠는 소리] ¶他的回答使我心里～一震zhèn｜그의 대답은 내 마음을 한차례 파르르 떨게 했다.
【嘎嘎】ⓐ gā·gā 擬 ❶ 껄껄 [웃는 소리] ❷ 꼬꼬. 꼬끼오. 꽥꽥 [오리 등이 우는 소리] ❸ 찰그랑. 부스럭. 찌꺽 [물건이 서로 맞닿아 울려서 나는 소리]
ⓑ gá·ga ❶ 動 方 서로 경쟁하다. 옥신각신하다. 티격태격하다. ¶他不愿因～价钱而再多耽误工夫｜그는 가격이 맞지 않아 티격태격하느라 더 이상 시간 낭비하는 것을 원치 않는다. ❷ ⇒〔尜gá尜〕
【嘎唧】gājī 擬 딱딱 [입을 달달 떨 때 나는 소리] ¶什么东西～～地响｜무슨 물건이 딱딱 소리가 난다.
【嘎斯】gāsī 名 外 가스 ＝〔瓦斯〕〔煤气〕
【嘎渣(儿)】gā·zha(r) 名 方 ❶ 부스럼 딱지. ❷ 음식이 솥이나 남비에 눌어붙은 것. ¶饭～｜밥의 누룽지.
【嘎吱】gāzhī 擬 ❶ 삐걱삐걱 [물건이 압력을 받아 나는 소리] ❷ 바드득. 부드득. 뿌드득 [이를 가는 소리] ¶恨得～的咬牙yǎoyá｜미워서 이를 뿌드득 뿌드득 갈다. ❸ 우지끈뚝딱 [물건이 부러지는 소리]
Ⓑ gá
【嘎迸(儿)脆】gábèng(r)cuì ☞〔嘎迸(儿)脆〕 gā·bèng(r)cuì
【嘎点儿】gádiǎnr 動 내기하다. 도박하다.
【嘎调】gádiào 名〈演映〉희극의 노래 가락 중 갑자기 격렬하게 높아지는 음조(音調).
【嘎嘎】gá·ga ☞〔嘎嘎〕 gā·gā ⓑ
【嘎儿】gár 名 ❶ 팽이. (나무를 달걀 모양으로 깎아 막대기로 치며 노는) 장난감. ¶打～｜팽이치기하다. ❷ 유리 구슬. ¶小孩子打～玩｜어린애가 구슬치기 하며 놀다.
【嘎子】gá·zi 名 ❶ 흉악한 사람. 흉사(凶邪). ❷ 닳고 닳은 사람. ¶小～｜뺀질이.

gá ㄍㄚˊ

【轧】gá ☞ 轧 yà Ⓒ
【钆(釓)】gá (가돌리늄 가)
名〈化〉화학 원소 명. 가돌리늄(Gd ;Gadolinium) [희토류금속 원소의 하나]
【尜】gá 팽이 가
⇒〔尜尜〕
【尜尜】gá·ga 名 ❶ 양쪽 끝이 뾰족하고 가운데가 굵은 팽이. ❷ 팽이처럼 생긴 것. ¶～汤｜옥수수 가루로 만든 수제비 ＝〔尜儿〕〔嘎嘎 ⓑ ②〕〔嘎gá嘎儿①〕
【嘎】gá ☞ 嘎 gā Ⓑ
【噶】gá gé (음역자 갈) 애우는소리 갈
Ⓐ gá ⇒〔噶点儿〕〔噶伦〕〔噶厦xià〕
Ⓑ gé ⇒〔噶拉噶拉〕
Ⓐ gá
【噶点儿】gá/diǎnr 動 方 내기하다. 도박하다. ¶你要不信, 咱们噶下个点儿｜네가 믿지 않는다면 우리 내기하자.
【噶伦】gálún 名 옛날 서장(西藏). 즉 티베트 지방 정부의 주요 관원 [대부분 명문 귀족으로 충당하였음]

【噶厦】gáxià 名 옛날 티베트 지방 정부의 최고 행정 기관 [라사(拉薩)에 설치되었다가 1959년 티베트 해방 후 해산되었음]

B gé

【噶拉噶拉】gélāgélā 擬 응애응애 [갓난 아이의 우는 소리]

gǎ ㄍㄚˇ

【尕】gǎ 귀여울 가
形 方 자그마한. 귀여운 [친근한 뜻을 나타내는 서장(西藏)·신강(新疆)지방의 방언임] ¶～娃 | 꼬마. 아기.

【嘎】gǎ ☞ 嘎 gā C

gà ㄍㄚˋ

G

【介】gà ☞ 介 jiè B

【尬】gà ⊗ jiè) 절름발이 개
⇒〔尴gān尬〕

gāi ㄍㄞ

1【该(該)】gāi 갖출 해, 마땅 해
❶ 動 …차례가 되다. ¶今天值班～我了 | 오늘 당번은 내 차례다. ¶现在～我们发球 | 이제 우리가 서어브 넣을 차례다. ❷ 動 빚지다. ¶这钱是～您的 | 이 돈은 너에게 빚진 것이다. ¶我还～你两块五毛二 | 나는 아직 너에게 2원 52전을 빚졌다→〔借jiè①〕 ❸ 能 마땅히 …해야 한다. ¶我～走了 | 나는 가야 한다. ¶～三天办完的事, 他两天就办完了 | 3일 걸려서 해야 할 일을 그는 이틀만에 다 해버렸다. ¶你不～一个人去 | 너 혼자 가서는 안된다. 어법 「该」와 「应该」「应当」의 차이⇒〔应该〕 ❹ 能 아마 …겠다. …일 것이다. ¶他要是知道了, 又～批评我了 | 그가 알고 있다면, 또 나를 비평할 것이다. ❺ 能 얼마나. 정말로. 어법 「该＋(有)＋多」의 형식으로 감탄의 어감을 강조함. 「有」뒤에 형용사가 올 때는 「有」를 생략할 수 있음. ¶风景～(有)多美! | 경치가 얼마나 아름다운가! ¶这里～有多么大的变化啊! | 여긴 얼마나 많은 변화가 있었는가! ❻ 書 代 이. 그. 저 [앞 문장에 언급된 사람·사물을 가리키는 지시사(指示詞)로 흔히 공문서에 사용함] ¶～员 | 그 사람. ¶～书 | 그 문서. ❼ 書 代 귀측. 당신 [옛날 하달문(下達文)의 공문에서 상대방을 지칭함] ❽ 嘆 당연하다. 싸다. …할 만하다. ¶～! ～! 谁让你淘气呢! | 싸다! 싸! 누가 너더러 심하게 장난을 치랬어! ❾ 「赅」와 같음⇒〔赅gāi〕

【该博】gāibó 書 形 박학 다식하다 ＝〔赅gāi博〕

【该打】gāidǎ 動組 응당〔당연히〕 때려야 한다. 매맞아 마땅하다〔싸다〕.

【该当】gāidāng ❶ 動 해당하다. ¶～何罪? | 무슨 죄에 해당하니? ❷ 能 당연히〔마땅히〕 …해야 한다. ¶～安分守己 | 마땅히 본분에 만족하여 분수를 지켜야 한다. ❸ 形 당연하다. 마땅하다. 응당하다. ¶你这次不能成功是～的 | 네가 이번에 성공할 수 없었던 것은 당연한 것이다 ‖ ＝〔应当〕

【该钱】gāi/qián ❶ 形 빚지다. 돈을 꾸다〔빌리다〕. 차금(借金)하다. ❷ (gāiqián) 形 方 부유하다.

【该杀】gāishā 狀 죽어 마땅하다. 죽일 놈이다. ¶他真～ | 저 놈은 정말로 죽어 마땅하다!

【该死】gāisǐ 狀 口 빌어먹을. 우라질 [혐오·분노·원망 등을 나타내는 말] ¶真～, 我又把钥匙yàoshi丢diū在家里了 | 빌어먹을, 내가 또 열쇠를 집에다 두고 나왔어. ¶你这个～的王八蛋! | 너 이 빌어먹을 놈의 새끼!

【该帐】gāi/zhàng ❶ 動 외상하다. 빚지다. ¶他到处～, 却不还钱 | 그는 도처에 빚지고서도 돈을 갚지 않는다. ❷ (gāizhàng) 名 외상거래. 외상판매.

【该着】a gāi·zhe 動 ❶ 빚지다. 빌리다. ¶暂时～, 以后再还 | 잠시 빌렸다가 돌려주겠다. ❷ …할 차례가 되다. ¶这次～你说了 | 이번에는 네가 말할 차례이다.

b gāizháo ❶ 動 아무래도 …할 운명이다. 꼭 …되기 마련이다. ¶～的跑不了 | 아무래도 도망칠 수 없다. ¶～他成名 | 아무래도 그는 유명하게 될 운명이다. ❷ 形 당연하다. 싸다. 꼴 좋다. 그것 봐라→〔活huó该〕

【陔】gāi 층계 해
書 名 ❶ 섬돌에서 가까운 뜰. ❷ 겹. ¶九～ | 천상(天上). ❸ 계단. 층계. 밭 가운데에 있는 조금 높은 언덕. 밭 둔덕. ❹ 등급. 단계.

【陔步】gāibù 書 形 걸음이 절도 있다.

【垓】gāi 땅가장자리 해
❶ 書 名 황폐한 변경의 땅. ❷ 書 名 경계(境界). ❸ 數 해 [고대(古代), 수의 단위. 「京」의 10배 또는 1만 배] ❹ 喩 대단히 많음을 비유. ¶～～↓ ❺ 지명에 쓰이는 글자. ¶～下 | 해하. 지금의 안휘성(安徽省) 영벽현(靈壁縣) 동남쪽에 있는 지명.

【垓垓】gāigāi 書 狀 사람들이 많은 모습을 형용. ¶领雄兵穰穰ráng～ | 구름처럼 많은 정병(精兵)을 이끌다.

【胲】gāi gǎi hǎi 엄지발가락 해, 뺨 해

A gāi 書 名 ❶ 큰 엄지발가락 위 털이 나는 부분의 살. ❷ 轉 짐승의 발굽.

B gǎi 書 名 뺨의 살.

C hǎi 名 〈化〉 히드록실아민(hydroxylamine ; NH_2OH) ＝〔羟基氨〕〔羟胺〕

【赅(賅)】gāi 갖출 해
書 動 ❶ 의미가 포괄적이다. ¶言简意～ | 成 말은 간결하나 뜻은 포괄적이다. ❷ 겸하다. 포괄하다. ¶举一～百 | 한가지 실례를 들어 모든 것을 설명하다 ‖ ＝〔该⑨〕

【赅博】gāibó ⇒〔该gāi博〕

【赅括】gāikuò 名 動 개괄(概括)(하다) ＝〔该括〕〔兼jiān括〕

gǎi ㄍㄞˇ

1【改】gǎi 고칠 개
❶動 바꾸다. 달라지다. 변모하다. ¶几年没来, 北京完全~了样子了 | 몇 년동안 와 보지 않았더니, 북경이 완전히 변모했다. ¶~洼wā地为稻dào田 | 물 웅덩이가 논으로 바뀌다. ❷動 (틀린 것을) 바로잡다. 고치다. 정정(訂正)하다. ¶知过必~ | 잘못을 알면 반드시 고쳐야 한다. ¶~文章 | 문장을 고치다. ❸ 개혁하다. ¶土~ | 토지개혁. ❹動 方 조롱하다. 헐뜯다. 놀리다. ¶别~我了 | 나를 비웃지 마시오 =〔糟改〕 ❺ (Gǎi) 名 성(姓).

【改版】gǎi/bǎn 〈印出〉❶動 개판하다. ¶本报下月起~, 定价不变 | 본보는 다음 달부터 개판되나, 정가는 변하지 않는다. ❷ (gǎibǎn) 名 개판. 수정판.

【改扮】gǎibàn 動 변장하다 =〔乔qiáo装改扮〕

【改笔】gǎibǐ 書 動 논지(論旨)를 바꾸다.

[3]【改编】gǎibiān 動 ❶ (제도·체제 등을) 개편하다. ❷ 다시 편집하다. ❸ 각색(脚色)하다. ¶这部电影, 是由同名小说~摄shè制的 | 이 영화는 같은 제목의 소설을 각색하여 만든 것이다.

[1]【改变】gǎibiàn ❶動 변하다. 바뀌다. 달라지다. ❷動 바꾸다. 변경하다. 고치다. ❸ 名 변화. 개변(改變). ¶做~ | 변화하다.

【改朝换代】gǎi cháo huàn dài 成 조대(朝代)가 바뀌다. 세상〔정권〕이 바뀌다. ¶清朝灭亡了, 要~了, 不许留辮biàn子了 | 청조가 멸망하게 되어, 세상이 바뀌게 되자, 변발의 지속이 허용되지 않았다.

【改称】gǎichēng 動 개칭하다. 고쳐 부르다.

【改成】gǎichéng 動 고쳐서 …으로 하다. ¶把山地~都市 | 산간 벽지를 도시로 바꾸다.

【改乘】gǎichéng 動 (차를) 갈아타다. ¶~公共汽车 | 버스를 갈아타다.

【改窜】gǎicuàn 書 動 (문장을) 고쳐 만들다. 고쳐 쓰다. ¶这个版本~的地方较多 | 이 판본은 고쳐 쓴 부분이 많다.

【改刀】gǎidāo 動 (마음에 들도록) 고쳐 자르다. 다시 자르다.

【改道】gǎi/dào 動 ❶ 여행 노정을 바꾸다. 차 노선을 바꾸다. ¶施工期间, 车辆~行驶shǐ | 공사 기간중 차량을 딴 길로 운행하시오. ❷ (큰 물에 의하여) 물길이 바뀌다. ¶历史上, 黄河曾多次~ | 역사상 황하는 일찌기 여러차례 물길이 바뀌었다. ❸ 書 제도를 고치다.

【改掉】gǎidiào 動 고쳐 버리다. 죄다 고치다. ¶~坏习惯 | 나쁜 습관을 고치다.

【改订】gǎidìng 名 動 (문장·규정·제도 등을) 개정(하다). ¶~计划 | 계획을 개정하다. ¶做~ | 개정하다.

【改动】gǎidòng ❶動 (글·조항·순차 등을) 바꾸다. 변동하다. 변경하다. ¶这篇文章我只~了一些词句 | 이 문장은 내가 단지 약간의 문구만 바꾸었을 뿐이다 =〔变动〕 ❷ 名 변동. 변경. 이동. ¶做~ | 변경하다.

[2]【改革】gǎigé 名 動 개혁(하다). ¶实行文学~ | 문학 개혁을 실행하다. ¶土地~ | 토지 개혁. ¶~了工具 | 도구를 개혁했다.

【改观】gǎiguān ❶動 변모하다. 면모를 일신하다. ¶这地方~了不少 | 이 지역은 많이 변모했다. ❷ 名 변용(變容). 변모. ¶大有~ | 면모가 아주 달라졌다. ❸動 다시 일어서다. 회복하다.

【改过】gǎi/guò 動 잘못을 고치다. 개과(改過)하다. ¶~自新 | 成 잘못을 고쳐 새 사람이 되다. ¶~迁善 | 成 개과천선하다.

【改行】ⓐ gǎi/háng 動 직업을 바꾸다 =〔改业yè〕

ⓑ gǎixíng 書 動 고쳐서〔개혁하여〕…을 쓰다〔하다〕. ¶~不停止营业的办法 | 고쳐서 영업을 중단하지 않는 방법을 쓰다.

【改好】gǎihǎo 動 ❶ 좋게 고치다. 개선하다. ❷ 바르게〔정확히〕고치다.

【改换】gǎihuàn 動 (다른 것으로) 바꾸다. ¶~一套新的做法 | 새로운 방법으로 바꾸다. ¶~名称 | 명칭을 바꾸다.

【改悔】gǎihuǐ 動 회개하다. ¶~福随 | 成 회개하면 복이 따른다.

【改嫁】gǎi/jià 動 다시 시집가다. 개가하다 =〔改醮jiào〕〔改适shì〕〔再嫁〕

[4]【改建】gǎijiàn 動 (공장·광산·건물 등을) 개축하다. 재건하다. ¶~工程 | 개축 공사.

【改叫】gǎijiào 動 ❶ 개명(改名)하다. ¶他~了 | 그는 이름을 고쳤다. ❷ 마작에서 「和了」를 하기 위해서 패(牌)를 바꾸다.

【改醮】gǎijiào ⇒〔改嫁jià〕

[2]【改进】gǎijìn 名 動 개진(하다). 개량(하다). 개수(하다). 개선(하다). ¶~韩中两国贸易关系 | 한중 양국의 무역 관계를 개선하다. ¶许多方面还有待~ | 아직도 많은 부분이 개선되어야 한다.

【改卷子】gǎijuàn·zi 動組 (답안을) 채점하다〔수정해 주다〕. ¶晚上还要预备功课与~ | 저녁에는 또 수업 준비와 채점을 해야 한다.

【改口】gǎi/kǒu 動 ❶ 말투를 바꾸다. 어조를 바꾸다. ¶改不过口来 | 어조를 바꾸지 못하다. ❷ 말을 바로잡다. 시정(是正)하다 ‖ =〔改嘴zuǐ〕

[3]【改良】gǎiliáng 名 動 개량(하다). 개선(하다). ¶实行文学~ | 문학 개량을 실행하다.

【改名】gǎimíng 名 動 개명(하다). ¶~换姓 =〔移名改姓〕| 성명을 바꾸다 →〔更名〕

【改判】gǎipàn 動 〈法〉판결을 뒤집다. ¶他~为无期徒刑 | 그는 판결이 뒤집혀 무기 징역이 되었다.

【改期】gǎi/qī ❶動 기일(期日)이나 예정일을 변경하다. ❷ (gǎiqī) 書 名 기일 변경.

【改任】gǎirèn 名 動 전임(하다). 전근(하다).

【改日】gǎirì ⇒〔改天〕

【改色】gǎisè 動 ❶ (원래의) 색깔을 바꾸다. ❷ 안색을 바꾸다. 정색하다.

[2]【改善】gǎishàn 名 動 개선(하다).

【改式】gǎishì 動 양식〔형식〕을 고치다 =〔改样〕

【改天】gǎitiān 名 후일. 딴 날. ¶~见 | 다음에 만납시다 [헤어질 때 인사] =〔改日〕

G

【改天换地】gǎi tiān huàn dì 成 대자연을 정복〔개조〕하다. 사회나 자연 환경을 크게 변혁하다＝〔改地换天〕
【改头换面】gǎi tóu huàn miàn 成 단지 형식만 바뀌고 내용은 그대로이다. 간판만 바꾸다.
【改弦更张】gǎi xián gēng zhāng 成 ❶ 악기 줄을 바꾸고 다시 맞추다. ❷ 轉 제도·방침·방법 등을 바꾸다.
【改弦易辙】gǎi xián yì zhé 成 악기줄을 바꾸고 수레가 길을 바꾸다. 방향·계획·방법·태도 등을 바꾸다.
4【改邪归正】gǎi xié guī zhèng 成 잘못을 고치고 바른 길로 돌아오다.
【改写】gǎixiě 動 ❶ 고쳐 쓰다. 다시 쓰다. ❷ (원작에 의거하여) 각색하다. 개작하다. ¶他～了历史, 使韩国走向了民主化的道路 | 그는 역사를 고쳐 써서, 한국이 민주화의 길을 걷게 하였다.
【改信】gǎixìn 動〈宗〉개종하다.
【改姓】gǎi/xìng 動 성을 갈다.
【改选】gǎixuǎn 名 動 개선(하다). 재선거(하다). ¶～董事 | 이사를 개선하다.
【改样】gǎi/yàng ⇒〔改式〕
【改易】gǎiyì 書 動 (방법·규칙을) 바꾸다＝〔改变〕→〔改弦xián更张〕
【改用】gǎiyòng 動 고쳐 사용하다. ¶～今名 | 지금 이름으로 고쳐 사용하다.
【改元】gǎiyuán 動 연호를 바꾸다.
2【改造】gǎizào ❶ 名 動 개조(하다). ¶～工房 | 공장 건물을 개조하다. ❷ 名 動 개혁(하다). ¶～机构 | 기구를 개혁하다. ❸ 名 動 사상 개조(를 하다). ❹ 動 여자가 만혼(晩婚)하다.
【改辙】gǎi/zhé 動 ❶ 수레가 노선(路線)을 바꾸다. ❷ 喻 (종래의) 습관·방법을 바꾸다. 구습(舊習)을 고치다. ❸ 喻 운(韻)을 바꾸다.
2【改正】gǎizhèng 名 動 개정(하다). 시정(하다). 바로잡다. ¶～错字 | 틀린 글자를 바로잡다.
【改制】gǎizhì 動 (정치·경제 등 사회제도를) 고치다. 개조하다.
【改装】gǎizhuāng 動 ❶ 옷 맵시를 바꾸다. 장식을 바꾸다. ❷ 짐을 다시 꾸리다. 포장을 다시 하다. ❸ 원래의 장치를 바꾸다.
【改锥】gǎizhuī 名 드라이버(driver). 나사돌리개＝〔赶gǎn锥〕
4【改组】gǎizǔ 名 動 개조(改組)(하다). 개편(하다). ¶～管理机构 | 관리 기구를 개편하다.
【改嘴】gǎi/zuǐ ⇒〔改口〕

【胲】gǎi ☞ 胲 gāi Ⓑ

gài ㄍㄞˋ

【丐〈匃〉】gài 빌 개
書 ❶ 動 청하다. 구걸하다. ¶～应 | 원조를 청하다. ❷ 動 주다. 베풀다. ❸ (～子) 名 거지＝〔花子〕〔乞qǐ丐〕
【丐帮】gàibāng 名 거지 집단. ¶昨日～大闹nào北京 | 어제 거지 집단이 북경을 떠들석하게 했다.

4【钙(鈣)】gài 칼슘 개
名〈化〉화학 원소 명. 칼슘(Ca ; Calcium)[토금속의 한가지] ¶氮dàn化～ | 질화 칼슘. ¶碳酸tànsuān～ | 탄산칼슘.
【钙化】gàihuà 動〈化〉칼슘화하다. 굳어지다. ¶肺结核业已～ | 폐결핵은 이미 굳어졌다.

【芥】gài ☞ 芥 jiè Ⓑ

2【盖(蓋)】gài gě 덮을 개
Ⓐ gài ❶ (～子, ～儿) 名 덮개. 뚜껑. ¶锅guō～ | 솥 뚜껑. ¶壶hú～ | 주전자 뚜껑. ¶瓶～ | 병마개. ❷ (～子, ～儿) 덮개 형태의 물건. ¶膝xī～ | 무릎. ❸ (～子, ～儿) 名 동물의 등껍질. ¶螃蟹pángxiè～儿 | 게 껍질. ❹ 書 名 우산·양산. ¶华～ | 수레 위에 친 큰 양산. ¶雨～ | 우산. ❺ 名 고무래. (가시나무의 가지를 엮거나 덩굴로 만든) 흙을 두들겨 고르는 농기구＝〔耢lào①〕 ❻ 動 덮다. 씌우다. ¶～上锅 | 솥을 덮다. ¶～被bèi子 | 이불을 덮다. ❼ 動 감추다. 가리다. ¶用手～上伤处 | 손으로 상처를 가리다. ¶丑chǒu思想～也～不住 | 나쁜 일은 감출래야 감추지 못한다. ❽ 動 압도하다. 초과하다. ¶把我～下去 | 나를 압도하다. ¶把别人的声音都～下去了 | 다른 사람들의 말소리를 죄다 눌러 버렸다. ❾ 動 (도장을) 찍다＝〔盖章〕 ❿ 動 (집을) 짓다. 건축하다＝〔盖房子〕 ⓫ 動 㫌 속이다. 사기치다. 함부로 지껄이다. ¶你不要乱～ | 너 함부로 속이려 하지 마라. ⓬ 書 副 대개. 대략. 아마. ¶～闻 | 대략 듣다. ¶来会者, ～千人 | 모임에 온 사람은 대략 천명가량 된다＝〔大概〕
Ⓑ Gě ❶〈地〉전국시대 제(齊)에 「盖邑」이 있었음. ❷ 성(姓).
【盖板】gàibǎn 名 덮개 판자.
【盖被】gàibèi 名 動 이불(을 덮다).
【盖场面】gài chǎngmiàn 動組 (거북한) 장면을 얼버무리다.
【盖戳】gàichuò 動 날인하다. 도장을 찍다. 스탬프를 찍다＝〔盖戳子〕
【盖饭】gàifàn 名 덮밥＝〔盖浇jiāo饭〕
【盖房(子)】gài/fáng(·zi) 動 집을 짓다.
【盖棺论定】gài guān lùn dìng 成 사람의 공과시비(功過是非)는 죽은 뒤에 판가름 난다. 사람은 죽은 후에야 평가된다.
【盖了】gài·le 狀 대단히 좋다＝〔盖帽儿〕
【盖帽儿】gàimàor ⇒〔盖了〕
【盖然率】gàiránlǜ 名 개연율. 확률.
【盖然性】gàiránxìng 名 개연성. ¶这种结果有很大的～ | 이런 결과는 매우 큰 개연성이 있다＝〔或然性〕
【盖上】gài·shang 動 덮다. 뚜껑을 하다. ¶～盖儿 | 뚜껑을 덮다.
【盖世】gàishì 書 動 세상을 압도하다. 세상에서 으뜸가다. ¶～英雄 | 세상을 압도하는 영웅＝〔盖代〕

【盖世太保】Gàishìtàibǎo 名 外 게슈타포(Gestapo) =〔盖斯塔波〕
【盖世无双】gài shì wú shuāng 成 세상에 비할 바가 없다. ¶他是~的英雄 | 그는 세상에 비할 바가 없는 영웅이다 =〔举世无双〕
【盖世英雄】gài shì yīng xióng 成 천하 제일의 영웅.
【盖柿】gàishì 名〈植〉감의 일종 [둥글 납작하고 큼]
【盖天铺地】gài tiān pù dì 成 야숙하다.
【盖头(儿)】ⓐ gài/tóu(r) 動 머리를 덮다. 머리부터 씌우다.
ⓑ gài·tou(r) 名 ❶ 옛날 여자가 시집 갈 때 머리에 쓰고 얼굴을 가렸던 붉은 비단 =〔盖头红〕 ❷ 뚜껑이 될 만한 것. 씌울 것. 덮을 것. ¶找个~盖上 | 덮을 것을 찾아 덮다.
【盖头红】gàitóuhóng ⇒〔盖头(儿)ⓑ①〕
【盖图章】gàitú·zhang 動組 날인하다 =〔盖印yìn〕〔盖章〕〔打戳〕〔打图书〕〔打图章〕〔打印〕〔加印〕
【盖印】gài/yìn ⇒〔盖图章〕
【盖章】gài/zhāng ⇒〔盖图章〕
³【盖子】gài·zi 名 口 ❶ 물건의 뚜껑. 마개. ¶水壶hú~ | 주전자 뚜껑. ¶揭jiē开~ | 마개를 열다. 轉 (비밀을) 폭로하다 =〔盖儿〕 ❷ 동물의 등껍질. ¶螃蟹pángxiè~ | 게의 등껍질.

3【溉(摡)】 gài 물댈 개 ⇒〔灌guàn溉〕

1【概〈槩₁,₃〉】 gài 대개 개 ❶ 대강. 대략. ¶大~ | 대개. ¶~要↓ ❷ 상황. 모양. 경치. ¶胜~ | 훌륭한 경치. ❸ 書 副 일률적으로. 일체. 모두. ¶货物出门,~不退换 | 일단 구입해 간 상품은 일체 교환되지 않는다. ¶一~俱全 | 모두 구비되어 있다. ❹ 절조. 도량. 기풍. ¶气~ | 기개.
【概不…】gàibù… 書 일체 …하지 않는다. ¶~招待 | 일체 서비스는 하지 않습니다. ¶~题绿 | 희사·탁발 등은 일체 사절. ¶~赊shē帐 | 외상 일체 사절. ¶~准行 | 일체 허가하지 않음.
【概而不论】gài ér bù lùn 成 일체 개의치 않는다. 전혀 문제삼지 않는다.
【概而论之】gài ér lùn zhī 成 (한데 묶어서) 총괄적으로 이것을 논한다면. 개괄하여 말하면. ¶也就只能~ | 단지 총괄적으로 논할 수 있다.
【概观】gàiguān 名 개관 [주로 서명(書名)에 쓰임]
【概计】gàijì ⇒〔概算〕
【概见】gàijiàn 書 動 대체적으로 보다. 대략 보다. 개괄적으로 보다〔파악하다〕.
⁴【概况】gàikuàng 名 개황.
²【概括】gàikuò ❶ 動 대충 총괄하다. ❷ 動 간단하게 요약하다. ❸ 名 개괄. 요약.
【概括性】gàikuòxìng 名 개괄적. ¶最初这段话~很强 | 처음 이 단락의 말은 지나치게 개괄적이다.
【概览】gàilǎn 名 요람(要覽) [주로 책 이름에 쓰임] ¶他买了一本《中国经济~》| 그는 《中國經濟概覽》 한 권을 샀다.
【概率】gàilǜ 名 확률 =〔几jī率〕〔或然率〕
【概率论】gàilǜlùn 名 확률론.
【概略】gàilüè 名 개략. 대요. 개요.
【概论】gàilùn 名 개론 [주로 책이름에 많이 쓰임] ¶经济学~ | 경제학 개론.
【概貌】gàimào 書 名 대체적인 상황.
【概莫能外】gài mò néng wài 成 예외가 없다.
²【概念】gàiniàn 名〈哲〉개념. ¶抽象的~ | 추상적 개념.
【概述】gàishù 名 動 개술(하다). 개설(하다)
【概数】gàishù 名 대략적인 수 [「几」「多」「来」「左右」「上下」 등으로 표기하거나 수사(數詞)를 연용하여 표기한 수]
【概说】gàishuō 名 動 개설(하다).
【概算】gàisuàn 動 어림잡아 계산하다. ¶~送货单 |〈商〉견적 송장 =〔概计〕
【概要】gàiyào 名 개요 [주로 책이름에 쓰임] ¶韩国哲学史~ | 한국 철학사 개요.

【戤〈隑〉】 gài 잡힐 개, 〈기댈 개〉 ❶ 動 方 상표나 간판을 도용하여 이익을 보다. ¶~牌↓ ❷ 動 方 물품을 저당잡히다. ❸ 助 方 기대다. 기대어 놓다. ¶椅子~在墙上 | 의자를 벽에 기대어 놓았다.
【戤牌(头)】gài/pái(·tou) 動 남의 상표를 도용하다. 남의 명의나 직함을 팔다.

gān ㄍㄢ

1【干】 ① gān 방패 간, 범할 간 ❶ 名 간지(干支)→〔干支〕 ❷ 관계하다. 관련하다. ¶这跟我不相~ | 이것 나와는 관계 없다. ¶不要~涉 | 간섭하지 마시오. ❸ 書 動 범하다. 저촉되다. ¶有~例禁 | 금령에 저촉되다. ¶~犯刑章 | 형법을 어기다. ❹ 구하다. 추구하다 =〔干求〕 ¶拜~ | 札 부탁드립니다. ❺ 書 名 옛날의 방패→〔干戈〕 ❻ (Gān) 名 성(姓).
【干碍】gān'ài 名 動 관계(하다). 연루(되다). 방해(하다).
【干戈】gāngē 名 ❶ 방패와 창. 무기. ❷ 轉 전쟁. ¶大行~ | 크게 전쟁을 치르다.
³【干扰】gānrǎo ❶ 動 교란시키다. 방해하다. ¶~了居民的正常生活 | 거주민의 정상적인 생활을 방해하다. ❷ 名 방해. ❸ 名〈電氣〉방해. ¶电波~ | 전파방해.
³【干涉】gānshè ❶ 名 動 간섭(하다). ¶不~别国内政 | 다른 나라의 내정을 간섭하지 않다. ❷ 名 動 관계(하다). ❸ 名〈物〉간섭. ¶~现象 | 간섭현상.
⁴【干预】gānyù 名 動 관여(하다). 참견(하다) =〔干与〕
【干支】gānzhī 名 간지. 십간(十干)과 십이지(十二地) =〔十干十二地〕〔十天干十二地支〕

1【干(幹)〈榦〉】 ② gàn 몸 간 ❶ 名 (사물의) 중요한 부분. 줄기. ¶树shù~ | 나무줄기. ¶躯qū~ | 동체. ❷ 名 簡 「干部」(간부)의 약칭. ¶

提～ | 간부를 뽑다. ❸動(일 등을) 하다. ¶各～各的 | 각자의 일을 하다. ¶埋头苦～ | 몰두하여 열심히 일하다→〔办bàn①〕〔做zuò②〕 ❹動方실패하다. 못쓰게 되다. 죽다. ¶又写～了 | 또 잘못써서 망쳤다. ¶灯泡子～了 | 전구가 끊어졌다. ¶事情不会～的 | 일이 잘못될 리가 없다. ❺動담당하다. 종사하다. ¶他～过队长duìzhǎng | 그는 대장을 맡은 적이 있다. ❻動俗저지르다. 야기하다. ¶～场官司 | 한바탕 재판소동을 일으키다. ❼名(볼)일. 용무. ¶有什么贵～呢 | 무슨 용무입니까? ❽재능. ¶～才cái↓ ¶～练liàn↓

1【干部】gànbù 名간부. ¶工会gōnghuì～ | 노동조합 간부. ¶共产党～ | 공산당 간부. ¶老～ | 고참 간부.

【干不来】gàn·bu lái 動組(습관이 안되어) 잘 되지 않다. 잘 할 수가 없다. ¶我～累活儿 | 나는 힘든 일을 잘 할 수가 없다⇔〔干得来〕

【干不了】gàn·bu liǎo 動組 할 수가 없다. 해낼 수 없다. 감당하지 못하다. ¶这种细活儿我～ | 이런 세밀한 일은 나는 감당하지 못한다.

【干才】gàncái 名❶유능한 사람. 수완있는 사람. ¶这个人还有点～ | 이 사람은 아직 어느정도 능력이 있는 사람이다. ❷(일을 처리하는) 재능. 재간.

【干倒】gàndǎo 動해치우다. 타도하다. ¶把地主dìzhǔ～了 | 지주를 타도했다.

【干掉】gàn/diào 動口해치우다. 죽여버리다. 깡그리 없애버리다. ¶把这个汉奸hànjiān～! | 이 매국노를 죽여버립시다!

2【干活(儿)】gàn/huó(r) 動일〔노동〕을 하다〔「做活儿」보다 적극적인 뜻을 가지고 있음〕

【干架】gàn/jià 動❶말다툼을 하다. ❷치고 받으며 싸우다. ¶他动不动就跟人～ | 그는 걸핏하면 다른 사람과 치고 받고 싸운다.

【干将】gànjiàng 名❶수완가. 민완가. ❷용장(勇將).

3【干劲(儿)】gànjìn(r) 名일을 하려고 하는 의욕. 열성. 정력. ¶～十足 | 의욕이 대단하다. ¶你真有～啊! | 너는 정말 열성을 지니고 있구나!

【干警】gànjǐng 名簡「公安干部警察」의 약칭

【干了】ⓐgàn·le 動方❶실수했다. 큰일났다. 못쓰게 되었다. ¶～, 又忘带月票yuèpiào了! | 아차, 정기권을 가지고 오는 것을 또 잊었구나! ¶～, 车闸chēzhá坏了 | 큰일났다. 브레이크가 망가져 버렸다 =〔坏huài了〕〔粗cū了〕 ❷사람을 죽이다. ¶把这个小子～! | 이 녀석을 죽여라!

ⓑgànliǎo 動일을 타당하게 처리하다.

【干练】gànliàn 形유능하고 노련하다. ¶他办事儿很～ | 그는 일처리가 유능하고 노련하다 =〔强qiáng干①〕

【干流】gànliú 名간류. 주류 =〔主zhǔ流①〕

2【干吗】gànmá (又方gàmá) 口❶代무엇 때문에. 어째서. 왜. ¶您～说这些话? | 당신은 무엇때문에 이런 말을 하십니까? ❷무엇을 하는가? ¶你想xiǎng～? | 너는 무엇을 하려고 하니? ❸뭣하면 ‖ =〔干么mè〕〔干嘛má〕→〔干什么〕

【干渠】gànqú 名간선 수로. 주요 용수로.

【干上】gàn·shang 動❶끝까지 대항하다. 끝까지 물고 늘어지다. ¶他这几天跟酒～了 | 그는 요 며칠간 술독에 빠져 있었다. ❷하자고 결심하다〔결단하다〕.

【干什么】gànshén·me ❶무엇을 하는가? ¶你～来着? | 너는 무엇을 하고 있었느냐? ¶～说什么 | 사람은 누구나 자기가 하고 있는 일에 대해 얘기하려고 한다. ❷어째서. 왜. ¶你～不去呀 | 너는 왜 안 가는 거야. ¶他老说这些话～? | 그는 늘 이런 말을 하니, 어째서 그러지? 어법 ⓐ「干什么」는 원인이나 목적을 묻는 것이어서, 객관 사물의 도리를 묻는 데에는 쓸 수 없으며, 이 때는 「为什么」「怎么」을 써야 함. ¶蜘蛛zhīzhū的丝为什么不能绩布jībù? | 거미줄은 어째서 천을 짤 수 없는가? ¶西瓜xīguā怎么长得这么大? | 수박이 어떻게 이토록 커졌지? ⓑ 일반적으로 주어 앞에서는 쓰이지 않음.

【干事】ⓐgàn/shì 動일을 처리하다.

ⓑgàn·shi 名간사. 사무 담당자. 책임자. ¶宣教xuānjiào～ | 선전 교육 책임자. ¶文娱wényú～ | 문화 오락 책임자.

【干探】gàntàn 名민완 형사.

4【干线】gànxiàn 名(철도 등의) 간선. (수도·송유관 등의) 본관(本管). ¶铁路tiělù～ | 철도 간선. ¶媒气管～ | 가스 본관 =〔干路〕〔干道〕⇔〔支zhī线〕

【干校】gànxiào 名簡「干部学校」(간부학교)의 약칭. ¶政治zhèngzhì～ | 정치 간부학교.

【干仗】gànzhàng ⇒〔打dǎ架〕

1【干(乾)】③ gān 마를 건

주의「干」을 「乾」의 간체자로 대용하지 않는 경우가 있음⇒〔乾qián〕 ❶形마르다. 건조하다. ¶衣服～得很快 | 옷이 빨리 말랐다. ¶～草↓ ⇔〔湿①〕 ❷形텅비다. 아무 내용도 없다. ¶把钱花～了 | 돈을 모두 다 써버렸다. ¶外强中～ | 成겉보기는 강해도 속은 텅비었다. ❸(～儿) 말린 음식. ¶饼～ | 비스켓. ¶牛肉～ | 말린 쇠고기. ❹副다만. 헛되이. 공연히. ¶～着急↓ ¶不要～说不做 | 단지 말만하고 행하지 않으면 안된다. ❺의리로써 맺은 친족관계. ¶～爹diē↓ ¶～女儿↓→〔义yì⑤〕 ❻動方(말이) 퉁명하고 무뚝뚝하다. 융통성이 없다. ¶你说话别那么～ | 너는 말을 그렇게 무뚝뚝하게 하지 마라. ❼動方면전에서 성내거나 원망하여 난처하게 하다. 무안을 주다. ¶他又～了她一顿 | 그는 또 그녀에게 한바탕 무안을 줬다. ❽動方푸대접하다. 방치하다. ¶父亲走了, 把孩子们～起来了 | 아버지가 떠나시자 아이들을 푸대접하기 시작했다. ❾형식적이다. 건성이다. ¶～笑↓

【干巴巴(的)】gānbābā(·de) 貺❶말라서 딱딱하다. 바싹 마르다. 건조하다. ¶～的土地 | 바

싹 마른 땅 =〔干乎hū乎〕❷무뚝뚝하다. 멋없다. ❸(말이나 글이) 무미 건조하다. 생동감이 없다 =〔干巴疵咧bacīliē④〕

【干巴(儿)】gān·ba(r) 回❶胅말라서 딱딱하다. 말라서 쪼글쪼글하다. ❷形(피부가) 까칠하다. 건조하다. 시들다. ❸名〈食〉바람에 말린 고기. ¶牛肉~ | 소고기 말린 것.

【干巴疵咧(的)】gān·bacīliē(·de) 胅❶말라서 딱딱해지다. ❷(피부 등이) 거칠다. 건조하다. ❸(하나만 있어) 단조롭다. ¶~一座山, 看什么劲儿 | 단조롭기만한 산 하나인데 무슨 볼것이 있겠는가. ❹⇒〔干巴bā巴(的)③〕

²【干杯】gān/bēi 動건배하다. 잔을 비우다. ¶为胜利shènglì而~! | 승리를 위해 건배하자.

【干贝】gānbèi 名말린 패주(貝柱) =〔江珧柱②〕

【干绷】gānbēng 動부루퉁하다. ¶~着脸 | 얼굴이 부루퉁하다.

【干瘪】gānbiě 形❶바싹 말라 쪼글쪼글하다. ¶~老头儿lǎotóur | 바싹 야위어 주름투성이인 노인. ❷(말이나 문장 등의 내용이) 무미건조하다. ¶他的话~无味儿 | 그의 말은 무미건조하여 재미가 없다.

【干冰】gānbīng 名드라이 아이스.

【干菜】gāncài 名말린 야채 [주로 마른 시금치를 말함]

【干草】gāncǎo 名건초. 마른 풀. ¶~垛duò | 건초더미.

【干柴】gānchái 名마른 나무. 땔나무. ¶~棒bàng子 | 말라깽이.

【干柴烈火】gān chái liè huǒ 成❶마른 나무에 거센 불. ❷喻일촉즉발(一觸卽發). ¶现在的局势júshì是~, 大家要为加小心 | 지금의 상황은 일촉즉발의 상태이니, 여러분들은 더욱 조심하시오. ❸喻너무 가까이 하면 애매한 관계가 생기기 쉬운 남녀사이를 비유함.

【干产】gānchǎn 名조기파수(早期破水)로 인한 난산.

²【干脆】gāncuì ❶形명쾌하다. 간단명료하다. 시원스럽다. ❷副깨끗하게. 차라리. 시원스럽게. ¶你~说「行」还是「不行」| 되는지 안되는지 시원스럽게 말해라. ❸副전혀. 아예. 근본적으로. ¶那事儿我~就不知道 | 그 일은 나는 아예 모른다 ‖ =〔甘gān脆③〕

【干打雷, 不下雨】gān dǎléi, bù xiàyǔ 諺큰소리만 치고 실천은 하지 않다.

【干打垒】gāndǎlěi 名❶담틀에 점토와 자갈을 넣고 다져서 간단히 담을 쌓는 방법. ❷「干打垒」의 방법으로 지은 집.

【干瞪眼(儿)】gān dèngyǎn(r) 動組回옆에서 안절부절할 뿐 어찌할 수 없다. 그저 눈만 동그랗게 뜨고 바라보기만 할 뿐 속수무책이다. ¶他一遇见事就~ | 그는 일이 생기기만 하면 안절부절할 뿐 어찌하지를 못한다.

【干电池】gāndiànchí 名건전지.

【干爹】gāndiē 名수양 아버지. 의부 =〔干老儿lǎor〕〔干爹爹〕〔干爷yé〕→〔干儿(子)〕

【干儿子】gān'ér·zi 名수양 아들 =〔干儿〕

【干饭】gānfàn ❶名밥. ¶~鬼guǐ | 국물은 먹지 않고 오로지 밥만 먹는 사람. ¶吃几碗~ | 喻약간 좋은 일을 만나다→〔粥zhōu〕❷⇒〔干粮liáng〕

【干肥】gānféi 名(사람의 분뇨 등을 진흙과 함께 섞어서) 말린 거름〔비료〕.

【干粉】gānfěn 名〈食〉녹두 녹말로 만든 마른 당면.

【干嘎巴嘴】gāngǎ·ba zuǐ 胅(소리가 나오지 않아) 입만 달싹거리다. ¶急得~说不出话来 | 너무 급하여 입만 달싹거리고 말을 하지 못하다.

【干干儿(的)】gāngānr(·de) ❶胅잘〔바짝〕 마르다. ❷副빈손으로. 아무것도 없이 [겸손의 뜻으로 쓰임] ¶~的来 | 아무것도 없이 왔습니다. ❸副불과. 단지. 겨우 [불평의 뜻으로 쓰임] ¶~的这五块钱 | 단지 5원 뿐이다.

【干干净净(儿)】gān·ganjìngjìng(r) 胅말끔하다. 깨끗하다. 남은 것이 없다→〔干净〕

【干哥哥】gāngē·ge 名의형. 의오빠 =〔干兄xiōng〕〔义yì兄〕

【干果(儿, 子)】gānguǒ(r·zi) 名❶〈植〉건조과(乾燥果). ❷말린 과일.

³【干旱】gānhàn 名가물(다). ¶罕见hǎnjiàn的~ | 보기 드문 가뭄.

【干嚎】gānháo 動눈물은 흘리지 않고 큰소리로 울(부짖)다. ¶他在那儿~了半天了 | 그는 그곳에서 한나절이나 큰소리로 울부짖었다 =〔干号hào〕

【干涸】gānhé 動(호수·연못 등의) 물이 마르다 =〔干枯③〕 ¶小河都~了 | 냇물의 물이 모두 말라버렸다.

【干货】gānhuò 名말린 과일·나물 등의 건물(乾物).

【干结】gānjié 形되다. 굳다. 딱딱하다.

【干姐姐】gānjiě·jie 名❶자기보다 나이가 많은, 의부모의 딸. ❷결의 언니〔누나〕.

¹【干净】gānjìng ❶形깨끗하다. 깔끔하다. ¶他笔下~ | 그는 문체가 깔끔하다. ❷形하나도 남지 않다. ¶钱都花~了 | 돈을 몽땅 다 써버렸다. ¶杀个~ | 모조리 다 죽이다. ❸動깨끗한 척하다. 책임을 회피하려고 하다. ¶谁也~不了 | 누구도 책임을 회피할 수 없다.

【干净利落】gānjìnglì·luo 形組매우 깨끗하다〔산뜻하다, 깔끔하다〕. ¶他办事~ | 그는 일처리가 매우 깔끔하다.

【干咳嗽】gānké·sou 名動마른 기침(을 하다) ¶他~了两声, 算是警告jǐnggào | 그가 마른 기침을 두번 했는데, 경고인것 같다 =〔干咳〕〔干嗽〕

【干枯】gānkū ❶動마르다. 시들다 =〔干刷shuā〕❷動피부가 건조해지다. ❸⇒〔干涸hé〕

【干哭】gānkū 名눈물없는 울음.

【干老(儿, 子)】gānlǎo(r·zi) 名의부. 수양 아버지 [흔히 풍자적인 의미로 쓰임] ¶向他帝国主义~讨好 | 제국주의 우두머리에게 알랑거리다.

【干酪】gānlào 名〈食〉치즈 =〔牛奶酥niúnǎisū〕〔奶饼bǐng〕〔乳rǔ饼〕〔外乞司qǐsī〕〔外气斯qìs-

ī]〔奶酥〕
【干冷】gānlěng 形 (날씨가) 건조하고 차갑다.
【干粮】gān·liáng 名 ❶ 건량. 여행·행군 때에 휴대하는 건조 식품. ❷ 건조품. 건제품 ‖＝〔干饭fàn②〕〔干食shí〕
【干裂(儿)】gānliè(r) 動 ❶ 말라서 터지다. ❷ (목소리가) 쉬다.
【干馏】gānliú 名動〈化〉건류(하다).
【干妈】gānmā 名 ❶ 의모(義母). 수양 어미. ❷ 엄마 [기생이 기생 어미를 부르는 말]→〔鸨bǎo母〕 ‖＝〔干娘①〕
【干妹妹】gānmèi·mei 名 ❶ 의매(義妹). ❷ 자기보다 나이 어린 의부모의 딸.
【干面】gānmiàn 名 ❶ 밀가루. ❷ 말린 국수가락. ❸〈食〉비빔 국수 ⇔〔汤tāng面〕
【干拿】gānná 動 거저〔공짜로〕 받다. ¶～教育部的补助bǔzhù | 교육부의 보조를 거저 받다.
【干娘】gānniáng ❶ ⇒〔干妈mā〕 ❷ 名 할멈 [늙은 여자 하인을 부르는 말]
【干女(儿)】gānnǚ(r) 名 수양딸.
【干亲】gānqīn 名 (혈연 관계나 혼인 관계가 없이) 의리로 맺은 친척 관계.
【干儿】ⓐ gānr 名 말린 과일이나 식품. ¶牛肉～ | 말린 쇠고기. ¶杏xìng～ | 말린 살구.
ⓑ gān'ér ⇒〔干儿子〕
【干涩】gānsè 形 (피부·목소리 등이) 메말라 꺼칠꺼칠하다. 매끄럽지 못하다. ¶～的手掌shǒuzhǎng | 꺼칠 꺼칠한 손바닥. ¶～的嘴唇zuǐchún | 메말라 까칠한 입술.
【干尸】gānshī ⇒〔木mù乃伊〕
【干屎】gānshǐ 名 마른 쇠똥이나 말똥.
【干瘦】gānshòu 形 빼빼 마르다. 뼈만 앙상하다. ¶～的老头儿lǎotóur | 뼈만 앙상한 늙은이.
【干松】gān·song 形 方 말라서 보송보송하다.
【干洗】gānxǐ 名動 드라이 클리닝(하다). ¶西服xīfú必须～ | 양복은 반드시 드라이 클리닝을 해야한다.
【干鲜】gānxiān 名 말린 것과 날것.
【干鲜果品】gānxiān guǒpǐn 名組 건조한 과일·청과물·과자 등의 식품.
【干笑】gānxiào 名動 억지 웃음(을 짓다). ¶他～了几声 | 그는 몇차례 억지 웃음을 지었다.
【干薪】gānxīn 名 (이름이나 직위만 걸어놓고) 공짜로 받는 급료＝〔干俸fèng〕〔干脩xiū〕
【干性油】gānxìngyóu 名〈化〉건성유＝〔干油〕
【干血浆】gānxuèjiāng 名〈醫〉건조 혈장(乾燥血漿).
【干血痨】gānxuèláo 名〈漢醫〉여자가 월경이 나오지 않아 신체가 쇠약해지고 피부가 꺼칠꺼칠해지며 얼굴색이 검어지는 악성 빈혈의 일종.
【干哕】gān·yue 動 헛구역질하다＝〔干呕ǒu〕→〔恶心ěxin①〕
²【干燥】gānzào 形 ❶ (기후가) 건조하다. ¶空气kōngqì很～ | 공기가 매우 건조하다. ❷ (말·문장 등이) 무미건조하다. 재미없다.
【干燥箱】gānzàoxiāng 名 건조 상자.
【干着急】gānzháojí 動組 다만 애태울 뿐 어떻게 하지 못하다. ¶你在这里～, 又有什么用呢? | 너, 여기서 애만 태우고 있으면 무슨 소용이 있느냐?

【玕】gān 옥돌 간
⇒〔琅láng玕〕

2【杆〈桿B〉】gān gǎn 몽둥이 간
Ⓐ gān (～儿, ～子) 名 ❶ 기둥. 막대. 장대. ¶旗qí～ | 깃대. ¶电线diànxiàn～ | 전봇대. ¶栏lán～ | 난간. ❷ 방패.
Ⓑ gǎn ❶ (～儿) 名 (연장·기구 등의)대. 자루. ¶笔～儿 | 붓대. ¶枪qiāng～ | 총대. ¶烟袋yāndài～ | 담뱃대의 대. ❷ 名〈機〉축(軸). 로드(rod). ¶镗táng～ | 보링 바(boring bar). ❸ 量 자루. 대 [방망이 모양의 기구를 세는 단위] ¶一～枪 | 총 한 자루. ¶一～秤chèng | 막대저울 하나.
Ⓐ gān
【杆塔】gāntǎ 名 (철탑·철주·목주 등의) 송전 가공 선로(送電架空線路) 지지물(支枝物).
【杆子】gān·zi 名 ❶ 막대기. 장대. ¶电线～ | 전서주. ❷ 봉기꾼. 반군. ❸ 도둑과 비적(匪賊) 집단의 속칭. ¶他被迫无奈, 当了～ | 그는 강요에 못견디어, 도둑이 되었다.
Ⓑ gǎn
【杆秤】gǎnchèng 名 대저울.
【杆菌】gǎnjūn 名〈微生〉간균(杆菌)＝〔杆状细菌〕
【杆烟】gǎnyān 名 썬 담배. 살담배.
【杆子】gǎn·zi 名 ❶ 몽둥이. 막대. ❷ 핸들. 손잡이.

2【肝】gān 간 간
名 ❶〈生理〉간. 간장. ❷ 轉 마음.
【肝癌】gān'ái 名〈醫〉간암.
【肝肠】gāncháng 名 ❶ 간장. ❷ 轉 가슴 속.
【肝肠寸断】gān cháng cùn duàn 成 가슴이 찢어지듯 슬프다. 애끊다. ¶听到这噩耗èhào, 他顿时～ | 사망 통지를 듣고, 그는 바로 가슴이 찢어지는 듯 슬퍼했다.
【肝胆】gāndǎn 名 ❶ 간담. 가슴. ¶～欲裂liè | 가슴이 찢어질 듯하다. ❷ 喩 진심. 진실된 마음. ❸ 喩 용기. 혈기. ¶～过人 | 남달리 혈기 왕성하다. ❹ 喩 교분·정분이 밀접한 것.
【肝胆摧裂】gān dǎn cuī liè 成 가슴이 미어지는 듯하다.
【肝胆相照】gān dǎn xiāng zhào 成 서로 진심을 터 놓고 대하다. ¶他对祖国忠心耿耿gěng, ～ | 그는 조국에 대한 충성심이 대단하여, 진심을 터놓고 대한다.
【肝胆照人】gān dǎn zhào rén 成 간과 쓸개까지 다 보여주다. 솔직하고 충직하게 대하다.
【肝肺】gānfèi 名 ❶ 간장과 폐. ❷ 轉 성의.진심.
【肝风】gānfēng 名〈漢醫〉간풍.
【肝功能】gāngōngnéng 名〈醫〉간 기능. ¶小金的～不正常 | 김군의 간 기능은 정상이 아니다.
【肝火】gānhuǒ 名 ❶〈漢醫〉간의 화기(火氣). ❷ 轉 화. 분통. 부아. 짜증. 신경질. ¶动～ | 화를 내다. 신경질을 부리다. ¶～旺wàng | 화

를 크게 내다.
【肝脑涂地】gān nǎo tú dì 成 간뇌도지. 간과 뇌가 흙에 범벅되다. ❶참살을 당하다. ❷(나라를 위하여) 기꺼이 목숨을 바치다.
【肝气】gānqì 名 ❶〈漢醫〉한방에서 말하는 가슴앓이·구토·설사 등의 증상을 나타내는 병. ❷성을 잘내는 성질. 울뚝밸.
【肝儿】gānr 名(식용의) 돼지·소·양 등의 간 =〔肝花〕
【肝素】gānsù 名〈藥〉헤파린(heparin).
【肝糖】gāntáng ⇒〔糖原yuán〕
【肝吸虫】gānxīchóng ⇒〔肝蛭zhì〕
4【肝炎】gānyán 名〈醫〉간염. ¶他得了～ | 그는 간염에 걸렸다.
【肝硬变】gānyìngbiàn 名〈醫〉간경변.
【肝油】gānyóu 名 간유.
【肝脏】gānzàng 名〈生理〉간장.
【肝蛭】gānzhì 名〈動〉간디스토마 =〔肝吸xī虫〕〔肝叶yè蛭〕
【肝肿大】gānzhǒngdà 名〈醫〉간종창(肝腫脹zhàng).

【矸】gān 못쓸돌 간
⇒〔矸石〕
【矸石】gānshí 名〈鑛〉석탄에 섞여 있는 경제성이 없는 돌멩이 [연료로도 쓰고 벽돌도 만듦] =〔俗 矸子〕〔煤méi矸石〕
【矸子】gān·zi ⇒〔矸石〕

4【竿】gān 장대 간
(～子, ～儿) 名(대나무 등의) 막대. 장대. ¶钓diào～ | 낚시대. ¶百尺～头, 更进一步 | 成 백척간두에 섰으나 다시 한발을 내디딤. 이미 거둔 성과에 만족하지 않고 다시 노력을 계속함.
【竿子】gān·zi 名 대나무 장대. ¶顺着～往上爬 | 喩 연줄에 의하여 출세를 꾀하다. ¶一～扎到底 =〔一竿子插chā到底〕| 喩 한 눈을 팔지 않고 끝장을 내다. ¶钓鱼diàoyú～ | 낚시대 =〔竿儿〕

【酐】gān 무수산 간
名 簡〈化〉산무수물(酸無水物). 무수초산(無水醋酸). ¶碳tàn(酸)～ | 무수탄산 =〔酸suān酐〕

3【甘】gān 달 감
❶ 書 形(맛이) 달다. 달콤하다. ¶言～辞巧 | 말이 달콤하고 기교가 있다. ¶苦尽～来 | 고생 끝에 낙이 온다. ¶～霖lín↓ ⇔〔苦〕 ❷ 書 動 만족하다. 달가와하다. ¶心有未～ | 마음 속에 만족하지 못한 점이 있다. ¶不～失败 | 실패를 달가와하지 않다. ❸ 書 動(…을) 즐기다. ¶同～共苦 | 같이 즐기고 같이 고생하다. ❹(Gān) 名 簡〈地〉「甘肃省」(감숙성)의 약칭. ❺(Gān) 名 성(姓).
【甘拜下风】gān bài xià fēng 成 남만 못함을 자인하다. 진심으로 탄복하다. ¶实在不如你, 我～啦 | 사실 너보다 못해, 내가 자인하는 바야.
【甘草】gāncǎo 名組 ❶〈植〉감초. ❷ 諷 팔방미인.
【甘醇】gānchún 名〈化〉에틸렌 글리콜.
【甘当】gāndāng 動 ❶(처벌 등을) 기꺼이 받다. ❷기꺼이 …을 맡다〔하다〕. ¶为了人民, 他～老黄牛 | 사람들을 위해 그는 기꺼이 성실한 봉사자의 역할을 맡다.
【甘汞】gāngǒng 名〈化〉염화 제일 수은. 감홍 =〔氯lǜ化亚汞〕〔轻粉qīngfěn〕〔一氯化汞〕
【甘瓜苦蒂】gān guā kǔ dì 成 ❶달콤한 참외도 그 꼭지는 쓰다. ❷ 喩 완전무결한 것은 없다.
【甘蕉】gānjiāo ⇒〔香xiāng蕉〕
【甘结】gānjié 名(옛날 관청에 내는) 서약서. 각서. 수락서. ¶具jù～ | 각서를 구비하다.
【甘井先竭】gān jǐng xiān jié 成 ❶좋은 우물물은 먼저 고갈된다. ❷ 喩 재능이 뛰어난 사람은 빨리 쇠퇴한다.
【甘居】gānjū 動(비교적 낮은 지위에 처하여도) 기꺼이 받아들이다〔만족해하다〕. ¶～人下 | 남보다 낮은 지위에도 기꺼이 받아들이다. ¶我们决不能～奴隶的地位 | 우리는 결코 노예같은 지위를 받아들일 수 없다.
【甘苦】gānkǔ 名 ❶단맛과 쓴맛. 고락. ¶同～ | 동고동락하다. ❷고충. 쓴맛. 풍상. ¶没有搞过这种工作, 就不知道其中的～ | 이런 일을 해보지 않고서는 그 고충을 알 수 없다. ¶备尝～ | 온갖 쓴 맛을 다 맛보다.
【甘蓝】gānlán 名〈植〉양배추. 캐비지→〔卷juǎn心菜〕
【甘冽】gānliè 形(물이) 달콤하고 청량하다〔시원하다〕. ¶～泉quán水 | 달콤하고 시원한 샘물.
【甘霖】gānlín 名(오랜 가뭄 끝에 내리는) 단비. ¶普遍pǔbiàn～ | 단비가 고루 내리다 ¶这真是大旱逢～啊 | 이는 정말로 큰 가뭄에 단비를 만난 것이다 =〔甘霂mù〕〔甘雨yǔ〕〔膏gāo霖〕〔膏雨〕
【甘露】gānlù ❶ 名 감로. 喩 은택. ❷ ⇒〔草cǎo石蚕cán〕
【甘美】gānměi 形(맛이) 향기롭고 달다.
【甘泉】gānquán 名 달콤한 샘물.
【甘认】gānrèn 動 납득하다. 기꺼이〔달갑게〕 인정하다. ¶我碰pèng上你这号人, 也只好～倒霉dǎoméi | 나는 너같은 사람을 우연히 만나게 되면, 단지 재수가 없다고 생각한다.
【甘柿】gānshì 名(가지에서 익어 저절로 떫은기가 빠진) 단감.
【甘受】gānshòu 動(질책·고통 등을) 감수하다. 기꺼이 받아 들이다. ¶～牺牲xīshēng | 희생을 감수하다.
【甘薯】gānshǔ 名〈植〉고구마 =〔京 白bái薯〕〔北 地瓜dìguā①〕〔方 番fān薯〕〔方 红薯〕〔方 红苕sháo〕〔江 山芋yù〕〔芋头②〕
【甘遂】gānsuì 名〈植〉감수 =〔甘泽 zé〕〔陵líng泽〕
【甘甜】gāntián 形 달콤하다. 감미롭다.
【甘托克】Gāntuōkè 名 外〈地〉강톡(Gangtok) [「锡金」(시킴;Sikkim)의 수도]
4【甘心】gānxīn 動 ❶기꺼이 원하다. 달가와하다. ❷단념하다. 체념하다. 포기하다. 만족해하다. 흡족해하다. ¶他见她不～, 就帮她一起学

ㅋ | 그는 그녀가 포기하지 않은 것을 알고 그녀를 도와 함께 공부했다. ❸하는〔되는〕 대로 내버려 두다. ¶～跟在别人后面一步一步地走 | 되는 대로 다른 사람의 뒤를 쫓아 한 걸음 한 걸음 걸어가다.

【甘心情愿】gān xīn qíng yuàn ⇒〔心甘情愿〕

【甘休】gānxiū 動 기꺼이 그만두다. 손을 떼다. ¶不肯～ | 기꺼이 그만두려 하지 않다.

【甘言夺志】gān yán duó zhì 國 감언이설에 마음이 변하다.

【甘油】gānyóu 名〈化〉글리세린 =〔丙bǐng三醇chún〕〔格立舍林gélìshèlín〕

【甘于】gānyú 動 …을 달가와하다. …를 감수하다. ¶～苦痛kǔtòng | 고통을 감수하다. ¶他～当二把手 | 그는 이인자 자리를 감수하다.

【甘愿】gānyuàn 動 진심으로 바라다. 기꺼이 …(하고자) 하다.

4【甘蔗】gān·zhè 名 사탕수수(줄기) =〔干gān蔗〕〔薯shǔ蔗〕

【甘之如饴】gān zhī rú yí 國 엿같이 달콤하게 여기다. 고생을 낙으로 여기다. ¶他几十年来研读经文, ～ | 그는 몇십년동안 경문을 깊이 연구하더니. 고생을 낙으로 여긴다.

【甘旨】gānzhǐ 書 名 맛 있는 음식.

【甘紫菜】gānzǐcài 名〈食〉김. 해태(海苔) =〔紫菜〕

【坩】gān 도가니 감

⇒〔坩埚guō〕〔坩子土〕

【坩埚】gānguō 名 도가니. 감과(坩堝) =〔熔金róngjīn锅〕〔熔金泥碗níwǎn〕〔融róng埚〕〔银yín碗儿〕

【坩子土】gān·zitǔ 名 方 고령토 =〔瓷cí土〕

【泔】gān 뜨물 감

⇒〔泔脚〕〔泔水〕

【泔脚】gānjiǎo ⇒〔泔水〕

【泔水】gānshuǐ 名 ❶ 쌀뜨물. ¶～桶 | ⓐ 쌀뜨물을 받는 통. ⓑ 개수통 =〔淘米táomǐ(泔)水〕〔米泔水〕〔米澜lán〕 ❷ 轉 (식기나 야채를 씻어) 더러워진 물. 개숫물 =〔方 潲shào水〕‖ =〔方 泔脚〕

【苷】gān 배당체 감

名〈化〉「甙」(글루코사이드(glucoside). 배당체(配糖體))의 옛 이름.

【柑】gān 홍귤나무 감

名 ❶〈植〉감자나무. 홍귤나무 〔크고 껍질이 두꺼움〕 ❷ 감자(柑子).

【柑橘】gānjú 名〈植〉감귤.

【柑子】gān·zi 名 감자.

【疳】gān 감질 감

名〈漢醫〉❶ 감병(疳病) 〔어린 아이의 위장병 혹은 빈혈〕 =〔疳积jī〕 ❷ 치경(齒莖) 및 볼의 급성 궤양 〔유아의 병〕 =〔马牙马mǎyá疳〕〔走zǒu马疳〕 ❸ 성병의 일종.

【尴(尷)〈尲〉】gān 걸끄러울 감

⇒〔尴尬〕

【尴尬】gāngà 形 ❶ (입장 등이) 난처하다. 곤란하다. 거북하다. 곤혹(困惑)스럽다. ¶～的场面 | 난처한 장면. ¶处境～ | 처지가 곤혹스럽다. ❷ 方 (표정·태도가) 부자연스럽다. 어색하다. ¶那人神色shénsè有点～ | 저 사람의 안색이 좀 이상하다〔여느때와 다르다〕.

gǎn ㄍㄢˇ

【杆】gǎn ☞ 杆 gān B

4【秆〈稈〉】gǎn 볏짚 간

(～儿, ～子) 名 (식물의) 줄기. 대. ¶高粱gāoliáng～ | 수수대. ¶麻má～ | 삼대.

【秆锈病】gǎnxiùbìng 名〈農〉간수병 〔화본과 식물 줄기에 적갈색의 반점이 생기는 병〕→〔锈xiù病〕

2【赶(趕)】gǎn 쫓을 간

❶ 動 뒤쫓다. 따라가다. 따라잡다. ¶你追我～ | 앞서거니 뒤서거니 하다. ¶走远了～不上了 | 멀리 달아나서 더이상 따라 잡을 수가 없다. ❷ 動 (…의 시간에 댈 수 있게) 서두르다. 다그치다. ¶～钟点 | 제시간에 늦지않게 서두르다. ¶～火车 | 기차시간에 댈 수 있도록 서두르다. ¶～任务rènwù | 일을 서둘러하다. ❸ 動 (소·마차 등을) 몰다. ¶～马车 | 마차를 몰다. ❹ 動 (내)쫓다. 내몰다. ¶～苍蝇cāngyíng | 파리를 내쫓다. ❺ 動 (때마침) 만나다. 부딪치다. (기회를) 얻다. 타다. ¶～上一场雨 | 비를 만나다. ¶正～上他没在家 | 때마침 그는 집에 없었다. ❻ 介 …에 이르러. …때가 되어. ¶～明儿再说 | 훗날 다시 이야기합시다. ❼ 介 方 「赶＋着＋賓＋叫」의 형태로 쓰여, …을. ¶～着他叫什么? | 그를 무어라고 부르느냐?→〔把〕

【赶办】gǎnbàn 動 서둘러 처리하다. ¶这事儿你得děi～ | 이 일은 네가 서둘러 처리해야만 한다.

【赶不及】gǎn ·bu jí 動組 시간에 대지 못하다 ¶现在去买车票～了 | 지금 차표를 사러 가도 시간에 대지 못한다 ⇔〔赶得及〕→〔来lái不及〕

【赶不上】gǎn ·bu shàng 動組 ❶ 따라가지 못하다. 따라잡을 수 없다. ¶我的工课～他 | 나의 성적은 그만 못하다 =〔追zhuī不上〕〔跟gēn不上〕 ❷ 제시간에 댈 수 없다→〔来lái不及〕 ❸ 만나지 못하다. ¶这两个星期日总～好天气 | 요즘 두번의 일요일이 다 날씨가 좋지 않았다 =〔遇yù不着〕‖⇔〔赶得上〕

【赶不上趟(儿)】gǎn·bushàngtàng(r) 動組 ❶ (바빠서) 미처 손이 돌아가지 않다. ❷ 낙후(落後)되다. 뒤떨어지다. ¶他很努力, 但总是～ | 그는 매우 노력했으나, 결국 뒤떨어졌다.

【赶场】ⓐ gǎn/cháng ⇒〔赶集jí①〕 ⓑ gǎn/chǎng 動 연예인이 다음 출연지로 급히 달려가다.

【赶超】gǎnchāo 動 따라가 앞지르다. 추월하다. ¶他们决心～世界先进水平 | 그들은 세계 선진 수준을 앞지르기로 결심했다.

【赶车】gǎn/chē 動 마차나 소달구지를 몰다〔부리다〕.

【赶出去】gǎn chū qù 動組 ❶ 쫓아내다. 몰아내다. ¶把他～! 下次绝不准他再来 | 그를 쫓아내라! 다음부터 절대로 그가 다시 오게 하지마라. ❷ 급히 나가다. 뒤쫓아 뛰어나가다. ¶刚一～就没有了 | 막 뒤쫓아 뛰어 나갔으나 사라졌다.

【赶到】gǎndào ❶ 서둘러 도착하다〔가다〕. ¶～现象调查diàochá | 서둘러 현상 조사하러 가다. ❷ ⇒〔等děng到①〕

【赶得及】gǎn·de jí 動組 시간에 댈 수 있다 ⇔〔赶不及〕→〔来lái得及〕

【赶得上】gǎn·de shàng 動組 ❶ 따라잡을 수 있다. ¶我走得快, ～你 | 난 걸음이 빨라서 너를 따라잡을 수 있다. ❷ 시간에 댈 수 있다. ❸ (때를) 만나다〔당하다〕‖ ⇔〔赶不上〕

【赶点】gǎn/diǎn 動 ❶ (배·차 등이) 정시에 도착하려고 속도를 내다. ❷ 시기에 맞추다. ❸ 方 주사위 던지기 놀이를 할 때 바라는 숫자가 나오도록 소리치다.

【赶赴】gǎnfù 書 動 급히 달려가다.

【赶汗】gǎn/hàn 動 方 땀을 내다. 발한(發汗)하다. 취한(取汗)하다.

【赶会】gǎn/huì 動 ❶ 절간의 재회(齋會)에 가다. ❷ 재회에 물건을 사러〔팔러〕 가다 ‖ =〔赶庙miào会〕

【赶活(儿)】gǎn/huó(r) 動 일을 서두르다. 작업 속도를 배가하다. ¶你别打扰dǎrǎo他, 他正～呢 | 너는 그를 귀찮게 하지마, 그는 일을 서두르고 있는 중이야.

【赶集】gǎn/jí 動 ❶ 장날 장터로 물건을 사러〔팔러〕 가다. 장에 가다 =〔赶场chǎng ⓐ〕〔方 赶街jiē〕〔方 赶闹nào子〕〔方 赶市shì〕〔趁墟chènxū〕 ❷ 급히 모여들다.

【赶脚】gǎn/jiǎo 動 ❶ 길을 재촉하다. ❷ (gǎnjiǎo) 말·당나귀·노새 등을 삯을 받고 빌려주거나 삯짐을 싣다.

[2]【赶紧】gǎnjǐn 副 서둘러. 급히. 재빨리. ¶你～准备zhǔnbèi功课gōngkè | 너 빨리 수업 준비해. ¶时间到了, ～洗洗脸上班去 | 시간 다 되었어, 서둘러 세수하고 출근 해.

【赶尽杀绝】gǎn jìn shā jué 成 ❶ 모조리 없애버리다. 철저하게 해치우다. ❷ 여지를 남기지 않고 아주 독하게 대하다.

【赶考】gǎn/kǎo 動 (과거) 시험 보러 가다 =〔赶科kē〕

[2]【赶快】gǎnkuài 副 빨리. 얼른. 어서. ¶～回去, 天要下雨了. | 얼른 돌아가, 비가 오려고 해.

【赶来】gǎnlái 動 (늦지 않도록) 서둘러 오다.

【赶浪头】gǎn làng·tou 動組 ❶ 시대의 조류를 타다. 조류에 편승하다. ❷ 임기응변하다. ❸ 허세를 부리다. 허풍떨다〔치다〕. 홍감스럽게 떠들어대다.

【赶路】gǎn/lù 動 길을 재촉하다. 빨리〔서둘러〕 가다. ¶早点儿睡, 明早还要～ | 일찍 자, 내일 아침 또 길을 재촉해야해 =〔赶程chéng〕〔赶道dào〕

[3]【赶忙】gǎnmáng 副 서둘러. 급히. 재빨리. 얼른. ¶他～道歉qiàn | 그는 재빨리 사과했다 =〔方 赶急jí〕

【赶跑】gǎnpǎo 動 쫓아버리다. 몰아내다.

【赶巧】gǎnqiǎo 副 공교롭게. 때마침. ¶我～遇上了他 | 나는 때마침 그를 만났다 =〔赶好hǎo〕

【赶热闹】gǎn rè·nào 動組 떠들썩한 곳에 가서 놀다. ¶他最不喜欢xǐhuān～ | 그는 떠들석한 곳에서 노는 것을 가장 싫어한다.

【赶任务】gǎn rèn·wù 動組 서둘러 임무를 완성하다.

[3]【赶上】gǎn·shàng 動 ❶ 따라잡다〔붙다〕. ¶～队伍 | 대열을 따라잡다. ❷ 시간에 대다. 어법 주로 부정에 쓰임. ¶敌人还没～还手, 就被消灭了 | 적은 반격시간에 대지 못하여 섬멸당했다. ❸ (어떤 상황이나 때를) 만나다. ¶～雨 | 비를 만나다. ❹ 쫓아내다. 내몰다. ¶～战场 | 싸움터로 내몰다.

【赶时间】gǎn shíjiān 動組 시간을 재촉하다〔서두르다〕. 시간에 대다. ¶～的工作gōngzuò | 시간을 다투는 일.

【赶时髦】gǎn shímáo 動組 유행을 쫓다. ¶他最爱～ | 그는 유행에 따르는 것을 가장 좋아한다.

【赶市】gǎn/shì ⇒〔赶集jí①〕

【赶趟儿】gǎn/tàngr 動 ❶ 口 시간에 대다. ¶不必今天就动身, 明天一早儿去也～ | 오늘 바로 떠날 필요는 없어, 내일 아침 일찍 가도 시간에 닿을거야. ❷ 철에 맞다. ¶这个时候穿皮袄piáo正～ | 이런 때에 모피 옷을 입으면 딱 철에 맞는다.

【赶往】gǎnwǎng 動 서둘러 가다. 급히 가다. ¶他们～现场 | 그들은 급히 현장으로 갔다.

【赶鸭子上架】gǎn yā·zi shàng jià 諺 할 수 없는 일을 남에게 강요하다. 남을 곤경에 빠뜨리다.

【赶制】gǎnzhì 動 서둘러서 작성하다. 급히 만들다. ¶连夜～了一付手套shǒutào | 밤을 새워 급히 장갑을 만들다.

【赶锥】gǎnzhuī 名 드라이버(driver) =〔改gǎi锥〕

【赶走】gǎnzǒu 動 쫓아내다. 내쫓다. 내몰다. ¶把群众qúnzhòng～ | 군중을 쫓아내다 =〔驱qū走〕

【赶做】gǎnzuò 動 서둘러서 하다. 급히 만들다.

1【敢】gǎn 굳셀 감

❶ 能 감히 …하다. ¶我不～说他哪一天来 | 나는 그가 언제 오는지 감히 말할 수 없다. ¶巡警xúnjǐng不～管汽车 | 경관은 자동차를 감히 단속하지 못하다. ❷ 용감하다. 대담하다. ¶勇yǒng～ | 용감하다 ¶果guǒ～ | 과감하다. ❸ 能 謙 (실례지만) 감히. 외람되게도. ¶～问↓ ¶～请↓ ❹ 副 감히. 대담하게. ¶～想～做 | 대담하게 생각하고 대담하게 일하다. ¶～作～为↓ ❺ 副 方 혹시. 아마도. 어쩌면. ¶～是↓ ¶你～认错了 | 네가 잘못 본 것인지도 모른다 =〔莫非mòfēi〕〔怕是pàshì〕 ❻ ⇒〔敢情qing〕

【敢保】gǎnbǎo 動 감히 보장〔보증〕하다. ¶我～他不会来了 | 나는 그가 오지 않을 것이라는 것을 감히 보증한다.

【敢不…】gǎnbù… ㊣감히〔어찌〕 …하지 않을 수 있겠는가.

【敢当】gǎndāng 動 감당하다. 용감하게 담당하다. ¶～大任 | 큰 임무를 감당하다.

【敢怒而不敢言】gǎn nù ér bù gǎn yán 成 분노가 치밀지만 감히 말은 못한다. ¶知道这个人心毒dú手辣là, 大家对他都～ | 이 사람이 악독하고 잔인하다는 것을 알고, 모두들 그에게 분노가 치밀지만 감히 말은 못한다.

【敢请】gǎnqǐng 套 실례를 무릅쓰고 부탁드립니다.

【敢情】gǎn·qing 副 ㊄ ❶ 알고보니. 원래. 뜻밖에도. ¶～老金是个骗子piànzi | 알고보니 김씨는 사기꾼이다. ❷ 물론. 정말. 당연히. ¶办个托儿所吗? 那～好! | 탁아소를 운영하세요? 그 정말 좋은 일이군요! ‖ ＝〔㊄敢自zì〕〔赶gǎn情〕

【敢是】gǎnshì 副 ㊄ ❶ 혹시. 아마도. 어쩌면. ❷ 과연. 역시나. 알고보니. ¶那本书, 我找了两天也没找着, ～您拿去了 | 그 책을 이틀씩이나 찾아도 찾지 못했었는데, 알고보니 당신이 가져가셨군요 →〔敢情qíng①〕

【敢说】gǎn shuō 대담하게 말하다. ¶～敢干 | 대담하게 말하고, 대담하게 행동하다.

【敢死】gǎnsǐ 動 죽음을 두려워하지 않다. 결사적이다. ¶～队duì | 결사대.

【敢问】gǎnwèn 套 외람되지만 좀 여쭙겠습니다. ¶～阁下贵姓 | 외람됩니다만 선생님의 성함이 어떻게 되시는지요.

【敢想敢为】gǎn xiǎng gǎn wéi 成 대담하게 생각하고 과감하게 행동하다.

3【敢于】gǎnyú 動 대담하게 …하다. 용감하게 …하다. ¶因为有领导和群众支持, 我们才～这么办 | 영도자와 군중의 지지가 있기에, 우리는 이렇게 대담하게 한다. ¶～抵抗dǐkàng暴力 | 폭력에 대담하게〔용감하게〕 대항하다.

【敢字当头】gǎn zì dāngtóu 俗 용감한 것을 우선 신조로 삼다.

【敢自】gǎn·zi ⇒〔敢情〕

【敢作敢当】gǎn zuò gǎn dāng 成 과감하게 행하고 용감하게 책임을 지다. ¶男子汉～ | 사나이는 과감하게 행동하고 용감하게 책임을 진다 ＝〔敢作敢为wéi〕

【敢作敢为】gǎn zuò gǎn wéi ⇒〔敢作敢当〕

【澉】 gǎn 씻을 감

❶ ㊣ 動 씻다. ❷ 지명에 쓰이는 글자. ¶～浦pǔ | 절강성(浙江省) 해염현(海鹽縣) 남부에 있는 지명.

【橄】 gǎn 감람나무 감

⇒〔橄榄〕

【橄榄】gǎnlǎn 名 〈植〉 ❶ 감람(수) ＝〔㊄青果qīngguǒ(儿)〕〔青榄〕〔忠zhōng果〕 ❷ 올리브(나무) ＝〔油yóu橄榄〕〔洋yáng橄榄〕

【橄榄球】gǎnlǎnqiú 名 ❶ 〈體〉 럭비(rugby). ❷ 럭비공.

【橄榄石】gǎnlǎnshí 名 〈鑛〉 감람석.

1 ## 【感】 gǎn 감동할 감

❶ 動 느끼다. 생각하다. ¶～到很温暖wēnnuǎn | 매우 따뜻하게 느끼다. ❷ 動 감동하다. 감동시키다. ¶～人↓ ¶深有所～ | 매우 감동시키는 바가 크다. ❸ 감사하다. ¶～谢↓ ¶无任～荷 | 謙 어떻게 감사해야 좋을지 모르겠습니다. ❹ 정감. 감정. ¶好～ | 호감. ¶自卑bēi～ | 콤플렉스. ❺ 名 簡 〈漢醫〉 감기. ¶外～内伤 | 감기와 내장기능의 장애.

【感昌】gǎnchāng 動 선입관을 지니고 있다. 어법 「對…很」의 형식으로 쓰임. ¶老板最近好像是对我很～, 老找我麻烦 | 주인장이 요즈음 내게 선입관을 지니고 있는듯 하여, 늘상 나를 귀찮게 한다.

【感触】gǎnchù 名 動 감촉(되다). 감개(하다). 감동(하다). 감명(하다). ¶他深有～地说 | 그는 매우 감동적으로 말한다.

【感戴】gǎndài ㊣ 動 감격하여 우러러 받들다. 고맙게 여기어 옹호하다 [상급자에게 쓰임] ¶～无既 | 한없이 감격하다 ＝〔感荷hè〕

1【感到】gǎndào 動 느끼다. 생각하다. 여기다. ¶他心里～十分难过nánguò | 그는 마음 속으로 대단히 괴로움을 느꼈다.

2【感动】gǎndòng 動 ❶ 감동하다〔되다〕. ❷ 감동시키다. ¶～了上帝 | 상제를 감동시켰다.

【感恩】gǎn/ēn 動 은혜에 감사하다. ¶～不尽 | 감사의 마음 그지 없습니다.

【感恩戴德】gǎn ēn dài dé 成 은덕에 감격하다. 감지덕지하다.

【感恩节】Gǎn'ēnjié 名 추수감사절.

【感恩图报】gǎn ēn tú bào 成 은혜에 보답하기 위해 애쓰다.

【感奋】gǎnfèn 動 감동하여 분발하다〔흥분하다〕.

【感官】gǎnguān ⇒〔感觉器官〕

【感光】gǎn/guāng 〈化〉 ❶ 動 감광하다. ¶～片piàn | 감광 필름. 감광 재료. ¶～纸zhǐ | 감광지. 인화지. ❷ (gǎnguāng) 名 감광.

4【感化】gǎnhuà 動 감화하다 ¶～了这些少年犯 | 이들 소년범들을 감화하다 →〔工gōng读学校〕

【感怀】gǎnhuái ❶ 名 감회. ¶～诗 | 감회시. ❷ 動 마음속으로 느끼고 생각하다.감명을 받다.

【感激涕零】gǎn jī tì líng 成 감격하여 눈물을 흘리다. ¶老师给我的教训太深了, 我～ | 선생님께서 나에게 주신 교훈이 너무 심오해서, 나는 감격하여 눈물을 흘린다.

2【感激】gǎn·ji ❶ 名 動 감격(하다). ¶～不尽 | 감격해 마지 않다. ❷ 動 감사하다. ❸ 動 (마음이) 격하다.

2【感觉】gǎnjué ❶ 名 감각. 느낌. ❷ 動 느끼다. ¶一场秋雨过后就～有点冷了 | 가을비가 한바탕 지나가면 다소 추워진다. ❸ 動 여기다. ¶他～工作还顺利shùnlì | 그는 일이 그런 대로 순조롭다고 여긴다.

【感觉器官】gǎnjué qìguān 名組 〈生理〉 감각기관 ＝〔簡 感官〕〔感觉器〕

【感觉神经】gǎnjué shénjīng 名組 〈生理〉 감각신경. 지각 신경 ＝〔传chuán入神经〕

4【感慨】gǎnkǎi 名 動 감개(하다). ¶～万端 | 감개 무량하다. ¶心中有许多～ | 마음 속에 많은

감회가 있다.
【感喟】gǎnkuì 書動 감탄하다.
1【感冒】gǎnmào 名動 감기(에 걸리다). ¶～假jiǎ | 감기로 인한 병가. ¶得了～ | 감기에 걸렸다. ¶患huàn～ | 감기에 걸리다 =〔伤风shāngfēng〕
【感念】gǎnniàn 動 감사하여〔감격하여〕 마음에 새기다. ¶～不忘 | 감격하여 잊지 못하다.
2【感情】gǎnqíng 名 ❶ 감정. ¶伤shāng～ | 감정을 상하다. ¶～流露liúlù | 감정이 드러나다. ❷ 애정. 친근감. ¶～很好 | 사이가 매우 좋다.
【感情用事】gǎn qíng yòng shì 成 (냉정하게 고려하지 않고) 감정적으로 일을 처리하다.
4【感染】gǎnrǎn ❶ 動 (병 등이) 전염되다. 감염하다. ¶～传染病 | 전염병에 감염되다 =〔感患huàn〕 ❷ 動 (사상·신조·주의 등이) 전염되다. 전파되다. 감염되다. ❸ 名動 감동(시키다). 감화(하다). 영향(을 주다).
【感人】gǎnrén ❶ 動 감동〔감격〕시키다. 감명을 주다. ❷ 形 감격적이다. 감동적이다. ¶～的时刻 | 감격적인 순간.
【感人肺腑】gǎn rén fèi fǔ 成 깊이 감동시키다. 깊은 감명을 주다. ¶这些～的人使人印象yìnxiàng深刻 | 이런 깊이 감동을 주는 사람은 인상이 깊다.
【感纫】gǎnrèn 書動 札 감격하다.
【感伤】gǎnshāng ❶ 動 느끼어 슬퍼하다. ¶旧地重游, 十分～ | 옛 지역을 다시 노니니, 대단히 감상적이다. ❷ 名 감상. ¶～主义zhǔyì | 감상주의.
3【感受】gǎnshòu ❶ 動 (영향을) 받다〔감수하다〕. ¶～性xìng | 감수성. ❷ 名 인상. 느낌. 체득. 감명. 감상. 체험. ¶生活shēnghuó～ | 생활 체험. ¶～器qì | 피하 신경계의 말초 조직.
【感叹】gǎntàn 動 감탄하다.
【感叹词】gǎntàncí 名 감탄사.
【感叹号】gǎntànhào 名 감탄 부호(！). 느낌표. ¶打～ | 느낌표를 찍다 =〔感发fā号〕〔感情qíng号〕〔惊jīng叹号〕→〔标点biāodiǎn符号〕
【感叹句】gǎntànjù 名 감탄문.
【感同身受】gǎn tóng shēn shòu 成 ❶ 직접 배려〔은혜〕를 받은 것처럼 고맙게 생각하다 [주로 남을 대신해서 상대방에게 감사를 표할 때 쓰임] ❷ 몸소 겪은 듯하다.
【感悟】gǎnwù 動 느끼어 깨닫다.
2【感想】gǎnxiǎng 名 감상. ¶陈述chénshù～ | 감상을 진술하다.
1【感谢】gǎnxiè 名動 감사(하다). ¶～上帝shàngdì | 상제에게 감사하다. ¶～信 | 감사의 편지.
【感性】gǎnxìng 名 감성 →〔理lǐ性〕
【感应】gǎnyìng ❶ 名動 감응(하다). 반응(하다). ¶有了好的～ | 좋은 반응이 생겼다. ❷ 名〈電氣〉유도. 감응. ¶电磁diàncí～ | 전자 유도. ¶静jìng电～ | 정전 유도. ¶～电炉diànlú | 유도로. ¶～线圈xiànquān | 유도 코일. ¶～电动机 | 유도 전동기 =〔感生shēng〕〔诱导yòudǎo〕
【感应电流】gǎnyìng diànliú 名組〈電氣〉유도 전류. 감응 전류 =〔感生电流〕
【感召】gǎnzhào 名動 감화(를 받다). ¶受他的～ | 그의 감화를 받다.
【感知】gǎnzhī ❶ 名 감각과 지각(知覺). ❷ 動 감지하다. ¶～世界的方式 | 세계적 방식을 감지하다.

gàn ㄍㄢˋ

1【干】gàn ☞ 干 gān ②

【旰】gàn 해질 간
書動 늦어지다. 저물다. ¶宵xiāo衣～食 | 날새기 전에 옷을 입고, 해진 뒤에 밥을 먹다. 喩 열심히 일하다.

【绀(紺)】gàn 감색 감
名〈色〉감색. 감청색. 검붉은 색 =〔天青qīng〕
【绀青】gànqīng 名〈色〉감청색 =〔红hóng青〕〔绀紫zǐ〕

【淦】gàn 물이름 감
❶ 書動 물이 배안으로 흘러들어오다. ❷ (Gàn) 名〈地〉감수(淦水) [강서성(江西省)에 있는 강 이름] ❸ 지명에 쓰이는 글자. ¶新～ | 신감. 강서성(江西省)에 있는 현이름. ❸ (Gàn) 名 성(姓).

【赣(贛)〈贑〉】Gàn gòng 강이름 감, 줄 공
Ⓐ Gàn〈地〉❶ 名 강서성(江西省)의 다른 이름. ¶～剧↓ ❷ 감강(贛江) [강서성(江西省)에 있는 강이름] ❸ 감현(贛縣) [강서성(江西省)에 있는 현이름]
Ⓑ gòng 書「贡」과 통용 ⇒〔贡gòng①②〕
【赣剧】gànjù 名 강서성의 지방극 [「弋yì阳腔」에서 변화한 것]

gāng ㄍㄤ

4【冈(岡)】gāng 산등성이 강
書名 ❶ (～儿, ～子) 낮은 산. 언덕. ¶土～ | 흙으로 된 언덕. ❷ 산등성이. ¶山～ | 산등성이 ‖ =〔岗gāng〕
【冈比亚】Gāngbǐyà 名 外〈地〉감비아(Gambia) [아프리카 서부에 위치한 나라. 수도는 「班珠尔」(반줄;Banjul)]
【冈陵】gānglíng 名 산등성이와 구릉.
【冈峦】gāngluán 名 연이어진 산등성이. ¶这一带～, 地势极为险要xiǎnyào | 이 일대의 산등성이는, 지세가 대단히 험준하다.

1【刚(剛)】gāng 굳셀 강
❶ 副 막. 지금. 바로 [어떤 동작이나 상황이 일어난 지 오래되지 않음을 나타냄] ¶我～来了一会儿 | 난 온 지 얼마되지 않는다. ¶～散会 | 지금 막 산회하였다. ❷ 副 …하자 (마자). 어법 한 동작의 바로 앞에 다른 동작이 있었음을 나타내는데, 「就」「又」와 호응하여 쓰이며 「刚一」의 형태로도 쓰임. ¶天～亮, 他就走了 | 날이 밝자 마자 그는 떠

낫다. ¶～一进室, 就有人来找 | 방에 들어오자마자 어떤 사람이 와서 찾았다. ❸副마침. 꼭. ¶你～好来了 | 너 마침 잘 왔다. ¶不大不小, ～好 | 크지도 작지도 않게 꼭 좋다. ¶行李～二十公斤, 没超过规定guīdìng | 짐은 딱 20kg으로 규정을 초과하지 않았다. ❹副겨우. 간신히. 가까스로. ¶材料cáiliào～够 | 재료가 겨우 된다. ¶声音很小, ～可以听到 | 소리는 매우 작아서 겨우 들을 수 있다. ❺形단단하다. 강하다. ¶～玉yù | 금강석. ¶～度dù | 강도⇔〔柔róu①〕 ❻(Gāng) 名성(姓).

【刚愎】gāngbì 書形외고집이다. 고집이 세다.

【刚愎自用】gāng bì zì yòng 成자기만 옳다고 고집부리다. ¶项羽～, 不听大臣的劝告 | 항우는 고집부리며, 대신들의 권고를 듣지 않았다.

1【刚才】gāng·cai 名지금 막. 방금. 이제 금방 =〔方将jiāng才〕〔方fāng才〕〔适shì才〕〔才cái刚〕

【刚风】gāngfēng ⇒〔罡gāng风〕

2【刚刚(儿)】gāng·gang(r) 副❶바로 지금. 막. 방금. ¶～散会, 出来的人很多 | 방금 모임을 마쳐, 나오는 사람이 매우 많다 =〔刚才cái〕 ❷마침. 꼭. ¶不多不少, ～一杯 | 많지도 적지도 않은 딱 한 잔이다.

【刚果】Gāngguǒ 名外〈地〉콩고(Congo) [중앙아프리카에 있는 프랑스 공동체내의 공화국. 수도는 「布拉柴维尔(브라자빌;Brazzaville)」]

【刚好】gānghǎo ❶形꼭 알맞다. ¶这双鞋他穿着不大不小, ～ | 이 신발은 그가 신으니 크지도 않고 작지도 않고 꼭 맞다. ❷副알맞게. 때마침. ¶～老师在这儿, 你就跟他谈谈吧 | 마침 선생님이 여기 계시니 이야기해 보세요.

【刚健】gāngjiàn 形(성격·풍격·자태 문장 등이) 굳세고 힘이 있다. ¶～质朴zhìpǔ | 강건 질박하다.

【刚劲】gāngjìng 形(자태·풍격·문장 등이) 굳세고 강하다. ¶～气魄qìpò | 굳건한 기백. ¶字体～有力 | 자체가 강하여 힘이 있다.

【刚口(儿)】gāng·kou(r) 名方광대나 장사꾼의 재치있는 말〔재간〕=〔好刚口(儿)〕

【刚烈】gāngliè 書形강직하다. 외 이다.

【刚毛】gāngmáo 名〈生〉강모.

【刚气】gāngqì ❶名굳센 기개. ¶眉宇méiyǔ间流露着一股～ | 눈썹 언저리에서 굳센 기개가 흘러나오고 있다. ❷形굳세다. 강하다.

【刚强】gāng·qiang 形(성격·의지가) 굳세다. 억세다. 강직하다 =〔刚性xìng ⓑ②〕

【刚巧】gāngqiǎo 副때마침. 마침 =〔恰qià巧〕

【刚柔相济】gāng róu xiāng jì 成세울 줄도 알고 굽힐 줄도 알아야 한다. ¶教育孩子要～, 恩威并施 | 아이 교육에는 세울 줄도 굽힐줄도 알아야 하며, 은혜와 위엄을 함께 베풀어야 한다.

【刚石】gāngshí 名금강석 =〔刚玉yù〕〔钢gāng玉〕〔金刚石〕

【刚体】gāngtǐ 名〈物〉강체.

【刚性】ⓐgāngxìng 名〈物〉강성. 강한 정도 ⓑgāng·xing ❶名강직한 성격. ❷⇒〔刚强qiāng〕

【刚毅】gāngyì 書形의지가 굳다. ¶十分～的性格 | 대단히 의지가 굳은 성격.

【刚玉】gāngyù ⇒〔刚石shí〕

【刚正】gāngzhèng 書形강하고 곧다. ¶～不阿ē | 강직하고 곧아서 아첨하지 않다.

【刚直】gāngzhí 形강직하다.

【岗】 gāng ☞ 岗 gǎng Ⓑ

4【纲(綱)】 gāng 벼리 강

名❶(그물의) 벼리. 轉대강. 요점. ¶大～ | 대강. ¶提～挈领qièlǐng | 사물의 요점을 포착하다. ❷옛날, 대량 화물 수송 조직. ¶盐yán～ | 관염(官鹽)의 집단 수송. ¶～运 | (대량의 화물을) 몇 조로 나누어서 집단 수송하다. ❸〈生〉강 [생물 분류학상의 한 단위. 「门」(문)의 아래, 「目」(목)의 위] ¶哺乳动物～ | 포유동물 강.

【纲常】gāngcháng 名簡「三纲五常」의 약칭. ¶言谈起居, 不忘～ | 말과 행동함에 있어, 삼강오륜을 잊지마라.

【纲纪】gāngjì 書❶名사회의 질서와 국가의 법기(法紀). ❷動다스리다 =〔纲理lǐ〕

【纲举目张】gāng jǔ mù zhāng 成그물의 벼리만 잡고 던지면 그물은 저절로 펴진다. ❶사물의 핵심만 파악하면 나머지는 이에 따라 해결된다. ❷문장의 조리가 분명하다.

3【纲领】gānglǐng 名❶강령. 대강(大綱). ❷지도 원칙. ¶这是一个～性的文件 | 이는 지도 원칙성격의 문건이다.

【纲目】gāngmù 名❶사물의 대강과 세목. ❷(Gāngmù) 簡〈書〉「通鉴纲目」의 약칭.

4【纲要】gāngyào 名❶중요한 강령. ❷개요 [주로 책명이나 서류명에 쓰임] ❸(Gāngyào) 簡「1956年到1967年全国农业发展纲要」의 약칭.

1【钢(鋼)】 gāng gàng 강쇠 강, 갈 강

Ⓐgāng 名〈化〉강철. ¶不锈xiù～ | 스테인레스강. ¶百炼成～ | 成오래 단련하면 매우 강하게 된다.

Ⓑgàng 動(칼을) 갈다. (날을) 벼리다. ¶这把小刀儿钝了, 要～一～ | 이 칼이 무뎌졌으니, 좀 갈아야겠다. ¶这口铡刀zhádāo该～了 | 이 작두는 반드시 벼려야겠다 =〔杠gàng④〕

Ⓐgāng

【钢板】gāngbǎn 名❶강판. ¶造船zàochuán～ | 조선용 강판. ❷등사판용 줄판. ¶写～ | 등사용 줄판에다 긋다 =〔钢笔bǐ板〕. ❸(자동차 등의) 스프링(spring) ‖ =〔钢版〕

【钢包】gāngbāo 名주물(鑄物)을 담는 용기=〔钢水包〕

1【钢笔】gāngbǐ ❶名펜. ¶～头(儿)=〔钢笔尖jiān(儿)〕 | 펜촉. ¶～杆gǎn(儿) | 펜대. ¶～画(儿) | 펜 그림 =〔蘸zhàn水钢笔〕 ❷名만년필의 약칭 =〔自来水笔〕 ❸⇒〔铱yī金笔〕

【钢鞭】gāngbiān 名쇠로 만든 고대 병기의 일종 [마디가 있으며 날끝이 없음]

4【钢材】gāngcái 名강재.

【钢叉】gāngchā 名 Y형 강재 [막대 끝에 Y자형의 강철을 꽂은 것]
【钢城】gāngchéng 名 큰 제철소(製鐵所)가 있는 도시 =〔钢都dū〕
【钢尺】gāngchǐ 名 강철 자 =〔㊥ 钢板bǎn尺〕〔㊥ 钢卷juǎn尺〕〔㊁ 钢皮pí尺〕〔弹簧dànhuáng钢尺〕
【钢打铁铸】gāng dǎ tiě zhù 成 공격에 꿈쩍도 않을 만큼 튼튼하다. ¶谁也不是~的, 都需要xūyào吃饭和休息xiūxī | 누구도 공격에 꿈쩍 않을 만큼 튼튼하지는 못하니, 모두 식사와 휴식이 필요하다.
【钢刀】gāngdāo 名 강철 칼.
【钢锭】gāngdìng 名 용광로에서 뽑은 쇠덩어리 [각종 강재 제조의 원료가 됨]
【钢骨】gānggǔ 名 철근 =〔钢筋jīn〕
【钢骨水泥】gānggǔshuǐní 名 철근 콘크리트 =〔钢骨泗sìl门汀〕〔钢筋jīn混凝土〕〔铁tiě筋水泥〕〔铁筋洋灰yánghuī〕〔铁筋土〕〔铁水泥〕〔洋灰铁筋〕
【钢管】gāngguǎn 名 강관. 강철 파이프.
【钢轨】gāngguǐ 名 철도의 레일 =〔铁tiě轨〕
【钢花】gānghuā 名 쇳물 불꽃.
【钢化】gānghuà 動 名 유리를 가열 용해한 후에 다시 급속히 냉각시켜 강도를 높이다. 또는 그러한 과정.
【钢化玻璃】gānghuà bō·li 名 강화 유리.
【钢筋】gāngjīn ⇒〔钢骨gǔ〕
【钢筋混凝土】gāngjīnhùnníngtǔ ⇒〔钢骨gǔ水泥〕
【钢筋铁骨】gāng jīn tiě gǔ 成 ❶ 무쇠같이 단단한 몸. ❷ 철같은 의지.
【钢精】gāngjīng 名 알루미늄 =〔钢种zhǒng〕〔铝lǚ〕
【钢盔】gāngkuī 名 철모. 헬멧(helmet). ¶戴着~的伞兵sǎnbīng | 철모를 쓴 낙하산병 =〔钢帽mào〕
【钢缆】gānglǎn ⇒〔钢丝sī绳〕
【钢坯】gāngpī 名 강철괴. 강철 조각. ¶小~ | 작은 강철 조각.
【钢枪】gāngqiāng 名 소총 =〔步bù枪〕
4【钢琴】gāngqín 名 피아노 =〔洋yáng琴〕
【钢球】gāngqiú 名 스틸 볼(steel ball) =〔钢珠zhū〕〔滚gǔn珠〕
【钢砂】gāngshā 名 ❶ 簡「金刚砂」의 약칭. ❷ 연마제 ‖ =〔刚gāng沙〕〔钢沙shā〕
【钢水】gāngshuǐ 名 액체상태의 쇠. 쇳물. ¶~包(子)=〔钢水罐guàn子〕| 녹인 강철을 넣는 내열 용기 =〔铁tiě水〕
【钢丝】gāngsī 名 (강철의) 철사. 강선. ¶~心 | 금속심. ¶~刷shuā | 스틸 와이어 브러쉬(steel wire brush). ¶~绒róng | 아이론 울.
【钢丝锯】gāngsījù 名 실톱 =〔㊍ 锼弓子sōugōngzi〕
【钢丝钳】gāngsīqián 名 벤찌 =〔克kè丝钳子〕
【钢丝绳】gāngsīshéng 名 강철선으로 꼬아서 만든 줄. 스틸 와이어 로프(steel wirerope) =〔钢缆lǎn〕〔钢绳〕〔钢丝缆〕〔钢丝索suǒ〕〔钢索〕
【钢条】gāngtiáo 名 ❶ 철근. 철봉. ❷ (기차의) 선로. 궤도.
【钢铁】gāngtiě ❶ 名 강과 철. ❷ 名 강철. ¶生产shēngchǎn~ | 강철을 생산하다. ❸ 形 喩 굳은. 강한. ¶~意志yìzhì | 굳센 의지.
【钢印】gāngyìn 名 드라이 스탬프(dry stamp). 철인(鐵印). ¶证件上必须有~才有效 | 신분증에 반드시 철인이 있어야 유효하다.
【钢渣】gāngzhā 名 광재(鑛滓).
【钢纸】gāngzhǐ 名 (절연 또는 열 등을 차단하는 데에 쓰이는) 진한 염화 아연액 처리를 한 종이.
【钢种】gāngzhǒng ⇒〔钢精jīng〕
【钢珠】gāngzhū ⇒〔钢球qiú〕
B gàng
【钢刀布】gàngdāobù 名 가죽 숫돌. 혁지(革砥) =〔杠gāng刀布〕〔抗kàng刀布〕

【扛】gāng ☞ 扛 káng B

【肛〈疘〉】gāng 똥구멍 항, 〈탈항증 공〉 名 〈生理〉 항문(肛門)에서 항도(肛道)까지의 총칭. ¶脱~ | 〈醫〉 탈항(하다) =〔書 后窍qiào〕〔書 后阴yīn〕
【肛道】gāngdào 名 항도. 직장(直腸) 끝에서 항문(肛門)으로 통하는 부분 =〔肛管guǎn〕
【肛瘘】gānglòu 名 〈醫〉 치루(痔瘻) =〔漏疮lòuchuāng〕〔痔zhì漏〕
【肛门】gāngmén 名 항문 =〔粪fèn门〕

【杠】gāng ☞ 杠 gàng B

3【缸〈甌〉】gāng 항아리 항
❶ (~儿, ~子) 名 독. 단지. 항아리. ¶水~ | 물독. ¶糖táng~ | 설탕 단지. ¶鱼~ | 어항. ❷ ⇒〔缸瓦wǎ〕 ❸ ⇒〔汽qì缸〕
【缸盖】gānggài 名 항아리 뚜껑.
【缸管】gāngguǎn 名 도관(陶管).
【缸盆】gāngpén 名 금붕어를 기르거나 꽃나무를 심는 데 쓰는 바닥이 넓고 납작한 항아리.
【缸儿】gāngr 名 ❶ (정교하게 만든) 항아리. ¶他颏cèi了一只~ | 그는 항아리 하나를 깨뜨렸다 =〔缸子〕 ❷ 찻잔.
【缸瓦】gāngwǎ 名 오지그릇. 질그릇. ¶~行háng | 질그릇 상점.
【缸砖】gāngzhuān 名 오지 벽돌.
【缸子】gāng·zi 名 마실 물이나 설탕 등을 담는 원통형 그릇. ¶茶chá~ | 차 항아리. ¶糖táng~ | 설탕 항아리. ¶玻璃bōlí~ | 유리 항아리.

【罡】gāng 북두성 강
⇒〔罡风〕〔天罡〕
【罡风】gāngfēng 名 ❶ 도가(道家)에서 말하는 하늘 가장 높은 곳에서 부는 바람. ❷ 세찬 바람 ‖ =〔刚gāng风〕

gǎng ㄍㄤˇ

3【岗(崗)】gǎng gāng 산등성이 강
Ⓐ gǎng 名 ❶ (～儿, ～子) 땅이 높고 길게 봉긋 솟은 부분. 평면 위에 길게 솟은 부분. ¶眉毛 méimáo脱了, 只剩下两道肉～ | 눈썹이 빠져서 단지 두 가닥의 눈두덩이만 남았다. ❷ 초소. 보초. ¶站～ | 파수 보다. 보초 서다. ¶门～ | 수위.
Ⓑ gāng「冈」과 통용 ⇒〔冈gāng〕
【岗警】gǎngjǐng 名 초소에 근무하는 경찰. ¶门口没～ | 입구에 경찰이 없다.
【岗楼】gǎnglóu 名 망루. 망대.
【岗哨】gǎngshào 名 ❶ 초소. 위병소. ❷ 보초.
【岗亭】gǎngtíng 名 검문소. 초소.
3【岗位】gǎngwèi 名 ❶ 경관·보초가 보초서는 곳. ¶窗下就有哨兵shàobīng～ | 창 아래에 초병이 보초서는 곳이 있다. ❷ 직책. 본분. ¶工作～ | 직장. ¶～责任 | 직책상 책임.
【岗子】gǎng·zi 名 ❶ 높지 않은 산 혹은 높이 솟아오른 흙언덕. ❷ 이랑. (상처) 자국. 능선.

2【港】gǎng 항구 항
❶ 名 항구. ¶军～ | 군항. ¶不冻dòng～ | 부동항. ❷ 큰 강에서 갈라져 배가 다닐 수 있는) 지류(支流). ¶常山～ | 상산항. 절강성(浙江省)에 있는 작은 천(川)이름. ❸ (Gǎng) 名 簡「香港」(홍콩)의 약칭. ¶星～ | 싱가포르와 홍콩.
【港澳】gǎng'ào 名 홍콩과 마카오. ¶～同胞tóngbāo | 홍콩과 마카오의 동포.
3【港币】gǎngbì 名 홍콩 달러 =〔港元yuán〕〔香xiāng洋〕〔港纸zhǐ〕
【港汊】gǎngchà ⇒〔汊港〕
【港姐】gǎngjiě 名 簡「香港小姐」(미스 홍콩)의 약칭.
【港客】gǎngkè 名 홍콩 손님. ¶～大都富裕fùyù | 홍콩 손님은 대체로 부유하다.
3【港口】gǎngkǒu 名 항만(港灣). ¶沿海yánhǎi～ | 연안 항구. ¶～吞吐量 | 항만 적하량→〔口岸àn〕
【港人】gǎngrén 名 홍콩사람.
【港商】gǎngshāng 名 홍콩 상인. ¶诱导～的投资 | 홍콩 상인의 투자를 유도하다.
【港式】gǎngshì 名 홍콩식 스타일(style). ¶～生活shēnghuó | 홍콩식 생활.
【港湾】gǎngwān 名 항구. 항만.
【港务】gǎngwù 名 항만 사무.
【港务局】gǎngwùjú 名 항만 사무국.
【港元】gǎngyuán ⇒〔港币bì〕

gàng ㄍㄤˋ

4【杠〈槓〉】gàng gāng 다리 강, 깃대 강
Ⓐ gàng ❶ (～儿, ～子) 名 굵은 막대기. 멜대. ¶铁tiě～ | 쇠막대기. ❷ 名〈體〉(기계체조의) 철봉. ¶双shuāng～ | 평행봉. ¶盘～子 | 기계체조를 하다. ❸ (～子) 名 방선(傍線). ¶画红～ | 붉은 방선을 긋다. ❹ 動 (칼을) 갈다. ¶～刀↓ =〔钢gàng〕 ❺ 名 화장(火葬)때에 관을 나르는 대(臺). ❻ 動 방선(傍線)을 긋다. ¶～了许多杠子 | 방선을 많이 그었다. ❼ 動 우겨대다. 트집잡다. ¶他又跟我～上了 | 그는 또 나에게 트집을 잡는다.
Ⓑ gāng 書 名 ❶ 다리. ❷ 깃대.
【杠棒】gàngbàng 名 멜대.
【杠刀】gàngdāo 動 方 칼을 (가죽) 숫돌에 갈다. ¶～布 =〔钢刀布〕〔抗刀布〕 | 가죽 숫돌. 혁지(革砥).
【杠房】gàngfáng 名 옛날, 장의사(葬儀社).
【杠夫】gàngfū 名 상두꾼. 상여꾼. ¶他当过～ | 그는 상여꾼을 맡았다 =〔杠gāng人〕
4【杠杆】gànggǎn 名 지레. 지렛대.
【杠铃】gànglíng 名〈體〉바벨(barbell).
【杠人】gàngrén ⇒〔杠夫〕
【杠头】gàngtóu 名 ❶ 方「杠夫」의 우두머리. ❷ 입씨름을 좋아하는 사람. ❸ 方〈食〉일종의 면식품(麵食品) [발효된 면(麵)속에 생면가루를 집어넣고 굵은 막대기로 밀어 눌러 만듦]
【杠子】gàng·zi 名 ❶ 굵은 막대기. ❷〈體〉철봉. ❸ 글자를 고치거나 읽은 곳을 기억하기 위해 긋는 밑줄. 굵은 직선. ¶老师把写错了的字都打上～ | 선생님이 틀린 글자 마다 밑줄을 그었다. ❹ (마작에서) 같은 패 4개를 짝짓는 것 →〔刻kè子〕

【钢】gàng ☞ 钢 gāng Ⓑ

【箽】gàng 땅이름 강
지명에 쓰이는 글자. ¶～口 | 호남성(湖南省) 악양현(岳陽縣) 남쪽에 있는 지명.

【戇】gàng ☞ 戇 zhuàng Ⓑ

gāo ㄍㄠ

1【高】gāo 높을 고
❶ 形 (높이가) 높다. ¶这里地势很～ | 이곳의 지세가 대단히 높다. ¶身量儿～ | 키가 크다 ⇔〔低①〕〔矮ǎi①〕 ❷ 形 (가격이) 높다. 비싸다. ¶价钱jiàqián太～ | 가격이 너무나 비싸다. ❸ 形 (소리가) 높다. ¶嗓门儿～ | 목소리가 높다. ❹ 形 고령(高齡)이다. ¶年～ | 나이가 많다→〔少①〕 ❺ 形 (일정의 기준이나 정도보다) 높다. 우수하다. ¶体温tǐwēn～ | 체온이 높다. ¶本领～ | 수완이 뛰어나다→〔浅⑤〕〔差chà〕 ❻ 名 높이. ¶那棵树有两丈～ | 그 나무는 높이가 20척(尺)이다. ❼ 敬 귀하의. 귀측의 [상대방을 존경하여 붙이는 말] ¶～见↓ ❽ 頭〈化〉과(過) [산기(酸基) 또는 화합물의 표준 산기가 산소 분자를 하나 더 함유하고 있는 것] ¶～锰酸钾 | 과망간산 칼륨. ❾ 動 (지대가) 높아지다. ¶这片地怎么～起一块来? | 이 땅은 어떻게 한 곳만 높아졌지?→〔洼wā〕 ❿ 動 동사 뒤에 보어로 쓰여, (정도가) 높아지다. 고급화하다. ¶眼睛看～了 | 눈이 높아졌다. ¶吃～了口 | 입이 고급스러워졌다. ⓫ (Gāo) 名 성(姓).

【高矮(儿)】gāoǎi(r) 名 높낮이. 높이. 크기. ¶ 这两棵白杨báiyáng差不多一样的～ | 이 두 그루의 백양나무는 높이가 거의 같다.

【高昂】gāoáng 形 ❶ 높이 들다. 의기양양하다. ❷ (목소리나 정서가) 높아지다. ¶士气～ | 사기가 오르다. ¶广场的歌声愈来愈～ | 광장의 노래소리가 점점 더 높아진다. ❸ (물가가) 오르다.

【高傲】gāoào 形 거만하다. 건방지다. ¶这个人太～ | 이 사람은 정말 건방지다 =〔書 高亢kàng③〕

【高鼻梁(儿)】gāobíliáng(r) 名 우뚝 선 콧마루.

【高标】gāobiāo 書 ❶ 形 높고 뛰어나다. 인품이 고상하다. ❷ 名 (과거 시험에서의) 좋은 성적. ¶中zhòng～ | 좋은 성적으로 합격하다.

【高标号】gāobiāohào 名 높은 품질 표시 번호

【高拨子】gāobō·zi 名 〈演映〉 안휘(安徽)지방의 전통극에서 사용하는 곡조의 하나 =〔拨bō子〕

【高不成, 低不就】gāo bù chéng, dī bù jiù 諺 (흔히 직장이나 배우자를 구할 때) 높아서 마음에 맞으면 이룰 수 없고, 낮으면 하려 하지 않다. 어중간해서 이것이나 저것이나 맞지 않다. 큰 일은 하지 못하고 작은 일은 하기 싫어하다 =〔高不攀pān, 低不就〕

【高不可攀】gāo bù kě pān 成 너무 높아서 올라가지 못하다. 도달하기 어려움. 따라잡기 어려움.

【高不攀, 低不就】gāo bù pān, dī bù jiù ⇒〔高不成, 低不就〕

【高才】gāocái 名 ❶ 뛰어난 재능. ¶～生 | 우등생. 수재. ❷ 뛰어난 재능을 지닌 사람.

【高参】gāocān 名 簡 「高级参谋」(고급〔위〕참모)의 약칭.

4【高产】gāochǎn ❶ 區 많은 수확의. 높은 생산의. ¶～田 | 수확이 많은 밭. ¶～作物 | 다수확 작물. ❷ 名 높은 수확량. ¶创～ | 높은 수확량을 나타내다.

【高唱】gāochàng 動 ❶ 높은 소리로 노래 부르다. ¶～流行歌曲 | 유행가를 큰 소리로 노래부르다. ❷ 큰 소리로 외치다.

【高唱入云】gāo chàng rù yún 成 노래 소리가 매우 드높다. 문장의 격조가 매우 높다.

4【高超】gāochāo 形 ❶ (인격이) 고결하다. 고상하다. ¶人品～ | 인품이 고상하다. ❷ 우수하다. 출중하다. ¶他写字的技艺很～ | 그의 글쓴 솜씨가 대단히 뛰어나다.

3【高潮】gāocháo 名 ❶ 만조. ¶～线xiàn | 만조 때의 최고수위(선). ❷ 喩 앙양. 고조. ¶运动已经达到～ | 운동이 이미 최고조에 이르렀다. ❸ (소설·연극·영화의) 클라이맥스.

【高出】gāochū 動 빼어나다. 한결 높다. ¶～数shù倍 | 몇 배나 뛰어나다. ¶～一筹chóu =〔高出一头〕| 한층 더 우수하다.

【高处】gāochù 名 높은 곳. ¶从～着想 | 높은 곳에서 생각하다.

【高次方程】gāocìfāngchéng 名組 〈數〉 고차방정식.

2【高大】gāodà 形 ❶ 높고 크다. ¶～的房子 | 높고 큰 건물. ¶身材shēncái～ | 체격이 크다. ❷ (나이가) 많다 [주로 조기 백화에 쓰임] ¶老夫年纪～ | 난 나이가 많다.

【高蛋白】gāodànbái 名 〈化〉 고단백.

4【高档】gāodàng 形 고급의. 상등의.

3【高等】gāoděng 區 고등의. 고급의. ¶～动物 | 고등 동물. ¶受过～教育 | 고등 교육을 받았다.

4【高低】gāodī ❶ 名 고저. 높이. ❷ 名 우열. 승부. 정도. ¶咱们闹nào一闹谁高谁低吧 | 우리 중 누가 나은 지 승부를 가려보자. ❸ 名 (말이나 일의) 심도. 경중. ¶不知～ | 일의 경중을 모른다. ❹ 副 方 어쨌든. 어차피. 여하튼. ¶嘴zuǐ都说破了, 老金～不答应 | 입이 닳도록 말했으나, 김씨는 어쨌든 승낙하지 않았다. ❺ 副 方 마침내. 결국.

【高低杠】gāodīgàng 名 〈體〉 ❶ 이단 평행봉. ¶她在练习～ | 그녀는 이단 평행봉을 연습하고 있다. ❷ 이단 평행봉 경기.

【高调(儿)】gāodiào(r) 名 ❶ 매우 높은 곡조. ❷ 喩 (실행하기 어려운) 탁상 공론. 그럴싸한 말. ¶唱～ | 탁상 공론을 부르짖다. ¶这种～我听够了 | 이런 탁상공론은 나는 충분히 들었다.

2【高度】gāodù ❶ 名 고도. 높이. ¶飞行的～ | 비행 고도. ❷ 形 정도(程度)가 매우 높다. ¶～机密jīmì | 1급 기밀. ¶～的劳动热情rèqíng | 높은 근로 의욕. ¶给予～评价píngjià | 높은 평가를 하다. ❸ 副 높이. ¶～评价他的业绩yèjì | 그의 업적을 높이 평가하다.

【高度计】gāodùjì 名 고도계 =〔高度表biǎo〕

【高额】gāoé 區 ❶ 고액. ❷ 높은 기준(량).

【高尔夫球】gāoěr fūqiú 名 〈體〉 ❶ 골프. ❷ 골프공 ‖ =〔高而富fù球〕〔高夫球〕〔考kǎo尔夫球〕〔榴sháo球〕

【高尔基】Gāoěrjī 名 外 〈人〉 고르키(Maxim Gorki, 1868～1936) [소련의 작가, 사회주의 리얼리즘 문학의 창시자]

【高分】gāofēn 名 고득점. ¶这次学科考试, 他～通过了 | 이번 학과고사에서 그는 고득점으로 통과했다.

【高分子】gāofēnzǐ 名 〈化〉 고분자. ¶～化合物 | 고분자 화합물. ¶～化学 | 고분자 화학.

【高风亮节】gāo fēng liàng jié 成 고상한 풍모와 굳은 절개 =〔高风峻jùn节〕

3【高峰】gāofēng 名 ❶ 고봉. ❷ 최고정. 절정. ¶人口增殖zēngzhí～ | 인구 증가가 절정이다.

【高干】gāogàn 名 簡 「高级干部」(고급간부)의 약칭. ¶他是～子弟 | 그는 고급간부의 자제이다.

【高高地】gāogāo·de 副 아주 높이. 높이높이.

【高高在上】gāo gāo zài shàng 成 지도자가 현실을 이해하지 못하고 민중과 괴리되어 있다.

【高高手儿】gāo·gao shǒur ⇒〔高抬贵guì手〕

【高歌】gāogē 動 소리 높여 노래 부르다.

【高歌猛进】gāo gē měng jìn 成 ❶ 소리 높여 노래 부르며 용감하게 앞으로 전진하다. ❷ 喩 난관을 두려워하지 않고 투지만만하게 전진하다.

【高阁】gāogé 名 ❶ 높고 큰 누각. ❷ 서적이나 물건을 놓아 두는 높은 선반. ¶置之～ =〔束

之高阁]｜방치하여 두다.
【高个儿】gāogèr ⇒〔高个子〕
【高个子】gāogè·zi 名 키다리 =〔高个儿〕
【高根】gāogēn 名〈植〉코카(coca). 남미원산의 관목 =〔古柯gǔkē〕
【高跟(儿)鞋】gāogēn(r) 名 하이힐.
【高估】gāogū 動 높이 평가하다. ¶～自己的力量lìliàng｜자신의 역량을 과대 평가하다.
【高古】gāogǔ 形 (문사가) 고아하고 예스럽고 소박하다. ¶格调gédiào～｜격조가 고아하고 예스럽다.
【高官】gāoguān 名 고관. ¶～厚爵hòujué｜고관대작. ¶～显贵xiǎnguì｜고관과 유명한 사람.
【高官厚禄】gāo guān hòu lù 國 높은 벼슬과 많은 녹봉.
4【高贵】gāoguì 形 ❶ 고상하다. 기품이 높다. ❷ (신분이) 높다. 고귀하다. ¶～人｜고귀한 사람.
【高寒】gāohán 形 지세(地勢)가 높아 춥다.
【高喊】gāohǎn 動 큰 소리로 외치다.
【高呼】gāohū 動 큰 소리로 부르다. ¶振臂zhènbì～｜팔을 휘두르며 큰 소리로 부르다.
3【高级】gāojí 區 고급(의). 상급(의).
【高级中学】gāojí zhōngxué 名組 고등학교 [중국의 중학교는 6년제로서 각 「初级中学」과 「高级中学」3년씩으로 나뉘어져 있음]
【高加索山脉】Gāojiāsuǒ Shānmài 名〈地〉코카서스 산맥(Caucasus 山脈).
【高架桥】gāojiàqiáo 名〈建〉(깊은 골짜기 등에 만드는) 육교. 고가교. 구름 다리.
【高价】gāojià 名 ❶ 비싼 값. 높은 가격. 고가. ¶～出售｜높은 가격으로 판매하다. ¶～收购shōugòu古画｜고화를 비싼 값에 구입하다. ❷ 喩 높은 신분. 좋은 대우.
【高见】gāojiàn 名 敬 (상대방의) 고견. ¶～以为如何?｜당신의 고견으로는 어떻게 생각하십니까?
【高脚杯】gāojiǎobēi 名 다리가 긴 잔. ¶高脚酒杯｜와인글라스.
【高教】gāojiào 名 ❶ 敬 고귀한 가르침. 당신의 가르침. ¶聆líng取～｜札 고귀한 가르침을 받들겠습니다. ❷ 고등 교육.
【高洁】gāojié 形 고결하다. ¶情操～｜정조가 고결하다. ¶～的人品｜고결한 인품.
【高酒出僻巷】gāojiǔ chū pìxiàng 諺 ❶ 좋은 술은 시골 벽촌에서 나다. ❷ 喩 평범한 곳에서도 우수한 것이 나올 수도 있다.
【高就】gāojiù ❶ 名 보다 좋은 일자리. ¶另有～ =〔别有高就〕｜보다 좋은 다른 일자리가 있다. ❷ 動 더 높은 직위로 옮겨가다. 영전하다. ¶您在哪儿～啊?｜당신은 어떤 자리로 영전하십니까?
【高车】gāojū 名 ❶ 옛날 선 자세로 타는 마차. ❷ (Gāojū) 몽고 지방에 살던 옛날의 종족 이름. ❸ (Gāojū) 복성(複姓).
【高举】gāojǔ ❶ 動 높이 들다. 추켜들다 =〔高擎qíng〕 ❷ (Gāojǔ) 簡 「高举手泽东思想旗帜」의 약칭.
【高举手, 矮作揖】gāo jǔshǒu, ǎi zuòyī 喩 대단히 공손하게 인사를 하다.
【高峻】gāojùn 形 매우 높다. 높고 험준하다.
【高亢】gāokàng ❶ 形 (노래소리 등이) 높고 낭랑하다. 우렁차다. ¶歌声gēshēng～｜노래 소리가 우렁차다. ❷ 形 (지세·산세 등이) 높다. ❸ ⇒〔高傲ào〕
4【高考】gāokǎo 名 簡 대학입시. ¶参加今年的～｜올해의 대학입시에 참가하다.
4【高空】gāokōng 名 ❶ 고공. ¶～飞行fēixíng｜고공비행. ¶～病bìng｜고공병. ❷ 높은 곳.
【高丽】Gāolí 名 ❶〈地〉〈史〉고려 [오늘날에는 조선(朝鮮) 또는 한국(韓國)에 대한 다른 이름으로 사용됨] ❷ (gāo·lí) 북경식 요리법의 하나.
【高丽参】gāo·líshēn 名 고려 인삼.
【高丽纸】gāo·lízhǐ 名 뽕나무 껍질을 원료로 해서 만든 두꺼운 종이 [질은 강하고 창·벽을 바르는 데 쓰이며 하북성(河北省)에서 남]
【高利】gāolì 名 고리. ¶～盘剥｜고리 대금으로 착취하다.
【高利贷】gāolìdài 名 고리 대금. ¶放～｜고리 대금을 놓다.
【高良姜】gāoliángjiāng 名〈植〉고량강 [새앙의 한 종류] =〔良姜〕
3【高粱】gāo·liang 名〈植〉고량. 수수. ¶～烧shāo =〔高粱酒〕｜고량주. ¶～秆gǎn儿 =〔高粱梃tǐng儿〕〔秫秸(杆儿)〕｜수수깡 =〔蜀黍〕〔蜀秫〕
【高龄】gāolíng 名 敬 고령. ¶一个八十～的老人｜팔십세 고령의 노인.
【高领】gāolǐng 名 높은 깃. 하이칼라.
【高岭(瓷)土】gāolǐng(cí) 名 고령토.
【高楼大厦】gāolóu dàshà 名 고층 건물.
【高楼一席酒, 穷汉半年粮】gāolóu yīxí jiǔ, qióng hàn bànnián liáng 諺 부자의 한차례 주연(酒宴)은 가난한 사람의 반 년 식량이다.
【高炉】gāolú 名〈工〉용광로.
【高论】gāolùn 名 敬 훌륭한 의론. ¶倾听qīngtīng～｜훌륭한 의론에 귀기울이다. ¶发表fābiǎo～｜훌륭한 의론을 발표하다.
【高迈】gāomài 書 形 ❶ (연세가) 많다. ¶年纪niánjì～｜나이가 많다 =〔老lǎo迈〕 ❷ 고매하다. 고원하다.
【高慢】gāomàn 形 오만하다.
【高帽(儿, 子)】gāomào(r·zi) 名 ❶ 아첨하는 말. ¶给人戴～｜남을 추켜 세우다. 비행기를 태우다. ❷ (중국에서 투쟁 중 지주 등에게 씌웠던) 고깔모자.
【高门大户】gāoméndàhù 名組 ❶ 훌륭한 가문 =〔高门望族wàngzú〕 ❷ 큰 집. 부자집.
【高锰酸钾】gāoměngsuānjiǎ 名〈化〉과망간산칼륨.
【高棉】Gāomián 名〈地〉「柬埔寨」(캄푸치아)의 다른 이름.
【高妙】gāomiào 形 매우 우수〔훌륭〕하다. ¶手艺shǒuyì～｜손재간이 뛰어나다. ¶笔法bǐfǎ～｜필치가 매우 우수하다.

[4]【高明】gāomíng ❶形(학문·견해·기술·기능이) 빼어나다. 고명하다. 뛰어나다. 훌륭하다. ¶实在是太不~了 | 사실은 대단히 뛰어나지 못하다. ❷名 고명한 사람.

【高难】gāonán 形(기교의) 난도가 높다. ¶~动作 | 고난도의 동작.

【高能】gāonéng ❶名〈物〉고에너지. ¶~粒子lìzi | 고에너지 입자. ¶~燃料ránliào | 고에너지 연료. ¶~物理学 | 고에너지 물리학. ❷形 재능이 빼어나고 학문이 심오하다.

【高年级】gāoniánjí 區 고학년. ¶~学生 | 고학년 학생.

【高攀】gāopān 動 자기보다 신분이 높은 사람과 교제하거나 인척 관계를 맺다. ¶不敢~ | 감히 교제할 수가 없습니다 =〔仰yǎng攀〕

【高朋满座】gāo péng mǎn zuò 成 ❶훌륭한 사람들이 좌석에 가득차 있다. ¶胜友如云, ~ | 좋은 벗들이 구름처럼 많고, 훌륭한 사람들이 좌석에 가득차 있다. ❷喩 손님이 매우 많다. ¶我们家总是~ | 우리 집은 언제나 손님이 많다.

【高频】gāopín 名〈電氣〉고주파. ¶甚~ | 초단파(V.H.F). ¶超~ | 초고주파(U.H.F). ¶~放大 | 고주파 증폭. ¶~电波bō | 고주파 전파. ¶~感应电炉lú |〈金〉고주파 유도 전기로. ¶~瓷火cíhuǒ |〈機〉고주파 담금질.

【高迁】gāoqiān 動 승진하다. 지위가 올라가다. ¶听说他最近~了, 在财政部cáizhèngbù当大官儿了 | 듣자니 그가 최근에 승진을 하여 재정부의 고관이 됐다 한다→〔高就jiù〕

【高腔】gāoqiāng ❶名〈音〉높은 곡조. ¶~大嗓sǎng | 높고 큰 소리를 내다. ❷⇒〔弋yì(阳)腔〕

【高强】gāoqiáng 形(무예나 수단이) 뛰어나다. 훌륭하다. ¶武艺wǔyì~ | 무예가 뛰어나다. ¶枪法qiāngfǎ~ | 총솜씨가 훌륭하다.

【高跷】gāoqiāo ❶名 죽마(竹馬) 놀이의 일종으로, 극중에서 전설상의 인물로 분장한 배우가 두 다리를 각각 긴 막대기에 묶고 걸어가면서 공연하는 민속 놀이. 또는 이와 같은 놀이를 하는 데 사용하는 막대기. ¶踩cǎi~ |「高跷」공연을 하다. ❷動 다리를 높이 올리다 ‖ =〔高来〕〔长cháng跷〕〔踏tà跷〕

【高亲贵友】gāoqīn guìyǒu 친척이나 친우들. ¶我也没有什么~ | 나도 친척이나 친구들이 없다.

【高秋】gāoqiū 名 가을 기운이 왕성한 계절. 한가을.

【高球】gāoqiú 名〈體〉플라이(fly). 비구(飛球). 로브(lob). 로빙(lobbing). ¶放~ | 공을 높이 위로 쳐 올리다.

【高热】gāorè ⇒〔高烧shāo〕

【高人】gāorén ❶⇒〔高士shì〕 ❷名(학술·기능·지위 등이) 높은 사람. ❸書動 남보다 뛰어나다.

【高人一等】gāo rén yī děng 成 남보다 월등하다. 남보다 한 수 위다. ¶他老以为自己~ | 그는 항상 자신이 다른 사람보다 월등하다고 생각하고 있다.

【高僧】gāosēng 名 고승. ¶您是哪方~? | 당신은 어느 곳의 고승이십니까?

【高山】gāoshān 名 고산. 높은 산. ¶~低头, 河水让路 | 높은 산도 머리를 숙이고, 강물도 길을 피한다. 인간의 기세 앞에 자연이 굴복하는 것.

【高山病】gāoshānbìng 名 고산병 =〔高空病〕〔山晕yūn〕〔高山反应fǎnyìng〕

【高山景行】gāo shān jǐng xíng 成 ❶높은산과 큰 길. ❷喩 사람의 덕행(德行)이 고상하고 행동이 광명정대함.

【高山流水】gāo shān liú shuǐ 成 ❶지음(知音). 지기(知己). ❷악곡(樂曲)이 절묘하다 [백아(伯牙)와 종자기(鍾子期)의 고사에서 유래함]

【高山仰止】gāo shān yǎng zhǐ 成 숭고한 품덕을 앙모하다.

【高山(族)】Gāoshān(zú) 名 고산 [대만(臺灣)의 산간 지역(山間地域)에 거주하는 산지족] =〔山地同胞tóngbāo〕

[3]【高尚】gāoshàng 形 고상하다 =〔清qīng尚〕

[4]【高烧】gāoshāo 名 고열. ¶发~ | 높은 열이 나다 =〔高热rè〕

【高射机关枪】gāoshè jīguān qiāng 名組〈軍〉고사 기관총.

【高射炮】gāoshèpào 名 ❶고사포. ¶放fàng~ | 고사포를 발사하다. 수음(手淫)하다. ❷아편을 마시는 모양 [옛날 아편을 피울 때, 궐련의 한 쪽 끝을 비워서 아편을 메우고 담배를 세운채 빨므로 이같이 말함]

【高深】gāoshēn 形(학문 기술의 조예가) 수준이 높고 깊다.

【高深莫测】gāo shēn mò cè 成諷 내용이 너무 심오한 나머지 헤아릴 수 없다. ¶他的话~ | 그의 말은 너무 어려워 이해할 수가 없다.

【高师】gāoshī 名簡 고등사범학교(高等師範學校)의 약칭.

【高士】gāoshì 書名(취미나 품행이) 고상한 사람. 은사(隱士) =〔高人rén①〕

【高视阔步】gāo shì kuò bù 成 눈을 높이 치켜 뜨고 활보하다. ❶기개가 비범하다. ❷오만하다.

【高手(儿)】gāoshǒu(r) 名 명수. 고수. ¶武林wǔlín~ | 무림의 고수. ¶下棋xiàqí的~ | 장기의 명수. ¶他在外科手术上有名的~ | 그는 외과 수술의 전문가이다.

【高寿】gāoshòu 名 ❶장수(長壽). ❷成 노인에게 나이를 묻는 말. ¶老大爷今年~? | 할아버지께서는 올해 춘추가 어찌 되시는지요?

【高耸】gāosǒng 書動 높이 솟다. ¶~的纪念碑jìniànbēi | 높이 솟은 기념비. ¶~入云 | 구름 속으로 우뚝 솟다.

[3]【高速】gāosù 名 고속(도).

【高速公路】gāosù gōnglù 名組 고속도로.

【高台】gāotái 名 ❶높은 곳. 고지(高地). 언덕. ❷(돌담 등으로 둘러싼) 석가산. 대지(臺地). 단구(段丘). ❸높은 대(臺).

【高抬贵手】gāo tái guì shǒu 成套 용서해 주다. 관대히 봐주다. ¶请您~! | 관대히 봐주십시오! =〔高高手儿〕

G

【高抬明镜】gāo tái míng jìng 成 ❶ 밝은 거울을 높이 들다. ❷ 喩 법관이나 사회자가 공명정대하게 처리하다.

【高谈阔论】gāo tán kuò lùn 成 고상하고 장황하기만 하고 현실과는 맞지 않는 의론. 공리공론〔탁상공론〕을 끊임없이 늘어놓다. 장광설을 늘어놓다.

【高碳钢】gāotàngāng 名 고탄소강.

【高汤】gāotāng ❶ 名 돼지나 닭 등을 고은 국물. ❷ ⇒〔清qīng汤①〕‖＝〔神shén仙汤〕

【高堂】gāotáng 名 ❶ 높은 집. ¶～大厦shà | 고층 빌딩. ❷ 轉 부모. ❸ 轉 敬 양당(兩堂). ❹ (Gāotáng) 복성(複姓).

【高挑儿】gāotiǎor 形 方 (몸매가) 늘씬하다. 후리후리하다. ¶～的个儿 | 늘씬한 사람.

【高统】gāotǒng 形 (신발 등의) 몸통이 길다. ¶半～ | (몸통 등이) 중간 길이이다. ¶～胶靴jiāoxuē | 고무 장화. ¶～套鞋tàoxié | 장화 모양의 덧신. ¶～皮pí鞋(靴)＝〔高筒tǒng皮靴〕| 장화. 부츠. ¶～毡靴zhānxuē | 펠트 장화＝〔高筒〕

【高头大马】gāotóudàmǎ 名 몸집이 큰 말.

【高头讲章】gāotóujiǎngzhāng 名組 경서강해서(經書講解書).

【高徒】gāotú ⇒〔高足zú〕

【高纬度】gāowěidù 名〈天〉고위도.

【高位】gāowèi 名 ❶ 높은 지위. 고위. ❷ 몸의 윗부분.

[4]【高温】gāowēn 名 고온. ¶～反应 | 고온 반응. ¶～测定法 | 고온 측정법. ¶～计jì | 고온계. ¶～菌jùn | 고온균.

【高文典册】gāowén diǎncè 名 ❶ 書 고문 전책. 봉건조정의 귀중한 문서·법령. ❷ 諷 대단한 걸작. ¶我没读过～ | 나는 대단한 걸작을 읽어보지 못했다.

【高卧东山】gāo wò dōng shān 成 깊은 산림에 은거하여 세상에 나오지 않다.

【高屋建瓴】gāo wū jiàn líng 成 높은 지붕 위에서 병에 든 물을 쏟는다. ❶ 막을 수 없는 기세. ❷ 유리한 지대를 차지하다. ¶他的政论文～, 气势非凡 | 그의 정론문은 지붕에서 물을 쏟는 듯하여, 기세가 비범하다.

【高下】gāoxià 名 ❶ 고하. 위아래. 상하. ❷ 우열. ❸ 다소(多少). 많음과 적음.

【高小】gāoxiǎo 名 簡 고급 소학 [초등학교 6년 과정을 초급 4년과 고급 2년으로 나눔]

【高校】gāoxiào 名 簡 고교.

【高效率】gāoxiàolǜ 名 고능률.

【高薪】gāoxīn 名 높은 봉급〔임금〕. ¶他们以～聘pìn请外国教授 | 그들은 높은 봉급으로 외국 교수들을 초빙한다.

[1]【高兴】gāoxìng ❶ 動 좋아하다. 기뻐하다. 즐거워하다. 흐뭇해하다. ¶他们～得太早了 | 그들이 흐뭇해하기에는 너무나 이르다. ¶他听这话很不～ | 그는 이 얘기를 듣고 매우 좋아하지 않았다. ❷ 動 …하기를 좋아하다. ¶我～看电影diànyǐng, 不去看戏了 | 나는 영화를 즐겨보기에 연극은 보러 가지 않는다. ❸ 形 기쁘다. 유쾌하다. 즐겁다. ¶听到这消息xiāoxī心里很～ | 이 소식을 듣고 대단히 기뻤다.

【高悬明鉴】gāo xuán míng jiàn 成 높이 달아맨 거울. 높은 안목〔식견〕. 명감(明鑒).

[4]【高血压】gāoxuèyā 名〈醫〉고혈압.

[3]【高压】gāoyā 名 ❶〈物〉높은 압력. ❷〈電氣〉높은 전압. ❸〈氣〉고기압. ¶～带dài | 고기압대. ❹ 고혈압. ❺ 고압. 강압. 박해. 억압. ¶～政策zhèngcè | 강압 정책.

【高压电】gāoyādiàn 名〈電氣〉고압 전기.

【高压锅】gāoyāguō 名 압력솥＝〔压力锅〕

【高压线】gāoyāxiàn 名〈電氣〉고압선.

【高雅】gāoyǎ 形 고아하다. 고상하고 우아하다. ¶格调gédiào～ | 격조 있고 우아하다. ¶神态举止, ～文静 | 표정과 태도 행동거지가, 고아하고 침착하다.

【高眼】gāoyǎn 名 높은 식견. ¶～识shí人 | 높은 식견으로 사람을 알아보다. 식견이 높아 사람을 잘 알아보다.

【高扬】gāoyáng 動 ❶ 고양하다. 드높이다. ❷ 드높다. 높이 달리다.

【高音】gāoyīn 名〈音〉고음. ¶女～ | 소프라노. ¶男～ | 테너.

【高于】gāoyú 形 …보다 높다. …보다 귀중하다. ¶物价～去年 | 물가가 작년보다 높다.

[2]【高原】gāoyuán 名 고원.

【高云】gāoyún 名〈氣〉고층운(高層雲).

【高燥】gāozào 形 땅이 높고 메마르다.

【高瞻远瞩】gāo zhān yuǎn zhǔ 成 멀리앞(일)을 내다 보다. 식견이 높다. 선견 지명이 있다＝〔高瞻远望wàng〕

[4]【高涨】gāozhǎng 動 (물가·수치 등이) 뛰어오르다. 급증하다. 고조(高潮)하다. ¶热情rèqíng～ | 열정이 고조되다.

【高招(儿)】gāozhāo(r) 名 최상의 방법〔수단〕. 상책(上策). ¶我教给你一个～ | 내가 너에게 상책을 일러 주겠다 ¶您有什么～? | 당신은 어떤 좋은 방법이 있습니까?＝〔高着zhāo(儿)〕

【高枕】gāozhěn 書 動 베개를 높이 하고 걱정없이 잘 자다＝〔高枕而卧〕

【高枕无忧】gāo zhěn wú yōu 成 ❶ 베개를 높이 하고 걱정없이 잘 자다. ❷ 마음이 편안하고 근심 걱정이 없다. ¶绝不能认为胜利shènglì了就可以～ | 승리하고 나면 근심 걱정이 없으리라고 절대로 생각해서는 안 된다. ❸ 지나치게 낙관하다.

【高知】gāozhī 名 簡 고급지식분자(高級知識分子)의 약칭.

[3]【高中】ⓐ gāozhōng 名 簡 고급 중학교(高級中學).

ⓑ gāozhòng 書 動 좋은 성적으로 합격하다＝〔高第dì〕〔高登dēng〕

【高姿态】gāozītài 名 ❶ 고자세(高姿勢) ¶对方故意摆出bǎichū～ | 상대방이 고의로 고자세를 드러내다. ❷ 관대한 태도.

【高足】gāozú 名敬 남의 제자를 높여 부르는 말 ¶您是孔子的～吧? | 당신은 공자의 제자이십니까? =〔高徒tú〕
【高祖】gāozǔ 名 ❶ 고조부 =〔高祖王父〕 ❷ 선조(先祖). 조상. ❸ 고조. 역대 왕조(王朝)의 시조. ¶汉～ | 한고조.
【高祖母】gāozǔmǔ 名 고조모 =〔高祖王母〕
【高作揖, 矮请安】gāo zuòyī, ǎi qǐng'ān 俗 굽실굽실 머리를 숙이다.

3【膏】gāo gào 기름 고, 고약 고, 살진고기 고
Ⓐ gāo ❶ (～儿, ～子) 名 약·엑스 등을 개어서 굳힌 것. ¶牙yá～ | 치약. ¶软ruǎn～ | 연고. ¶药～ | 고약→〔膏药〕 ❷ 書名 지방(脂肪). 기름. ¶春雨如～ | 봄비가 기름처럼 귀하다. ¶～火↓ ❸ 書名 기름진〔살진〕 고기. ¶～粱liáng↓ ❹ 書形 비옥(肥沃)하다. 기름지다. ¶～肥之地 | 비옥한 땅.
Ⓑ gào 動 ❶ 기름을 (차축이나 기계 등에) 바르다〔치다〕. ¶车轴chēzhóu涩了, 该～油啦 | 차축이 매끄럽지 않아, 기름을 쳐야겠다 =〔膏油yóu〕 ❷ 붓을 먹에 적셔 벼루 가에서 붓끝을 다듬다. 가지런히 하다.
Ⓐ gāo
【膏肓】gāohuāng 名 ❶ 〈漢醫〉 고황 [심장과 격막 사이의 부분으로 침(針)이나 약으로 고치지 못하는 곳] ¶病入～ | 병이 고황에 들다. 병이 고치기 어렵게 되었다. ❷ 轉 전부터 내려오는 고치기 어려운 오류.
【膏火】gāohuǒ 書名 ❶ 기름 불. 등화(燈火). ❷ 喩 학비.
【膏剂】gāojì 名 〈漢醫〉 찐득찐득한 상태로 된 내복약.
【膏粱】gāoliáng 名 ❶ 기름진 고기와 차진 곡식. ❷ 轉 맛 좋은 음식. 미식(美食). ❸ 轉 부귀(富貴). ¶～人家 | 부자집. ¶～之性 | 사치스런 기질. ¶～子弟 | 부자집 자제.
【膏血】gāoxuè 書名 고혈. 피땀. ¶压榨yāzhà～ | 피땀을 짜내다.
【膏药】gāo·yao 名 〈藥〉 고약. ¶～油子 | 고약에 발라져 있는 약기름. 붙인 고약을 떼어낸 후에 남아 있는 약기름. ¶贴tiē～ | 고약을 붙이다 =〔膏子药〕〔药膏(子)〕
【膏腴】gāoyú 書名 기름짐. 비옥함.
【膏子】gāo·zi 名 ⓒ ❶ (무른) 고약. 연고. ❷ 찐득찐득한 상태의 내복약.

【篙】gāo 상앗대 고
⇒〔篙头tóu〕〔篙子〕
【篙头】gāo·tou ⇒〔篙子①〕
【篙子】gāo·zi 名 方 ❶ 상앗대. 삿대 =〔篙头tóu〕 ❷ 빨래 말리는 장대.

【皋〈皐〉】gāo 높을 고, 언덕 고
書 ❶ 물가의 둔덕. ¶江～ | 강 언덕. ❷ ⇒〔皋月〕 ❸ ⇒〔皋芦〕 ❹ (Gāo) 名 성(姓).
【皋芦】gāolú 名 〈植〉 당차(唐茶). 쓴 차 =〔过罗luó②〕
【皋月】gāoyuè 名 음력 5월의 다른 이름.

【槔〈槹〉】gāo 두레박 고
⇒〔桔jié槔〕

【羔】gāo 새끼양 고
(～儿, ～子) 名 ❶ (동물의) 새끼. ¶鹿lù～ | 새끼 사슴. ❷ 새끼 양. ¶～皮袄piǎo | 새끼 양 모피(毛皮)로 안을 댄 저고리. ¶胎tāi～皮 | 아스트라칸(astrakhan) 모피.
【羔皮】gāopí 名 새끼 양·새끼 사슴 등의 모피.
【羔裘】gāoqiú 名 고구 [새끼 양의 가죽으로 만든 대부(大夫)의 예복]
【羔羊】gāoyáng 名 ❶ 새끼 양. ❷ 喩 천진·순결·연약한 사람. ¶赎罪shúzuì的～ | 속죄한 착한 사람.
【羔子】gāo·zi 名 ❶ 새끼 양. ❷ 어떤 동물의 새끼. ❸ 罵 새끼. 자식. ¶没良心的忘人～ | 양심도 없는 나쁜 새끼.

2【糕〈餻〉】gāo 떡 고
名 〈食〉 ❶ 쌀가루나 그 밖의 가루를 쪄서 만든 떡. ¶年～ | (중국식) 설 떡 →〔发fā糕〕〔盆pén(儿)糕〕〔碗wǎn(儿)糕〕 ❷ 카스텔라 등의 과자. ¶蛋dàn～ =〔鸡jī蛋糕〕 | 카스텔라. ❸ 과일을 설탕으로 졸여 젤리 모양의 엷은 각형으로 만든 과자. ¶山查～ | 산사자(山查子) 열매로 위와 같이 만든 것.
【糕点】gāodiǎn 名 케이크·과자·빵 등의 총칭. ¶～店 | 과자점 =〔糕饼〕
【糕干】gāo·gan 名 〈食〉 쌀가루와 설탕 등으로 만든 과자의 일종.
【糕团】gāotuán 名 〈食〉 떡·찹쌀·갈분(葛粉)·메밀 등을 원료로 하여 만든 과자의 일종.
【糕甑】gāozèng 名 시루.

【睾】gāo 불알 고
⇒〔睾固酮gùtóng〕〔睾丸wán〕
【睾固酮】gāogùtóng ⇒〔睾丸激素〕
【睾丸】gāowán 名 〈生理〉 불알. 고환.
【睾丸激素】gāowánjīsù 名 〈醫〉 고환 호르몬 =〔睾丸素(酮)〕〔睾固酮〕

gǎo ㄍㄠˇ

【杲】gǎo 밝을 고/호
書 ❶ 形 밝다. ¶～～↓ ❷ (Gǎo) 名 성(姓).
【杲杲】gǎogǎo 書形 밝다. 환하다. ¶秋阳～ | 가을 햇빛이 유난히 밝다.

1【搞】gǎo 할 고
動 어법 ⓐ 「搞」는 원래 서북(西北) 방언에 보이던 것인데 보통화(普通話) 속에 들어와 널리 쓰이게 됨. ⓑ 「搞」는 여러가지 동사를 대신해 쓸 수있으며, 목적어에 따라 그 뜻이 달라짐. ❶ …을 하다 ¶这个工作不好～ | 이 일은 하기가 쉽지 않다. ¶～事 | 일을 하다 =〔做zuò〕〔弄nòng〕〔干gàn〕〔办bàn〕 ❷ 마련하다. 만들다. 획득하다. 어법 「數＋量＋名」형식의 목적어가 옴. ¶～几张票 | 표 몇 장을 마련하다. ¶～一点儿东西吃 | 뭔가를 마련하여 먹다. ❸ 어떤 관계를 맺다. ¶～关系g-

uānxì | 관계를 맺다. ❹종사하다. 전공하다. ¶～科学工作 | 과학 연구에 종사하다. ❺헐뜯다. ¶不要背后～人 | 뒤에서 남을 헐뜯지 말아라. ❻설치하다. 운영하다. ¶～托儿所 | 탁아소를 운영하다. ❼꾸미다. ¶～阴谋yīnmóu | 음모를 꾸미다.

【搞臭】gǎochòu 動 (기세를) 납작하게 만들다. 여지없이〔철저하게〕꺾어 놓다. 사회적으로 매장해버리다. ¶妄图wàngtú把对手duìshǒu～ | 상대방을 사회적으로 매장하려고 망상하다.

【搞错】gǎocuò 動 잘못하다. 실수하다. ¶你又～了 | 너는 또 실수했다.

【搞掉】gǎodiào 動 해치우다. 죽여버리다. 실각시키다. 매장하다. ¶我们并不想把他～ | 우리는 그를 죽여버리려고 하지는 않는다.

【搞法】gǎofǎ 名 (일을 처리하거나 일을 하는) 방법. 방식. ¶这种～不对头啊! | 이런 방식은 틀린거야!

4【搞鬼】gǎo/guǐ 動 꿍꿍이를 꾸미다. 꿍꿍이 수작을 부리다. 음모를 꾸미다.

【搞好】gǎohǎo 動 (일을) 잘 해내다. 더할 나위없이 잘하다. ¶～关系guānxì | 관계를 잘 처리하다.

【搞坏】gǎohuài 動 못쓰게 만들다. ¶不要把机器jīqì～ | 기계를 못쓰게 만들지 마라.

4【搞活】gǎohuó 動 (어떤) 조치를 취하여 활력을 불어넣다. ¶～企业 | 기업에 활력을 불어넣다.

【搞垮】gǎokuǎ 動 깨뜨리다. 망치다. 그르치게 하다. 못쓰게 만들다. ¶可别把身体shēntǐ～ | 너무 몸을 무리하지 마십시오.

【搞通】gǎotōng 動 납득하다. 이해하다. 정통하다. 숙지하다. ¶～思想sīxiǎng | ⓐ 사상을 공고히 하다. ⓑ 올바른 사고에 도달하게 하다. ⓒ 사상을 자신의 것으로 하다. ⓓ 건전한 사고를 하게 하다.

【搞头】gǎo·tou 名 (어떤 일을) 해볼만한 의의·가치.

【缟(縞)】gǎo 흰깁 호
名 ❶흰 생견. (생사로 짠) 흰 견직. ¶～衣yī | 흰 옷. 소복. ❷얼룩 줄무늬. ¶～蛇shé =〔菜花càihuā蛇〕| 〈動〉산무애뱀.

【缟素】gǎosù 名 소복(素服). 흰빛의 상복.

【槁〈槀〉】gǎo 마를 고
書 形 시들다. 말라 죽다. ¶～木死灰↓

【槁木死灰】gǎo mù sǐ huī 成 말라 죽은 나무와 불기 없는 재. 생기가 전혀 없다. 극도로 의기소침하다.

3【稿〈稾〉】gǎo 짚 고, 초 고
❶(～儿, ～子) 名 (시·문장·그림·도면 등의) 원고. 초고(草稿). 원본. ¶打～ | 초고를 쓰다. ¶画～ | 그림 초고. ❷(～儿, ～子) 名 轉 (마음 속에 생각해 둔) 계획. 구상. 복안. ¶还没有准～子 | 아직 정해진 뚜렷한 계획이 없다. ❸名 공문(公文)의 초고. ¶拟nǐ～ | 공문 초고를 만들다. ¶核hé～ | 공문 초고를 심의하다. ❹動 상의하다. 교섭하다. 흥정하다. ¶～价儿 | 값을 흥정하다. ¶你去和地～一～吧 | 당신이 가서 그와 교섭해 보시오. ❺動 내기하다. ❻書 名 짚. ¶～荐↓

【稿本】gǎoběn 名 ❶(저서의) 초고. ❷(그림 그리는) 그림본. 원본.

【稿酬】gǎochóu 名 원고료. ¶这本书我得了几百万圆～ | 이 책은 내가 몇백만원의 원고료를 받았다 =〔稿费fèi〕

【稿费】gǎofèi ⇒〔稿酬chóu〕

4【稿件】gǎojiàn 名 (정리된) 원고. 작품.

【稿荐】gǎojiàn 名 (볏짚으로 만든) 돗자리.

【稿源】gǎoyuán 名 원고를 쓰기 위한 자료. ¶～不足 | 자료가 부족하다.

【稿约】gǎoyuē 名 원고 모집 요강.

4【稿(兒)紙】gǎo(r) zhǐ 名 원고 용지. ¶我用六百格的～ | 나는 육백자 원고지를 쓴다.

4【稿子】gǎo·zi ⇒〔稿①②〕

【镐(鎬)】gǎo Hào 쟁가비 호, 호경호
Ⓐ gǎo 名 곡괭이. ¶一把～ | 곡괭이 한자루. ¶～车↓ =〔镐头tóu〕
Ⓑ Hào 名 〈地〉주(周)나라 초기의 도읍 [지금의 섬서성(陝西省) 서안시(西安市)의 서남에 위치]

【镐车】gǎochē 名 권양기(捲揚機) =〔卷juǎn扬机〕

【镐头】gǎo·tou 名 (곡)괭이 =〔鸦yā嘴锄〕

【藁】gǎo 서궁 고
名 〈植〉서궁(西芎) [다년생 초본식물로 한약재로 쓰임]

gào ㄍㄠˋ

1【告】gào gù 고할 고, 알릴 고
Ⓐ gào 動 ❶알리다. 통지하다. ¶把这件事, ～大家 | 이 일을 여러 사람에게 알려라. ❷고발하다. 신고하다. ¶到法院去～他 | 법원에 가서 그를 고발하다. ¶原～ | 원고. ❸신청하다. 청하다. ¶～了三天假 | 사흘동안 휴가를 받다. ❹표명하다. 설명하다. ¶自～奋勇 | 자진해서 맡아 나서다. ❺(어떤 상황의 실현을) 명백히 하다. ¶事已～成 | 일이 이미 완성되다. ¶～一段落 | 일단락을 짓다.
Ⓑ gù ⇒〔告朔〕

Ⓐ gào

【告白】gàobái 名 ❶광고. ¶～帖tiē | 광고 종이. ❷게시. 공시.

【告便(儿)】gào/biàn(r) 動 ❶套 (잠시 동안 자리를 뜨면서) 잠깐 실례하겠습니다. ¶我告个便儿再来! | 제가 잠깐 실례를 하겠습니다! ❷변소〔화장실〕에 가다. ¶我告个便就来 | 저는 화장실에 갔다 오겠습니다.

2【告别】gào/bié 動 ❶헤어지다. 작별 인사를 하다. ¶她～了父母 | 그녀는 부모님과 헤어졌다. ❷죽은 자와 최후의 결별(訣別)을 하면서 애도를 표시하다 =〔告辞cí②〕

【告病】gàobìng 動 병으로 인해 휴직(休職) 하다. ¶他～还乡huánxiāng | 그가 병으로 인해 휴직하고 귀향하다.

【告成】gàochéng 動 완성을 알리다. 준공하다. 낙성하다 =〔書 告竣jùn〕

【告吹】gàochuī 動 口 허사가 되다. 잘못되다. ¶这件事亦已可能～ | 이 일 또한 아마도 허사가 될 것 같다.

[3]【告辞】gào/cí ❶ 動 작별을 고하다. 헤어지다. ¶我怕耽误dānwù他的时间, 谈了一会儿就～走了 | 나는 그의 시간을 뺏을까봐, 잠깐 얘기하고는 곧바로 헤어졌다. ❷ ⇒〔告别bié②〕

【告贷】gàodài 動 돈을 꾸어 달라고 말하다. ¶～无门 | 돈을 빌 데가 없다 =〔告借jiè〕

【告倒】gàodǎo 動〈法〉패소하다. 소송에 지다. ¶这次一定要～这个恶棍ègùn | 이번에는 반드시 이 악질분자를 패소시킬 것이다.

【告发】gàofā 動〈法〉고발하다. ¶～罪犯zuìfàn | 범인를 고발하다.

【告急】gào/jí 動 (군사·재해 등의) 위급함을 알려 구원을 청하다. ¶边疆biānjiāng～ | 변경에서 위급을 알려 도움을 청하다. ¶～电 | 급전.

【告假】gào/jià 動 휴가를 얻다. 휴가를 신청하다. ¶告了五天假 | 5일 동안의 휴가를 얻다. ¶告病bìng假 | 병으로 휴가를 얻다. ¶告谎huǎng假 | 거짓말을 하여 휴가를 얻다. ¶告长cháng假 | 장기 휴가를 얻다. 사직하다 =〔请qǐng假〕

【告捷】gào/jié 動 ❶ (전투·시합 등에서) 이기다. 승리하다. ¶首战～ | 첫전투에서 승리하다. ❷ 승리를 알리다.

[4]【告诫】gàojiè 動 훈계하다. 경고를 주다 =〔書 诰gào诫〕

【告警】gàojǐng 動 ❶ 위급한 상황을 알리고 경계를 강화하거나 원조해 줄 것을 요청하다. ❷ 경찰에 알리다→〔报bào警〕

【告绝】gàojué 動 근절되었음을 선고하다. 종식하다.

【告竣】gàojùn ⇒〔告成chéng〕

【告劳】gàoláo 動 다른 사람에게 자신의 노고를 알리다.

【告老】gào/lǎo 動 노령으로 퇴직하다〔사직하다〕. ¶～还huán乡 | 노령으로 퇴직하고 고향으로 돌아가다 =〔请老〕

【告密】gào/mì 動 밀고하다. 고해바치다. ¶～箱xiāng | 투서함. 밀고함. ¶～信xìn | 투서. ¶向领导lǐngdǎo～ | 영도자에게 밀고하다.

【告罄】gàoqìng 書 動 (사물이) 다 없어지다. 다 팔리다. 다 하다. ¶软件已快要～, 快去买一些来 | 소프트웨어가 이미 다 팔려가니, 빨리 가서 사와라.

【告饶】gào/ráo 動 용서를 빌다. 사죄하다. ¶你早～, 爸爸也就不打你了 | 네가 일찍 사죄했으면, 아버지께서도 너를 때리지는 않았을 것이다 =〔求qiú饶〕

【告示】gào·shi 名 ❶ 포고(布告). 게시(揭示). ¶还没有～ | 아직 포고가 없다. ❷ 옛날의 표어.

【告送】gào·song 動 方 알리다. 말하다. 통지하다 =〔告诵sòng〕〔告诉sù ⓐ〕

[1]【告诉】ⓐ gàosù 名 動〈法〉고소(하다). ⓑ gào·su 動 알리다. 말하다.

【告退】gàotuì ❶ 動 (모임에서) 먼저 가겠다고 하다. ¶他坐了一会儿就～了 | 그는 잠시 앉았다가는 먼저 가겠다고 했다. ❷ ⇒〔告休xiū〕

【告慰】gàowèi 動 ❶ 위로하다. 안위하다. ❷ 위로를 받다.

【告休】gàoxiū 動 사직(辭職)을 청원하다. 사직하다 =〔書 告退②〕

【告语】gàoyǔ 書 動 알리다. 알려주다. ¶互相hùxiāng～ | 서로 알려주다. ¶无可～ | 말할 것이 없다.

【告知】gàozhī 書 動 ❶ 알리다. 알려주다. 통지하다. ¶他～我这件事的 | 그가 나에게 이 일을 알려주다. ❷〈法〉고지하다.

【告终】gàozhōng 動 끝을 알리다. 끝나다.

【告终养】gàozhōngyǎng 名 늙은 부모를 모시기 위하여 벼슬을 사직하는 것.

[4]【告状】gào/zhuàng 動 口 ❶〈法〉고소하다. 기소(起訴)하다. ¶到衙yá门去～ | 관아에 가서 고소하다. ¶告他一状 | 그를 기소하다. ❷ 일러바치다. 고자질하다.

【告罪】gào/zuì 動 ❶ 謙 실례의 말씀을 드리다. ¶我先告个罪说… | 제가 먼저 실례의 말씀을 드리자면…. ❷ 書 죄를 선고하다.

Ⓑ gù

【告朔】gùshuò 動 천자(天子)가 매년 가을과 겨울 사이에 다음 해의 역서(曆書)를 제후에게 반포하다. ¶天子～于诸侯 | 천자가 역서를 제후에게 반포하다.

【诰(誥)】 gào 고할 고, 가르칠 고

書 ❶ 動 (위에서 아래에) 알리다. ❷ 名 고. 왕의 명령 또는 포고문. ❸ 名〈文〉고 [훈계·면려하는 내용으로 된 문체의 일종]

【诰封】gàofēng 名 옛날, 5품 이상 문무관의 가족에게 토지나 작위를 주는 것.

【诰命】gàomìng 名 ❶ 임금이 신하에게 내리는 명령. ❷ 近 봉건시대에 봉호(封號)를 받은 부녀(婦女). ❸ 5품관 이상의 관리에게 토지나 작위를 내리는 사령.

【郜】 Gào 나라이름 고

名 ❶〈史〉나라이름 [주(周)의 문왕(文王) 아들이 봉해졌던 나라. 지금의 산동성(山東省) 무현(武縣)에 있었음] ❷ 성(姓).

【锆(鋯)】 gào (지르코늄 고)

名〈化〉화학 원소 명. 지르코늄 (Zr ; zirkonium)

【锆石】gàoshí 名〈鑛〉지르콘(zircon).

【膏】 gào ☞ 膏 gāo Ⓑ

gē ㄍㄜ

【戈】 gē 창 과

❶ 名 창. 轉 무기. 전쟁. ¶干～ | 방패

와 창. ¶干～四起 | 전쟁이 여기저기서 일어나다→〔矛máo〕 ❷음역어에 쓰임. ¶～瑞ruì↓ ¶～比bǐ↓ ¶～壁bì↓ ❸(Gē) 名 성(姓).

【戈巴契夫】Gēbǎqìfú ⇒〔戈尔巴乔夫〕

【戈比】gēbǐ 名 外〈錢〉코페이카 [소련의 화폐 단위]

【戈壁】gēbì 名 外 ❶사막 [몽골어의 음역임] ¶茫茫～ | 망망한 사막. ❷(Gēbì) 고비 사막.

【戈尔巴乔夫】Gē'ěr bā qiáofú 名 外〈人〉고르바초프(Mikhail S. Gorbachov, 1931～) [소련의 정치가, 대통령] =〔戈巴契qì夫〕

【戈瑞】gēruì 量 外〈物〉그레이(Gy)

【仡】gē yì 날랠 흘, 클 흘

Ⓐ gē ⇒〔仡佬族〕

Ⓑ yì ⇒〔仡仡〕

【仡佬族】Gēlǎozú 名〈民〉홀로족 [중국 소수민족의 하나. 귀주(貴州)에 분포]

【仡仡】yìyì 書 貶 ❶용감하다. ❷높고 크다.

【圪】gē 흙더미우뚝할 흘
⇒〔圪擦cā〕〔圪节jié〕〔圪蹴jiu〕

【圪擦】gēcā 動 方 얻어 맞다.

【圪塔】gē·da ❶⇒〔疙gē瘩〕 ❷名 조그마한 언덕. 둔덕 ‖ =〔圪塔dà〕

【圪节】gē·jie 名 ❶(벼·보리·수수·대나무 등의 줄기의) 마디. ❷마디와 마디 사이. ❸길고 가는 것의 한 토막.

【圪蹴】gē·jiu 動 方 웅크리고 앉다. 쪼그리고 앉다. ¶他～在门前石凳上听广播guǎngbō | 그가 문 앞 돌의자에 쪼그리고 앉아 방송을 듣고 있다.

【圪针】gē·zhen 名 方 식물의 가시. ¶枣zǎo～ | 대추나무의 가시.

【屹】gē ☞ 屹 yì Ⓑ

【纥(紇)】gē hé 실끝 흘, 묶을 흘

Ⓐ gē ⇒〔纥瘩·da(儿)〕〔纥里纥瘩〕

Ⓑ hé ⇒〔回Huí纥〕

【纥瘩(儿)】gē·da(r) ❶名 매듭. ¶线xiàn～ | 실매듭 =〔疙gē瘩〕 ❷形 (말이) 유창하지 못하다.

【纥里纥瘩】gē·li gē·da 많이 얽히다〔엉키다〕. ¶这么～的要解开可能得费点工夫儿呢 | 이렇게 많이 엉켜 있는 것을 푸는 데는 꽤 시간이 걸립니다.

【肐】gē 가슴뼈 억
「胳」와 같음 ⇒〔胳gē〕

4【疙】gē 쥐부스럼 흘, 어리석을 흘
⇒〔疙瘩dà〕〔疙痂jiā(儿)〕〔疙腻nì〕

4【疙瘩】gē·da ❶名 종기. 부스럼. ¶长了～ | 부스럼이 났다. ❷名 덩어리. 덩이. 매듭. ¶面miàn～ | 수제비. ¶在绳上打了个～ | 끈에 매듭을 지었다. ❸名 쉽게 해결되지 않는 문제. 응어리. ¶心上的～早去掉了 | 마음속의 응어리가 일찌기 없어졌다. ❹量 方 덩어리. 덩이. ¶一～石头shítou | 돌 한 덩이. ¶一～糕gāo | 떡 한 덩이. ❺形 方 비뚤어지다. ¶她脾气píqì相当～ | 그녀는 성격이 상당히 비뚤어져 있다. ❻名 군중. 무리. ¶人～一哄而散 | 군중들이 와 하고 흩어졌다. ❼名 곳. ¶这～ | 이곳 ‖ =〔疙疸dǎn〕〔咯哒〕〔咯嗒〕〔屹瘩①〕〔纥縫〕

【疙疙瘩瘩】gē·gedādā 貶 ❶거칠다. 꺼끌꺼끌하다. 울퉁불퉁하다. ¶满路上都有石头子儿, ～的, 差点跌倒diēdǎo | 온통 길에 자갈투성이라, 울퉁불퉁하여 하마터면 넘어질 뻔 하였다. ¶～的手 | 울퉁불퉁 거친 손. ❷까다롭다. ¶这事情～的, 办得不顺手 | 이 일은 까다로와서 처리하기가 순조롭지 않다 ‖ =〔疙里疙瘩〕

【疙痂(儿)】gējiā(r) 名 부스럼 딱지. ¶揭jiē～ | 부스럼 딱지를 벗기다 =〔嘎gā渣(儿)〕

【疙腻】gēnì 動 方 신물이 나다. 혐오스럽다. 질리다.

【咯】gē ☞ 咯 kǎ Ⓑ

2【胳】gē gé gā 겨드랑이 각
Ⓐ gē ❶⇒〔胳臂〕〔胳膊〕 ❷뼈(骨)→〔骨骼〕 ‖ =〔肐gē〕〔骼gē〕

Ⓑ gé ⇒〔胳肢〕

Ⓒ gā ⇒〔胳肢窝〕

Ⓐ gē

【胳臂】gē·bei ⇒〔胳膊bó〕

2【胳膊】gē·bo 名 팔. ¶大～ | 상박. 상완. ¶小～ | 하박. 하완. ¶～扭不过大腿 =〔胳膊拧不过大腿〕〔小腿扭不过大腿去〕 | 팔은 넓적다리를 분지를 수 없다. 약자는 강자를 이길 수 없다. ¶～折了在袖儿里 | 팔은 부러져도 소매 안에 있다. 외부 사람에게는 집안의 고통을 알리지 않는 법이다 =〔胳臂bèi〕

【胳膊腕子】gē·bo wàn·zi 名組 팔목 =〔胳膊腕儿〕

【胳膊肘子】gē·bo zhǒu·zi 名 口 팔꿈치. ¶～总是往里弯的 | 팔꿈치는 반드시 안으로 굽어지는 것이다 =〔胳膊肘儿〕〔肘zhǒu子①〕〔肘儿〕

Ⓑ gé

【胳肢】gé·zhi 動 方 간지럽히다. 간질이다 =〔夹gā肢〕

Ⓒ gā

【胳肢窝】gā·zhiwō ⇒〔夹gā肢窝〕

【格】gē ☞ 格 gé Ⓑ

【袼】gē 소매 각
⇒〔袼褙〕

【袼褙】gē·bei 名 헝겊 조각이나 넝마 조각을 붙여서 만든 두꺼운 조각. 주로 천으로 된 신발을 만드는 데 쓰임.

【骼】gē (㊀gé) 마른뼈 격
❶⇒〔胳膊〕 ❷뼈. 골격→〔骨骼〕 ‖ =〔肐gē〕〔胳gē〕

【骼膊】gē·bo ⇒〔胳gē膊〕

1【哥】gē 형 가
❶名 형. 오빠. ¶大～ | 맏형. ¶二～ | 둘째 형. ❷친척 중에 같은 항렬에서 나이가 많은 남자. ¶表～ | 사촌형. ❸같은 또래의 남자에 대한 경애의 호칭. ¶李～ | 이형. ❹복

성(複姓) 중의 한 자(字). ¶～舒↓
【哥本哈根】Gēběnhāgēn 名外〈地〉코펜하겐(Copenhagen) [「丹麦」(덴마크;Denmark)의 수도]＝〔歌gē本哈根〕
【哥弟】gēdì 名 형과 아우. ¶～称呼｜(매우 친한 사이로) 호형호제하다.
[1]【哥哥】gē·ge 名 ❶ 형. 오빠. ❷ 친척 중의 동년배로서 자기보다 나이가 많은 남자. ¶叔伯～｜사촌형. ¶远房～｜먼 친척 형. ❸ 俗 사랑하는 그대 [여자가 자기의 애인이나 남편을 부르는 애칭(愛稱)]
【哥老会】Gēlǎohuì 名 가로회. 청(清) 건륭연간에 만들어진 비밀 결사＝〔哥弟会〕
【哥伦比亚】Gēlúnbǐyà 名外 콜롬비아(Cōlumbia) [남미 서북부에 위치한 나라. 수도는 「波哥大」(보고타;Bogota)]＝〔歌gē伦比亚〕〔可kě伦比亚〕
【哥们儿】gē·menr ⇒〔哥儿们①〕
【哥儿】gēr 名 ❶ 형제. ¶你们～几个?｜너희들 형제는 몇 명이니? ❷ 도련님. ¶～上学去了｜도련님은 학교에 갔습니다. ¶～一个｜외아들. ❸ 사이좋은 친구. 단짝.
【哥儿们】gēr·men 名 口 ❶ 형제들＝〔哥们儿〕 ❷ 친구 사이에 친밀감을 내포한 호칭.
【哥萨克】Gēsàkè 名外〈民〉코작(Cossack)족＝〔可萨克〕〔哈hā萨克族〕
【哥斯达黎加】Gēsīdálíjiā 名外〈地〉코스타리카(Costa Rica) [중미에 위치한 나라. 수도는 「圣约瑟(산호세;San José)]¶～共和国｜코스타리카 공화국＝〔歌gē斯达黎加〕
【哥舒】Gēshū 名 복성(复姓).
【哥特式】gētèshì 名外〈建〉고딕 양식. ¶～建筑格调典雅｜고딕 양식의 건축은 격조있고 전아하다＝〔哥得dé式〕

1【歌〈謌〉】gē 노래 가
❶ (～儿) 名 노래. 가곡. ¶民～｜민요. ¶山～｜민간 가곡. ¶唱一首～儿｜노래 한 곡을 부르다. ❷ 書 動 노래하다. ¶高～一曲｜큰 소리로 한 곡 노래하다＝〔唱〕
【歌本】gēběn 名 노래집. 노래책. ¶在练歌房liàngēfáng唱歌不用～｜노래방에서 노래하면서 노래책을 사용하지 않는다＝〔歌单〕
[3]【歌唱】gēchàng 動 ❶ 노래부르다[하다]. ¶～家｜가수. ¶尽情～｜마음껏 노래하다. ❷ (노래·낭송 등의 형식으로) 찬양하다.
【歌词】gēcí 名 가사. ¶填tián了新的～｜새 가사를 써 넣다.
【歌调】gēdiào 名 노래의 곡조.
【歌功颂德】gē gōng sòng dé 成 贬 (위정자의) 공적과 은덕을 찬양하다＝〔歌功诵sòng德〕
【歌喉】gēhóu 名 (노래하는 사람의) 목청. 목소리. 노래 소리. ¶以热情的～歌唱祖国｜열정적인 목소리로 조국을 노래하다.
【歌妓】gējì 名 가기. 가희. ¶日本的～很有性感｜일본의 가기는 매우 섹시하다＝〔歌橄gǎn〕〔歌女①〕
[3]【歌剧】gējù 名 가극. 오페라. ¶小～｜오페레타(operetta). ¶轻松qīngsōng～｜레뷰(revue). ¶音乐～｜뮤지컬.
【歌诀】gējué 名 (기억하기 쉽도록) 요점만을 간추려서 노래 형식으로 만든 운문 또는 정제된 글귀 [보통 한 구(句)에 3자·5자·7자 등 여러 종류가 있음] ¶汤头～｜〈書〉탕두 가결. 청대(清代) 의학 서적 [탕약의 처방과 약명을 모아 「歌诀」형식으로 편집한 중국 의학 입문서]
【歌迷】gēmí 名 노래를 (부르거나 듣기를) 좋아하는 사람. 노래광. ¶他是一个～｜그는 노래광이다.
【歌女】gēnǚ ❶ ⇒〔歌妓jì〕 ❷ 名 「蚯qiū蚓」(지렁이)의 다른 이름.
【歌谱】gēpǔ 名 ❶ 악보. ❷ 조그만 노래책.
[3]【歌曲】gēqǔ 名 ❶ 노래. 가곡. ❷ 노래의 가락. 선율. 멜로디.
【歌声】gēshēng 名 노래 소리. ¶欢乐huānlè的～｜즐거운 노래 소리.
[4]【歌手】gēshǒu 名 ❶ 가수. ❷ 노래를 잘 부르는 사람.
[3]【歌颂】gēsòng 動 찬양하다. 찬미하다. 칭송하다. 구가(謳歌)하다＝〔歌赞zàn〕
【歌坛】gētán 名 가요계. 성악계. ¶～新秀｜가요계의 신인스타.
【歌舞】gēwǔ ❶ 名 가무. 노래와 춤. ❷ 動 노래하고 춤추다. ❸ 書 動 (노래와 춤으로) 찬양하다. 찬미하다. ❹ 書 動 환락을 일삼다.
【歌舞剧】gēwǔjù 名 가무극.
【歌舞升平】gē wǔ shēng píng 成 贬 노래와 춤으로 태평성대를 구가하다.
[4]【歌星】gēxīng 名 유명 가수. ¶她是一个名～｜그녀는 명가수이다＝〔红hóng歌星〕〔名míng歌星〕
【歌谣】gēyáo 名 (악기 반주가 없이) 부르는 노래 [민가·민요·동요 등] ¶他收集shōují了许多～｜그는 많은 민요를 수집했다.
【歌谣房】gēyáofáng 名 노래방. 가요방.
【歌吟】gēyín 動 노래하고 읊조리다.
[4]【歌咏】gēyǒng 動 ❶ 노래하다. ¶～比赛bǐsài｜노래 경연대회. ❷ 합창하다. ¶～队duì｜합창단 ‖＝〔歌咏yǒng〕
【歌仔戏】gēzǎixì 名 대만 전통극의 일종 [민요와 산가(山歌)가 발전하여 만들어진 것으로, 대만·복건(福建)·구룡강(九龍江) 등에서 유행]→〔芗xiāng剧〕

3【鴿(鴿)】gē 비둘기 합
(～子) 名〈鳥〉비둘기. ¶家jiā～｜집 비둘기. ¶野yě～＝〔原yuán鸽〕｜야생 비둘기→〔斑鸠bānjiū〕〔鸠〕
【鸽哨】gēshào 名 비둘기 꼬리에 매달아 놓은 호루라기의 일종 [비둘기가 날아오를 때 소리를 냄]
[3]【鸽子】gē·zi 名〈鳥〉비둘기.

2【割】gē 벨 할, 해로울 할
❶ 動 절단하다. 자르다. ¶我～破pò了手｜나는 손을 베었다. ¶～布, 缝衣裳yīshang｜천을 마르고, 옷을 짓다. ❷ 動 베다. ¶收

～小麦｜밀보리를 수확하다. ¶～草↓ ❸動나누다. 분할하다. ¶～而为四｜넷으로 분할하다《漢書·賈誼傳》 ¶交～｜분할해서 넘기다. ❹動고기를 사다 [필요한 분량만큼 고기를 베어서 사는 경우] ¶我要～两斤牛肉｜쇠고기 두 근을 주시오. ❺動떨어지다. 갈라서다. ¶俩人难～｜두 사람이 서로 헤어지기 어렵다.

【割爱】gē'ài 動아끼고 사랑하는 것을 버리다〔넘겨주다〕. 미련을 버리다. 단념〔포기〕하다＝〔割情qíng〕

【割草】gē cǎo 풀을 베다.

【割除】gēchú 動베어 버리다. 베어내다. 잘라 버리다. 잘라내다. 없애 버리다.

【割稻】gēdào 動벼를 베다.

【割地】gē/dì 動❶영토〔토지〕를 나누다. ¶～求和｜영토를 나누어 평화를 구하다. ¶～赔款péikuǎn｜영토를 할양하고 손해를 배상하다. ❷추수하다.

【割断】gēduàn 動자르다. 끊다. 절단하다. 단절시키다. ¶～关系guānxì｜관계를 단절하다.

【割鸡焉用牛刀】gē jī yān yòng niú dāo 成닭잡는 데 어찌 소 잡는 칼을 쓰랴. 작은 일을 처리하는 데 큰 힘을 들일 필요가 없다＝〔杀shā鸡焉用牛刀〕

【割胶】gē/jiāo 動(고무를 얻기 위하여) 고무나무에 칼금을 내다＝〔割浆jiāng〕

【割接法】gējiēfǎ 名〈農〉깎기접 [접붙이기의 일종]

【割据】gējù 動할거하다. ¶军阀jūnfá～｜군벌이 할거하다.

【割开】gēkāi 動❶(일반적으로) 새로로 쪼개다. 가르다. ❷(지면·돌 등에) 틈·균열을 내다.

【割礼】gēlǐ 名動〈宗〉할례(하다). ¶十六岁的男孩要行～｜십육세의 사내가 할례하려하다.

【割裂】gēliè 動(주로 추상적인 것을) 가르다. 분리하다. 나누다. 떼어놓다. ¶把教育jiàoyù和生活shēnghuó～开｜교육과 생활을 분리시키다.

【割蜜】gē/mì 動(벌집을 칼로 도려내어) 꿀을 따다 [재래식 양봉에서의 꿀 채취법]

【割破】gēpò 動자르다. 베어 상처를 내다. ¶我～了手｜손을 베었다.

【割切】gēqiē ⇒〔切割〕

【割青】gēqīng 動풀을 자르다〔베다〕.

【割去】gē·qu 動잘라내다. 베어내다. 절단하다. ¶～左足zuǒzú｜왼발을 절단하다.

【割让】gēràng 動(영토·토지를) 할양하다.

【割肉】gē ròu ❶고기를 베어내다. 살을 에다. ¶～似地…｜살을 에이는 듯…. ❷고기를 사다. ¶割一斤肉｜고기 한 근을 사다. ❸고기를 팔다. ¶给我割点肉吧!｜고기 좀 주세요!

【割舍】gēshě 動❶내버리다. 포기하다. 내놓다. 삭제하다. ¶难于～｜포기하기 어렵다. ¶版面有限, 总得有三篇要～｜지면에 제한이 있어서 어쨌든 세 편은 삭제해야만 한다. ❷헤어지다. ¶～不下｜차마 헤어질 수 없다.

【割首】gēshǒu 動목을 베다. 참수하다.

【割席】gēxí 書動(친구와) 절교하다＝〔割席分坐fēnzuò〕

【割线】gēxiàn 名〈數〉할선.

2【搁(擱)】gē gé 놓을 각

Ⓐgē ❶動놓다. 두다. ¶把箱子xiāngzi～在屋子里｜트렁크를 방 안에 두다. ¶～在心里｜마음속에 두다→〔放fàng〕〔撂liào〕 ❷動방치하다. 내버려 두다. ¶这件事～一～再办吧｜이 일은 좀 두었다 다시 합시다. ❸動(조미료 등을) 첨가하다. 넣다. ¶豆浆里～点儿糖｜콩국에 설탕을 조금 넣다.

Ⓑgé 動견디다. 참다. 감당하다. ¶小船～不了多少货｜작은 배는 짐을 많이 싣지 못한다. ¶他～不住生气｜그는 화를 참지 못한다.

Ⓐgē

【搁板】gēbǎn 名선반. ¶钉dīng～｜선반을 달다.

【搁笔】gēbǐ 動❶붓을 놓다〔멈추다〕. ¶夜已深了, 只得～｜밤이 이미 깊었으니, 붓을 놓아야 한다. ❷글 쓰는 일을 중단하다. ¶孔子修春秋, 到鲁哀公西狩获麟lín便～了｜공자는 춘추를 지을 때, 노나라 애공이 서쪽에서 기린을 사냥했다까지 쓰고서는 집필을 중단하였다.

【搁不下】gē ·bu xià 動組❶(아래에) 내려 놓을 수 없다. ¶这行利太重, 我～｜이 짐은 너무 무거워서, 내가 내려 놓을 수 없다. ❷(중도에서) 중지할 수 없다. 그만둘 수 없다. ¶他向来负责, 事情到他手里～｜그는 본래부터 책임을 질 줄 아는 사람이므로 일이 그에게서 중지되는 일은 없다. ❸받아 들일 수 없다. 용납할 수 없다 ‖ ⇔〔搁下〕

【搁不住】gē ·bu zhù 動組❶오래 놓아 둘 수 없다. ¶容易腐败fǔbài～多少日子｜쉽게 부패하기에 며칠씩이나 둘 수 없다. ¶这个人心里～事｜이 사람은 마음 속에 일을 담아두지 못한다. ❷수용할 수 없다. 넣을 수 없다. ¶～这么些人｜이렇게 많은 사람은 수용할 수 없다.

【搁浅】gē/qiǎn 動❶(배가) 좌초하다＝〔搁沙shā〕 ❷喩일이 (난관에 부딪혀) 진척되지 않다. 결렬되다. ¶会议huìyì又～了｜회의가 또 결렬됐다. ❸方(어음 등이) 부도나다. ¶～票｜부도 수표 ‖＝〔阁gé浅〕

【搁下】gē·xia 動❶(아래에) 내려 놓다. ¶把行李～吧!｜짐을 내려놓으시오! ❷(도중에서) 그만두다. ❸받아들이다. 수용하다 ‖ ⇔〔搁不下〕

【搁在】gē·zai 動❶…에 놓다. ¶～桌子zhuōzi上｜탁자 위에 놓다. ❷그 입장이〔경우가〕 되다. ¶要～别人就打起来了｜만일 다른 사람이었다면, 싸웠을 것이다.

【搁在一边】gē·zai yībiān 動組❶(물건을) 옆으로 치우다. ❷내버려두다. ¶这事儿你先～｜이 일은 너가 먼저 내버려둬.

【搁置】gēzhì 動놓다. 내버려 두다. 보류해 두다. 방임하다. ¶～不理｜내버려두고 상관하지 않다.

Ⓑgé

【搁不住】gé ·bu zhù 動組견디지 못하다. ¶这张纸～水｜이 종이는 물에 견디지 못한다＝

〔隔gé不住〕⇔〔搁得住〕

【搁得住】gé·de zhù 動組 견디어 내다. 어법 주로 반어(反語)·의문에 쓰임. ¶再结实的东西, ～你这么使用?｜아무리 튼튼한 물건이라도 네가 이렇게 사용하는데 견디어 낼 수 있겠니? ⇔〔搁不住〕

gé ㄍㄜˊ

2【革】gé jí 가죽 혁, 고칠 혁, 다급할 극

Ⓐ gé ❶ 動 고치다. 혁신하다. ¶改～教育jiàoyù｜교육을 개선하다. ¶～新者｜개혁가＝〔变biàn革〕 ❷ 動 제거하다. 파면하다. ¶～职↓ ¶被～｜파면되다. ❸ 名 무두질한 가죽. ¶皮～｜피혁. ¶～制品zhìpǐn｜피혁 제품. ❹ 名 팔음(八音)의 하나. ❺ (Gé) 名 성(姓).

Ⓑ jí 書 위급하다. 급하다. 긴급하다. ¶病～｜병세가 위독하다.

【革出】géchū 動 제명(除名)하다. 제적하다. ¶把他～学校｜그를 학교에서 제적시키다.

【革除】géchú 動 ❶ 없애다. 제거하다. ¶～陋习lòuxí｜나쁜 습관을 없애다＝〔铲chǎn除〕 ❷ 면직하다. 해고하다. 제명(除名)하다＝〔革黜chù〕〔革掉③〕〔开kāi除〕〔撤职chèzhí〕→〔革职〕

【革掉】gédiào ❶ 動 잘라내다. 제거하다. ❷ 動 (모두) 고치다. ❸ ⇒〔革除chú②〕

【革故鼎新】gé gù dǐng xīn 成 묵은 것을 버리고 새 것을 창조하다. 혁신하다. 개혁하다＝〔鼎新革故〕

【革履】gélǚ 名 가죽 구두. ¶他西装xīzhuāng～的, 很有绅shēn士风度｜그의 양복과 가죽 구두는 대단히 신사의 품격이 있다.

【革面洗心】gé miàn xǐ xīn 成 철저하게 회개(悔改)하여 새 사람이 되다＝〔洗心革面〕

2【革命】gé/mìng ❶ 動 혁명하다. ¶革一次命｜한 번 혁명하다 ¶革清朝的命｜혁명해서 청조를 타도하다. ❷ (gémìng) 形 혁명적이다. ¶工人阶级是最～的阶级｜노동자 계급은 가장 혁명적인 계급이다. ¶～首创精神｜혁명적인 독창정신. ❸ (gémìng) 名 혁명. ¶产业chǎnyè～｜산업 혁명. ¶～历史lìshǐ｜혁명사.

【革命委员会】gémìng wěiyuánhuì 名 혁명 위원회 [문화 대혁명 기간 중인 1967년에 만든 지방 각급 인민 정부]＝〔簡 革委会〕

【革囊】génáng 書 名 가죽 주머니.

【革皮】gépí 名 가죽. 피혁.

【革委会】géwěihuì ⇒〔革命委员会〕

3【革新】géxīn 名 動 혁신(하다). ¶技术jìshù～｜기술 혁신. ¶～运动yùndòng｜개혁 운동. ¶～者｜개혁가.

【革职】gé/zhí 動 면직하다. 해직하다. 파면하다. ¶稍有不慎, 即被～｜조금이라도 신중하지 않으면, 파면당한다.

【搁】gé ☞ 搁 gē Ⓑ

4【阁(閣)】gé 대궐 각

❶ 名 높은 집. 누각＝〔楼lóu阁〕 ❷ (～子) 名 (수위·순경·보초들이 근무하는) 막. (공중 전화 등의) 박스. ¶巡警xúnjǐng～｜파출소. ❸ 名 簡 「内阁」(내각)의 약칭. ¶组zǔ～｜내각을 구성하다→〔国务院〕

【阁楼】gélóu 名 다락방. 고미다락방. 더그매방＝〔方 阁子②〕

【阁下】géxià 名 敬 각하. 귀하. ¶请问～以后怎么办?｜각하 이후에는 어떻게 할까요?

【阁员】géyuán 名 각료(閣僚).

【阁子】gé·zi ❶ 名 方 (수위·순경·보초들이 근무하는) 막. 박스(box). ¶板～｜판자집＝〔阁儿〕 ❷ ⇒〔阁楼lóu〕

2【格】gé gē 이를 격, 막을 각

Ⓐ gé ❶ (～儿, ～子) 名 격자. 방괘(方罫). 단(段). ¶打～｜격자를 긋다. ¶方～纸｜네모줄 칸 종이. ¶把字写在～儿里｜글자를 칸 안에 쓰다. ❷ 名 〈言〉격. ¶主～｜주격. ¶宾～｜목적격. ❸ 名 규칙. 표준. 격식. 轉 사람의 품성. ¶不够～｜표준에 못 미치다. ¶品～｜품격. ¶合～＝〔及格〕｜합격. ¶人～｜인격. ❹ 動 치다. 싸우다. ¶～斗↓ ¶～杀↓ ❺ 動 방해하다. 막다. ¶～～不入｜들어가지 못하게 하다. ❻ 動 겨루다. 대적하다. ¶～武艺wǔyì｜무예를 겨루다. ❼ 書 動 궁구하다. 추구하다. ¶～物↓ ❽ 書 動 바로잡다. 고치다. ¶～非↓ ❾ (Gé) 名 성(姓).

Ⓑ gē ⇒〔格格〕

Ⓐ gé

【格调】gédiào 名 ❶ 작가나 작품의 풍격. 격조. 스타일(style). ¶这些歌曲～不高｜이런 가곡들은 격조가 높지 않다. ❷ 書 사람의 품격. 인품.

【格斗】gédòu 名 動 격투(하다)＝〔搏bó斗〕

【格非】géfēi 書 動 잘못을 바로잡다.

4【格格不入】gé gé bù rù 成 전혀 어울리지 않다. 도무지 맞지 않다. 저촉되다. ¶他跟朴小姐是～的｜그와 미스 박은 전혀 어울리지 않는다.

4【格局】géjú 名 ❶ (글의) 짜임새와 격식. ❷ (건물의) 구조와 장식. ¶酒店的～｜술집의 구조와 장식. ❸ 방식. 짜임새. 골격. 구성. ¶布置得没有～｜짜임새가 없이 배치되다.

【格楞】gé·leng 名 方 (말·소리가) 잠시 멈춤. ¶打～｜잠시 멎다[멈추다].

【格里历】gélǐlì 名 外 그레고리오 력(Gregorian曆). 양력(陽曆).

【格林纳达】Gélínnàdá 名 外 〈地〉그레나다(Grenada) [서인도제도의 Windward 제도 중의 섬나라. 수도는 「圣乔治」(세인트 조지즈;St. Georgés)]

【格林威治时间】Gélínwēizhì shíjiān 名組 外 그리니치(Greenwich) 시(時). 세계 표준시＝〔格林时〕〔格林威治平时〕〔格林尼契时间〕〔格林尼治时间〕〔格林聂niè书时间〕〔格林威池时间〕〔格林维支时间〕〔世界时〕

【格陵兰】Gélínglán 名 外 〈地〉그리인란드(Greenland)＝〔格林兰〕

【格鲁吉亚】Gélǔjíyà 名 外 〈地〉 그루지야(Gruzija) [「独立国家国协」(독립국가연합;CIS)중의 한 나라. 수도는 「第比利斯」(트빌리시;Tbilisi)]＝〔乔治亚〕

【格律】gélǜ 名 율격 [시(詩)·부(賦)·사(詞)·곡(曲) 등의 자수(字數)·구수(句數)·대우(對偶)·평측(平仄)·압운(押韻) 등의 형태와 규칙] ¶按照～写诗填词 | 율격에 맞춰 시와 사를 짓다.

【格杀】géshā 書 動 때려 죽이다.

【格杀勿论】gé shā wù lùn 成 사람을 때려 죽여도 무방하다＝〔格杀不论〕

4【格式】ⓐ géshì 名 〈電算〉 포메트(format).
ⓑ gé·shi 名 격식·양식·규칙·서식.

3【格外】géwài 副 ❶ 각별히. 특별히. 유달리. ¶久别重逢, 他们俩～亲热qīnrè | 오랫만에 다시 만나니 그들 둘은 유달리 다정하다. ❷ 달리. 그 외에. 별도로.

【格物】géwù 書 動 사물의 이치〔도리〕를 체험〔체득〕하다.

【格物致知】gé wù zhì zhī 成 사물의 이치〔도리〕를 체험〔체득〕하여 일반적인 진리를 알게 되다＝〔格致①〕

【格言】géyán 名 격언.

【格于成例】gé yú chénglì 成 낡은 틀에 얽매이다. 옛 규범의 속박을 받다.

【格致】gézhì ❶ ⇒〔格物致知〕 ❷ 名 청(清)말에 물리·화학 등 자연 과학을 총칭한 말. ¶学习西方～之理 | 서구 자연과학 이치를 학습하다.

【格子纸】gézǐzhǐ 名 방안지(方眼紙). 원고지＝〔格儿纸〕

【格子】gé·zi 名 ❶ 격자. 네모나게 줄을 긋거나 친 것. ¶打～ | 네모칸을 치다. ¶～布bù | 격자무늬 천. ¶～窗chuāng | 격자창. ❷ (선반처럼 된 서류철의) 상자. ¶架子jiàzi上有四个～ | 선반 위에는 네 칸으로 된 서류철 상자가 있다. ❸ 원고지의 칸 ‖＝〔格儿〕

【格子花呢】gé·zi huānī 名 〈紡〉 격자무늬 모직물.
Ⓑ gē

【格格】ⓐ gēgē 擬 ❶ 껄껄 [우렁찬 목소리로 웃는 소리] ❷ 따다닥 [기관총을 쏘는 소리]
ⓑ gē·ge 名 만주족의 공주·처녀·딸에 대한 호칭.

【胳】 gé ☞ 胳 gē Ⓑ

【鬲】 gé ☞ 鬲 lì Ⓑ

2【隔】 gé 막을 격

動 ❶ 막다. 막히다. 사이에 두다. ¶把一间屋～成两间 | 방 한 칸을 막아 두 칸으로 만들다. ¶～河相望 | 강을 사이에 두고 서로 마주 보다. ❷ 간격〔거리〕을 두다. 떨어져 있다. ¶～两天再去 | 이틀 뒤에 다시 가다. ¶相～很远 | 서로 멀리 떨어져 있다.

【隔岸观火】gé àn guān huǒ 成 강 건너 불 보듯 하다. ¶他们～, 不肯伸手帮忙 | 그들은 강 건너 불보듯 하며, 손을 내밀어 도와줄려고 하지 않는다.

【隔板】gébǎn 名 ❶ 간막이. ❷ (천장이나 벽에 매단) 선반.

2【隔壁】gébì 名 이웃(집). 옆방. ¶住在你家～ | 너의 옆집에 산다＝〔方 隔壁儿〕〔隔邻lín〕

【隔代遗传】gédài yíchuán ⇒〔隔世shì遗传〕

【隔断】ⓐ géduàn 動 가로막다. 단절시키다. ¶战火不息, 音讯yīnxùn～ | 전쟁이 끊이지 않으니, 소식이 단절되다.
ⓑ gé·duan 名 간막이. 간막이 벽. 장지.

【隔行】géháng 動 직업이 다르다. 분야가 다르다. ¶～如隔山 | 諺 직업이 다르면 전혀 모른다. ¶～不隔理 | 諺 분야가 달라도 그 이치는 같다.

3【隔阂】géhé ❶ 名 (사상·감정의) 간격. 틈. 엇갈림. ❷ 名 장벽. ¶语言的～ | 언어 장벽. ❸ 形 서먹서먹하다. ¶他长年在外经商, 遂与家人～ | 그는 일년 내내 밖에서 장사를 하다보니, 가족과 서먹서먹해졌다 ‖＝〔隔膜mó② ③〕

【隔火】géhuǒ ❶ 名 향로의 불을 덮는 속 뚜껑. ❷ 名 動 방화(防火)(하다). ¶～墙qiáng | 방화벽. ¶～帐zhàng | 방화 커튼.

4【隔绝】géjué 動 막히다. 끊어지다. 단절시키다. 차단하다. ¶使政治犯跟外界～ | 정치범을 외부세계와 단절시키다.

4【隔离】gélí 名 動 ❶ 분리(하다). 단절(시키다). ¶种族zhǒngzú～ | 인종 분리. ❷ 격리(하다). ¶～病房bìngfáng | 격리 병실. ❸ 〈電氣〉 차폐(하다). ¶～罩zhào | 차폐 케이스(shield case)

【隔膜】gé·mó ❶ 名 〈生理〉 격막. ❷ 名 (감정이나 의견의 대립에 의한) 거리. 간격. 틈. ¶心里有点儿～ | 마음속에 다소 거리감이 있다. ❸ 形 서먹서먹하다. ❹ 形 사정에 어둡다. 익숙하지〔정통하지〕 못하다. ¶我对于音乐, 实在～得很 | 나는 음악에 대해서 사실상 대단한 문외한이다.

【隔年】gé/nián ❶ 動 한 해 거르다. ¶隔一年来一次 | 격년으로 한 번씩 오다. ❷ (génián) 名 일년 전. ¶～旧历本儿 | 일년 전의 헌 책력. 喻 시기가 지난 것.

【隔墙】gé/qiáng ❶ 動 벽〔담〕을 (사이에)두다. ¶隔着墙有一棵杏树xìngshù | 담너머에 은행나무 한 그루가 있다. ❷ (géqiáng) 名 〈建〉 간막이 벽. ¶防火fánghuǒ～ | 방화용 간막이 벽.

【隔墙有耳】géqiáng yǒu ěr 諺 벽에 귀가 있다. 낮 말은 새가 듣고 밤 말은 쥐가 듣는다. ¶别说了,～呢 | 얘기 하지마, 낮 말은 새가 듣고 밤 말은 쥐가 듣는다＝〔隔窗chuāng有耳〕〔隔垣yuán有耳〕〔墙qiáng有缝壁有耳〕

【隔热】gé/rè 動 〈建〉 단열(斷熱)하다.

【隔日】gé/rì ❶ 動 하루 거르다. ¶～来一次 | 하루 걸러 한 번씩 오다. ❷ (gérì) 名 격일 ‖＝〔隔天〕

【隔山】géshān ❶ 形 실정에 어둡다. ¶～买老牛 | 諺 산을 사이에 두고 늙은 소를 사다. 실정에 어두워 손해를 보다. ❷ 名 배 다른 형제 자매. ¶～弟兄 | 배다른 형제.

【隔扇】gé·shan 名 간막이. 장지.
【隔世】géshì 動 한 세대를 넘기다. ¶回念前尘qiánchén, 有如～ | 세상 일을 돌이켜 생각하면, 격세지감이 든다.
【隔世遗传】géshì yíchuán 名〈生〉격세유전＝〔隔代遗传〕
【隔世之感】gé shì zhī gǎn 成 격세지감. ¶他想起天安门事件, 颇有～ | 그는 천안문 사건을 생각하면, 자못 격세지감이 든다.
【隔靴搔痒】gé xuē sāo yǎng 成 신발 위로 가려운 곳을 긁다. 신 신고 발바닥 긁기. ¶你这样说是～, 说不到要害处 | 너가 이처럼 말하는 것은 신 신고 발바닥 긁는 것으로, 핵심 부분은 말하지 못하는 것이다.
【隔夜】gé/yè 動 하룻밤이 지나다. 하룻밤을 넘기다. ¶～的剩shèng饭最好别吃 | 전날 남은 밥은 먹지 않는 것이 가장 좋다. ¶～粮 | 하룻밤을 넘긴 식량＝〔書 隔宿sù〕
【隔音】gé/yīn ❶ 動 방음하다. ¶先做好～工作, 再进行录音 | 먼저 방음 작업을 하고, 다시 녹음을 진행합시다. ❷ (géyīn) 名 방음. ¶～室 | 방음실.
【隔音板】géyīnbǎn 名 방음판＝〔甘gān蔗渣压制板〕
【隔音符号】géyīn fúhào 名組 격음 부호. 한어 병음 방안(漢語幷音方案)에서 규정한 부호(') 로서, a·o·e의 앞에 사용하여 음절과 음절의 구분을 표시함. 예를 들면,「激昂jī'áng」「定额dìng'é」에서의「'」부호.
【隔音纸】géyīnzhǐ 名〈建〉방음용 판지.

【嗝】 gé gě 딸꾹질할 격

Ⓐ gé (～儿) ❶ 名 트림. ¶打～儿 | 트림을 하다. ❷ 딸꾹질. ¶～蹬↓
Ⓑ gě「膈」와 같음⇒〔膈gě〕
【嗝蹬(儿)】gédēng(r) 名 딸꾹질. ¶打～儿 | 딸꾹질하다.

【塥】 gé 흙덧붙일 격

❶ 名 方 사지(沙地). 모래땅. ❷ 지명에 쓰이는 글자. ¶青草～ | 청초격. 안휘성(安徽省) 잠산현(潛山縣) 북쪽에 있는 지명.

【膈】 gé gě gè 명치 격, 쇠북틀 격

Ⓐ gé ⇒〔膈膜mó〕
Ⓑ gě (～儿) 動 方 죽다＝〔膈儿屁着zháo凉〕〔膈儿屁pì〕＝〔嗝gé〕
Ⓒ gè ⇒〔膈应yīng〕
Ⓐ gé
【膈膜】gémó 名〈生理〉격막. 횡격막＝〔横héng膈膜〕
【膈疝】géshàn 名〈醫〉횡격막의 선천적인 결함이나 외상(外傷)으로 인하여, 장기(臟器)가 복강(腹腔) 안으로 들어가는 병.
【膈食病】géshíbìng 名〈漢醫〉격식병. 가슴과 배가 부어오르고 통증이 느끼며, 음식물을 삼키기 어려우며, 신물을 토하는 병＝〔膈症zhèng〕〔噎yē膈〕
Ⓒ gè
【膈应】gè·yīng 動 方 미워하다. 혐오하다.

【槅】 gé hé 칸막이 격, 멍에 핵, 씨 핵

Ⓐ gé 名 ❶ 書 (마소의 목에 얹는) 멍에. ❷ 창이 달린 문. ¶～门↓ ❸ 방의 칸막이. ¶～扇↓ ❹ (가구나 기물 등의) 층을 나누는 판자.
Ⓑ hé 書 名 (과일의) 씨→〔核hé〕
【槅门】gémén 名 창틀이 달린 고급의 방문.
【槅扇】gé·shan 名 방의 칸막이.

【镉(鎘)】 gé lì 카드뮴 격, 다리굽은솥 력

Ⓐ gé 名〈化〉화학 원소 명. 카드뮴 (Cd ; cadmium) [금속 원소]
Ⓑ lì「鬲」와 같음⇒〔鬲lì①〕

【葛】 gé gě 칡 갈

Ⓐ gé ❶ 名〈植〉칡. ❷ 名〈紡〉(날실은 명주실, 씨실은 면실 또는 편실로 짠) 꽃무늬가 있는 견직물. ❸ 음역어에 쓰임. ¶～杯吴↓
Ⓑ gě ❶ 복성(複姓) 중의 한 자(字). ¶诸～ | 제갈. ❷ ⇒〔葛仙米〕
Ⓐ gé
【葛杯吴】gébēiwú 名 게페우(G.P.U) [옛 소련의 국가 정치 보위부]＝〔格贝乌〕〔格勃乌〕
【葛布】gébù 名 갈포.
【葛根】gégēn 名〈漢醫〉갈근. 칡뿌리. ¶～是中药中很重要的原料 | 갈근은 한약의 매우 중요한 약재이다＝〔葛瓜guā〕〔葛薯shǔ〕
【葛屦履霜】gé jù lǚ shuāng 成 지나치게 검소하고 인색하다.
【葛麻】gémá 名 칡 섬유. ¶披pī着～织的短袄duǎnǎo | 칡 섬유로 짠 짧은 저고리를 걸치다.
【葛藤】géténg 名 ❶〈植〉칡. ❷ 喻 갈등. ¶斩断zhǎnduàn～ | 갈등을 없애다.
Ⓑ gě
【葛仙米】gěxiānmǐ 名〈植〉습지의 바위에 서식하는 남조류 식물의 하나 [갈홍(葛洪)이 은거하면서 캐먹었다 하여 붙여진 이름]

【噶】 gé ☞ 噶 gá Ⓑ

【蛤】 gé há 조개 합

Ⓐ gé ⇒〔蛤蚌〕
Ⓑ há ⇒〔蛤蟆〕
Ⓐ gé
【蛤蚌】gébàng 名〈魚貝〉조개.
【蛤蚧】géjiè 名〈魚貝〉합개. ¶在海边餐馆cānguǎn里吃了一些～ | 해변 식당에서 합개를 먹었다.
【蛤蜊】gé·li 名〈魚貝〉❶ 동죽조개＝〔马珂〕 ❷ 무명조개. 문합(文蛤) ‖＝〔蛤蛎lì〕
Ⓑ há
【蛤蟆】há·má 名〈動〉개구리와 두꺼비의 통칭. ¶～瘟 | 이하 선염. ¶满塘～叫 | 왁자지껄 떠들다. ¶～跳井 | 歇 두꺼비가 우물에 뛰어들다. 이해하지 못하다. [뛰어들 때 나는 소리가

「不懂bùdǒng」과 같으므로 이렇게 쓰임] ¶癞lài～想吃天鹅肉 | 謡 두꺼비가 백조 고기를 먹으려 하다. 제 분수를 모르다 =〔虾há蟆〕

【蛤蟆夯】há·mahāng 名〈機〉지반을 다지는 래머의 일종. 기계식 달구. ¶工地上的～太吵人了 | 공사장의 기계식 달구가 사람을 씨끄럽게 한다.

【颌】gé ☞ 颌 hé B

【搿】gé 두손으로안을 격
動 方 힘껏 껴안다. ¶我被她～住了 | 나는 그녀에게 꼭 껴안겼다.

gě ㄍㄜˇ

【个】gě ☞ 个 gè C

【合】gě ☞ 合 hé B

【哿】gě ⊗kě) 옳을 가
書 形 좋다. 괜찮다.

【舸】gě 큰배 가
書 名 큰 배.

【盖】gě ☞ 盖 gài B

【葛】gě ☞ 葛gé B

【嗝】gě ☞ 嗝 gé B

【膈】gě ☞ 膈 gé B

gè ㄍㄜˋ

1【个(個)〈箇〉】gè ·ge gě 낱 개

A gè ❶ (～儿, ～子) 名 (물건의) 크기. 부피. 체적. (사람의) 키. ¶高～ | 키다리. ¶～大 | 부피가 크다. ❷ 形 단독의. 개별적으로. ¶～别↓ ¶～人↓ ❸ 名 10진법의 제1위. ¶～, 十, 百… | 1, 10, 100….

B ·ge ❶ 量 개. 어법 ⓐ 전용양사가 없는 사물에 두루 쓰임. ¶一～人 | 한 사람. ¶一～理想lǐxiǎng | 하나의 이상. ¶两～西瓜xīguā | 두 개의 수박. ⓑ 전용양사가 있는 명사에도 쓰임. ¶一～〔只〕耳朵 | 한 쪽의 귀. ¶一～〔所〕学校 | 한 곳의 학교. ¶一～〔张〕凳子 | 걸상 한 개. ⓒ 개략적인 수 앞에 쓰여, 어감을 가볍게 함. ¶哥儿俩才～两三岁 | 두 형제는 겨우 두 세살 차이다. ¶每星期来～一两趟 | 매주 한 두 번 온다. ❷ 量 동사와 관계되어 쓰임. 어법 ⓐ 동사와 목적어 사이에 쓰여, 어감을 가볍게 함. 주로 두 동사를 연이어 쓰고, 뒤에 「的」「什么的」 등을 씀. ¶他就爱画～画儿, 写～字儿什么的 | 그는 그림도 그리고 글자 등도 쓰고 한다. ¶谁都爱跟他见～面儿, 说～话儿 | 누구나 그와 만나서 말을 한 번 붙여 보고 싶어 한다. ⓑ 동사와 보어 사이에 쓰여, 보어를 이끄는 「得」와 비슷한 역할을 함. 때때로 「得」를 붙여 쓰기도 함. ¶看～仔细 | 자세히 보다. ¶吃～饱 | 배불리 먹다. ¶玩得～痛快tòngkuài | 통쾌하게 놀다. ⓒ 「没(有)个」의 형태로 쓰여, 어감을 가볍게 함. ¶他一说就没～完 | 그는 한 번 말했다 하면 끝이 없어요. ¶没～错儿, 就是这样 | 틀림이 없지, 그랬던 거야. ❸ 尾 ⓐ 「些」의 뒤에 붙음. ¶这些～书 | 이러한 책들. ¶有些～人 | 어떤 사람들. ⓑ 方 시간사 뒤에 붙음. ¶明儿～ | 내일.

C gě ⇒〔自zì个儿〕

【个把(子)】gè·bǎ(·zi) 量 한 두. 일이(一二). ¶～钟头zhōngtóu | 한 두시간. ¶～人 | 한 두사람.

【个半月】gèbànyuè 名 한달 반.

2【个别】gèbié 形 ❶ 개개(의). 개별적(인). ❷ 일부의. 극소수의. 극히 드문. ¶这是极～的现象 | 이는 지극히 드문 현상이다.

【个个(儿)】gègè(r) 量 개개. 각개. 각각. ¶～击破jīpò | 각개 격파.

【个男只女】gè nán zhī nǚ 名組 일남 일녀.

3【个儿】gèr 名 ❶ 키. 몸집. ¶～高 | 키가 크다. ¶中等～ | 보통 몸집. ¶大～ | 키다리. ❷ 크기. 부피 ‖ =〔个子〕 ❸ 개수. ¶～卖 | 개수로 따져서 팔다. ¶整～ | 전체. ¶挨āi～检查jiǎnchá | 하나씩 차례로 검사하다. ❹ 俗 상대. 적수.

2【个人】gèrén 名 ❶ 개인. ¶～迷信míxìn | 개인 숭배. ¶～表现biǎoxiàn | 개인 플레이 ⇔〔集体jítǐ〕 ❷ 書 그 사람. ❸ 나(자신). 저(자신) [공식적으로 의견을 발표할 때 씀] ¶～认为应该如此做 | 저 자신은 반드시 이와 같이 해야 한다고 생각합니다.

【个人问题】gèrén wèn·tí 名組 ❶ 개인(적인) 문제. ¶这是我～, 请您别干涉 | 이것은 저의 개인 문제이니, 당신은 간섭하지 마십시오. ¶小张的～解决了没有? | 장군의 개인 문제는 해결되었니? ❷ (공무에 대해) 사사(私事). 사사일. ❸ 결혼.

【个人用电脑】gèrén yòngdiànnǎo 名組〈電算〉퍼스널 컴퓨터 =〔个人专zhuān用电脑〕

【个人主义】gèrén zhǔyì 名 개인 주의.

2【个体】gètǐ 名 개체. 개물(個物). 개인. 인간. ¶～商贩shāngfàn | 자영 상인. ¶～经营jīngyíng | 개인 경영. ¶～劳动者 | 개인 노동자. ¶～农民nóngmín | (집단화되지 않은) 자영농. ¶～生产shēngchǎn | 소생산 ⇔〔集jí体〕

3【个体户】gètǐhù 名 (농업·공업·상업에 있어서의) 개인 경영업자. 자영업자.

【个体经济】gètǐ jīngjì 名組〈經〉개인 경제.

【个体劳动者】gètǐ láodòngzhě 名組 개인경영을 하는 노동자.

【个头儿】gètóur 名 方 ❶ (물건의) 크기. ¶这种西瓜xīguā～特别大 | 이 수박은 유난히 크다 =〔个儿②〕 ❷ 키. 몸집.

【个位】gèwèi 名〈數〉(십진법의) 한 자리. 1의 자리수. ¶～数(儿) | 한 자리 수.

3【个性】gèxìng 名 ❶ 개성. ¶～鲜明xiānmíng | 개성이 뚜렷하다. ¶～化 | 개성있게 하다. ❷〈哲〉개별성. ¶共性和～ | 공통성과 개별성.

【个中】gèzhōng 書 名 그 가운데〔속〕. ¶～人｜관계자. ¶～事｜그 속 사정. ¶～滋味zīwèi｜그 속맛 =〔其qí中〕
²【个子】gè·zi 名 (사람의) 체격. 키. (동물의) 몸집. (물건의) 크기. ¶高gāo～｜키가 큰 사람. 키다리. ¶矮ǎi～｜키가 작은 사람. 난장이 =〔个儿① ②〕
【个子儿】gè·zir 名 方 몸집. ¶细瘦xìshòu的～｜야윈 몸집.
1【各】gè gě 각각 각
Ⓐ gè 代 ❶ 여러. 어법 어떤 범위 내의 모든 개체를 나타내고 명사나 양사 앞에서만 쓰임. ¶～人｜여러 사람. ¶～位来宾｜내빈 여러분. ¶～界人士｜각계 인사. ❷ 갖가지. 여러가지 어법 수효가 여럿일 뿐만아니라 서로 성질이 다름을 나타냄. ¶～式～样｜각양 각색. ¶～种职业zhíyè｜각종 직업. ❸ 각자. 각기. 각각. ¶～尽所能, 按需分配｜각자 능력에 따라 일하고, 필요에 따라 분배받는다. ¶三种办法～有优点｜세 가지 방법은 각기 장점이 있다. 어법 「各」와 「每」는 모든 개체를 나타내지만 다음과 같은 차이가 있음. ⓐ「每」는 개개의 공통점에 중점을 두고 「各」는 개개의 구별에 중점을 둔 말임. ¶每一个人都有一辆车｜매 사람마다 차를 가지고 있다. ¶每三年粉刷一次｜매 3년마다 석회칠을 하다. ¶各有自己的意见｜각기 자기의 의견을 가지고 있다. ⓑ「各」는 직접 명사 앞에 올 수 있으나 「每」는 양사나 수량사를 동반하고 명사 앞에 올 수 있음. 단, 「人」「年」「月」「日」「星期」 등은 양사의 성격을 겸하고 있는 명사(준량사;準量詞)이므로 직접 올 수 있음. ¶每学校(×) ¶每个学校｜모든 학교. ⓒ「各」 다음에는 극히 일부의 양사와 「的」가 올 수 있으나, 「每」 다음에는 모든 양사 및 수량사가 올 수 있으며, 「的」는 올 수 없음.
Ⓑ gě 形 方 유별나다. 특별하다. ¶这人很～｜이 사람은 대단히 유별나다.
【各半】gèbàn 名 반반. 각자 반. ¶成败chéngbài的可能性～｜성패의 가능성은 반반이다.
⁴【各奔前程】gè bèn qián chéng 成 각기 제 갈길을 가다. 각기 자기의 목표를 향해 노력하다. ¶咱们就此分手, 以后～｜우리들은 여기서 헤어져, 이후에는 각기 자기의 목표를 향해 노력한다.
【各便】gèbiàn 動組 각기 편리한 대로 하다. ¶咱们～吧!｜그럼 각자 편한 대로 합시다!
⁴【各别】gèbié ❶ 名 개개. 각각. ¶～另样｜각각이 다른 모양이다. ❷ 形 貶 方 (부정적인 의미에서) 별나다. 유별나다. 특별하다. ¶脾气píqì～｜성질이 별나다. ¶老金做起事来老是有点～｜김씨가 일을 하면 늘상 좀 유별난 데가 있다. ¶～各样(儿)｜평범하지 않고 기묘하다 =〔别致biézhì〕〔新奇xīnqí〕
【各不相关】gè bù xiāng guān ⇒〔各不相扰rǎo〕
【各不相扰】gè bù xiāng rǎo 成 서로 상관하지 않다 =〔各不相关〕
【各不相同】gè bù xiāng tóng 成 서로 다르다. 각이(各異)하다. ¶兄弟三人, 脾性píxìng～｜형제 세사람이 성격이 각각 다르다.
【各从其志】gè cóng qí zhì 成 각자 자기 의향대로 하다.
【各打五十大板】gè dǎ wǔshí dàbǎn 諺 喩 잘잘못을 따지지 않고 양쪽 모두 나쁘다고 하다.
【各得其所】gè dé qí suǒ 成 ❶ 모두 자기 원대로 되다. ❷ 각자 자기가 있을 자리에 있다 =〔各适shì其所〕
【各地】gèdì 名 각지. 각처 =〔各处chù〕
【各个】gè·ge 名 각개. 각각. 하나하나. ¶～团体tuántǐ｜각 단체. ¶～方面fāngmiàn｜각 방면. ¶～击破jīpò｜각개 격파하다 =〔每měi个〕
【各各(儿)】gègè(r) 名 한사람 한사람. 각각. ¶～留神liúshén｜각자가 주의하다→〔个个〕
【各…各…】gè…gè… ❶ 각각 각기 …이다. ¶各有各的特长｜제 각각의 특징을 지니고 있다. ¶各吹各的号, 各唱各的琳｜각자 자기 나팔을 불고, 자신의 곡조를 노래한다. 각각 자기 방식대로 일을 하다. ❷ 여러 가지. 갖가지. ¶各行各业｜각가지 직업.
【各顾各】gè gù gè 動組 각각 자기 일만 생각하다.
【各国】gèguó 名 각국. ¶世界shìjiè～｜세계 각국
【各级】gèjí 區 각급. ¶～领导lǐngdǎo机关｜각급의 지도 기관.
⁴【各界】gèjiè 區 각계. 각 방면. ¶～人士rénshì｜각 방면 인사.
【各尽所能】gè jìn suǒ néng 成 각자가 능력껏 일하다. ¶～, 按劳分配｜능력에 따라 일하고, 노동의 양과 질에 따라 분배받다.
【各就名位】gè jiù gè wèi 動組 ❶ 각자가 자기 위치를 차지하다. ❷〈體〉〈軍〉제 자리에! 자기 위치로! =〔各就位〕
【各类】gèlèi 區 각〔여러〕 종류. ¶～食品shípǐn｜각종 식품. ¶～化妆huàzhuāng品｜각종 화장품.
【各哩各得】gè·li gè·de 狀 제각각이다. 한 사람 한 사람. 뿔뿔이 흩어져 있다.
【各路】gèlù ❶ 名 각지. 여러 지방. ¶走遍zǒubiàn～｜여러 지방을 두루 다니다. ❷ 區 여러 가지. 각종. ¶～货huò品｜각종 상품.
【各取所需】gè qǔ suǒ xū 成 각자 필요한 만큼 가지다→〔各尽jìn所能〕
【各人】gèrén 名 각자. 각각. ¶～各见｜각자의 견해가 다 다르다.
【各人自扫门前雪, 莫管他人瓦上霜】gèrén zìsǎo ménqiánxuě, mòguǎn tārén wǎshàngshuāng 諺 사람들은 자기 집 앞의 눈은 쓸어도 남의 지붕 위의 서리는 신경쓰지 않는다. 자기 일에만 신경을 쓰고 남의 일에는 무관심하다.
【各色】gèsè 區 여러 가지. 각종. ¶～俱全jùquán｜여러 가지가 다 갖추어져 있다.
【各式】gèshì 區 각종. 각각의 격식.
³【各式各样】gèshìgèyàng 名組 각양각색. 각색. 여러가지 =〔各色各样〕

【各抒己见】gè shū jǐ jiàn 成 제각기 자기 의견을 말하다. ¶大家可以～ | 누구든 제각기 자기 의견을 말할 수 있다.
【各为其主】gè wéi qí zhǔ 成 제각기 자기 주인에게 충성하다.
【各位】gèwèi 名 여러분. ¶～来宾好 | 여러 손님 안녕하십니까?
【各显神通】gè xiǎn shén tōng 成 제각기 자기 재간을 나타내다.
【各向同性】gèxiàngtóngxìng 名〈物〉등방성(等方性) =〔均质jūnzhì性〕
【各向异性】gèxiàngyìxìng 名〈物〉이방성(異方性).
【各项】gèxiàng 圖 각 항목. 각종. 여러 가지. ¶～比赛bǐsài | 각종 경기.
【各行其是】gè xíng qí shì 成 각자가 다 자기가 옳다고 생각하는 대로 하다. 사상이나 행동이 일치하지 않다.
【各样(儿)】gèyàng(r) 圖 각종. 여러 가지 모양. ¶～东西dōngxi | 여러 가지 물건.
【各异】gèyì 書 名 각각의 차이.
【各有千秋】gè yǒu qiān qiū 成 사람마다 다 자기의 장기를〔특성을〕 가지고 있다. ¶他们俩～, 都是业务上的尖子jiānzi | 그들 두사람은 각기 특성을 지니고 있어, 모두 업무에 있어서 뛰어난 사람이다 =〔各有所长cháng〕〔各有一套tào〕
【各有所好】gè yǒu suǒ hào 成 각자 자기가 좋아하는 바가 있다.
【各执一词】gè zhí yī cí 成 저마다 자기의 의견을 주장하고 양보하지 않다. ¶双方～, 互不相让 | 서로가 자기 의견만을 주장하며, 서로 양보하지 않는다 =〔各执一辞cí〕〔各有一说shuō〕
1【各种】gèzhǒng 圖 각종. 여러 가지. ¶～制度zhìdù | 여러 가지 제도. ¶～各色sè | 각양 각색이다.
3【各自】gèzì 名 각자. 제각기. ¶～留神liúshén | 제각기 주의하다. ¶～干～的 | 각자 자기 일을 하다.
【各自为战】gè zì wéi zhàn 成 각자 독자적으로 싸우다.
【各自为政】gè zì wéi zhèng 成 각자 독자적으로 일하다. 각자 제멋대로 일하다. ¶各个机构jīgòu～, 缺少协调xiédiào | 각 기구가 각자 제멋대로 일하여, 협조가 결여되어 있다.

【硌】gè luò 받칠 각, 큰바위 락

Ⓐ gè 動 ⓪ (이물질이 들어가) 배기다. 배기어 불편감을 주다. 이물질이 씹히다. ¶鞋xié里有沙～了脚 | 신에 모래가 있어 발이 배긴다. ¶饭里砂子～了牙 | 밥속의 모래가 이빨에 씹혔다.
Ⓑ luò 書 名 큰 바위.
【硌窝儿】gèwōr 名 깨진 달걀. 망가진 둥지.

【铬(鉻)】gè luò (크롬 각) 털깎을 락

Ⓐ gè 名〈化〉화학 원소 명. 크롬(Cr ; chrome) [금속 원소의 하나] =〔㊉克罗米〕 ¶～钢gāng | 크롬강. ¶镍niè～合金 | 니크롬(nichrome).
Ⓑ luò 書 動 털을 깎다.
【铬钢】gègāng 名〈金〉크롬강.
【铬镍钢】gènièqāng 名〈工〉크롬 니켈강.
【铬铁矿】gètiěkuàng 名〈鑛〉크롬철광.

【虼】gè 말똥구리 걸

⇒〔虼螂〕〔虼蚤〕
【虼螂】gèlàng 名〈蟲〉쇠똥구리. 말똥구리.
【虼蚤】gè·zao 名 ⓪〈蟲〉벼룩 =〔跳tiào蚤〕〔跳子〕〔跳虫chóng〕

·ge ㄍㄜ˙

【个】·ge ☞ 个 gè Ⓑ

gěi ㄍㄟˇ

1【给(給)】gěi jǐ 넉넉할 급, 줄 급

Ⓐ gěi ❶ 動 주다. 어법 ⓐ 간접목적어(間接賓語)와 직접목적어(直接賓語)를 둘 수 있음. ¶～了他一张票 | 그에게 표 한 장을 주다. ⓑ 목적어 다음에 동사를 둘 수 있는데, 이때 간접목적어와 직접목적어는 순서가 바뀔 수 있음. ¶～我一杯水喝 | 나에게 마실 물을 한 잔 주시오. ¶～他饭吃 | 그에게 먹을 밥을 주다. ¶～饭他吃 | 그에게 그가 먹을 밥을 주다. ❷ 動 …을 가하다. …을 보여주다. 맛을 보이다. 어법 ⓐ 직접 목적어는 대개 수량사를 동반한 동사나 형용사임. ¶～他一点厉胺lìjiāo | 그에게 약간 매운 맛을 보여 주다. ¶～你好看 | 너에게 좋은 꼴 보여 주겠다. ⓑ 구체적인 동작동사를 대신해 쓰임. ¶～他两脚 | 발로 두대 차다. ¶～他几句 | 그에게 몇 마디 하였다. ❸ 動 허용하다. …하게 하다. ¶～他多休息xiūxī几天 | 그에게 며칠 더 쉬게 하였다. ¶看着小鸟儿, 别～飞了 | 새 새끼를 잘 지켜라. 날아 가지 않게. ❹ 動 동사 뒤에 보어로 쓰여, 「주다」「바치다」의 뜻을 나타냄. ¶送～他 | 그에게 보내 주다. ¶借～我钱 | 나에게 돈을 빌려 주다. ❺ 介 …를 위하여. …를 대신하여 [동작의 수익자(受益者)를 나타냄] ¶医生～大家看病 | 의사는 여러사람을 위해 병을 본다. 여러 사람의 병을 본다. ¶请你把门～我关上 | 내 대신 문을 닫아 주시오 ‖ =〔为〕〔替〕 ❻ 介 …의 …을. …에게 [동작의 수해자(受害者)를 나타냄] ¶对不起, 这本书～你弄脏zāng了 | 당신의 책을 더럽혀서 미안해요. ¶别把玻璃bōlí～人家碰碎了 | 남에게 유리를 깨뜨리지 마시오 | 남의 유리를 깨뜨리지 마시오. ❼ 介 …에 대해. …을 향하여. …에게. ¶小朋友～老师敬礼jìnglǐ | 어린이가 선생님에게 경례를 하였다. ¶她当天就～他写信 | 그녀는 그날 바로 그에게 편지를 썼다 ‖ =〔朝〕〔向〕〔对〕 ❽ 介 …에 의하여. …때문에 [피동을 나타냄] ¶那本书～朋友拿走了 | 그 책은 친구가 가져 갔다. ¶那些东西, 都～群众qúnzhòng找到了 | 그 물건들은 모두 군중들에게 발각되었다 ‖ =〔被〕 ❾ 介 말하는 사

람의 강렬한 의지를 나타냄. ¶你～我走开｜너 제발 꺼져라. ¶你～我小心点儿｜너 나에게 제발 조심해다오. ⑩動口동사 앞에 두어 어기를 강조함. 어법보통 처치(處置)·피동(被動)을 나타내는 문장에서「叫」「让」「把」와 함께 쓰이며 생략할 수 있음. ¶弟弟把花瓶huāpíng～打了｜동생이 꽃병을 깨뜨렸다. ¶他让人～打了｜그는 사람들에게 매를 맞았다. ¶叫狗～咬了｜개에게 물렸다. ¶杯子bēizi我～打碎了一个｜잔 하나를 내가 깨뜨렸다.

Ⓑ jǐ 書❶動공급하다. ¶补bǔ～｜보급하다. ¶自～自足｜자급자족하다. ❷形넉넉하다. 풍족하다. 충분하다. ¶家～人足｜집집마다 풍족하다. ❸구변이 좋다. 말 잘하다. ¶口～｜말주변이 좋다. ❹名급여. 녹봉.

【给吃】gěichī 動먹여 주다. 먹을 것을 주다. ¶除了～, 还给一点儿工钱｜먹여 주는 것 외에, 약간의 노임을 주시오.

【给脸】gěi/liǎn 動❶체면을 세워주다. ¶你给我个脸, 务必赏光｜제 체면을 봐서 꼭 와 주십시오. ❷좋은 낯으로 대하다. ¶那个人给不得脸｜저 사람에게는 좋은 낯으로 대할 수가 없다.

【给人擦屁股】gěi rén cā pì·gu 動組남의 밑구멍이나 씻어 주다. 남의 뒤치닥꺼리해 주다.

【给人使唤】gěi rén shǐ·huan 動組남이 시키는대로 하다. 남의 사환이 되다. ¶他生了就是～的命｜그는 천성이 남 시키는대로 할 운명이다.

【给小鞋儿穿】gěi xiǎoxiér chuān 動組작은 신발을 신기다. 喩냉대하다. ¶他在表面上待她挺好, 可是暗地里净～｜그는 겉으로는 그녀를 매우 잘 대해주는 것 같으나 실은 냉대만 하고 있다.

【给颜色看】gěi yán sè kàn 動組심한 행동·얼굴색으로 사람을 상대하다. ¶动不动就～｜걸핏하면 모진 모습으로 사람을 대한다.

3【给以】gěi/yǐ 書動주다. 어법ⓐ「给以」앞에는 조동사나「一定」「必须」등의 부사가 오며, 주로 쌍음절 동사가 목적어가 됨. ⓑ동작을 받는 사람은「给以」앞으로 도치시키거나,「给」와「以」를 분리하고「给」다음에 두거나「给以」를「给」로 바꾸어 써야 함. ¶请前辈们～批评pīpíng, 指教zhǐjiào!｜선배님들의 비판과 지도를 부탁드립니다! ¶给了敌人以有力的重创｜적에게 심각한 타격을 주었다. ¶社员生病shēngbìng的时侯, 应当给他们帮助bāngzhù｜사원이 병이 났을 때는 마땅히 그들을 도와주어야 한다.

【给予】gěiyǔ ☞〔给与〕jǐyǔ ⓑ

【给与】gěiyǔ 書動(해) 주다. 베풀어 주다. ¶～我们的周到zhōudào的服务fúwù｜우리에게 베풀어 준 빈틈없는 서비스 =〔给醱〕

Ⓑ jǐ

【给水】jǐshuǐ 名動급수(하다). ¶～车｜급수차. ¶～设备shèbèi｜급수 설비. ¶～泵bèng｜급수펌프. ¶～塔tǎ｜급수탑. ¶～工程gōngchéng｜급수 공사. ¶锅炉guōlú～｜보일러 급수. ¶～器qì｜급수기. ¶～站zhàn｜(철도의) 급수역.

【给养】jǐyǎng 名(군대의) 보급품. 급양물자. ¶不断地补充～｜끊임없이 보급품을 보충하다.

【给予】jǐyǔ ⓐ 書動주다. ¶～帮助bāngzhù｜도움을 주다. 어법뒤에 2음절의 행위 명사(行爲名詞)가 옴. ¶～同情｜동정하다. ¶～支持｜지지하다 =〔给与〕

gēn ㄍㄣ

1【根】gēn 뿌리 근
❶(～儿, ～子) 名〈植〉뿌리. ¶树shù～｜나무 뿌리. ❷(儿, ～子) 名(물건의) 밑부분. 밑동. ¶墙qiáng～儿｜담장 밑. ¶舌shé～｜혀 뿌리. ❸(～儿, ～子) 名근원. 유래. 근본. ¶祸huò～｜화근. ¶刨páo～问底｜미주알 고주알 캐묻다. 근원을 캐다. ¶打～上说｜처음부터 얘기하다. ❹(～儿, ～子) 名기초. 토대. 근거. ¶有～｜(기초가) 튼튼하다. ¶无～之谈｜근거없는 소리. ❺(～儿, ～子) 名喩소생. 출신. 내력. ¶不知～儿的人, 谁敢用!｜출신도 모르는 사람을 누가 쓰겠어! ❻(～儿, ～子) 名혈통 계승자. 외동이. ¶他是我赵家的一条～｜그는 우리 조가 집안의 외동이다. ❼名喩후손. 후대(後代). ❽名〈數〉ⓐ 근(根). 루트(root) =〔方根〕 ⓑ근. 방정식의 해(解). ❾名〈化〉(이온화 한) 기(基). ¶氨ān～｜아미노기. ❿(Gēn) 名〈書〉뿌리(Roots) [미국의 흑인 작가 알렉스 헤일리(Alex Haley)의 소설] ⓫철저하게. 뿌리째. ¶～究jiū｜철저히 규명하다. ⓬量개. 가닥 [가늘고 긴 것을 세는데 쓰임] ¶两～筷子kuàizi｜젓가락 두개. ¶一～棍子gùnzi｜막대기 하나.

2【根本】gēnběn ❶名근본. 기초. ¶应当从～上考虑kǎolǜ解决问题的方法｜당연히 근본적인 것에서부터 문제 해결방도를 찾도록 해야한다. ❷形중요하다. 주요하다. 기본적이다. ¶最～的问题｜가장 근원적인 문제. ¶～原则｜근본적인 원칙. ❸副본래. 원래. 종래. 워낙. ¶～没有这样的事｜원래부터 이런 일은 없었다. ❹副시종(始終). 전연. 도무지. 전혀. 아예. 어법부정문에 많이 사용됨. ¶他～就没想到这些问题｜그는 이런 문제들을 전혀 생각지도 못했다. ❺副근본적으로. 완전히. 철저히. 뿌리째. ¶问题已经～解决｜문제는 이미 완전히 해결되었다. ¶～消灭xiāomiè｜뿌리째 없애 버리다.

【根本法】gēnběnfǎ 名〈法〉기본법. 헌법.

【根插】gēnchā 名動〈農〉근삽(하다). 뿌리꽂이(하다).

【根除】gēnchú 動뿌리(째) 뽑다. 근절하다. ¶彻底chèdǐ～｜철저히 뿌리 뽑다. ¶～恶习｜악습을 근절하다.

【根词】gēncí 名〈言〉어근(語根). 어간.

【根底(儿)】gēndǐ(r) 名❶밑뿌리. 기초. 근본. 바탕. ¶墙上芦苇lúwěi, 头重脚轻～浅｜담 위의 갈대는 위가 무겁고 밑이 가벼워 밑뿌리가 얕다. 諷대중으로부터 유리된 상아탑 안의 지

식인. ¶他的中文～很好 | 그의 중국어 기초는 튼튼하다 =〔基础jīchǔ〕〔底子〕〔根祗gēndǐ〕〔根蒂dì〕 ❷속사정. 내막. 경위. ¶追问～ | 경위를 추궁하다 =〔底细xì〕 ❸俗 재산. 밑천. ❹근성(根性). ❺소성(素性). 혈통. 태생.

【根柢】gēndǐ 書 名 ❶〈植〉뿌리. ❷기초. 근본. 근저 =〔根蒂〕〔根底(儿)①〕〔根儿底儿〕

【根根梢梢】gēn·gen shāoshāo 貶 처음부터 끝까지. 자초지종. ¶～说了一遍 | 자초 지종을 한차례 이야기하다.

【根冠】gēnguān 名〈植〉근관.

【根号】gēnhào 名〈數〉근호. 루트(root).

【根基】ⓐ gēnjī 名 ❶기초. 근원. 토대. ¶～打得牢 | 토대가 확고하게 다져 있다. ¶要把～打好 | 기초공사를 잘 해야 한다. ❷혈통. 가계. 가문. ❸밑천. ¶～差 | 밑천이 약하다.

ⓑ gēn·ji 名 품행. 소행. ¶没～ | 품행이 방정하지 못하다.

【根脚】gēn·jiao 名 (건축물의) 토대. 기초. ¶这座房子的～很牢固láogù | 이 집의 토대는 매우 견고하다.

【根茎】gēnjīng 名〈植〉근경(根莖). ¶植物的～ | 식물의 근경 =〔根状zhuàng茎〕

【根究】gēnjiū 動 철저히 추구〔연구〕하다. ¶～真相 | 진상을 철저히 밝히다 =〔遣qiǎn根究底〕

4【根据地】gēnjùdì 名 근거지. ¶革命gémìng～ | 혁명 근거지.

2【根据】gēn·jù ❶動 근거하다. 의거하다. 따르다. ¶～气象豫报yùbào, 明天要下雨 | 일기 예보에 의하면, 내일 비가 올 것이다. ❷名 근거. ¶他这话儿缺少～ | 그의 이 말은 근거가 없다.

【根绝】gēnjué 動 근절하다. 뿌리(째) 뽑다. ¶～事故shìgù | 사고를 근절하다.

【根瘤】gēnliú 名〈植〉근류. 뿌리혹 =〔根粒lì〕

【根瘤菌】gēnliújūn 名〈植〉근류 박테리아.

【根毛】gēnmáo 名〈植〉근모. 뿌리털.

【根苗】gēnmiáo 名 ❶〈植〉뿌리와 싹. ❷근원. 유래. 내력. ¶造祸zàohuò的～ | 재난의 근원. ❸자손. 후계자.

【根儿底儿】gēnr dǐr ⇒〔根柢dǐ②〕

【根梢】gēnshāo 名 ❶뿌리와 가지. ❷轉 본말(本末). ❸轉 처음과 끝. 시종(始終) ‖ =〔根末mò〕

4【根深蒂固】gēn shēn dì gù 成 뿌리가 깊이 박히고 꼭지가 튼튼하다. ❶토대가 아주 튼튼하다. ❷완고하다. 고질이 되다 =〔根深柢dǐ固〕〔深根固蒂〕

【根深叶茂】gēn shēn yè mào 成 뿌리가 깊이 박혀야 잎이 무성하다. 기초가 튼튼해야 왕성하게 발전할 수 있다.

【根式】gēnshì 名〈數〉무리식(無理式).

【根外施肥】gēnwài shīféi〈農〉❶名組 잎에 비료를 주는 것. ❷動 잎거름을 주다 ‖ =〔叶yè面施肥〕〔根外追zhuī肥〕

【根蔓(儿)】gēnwàn(r) 名 뿌리와 덩쿨. 喩 (사물의) 유래. 내력.

【根系】gēnxì 名〈植〉뿌리 [원뿌리와 옆뿌리를 통털어 이르는 말]

【根性】gēnxìng 名 근성. 본성(本性). ¶劣liè～ | 졸렬한 근성. ¶～难改 | 본성은 고치기 힘들다.

【根须】gēnxū 名 수염뿌리.

【根芽】gēnyá 名 ❶〈植〉움. 어린 싹. ❷근원. 근본.

【根由】gēnyóu 書 名 유래. 내력. 원인. ¶追问～ | 내력을 캐묻다.

【根原】gēn yuán ⇒〔根源〕

3【根源】gēnyuán ❶名 근원. 원인. ¶祸有～ | 화에는 원인이 있다. ¶实践是一切科学知识的～ | 실천은 모든 과학 지식의 근원이다. ❷動 (…에서) 비롯되다. ❸形〈電算〉소스(source). 원시의. ¶～语言 | 원시언어. ¶～程式 | 원시 프로그램 ‖ =〔根原〕

【根植】gēnzhí 動 …에 뿌리를 두다〔내리다〕. 어법 비유법으로 쓰임. ¶只有～于人民群众的文学艺术, 才会有生命力 | 인민대중에 뿌리를 내린 문학 예술만이 비로소 생명력을 가질수 있다.

【根指数】gēnzhǐshù 名〈數〉근지수.

【根治】gēnzhì 動 근절하다. 철저히 고치다. ¶彻底chèdǐ～ | 철저히 근절하다. ¶～病患bìnghuàn | 병을 철저히 고치다. ¶～水灾shuǐzāi | 수해를 근절하다.

【根子】gēn·zi 名 ⓪ ❶(식물의) 뿌리. ❷(털·손톱·종기 등의) 뿌리. ❸〈言〉어근(語根). ❹토대. ❺(나라·종교 등의) 기초. 근거. ❻신용. 신뢰. ❼가문. 문벌. ❽(동물의) 혈통. ❾기원. 근원. ¶问题的～在哪里? | 문제의 근원은 어디에 있나?

1【跟】gēn 발꿈치 근, 뒤따를 근

❶介 …와 함께 [공동으로 어떤 일을 함을 나타냄] ¶我～你一起去 | 나는 너와 함께 가겠다. ¶她～朋友游泳去了 | 그녀는 친구들과 수영하러 갔다. 어법 부정사「不」를「跟」앞에 쓰면 주관적인 의지를 나타내고,「跟」뒤의 동사 앞에 쓰면 객관적인 사실을 나타내며,「没」는 어느 위치에 있어도 같음. ¶我不～他在一起 | 나는 그와 함께 있지 않겠다. ¶我～他不在一起 | 나는 그와 함께 있지 않다. ¶我不～这个人见面 | 나는 이 사람과 만나지 않겠다. ¶我～这个人不相识 | 나는 이 사람과 서로 알지 못한다. ❷介 …와. …에게. …에 대하여 [지시나 동작의 대상을 나타냄] ¶～敌人作斗争 | 적과 투쟁하다. ¶把你的意见～大家谈谈 | 너의 의견을 여러 사람에게 이야기해 보아라 =〔对〕 ❸介 …로 부터. …에게서. ¶这本书你～谁借的? | 이 책은 누구에게서 빌렸어요? ¶我～你打听一件事 | 제가 당신에게 한 가지 물어 보겠습니다 =〔从〕 ❹介 비교의 대상을 이끌어 들임. 어법 뒤에「比」「相同」「不同」「一样」「差不多」등이 옴. ¶～昨天比, 气温下降了五度 | 어제와 비교해 보면, 기온이 5도가 낮아졌다. ¶他的看法～你不同 | 그의 견해는 너와 다르다. ❺連 …와 [일반적으로 명사. 대사(代詞)를 접속함] ¶小李～我都是釜山人 | 이군과

나는 모두 부산 사람이다. ¶我～他是弟兄 | 나와 그는 형제이다. 어법「跟」「同」「和」「与」는 모두 같은 의미의 전치사(介詞)나 접속사(連詞)로 쓰이는데, 일반적으로 다음과 같은 경향이 있음. ⓐ 전치사로 쓰일 때, 구어(口語)에서는「跟」을 서면어(書面語)에서는「同」을 주로 쓰고, ⓑ 접속사로 쓰일 때,「和」를 주로 쓰며,「跟」「同」은 별로 쓰지 않음. ⓒ「与」는 서면어(書面語)·서명(書名)·표제어 등에 주로 쓰임. ❻ 動 따라가다. 쫓아가다. 계속되다. 붙다. 어법「跟」단독으로 동사로 쓰일 수 없으며, 반드시 방향보어(方向補語)나 전치사구(介詞詞組)가 있어야 함. ¶你太快了, 老人～不上 | 네가 너무 빨라서 노인이 따라갈 수 없다. ¶他在后面～着 | 그는 뒤에 따르고 있다. ❼ 書 動 轉 시집가다. ❽ 動 方 …에 (있다). …에서. ¶他正～家里呢 | 그는 마침 집에 있다. ¶你～哪儿念书 | 너는 어디에서 공부를 하느냐? ❾ 名 (발·구두·신발 등의) 뒤꿈치. ¶脚后～ | 발 뒤꿈치. ¶高～(儿)鞋 | 하이힐 구두. ¶鞋后～ | 구두 뒤축.

【跟班】gēn/bān ❶ 動 (작업조나 학습조에 가입하여) 함께 일하다[공부하다]. ¶～听课 | 같은 반에서 함께 수업을 받다. ❷ (gēnbān) 名 (옛날, 관리의) 시종. 종자(從者). 수행원＝[跟班(儿)的][跟随suí②][长cháng随]

【跟包】gēnbāo 名 動〈演映〉옛날, 배우의 분장을 돌보아[주는 사람]주다. ¶我只是一个～的 | 나는 단지 배우의 분장 돌봐 주는 사람이다.

【跟不上】gēn·bu shàng 動組 ❶ 따라 잡을 수 없다. 뒤지다. ¶～形势xíngshì | 형세에 뒤지다. ❷ (…에) 미치지 못하다. 비교가 되지 않다. ¶我还～他 | 나는 그에게는 아직 못 미친다.

【跟差】gēnchāi 名 비서. 사환. 몸종. ¶他手下有两个～ | 그의 수하에는 두명의 비서가 있다.

【跟从】gēncóng ❶ 動 따라가다. 따르다. ❷ 動 시집가다. ❸ 名 비서. 몸종.

【跟脚】gēnjiǎo 方 ❶ 名 토대. ❷ 動 따라 다니며 시중들다. ❸ 動 (아이들이 어른을) 졸졸 따라다니다. ❹ 形 (신발이) 발에 꼭 맞다. ¶这双鞋太大了点儿不～ | 이 신발은 너무 커서 발에 맞지 않다. ❺ (～儿) 副 곧. 바로. 뒤따라. ¶你刚出去, 他～儿就来找你 | 네가 막 나가자마자 그가 와서 너를 찾았다＝[跟尾wěi儿]

【跟进】gēnjìn 動〈軍〉(적을) 바짝 추격하다.

【跟屁虫】gēnpìchóng 名 貶 方 똘만이 [대부분 어린이를 지칭] ¶她是奶奶的～ | 그녀는 할머니의 몸종이다.

[2]【跟前】ⓐ gēnqián 名 옆. 곁. 근처. ¶请你到我～来 | 저의 곁으로 오세요＝[方 跟前儿qiǎnr][近前②]

ⓑ gēn·qian 슬하(膝下). ¶老金～只有一个女儿 | 김씨는 슬하에 단지 딸 하나만 있다.

【跟上】gēn·shang 動 ❶ 뒤따르다. 따라붙다. ¶要～时代的步伐bùfá | 시대와 보폭을 같이해야 한다. ❷ 기회로 삼다. 헛점을 이용하다. ¶～人的口气儿 | 다른 사람 어투의 헛점을 이용하다.

【跟手儿】gēnshǒu(r) 副 ❶ 곧. 뒤따라서. ¶你走了他～就来了 | 네가 가자마자 그가 뒤따라서 왔다→[随即suíjí] ❷ …하는 김에. ¶他一进屋子, ～就把门关上 | 그는 방에 들어 오는 김에 문을 닫아버렸다→[随手][就手(儿)]

【跟谁学谁】gēnshuí xuéshuí 諺 가까이 하는 사람을 따라 그 영향을 받게 된다→[近jìn朱者赤, 近墨者黑]

[4]【跟随】gēnsuí ❶ 動 뒤따르다. 동행하다. ¶他从小就～着爸爸在山里打猎dǎliè | 그는 어릴 적부터 아버지를 따라 산에서 사냥을 했다. ❷ ⇒[跟班gēnbān]

【跟趟儿】gēn/tàngr ❶ 動 따라잡다. 따라잡을 수 있다. ¶他学习跟上趟了 | 그는 학습에 있어서 따라 잡았다. ❷ (gēntàngr) 形 (시간이) 넉넉하다[충분하다]. ¶吃饭再去也～ | 식사를 하고 가도 충분하다.

[4]【跟头】gēn·tou ❶ 名 공중제비. 재주넘기. ¶翻fān～＝[摔shuāi跟头][折zhé跟头][打dǎ跟头][栽zāi跟头] | 공중제비[재주넘기]를 하다. ❷ 名 곤두박질. ¶叫车子带dài了个～＝[叫车子拉了个跟头] | 차에 부딪쳐 곤두박질 쳤다. ❸ 動 俗 실패하다. 지다 ‖＝[跟斗dǒu]

【跟头虫(儿)】gēn·touchóng(r) 名〈蟲〉장구벌레.

【跟着】gēn·zhe 副 ❶ 뒤따라. 잇달아. ❷ 곧이어서. 계속하여. ¶念了一回, ～就讲解 | 한번 읽고, 곧 이어서 해설을 했다. ❸ …와 함께. …에 따라. ¶天气tiānqì暖和起来, 我的病～也好起来了 | 날씨가 따뜻해지자, 내 병도 따라서 나아지기 시작했다.

【跟踵而来】gēn zhǒng ér lái 成 뒤꿈치를 따라오다. 사건이 잇달아 발생하다.

【跟追】gēnzhuī ⇒[跟踪zōng①]

[4]【跟踪】gēnzōng ❶ 動 바짝 뒤를 따르다. 미행하다. 추적하다. ¶雪地～ | 눈 위에서 발자국을 추적하다. ¶～敌舰díjiàn | 적 함선을 추적하다＝[跟追zhuī]→[钉dīng梢] ❷ 名〈電算〉(컴퓨터에서의) 트레이스(trace). ¶～程序chéngxù | 트레이스 루틴(trace routine). ¶～控制kòngzhì | 추종 제어(追從制御).

【跟踪追击】gēn zōng zhuī jī 成 뒤를 쫓아 추격하다. ¶命三团迅速～残敌于仁川一带 | 삼단에 명령하여 인천 일대에 있는 잔적을 신속히 추격하다.

gén ㄍㄣˊ

【哏】gén hēn 우스울 근, 꾸짖을 흔

Ⓐ gén 方 ❶ 形 우습다. 익살스럽다. 재미있다. ¶这小女孩儿笑的样子真～ | 이 여자 아이의 웃는 모습이 정말 우습고 재미있다. ❷ ⇒[哏(儿)]

Ⓑ hēn →[哏哆duō]

Ⓐ gén

【哏(儿)】gén(r) 名 方 유머. 익살. 해학. ¶有～! 有～! | 이야, 재미있군, 재미있어! ¶喝醉hēz-

uì了, 多有～! | 술에 취하니까 정말 재미있군! ¶临时抓个～ | (애드 리브(ad lib)에서) 즉흥적으로 개그를 연출하다. ¶逗dòu～ | 익살을 떨다. 사람을 웃기다. (만담의) 주역. ¶捧pěng～ | 맞장구를 쳐서 웃기다. (만담의) 조역.
Ⓑ hēn
【哏哆】hēnduō 動 야단치다. 꾸짖다. ¶叫人～了一顿 | 남에게 꾸중을 한바탕 들었다.

gěn ㄍㄣˇ

【艮】gěn ☞ 艮 gèn Ⓑ

gèn ㄍㄣˋ

【亘〈亙〉】gèn ⓐ gèng) 건널 긍, 뻗칠 긍 주의 「亘」은 원래 「宣」의 본자(本字)로 「xuān」으로 읽는 글자였으나 예로 부터 「亙」의 속자(俗字)로 쓰여 왔으며, 중국에서는 「亘」을 「亙」의 정자로 쓰기로 규정하였음. 대만(臺灣)에서는 아직도 「亘」과 「亙」을 구별하여 쓰기도 함. ❶ 動 (시간적·공간적으로) 통해있다. 끊임없이 계속되다. …에서 …까지 미치다. ¶～古↓ ¶长城chángchéng绵～五千余里 | 만리장성이 5천 여리나 뻗쳐 있다. ❷ (Gèn) 名 성(姓).
【亘古】gèngǔ 副 옛날. 이전. ¶～以来 | 자고이래로. ¶～至今＝〔亘古及今〕| 예로부터 지금까지.
【亘古未有】gèn gǔ wèi yǒu 成 종래로 있어 본 적이 없다. ¶～的奇迹 | 전례없는 기적. ¶这种情况可以是～ | 이런 상황은 전례가 없는 것이라 말할 수 있다.

【艮】gèn gěn 그칠 간, 괘이름 간
Ⓐ gèn 名 ❶ 주역(周易) 8괘의 하나→〔卦guà〕 ❷ 옛날, 동북방의 방위 ❸ 오전 2시~4시 사이의 시간을 가리킴. ❹ (Gèn) 성(姓).
Ⓑ gěn 形 ❶ 方 (음식물이) 단단하다. 딱딱하다. 질기다. ¶～萝卜luóbo | 단단한 무. ❷ 京 (성격이) 고지식하다. 강직하다. ¶他性儿真～ | 그는 정말 고지식하다. ❸ 京 (말이) 딱딱하다. 잔 재미가 없다. ¶他说的话太～ | 그가 하는 말은 너무 딱딱하다. ❹ 方 (의복 등이) 꾸밈이 없다.
【艮气】gèn·qi 名 俗 ❶ (채소 등의) 풋내. ❷ 풋내 [세상 물정에 어둡고 융통성이 없는 모양]

【茛】gèn 단장초 간
❶ 名 〈植〉 단장초 [뿌리와 잎에 독이 많은 식물]＝〔断duàn肠草〕 ❷ ⇒〔毛máo茛〕

gēng ㄍㄥ

1【更】gēng gèng 고칠 경, 다시 갱
Ⓐ gēng ❶ 動 변경하다. 바꾸다. 고치다. ¶～改↓ ¶～换↓ ¶～动↓ ¶～番↓ ❷ 書 動 경험하다. ¶少shào不～事 | 젊어서 경험이 많지 않다. ❸ 名 경 [옛날, 밤을 7시부터 2시간씩 끊어 「五更」(5경)으로 나누고 그 하나를 「更」(경)이라 하였음] ¶三～ | 삼경(밤 11시~1시). ¶定～时分 | 야경을 돌기 시작하는 시간.
Ⓑ gèng 副 ❶ 더욱. 한층 더. ¶他比你来得～早 | 그는 너보다 더 일찍 왔다. ¶我～喜欢这个地方了 | 나는 이 곳을 더욱 좋아하게 되었다. ¶～进一步地研究 | 더욱 진일보하여 연구하다. ❷ 다시. 또. 되풀이 하여. ¶～上一层楼 | 다시 한 층 위로 오르다. ¶我佩服他的学问, ～敬重他的品德 | 그의 학문을 존경할 뿐만 아니라, 또한 그의 인품도 존경한다.
Ⓐ gēng
【更代】gēngdài 動 교체하다＝〔更替〕
【更迭】gēngdié ❶ ⇒〔更番〕 ❷ 名 경질. 교체. ¶发生了政权zhèngquán～ | 정권 교체가 발생했다.
【更订】gēngdìng 動 수정하다. 개정하다＝〔更定dìng〕
【更动】gēngdòng ❶ 動 인사 이동하다. 경질하다. ❷ 名 이동. 교체. ¶人事～ | 인사 이동. ❸ 動 (형체·성질·조직 등을) 변화시키다.
【更番】gēngfān 動 번갈아 교체하다＝〔更迭dié①〕
【更夫】gēngfū 名 야경꾼＝〔打更的〕
4【更改】gēnggǎi 名 動 변동(하다). 변경(하다)＝〔更张zhāng〕〔变biàn更〕〔变动dòng②〕
【更鼓】gēnggǔ 名 옛날, 시각을 알리던 북.
4【更换】gēnghuàn 動 ❶ 교체하다. 변경하다. ¶～了服装fúzhuāng | 복장을 교체하다. ❷ 인사 이동하다. 경질하다.
【更楼】gēnglóu 名 옛날, 북을 쳐서 시각을 알리는 망루.
【更名】gēngmíng 書 動 이름을 갈다〔바꾸다〕. ¶～改姓 | 이름과 성을 갈다.
【更年期】gēngniánqī 名 갱년기.
【更仆难数】gēng pú nán shǔ 成 이루 헤아릴 수 없이 많다. 번잡하고 많다.
【更深人静】gēng shēn rén jìng 成 밤이 깊어 인적이 끊어지다＝〔更深夜yè静〕〔更夜人静〕
【更生】gēngshēng 名 動 ❶ 갱생(하다). ¶自力～ | 자력갱생(하다). ❷ 재생(하다). ¶～棉mián | 재생솜. ¶～纸zhǐ | 재생종이.
【更始】gēngshǐ 書 動 갱신하다. 혁신하다. 처음부터 다시하다.
【更事】gēngshì 書 ❶ 動 경험을 쌓다. ¶～不多 | 경험이 많지 않다. ¶他少不～ | 그는 어려서 경험이 없다. ❷ 名 평범한 일. 원래 있던 일.
【更替】gēngtì ⇒〔更代dài〕
4【更新】gēngxīn ❶ 動 갱신하다. 새롭게 바뀌다. ¶万象～ | 모든 것이 새롭게 바뀌다. ¶岁序～ | 해가 바뀌다. ❷ 動 (산림이 파괴되었다가) 다시 자라다. ❸ 名 〈電算〉 갱신. 업데이트(update).
【更新换代】gēngxīn huàndài 動 (상품의 면모를) 확 바꾸다. ¶电脑～得很快 | 컴퓨터의 발전이 매우 빠르다.
【更新世】Gēngxīnshì 名 〈地質〉 갱신세. 홍적세(洪積世).

【更姓】gēngxìng 書 動 ❶ 성을 바꾸다→〔改gǎi姓〕 ¶～改名｜성과 이름을 바꾸다. ¶～, 隐居乡里｜성을 바꾸고 고향에 은거하다. ❷ 왕조가 바뀌다

【更衣】gēngyī 書 動 ❶ 의복을 갈아 입다. ❷ 婉 변소에 가다.

【更张】gēngzhāng 動 금(琴)의 줄을 조절하다. 轉 변경하다. 개혁하다→〔改弦xián更张〕

4【更正】gēngzhèng ❶ 動 잘못을 고치다. 정정(訂正)하다. ¶～错误cuòwù｜잘못을 고치다. ❷ 名 정정(訂正). ¶～表｜정오표(正誤表)

B gèng

【更不待说】gèng bùdài shuō ⇒〔更不用说〕

【更不用说】gèng bùyòng shuō 動組 더 말할 나위도 없다. ¶至于汽车被用来长途贩运商品, 那～了｜자동차가 상품을 장거리 수송 판매하는 데 사용되는 것은 더 말할 나위도 없다＝〔更不待dài说〕

2【更加】gèngjiā 副 더욱 더. 한층. 어법 「更」「更加」와 「愈加」「越发」의 차이⇒〔越yuè发①〕 ¶问题～复杂｜문제가 한층 더 복잡해 지다＝〔更其qí〕〔更为wéi〕

【更其】gèngqí 書 副 더욱 더. 한층. ¶上流河水～湍tuān急｜상류의 물흐름은 더욱 더 세구나＝〔更加jiā〕

【更上一层楼】gèng shàng yī céng lóu 成 이미 거둔 성과에서 한층 더 높이다. 좀 더 노력하다.

【更是】gèng·shi 副 더욱(더). 보다(더). ¶～有力地驳斥了那种谬miù论｜더 한층 힘있게 그 잘못된 이론을 반박했다＝〔更加jiā〕

【庚】 gēng 일곱째천간 경

❶ 名 경 [천간(天干)의 일곱번째]→〔干gān支〕 ❷ 名 (배열순서의) 일곱번 째. ❸ 書 名 연령. ¶贵～｜몇살입니까? ¶同～｜동갑. ❹ (Gēng) 名 성(姓).

【庚款】Gēngkuǎn ⇒〔庚子赔péi款〕

【庚日】gēngrì 書 名 간지(干支)로 따져서 일곱째 천간(天干)의 날.

【庚帖】gēngtiě 名 사주단자. ¶交换jiāohuàn～｜사주단자를 교환하다＝〔八字帖(儿)〕〔八字(儿)〕〔媒méi帖〕〔小帖(哪)〕

【庚子赔款】Gēngzǐpéikuǎn 名組 1900년 의화단 사건(義和團事件)의 배상금(賠償金)＝〔庚款kuǎn〕〔庚赔〕

【赓(賡)】 gēng 이을 갱

❶ 書 動 계속하다. 연속하다. ¶噪音zàoyīn断而复～｜소음이 끊어졌다가 다시 계속되다. ❷ (Gēng) 名 성(姓).

【赓续】gēngxù 書 動 계속되다. ¶物价wùjià～下跌diē｜물가가 계속 하락하다.

【鹒(鶊)】 gēng 꾀꼬리 경

⇒〔鸧cāng鹒〕

3【耕〈畊〉】 gēng 갈 경

動 ❶ (밭을) 갈다. 경작하다. ¶深～细作｜깊이 갈고 정성들여 가꾸다. ❷ 喩 생계를 꾸려 나가다. ¶笔～｜글을 써서 벌어 먹다. 필경하다. ¶舌～｜입으로 벌어 먹다. 교편생활을 하다.

【耕畜】gēngchù 名 농경에 쓰이는 가축. ¶爱护àihù～｜가축을 보호하다.

3【耕地】gēng/dì ❶ 動 밭을 갈다. ❷ (gēngdì) 名 농경지. ¶～面积｜경지면적.

【耕读】gēngdú 書 名 농사와 면학(勉學). ¶～教师｜농업에 종사하면서 가르치는 교사.

【耕读小学】gēngdú xiǎoxué 名組 농업에 종사하면서 배우는 초등학교.

【耕具】gēngjù 名 경작용 농기구. ¶修理xiūlǐ～｜농기구를 수리하다.

【耕牛】gēngniú 名 경우. 밭갈이 소. ¶农民不忍宰杀zǎishā～｜농민은 밭갈이 소를 도살하는 것을 참지 못한다.

【耕田】gēng/tián 動 밭을 갈다.

【耕耘】gēngyún 書 動 ❶ 땅을 갈고 김을 매다. 경작하다. ❷ 喩 정신과 노력을 기울이다. ¶着意～, 自有收获｜정성을 기울이면 수확이 있다. ¶辛勤xīnqín～, 终成硕果shuòguǒ｜부지런히 정성과 노력을 기울이면, 끝내 큰 업적을 이루게 된다.

【耕云播雨】gēng yún bō yǔ 成 강우를 조절하고 자연을 개조함.

【耕织】gēngzhī 書 名 경작(耕作)과 직조(織造).

4【耕种】gēngzhòng 動 땅을 갈고 파종하다.

【耕作】gēngzuò 名 動 경작(하다). ¶～园田化｜농경지의 규격화.

【羹】 gēng 국 갱

名 〈食〉 고기나 야채 등으로 만든 걸쭉한 국〔수프〕. ¶肉～｜고깃국.

【羹匙】gēngchí 名 숟가락＝〔汤tāng匙〕

gěng ㄍㄥˇ

【哽】 gěng 목멜 경

❶ 動 흐느끼다. 목이 메다. ¶悲～｜슬퍼 흐느끼다. ¶他心里一酸, 喉咙hóulóng～得说不出话来｜그는 마음이 쓰라리고, 목이 메어 말을 하지 못했다. ❷ 〈演映〉 각본에서 헛기침의 「에헴」 등을 뜻하는 말.

【哽塞】gěngsè 動 목이 메다.

【哽噎】gěngyē 動 ❶ (음식물이) 목에 걸리다. ¶他嘴里像有什么东西～住, 说不出话来｜그는 입안에 무언가가 걸려있어, 말을 하지 못한다. ❷ 오열하다.

【哽咽】gěngyè 動 흐느껴 울다. 오열하다＝〔梗gěng咽〕

【哽阻】gěngzǔ 動 (목이) 막히다〔메다〕.

【埂】 gěng 둑 갱, 두둑 갱

名 ❶ (～儿, ～子)(논·밭의) 두둑. ¶地～儿＝〔田tián埂〕｜논두둑. 밭두둑. ❷ 둔덕. ¶再往前走, 就是一道小山～｜좀 앞으로 가면 바로 작은 둔덕이 있다. ❸ 둑. 제방. ¶堤dī～｜둑.

【埂子】gěng·zi 名 (논·밭의) 두둑.

【绠(綆)】 gěng 두레박줄 경

書 名 두레박 줄. ¶汲jí～｜두레박줄.

【绠短汲深】gěng duǎn jí shēn 成 두레박 줄은

짧은데 우물은 깊다. 謙능력은 부족한데 책임이 무겁다.

4【梗】gěng 줄기 경, 세울 경 ❶(~儿, ~子) 名식물의 가지 또는 줄기. ¶花~ | 꽃자루. ¶荷叶héyè~ | 연(蓮)의 잎줄기. ❷動저해(阻害)하다. 방해하다. ¶徒中作~ | 중간에서 방해하다. ❸動곧추〔꼿꼿이〕세우다. ¶~着脖bó子 | 목을 곧추 세우다. ❹書形완고하다. 뻣뻣하다. ¶顽~ | 완고하다. ❺(성격이) 시원시원하다. 솔직하다. 강직하다. ¶~直↓

【梗脖子】gěngbó·zi ❶動組목대를 세우다. 喻반항적 태도를 취하다. ¶他老是红脸~ | 그는 언제나 얼굴을 붉혀 반항적 태도를 취한다. ❷名고집장이. 완고한 자.

【梗概】gěnggài 名(이야기의) 대략적인 내용. 경개. ¶故事gùshì的~ | 이야기의 줄거리.

【梗塞】gěngsè ❶書動막다. 막히다. ¶~不通 | 꽉 막히어 통하지 않다. ¶音信~ | 소식이 끊어지다. ¶道路~ | 도로가 막히다 =〔阻zǔ塞〕 ❷⇒〔梗死sǐ〕

【梗死】gěngsǐ 名〈醫〉경색. 경화 =〔梗塞②〕〔梗阻③〕

【梗直】gěngzhí ⇒〔耿gěng直〕

【梗阻】gěngzǔ ❶動저지하다. 방해하다. ¶横加~ | 멋대로 방해하다 =〔拦挡〕 ❷動막히다. 가로막다. ¶山川~ | 산천이 가로막다 =〔阻zǔ塞〕 ❸⇒〔梗死gěngsǐ〕

【鲠(鯁)〈骾〉】gěng 뼈 경 書❶名물고기의 뼈. ❷動(물고기의 뼈가) 목에 걸리다. ¶骨gǔ~在喉 | 成뼈가 목구멍에 걸리다. 喻마음 속에 있는 말을 꺼내지 못하여 답답해하다. ❸形굳세고 곧다. 정직하다. ¶~直↓

【鲠直】gěngzhí ⇒〔耿直〕

【耿】gěng 밝을 경 ❶강직하다. 바르고 곧다.. ¶刚gāng~ | 강직하다. ❷書形밝다. ¶银河yínhé~~ | 은하가 밝다. ❸불안하다. 걱정스럽다. ¶优yōu~ | 근심하다. ❹(Gěng) 名성(姓).

【耿饼】gěngběng 名〈食〉작고 두꺼운 곶감.

【耿耿】gěnggěng 書貶❶밝다. ❷충성스럽다. 충직하다. ¶忠心zhōngxīn~ | 충성심이 두텁다. ❸근심스럽다. ¶~不寐mèi | 근심스러워 잠을 이루지 못하다. ¶~于怀 | 마음 속으로 근심스러워 하다.

【耿介】gěngjiè 書形바르고 곧다. 강직하다. ¶性情xìngqíng~ | 성격이 바르고 곧다.

【耿皮气】gěngpí·qi 名외골수. 강직한 성질.

【耿性】gěngxìng 名강직한 성품.

【耿直】gěngzhí 形정직하다 솔직하다. 바르고 곧다. ¶老金这个人很~, 有什么就说什么 | 김씨 이 사람은 매우 솔직하여, 무언가 있으면 곧바로 이야기를 한다 =〔梗gěng直〕〔鲠gěng直〕〔直爽shuǎng〕

【颈(頸)】gěng ☞ 颈 jǐng Ⓑ

gèng ㄍㄥˋ

【亘】gèng ☞ 亘 gèn

1【更】gèng ☞ 更 gēng Ⓑ

gōng ㄍㄨㄥ

1【工】gōng 장인 공 ❶名노동자. ¶矿~ | 광부. ¶技~ | 기능공. ❷名일. 작업. ¶做~ | 일하다. ¶加~ | 가공하다. ❸名(하루) 품. 일손. ¶砌qì这道墙要几个~? | 이 담을 쌓는 데는 몇 사람의 일손이 필요합니까? ❹名공사. ¶兴~ =〔开工〕〔动工〕 | 기공(起工)하다. ¶竣jùn~ =〔完工〕 | 준공하다. ❺(~儿) 名기술. 기능. 재간. ¶唱~(儿) | (가극 등에서) 노래 솜씨. ❻名기사(技士). ¶高~ | 고급기사. ❼名〈音〉「工尺」(중국 고유 음악의 음계 부호)의 하나→〔工尺〕 ❽名簡공업. ¶机~ | 기계 공업. ❾정교하다. 세밀하다. ¶~巧↓ ❿書動(…를) 잘하다. (…에) 능숙하다. ¶~于绘画huìhuà | 회화에 능숙하다. ⓫書名악사(樂師). ⓬「红」과 통용⇒〔红gōng〕 ⓭복성(複姓) 중의 한 자(字). ¶~尹yǐn↓

【工本】gōngběn 名❶노동력과 자본. ❷생산원가. ¶这本书的~费是一万圆 | 이 책의 생산원가는 만원이다.

【工笔】gōngbǐ 名〈美〉(동양화의) 밀화(密畵)의 화법. ¶~画(儿) | 밀화 =〔恭gōng笔〕

【工兵】gōngbīng 名〈軍〉공병. ¶~队duì | 공병대 =〔工程chéng兵〕

【工场】gōngchǎng 名❶공장. ❷수공업장

1【工厂】gōngchǎng 名공장. ¶~成本chéngběn | 공장 원가. ¶~调查diàochá总结 | 공장조사의 총괄 보고. ¶~价格jiàgé =〔企业qǐyè价格〕 | 공장도 가격. ¶~立法lìfǎ | 공장법 ¶~史 | 공장의 연혁〔역사〕=〔工场chǎng①〕→〔厂①〕〔工段duàn〕

【工潮】gōngcháo 名노동 쟁의. ¶闹nào~ | 노동 쟁의를 하다 =〔劳动láodòng争议zhēngyì〕

【工尺】gōngchě 名〈音〉중국 고유 음악의 음계 부호 [「合·四·一·上·尺·工·凡·六·五·乙」의 10가지로서 이는 솔·라·시·도·레·미·파·솔·라·시에 해당함] ¶~字 | 「工尺」의 부호. ¶~谱 | 「工尺」로 표시된 악보.

2【工程师】gōngchéngshī 名기사(技師). ¶总~ | 수석 기사.

2【工程】gōng·chéng 名공사. 공정. ¶水利shuǐlì~ | 수리 공사. ¶~浩hào大 | 공사가 대규모이다. ¶~处chù | 공사 사무소. ¶~技术jìshù人员 | 공사 기술자. ¶~队duì | 작업대.〈軍〉공병대. ¶~估单gūdān | 공사 견적. ¶~画 | 설계도. ¶~兵 | 〈軍〉공병. ¶~学 | 공학.엔지니어링.

3【工地】gōngdì 名(작업·공사) 현장. ¶建筑zhù~ | 건축 현장. ¶~津贴jīntiē | 공사 현장 수

당→〔现xiàn场〕〔工点diǎn〕

【工点】gōngdiǎn 名 공사 지점→〔工地〕

【工读】gōngdú 動 일하면서 배우다. 고학하다. ¶～的学生｜고학생→〔勤qín工俭学〕〔农nóng读〕

【工读学校】gōngdú xuéxiào 名組 ❶ 일하면서 배우는 학교. ❷ 소년원 ‖＝〔教jiào养学校〕

【工段】gōngduàn 名 ❶ 건축·교통·수리(水利) 등 공정 부문에 의해 구분된 시공 조직. ❷ 작업 부문 [공장의 작업 현장에서 생산 과정에 따라 구분된 생산 조직] ‖→〔车间〕 ❸ 작업단계. ¶装配～｜조립단계.

【工房】gōngfáng 名 ❶ 작업장. ❷ 노동자 기숙사. ¶单身dānshēn女工～｜독신 여공 기숙사.

【工分(儿)】gōngfēn(r) 名 ❶ 임금. ¶挣zhèng～｜임금을 받다＝〔劳láo动工分〕 ❷ 임금 계산의 단위＝〔工资zī分〕

【工蜂】gōngfēng 名〈動〉일벌.

[2]【工夫】ⓐ gōngfū 名 옛날, 임시 고용 노동자. ⓑ gōng·fu 名 ❶ (～儿)(투자한) 시간. ¶他三天～就学会了游泳yóuyǒng｜그는 사흘 동안만에 수영을 배웠다. ¶不久～的｜얼마 지나지 않아. ❷ 틈.여가. ¶你有～吗?｜너 여가가 있니? ❸ (～儿) 方 시(時). 때. ¶正在说话的～｜막 얘기하고 있을 때. ❹ 조예. 재주. 솜씨. ¶他的诗～很深｜그의 시는 잘 숙련되었다. ¶有～｜솜씨〔재간〕이 있다. ❺ 노력. ¶下～｜노력하다. ¶只要～深, 铁杵chǔ磨成针｜諺 애써 노력만 하면, 쇠절굿공이를 갈아 바늘을 만든다. 애써 노력하면 성공한다 ‖＝〔功gōng夫①〕 어법 ① ② ③은 주로「工夫」로 쓰이며, ④ ⑤는 대개「功夫」로 쓰임.

【工服】gōngfú 名 노동복. 작업복. ¶发了一套～｜작업복 한벌을 지급하다.

[2]【工会】gōnghuì 名 노동 조합. 노조. ¶总zǒng～｜노동 조합 총연합회. ¶职业zhíyè～｜직업별 노조. ¶分业～＝〔各gè业工会〕｜업종별 노조. ¶同业～｜동업자 단체. ¶～章程zhāngchéng｜노조 규약. ¶～法｜노동조합법. ¶～入会金｜노조 가입비. ¶～理事lǐshì＝〔工会委员〕｜노조위원. 노조이사. ¶～文化补习学校｜노동조합 부설 노동학교＝〔工联lián〕〔工团tuán〕→〔工人会〕

【工假】gōngjià 名 유급 휴가. ¶放～三天｜삼일간의 유급 휴가로 쉬다.

【工价】gōngjià 名 임금. 품삯. 인건비.

【工间】gōngjiān 名 노동시간 내의 규정된 휴식. ¶～小憩qì｜작업 중간 잠시간의 휴식. ¶～休息xiūxī时间｜작업 도중의 휴식 시간.

【工间操】gōngjiāncāo 名 업간 체조. ¶工厂内开展了做～的活动｜공장내에서 업간체조를 실시했다.

【工件】gōngjiàn ⇒〔作zuò件〕

【工匠】gōngjiàng 名 공예가. 공인(工人)→〔技jì工〕〔师徒shītú〕

【工界】gōngjiè 名 ❶ 공업계. ❷ 노동자 사회.

[2]【工具】gōngjù 名 ❶ 공구. 작업 도구. ¶～箱xiāng｜공구상자. ❷ 轉 수단. 도구. ¶交际jiāojì～｜교제수단. ¶生产shēngchǎn～｜생산수단.

【工具钢】gōngjùgāng 名〈工〉공구강.

[4]【工具书】gōngjùshū 名 참고서. 도구서 [조사·연구 등의 참고가 되는 사전·자전(字典)·색인·연표·연감(年鑒)·백과 전서 등의 서적] ¶编了几本～｜몇 권의 도구서를 편찬했다.

【工具主义】gōngjù zhǔyì 名〈哲〉도구주의.

【工楷】gōngkǎi 名 또박또박 잘 쓴 해서(諧書).

【工科】gōngkē 名 공과. ¶～大学｜공과대학.

【工矿】gōngkuàng 名 簡 ❶「工业矿业」(공업과 광업)의 약칭. ❷「工厂矿山」(공장과 광산)의 약칭 ‖＝〔厂场〕

【工力】gōnglì 名 ❶ 簡 공력(功力). 기술과 힘. 시간과 노력. 수련과 역량. ¶做到这样是不容易的, 必须用很大的～｜이 정도 하는 것은 쉽지 않다. 반드시 많은 공력을 들여야만 한다. ❷ 기술. 조예. ¶～深厚shēnhòu｜조예가 매우 깊다. ❸ 노동력.

【工力悉敌】gōng lì xī dí 成 서로의 기술과 역량이 서로 비슷하다.

【工料】gōngliào 名 簡 노동력과 재료. ¶花了很多～｜많은 노동력과 재료를 썼다.

[3]【工龄】gōnglíng 名 ❶ 근무 연한. 재직 연수. ¶他是老矿工出身, 有过四十年的～｜그는 고참 광부 출신으로 40년간의 근무 경력이 있다＝〔工作年资zī〕〔工作年限xiàn〕 ❷ 취업 연령. ¶最低zuìdī～｜최저 취업 연령.

【工贸结合】gōngmào jiéhé 名組 (수출상품생산의) 공업부문과 무역부문의 결합.

【工帽】gōngmào 名 작업모.

【工妙】gōngmiào 形 정교한. 섬세한. ¶～的技术jìshù｜정교한 기술.

【工农】gōngnóng 名 簡 ❶ 농공.「工业农业」(공업과 농업)의 약칭. ❷ 노농.「工人农民」(노동자와 농민)의 약칭. ¶～差别chābié｜노동자와 농민의 격차.

【工农兵】gōngnóngbīng 名 ❶ 簡 노동자·농민·군인. ¶文艺wényì要为～服务｜문예는 노동자 농민 군인을 위해 복무해야 한다. ❷ 노동자·농민 출신의 군인.

【工女】gōngnǚ 名 여공.

【工棚】gōngpéng 名 ❶ (광산이나 공사장의) 가설 막사. ❷ 임시 작업장.

【工期】gōngqī 名 작업 기일. 공사 기일. ¶～延长yáncháng了｜작업 기일을 연장했다.

[3]【工钱】gōng·qian 名 ❶ 품삯. ❷ 口 노임. 임금 ‖＝〔工资zī〕

【工巧】gōngqiǎo 形 (솜씨가) 섬세하다. 정교하다. ¶这篇文章wénzhāng思为～｜이 문장의 구상은 대단히 정교하다.

【工区】gōngqū 名 공사구역. 작업구역.

[1]【工人】gōngrén 名 노동자. ¶～教育jiàoyù＝〔劳láo工教育〕｜노동자교육. ¶失业shīyè～｜실업노동자. ¶～权益quányì｜노동자의 권익. ¶退休tuìxiū～｜년로 보장 노동자. ¶手艺shǒuyì～｜수공업 노동자. ¶季节jìjié～｜계절성

노동자. ¶老工(人)＝〔热练工(人)〕| 숙련공＝〔工友yǒu〕〔劳工〕〔劳动者〕

【工人贵族】gōngrén guìzú 名 노동귀족.

【工人会】gōngrénhuì 名 (옛날의) 노동자 조직 →〔工会〕

[4]【工人阶级】gōngrén jiējí 名 노동(자) 계급→〔普pǔ罗列塔利亚特〕〔无产阶级〕

【工人运动】gōngrén yùndòng 名組 노동운동＝〔簡工运〕

【工日】gōngrì 名 작업 일수.

【工商界】gōngshāngjiè 名 상공업계. ¶全国～座谈会 | 전국 상공업계의 좌담회.

【工商联】gōngshānglián 名 簡 「工商业联合会」의 약칭.

【工商业】gōngshāngyè 名 상공업. ¶发展～ | 상공업을 발전시키다.

【工伤】gōngshāng 名 작업 도중에 입은 상처.

【工舍】gōngshè 名 노동자 기숙사.

[4]【工事】gōngshì 名 공사.

【工时】gōngshí ⇒〔工作时间〕

【工头(儿)】gōngtóu(r) 名 ❶ 직공장(職工長)＝〔工长zhǎng〕 ❷ 십장. 감독＝〔包bāo工头〕〔头佬lǎo〕 ❸ 도목수.

【工团】gōngtuán ⇒〔工会huì〕

【工稳】gōngwěn 書 形 (시문(詩文) 등이) 짜임새 있다. ¶对得很～ | 대구(對句)의 구성이 대단히 짜임새 있다.

【工细】gōngxì 形 정교하다. ¶雕刻diāokè～ | 조각이 정교하다.

【工效】gōngxiào 名 작업의 능률. ¶这样做～不高 | 이렇게 하면 작업의 능률이 높지 못하다.

【工薪】gōngxīn ⇒〔工资zī〕

【工休】gōngxiū 名 휴무. ¶～日 | 휴무일.

[3]【工序】gōngxù 名 제조공정.

[1]【工业】gōngyè 名 공업.

【工业病】gōngyèbìng 名 직업병.

【工业革命】gōngyè gémìng 名組 산업혁명.

【工业国】gōngyèguó 名 공업국.

【工业化】gōngyèhuà 名 공업화. ¶实行shíxíng～ | 공업화를 실행하다.

【工业体系】gōngyè tǐxì 名組 공업 시스템.

【工役】gōngyì 名 ❶ (옛날, 기관이나 학교에서의) 잡부. ❷ 잡부나 인부를 동원하는 것.

【工艺】gōngyì 名 ❶ 수공예. ❷ 가공업. 가공술. 가공법. ¶改革gǎigé～, 改进设备shèbèi | 가공업을 개혁하고, 설비를 개선하다.

【工艺规程】gōngyì guīchéng 名組 기술공정＝〔工艺过程〕

【工艺流程】gōngyì liúchéng ⇒〔流liú程②〕

【工艺美术】gōngyì měishù 名組 〈美〉 공예미술.

[2]【工艺品】gōngyìpǐn 名 공예품.

【工尹】Gōngyǐn 名 복성(複姓).

【工友】gōngyǒu 名 ❶ (기관이나 학교의) 고용원. ❷ 옛날, 노동자 상호간이나 혹은 고용주가 노동자에 대해 친근감을 표시하기 위해 부르던 호칭.

【工于】gōngyú 書 形 …에 능숙하다. …에 뛰어나다. ¶～心计 | 지모에 뛰어나다.

【工余】gōngyú 名 노동의 여가. ¶～时间shíjiān | 노동의 여가 시간.

【工欲善其事, 必先利其器】gōng yù shàn qí shì, bì xiān lì qí qì 諺 일을 잘 하려면 우선 좋은 도구가 필요하다.

【工运】gōngyùn ⇒〔工人运动〕

【工贼】gōngzéi 名 (노동운동을 방해하는 등) 노동자 계층의 배반자. 노동 귀족. ¶打～呀! | 배반자를 때려잡자!

【工整】gōngzhěng 形 (글씨 등이) 세밀하고 정제되다. 깔끔하다. ¶老李的字写得很～ | 이형의 글씨는 깔끔하다.

【工致】gōngzhì 形 정교하고 섬세하다. ¶这一枝梅花画得很～ | 이 매화는 정말 정교하고 섬세하게 그려졌다.

【工种】gōngzhǒng 名 (공업·광업에서) 노동의 종류. ¶很想换个～ | 대단히 직종의 종류를 바꾸고 싶어하다.

【工装】gōngzhuāng 名 작업복. 노동복. ¶～裤kù | 작업복 바지. ¶换上了～ | 작업복으로 갈아입었다.

【工拙】gōngzhuō 名 능숙함과 서투름. 교묘함과 졸렬함.

[2]【工资】gōngzī 名 임금. 노임. ¶实际shíjì～ | 실질 임금. ¶最低zuìdī～ | 최저 임금. ¶平均píngjūn～ | 평균 임금. ¶标准biāozhǔn～ | 표준 임금. ¶计时jìshí～＝〔死sǐ工钱〕〔呆dāi工钱〕| 시간제 임금. ¶加班jiābān～＝〔加班费fèi〕| 휴일 출근 수당. 잔업수당. ¶计件jìjiàn～＝〔活huó工钱〕| 도급임금. ¶停工tínggōng～＝〔停工津贴jīntiē〕| 휴업 수당. ¶加成～＝〔加给工资〕| 임금 할증(을 하다). ¶扣除kòuchú～ | 임금 공제(하다). ¶折zhé扣～ | 임금 할인(을 하다). 임금의 실질적 가치 저하(를 시키다). ¶预付yùfù～ | 임금 선불(하다). ¶～照zhào给 | 임금을 규정대로 지급하다. ¶～袋dài | 월급봉투＝〔工薪xīn〕〔工钱qián②〕〔薪资〕

【工资制】gōngzīzhì 名 임금제. ¶实行计件～ | 도급 임금제를 실시하다.

【工字钢】gōngzìgāng 名 I 형 강철＝〔工形xíng钢〕

[1]【工作】gōngzuò ❶ 名 일. 노동. 작업. ¶～量liàng | 작업량. ¶～能力nénglì | 노동 능력. ¶～条件tiáojiàn | 작업 조건. ¶～效率xiàolǜ | 작업 능률. ¶～制度zhìdù | 노동 제도. ❷ 名 직업. ¶找不到～ | 직업을 구하지 못하다. ❸ 動 일하다.

【工作队】gōngzuòduì 名 공작대. 작업단. ¶医疗yīliáo～ | 의료작업단. ¶政治zhèngzhì～ | 정치공작대.

【工作服】gōngzuòfú 名 작업복. 노동복. ¶发放fāfàng新的～ | 새 작업복을 지급하다.

【工作面】gōngzuòmiàn 名 ❶ 〈鑛〉 막장. 채벽. ¶采煤～ | 석탄 채굴 막장. ¶～运输机 | 막장 콘베이어. ❷ 〈機〉 가공면.

【工作日】gōngzuòrì 名 작업일(수). ¶这所房子还得多少个～才能完工呢?｜이 집은 작업일 수가 얼마나 더 있어야 완공될 수 있겠습니까?

【工作时间】gōngzuò shíjiān 名 노동 시간. 근무 시간 =〔工时〕〔劳动时间〕

【工作午餐】gōngzuò wǔcān 名組 外 점심식사를 함께 하면서 무역거래 상담이나 친구 등을 만나는 것(brown bag meeting). 업무상의 점심 식사. ¶研究所提供tígōng～｜연구소에서 업무상의 점심을 제공한다.

【工作证】gōngzuòzhèng 名 (근무처에서 발행하는) 신분 증명서. ¶核发héfā～｜신분 증명서를 비준하여 발행하다.

【工作组】gōngzuòzǔ 名 작업조. 공작대.

2【功】gōng 공 공

名 ❶ 공로. 공적. 공훈. ¶立～｜공훈을 세우다 ⇔〔过〕 ❷ (～儿) 기술. ¶练liàn～｜기술을 연마하다. ¶基本jīběn～｜기본적인 기술. ❸ 성과. 업적. ¶大～告成 =〔得宽全功〕｜威 큰 성과를 거두다. ¶徒劳无～｜헛수고하다. ❹ 효과. 효력. ¶吃药不见～｜약을 먹어도 효과가 나타나지 않다.

【功败垂成】gōng bài chuí chéng 威 막 성공하려는 순간 실패하다. 거의 다 되다 말다 =〔功亏kuī一篑〕

【功标青史】gōng biāo qīng shǐ 威 공적이 청사에 길이 남다. ¶英雄豪杰, ～｜영웅호걸은 공적이 청사에 길이 남는다.

【功臣】gōngchén 名 공신. ¶一等～｜일등공신.

【功成】gōngchéng 書 動 성공하다. ¶～不居｜威 공로를 남에게 돌리다.

【功成名就】gōng chéng míng jiù 威 공을 세워 이름을 날리다 =〔功成名遂suì〕

【功成身退】gōng chéng shēn tuì 威 공을 세우고 물러나다.

【功到自然成】gōng dào zìrán chéng 諺 공을 들이면 자연히 성공한다. ¶这次试验shìyàn虽然失败了, 但只要坚持再试验下去, ～, 胜利一亭是属于我们的｜이번 시험은 비록 실패했지만, 계속하여 다시 시험봐 나간다면, 그 공이 자연 성공되어, 승리는 반드시 우리의 것이 된다.

【功德】gōngdé 名 ❶ 공적과 덕행. ❷ 〈佛〉공덕.

【功德无量】gōng dé wú liàng 威 공덕이 매우 크다. ¶编这么一本好词典cídiǎn, 真是～啊｜이처럼 좋은 사전을 편찬한 것은, 정말 공덕이 매우 큰 것이다.

【功德圆满】gōngdé yuánmǎn 威 공덕이 원만하다. 일이 완전무결하게 끝남.

【功底】gōngdǐ 名 〈演映〉(연기의) 기초.

【功伐】gōngfá 書 名 공로. 공적. ¶自矜zìjīn～｜공로를 스스로 자랑하다.

【功夫片】gōngfūpiān 名 무술영화.

2【功夫】gōng·fu ❶ ⇒〔工gōng夫〕 ❷ 名 方 〈體〉쿵후. 우슈(武術).

【功过】gōngguò 名 공적과 과실. ¶论～｜공적과 과실을 논하다. ¶～相抵｜공과 죄가 서로 상쇄되다. ¶一些重要领导人的～问题｜몇몇 중요 지도자들의 공적과 과실 문제.

4【功绩】gōngjì 名 공적. 수훈. ¶～彪炳biāobǐng｜공적이 빛나다.

【功架】gōngjià 名 〈演映〉옛 연극 배우의 몸 동작. 轉 (사람의) 몸 동작 =〔工gōng架〕

3【功课】gōngkè 名 ❶ 학과목. ¶这学期的～很重｜이번 학기의 학과목이 매우 많다. ¶要毕业得选修四十多门～｜졸업 하려면 반드시 40여 과목을 이수하여야만 한다. ❷ 강의. 학습. 수업. 학업 성적. ¶小张每门～都很好｜장군의 학업 성적은 모두 훌륭하다. ¶～表 =〔课表〕｜수업시간표. ¶这学期的～很重｜이번 학기의 수업은 참 벅차다. ❸ (숙제나 예습 등의) 공부. ¶～做完了吗?｜공부는 다했느냐? =〔工gōng课〕

【功亏一篑】gōng kuī yī kuì 威 아홉길 높이의 산을 쌓는데 한 삼태기 흙이 모자라 쌓지 못한다. 성공을 눈 앞에 두고 실패하다. 거의 다된 일을 막판의 실수로 그르치다 =〔功败bài垂成〕〔九仞rèn功亏一篑〕

3【功劳】gōng·lao 名 공로. ¶他的～很大｜그의 공로가 매우 크다.

【功劳簿】gōng·laobù 名 공적 기록부. 개인의 명예. ¶不要躺在父母的～上过日子｜부모님의 공적에 의거해 살아서는 안된다.

【功力】gōnglì 名 ❶ 기술과 힘. ❷ 수완. 솜씨. ¶这两位名家的作品～, 各有所长｜이 두 명가의 작품 솜씨는 각기 그 장점이 있다. ¶他聪明可是没有～｜그는 총명하지만 솜씨가 없다.

【功利】gōnglì 名 ❶ 공리. 실리. ¶太追求～｜대단히 실리를 추구하다. ❷ 書 공적과 이익.

【功利主义】gōnglì zhǔyì 名 공리주의.

【功烈】gōngliè 書 名 공적. ¶不朽xiǔ～｜불후의 공적.

【功令】gōnglìng 名 (옛날의) 법령.

【功率】gōnglǜ 名 〈物〉공률(工率). 출력.

【功名】gōngmíng 名 ❶ 공명. ¶～富贵fùguì｜부귀공명. ❷ 옛날, 과거의 칭호나 관직의 등급.

3【功能】gōngnéng 名 기능. 작용. 효능. ¶发挥应有yīngyǒu的～｜합당한 기능을 발휘하다. ¶～锻炼duànliàn｜기능 훈련 →〔机jī能〕〔效xiào能〕〔性xìng能〕〔作用zuòyòng〕

【功如丘山, 名传后世】gōng rú qiū shān, míng chuán hòu shì 威 공적이 태산같이 그 이름이 후세에 전해지다.

4【功效】gōngxiào 名 효능. 효과. ¶吃了药一定有很大～!｜약을 먹으면 반드시 큰 효과가 있다!

【功勋】gōngxūn 名 공로. 공훈. ¶立下了～｜공로를 세웠다. ¶～艺术家｜공로가 있는 예술가.

【功业】gōngyè 書 名 공훈과 업적 =〔功绪xù〕

【功用】gōngyòng 名 효용. 기능. 용도.

【功罪】gōngzuì 名 공로와 죄과. ¶～各半｜공로와 죄과가 각기 반이다.

1【红】gōng ☞ 红 hóng Ⓑ

2【攻】gōng 칠 공

動 ❶ 공격하다. ¶围～｜포위 공격(하

다) ⇔〔守shǒu①〕 ❷ (남의 잘못을) 질책하다. 책망하다. ¶起而~之 | 일어서서 나무라다. ❸ 연구하다. 배우다. ¶~读↓ ¶专~医学yīxué | 의학을 전공하다.

【攻堡垒】gōngbǎolěi 動組 사상이 완고한 사람을 설득시키다. 쳐부수기 어려운 일을 돌파하다.

【攻城】gōng/chéng ❶ 動 도시를 공략하다. ❷ (gōngchéng) 名 공성.

【攻城略地】gōng chéng luè dì 成 성을 공격하여 그 땅을 빼앗다. ¶民国初年, 军阀混战hùnzhàn, ~, 民不聊生liáoshēng | 민국 초기에는 군벌들이 혼전을 벌이며, 성을 공격하여 빼앗고 하여, 백성들이 안심하고 살 수가 없었다=〔攻城夺duó地〕

【攻错】gōngcuò ⇒〔他tā山之石, 可以攻错〕

【攻打】gōngdǎ 動 공격하다.

【攻毒】gōngdú 動 독을 없애다. 轉 악을 공격하다.

4【攻读】gōngdú 書 動 열심히 공부하다. 연마하다. 전공하다. ¶~马列著作 | 맑스 레닌의 저작을 열심히 공부하다=〔攻书shū〕

【攻防】gōngfáng 名 공격과 방어.

4【攻关】gōngguān 動 ❶ 난관을 돌파하려고 하다. ❷ 요소(要所)를 공격하다. 연구에 몰두하다. ¶立法~ | 뜻을 세워 연구에 몰두하다.

3【攻击】gōngjī 動 공격(하다). 비난(하다). ¶~任务rènwù | 공격임무. ¶~信号xìnhào | 공격신호. ¶~准备zhǔnbèi | 공격준비. ¶正面zhèngmiàn~ | 정면공격.

【攻坚】gōngjiān 動 요새를 공격하다. 강적을 공격하다. ¶~部队bùduì | 돌격부대.

【攻歼】gōngjiān 動 공격하여 섬멸하다.

【攻讦】gōngjié 書 動 남의 허물·비밀을 들춰내서 공격하다. ¶互相hùxiāng~ | 서로 비방하다

【攻进】gōngjìn 動 공격해 들어가다. ¶~敌人的正面阵地 | 적군의 정면 진지를 공격해 들어가다.

3【攻克】gōngkè 動 점령하다. 함락시키다. ¶~堡垒bǎolěi | 요새를 함락시키다. ¶~据点jùdiǎn | 거점을 탈취하다. ¶~高地 | 고지를 점령하다. ¶~数学难题 | 수학의 어려운 문제를 해결하다.

【攻剽】gōngpiāo 書 動 공격하여 빼앗다.

【攻破】gōngpò 動 쳐부수다.

【攻其不备】gōng qí bù bèi 成 허를 찔러 공격하다. 불시에 기습하다=〔攻其无备〕

【攻其一点, 不及其余】gōng qí yī diǎn, bù jí qí yú 成 많은 장점을 무시하고 한가지 결점만으로 사람을 공격하다. 轉 전체적인 국면을 무시하고 한 면에만 집착하다. ¶辩论时不能~, ~ | 변론을 할때, 전체를 무시하고 편면에만 집착할 수 없다.

【攻球】gōngqiú 名〈體〉공격 볼(ball). ¶正手zhèngshǒu~ | 포핸드. ¶反fǎn手~ | 백핸드.

【攻取】gōngqǔ 動 공격하여 빼앗다. ¶~据点jùdiǎn | 거점을 공격하여 빼앗다.

【攻人之短】gōng rén zhī duǎn 成 남의 단점만 공격하다. 단점만 들어 비판하다.

【攻入】gōngrù 動 쳐들어가다.

【攻势】gōngshì 名 공세. ¶立即发动了全面的~ | 즉각 전면적인 공세를 취했다. ¶~浚励jùnlì | 공세가 맹렬하다.

【攻守】gōngshǒu 名 공수·공격과 방어.

【攻守同盟】gōngshǒu tóngméng 名組 공수 동맹. ¶他们进行jìnxíng~的外交谈判tánpàn | 그들이 공수동맹적 외교담판을 진행하다.

【攻无不克】gōng wú bù kè 成 공격하면 반드시 이긴다. 천하무적. ¶~, 战无不胜 | 공격하면 반드시 이기고, 싸우면 승리하지 않음이 없다.

【攻下】gōngxià 動 공격하여 함락시키다=〔攻陷xiàn〕

【攻心】gōngxīn 動 ❶ 심리전으로 적의 투지를 떨어뜨리다. ¶~为上, 攻城次之 | 심리전으로 적군의 사기를 꺾는 것이 상책이고, 성을 공격하는 것이 하책이다. ❷ 俗 비통하거나 분노 때문에 의식이 혼미해지다=〔怒气nùqì功心〕 ❸ 俗 궤양이나 화상으로 위독해지다=〔毒dú气攻心〕〔火huǒ气攻心〕

【攻研】gōngyán 動 열심히〔힘을 다하여〕 연구하다.

【攻占】gōngzhàn 書 動 공격하여 점령하다. ¶敌人~三号高地 | 적군이 삼호 고지를 점령하다.

3【弓】gōng 활 궁 ❶ (~儿, ~子) 名 활. ¶拉lā~ | 활을 잡아 당기다→〔射shè箭〕 ❷ (~儿, ~子) 활 모양의 탄력있는 물건. ¶弹棉花用的绷bēng~儿 | 솜을 타는 무명활. ❸ 활 모양의 둥근 형태. ¶~形↓ ❹ 名 옛날, 지적(地積)을 측량하는 기구 [나무로 만들며, 활과 비슷한 모양. 길이는 5척(尺)] ❺ 量 옛날, 지적(地積)을 재는 계산의 단위 [1「弓」은 5「尺」, 360「弓」이 1「里」, 240「方弓」이 1「亩mǔ」] ❻ 動 구부리다. ¶~着腿坐着 | 책상 다리를 하고 있다→〔哈hā腰〕 ❼ (Gōng) 名 성(姓). ❽ 복성(複姓) 중의 한 자(字). ¶~里↓

【弓把】gōngbǎ 名 (활의) 줌통.

【弓背】gōngbèi ❶ (~儿) 名 활등. ❷ 名 곱사등. ❸ 名 꼬부랑(불) 길. ¶走~꼬부랑길을 가다. ❹ (gōng/bèi) 動 등을 구부리다. ¶弓着背走出来 | 등을 구부리고서 걸어 나왔다.

【弓肩缩背, 一世苦累】gōngjiān suōbèi, yīshì kǔlèi 諺 처진 어깨에 굽은 등을 한 사람은 일생을 고생한다.

【弓箭】gōngjiàn 名 ❶ 화살. ❷ 활과 화살.

【弓箭步】gōngjiànbù 名 (무술이나 체조에서) 날렵한 발걸음.

【弓(箭)手】gōng(jiàn) 名 궁수. 사수. 활잡이=〔弓手〕

【弓锯】gōngjù 名 쇠톱. ¶~床chuáng | 쇠톱 기계=〔北 锯弓子〕〔钢gāng锯〕

【弓里】Gōnglǐ 名 복성(複姓).

【弓弩】gōngnǔ 名 ❶ 활과 쇠뇌. ❷ 활. ¶~手 | 궁수.

【弓上弦, 刀出鞘】gōng shàngxián dāo chūqiào 成 활의 시위를 걸고 칼집에서 칼을 뽑다. 전

투준비를 끝내다. ¶现在的情势是～,～, 一触即发啊|지금의 상황은 전투준비를 끝낸 일촉즉발의 위기 상황이다.

【弓身】gōng/shēn 動 몸을 굽히다〔구부리다〕. ¶～哈腰hāyāo|몸을 굽히고 허리를 굽히다. 굽신거리다.

【弓形】gōngxíng 名 ❶〈數〉활꼴. ❷궁형. 아치형. ¶～桥qiáo|아치형 교량.

【弓腰】gōngyāo ❶動 허리를 굽히다＝〔弯wān腰〕〔躬gōng腰〕 ❷名 구부린〔구부러진〕허리.

4【躬〈躳〉】gōng 몸 궁 書 ❶名 몸. 자신. ¶反～自问|자신을 반성하며 스스로 묻다. ❷스스로. 몸소. 친히. ¶事必～亲|成 어떠한 일이라도 반드시 몸소 행하다. ❸動 (몸을) 구부리다. ¶～身为礼|몸을 굽혀 인사하다.

【躬逢其盛】gōng féng qí shèng 成 (그런 성대한 모임에) 몸소 참가하다. (그런 상황을) 몸소 겪다.

【躬耕】gōnggēng 動 몸소〔친히〕경작하다. ¶诸葛亮～陇亩lǒngmǔ|제갈량이 밭이랑을 몸소 경작하다.

【躬亲】gōngqīn ❶動 몸소 하다. 스스로 하다. ¶事必～|일은 반드시 스스로 해야 한다. ❷⇒〔躬身②〕

【躬身】gōngshēn ❶動 몸을 굽히다. 몸을 굽혀 인사하다. ¶～下拜|몸을 굽혀서 절하다. ❷副 몸소. 친히. ¶～求之|몸소 구하다＝〔躬亲qīn②〕

【躬行】gōngxíng 動 몸소 행하다. ¶他万事～, 深得民心|그는 모든 일을 몸소 행하여, 민심을 크게 얻었다.

1【公】gōng 한가지 공, 공변될 공 ❶국유의. 공유의. 공동의. ¶～物↓ ¶～议↓ ¶～约↓ ⇔〔私〕 ❷書 形 공평〔공정〕하다. ¶大～无私|공평무사하다. ❸書 動 (명백하게) 선포하다. 공개하다. ¶～之于世|세상에 공포하다. ❹공무. ¶办～|공무를 보다. ❺名 공작 [고대, 5등 작위의 첫번째] ❻名 옛날, 성(姓) 뒤에 붙여 존칭으로 쓰던 말. ¶张～|장공. 장선생. ❼名 친족 관계의 여러 호칭에 쓰임. ¶太～|증조부. ❽名 남자, 특히 노인에 대한 경칭(敬稱). ¶老～～|노인장. 할아버지. ❾名 (동물) 수컷. ¶～鸡↓ →〔牡mǔ①〕 ❿頭 국제 단위의 「公制」(미터제)로 정해진 각 단위에 쓰임. ¶平方～里|평방 킬로. ⓫(Gōng) 名 성(姓).

3【公安】gōng'ān 名 사회의 치안. ¶～人员rényuán|공안원.

【公安局】gōng'ānjú 名 공안국＝〔警察jǐngchá局〕→〔警察〕

【公案】gōng'àn 名 ❶옛날, 재판관이 안건을 심리할 때에 쓰던 큰 책상. ❷문제가 되고 있는 안건. ❸재판사건. ¶～小说xiǎoshuō|공안소설. ❹사회에서 쟁점(爭點)이 되고 있는 안건. ❺인사 교섭의 안건.

【公办】gōngbàn 動 공평하게 처리하다. ¶公事～|成 공적인 일은 공평하게 처리한다.

4【公报】gōngbào 名 ❶성명. 코뮈니케. ¶发表fābiǎo～|성명을 발표하다. ¶联合liánhé～|공동성명. ❷관보(官報).

【公报私仇】gōng bào sī chóu 成 공적인 일을 빌어 사적인 울분을 풀다＝〔官guān报私仇〕

【公倍数】gōngbèishù 名〈數〉공배수. ¶最小～|최소 공배수.

【公比】gōngbǐ 名〈數〉공비.

【公宾】Gōngbīn 名 복성(複姓).

【公伯】Gōngbó 名 복성(複姓).

3【公布】gōngbù 動 공포하다. 공표하다. ¶～于众|대중에게 공표하다. ¶～新宪法|새 헌법을 공포하다→〔公开kāi〕〔颁bān布〕

【公厕】gōngcè 名 공중 변소. ¶大街两边应有一定数量的～|큰길의 양쪽 편에는 반드시 몇개의 공중 변소가 있다＝〔公共gòng厕所〕

【公差】ⓐ gōngchā 名 ❶〈數〉공차. ❷〈機〉공차 [최대 허용 오차]

ⓑ gōngchāi 名 ❶공무. ❷공무 출장. ¶出～|출장가다. ❸옛날 공무로 파견된 하급 관리.

【公产】gōngchǎn 名 공공재산. ¶不准私吞tūn～|사적으로 공공재산 삼키는 것을 허용하지 않다.

【公称】gōngchēng 名 動 공칭(하다).

4【公尺】gōngchǐ 量〈度〉미터(metre)＝〔米mǐ〕

【公出】gōngchū ❶名 공무 외출. 공무 출장. ❷動 공무로 출장가다.

【公畜】gōngchù 名 ❶가축의 수컷. ❷〈牧〉종축(種畜). ❸공유 가축.

【公垂线】gōngchuíxiàn 名〈數〉공통 수직선.

【公担】gōngdàn 量〈度〉100킬로 그램＝〔公石dàn②〕

4【公道】ⓐ gōngdào 名 ❶바른 도리. 정의. 옹보. ¶主持zhǔchí～|공정한 태도를 견지하다. ❷공공도로. 큰 길.

ⓑ gōng·dao 形 공평하다. 합리적이다. ¶公公道道地|공평하게. ¶讨～|도리에 맞는 일을 하다. 분별있게 행동하다. ¶我们要的是～, 不要别的|우리가 필요한 것은 공평한 것이지, 다른 것은 필요없다.

【公德】gōngdé 名 공중 도덕. ¶有～心|공중 도덕심이 있다. ¶遵守zūnshǒu社会～|사회의 공중도덕을 준수하다.

【公敌】gōngdí 名 사회의 적. 공공의 적.

【公地】gōngdì 名 공유지.

【公爹】gōngdiē ⇒〔公公①〕

【公牍】gōngdú ⇒〔公文wén①〕

【公断】gōngduàn ❶名 動 공평한 판단〔중재〕(을 하다). ¶听候众人～|사람들의 공평한 판단을 기다리다. ¶～人|중재인. ¶～条约tiáoyuē|중재 조약. ❷名 관청의 중재조정. ❸名 친족회의에 의한 심판〔중재〕.

【公吨】gōngdūn 量〈度〉톤(ton)＝〔米mǐ突吨〕〔法fǎ吨〕→〔美měi吨〕〔英yīng吨〕

【公而忘私】gōng ér wàng sī 成 공적인 이익을 위하여 개인의 이익을 희생하다. ¶发扬～的精

神 | 공적인 것을 위해 사적인 것을 희생하는 정신을 발휘하다.
【公法】gōngfǎ 名〈法〉공법.
【公房】gōngfáng 名 ❶사택. 관사. ❷징퍼(背景頗). 리수(傈僳)족들이 옛날에 미혼남녀의 사교를 위해 제공했던 장소.
²【公费】gōngfèi 名 ❶공비. ¶～生 | 국비학생. ¶～医疗yīliáo | 무료 진료. ❷사무비.
⁴【公分】gōngfēn ❶量〈度〉센티미터(centimetre) =〔厘米límǐ〕 ❷量〈度〉그램(gram) =〔克kè〕 ❸動 똑같이 나누다.
【公分母】gōngfēnmǔ 名〈數〉공통 분모.
【公分子】gōngfēnzǐ 名〈數〉공통 분자.
【公坟】gōngfén 名 공동 묘지 =〔公墓mù①〕
【公愤】gōngfèn 名 공분. 대중의 분노. ¶小心激起jīqǐ～ | 작은 마음이 대중의 분노를 일으키다 =〔公忿fèn〕
【公份儿】gōngfènr 名 ❶㊉추렴한 돈이나 물건. ¶凑个～买礼物lǐwù | 돈을 추렴하여 선물을 사다. ¶吃了个～饭 | 각자 부담으로 식사하다. ❷공동출자 ‖ =〔公分fēn儿〕
【公干】gōnggàn 名 ❶공무(公務). ❷敬 용무. 용건.
⁴【公告】gōnggào ❶名 공고. 선언. ¶发表fābiǎo～ | 공고하다. ❷⇒〔通tōng告〕
²【公共】gōnggòng 形 공공의. 공용의. ¶～事业shìyè | 공공 사업. ¶～设施shèshī | 공동시설. ¶～电话diànhuà | 공중 전화. ¶～伙食huǒshí | 공동 취사
【公共厕所】gōnggòng cèsuǒ 名組 공중 변소.
【公共关系】gōnggòngguānxì 名組 공공관계 [사회의 조직과 그와 관련된 기타조직 그리고 사람과의 관계] =〔公关〕
¹【公共汽车】gōnggòng qìchē 名組 버스. ¶～站zhàn | 버스 정류장 =〔巴士bāshì〕
【公公】gōng·gong 名 ❶시아버지 =〔公爹diē〕→〔舅jiù③〕 ❷㊉할아버지. ❸㊉외할아버지 =〔外祖父〕 ❹노인장. ❺환관의 호칭 [조기백화에 많이 보임]
【公股(儿)】gōnggǔ(r) 名「公私合营」의 경우 정부측 주식.
⁴【公关】gōngguān 名 공공 관계 =〔公共关系〕
【公馆】gōngguǎn 名 ❶재외공관. ❷관리의 관저·관사. ❸사택. ❹공공 건물.
【公海】gōnghǎi 名 공해 ⇔〔领lǐng海〕
【公害】gōnghài 名 공해. ¶消灭xiāomiè～ | 공해를 없애다.
【公函】gōnghán 名 ❶공문. ¶发～ | 공문을 발송하다. ❷여러 사람이 연명한 서한.
【公户】Gōnghù 名 복성(複姓).
【公会】gōnghuì 名 ❶동업 조합. ❷대중집회.
【公积】gōngjī ❶名動 공동 적립(하다). ¶～金 =〔公存〕| 공동 적립금. 법정 적립금(준비금). ❷名 공동 적립한 금전과 물품 ‖ =〔公共积累〕
【公鸡】gōngjī 名 수탉 =〔戴dài冠郎〕〔書 牡mǔ鸡〕〔㊉鸡公〕〔司sī晨〕〔㊉雄xióng鸡〕⇔〔母鸡〕
【公祭】gōngjì 名動 공장(公葬)(하다).
【公假】gōngjià 名 공휴일. ¶放～ | 공휴일은 쉬다.
【公家】gōng·jia 名 ㊀국가나 공공단체〔기관〕. ¶吃～的饭 | (국가의) 녹을 먹다. 관리로서 근무하다. ¶～机关jīguān | (국가) 공공기관. ¶～公房 | 사택. 관사 =〔官guān家②〕〔㊉官面miàn(儿)〕
【公肩】Gōngjiān 名 복성(複姓).
【公,检,法】gōng, jiǎn, fǎ 簡「公安局」「检察院」「法院」의 약칭.
¹【公斤】gōngjīn 量〈度〉킬로그램(kg) =〔千克qiānkè〕
【公车】Gōngjū 名 복성(複姓).
【公决】gōngjué 名動 공동 결정(하다). ¶这件事须大家讨论tǎolùn～ | 이 일은 반드시 모든 사람이 토론하여 공동 결정해야 한다.
【公爵】gōngjué 名 공작.
²【公开】gōngkāi 名動 공개(하다). ¶～秘密sìmì | 비밀을 공개하다. ¶～活动huódòng | 공개적으로 활동하다. ¶～信xìn | 공개장. ¶～演说yǎnshuō | 공개 연설.
【公筷】gōngkuài 名 (음식을 들 때 쓰는) 공용 젓가락. ¶使用shǐyòng～ | 공용 젓가락을 사용하다.
【公款】gōngkuǎn 名 공금 =〔公项xiàng〕〔公帑tǎng〕
【公厘】gōnglí 量〈度〉❶「毫háo米」(밀리미터)의 옛 이름. ❷「分克」(데시그람)의 옛 이름. ❸「公亩」(평방미터)의 옛 이름.
¹【公里】gōnglǐ 量〈度〉킬로미터(km) =〔千米qiānmǐ〕〔簡 粴lǐ〕〔書 粁qiān〕
【公理】gōnglǐ 名 ❶정당한 도리. ❷〈論〉〈數〉공리.
【公例】gōnglì 名 ❶일반적인 규칙〔규율〕. 통칙. ❷통례.
【公历】gōnglì 名 양력 =〔格gé里历〕〔阳yáng历〕
【公良】Gōngliáng 名 복성(複姓).
【公粮】gōngliáng 名 ❶현물세. ❷공출미.
²【公路】gōnglù 名 공로. 도로. ¶高速gāosù～ | 고속도로. ¶～交通jiāotōng | 도로 교통. ¶～网wǎng | 도로망.
【公论】gōnglùn 名 ❶공론. 여론. ❷공론. 공평한 의론. ¶天下的～ | 천하의 공론.
【公买公卖】gōngmǎi gōngmài 動組 공정하게 사고 팔다
【公门桃李】gōngmén táolǐ 成 ❶문하생. ❷추천 인물.
【公孟】Gōngmèng 名 복성(複姓).
³【公民】gōngmín 名〈法〉공민. ¶～权quán | 공민권. ¶～投票tóupiào | 공민투표. 국민투표.
【公明】Gōngmíng 名 복성(複姓).
【公母俩】gōng·muliǎ 名 ㊉부부(두 사람). ¶老～的感情可真好 | 늙은 부부의 금슬이 정말 매우 좋다.
【公亩】gōngmǔ 量〈度〉아르(are;프). 100평방미터 =〔阿尔āěr〕
【公墓】gōngmù 名 ❶공동묘지. ¶死后葬在～ |

죽은 후에 공동묘지에 묻다 =〔公坟fén〕 ❷ 옛날, 왕후(王侯) 및 제신(諸臣)의 묘지
【公派】gōngpài 動 국가기관에서 파견하다. ¶～签证qiānzhèng | 공무비자(visa). ¶他～出国 | 그는 국가에서 파견하여 출국하다.
【公判】gōngpàn 名 ❶〈法〉공판. ❷ 대중의 평판. 평가.
4【公平】gōng·píng 形 공평하다. ¶～交易jiāoyì | 공정 거래. ¶～正直zhèngzhí | 공평하고 정직하다.
【公婆】gōngpó 名 ❶ 시부모 =〔公姥lǎo〕 ❷ 方 부부. ¶～俩 | 부부(두 사람) =〔两公婆〕
【公仆】gōngpú 名 공복.
【公切线】gōngqiēxiàn 名〈數〉공절선.
3【公顷】gōngqǐng 量〈度〉헥타아르(hectare) =〔合hé搭尔〕
4【公然】gōngrán 副 貶 공공연히. ¶～否认fǒurèn | 공공연히 부인하다. ¶～作弊bì | 공공연히 부정을 하다.
【公人】gōngrén 名 ❶ 공인. ❷ (관청의) 잡역부.
4【公认】gōngrèn 名 動 공인(하다). ¶～的国际法准则 | 공인된 국제 법규.
【公沙】Gōngshā 名 복성(複姓).
【公上】Gōngshàng 名 복성(複姓).
4【公社】gōngshè 名 ❶ 공동사회. 공동체. ¶氏族shìzú～ | 씨족 공동체. ¶家族～ | 가족공동체. ❷〈史〉코뮌(commune;프). ¶巴黎～ | 파리 코뮌. ❸ 簡「人民公社」(인민공사)의 약칭.
【公设】gōngshè 名〈數〉공리.
【公审】gōngshěn 名〈法〉공개 재판. ¶进行jìnxíng～ | 공개 재판을 진행하다. ¶组职～ | 공개 재판을 조직하다. ¶～大会 | 공개 재판 대회.
【公升】gōngshēng 量〈度〉「升」(리터)의 옛 이름.
【公乘】Gōngshèng 名 복성(複姓).
【公使】gōngshǐ 名 공사. ¶～馆 | 공사관.
3【公式】gōngshì 名 ❶ 일반 법칙. ❷〈數〉공식.
【公式化】gōngshìhuà ❶ 名 (예술·문학 창작에서의) 형식화. ❷ 名 공식화. ❸ 動 공식화하다.
【公事】gōngshì 名 ❶ 공무. ¶～房 | 사무실 =〔公干gàn①〕 ❷ 口 공문(서). ¶～皮包píbāo | 서류 가방.
【公事公办】gōng shì gōng bàn 成 공적인 일은 공정하게 처리하다.
【公输】Gōngshū 名 복성(複姓).
【公署】gōngshǔ 名 관공서.
【公说公有理, 婆说婆有理】gōng shuō gōng yǒulǐ, pó shuō pó yǒulǐ 諺 저마다 제가 옳다고 하다. ¶他们～,～, 不知听谁的好 | 그들은 저마다 옳다고 하니, 들어서는 누가 옳은 지를 모르겠다.
2【公司】gōngsī 名 회사. ¶两合～ | 합자 회사. ¶股份gǔfèn(有限)～ | 주식 회사. ¶进出口jìnchūkǒu～ | 무역 회사. ¶～法 | 회사법. ¶～章程zhāngchéng | 회사의 정관. ¶无限wúxiàn～ | 합명 회사. ¶百货bǎihuò～ | 백화점. ¶多国～ =〔跨kuà国公司〕 | 다국적 기업. ¶～大菜 | 奧 (양식의) 정식.
【公私】gōngsī 名 공사. ¶不分～ | 공과 사를 구분하지 않다.
【公诉】gōngsù 名 動〈法〉공소〔기소〕(하다). ¶～人 | 소송인. 검찰관. ¶～状zhuàng | 기소장.
【公孙】Gōngsūn 名 복성(複姓).
【公摊】gōngtān 動 공동으로 출자〔분담〕하다. ¶要是钱不够的话, 咱们～也好 | 만약 돈이 모자라면 우리들이 분담해도 돼.
【公堂】gōngtáng 名 ❶ 공무를 보는 곳. ❷「法庭」(법정)의 옛 이름 =〔公庭tíng②〕 ❸ 사당(祠堂) =〔祠cí堂〕
【公田】gōngtián 名 ❶ 고대(古代) 정전법(井田法)에서의 공동 경작한 중앙부분의 논밭. ❷ 국가 소유의 논밭.
【公推】gōngtuī 動 공동으로 추천〔추대〕하다. ¶他们～老王当主席zhǔxí | 그들이 왕씨를 주석으로 추대하다.
【公文】gōngwén 名 ❶ 공문(서). ¶～程式chéngshì | 공문 서식〔양식〕. ¶～皮包píbāo | 서류 가방 =〔書 公牍dú〕→〔公函hán①〕 ❷ (Gōngwén) 복성(複姓).
【公物】gōngwù 名 공공물. ¶爱护àihù～ | 공공물을 애호하다. ¶糟踏zāotà～ | 공공물을 파손하다.
4【公务】gōngwù 名 공무. ¶～员 | 잡역부. 고용원. 옛날, 공무원.
【公西】Gōngxī 名 복성(複姓).
【公晳】Gōngxī 名 복성(複姓).
【公夏】Gōngxià 名 복성(複姓).
【公心】gōngxīn 名 ❶ 공심. 공평한 마음. ❷ 국가적인 견지. ¶事事出于～ | 매사를 국가적인 견지에서 출발하다.
【公休】gōngxiū 名 공휴일 =〔公休日〕〔公共gōng休假〕〔公共假jià日〕〔公休假日〕
【公绪】Gōngxù 名 복성(複姓).
【公演】gōngyǎn 名 動 공연(하다). 상연(하다). ¶在民众剧团～ | 민중극단에서 공연하다.
【公羊】gōngyáng 名 ❶〈動〉숫양→〔羝dī〕 ❷ (Gōngyáng) 簡〈書〉공양전(公羊傳). ❸ (Gōngyáng) 복성(複姓).
【公冶】Gōngyě 名 복성(複姓).
【公仪】Gōngyí 名 복성(複姓).
【公益】gōngyì 名 공익. ¶～金 | 공익금.
【公意】gōngyì 書 名 대중의 의견. 총의. 중의(衆意). ¶国民的～ | 국민의 의견.
【公议】gōngyì ❶ 名 공의. 공론(公論). 중의(衆議). 중론(衆論). ❷ 動 협의(協議)하다. 대중토론〔토의〕를 벌이다.
【公因式】gōngyīnshì 名〈數〉공통 인수.
【公营】gōngyíng 名 국영(國營). 공영. ¶～企业qǐyè | 공영 기업.
【公映】gōngyìng 動 공개방영하다. ¶这部录像lùxiàng即将～ | 이 비디오는 곧 공개방영될 것이다.
3【公用】gōngyòng 圖 공용(公用)(하다). ¶～厨房chúfáng | 공동 주방. ¶～电话diànhuà | 공

중 전화
【公用程式】gōng yòng chéng shì 名〈電算〉유틸리티 프로그램(utility program).
2【公用电话】gōngyòng diànhuà 名 공중 전화.
【公用事业】gōngyòng shìyè 名組 공익 사업.
4【公有】gōngyǒu 名動 공유(하다). ¶～财产cáichǎn | 공유 재산. ¶～地 | 공유지. ¶～化 | 공유화.
4【公有制】gōngyǒuzhì 名 공유제.
【公余】gōngyú 名 공무(公務)의 여가. ¶用～之时, 消遣xiāoqiǎn寂寞jìmò | 공무의 여가를 이용하여 따분함을 풀다.
【公玉】Gōngyù 名 복성(複姓).
【公寓】gōngyù 名 ❶ 옛날, 삭월세 여관. ❷ 아파트. 플래트식 공동 주택. ¶他租了一套～ | 그는 아파트 한채를 세들었다.
2【公元】gōngyuán 名 서기(西紀). 서력 기원. ¶～前五世纪初 | 기원전 5세기 초 =〔公历lì〕〔西xī元〕〔西历①〕
1【公园】gōngyuán 名 공원.
4【公约】gōngyuē 名 ❶ 공약. 협정. 조약. ¶国际guójì～ | 국제 조약. ¶北大西洋～ | 북대서양 조약. ¶瓦～ | 제네바 조약 =〔条tiáo约〕 ❷ (기관·단체 등의) 규칙. 규정. ¶爱国～ | 애국 헌장. ¶卫生wèishēng～ | 위생 규정.
【公约数】gōngyuēshù 名〈數〉공약수 =〔公度dù数〕〔公生shēng数〕〔公因yīn数〕〔公因子〕
【公允】gōngyǔn 書 形 공평 타당하다. ¶一体处罚chǔfá以昭zhāo～ | 일률적으로 처벌하여 공평 타당함을 밝히다. ¶品质优良yōuliáng, 价格jiàgé～ | 품질 우량, 가격 공정 =〔公平píng〕
4【公债】gōngzhài 名 공채. ¶～券quàn | 공채 증서. 공채 증권.
【公章】gōngzhāng 名 공인(公印). ¶刻kè～ | 공인을 새기다.
【公正】gōngzhèng 形 공정하다. 공평하다. ¶～无私 | 威 공평무사하다. ¶～证书zhèngshū | 공정 증서. ¶～人 | 감정인(鑒定人). 심판자
4【公证】gōngzhèng 名 動〈法〉공증(하다). ¶～人 | 공증인. ¶～书 | 공증 증서. ¶～处 | 공증인 사무소.
【公之于世】gōng zhī yú shì 威 세상에 공개하다. ¶把这些资料～ | 이런 자료를 세상에 공개하다.
【公之于众】gōng zhī yú zhòng 威 대중 앞에 공개하다. ¶他把真相～ | 그는 진상을 대중 앞에 밝히다.
【公职】gōngzhí 名 공직. ¶担任dānrèn～ | 공직을 맡다. ¶～人员 | 공인(公人). 공직자.
【公仲】Gōngzhòng 名 복성(複姓).
【公众】gōngzhòng 名 形 공중(의). 대중(의). ¶～卫生 | 공중 위생. ¶～领袖lǐngxiù | 대중의 지도자 =〔大众〕
【公诸同好】gōng zhū tóng hào 威 동호인과 취미 등을 함께 하다〔즐기다〕. ¶他把他历年的藏画～ | 그는 그가 역대로 소장해 온 그림을 동호인과 함께 즐긴다.
【公诸于世】gōng zhū yú shì 威 세상에 공개하다. ¶必须把这件事情～ | 이 일을 반드시 세상에 공개해야 한다 =〔公诸于众zhòng〕
【公主】gōngzhǔ 名 공주.
【公转】gōngzhuàn 名〈天〉공전→〔自zì转〕
【公子】gōngzǐ 名 ❶ 옛날, 제후(諸候)의 자제(子弟). ❷ 귀한 집안의 자제. 귀공자. ❸ 轉 敬 영식(令息). 영랑(令郎) ❹ (Gōngzǐ) 복성(複姓).
【公子哥儿】gōngzǐgēr 名組 (세상 물정 모르는) 부자집 자제(子弟). 응석받이로 자란 부자집 도련님.
【公族】gōngzú 名 ❶ 공족. 제후(諸侯)의 일족(一族). ❷ (Gōngzú) 복성(複姓).
【公祖】gōngzǔ 名 ❶ 영감님. 나으리 [옛날, 지방의 유지가 그 지방 장관을 높여 이르던 말] ❷ (Gōngzǔ) 복성(複姓).

【蚣】 gōng 지네 공
⇒〔蜈wú蚣〕

1【共】 gōng ☞ 共 gòng Ⓑ

2【供】 gōng gòng 이바지할 공

Ⓐ gōng ❶ 名 動 공급(하다). ¶～不应求 | 공급이 수요를 감당해내지 못하다. ❷ 動 제공하다. ¶～参考之用 | 참고용으로 제공하다 ‖ =〔書 共gōng②〕
Ⓑ gòng ❶ 名 動 공술(하다). 자백(하다). ¶书～ | 공술서에 서명하다. ¶逼bī～ | 자백을 강요하다. ¶招zhāo～ | 자백하다. ❷ 動 (제물을) 바치다. ¶～佛 | 불전에 바치다. ¶～酒 | 술을 바치다. ❸ 名 공물. 제물. ¶上～ | 공물을 올리다. ¶果～ | 제물로 쓰는 과일. ❹ 書 名 완상(玩賞)·애완하는 것. ¶文房清～ | 옛 문인들이 이르던 붓·먹·벼루 등.
Ⓐ gōng
【供不上】gōng·bushàng 공급이 달리다. 미처 공급하지 못하다. ¶一个人做饭, ～大家吃 | 혼자서 밥을 지어서는 여러 사람의 식사에 대기가 힘들다. ¶～卖 | 공급이 달려 팔 수가 없다 ⇔〔供得上〕→〔供不应求〕
4【供不应求】gōng bù yìng qiú 威 공급이 수요를 따르지 못하다. 수요초과. ¶产量chǎnliáng～ | 생산량이 수요를 따르지 못하다. ¶～的商品shāngpǐn | 수요 초과 상품 =〔供不敷fū求〕〔供不敷需xū〕→〔供不上〕
【供电】gōngdiàn 動 전력을 공급하다. ¶～量 | 전력 공급량. ¶～所 | 전력 공급소.
【供饭】gōng/fàn 動 식사를 제공하다. 밥을(내) 주다 =〔供伙食huǒshí〕
【供方】gōngfāng 名 공급자측. 메이커(maker) =〔厂chǎng方〕
【供过于求】gōng guò yú qiú 威 공급이 수요를 초과하다. 공급과잉. ¶日本的汽车～ | 일본의 자동차는 공급 과잉이다.
【供货】gōnghuò 動 물품을 공급하다. ¶～合同hétóng | 물품 공급 계약.

2【供给】gōngjǐ 名 動 공급(하다). 급여(하다). ¶～粮食liángshí | 식량을 공급하다. ¶～处 | 공급처. ¶～品 | 공급품.
【供暖】gōngnuǎn 動〈建〉난방하다. ¶热rè水～ | 온수 난방. ¶蒸气zhēngqì～ | 증기 난방. ¶～系统xìtǒng | 난방 체계.
【供气】gōngqì 動 공기를 공급하다. ¶～软管ruǎnguǎn | (잠수에 쓰는) 공기공급용 고무관.
【供求】gōngqiú 名 (상품의) 공급과 수요. ¶～相忤wǔ | 공급과 수요가 서로 엇갈리다. ¶～平衡pínghéng | 수급의 평형. ¶～律lǜ | 수요 공급의 법칙. ¶～关系guānxì | 공급과 수요의 관계.
【供膳】gōngshàn 動 (손님에게) 식사를 대접하다[제공하다]. ¶除了～外，还给他发工资 | 식사 제공외에도 그에게 노임을 주다 =〔供馔zhuàn〕→〔供饭fàn〕〔管guǎn饭〕
【供水】gōngshuǐ 名 動 급수(하다). ¶～时间shíjiān | 급수시간.
4【供销】gōngxiāo ❶ 名 공급과 판매 [생산 도구와 소모품을 공급하고 제품을 판매하는 순수 상업활동을 가리킴] ❷ ⇒〔供销合作社〕 ❸ 動 공급과 판매를 하다.
【供销合作社】gōngxiāo hézuòshè 名 공급 판매 합작사 [중국의 구판 협동조합(購販協同組合)] =〔供销②〕〔供销社〕
【供养】ⓐ gōngyǎng 動 (노인을) 부양하다. ¶～人 | 부양자. ¶当作贵人～ | 귀인으로 여겨 부양하다.
ⓑ gòngyǎng 動 공양하다. 곡물을 바쳐 제사 지내다.
3【供应】gōngyìng 名 動 제공(하다). 공급(하다). 보급(하다). ¶～紧张jǐnzhāng | 공급 부족. ¶军事jūnshì～ | 군사 보급. ¶～基地jīdì | 보급기지. ¶计划jìhuà～ | 계획 공급. ¶～额é | 공급액. ¶～部bù | 보급소. 판매부. ¶～量liáng | 공급량. ¶～户hù | 국가로부터 식량을 보조받는 사람 또는 집. ¶～舰jiàn | 보급정비함. ¶生活～所 =〔生活供应处chù〕〔生活供应帖tiē〕 | 생활필수품 배급소 =〔供给jǐ〕
【供职】gōngzhí 動 직무를 담당하다. ¶他弟弟在外交部～ | 그의 동생은 외무부에서 근무한다.
Ⓑ gòng
【供案】gòng'àn 名 제사상. ¶雕花～ | 조각을 한 제사상.
【供菜】gòngcài 名 불전에 바치거나 제사에 쓰는 음식.
【供出】gòngchū 動〈法〉자백하다. ¶～了罪行zuìxíng | 범죄 행위를 자백하다.
【供词】gòngcí 名〈法〉공술. 자백 내용.
【供奉】gòngfèng ❶ 動 바치다. 공양하다. 모시다. ¶～菩萨púsà | 부처를 모시다. ❷ 名 옛날, 궁중의 예인(藝人). ❸ 名 청대(淸代)에 「南书房」에서 문학 시중을 들던 관직.
【供佛】gòngfó 動 공불하다. 불공드리다.
【供果】gòngguǒ 名 불전에 바치거나 제사에 쓰는 과일.
【供具】gòngjù 名 공구. 공물을 차려 놓는 그릇 =〔供器qì〕
【供品】gòngpǐn 名 공물. 제물 =〔供物wù〕
【供器】gòngqì ⇒〔供具jù〕
【供认】gòngrèn 動 자백하다. ¶～不讳huì | 숨김없이 자백하다 =〔供招zhāo〕
【供神】gòng shén 제사지내다. 신을 모시다. ¶他买了祭品～ | 그는 제품을 사서 제사지내다.
【供养】gòngyǎng ☞ 〔供养〕gōngyǎng ⓑ
【供职】gòng/zhí 動 직무를 맡다. 봉직하다.
【供状】gòngzhuàng 名 공술서(供述書). 진술서.
【供桌(儿)】gòngzhuō(r) 名 젯상.

4【恭】gōng 공손할 공
❶ 形 공손하다. 삼가하다. ¶～贺↓ ¶洗耳～听 | 귀 기울여 공손히 듣다 =〔書 共gōng①〕 ❷ 名 轉 용변. ¶出～ | 용변을 보다. ¶大～ | 대변. ¶小～ | 소변. ¶虚～ | 방귀. ❸ (Gōng) 名 성(姓).
【恭本】gōng·ben 形 (말이나 동작이) 공손하다. 정중하다. ¶你要～正传地说，别尽聊闲篇儿 | 공손하고 진지하게 이야기를 하고, 쓸데없는 이야기는 하지 말라 =〔恭本正传〕〔公gōng本〕
【恭本正传】gōng·ben zhèngzhuàn ⇒〔恭本〕
【恭凳】gōngdèng 名 (노인·환자 등을 위한) 좌식 변기.
【恭逢】gōngféng 書 動 삼가 맞이하다. ¶今天～贵校毕业bìyè大典… | 오늘 귀교의 졸업식을 삼가 맞이하여….
【恭恭敬敬地】gōnggōng jìngjìng·de 副 공손하게.
【恭贺】gōnghè 動 敬 삼가 축하하다. ¶～新年 =〔恭贺新禧xǐ〕 | 새해를 삼가 축하합니다. ¶～您当上部长 | 장관직을 맡게 되신 것을 삼가 축하드립니다.
【恭候】gōnghòu 動 敬 삼가[공손히] 기다리다. ¶～光临guānglín =〔恭候台驾táijià〕 | 오시기를 삼가 기다리겠습니다. ¶我一定在寒舍～ | 저는 반드시 저의 집에서 공손히 기다리겠습니다.
【恭谨】gōngjǐn 形 정중하다. 예의가 바르다. ¶待人～ | 사람을 정중히 대하다.
【恭敬】gōngjìng 形 공손하다. 정중하다. 예의가 바르다. ¶～话 | 공손한 말(씨). 경어(敬語).
【恭请】gōngqǐng 書 動 삼가 초대하다[청하다]. ¶～赏光shǎngguāng | 왕림해 주시면 감사하겠습니다 =〔恭请光临guānglín〕
【恭顺】gōngshùn 形 공손하고 온순하다. 고분고분하다.
【恭桶】gōngtǒng 名 변기(便器) =〔马mǎ桶〕
【恭维】ⓐ gōngwéi 書 動 삼가 생각하다 =〔恭惟wéi〕
ⓑ gōng·wei 動 아첨하다. 알랑거리다. 치켜 세우다.
【恭喜】gōngxǐ 動 ❶ 套 축하하다. ¶～～! | 축하합니다! ¶～您得了令郎! | 득남(得男)을 축하합니다! =〔恭禧xǐ〕 ❷ 일하다 [직장·근무처를 공손하게 물을 때 씀] ¶您在哪儿～? | 당신은 어디에서 근무하십니까?

【恭正】gōngzhèng 形❶정중하다. ¶～地脱下帽子｜모자를 정중히 벗다. ❷가지런한. ¶写的字很～｜글자가 매우 가지런하다.

【恭祝】gōngzhù 動삼가 축원하다〔기원하다〕. ¶～诞辰dànchén｜생신을 축하드립니다. ¶～悠长命百岁｜당신의 장수를 기원합니다.

【龚(龔)】Gōng 이바지할 공
名성(姓).

【龚古尔奖金】Gōnggǔěr jiǎngjīn 名外 콩쿠르상(Prix Concourt).

【肱】gōng 팔뚝 굉
書名상박. 상완(上腕) [팔꿈치에서 어깨까지의 부분] ¶曲～而枕｜팔을 구부려 베개로 하다.

【肱骨】gōnggǔ 名〈生理〉상박골(上膊骨).

3【宫】gōng 대궐 궁
名❶제왕(堵王)이 거처하는 집 [고대에는 일반적인 집이었으나 진대(秦代) 이후에는 제왕의 집만을 가리킴] ¶～殿↓ ❷(신화 등에서) 신선이 사는 곳. ¶天～｜천궁. ¶龙～｜용궁. ❸(도교·라마교의) 사원(寺院). ¶雍和～｜옹화궁. 북경(北京)에 있는 라마교 사원 이름. ❹홀. 회관 [문화 활동 등을 하는 장소] ¶民族～｜민족궁. ❺궁형(宮刑) [남자 생식기를 자르던 고대 형벌의 하나]→〔肉刑〕 ❻〈音〉궁 [고대 오음(五音);궁(宮)·상(商)·각(角)·치(徵)·우(羽)의 하나] ❼(Gōng) 성(姓).

【宫保鸡丁】gōngbǎojīdīng 名〈食〉닭고기 볶은 고추볶음 [토막낸 닭을 바짝 말린 붉은 통고추와 볶은 요리]

【宫灯】gōngdēng 名경축일이나 축제 때 추녀 끝에 걸어 두는 6각 또는 8각의 술이 달린 등롱(燈籠).

3【宫殿】gōngdiàn 名궁전. ¶修筑xiūzhù～｜궁전을 건축하다.

【宫调】gōngdiào 名〈音〉고대(古代) 악곡(樂曲)의 음조 [당대(唐代)에, 비파(琵琶)의 4현에 각가 7곡조로 28 곡조를 제정하였음. 가장 낮은 현인 궁현(宮弦)의 곡조를「宫」이라 하고 그밖의 곡조를「调」라 함]＝〔九宫〕

【宫娥】gōng'é 名궁녀＝〔宫人〕〔宫娃wá〕〔宫女〕

【宫禁】gōngjìn 名❶궁성. 궁전. ❷궁안에서의 금지령.

【宫颈】gōngjǐng 名簡〈生理〉「子宫颈」(자궁경관)의 약칭. ¶～癌ái｜자궁경관암.

【宫女(儿)】gōngnǚ(r) 名궁녀. ¶～如云｜궁녀가 구름처럼 많다＝〔宫人〕

【宫阙】gōngquè 書名궁궐＝〔宫闱wéi〕〔丹dān阙〕

【宫室】gōngshì 書名❶가옥. 집＝〔房屋〕 ❷처(妻). ❸궁전.

【宫孙】Gōngsūn 名복성(複姓).

【宫廷】gōngtíng 名❶궁전. 궁궐. ❷봉건시대의 통치 집단. ¶～改变gǎibiàn｜군주가 바뀌다. 轉정권이 교체되다 ‖＝〔宫庭tíng〕

【宫廷政变】gōngtíng zhèngbiàn 名組〈政〉❶궁전내에서 발생한 왕위 찬탈. ❷喻권력층 내부에서 일어나는 권력 쟁탈(전).

【宫外孕】gōngwàiyùn 名〈醫〉자궁외 임신.

【宫闱】gōngwéi ⇒〔宫阙què〕

【宫戏】gōngxì 名꼭두각시 놀이. 인형극＝〔托tuō偶戏〕

【宫刑】gōngxíng 名궁형. 옛날, 생식기를 거세하는 형벌＝〔宫辟bì〕〔腐fǔ刑〕〔熏xūn腐〕

【宫掖】gōngyè 名비빈(妃嬪)이 거처하는 곳

【觥】gōng 뿔잔 굉, 클 굉
❶名(무소의 뿔로 만든) 고대의 술잔. ¶～船｜큰 술잔. ❷書形크다. ¶～羊｜큰 양.

【觥筹交错】gōng chóu jiāo cuò 成술잔이 빈번하게 오가다. 연회가 성황리에 진행되다. ¶他俩～, 大吃大喝｜그들 두사람은 술잔이 왔다 갔다 하며, 크게 먹고 마셨다.

gǒng ㄍㄨㄥˇ

2【巩(鞏)】gǒng 굳을 공
❶書動가죽으로 단단히 묶다. ❷견고하다. 튼튼하다. ¶～固gù↓ →〔坚jiān固〕 ❸지명에 쓰이는 글자. ¶～县｜공현(鞏縣) [하남성(河南省)에 있는 현 이름] ❹(Gǒng) 名성(姓).

2【巩固】gǒnggù ❶形견고하다. 공고하다. 튼튼하다. ¶基础jīchǔ～｜기초가 공고하다. ❷動견고하게 하다. 튼튼히 다지다. 공고히 하다. ¶～旧知识, 学习新知识｜옛 지식을 공고히 하고, 새로운 지식을 학습하다.

【巩膜】gǒngmó 名〈生理〉(안구의) 공막＝〔白bái膜〕〔眼yǎn白〕

4【汞〈銾〉】gǒng 수은 공
名〈化〉화학 원소 명. 수은＝〔水银yín〕(Hg;mercury)

【汞弧灯】gǒnghúdēng 名〈電氣〉수은등(水銀燈)＝〔汞灯〕

【汞溴红】gǒngxiùhóng 名〈藥〉머큐로크롬(mercurochrome)＝〔红溴汞〕〔二百二〕→〔红药水(儿)〕

4【拱】gǒng 두손마주잡을 공
❶動두 손을 맞잡아 가슴까지 올려 절하다. ¶～手(儿)↓ ❷動方떠밀다. 헤집다. (흙 등을) 파헤치다. ¶用身～开了大门｜몸으로 대문을 떠밀어 젖혔다. ¶猪zhū用嘴zuǐ～地｜돼지가 주둥이로 흙을 파헤치다. ❸動(싹이) 트다. 돋아〔솟아〕나다. ¶芽yá儿从地里～出来｜싹이 땅속에서 돋아나다. ❹動어깨를 움츠리다. ¶～肩缩背↓ ❺動두 손으로 물건을 안다. ¶～抱↓ ❻動에워〔둘러〕싸다. ¶众星～月｜뭇 별이 달을 둘러싸다. ❼〈建〉아치형. 궁륭형. ¶～门↓ ❽量아름 [커다란 수목(樹木) 등을 나타냄] ¶～木↓ ❾名바느질 방법의 일종 [걸레를 기울 때 등의 보통 운침법(運針法)]

【拱坝】gǒngbà 名아치 댐(arch dam).

【拱抱】gǒngbào 書狀식물이 한데 모여 있거나 둘러싸고 있다. ¶青竹qīngzhú～｜대나무가

무성하다. ¶群峰qúnfēng～ | 뭇 봉우리가 에워싸듯이 늘어서 있다.

【拱别】gǒngbié 動「拱手」하고 헤어지다. 轉 헤어지다. ¶两人～后, 就各自回家 | 두사람이 헤어져서, 각자 집으로 돌아갔다→〔拱手shǒu〕

【拱肩缩背】gǒng jiān suō bèi 成 (추위나 공포 등으로) 어깨를 쭈그리고 몸을 웅크린〔움츠린〕 모습.

【拱廊】gǒngláng 名〈建〉아케이드(식의 회로).

【拱门】gǒngmén 名 아치형으로 된 문. 홍예문. 궁륭형의 문.

【拱木】gǒngmù 名 아름드리 나무.

【拱桥】gǒngqiáo 名 아치형 다리. 궁륭형 다리. 무지개 다리. ¶建了一座石～ | 돌 무지개 다리를 하나 만들었다.

【拱圈】gǒngquān 名〈建〉아치(형).

【拱手(儿)】gǒng/shǒu(r) ❶ 動 공수하다. (가슴께에서) 두 손을 맞잡고 인사하다. ¶他向大家～告别 | 그는 모두에게 손을 모아 인사하며 작별을 고했다＝〔打dǎ拱〕 ❷ (gǒngshǒu) 名 위와 같이 하는 예(禮) ‖＝〔交手①〕 ❸ (gǒngshǒu) 副 轉 순순히. 저항 없이. ¶把根据地～交给了伪wěi军 | 근거지를 괴뢰군에게 순순히 넘겨주었다.

【拱土儿】gǒng/tǔr 動 (싹이) 흙 속에서 얼굴을 내밀다.

【拱卫】gǒngwèi 書 動 수호하다. 호위하다. ¶自由世界～者 | 자유 세계의 수호자.

【拱券】gǒngxuàn 名〈建〉반달 모양. 아치 형→〔拱桥qiáo〕

【拱砖】gǒngzhuān 名〈建〉아치형으로 된 벽돌.

【珙】gǒng 옥 공
❶ 書 名 옥(玉)의 일종. ❷ 지명에 쓰이는 글자. ¶～县 | 공현 [사천성(四川省)에 있는 현 이름]

gòng ㄍㄨㄥˋ

1【共】gòng gōng 함께 공

Ⓐ gòng ❶ 副 함께. 같이. ¶～求进步jìnbù | 함께 발전을 추구하다. ❷ 副 전부. 모두. ¶～有多少 | 모두 얼마나 되니? ❸ 공통의. ¶～性 | 공통성. ❹ 名 簡 공산당의 약칭. ¶国～合作 | 국민당과 공산당의 합작.

Ⓑ gōng ❶「恭」과 통용⇒〔恭〕 ❷「供」과 통용⇒〔供gōng〕 ❸ 名〈史〉고대의 나라이름 [감숙성(甘肅省) 경천(涇川) 북쪽에 있었음. 다른 하나는 하남성(河南省) 휘현(輝縣)에 있었음] ❹ (Gòng) 名 성(姓).

【共办】gòngbàn 動 공동으로 처리〔개최〕 하다. 함께 하다. ¶这场晚会wǎnhuì由两家电视台～ | 이 만찬회는 두 방송국에서 공동으로 개최한다.

【共餐】gòngcān 動 함께〔같이〕 식사하다. ¶同桌～ | 같은 식탁에서 함께 식사하다.

2【共产党】gòngchǎndǎng 名〈政〉공산당. ¶～员 | 공산당원. ¶～人 | 공산주의자＝〔共党〕

【共产国际】gòngchǎn guójì 名〈史〉코민테른(komintern). 국제 공산당. 제삼 인터내셔널＝〔第三国际〕

4【共产主义】gòngchǎn zhǔyì 名 공산주의. ¶～道德dàodé | 공산주의 도덕. ¶～高级阶段jiēduàn | 공산주의의 높은 단계. ¶～接班人 | 공산주의 후계자. ¶～萌芽méngyá | 공산주의의 싹. ¶～觉悟juéwù | 공산주의적 각성. ¶～社会 | 공산주의 사회. ¶～人生观 | 공산주의의 실현에 모든 것을 바치려는 인생관.

【共产主义青年团】gòngchǎn zhǔyì qīngniántuán 名組 공산주의 청년단＝〔共青团〕

【共处】gòngchǔ 動 ❶ 書 공존하다. ¶双方～于一个统一体 | 쌍방이 하나의 통일체 내에 공존하다. ¶和平hépíng～ | 평화 공존＝〔共居〕 ❷ 공동으로 처리하다.

【共存】gòngcún 動 공존하다. ¶他们决心生死～ | 그들은 삶과 죽음을 함께하기로 결심했다.

【共党】gòngdǎng ⇒〔共产党〕

【共度】gòngdù 動 (시간을) 함께 보내다. ¶～佳节jiājié | 명절을 함께 보내다.

【共轭】gòng'è 名〈數〉공액. ¶～点 | 공액점. ¶～角 | 공액각.

【共犯】gòngfàn 名〈法〉공범＝〔共犯者〕

【共管】gòngguǎn 動 ❶ 공동 관리하다＝〔国际guójì共管〕〔共有〕 ❷ 공동으로 범죄를 짓다.

【共和】gònghé 名 공화. ¶～国 | 공화국. ¶～党 | 공화당. ¶～主义zhǔyì | 공화주의. ¶～政体zhèngtǐ | 공화정체.

3【共和国】gònghéguó 名 공화국.

【共话】gònghuà 動 함께 얘기하다〔토론하다〕.

4【共计】gòngjì ❶ 名 動 합계(하다). 도합(하다). ¶～三千万元 | 도합 3천만원이다＝〔供合hé〕 ❷ 動 함께 계획하다.

【共进】gòngjìn 動 ❶ 함께 나아가다. ❷ 함께 하다. ¶～午餐wǔcān | 점심을 함께 하다.

【共居】gòngjū 書 動 공존하다＝〔共处chǔ①〕

【共聚】gòngjù 名〈化〉혼성 중합. 공중합(共重合). ¶～物 | 혼성 중합체.

【共勉】gòngmiǎn 動 서로 용기를 북돋다. 함께 노력하다. ¶愿～之 | 서로 힘을 내자.

4【共鸣】gòngmíng ❶ 名〈物〉공명. ❷ 名 動 공명(하다). 공감(하다). ¶诗人的爱国主义思想引起yǐnqǐ了读者的～ | 시인의 애국주의 사상은 독자들의 공감을 불러 일으켰다＝〔感gǎn音②〕

【共栖】gòngqī 名 動〈生〉편리공생(하다).

3【共青团】gòngqīngtuán 名 簡「中国共产主义青年团」(중국공산주의 청년단)의 약칭.

【共生】gòngshēng ❶ 名 動〈生〉공생(하다) 상리공생(하다)→〔共栖qī〕 ❷ 名〈地質〉공생. ¶～矿kuàng | 〈鑛〉공생광.

【共事】gòng/shì 書 動 함께 일하다. ¶康老师和李登辉～过一年 | 강선생님과 이등휘는 일년간 함께 일했다.

【共通】gòngtōng 名 動 공통(되다). 통용(되다). ¶～道理dàolǐ | 보편적인 도리.

2【共同】gòngtóng ❶ 形 공동의. 공통의. ¶～点

| 공통점. ❷副 함께. 다같이. ¶～努力nǔlì | 다같이 노력하다. ¶～讨论tǎolùn | 함께 토론하다.

【共同市场】gòngtóngshìchǎng 名組〈經〉공동시장.

【共同体】gòngtóngtǐ 名 ❶ 공동체. 공동 사회. ❷ 국제 연합 형식의 하나. ¶欧州ōuzhōu经济jīngjì～ | 유럽 경제 공동체.

【共同语】gòngtóngyǔ 名〈言〉공통어.

【共享】gòngxiǎng ❶ 書 動 함께 누리다. ¶～和平hépíng | 평화를 함께 누리다. ❷ 名 모두의 즐거움.

【共相】gòngxiàng 書 名 공통의 자세〔모습〕. 공통점. ¶人与人的～ | 사람의 공통점.

4【共性】gòngxìng 名 공통성. ¶矛盾的～和个性 | 모순의 공통성과 개별성.

【共议】gòngyì 動 함께 의논하다.

【共用】gòngyòng ❶ 名 動 공용(하다). ¶他们两家～一口水井 | 그들 두 집은 우물 하나를 같이 쓴다. ❷ 名 지출〔사용〕 총계.

【共有】gòngyǒu ❶ 합계가 …이다. ❷ 名 動 공유(하다).

【共振】gòngzhèn 名〈物〉공진.

【共总(儿)】gòngzǒng(r) 名 動 도합(하다). ¶村里～九十户 | 마을은 도합 90가구이다.

【供】gòng ☞ 供 gōng B

2【贡(貢)】gòng 공물 공

❶ 名 動 공물(을 바치다). ¶进～ | 공물을 바치다. ❷ 書 動 봉건시대에 인재를 뽑아 조정에 추천하다 ‖＝〔贑gòng〕 ¶～生↓ ❸ (Gòng) 名 성(姓).

【贡缎】gòngduàn 名 ❶ 공단. ❷ 轉 특상품 비단 ‖＝〔库kù缎〕

【贡货】gònghuò 名 공물. 헌상품. 진상품.

【贡品】gòngpǐn 名 ❶ 공물. 헌상품. ❷ 轉 최상등품.

【贡生】gòngshēng 名 명청(明淸)시대 각 성(省)에서 제1차 과거시험에 합격한 사람.

【贡税】gòngshuì 名 (옛날, 황실에 바치는) 공물(貢物)과 부세(賦稅)＝〔贡赋fù〕

2【贡献】gòngxiàn 名 動 공헌(하다). 기여(하다). ¶为祖国zǔguó～自己的力量lìliáng | 조국을 위해 자신의 역량을 바치다. ¶他的～很大 | 그의 공헌은 매우 크다.

【贡院】gòngyuàn 名 공원. 옛날 과거 시험장.

【嗊(嗊)】gòng (음역자 공)

음역어에 쓰임. ¶～吥bù＝〔贡不〕〔金钵〕 | 캄포트(kampot). 캄보디아 공화국의 남쪽 해안에 있는 도시.

【贑】gòng ☞ 赣 gàn B

gōu ㄍㄡ

3【勾】gōu gòu 버릴 구, 가둘 구

A gōu ＝〔句 B③〕 ❶ 動 지워버리다. 취소하다. 삭제하다. ¶把那个字～去 | 그 글자를 삭제하다. ❷ 動 (생각·병 등을) 야기시키다. 불러 일으키다. ¶～起病来了 | 병나게 하다. ¶～起往事的回忆 | 지난 일의 추억을 불러 일으키다. ❸ 動 (틈새를) 발라 메우다. ¶～墙缝qiángfèng | 담장 틈새를 발라 메우다. ❹ 動 천천히 뒤섞다. 저어서 섞다. 휘젓다. ¶～了一锅粥 | 죽을 저어서 섞다. ❺ 動 가두다. 구류하다. ¶～捕 | 체포하여 가두다. ¶～禁 | 구금하다. ¶～究 | 끌어다 조사하다. ❻ 動 결합하다. 결탁하다. ¶～通↓ ❼ 動 윤곽을 그리다. 묘사하다. ¶～出一个轮廓lúnkuò | 윤곽을 그려내다. ❽ 動 구부러뜨리다. 구부러지다. ❾ 名 갈고리＝〔钩gōu①〕 ❿ 名〈數〉직각 삼각형의 짧은 변 →〔股gǔ⑤〕 ⓫ 名〈音〉공척보(工尺譜)의 음계명 [「尺」보다 반음(半音) 낮은 음]→〔工尺gōngchǐ〕 ‖＝〔句gōu③〕 ⓬ 복성(複姓)중의 한 자(字). ¶～龙↓

B gòu ❶ 動 손을 뻗어 물건을 잡다. ¶太高, ～不着 | 너무 높아서 손이 닿지 않는다. ❷ ⇨〔勾当〕 ❸ (Gòu) 名 성(姓).

A gōu

【勾出】gōuchū 動 그려 내다. 묘사해 내다. ¶～了新山村的壮丽zhuànglì的图景tújǐng | 새로운 산촌의 장려한 경치를 묘사해 냈다.

【勾搭】gōu·da 動 ❶ 결탁하다. 내통하다. ¶这四个坏家伙～上了 | 이 네명의 나쁜 녀석들이 서로 결탁했다. ❷ (남녀가) 시시덕거리다. 사통(私通)하다. 밀통(密通)하다. ¶她跟一个野男人～上了 | 그녀가 한 외갓 남자와 사통했다 ‖＝〔刮刺guācì〕〔方 勾扯chě〕

【勾点撇捺】gōu diǎn piě nà 名 한자 필획의 갈고리(亅)·점(丶)·삐침(丿)·파임(㇏).

【勾掉】gōudiào ⇒〔勾销xiāo〕

【勾动】gōudòng 動 (생각·주의 등을) 야기시키다. 불러 일으키다. ¶～食欲shíyù | 식욕을 불러 일으키다. ¶～了他的归国guīguó的心思xīnsī | 그의 귀국하려는 마음을 야기시켰다.

【勾股】gōugǔ 書 名〈數〉직각 삼각형의 두직각변 [직각변 중 짧은 변을「勾」, 긴변을「股」라 하고 직각에 대한 빗변을「弦」이라 함]

【勾股定理】gōugǔ dìnglǐ 名組〈數〉피타고라스 정리＝〔勾股弦xián定理〕

【勾股形】gōugǔxíng 名〈數〉직각 삼각형＝〔直zhí角三角形〕

【勾画】gōuhuà 動 (윤곽을) 간단히 묘사하다. 설명하다. ¶小张简单扼è要地～出自己的见解 | 장군은 간단히 요약해서 자기 견해를 설명하였다.

【勾魂(儿)】gōu/hún(r) 動 정신 나가게 하다. 현혹시키다. 얼빠지게 하다. ¶～鬼guǐ＝〔无wú常(鬼)〕 | 사신(死神). ¶啥来勾你的魂儿啦? | 무엇이 너의 정신을 현혹시켰느냐? ¶这支交响曲有～奔魄的魅力 | 이 교향곡은 혼을 빼앗는 매력이 있다.

【勾肩搭臂】gōu jiān dā bì 成 어깨를 맞대고 팔을 끼다. 서로 허물없이 지내다. ¶哥俩～地出

门了 | 형들 두사람은 어깨를 맞대고 팔을 끼고서 문을 나섰다.

3【勾结】gōujié 名動 결탁(하다). 공모(하다). ¶～作弊bì | 공모하여 나쁜 짓을 하다 =〔勾合hé〕〔勾串chuàn〕〔方勾手shǒu〕〔勾通tōng〕〔串同tóng〕

【勾栏】gōulán 名 ❶ 송원(宋元)시대의 대중 연예장(演藝場). ❷ 轉 기루(妓樓). 기생집. ¶～中 | 화류계 ‖ =〔勾阑lán〕〔勾兰lán〕

【勾勒】gōulè 動 ❶ 윤곽을 그리다. ❷ 묘사하다 ¶～出大致的轮廓 | 대체적 윤곽을 묘사해 내다. ‖ =〔钩gōu勒〕

【勾脸(儿)】gōu/liǎn(r) 動〈演映〉(중국 전통극에서 배우가) 얼굴 분장을 하다.

【勾留】gōuliú 動 머무르다. 묵다. 체류하다.

【勾龙】Gōulóng 名 복성(複姓).

【勾芡(儿)】gōu/qiàn(r) ❶ 動 전분을 풀어 넣어 걸쭉하게 하다. ¶做豆腐汤必须～ | 두부탕을 만들 때는 반드시 전분을 풀어 넣어 걸쭉하게 해야한다. ❷ (gōuqiànr) 名〈食〉전분으로 걸쭉하게 만든 양념장(을 얹은 요리) =〔句纤xiān儿〕 ‖ =〔勾卤lǔ〕〔勾欠qiàn(儿)〕

【勾去】gōuqù ⇒〔勾销xiāo〕

【勾通】gōutōng ⇒〔勾结jié〕

【勾销】gōuxiāo 動 (빚을) 청산하다. (이름을) 지우다. 말살하다. 삭제하다. ¶一笔～ | 成 한꺼번에 말소하다. ¶把名字～了 | 이름을 삭제했다. ¶～债务zhàiwù | 채무를 청산하다 =〔勾消xiāo〕〔勾去〕〔勾掉diào〕〔钩gōu销〕〔钩消〕〔取qǔ销〕〔抹mǒ掉〕

【勾心斗角】gōu xīn dòu jiǎo ⇒〔钩gōu心斗角〕

【勾乙】gōu/yǐ ❶ 動 인용부「 」표시를 하다. ❷ (gōuyǐ) 名 인용부「」.

【勾引】gōuyǐn 動 (잘못된 길로) 유혹하다. 꾀다. ¶他老～女人 | 그는 언제나 여자를 유혹한다.

B gòu

【勾当】gòu·dang 名 (주로 나쁜 의미로) 일. 짓. 수작. ¶他们在那里讲话, 一定要搞gǎo什么～ | 그들이 저곳에서 얘기하고 있는데 분명히 무슨 수작을 꾸밀 것이다.

3【沟(溝)】gōu 도랑 구

名 ❶ 도랑. 하수도. 개천. ¶明～ | 열린 도랑. ¶暗～ | 복개 도랑. ❷ 길게 패인 곳. 홈. 고랑. 골짜기. ¶垄lǒng～ | 밭고랑. ¶车～ | 수레 바퀴자국. ¶脊梁jǐliáng～ | 등골. ❸ (～儿)협곡. 골짜기. ¶山～ | 계곡. ¶小河～儿 | 시내.

【沟渎】gōudú ⇒〔沟渠qú〕

【沟灌】gōuguàn 名〈農〉휴간 관개(畦間灌漑).

【沟壑】gōuhè 書 名 계곡. ¶水顺～向下流去 | 물이 계곡을 따라 아래로 내려간다.

【沟渠】gōuqú 名 도랑. 하수도 =〔書 沟渎dú〕

【沟施】gōushī ⇒〔条tiáo施〕

【沟鼠】gōushǔ 名 俗〈動〉시궁쥐.

4【沟通】gōutōng 動 통하다. 교류하다. 소통하다. ¶～意见yìjiàn | 의사를 소통하다. ¶～两国文化 | 양국 문화를 교류하다.

【沟洫】gōuxù 書 名 논·밭의 수로.

【沟沿(儿)】gōuyán(r) 名 도랑의 양쪽 둑. 개울가. 도랑가.

【沟子】gōu·zi 名 方 도랑.

3【钩(鈎)〈鉤〉】gōu 갈고리 구

❶ 名 갈고리. ¶钓diào～ =〔鱼yú钩〕 | 낚시 바늘. ❷ (～儿, ～子) 名 갈고리 모양의 것. 체크 표. ¶蝎子xiēzi的～子 | 전갈의 집게 발. ¶画上～ | 체크 표시를 하다→〔叉chā④〕〔圈quān⑤〕 ❸ (～儿) 名 갈고리 모양의 한자 필획 [亅] ❹ 動 갈고리로 걸다. 끌어 올리다. ¶把掉在水里的东西～上来 | 물속에 떨어진 물건을 걸어서 건져 올리다. ¶～不上 | 낚이지 않다. 걸려들지 않다. ❺ 動 누군가를 올가미로 호리다. 꾀다. ¶我～～她看怎么样? | 내가 그녀를 꼬셔보면 어떨까? ❻ 動 감치다. 꿰매다. 코바늘로 뜨개질하다. ¶～花边 | 레이스를 뜨다→〔缭liáo②〕 ❼ 動 당기다. ¶～枪机 | 방아쇠를 당기다. ❽ 形 (마음 등이) 굽다. 꼬부장하다. ¶～儿心 | 비뚤어진 마음. ❾ 形 (하는 일·거취 등이) 분명하지 않다. 흐리터분하다. ¶办事总是拉后～ | 일하는 것이 언제나 질질 끌다가 흐지부지해진다. ❿ (Gōu) 名 성(姓).

【钩秤】gōuchèng 名 (고리가 있는) 대저울.

【钩虫】gōuchóng 名〈動〉십이지장충.

【钩稽】gōujī 書 動 ❶ 조사하다. ¶他广范查阅古籍gǔjí, ～历代遗事yíshì | 그는 고적을 광범히 열람하고 역대 사적을 조사하다 =〔查考kǎo〕 ❷ (상세히) 계산하다 =〔核算hésuàn〕 ‖ =〔钩摭gōzhí〕

【钩拳】gōuquán 名〈體〉(권투의) 훅(hook). ¶他打了一个右～ | 그는 오른쪽 훅을 날렸다.

【钩深索隐】gōu shēn suǒ yǐn 成 심오한 학문을 탐구하다. 깊이 은폐된 사실을 밝혀내다. ¶他善于钩稽jī古迹gǔjì～ | 그는 고적을 조사하여 깊이 은폐된 사실을 잘 밝혀낸다.

【钩心斗角】gōu xīn dòu jiǎo 成 궁전의 건축구조가 정교하다. 서로 딴 마음을 품고 싸우고 헐뜯다. 암투를 벌이다. ¶企业界中～内幕 | 기업계의 암투 내막 =〔勾gōu心斗角〕

【钩玄提要】gōu xuán tí yào 成 이치를 깊이 파고들어 요령을 얻다.

【钩针儿】gōuzhēnr 名 (뜨개질에 쓰이는) 코바늘 =〔钩儿针〕

3【钩子】gōu·zi 名 ❶ 갈고리(모양의 물건) ❷ (동물의) 집게발 =〔勾子〕〔扣kòu子〕〔揿钮qìnniǔ〕

【句】gōu ☞ 句 jù B

【佝】gōu ⓧ kòu) 곱사등이 구

⇒〔佝偻〕

【佝偻病】gōulóubìng 名〈醫〉곱사병. 구루병.

【佝偻】gōu·lou ❶ 名 口 곱사(등이) =〔俯fǔ偻〕 ❷ 動 구부리다. ¶～着腰yāo | 허리를 구부리다.

【枸】gōu ☞ 枸 gǒu B

【緱(緱)】gōu 칼자루감을 구
❶[書][名]칼 등의 손잡이에 감는 끈. ❷지명에 쓰이는 글자. ¶～氏 | 구씨. 하남성(河南省)에 있는 지명. ❸(Gōu) [名]성(姓).

【篝】gōu 배롱 구
[書][名]배롱(焙籠). 화톳불을 피우는 바구니. ¶～火↓

【篝火】gōuhuǒ [名]모닥불. 횃불. ¶～燃烧ránshāo | 모닥불이 타 오르다 =〔营yíng火〕 ¶孩子们围着～又歌又舞 | 아이들이 모닥불에 둘러앉아 노래하며 춤춘다.

【篝火狐鸣】gōu huǒ hú míng [成]군중의 마음을 움직여 봉기를 일으키다. [喩]봉기를 계획하다.

【鞲】gōu 팔찌 구
❶[書][名](활 쏠 때) 팔꿈치를 덮는 가죽. ❷⇒〔鞲鞴〕

【鞲鞴】gōubèi [名]피스톤 =〔活huó塞〕

gǒu ㄍㄡˇ

【岣】gǒu ⓧ jū) 봉우리이름 구
지명에 쓰이는 글자. ¶～嵝lǒu山 | ⓐ 구루산. 호남성(湖南省) 형양현(衡陽縣) 북방의 형산(衡山)의 주봉 이름. ⓑ 형산.

2**【狗】gǒu 개 구**
❶[名]〈動〉개. ¶猎liè～ | 사냥개. ¶狼láng～ | 세퍼드. ¶杂毛zámáo～ | 얼룩개. ¶黄huáng～ | 누렁이. ¶哈巴hābā～ | 발바리. ❷[罵]앞잡이. 개. ¶走～ | 앞잡이. ¶～地主 | 개같은 놈의 지주. ❸[動]아첨하고 떠받들다. 비위를 맞추다. ¶～着人的事, 我不干 | 남에게 아첨하는 일은 나는 하지 않는다.

【狗宝】gǒubǎo [名]구보. 구사(狗砂). 구황(狗黃). ¶～可值钱啊 | 구황은 정말 값나가는 것이다.

【狗吃屎】gǒu chīshǐ [動組]개가 똥을 먹다. [轉]앞으로 푹 고꾸라지다 [비웃는 뜻이 있음] ¶跌diē了个～ | 고꾸라졌다 =〔狗抢qiǎng屎〕

【狗胆包天】gǒu dǎn bāo tiān [成]어처구니 없을 정도로 당돌하다. 뻔뻔스러울 정도로 담이 크다. ¶你～,竟敢偷我的东西 | 너는 당돌하게도 감히 나의 물건을 훔치다니.

【狗蛋】gǒudàn [名][罵]개자식. 개새끼.

【狗洞(儿)】gǒudòng(r) [名]개구멍. ¶～大开 | [喩]앞니가 빠진 것을 놀리는 말 =〔狗窦dòu〕

【狗豆子】gǒudòu·zi [名]〈蟲〉개진드기 =〔狗鳖biē〕

【狗吠非主】gǒu fèi fēi zhǔ [成]개는 제 주인만 따른다. 주인밖에 모르다.

【狗妇】gǒufù [名][罵]개같은 년 =〔狗娘niáng〕

【狗改不了吃屎】gǒu gǎi·buliǎo chīshǐ [諺]개는 똥을 먹는 버릇을 고칠 수 없다. 제 버릇 개 못준다. ¶他从小偷贯了, ～, 要他改邪归正难上难 | 그는 어려서부터 훔치는 것이 습관이 되다보니, 제버릇 개 못준다고, 그를 개과천선 시키려는 것은 가장 어려운 일이다.

【狗苟蝇营】gǒu gǒu yíng yíng [成]개처럼 꼬리치고 파리처럼 달라붙다. 아첨하여 매달리다. (공명과 출세를 위해) 수단·방법을 가리지 않다 =〔蝇营狗苟〕

【狗官】gǒuguān [名](개같이) 못된 관리. ¶你这个仗势zhàngshì欺人的～! | 너 이 권세를 믿고 남을 업신여기는 개같은 관리 놈아!

【狗獾】gǒuhuān [名]〈動〉오소리 =〔獾〕

【狗急跳墙】gǒu jí tiào qiáng [成]개도 급하면 담장을 뛰어 넘는다. 궁한 쥐가 고양이를 문다.

【狗命】gǒumìng [名][喩]하찮은 생명. 천한 목숨.

【狗拿耗子】gǒu ná hào·zi [歇]개가 쥐를 잡다. 쓸데없이 참견하기 좋아하다 [보통 뒤에 「多管闲事」가 붙음] =〔狗咬yǎo耗子〕〔狗捉zhuō老鼠〕

【狗男女】gǒunánnǚ [名][罵]개같은 연놈(들). ¶瞧这帮～那股乱劲儿luànjìnr | 이들 개같은 연놈들의 저 난잡한 꼴을 보라.

【狗娘】gǒuniáng⇒〔狗妇fù〕

【狗皮膏药】gǒupí gāoyào [名組]❶〈藥〉개가죽에 발라 만든 고약. ❷[喩]엉터리 약. 가짜 제품. 속임수.

【狗脾气】gǒupí·qi [名組][喩]개같은 성질. ¶又犯了～吗? | 또 개같은 성질을 부렸니?

【狗屁】gǒupì [名][喩][罵]개소리. ¶放～ | 개소리를 지껄이다. ¶～不通 | (말이나 문장이) 조리가 없고 당치도 않다.

【狗日的】gǒu·ri·de⇒〔狗养yǎng的〕

【狗屎堆】gǒushǐduī [名][喩]남에게 혐오감을 주는 사람. ¶他是不齿于人类的～ | 그는 입에 올릴 수 없는 그런 혐오감을 주는 사람이다.

【狗头】gǒutóu [名]개 머리. [轉][罵]멍청한 녀석 ¶～狗脑nǎo | 멍청한 개대가리. 골이 텅 빈 놈.

【狗头军师】gǒutóu jūnshī [名組]뒤에서 나쁜 계책을 꾸미는 사람. 개똥참모. ¶这是哪个～给你出的主意吗? | 이것은 어떤 개똥 같은 녀석이 네게 내놓은 생각이냐?

【狗腿子】gǒutuǐ·zi [名][口]앞잡이. 주구. ¶他当上了资本家的～ | 그는 자본가의 앞잡이가 되었다 =〔走zǒu狗〕

【狗尾草】gǒuwěicǎo [名]〈植〉강아지풀 =〔莠yǒu①〕

【狗尾续貂】gǒu wěi xù diāo [成]담비꼬리가 모자란다고 개꼬리를 쓰다. ❶되는 대로 작위를 주다. ❷훌륭한 것에 하찮은 것이 뒤를 잇다 [주로 문학작품을 가리킴] =〔狗续貂尾〕

【狗熊】gǒuxióng [名]❶〈動〉작은 곰. 검은곰 =〔黑hēi熊〕〔㊄黑瞎xiā子〕 ❷겁장이. 변변치 않은 놈.

【狗血喷头】gǒu xuè pēn tóu [成]악다구니를 퍼붓다. 생때를 쓰다.

【狗眼看人低】gǒuyǎn kàn rén dī [諺]개의 눈이 사람을 낮게 보다. 사람을 업신여기다. 깔보다.

【狗养的】gǒuyǎng·de [名][罵]개자식 =〔狗下xià的〕〔狗日rì的〕〔狗日们mén〕〔狗生shēng的〕〔狼láng日的〕〔狗入的〕〔驴lǘ日的〕

【狗咬】gǒuyǎo ❶개가 짖다. ❷개가 물다

【狗咬狗】gǒu yǎo gǒu [動組]개가 개를 물다. 같

은 패가 불화로 사이가 벌어지거나 내분이 일어나다. ¶内部～的斗争dòuzhēng | 내부의 물고 물리는 투쟁.

【狗咬吕洞宾】gǒu yǎo Lǚ Dòngbīn 歇 개가 여동빈(呂洞賓)을 물다. 사람을 분별하는 눈이 없다. 사람을 몰라본다. 남의 호의를 모르다. 사리를 모르다 [보통 뒤에 「不识好歹dǎi」「不识好人心」또는 「不认得直人」이 붙음]

【狗蝇】gǒuyíng 名〈蟲〉개이파리 =〔狗虱shīi蝇〕

【狗鱼】gǒuyú 名〈魚貝〉창꼬치.

【狗蚤】gǒuzǎo 名〈蟲〉개벼룩.

【狗仗人势】gǒu zhàng rén shì 成 개란 놈은 주인 믿고 으르릉거린다. 상전 믿고 세도 부리다.

【狗嘴里吐不出象牙来】gǒuzuǐ·lǐ tǔ·buchū xiàngyá·lái 諺 개입에서 상아가 나올 수 없다. 개입에서는 개소리밖에 안나온다. 하찮은 인간은 품위있는 말을 못한다 =〔鼠shǔ口不出象牙〕〔狗嘴掉diào不出象牙〕

【苟】gǒu 구차할 구, 만일 구

❶ 書 副 되는대로. 함부로. 실없이. ¶不～言笑 | 함부로 말하거나 웃지 않다. ¶未敢～同 | 함부로 남의 의견에 동의하지 않다. ❷ 書 副 만일. 가령. 만약. ¶～不努力, 必将落后 | 만약 노력하지 않으면, 틀림없이 뒤떨어지게 된다. ❸ 書 副 일시적으로. 임시로. 겨우. ¶～延残喘↓ ❹ 動 아첨하다. 굽신거리다. ¶～着摆小尾巴儿 | 남에게 아첨하여 꼬리를 흔든다. ❺ (Gǒu) 名 성(姓).

【苟安】gǒuān 書 動 일시적인 안일을 탐하다. ¶寄身jìshēn乱世, 且求～ | 난세에 기탁하여, 일시적 안일을 구하다.

【苟合】gǒuhé ❶ ⇒〔苟同〕 ❷ 動 (남녀가) 간통하다. 사통하다. ¶～之事 | 바람기 =〔苟且qiě③〕

【苟活】gǒuhuó 動 그럭저럭 되는대로 살아가다. ¶大丈夫岂能～? | 대장부가 어찌 되는대로 살아가겠는가?

【苟简】gǒujiǎn 書 動 적당히 (처리)하다. 소홀히 〔되는대로〕 하다.

【苟且】gǒuqiě ❶ 動 소홀히 하다. 그럭저럭 되는대로하다. 대강대강 해치우다. ¶丝毫sīháo不～ | 털끝 만큼도 소홀히 하지 않다. ¶～了事 | 대강대강 일을 해치우다. ❷ 그럭저럭 되는대로 살아가다. ❸ ⇒〔苟合hé②〕

【苟且偷安】gǒu qiě tōu ān 成 눈 앞의 안일만 탐내며 되는대로 살아가다 =〔草cǎo间求活〕

【苟且偷生】gǒu qiě tōu shēng 成 욕되게 살아가다. 구차하게 살다.

【苟全】gǒuquán 書 動 그럭저럭〔일시적으로〕(목숨을) 부지하다. ¶～性命xìngmìng | 그럭저럭 목숨을 부지하다.

【苟同】gǒutóng 動 남에게 아부하다. 분별없이 남의 말에 맞장구를 치다. ¶我不敢～你的意见yìjiàn | 나는 감히 너의 의견에 맞장구 칠 수 없다 =〔苟合hé①〕

【苟延残喘】gǒu yán cán chuǎn 成 남은 목숨을 겨우 부지해 나가다.

【枸】gǒu gōu jǔ 호깨나무 구, 구기자 구, 탱자 구

Ⓐ gǒu →〔枸骨〕〔枸杞qǐ〕

Ⓑ gōu →〔枸橘jú〕

Ⓒ jǔ →〔枸櫞méng〕〔枸橼yuán〕

Ⓐ gǒu

【枸骨】gǒugǔ 名〈植〉호랑가시나무 =〔杠谷树〕〔俗 猫儿刺〕

【枸杞】gǒuqǐ 名〈植〉구기. 구기자나무 =〔地骨〕

Ⓑ gōu

【枸橘】gōujú 名〈植〉탱자나무 =〔枳zhǐ①〕

Ⓒ jǔ

【枸櫞】jǔméng ⇒〔枸橼〕

【枸橼】jǔyuán 名〈植〉구연. 레몬. ¶～皮pí | 레몬 껍질 =〔枸櫞〕〔香xiāng橼〕

【笱】gǒu 통발 구

名 方 통발 [가는 댓조각이나 싸리 등으로 엮어서 통같이 만든 어구(漁具)]

gòu ㄍㄡˋ

【勾】gòu ☞ 勾 gōu Ⓑ

2 ## 【构(構)】gòu 얽을 구

❶ 動 얽어 짜다. 구성하다. 짓다. ¶～图 | 구도를 짜다. ¶～屋↓ ❷ 動 결성하다. 맺다 [추상적인 사물에 사용함] ¶虚～ | 허구. ¶～怨↓ ❸ (남을) 모함하다. ¶～陷↓ ❹ (문예) 작품. ¶佳～ =〔佳作〕| 가작. ¶杰jié～ | 걸작. ❺ ⇒〔构树shù〕 ❻ 動 (손이) 닿다. 이르다. ¶～不着 =〔够gòu不着〕| 손이 미치지 못하다 ‖ =〔搆gòu〕

2【构成】gòuchéng 名 動 구성(하다). 형성(하다). ¶～了现代史的主要内容 | 현대사의 주요 내용을 구성하다.

【构词法】gòucífǎ 名〈言〉조어법(造語法)

【构架】gòujià 名〈機〉❶ 프레임(frame). ❷ (비행기의) 기체(機體). ¶组合zǔhé～ | 기체를 조합하다.

【构件】gòujiàn 名〈建〉구재(構材). 부재(部材). ¶内～ | 내부재. ¶外～ | 외부재. ¶抗压kàngyā～ | 항압재.

【构树】gòushù 名〈植〉닥나무 =〔楮chǔ①〕

4【构思】gòusī ⇒〔构想xiǎng①〕

【构图】gòutú 名〈美〉구도. ¶这幅画～精巧 | 이 그림은 구도가 정교하다.

【构屋】gòuwū 書 動 집을 짓다.

【构陷】gòuxiàn 書 名 動 모함(하다) =〔构会huì〕

4【构想】gòuxiǎng ❶ 名 動 구상(하다) =〔构思sī〕 ❷ 名 의견. 생각. 계획.

【构型】gòuxíng 名〈化〉공유 원자가 결합(共有原子價結合)화합물 분자 중에서 각 원자가 공간상에 상대적으로 배열된 관계.

【构怨】gòuyuàn 書 動 원한을 맺다.

2【构造】gòuzào ❶ 名 구조. ¶地层的～ | 지층의 구조. ¶句子的～ | 문장의 구조. ¶这所房子的～很好 | 이 방의 구조는 매우 좋다. ❷ 動 (집 등을) 짓다. (교량을) 가설하다. (기계 등을)

조립하다. (시 등을) 짓다. (이론·체계를) 세우다.
【构筑】gòuzhù 動 구축하다. ¶～堡垒bǎolěi | 요새를 구축하다. ¶～阵地 | 진지를 구축하다.

2【购(購)】gòu 살 구 動 사다. 구입하다. 사들이다. ¶采～价格jiàgé | 매입 가격. ¶统～统销xiāo | 일괄 구입 일괄 판매.
【购办】gòubàn 動 사들이다. ¶～货物huòwù | 물품을 사들이다＝〔购置zhì〕
【购捕】gòubǔ 動 현상금을 걸어서 체포하다＝〔购拿〕〔购求②〕
【购进】gòujìn 動 구입하다. ¶韩国从美国～一批爱国者导弹 | 한국이 미국으로부터 패트리어트 미사일을 구입하다.
【购粮】gòu/liáng 動 식량을 사들이다. ¶～证 | 식량 배급표.
3【购买】gòumǎi 名 動 구입〔구매〕(하다). ¶～手段shǒuduàn | 구매 수단. ¶～力 | 구매력. ¶～日用品 | 일용품을 구입하다.
4【购买力】gòumǎilì 名 구매력
【购求】gòuqiú ❶ 動 (물건을) 구하여 사다. ¶他到处～稀世古物 | 그는 곳곳에서 희귀한 골동품을 구하여 산다. ❷⇒〔购捕bǔ〕
【购销】gòuxiāo 名 구입과 판매. ¶～两旺wàng | 매매가 활발하다. ¶～关系guānxì | 매매 관계. ¶～合约héyuē | 매매 계약서.
【购置】gòuzhì 動 (장기간 사용할 물건을) 사들이다. ¶～家具jiājù | 가구를 사들이다. ¶为了扩大生产, 又～了大批的农具nóngjù | 생산 증대를 위해, 또 많은 농기구를 사들이다＝〔购办bàn〕
【购主】gòuzhǔ 名 (물건을) 사는 사람. 매주(買主).

【垢】gòu 때 구 ❶ 名 때. 먼지. ¶油yóu～ | 기름때. ¶泥ní～ | 때. ❷ 書 名 수치. 치욕(恥辱) ¶含～忍辱 | 치욕을 참다. ❸ 動 더럽다. 불결하다. 때가 끼다. ¶蓬头～面 | 헝클어진 머리카락과 더러운 얼굴.
【垢秽】gòuhuì 書 形 때가 묻어 더럽다＝〔垢污wū〕
【垢污】gòuwū ⇒〔垢秽huì〕

【诟(詬)】gòu 꾸짖을 구/후 書 ❶ 名 수치. 치욕(恥辱). ❷ 창피를 주다. 욕하다. ¶～病↓
【诟病】gòubìng 書 動 꾸짖다. 욕을 하며 책망하다. ¶为人所～ | 남에게 책망을 받다＝〔诟丑chǒu〕〔诟疾jí〕〔诟厉lì〕
【诟骂】gòumà 書 動 꾸짖다. 욕하다. 나무라다. ¶将他～了一顿 | 그를 한차례 나무라다.

1【够〈夠〉】gòu 많을 구 ❶ 動 (팔을 뻗거나 긴 막대기 등으로) 따다. 꺼내다. (손이) 닿다. ¶小平爬到树上～了一把枣zǎo儿 | 소평은 나무에 올라가서 대추 한 움큼을 땄다. ¶上面的书我～不着, 请你给我～下来 | 위에 있는 책은 손이 닿지 않으니 좀 내려 주시오. ❷ 動 충분하다. 넉넉하다. ¶钱～不～ | 돈이 충분한가? ¶～时间了 | 시간은 충분하다. ¶这枝钢笔gāngbǐ～你用一年 | 이 만년필은 네가 일 년 동안 쓰기에 충분하다. ❸ 動 동사 뒤에 보어로 쓰여 「실컷」「싫도록」의 의미를 나타냄 어법 중간에 「个」「得」「不」를 넣을수 있음. ¶你笑～了没有? | 너 실컷 웃었니? ¶我早听～了 | 난 이미 싫도록 들었다. ¶星期日一整天, 他们玩了个～ | 일요일 하루 종일 그들은 싫도록 놀았다. ❹ 動 애써 …하다. 적극적으로 …하다. ¶～着交 | 사귀어 보려고 애쓰다. ¶他要～着说话 | 그는 말을 붙여 보려고 애를 쓴다. ❺ 副 충분히. 어법 적극적 의미를 지닌 형용사만 수식함. ¶别接了, 绳子已经～长了 | 그만 이어라, 밧줄은 충분히 길다. ¶你看～宽不～宽 | 충분히 넓으니? ¶～短(×) ¶～窄(×). ❻ 副 매우 [정도가 심함을 나타냄] ¶天气～冷的 | 날씨가 매우 춥다. ¶他们已经～忙了 | 그들은 이미 매우 바쁘다 ‖＝〔彀gòu②〕
【够本(儿)】gòu/běn(r) 動 ❶ 본전이 되다. 밑지지 않다. ¶不～ | 본전도 안 되다. ¶我这个人活得不～ | 나는 밑지고 살아왔다. ❷ 喻 득실(得失)이 서로 같다.
【够不上】gòu·bu shàng 動組 미치지 못하다. 이르지 못하다. ¶～资格zīgé | 자격이 못되다 ⇔〔够得上〕
【够不着】gòu·bu zháo 動組 ❶ (힘이) 미치지 못하다. 힘에 부치다. ❷ (손이) 닿지〔미치지〕 않다. ¶要是～, 登在椅子上拿吧 | 손이 미치지 않으면 의자 위에 올라가서 꺼내시오＝〔构gòu不着〕〔勾gōu不着〕⇔〔够得着〕
【够得上】gòu·de shàng 動組 미치다. 자격이 있다. ¶他～一个模范mófàn学生 | 그는 모범학생의 자격이 있다 ⇔〔够不上〕
【够得着】gòu·de zháo 動組 ❶ (힘이) 미치다. 충분하다. ❷ (손이) 닿다〔미치다〕 ‖ ⇔〔够不着〕
【够格(儿)】gòu/gé(r) 動 (일정한 표준이나 조건에) 부합되다. 걸맞다. 어울리다. 적합하다. ¶他体力差, 参加登山队是不～的 | 그는 체력이 떨어지므로 등산팀에 참가하는 것은 적합하지 않다.
【够交情】gòu jiāo·qing ❶ 교분이 두텁다. ¶他们俩～ | 그들 두사람은 교분이 두텁다. ❷⇒〔够朋友péngyou〕 ❸⇒〔够面miàn儿〕
【够劲儿】gòujìnr 形 口 ❶ 충분하다. 상당하다. ¶我～了, 不能再喝了 | 저는 충분히 되어, 더 이상 못 마시겠습니다. ¶老李一个人担任dānrèn那么多工作, 真～ | 이형 혼자서 그렇게 많은 일을 맡고 있으니, 정말 대단하다. ❷ (맛이나 강도가) 강하다. ¶这辣椒làjiāo真～ | 이 고추는 정말 맵다.
【够苦】gòukǔ 貶 몹시 괴롭다〔고생스럽다〕. ¶我已经～的了 | 나는 이미 몹시 고생스러웠다.
【够面儿】gòumiànr 形 의리가 있다. 인정이 두텁다＝〔够交情③〕
【够派头(儿)】gòu pàitóu(r) 形 아주 멋지다. 아주 산뜻하다. 당당하다. ¶特别～的晚礼服 | 아

주 멋진 야외복.

【够朋友】gòu péng·you 形 친구가 될 만하다. 친구답다. 친구로서 훌륭하다. ¶我这样做～了吧?｜내가 이렇게 하면 친구가 될 만하니?＝〔够交情jiāoqíng②〕

【够呛】gòuqiàng 形 方 힘겹다. 죽겠다. 지독하다. 견딜 수 없다. ¶疼得～｜아파 견딜 수 없다＝〔够戗qiāng〕〔够受shòu的〕

【够瞧的】gòuqiáo·de 形 ❶ 대단히 심하다. 지독하다. 상당하다. ¶冷得～｜지독하게 춥다. ¶他病得～｜그는 대단히 심하게 앓고 있다. ❷ 볼만하다. ¶他对这方面fāngmiàn的研究是～｜그의 이 분야에 관한 연구는 볼만하다.

【够受的】gòushòu·de 形 (못견디게) 고되다. 힘들다. 모질다. 호되다. ¶穷得～｜못견디게 가난하다→〔够呛qiāng〕

【够数(儿)】gòu/shù(r) ❶ 動 (일정한) 수량에 미치다. ¶你要的东西dōngxi还不～｜네가 필요한 물건은 아직 (수량이) 부족하다. ❷ (gòushù(r)) 形 方 (일정한 정도·수준에) 미치다. 다다르다. 걸맞다. ¶他机灵得～｜그는 영리하다고 하기에 충분하다.

【够损的】gòusǔn·de 形 말이 매정하고 신랄하거나 행위가 남에게 해를 끼치다. ¶他说话～的｜그의 말은 매정하고 신랄하다.

【够味儿】gòuwèir 形 口 ❶ (음식이) 아주 맛있다. ❷ (문장·노래 등이) 맛이 있다. 재미있다. 의미심장하다. ¶这两句你唱得可真～!｜이 두 소절을 너 정말 재미있게 불렀어! ❸ (기술·작업이) 상당한 수준에 달하다. 훌륭하다. ❹ 평판이 좋다. ❺ 들어맞다. 적합하다.

【够意思】gòuyì·si 形 褒 ❶ 대단하다. 훌륭하다. ¶这场球赛qiúsài可真～｜이 시합은 정말 멋있다. ❷ 관대하다. 친절하다. ¶不～｜불친절하다.

【媾】 gòu 혼인할 구, 화친 구

❶ 書 名 動 결혼(하다)＝〔婚hūn媾〕 ❷ ⇒〔交jiāo媾〕 ❸ ⇒〔媾和hé〕

【媾和】gòuhé 動 강화(講和)하다. ¶苏联sūlián的斯大林跟德国暂时～｜소련의 스탈린은 독일과 잠시 강화하였다.

【遘】 gòu 만날 구

書 動 만나다. 조우(遭遇)하다. 당하다.

【遘闵】gòumǐn 書 動 부모의 상을 당하다.

【覯(覯)】 gòu 만날 구, 이룰 구

書 動 우연히 만나다. 체험하다. ¶罕～＝〔罕见〕｜보기 드물다. ¶稀～书｜희귀본.

【彀】 gòu 활거리 구

❶ ⇒〔彀中〕 ❷「够」의 이체자⇒〔够gòu〕

【彀中】gòuzhōng 書 名 ❶ 화살의 사정 거리. ❷ 喻 올가미. ¶入我～｜나의 생각이 들어맞다. 轉 나의 올가미에 걸려들다.

gū ㄍㄨ

2【估】 gū gù 값 고, 장수 고

A gū ❶ 動 추측하다. 추량하다. 평가하다. ¶～一～这块地能收多少粮食｜이 땅에서 얼마만큼의 식량을 수확할 수 있는지 추측해 보시오. ¶过高地～计｜과대평가하다. ❷ 書 名 장사. 상인.

B gù ⇒〔估衣〕

A gū

【估产】gū/chǎn ❶ 動 생산량을 예측〔추측〕하다. ❷ (gūchǎn) 名 예정 생산량. 예상 수확고. ¶每亩苗～四百五十斤｜1묘당 예정 생산량은 450근이다.

【估堆儿】gū/duīr 動 한 무더기로 값을 매기다. 모두 합쳐서 수량이나 값을 치다. ¶一～买的｜한 무더기로 값을 매겨 산 것.

2【估计】gūjì ❶ 動 예측하다. 예정하다. 평가하다. ¶～过低｜과소평가하다. ¶～错误｜오산하다. 잘못보다. ¶我～要实现这个计划jìhuà, 起码需要五年的时间｜나는 이 계획을 실현시키는데 적어도 5년은 필요하다고 생각한다. ❷ 動 계산〔고려〕에 넣다. ¶他们没有～到或者～不足｜그들은 고려하지 않았든지 아니면 고려 부족이다. ❸ 動 추정하다. ¶～入场者有两万人｜입장객이 2만명이라고 추정하다→〔估摸mó①〕 ❹ 名 고려. 평가. 추측＝〔估量liàng〕

【估价】gū/jià ❶ 動 (가격을) 치다. 매기다. ¶这件旧大衣你给估个价儿｜이 헌 외투의 가격을 네가 매겨 봐라. ❷ (gūjià) 名 (사람 또는 사물에 대한) 평가.

【估量】gū·liang 動 ❶ 계산에 넣다. 고려하다. ❷ 예측하다. 생각하다. 짐작하다→〔掂diān掇②〕‖＝〔估计jì〕→〔斟酌zhēnzhuó①〕

【估摸】gū·mo ❶ 動 口 추량〔추측〕하다. 짐작하다. ¶我～着他月底就能回来｜내가 추측컨대 그는 월말이면 돌아올 수 있을 것이다＝〔约yuē摸〕〔约莫mò〕→〔估计jì③〕 ❷ ⇒〔提防dīfáng〕

【估算】gūsuàn 名 動 추산(하다). ¶请你～一下这项工程的成本chéngběn｜당신은 이 공정의 생산비를 추산해 보시오＝〔估计jì〕

B gù

【估衣】gù·yi 名 (판매용) 헌옷〔싸구려 옷〕.

【咕】 gū 투덜거릴 고

擬 꼬꼬. 구구. 닭·비둘기 등의 우는 소리. ¶母鸡mǔjī～～地叫｜암탉이 꼬꼬하고 울다.

【咕哧】gū·chī ❶ 擬 철벅철벅 [진창을 걸을 때 나는 소리] ❷ ⇒〔咕唧jī b〕

【咕嘟】gū·da 擬 벌컥벌컥. 꿀컥꿀컥 [물이나 술을 마실때 나는 소리] ¶～一下子, 一杯酒喝下去了｜한차례 벌컥벌컥하면서, 술 한잔을 들이켰다.

【咕噔】gūdēng 擬 ❶ 쿵. 우당탕 [무거운 물건이 떨어질때 나는 소리] ¶什么东西～～地直响｜무슨 물건이 우당탕 우당탕하며 계속 소리가 난다. ❷ 벌컥벌컥. ¶他抱起小水桶, ～～喝了一顿｜그는 작은 물통을 안은 채 벌컥벌컥하고 마셔댔다.

【咕咚】a gūdōng 擬 ❶ 쿵. 첨벙. ¶大石头～一声掉到水里去｜큰돌덩이가 첨벙하고 물속으로 떨어졌다. ❷ 덜컹덜컹. ¶车子～得慌｜차가 몹시 덜컹덜컹 흔들거린다.

ⓑgū·dong 動 俗 총을 쏘다. ¶被人拿枪~了 | 다른 사람의 총에 맞았다.

【咕嘟】ⓐgūdū 擬 펄펄. 벌컥벌컥. 퐁퐁 [물 등이 끓거나 물줄기가 솟아나오거나 물을 급히 마시는 소리] ¶他端起一碗水, ~~地喝了下去 | 그는 물 한 대접을 들어 벌컥벌컥 마셨다. ¶泉水~~地往外冒 | 샘물이 퐁퐁 솟아 나오다. ¶水~~烧开了 | 물이 펄펄 끓었다 =〔鼓嘟dū〕

ⓑgū·du 動 ❶ 오랫동안 끓이다. ❷ 方 (화가 나서) 입술을 뾰로통하게 내밀다.

【咕咕】ⓐgūgū 擬 꼬르륵꼬르륵. 꾸루룩꾸루룩. 쪼륵쪼륵 [비둘기가 울거나 배고플 때 나는 소리] ¶我肚子dùzi饿得~直叫 | 나는 배가 고파 계속하여 꼬르륵거렸다.

ⓑgū·gu 動 ❶ 소곤거리다. 귓속말로 하다. ❷ 종용하다.

【咕唧】ⓐgūjī 擬 철벅철벅. 철버덩. 찰싹찰싹. 철썩철썩 [물이 압력을 받아 튀면서 나는 소리] ¶脚底下~~地直响 | 발 밑에서 줄곧 철벅철벅 소리가 난다.

ⓑgū·ji 動 ❶ 소곤거리다. ¶他们俩~了半天 | 그들 두 사람은 한참동안 소곤거렸다. ❷ (혼자서) 중얼거리다. ¶他一边儿看报一边~ | 그는 신문을 보면서 혼자 중얼중얼거린다 ‖ =〔方 咕哧chī②〕〔咕叽jī〕

【咕隆】gūlōng 擬 우루루. 부릉부릉 [천둥이나 대형차의 소리] ¶远处雷声~~地响 | 멀리서 우르릉 우르릉 천둥소리가 들린다 =〔咕隆隆lóng〕

【咕噜】ⓐgūlū 擬 꾸르륵. 쪼르륵. 데굴데굴 [물이 흐르거나 물건이 구르는 소리] ¶他听到大石头~~滚下去了 | 그는 돌덩이가 데굴데굴 굴러가는 소리를 들었다 =〔咕噜噜〕

ⓑgū·lu ⇒〔咕哝〕

【咕哝】gū·nong 動 중얼거리다. 속삭이다. 투덜거리다 =〔咕噜lūⓑ〕

【咕容】gū·rōng 動 方 (뱀 등이) 꿈틀거리다 =〔咕嚷rǎng〕

【咕吱咕吱】gū·zhigū·zhi 擬 뚜벅뚜벅 [발자국 소리]

1【姑】gū 시어미 고, 고모 고
❶ 名 고모. ¶大~ | 큰 고모. ¶表~ | 아버지의 종자매. ❷ 名 시누이. ¶大~子 | 손위 시누이. ¶小~子 | 손 아래 시누이. ❸ 불문(佛門)에 들어간 여성 또는 미신을 직업으로 하는 여자. ¶尼~ | 여승→〔三姑六婆〕 ❹ 書 名 시어머니. ¶翁~ =〔公婆gōngpó〕 | 시부모→〔公gōng⑧〕

【姑表(亲)】gūbiǎo(qīn) 名 고종사촌 =〔姑舅jiù(亲)〕→〔姨yí表(亲)〕

【姑布】Gūbù 名 복성(複姓).

【姑夫】gū·fu ⇒〔姑父〕

【姑父】gū·fu 名 고모부 =〔方 姑爹diē〕〔姑夫〕〔方 姑丈zhàng〕〔方 姑爷yé ⓐ〕〔方 姑婿xù〕

2【姑姑】gū·gu ❶ ⇒〔姑母〕 ❷ 名 敬 손 위 부인에 대한 경칭의 하나.

【姑舅(亲)】gūjiù(qīn) ⇒〔姑表biǎo(亲)〕

【姑宽】gūkuān 動 관대히 대하다. 관용을 베풀다.

【姑妈】gūmā ⇒〔姑母〕

【姑母】gūmǔ 名 고모 =〔口 姑妈〕〔姑娘niángⓐ①〕〔書 姑妹mèi〕〔姑姑①〕〔江 娘娘②〕

【姑奶奶】gūnǎi·nai 名 口 ❶ 시집간 딸에 대하여 친정에서 부르는 호칭. ¶新~ | 새색시. 신부. ¶小~ | 막내딸. 아직 미혼인 여자에 대한 호칭. ❷ 고모할머니 =〔祖zǔ姑〕 ❸ 천주교의 수녀.

【姑念】gūniàn 動 일단 고려하다. 적당히 고려해 두다. ¶~他年经就算了吧! | 그의 어린 점을 고려해서 내버려 두자!

1【姑娘】ⓐgūniáng ❶ ⇒〔姑母〕 ❷ 名 方 시누이.

ⓑgū·niang 名 ❶ 처녀. 아가씨. ❷ 딸. ¶大~ | 나이찬 처녀. 맏딸. ¶小~ | 소녀. 막내 딸. ❸ 남의 딸.

【姑娘儿】gū·niangr 名 옛날, 기녀에 대한 칭호.

4【姑且】gūqiě 副 잠시. 우선 =〔暂zàn且〕〔且则zé〕〔且自zì〕

【姑嫂】gūsǎo 名 올케와 시누이를 통틀어 부르는 말. ¶他们~一向不和 | 그들 올케와 시누이는 줄곧 사이가 좋지 않다.

【姑妄听之】gū wàng tīng zhī 成 믿건 말건 우선 들어나 두다. ¶我随便suíbiàn说说, 你就~ | 내가 편한대로 이야기 하는 것이니, 네가 믿건 말건 우선 들어나 둬→〔姑妄言之〕

【姑妄言之】gū wàng yán zhī 成 우선 적당히 말해 두다→〔姑妄听之〕

【姑息】gūxī 動 ❶ 지나치게 관용을 베풀다. 제멋대로 하게 두다. ¶对自己的错误不应该有一点儿~ | 자기의 잘못에 대하여 반드시 조금의 관용도 베풀어서는 안 된다. ❷ 일시의 안일을 구하다. 임시방편을 구하다. ¶~政策zhèngcè | 고식적 정책.

【姑息疗法】gūxī liáofǎ 名組 〈醫〉 고식 요법 [병의 증상을 일시적으로 억제하는 치료법]

【姑息养奸】gū xī yǎng jiān 成 ❶ 지나치게 너그러우면 나쁜 버릇만 키운다. ❷ 관용이 지나쳐 악인이 나쁜 일을 하도록 조장하다.

【姑爷】gūyé ⇒〔姑父〕

【姑丈】gūzhàng ⇒〔姑父〕

【姑子】gū·zi 名 口 여승. 비구니. ¶~手里掏tāo孩子 | 諺 여승에게서 애를 찾다. 절에 가서 젓국 달라 한다 =〔尼ní姑〕

【沽】gū 살 고, 팔 고
❶ 書 動 사다. ¶~酒去 | 술을 사러 가다. ❷ 書 動 팔다. ¶待价而~ | 가격을 봐서 팔다. ❸ (Gū) 名 〈地〉 하북성(河北省) 천진(天津)의 다른 이름.

ⓑgū·ji 動 方 분출하다〔시키다〕. ¶孩子拿水枪~水 | 애들이 물총으로 물을 내쏘다.

【沽酒】gūjiǔ 書 ❶ 動 술을 팔다〔사다〕. ❷ 名 파는〔사온〕 술.

【沽名钓誉】gū míng diào yù 成 온갖 수단을 부려 명예를 추구하다. ¶他这样做是为了~ | 그가 이렇게 하는 것은 갖은 수단을 동원해 명

예를 추구하기 위한 것이다.

4【菇】gū 버섯 고
名〈植〉❶ 버섯 =〔蘑mó菇〕 ¶香～ | 표고 버섯. ¶冬～ | 겨울 표고 버섯 =〔菰gū②〕 ❷ ⇒〔慈cí菇〕

【轱(軲)】gū 수레 고
⇒〔轱辘〕

【轱辘】gū·lu ❶ 名 口 차 바퀴. 차륜(車輪). ¶～鞋xié | 롤러 스케이트. ❷ 動 데굴데굴 구르다. ¶油桶yóutǒng～远了 | 기름통이 데굴데굴 멀리 굴러갔다 =〔姑轳gūlú〕〔毂gǔ辘〕

【鸪(鴣)】gū 자고 고
⇒〔鹁bó鸪〕

【蛄】gū 도르래 고, 쓰르라미 고
⇒〔蟪huì蛄〕〔蝼lóu蛄〕

3【辜】gū 허물 고
❶ 書 名 죄. ¶无～ | 죄가 없다. ¶死有余～ | 죽어도 그 죄를 씻을 수 없다 =〔孤gū⑥〕 ❷ 書 動 배반하다. 저버리다 =〔孤⑥〕→〔辜负〕 ❸ (Gū) 名 성(姓).

3【辜负】gū·fù 動 (회의·기대·도움 등을) 헛되게 하다. 저버리다. ¶小張～了老师的期望qīwàng | 장군은 선생님의 기대를 헛되게 했다. ¶～他的美意 | 그의 호의를 저버리다 =〔孤gū负〕

【酤】gū 술살 고, 술팔 고
書 ❶ 名 묽은 술. 맑은 술 =〔薄báo酒〕〔清qīng酒〕 ❷ 술을 사다〔팔다〕=〔酤酒〕

【呱】gū ☞ 呱 guā Ⓒ

3【孤】gū 고아 고, 외로울 고
❶ 書 名 아버지가 죽고 없는 자식→〔独〕 ❷ 양친이 죽고 없음. ¶～儿 | 고아. ❸ 名 옛날, 군주·왕·제후의 자칭(自稱)→〔孤家寡人〕 ❹ 形 고독한. 외로운. 쓸쓸한. ¶～雁yàn | 외로운 기러기. ¶～岛 | 외딴 섬. ¶～丁↓ ❺ 삐져 나오다. ¶孤拐(儿)↓ ❻「辜」와 같음 ⇒〔辜gū①②〕 ❼ (Gū) 名 성(姓).

【孤哀子】gū'āizǐ 名 고애자 [부모를 모두 여윈 상주(喪主)의 자칭(自稱)]→〔孤子②〕

【孤傲】gū'ào 形 시건방지다. 거만하다. 도도하다. ¶～不屈 | 威 거만하여 남에게 굽히지 않다.

【孤本】gūběn 名 하나뿐인 서적. 유일본. ¶这是一个珍贵zhēnguì的～ | 이는 진귀한 유일본이다.

【孤雌生殖】gūcí shēngzhí 名〈生〉단성 생식(單性生殖).

4【孤单】gūdān ❶ 形 외토리이다. 외롭다. 쓸쓸하다. ¶～凄凉qīliáng =〔孤凄〕 | 외롭고 처량하다. ❷ 名 외(돌)토리. 외톨. 외만몸 ‖ =〔孤零líng〕〔孤另lìng〕 ❸ 形 (힘이) 미약하다.

【孤胆】gūdǎn 名 홀로 많은 적을 상대해 싸우는 것. ¶～英雄yīngxióng | 일당백(一當百)의 영웅 =〔独dú胆〕

【孤岛】gūdǎo 名 ❶ 낙도. 외딴섬. ¶困处～, 百无聊赖liáolài | 외딴섬에 있으면 답답하다. ❷ 일본군 점령 시대의 상해 조계지구(上海租界地區)의 다른 이름.

【孤丁】ⓐ gūdīng ❶ 名 외토리. 고독한 사람. ❷ 形 외토리이다. 외롭다. 고독하다.
ⓑ gū·dìng ❶ 名 돌출물(突出物). 툭 튀어나온 것. 도드라진 것. ❷ 名 사태가 돌변하거나 어지럽게 뒤얽힌 것. ¶这边刚料理停当, 那边又起了～ | 이쪽 일을 겨우 처리하니까, 저쪽에서 또 말썽이 생겼다. ❸ 形 (사태가 돌변해서) 어리둥절하다. 얼떨(떨)하다. ❹ 名 노름판에서 운에 맡기고 거는 마지막 밑천 =〔孤注〕

【孤丁丁】gūdīngdīng 形 외롭다. 고독하다. 적적하다 =〔孤零零líng〕〔孤单单dān〕〔孤伶伶líng〕

4【孤独】gūdú ❶ 形 고독하다 =〔書 茕qióng独②〕 ❷ ⇒〔孤僻pì①〕

【孤独鳏寡】gūdú guānguǎ 의지할 곳 없는 외로운 사람. 환과고독(鰥寡孤獨). ¶～乃天下最可怜kělián者也 | 환과고독은 천하에 가장 가련한 자들이다.

【孤儿】gū'ér 名 ❶ 아비 없는 자식. ❷ 轉 고아. ¶～院 | 고아원 ‖ =〔孤子①〕

【孤儿寡妇】gū ér guǎ fù ❶ 고아와 과부 =〔孤寡①〕 ❷ 의지할 곳 없는 사람 =〔孤孀①〕

【孤芳自赏】gū fāng zì shǎng 威 자신을 고결한 인격자라고 여기며 스스로 도취되어 자만하다. 독선적이다. ¶他一向～, 自命不凡 | 그는 줄곧 인격자라고 자만하며, 스스로가 훌륭하다고 생각한다.

【孤高】gūgāo 書 形 ❶ 고고하다. ❷ 거만하다. 도도하다.

【孤寡】gūguǎ ❶ ⇒〔孤儿寡妇①〕 ❷ 形 고독하다. 외롭다.

【孤拐(儿)】gū·guai(r) 名 方 ❶ 광대뼈 =〔颧骨guángǔ〕 ❷ 발바닥의 양쪽의 도드라진 부분.

【孤魂】gūhún 名 ❶ 고혼. 붙일 것 없이 떠돌아 다니는 외로운 넋. ❷ 喩 의지할 곳 없는 외로운 사람 =〔孤魂鬼guǐ儿〕〔孤鬼儿〕

【孤寂】gūjì 書 形 외롭고 쓸쓸하다. 고적하다.

【孤家寡人】gū jiā guǎ rén 威 ❶ 과인 [옛날 군주(君主)가 겸손하게 자기를 이르는 말]=〔孤王〕〔寡人〕〔孤家〕 ❷ 외토리. 고독한 사람.

【孤军】gūjūn 名 고군. 후원이 없는 고립된 군사.

【孤军奋战】gū jūn fèn zhàn 威 고군분투하다. ¶他～, 終于攻克gōngkè这个难题 | 그는 고군분투하여, 결국 이 어려운 문제를 해결했다.

【孤苦】gūkǔ 形 외롭고 가난하다.

【孤苦伶仃】gū kǔ líng dīng 威 의지할 데 없이 외롭다. 외롭고 쓸쓸하다. 고적(孤寂)하다 =〔孤苦零líng丁〕〔孤单dān零丁〕〔伶丁孤苦〕〔孤孤伶仃〕

3【孤立】gūlì ❶ 形 고립되어 있다. ¶～木 | 고목(孤木). ¶～主义zhǔyì | 고립주의. ¶处境～ | 처지가 고립되어 있다. ❷ 動 고립하다〔시키다〕. ¶～无助 | 고립무원(孤立無援).

【孤立语】gūlìyǔ 名〈言〉고립어.

【孤零零】gūlínglíng ⇒〔孤丁丁dīng〕

【孤陋寡闻】gū lòu guǎ wén 威 학문이 얕고 견문이 좁다. 보고 들은 것이 적다. ¶我～, 敬请您多多指教! | 저는 학문과 견문이 부족해, 삼가 많은 지도를 부탁드립니다!

【孤木不成林】gū mù bù chéng lín 諺 한 그루 나무로는 숲을 이룰 수 없다. 고장난명(孤掌難鳴) =〔孤树shù不成林〕

【孤女】gūnǚ 名 부모를 여읜 여자 아이.

【孤篷万里】gū péng wàn lǐ 成 한 척의 작은 배로 만리의 여행에 나서다. 혼자 쓸쓸하게 여행하다.

【孤僻】gūpì 書 ❶ 形 괴팍하다. ¶他性情xìngqíng～ | 그는 성격이 괴팍하다 =〔孤独dú②〕 ❷ 名 황량한 벽지(僻地).

【孤身无靠】gūshēn wúkào 動組 혼자 몸으로 의지할 곳이 없다.

【孤身只影】gū shēn zhī yǐng 成 혈혈단신. 외로운 신세. ¶他～, 十分可怜 | 그는 혈혈단신이어서, 정말 가련하다.

【孤孀】gūshuāng ❶ ⇒〔孤儿寡妇②〕 ❷ 名 俗 과부(寡婦).

【孤行】gūxíng 書 動 ❶ 혼자 (길을) 가다 =〔独dú行〕 ❷ 단독으로 (일을) 하다.

【孤雁单飞】gū yàn dān fēi 成 외로운 기러기 홀로 날다. 喩 홀로 길을 떠나다.

【孤云野鹤】gū yún yě hè 成 외로이 떠 있는 구름과 무리에서 벗어난 학. 喩 은사(隱士). ¶他～, 独来独往 | 그는 은사여서, 마음대로 행동한다.

【孤掌难鸣】gū zhǎng nán míng 成 한쪽 손바닥만으로는 울리지 못한다. 혼자서는 일을 이루지 못한다 =〔一衍yǎn手掌拍不响〕

【孤证】gūzhèng 名 하나뿐인 증거. 불충분한 증거. ¶单辞～, 不足取信 | 일방적인 주장과 불충분한 증거로 믿을 수 없다.

【孤注一掷】gū zhù yī zhì 成 노름꾼이 남은 밑천을 다 걸고 최후의 승부를 걸다. 위급할 때 온 힘을 다 발휘하여 한차례 모험을 하다. ¶他竟～, 作最后的反扑fǎnpū | 그는 온 힘을 다해 최후의 반격을 하다. ¶敌人～, 集中全部兵力反扑过来 | 적군이 최후의 승부를 걸며, 전병력을 집중하여 반격해오다.

【孤子】gūzǐ 名 ❶ 고아 =〔孤儿〕 ❷ 아버지는 돌아가고 어머니만 계신, 상중에 있는 사람이 자칭(自稱)하는 말→〔孤哀āi子〕

【菰〈苽〉】gū 줄 고
❶〈植〉줄 [포아풀과에 딸린 여러해살이 풀. 구황(救荒)식물로 열매는 고미(菰米)라고 함] =〔菰菜〕〔茭白bái〕〔茭jiāo儿菜〕〔茭瓜〕〔茭笋sǔn〕 ❷「菇」와 같음⇒〔菇gū①〕

【觚】gū 그릇 고
書 名 ❶ 술 그릇. ❷ 옛날, 글자를 쓰는데 사용한 목판. ¶操～ | 글을 짓다 =〔觚牍〕→〔竹zhú简〕 ❸ 방형(方形). ¶破～为圜 | 成 고집하지 않다. ❹ 능각(稜角). 귀퉁이.

【觚棱】gūléng 名 전각(殿閣)의 가장 높고 뾰족하게 내민 모서리.

【骨】gū ☞ 骨 gǔ B

【菁】gū 풀줄기 골, 골초 골
⇒〔菁葖〕

【菁葖】gūtū ❶ 名〈植〉골돌. ❷⇒〔骨朵gūduǒ(儿)①〕

【毂】gū ☞ 毂 gǔ B

【箍】gū 테 고
❶ 動 (대나무나 금속 등으로) 테를 두르다. (띠 모양의 것으로) 둘둘 감다〔말다〕. ¶她头上～着条毛巾máojīn | 그녀는 머리에 수건을 둘둘 감고 있다. ¶～桶↓ ❷ 動 轉 착취하다. ¶～出↓ ❸ (～儿) 名 테. 띠. ¶铁～ | 강철로 만든 테. ¶纸～ | 종이띠→〔紧jǐn箍咒〕

【箍出】gūchū 動 쥐어짜다. 착취하다. ¶从人民身上～不少的钱 | 백성들로부터 많은 돈을 착취하다.

【箍桶】gū/tǒng 動 통에 테를 씌우다.

【箍桶匠】gūtǒngjiàng 名 통메장이. 통장이.

gǔ ㄍㄨˇ

2【古】gǔ 예 고, 선조 고, 묵을 고
❶ 名 고대. 옛날. ¶太～ | 태고. ¶厚今薄～ | 成 현재의 것을 중시하고 옛 것을 경시하다⇔〔今〕 ❷ 名 簡 고체시(古體詩). ¶五～ | 오언고시. ¶七～ | 칠언고시→〔古体〕 ❸ 形 오래되다. 낡다. ¶这座庙很～了 | 이 절은 매우 오래되었다. ¶～画↓ ❹ 形 轉 (인심이) 질박하다. 순수하다. ¶人心不～ | 인심이 순박하지 않다. ❺ 음역어에 쓰임. ¶～巴↓ ❻ (Gǔ) 名 성(姓). ❼ 복성(複姓) 중의 한 자(字). ¶～野↓

【古奥】gǔ'ào 形 (시문(詩文) 등이) 고체(古體)이고 심오하여 이해하기 어렵다. ¶他的文章文辞～, 意义晦涩huìsè | 그의 문장의 문사가 고체이고 심오하여, 뜻을 알 수가 없다.

【古巴】Gǔbā 名 外〈地〉쿠바(Cuba)[서인도 제도에 위치한 나라. 수도는「哈瓦那」(아바나; Havana)]

【古板】gǔbǎn 形 ❶ 완고하다. 융통성이 없다. ¶～皮气píqì | 완고한 성격. ❷ (사상·작풍 등이) 고루하다. 진부하다. ¶你也～了一点儿 | 너도 다소 고루해졌구나.

【古币】gǔbì 名 옛날 돈. 옛날 화폐.

【古刹】gǔchà 書 名 고찰. 오래된 사찰. ¶远远望见路旁一座～ | 길옆에 오래된 사찰 하나가 아득히 보인다.

【古城】gǔchéng 名 고도(古都). 오래된 도시.

2【古代】gǔdài ❶ 名〈史〉(시대 구분상의) 고대 [중국에서는 일반적으로 19세기 중엽 아편전쟁 이전까지로 구분함] ¶～史 | 고대사. ¶中国～社会 | 중국 고대 사회. ❷ 名〈史〉노예제 사회의 시대. 원시 공동체 사회의 시대. ❸⇒〔古时shí〕

【古道】gǔdào ❶ 名 옛날의 가르침. ❷ 名 옛날 방식. 고풍(古風). ❸ 名 오래된 길. 옛날의 도로. ❹ 形 옛스럽고 소박하다. 인정이 두텁다.

【古道热肠】gǔdào rèchǎng 成 인정이 두텁고 정의감이 강하다.

3【古典】gǔdiǎn 名 ❶ 전고(典故) ❷ 고전. ❸ 고

대의 의식〔제도〕.
【古典文学】gǔdiǎn wénxué 名組 고전 문학.
【古典主义】gǔdiǎn zhǔyì 名 고전주의.
【古董(儿)】gǔdǒng(r) 名 ❶ 골동품. ¶卖~的 | 골동품 가게. ¶~鉴赏家 | 골동품 감정가 =〔骨gǔ董①〕〔古玩wán〕→〔旧货jiùhuò〕 ❷ 喻 낡은 물건 또는 완고하고 보수적인 사람.
【古都】gǔdū 名 고도.
【古风】gǔfēng ❶ 名 고풍. ¶这地方民情淳朴chúnpō~犹存 | 이 지방은 정서가 순박하여 고풍이 존재하는것 같다. ❷⇒〔古体诗〕
4【古怪】gǔguài 形 ❶ 기괴하다. 기이하다. ¶形容xíngróng~ | 모양이 기괴하다. ¶脾气píqì~ | 성격이 괴팍하다. ❷ 시대 조류에 맞지 않다.
【古国】gǔguó 名 오랜 역사를 가진 나라.
【古话】gǔhuà 名 옛말. 고어(古語). ¶~说, 有志者事竟成 | 옛말에, 뜻이 있으면 일은 반드시 이루어진다고 했다.
【古画】gǔhuà 名 ❶ 옛날의 그림. ❷ 오래된 그림
【古籍】gǔjí 名 고서(古書).
2【古迹】gǔjì 名 고적. ¶名胜míngshèng~ | 명승고적.
【古今】gǔjīn 名 고금. ¶~独步 | 成 고금을 통해서 견줄만한 것이 없다. 홀로 빼어나다.
【古今中外】gǔ jīn zhōng wài 成 고금동서(古今東西). 모든 시대. 모든 지역. ¶~, 概莫能外 | 고금동서를 통해 아마도 예외는 없으리라.
【古井无波】gǔ jǐng wú bō 成 물이 마른 옛 우물에는 물결이 일지 않는다. 喻 과부가 다시 시집갈 생각을 하지 않다.
【古旧】gǔjiù 形 오래되고 낡다. 구식이다. 진부하다. ¶他开了一家~书店shūdiàn | 그는 구식 서점을 개업했다.
【古柯】gǔkē 名 外〈植〉코카(coca) =〔高根gāogēn〕〔古加jiā〕→〔古柯碱〕
【古柯碱】gǔkējiǎn 名〈藥〉코카인(cocaīne) =〔高加因yīn〕〔高加印yìn〕〔可kě卡因〕〔蔻kòu喀因〕
【古来】gǔlái 名 副 고래(로) =〔自zì古以来〕
【古兰(经)】Gǔlán(jīng) 名 外〈宗〉코란(koran) =〔可kě兰(经)〕
2【古老】gǔlǎo ❶ 名 고로. ❷ 形 오래되다. 진부하다. ¶~的衣服yīfú | 낡은 옷. ¶~的城市chéngshì | 오래된 도시.
【古庙】gǔmiào 名 옛절. 고사(古寺).
【古木】gǔmù 名 고목. 노목(老木).
【古墓】gǔmù 名 옛무덤. 고분(古墳). ¶盗掘dàojué~ | 고분을 도굴하다.
【古朴】gǔpǔ 形 예스럽고 소박하다 =〔古质zhì〕
【古钱】gǔqián 名 고대의 화폐.
【古琴】gǔqín 名〈音〉칠현금(七弦琴) =〔七弦xián琴〕
【古曲】gǔqǔ 名 옛 음악.
【古趣】gǔqù 名 예스러운 정취. ¶这学校有一点儿~ | 이 학교는 다소 예스러운 정취가 있다.
4【古人】gǔrén 名 옛사람 =〔旧jiù人〕
【古色古香】gǔ sè gǔ xiāng 成 예술작품이나 기물의 색채나 정취가 아주 고아하다. 고색이 창연하다. 옛 풍모를 그대로 간직하고 있다. ¶家里的陈设chénshè~的 | 집안의 장식품은 정취가 아주 고아하다 =〔古香古色〕
【古生代】gǔshēngdài 名〈地質〉고생대.
【古生界】gǔshēngjiè 名〈地質〉고생계 →〔古生代〕
【古生物】gǔshēngwù 名 고생물.
【古尸】gǔshī 名 옛날 사람의 시체.
【古诗】gǔshī ❶⇒〔古体诗〕 ❷ 名 고대의 시가(詩歌).
【古时】gǔshí 名 옛날. 옛적 =〔古代③〕〔古时候〕〔古先〕
【古书】gǔshū 名 고서. 옛날 책.
【古体】gǔtǐ 名 ❶ 書 고문(古文)의 문체. ❷ 고체시 =〔古体诗〕
【古体诗】gǔtǐshī 書 名 고체시 [당대(唐代) 이후, 절구(絶句)·율시(律詩) 등의 근체시(近體詩)와 구별하여 부르는 일종의 시체(詩體). 4언(四言)·5언(五言)·6언(六言)·7언(七言) 등의 형식이 있으며 구수(句數)의 제한이 없고 매 구(句)의 자수(字數)가 일정하지 않음. 평측(平仄)과 용운(用韻)이 비교적 자유로움] =〔古风fēng②〕〔古诗①〕〔古体②〕
【古铜色】gǔtóngsè 名〈色〉고동색.
【古玩】gǔwán 名 골동품. ¶~铺 | 골동품점 =〔古董dǒng(儿)①〕→〔旧货jiùhuò〕
【古往今来】gǔ wǎng jīn lái 成 옛날부터 지금까지. ¶他记得许多~的故事 | 그는 고금(古今)의 많은 고사를 기억하고 있다 =〔今来古往〕
【古为今用】gǔ wèi jīn yòng 成 옛 것을 정리하여 좋은 점을 새로운 사회발전에 이용하다. 옛 것을 오늘의 현실에 맞게 받아들이다.
4【古文】gǔwén 名 ❶ 5·4운동(五四運動) 이전의 문언문(文言文)의 통칭 [「骈文」을 포함시키지 않음] ❷ 한(漢)의 예서(隷書)에 대하여 과두문자(蝌蚪文字)을 일컬음. ❸ 선진시대(先秦時代)의 문자나 그 문자로 쓴 책. ¶~家 | 고문파 학자 ⇔〔今文〕 ❹「骈俪piánlì文」에 대한 옛 산문체의 글. ❺ 과거 시험에 과제가 된 「时文」에 대하여, 그 외의 문체.
【古文字】gǔwénzì 名 옛날 문자 [갑골문(甲骨文)·금문(金文) 같은 전문체(篆文體) 계통의 문자] ¶~学 | 고문자학 →〔古文〕
【古物】gǔwù 名 옛 물건. 고물.
【古昔】gǔxī 書 名 옛날. 고대. 옛적.
【古稀】gǔxī 名 고희. 70세 [두보(杜甫)의 시 중에 「人生七十古来稀」에서 유래한 말] ¶年近~ | 70세가 거의 되다.
【古训】gǔxùn 名 고훈. 옛사람의 교훈. ¶根据古音~ | 고음과 고훈에 근거하다.
【古雅】gǔyǎ 形 고아하다. 예스럽고 우아하다. ¶这套瓷器cíqì很~ | 이 자기는 매우 예스럽고 우아하다.
【古谣】gǔyáo 名 고요. 전래 가요.
【古野】Gǔyě 名 복성(複姓).
【古已有之】gǔ yǐ yǒu zhī 成 옛날부터 (중국에

도) 있었다 [중국인이 외국것을 보고 지기 싫어서 억지를 쓰는 표현임]
【古音】gǔyīn 名 ❶ 고대의 말. ❷ 주(周)·진(秦) 시기의 어음(語音) ‖ ⇔〔今音〕
【古筝】gǔzhēng 名〈音〉쟁 ¶演奏yǎnzòu～ | 쟁을 연주하다 =〔筝〕
【古装】gǔzhuāng 名 고대의 복장. ¶～戏 | 시대극. ¶～片piàn | 시대극 영화 =〔古妆zhuāng〕〔古粧zhuāng〕→〔时shí装〕
【古拙】gǔzhuō 形 고졸하다. ¶这个石刻shíkè虽然形式～, 但是很有艺术价值jiàzhí | 이 석각은 비록 형식은 고졸하나, 대단한 예술적 가치를 지니고 있다.
【古字】gǔzì 名 고자. 옛 글자.

【诂(詁)】gǔ 훈고 고
書 動 옛날의 말·문자 혹은 방언의 뜻을 해석하다. ¶解～ | 주해(註解)하다. ¶训～ | 훈고.

【牯】gǔ 암소 고
⇒〔牯牛〕
【牯牛】gǔniú 名 ❶ 암소. ❷ 거세(去勢)한 황소.

【罟】gǔ 그물 고
書 ❶ 名 어망(漁網). ¶～客=〔罟gǔ师〕| 어부. ❷ 動 망으로 물고기를 잡다.

【钴(鈷)】gǔ 다리미 고, (코발트고)
❶ 名〈化〉화학 원소 명. 코발트(Co;cobaltum). ¶氧yǎng化～ | 산화 코발트. ¶～蓝lán | 코발트 블루.
【钴胺素】gǔ'ànsù ⇒〔维wéi生素B12〕

【嘏】gǔ ⓧ jiǎ) 복 고/가
書 名 행복. 복. ¶祝～ | 축복합니다.

【汩】gǔ 다스릴 골, 잠길 골
주의 「汩」와 혼돈하지 쉬움 ⇒〔汩mì〕
書 狀 ❶ 물이 콸콸 흐르다. ¶～～而流 | 콸콸 소리를 내며 흐르다. ❷ 빠르다. ¶～流 | 급류.
【汩汩】gǔgǔ 擬 콸콸 [물이 세차게 흐르는 소리] ¶河水～地流入田里 | 강물이 논으로 콸콸 흘러 들어가다.
【汩没】gǔmò ❶ 書 動 매몰되다. ❷ 擬 파도소리.

3【谷】① gǔ yù 골 곡, 나라이름 욕
Ⓐ gǔ 名 ❶ 골짜기. 계곡. ¶万丈深～ | 깊은 계곡 =〔山谷〕❷ 轉 궁지. 어려운 곳. ¶进退维～ | 진퇴양난. ❸ (Gǔ) 성(姓).
Ⓑ yù →〔吐Tǔ谷浑〕
【谷地】gǔdì 名 골짜기. ¶这个村庄处于～, 常害水患 | 이 마을은 골짜기에 있어, 항상 수해를 입는다.
【谷坊】gǔfáng 名 골짜기에 만든 구식의 소형 댐(dam).

3【谷(穀)】② gǔ 곡식 곡, 녹 곡
❶ 名 곡식. 곡물. ¶百～ | 곡물의 총칭. 온갖 곡식. ¶五～杂粮 | 오곡잡곡. ❷ (～子) 名 조. ¶～草↓ ❸ (～子) 名 方 벼. 쌀 =〔稻dào谷〕❹ 복성(複姓) 중의 한 자(字). ¶～梁↓
【谷仓】gǔcāng 名 곡창.
【谷草】gǔcǎo 名 ❶ 조짚. ❷ 方 벼짚 =〔稻dào草〕
【谷场】gǔcháng 名 타작 마당. ¶～上尘土chéntǔ飞扬 | 타작 마당에 먼지가 일다.
【谷糠】gǔkāng 名 쌀겨. ¶用～和碎huòsuì来喂鸡 | 쌀겨를 부숴 섞어서 닭에게 먹이 주다.
【谷梁】Gǔliáng 名 복성(複姓).
【谷那】Gǔnà 名 복성(複姓).
【谷穗儿】gǔsuìr 名 조이삭. 벼이삭. ¶黄澄澄的～ | 누런 벼이삭.
【谷物】gǔwù 名 ❶ 곡식의 낟알. ❷ 곡물. ¶多种～, 少种烟草 | 다종의 곡물과 소종의 연초.
【谷雨】gǔyǔ 名 곡우 =〔楝liàn花风〕→〔节气〕〔二十四节气〕
【谷种】gǔzhǒng 名 곡식 종자.
3【谷子】gǔ·zi 名 ❶〈植〉조. ❷ 좁쌀 ‖ =〔粟sù子〕→〔小xiǎo米(儿)〕❸ 方 벼의 낟알

3【股】gǔ 다리 고
❶ 名 넓적다리. 허벅다리 =〔大腿tuǐ〕❷ 名 (기관·단체의) 조직 단위. 부문. 계(系) [관청의 「课」(과) 아래] ¶人事～ | 인사계. ❸ (～儿) 名 주식(株式). 출자금. ¶按～均分 | 출자액에 따라서 균분하다. ¶红～ | 권리주. ❹ (～儿) 名 가닥. 올. ¶把线捻niǎn成～儿 | 실을 꼬아서 가닥으로 만들다. ❺ 名〈數〉부등변 직각 삼각형의 직각을 이루는 2변 중의 긴 쪽 →〔勾⑩〕❻ 量 ⓐ 가닥. 줄기 [(한 줄기를 이룬) 긴 물건을 세는 단위] ¶两～线 | 실 두 가닥. ¶两～小道 | 두 갈래의 오솔길. ¶一～泉水 | 한 줄기의 샘물. ⓑ (～子) 줄기 [냄새·맛·기체·힘 등을 세는 단위] ¶一～香味xiāngwèi | (풍겨오는) 한 줄기의 향내. ¶一～儿烟 | 한 줄기의 연기. ¶一～劲儿跑回去 | 쏜살같이 뛰어 돌아가다. ⓒ 貶 떼. 무리 [무리·집단을 세는 말] ¶两～土匪tǔfěi | 두 도적떼. ¶一～敌军díjūn | 한 무리의 적.
【股本】gǔběn 名〈經〉주식 자본.
4【股东】gǔdōng 名〈經〉❶ 주주. ¶～年会=〔股东大会〕| 주주 총회. ¶～名册míngcè | 주주 명부. ❷ 출자자.
【股匪】gǔfěi 名 도적 집단. ¶全歼quánjiān～ | 도적 집단을 전부 섬멸하다.
【股分】gǔfèn ⇒〔股份〕
4【股份】gǔfèn 名〈經〉❶ 주(株). 주식 증서. ❷ 주식. 출자본. ¶～资本zīběn | 주식 자본 ‖ =〔股分〕〔方 股子①〕
【股份(有限)公司】gǔfèn (yǒuxiàn) gōngsī 名〈經〉주식회사.
【股肱】gǔgōng 書 名 다리와 팔. 喻 고굉지신(股肱之臣). 임금이 가장 믿고 아끼는 신하. ¶他们俩是总统的～ | 그들 두사람은 대통령이 가장 믿고 아끼는 신하이다.
【股骨】gǔgǔ 名〈生理〉대퇴골(大腿骨).
【股金】gǔjīn 名〈經〉출자금 =〔股款kuǎn〕〔股银yín〕
【股利】gǔlì ⇒〔股息xī〕
4【股票】gǔpiào 名〈經〉증권. ¶～行háng市表 | 주식 시가표. ¶～交易所 | 주식 거래소=〔股

券quàn]〔股份票〕
【股市】gǔshì 名〈經〉주식 시장 =〔股票市场〕
【股息】gǔxī 名〈經〉주식 배당금 =〔股利lì〕→〔定dìng息〕〔红hóng利②〕
【股线】gǔxiàn 名〈紡〉뜨개실. 꼰실.
【股子】gǔ·zi ❶⇒〔股份〕 ❷量 힘·정도·기분 등에 대한 양사(量詞). ¶好几~劲儿集中在一块儿 | 여러 갈래 힘이 함께 집중되다. ¶他这是哪一~这么办的? | 그는 어떤 기분으로 이렇게 하였을까?

2【骨】gǔ gū 뼈 골
Ⓐgǔ ❶名 뼈. ¶脊jǐ~ | 척추골. ❷(~子) 名 (물체의) 뼈대. 골격. ¶钢~水泥 | 철근 콘크리이트. ❸품성. 기개. 기질. ¶傲ào~ | 꿋꿋한 기질.
Ⓑgū ⇒〔骨朵(儿)〕〔骨碌〕
Ⓒgú ⇒〔骨头〕
Ⓐgǔ
【骨刺】gǔcì 名 ❶뼈에 생기는 바늘 모양의 가시 [통증을 동반하여 기타 신경계통에 장애를 줌] ¶长了~ | 뼈에 바늘 모양의 가시가 나다. ❷〈醫〉뼈에 바늘 모양의 가시가 생기는 병.
【骨雕】gǔdiāo 名〈美〉❶짐승의 뼈에 새기는 조각의 일종. ❷짐승의 뼈를 사용한 조각공예품 ‖=〔骨刻kè〕
【骨董】gǔdǒng ❶名 골동품. ¶喜欢收藏shōucáng~ | 골동품 소장을 좋아하다 =〔古gǔ董(儿)〕 ❷擬 물건이 수면에 떨어지는 소리→〔骨突tū〕
3【骨干】gǔgàn 名 ❶〈生理〉골간. ❷喩 전체중에서 핵심 역할을 하는 사람 또는 사물. ¶~分子fēnzi | 핵심 인원. ¶~问题wèntí | 핵심 문제.
【骨格】gǔgé 名〈生理〉골격 =〔骨骼gē〕〔骨胳gé〕
【骨鲠】gǔgěng 書 ❶名 생선의 뼈. 喩 강직(剛直)하여 남에게 쉬이 굽히지 아니하는 기골(氣骨). ❷形 정직하다. ¶~之气 | 정직한 기질 =〔骨直zhí〕‖=〔骨骾gěng〕
【骨鲠在喉】gǔ gěng zài hóu 成 뼈가 목구멍에 걸리다. 喩 ❶말이 귀에 거슬리다. ❷마음속에 있는 말을 꺼내지 못하여 답답해 하다. ¶如~, 不吐不快 | 마치 목구멍에 뼈가 걸린 듯, 내뱉지 않고서는 마음이 편안하지 못하다.
【骨骺】gǔhóu 名〈生理〉긴뼈의 양쪽끝 =〔骺〕
【骨化】gǔhuà 名〈生理〉골화.
【骨灰】gǔhuī 名 ❶동물의 뼈를 태운 재. ❷유골(遺骨). ¶~堂 | 납골당.
【骨架】gǔjià 名 (건축물·기계·동물의) 뼈대. 골격. 체격. ¶他生来~大 | 그의 골격이 크다 =〔方 骨庞páng儿〕
【骨胶】gǔjiāo 名〈化〉(동물의 뼈에서 뽑아낸) 아교.
【骨结核】gǔjiéhé 名〈醫〉골결핵 =〔骨痨láo〕
【骨节】gǔjié 名〈生理〉골관절. 골절 =〔骨关节〕
【骨科】gǔkē 名〈醫〉정형 외과. ¶~医生yīshēng | 정형외과 의사.
【骨库】gǔkù 名〈醫〉병원에서 냉장법(冷藏法) 또는 화학적인 방법으로 이식용(移植用) 뼈를 저정하는 설비.
【骨痨】gǔláo ⇒〔骨结jié核〕
【骨力】ⓐgǔlì ⇒〔骨气qì①〕
ⓑgǔ·li ⊗ gú·li) 形 ❶(몸이) 튼튼하다. ❷(종이 등이) 질기다. ¶这张纸真~ | 이 종이는 정말 질기다 ‖=〔固gù力〕
【骨料】gǔliào 名〈建〉골재(骨材).
【骨膜】gǔmó 名〈生理〉골막. ¶~炎yán | 골막염.
【骨牌】gǔpái 名 골패 [오락도구의 일종으로 옛날에는 도박기구로 사용됨] ¶斗dòu~ =〔弄nòng骨牌〕| 골패 놀이를 하다 =〔牙yá牌②〕
【骨牌凳】gǔpáidèng 名 장방형 의자 [모양이 「骨牌」와 같이 장방형이므로 이같이 말함]
【骨盘】gǔpán 名〈生理〉골반 =〔骨盆〕〔盆骨〕
【骨盆】gǔpén ⇒〔骨盘pán〕
【骨气】gǔqì 名 ❶(강직하고 굽히지 않는) 기개. ¶有~的人 | 기개가 있는 사람 =〔骨力 ⓐ〕 ❷書 (서예에서의) 웅건한 필세(筆勢) =〔骨力lì〕
【骨器】gǔqì 名 골기. 골각기.
4【骨肉】gǔròu 名 ❶뼈와 살. ❷轉 (부모·형제·자매 등의) 혈육. 육친→〔骨血〕 ❸喩 (떨어질 수 없는) 긴밀한 관계. ¶~相连 | 成 뼈와 살처럼 밀접히 연결되다.
【骨肉相残】gǔ ròu xiāng cán 成 혈육간에 서로 죽이다. 골육상쟁. ¶为了家产, 兄弟俩竟~ | 재산을 위해, 형제가 골육상쟁을 벌이다.
【骨软筋酥】gǔruǎn jīnsū 喩 ❶(두렵거나 너무 놀라서) 온몸이 후들후들하다. ❷(유혹 당하여) 오금을 못쓰다. 오금이 저리다.
【骨殖】gǔ·shi 名 유골→〔骨灰huī②〕
【骨瘦如柴】gǔ shòu rú chái 成 장작 같이 바싹 마르다. 빼빼마르다. 몹시 여위어 뼈만 앙상하다. 피골이 상접하다. ¶这孩子~,可能是有什么病 | 이 아이는 뼈만 앙상한데, 아마도 무슨 병이 있는것 같다 =〔骨瘦如豺chái〕
【骨髓】gǔsuǐ 名〈生理〉골수. ¶~炎yán | 골수염 →〔红hóng骨髓〕〔黄huáng骨髓〕
【骨碎补】gǔsuìbǔ 名〈植〉넉줄고사리 [뿌리는 골절·창상(創傷) 등을 치료하는 약재로 쓰임]
【骨炭】gǔtàn 名〈化〉골탄 =〔兽shòu炭〕
【骨突】gǔtū ❶擬 풍덩. ❷動 풍덩 소리를 내며 수면에 떨어지다[떨어뜨리다]→〔骨董dǒng②〕
【骨相学】gǔxiàngxué 名 골상학.
【骨血】gǔxuè 名 喩 육친 [주로 자녀를 가리킴] →〔骨肉ròu②〕
【骨油】gǔyóu 名 골유.
【骨折】gǔzhé 名 動 골절(되다). ¶小张跌diē了一交就~了 | 장군이 넘어져 골절되었다.
【骨蒸】gǔzhēng 名〈漢醫〉골증.
【骨质】gǔzhì 名 골질. ❶뼈를 구성하는 물질. ❷뼈와 같은 물질.
【骨子】gǔ·zi 名 ❶(물건의) 뼈대. ¶伞sǎn~ | 우산살. ¶扇shàn~ | 부채살. ❷轉 요점. 골자.
【骨子里】gǔ·zilǐ 名組 ❶喩 貶 이면. 내심. ¶他表面上不动声色, ~却早有打算 | 그는 겉으로는

내색을 않지만, 내심으로는 이미 계산이 되어 있다. ❷[方]개인적인 관계. 사적인 관계. 내부. ¶这是他们~的事, 你不用管｜이것은 그들 개인적인 일이니, 너는 상관하지 말라 ‖ =〔骨子里头tǒu〕

[B] gū

【骨朵(儿)】gū·duo(r) [名] ❶ [口] 꽃봉오리 =〔菁葖tū②〕〔咕gū朵(儿)〕 ❷[俗]〈動〉올챙이.

【骨溜溜】gūliūliū [擬] 데굴데굴. 뱅글뱅글. ¶徐士秀的眼珠~转zhuàn着, 心里便有了个主义｜서사수가 눈동자를 빙그르 굴리자 마음속에 곧 생각이 떠올랐다《矛盾·霜葉紅似二月花》

【骨碌碌】gūlūlū [貺] 아주 빨리 회전하다. 눈알을 굴리다. 두리번거리다.

【骨碌】gū·lu [動] 떼굴떼굴 구르다. ¶油桶yǒutǒng~下去了｜기름통이 떼굴떼굴 굴러 갔다. ¶球~到哪儿去了?｜공이 떼굴떼굴 굴러 어디로 갔지?

【骨碌巴唧】gū·lubājī [擬] 입심 좋게 줄줄 지껄여대는 소리.

[C] gú

【骨头】gú·tou ⓧ gǔ·tou) [名] ❶ 뼈. ¶~筷子kuài-zi｜뼈로 만든 젓가락. ¶~缝儿｜뼈와 뼈 사이의 틈. ¶~作zuō｜골제품 세공소. ¶没~｜[喩]줏대가 없다. ¶硬yìng~｜[喩]굳세어 굽히지 않는 사람. ❷[罵]…놈. ¶贱jiàn~｜조잡하고 천한 놈. ¶贼zéi~｜나쁜 놈. ¶懒lǎn~｜게으름뱅이. ❸[喩][方](말 속에 숨어 있는) 불만. 풍자. ¶话里有~｜말 속에 뼈가 있다.

【骨头架子】gú·toujià·zi [名組] [口] ❶ 사람 또는 고등 동물의 골격. ❷ 수척하여 뼈만 앙상한 사람. ¶瘦得只剩个~｜야위어 뼈만 앙상하게 남았다.

【骨头节儿】gú·toujiér ⇒〔骨关guān节〕

【滑】 gǔ ☞ 滑 huá [B]

【榾】 gǔ 삭정이 골

⇒〔榾柮〕

【榾柮】gǔduò [名] (장작용) 나무 토막.

【馉(餶)】 gǔ 고기만두 골

⇒〔馉饳〕

【馉饳】gǔduò [書][名]〈食〉작게 빚은 고기 만두. 「馄hún饨」과 비슷함 =〔骨gǔ饳〕

【鹘】 gǔ ☞ 鹘 hú [B]

【贾(賈)】 gǔ Jiǎ jià 앉은장사 고, 값 가

[A] gǔ [書] ❶ [名] (점포를 가진) 상인 [옛날에, 행상인은 「商shāng」이라고 하였음] ¶富商大~｜대상인. ❷ [動] 장사하다. ❸ [動] 초래하다. ¶~祸huò｜화를 초래하다. ❹ [動] 과시하다. ¶~勇y-ǒng｜용맹을 떨치다.

[B] Jiǎ [名] 성(姓).

[C] jià 「价」와 통용⇒〔价〕

[A] gǔ

【贾人】gǔrén [書][名] 상인. ¶委身为~妇｜몸을 맡겨 상인의 아내가 되다.

[B] jiǎ

【贾古提花纸板】Jiǎgǔtí huāzhǐbǎn [名][外] 자카드 판지(Jacquard 板紙)

【蛊(蠱)】 gǔ 굿에쓰는벌레 고

❶ [名]〈蟲〉(전설상의) 독충 [옛날 남을 해치려는 굿에 쓰던 벌레] ¶巫~｜굿에 쓰는 벌레. ❷ [書][動] (여자 때문에) 미혹되다. 미혹시키다. ¶~惑↓ ❸ [名] 고괘(蠱卦) [역경(易經) 64괘의 하나]

【蛊惑】gǔhuò [動] 미혹시키다. 꾀어 속이다. ¶他近来生异心, 都是让别人~的｜그에게 요즈음 이상한 마음이 생기는 것은 모두 남에게 현혹당한 탓이다. ¶~人心｜인심을 미혹시키다 =〔鼓gǔ惑〕

【鹄】 gǔ ☞ 鹄 hú [B]

2 【鼓〈皷〉】 gǔ 북 고

❶ [名] 북. ¶定音dìngyīn~｜팀파니. ¶铃líng~｜탬버린. ¶打~｜북을 치다. ❷ [名] (옛날) 시각을 알리는 북소리. ¶更~｜시각을 알리는 북소리. ¶定更~｜오후 8시에 밤 시각을 알리는 최초의 북소리. ❸ (모양·소리·역할 등이) 북과 비슷한 것. ¶石~｜석고 [북경에 있는 주대(周代)의 유적] ¶耳ěr~｜고막. ¶蛙wā~｜개구리 울음소리. ❹ [動] 북돋우다. 고무하다. ¶~励lì↓ ¶~起勇气yǒngqì｜용기를 북돋우다. ❺ [書][動] 두드리다. 치다. (악기를) 타다. ¶~掌↓ ¶~琴｜비파를 타다. ❻ [動] (풀무 등으로) 바람을 일으키다. ¶~风↓ ❼ [動] (말없이) 부어 있다. 시무룩해지다. ¶他~着嘴半天没出声｜그는 부어서 오랫동안 말을 하지 않았다. ❽ [形] 불룩하다. (부풀어 올라) 팽팽하다. ¶口袋装得~~的｜자루가 불룩하게 넣었다. ¶肚子吃得太~｜많이 먹어서 배가 불룩해졌다.

【鼓板】gǔbǎn ⇒〔拍pāi板④〕

【鼓包(儿)】gǔ/bāo(r) ❶ [動] 혹이나 종기 등이 부어오르다. ¶头上~了｜머리에 혹이 났다. ❷ (gǔbāo(r)) [名] 혹. 종기.

4【鼓吹】gǔchuī [動] ❶ 고취하다. 고무하여 사기를 북돋우다. ¶~革命gémìng思想｜혁명 사상을 고취하다. ❷ 부추기다. 선동하다. ❸ 북치고 나발불다. 허풍을 떨다. ¶他老~自己学问大｜그는 언제나 자기의 학문이 최고라고 허풍을 떨다.

【鼓棰(儿, 子)】gǔchuí(r·zi) [名] 북채 =〔鼓槌chuí(子)〕

【鼓捣】gǔ·dao [動][方] ❶ 주무르다. 만지작거리다. ¶你不懂的, 别给~坏了｜너는 잘 모르면 만지작거려서 망쳐놓지 말라 =〔[口]鼓弄nòng〕〔鼓秋qiū①〕 ❷ 어지럽히다. 교란시키다→〔鼓动dòng〕〔捣乱dǎoluàn〕 ❸ 부추기다. 선동하다. 꼬드기다. ¶这两个人不和, 都是他~的｜이 두 사람 사이가 안 좋은 것은 모두 그가 부추겼기 때문이다. ¶~别人去干坏事｜다른 사람을 나쁜 짓 하도록 부추기다 =〔鼓秋②〕 ‖ =〔鼓逗dòu〕〔鼓掇duō〕〔咕gū捣〕

【鼓点子】gǔdiǎn·zi [名] ❶ 북을 칠 때의 가락·곡

조. ❷희곡에서의 「鼓板」반주 [다른 악기를 지휘하는 데 사용함]

[3]【鼓动】gǔdòng [動] 선동하다. 부추기다. ¶～人心｜사람들의 마음을 부추키다. ¶～员｜선동원.

【鼓风】gǔ/fēng 〈金〉 ❶ [動] 송풍하다. ❷(gǔfēng) [名] 송풍.

【鼓风机】gǔfēngjī ⇒〔風泵fēngbèng①〕

【鼓风炉】gǔfēnglú [名] 〈金〉 송풍식 용광로. 용광로의 송풍 장치 →〔高gāo炉〕

【鼓鼓】gǔgǔ [貶] 부풀어 오르다. ¶～的麻袋mádài｜부풀어 오른 마대.

【鼓鼓囊囊(的)】gǔ·gunāngnāng(·de) [貶] (봉지·자루 등에 물건이 가득 차서) 울퉁불퉁하다. ¶背包装得～的｜배낭이 울퉁불퉁하게 싸졌다.

【鼓惑】gǔhuò ⇒〔蛊gǔ惑〕

【鼓角】gǔjiǎo [名] 고각. 옛날, 군대에서 호령할 때 쓰던 북과 나팔.

【鼓劲(儿)】gǔ/jìn(r) [動] ❶ 격려하다. 고무하다. 기운을 북돋우다. 원기를 불어넣다. ¶鼓着死劲儿叫｜죽을 힘을 다해 소리지르다. ¶～虚劲｜허장성세하다. ❷[貶] 선동하다. 부추기다.

[2]【鼓励】gǔlì [動] 격려하다. 북돋우다. ¶～人心｜사람들의 마음을 격려하다. ¶经理～大家努力完成增产指标zhǐbiāo｜경리는 사람들에게 노력하여 증산 목표를 완성하자고 격려한다.

【鼓楼】gǔlóu [名] 고루 [옛날, 시각을 알리는 북을 설치한 망루]

【鼓膜】gǔmó [名] 〈生理〉 고막 =〔耳鼓(膜)〕

【鼓起】gǔqǐ [動] ❶ 솟아 오르다. 융기하다. ¶～的地方｜솟아 오른 곳 =〔凸tū起〕 ❷ 분발하여 일어나다. (용기를) 불러 일으키다. ¶～勇气yǒngqì发问｜용기를 내어 질문하다.

【鼓气】gǔqì ❶ ⇒〔赌dǔ气(儿)①〕 ❷ [動] [方] 화를 내다.

【鼓秋】gǔ·qiu [動] [方] ❶ 주무르다. 만지작거리다 =〔回鼓弄〕 ❷ 선동하다. 종용하다. 부추기다. ¶有话当面讲, 不要背后～!｜할 말이 있으면 앞에서 하고, 배후에서 선동하지 말라 ‖ =〔鼓揪jiū〕

【鼓儿词】gǔrcí ⇒〔鼓子词〕

【鼓舌】gǔ/shé [書] [動] 지껄여대다. 수다를 떨다.

【鼓师】gǔshī [名] 전통 극단에서 「拍板④」를 치는 사람.

【鼓室】gǔshì ⇒〔中zhōng耳〕

【鼓手】gǔshǒu [名] 고수. 북치는 사람. ¶吹chuī～｜고수. 사기를 북돋우어 주는 사람. ¶～楼子｜옛날, 지방 관청 대문 밖에 있는 망루. ¶迎妆～｜옛날, 혼례 때 혼수품을 도중까지 마중하는 음악대.

【鼓书】gǔshū ⇒〔大dà鼓(书)〕

[2]【鼓舞】gǔwǔ [動] ❶ 고무하다. 격려하다. 북돋우다. ¶～士气shìqì｜사기를 북돋우다. ¶很～人心｜사람의 마음을 대단히 고무시키다. ❷ 흥분하다. ¶令人～｜사람을 흥분시키다.

【鼓乐】gǔyuè [名] ❶ 북소리와 음악을 연주하는 소리. ❷ 중국의 민족음악.

【鼓乐喧天】gǔ yuè xuān tiān [成] 북소리와 음악을 연주하는 소리가 매우 요란하다.

【鼓噪】gǔzào [動] ❶ 옛날, 출진(出陣)할 때 북을 치고 함성을 질러서 기세(氣勢)를 올리다. ❷ 떠들어대다.

[2]【鼓掌】gǔ/zhǎng [動] 손뼉치다. 박수치다. ¶～喝彩hēcǎi｜박수 갈채. ¶雷雨léiyǔ般的～声｜우뢰와 같은 박수 소리 =〔拍pāi掌〕〔拍巴bā掌(儿)〕〔拍手shǒu①〕〔[書]击jī掌〕

【鼓胀】gǔzhàng ⇒〔臌gǔ胀〕

【鼓铸】gǔzhù [書] [動] 풀무질하여 주조(鑄造)하다. ¶～银圆yínyuán｜은화를 주조하다.

【鼓子词】gǔ·zicí [名] 〈文〉 고자사 [송대(宋代) 북으로 박자를 맞추면서 말과 노래를 섞어가며 이야기를 하는 설창(說唱)문학] =〔鼓词〕〔鼓儿词〕

【鼓足干劲】gǔ zú gàn jìn [成] 열의를〔의욕을〕 북돋우다.

【臌】gǔ 부풀 고

⇒〔臌胀〕

【臌胀】gǔ zhàng ❶ [名] 〈漢醫〉 창만(脹滿). ❷ [形] (액체나 가스로) 불룩하다. ❸ [動] 부어 오르다. 부풀어 오르다 ¶他肚子～｜그의 배가 부어오르다. ‖ =〔臌症zhèng〕〔鼓gǔ胀〕〔胀满mǎn〕〔腹胀〕〔气qì臌〕〔腹fù积水〕

【臌症】gǔzhèng ⇒〔臌胀〕

【瞽】gǔ 소경 고

[書] ❶ [動] 눈이 멀다. ¶～人｜소경. 맹인. ❷ [名] 장님. 소경. ❸ [名] (옛날의) 악인(樂人) [주로 맹인이 종사했음] ❹ [形] 식별 능력이 없는. ¶～议↓

【瞽说】gǔshuō [書] [名] 터없는 말. 무분별한 말 =〔瞽言yán〕

【瞽议】gǔyì [書] [名] [動] 근거 없는 의론(을 펴다). 엉터리 이론(을 펴다).

【瞽者】gǔzhě [書] [名] 소경. 맹인. 장님.

【轂(轂)】gǔ gū 바퀴통 곡

Ⓐ gǔ [書] ❶ [名] (차)바퀴통. ¶～击jī肩摩luán｜[成] 오가는 사람과 수레로 붐비다. ❷ [動] 모으다. 모이다.

Ⓑ gū ⇒〔毂辘lù〕

Ⓐ gǔ

【毂下】gǔxià [書] [名] ❶ 천자가 타는 수레 밑. [喩] 제도(帝都). 왕도(王都) =〔辇niǎn下〕 ❷ [敬] [札] 각하(閣下).

Ⓑ gū

【毂辘】gū·lu ❶ (～儿) [名] [俗] 수레바퀴. ¶四～大车｜(화물을 운반하는) 사륜 마차. ¶胶皮～车｜고무 바퀴 마차. ¶住了～干了畦｜[諺] 우물물을 긷는 수레 바퀴가 멈추면 논두렁이 마른다. 하루 일을 안 하면 그날의 생활을 못한다. ¶～刮｜수레 바퀴의 흙받이 =〔车轮(子)〕〔轱gū辘〕〔轱轳lú〕 ❷ (～儿) [量] (원주형 물체의) 마디. 토막. ¶一～香肠儿｜순대 한 토막 =〔箍gū节儿〕 ❸ [動] 데굴데굴 구르다 =〔骨碌gūlù〕

gù ㄍㄨˋ

【估】gù☞ 估 gū B

【告】gù☞ 告 gào B

2【固】gù 굳을 고 ❶形 튼튼하다. 견고하다. ¶本～枝荣 | 뿌리가 튼튼해야 가지가 번성한다. ¶基础jīchǔ已～ | 기초는 이미 굳건하다. ❷形 굳다. 확고하다. ¶凝níng～ | 응고하다. ¶顽wán～ | 완고하다. ❸動 견고히 하다. 강화하다. ¶～本 | 근본을 견고히 하다. ❹굳이. 굳건히. 단호히. ¶～辞↓ ¶～守阵地 | 진지를 굳건히 지키다. ❺書副 본래. 원래. ¶～所愿也 | 본래 바라던 바이다＝〔本来běnlái〕〔原yuán来〕 ❻書副 물론. 당연히. ¶坐车～可, 坐船亦无不可 | 차를 타면 당연히 되고, 배를 타도 상관이 없다. ❼(Gù) 名 성(姓).

【固步自封】gù bù zì fēng ⇒〔故gù步自封〕

【固辞】gùcí 書動 굳이 사양하다＝〔坚辞〕

【固氮菌】gùdànjūn 名〈微〉아조토백터(azotobacter).

3【固定】gùdìng ❶形 고정된. 일정(불변)한. ¶～职业yè | 고정 직업. ¶～资产 | 고정 자산. ¶电视台的～节目 | 텔레비젼의 고정 프로⇔〔流动liúdòng②〕 ❷動 고정하다〔시키다〕. 정착하다〔시키다〕. ¶把标杆biāogān～在这儿 | 측량대를 여기에 고정시키다.

【固定汇率】gùdìng huìlǜ 名組〈經〉고정 환율.

【固定资产】gùdìng zīchǎn 名組〈經〉고정 자산.

【固定资金】gùdìng zījīn 名組〈經〉고정 자금⇔〔流动liúdòng资金〕

【固化】gùhuà 動〈化〉응고(凝固)시키다. 응결(凝結)시키다. 결정(結晶)시키다. ¶～酒精jiǔjīng | 응고된 주정.

【固件】gùjiàn 名〈電算〉펌 웨어(firmware).

【固陋】gùlòu 書形 견문이 좁다. 고루하다. ¶恕我～, 愿听您的高见 | 저의 좁은 견문을 용서하시고, 당신의 고견을 듣고자 합니다. ¶～无文＝〔固陋无知〕| 成 고루하고 무식하다.

3【固然】gùrán 副 ❶물론 …지만. ¶这样办～最稳当wěndāng, 但是太费事 | 이렇게 하는 것은 물론 가장 타당하지만, 너무 힘이 든다. ❷물론 …거니와. ¶他能来～很好, 不来也没关系 | 그가 올 수 있다면 물론 좋고, 오지 않아도 또한 관계없다.

【固沙林】gùshālín 名 방사림(防沙林).

【固守】gùshǒu 動 ❶고수하다. ¶～阵地zhèndì | 진지를 고수하다. ¶敌人顽强～三〇三高地 | 적군이 완강히 303고지를 고수하다. ❷고집하다. ¶～老一套的办法bànfǎ | 낡은 방법을 고집하다.

【固态】gùtài 名〈物〉고체상태.

3【固体】gùtǐ 名〈物〉고체. ¶～燃料ránliào | 고체연료. ¶～物理学 | 고체물리학.

4【固有】gùyǒu 區 고유의. ¶～文化wénhuà | 고유문화. ¶～名词míngcí |〈言〉고유명사.

4【固执】gù·zhí ❶動 고집하다. ¶择善～ | 옳은 것을 골라서 고집하다. 옳다고 생각되는 바를 고집하다. ❷形 완고하다. 고집스럽다. 집요하다. ¶性格xìnggé～ | 성격이 고집스럽다. ¶～不通 | 고집 불통이다.

1【故】gù 옛 고, 일 고, 옛벗 고 ❶名 (의외의) 사건. 사고. ¶大～ | 부모의 죽음. ¶一家～多 | 가정내에 사고가 많다. ❷名 이유. 원인. ¶无～缺勤quēqín | 이유없이 결근하다. ❸副 고의로. 일부러. ¶明知～犯 | 잘 알고 있으면서 죄를 범하다. ❹본래. 원래의. ¶～乡↓ ❺종래의. 이전의. 오래된. ¶～人↓ ¶～官↓ ❻(옛)친구. 옛정. 우정. ¶亲～ | 친지. 친구. ¶欢然道～ | 기쁜듯이 옛정을 말하다. ❼書連 그러므로. 고로＝〔所以suǒyǐ〕

【故步自封】gù bù zì fēng 成 제자리 걸음하다. 진보하지 않고 퇴보하다. ¶他～, 不思进取 | 그는 제자리 걸음만을 하며, 진보하려고 하지 않는다＝〔固gù步自封〕

【故此】gùcǐ 書連 그러므로. 이것 때문에. ¶～问你 | 이것 때문에 네게 묻는다→〔因yīn此〕〔所以suǒyǐ〕

【故道】gùdào 名 ❶옛 길. 轉 옛날 방법. ❷옛 물길. 구수로(舊水路). ¶这一带原是黄河～ | 이 일대는 본래 황하의 옛 물길이었다.

【故地】gùdì 名 전에 살던 곳.

【故都】gùdū 名 고도. 옛 수도. ¶～北京换新貌 | 고도 북경이 새로운 면모로 바뀌다.

【故宫】gùgōng 名 고궁 [특히 북경(北京)에 있는 청대(清代)의 궁전을 가리킴]

【故国】gùguó 書名 ❶고국. 조국. ❷오랜 역사가 있는 나라. ❸고향.

【故伎重演】gù jì chóng yǎn 成 옛 수작을 다시 피우다. 낡은 수법을 쓰다.

【故技】gùjì 名 喩 낡은 수법. 상투적인 수단. ¶～重演 | 상투적인 수단을 다시 사용하다＝〔故伎jì〕

【故迹】gùjì 名 ❶옛 터. 옛 장소. 옛 자취＝〔故址zhǐ〕 ❷과거사. 지난 일.

【故交】gùjiāo 書名 오래 사귄 친구. 고우. ¶我和你爷爷yé是～ | 나와 너의 할아버지는 오랜 친구이다＝〔故旧jiù〕〔故知zhī〕〔旧友yǒu〕

【故居】gùjū 名 전에 살던 집＝〔書故第dì〕〔書故宇yǔ〕〔故园yuán〕

【故里】gùlǐ 書名 고향.

【故弄玄虚】gù nòng xuán xū 成 고의로 교활한 술수를 부려 사람을 미혹시키는 속임수→〔虚xū张声世〕

【故去】gùqù ⇒〔去qù世〕

【故人】gùrén 書名 ❶옛 친구. ❷죽은 사람. ❸전처.

【故杀】gùshā 動〈法〉고의로 사람을 죽이다.

【故实】gùshí 名 옛 사실. 역사 사실.

【故世】gùshì 動 세상을 떠나다. 서거하다. ¶他奶奶nǎi～了 | 그의 할머니가 돌아가셨다.

[1]【故事】ⓐgùshì 書 名 옛날 있었던 일. 선례(先例). ¶奉行～｜선례를 따라 행하다. ¶虚应～｜전례대로 대강하다.
ⓑgù·shi 名 ❶고사. 옛부터 전해오는 이야기. ¶说(一个)～｜이야기를 하다. ¶民间～｜민간 고사. ❷플롯(plot). 줄거리.
【故书】gùshū 書 名 ❶고서(古書). ❷오래전에 출판된 책.
【故态】gùtài 名 지난날의 상황이나 태도. 묵은 버릇.
【故态复萌】gù tài fù méng 成 묵은 버릇〔나쁜 습성〕이 되살아나다. ¶他最近～, 经常去妓院喝花酒｜그가 최근에 나쁜 습성이 되살아나, 항상 기생집에 가서 술을 마신다.
【故土】gùtǔ 書 名 고향. ¶怀念huáiniàn～｜고향을 그리워하다.
【故土难移】gù tǔ nán yí 成 정든 고향을 차마 떠나지 못하다.
【故我】gùwǒ 書 名 이전의 나. 옛날의 나. ¶依然yīrán～｜옛날과 다름없는 나＝〔故吾〕
[2]【故乡】gùxiāng 名 고향.
[2]【故意(儿)】gùyì(r) 副 고의로. 일부러. ¶～刁diāo难｜고의로 난처하게 굴다. ¶他不是～不理你, 是没看见你｜그가 고의로 너를 모르는체 한 것이 아니라 널 못 본 것이다＝〔成chéng心〕〔成意〕〔有心③〕〔有意①〕
【故友】gùyǒu 名 ❶옛 친구＝〔旧jiù友〕〔老lǎo友〕→〔故交jiāo〕 ❷작고한 벗.
【故园】gùyuán ⇒〔故居jū〕
[4]【故障】gùzhàng 名 (기계 등의) 고장. ¶出～｜고장나다.
【故知】gùzhī ⇒〔故交jiāo〕
【故纸堆】gùzhǐduī 名 貶 휴지더미 [매우 많은 분량의 옛날 서적·자료 등] ¶他喜欢钻～｜그는 옛날 자료 연구하기를 좋아한다.
【故智】gùzhì 名 이전에 쓴 일이 있는 계략.
【故作高深】gù zuò gāo shēn 成 학식이 대단한 체 하다. ¶他喜欢引经据典～｜그는 경전을 인용하며 학식이 대단한 체 하기를 좋아한다.
【故作镇静】gù zuò zhèn jìng 成 억지로 태연한 척하다.
【故作姿态】gù zuò zī tài 成 능청스런 수다로 환심을 사다. ¶他不过是～, 并不会真正帮你忙的｜그는 능청스레 환심을 사려는 것이지, 진정으로 너를 도우지는 않을 것이다.

【崮〈崓〉】gù 섬 고
❶ 書 名 둘레는 가파르고 정상(頂上)이 평평한 산. ❷지명에 쓰이는 글자. ¶孟良mèngliáng～｜맹양고. 산동성(山東省)에 있는 산이름. ¶抱犊bàodū～｜포독고. 산동성(山東省)에 있는 산이름.

【痼】gù 고질 고
書 名 오래된 병. 고질. 지병. ¶～疾↓ ¶～癖pǐ｜고질적인 버릇.
【痼疾】gùjí 名 고질 ¶～难治｜고질은 치료하기 어렵다＝〔痼病bìng〕〔固gù疾〕〔锢gù疾〕
【痼习】gùxí 名 오랫동안 몸에 배어 쉽게 고치기 어려운 습관＝〔固习〕

【锢(錮)】gù 땜질할 고
❶ 動 쇠붙이를 녹여 틈새를 때다. ¶～露↓ ❷ 書 動 가두다. 나오지 못하게 하다. ¶～身｜구금하다.
【锢露】gù·lòu 動 땜질하다＝〔锢漏lòu〕

【鲴(鯝)】gù 고기창자 고
❶ 名 〈魚貝〉참마자 [잉어과에 딸린 민물고기] ❷ 書 名 물고기의 창자＝〔鱼肠cháng〕

1【顾(顧)】gù 돌아볼 고
❶ 動 바라보다. 돌이켜 보다. 회고하다. ¶四～｜사방을 돌아보다. ¶左～右盼pàn｜좌우를 둘러보다. ❷ 動 (마음을) 쓰다. 배려하다. 돌보다. ¶兼jiān～｜여러 방면으로 고려하다. ¶～面子miànzi｜체면을 돌보다. 체면차리다. ❸ 書 動 찾아가다. 방문하다. ¶三～茅庐｜누추한 집을 세차례나 방문하다. 예를 충분히 차려서 초빙하다. ❹단골. 손님. ¶主～｜고객. ¶～客↓ ❺(Gù) 名 성(姓).
[4]【顾不得】gù·bu·de ⇒〔顾不了liǎo〕
【顾不过来】gù·bu guò lái 動組 미처 돌보지 못하다. 미처 돌볼 틈이 없다. ¶忙得～｜바빠서 미처 돌보지 못하다.
【顾不了】gù·bu liǎo 動組 돌볼〔보살필〕 수 없다. 돌볼 겨를이〔여지가〕 없다. ¶～贵不贵｜비싸다 싸다 생각할 여지가 없다. ¶他家里穷qióng, ～体面tǐmiàn｜그의 집이 가난하여 체면 등은 돌볼 여지가 없다＝〔顾不得〕⇔〔顾得〕
【顾不上】gù·bu shàng 動組 돌볼 틈이 없다. 생각도 할 수 없다. ¶忙得连饭都～吃｜너무 바빠 밥조차 먹을 수 없다⇔〔顾得上〕
【顾此失彼】gù cǐ shī bǐ 成 이것을 돌보다 보니 저것을 놓치다. 한쪽에 열중하다 보니 다른 쪽을 소홀히 하다. (일 등이 번거로와) 다 돌볼 수 없다. ¶因为头绪太多, 所以～｜사정이 복잡하여, 한쪽에 열중하다 보니 다른 쪽을 소홀히 하게 되다.
【顾得】gù·de (…할) 여유가 있다. (…할) 틈이 있다. ¶连饭都没～吃｜밥조차 먹을 틈이 없다 ⇔〔顾不得〕
【顾得上】gù·de shàng 動組 (어느 부분까지) 돌아볼 수가 있다. 마음을 쓸 여유가 있다. 어법 주로 반어적 의미로 쓰임. ¶谁还～买东西啊!｜누가 물건을 살 마음의 여유가 있겠니!⇔〔顾不上〕
【顾及】gù/jí 動 보살핌이 구석구석까지 미치다. …의 일까지 걱정을 하다. ¶无暇～｜일일이 돌볼 겨를이 없다.
【顾忌】gùjì 動 꺼리다. 망설이다. ¶我们做事毫无～｜우리들은 일을 하는데 조금도 꺼리지 않는다.
【顾家】gù/jiā 動 집안을 돌보다. 가정을 보살피다. ¶她嫌丈夫不～｜그녀는 남편이 집안을 돌보지 않는다고 불만이다.
[2]【顾客】gùkè 名 고객→〔主zhǔ顾〕

[4]【顾虑】gùlǜ ❶動 고려하다. 염려하다. 주저하다. ¶有话就说吧, 你～什么?｜할말이 있으면 할 것이지 뭘 주저하니? ❷名 고려. 우려. 근심. 걱정. ¶～重重｜근심 걱정이 가득하다. ¶打消xiāo～｜근심을 없애다.

【顾面子】gùmiàn·zi 動 체면을 중시하다 =〔顾脸liǎn(面)〕

【顾名思义】gù míng sī yì 成 이름을 보고 그 뜻을 짐작할 수 있다. 이름 그대로. 글자 그대로.

【顾命】gùmìng ❶書名 제왕의 임종 전의 유서. ❷(Gùmìng) 名〈書〉고령. 상서(尚書) 편명의 하나. ❸(gù/mìng) 動 목숨을 중하게 여기다. ¶顾钱不～｜돈을 중요시하고 목숨은 중요시하지 않는다.

【顾念】gùniàn 書動 생각하다. 염려하다. ¶多蒙您的～!｜당신의 많은 보살핌을 입었습니다! ¶～你年轻, 不跟你计较jìjiào了｜너가 나이 어린걸 생각하여, 너와 승강이하지 않겠다.

【顾盼】gùpàn 書動 주위를 돌아보다. ¶左右zuǒyòu～｜좌우로 돌아보다.

【顾盼自得】gù pàn zì dé 成 자신을 되돌아 보고 스스로 대단하다고 여기다 [매우 득의(得意)한 모양을 형용]=〔顾盼自雄xióng〕

【顾前不顾后】gù qián bù gù hòu 成 목전의 이익에만 정신이 팔려, 뒤에 닥칠 환란을 생각하지 않다. 어리석은 짓을 하다. ¶他花钱huāqián是～, 每到月底就告贷gàodài｜그는 뒷일을 생각지 않고 돈을 써서, 매번 월말이 되면 돈을 꿔달라고 한다.

【顾全】gùquán 動 만전을 기하다. ¶～之策cè｜만전의 대책.

[4]【顾全大局】gùquándàjú 대국을 고려하다.

【顾头不顾尾】gù tóu bù gù wěi 成 일의 시초만 생각하고 결말을 생각지 않다.

[3]【顾问】gùwèn ❶名 고문. ¶法律fǎlǜ～｜법률 고문. ¶军事jūnshì～｜군사 고문. ❷動 상관하다. 개의하다. 돌보다. ¶概不～｜일체 상관하지 않다.

【顾惜】gùxī 動 소중하게 여기다. 아끼다. ¶～体面tǐmiàn｜체면을 중히 여기다.

【顾绣】gùxiù 名 소주(蘇州)에서 생산되는 자수 제품.

【顾恤】gùxù 書動 아끼고 보살피다.

【顾影自怜】gù yǐng zì lián 成 ❶ 자기의 그림자를 보고 스스로 자신을 한탄하다. 고독하고 실의(失意)한 모습을 형용. ¶他常一个人～｜그는 항상 혼자서 고독을 씹는다. ❷ 스스로 도취되다. 스스로 흡족해하다.

【顾主】gùzhǔ 名 (장사의) 단골 손님. 바이어(buyer).

【梏】gù 수갑 곡
書 ❶名 고랑. (고대의 나무로 된) 수갑. ¶桎zhì～｜질곡. 차꼬와 수갑. ❷名動 속박(하다). 감금(하다).

【牿】gù 외양간 곡
書名 ❶ (소의 양쪽 뿔에 대는) 횡목 [사람을 받지 못하도록 하기 위함] ❷ (소·말의) 우리.

3【雇】gù 품살 고
動 ❶ 고용하다. ¶～人做活｜사람을 고용하여 일을 하다. ❷ (차·마차 등을) 세내다. 빌리다. ¶～车↓ ❸ (보수를 주고) 도움을 받다. ¶～了三位木工来｜목수를 세 사람 부탁했다.

【雇车】gù chē ❶ 차를 세내다. ❷(gùchē) 名 임시로 세낸 차.

【雇船】gù chuán ❶ 배를 세내다. ❷(gùchuán) 名 임시로 세낸 배.

【雇方】gùfāng 名 고용자 측.

【雇工】gù/gōng ❶動 직공을 고용하다. ¶他～修房子｜그는 일꾼을 고용하여 집을 수리했다. ❷(gùgōng) 名 고용인부.

【雇农】gùnóng 名 고농. 고용살이하는 농민.

【雇请】gùqǐng 動 돈을 주고 자기를 대신하여 일을 해주도록 부탁하다.

【雇人】gùrén 動 사람을 고용하다. ¶他准备～抄写chāoxiě稿子｜그는 사람을 고용하여 원고를 베껴 썼다.

[4]【雇佣】gùyōng ⇒〔雇用yōng〕

【雇用】gùyòng 名動 고용(하다). ¶平常～｜상용(常傭) =〔雇佣yōng〕

[4]【雇员】gùyuán 名 고원. 임시직 직원. ¶～人权不能太多｜임시직 직원의 권리는 많을 수가 없다.

guā ㄍㄨㄚ

2【瓜】guā 참외 과
❶名〈植〉박과 식물(의 과실) [오이·수박·참외·호박 등] ¶西xī～｜수박. ¶南nán～｜호박. ¶甜tián～ =〔香xiāng瓜〕｜참외. ¶黄huáng～ =〔胡hú瓜〕｜오이. ¶卖～的说～甜 =〔歇老王卖瓜, 自卖自夸〕｜成 자화자찬하다. ❷⇒〔傻shǎ瓜〕

【瓜不离秧儿】guā bù lí yāngr 박은 덩굴에서 떨어질 수 없다 [불가분의 관계를 형용]

【瓜搭】guā·da ❶動俗 불쾌한 얼굴을 하다. ¶皱zhòu着眉把脸一～｜눈썹을 찡그리고 아주 불쾌한 얼굴을 짓다. ¶～下脸儿来｜불쾌한 얼굴을 하다 =〔瓜研yán〕〔括搭〕〔挂guà搭〕 ❷擬 덜컹덜컹. ¶风把窗户chuānghù刮得～直响｜바람이 불어 창문이 계속 덜컹덜컹 소리난다.

【瓜代】guādài 書動 임기가 차서 교체하다 =〔瓜期qī〕〔瓜时shí〕

【瓜德罗普岛】Guādéluópǔdǎo 名 外〈地〉프랑스령 과델루프(Guadeloupe) 섬 [라틴아메리카에 위치한 섬나라. 수도는「巴斯特尔」(바스테르:Basse Terre)]

【瓜地】guādì 名 참외밭. 오이밭. 수박밭.

[4]【瓜分】guāfēn 動 박을 쪼개듯이 분할 또는 분배하다 [특히 강대국이 연합하여 약소국 또는 미개발국의 영토를 분할하는 것] ¶八国联军入侵中国, 妄图～中国｜여덟 나라의 연합군이 중국을 침략하여, 분할하려고 시도하다 =〔瓜剖pōu豆分〕

【瓜葛】guāgé 名 박과 칡. 轉 인척 관계. 얽히고 설킨 사회 관계. 관련. 분규. ¶我跟她没有什么～ | 나와 그녀는 어떠한 관계도 아니다.

【瓜果(儿)】guāguǒ(r) 名 과일. ¶～行háng | 과일 가게.

【瓜叽】guājī 擬 우적우적. 와작와작.

【瓜李】guālǐ 書 名 혐의(嫌疑)→〔瓜田李下〕

【瓜农】guānóng 名 참외〔오이〕 재배 농가.

【瓜皮帽(儿)】guāpímào(r) 名 중국 고유 모자의 일종 [6개의 천 조각을 꿰매 맞추어 얼른 보기에 수박을 위 아래로 가른 한쪽같이 보이는 차양이 없고 정수리에 둥근 손잡이가 있음]＝〔瓜皮小帽〕〔小帽(儿)〕〔便biàn帽(儿)②〕〔帽头儿〕

【瓜片】guāpiàn 名 녹차(綠茶)의 일종 [안휘성(安徽省)의 육안(六安)·곽산(霍山) 일대에서 생산됨]

【瓜仁(儿)】guārén(r) 名 (호박씨·해바라기씨 등의) 속살 ＝〔瓜子(儿)仁儿〕〔瓜子(儿)肉ròu〕

【瓜熟蒂落】guā shú dì luò 成 오이가 익으면 꼭지가 저절로 떨어진다. 조건이 성숙되면 일은 자연히 이루어진다. ¶思考久了, 自然有好的思想产生这叫做～ | 사고를 오래도록 하면, 자연히 좋은 사상이 나오게 되는데, 이를 일러 오이가 익으면 꼭지가 절로 떨어진다라고 한다 ＝〔瓜熟自zì落〕

【瓜他】guātā 名 外 쿼터(quarter) ＝〔瓜脱tuō〕

【瓜田】guātián 名 오이밭. 참외밭. 수박밭.

【瓜田不纳履, 李下不整冠】guā tián bù nà lǚ, lǐ xià bù zhěng guān 諺 오이밭에서는 신이 벗겨져도 다시 신지 아니하며 오얏나무 밑에서는 갓을 고쳐 쓰지 않는다. 남에게 의심받을 일은 하지 말라→〔瓜田李下〕

【瓜田李下】guā tián lǐ xià 成 의심을 받기 쉬운 곳〔상황〕→〔瓜李〕

【瓜条】guātiáo 名〈食〉동아를 가늘게 썰어 설탕에 절인 것.

【瓜秧(儿)】guāyāng(r) 名 ❶ 오이·수박·호박 등의 덩굴. ❷ (옛날 땋아 내린) 남자의 변발(辮髮).

【瓜萤】guāyíng ⇒〔黄huáng守瓜〕

3【瓜子(儿)】guāzǐ(r) 名 ❶ 수박씨·해바라기씨·호박씨 등을 통틀어 일컫는 말. ¶南～＝〔倭wō瓜子〕| 호박씨. ¶白～ | 호박씨를 껍질째 볶은 것. ¶香xiāng～ | 해바라기씨. ¶西xī～＝〔黑hēi瓜子〕| 수박씨. ¶～仁rén儿 | (수박·호박·해바라기 등) 씨의 속살. ¶～儿不饱是人心 | 양은 적어도 성의다. 변변치 않지만 정성이 담기다. ¶～脸liǎn | 갸름한 얼굴. ❷ 소금이나 향료를 넣어 볶은 수박·호박 또는 해바라기 등의 씨 ‖ ＝〔扁果biǎnguǒ〕

【呱】 guā guǎ gū 아이울 고

Ⓐ guā ⇒〔呱嗒〕〔呱呱〕

Ⓑ guǎ ⇒〔拉lā呱儿〕

Ⓒ gū ⇒〔呱呱〕

Ⓐ guā

【呱嗒】ⓐ guādā ❶ 擬 (단단한 것이 부딪쳐 나는 소리인) 딸가닥. ¶门帘lián～一声, 把哥哥惊醒了 | 문발이 딸가닥 소리를 내자 형이 놀라 깨어났다. ¶～板bǎn儿 | 方 나막신. ❷ 動 方 비꼬다. 놀리다. 야유하다. ¶你别～人 | 너는 사람을 놀리지 마라 ‖ ＝〔呱哒dā〕

ⓑ guā·da 動 方 ❶ (화가 나거나 불쾌해서) 얼굴빛이 달라지다. ¶～着脸, 半天不说一句话 | 얼굴 빛이 달라져서 한참 동안이나 한 마디도 말하지 않았다. ❷ 貶 지껄이다. 재잘거리다. ¶乱～一阵 | 한바탕 재잘거리다 ‖ ＝〔呱哒dā〕

【呱哒板儿】guā·dabǎnr 名 ❶ 중국 전통극에서 박자를 맞추는 목판. ❷ 方 나막신 ‖ ＝〔刮guā搭板(儿)〕〔挂guà搭板儿〕

【呱呱】guāguā 擬 ❶ (어린애 우는 소리인) 앙앙. ❷ (개구리 우는 소리인) 개굴개굴. ❸ (오리 울음소리인) 왝왝.

【呱呱叫】guāguājiào 狀 口 褒 아주 좋다. 훌륭하다. 능숙〔능란〕하다. ¶土改搞得～ | 토지 개혁이 아주 잘 되었다. ¶他的汉语学得～ | 그는 중국어를 잘 배웠다 ＝〔刮guā刮叫〕

【呱唧】guā·ji ❶ 擬 (박수 치는 소리인) 짝짝. ¶观众～一声, 西瓜给他弄断了 | 짝짝짝 관중들의 박수 소리가 나자, 그가 수박을 잘라버렸다. ❷ 名 박수.

Ⓒ gū

【呱呱】gūgū 書 擬 응애응애 [갓난 아이의 울음소리] ¶～而泣qì | 응애응애 울다.

【胍】 guā (구아니딘 과)

名〈化〉外 구아니딘(guanidine; 독) [유기화합물]

1【刮】 1 guā 깎을 괄

動 ❶ (칼날로) 깎다. 밀다. ¶～脸↓ ¶～胡子↓ ¶～锅 | 냄비 밑의 검댕이를 긁어내다. ❷ (재물을) 긁다. 착취하다. ¶～地皮↓ ❸ (물건의 표면에) 바르다. 칠하다. ¶～糨子jiàngzi | 풀을 바르다.

【刮鼻子】guā bí·zi 動組 비판하다. ¶他被指导员刮了一顿鼻子, 不声不响回到了宿舍sùshè | 그는 지도원에게 비판을 받고, 말없이 숙소로 돌아왔다 ＝〔刮胡hú子③〕

【刮吃】guā·chi 動 京 깎아〔긁어〕 내다. ¶粘上的泥嘎巴儿得～～才能干净gānjìng | 말라 붙은 흙은 긁어 내야 비로소 깨끗해질 수 있다.

【刮打扁儿】guā·dabiǎnr 名 方〈蟲〉머리가 뾰족한 누리 ＝〔尖jiān头蝗〕

【刮刀】guādāo 名〈機〉스크레이퍼(scraper). ¶半圆～ | 반원형 스크레이퍼. ¶三角～ | 삼각형 스크레이퍼. ¶平～ | 평형 스크레이퍼.

【刮地皮】guā dìpí 動組 (옛날에) 관리가 백성의 고혈을 짜내다 ＝〔括kuò地皮〕

【刮宫】guā/gōng 動〈醫〉자궁을 긁어내다. ¶～伤身啊 | 자궁을 긁어 내어 몸을 해쳤다.

【刮刮叫】guāguājiào 狀 方 아주 좋다. 훌륭하다. 유능하다. 능숙하다. 능란하다 ＝〔瓜guā瓜叫〕〔呱guā呱叫〕

【刮胡子】guā hú·zi ❶ 수염을 깎다〔밀다〕. ¶他每天都要～｜그는 매일 수염을 깎아야 한다. ❷ 喩 거절 당하다→〔碰pèng钉子〕 ❸ ⇒〔刮鼻bí子〕

【刮剌剌】guālālā 擬 (집이 무너지거나 나무가 꺾어질 때에 나는 소리인) 와르르. 와지끈.

【刮脸】guā/liǎn 動 얼굴을 면도하다. ¶～刷子shuāzi｜면도솔 =〔方 修xiū面〕

【刮脸皮】guā liǎnpí 動組 方 (그런 일을 하면 수치스러운 것이라는 뜻에서) 집게손가락 등으로 얼굴을 긁으며 상대방을 놀리다.

【刮目相看】guā mù xiāng kàn 成 눈을 비비고 다시 보다. 새로운 안목으로 대하다. 괄목상대하다 =〔刮目相待dài〕

【刮皮】guā/pí ❶ 動 (동물 등의) 껍질을 (문질러) 벗기다. ❷ 動 (돈 등을) 착취하다. ❸ 形 喩 인색하다. ¶～匠jiàng｜구두쇠.

【刮痧】guāshā 名〈漢醫〉급성 위장염 등에 쓰이는 민간 요법 [동전에 물 또는 기름을 묻혀 환자의 가슴·등 등을 긁어서 국부의 피부를 충혈시켜 위장의 염증을 경감시킴] ¶农村流行～治疗法｜농촌에는 위장염 치료의 민간 요법이 유행한다.

【刮舌(儿, 子)】guāshé(r·zi) 名 혓바닥 긁개 =〔舌shé刮子〕

【刮削】guāxiāo ❶ 動 (칼 등으로) 깎다. ❷ 動 (값 등을) 깎다. ¶～价钱jiàqián｜값을 깎다. ❸ 動 (재물을) 긁어 가다. 착취하다. ¶～地皮｜백성을 착취하다. ❹ 名〈機〉긁개.

1【刮(颳)】②guā 바람불 괄 動 (바람이) 불다. ¶～得满天飞土｜바람이 불어 온 하늘에 먼지가 날아다니다. ¶什么风把你～来了?｜너가 무슨 바람이 불어서 왔느냐?

【刮沉】guāchén 動 큰 바람이 불어 침몰시키다. ¶台风把一艘货船～了｜태풍이 불어와 화물선 한척을 침몰시켰다.

【刮倒】guādǎo 動 바람에 넘어지다. ¶大风～树｜바람이 나무를 넘어뜨리다.

【刮风】guā/fēng 動 ❶ 바람이 불다. ¶刮起风来了｜바람이 불기 시작했다. ¶～是香炉, 下雨是墨盒子｜成 바람이 불면 향로와 같이 먼지가 일고, 비가 오면 시내 전체에 먹통같은 구정물이 넘친다 [나쁜 도로를 비유함] =〔括kuò风〕 ❷ 喩 일을 열심히 하나 깊이도 없고 지속성도 없다.

【刮散】guāsàn 動 바람에 흩어지다. ¶大风把屋顶的禾把hébǎ～｜큰바람이 불어 지붕 위의 볏단이 흩어졌다.

【括】guā ☞ 括 kuò Ⓑ

【栝】guā 전나무 괄 ❶ 名〈植〉전나무→〔桧guì〕 ❷ ⇒〔栝楼〕

【栝楼】guālóu 名〈植〉하눌타리 =〔瓜蒌〕〔果裸〕

【鸹(鴰)】guā 재두루미 괄, 까마귀괄 ❶ ⇒〔老lǎo鸹〕 ❷ ⇒〔鸧cāng鸹〕

guǎ ㄍㄨㄚˇ

【呱】guǎ ☞ 呱 guā Ⓑ

【剐(剮)】guǎ 살바를 과 ❶ 書 名 動 능지 처참(하다). ¶～死｜참살(斬殺)하다. ❷ 動 (뾰족하고 날카로운 것으로) 할퀴다. 찢다. ¶手上～了一个口子｜손에 할퀸 상처가 났다. ¶钉子dīngzi把衣服～破了｜못에 옷이 걸려 찢어졌다.

3【寡】guǎ 적을 과 ❶ 書 形 적다. ¶沉默chénmò～言｜成 입이 무거워 말이 적다. ¶落落～合｜동작이 어색하여 어울리지 않다 ⇔〔众zhòng〕〔多〕 ❷ 書 形 싱겁고 맛이 없다. ¶清汤～水｜ⓐ 멀건 국물. ⓑ 맛없는 음식. ❸ 名 과부. ¶守～｜수절 과부→〔鳏guān〕〔孀shuāng〕 ❹ 副 …만. …뿐. ¶～喝酒｜술만 마시다→〔光〕 ❺ ⇒〔寡人〕

【寡不敌众】guǎ bù dí zhòng 成 적은 수로 많은 수를 대적할 수 없다. 중과부적(衆寡不敵). ¶他们人多, 我们人少, ～, 快走吧!｜그들은 많고 우리는 적어서, 중과부적이니 빨리 도망가자! =〔寡不胜shèng众〕

【寡处】guǎchǔ ⇒〔寡居jū〕

3【寡妇】guǎ·fù 名 과부. ¶～脸liǎn｜罵 과부상을 한 여자. ¶～瞧qiáo着夜壶器｜歇 과부가 요강을 보고 운다 [요강만도 못한 신세를 한탄한다는 뜻] =〔書 寡女〕〔俗 孤gū孀②〕

【寡鹄单凫】guǎ hú dān fú 成 배필이 없는 외로운 신세.

【寡居】guǎ·ju 書 動 과부살이(를 하다). ¶他母亲～三十多年, 一心指望孩子早日成家｜그의 어머니는 삼십여년간을 수절하시면서, 오로지 자식의 빠른 혼인을 바라셨다 =〔寡处chǔ〕

【寡廉鲜耻】guǎ lián xiǎn chǐ 成 염치가 없다. 부끄러움을 모르다. 파렴치하다.

【寡母】guǎmǔ 書 名 홀어머니.

【寡女】guǎnǚ ⇒〔寡妇〕

【寡情】guǎqíng 書 名 形 매정(하다). ¶这个人～薄意bóyì｜이사람은 매정하고 정이 없다.

【寡人】guǎrén 名 ❶ 謙 과인 [군주(君主)의 자칭(自稱)] ❷ 독신. 홀홀 단신.

【寡头】guǎtóu 名 과두. ¶金融jīnróng～制｜금융 과두제. ¶～政治zhèngzhì｜과두정치.

【寡闻】guǎwén 書 形 견문이 적다. 과문하다.

【寡助】guǎzhù 形 (다른 사람의) 도움이〔지지가〕 적다.

guà ㄍㄨㄚˋ

【卦】guà 점괘 괘 ❶ 名 動 점괘(를 보다). ¶打～ =〔算suàn卦〕〔占zhān卦〕〔卦命mìng〕｜점괘를 보다. ¶变biàn～｜轉 중도에서 모양이 바뀌다. 마음이 변하다→〔八卦〕 ❷ 量 方 번 [횟수를 나타내는 양사(量詞)] ¶打听一～｜한 번 알아보

다 =〔下子〕

【卦辞】guàcí ⇒〔彖tuàn辞〕

【卦兆】guàzhào 名 점괘에 나타난 징조. 괘조(卦兆). ¶与～相合 | 점괘에 나타난 징조와 합치되다.

【诖(詿)】guà 속일 괘
書 ❶ 動 연루되다. 언걸을 먹다 ¶～误↓ ❷ 動 속이다. 기만하다. ❸ 名 속임. 기만.

【诖误】guàwù 書 動 (남의 죄에 연루되어) 처분을 받거나 손해를 입다.

1【挂(掛)】guà 걸 괘
❶ 動 걸다. ¶把大衣～在衣架上 | 외투를 옷걸이에 걸다. ¶一轮明月～在天空 | 밝은 달이 중천에 걸려 있다. ❷ 動 전화를 끊다. 송수화기를 받침대에 놓다. ¶电话先不要～, 等我查一下 | 전화를 우선 끊지 말고, 내가 좀 찾아볼 동안 기다려라. ❸ 動 方 전화선을 연결하다. 전화를 걸다. ¶请你～行政室 | 행정실로 연결해 주시오. ¶明天再给你～电话 | 내일 다시 너에게 전화하겠다. ❹ 動 (갈고리 등으로) 걸어 올리다. 걸리다. ¶钉子把衣服～住了 | 옷이 못에 걸렸다 =〔钩gōu〕 ❺ 動 方 (마음에) 걸리다. 걱정〔근심〕하다. ¶他总是～着家里的事 | 그는 언제나 집안 일을 걱정한다. ❻ 動 (물체 표면을) 덮다. 바르다. 붙이다. 칠하다. ¶脸上～了一层尘土chéntǔ | 얼굴에 먼지를 뒤집어 썼다. ¶瓦器wǎqì外面～一层釉yòu子 | 도자기 표면에 유약을 바르다. ❼ 動 (표정 등에) 어리다. 띠다. ¶～着微笑wēixiào | 미소를 띄다. ❽ 動 기항(寄港)하다. ¶这衍船不～香港 | 이 배는 홍콩에 기항하지 않는다. ❾ 動 (오랫동안) 일손을 놓다. (미해결 상태로) 남겨두다. 내버려두다. ¶把这件事先～一～再说 | 이 일을 우선 접어 두었다가 나중에 다시 이야기 합시다. ❿ 量 세트. 벌 [세트(set) 또는 꿰미로 된 물건을 세는 단위] ¶一～四轮大车 | 사륜차 한대. ¶一～葡萄pútáo | 포도 한 송이.

【挂碍】guà'ài ❶ 名 근심. 걱정. 장애. 지장. ¶心中没有～ | 마음에 걱정되는 것이 없다. ❷ 動 방해하다. 저애하다.

【挂包】guàbāo 名 (어깨에 메는) 전대(纏帶). 가방. 잡낭.

【挂表】guàbiǎo 名 方 회중 시계. 몸시계.

【挂不住】guà·bu zhù 動組 ❶ 걸 수 없다. 걸리지 않다. ¶这钉子dīngzi太小, 那么大的钟怕～吧 | 이 못은 너무 작아서 저렇게 큰 시계는 걸 수 없을거야. ❷ 方 몹시 부끄러워 견딜 수 없다. 쑥스럽다. 멋적다 =〔挂不住劲(儿)〕〔脸liǎn上挂不住〕〔面miàn子上挂不住〕

【挂彩】guà/cǎi ❶ ⇒〔挂红①〕 ❷ 動 (병사가 전투에서) 부상을 당하다. 부상하여 피를 흘리다. ¶挂了两次彩 | 두 번이나 부상을 당하였다 =〔挂花huā②〕〔挂红③〕〔带dài花儿①〕

【挂车】guàchē ❶ 動 차를 연결하다. ❷ 名 트레일러 =〔拖tuō车①〕

【挂齿】guàchǐ 書 動 언급하다. 제기하다. ¶不足～ | 언급할 만한 것이 못된다 =〔说shuō起〕〔提tí起〕

【挂锄】guà/chú 動 호미를 걸어두다. 轉 김매기가 끝나다. ¶他决计～养老 | 그는 호미를 걸어두고 여생을 보내기로 결심했다.

【挂褡】guà/dā 動 행각승이 절간에서 자다. ¶～僧sēng | 행각승 =〔挂单②〕

【挂搭】guà·da ⇒〔瓜guā搭①〕

【挂单】guàdān ❶ ⇒〔落luò单②〕 ❷ ⇒〔挂褡dā〕

【挂电话】guà diànhuà 動組 ❶ 方 전화를 걸다. ❷ 전화를 끊다. 어법 ②의 경우에는 보통 「挂掉」「挂断」과 같이 다른 동사를 보어로 취함.

【挂斗】guàdǒu 名 트레일러.

【挂帆】guàfān 動 돛을 올리다.

4【挂钩】guà/gōu ❶ 動 〈交〉(열차의) 연결기를 연결하다. ¶～人 | 연결수. ❷ 動 俗 손을 잡다. 제휴〔동맹〕하다. 결탁하다. 연계를 맺다. ¶把工资跟生产效率直接～ | 임금과 생산효율을 직접 연계시키다. ❸ (～儿) (guàgōu(r)) 名 (차 등의) 연결기. ❹ (～儿) (guàgōu(r)) 名 서스펜더(suspender).

2【挂号】guà/hào ❶ 動 신청〔등록〕하다. 접수시키다. 수속(手續)하다. ❷ 名 動 〈通〉 등기(로 하다). ¶单～ | 보통 등기. ¶双～ | 배달 증명 등기 우편. ¶～邮件yóujiàn | 등기 우편(물). ¶～执据zhíjù | 등기필증. ¶～信 | 등기 우편. ¶～员 | 접수. 접수원. ❸ 動 俗 (「掛了號」의 형으로 쓰여) 전과가 등록되다. 轉 (나쁜 의미로) 소문나다. 평판이 나쁘다. ¶他是市里头挂了号的人物 | 그는 이 마을에서 평판이 나쁜 사람이다.

【挂红】guà/hóng ❶ 動 개업 축하 때 문 밖에 붉은 비단을 드리우다 =〔挂彩cǎi①〕 ❷ 動 술자리에서 술 내기해서 이긴 사람이 진 사람을 벗삼아 술을 마시다. ❸ ⇒〔挂彩cǎi②〕

【挂花】guà/huā ❶ 動 몸치장하다. 모양을 내다. ❷ ⇒〔挂彩cǎi②〕

【挂幌子】guà huǎng·zi 動組 方 ❶ 간판을 걸다. ❷ 轉 장사를 하다. ❸ 겉치레하다. 가장하다. ❹ 겉에 나타나다. ¶他刚才准是喝了酒, 脸上都～了 | 얼굴에 나타난 것을 보니, 그는 방금 술을 마신 것이 틀림없다.

【挂火(儿)】guàhuǒ(r) 動 方 화내다. 불끈 성내다. ¶他容易～ | 그는 화를 잘 낸다 =〔发怒fā-nù〕〔生气shēngqì〕

【挂镜儿】guàjìngr 名 옛날, 부인들이 브로치와 같이 가슴에 다는 작은 거울. ¶买了一面儿～ | 작은 거울 하나를 샀다.

【挂镜线】guàjìngxiàn 名 그림·거울 등을 걸게 방의 사방 벽 위에 못질한 평평한 나무 조각 =〔画huà镜线〕

【挂靠】guàkào 動 옆으로 붙이다〔대다〕. ¶这个码头mǎtóu可以～一万吨级船只chuánzhī | 이 부두는 1만톤급의 선박을 옆으로 붙일 수 있다.

【挂累】guàlěi ⇒〔连lián累〕

【挂历】guàlì 名 (벽 등에) 거는 달력. ¶送一本

～给老师 | 달력 한개를 선생님께 드리다.
【挂零(儿)】guà líng(r) 動…좀 넘다. …남짓하다. ¶二十公斤～ | 20kg을 좀 넘다.
【挂漏】guàlòu 成 하나를 인용하고 만 개를 빠뜨리다. 면밀하지 못하고 빠진 것이 많다. 허술하다. ¶～之处, 请大家补正bǔzhèng | 부족한 점에 대해 여러분들의 보충을 부탁드립니다⇒〔挂一漏万〕
【挂炉】guàlú 名 훈제용 가마 [돼지의 넙적다리나 집오리 등을 매달아서 굽는 가마] ¶～铺pù | 훈제 고기를 파는 가게.
【挂炉烧鸭】guàlú shāo yā 名組〈食〉(훈제) 오리 통구이. ¶北京的～十分有名 | 북경의 오리 통구이는 대단히 유명하다 =〔烧鸭子〕〔烤kǎo鸭(子)〕
【挂虑】guàlǜ ⇒〔挂念niàn〕
【挂面】guàmiàn 名 마른 국수.
【挂名(儿)】guà/míng(r) ❶ 動 이름을 기입하다〔등록하다〕. 轉 명의만을 게재하다〔걸어 놓다〕. ❷ 名 이름만 걸어두는 직책. ¶他只是个～的经理 | 그는 단지 명목상의 경리이다.
4【挂念】guàniàn 動 근심하다. 염려하다. ¶～母亲的病 | 어머니의 병환을 염려하다 =〔挂怀huái〕〔挂虑lǜ〕〔挂牵qiān〕〔挂肚dù〕〔挂心〕〔方 挂神shén〕〔萦yíng坏〕
【挂拍】guàpāi 動〈體〉❶ 라켓을 걸다. ❷ 喩 (탁구·배드민턴 등의 라켓을 사용하는) 운동선수가 은퇴하다.
【挂牌】guà/pái 動 ❶ (의사나 변호사가) 간판을 걸다. 개업하다. 점포를 열다. ¶他开了一个诊所zhěnsuǒ, 准备zhǔnbèi明天～ | 그는 진료소를 열고, 내일 간판을 걸 준비를 하고 있다. ❷ 공시(公示)하다.
【挂牌医生】guàpái yīshēng 名組 개업 허가증을 받은 의사 =〔执zhí业医师〕
【挂屏(儿)】guàpíng(r) 名 실내의 벽에 거는 세로로 긴 액자.
【挂气(儿)】guà/qì(r) 動 方 불끈 성을 내다. 화를 내다. ¶他也挂了气 | 그도 화를 냈다 =〔生气shēngqì〕〔发怒fānù〕
【挂牵】guàqiān ⇒〔挂念niàn〕
【挂欠】guàqiàn 名 動 외상(으로 사다).
【挂失】guà/shī 動 분실 신고서를 내다. (어음·수표 등의) 분실 신고를 하다. ¶～止zhǐ付 | 분실 신고를 하고 지불을 정지시키다. ¶支票丢了要马上去银行～ | 수표를 잃어버리면, 바로 은행에 가서 분실 신고를 해야한다 =〔注zhù失〕
【挂帅】guà/shuài 動 ❶ 원수가 되다. 喩 영도적·총수적 지위에 앉다. ❷ 우선하다. ¶政治zhèngzhì～ | 정치 우선. ¶利润lìrùn～ | 이윤 제일.
【挂毯】guàtǎn 名 벽에 거는 장식용 융단.
【挂图】guàtú 名 괘도. ¶买了一幅～ | 괘도 하나를 샀다.
【挂线疗法】guàxiàn liáofǎ 名組〈漢醫〉치루(痔瘻)를 치료하는 방법의 일종.
【挂孝】guà/xiào ⇒〔穿chuān孝〕
【挂笑】guàxiào 動 웃음을〔미소를〕 띠우다. ¶满脸mǎnliǎn～ | 온 얼굴에 미소를 띠우다.
【挂鞋】guàxié 動〈體〉(축구나 스케이팅 선수가) 은퇴하다 ¶洪明辅决定明年～ | 홍명보는 내년에 은퇴하기로 결정했다 =〔挂靴xuē〕→〔挂拍pāi〕
【挂心】guàxīn ⇒〔挂念niàn〕
【挂羊头卖狗肉】guà yáng tóu mài gǒu ròu 成 양의 머리를 걸어 놓고 개고기를 판다. 속다르고 겉 다르다. 표리(表裏)가 부동하다 =〔说shuō真方卖假药〕
【挂一漏万】guà yī lòu wàn 成 하나를 인용하고 만 개를 빠뜨리다. 면밀하지 못하고 빠진 것이 많다. 유루(遺漏)가 매우 많음을 형용. ¶～之处望请读者赐以指正 | 유루한 점에 대해서는 독자 여러분의 가르침을 받고자 합니다 =〔挂漏lòu〕
【挂有】guàyǒu 動 걸려 있다. ¶～地图 | 지도가 걸려 있다.
【挂帐】guà/zhàng ❶ 動 외상 판매를 하다. ¶现钱交易, 不～ | 현찰판매, 외상사절. ❷ 動 장부에 기입하지 않고 두다. ❸ (guàzhàng) 名 외상판매.
【挂钟】guàzhōng 名 괘종시계 =〔壁bì钟〕
【挂轴(儿)】guàzhóu(r) 名 족자. ¶客厅里有两幅～ | 거실에 두폭의 족자가 있다 =〔立lì轴①〕

【褂〈袿〉】guà 웃옷 괘

(～儿, ～子) 名 (홑겹의) 웃옷. 저고리. ¶短～(儿) | 짧은 웃옷.
【褂子】guà·zi 名 홑저고리.

guāi ㄍㄨㄞ

3【乖】guāi 어그러질 괴

形 ❶ (어린이가) 얌전하다. 말을 잘듣다. 착하다. ¶这孩子多～呀 | 이 아이는 정말 착하구나. ❷ 영리하다. 약삭빠르다. 기지〔재치〕가 있다. ¶～巧↓ ¶卖～ | 잘난 체하다. 똑똑한 체하다. ❸ 書 (성질·행동이) 괴팍하다. 비뚤어지다. ¶～戾lì↓ ❹ 書 어긋나다. 맞지 않다. ¶有～人情 | 인정에 어긋나는 점이 있다. ¶名实两～ | 명실상부하지 않다.
【乖宝贝(儿)】guāibǎo·bei(r) ⇒〔乖乖②〕
【乖背】guāibèi ⇒〔乖违〕
【乖舛】guāichuǎn 書 名 착오. 오류.
【乖乖】guāiguāi ❶ (～儿的) 狀 순종하는. 행실이 좋은. 말을 잘 듣는. ¶～依从 | 고분 고분 시키는대로 하다. ❷ 名 귀염둥이. 복동이. 어린애에 대한 애칭 =〔乖宝贝bǎobèi(儿)〕 ❸ 名 方 빰. 볼. ¶要～ | 俗 빰에 입맞추다→〔接吻jiēwěn〕 ❹ 嘆 놀람·찬탄을 나타내는 감탄사. ¶～, 外边好冷 | 야, 밖은 정말 춥다.
【乖角】guāijué ⇒〔乖觉〕
【乖觉】guāijué 形 기민하다. 총명하고 영리하다. ¶这个小孩子很～ | 이 아이는 대단히 총명하다 =〔乖角jué〕
【乖睽】guāikuí ⇒〔乖违〕

【乖剌】guāilà ⇒〔乖戾lì〕
【乖离】guāilí ⇒〔乖违〕
【乖戾】guāilì 動 ❶ 書 (성격·언어·행동이) 도리에 맞지 않다. 비뚤어지다. ¶这个人很~, 不好相处 | 이 사람은 성격이 매우 삐뚤어져, 함께 지내기가 어렵다. ❷ 의가 좋지 않다. 의가 맞지 않다 ‖ =〔書 乖剌là〕
【乖谬】guāimiù 書 形 ❶ 매우 불합리하다. 터무니없다. ❷ 괴벽하고 완고하다. ¶性情xìngqíng~不好交 | 성격이 괴팍하여 사귀기 어렵다.
【乖僻】guāipì 形 성격이 괴팍하다. 까다롭다. 비뚤어지다. ¶性情~ | 성질이 괴팍하다.
【乖巧】guāiqiǎo 形 ❶ 남에게 환심을 사다. ❷ 영리하다. 약삭빠르다. ¶你家的孩子个个都很~ | 너의 집 아이들은 모두 대단히 영리하다.
【乖违】guāiwéi 書 動 이반(離反)하다. 배반하다. 서로 등지어 떨어지다 =〔乖背bèi〕〔乖睽kuí〕〔乖离lí〕〔剌là戾〕
【乖张】guāizhāng 形 ❶ 어긋나다. 서로 반대되다. ❷ 성질이 비뚤어지다. ¶这个先生本来脾气有点儿~ | 이 사람은 본시 성격이 다소 삐뚤하였다.

【掴(摑)】guāi ⓧguó) 칠 괵
動 손바닥으로 치다. ¶~了个耳光 =〔打了个耳刮子〕| 귀싸대기를 한 대 쳤다.

guǎi ㄍㄨㄞˇ

2【拐〈柺$_{7,8}$〉】guǎi 속일 괴
❶ 動 유괴하다. 속여서 빼앗다. (맡은 물건을) 가지고 달아나다. ¶~犯↓ ❷ 動 부딪히다. ¶汽车~伤了人 | 자동차가 사람을 부딪치어 다치게 했다. ❸ 動 (모퉁이를) 돌다. 방향을 바꾸다. ¶往左一~就到了 | 왼쪽으로 돌면 바로 거기입니다. ❹ 動 절룩거리다. ¶走路一~一~的 | 절룩거리며 길을 걷다. ❺ 名 方 모퉁이. ¶墙qiáng~ | 담 모퉁이. ❻ 名 (숫자를 읽을 때) 「七」(일곱)의 대칭(代稱). ❼ 名 지팡이·협장. ¶~杖zhàng↓ =〔柺guǎi〕 ❽ ⇒〔拐子〕
【拐八角(儿)】guǎibājiǎo(r) ❶ 動 (이야기를) 빙 돌려서 하다. ¶老金总是~着说话 | 김씨는 언제나 빙 돌려서 이야기한다. ❷ 形 멀다. ¶~的戚亲qīqīn | 먼 친척 =〔拐弯wān(儿)⑤〕
【拐脖(儿)】guǎibór 名 (이음용) ㄴ자 모양의 연통.
【拐带】guǎidài 動 ❶ 꾀어내다. 유괴하다. ¶~女人 | 여자를 유괴하다. ❷ (위탁 받은 물건을) 가지고 도망가다.
【拐犯】guǎifàn 名 유괴범. 맡긴 금품을 갖고 도망간 범인.
【拐棍(儿·子)】guǎigùn(r·zi) 名 지팡이. ¶爬山~ | 등산용 지팡이 =〔拐杖zhàng〕
【拐角(儿)】guǎijiǎo(r) 名 모퉁이. 구석. 귀퉁이. ¶房子的~ | 방의 귀퉁이 =〔拐弯wān(儿)③〕
【拐卖】guǎimài 動 꾀어내어 팔아먹다. ¶~妇女fùnǚ | 여자를 꾀어내어 팔아먹다 =〔拐贩fàn〕
【拐骗】guǎipiàn 動 속여서 빼앗다〔홀려내다〕. 가지고 달아나다. ¶他擅长shànchǎng~小孩 | 그는 어린 아이 홀려내는데 뛰어나다.
【拐人】guǎi/rén ❶ 動 유괴하다. ❷ (guǎirén) 名 유괴.
3【拐弯(儿)】guǎi/wān(r) ❶ 動 굽이〔커브〕돌다. 길을 갈 때 방향을 바꾸어 돌다. ¶拐了三道弯儿 | 세 번 돌았다. ❷ 動 (생각·말 등의) 방향을 바꾸다. ¶~骂mà人 | 빙빙 돌려 욕하다. ❸ ⇒〔拐角jiǎo(儿)〕 ❹ 動 수효를 초과하다. ¶这本新辞典比那本旧的贵两倍还要~ | 이 새 사전은 저 헌 것보다 두 배 이상이나 비싼데도 수효를 초과한다. ❺ ⇒〔拐八角(儿)②〕
【拐弯(儿)抹角(儿)(的)】guǎiwān(r) mòjiǎo(r)(·de) ❶ (길을) 이리저리 돌아가다. 빙빙 돌아가다. ¶~地走 | 빙빙 돌아서 가다. ❷ (말이나 문장을) 빙빙 돌려 하다. ¶他~地说明了他的来意láiyì | 그는 빙빙돌려 찾아온 취지를 설명했다.
【拐杖】guǎizhàng ⇒〔拐棍gùn(儿·子)〕
【拐肘】guǎizhǒu 名 方 팔꿈치.
【拐子】guǎi·zi 名 ❶ 口 절름발이. ❷ 얼레 =〔桄guāng子〕 ❸ 목발. 지팡이. ❹ 유괴범. 사기꾼 =〔拐子手〕 ❺ 발목. ¶吊diào着~刷shuā井 | 발목을 걸고 매달려 우물을 청소하다. 몹시 고통스럽다 =〔脚jiǎo腕(子)〕 ❻ 성질이 고약한 사람. 심술장이.
【拐子手】guǎi·zi shǒu ⇒〔拐子④〕
【拐走】guǎizǒu 動 유괴하다. 빼앗아 도망치다. ¶他的小儿子被人~了 | 그의 어린 아들이 유괴당했다.

guài ㄍㄨㄞˋ

2【怪〈恠〉】guài 의심할 괴
❶ 形 이상하다. 괴상하다. ¶~事↓ ❷ 形 이상하게 여기다. 의심하다. ¶难~ | 이상할 것 없다. 당연하다. ❸ 動 책망하다. 원망하다. ¶这椿事我又不能不~你了 | 이 일에 대해서는 아무래도 너를 책망하지 않을 수 없다. ❹ 動 놀라다. ¶大惊小~ | 成 작은 일에 몹시 놀라다. ❺ 名 요괴. 괴물. 轉 성질이 비뚤어지거나 용모가 이상한 인물. ¶鬼~ | 요괴→〔鬼guǐ①〕 ❻ 副 俗 아주. 몹시. 매우. ¶~好的天气tiānqì | 매우 좋은 날씨 ¶~不好意思的 | 매우 쑥쓰럽다.
【怪不道】guài·budào ⇒〔怪不得①〕
3【怪不得】guài·bu·de ❶ 副 과연. 그러기에. 어쩐지. ¶天气豫报说今晚有雨, ~这么闷热mēnrè | 일기 예보에서 오늘 저녁 비가 온다더니, 과연 이렇게 무덥구나 =〔不怨yuàn〕〔怪不道〕→〔怪道〕〔敢gǎn情①〕 ❷ 動 책망할 수 없다. 탓할 수 없다. ¶这是我弄错了, ~他 | 이것은 내가 망친 것이다. 그를 탓할 수 없다 =〔怨不得①〕
【怪诞】guàidàn 形 기괴하고 허황되다. 황당무계하다. 어불성설. 터무니없다. ¶~不经 | 成 황당무계하다. ¶~的传说 | 황당무계한 전설.
【怪道】guàidào 副 方 과연. 어쩐지. ¶他是我过去的学生, ~觉得眼熟 | 그는 옛날 내 제자야,

어쩐지 눈에 익는다 싶었지→〔怪不得①〕

【怪话】guàihuà 名 ❶괴이하고 허황된 말. 두서없는 이야기. ¶～连篇｜황당한 말을 계속 늘어놓다. ❷괴상한 의론. 불평불만. ❸方 저속한 말.

【怪叫】guàijiào 名動 이상한 소리(를 지르다). ¶他吓得～了一声｜그는 놀라서 이상한 소리를 질렀다.

【怪杰】guàijié 名 이상할만큼 (힘·재주가) 뛰어난 호걸〔사람〕. ¶他实在是一个～｜그는 사실상 재주가 뛰어난 사람이다.

【怪谲】guàijué 書形 괴이하고 황당하다.

【怪里怪气】guài·li guàiqì 狀貶 (모양·차림새·소리 등이) 괴상하다. 이상야릇하다 ¶这个人～的, 想干什么啊?｜이 사람은 차림새가 괴상한데, 뭐 하는 사람일까?＝〔怪气qì〕

【怪论】guàilùn 名 괴상한 논조〔이론〕. ¶我不信这种～｜나는 이런 괴상한 이론은 믿지 않는다.

【怪模怪样(儿)】guài mú guài yàng(r) 威 괴상망측한 모습＝〔怪模样〕

【怪鸟】guàiniǎo 名 ❶이상한 새. ❷喻 괴팍한〔이상한〕사람.

【怪癖】guàipǐ 名 괴벽. ¶他有这种～｜그는 이런 괴벽이 있다.

【怪僻】guàipì 形 편협하다. 괴벽하다. 괴팍하다. ¶性情xìngqíng～｜성질이 편협하고 괴팍하다.

【怪人】guàirén ❶名 괴인. 괴상한 사람. ❷動 남을 책망하다〔나무라다〕.

【怪声怪调】guàishēng guàidiào ⇒〔怪声怪气〕

【怪声怪气】guàishēng guàiqì 狀 기괴한 소리나 고함(을 지르다)＝〔怪声怪调〕

【怪石】guàishí 名 괴석. 괴상하게 생긴 돌.

【怪事(儿)】guàishì(r) 名 기괴한 일. 이상한 일. 불가사의한 일.

【怪术】guàishù 名 마술. 마법.

【怪胎】guàitāi 名 기형의 태아(胎兒).

【怪题】guàití 名 이상한 문제. ¶出～｜이상한 문제를 내다.

【怪味(儿)】guàiwèi(r) 名 이상한 냄새. 고약한 냄새. ¶～恶臭｜이루 말할 수 없이 고약한 냄새.

【怪物】guài·wu 名 ❶괴물. ❷아주 괴팍한 사람.

【怪象】guàixiàng 名 기괴한 현상. ¶未曾有过的～｜미증유의 기괴한 현상.

【怪笑】guàixiào 名動 기묘한 웃음(을 짓다.)

【怪讶】guàiyà 形 ❶매우 기괴하다. ❷매우 놀랍다.

【怪样(儿)】guàiyàng(r) 名 ❶괴이한 모습. 우스꽝스러운 태도. ¶作出各种～｜각종 우스꽝스러운 태도를 지어내다. ❷불가사의한 모양 ‖→〔怪模mú怪样(儿)〕

【怪异】guàiyì ❶形 괴이하다. 불가사의하다. ¶～事儿｜괴이한 일. ❷名 괴상한 현상.

【怪罪】guàizuì 動 책망하다. 원망하다. 탓하다.

guān ㄍㄨㄢ

1【关(關)〈関〉】guān 문빗장 관 ❶動 닫다. 끄다. ¶把门～上｜문을 닫다. ¶把电灯diàndēng～上｜전등을 끄다 ⇔〔开kāi①〕→〔闭bì①〕 ❷動 가두다. 감금하다. 틀어 박히다. ¶鸟儿～在笼子lóngzi里｜새를 새장에 넣어두다. ¶他尽～在屋子里看书｜그는 방에 들어 앉아 책만 읽고 있다. ❸動 (기업 등이) 문을 닫다. 도산(倒產)하다. ¶去年年底～了好几家店铺｜작년 연말에 꽤 많은 점포가 문을 닫았다. ❹書動 관계되다. 관련하다. ¶这不～他的事｜이것은 그의 일과 관계없다. ¶毫不相～｜威 아무〔조금도〕상관이 없다. ❺名 관문(關門). ¶把～｜관문을 지키다. ¶边biān～｜국경 관문. ❻세관. ¶海hǎi～｜세관. ❼名簡〈漢醫〉「关脉」(관맥)의 약칭. ❽喻 중요한 전환점. 극복하기 어려운 시기〔고비〕. ¶难nán～｜난관. ¶年～｜세모. 세밑. ❾전환 또는 연결시키는 부분. ¶～键↓ ❿(봉급을) 주다〔받다〕. ¶～饷xiǎng↓ ⓫(Guān) 名 성(姓).

【关爱】guān'ài 書形 관심을 갖고 돌봐주다〔사랑하다〕. ¶他老人家对青少年十分～｜그 어르신네가 청소년에 대해 대단한 관심을 갖고 돌봐주고 있다.

【关隘】guān'ài 書名〈軍〉관문. 요새. 요충지. ¶把守～渡口｜관문과 나루터를 공고히 지키다.

【关碍】guān'ài 名動 방해(하다). 저애(하다). ¶有什么～你来找好了｜네게 무슨 장애가 있으면 찾아 와라.

4【关闭】guānbì 動 ❶(문을) 닫다. ¶～学校xuéxiào｜학교문을 닫다＝〔关①〕 ❷(공장이나 상점이) 파산하다. 문을 닫다. ¶政府断然～几个了国营企业｜정부는 국영기업 몇 개를 단호히 문 닫았다.

【关不上】guān ·bu shàng 動組 (창문·문을) 닫을 수 없다.

【关垂】guānchuí ⇒〔关注〕

【关岛】Guāndǎo 名外〈地〉미국령 괌(Guam) [서태평양 Mariana 조 중 가장 큰 섬. 미국령의 국가. 수도는 「阿加尼亚」(아가나;Agana)]

【关帝】Guāndì 名〈人〉관우(關羽)에 대한존칭＝〔关公gōng〕〔关圣shèng〕〔关王wáng〕〔关老lǎo斧〕〔关夫子〕

【关(帝)庙】guān(dì) 名 관왕묘(關王廟) [관우(關羽)를 모시는 사당] ¶～求子｜관왕묘에서 아들 낳기를 빌다. 엉뚱한 곳에 가서 찾다 [아들 낳기를 비는 곳은 「娘娘庙」임]＝〔老lǎo斧庙〕〔武wǔ帝庙〕〔武庙①〕〔关庙〕

【关东】Guāndōng 名〈地〉관동. 산해관(山海關) 동쪽 지방, 즉 「东三省」지역을 일컬음 [옛날에는 함곡관(函谷關) 동쪽 지방, 즉 하남(河南)·산동(山東) 지역을 일컬었음] ¶～烟｜「东三省」지역에서 나는 연초.

【关东糖】guāndōngtáng 名〈食〉「东三省」지방에서 나는 찹쌀로 만든 엿.

【关防】guānfáng ❶動 기밀 누설을 방지하다. ¶～严密｜기밀 누설을 엄격히 방지하다. ❷名 세관. 검열소. ❸名 관문. ❹名 옛날, 관청 또는 군대에서 사용하던 인신(印信) [공문서

위조를 방지하기 위하여 사용되었으며, 모양은 장방형]=〔官guān防〕→〔印yìn信〕

【关公】Guāngōng ⇒〔关帝dì〕

【关公看春秋】Guāngōng kàn Chūnqiū 歇 관공이 춘추를 보다. 억지로 버티어 내다 [관우(關羽)가 명의(名醫) 화타(華船)의 치료를 받을 때, 고통에도 불구하고 아무렇지도 않은 듯이 「春秋」를 읽었다는 고사에서 유래]

【关顾】guāngù 動 관심을 가지고 보살피다. ¶对于学生的私生活时时～ | 학생의 사생활에 대해 늘 관심을 가지고 보다.

【关乎】guānhū 動 …에 관계되다. …에 관련되다. ¶统购tǒnggòu统销xiāo是～全国人民经济生活的一件大事 | 일괄 구입·일괄 판매는 전국 국민의 경제 생활과 관계된 중요한 일이다.

3【关怀】guānhuái ❶ 動 (주로 웃사람이 아래사람에게) 관심을 보이다. 배려하다. 보살피다. ¶～青年的成长 | 청년의 체력 발전에 관심을 돌리다. ❷ 名 관심. 배려. 친절. ¶无微不至的～ | 세심한 배려. ¶～备至 | 여러모로 보살피다. 어법 아랫사람이 웃사람에게 사용할 경우 감격·존경의 뜻을 가짐→〔关心xīn〕〔关切qiē〕

2【关键】guānjiàn ❶ 名 관건. 열쇠. 키포인트. ¶问题的～ | 문제의 열쇠 =〔关钥yào〕〔書 钤qián键①〕→〔环huán节②〕 ❷ 形 매우 중요한. 절대절명의. ¶～时刻shíkè | 결정적 순간. ¶～问题wèntí | 관건적 문제.

【关节】guānjié 名 ❶〈生理〉관절 =〔方 骱jiè〕→〔骨gǔ关节〕 ❷ 轉 중요한 부분. 중요한 시기. ❸〈機〉금속·목재의 이음매 →〔联lián轴节〕 ❹ 方 (암암리의) 부탁. 내통. 청탁. ¶这事先要打通～才好进行 | 이 일은 우선 암암리에 내통을 해놓아야만 잘 진행될 수 있다.

4【关节炎】guānjiéyán 名〈醫〉관절염. ¶不幸得了～ | 불행히도 관절염에 걸렸다.

【关紧】guānjǐn 形 方 절박하고 중요하다.

【关口】guānkǒu ❶ 名 (왕래할 때 반드시 거치는) 요도(要道). 세관 입구. ¶要把住～ | 요도를 지키려하다. ❷⇒〔关头tóu〕 ❸⇒〔关煞shà〕

【关老爷】Guānlǎo·ye ⇒〔关帝dì〕

【关里】Guānlǐ ⇒〔关内nèi〕

【关联】guānlián 名 動 관련(되다). 관계(되다) =〔干连gānlián〕

【关门】guān/mén 動 ❶ 문을 닫다. ❷ 폐업하다. 파산하다. ❸ 문호를 닫다. 폐쇄적으로 되다. 말을 딱 끊다. 사람을 피하다. ¶～掩户 | 문을 닫고 사람을 피하다. ¶～读书dúshū | 成 사회와 동떨어져서 학문하다. ¶～主义zhǔyì | 폐쇄주의.

【关门打狗】guān mén dǎ gǒu 成 문을 닫고 개를 때리다. 적의 퇴로를 차단하고 나서 쳐부수다. 빠져나가지 못하게 하고 족치다.

【关门大吉】guān mén dà jí 成 諷 (기업이) 파산하다. (상점·공장이) 문을 닫고 나앉다. ¶生意做不下去了就只好～ | 장사를 해나가지 못하면 문을 닫고 나앉게 된다.

【关门养虎, 虎大伤人】guān mén yǎnghǔ, hǔ dà shāngrén 諺 제가 기른 호랑이에게 물리다.

【关门捉贼】guān mén zhuō zéi 成 문을 닫아 걸고 도적을 잡다.

【关内】Guānnèi 名〈地〉산해관(山海關) 서쪽 또는 가욕관(嘉欲關) 동쪽 일대의 지방 =〔关里lǐ〕⇔〔关外wài①〕

【关卡】guānqiǎ 名 ❶ 세관 [「关」은 「海关」 즉 대외적인 세관, 「卡」는 옛날 국내의 세금 징수소] ❷ 초소. 검문소. 轉 난관.

4【关切】guānqiè ❶ 形 정이 두텁다. 친절하다. ¶～的目光mùguāng | 정다운 시선 =〔亲qīn切〕 ❷⇒〔关心①〕

【关煞】guānshà 名 액(厄). 재앙. 사나운 운수. ¶～年 | 액년. 운수가 사나운 해 =〔关口③〕〔俗 坎kǎn儿〕〔方 坷kě儿〕

【关山】guānshān 名 관새(關塞)와 산악(山岳). ¶～重重chóng | 관새와 산악이 거듭되다.

【关山迢递】guān shān tiáo dì 成 갈 길이 아득히 멀다. ¶从此～, 音讯阻隔 | 여기서부터 길이 아득히 멀어, 소식이 끊어지다 =〔关山万里〕

【关上】ⓐ guānshàng 名〈漢醫〉맥을 짚을 때, 검지·중지·약지 세 손가락을 손목에 대는데, 그 중의 두번째 손가락 즉 중지(中指)에 해당하는 부위 [이 맥을 「关脉」라고 함]→〔寸cùn口〕 ⓑ guān·shang 動 (문을) 닫다. (전등을) 끄다. ¶～门 | 문을 닫다.

【关涉】guānshè 動 관계하다. 관련되다 ¶这事儿～到两国的外交大事 | 이 일은 양국의 큰 외교문제와 관련되어 있다 =〔关屈qū〕〔关属shǔ〕〔窥kuī涉〕

【关税】guānshuì 名 관세. ¶～壁垒bìlěi | 관세장벽. ¶～及贸易总协定 | 가트(GATT). ¶保护bǎohù～ | 보호관세. ¶特惠tèhuì～ | 특혜관세.

【关说】guānshuō 書 動 남을 대신하여 말하다. 중간에서 남에게 좋은 말을 해 주다.

【关停并转】guāntíngbìngzhuǎn 動組〈經〉국민경제의 조정에 대한 일환으로 기업에 대한 정리와 통폐합 조치. ¶确定一些管理企业～问题 | 몇 관리 기업의 정리 문제를 확정하다 =〔关停tíng〕

3【关头】guāntóu 名 일의 중요한 시기. 전환점. 고비. ¶紧急jǐnjí～ | 긴급한 고비. ¶生死shēngsǐ～ | 생사의 갈림길. ¶成败chéngbài～ | 성패의 분기점 =〔关口kǒu②〕

【关外】Guānwài 名 ❶〈地〉산해관(山海關) 동쪽 혹은 가욕관(嘉峪關) 서쪽 일대의 지방 ⇔〔关内〕 ❷ (guānwài)(주식 거래에서의 일정한) 한도. 한계. ¶升到九百元的～ | 900원 선까지 육박했다.

【关西】Guānxī 名〈地〉옛날, 함곡관(函谷關) 서쪽 지방. 즉 지금의 섬서(陝西)·감숙(甘肅)의 2성(省).

【关系户】guānxìhù 名 관계호 [작업·경제등의 교제에서 사회주의원칙을 저버리고 체면·개인적인 감정·관계 등을 끌어 들여 국가 이익을 고려하지 않고 개인의 이익을 추구하는 단체

나 개인을 지칭] ¶他通过~搞来了一些紧俏jǐnqiào商品 | 그는 관계호를 통해 공급 부족의 상품을 구해왔다.

【关系网】guānxìwǎng 名 관계망 [수많은 「관계호」들 사이에 조성된 사리관계] ¶建立了一张尨大的~ | 방대한 관계망을 건립했다.

【关系学】guānxìxué 名 「관계호」나 「관계망」을 조성하고 이용하는 갖가지의 부정한 방법들.

1【关系】guān·xi ❶ 名 관계. 관련. ¶这个电门diànmén跟那盏灯没有~ | 이 스위치는 그 전등과 아무 관계가 없다. ❷ 動 관계하다. 관련되다 [주로 「到」와 함께 사용됨] ¶这事~到大事 | 이 일은 큰 일과 관계된다. ❸ 名 (사람과 사람 또는 사물 사이의) 관계. 사이. ¶社会shèhuì~ | 사회관계. ¶夫妻fūqī~ | 부부관계. ¶同志~ | 동지관계. ❹ 名 (서로 관련된 것 사이의) 영향. 중요성 [「有」「没(有)」와 연용됨] ¶没有~ | 상관없어. 그다지 중요하지 않아. 별 문제 없어. ❺ 名 원인·이유·조건 등을 나타냄 [주로 「由于」「因为」 등과 연용] ¶由于时间~, 暂时谈到这里为止 | 시간 관계상 우선 여기까지만 이야기하겠다. ❻ 名 (어떤 조직·단체에 대한) 관계서류. ¶把工会~转过去 | 노동조합 관계서류를 옮겨가다.

【关厢】guānxiāng 名 (옛날의) 성밖의 큰 거리와 그 일대 =[城chéng厢]

【关饷】guānxiǎng 動 월급을 받다. 봉급을 타다 =[领lǐng饷]

1【关心】guān/xīn ❶ 動 (사람 또는 사물에 대해) 마음을 쓰다. 관심을 갖다. ¶非常fēicháng~ | 매우 관심을 가지다. ¶~政治 | 정치에 관심을 가지다 =[关切qiē②] ❷ (guānxīn) 名 관심. ¶寄予~ | 관심을 두다.

【关押】guānyā 動 〈法〉옥에 가두다. 수감(收監)하다. ¶~犯人 | 범인을 옥에 가두다.

2【关于】guānyú 介 …에 관해서[관하여]. …에 관한. ¶~这事, 我们全不知 | 이 일에 관해서 우리는 전혀 모른다. ¶~人口问题, 代表们充分发表了各自的意见 | 인구 문제에 관하여, 대표들은 충분히 각자 의견을 발표하였다. ¶~经济的知识 | 경제에 관한 지식. ¶~老师的消息xiāoxī | 서생님에 관한 소식. 어법 ⓐ 관련되는 것을 나타낼 때는 「关于」를 쓰고, 대상을 가리킬 때는 「对于」를 씀. ¶关于牵牛星和织女星, 民间有个美丽的传说 | 견우성과 직녀성에 관하여 민간에 아름다운 전설이 있다. ¶对于传统文化遗产, 我们必须进行研究分析 | 전통 문화 유산에 대하여, 우리는 반드시 연구 분석을 하여야 한다. ⓑ 두 상황이 모두 있을 경우에는 「关于」「对于」를 모두 쓸 수 있음. ¶关于[对于]订立公约, 大家都很赞成 | 공약을 체결하는데 대하여, 모두들 찬성하였다. ⓒ 「关于…」은 문장의 제목이 될 수 있으나 「对于…」는 명사가 있어야 될 수 있음. ¶关于文学观 | 문학관에 관하여. ¶关于鲁迅杂文 | 노신 잡문에 관하여. ¶对于世界观的看法 | 세계관에 대한 견해 ‖→[至于②]

【关张】guānzhāng ❶ 動 (상점이나 식당의)문을 닫다. 폐업하다. 도산하다. ¶商店~了, 我也失业了 | 상점이 문을 닫게되어 내가 실업을 하였다→[关门mén②] ❷ (Guān Zhāng) 名 〈人〉관우(關羽)와 장비(張飛).

2【关照】guānzhào 動 ❶ 돌보다. 보살펴 주다. ¶请多多~ | 많이 보살펴 주시기 바랍니다→[照应 ⓑ] ❷ (구두로) 통지하다. ¶明天上午开会, 请您~他一下 | 내일 오전 회의를 하니 당신이 그에게 통지해 주십시오.

【关中】Guānzhōng 名 〈地〉섬서성(陝西省) 위하(渭河)유역 일대. ¶~平原 | 관중 평원.

【关注】guānzhù 名 動 관심(을 가지다). 배려(하다). ¶予以深切的~ | 깊은 관심을 쏟다. ¶受灾的群众受到了政府的~ | 재해를 입은 사람들이 정부의 배려를 받았다 =[札 关垂]→[垂chuí念]

【关子】guān·zi 名 ❶ (소설이나 연극 등의) 절정. 클라이막스(climax). ❷ 요점. 중요한 대목. ¶讨tǎo~ | 요점을 배우다. ¶偷tōu~ | 비밀을 정탐하다.

1【观(觀)】guān guàn 볼 관

Ⓐ guān ❶ 動 보다. ¶坐井~天 | 成 우물속에서 하늘을 보다. 우물 안 개구리. ¶成绩很可~了 | 성적이 매우 볼만하다. ❷ 名 모습. 경치. ¶改~ | 외관이 바뀌다. ¶奇~ | 특이한 광경. ❸ 名 (사물에 대한) 견해. 관점. ¶文学~ | 문학관. ¶人生rénshēng~ | 인생관.

Ⓑ guàn 名 ❶ 도교(道教)의 사원(寺院). ¶寺~ | 불교의 사원과 도교의 도관. ❷ (Guàn) 성(姓).

Ⓐ guān

3【观测】guāncè ❶ 動 (천문·지리·기상을) 관측하다. ¶~者 | 관측자. ¶~天象 | 기상을 관측하다. ❷ 動 (정황을) 살피다. 관찰하다. ¶~敌情 | 적의 상황을 살피다. ❸ 名 관측.

2【观察】guānchá ❶ 動 관찰하다. ¶~地形dìxíng | 지형을 관찰하다. ¶~他的神色shénsè | 그의 기색을 살피다. ❷ 名 관찰. ¶~家 | 정치평론가. ¶~派 | 정세를 관망하는 기회주의자. ¶~所 | 감시소. ¶~员 | (국제 회의의) 업저버.

2【观点】guāndiǎn 名 ❶ 관점. 입장. ¶艺术的~ | 예술적 관점. ❷ (특히 어느 계급에 입각한) 정치적 관점. ¶树立shùlì新的~ | (정치적) 관점을 확립하다.

【观风】guān/fēng 動 ❶ 사태를[상황을] 살피다. 전망하다. ¶~测云 | 成 천하의 형세를 살피다. ❷ 書 풍속의 좋고 나쁨을 살피다.

【观感】guāngǎn 名 보고 느낀 점. 감상. 소감. ¶发表fābiǎo~ | 보고 느낀 점을 발표하다. ¶请谈谈你此次访美的~ | 당신의 이번 미국 방문의 소감에 대해 말씀해 주십시오.

4【观光】guānguāng 動 관광[참관]하다. 견학하다. ¶~团 | 관광단.

3【观看】guānkàn 書 動 관찰하다. 관람하다. 보

다. ¶～动静dòngjìng | 동정을 관찰하다. ¶～京剧jù | 경극을 관람하다 =〔观攬lǎn〕

【观礼】guān/lǐ ❶動(초청 받고) 의식에 참관하다. ❷名경축 퍼레이드. ¶～台 | 관람대. 사열대. ¶政府要员们都前往～ | 정부 요원들이 경축 퍼레이드에 참관하다.

【观摩】guānmó 動(경험이나 장점을 흡수하기 위해) 서로 (교류하며) 보고 배우다. 견학〔참관〕하다. ¶～演出yǎnchū | 시연(試演). ¶电影diànyǐng～大会 | 영화 콩쿠르. ¶～教学jiàoxué | 연구 수업〔공개 수업〕을 하다.

3【观念】guānniàn 名관념. 생각. ¶发财fācái～ | 돈만 벌면 제일이라는 생각. ¶～论 | 관념론. ¶糊涂hútú～ | 모호한 생각. ¶～形态 | 의식 형태.

4【观赏】guānshǎng ❶動감상하다. 보면서 즐기다. 관상하다. ¶～热带植物 | 열대식물을 보면서 즐기다. ❷名관상. ¶～鱼 | 관상용 물고기. ¶～植物zhíwù | 관상용 식물.

【观世音】Guānshìyīn 名〈佛〉관세음 =〔观音大士〕〔观自zì在〕

【观往知来】guān wǎng zhī lái 成지난 날을 보면 앞날을 알 수 있다. ¶熟悉历史的人才能做到～ | 역사를 잘 아는 사람이라야 비로소 앞날을 알 수 있다.

【观望】guānwàng ❶動(직접 관계하지 않고) 관망하다. 형편을 살피다. ¶～的态度tàidù | 관망적인 태도. ❷動둘러보다. ¶四下～ | 사방을 둘러 보다 =〔张zhāng望〕

【观象台】guānxiàngtái 名〈天〉관상대 [「天文台」(천문대)·「气象台」(기상대)·「地磁台」(지자기 관측소)·「地震台」(지진 관측소) 등이 있음]

【观音】Guānyīn 名簡〈佛〉관세음(觀世音) ¶求～菩萨保佑 | 관세음 보살님의 보살핌을 바랍니다 =〔观世音〕

【观音请罗汉】guānyīn qǐng luóhàn 喩한 사람이 많은 사람을 초대하다.

【观音土】guānyīntǔ 名(옛날, 기근이 들었을 때 굶주림을 이겨 내기 위해 먹던) 백토 =〔观音粉fěn〕

【观瞻】guānzhān 書❶動바라보다. 관찰하다. ❷名외관. 겉모양. ¶有碍ài～ | 외관이 눈에 거슬리다.

【观战】guānzhàn 動(경기를) 관전하다. 싸움을 구경하다. ¶今晚巴西队跟德国队比赛, 两国总统也前往～ | 오늘 저녁 브라질 팀과 독일 팀의 경기가 있는데, 두나라의 대통령도 관전한다.

【观阵】guānzhèn 書動전황을 살피다.

【观止】guānzhǐ ⇒〔叹tàn观止矣〕

2【观众】guānzhòng 名관중. ¶深刻的教育了广大的～ | 많은 관중을 깊히 교육시켰다 =〔方观客kè〕

2【官】guān 벼슬 관

❶(～儿) 名(옛날) 관리. 벼슬아치. ¶小～儿 | 말단 관리. ¶外交wàijiāo～ | 외교관→〔吏lì①〕 ❷名(옛날) 관청. 정부. ¶～办↓ ¶～军 | 정부군 ⇔〔私sī①〕→〔公gōng①〕 ❸공동의. 공유의. ¶～(中)厕cè =〔官茅máo房〕| 옛날의 공중변소. ❹상등(上等)의. 정식의. ¶～燕↓ ❺名〈生理〉기관. ¶听～ | 청각기관. ¶感～ | 감각 기관. ❻(Guān) 名성(姓).

【官办】guānbàn 動국가가 경영하다〔주최하다〕. ¶～企业qǐyè | 국영기업. ¶～的报纸 | 관영신문.

【官逼民反】guān bī mín fǎn 成관의 억압과 착취가 심하면 민중은 반항하기 마련이다.

【官兵】guānbīng 名❶정부군. ❷관리와 병사. ❸장교와 사병. ¶～一致 | 장교와 사병이 한 덩어리가 되다.

【官仓】guāncāng 名(옛날) 정부〔국가〕의 창고.

【官舱】guāncāng 名(옛날의) 일등 선실→〔房fáng舱〕〔统tǒng舱〕〔洋yáng舱〕

【官差】guānchāi 名❶관청의 공무(公務). ❷관청의 하급관리. 관청의 심부름꾼.

【官场】guānchǎng 名❶貶관리 사회. 정계 [주로 그 속에서 일어나는 갖가지 허위·사기·아첨·알력 등의 특징을 강조하는 말로 사용됨] ¶～如戏(场) | 成관리 사회는 연극(무대)과 같다. 관계(官界)는 허위로 가득 차 있다. ¶～现形记 | 〈書〉관장현형기 [청말(淸末)의 관리사회의 부패상을 묘사한 이보가(李寶嘉)가 지은 장회(章回) 소설] ❷(송대(宋代)의) 관영〔국영〕시장(市場).

【官道】guāndào 名❶국가가 만든 대로(大路) ¶～上人来人往 | 대로에 사람들이 왔다갔다 한다 =〔官路〕 ❷方공로(公路). 도로.

【官邸】guāndǐ 書名관저. 관사. 저택 ¶到总统的～去采访cǎifǎng | 대통령 관저에 가서 취재하다 =〔俗官宅zhái〕〔官舍shè〕→〔私sī邸〕

【官渡】guāndù 名❶(옛날) 관(官)에서 설치한 나루터. ❷(Guāndù) 名〈地〉한말(漢末)에 조조(曹操)가 원소(袁紹)를 격파한 곳 [지금의 하남성(河南省) 중모현(中牟縣) 동북쪽]

4【官方】guānfāng 名❶정부 당국. 정부측. ¶～消息xiāoxī | 공식적인 보도. ¶～评论pínglùn | 정부측 논평. ¶～文件wénjiàn | 공식 문서. ¶～哲学zhéxué | 어용 철학. ❷書관리가 지켜야 할 예법. ¶整肃～ | 관리가 지켜야 할 예법을 숙정하다 =〔官纪jì〕

【官费】guānfèi 名국비(國費). 국고(國庫)에서 지출하는 비용. ¶～留学生 | 국비 유학생.

【官俸】guānfèng 名관리의 봉급. ¶得～ | 봉급을 받다.

【官服】guānfú 名(옛날의) 관복. 제복 =〔官衣(儿)〕→〔制zhì服①〕〔朝cháo服①〕〔野yě服〕

【官府】guānfǔ 名❶관청. 관아 [특히 지방에 있는 것을 일컬음] ¶把这事儿告到～去 | 이 일을 관청에 알리러 가다. ❷장관. 관리 ‖ =〔官家jiā③〕

【官复原职】guān fù yuánzhí 動組복직하다. 복직시키다.

【官官相护】guān guān xiānghù 成관리들 끼리

서로 감싸 주다. 관리들끼리 서로 눈감아 주다 =〔官官相为〕〔官官相业〕
【官官相为】guān guān xiāng wéi ⇒〔官官相护〕
【官官相业】guān guān xiāng yè ⇒〔官官相护〕
【官话】guānhuà ❶ 名 (옛날, 중국어의) 표준어. ¶他以为无论什么字后加上个儿便是～｜그는 어떤 글자든지 뒤에 兒자만 더하면 표준어라고 생각한다→〔标biāo准语〕〔普pǔ通话〕 ❷⇒〔官腔qiāng〕 ❸ 名 무책임한 말. 상투적인 말.
【官宦】guānhuàn 名 관리. ¶～人家rénjiā｜관공서에 근무하는 사람. ¶～子弟zǐdì｜관리의 자제.
【官级】guānjí 名 관리의 등급 =〔官阶〕〔官秩〕
【官家】guānjiā ❶⇒〔天tiān子〕 ❷⇒〔公gōng家〕 ❸⇒〔官府fǔ〕
【官价】guānjià 名 ❶ 공정 가격. ❷ 관공서 납품 가격.
【官阶】guānjiē ⇒〔官级jí〕
【官爵】guānjué 名 관직(官職)과 작위(爵位).
【官军】guānjūn 名 (옛날의) 관군. 국가군대. 정부군(政府軍).
【官老爷】guānlǎo·ye 名 관리 나으리 [지금은 나쁜 뜻으로 쓰임] ¶～们也该替老百姓想想才是｜관리들은 반드시 백성들을 대신하여 생각해야 옳은 것이다.
【官吏】guānlì 書 名 관리. ¶～债zhài｜옛날, 관리가 지방에 임명되었을 때 여비·준비금으로 차용하는 돈. ¶他当过几年小～｜그는 몇년동안 작은 관직을 역임했다.
4【官僚】guānliáo ❶ 名 관료. ❷ 形 관료 주의적이다. ¶～资产阶级jiējí｜관료 자산 계급.
3【官僚主义】guānliáozhǔyì 名組 관료 주의.
【官僚派】guānliáopài 名 관료티. 관료풍(風). 관료 냄새. 관료 기질. 관료 근성. ¶有人一作了官, 就有～｜관료가 되면, 곧바로 관료 근성을 드러내는 자가 있다 =〔官气〕〔官僚(习)气〕〔官派〕
【官迷】guānmí 名 관리가 되고 싶어하는 사람. 벼슬에 눈이 어두운 자. 엽관 운동자
【官冕堂皇】guānmiǎn tánghuáng 貶 ❶ 공명정대하다. 당당하다. ❷ 고귀하다.
【官面(儿)】guānmiàn(r) ❶ 名 俗 국가. 공공기관. 단체. 기업 =〔公家jiā〕 ❷ 形 喩 공공연하다. ¶～的事｜공공연한 일 ⇔〔私sī面(儿)〕 ❸ 名 관계(官界). 정계(政界). ¶～上人物｜정계의 인물.
【官面儿上】guānmiànrshàng 名 당국(當局). 그 방면. ¶～的朋友péngyou｜그 방면의 친구.
【官面上】guānmiàn·shang 名 ❶ 관계(官界). 관리 사회. ❷ 관청.
【官名】guānmíng 名 ❶ (옛날 아명(兒名) 이외의) 정식 이름. ❷ 敬 남의 이름을 높여 일컫는 말. ❸ 관직명(官職名).
【官能】guānnéng 名 ❶〈生理〉관능. 감각능력. ❷ 書 관리의 재능.
【官能团】guānnéngtuán 名〈化〉기능원자단(機能原子團) =〔攻gōng能团〕
【官气】guānqì ⇒〔官僚liáo派〕
【官腔】guānqiāng 名 관료적인 말투. 공식적인 말투. ¶打～｜공식적으로 말하다 ¶这个人～十足, 我不愿见他｜이사람은 관료적인 말투가 많아, 나는 만나고 싶지 않다 =〔官话huà②〕
【官儿】guānr 名 貶 벼슬아치. ¶当～｜벼슬 아치가 되다 =〔官宦huàn〕
【官儿娘子】guānrniáng·zi 名 貶 못된 관리의 마누라 =〔官太太〕
【官人】guānrén ❶ 名 近 관인 [송대(宋代)에 일반 남자에 대한 존칭] ❷ 名 近 서방님 [남편을 공대하여 부른 호칭] ❸ 書 動 관직에 임명하다. ❹ 書 名 관직인. 벼슬아치. ❺ 名 轉 주인. 나리→〔大官人〕 ❻ 書 名 敬 서방님 [벼슬없는 선비를 이르는 말]
【官商】guānshāng 名 ❶ 貶 (경영관리와 서비스가 열악한) 국영상업. ¶他们是～, 不怕赔本péiběn｜그들은 국영상점이어서 손해보는 것을 두려워하지 않는다. ❷ 국영상업에 종사하면서 서비스 정신이 없는 사람. ❸ 관청과 개인기업〔상점〕.
【官书】guānshū 書 名 ❶ 공문. 공문서. ❷ 정부에서 간행〔소장〕한 책.
【官署】guānshǔ ⇒〔官衙yá〕
【官司】guān·si 名 ❶ 口 소송(訴訟). ¶打～｜소송을 걸다. ¶他吃了几年冤枉yuānwang～｜그는 몇년 동안 억울한 소송을 당했다. ❷ 논쟁. ¶笔墨bǐmò～｜필전(筆戰).
【官太太】guāntài·tai ⇒〔官儿娘子〕
【官衔】guān·xián 名 관리의 직함(職銜). 관직명(官職名). 관함(官銜). ¶他父亲的最高～是部长｜그의 아버지의 최고 직함은 장관이다. ¶～牌pái｜관직명을 써 붙인 표찰.
【官衙】guānyá 名 관아. 관청 =〔官署shǔ〕〔書 官廨xiè〕〔官所儿〕
【官燕】guānyàn 名 빛깔이 희고 깨끗한 고급 연와(燕窩), 또는 그 요리.
【官样文章】guān yàng wén zhāng 成 ❶ 내용이 없는 틀에 박힌〔상투적인〕 글. ❷ 알 수 없는 글. ¶他就爱做不痛tòng不痒yǎng的～｜그는 핵심을 찌르지 못하는 상투적인 글을 잘 쓴다.
4【官员】guānyuán 名 관리. 관원. ¶外交wàijiāo～｜외교관 =〔官曹cáo〕
【官运亨通】guān yùn hēng tōng 成 운이 트여서 올라가기만 하다. 만사형통이다. ¶真是时来运转, ～｜정말로 때가 와 운이 바뀌어 관직이 올라가기만 한다.
【官长】guānzhǎng 書 名 ❶ 관장. ❷ (장교나 사관 등의) 군관(軍官) ‖ =〔官宪xiàn〕
【官职】guānzhí 名 관직(의 등급). ¶～不多, 但想当官的倒不少｜관직은 많지 않으나, 맡고 싶은 것은 오히려 적지 않다.
【官佐】guānzuǒ 書 名 장교.

【倌】guān 낮은벼슬아치 관

(～儿) 名 ❶ 가축을 기르는 사람. ¶羊yáng～儿｜양치기. ¶猪zhū～｜양돈가. ❷ (옛날) 찻집·술집·역참 등에서 일하는 사람.

¶～人｜역졸. ¶清～｜동기(童妓). ¶堂～儿｜(식당·요리집의) 종업원.

4【棺】guān 널 관
名관. 널. ¶盖gài～论定｜成사람은 죽은 뒤에 올바른 평가를 내릴 수 있다＝〔棺材〕

4【棺材】guān·cai 名관. 널. ¶～板bǎn｜관을 만드는 판자. ¶～铺pù｜관을 파는 가게＝〔棺木mù〕〔棺椁guǒ②〕

【棺材里伸手】guān·cai·li shēnshǒu 歇관으로부터 손을 뻗(치)다. 돈이라면 죽어서도 손을 내민다 [뒤에 「死要钱」이 이어지기도 함]

【棺椁】guānguǒ ❶書名관곽. ❷⇒〔棺材cái〕

【棺木】guānmù ⇒〔棺材〕

【纶】guān ☞ 纶 lún B

2【冠】guān guàn 갓 관

A guān ❶名관. 모자. ¶免～的面照片zhàopiàn｜탈모한 얼굴사진. ❷(～儿, ～子) 名옛날에 농촌 부녀자가 머리 뒤쪽을 틀어올린 머리를 싸서 고정하던 장식의 하나. ❸닭의 볏. ¶鸡～｜닭의 볏. ❹가장 위에 있는 것 ¶花～｜화관. 꽃부리. ¶树～｜갓 모양을 이룬 나무우듬지.

B guàn ❶書動관·모자를 쓰다. ❷動(명칭·글자를) 앞에 덧붙이다. ❸書名動轉으뜸(이 되다). 첫째(를 차지하다). 우승(하다). ¶他的总成绩chéngjì为全校之～｜그의 성적은 전교 일등이다. ¶勇～三军｜용기는 전군(全軍)의 으뜸이다. ❹書動성인이 되다. 성년이 되다 [옛날에 20세가 되면 성인이 된다는 의식으로 「冠」(관)을 씌움] ¶年未～｜아직 성인이 못되었다. ❺(Guàn) 名성(姓).

A guān

【冠带相接】guān dài xiāng jiē 成사신들이 쉴새없이 드나들다＝〔冠盖相望〕

【冠盖】guāngài 名❶書관모와 수레(덮개). ❷轉높은 벼슬아치. ¶～云集yúnjí｜높은 벼슬아치들이 구름같이 모여들다. ¶～满京华, 斯人独憔悴qiáocuì｜높은 관리들이 서울에 가득한데, 유독 이 사람만이 초췌하다.

【冠盖相望】guān gài xiāng wàng⇒〔冠带相接jiē〕

【冠冕】guānmiǎn ❶書名옛날 임금이나 관리가 쓰던 모자. ❷形(외관상) 장엄하고 당당하다. ¶谈吐tántǔ～｜말하는 것이 장엄하고 당당하다. ❸겉모양이 번지르르하다. 허울이 좋다. ¶～话｜허울좋은 말.

【冠冕堂皇】guān miǎn táng huáng 成❶대단히 정중하고 점잖은 체 하다. 보기에 으리으리하다. ¶他就爱说一些～的话来应付yīngfù别人｜그는 이런 그럴싸한 말로써 남에게 잘 얼버무린다. ❷뻔뻔스럽다.

【冠心病】guānxīnbìng 名〈醫〉관상동맥경화증.

【冠状动脉】guānzhuàng dòngmài 名組〈生理〉관상〔심장〕동맥.

【冠子】guān·zi 名❶족두리. ❷(닭 등의) 볏.

B guàn

【冠词】guàncí 名〈言〉관사.

【冠绝一时】guàn jué yī shí 成한때는 으뜸이다. 그 또래에서 제일이다. ¶小张少时了了liǎoliǎo, 能诗善文～｜장군은 어릴적에 영리하여, 시와 문이 뛰어나 그 또래에서 제일이었다.

【冠军】guànjūn 名우승. 1등. 우승자. 우승팀. ¶～决赛juésài｜결승전. ¶单dān打～｜단식 우승. ¶双shuāng打～｜복식 우승. ¶全能～｜종합 우승. ¶单项～｜종목별 우승 ⇔〔殿diàn军②〕

【冠军赛】guànjūnsài 名선수권 대회. ¶田径tiánjìng运动～｜육상 선수권 대회＝〔锦jǐn标赛〕〔夺duó标赛〕

【矜】guān ☞ 矜 jīn B

【莞】guān guǎn wǎn 골풀 완

A guān 名❶〈植〉골풀＝〔水葱cōng〕 ❷(Guān) 성(姓).

B guǎn 지명에 쓰이는 글자. ¶东～｜동관. 광동성(廣東省)에 있는 현(縣) 이름.

C wǎn ⇒〔莞尔〕〔莞存〕

C wǎn

【莞存】wǎncún 名動札웃으며 받아 주세요. 소납(笑納)(하다)＝〔莞纳nà〕〔莞留〕

【莞尔】wǎn'ěr 書貶빙긋 웃다. 빙그레 웃다. ¶～而笑｜빙그레 웃다.

【莞留】wǎnliú ⇒〔莞存〕

【莞纳】wǎnnà⇒〔莞存〕

【鳏(鰥)】guān 고기이름 환, 홀아비 환
名❶書홀아비＝〔矜guān①〕 ❷근심으로 밤잠을 이루지 못한다는 전설상의 큰 고기.

【鳏夫】guānfū 名홀아비＝〔鳏棍gùn儿〕〔鳏棍子〕〔鳏身shēn汉子〕〔寡guǎ夫〕〔光guāng棍儿〕〔光棍子〕〔光根gēn汉〕→〔寡guǎ妇〕

【鳏寡孤独】guān guǎ gū dú 成홀아비와 과부와 고아와 늙어서 자식이 없는 사람. 의지할데 없는 사람.

【鳏棍儿】guāngùnr ⇒〔鳏夫〕

【鳏棍子】guāngùn·zi⇒〔鳏夫〕

【鳏身汉子】guānshēnhàn·zi ⇒〔鳏夫〕

guǎn ㄍㄨㄢˇ

【莞】guǎn ☞ 莞 guān B

1【馆(館)〈舘〉】guǎn 객사 관
名❶손님을 접대하여 머물게 하는 건물. ¶宾bīn～｜영빈관. ❷외교사절이 집무하는 건물. ¶大使dàshǐ～｜대사관. ❸(～儿, ～子) 여관. 식당. 호텔. ¶饭fàn～｜호텔. ¶茶chá～｜다방. ❹(～儿, ～子) 서어비스업의 영업장. ¶照相zhàoxiàng～｜사진관. ¶理发lǐfà～｜이발관. ❺문화재·서적 등을 수장·진열하거나 문화행사를 하는 곳. ¶博物bówù～｜박물관. ¶图书túshū～｜

도서관. ❻옛날에 학문을 가르치던 곳. ¶蒙méng～ | 초학서당. ¶家～ | 사숙(私塾).

【馆藏】guǎncáng 圖 도서관·박물관 등에서 소장하다〔소장한 도서·기물〕. ¶釜山大学校～图书达一百多万册 | 부산대학교의 소장 도서가 백만권에 달한다.

【馆儿】guǎnr ⇒〔馆子〕

【馆甥】guǎnshēng ⇒〔女nǚ婿①〕

【馆长】guǎnzhǎng 名 관장. ¶博物馆～ | 박물관장.

【馆子】guǎn·zi 名 ❶음식점. 요리집. ¶下～ | 음식점에 가다. ❷書 극장 ‖ =〔馆儿〕

【琯】guǎn 피리 관
書 名〈擾〉(고대의 악기의 일종인) 옥통소·옥저.

2【管】guǎn 관 관, 붓대 관
❶名〈音〉관악기. 취주 악기. ❷(～儿, ～子) 名 원통형의 관. 대롱. ¶水～子 | 수도관. ¶输油shūyóu～ | 송유관. ¶橡皮xiàngpí～ | 고무 호스. ¶笔bǐ～ | 붓대. ❸動 관리하다. 담당하다. 책임지다. 떠맡다. ¶他～三部机器jīqì | 그는 세대의 기계를 담당한다. ¶接～工厂 | 공장관리를 책임지다. ❹動 간섭하다. 참여하다. 관련하다. 상관하다. ¶别～閒事 | 쓸 데 없는 상관 말아라. ¶不该～的事不～ | 간섭하지 말아야 할 일은 간섭하지 않는다. ¶不能不～ | 간섭하지 않을 수 없다. ❺動 책임지고 지급〔공급〕하다. ¶日用品都～ | 생활용품은 모두 책임지고 공급한다. ¶～吃不～住 | 식사는 제공하나 숙소는 제공 않는다. ❻動 보증하다. ¶不好～换 | 불량품은 바꿔줄 것을 보증한다. ❼動 단속하다. 통제하다. 지도하다. ¶～孩子 | 어린이를 지도하다. ❽量 자루. 통〔붓같은 원통형의 물건을 세는 단위〕 ¶一～笔 | 붓 한 자루. ❾副 반드시. 꼭. 틀림없이. ¶这时～有人暗笑ànxiào | 지금쯤 누군가 틀림없이 비웃고 있다. ❿介 回 …을 …라고 부르다. 어법 사람이나 사물을 칭해 말할 때 쓰이고, 「把」「将」과 용법이 비슷하나 반드시 「管＋實＋叫＋實」의 형태로 쓰임. ¶古人～眼睛叫「目」| 옛날 사람은 눈(眼睛)을 「目」이라고 했다. ¶我们～他叫大哥 | 우리는 그를 큰형님이라 부른다→〔把〕〔将〕 ⓫連 方 어쨌든. 막론하고. 비록 …라도. …에 관계없이. 어법 ⓐ「管」은 반어문(反問句)에 쓰여, 결국 「不管」과 같은 의미임. ⓑ 「管」이 「不管」보다 더 강한 감정을 나타냄. ⓒ 「管」 다음의 주어는 「你」 혹은 「他」이며, 「他」는 때때로 무지(無指)의 주어임. ¶～他下不下雨, 咱们都得马上出发 | 비가 오든 안오든 관계없이 우리는 모두 곧 출발해야 한다. ⓬(Guǎn) 名 성(姓).

【管扳子】guǎnbān·zi ⇒〔管钳qián子〕

【管搬子】guǎnbān·zi ⇒〔管钳子〕

【管保】guǎnbǎo ❶動 책임지다. 보증하다. ¶～来回(儿)＝〔管保回huí换〕〔管打dǎ来回(儿)〕〔包bāo管来回(儿)〕〔包管回换〕| 물건의 반품·교환을 보증하다. ❷副 반드시. 꼭. 절대로. ¶这样做～你满意 | 이렇게 하면 반드시 너가 만족할 것이다. ¶听他的活, ～没错 | 그의 말을 들으면 절대 틀리지 않는다＝〔管教jiào ⓐ②〕

【管饱(儿)】guǎnbǎo(r) 動 실컷 먹이다. 실컷 먹게 하다. ¶小孩子吃饭, ～就行了 | 어린 아이들은 밥을 실컷 먹게하면 그만이다.

【管不了】guǎn ·bu liǎo 動組 ❶(너무 많아서) 돌볼 수 없다. ❷⇒〔管不住zhù②〕

【管不着】guǎn ·bu zháo 動組 관여할 능력이나 자격이 없다. ¶这是你～的事 | 이것은 네가 관여할 일이 아니다⇔〔管得着〕

【管不住】guǎn ·bu zhù 動組 ❶관리할 수 없다. 통제〔구속〕할 수 없다. ¶自己的孩子都～ | 자기 애들조차도 마음대로 안된다. ❷멈추게 할〔고정시킬〕 수 없다. ¶这个螺丝luósī钉子dīngzi～这块木板 | 이 나사못은 이 판자를 고정시킬 수가 없다＝〔管不了②〕⇔〔管得住〕

【管穿】guǎn/chuān 動 의복을 지급하다. ¶～不管饭 | 의복은 지급하지만 식사는 제공하지 않는다.

3【管道】guǎndào 名 파이프. 도관. ¶烟气yānqì～ | 가스 파이프. ¶输油shūyóu～ | 송유관. ¶～安装ānzhuāng | 파이프 장치.

【管饭】guǎn/fàn 動 ❶식사를 공급하다. ¶每月工钱是六十万圆元另外算～ | 매월 임금은 육십만원에 별도로 식사를 제공하는 것이다. ❷식사를 맡아 책임지다〔관리하다〕 ‖ ＝〔管伙huǒ食〕→〔管穿chuān〕〔供gōng膳〕

【管风琴】guǎnfēngqín 名〈音〉파이프 오르간.

【管伙食】guǎnhuǒ ·shi ⇒〔管饭〕

【管家】guǎn/jiā ❶動 가사를 관리하다. ❷(guǎn·jiā) 名(옛날 지주나 관료 집안의) 집사. ¶～大人 | 집사 어르신. 집사의 존칭. ❸(guǎjiā) 名 단체에서 재물이나 일상 생활을 관리하는 사람.

【管家妇】guǎnjiāfù ⇒〔管家婆〕

【管家婆】guǎnjiāpó 名 ❶(옛날, 지주나 관리의 집안 살림을 관장하는) 여자 집사. ¶她成了厂里的～ | 그녀는 공장의 집사가 되었다. ❷轉 주부가 자기 자신을 자조적으로 일컫는 말 ‖ ＝〔管家妇fù〕

【管见】guǎnjiàn 名 謙 좁은 소견. ¶据jù我的～ | 저의 좁은 소견에 의하면.

【管教】ⓐ guǎnjiào ❶動 方 꼭…하게 하다. ¶～他来一趟 | 꼭 그를 한번 오게 하다 ❷⇒〔管保bǎo②〕

ⓑ guǎn·jiao 名 動 (예의 범절을) 가르침〔가르치다〕. ¶～儿女 | 자녀들에게 예의 범절을 가르치다.

【管界】guǎnjiè 名 관할 범위. 관할 지역.

【管井】guǎnjǐng 名 관정. 펌프식 우물＝〔洋yáng井②〕

【管窥】guǎnkuī ❶動 대롱 구멍을 통하여 내다보다. ❷名 轉 좁은 소견〔식견〕. ¶～所及 | 저의 좁은 소견으로는.

【管窥蠡测】guǎn kuī lí cè 成 대롱 구멍으로 하

늘을 보고, 바가지로 바닷물을 되다. 시야가 좁고 식견이 좁다 ¶我的认识不过是～, 还请方家指正｜저의 인식이 대롱으로 하늘 보고 바가지로 바닷물 되는 정도에 불과하니, 여러분들의 가르침을 부탁드립니다＝〔管中窥豹〕〔管蠡〕〔管穴xué〕

²【管理】guǎnlǐ ❶動 관리(하다). 관할(하다). ¶～宿舍sùshè｜숙사를 관리하다. ¶～图书túshū｜도서를 관리하다. ¶～费｜관리비. ¶～区｜관할 구역. ❷名〈體〉감독. 매니저→〔教练jiàoliàn〕

【管钳子】guǎnqián·zi 名〈機〉관집게. 파이프 렌치(pipe wrench)＝〔管扳bān子〕〔管搬bān子〕〔管子扳头〕〔管子钳〕〔水喉士班拿〕

【管儿】guǎnr ⇒〔管子ⓑ①〕

【管事】guǎn/shì ❶動 일을 관리하다. 책임을 지다. ¶当家的不～,～的不当家｜집을 관리하면 일을 책임지지 않고, 일을 책임지면 집을 관리하지 않는다. ¶这里谁～?｜여기는 누가 관리하고 있니? ❷(～儿) (guǎnshì(r)) 形 ⓘ효과가 있다. 유용하다. 쓸모가 있다. ¶不～｜쓸데없다. 소용없다＝〔管用①〕 ❸(guǎnshì) 名(옛날, 여관 또는 부자집의) 서무 보는 사람. 서기. ¶我们单位的～出差chūchāi了｜우리 회사의 서기가 출장 갔다.

【管事(的)】guǎnshì(·de) 名(옛날, 기업체나 부자집의) 총무. ¶你们这儿谁是～?｜당신네 이 곳은 누가 총무입니까?

【管束】guǎnshù 動 통제하다. 단속하다. ¶～儿女｜자녀들을 단속하다. ¶缺少quēshǎo～｜통제가 부족하다.

【管它】guǎntā 마음대로 해라. 상관하지 않는다. ¶～的｜상관없어.

⁴【管辖】guǎnxiá 名動 관할(하다). ¶三个直辖市由国务院直接～｜세 곳의 직할시는 국무원에서 직접 관할한다.

【管闲事】guǎn xiánshì 動組 쓸데없이 참견하다. 부질없이 남의 일에 간섭하다. ¶～落不是｜諺 주제 넘는 일을 하면 제대로 되는 일이 없다.

【管弦乐】guǎnxiányuè 名〈音〉관현악. ¶～队duì｜관현악대.

【管线】guǎnxiàn 名 파이프·전선(電線)·케이블 등의 총칭.

【管押】guǎnyā 動 임시로 구금하다.

【管用】guǎn/yòng ❶⇒〔管事②〕 ❷動 사용〔품질〕을 보증하다.

【管乐】guǎnyuè 名 ❶〈音〉관악(기). ❷(Guǎn Yuè)〈人〉관중(管仲)과 낙의(樂毅)

【管乐队】guǎnyuèduì 名〈音〉취주 악대(吹奏樂隊).

【管乐器】guǎnyuèqì 名〈音〉관악기.

【管制】guǎnzhì ❶名動 관리 통제(하다). ¶～灯火dēnghuǒ｜등화 관제를 하다. ¶军事jūnshì～｜군사 관제. ❷動 통제하고 감시하다. ¶～进口jìnkǒu｜수입을 통제하고 감시하다.

【管中窥豹, 可见一斑】guǎn zhōng kuī bào, kě jiàn yì bān 成 대롱의 구멍을 통해 표범을 보면 표범의 반점(斑點)만 보인다. 부분적 관찰만으로 전체를 추측하다.

【管状花】guǎnzhuànghuā 名〈植〉관상화＝〔筒tǒng状花〕

³【管子】ⓐ Guǎnzǐ 名 관자. ❶〈人〉敬 관중(管仲). ❷〈書〉춘추(春秋)시대 제(齊)나라의 재상 관중(管仲)이 지었다고 전해지는 책. 부민(富民)·입법(立法)·포교(布教)를 서술하고 패도정치(霸道政治)를 역설함. 모두 24권.

ⓑ guǎn·zi 名 ❶관. 통. 파이프. 투브. ¶竹～｜대나무통. ¶自来水～｜수도관. ¶～工｜연관공＝〔管儿〕 ❷〈音〉관악기.

【管子扳头】guǎn·zi bāntóu ⇒〔管钳子〕

【管子钳】guǎn·ziqián ⇒〔管钳子〕

guàn ㄍㄨㄢˋ

1【观】guàn ☞ 观 guān Ⓑ

2【贯(貫)〈毌〉】guàn 꿸 관 ❶動 꿰뚫다. 관통하다. ¶学～古今｜고금의 학식에 통달하다. ¶一～积极｜일관되게 적극적이다. ❷動 줄을 잇다. 연잇다. 연결하다. ¶鱼～而入｜成 줄줄이 이어 들어오다. ❸量 관. 꾸러미 [옛날에 엽전 1천개를 꿴 꾸러미를 「贯」이라 했음] ¶一～钱｜엽전 한 꾸러미. ¶万～家产｜만관의 재산. 대단한 재산. ❹名 본적. 본관. 출생지. ¶籍～｜본적. ❺(Guàn) 名 성(姓).

²【贯彻】guànchè 動 관철하다. 철저히 실행하다. ¶～现行的教育政策zhèngcè｜현행의 교육정책을 관철하다. ¶努力～开放搞活gǎohuó的方针｜개방하여 활력을 불어넣는 방침을 관철시키기 위해 노력하다.＝〔贯澈chè〕

【贯穿】guànchuān ❶動 관통하다. 꿰뚫다. ¶这条铁路tiělù～东北三省｜이 철도는 동북의 3개 성을 관통한다＝〔贯通tōng②〕 ❷⇒〔贯串chuàn①〕 ❸⇒〔贯通①〕

【贯串】guànchuàn ❶動 일관하다. 일관되다. ¶～于一切过程的始终｜모든 과정이 시종 일관되다＝〔贯穿chuān②〕 ❷⇒〔贯通tōng①〕

【贯耳】guàn'ěr ❶動(소문이 자자하여) 익히 듣다. 전해 듣다. ¶大名鼎鼎dǐng, 如雷～｜成 자자한 명성은 익히 들었습니다. ❷(guàn ěr) 書(군법(軍法)에서 화살로 중죄인의) 귀를 뚫다.

【贯气】guànqì 動 지맥(地脈)이 관통하다.신수가 좋다. 운수 대통하다.

【贯渠】guànqú ⇒〔贯众〕

【贯通】guàntōng ❶動 전부 철저히 이행하다. 정통하다. ¶～医学｜의학에 정통하다. ¶李先生的学问～中, 融会古今, 兼及文理｜이선생의 학문은 정통하여, 고금을 융회하고 문리를 겸비하였다＝〔贯穿chuān③〕〔贯串chuàn②〕 ❷⇒〔贯穿①〕

【贯众】guànzhòng 名〈植〉쇠고비. 면마(綿馬)＝〔贯节jié〕〔贯渠qú〕〔药藻zǎo〕

【贯注】guànzhù 動 ❶(정신·정력·주의력을) 집

중하다. 경주(傾注)하다. ¶把精力~在工作上 | 정신을 작업에 집중하다. ❷(말의 의미·말투 등이) 연결되다. 이어지다. 일관되다. ¶这两句是一气~下来的 | 이 두 문장은 일맥상통한다. ¶欧阳修的散文神气~, 汪洋wāngyáng恣肆zìsì | 구양수의 산문은 내용이 일관되어, 광대하고 호방하다.

1【惯(慣)】guàn 익숙할 관 ❶動 습관이 되다. 익숙해지다. ¶这种方式他已经~了, 不容易改变了 | 이런 방식이 그는 이미 습관이 되어서 바뀌기 쉽지 않게 됐다. ¶在这里住~了 | 이곳 생활에 익숙해졌다. ❷動 응석부리다. 응석부리게 하다. 제멋대로 하다. ¶这个孩子~坏了 | 이 아이는 응석을 받아주어 버릇이 나빠졌다. ¶~成了一身的毛病 | 응석을 부려 나쁜 버릇이 들었다. ❸動 …하기를 좋아하다. ¶他~说笑话 | 그는 농담하기를 좋아한다.

【惯常】guànchǎng ❶副 늘. 항상. 언제나 [과거의 행동에 쓰임] ¶我~踢足球 | 나는 언제나 축구를 했다. ❷形貶 상습적이다. ¶~的作法 | 상습적인 수법. ❸形 익숙하다. ¶~的动作 | 익숙한 동작. ❹名 평소. 평시. ¶你恢复huīfù了~的镇定 | 그는 평소의 평정을 되찾았다.

【惯盗】guàndào 名 상습 절도범 =[惯窃qiè][惯贼zéi]

【惯犯】guànfàn 名 상습범. ¶他是~, 要从重cóngzhòng处理 | 그는 상습범이어서, 엄중히 처리해야 한다.

【惯匪】guànfěi 名 상습적인 강도[비적].

【惯坏】guànhuài ❶動 나쁜 버릇이 들다[붙다]. ❷⇒[惯养yǎng]

【惯技】guànjì 書名貶 상투 수단. 상투적 수법. ¶使~ | 상투적인 수법을 쓰다.

【惯家(子)】guàn·jia(·zi) 名貶 꾼. (어떤 일에) 이골이 난 사람. 솜씨있는[노련한] 사람. ¶扯谎的~ | 거짓말 대장. ¶投机取巧的~ | 요령꾼.

4【惯例】guànlì 名 관례. ¶按照~来处理 | 관례에 따라 처리하다. ¶国际guójì~ | 국제 관례 =[常规chángguī]

【惯量】guànliàng 名〈物〉관성 질량.

【惯窃】guànqiè ⇒[惯盗dào]

【惯偷】guàntōu ❶動 상습적으로 훔치다. ¶这伙人~小汽车 | 이 놈들은 상습적으로 승용차를 훔친다. ❷名 손버릇이 나쁜 사람.

【惯性】guànxìng 名 ❶〈物〉관성. 타성. ¶~矩jǔ | 관성 능률. 관성 모멘트(moment) ¶~轮lún |〈機〉플라이휠(flywheel) =[飞fēi轮①] ❷습성화된 성질.

【惯养】guànyǎng 動 응석받이로 기르다. 버릇없이 키우다. ¶~撒sā娇(儿) | 버릇없이 키워서 어리광을 부린다 =[娇性惯养][惯坏②]

【惯用】guànyòng ❶動 상용(常用)하다. 익숙되다. 잘쓰다. ¶~左手 | 왼손잡이(이다). ❷形貶 관용적이다. 상투적이다. ¶~的手段 =[惯用的技俩][惯用手法] | 상투적인 수단. ¶~语 | 관용어.

【惯于】guànyú 動 …에 습관되다. …에 버릇되다. ¶~早晨长跑 | 새벽 조깅에 습관되다.

【惯贼】guànzéi ⇒[惯盗dào]

【掼(摜)】guàn 던질 관 動方 ❶내버리다. 집어던지다. 팽개치다. ¶用力往地下一~ | 힘껏 땅바닥에 내팽개치다. ¶~在一边 | 한쪽에 버리다. ❷한쪽을 잡고 다른 한쪽을 털다. 두들기다. ¶~稻dào | 볏단을 털다. ❸넘어지다. 구르다. ¶他~了一跟头 | 그는 넘어져 굴렀다.

【掼交】guàn/jiāo ⇒[掼跤]

【掼跤】guàn/jiāo 方 ❶動 씨름하다. ❷(guànjiāo) 名 씨름 ‖ =[掼交][摔shuāi跤][角jiǎo力]

【掼纱帽】guàn shāmào 動組 喩 方 홧김에 사직하다.

【冠】guàn ☞ 冠 guān Ⓑ

【涫】guàn 끓을 관 ❶書動(물이) 끓다. ❷「盥」과 통용⇒[盥guàn②]

【涫涫】guànguàn 書狀 물이 펄펄 끓다.

【盥】guàn 대야 관 書 ❶動(손·얼굴을) 씻다. ❷名 대야 =[涫guàn②]

【盥手】guànshǒu 動 손을 씻다. 세수하다. ¶~间 | 세면장.

【盥漱】guànshù 書動 세수를 하고 양치질을 하다. ¶~室 | 세면실. 화장실.

【盥洗】guànxǐ 書動(손·얼굴을) 씻다. 세면하다. ¶~用具yòngjù | 세면 도구. ¶~室shì | 세면실. 화장실. ¶~台tái | 세면대.

3【灌】guàn 물댈 관 ❶動 관개하다. 물을 대다. ¶引水~田 | 밭에 물을 대다. ❷動(액체를) 부어넣다. (기체를) 불어 넣다. (알맹이 같은 것을) 쏟아 넣다. ¶~了一瓶水 | 물을 한병 넣다. ¶~了一口凉风 | 입안 가득 상쾌한 바람을 마시다. ¶把粮食~到麻袋里 | 식량을 마대에 부어 넣다. ❸動 녹음(錄音)하다. ¶这个歌曲已经~了唱片chàngpiàn了 | 이 노래는 이미 레코드로 취입되었다. ❹(Guàn) 名〈地〉관현(灌縣). 사천성(四川省)에 있는 지명. ❺(Guàn) 名 성(姓).

【灌肠】ⓐ guàn/cháng ❶動〈醫〉관장하다 =[俗 打水②] ❷(guàncháng) 名 관장. ⓑ guàn·chang ❶名 소시지(sausage). ❷⇒[香xiāng肠]

【灌唱片(儿)】guàn/chàngpiàn(r) 動組 레코드를 취입하다. ¶他打算dǎsuàn~ | 그는 레코드를 취입할 생각이다.

【灌顶】guàndǐng 名 불가에 입문할 때 머리에 물 등을 뿌리는 불교의식.

3【灌溉】guàngài 名動 관개(하다). ¶~网wǎng | 관개망. ¶~农田 | 관개 농전.

【灌浆】guàn/jiāng 動 ❶〈建〉회삼물(灰三物)을 붓다. 콘크리트를 치다. ❷〈農〉농작물이 여물 때 물알이 들다. ¶小麦已经~了 | 밀이 이미

물알이 들었다. ❸〈醫〉(천연두 등이) 화농하다. ❹관개(灌溉)하다.

【灌酒】guànjiǔ 動 무리하게 술을 먹다〔먹이다〕 ¶他喜欢给别人～ | 그는 남에게 무리하게 술 먹이기를 좋아한다.

【灌迷汤】guàn mí·tang ⇒〔灌米汤〕

【灌迷魂汤】guànmí hún·tāng ⇒〔灌迷汤〕

【灌米汤】guàn mǐ·tang 動組 喩 달콤한 말로 남을 부추기다〔미혹시키다〕. 비행기를 태우다 =〔灌迷mí汤〕〔灌迷魂汤〕

4【灌木】guànmù 名〈植〉관목. 떨기나무.

【灌片】guàn/piàn 名 動 레코드 취입(하다). 녹음(하다). ¶他的新歌, 已灌唱片 | 그의 새 노래는 이미 레코드 취입을 했다 =〔灌音yīn〕〔灌话huà匣子片〕→〔灌制zhì〕〔录lù音〕

【灌区】guànqū 名 관개 지구. ¶淮河～面积四十万亩 | 회하 관개지구 면적이 사십만 묘이다.

【灌输】guànshū 動 ❶물을 대다. ❷(지식 등을) 주입하다. ¶～新文化和思想 | 새로운 문화와 사상을 주입시키다 =〔灌注zhù②〕

【灌药】guàn yào 물약을 억지로 먹다〔먹이다〕. ¶一～他就缓醒过来了 | 물약을 먹이자 그는 천천히 깨어나기 시작했다.

【灌音】guàn/yīn ⇒〔灌片piàn〕

【灌制】guànzhì 書 動 (레코드를) 취입·제작하다 =〔灌制唱片chàngpiàn〕→〔灌片〕

【灌注】guànzhù ❶ 動 (쇳물을) 붓다. ¶把铁水～到砂型里, 凝固后就成了铸件 | 쇳물을 주형에 부어서 응고되면 곧 주물이 된다. ❷⇒〔灌输shū②〕

【爟】guàn 봉화 관
書 ❶ 名 봉화. ❷ 動 불을 지피다.

【爟火】guànhuǒ 書 動 ❶불을 피우다. 봉화를 올리다 [제사나 전쟁에서 피우는 것을 말함]

2【罐〈鑵〉】guàn 두레박 관
名 ❶(～儿, ～子) 도자기. 항아리. 깡통. ¶茶叶cháyè～儿 | 차 단지. ¶洋铁yángtiě～ | 양철 깡통. ❷ 名〈鑛〉탄차(炭車).

【罐车】guànchē 名 탱크차. 탱크 로리.

【罐儿】guànr ⇒〔罐子①〕

2【罐头】guàn·tou ❶⇒〔罐子①〕 ❷ 名 통조림. ¶～货huò | 통조림류. ¶～食品shípǐn | 통조림 식품. ¶～果guǒ | 과일 통조림. ¶～牛肉niúròu | 쇠고기 통조림. ¶～牛奶nǎi | 가당 연유. ¶～芦笋lúsǔn | 아스파라거스 통조림. ¶～公司gōngsī | 통조림 회사. ¶开～刀 | 깡통 따개.

【罐装】guànzhuāng 區 깡통 포장. ¶买了两桶～啤酒píjiǔ | 맥주 두캔을 샀다.

【罐子】guàn·zi 名 ❶깡통. 양철통. 동이. 단지. 항아리. ¶空kōng～ | 빈 깡통 =〔罐儿〕〔方 罐头tóu①〕 ❷흡각(吸角). 흡종(吸鍾) =〔火huǒ罐(子)〕

【鸛(鸛)】guàn 황새 관
名〈鳥〉황새. ¶白bái～ | 황새. ¶黑hēi～ =〔锅guō鸛〕〔鸟niǎo鸛〕 | 검은 황새. 먹황새.

【鸛(雀)】gu à n(què) 名〈鳥〉황새 =〔白鸛〕〔北 老鸛〕〔负釜fǔfǔ〕

guāng ㄍㄨㄤ

2【光】guāng 빛 광
❶ 名 빛. 광선. ¶一道～ | 한 줄기의 빛. ¶日～ | 일광. ¶爱克斯～ | 엑스선 ❷ 名 영예. 영광. 명예. ¶为祖国争～ | 조국을 위해 영예를 쟁취하다. ❸풍경. 경치. ¶风～ | 풍경. ¶春～ | 봄경치. ❹ 敬 (상대방의 방문에) 경의를 나타내는 말. ¶～临↓ ❺ 名〈度〉안경의 도수. ¶对～ =〔配光〕 | 안경 도수를 맞추다. ¶验yàn～ | 도수를 재다. ❻ 敬 덕택. 음덕. ¶借jiè～ | 실례합니다. ¶沾zhān～ | 은혜를 입다. ❼ 書 動 빛내다. ¶～前裕后↓ ❽ 動 벌거벗다. 벗겨지다. 드러내다. ¶～着脚走 | 맨발로 걷다. ¶～膀子 | 웃통을 벗다. ❾ 形 광택이 있다. 번들번들하다. 매끄럽다. ¶这种纸很～ | 이 종이는 윤택이 있다. ¶磨mó～ | 닦아서 윤을 내다. ❿밝다. 빛나다. ¶～明↓ ¶～泽↓ ⓫동사의 보어로 쓰여, 조금도 남지 않다. 전혀 없다. ¶用～ | 다 써버리다. ¶子弹打～了 | 탄알을 남김없이 다 쏘았다. ⓬ 副 다만. 단지. 다만 …뿐 ¶小孩子～笑不说话 | 꼬마는 다만 웃을뿐 말하지 않았다. ¶别～想玩 | 다만 놀 생각만 하지 마라 =〔只zhǐ〕〔单dān〕 ⓭ (Guāng) 名 성(姓).

【光巴】guāng·ba 動 方 (몸을) 드러내다〔노출하다〕. ¶～着脊梁jǐliáng | 등을 드러내놓고 있다.

【光斑】guāngbān 名〈天〉(태양의) 백반(白斑).

【光板儿】guāngbǎnr 名 ❶털이 닳아서 다 빠진 모피. ¶～货huò | 罵 백보지. 음모 없는 년. ❷(옛날) 무늬 또는 글자가 없는 동전.

【光膀子】guāng bǎng·zi ❶ 動組 어깨를〔상반신을〕 드러내다. ❷(guāngbǎng·zi) 名 드러내놓은 어깨. 옷이 벌어져서 드러난 어깨.

【光贲】guāngbì ⇒〔光临〕

【光标】guāngbiāo 名 義譯 〈電算〉커서(cursor). 커소르.

【光波】guāngbō 名〈物〉광파. ¶～速度sùdù | 광선 속도 =〔光浪làng〕

3【光彩】guāngcǎi ❶ 名 광채. ¶客厅里挂着～夺目的各色丝绸sīchóu | 거실에 광채가 눈부신 각종 비단이 걸려 있다.. ❷ 名 명예. 영예. 체면. ¶添tiān～ | 영광을 더하다. ¶失shī～ | 체면을 잃다. ❸ 形 영광스럽다. 영예롭다.

【光彩夺目】guāng cǎi duó mù 成 눈부시게 찬란하다. ¶～的勳章xūnzhāng | 눈부시게 찬란한 훈장.

【光彩炫目】guāng cǎi xuàn mù 成 찬란한 빛에 눈이 부시다. ¶～的装饰zhuāngshì | 눈부신 장식.

【光灿灿】guāngcàncàn 狀 반짝반짝 빛나다. 눈부시다. ¶～的秋阳qiūyáng | 눈부신 가을햇살.

【光赤】guāngchì 動 (알몸을) 드러내다. 알몸을 하다. ¶～着身子 | 알몸을 드러내고 있다.

【光打光】guāng dǎ guāng 狀組 ❶ 빈털털이가 되다. ¶花得～ | 몽땅〔깡그리〕 다 써 버리다. ❷ (남자가) 혼자서 생활하다. 독신 생활하다.

【光大】guāngdà 書 ❶ 形 빛나고 성대하다. ❷ 動 더욱 빛나고 성대하게 하다. ¶发扬fāyáng～ | 발양시켜 한층 더욱 빛나고 성대하게 하다.

【光带】guāngdài 名〈物〉스펙트럼·무지개 및 유성(流星)이 이동할 때 생기는 빛의 띠 등을 가리킴 →〔光谱pǔ(带)〕

【光蛋】guāngdàn 名 ❶ 方 가난뱅이 =〔穷qióng光蛋〕 ❷ 方 무뢰한. ❸〈體〉영패(零敗). ¶吃～ | 영패를 당하다.

【光当当】guāngdāngdāng 擬 쿵당쿵당. 쾅쾅.

【光导纤维】guāngdǎoxiānwéi 名 ❶ 광섬유. ❷〈電算〉광(光) 화이버(fiber) =〔光学纤维〕

【光电】guāngdiàn 名〈物〉광전기. ¶～导体dǎotǐ | 광전도체. ¶～发射fāshè | 광전자 방출. ¶～池chí | 광전지. ¶～管guǎn | 광전관. ¶～效应xiàoyīng =〔光电现象xiànxiàng〕 | 광전효과. ¶～子 | 광전자.

【光腚(子)】guāng dìng(·zi) ❶ 動 엉덩이를 드러내다. ❷ (guāngdìng(·zi)) 名 벌거벗은 엉덩이.

【光度】guāngdù 名〈物〉〈天〉광도. ¶～计jì =〔光度表biǎo〕 | 광도계. ¶～学 | 측광학.

【光风霁月】guāng fēng jì yuè 成 비갠 뒤의 청랑(晴朗)한 경색(景色). ❶ 인품이 너그럽고 소탈하다. ❷ 태평성대 ‖ =〔光霁〕

【光辐射】guāngfúshè 名〈物〉핵반응에 의한 광선 복사.

【光复】guāngfù ❶ 動 광복하다. 나라를 다시 찾다. ¶～祖国zǔguó | 조국을 다시 찾다. ❷ 名 광복.

【光杆儿】guānggǎnr 名 ❶ 꽃과 잎이 다 떨어진 초목. 꽃잎이 다 떨어진 꽃. ¶～牡丹mǔdān | 꽃잎이 다 떨어진 모란. ❷ 喩 부하를 모두 잃은 장군. 대중으로부터 고립된 지도자 =〔光杆司令〕 ❸ 喩 가족이나 배우자를 잃은 사람. 의지할 곳 없는 홀몸 =〔光杆司令〕

【光杆司令】guānggǎn sīlìng 名組 喩 ❶ 지지자 없이 대중으로부터 고립된 지도자. ❷ 가족이나 친척이 없는 외로운 사람 =〔光杆儿② ③〕

【光顾】guānggù ❶ 書 動 敬 애고(愛顧)하다 [상인이 고객을 맞이 할 때 쓰는 용어] ¶如蒙～, 无任欢迎 | (저희 상점을) 애용해주신다면 환영해마지 않겠습니다 =〔光临lín照顾〕 ❷ ⇒〔光临〕.

【光怪陆离】guāng guài lù lí 成 형상이 기이하고 색채가 다양하다. ¶这～的现象叫人不可捉摸zhuōmō | 이런 기이한 현상은 사람들이 짐작할 수 없는 것이다.

【光光】guāngguāng 狀 ❶ 번쩍번쩍하다. 번들번들하다. ❷ 몽땅. 남김없다. ¶他家被小偷偷得～ | 그의 집이 좀도둑에게 몽땅 도둑맞았다. ❸ 빈털터리이다. ❹ 발가벗다. ❺ 副 …뿐. 다만.

【光棍汉】guānggùnhàn ⇒〔光棍儿〕

[4]【光棍儿】guānggùnr 名 俗 남자 독신자. 홀아비. ¶打～ | 홀아비 생활을 하다 =〔光棍子〕〔光棍汉hàn〕〔鳏guān夫〕〔单dān身汉〕

【光棍】guāng·gun 名 ❶ 무뢰한. 악당. 부랑자. ¶他至今仍是～一个 | 그는 지금도 여전히 부랑자이다. ❷ 方 총명한 사람. 호한. 호걸.

【光合作用】guānghé zuòyòng 名組〈生〉광합성.

【光华】guānghuá 書 名 ❶ 광채. 광휘(光輝). ¶日月～ | 일월광. ❷ 영광.

【光化】guānghuà ❶ 形〈化〉화학선의. ¶～线xiàn | 화학선·자외선 ❷ 形〈化〉광화학의. ¶～作用 | 광화학 작용. ❸ (Guānghuà) 名 광화. 호북성(湖北省)의 현(縣) 이름. ❹ (Guānghuà) 名〈地〉광화. 당(唐) 소종(昭宗)의 연호 (898～901).

【光滑】guāng·hua 形 ❶ (물체의 표면이) 매끄럽다. 반들반들하다. 빤질빤질하다. ¶～的大理石桌面 | 반들반들한 대리석 탁자의 윗면. ¶～度dù | 광택의 정도 =〔光滑滑〕 ❷ 喩 사람됨이 빤질빤질하다〔미꾸라지 같다〕.

【光环】guānghuán 名 ❶〈天〉(행성 주위의) 밝은 빛의 고리. ❷〈佛〉(불상 등의) 원광(圓光). 후광(後光).

[2]【光辉】guānghuī ❶ 名 광휘. 찬란한 빛. ¶太阳tàiyáng的～ | 태양의 찬란한 빛 =〔光耀yào①〕 ❷ 形 찬란하다. 훌륭하다. ¶～的一生 | 찬란한 일생. ¶～的榜样bǎngyàng | 훌륭한 모범. ¶～著作zhùzuò | 훌륭한 저작.

【光火】guāng/huǒ 動 西南 화를 내다. ¶他一听就～了 | 그는 듣자마자 화를 냈다.

【光驾】guāngjià ⇒〔光临〕

【光脚】guāng/jiǎo ❶ 動 맨발을 하다. 맨발이 되다. ¶光着脚 | 맨발로. ¶～的不怕穿鞋的 | 諺 맨발을 한 사람은 구두 신은 사람을 무서워하지 않는다. 아무것도 가진 것이 없는 사람은 두려울 것이 없다. ❷ (guāngjiǎo) 名 맨발.

【光洁】guāngjié 形 밝고〔빛나고〕 깨끗하다. ¶～度 |〈機〉기계 부품의 표면의 매끄러운 정도. ¶～的小脸十分可爱 | 매끄러운 작은 얼굴이 매우 귀엽다.

【光景】guāngjǐng 名 ❶ 書 경치. 풍경. ❷ 상황. 정경(情景). 광경. ¶我们俩初次见面的～, 我还记得很清楚 | 우리 둘이 처음 만났던 광경을 나는 아직도 매우 생생히 기억한다. ❸ 추량·추정을 표시함. ⓐ 일반적인 상황. ¶今天太闷热mēnrè, ～是要下雨 | 오늘 날씨가 대단히 무더우니, 아마도 비가 올 것 같다. ⓑ 시간 또는 수량. ¶五六岁～ | 5·6세 정도. ¶约五分钟～ | 약 5분 쯤.

【光可鉴人】guāng kě jiàn rén 얼굴이 비칠 정도로 반들반들하다. ¶头发上搽chá了许多油, 简直jiǎnzhí是～ | 머리에 많은 기름을 발랐더니, 그야말로 반들반들하다.

【光缆】guānglǎn 名〈電氣〉광(光) 케이블(cable).

【光浪】guānlàng ⇒〔光波bō〕

[4]【光亮】guāngliàng 形 ❶ 밝다. 환하다. ¶电灯diàndēng比洋yáng灯～多了 | 전등은 램프보다 훨씬 더 밝다 =〔光明②〕 ❷ 광택이 있다. 윤기

가 흐르다.
【光量子】guāngliàngzǐ ⇒〔光子 ⓐ〕
【光疗】guāngliáo 名〈醫〉(적외선 등의) 광선 요법.
3【光临】guānglín 名 動 敬 왕림(하다). ¶恭候gōnghòu～ | 왕림하시기를 삼가 기다립니다. ¶欢迎huānyíng～ | 오신것을 환영합니다. 어서 오십시오! =〔光顾gù②〕〔光驾jià〕
【光溜溜】guāngliūliū 貶 ⓓ ❶ 미끄럽다. 매끈매끈하다. ¶我走在～的冰上有点害怕 | 나는 미끄러운 얼음위를 걸을 때 다소 두려웠다. ❷ (지면·물체·신체 등에) 아무 것도 가리지 않다. ¶孩子们脱tuō得～的在河里游泳yǒuyǒng | 아이들은 벌거벗은 채 강에서 수영한다 =〔光落luò落〕
【光溜】guāng·liu 貶 ⓓ 미끄럽다. 매끈매끈하다. ¶雨后的石径shíjìng, ～难行 | 비 온 후의 돌길은 미끄러워 걷기 힘들다.
【光流】guāngliú ⇒〔光束〕
【光落落】guāngluò·luo ⇒〔光溜溜②〕
4【光芒】guāngmáng 書 名 광망. 빛발. 빛. ¶～四射shè | 威 빛이 사방에 환하게 비치다.
【光门】guāngmén ⇒〔光圈①〕
【光密媒质】guāngmìméizhì 名組〈物〉두 매질 비교시 상대적으로 빛의 통과가 느려지는 매질.
【光面(儿)】guāngmiàn(r) 名〈食〉(야채 등을 넣지 않은) 맨국수. ¶为了省钱, 只吃了一碗～ | 돈을 절약하기 위해, 맨국수 한그릇만 먹었다→〔阳yáng春面〕
【光敏】guāngmǐn ❶ 形 빛에 민감하다. ❷ 名 광반응.
2【光明】guāngmíng ❶ 名 광명. 밝은 빛. ¶黑暗hēiàn中的一线～ | 어둔 속의 한 줄기 광명. ❷ 形 (방 등이) 밝다. 환하다. ¶～大道 | 환한 한 길 =〔光亮liàng①〕 ❸ 形 喩 유망하다. 밝다. ¶～的远景yuǎnjǐng | 밝은 미래. ❹ 形 (성격이) 티없이 맑다. 솔직하다. 구김살없다. 떳떳하다. 공명정대하다.
【光明磊落】guāngmíng lěiluò 威 정정당당하다. 공명정대. 떳떳하다.
【光明正大】guāngmíngzhèngdà 威 공명정대하다. 언행이 떳떳하고 정당하다. ¶他做事一向～ | 그는 줄곧 공명정대하게 일하였다 =〔正大光明〕
【光脑袋】guāngnǎo·dai ❶ 名 대머리→〔歇xiē顶〕 ❷ 名 맨머리→〔光头③〕 ❸ (guāng nǎo·dai) 머리에 아무것도 쓰지 않다.
【光能】guāngnéng 名〈物〉빛 에너지. ¶～合成 | 광합성.
【光年】guāngnián 名〈天〉광년.
【光屁股】guāngpì·gu ❶ 名 알궁둥이. 벌거벗은 궁둥이. ¶小孩子～会着凉的 | 아이의 알궁둥이가 바람을 맞고 있다. ❷ (guāng pì·gu) 궁둥이를 드러내다.
【光谱(带)】guāngpǔ(dài) 名〈物〉스펙트럼. 분광(分光). ¶～分析fēnxī | 분광 분석. ¶～线xiàn | 스펙트럼선. ¶～学者xuézhě | 분광 학자. ¶～仪yí | 분광기. ¶～照相zhàoxiāng | 스펙트럼 사진→〔光带dài〕
【光气】guāngqì 名〈化〉포스겐 =〔碳tàn酰氯〕
【光前裕后】guāng qián yù hòu 威 영귀득달(榮貴得達)하여 선조의 이름을 드러내고 자손을 유복하게 하다 =〔簡 光裕〕
【光圈】guāngquān 名 ❶〈撮〉(사진기의) 조리개 =〔光孔kǒng〕〔光阑lán〕〔光门mén〕 ❷〈天〉코로나 =〔日rì冕〕 ❸〈生〉홍채(虹彩).
2【光荣】guāngróng 形 영광(스럽다). ¶～称号chēnghào | 영광스러운 칭호. ¶～归于民族 | 민족에 영광을 돌리다. ¶无上～ | 더없이 영광스럽다 =〔光宠chǒng〕
【光润】guāng·run 形 윤나다. (피부가) 매끄럽다. 매끈하다. 함치르르하다. ¶小孩子的脸蛋儿liǎndànr真～ | 어린 아이의 얼굴은 정말 매끄럽다.
【光栅】guāngshān 名〈物〉회절격자(回折格子).
【光闪闪】guāngshǎnshǎn 貶 번쩍번쩍 빛나다. 빛으로 눈이 부시다.
【光身】guāngshēn ❶ 名 알몸. 나체 =〔光眼yǎn子〕 ❷ 名 方 단신(單身). 외톨이. ❸ 副 方 혼자. 홀로. ¶今天她～看电影去了 | 오늘 그녀는 혼자서 영화보러 갔다. ❹ (guāng/shēn) 動 알몸이 되다 [보통 「光着身」(알몸으로) 등으로 표현함]
【光身汉】guāngshēnhàn ⇒〔单dān身汉〕
【光身子】guāngshēn·zi ❶ 名 나체. 알몸. ❷ 名 단신(單身). 혈혈 단신. 홀몸. ❸ 名 홀몸. 독신. 척신(衍身). ❸ (guāng shēn·zi) 알몸이 되다 [보통 「光着身子」(알몸으로) 등으로 표현함]
【光疏媒质】guāngshūméizhì 名組〈物〉광선이 매질을 통과할 때 굴절각이 입사각보다 큰 매질(媒質) =〔光疏介jiè质〕
【光束】guāngshù 名〈物〉광속 =〔光流liú〕〔光通tōng量〕〔光柱zhù〕
【光速(度)】guāngsù(dù) 名〈物〉광속도(光速度).
【光趟】guāng·tang 形 方 매끄럽다. 매끈매끈하다. 반들반들하다 =〔光烫tàng〕〔光淌tǎng〕
【光天化日】guāng tiān huà rì 威 환한 대낮. 누구나 다 볼 수 있는 뻔한 장소, 때. ¶不许你在～之下调戏tiáoxì妇女 | 네가 환한 대낮에 부녀자를 희롱하는 것을 허용할 수 없다.
【光通量】guāngtōngliàng ⇒〔光束shù〕
【光头】guāngtóu ❶ 名 빡빡 깎은 머리. 중대가리. ¶剃tì～ | 빡빡 깎다. ❷ 名 대머리. ❸ 名 아무것도 쓰지 않은 머리. 맨머리. ❹ (guāng/tóu) 動 모자를 쓰지 않다. ¶老金不习惯戴帽子, 一年四季总光着头 | 김씨는 모자 쓰는 것이 습관이 되지 않아, 일년 내내 모자를 쓰지 않는다.
【光秃】guāngtū ⇒〔光秃秃(的)〕
【光秃秃(的)】guāngtūtū(·de) 貶 ❶ (머리가 벗어져) 번들번들하다. ❷ (나무나 풀 등이 없어) 민둥민둥하다. 민숭민숭하다. 맨둥맨둥하다. ¶冬天叶子全掉了, 只剩下～的树枝 | 겨울

에 나뭇잎은 다 떨어지고, 단지 앙상한 나뭇가지만 남았다. ¶～的山 | 민둥산. 벌거숭이산 ‖ =〔光秃〕

²【光线】guāngxiàn 名〈物〉광선. 빛. ¶～浴yù | 광선욕.

【光绪】Guāngxù 名 광서 [청(清) 덕종(德宗)의 연호(1875～1908)]

【光学】guāngxué 名〈物〉광학. ¶～玻璃bōlí | 광학 유리. ¶～谐振腔 | 광학 공명체. ¶～景象 | 광학 영상. ¶～录音lùyīn | 광학 녹음. ¶～平玻璃 | 광선 정반(光線定盤). ¶～仪器yíqì | 광학 기계. ¶非线性～ | 비선형 광학. ¶几何jǐhé～ | 기하 광학.

【光学纤维】guāngxué xiānwéi 名組〈物〉광섬유 =〔光导dǎo纤维〕

【光压】guāngyā 名〈物〉광압.

【光眼子】guāngyǎn·zi ⇒〔光身①〕

【光焰】guāngyàn 名 ❶ 광염. 광망(光芒). 광휘(光輝). ¶～万丈wànzhàng | 눈부신 빛이 널리 비치다. ❷ 喩 원한·분노·질투 등의 타오르는 불길.

【光洋】guāngyáng 名 方 옛날의 은화(銀貨). 은전. 은돈.

【光耀】guāngyào ❶ 名 빛. 빛발. ¶～夺目duómù | 눈부시다 =〔光辉huī①〕 ❷ 名 形 영예(롭다). ¶这可是你们老康家的～ | 이는 정말 당신네 강씨 집안의 영예이다. ❸ 動 빛내다. ¶要把优良传统chuántǒng进一步～ | 우수한 전통을 한층 더 빛내야 한다 =〔光大dà〕

【光阴】guāngyīn 名 ❶ 書 시간. ¶青年时代的～是最宝贵的 | 청년기의 시간이 가장 귀중하다. ¶这一年的～过得很快活 | 이 한해의 시간이 정말 빨리 지나갔다. ¶～似箭jiàn | 成 세월은 유수(流水)와 같다. ❷ 方 생활. 생계 =〔日子〕

【光阴荏苒】guāng yīn rěn rǎn 成 세월이 흐르다. 광음여류(光陰如流). 시간은 소리없이 흐른다.

【光源】guāngyuán 名〈物〉광원.

【光泽】guāngzé 名 ❶ 광택. 윤기. ¶磨mó出～来 | 닦아 광택을 내다. ❷ (Guāngzé) 〈地〉복건성(福建省)의 현(縣) 이름.

【光照】guāngzhào ❶ 名 일조(日照). ¶～时间长 | 일조 시간이 길다. ❷ 動 비치다. ¶朝阳～ | 아침 해가 비치다.

【光照度】guāngzhàodù ⇒〔照zhào度〕

【光照日月】guāng zhào rì yuè 成 그 업적을 해와 달에 비기랴? 영원히 빛나다. ¶您的功绩～, 万世流芳 | 당신의 업적은 영원히 빛나 만세에 유전될 것이다.

【光柱】guāngzhù ⇒〔光束〕

【光子】ⓐ guāngzǐ 名〈物〉광양자(光量子). ¶～火箭huǒjiàn | 광자 로케트 =〔光量liàng子〕 ⓑ guāng·zi 名 안경알. ¶这副～要换了 | 이 안경알은 바꿔야겠다.

【光宗耀祖】guāng zōng yào zǔ 成 선조와 가문을 빛내다. ¶你儿子当上了大官, 这下可真是～了 | 너의 아들이 높은 관직에 올랐는데, 이는 정말 선조와 가문을 빛낸 것이다 =〔荣róng宗耀祖〕

【咣】guāng 문닫는소리 광
擬 쾅. 탕. 꽈당. ¶～的一声, 关上了大门 | 쾅하고 대문을 닫았다.

【咣当】guāngdāng 擬 쾅. 탕. 꽈당. [부딪치는 소리] ¶水缸碰得～～响 | 물항아리가 부딪쳐 꽈당 소리가 났다.

【洸】guāng 깊을 황
❶ 書 𠕇 물이 넓고 크다. ¶～洋 | 물이 넓고 크다. ❷ ⇒〔洸洸〕

【洸洸】guāngguāng 書 𠕇 굳세다. 용감하다.

【胱】guāng 오줌통 광
⇒〔膀páng胱〕

【桄】guāng ☞ 桄 guàng Ⓑ

guǎng ㄍㄨㄤˇ

1【广(廣)】guǎng 넓을 광
❶ 名 폭. 너비. ¶～度不够 | 너비가 충분하지 않다. ❷ 名 簡〈地〉광동성(廣東省)의 약칭. ¶两～ | 광동성(廣東省)과 광서성(廣西省). ❸ 形 넓다. ¶地～人多 | 땅은 넓고 사람은 많다 ⇔〔狭〕 ❹ 形 많다. ¶阅历甚～ | 경력이 매우 풍부하다. ❺ 動 넓히다. 확대하다. ¶推～ | 일반화하다. 보급하다. ¶～一～见闻 | 견문을 넓히다. ❻ (Guǎng) 名 성(姓).

¹【广播】guǎngbō ❶ 動 방송하다 [유선 방송도 포함] ¶～新闻xīnwén | 뉴스를 방송하다. ¶把这个消息向全世界～ | 이 소식을 전세계에 방송하다. ❷ 動 (소문 등을) 퍼뜨리다. ¶搞小～ | 소문을 퍼뜨리다. ❸ 名 방송. 라디오〔텔레비전〕방송. ¶听～ | 방송을 듣다. ¶机内～ | 기내 방송. ¶～电台 | 방송국. ¶～(体)操 | 방송 체조. ¶～稿 | 방송 원고. ¶～函授 | 라디오 통신교육. ¶～节目jiémù | 방송 프로그램. ¶～剧 | 라디오 방송극. ¶～评论员 | 라디오 해설자. ¶～器材厂 | 라디오 부품 생산 공장. ¶～室 | 방송실. ¶～台 | 방송국. ¶～筒 | 확성기. ¶～网 | 방송망. ¶～线 | 무선용 전선. ¶～演说 | 라디오 연설. ¶～员 | 아나운서. ¶～站 | 방송센터.

【广博】guǎngbó 形 (학식 등이) 해박하다. ¶知识zhīshí～ | 박식하다.

²【广场】guǎngchǎng 名 광장. ¶天安门～ | 천안문 광장.

²【广大】guǎngdà 形 ❶ (면적·공간이) 넓다. ¶～地区dìqū | 넓은 지역. ¶～无边 | 成 너무 넓어 끝이 없다. ❷ (범위·규모가) 크다. 광범하다. ¶～的组织 | 광범한 조직. ❸ (사람수가) 많다. ¶～群众 | 수많은 군중. ¶～的学生要求改革gǎigé | 많은 학생들이 개혁을 요구하다.

【广东戏】guǎngdōngxì 名〈演映〉광동성 지역의 지방극.

【广东音乐】guǎngdōng yīnyuè 名組〈音〉광동성 일대에서 유행하는 민간 음악.

【广度】guǎngdù 名 넓이. 범위 [주로 추상적인 사물에 쓰임] ¶人类利用自然资源zīyuán的～将日益扩大｜인류가 자연 자원을 이용하는 범위가 장차 나날이 확대될 것이다. ¶这种思想影响的～很大｜이런 사상 영향의 범위가 매우 크다.

【广而言之】guǎng ér yán zhī 連 일반적으로 말하여. 대체로 말하면.

2【广泛】guǎngfàn 形 (공간적인 의미에서) 광범(위)하다. 폭넓다. ¶用途yòngtú～｜용도가 넓다. ¶在民主主义制度下,人民享受着～的民主自由｜민주주의 제도 아래, 국민들은 많은 민주적 자유를 누리고 있다.

【广柑】guǎnggān 名〈植〉광동성(廣東省)에서 나는 감귤.

2【广告】guǎnggào 名 광고. 선전. ¶登dēng～｜광고를 내다. ¶揭jiē下～｜광고[포스터]를 떼다. ¶招收工人的～｜공원 모집 광고. ¶～单dān｜광고 전단. ¶～户hù｜광고주. ¶～画huà｜포스터. ¶～栏lán｜광고란. ¶～气球qìqiú｜광고 애드벌룬. ¶～设计shèjì｜상업 디자인. ¶～信件xìnjiàn｜광고 우편물. ¶～员yuán｜광고 담당자. ¶～照明zhàomíng｜네온 사인. ¶～色sè｜포스터 컬러.

【广货】guǎnghuò 名 ❶ 광동(제) 상품. ❷ 광동으로 들어 오는 수입 상품. ¶～铺pù｜양품점.

【广角】guǎngjiǎo 名 광각. ¶～镜头jìngtóu｜광각 렌즈.

【广开才路】guǎng kāi cái lù 成 널리 재능있는 이들에게 모든 가능성을 열어 놓다.

【广开言路】guǎng kāi yán lù 成 누구나 다 말할 수 있는 길을 널리 열어 주다. ¶领导干部要积极地～, 集思广益, 才能把事情办好｜지도 간부가 적극적으로 누구나 말할 수 있는 길을 열어 준다면, 아이디어를 더욱 널리 모으게 되어, 일을 잘 처리할 수 있을 것이다.

2【广阔】guǎngkuò 形 넓다. 광활하다. ¶地方dìfāng～｜지역이 광활하다. ¶交游jiāoyóu～｜교제 (범위)가 넓다.

【广袤】guǎngmào ❶ 書 名 (땅의) 넓이 [동서의 길이를「广」, 남북의 길이를「袤」라 함] ¶～千里｜땅의 넓이가 천 리. ❷ 形 넓디 넓다. ¶～的丘陵地带dìdài｜넓디 넓은 구릉 지대.

【广漠】guǎngmò 形 광막하다. 넓고 아득하다. ¶～的沙滩shātān｜끝없이 아득한 백사장 ¶～的黄土高原｜광막한 황토 고원 =〔广莫mò〕

【广土众民】guǎng tǔ zhòng mín 成 넓은 국토에 많은 국민. 광활한 면적과 많은 인구. ¶泱泱yāng中国可说是～了｜강대한 중국은 광활한 면적과 많은 인구를 지녔다고 말할 수 있다.

【广为】guǎngwéi 副 널리. 광범위하게. ¶～宣传xuānchuán｜널리 선전하다.

【广西壮族自治区】Guǎngxī Zhuàngzú Zì zhìqū 名〈民〉광서 장족(光西壯族) 자치구.

【广义】guǎngyì ❶ 名 광의. ¶～地说｜광의로 말하다 ⇔〔狭义〕❷ 書 動 의미를 넓히다. ❸ 形 일반화한. 보편화된. ¶～空间kōngjiān｜일반화한 공간. ¶～坐标zuòbiāo｜보편화된 좌표.

【广宇】guǎngyǔ 書 名 ❶ 높고 큰 청사(廳舍). ❷ 광활한 공간.

【犷(獷)】guǎng 모질 광

書 形 거칠다. 조야하다. ¶粗cū～｜조야하다. ¶～悍↓

【犷悍】guǎnghàn 形 거칠고 사납다. ¶东北人一般比较～｜동북 사람들은 대체로 비교적 거칠고 사납다.

guàng ㄍㄨㄤˋ

【桄】guàng guāng 광랑나무 광

Ⓐ guàng ❶ 動 실을 실패에 감다. ¶把线～上｜실을 실패에 감다. ❷ 名 (베틀·사다리 등의) 가로장→〔绺liǔ①〕 ❸ (～子) 名 실패. ¶线xiàn～｜실패. ❹ (～子) 名 轉 마음. ¶改～子｜마음이 바뀌다. ❺ 量 타래. ¶一～线｜실 한 타래.

Ⓑ guāng ⇒〔桄榔〕

Ⓐ guàng

【桄子】guàng·zi 名 실패. 얼레. 릴(reel).

Ⓑ guāng

【桄榔】guāngláng 名〈植〉광랑 [야자과의 상록 교목] =〔桄浪làng〕

2【逛】guàng 노닐 광

動 놀러다니다. 산보하다. 한가로이 거닐다. ¶游～｜놀러다니다. ¶闲～｜한가로이 거닐다.

【逛荡】guàng·dang 動 ❶ 貶 어슬렁거리다. 빈둥빈둥 돌아다니다. 빈들거리다. 빈둥거리다. ¶整天满处儿乱～｜왼종일 여기저기에 빈둥빈둥 돌아다닌다. ❷ (액체를) 흔들다. ¶别把水～洒sǎ了｜물을 흔들어서 엎지르지 말라.

【逛灯】guàngdēng 動 (음력 정월 대보름날에) 초롱불놀이 구경가다→〔元Yuán宵节〕

【逛街(儿)】guàngjiē(r) 動 거리를 거닐다. 거리 구경을 하다. ¶星期天她爱～｜일요일날 그녀는 거리 구경 하기를 좋아한다.

【逛里逛荡】guàng·li guàng·dang 狀組 ❶ 어슬렁거리다. 빈둥빈둥하다. 흔들흔들하다 =〔狂kuáng里狂荡〕→〔逛荡〕❷ 헐렁헐렁하다.

【逛庙】guàng/miào 動 재(齋) 올리는 날 묘당(廟堂)〔절〕에 (놀러) 가다.

guī ㄍㄨㄟ

3【归(歸)】guī 돌아갈 귀

❶ 動 돌아가다. 돌아오다. ¶～家｜집에 돌아가다. ¶早出晚～｜아침 일찍 나가서 저녁 늦게 돌아오다 =〔返回〕❷ 動 (한 곳에) 모으다. 합치다. 모이다. 집중하다. ¶把行李xíngli～在一起｜짐을 한곳에 모으다. ¶百川～海｜여러 강물이 바다로 모인다. ❸ 動 (…의) 책임이 되다. (…에) 속하다. (…으로) 되다. ¶饭～你做, 菜～我买｜밥은 당신이 맡아서 하고 반찬은 내가 맡아서 사겠다. ¶这几所房子～他了｜이 몇 채의 집은 그의 것이 되었다. ¶～为国有｜국유로 귀속되다. ❹ 動 돌

려주다. 갚아주다. 반환하다. ¶物～原主｜물건을 원래 주인에게 돌려주다. ¶过年再～我｜설을 지내고 나에게 돌려주시오. ❺動 몰리다. 쏠리다. 모여 들다. ¶殊途同～｜國 가는 길은 달라도 같은 곳에 도착한다. 방법은 달라도 결과는 같다. ❻動 …은 …이고. 어법 중첩된 동사의 가운데 놓임. ¶批评～批评, 他就是不改｜비평은 비평이고, 그는 고치려 하지 않는다. ❼名〈數〉주산의 나눗셈→[九归] ❽(Guī) 名 성(姓) ‖ =[書 皈guī①]

【归案】guī/àn 動 (범인이 붙잡혀서) 사건이 해결되다. 사건을 잘 처리하다. 사건이 심판에 부쳐지다. ¶罪犯已经缉拿～｜범죄자가 이미 체포되어 재판받다. ¶～法办｜체포하여 재판에 부쳐 법대로 처리하다.

【归并】guībìng 動 ❶ 합병하다. 병합하다. ¶这个厂后来～到另一个厂里去了｜이 공장은 나중에 다른 공장에 합병되었다. ❷ 합치다. ¶把三笔帐～起来, 一共是四千五百元｜세 계산을 합치니, 모두 4,500원이다.

【归程】guīchéng 名 귀로(歸路). ¶踏上～｜귀로에 오르다.

【归除】guīchú 名〈數〉주산에 있어서 두 자리 이상의 나눗셈.

【归档】guī/dàng 動 ❶ (공문이나 자료 등을) 분류하여 보존하다. ¶整理～的工作｜자료를 분류 정리 보존하는 일. ¶这些材料都要～｜이런 재료를 모두 보존하려 하다. ❷ (관공서 등에서) 일 처리를 마치다.

【归队】guī/duì 動 ❶ 귀대하다. ¶下午三点前必须～｜오후 세시 전에 반드시 귀대해야 한다. ❷喻 원래의 전담 업무로 돌아가다.

【归附】guīfù ❶ ⇒[归顺shùn①] ❷ 動 (…을) 따르다. ¶～国法｜국법을 따르다.

4【归根到底】guī gēn dào dǐ ⇒[归根结jié柢]

【归根结底】guī gēn jié dǐ 國 결국. 끝내. ¶人类社会的发展, ～, 是由生产的发展决定的｜인류 사회의 발전은 결국은 생산력의 발전으로 결정된다 =[归根到dào底][归根结蒂dì][归根结柢dǐ]

【归根结蒂】guī gēn jié dì ⇒[归根结底dǐ]

【归耕】guīgēng 動 사직하고 고향으로 돌아가 농사짓다 =[归田①]

【归公】guīgōng 動 ❶ 몰수하다. ¶地下挖掘wājué出来的文物必须～｜지하에서 발굴한 문물은 반드시 몰수한다. ¶～招zhāo变｜몰수하여 국유로 한 후에 불하하다 =[归官guān] ❷ 공유(公有)로 하다.

【归功(于)】guīgōng(yú) 動 공로를 …에게 돌리다. …의 덕택이다. ¶我们的一切成就都应～康老师的努力｜우리가 이룬 모든 성취는 모두 강선생님의 노력의 덕택이다.

【归官】guīguān ⇒[归公gōng①]

【归国】guīguó 動 귀국하다. ¶～观光｜모국을 방문하여 관광하다. ¶～同胞｜귀국한 동포.

【归航】guīháng 動〈航〉귀항하다. 귀환(歸還)하다. ¶～飞行｜귀항 비행. ¶～信标xìnbiāo｜귀환표지(歸還標識).

4【归还】guīhuán 動 ❶ 되돌려 주다. 반환하다. ¶向图书馆借的书, 要按时～｜도서관에서 빌린 책은 제때에 반환해야 한다. ❷ 書 귀환하다. 돌아오다.

4【归结】guījié ❶ 名 귀결. 결과. 결말. 종국(終局). ¶做～｜끝맺다. 결말을 짓다. ❷ 動 청산하다. 매듭짓다. 귀결하다. ¶原因很复杂, ～起来不外三个方面｜원인은 매우 복잡하나, 귀결해 보면 세 부분에 지나지 않는다.

【归咎】guījiù 書 動 잘못을 남에게 돌리다. …의 탓으로 돌리다. ¶这事只能～于领导指挥不当｜이 일은 단지 영도자의 지휘 잘못의 탓으로 돌릴 수 있다 =[归罪zuì①]

【归客】guīkè 名 외지에서 (돌아온) 사람.

【归口】guī/kǒu 動 ❶ (일정한 관리계통으로) 집중되다. ¶～管理guǎnlǐ｜집중관리. ❷ 본업으로 돌아가다. 본래 근무지로 돌아가다.

【归来】guīlái 動 돌아오다[가다]. ¶他乡～｜타향에서 돌아오다.

【归老】guīlǎo 書 動 노령으로 관직에서 물러나다 =[归隐][拂fú衣②]

【归老包堆】guī·laobāozuī ⇒[归里包堆]

【归了包堆】guī·lebāozuī ⇒[归里包堆]

【归里包堆】guī·libāozuī 副 俗 方 모두 합쳐. 전부. 통틀어. ¶～花了一万｜모두 합쳐 만원 정도 썼다. ¶家里头～就是他爱人跟一个老太太｜집안엔 모두해서 그의 부인과 노모 뿐이다 =[归了包堆][归老包堆][箍gū了包堆]→[一塌括子]

【归拢】guī·long 動 한 데 모으다. 집결하다. ¶孩子们都～到这幼儿园玩｜아이들이 다들 이 유치원에 모여서 논다. ¶请把这些茶杯～!｜이런 찻잔을 모아주십시오! ¶他正在动手～零用的东西｜그는 지금 쓰던 물건을 모으고 있는 중이다 =[方 归集jí][方 归聚jù]

【归路】guīlù ⇒[归途tú]

【归命】guīmìng ⇒[归顺①]

【归谬法】guīmiùfǎ ⇒[反fǎn证法]

4【归纳】guīnà 名 動〈論〉귀납(하다).

【归期】guīqī 名 귀환(歸還)날짜. 돌아올 날. 귀환일. ¶未起程qǐchéng先问～｜출발하기 전에 먼저 귀환 날짜를 물어보라.

【归齐】guīqí 方 ❶ 動 합치다. 합계하다. ❷ 名 결국. 최후. ¶说了～, 你还不成｜마지막이라고 해도, 너는 아직 멀었다 =[说了归齐][到了归齐] ‖ =[归实shí]

【归侨】guīqiáo 名 簡 귀국 교포.

【归去】guīqù 書 動 돌아가다. ¶离家已久, 今当～｜집을 떠난 지 이미 오래되어, 오늘 마땅히 돌아가야겠다.

【归入】guīrù 動 포함시키다. ¶这些问题wèntí都可～一类｜이러한 문제들을 모두 같은 류에 포함시키다.

【归属】guīshǔ ❶ 動 (…에) 속하다. 귀속하다. …의 관할이 되다. ¶无所～｜귀속할 곳이 없다. ❷ 名 소유권. 관할권. ¶这些东西dōngxi～

不明｜이런 물건들은 소유권이 분명하지 않다.
【归顺】guīshùn ❶名動 귀순(하다). 귀복(하다) ¶这支游击队最后~了国军｜이 유격대는 최후에 국군에 귀순하였다 =〔归服fú〕〔归附fù①〕〔归命mìng〕 ❷(Guīshùn) 名〈地〉운남성(雲南省)의 옛 주명(州名). 현재의 정서현(靖西縣).
【归思】guīsī ⇒〔归心xīn①〕
【归宿】guīsù 書名 귀결점. 귀착점. ¶我将来也有个~｜나는 장래에도 귀착점이 있다. ¶思想的~｜사상의 귀결점.
【归天】guī/tiān 動婉 죽다. 서거(逝去)하다. ¶一对老伴儿, 先撒sā手~的多是丈夫｜한 쌍의 노부부 중 먼저 죽는 쪽은 대다수가 남편이다 =〔归西xī〕〔归土tǔ〕〔归古gǔ〕〔归世shì〕〔归休xiū②〕
【归田】guītián ❶書動 사직(辭職)하고 고향으로 돌아가다. ¶解甲~｜成 제대하여 고향으로 돌아가다 =〔归耕〕 ❷名 옛 제도에, 백성이 20세에 받았던 밭을 60세가 되어 돌려주는 것.
【归途】guītú 名 돌아가는 길. 귀로. ¶黄昏时节, 我们踏上~｜황혼 무렵, 우리는 귀로에 올랐다 =〔归路lù〕
【归土】guītǔ ⇒〔归天〕
【归为】guīwéi 動 (…으로) 매듭지어지다. (…으로) 귀납되다. ¶把意见~三条｜의견을 세가지 조목으로 매듭짓다.
【归西】guīxī ⇒〔归天tiān〕
【归降】guīxiáng 動 항복하다. 투항하다 =〔降服〕
【归向】guīxiàng 書動 …에 기울다. …에 쏠리다 [주로 정치상의 경향을 가리킴] ¶群众一定~我们的｜군중들은 틀림없이 우리쪽으로 기울 것이다.
【归心】guīxīn ❶書名 집〔고향〕에 가고 싶은 생각 =〔归思sī〕 ❷動 심복하다. ¶四海~｜온 세상이 심복하다. ❸(guī/xīn) 動 근본으로 되돌아가다.
【归心似箭】guī xīn sì jiàn 成 집으로 돌아 가고 싶은 마음이 간절하다. ¶他是~, 巴不得早一点回到父母身边｜그는 집으로 돌아가고픈 마음이 간절하여, 이미 부득이 일찍 부모님 곁으로 돌아갔다.
【归信】guīxìn 動 신앙에 귀의하다.
【归省】guīxǐng 書動 귀성하다. 고향에 돌아가다. 고향에 돌아가서 부모를 뵙다 =〔归省父母〕
【归休】guīxiū ❶書動 고향〔집〕에 돌아가서 쉬다. ❷⇒〔归天〕
【归依】guīyī 動 ❶〈佛〉귀의하다 =〔皈依guīyī〕 ❷의탁하다. 기탁하다. ¶无所~的流浪者｜의탁할 곳 없는 유랑자.
【归因于】guīyīnyú 動組 원인을 (…에) 돌리다. (…의) 탓으로 하다. ¶把成果~国家的关怀guānhuái｜성과를 국가의 배려 덕택으로 돌리다.
【归隐】guīyǐn 書動 고향으로 돌아가 은거하다 →〔归老〕 ¶他有志~深山｜그는 고향으로 돌아가서 심산에 은거할 뜻이 있다.
【归于】guīyú 動 ❶(…에) 속하다. (…에) 돌리다 [주로 추상적인 사물에 사용함] ¶光荣~祖国和民族｜영광을 조국과 민족에 돌리다. ❷(…이) 되다. (…으로) 끝나다. (…에) 귀결하다. ¶经过讨论, 大家的意见已经~一致了｜토론을 거쳐 모두의 의견은 이미 일치 되었다.
【归着】guī·zhe ⊗ guī·zhi) 動口 정리하다. 치우다. ¶~屋子｜방을 정리하다 =〔归置zhì〕
【归真反璞】guī zhēn fǎn pú 成 원래의 모습으로 돌아가다. 본질을 회복하다. 본래의 자연 상태로 돌아가다 =〔反璞归真〕
【归置】guī·zhi 動口 (흩어진 물건을) 정리하다. 치우다. ¶把东西~~, 马上就要动身了｜물건을 정리하고, 곧바로 출발할 것이다 =〔归理lǐ〕〔归着zhe〕〔归整zhěng〕
【归总】guīzǒng 動 (한 곳에) 모으다. 합계하다. ¶~起来看｜합계하여 보다. ¶~一句话｜한마디로 말해서.
【归罪】guīzuì 動 ❶…의 탓으로 돌리다. …에게 죄를 돌리다. ¶工业部部长把出口不振~于国内外市况不好｜공업부 장관은 수출 부진을 국내외 시장의 불황 탓으로 돌렸다 =〔归咎jiù〕〔归狱yù〕 ❷죄를 시인하다.

【圭】guī 홀 규, 용량단위 규, 모 규

❶규. 옥으로 만든 홀(笏) =〔珪guī①〕〔圭玉yù〕〔圭璧bì〕 ❷해시계의 일종. ¶~臬niè↓ ❸量〈度〉고대 도량형의 단위로 1「升」의 10만분의 1. ❹(Guī) 名 성(姓).
【圭表】guībiǎo ❶名 규표. 해시계 =〔圭臬①〕 ❷⇒〔圭臬niè②〕
【圭臬】guīniè ❶⇒〔圭表biǎo①〕 ❷書名喻 표준. 모범. 법도(法度). 준칙. ¶奉为~｜준칙으로 받들다 =〔圭表②〕
【圭亚那】Guīyànà 名外〈地〉❶기아나(Guiana) [라틴 아메리카에 위치한 나라. 수도는「卡宴」(카옌;Cayenne)] ❷가이아나(Guyana) [라틴 아메리카에 위치한 나라. 수도는「乔治敦」(조지타운;Georgetown)]

4【闺(閨)】guī 협문 규, 도장방 규

書名 ❶여자가 거처하는 방. 규방. ¶~门↓ ❷위는 둥글고 아래는 각이 진 궁중의 작은 문. ❸轉 여자.
【闺房】guīfáng 名 규방 ¶她整天闷在~里不出门｜그녀는 왠종일 규방에 틀어박혀 나오지 않는다 =〔書 闺闼tà〕
【闺阁】guīgé 名 ❶규방(閨房). 내실(內室). ❷轉 여자. 부인. ❸궁중의 작은 문.
【闺门】guīmén 名 ❶書「闺房」의 문. ❷轉 부인의 정조. 풍기. ¶~不谨｜부인의 정조가 문란하다.
4【闺女】guī·nǚ 名 ❶처녀. ❷口 딸.
【闺秀】guīxiù 名 ❶규수. ¶她可是大家~｜그녀는 정말 대가집 규수이다. ❷여류 작가. 학문과 재주가 뛰어난 여자.
【闺怨】guīyuàn 書名 ❶남편에게 이별을 당한 부인의 애원(哀怨). ❷〈文〉규원시. 규원가(閨怨歌) [남편에게 이별을 당한 부인의 한을 노

래한 시가(詩歌)]=〔闺怨诗〕
【闺怨诗】guīyuànshī ⇒〔闺怨②〕
4【硅〈珪〉】guī 규소 규 名〈化〉화학 원소 명. 규소(Si ; silicon).
【硅肺】guīfèi 名〈醫〉규폐증(硅肺症)
【硅酐】guīgān 名〈化〉이산화규소 =〔二èr氧化硅〕
【硅钢】guīgāng 名〈金〉규소강.
【硅谷】Guīgǔ 名 실리콘 벨트 [미국 캘리포니아주 북부에 위치한 반도체와 전자·공업센터]=〔矽xī谷〕
【硅化】guīhuà 名〈化〉규화 [고대식물이 죽은 후 규염으로 인한 치환 작용으로 점차 굳어져 화석으로 되는것]
【硅胶】guījiāo 名〈化〉실리카겔(silicagel).
【硅石】guīshí 名〈鑛〉규석.
【硅酸】guīsuān 名〈化〉규산.
【硅酸盐】guīsuānyán 名〈化〉규산염. ¶~工业gōngyè | 규산염 공업.
【硅橡胶】guīxiàngjiāo 名〈化〉규소 고무 =〔硅酮tóng橡胶〕
【硅藻】guīzǎo 名〈植〉규조. 규조류(硅藻類).
【硅砖】guīzhuān 名 규소 벽돌.
【鲑(鮭)】guī xié 연어 규, 어채 해
Ⓐ guī 名〈魚貝〉❶ 연어 =〔鲑鱼〕 ❷ 복어 =〔河豚hétún〕
Ⓑ xié 書 名 어채(魚菜). 물고기 요리.
【鲑鱼】guīyú 名〈魚貝〉연어 =〔大麻哈鱼〕〔大马哈鱼〕〔大蚂哈鱼〕〔狗头鱼〕〔外 撒sā蒙鱼〕
4【龟(龜)〈亀〉】guī jūn qiū 거북 귀, 나라이름 구, 틀 균
Ⓐ guī 名 ❶〈動〉거북. ❷ ⇒〔龟公〕
Ⓑ jūn ⇒〔龟裂liè〕
Ⓒ qiū ⇒〔龟兹cí〕
Ⓐ guī
【龟板】guībǎn 名〈漢醫〉귀갑(龜甲) [거북등의 껍데기] 약재(藥材)로 쓰임 =〔龟版bǎn〕〔龟甲jiǎ〕
【龟版】guībǎn ⇒〔龟板〕
【龟趺】guīfū 名 귀부.
【龟盖儿】guīgàir ⇒〔龟甲〕
【龟公】guīgōng 名 ❶ 罵 오쟁이 진 새끼. 오쟁이를 진 사람. ❷ 포주나 지배인 등 여자를 대주고 돈 버는 남자. 기둥 서방.
【龟甲】guījiǎ 名 귀갑. 거북의 등껍데기 =〔龟板bǎn〕〔龟壳ké〕〔龟盖gàir〕
【龟甲文】guījiǎwén ⇒〔甲骨文〕
【龟鉴】guījiàn 書 名 귀감. 모범. 본보기 =〔龟镜jìng〕
【龟镜】guījìng ⇒〔龟鉴〕
【龟壳(儿)】guīké(r) ⇒〔龟甲〕
【龟龄鹤算】guī líng hè suàn 國 학이나 거북같이 장수하다. 오래 살다 =〔鹤hè算龟龄〕〔龟年nián鹤寿〕
【龟孙子】guīsūnzi 名 罵 짐승같은 놈! 개새끼! ¶揍zòu这个~! | 이 짐승같은 새끼를 때려라!
【龟缩】guīsuō 動 轉 움츠리다. 숨다. 들어박히다. ¶敌人~在几个孤立的据点里 | 적들은 고립된 몇 군데의 거점에 숨어 있다.
【龟头】guītóu 名〈生理〉(남자 생식기의)귀두. ¶~炎yán | 귀두염.
【龟足】guīzú 名〈動〉거북다리 =〔石蜐shíjié〕
Ⓑ jūn
【龟裂】jūnliè ❶ ⇒〔皲jūn裂①〕 ❷ 動 (땅이 말라서) 갈라지다. 균열하다. ¶天久不雨, 田地~ | 오랫동안 가물어 밭이 갈라졌다. ❸ 名 균열. 갈라진 틈.
Ⓒ qiū
【龟兹】Qiūcí 名〈地〉구자. 지금의 신강(新疆) 위구르 자치구 고거현(庫車縣) 일대에 있었던 고대 서역(西域)의 나라 이름.
【妫(嬀)】Guī 성 규, 땅이름 규 名 ❶〈地〉규수(嬀水) [하북성(河北省)에 있는 강이름] ❷ 성(姓).
2【规(規)〈槼〉】guī 그림쇠 규, 법규 ❶ 名 콤파스. 그림쇠. ¶中心zhōngxīn~ | 센터 게이지. ¶线xiàn~ | 와이어 게이지 =〔两liǎng脚规②〕〔圆yuán规〕→〔规矩jǔ〕〔测cè规〕. ❷ 규칙. 규정. 관례. ¶校~ | 교칙. ¶一般~律 | 일반 법칙. ❸ 규모. ¶~模↓ ❹ 書 動 계획하다. 마음속으로 꾀하다. ¶~划↓ ¶欣然xīnrán~往 | 흔쾌히 나갈 채비를 하다. ❺ 書 動 권고하다. 충고하다. ¶~劝↓
【规避】guībì 動 교묘하게 회피하다. 계획적으로 피하다. 회피하다. ¶~谈及南北协商问题 | 남북회담 문제에 대한 언급을 회피하다. ¶~责任zérèn | 책임을 회피하다.
【规程】guīchéng 名 규정. 규칙. ¶操作cāozuò~ | 조작 규칙. ¶保安bǎoān~ | 보안 규정 =〔规则zé①〕
2【规定】guīdìng ❶ 動 규정하다. ¶在~的时间内 | 규정된 시간 안에. ¶以宪法xiànfǎ~ | 헌법으로 규정하다. ❷ 名 규정. 규칙. ¶按照ànzhào~供应gōngyìng | 규정에 따라 공급하다.
4【规范】guīfàn ❶ 名 본보기. 규범. 모범. ¶语音yǔyīn~ | 발음 규범. ¶合乎~ | 본보기에 맞다. ❷ ⇒〔规格gé〕 ❸ 形 규범에 맞다. ¶这个词的用法不~ | 이 단어 용법은 규범에 맞지 않다.
4【规格】guīgé 名 규격. ¶不合~ | 규격에 맞지 않다. ¶~化 | 규격화하다 =〔规范fàn②〕
【规规矩矩】guī·guījǔjǔ 狀 정직하고 진실하다. 단정하고 예의가 바르다. 고지식하다. ¶~慢条斯理(儿) | 자로 잰 듯이 고지식하다.
3【规划】guīhuà 名 ❶ 계획. 기획 [비교적 종합적이고 장기적인 계획에 쓰임] ¶长远chángyuǎn~ | 장기적인 기획. ¶生产shēngchǎn~ | 생산기획. ❷〈電算〉설계(layout) =〔布置bùzhì〕
3【规矩】ⓐ guījǔ 名 규구. ¶~准绳zhǔnshéng =〔规矩绳墨〕〔规圆yuán矩方〕| 國 규구준승. 사물의 기준.

ⓑ guī·ju ❶ 名 轉 규칙. 표준. 법칙. ¶不守～ | 규칙을 지키지 않다. ¶按～办 | 규칙대로 하다. ❷ 形 (행위가) 단정하다. 성실하다. ¶不～的学生 | 행위가 단정하지 못한 학생 ‖＝[规正zhèng③]

²【规律】guīlǜ 名 법칙. 규칙. 규율. ¶语言发展fāzhǎn～ | 언어 발전의 법칙. ¶客观kèguān～ | 객관 법칙＝[法则zé]

²【规模】guīmó 名 규모. ¶～空前 | 전에 없던 규모. ¶～宏大hóngdà | 규모가 매우 크다. ¶粗具～ | 國 대체로 형태를 갖추다.

【规劝】guīquàn 動 권고하다. 충고하다. ¶好意～ | 호의로 권고하다.

【规约】guīyuē 名 규약. 조약(條約). ¶按照～办理此事 | 조약에 따라 이 일을 처리하다.

³【规则】guīzé ❶ 名 규칙. 준칙. ¶交通jiāotōng～ | 교통규칙. ¶～制度zhìdù | 규칙과 제도＝[规程chéng][规条tiáo③][规章zhāng] ❷ 形 정연하다. 규칙적이다. 단정하다. ¶这条河流的水道原来很不～ | 이 강의 물줄기는 본시 대단히 불규칙적이다.

⁴【规章】guīzhāng ⇒[规则zé①]

【规整】guīzhěng ❶ 규격[표준]에 부합되다. 정연하다. 가지런하다. ¶这儿的建筑都很～ | 이곳의 건축물은 모두다 매우 가지런하다＝[规正zhèng②] ❷ 動 수습하다. 정리하다.

【规正】guīzhèng ❶ 動 교정하다. 충고하여 바로잡다. ❷ ⇒[规整①] ❸ ⇒[规矩ⓑ]

【皈】 guī 돌아갈 귀

❶「归」와 같음⇒[归guī①] ❷ 動 〈佛〉 불교를 믿다→[皈依]

【皈依】guīyī 名 動 〈佛〉 귀의(歸依)(하다). ¶他早年是唯物论者, 但晚还是～了佛门 | 그는 젊어서는 유물론자였으나, 만년에는 불가에 귀의했다＝[归guī依]

【傀】 guī ☞ 傀 kuǐ Ⓑ

4【瑰〈瓌〉】 guī 옥돌 괴, 보배 괴

❶ 書 形 진기하다. 귀하다. ¶～奇 | 진기하다. ❷ ⇒[玫méi瑰] ❸ 書 名 옥과 비슷한 아름다운 돌.

【瑰宝】guībǎo 書 名 진귀한 보물. ¶这石塔是民族文化的～ | 이 석탑은 민족 문화의 진귀한 보물이다.

【瑰丽】guīlì 書 形 매우 아름답다. 유난히 아름답다. ¶江边的夜景yèjǐng是雄伟而～的 | 강변의 야경이 웅장하여 유달리 아름답다. ¶～的花朵huāduǒ | 유난히 아름다운 꽃봉오리.

【瑰奇】guīqí 形 아름답고 기이하다. ¶～的黄山云海 | 아름답고 기이한 황산(黃山)의 운해＝[瑰异]

【瑰玮昵】guīwěi 書 形 ❶ (품질이) 뛰어나다. 진기(珍奇)하다. ❷ (문사(文辭)가) 화려하다 ‖＝[瑰伟wěi]

【瑰异】guīyì ⇒[瑰奇]

guǐ ㄍㄨㄟˇ

【宄】 guǐ 난일으킬 귀

書 名 범법자. 난을 일으킨 사람→[奸jiān宄]

3【轨(軌)】 guǐ 굴대 궤, 법 궤

名 ❶ 레일. ¶钢gāng～＝[铁tiě轨] | 철궤. ❷ 궤도. 일정한 노선. ¶出～＝[越yuè轨] | 탈선(하다). 궤도를 벗어나다. ¶无～电车diànchē | 무궤도 전차. ❸ 喻 법칙. 상궤(常軌). 질서. ¶步入正～ | 제 궤도에 들어서다. ¶越yuè～＝[出chū轨] | 탈선(하다). 상궤[규칙]를 벗어나다＝[轨度dù][轨法fǎ][轨物wù][轨则zé] ❹ (Guǐ) 성(姓).

³【轨道】guǐdào 名 ❶ 궤도. 선로. ¶地铁dìtiě～ | 지하철 선로. ❷ 〈天〉 공전(公轉)궤도. ¶～运动yùndòng | 궤도운동＝[轨迹jì③] ❸ 〈物〉 물체가 운동할 때에 그리는 일정한 경로. ¶～变换biànhuàn | 궤도 수정. ¶～火箭huǒjiàn | 궤도 로케트. ¶～空间站 | (궤도)우주 정거장. ¶～平面 | 궤도면. ❹ (행동상의) 규칙. 범위. ¶生产已经走上～ | 생산은 이미 궤도에 올랐다. ❺ 〈電算〉 트랙(track).

【轨度】guǐdù 書 名 법도(法度). 본보기.

【轨范】guǐfàn 名 모범. 본보기. 표준. 궤모(軌模). ¶确立quèlì～ | 표준을 확립하다. ¶遵守zūnshǒu～ | 본보기를 준수하다.

【轨迹】guǐjì 名 ❶ 수레바퀴 자국. ❷ 〈數〉 궤적. 자취. ❸ 〈天〉 궤도＝[轨道dào②]

【轨辙】guǐzhé 名 ❶ 궤적(軌跡). (차의) 바퀴자국＝[轨躅zhú①] ❷ 喻 전인(前人)의 사적(事跡). 과거의 사적. ❸ 법칙.

【轨枕】guǐzhěn 名 (철도의) 침목(枕木).

【匦(匭)】 guǐ 갑 궤, 묶을 궤

書 ❶ 名 궤. 궤짝. 상자.함＝[匣xiá] ❷ 動 동여 매다. 묶다.

【匦院】guǐyuàn 名 궤원 [고대 민의를 살피기 위한 투서함을 비치하고 이를 관장한 관청]

【庋〈庪〉】 guǐ 찬장 기

書 ❶ 名 선반. 시렁. ❷ 動 보존하다. 저장하다＝[庋藏]

【诡(詭)】 guǐ 다를 궤, 괴이할 궤

❶ 動 속이다. 기만하다. ¶～计↓ ❷ 書 動 위반하다. 어긋나다. ¶有所～于天理 | 천리에 이그러지는 바가 있다. ❸ 書 形 이상하다. 기이하다. ¶～异yì＝[诡奇qí] | 기이하다.

【诡辩】guǐbiàn ❶ 名 〈論〉 궤변. ¶～术shù | 궤변술＝[诡词cí] ❷ 動 궤변을 부리다. ¶他善于～ | 그는 궤변에 능하다.

【诡变】guǐbiàn 動 교활하고 변덕이 심하다

【诡称】guǐchēng 動 사칭(詐稱)하다. 위칭(僞稱)하다. ¶他～有病, 退进了会场 | 그는 병을 사칭하여 회의장을 물러났다.

【诡怪】guǐguài 形 의심[의아]스럽다. 수상쩍다. 이상 야릇하다.

【诡计】guǐjì 名 계략. 모략(謀略). 계모(詭謀). ¶～多端 | 간교한 꾀가 많다. 엉큼하기 짝이 없다. ¶中zhōng敌人的～ | 적의 계략에 걸려

들다 =〔诡谋móu〕〔鬼guǐ计〕〔鬼八卦①〕〔鬼点子①〕

【诡谲】guǐjué 書 形 ❶ 변화무상(變化無常)하다. ❷ 이상 야릇하다. 괴상하다. 터무니없다. 두서 없다. ¶言语~ | 말이 두서가 없다.

【诡秘】guǐmì 書 形 (행동·태도 등이) 묘연하다. 은밀하다. 은밀하여 쉽게 알 수 없다. ¶行踪zōng~ | 종적이 묘연하다.

【诡笑】guǐxiào ❶ 名 거짓 웃음. 교활한 웃음. ❷ 動 거짓웃음짓다. 교활하게 웃다. ¶他~了一声 | 그는 거짓 웃음을 한차례 웃었다.

【诡异】guǐyì 名 形 기이(하다). 괴상(하다). ¶行为~ | 행위가 괴상하다 =〔诡奇qí〕〔奇异〕

【诡诈】guǐzhà ❶ 名 거짓. 허위. ❷ 形 교활하다. 간악하다. ¶此公十分~ | 이 사람은 대단히 교활하다. ❸ 動 교묘하게 속이다.

【癸】guǐ 열째천간 계
名 ❶ 계 [십간(十干)의 열번째]→〔干支〕❷ 배열순서의 열번째. 맨 나중. ❸ 월경. 달거리. 경수. ¶~期 | 달거리기. ¶~水 | 월경. ❹ (Guǐ) 성(姓).

【癸酸】guǐsuān 名〈化〉카프린 산(酸)(capric acid) =〔羊蜡酸〕→〔酸①〕

2【鬼】guǐ 귀신 귀
❶ 名 귀신. 도깨비. 망령. 유령→〔怪guài④〕〔妖yāo①〕 ❷ (~儿) 名 속임수. 비밀. 음모. ¶心里有~ | 마음속에 음모를 품고 있다. ❸ 形 (뒤에서) 몰래하다. 떳떳하지 못하다. ¶~祟suì↓ ❹ 形 口 (어린이가) 영리하다. 똑똑하다. 영악하다. ¶这孩子真~! | 이 애는 참으로 영리하구나! ❺ 尾 罵 귀신. 놈 [사람을 욕하는 말] ¶酒~ | 술주정뱅이. ¶赌dǔ~ | 상습 도박꾼. ¶东洋~ | 왜놈→〔迷mí④〕 ❻ 形 열악하다. 지독하다. ¶~天气 | 나쁜 날씨. ❼ 形 俗 음험하다. 속이 검다. ¶这人真~ | 이 사람은 정말 속이 검다. ❽ 名〈天〉귀수(鬼宿) [28수(宿)의 하나] ❾ ⇒〔小鬼〕

【鬼八卦】guǐbāguà 名 ❶ 간교한 계책 =〔诡计jì〕 ❷ 간교한 놈 =〔鬼点儿②〕〔鬼点子②〕

【鬼把式】guǐbǎshì ⇒〔鬼把戏〕

【鬼把戏】guǐbǎxì 名 기만술(欺瞞述). 속임수. 음모. 흉계. 모략. ¶识破了敌人的~ | 적들의 음모를 간파하다 =〔鬼把式shì〕〔鬼吹灯chuīdēng〕

【鬼地方】guǐdì·fang 名 괴상한〔해괴한〕곳.

【鬼点子】guǐdiǎn·zi ❶ ⇒〔诡guǐ计〕 ❷ ⇒〔鬼八卦②〕

【鬼饭疙瘩】guǐ·fan gē·da 名組〈漢醫〉피풍(皮風) =〔方 鬼风fēng疙瘩〕〔风(疹)块〕〔荨xún麻疹〕

【鬼风疙瘩】guǐfēng gē·da ⇒〔鬼饭fàn疙瘩〕

【鬼斧神工】guǐ fǔ shén gōng 成 건축이나 조각 등의 기교가 사람이 했다고는 생각할 수 없을 정도로 정교하다. ¶这山水美景是~造就的 | 이 산수미경은 너무나 정교하게 이루어졌다 =〔神工鬼斧〕

【鬼怪】guǐguài 名 ❶ 요괴. 유령. 도깨비 =〔鬼魅mèi〕 ❷ 喻 간악한 자〔세력〕. ❸ 喻 소인물. 어리석은 인간.

【鬼鬼祟祟】guǐ guǐ suì suì 成 ❶ 남몰래 숨어서 못된 짓을 꾸미다. 음흉스럽게 놀다. ❷ 살금살금. 두리번 두리번(거리다) =〔鬼鬼随随suí〕〔鬼鬼捣捣dǎo〕〔鬼鬼溜溜liū〕

【鬼话】guǐhuà 名 거짓말. 허튼 소리. ¶~三千 | 거짓말 일색이다. ¶~连篇 | 허튼 소리를 떠벌리다 =〔谎huǎng话〕

【鬼画符】guǐhuàfú 名組 ❶ 喻 서투른 글씨. 조잡한 서법(書法). ❷사리에 맞지 않은 말.

【鬼魂】guǐhún 名 망령. 영혼. 넋. ¶世界上有没有~? | 세상에 영혼이 있는거니?

【鬼混】guǐhùn 動 ❶ 빈둥거리다. 빈둥빈둥 날을 보내다. ¶和不三不四的人~ | 수상한 사람들과 더불어 빈둥빈둥 날을 보내다. ❷ 정당치 못한 생활을 하다. ❸ 마구〔함부로〕떠들어대다. 야단 법석을 떨다. ❹ 살며시 하다. 몰래 하다. ¶跟敌人特务~在一起 | 적군 스파이와 몰래 야합하다.

【鬼火(儿)】guǐhuǒ(r) 名 俗 도깨비불. 귀린(鬼磷) =〔鬼磷lín〕〔磷火〕

【鬼哭狼嚎】guǐ kū láng háo ⇒〔鬼哭狼号〕

【鬼哭狼号】guǐ kū láng háo 成 喻 처절하게 통곡하다. 처참하게 울부짖다 =〔鬼哭狼嚎〕

【鬼脸(儿)】guǐliǎn(r) 名 ❶ 가면. ¶戴~ | 가면을 쓰다 =〔假jiǎ面具〕 ❷ 장난으로 하는 익살맞은 (얼굴) 표정. ¶他说着, 就把舌头一伸, 做了个~ | 그는 말하면서 혀를 내밀어 익살스런 표정을 지었다.

【鬼魅】guǐmèi 書 名 귀매. 도깨비와 두억시니 =〔鬼怪guài①〕

【鬼门关】guǐménguān 名 ❶ 염라대왕 문전. 저승문턱. 喻 위험한 고비. ¶入~ | 죽다. ❷ 생사의 갈림길. ¶在~ | 생사의 갈림길에 있다. 염라대왕문전. 저승문턱. 지옥어귀. ¶很难过这一~ | 이 저승문턱은 정말 지나가기 어렵다.

【鬼迷心窍】guǐ mí xīn qiào 成 (귀신에) 마음이 홀리다. ¶他真是~不听大家的劝说, 非要和那个坏女人结婚不可 | 그는 정말 귀신에 마음이 홀려 사람들의 권고를 듣지 않고, 그 나쁜여자와 결혼을 하려 한다.

【鬼名堂】guǐmíngtáng 名 喻 貶 꿍꿍이속. ¶搞gǎo什么~? | 무슨 꿍꿍이 수작을 하니?

【鬼目】guǐmù ❶ ⇒〔凌líng霄花〕 ❷ ⇒〔石shí楠〕

【鬼神】guǐshén 名 귀신. ¶~之说, 全是迷信míxìn | 귀신 이야기는 전부다 미신이다.

【鬼使神差】guǐ shǐ shén chāi 成 귀신이 곡할 노릇이다. ¶~一样, 他竟 到这儿来了 | 귀신이 곡할 노릇인게, 그가 의외로 빨리 이 곳으로 왔다. ¶天那么黑, 山路那么窄, 这日夜不知怎么走过来的, 好像~, 连我自己也莫名其妙 | 날은 그렇게 어둡고, 산길은 그리 좁아, 이날 밤 어떻게 걸어가야 할지를 몰라, 마치 귀신이 곡할 노릇이었는데, 나 자신 조차도 그 묘함을 뭐라고 해야할 지 모르겠다 =〔神差鬼使〕〔鬼神不测cè〕

【鬼祟】guǐsuì 狀 살금살금 못된 짓을 하다.

【鬼胎】guǐtāi 名 ❶ 남에게 말못할 나쁜〔못된〕 생각. ¶他心怀着～｜그는 마음 속으로 못된 생각을 품고 있다. ❷ 부모를 닮지 않은 자식.
【鬼剃头】guǐtìtóu 名 俗〈醫〉독두병. 탈모증＝〔鬼舐shì头〕
【鬼头鬼脑】guǐ tóu guǐ nǎo 成 살금살금 못된 짓을 하다. 교활하고 음흉하다.
【鬼屋】guǐwū 名 도깨비집. 흉가→〔凶xiōng宅〕
【鬼蜮】guǐyù 名 음험하게 남을 해치는 놈. ¶～横行｜악당이 날뛰다. ¶～伎俩｜음흉하고 비열한 수법.
【鬼知道】guǐzhī·dao 動組 아무도 모르다. 알 수가 없다. ¶他是什么时候出发去旅行的, 鬼才知道!｜그가 언제 여행을 떠날지는 아무도 모른다. ¶到底为什么笑～｜도대체 왜 웃는지 알 수가 없다.
4【鬼子】guǐ·zi ❶ 名 罵 놈 [사람을 욕하는 말] ❷ 외국의 침략자에 대한 욕설. ¶洋～｜양놈. ¶～兵｜침략군. ¶日本～进村了!｜일본놈이 마을에 들어왔다!

【晷】guǐ 햇빛 궤/귀/구, 해그림자 궤/귀/구
書 名 ❶ 일영(日影). 해그림자. ❷ 시간. ¶日无暇～｜한가한 때가 하루도 없다＝〔晷刻kè〕 ❸ 그림자를 이용한 시계. ¶日～｜해시계.
【晷刻】guǐkè 名 시간. 때. ¶正午～｜정오 때. ¶傍晚～｜해질 무렵.

【簋〈毁〉】guǐ 궤 궤
書 名 제사 지낼 때 서직(黍稷)을 담던 귀 달린 되 모양의 그릇. 제사용 궤.

guì ㄍㄨㄟˋ

【会】guì ☞ 会 huì C

【刽(劊)】guì ⊗ kuǎi) 끊을 회
書 動 절단하다. 끊다.
【刽子手】guì·zishǒu 名 ❶ 망나니. 회자수(劊子手). ❷ 喻 하수인. 원흉. 도살자. ¶他是新生事物的～｜그는 새로운 사물의 도살자이다.

【桧(檜)】guì ⊗ kuǎi) huì 전나무 회
A guì ⇒〔桧树〕
B huì 인명에 쓰이는 글자. ¶秦～｜진회. 악비(岳飛)를 살해한 남송(南宋)의 간신.
【桧树】guìshù 名〈植〉전나무＝〔北 刺cì柏〕〔北 圆yuán柏〕〔红hóng心柏〕〔黄huáng心柏〕〔真zhēn珠柏〕

【炔】guì ☞ 炔 quē B

【刿(劌)】guì 상처낼 귀, 찢을 귀
書 動 상처를 입히다. 베다. 찢다.

【炅】guì ☞ 炅 jiǒng B

3【柜(櫃)】① guì 궤 궤
❶ (～儿, ～子) 名 장. 궤짝. 저장함. ¶衣～｜옷장. ¶碗wǎn～儿｜찬장. ¶铁tiě～｜로커(locker). ❷ ⇒〔柜台tái〕 ❸ 名 轉 상점. ¶掌zhǎng～(的)｜상점 주인. ¶本～｜본점 ‖＝〔匮guì〕
【柜橱(儿)】guìchú(r) 名 밑에 서랍이 있는 탁자식의 낮은 장＝〔橱柜(儿)〕
【柜房(儿)】guìfáng(r) 名 (옛날 상점의) 계산대. 카운터＝〔帐zhàng房(儿)①〕
【柜上】guì·shang 名 ❶ 상점. ❷ 계산대＝〔帐房(儿)①〕 ❸ 장사. ¶～忙不忙?｜장사는 어떻습니까?
3【柜台】guìtái 名 계산대. 카운터. (스탠드 바 등의) 바(bar). ¶站～｜(바텐더 등이) 손님의 시중을 들다＝〔柜围wéi〕

【柜】② jǔ 고리버들 거, 낙수물통 거
⇒〔柜柳〕
【柜柳】jǔliǔ 名〈植〉고리버들＝〔元宝枫〕

1【贵(貴)】guì 귀할 귀, 높을 귀
❶ 形 (값이) 비싸다. ¶这种货很～｜이런 물건은 매우 비싸다. ¶价钱jiàqián太～｜가격이 너무 비싸다. ¶这本辞典不～｜이 사전은 비싸지 않다. ❷ 形 (신분·지위 등이) 높다. ¶～妇人↓ ¶～族↓ ¶达官～人｜貶 고관과 귀인. ❸ 形 귀중하다. 가치가 높다. ¶宝bǎo～｜귀중하다. ¶可～｜귀중하다. ❹ 書 動 중히 여기다. 중시하다. 존중하다. ¶人～有自知之明｜사람은 자기 자신을 잘 아는 것을 중시한다. ❺ 形 敬 존경의 뜻을 나타내는 말. ¶您～姓?｜당신의 성은 무엇입니까? ¶～国↓ ⇔〔敝bì②〕〔贱jiàn〕→〔宝bǎo④〕 ❻ (Guì) 名 簡〈地〉「贵州省」의 약칭. ❼ (Guì) 名 성(姓).
3【贵宾】guìbīn 名 귀빈. 귀중한 손님. ¶～席xí｜귀빈석. ¶～休息室｜귀빈 휴게실.
【贵埠】guìbù 名 敬 귀지(貴地). 금지(錦地).
【贵处】guì·chù 名 敬 ❶ (당신의) 고향. 계시는 곳. ¶～是什么地方?｜당신의 고향은 어디십니까?＝〔贵乡xiāng〕〔贵土tǔ〕 ❷ 귀측. 당신쪽.
【贵妃】guìfēi 名 ❶ 귀비 [황후 다음 비빈 중의 한 지위] ¶～醉酒分外美｜귀비가 술에 취하자 더욱 아름다웠다→〔贵嫔pín〕〔贵人②〕 ❷ (Guìfēi) 양귀비(楊貴妃)의 약칭.
【贵府】guìfǔ 書 名 귀댁. 귀가(貴家). ¶晴时奉访～｜시간에 맞춰서 귀댁을 방문하겠습니다＝〔贵门mén〕
【贵妇(人)】guìfù(rén) 名 敬 귀부인.
【贵干】guìgàn 名 敬 ❶ 직업. ¶您～?｜귀하의 직업은 무엇입니까? ❷ 용무. 용건. ¶有何～?｜무슨 용건이 있습니까?
【贵庚】guìgēng 名 연세. 춘추. ¶您～?｜선생님의 연세는 어떻게 되십니까?＝〔贵甲jiǎ子〕
【贵国】guìguó 名 귀국. ¶～跟我国已经建交jiànjiāo三年了｜귀국과 우리 나라는 이미 수교한지 삼년이 되었다.
【贵贱】guìjiàn ❶ 名 귀천. ❷ 名 (값이) 비싼 것과 싼 것. ❸ 副 方 어쨌든＝〔反正fǎnzhèng〕
【贵金属】guìjīnshǔ 名 귀금속. ¶～制品专营商行｜귀금속 제품 전문 상점.

【贵客】guìkè 名 ❶귀객. 귀빈. ❷〈植〉「牡mǔ丹」(모란)의 다른 이름. ❸고객에 대한 경칭.
【贵门】guìmén ⇒〔贵府〕
【贵嫔】guìpín 名 귀빈 [황후 다음 비빈 중의 한 지위]→〔贵妃①〕
【贵人】guìrén 名 ❶귀인. 신분이 고귀한 사람. ❷귀인 [황후 다음 비빈 중의 한 지위]→〔贵妃①〕 ❸점술(占術)에서 이르는, 운명적으로 도움을 줄 사람. ¶请放心, 这件事自有～相助 | 안심하십시오. 이 일은 귀인이 있어 도와줄 것입니다.
【贵人多忘】guì rén duō wàng 國 높은 사람은 잘 잊어버린다. 轉 ❶높은 자리에 있는 사람은 남에게 거만하게 굴며, 옛 친교를 생각하지 않는다. ❷건망증이 심한 사람을 조소하는 말. ¶他升了官以后～, 连我们这些老同学都不认识了 | 그는 관직에 오른 이후 거만하게 굴며, 우리 옛 친구들 조차 모두 모른체 한다. ‖ ＝〔贵人善shàn忘〕
【贵人语迟】guì rén yǔ chí 國 귀인은 입이 무겁다. 귀인은 경솔히 말을 하지 않는다＝〔贵人话huà迟〕
1【贵姓】guìxìng 名 敬 성씨(姓氏). ¶还不知道您～ | 아직 당신의 성씨가 무엇인지 아직 모릅니다＝〔高姓〕〔大姓③〕→〔敝bì姓〕〔贱jiàn姓〕
【贵恙】guìyàng 名 敬 병환. ¶～大好了吗? | 병환은 다 나으셨는지요?＝〔清qīng恙〕
4【贵重】guìzhòng 形 귀중하다. 중요하다. ¶～东西＝〔贵重物件wùjiàn〕| 귀중품. ¶～金属 | 귀금속.
【贵胄】guìzhòu 書 名 귀족의 자제〔후예〕. ¶君系～, 日后定有大成 | 너는 귀족의 후예이니, 이후에 반드시 크게 성공할 것이다.
4【贵族】guìzú 名 귀족. ¶封建～ | 봉건 귀족.

【匮】guì ☞ 匮 kuì Ⓑ

4 ## 【桂】guì 계수나무 계

名 ❶〈植〉박달목서＝〔木犀xī①〕〔岩yán桂〕 ❷〈植〉계수나무＝〔肉ròu桂〕〔牡mǔ桂〕〔木桂〕 ❸〈植〉월계수. ¶～冠 | 월계관＝〔月yuè桂树〕 ❹〈植〉계피나무＝〔桂皮pí树〕 ❺(Guì) 簡〈地〉광서성(廣西省)의 다른 이름. ¶～剧↓ ❻(Guì)〈地〉계강(桂江) [광서성에 있는 강] ❼(Guì) 성(姓).
4【桂冠】guìguān 名 월계관. ¶～诗人 | 계관 시인.
【桂花】guìhuā 名〈植〉❶물푸레나무. 목서나무. ❷(～儿)물푸레나무의 꽃. ¶～酒 | 계화주.
【桂剧】guìjù 名〈演映〉계극 [광서장족자치구(廣西壯族自治區)의 지방극으로, 북방어를 말하는 한족 사이에서 유행함]
【桂林山水甲天下, 阳朔山水甲桂林】Guìlín shānshuǐ jiǎ tiānxià, Yángshuò shānshuǐ jiǎ Guìlín 諺 계림의 경치는 세상에서 제일이고, 양삭의 경치는 계림의 제일이다.
【桂林一枝】guì lín yī zhī 國 학식과 재능이 출중하다＝〔昆kūn山片玉〕
【桂皮】guìpí 名 ❶〈植〉계피나무＝〔锡xī兰肉桂〕 ❷계피나무의 껍질. ❸〈藥〉육계(肉桂) [건위(健胃)·강장제(强壯劑)로 씀]
【桂秋】guìqiū ⇒〔桂月〕
【桂圆】guìyuán ⇒〔龙lóng眼(肉)〕
【桂月】guìyuè 名 음력 8월의 다른 이름＝〔桂秋qiū〕

2 ## 【跪】guì 꿇어앉을 궤

動 무릎을 꿇다. ¶下～ | 무릎을 꿇다 →〔三跪九叩〕
【跪拜】guìbài 動 무릎을 꿇고 엎드려 절하다 ¶赶紧gǎnjǐn向老太爷～ | 급히 할아버지께 무릎 꿇고 절을 하다. ¶迷信者向神佛～行礼 | 미신 신봉자들이 신불을 향해 무릎 꿇고 엎드려 예를 올린다＝〔跪叩kòu〕〔顶dǐng拜〕〔磕kē头〕
【跪倒】guìdǎo 動 무릎을 꿇다. 꿇어 엎드리다. ¶～在地 | 땅에 꿇어 엎드리다.
【跪叩】guìkòu ⇒〔跪拜bài〕
【跪门】guìmén 動 (사죄의 뜻으로) 문앞에 무릎을 꿇다. ¶～请罪 | 문앞에 무릎을 꿇고 앉아 용서를 빌다.
【跪下】guì·xia ❶動 무릎을 꿇다. 꿇어 앉다. ❷〈軍〉무릎 앉아!
【跪谢】guìxiè 動 무릎을 꿇고 사죄하다.
【跪奏】guìzòu 動 무릎을 꿇고 천자께 상주(上奏)하다. ¶张太师～皇上 | 장태사가 무릎 꿇고 황제에게 사주하다.

【鳜(鱖)】guì 쏘가리 궐

名〈魚貝〉쏘가리＝〔鳜鱼〕
【鳜鱼】guìyú 名〈魚貝〉쏘가리＝〔方 花鲫huājì鱼〕〔桂(花)鱼〕〔鳜豚tún〕

gǔn ㄍㄨㄣˇ

【衮〈袞〉】gǔn 곤룡포 곤

❶名 곤룡포 [옛날 왕의 예복]＝〔衮衣yī〕〔衮服〕〔龙lóng衣〕〔龙袍páo〕 ❷書 形 많다. 성하다.
【衮服】gǔnfú 名 곤복. 곤룡포.
【衮衮】gǔngǔn 書 貶 ❶많다. 수두룩하다. 끝이 없다. ❷권세가 대단하다.
【衮衮诸公】gǔn gǔn zhū gōng 國 대감님네들. 무위도식하는 고관들. ¶本朝～, 谁是忠臣? | 오늘날 정부의 고관님네들, 누가 충신입니까?

2 ## 【滚〈滾〉】gǔn 꿈틀흐를 곤, 구를 곤

❶動 구르다. 굴리다. ¶小球～来～去 | 작은 공이 이리저리 구르다. ¶～铁环tiěhuán | 굴렁쇠를 굴리다. ¶在地上～ | 땅에서 뒹굴다. ❷動 (물이) 세차게 흐르다. 소용돌이치다. ¶大江～～东去 | 큰 강이 동쪽으로 세차게 흐르다＝〔混gǔ〕 ❸動 轉 물이 끓다. ¶锅guō里水～了 | 솥의 물이 끓었다. ❹動 나가라. 물러가라. 꺼져라. ¶给我～出去! | 썩 꺼져 버려! ❺動 (옷단에) 선을 하나 두르다. 바이어스를 대다. ¶～一道边儿 | 선을 두르다. ¶裙子qúnzi～上花边 | 치마에 레이스로 가장자리를 두르다＝〔绲gǔn③〕 ❻動 섞이다. 포함되다. ¶全～在里头 | 모두 속에 섞여 있다. ❼擬 우르르 우르르 [천둥소리 등]→〔打雷〕 ❽

⇒〔滚子〕
【滚白水】gǔnbáishuǐ ⇒〔白bái开(水)〕
【滚边(儿)】gǔnbiān(r) ⇒〔绲gǔn边〕
【滚尘】gǔnchén 動 먼지가 일다. ¶～不定 | 늘 먼지가 인다.
【滚出来】gǔn·chū·lai ❶ 굴러 나오다. ❷ (소송·재판에서) 크게 고생하고 나오다. ¶打了官司, 花钱运动才～了 | 소송이 걸려서, 돈을 쓰고 운동해서야 간신히 나왔다.
【滚出去】gǔn·chū·qu 動組 罵 꺼져 버려! 사라져! ¶你给我～! | 너 없어져 버려! →〔滚蛋dàn①〕
【滚存】gǔncún 名 動 〈商〉 이월(하다). ¶～金 =〔滚存(款)项〕 | 이월금 →〔滚后〕
【滚打】gǔndǎ 動 맞붙어 싸우다.
【滚蛋】gǔn/dàn ❶ 動 罵 썩 꺼져라. ¶他大声斥责chìzé说, ～出去! | 그는 큰소리로 꾸짖어며 말하길, 「썩 꺼져!」→〔滚出去〕〔滚开kāi ⓑ〕〔滚球qiú儿〕 ❷ ⇒〔滚架jià〕 ❸ 動 못쓰게 되다.
【滚(地)球】gǔn(dì)qiú 名 〈體〉 (야구의) 땅볼 =〔滚球②〕
4【滚动】gǔndòng ❶ 動 (공·바퀴 등이) 구르다. 굴러가다. 회전하다. ¶不停地～ | 계속 굴러가다. ¶人民只听见轮子～的声音 | 사람들은 단지 바퀴 굴러가는 소리를 들었다. ❷ 名 회전. 굴림.
【滚翻】gǔnfān 名 〈體〉 텀블링(tumbling). ¶～动作 | 텀블링 동작.
【滚杠】gǔngàng 名 〈機〉 굴림대. 롤러.
【滚瓜烂熟】gǔn guā làn shú 成 (독서·암기 등이) 유창하다. 거침없다. 철저하다. 익숙하다. ¶背得～ | 유창하게 외우다.
【滚瓜溜圆】gǔnguā liūyuán 成 (가축 등이 살이 쪄서) 통통하다 =〔滚瓜圆〕
【滚滚】gǔngǔn 貺 ❶ (물 등이) 세차게 굽이쳐 흐르다. 轉 끊임없다. ¶大江～东去 | 장강(長江)이 도도히 굽이쳐 동쪽으로 흐른다. ❷ 轉 수레바퀴가 구르다. 한꺼번에 밀려오다. ¶沙尘shāchén～ | 모래 먼지가 밀려오다. ¶财源cáiyuán～ | 재원이 끊임없이 굴러 들어오다. ¶历史车轮chēlún～向前 | 역사의 수레바퀴는 힘차게 앞으로 굴러간다.
【滚后】gǔnhòu 動 이월하다 →〔滚存〕
【滚架】gǔnjià ❶ 動 마주잡고 싸우다. ❷ 名 움켜잡음 ‖ =〔滚蛋②〕
【滚开】ⓐ gǔnkāi 動 물이 펄펄 끓다. ¶～的水 | 펄펄 끓는 물.
ⓑ gǔn·kai 動 罵 꺼져! 사라져!
【滚雷】gǔnléi 名 ❶ 계속되는 우뢰·천둥. ¶天际tiānjì响了一声～ | 하늘가에서 한차례 천둥 소리가 들리다. ❷ 〈軍〉 롤링 마인(rolling mine).
【滚轮】gǔnlún ❶ ⇒〔滚子①〕 ❷ 名 〈體〉 구간(球竿) =〔虎hǔ伏〕
【滚木垒石】gǔn mù lěi shí 成 통나무를 굴리고 큰 돌로 공격하다. ¶他们已经豫备好了～ | 그들은 이미 통나무 굴리고 큰 돌로 공격할 준비가 다 되었다. ¶山上～纷纷落下 | 산 위에서 통나무와 큰 돌이 분분히 떨어지다.
【滚球】gǔnqiú ❶ 名 〈體〉 볼링. ❷ ⇒〔滚(地)球〕
【滚球儿】gǔnqiúr 罵 썩 없어져! 사라져 버려! [애들을 꾸중하여 쫓아 보내는 말]→〔滚蛋dàn①〕
【滚热】gǔnrè ⇒〔滚烫tàng〕
【滚式】gǔnshì 名 〈體〉 (높이 뛰기에서) 롤 오버. ¶～跳tiào高 | 롤 오버식 높이뛰기.
【滚水】gǔn/shuǐ ❶ 動 물이 넘치다. ❷ (gǔnshuǐ) 名 펄펄 끓는〔끓인〕 물. ¶用～冲茶chōngchá | 펄펄 끓는 물로 차를 타다 =〔开kāi水②〕
【滚汤】gǔntāng 名 ❶ 끓는 물 =〔开kāi水①〕 ❷ 끓고 있는 국 =〔沸汤②〕
【滚烫】gǔntàng 貺 (몸이나 음식이) 매우 뜨겁다. ¶稀饭xīfàn～的, 凉了再吃吧! | 죽이 매우 뜨거우니 식으면 먹읍시다! =〔滚热rè〕
【滚筒】gǔntǒng 名 〈機〉 실린더. 로울러. ¶～印刷机 | 윤전 인쇄기. 윤전기.
【滚雪球】gǔnxuěqiú 動組 ❶ 눈덩이 굴리기 놀이. ❷ 喻 재물·재산이 눈덩이처럼 커져 가는 것. ¶这里的财产好像～, 越滚越大 | 이곳의 재산은 마치 눈덩이와 같아서 구르면 구를수록 커진다.
【滚珠(儿)】gǔnzhū(r) 名 〈機〉 볼 베어링의 쇠구슬 =〔钢球〕〔钢珠〕
【滚子】gǔn·zi ❶ 名 롤러(roller). ¶用～轧平场地 | 롤러로 땅을 평평하게 고르다. ¶～梁liáng | 롤러빔. ¶前～ | 프런트 롤러(front roller). ¶头顶～ | 톱 롤러(top rollor) =〔滚轴zhóu〕〔滚轮lún①〕〔磙gǔn子〕〔辊gǔn子〕〔外 罗拉luólā〕 ❷ ⇒〔电动机〕

【磙〈磙〉】gǔn 땅고를 곤

❶ ⇒〔磙子〕 ❷ 動 롤러로 땅을 평평하게 고르다. ¶～地 | 롤러로 땅을 고르다.
【磙子】gǔn·zi ⇒〔滚子①〕

【混】gǔn ☞ 混 hùn Ⓒ

【绲(緄)】gǔn 띠 곤, 노끈 곤

書 ❶ 名 엮어 짠 띠. ❷ 名 새끼. 줄. 노끈. ❸ 動 (옷의 가장자리에) 바이어스를 대다. 가선을 두르다. ¶用红绲子在领口上～一道边儿 | 붉은 띠로 목둘레에 가선을 두르다 =〔滚gǔn④〕 ❹ 量 단. 묶음. ¶一～ | 한 단.
【绲边(儿)】gǔnbiān(r) 名 선을 두른 옷단 =〔滚gǔn边〕

【辊(輥)】gǔn 빠르게구를 곤

❶ ⇒〔辊子〕 ❷ (～子) 名 압연(壓延)롤러. ❸ 動 롤러로 땅을 다지다. ¶～路机 =〔撺cuān道机〕〔压yā路机〕 | 땅 고르는 롤러 =〔辊压〕
【辊子】gǔn·zi ⇒〔滚gǔn子〕

【鲧(鯀)〈鮌〉】gǔn 곤어 곤, 사람이름 곤

書 名 ❶ 곤어. 큰 물고기. ❷ (Gǔn) 〈人〉 곤. 우왕(禹王)의 아버지의 이름.

gùn ㄍㄨㄣˋ

3【棍】gùn 몽둥이 곤

名 ❶ (～儿, ～子) 막대기. 몽둥이. ¶

木～ | 나무 막대기. ¶小～儿 | 작은 몽둥이→〔棒bàng①〕〔手杖shǒuzhàng〕 ❷(～子) 꾼. 악당. 무뢰한. ¶赌dǔ～ | 노름꾼. ¶～徒↓ ¶讼sòng～ | 소송 거간꾼 =〔恶è棍〕〔痞pǐ棍〕
【棍棒】gùnbàng 名 ❶ 옛날 무기용 방망이. ❷〈體〉곤봉.
【棍茶】gùnchá 名 막대기 모양으로 뭉친 찻잎.
【棍打】gùndǎ 動 몽둥이로 때리다.
【棍徒】gùntú 名 악당. 무뢰한 =〔棍匪〕〔棍脚〕〔棍痞〕
3【棍子】gùn·zi ❶ 名 막대기. 몽둥이. ¶你把我的～拿去 | 너 나의 몽둥이를 가져 가거라. ❷ 喻 사람에 타격을 주는「비평」를 비유. ¶不准随便打～, 要允许百家争鸣嘛 | 사람에게 타격을 주는 비평을 마음대로 해서는 안되며, 모든 사람의 공감을 얻어야만 한다.

guō ㄍㄨㄛ

【过】guō ☞ 过 guò B
【呙】guō ☞ 呙 wāi B
【埚(堝)】guō 도가니 과
名 도가니 =〔坩gān埚〕
【涡】guō ☞ 涡 wō B
2【锅(鍋)】guō 노구 과 솥 과
名 ❶ 남비. 솥. 가마. ¶一口～ | 남비 한 개. ¶沙shā～ | 질 남비. ❷(～儿) 보시기처럼 우묵한 부분. ¶烟袋yāndài～儿 | 담뱃대의 대통. ❸ 가열용의 기구. ¶～炉↓ ¶火～ | 신선로.
【锅巴(儿)】guōbā(r) 名〈食〉누룽지 ¶好香的～ | 맛있는 누룽지 =〔方 锅焦jiāo〕〔饭痂jiā〕
【锅饼】guō·bing 名〈食〉솥뚜껑같이 큼직하고 두껍게 구운 밀가루 떡. ¶我肚子饿得很, 吃了～再去 | 나는 배가 너무 고파, 밀가루 떡을 먹고 다시 갔다→〔烧shāo饼〕
【锅底】guōdǐ 名 ❶ 솥 바닥. 가마 밑. ¶～朝天 | 솥 바닥이 텅비다. 먹을 것이 떨어지다. ❷ 불모지(不毛地). 메마른 땅.
【锅盖(儿)】guōgài(r) 名 남비뚜껑. 솥뚜껑.
【锅伙(儿)】guō·huo(r) 名 ❶ 옛날, 상인이나 노동자들의 임시 합숙소. ¶住～ | 합숙소에서 거주하다. ❷ 한 솥 밥을 먹는 동료.
【锅脚】guōjiǎo 名 솥발.
【锅盔】guōkuī 名〈食〉자그마하게 구운 밀가루 떡→〔锅饼bǐng〕
3【锅炉】guōlú 名〈機〉보일러. ¶火管～ | 파이어튜브 보일러(fire tube boiler). ¶水管～ | 수관식 보일러. ¶低压dīyā～ | 저압 보일러. ¶高gāo压～ | 고압 보일러. ¶内燃nèirán～ | 내연식 보일러. ¶外燃～ | 외연식 보일러. ¶～房 | 보일러실. ¶～给水 | 보일러 급수 =〔蒸zhēng气锅炉〕
【锅台(儿)】guōtái(r) 名 부뚜막. ¶围着～转 | 부엌에서 분주히 돌아가다. ¶～转的 | 喻 여자. 딸 =〔灶zao①〕〔炉lú灶〕
【锅贴(儿)】guōtiē(r) 名 ❶〈食〉구운 만두 ¶～店 | 만두 가게→〔饺jiǎo子〕 ❷ 俗 뺨을 갈기는 것. ¶敬他一个～ | 뺨을 한 대 때리다.
【锅驼机】guōtuójī 名〈機〉증기기관.
【锅烟子】guōyān·zi 名 (솥밑의) 검댕. ¶刮～ | 솥밑의 검댕을 긁다.
【锅庄】guōzhuāng 名 ❶ 명절이나 농한기때, 남녀가 원을 만들어 왼쪽으로 돌며 노래하면서 추는 장족(藏族)의 민속 무용. ❷ 장족(藏族)·이족(彝族) 등 지구의 부뚜막. ❸ 장족·이족상인들의 본거지.
【锅子】guō·zi 名 ❶ 보시기처럼 우묵한 부분. ¶烟袋yāndài～ | 담배 대통. ❷ 신선로. 솥. ¶涮shuàn～ =〔火huǒ锅〕| 신선로. 전골 =〔锅儿〕
【郭】guō 성곽 곽
❶ 名 성벽. 성곽 [내성(內城)을「城」외성(外城)을「郭」이라함] ¶东～ | 동쪽의 성벽 =〔廓kuò⑥〕〔城郭〕→〔城chéng〕 ❷ 주위. 바깥 둘레. ¶铜钱tóngqián的周～ | 동전의 바깥 둘레. ❸ (Guō) 名 성(姓).
【郭公】guōgōng 書 名 ❶ 꼭두각시. 괴뢰(傀儡). ❷〈鳥〉뻐꾹새. 뻐꾸기 =〔布谷(鸟)〕
【崞】Guō 땅이름 곽
지명에 쓰이는 글자. ¶～县 | 곽현 [산서성(山西省)에 있었던 현] ¶～山 | 곽산 [산서성(山西省)에 있는 산]
【聒】guō ⓧ guā) 시끄러울 괄
形 시끄럽다. 요란하다. 떠들썩하다.
【聒耳】guō'ěr 形 시끄럽다. 떠들썩하다. ¶这声音太～ | 이 소리가 매우 시끄럽다.
【聒噪】guōzào 形 方 시끄럽다. 떠들썩하다. 소란하다.
【啯(嘓)】guō 귀찮을 곽, 삼키는소리 곽 ⇒〔啯啯(儿)〕
【啯啯(儿)】guōguōr ❶ 擬 꿀꺽. 쭉 [마시다가 삼키는 소리] ❷ 狀 번거롭다. 귀찮다.
【蝈(蟈)】guō 청머구리 괵
❶ ⇒〔蝈蝈儿〕 ❷ ⇒〔蝼lóu蛄〕
【蝈蝈儿】guō·guor 名〈蟲〉철써기. ¶逮了一个～ | 철써기를 잡았다 =〔方 叫jiào哥哥〕〔聒guō聒儿〕〔螽斯zhōngsī〕

guó ㄍㄨㄛˊ

1【国(國)】guó 나라 국
❶ 名 국가. 나라. ¶～内 | 국내. ¶保家卫～ | 가정을 보호하고, 국가를 지키다. ❷ 국가를 대표하는. ¶～旗↓ ¶～宴↓ ❸ 자국의. 그 나라의. ¶～货↓ ¶～画↓ ❹ 書 名「诸侯」(제후)가 통치하는 지역 [「大夫」(대부)가 통치하는 지역은「家」라고 함]→〔家jiā⑪〕 ❺ (Guó) 名 성(姓).
【国宝】guóbǎo 名 ❶ 국보. 나라의 보배. ¶这铜镜tóngjìng可是～啊 | 이 구리 거울은 정말 국보이다. ❷ 국가의 화폐. ❸ 喻 국가에 특수한 공헌을 한 사람 [예술가·문학가 등]

【国本】guóběn 名❶나라의 근본. 건국의 근본. ¶土地, 人民, 乃～｜땅과 백성은 나라의 근본이다. ❷옛날 태자(太子)의 다른 이름.
【国宾】guóbīn 名국빈. ¶～馆｜국빈관.
【国柄】guóbǐng 書名국권(國權). 정권(政權)＝〔国秉bǐng〕
【国策】guócè 名❶국책. 국가의 정책(政策). ¶～研究yánjiū｜국가 정책 연구. ❷(Guócè) 簡〈書〉전국책(戰國策).
4【国产】guóchǎn 區국산(의). ¶～影片yǐngpiàn｜국산 영화. ¶～品｜국산품.
【国耻】guóchǐ 名국치. 나라의 치욕. ¶洗雪xǐxuě～｜나라의 치욕을 씻다.
【国粹】guócuì 名국수. 한 국가·민족에게 고유한 문화의 정화(精華) [보수적·맹목적인 숭배의 뜻을 함유함] ¶～主义zhǔyì｜국수주의.
【国都】guódū 名수도 ¶～沦陷lúnxiàn了｜수도가 함락되었다→〔京师jīngshī〕
【国度】guódù ❶名나라의 법률 제도·기구. 轉국가. ❷⇒〔国用yòng〕
4【国法】guófǎ 名〈法〉국법. ¶这等行为, ～难容｜이러한 행위는 국법이 용납할 수 없다.
3【国防】guófáng 名국방. ¶～支出zhīchū｜국방비. ¶～力量lìliàng｜국방력. ¶～建设jiànshè｜국방 건설. ¶～生产｜국방 생산. ¶～委员会｜국방위원회. ¶～线｜국가 방위선.
【国风】guófēng 名❶나라의 풍습. ❷〈書〉시경(詩經)의 국풍편.
【国富民安】guó fù mín ān 成국가가 부강하고 백성이 편안하다.
【国歌】guógē 名국가. ¶～唱｜국가를 부르다.
【国格】guógé 名나라의 체면이나 존엄성. ¶不顾自己的～和人格｜조국의 존엄성과 자신의 인격을 돌보지 않다.
【国故】guógù 書名❶그 나라 고유의 문화·학술 [주로 언어·문자·문학·역사 등을 가리킴] ¶整理zhěnglǐ～｜고유의 문화와 학술을 정리하다. ❷국가의 대사.
【国号】guóhào 名국호.
【国花】guóhuā 名나라 꽃.
【国画】guóhuà 名〈美〉국화 [서양화에 대하여 고유의 전통 회화(繪畵)를 이르는 말]
【国徽】guóhuī 名국장(國章) [국가의 권위를 상징하는 휘장]
4【国会】guóhuì 名〈政〉국회. ¶～议员yìyuán｜국회의원＝〔议会〕
【国货】guóhuò 名국산품. ¶开～店｜국산품 가게를 열다.
3【国籍】guójí 名❶국적. ¶～证明｜국적 증명서. ¶～改变｜국적 변경. ¶～丧失｜국적 상실. ❷(비행기·선박 등의) 소속국. ¶～不明的飞机｜국적 불명의 비행기.
【国计民生】guò jì mín shēng 成국가 경제와 국민생활. ¶粮食是关系到～的重要物资｜식량은 국가 경제와 국민생활에 관계된 중요한 물자이다.
2【国际】guójì 名국제. ¶～奥林匹克委员会｜국제 올림픽 위원회. ¶～安全｜세계의 안전. ¶～博览会｜국제 박람회. ¶～法｜국제법. ¶～关系｜국제 관계. ¶～化｜국제화. ¶～路线｜국제 노선. ¶～货币huòbì｜국제 통화(通貨). ¶～列车｜국제 열차. ¶～市场｜국제 시장. ¶～分工｜국제 분업. ¶～协定xiédìng｜국제 협정. ¶～形势｜국제 형세. ¶～法院｜국제 사법 재판소. ¶～友人｜외국 친구. ¶～舆论yúlùn｜국제 여론. ¶～纵队｜(스페인 내란(1936～1939) 중에 코민테른에서 파견한) 국제 의용군. ¶带有～｜국제성을 띠다.
【国际裁判】guójì cáipàn 名組〈體〉국제심판.
【国际儿童节】Guójì E'rtóng Jié 名組국제 아동절＝〔六一儿童节〕
【国际妇女节】Guójì Fùnǚ Jíe 名組국제 여성의 날＝〔三八妇女节〕
【国际公制】guójì gōngzhì 名組미터법(metric system)＝〔公制〕〔米mǐ制〕
【国际劳动节】Guójì Láodòng Jié 名組메이 데이(May－Day). 국제 노동 기념일＝〔劳动节〕〔五一劳动节〕
【国际贸易】guójì màoyì 名組〈經〉국제 무역. ¶行～｜국제 무역을 하다.
【国际日期变更线】guójì rìqī biàngēngxiàn 名組날짜 변경선.
【国际私法】guójì sīfǎ 名組〈法〉국제사법.
【国际象棋】guójì xiàngqí 名組체스(chess). 서양장기.
【国际音标】guójì yīnbiāo 名組〈言〉국제음성자모＝〔万国语音学字母〕
4【国际主义】guójì zhǔyì 名〈政〉국제주의.
1【国家】guójiā 名국가. 나라. ¶保卫bǎowèi～｜국가를 보위하다. ¶～大事｜국가의 대사. ¶～典礼｜국가 의식(儀式). ¶～机关工作人员｜국가 기관원. ¶～保安机关｜국가 보안 기관. ¶～决算｜국가 수지의 결산. ¶～垄断资本主义｜국가 독점 자본주의. ¶～权力机关｜국가 권력기관. ¶～财政｜국가 재정. ¶～银行｜국립은행. ¶～元首｜국가 원수. ¶～社会主义｜국가 사회주의.
【国家裁判】guó jiā cáipàn 名組〈體〉국가심판 [중화 인민 공화국의 국가 공인심판]
【国家所有制】guójiā sǔoyǒuzhì 名組국가소유제. 국유제.
【国家兴亡, 匹夫有责】guó jiā xīng wáng, pǐ fū yǒu zé 成나라의 흥망은 일반 국민도 책임이 있다.
【国脚】guójiǎo 名〈體〉축구 국가 대표선수(단). ¶一代～, 明年挂鞋guàxié｜일대 축구 국가 대표선수단이 내년에 은퇴한다.
【国教】guójiào 名국교.
【国界】guójiè 名국경. 국경선. ¶～线｜＝〔国境线〕
【国境】guójìng 名국경. ¶～线｜국경선. ¶～贸易màoyì｜국경 무역.
【国舅】guójiù 名황후나 귀비의 형제. ¶唐朝～扬国忠乃一代奸臣｜당대 양귀비의 형제였던

양국충은 일대의 간신이다.
【国君】guójūn 名 국군. 국왕.
【国库】guókù 名〈經〉국고. ¶～券quàn＝〔库券〕| 국고 채권.
4【国力】guólì 名 국력.
【国立】guólì 名 국립. ¶～大学dàxué | 국립 대학. ¶～医院yīyuàn | 국립 병원. ¶～公园gōngyuán | 국립 공원.
【国联】Guólián 名 簡 국제 연맹.
【国门】guómén 書 名 ❶ 수도의 성문. ❷ 변경. 국경.
4【国民】guómín 名 국민 ¶～道德 | 국민 도덕. ¶～教育 | 국민 교육. ¶～健康调查 | 국민 건강 조사. ¶～生产总值 | 국민 총생산→〔公民〕〔人民〕
2【国民党】Guómíndǎng 名 (중국)국민당.
【国民经济】guómín jīngjì 名〈經〉국민경제.
【国民收入】guómín shōurù 名組〈經〉국민소득.
【国难】guónàn 名 (외국의 침입으로 인한)국난. ¶～财 | 전쟁의 혼란을 틈타 벌어들인 재산. ¶～当头，青年人自应以救国为己任 | 국난이 눈앞에 닥치면, 청년들은 스스로 구국을 자신의 임무로 여겨야 한다.
【国内】guónèi 名 국내. ¶～法 | 국내 법. ¶～贸易 | 국내 무역. ¶～生产总值 | 국내 총생산. ¶～讯问xùnwèn | 국내 뉴스. ¶～政治形势 | 국내 정치 정세(情勢). ¶～汇兑huìduī | 내국환.
【国破山河在】guó pò shān hé zài 成 나라는 망했어도 산천은 의구하다. 나라 안이 피폐해져도 산하는 여전하다.
3【国旗】guóqí 名 국기. ¶在天空飘扬的～ | 하늘에 나부끼는 국기.
4【国情】guóqíng 名 국정. 나라의 정세〔형편〕.
【国情咨文】guóqíng zīwén 名組 일반 교서. 연두 교서.
【国庆】guóqìng 名 ❶ 국가 경사. ❷ 건국 기념일. 개국 기념일.
【国庆日】guóqìngrì 名 국경일. 건국 기념일 [중화인민공화국은 1949년 10월 1일 북경 천안문(天安門)에서 중화인민공화국 중앙인민정부(中央人民政府)를 수립하여 이날을 「國慶日」로 정했고, 중화민국 정부는 1911년 10월 10일 무창(武昌) 혁명의 날을 건국 기념일로 정함] →〔双shuāng十节〕
【国人】guórén 書 名 국민.
【国色】guósè 書 名 국색 [그 나라에서 미모가 가장 빼어난 여자]＝〔国艳yàn〕〔国容róng②〕〔国姝shū〕
【国色天香】guó sè tiān xiāng 成 모란(牡丹)의 아름다움을 형용하는 말. 후에는 여성의 아름다움을 형용 ＝〔天香国色〕
【国殇】guóshāng 名 ❶ 書 순국열사. ❷ (Guóshāng) 〈書〉국상 [초사(楚辭) 구가(九歌)의 편명]
【国史】guóshǐ 名 ❶ 국사 [한 나라·한 왕조의 역사] ❷ 고대의 사관. ¶～馆 | 국사 편찬 기관.
【国事】guóshì 名 국가 대사. ¶执行～ | 국가 대사를 집행하다. ¶～犯 | 국사범. ¶～访问fǎngwèn | 공식 방문.
【国是】guóshì 書 名 국시. 국가의 기본 방침. ¶这种倾向qīngxiàng早已成为了我们国家的～ | 이러한 경향은 이미 우리 나라의 국가 기본 방침이 되었다.
【国手】guóshǒu 名 국수. ¶围棋～ | 바둑국수.
【国书】guóshū 名 ❶ 국서. 신임장. ¶呈chéng递～ | 국서를 바치다. ❷ 자국의 문자 [요(遼)·금(金)·원(元)·청(淸)나라 등이 각각 자기 민족의 문자(文字)를 국서라 칭하였음.
【国泰民安】guó tài mín ān 成 국태 민안. 국가가 태평하고 국민이 평안하다. ¶现在～，万业兴隆 | 지금은 국태민안의 시기여서, 모든 것이 융성하다. ¶唐朝在中国历史上强盛时期，那时候～ | 당나라는 중국 역사상 강성했던 시대로써, 그 때는 국가가 태평하고 백성들이 평안하였다.
【国体】guótǐ 名 ❶ 국체 [국가 형태] ❷ 국가의 체면.
4【国土】guótǔ 名 국토＝〔邦bāng土〕
【国外】guówài 名 외국. 국외. ¶到～去 | 외국으로 가다. ¶～代理人 | 국외 대리점. ¶～贸易 | 외국 무역. ¶～电报 | 국외 전보. ¶～汇兑huìduī | 외국환.
2【国王】guówáng 名 국왕. ¶～陛下 | 국왕 폐하.
【国文】guówén 名 국문. 국어. ¶～教员是新来的 | 국어 교사는 새로 부임해 온 분이다.
【国无宁日】guó wú níngrì 成 나라가 편안할 날 없다.
【国务】guówù 名 국무. 국사. ¶～会议 | 국무회의.
【国务卿】guówùqīng 名〈政〉❶ 국무경 [중화민국 초년(初年), 대총통(大總統)의 보좌역] ❷ (미국의) 국무장관.
3【国务院】guówùyuàn 名〈政〉❶ 국무원 [중화인민공화국의 최고 행정기관, 즉 중앙인민정부(中央人民政府)를 말함. 총리(總理)·부총리(副總理)·각 부(部)의 부장(部長)·각 위원회의 주임(主任) 등으로 구성됨] ❷ 국무원 [중화민국 초년(初年)의 내각. 국무총리를 수반으로 했음] ❸ (미국의) 국무성.
【国学】guóxué 名 ❶ 국학. 나라 고유의 학문. ¶～的底子 | 국학의 소양. ❷ 書 고대에 국가가 설립한 학교 [수(隋)에서 청(淸)까지는 「国子监」이라 불렀음]＝〔国庠xiáng〕
【国宴】guóyàn 書 名 정부에서 주최하는 국빈을 위한 연회.
【国音】guóyīn 名 ❶ 그 나라 고유의 말소리. ¶北京妇女说话流行一种女～ | 북경 여성들은 말을 할때 여성 고유의 말소리로 하는 것이 유행이다. ❷ 중화민국 초기에 북경음(北京音)으로 결정한 중국어의 표준음 [현재 중국어음과는 상당한 차이가 있음]
3【国营】guóyíng 名 국영. ¶～农场nóngchǎng | 국영 농장. ¶～企业qǐyè | 국영 기업. ¶～保险bǎoxiǎn | 국영 보험 →〔私sī营〕

【国用】guóyòng 書 名 국가의 세출 =〔国度②〕
【国优】guóyōu 名 전국에서 가장 우수한 상품·성적 등. ¶～产品 | 우수한 생산품.
4【国有】guóyǒu 名 국유. ¶～铁路tiělù | 국유 철도. ¶～化 | 국유화. ¶～财产cáichǎn | 국유 재산.
【国语】guóyǔ 名 ❶ 국어. 전국을 통일해서 사용하는 표준어. ❷ 중국어. ❸ (Guóyǔ)〈書〉국어 [주대(周代) 좌구명(左丘明)이 엮음. 춘추외전(春秋外傳)이라고도 함]
【国语罗马字】guóyǔ luómǎzì 名組〈言〉국어 로마자 [중국어 발음을 표기하기 위한 로마자. 1928년 중화민국 대학원(中華民國大學院)이 제정 공포한 것으로「国音字母第二式」이 이것임. 이에 대하여「注音字母」를「国音字母第一式」이라 부름] ¶赵元任博士研制了～ | 조원임 박사가 국어로마자를 연구 제정했다.
【国乐】guóyuè 名 (중국)국악.
【国葬】guózàng 名 국장. ¶举行jǔxíng～ | 국장을 거행하다.
【国贼】guózéi 名 매국노. 민족 반역자.
【国债(票)】guózhài(piào) 名 국채. ¶发行～ | 국채를 발행하다.
【国政】guózhèng 名 국정.
【国子监】guózǐjiàn 名 국자감 [수(隋)나라에서 청(清)나라까지 국가가「举人」「贡生」「监生」을 교육시키기 위하여 지은 학교] ¶～祭酒 | 국자감의 학장. ¶～司业 | 국자감의 교수.

【帼(幗)】 guó 머리장식 괵
⇒〔巾jīn帼〕

【掴】 guó ☞ 掴 guāi

【腘(膕)】 guó 오금 괵
⇒〔腘窝〕

【腘窝】guówō 名〈生理〉오금.

【馘】 guó 머리벨 괵
書 動 고대, 전쟁에서 적의 머리를 베감. ¶斩～甚众 | 귀를 베고 목을 자른 수효는 엄청나게 많았다.
【馘首】guóshǒu 書 動 목을 베다.

【虢】 Guó 손톱자국 괵, 나라이름 괵
名 ❶〈地〉괵국 [주대(周代)의 나라 이름으로「东虢」(동괵)「西虢」(서괵)「南虢」(남괵)「北虢」(북괵)의 4개국이 있음] ❷ (Guó) 성(姓).

guǒ ㄍㄨㄛˇ

1【果〈菓1〉】 guǒ 열매 과
❶ (～儿, ～子) 名 과일. 열매. ¶水～ | 과일. ¶结～ | 열매 맺다→〔果子〕 ❷ (일의) 결과. 성과. ¶成～ | 성과. ¶前因后～ | 원인의 결과. 전후 사연. ¶自食其～ | 자업자득. ❸ 단호하다. 결단성이 있다. ¶～敢↓ ¶～断↓ ❹ 書 副 과연. 정말. ¶～不出所料 | 과연 생각했던 그대로이다. ❺ 連 만일. 혹시 =〔如rú果〕〔若ruò果〕 ❻ (～儿) 名 方 계란. ❼ (Guǒ) 名 성(姓).

【果阿】Guǒ'ā 名 外〈地〉고아(Goa) [인도 서해안의 봄베이의 남쪽에 있는 옛 포르투갈 영토. 수도는「彭pēng进」(판짐)] =〔卧wò亚〕〔哥gē阿〕
【果不其然】guǒ·bu qí rán 成 과연. 아니나다를까. ¶我早说要下雨, ～, 下了吧! | 내가 일찌기 비 올 것이라 했는데, 아니나 다를까 비가 내리잖아! =〔果然①〕〔果不然〕
【果茶】guǒchá 名〈食〉수박 씨·땅콩·용안·대·청매 등을 넣어 달인 차. ¶～味道极可口 | 과차의 맛이 정말 좋다.
4【果断】guǒduàn 形 褒 과단성 있다. ¶采取～的措施cuòshī | 과감한 조치를 취하다. ¶办事bànshì～ | 일처리가 과단성 있다.
【果饵】guǒ'ěr 名 (간식용의) 과자.
【果脯】guǒfǔ 名〈食〉(복숭아·살구·배·대추 등의) 과일을 설탕에 재어 만든 음식물. ¶苹píng～ | 사과 설탕절이.
【果腹】guǒfù 書 動 배불리 먹다. ¶食不～ | 배불리 먹지 못하다. ¶借些粮食, 聊以～ | 양식을 빌어, 잠시나마 배불리 먹다→〔饱bǎo食〕
【果敢】guǒgǎn 書 形 과감하다. ¶在工作中, 他不仅考虑kǎolǜ周到zhōudào, 而且很～ | 작업 중에 그는 주도면밀하게 생각할 뿐만아니라 과감하기도 하다.
【果核(儿)】guǒhé(r) 名 과일의 씨.
【果浆】guǒjiāng 名〈食〉과일 즙. 시럽(syrup).
【果酱】guǒjiàng ⇒〔果子酱〕
【果胶】guǒjiāo 名〈化〉펙틴(pectin).
【果决】guǒjué 書 形 결단력 있다. ¶他处事很～ | 그는 결단력있게 일을 처리 한다.
【果料】guǒliào ❶ ⇒〔果然①〕 ❷ (～儿) 名 과자나 케이크 등에 단맛을 내거나, 장식하기 위하여 위에 올려놓는 과일의 가공물.
【果木】guǒmù 名 과수(果樹) =〔果树shù〕
【果皮】guǒpí 名〈植〉과피. 열매 겹질. ¶～箱xiāng | 쓰레기 통 =〔果被bèi〕
【果品】guǒpǐn 名 (상품으로서의) 과일류. ¶罐头guàntóu～ | 과일 통조림. ¶干鲜～ | 말린 과일과 신선한 과일. ¶卖些应时～ | 철에 맞는 과일을 팔다.
【果圃】guǒpǔ 名 과수원.
【果儿】guǒr 名 ❶ 方 계란. ¶卧wò～ | 계란을 깨뜨려 통째로 끓는 물에 넣고 삶다. ❷ 작은 과일.
2【果然】guǒrán ❶ 副 과연. 생각한 대로. ¶～名不虚传 | 과연 명성 그대로 이다 =〔果不然〕〔果不其然〕〔果料〕 ❷ 連 만약 …한다면, ¶你～爱她, 你就应该帮助bāngzhù她 | 네가 만약 그녀를 사랑한다면, 마땅히 그녀를 도와야 한다 ❸ 名〈動〉긴 꼬리 원숭이 =〔长cháng尾猴〕
【果瓤(儿)】guǒráng(r) ⇒〔果仁rén(儿)〕
【果仁(儿)】guǒrén(r) 名 (과실의) 핵(核) =〔果瓤ráng(儿)〕
【果肉】guǒròu 名 과육. 과실의 살. ¶在中国, ～可以入药 | 중국에서는 과실의 살을 약에 넣을 수 있다.

[3]【果实】guǒshí 名 ❶과실. ¶树上～累累 | 나무에 과실이 주렁주렁하다. ❷수확. 거둬 들인 물건. 轉 성과. ¶劳动～ | 노동의 성과.

[3]【果树】guǒshù 名 과수. ¶～栽培zāipéi | 과수 재배 =〔果木(树)〕

【果酸】guǒsuān 名〈化〉주석산(酒石酸) =〔酒jiǔ石酸〕

【果穗】guǒsuì 名(옥수수·수수 등의) 이삭.

【果糖】guǒtáng 名〈化〉과당(fructose).

【果园(儿, 子)】guǒyuán(r·zi) 名 과수원 =〔果木mù园〕〔果树shù园〕

【果真】guǒzhēn ❶副 과연. 진실로. ¶他～走了吗? | 그는 정말 가버렸을까? ❷連 만약 정말 이라면. 사실이 …라면. ¶～如此, 我就放心了 | 만약에 정말 이렇다면, 나는 안심한다.

【果汁(儿)】guǒzhī(r) 名〈食〉과일 즙. 과즙. 과일 쥬스. ¶葡萄pútáo～ | 포도 쥬스. ¶～机 | 쥬스기.

【果枝】guǒzhī 名 ❶과실을 맺은 가지. ❷면화(棉花) 그루의 다래를 맺은 가지.

【果子】guǒ·zi ❶名 과일. 과실(果實). ❷⇒〔馃guǒ子〕

【果子冻】guǒ·zidòng 名〈食〉과일 젤리.

【果子酱】guǒ·zijiàng 名〈食〉잼. ¶橘jú子～ | 마멀레이드(marmalade). ¶罐头guàntóu～ | 잼 통조림 =〔果酱〕

【果子酒】guǒ·zijiǔ 名 과일주. 과실주. ¶金老师只爱喝～ | 김선생님은 과일주를 좋아한다.

【果子露】guǒ·zilù 名〈食〉❶과일 쥬스. 시럽(syrup). ❷과실주 ‖=〔果露〕

【果子盐】guǒ·ziyán 名 과실에서 뽑아낸 칼슘염의 일종으로 소화를 돕고 설사 작용을 일으키는 약품.

【猓】 guǒ 긴꼬리원숭이 과

❶⇒〔猓猡〕 ❷⇒〔猓然〕

【猓猡】Guǒluó 名〈民〉과라(猓玀) [운남(雲南)·귀주(貴州)·사천(四川) 및 월남 북부에 산거(散居)하는 종족(種族)]

【猓然】guǒrán 名〈動〉긴꼬리 원숭이 =〔长尾猴〕=〔猓燃〕

【馃(餜)】 guǒ 떡 과

⇒〔馃子〕

【馃子】guǒ·zi 名〈食〉❶밀가루를 반죽하여 여러가지 모양으로 기름에 튀긴 식품. ❷方 재래의「点心」(과자)의 총칭 ‖=〔果子②〕

【蜾】 guǒ 나나니벌 과

⇒〔蜾蠃〕

【蜾蠃】guǒluǒ 名〈蟲〉나나니(벌) =〔果guǒ蠃〕→〔螟蛉mínglíng〕

3【裹】 guǒ 쌀 과

❶動(종이·천 등에 얇은 물체를) 휘감다. 싸매다. ¶用绷带bēngdài～伤口 | 붕대로 상처를 싸매다. ¶被波浪～了去了 | 물결에 휘말리고 말았다. ❷動(좋지 않은 목적을 위해 사람이나 물건을) 다른 사람이나 물건에 섞어 넣다. (혼잡을 틈타) 데리고 가다. 납치하다. ¶把次货～在头货里 | 이등품을 일등품 속에 섞어 넣다. ¶叫大兵～了去 | 군인에게 끌려갔다. ❸動方(우유·젖을) 빨다. ¶～奶 | 젖을 빨다. ❹名(물건을 싼) 보따리. ¶大包小～ | 크고 작은 보따리.

【裹夹】guǒjiā 動 ❶말려 들게 하다. ¶被开放大潮所～ | 개방의 큰 조류에 말려 들다. ❷협공(挾攻)하다. ❸(분위기 등으로) 선채로 움직이지 못하다.

【裹脚】ⓐ guǒ/jiǎo 動 전족(纏足)하다 =〔裹足zú②〕

ⓑ guǒ·jiao 名 옛날 중국에서 여자들이 전족(纏足)하는 데 쓰는 긴 천 =〔裹脚布bù〕〔裹脚条tiáo子〕

【裹紧】guǒjǐn 動 단단히 싸다. ¶他～了大衣, 还是觉得冷 | 그는 외투를 단단히 둘러도 여전히 추위가 느껴졌다.

【裹没】guǒmò 動 ❶얼버무리다. ¶用消话给～了 | 우스개 소리로 얼버무리다. ❷마구〔난잡하게〕 뒤섞다. ¶没留神把他的书给～过来啦 | 주의를 기울이지 않아 그의 책을 뒤섞어 놓았다 →〔裹抹〕

【裹抹】guǒ·mo 動(남의 물건을) 속여〔훔쳐〕 가지다. 후무리다. (무엇인가에) 헛갈리다. ¶眼不见的工夫, 我的东西让他给～去了 | 한눈 파는 사이에 내 물건을 그가 훔쳐갔다.

【裹身(儿)】guǒshēn(r) 形(옷이) 몸에 착 들러붙다. ¶她的连衣裙瘦得～ | 그녀의 원피스는 품이 작아서 몸에 착 들러붙는다.

【裹腿】guǒ·tui 名 각반. 행전. ¶打～ | 각반을 하다 =〔裹布bù〕

【裹胁】guǒxié 動(나쁜 일에) 협박하여 끌어 들이다. ¶他做这件事是受了坏人～ | 그가 이 일을 한 것은 불량배에게 협박당했기 때문이다 =〔裹挟xié②〕

【裹挟】guǒxié ❶動(시대 정세나 조류 등이) 사람을 말려들게 하다. ❷⇒〔裹协xié〕

【裹走】guǒzǒu 動(한데 섞어서) 끌고〔납치해〕 가다.

【裹足】guǒzú ❶動 앞으로 나아가지 않다. ¶～不前 | 우물쭈물하면서 앞으로 나아가지 않다. ❷⇒〔裹脚jiǎo ⓐ〕

【椁〈槨〉】 guǒ 곽 곽, 외관 곽

名 곽. 외관(外棺) →〔棺guān椁〕

guò ㄍㄨㄛˋ

1【过(過)】 guò guō ·guo 넘을 과, 지날 과

Ⓐ guò ❶動(한 지점에서 다른 지점으로) 가다. 건너다. 어법 개사(介詞)를 수반하지 않고 장소를 나타내는 말만을 목적어로 가짐. ¶～江↓ ¶咱们～那边儿谈谈 | 우리 저쪽으로 가서 얘기하자. ❷動(어떤 지점이나 시점을) 지나다. 경과하다. ¶～日子↓ ¶～冬 | 겨울을 나다. ¶～了两个钟头了 | 두 시간이 경과했다. ❸動(…에서 …로) 옮기다. ¶～户↓ ¶～帐↓ ❹動 轉 통하다. ¶～电↓ ❺(말을) 주고

받다. 왕래하다. 교제하다. ¶～从↓ ❻ 動 (수량·정도를) 넘다. 초과하다. ¶～了七十 | 칠십을 넘었다. ¶～热 | 물이 지나치게 뜨겁다. ❼ 動 (어떤 처리·방법을) 거치다. ¶～称↓ ¶～淋↓ ¶～油↓ ❽ 動 지내다. 생활하다. ¶～得越来越好 | 생활이 나날이 좋아지다. ❾ 動 (동사 뒤에 보어로 쓰여), (힘이나 질이) 뛰어나다. ¶敌得～他 | 그를 당할 수 있다. ❿ 動 (동사의 뒤에 붙은 「得(不)」와 함께 보어로 쓰여) 우세하다〔못하다〕. 통과할 수 있다〔통과할 수 없다〕. ¶我完全信得～他 | 나는 전적으로 그를 믿을 수 있다. ¶他怎么瞒得～你? | 그가 어떻게 너를 속일 수 있니? ⓫ (～儿) 量 번. 회. 차. ¶数了好几～儿 | 몇차례나 세어보았다. ⓬ 名 잘못. 과오. 과실. ¶改～自新 | 잘못을 뉘우치고 새출발 하다. ⓭ 頭〈化〉과(過)…[표준 또는 보통의 원자가(原子價) 관계 이상의 비율로 원소가 결합하고 있는 것을 나타냄] ¶～氧化氢 | 과산화수소. H2O2.

Ⓑ guō ❶ 動 ⓞ 초과하다. (한도를) 넘다. (분수에) 넘치다. ¶～分↓ ¶～福↓ ❷ (Guō) 名 성(姓).

Ⓒ ·guo 助 동사 뒤에 동태조사(動態助詞)로 쓰여, ❶ 동작이 완료되었음을 나타냄. 어법 동사와 「过」 사이에 「得」「不」를 넣을 수 없으며, 문(句子)의 끝에 「了」를 쓸 수 있음. ¶吃～饭再去 | 밥을 먹은 다음에 가자. ¶赶到那儿, 第一场已经演～了 | 그곳에 서둘러 도착했을 때 1회 공연은 이미 끝나버렸다. ❷ 일찍이 그러한 일이 있었거나, 경험이 있음을 나타냄. 어법 ⓐ 과거의 경험을 나타낼 때 과거를 나타내는 시간사(時間詞)가 반드시 있어야 할 필요는 없지만, 만약에 시간사를 쓴다면, 확정적인 시간사를 써야 함. ¶有一年, 我去～长城(×) ¶去年, 我去～长城 | 작년에 만리장성에 가본 적이 있다. ⓑ 부정은 「没(有)」로 함. ¶这本小说我没看～ | 이 소설은 나는 본 적이 없다. ⓒ 형용사 다음에 「过」를 붙이면 일반적으로 시간에 대해 언급하여야 하며, 현재와 비교하여 볼 때 어떠하다는 의미를 지님. ¶他小时候胖～ | 그는 어릴 때 뚱뚱한 적이 있다. ¶前几天冷～一阵 | 며칠 전에 한 바탕 추운 적이 있다. ⓓ 「是」「知道」「以为」「认为」「在」「免得」 등과 같이 동작성이 강하지 않은 동사는 일반적으로 「过」를 붙일수 없음. ¶我是～学生(×) ¶我当～学生 | 나는 학생이었던 적이 있다. ¶我蓼liǎo是～谁的人 | (선거 유세장 등의 특수한 상황에서) 나는 누구의 사람인 적도 없다. ⓔ 완료를 나타내는 「过」와 (과거) 경험을 나타내는 「过」는 부정문이 서로 다르게 나타남. ¶吃～饭了 | 밥을 다 먹었다. ¶还没吃呢 | 아직 먹지 않았다. ¶吃～小米 | 좁쌀을 먹어 본 적이 있다. ¶没吃～小米 | 좁쌀을 먹어 본적이 없다 ‖ 어법 「过」와 「了」는 다음과 같이 서로 다름. ⓐ 「过」의 부정문은 「过」를 남겨둘 수 있으나 「了」의 부정문에서는 「了」를 남겨 둘 수 없음. ¶没去～ | 간 적이 없다. ¶没去了(×) ¶没去 | 가지 않았다. ⓑ 「过」는 과거와 깊은 관계가 있으므로 과거에만 쓰지만, 「了」는 완성을 나타내므로 과거·현재·미래 모두 쓸 수 있음. ¶去年我去～长城 | 작년에 만리장성에 가 본 적이 있다. ¶昨天我去了长城 | 어제 만리장성에 갔었다.[과거] ¶我们已经去了长城 | 우리는 이미 만리장성에 갔다.[현재를 기준으로 한 말] ¶明天的计划是去了长城再去参观水库 | 내일의 계획은 만리장성에 간 후 다시 댐을 구경하러 가는 것이다.[미래] ⓒ 「过」가 나타내는 동작은 현재까지 지속되지 않지만 「了」가 나타내는 동작은 일반적으로 현재까지 지속된 것임. ¶他当～班长 | 그는 반장을 한 적이 있다. ¶他当了班长了 | 그는 반장이 되었다.[지금도 반장이다] ⓓ 「了」는 어떤 결과가 있음을 나타내지만 「过」는 그렇지 않음. ¶他学了英语 | 그는 영어를 배웠다.[지금 영어를 할 줄 안다] ¶他学～英语 | 그는 영어를 배운 적이 있다.[지금 영어를 할 수도 있고 그렇지 않을 수도 있다] 어법 「过」와 「来着」의 차이 ⇒〔来着〕

Ⓐ guò

【过半】guòbàn ❶ 動 절반을 넘다. ¶汉兵死者～ | 한나라 병사중 죽은 자가 절반이 넘는다. ¶不愿出国者～ | 출국을 희망하지 않는 사람이 과반수에 이른다. ❷ 名 과반. 태반. ¶所唱过的歌儿～能记得 | 불러본 노래의 절반 이상을 기억할 수 있다＝〔强qiáng半〕→〔大dà半儿〕

【过磅】guò/bàng 動 무게를 달다. ¶所能记忆的却只是～时的麻烦máfan | 기억할 수 있는 것은 단지 무게 달때의 번거로움뿐이다. ¶行李～了没有? | 짐은 무게를 달았니?

【过饱】guòbǎo 形 과식(하다). ¶吃得～也会得胃病 | 과식을 해도 위장병이 생길 것이다.

【过饱和】guòbǎohé 名〈化〉과포화.

【过不去】guò·bu qù 動組 ❶ (장애물이 있어) 지나갈 수 없다. 통과할 수 없다. 건너갈 수 없다. ❷ 괴롭히다. 못살게 굴다. ¶跟自己～ | 자기가 자신을 괴롭히다. ❸ 미안하게 생각하다. ¶让他白跑一趟, 我心里真有点～ | 그에게 헛걸음을 시켜서 나는 마음 속으로 정말 미안하게 생각한다. ❹ (감정적으로) 불쾌하다. 사이가 나쁘다. ¶有什么～的事? | 무슨 불쾌한 일이 있니? ❺ 생활이 안되다. ¶这年底下实在～ | 올해 연말은 참으로 생활하기 어렵다 ‖ ⇔〔过得去〕

【过场】ⓐ guòchǎng ❶ 動〈演映〉경극(京劇)에서 등장 인물이 무대에 잠깐 나타났다가 곧 지나가다 [진군(進軍) 또는 행군 중임을 나타냄] ¶她来了一个漂亮的～动作 | 그녀는 아름다운 무대 동작으로 나타났다. ❷ 動 대강대강〔건성으로〕 해치우다＝〔走zǒu过场〕 ❸ 名〈演映〉경극(京劇)에서 극의 흐름을 보여주기 위해 하는 간단한 막간극.

ⓑ guò·chang 名 ❶ 속에 숨겨진 것. ❷ 경과. 과정.

【过场戏】guòchǎngxì 名〈演映〉막간극.

【过称】guòchēng 形 평가가 사실보다 지나치다.

칭찬이 과분하다→〔过奖〕
[2]【过程】guòchéng 名 과정. ¶须要一个～｜하나의 과정이 필요 하다. ¶在讨论～中｜토론 과정 중(에 있다).
【过秤】guò/chèng 動 저울에 달다. ¶～入仓｜무게를 달아 창고에 넣다.
【过迟】guòchí 形 너무 늦다. 늦어지다.
【过从】guòcóng 書 動 왕래하다. 교제하다. 사이 좋게 지내다. ¶未曾～｜교제한 적이 없다＝〔来往〕〔交往〕
【过从甚密】guò cóng shèn mì 成 왕래가 빈번하다. 거래가 밀접하다. ¶他们俩～｜그들 두사람은 왕래가 빈번하다.
【过错】guòcuò 名 과실. 잘못. ¶没有一点～｜조금의 잘못도 없다＝〔错误wù〕
【过大堂】guò dàtáng (법원에서) 심문하다. 취조하다. 심문을 받다. 취조를 받다.
【过道(儿)】guòdào(r) 名 ❶ 새로운 양식의 가옥에서, 정문에서 각 방에 이르는 통로나 복도. ❷ 又 guòdǎor) 옛날 가옥에서 중정(中庭)과 중정을 잇는 통로나 정문에 있는 좁은 방.
【过得去】guò·de qù 動組 ❶ (장애물이 없어) 지나갈 수 있다. 건너갈 수 있다. ❷ (그럭저럭) 살아갈 만하다. 지낼 만하다. ❸ (그럭저럭)쓸 만하다. 괜찮다. 무난하다. ¶我身体还～｜나의 건강은 아직 괜찮다. ¶准备一些茶点招待zhāodài客人, 也就～了｜약간의 다과를 준비하여 손님을 접대하면 괜찮을 것이다. ❹ (주로 반문에 쓰여)꺼림찍한 것이 없다. 마음에 꺼리지 않다. 마음에 미안하지 않다. ¶我怎么～呢?｜내가 어찌 꺼림직하지 않겠습니까? ‖ ⇔〔过不去〕
【过得硬】guò·de yìng (사상이나 솜씨가) 견실하다. 확고하다. 대단하다. ¶思想sīxiǎng～, 技术jìshù～｜생각이 확고하고, 기술도 대단하다.
【过得着】guò·de zháo ❶ 친근하게 지내다. ❷ 친한 사이로 하는 것이 당연하다. ¶这么点儿东西, 咱们～｜이 정도의 물건(을 드리는 것)은 우리 사이에는 당연한 것이다. ¶论交情～命｜우정으로 말하면 목숨이라도 바칠 정도이다 ‖＝〔过得多〕⇔〔过不着〕
【过低】guòdī 形 지나치게 낮다. ¶贵公司询来的价格～｜귀 회사에서 문의해온 가격은 너무 낮습니다. ¶过高或～估计自己｜자신을 과대 또는 과소 평가하다.
【过电】guòdiàn 動 전류〔전기〕가 흐르다.감전하다. 충전하다. 전기로 고문하다.
【过冬】guò/dōng 動 겨울을 나다〔지내다〕. 월동하다. ¶这件薄棉袄miánǎo就能～吗?｜이 얇은 솜옷으로 겨울을 지낼 수 있을까? ¶～作物｜월동 작물.
[4]【过度】guòdù ❶ 形 (정도를) 지나치다. 과도하다. ¶膨胀péngzhàng～｜지나치게 팽창하다. ¶饮酒～对身体有害｜음주가 지나치면 건강에 해가 된다. ¶～疲劳píláo｜대단히 피곤하다. ¶～劳累｜과로하다. ❷ ⇒〔度dù日〕
[3]【过渡】guòdù ❶ 名 과도. ¶～时期｜과도기. ¶～措施｜과도적인 조치. ❷ 動 넘다. 건너다. 이행하다. 과도하다. ¶由资本主义～到民主主义｜자본주의에서 민주주의로 넘어가다.
【过渡内阁】guòdù nèigé 名〈政〉과도내각〔정부〕＝〔过渡政府zhèngfǔ〕〔看kān守内阁〕
【过多】guòduō 形 너무 많다. ¶吃得～｜너무 많이 먹다.
【过房】guòfáng 動 형제의 아들을 양자로 삼다. ¶～儿子｜양자＝〔过继jì〕
【过访】guòfǎng 書 動 방문하다 ¶今日承老兄～, 小弟十分快活｜오늘 형님의 방문을 받고, 동생이 대단히 기분 좋아한다＝〔过候hòu〕
[3]【过分】guò/fèn 動 (말이나 행동이)지나치다. 분에 넘치다. 과분하다. ¶～焦虑jiāolǜ｜지나치게 걱정하다. ¶～谦虚, 就显得虚伪了｜지나치게 겸손한 것은 도리어 허위로 보인다. ¶受到了她的～的称赞｜그녀의 과분한 칭찬을 받았다. ¶言之～｜말이 지나치다＝〔过份fèn〕
【过付】guòfù 動 중개하다. 알선하다. ¶～人｜중개인. 거간꾼.
【过高】guògāo 形 너무〔지나치게〕 높다. ¶～的待遇dàiyù｜지나치게 높은 대우. ¶～的要求｜너무한 요구. ¶～地估计自己的力量lìliàng｜자신의 역량을 지나치게 높게 평가하다.
【过关(儿)】guò/guān(r) 動 관문을 통과하다. (어려운)고비를 넘다. 喩 제품의 질이 표준에 이르다. ¶过技术关｜기술상 난관을 극복하다. ¶～思想｜낡은 사상을 송두리째 뽑아 버리지 않고, 어물쩍 넘어가려는 사고 방식.
【过关斩将】guò guān zhǎn jiàng 成 喩 ❶ (토너먼트식 경기에서) 다음 경기에 진입하다. ❷ 갖은 어려움을 극복하다. ¶他～, 直奔冠军的宝座｜그는 갖가지 어려움을 이겨내고, 우승을 향해 곧바로 달려가다.
【过海】guòhǎi 動 바다를 건너다. 바다를 항행(航行)하다.
【过河】guòhé ❶ 강을 건너다. ❷ (중국 장기에서) 하(河)를 건너다. ¶过了河的卒子｜(장기에서) 하를 건넌 졸. 喩 물러서지 않고 앞으로 돌진하다. ❸ (guò/hé) 動 전업〔전직〕하다.
【过河拆桥】guò hé chāi qiáo 成 강을 건넌 뒤 다리를 부숴 버리다. 喩 배은망덕하다. 목적을 이룬 뒤에는 도와준 사람의 은공을 모르다. ¶他的这种～行为, 受到了大家的谴责｜그의 이런 배은망덕한 행위는 사람들의 질책을 받았다. ¶当初你求我帮忙, 现在事情办成了, 你就～了｜처음에 네가 나에게 도움을 청했는데, 지금 일이 처리되고 나니, 너는 은공을 모르는구나＝〔过桥抽桥〕
[4]【过后(儿)】guòhòu(r) 副 ❶ (시간상으로) 이후(에). 이 다음(에). ¶～他又现出了欣慰的样子｜이후에 그는 또 안도의 모습을 드러내었다. ¶这事暂且这么决定, 有什么问题, ～再说｜이 일은 잠시 이렇게 결정했다가 이후에 문제가 발생하면 다시 애기하자＝〔往后〕 ❷ (순서상으로) 그 후(에). 그 뒤(에). ¶～才知道｜그 후에 비로소 알았다. ¶我先去通知了他, ～才

来通知你的｜나는 그에게 먼저 통지하고 그 후에 비로소 너에게 통지했다＝〔后来〕‖＝〔过了后儿〕

【过户】guò/hù 動〈法〉(일정한 수속을 밟아) 소유권의 명의를 변경하다.

【过话】guò/huà 動 方 ❶ 이야기를〔말을〕 주고받다. ¶跟他过一句话｜그와 이야기 하다＝〔交谈tán〕 ❷ 말을 전하다. ¶请你替我过个话，就说明天我不去找他了｜나를 대신하여 내일 내가 그를 찾아가지 않을 것이라고 말을 전해 주시오＝〔传chuán话〕

【过活(儿)】guò/huó(r) 動 생활하다. 살아(나)가다. ¶一天一天地～｜하루하루 생활하다. ¶～只得依靠先人遗产｜단지 선조의 유산에 의지하여 생활하다＝〔生shēng活〕

【过火(儿)】guò/huǒ(r) 貶 ❶ 너무 지나치다. 도를 넘다. 과격하다. ¶演得～｜오버액션하다. ¶别闹过了火!｜너무 떠들지 말라! ¶他说的话不免有些～｜그의 말은 다소 지나친 점이 없지 않다. ❷ 불에 데우다. ¶给肉过一次火｜고기를 불에 한 번 굽다.

【过激】guòjī 形 과격하다. ¶～派｜과격파. ¶～主义｜급진주의.

【过继】guòjì 動 양자 보내다. 양자 들이다 ¶我想第二个就可以～给他｜나는 둘째를 그에게 양자 보내려고 생각한다. ¶让老五～给二叔｜노오를 둘째 숙부에게 양자 보내다＝〔过房fáng〕

【过家伙】guò jiā·huo ⇒〔打dǎ出手①〕

【过家家儿】guò/jiā·jiar ❶ ⇒〔过日子〕 ❷ 動組 소꿉장난을 하다. ❸ (guòjiā·jiar) 名 소꿉장난＝〔过家景jǐng〕

【过江】guòjiāng ❶ 動 강을 건너다. ❷ (guò Jiāng)「长Cháng江」(양자강)을 건너다.

【过江之鲫】guò jiāng zhī jì 成 ❶ 고기떼처럼 몰려들다. ❷ 많은 사람이 시세를 따르다. ¶我也是～，自身难保啊｜나도 시세를 따르나, 자신을 보존하기 어렵다.

【过奖】guòjiǎng 動 ❶ 지나치게 칭찬하다. ❷ 套 謙 과찬이십니다. 과분한 칭찬입니다. ¶～～!｜지나친 과찬이십니다.

【过街老鼠】guòjiē lǎoshǔ 成 큰 길을 가로 질러 가는 쥐. 喩 여러 사람에게 지탄과 배척을 받는 사람. ¶同性恋者成了～｜동성 연애자들이 사람들의 지탄을 받게 되다.

【过街楼(儿)】guòjiēlóu(r) 名 도로 또는 골목을 가로질러 지은 건물 [밑으로 통행이 가능함]

【过节】guò/jié 動 ❶ 명절을 쇠다. 명절을 지내다. ❷ (경축일·명절 등에) 축하 행사를 하다.

【过节儿】guòjiér 名 方 ❶ 예절. 예의. ¶朋友之间何必注意那些小～!｜친구 사이에 어찌 그런 사소한 예의까지 신경쓸 필요가 있겠니! ❷ 일. 순서. 절차. ¶他没来是怎么个～?｜그가 오지 않는 것은 어떻게 된 일이니? ❸ 알력. 불화. ¶他们俩有些～｜그들 두 사람 사이에는 약간의 알력이 있다.

【过客】guòkè 名 과객. 길손. 나그네. ¶人也不过是这世界上的匆匆～而已｜사람은 이 세상에 바쁘게 왔다가는 길손일 따름이다.

[1]【过来】ⓐ guò/·lái 動 (다른 한 지점에서 말하는 사람 또는 서술의 대상 쪽으로) 오다. ¶火车来了，快～吧!｜기차가 왔다, 빨리 오너라! ¶那边有只小船～了｜저쪽에 조각배가 한 척 오고 있다. ¶他有时候儿～｜그는 가끔 들른다. ⓑ ·guò/·lái 連 ❶ 동사 뒤에 쓰여 시간·능력·수량이 충분함을 나타냄 [주로「得」나「不」와 함께 쓰임] ¶活儿不多，我一个人干得～｜일이 많지 않아, 나 혼자 해낼 수 있다. ¶这几天我忙不～｜요즈음 나는 무척 바쁘다. ❷ 동사 뒤에 쓰여 자기가 있는 곳으로 옴을 나타냄. ¶捷报从四面八方飞～｜승전보가 각처에서 날아들어 오다. ❸ 동사 뒤에 쓰여 정면이 자기를 향함을 나타냄. ¶把手心翻～让我瞧瞧｜손바닥을 뒤집어 내게 보여줘. ¶他转过脸来，我才认出是位老同学｜그가 얼굴을 돌려 마주 보고서야, 나는 비로소 그가 옛날 급우라는 것을 알아차렸다. ❹ 동사 뒤에 붙어, 원래의 정상적인 상태로 돌아옴을 나타냄. ¶醒～了｜깨어났다. ¶觉悟～了｜깨달았다. ¶大家都累得喘不过气来｜모두들 지쳐서 숨도 제대로 쉬지 못했다.

【过来人】guòláirén 名 喩 경험자. 베테랑. ¶要知山上路须问～｜諺 산 위의 길을 알고 싶으면, 다녀온 경험자에게 물어야 한다. 모르는 것은 경험자에 물어라.

【过了这(个)村儿, 没那(个)店儿】guò·lezhèi(·ge) cūnr méinèi(·ge) diànr 諺 이 마을을 지나서는 묵을 곳이 없다. 喩 이런 기회를 놓치면 다시는 기회가 없다. ¶～，耽误dānwù了事别怪我!｜이런 기회를 놓치다니, 일이 잘못 되어도 나를 탓하지 마.

【过礼】guò/lǐ 動 납폐(納幣)를 보내다. ¶～通信｜납폐를 보내고 결혼 날짜를 약속하다＝〔过定dìng〕〔过聘pìn(礼)〕〔通信②〕〔纳彩nàcǎi〕

【过量】guò/liàng 動 분량을 초과하다 [주로 음주(飮酒)를 가리킴] ¶饮食～｜과음 과식하다.

【过磷酸钙】guòlínsuāngài 名〈化〉과인산석회.

【过淋】guòlìn 動 거르다. 여과하다. ¶这个水喝不得，总得～｜이 물은 마실 수 없으니, 반드시 여과해야 한다.

【过路(儿)】guò/lù(r) 動 길을 지나다. 통행하다. ¶～的人｜나그네. 통행인. ¶～的买卖｜뜨내기 손님과의 거래.

【过录】guòlù 動 베끼다.

【过虑】guòlǜ 動 지나치게 걱정하다〔염려하다〕.

[4]【过滤】guòlǜ 動 받다. 거르다. 여과하다. ¶～器qì｜여과기. ¶～嘴zuǐ｜(담배의)필터＝〔过淋lìn〕

【过滤器】guòlǜqì 名〈電算〉필터(filter).

【过门】guò/mén 動 시집 가다. 출가(出嫁)하다. ¶等你媳妇xífù～以后再说｜너의 며느리가 출가하길 기다렸다 다시 얘기 하자.

【过门不入】guò mén bù rù 成 직무에 충실할 뿐, 사리사욕을 채우지 않다. ¶他为公家的事儿忙

得～｜그는 공사를 위해 바쁠뿐 사리사욕을 채우지 않는다.

【过门风】guòménfēng 名 문틈으로 비집고 들어오는 바람.

【过门儿】guòménr 名 ❶〈音〉(가곡의 앞뒤 또는 중간에 연주되는)간주(間奏). ❷중국 전통극에서,「唱chàng」앞뒤의 연주, 또는「唱」과「唱」사이의 대사 ‖ =〔过板bǎn(儿)〕〔小过门儿〕

【过敏】guòmǐn ❶ 名〈醫〉알레르기(allergy). ❷ 形 과민하다. 예민하다.

【过命】guòmìng 動 목숨을 내놓다. 생사를 같이하다. ¶他俩是～的朋友｜그들 두사람은 생사를 같이한 친구이다. ¶～的交情jiāoqíng｜생사를 같이 하는 우정→〔过得着〕

【过目】guò/mù 動 훑어보다. 일별(一瞥)하다. ¶请你过一下目｜한 번 훑어 봐 주십시오.

【过目成诵】guò mù chéng sòng 成 한번 보고 외우다. 기억력이 대단히 좋다.

2【过年】ⓐ guò/nián 動 설을 쇠다. 새해를 맞다. ¶老李今年回汉城～｜올해 이형은 서울에 돌아가서 설을 쇤다. ¶过农历年｜음력설을 쇠다.

ⓑ guò·nian 名 口 내년. 명년. ¶这孩子～该上学了｜이 아이는 내년에 반드시 학교에 가야 한다 =〔明年〕

【过年儿】guòniánr 動 해를 넘기다. 내년이 되다. ¶这件工程gōngchéng～再说吧｜이 공사는 내년에 다시 이야기하자.

【过期】guò/qī 動 기일이 지나다. 기한을 넘기다. ¶请别～!｜제발 기한을 넘기지 마십시오! ¶～做废｜기한을 넘기면 무효다. ¶～票据piàojù｜부도 어음 =〔逾yú期〕

【过谦】guòqiān 形 너무 겸손하다. ¶～～!｜너무 겸손하시군요! ¶不必～了｜너무 겸손해 할 필요없다. ¶～不恭｜지나치게 겸손하면 공손하지 못하다.

【过桥】guòqiáo 動 ❶다리를 건너다 =〔渡dù桥〕 ❷ 轉 결심한 것을 대담하게 실행하다.

1【过去】ⓐ guòqù 名 과거 [「现在」「将来」와 구별됨] ¶～的苦｜과거의 고생.

ⓑ guò/·qù 動 ❶지나가다 [화자(話者)나 서술대상이 있는 시점이나 지점을 거쳐 지나감] ¶门口刚～一辆汽车｜문 앞으로 막 차 한대가 지나갔다. ¶你～看看｜가서 보아라. ❷ 婉 죽다 [뒤에「了」가 따름] ¶你祖母昨天夜里～了｜너의 할머니는 어제 밤에 돌아가셨다.

ⓒ ·guò·qù 動 동사나 형용사 뒤에 보어로 쓰여, ❶자기가 있는 곳을 떠나거나 지나가는 것을 나타냄. ¶走过那座桥去｜그 다리를 걸어 건너다. ¶一只燕子飞～了｜제비 한 마리가 날아갔다. ❷반대쪽이 자기쪽으로 향하는 것을 나타냄. ¶我把信封翻～, 细看邮戳chuō上的日子｜나는 편지를 뒤집어, 스탬프의 날짜를 자세히 보았다. ❸원래의 상태나 정상적인 상태를 잃는 것을 나타냄. ¶病人晕～了｜환자가 기절했다. ❹통과의 뜻을 나타냄. ¶群众的眼睛是雪亮的, 你休想骗～｜군중의 눈이 매서우니, 너는 속여 넘길 생각을 말라. ¶蒙混不～了｜어물어물 넘겨버릴 수는 없다. ❺초과의 뜻을 나타냄 [주로「得」나「不」와 함께 쓰임] ¶天气再热, 也热不过我们的心去｜날씨가 아무리 뜨거워도, 우리들의 마음보다 뜨거울 수는 없다. ¶鸡蛋jīdàn还能硬得过石头去!｜계란이 돌보다 단단할 수 있을까!

【过去了】guòqù·le 動組 婉 세상을 떠나다. 돌아가시다→〔过去ⓑ②〕

【过儿】guòr 方 ❶ 量 도(度). 회(回). ¶数了好几～｜몇차례나 세었다. ¶瞧qiáo了两～｜두 번 바라 보았다. ❷ 名 살림. 생계. 생활. ¶家里够～｜집안 생계는 충분하다.

【过人】guòrén 動 ❶ 書 (남을) 능가하다. (남보다) 뛰어나다. 남다르다. ¶～之材｜뛰어난 재능. ¶老李才智～｜이형의 재능이 남다르다. ¶勇气～｜용기가 남다르다. ❷남에게 전염하다. ¶这个病要～的｜이 병은 남에게 전염되는 것이다.

【过日子】guò rì·zi 날을 보내다. 생활하다. 살아가다. ¶她靠着什么～?｜그녀는 무엇으로 생활하니? ¶她很会～｜그녀는 살림을 잘 한다 =〔俗 过家家儿〕

【过山龙】guòshānlóng 名「虹吸管」(사이펀)의 총칭.

【过山炮】guòshānpào 名「山炮」의 옛 이름

【过晌】guòshǎng 名 方 오후.

【过甚】guòshèn 形 (정도가) 지나치다. 과장되다 [주로 말에 대해서 쓰임] ¶逼人～｜남을 지나치게 핍박하다. ¶言之～｜말이 과장되다 =〔过已yǐ〕

【过剩】guòshèng ❶ 名 動 과잉(되다). ¶人口～｜인구 과잉. ¶生产～｜생산 과잉. ❷ 動〈經〉공급이 수요 또는 시장의 구매력을 초과하다. ¶今年粮食～, 所以粮价暴跌｜올해 식량 공급이 수요를 초과해 곡물가격이 폭락했다.

4【过失】guòshī 名 ❶잘못. 실수 =〔过误wù〕〔过错cuò〕 ❷〈法〉과실. ¶～致死 =〔过失杀人〕｜과실 치사.

【过时】guò/shí 動 ❶시대에 뒤떨어지다. 유행이 지나다. ¶～的西装xīzhuāng｜유행이 지난 양복. ¶你的思想已经～了｜너의 생각은 이미 시대에 뒤떨어졌다. ❷(지정된) 시간이 지나다. ¶校车七点开车, ～不候｜학교 버스는 7시에 출발하는데, 시간이 지나면 기다리지 않는다.

【过世】guò/shì 動 ❶ 婉 죽다. 서거하다. ¶他老婆lǎopó～｜그의 마누라가 죽었다 =〔去qù世〕 ❷(guòshì) 書 세인(世人)보다 뛰어나다〔탁월하다〕. ¶绝俗～之士｜세상 사람들을 능가하는 탁월한 인물.

【过手】guò/shǒu 動 (금전·재물·서신 등을)처리하다. 취급하다. 중개하다. ¶银钱～, 当面点清｜금전의 처리는 그 자리에서 정확히 점검해야 한다 =〔经jīng手〕

【过数(儿)】guò/shù(r) 動 수를 세다〔맞추어 보다〕.

【过宿】guòsù ⇒〔过夜yè①〕

【过堂】guò/táng ❶ 動 법정에서 재판을 받다. ¶他明天要～ | 그는 내일 재판을 받는다. ❷ (guōtáng) 名 ⓜ 맨 안채 방으로 통하는 통로〔바람이 잘 통하는 곳〕.
【过堂风(儿)】guòtángfēng(r) 名 (창문이나 문이 열려 있어) 스쳐 지나가는 시원한 바람 =〔穿chuān堂风〕
【过厅】guòtīng 名 앞뒤로 문이 있어 통행할 수 있는 대청.
【过头(儿)】ⓐ guò/tóu(r) ❶ 動 (일정한 정도나 표준을)넘다. 초과하다. 지나치다. ¶～话 | 지나친 말. ¶走得～又回来了 | 너무 지나쳐 가서 다시 되돌아왔다. ❷ (guòtóu(r)) 形 도가 지나치다. 너무하다 ‖ =〔过作zuò(儿)〕
ⓑ guò·tou 名 살 맛. 사는 멋. 생활의 보람. ¶这日子有什么～? | 요즈음 무슨 살 맛이 있겠니?
【过屠门而大嚼】guò tú mén ér dà jué 成 푸줏간 앞을 지나면서 입을 다시다. 실현할 수 없는 것을 공상을 통해 현실인 양 여기며 즐거워하고 자위하다.
【过往】guòwǎng 動 ❶ 왕래하다. 오고 가다. ¶此路险峻, ～行人, 小心在意 | 이 길은 험준하여, 왕래하는 사람들이 조심해야 한다. ❷ 교제하다. ¶他们俩是老同学, ～很密 | 그들 둘은 오랜 친구로 교제가 매우 밀접하다.
【过望】guòwàng 動 기대를 넘다. 기대 이상이다. ¶他欢喜～ | 그의 기쁨이 기대 이상이다.
4【过问】guòwèn 動 참견하다. 따져묻다. 간섭하다. 관심을 가지다. 관여하다. ¶外国政府无权～ | 외국 정부는 간섭할 권리가 없다.
【过午】guòwǔ ❶ 名 오후. ❷ 動 정오가 지나다. ¶上午他不在家, 请你～再来吧 | 그가 오전에 집에 없으니, 오후에 다시 오십시오.
【过五关斩六将】guò wǔ guān zhǎn liù jiàng 成 ❶ 많은 난관을 극복하다. ¶他～, 功绩卓著 | 그는 많은 난관을 극복하여, 공적이 탁월하다. ❷ 자기의 과거의 영광이나 공적을 자랑하다.
【过细】guòxì 狀 꼼꼼하다. 자세하다. 너무 잘다. 면밀하다. ¶～地研究 | 면밀한 연구. ¶～检查一遍 | 자세히 한차례 검사하다. ¶～考虑 | 꼼꼼히 생각하다 =〔仔zǐ细①〕
【过心】guòxīn 動 ⑤ ❶ 지나치게 마음을 쓰다. 쓸데없는 근심을 하다. ❷ 마음이 통하다. ¶咱俩是～的人 | 우리 둘은 마음이 통하는 사람이다.
【过眼(儿)】guò/yǎn(r) 動 ❶ 잠깐 훑어보다. 얼핏보다. ❷ 잠깐 얘기하다〔언급하다〕. ¶只好～不能细说明 | 단지 잠깐만 얘기할 수 있을 뿐 자세하게 설명할 수는 없다.
【过眼云烟】guò yǎn yún yān 成 (구름이나 연기처럼) 금방 사라져 버리다.
【过夜】guò/yè 動 ❶ 밤을 지내다 [주로 외박하는 경우를 가리킴] ¶这儿没有客店, 大家只好在小学里～ | 여기에는 여관이 없으니, 모두들 소학교에서 밤을 지내시오. ¶今晚要在此处～ | 오늘밤은 여기서 지내려 한다 =〔过宿sù〕 ❷ 하룻밤이 지나다. ¶～的菜茶最好别吃 | 하룻밤이 지난 요리는 먹지 않는게 가장 좋다 =〔隔gé夜〕
【过意】guòyì 動 지나치게 마음을 쓰다. 잘못 생각하다. 마음에 꺼리다. ¶你别～ | 너 지나치게 마음 쓰지마. ¶我说这话怕你～ | 내가 이 말을 해서 네가 오해할까 걱정된다.
【过意不去】guò yì bù qù 動組 미안해하다. 죄송하게 생각하다. ¶屡次承您费心, 实在～ | 선생님께 누차 걱정을 끼쳐 드려서 정말 죄송하게 생각합니다.
【过瘾】guò/yǐn 動 ❶ 만족하다〔시키다〕. 유감없다. 실컷하다. 충족하다〔시키다〕. ❷ 形 인이 박히다. ¶今天喝得很～ | 오늘 유감없이 마시다.
【过硬】guò/yìng ❶ 動 혹독한 시련을 견디어 내다. 탄탄한 실력을 몸에 익히다. ¶思想过得硬 | 사상이 투철하다. ❷ (guòyìng) 形 (능력·솜씨가) 훌륭하다. (어려움·곤란 등을) 극복할 수 있다. 세련〔숙련〕되다.
【过油】guò/yóu 動 튀김옷을 묻히지 않고 기름에 살짝 튀기다. ¶做了一锅～肉块 | 기름에 살짝 튀긴 고기 덩이를 한 솥 만들다 =〔走zǒu油③〕
【过犹不及】guò yóu bù jí 成 지나침은 미치지 못함과 같다. ¶批评不能过分, 过分了, 往往适得其反, ～嘛 | 비평은 지나쳐서는 안된다, 지나치면, 왕왕 그 반대급부를 만나게 되니, 과유불급인 것이다.
4【过于】guòyú 副 지나치게. 너무. ¶～小心 | 지나치게 소심하다. ¶～劳累 | 너무 과로하다. ¶～集中 | 지나치게 집중하다. ¶～着急 | 너무 조급해하다.
【过誉】guòyù 動 謙 과분하게 칭친하다. 과찬하다. ¶您～了, 我不敢当 | 당신이 너무 과분하게 칭찬해주셔서, 저로서는 감당할 수가 없습니다. ¶您如此～, 倒叫我惶恐了 | 당신이 이처럼 과찬하시니, 오히려 저로서는 황공할 따름입니다.
【过云雨】guòyúnyǔ 名 지나가는 비. ¶雨住了, 这是一阵～ | 비가 그쳤다. 이는 한바탕 지나가는 비였다.
【过载】guòzài 名 動 ❶ 과적재(過積載)(하다). ¶～电平 | 〈電氣〉 과부하(過負荷). ❷ (화물을)다른 운송 수단으로 옮겨 싣다. 또는 그러한 일. ¶～轮船lúnchuán | 기선에 옮겨 싣다. ¶～报单bàodān | 선적 신고서 ‖ =〔过装zhuāng〕
【过早】guòzǎo 狀 너무 빠르다. 너무 이르다. ¶起得～也不成 | 너무 일찍 일어나면 안된다.
【过帐】guò/zhàng 動 〈商〉 장부에 전기(轉記)하다. 계정을 대체하다 =〔作zuò帐〕
【过重】guò/zhòng ❶ 動 중량을 초과하다. ¶农民的负担～ | 농민의 부담이 과중하다. ❷ (guòzhòng) 名 (짐·우편물 등의)초과 중량. ¶～加费 | 〈通〉 중량 초과 요금.
Ⓑ guō
【过费】guōfèi 動 ⑤ 낭비하다. ¶这么一点小事就～精力是不合算的 | 이렇게 작은 일에 정력을 낭비하는 것은 수지가 맞지 않는다.

【过分】guò/fèn 形 분수에 넘치다. 과분하다. ¶ 你们这样做太～了｜너희들이 이렇게 하는 것은 너무 과분한 것이다.

【过福】guōfú 動 方 지나치게 호강하다. 복에 겹다. ¶这碗面还说不好吃，你别～啦!｜이 국수도 맛이 없다고 하다니, 너 복에 겨운 소리 말아라!

【过逾】guō·yu 動 과분하다. 도에 지나치다. ¶ 小心没～的｜조심하는 데에는 지나침이란 없다. 조심할수록 좋다《紅樓夢》

·guo ㄍㄨㄛ˙

【过】·guo☞ 过 guò Ⓒ

H

hā ㄏㄚ

1【哈】hā hǎ hà 마실 합

Ⓐhā ❶動(손·유리·안경 등에) 호하고 입김을 내뿜다. 호호 입김을 불다. ¶～了一口气kǒuqì | 하 하고 입김을 내뿜다. ¶～眼镜儿yǎnjìngr | 안경에 입김을 하 하고 불다. ❷擬 웃음소리. 하하 [주로 중첩하여 사용] ¶～～大笑 | 하하 하고 크게 웃었다. ❸嘆 아하 [득의(得意)나 만족을 나타내며 주로 중첩하여 사용함] ¶～～, 我猜cāi着了 | 아하, 나는 알았어! ❹尾方 장소를 나타냄. ¶哪～儿 | 어디. ¶这～儿 | 여기. ❺動 허리를 굽히다 [옛날에, 경의를 표시했음] ¶～腰↓ ❻음역어에 쓰임. ¶～得孙河sūnhé | 허드슨강. ¶～佛大学 | 하바드 대학. ❼⇒〔哈喇·la〕 ❽⇒〔哈尼(族)〕

Ⓑhǎ ❶動方(큰 소리로) 꾸짖다. 호통치다. ¶～他一顿 | 그를 큰 소리로 한바탕 꾸짖다. ❷⇒〔哈达dá〕 ❸(Hǎ) 名 성(姓).

Ⓒhà ⇒〔哈巴bà〕〔哈什蚂shimǎ〕

Ⓐhā

【哈博罗内】Hābóluónèi 名外〈地〉가보로네(Gaborone) [「博茨瓦纳」(보츠와나;Botswana)의 수도]

【哈吃】hāchī ⇒〔哈息〕

【哈佛大学】Hāfó dàxué 名外 하버드 대학

【哈夫皮带盘】hā·fu pídàipán ⇒〔分fēn件皮带轮〕

1【哈哈】hā·hā ❶擬 하하 [웃는 소리] ¶～大笑 | 하하 크게 웃다→〔哏gén(儿)哏(儿)〕 ❷嘆 하하. 허허 [화나거나 기쁠 때의 감탄사] ¶～! 他竟敢骂mà我! | 허허! 그가 감히 나를 욕하다니!

【哈哈镜】hāhājìng 名 매직 미러(magic mirror) [한쪽에서는 보통 유리처럼 비쳐 보이나 반대쪽에서 보면 거울처럼 되어 있는 특수한 유리] ¶照一照～, 谁都会哈哈大笑 | 마술 거울에 비춰보면, 누구든 하하하고 크게 웃을 것이다.

【哈哈儿】hā·har 方 ❶名 우스운 일. 재미있는 일. 농담. ¶这真是个～ | 이는 정말 재미있는 일이구나. ¶打～ | 농담을 하다. ❷形 우스꽝스럽다. ¶她太～了 | 그녀는 매우 우스꽝스럽다.

【哈拉】hālā ⇒〔哈拉子②〕

【哈拉雷】Hālālēi 名外〈地〉하라레(Harare) [「津巴布韦」(짐바브웨;Zimbabwe)의 수도]

【哈拉子】hālāzǐ 名 ❶ 무뢰한(無賴漢). ❷ 입밖으로 흘러 내리는 침. ¶流～ | 침을 흘리다 =〔哈拉〕〔哈喇lǎ子〕〔哈啦lā子〕〔粘涎niánxián子〕

【哈喇】ⓐhā·la ❶動口(식용유나 기름기 있는 음식물 등이) 변질되다[상하다]. ¶点心diǎnxīn～了, 不能吃了 | 과자가 변질되어 먹을 수 없다. ❷動近 죽이다. ¶只消差人赚将韩信到来, ～了就是 | 단지 사람을 보내 한신을 속여서 오게 해 죽여 버리면 그만이다《元曲》

ⓑ(～呢) hālā(ní) 名 티베트산의 고급 나사(羅紗).

【哈喇子】hālá·zi ⇒〔哈拉子②〕

【哈雷彗星】Hāléi huìxīng 名外〈天〉핼리혜성 =〔吓列hèliè彗星〕

【哈里发】hālǐfā 名外〈宗〉할리파(khalifa;아).

【哈利路亚】hālìlùyà 名外〈宗〉할렐루야(Hāllelujah;히).

【哈密瓜】hāmìguā 名〈植〉하미과. 신강성(新疆省)의 하미에서 나는 참외.

【哈尼(族)】Hāní(zú) 名〈民〉하니족 [운남성(雲南省)에 거주하는 중국 소수 민족의 하나]

【哈气】hāqì ❶名 입김. ¶～成霜shuāng | 입김이 얼다. ❷動 하 하고 입김을 불다. ¶～擦cā玻璃bōlí | 하 하고 입김을 불어 유리를 닦다. ❸名(물체에 어린) 수증기.김.

【哈欠】hā·qian ⇒〔哈息xī〕

【哈萨克】Hāsàkè 名外〈地〉카자흐(Kazakh) 공화국 [「独立国家国协(독립국가연합;CIS)중의 한 나라. 수도는 「阿拉木图」(알마아타;Alma Ata)]

【哈萨克(族)】Hāsàkè(zú) 名〈民〉카자흐(kāzakh)족 [신강성(新疆省)·감숙성(甘肅省)·청해성(青海省) 등에 분포하는 중국 소수 민족의 하나] ¶～马队mǎduì | 카자흐족 기병대 =〔卡Kǎ萨赫〕〔可kě萨克〕〔哥gē萨克〕

【哈珊】hāshān 名外〈人〉후세인.

【哈失】hā·shi ⇒〔哈息〕

【哈手】hāshǒu 손에 후하고 입김을 불다. ¶别哭! ～就暖和nuǎnhuo了 | 울지 마! 손에 후하고 입김을 불면 곧바로 따뜻해져.

【哈瓦那】Hāwǎnà 名外〈地〉아바나(Havana) [「古巴」(쿠바;Cuba)의 수도]

【哈息】hā·xi 名 하품. ¶打～ | 하품하다 =〔哈吃chī〕〔哈站zhàn〕〔俗哈失shī〕

【哈腰】hā/yāo 動口 ❶ 허리를 굽히다. ¶哈不下腰 | 허리가 안 구부러지다. ¶点头～ | 成굽실거리다 =〔猫máo腰〕〔弯wān腰〕 ❷(허리를 약간 굽혀) 가볍게 예를 표시하다. 가벼운 인사를 하다. ¶～的朋友 | 가벼운 인사 정도 하는 친구. ❸ 도박에서 지다. ¶昨天两圈还没完我就来了个大～ | 나는 어제 마작에서 두 판도 채 끝나기 전에 크게 잃었다.

Ⓑhǎ

【哈巴狗】hǎ·bagǒu 名 ❶(～儿) 발바리. 삽살개. ❷喻 무조건 순종하는 놈. 아첨하는 놈. ¶他就喜欢做跟在老板后面的～ | 그는 주인의 뒤에서 무조건 순종하는 놈과 함께 일하는 것을 좋아한다. ‖ =〔狮子shīzi狗〕〔巴儿bār狗〕〔哈叭bā狗〕〔哈吧bà狗〕

【哈叭狗】hǎ·bagǒu ⇒〔哈巴狗〕

【哈吧狗】hǎ·bagǒu ⇒〔哈巴狗〕

【哈达】hǎdá 名外 티베트족·몽골족이 경의나 축하의 뜻을 표시하기 위해서 보내는 흰색·황색·남색의 얇은 비단 수건. ¶向客人敬献～ | 손님에게 비단 수건을 바치다.

Ⓒhà

【哈巴】hà·ba 動 方 안짱다리로 걷다. ¶～腿tuǐ(儿)＝〔罗圈luóquān腿〕| 안짱다리.

【哈什蚂】hà·shimǎ 名〈動〉개구리의 일종 [몸이 회갈색이며 수컷의 복부에 「哈什蚂油」라는 지방질이 있어서 강장제로 쓰임]＝〔哈士蟆má〕〔蛤hā士蟆〕〔(中国)林蛙〕〔雪蛤xuěhá〕

【铪(鉿)】hā (하프늄 합) 名〈化〉화학 원소 명. 하프늄(Hf;hafnium)〔금속원소〕

hǎ ㄏㄚˊ

【虾】há ☞ 虾 xiā Ⓑ

【蛤】há ☞ 蛤 gé Ⓑ

hǎ ㄏㄚˇ

【哈】hǎ ☞ 哈 hā Ⓑ

hà ㄏㄚˋ

【哈】hà ☞ 哈 hā Ⓒ

hāi ㄏㄞ

【咳】hāi ☞ 咳 ké Ⓔ

【嗨】hāi hēi 웃음소리 해

Ⓐ hāi ❶ ⇒〔嗨哟yō〕❷ 擬 하하. 호호 [가볍게 웃는 소리]

Ⓑ hēi 「嘿」와 같음 ⇒〔嘿hēi〕

【嗨哟】hāiyō 嘆 어기여차. (어)영차 [일을 할 때 기운을 돋구려고 여럿이 힘을 합쳐 지르는 소리] ¶加油jiāyóu干哟, ～! | 기운을 내 일하세, 영차!

hái ㄏㄞˊ

1【还(還)】hái huán 돌아올 환, 갚을환

Ⓐ hái 副 ❶ 아직. 아직도. 여전히 [동작이나 상태가 지속되고 있음을 나타냄] ¶李教授～在研究室 | 이교수님은 아직도 연구실에 있다. ¶天～不很冷 | 날씨가 아직은 매우 춥지는 않다＝〔仍然réngrán〕❷ 더욱. 더. 어법 비교문(比較句)에 쓰여 정도가 더 심함을 나타냄. ¶他比你～小好几岁呢 | 그는 너 보다 몇 살이나 더 적다. ¶今天比昨天～冷 | 오늘은 어제보다 더 춥다. ❸ 또. 더 [항목이나 수량이 증가하거나 범위가 확대됨을 나타냄] ¶～有饭可以吃 | 또 더 먹을 수 있는 밥이 있다. ¶气象预报qìxiàngyùbào说明天气温～要下降 | 일기예보에서 내일 기온이 더욱 내려간다고 하였다. ❹ 그만하면. 그런대로. 꽤. 비교적. 어법 좋은 의미를 지닌 형용사를 수식하여 그만하면 괜찮거나 만족한 정도를 나타냄. ¶最近zuìjìn身体怎么样? ～好, ～好 | 최근 건강은 어떠하신지요? 그런대로 좋아, 좋다고. ¶～算不错 | 그런대로 좋은 편이다. ❺ 조차. 까지도.…도. 어법 주로 반문(反問)의 어기를 가짐. ¶小车～通不过, 更别提大车了 | 작은 차도 지날 수 없는데 큰 차는 말할 필요도 없다. ¶你～搬不动, 何况我呢? | 너도 옮길 수 없는데 하물며 내가 어떻게 ＝〔都〕❻ …뿐만 아니라…도. 어법 「不但〔不仅, 不光〕…还…」의 형태로 쓰임. ¶他不但会说汉语, ～会说日语 | 그는 중국어를 할 수 있을 뿐 아니라 일본어도 할 수 있다. ¶他不仅会开拖拉机tuōlājī, 坏了～会修理 | 그는 트랙터를 운전할 수 있을 뿐만 아니라 고장이 나면 수리할 수도 있다. ❼ 어기를 더욱 강하게 함. 어법 의외·감탄·힐난·풍자·반문의 어기를 두드러지게 함. ¶下这么大雨, 没想到你～真准时到了 | 이렇게 큰 비가 오는데도 네가 정말 시간에 맞춰 올줄은 몰랐다. ¶你～上过大学呢, 这个字也不认得 | 너는 대학도 다녔었는데, 이 글자 조차도 모른단 말이냐. ¶都十二点了, 你～说早 | 이미 열두시가 되었는데 너는 여전히 이르다고 하니. 어법 「还」나 「又」는 모두 동작이 재차(再次) 출현함을 나타내지만, 「还」는 주로 아직 실현되지 않은 동작을 나타내고, 「又」는 이미 실현된 동작을 나타냄. ¶他昨天来过, 明天还来 | 그는 어제 왔었는데, 내일 또 올 것이다. ¶他昨天来过, 今天又来了 | 그는 어제 왔었는데, 오늘 또 왔다.

Ⓑ huán ❶ 動 반환하다. 돌려주다. 반납하다. ¶～书 | 책을 반납하다. ¶～给你 | 당신에게 돌려드립니다. ❷ 動 돌아가다. 돌아오다. ¶～家 | 집으로 돌아가다. ¶出门未～ | 외출하여 아직 돌아오지 않았다. ❸ 動 갚다. 보답하다. 보복하다. ¶以眼～眼, 以牙～牙 | 눈에는 눈, 이에는 이로 보복하다. ¶血债zhài血～ | 피는 피로써 갚다. ❹ 動 (원상태로) 돌리다. 되돌아가게 하다. ¶返老～童 | 成 다시 젊어지다. ¶～他一个本来的面目miànmù | 그를 본래의 모습으로 되돌리다. ❺ 動 값을 깎다. 에누리하다. ¶～价 | 값을 깎다. ❻ 動 (음식물을) 토하다. 게우다. ¶他一吃就～上来了 | 그는 먹자마자 곧 토했다. ❼ 動 方 이루다. 달성하다. ¶～上那个誓愿shìyuàn | 그 맹세를 이루다. ❽ (Huán) 名 성(姓).

Ⓐ hái

【还更】háigèng 副 더욱. 더. 어법 비교문에 쓰이며, 「还」나 「更」단독으로 쓰일때 보다 정도가 강함. ¶比图画～好看 | 그림보다도 한층 아름답다.

【还好】háihǎo ❶ (그런대로) 괜찮다. ¶你今天感觉怎么样? ～ | 너 오늘 컨디션이 어때? 그런대로 괜찮아＝〔还行xíng〕〔还可以kěyǐ〕❷ 다행히(도). 운좋게도. ¶～, 这场大水没有把堤坝dībà冲坏 | 다행히도 이번 홍수에는 제방이 무너지지 않았다.

【还没】háiméi 아직…하지 않고 있다. ¶他～回来 | 그는 아직 돌아오지 않았다. ¶翅膀chìbǎng～硬yìng呢? | 날개가 아직 굳지 않았니? 아직 제 역할을 할 수 없는 상태를 말함.

1【还是】hái·shi ❶ 副 아직도. 변함없이. 여전히. ¶但他～强装zhuāng笑脸 | 그래도 그는 여전히 웃는 얼굴을 짓고 있었다. ❷ 副 …하는 편이 (더)좋다 [희망을 나타냄] ¶天气凉liáng了, ～

多穿chuān点儿吧 | 날씨가 싸늘해졌으니, 옷을 더 입는 것이 좋겠다. ❸ 連 또는. 아니면. 어법 의문문에 쓰여 선택을 나타냄. ¶她去, ~你去? | 그녀가 가니? 아니면 너가 가니? ❹ 副 이처럼. 그렇게도 [의외라는 어감을 더욱 두드러지게 함] ¶我没想到这事儿~真难办 | 나는 이 일이 정말 이렇게도 처리하기 힘들 줄은 생각지도 못했다.

【还算】háisuàn 副 그래도…인 편이다. 그만하면…이다. ¶~不错 | 그만하면 훌륭하다. ¶~不差chā | 그저 그런 정도이다.

【还有】háiyǒu 連 게다가. 그리고. 또한. ¶这个字写错了, ~, 标点biāodiǎn用得不对 | 이 글자는 잘못 썼고, 또한 표점 부호도 틀렸다.

B huán

【还报】huánbào 動 ❶ (은혜 등에) 보답하다. ❷ 보복하다. 갚다. ¶以责骂~责骂, 以武力~武力 | 욕설에는 욕설로 무력에는 무력으로 보답하다. ❸ 書 돌아가 보고하다.

【还本】huán/běn 動 원금(元金)을 갚다. ¶~付息fùxī | 원금을 갚고 이자를 지불하다.

【还不起】huán ·bu ·qǐ (주로 경제적인 이유로) 갚을 수 없다. 지불할 수 없다. ¶~房钱fángqián | 집세를 지불할 수 없다 ⇔〔还得起〕

【还淳反朴】húan chún fǎn pǔ 成 본래의 질박하고 순수한 본성으로 되돌아 가다. ¶他的文字越简练jiǎnliàn自然, 可以说是~了 | 그의 문장은 나날이 간결 세련되고 자연스러워져, 질박하고 순수함으로 돌아갔다고 말할 수 있다.

【还发价】huánfājià 動〈商〉반대 신청을 하다. 카운터 오퍼(counteroffer)를 하다 =〔还价(儿)②〕

【还魂】huán/hún ❶ 書 動 넋을 돌리다. 소생시키다. ¶这不是借尸jièshī~呢? | 이것이 죽은 사람의 혼이 다른 사람의 시체를 빌어 부활한 것이 아니냐? ❷ 書 動 소생하다. 부활하다. 죽은 자의 넋이 살아 돌아오다. ❸ (huánhún) 名 動 方 재생(再生)(하다). ¶~纸 | 환혼지. 재생지. ¶~橡胶xiàngjiāo | 재생 고무.

【还击】huánjī ❶ 動 반격하다. ¶~敌人 | 적에게 반격하다 =〔回huí击〕 ❷ 名〈體〉(펜싱에서의) 리포스트(riposte). 되찌르기. ¶给对方一个有力的~ | 상대방에게 유력한 되찌르기를 하다.

【还价(儿)】huán/jià(r) ❶ 動 값을 깎다. 에누리하다. ¶讨tǎo价(儿)~ | 값을 에누리하다. 흥정하다. ¶漫天要, 坐地~ | 터무니없이 비싼 값을 불러, 땅에 앉아 값을 깎다. ❷ ⇒〔还发价〕

【还礼】huán/lǐ ❶ 動 (남의 경례에 대하여) 답례하다. ¶他敬了一个礼, 参谋长也举手~ | 그가 경례를 하니, 참모장도 손들어 답례하였다 =〔答dá礼〕 ❷ 動 方 선물에 대한 답례를 하다. ❸ (huánlǐ) 名 답례.

【还钱】huán qián 돈을 돌려주다. 환불하다.

【还枪】huán/qiāng 動 반격하다.

【还清】huánqīng 動 (빚을) 완전히 〔말끔히〕 청산하다. ¶~所欠qiàn债务zhàiwù | 빚진 채무를 완전히 청산하다 =〔清站zhàn〕〔清还〕

【还情(儿)】huánqíng(r) (경조사 등에) 답례를 하다. 보답을 하다.

【还手(儿)】huán/shǒu(r) 動 되받아치다. 반격하다. ¶人家打你, 你万不可~ | 남들이 너를 때려도 너는 절대 반격해서는 안된다.

【还俗】huán/sú 動〈佛〉환속하다.

【还席】huán/xí 動 ❶ 답례의 연회(宴會)를 열다. ¶我打算在这一两天之内还还席 | 저는 며칠내에 답례의 연회를 열고자 한다 =〔回请huíqǐng〕〔回席〕 ❷ 술을 과음하여 구토하다.

【还乡】huánxiāng 書 動 귀향하다. 환향하다. ¶退休tuìxiū后~静养jìngyǎng | 퇴임 후에 귀향하여 정양하다.

【还乡团】Huánxiāngtuán 名 환향단 [1946년에서 1949년 사이에 도망갔던 지주들이 조직한 지방의 친국민당(親國民黨) 무장 조직]

【还阳】huán/yáng ❶ 動 환생(還生)하다. 죽었다가 되살아나다. ❷ 動 (쇠퇴했던 것이) 세력을 다시 회복시키다. ❸ 動 생기를 되찾다. 건강을 회복하다. ¶生肌~ | 근육이 활력을 되찾다. ❹ (huányáng) 名 생기.

4【还原(儿)】huán/yuán(r) ❶ 動 환원하다. 원상회복하다. ❷ 名 動〈化〉환원(하다). ¶~剂jì | 환원제. ¶~法 | 환원법.

【还愿】huán/yuàn 動 ❶ 신불(神佛)에게 (발원(發願)하였던 일이 이루어져) 감사의 예참(禮參)을 하다 =〔还香xiāng愿〕 ❷ 약속을 지키다〔이행하다〕. ¶你说话得算数儿, 别尽许愿不~ | 너는 말을 했으면 책임을 져야지, 그저 약속만 해 놓고 지키지 않아서는 안된다.

【还债】huán/zhài 動 ❶ 빚을 갚다. ¶借钱jièqián~ | 돈을 빌어 빚을 갚다 =〔赔péi债〕 ❷ 부모에게 효도를 다하다.

【还帐】huán/zhàng 動 빚을 갚다. 외상을 갚다.

【还嘴】huán/zuǐ 動 口 말대답하다. 말대꾸하다. ¶太可气了, 就向他还了嘴zuǐ | 너무나 화가 나서 그에게 말대꾸를 했다.

1【孩】hái 어린아이 해

(~儿, ~子) 名 ❶ 유아. 어린애. 어린이[남녀 모두 유아에서 성년(成年) 전까지를 가리킴] ❷ 轉 자녀. ¶小~儿 | 어린이. ¶女~儿 | 여자아이. ¶男~儿 | 남자아이.

【孩抱】háibào 書 名 (품에 안길 정도의) 갓난아기. 유아(기) =〔孩提tí〕

【孩儿】hái'ér 名 ❶ 갓난아기. 애 [부모가 자식을 일컫는 말] ¶一个八岁的小~, 能懂甚么? | 여덟 살짜리 갓난 애가 무엇을 알겠니? ❷ 자식 [부모에 대해서 자신을 일컫는 말] [주로 조기 백화(早期白話)에 보임]

【孩童】háitóng 書 名 어린이. 아동 =〔孩孺rú〕

1【孩子】hái·zi 名 ❶ 아동. 아이. ¶女~ | 계집아이. ¶小~ | 어린 아이. ❷ 자녀. 자식. ¶金老师有三个~ | 김선생님은 아이가 셋 있다.

【孩子脾气】hái·zi píqì ⇒〔孩子气〕

【孩子气】hái·ziqì ❶ 名 치기(稚氣). 어린티. 애티. ¶~未除 | 어린 티를 벗지 못하다. ¶他就是还有一点~ | 그는 아직도 다소 치기가 있다. ❷ 形 어린애 티가 나다. 치기가 있다. ¶他越来越~了

H

| 그는 점점 더 아이처럼 군다 ‖ =〔孩子脾pí气〕〔稚zhì气〕

【孩子头(儿)】 hái·zitóu(r) 名組 ❶ 골목 대장. 꼬마 대장. ❷ 어린애들과 놀기를 좋아하는 어른 ‖ =〔孩子王wáng〕

【孩子王】 hái·ziwáng ⇒〔孩子头(儿)〕

【骸】 hái 뼈 해
❶ 뼈. 해골. ¶～骨↓ ¶四肢百～ | 사지백해. 온몸. ❷ 몸. 신체. ¶病～ | 병든 몸. ¶形～ | 형체. ¶遗～ | 유해. ❸ 書 名 정강이 뼈. 경골(脛骨).

【骸骨】 háigǔ 名 ❶ 사람의 뼈. 해골. ❷ 書 신체. 몸. ¶乞qǐ～ | 옛날 신하가 임금에게 사직을 청하는 것.

hǎi 厂历ˇ

1 【海】 hǎi 바다 해
❶ 名 바다 [대륙에 가깝고 「洋」(대양)보다 작은 수역] ¶东～ | 동해. ¶里～ | 카스피해. ❷ 名 (내륙에 있는) 호수. ¶青～ | 청해. 청해성(青海省) 동북부에 있는 호수. ¶洱ěr～ | 이해. 운남성(雲南省) 대리현(大理縣)에 있는 호수. ❸ (기물 혹은 용량이) 크다. ¶～碗wǎn↓ ¶～量↓ ❹ 많은 사람·사물을 가리킴. ¶人山人～ | 인산인해. ¶树～ | 수해. ❺ 副 轉 方 무턱대고. 마구(잡이로). 함부로. ¶～骂mà↓ ¶胡吃～喝 | 마구 마시고 먹다. ❻ 形 方 (대단히) 많다. ¶广场上的可～呢 | 광장에 사람들이 정말 많다. ❼ (옛날에) 외국에서 온 물건을 가리켰음. ¶～棠táng↓ ❽ (Hǎi) 名 성(姓).

4【海岸】 hǎi'àn 名 해안. ¶～炮pào | 해안에 설치한 대포.. ¶～炮台 | 해안 포대. ¶～线 =〔海滨线bīnxiàn〕| 해안선.

3【海拔】 hǎibá 名 해발. ¶～2,774米的白头山 | 해발 2,774미터의 백두산 =〔拔海〕

【海百合】 hǎibǎihé 名〈動〉바다숲.

【海豹】 hǎibào 名〈動〉바다표범.

【海报】 hǎibào 名 (영화·연극·운동경기 등의) 포스터. ¶招工的～贴出去了 | 노동자를 모집하는 포스터가 나붙었다 =〔招贴zhāotiē〕〔戏xì报子〕

【海边(儿)】 hǎibiān(r) 名 해변. 바닷가. ¶他是在～长大的 | 그는 바닷가에서 성장하였다.

4【海滨】 hǎibīn 名 해안. 해변. ¶～线xiàn | 해안선. ¶～浴场yùchǎng | 해수욕장. ¶～城市chéngshì | 해변도시.

【海捕】 hǎibǔ 動 각지로 공문을 보내어 도주 범인을 잡다.

【海不扬波】 hǎi bù yáng bō 成 천하가 태평하다. 태평성세다 =〔海不波溢bōyì〕

【海菜】 hǎicài 名 다시마·미역 등의 해초.

【海产】 hǎichǎn ❶ 名 해산물 =〔海货huò〕 ❷ 形 해산의. ¶～肥料féiliào | 해산 비료. ¶～植物zhíwù | 바다에서 나는 식물. 해초류.

【海潮】 hǎicháo 名 해조. 조수. ¶～音 | 해조음. 조음(潮音).

【海船】 hǎichuán 名 해선.

【海带】 hǎidài 名〈植〉다시마. 곤포. ¶～菜cài | 다시마. ¶～片piàn | 썬 다시마. ¶～丝sī | 채 썬 다시마. ¶～条tiáo | 길죽하게 썬 다시마. ¶嫩nèn～ =〔裙qún带菜〕| 미역.

【海胆】 hǎidǎn 名〈動〉성게. 해담.

【海岛】 hǎidǎo 名 섬. ¶他生活在一个～上 | 그는 섬에서 생활한다.

【海盗】 hǎidào 名 해적. ¶～船chuán | 해적선. ¶～行为 | 해적 행위 =〔海鬼guǐ〕〔海寇kòu〕〔海贼zéi〕〔水贼〕

【海堤】 hǎidī 名 방파제 =〔防波fángbō堤〕

【海底】 hǎidǐ 名 ❶ 해저. 바다의 밑바닥. ¶～山 | 해저산. ¶～山脉mài =〔海岭lǐng〕| 해저 산맥. ¶～油田yóutián | 해저 유전. ¶～水雷léi | 해저 수뢰. ¶～采矿cǎikuàng | 해저 채광. ¶～电报diànbào | 해저 전보. ¶～电缆lǎn =〔海底电线xiàn〕〔海缆lǎn〕〔海线〕| 해저 전선. ¶～潜qián水 | 스킨 다이빙. ¶～资源zīyuán | 해저 자원. ❷〈生理〉회음(會陰) =〔会阴huìyīn〕

【海底捞月】 hǎi dǐ lāo yuè ❶ 成 바다에서 달 건지기. 되지도 않을 일을 하여 헛수고만 하다. ¶你这简直是～ | 너는 그야말로 되지도 않을 일을 헛수고만 했다 =〔水中捞月〕 ❷ 중국 무술 동작의 하나.

【海底捞针】 hǎi dǐ lāo zhēn 成 바다 밑에서 바늘을 건지다. 하늘의 별따기 喻 몹시 어렵거나 불가능한 일을 애써 하다. ¶这简直是～, 上那儿去找呢! | 이건 정말 바다밑에서 바늘 찾기지, 어디가서 찾는단 말야! =〔海底摸锅mōguō〕〔海里lǐ捞针〕〔海里摸锅〕

【海底摸锅】 hǎi dǐ mō guō ⇒〔海底捞针lāozhēn〕

【海地】 Hǎidì 名 外〈地〉아이티(Haiti) [서인도제도중의 히스파니올라(Hispaniola)섬 서쪽을 차지하고 있는 나라. 수도는 「太子港」(포르토 프랭스;Port au Prince)]

【海甸】 hǎidiàn 名 ❶ 書 해역(海域). ❷ (Hǎidiàn)〈地〉해전 [북경성(北京城)의 서북(西北) 교외 일대] =〔海淀diàn〕

【海防】 hǎifáng 名 ❶ 해방. 해안 방비. 해안 방어. ¶～舰jiàn | 해안 방어 군함. ¶～部队bùduì | 해안 경비대. ¶～前哨shào | 해안 방어 초소. ❷ (Hǎifáng) 名 外〈地〉하이퐁(Haiphong).

【海风】 hǎifēng 名 해풍 =〔海软ruǎn风〕

4【海港】 hǎigǎng 名 항구. 항만. ¶～工人 | 항만 노동자. ¶～设备shèbèi | 항만 설비.

【海蛤蛎】 hǎigélì 名〈魚貝〉굴 =〔牡蛎mǔlì〕

【海沟】 hǎigōu 名〈地質〉해구.

【海狗】 hǎigǒu 名〈動〉물개. 해구 =〔海熊xióng〕〔腽肭兽wànàshòu〕

2【海关】 hǎiguān 名 세관. ¶～检查jiǎnchá | 세관 검사. ¶～员 | 세관원. ¶～税则shuìzé | 세관의 세칙.

【海龟】 hǎiguī 名〈動〉바다거북. 푸른 거북. ¶听话～救人 | 듣자하니, 바다거북이가 사람을 구한다고 한다.

【海涵】 hǎihán ❶ 動 敬 널리 양해를 구합니다. ¶招待zhāodài不周, 还望～ | 접대가 변변치 못한 점 널리 양해를 구합니다. ❷ 形 도량이 크다.

【海魂衫】hǎihúnshān 名 (줄무늬가 있는) 세일러 셔츠(sailor shirt).

【海架】hǎijià 名 대륙붕 =〔大陆棚péng〕

【海疆】hǎijiāng 書 名 연해(沿海). 연해지방. ¶广阔guǎngkuò的～ | 광활한 연해지방.

【海角】hǎijiǎo 名 곶. 갑. 해각.

【海禁】hǎijìn 名 ❶ 항해금지령 [명청(明淸) 시대에 실시되었던 항해에 관한 금령(禁令)] ❷ 출입국 금지. ¶解除jiěchú～ | 출입국 금지를 해제하다.

[3]【海军】hǎijūn 名 해군. ¶～基地 | 해군 기지. ¶～岸防兵 | 해군의 해안방어병. ¶～陆战队lùzhànduì | 해병대

【海口】hǎikǒu 名 ❶ 해구. ❷ (Hǎikǒu)〈地〉해구 [중국 해남성(海南省) 북부에 있는 항구] ❸ 名 허풍. 호언장담. ¶夸kuā下～ | 허풍을 떨다.

【海枯石烂】hǎi kū shí làn 成 바닷물이 마르고 돌이 문드러진다해도 영원히 변함없다. 세월이 오래되다. ¶～, 此心不移 | 바닷물이 마르고 돌이 문드러져도 이 마음 떠나지 않으리. ¶～心不变 | 오랜 세월이 지나도 마음 변치 않으리라 =〔钉dīng槽木烂〕

【海葵】hǎikuí 名〈動〉말미잘 =〔菟tù葵①〕〔矶帽jīmào〕

【海阔天空】hǎi kuò tiān kōng 成 ❶ 끝없이 넓다. 가없이 넓다. ❷ 이것저것 이야기하다. ¶两人都很健谈, ～, 聊起来没个完 | 두 사람 다 말재간이 좋아서, 한담을 시작하면 이것 저것 주고 받으면서 그칠 줄 모른다.

【海了】hǎi·le 狀 俗 많다. ¶老金的钱可～! | 김씨의 돈은 정말 많다!

【海狸】hǎilí 名〈動〉해리. 비버(beaver) =〔海骡luó〕〔河hé狸〕

【海狸鼠】hǎilíshǔ 名〈動〉뉴트리아(nutria) =〔河hé狸鼠〕

【海里】hǎilǐ 量 해리(海里) =〔 lǐ〕

【海里捞针】hǎi lǐ lāo zhēn ⇒〔海底捞针〕

【海里摸锅】hǎi lǐ mō guō ⇒〔海底捞针〕

【海蛎子】hǎilì·zi 名〈魚貝〉토굴 [「牡蛎」(굴)의 일종] =〔草鞋蛎〕

【海量】hǎiliàng 名 ❶ 敬 넓은 도량. 해량. ¶对不住的地方, 望您～包涵 | 잘못된 점, 넓은 도량으로 양해해 주십시오. ❷ 큰 주량(酒量). 대주(大酒). 호주(豪酒). ¶您是～, 再来一杯 | 당신은 말술이니 한잔 더 하십시오.

【海岭】hǎilǐng 名 해령. 해저 산맥 =〔海脊jǐ〕〔海底山脉〕

【海流】hǎiliú 名 해류 =〔洋yáng流〕

【海龙】hǎilóng ❶ ⇒〔海獭tǎ〕 ❷ 名〈魚貝〉실고기 =〔杨yáng枝鱼〕〔钱qián串子③〕 ❸ 名〈動〉고대 파충류의 일종.

【海伦主义】hǎilún zhǔyì 名 外 헬레니즘(Hēllenism).

【海轮】hǎilún 名 외항선. ¶他没乘chéng过～ | 그는 외항선을 타보지 못했다.

【海螺】hǎiluó 名〈魚貝〉소라의 총칭 =〔海蛳罗qīluó〕〔唆尾suōwěi螺〕〔法fǎ螺〕

【海洛因】hǎiluòyīn 名 外〈藥〉헤로인(heroin) =〔海洛英luòyīng〕〔海洛音yīn〕〔海子②〕〔安ān洛因〕〔料面liàomiàn〕〔二乙yǐ酰吗啡〕〔白面儿〕〔白货ⓐ①〕〔白土②〕〔老海〕

【海洛英】hǎiluòyīng ⇒〔海洛因〕

【海马】hǎimǎ ❶ 名〈魚貝〉해마 =〔龙lóng落子〕 ❷ ⇒〔海象xiàng〕

【海骂】hǎimà 動 함부로 욕을 퍼붓다. 함부로 욕질하다.

【海鳗(鳗)】hǎimán(lí) 名〈魚貝〉해만. 갯장어 =〔狼牙鳝lángyáshàn〕〔勾gōu鱼〕〔即jí勾〕

【海米】hǎimǐ 名 ❶ 말린 새우살 =〔虾xiā米①〕 ❷〈植〉보리사초 [해변의 모래밭에서 자라는 다년생 초본식물의 하나]

【海绵】hǎimián 名 ❶〈動〉해면. ❷ 해면동물의 골격. ❸ 스펀지. ¶～靠垫kàodiàn的 | 스펀지 쿠션. ‖ =〔海绒róng〕

[3]【海面】hǎimiàn 名 해면. ¶～上一片平静 | 해면이 평온하다.

【海纳百川】haǐ nà baǐ chuān 成 한량없다. 도량이 넓다.

【海难】hǎinàn 名 해난. ¶～信号xìnhào | 해난 신호. 에스 오 에스(SOS). ¶又发生了一起～事故 | 또 해난사고가 발생했다.

【海内】hǎinèi 書 名 ❶ 국내. ❷ 온 천하. 전 세계

【海内存知己, 天涯若比邻】hǎi nèi cún zhī jǐ, tiān yá ruò bǐ lín 成 온 세상에 벗이 있으니 하늘 끝도 이웃 같다.

【海牛】hǎiniú 名〈動〉해우.

【海鸥】hǎi'ōu 名〈鳥〉갈매기.

【海派】hǎipài 名 ❶〈演映〉상해파(上海派) [경극(京劇)의 일파] =〔外江②〕 ❷ 상해식. 상해풍. ¶～风气fēngqì | 상해식 기풍.

【海泡石】hǎipàoshí 名〈鑛〉해포석.

【海盆】hǎipén 名〈地質〉해분.

【海螵蛸】hǎipiāoxiāo 名〈漢醫〉해표초. 오징어의 뼈.

【海平面】hǎipíngmiàn 名 ❶ 잔잔한 바다면. ❷ 밀물과 썰물사이의 평균 수평면.

【海侵】hǎiqīn 名〈地質〉해침 [지면이 하강할 때 바다물이 육지를 덮어버리는 현상] ¶～造成大片盐 yánjiān地 | 해침이 대규모 알카리성 토지를 조성하다 =〔海进jìn〕

【海区】hǎiqū 名〈軍〉해구. 해역(海域).

【海鳃】hǎisāi 名〈動〉바다조름 =〔海笔bǐ〕

【海上】hǎishàng 名 ❶ 해상. ¶～法 | 해상법. ¶～作业 | 해상 작업. ¶～补给bǔjǐ | 해상 보급. ¶～封锁fēngsuǒ |〈軍〉해상 봉쇄. ¶～遇险信号 | SOS. ¶～风暴fēngbào | 바다의 폭풍. ¶～救难jiùnán | 해난 구조. ¶～交通线 | 해상교통로. ¶～运输yùnshū | 해상 운수. ¶～权 =〔制zhì海权〕| 해상권. ¶～打捞费 | 해난 구조 요금. ❷ (Hǎishàng) 名〈地〉상해(上海)의 다른 이름.

【海参】hǎishēn 名〈魚貝〉해삼. ¶干gān～ | 말린 해삼 =〔海鼠shǔ〕

【海参崴】Hǎishēnwǎi 名〈地〉블라디보스톡(Vladivostok) =〔外 符Fú拉迪伏斯托克〕

【海狮】hǎishī 名〈動〉바다사자.

【海蚀】hǎishí 名〈地質〉해식.

【海市蜃楼】hǎi shì shèn lóu 成 ❶ 신기루. ❷ 허무맹랑하다. 喩 공중 누각(空中樓閣) ¶你的想法只不过是~ | 너의 생각은 단지 신기루에 지나지 않는다. ‖ =〔蜃景〕〔蜃楼lóu海市〕

【海事】hǎishì 名 ❶ 해사 [바다에 관한 일] ❷ 해상 사고. 해난.

【海誓山盟】hǎi shì shān méng 成 (영원한 사랑을) 굳게 맹세하다. ¶~的情人 | 영원한 사랑을 맹세한 연인. ¶他们~ | 그들은 사랑을 굳게 맹세했다 =〔山盟海誓〕〔山誓海盟〕

【海水】hǎishuǐ 名 해수. 바닷물. ¶~工业gōngyè | 해수 이용 공업. ¶~浴场yùchǎng | 해수욕장.

【海水不可斗量】hǎishuǐ bùkě dǒuliáng 諺 바닷물은 말로 될 수 없다. 얕은 식견으로 큰 일을 헤아릴 수는 없다 =〔海水难量liáng〕

【海水面】hǎishuǐmiàn 名 해수면.

【海松】hǎisōng 名 ❶〈植〉해송 =〔红hóng松〕〔果guǒ松〕 ❷〈動〉흑산호(黑珊瑚) =〔黑珊瑚hēishānhú〕〔铁树tiěshù②〕

【海损】hǎisǔn 名〈貿〉해손. ¶共同~ | 공동 해손. ¶~存款cúnkuǎn | 해손 공탁금.

【海獭】hǎitǎ 名〈動〉해달. ¶~皮 | 해달의 가죽 =〔海龙lóng①〕〔海虎hǔ〕

【海滩(儿)】hǎitān(r) 名 (해변의) 모래 사장.

【海棠】hǎitáng 名〈植〉❶ 해당. ¶枫叶fēngyè~ | 베고니아. 추해당. ¶贴鞭tiēbiān~ =〔木瓜mùguā①〕 | 모과 =〔花仙huāxiān①〕 ❷ 해당의 열매 =〔海棠梨lí〕〔海红①〕〔海棠果(儿)〕

【海塘】hǎitáng 名 해안의 둑. 방파제.

【海桐花】hǎitónghuā 名〈植〉섬엄나무 =〔刺cì桐①〕

【海涂】hǎitú 名 간석지(干潟地) =〔簡 涂〕〔滩tān涂〕

【海图】hǎitú 名 해도. ¶~室 | 해도실.

【海豚】hǎitún 名〈動〉돌고래. ¶~泳yǒng =〔海豚式游泳〕 | 돌핀 킥 =〔海和尚〕〔海猪zhū〕〔沙滑huá〕

4【海外】hǎiwài ❶ 名 해외. 국외. 외국. ¶~奇谈qítán | 허무맹랑한 소문. 터무니 없는 소리. ¶~侨胞qiáobāo | 해외 교포. ¶他在~工作了几年 | 그는 해외에서 몇년간 일했다. ❷ 動 江 허풍을 떨다.

【海湾】hǎiwān 名〈地質〉만.

【海碗】hǎiwǎn 名 대단히 큰 사발[대접]. ¶老金喝下了一~的酒 | 김씨는 술 한 대접을 마셨다.

【海王星】hǎiwángxīng 名〈天〉해왕성.

【海味】hǎiwèi 名 해산물 [주로 진귀한 것을 말함] ¶~店 =〔海味行〕〔海味铺pū〕 | 해산물상 =〔海鲜xiān②〕

3【海峡】hǎixiá 名〈地質〉해협. ¶~两岸的中国人要团结tuánjié起来, 振兴zhènxīng中华 | 해협 양안의 중국인이 단결하여, 중화민족을 진흥시키자 =〔俗 海腰yāo〕

【海鲜】hǎixiān ❶ 名 바다에서 나는 신선한 〔날〕어패류, 또는 그 요리. ❷ ⇒〔海味wèi〕

【海相沉积】hǎixiàng chénjī 名組〈地質〉해성층 침적.

【海象】hǎixiàng 名〈動〉해상. 바다코끼리 =〔海马mǎ②〕

【海啸】hǎixiào 名 해소. 해일 =〔海吼hǒu〕

【海蟹】hǎixiè 名〈魚貝〉바닷게.

【海星】hǎixīng ❶ 名〈動〉극피 동물의 총칭. ❷ ⇒〔海盘pán车〕

【海熊】hǎixióng ⇒〔海狗gǒu〕

【海牙】Hǎiyá 名 外〈地〉헤이그(Hague). 「荷兰hélán」(네델란드)의 도시. ¶~和平会议 | 헤이그 만국 평화 회의.

【海盐】hǎiyán 名 ❶ 해염 [「岩盐」「井盐」등에 대한 말임] ❷ (Hǎiyán)〈地〉해염 [절강성(浙江省) 동북 해안에 있는 현(縣)이름]

【海蜒】hǎiyán 名〈魚貝〉멸치.

【海晏河清】hǎi yàn hé qīng 成 바다도 잔잔하고 황하(黃河)도 맑다. 태평세월이다. ¶~, 万民安乐 | 태평세월이어서, 온 백성이 편안하다 =〔河清海晏〕

【海燕】hǎiyàn 名 ❶〈鳥〉바다제비. ❷〈動〉별불가사리.

2【海洋】hǎiyáng 名 해양. ¶~法fǎ | 해양법. ¶~开发kāifā | 해양 개발. ¶~权quán | 영해권. ¶~(性)气候qìhòu | 해양성 기후. ¶~渔业yúyè | 해양어업. ¶~钻井zuānjǐng | 해양 굴착. ¶~气象qìxiàng学 | 해양 기상학. ¶~生物shēngwù | 해양 생물.

【海乙那】hǎiyǐnà 名 外〈動〉하이에나.

【海域】hǎiyù 名 해역. ¶拥yōng有辽阔liáokuò的~ | 끝없이 넓은 해역을 보유하고 있다.

【海员】hǎiyuán 名 선원.

【海运】hǎiyùn 名 해운. ¶~报单bàodān | 해운 신고서.

【海葬】hǎizàng 名 動 해장(하다).

【海枣】hǎizǎo 名〈植〉❶ 대추야자 =〔枣椰yē〕〔波斯bōsī枣〕〔无漏子〕〔伊yī拉克密枣〕〔战zhàn木〕 ❷ 대추야자의 열매 =〔椰yē枣〕

【海澡】hǎizǎo 名 해수욕. ¶洗~ | 해수욕을 하다 =〔海水浴yù〕

【海战】hǎizhàn 名 해전. 해상전. ¶~失利, 退守仁川港 | 해상전에서 실패하여, 인천항을 빼앗겼다.

【海蜇】hǎizhé 名〈動〉해파리. ¶~头tóu | 해파리의 촉수 =〔蜇皮pí〕〔水母①〕

【海蜇皮】hǎizhépí 名 ❶ 해파리의 갓. ❷〈食〉양장피.

【海震】hǎizhèn 名〈地質〉해진.

【海猪】hǎizhū ⇒〔海豚tún〕

【海子】hǎi·zi ❶ 名 方 호수. ❷ ⇒〔海洛因luòyīn〕

【胲】

hǎi ☞ 胲gāi C

【醢】

hǎi 육장 해

書 ❶ 名 육장(肉醬). ❷ 動 (고기를) 잘게 썰다. 난도질하다. ¶菹jū~ | 갈가리 찢어 죽이는 형벌.

hài ㄏㄞˋ

【亥】 **hài 열두째지지 해**
❶名 해. 십이지(十二支)의 하나→〔干支〕 ❷ 열두 번째. ❸ 해시(亥時) ¶～刻↓ ❹ 해방(亥方) [24방위 중의 서북과 북 사이의 방위]

【亥刻】hàikè 名 해시 [밤 9시부터 11시까지의 시간]＝〔亥时shí〕

【亥时】hàishí ⇒〔亥刻〕

【咳】 **hài ☞ 咳 ké** Ⓓ

【骇(駭)】 **hài 놀랄 해**
書❶動 (말이)놀라다. 무서워하다. ¶惊jīng～ | 놀라다. ❷形 무서운. 소란한. ¶惊涛tāo～浪 | 두렵고 무서운 파도. 轉 매우 위험한 처지〔고비〕.

【骇怪】hàiguài 書動 해괴하게 여기다.놀라 이상하게 여기다. ¶不必～, 此乃常事 | 놀라 이상하게 생각할것 없어, 이는 항상 있는 일이야＝〔惊讶jīngyà〕〔惊诧chà〕

【骇然】hàirán 書 狀 해괴하여 놀라다.

【骇人听闻】hàirén tīngwén 成 듣기만 해도 소름이 끼치다. ¶～的暴行 | 소름 끼치는 난폭한 행위. ¶～的大屠杀túshā | 듣기만 해도 소름 끼치는 대학살.

【氦】 **hài (헬름 해)**
名〈化〉화학 원소명. 헬륨(He ; helium) [보통「氦气」라 함]

2 **【害】** **hài 해칠 해, 시기할 해**
❶形 해롭다. 유해하다. ¶～虫chóng↓ ⇔〔益②〕 ❷名 해. 손해. ¶兴利除～ | 成 이로움을 일으키고 해로움을 없애다⇔〔利①〕 ❸名 재해. 재난. ¶虫～ | 충해. ❹動 해치다. 해를 끼치다. ¶～人↓ ❺動 (병에) 걸리다. 앓다. ¶～了一场伤寒 | 티푸스에 걸렸다. ¶～眼↓ ❻動 죽이다. 살해하다. ¶遇～ | 살해되다. ❼動 불안한 마음이 생기다. 걱정하다. ¶～羞xiū↓ ¶～甚么怕! | 무엇을 두려워 하니? ❽動 방해하다. 영역을 침범하다. 관계하다. ¶～不着你 | 당신에게 방해되지 않는다. 당신에겐 관계없다. ❾ 고어(古語)에서「曷」와 통용⇒〔曷hé①〕

【害病】hài/bìng 動 병을 앓다. 병에 걸리다. ¶害相思病 | 상사병에 걸리다. ¶经常jīngcháng～ | 늘상 병에 걸리다.

3【害虫】hàichóng 名 해충.

2【害处】hài·chù 名 손해. 폐해. 나쁜 점. ¶有益处, 也有～ | 이로운 점도 있지만 나쁜점도 있다. ¶～不少 | 손해가 많다.

【害口】hài/kǒu ⇒〔害喜xǐ〕

【害苦】hàikǔ 動 괴롭히다. 학대하다. ¶把咱们～啦 | 우리를 괴롭히다. ¶～了她们母女俩 | 그들 모녀 두사람을 학대했다.

【害命】hài/mìng ❶動 살해하다. 죽이다. ¶图财～ | 재물을 빼앗으려고 살해하다. ❷(hàimìng) 名 살인자.

【害鸟】hàiniǎo 名 해조→〔益yì鸟〕

2【害怕】hài/pà 動 ❶ 두려워 하다. 무서워하다. ¶不用～, 有我呢! | 무서워 할 것 없어, 내가 있잖아! ❷ 근심〔걱정〕하다. ¶～雨再下去就发大水 | 비가 이 이상 계속되면 홍수가 나지 않을까 걱정이다.

【害群之马】hài qún zhī mǎ 成 무리를 해치는 말. 많은 사람〔사회〕에게 해를 끼치는 인물.

【害人】hài/rén 動 ❶ 사람을 해치다. 남에게 해를 끼치다. ¶～不浅qiǎn | 남에게 많은 해를 끼치다. ❷ 장난질치다.

【害人虫】hàirénchóng 名 喻 남에게 해를 입히는 인간 쓰레기.

【害人精】hàirénjīng 名 많은 사람에게 해를 끼치는 나쁜 사람. ¶你这个～! | 너 이 마귀같은 놈아!

【害人利已】hàirén lìjǐ 動組 남을 해치고 자기에게 이롭게 하다. ¶你这样做会～的 | 너 이렇게 하는 것은 남을 해치면서 자기 만을 위하는 것이 된다＝〔损sǔn人利己〕

【害臊】hài/sào 動 口 수줍어하다. 부끄러워하다. ¶她是第一次当众讲话jiǎnghuà, 有些～ | 그 여자는 처음으로 여러 사람 앞에서 말하는 것이어서 약간 수줍어 한다. ¶你～甚么啊? | 너는 뭘 부끄러워하니?＝〔害羞xiū〕〔怕pà臊〕〔怕羞〕

【害事】hài/shì 動 ❶ 지장이 되다. ❷ 훼방을 놓다. ¶别～ | 훼방놓지 말아라.

【害兽】hàishòu 名 해로운 짐승.

【害喜】hài/xǐ 動 입덧을 하다. ¶金小姐最近～了 | 김양이 요즈음 입덧을 한다＝〔方 害口〕〔闹nào喜①〕

4【害羞】hài/xiū ⇒〔害臊sào〕

【害眼】hài/yǎn 動 ❶ 눈병을 앓다. ¶近日因～不能看书 | 요즈음 눈병을 앓기 때문에 항상 책을 볼 수가 없다. ❷ 눈에 거슬리다. ¶我嫌xián他～ | 나는 그가 눈에 거슬린다. ¶他害我的眼 | 그가 내 눈에 거슬린다.

hān ㄏㄢ

【犴〈豻猂₂〉】 **hān àn 들개 안, 옥 안, 〈큰사슴 한〉**
Ⓐ hān 名〈動〉❶ 입이 검고, 이리와 비슷한 들개. ❷「驼鹿tuólù」(엘크(elk;큰사슴)의 다른 이름.
Ⓑ àn ⇒〔狴bì犴〕

【顸(頇)】 **hān 얼굴클 한**
❶ ⇒〔颟mān顸〕 ❷形 方 굵다. ¶这个太～, 那个太细 | 이것은 너무 굵고, 저것은 너무 가늘다＝〔憨hān③〕〔粗cū①〕

【顸实】hān·shi 形 方 굵고 단단하다. ¶挺～的一根棍子 | 굵고 단단한 몽둥이.

【鼾】 **hān 코고는소리 한**
❶名 코고는 소리. ¶打～＝〔方 打呼噜hūlū〕| 코를 골다. ❷動 코를 골다. ¶～睡shuì | 코를 골며 자다.

【鼾声】hānshēng 名 코고는 소리. ¶～如雷léi | 코고는 소리가 우레와 같다. ¶～四起 | 코고는 소리가 사방에 들리다.

【鼾睡】hānshuì 動 코를 골며 곤히 자다.

【蚶】 **hān 새고막 감**
(～子) 名〈魚貝〉고막. 살조개. 피안다

미조개.
【蚶子】hān·zi 名〈魚貝〉안다미조개. 살조개. 고막＝〔复fù累〕〔方瓦wǎ垄子〕〔方瓦楞léng子〕〔魁蛤kuíhá〕

【酣】hān 즐길 감
❶動 술을 마시고 즐기다. 얼근하게 취하다. ¶～饮yǐn | 즐겁게 술을 마시다. ¶半～ | 얼근하게 취하다. ❷푹. 마음껏. 실컷. 통쾌하게. ¶～睡shuì↓ ❸動 한창〔절정〕이다. ¶兴趣正～ | 흥취가 바야흐로 절정이다.
【酣畅】hānchàng 形 ❶기분이 좋다〔유쾌하다〕. 즐겁다 [주로 음주나 수면에 쓰임] ¶睡得很～ | 개운하게 자다. ❷호쾌하다. 호방하다. ¶～的笔墨bǐmò | 호쾌한 필치.
【酣畅淋漓】hān chàng lín lí 成 ❶마음이 후련하다. ❷(문예작품에서) 서정적 표현이 매우 두드러짐. ¶以～的笔墨歌颂祖国的锦绣jǐnxiù江山 | 서정적 필치로 조국의 금수강산을 노래하다＝〔酣嬉xī淋漓〕
【酣梦】hānmèng ❶名(황홀한) 꿈. 단꿈. ¶搅动jiǎodòng了～ | 단꿈을 깨뜨리다. ❷푹 잠들다.
【酣然】hānrán 狀 기분이 매우 좋은. ¶～大醉 | 기분좋게 취하다. ¶～入梦 | 기분좋게 잠이 들다.
【酣睡】hānshuì 動 숙면하다. 깊은 잠이 들다. ¶～不醒 | 깊이 잠들어 깨지 않다.
【酣甜】hāntián 形 기분이 좋고 감미로운 [대부분 수면에 쓰임] ¶～的梦境mèngjìng | 감미롭고 기분좋은 꿈속(의 세계).
【酣醉】hānzuì 書 動 ❶술이 몹시 취하다. ❷술이 얼근히 취하다.

【憨】hān 어리석을 감
❶形 어리석다. 우둔하다. 소박하다. 순진하다. ¶～子↓ ¶～直↓ ¶～态tài可掬jū | 천진 난만하다. ❷形 方 굵다. ¶柱子zhùzi有～有细 | 기둥이 굵은 것도 있고 가는 것도 있다＝〔粗cū①〕 ❸(Hān) 名 성(姓).
【憨不棱登】hānbùléngdēng 狀 俗 멍청하고 바보 같다. 멍청하다. ¶～的货 | 천치 같은 놈.
【憨厚】hān·hou 形 정직하고 무던하다. 성실하다. ¶这个小伙子huǒzi很～ | 이 아이는 대단히 성실하다.
【憨乎乎】hānhūhū 狀 무던하다. 충직하다. 우직하다.
【憨气】hānqì 形 어리석다. 얼뜨다. 눈치가 없다. (지나치게) 고지식하다.
【憨态】hāntài 名 천진난만하여 바보스런 태도.
【憨头憨脑】hāntóu hānnǎo 狀組 멍청하다. 분별이 없다. 바보스럽다.
【憨头倔脑】hāntóu juénǎo 狀組 거칠고 고집이 세다. 우직하고 융통성이 없다.
【憨笑】hānxiào 動 ❶멍청히 웃다. 멋없이 자꾸 웃다. ¶她故意跑到一边去向他～ | 그녀는 고의로 뛰어가면서 그를 향해 자꾸 웃었다. ❷천진하게 웃다.
【憨直】hānzhí 形 꾸밈없이 소박하다. 소박하고 정직하다.
【憨子】hān·zi 名 ❶方 우둔한 인간. 바보. 머저리. ❷지나치게 고지식한 사람. 소박한 사람.

hán ㄏㄢˊ

【邗】Hán 땅이름 한, 운하이름 한
名 ❶〈史〉고대의 나라이름 [지금의 강소성(江蘇省) 강도현(江都縣) 지방에 있었음] ❷성(姓).

【汗】hán ☞ 汗 hàn B

【邯】hán 조나라서울 한, 사람이름 함
⇒〔邯郸〕
【邯郸】Hándān 名 ❶〈地〉하북성(河北省)에 있는 시(市) 또는 현(縣)이름. ❷복성(複姓).
【邯郸梦】hándānmèng 名 轉 일장 춘몽. 한단지몽. 노생지몽(盧生之夢)＝〔黄梁liáng(一)梦〕〔黄梁美梦〕
【邯郸学步】hán dān xué bù 成 자기의 본분을 잊고 함부로 남의 흉내를 내다가 제 재주까지 다 잃는다＝〔学步邯郸〕

2【含】hán hàn 머금을 함, 품을 함
A hán 動 ❶(입에) 물다〔머금다〕. ¶口内～糖táng | 입에 사탕을 물다. ¶～着一口水 | 물 한 모금 입에 머금다. ❷함유하다. ¶粗粮cūliáng里～着丰富的营养素 | 잡곡은 풍부한 영양소를 함유하고 있다. ❸(생각·느낌·감정 등을) 품다. 띠다. 머금다. ¶～羞↓ ¶～笑↓
B hàn ⇒〔含殓liàn〕〔含玉yù〕
A hán
【含苞】hánbāo 書 名 (아직 피지 않은) 꽃봉오리. ¶～欲放 | 成 꽃봉오리가 피려하다. 한창 피어나는 여자를 형용＝〔含葩pā〕
【含而不露】hán ér bù lù 成 속에 품고 겉으로 내색하지 않다. 암암리에. 은근히. 넌지시. ¶～地劝 | 넌지시 권고하다. ¶他说话～又曲尽其意 | 그는 말을 함에 은근히 그 뜻을 다 표현한다.
【含愤】hán/fèn 動 울분을 품다. ¶～而死sǐ | 울분을 품은채 죽다.
【含垢忍辱】hán gòu rěn rǔ 成 치욕〔굴욕〕을 참다. ¶司马迁～, 继承jìchéng父亲遗志, 终于完成了史记的著述 | 사마천은 치욕을 참고, 부친의 유지를 계승하여, 결국 사기의 저술을 완성하였다＝〔包羞xiū〕〔忍辱含垢〕
【含恨】hán/hèn 動 원한을 품다. ¶～离开了人事 | 원한을 품은채 세상을 떠났다.
3【含糊】hán·hu ❶形 (말이나 문장이) 애매〔모호〕하다. ¶他的话很～, 不明白是甚么意思 | 그의 말이 너무나 애매해서 무슨 뜻인지 알수가 없다. ❷動 소홀히 하다. 적당히 대충대충하다. ¶这事一点儿也不能～ | 이 일은 조금도 소홀히 할 수 없다. ❸動 두려워하다. 약하게 보이다. 어법 주로 부정형으로 쓰임. ¶毫不～ | 조금도 겁나지 않다. 어법 「不含糊」는 칭찬하는 말로 상용되며 「有能耐」(솜씨가 있다), 「行」(대단하다, 훌륭하다)의 뜻을 지님. ¶他那手乒乓球可真不～ | 그의 탁구 실력은 정말 훌륭하다 ‖＝〔含胡hú〕〔含忽hū〕〔函hán胡〕

【含糊其辞】hán hú qí cí 成 (말을) 얼버무리다. ¶他一时不好实说, 只得~地回答了几句 | 그는 한꺼번에 실토하기가 어려웠기 때문에 단지 몇마디로 얼버무려 대답할 수 밖에 없었다.

【含混】hánhùn 形 모호하다. 명확하지 않다. ¶发音~不清 | 발음이 애매해서 분명치 않다.

【含泪】hán/lèi 動 눈물을 머금다〔글썽이다〕

3【含量】hánliàng 名 함량. ¶~太高 | 함량이 매우 높다.

【含怒】hán/nù 動 노기를 띠다〔품다〕=〔含忿fèn〕

【含情】hánqíng 動 ❶ 풍치〔운치〕가 있다. ❷ 정〔애정〕을 품다. ¶~脉脉mài | 成 은근한 애정을 품다.

【含沙射影】hán shā shè yǐng 成 은근히 남을 헐뜯다〔비방하다, 중상하다〕. ¶淡淡的口吻kǒuwěn, 大有~之意 | 담담한 말투 속에 다분히 남을 중상하는 뜻이 있다 =〔含沙射shè人〕

【含漱】hánshù 書 名 動 양치질(하다). 입가심(하다). ¶~剂jì | 함수제.

【含水】hánshuǐ 名 함유하고 있는 수분(水分). ¶~量liáng | 함수량. ¶~率lǜ | 함수율.

【含笑】hán/xiào 動 ❶ 웃음을 머금다〔띄다〕. 미소짓다. ¶~点头diǎntóu | 웃음을 지으며 고개를 끄덕이다. ¶~九泉quán =〔含笑地下〕| 지하에서도 기뻐하다. ❷ 喩 꽃이 방긋이 피기 시작하다.

【含辛茹苦】hán xīn rú kǔ 成 고생을 참고 견디다. ¶她一个人~地把两个孩子抚养fǔyǎng成人 | 그녀 혼자서 고생을 참고 견디며 두 아이를 성인으로 키웠다 =〔茹苦含辛〕

【含羞】hán/xiū 動 부끄러워하다. 수줍어하다. ¶~带笑 | 수줍은 듯 웃음을 짓다.

【含羞草】hánxiūcǎo 名〈植〉함수초. 미모사. 감응초(感應草) =〔见诮jiànqiào草〕〔喝呼hēhū草〕

【含蓄】hánxù ❶ 形 포함(하다). ❷ 形 함축(하다). ¶~的批评pīpíng | 함축적인 비평. ❸ 動 (생각·감정 등을) 쉽게 드러내지 않다 ‖ =〔涵蓄hánxù〕

【含血喷人】hán xuè pēn rén 成 아무 근거도 없는 사실을 날조하여 생사람을 잡다 =〔血口喷人〕〔含血撰人〕

【含饴弄孙】hán yí nòng sūn 成 엿을 입에 물고 손자를 어르다. 만년에 가정의 즐거움을 즐김.

4【含义】hányì 名 내포된 뜻·내용·개념. ¶所有制的~ | 소유제의 개념 =〔含意yì〕〔涵hán意〕〔涵义〕

【含英咀华】hán yīng jǔ huá 成 문장이 아름답다. 문장의 정화를 잘 음미하다.

4【含有】hányǒu 動 함유하다. 포함하고 있다. ¶~恶意 | 나쁜 뜻을 품고 있다. ¶药剂中~五种成分 | 약제에 다섯가지 성분이 포함되어 있다.

【含冤】hán/yuān 動 ❶ 누명을 뒤집어 쓰다. ¶~而死sǐ | 누명을 쓰고 죽다. ❷ 억울하나 별 수 없이 참다 ‖ =〔含冤负屈fùqū〕

B hàn

【含殓】hàn/liàn 書 動 입관(入棺)하다.

【含玉】hànyù 書 動 고대에, 죽은 사람의 입속에 구슬을 넣다.

【晗】 hán 날밝을 함

書 動 동이 트다. 날이 밝으려 하다.

【焓】 hán (엔탈피 함)

名〈物〉엔탈피(enthalpy).

4【函】 hán 상자 함

❶ 書 名 갑. 함. 상자. ¶镜~ | 거울집. ¶石~ | 석함. 돌 상자. ❷ 書 量 (서적 등의) 케이스. 질(帙). ¶全书共四~ | 책이 모두 네 질이다. ❸ 書 名 편지. 서신. 서한. ¶前~ | 전번의 편지. ¶来~ | 보내온 편지. ❹「涵」과 통용 ⇒〔涵hán①〕 ❺ ⇒〔函谷关gǔguān〕

【函达】hándá 動 편지로 말씀 드리다. ¶特此~ | 札 이에 특히 편지로 알려 드립니다 =〔函致zhì〕〔函告gào〕

【函电】hándiàn 名 편지와 전보. ¶~纷驰fēnchí | 편지와 전보를 연달아 띄우다.

【函订】hándìng 動 편지로 주문하다. ¶~了十册书籍shūjí | 몇십권의 책을 편지로 주문하다.

【函购】hángòu 動 우편으로 구매하다. ¶可以~, 但必须先邮来书款shūkuǎn和运费yùnfèi | 우편구매가 가능하나 반드시 먼저 책값과 운송비를 보내와야만 합니다.

【函谷关】hángǔguān 名 함곡관 [관문의 하나]

【函件】hánjiàn 名 서신. 우편물 =〔信xìn件〕

【函示】hánshì 動 편지로 알리다.

4【函授】hánshòu ❶ 名 통신 교육. ¶~学校xuéxiào | 통신 교육 학교. ¶~大学 | 통신 대학. ❷ 통신으로 가르치다〔교수하다〕.

【函数】hánshù 名〈數〉함수 =〔因yīn变量〕

【函索】hánsuǒ 動 편지로 청구하다. ¶~即寄 | 札 (목록·설명서·견본 등을) 편지로 신청하는 즉시 부쳐 드립니다.

【函询】hánxún 動 편지로 조회(照會)하다.

【涵】 hán 담글 함

❶ 포함하다. 포용하다. ¶~养↓ ¶海~ | 너그럽게 용서하다. 도량이 크다 =〔函〕 ❷ 動 (물에) 담그다. 적시다. ❸ 名 지하 배수로. ¶桥qiáo~ | 다리와 지하 배수로. ❹ (Hán) 名〈地〉함강(涵江) [복건성(福建省)에 있음]

【涵洞】hándòng 名 (철길이나 신작로 밑으로 설치한) 배수로 =〔涵④〕〔函洞〕〔山洞②〕

【涵管】hánguǎn 名 ❶ 배수관. 하수도관. ❷ 관상(管狀)의 배수로.

【涵容】hánróng 書 動 너그럽게 용서하다. 관용하다. 포용하다. ¶不周之处, 尚望~ | 미흡한 점은 너그럽게 용서하여 주시기 바랍니다 =〔包bāo容①〕

【涵蓄】hánxù ⇒〔含hán蓄〕

【涵养】hányǎng ❶ 名 수양(修養). 교양. ¶有~的人 | 교양이 있는 사람. ❷ 動 함양하다. ❸ 動 (수분을) 축적·보존하다. ¶用造林来~水源 | 조림으로 수원을 보존하다.

【涵义】hányì ⇒〔含义yì〕

【涵闸】hánzhá 名 ❶「涵洞」과「水闸」(수문)의 총칭. ❷ (수량·수위를 조절하기 위한) 수문.

1【寒】hán 찰 한 ❶形 춥다. 차다. ¶天~地冻 | 날씨는 차고 땅은 얼다. 대단히 춥다 ⇔〔暑shǔ〕→〔冷lěng①〕 ❷가난하다. 궁핍하다. 곤궁하다. ¶清~ | 청빈하다. ❸動 기분이 상하다. 열의가 식다. 기운이 떨어지다. ¶不要让大家~了心 | 모두를 낙심하게 해서는 안된다. ❹動 무서워하다. 섬뜩하다. 오싹하다. 몸서리치다. ¶胆dǎn~ | 간담이 서늘하다. 오싹하다.

【寒痹】hánbì 名〈漢醫〉통비(通痺) 한비 =〔通tōng痹〕

【寒蝉】hánchán 名 ❶〈蟲〉한선. 쓰르라미 =〔寒蜩tiáo〕〔秋凉liáng(儿)〕 ❷늦가을 매미. 울지 않는 매미. 喩 감히 직언(直言)하지 못하는 사람. 때에 맞추어 할 소리를 못한 사람. ¶~凄切qīqiē | 늦가을 매미 소리가 처절하다.

【寒潮】háncháo 名 ❶ 한류(寒流). ❷ 한파(寒波) =〔寒流liú②〕

【寒碜】hán·chen ❶形 초라하다. 빈약하다. 누추하다. ¶~的衣裳 | 초라한 옷. ¶长得真~ | 정말 못생겼다. ❷形 망신스럽다. 창피하다. ¶就我一个人不及格, 真~! | 단지 나 혼자 합격하지 못하다니, 정말 망신이다! ❸動 망신시키다. 모욕을 주다. ¶你别~人了 | 너는 남을 모욕하지 말라 ‖ =〔寒伧cāng〕〔寒岭lǐng〕〔寒尘chén〕〔寒蠢chǔn〕〔含碜chěn〕

【寒窗】hánchuāng 名 喩 매우 어려운 학습환경. ¶十年~苦读, 终于有所成就 | 십년동안 어렵게 공부하여, 마침내 성취하는 바가 있다.

【寒带】hándài 名 한대. ¶~林 | 한대림. ¶~气候qìhòu | 한대 기후.

【寒冬】hándōng 名 추운 겨울. 엄동(嚴冬). ¶~腊là月 | 成 추운 섣달. 엄동설한.

【寒风】hánfēng 名 찬 바람. 한풍. 북풍. ¶~刺骨cìgǔ | 찬 바람이 뼈 속을 스며든다.

【寒光】hánguāng 名 섬뜩한 빛. 차가운 빛. ¶~闪闪shǎn | 차가운 빛이 번쩍거리다. ¶~耀眼yàoyǎn的刺刀cìdāo | 서릿발이 번뜩이는 칼.

【寒号虫】hánháochóng 名〈動〉산박쥐 =〔号虫〕〔鹖旦hédàn〕

1【寒假】hánjià 名 겨울 방학. ¶放~ | 겨울 방학을 하다.

【寒噤】hánjìn 名 몸서리. 진저리. ¶打了一个~ | 진저리 쳤다 =〔寒悸jì〕〔寒栗lì〕〔寒战zhàn〕〔寒颤chàn〕〔冷lěng战(儿)〕

【寒苦】hánkǔ 形 가난하다. 곤궁하다. ¶家境jiājìng~ | 집안이 궁핍하다.

2【寒冷】hánlěng 形 한랭하다. 몹시 춥다. ¶天气tiānqì~ | 날씨가 몹시 춥다. ¶~的季节jìjié | 추운 계절 =〔凄冷〕〔清肃②〕

【寒流】hánliú ❶名 한류 ⇔〔暖流〕 ¶~滚滚gǔn | 한류가 밀려오다. ❷⇒〔寒潮cháo〕 ❸名 가난한 사람.

【寒露】hánlù 名 ❶ 한로 [24절기의 하나] ❷書 차가운 이슬.

【寒毛】hán·mao 名 솜털. 잔털. ¶一根~也不拔bá | 잔털 하나도 뽑지 않다. 아주 인색하다 =〔汗hàn毛〕〔胎tāi毛〕〔書 妍yán毛〕

【寒门】hánmén 書 名 ❶ 가난한 집안. 비천한 집안. ¶~才子 | 청빈한 학자. ¶自古~多才俊 | 예로부터 가난한 집안에 인재가 많다. ❷謙 누추한 집. 저의 집 =〔寒舍shè〕‖ =〔寒家〕 ❸書 북극(北極).

【寒疟】hánnüè 名〈漢醫〉(오한이 심하고 열은 별로 나지 않는) 학질(瘧疾).

【寒气(儿)】hánqì(r) 名 ❶ 한기. 추위. ¶喝口酒去去~ | 술 한 모금을 마셔 한기를 쫓아 버리다. ¶~逼人 | 추위가 몸에 스며들다. ❷(몹시 추워) 으스스한 기분. 냉혹한 분위기. ¶我吓xià得倒喝了一口~ | 나는 놀라 오히려 으스스한 기분을 느꼈다.

【寒峭】hánqiào 書 形 추위〔한기〕가 살을 에는 듯하다.

【寒秋】hánqiū 名 깊은 가을. 만추.

【寒热】hánrè 名〈漢醫〉❶ 한열. ❷ 오한과 신열. ¶~往来 | 한열 왕래.

【寒色】hánsè 名〈美〉한색. 찬 색. 찬 느낌을 주는 빛깔 ⇔〔暖nuǎn色〕

【寒食(节)】hánshí(jié) 名 한식 =〔禁jìn火〕〔禁烟yān②〕〔冷lěng节〕

【寒士】hánshì 名 가난한 서생〔선비〕 ¶身为~, 心优天下 | 몸은 가난한 선비이지만, 마음은 천하를 걱정한다 =〔白bái士〕〔寒畯jùn〕〔寒俊jùn〕

【寒暑】hánshǔ 名 ❶ 한서. 추위와 더위. ¶~假 | 겨울 방학과 여름 방학. ❷喩 일년. ¶经历了几十个~ | 수십년을 겪었다. ❸喩 세월. ¶~迭代 | 세월이 수없이 바뀌다.

【寒暑表】hánshǔbiǎo 名 한란계. 온도계. ¶华氏huáshì~ | 화씨 온도계. ¶摄氏shèshì~ | 섭씨 온도계 =〔寒暖计nuǎnjì〕

【寒酸】hánsuān 形 가난하고 초라하다. 궁상맞다. ¶~相xiàng | 가난하고 초라한 모습. ¶~气 | 궁상맞다 =〔酸寒〕

【寒天吃冷水, 点点在心头】hántiān chī lěngshuǐ, diǎndiǎn zài xīntou 諺 옛날의 고통스럽던 일은 작은 일이라도 가슴에 사무쳐서 잊지 못하다 =〔寒天饮冷水, 点点记心头〕〔寒冬腊月喝凉水, 点点滴滴记心头〕

【寒冬腊月】hán tiān là yuè 成 12월의 차가운 겨울 날씨.

【寒腿】hántuǐ 名 口 류머티즘성(性) 다리 관절염

【寒武(利亚)纪】hánwǔ(lìyà)jì 名 外〈地質〉캄브리아기 =〔坎kǎn布里亚纪〕

【寒武系】hánwǔxì 名 外〈地質〉캄브리아계

【寒心】hán/xīn 動 ❶ 낙심하다. 기가 죽다. 실망하다. ¶他是一再受打击寒了心了 | 그는 여러 차례 타격을 받고 기가 죽었다. ❷ 겁을 집어먹고 떨다. 소름이 끼치다. 오싹하다. ¶见了他, 我就~ | 그만 보면 나는 소름이 끼친다.

4【寒暄】hánxuān 名 動 인사말(을 나누다). ¶互道~ | 인사말을 주고 받다. ¶跟他~了几句 | 그와 몇마디 인사말을 주고 받다 =〔暄凉liáng〕〔寒温wēn〕〔暄寒〕

【寒鸦(儿)】hányā(r) 名〈鳥〉갈가마귀 =〔慈cí

H

乌〕〔慈鸦〕〔㊓ 鵯鶋bēijū〕
【寒衣】hányī 名 ❶ 겨울 옷. ❷ 옛날 음력 10월 1일 조상의 묘에서 태우는 종이로 만든 옷.
【寒意】hányì 名 추운 느낌. 한기. ¶ 谁是仲秋, 却已有～ | 비록 추석이라 하나, 이미 추운 느낌이 있다.
【寒战】hánzhàn ⇒〔寒噤jìn〕
【寒症】hánzhèng 名〈漢醫〉한증. 한기.

【韩(韓)】 Hán 나라이름 한

名 ❶〈史〉한나라 [전국 7웅(戰國七雄)의 하나. 지금의 하남(河南) 중부와 산서(山西) 동남부에 위치하였음] ❷ 簡〈地〉「韩国」(한국)의 약칭. ❸ 성(姓).
【韩币】hánbì 名 한국 화폐.
【韩潮苏海】hán cháo sū hǎi 成 한유(韓愈)의 문장은 조수와 같고, 소식(蘇軾)의 문장은 바다와 같다.
【韩德尔】Hándé'ěr 名 外〈人〉헨델(Georg F. Händel, 1685～1759) [바로크시대의 독일 작곡가]
【韩国】Hánguó 名 한국 [수도는「汉城」(서울)]
【韩人】Hánrén 名 한국인.
【韩文】Hánwén 名 한글. 한국어.
【韩语】Hányǔ 名 한국어.

hǎn ㄏㄢˇ

4 **【罕】** hǎn 드물 한

❶ 形 드물다. 희소하다. ¶ 人迹rénjì～至 | 인적이 드물다. ❷ (Hǎn) 名 성(姓).
【罕父】Hǎnfù 名 복성(複姓).
4【罕见】hǎnjiàn 形 보기 드물다. 희한하다. ¶ ～现象xiànxiàng | 보기 드문 현상. ¶ ～的奇迹qíjì | 보기드문 기적. ¶ 这种情况, 为历年来所～ | 이런 상황은 몇년 만의 보기 드문 것이다.
【罕闻】hǎnwén 名 좀처럼 듣기 힘든 소식. 듣기 드문 일.
【罕有】hǎnyǒu 形 희한하다. 드물다. 희귀하다. ¶ ～的事 | 희한한 일. ¶ 古今～ | 고금을 통틀어 보기드물다.

1 **【喊】** hǎn 소리칠 함

動 ❶ 소리 지르다. 큰소리로 외치다. ¶ ～口号 | 구호를 외치다. ❷ (사람을) 부르다. ¶ ～他来 | 그를 불러오다→〔叫jiào〕
【喊打】hǎndǎ 動 큰 소리로 떠들며 때리다. ¶ 老鼠过街, 人人～ | 쥐가 거리를 지나가니, 사람마다 큰소리로 떠들며 때리다.
【喊倒好(儿)】hǎn dàohǎo(r) ⇒〔叫jiào倒好(儿)〕
【喊好(儿)】hǎn/hǎo(r) ⇒〔叫jiào好(儿)〕
【喊话】hǎn/huà 動 ❶ 메가폰 등으로 선전하다. ¶ ～筒tǒng | 메가폰. ❷ 적에게 항복하라고 큰 소리로 외치다 ¶ 警察jǐngchá向绑匪bǎngfěi～ | 경찰이 납치범을 향해 항복하라고 외치다 =〔对敌喊话〕
【喊魂】hǎn/hún 動 ❶ 초혼(招魂)하다 =〔叫jiào魂〕❷ 큰 소리로 계속 외치다.
【喊价】hǎn/jià ❶ 動 값을 외치다. ❷ (hǎnjià) 名 부르는 값 =〔叫jiào价〕
3【喊叫】hǎnjiào 動 아우성치다. 고함치다. 큰 소리로 외치다. ¶ 小孩子在那儿拼命pīnmìng地～ | 아이가 저쪽에서 죽을 힘을 다해 고함치다 =〔叫喊〕
【喊苦】hǎnkǔ 動 고통을 하소연하다. 고통스럽게 외치다. 죽는 소리를 하다.
【喊嗓子】hǎn sǎng·zi 動組 ❶ 고함치다. ❷ (배우들이) 발성 연습을 하다. ¶ 每天早晨在树林里～ | 매일 아침 숲속에서 발성 연습을 하다 =〔吊diào嗓子〕

【蔊】 hǎn 속속이 한

⇒〔蔊菜〕
【蔊菜】hǎncài 名〈植〉속속이풀 =〔辣là米菜〕〔风花菜〕

【㘎(㘚)】 hǎn 으르렁거릴 함

㊓ 擬 범이 울부짖는 소리. ¶ ～如哮xiào虎 | 포효하는 호랑이처럼 으르렁거린다.

hàn ㄏㄢˋ

1 **【汉(漢)】** hàn 한나라 한, 사내 한

❶ (Hàn) 名 ⓐ〈民〉한족(漢族). ¶ ～人↓ ⓑ〈史〉한왕조(漢王朝) [중국 왕조의 이름] ⓒ〈地〉한수(漢水) [섬서(陝西)·호북(湖北) 두 성(省)을 흐르는 강] ❷ 남자. 사나이. ¶ 好～ | 호한. 호걸. ¶ 庄家～ | 농부. ❸ ⇒〔银yín汉〕
【汉白玉】hànbáiyù 名 한백옥 [하북 방산현(河北房山縣)에서 나는 대리석 비슷한 백색의 석재(石材)로 궁전 건축의 장식 재료로 쓰임]
【汉堡(包)】hànbǎo(bāo) 名 外 햄버거(hamburger).
【汉城】Hànchéng 名〈地〉서울(Seoul) [「大韩民国」(대한민국;Korea)의 수도]
4【汉奸】hànjiān 名 한간. 매국노. 스파이. ¶ 洪先生当了资本家的～ | 홍선생이 자본가의 스파이를 맡았다.
【汉界】hànjiè 名 중국 장기의 경계(境界)의 하나 [「楚河」와 대립되는 의미로 씀]→〔楚chǔ河汉界〕
【汉剧】hànjù 名〈演映〉한극 [호북성(湖北省)을 중심으로 한 중국 전통극의 하나] =〔汉调diào〕〔楚chǔ调〕
【汉密尔顿】Hànmì'ěrdùn 名 外 해밀턴(Hāmilton) [「百慕大群岛」(영령버뮤다제도;Bermuda Is.)의 수도]
【汉人】hànrén 名 ❶ 한인. 한족. ❷ 원대(元代)에 거란·고려·여진인을 이르던 말. ❸ 한대(漢代)의 사람.
【汉席】hànxí 名 한족(漢族)의 연회용 요리 ¶ 满汉全席 | 만족풍(滿族風)과 한족풍의 요리를 모두 차린 호화로운 중국 요리.
4【汉学】hànxué 名 ❶ 한학 =〔朴pǔ学〕❷ 중국에 관한 연구·학문. ¶ ～在欧洲也是一门比较有影响的学问 | 한학은 유럽에서도 비교적 영향력이 있는 학문이다.
1【汉语】hànyǔ 名 중국어. 한어. ¶ ～规范guīfàn

化 | 중국어의 규범화. ¶～表音符号fúhào | 한어 표음 부호. ¶～拼音pīnyīn字母 | 한어 병음 자모→〔普pǔ通话〕

【汉语拼音方案】Hànyǔ pīnyīn fāng'àn 名組 한어 병음 방안 [1958년 중국에서 제정한 중국어 로마자 표음 방식]

【汉子】hàn·zi 名 ❶ 남자. 사나이. ¶大～ | 몸집이 큰 사나이. ¶好～ | 호한. 대장부. ❷ 方 남편.

1【汉字】Hànzì 名 중국 문자. 한자. ¶～改革gǎigé | 한자 개혁. ¶～简化jiǎnhuá方案fāngàn | 한자 간화 방안. ¶～微计算机系统 | 한자 마이크로 컴퓨터.

【汉族】Hànzú 名〈民〉한족.

2【汗】hàn hán 땀 한

Ⓐ hàn 名 땀. ¶捏niē一把～ | 손에 땀을 쥐다. ¶沁出冷～ | 식은 땀이 나오다.

Ⓑ hán 名 簡「可kè汗」(칸;khan)의 약칭. ¶成吉思～ | 징기스칸.

【汗斑】hànbān ⇒〔汗碱jiǎn〕

【汗背心】hànbèixīn 名 러닝 셔츠.

【汗涔涔】hàncéncén 狀 땀이 줄줄 흐르다. 빰에 흠뻑 젖다. ¶在太阳下干活儿全身～的 | 태양 아래서 일을 하여 온 몸에 땀이 줄줄 흐른다.

【汗褂(儿)】hànguà(r) 名 口 (소매가 없는 중국식) 러닝 셔츠 =〔汗褟rú(儿)〕

【汗碱】hànjiǎn 名 땀 얼룩. 소금쩍 =〔汗斑bān〕

【汗脚】hànjiǎo 名 ❶ 땀이 잘 나는 발. ❷ 땀난 발

【汗津津】hànjīnjīn 狀 方 땀이 송글송글 솟다. ¶她脸liǎn上～的笑起来 | 그녀는 얼굴에 땀이 송글송글 솟도록 웃었다.

【汗孔】hànkǒng 名〈生理〉땀구멍 =〔毛máo孔〕

【汗淋淋】hànlīnlīn 狀 땀이 흘러내리다. ¶他跑得浑身～的 | 그는 온몸에 땀이 흐르도록 뛰었다 =〔汗漉漉lù〕

【汗流浃背】hàn liú jiā bèi 成 ❶ 땀이 등에 배다. 매우 두려워하거나 무서워하다. 온몸에 땀이다. ¶每跑完五千米之后，他都气喘chuǎn吁吁，～ | 매번 오천미터를 달리고나면, 그는 씩씩 가쁜 숨을 몰아쉬며, 온 몸이 땀이 밴다 =〔流汗浃背〕

【汗露露】hànlùlù 狀 땀이 송글송글 솟다. ¶全身quánshēn热rè得～的 | 온 몸이 더워 땀이 송글송글 솟았다.

【汗马】hànmǎ 書 名 전공(戰功). ¶～功劳gōngláo =〔汗马之功〕〔汗马功绩jì〕〔汗马勋xūn劳〕〔汗马之绩〕〔汗马之劳〕| 전쟁에서 세운 (큰) 공로. (일정 분야에서의) 공로. 공적. 공헌.

【汗漫】hànmàn 書 形 ❶ 공허하다. 허황하다. ¶～之言 | 허황한 말. ❷ 아득하다. 묘연하다.

【汗毛】hànmáo 名 솜털. ¶～孔 | 땀구멍 =〔寒hán毛〕

【汗牛充栋】hàn niú chōng dòng 成 매우 많은 장서. ¶关于道的典籍diǎnjí～，一辈子bèizi也读不完 | 도에 관한 전적은 너무 많아, 한평생이라도 다 읽지 못한다.

【汗青】hànqīng ❶ 名 저서. 저작. ❷ 名 (역)사서. 청사(青史) =〔史册〕 ❸ 動 轉 저작을 완성하다 ‖ =〔汗简jiǎn〕

【汗儿】hànr 名 어린이가 흘리는 땀 [어른의 경우에는 그저「汗」이라 함] ¶小孩着了凉，出点儿～就可以了 | 어린애가 감기에 걸리면 땀을 내버리면 된다.

【汗褟(儿)】hànrú(r) 名 方 (중국식의) 땀받이 =〔俗 汗褂guà(儿)〕〔汗裤kù〕〔汗衫②〕

【汗衫】hànshān ❶ 名 속옷. 내의. (러닝) 셔츠 =〔衬chèn衣(儿)〕〔里lǐ衣〕〔内nèi衣〕〔贴tiē身体〕 ❷ ⇒〔汗褟rú(儿)〕 ❸ 名 方 와이셔츠. 블라우스 =〔衬衫shān〕

【汗渗渗】hànshènshèn 狀 땀이 흥건히 배다. 땀에 젖어 축축하다.

【汗湿】hànshī 動 땀에 젖다. ¶身体有些～了 | 몸이 약간 땀에 젖었다.

【汗手】hànshǒu 名 ❶ 땀에 젖은 손. ¶这块镜子，别拿～摸mō | 이 거울을 땀난 손으로 만지지 마라. ❷ 땀이 잘 나는 손.

【汗水】hànshuǐ 名 땀. ¶～湿透shītòu衣衫 | 땀이 옷을 흠뻑 적시다.

【汗味】hànwèi 名 땀내. ¶身上发散着～ | 몸에서 땀내가 난다.

【汗腺】hànxiàn 名〈生理〉땀선. 땀샘. 한선.

【汗颜】hànyán 書 動 부끄러워 (얼굴에) 진땀이 나다. ¶看看人家的成就chéngjiù，再想想自己这几年虚度光阴，就不禁jìn～ | 사람들의 성취를 보면, 다시 자신의 몇년간 허송세월을 생각하게 되어, 부끄러움을 금할 길이 없다.

【汗液】hànyè 名 땀.

【汗珠(儿，子)】hànzhū(r·zi) 名 땀방울. ¶满脸mǎnliǎn～ | 얼굴이 온통 땀방울이다.

【汗渍】hànzì 名 ❶ 땀의 흔적. ¶满脸是灰尘与～ | 온 얼굴이 먼지와 땀의 흔적이다. ❷ 땀의 때. ¶他穿的是～的旧军服 | 그는 땀때가 묻은 낡은 군복을 입고 있다.

【汗渍渍】hànzìzì 狀 땀에 배다. 땀에 흥건하게 젖다.

【闬(閈)】hàn 이문 한

書 名 ❶ 이문(里門). 마을 어귀의 문. ❷ 담. 울타리.

【含】hàn ☞ 含 hán Ⓑ

【颔(頷)】hàn 턱 함

書 ❶ 名 아래턱. ¶白须xū满～ | 흰수염이 아래턱에 가득하다 =〔颔hé〕→〔下巴bā颏(儿)〕 ❷ 動 (고개를) 끄덕이다. ¶笑而～之 | 웃으며 고개를 끄덕이다.

【颔首】hànshǒu 書 動 고개를 끄덕이다 [수긍의 뜻을 나타냄] ¶～微笑wēixiào | 고개를 끄덕이며 미소짓다 =〔颔肯kěn〕〔颔可〕

3【旱】hàn 가물 한

❶ 形 가물다. ¶天～ | 날씨가 가물다 ⇔〔涝lào①〕 ❷ 名 가뭄. 한발. ¶防fáng～ | 가뭄을 막다. ❸ 뭍. 육지. ¶由～路走 | 육로로 가다.

【旱冰】hànbīng 名〈體〉롤러 스케이트(roller skate). ¶～场chǎng | 롤러 스케이트장. ¶～鞋xié | 롤러스케이트화. ¶溜liū～ | 롤러 스케이트를 타다.

【旱船】hànchuán 名 ❶ 方 (공원이나 큰 정원의) 물가에 배처럼 지은 집〔누각〕. ❷ 중국 민간 예술인「배놀이극」에서 쓰는 도구.

【旱道(儿)】hàndào(r) ⇒〔旱路lù①〕

【旱稻】hàndào 名〈農〉밭벼. 육도(陸稻) =〔旱粳jīng子〕〔旱棱léng〕〔陆lù稻〕→〔水稻〕

【旱地】hàndì 名 ❶ 밭. ❷ 육지.

【旱患】hànhuàn 名 한해. 한재(旱災). ¶遭受～ | 한재를 입다.

【旱荒】hànhuāng 名 한해(로 인한 흉작). 한재(旱災). ¶闹nào～ | 한해로 인한 피해가 생기다 =〔旱灾zāi〕

【旱季】hànjì 名 건(조)기. ¶～来临时línshí就严重yánzhòng缺水quēshuǐ | 건조기에는 일시적으로 심한 결수현상이 있다.

【旱井】hànjǐng 名 ❶ (가뭄 지역에서의) 가뭄 대비용 우물. ❷ 물이 없는 우물 [겨울에는 야채 저장용 움으로 쓰임]

【旱涝】hànlào 名 가뭄과 장마. ¶不怕～ | 가뭄과 장마를 두려워하지 않다 =〔旱潦liáo〕

【旱涝保收】hànlào bǎoshōu 動組 가뭄이나 장마가 들어도 수확량을 확보하다〔풍작을 이루다〕 ¶这一片田的土质好, 能够～ | 이 밭의 토질이 좋아서, 충분히 풍작을 이룰 수 있겠다.

【旱柳】hànliǔ 名〈植〉능수버들 =〔柳树shù〕〔河hé柳〕

【旱路】hànlù 名 ❶ 육로. ¶从～走 | 육로로 가다 =〔方 旱道dào(儿)〕 ❷ 남색(男色). 계간(鷄姦). 비역. ¶走～的 | 비역하는 남자.

【旱蔫】hànniān 動 가뭄으로 시들다.

【旱年】hànnián 名 가문 해. 가뭄이 든해 =〔旱年头tóu〕

【旱桥】hànqiáo 名 육교. 구름다리.

【旱情】hànqíng 名 가뭄의 상태〔정도〕=〔旱象xiàng②〕

【旱死】hànsǐ 動 가뭄으로 시들어 죽다. ¶棉花miánhuā～了 | 면화가 가뭄으로 시들어 죽었다.

【旱天(儿)】hàntiān(r) 名 가문 날씨. 한천(旱天).

【旱田】hàntián 名 ❶ 밭. ¶～作物zuòwù | 밭작물. ¶～灌溉guàngài | 밭의 관개. ❷ 천수답.

【旱象】hànxiàng ❶ 名 가물 때의 날씨. ❷ ⇒〔旱情qíng〕

【旱鸭子】hàn yā·zi 名 俗 헤엄을 못 치는 사람. 맥주병. ¶他生在北方, 长在北方, 是个～, 不会游泳yóuyǒng | 그는 북방에서 태어나고 자란 맥주병이서, 수영을 할 줄 모른다 =〔秤砣chèngtuó〕

【旱烟】hànyān 名 잎담배. 살담배 [손으로 말아 피거나 담뱃대로 핌]

4【旱灾】hànzāi ⇒〔旱荒huāng〕

【悍〈猂〉】hàn 사나울 한

形 ❶ 용감하다. 날쌔고 용맹하다. ¶短小精～ | 작지만 날쌔고 용감하다. ❷ 사납다. 표독스럽다. ¶～妇 | 표독스런 여자. ¶凶～ | 흉포하다.

【悍然】hànrán 副 서슴없이. 강경하게. 단호하게. ¶～拒绝jùjué | 단호히 거절하다.

4【捍】hàn 막을 한

動 막다. 지키다. 보위하다. 저항하다. ¶～御yù↓

【捍格不通】hàn gé bù tōng 國 고집이나 편견이 강하여 임기응변하지 못함. ¶这篇文章wénzhāng在义理yìlǐ上～ | 이 문장은 내용과 이치상 편견이 강하여 임기응변할 수 없다.

4【捍卫】hànwèi 動 지키다. 방위하다. ¶～祖国zǔguó | 조국을 지키다.

【捍御】hànyù 動 ❶ 막다. 방어하다. ❷ 거절하다

3【焊〈釬銲〉】hàn 땜질할 한

動 땜질하다. 용접하다. ¶把壶底húdǐ～上 | 주전자의 밑바닥을 땜질하다. ¶电～ | 전기 용접.

【焊缝】hànfèng 名 용접으로 이은 자리.

【焊工】hàngōng 名 ❶ 용접공. ❷ 용접 작업.

【焊花】hànhuā 名 용접할 때 나는 불꽃. ¶船台上～闪闪shǎn | 조선소의 선대에 불꽃이 번쩍번쩍하다.

【焊剂】hànjì 名 (용접시 사용하는 염산 등의) 용제(溶劑, flux) =〔焊药yào①〕→〔焊料liào〕

【焊接】hànjiē 名 動 용접(하다). ¶电弧diànhú～ | 전기 아크 용접. ¶～钢管gāngguǎn | 용접 강관. ¶～喷灯pēndēng | 용접 버너 =〔俗 火huǒ焊接〕〔俗 熔róng接〕〔俗 烧shāo焊〕〔俗 烧接〕

【焊口】hànkǒu ❶ 名 (용접 또는 납땜한) 이음매. ¶～开了 | 이음매가 터지다. ❷ 動 갈라진 이음매를 용접하다.

【焊镴】hànlà 名 땜납→〔焊料liào〕

【焊料】hànliào 名 땜납. 땜납용 합금 [용접의 고저와 강도에 따라「软焊料」「硬焊料」의 구분이 있음] ¶锡xī～ | 땜납[주석과 납의 합금] ¶铜tóng～ | 동 땜납 =〔回 焊药yào②〕→〔焊剂jì〕〔镴là〕

【焊钳】hànqián 名 전기 용접에 쓰이는 집게.

【焊枪】hànqiāng 名 용접 토치 =〔焊接吹chuī管〕

【焊条】hàntiáo 名 용접봉 =〔焊料杆liàogǎn〕

【焊锡】hànxī 名 땜납. 백랍(白鑞) =〔锡焊料liào〕〔锡镴là①〕〔白bái镴〕

【焊药】hànyào ❶ ⇒〔焊剂〕 ❷ ⇒〔焊料liào〕

【菡】hàn 연꽃 함

⇒〔菡萏〕

【菡萏】hàndàn 書 名 연꽃망울. 망울상태의 연꽃. ¶秀洁xiùjié的～, 妖yāo而不媚mèi | 아름답고 깨끗한 연꽃망울이 요염하면서도 천박하지는 않다.

【撖】Hàn 성 함/감

名 성(姓).

3【憾】hàn 한할 감

名 動 실망(하다). 불만족(이다). 유감(이다). ¶感觉遗～ | 유감으로 생각하다. ¶至以为～ | 지극히 유감으로 여기다. ¶心有所～ | 마음에 불만족스러운 바가 있다.

【憾恨】hànhèn 動 ❶ 분(憤)해하다. 유감스러워하다. ¶这件事他～终身 | 이 일은 그가 종신토록 유감스러워했다. ❷ 앙심을 품다.

【憾事】hànshì 名 유감스러운 일. 한스러운 일. ¶这在我个人真是一件不能弥補míbǔ的～ | 이는

나 개인으로서는 정말로 메울수 없는 유감스러운 일이다.

【撼】hàn 흔들 감
動 흔들리다. 뒤흔들다. ¶～山之力 | 산을 뒤흔드는 힘. ¶震zhèn～天地 | 威 천지를 뒤흔들다. ¶蚍蜉pífú～大树 | 개미가 큰 나무를 뒤흔들려 한다. 喩 자신의 역량을 깨닫지 못하다.

【撼动】hàndòng 動 요동하다. 진동하다.

【撼天动地】hàn tiān dòng dì 威 (소리·기세가) 천지를 진동하다.

【翰】hàn 깃 한, 붓 한, 글 한
❶ 書 名 길고 빳빳한 새의 깃털. 새의 칼깃. ❷ 轉 붓. ¶～墨↓ ❸ 轉 문서(文書). 서신(書信). ¶文～ | 문장. ¶书～ | 편지. 서한.

【翰海】hànhǎi 名 ❶ 사막. ❷ (Hànhǎi) 〈地〉 한해 [고비 사막의 옛 이름] ‖ =〔瀚hàn海〕

【翰林】hànlín ❶ 名 문단. 시단 [문한(文翰)이 숲처럼 많다는 뜻] ❷ 名 한림원(翰林院)에 소속된 관리 ‖ =〔翰苑yuàn〕 ❸ ⇒〔翰林院〕

【翰林院】hànlínyuàn 名 한림원 [당대(唐代) 초기에 설치되어 국사 편수·경서 진강(進講)·조칙 작성·황제 자문 등의 역할을 담당한 관아. 명청(明清) 시대에는 진사(進士) 중에서 선발하였으며, 청대(清代)에 장원학사(掌院學士)·시강학사(侍講學士)·시강·수찬(修撰)·편수(編修)·검토(檢討)·서길사(庶吉士) 등의 관리를 두었음] =〔翰林③〕

【翰墨】hànmò 書 名 ❶ 필묵. ❷ 일반적으로 문장·서법 등을 총칭하는 말. ¶李老师精于～ | 이선생님은 서법에 뛰어나다.

【翰苑】hànyuàn ⇒〔翰林①②〕

【瀚】hàn 넓을 한
書 形 넓다. 광대하다. ¶浩～ | 광대하고 많다.

【瀚海】hànhǎi ⇒〔翰海〕

hāng ㄏㄤ

【夯〈硶〉】hāng bèn 멜 앙/항
Ⓐ hāng ❶ 名 달구. ¶木～ | 나무달구. ¶铁tiě～ | 쇠달구. ¶石～ | 돌달구. ¶打～ =〔砸zá夯〕 | 달구질 하다. ¶～实 | 단단히 다지다 =〔撞锤zhuàngchuí〕 ❷ 動 方 세게 치다. 힘껏 때리다. ¶举起拳头向下～ | 주먹을 들어 아래로 힘껏 때리다. ❸ 動 方 어깨에 메다. 힘주어 들다 =〔扛káng①〕
Ⓑ bèn 「笨」과 같음 ⇒〔笨bèn〕

【夯歌】hānggē 名 땅 다질 때 부르는 노래. 달구질 노래. ¶从建筑工地上传来一阵～ | 건축공사장에서 땅 다질 때 부르는 노래 소리가 들려오다.

【夯汉】hānghàn 名 ❶ 罵 덩치만 크고 힘만 세서 쓸모없는 사람 =〔夯货huò①〕 ❷ 막일꾼. 육체 노동자.

【夯了】hāng·le 動 京 꼴이 우습게 되어가다. 징조가 이상해지다. ¶这件事情, 你别容它～, 得想法子给平息下去 | 이 일은 네가 꼴이 우습게 되지 않도록 어떻게든 방법을 강구하여 처리해야만 한다.

【夯砣】hāngtuó 名 래머의 지면에 접촉되는 부분 [돌이나 금속으로 되어 있음]

háng ㄏㄤˊ

【行】háng ☞ 行 xíng Ⓑ

【绗(絎)】háng 바느질할 행
動 (솜옷·이불 등을) 누비다. ¶～针zhēn | 누비 바늘. ¶～棉袄miánǎo | 솜저고리를 누비다.

【桁】háng ☞ 桁 héng Ⓑ

【珩】háng ☞ 珩 héng Ⓑ

【吭】háng ☞ 吭 kēng Ⓑ

【杭】Háng 고을이름 항
名 ❶ 簡 〈地〉 항주(杭州)의 약칭. ❷ 성(姓).

【杭纺】hángfǎng 名 항주산(產) 견직물 =〔杭绸chóu〕

【杭育】hángyō 擬 (이)영차 [여럿이서 무거운 것을 들 때 내는 맞춤소리] =〔杭唷yō〕〔哼hēng唷〕

2【航】háng 배 항
❶ 書 名 배. ¶～船chuán↓ ❷ (배나 비행기가) 항행하다. 운항하다. ¶出～ | 출항하다. ¶宇yǔ～ | 우주항공. ¶首shǒu～ | 처녀 항행.

4【航班】hángbān 名 (배·비행기의) 운행표. 취항 순서. ¶从汉城到天津的～每週有五次 | 서울에서 천진까지의 비행기가 매주 다섯차례 있다.

【航标】hángbiāo 名 항로 표지(標識) =〔警标jǐngbiāo〕

【航测】hángcè 名 簡 항공 측량.

【航程】hángchéng 名 (배·비행기의) 항행 노정. 항로.

【航船】hángchuán 名 ❶ 정기선(定期船). ❷ 연락선.

【航次】hángcì 名 ❶ (배·비행기의) 출항 순서. ❷ 출항 회수.

4【航道】hángdào 名 항행 가능한 수로(水路). ¶小艇tǐng在～里为大货船引航 | 작은 배가 수로에서 큰 화물선을 위해 항로를 인도한다.

4【航海】hánghǎi 名 動 항해(하다). ¶～历lì | 항해력. ¶～信号xìnhào | 항해신호. ¶～学 | 항해학.

2【航空】hángkōng 名 항공. ¶民用～ | 민간 항공. ¶～代号dàihào | 에어라인 코드(airline code). ¶～公司 | 항공 회사. ¶～母舰mǔjiàn | 항공모함. ¶～摄影shèyǐng | 항공 사진. ¶～事业 | 항공업. ¶～小姐xiǎojiě | 스튜어디스. ¶～信xìn | 항공 우편. ¶～学校 | 항공 학교. ¶～邮件yóujiàn | 항공 우편물.

【航空港】hángkōnggǎng 名組 항공항 [고정 노선상의 대형 비행기장]

【航路】hánglù ⇒〔航线xiàn〕

【航模】hángmó 名 簡 비행기나 배의 모형 [「航空

模型」「航海模行」의 약칭] ¶～比赛bǐsài也是一项体育运动 | 모형 비행기 대회 역시 하나의 체육운동이다.

【航速】hángsù 名 항행 속도. 항속.

4【航天】hángtiān 名 우주 비행. ¶～舱cāng | 우주선의 캡슐. ¶～舱外活动 | 우주 유영. ¶～飞机fēijī ＝〔太空梭suō〕〔太空穿梭机〕 | 스페이스 셔틀(space shuttle). 우주 버스. 우주 연락선. ¶～服 | 우주복. ¶～技术jìshù | 우주 기술. ¶～通信tōngxìn | 우주 통신. ¶～员 | 우주 비행사.

【航务】hángwù 名 항해 업무. ¶汉城机场jīchǎng处理～的能力很强 | 서울 공항의 항해 업무 처리 능력은 대단하다.

4【航线】hángxiàn 名 (배·비행기의) 항로. ¶定期dìngqī～ | 정기 항로. ¶夜间yèjiān～ | 야간 항로 ＝〔航路lù〕

【航向】hángxiàng 名 ❶ 항행 방향. ❷ 喩 (투쟁 등의) 방향. ¶沿着他指引的～前进 | 그가 이끄는 방향을 따라 나아가다.

3【航行】hángxíng 動 항행하다. ¶船在河中顺流～ | 배가 강에서 순탄히 항행하다.

4【航运】hángyùn 名 해상 운송. 선박 수송. ¶内河nèihé～ | 하천 운송. ¶沿海yánhǎi～ | 연해 운수. ¶远洋yuǎnyáng～ | 원양 수송.

【颃(頏)】háng 내려갈 항
❶ ⇒〔颉xié颃〕 ❷「吭」과 같음 ⇒〔吭kēng B〕

hàng ㄏㄤˋ

【行】hàng ☞ 行 xíng C

【桁】hàng ☞ 桁 héng C

【沆】hàng 넓을 항
書 形 물이 넓고 크다 ＝〔沆漭mǎng〕

【沆瀣】hàngxiè 書 名 밤이슬.

【沆瀣一气】hàng xiè yī qì 成 (나쁜 짓에) 의기투합하다 [당대(唐代)에 시험관 최상항(崔相沆)이 최해(崔瀣)를 합격시켰다는 고사에서 유래] ¶他们兄弟俩～, 盗窃dàoqiè工厂里的物资 | 그들 형제 둘이 의기 투합하여, 공장의 물자를 훔치다 ＝〔臭chòu味相投〕〔串chuàn通一气〕〔志zhì同道合〕

【巷】hàng ☞ 巷 xiàng B

hāo ㄏㄠ

【蒿】hāo 쑥 호
❶ (～子) 名〈植〉쑥. ¶白～ | 흰 쑥. ¶茵蔯yīnchén～ | 사철쑥. ¶牡mǔ～ | 제비쑥. ¶青～＝〔草蒿〕〔香xiāng蒿〕 | 개사철쑥. ¶臭chòu～ ＝〔黄huáng花蒿〕 | 비쑥. ¶蒌lóu～ | 산쑥 ＝〔艾ài〕 ❷ ⇒〔茼tóng蒿(菜)〕

【蒿子】hāo·zi 名〈植〉쑥.

【蒿子秆儿】hāo·zigǎnr ⇒〔茼tóng蒿(菜)〕

【嚆】hāo 외칠 효
書 動 소리치다. 고함치다. ¶～矢shǐ↓

【嚆矢】hāoshǐ 名 ❶ 우는 화살 [옛날 전쟁을 시작할 때 쏘았음] ❷ 喩 (일의)시작. 효시. ¶人造卫星rénzàowèixīng的发射是人类星际旅行的～ | 인공위성의 발사는 인류 우주여행의 시작이다.

【薅】hāo 김맬 호
動 ❶ 뽑다. 잡아 뜯다. ¶～毛 | 털을 뽑다. ¶～下一缕头发来 | 머리털을 한가닥 잡아 뽑다. ❷ 方 (손으로)잡다. 움켜쥐다 ＝〔揪jiū〕

【薅锄】hāochú 名 (제초용) 작은 호미.

háo ㄏㄠˊ

【号】háo ☞ 号 hào B

2【毫】háo 잔털 호, 붓 호, 조금 호
❶ 名 끝이 뾰족한 가는 털. ¶狼～笔 | 늑대털 붓. ¶羊～笔 | 양털 붓. ❷ (인체의) 솜털. ¶～毛↓ ❸ 轉 붓. ¶挥huī～ | 휘호(하다) ‖＝〔豪⑥〕 ❹ 저울의 손잡이 끈. ¶秤chèng毫 | 저울의 끈. ❺ 副 조금도. 전혀. 털끝만큼도 [부정문에 쓰임] ¶～不相干 ＝〔毫无关系〕 | 조금도 관계없다. ¶～无疑问yíwèn | 조금도 의문이 없다. ❻ 量〈度〉호(毫) [「市豪」의 통칭으로 「(市)尺」의 1만분의 1. 데시미터의 1/3에 해당됨] ❼ 量〈度〉밀리(milli). ¶～米mǐ↓ ¶～升shēng↓ ❽ 量 方 화폐단위 [「元」의 10분의 1] ＝〔角jiǎo⑪〕

【毫安】háo'ān 量〈電氣〉밀리암페어(mA)→〔安培péi〕

【毫巴】háobā 量 밀리바(mb) [기압의 단위]

2【毫不】háobù 副 조금도 …않다. 털끝만큼도 …하지 않다. 전혀 …하지 않다. ¶～动摇dòngyáo | 전혀 동요하지 않다. ¶～费力fèilì | 털끝 만큼도 힘을 들이지 않다. ¶～含糊hánhú | 털끝만큼도 애매하게 하지 않다. ¶～利己, 专门利人 | 조금도 이기적이지 않고 오로지 남을 위해 힘을 다하다. ¶～留情liúqíng | 조금도 정을 두지 않다. ¶～相关xiāngguān | 조금도 관계가 없다. ¶～在乎 | 전혀 신경쓰지 않다.

【毫发】háofà 書 名 喩 솜털과 머리털. 지극히 적은 것. 어법 주로 부정문에 쓰임. ¶～不爽shuǎng | 추호도 틀림없다. ¶～无憾hàn | 조금도 여한이 없다. ¶～不差chā | 조금도 차질이 없다.

【毫伏】háofú 名〈電氣〉밀리볼트(mV). ¶～计jì | 밀리볼트계. ¶～安培计 | 밀리볼트 암페어계 →〔伏fú⑦〕〔伏特tè〕

【毫克】háokè 量〈度〉밀리그램(mg).

【毫厘】háolí 量〈度〉호와 리. 喩 지극히 적은 것 ＝〔豪háo厘〕

【毫毛】háomáo 名 솜털. 喩 극히 작은 것. ¶不准你动他一根～ | 너는 그의 솜털 하나라도 건드려서는 안된다.

【毫毛不犯】háo máo bù fàn 成 털끝만큼도 침범하지 않다. ¶军队进城～ | 군대가 입성하였으나 털끝만큼도 침범함이 없다.

3【毫米】háomǐ 量〈度〉밀리미터(mm). ¶～波bō | 밀리파 ＝〔公厘gōnglí①〕〔咪立mīlì〕

【毫秒】háomiǎo 名 1000분의 1초.

【毫末】háomò 書 名 털끝. 喩 지극히 작은것. ¶～之利 | 털끝만한 (작은) 이익 =〔毫芒máng〕

【毫升】háoshēng 量〈度〉밀리리터(ml) =〔公撮gōngcuō〕〔西西〕→〔立lì方厘米〕

2【毫无】háowú 조금도〔전혀〕…이 없다. ¶～办法bànfǎ | 조금도 방법이 없다. ¶～二致 | 조금도 다르지 않다. ¶～相干xiānggān | 전혀 관계가 없다. ¶～希望xīwàng | 한 가닥의 희망조차 없다.

【毫针】háozhēn 名〈漢醫〉호침(毫鍼)

3【豪】háo 호저 호, 뛰어날 호
❶ 書 名〈動〉호저[몸에 가시처럼 빳빳한 털이 돋아나는 돼지의 일종] ❷ 재능이나 역량이 남보다 뛰어난 사람. ¶文～ | 문호. ¶～杰jié↓ ❸ 기백이 광대하고 작은 일에 구애되지 않는. 사나이다운. 호방한. ¶～爽shuǎng↓ ❹ 횡포하다. 난폭하다. 힘이나 권세가 있는. ¶～门↓ ¶土～劣神lièshén | 토호나 악질 지방 유지. ❺ 轉 세차고 많은. ¶～雨 | 호우. ❻「毫」와 통용 ⇒〔毫háo①②③〕 ❼ (Háo) 名 성(姓).

【豪侈】háochǐ 形 호화롭고 사치로운. ¶～的生活 | 호사스런 생활.

【豪放】háofàng 形 호방하다. 걸걸하다. 활달하다. ¶性情xìngqíng～ | 성격이 활달하다. ¶～不羁jī | 걸걸하고 소탈하다→〔奔bēn放〕

【豪富】háofù ❶ 形 부유하고 권세가 있다. ❷ 名 돈 있고 권세 있는 사람. ¶他经营jīngyíng有方yǒufāng, 成为一方～ | 그는 경영에 능숙하여 돈 있고 권세 있는 사람이 되었다.

【豪横】ⓐ háohèng 動 권세를 믿고 행패〔횡포〕를 부리다. ¶～跋扈báhù | 전횡을 일삼다.
ⓑ háo·heng 形 方 강직하다. 의지가 강하다. 꿋꿋하다. ¶他很～, 穷死也不肯受人周济 | 그는 의지가 매우 강하여서, 궁핍하여 죽을지언정 남의 도움은 받지 않는다.

4【豪华】háohuá 形 ❶ (생활이) 호화롭다. 사치스럽다. ❷ (건축·장식 등이) 화려하고 웅장하다. 너무 화려하다. ¶～的餐厅cāntīng | 호화(스러운) 식당.

【豪杰】háojié 名 호걸. ¶英雄yīngxióng～ | 영웅호걸 =〔豪雄〕

【豪举】háojǔ 名 호쾌한 행동. 인색하지 않은 행동. 호기있는 행동. ¶竟有如此之～ | 결국 이와 같은 호기있는 행동이 있었다.

【豪客】háokè 書 名 ❶ 강도. ❷ 사치스런 손님. ❸ 용감하고 강건(强健)한 선비.

【豪迈】háomài 形 호방하다. 늠름하다. 호기스럽다. 보람차다. ¶～不群qún | 成 호방하나 남과 어울리지 않는다. ¶～的气概qìgài | 늠름한 기개. ¶～的事业shìyè | 보람찬 사업.

【豪门】háomén 書 名 부(富)와 세력이 있는 집안. 호족. ¶～大族zú | 대호족. ¶～势力shìlì | 문벌 세력. ¶～政治zhèngzhì | 호족 정치 =〔豪家jiā〕

【豪门贵胄】háomén guì zhòu 成 권문세가의 자손.

【豪气】háoqì ❶ 形 호기스럽다. ❷ 名 호기. 호탕한 기백. 영웅적 기개.

【豪强】háoqiáng ❶ 形 횡포하다. ❷ 名 옛날, 권세를 부리는 사람. ¶各方～争取割据 | 각방에서 권세를 부리는 사람들이 다투어 할거하다.

【豪情】háoqíng 名 씩씩한 기상. 기백. 긍지. 호기. ¶～洋溢yángyì | 기백이 흘러넘치다. ¶～逸致yìzhì | 호쾌하고 호방한 정취. ¶～壮志zhuàngzhì | 큰 뜻. 웅대한 포부.

【豪取巧夺】háo qǔ qiǎo duó 成 가혹하고 교활한 수단으로 수탈하다. ¶贪官污吏～, 贫苦百姓流离失所 | 탐관오리들이 수탈을 일삼자, 가난에 고통스런 백성들이 거처를 잃고 유랑하다 =〔豪夺巧取〕〔巧偷tōu豪夺〕

【豪绅】háoshēn 名 횡포한 지방 유력자. ¶～恶霸 | 횡포한 지방 유력자와 악당 두목.

【豪爽】háoshuǎng 形 호쾌하고 시원시원하다. ¶性情xìngqíng～ | 성격이 호쾌하고 시원시원하다.

【豪侠】háoxiá 形 名 용감하고 의협심이 있는 (사람). ¶他也称得上是一个～之士 | 그 역시 용감하고 의협심이 있는 선비로 칭해진다.

【豪兴】háoxìng ❶ 形 몹시 흥겹다. ❷ 名 호기로운 흥취.

【豪雄】háoxióng ⇒〔豪杰jié〕

【豪言壮语】háo yán zhuàng yǔ 成 호언 장담.

【豪饮】háoyǐn 動 (술을) 통쾌하게 마시다.

【豪语】háoyǔ 名 호기있는 말. 자신만만한 말.

【豪壮】háozhuàng 形 호기롭고 씩씩하다. 장엄하다. 웅장하다. 장쾌하다. ¶～的声音shēngyīn | 호탕하고 우렁찬 목소리.

【豪族】háozú 名 호족 =〔書 豪宗zōng〕

【嚎】háo 울부짖을 호
名 動 외침. 울음. 울부짖다 =〔号hào〕 ¶一声长～ | 길게 울부짖는 소리. ¶狼láng～鬼guǐ叫 | 喩 소름끼치게 울부짖다.

【嚎叫】háojiào 動 큰소리로 외치다.

【嚎啕】háotáo 動 큰 소리로 울다. ¶～大哭kū | 큰 소리로 울부짖다. ¶～痛tòng哭 | 대성통곡하다 =〔嚎哭〕〔嚎咷táo〕〔号咷〕

【壕】háo 해자 호
❶ 名 해자(垓字) [성의 바깥 쪽을 따라 적이 들어 오지 못하도록 파 놓은 못] ¶城chéng～ | 해자. ❷ 도랑. 참호. 장방형으로 판 구덩이. ¶战zhàn～ | 참호. ¶防空fángkōng～ | 방공호. ¶堑qiàn～ | 참호.

【壕沟】háogōu 名 ❶ 〈軍〉참호. ❷ 도랑. 수로 =〔沟堑〕〔沟灌guàn〕

【壕堑】háoqiàn 名〈軍〉참호.

【濠】háo 해자 호
❶「壕」와 같음 ⇒〔壕háo〕 ❷ (Háo) 名〈地〉호수(濠水) [안휘성(安徽省)에 있는 내(川) 이름]

【琥】háo ☞ 琥 xià Ⓑ

【嘷〈嗥獋〉】háo 짖을 호
書 動 (야수가) 짖다. 울부짖다. 소리지르다.

【貉】háo hé mò 오소리 학

Ⓐháo 名〈動〉담비. ¶～皮pí | 담비 가죽. ¶一丘之～ | 한 언덕에 사는 담비. 같은 패거리＝〔窝狐wōhú〕
Ⓑhé「貉háo」의 문어음(文語音).
Ⓒmò「貊」와 같음⇒〔貊mò〕
【貉绒】háoróng 名 담비의 모피.
【貉子】háo·zi 名〈動〉담비.

hǎo 厂幺ˇ

1【好】hǎo hào 좋을 호, 좋아할 호

Ⓐhǎo Ⓘ 形 ❶ 좋다. 훌륭하다. 선량하다. 양호하다. ¶～想法 | 좋은 생각. ¶这本小说很～ | 이 소설은 매우 좋다⇔〔坏huài②〕 ❷ 의문형식으로 상대방의 의견을 물어 봄. 어법 의논이나 참기 어렵다는 어기를 나타냄. ¶等我一会儿,～吗? | 나를 좀 기다려 줄 수 있겠니? ¶你们安静ānjìng一点～不～, 吵chǎo死了 | 너희들 좀 조용히 할 수 없겠니, 시끄러워 죽겠다. ❸「好＋在」의 형식으로 좋은 이유를 나타냄. ¶这首歌儿～在甚么地方? | 이 노래는 어떤 부분이 좋으냐? ¶他～就～在对人诚恳chéngkěn | 그가 훌륭한 이유는 딴 사람에게 진솔한 데 있다. ❹ 건강하다. 병이 나았다. 안녕하다. 잘있다. 잘 지내다. ¶他身体一直很～ | 그의 몸은 줄곧 매우 건강했다. ¶昨天还～～儿的, 今天就病倒了 | 어제까지 건강했는데, 오늘 병으로 눕게 되었다. ¶他的病～了 | 그의 병은 다 나았다. ¶你～哇! | 안녕하세요! ❺ 친밀하다. 사이가 좋다. 우호적이다. ¶～朋友 | 친한 친구. ¶刚吵了架, 又～起来了 | 방금 싸우고는 또 친해졌다. ¶他俩从小就～ | 그들 둘은 어릴 때부터 친했다. ❻ 동사뒤에 보어(補語)로 쓰여, 완성되었거나 잘 마무리되었음을 나타냄. 어법 이때 동사를 생략하기도 함. ¶同学们坐～, 现在上课了 | 학생 여러분 앉으세요, 지금 수업합니다. ¶上衣(补)～了 | 윗 옷은 다 기웠다. ¶午饭(做)～了没有? | 점심이 다 되었느냐? ❼ …하기가 쉽다. …하기 편하다. 어법 동사 앞에 조동사(助動詞)처럼 쓰임. ¶这件事情～办 | 이 일은 하기 쉽다. ¶这问题～解决jiějué | 이 문제는 해결하기 쉽다. ¶地整平了～种庄稼 | 땅이 평평하게 잘 정돈되어 있어 농작물을 심기가 편하다. ❽ 일부의 동사 앞에 쓰여 모양·소리·냄새·맛·감각 등이 만족할 만큼 좋음을 나타냄. 어법 ⓐ「看」「听」「闻」「吃」「受」「使」「玩儿」등의 동사 앞에 쓰이는데 이미 하나의 낱말(詞)로 굳어졌다고 할 수 있음. ⓑ 이런 경우의「好」와 상반되는 것은「难」으로「难看」「难听」등등은 있으나「难玩儿」은 쓰지 않음. ¶～看↓ ¶这歌儿很～听 | 이 노래는 매우 듣기 좋다. ¶这菜很～吃 | 이 요리는 매우 맛있다. ¶身上不大～受 | 몸에 그다지 좋지 않다. ❾ 좋다. 아이쿠. 아이고. 어법「好」단독으로 쓰여, 동의·완료·불만·다행 등을 나타내는데 감탄사(嘆詞)처럼 쓰임. ¶～! 就这么办吧 | 좋아! 그럼 이렇게 하자. ¶～了, 不要再说了 | 좋다, 더 이상 말하지 말라. ¶～, 这一下可麻烦máfan了 | 아이쿠, 이번엔 귀찮게 되었군. ¶～, 你打就打 | 좋아, 때릴려면 때려라. Ⓘ 副 ❶ 많거나 오래됨을 강조함. 어법 수량사나 시간을 나타내는 말 혹은 형용사「多」「久」앞에 쓰이고,수사(數詞)는「一」「几」만 올 수 있음. ¶外头来了～几个人 | 밖에 여러 사람이 왔다. ¶～一会儿 | 한동안. ¶～久没见 | 오랫동안 뵙지 못했습니다. ❷ 아주. 정말. 참으로. 어법 형용사·동사 앞에 쓰여 정도가 심함을 나타내며, 감탄의 어기가 있음. ¶～香xiāng | 매우 향기롭다. ¶～冷lěng啊 | 매우 춥다. ¶眼睛yǎnjīng～大～大的 | 눈이 매우 큰 사람. ❸ 얼마나. 어법 형용사 앞에 쓰여 수량이나 정도를 묻는 말로 쓰임. ¶从这儿到北京～远? | 여기에서 북경까지는 얼마나 먼가? ❹ 몹시. 참으로. 상당히. 어법 ⓐ 일부의 쌍음절 형용사 앞에「好不…」의 형식으로 쓰여, 반어적(反語的)으로 긍정의 뜻을 나타냄. ¶～不热闹rènào＝〔好热闹〕| 상당히 번잡하다. ¶～不快乐kuàilè＝〔好快乐〕| 참으로 유쾌하다. ¶～不伤心shāngxīn＝〔好伤心〕| 매우 상심하다. ⓑ 다만「好容易」와「好不容易」는 모두「很不容易」(매우 어렵게)의 뜻으로 위의 경우와는 서로 상반됨. ¶～不容易〔好容易〕才找到了他 | 아주 어렵게 그를 찾아내었다. Ⓘ 能 ❶ …하도록. …할 수 있게. 어법 앞 문(小句)의 동작 목적을 뒷 문에 나타내는 데 쓰임. ¶别忘了带伞sǎn, 下雨～用 | 우산 가져 가는 것을 잊지 마라, 비올 때 쓰도록. ¶请你走开点, 我～过去 | 제가 지나갈 수 있도록 좀 비켜주시오. ❷ 方 …하여야만 하다. …할 수 있다. ¶我～进来吗? | 들어가도 좋습니까? ¶时间不早了, 你～走了 | 시간이 늦었으니, 너는 가야 되겠다. Ⓘ (～儿) 名 ❶ 찬사. 좋다고 외치는 소리. ¶本想讨个～儿, 没想倒捱ái了顿骂 | 원래는 찬사를 들을 줄 알았지, 오히려 한바탕 욕을 먹을 줄은 몰랐다. ¶观众guānzhòng连声叫～儿 | 관중들이 연이어 좋다고 소리쳤다. ❷ 안부. 안부의 말. ¶别忘了给我捎个～儿 | 내 대신 안부 전하는 것 잊지 마시오.
Ⓑhào 動 ❶ 좋아하다. 어법「喜欢」「爱」보다는 무겁고 엄숙함. ¶他这个人～表现biǎoxiàn自己 | 그 사람은 자신을 내보이기를 좋아한다. ¶～打 | 싸우기를 좋아한다. ¶～色 | 여자를 좋아하다. ¶～酒 | 술을 좋아한다⇔〔恶wù〕 ❷ 곧잘 …하다. …하기 쉽다. …잘하다. ¶～伤风shāngfēng | 곧잘 감기에 걸린다. ¶这孩子不～哭 | 이 애는 좀처럼 울지 않는다. ¶他～晕车yūnchē | 그는 차멀미를 잘 한다.

Ⓐhǎo
3【好比】hǎobǐ 動 마치 …과 같다. 예를 들면 …과 같다. ¶人生～航海一般 | 인생은 마치 항해하는 것과 같다. ¶批评pīpíng和自我批评就～洗脸xǐliǎn扫地sǎodì | 비판과 자기비판은 마치 얼굴을 씻고 땅을 쓰는 것과 같다.
【好不】hǎobù 副 매우. 아주 [쌍음절 형용사 앞에 쓰여 정도가 매우 심함과 감탄의 어기를 나타냄] ¶～伤心 | 몹시 슬프다＝〔多么〕 어법「好不」는「好」와 대치(代置)할 수 있음. ¶好不热闹＝〔好

热闹]｜매우 북적이다. 그러나「容易」앞에「好不」「好」를 쓰면 모두 부정(否定)의 뜻이 됨→〔好Ⅱ ④〕〔好不容易〕

【好不容易】hǎobùróngyi [副] 겨우. 가까스로. 간신히. ¶～做完了｜간신히 마쳤다 =〔好容易〕

【好缠】hǎochán [形] ❶ 상대하기〔처리하기〕 쉽다. 만만하다. ¶这人可不好～｜이 사람은 정말 만만치가 않다. ❷ 사람이 좋다. 착하다. 선하다 ‖ =〔好惹rě〕

[1]【好吃】ⓐ hǎochī [形] 맛있다. ¶～的东西｜맛있는 것.

ⓑ hàochī [動] 먹기 좋아하다. ¶～懒做lǎnzuò｜먹기만 좋아하고 일하기를 게을리 하다.

[1]【好处】ⓐ hǎochǔ [形] ❶ 함께 잘 지내다. 사귀기 쉽다. ¶那个人～不～?｜그 사람은 사귀기 어떻습니까? ❷ 처리하기〔취급하기〕 쉽다.

ⓑ hǎo·chu [名] ❶ 장점. 좋은 점. ❷ 이익. 이로운 점. ¶这事对你有～｜이 일은 너에게 이로운 점이 있다. ❸ 도움. 호의. 은혜. ¶得了人家的～, 自然zìrán替人家说好话｜남의 은혜를 입으면 자연히 그 사람을 위해 좋은 말을 하게 된다.

【好大】hǎodà ❶ [形] 매우 크다. ¶～的月亮yuèliàng｜커다란 달. ❷ [副] 대단히. 매우. ¶～地不乐意lèyì｜매우 불쾌해하다

【好歹】hǎodǎi ❶ [名] 좋은 것과 나쁜 것. 잘잘못. 시비(是非). ¶不知～｜옳고 그름을 모르다. ❷ [副] 어쨌든. 하여튼. 어떻게 해서든. ¶～都塞进去了｜어쨌든 다 밀어넣었다. ¶老金要是在这里, ～也能拿个主意zhǔyì｜김씨가 이 자리에 있으면 어쨌든 방법을 생각해 낼 것이다→〔反正fǎnzhèng ⓑ〕 ‖ =〔好坏huài〕 ❸ [副] 되는 대로. 대충대충. …하는 둥 마는 둥. ¶～了liǎo事｜일은 되는 대로 끝내다 ‖ =〔好赖lài〕 ❹ (～儿) [名] (생명의) 위험이나 사고 [흔히「如果rúguǒ」「倘若tǎngruò」「万一wànyī」등과 연용함] ¶万一他有个～, 可真要命｜만일 그의 신상에 위험이 닥치면 그야말로 큰 일이다 ‖ =〔歪wāi好〕

【好端端】hǎoduānduān [貶] ❶ (사람이) 건장하다. 멀쩡하다. (일 등이) 아무 탈 없다. ¶～的人, 一霎时shàshí便染上急病jíbìng｜멀쩡하던 사람이 갑자기 급병에 걸렸다→〔好好儿的〕 ❷ 까닭없이. 공연히. ¶～的怎么又生起气来了?｜까닭없이 왜 또 화를 내니?

[4]【好多】hǎoduō ❶ [貶] 매우 많다. ¶～东西dōngxi｜많은 물건. ¶～人｜많은 사람. ❷ [代] [方] 몇. 얼마. ¶今天到会的人有～?｜오늘 회의에 참석한 사람이 몇사람이나 되니?

[4]【好感】hǎogǎn [名] 호감. ¶他对朴小姐有～｜그는 미스 박에게 호감을 가지고 있다.

【好狗不挡道】hǎogǒu bù dǎngdào [諺] 좋은 개는 사람이 다니는 길을 막지 않는다.

【好过子】hǎoguò [形] ❶ (생활이) 넉넉하다. 풍족하다. ¶现在日子～多了｜지금은 생활이 매우 여유로와졌다. ❸ 쾌적하다. 기분이 좋다. 편하다. ¶有点儿不大～｜다소 기분이 좋지 않다 =〔好受shòu〕

【好汉】hǎohàn [名] ❶ 사내 대장부. 호한(好漢). 호걸. ¶英雄yīngxióng～｜영웅 호걸. ❷ 남자

【好汉不吃眼前亏】hǎohàn bù chī yǎnqiánkuī [諺] 사내 대장부는 발등에 떨어진 불을 피할 줄 안다.

【好汉不提当年勇】hǎohàn bù shuō dāngniányǒng [諺] 사내 대장부는 자기의 과거를 자랑하지 않는다.

【好汉一言, 快马一鞭】hǎohàn yīyán, kuàimǎ yībiān [諺] 사내 대장부는 말 한 마디면 충분하고, 준마는 채찍 한 번으로 족하다.

[2]【好好儿】hǎohāor ❶ [貶] 좋다. 성하다. 괜찮다. 훌륭하다. ¶～的一支钢笔gāngbǐ, 叫他给弄折了｜괜찮은 만년필을 그가 부러 뜨렸다. ¶那棵百年的老树, 至今还长得～的｜백년 고목이지만 지금까지도 여전하다. ❷ [副] 잘. 충분히. 아주. ¶大家再～想一想｜다들 다시 잘 생각 좀 해보자. ¶我真得～谢谢他｜나는 정말 그에게 제대로 감사해야겠다.

【好好先生】hǎohǎo xiānshēng [成] 무골 호인. ¶朱德是个有名的～｜주덕은 유명한 무골호인이다.

【好虎架不住一群狼】hǎohǔ jià·buzhù yīqún láng [諺] 중과 부적(衆寡不敵). 적은 수효가 많은 수효를 대적하지 못하다 =〔好汉架不住人多〕

【好话】hǎohuà [名] ❶ 좋은〔유익한〕 말. ¶～别记犯猜, 犯猜没～｜[諺] 유익한 말은 의심하지 말라, 의심하면 유익한 이야기는 앞으로 없게 된다. ¶～不背bèi人, 背人无～｜[諺] 좋은 이야기는 남에게 숨기지 않는다, 숨기는 이야기에 변변한 것은 없다. ¶～不出门, 坏话一溜风｜[諺] 좋은 말은 나돌지 않지만, 나쁜 말은 곧 세상에 퍼진다. ¶～好说｜[諺] 좋은 말은 하기 쉽다. ¶～三遍连狗也嫌｜[諺] 좋은 말도 여러번 들으면 개도 싫어한다. ¶～说尽, 坏事做绝｜앞에서는 온갖 좋은 말을 다하고 뒤에서는 온갖 나쁜 짓을 다하다. ❷ 칭찬. 달콤한 말. ¶～千言不觉多｜[諺] 달콤한 말은 천마디를 해도 많지 않은 것처럼 느껴진다. ❸ 공명 정대한 말. ¶～不怕人｜[諺] 공명 정대한 말은 남을 두려워하지 않는다. ❹ 옳은 말. ¶～, 那还用说吗!｜옳은 말이요, 두말 할 것 없소!

[4]【好坏】hǎohuài ❶ [名] 좋은 것과 나쁜 것. 잘잘못. ¶材料cáiliào的～｜재료의 좋고 나쁨. 재료의 질. ¶不管guǎn～｜좋고 나쁨을 따지지 않다. ❷ [副] 어쨌든. 좌우간. 하여간. ¶～一样活着｜어쨌든 같이 살아 있다. ‖ =〔好歹dǎi① ②〕

【好货】hǎohuò [名] ❶ 좋은 물건. ¶～不贱jiàn, 贱货不好｜[諺] 좋은 물건은 비싸고, 값싼 물건은 좋지 않다. ❷ 좋은 사람〔녀석〕.

【好鸡不跟狗斗, 好男不跟女斗】hǎo jī bù gēn gǒudòu, hǎonán bù gēn nǚ dòu [諺] 좋은 닭은 개와 싸우지 않고, 사나이는 아녀자와 다투지 않는다.

【好家伙】hǎojiā·huo ❶ [嘆] 이 자식! 이놈! [경멸 또는 친밀감의 뜻을 나타냄] ¶～, 你也敢吗?｜이 놈, 너도 하려느냐? ❷ [嘆] 야, 이거. 아! 참! [감탄·놀람·칭찬 등을 나타낼 때 내는 소리] ¶～, 你们怎么干得这么快呀｜야. 너희들 어떻게 이렇게 빨리 하니.

【好借好还, 再借不难】hǎo jiè hǎohuán, zài jiè bùnán [諺] 빌렸으면 잘 갚아야, 다시 빌리기가 어렵

지 않다→〔勤qín借勤还〕

【好景不长】hǎo jǐng bù cháng 成 매화도 한철. 메뚜기도 한철이다. 좋은 시절 오래 못간다.

[2]【好久】hǎojiǔ ❶ 副 오랫 동안. ¶～没见! =〔好久不见!〕| 오래간만이군요. ¶讨论～ | 오랫 동안 토론하다. ¶等了～了 | 오랫동안 기다렸다. ❷ 代 方 얼마(동안이)나. ¶这要学～才学得会? | 이것은 얼마나 배워야 다 배울 수가 있을까?

【好聚好散】hǎo jù hǎo sàn 成 즐거이 모였다가 즐거이 헤어지다. ¶咱们～, 就此分手吧 | 우리는 즐거이 모였다가 즐거이 헤어지니, 여기서 헤어집시다.

[1]【好看】hǎokàn ❶ 形 아름답다. 보기 좋다. 근사하다. ¶花儿很～ | 꽃이 매우 아름답다. ❷ 形 체면〔면목〕이 서다. 당당하다. 생광스럽다. ¶儿子立了功, 做娘的脸上也～ | 아들이 공을 세우니, 어머니 얼굴도 당당하다. ❸ 形 흥미 진진하다. 재미있다. ¶这部电影diànyǐng很～ | 이 영화는 대단히 흥미진진하다. ❹ 名 망신하다. 난처하다. 웃음거리가 되다. 창피를 당하다. ¶你让我上台表演biǎoyǎn, 这不是要我的～吗? | 네가 나를 무대에 올려 연기하게 하는 것은, 나를 망신거리로 만들자는 것이 아니냐?

【好莱坞】Hǎoláiwù 名 外〈地〉할리우드(Hollywood).

【好赖】hǎolài ⇒〔好歹dǎi③〕

【好了伤疤忘了疼】hǎo·le shāng·ba wàng·le téng 諺 종기가 나으면 아픔을 잊어버린다. 똥누러 갈 적 마음 다르고 올 적 마음 다르다. 개구리 올챙이 적 생각을 못한다 =〔好了疤瘌bā·la忘了疼〕〔好了疮疤chuāng·ba忘了疼〕〔好了疙瘩gē·da忘了疼〕

【好力宝】hǎolìbǎo 名 몽골족(蒙古族)의 민속 예능의 일종 [내몽골 자치구에서 유행. 「独唱」「对唱」 그리고 「重唱」「合唱」이 있으며, 「四胡」나 「马头琴」 등을 반주 악기로 사용함] =〔好来lái宝〕

【好里】hǎo·li 名 좋은 쪽〔방향〕. 어법 개사「往」과 함께 쓰임. ¶往～说 | 좋은 방향으로 말하다.

【好脸(儿)】hǎoliǎn(r) 名 口 기쁜 얼굴색. ¶你怎么整天没个～ | 너는 어찌 온종일 기쁜 얼굴색이 없니?

【好邻胜远亲】hǎolín shèng yuǎnqīn 諺 가까운 이웃이 먼 친척보다 더 낫다. 이웃 사촌. ¶你要跟街坊jiēfāng搞好关系, ～嘛 | 너는 이웃과 좋은 관계를 가지도록해, 가까운 이웃이 먼 친척보다 더 낫단다 =〔远亲不如近邻〕

【好马不吃回头草】hǎomǎ bùchī huítóucǎo 諺 좋은 말은 머리를 돌려 자기가 밟고 온 풀을 먹지 않는다. ❶ 뛰어난 인물은 지난 일에 연연하지 않는다. ❷ 정숙한 부인은 재혼하지 않는다.

【好么】hǎo·ma ❶ 좋으냐? ¶现在就开饭～? | 지금 상을 차려도 좋으냐? ❷ 좋다! 그래! [화를 내면서 하는 말] ¶～, 你居然也反对起我来了 | 그래, 너까지 날 반대하고 나서는구나.

【好梦难圆】hǎo mèng nán yuán 成 좋은 일은 이루기 어렵다. ¶看来是～, 这辈子永远当不成冠军guànjūn了 | 봐서 좋은 일은 이루기 어렵다고 생각하면, 이런 사람은 영원히 일등이 되지 못한다.

【好模好样儿地】hǎomú hǎoyàngr·de 副 똑바로. 잘. ¶你～坐着吧 | 너, 똑바로 잘 앉아있어라

【好脾气】hǎopí·qi ❶ 形 천성이 착하다. ❷ (hǎo pí·qi) 착한 성품〔천성〕. ❸ (hǎo pí·qi) 좋은 기분. ¶磁上他～的时候再提吧! | 그의 좋은 기분일 때 다시 꺼내세요!

【好气儿】hǎoqìr 口 ❶ 名 좋은 기색〔기분〕. ¶没～ | 기분이 언짢다. ❷ 名 호의적인 태도. 호감. ¶得不到人家的～ | 남의 호감을 사지 못하다. ❸ 動 화가 나다. ¶又～又好笑 | 화가 나기도 하고 우습기도 하다→〔可kě气〕

【好球】hǎoqiú 名〈體〉❶ (야구의) 스트라이크(strike) ⇔〔坏huài球〕 ❷ (테니스·배구 등의) 인사이드 볼(inside ball)→〔线内xiànnèi〕 ❸ 나이스 볼(nice ball)! 나이스 플레이(nice play)!

【好糗】hǎoqiǔ 俗 台 씁쓸하다. 겸연쩍다→〔尴尬gāngà〕

【好儿】hǎor 名 口 ❶ 호의. 경의. 안부. ¶替我带个～ | 저를 대신해 안부 전해주십시오. ¶讨tǎo～ | 남의 비위를 맞추다. ❷ 좋은 일. ❸ 은혜. ¶人家过去对咱有过～ | 사람들이 이전에 우리들에게 은혜를 베풀었다.

【好儿歹的】hǎordǎi·de 名 ❶ 좋은 일과 나쁜 일. ❷ 행복과 불행.

【好人】hǎorén 名 ❶ (품행이) 좋고 모범적인 사람. ❷ 건강한 사람. ❸ 호인. 남과 마찰없이 잘 지내려는 사람.

【好人家(儿)】hǎorénjiā(r) 名 ❶ 훌륭한 가정. 양가(良家). ¶～的姑娘gūniáng | 양가댁 규수. ❷ 신분이 확실한 사람. 성품이 분명한 사람. ❸ 方 부유한 가정.

【好人物】hǎorén·wu 名 훌륭한 사람.

【好人做到底】hǎorén zuò dàodǐ 諺 좋은 사람이 되려면 끝까지 좋은 사람이 되어라. 남을 도와 주려면 끝까지 도와 주어라. ¶你～, 再帮我一把吧! | 너는 사람을 도와 주려면 끝까지 도와 주도록 해, 그러니 다시 나 한번만 도와 줘!

【好日子】hǎorì·zi 名 ❶ 길일(吉日). 좋은날. ❷ 좋은 날씨. ❸ 행복한 생활. ❹ (결혼식·생일 등) 경사가 있는 날.

[2]【好容易】hǎoróngyì ⇒〔好不容易〕

【好上加好】hǎo shàng jiā hǎo 成 더 없이 좋다. 금상첨화. ¶你如果个儿再高一点儿就～了 | 만약 너의 키가 조금만 더 자란다면 정말 금상첨화일텐데.

【好生】ⓐ hǎoshēng 副 ❶ 近 매우. 아주. 대단히. ¶～面熟miànshú | 매우 낯이 익다. ❷ 方 충분히. ¶没～睡shuì | 충분히 자지 못했다. ❸ 方 잘. 주의를 기울여. ¶～拿ná着 | 잘 운반하라. ¶～耍shuǎ | 잘 놀다.
ⓑ hàoshēng 書 動 생명을 아끼고 사랑하다. ¶～恶杀 | 생명을 아끼고 살육을 싫어하다. ¶～之德 | 생명을 아끼고 살육을 싫어하는 미덕.

【好声好气】hǎoshēnghǎoqì 狀 口 말투가 부드럽고 태도가 온화하다. ¶我～地说, 你就是不听 |

내가 부드럽고 온화하게 말을 해도, 너는 듣지 않는다.

【好使】hǎoshǐ 形 ❶ 쓰기 좋다. 사용하기 쉽다〔편리하다〕. ¶这支金笔很～ | 이 금촉 만년필은 매우 잘 써진다. ❷ (두뇌·시력 등이) 좋다. ¶他的眼睛yǎnjīng不～ | 그의 눈은 시력이 좋지 않다.

【好事】ⓐ hǎoshì 名 ❶ 좋은 일. 유익한 일. ❷ 자선 사업. ❸ 書 경사. ❹ 중·도사 등을 불러 재(齋)를 열게 하는 것.

ⓑ hàoshì 動 참견하기를 좋아하다. 약방의 감초처럼 끼어들다. ¶～之徒tú | 호사가. 참견하기 좋아하는 사람.

【好事不出门, 恶事传千里】hǎoshì bù chūmén, èshì chuán qiānlǐ 諺 좋은 일은 쉽게 드러나지 않고, 나쁜 일은 이내 천 리 밖까지 퍼진다 =〔好事不出门, 坏huài事行xíng千里〕

【好事多磨】hǎo shì duō mó 國 좋은 일을 이루기까지는 곡절이 있게 마련이다 ¶不要怕挫折,～嘛 | 좌절을 겁내지 마, 좋은 일을 이루려면 곡절이 있게 마련이잖아 =〔好事多妨fáng〕〔好事多魔mó〕

【好手(儿)】hǎoshǒu(r) 名 (어떤 기예에) 정통한 사람. 능력이 뛰어난 사람. 명수. ¶他是网球wǎngqiú～ | 그는 테니스의 명수이다.

【好受】hǎoshòu 形 기분이 좋다. 편안하게 느끼다. 시원하다. ¶百天太热, 夜里还～ | 낮에는 너무 덥고, 밤에는 그런대로 시원하다.

[4]【好说】hǎoshuō ❶ 套 (달랠 때) 됐다! ¶～, ～, 不必生气shēngqì | 됐다, 됐어, 화내지 마. ❷ 套 천만의 말씀입니다 [남이 자신을 칭찬하거나 자기에게 감사의 뜻을 전할 때] ¶～, 您太夸奖kuājiǎng了 | 천만에요! 과찬이십니다. ❸ 套 (부탁을 승낙할 때) 해 봅시다. ¶你托的那件事～～ | 당신이 부탁한 일을 한번 해봅시다. ❹ 形 말하기 쉽다. 상담의 여지가 있다. ¶这事托他办, 比較bǐjiào～ | 이 일을 그에게 부탁하기는 비교적 말하기가 쉽다. ¶你要买这件东西, 价钱jiàqián～ | 이 물건을 당신이 사겠다면 가격을 상담할 여지가 있지요.

【好说歹说】hǎo shuō dǎi shuō 國 온갖 이유나 방법을 써서 반복해서 요구하거나 권고하는 말을 하다. 이렇게도 말해보고 저렇게도 말해보다.

【好说话儿】hǎoshuōhuàr (성격이 좋아) 말을 붙이거나 접촉하기가 쉽다.

【好死不如癞活着】hǎosǐ bùrú làihuó·zhe 諺 훌륭하게 죽는 것보다 비참하게라도 살아 가는 편이 낫다. 말똥에 굴러도 이승이 좋다. 죽은 정승이 산 개만 못하다.

【好似】hǎosì 書 動 마치 …같다. …과 비슷하다. ¶～多少年前的事了 | 마치 몇년 전의 일인것 같다.

【好天儿】hǎotiānr 名 좋은〔맑은〕 날씨. ¶赶上～再去吧 | 좋은 날씨를 만나면 다시 가자.

[2]【好听】hǎotīng 形 (말이나 소리가) 듣기 좋다. ¶这音乐很～ | 이 음악은 매우 듣기 좋다. ¶金教授对学生们说～的话 | 김교수님은 학생들에게 듣기 좋은 말을 한다.

[2]【好玩(儿)】hǎowán(r) 形 재미있다. 흥미있다. 놀기가 좋다. ¶这个玩具wánjù真～ | 이 장난감은 정말 재미있다.

【好戏】hǎoxì 名 좋은 연기. ¶拿手náshǒu～ | 가장 능한 것. 장기. ❷ 諷 대단히 재미있는 것.

【好鲜】hǎoxiān 形 俗 台 귀엽다. 사랑스럽다. 좋다. ¶阿美她这个人～哦! | 아미는 정말로 사랑스럽다!

[1]【好像】hǎoxiàng 動 마치 …과 같다. 비슷하다. 어법 흔히 「一样」「一般」「似的」와 함께 쓰임. ¶静悄悄qiǎo的, ～屋子里没有人似的 | 조용한 것이 마치 방안에 사람이 없는 것 같다 =〔正zhèng好像〕〔正像〕

【好小子】hǎoxiǎo·zi 名組 ❶ 착한 아이. 착한놈 [어린아이를 친근하게 부르는 말] ❷ 罵 이놈. 이녀석. ¶～, 你敢跟我开玩笑 | 이 놈아, 너가 감히 나와 농담을 해.

【好笑】hǎoxiào 形 우습다. 가소롭다.

[2]【好些】hǎoxiē 形 ❶ 많은. ¶～人 | 많은 사람. ¶～日子 | 여러날 =〔好些个〕 ❷ 비교적 좋다〔낫다〕. ¶他的功课gōngkè比他妹妹mèi～ | 그의 학업 성적은 그의 여동생보다는 비교적 낫다.

【好心】hǎoxīn 名 호의. 선의. 친절한 마음. ¶～没好意 | 호의가 헛되이 되다〔오해받다〕.

【好性儿】hǎoxìngr ❶ 形 성질이 좋다. ❷ 名 온화한 성질

【好言好语】hǎo yán hǎo yǔ 國 좋은 말. 친절한 말.

[4]【好样儿的】hǎoyàngr·de 名組 口 ❶ (배대가 있고, 담이 크고, 행동력이 있는) 대단한 사람. 장한 사람. ❷ 좋은 본보기.

【好意】hǎoyì 名 호의. 선의.

【好意思】hǎoyì·si ❶ 名組 호의. ❷ 태연하게. 부끄러운 줄 모르고. 뻔뻔스럽게. 어법 흔히 반문 또는 「不好意思」의 형태로 쓰임. ¶做了这种事, 亏kuī他还～说呢 | 이런 일을 저질러놓고도 뻔뻔스럽게 말한다. ¶怎么～见人呢 | 무슨 면목으로 사람을 만나겠는가.

【好用】hǎoyòng 形 쓰기에 편하다.

【好友】hǎoyǒu 名 좋은 벗. 친한 친구.

【好运】hǎoyùn 名 행운. ¶好花不常开, ～不长在 | 아름다운 꽃은 항상 피어 있지 않으며, 행운도 오래토록 머무는 것이 아니다.

[4]【好在】hǎozài 副 다행히. 운 좋게. ¶我有空再来, ～离这儿不远 | 다행히 여기서 멀지 않으니 틈이 있으면 또 오겠습니다.

【好找】hǎozhǎo ❶ 形 찾기 쉽다. ¶他住的地方～不～? | 그가 살고 있는 곳은 찾기 쉽습니까? ❷ 動 한참 찾다. 오래 찾다. ¶叫我～! | 나는 한참 찾았다.

[4]【好转】hǎozhuǎn 名 動 호전(되다). ¶病势bìngshì～ | 병세가 호전되었다.

【好走】hǎozǒu ❶ 形 (길이) 걷기 좋다. ¶一下雨道路就不～了 | 비가 오기만 하면 길이 엉망이 된다. ❷ 套 잘〔안녕히〕 가십시오.

Ⓑ hào

【好财】hào/cái 動 재물을 좋아하다.

【好吃】hàochī ☞〔好吃〕hǎochī ⓑ

【好大喜功】hào dà xǐ gōng 國 큰 일을 하거나 큰

공 세우길 좋아한다. 공명욕(功名慾)만 내세우다. ¶他一向～, 不切实际shíjì | 그는 줄곧 공명심만 추구하나, 현실에 부합되지 못하다→〔夸kuā大喜功〕
【好高务远】hào gāo wù yuǎn 成 현실은 생각않고 높은 목표만 추구하다=〔好高骛wù远〕
【好古法祖】hào gǔ fǎ zǔ 成 옛것을 좋아하고 전래의 질서에 따르다.
4【好客】hàokè 動 손님 접대를 좋아하다. 벗 사귀기를 좋아하다.
【好脸】hàoliǎn 動 모양 내기를 좋아하다. 체면을 따지다. 겉치레를 좋아하다.
【好谋善断】hào móu shàn duàn 成 심사숙고하여 좋은 판단을 내리다.
3【好奇】hàoqí ❶ 動 신기한 것을 좋아하다. 유별난 것을 좋아하다. ❷ 形 호기심이 많다. ¶～心 | 호기심.
【好强】hàoqiáng 形 지기 싫어하다. 승벽이 강하다. ¶～的人 | 지기 싫어하는 사람.
【好色】hàosè 動 여자를 밝히다. ¶～之徒tú | 호색가.
【好尚】hàoshàng ❶ 動 좋아하고 따르다. 애호하고 숭상하다. ❷ 名 욕망. 취향.
【好生】hàoshēng ⇒〔好生hǎoshēng ⓑ〕
【好胜】hàoshèng 形 승벽이 강하다. 지려하지 않다. ¶～心 | 남한테 이기기를 좋아하는 마음→〔好强qiáng〕
【好事】hàoshì ☞〔好事〕hǎoshì ⓑ
【好说好笑】hàoshuō hàoxiào 농담하기를 좋아하고 웃기 좋아하다.
【好为人师】hào wéi rén shī 成 남을 훈계하기를 좋아한다. 겸허하지 않다. ¶他的致命弱点就是骄傲自满,, ～ | 그의 치명적인 약점은 오만하고 자만하여, 남을 훈계하기를 좋아하는 것이다.
【好问】hàowèn 形 다른 사람에게 잘 묻다. 향학열이 높다.
【好恶】hàowù 名 좋아함과 싫어함. 기호.
【好学】hàoxué 形 배우기 좋아하다. 학문을 좋아하다. ¶他很～ | 그는 매우 학문을 좋아한다. ¶～深思shēnsī | 즐겨 배우고 깊이 생각하다.
【好逸恶劳】hào yì wù láo 成 놀기만 좋아하고 일하기를 싫어하다.
【好战】hàozhàn 形 전쟁을 좋아하다. 호전적이다. ¶～分子fēnzi | 호전 분자.
【好整以暇】hào zhěng yǐ xiá 成 엄격하면서도 대범하다. 바쁜 중에도 여유가 있다.
【好自矜夸】hào zì jīn kuā 成 교만스러워 자신을 과시하길 좋아한다.

【郝】 Hǎo 땅이름 학
名 ❶〈地〉지금의 섬서성(陕西省) 호현(鄠縣)과 주질현(盩厔縣)의 사이에 있었던 옛 지명. ❷ 성(姓).

hào ㄏㄠˋ

1【号(號)】 hào háo 이름 호, 차례 호, 부를 호
Ⓐ hào ❶ 명칭. 이름. ¶国～ | 국호. ¶牌pái～ | 가옥의 번호. 상표. ❷ 名 호. 별호(別號). 아호(雅號). ¶孔明是诸葛亮的～ | 공명(孔明)은 제갈량의 호이다. ❸ 名 명령. 호령. ¶发～施令 | 명령을 내리다. ❹ 名 일(日). 날자. ¶八月十五～ | 8월 15일. ❺ (～儿) 名 기호. 표시. ¶暗～ | 암호. ¶加减～ | 플러스·마이너스의 기호. ¶击掌jīzhǎng为～ | 손뼉치는 것을 신호로 하다. ❻ (～儿) 名 순서. 번호. 차례. ¶门二牌～ | 2번지. ¶挂guà～ | 등록하다. 접수해 놓다. ¶编biān～ | 번호를 붙이다. ❼ 名 등급 번호. 등급의 표시. ¶大～ | 대형 사이즈. ❽ 名 상점. 가게. ¶本～ | 본점. ¶分～ | 지점. ❾ 名 (군대나 악대에 사용하는) 나팔. ¶吹chuī～ | 나팔을 불다. ❿ 名 신호 나팔 또는 그 소리. ¶起床qǐchuáng～ | 기상 나팔. ¶集合jíhé～ | 집합 나팔. ¶冲锋chōngfēng～ | 돌격 나팔. ¶熄灯xīdēng～ | 소등 나팔. ⓫ 名 인원 중의 사고자. ¶病bìng～ | 환자. 병으로 인한 결석자. ¶伤shāng～ | 부상자. ⓬ 動 번호를 치다〔매기다〕. ¶～房子fángzi | 가옥에 번호를 매기다. ¶把这件东西～上 | 이 물건에 번호를 매겨라. ⓭ 動〈漢醫〉맥을 짚다. 진맥하다. ¶他给病人～着脉mài | 그는 환자의 맥을 짚고 있다. ⓮ 量 명. 인. 사람[사람의 수를 나타냄] ¶今天有一百多～人出工 | 오늘은 백여명이 일을 나온다. ¶您请多少～人 | 당신은 몇 사람이나 초대하십니까? ⓯ (～儿) 量 차례. 번[상거래의 횟수를 나타냄] ¶一会儿工夫就做了几～买卖 | 잠깐 동안에 몇 차례 장사를 했다. ⓰ 量 인간. 녀석[사람이나 사물을 경멸하여 쓰는 말] ¶他那～人 | 그 따위 인간.
Ⓑ háo 動 ❶ 크게 소리지르다. ¶～叫 | 큰 소리로 부르다. ¶北风怒～ | 북풍이 노호하다. ❷ 큰 소리로 울다. ¶哀āi～ | 슬퍼서 통곡하다.
Ⓐ hào
【号兵】hàobīng 名 나팔병. 나팔수 =〔号手shǒu〕
4【号称】hàochēng 動 ❶ …라고 불리우다. ¶四川～天府之国 | 사천은 토지가 비옥하고 산물이 풍부한 땅으로 불리운다. ❷ 명목상으로 불려지다〔알려지다〕. ¶敌人的这个师～一万二千人, 实际上只有八九千 | 적의 이 사단은 인원이 만이천명이라고 알려졌으나, 사실은 팔구천 밖에 안된다.
【号灯】hàodēng 名 항해나 작업 등을 알리기 위해 선박 등에 설치한 등. ¶～一亮, 万箭jiàn齐发 | 등불이 번쩍이자, 모든 화살이 일제히 날아갔다.
【号房】hàofáng 名 ❶ (옛날 관청 등의) 전달실〔전달인〕. 접수실〔접수원, 수위〕=〔传chuán达处〕 ❷ 보초병이 있는 곳 ‖ =〔号舍shè〕
【号角】hàojiǎo 名 호각. 신호 나팔.
【号坎儿】hàokǎnr 名 (옛날에 청소부·인력거꾼 등이 입던) 번호 달린 조끼.
【号令】ⓐ hàolìng 名 動 호령(하다).
ⓑ hào·ling 動 죄인을 처형하여 대중에게 보이다.
【号令如山】hào lìng rú shān 成 호령이 추상같다. 군기가 엄격하다.
2【号码(儿)】hàomǎ(r) 名 번호. 숫자. 사이즈(size). ¶电话diànhuà～ | 전화 번호. ¶鞋子xiézi的～ | 신발 사이즈 =〔号儿〕〔号马mǎ(儿)〕

〔号数(儿)①〕〔号头②〕
【号码机】hàomǎjī 名 번호기. 넘버링 머신(numbering machine).
【号脉】hào/mài 動 ❶ 진맥하다 =〔诊zhěn脉〕 ❷ 喩 상대방의 심경을 살피다. ¶他究竟为甚么闹彆扭, 还没有号准他的脉哩 | 그가 어째서 토라져 있는지, 아직 그 마음을 잘 모르겠다.
【号牌(儿)】hàopái(r) 名 번호표. ¶车辆chēliàng～ | 차량번호표.
【号炮】hàopào 名 신호〔전달〕용 포. ¶一声～, 杀声四起 | 신호용 포 소리가 나자, 사방에서 살상하는 소리가 났다.
【号旗】hàoqí 名 신호기.
【号声】hàoshēng 名 나팔 소리. ¶冲锋～ | 돌격 나팔 소리. ¶紧急集合～ | 비상 소집 나팔 소리. ¶进军jìnjūn～ | 진군 나팔 소리.
【号数(儿)】hàoshù(r) 名 ❶ 번호→〔号码(儿)〕 ❷〈紡〉(실의) 번수.
【号头】hàotóu 名 ❶ (～儿) 십장. 직공의 우두머리. ❷ (～儿) 번호=〔号码(儿)〕 ❸ 奧 달. ¶半个～ | 반개월.
【号外】hàowài 名 (신문의) 호외. ¶今天的～很有看头kàntou | 오늘의 호외는 정말 볼만한 것이 있다.
【号衣】hàoyī 名 (병사들이나 심부름꾼들이 입던) 번호 달린 제복.
[2]【号召】hàozhào 動 호소하다. ¶～群众qúnzhòng起来斗争dòuzhēng | 군중이 일어나 투쟁할 것을 호소하다. ¶响应xiǎngyīng～ | 호소에 호응하다.
【号志灯】hàozhìdēng 名 철도원이 손에 들고 사용하는 신호등.
【号子】hào·zi 名 ❶ 方 기호. 표지(標誌). ❷ 메김소리 [여럿이 함께 일할 때 한 사람이 먼저 소리치고 나머지 사람이 이에 따라 내는 소리] ❸ 감옥. ❹ 종류. 따위. ¶那～人 | 저 따위 인간. ❺ 俗 台 증권거래소.
Ⓑ háo
【号叫】háojiào 動 큰 소리로 외치다.
【号哭】háokū 動 울부짖다. 엉엉 소리내어 울다.
【号泣】háoqì 書 動 울부짖다. 통곡하다.
【号丧】ⓐ háo/sāng 動 ❶ (상가집에서) 곡하다. ❷ 대곡(代哭)하다 =〔哭kū丧〕
ⓑ háo·sang 動 方 罵 (큰 소리로) 울다. ¶～鬼guǐ | 울보 =〔嚎háo丧〕
【号啕】háotáo ⇒〔嚎háo咷〕
【号天抢地】háo tiān qiāng dì 成 땅을 치며 통곡하다 =〔号天叩kòu地〕〔号天扣kòu地〕

【好】 hào ☞ 好 hǎo Ⓑ

【昊】 hào 하늘 호

書 ❶ 名 하늘. ¶～慈cí | 하늘의 은혜. ❷ 形 (하늘이) 끝없이 넓다.
【昊天】hàotiān 名 ❶ 가없는 하늘. ❷ 喩 부모의 큰 은혜. ¶～罔极wǎngjí | 은혜가 망극하다. ❸ 轉 하느님. 조물주.
【昊天不忒】hào tiān bù tè 成 하늘은 편파적이지 않다. 하늘은 공평하다.

3【耗】 hào 쓸 모, 소식 모

❶ 動 소비하다. 소모하다. ¶～得精光 | 몽땅 써버리다. ¶别～灯油dēngyóu了 | 등유를 낭비하지 마라. ❷ 動 方 시간을 끌다. 꾸물거리다. ¶～时间 | 시간을 끌다. ¶别～着了, 快走吧 | 꾸물거리지 말고 빨리 가라. ❸ 動 (소모하여) 줄다. 없어지다. ¶锅guō里的水快～干了 | 남비의 물이 금새 없어졌다. ❹ 소비율. 소모율. ¶烟yān～ | 석탄의 소비율. ❺ 소식. 통지 [특히 나쁜 경우를 뜻함] ¶噩è～ | 부고(訃告). 흉보(凶報). ¶死sǐ～ | 부고. ❻ ⇒〔耗子〕
【耗财】hào/cái 動 돈을 낭비하다. ¶～买脸 | 돈을 써서 체면을 세우다.
【耗电】hào/diàn 動 전기를 소비하다.
[4]【耗费】hàofèi 動 낭비하다. 소비하다. 소모하다. ¶～时间shíjiān | 시간을 낭비하다 =〔破pò耗〕
【耗干】hàogān 動 몽땅 다 써버리다. ¶把油都～了 | 기름을 몽땅 다 써버리다.
【耗竭】hàojié 書 動 다 써버리다. 다 소모〔소비〕되다. ¶兵力bīnglì～ | 병력이 다 소모되다 =〔耗尽〕
【耗尽】hàojìn 動 다 소비하다. 다 써버리다. ¶～体tǐ力 | 체력을 다 소비하다.
【耗人】hàorén ❶ 動 귀찮게 굴다. ❷ 形 귀찮다. 성가시다. ¶这孩子真～ | 이 아이는 정말 귀찮다.
【耗散】hàosàn 名〈電氣〉(에너지의) 낭비. 손실. ¶功率gōngshuài～ | 전력 소비. ¶能量～ | 에너지의 소비.
【耗损】hàosǔn ❶ 名 動 소모(되다). 손실(되다). ¶～精神jīngshén | 신경을 쓰다.
【耗子】hào·zi 名 方〈動〉쥐 =〔老鼠lǎoshǔ〕
【耗子成精】hào·zi chéngjīng 成 (사람을 두려워하는) 쥐가 (사람이 두려워하는) 요괴가 되다. 喩 주객이 전도되다. ¶这真是～了, 他也能当队长 | 이는 정말 주객이 바뀐 것이다. 그 역시 대장을 맡을 수 있다.
【耗子药】hào·ziyào 名 쥐약.

4【浩〈澔〉】 hào 넓을 호

❶ 書 形 크다. 광대하다. 넓다. ¶～博bó↓ ❷ 많다. ¶费用～繁fán | 비용이 막대하다. ❸ 복성(複姓) 중의 한 자(字). ¶～星↓
【浩博】hàobó 形 (양이) 매우 많은. 풍부한. ¶征引zhēngyǐn～ | 예증이 매우 풍부하다.
【浩大】hàodà 形 (기세·규모가) 대단히 크다. 성대하다. ¶声势shēngshì～ | 기세가 대단하다. ¶工程gōngchéng～ | 공사가 대규모이다.
【浩荡】hàodàng 形 (물이) 가없이 넓고 크다. 장대하다. ¶～的长江chángjiāng | 가없이 넓고 큰 양자강.
【浩繁】hàofán 形 크고 많다. 거대하고 많다. ¶～的开支kāizhī | 엄청난 지출.
【浩瀚】hàohàn 書 形 ❶ 무수히 많다. ¶典籍diǎnjí～ | 책이 무수히 많다. ❷ 광대하다. ¶～的沙漠shāmò | 광대한 사막.
[4]【浩浩荡荡】hào·hao dàngdàng 狀 호호 탕탕하다. ❶ 광대하여 끝이 없다. ❷ 규모가 크고, 기세

가 드높다. 위풍당당하다. ¶~的游行yóuxíng队伍duìwǔ | 규모가 크고 기세가 드높은 시위 대열.

【浩劫】hàojié ㊀名❶큰 재해. ¶一场~, 家产殆尽 | 한 번의 큰 재해로, 재산을 거의 날렸다. ❷〈佛〉끝없이 긴 시간.

【浩淼】hàomiǎo 貶(수면이) 한없이 넓고 아득하다. ¶烟波yānbō~ | 안개가 자욱한 수면이 한없이 아득하다 =〔浩渺miǎo〕

【浩气】hàoqì ㊀名 호연지기(浩然之氣). 호기. ¶~凛然lǐnrán | 기세가 정정당당하고 위엄이 있다.

【浩气长存】hào qì cháng cún 成 호연지기는 영원하다.

【浩然】hàorán ㊀貶 넓고 성대하다. 호방하다. ¶~之气 | 호연지기. ¶~巾jīn | 방한 두건 [당(唐) 맹호연(孟浩然)이 자주 썼다하여 붙여진 이름]

【浩如烟海】hào rú yān hǎi 成❶큰 바다처럼 넓다. ❷喻 문헌·자료 등이 대단히 풍부하다. ¶在~的典籍中寻找 | 풍부한 전적 속에서 깊이 찾다.

【浩叹】hàotàn ㊀動 크게 탄식하다.

【浩星】Hàoxīng 名 복성(複姓).

【皓〈皜暠〉】hào 밝을 호
㊀形❶밝다. 빛나다. ¶~月当空 | 밝은 달이 중천에 걸려 있다. ❷희다. ¶~首↓

【皓皓】hàohào ㊀貶 결백하다.환하다. 넓고 화창하다.

【皓首】hàoshǒu ㊀名 흰 머리. 轉 노인. ¶~无依yī | 늙어 의지할 데가 없다.

【皓首穷经】hào shǒu qióng jīng 成 백발이 되도록 경전을 연구하다. ¶我就不喜欢作这种~式的学问 | 나는 평생토록 경전만을 연구하는 식의 학문 조성을 싫어한다 =〔白bái首穷经〕

【皓月】hàoyuè ㊀名 밝은 달.

【镐】hào ☞ 镐 gǎo Ⓑ

【颢(顥)】hào 클 호, 빛날 호
㊀形 (하늘이) 밝고 하얗게 빛나다. ¶~苍 | 창공.

【颢穹】hàoqióng ㊀名 하늘. 창공 =〔颢苍〕

【灏(灝)】hào 아득할 호
❶㊀形 수세(水勢)의 광대한 모습 =〔浩〕❷하얗게 빛나다 =〔皓〕

【灏灏】hàohào ㊀貶 평평하고 가없이 넓다. 아득하다.

hē ㄏㄜ

【诃(訶)】hē 꾸짖을 가
❶⇒〔诃子〕❷「呵」와 같음⇒〔呵hē①〕

【诃子】hēzǐ 名❶〈植〉가리륵. ❷가자[가리륵의 열매] ‖ =〔呵黎勒lílè〕〔呵子〕〔洋yáng诃子〕〔藏zàng青果〕

3【呵】hē ·a ō kē 꾸짖을 가, 불 가, 웃을 가

Ⓐhē ❶動 꾸짖다. 질책하다. ¶~责zé↓ =〔诃②〕❷動 입김을 불다. ¶~冻dòng ¶~一口气 | 호하고 입김을 불다. ❸擬 허허. 하하 [웃음소리] ¶~~地笑 | 하하 하고 웃다. ❹嘆 허. 허참. 아하 [의외임을 나타내는 감탄사] ¶~, 来了这么多的人 | 허, 이렇게 많은 사람이 왔구나.

Ⓑ·a「啊」와 같음⇒〔啊·a〕

Ⓒō 助 近 어허. 아 [감탄을 나타냄. 구소설·희곡에 사용되었음]

Ⓓkē 음역어에 쓰임. ¶~叻tāo | 〈地〉코라트(khorat). 태국의 도시인 나콘랏차시마(Nakhon Ratchasima)의 옛이름.

【呵斥】hēchì 動 큰 소리로 꾸짖다〔책망하다〕=〔呵叱chì〕¶他常~下属xiàshǔ | 그는 항상 아랫 사람을 큰 소리로 꾸짖는다.

【呵佛骂祖】hēfó màzǔ 成 부처를 꾸짖고 욕하다. 부처의 교의에 얽매이지 않고 그것을 타파할 정도의 기백으로 힘써 배우다.

【呵呵】hēhē 擬 하하. 허허 [웃음소리]

【呵喝】hēhè ㊀動❶큰 소리로 외치다. 호령하다. ❷큰 소리로 제지하다 =〔呵禁jìn〕

【呵护】hēhù ㊀名動 가호(加護)(하다).

【呵欠】hēqiàn 名動 하품(하다) =〔哈hā欠〕〔欠伸shēn〕

【呵手】hē shǒu 動 손에 입김을 불(어 녹이)다.

【呵责】hēzé 動 꾸짖어 책망하다. ¶别~小孩子了 | 어린 아이를 책망하지 마라.

1【喝〈欱A〉】hē hè 부를 갈, 큰소리 갈

Ⓐhē ❶動(물·차·술 등을) 마시다. ¶~茶chá | 차를 마시다. ¶~酒jiǔ | 술을 마시다. ❷動 술을 마시다. ¶爱~ | 술마시길 좋아하다. ¶~醉zuì了 | 술에 취했다. ❸動(죽을) 마시다〔먹다〕. ¶~粥zhōu↓ ❹嘆 허 [놀람을 표시함] =〔嗬hē〕‖→〔吃chī〕

Ⓑhè 動❶크게 소리치다. ¶大~一声 | 대갈일성. ❷위협하다 =〔恫dòng喝〕〔恫吓xià〕

Ⓐhē

【喝风】hē/fēng 動❶喻 굶주리(어도 먹을 것이 없)다 =〔喝西北风(儿)〕〔喝西风〕❷바람을 쐬다. ¶你肚子dùzi疼, 是~啦! | 너의 배가 아픈 것은 바람을 쐬었기 때문이야!

【喝过墨水儿的】hēguòmòshuǐr·de 名 먹물 먹은 사람. 글을 배운 사람. 학식이 있는 사람. ¶他是~, 也认识几个字儿 | 그는 글을 배운 사람이어서, 역시 몇글자를 알고 있다 =〔喝墨水(儿)〕

【喝闷酒】hē mènjiǔ 動組 (홧김에) 혼자 술을 마시다. ¶别~了! | 홧김에 혼자 술 먹지 마!

【喝水】hēshuǐ 물을 마시다. 끓여 식힌 물을 마시다→〔凉liáng开水〕❷方 차를 마시다.

【喝粥】hē zhōu ❶죽을 마시다〔먹다〕. ❷喻 충분히 밥을 먹을 수 없다. ❸⇒〔坐zuò月子〕

【喝醉】hēzuì 動 술이 취하다. ¶他已经yǐjīng~了 | 그는 이미 술이 취했다.

Ⓑhè

【喝彩】hè/cǎi 動 갈채하다. 큰 소리로 좋다고 외치다. ¶齐声qíshēng~ | 일제히 갈채를 보내다 =〔喝采cǎi〕→〔喝倒dào彩〕〔叫jiào好(儿)〕

【喝倒彩】hè dàocǎi 動組 야유하다. ¶频频pín喝其倒彩 | 자꾸만 야유하다→〔喝彩〕〔倒dǎo好儿〕
【喝道】hèdào 動 갈도(喝道)하다. 가도(呵導)하다. 옛날, 관리 행차시 길을 인도하는 사람이 길을 비키라고 소리치다 ＝〔呵导hēdǎo〕
【喝令】hèlìng 動 큰소리로 명령하다.
【喝六呼幺】hè liù hū yāo 도박할 때 돈을 대면서 짝수나 홀수를 부르다. 도박을 하다. ¶他一天到晚～的 | 그는 하루종일 도박을 한다.
【喝住】hèzhù 動 ❶ 큰 소리로 꾸짖다. ❷ 큰소리로 불러 세우다.

【嗬】hē 놀랄 하
嘆 허. 아 [놀라움을 나타냄] ¶～, 真不得了! | 아, 정말 큰일났다.

hé ㄏㄜˊ

4【禾】hé 벼 화
❶ 名 곡물의 총칭. 곡식. 곡류. ¶～苗miáo | 곡식의 모. ❷ 名〈植〉벼. ¶嘉jiā～ | 좋은 벼. ❸ 書 名〈植〉조. ❹ ⇒〔禾木旁(儿)〕 ❺ (Hé) 名 성(姓).
【禾把】hébǎ ⇒〔禾束shù〕
【禾本科】héběnkē 名〈植〉화본과.
【禾场】hécháng 名 方 탈곡장.
4【禾苗】hémiáo 名 ❶ 볏모. ¶～生长靠的是阳光和雨露yǔlù | 볏모 생장에 필요한 것은 햇빛과 비와 이슬이다. ❷ (식물의) 모싹.
【禾束】héshù 名 볏단 ＝〔禾把bǎ〕

1【和〈龢 A7, 8, 9, 10〉】hé hè huó huò ·huo hú 온화할 화, 화목할 화
Ⓐ hé 어법 「和」가 전치사(介詞)·접속사(連詞)로 쓰인 경우, 대만(臺灣)에서는 「hàn」으로 읽기도 함. ❶ 介 …와 (함께) …하다 [공동이나 협동으로 무엇을 함을 나타냄] ¶我们～他经常在一起 | 우리는 늘상 그와 (함께) 같이 있다. ¶有事要～群众qúnzhòng商量shāngliáng | 군중과 상의해야 할 일이 있다. ❷ 介 …에게 [동작의 대상을 나타냄] ¶我愿意yuànyì～大家讲一讲 | 나는 여러사람에게 말하기를 바란다. ¶我～你谈谈, 好不好? | 내가 너에게 이야기 좀 하려 하는데 안되겠니? ＝〔向〕〔对〕 ❸ 介 …와 [어떤 사물과 관계가 있음을 나타냄] ¶我～这事没关系 | 나는 이 일과 관계가 없다. ¶他去不去～我有甚么关系? | 그가 가고 안 가고 나와 무슨 관계가 있니? ❹ 介 …와 [비교의 대상을 끌어 들임] ¶这种肥料féiliào～豆饼dòubǐng差不多 | 이 비료는 콩깻묵과 별 차 없다. ¶他～我一样高 | 그는 나만큼 크다 ‖ ＝〔跟〕 ❺ 連 …와. …과. …하고 또 …하다. 어법 ⓐ 같은 종류나 구조(結構)를 병렬시킴. ¶工人～农民 | 노동자와 농민. ¶我还要说明～补充几句 | 나는 몇 마디 더 설명하고 보충해야 겠다. ⓑ 세 가지 이상을 병렬할 때 「和」는 마지막 항목 앞에 두고 앞의 항목에는 작은쉼표(頓號)를 둠. ¶北京, 天津, 上海～广州 | 북경·천진·상해 그리고 광주. ¶一切事物都有发生, 发展～消亡的过程guòchéng | 모든 사물은 발생·발전·소실의 과정을 가진다. ⓒ 여러가지 병렬성분의 유형별로 구분됨을 나타낼 때 「和」로 한가지 유형을 묶어서 나타내고 또 다른 유형은 작은쉼표(頓號)나 「与」「以及」「及」「同」 등으로 나타냄. ¶爸爸, 妈妈～哥哥, 姐姐都不在家 | 아버지·어머니와 형·누나 모두 집에 계시지 않다. ¶要彻底阐明理论～实践shíjiàn, 政治～经济jīngjì之间的关系 | 이론과 실천·정치와 경제 간의 관계는 철저하게 천명하여야 한다. ⓓ 술어(謂語)로 쓰인 동사나 형용사를 연결할 때, 동사나 형용사는 쌍음절(雙音節)이어야 하며, 술어의 앞이나 뒤에 있는 부가성분(附加成分)이나 연대성분(連帶成分)은 연접된 두 술어에 공통적으로 관계됨. ¶事情还要进一步调查diàochá～了解 | 일의 정황에 대해서는 한 걸음 더 조사하고 이해하여야 한다. ¶天安门广场十分雄伟xióngwěi～壮丽zhuànglì | 천안문 광장은 매우 규모가 크고 아름답다. ❻ 連 …혹은…. …이나 …에서. 어법 주로 「无论」「不论」「不管」 등의 뒤에 「或」와 같은 의미로 쓰임. ¶去～不去, 由你自己决定 | 가고 안 가고는 네 스스로 결정해라. ¶无论在数量～质量zhìliàng上都有很大的提高tígāo | 양과 질을 막론하고 모두 많은 수준향상이 있다. 어법 「和」「跟」「同」「与」의 비교 ⇒〔跟gēn⑤〕 ❼ 形 평화롭다. ¶～平↓ ❽ 形 부드럽다. 온화하다. 친절하다. ¶温wēn～ | 온화하다. ¶柔róu～ | 부드럽다. ¶风～日丽lì | 바람이 온화하고 햇볕이 화창하다. ❾ 形 조화되다. 화목하다. 화애롭다. 어울리다. ¶弟兄不～ | 형제가 화목하지 않다. ¶语言失～ | 말이 순조롭지 않다. ¶脾胃不～ | 〈漢醫〉위 카타르. ❿ 화해하다. 조정하다. ¶讲～ | 강화하다. ¶说～ | 화해하다. ⓫ 名 動 (바둑·시합 등에서) 비김. 무승부. 비기다. ¶末了一盘～了 | 마지막 한 판은 무승부로 끝났다. ¶～局↓ ¶那盘棋～了 | 그 바둑은 비겼다. ⓬ 書 介 …인 채로. …한 대로. ¶～衣而卧wò | 옷을 입은 채로 눕다. ¶～身往上一扑 | 몸통채로 부딪치다. ⓭ 名〈數〉합. ¶两数之～ | 두 수의 합. ¶一跟二的～是三 | 1과 2의 합은 3이다. ⓮ 名 관(棺)의 앞판. 혹은 앞뒤판. ⓯ (Hé) 名〈地〉일본을 나타내는 말로 쓰임 [옛날에는 「倭」라 함] ⓰ (Hé) 名 성(姓).
Ⓑ hè 書 動 ❶ 앞 소리에 따르다. 추종하다. 부화(附和)하다. ¶一唱百～ | 成 한 사람이 노래하니 여러사람이 따라하다. ¶随声附～ | 成 부화뇌동하다→〔曲qǔ高和寡〕 ❷ 화답하다. 앞의 시(詩)에 맞춰 시를 짓다. ¶～诗 | 시로 화답하다. ¶奉～一首 | 한 수의 시로 화답해 올립니다.
Ⓒ huó 動 반죽하다. 이기다. 개다. ¶～面miàn↓ ¶～泥ní | 진흙을 이기다. ¶～药 | 약을 개다.
Ⓓ huò ❶ 動 섞다. 젓다. 배합하다. 혼합하다. ¶油和水～不到一块儿 | 기름과 물은 함께 섞이지 않는다. ¶～一～, 糖沉底了 | 저어라, 설탕이 가라앉았다→〔调和diàohé〕 ❷ 量 번. 차례. 탕 [약을 달이거나 세탁할 때 등 물을 간 횟수를 나타냄] ¶衣裳yīcháng已经洗了三～ | 옷은 이미 세 번이나 헹구었다. ¶二～药 | 재탕 약.

E ·huo「暖nuǎn和」「热rè和」「温wēn和」 등에서 의「和」의 구어음(口語音).

F hú 動 (마작이나 트럼프의 패가) 오르다. ¶把白板摸了上来,～了牌 | 백판을 뜨니 패가 올랐다. ¶～底＝〔胡底〕| 패가 올랐을 때의 기준 점수.

A hé

[4]【和蔼】hé'ǎi 形 부드럽다. 상냥하다. 사근사근하다. ¶她跟人说话从容～ | 그녀는 다른 사람과 이야기하는 데 조용하고 상냥하다.

【和璧】hébì ⇒〔和氏璧〕

【和璧隋珠】hé bì suí zhū 成 진귀한 보물. 주옥. ¶这些贵重的东西真可谓～了 | 이런 귀중한 물건은 정말로 진귀한 보물이라고 말할 수 있다.

【和菜】hécài 名 (중국 요리의) 정식(定食). ¶老张叫了一桌～ | 장형이 중국 요리를 한 상 시켰다.

【和畅】héchàng 形 ❶ (마음이) 편안하다. ❷ (날씨가) 따뜻하고 좋다. 화창하다. ¶春风～ | 봄바람이 따뜻하고 좋다.

【和风】héfēng 名 ❶ 산들바람. 부드러운 바람 ¶～徐徐xú, 令人心醉 | 산들바람이 서서히 불어, 사람의 마음을 취하게 하다.＝〔协xié风〕❷〈氣〉건들바람 [풍력 계급의 하나]

【和风细雨】hé fēng xì yǔ 成 부드러운 바람과 보슬비. 온건하고 부드러운 태도를 취하다.

【和服】héfú 名 일본식 복장.

【和光混俗】hé guāng hùn sú 成 세속에 섞이다. 자신의 지덕(智德)과 재기(才氣)를 감추고 속세와 어울리다＝〔和光同尘tóngchén〕

【和好】héhǎo 動 화해하다. 화목해지다. ¶他俩终于～了 | 그들 두사람은 마침내 화목해졌다. ¶～如初 | 成 처음처럼 사이가 좋아지다→〔和睦〕

【和缓】héhuǎn ⇒〔缓和〕

【和会】héhuì 名 簡「和平会议」(평화 회의)의 약칭. ¶巴黎～ | 파리 평화 회의

[4]【和解】héjiě ❶ 名〈法〉화해. ❷ 動 화해하다. ¶两国谋求～ | 두나라가 화해를 도모하다.

【和局】hé/jú ❶ 動 (시합·바둑에서) 비기다. 동점이 되다. ❷ (héjú) 名 무승부. 비김 ‖＝〔平局〕〔平手(儿)〕❸ (héjú) 名 평화스런 국면.

【和乐】a hélè 形 화목하고 즐겁다.

b héyuè 書 名 마음을 달래주는〔진정시켜주는〕음악.

【和美】hé·mei 形 ❶ 의좋다. 사이가 좋다. 정답다. 화목하다. ¶妯娌zhóulǐ俩挺～ | 두 동서끼리 정말 사이가 좋다. ❷ 부드럽고 친절하다. ¶应酬chóu人要～ | 사람을 대할 때는 부드럽고 친절해야 한다.

[4]【和睦】hémù 形 서로 화목하다. ¶～相处 | 화목하게 지내다→〔和好〕

【和暖】hénuǎn 形 (날씨가) 따뜻하다.

【和盘托出】hé pán tuō chū 成 그릇이고 쟁반이고 다 내놓다. 있는 대로 다 털어놓다. ¶他把自己的想法～ | 그는 자신의 생각을 다 털어놓는다＝〔全quán盘托出〕

[2]【和平】hépíng ❶ 名 평화. ¶～欺骗 | 위장 평화. ¶～城市 | 비무장 도시. ❷ 形 方 순하다. 부드럽다. 온화하다. ¶人很～ | 사람이 매우 온화하다. ¶药性～ | 약이 독하지 않다. ❸ 形 순조롭다.

[4]【和平共处】hépíng gòngchǔ 名組 평화 공존. ¶～五项原则 | 평화 공존 5원칙.

【和平过渡】hépíng guòdù 名組 평화적 이행[폭력이 아닌 의회주의 혁명에 의해 사회주의 정권을 수립하는 것]

【和平谈判】hépíng tánpàn 名組 평화 담판. 평화 협상. ¶南北双方实行～ | 남북 양측이 평화 협상을 실행하다.

【和棋】héqí 名 (바둑·장기에서의) 무승부. 비김.

[4]【和气】hé·qi ❶ 形 (태도가) 부드럽다. 온화하다. ¶对人～ | 사람을 부드럽게 대하다. ¶～致祥 | 成 가는 정이 있어야 오는 정이 있다. ❷ 形 화목하다. ¶他们彼此很～ | 그들은 서로가 매우 화목하다 ‖＝〔和和气气〕❸ 名 화기. 화목한 분위기.

【和气生财】hé·qi shēngcái 諺 웃는 얼굴이 부를 가져다 준다 [옛날, 장사꾼들의 속담]＝〔黄金得从佛口出〕

【和亲】héqīn ❶ 形 화목하고 친하다. ❷ 名 動 화친(하다). ¶～政策 | 화친 정책.

【和善】héshàn 形 온화하고 선량하다. 상냥하다. ¶～的面孔 | 선량한〔인자한〕얼굴.

[4]【和尚】héshàng 名 중. 승려. 화상. ¶～庙 | 절간. ¶～无儿孝子多 | 승려는 자식이 없어도 효자가 많다. 승려는 자식이 없어도 보시하는 신자가 많다. ¶一个～挑水吃, 两个～抬水吃, 三个～没水吃 | 諺 중이 하나면 물을 길어다 마시고, 둘이면 물을 맞들어다 마시고, 셋이면 (서로 책임을 회피하여) 마실 물이 없다. ¶小～ | 俗 음경(陰莖). ¶～打伞＝〔无法无天〕| 歇 중이 우산을 쓰다. 무법천지→〔法师〕

【和声】héshēng 名〈音〉화성. 화음. 하모니. ¶～学 | 화성학.

【和氏璧】héshìbì 名 화씨벽 [초(楚)나라의 변화(卞和)가 발견한 보옥(寶玉)] 轉 ❶ 보옥. 미옥. ❷ 비범한 인재＝〔和璧〕→〔荆jīng荆〕〔连lián城璧〕

【和事】héshì 動 화해하다. 중재하다. ¶～老(儿) | 중재인.

【和数】héshù 名〈數〉합.

【和顺】héshùn 形 착하다. 양순하다.

【和谈】hétán 名 動 簡 평화 회담(하다)＝〔和平谈判〕

【和头】hétóu 名 ❶ 관(棺)머리. ❷ 관의 앞과 뒷부분.

【和婉】héwǎn 形 (말씨가) 부드러우며 완곡하다. ¶语气～ | 말투가 부드럽고 완곡하다.

【和文】héwén 名 일어. 일문(日文)＝〔日文〕

[4]【和谐】héxié 形 ❶ (배합·가락 등이) 잘 어울리다. 조화하다. 맞다. ¶音调～ | 음조가 잘 어울리다. ❷ 의좋다. 정답다. 화목하다. ¶～的气氛 | 정다운 분위기. ¶家内～ | 집안이 화목하다 ‖＝〔和协②〕

【和煦】héxù 形 (날씨 등이) 온화하다. 따사롭다. ¶春风～ | 봄바람이 온화하다.

【和颜悦色】hé yán yuè sè 成 상냥스럽게 웃는 얼굴. 환한 얼굴. 반색.

【和衣而睡】hé yī ér shuì 動組 옷을 입은 채로 자다. 옷을 입고 자리에 눕다 =〔和衣而卧〕
【和议】héyì 名動 강화(講和)(하다). 구화(媾和)(하다).
【和易】héyì 書形 (사람이) 사근사근하다. ¶～近人 | 成 사근사근해서 대하기가 좋다.
4【和约】héyuē 名 강화 조약. 평화 조약.
【和乐】héyuè ☞〔和乐〕hélè ⓑ
【和悦】héyuè 形 화기 애애하다.
【和衷共济】hé zhōng gòng jì 成 마음을 합쳐 곤란을 극복하다. ¶全国民要团结一致～ | 전 국민이 일치단결하여 곤란을 극복하다 =〔同心协力〕
Ⓒ huó
【和面】huó/miàn 動 밀가루를 반죽하다.
Ⓓ huò
【和弄】huò·nong 動 方 ❶ (휘저어) 뒤섞다. ¶冲奶粉的时候要～匀了 | 분유를 탈 때에는 잘 휘저어 뒤섞어야 한다 =〔搅拌〕 ❷ 어지럽히다. 교란시키다. ¶不图打鱼竟图～水 | 고기 잡을 생각은 않고 오히려 어지럽히기만 한다. ❸ 부추기다. 선동하다. 꼬드기다. ¶这个乱子都是他～起来的 | 이 소동은 모두 그가 선동한 것이다 ‖ =〔和拢〕
【和稀泥】huò xīní 動組 粤 喩 (사태를) 두리뭉실하게 수습하다. (원칙 없이)되는 대로〔대강대강〕하다. 적당히 구슬려 화해〔절충〕시키다. ¶你不要～ | 너는 대강대강 되는대로 하지 말라. ¶跟他和和稀泥就完了 | 그를 적당히 구워 삶으면 된다 =〔合稀泥〕
【和匀】huòyún 動 고르게〔알맞게〕뒤섞다.

【盉】hé 양념그릇 화, 조미할 화
書 ❶ 名 세발 주전자 [술을 데우는 데 사용하던 발이 셋 달린 주전자 모양의 청동기] ❷ 動 맛을 내기 위해 간을 맞추다.

1【合】hé gě 합할 합, 맞을 합
Ⓐ hé ❶ 動 닫다. 감다. 덮다. ¶～上眼 | 눈을 감다. ¶笑得～不上嘴 | 우스워서 입을 다물지 못한다. ¶把门～上 | 문을 닫다. ❷ 動 합치다. 모으다. ¶同心～力 | 마음을 같이하여 힘을 합치다 ⇔〔分fēn①〕 ❸ 動 맞다.부합되다. 적당하다. ¶正～心意 | 마음〔뜻〕에 꼭 맞다. ¶～情～理↓ ❹ 動 상당하다. 맞먹다. 해당하다. ¶一千块韩金～多少美金 | 한국돈 천 원은 몇 달러가 됩니까? ❺ 量 합 [옛날 소설에서 교전(交戰)한 횟수를 가리킴] ¶大战三十余～ | 크게 30여합이나 싸우다. ❻ 名〈音〉중국의 옛날 악보의 음부(音符)의 하나 [약보(略譜)의 저음(低音)의 5(솔)에 해당함]→〔工尺〕 ❼ 連 …와. …과→〔和hé⑤〕 ❽ 介 …과〔와〕. …에게 [동작·작용의 대상 또는 비교·대조의 기준을 나타냄]→〔和hé②〕 ❾ 形 온. 전체. 전부. ¶～家↓ =〔阖①〕 ❿ 動 합계하다. 계산하다. ¶连住带饭～多少钱? | 숙박과 식사를 합쳐 얼마입니까? ⓫ 名〈天〉합 [행성(行星)과 태양이 황경(黃經)을 같이할 때「合」이라고 함]
Ⓑ gě ❶ 量 홉 [용량(容量)의 단위로 1「升」의 10분의 1] ❷ 名 1홉들이 되 [식량의 분량을 되는 데 쓰는 용기]
【合办】hébàn 動 공동으로 경영〔주관〕하다. ¶～企业 | 기업을 공동 운영하다.
【合瓣花冠】hébàn huāguān 名組〈植〉합판 화관. 통꽃부리.
【合抱】hébào ❶ 名 아름. 아름드리. ¶～大树 | 아름드리 나무. ❷ 動 두 팔로 껴안다 ‖ =〔書合围②〕
【合璧】hébì 動 ❶ 서로 다른 것을 잘 배합하다. 두 가지가 절충되다. ¶英华～ | (문장 등에서) 영문·중문 모두 갖추다. ❷ (두 가지 것을) 대비하여 참고하다. ¶这座建筑jiànzhù的特点是中西～, 十分典雅diǎnyǎ | 이 건축물의 특징은 중국과 서양의 것을 잘 배합하여, 대단히 전아하다는 것이다.
【合编】hébiān 動 ❶ 합편하다. 한 권으로 합치다. ¶～本 | 합본. ❷ 군대를 통합하다.
4【合并】hébìng 動 ❶ 합병하다. 병합하다. 합치다. ¶把三个提议tíyì～讨论tǎolùn | 세 가지 제의를 병합하여 토론하다. ❷〈醫〉(병이) 겹쳐 발생하다. ¶麻疹mázhěn～肺炎fèiyán | 홍역에 폐렴이 겹쳐 발생하다.
【合并】hébìng 名〈電算〉머지(merge). ¶～排序 | 머지소트(merge sort).
【合不来】hé ·bu lái 動組 ❶ 마음이〔손발이〕맞지 않다. ¶他和我老～ | 그와 나는 늘 마음이 맞지 않는다. ❷ 수지〔타산〕가 맞지 않다 ‖ ⇔〔合得来〕
【合不着】hé ·bu zháo 動組 方 수지가 맞지 않다. 가치가 없다. 애쓴 보람이 없다. ¶费了那么大的精神jīngshén, 结果一无所获, 真～ | 그렇게도 많이 신경을 썼는데, 결과는 얻은 바가 없으니, 정말로 애쓴 보람이 없다 ⇔〔合得着〕
3【合唱】héchàng 名動〈音〉합창(하다). ¶～队duì =〔合唱团tuán〕| 합창단. ¶二部～ | 이부합창 ⇔〔独dú唱〕
3【合成】héchéng ❶ 動 합성하다. 합쳐지다. ¶～一举 | 합쳐서 함께 하다. ❷ 名〈化〉〈工〉합성.
【合成词】héchéngcí 名〈言〉합성어. 복합어=〔复fù词〕〔复合词〕
【合得来】hé ·de lái 動組 ❶ 마음이〔손발이〕맞다. ¶他们两人倒～ | 그들 두 사람은 손발이 맞는다. ❷ 수지〔타산〕가 맞다 ‖ ⇔〔合不来〕
【合得着】hé ·de zháo 動組 方 수지가 맞다. 가치가 있다 ⇔〔合不着〕
【合订】hédìng 動 합본하다. ¶～本 | 합본.
【合度】hédù 形 도에 맞다. 적당하다. 알맞다. ¶事情做得～, 才能有好的效果 | 일이란 알맞게 해야만, 비로소 좋은 효과가 생길 수 있다.
【合二为一】hé èr wéi yī 動組 합쳐서 하나로 하다. ¶～, 宾主相役 | 고용인도 고용주도 하나로 마음을 합쳐 서로를 위해 일하자.
3【合法】héfǎ 形 법에 맞다. 합법적이다. ¶这样做不～ | 이렇게 하는 것은 합법적이지 않다. ¶～斗争dòuzhēng | 합법 투쟁. ¶～地位dìwèi | 합법적 지위. ¶～手续shǒuxù | 합법적 수속. ¶～政府zhèngfǔ | 합법 정부. ¶～主义zhǔyì | 합

법주의.
[3]【合格】hégé ❶動 규격〔표준〕에 맞다. ¶产品chǎn pǐn～ | 생산품이 규격에 맞다. ❷名動 합격(하다). ¶检查jiǎnchá～ | 검사에 합격되다 =〔及jí格〕
【合股(儿, 子)】hé/gǔ(r·zi) 動 ❶ 몇 사람이 공동 출자하다. 합자(合資)하다 →〔合伙huǒ〕 ❷ 두 가닥의 실을 합쳐 한 가닥으로 만들다.
[4]【合乎】héhū 動 …에 맞다. …에 합치하다. ¶～标准biāozhǔn | 표준에 맞다. ¶～逻辑luójí | 이치에 맞다.
【合欢】héhuān ❶動 (사랑하는 남녀가) 합금(合衾)하여 즐기다. ¶～酒 =〔合婚hūn酒〕〔交jiāo杯酒〕 | 합환주. ❷名〈植〉자귀나무 =〔合昏hūn〕〔青裳qīngcháng〕〔青棠táng〕〔马缨mǎyīng花〕〔绒róng花树〕〔夜合〕〔夜合树shù〕
[4]【合伙(儿)】héhuǒ(r) 動 한패가 되다. 동료가 되다. 동업하다. ¶他们～偷盗tōudào | 그들은 한패가 되어 도둑질하다. ¶～经营 | 공동 경영하다 =〔搭dā伙(儿)〕〔打dǎ伙(儿)〕→〔合股gǔ(儿, 子)①〕
【合击】héjī 動 ❶ 연합하여 공격하다. 협공하다. ¶分手～残敌cándí | 헤어져 잔적을 협공하다. ❷ (같은 방향·목표를 향해) 쌍방이 일을〔공사를〕 진행하다.
【合计】ⓐ héjì 名動 합계(하다).
ⓑ hé·ji 動 ❶ 상의하다. 의논하다. 토의하다. ❷ 타산하다. 따져보다. 계산하다. ¶他一天到晚心里老～这件事 | 그는 하루종일 마음속으로 이 일을 따져보았다.
【合家】héjiā 名 전 가족. 온 집안. ¶～欢huān =〔合家福fú〕 | 方 가족 사진 =〔全quán家〕
[3]【合金】héjīn 名〈化〉〈機〉합금.
【合金钢】héjīngāng 名 합금강 =〔特种(合金)钢〕
【合卺】héjǐn 書動 합근하다. 喩 혼례식을 치루다 =〔方 喝hē交杯jiāobēi〕
【合开】hékāi 動 ❶ 공동으로 개점하다. ❷ (회의를) 합동으로 개최하다.
【合刊】hékān 名 (정기 간행물의) 합장본.
【合口】hé/kǒu ❶動 상처를 아물게하다. 유합(癒合)시키다. ¶用膏药gāoyào～ | 고약으로 상처를 아물게하다. ❷ 말다툼을 하다 =〔合嘴zuǐ〕 ❸形 입에 맞다. ¶美味～ | 맛있고 구미에 맞다 =〔适shì口〕
【合口呼】hékǒuhū 名〈言〉합구호 →〔四sì呼〕
【合口味】hékǒuwèi 形 구미에 맞다. 입맛에 맞다 =〔对duì口③〕〔对胃wèi口儿①〕
[2]【合理】hélǐ 形 도리〔사리〕에 맞다. 합리적이다. ¶他说的话很～ | 그의 말이 매우 합리적이다.
【合理化】hélǐhuà 名動 합리화(하다). ¶～过程guòchéng | 과정을 합리화하다.
【合力】hélì ❶動 힘을 합치다. ¶同心tóngxīn～ | 마음을 함께하여 힘을 합치다. ❷名〈物〉합력.
【合流】héliú 動 ❶ (하천이) 합류하다. ❷ 喩 貶 (사상·행동면에서) 같은 보조를 취하다〔야합(野合)하다〕. ¶跟反对派～为污 | 반대파와 야합하여 더러워지다. ❸ 서로 다른 유파(流派)가 합치다.
【合龙】hé/lóng 動 ❶ 제방·교량 공사 등에서, 마지막으로 (양쪽을) 중간에서 접합하다. ¶～口冲破了 | 이은 곳이 터졌다. ❷ 터진 제방을 수리하여 복구하다.
【合拢】hé/lǒng 動 (한 데) 합치다. ¶高兴得嘴都合不拢了 | 기뻐서 입을 다물지 못하다.
【合谋】hémóu 動 공모(共謀)하다. ¶他们～起事qǐshì | 그들이 공모하여 군사를 일으키다.
【合拍】hépāi ❶形 박자가 맞다. ¶和时代～的调子diàozi | 시대에 박자가 맞는 곡조. ❷形 喩 손발이 맞다. 협조가 잘 되다. ¶谈得挺～ | 말함에 손발이 척척 잘 맞는다. ❸ (hé/pāi) 動 공동 촬영하다. ¶～影片yǐngpiàn | 공동 촬영 영화. 합작 영화.
【合脾胃】hé pí·wei 動組 마음에 맞다. 비위에 맞다. ¶这样儿的事不合我的脾胃píwèi | 이런 일은 나의 비위에 맞지 않는다 =〔合脾味wèi〕〔对duì脾味〕〔对脾胃〕〔对胃口儿③〕〔投tóu脾胃〕
【合浦珠还】hé pǔ zhū huán 成 잃어버렸던 물건을 다시 찾다. 떠난 사람이 다시 돌아 오다 =〔合浦还珠〕〔珠还合浦〕
【合起来】hé·qǐ·lái 動組 ❶ (몇 개의 물건을) 합치다. ❷ 덮다. ¶把书～ | 책을 덮다.
[4]【合情合理】hé qínghé lǐ 成 공평하고 합리적이다. 정리(情理)에 맞다.
【合群】héqún 形 ❶ 단체를 결성하여 서로 돕다. ❷ (～儿) 사람들과 잘 어울리다. ¶～的人容易交朋友 | 사람들과 잘 어울리는 사람은 쉽게 친구를 사귄다.
【合扇】héshàn ⇒〔合叶yè〕
【合上】hé·shang 動 ❶ 닫다. ¶～眼 | ⓐ 눈을 감다. ⓑ 성불(成佛)하다. ❷〈電氣〉전원을 넣다. ¶～电门diànmén | 스위치를 넣다.
【合身(儿)】hé/shēn(r) 形 (옷이) 몸에 맞다. ¶这衣服yīfú很～ | 이 옷은 몸에 맞다 =〔合体tǐ①〕
【合十】héshí 動〈佛〉합장(合掌)하다
【合时】hé/shí 動 시대에 맞다. 유행에 걸맞다. ¶不～ | 유행에 뒤떨어지다.
[1]【合适】héshì 形 ❶ 적당하다. 알맞다. 적합하다. ¶大小正～ | 크기가 딱 적당하다. ¶两口人住正～的房子 | 두 식구가 살기에 꼭 알맞은 집. ❷ (마음이) 편안하다. 안정되다. ¶我心里不～ | 내 마음이 편치않다 ‖ =〔合式shì〕
【合数】héshù 名〈數〉합성수.
[3]【合算】hésuàn 動 ❶ (hé/suàn) 수지가 〔채산이〕 맞다. ¶～价格jiàgé | 채산 가격 =〔合帐zhàng②〕 ❷形 합계하다. 합산하다. ❸ 종합적으로 생각하다.
[2]【合同】hé·tong 名 계약(서). ¶订dìng～ =〔立lì合同〕 | 계약을 맺다. ¶产销chǎnxiāo～ | 생산 판매 계약. ¶暂行zànxíng～ | 잠정적 계약. ¶长期chángqī～ | 장기 계약. ¶～工(人) | 계약 노동자. ¶～医院yīyuàn | 지정 병원 =〔契约qìyuē②〕〔契字zì〕
【合围】héwéi ❶動 (전투나 사냥할 때) 포위하다.

¶在徐州对日本军形成～之势 | 서주에서 일본군에 대해 포위의 형세를 형성하다. ❷⇒[合抱bào]
【合写】héxiě 動 공저(共著)(하다). ¶他们～了一篇论文 | 그들은 논문 한편을 공동 저술하였다.
【合演】héyǎn 名動 합동 공연(하다).
【合叶】héyè 名 경첩＝[合页yè][⑤合扇shàn][荷hé叶②][铰链jiǎoliàn]
【合一】héyī 動 하나로 합치다[되다].
【合宜】héyí 形 적합하다. 적당하다. 알맞다. ¶他担任dānrèn这个工作倒很～ | 그가 이 일을 담당하는 것은 대단히 적합하다.
【合意】hé/yì 動 ❶ 마음을 합치다. ❷ 마음에 들다[맞다]. ¶恐怕kǒngpà不合您的意 | 아마 당신 마음에 들지 않을지도 모르겠습니다. ❸〈法〉합의하다.
【合议制】héyìzhì 名〈法〉합의제.
4【合营】héyíng 名動 공동 경영(하다). ¶公私～ | 국가와 개인과의 공동 경영.
【合影】hé/yǐng ❶ 動 함께 사진을 찍다. ¶～留念 | 기념사진을 찍다. ❷ (héyǐng) 名 단체사진.
【合用】héyòng ❶ 形 쓰기에 알맞다. 쓸모있다. ¶绳子shéngzi太短, 不～ | 줄이 너무 짧아서, 쓸모가 없다. ❷ 動 공동으로 사용하다.
【合于】héyú 動 (…에) 합치하다[부합되다]. ¶～民众的要求yàoqiú | 민중의 요구에 부합되다.
【合元音】héyuányīn 名〈言〉합원음. 폐모음 [한어병음의 「i」「u」「ü」를 말함]＝[闭bì元音]
【合约】héyuē 名 (비교적 간단한) 계약.
【合葬】hézàng 動 합장하다. ¶他们夫妻～在华山 | 그들 부부를 화산에 합장하다.
【合掌】hé/zhǎng ❶ 動 합장하다＝[合十][合爪zhǎo] ❷ (hézhǎng) 名 (시문(詩文)에 있어서) 같은 의미의 대구(對句).
【合辙(儿)】hé/zhé(r) 動 ❶ 喩 일치하다. ¶两个人的想法xiǎngfǎ一样, 所以一说就～ | 두사람의 생각이 같기 때문에 말을 하기만하면 일치한다. ❷ 환경에 적응하다. 습관이 되다. ¶刚一来不习惯xíguàn, 过几天就会～了 | 막 와서 익숙하지 않지만 며칠만 지나면 적응될 것이다. ❸ 제 궤도에 오르다. 정상으로 돌아가다. ¶过了些日子, 生活又～了 | 며칠 지나면서부터 생활은 다시 궤도에 올랐다. ❹ (희곡에서) 운(韻)이 맞다. ¶～押韵yāyùn | 운을 맞추다. 운이 서로 맞다.
【合着】hé·zhe 副 ❶ 원래. 본래. 본디. ¶她～是你的太太! | 그녀가 본디 너의 아내였구나! ❷ 결국. ¶我们挣zhēng的钱, ～给他花光了 | 우리가 번 돈은, 결국 그가 다 써버렸다＝[核hé着]
【合众国】hézhòngguó 名 ❶ 합중국. ❷ (Hézhòngguó) 아메리카 합중국.
【合众国际社】Hézhòng Guójìshè 名組 유피아이(UPI) 통신사.
【合著】hézhù ❶ 名 공저(共著). ¶这是～, 所以稿酬gǎochóu要平分 | 이는 공동 저술이니, 원고료를 나누어야 한다. ❷ 動 공동 집필하다.
4【合资】hézī 圖動 합자(하다). ¶～企业 | 합자기업. ¶～经营管理法 | 합자 경영 관리법.
【合子】ⓐhézǐ 名〈生〉접합자＝[接jiē合子] ⓑhé·zi 名 ❶ 작은 상자＝[盒hé子] ❷〈食〉고기·야채 등의 소를 넣은 떡→[馅xiàn儿饼]
【合纵连横】hézòng liánhéng 名組〈史〉합종연횡 「合纵」이란 중국 전국(戰國) 시대에 소진(蘇秦)이 주창한 것으로 한(韓)·위(魏)·조(趙)·연(燕)·초(楚)·제(齊)의 6나라를 연합해서 진(秦)에 맞서게 한 정책이고, 「纵横」은 장의(張儀)가 주창한 것으로 6나라를 횡으로 연결하여 진을 섬기게 하려 했던 정책임]→[纵横]
【合奏】hézòu 名動〈音〉합주(하다). ¶管乐guǎnyuè～ | 관악합주. ¶器qì乐～ | 기악합주.
【合嘴】hézuǐ ⇒[合口kǒu②]
2【合作】hézuò ❶ 名動 합작(하다). 협력(하다). ¶跟群众qúnzhòng～得很好 | 대중과 잘 협력하다. ¶技术jìshù～ | 기술합작. ¶经济jīngjì～ | 경제 협력. ¶～出版chūbǎn | 공동[제휴] 출판. ¶～经营jīngyíng | 공동 경영. ¶～生产shēngchǎn | 공동생산. ¶～研究yánjiū | 공동 연구. ¶～医疗站yīliáozhàn | 협동 의료소. ❷ 名 법식(法式)에 맞는 시문(詩文). 가작(佳作). ❸ 名〈體〉팀웍(teamwork).
【合作化】hézuòhuà 名動 협동화(하다). 합작화(하다). ¶农业nóngyè～运动yùndòng | 농업협동화 운동.
【合作社】hézuòshè 名 합작사. 협동 조합. ¶农业生产～ | 농업 협동 조합. ¶渔业生产～ | 수산협동 조합. ¶手工业～ | 수공업 협동조합. ¶供销gōngxiāo～ | 판매 협동 조합. ¶消费xiāofèi～ | 소비 협동 조합. ¶信用xìnyòng～ | 신용협동 조합.

【郃】 hé 땅이름 합
❶ 지명에 쓰이는 글자. ¶～阳县 | 합양현. 섬서성(陝西省)에 있는 「合阳县」(합양현)의 옛 이름. ❷ 인명에 쓰이는 글자. ¶张～ | 장합. 삼국시대 때, 위(魏)의 무장(武將).

2【盒】 hé 합 합
❶ (～儿, ～子) 名 통. 합. 갑. ¶饭～儿 | 도시락. ¶铅笔qiānbǐ～儿 | 필통. ¶火柴huǒchái～儿 | 성냥갑→[匣xiá][箱xiāng] ❷ (～子) 名 꽃불[폭죽]의 일종. ¶花～(子) | 꽃불. ❸ 量 갑 [작은 상자 안에 들어 있는 것을 세는 양사] ¶一～火柴 | 성냥 한 갑. ❹ ⇒[盒子枪qiāng]
【盒饭】héfàn 名 도시락에 넣어 파는 식사[요리]. ¶吃～很省事儿 | 도시락을 먹으면 대단히 편리하다.
【盒子】hé·zi ❶ 名 작은 상자. 합. ❷ 名 상자 모양의 폭죽[꽃불]＝[盒子花] ❸ ⇒[盒子枪]
【盒子菜】hé·zicài 名 ⑤ 상자에 넣어 파는 돼지고기 훈제품이나 장조림.
【盒子炮】hé·zipào ⇒[盒子枪qiāng].
【盒子枪】hé·ziqiāng 名 ⑤ 모제르총 ¶腰挂～ | 허리에 모제르총을 차다＝[驳bó壳枪][盒子③][盒子炮pào]

【颌(頜)】 hé gé 턱 합

Ⓐhé 名〈生理〉턱. ¶上～｜위턱. ¶下～｜아래턱＝〔颔hàn①〕

Ⓑgé 書名 입.

【颔下腺】héxiàxiàn 名〈生理〉악하선(顎下腺).

【纥】 hé ☞ 纥 gē Ⓑ

【龁(齕)】 hé 깨물 흘, 씹을 흘
書動 씹다. 물다. ¶马皆～草饮水｜말들이 모두 풀을 뜯으며 물을 마신다.

1【何】 hé 어찌 하, 어느 하
❶書代 무엇. 무슨. 어떤 [문어(文語)의 의문사] ¶～人｜누구. ¶～物｜어떤 물건. ¶～事↓＝〔甚么〕 ❷書代 왜. 무엇 때문에. ¶吾～畏wèi彼哉?｜내가 왜 그를 두려워 하겠는가?＝〔为甚么wéishènmé〕 ❸書代 어떻게. ¶如～｜어떠한가＝〔哪样nǎyàng〕〔怎zěn样〕 ❹書代 어찌하여 (…일까). ¶有～不可｜어찌 나쁜 일이 있겠는가. 어찌 안 되겠는가. ¶～足挂guà齿?｜어째서 족히 문제삼을 만하다는 건가?＝〔曷hé①②〕〔怎么〕 ❺書代 어디. ¶汝将～往｜너는 어디로 가려고 하니?＝〔哪里〕 ❻書代 반문(反問)을 나타냄. ¶有～可吓｜뭐 놀랄게 있니? ❼書副 얼마나. ¶拔剑而起～壮也｜칼을 뽑아 들고 일어서니 얼마나 늠름한가. ❽(Hé) 名 성(姓).

3【何必】hébì 副 구태여〔하필〕 …할 필요가 있는가. …할 필요가 없다. ¶～管guǎn人家的事呢｜구태여 남의 일에 상관할 필요가 있겠니. ¶～这么客气kèqì｜구태여 이렇게까지 사양할 필요가 있습니까＝〔書何须〕

【何不】hébù 副 어찌〔왜〕 …하지 않느냐? ¶～早说?｜어찌하여 일찍 말하지 않았니? ¶～一同去｜왜 함께 가지 않았니?

【何曾】hécéng ⇒〔何尝〕

【何尝】hécháng 副 언제 …한 적이 있었느냐. ¶我～不是如此｜내가 언제 이와 같지 않은 적이 있었느냐. ¶我～不想去｜내가 언제 가지 않으려고 했었느냐＝〔何曾zēng〕〔几jǐ曾〕

【何啻】héchì 書副 어찌 …뿐이겠는가. 오직 …만은 아니다. 어찌 하늘과 땅 차이 뿐이겠는가＝〔何止zhǐ〕

【何处】héchù 書代 어디. 어느 곳. ¶住在～?｜어디에 사십니까?

【何从】hécóng 어디서부터. 무엇으로. ¶～说起?｜어디서부터 말을 꺼내지?

4【何等】héděng 代 ❶ 얼마나. 어쩌면 그토록. ¶～愚笨yúbèn｜어쩌면 그토록 우둔할까! ¶～幸福xìngfú｜얼마나 행복한가＝〔多么〕 ❷ 어떤. 어떠한. ¶你知道老金是～人物吗｜너는 김씨가 어떤 사람인지 아느냐 ‖＝〔何等样(儿)〕

【何妨】héfāng (…해도) 무방하다. 괜찮지 않은가. ¶你～试一试｜네가 한번 해 보아도 무방하다.

【何干】hégān 무슨 상관이 있느냐. ¶这事与他～!｜이 일이 그와 무슨 상관이 있어!

【何故】hégù 書代 왜. 무슨 까닭. ¶～如此?｜무슨 까닭에 이러하니?＝〔何居jū〕〔为甚么〕〔怎么〕

【何苦】hékǔ 무엇이 안타까와서. 무엇 때문에. ¶～这样?｜무엇 때문에 이러니? ¶～这么辛苦xīnkǔ?｜무엇때문에 이렇게 고생을 하니? ¶你～为这点小事生气呢?｜너는 무엇 때문에 이런 작은 일에 화를 내니?

3【何况】hékuàng 連 하물며. 더군다나. ¶圣人尚且有错处, ～你我呢｜성인일지라도 잘못이 있는데, 하물며 우리들에게 있어서랴.

【何乐(而)不为】hé lè (ér) bù wéi 成 왜 즐겨하지 않겠는가. 왜 싫어하겠는가.

【何年】hénián 書代 어느 해. ¶～何月｜어느 때(인가). ¶那就不知～才给你｜언제 네게 줄 수 있을 지 모르겠다.

【何其】héqí 書 얼마나. ¶～糊涂hútú｜얼마나 멍청한가.

【何去何从】hé qù hé cóng 成 어느 것을 버리고 어느 것을 따를 것인가. ¶～, 你好看选择xuǎnzé吧｜어느 것을 버리고 따를 건지, 너가 좋은 것을 선택해라.

【何日】hérì 書代 어느 날＝〔哪nǎ一天〕

【何如】hérú ❶ 어떠냐. 어떠한가. ¶你先试验shìyàn一下, ～?｜네가 먼저 시험해 보는 것이 어떠냐? ❷ 어떤. 어떠한. ¶～人｜어떠한 사람. ❸ (…만) 못하다. 어찌 …만 하겠는가. ¶与其强攻qiánggōng, ～智取zhìqǔ｜강공을 하는 것은 지혜로 빼앗는 것만 못하다.

【何时】héshí 書代 언제. ¶～到此?｜언제 여기에 왔습니까?＝〔甚么时候〕

【何事】héshì 代 ❶ 어째서. 왜. ❷ 무슨 일 ¶我托你～?｜내가 무슨 일을 네게 맡겼니?＝〔甚么事〕

【何首乌】héshǒuwū 名〈植〉새박뿌리. 하수오. ¶人身～｜사람 모양을 한 하수오＝〔地精dìjīng②〕〔首乌〕

【何谓】héwèi 書動 ❶ 무엇을 …라고 하는가. …가 무엇인가. ¶～幸福xìngfú?｜무엇을 행복이라고 하는가? ❷ 무슨 뜻인가 [뒤에 항상「也」자가 연용됨] ¶此～也?｜이것은 무슨 뜻이지?

【何许】héxǔ 書代 ❶ 어디＝〔哪里〕 ❷ 어떤. 어떠한. ¶～人｜어떤 사람＝〔怎么〕

【何以】héyǐ 書 ❶代 왜. 어째서. ¶～这样做?｜왜 이렇게 하니? ¶昨天已经说定, 今天～又变卦了呢?｜어제 이미 다 이야기 해놓고서 오늘 어째서 또 변덕을 부리느냐?＝〔为甚么〕 ❷ 무엇으로. 어떻게. ¶～报之｜무엇으로 보답하겠는가.

【何在】hézài 動組 書 어디에 있는가. ¶其目的mùdì～?｜그 목적은 어디에 있는가? ¶这样做意义～?｜이렇게 하는 의의는 어디에 있니?＝〔安ān在〕

【何止】hézhǐ 動組 書 어찌 …에 그치겠는가. 어찌 …뿐이랴 ¶一天工作～八小时｜하루의 작업이 어찌 여덟시간에 그치겠는가. ¶～进度快而且课文也太难了｜어찌 진도만 빠르겠는가, 본문도 매우 어려워진다＝〔何啻chì〕

【何至如此】hézhìrúcǐ 動組 어찌 이렇게(까지) 되었는가?

【何至于】hézhì·yu 動組 어찌 …에 이르겠는가.

어찌 …까지 되겠는가〔하겠느냐〕. ¶～这样? | 어찌 이렇게 되겠는가? ¶这件小事～影响全局? | 이 작은 일이 어찌 전체에 영향을 끼치겠는가?
【何足】hézú 動組 어찌 …하기에 족한가. …할 것이 못된다. …할 필요〔가치〕가 없다. ¶此小物, ～甚耽dān | 이런 작은 물건에 깊히 빠질 가치가 없다. ¶～齿及chǐjí | 문제시할 필요가 없다.
【何足挂齿】hé zú guà chǐ 成 입에 담을〔말할〕 만한 것이 못 된다.
【何足为奇】hé zú wéi qí 成 이상할 것이 없다.

1【河】 hé 물 하, 은하수 하
名❶ 강·하천·수로의 통칭. ¶一条～ | 한줄기의 강. ¶江～ | 강 하천. ❷ 못. ¶护城～ | 해자(垓子). ❸ (Hé) 〈地〉 황하(黃河). ❹ 중국 장기의 경계(境界). ❺ 〈天〉 은하계(銀河系).
【河岸】hé'àn 名 강변. 강가. 강기슭.
【河浜】hébāng 名 方 자그마한 내. 시내.
【河北梆子】Héběi bāng·zi 名組 〈演映〉 하북지방의 전통극의 일종→〔梆bāng子腔〕
【河北杨】héběiyáng 名 〈植〉 사시나무. 백양(白楊) =〔椴duàn杨〕
【河边(儿)】hébiān(r) 名 강변. 강가. 강기슭
【河埠头】hébùtóu 名 하항(河港).
【河槽】hécáo ⇒〔河床chuáng〕
【河岔子】héchà·zi 名 큰 강의 지류 =〔河汊chà子〕
【河床】héchuáng 名 하상. 강〔하천〕의 바닥 =〔河槽cáo〕〔河身shēn〕
4【河道】hédào 名 (배가 다닐 수 있는) 강줄기. 수로(水路).
【河堤】hédī 名 하천 둑〔제방〕
【河底】hédǐ 名 하저. 하천의 밑바닥.
【河东狮子】hédōng shī·zi 名組 질투가 심한 부인.
【河段】héduàn 名 하류(下流)의 특정〔일정〕 구역.
【河防】héfáng 名 ❶ 황하(黃河)의 수방(水防). ❷ 물막이. ¶～工程gōngchéng | 물막이 공사. ❸ 황하의 군사 방어. ¶～部队bùduì | 황하 방어 부대. ¶～主力zhǔlì | 황하 방어 주력 부대.
【河肥】héféi 名 개흙 [비료로 씀] ¶冬季要积～ | 겨울철에는 개흙을 쌓아야한다.
【河工】hégōng 名 ❶ 치수(治水) 공사. ❷ 황하(黃河) 치수 공사. ❸ 치수 공사 인부.
【河沟(儿)】hégōu(r) 名 개울. 개천. 하천.
【河谷】hégǔ 名 하곡. ¶～地带比较潮湿cháoshī | 하곡 지대는 비교적 눅눅하다.
【河海不择细流】hé hǎi bù zé xì liú 成 크고 작은 것을 가리지 않고 다 받아 들이다.
【河汉】héhàn 書 名 ❶ 〈天〉 은하수. ❷ (Hé Hàn) 황하(黃河)와 한수(漢水). ❸ 動 허황된 말. ¶幸毋～斯言 | 이 말을 허황된 말로 생각하지 말기 바란다.
【河口】hékǒu 名 하구.
【河狸】hélí 名 〈動〉 해리(海狸) =〔海hǎi狸〕
3【河流】héliú 名 강의 흐름. 하류. ¶～沉积chénjī | 하류침적. ¶～袭夺xíduó | 하류쟁탈.
【河柳】héliǔ ⇒〔旱hàn柳〕
【河卵石】héluǎnshí 名 조약돌. 자갈 =〔卵石〕
【河马】hémǎ 名 〈動〉 하마.
【河漫滩】hémàntān 名 하천 부지. 충적벌(판).
【河南梆子】Hénán bāng·zi ⇒〔豫Yù剧〕
【河南坠子】Hénán zhuì·zi 名組 〈演映〉 하남에서 발생하여, 북방 각지에서 유행된 민간예술의 일종 =〔坠子②〕→〔大鼓gǔ(书)〕
【河内】Hénèi 名 〈地〉 ❶ 하남성(河南省). 황하(黃河) 이북지방의 옛 이름. ❷ 外 하노이(Hanoi) [「越南」(베트남;Vietnam)의 수도]
【河泥】héní 名 하천 바닥의 진흙. 갯바닥 흙 [비료로 쓰임]
【河畔】hépàn 名 하반. 강가. 강변. ¶～生青草 | 강변에 푸른 풀이 자라다.
【河清海晏】hé qīng hǎi yàn 成 황하(黃河)가 맑고 바다가 잔잔하다. 천하가 태평스럽다 =〔海晏河清〕
【河曲】héqū 名 ❶ 강굽이. ❷ (Héqū) 〈地〉 하곡 [산서성(山西省)의 현(縣) 이름]
【河渠】héqú 名 ❶ 하천과 도랑. ❷ 수로(水路). 물길.
【河山】héshān 名 산하. 강산. ¶物产丰富, ～秀丽 | 산물이 풍부하고, 강산이 아름답다. ¶锦绣jǐnxiù～ | 금수강산 =〔山河〕
【河身】héshēn ⇒〔河床chuáng〕
【河水】héshuǐ 名 강물. ¶～不犯井水 =〔井水不犯河水〕 | 서로 남의 영역을 침범하지 않다.
【河滩】hétān 名 (강가의) 모래톱. ¶～上也要绿化lǜhuá | 모래톱 역시 녹화하려 하다.
【河套】hétào 名 ❶ 굽이 돌아 반원(半圓)을 이루는 물줄기나, 그 곳에 둘러싸인 지역. ❷ (Hétào) 〈地〉 하투 [황하(黃河)가 영하(寧夏)에서 섬서(陝西)까지 굽이돌아 흐르는 곳]
【河豚】hétún 名 〈魚貝〉 복어 =〔鲑guī②〕〔鲀tún〕
【河外星系】héwài xīngxì 名組 〈天〉 은하계 외의 성운 =〔河外星云yún〕
【河网】héwǎng 名 수로망(水路網). ¶～化 | 수로망화.
【河虾】héxiā 名 〈動〉 민물 새우→〔虾xiā〕
【河蟹】héxiè 名 〈動〉 민물 게. ¶～比海蟹鲜 | 민물 게가 바다 게보다 싱싱하다.
【河沿(儿)】héyán(r) 名 강가. 강변.
【河源】héyuán 名 수원(水源). 원류(源流).
【河运】héyùn 名 강하천 운수. 수운(水運). ¶充分利用～, 缓解陆上交通 | 수운을 충분히 이용하면, 육상교통을 완화시켜 준다.

4【荷】 hé hè 연꽃 하, 멜 하
Ⓐ hé 名 ❶ 〈植〉 연(蓮). ¶～花↓ ❷ (Hé) 簡 〈地〉「荷兰」(네델란드)의 약칭. ❸ 부하. 저항. ¶电～ | 전기 저항.
Ⓑ hè 動 ❶ (혼자 힘으로 어깨에) 메다〔지다〕. ¶～枪实弹↓ =〔背bēi〕〔扛káng〕 ❷ 名 動 책임(지다). 부담(하다). ¶肩负重～ | 무거운 짐을 지다. ❸ 은혜를 입다 [주로 편지에 쓰이는 겸어(謙語)] ¶感～ | 감사 드리다. ¶为～ | …하여 주시기 바랍니다.

Ⓐhé

【荷包(儿)】hé·bao(r) 名❶염낭. 두루주머니. 쌈지. ¶烟袋yāndài～ | 담배 쌈지. ¶槟榔bīnláng～ | 빈랑 주머니. ❷호주머니. ❸方 지갑.

【荷包蛋】hé·baodàn 名方 달걀 후라이 =〔荷包鸡jī蛋〕

【荷池】héchí ⇒〔荷花池〕

【荷尔蒙】hé'ěrméng 名外〈生理〉호르몬(hormone) =〔荷蒙〕〔激素jīsù〕

4【荷花(儿)】héhuā(r) 名〈植〉연(꽃) =〔君jūn子花〕〔水花魁〕→〔牡丹mǔdān花〕

【荷花池】héhuāchí 名(연꽃) 연못 =〔荷池〕〔荷塘táng〕

【荷花虽好, 也要绿叶扶持】hé huā suī hǎo, yě yào lǜ yè fú chí 威 연꽃도 푸른 잎에 받들려야 아름답다. 어떤 사람이든 다른 사람의 지지와 도움을 받아야 한다.

【荷兰】Hélán 名外〈地〉네덜란드(Netherlands) [유럽에 위치한 나라. 수도는「阿ā姆斯特丹」(암스테르담;Amsterdam)]

【荷兰水】hélánshuǐ 名方 사이다→〔汽qì水(儿)〕

【荷兰猪】hélánzhū 名〈動〉마르모토(marmot) =〔天竺zhú鼠〕

【荷钱】héqián 名 갓 나온 연잎. ¶～已经浮生水面了 | 갓 나온 연잎이 이미 수면에 떠올랐다.

【荷塘】hétáng ⇒〔荷花池〕

Ⓑhè

【荷枪实弹】hè qiāng shí dàn 威 총을 메고 실탄을 장진하다. 완전무장하다. 전투태세를 갖추다. ¶总统府外, 士兵们～防备森严sēnyán | 대통령궁 밖에는 군인들이 완전무장한 채 경비가 삼엄하다.

【荷载】hèzài ❶動 싣다. 적재하다. ❷⇒〔荷重〕

【荷重】hèzhòng 名 하중. ¶容许róngxǔ～ | 허용하중 =〔荷载②〕〔负fù荷〕〔载荷〕

【菏】hé 늪이름 가

❶(Hé) 名〈地〉옛 강 이름. ❷지명에 쓰이는 글자. ¶～泽县 | 가택현. 산동성(山東省)에 있는 현 이름.

【劾】hé 캐물을 핵

書動 탄핵하다. 죄상을 폭로하다.

【劾究】héjiū ⇒〔劾弹〕

【劾弹】hétán 書動 규탄하다. 탄핵하다 =〔劾究〕

【劾状】hézhuàng 名 핵장 [탄핵(彈劾)하는 글]

3【阂(閡)】hé 닫을 애, 막을 해

書動(사이가) 막히다. 두절되다. 방해하다. 간격이 생기다 =〔阻zǔ阂〕

3【核】hé hú 씨 핵, 실과 핵

Ⓐhé ❶名(과실의) 씨. 핵. ¶桃táo～ | 복숭아씨. ¶杏xìng～ | 살구씨. ❷씨같은 핵질물(核質物). ¶细胞xìbāo～ | 세포핵. ❸원자핵. ¶～子能↓ ¶～子武器↓ ❹⇒〔结jié核〕❺중심. 중핵(中核) ❻상세히 대조·고찰하다. ¶审shěn～ | 자세히 대조 심사하다. ¶～算成本 | 원가를 계산하다.

Ⓑhú ⇒〔核儿〕

Ⓐhé

【核办】hébàn 動 조사 처리하다.

【核保护伞】hébǎohùsǎn 名組 핵우산(核雨傘).

【核爆炸】hébàozhà 名組〈原〉핵폭발.

【核裁军】hécáijūn 名 핵무기 감축. 핵군축(核軍縮). ¶美俄两国都应进行～ | 미국과 러시아 두 나라는 모두 핵무기 감축을 진행해야 한다.

【核查】héchá 名動 대조 검사(하다). 조사 검토(하다). 검증(하다).

【核弹头】hédàntóu 名〈軍〉핵탄두 =〔核战zhàn斗部〕

【核蛋白】hédànbái 名〈化〉핵단백질 =〔核素sù①〕〔核朊ruǎn〕

【核电站】hédiànzhàn 名〈電氣〉원자력 발전소 =〔核能电厂chǎng〕〔原子能发电站〕

【核定】hédìng 動 조사하여 결정하다. 사정(査定)하다. ¶～商品价格jiàgé | 상품 가격을 사정하다 =〔核断duàn〕→〔核价〕

【核动力】hédònglì 名 원자력.

【核对】héduì 名動 대조 검토(하다). 조합(照合)(하다). ¶～帐目zhàngmù | 장부를 대조 검토하다.

【核讹诈】hé'ézhà 名〈軍〉핵위협. 핵재킹(nuclear－jacking) [핵폭탄 등을 무기로 삼아 협박하는 행위] =〔核威胁wēixié〕

【核反应堆】héfǎnyìngduī 名組〈原〉원자로. ¶～卫星tánxīng | 원자로 위성 =〔原子反应堆〕

【核辐射】héfúshè 名 원자핵 복사(輻射). ¶～对人体伤害很大 | 원자핵 복사는 인체에 많은 해를 끼친다.

【核攻击】hégōngjī 名〈軍〉핵공격.

【核果】héguǒ 名〈植〉핵과 =〔石果〕

【核黄素】héhuángsù 名〈化〉비타민 B_2 =〔维wéi生素B_2〕〔维生素乙二〕〔乳rǔ黄素〕

【核计】héjì 動 ❶상세히 계산하다. 산정하다. 채산하다. ¶～成本chéngběn | 원가를 산정하다. ❷자세히 조사하다. 검토하다. ¶我已经～好了 | 나는 이미 다 조사했다. ❸이것저것 의논하다. ¶我跟母亲～ | 나는 어머니와 이것저것 의논했다. ❹상세히 계획을 세우다.

【核价】héjià ❶動 가격을 조사·결정하다. 값을 산정하다. ❷名 산정 가격.

【核减】héjiǎn 動 검토해서 (값을) 삭감하다

【核竞赛】héjìngsài 名〈軍〉핵경쟁. ¶美俄又开始新一轮～ | 미국과 러시아가 또 다시 한차례 핵경쟁을 시작하다.

【核聚变】héjùbiàn 名〈原〉핵융합.

【核勘】hékān 動 조사하다. 심사하다.

【核扩散】hékuòsàn 名〈軍〉핵확산.

【核裂变】hélièbiàn 名〈原〉핵분열(核分裂). ¶～能量néngliáng | 핵분열 에너지.

【核能】hénéng ⇒〔核子能〕

【核潜艇】héqiántǐng 名〈軍〉원자력 잠수함

【核燃料】héránliào 名〈原〉핵연료.

【核仁】hérén 名 ❶〈植〉(과실의) 인(仁). ❷〈生〉핵인. 세포핵의 인(仁).

【核审】héshěn 動 심사하여 결정하다. ¶～生产

计划jìhuà | 생산 계획을 심사 결정하다.

【核实】héshí ❶動 실태를 조사·확인하다. 사실을 확인하다. ¶～问题wèntí | 문제를 조사확인하다. ❷名 조사 확인.

【核试验】héshìyàn 名 핵실험. ¶高空gāokōng～ | 고공 핵실험. ¶地下dìxià～ | 지하 핵실험. ¶大气圈～ | 대기권 핵실험.

【核酸】hésuān 名〈化〉핵산.

【核算】hésuàn ❶動(자세히 따져) 계산하다. 견적하다. 채산하다. ¶～成本chéngběn | 원가를 계산하다. ¶经济jīngjì～ | 경제 계산. ¶～员 | 채산원. ❷動(시비·득실을) 상담하다〔따지다〕. ¶去跟队长duìzhǎng～～吧! | 대장에게 가서 한 번 상담해 보시오! ❸副 京 원래. 본래.

【核糖】hétáng 名〈生化〉리보스(ribose). ¶～体 | 리보좀(ribosome).

4【核桃】hé·tao 名 ❶〈植〉호두나무. ❷호두. ¶～壳ké(儿) | 호두 껍질. ¶～皮粉pífěn | 호두 껍질분말. ¶～墙子qiángzi | 호두속의 내피. ¶～仁rén＝〔桃瓤ráng(儿)〕〔桃仁(儿)〕| 호두의 속알맹이. ¶～肉ròu | 호두의 속살. ¶～酥sū |〈食〉호두를 넣어 만든 (바삭바삭한) 과자. ¶～油yóu | 호두기름. ¶她的嘴像倒了～车子似的 | 그녀의 입은 호두 달구지를 부리는 것 같다. 굉장히 수다스럽다 ‖＝〔合hé桃〕〔胡hú桃〕〔羌qiāng桃〕

【核威慑力量】héwēishè lìliàng〈軍〉핵 억지력(核抑止力). ¶增强zēngqiáng对敌国的～ | 적국에 대한 핵억지력을 증강하다.

【核威胁】héwēixié 名〈軍〉핵 위협. ¶消除xiāochú～ | 핵 위협을 없애 버리다.

4【核武器】héwǔqì ⇒〔核子武器〕

【核销】héxiāo 動 자세히 심사한 후 장부에서 삭제하다.

4【核心】héxīn 名 ❶(과일 속에 있는) 씨. ❷주요 부분. 중심. 핵심. ¶～力量lìliáng | 중추 역량. ¶问题wèntí的～ | 문제의 핵심. ¶～人物 | 핵심 인물. ¶～成员chéngyuán | 주요 회원.

【核心家庭】héxīn jiātíng 名組 핵가족.

【核议】héyì 動 심의하다. ¶～具奏 | 심의한 후에 연명(連名)으로 상주(上奏)하다.

【核战斗】hézhàndòu 名〈軍〉핵전쟁. ¶～力 | 핵전력 ＝〔核战争〕

【核装置】hézhuāngzhì 名〈原〉〈軍〉핵장치. ¶拆除chāichú～ | 핵장치를 철거하다.

【核准】hézhǔn 動 심사 비준하다.

【核子】hézǐ 名〈物〉핵자.

【核子能】hézǐnéng 名〈物〉원자력. 핵에너지. ¶～发电 | 원자력 발전 ＝〔核能〕

【核子武器】hézǐ wǔqì 名組〈軍〉핵무기. ¶～试验 | 핵무기 실험 ＝〔核武器〕〔原子武器〕

Ⓑ hú

【核儿】húr 名 口(과일의) 씨. 핵(核). ¶梨lí～ | 배의 속〔심〕. ¶枣zǎo～ | 대추씨 ＝〔核 Ⓐ①〕

【曷】hé 어찌 갈
書 代 ❶무엇. 무슨. ¶～故 | 무슨 까닭에. 무엇 때문에. ❷왜. 어째서. ¶～虐朕zhèn民? | 어찌하여 나의 백성을 학대하는가? ‖＝〔何hé④〕❸어찌 …않는가? ¶～兴乎来 | 어찌 일어나 도모하지 않는가? ＝〔何hé不〕〔盍hé①〕❹설마. ¶～其然哉? | 설마 그러하겠어요? ＝〔岂qǐ〕

【鞨】hé 말갈나라 갈
❶書 名 신발. ❷⇒〔靺Mò鞨〕

【鹖(鶡)】hé 산박쥐 할
名〈鳥〉고서(古書)에 나오는 말하고 싸움을 잘하는 산새 ＝〔鹖鸡〕

【盍】hé 어찌아니할 합
書 代 ❶어찌…하지 않느냐? [「何」「不」의 합음자(合音字)] ¶～往视之? | 어찌 가서 보지 않니? ＝〔何hé不〕❷어찌. 왜. ¶～不出从乎? | 왜 함께 나가지 않니? ‖＝〔盖hé〕

【阖(闔)】hé 문짝 합
❶「合」와 같음 ⇒〔合hé⑩〕❷(문을) 닫다. ¶开～ | 여닫다. ¶～口 | 입을 다물다 ＝〔闭bì〕❸문짝.

【阖府】héfǔ 名 敬 귀댁. 댁내. ¶～咸宁 | 札 귀대의 안녕을 빕니다 ＝〔阖第〕〔阖潭〕〔阖宅〕

【阖闾】hélǘ 名 ❶거실(居室) ＝〔阖庐lú〕❷(Hélǘ)〈人〉합려 [춘추시대 오(吳)나라의 왕 이름] ¶吴王～大败越王勾践 | 오나라 왕 합려가 월나라 왕 구천에 크게 패하다.

【涸】hé 마를 후, 마를 학
書 動(물이나 액체가) 마르다. ¶～干↓

【涸干】hégān 動 ❶(물이) 마르다. ❷(자원이) 고갈되다.

【涸泽而渔】hé zé ér yú ⇒〔竭jié泽而渔〕

【涸辙鲋鱼】hé zhé fù yú 成 물마른 수레 바퀴자국 속의 붕어. 궁지에 빠져 간절히 도움〔구원〕을 필요로 하는 사람 ＝〔涸鲋〕〔涸辙〕〔涸辙枯kū鱼〕〔涸辙穷鳞qiónglín〕〔涸辙穷鱼〕〔涸辙之枯〕〔涸辙之鲋〕〔涸辙之鱼〕

【貉】hé ☞ 貉 háo Ⓑ

【槅】hé ☞ 槅 gé Ⓑ

【翮】hé 깃촉 핵
書 名 ❶깃촉. 새 날개의 줄기 [관상(管狀)의 부분] ❷날개 깃. ¶振zhèn～高飞 | 날개 깃을 펼쳐 높이 날다.

hè ㄏㄜˋ

【吓】hè ☞ 吓 xià Ⓑ

【和】hè ☞ 和 hé Ⓑ

2【贺(賀)】hè 하례할 하
❶名 動 축하(하다). 축사(를 말하여 축하하다). ¶～年卡 | 연하장. ¶道～ | 축하를 드리다. ❷(Hè) 名 성(姓). ❸복성(複姓) 중의 한 자(字). ¶～赖↓ ¶～若↓

【贺拔】Hèbá 名 복성(複姓).

【贺表】hèbiǎo 名 하표. (조정에 올리는) 축하문.

4【贺词】hècí 名 축사. 축하문.

【贺电】hèdiàn 名 축전(祝電). ¶美国总统发来了～ | 미국 대통령이 축전을 보내오다.
【贺函】hèhán 書 名 축하 편지 ＝〔贺信xìn〕〔贺柬jiǎn〕
【贺赖】Hèlài 名 복성(複姓).
【贺礼】hèlǐ 名 축하 선물〔예물〕.
【贺联】hèlián 名 축하용 대련(對聯). ¶敬赠一对～ | 축하용 대련을 경증하다.
【贺年】hè/nián 動 새해를 축하하다. ¶～明信片 | 연하 엽서. ¶～电报diànbào | 연하 전보. ¶～卡kǎ | 연하장. ¶～片piàn(儿) | 연하장. ¶～邮票yóupiào | 연하 우표 ＝〔贺岁suì〕
【贺若】Hèruò 名 복성(複姓).
【贺喜】hè/xǐ 動 축하의 말을 하다. 경사를 축하하다. ¶国庆日华侨huáqiáo纷纷回国～ | 건국기념일에는 화교들이 잇달아 귀국하여 경사를 축하한다 ＝〔道dào喜〕
【贺信】hèxìn 名 하장(賀狀). 축하 편지. ¶寄来了一封～ | 축하 편지를 보내오다.

【荷】hè ☞ 荷 hé B

【喝】hè ☞ 喝 hē B

【褐】hè 털옷 갈, 천한사람 갈
名 ❶〈色〉갈색. ❷ 書 거친 직물(로 짠 옷). ¶短～ | 짧고 거친 베 옷. ❸ 書 빈천한 사람.
【褐变】hèbiàn 名 과일이나 채소 등의 건조과정에서 효소의 산화작용이나 고온·탈수 등으로 인해 갈색으로 변하는 현상.
【褐家鼠】hèjiāshǔ 名〈動〉시궁쥐 ＝〔大家鼠〕〔沟gōu鼠〕〔褐鼠〕
【褐煤】hèméi 名 갈탄 ＝〔褐炭tàn〕〔木煤〕
【褐色】hèsè 名〈色〉갈색.
【褐色炸药】hèsè zhàyào 名組〈化〉T.N.T 화약 ＝〔三sān硝基甲苯〕
【褐铁矿】hètiěkuàng 名〈鑛〉갈철광.
【褐衣不完】hèyībùwán 成 거친 베로 지은 옷도 변변히 입지 못하다.
【褐藻】hèzǎo 名〈植〉갈(색)조.

【赫】hè 빛날 혁
❶ 書 形 (매우) 빛나다. 뚜렷하다. ¶声名shēngmíng～～ | 成 명성이 매우 높다. ❷ 書 形 대단하다. 왕성하다. 성대하다. ¶地位显xiǎn～ | 지위가 대단하다. ❸ 書 狀 버럭 화를 내다. 깜짝 놀라다. ¶～然震怒zhènnù | 버럭 화를 내다. ❹ 名 簡〈物〉「赫兹」(Hz;헤르츠)의 약칭 ❺ (Hè) 名 성(姓). ❻ ⇒〔赫哲族〕
【赫尔辛基】Hè'ěrxīnjī 名 外〈地〉헬싱키(Helsinki) [「芬Fēn兰」(핀란드;Finland)의 수도]
【赫赫】hèhè 狀 혁혁하다. 현저하다. 뚜렷하다. ¶战功zhàngōng～ | 전공이 혁혁하다.
【赫赫炎炎】hèhè yányán 狀組 훨훨 타다. 활활 타오르다.
【赫鲁晓夫】Hèlǔxiǎofū 名 外〈人〉후루시초프(N. S.Khrushchov, 1894～1971) [소련의 정치가, 전 소련 공산당 중앙위원회 일등서기·수상 등을 역임]
【赫然】hèrán ❶ 狀 벌컥 화를 내다. 버럭하다. 발끈하다. ¶～而怒 | 成 발끈 화를 내다. ❷ 副 갑자기. 별안간 [깜짝 놀라게 하는 경우] ¶一只猛虎měnghǔ～出现在观众guānzhòng面前miànqián | 맹호 한 마리가 갑자기 관중 앞에 나타났다.
【赫哲族】Hèzhézú 名〈民〉혁철족 [중국 소수민족의 하나로 흑룡강성(黑龍江省)에 거주함] ＝〔鱼Yú皮鞑子〕
【赫兹】hèzī 名 外 ❶〈物〉헤르츠(Hz) [진동수의 단위] ＝〔簡 赫〕❷ (Hèzī)〈人〉헤르츠(Hertz) [독일의 물리학자] ‖ ＝〔赫茨cí〕〔赫芝zhī〕

【壑】hè 골 학
名 ❶ 골. (산)골짜기. ¶千山万～ | 첩첩한 산과 골짜기. 喩 산수(山水) ❷ (산골짜기의) 물 웅덩이.

【鹤(鶴)】hè 두루미 학
名〈鳥〉두루미. 학.
【鹤长凫短】hè cháng fú duǎn 成 학의 다리는 길고 오리의 다리는 짧다. 자연에 순응해야지 억지로 바꿀 수는 없다. ¶人呢, ～ | 사람이란, 자연에 순응해야지 억지로 바꿀 수 없다.
【鹤发童颜】hè fà tóng yán 成 백발홍안. 매우 정정(亭亭)하다. ¶这位老道lǎodào～, 有一点仙风道骨 | 이 도사는 매우 정정하여, 다소 신선의 풍모를 지니고 있다 ＝〔童颜鹤发〕
【鹤骨松姿】hègǔ sōngzī 狀組 ❶ 몸이 빼빼마르다. ❷ 자태가 고상하다.
【鹤立鸡群】hè lì jī qún 成 군계일학. ¶他现在是～, 与众不同 | 현재 그는 군계일학이어서, 일반인과 같지 않다 ＝〔鹤处chǔ鸡群〕
【鹤膝风】hèxīfēng 名〈漢醫〉학슬풍.
【鹤嘴】hèzuǐ 名 곡괭이 ＝〔鹤嘴锄chú〕〔鹤嘴镐gǎo〕〔洋镐〕

hēi ㄏㄟ

1【黑】hēi mò 검을 흑, 어두울 흑
A hēi ❶ 形〈色〉검다. ¶～的头发tóufà | 검은 머리카락 ⇔〔白〕❷ 形 어둡다. ¶天已～了 | 날이 이미 어두워졌다 ⇔〔亮liàng〕❸ 形 (마음이) 나쁘다. 악독하다. 음흉하다. ¶起了～心 | 나쁜 마음이 생겨났다. ❹ 形 은밀한. 비밀의. ¶～话↓ ¶～包工bāogōng | 비밀 청부. ❺ 動 감추다. 숨기다. ¶他把钱都～起来了 | 그는 돈을 몽땅 숨겼다. ❻ 名 밤. 저녁. ¶一天到～ | 아침부터 밤까지. ❼ (Hēi) 名 簡〈地〉「黑龙江省」(흑룡강성)의 약칭. ❽ (Hēi) 名 성(姓).
B mò「默」와 통용 ⇒〔默mò①〕
2【黑暗】hēi'àn 形 ❶ 어둡다. 깜깜하다. ¶山洞里一片～ | 동굴안은 온통 깜깜하다. ❷ 喩 사회가 어둡고, 정치가 부패한. 암흑의. 암담한. ¶～时代shídài | 암흑 시대. ¶～统治tǒngzhì | 암흑 통치.
【黑暗面】hēi'ànmiàn 名 ❶ 어두운 면. ❷ 부정적인 측면. 나쁜 측면.
【黑暗势力】hēi'ànshìlì 名組 반동세력.
4【黑白】hēibái 名 ❶ 검은 것과 흰 것. 흑백. ¶～

电影diànyǐng＝〔黑白电影片piàn〕〔黑白片(儿)〕〔无彩色影片〕| 흑백 영화. ¶～花儿 | 흑백이 뒤섞인 무늬. ¶～画 | 묵화. ¶～软ruǎn片 | 흑백 필름. ❷ 喻 시비(是非). 선악. 흑백. ¶混淆hùnxiáo～ | 成 시비가 뒤섞여 분명치 않다. ¶～颠倒diāndǎo | 成 시비선악이 전도되다. ❸ 簡 흑백 텔레비전.

【黑白菜】hēibáicài ❶⇒〔鸡jī冠菜〕 ❷⇒〔塌tā棵菜〕

【黑白电视】hēibái diànshì 名組 흑백 텔레비전→〔彩色cǎisè电视机〕

【黑白分明】hēi bái fēn míng 成 흑백이 분명하다＝〔自黑分明〕

【黑斑】hēibān 名 흑반. 검은 반점. ¶～病bìng | 흑반병. ¶～蚊wén＝〔伊yī蚊〕| 검은 반점 모기.

1【黑板】hēibǎn 名 흑판. 칠판. ¶～报bào | 칠판에 붙이는 벽보. ¶～擦cā(儿)＝〔黑板擦子〕〔板擦(儿)〕〔板刷shuā②〕〔粉fěn刷④〕| 칠판 지우개.

【黑帮】hēibāng 名 반동 조직이나 그 구성원. ¶反革命gémìng～ | 반혁명도당.

【黑不溜秋】hēi·buliūqiū 貶 方 ❶ 거무칙칙하다. 거무데데하다. ¶一个浓眉大眼,～的小旦 | 눈썹이 짙고 눈이 크고 거무데데한 소녀배우. ❷ 아주 깜깜하다. ¶～甚么也看不见 | 너무 깜깜해서 아무 것도 안 보인다.

【黑材料】hēicáiliào 名 (음모를 위해 수집한) 비밀 자료.

【黑黪黪(儿)】hēicāncān(r) 貶 얼굴이 거무잡잡하다＝〔黑苍苍cāng〕〔黑黪黪cǎn(儿)〕

【黑沉沉】hēichénchén 貶 어둡다. 컴컴하다 [주로 하늘빛에 쓰임] ¶天阴得～ | 날이 흐려서 어두컴컴하다.

【黑吃黑】hēichīhēi 動組 喻 깡패들간의 세력 다툼.

【黑齿】Hēichǐ 名 ❶ 복성(複姓). ❷〈地〉고대의 나라 이름.

【黑道】hēidào 名 ❶〈天〉흑도. 달의 궤도→〔黑道日(子)〕 ❷(～儿) 달빛없는 캄캄한 길. ¶拿着电筒diàntǒng, 省得走～ | 손전등을 가져 가서, 캄캄한 길을 걷지 않도록 해라. ❸(～儿) 喻 나쁜 길. 도적질. ¶走～ | 나쁜 길로 들어서다. 도적질 하다. ¶从～上来的钱 | 나쁜 길에서 온 돈. ❹ 검은 줄〔선〕.

【黑道日(子)】hēidàorì(·zi) 名組 불길한 날. 흉일(凶日)⇔〔黄huáng道日(子)〕

【黑灯瞎火】hēidēng xiāhuǒ 成 口 칠흑같다. 컴컴하다. ¶～的怎么走啊? | 칠흑같이 어두운데 어떻게 갈 수 있겠니?＝〔黑灯下火〕

【黑地】hēidì 名 ❶ 등기하지 않고 은닉한 토지. 탈세지(脫稅地)＝〔黑田tián〕 ❷(～儿) 名 검은 바탕 ⇔〔白bái地(儿)②〕

【黑点儿】hēidiǎnr 名 ❶ 검은 점. ❷ 검은 표식 [승패의 표지] ❸ 오점(汚點).

【黑店】hēidiàn 名 近 옛날, 길손을 해치고 돈을 빼앗을 목적으로 악당들이 경영하던 주막.

【黑貂】hēidiāo 名〈動〉검은 담비＝〔紫zǐ貂〕

【黑洞洞】hēidōngdōng 貶 깜깜하다. 새까맣다. ¶里头～的, 甚么也看不见 | 안이 깜깜하여 아무 것도 보이지 않는다＝〔黑漆漆qī〕

【黑洞】hēidòng 名〈天〉블랙 홀＝〔坍缩星tānsuōxīng〕

【黑豆】hēidòu 名〈植〉검은 콩＝〔乌wū豆〕

【黑房子】hēifáng·zi 名組 감옥.

【黑非洲】Hēi Fēizhōu 名 블랙 아프리카 [사하라 사막 이남의 아프리카]

【黑钙土】hēigàitǔ ⇒〔黑土①〕

【黑格尔】Hēigé'ěr 名 外〈人〉헤겔(Hegel, 1770～1831) [독일의 철학자]

【黑更半夜】hēigēngbànyè 成 口 심야(深夜). 한밤중.

【黑肱】Hēigōng 名 복성(複姓).

【黑咕隆咚】hēi·gulōngdōng 貶 口 아주 캄캄하다. ¶天还～的, 他就醒xǐng了 | 날이 아직도 매우 캄캄한데, 그는 벌써 깼다＝〔黑格gé隆冬〕〔黑姑冬〕〔黑咕笼咚〕〔黑古隆冬〕〔黑谷隆东〕

【黑管】hēiguǎn ⇒〔单dān簧管〕

【黑光】hēiguāng 名〈物〉자외선＝〔紫zǐ外线〕

【黑锅】hēiguō 名 ❶ 검은 솥. ❷ 喻 억울한 죄. 누명. ¶背bēi～ | 누명을 쓰다.

【黑盒子】hēihé·zi ⇒〔黑匣xiá子〕

【黑户】hēihù 名 ❶ 호구(戶口)가 없는 세대. ❷ 영업허가증이 없는 상점.

【黑糊糊】hēihūhū 貶 ❶ 시꺼멓다. ¶两手油泥yóuní, ～ | 두손이 기름투성이로 시꺼멓다. ¶～的锅底guōdǐ | 시커먼 솥밑바닥. ❷ 어두컴컴하다. ¶屋子里～ | 방안이 어두컴컴하다. ❸ (사람이 많아) 새까맣다. ¶路旁站着～一片人 | 길 가에는 사람들이 새까맣게 모여 서 있다 ‖＝〔黑搭乎dāhū〕〔黑乎乎〕〔黑忽忽hū〕

【黑话】hēihuà 名 ❶ 은어. 암호말＝〔春点(儿)〕 ¶土匪tǔfěi们说的是～ | 도적떼들이 하는 말은 은어이다. ❷ 반동적인 저의가 담긴 말.

【黑桦】hēihuà 名〈植〉물박달나무.

【黑鲩】hēihuàn ⇒〔青qīng鱼①〕

【黑货】hēihuò ❶ 장물·탈세품·밀수품 등의 부정한 물품. ❷ 아편＝〔阿片āpiàn〕〔鸦yā片〕 ❸ 喻 반동적인 이론이나 창작.

【黑家鼠】hēijiāshǔ 名〈動〉집쥐＝〔黑鼠〕

【黑胶绸】hēijiāochóu ⇒〔拷kǎo绸〕

【黑家】hēi·jie 名 밤(중)＝〔黑里li②〕〔黑价jié〕

【黑晶】hēijīng 名〈鑛〉흑수정.

【黑口】hēikǒu 名 흑구→〔白bái口〕

【黑脸】hēiliǎn 名 ❶ 교활한 사람. ❷ 검은 얼굴. ❸ (～儿) 경극(京劇)에서의 악역. ¶唱～ | 악역을 연출하다.

【黑脸儿赌】hēiliǎnr dǔ 動 끝장이 날 때까지 도박을 하다. ¶要来咱们可就～, 不来就散sàn了 | 할려면 우리 끝장 날 때까지 도박을 하고, 그만두려면 이걸로 끝내자.

【黑良心】hēiliángxīn ❶ 名組 검은 양심〔심보〕. ¶这个～的家伙jiāhuó | 이 양심 없는 녀석. ❷ (hēi/liángxīn) 動 나쁜 마음을 먹다.

【黑亮】hēiliàng 形 검고 빛나다. ¶～的眼睛yǎnjīng | 검고 반짝이고 있는 눈.

【黑亮亮】hēiliàngliàng 貶 검은 것이 빛나다. ¶～

脸liǎn | 검고 빛나는 얼굴.
【黑龙江】Hēilóngjiāng 名〈地〉❶ 흑룡강성 [중국 동북지역에 위치] ❷ 흑룡강성의 북(北) 및 동북(東北)쪽에 있는 강 이름.
【黑马】hēimǎ 名 다크 호스(dark horse). ¶今天赛场上又爆bào出了～ | 오늘 경기장에 또 다크 호스가 등장했다.
【黑麦】hēimài 名〈植〉호밀. 라이(rye) 보리 =〔外来lái麦〕
【黑霉】hēiméi 名〈植〉검은 곰팡이.
【黑面】hēimiàn 名 검은 색의 거친 밀가루.
【黑名单】hēimíngdān 名 블랙 리스트(black list) ¶他都上了暗杀的～ | 그는 암살 블랙 리스트에 올라 있다 =〔黑单〕
【黑墨糊眼】hēimò húyǎn 狀組 똑똑히 보이지 않다. 모호하다.
【黑牡丹】hēimǔdān 名〈植〉흑모란. 喩 검으면서도 아름다운 것.
【黑幕】hēimù 名 흑막. 내막.
【黑浓浓】hēinóngnóng 狀 어둠이 짙게 깔리다. 시커멓다. 까맣다.
【黑奴】hēinú 名 흑인 노예.
【黑啤酒】hēipíjiǔ 名〈食〉흑맥주 =〔波bō打酒〕
【黑漆漆】hēiqīqī ⇒〔黑洞dōng洞〕
【黑钱】hēiqián 名 ❶ (뇌물 등의) 부정한 수단으로 얻은 돈. ¶这～我不能收 | 이 부정한 돈을 나는 받을 수 없다. ❷ 밤도둑 =〔黑钱贼zéi〕⇔〔白bái钱④〕
【黑枪】hēiqiāng 名 ❶ 불법 소지 총기류. ❷ 남이 방비하지 않는 틈을 타서 몰래 쏘는 총탄. 轉 음험한 수단. ¶李市长去开会的途中, 被人打了～ | 이시장이 회의에 가는 도중, 몰래 쏜 총탄에 맞았다.
【黑黢黢】hēiqūqū 狀 새까맣다. 캄캄하다. ¶～的脸 | 새까만 얼굴. ¶～的, 甚么也看不见 | 캄캄하여 아무 것도 보이지 않는다 =〔黑洞洞dòng〕〔黑漆漆qī〕
【黑热病】hēirèbìng 名〈漢醫〉흑열병 →〔痞块pǐkuǎi②〕
【黑人】hēirén 名 ❶ 흑인. 흑색 인종. ❷ 貶 (죄나 그밖의 이유로) 숨어 사는 사람. ❸ 호적에 등기되지 않은 사람. ¶～黑户 | 무적자(無籍者). 호적을 올리지 않은 사람이나 세대. ❹ 貶 (정치적인 의도로) 잠입한 인간. 내통자. 비밀 공작자.
【黑色】hēisè 名〈色〉검은 색.
【黑色火药】hēisè huǒyào 名組 흑색화약 [불꽃놀이 등에 쓰임]
【黑色金属】hēisè jīnshǔ 名組 철화합물(ferrousmetal) [강철 또는 철과 다른 철을 주성분으로 하는 합금의 총칭] =〔铁tiě金属〕
【黑色素】hēisèsù 名 ❶〈染〉아닐린 블랙(anilin black) =〔苯běn胺黑〕❷ 멜라닌(melanin).
【黑色幽默】hēisèyōumò 名組 外 블랙유머(black humor).
【黑社会】hēishèhuì 名 범죄집단. 깽조직. ¶最近～活动得很猖獗chāngjué | 최근 깽조직이 매우 사납게 날뛴다.
【黑市】hēishì 名 암시장. 블랙 마켓(black market). ¶在～上套汇tàohuì | 암시장에서 암거래 환으로 송금하다. ¶～买卖mǎimài | 암시장 거래.
【黑鼠】hēishǔ ⇒〔黑家jiā鼠〕
【黑死病】hēisǐbìng 名〈醫〉흑사병. 페스트 =〔外百bǎi斯笃〕〔核hé子瘟〕〔鼠疫shǔyì〕
【黑穗病】hēisuìbìng 名〈農〉(보리·옥수수 등의) 깜부기병 =〔黑疸dǎn〕〔黑粉fěn病〕
【黑索今】hēisuǒjīn 名 外 핵소겐(hexogen) [폭약의 일종] =〔六素sù精〕〔三甲撑三硝基胺〕
【黑糖】hēitáng 名 方〈植〉흑당. 흑사탕 =〔紅hóng糖〕
【黑陶】hēitáo 名〈考古〉흑도 [중국 신석기 시대 말기의 검은 색 토기] ¶～文化 =〔龙山文化〕| 용산 문화.
【黑桃】hēitáo 名 (트럼프의) 스페이드(spade) →〔黑梅花méihuā〕〔方fāng块儿〕〔红心hóngxīn〕〔扑pū克牌〕
【黑体】hēitǐ 名 ❶〈印出〉고딕(gothic) 활자 =〔黑体字〕〔粗cū体字〕〔方头字〕❷〈物〉흑체. ¶～系数 | 흑체 계수.
【黑体字】hēitǐzì ⇒〔黑体①〕
【黑天(儿)】hēitiān(r) ❶ 名 밤. ¶～半夜 | 한밤중. ¶～白日 =〔黑间白日〕〔黑夜白日〕| 밤낮(으로). 자나깨나〔항상〕. ❷ 動 날이 저물다.
【黑帖(儿)】hēitiě(r) 名 回 익명의 쪽지〔밀고장〕=〔无名帖(儿)〕
【黑头】hēitóu 名〈演映〉경극(京劇)에서 얼굴을 검게 칠한 사람 [성격이 호탕하고 위엄이 있는 긍정적 인물의 배역] =〔黑净jìng〕
【黑土】hēitǔ 名 ❶〈地質〉흑(색)토 =〔黑钙gài土〕❷ 아편 =〔阿ā片〕
【黑窝】hēiwō 名 (악인의) 소굴. ¶共产主义～ | 공산주의의 소굴.
【黑钨矿】hēiwūkuàng 名〈鑛〉철망간 중석 =〔钨锰měng铁矿〕
【黑匣子】hēixiá·zi 名〈航〉(비행기의) 블랙 박스 ¶失事飞机的～找到了 | 추락한 비행기의 블랙 박스를 찾았다 =〔黑盒hé子〕
【黑下】hēi·xia 名 方 밤. ¶～白日 | 밤낮. 주야(간) =〔黑家·jie〕〔黑夜yè〕
【黑心眼】hēixīnyǎn ❶ 形 속이 검다. ❷ 名 검은 속〔심보〕.
【黑信】hēixìn 名 ❶ 익명의 편지 =〔匿名nìmíng信〕〔无wú名信〕❷ 협박장 =〔恐吓kǒnghè信〕❸ 투서. 밀고장 =〔告密gàomì信〕〔小报告(儿)②〕❹ (내용이 악의적이거나 반동적인) 악질적 편지.
【黑猩猩】hēixīngxīng 名〈動〉침팬지 =〔書 黑猿yuán〕
【黑熊】hēixióng 名〈動〉흑곰 =〔狗gǒu熊〕
【黑压压】hēiyāyā 狀 (사람·물건 등이 많이 밀집하여) 새까맣다. ¶～的群众qúnzhòng | 새까맣게 밀집한 군중 =〔黑鸦鸦yā〕
【黑眼镜】hēiyǎnjìng 名 색안경. 선글라스 =〔太阳tàiyáng眼镜〕
【黑眼珠(儿)】hēiyǎnzhū(r) 名 검은 눈동자 =〔黑

眼珠子]
³【黑夜】hēiyè 名 (캄캄한) 밤. 야간. 칠야(漆夜). ¶~饭 | ㊀저녁밥.
【黑油油】hēiyōuyōu 㽞 꺼머번지르하다. ¶~的头发tóufà | 꺼머번지르한 머리 =〔黑幽幽yōu〕〔黑黝黝yǒu①〕
【黑黝黝】hēiyōuyōu ❶⇒〔黑油油〕 ❷㽞 거무칙칙하다. 어두컴컴하다. 검실검실하다. ¶四周~的, 没有一点儿光 | 사방은 어두컴컴하여 불빛 하나 없다.
【黑鱼】hēiyú 名〈魚貝〉가물치.
【黑云】hēiyún 名 검은 구름. 喩 불행. 불운. ¶~压城城欲摧cuī | 먹구름이 금시 성곽을 덮어 성곽이 무너질듯 하다.
【黑云母】hēiyúnmǔ 名〈鑛〉흑운모.
【黑枣(儿)】hēizǎo(r) 名 ❶〈植〉고욤나무(의 열매) =〔软枣〕 ❷ 검은 대추. ❸ (권총·소총의) 총알. ¶吃~ | 총알을 맞다.
【黑藻】hēizǎo 名〈植〉검정 마름.
【黑帐】hēizhàng 名 ❶ 비밀〔암거래〕 장부. ❷ 남이 모르는〔비공개적인〕 빚.
【黑痣】hēizhì 名 사마귀. 혹자 =〔黑记jì〕〔痦子wù·zi〕
【黑种】hēizhǒng 名 흑인종→〔人rén种〕
【黑竹】hēizhú ⇒〔紫zǐ竹〕
【黑子】hēizǐ 名 ❶ ㊀ 검은 점. 사마귀. ¶弹丸dànwán~之地 | 喩 지극히 좁은 땅. ❷ 태양 흑점 =〔太阳tàiyáng黑子〕 ❸ (~儿)검은 바둑돌⇔〔白子(儿)〕

2【嘿】hēi mò 잠잠할 묵

Ⓐ hēi 嘆 ❶ 어이. 여보 [가볍게 부르거나, 주의를 환기시킬 때 쓰임] ¶~, 老张, 快走吧 | 어이, 장씨, 어서 갑시다. ¶~~, 别站在路上 | 여보시오, 길위에 서있지 마시오. ❷ 야. 하. 허 [놀라움이나 경탄을 나타내는 말] ¶~, 下雪了 | 야. 눈이 온다. ¶~, 你真行 | 허, 너 정말 대단해. ❸ 야, 와. 이봐 [만족함을 표시하는 말] ¶~, 咱们生产的机器jīqì可实在不错呀! | 야, 우리가 생산한 기계가 정말 좋다! ‖ =〔嗨〕
Ⓑ mò「默」와 통용⇒〔默mò①〕
【嘿嘿】hēihēi 擬 헤헤 [웃는 소리]
【嘿儿呼】hēir·hu 動 京 ❶ 노리다. 훔칠 기회를 엿보다. ¶猫儿māor~着鱼呢 | 고양이가 생선을 노리고 있다. ❷ 꾸짖다. 야단치다.
【嘿儿喽】hēir·lou 動 京 ❶ 쿨럭거리다. 쿨럭쿨럭 기침을 하다. ❷ 업다. ¶他两脚不能走, 得找人~着去 | 그는 두 발 다 걸을 수 없으니, 사람을 찾아 업혀 보내야겠다. ❸ 목말을 태우다.

【嗨】hēi ☞ 嗨 hāi Ⓑ

hēn ㄏㄣ

【哏】hēn ☞ 哏 gén Ⓑ

hén ㄏㄣˊ

3【痕】hén 흉 흔, 자취 흔

名 자국. 흔적. 자리. ¶伤shāng~ | 상한 자리. ¶刀dāo~ | 칼자국.
³【痕迹】hénjì 名 흔적. 자취. ¶车轮chēlún的~ | 수레바퀴 흔적. ¶雨淋yǔlín的~ | 비에 젖은 흔적. ¶留下~ | 자취를 남기다 ¶没有一点~ | 약간의 흔적도 없다.
【痕量】hénliàng 名〈化〉미량(微量). 흔적. ¶~元素yuánsù | 미량 원소 =〔痕迹量〕

hěn ㄏㄣˇ

1【很】hěn 매우 흔, 대단할 흔

副 매우. 대단히. 아주. 잘. 퍽. 몹시. 참으로. 어법 ⓐ 형용사 앞에 쓰여 그 정도가 높음을 나타냄. ¶~好 | 아주 좋다. ¶~幸福xìngfú的家庭生活 | 매우 행복한 가정 생활. ¶~详细xiángxì地看了一遍 | 아주 상세하게 한 번 보았다. ⓑ「紫」「灰」「广大」「错」「真正」「共同」「永久」「温」「亲爱」 등의 형용사는「很」의 수식을 받을 수 없음. ⓒ 형용사의 생동형식(生動形式)은「很」의 수식을 받을 수 없음. ¶~雪白(×) ¶~红红的(×) ¶~白花花的(×) ¶~酸不溜秋的(×) ⓓ「很＋形」의 형식이 명사를 수식할 때 일반적으로「的」를 붙이나,「很多」는 붙이지 않음. ¶~深的井 | 아주 깊은 우물. ¶~热的水 | 아주 뜨거운 물. ¶~多的人(×) ¶~多人 | 많은 사람. ¶~多问题 | 많은 문제. ⓔ 한 글자의 형용사 앞에는 항상「很」을 붙여 쌍음절(雙音節)이 되도록 함. ¶多人(×) ¶~多人 | 많은 사람. ¶~长的面条miàntiáo | 긴 면발. ⓕ 형용사, 특히 한 글자의 형용사 만으로 술어(謂語)가 되었을 경우, 중국어의 형용사는 그 자체가 비교의 의미를 지니고 있기 때문에 문장의 종결감을 주지 못함. 예를 들어「这间屋子大」라고 하면「大」는「小」와 상대적인 개념으로 쓰여,「另一间屋子小」(다른 방은 작다)라는 의미가 내포되어 있음. 그렇기 때문에 형용사 앞에 정도의 높음을 나타내지 않더라도「很」을 붙이는 경우가 많음. ¶这间屋子~大 | 이 방은 크다. ¶这间屋子不~大 | 이 방은 크지 않다. 어법 ⓐ 조동사나 동사구(動詞詞組) 앞에 쓰여 그 정도가 높음을 나타냄. ⓑ 조동사 중「应该」「应当」「可能」은「很」이 직접 수식할 수 있고「敢」「肯」「很」「会」「能」「能够」「可以」등은 뒤에 동사가 있어야「很」이 수식할 수 있으며,「要」「该」「得」「配」등은「很」이 수식할 수 없음. ¶~应当yīngdāng | 아주 당연하다. ¶~会唱 | 아주 잘 부른다. ¶~要写(×) ¶~该做(×) ¶~得去(×) ¶~配说(×) ⓒ「很」은 동사 중 사람의 정서·태도·이해·평가·상태 등을 나타내는 심리활동 동사만 수식할 수 있음. 단 심리활동 동사라 하더라도「热爱」와 같이 그 자체가 일정한 정도를 나타내는 경우에는「很」이 수식할 수 없음. ¶~喜欢xǐhuān | 매우 좋아하다. ¶~愿意yuànyì | 매우 원하다. ¶~用功yònggōng | 매우 열심히 하다. ⓓ 어떤 동사는 단독으로「很」의 수식을 받을 수 없지만, 목적어(賓語)를 가진 후에는 동목구조

(動賓結構) 전체가「很」의 수식을 받을 수 있음. ¶～讲(×) ¶～讲道理 | 이치에 대해 매우 잘 따지다. ¶～有意思〔兴趣, 可能, 必要〕| 매우 재미〔흥미, 가능성, 필요〕가 있다. ¶～受欢迎huānyíng | 매우 환영을 받다. ⓔ「得」나「不」가 쓰인 결과보어나 방향보어를 가지고 있는 동사 중, 태도·정서·평가·감정 등을 나타내는 동사는「很」이 수식할 수 있음. ¶～看得起 | 아주 잘 보아 줄 수 있다. ¶～看不起 | 매우 얕보다. ¶～拿不住 | 매우 꽉 잡을 수 없다. ⓕ「很」이 동사를 수식하고 동사가 뒤에 수량사(數量詞)를 가지고 있을 때 수사는「一」「两」「几」만 올 수 있음. ¶～认识几个人 | 몇 사람을 매우 잘 안다. ¶～费了一番心血 | 한 차례의 심혈을 몹시 쏟았다. ¶～有两下子 | (기술 등을) 두 가지나 가지고 있다. 어법 ⓐ「不」의 수식을 받은 형용사나 동사 앞에 쓰임. ¶～不小 | 매우 작지 않다. ¶～不简单jiǎndān | 간단하지 않다. 대단하다. ⓑ「不大」「不重」「不复杂」「不粗心」「不马虎」「不反对」등은「很」이 수식할 수 없음. ¶～不大(×) ¶～小 | 매우 작다. ¶～不重(×) ¶～轻 | 매우 가볍다. 어법 ⓐ 일부의 형용사나 동사 뒤에「得」를 동반하고 정도보어(程度補語)로 쓰임. ⓑ 현대 표준 중국어에「得很」앞에 쓰일 수 있는 형용사나 동사는 많지 않음. ¶好得～ | 매우 좋다. ¶仔细得～ | 매우 자세하다. ¶帮忙得～(×) ¶说明问题得～(×) ‖ =〔狠⑥〕

【很菜】hěn cài 狀 俗 台 아주 나쁘다. 형편없다. ¶我的英文～ | 내 영어는 형편없다 =〔很糟糕zāogāo〕〔很坏huài〕〔台 很烂làn〕

【很多】hěn duō 數 量 ❶ 매우 많다 [「很」을 강하게 발음함] ❷ (한정어로서) 많다. ¶有～人同意tóngyì | 많은 사람이 찬성하다. ❸ (「的」를 동반하여) 매우 많다. ¶有～的人同意 | 매우 많은 사람이 찬성하다.

【很久】hěnjiǔ 名 아주 오랜 시간.

【很酷】hěn kù 狀 俗 台 냉혹하다. 아주 차다 [「酷」는「cool」의 음역]

【很烂】hěn làn ⇒〔很菜〕

【很驴】hěn lǘ 狀 俗 台 둔하다. 바보스럽다. ¶你真是～ | 넌 정말 바보스럽다.

【很少】hěn shǎo 狀 ❶ 매우 적다 [「很」을 강하게 발음함] ¶～在家里 | 집에 있는 일이 매우 드물다. ❷ (한정어로서) 적다. ¶～人敢说 | 용감하게 말하는 사람이 적다. ❸ (「的」를 동반하여) 매우 적다. ¶～的人肯去 | 얼마 안되는 사람만이 가려고 했다.

【很逊】hěn xùn 狀 俗 台 몹시 빼어나다. 훌륭하다. 잘 어울린다. ¶你穿这衣服看来～ | 네가 이 옷을 입으니, 아주 빼어나 보인다.

【很跩】hěn zhuǎi 狀 俗 台 득의양양해 하다. 자신만만해 하다.

3【狠】hěn 사나울 한
❶ 形 모질다. 잔인하다. 악독하다. ¶下～手 | 잔인한 짓을 하다. ¶～人 | 모진 사람. ❷ 副 단호히. 격렬히. ¶～～地打击dǎjī敌人 | 격렬히 적을 무찌르다. ❸ 전력으로. 필사적으로. ¶～命↓ ❹ 動 (억지로 마음을) 누르다. 다잡다. 다지다. ¶一～ 二～地 | 거듭 마음을 다지고. ¶～着心把泪止住 | 마음을 다잡고 눈물을 삼키다. ❺ 분개하다. 성을 내다. ¶发～ | 분개하다. ❻ 조기백화(早期白話)에서는「很」과 같이 사용됨 ⇒〔很hěn〕

【狠巴巴】hěnbābā 狀 독살스럽다. 심사 사납다.

【狠打】hěndǎ 動 매섭게〔호되게〕 때리다. 통타(痛打)하다.

4【狠毒】hěndú 形 잔인하다. 악독하다. 흉악하다. 표독하다. ¶用心yòngxīn～ | 마음 씀이 잔인하다 =〔很hěn毒〕

【狠狠(儿)地】hěnhěn(r) 副 잔인하게. 호되게. 매섭게. ¶恶～骂 | 호되게 욕하다. ¶～打两拳 | 매섭게 두 대 때리다 =〔很很(儿)地〕

【狠劲儿】hěnjìnr ❶ 名 견인 불발(堅忍不拔). 불굴의 정신. ❷ 名 잔인성. ❸ (hěn/jìn(r)) 動 힘을 들이다. ¶甩shuǎi了鞭子, ～打大猪 | 채찍을 휘두르며 큰 돼지를 힘껏 때리다.

【狠骂】hěnmà 動 호되게〔모질게〕 욕하다. ¶把他～了一通 | 그를 한차례 호되게 욕하다.

【狠命】hěn/mìng 動 方 온 힘을 다하다. 필사적으로 …하다. 죽기내기로 …하다. ¶～地跑pǎo | 온 힘을 다해 달리다. ¶～一咬yǎo | 죽어라고 꽉 물다 =〔拼pīn命〕

4【狠心】hěn/xīn ❶ 動 모질게 마음 먹다. ❷ (hěnxīn) 形 모질다. 잔인하다. ¶这个人非常～ | 이 사람은 매우 모질다. ❸ (hěnxīn) 名 잔인한 마음.

【狠抓】hěnzhuā 動 ❶ 힘껏〔단단히〕 쥐다〔붙잡다〕. ❷ 있는 힘을 다하다. 전력 투구하다.

【狠揍】hěnzòu 動 호되게〔실컷〕 때리다. ¶挨āi他们的～ | 그들에게 호되게 얻어 터졌다. ¶把那俩小子～了一顿 | 그 두아이를 한차례 호되게 때렸다.

hèn ㄏㄣˋ

2【恨】hèn 한할 한, 뉘우칠 한
❶ 動 미워하다. 원망하다. 증오하다. ¶人都～他 | 사람들은 다 그를 증오한다. ❷ 動 (유감스럽게) 생각하다. 후회하다. ¶～事↓ ❸ 名 원망. 후회. ¶怀huái～ | 원한을 품다.

3【恨不得】hèn ·bu ·de 動 …못하는 것이 한스럽다. 간절히 …하고 싶다. ¶～很好地了解美国的情况 | 미국의 상황을 잘 모르는 것이 한스럽다. ¶～马上就去见他 | 즉시 가서 그를 만나지 못하는 것이 안타깝다 =〔恨不能〕

【恨不能】hèn ·bunéng ⇒〔恨不得〕

【恨海难填】hèn hǎi nán tián 成 깊은 원한을 풀 길 없다.

【恨恨】hènhèn 狀 한탄하다. 한이 가득하다. 한스럽다.

【恨事】hènshì 書 名 한스러운 일. 원통한 일. 안타까운 일. 유감스러운 일.

【恨天怨地】hèn tiān yuàn dì 成 하늘과 땅을 원망하다. 자신의 불운을 몹시 원망하다.

【恨铁不成钢】hèn tiě bù chéng gāng 諺 무쇠가

강철로 되지 못함을 안타까워하다. 훌륭한 인재가 되지 못할까봐 안타까워하다. ¶他们批评pīpíng你, 不是打击dǎjī你, 而是～, 希望xīwàng你克服缺点quēdiǎn, 很好地进步jìnbù | 그들이 너를 비판하는 것은 너에게 타격을 주자는 것이 아니고, 네가 훌륭히 되지 못하는 것을 안타까워하며 네가 결점을 고치고 빨리 발전하기를 바라기 때문에서이다.

【恨透】hèntòu 動 몹시 원망하다. ¶农民们地主～了 | 농민들은 그들의 지주를 매우 원망했다 =〔恨死sǐ〕

【恨之入骨】hèn zhī rù gǔ ⇒〔恨入骨髓suǐ〕

hēng ㄏㄥ

【亨】 **hēng 형통할 형**
❶ (잘) 통하다. 순조롭다. 거침없다. ¶～通↓ ❷ ⇒〔亨利〕 ❸ (Hēng) 名 성(姓).

【亨利】hēnglì 名 外〈物〉헨리(henry).

【亨通】hēngtōng 賦 형통하다. 순조롭다. ¶万事wànshì～ | 만사가 형통하다 ¶老李是官运guānyùn～啊 | 이형은 관운이 순조롭다 =〔顺利shùnlì〕

2【哼】 **hēng hng 겁낼 형**

Ⓐ hēng ❶ 動 신음하다. 끙끙거리다. ¶病人bìngrén直～～ | 환자가 계속 신음하다. ❷ 動 흥얼거리다. 콧노래부르다. ¶一面走, 一面～着民歌míngē | 한편으로 걸어가면서 한편으로 민요를 흥얼거리다. ❸ 動 (가볍게 응하고) 대답하다. ¶不敢～一声 | 감히 응하고 대답하지 못하다. ❹ 擬 힝. 흥 [불만을 나타내거나 코를 푸는 소리] ¶～, 你配吗? | 흥, 네가 자격이 있는가? ❺ 擬 응 [가볍게 대답하는 소리] ¶～, 对了 | 응, 그렇지.

Ⓑ hng 嘆 흥! 허! [불만·의혹·증오·경멸 등을 나타냄] ¶～!, 谁信你的! | 흥, 누가 너를 믿겠니!

【哼哧】hēngchī 擬 헐떡헐떡. 헐레벌떡 [숨을 가쁘게 몰아쉬는 소리] ¶骡子luózi累得～～地喘气 | 노새가 지쳐 헐떡거리다.

【哼哈二将】Hēng Hā èr jiàng 名 ❶〈佛〉인왕(仁王). ❷ 喻 권세가(權勢家)의 세력을 믿고 행패부리는 두 앞잡이. ❸ 喻 서로 결탁하여 나쁜 짓을 하는 두 사람. ¶你们成了他的～ | 너희들은 그의 앞잡이가 되었다.

【哼哼】hēng·heng 動 끙끙거리다. 흥얼거리다. ¶他疼得直～ | 그는 아파서 줄곧 끙끙거린다.

【哼哼啊啊】hēng·hēng'ā'ā 擬 웅얼웅얼. 꿍얼꿍얼 [입속말로 중얼거리는 소리]

【哼哼唧唧】hēng·hēngjījī 擬 ❶ 흥얼흥얼. 우물우물. 웅얼웅얼 [입속에서 중얼거리는 소리] ¶～地使人冒火 | 우물우물거려서 사람의 부아를 돋군다. ❷ 끙끙 [고통으로 신음하는 소리]

【哼唧】hēng·ji 動 흥얼거리다. 읊조리다. ¶～歌儿 | 낮은 소리로 노래를 흥얼거리다.

【哼儿哈儿】hēngrhār 嘆 응응 [관심을 가지지 않고 대답하는 소리] ¶一天到晚～的 | 왼종일 무관심하게 응응 대답한다. ¶别人说话, 你～的, 到底懂了没有 | 다른 사람이 말을 할때, 너는 응응 하는데, 도대체 알아 들은거니? =〔哼哈〕

【哼唷】hēngyō 嘆 어(기)여차. (어)영차 [힘을 합쳐 한 가지 일을 할 때 기운을 돋구려고 함께 내는 소리] =〔杭hángˊ唷〕

héng ㄏㄥˊ

【行】 **héng** ☞ 行 xíng Ⓓ

【桁】 **héng háng hàng 도리 형, 차꼬 항**

Ⓐ héng 名〈建〉도리 =〔桁条〕〔檩lǐn条〕〔檩子〕

Ⓑ háng ⇒〔桁杨yáng〕

Ⓒ hàng 書 名 고대의 옷걸이.

【桁架】héngjià 名〈建〉트러스(truss). 구형. ¶～桥qiáo | 트러스교.

【桁杨】hángyáng 족가(足枷). 차꼬 [발목에 채우는 칼로 형구의 일종]

【珩】 **héng háng 노리개 형**

Ⓐ héng 書 名 장식용 옥(玉) [주로 인명에 쓰임]

Ⓑ háng ⇒〔珩磨〕

【珩床】hángchuáng 名〈機〉호닝반(horning盤).

【珩磨】hángmó 名〈工〉호닝(horning).

【姮】 **héng 항아 항**
⇒〔姮娥〕

【姮娥】Héng'é 書 名〈神〉항아. 상아(嫦娥) [월궁(月宮)에 산다는 선녀]

4【恒】 **héng 늘 항, 항구 항**
❶ (오래도록) 변함없다. 영원하다. 꾸준하다. ¶永～ | 영구하다. ¶～心↓ ❷ 평상의. 보통의. 늘. 항상. ¶～言 | 보통 하는 말. ❸ 書 名 불변의 마음. 항심. ¶持之以～ | 成 항심을 가지고 견지해 나가다. ❹ 名 항괘(恒卦) [64괘 중의 다섯째] ❺ (Héng) 名〈地〉항산(恒山) [하북(河北)에 있는 오악(五嶽) 중의 북악(北嶽)] ❻ (Héng) 名 성(姓).

【恒产】héngchǎn 名 ❶ 부동산(不動産) =〔不动产〕 ❷ 생업(生業). 항산.

【恒齿】héngchǐ 名〈生理〉영구치 =〔恒牙yá〕〔成齿chéngchǐ〕

【恒等式】héngděngshì 名〈數〉항등식 =〔恒方程式〕

【恒定】héngdìng 形 항구불변하다. 항상 일정하다. ¶光度guāngdù不～的星体 | 광도가 일정하지 않은 별.

【恒河】Hénghé 名〈地〉갠지즈 강. 항하(恒河).

【恒河沙数】Héng hé shā shù 成 갠지즈 강의 무수한 모래. 무한히 많은 수량. ¶这不过是～ | 이는 강가의 무수한 모래에 불과하다 =〔簡 恒沙〕

【恒久】héngjiǔ 書 名 形 항구(하다). 영원(하다). 영구(하다). ¶～不变 | 영원토록 변치 않다 =〔持久〕〔永久〕

【恒量】héngliàng ⇒〔常cháng量〕

【恒山】Héngshān 名〈地〉항산 [산서성(山西省) 동북부에 있는 산. 오악(五岳)의 하나] =〔北岳〕→〔五岳〕

【恒温】héngwēn 名 항온. 상온(常溫). 정온(定

温). ¶～动物 | 항온 동물.
【恒心】héngxīn 書 名 항심. 변함없는 마음. ¶学外语要有～ | 외국어를 배우려면 변함없는 마음이 있어야 한다.
4【恒星】héngxīng 名〈天〉항성. ¶～天文学 | 항성 천문학.
【恒星年】héngxīngnián 名〈天〉항성년.
【恒星日】héngxīngrì 名〈天〉항성일.
【恒星系】héngxīngxì 名〈天〉항성계.
【恒星月】héngxīngyuè 名〈天〉항성월.

3【横】héng hèng 가로 횡, 방자할 횡

Ⓐ héng ❶ 가로의. 횡의. ¶～额é | 가로 건 현판 ⇔〔竖shù①〕〔直③〕 ❷ (지리상의) 동서의 방향. ¶～渡dù↓ ⇔〔纵zōng①〕 ❸ 좌(左)에서 우(右) 또는 우(右)에서 좌(左)의 방향. ¶～写↓ ¶一队飞机～过我们的头顶tóudǐng | 비행기 일개 편대가 우리 머리 위를 가로 질러 갔다 ⇔〔竖shù①〕〔直③〕〔纵zōng①〕 ❹ 물체의 긴 변(邊)과 수직이 되는것. ¶人行～道 | 횡단 보도. ❺ (종횡으로) 난잡하다. 너저분하다. ¶眼泪yǎnlèi～流 | 눈물이 뒤범벅되어 흐르다. ❻ 불합리하다. 부당하다. 난폭하다. ¶～行霸道↓ 어법「横hèng」과 뜻이 비슷하지만 성어(成語)나 문어에만 쓰임. ❼ 動 (물건을) 가로(로) 놓다. ¶把板凳bǎndèng儿～在门口 | 걸상을 문입구에 가로로 놓다. ❽ 動 方 맞서다. 반항하다. ¶跟我～着来是怎么着? | 나에게 맞서면 어쩌자는 거냐? ❾ (～儿) 名 한자의 가로획 [「一」을 가리킴] ¶「王」字是三～一竖 | 「王」자는 가로획 셋과 세로획 하나로 되어 있다. ❿ 副 아마. 대체로. ¶今天下雨, 他～不来了 | 오늘 비가 와서, 그는 아마 오지 않을 것이다 ＝〔横是shì〕 ⓫ (Héng) 名 성(姓).
Ⓑ hèng ❶ 形 도리를 벗어나다. 방자하다. 흉포하다. ¶发～ | 횡포하다. ¶这个人说话很～ | 이 사람은 말하는 것이 매우 방자하다. ❷ 뜻밖의. 심상찮은. 불길한. ¶～死sǐ↓
Ⓐ héng
【横比】héngbǐ 名 횡적 비교 [주로 공간적인 측면]
【横波】héngbō ❶ 名〈物〉횡파. ❷ (여자가) 눈빛을 흘기다.
【横冲直撞】héng chōng zhí zhuàng 威 ❶ 제멋대로 날뛰다. 좌충우돌하다. ¶他骑着摩托车mótuōchē～ | 그가 오토바이를 타고 좌충우돌하다. ❷ 종횡무진 돌진하다. ‖＝〔横冲直闯chuǎng〕〔横行直撞〕〔奔bēn突①〕〔直冲横撞〕
【横穿】héngchuān 動 옆으로 꿰뚫다. 횡단(横斷)하다. ¶这条公路～上海市 | 이 도로는 상해시를 가로지른다.
【横笛】héngdí 名〈音〉횡적. 저.
【横渡】héngdù 動 (강·하천·바다 등을) 횡단하다. ¶～洛东江 | 낙동강을 건너다.
【横断】héngduàn 動 횡으로 자르다. ¶～面积miànjī | 단면적.
【横断面】héngduànmiàn ⇒〔横剖pōu面〕
【横队】héngduì 名 횡대. ¶四列～ | 사렬횡대.
【横放】héngfàng 動 눕히다. 가로 놓다.
【横飞】héngfēi 動 ❶ 자유로이 날다. ¶大雁～ | 큰 기러기가 자유로이 날다. ❷ 산지 사방으로 튀다〔날다〕.
【横幅】héngfú ❶ ⇒〔横披pī〕 ❷ 名 가로 쓴 프랭카드·구호판 등.
【横膈膜】hénggémó ⇒〔膈膜〕
【横亘】hénggèn 動 (다리·산맥 등이) 가로 놓여 있다. 횡으로 누워 있다. ¶长江chángjiāng大桥～在长江上 | 장강대교가 양자강 위에 가로 놓여 있다.
【横贯】héngguàn 動 횡관하다. 가로 꿰뚫다〔지르다〕. ¶京乌铁路～中国北部 | 경오선 철도는 중국 북부를 가로 지른다. ¶～公路 | (대만의) 동서관통도로.
【横行】ⓐ hénghána 名 가로줄. ¶～文字 | 횡문자. 서양문자 ⇔〔直行〕
ⓑ héngxíng 動 ❶ 제멋대로 행동하다. 횡포한 짓을 하다. ¶～无忌jì | 威 아무 거리낌없이 횡포한 짓을 하다. ¶～天下 | 천하를 횡행하다 ＝〔書 衡héng行〕 ❷ 옆으로 걷다. 모로가다. ¶螃蟹pángxiè～ | 게가 옆으로 걷다.
【横加】héngjiā 動 마음대로〔마구잡이로〕…하다. 터무니없이〔마구〕…하다. ¶～干涉gānshè | 마구 간섭하다. ¶～阻拦zǔlán | 무턱대고 가로막다. ¶～攻击gōngjī | 마음대로 공격하다. ¶～威吓辱骂 | 마구 협박하고 모욕하다. ¶这件事他没有作错, 你这样～指责是不对的 | 이 일은 그가 잘못한 것이 아니니, 네가 이렇게 터무니없이 나무라는 것은 잘못된 것이다.
【横结肠】héngjiécháng 名〈生理〉횡행 결장.
【横空】héngkōng 動 하늘에 걸려있다. ¶彩虹cǎihóng～ | 무지개가 하늘에 걸려있다.
【横跨】héngkuà 動 ❶ 가로 걸쳐있다. ¶一道彩虹～天际tiānjì | 무지개가 하늘가에 가로 걸려있다. ❷ 강·하천 등을 건너다. ❸ 뛰어 넘다.
【横了心】héng·lexīn ❶ 성이 나서 앞뒤를 가리지 않다. ¶他这回是～了 | 그가 이번에는 앞뒤를 가리지 않았다. ❷ 마음을 가다듬다.
【横梁】héngliáng 名 ❶〈建〉도리. 대들보. ❷〈機〉보링 머신(boring machine)으로 깎아낸 V자형의 홈 ＝〔横刀架dāojià②〕
【横流】héngliú 動 횡류하다. 물이 넘치다.
【横眉】héngméi 書 動 화난〔사나운〕 눈초리를 하다. ¶～竖眼shùyǎn＝〔横眉立目〕〔横眉怒nù目〕〔横眉努nǔ目〕〔横眉瞪dèng眼〕 | 威 화가 나서 눈을 부라리다.
【横批】héngpī 名 ❶ 횡서(横書). ❷「春chūn联」과 한 조가 되는「横轴」(횡축)·가로로 된 액자 따위→〔对duì联(儿)〕
【横披】héngpī 名 가로폭 서화 ＝〔横幅fú①〕〔横儿②〕
【横剖面】héngpōumiàn 名 횡단면 ＝〔横断duàn面〕〔横切qiē面〕
【横七竖八】héng qī shù bā 威 어수선하게 흩어져 있다. 혼잡하다. 어지럽다 ＝〔横三竖四〕

【橫切】héngqiē 動 가로 썰다. 가로 베다. ¶～锯jù | 동가리톱. ¶～面图miàntú | 횡단면도.
【橫肉】héngròu 名 흉악한 얼굴(근육). ¶一脸～＝[满面横肉] | 온 얼굴이 흉악한 인상. 인상이 흉악하다.
【橫扫】héngsǎo 動 소탕하다. 일소하다. 섬멸하다. ¶～千军 | 대량의 적군을 섬멸하다.
【橫生】héngshēng ❶ 動 뒤얽혀 무성하게 자라다. ¶蔓草wàncǎo～ | 덩굴풀이 뒤엉켜 무성하게 자라다. ❷ 動 뜻밖에 생기다. ¶～枝节 | 成 뜻밖에 지엽적인 문제가 발생하다. ¶～是非 | 뜻밖에 시비거리가 생기다. ¶～转折 | 뜻하지 않던 곡절이 도중에 생기다. ❸ 動 끊임없이 나타나다. 연이어 출현하다. ¶妙论～ | 훌륭한 이론이 계속해서 나오다. ❹ 書 名 (인류 이외의) 만물.
【橫是】héng·shi 副 方 아마. 대개. ¶～要下雨了 | 아마 비가 올 것 같다. ¶他～要被开除kāichú了 | 그는 아마 해고당할 것이다.
【橫说竖说】héng shuō shù shuō 成 ❶ 몇번이고 말하다[설득하다]. ❷ 횡설수설하다. 이런말 저런말 마구 지껄이다. 되는대로 지껄이다.
【橫死】ⓐ héngsǐ 動 횡사하다. 뜻 밖의 재난을 당하여 죽다. ¶～街头 | 거리에서 횡사하다.
ⓑ hèngsǐ 名 動 횡사(하다).
【橫躺竖卧】héng tǎng shù wò 成 함부로 흩어져 있다. 아무렇게나 널려져 있다.
【橫挑鼻子竖挑眼】héngtiāo bí·zi shùtiāo yǎn 諺 콩이니 팥이니 하며 가리다. 남의 흠을 마구 들추어 내어 흉보다＝[挑鼻弄眼]
【橫纹肌】héngwénjī 名〈生理〉횡문근(橫紋筋)＝[横纹筋jīn][骨格gǔgé肌][随意suíyì肌]
【橫卧】héngwò 動 가로 눕다. 가로 뉘다. ¶他～在地上 | 그는 땅 위에 가로로 누워있다.
【橫屋】héngwū 名 (주방곁에 달려 있는) 식사하는 방 [남방의 가옥에 많음]
【橫线】héngxiàn 名 횡선. 언더 라인(under line).
【橫向】héngxiàng 副 옆으로. 가로. ¶搞gǎo～联合liánhé | 가로로 연합을 하다.
【橫斜】héngxié ❶ 形 가로 비탈지다[기울다]. ❷ 名 비탈. 경사(傾斜).
【橫写】héngxiě 動 가로 쓰다. ¶～也可以 | 가로 써도 된다.
【橫心】héng/xīn ❶ 動 마음을 다잡다. 모진 마음을 먹다. 마음을 굳게 먹다. 결심을 다지다. ¶为了光复祖国, 她横了心只好别离了孩子们 | 조국의 광복을 위하여 그녀는 모진 마음을 먹고 아이들과 헤어질 수 밖에 없었다. ❷ (héngwīn) 결심. ¶下～ | 결심하다.
4【橫行】héngxíng ☞ [横行] hénghàng ⓑ
【橫行霸道】héng xíng bà dào 成 잔악무도한 짓을 횡행하다. 제멋대로 날뛰다＝[强qiáng横霸道][强凶xiōng霸道]
【橫痃】héngxuán 名〈醫〉가래톳＝[便毒biàndú][鱼yú口疮]
【橫遭】ⓐ héngzāo 動 부당하게 …을 당하다. ¶～迫害pòhài | 부당하게 박해를 당하다. 뜻밖의 재난을 만나다.
ⓑ hèngzāo 動 불행한 일을 당하다.
【橫征暴敛】héng zhēng bào liǎn 成 터무니없이 무거운 세금을 징수하다. 가렴주구(苛斂誅求)하다. ¶统治者～, 老百姓怨声载道 | 통치자가 가렴주구하니, 백성들의 원성이 자자하다＝[横赋fù暴敛][横科kē暴敛]
【橫直】héngzhí 副 方 어쨌든. 아뭏든＝[横竖shù ①]
【橫坐标】héngzuòbiāo 名〈數〉가로좌표.
Ⓑ hèng
【橫霸霸的】hèngbàbà·de 貶 매우 횡포하다
【橫暴】hèngbào 形 횡포하다.
【橫财】hèngcái 名 (부당한 방법을 써서) 의외로 얻은 돈. 횡재.
【橫祸】hènghuò 名 뜻밖의 재난＝[横灾zāi]
【橫蛮】hèngmán 形 (태도가) 난폭하다.
【橫逆】hèngnì 書 名 횡포한 행위. 무리한 처사.
【橫声橫气】hèngshēnghèngqì 貶 오만무례하게 소리지르다. 함부로 소리지르다.
【橫事】hèngshì ☞ [横事] héngshì ⓑ
【橫死】hèngsǐ ☞ [横死] héngsǐ ⓑ

3【衡】héng 저울 형, 달 형
❶ 名 저울. 저울대 [중량을 재는 기구의 통칭]→[秤chèng] ❷ 動 (무게를) 달다. ¶～其轻重qīngzhòng | 그 무게를 달다. ❸ 動 (좋고 나쁨을) 따져보다. 판정하다. 평정하다. ¶～情道理 | 세상의 도리에 비추어 생각하다. ❹ 名 혼천의(渾天儀)의 굴대목. ❺ 名 수래채 끝의 횡목. ❻ (Héng) 名〈地〉형산(衡山) [호남(湖南)성에 있는 산으로 5악(嶽)의 하나]＝[衡山][南岳yuè] ❼ (Héng) 名 성(姓).
【衡量】héng·liang 動 ❶ 따져보다. 판단하다. 평가하다. 가늠하다. ¶～得失déshī | 득실을 따져보다. ¶～好坏hǎohuài | 좋고 나쁨을 평가하다. ❷ 고려하다. 짐작하다. ¶你～一下这件事该怎么办 | 너는 이 일을 어떻게 해야 할지 한 번 고려해 보아라.
【衡门深巷】héngmén shēn xiàng 成 누추하고 편벽된 곳. ¶～有好酒 | 편벽된 곳에 좋은 술이 있다.
【衡器】héngqì 名 형기. 물건의 무게를 다는 기구.

【蘅】héng 두형초 형
⇒[杜dù蘅]

hèng ㄏㄥˋ

【橫】hèng ☞ 横 héng Ⓑ

hng⁻ ㄏㄫ

【哼】hng⁻ ☞ 哼 hēng Ⓑ

hōng ㄏㄨㄥ

4【哄〈閧閧〉】hōng hǒng hòng 떠들썩할 홍
Ⓐ hōng ❶ 擬 와 [웃거나 떠드는 소리] ❷ 形 떠들썩하다. 왁자지껄하다. ¶～堂大笑 | 집이 떠들

썩하게 크게 웃다.
Ⓑhǒng 動❶(거짓말로) 속이다. 기만하다. ¶不要～我 | 나를 속이지 마. ❷(어린 아이를) 달래다. 구슬리다. 어르다. ¶～孩子 | 어린애를 달래다. ❸(교묘한 말로) 환심을 사다. 아첨하다.
Ⓒhòng 動❶(여러 사람이 왁자지껄) 떠들다. ¶一～而散 | 한바탕 왁자지껄 떠들썩하고 흩어지다. ❷농담을 하다. 놀리다. ¶大家把他～得脸都红了 | 모두가 그를 놀리니 얼굴이 온통 새빨개졌다.
Ⓐhōng
【哄传】hōngchuán 動(소문이) 떠돌다. 떠들썩하게 전해지다. ¶消息xiāoxī～全城 | 소식이 온 성안에 떠들석하게 퍼지다.
【哄动】hōngdòng ⇒〔轰hōng动〕
【哄抢】hōngqiǎng 名動 강탈(하다). ¶贪官污吏～粮食 | 탐관오리가 양식을 강탈하다.
【哄然】hōngrán 朕 와하고 소리지르다. 한꺼번에 떠들다. ¶～大笑 | 여러 사람이 와아 하고 한꺼번에 크게 웃다. ¶舆论yúlùn～ | 여론이 떠들썩하다.
【哄抬】hōngtái 動 옛날 투기업자들이 앞다투어 물가를 올리다. ¶不法商人～物价 | 불법상인들이 앞다투어 물가를 올리다.
【哄堂大笑】hōng táng dà xiào 威 동시에 웃음보를 터뜨리다. 함께 박장대소하다.
【哄笑】hōngxiào 動 떠들썩하게 웃어대다.
Ⓑhǒng
【哄弄】hǒng·nòng 動 ⑤❶어르다. 달래다. 놀리다. ¶拿他当小孩子～ | 그를 어린애 달래듯하다. ❷속이다. ¶～人 | 남을 속이다.
【哄骗】hǒngpiàn 動(거짓말로)속이다. 기만하다 ¶别～人了! | 남을 속이지 마! ＝〔骗哄〕
【哄人儿】hǒngrénr ❶動(사람을)즐겁게〔기쁘게〕하다. 환심을 사다. ¶这不是～吗? | 이것이 사람을 즐겁게 하는 것이 아닙니까? ❷動 사랑스런 말을 하다. ❸形(말이)사랑스럽다. 즐겁고 재미있다.
【哄住】hǒngzhù 動 속(이)다. ¶老兄, 这是哄人家的, 怎么连你都被～了 | 여보게 이건 남을 속이려는 것인데, 어떻게 자네까지도 속았는가.

4【烘】hōng 불에쬐어말릴 홍
動❶(불에) 쬐다. 말리다. 굽다. 덥히다. ¶～焙bèi↓ ¶～手 | 손을 불에 쬐다. ¶～屋子 | 방을 덥게 하다→〔烤kǎo〕 ❷(색을) 바림하다. 돋보이게 하다. 부각시키다. ¶画huà山水画, 用淡墨～出远山 산수화를 그릴 때는 엷은 먹으로 먼산을 부각시킨다.
【烘焙】hōngbèi 動(찻잎·담뱃잎 등을 불에) 말리다. ¶～茶叶cháyè | 차를 말리다. ¶～烟yān叶 | 담배를 말리다.
【烘衬】hōngchèn ⇒〔烘托tuō〕
【烘干】hōnggān 動 불에 (쬐어) 말리다. ¶把湿衣服yīfú～ | 젖은 옷을 불에 쬐어 말리다.
【烘烘】hōnghōng 朕❶뜨끈뜨끈하다. 후끈후끈거리다. ¶热气rèqì～ | 열기가 확 풍기다. ❷활활 타오르다. 훨훨 타다. ¶～地燃烧ránshāo着 | 활활 타오르고 있다. ❸왕성하다. 성행하다. ¶会场里一片闹nào～的 | 회의장 안이 온통 떠들썩 하다 ＝〔轰轰hōng②〕
【烘烤】hōngkǎo 動 불에 굽다 ＝〔烘炙zhì〕
【烘篮(儿)】hōnglán(r) 名 화로를 담아두는 대바구니 ＝〔⑤烘笼lóng(儿)②〕〔⑤火笼(儿)〕
【烘笼(儿)】hōnglóng(r) ❶名(옷을 말리기 위해 난로에 씌우는) 참대나 싸리 등으로 만든 바구니. ❷⇒〔烘篮lán(儿)〕
【烘山芋】hōngshānyù 名 ⑤〈食〉군 고구마
【烘托】hōngtuō 動❶묵(墨)이나 엷은 색으로 윤곽을 바림해서 형체를 두드러지게 하는〔중국 화법(畫法)의 하나〕❷轉 돋보이게〔드러나게〕하다. 부각시키다. ¶～出小说的主题 | 소설의 주제를 부각시키다 ‖ ＝〔烘衬chèn〕
【烘箱】hōngxiāng 名❶오븐(oven). ❷건조기.
【烘云托月】hōng yún tuō yuè 威 주위의 구름에 색을 칠해 달을 더욱 두드러지게 하다. 정면적인 묘사가 아니라 측면적인 서술로 주제를 두드러지게 하다. ¶这段文字～, 有力地突出了主题 | 이 문장은 측면적인 서술로 주제를 두드러지게 하여, 분명하게 주제를 부각시켰다→〔烘托tuō〕

4【轰(轟)〈揈₅〉】hōng 울릴 굉
❶擬 쿵. 쾅. 우르르. 꽈당 [천둥·폭음 등의 소리] ¶突然～的一声, 震得山鸣谷应 | 갑자기 꽝하는 소리가 나며, 산과 골짜기를 진동시켰다. ❷動(대포를) 쏘다. 폭격하다. 폭파하다. ¶炮pào～敌舰díjiàn | 적함을 포격하다. ❸動(천둥이) 치다〔울리다〕. ¶雷léi～电闪diànshǎn | 천둥이 치고 번개가 번쩍인다. ❹⇒〔轰轰hōng〕 ❺動 내쫓다. 쫓아 버리다. ¶～苍蝇cāngyíng | 파리를 쫓아버리다. ¶把猫māo～出去! | 고양이를 내쫓아버려!
【轰出去】hōng·chū·qù 動組❶쫓아내다. 몰아내다. ¶把他～! | 그를 쫓아내라! ❷罵 나가 꺼져! ¶快给我～! | 썩 나가 꺼지거라! ‖ ＝〔䡫hōng出去〕
4【轰动】hōngdòng 動 뒤흔들다. 진동시키다. 파문을 일으키다. 센세이션을 일으키다. ¶～一时 | 한때 세상을 뒤흔들어 놓다. ¶韩国商品展览会～了整个中国 | 한국 상품 전람회는 전 중국에 센세이션을 일으켰다. ¶引起yǐnqǐ～ | 센세이션을 일으키다 ＝〔哄hōng动〕→〔惊jīng动〕
【轰赶】hōnggǎn 動 몰다. 부리다. ¶～着毛驴耕了两遭地 | 당나귀를 부려 두 차례 밭을 갈았다.
【轰轰】hōnghōng ❶擬 왁자지껄. 와글와글. ❷朕 성대하다. 왕성하다. ¶乱～ | 매우 어지럽다. ¶怒～ | 몹시 화를 내다. ¶臭chòu～ | 대단히 구리다 ＝〔烘烘③〕 ❸擬 우르르 [수레가 여럿이 한번에 내닫는 소리] ❹擬 콸콸 [물이 급히 쏟아지는 소리] ❺擬 우르릉. 쿵쾅 [대포·우뢰 등이 요란스럽게 울리는 소리]
4【轰轰烈烈】hōnghōng lièliè 朕 기백이나 기세가 드높다. 장렬하다 ¶开展一场～的读书运动 | 기세 높은 독서운동을 한차례 전개하다 ＝〔烈烈轰轰〕
【轰击】hōngjī 名動❶폭격(하다). ¶～敌人阵地

zhèndì | 적의 진지를 폭격하다. ❷〈物〉충격(을 주다).

【轰开】hōngkāi 動 쫓아내다. 몰아내다. ¶用炮~敌军 | 대포로 적군을 몰아내다.

【轰隆】hōnglōng 擬 쾅. 쿵쿵. 우르르. 덜커덕덜커덕. 꽈르릉 [천둥·폭음·수레 등의 소리] ¶列车~地前进 | 열차가 덜커덕거리며 나아가다.

【轰鸣】hōngmíng 動 요란스럽게(우렁차게) 울리다. ¶马达~ | 모터가 요란스레 울리다.

【轰然】hōngrán 狀 와하다. 와자지껄하다. 웅성거리다. ¶听众tīngzhòng~大笑 | 청중이 와하고 크게 웃었다.

【轰人】hōng/rén 動 ❶ 사람을 공격하다. ❷ 사람을 내쫓다.

【轰塌】hōngtā 動 ❶ 폭파하여 무너뜨리다. ❷ 폭격에 넘어지다.

【轰天动地】hōng tiān dòng dì 成 천지를 뒤흔들다. ¶发生了~的大事 | 천지를 뒤흔들 큰 일이 발생했다.

[4]【轰炸】hōngzhà 名 動 폭격(하다). ¶~瞄准具 | 폭격 조준기 =〔炸轰〕

【轰炸机】hōngzhàjī 名 폭격기.

【轰走】hōngzǒu 動 쫓아내다. 몰아내다. ¶他是个坏人, 赶快把他~吧! | 그는 나쁜 놈이니 빨리 그 놈을 쫓아내라! =〔訇hōng走〕

【訇】 hōng 큰소리 굉

❶ 擬 쿵. 꽝. 쏴. 둥 [여러가지 큰 소리] =〔訇訇〕〔訇然〕 ❷ ⇒〔阿ā訇〕 ❸ (Hōng) 名 성(姓).

【訇棱】hōngléng 書 擬 둥둥 [큰 북 소리]

【訇哮】hōngxiāo 書 擬 쌩쌩. 씽씽 [바람 소리]

【訇隐】hōngyǐn 書 擬 쏴쏴 [파도 소리]

【薨】 hōng 죽을 훙

書 動 (옛날에, 왕이나 큰 벼슬아치 등이) 죽다.

【薨薨】hōnghōng 擬 ❶ 書 웅웅. 윙윙 [곤충 떼가 내는 소리] ❷ 와자지껄. 와글와글 [시끄럽게 떠드는 소리]

hóng ㄏㄨㄥˊ

【讧】 hóng ☞ 讧 hòng

[1]【红(紅)】 hóng gōng 붉을 홍, 여자일 공

Ⓐ hóng ❶ 名〈色〉적(赤). 홍(紅). ❷ 形 붉다. 붉어지다. 빨개지다. ¶树叶子~了 | 나뭇잎이 붉어지다. ¶颜色很~ | 색이 붉다. ¶~着脸 | 얼굴을 붉히다. ❸ 경사. 좋은 일. ¶~事↓ ❹ 순익금. 이익배당금. ¶分~ | 순익을 배당하다. ❺ 形 (운이) 좋다. ¶走~运 | 운이 트이다→〔鸿运〕 ❻ 形 (사업 등이) 번창하다. 순조롭다. 성공하다. ¶铺门~ | 첫 출발이 순조롭다. ¶他的差chāi使很~的 | 그의 직무는 성공적이다. ❼ 形 인정받다. 중시되다. 인기있다. ¶他们几个局长, 他算最~ | 그들 몇사람의 국장들 중, 그가 제일 인정받고 있다. ¶她唱这首歌儿唱~了 | 그녀는 이 노래로 인기를 얻었다. ❽ 形 혁명적이다. ¶又~又专 | 혁명적이며 기술면에서도 뛰어나다. ❾ 名 簡 홍차. ¶祁~ | 안휘성(安徽省) 기문현(祁門縣)에서 나는 홍차. ❿ 간장으로 조미(調味)하는 것. 또는 그 요리 [소금을 쓰는 경우는「白」라고 함] ¶~烧↓ ⓫ (Hóng) 名 성(姓).

Ⓑ gōng (바느질·자수 등의) 여자의 일. ¶女~ | 여자의 일 =〔工⑨〕

Ⓐ hóng

【红案(儿)】hóng'àn(r) 名 (주방일 가운데서) 요리를 전담하는 일. ¶办~ | 요리를 담당하다→〔白案(儿)〕

【红白喜事】hóngbái xǐshì 名組「喜事」(결혼)과「喜丧」(호상). ¶~他都会操办得妥妥贴贴的 | 결혼과 호상은 아주 타당하게 처리해야 한다→〔红白事〕

【红斑】hóngbān 名〈醫〉홍반. 붉은 반점. ¶~狼疮 |〈醫〉홍반낭창[피부병의 일종]

【红榜】hóngbǎng 名 ❶ 옛날의 합격자 발표 게시판. ❷ 사회주의 건설의 공로자를 발표하는 게시판 =〔光荣榜〕

【红包】hóngbāo 名 ❶ 축의금. 세배돈. ❷ 장려금. 보너스. ❸ 뒷돈. 뇌물. ¶送~ | 뇌물을 주다.

【红宝石】hóngbǎoshí 名〈鑛〉홍옥. 루비(ruby) =〔红玉①〕→〔刚gāng石〕

【红不棱登】hóng·bulēngdēng 狀 ⓞ 불그스름하다. 불그죽죽하다.

[2]【红茶】hóngchá 名 홍차. ¶沏qī~ | 홍차를 타다→〔绿lǜ茶〕

【红潮】hóngcháo 名 ❶ 書 홍조. ¶脸上泛起~ | 얼굴에 홍조가 떠오르다. ❷ 월경.

【红尘】hóngchén 書 名 轉 속세. 인간 세상. ¶看破~ | 속세를 간파하다. ¶~万丈 | 번잡한 인간 세상. 만장홍진.

【红蛋】hóngdàn 名 (출산 축하용의) 붉게 물들인 달걀. ¶老王生了一个儿子, 今天给大家每人一个~ | 왕씨는 아들을 낳았기에, 오늘 모든 사람들에게 붉은 계란을 하나씩 주었다.

【红点颏】hóngdiǎnké 名〈鳥〉붉은털울타리새 =〔红靛diàn颏儿〕

【红豆】hóngdòu 名 ❶〈植〉상사수(相思樹) [열대 식물의 일종] ❷ 남녀간의 사랑. ¶~相思 | (이성을) 사모하다.

【红矾】hóngfán 名〈化〉비상(砒霜). 비소(砒素).

【红粉】hóngfěn 名 연지와 분. 轉 여성. ¶~佳人 | 미인. ¶~青蛾 | 미인. ¶~青楼 | 기생과 함께 즐기는 장소.

【红汞】hónggǒng 名〈藥〉머큐러크롬(mercurochrome) =〔汞溴xiù红〕〔红汞水〕〔红药水(儿)〕

【红骨髓】hónggǔsuǐ 名〈生理〉적색 골수. 적수(赤髓).

【红果儿】hóngguǒr 名 方 아가위.

【红狐】hónghú ⇒〔赤狐〕

【红花草】hónghuācǎo ⇒〔紫zǐ云英〕

【红火】hóng·huo 形 方 번화하다. 홍성홍성하다. 왕성하다. 성대하다. 번성하다. ¶联欢晚会节目很多, 开得很~ | 친목 야회의 프로그램이 매우 다양하여 아주 성대하게 열렸다. ¶他的买卖~

着呢 | 그의 사업이 번성중이다.

【红货】hónghuò 名 보석류. ¶～行háng | 보석상. ¶～店 | 보석상점. ¶～摊子tānzi | 노점 보석상.

【红教】Hóngjiào 名〈宗〉홍교 [8～9세기에 성행했던 라마교의 한 분파]→〔喇Lǎ嘛教〕

【红净】hóngjìng 名〈演映〉(경극에서) 얼굴에 붉은 분장을 한 충신의협(忠臣義俠)역의 남자 배역 =〔红脸②〕

【红角儿】hóngjuér 名 ❶ 인기 배우. 명배우. ¶他可是这儿有名的～ | 그는 정말 이곳의 유명한 배우이다. ❷ 인기 있는 사람. 총아. ❸ 호평을 받은 배역.

【红军】Hóngjūn 名 ❶ 홍군 [중국의 제2차 국공내전(國共內戰) 당시 중국 공산당의 지도를 받았던「中国工农红军」·「中国人民解放军」의 전신임]⇔〔白军〕→〔中国人民解放军〕❷ 붉은 군대 [1946년 이전의 소련 육군] ¶苏联～ | 소련의 붉은 군대 ‖ =〔赤军〕〔背运〕

【红口白牙】hóngkǒu báiyá 成 ❶ 붉은 입술과 흰 이빨. 아름다운 입. ❷ 입에 발린 말→〔红嘴白牙〕

【红了眼】hóng·leyǎn 動 (…하고 싶어) 눈이 벌겋다. 기를 쓰고 달려 들다.

【红利】hónglì 名 ❶ 순이익. ¶分～ | 순이익을 배당하다. ❷ 할증(撓增) 배당금→〔余利②〕〔股息〕〔官利〕❸ 상여금. 보너스.

【红脸】hóng/liǎn ❶ 動 (부끄럽거나 화가 나서) 얼굴을 붉히다. ¶红着脸儿吵架 | 얼굴을 붉히며 다투다. ❷ (hóngliǎn) ⇒〔红净〕

【红脸饭】hóngliǎnfàn 名 喻 막벌이. 힘겨운 생활.

【红磷】hónglín ⇒〔赤chì磷〕

【红铃虫】hónglíngchóng 名〈蟲〉목화붉은씨벌레 =〔花虫〕

[4]【红领巾】hónglǐngjīn 名 ❶ 붉은 목수건〔스카프〕. ❷ 轉 소년 선봉대. ❸ (문화 대혁명 기간 중의) 홍소병(紅小兵).

【红柳】hóngliǔ ⇒〔柽chēng柳〕

【红绿灯】hónglǜdēng 名 (교통) 신호등. ¶过马路要看着儿～ | 도로를 건널 때는 신호등를 보아야 한다.

【红螺】hóngluó 名〈魚貝〉쇠고둥.

【红麻】hóngmá 名〈植〉개정향풀.

【红帽子】hóngmào·zi 名 ❶ 공산주의자의 혐의. ❷ 혁명가로서의 간판. ¶他戴着～ | 그는 혁명가인 척한다. ❸ (옛날) 철도 화물을 나르던 짐꾼.

【红梅】hóngméi 名〈植〉붉은 매화. ¶田野小河边, ～花儿开 | 들판의 시냇가에 붉은 매화가 피어있다.

【红霉素】hóngméisù 名〈藥〉에리드로마이신(erythromycin).

【红焖】hóngmèn 名 動 장조림(하다).

【红棉】hóngmián ⇒〔木mù棉②〕

【红模子】hóngmú·zi 名 (어린이들의 붓글씨 연습용) 습자 용지. ¶描～ |「红模子」에 먹으로 덧쓰다.

【红木】hóngmù 名〈植〉홍목. 마호가니(mahogany) =〔红紫木〕〔桃táo花心木〕〔酸suān枝(红)木〕

【红男绿女】hóng nán lǜ nǚ 成 아름답게 몸치장을 한 젊은 남녀. ¶大街上～, 滚滚而过 | 거리에 청춘 남녀들이 물밀리듯 지나간다.

【红娘】Hóngniáng 名 ❶ 홍낭 [서상기(西廂記)에 나오는 시녀(侍女)이름] ❷ 轉 남녀 간의 사랑을 맺어주는 여자. ❸ (hóngniáng)⇒〔红娘子〕❹ (hóngniáng) 큰손 [줄을 대어 금전을 끌어모으는 개인이나 단체]

【红娘子】hóngniáng·zi 名〈蟲〉무당벌레 =〔红娘③〕〔红娘虫chóng〕〔瓢piáo虫〕

【红牌】hóngpái ❶ 名〈體〉레드 카드(red card). ¶出示～ | 경고 카드를 제시하다. ❷ 名 (옛날의) 출항 면허장. ❸ ⇒〔红盘(儿)〕

【红盘(儿)】hóngpán(r) 名〈商〉(옛날 장사에서) 음력 설을 지내고 난 뒤의 첫 시세 =〔红牌③〕

【红皮书】hóngpíshū 名〈政〉붉은 색 표지의 문서 [오스트리아·스페인 등의 정치 공보(公報) 및 미국의 외교 문서]

【红票】hóngpiào 名 초대권. 우대권.

【红扑扑】hóngpūpū 狀 얼굴에 홍조를 띠다. 얼굴이 붉어지다. ¶脸liǎn～ | 얼굴이 발그레하다.

[2]【红旗】hóngqí 名 홍기(紅旗) [공산주의의 상징임] ¶～手 | 모범 노동자. 붉은 기수. ¶～单位 | 모범적인 직장. 선진적인 단체. ¶～报捷 | 기쁜 일을 알리다. 승전보를 알리다.

【红契】hóngqì 名 (옛날 법적으로 승인된) 집〔땅〕문서 =〔官guān契〕

【红青】hóngqīng ⇒〔绀gàn青〕

【红曲】hóngqū 名 멥쌀을 쪄서 누룩을 섞어 발효시킨 것 [선홍색을 띠며 양념이나 약재로 씀]

【红壤】hóngrǎng ⇒〔红土①〕

【红人】Hóngrén 名 ❶ 아메리칸 인디언 =〔红蕃〕❷ (hóngrén) (～儿) 총아(寵兒). 인기있는 사람.

【红日】hóngrì 名 ❶ 붉은 해. 아침 해. ❷ 길일(吉日).

【红润】hóngrùn 形 (얼굴이) 불그스름하다. 혈색이 좋다. ¶～的脸儿 | 혈색 좋은 얼굴

【红润润】hóngrùnrùn 狀 얼굴이 불그레하고 반드르르하다.

【红三叶】hóngsānyè 名〈植〉레드 클로버(red clover).

【红色】hóngsè ❶ 名 붉은 빛깔. 적색(赤色) =〔红颜色〕❷ 形 공산주의적. 혁명적. ¶～专家 | 공산주의 전문가.

【红杉】hóngshān 名〈植〉당송(唐松).

【红烧】hóngshāo 名 찜 [기름과 설탕, 간장을 넣어 볶으며 익혀 검붉은 색이 되게 하는 중국요리법의 하나] ¶～肉 |〈食〉고기찜. ¶～鲤lǐ鱼 |〈食〉잉어찜.

【红苕】hóngsháo 名 方 고구마 =〔甘薯gānshǔ〕

【红参】hóngshēn 名 홍삼→〔白bái参〕

【红生】hóngshēng 名 중국 전통극에서, 얼굴을 붉은 빛으로 분장한 남자배역 =〔红面生〕〔老生〕〔红净〕

【红十字】Hóngshízì 名 적십자. ¶～旗 | 적십자기. ¶～章 | 적십자장. ¶～医院 | 적십자 병원. ¶～条约 | 제네바 조약.
【红十字会】Hóngshízìhuì 名 적십자사 =〔红会〕
【红事】hóngshì 名 결혼. 길사(吉事). 경사 =〔喜事〕⇔〔白事 ⓐ①〕
【红薯】hóngshǔ ⇒〔甘薯gānshǔ〕
【红树】hóngshù 名〈植〉홍수.
【红丝】hóngsī 名 ❶ 핏발. ¶眼睛上布满了～ | 눈에 핏발이 가득 섰다. ❷ 남녀 사이를 잇는 인연의 실 =〔红线②〕〔红绳〕〔赤绳〕→〔赤绳系足〕❸ 매실(梅實)을 실처럼 가늘게 썰어 붉은 색으로 염색한 것 [과자나 음식의 고명으로 씀] →〔青丝①〕 ❹ 산동성 청주부(青州府) 산(產)의 벼룻돌. ¶～石 | 홍사석 [벼루 만드는 돌] ¶～砚 | 홍사석으로 만든 벼루.
【红松】hóngsōng 名〈植〉홍송 =〔海hǎi松①〕〔果guǒ松〕
【红糖】hóngtáng 名 흑설탕. 적사탕 =〔㊉黑糖〕〔㊉黄糖〕〔赤砂(糖)〕
【红通通】hóngtōngtōng 貺 새빨갛다. ¶～的晚霞 | 붉게 타오르는 저녁놀.
【红铜】hóngtóng ❶ ⇒〔紫zǐ铜〕 ❷ 名〈鑛〉특수 황동(特殊黃銅).
【红头阿三】hóngtóuàsān 名 (옛날) 상해(上海) 조계(租界)에 있던 인도 경찰. ¶这些～印度佳 | 이런 조계지의 인도 경찰은 인도의 명물이다.
【红头蝇】hóngtóuyíng 名〈蟲〉쉬파리. ¶～嗡嗡wēng乱飞 | 쉬파리가 윙윙 어지러이 날다.
【红土】hóngtǔ ❶ 名〈地質〉홍토(紅土) =〔红壤rǎng〕 ❷ ⇒〔红土子〕
【红土子】hóngtǔ·zi 名〈染〉철단(鐵丹) =〔红土②〕
【红外线】hóngwàixiàn 名〈物〉적외선. ¶～灯 | 적외선등(燈). ¶～片 | 적외선 필름. ¶～摄影 | 적외선 촬영 =〔赤chì外线〕〔热rè线〕→〔紫zǐ外线〕
【红霞】hóngxiá 名 붉은 저녁놀. ¶东方一片～ | 동방의 붉은 저녁놀.
【红线】hóngxiàn ❶ 名 홍실. 붉은 실. ❷ ⇒〔红丝sī②〕 ❸ 名 바른 사상[정치] 노선.
【红小豆】hóngxiǎodòu 名〈植〉팥 =〔赤chì小豆〕
【红心】hóngxīn ❶ 名 (사회주의 혁명에의) 충성심. ❷ 名 (트럼프의) 하트(heart) =〔红桃táo〕→〔扑pū克(牌)①〕 ❸ (hóng/xīn) 動 시샘하다. 질투하다 =〔红眼①〕 ❹ (hóng/xīn) 動 열광하다. 열중하다 =〔红眼yǎn④〕
【红锌矿】hóngxīnkuàng 名〈鑛〉홍아연광.
【红新月会】hóngxīnyuèhuì 名 회교도의 구호 기관 [적십자사에 해당함]
【红星】hóngxīng 名 ❶ 붉은 별. ❷ 유명한 스타. ¶电影～ =〔电影明星〕| 영화 스타.
【红学】hóngxué 名 홍학 [홍루몽(紅樓夢)을 연구하는 학문] ¶胡适论～很有名 | 호적의 홍학 연구가 매우 유명하다.
【红血球】hóngxuèqiú 名〈生理〉적혈구 =〔红细胞xìbāo〕〔赤chì血球〕→〔白血球〕
【红颜】hóngyán 名 喻 ❶ 소년 소녀 =〔朱颜〕 ❷ 미인(美人). ¶英雄爱～ | 영웅은 미인을 좋아한다. ❸ 홍조(紅潮)를 띤 뺨 =〔红颊〕
【红颜薄命】hóng yán bó mìng 成 미인 박명.
【红眼】hóng/yǎn ❶ 動 ㊉ (눈에 핏발을 세우고) 새암을 부리다. 질투하다. ¶你发了财了, 他就红了眼了 | 네가 돈을 벌게되자 그가 질투를 했다 =〔红心③〕 ❷ 動 ㊉ 눈이 충혈되다. 핏발이 서다. ❸ 動 발노하다. 성을 내다. ❹ 動 열광하다. 열중하다 =〔红心④〕 ❺ (hóngyǎn) 名 벌건 눈. ❻ (hóngyǎn) 名 俗 결막염(結膜炎). ❼ (hóngyǎn) 名〈魚貝〉숭어 =〔梭suō鱼〕
【红艳艳】hóngyànyàn 貺 붉고 아름답다. 선홍색이다.
【红样】hóngyàng 名 붉은 연필로 고친 게라쇄〔교정쇄〕.
【红药水(儿)】hóngyàoshuǐ(r) ⇒〔红汞gǒng〕
【红叶】hóngyè 名 단풍. 홍엽. ¶～题诗 | 成 희귀한 연분 →〔霜shuāng叶〕
【红衣主教】hóngyī zhǔjiào 名〈宗〉추기경 =〔枢shū机主教〕
【红缨枪】hóngyīngqiāng 名 붉은 술이 달린 창.
【红鱼】hóngyú ❶ 나비돔 =〔金jīn线鱼〕 ❷ 名 붉은 칠을 한 목탁.
【红运】hóngyùn 名 행운. ¶走～的人 | 운이 트인 사람 =〔鸿hóng运〕⇔〔背bèi运〕
【红晕】hóngyùn 名 홍조(紅潮). ¶脸上泛出～ | 얼굴에 홍조가 떠오르다.
【红蜘蛛】hóngzhīzhū ❶ ⇒〔棉mián红蜘蛛〕 ❷ ⇒〔麦mài蜘蛛〕
【红痣】hóngzhì 名 붉은 반점.
【红肿】hóngzhǒng ❶ 動 (종기로) 빨갛게 붓다. 빨갛게 부풀어 오르다. ¶她哭得两眼～ | 그녀는 울어 두 눈이 빨개졌다. ❷ 名 홍종. 빨갛게 부은 증상.
【红烛】hóngzhú 名 (축제용) 붉은 초. ¶一对～正在燃烧ránshāo | 한 쌍의 붉은 초가 타고 있다.
【红装】hóngzhuāng ⇒〔红妆zhuāng〕
【红装素裹】hóng zhuāng sù guǒ 成 눈빛과 햇빛이 서로 어울려 눈부시게 아름답다. 수려한 산천.
【红嘴白牙】hóng zuǐ bái yá 成 빨간 입에 하얀 이. 아름다운 입 =〔红口白牙〕
Ⓑ gōng
【红女】gōngnǚ 書 名 일하는〔베짜는〕여자.

【荭(葒)〈渱〉】hóng 털여뀌 홍
⇒〔荭草〕
【荭草】hóngcǎo 名〈植〉털여뀌.

4【虹】hóng jiàng 무지개 홍
Ⓐ hóng 名 ❶ 무지개 [복음사(複音詞)로 쓸 때의 음] ❷ 喻 긴 다리〔교량〕
Ⓑ jiàng 名 무지개 [단독으로 쓸 때의 음] ¶天上出了一条～了 | 하늘에 한 줄기 무지개가 섰다.
【虹彩】hóngcǎi ❶ 名 무지개빛. ❷ ⇒〔虹彩膜〕
【虹彩膜】hóngcǎimó 名〈生理〉홍채 =〔虹彩②〕〔虹膜〕〔眼帘〕
【虹膜】hóngmó ⇒〔虹彩膜〕

【虹霓】hóngní 名〈氣〉무지개.
【虹吸管】hóngxīguǎn 名〈物〉사이펀(siphon) =〔俗过山龙〕〔吸xī龙〕
【虹吸现象】hóngxī xiànxiàng 名組〈物〉사이펀 현상.

【弘】hóng 클 홍, 넓힐 홍
❶ 크다. 넓다. ¶～愿yuàn↓ ¶～图tú | 웅대한 설계도→〔宏①〕 ❷ 書 動 넓히다. 확대하다. ¶人能～道, 非道～人 | 사람이 도를 넓힐 수 있으나 도가 사람을 넓힐 수는 없다《論語·衛靈公》❸ (Hóng) 名 성(姓).
【弘大】hóngdà 書 形 넓고 크다. ¶胸怀xiōnghuái～ | 가슴이 넓고 크다.
【弘论】hónglùn ⇒〔宏hóng论〕
【弘愿】hóngyuàn 書 名 큰 소원〔바램〕. 큰 뜻. ¶建设新韩国的～ | 새로운 한국을 건설하자는 큰 뜻 =〔宏hóng愿〕
【弘旨】hóngzhǐ ⇒〔宏hóng旨〕
【弘治】Hóngzhì 名 홍치 [명대(明代) 효종(孝宗)의 연호(1488～1505)]

【泓】hóng 물깊을 홍
書 ❶ 形 (물이) 깊고 넓다. ❷ 量 줄기 [물줄기를 세는 단위] ¶一～清泉qīngquán | 한줄기 맑은 샘.
【泓澄】hóngchéng 書 形 물이 깊고 맑다.
【泓涵】hónghán 書 形 물이 깊고 넓다.

3【宏】hóng 클 굉, 넓을 굉
❶ 書 形 넓고 크다. 광대하다. ¶恢huī～ | 광대하다. 웅대하다→〔弘hóng①〕 ❷ (Hóng) 名 성(姓).
4【宏大】hóngdà 形 웅대하다. 거대하다. 방대하다. ¶志向zhìxiàng～ | 포부가 웅대하다.
【宏观】hóngguān 區 거시적(巨視的)인. ¶～观察guānchá | 거시적 관찰. ¶～经济学 | 거시경제학. ¶～结构jiégòu | 매크로(macro)구조. 거시 조직 ⇔〔微wēi观〕
【宏观世界】hóngguān shìjiè 名組 ❶ 거시적 세계. ❷ 대우주.
【宏亮】hóngliàng 形 (소리가) 크고 낭랑하다 ¶声音～ | 소리가 크고 낭랑하다 =〔洪亮〕
【宏量】hóngliàng ❶ 名 形 관대(하다). 대범(하다). 아량(있다). ❷ 形 주량(酒量)이 대단하다. ❸ 名 俗 대주객(大酒客). 주호(酒豪). ‖ =〔弘量〕〔洪量〕
【宏论】hónglùn 名 견식이 넓은 언론. 박식한 말. ¶很想听听你的～ | 당신의 식견을 매우 듣고 싶습니다 =〔弘论〕
【宏儒】hóngrú ⇒〔鸿儒〕
【宏图】hóngtú 書 名 원대한〔큰〕 계획. ¶～大略 | 원대한 계획과 모략(謀略). ¶大展～ | 원대한 계획을 펼치다 =〔鸿hóng图〕
3【宏伟】hóngwěi 形 (사업·임무 등이) 위대하다. (건축물 등이) 장엄하다. 웅대하다. (기세·세력 등이) 등등하다. ¶～任务 | 위대한 임무. ¶气势很～ | 기세 등등하다.
【宏愿】hóngyuàn 名 큰 소망. 대지(大志) =〔弘愿〕
【宏旨】hóngzhǐ 名 주된 취지. 주지(主旨). 주된 의미. ¶无关～ | 주된 취지와는 관계없다 =〔弘旨〕

【闳(閎)】hóng 문 굉
❶ 書 名 골목 어귀의 문 =〔巷门〕 ❷ 書 形 크다. 넓다. ❸ (Hóng) 名 성(姓).
【闳诞】hóngdàn ❶ 形 허황되다. 황당하다. 터무니없다. ❷ 動 큰소리 치다.
【闳中肆外】hóng zhōng sì wài 成 문장의 내용이 알차고 필치(筆致)가 뛰어나다.

【竑】hóng 넓을 횡, 잴 횡
書 ❶ 形 넓고 크다. 광대하다. ❷ 動 (무게·넓이·깊이 등을) 재다.

3【洪】hóng 클 홍, 큰물 홍
❶ 書 形 크다. ¶声音～亮 | 소리가 크고 낭랑하다. ❷ 名 簡「大水」(큰물·홍수)의 약칭. ¶山～暴发 | 산 물사태가 나다. ¶分～ | 방류댐을 만들어 홍수 조절을 하다. ❸ 名〈漢醫〉맥박이 세게 치는 것. ❹ (Hóng) 名〈地〉홍호(洪湖) [호북성(湖北省)에 있는 호수 이름] ❺ (Hóng) 名 성(姓).
【洪帮】Hóngbāng 名 홍방 [명말 청초(明末清初)의 비밀 결사] =〔洪门〕〔汉留〕〔红帮〕
【洪大】hóngdà 書 形 (소리 등이) 매우 크다. ¶～的回声 | 큰 메아리.
【洪都拉斯】Hóngdulāsī 名〈地〉온두라스(Honduras) [중앙아메리카 동북부에 위치한 나라. 수도는「特古西加尔巴」(테구시갈파;Tegucigalpa)] =〔哄都拉斯〕〔宏都拉斯〕〔浑hún杜剌斯〕
【洪峰】hóngfēng 名 ❶ 최고 수위(水位)에 달한 큰 물. ¶～袭来 | 큰 물이 갑자기 밀려오다. ❷ 큰 물이 진 기간. ❸ (운동·투쟁 등의) 최고조. 피크(peak).
【洪福】hóngfú 書 名 큰 행복. ¶～齐qí天 | 成 하늘같이 큰 복 =〔鸿福〕
【洪荒】hónghuāng 書 名 ❶ 혼돈 몽매한 상태. ❷ 태고적. 까마득한 옛날. ¶～时代 | 태고 시대. ‖ =〔鸿荒〕
【洪涝】hónglào 名 홍수(洪水)와 침수(沉水).
【洪亮】hóngliàng ⇒〔宏亮〕
【洪量】hóngliàng ⇒〔宏量〕
【洪流】hóngliú 書 名 큰 흐름〔물결〕. 거센 흐름. ¶韩国的民主运动是一股时代的～ | 한국의 민주 운동은 시대의 큰 흐름이다. ¶挡不住的～ | 막을 수 없는 거센 흐름.
【洪炉】hónglú 名 큰 용광로. ¶～燎liáo毛 =〔洪炉燎发〕| 成 화롯불에 솜털 태우듯하다. 식은 죽 먹기로 없애버리다.
3【洪水】hóngshuǐ 名 홍수. ¶～横流 | 成 나쁜 세력이 판을 치다.
【洪水猛兽】hóngshuǐ měngshòu 成 홍수와 맹수. 喻 엄청난 재난. 백성을 괴롭히는 폭정.
【洪武】Hóngwǔ 名〈史〉홍무 [명(明) 태조(太祖)의 연호(1368～1398)]
【洪音】hóngyīn 名〈言〉공명음 [구강 내의 공명(共鳴)이 비교적 큰 소리를 나타내는 성운학(聲韻學) 용어]→〔细音〕

【洪钟】hóngzhōng 名 큰 종. ¶~声声 | 큰 종이 울리다 =〔鸿钟〕

【蕻】hóng hòng 갓 홍, 무성할 홍

Ⓐhóng ⇒〔雪xuě里蕻〕

Ⓑhòng ❶書形 무성하다. 우거지다. ❷書名 초목의 새싹. ❸名方 야채의 긴 줄기.장다리. ¶菜~ | 야채장다리.

【鸿(鴻)】hóng 큰기러기 홍 ❶名〈鳥〉큰 기러기. ¶~毛↓ ❷크다. 넓다. ¶~图↓ ❸書名 편지. 서신. ¶来~ | 편지가 오다. ❹(Hóng) 名 성(姓).

【鸿恩】hóng'ēn 名 크나큰 은혜. ¶~难报 | 크나큰 은혜는 보답하기 어렵다 =〔隆lóng恩〕

【鸿福】hóngfú ⇒〔洪hóng福〕

【鸿沟】hónggōu 名❶(Hónggōu) 홍구 [한 고조(漢高祖)와 초(楚)의 항우(項羽)가 이 강을 경계로 천하를 양분(兩分)함] ❷喻 큰 틈. 큰 격차. 큰 차이. ❸喻(넘을 수 없는) 한계. 경계. ¶两代人之间存在着~ | 다른 세대 사이에는 경계가 존재한다.

【鸿鹄】hónghú 名❶書 큰 기러기와 고니. 큰새. ¶~将至 | 喻 호기(好機)가 도래(到來)하다. ❷喻(큰 뜻을 품은) 인물. 영웅 호걸.

【鸿鹄之志】hónghú zhī zhì 成 원대한 포부. ¶刘邦素有~ | 유방은 본시 원대한 포부가 있었다.

【鸿毛】hóngmáo 書名 기러기의 털. 喻 매우 가벼운 것. ¶~泰山 | 경중이 서로 다르다.

【鸿门宴】hóngményàn 名喻 손님을 해치기 위해 마련한 연회.

【鸿蒙】hóngméng 名❶천지 개벽(天地開闢) 이전의 혼돈 상태. ❷대자연의 원기(元氣).

【鸿蒙初闢】hóngméng chū pì 成(혼돈 상태에서) 처음으로 하늘과 땅의 구분이 생기다. 천지개벽.

【鸿篇巨制】hóngpiān jù zhì 成 거작. 대작 =〔鸿篇巨帙zhì〕

【鸿儒】hóngrú 書名 대학자.=〔宏儒〕〔洪儒〕

【鸿图】hóngtú 書名❶원대한 계획. ¶大展~ | 원대한 계획을 크게 펼치다. ❷광대한 영토 ‖ =〔宏图〕

【鸿文】hóngwén 書名 대문장. 위대한 글 =〔鸿词〕〔鸿篇〕〔宏词〕〔宏文〕〔鸿篇〕〔宏词〕〔宏文〕

【鸿雁】hóngyàn 名❶〈鳥〉기러기 =〔原鹅〕〔大雁②〕❷이재민. 피난민 =〔哀鸿〕

【鸿音】hóngyīn 名喻❶음신(音信). 소식. ❷敬 귀함(貴函). 귀한(貴翰).

【鸿运】hóngyùn 書名 큰 행운 =〔洪运〕

【鸿爪】hóngzhǎo 書名 기러기의 발자국. 喻 지나간〔과거의〕흔적. ¶捺得些征~, 缀成小文一篇 | 다소의 흔적들을 모아 한편의 작은 문장을 이루다 =〔雪泥鸿爪〕

【黉(黌)】hóng 학교 횡 書名 고대의 학교.학사(學舍) =〔黉舍〕

【黉教】hónjiào 書名 학교 교육. 학업.

【黉门】hóngmén 名 학교. 사숙 =〔黉宫〕〔黉学〕

hǒng ㄏㄨㄥˇ

4【哄】hǒng ☞ 哄 hōng Ⓑ

hòng ㄏㄨㄥˋ

【讧(訌)】hòng (台hóng) 어지러울 홍 書動 고집을 부리며 양보하지 않다. 뒤섞여 어지럽다. ¶内~ | 내분(을 일으키다).

4【哄】hòng ☞ 哄 hōng Ⓒ

【蕻】hòng ☞ 蕻 hóng Ⓑ

hóu ㄏㄡˊ

【侯〈矦〉】hóu hòu 후작 후

Ⓐhóu ❶名 후. 후작 [옛날 5등급 작위(「公」「侯」「伯」「子」「男」)의 두번째] ¶封~ | 후작에 봉하다. ❷名 고관대작. ¶~门 | 봉건 시대의 귀족 가문. ❸書代 어찌. ¶君乎, 君乎, ~不迈哉 | 군자여, 군자여, 어찌 힘쓰지 않는가? ❹助 발어사로 쓰임. ❺(Hóu) 名 성(姓). ❻복성(複姓) 중의 한 자(字). ¶~莫陈↓

Ⓑhòu 지명에 쓰이는 글자. ¶闽Mǐn~ | 민후. 복건성(福建省)에 있는 현(縣) 이름.

【侯爵】hóujué 名 후작. ¶~夫人 | 후작 부인.

【侯莫陈】Hóumòchén 名 복성(複姓).

【侯爷】hóuyé 名 후작 나리.

3【喉】hóu 목구멍 후, 목 후 名〈生理〉목. 후두(喉頭). ¶歌~ | 목청 =〔喉头〕〔咽喉〕

【喉擦音】hóucāyīn 名〈言〉후찰음. 후두 마찰음.

【喉风】hóufēng 名〈漢醫〉목이 붓고 아픈병.

【喉疳】hóugān 名〈漢醫〉후감 [감기·매독으로 인후 주변에 홍반(紅斑)·좁쌀 모양의 흰 궤양이 생기는 병]

【喉管】hóuguǎn 名❶〈生理〉기관(氣管). ¶~面积jī比 | 〈健〉개구비(開口比). ❷〈音〉차르멜라(charamela) 모양의 관악기.

【喉结】hóujié 名〈生理〉결후(結喉, Adam's apple) =〔喉核hé〕〔喉节〕〔结喉〕〔方 颏kē勒嗉〕〔苹píng果核儿②〕

3【喉咙】hóu·lóng 名 목. 목구멍. ¶~骨 | 후두개(喉頭蓋) 연골. ¶放开~ | 목청껏 소리를 내지르다 =〔俗 喉咙眼子〕〔胡hú咙〕〔嗓sǎng子〕

【喉塞音】hóusèyīn 名〈言〉후색음. 성문 폐쇄음.

【喉痧】hóushā ❶⇒〔白bái喉〕❷名〈醫〉성홍열(猩紅熱).

【喉舌】hóushé 名❶목구멍과 혀. ❷대변자. ¶新闻界成了政府的~ | 언론계가 정부의 대변자가 되었다.

【喉头】hóutóu 名〈生理〉후두. 목. ¶~加答儿 | 후두 카타르.

【喉炎】hóuyán 名〈醫〉후두염.

【喉音】hóuyīn 名〈言〉후(두)음.

2【猴】 hóu 원숭이 후
❶(～儿, ～子) 名〈動〉원숭이 [「粵 马骝」「三儿」「王孙」은 다른 이름]→[猿yuán] ❷ 形 方 (어린 아이가) 영리하다. 깜찍하다. 기민(機敏)하다. 재치있다. ¶这孩子多～啊 | 이 아이는 정말 깜찍하다. ❸(～儿) 名 喩 영리한 사람. ❹ 動 方 (원숭이처럼) 쪼그리고[웅크리고] 앉다. 몸을 비스듬히 기대다. ¶～在马上 | 말잔등 위에 쪼그리고 앉다. ¶～上身去 | 비스듬히 몸을 기대어 앉다. ❺ 動 方 뇌물을 주다. ¶～钱 | 뇌물을 주다. ❻ 形 俗 색다르다. 별나다. 변덕스럽다. ¶他没有甚麼大毛病, 就是～一点儿 | 그는 무슨 큰 결점은 없으나, 다소 좀 변덕스럽다.

【猴猴】 hóu·hou 貶 方 바싹 마르다. 말라 쪼그라지다. 홀쭉하다.

【猴急】 hóují 貶 近 안달하다. 조바심하다. 초조해하다. ¶惹的他～就甚么也不顾忌jì了 | 그는 조바심이 나서 아무것도 가리지 않았다 =[猴极jí][喉hóu急②]→[着zháo急]

【猴筋儿】 hóujīnr 名 ❶ 고무공의 배꼽 [바람넣는 구멍] ❷ 고무 밴드.

【猴精】 hóujīng ❶ 貶 원숭이처럼 교활하다. ¶这老小子～～的 | 이 늙은이는 원숭이처럼 교활하다. ❷ 名 원숭이가 둔갑한 요괴(妖怪).

【猴快】 hóukuài 貶 민첩하다. 재빠르다. ¶他走得～ | 그가 재빠르게 걸어간다.

【猴皮筋儿】 hóupíjīnr 名 俗 고무 밴드 =[猴儿筋][橡xiàng皮筋][橡皮圈(儿)]

【猴拳】 hóuquán 名 후권 [권술의 일종] ¶他要shuǎ了一通～ | 그가 후권을 한차례 보여줬다.

【猴儿】 hóur 名 ❶ 원숭이. ¶耍shuǎ～的 | 원숭이를 부리는 사람. ¶孙～=[孙行者] | 손오공(孫悟空). ¶～财神 | 喩 졸부가 되어 뽐내는 사람. ¶～骑骆驼 | 원숭이가 낙타를 타다. 喩 제가 잘난 것 같이 우쭐대다. ❷ 俗 돈. ❸ 俗 지혜. 생각. ¶弄出～来 | 지혜를 짜내다. ❹ 거짓말쟁이. 교활한 사람. ❺ 약삭 빠른 사람.

【猴儿脾气】 hóurpí·qì 名組 원숭이처럼 화를 잘 내는 성미. 변덕스런 성격. ¶他就是～, 没个常性 | 그는 변덕스런 성격이어서, 일정한 개성이 없다.

【猴儿拳】 hóurquán 名 권술(拳術)의 일종.

【猴儿头】 hóurtóu 名 ❶ (발육부진으로) 손톱[발톱]이 기형인 것. ¶我的指zhǐ甲成了～了 | 내 손톱[발톱]이 기형이 되었다. ❷ (산동성(山東省)에서 나는) 버섯의 일종.

【猴儿崽子】 hóurzǎi·zi 名組 轉 원숭이 새끼 [짓궂은 아이를 욕하는 말] =[猴崽子]

【猴狲】 hóusūn 名 方 원숭이. ¶～王 | 장난꾸러기들의 대장 [선생을 비꼬는 말] ¶树倒～散 | 나무가 쓰러지자 원숭이들이 달아났다.

【猴头】 hóutóu 名 원숭이 머리버섯 [원숭이 머리 모양의 버섯으로 주로 하남성(河南省)에서 남] =[猴头菌]

【猴头猴脑】 hóutóu hóunǎo 貶 ❶ 경솔하다. ❷ 교활[간사]하다. ❸ 보기 흉하다.

【猴戏】 hóuxì 名 (서커스 등에서 사람을 흉내낸) 원숭이 놀이.

【猴崽子】 hóuzǎi·zi ⇒[猴儿崽子]

2【猴子】 hóu·zi ❶ 名 원숭이 [별칭으로「山公」「三儿②」이라고도 함. ❷ 名 轉 졸개. 하인. ❸ ⇒[瘊hóu子]

【猴子脸】 hóu·ziliǎn 名 원숭이(같은) 얼굴.

【猴子爬杆】 hóu·zi pá gān 歇 원숭이가 장대에 오르다. 한계점에 이르렀다.

【瘊】 hóu 무사마귀 후
⇒[瘊子]

【瘊子】 hóu·zi 名 ❶ 작은 혹. ❷ 사마귀 [「肉ròu赘」「疣(赘)」는 의학 용어] =[猴子③][疣yóu]

【篌】 hóu 공후 후
⇒[箜kōng篌]

【糇〈餱〉】 hóu 건량 후
書 名 건량(乾糧) [휴대 식량의 일종] ¶～粮 | 건량.

【骺】 hóu 뼈끝 후
名〈生理〉장골(長骨)의 선단(先端). ¶骨～ | 긴 뼈의 양쪽끝.

hǒu ㄏㄡˇ

3【吼】 hǒu 울 후
動 ❶ (짐승이) 울부짖다. ¶狮子～得好害怕 | 사자가 아주 사납게 울부짖다. ❷ (사람이) 큰 소리로 외치다. 고함치다. ¶怒～ | 노호하다. ❸ (바람·기적·대포 소리 등이) 크게 울리다. ¶汽笛qìdí长～了一声 | 기적 소리가 길게 울리다. ❹ 方 부르다. ¶～各家下地 | 밭에 나가자고 사람들을 부르다 ‖ =[呴hǒu]

【吼叫】 hǒujiào 動 ❶ 큰소리로 부르짖다[고함치다]. ¶老李～了一声 | 이형이 고함을 한차례 질렀다. ❷ 으르렁거리다. 울부짖다.

【吼声】 hǒushēng 名 울부짖는 소리. ¶他的～挺吓xià人的 | 그의 울부짖는 소리가 매우 사람을 놀라게 한다.

hòu ㄏㄡˋ

【后】 ① hòu 임금 후, 황후 후
名 ❶ 군주(君主). 제왕(帝王). 제후(諸侯). ¶～稷jì | 후직. 주(周)나라의 선조. ❷ 천자(天子)의 아내 [은(殷)나라 이전에는「妃」, 주대(周代)에는「王后」, 진한(秦漢)이후에는「皇后」라고 함] ¶～妃↓ ❸ (Hòu) 성(姓).

【后妃】 hòufēi 名 후비. 황후와 비빈(妃嬪).

1【后(後)】 ② hòu 뒤 후, 뒤로미룰 후
❶ 名 뒤. 후. 어법 ⓐ 독립적으로 쓰임. ¶前怕狼, ～怕虎 | 앞으로는 이리가 무섭고, 뒤로는 범이 무섭다. 진퇴 양난이다. ¶前有大河, ～有高山 | 앞에는 큰 강이 있고, 뒤에는 높은 산이 있다. ⓑ 전치사(介詞)「向」「朝」「往」「在」「由」뒤에 쓰임. ¶他朝～看了看 | 그는 뒤를 향해 보았다. ¶向～转, 齐步走 | 뒤로 돌아! 발맞추어 가! ⓒ「后」앞에「最」가 수식할 수 있음. ¶他走在最前头, 我走在最～ | 그가 가장 앞서 가고 나는 가장 뒤에 갔다 ⇔[前] ❷ 名 …뒤에 …후에 어법 ⓐ 명사 뒤에 붙어 장소를 나타냄. ¶村～ | 마을의 뒤에. ¶大树～ | 큰 나

무 뒤에. ¶高楼~有一个小花园 | 빌딩 뒤에 작은 화원이 하나 있다. ⓑ 명사 뒤에 붙어 시간적으로 다음임을 나타냄. ¶新年~ | 신년의 다음에. ¶晚饭~ | 저녁식사 후에. ¶几年~的事情 | 몇 년 뒤의 일. ❸名…한 뒤에. …한 다음에 [동사나 절(小句)뒤에 붙어 시간을 나타냄] ¶参观~请提意见 | 참관한 다음에 의견을 내어 주십시오. ¶文章写好~, 至少要认真读两遍 | 글을 다 쓴 다음에, 최소한 착실히 두 번은 읽어야 한다. ❹名뒤의 …. 다음의…[명사나 수량사(數量詞)에 형용사처럼 쓰여, 공간·시간·순서 등을 나타냄] ¶~门 | 뒷문. ¶~街 | 뒷 길. ¶~三天 | 다음의 3일. ¶~两年 | 뒤의 두 해. ❺書名자손. 자식. 후계자. 후사(後嗣). ¶不孝有三, 无~为大 | 불효에는 세 가지가 있는데, 후사가 없는 것이 제일 큰 불효이다《孟子·離婁上》❻書動뒤떨어지다. 낙후하다. 뒤에 처지다. ¶非敢~也, 马不进也 | 감히 뒤에 처지려 한 것이 아니고, 말이 나가지 않아서이다《論語·雍也》❼書動뒤로 미루다. 나중에 하다. ¶先礼~兵 | 먼저 예로 대하고 뒤에 무력으로 해결하다.

【后半】hòubàn 名후반. ¶~场 | (시합의) 후반전. ¶~学期 | 후반 학기.

【后半截儿】hòubànjiér 名組❶뒤의 절반. 후반부. ❷轉재혼한 부인. 과부.

【后半生】hòubànshēng 名組후반생.

【后半夜(儿)】hòu bànyè(r) 名組(자정이 지난) 밤중 =〔下半夜〕

【后背】hòubèi 名❶등. ❷方뒷면. 배후. 뒤.

【后备】hòubèi 名❶예비. 보결. ¶~师 | 예비 사단. ¶~力量 | 역량을 보충하다. ❷〈電算〉백업(back-up). ¶~档案dàngàn | 백업 화일(file). ¶~复本 | 백업 카피(copy).

【后辈】hòu·bèi 名❶후배. ¶他是我的~ | 그는 나의 후배이다. ❷후대. 자손.

1【后边(儿)】hòu·bian(r) 名뒤(쪽). 배후.

【后步】hòubù 名여지. 여유. ¶留~ | 여유를 두다.

【后场】hòuchǎng 名❶(극장의) 분장실. 배우 대기실 =〔后台tái〕〔台后头〕❷(농구에서의) 자기 팀 지역.

【后车之戒】hòu chē zhī jiè 威앞의 실패는 뒤의 교훈이 된다→〔前qián车之鉴〕

【后尘】hòuchén 書名걸을 때 뒤에서 나는 먼지. 喩남의 뒤. ¶步bù人~ | 남의 뒤를 따르다.

【后处理】hòuchǔlǐ 名뒤처리. 뒷수습. ¶这样做~就麻烦了 | 이렇게 하면 뒤처리가 복잡해진다.

3【后代】hòudài 名❶후세. 후대. ❷후손. ¶他是名门的~ | 그는 명문의 후손이다.

【后爹】hòudiē 名口계부 =〔后父〕〔继jì父〕

【后盾】hòudùn 名후원(자). 뒷받침. 배경. ¶作~ | 뒷받침을 하다 =〔仗zhàng身〕

【后发制人】hòu fā zhì rén 威상대가 먼저 공격해 오기를 기다렸다가 제압하다. 일보 물러나 있다가 뒤에 적을 제압하다. ¶他在谈判时惯于~ | 그는 담판을 할 때 일보 물러났다가 적을 제압하는 방법에 익숙해 있다.

3【后方】hòufāng 名❶뒤. 후방. ❷(「前線」에 대하여) 후방. ¶~部队 | 후방 부대.

【后房】hòufáng ❶名뒤채 [특히 상해(上海)식 주택 건축 가운데「正房」(안채)의 뒷편에 세워진 가옥] =〔后楼〕❷⇒〔后照房〕❸名고대 천자(天子)·제후(諸侯)의 소실 등의 처소. 轉첩.

【后夫】hòufū 名❶두번째 남편→〔前夫〕❷후세 사람. 후인.

【后福】hòufú 書名미래나 말년의 행복.

【后跟】hòugēn 名발 뒤꿈치. ¶鞋~ | 신뒤축.

【后顾】hòugù ❶動뒷일을 걱정하다. ¶无暇~ | 威뒷일을 걱정할 겨를이 없다. ¶~之忧 =〔后顾之患〕| 威뒷걱정 ❷名動회고(하다).

3【后果】hòuguǒ 名(주로 나쁜 쪽으로) 뒤의〔나중의〕결과. ¶~不堪设想 | 뒤의 결과는 상상할 수 없다 ⇔〔前qián因〕

【后汉】Hòu Hàn 名❶동한(東漢) =〔东汉〕❷오대(五代)의 후한(後漢).

【后话】hòuhuà 名❶뒷말. ¶此是~ | 이는 뒷말이다. ❷후기(後記).

【后患】hòuhuàn 名후환. ¶~无穷 | 후환이 끝이 없다.

2【后悔】hòuhuǐ 名動후회(하다). ¶~莫及 =〔后悔不及〕〔后悔何及〕| 후회막급하다 =〔追zhuī悔〕

【后悔药儿】hòuhuǐyàor 名뉘우치게 만드는 약. 크게 뉘우치는 일. ¶吃~ | 크게 뉘우치다〔후회하다〕. ¶世界上可没~啊 | 세상에 뉘우치게 만드는 약은 없다.

【后会有期】hòu huì yǒu qī 威재회할 때가 또 있을 것이다. 후에 또 만납시다. ¶咱们~ | 우리 다음에 또 만납시다.

【后婚儿】hòuhūnr ❶名動재혼(하다). ❷名재혼한 부인 =〔再醮jiào〕

【后记】hòujì 名후기. 맺음말. ¶前言和~ | 머리말과 맺음말.

【后继】hòujì 名후계(자). ¶~有人 | 후계자가 있다. ¶~无人 | 후계자가 없다.

【后脚】hòujiǎo 名❶뒷발. ¶前脚一滑, ~也站不稳 | 앞발이 미끄러지니 뒷발도 바로 설 수가 없다. ❷(「前脚」와 호응하여) 바로 뒤. ¶我前脚进大门, 妹妹~就赶到了 | 내가 먼저 대문에 들어서자, 여동생이 바로 뒤따라 들어왔다.

【后襟】hòujīn 名(옷의) 뒷섶. 의복의 등 [등에 닿는 곳 전부를 가리킴] =〔后身②〕⇔〔前襟〕

【后劲】hòujìn 名❶후에 나타나는 기운이나 작용. 뒤끝. ¶黄huáng酒~大 | 황주는 나중에 크게 취해 온다. ❷뒤를 대비하는 힘. 후반〔최후〕의 노력.

【后晋】Hòu Jìn 名(오대(五代)의) 후진(後晋, 936~946).

【后进】hòujìn 名❶후진. 후배. ❷뒤떨어진 사람이나 단체. ¶处于~状态 | 뒤떨어진 상태에 있다.

【后景】hòujǐng 名배경.

2【后来】hòulái ❶副이후. 나중에. 그 다음에. ¶去年来过一封信, ~再没有来过信 | 작년에 편지 한 통 이후로 다시 편지가 오지 않았다. 어법 ⓐ「后来」는 단독으로만 쓰임. ¶七月后来(×) ¶

七月以后｜7월 이후에. ⓑ「以后」는 과거와 미래 양쪽 모두에 해당하지만 「后来」는 과거에만 사용됨. ¶后来你要注意(×) ¶以后你要注意｜이후에 주의하도록 해라. ❷名 뒤에 온 사람. 뒤에 자란 사람. ¶～人｜뒤에 온 사람. 계승자. ¶～之秀｜뒤늦게 나온 우수한 사람.

【后来居上】hòu lái jū shàng 成 후배가 선배를 능가하다. 후진이 선진을 앞지르다.

【后浪推前浪】hòu làng tuī qián làng 成 뒷물결이 앞물결을 밀어서 나가게 하다. 喻 신진대사하여 끊임없이 발전하다.

【后脸儿】hòuliǎnr 名 方 ❶ (사람의) 뒷모습. ¶看～好像金老师｜뒷모습을 보니 김선생님 같다. ❷ (물건의) 뒷면. ¶怎么把这钟的～向前摆着?｜어째서 이 시계 뒷면을 앞으로 향해 두었니?

【后梁】Hòu Liáng 名 후량. ❶ 남조(南朝) 때 강릉(江陵)에 있던 나라(555～587). ❷ 주전충(朱全忠)이 세운 나라(907～923)로 오대(五代)의 하나.

【后路】hòulù 名 ❶ 행군의 후위(後衛). 후위의 수송 부대. ❷ 뒷길. ❸ (～儿) 빠져 나갈 구멍. 퇴로. ¶留个～｜빠져 나갈 구멍을 남겨두다.

【后妈】hòumā 名 口 계모＝[后母][后娘niáng][继jì母][方晚wǎn娘][晚母]

【后门】hòumén 名 ❶ (～儿) 후문. 뒷문. ¶走～｜뒷문으로 걸어가다. ¶开～｜후문을 열다. ❷ (～儿) 喻 뒷구멍. 부정한 수단. ¶～学生｜부정입학생. ❸ 북경의 「地安门」

[2]【后面(儿)】hòumiàn(r) 名 ❶ 뒤. 뒤쪽. 뒷면. ¶～还有座位｜뒤쪽은 아직 자리가 있다. ❷ 뒷부분. ¶关于这几个问题, ～还要详细说｜이 몇가지 문제에 대하여서는 뒷부분에서 상세하게 말하겠다＝[后首②]

【后母】hòumǔ ⇒[后妈]

【后脑】hòunǎo 名 〈生理〉 후뇌.

【后脑海】hòunǎohǎi 名 方 후두부(後頭部).

【后脑勺子】hòunǎosháo·zi 名組 方 뒤통수＝[后脑勺儿]→[前qián额][脑勺子]

[2]【后年】hòunián 名 내후년. ¶大～｜내내 후년.

【后娘】hòuniáng ⇒[后妈]

【后怕】hòupà 動 뒤에 생각해 보니 두렵다. 나중에 두려워하다. ¶想起那情景qíngjǐng, 现在还～呢｜그 정경을 생각하면, 아직도 두렵다.

【后排】hòupái 名 ❶ 뒷줄. ❷ 극장 일층의 뒷자리. ❸ 〈體〉 (배구의) 후위(後衛)

【后妻】hòuqī 名 후처＝[后室shì]→[填tián房②]

[4]【后期】hòuqī ❶ 名 후반기. ¶二十世纪～｜20세기 후반. ❷ 書 動 (예정된) 기일보다 늦어지다.

【后起】hòuqǐ 名 후배. 신진.

【后起之秀】hòu qǐ zhī xiù 成 새로 나타난 우수한 인재. 뛰어난 신인. ¶他是史学界的～｜그는 역사학계의 뛰어난 신인이다.

[4]【后勤】hòuqín ❶ 名 후방 근무. ¶搞～｜후방 근무을 하다. ❷ 名 후방 근무자. ❸ 動 후방근무하다.

【后儿(个)】hòur(·ge) 名 口 모레＝[后天①]

【后人】hòurén 書 ❶ 名 후세의 사람. 자손. ¶前人种树, ～乘凉｜후세를 위해 좋은 일을 해 놓다. ❷ 動 남에게 뒤지다.

【后任】hòurèn 名 후임.

【后厦】hòushà 名 집 뒤쪽의 복도. ¶前廊qiánláng～｜집 앞쪽의 복도와 뒤쪽의 복도.

【后晌】ⓐ hòushǎng 名 方 오후. 하오. ¶～时分｜오후 쯤＝[下午]

ⓑ hòu·shang 名 方 저녁. ¶～饭｜저녁밥.

【后身】hòushēn 名 ❶ (～儿) 뒷모습. ¶我只看见～, 认不清是谁｜나는 뒷모습만 봐서 누구인지 똑똑히 분간할 수 없다. ❷ (～儿) 뒤. 뒤곁. ¶房～有几棵树｜집 뒤곁에 몇 그루의 나무가 있다. ❸ (～儿) 옷뒷자락. ¶这件衬衫chènshān～太长了｜이 셔츠는 뒷자락이 너무 길다. ❹ (사람·기구·제도 등의) 후신. ¶八路军, 新四军的～是中国人民解放军｜팔로군·신사군의 후신이 중국인민 해방군이다.

【后生】ⓐ hòushēng 名 후생. 뒤에 난 사람. ¶～可畏wèi｜成 후생이[젊은 세대가] 무섭다.

ⓑ hòu·sheng 方 ❶ (～子) 名 젊은이. 녀석. ¶棒～｜건장한 젊은이＝[小伙子] ❷ 形 젊다. ¶他长得～｜그는 젊어 보인다.

【后世】hòushì 名 ❶ 후대. 후세＝[下世⑤] ❷ 자손. 후손.

【后事】hòushì 名 ❶ 사후(死後)의 일. 사후 처리. ¶～在您身上｜사후 처리는 당신에게 있다. ❷ 앞으로의 일. 이후의 상황 [장회소설(章回小說)의 매회 뒤에 주로 쓰임] ¶欲知～如何, 且听下回分解｜앞으로의 일이 어떠한지 알고 싶으면 다음 회의 이야기를 들으시오.

【后手】hòushǒu 名 ❶ (～儿)뒤. 나중. ¶～再说吧｜나중에 다시 이야기하자＝[方后首][后手里] ❷ (～儿) 여지. 여유. 방비. 대비. ¶留～｜여지를 남기다. ¶不留～｜전력을 다하다＝[后路③] ❸ (옛날) 유가증권·영수증 인수인. ❹ (옛날) 후임(後任). ❺ (바둑·장기에서의) 후수. 수세. ¶～棋｜후수 바둑·장기 ⇔[先xiān手] ❻ 뒷짐.

【后首】hòushǒu ❶ 名 方 이후. 나중. ¶当初没有听懂, ～一想才明白了｜처음에는 알아듣지 못했는데 나중에 생각해 보고서야 깨달았다＝[后来①][后手①] ❷ ⇒[后面(儿)②]

【后嗣】hòusì 書 名 후사. 후계자. 자손. ¶至于他是谁的～, 现在已不可考据了｜그가 누구의 자손인지에 대해서는, 지금은 이미 알 수가 없다＝[后裔yì][后胤yìn]

[4]【后台】hòutái 名 ❶ 무대 뒤. 분장실 [「前台①」(무대)를 두고 하는 말] ¶～主任｜관리인. 무대 감독. 조감독＝[戏房] ❷ 배후 조종자. 지지세력[자]. [뒷]배경. ¶作～｜뒷받침하다. ¶～硬得很｜뒷배경이 아주 든든하다→[幕mù后]

【后台老板】hòutái lǎobǎn 名組 ❶ 극단 주인. ❷ 轉 배후 조종자. 막후 인물. ¶要查出他的～来｜그의 배후 조종자를 찾아내야 한다.

【后唐】Hòu Táng 名 〈史〉 후당 [이존욱(李存勖)이 대량(大梁, 지금은 개봉(開封))에 세운 나라로 5대(五代)의 하나(923～936)]

2【后天】hòutiān ❶名 모레. ¶大～ | 글피＝〔后日①〕 ❷名 후천(적). ¶知识是～获得的 | 지식은 후천적으로 얻는 것이다. ¶先天不足, ～失调 | 준비가 충분하지 않아 실행이 잘 되지 않다.

【后庭】hòutíng 名 ❶ 후궁. 후비(后妃)가 거처하던 궁전＝〔后宫gōng〕 ❷ 엉덩이. ¶～赏花 | 喩 비역질하다.

3【后头】hòu·tou 名 ❶ 뒤. 뒤쪽. ¶这楼～有一座假山 | 이 건물 뒤쪽에 인공산이 하나 있다. ❷ (이)후. 장래. ¶吃苦在～呢 | 고생은 지금부터다.

【后土】hòutǔ 名 ❶ 書 대지＝〔皇天后土〕 ❷ 지신(地神).

3【后退】hòutuì 動 후퇴하다. 물러나다. ¶遇到困难决不～ | 어려움을 만날지라도 결코 물러나지 않겠다.

【后卫】hòuwèi 名 ❶〈軍〉후위. ¶～阵地 | 후위 진지. ❷〈體〉후위. 수비 선수. ¶右～ | 라이트 풀백. ¶左～ | 레프트 풀백.

【后项】hòuxiàng 名〈數〉후항.

【后效】hòuxiào 名 (이후의) 효과. (앞으로의) 보람. ¶留校察看, 以观～ | 학교에 남아 살펴, 이후의 효과를 관찰하다.

【后行】hòuxíng 動 뒤에〔후에〕(행)하다. ¶先行减租减息, ～分配土地 | 먼저 조세와 이자 감면을 실행하고, 나중에 토지 분배를 실행한다.

【后续】hòuxù ❶ 動 후속. ¶～部队 | 후속부대. ❷ 動 方 재취(再娶)하다＝〔续xù娶〕〔续弦xián〕

【后学】hòuxué 名 후진(後進)의 학자. 후학. ¶～李小平拜见老学长来了 | 후학 이소평이 대선배를 배알하러 왔다.

【后腰】hòuyāo 名 등허리〔허리의 등쪽〕. ¶撑chēng～ | 뒷받침을 해주다. ¶～眼儿 | 등허리 좌우에 신경이 모여 있는 곳.

【后遗症】hòuyízhèng 名 후유증. ¶留下了～ | 후유증을 남겨 놓았다.

【后尾儿】hòuyǐr 名 俗 후미. 말미. 맨뒤. 후방. ¶船～ | 뱃고물. ¶汽车的～ | 자동차의 후미＝〔后沿yán儿〕

【后裔】hòuyì ⇒〔后嗣sì〕

【后影儿】hòuyǐngr 名 뒷모습.

【后援】hòuyuán ❶ 名 후원군. ¶切断敌人的～ | 적의 후원군을 차단하다. ❷ 名 動 후원(하다). 뒷바라지(하다).

【后院(儿)】hòuyuàn(r) 名 ❶ 뒤뜰. 후원. ¶不料～起火 | 뒤뜰에서 불이 날 줄은 생각하지 못했다. ❷ 喩 자기의 직접적인 세력 범위.

【后帐】hòuzhàng 名 ❶ 다음번 계산. ❷ 비밀 장부.

【后照房】hòuzhàofáng 名 「正房」(본채)의 뒤에 나란히 지은 가옥＝〔后照zhào房〕〔后房②〕

【后者】hòuzhě 名 후자. 뒤의 것 ⇔〔前qián者①〕

【后肢】hòuzhī 名 (척추 동물·곤충 등의) 뒷다리.

【后周】Hòu Zhōu 名〈史〉후주. ❶ 오대(五代)의 하나 [곽위(郭威)가 후한(後漢)을 멸하고 변경(汴京)에 도읍(都邑)하여 세운 나라로 후에 송(宋)에게 멸망당함 (951～960)] ❷ ⇒〔北Běi周〕

【后缀】hòuzhuì 名〈言〉후철. 접미사＝〔词cí尾〕

【后坐】hòuzuò 名〈軍〉후좌(後座). 반동(反動).

【后坐力】hòuzuòlì 名 (총포 발사시의) 반동력. ¶无～炮 | 무반동포＝〔后挫力〕〔反fǎn冲力〕

【逅】 hòu 만날 후

⇒〔邂xiè逅〕

【侯】 hòu ☞ 侯 hóu Ⓑ

1【候】 hòu 물을 후, 기다릴 후, 철 후

❶ 動 기다리다. ¶～车室＝〔候车房〕 | 대합실. ¶你稍shāo～一会儿, 她马上就来 | 잠시만 기다리시오, 그녀는 곧 옵니다＝〔等候〕 ❷ 방문하다. 轉 문안 드리다. ¶致～ | 안부를 묻다. ❸ 살피다. 관측하다. ¶测～ | 기상을 관측하다. ❹ 動 돈을 지불하다. 남의 셈을 치르다. ¶昨天晚上吃的饭帐他～了 | 어제 저녁 밥값은 그가 지불했다. ❺ 계절. 때. 철. ¶时～ | 때. ¶气～ | 기후. ❻ (～儿)(사물의 진행) 정도. 증상. 변화 상태. ¶征～ | 징후. ¶火～ | ⓐ 불의 정도. ⓑ 연구·연습의 정도. ❼ 名 5일. 닷새 [옛날, 역법(曆法)에서 5일을 「一候」라고 했음] ¶～温↓

4【候补】hòubǔ ❶ 名 후보. ¶～委员 | 위원후보. ¶～军官 | 사관후보생. ❷ (좌석 등의) 후보예약(waiting). ❸ 動 옛날, 관리가 임관을 기다리다.

【候补人】hòubǔrén 名 후보자→〔候选人〕

【候不起】hòu·buqǐ 動組 (돈이 없어서) 대접하지 못하다. (술값·찻값 등을) 치르지 못하다. ¶这少爷咱们～ | 이 도련님은 우리가 대접할 수 없다.

【候场】hòuchǎng 動 (출연자가) 무대에 오르는 것을 기다리다.

【候车】hòuchē 動 차를 기다리다. ¶～室＝〔候车房〕 | 대합실.

【候船】hòuchuán 動 배를 기다리다.

【候风地动仪】hòufēng dìdòngyí 名組 후풍지동의 [중국 동한(東漢)의 천문학자 장형(張衡)이 만든 최초의 지진계]

【候光】hòuguāng 動 札 敬 오시기를 기다리겠습니다＝〔候驾jià〕

【候教】hòujiào 動 札 敬 (오셔서) 가르쳐 주시기를 바랍니다. (편지에서) 회답을 기다립니다. ¶小生企足～ | 소생은 가르쳐 주시기를 간절히 바랍니다.

【候客室】hòukèshì 名 대합실. 대기실.

【候鸟】hòuniǎo 名〈鳥〉후조. 철새＝〔随suí阳鸟〕〔信鸟〕〔时鸟〕⇔〔留liú鸟〕

【候缺】hòuquē 動 (관직의) 결원으로 임명되기를 기다리다.

【候审】hòushěn 動〈法〉심문을 기다리다.

【候示】hòushì 動 札 통지를 기다리다.

【候温】hòuwēn 名 매 「候」(5일)의 평균 온도.

【候问】hòuwèn 動 札 문안 드리다.

【候晤】hòuwù 札 뵙게 되기를 기다립니다.

【候信儿】hòu/xìnr 動 통지를 기다리다.

4【候选人】hòuxuǎnrén 名 입후보자→〔候补bǔ人〕

【候诊】hòuzhěn 動 진찰을 기다리다. ¶～室 | 병원 대기실.

【堠】hòu 돈대 후 ❶書名(거리를 표시하기 위해 1리에 하나씩 흙을 쌓아 올려 만든) 이정표. ¶～程 | 轉 여행. ❷書名 적정(敵情)을 감시하는 보루. ❸ 지명에 쓰이는 글자. ¶百～ | 백후. 광동성(廣東省) 대보현(大埔縣) 남쪽에 있는 지명.

2【厚】hòu 두터울 후, 두께 후 ❶形 두껍다. 두텁다. ¶冰冻得很～ | 얼음이 매우 두껍게 얼다. ¶～棉袄mián'ǎo | 두터운 솜옷 ⇔〔薄báo①〕 ❷形 너그럽다. 친절하다. 성실하다. (정이) 깊다. ¶宽～ | 너그럽다. ¶忠～ | 성실하다. ¶交情很～ | 사귄 정이 매우 깊다. ❸動 우대하다. 떠받들다. 중시하다. ¶～此薄彼↓ ❹形轉 (맛이) 진하다. (안개가) 짙다. ¶酒味儿很～ | 술 맛이 매우 진하다. ¶雾wù下得很～ | 안개가 짙게 끼다→〔浓nóng〕 ❺形 (수량·이윤·가치가) 많다. 크다. 풍부하다. ¶～礼lǐ | 훌륭한 선물. ¶～利↓ ❻名 두께. ¶这块木板～有一寸 | 이 널빤지는 두께가 한 치다. ❼ (Hòu) 名 성(姓).

【厚爱】hòuài 名 두터운 사랑. ¶承蒙～ | 두터운 사랑을 입다[받다]. ¶也不枉wǎng我的一片～ | 나의 두터운 사랑을 어그러뜨리지 마십시오.

【厚薄(儿)】hòubó(r) 名 ❶ 두께. ¶这块板子的～正合适 | 이 판자의 두께는 꼭 알맞다 =〔厚度dù〕 ❷ (친분의) 정도→〔亲qīn疏〕

【厚薄规】hòubóguī 名〈機〉틈새 게이지(gauge) =〔江 飞纳尺〕〔轨guǐ距规〕〔北 塞sāi尺〕

【厚此薄彼】hòu cǐ bó bǐ 國 차별하다. 편애하다. ¶对待学生不能～ | 학생을 차별하여서는 안된다.

【厚待】hòudài 動 후하게 대접하다. 우대하다.

【厚道】hòu·dao 形 너그럽다. 친절하다. 관대하다. ¶为人～ | 사람됨이 너그럽다.

【厚德载物】hòu dé zài wù 國 덕이 있는 자는 중책을 맡는다.

4【厚度】hòudù ⇒〔厚薄bó(儿)①〕

【厚墩墩(儿, 的)】hòudūndūn(r·de) 貶 두툼하다. ¶～的棉大衣 | 두툼한 솜외투.

【厚恩】hòu'ēn 名 두터운 은혜. 특별한 배려. ¶您老人家～广被bèi | 당신네 어르신의 두터운 은혜가 널리 미치다 =〔書 厚泽〕

【厚古薄今】hòu gǔ bó jīn 國 옛 것을 중시하고 지금 것을 경시하다 ⇔〔厚今薄古〕

【厚今薄古】hòu jīn bó gǔ 國 현재의 것을 중시하고 옛 것을 경시하다 ⇔〔厚古薄今〕

【厚利】hòulì 名 ❶ 큰 이익. ❷ 높은 이자 =〔厚息xī〕

【厚脸皮】hòuliǎnpí ❶形 낯가죽이 두껍다. 뻔뻔스럽다. 염치없다. ❷名 철면피. 뻔뻔스런 사람. 파렴치한. ¶他是一个标准的～ | 그는 대표적인 파렴치한이다. ❸ (hòu/liǎnpí) 動 뻔뻔스럽게 하다. 얼굴에 철판을 깔다. ¶厚着脸皮说 | 뻔뻔스럽게 말하다 ‖ =〔厚脸〕〔厚颜yán〕

【厚朴】hòupò 名〈植〉후박.

【厚实】hòu·shi 形 ❶ 口 두껍다. 두툼하다. ¶～的纸 | 두꺼운 종이. ❷ 方 풍부하다. 풍족하다. 부유하다.

【厚望】hòuwàng 書名 커다란 기대. ¶不负乡亲的～ | 고향 사람들의 큰 기대에 부합하지 못하다.

【厚谢】hòuxiè 動 후한 예로써 감사를 표하다.

【厚颜】hòuyán ⇒〔厚脸皮〕

【厚颜无耻】hòu yán wú chǐ 國 후안무치. 파렴치하다. 철면피하다. ¶这小子太～了 | 이 녀석은 정말 철면피이다.

【厚意】hòuyì 名 후의. 친절. ¶多谢老师的～ | 선생님의 후의에 깊이 감사드립니다.

【厚谊】hòuyì 名 깊고 두터운 우정.

【厚遇】hòuyù 名 후한 대우.

【厚纸】hòuzhǐ 名 ❶ 두꺼운 종이. ❷ 판지. 보오드지. 마분지 =〔厚板bǎn纸〕

【厚重】hòuzhòng 形 ❶ (선물등이) 후하다. ¶～的礼物 | 후한 선물. ❷ (사람됨이) 너그럽고 듬직하다. ❸ 두껍고 무겁다. ¶～的棉被子 | 두껍고 무거운 솜이불.

【鲎(鱟)】hòu 바닷게 후, 무지개 후 ❶名〈動〉참게 =〔鲎鱼〕〔鲎蟹〕〔东方鲎〕〔中国鲎〕 ❷ ⇒〔鲎虫〕 ❸名 方 무지개→〔虹hóng〕

【鲎虫】hòuchóng 名〈動〉갑옷새우(Apus) =〔水鳖子〕〔王八鱼〕

hū ㄏㄨ

2【乎】hū 어조사 호 ❶書助 …는가. …일까. 어법 의문·반문을 나타내는 의문사로, 구어(口語)의 「吗」와 같음. ¶伤人～? | 사람을 다치게 했느냐? ❷書助 …ㄴ가. 어법 의문문에서 선택을 나타내며, 구어(口語)의 「呢」에 해당함. ¶然～? 否～? | 그런가? 그렇지 않은가? ❸書助 …ㄴ가. …ㄹ가. 어법 추측·의문의 어조를 나타내며, 구어(口語)의 「吧」에 해당함. ¶成败兴亡之机, 其在斯～? | 성패 흥망의 기틀이 여기에 있는 것이 아닌가? ❹書嘆 …구나. …도다. 어법 구어(口語)의 「啊」와 같음. ¶惜～! | 아깝도다! ¶悲～ | 슬프구나. ❺書介 …로 부터. …에. …보다. …로. 어법 동사뒤에 쓰여, 장소·출처·방향·비교 등을 나타내는데 「于」와 같음. ¶在～ | …에 있다. ¶合～规律 | 규격에 맞다⇒〔于yú〕 ❻尾 형용사 또는 부사에 쓰임. ¶确～重要 | 확실히 중요하다. ¶几～迟到 | 하마터면 지각할 뻔했다.

2【呼〈虖嘑謼〉】hū 숨내쉴 호 ❶動 큰 소리로 외치다. ¶～口号 | 구호를 외치다. ¶高～万岁 | 소리높이 만세를 부르다. ❷動 사람을 부르다. ¶直～其名 | 그의 이름을 직접 부르다. ¶一～百诺 | 國 한 사람이 부르면 백 사람이 대답하다. 동조하는 사람이 많다. ❸動 숨을 내쉬다. ¶～出一口气 | 휴우하고 숨을 내쉬다 ⇔〔吸xī〕 ❹擬 휘휘. 드렁드렁 [바람이 불 때 또는 코를 골 때 나는 소리] ¶北风～地吹 | 북풍이 휘휘 분다. ❺ (Hū) 名 성(姓). ❻ 복성(複姓) 중의 한 자(字). ¶～延↓

【呼孛孛】hūbóbó 名〈鳥〉오디새의 통칭(通稱) =〔戴dài胜〕

【呼哧】hūchī 擬 헉헉 [격렬한 숨소리] ¶～～直

喘chuǎn | 헉헉거리며 줄곧 헐떡거리다 =〔呼哧呼哧〕〔呼蚩chī〕

【呼风唤雨】hū fēnghuàn yǔ 成 ❶ 비바람을 부르다. ❷ 자연을 지배하는 위대한 힘. ❸ 나쁜 선동을 하다. ¶他通过连络员传达指示, ~ | 그는 연락원을 통해 지시를 전달하며, 나쁜 선동을 한다.

【呼喊】hūhǎn 動 외치다. 부르다. ¶大声~ | 큰 소리로 외치다.

【呼号】ⓐ hūháo 動 ❶ 울부짖다. 통곡하다. ¶仰天~ | 하늘을 우러러 울부짖다. ❷ (곤경에 처해) 애원하다. 도움을 청하다.
ⓑ hūhào 名 ❶ (방송국의) 콜 사인(call sign). 호출 부호. ❷ (조직·기관의)슬로건(slogan). 구호.

【呼和浩特市】Hūhéhàotèshì 名 外 〈地〉 후허호트(Huhhot, Huhehot)시 [내몽골(內蒙古) 자치구의 수도]

3【呼呼】hūhū ❶ 擬 윙윙. 쏴쏴 [바람 소리] ¶北风~地刮 | 북풍이 윙윙 불다. ❷ 擬 쿨쿨. 드르렁 [코 고는 소리] ❸ 運 정도가 지독한 것을 나타내는 접미사. ¶热~ | 후끈후끈하다. ❹ (~儿) 名 俗 호금(胡琴).

【呼唤】hūhuàn 動 ❶ (큰소리로) 부르다. ¶祖国和民族在~我们 | 조국과 민족이 우리를 부르고 있다. ❷ 부리다. 시키다.

【呼饥号寒】hū jī háo hán 成 굶주림과 추위에 울부짖다 [극도의 어려운 생활상을 표현] ¶穷苦百姓~ | 곤궁한 백성들이 굶주림과 추위에 울부짖다.

【呼叫】hūjiào ❶ 動 외치다. ❷ 動 〈通〉 (무선으로) 호출하다. 부르다. ¶~信号 | 호출 신호. ❸ 名 動 〈電算〉 콜(call)〔호출〕(하다).

【呼救】hūjiù 動 (큰 소리로) 도움을 청하다. ¶~信号 | 긴급 구조 신호(S.O.S)

【呼啦】hūlā 擬 ❶ 펄럭펄럭. ¶国旗被风吹得~~地响 | 국기가 바람에 날려 펄럭펄럭 소리를 낸다. ❷ 후다닥. 우르르 ‖ =〔呼喇〕〔呼啦啦〕

【呼噜】ⓐ hūlū 擬 가르랑. 그렁그렁 [숨소리] ¶他喉咙里~~地响 | 그의 목구멍에서 그렁그렁 소리가 난다 =〔呼噜噜〕
ⓑ hū·lu 名 ⓞ 코고는 소리. ¶打~ | 코를 골다.

【呼牛呼马】hū niú hū mǎ 成 소라고 하든 말이라고 하든 상관하지 않는다. 누가 무어라고 하든 상관하지 않다. 칭찬하건 헐뜯건 개의치 않다 =〔呼牛作马〕

【呼朋引类】hū péng yǐn lèi 成 貶 어중이 떠중이들을 끌어 들이다. 작당하다. ¶他们~, 同流合污 | 그들은 어중이 떠중이끼리 함께 어울려 같이 타락한다 =〔引类呼朋〕

【呼扇】hū·shān 動 ⓞ ❶ 흔들리다. 휘청거리다. ¶跳板太长, 走到上面直~ | 발판이 너무 길어서 위를 걸으면 자꾸 휘청거린다. ❷ 부채질하다. 부치다. ¶他满头大汗, 摘下草帽不停地~ | 그는 온 얼굴이 땀에 흠뻑 젖어, 밀짚모자를 벗어서 계속 부채질한다. ‖ =〔唿hū扇〕

【呼哨】hūshào 名 (손가락을 입에 넣어 부는) 휘파람. ¶打~ | 휘파람 불다 ¶从远处传来一声~ | 먼 곳에서 휘파람 소리가 들려오다 =〔唿hū哨〕〔忽哨〕〔胡hú哨〕

4【呼声】hūshēng 名 고함소리. 부르는 〔외치는〕 소리. 喻 군중의 의견과 요구. ¶正义~ | 정의의 외침.

【呼天抢地】hū tiān qiāng dì 成 땅을 치며 대성통곡하다 =〔呼天喊地〕〔呼天唤地〕〔呼天叫地〕〔呼天撞地〕〔抢地呼天〕〔呼天嚎地〕

【呼图克图】hūtúkètú 名 〈宗〉 청대(清代)에 라마교의 대라마(大喇嘛)에 대한 존칭[몽골어임] =〔呼土克图〕〔活huó佛〕〔胡图克图〕〔库图克图〕

2【呼吸】hūxī 名 動 호흡(하다). ¶~作用 | 호흡 작용. ¶~器 | 호흡기. ¶~空气 | 공기를 호흡하다.

【呼吸道】hūxīdào 名 호흡 기관(器管).

【呼吸系统】hūxī xìtǒng 名組 〈生理〉 호흡기 계통.

4【呼啸】hūxiào 書 動 ❶ 큰 소리로 외치다. 울부짖다. ❷ 휙휙〔씽하는〕 소리를 내다 [바람·총알 등이 지나가는 소리] ¶北风~ | 북풍이 휙휙 소리를 내다. ¶枪弹~地由头上飞过去 | 총알이 씽하고 머리 위로 날아 지나갔다 ‖ =〔叫jiào啸〕〔嘶sī啸〕

【呼延】Hūyán 名 복성(複姓).

【呼幺喝六】hū yāo hè liù 成 ❶ 소리를 불러대며 도박을 하다 [「幺」「六」은 주사위의 한끗과 여섯끗임] ¶小工头对着工人~ | 막노동꾼이 노동자와 도박을 하고 있다 =〔呼卢lú喝雉〕 ❷ 方 우쭐거리며 위세를 부리다. 내노라하다.

【呼应】hūyìng 名 動 ❶ 호응(하다). 의기상통(하다). ❷ (문장의 앞과 뒤가) 상응(하다).

【呼语】hūyǔ 名 ❶ 부르는 말. 호칭하는 말. ❷ 콜사인(call sign).

4【呼吁】hūyù 動 (원조·지지·동정 등을) 요청〔간청〕하다. 호소하다. ¶~民族的团结 | 민족의 단결을 호소하다 =〔诉清〕→〔号hào召〕

【呼噪】hūzào 動 시끄럽게 소리치다〔외치다〕.

【呼之欲出】hū zhī yù chū 成 ❶ 부르면 금시라도 뛰어 나올 것 같다. ❷ (문학 작품에서) 묘사가 매우 생동적이다 ‖ =〔呼之或出〕

【烀】 hū 삶을 호

動 물을 조금 넣고 뚜껑을 닫고 찌는듯이 삶다. ¶~白薯shǔ | 고구마를 찌다.

【轷(軤)】 Hū 성 호

名 성(姓).

【戏】 hū ☞ 戏 xì Ⓑ

1【忽】 hū 홀연 홀, 소홀히할 홀

❶ 副 갑자기. 문득. 홀연히. 어느덧. ¶灯光~明~暗 | 등불이 밝아졌다 어두워졌다 한다. ¶今天天气~热~冷 | 오늘 날씨가 더웠다 추웠다 한다. ❷ 소홀히하다. 대수롭지 않다. ¶不可~视 | 소홀히 보아서는 안된다. ¶疏~ | 소홀하다 ‖ =〔芴wù③〕 ❸ 量 〈度〉 길이·중량의 단위 [「一丝」의 1/10, 「一毫」의 1/100] ¶1~米 | 1미크롱. ¶1~克 | 0.1감마. ❹ (Hū) 名 성(姓).

【忽布(花)】hūbù(huā) 名 〈植〉 호프(hop). ¶摘~子 | 호프 열매를 따다 =〔啤pí酒花〕〔霍huò布

花〕〔槐huái花②〕〔酒花〕〔藿huò蒲〕〔蛇shé麻(草)〕〔香蛇麻〕
【忽地】hūdì ⇒〔忽然〕
【忽而】hū'ér 副 돌연히. 갑자기. 홀연히 어법 대체로 서로 상대되거나 비슷한 동사나 형용사 앞에 쓰임. ¶他～哭kū～笑xiào | 그는 울다가 갑자기 웃어대기도 한다.
【忽忽】hūhū ❶ 狀 실의(失意)하다. 서운하다. 허전하다. ❷ 副 금새. 순식간에. 눈깜짝할사이. ¶来住上海, ～又是一年 | 상해에 온지 금새 또 일년이 되었다. ❹ 擬 펄럭펄럭. 활활 [깃발 등이 바람에 펄럭이는 소리]
【忽…忽…】hū…hū… 때로는 … 또 때로는…. ¶天气～热～冷 | 날씨가 더웠다 추웠다 한다.
【忽啦啦】hūlālā 擬 우르르. 와르르. ¶～出来了好几十个 | 몇십명이 우르르 몰려 나왔다 =〔忽喇喇lā〕
【忽冷忽热】hūlěnghūrè 動組 ❶ 갑자기 추웠다 더웠다 하다. ❷ 변덕스럽다. 변덕이 심하다. ¶他最近对我～的 | 그는 요즈음 내게 변덕이 심하다.
4【忽略】hūlüè 動 소홀히 하다. 등한히 하다. ¶不能～这一点 | 이 점을 소홀히 할 수 없다.
【忽米】hūmǐ 量〈度〉센티밀리미터.
【忽明忽暗】hū mínghū àn 成 갑자기 밝아졌다 어두워졌다 한다. (불빛 등이) 번쩍번쩍하다.
【忽起忽落】hū qǐ hū luò 成 ❶ 갑자기 올랐다 떨어졌다 하다. ❷ 마음이 항상 안정되지 않다.
1【忽然】hūrán 副 갑자기. 별안간. 돌연. ¶天～下起雨来了 | 갑자기 비가 내리기 시작했다. ¶老金～病了 | 김씨가 별안간 병이 났다 =〔忽地〕〔忽的〕
【忽闪】ⓐ hūshǎn 副 (섬광이) 번쩍. 번뜩번뜩. ¶闪光弹～一亮, 又～一亮 | 섬광탄이 번뜩번뜩 빛났다.
ⓑ hū·shan 動 반짝거리다. 번쩍거리다. ¶小姑娘～着大眼睛看着妈妈 | 소녀가 큰 눈을 반짝이며 엄마를 보고 있다 =〔闪耀〕〔闪动〕
【忽闪忽闪】hū shǎn hū shǎn 狀 ❶ 번뜩번뜩하다. 반짝반짝하다. ¶灯火～ | 등불이 번쩍번쩍하다. ❷ (눈을) 껌뻑껌뻑거리다.
【忽上忽下】hū shànghū xià 成 ❶ 올라갔다 내려갔다 하다. ¶风浪中的小船～的 | 풍랑속에 작은 배가 왔다갔다 한다. ❷ 마음 속이 흠칫흠칫하다.
3【忽视】hūshì 動 소홀히 하다. 경시하다. ¶～规则 | 규칙을 소홀히하다.
【忽悠】hū·you 方 ❶ 動 흔들리다. 펄럭이다. ¶渔船上的灯火～～的 | 어선 위의 등불이 흔들흔들거리다. ❷ 形 (가슴이) 철렁하다.

【唿】hū 바람소리 홀/물
擬 휘휘. 우우 [바람 등이 부는 소리] ¶～哨shào | 신호의 휘파람.
【唿喇喇】hūlālā 擬 후닥닥하다. 윙윙거리다.

【惚】hū 황홀할 홀
⇒〔恍huǎng惚〕

【淴】hū 빨리흐를 홀
❶ 書 狀 물이 흐르다. ❷ ⇒〔淴浴〕
【淴浴】hū/yù 動 江 목욕하다.

【滹】hū 물이름 호
지명에 쓰이는 글자. ¶～沱 | 호타. 하북성에 있는 강 [산서성(山西省)에서 하북성(河北省)에 흘러 들어가 자아하(子牙河)가 되어 천진(天津)에서 북운하(北運河)와 합류하는 강]

【糊】hū ☞ 糊 hú Ⓒ

hú ㄏㄨˊ

【囫】hú 덩어리질 홀
⇒〔囫囵〕
【囫囵】húlún 形 통째로. 송두리째. ¶买个馒头～吞 | 찐빵을 사서 송두리째 삼키다.
【囫囵觉】hú·lúnjiào 名 온 밤을 푹 자는 잠. ¶她每天夜里, 因为孩子没睡过一个～ | 그녀는 매일 밤 아기 때문에 한번도 제대로 푹 자본 적이 없다.
【囫囵吞枣】hú lún tūn zǎo 成 대추를 통째로 삼키다. 무비판적으로 받아들이다. 개 약과 먹듯 =〔鹘仑吞枣〕
【囫囵着】hú·lún·zhe 狀組 통째로. 한데 묶어서. 마구. ¶～吞tūn下去 | 통째로 삼키다. ¶～骂 | (한데 묶어서) 누구라고 할 것 없이 욕을 퍼붓다.

【和】hú ☞ 和 hé Ⓕ

4【狐】hú 여우 호
名 ❶〈動〉여우. ¶白～ | 백여우. ¶火～ | 붉은 여우. ¶银～ | 회백색 털 가진 여우. 은호. ¶～皮 | 여우 가죽 =〔狐狸lí〕 ❷ (Hú) 성(姓).
【狐步】húbù 名〈舞〉폭스 트롯트(fox trot) [미국의 흑인 민간 무용에서 기원된 4/4박자의 춤] =〔狐步舞〕
【狐臭】húchòu 名 액취(腋臭). 암내. ¶患～人 | 암내가 나는 사람. ¶～粉 | 암내를 방지하는 파우더(powder) =〔狐臊〕〔狐骚〕〔胡臭〕〔腋yè臭〕〔方 猪狗臭〕
【狐假虎威】hú jiǎ hǔ wēi 成 남의 권세를 빌어 위세를 부리다. 호가 호위. ¶他以为领导信任他, 支持他, 便～, 处处欺压工人 | 그는 지도자가 믿고 지지한다고 해서, 호가호위하며, 곳곳에서 노동자를 탄압한다→〔狗gǒu仗人势〕
4【狐狸】hú·li 名 여우의 통칭. ¶～崽子zǎizi | 罵 여우 새끼.
【狐狸精】hú·lijīng 名 罵 음탕한 여자. 여우같은 년.
【狐狸尾巴】hú·li wěi·ba 成 여우 꼬리. 喻 (숨길 수 없는) 정체. ¶露出～来了 | 정체를 드러내다.
【狐埋狐搰】hú mái hú hú 成 여우는 의심이 많아 자기가 방금 감추어둔 것도 다시 파본다. 의심이 많아 시름을 놓지 못하다.
【狐媚】húmèi 動 알랑거려서 남을 홀리다. ¶～魇yǎn道 | 요염한 자태로 사람을 미혹시키다. ¶～猿攀 | 수단을 가리지 않고 명리(名利)를 쫓다.
【狐朋狗党】hú péng gǒu dǎng ⇒〔狐朋狗友〕
【狐朋狗友】hú péng gǒu yǒu 成 어중이 떠중이. 나쁜 친구들. 불량배. ¶他交了一些～ | 그는 어중이 떠중이들과 사귀었다 =〔狐朋狗党〕〔狐群

狗党〕
【狐臁】húqiǎn 名 여우의 흉복부와 겨드랑이 가죽.
【狐裘】húqiú 名 여우의 가죽으로 만든 갖옷
【狐群狗党】hú qún gǒu dǎng ⇒〔狐朋狗党〕
【狐臊】húsāo ⇒〔狐臭chòu〕
【狐鼠之辈】hú shǔ zhī bèi 成 아첨쟁이. 간신배.
【狐死首丘】hú sǐ shǒu qiū 成 호사수구. 여우가 죽어도 머리는 굴있는 쪽으로 돌린다. 喩 고향을 잊지 않음.
【狐仙】húxiān 名 여우가 변신한 신선 =〔大仙爷〕
【狐疑】húyí 動 의심하다. 의심이 많다. ¶满腹～ | 의심이 가득하다. ¶一听此话, 他顿然～ | 이 말을 듣자, 그는 갑자기 의심을 하였다.

【弧】hú 활 호
❶ 名〈數〉호(弧) [원둘레의 일부] ❷ 書 名 나무로 만든 활. ❸ 활등처럼 휜것. ¶～形↓ ¶～光灯↓ ❹ ⇒〔括kuò弧〕
【弧度】húdù 名〈數〉호도. 라디안(radian) =〔弪jìng〕
【弧光】húguāng 名〈電氣〉호광. 아아크(arc) 방전광.
【弧光灯】húguāngdēng 名 호광등. 아아크 등(arc 燈) =〔炭tàn精灯〕〔碳tàn(极)弧灯〕
【弧菌】hújūn 名〈微生〉비브리오(vibrio)균
【弧线】húxiàn 名〈數〉호선.
【弧形】húxíng 名 호형. 활 모양. ¶划了一道～白线 | 호형의 흰선을 그었다.

2【胡】① hú 오랑캐 호, 어찌 호
❶ 名 호족 [옛날, 중국의 북방과 서방 만지(蠻地)의 민족] ❷ 옛날, 외국(북방이나 서방)에서 들어온 물건을 가리킴. ¶～琴↓ ¶～桃↓ ❸ 제멋대로. 엉터리로. 무턱대고. 터무니없는. ¶说～话 | 터무니없는 소리를 하다. ❹ 書 副 왜. 어째서. ¶～不归 | 왜 돌아가지 않는가. ❺ 거리. 골목. ¶～同(儿)↓ ❻ (Hú) 名 성(姓). ❼ 복성(複姓) 중의 한 자(字). ¶～母↓ ¶～掖↓
【胡缠】húchán 動 ❶ 뒤엉키다. ¶一味～ | 온통 휘감기어 뒤엉키다. ❷ 귀찮게 따라다니다. 성가시게 굴다 ‖ =〔胡羼chàn〕
【胡扯】húchě ❶ 動 한담하다. 잡담하다. ❷ ⇒〔胡说〕
【胡扯八拉】húchě bālā 動組 이러쿵 저러쿵 허튼 소리를 해대다. ¶你都～些什么啊 | 너는 온통 이러쿵 저러쿵 무슨 허튼소리를 하는구나 =〔胡扯八道〕〔胡扯白咧liě〕
【胡吃海塞】húchī hǎisāi 動組 方 (게걸스럽게) 마구 처먹(어 대)다. ¶这孩子～, 早晚必得肠胃病 | 이 아이는 게걸스럽게 마구 처먹어대니, 조만간 반드시 위장병이 날 것이다.
【胡臭】húchòu ⇒〔狐hú臭〕
【胡吹】húchuī 動 ❶ 허풍을 떨다. 나발 불다. ❷ 곡조에 맞지 않게 마구 불다. ¶～乱打 | (악기를) 마구 불거나 두드리다.
【胡葱】húcōng 名〈植〉❶ 양파 =〔洋葱〕 ❷ 중국 남부에서 재배되는 파의 일종.
【胡打乱敲】húdǎ luànqiāo 動組 (악기 등을) 제멋대로 마구 두드리다.
【胡蝶】húdié ⇒〔蝴hú蝶〕
【胡豆】húdòu 名〈植〉❶ 등나무 =〔庭藤〕❷「蚕cán豆」(잠두콩)의 다른 이름.
【胡匪】húfěi 名 마적(馬賊). 비적(匪賊). 토비(土匪) =〔胡贼zéi〕〔胡子〕
【胡蜂】húfēng 名〈蟲〉호봉. 말벌 =〔壶hú蜂〕
【胡搞】húgǎo 動 ❶ 함부로 하다. 제멋대로 (허튼 짓을) 하다. ¶这样～还成吗? | 이렇게 함부로 해도 되는거니? ❷ (이성과) 난잡하게 놀아나다.
【胡花】húhuā 動 낭비하다. 마구 쓰다. ¶～钱 | 돈을 마구 쓰다.
【胡话】húhuà 名 허튼 소리. 헛소리. ¶他发烧烧得直说～ | 그는 열이 올라 줄곧 헛소리를 한다.
【胡混】húhùn 動 ❶ (일정한 목적도 없이) 그날 그날 살아가다. 어물어물 보내다. ❷ 일을 어물쩍 하여 끝내 버리다.
【胡笳】hújiā 名〈音〉호가 [호인(胡人)이 갈잎을 말아 만든 피리] →〔笳〕
【胡椒】hújiāo 名〈植〉❶ 후추. ¶～面儿 =〔胡椒粉fěn〕| 후추 가루. ¶～八百斛hú | 후추 팔백곡〔섬〕. 喩 뇌물을 대단히 탐내다. ¶没有～面儿, 不算是馄饨 | 후추 가루가 없이는 만두국이라 할 수 없다. 물건이란 한가지만 없어도 완전한 것이 될 수 없다. ❷ 후추씨.
【胡搅】hújiǎo 動 ❶ 함부로 소란을 피우다. ¶～蛮缠 | 成 함부로 시끄럽게 훼방을 놓다. 마구 생트집을 잡다 =〔扰乱〕❷ 자기 주장을 강하게 고집하다. 생떼를 쓰다 =〔狡jiǎo辨〕
4【胡来】húlái 動 ❶ 함부로 하다. 되는대로 하다. ¶还是按部就班地作好, 别～ | 역시 순서대로 차근차근 해야지, 함부로 되는대로 해서는 안된다. ❷ 소란을 피우다. 마구 덤비다 =〔胡闹nào〕〔胡作非为〕
【胡哩胡涂】hú·li hú·tu ⇒〔糊hú里糊涂〕
【胡里马哈】hú·limǎhā 貶 부주의하다. 무책임하다. 이렇다 할 일도 없다. ¶小平～地瞎扑通这好几个月呀 | 소평은 이렇다 할 일도 없이 요 몇 개월을 헛되이 발버둥만 쳤다.
【胡聊】húliáo 動 터무니 없는 말을 하다.
【胡噜】hú·lu 動 方 ❶ 쓰다듬다. 어루만지다. ¶～脑袋 | 머리를 쓰다듬다. ❷ 긁어〔주어〕 모으다. 쓸어 버리다. 털어 버리다. 쓸어담다. ¶把桌上的东西都给～地下了 | 탁자 위의 물건을 모두 바닥으로 쓸어버렸다. ¶棚上的灰都给～下来 | 차양의 먼지도 몽땅 털어 버려라. ¶把棋子都～到堆儿 | 바둑알을 한곳에 주어 모으다. ❸ 喩 다방면으로 활동하다. 손을 쓰다. ¶八下里横～着 | 여기저기서 다방면으로 활동하고 있다. ¶有甚么事给～着点儿 | 무슨 일이 있으면 손 좀 써 주게.
2【胡乱】húluàn 副 함부로. 멋대로. 되는대로. 마구. 아무렇게나. ¶不许～作事 | 멋대로 일을 해서는 안된다.
【胡萝卜】húlúo·bo 名〈植〉당근. 홍당무 =〔红hóng萝卜〕
【胡萝卜素】húlúo·bosù 名〈化〉카로틴(carotin). 프로비타민 A =〔胡萝卜烯〕〔橙chéng黄素〕〔维

生素A元]〔叶红素〕
【胡麻】húmá 名〈植〉❶ 참깨 →〔芝zhī麻①〕 ❷ 「亚yà麻」(아마)의 다른 이름.
【胡母】Húmǔ 名 복성(複姓).
【胡闹】húnào 動 소란을 피우다. 법석을 떨다. ¶～八光 | 분별없이 떠들어대다. ¶不许在教室里～ | 교실 안에서 소란을 피워서는 안된다.
【胡弄】húnòng 動 ❶ 눈가림으로 일하다. 엉터리로 일하다. ❷ 놀리다. 우롱하다. 희롱하다. ¶老金在～人 | 김씨가 남을 놀리고 있다.
【胡批乱砍】hú pī luàn kǎn 威 마구 비판하고 타도하고 파괴하다.
【胡琴(儿)】hú·qin(r) 名〈音〉호금 =〔㊄呼呼(儿)〕〔㊄碗wǎn琴〕→〔二èr胡〕〔京胡〕
【胡人】húrén 名 호인 [북방과 서방의 이민족을 일컫던 말]
3【胡说】húshuō ❶ 動 터무니없는 말을 하다. 엉터리로 말하다. ¶～八道 =〔胡说霸道〕| 威 터무니 없이 함부로 떠들어대다. ❷ 名 터무니없는 소리. 허튼 소리. ¶你别信他的～ | 너는 그의 터무니없는 소리를 믿지 마라→〔扯chě淡①〕 ‖ =〔胡扯②〕〔练liàn贫〕
【胡思乱想】hú sī luàn xiǎng 威 터무니없는 생각을 하다. 허튼 생각을 하다 =〔胡思乱量〕
【胡桃】hútáo ⇒〔核hé桃〕
3【胡同(儿)】hútòng(r) 名 ❶ 골목. ¶～口儿 | 골목 어귀. ¶～里赶马 | 골목으로 말을 몰다. 喻 곧장 나아갈 수밖에 다른 방법이 없다. ¶死～ | 막다른 골목. ❷ 작은 거리. 어법 「金鱼胡同」과 같이 고유 명사의 경우에는 「同」이 경성으로 발음되어 「hú·tong」으로 되고, 「儿化」하지 않음.
【胡涂】hú·tú ❶ 名 ㊄〈食〉밀가루를 풀어 야채를 넣고 끓인 음식. ❷ ⇒〔糊hú涂〕
【胡颓子】hútuízǐ 名〈植〉보리수(나무).
【胡写】húxiě 動 (글을) 마구 갈겨 쓰다. ¶在纸上～ | 종이에 마구 갈겨 쓰다.
【胡言】húyán ❶ 動 되는대로 말하다. 함부로 지껄이다. ❷ 名 허튼 소리. ¶一派～ | 온통 허튼 소리뿐. ¶～乱语 | 횡설수설 =〔胡言汉语〕〔胡言谰lán语〕
【胡杨】húyáng 名〈植〉(사막 지대에 사는) 백양나무의 일종.
【胡掖】Húyè 名 복성(複姓).
【胡枝子】húzhīzǐ 名〈植〉싸리나무 =〔胡枝条〕
【胡诌】húzhōu 動 함부로 지껄이다. (시 등을) 나오는 대로 짓다. ¶这故事是他～的 | 이 이야기는 그가 나오는 대로 지어낸 것이다.
【胡诌八扯】húzhōu bāchě 이것 저것 되는대로 지껄이다 =〔胡诌乱扯〕
2【胡子】hú·zi 名 ㊄ 마적. 비적. 토비. ¶～兵 | 침략군 병사. 노병(老兵).
【胡子工程】hú·zi gōngchéng 名組 俗 (질질 끄는) 난공사. ¶这是个建设十年还未竣工的～了 | 이 건설 공사는 10년 걸려 아직도 준공하지 못한 난공사이다.
【胡走游飞】hú zǒu yóu fēi 威 목적도 없이 이리저리 돌아다니다〔방황하다〕.
【胡作非为】hú zuò fēi wéi 威 마구 나쁜 짓을 하다. 제멋대로 허튼 수작을 부리다. ¶这些公子哥儿整天～ | 이들 부잣집 자제들이 왼종일 마구 나쁜 짓을 한다.

2【胡(鬍)】② hú 수염 호
(～子) 名 수염. ¶腮sāi～子 | 턱수염. ¶连鬓bìn～ | 구레나룻. ¶两撇piē儿～ =〔八字胡〕| 팔자수염. ¶留～子 | 수염을 기르다.
【胡须】húxū 名 수염. ¶～硬 | 화를 내다.
【胡子】hú·zi 名 ❶ 수염. ¶刮～ | 수염을 깎다. ¶留～ | 수염을 기르다. ¶络腮luòsāi～ | 구레나룻. ¶两撇～ | 팔자 수염. ¶～碴chá儿 | 짧은 수염. ¶山羊～ | 염소 수염. ¶虾米～ | 새우 수염같은 수염. ¶牛角～ | 쇠뿔같은 수염. ¶～嘴儿 | 수염이 난 사람. ❷ (전통극에서) 긴 수염을 단 늙은이 역. ¶她唱～ | 그녀가 늙은이 역을 맡아 노래한다.
【胡子拉碴】hú·zi lāchā 貶 수염이 더부룩하다. ¶满脸～的 | 온 얼굴에 수염이 더부룩하다.
【胡子眉毛一把抓】hú·zi méi máo yī bǎ zhuā 威 수염이고 눈썹이고 한줌에 잡다. 이것 저것 가리지 않고 한데 얼버무리다. ¶做事情要有条有理, 不能～ | 일을 할 때는 조리가 있어야지, 이것 저것 한데 얼버무려서는 안된다.

1【湖】hú 호수 호
名 ❶ 호수. ¶～泊↓ ¶洞庭～ | 동정호. ❷ (Hú) 簡〈地〉ⓐ 호주(湖州)의 약칭. ⓑ 호남성(湖南省)과 호북성(湖北省). ¶～广↓
【湖笔】húbǐ 名 절강성(浙江省) 호주(湖州)에서 나는 붓 [「宣纸」「端砚」「徽墨」과 함께 문방 사보(文房四寶)의 하나로 유명함] ¶～徽墨 | 호주의 붓과 휘주(徽州)의 먹.
【湖边】húbiān 名 호수가.
【湖滨】húbīn 名 호수가. 호반. ¶～酒楼多美姬 | 호수가 술집에 미인들이 많다.
【湖光山色】hú guāng shān sè 威 호수위의 풍경과 산중의 비경. 아름다운 자연의 모습.
【湖广】Húguǎng 名 簡〈地〉호북성(湖北省)과 호남성(湖南省).
【湖海之士】húhǎi zhī shì 名組 호방하고 기개가 있는 사람. 소탈하고 씩씩하며 기질이 굳센 사람. 속이 넓고 서글서글한 사람.
【湖蓝】húlán 名〈色〉밝은 하늘색.
【湖绿】húlǜ 名〈色〉연한 초록색.
【湖面】húmiàn 名 호수 면. ¶～上有几只小船 | 호수 면에 몇 척의 작은 배가 있다.
【湖畔】húpàn 名 호반. 호수가.
【湖泊】húpō 名 호수(의 총칭).
【湖色】húsè 名〈色〉연두색. 담록색 =〔谈tán绿色〕
【湖水】húshuǐ 名 ❶ 호수물. ❷ 〈色〉밝은 하늘색.
【湖滩】hútān 名 호수가의 모래톱(지역).
【湖田】hútián 名 호수 근처의 논.
【湖羊】húyáng 名〈動〉절강성(浙江省)의 항주(杭州)·가흥(嘉興)·호주(湖州) 지방과 태호(太湖) 근처에 서식하는 양의 일종.
【湖泽】húzé 名 호수와 늪 =〔湖沼zhǎo〕

【湖绉】húzhòu 名 절강성 호주(湖州)에서 나는 견직물.

【猢】hú 원숭이 호
⇒〔猢狲〕

【猢狲】húsūn 名〈動〉원숭이의 일종 [털이 많으며 중국 북부 산림지역에 서식함] ¶树倒～散 | 나무가 쓰러지자 원숭이들이 달아난다 =〔胡孙〕〔猕mí猴〕→〔猴hóu〕〔猿yuán〕

4【葫】hú 마늘 호
❶ 名〈植〉마늘의 옛 이름 =〔葫蒜〕 ❷ ⇒〔葫芦〕

【葫豆】húdòu 名〈植〉「扁biǎn豆」(불콩·편두)의 다른 이름 [서역으로부터 전래되어 붙여진 이름]

4【葫芦】hú·lu 名 ❶ 조롱박. 표주박. ¶～瓢捞饺子 | 표주박으로 만두를 건지다. 轉 모든 점에서 잘못이 없다. ¶依～画瓢 | 그대로 모방하다. ¶吹～ | 고함치다. ❷ 알 수 없는 꿍꿍이. ¶～案 | 수수께끼 같은 사건. ¶闷～ | 알 수 없는 일. ❸ 아편 흡연용 담뱃대의 통. ❹ 나무로 만든 구식 활차(滑車) ‖ =〔壶hú芦〕

【葫芦科】hú·lukē 名〈植〉조롱박과.

【葫芦藓】hú·luxiǎn 名〈植〉호로선 [이끼의 일종]

【煳】hú 탈 호, 눌 호
名 (옷·밥 등이) 타다. 눋다. ¶馒头烤～了 | 빵이 눌었다. ¶饭～了 | 밥이 탔다 =〔糊hú③〕→〔焦①〕

4【瑚】hú 산호 호
❶ ⇒〔珊shān瑚〕 ❷ ⇒〔瑚琏〕 ❸ 사람의 품격이 높음의 비유.

【瑚琏】húliǎn 名 종묘(宗廟)에서 곡식을 담아 놓던 그릇. ¶～之器 | 큰 일을 맡을 수 있는 재능.

2【糊】hú hù hū 풀 호, 바를 호

Ⓐ hú ❶ 動 (풀로) 붙이다. 바르다. ¶拿纸～窗户 | 종이로 창문을 바르다. ¶～墙 | 도배하다. ❷ 動 달라붙다. 눋다. ¶鼻涕bítì～了满脸 | 콧물이 온 얼굴에 달라 붙었다. ❸「煳」와 같음⇒〔煳hú〕 ❹ 어리석다. 분명하지 않다. 애매하다. ¶～涂↓ ¶模～ | 어렴풋하다.

Ⓑ hù ❶ 풀같은 음식. ¶面～ | 〈食〉밀가루를 물에 풀어 만든 음식. ¶辣椒～ | 붉은 생고추를 잘게 썰어 넣어서 풀같이 만든 양념. ❷ (일을) 되는대로. 아무렇게나. 건성건성. ¶～弄↓

Ⓒ hū 動 ❶ (진득진득한 것으로 틈이나 구멍을) 막다. 메우다. ¶墙上有个窟窿kūlong, 用泥把它～住 | 벽에 구멍이 있어서 진흙으로 그것을 메웠다. ❷ 方 삶다. 찌다. ¶～了一大锅白薯 | 고구마를 큰 솥 가득 쪘다.

Ⓐ hú

【糊窗】hú/chuāng 動 창문을 바르다. ¶～纸 | 창호지.

【糊饭】húfàn 名 풀죽. 묽은 죽.

【糊精】hújīng 名〈化〉덱스트린(dextrin).

【糊口】húkǒu 動 입에 풀칠하다. 간신히 먹고 살다. ¶衣不蔽体, 食不～ | 몸에 걸칠 옷이 없으며, 입에 풀칠할 것이 없다. ¶他靠给人家洗衣服～ | 그는 사람들에게 세탁을 해주고 겨우 먹고 산다. ¶～四方 | 成 먹고 살기 위해 이곳 저곳을 돌아다니다 =〔糊嘴zuǐ〕〔餬口〕

【糊里八涂】hú·li bātū ⇒〔糊里糊涂〕

【糊里糊涂】hú·li hú·tú 貶 얼떨떨하다. 흐리멍텅하다. 어리벙벙하다. ¶你别～地过日子 | 너는 흐리멍텅하게 생활해서는 안된다 =〔糊里八涂〕〔胡哩胡涂〕

【糊料】húliào ⓧ hùliào) 名 접착제.

【糊墙】hú/qiáng 動 벽을 바르다. 벽에 도배를 하다. ¶～纸 | 벽지.

2【糊涂】hú·tú 形 ❶ 흐리멍텅하다. 얼떨떨하다. 어리둥절하다. 어리벙벙하다. ¶装～ | 머저리인체하다. ¶老～ | 노망하다. ¶你又上了他的当, 太～了 | 네가 또 그에게 속는다면 어리석은 일이다. ¶老师越解释, 我越～ | 선생님이 설명을 할수록 난 더 얼떨떨해졌다. ❷ 方 똑똑치〔분명치〕않다. 애매(모호)하다. ¶印得很～ | 인쇄가 흐릿하다. ¶～思想 | 애매한 사상. ¶～文章 | 두서없는 문장. ¶～主义 | 대충대충 넘어가려는 주의 =〔模mó糊〕⇔〔聪cōng明〕 ‖ =〔胡突tū〕〔胡涂tú②〕〔鹘hú突〕 ❸ 뒤범벅이다. 엉망이다. ¶一塌tā～ | 온통 뒤범벅이다.

【糊涂虫】hú·tuchóng 名組 罵 바보. 멍텅구리. ¶这个该死的～ | 이 되져야할 바보 녀석.

Ⓑ hù

【糊弄】hù·nong 動 方 ❶ (일을) 대충대충하다〔건성건성하다〕. 아쉬운대로 해 나가다. ¶～着修理完了 | 대충대충 수리하였다. ❷ 속이다. ¶～人 | 사람을 속이다. ¶这哥们儿可不好～ | 이 형들은 정말 사람을 속이지 않는다.

【糊弄局(儿)】hù·nongjú(r) 名 方 속임수. 눈속임.

Ⓒ hū

【糊住】hūzhù 動 ❶ 풀로 (착) 붙이다. ❷ 찰싹 달라 붙다. ❸ (상대방의 발을) 멈추게 하다.

3【蝴】hú 나비 호
⇒〔蝴蝶〕

3【蝴蝶】húdié 名〈蟲〉나비 =〔胡hú蝶〕

【蝴蝶骨】húdiégǔ 名〈生理〉호접골.

【蝴蝶花】húdiéhuā 名〈植〉붓꽃 =〔菖chāng兰〕 ‖ =〔胡蝶花〕〔紫zǐ蝴蝶①〕

【蝴蝶结】húdiéjié 名 나비 넥타이. 나비 리본. 나비매듭 =〔蝴蝶扣kòu儿①〕

【蝴蝶装】húdiézhuāng 名 호접장 [펴면 나비 모양이 되도록 한 제본의 한 양식]

【醐】hú 우락더껑이 호
⇒〔醍tí醐〕

【鹕(鶘)】hú 사다새 호
⇒〔鹈tí鹕〕

2【壶(壺)】hú 병 호
名 ❶ 술병. 술그릇. 단지. 주전자. ¶茶～ | 차주전자. ¶酒～ | 술병. 술단지. ¶开～ | 주전자. ¶夜～ | 요강. ¶烫一～酒 | 술 한 주전자를 데우다. ❷ (Hú) 성(姓).

【壶丘】Húqiū 名 복성(複姓).

【壶儿】húr 名 ❶ 병. 주전자. 단지. ¶买了一把铜

～ | 동주전자를 하나 샀다. ❷「鼻烟壶儿」(코담배통)의 약칭.
【壶中日月】hú zhōng rì yuè 成 술단지 속의 나날. 도가의 신선 생활 =〔壶天日月〕〔壶里乾天〕〔壶中天地〕
【壶嘴(儿)】húzuǐ(r) 名 주전자 주둥이.

【核】hú ☞ 核 hé B

【斛】hú 휘 곡
❶ 名 휘. 곡 [곡식을 되는 그릇. 윗부분은 작으나 밑이 큰 사각형 용기. 본래 「十斗」의 용량이나 후에 「五斗」로 변함] ❷ 복성(複姓) 중의 한 자(字). ¶ ～律↓
【斛律】Húlǜ 名 복성(複姓).

【槲】hú 떡갈나무 곡
名〈植〉떡갈나무 →〔槲栎〕
【槲寄生】hújìshēng 名〈植〉겨우살이 =〔冬青②〕
【槲栎】húlì 名〈植〉떡갈나무 =〔青风〕

【鹄(鵠)】hú gǔ 고니 곡
A hú ❶ 名〈鳥〉백조. 고니. ❷ 書 動 발돋움하고 서다. 조용히 서다. ¶ ～望↓
B gǔ 書 名 과녁. ¶ 中～ | 명중하다.
A hú
【鹄立】húlì 書 動 똑바로 서다 =〔鹤hè立〕
【鹄望】húwàng 書 札 학수고대하다.
B gǔ
【鹄的】gǔdì 書 名 ❶ 활의 과녁. ❷ (일의) 목적 ‖ =〔鹄子〕〔鹄子红心〕
【鹄子】gǔ·zi ⇒〔鹄的〕

【鹘(鶻)】hú gǔ 송골매 골, 산비둘기 골
A hú 名〈鳥〉매 =〔隼sǔn〕
B gǔ 名 ❶ 書 고서(古書)에 나오는 새의 한 종류. ❷ 산비둘기. ¶ ～鸠↓
A hú
【鹘突】hú·tu 形 흐리멍텅하다. 흐리터분하다. 어리벙벙하다. 얼떨떨하다 =〔糊hú涂〕
B gǔ
【鹘鸠】gǔjiū 名〈鳥〉산비둘기.

【縠】hú 뿔잔 곡
❶ ⇒〔縠觫〕❷ 名 옛날 뿔잔. 술잔. 주기(酒器).
【縠觫】húsù 書 動 무서워 벌벌 떨다.

hǔ ㄏㄨˇ

【许】hǔ ☞ 许 xǔ B

【浒】hǔ ☞ 浒 xǔ B

2【虎】hǔ hù 호랑이 호
A hǔ ❶ 名〈動〉범. 호랑이. ¶ 老～ | 호랑이. ¶ 与～谋皮 | 호랑이와 가죽을 의논하다. 喻 무모한 짓. ❷ 形 喻 용맹하다. 사납다. ¶ ～～有生气 | 아주 용맹하고 생기 발랄하다. ❸ (～子) 名 (어떤 것을) 특히 좋아하는 사람. ¶ 菜～子 | 요리를 좋아하는 사람. ¶ 书～子 | 책을 좋아하는 사람. ¶ 睡～子 | 잠꾸러기. ¶ 吃～子 | 먹기를 좋아하는 사람. ❹ (Hǔ) 名 성(姓).
B hù ⇒〔虎不拉〕
A hǔ
【虎豹】hǔbào 名 ❶ 범과 표범. ❷ 喻 흉악한 사람.
【虎背熊腰】hǔ bèi xióng yāo 成 ❶ 범의 등과 곰의 허리. 아주 크고 튼튼한 몸집. 장대(壯大)한 기골(氣骨). ¶ 他长zhǎng得～的 | 그는 기골이 장대하게 생겼다. ❷ 일을 다부지게 하다.
【虎贲】hǔbēn 書 名 용사(勇士). 무사(武士).
【虎彪彪】hǔbiāobiāo 狀 위풍 당당하다. ¶ 一个～的棒小伙子 | 위풍이 당당한 건장한 젊은이.
【虎毒不吃子】hǔ dú bù chī zǐ 成 범은 잔인해도 제 새끼를 잡아 먹지는 않는다. 제 새끼는 다 사랑한다.
【虎耳草】hǔ'ěrcǎo 名〈植〉범의 귀. 호이초 =〔石荷叶〕
【虎伏】hǔfú ⇒〔滚gǔn轮②〕
【虎符】hǔfú 名 범 모양의 부절(符節). ¶ 拿～来合证 | 호랑이 부절로 증명하다.
【虎父无犬子】hǔ fù wú quǎn zǐ 成 호랑이 아비에 개 새끼는 없다. 용장(勇將) 밑에는 약한 병사가 없다.
【虎骨酒】hǔgǔjiǔ 名〈食〉호골주 [호경골(虎脛骨)을 우려낸 술]
【虎挂佛珠】hǔ guà fó zhū 成 범의 목에 염주 걸었다고 부처되랴. ¶ 你是～假慈悲cíbēi | 너는 범의 목에 염주를 걸고 거짓 자비를 베푼다.
【虎将】hǔjiàng 名 용장(勇將). 용맹한 장수.
【虎劲儿】hǔjìnr 名 범같은 힘. 용맹한 기세.
【虎踞龙盘】hǔ jù lóng pán 成 범이 웅크리고 앉은 듯 용이 서려 있는 듯하다. 지세(地勢)가 험준하고 웅장하다 =〔虎踞龙蟠pán〕〔龙盘虎踞〕
【虎踞龙蟠】hǔ jù lóng pán =〔虎踞龙盘〕
【虎口】hǔkǒu 名 ❶ 범의 아가리. 喻 위험한 곳. ¶ ～里探头 | 범의 아가리에 머리를 내밀다. 위험한 일을 하다. ❷ 손아귀. 범아귀 [엄지와 둘째 손가락 사이]
【虎口拔牙】hǔ kǒu bá yá 成 범의 아가리에서 이를 뽑다. 매우 위험한 일을 하다.
【虎口余生】hǔkǒu yúshēng 成 범의 아가리에서 겨우 살아나다. 구사 일생 =〔虎口逃〕
【虎狼】hǔláng 名 ❶ 범과 이리. ❷ 喻 잔악 무도한 사람. 잔인한 사람.
【虎狼世界】hǔláng shìjiè 名組 喻 잔혹한 세상. 무서운 세상.
【虎里虎气】hǔ·lihǔqì 狀 기세가 대단하다. 위압적이다.
【虎脸】hǔ/liǎn 動 ❶ 엄한〔험악한〕표정을 짓다. ❷ 기운이 넘칠듯한 표정을 하다. 지지 않겠다고 굳센 표정을 짓다. 어법 보통 「虎着脸」으로 씀.
【虎落平阳被犬欺】hǔ luò píngyáng bèi quǎn qī 諺 호랑이도 평지에서는 개들에게 물린다. 권세가도 일단 지위를 잃으면, 남들이 넘본다.
【虎魄】hǔpò ⇒〔琥hǔ珀〕

【虎钳】hǔqián [名]〈機〉바이스(vise) =〔虎头钳〕〔老虎钳(子)①〕〔抬tái批士钳〕〔台tái钳〕
【虎入羊群】hǔ rù yáng qún [成] 약자들 속에서 마음대로 행패부리다.
【虎声虎气】hǔ shēng hǔ qì [成] 원기 왕성하다. 활기에 가득 차 있다. ¶他说话～的｜그는 원기 왕성하게 말한다.
【虎视眈眈】hǔ shì dān dān [成] 호시 탐탐하다. 범이 먹이를 노리듯이 탐욕의 눈초리로 기회를 노리다.
【虎势】hǔ·shi [形][方] ❶ 헌걸차다. 늠름하다. 건장하다. 위세가 당당하다. ¶这小伙子长得真～｜이 젊은이는 아주 늠름하게 생겼다. ❷ 몹시 거칠다. 매우 난폭하다.
【虎势豹胆】hǔ shì bào dǎn [成] 기세가 대단하다. 대담 무쌍하다.
【虎头虎脑】hǔ tóu hǔ nǎo [成] 씩씩하고 늠름하다. ¶这后生长得～的｜이 젊은이는 씩씩하고 늠름하게 생겼다 =〔虎兴兴〕
【虎头牌】hǔtóupái [名] 옛날, 관청 문 앞에 두어 출입 금지를 표시했던 범 머리 모양의 팻말.
【虎头蛇尾】hǔ tóu shé wěi [成] 시작은 좋았으나 끝이 좋지 않다. 용두사미(龍頭蛇尾).
【虎头捉蝨】hǔ tóu zhuō shī [成] 범 머리의 이를 잡다. 매우 위험한 일을 하다. 자는 범 코침 주다.
【虎威】hǔwēi ❶ [書][名] 무장(武將)의 위엄. ¶他大发～｜그는 무장의 위엄을 크게 떨쳤다. ❷ [形] 사납다. 용맹스럽다.
【虎啸】hǔxiào [書] ❶ [動] (동물이) 으르렁거리다〔울부짖다〕. ❷ [動] (바람이) 세찬 소리를 내다. ❸ [動] (사람이) 노호하다. 성내어 소리지르다. ❹ [名] 범의 울부짖음.
【虎穴】hǔxué [名] 범의 굴. [喩] 위험한 곳. ¶不入～, 焉yān得虎子｜[諺] 범의 굴에 들어가지 않고서 어찌 범을 잡겠느냐. 범의 굴에 들어가야 범을 잡는다. ¶～狼窝wō｜[成] 범이나 승냥이의 굴. 악당의 소굴.
【虎穴龙潭】hǔ xué lóng tán [成] 범이 사는 굴과 용이 사는 못. 아주 위험한 곳 =〔龙潭虎穴〕
【虎牙】hǔyá [名] ❶ [俗] 덧니. ¶生了两只～｜덧니가 두개 났다. ❷ 송곳니.
【虎咽狼吞】hǔ yàn láng tūn [成] 먹는 모습이 매우 용맹스럽고 빠르다 =〔虎餐cān虎咽〕
【虎疫】hǔyì ⇒〔霍huò乱①〕
【虎帐】hǔzhàng [名] 장군의 막사. ¶～谈兵｜장군의 막사에서 군사를 논의하다.
【虎子】hǔzǐ [名] ❶ 호랑이 새끼. ❷ 요강. ❸ 버릇이 심한 사람. 꾸러기. ¶睡shuì～｜잠꾸러기.
[B] hù
【虎不拉】hù·bulǎ [名][方]〈鳥〉때까치. 개고마리 =〔伯bó劳(鸟)〕

【唬】hǔ xià 으를 호, 놀랠 하

[A] hǔ [動] (허세를 부리거나 일을 과장하여) 위협하다. 협박하다. ¶你别～人｜너는 남을 위협하지 마라. ¶叫他给～住了｜그에게 협박받았다.
[B] xià「吓」와 같음 ⇒〔吓xià〕
【唬虎】hǔhǔ ⇒〔哮xiào虎〕
【唬事】hǔshì [動] 위협하다. 협박하다. ¶拿你的哥哥～｜네 형을 믿고 위협하기냐.

【琥】hǔ 호박 호

❶ ⇒〔琥珀〕❷ [名] 호랑이 형태로 만든 옥기(玉器).
【琥珀】hǔpò [名]〈鑛〉호박 =〔虎魄pò〕
【琥珀酸】hǔpòsuān [名]〈化〉호박산 =〔丁dīng二酸〕

hù ㄏㄨˋ

1【户】hù 집 호

❶ [名] 문 [한 짝으로 된 것을「户」, 두 짝으로 된 것을「门」이라 함] ¶路不拾遗, 夜不闭～｜길거리에 떨어진 것을 줍지 않고, 밤에 문을 닫지 않는다. [喩] 정치가 잘되어 태평성대를 누리다. ¶足不出～｜두문불출하다. ❷ [名] 집. 가옥. 가정. 세대. ¶全村三十～｜마을 전체가 30세대이다. ¶挨～通知｜집집마다 알리다. ❸ [名] 집안. 가문. ¶小～人家｜가난한 집안. ¶门当～对｜[成] (혼인관계에서) 가문이 딱 어울리다. ❹ [名] 은행구좌. 계좌(計座). ¶开个～｜계좌를 개설하다. ¶存～｜예금주. ❺ [尾] 어떤 직업을 표시함. ¶船～｜뱃사공. ¶佃～｜소작인. ❻ [尾] 수요가(需要家)·예약구매자를 표시. ¶用～｜사용자. ¶订～｜예약자. ❼ (Hù) [名] 성(姓).
【户籍】hùjí [名] 호적. ¶～法｜호적법. ¶～誊本｜호적 등본. ¶～登记｜호적 등기. ¶～行政｜호적에 관한 행정. ¶改变～制度｜호적 제도를 바꾸다.
4【户口】hùkǒu [名] ❶ 호구. ❷ 호적. ¶编入～｜호적에 올리다. ¶吊销～｜호적을 말소하다. ¶～迁移证｜호적 이동 증명서. ¶报～｜ⓐ 결혼·출생을 신고하다. ⓑ 친척·친구 등이 기숙하는 것을 보고하다 =〔报临时户口〕ⓒ 이전·이사를 신고하다.
【户口本】hùkǒuběn ⇒〔户口册〕
【户口簿】hùkǒubù ⇒〔户口册〕
【户口册】hùkǒucè [名] 호적부 =〔户口本〕〔户口簿bù〕〔户口名簿〕〔版bǎn籍②〕
【户枢不朽】hù shū bù xiǔ [成] 문지도리는 좀이 먹지 않는다. 흐르는 물은 썩지 않는다. 구르는 돌은 이끼가 끼지 않는다.
【户头】hùtóu ❶ [名] 호주. 가장. ❷ [名] 후원자.
【户限】hùxiàn [書][名] 문지방. ¶～为穿｜[成] 문지방이 닳도록 쉴새없이 드나들다 →〔门坎kǎn(儿)〕
【户牖】hùyǒu [書][名] ❶ 문 =〔门户①〕❷ 문과 창.
【户长】hùzhǎng ⇒〔户主〕
【户主】hùzhǔ [名] 가장. 호주. 세대주 =〔[方] 户长〕

2【护(護)】hù 지킬 호, 도울 호

❶ 호위하다. 보호하다. 감싸주다. ¶爱～年轻一代｜젊은 세대를 아끼고 사랑하다. ¶～林↓ ¶～短↓ ❷ (Hù) [名] 성(姓).
【护岸】hù'àn ❶ [名] 호안용 제방. ❷ [動] 해안·강안을 보호하다. 안벽(岸壁)을 보강하다. ¶～工事｜호안 공사.
【护背】hùbèi [動] 코팅(coating)하다. ¶把这像片

拿去～ | 이 사진을 가져가서 코팅하여라.

【护壁】hùbì ⇒〔墙qiáng裙〕

【护兵】hùbīng 名 호위병. ¶军长身边有不少～ | 군단장 주변에 많은 호위병이 있다.

【护城河】hùchénghé ⇒〔城河〕

【护持】hùchí ❶ 動 보호하고 유지하다. ❷ 名 신불(神佛)의 가호.

【护堤】hùdī 動 제방을 보강〔보호〕하다.

【护犊子】hùdú·zi 動 貶 자기 자식을 지나치게 사랑하다.

【护短】hù/duǎn 動 잘못이나 단점을 감싸다. 변명하다. ¶家长不能为子女～ | 가장이 자녀를 위해 단점을 감싸서는 안된다＝〔庇bì短〕〔自护己短〕

【护耳】hù'ěr 名 (방한용) 귀덮개.

【护法】hùfǎ ❶ 動〈佛〉불법(佛法)을 옹호하다. ❷ 名〈佛〉불법 옹호자. 轉 시주자. ❸ 動 국법을 옹호하다.

【护发素】hùfàsù 名 린스(rinse)＝〔润rùn丝〕

【护封】hùfēng ❶ 名 책의(冊衣). 책가위＝〔护书纸〕〔包封〕❷ 動 편지를 봉함하다.

【护符】hùfú 名 ❶ 호신부. 부적. ¶把它作为保护自己既得利益和特权的～ | 그것을 자신의 기득이익과 특권을 지켜주는 호신부로 삼다. ❷ 轉 믿을 만한 사람 또는 물건. ‖＝〔护身符〕

【护国佑民】hù guó yòu mín 成 국가를 보위하고 백성을 보호하다.

【护航】hùháng 動 (선박·비행기의) 항행을 보호〔호위〕하다. ¶～队 | 항행 호위대. ¶～舰jiàn | 항행 호위 함대.

【护栏】hùlán 名 가드레일(guardrail)＝〔人行道护栏〕〔人行道栏杆〕

【护理】hùlǐ 動 ❶ 간호하다. 돌보다. ¶～工作 | 간호 업무. ¶～员 | 간호 보조원. ¶重病～组 | 중환자 간호 팀. ❷ 보호 관리하다. ❸ 대리하다.

【护林】hùlín ❶ 名 방화림. 방사림. 방풍림. ❷ 動 산림을 보호하다. ¶～员 | 산림 보호원. ¶～运动 | 산림 보호 운동. ¶春季要注意做好防火～工作 | 봄철에는 주의하여 방화림 사업을 해야 한다.

【护坡】hùpō 名 보호뚝. 제방. 축대.

【护身符】hùshēnfú ⇒〔护符〕

2【护士】hù·shi 名 간호원. ¶～长zhǎng | 수간호원→〔看kān护②〕

【护手】hùshǒu 名 (도검(刀劍)의) 날밑.

【护守】hùshǒu 名 動 수호(하다).

【护送】hùsòng 動 호송하다. ¶将他～出境 | 그를 호송하여 출경시키다.

【护田林】hùtiánlín 名 경지 보호림.

【护腿】hùtuǐ 名〈體〉❶ (축구 등의) 대발. 정강이 받이→〔裹guǒ腿〕❷ (야구·아이스 하키 등의) 레그 가드(leg guard).

【护卫】hùwèi〈軍〉❶ 動 호위하다. ¶～舰 | 호위함. ¶～艇 | 호위정. ❷ 名 호위병.

【护膝】hùxī 名〈體〉무릎 받이.

【护胸】hùxiōng 名 ❶ 배두렁이. ❷〈體〉프로텍터(protector).

【护院】hù/yuàn 動 정원을 보호하다. ¶他爷爷以前给校长家～ | 그의 할아버지는 이전에 교장댁의 정원을 관리하였다.

2【护照】hùzhào 名 ❶ 여권. ¶外交～ | 외교관 여권. ¶公务～ | 관용 여권. ❷ 통행증. 통행 증명서. ¶出洋～ | 해외 도항(渡航)통행증. ¶行李～ | 수화물 증명서. ¶行运～ | 운송 증명서→〔签qiān证〕

【护罩】hùzhào 名〈機〉보호 덮개. ¶铁丝网～ | 철조망 보호 덮개.

【护住】hùzhù 動 ❶ 감싸다. 비호하다. ❷ 중히 여기다. ¶～面子 | 체면을 중히 여기다.

【沪(滬)】Hù 물이름 호, 대어살 호

名 ❶〈地〉오송강(吳松江) 하류. 황포강(黃浦江). ❷〈地〉상해(上海)의 다른 이름. ¶～宁铁路 | 상해·남경(南京)간 철도＝〔海hǎi⑤〕〔申shēn⑦〕❸ (hù)(물고기를 잡는) 통발.

【沪剧】hùjù 名〈演映〉호극 [상해(上海)·소주(蘇州)·무석(無錫)·가흥(嘉興)·남경(南京) 등지에서 유행하는 지방극의 하나]＝〔申shēn曲〕

【沪上】Hùshàng 名〈地〉상해(上海)의 다른 이름＝〔沪江〕

【戽】hù 배두레박 호

❶ ⇒〔戽斗〕❷ 動 (용두레·무자위 등으로) 논밭에 물을 대다. ¶～水机↓ ¶～水抗旱 | 물을 대어 가뭄을 막다.

【戽斗】hùdǒu 名〈農〉호두. 용두레＝〔戽桶〕〔水戽〕

【戽水机】hùshuǐjī 名 (관개용) 양수기.

1【互】hù 서로 호

副 서로. ¶～不干涉 | 상호 불간섭. ¶～通有无↓＝〔互相〕〔相互〕

【互补】hùbǔ 區 서로 보충하다. ¶～性 | 상보성(相補性). 상호 보완적. ¶～色 | 보색(補色).

【互不相干】hù bù xiānggān 動組 서로 상관하지 않다. 서로 관계가 없다. ¶我们两人～ | 우리 두 사람은 서로 관계가 없다.

【互访】hùfǎng 名 상호 방문. ¶增加～ | 상호 방문을 증가시키다.

【互感】hùgǎn 名〈電氣〉상호 감응. ¶～器 | 상호 유도기＝〔互感应〕

【互…互…】hù…hù… 서로 …하고 서로 …하다. ¶互教互学 | 서로 가르치고 서로 배우다. ¶互谅互让 | 서로 이해하고 양보하다. ¶互勉互助 | 서로 격려하고 돕다.

【互换】hùhuàn 動 서로 바꾸다. 교환하다. ¶他俩～了帖子tiězi, 结为盟兄弟 | 그들 둘은 사주를 교환하여, 의형제를 맺었다.

【互惠】hùhuì ❶ 名 호혜. ¶平等～ | 호혜 평등. ¶～待遇dàiyù | 호혜 대우. ¶～关税guānshuì | 호혜 관세. ¶～条约tiáoyuē | 호혜 조약. ¶～主义 | 호혜주의. ❷ 動 호혜를 주고 받다.

【互见】hùjiàn 動 ❶ 서로 얼굴을 마주하다. ❷ 서로 나타나다.

4【互利】hùlì ❶ 名 호혜. ¶平等～ | 호혜 평등. ¶～政策 | 호혜 정책. ❷ 動 서로 이득을 보다. ¶～互助 | 서로 이득을 보고 서로 돕다.

【互派】hùpài 動 상호 파견하다. ¶两校～留学生

│두 학교가 유학생을 상호 파견하다.
【互让】hùràng 動 서로 양보하다.
【互生】hùshēng 名〈植〉호생. 어긋나기.
【互通】hùtōng 動 서로 교환하다.
【互通有无】hù tōng yǒu wú 成 있는 것과 없는 것을 서로 융통하다. 유무 상통하다 =〔交jiāo换有无〕
【互为因果】hùwéi yīnguǒ 動組 서로 인과 관계가 되다.
1【互相】hùxiāng 副 서로. 상호. ¶～配合│서로 협력하다. ¶～来往│상호왕래.
3【互助】hùzhù 動 서로 돕다. ¶彼此～│피차가 서로 돕다.

【沍〈冱〉】hù 얼 호, 추위 호
書 動 ❶ 얼다. ¶～寒↓ ❷ 막다.
【沍寒】hùhán 書 形 얼어붙다. 매우 춥다

【岵】hù 산 호
書 名 초목이 많은 산.

【怙】hù 믿을 호, 아비 호
書 ❶ 動 믿다. 의지하다. 견지하다. ¶～气│용기를 믿다. ❷ 名 喩 아버지. ¶失～│아버지를 여의다.
【怙恶不悛】hù è bù quān 成 잘못을 저지르고도 회개하지 않다. 악행을 일삼다 =〔怙恶不改〕

【祜】hù 복 호
書 名 복. 행복 [주로 인명에 쓰임] ¶～佑│신불의 보호. 하늘의 도움.

【虎】hù ☞ 虎 hǔ B

【笏】hù 홀 홀
名 홀 [임금과 신하가 만날 때 조복을 입고 손에 들던 상아나 나무패쪽]

【扈】hù 따를 호
❶ 書 動 따라 다니다. 수행하다 =〔扈从〕 ❷ 횡행(橫行)하다 =〔跋bá扈〕 ❸ (Hù) 名 성(姓).
【扈从】hùcóng 書 ❶ 名 옛날, 임금이나 관리의 수행원. ❷ 動 수행하다.

【瓠】hù 박 호
名 ❶〈植〉조롱박 =〔瓠子〕 ❷ (Hù) 성(姓).
【瓠子】hù·zi 名〈植〉조롱박 =〔瓠瓜guā〕〔扁蒲biǎnpú〕〔甘gān瓠〕〔蒲pú瓜〕

【鄠】Hù 고을이름 호
名〈地〉호현(鄠縣) [섬서성(陝西省) 중부에 있는 현 이름. 지금은「户县」이라고 씀]

【糊】hù ☞ 糊 hú B

【鳠(鱯)】hù 슴새 호
名〈鳥〉슴새과의 총칭.

huā ㄏㄨㄚ

【化】huā ☞ 化 huà B

【华】huā ☞ 华 huá B

【哗】huā ☞ 哗 huá B

1【花】huā 꽃 화, 천연두 화
❶ (～儿) 名 꽃. 轉 관상용 식물. ¶一朵～儿│꽃 한송이. ❷ (～儿) 꽃 모양의 물건. ¶灯～儿│등화. ¶雪～儿│눈송이. ❸ 動 소비하다. 쓰다. 소모하다. ¶～钱│돈을 쓰다. ¶～时间│시간을 허비하다 =〔化huā〕→〔费〕 ❹ 形 알록달록하다. 얼룩얼룩하다. ¶～衬衫chènshān│얼룩달룩한 셔츠. ¶那只猫是～的│저 고양이는 얼룩 고양이다→〔花花绿绿〕 ❺ 形 눈이 흐리다〔침침하다〕. ¶眼～│눈이 침침하다. ¶昏～│눈이 희미하다. ❻ 名 俗 (전쟁에서의) 부상(負傷). ¶挂了两次～│두 차례 전쟁에서 부상을 입었다. ❼ 形 실속〔진실〕이 없는. 사람을 미혹하는. ¶开～帐│허위 계산서를 써내다. ¶～言巧语↓ ❽ 書 名 기생. 또는 기생과 관련된 것. ¶～街柳巷↓ ¶寻～问柳│홍등가에 가서 놀다. ❾ 꽃이나 무늬 등으로 장식된 것. ¶～布│꽃무늬 천. ¶～灯↓ ❿ 名 喩 (문화의) 정화. 정수. ¶文艺之～│문예의 정화. ¶革命之～│혁명의 꽃. ⓫ 名 簡 면화. ¶弹～│솜을 타다 =〔棉mián花〕 ⓬ (～儿) 名 簡 천연두 =〔天花〕〔痘dòu〕〔痘疮chuāng〕 ⓭ 꽃불. ¶～炮↓ ⓮ 名 喩 여자. ¶姊妹～│ⓐ 예쁜 자매. ⓑ 자매처럼 친한 여자들. ⓯ (Huā) 名 성(姓).
【花白】A huābái 狀 (머리가) 희끗희끗하다. 반백이다. ¶头发～│머리가 희끗희끗하다. ¶～胡子的老头│수염이 허연 노인.
B huā·bai 動 (면전에서) 꾸짖다. 쏘아주다. 비꼬다. ¶要不是怕臊了他, 真想～他两句│정말 두어 마디 꾸짖어 주고 싶었으나 그가 무안해 할까봐 그만두었다. ¶他言语尖刻jiānkè动不动就～人│그는 말이 신랄하여 걸핏하면 남을 쏘아준다→〔抢qiǎng白〕
【花斑癣】huābānxuǎn 名〈醫〉어루러기. 한반(汗斑) =〔汗hàn斑〕〔汗瘢bān〕
【花瓣(儿)】huābàn(r) 名〈植〉꽃잎. 화판.
【花苞】huābāo 名〈植〉포(苞). 꽃떡잎 =〔苞〕
【花被】huābèi 名 ❶〈植〉화피. ❷ 무늬있는 이불.
【花边】huābiān 名 ❶ (～儿) 무늬있는 테두리〔가장자리〕. ¶瓶口píngkǒu上有一道红色的～│병주둥이에 붉은색 줄무늬가 둘러져 있다. ❷ (～儿) 레이스(lace). ❸ (～儿)〈印出〉화변. ¶～新闻│테두리에 무늬를 두른 신문기사. ❹ 方 은전.
【花不拉叽】huā·bulājī ⇒〔花不棱登〕
【花不棱登】huā·bulēngdēng 狀 回 얼룩덜룩하다 =〔花不拉叽jī〕〔花不楞léng登〕〔花不溜丢〕〔花不滋zī拉〕
【花不溜丢】huā·buliūdiū ⇒〔花不棱登〕
【花不滋拉】huā·buzīlā ⇒〔花不棱登〕
【花草】huācǎo 名 ❶ 화초. ¶请爱护公园里的～│공원의 화초를 보호합시다. ❷ 方〈植〉자운영(紫雲英).
【花插】A huāchā 名 ❶ 꽃병이나 수반. ❷ (꽃꽂이용) 침봉(針峰).
B huā·cha 動 교차하다. 엇갈리다.
【花茶】huāchá 名 자스민차. 화차 =〔花熏茶〕〔熏

花茶〕〔香茶②〕〔香xiāng片〕
【花厂】huāchǎng 名 ❶(～子) 꽃집. 꽃가게. ❷솜집. 솜 공장.
【花车】huāchē 名 꽃차.
【花池子】huāchí·zi 名 화단 =〔花圃pǔ〕
【花丛】huācóng 名 ❶꽃떨기. 꽃숲. 꽃밭. ❷喻 기원(妓院). ¶他常常醉卧～ | 그는 언제나 기원에서 취해 눕는다.
【花簇】huācù 形 꽃떨기가 빽빽한.
【花大姐】huādàjiě ⇒〔花媳妇xífù儿〕
【花搭着】huā·da·zhe 動組 ❶섞어서. ¶粗粮和细粮～吃 | 잡곡과 입쌀을 섞어서 먹다. ❷뒤섞이어 변화가 많다.
【花旦】huādàn 名 중국 전통극에서의 말괄량이 여자 배역 =〔浪làng旦〕
【花灯】huādēng 名 꽃등. ¶闹nào～ | 꽃등놀이를 하다 =〔灯彩①〕
【花灯戏】huādēngxì 名〈演映〉꽃등놀이극[운남(雲南)·사천(四川) 등지에서 유행한 지방극]
【花蒂】huādì 名〈植〉꽃자루. 꽃꼭지.
【花点子】huādiǎn·zi 名 口 남을 속이는 교활한 수단[계책].
【花雕】huādiāo 名 질이 좋은 소홍 황주(紹興黃酒).
3【花朵】huāduǒ 名 ❶꽃. ❷꽃송이. 꽃봉오리
【花萼】huā'è 名〈植〉꽃받침 =〔簡萼〕
【花儿】huā'ér 名 감숙(甘肅)·청해(青海)·영하(寧夏) 일대에서 유행한 일종의 민간 가요.
【花房】huāfáng 名 ❶(화초를 기르는) 온실. ¶调节～的温度 | 온실의 온도를 조절하다. ❷신방(新房).
【花肥】huāféi 名 ❶(면화·유채 등) 꽃이 필때 결실을 높이기 위해 주는 비료. ❷관상용 분재에 쓰는 비료.
4【花费】ⓐhuāfèi 動 소비하다. 소모하다. 들이다. ¶～时间 | 시간을 소비하다. ¶～心血 | 심혈을 기울이다.
ⓑhuā·fei 名 비용. 경비 =〔花消①〕〔花销·xiao〕→〔开kāi销②〕
【花粉】huāfěn 名 ❶〈植〉화분. 꽃가루. ¶～管 | 꽃가루관. ¶～筐 | 일벌의 뒷다리에 있는 화분을 운반하는 기관. ❷〈漢醫〉「天花粉」(천화분)의 약칭. ❸여자의 화장품. 喻 여자.
【花岗岩】huāgāngyán ❶名〈鑛〉화강암. ❷喻 돌대가리. 고집 불통 =〔花岗岩脑袋〕
【花糕】huāgāo 名〈食〉(9월 9일 중양절에 먹는) 대추·밤 등을 겉에 박은 떡.
【花格】huāgé 名〈紡〉바둑판 무늬. ¶～被面 | 바둑판 무늬의 베일.
【花梗】huāgěng 名〈植〉화경. 꽃자루. 꽃꼭지.
【花骨朵(儿)】huāgū·duo(r) 名 꽃봉오리. 꽃망울. ¶～都爆出来了 | 꽃망울이 모두 활짝 피었다 =〔花咕gū朵(儿)〕〔花蕾lěi〕〔書 蓓bèi蕾〕
【花鼓】huāgǔ ❶名 허리에 차고 치는 북=〔腰yāo鼓①〕 ❷名 북춤. ❸⇒〔花鼓(戏)〕
【花鼓(戏)】huāgǔ(xì) 名〈演映〉화고희 [호북(湖北)·호남(湖南)·안휘(安徽) 등의 성(省)에서 유행되던 지방극. 북으로 반주를 하였음]=〔花鼓③〕〔俗 打花鼓〕〔凤fèng阳花草鼓(戏)〕
【花冠】huāguān 名 ❶〈植〉화관. 꽃부리. ¶合瓣～ | 합판화관. ¶离瓣～ | 이판화관. ❷화관.
【花棍舞】huāgùnwǔ ⇒〔霸bà王鞭②〕
【花果】huāguǒ 名 꽃과 과일. ¶～(的)酒 | 화주(花酒)나 과일주. 꽃이나 과일을 안주삼아 마시는 술.
【花好月圆】huā hǎo yuè yuán 成 꽃은 활짝 피고 달은 둥글다. 행복하고 아름답다[흔히 결혼축사에 쓰임] ¶良后美景, ～ | 좋은 시절 아름다운 경치에, 꽃은 활짝 피고 달은 둥글다.
【花盒(子)】huāhé(·zi) 名 ❶(여자들이 머리 단장에 쓰는) 꽃을 넣는 함. ❷꽃불. 축포.
【花红】huāhóng 名 ❶〈植〉능금(나무) =〔林檎〕〔沙shā果〕 ❷〈色〉진홍색. ❸축하금품. ¶～彩礼 | (신랑측이 신부측에 주는) 결혼 예물. ❹배당금. 보너스.
【花红柳绿】huā hóng liǔ lǜ 成 ❶버들가지에 물오르고 꽃향기 그윽하다. ¶春到江南, ～ | 봄이 강남에 이르러니, 버들가지에 물이 오르고 꽃향기가 그윽해진다. ❷울긋불긋하다. 아름다운 봄의 자연경관 ‖ =〔柳绿花红〕
【花花】huāhuā ❶ 貺 훌륭하다. 뛰어나다. ❷貺 화려하다. 알록달록하다. ❸貺(물·눈물 등이) 펑펑쏟아지다. ❹貺 잔꾀가 많다. ¶～肠子 | 잔꾀에 능한 사람. ❺名 나쁜 계략. ❻名 휘장.
【花花搭搭】huā·huadādā 貺 口 ❶가지각색이다. 얼룽얼룽하다. 듬성듬성하다. 고르지 않다. ¶天气虽然还冷, 树上已经～地开了些花儿了 | 비록 날씨는 아직 춥지만, 나무에는 벌써 드문드문 꽃이 피었다. ❷복잡하고 변화가 많다. 이것저것 뒤섞여 있다. ¶米饭,面食～地换着样儿吃 | 쌀밥과 분식을 이것저것 뒤섞어 바꿔먹다.
【花花点点】huāhuādiǎndiǎn 貺(무늬가) 드문드문하다.
【花花公子】huāhuā gōngzǐ 名 부자집의 방탕한 자식. 난봉꾼. 플레이 보이. 귀공자. ¶他是一个不务正业的～ | 그는 본업에 힘쓰지 않는 난봉꾼이다 =〔花公子〕
【花花绿绿】huāhuālǜlǜ 貺 울긋불긋하다. 알록달록하다.
【花花世界】huāhuā shìjiè 成 ❶번화한 곳. ❷貶 속세. 인간 세상. ❸향락가. 향락 세계. ¶江南区酒楼jiǔlóu妓院jìyuàn林立, 是个～ | 강남 지역은 술집과 기원이 숲을 이루고 있는, 일종의 향락 세계이다.
【花花太岁】huāhuā tàisuì 名 난봉꾼 →〔花花公子〕
【花黄】huāhuáng 名 옛날, 여자가 장식으로 이마에 붙이던 노란 꽃잎.
【花卉】huāhuì 名 ❶화초(花草). ❷〈美〉화초를 제재로 한 중국화(中國畫). ¶～翎líng毛 | 화조화(花鳥畫).
【花会】huāhuì 名 ❶사천(四川)·성도(成都) 일대에서 매년 봄철에 여는 물자 교류 대회. ❷옛날, 상해(上海)·광동(廣東)지방에서 하던 도박의 일종.

【花甲】huājiǎ 名 환갑. 회갑 =〔六十花甲子〕
【花架子】huājià·zi ❶名 꽃의 선반. ❷喩 근사한〔멋부리는〕틀〔형식〕. ¶语言力求容易上口, 避免形式主义, 不搞~ | 언어는 될 수 있는 대로 쉽게 말을 할 수 있어야 하며 형식주의를 피하고 근사한 형식을 짓지 말아야 한다 =〔花架式〕
【花剑】huājiàn 名〈體〉❶(펜싱의) 플뢰레(fleuret;프). ❷펜싱.
【花匠】huājiàng ⇒〔花儿匠〕
【花椒】huājiāo 名〈植〉산초나무 (열매) =〔巴bā椒〕〔秦qín椒②〕〔蓁qín椒〕〔蜀shǔ椒〕
【花轿】huājiào 名 꽃가마. ¶八抬~进门来的 | 여덟 대의 꽃가마가 문으로 들어왔다 =〔彩cǎi轿〕〔彩舆yú〕〔喜xǐ轿〕
【花街柳巷】huājiē liǔxiàng 成 환락가. 유흥가 =〔花街柳陌mò〕〔柳巷花街〕
【花茎】huājīng ⇒〔花轴zhóu〕
【花镜】huājìng 名 돋보기 안경. 노안경 =〔花眼镜〕
【花酒】huājiǔ 名 ❶꽃술. ❷기생을 데리고 마시는 술자리. ¶别去喝~! | 기생 집에 술먹으러 가지 마시오!
【花卷儿】huājuǎnr 名〈食〉둘둘 말아서 찐 빵 =〔面卷子〕
【花开两朵, 各表一枝】huā kāi liǎng duǒ, gè biǎo yī zhī 成 이야기가 둘로 갈라져서 제각기 제말을 하다.
【花魁】huākuí 名 ❶〈植〉매화(꽃)의 다른이름 =〔梅méi花①〕❷명기(名妓)
【花篮(儿)】huālán(r) 名 ❶(경조사 때 사용하는) 꽃바구니. ❷아름답게 장식한 바구니.
【花蕾】huālěi ⇒〔花骨gǔ朵(儿)〕
【花梨】huālí 名〈植〉화리. 화려. 화류 =〔花狸lí①〕〔花榈lǘ①〕
【花里胡哨】huā·lihúshào 狀 回 ❶색깔이 야할정도로 알록달록하다. ¶岁数大了穿得~的不好看 | 나이가 들어 야하고 알록달록한 것을 입으면 보기에 좋지않다. ❷행동거지가 경망스럽다. ❸(글씨가) 분명하지 못하다. ¶有些字~, 认不全 | 몇몇 글자는 분명하지 않아 완전히 알아 볼 수가 없다 ‖ =〔花狐hú哨〕〔花丽狐哨〕〔花藜lí胡哨〕〔花里花绍shào〕
【花脸】huāliǎn 名〈演映〉중국 전통극에서 얼굴을 여러가지 물감으로 분장한 배역 =〔花面②〕〔老脸③〕
【花柳病】huāliǔbìng 名〈醫〉화류병. 성병(性病). ¶他得了~ | 그는 성병에 걸렸다.
【花露】huālù 名 ❶꽃잎에 맺힌 이슬. ❷연꽃·인동덩굴의 꽃 등을 증류한 증류수 [약으로 씀]
【花露水(儿)】huālùshuǐ(r) 名 화로수. 향수(香水). 화장수.
【花门柳户】huāmén liǔhù 成 기생집. 기원(妓院).
【花蜜】huāmì 名 화밀.
【花苗】huāmiáo 名 ❶〈醫〉천연두의 예방 백신(vaccine). ❷〈植〉꽃의 싹. ❸〈植〉목화 싹.
【花名】huāmíng 名 ❶꽃 이름. ❷ⓐ 호적부에 등록된 인명. ¶~册 | 인명부. ⓑ 청대(清代)의 직원록(職員錄). ❸연예인·배우·창기(娼妓)들의 예명(藝名).
【花木】huāmù 名 (관상용) 꽃과 나무. ¶爱护校园中的~ | 학교 정원의 꽃과 나무를 보호하다.
【花呢】huānī 名 무늬 있는 나사(羅紗).
【花鸟】huāniǎo 名 ❶꽃과 새. ❷〈美〉화조화(花鳥畵).
【花农】huānóng 名 꽃재배농가.
【花盘】huāpán 名 ❶〈植〉꽃받침. ❷〈機〉면판(面板).
【花炮】huāpào 名 꽃불과 폭죽. 화포(花炮). ¶~作zuō | 화포를 만드는 집 =〔花爆bào〕〔爆竹zhú〕〔鞭biān炮〕
【花盆】huāpén 名 ❶(~儿, ~子) 화분. ❷(화분 모양의) 폭죽의 일종.
【花瓶(儿)】huāpíng(r) 名 ❶꽃병. 화병. ❷轉 (장식품에 지나지 않는) 여사무원. ¶她年轻时作过市长的~ | 그녀는 젊은 시절에 시장의 여사무원을 지냈었다.
【花圃】huāpǔ 名 화포. 꽃밭. 화단 =〔花池chí子〕
【花期】huāqī 名 ❶꽃 피는 시기. 개화기 =〔花季jì〕〔花时〕❷(여자의) 꽃다운 젊은 나이. 묘령(妙齡).
【花旗】huāqí 名 성조기(星條旗). ¶~布 | 미국제 무명. ¶~国 | 俗 미국. ¶~面粉miànfěn | 미국산 밀가루. ¶~佬lǎo | 아메리칸 양키.
【花扦儿】huāqiānr ❶名 (꽂기 위해 꺾은) 생화. ❷조화(造花). ❸꽃을 꽂는 기구.
【花钱】huā/qián 動 돈을 쓰다 =〔化huā钱〕〔用钱ⓐ〕
【花枪】huāqiāng 名 ❶술이 달린 짧은 창 [옛날 무기의 일종] ❷꾀. 술수. ¶要shuǎ~ =〔掉diào花枪〕| 꾀를 부리다 =〔枪花〕
【花腔】huāqiāng 名 ❶가곡이나 희곡의 기본가락을 일부러 굴절시키거나 복잡하게 부르는 가락〔창법〕. ❷喩 교묘한 말솜씨. 감언이설. 달콤한 말. ❸〈音〉콜로라투라(coloratura;이). ¶~女高音 | 콜로라투라 소프라노.
【花墙(儿)】huāqiáng(r) 名 윗 부분에 무늬 모양을 내어 쌓은 담.
【花青素】huāqīngsù 名〈植〉화청소. 꽃파랑이. 안토시안(Anthocyan;독).
【花圈】huāquān 名 화환. ¶部长也亲自出往, 敬献了~ | 장관도 직접 나가, 화환을 드렸다.
【花拳】huāquán 名 겉보기만 좋은 권술(拳術).
【花儿】huār 名 ❶꽃. ❷청해(青海) 일대의 민요.
【花儿洞子】huārdòng·zi 名組 꽃을 재배하는 반지하 온실.
【花儿匠】huārjiàng 名 ❶꽃장사. ❷꽃꽂이나 조화를 만드는 사람 ‖ =〔花匠〕
【花儿样子】huāryàng·zi 名組 수본(繡本) =〔花样儿〕
【花儿针】huārzhēn 名 수(繡)바늘.
【花容月貌】huā róng yuè mào 成 꽃같이 아름답고 달같이 환한 얼굴. ¶行到了图书舘, 看见一个小姐, 生得~ | 도서관에 갔다가 한 아가씨를 만났는데, 꽃같이 아름답고 달같이 환하게 생겼다.

=〔花颜月貌〕
【花蕊】huāruǐ 名〈植〉꽃술. 화예 =〔口花须xū〕
4【花色】huāsè 名❶무늬와 색깔. ❷(상품의) 종류. ¶~齐qí全 | 종류를 다 구비하다.
【花纱布】huāshābù 名솜과 솜실 및 면직물의 총칭.
【花衫】huāshān 名〈演映〉중국 전통극에서 「青衣」보다 활발하고 「花旦」보다는 장중한 여자 역(役).
【花哨】huā·shao 形❶(복장·빛깔 등이) 화사하다〔화려하다〕. ¶她穿得很~ | 그녀가 화려하게 차려 입었다. ❷다양하다. 다채롭다. ❸말재간이 좋다. ¶嘴头子~ | 말주변이 좋다. ❹사치스럽다. ❺도락적이다. (몸가짐이) 단정치 못하다. (성적으로) 헤프다. ¶她才~呢, 滥交lànjiāo男朋友 | 그녀는 헤퍼서, 남자 친구를 마구 사귄다 ‖ =〔花梢shāo〕〔花稍shāo〕〔花绍shào〕
【花神】huāshén 名❶화신. 꽃을 지배하는 신. ❷꽃의 정신. ❸꽃을 잘 기르는 사람.
3【花生】huāshēng 名〈植〉땅콩. ¶~饼 =〔花生麸fū〕| 땅콩 깻묵. ¶~酱 | 〈食〉땅콩 버터. ¶~壳ké(儿) | 땅콩 껍질. ¶~米 =〔方花生豆儿〕〔花生仁(儿)〕〔生仁〕| 땅콩 알맹이. ¶~摊 | 땅콩 노점. ¶~糖 =〔花生占〕〔花生蘸zhàn〕| 〈食〉땅콩 엿. ¶~油 =〔生油②〕| 땅콩 기름 =〔长cháng生果〕〔落花生〕
【花市】huāshì 名❶꽃 시장 =〔花儿市〕 ❷粤 선달 그믐날 밤에 서는 꽃시장. ❸書 번화한 시가(市街).
【花式】huāshì 名모양. 형(型). 피겨(figure). ¶~跳水 | (수영 경기의) 다이빙.
【花事】huāshì 名꽃이 피는 모습〔정황〕. ¶今春的~来得早 | 올봄은 꽃이 일찍 피었다.
【花饰】huāshì 名장식 무늬.
【花束】huāshù 名꽃다발.
【花说柳说】huāshuō liǔshuō 動組 方 입에 발린 말을 하다.
【花丝】huāsī 名❶〈植〉꽃실. 화사. ❷두께가 다른 금·은 조각이나 굵기가 다른 금실·은실을 엮거나 맞추어 만든 나선형 또는 당초 무늬의 세공품.
【花坛】huātán 名화단.
【花天酒地】huā tiān jiǔ dì 成주색(酒色)에 빠지다. ¶他一直过着~的生活 | 그는 내내 주색에 빠진 생활을 하고 있다.
【花厅】huātīng 名(화원 등에 설치된) 응접실. 손님방.
【花筒】huātǒng 名❶대형의 폭죽. ❷요지경. 만화경 =〔万wàn花筒〕❸꽃꽂이용 통.
【花头】huā·tou 名❶지출. 비용. ❷(~儿)(돈의) 분한. 쓸모. 쓸만한 가치. ¶没有~ | 분한이 없다. ❸꾀. 술수. 계책. ¶耍~ | 수를 쓰다. ❹기발한 생각이나 방법. ¶这些人里面就数他~最多 | 이 사람들 중에서 그가 기발한 생각이 제일 많다. ❺귀찮은 일. ¶出~ | 귀찮은 일이 생기다. ❻무늬. ❼심오한 점. 기묘한〔오묘한〕점. ¶这种游戏看起来简单, 里面的~还真不少 | 이런 놀이는 보기에는 간단하지만 이면에는 오묘한 점이 실로 적지 않다.
【花团锦簇】huā tuán jǐn cù 成❶화려한 옷차림. ❷오색찬란하다. ¶春风吹来, 花园里~, 春气扑鼻 | 봄바람이 불어오자 꽃밭이 오색찬란해져 향기가 코를 찌른다.
【花托】huātuō 名〈植〉화탁. 꽃턱.
【花王】huāwáng 名〈植〉모란의 다른 이름 =〔牡mǔ丹(花)〕
4【花纹(儿)】huāwén(r) 名꽃무늬. ¶有美丽~的蝴蝶húdié | 아름다운 꽃무늬가 있는 나비. ¶~玻璃 | 화문 판유리.
【花媳妇儿】huāxí·fur 名俗〈蟲〉이십팔점박이무당벌레 =〔瓢虫〕
【花香鸟语】huā xiāng niǎo yǔ 成꽃향기 그윽히 풍기고 뭇새들이 지저귀다. ¶公园里~ | 공원에 꽃향기 그윽하고 새들이 지저귄다.
【花项】huā·xiàng 名方돈 쓸데. 비용 항목
【花消】huāxiāo 名口❶비용. 경비. 생활비 =〔花费ⓑ〕 ❷(옛날 매매) 중개수수료나 세금 ‖ =〔花销ⓑ〕
【花心萝卜】huāxīnluó·bo 名組俗台 한가지 일에 전념하지 못하는 사람.
【花信风】huāxìnfēng 名화신풍. 꽃이 필 무렵에 부는 계절풍 =〔花风〕
【花须】huāxū ⇒〔花蕊ruǐ〕
【花序】huāxù 名〈植〉꽃차례. 화서. ¶有限~ | 유한 화서. ¶无限~ | 무한 화서. ¶穗状~ | 수상 화서. ¶~轴 | 화축. 꽃대. ¶伞形~ | 산형 화서. ¶圆锥~ =〔复总状花序〕| 원추 화서. 복총상 화서.
【花絮】huāxù 名喻재미있는 토막 기사〔뉴스〕. 에피소드. 한담(閑談). 잡문(雜聞). ¶大会~ | 대회 얘기꺼리. ¶电影~ | 영화계의 에피소드 →〔花花絮絮〕
【花押】huāyā 名화압. 수결. 서명(署名). 사인. ¶画~ | 서명을 하다 =〔花书〕〔花字〕
【花言巧语】huā yán qiǎo yǔ 成감언이설(을 하다) ¶你不用~的引诱我 | 너는 감언이설로 나를 유혹하지 마라→〔巧言〕
【花眼】huāyǎn 名노안(老眼). 원시안 =〔老花(眼)〕
4【花样(儿)】huāyàng(r) ❶名무늬. 양식. 모양새. 디자인. 종류. 가짓수. ¶这种~很新颖 | 이 모양새는 매우 새롭다. ¶~繁多 | 종류가 많다. 디자인이 다양하다 =〔调diào调(儿)④〕〔式样〕 ❷名속임수. 수작. 술수. 술책. ¶鬼~ | 꿍꿍이 수작. ¶玩~ | 술수를 부리다. ¶变换~ | 술책을 바꾸다. ❸名수본(繡本). ❹形꽃같은. ¶~年华 | 꽃다운 나이.
【花样百出】huāyàng bǎichū 成❶여러가지 모양이 백출하다. ❷轉온갖 수단을 다 쓰다.
【花样翻新】huā yàng fān xīn 成모양을 새롭게 하다. 독창적인 새로운 양식을 창출하다. ¶产品要不断地~才有竞争力 | 생산품은 끊임없이 새로운 양식을 창출해야만 경쟁력이 있게 된다.
【花药】huāyào 名〈植〉꽃가루주머니. 꽃밥
2【花园(儿)】huāyuán(r) 名화원. ¶修了一条小~ | 작은 화원을 만들었다 =〔花园子〕

【花帐】huāzhàng 名 ❶ 이중 장부. 허위〔거짓〕 장부. ¶报～ | 거짓 장부를 보고하다. ¶开～ | 허위 계산서를 작성하다. ❷ 무늬있는 침대 커튼.

【花障(儿)】huāzhàng(r) 名 ❶ 화초로 된 울바자 =〔花栅zhà子〕 ❷ 장식이 딸린 병풍.

【花招(儿)】huāzhāo(r) 名 ❶ (무술 단련에서) 변화 무쌍하고 보기 좋은 동작. ❷ 轉 속임수. 계책. 술책. ¶要shuǎ～ | 계책을 부리다. ¶识破shípò他的～ | 그의 계책을 간파하다. ¶这里面可能有什么～ | 이 안에는 아마도 무슨 속임수가 있을 것이다 =〔噱xué头②〕→〔花腔qiāng②〕〔花样(儿)②〕‖ =〔花着(儿)〕

【花朝】huāzhāo 名 꽃의 생일 [음력 2월 12일 혹은 15일이 꽃의 신에게 제사지내는 날임] =〔百bǎi花生日〕

【花枝】huāzhī 名 꽃가지. ¶～儿 | 喻 미인. ¶～招展 | 成 喻 여인의 몸단장이 화려하다.

【花轴】huāzhóu 名〈植〉화축. 꽃줄기. 꽃대 =〔花茎〕

【花烛】huāzhú 名 ❶ (크고 붉은 결혼식용) 화촉. ❷ 轉 신혼. ¶～洞房dòngfáng | 신방. ¶～夫妻fūqī | 喻 정식으로 결혼한 부부 =〔花蜡là烛〕〔华huá烛〕

【花柱】huāzhù 名〈植〉화주. 암술대 =〔蕊ruǐ柱〕

【花子】huā·zi 名 거지 =〔化huā子〕〔乞qǐ丐〕

【花籽儿】huāzǐr 名 ❶ 꽃씨. ❷ 方 면화씨 ‖ =〔粤花米〕〔花种儿〕〔花子儿〕

【砉】 huā xū 뼈바르는소리 획

Ⓐ huā 擬 획. 푸드득 [빠르게 움직일 때 나는 소리] ¶乌鸦～的一声从树上直飞起来 | 까마귀가 나무 위에서 푸드득 하고 곧게 날았다.

Ⓑ xū 書 擬 썩썩 [식칼로 고기를 뼈에서 발라 내는 소리]

huá ㄏㄨㄚˊ

2 【划】 ① huá 삿대 화

❶ 動 (배를) 젓다. ¶～船↓ ❷ 셈이 맞다. 수지가 맞다. ¶～得来 | 수지가 맞다. ¶～不着 | 수지가 맞지 않다. ❸ ⇒〔划拳〕〔划子〕

【划不来】huá·bu lái 動組 수지가〔타산이〕 맞지 않다 =〔花不来②〕

【划船】huá chuán 動組 ❶ 배를 젓다. ❷ (huáchuán) 名〈體〉카누. 보트. ¶～运动 | 카누 경기.

【划奖】huá jiǎng 노를 젓다.

【划拉】huálā 動 方 털어 내다. 닦아 내다.

【划拳】huá/quán 動 ❶ 가위 바위 보를 하다. 손가락 수 맞히기를 하다 [술좌석에서 쌍방이 동시에 숫자를 말하면서 손가락으로 숫자를 표시하며 내밀어 그 숫자의 합을 맞힌 사람이 이기는 놀이. 숫자는 「一品pǐn」「二喜xǐ」「三星」「四季」「五魁kuí」「六顺」「七巧qiǎo」「八仙」「九连灯」「十全quán」등으로 말함] ¶～行令 | 손가락 수 맞히기를 하다 =〔猜cāi拳①〕〔稿gǎo拳〕〔書拇mǔ战〕〔豁huō拳〕〔揞huá拳〕〔哗huá拳〕→〔酒令〕〔打通关〕〔点将②〕〔开当铺②〕

【划算】huásuàn ❶ 形 수지가 맞다. 채산에 맞다. ¶这块地还是种麦子～ | 이 땅에는 역시 보리를 심는 것이 채산이 맞다. ❷ 動 계산하다. 타산하다. 따지다. ¶～来～去 | 이리저리 계산하다.

【划子】huá·zi 名 (밑바닥이 평평한) 작은배 =〔小xiǎo划(子)〕

1 【划(劃)】 ② huá huà 그을 획

Ⓐ huá 動 ❶ (칼 따위의 뾰족한 것으로) 자르다. 쪼개다. 상처를 내다. ¶把这个西瓜用刀～开 | 이 수박을 칼로 자르다. ❷ (표면을 뾰족한 것으로 재빨리) 긋다. 문지르다. ¶～火柴huǒchái | 성냥을 긋다.

Ⓑ huà ❶ 動 나누다. 구분하다. 분할하다. ¶～片↓ =〔画④〕 ❷ 계획하다. 설계하다 ¶策～ | 획책하다 =〔画③〕 ❸ 動 (돈·장부·물건을) 넘기다. 건네주다. 지불하다. 양도하다. ¶～付↓ ¶～一点货给我们 | 약간의 상품을 우리에게 넘겨 주시오. ❹ 「画」와 같음 ⇒〔画②⑥⑦〕

Ⓐ huá

【划开】huákāi (뾰족한 것으로 그어서) 쪼개다. 자르다. ¶～玻璃bōli | 유리를 자르다.

【划拉】huá·la 動 方 ❶ (물기나 때를) 털어 버리다. 닦아 없애다. 훔쳐내다. ¶大概其～～就得了 | 대충 털어 버리면 된다→〔胡hú噜②〕 ❷ 거둬들이다. 집어 넣다. ❸ 마구 쓰다. 휘갈겨 쓰다. ¶他写字总是爱瞎～ | 그는 언제나 함부로 글을 갈겨 쓴다.

Ⓑ huà

【划拨】ⓐ huàbō 動 ❶ 지출하다. 대체(對替)하다. ¶～储chǔ金 | 대체 저금. ❷ 넘겨주다. 양도하다. ⓑ huábō 動 쿡 찔러서 쪼개다〔째다〕.

【划策】huà/cè 動 획책하다. 방도를 생각해내다. ¶替他出谋～ | 그를 대신하여 방법을 도모해내다 =〔画策〕

【划道儿】huà/dàor 動組 ❶ 줄을 치다. 금을 긋다. ❷ 방법을 정하다. 방도를 제시하다. 길을 열다. ¶有甚么话, 您划个道儿, 我就走 | 무엇이든지 당신이 방법을 정해 주시면 저는 그대로 하겠습니다.

【划地为牢】huà dì wéi láo ⇒〔画地为牢〕

【划定】huàdìng 動 확정하다. 명확히 구분하다. ¶～捕鱼区 | 어로 확정 구역.

4 【划分】huàfēn 動 ❶ 구분하다. 구획하다. ¶～土地 | 토지를 구획하다→〔区qū分〕 ❷ 구별하다. 식별하다. ¶～阶级 | 계급을 구별하다.

【划付】huàfù 動 지출하다. 지불하다 =〔划交〕

【划归】huàguī 動 분리〔분할〕하여 편입하다. 분할하여 귀속시키다. 나누어 돌리다. ¶这笔收入, 应～地方 | 이 수입은 반드시 지방으로 귀속시켜야 한다.

【划价】huà/jià 動 (의료비·약값 등을) 처방전에 함께 기입하여 넣다.

【划界】huà/jiè 動 구획하다. 경계를 긋다〔정하다〕. ¶在中间～ | 가운데에 경계를 긋다 =〔画界〕

【划款】huà kuǎn 돈을 지출하다〔융통하여 쓰다〕.

【划片】huàpiàn 動 (논밭·토지 등을) 구획짓다.

【划清】huà/qīng 動 명백히 구분〔구별〕하다. ¶～界限｜한계를 명백히 구분하다.
【划入】huàrù 動 나누어 넣다〔편입하다〕.
【划时代】huàshídài 區 획기적. 시대의 획을 긋는. ¶～的事件｜획기적인 사건 =〔划期〕〔划时期〕
【划线】huàxiàn ❶ 실을 분류하다〔가르다〕. ¶～工｜(방적에서) 실 분류공. ❷ 선을 긋다. 줄을 치다. ¶～表｜선 그래프. ¶～机｜〈機〉라인 프린터(line printer) =〔画huà线〕
【划一】huàyī ❶ 賦 획일적이다. 일률적이다. 하나같다. ¶整齐～｜정연하고 한결같다. ❷ 動 획일시키다. 일치시키다. 통일하다. ¶～体例｜체계를 통일하다 ‖ =〔画一〕
【划一不二】huà yī bù èr 威 ❶ 에누리 없음. 정찰판매 [상점에서 쓰이는 표어] ¶价钱～｜가격이 정찰제다→〔言yán不二价〕 ❷ 규정에 따라 엄격히 처리하다. 일률적이다.

3【华(華)〈崋〉】huá huā huà 빛날 화, 꽃 화

Ⓐ huá ❶ 形 화려하다. 요란하다. 사치하다. ¶～而不实｜겉은 화려하나 실속이 없다. ¶奢～｜사치하여 화려하다. ❷ 形 찬란하다. 번성하다. ¶繁～｜번창하고 화려하다. ¶荣～｜영화(롭다). ❸ 形 뛰어나다. 우수하다. ¶英～｜영특하다. ¶才～｜뛰어난 재간. ❹ 名 簡 중국. ¶访～｜중국을 방문하다→〔汉hàn①〕〔中zhōng⑦〕 ❺ 名 簡 중국어. ¶～英词典｜중영사전. ❻ 形 (머리 카락이) 희끗희끗하다. ¶～发↓ ❼ 名〈氣〉(달·해)무리. ❽ 경의를 나타내는 말. ¶～诞↓ ❾ 광채. 광휘. ¶日月光～｜태양과 달이 밝게 빛나다. ❿ 샘물의 광물질이 퇴적되어 생긴 물질. ¶钙gài～｜칼슘 퇴적물.
Ⓑ huā 書 名 꽃. ¶春～秋实｜威 봄에 꽃이 피고, 가을에 열매가 맺다 =〔花〕
Ⓒ Huà 名 ❶〈地〉화산(華山) [섬서성(陝西省)에 있으며, 오악(五嶽)의 하나] =〔华山〕〔西岳〕→〔五岳〕 ❷ 성(姓). ¶～佗｜화타 [삼국시대의 명의(名醫)]

Ⓐ huá
【华北】Huáběi 名〈地〉화북 [중국의 북부인 하북(河北)·산서(山西)·북경시(北京市)·천진시(天津市) 일대]
【华表】huábiǎo 名 화표 [고대 궁전이나 능(陵) 등의 큰 건축물 앞에 아름답게 조각하여 세운 장식용의 거대한 돌 기둥]
【华彩】huácǎi ❶ 形 (빛깔 등이) 빛나다. 눈부시다. ❷ 形 각양 각색이다. ❸ 形 (문체 등이) 수식적이다. ❹ 名 화려한 색채.
【华达呢】huádání 名〈紡〉개버딘(gabardine) =〔外 嘎gā别丁〕〔外 轧gá别丁〕〔外 葛gé巴丁〕〔外 甲jiǎ巴甸〕〔斜xié纹呢〕
【华诞】huádàn ❶ 名 敬 생신. ¶敬贺金老师八十～｜김선생님의 팔십회 생신을 경하드립니다. ❷ 形 겉만 좋고 실속이 없다.
【华灯】huádēng 名 ❶ 장식등→〔花huā灯〕 ❷ 휘황한 등불.
【华东】Huádōng 名〈地〉화동 [중국의 동부지방으로 산동(山東)·강소(江蘇)·절강(浙江)·안휘(安徽)·강서(江西)·복건(福建)·대만과 상해시(上海市)를 가리킴]
【华而不实】huá ér bù shí 威 꽃만 피우고 열매는 맺지 못한다. 겉만 번지르르하고 실속이 없다. 빛좋은 개살구. ¶这种做法～｜이런 방법은 빛좋은 개살구이다.
【华尔街】Huá' ěr Jiē 名 外〈地〉월 가 (Wall Street) [미국 뉴욕시의 한 구역. 세계 금융시장의 중심지] =〔垣Yuán街〕〔墙街〕
【华尔兹】huá'ěrzī 名 外〈舞〉왈츠(waltz) =〔华尔姿zī〕
【华发】huáfà 名 ❶ 書 희끗희끗한 머리. ¶～丛生｜흰 머리가 무더기로 나다. ❷ 轉 노인 ‖ =〔华颠diān〕
【华盖】huágài ❶ 名 옛날, 어가(御駕)위에 씌우던 일산(日傘). ❷ ⇒〔极jí光〕
【华工】huágōng 名 (옛날, 외국에 나가 있는) 중국인 노동자.
【华贵】huáguì 形 ❶ 화려하고 진귀하다. ¶～的地毯dìtǎn｜화려하고 진귀한 양탄자. ❷ 호화롭고 부귀하다.
【华里】huálǐ 量〈度〉「市里」의 옛 명칭 [1「华里」는 500미터] =〔中国里〕
4【华丽】huálì 形 화려하다. ¶宏伟～的官殿｜웅장하고 화려한 궁전.
【华美】huáměi 形 아름답다. 화려하다.
【华南】Huánán 名 화남 [중국의 주강(珠江)유역으로, 광동(廣東)과 광서(廣西)를 포함]
3【华侨】huáqiáo 名 화교.
3【华人】huárén 名 중국인 [특히 화교(華僑)를 말함]
【华沙】Hu á shā 名〈地〉바르샤바 (Warszawa) [「波兰」(폴란드;Poland)의 수도]
【华盛顿】Hu á sh è ngd ù n 名 外 ❶〈人〉워싱턴 (George Washington, 1732～1799) [미국의 초대 대통령] ❷〈地〉워싱턴(Washington) [「美国」(미국;United States of America)의 수도]
【华饰】huáshì 動 아름답게 꾸미다. 화려하게 장식하다.
【华氏表】Huáshìbiǎo ⇒〔华氏温度计〕
【华西】Huáxī 名〈地〉화서 [양자강 상류지역 사천성(四川省) 일대]
【华夏】Huáxià 名 화하. 중국의 옛 명칭. ¶～大地起风雷｜중국 대지에 폭풍우가 일어나다.
【华裔】Huáyì 名 ❶ 書 중국과 그 인접국. ❷ (외국 국적을 가진) 화교의 자손.
【华语】Huáyǔ 名 중국어.
【华中】Huázhōng 名〈地〉화중 [양자강 중류, 호북(湖北)·호남(湖南) 일대]
【华胄】huázhòu 書 名 ❶ 귀족의 후예. ❷ 중국의 후예. 한(漢)민족.
【华馔】huázhuàn 書 名 맛있는〔훌륭한〕 요리.
Ⓒ huà
【华亭鹤唳】huà tíng hè lì 威 옛 것을 그리워하다. 옛 물건을 그리워하다.

3【哗(嘩)〈譁〉】 huá huā 떠들썩할 화

Ⓐhuá 形 떠들썩하다. 시끄럽다. ¶肃静勿～｜정숙하시오[게시용어]

Ⓑhuā 擬 ❶철거덕. 와르릉. 꽝[문이 닫히는 소리] ❷콸콸. 쏴쏴. 뚝뚝[물 등이 흐르는 소리] ¶～～地流水｜콸콸 물이 흐르다. ❸와[크게 웃는 소리] ¶～地笑了起来｜와 하고 웃음을 터뜨렸다.

Ⓐhuá

【哗变】huábiàn 名 쿠데타. 군사정변. ¶士兵～｜군사 쿠데타→〔倒dǎo戈〕〔武力政变〕

【哗然】huárán 貺 떠들썩하다. 왁자지껄하다. ¶～大笑｜떠들썩하게 크게 웃다. ¶议论～｜의론이 분분하다.

【哗众取宠】huá zhòng qǔ chǒng 成 말재주를 부려 대중의 환심을 사다. ¶他爱说一些～的话｜그는 대중의 환심을 사는 말을 잘한다.

Ⓑhuā

3【哗啦】huālā ❶擬 와르르[물체가 부딪혀 무너져 내리는 소리] ¶～一声, 墙倒了｜와르르하고 담이 무너졌다. ❷擬 부글부글[물이 끓는 소리] ¶水～啦的开｜물이 부글부글 끓다. ❸動 무너지다. 실패하다＝〔哗拉lā〕〔哗喇lǎ〕〔哗啦啦lā〕

【哗啦啦】huālālā ⇒〔哗啦〕

【骅(驊)】 huá 준마 화 ⇒〔骅骝〕

【骅骝】huáliú 名 ❶書 적색의 준마(駿馬). ❷주(周) 목왕(穆王)의 팔준마(八駿馬)의 하나.

【铧(鏵)】 huá 가래 화 名〈農〉보습. 보습날. ¶五～犁lí｜보습날이 5개인 자동 경운기.

2【滑】 huá gǔ 미끄러울 활, 어지러울 골

Ⓐhuá ❶形 반들반들하다. 미끄럽다. ¶下雨以后地很～｜비온 후에 지면은 매우 미끄럽다. ¶桌面很～｜책상 위가 매우 반들반들하다. ❷動 轉 미끄러지다. ¶～冰↓ ¶～了一跤jiāo｜쭉 미끄러져 구르다. ❸形 교활하다. 속이다. ¶这人很～｜이 사람은 매우 교활하다. ¶要～｜꾀를 부리다＝〔猾huá①〕 ❹⇒〔滑稽〕 ❺(Huá) 名〈地〉활현(滑縣)[하남성(河南省)에 있는 현 이름] ❻(Huá) 名 성(姓).

Ⓑgǔ「滑huá稽」의 구독음(購讀音). ❷書 名 옛날, 술을 따르는 그릇.

【滑板】huábǎn ❶⇒〔滑梯〕 ❷名〈機〉활판(滑瓣). 활좌(滑座). ❸名〈體〉(탁구에서의) 페인트＝〔佯yáng攻②〕

2【滑冰】huá/bīng ❶動 스케이트를 타다. ❷(huábīng) 名 스케이팅. ¶～场｜스케이트장. ¶～鞋｜스케이트화. ¶花样～＝〔花式滑冰〕｜피겨 스케이팅. ¶速度～＝〔快速滑冰〕｜스피드 스케이팅. ❸動 얼음을 지치다 ‖＝〔溜liū冰①〕〔跑pǎo冰〕

【滑不叽溜】huá·bujīliū ❶貺 方 미끌미끌하다. ¶刚下过雨, 地下～的不好走｜방금 비가 와서 땅바닥이 미끄러워 걷기에 좋지않다＝〔滑不唧溜〕〔滑不唧唧〕 ❷(사람됨이) 약삭빠르다. 교활하다＝〔滑头滑脑〕‖＝〔滑不溜秋〕

【滑车】huáchē 名 ❶〈機〉활차. 도르래. ¶定～｜고정 활차. ¶动～｜유동 활차. ¶双轮～｜쌍도르래. ❷직기(織機)의 활차 ‖＝〔滑轮lún〕〔皮pí带盘〕 ❸〈生理〉활차. ¶～神经｜활차 신경.

【滑倒】huádǎo 動 미끄러져 넘어지다. ¶他不小心～了｜그는 조심하지 않다 넘어졌다.

【滑道】huádào 名 활강로. 미끄럼 길. 비탈길.

【滑动】huádòng ❶名〈物〉미끄럼. ¶～齿轮chǐlún｜미끄럼 톱니바퀴. ¶～摩擦mócā｜미끄럼 마찰. ❷動 미끄러지다.

【滑竿(儿)】huágān(r) 名 참대 가마[죽편(竹片)이나 새끼줄을 두 개의 긴 대나무 막대기 중간에 얽어맨 지붕없는 가마]

【滑棍】huágùn 名 교활한 놈.

【滑稽】huá·jī 舊 gǔjī) ❶形 익살맞다. 익살스럽다. 우스꽝스럽다. ¶～片｜희극영화. ¶这个丑角的表演非常～｜이 어릿광대의 연기는 너무 우스꽝스럽다. ¶他的动作很～｜그의 동작이 매우 익살맞다. ❷名 골계극 [상해(上海)·항주(杭州)·소주(蘇州) 등지에서 유행하는 연예〔재담〕의 일종]＝〔独角戏〕

【滑稽戏】huájīxì 名〈演映〉❶희극. ❷골계희[인물을 익살스럽게 표현한 극으로 상해(上海)·강소(江蘇)·절강(浙江) 일부지역에서 유행하는 희극]＝〔滑稽剧〕

【滑脚】huájiǎo 動 발이 미끄럽다.

【滑精】huá/jīng 動〈漢醫〉유정(遺精)하다＝〔遗yí精〕

【滑口】huákǒu 形 언변이 좋다. 입에 발린 말을 잘하다.

【滑溜】huáliū ❶名 썬 고기나 생선에 녹말가루를 묻혀 기름에 볶은 후 다시 미나리·마늘·녹말을 넣어 걸쭉하게 볶는 요리법. ❷(～儿) 形 口 매끈매끈〔반들반들〕하다. 매끈거리다.

【滑溜溜】huáliūliū 貺 매끈거리다. 매끄럽다. 미끈미끈〔반들반들〕하다＝〔滑流流〕

【滑轮】huálún ⇒〔滑车①②〕

【滑面】huámiàn 名〈機〉활사면(滑斜面).

【滑腻】huánì 形 (피부가) 매끄럽다.

【滑坡】huápō ❶名 산사태. ❷動 喩 실수하다. 큰 과오를 범하다.

【滑润】huárùn 形 매끈매끈하다. 반들반들하다. ¶地板打蜡là之后, 显得～多了｜바닥에 초칠을 하고 나니, 무척이나 반들반들해 보인다.

【滑石】huáshí 名〈鑛〉활석＝〔冷石〕

【滑石粉】huáshífěn 名 활석분. 탤컴 파우더(talcum powder).

【滑水】huáshuǐ 名 動〈體〉수상 스키(를 타다).

【滑鼠】huáshǔ 名〈電算〉마우스(mouse).

【滑爽】huáshuǎng 形 매끈하고 감촉이 부드럽다. ¶一阵风吹来, 身上～得很｜바람이 한차례 불어오니, 감촉이 매우 부드럽고 매끈하다.

【滑梯】huátī 名 미끄럼대. ¶滑～｜미끄럼대를 타다＝〔滑板bǎn①〕〔滑桥qiáo〕

【滑头】huátóu ❶名 교활한 사람. ❷名 사기꾼.

❸形 교활하다. 불성실하다.

【滑头滑脑】huá tóu huá nǎo ⇒〔滑不叽溜②〕

【滑翔】huáxiáng 動 활공(滑空)하다. ¶鸟儿在空中～ | 새가 공중에서 활공하다.

【滑翔机】huáxiángjī 名〈航〉활공기. 글라이더.

【滑行】huáxíng 動 ❶ 활주하다. ¶飞机在跑道上～ | 비행기가 활주로를 활주하고 있다. ❷ (관성의 힘으로) 나아가다〔움직여 나가다〕

³【滑雪】huá/xuě〈體〉❶ 動 스키를 타다. ❷ (huáxuě) 名 스키(운동). ¶～场 ＝〔滑雪站〕〔滑雪练习场〕| 스키장. ¶～鞋 ＝〔滑雪靴〕| 스키화. ¶～跳跃 ＝〔滑雪跳远〕| 스키 점프. ¶～跳跃台 | 스키 점프대. ¶～运动家 | 스키어.

【滑雪板】huáxuěbǎn 名 (기구로써의) 스키 ＝〔雪板〕

【滑音】huáyīn 名 ❶〈言〉경과음(經過音). ❷〈音〉포르타멘토. 운음(運音).

3【猾】huá 교활할 활

❶ 形 교활하다 ＝〔滑huá②〕〔狡jiǎo猾〕 ❷ ⇒〔猾皮〕

【猾吏】huálì 名 교활한 관리.

【猾皮】huápí 名 어린 산양의 가죽. 키드.

【猾头】huátóu 名 교활한 인간. 아첨하는 인간.

【豁】huá ☞ 豁 huō Ⓒ

huà ㄏㄨㄚˋ

1【化】huà huā 화할 화, 교화 화

Ⓐ huà ❶ 動 (성질이나 형태가) 변하다. 변화시키다. ¶大事～小, 小事～了liǎo | 큰 일은 작게 하고, 작은 일은 끝나게 하다. ¶顽固不～ | 완고하여 변하지 않다. ❷ 動 녹다. 용해하다. ¶雪～了 | 눈이 녹았다. ❸ 動 삭이다. 소화하다. 없애다. ¶～食 | 음식물을 소화하다. ¶～痰tán止咳ké | 가래를 삭이고 기침을 그치게 하다. ❹ 動〈佛〉(불교·도교의 신도가) 보시를 청하다. ¶募～ | 보시를 모으다. ¶～斋 | 보시를 구하다. ❺ 動〈佛〉죽다. ¶座～ | 좌화. ❻ 名 簡「化学」(화학)의 약칭. ¶～工↓ ❼ 尾 어떤 성질이나 상태로 변함을 나타냄. 어법 ⓐ 형용사 뒤에 쓰여 타동사(及物動詞)를 만듦. ¶美～校园 | 교정을 미화하다. ¶绿～祖国 | 조국을 푸르게 하다. ⓑ 명사·형용사·동사 뒤에 쓰여 자동사(不及物動詞)를 만듦. ¶现代～ | 현대화하다. ¶硬～ | 단단하게 되다. ¶老～ | 노화하다. ¶退～ | 퇴화하다. ¶合作～ | 협동화하다. ⓒ「化」가 붙은 일부의 동사는「为」「成」「到」가 붙은 다음 목적어를 가질 수 있음. ¶精神转～为物质 | 정신이 물질로 전변(轉變)하다. ⓓ 명사·형용사·동사 다음에「化」가 붙고 다시 명사가 붙어 다른 하나의 명사를 만듦. ¶软～剂 | 연화제. ¶氧～铝 | 산화 알루미늄.

Ⓑ huā 動 (시간이나 돈을) 쓰다. 소비하다. ¶～钱 | 돈을 쓰다. ¶～二年工夫 | 2년을 소비하다 ‖ ＝〔花huā⑭〕

Ⓐ huà

【化冰】huàbīng 動 얼음이 녹다. ¶太阳一出来就～了 | 태양이 나오자 얼음이 녹아버렸다.

【化成】huàchéng ❶ 動 …로 변하다〔바꾸다, 만들다〕. ¶冰～水了 | 얼음이 물로 바뀌었다. ¶希望～泡影 | 희망이 물거품이 되었다. ❷ 名〈化〉〈電氣〉화성(化成).

【化除】huàchú 動 없애다. 제거하다. ¶～成见 | 선입견을 없애다.

【化冻】huà/dòng 動 (얼음이나 얼었던 것이) 녹다. 풀리다. ¶大地刚开始～ | 대지가 막 녹기 시작했다.

⁴【化肥】huàféi 名 簡〈化〉화학 비료. ¶～厂 | 화학 비료 공장.

【化腐朽为神奇】huà fǔ xiǔ wéi shén qí 成 진부한 것을 신비하게 만들다. 생명을 잃은 것에 생명을 부여하다. 쓸모없는 물건을 유용하게 이용하다. ¶经过他一整治, 杂乱的院子变成了花园, 真是～ | 그가 정리를 하자, 어지럽던 뜰이 꽃밭이 되었는데, 이것이 정말 쓸모없는 것을 유용하게 이용한 것이다.

【化干戈为玉帛】huà gān gē wéi yù bó 成 전쟁을 멈추고 강화(講和)하다.

³【化工】huàgōng 名 ❶ 하늘의 조화(造化). 천공(天工). ❷ 簡 화학 공업. ¶～产品 | 화학 공업 제품 ＝〔化学工业〕

【化公为私】huà gōng wéi sī 成 공동 재산을 개인의 것으로 만들다. ¶他们不择手段, ～, 侵吞qīntūn国家财产 | 그는 수단을 가리지 않고, 공동 재산을 개인의 것으로 만들어, 국가의 재산을 횡령한다.

³【化合】huàhé 名 動〈化〉화합(하다). 친화(하다).

【化合价】huàhéjià 名〈化〉원자가(原子價) ＝〔原子价〕

【化合物】huàhéwù 名〈化〉화합물.

【化简】huàjiǎn 動〈數〉수식(數式)을 간단히 하다. 약분(約分)하다.

【化解】huàjiě 動 풀(리)다. 녹(이)다. 용해하다. ¶～矛盾 | 모순을 풀다. ¶他那个顽固的性质稍微shāowēi的～点儿了 | 그의 저런 완고한 성질이 약간 누그러졌다 ＝〔化开〕

【化境】huàjìng 名 (예술 작품 등의) 입신지경(入神之境). 최고의 경지. ¶他的演出已臻zhēn于～ | 그의 연기는 이미 최고의 경지에 이르렀다.

【化开】huàkāi ⇒〔化解〕

【化疗】huàliáo 動 화학(약품으로) 치료하다. ¶这病只有～才见效 | 이 병은 화학 치료를 해야 효과가 있다.

【化零为整】huà líng wéi zhěng 成 분산된 것을 집중시키다. 흩어진 것을 한데 모으다 ＝〔化散为整〕→〔化整为零〕

【化名】huà/míng ❶ 動 이름을 바꾸다. 변성명하다. ❷ (huàmíng) 名 가명(假名). 변성명.

【化募】huàmù ⇒〔化缘yuán〕

【化脓】huà/nóng 動 곪다. 화농하다. ¶～菌jūn | 화농균 ＝〔鼓gǔ脓〕

【化入化出】huàrù huàchū 動組〈映〉페이드 아웃(fade－out) 페이드 인(fade－in).

【化身】huàshēn 名 ❶ 화신 [추상적 특질을 구체화 한것] ¶正义的～ | 정의의 화신. ¶魔鬼的～ | 악마의 화신. ❷〈佛〉변화신(變化身). 성육신(成肉身).
【化生】huàshēng ❶ 名 動〈生〉화생(하다). 변태(하다). ❷ 動〈佛〉무(無)에서 유(有)로 화하다. 환생하다.
3【化石】huàshí 名 화석. ¶～人 | 화석 인류. ¶～学 | 화석학.
【化痰】huàtán 動 가래를 삭이다. 거담(去痰)하다.
【化外】huàwài 書 名 문화가 미치지 못하는 곳. 문화의 혜택을 받지 못하는곳. 轉 외지. 벽촌.
【化为】huàwéi 動 …로 변하다. …로 바꾸다. ¶～泡影pàoyǐng | 威 물거품이 되다. 수포로 돌아가다.
【化为乌有】huà wéi wū yǒu 威 아무것도 없게 되다. 깡그리 사라지다. 수포로 돌아가다.
4【化纤】huàxiān ⇒〔化学纤维〕
【化险为夷】huà xiǎn wéi yí 威 위험이 가시고 평안해지다. ¶经过机组成员的努力, 终于～, 避免了一起空难事故 | 비행기 승무원의 노력으로 마침내 위험이 사라지고 평안해져, 비행기 사고를 모면하였다 =〔化险为平〕
【化形】huàxíng 名 動 둔갑(하다). 위장(하다).
1【化学】huàxué 名 ❶ 화학. ¶～变化 | 화학 변화. ¶～能 | 화학 에너지. ❷ 셀룰로이드 =〔赛sàì璐珞〕
【化学反应】huàxué fǎnyìng 名組〈化〉화학 반응.
【化学方程式】huàxué fāngchéngshì 名組〈化〉화학 방정식 =〔方程式②〕
【化学肥料】huàxué féiliào 名組 화학 비료.
【化学工业】huàxué gōngyè ⇒〔化工②〕
【化学武器】huàxué wǔqì 名組 화학 무기.
【化学纤维】huàxué xiānwéi 名組 화학 섬유 =〔簡 化纤〕
【化学线】huàxuéxiàn 名 화학선 [자외선과 같이 화학 변화를 일으키는 방사선]
【化学性质】huàxué xìngzhì 名組〈化〉화학 반응 때 나타나는 물질의 성질.
【化学元素】huàxué yuánsù 名組〈化〉화학 원소.
3【化验】huàyàn 動 名 화학 실험. 화학 분석. 화학 검사. ¶～工作 | 화학 실험 작업. ¶～力量和设备 | 화학 분석 능력과 설비. ¶～每一个人的血型 | 모든 개인의 혈액형을 검사하다.
【化验单】huàyàndān 名 화학 분석표.
【化油器】huàyóuqì ⇒〔汽qì化器①〕
【化雨春风】huàyǔ chūnfēng ⇒〔春风化雨〕
【化缘】huà/yuán 動 (중이나 도사가) 동냥하다. 탁발하다. ¶～的 | 탁발승. 거지중. ¶～十方 | 각처로 동냥하며 돌아다니다 =〔化募mù〕〔抄chāo化〕〔募化〕〔募缘〕〔求qiú化〕〔求乞qǐ〕〔劝quàn化②〕
【化缘簿】huàyuánbù 名 시주 장부.
【化斋】huà/zhāi 動 (중이나 도사가) 동냥하다. ¶老和尚派小和尚外出～ | 큰 스님이 동자승을 동냥하러 보내다 =〔打斋〕〔打斋饭〕
【化整为零】huà zhěng wéi líng 威 집중된 것을 분산시키다. ¶把部队～ | 부대를 분산시켜 나누다 →〔化零为整〕
【化纸】huàzhǐ ⇒〔烧shāo化〕
4【化妆】huà/zhuāng 動 화장하다. ¶～包 =〔手提包〕| 여자용 손가방. 화장품 가방. ¶～品 | 화장품. ¶～师 | 분장사.
【化装】huà/zhuāng 動 ❶ 분장하다. ❷ 가장하다. 변장하다. ¶～舞会 | 가장행렬 ‖ =〔打dǎ扮〕→〔假jiǎ装〕

Ⓑ huā

【化子】huā·zi ⇒〔花huā子〕

【华】 huà ☞ 华 huá Ⓑ

【桦(樺)】 huà 벚나무 화

名〈植〉벚나무. 자작나무. ¶～烛 | 화촉. 자작나무 껍질을 말아서 만든 초 =〔桦树〕

1【划】 huà ☞ 划 huá ② Ⓑ

1【话(話)】 huà 이야기 화

❶ (～儿) 名 이야기. 말. ¶中国～ | 중국말. ¶闲～ | 한담. ¶说几句～ | 몇 마디 말을 하다. ❷ 動 말하다. ¶～家常 | 일상생활을 이야기하다. ❸ 名 일. ¶那～有几年了吧? | 이 일은 몇년이나 되었니? ❹ 助 (「…的話」의 형식으로 쓰여) 가정(假定)의 어기를 나타냄. ¶你去的～, 给我买来吧! | 네가 간다면 내게 사다 줘!
【话把儿】huàbàr ❶ ⇒〔话柄〕 ❷ 名 구실(口實). ¶别给人家留～ | 남에게 구실을 남기지 말라.
【话本】huàběn 名 화본 [송대(宋代)의 백화 소설(白話小說)] →〔讲jiǎng唱文学〕〔说shuō话⑦〕〔章zhāng回小说〕
【话别】huà/bié 書 動 작별인사를 하다. 이별의 말을 나누다. ¶～会 | 송별 좌담회. ¶我明天走, 今晚来跟你～ | 나는 내일 떠나니, 오늘 밤 너와 작별 인사를 한다.
【话柄】huàbǐng 名 이야깃거리. 화제 =〔话把儿①〕〔话靶〕
【话不贴题】huà bù tiē tí 威 이야기가 화제에서 벗어나다.
【话不投机】huà bù tóu jī 威 대화가 어울리지 않다. 서로 의견이 맞지 않다. ¶咱俩～, 最后不欢而散 | 우리 둘은 서로 의견이 맞지 않아, 결국 좋지않게 헤어졌다 =〔语不投机〕
【话茬儿】huàchár 名 方 말머리. 말꼬리. 화제. ¶我刚说到这儿, 他就接上了～ | 내가 막 여기까지 말하자, 그가 곧 말꼬리를 이어나갔다. ❷ 어투. 말투 ‖ =〔话槎chá儿〕〔话岔chà儿〕〔话碴chá儿〕
【话塔拉儿】huàdā·lar ⇒〔话拉lá拉儿〕
【话到口边留半句】huà dào kǒubiān liú bànjù 諺 하고 싶은 말을 다하지 않고 참다 =〔话到嘴边留半句〕〔话到舌边留半句〕〔话到舌头留半句〕
【话锋】huàfēng 名 말머리. 화제. ¶～一转 | 화제를 돌리다 =〔语锋〕
【话归原题】huà guī yuán tí 威 이야기가 원점으

로 되돌아가다. ¶别说其他了, 咱们还是～ | 다른 얘기는 하지 마세요, 우리는 또 원점으로 돌아가게 됩니다.

【话旧】huàjiù 動 (오래간만에 만나) 지난 일을 이야기하다. ¶他去跟老同学～去了 | 그는 옛 학우와 지난 일을 이야기하러 갔다.

3【话剧】huàjù 名 중국에서, 대화와 동작으로 연출하는 신극(新劇) ＝〔白话剧〕〔新剧〕〔爱美剧〕〔真新剧〕〔文明戏〕

【话口儿】huàkǒur 名 方 말투. ¶活动～ | 애매한 말투 ＝〔口气〕〔口风〕

【话拉拉儿】huàlá·lar 名 京 수다장이 ＝〔话塔dā拉儿〕

【话里带刺】huà·li dài cì 成 말 속에 가시가 있다.

【话里套话】huà·li tào huà 成 ❶ 말로 (마음을) 떠보다. 넘겨짚다. ❷⇒〔话里有话〕

【话里有话】huà·li yǒu huà 成 말 속에 말이 있다. 언외(言外)에 뜻이 있다 ＝〔话里套话②〕

【话梅】huàméi 名 소금과 설탕에 절여 햇빛에 말린 매실 ＝〔酸suān梅〕

【话儿】huàr 名 말. 이야기. ¶说～ | 말을 하다.

4【话题】huàtí 名 화제. ¶扭转niǔzhuǎn～ | 화제를 돌리다.

【话筒】huàtǒng ❶ 名 (전화기의) 송수화기. ❷ 名 마이크 ＝〔传chuán声器〕〔微wēi音器〕〔麦mài克风〕 ❸ 名 메가폰 ＝〔传chuán声筒①〕〔喊hǎn话筒〕〔喇lǎ叭筒〕 ❹⇒〔扬yáng声器〕

【话头(儿)】huàtóu(r) 名 ❶ 말머리. 말의 실마리. 이야기의 계기. ¶你别拦lán我的～ | 너는 나의 말머리를 막지 말라. ❷ 말의 방향. 화제(話題). 말허리. ¶转换zhuǎnhuàn～ | 화제를 돌리다.

【话务员】huàwùyuán 名 전화 교환원 ＝〔电话接线员〕

【话匣子】huàxiá·zi 名 方 ❶ 축음기. 유성기. ¶打开～ | 축음기를 켜다. ¶～片(儿) ＝〔唱片(儿)〕| 레코드 ＝〔留liú声机〕 ❷ 라디오. ❸ 喻 수다장이. 이야기 보따리

【话音(儿)】huàyīn(r) ❶ 말소리. ¶他的～未落, 从外面进来了一个大汉 | 그의 말이 채 끝나기도 전에 밖에서 한 사나이가 들어 왔다. ❷ 말투. 어조(語調).

【话语】huàyǔ 名 말. 문구(文句). ¶合同上的～ | 계약서 상의 문구. ¶他的～好难懂啊 | 그의 말은 정말 알아 듣기 어렵다.

【话中有话】huà zhōng yǒu huà 成 말 속에 의미심장한 의미가 들어 있다. 말속에 뼈가 있다. ¶我听出来他～ | 내가 그의 말을 듣자니 말속에 뼈가 있다.

1【画(畫)〈画畵〉】huà 그림 화, 획 획 ❶ (～儿) 名 그림. ¶油～ | 유화. ¶壁bì～ | 벽화. ❷ 動 그리다. ¶～画儿 | 그림을 그리다. ❸ 動 (선을) 긋다. 그리다. ¶～线 | 선을 긋다 ＝〔划huà④〕 ❹ 動 계획하다. ¶是谁替你～的策? | 누가 너에게 계책을 세워 주었느냐? ＝〔划huà②〕 ❺ 動 구분하다. 분할하다 ＝〔划huà①〕 ❻ 名 (한자의) 획. ¶「守」是六～ | 「守」자는 6획이다 ＝〔划huà④〕 ❼ 名 方 한자의 가로획을 「一画」이라 함 ＝〔划④〕 ❽ 그림으로 장식된. ¶～栋↓

【画板】huàbǎn 名 화판.

2【画报】huàbào 名 화보. ¶他订了一本～ | 그는 화보 한 권을 만들었다.

【画饼充饥】huà bǐng chōng jī 成 그림의 떡을 보며 시장기를 가시게 하다. ❶ 이름 뿐이고 실속이 없다. 그림의 떡. ❷ 상상이나 공상으로 스스로를 위로하다 ＝〔充饥画饼〕

【画布】huàbù 名 〈美〉 (유화용) 캔버스.

【画册】huàcè 名 ❶ 화첩. 화집. ❷ 그림책.

【画策】huà/cè ⇒〔划huà策〕

【画到】huà/dào 動 출근부〔출석부〕에 서명하다 ＝〔签qiān到〕

【画地为牢】huà dì wéi láo 成 땅바닥에 동그라미를 그려놓고 감옥으로 삼다. 단지 제한된 범위 내에서만 활동하게 하다. ¶小时候, 我们兄弟如果作错了事, 父亲就～, 罚站十分钟 | 어릴 적에, 우리 형제가 잘못을 하면, 아버지께서는 땅에 동그라미를 그려 감옥으로 삼고는 십분간 벌로 서있게 하셨다 ＝〔画地为狱〕〔划huà地为牢〕

【画地自限】huà dì zì xiàn 成 스스로 자신을 단속할 규칙을 만들어서 지키다.

【画栋雕梁】huà dòng diāo liáng 成 그림을 그린 마룻대와 조각한 대들보. 아름답고 화려한 건물 ＝〔雕梁画栋〕〔画梁雕栋〕

【画舫】huàfǎng 名 화방. 아름답게 장식한 놀잇배 〔유람선〕 ＝〔画船chuán〕〔画舸gě〕

【画符】huàfú ❶ 名 부적(符籍). ❷ (huà/fú) 動 (도사가) 부적을 쓰다. ¶～念咒zhòu | 부적을 쓰고 주문을 외다. ❸ 名 서투른 글씨.

【画幅】huàfú 名 ❶ 그림. ¶美丽的～ | 아름다운 그림. ❷ 화폭. 그림의 치수. ¶～虽然不大, 所表现的天地却十分广阔 | 화폭은 비록 그리 크지 않지만 표현된 세계는 오히려 대단히 광활하다.

【画稿】huàgǎo ❶ (～儿) 名 밑그림. ❷ (huà/gǎo) ⇒〔画行〕

【画供】huà/gòng 動 범인이 진술서에 서명하다.

【画虎不成反类狗】huà hǔ bù chéng fǎn lèi gǒu ⇒〔画虎类狗〕

【画虎画皮难画骨】huà hǔ huà pí nán huà gǔ 諺 범을 그리는데 가죽은 그릴 수 있으나 뼈는 그리기 힘들다. 열 길 물 속은 알아도 한 길 사람 속은 모른다.

【画虎类狗】huà hǔ lèi gǒu 成 범을 그리려다 개를 그리다. ❶ 주제넘게 높은 것만 바라보면 성공은 커녕 남의 웃음거리 밖에 안된다. ❷ 서투른 솜씨로 흉내내려다 망태기가 되다 ‖＝〔画虎不成反类狗〕〔画虎成狗〕〔画虎类犬〕〔划虎不成反类狗〕〔画龙不成反为狗〕

【画画(儿)】huà/huà(r) 動 그림을 그리다. ¶他还会～呢 | 그는 아직도 그림을 그릴 수 있다.

3【画家】huàjiā 名 화가 ＝〔画手〕〔画工②〕

【画架(子)】huàjià(·zi) 名 화가. 이젤(easel).

【画匠】huàjiàng 名 ❶ 화공 ＝〔画儿匠〕 ❷ 범속한 화가. 환쟁이.

【画境】huàjìng 名 ❶ 화경. 그림을 그린 듯 경치가

아름다고 맑은 곳. ❷그림의 경지.
【画卷】huàjuàn 名❶두루마리 그림. ❷喻장려한 경관이나 감동적인 장면. ¶画了一幅背景壮阔的历史～ | 배경이 광활한 한 폭의 역사적인 두루마리 그림을 그렸다.
【画廊】huàláng 名❶그림으로 장식된 복도. ❷화랑.
【画龙点睛】huà lóng diǎn jīng 成화룡점정. 무슨 일을 하는데 가장 긴요한 부분을 마쳐 전체를 확연히 돋보이게 하다＝[点睛]
【画眉】huà/méi ❶動눈썹을 그리다. ¶～笔 | 눈썹 그리개. ¶～人 | 처(妻). 첩(妾)＝[扫sǎo眉] ❷(huàméi) 名〈鳥〉화미조.
4【画面】huàmiàn 名화면.
【画皮】huàpí 名가면. 탈. 허울. ¶剥bāo～ | 가면을 벗기다.
【画片儿】huàpiānr ⇒[画片]
【画片】huàpiàn 名❶그림 카드. ❷그림엽서 ‖＝[画片儿]
【画谱】huàpǔ 名❶화법을 논한 책. ❷화보(畵譜)＝[画帖]
3【画蛇添足】huà shé tiān zú 成뱀을 그리는데 발을 그려 넣다. 쓸데없는 짓을 하다. 사족을 달다＝[画蛇著足]
【画圣】huàshèng 名화성 [당(唐)의 화가 오도자(吳道子)에 대한 존칭]
【画师】huàshī 名화가(畵家). 화공. 화사＝[画工②]
【画十字】huà shízì 動組❶「十」(字)를 그리다 [옛날 문맹자가 계약서나 문서에 「十」자를 그려서 서명을 대신 한 것] ❷〈宗〉성호를 긋다＝[划huà十字] ❸가위표(×)를 하다.
【画室】huàshì 名화실. 아뜰리에(atelier). ¶～里坐着两个裸体模特儿 | 화실에 두 명의 누드 모델이 앉아 있다.
【画帖】huàtiè 名화첩. 그림본으로 쓰는 책＝[画谱pǔ②]
【画图】huà/tú ❶動제도(製圖)하다. ¶～器 | 제도 용구. ¶～员 | 제도사. ¶～纸 | 도화지. 제도용지. ❷動지도를 그리다. ❸(huàtú) 名그림 [주로 비유적으로 쓰임] ¶这些诗篇构成了一幅农村生活的多彩的～ | 이런 시편들은 농촌 생활의 다채로운 한폭의 그림을 이루고 있다.
【画外音】huàwàiyīn 名(영화에서) 화면에 출현하는 인물 또는 물체가 직접내는 소리 이외의 소리.
【画像】huà/xiàng ❶動초상화를 그리다. ❷(huàxiàng) 名화상. 초상화 ‖＝[画相xiàng]
【画行】huàxíng 動옛날, 책임자가 공문서에 「行」(字)를 써서 서명(署名)하다. 책임자가 공문서 서류를 결재하다＝[画稿gǎo②]
【画押】huà/yā 動수결(手決)하다. 사인하다. 서명하다. ¶赶快签字～吧 | 빨리 서명하시오＝[划huà押][花押][方画字]→[盖gài图章]
【画页】huàyè 名(책 등의) 그림이나 사진이 실려 있는 페이지.
【画苑】huàyuàn 名미술계.
【画院】huàyuàn 名❶화원. 한림 도화원 [중국 궁정의 회화 제작 기관] ❷粤영화관.
【画展】huàzhǎn 名簡화전. 회화 전람회 [「绘huì画展览会」의 약칭] ¶～室 | (회화) 전람실.
【画知】huà/zhī 動「知单」(연명의 초대장)에 참석의 의미로 자신의 이름 밑에 「知」자(字)를 쓰다.
【画中有诗】huà zhōng yǒu shī 成그림 속에 풍부한 시의(詩意)가 담겨져 있다. ¶好的画应该～, 意境优美 | 좋은 그림은 반드시 풍부한 시의가 담겨져 있고, 의경이 뛰어나야 한다→[诗中有画]
【画轴】huàzhóu 名족자(簇子). ¶山水～ | 산수화족자. ¶仕女～ | 미인화 족자.
【画字】huà/zì ⇒[画押]

huái ㄏㄨㄞˊ

3【怀(懷)】huái 품을 회, 마음 회
❶名품. 가슴. ¶把小孩抱在～里 | 어린 아이를 가슴에 안다. ¶厂胸露～ | 가슴을 풀어 헤쳐 드러내다. ❷名생각. 마음. 뜻. ¶胸xiōng～ | 생각. 의향. ¶开～ | 흉금을 털어놓다. ❸動(생각 등을) 품다. ¶胸～壮志 | 가슴에 큰 뜻을 품다. ❹생각하다. 그리워하다. ¶～友 | 벗을 그리워하다. ¶关guān～ | 관심을 갖다. ❺임신하다. ¶～孕yùn↓ ❻(Huái) 名성(姓).
【怀宝迷邦】huái bǎo mí bāng 成재덕을 겸비하고서도 나라를 위해 힘쓰지 않다. ¶有知识的人不可～ | 지식인은 재덕을 지니고서도 나라를 위해 노력하지 않으면 안된다＝[怀道迷邦]
【怀抱】huáibào ❶動품[가슴]에 안다. ¶母亲～着婴儿 | 어머니가 애기를 품에 안고있다. ❷動(마음속에 생각을) 품다. ¶～着远大的理想 | 원대한 이상을 품다. ❸名품. 가슴. ¶回到民族的～ | 민족의 품으로 돌아가다. ❹名회포. 포부. 생각.
【怀表】huáibiǎo 名회중시계＝[方挂guà表]
【怀才抱德】huái cái bào dé 成재주 뿐만 아니라 덕도 겸비했다＝[怀材抱德]
【怀才不遇】huái cái bù yù 成재능을 발휘할 기회를 얻지 못하다. ¶他总是有一种～的失意 | 그는 언제나 재능을 발휘할 기회를 얻지 못한 실의의 뜻을 지니고 있다.
【怀藏】huáicáng 動貶생각을 마음속에 감추어 두다[품다]. ¶～歹dǎi意 | 몰래 나쁜 생각을 품다.
【怀春】huáichūn 書動(소녀가) 이성을 그리워하다. (소녀가) 연정을 품다 ¶哪个男子不锺情? 哪个少女不～? | 어느 남자가 사랑에 빠지지 않으며, 어느 소녀가 이성을 그리워하지 않겠는가?＝[思sī春]
【怀古】huáigǔ 動회고하다. 옛일을 회상하다 [고적(古跡)에 관한 시제(詩題)로 많이 쓰임] ¶赤壁～ | 적벽회고.
【怀鬼胎】huái guǐtāi 動組남에게 말 못할 음모나 못된 생각을 품다.
【怀恨】huái/hèn 動원한을 품다. 원망하다. 한스럽게 생각하다. ¶对这件事他始终～在心 | 이 일에 대해 그는 시종 마음 속으로 한스럽게 생각한다.

【怀瑾握瑜】huái jǐn wò yú 成 고결하고 아름다운 품성을 지니다.
【怀旧】huáijiù 形 옛날을 회고하다. 옛일을 생각하다.
【怀里】huái·li 名 ❶ 품(속). ❷ 자기 앞. 자기 쪽. ¶往~一拽zhuài | 자기 쪽으로 확 잡아 당기다. ❸ 도로의 안쪽. 자기의 오른쪽. ¶往~拐guǎi | 오른쪽으로 돌다.
【怀恋】huáiliàn 名 회구(懷舊)의 정. 모정(慕情).
3【怀念】huáiniàn 動 그리워하다. 생각하다. ¶~祖国 | 조국을 그리워하다. ¶~过去的学校生活 | 지나간 학창시절을 그리워하다 =〔思sī念〕
【怀柔】huáiróu 動 회유하다. ¶文化的~政策 | 문화적 회유정책.
【怀胎】huái/tāi ⇒〔怀孕yùn〕
3【怀疑】huáiyí ❶ 動 회의하다. 의심하다. ❷ 動 추측하다. ¶我~他今天来不了 | 내가 추측컨대 그는 오늘 오지 못할 것이다. ❸ 名 회의. ¶抱bào有~ | 회의를 품다.
【怀有】huáiyǒu 動 품고 있다. 가지다. ¶对他~深厚的感情 | 그에게 깊고 두터운 감정을 품고 있다.
4【怀孕】huái/yùn 動 임신하다 =〔怀妊rèn〕〔怀胎tāi〕〔身shēn孕〕

4【徊】 huái ⓧ huí) 노닐 회
❶ ⇒〔徘pái徊〕 ❷ ⇒〔低dī徊〕

【淮】 Huái 물이름 회
名〈地〉회하(淮河). 회수(淮水) [하남성(河南省)에서 발원하여 안휘성(安徽省)을 거쳐 강소성(江蘇省)으로 유입하는 강]
【淮北】Huáiběi 名〈地〉회북 [회수 이북 지역으로, 특히 안휘(安徽)의 북부를 가리킴]
【淮海】HuáiHǎi 名〈地〉회해 [서주(徐州)를 중심으로 한 회수 이북과 해주(海州) 일대의 지역] ¶~(小)戏 =〔江jiāng淮戏〕| 강소성(江蘇省)의 전통극. ¶~战役 | 〈史〉회해 전투.
【淮剧】Huáijù 名〈演映〉회음(淮陰)·염성(鹽城) 등지에서 유행한 강소(江蘇) 지방 전통극의 하나. 원명은「江淮戏」.
【淮南】Huáinán 名〈地〉회남 [회수 이남·양자강 이북 지역으로 특히 안휘(安徽) 중부를 가리킴]

4【槐】 huái 홰나무 괴
名 ❶〈植〉회화나무. 홰나무. ¶洋~ | 아카시아. ❷ (Huái) 성(姓).
【槐蚕】huáicán 名〈蟲〉홰나무에 붙어 사는 자벌레 =〔槐虫chóng〕
【槐豆】huáidòu 名 홰나무 열매 [한약으로도 쓰이며 간장·술제조에도 쓰임]
【槐花】huáihuā ❶ 名 홰나무 꽃. ¶~也一嘟噜dūlū一嘟噜地开了 | 홰나무 꽃도 송이송이 피었다. ❷ ⇒〔忽hū布(花)〕
【槐黄】huáihuáng 名 ❶〈染〉홰나무의 꽃과 열매에서 뽑아 만든 황색 염료. ❷ 홰나무꽃 색깔.
4【槐树】huáishù 名〈植〉홰나무 =〔槐花树〕

【踝】 huái 복사뼈 과
名〈生理〉복사뼈 =〔⓪踝(子)骨〕

huài ㄏㄨㄞˋ

1【坏(壞)】 ① huài 무너뜨릴 괴
❶ 名 나쁜 생각. 나쁜 수단. 못된 수작. 비열한 방법. ¶我知道是谁使的~ | 나는 누가 꾸민 못된 수작인지 안다. ¶这家伙一肚子~ | 이 녀석 뱃속이 온통 새까맣다. ¶出~ | 못된 수를 내다→〔徕lái果〕 ❷ 形 나쁘다. 악하다. 고약하다. ¶~人~事 | 악인과 나쁜 일. ¶天气真~ | 날씨가 정말 나쁘다 ⇔〔好hǎo①〕 ❸ 形 상하다. 고장나다. 탈나다. 썩다. ¶水果~了 | 과일이 썩었다. ¶他身体~了 | 그의 몸이 나빠졌다. ❹ 動 동사 뒤에 결과 보어(結果補語)로 쓰여, 나쁜 결과가 있었거나 정도가 매우 심함을 나타냄. ¶气~了 | 몹시 화가 났다. ¶饿~了 | 몹시 배가 고프다. ¶钢笔弄~了 | 만년필을 망가뜨렸다. ¶不要看~了眼睛 | 눈을 상하도록 보지마라.
【坏包(儿)】huàibāo(r) 名 나쁜 놈. 악인. 악당. ¶这个~你要提防着点儿 | 이 나쁜 놈을 너는 다소 조심해야 한다→〔坏蛋dàn〕
【坏肠子】huàicháng·zi 名組 나쁜 근성. 못된 심보.
2【坏处】huài·chu 名 결점. 나쁜 점. 해로운 점. ¶有一点儿~, 但也有不少好处 | 다소의 결점은 있으나, 또한 많은 장점도 있다.
3【坏蛋】huàidàn 名 ⓪ 罵 나쁜 놈. 몹쓸 놈. 악당.
【坏东西】huàidōng·xi 名組 ❶ 나쁜 물건. ❷ 罵 나쁜 놈.
【坏分子】huàifènzǐ 名組 불량〔불순〕 분자. 파괴분자. ¶清除qīngchú~ | 불순 분자를 일소하다.
【坏话】huàihuà 名 욕. 험담. ¶说人家的~ | 다른 사람의 험담을 하다.
【坏疽】huàijū 名〈醫〉회저. 탈저(脫疽)→〔坏死〕
【坏了】huài·le ❶ 動 못쓰게 되다. 나빠지다. 썩다. ¶~醋了 | 초가 썩다. 喩 실패하다. ❷ 아차. 글렀다. 큰 일이다. ¶~, 下起雨来啦! | 글렀어. 비가 내리기 시작한다.
【坏坯子】huàipī·zi 名組 罵 나쁜 놈. 나쁜 자식.
【坏脾气】huàipí·qi 名組 나쁜 버릇〔성질〕.
【坏人】huàirén ❶ 名 나쁜 사람. ❷ 名 불순 분자. ❸ 動 사람의 …을 손상시키다〔상하게 하다〕. ¶~名誉 | 남의 명예를 손상시키다.
【坏事】huàishì ❶ 名 나쁜 일. ❷ (huài/shì) 動 일을 그르치다. 일을 망치다. ¶成事不足, ~有余 =〔成事不足, 败事有余〕| 일을 이루는 데는 부족하나 일을 망치는 데에는 충분한 힘을 가지고 있다 ‖ =〔害hài事〕
【坏水(儿)】huàishuǐ(r) 名 ❶ 독수(毒水). ❷ 황산(黃酸)의 다른 이름 =〔硫酸〕 ❸ 轉 음모(陰謀). 나쁜 생각.
【坏死】huàisǐ 名〈醫〉괴사. ¶他得了肝~ | 그는 간괴사에 걸렸다.
【坏血病】huàixuèbìng 名組〈醫〉괴혈병.
【坏着儿】huàizhāor 名 ❶ 나쁜 수작〔생각〕. 간계(奸計). 흉계. ¶要shuǎ~ | 나쁜 수작을 부리다 =〔坏招zhāo儿〕 ❷ (장기·바둑에서의) 악수(惡手).
【坏主意】huàizhǔ·yi 名組 나쁜 생각. ¶他爱出~ | 그는 나쁜 생각을 잘한다.

huān ㄏㄨㄢ

1【欢(歡)〈懽驩〉】 **huān 기뻐할 환** ❶形기쁘다. 즐겁다. ¶～迎↓ ¶～天喜地↓ ❷形方활발하다. 기세가 좋다. 왕성하다. ¶这孩子很～呢 | 이 아이는 아주 활발하다. ¶炉子里的火很～ | 난로의 불이 매우 왕성하다. ❸形方동사 뒤에 보어로 쓰여, …의 정도가 심하다. 격심하다. 마음껏〔실컷〕…하다. ¶哭得～ | 몹시 울다. ¶车跑～了, 收不住了 | 차가 너무 빨리 달려서 세울 수 없었다. ❹名애인 [주로 남자 애인을 가리킴] ¶新～ | 새 애인. ¶另有所～ | 따로 애인이 있다. ❺(Huān) 名성(姓).

【欢奔乱跳】huān bēn luàn tiào ⇒〔欢蹦乱跳〕

【欢迸乱跳】huān bèng luàn tiào ⇒〔欢蹦乱跳〕

【欢蹦乱跳】huān bèng luàn tiào 成 ❶ 기뻐서 깡충깡충 뛰다. 기뻐 날뛰다. ¶这孩子一天到晚～的 | 이 아이는 왼종일 기뻐 깡총깡총 뛴다. ❷활발하고 기운차다. 활기차다 =〔欢奔bēn乱跳〕〔欢迸bèng乱跳〕〔活蹦乱跳〕

【欢唱】huānchàng 動즐겁게 노래하다.

【欢畅】huānchàng 書形즐겁다. 유쾌하다.

【欢度】huāndù 動즐겁게 보내다〔지내다〕. ¶～春节 | 설을 즐겁게 보내다.

【欢歌】huāngē ❶名즐거운 노랫소리. ❷動즐겁게 노래 부르다.

3【欢呼】huānhū 名動환호(하다). ¶鼓掌gǔzhǎng～ | 손뼉치며 환호하다.

【欢聚】huānjù 書❶動기쁘게 모이다. ❷名즐거운 모임. ¶尽情地分享着～的快乐 | 한껏 모임의 즐거움을 만끽하다.

【欢快】huānkuài 形유쾌하다. 즐겁다. 경쾌하다. ¶～的曲调 | 유쾌한 곡조.

3【欢乐】huānlè 形즐겁다. 유쾌하다. ¶～的景象 | 즐거운 장면.

【欢闹】huānnào 動(어린이가) 신나게 떠들어대며 놀다.

【欢庆】huānqìng 動기쁘게 축하하다. ¶～新年 | 새해를 기쁘게 축하하다.

【欢声】huānshēng 名환(호)성. 환호하는 소리. ¶教室里～盈耳 | 교실에 환호성이 귀에 가득하다.

【欢声笑语】huān shēng xiào yǔ 成웃고 떠드는 소리.

【欢实】huān·shi 形方활발하다. 생기발랄하다. 힘차다. 신나다. ¶机器转得挺～ | 기계가 아주 활발하게 돌다. ¶玩得可～了 | 정말 신나게 놀았다 =〔欢势〕

2【欢送】huānsòng 動환송하다. ¶～词 | 환송사. ¶～会 | 환송회. ¶～仪式 | 환송식.

【欢腾】huānténg 動기쁨으로 들끓다. 기뻐 날뛰다. 매우 기뻐하다. ¶人们～起来了 | 사람들이 매우 기뻐하기 시작했다.

【欢天喜地】huān tiān xǐ dì 成몹시 기뻐하다.

【欢跳】huāntiào 動기뻐 날뛰다. 깡총깡총 뛰다.

3【欢喜】huānxǐ ❶形기쁘다. 즐겁다. ¶欢欢喜喜地过春节 | 즐겁게 설을 지내다. ❷動좋아하다. ¶老李是他所～的人 | 이형은 그가 좋아하는 사람이다. ❸能즐기다. 좋아하다. ¶老金～打乒乓球 | 김씨는 탁구를 좋아한다.

【欢喜冤家】huān xǐ yuān jiā 成원한을 가진듯하나 실제로는 서로를 사랑하는 사람 [연인·부부간에 많이 쓰임]

4【欢笑】huānxiào 書動즐겁게〔기뻐서〕웃다.

【欢心】huānxīn 名환심. ¶讨别人的～ | 남의 환심을 사다.

【欢欣】huānxīn 書動기뻐하다.

【欢欣鼓舞】huān xīn gǔ wǔ 成기뻐서 춤을 추다. 환희로 들끓다. ¶市民们～, 庆祝新春 | 시민들이 기뻐 춤을 추며, 새 봄을 경축한다 =〔欢欣忭biàn舞〕

【欢颜】huānyán 書名매우 기뻐하는 얼굴(표정).

1【欢迎】huānyíng 名動환영(하다). ¶～词 | 환영사. ¶～会 | 환영회. ¶～贵宾 | 귀빈을 환영하다.

【欢娱】huānyú 書形즐겁다.

【欢愉】huānyú 形즐겁고 기쁘다.

【欢悦】huānyuè 書形기쁘다. 즐겁다. ¶～嫌夜短 | 기쁜 시간은 금방 지나간다.

【欢跃】huānyuè 動너무 기뻐서 날뛰다. 몹시 기뻐하다 [「欢欣雀跃」의 약칭]

【獾〈貛〉】 **huān 오소리 환** 名〈動〉오소리 [「刁diāo黄」의 다른 이름]

【獾皮】huānpí 名오소리 가죽.

【獾猪】huānzhū 名〈動〉오소리.

huán ㄏㄨㄢˊ

1【还】 **huán** ☞ 还 hái Ⓑ

2【环(環)】 **huán 고리 환, 두를 환** ❶(～儿, ～子) 名고리. ¶门～ | (둥근) 문고리. ¶耳～ | 귀걸이. ❷動둘러〔에워〕싸다. 주위〔둘레〕를 돌다. ¶～绕↓ ¶四面～山 | 사면이 산으로 에워 싸이다. ❸量〈體〉(사격에서 쓰는) 점(點) [「靶bǎ子」(과녁)의 점수 단위] ¶命中十～ | 10점 짜리 표적을 맞추다. ❹ ⇒〔环节〕 ❺(Huán) 名성(姓).

【环靶】huánbǎ 名〈體〉둥근 과녁.

【环抱】huánbào 動둘러〔에워〕싸다 [주로 자연 경치에 대해 씀] ¶群山～ | 첩첩이 이어진 산이 둘러 싸고 있다.

【环衬】huánchèn 名(책의 면지와 겉장 사이에 있는) 헛장.

【环城】huánchéng 動도시를 순환하다. ¶～公路gōnglù | 도시 순환 도로. ¶～赛跑sàipǎo | 시내 일주 마라톤. ¶～铁路tiělù | 환상철도(環狀鐵道). ¶～速度sùdù | 〈天〉원궤도(圓軌道) 속도.

【环顾】huángù 書動(사방을) 둘러 보다. ¶～四周 | 사방을 둘러보다.

4【环节】huánjié 名❶〈動〉환절. ¶～动物 | 환절동물. ❷일환(一環). 부분. ¶主要～ | 중요한 일환. ¶薄弱～ | 약한 부분.

2【环境】huánjìng 名 ❶ 환경. ¶～保护 | 환경 보호. ¶～净化 | 환경 정화. ¶～污染wūrǎn | 환경 오염. ❷ 주위 상황〔조건〕. ¶分析～ | 주위 상황을 분석하다. ¶客观～ | 객관적 상황.
【环球】huánqiú ❶ 動 지구〔세계〕를 돌다. ¶～旅行 | 세계 일주 여행. ❷ 名 세계. ¶～战略 | 세계 전략 =〔寰huán球〕〔寰宇〕〔全球〕
【环儿】huánr 名 고리.
【环绕】huánrào 動 둘레를 돌다. ¶他们～西湖走了一圈 | 그들은 서호 주위를 한차례 돌았다. ¶～速度 |〈物〉순환 속도. 제1우주속도 =〔围绕〕
【环山】huánshān 動 ❶ 산을 두르다. ¶～而行 | 산을 둘러서 가다. ❷ 산으로 둘러 싸이다.
【环食】huánshí 名〈天〉금환 일식(金環日蝕) =〔日环食〕〔金环食〕
【环视】huánshì 書 動 둘러 보다. ¶～四周 | 주위를 둘러 보다 =〔环顾gù〕
【环烃】huántīng ⇒〔环式碳氢化物〕
【环卫】huánwèi 名 ❶ 簡「环境卫生」의 약칭. ❷ 書 근위대.
【环线】huánxiàn 名 환상선(環狀線).
【环行】huánxíng 動 주위를 (빙빙) 돌다. ¶～岛 | 로터리. ¶～公共汽车 | 순환 버스. ¶～铁道 | 순환 철도. ¶～电车 | 순환 전차.
【环形】huánxíng 區 고리. 환상(環狀). ¶～槽cáo | 고리형 홈. ¶～间隙 | 고리형 간격. ¶～磁铁 | 고리형 자석.
【环氧】huányǎng 名〈化〉에폭시(epoxy). ¶～树脂 | 에폭시 수지.
【环游】huányóu 書 動 두루 돌아다니다. ¶他打算退休后～全国 | 그는 퇴직 후에 전국을 두루 돌아다닐 생각이다.
【环子】huán·zi 名 고리. ¶门～ | 문고리.

【郇】Huán ☞ 郇 Xún B

【洹】Huán 물이름 원
名〈地〉원수(洹水) [하남성(河南省)에 있는 강이름] =〔安阳河〕

【桓】huán 표주 환
❶ 書 名 고대, 우정(郵亭)에 세운 한쌍의 표주(標柱). 푯말. ❷ ⇒〔盘pán桓〕 ❸ ⇒〔桓桓〕 ❹ (Huán) 名 성(姓).
【桓桓】huánhuán 書 貺 굳세다. 용맹스럽다.

【萑】huán 물억새 환
❶ 名〈植〉물억새의 다른 이름. ¶～苻 =〔萑蒲〕 | 갈대류가 우거진 곳. 轉 도둑의 은신처. ❷ 名〈鳥〉올빼미류(類). ❸ 지명에 쓰이는 글자. ¶～苻泽 | 환부택. 춘추시대(春秋時代) 때 정(鄭)나라에 있었던 못 [도적이 많이 출몰했다고 함]

【圜】huán yuán 두를 환, 둥글 원
A huán ❶ 書 動 둘러싸다. ❷ ⇒〔转zhuǎn圜〕
B yuán ❶ 천체(天體). ¶～则 =〔圜宰〕 | 천체. ❷ 形 둥글다. ¶～凿záo方枘ruì =〔圆凿方枘〕 | 成 둥근 장부 구멍과 모난 장부. 서로 어울리지〔맞지〕 않다. ¶～丘 | 원구. 옛날, 천자(天子)가 동지(冬至)에 천제(天祭)를 지내던 원형(圓形)의 단(壇) [후세의「天坛」과 같음] ❸ 名〈錢〉중국의 본위 화폐 단위 [보통「元」또는「圓」으로 적음]

【嬛】huán 산뜻할 현
⇒〔琅láng嬛〕

【寰】huán 경기고을 환
❶ 광대한〔넓은〕지역. ¶～人 | 사람이 사는 이 세상. ¶瀛yíng～ | 바다와 육지. 지구상의 전 지역. ❷ 書 名 천자(天子)의 기내(畿內)의 땅.
【寰球】huánqiú ⇒〔环球②〕
【寰宇】huányǔ ⇒〔环球②〕

【缳(繯)】huán 졸라맬 현
書 ❶ 名 올가미. ¶投～ | 목을 메달아 죽다. ❷ 動 목을 졸라 죽이다. 교살(絞殺)하다. ¶～首 | 교수형.

【阛(闤)】huán 저자문 환
書 名 도시 주위의 성벽. ¶～阓huì | 시가. 거리.

【镮(鐶)】huán 고리 환
名 금속제의 고리.

【鬟】huán 쪽 환, 계집종 환
❶ 書 名 옛날, 부녀의 결발(結髮). 쪽. ¶云～ | 운환. 여자의 쪽진 머리. ❷ ⇒〔丫yā鬟〕

【锾(鍰)】huán 엿냥쭝 환
❶ 量〈度〉고대의 중량 단위 [「一锾」은 6량(兩)에 해당함] →〔铢zhū〕 ❷ 書 名 돈. ¶罚～ | 벌금(을 부과하다).

huǎn ㄏㄨㄢˇ

3【缓(緩)】huǎn 느릴 완, 느슨할 완
❶ 形 느리다. 느릿느릿하다. 더디다. ¶～步而行 | 느린 걸음으로 가다. ❷ 급하지 않다. ¶这要看事情的～急 | 이것은 일이 급한가 급하지 않은가에 달려 있다. ❸ 動 미루다. 늦추다. 오래 끌다. ¶刻不容～ | 잠시도 늦출 수 없다. ¶事～有变 | 일은 오래 끌면 변화가 생긴다. ❹ 動 완화(緩和)하다. 풀다. ¶情势有～ | 상황이 완화되었다. ¶～不开身子 | 몸을 뺄 짬이 없다. ❺ 動 회복하다. 되살아나다. ¶昏过去又～过来 | 기절했다가 다시 깨어났다.
【缓办】huǎnbàn 動 (일을) 늦추어 처리하다. ¶暂zàn行～ | 일시 미루었다가 처리하다.
【缓兵之计】huǎn bīng zhī jì 成 적의 진공(進攻)을 늦추는 계책. 일시 숨을 돌리기 위한 지연책. ¶敌方施的是～ | 적군이 지연책을 쓰고 있다.
【缓不济急】huǎn bù jì jí 成 너무 늦어서 급한 일에 도움이 안된다.
【缓步】huǎn/bù 動 ❶ 걸음을 늦추다. ¶他～走上主席台 | 그는 천천히 주석대로 걸어갔다. ❷ (huǎnbù) 書 천천히〔느리게〕 걷다 =〔小xiǎo步〕〔款kuǎn步〕
【缓冲】huǎnchōng 動 완충하다. 완화하다. 조정하다. ¶～材料cáiliào | 완충재. ¶～杵 |〈機〉완충플런저(plunger). ¶～地带 | 완충 지대. ¶～溶液róngyè | 완충 용액. ¶～筒 | 완충통. ¶～作用 | 완충 작용.

【缓冲器】huǎnchōngqì 名 ❶〈機〉완충기.완충장치. ¶气垫～｜공기 완충장치. ❷〈電算〉버퍼(buffer). ¶～区｜버퍼 영역. ¶～记忆｜버퍼 메모리(memory). ¶～暂存器｜버퍼 레지스트(register). ¶～储存器｜버퍼 기억장치.

3【缓和】huǎnhé 形 動 완화시키다. 완화하다. 늦추다. ¶～国际紧张局势｜국제적 긴장 국면을 완화시키다＝〔和缓〕

3【缓缓】huǎnhuǎn 副 느릿느릿. 천천히. ¶～而行｜천천히 가다.

【缓急】huǎnjí 書 名 ❶ 완급. 늦음과 빠름. ¶分清轻重～｜경중과 완급을 구별하다. ❷ 급한 일. 어려운 일. ¶～相助｜成 급한 일은 서로 돕다.

【缓颊】huǎnjiá 書 動 (남을) 대신해서 사정하다. 쌍방을 납득시키다. 중재하다.

【缓劲(儿)】huǎn/jìn(r) 動 힘을〔기세를〕 늦추다. 한숨 돌리다. ¶缓了点劲儿休息一下吧!｜한숨 돌리고 좀 쉬자!

3【缓慢】huǎnmàn 形 완만하다. 느리다. ¶行动～｜행동이 느리다.

【缓解】huǎnjiě 動 ❶ 완화되다. ❷ 완화시키다. 감소시키다. ¶～病情｜병세를 완화시키다.

【缓坡】huǎnpō 名 완만한 비탈.

【缓期】huǎnqī 動 연기하다. 기한을 연장하다〔늦추다〕. ¶～执行｜집행을 연장하다. ¶～付款｜지불을 연기하다＝〔宽kuān期〕

【缓气(儿)】huǎn/qì(r) 動 숨을 돌리다. 호흡을 가다듬다. ¶缓过气儿来｜숨을 돌리게 되다. 호흡이 정상으로 되돌아 오다.

【缓刑】huǎnxíng ❶ 名 집행 유예. ¶他是从犯, 所以被判了～｜그는 종범이어서, 집행유예를 선고받았다. ❷ (huǎn/xíng) 動 형의 집행을 유예하다. 형을 늦추어 집행하다.

【缓行】huǎnxíng 書 動 ❶ 서행(徐行)하다. ❷ 연기해서 실시하다. 실행·시행을 연기하다.

【缓醒】huǎn·xing 動 方 (까무러쳤다가) 되살아나다. 소생하다. 깨어나다. ¶～过来｜깨어나다. 되살아나다.

【缓役】huǎnyì 動〈軍〉병역〔징집〕을 연기하다.

【缓征】huǎnzhēng 書 動 징집을 연기하다. 징세(徵稅)를 연기하다.

huàn ㄏㄨㄢˋ

3【幻】huàn 변할 환, 허깨비 환
❶ 공허하다. 가공적이다. 비현실적이다. ¶虚～｜허황하다. ¶梦～｜몽환. ❷ 변화하다. ¶变～莫测｜成 변화가 무상하여 예측할 수 없다.

3【幻灯】huàndēng ❶ 名 환등. 슬라이드(slide). ¶～片｜슬라이드 필름. ¶放～＝〔照幻灯〕｜슬라이드를 비추다. ❷ 名 환등기＝〔幻灯机〕

【幻化】huànhuà 書 動 ❶ (기이하게) 변화하다. ¶雪后的山谷, ～成一个奇特的玻璃世界｜눈 온 뒤의 산골짜기가 기이한 유리의 세계로 변화하였다. ❷ (사람이) 죽다.

【幻景】huànjǐng 名 환상적인 경치〔정경〕. 환상속의 경물. ¶眼前出现～｜눈 앞에 환상적인 경치가 나타났다.

【幻境】huànjìng 名 환상의 세계. 몽환(夢幻)의 경지. 꿈 세계. ¶童话的～｜동화 속의 환상 세계.

【幻觉】huànjué 名 환각. ¶发生～｜환각이 일어나다.

【幻灭】huànmiè 名 動 환멸(로 변하다). ¶理想～了｜이상이 환멸로 변하였다.

【幻视】huànshì 名〈醫〉환시.

【幻术】huànshù 名 마술. 요술＝〔魔mó术〕

【幻听】huàntīng 名〈醫〉환청.

3【幻想】huànxiǎng 名 動 환상(하다). ¶～曲｜환상곡. ¶沉湎于～｜환상에 빠지다.

【幻像】huànxiàng 名 환상. 환영＝〔幻影〕

【幻影】huànyǐng ⇒〔幻像〕

【奂(奐)】huàn 빛날 환
❶ 書 形 선명하고 아름답다. 환하다. ❷ 크다. ¶轮～｜(건축물이) 웅장하다. ❸ (Huàn) 名 성(姓).

【涣(渙)】huàn 흩어질 환
書 ❶ 動 흩어지다. 풀리다. ¶人心～散｜인심이 흩어지다. ❷ 形 (물의 흐름이) 성대하다. 세차다.

【涣涣】huànhuàn 書 狀 (물의 흐름이) 세차다

【涣然】huànrán 狀 (의심·오해 등이) 확 풀리다. ¶～冰释＝〔涣若冰释〕｜의심스럽던 것이 봄눈 녹듯 풀리다.

【涣散】huànsàn 形 (집중했던 것을) 풀다. (조직·단결·정신 등이) 풀리다. 풀어지다. 해이해지다. 뿔뿔이 흩어지다. ¶士气～｜사기가 떨어지다. ¶精神～｜정신이 해이해지다. ¶～性｜산만성.

1【换(換)】huàn 바꿀 환
❶ 動 교환하다. 바꾸다. 교체하다. 갈다. ¶用工艺品～机器｜공예품으로 기계를 바꾸다. ¶以货～货｜물물교환하다. ¶～了人｜사람이 바뀌었다. ¶～上西服｜양복으로 갈아입다. ¶～零钱｜잔돈으로 바꾸다. ❷ 量 금(金)과 화폐의 교환비율〔「一两」의 금이 「八十元」일 때는 「八十换」이라 함〕

【换班】huàn/bān 動 ❶ (작업·근무 등을) 교대하다. ¶日班和夜班的工人正在～｜주간반과 야간반 노동자들이 교대를 하고 있다. ❷ 세대교체하다→〔交班〕〔接班〕 ❸〈軍〉위병을〔보초를〕 교대하다.

【换边】huàn/biān 動〈體〉진영(陣營)을 바꾸다. 코트〔사이드〕를 바꾸다＝〔换场〕〔换场地〕〔交换场地〕

【换拨儿】huàn/bōr 動 교대하다. 교체하다. ¶驻军换了拨儿了｜주둔군 부대가 교체되었다.

【换场】huàn/chǎng ⇒〔换边biān〕

【换车】huàn/chē 動 (차를) 갈아 타다. ¶～票｜갈아 타는 표→〔倒dǎo车〕

【换成】huànchéng 動 (…으로) 바꾸다. ¶把不用的东西～钱｜쓰지 않는 물건을 돈으로 바꾸다. ¶把韩币都～美元｜한국 돈을 모두 달러로 바꾸다.

【换乘】huànchéng 動 갈아타다. ¶～公共汽车｜버스로 갈아 타다.

【換防】huàn/fáng 動 ❶〈軍〉방어 임무를 교대하다. ¶三十八军跟二十六军～ | 38군이 26군과 방어 임무를 교대하다. ❷〈體〉공격과 방어를 바꾸다.

【換崗】huàn/gǎng 動 (보초)근무를 교대하다. ¶～时间在深夜三点 | 보초 교대 시간이 밤 세시이다.

【換个儿】huàn/gèr 動 俗 서로 위치를 바꾸다. ¶咱们俩换个个儿坐! | 우리 서로 위치를 바꾸어 앉읍시다! =〔換过儿〕

【換工】huàn/gōng 動 (농가에서) 품앗이하다. ¶张家跟李家～种秧 | 장씨네가 이씨네에 품앗이하며 모를 심다 =〔变工〕→〔互助组〕

【換花样】huàn huā·yàng 動組 방법〔취향〕을 바꾸다. ¶他～骗人 | 그는 방법을 바꾸어 사람을 속인다.

【換回】huànhuí 動 바꾸다. ¶用原料～成品 | 원료를 사용해 완성된 제품으로 바꾸다.

【換季】huàn/jì 動 (철 따라) 옷을 갈아 입다. ¶衣裳该～了 | 옷을 갈아 입을 철이 되었다.

【換肩(儿)】huàn/jiān(r) 動 ❶ (한쪽에서 다른 한쪽 어깨로) 바꾸어 메다. ¶从十里远的地方挑到家门口都不～ | 십리나 되는 먼 곳에서 집앞까지 메고 오면서 한번도 바꾸어 메지 않다. ❷ 대신 메다.

【換景】huàn/jǐng 動 무대를 전환시키다. 무대 배경을 바꾸다.

【換句话说】huàn jùhuà shuō 連 바꾸어 말하면. 다시 말하면. ¶～, 如下 | 다시 말하면 다음과 같다→〔換言之〕

【換口】huànkǒu 動 말을 주고 받다. 이야기를 나누다. ¶一～就知道他怎么样 | 이야기를 나누다 보면 곧 그가 어떤지를 알 수 있다.

【換毛】huàn/máo 動 털갈이하다.

【換气】huàn/qì ❶ 動 환기하다. ❷ (huànqì) 名〈體〉(수영할 때의) 호흡.

【換钱】huàn/qián ❶ 動 환금〔환전〕하다. (물건을) 돈으로 바꾸다. ¶拿破旧的衣服～ | 떨어진 헌 옷을 돈으로 바꾸다. ❷ (huànqián) 名 환금. 환전.

【換亲】huànqīn 動 두 집안이 서로 상대방의 딸을 며느리로 맞다. 겹사돈을 맺다.

4【換取】huànqǔ 動 바꾸어 가지다. ¶用工业品～农产品 | 공업 제품을 농산품으로 바꾸다.

【換人】huànrén ❶ 動〈體〉선수 교체. ¶只能在比赛中间～两次 | 시합 중에 단지 두 번 선수 교체를 할 수 있다. ❷ (huàn rén) 선수를 교체하다. 사람을 바꾸다〔갈다〕.

【換手】huàn/shǒu 動 (손을) 바꾸어 들다.

【換水】huàn/shuǐ ❶ 動 회교도가 목욕하다. ❷ (huàn shuǐ) 물을 갈다.

【換算】huànsuàn 動 환산하다. ¶～表 | 환산표.

【換汤不换药】huàn tāng bù huàn yào 諺 약처방은 바뀌었으나 약은 안바뀌다. 형식만 바꾸고 내용은 바꾸지 않다. 구태의연하다→〔穿chuān新鞋走老路〕〔新瓶装旧酒〕

【換帖】huàn/tiě 動 성명·연령·본적·가계(家系) 등을 기입한 증서를 교환하고 의형제가 되다. ¶～弟兄 =〔拜把子的〕 | 의형제 =〔換谱pǔ〕

【換位】huàn/wèi ❶ 지위(地位)나 직(職)을 바꾸다. ❷ 위치를 바꾸다. ¶～法 |〈論〉환위법.

【換文】huàn/wén ❶ 動 (국가간에) 문서를 교환하다 =〔換约〕 ❷ 名 (huànwén) 名 (국가간의) 교환 문서.

【換洗】huànxǐ 動 (옷을) 갈아 입고 빨다. ¶～的衣服 | 갈아 입고 빨 옷.

【換血】huànxiě 名 喩 물갈이. 세대교체. ¶韩国女排曾因成续不理想而进行了～ | 한국 여자 배구는 성적의 부진으로 인해 세대교체를 단행했다.

【換牙】huàn/yá 動 이갈이하다. ¶小孩到了七八岁就开始～ | 어린 아이는 칠팔세가 되면 이갈이를 시작한다.

【換言之】huàn yán zhī 連 書 바꿔 말하면. 환언(換言)하면→〔換句话说〕

【換衣】huàn/yī 動 ❶ 옷을 바꾸다〔교환하다〕. ❷ 옷을 갈아입다 ‖ =〔換装〕

【換羽】huàn/yǔ 動 털갈이하다.

【換装站】huànzhuāngzhàn 名〈交〉(짐·화물 등을 옮겨 싣는) 환적역(換積驛).

3【喚(喚)】huàn 부를 환

動 부르다. 외치다. (주의를) 환기시키다. ¶～狗 | 개를 부르다. ¶～他来吧 | 그를 불러와라→〔叫〕

【喚回】huànhuí 動 ❶ 불러들이다. 소환하다. ❷ (기억 등을) 불러일으키다.

【喚魂】huànhún 動 혼을 부르다. 초혼(招魂)하다. ¶～纸 | 혼을 부르기 위해 태우는 종이.

【喚起】huànqǐ 動 불러일으키다. 분기시키다. 환기시키다. ¶～国民 | 국민을 분기시키다. ¶～注意 | 주의를 환기시키다.

【喚头】huàn·tou 名 ❶ (거리를 돌아다니며 물건을 팔거나 이발하는 사람 등이) 손님을 끌기 위해 울리는 작은 도구. ❷ (노래하는) 소리. 목청 ‖ =〔換头 ⓑ〕

【喚醒】huànxǐng 動 일깨우다. 깨우치다. 각성시키다. ¶～迷梦 | 미몽에서 깨어나게 하다. ¶～广大的群众 | 많은 군중을 깨우치다.

【煥(煥)】huàn 빛날 환

形 빛나다. 밝다. 선명하다. ¶精神～发 | 원기가 발산되다.

【煥发】huànfā ❶ 動 환하게 빛나다. (겉으로) 환하게 드러나다〔나타나다〕. 발산하다. ¶脸上～着兴奋的神采 | 얼굴에 흥분된 빛을 환하게 드러내고 있다. ¶容光～ | (혈색이 좋아) 얼굴 빛이 환하게 빛나다. ❷ 動 진작하다. 분기시키다. ¶～精神 | 정신을 진작하다. ¶～革命精神 | 혁명 정신을 분기시키다.

【煥然】huànrán 書 狀 빛나다. 번쩍이다. 환하다.

【煥然一新】huàn rán yī xīn 成 몰라보게 달라지다. 면모가 일신(一新)되다. ¶学校面貌～ | 학교의 면모가 일신되다→〔面目全非〕

4【瘓(瘓)】huàn 중풍 탄

⇨〔瘫tān瘓〕

【宦】huàn 벼슬살이 환

名 ❶ 역인(役人). ❷ 관리. 벼슬아치. ❸

환관(宦官). 내시. ❹ (Huàn) 성(姓).

【宦场】huànchǎng ⇒〔官guān场〕

【宦官】huànguān 名 ❶ 환관. 내시 =〔宦寺〕〔太监〕〔老公·gong〕〔老太监〕〔貛huān寺〕〔公公⑤〕〔中人④〕〔中zhōng官②〕〔天刑②〕 ❷ 書 관리.

【宦海】huànhǎi 書 名 관리의 사회. 관직 사회. 관계. ¶他～沉浮三十年｜그는 관계에서 삼십년간 있었다.

【宦途】huàntú 書 名 벼슬길. 관도(官途).

【宦游】huànyóu 書 動 벼슬자리를 찾아 돌아다니다. ¶～京师｜벼슬자리를 찾아 서울을 돌아다니다.

【浣〈澣〉】huàn 씻을 완
書 ❶ 動 씻다. 빨다. ¶～衣｜옷을 빨다. ❷ 名 순(旬). 10일간. ¶上～｜상순(上旬). ¶下～｜하순(下旬).

【浣肠】huàncháng 動〈醫〉관장(灌腸)하다.

【鲩(鯇)】huàn 초어 환
名〈魚貝〉초어(草魚). ¶～鱼｜초어 =〔鲟hùn〕

【逭】huàn 달아날 환
書 動 도피하다. 벗어나다. ¶罪无可～｜成 죄는 벗어날 수 없다. ¶～暑｜피서하다.

3【患】huàn 근심 환, 앓을 환, 재앙 환
❶ 名 動 근심(하다). 걱정(하다). ¶有备无～｜成 준비가 되어 있으면 걱정이 없다. 유비무환. ❷ 動 (병에) 걸리다. 앓다. ¶～心脏病｜심장병을 앓다. ❸ 名 재해. 재난. 불운. ¶水～｜수해. ¶防～未然｜재난을 미연에 방지하다. ❹ (Huàn) 名 성(姓).

【患病】huàn bìng 動組 병에 걸리다. 병을 앓다. ¶他因～不能来开会｜그는 병으로 인해 회의에 올 수 없다.

【患处】huànchù 名 환부(患部). 아픈 곳[주로 외상(外傷)을 말함] ¶把药抹在～｜약을 환부에 바르다.

【患得患失】huàn dé huàn shī 成 얻기전에는 얻으려고 노심 초사하고 얻은 뒤에는 또 그것을 잃을까봐 고심하다. 일득 일실(一得一失)에 전전긍긍하다.

【患难】huànnàn 名 고난(苦難). 간난(艱難). ¶～相从 =〔共过患难〕｜成 고난을 함께 겪다. ¶同甘苦, 共～｜成 고락을 함께 하다.

4【患者】huànzhě 名 환자. ¶肺结核～｜폐결핵 환자.

【漶】huàn 흐릴 환
⇒〔漫màn漶〕

【豢】huàn 기를 환
動 ❶ (가축을) 사육하다. 기르다. ❷ 喻 미끼로 사람을 낚다.

【豢养】huànyǎng 動 ❶ 사육(飼育)하다. 기르다. ¶～两只丹顶鹤｜두 마리의 백두루미를 기르다. ❷ 喻 매수(買收)해서 이용하다. ¶他是帝国主义～起来的走狗｜그는 제국주의에 매수되어 이용당하는 앞잡이다.

【鲩(鯶)】huàn ☞ 鲩 hùn

【擐】huàn 꿸 환/관
書 動 옷을 입다. 몸에 걸치다. ¶～甲执兵｜成 갑옷을 입고 무기를 들다. 무장(武將)하다.

huāng ㄏㄨㄤ

【肓】huāng 명치 황
名〈生理〉명치끝. ¶病入膏～｜병이 고황에 들다. 병세가 악화되어 치료하기 힘들게 되다. 轉 사태가 구제할 수 없을만큼 심각하다. ¶～门｜침구술(鍼灸術)의 「혈」의 하나. 등뼈 제13추(椎)의 아래 좌우 각 3치(寸) 떨어진 부위.

3【荒】huāng 거칠 황, 버릴 황
❶ 形 거칠다. 황량하다. ¶地～了｜땅이 황폐해졌다. ❷ 形 터무니 없다. 황당하다. ¶做事～唐｜하는 일이 황당하다. ❸ 形 왕성하다. ¶火着～了｜불이 활활 붙었다. ❹ 形 方 확실치 않다. 불명확하다. ¶这只是一个～信儿｜이것은 단지 하나의 불명확한 소식일 따름이다. ❺ (물자의) 결핍. 부족. 공황. 기근. ¶房～｜주택난. ¶煤～｜석탄기근. ❻ 황무지. 불모지. ¶垦～｜황무지를 개간하다. ❼ 마무리 작업을 마치지 않은 반제품. ¶～轧｜강철 등의 압연봉. ❽ 動 (학업·기술이) 오랫동안 방치되어 정도가 떨어지다. 서툴러지다. 생소해지다. ¶多久没说汉语, ～了｜오랫동안 중국어를 하지 않아서 서툴러졌다. ❾ 動 당황하다. 어리둥절하다. ¶他初登讲台～了神儿了｜그는 처음 연단에 올라서 어리둥절했다. ❿ 動 (주색에) 빠지다. 탐닉하다. ¶～酒｜술에 빠지다. ⓫ 動 버리다. 내팽개치다. 방치하다. ¶地不能～着｜땅은 버려 두어선 안된다. ¶火别叫它～着｜불을 내버려 두어 헛되이 피게 하지 마라.

【荒草】huāngcǎo 名 잡초(雜草). ¶～长满了操场｜잡초가 무성한 운동장.

【荒村】huāngcūn 名 황폐되어 쓸쓸한 마을. 황량한 마을. ¶连年兵灾, 这里只留下一座～｜몇년간의 병란으로 이곳에는 단지 황량한 마을 하나만이 남아 있다.

【荒诞】huāngdàn 形 황당하다. 터무니 없다. ¶～不经 =〔荒渺不经〕｜成 허황하여 이치에 맞지 않다. ¶～无稽jī｜황당무계하다 =〔诳kuáng诞〕

【荒岛】huāngdǎo 名 무인도.

4【荒地】huāngdì 名 거친 땅. 황무지. 황폐한 땅.

【荒废】huāngfèi 動 ❶ (농경지를) 내버려두다. 묵히다. ¶村里没有一亩～的土地｜마을에는 조금도 묵히는 땅이 없다→〔抛pāo荒①〕 ❷ 등한히〔소홀히〕하다. ¶～练习｜연습을 소홀히 하다. ❸ (시간을) 낭비〔허비〕하다.

【荒坟】huāngfén 名 황폐한 무덤.

【荒忽】huānghū 狀 어슴푸레하다. 뚜렷하지 않다. 흐리멍덩하다.

【荒荒】huānghuāng 書 形 어두침침하다. 암울하다.

【荒火】huānghuǒ 名 들불.

【荒郊】huāngjiāo 名 황야. 황폐한 교외. ¶～旷野｜황량한 광야.

4【荒凉】huāngliáng 形 (인적이 드물어) 황량하다. 황량하고 적막하다. ¶村子～ | 마을이 황량하고 적막하다. ¶院子～得看不得了 | 뜰이 황량해져 차마 볼 수가 없게 되었다.
【荒乱】huāngluàn ❶ 形 (풍년·난리 등으로) 인심이 흉흉하고 사회가 어지럽다. ❷ 名 기근으로 인한 난리〔혼란〕.
4【荒谬】huāngmiù 形 황당무계하다. 터무니 없다. ¶这种观点太～了 | 이런 관점은 너무나 황당무계하다.
【荒谬绝伦】huāngmiù júe lún 成 황당무계하기 그지〔짝이〕없다 =〔荒谬逡qūn顶〕
【荒漠】huāngmò ❶ 形 황막하다. 황량하고 끝이 없다. ¶～的草原 | 황량하고 끝없는 초원. ❷ 名 황량한 사막〔광야〕.
【荒年】huāngnián 名 흉년 ⇔〔丰年〕
【荒僻】huāngpì 形 황량하고 외지다. 궁벽하다. ¶～的山区 | 황량하고 외진 산간지대.
【荒歉】huāngqiàn 名 흉작(凶作). 기근.
【荒山】huāngshān 名 황폐한 산. ¶～秃岭tūlǐng | 민둥산.
【荒舍】huāngshè 名 ❶ 書 낡고 허물어져 가는 집. ❷ 轉 謙 초라한 집. 졸가(拙家) [자기 집을 낮춰 이르는 말]
【荒时暴月】huāng shí bào yuè 成 ❶ 흉년. ¶～, 百姓流离失所 | 흉년에 백성들이 흩어져 살곳을 잃다. ❷ 보리고개.
【荒疏】huāngshū ❶ 動 (학업 등을) 등한히 하다. 소홀히 하다. ❷ 形 (오랫동안 등한히 하여) 생소해지다. 서투르다. 무디어지다. ¶多时不写作, 手笔～了 | 오랫동안 쓰지 않아 글씨가 서툴러졌다.
【荒数(儿)】huāngshù(r) 名 方 대략적인 숫자.
【荒滩】huāngtān 名 황량한 모래톱(지역).
4【荒唐】huāng·táng 形 ❶ 황당하다. 터무니없다. ¶～无稽wújī | 황당무계하다. ¶这话真～ | 이 말은 정말 터무니없다. ❷ 방종하다. 방탕하다. 타락하다. ¶～鬼 | 방탕아. ❸ 막연하다. 지나치다.
【荒妄】huāngwàng 形 근거가 없다. 터무니 없다.
【荒无人烟】huāng wú rén yān 成 황량하여 인적이 없다. ¶他们闯chuǎng出了～的山谷中 | 그들은 황량하여 인적이 없는 산골짜기에서 뛰어나왔다.
【荒芜】huāngwú 貶 논밭이 황폐하다. 잡초가 우거지다.
【荒信(儿)】huāngxìn(r) 書 名 확실치 않은 소식. 믿을 수 없는 소식 =〔谎信〕
【荒野】huāngyě 名 황야. 거친 들판.
【荒淫】huāngyín 形 주색에 빠져 방탕한 생활을 하다. ¶～无度 =〔荒淫无耻chǐ〕| 成 황음무도하다.
【荒原】huāngyuán 名 황원. 황야(荒野).
【荒灾】huāngzāi ❶ 名 기근. 흉년. ¶闹nào～ | 기근이 들다. ❷ (huāng/zāi) 動 기근〔흉년〕이 들다. ¶灾荒很久了 | 기근이 오래 되었다.
【荒子】huāng·zi 名 ❶ 미가공품. 반제품(半製品) =〔毛坯〕❷ 햇볕에 말리기만 하고 굽지 않은 벽돌.

2【慌】huāng 허겁지겁할 황
❶ 形 당황하다. 허둥대다. ¶你做事太～ | 너는 일을 하는데 너무 허둥댄다. ❷ 動 두려워하다. 겁내다. 불안해하다. ¶心里发～ | 마음속으로 두려워하다. ❸ 形 (「…得慌·de·huang」의 형태로 보어로 쓰여) 육체적·심리적으로 견디기 어려움을 나타냄. ¶累得～ | 몹시 피곤하다. ¶气得～ | 화가 나서 못견디겠다. ❹ 動 (특수한 명사를 목적으로 하여) 당황해하다. 불안해하다. ¶～了神儿 | 당황하여 안색이 변했다.
【慌不择路】huāng bù zé lù 成 허둥지둥 달아나다. ¶他～, 走错了方向 | 그가 허둥지둥 달아나다 방향을 잃었다.
【慌慌】huānghuāng 貶 ❶ 부산하다. 어수선하다. ❷ 덤벙대다. 허둥대다. ¶～忙忙地 | 허둥지둥. ¶～失失 | 당황하여 허둥대다. ¶～张张地 | 허겁지겁.
【慌里慌张】huāng·li huāngzhāng 貶 허둥지둥하다. 갈팡질팡하다.
4【慌乱】huāngluàn 形 당황하고 혼란하다. 산란하다. 어수선하다. ¶有点～ | 다소 어수선하다.
3【慌忙】huāngmáng 副 황망히. 황급하게 =〔荒huāng忙〕〔急jí忙〕
【慌神(儿)】huāng/shén(r) 動 方 허둥대다. (마음이 초조하여) 안절부절 못하다.
【慌手慌脚】huāng shǒu huāng jiǎo 成 당황하여 어쩔 줄을 모르다. 허둥대다 =〔慌手冒脚〕〔慌手忙脚〕
4【慌张】huāng·zhāng 形 ❶ 당황하다. 허둥대다. ¶神色～ | 얼굴빛이 당황해한다. ❷ 덜렁거리다. 덤벙대다. ❸ 안절부절 못하다.
【慌作一团】huāng zuò yītuán 成 여러사람이 모두 당황하여 허둥대다. ¶大家～都不知道怎么办才好 | 모두들 당황해하며 어떻게해야 할지를 몰라한다.

huáng ㄏㄨㄤˊ

2【皇】huáng 임금 황
❶ 名 황제. 임금. 군주. ¶～宫↓ ¶英～ | 영국 황제. ¶三～五帝 | 삼황오제. ❷ 당당하고 성대하다. ¶～～↓ ❸ 書 선대(先代)에 대한 경칭. ❹ 복성(複姓) 중의 한 자(字). ¶～甫↓ ❺「遑」「惶」과 통용 ⇒〔遑huáng〕〔惶huáng〕
【皇朝】huángcháo 名 조정(朝廷).
【皇储】huángchǔ 名 황태자(皇太子).
2【皇帝】huángdì 名 황제.
【皇恩】huángēn 名 황제의 은혜〔은덕〕. ¶～浩荡 | 황제의 은혜가 가없이 넓고 크다.
【皇甫】Huángfǔ 名 복성(複姓).
【皇宫】huánggōng 名 황궁.
4【皇后】huánghòu 名 왕후. ¶封建时代称～为国母 | 봉건시대에는 왕후를 국모라고 칭했다.
【皇皇】huánghuáng ❶ 書 貶 훌륭하다. 성대하다. 당당하다. ¶～巨著 | 대단히 훌륭하고 거대한 저작. ❷ ⇒〔遑huáng遑〕❸ ⇒〔惶huáng惶〕
【皇家】huángjiā 名 황실(皇室) ¶～花园 | 황실의 화원 =〔皇室〕

【皇历】huáng·li 名 口 옛날, 중국 책력 =〔黄历〕
【皇亲】huángqīn 名 황제의 친척. ¶~国戚 | 황제의 친척. 권세있는 사람.
【皇权】huángquán 書 名 황제의 권력.
【皇上】huáng·shang 名 ❶ (재위중의) 황제. ❷ 폐하.
【皇室】huángshì ⇒〔皇家〕
【皇太后】huángtàihòu 書 名 황태후. ¶国母~ | (명청(明清)시대) 생모인 황태후. ¶圣shèng后~ | (명청(明清)시대) 생모가 아닌 황태후(皇太后).
【皇太子】huángtàizǐ 名 황태자.
【皇天】huángtiān 書 名 하늘. 상제(上帝). ¶~后土 | 천지의 신. 하늘과 땅의 신령. ¶~不负苦心人 =〔皇天无亲, 惟德是辅〕| 諺 하늘은 스스로 돕는 자를 돕는다.
【皇位】huángwèi 名 황제의 지위. 황위. ¶继承了~ | 황위를 계승했다.
【皇祖】huángzǔ 書 名 ❶ 제왕(帝王)의 선조(先祖). 시조(始祖). ❷ 망조모(亡祖母).

4【凰】huáng 봉새 황
名 봉황새의 암컷 [수컷은「凤」] ¶凤~ | 봉황.

【隍】huáng 해자 황
名 물이 없는 해자(垓字) [물이 있는 해자(垓字)는「池」(지)]

【徨〈偟〉】huáng 배회할 황
⇒〔彷páng徨〕
【徨徨】huánghuáng 貶 방황하다. 갈피를 잡지 못하다.

【惶】huáng 두려워할 황
形 두려워하다. 불안해하다. 당황하다. ¶人心~ | 인심이 불안해하다.
【惶惶】huánghuáng 貶 불안해서 떨다. 두려워서 당황하다. ¶~不安 | 불안해 떨며 어쩔줄을 모르다. ¶~不可终日 | 불안한 나날을 보내다 =〔皇皇③〕
【惶惑】huánghuò 形 (상황을 몰라) 두려워 당혹해하다. ¶他感到十分~ | 그는 대단히 당혹함을 느꼈다.
【惶遽】huángjù 書 形 두려워 당황하다. 놀라서 허둥지둥하다. ¶神色~ | 얼굴빛이 놀라 허둥지둥댄다.
【惶恐】huángkǒng ❶ 形 황공하다. 황송하다. ❷ 動 황공해하다. ¶~万状 | 공포에 사로 잡히다. 놀래서 넋이 빠지다.
【惶恐不安】huángkǒngbù ān 成 ❶ 불안해서 안절부절 못하다. ❷ 황송해서 어쩔줄 모르다.
【惶然】huángrán 貶 놀라다. 질겁하다. 기겁하다.

【湟】Huáng 물이름 황
名〈地〉황수(湟水) [청해성(青海省)에서 발원하여 감숙성(甘肃省)을 거쳐 황하(黄河)로 흘러드는 강]

【遑】huáng 한가할 황
書 ❶ 名 틈. 여가. 겨를. ¶不~进食 | 밥먹을 틈도 없다. ❷ 形 당황하다. 덤벙대다. ❸ 連 어찌 …하겠는가. 하물며 …무엇하겠는가. ¶此事尚不能行, ~论其他 | 이 일도 아직 못하면서 하물며 그 밖의 일을 논해 무엇하겠는가.
【遑遑】huánghuáng 書 貶 황급하다. 마음이 안정되지 않다. 불안하다 =〔皇皇②〕

3【煌】huáng 빛날 황
形 반짝이다. 빛나다. ¶明星~~ | 금성이 반짝이다.
【煌煌】huánghuáng 貶 밝다. 환하다. 빛나다. ¶明星~ | 금성이 환히 빛나다.

【锽(鍠)】huáng 병기 황, 종소리 황
書 ❶ 名 고대 무기(武器)의 하나. ❷ ⇒〔锽锽〕
【锽锽】huánghuáng 書 擬 땡땡. 둥둥 [종·북소리 소리]

【篁】huáng 대이름 황
書 名 ❶ 대나무 숲(竹林). ¶幽~ | 깊은 죽림. ❷ 대나무. ¶修~ | 긴 대나무.

4【蝗】huáng 누리 황
名〈蟲〉누리. 황충. ¶打~ =〔减jiǎn蝗〕| 누리를 퇴치하다 =〔蝗虫〕
4【蝗虫】huángchóng 名〈蟲〉누리. ¶~成灾 | 누리가 재해가 되다 =〔書 虮bā蚱〕〔書 虮蜡là〕
【蝗蝻】huángnǎn 名 누리의 애벌레 =〔跳蝻〕〔蝻蝗〕
【蝗灾】huángzāi 名 누리의 해 =〔蝗害〕

【鳇(鰉)】huáng 철갑상어 황
名〈魚貝〉황어. 철갑상어.
【鳇鱼】huángyú 名〈魚貝〉줄철갑상어.

1【黄】huáng 누를 황
❶ 形 노랗다. 누렇다. ¶麦mài子都~了 | 보리가 온통 누렇게 되었다. ❷ 名〈色〉황색. 노란색. ¶鹅é~ | 담황색. ❸ 形 속되다. 선정적이다. ¶这部电影diànyǐng相当~ | 이 영화는 상당히 선정적이다. ❹ 動 俗 (사업이나 일이) 실패하다. 망치다. 순조롭게 안되다. ¶买卖~了 | 장사가 망했다. ❺ (Huáng) 名〈地〉황하(黄河). ¶治zhì~ | 황하를 다스리다. ❻ (Huáng) 名 성(姓).
【黄埃】huáng'āi 書 名 황진(黄塵). ¶滚gǔn滚而来~ | 황진이 밀려오다.
【黄斑】huángbān 名 ❶〈生理〉황반. ❷ 호랑이의 다른 이름 =〔老虎①〕
【黄包车】huángbāochē 名 方 인력거. ¶他靠拉~过日子 | 그는 인력거 끄는 것으로 생활을 하다 =〔洋车〕
【黄骠马】huángbiāomǎ 名組 누런 털에 흰 점이 있는 말.
【黄表纸】huángbiǎozhǐ 名 (제사지낼 때 쓰는) 누런 종이.
【黄病】huángbìng ⇒〔黄疸dǎn①〕
【黄檗】huángbò 名〈植〉황벽나무 =〔黄柏〕〔黄菠萝〕
【黄不唧(儿)】huáng·bujī(r) 貶 北 누르스름하다. 누르께하다.
【黄菜】huángcài 名 方 (계란을 풀어서 만든) 계란 요리.
【黄灿灿】huángcàncàn 貶 금빛 찬란하다. 번쩍

번쩍하다. ¶～的稻dào子 | 금빛 찬란한 벼.
【黄刺玫】huángcìméi 名〈植〉노란 장미(꽃).
【黄疸】huángdǎn ❶名〈醫〉황달. ¶～肝炎 | 황달 간염 =〔黄病〕〔黄胆dǎn病〕 ❷⇒〔黄锈xiù病〕
【黄道】huángdào 名〈天〉황도.
【黄道带】huángdàodài 名〈天〉황도대.
【黄道吉日】huángdàojírì 名 길일 =〔黄道日(子)〕
【黄澄澄】huángdēngdēng 狀 싯누렇다. 누르스름하다. 금빛찬란하다. ¶～的金质奖章 | 금빛 찬란한 금메달.
【黄碘】huángdiǎn ⇒〔碘仿fǎng〕
【黄豆】huángdòu 名〈植〉콩. 대두(大豆). ¶炒～ | 콩을 볶다.
【黄泛区】Huángfànqū 名 1938년 6월 중일전쟁(中日戰爭)중 중국 정부군이 황하(黄河)의 제방을 터서 범람한 지역.
【黄蜂】huángfēng 名〈蟲〉나나니벌. ¶～房 | 나나니벌의 집.
【黄葛树】huánggéshù 名〈植〉넓은잎 모란 나무.
【黄狗】huánggǒu 名 ❶누렁이. 누렁개. ❷순경 [중화인민공화국 성립 이전의 순경은 여름에 황색 제복을 착용했음] ❸喻 악인. 악당.
【黄骨髓】huánggǔsuǐ 名〈生理〉황색 골수
2【黄瓜】huáng·guā 名〈植〉오이 =〔胡hú瓜〕〔俗王瓜②〕
【黄乎乎】Huánghūhū 狀 온통 노랗다. 노란색으로 빛나다. ¶～的, 有三付金耳环 | 금빛으로 빛나는 세짝의 금귀걸이가 있다.
【黄花】huánghuā ❶名 국화(菊花)의 다른 이름. ❷⇒〔金jīn针菜〕 ❸名回 숫처녀. 숫총각. ¶～后生 | 숫총각.
【黄花菜】huánghuācài ⇒〔金jīn针菜〕
【黄花地丁】huánghuā dìdīng 名〈植〉민들레 =〔蒲pú公英〕
【黄花闺女】huánghuā guīnǚ ⇒〔黄花女儿〕
【黄花蒿】huánghuāhāo 名〈植〉비쑥 →〔蒿①〕
【黄花苜蓿】húanghuāmù·xu ⇒〔金jīn花菜〕
【黄花女儿】huánghuānǚr 名組 俗 (숫)처녀. ¶娶了一个～ | 처녀 장가를 들었다⇒〔黄花闺guī女〕
【黄花鱼】huánghuāyú 名〈魚貝〉황조기→〔黄鱼〕
3【黄昏】huánghūn 名 황혼. 해질 무렵. ¶～时分, 下起了小两 | 황혼 무렵, 가랑비가 내렸다 =〔下晚儿〕
【黄祸】huánghuò 名 ❶황화 [황인종의 발흥(勃興)을 두려워하는 구미(歐美)의 주장] ❷(Huánghuò) 당대(唐代)의 황소(黃巢)의 난. ❸옛날, 변소 푸는 사람이 없는 상황, 또는 파업한 사태.
【黄麂】huángjǐ 名〈動〉대만 애기사슴.
【黄酱】huángjiàng 名 소맥분과 대두로 만든 누런 된장 =〔大酱〕〔豆瓣bàn儿酱〕
【黄教】Huángjiào 名〈宗〉황교 [노란 승려복을 입는 라마교 최대의 일파]
4【黄金】huángjīn 名 황금. ¶～市场 | 황금 시장. ¶～时间 | 황금 시간.
【黄金分割】huángjīn fēngē 名組〈數〉황금 분할 =〔黄金截jié〕〔中外比〕
【黄金时代】huángjīn shídài 名組 황금 시대. ¶韩国进入了经济发展的～ | 한국은 경제 발전의 황금 시대에 들어섰다.
【黄金树】huángjīnshù ⇒〔桉ān①〕
【黄酒】huángjiǔ 名 ❶황주 [차조·차수수·쌀 등으로 만든 빛이 누렇고 순도가 낮은 술] ❷소흥주(紹興酒)의 다른 이름. ❸약을 먹을 때 마시는 약주의 일종 =〔秫shú酒〕
【黄口小儿】huángkǒuxiǎo'ér ⇒〔黄口②〕
【黄蜡】huánglà 名 황랍. 밀랍→〔白蜡〕
【黄狼】huángláng 名〈動〉❶족제비 =〔鼬yòu(鼠)〕 ❷밍크 =〔水貂diāo〕
【黄了】huáng·le 動組 ❶마작에서 「和hú了」(오르다)가 되지 않아 승부를 가리지 못하다 =〔皇了〕〔璜了〕 ❷俗 일이 틀어지다. 소용없게 되다. ¶这件事恐怕～ | 이 일이 아마도 틀어진 것 같다. ❸俗 (남녀 사이가) 끝나다.
【黄鹂】huánglí 名〈鳥〉꾀꼬리 =〔黄鸟②〕〔黄莺(儿)〕〔仓cāng庚①〕〔苍庚①〕〔鸧鹒〕〔春莺〕〔告春鸟〕〔黑hēi枕黄鹂〕〔离黄〕
【黄历】huáng·li ⇒〔皇huáng历〕
【黄连】huánglián 名 ❶〈植〉깽깽이풀. ¶哑巴yǎ·bà吃～ | 벙어리 냉가슴 앓다. ❷喻 어려운 살림. 생활의 고통.
【黄连木】huángliánmù 名〈植〉황련목 =〔方楷jiē树〕
【黄脸婆】huángliǎnpó 名 貶 마누라.
【黄粱梦】huáng liáng mèng 成 일장춘몽. 꿈처럼 덧없는 부귀공명. 허황된 일 =〔黄粱美梦〕〔黄粱一梦〕〔邯hán郸梦〕〔一枕黄粱〕
【黄磷】huánglín ⇒〔白bái磷〕
【黄龙】Huánglóng 名 ❶〈史〉황룡부(黃龍府) [금(金)나라의 도읍] ❷(huánglóng) 轉 적의 수도 [송(宋) 악비(岳飛)의 말에서 유래] ¶直捣dǎo～府 | 곧바로 적의 수도를 쳐부수다.
【黄栌】huánglú 名〈植〉거망옻나무.
【黄麻】huángmá 名〈植〉황마. ¶～袋 | 마대. 주트(jute) 자루 =〔萦yíng麻〕
【黄毛(儿)丫头】huángmáo(r) 名 (놀림조나 멸시조로써의) 계집애.
【黄梅】huángméi 名 ❶익은 매실(梅實). ❷〈植〉살구. ¶～酱jiàng | 살구잼. ❸새앙나무의 열매. ❹매실이 익을 무렵.
【黄梅季】huángméijì 名 매우기(梅雨期) =〔黄梅天〕〔霉天〕〔梅雨季节〕
【黄梅戏】huángméixì 名〈演映〉황매극 [안휘(安徽) 지방의 전통극. 주된 곡조가 호북(湖北) 황매(黃梅)에서 들어왔다 하여 이렇게 부름] =〔汉腔〕
【黄梅雨】huángméiyǔ 名 매우(梅雨) =〔梅雨〕〔霉méi雨〕
【黄米】huángmǐ 名 기장쌀. ¶～面 | 기장 쌀가루 →〔白bái米〕〔红hóng米〕
【黄明胶】huángmíngjiāo 名 아교. 갖풀 =〔水胶〕
【黄鸟】huángniǎo ❶(～儿) 名〈鳥〉카나리아 =

〔金jīn丝雀〕❷⇒〔黄鹂lí〕

【黄牛】huángniú ❶名〈動〉황소. 누런 소. ❷名(밀입국 등을 알선해주는) 브로커. 거간꾼. ❸名㊄암표상. 암표장수. ¶找zhǎo～买飞票fēipiào | 암표 장수를 찾아 프리미엄이 붙은 표를 사다. ❹動俗(일 등이) 틀어지다. ❺動 믿을 수 없다. 신용이 없다. ¶他这话～ | 그의 이 말은 믿을 수 없다.

【黄牌】huángpái 名〈體〉옐로우 카드(yellw card). ¶出示～, 警告犯规的队员 | 옐로우 카드를 내어, 규칙을 어긴 대원에게 경고하다.

【黄胖】huángpàng 名 ❶〈漢醫〉구충증(鉤蟲症)의 일종. ¶他得了～ | 그는 구충증에 걸렸다＝〔黄疸zhěng〕〔黄肿zhǒng〕❷흙으로 만든 인형.

【黄袍加身】huáng páo jiā shēn 成 황포를 몸에 걸치다. 황제가 되다. ¶一朝～, 便发号施令 | 하루 아침에 황제가 되어 명령을 내린다＝〔黄袍加体〕

【黄皮书】huángpíshū 名 황서(黃書). (황색 표지를 사용하는) 프랑스 정부의 공문서→〔白bái皮书〕

【黄芩】huángqín 名〈植〉황금. 속서근풀.

【黄泉】huángquán 名俗 황천. 저승. ¶～之下＝〔九泉之下〕| 저승. ¶命赴～ | 황천객이 되다＝〔泉路〕〔泉壤rǎng〕〔泉世〕〔泉台tái③〕〔泉下〕〔書九泉〕〔穷qióng泉〕〔下泉〕

【黄壤(土)】huángrǎng(tǔ) 名 황토.

【黄热病】huángrèbìng 名〈醫〉황열병. ¶不小心得了～ | 조심하지 않아 황열병에 걸렸다.

[3]【黄色】huángsè ❶名〈色〉노랑색. 노랑. ¶～火药 | 황색화약. T.N.T. 화약. ¶～氧化汞 | 황색 산화 제이 수은. ❷形轉 퇴폐적인. 외설적인. 저속한. 에로틱한. ¶～电影 | 에로 영화. ¶～小说 | 에로 소설.

【黄色工会】huángsè gōnghuì 名組 황색 조합(yellow union). 어용 노동 조합. ¶成立了～ | 어용 노동 조합을 성립하였다.

【黄色文学】huángsè wénxué 名組 에로 문학. ¶炮制～ | 에로 문학을 만들어 내다.

【黄色炸药】huángsè zhàyào 名組 ❶황색 화약→〔黑hēi色火药〕❷俗 티엔티(T.N.T)＝〔三硝基甲苯〕〔外梯恩梯〕❸俗〈化〉피크린산(picrin酸)＝〔苦味酸〕

【黄煞煞】huángshāshā 貶 누렇다. 누르스름하다.

【黄鳝】huángshàn 名〈魚貝〉두렁허리＝〔鳝鱼〕

【黄守瓜】huángshǒuguā 名〈蟲〉노린재＝〔瓜萤yíng〕〔守瓜〕

【黄瘦】huángshòu 形(얼굴이) 여위고 누렇다. ¶一张～的猴脸 | 누런 원숭이 얼굴.

【黄熟】huángshú 形〈農〉황숙하다. 누렇게 익다.

【黄鼠】huángshǔ 名〈動〉황서. 회황색 들다람쥐의 일종＝〔礼lǐ鼠〕〔拱gǒng鼠〕〔㊄大眼贼〕〔㊄地松鼠〕

【黄鼠狼】huángshǔláng ⇒〔黄鼬yòu〕

【黄水】huángshuǐ 名 ❶노란 물. ¶～疮chuāng＝〔脓疱病〕〔浸jìn淫疮〕| 俗〈漢醫〉농포(農疱). ❷(구토가 심할 때 나오는) 똥물. ¶吐出～ | 똥물을 토해내다.

【黄汤(子)】huángtāng(·zi) 名 술 [주로 혐오의 뜻을 나타낼 때 쓰임] ¶又去灌guàn～了 | 또 억지로 술을 퍼마시러 갔다.

【黄糖】huángtáng 名㊄흑설탕＝〔红hóng糖〕

【黄体】huángtǐ 名〈生理〉황체. ¶～激素 | 황체 호르몬. ¶～酮tóng | 프로게스테론(progesterone).

【黄铁矿】huángtiěkuàng 名〈鑛〉황철광＝〔俗自然铜〕

【黄铜】huángtóng 名 황동. 놋쇠. ¶～器 | 놋그릇. ¶～管 | 황동관. ¶～矿kuàng | 황동광→〔铜〕

【黄秃秃】huángtūtū 貶 노랗게 드러나다. 샛노랗다.

【黄土】huángtǔ 名 황토. ¶～变成金 | 喩 노력하면 황토도 금이 된다. ¶～脑袋 | 시골뜨기. 촌놈. ¶～包子 | 메마르고 울퉁불퉁한 땅＝〔黄砂shā〕

【黄萎病】huángwěibìng 名〈農〉황위병. 위황병.

【黄锈病】huángxiùbìng 名〈農〉황수병 [주로 밀 등 식물의 잎이나 줄기에 줄줄이 황색 반점이 생기며, 알이 여물지 않는 병] ¶稻dào子害hài了～, 都变黄色 | 벼가 황수병이 들어 모두 노랗게 변했다＝〔黄疸dǎn②〕

【黄癣】huángxuǎn 名〈醫〉황선＝〔㊍秃tū疮〕〔㊍癞lài〕〔㊋瘌là痢〕

【黄血盐】huángxuèyán 名〈化〉황혈염. 페로시안화 칼륨(ferocyan 化 kalium)＝〔亚yà铁氰化钾〕

【黄羊】huángyáng ❶名〈動〉황양＝〔蒙měng古羚〕❷⇒〔獐zhāng①〕

【黄杨】huángyáng 名〈植〉황양목. 회양목. ¶在路边种了几棵～ | 길 가에 회양목 몇 그루를 심었다.

【黄莺(儿)】huángyīng(r) ⇒〔黄鹂lí〕

[2]【黄油】huángyóu ❶名〈食〉버터(butter)＝〔奶nǎi油①〕〔乳rǔ酪①〕〔牛niú酪〕〔外白塔tǎ油〕〔外白拓tuò油〕〔外白脱(油)〕. ❷⇒〔滑huá脂〕

【黄鼬】huángyòu 名〈動〉족제비＝〔㊍黄皮子〕〔黄仙爷〕〔黄鼠狼〕〔㊀黄竹筒〕〔鼠狼〕

【黄鱼】huángyú 名 ❶〈魚貝〉조기. ¶大～＝〔大花鱼〕〔大黄花〕〔大鲜〕| 수조기. ¶小～＝〔黄花鱼〕〔小鲜〕| 황조기. ❷俗 밀항자. 무임 승차객. 무임 승선객. ❸俗 황금봉. 금을 막대기처럼 늘인 것. ❹罵 멍청이. 멍텅구리.

【黄玉】huángyù 名〈鑛〉황옥＝〔黄晶jīng〕〔酒jiǔ黄宝石〕

【黄钟大吕】huáng zhōng dà lǚ 成(글·노래가) 조화를 이루며 장중하다.

【黄种】Huángzhǒng 名 황인종→〔人rén种〕

【潢】 huáng 못 황

❶書名 저수지. 못. ❷종이 마름질. 종이 염색. ¶装zhuāng～ | 표구하다. 장정하다. ❸(Huáng) 名〈地〉황하(潢河) [길림성(吉林省)에 있는 강]＝〔西辽河〕

【潢潦可荐】huáng liáo kě jiàn 成 제사는 제물의

많고 적음이 중요한 것이 아니고 경건해야 한다. 물질적인 것 보다 마음이 중요하다.

【潢纸】huángzhǐ 名 황벽(黃檗) [나무의 즙으로 물들인 방충 종이]

【璜】huáng 패옥 황
書 名 패옥 [몸에 지니던 반원형(半圓形)의 옥(玉)]

【癀】huáng 탄저병 황
⇒〔癀病〕

【癀病】huángbìng 名 (가축의) 탄저병(炭疽病) =〔炭tàn疽病〕

【磺】huáng 유황 황, 쇠돌 광
名〈化〉화학 원소 명. 유황(S ; sulphur) [합성어로 쓰임] ¶硫liú～ | 유황. ¶硝xiāo～ | 초석과 유황.

【磺胺】huáng'àn 名 ❶〈藥〉설퍼마인(sulfamine) =〔磺酰胺〕〔对duì氨基苯磺酰胺〕〔对氨基苯磺酸胺〕〔氨ān苯磺(酰)胺〕〔苏sū化那米〕→〔消xiāo发(灭)定〕❷ 설폰아미드제의 총칭.

【磺胺吡啶】huáng'ànbǐdìng 名〈藥〉설퍼피리딘(sulfapyridine) =〔磺胺氮苯〕〔消xiāo发吡啶〕〔大dà健凤〕

【磺胺哒嗪】huáng'àndáqín 名〈藥〉설퍼다이아진(sulfadiazine) =〔磺胺地净〕〔磺胺犇啶〕〔磺胺二氮苯〕〔消xiāo发地亚净〕〔苏sū化太秦〕〔苏化太仙〕〔氨ān基苯磺酰胺犇啶〕

【磺胺氮苯】huáng'àndànběn ⇒〔磺胺吡啶〕

【磺胺地净】huáng'àndìjìng ⇒〔磺胺哒嗪〕

【磺胺二氮苯】huáng'àn'èrdànběn ⇒〔磺胺哒嗪〕

【磺胺噻唑】huáng'ànsāizuò 名〈藥〉설퍼다이어졸(sulfathiazole) =〔磺胺硫氮茂〕〔氨ān苯磺酰氨基噻唑〕〔消xiāo发噻唑〕〔消治龙〕

【簧〈鐄〉】huáng 혀 황, 피리 황
❶ 名 (악기의) 혀. 리드(reed) [입술을 대고 불 수 있도록 취주(吹奏)악기에 붙어 있는 얇은 조각] ¶笙shēng～ | 생황의 혀. 생황 리드. ¶～乐器↓ ❷ 용수철. ¶弹dàn～ | 태엽. 용수철.

【簧乐器】huángyuèqì 名 리드 악기.

【蟥】huáng 풍뎅이 황
⇒〔马mǎ蟥〕〔蚂mǎ蟥〕

huǎng ㄏㄨㄤˇ

【恍〈怳〉】huǎng 황홀할 황
❶ ⇒〔恍惚〕❷ ⇒〔恍然〕❸ 마치 …인것 같다. 어법「如」「若」등과 함께 쓰임 =〔仿如〕❹ 動 유혹하다. ¶你不要拿钱～我 | 너 돈으로 나를 유혹하려고 하지 마라.

【恍惚】huǎng·hū 形 ❶ (정신이) 얼떨떨하다. 흐리멍텅하다. 멍청하다. 흐리터분하다. ¶精神～ | 정신이 얼떨떨하다. ¶神志shénzhì～ | 의식이 흐리멍텅하다. ❷ (너무 훌륭하거나 좋아) 어리둥절하다. 황홀하다. ❸ (기억·청각·시각 등이) 희미하다. 어렴풋하다. ¶～记得 | 어렴풋이 기억난다 ‖ =〔恍忽hū〕

【恍然】huǎngrán 副 언뜻. 문득. 갑자기. ¶～大悟 =〔豁huò然大悟〕| 문득 크게 깨닫다.

【恍如】huǎngrú 動組 書 마치 …인 것 같다. ¶～梦境 | 마치 꿈과 같다. ¶～隔世 | 마치 딴 세상을 보는 듯하다. 격세지감 =〔恍若ruò〕

【恍若】huǎngruò ⇒〔恍如〕

3 **【晃〈提B1,2〉】huǎng huàng 빛날 황, 밝을 황**
Ⓐ huǎng ❶ 動 눈부시게 빛나다. 반짝거리다. ¶亮得～眼 | 눈부시게 밝다. ❷ 動 (번개같이) 번쩍하고 스쳐 지나가다. ¶窗户上有个人影，一～就不见了 | 창문에 사람 그림자가 휙 스쳐 지나가더니 보이지 않았다. ¶虚～一刀 | 휙 베는 시늉을 하다. ❸ 形 휘황하다. 반짝반짝하다. ¶明～～的刺刀 | 반짝반짝하는 총검.

Ⓑ huàng ❶ 動 요동하다. 흔들리다 =〔摇yáo晃〕¶树枝来回～ | 나무가지가 이리저리 흔들거리다. ¶摇头～脑 | 머리를 흔들다. ❷ 動 시간이 빨리 지나가다. ¶半年的时间一～儿就过去了 | 반년의 시간이 일순간에 지나가 버렸다. ❸ (Huàng) 名〈地〉황현(晃縣) [옛날의 현 이름으로 호남(湖南)에 있음]

Ⓐ huǎng

【晃晃】huǎnghuǎng 貶 번쩍번쩍하다. 빛나다. ¶枪尖qiāngjiān上上着明～的刺刀 | 총끝에 번쩍번쩍하는 총검이 꽂혀 있다.

【晃朗】huǎnglǎng 貶 밝게 빛나다. 반짝이다. ¶阳yáng光～ | 햇빛이 밝게 빛난다.

【晃眼】huǎngyǎn ❶ 形 (광선이 너무 강하여) 눈이 부시다. ¶这灯光太～ | 이 등불은 너무 눈부시다. ❷ 動 (남의) 눈을 속이다. ❸ 名 아주 짧은 시간. 순간.

Ⓑ huàng

【晃荡】huàng·dang 動 ❶ 흔들리다. 흔들거리다. 휘청거리다. ¶小船～ | 조각배가 끊임없이 흔들흔들한다. ❷ 빈둥거리다. 서성거리다 ¶在外面～了大半天 | 밖에서 왼종일 서성거렸다. ‖ =〔晃当〕〔晃摇yáo〕〔晃悠yōu〕

【晃动】huàngdòng 動 흔들다. 흔들거리다. ¶车轮有点～ | 바퀴가 다소 흔들거리다.

【晃晃悠悠】huàng·huang yōuyōu 貶 흔들흔들하다. 왔다갔다하다.

【晃来晃去】huànglái huàngqù (일정한 범위내에서) 이리저리 흔들리다.

【晃悠】huàng·you ⇒〔晃荡dàng〕

【幌】huǎng 휘장 황
❶ 書 名 장막. 휘장. ❷ ⇒〔幌子〕

【幌子】huǎng·zi 名 ❶ 실물간판 [「望wàng子」의 와전. 국수 가게에서는 색종이를 국수 모양으로 오려서 매다는 식으로 글씨에 의하지 않고 물건 모양의 것을 매달아 간판으로 한 것. 특히「酒jiǔ望子」(술집 간판)를 말함] ❷ 轉 표시. 명목. ¶他一喝酒就带～ | 그는 술만 마셨다 하면 표시가 난다. ❸ 轉 미명. 허울. 명목. 간판. ¶打着和平的～侵略他国 | 평화라는 미명아래 다른 나라를 침략하다. ¶打着检查工作的～，到处吃喝 | 검사업무라는 명목하에 도처에서 먹고 마셔댄다.

4 **【谎(謊)】huǎng 속일 황**
❶ 名 거짓. 거짓말. ¶说～ =

〔撒sā谎〕| 거짓말을 하다. ¶漫màn天大～ | 새빨간 거짓말. 거짓말 투성이. ❷動 속이다. 거짓말을 하다. ¶他不能～我 | 그는 나를 속일 수 없다. ❸名 에누리. ¶～价↓ ¶没有多大～ | 크게 에누리가 없다.

【谎报】huǎngbào 動 거짓 보고를하다. 일부러 사실대로 보고하지 않다. 허위 보고하다. ¶他们～了产量 | 그들은 생산량을 허위 보고하였다.

【谎花(儿)】huǎnghuā(r) 名〈植〉수꽃. 웅화(雄花). ¶开～ | 수꽃이 피다.

【谎话】huǎnghuà 名 거짓말. 황언. 허위. 빈말. ¶开口就说～ | 입만 열었다하면 거짓말을 한다 =〔假jiǎ话〕

【谎价(儿)】huǎngjià(r) 名 에누리. ¶要～ | 에누리를 하다.

【谎假】huǎngjià 名 거짓말 해서 받은 휴가. 거짓 휴가. ¶告～ | 거짓말을 해서 휴가를 얻다.

【谎信】huǎngxìn ⇒〔荒huāng信(儿)〕

【谎言】huǎngyán 名 거짓말. 빈말. ¶用～骗取piànqǔ各人的同情 | 거짓말로 사람들의 동정을 끌어내다.

huàng ㄏㄨㄤˋ

【晃】huàng ☞ 晃 huǎng Ⓑ

【滉】huàng 물깊고넓을 황
書 形 물이 깊고 넓다.

huī ㄏㄨㄟ

2【灰】huī 재 회, 활기없을 회
❶名 재. ¶烟～ | 담뱃재. ¶炉lú～ | 화로재. ❷名 석회. ¶抹mǒ～ | 석회를 바르다. ¶青～ | 푸른 석회. ❸名 먼지. ¶书桌上积了厚厚的一层～ | 책상 위에 먼지가 두껍게 한 켜 쌓였다. ❹形 轉 생기가 없다. 낙심하다. 의기소침하다. ¶心～意懒lǎn | 威 의기소침하여 맥을 놓다 =〔灰心〕❺名〈色〉회색. ¶银～ | 은회색 =〔灰色〕

【灰暗】huī'àn 形 ❶ 어두어둑하다. 어슴푸레하다. ❷ 침울하다. 암담하다. 암울하다. ¶心理十分～ | 마음이 매우 침울하다.

【灰白】huībái ❶名〈色〉회백색 =〔浅好色〕❷形 (안색이) 창백하다. ¶脸色liǎnsè～ | 안색이 창백하다.

【灰不喇唧】huī·bulājī 狀 (어떤 일로 하여) 아주 난감하여 기분이 가라앉다 =〔灰不拉〕〔灰不留秋〕

【灰不溜丢】huī·bu liū diū 狀 음산하고 생기없다. 음울하다. 음침하다. 음산하다. ¶小屋里的灯光, 更显得～了 | 작은 방의 등불이 더욱 음침해 보인다 =〔灰不拉〕

【灰菜】huīcài 名〈植〉명아주 [명아주과의 일년초] =〔灰灰菜〕〔藜lí〕

【灰惨惨】huīcǎncǎn 狀 음울하고 생기 없다. 침침하다. 침울하다.

【灰沉沉】huīchénchén 狀 (하늘이) 어슴푸레하다. 어둑어둑하다. ¶天空～的, 像是要下雨的样子 | 하늘이 어두운걸 보니 비가 올 것 같다.

3【灰尘】huīchén 名 먼지.

【灰尘肺】huīchénfèi ⇒〔尘肺(症)〕

【灰楚楚】huīchǔchǔ 狀 회색을 띠다. 눈에 보이지 않다. 침침하다.

【灰顶】huīdǐng 名 기와를 잇지 않고 석회를 바른 지붕.

【灰肥】huīféi 名 비료로 쓰이는 재. 재거름. ¶堆了一些～ | 약간의 재거름을 쌓아놓다.

【灰姑娘】huīgū·niang 名 義讀 (동화의) 신데렐라(Cinderella). ¶她一直是个不起眼的～ | 그녀는 언제나 볼품없는 신데렐라이다.

【灰鹤】huīhè ⇒〔鹳guàn〕

【灰黑】huīhēi 形 거무스름하다.

【灰化】huīhuà 動 칼슘화하다. ¶～土 | 포드졸성(podzol性) 토양.

【灰黄霉素】huīhuángméisù 名〈藥〉그리세오풀빈(griseofulvin).

【灰浆】huījiāng 名〈建〉시멘트 모르타르.

【灰烬】huījìn 名 재. 잿더미. ¶化为～ | 威 잿더미로 변하다 =〔煨wēi烬〕

【灰口铁】huīkǒutiě 名〈金〉회선철(灰銑鐵) =〔灰生铁〕〔灰铁〕→〔白bái口铁〕

【灰溜溜】huīliūliū 狀 ❶ 풀이 죽다. 기가 꺾이다. 주눅이 들다. ¶～地离开了会场 | 기가 꺾여 회의장을 떠났다. ❷貶 흐리멍덩하다. 희끄무레하다. 거무스레하다. ¶屋子多年没粉刷, ～的 | 방이 오랫동안 회칠을 하지 않아서 어둑어둑하다.

【灰眉灰眼】huī méi huī yǎn 威 표정에 기운이 없고 풀이 죽다.

【灰蒙蒙】huīméngméng 狀 어슴프레하다. 어둑어둑하다. 희뿌옇다.

【灰锰氧】huīměngyǎng ⇒〔高gāo锰酸钾〕

【灰棚】huīpéng 名 方 ❶ 지붕에 기와를 이지 않은 석회 지붕의 집. ❷ (～儿) 회와 흙만을 바른 작은 집. ❸ 잿간 ‖ =〔灰房fáng〕

【灰色】huīsè ❶名〈色〉회색. ❷形 喩 퇴폐적인. 절망적인. 암울한. ¶～的心情 | 절망적인 심정. ¶描写了知识分子的～生活 | 지식인의 암울한 생활을 묘사했다. ❸形 喩 (태도·입장 등이) 애매하다. 불분명하다. ¶～政党 | 회색정당.

【灰鼠】huīshǔ ❶ ⇒〔松sōng鼠(儿)②〕 ❷名〈動〉친칠라(chinchilla) =〔绒róng鼠〕

【灰孙子】huīsūn·zi 名 (현손 아래인) 헤아릴 수 없이 먼 자손. ¶你是谁家的～? | 너는 누구의 자손이냐?

【灰头土脸儿】huītóu tǔliǎnr 狀 方 ❶ (머리와 얼굴에) 온통 먼지투성이다. ❷ 망신[창피]만 당하다. ¶你高高兴兴地去了, 可别弄得～地回来! | 너 신나서 갔다가, 망신이나 당하고 오지마라! =〔灰头土面〕

3【灰心】huī/xīn 形 낙심하다. 상심하다. 의기소침하다. ¶不怕失败, 只怕～ | 실패를 두려워하지 않으나, 단지 상심할까 걱정된다 =〔灰念〕

【灰心丧气】huī xīn sàng qì 威 낙심하다. 의기 소침해지다. 풀이 죽다.

【灰质】huīzhì 名〈生理〉(뇌수·척수의) 회백질

(灰白質). ¶大脑中的～受到损害, 造成语言障碍zhàngài | 대뇌 중의 회백질이 손상을 입으면, 언어 장애가 생긴다.

【诙(詼)】huī 농지거리할 회 ❶書動 비웃다. 조롱〔조소〕하다. ❷ ⇒〔诙谐〕

【诙谐】huīxié ❶名 해학. 익살. ¶～之谈 | 해학. ❷形 재미있다. 익살스럽다. 우스꽝스럽다. ¶谈吐～ | 말이 익살스럽다. ¶用～的笔调描写了当代城市生活 | 익살스런 필치로 당시 도시 생활을 묘사했다.

【咴】huī 말우는소리 회 ⇒〔咴儿咴儿〕

【咴儿咴儿】huīrhuīr 擬 히잉 [말이 울음 소리]

2【恢】huī 넓을 회, 넓힐 회 ❶形 크다. 넓다. 넓히다. ¶～～有余 | 넓고 여유가 있다. ¶～我疆宇 | 우리 강토를 넓히다. ❷ ⇒〔恢复〕

【恢诞】huīdàn 形〈文〉(언어·문장 등이) 과장되고 허황〔황당무계〕하다.

2【恢复】huīfù 動 회복하다. 회복되다. ¶秩序～ | 질서가 회복되다. ¶～名誉 | 명예를 회복하다. ¶～期 | 회복기.

2【挥(揮)〈撝₃〉】huī 휘두를 휘, 지휘할 휘 ❶動 흔들다. 크게 휘두르다. ¶把大旗一～ | 큰 기를 한번 흔들다. ¶～刀 | 칼을 휘두르다. ¶～扇 | 부채질하다. ❷動 (눈물·땀 등을) 닦다. 훔치다. ¶～泪↓ ¶～汗↓ ❸書動 (손을 내저어) 가라고 한다. ¶招之即来, ～之即去 | 손짓하여 오게 하고, 손을 내저어 가게 하다. ❹ 호령하다. 지시하다. ¶指～大军 | 대군을 지휘하다. ❺ 퍼져 나오다. 확산되어 나오다. ¶发～ | 발휘하다.

【挥棒】huī/bàng 動 ❶ 막대기를〔지휘봉을〕 흔들다. ❷ 선창(先唱)하다. 앞장 서다.

【挥笔】huī/bǐ 動 붓을 놀리다. 휘호(揮毫)하다. ¶他～写了四个大字「大道无门」| 그는 붓으로 「대도무문」이라는 큰 글자 넉자를 썼다.

【挥斥】huīchì 書動 ❶ 제멋대로 지휘하다. 분방(奔放)하다. 지휘하여 움직이다. ❷ 손을 내저어 물러나게 하다.

【挥动】huīdòng 動 흔들(어 움직이)다. 흔들다. 휘두르다. ¶～拳头 | 주먹을 휘두르다.

【挥发】huīfā 名動〈化〉휘발(하다). ¶～物 | 휘발물. ¶～性 | 휘발성.

【挥发油】huīfāyóu 名 ❶ 가솔린. 휘발유 =〔汽油〕❷ 휘발성 유류(油類).

【挥戈】huīgē 動 무기를 휘두르다. ¶～北征 | 무기를 휘두르며 북벌을 하다. ¶～上阵 | 成 무기를 휘두르며 싸움터로 달려나가다.

【挥汗】huīhàn 副 땀을 닦다〔훔치다〕. ¶～写作 | 땀을 훔치며 글을 짓다.

【挥汗如雨】huī hàn rú yǔ 成 ❶ 땀이 비오듯 하다. ❷ 많은 사람들로 붐비다 ‖ =〔挥汗成雨〕

【挥毫】huīháo 書動 휘호하다. ¶～泼pō墨 | 成 붓을 휘두르고 먹을 뿌리다. 붓글씨를 힘있게 쓰다 =〔振zhèn毫〕

4【挥霍】huīhuò ❶動 돈을 헤프게 쓰다. ❷動 너풀거리다. 너울거리다. ❸貶 신속하다. 빠르다.

【挥霍无度】huī huò wú dù 成 돈을 물 쓰듯 하다 =〔挥金如土〕〔挥金似土〕

【挥金如土】huī jīn rú tǔ ⇒〔挥霍无度〕

【挥泪】huīlèi 書動 (손으로) 눈물을 훔치다. ¶～而别 | 눈물을 훔치면서 헤어지다.

【挥拳】huī/quán 動 ❶ 주먹을 휘두르다. ❷ (주먹으로) 때리다. 서로 때리다〔치고 받고 하다〕.

【挥洒】huīsǎ 書動 ❶ (물 등을) 뿌리다. ❷ 눈물을 흘리다. ❸ 마음대로 붓을 휘두르다. 글이나 그림을 (마음대로 척척) 그리다.

【挥洒自如】huī sǎ zì rú 成 글씨를 쓰거나 그림을 그리는 것을 자유자재로 하다.

【挥师】huīshī 動 ❶ 군을 지휘하다. ❷ 군을 이동시키다. ¶～北上, 讨伐日本军 | 군을 이동시켜 북상하여, 일본군을 토벌하다. ❸ 생산 집단을 이동시키다.

【挥手】huī/shǒu 動 손을 흔들다. ¶～告别 | 손을 흔들며 헤어지다.

【挥舞】huīwǔ 動 (무기·채찍 등을) 휘두르다. 흔들다. ¶他们～着鲜花欢呼 | 그들은 꽃다발을 흔들면서 환호한다.

【晖(暉)】huī 햇빛 휘 成 햇빛. ¶春～ | 봄볕. ¶朝～ | 아침 햇살.

【晖映】huīyìng ⇒〔辉huī映〕

【珲】huī ☞ 珲 hún Ⓑ

【翚(翬)】huī 날개훨훨칠 휘, 꿩 휘 書 ❶動 날다. 날개를 치다. ❷名 오색(五色) 깃털의 꿩.

【翚飞】huīfēi 書貶 ❶ 꿩이 날아가는 듯하다. ❷喻 (궁전이) 웅장하고 화려하다. ¶～式 | 처마 끝을 새의 날개짓 처럼 위로 감아올린 건축 양식.

2【辉(輝)〈煇〉】huī 빛날 휘 ❶名 불빛. 빛. 광채. ¶光～ | 광채. ¶满室生～ | 온 방에 빛이 나다 =〔炜wěi③〕❷動 빛나다. ¶与日月同～ | 해와 달과 더불어 함께 빛나다. ¶～映↓

【辉长岩】huīchángyán 名〈鑛〉반려암(斑糲岩).

【辉钴矿】huīgǔkuàng 名〈鑛〉휘코발트광.

3【辉煌】huīhuáng 形 눈부시다. 휘황 찬란하다. ¶取得了～的成就 | 눈부신 성취를 얻었다. ¶～的文化 | 휘황 찬란한 문화. ¶～夺目 | 광채가 현란하다.

【辉绿岩】huīlǜyán 名〈鑛〉휘록암.

【辉钼矿】huīmùkuàng 名〈鑛〉몰리브덴광. 휘수연광(輝水鉛鑛) =〔硫钼矿〕

【辉石】huīshí 名〈鑛〉휘석.

【辉锑矿】huītīkuàng 名〈鑛〉휘안광(輝安鑛) =〔锑流矿〕

【辉铜矿】huītóngkuàng 名〈礦〉휘동광.

【辉银矿】huīyínkuàng 名〈鑛〉휘은광.

【辉映】huīyìng 書動 빛나다. 눈부시게 비치다. ¶灯光月色, 交相～ | 불빛과 달빛이 서로 어울려서 눈부시게 비치다 =〔晖huī映〕〔照zhào耀〕

〔映射〕

【虺】huī ☞ 虺 huǐ Ⓑ

【隓】huī ☞ 隓 duò Ⓑ

【隳】huī 무너뜨릴 휴
書動 손상되다. 무너지다. ¶古城已～｜옛성은 이미 무너졌다. ¶～颓tuí｜파손되고 무너지다＝〔堕huī〕

【隳节败名】huī jié bài míng 成 절개와 명예가 무너지다.

【麾】huī 대장기 휘, 지휘할 휘
書 ❶ 名 대장이 지휘할 때 쓰던 기. ❷ 動 지휘하다. 지도하다. ¶～军前进｜군대를 지휘하여 전진하다.

【麾下】huīxià 書 名 ❶ 휘하. 장수(將帥)의 부하. ¶我在您～服务了三年｜나는 당신의 휘하에서 삼년간 근무했다. ❷ 敬 장수(將帥).

4【徽】huī 아름다울 휘, 표기 휘
❶ 名 표지(標識). 부호. 휘장. ¶国～｜국장(國章). ¶团～｜공산주의 청년단의 휘장. ❷ 名〈音〉기러기 발 [가야금·거문고 등 현악기(絃樂器)의 줄을 고르는 기구] ❸ 아름다운. 좋은. ¶～号↓ ❹ (Huī) 名〈地〉휘주(徽州) [안휘성(安徽省)의 옛날 부(府)의 이름] ¶湖笔～墨｜호주의 붓과 휘주의 먹.

【徽班】huībān 名〈演映〉휘극(徽劇)을 하는 극단. ¶～进京｜휘극 극단이 서울에 들어왔다→〔徽剧〕

【徽调】huīdiào ❶ ⇒〔徽剧〕 ❷ 名「徽剧」에서 사용되는 곡조.

【徽号】huīhào 名 ❶ 書 휘장(徽章). ❷ 아름다운 칭호. 미칭(美稱). 애칭. 별호(別號). ¶同学送给他「诗人」的～｜학우들이 그에게 「시인」이라는 애칭을 붙여 주었다.

【徽记】huījì 名 표지(標志). ¶这是氏族的～｜이것이 씨족의 표지이다.

【徽剧】huījù 名〈演映〉휘극 [중국 안휘성(安徽省)지방의 지방극]＝〔徽调①〕

【徽墨】huīmò 名 중국 안휘성(安徽省) 휘주(徽州)에서 나는 먹 [「湖匹」「端砚」「宣纸」와 함께 문방사보(文房四寶)로 유명함]

【徽章】huīzhāng 名 휘장(徽章). 배지(badge). ¶戴～｜배지를 달다.

huí ㄏㄨㄟˊ

1【回〈迴₈廻₈〉】huí 돌아올 회, 돌 회
❶ 動 돌아 오다〔가다〕. ¶～来〔去〕｜돌아오다〔가다〕. ¶～到原处｜원래의 곳으로 돌아 가다〔오다〕. ¶～家↓ ❷ 動 회답하다. 대답하다. ¶～了一封信｜편지에 회답하다. ❸ 動 돌리다. 방향을 바꾸다. ¶～过身来｜몸을 돌리다. ¶～过头儿来｜머리를 돌리다. ❹ 動 (요청을) 거절하다. (예약한 연회 등을) 취소하다. (일을) 그만두다. ¶今儿梅兰芳～了｜오늘 매란방의 공연은 취소되었다. ❺ 動 여쭈다. 말씀드리다. 아뢰다. ¶～先生知道｜당신께 말씀 드리겠습니다. ¶你给～一声儿吧!｜좀 말씀드려 주십시오. ❻ 動 江 양도하다. 나누다. ¶您要有邮票, 请～两张给我用｜선생께 우표 있으면 두 장만 좀 제게 주십시오＝〔京 匀yún②〕 ❼ 動 동사의 뒤에 보어(補語)로 쓰여, 상황의 회복·복귀·전환 등을 나타냄. ¶已将行李送～｜이미 짐을 돌려 보냈다. ¶救～了他的性命｜그의 생명을 구했다. ¶请放～原处｜원래의 자리에 두십시오. ❽ 動 돌다. 선회하다. 꼬불 꼬불 구부러지다. ¶峰～路转｜봉우리가 굽이지고 길이 꼬불꼬불하다. ¶迂～｜우회하다. ❾ 量 번. 회. 차례 [동작의 회수를 나타냄] 어법 동사가 인칭대사(人稱代詞) 목적어(賓語)를 가지고 있을 때는 반드시「動＋賓＋數＋回」의 순서이어야 함. ¶去过北京一～｜북경에 한 번 갔다. ¶问过两～小王｜왕군에게 두 번 물어 보았다. ¶看过三～他(×) ¶看过他三～｜그를 세 번 보았다. ❿ 量 번. 회[일의 회수를 나타냄. 자주「这么」「那么」「怎么」뒤에 쓰임] ¶这是怎么～事｜이것은 어떻게 된 일이냐? ¶这～事我不知道｜이번 일은 내가 몰랐다. ⓫ 量 회. 장[중국의 장편 소설의 장(章)·절(節)] ¶红楼梦一共有一百二十～｜홍루몽은 모두 120장이다. ⓬ 名〈民〉회족(回族) [중국 소수 민족의 하나] ⓭ 名 簡 회교(回教). ⓮ (Huí) 名 성(姓).

【回拜】huíbài 動 답방(答訪)하다. 답례(答禮)로 방문하다. ¶今日特来～张先生和张太太｜오늘 특별히 장선생님과 사모님을 답방하다＝〔答拜〕〔回访〕

【回报】huíbào 動 ❶ 보고하다. ¶及时～完成任务的情况｜제때에 임무 수행에 대한 상황을 보고하다. ❷ 보답하다. ¶我一定～老师对我的关怀｜나는 반드시 선생님의 보살핌에 보답하겠다. ❸ 보복하다. 복수하다. ¶重重～了他一拳头｜그에게 호되게 한 방 먹여 보복했다.

4【回避】huíbì ❶ 動 회피하다. 피하다. ¶～要害问题｜중요한 문제를 회피하다. ¶～困难｜곤란을 피하다. ❷ 名〈法〉회피.

【回禀】huíbǐng 動 (웃사람에게) 보고하다. 여쭈다. 아뢰다. ¶小人～老爷, 外面有人求见｜소인이 어르신께 아뢰옵니다. 밖에 어떤 사람이 뵙기를 청합니다.

【回驳】huíbó 名動 반박(하다). ¶当面～｜면박하다. 면박을 주다.

【回采】huícǎi 名動〈鑛〉채광(하다). 채굴(하다).

【回茬】huíchá 名〈農〉후작(後作). ¶～麦｜후작으로 심은 보리.

【回肠】huícháng ❶ 名〈生理〉회장(回腸). ❷ 書 動 (창자가 요동하듯) 이런저런 생각으로 마음이 초조해지다. ¶～九转｜成 이것저것 생각하면서 고민하고 슬퍼하다.

【回肠荡气】huí cháng dàng qì 成 (문장·음악 등이) 매우 감동적이다. 사람의 심금을 울리다. ¶这诗写得气势磅礴, 令人～｜이 시는 기세가 충만되어 사람을 감동시킨다＝〔回肠伤气〕〔荡气回肠〕

【回肠九转】huí cháng jiǔ zhuǎn 成 구곡 간장이

다 썩다. 속이 타다.
【回潮】huí/cháo ❶動(말랐던 것이) 다시 습해지다. ❷動조수가 빠지다. ❸動열기가 식다. 의욕이 사라지다. ¶他思想回了潮, 队长也不想干了 | 그는 의욕을 잃어, 대장조차 맡기가 싫어졌다. ¶防止传制主义思想～ | 전제주의 사상의 의욕이 식는 것을 방지하다. ❹動이미 소실되었던(구)사물·습관등이 다시 나타나다〔되살아나다〕. ¶旧的路线又～了 | 낡은 노선이 다시 되살아 났다. ❺(huícháo) 名썰물. 퇴조. 후퇴. ¶右倾～ | 우경적인 퇴조. ❻(huícháo) 動다시 유행하다. 리바이벌(revival)되다.
【回嗔作喜】huí chēn zuò xǐ 成화를 냈다가 즐거워〔기뻐〕하다.
【回程】huíchéng⇒〔回路②〕
【回春】huíchūn 動❶봄이 돌아오다. ¶大地～ | 대지에 봄이 돌아오다. ❷喩중한 병이 낫(고 건강이 회복되)다. ¶妙手～ | 成신통한 솜씨로 병을 고치다. ¶～灵药 | 신통한 약. ❸회춘하다. 도로 젊어지다.
1【回答】huídá ❶動대답하다. 회답하다. ¶～不出来 | 대답하지 못하다. ❷名회답. ¶满意的～ | 만족스런 대답.
【回荡】huídàng 動(소리 등이) 울려 퍼지다. 메아리치다. ¶声音在山谷中～ | 소리가 산골짜기에 울려퍼지다.
【回电】huí/diàn ❶動답전(答電)하다. ❷(huídiàn) 名답전.
【回跌】huídiē ❶動반락(反落)하다 ¶股价～ | 주가가 반락하다→〔回落〕❷名반락.
【回访】huífǎng⇒〔回拜〕
【回府】huífǔ 動댁으로 돌아가다. ¶送李大人～ | 이대인을 댁으로 보내드리다.
【回复】huífù ❶名動(주로 편지로)회답(하다). ¶还没甚么～ | 아직 아무런 회답도 없다. ❷動婉거절하다. ¶如果不答应, 可早点儿～人家免得人来送礼 | 만일 허락하지 않으신다면 조금 일찍 상대방에게 거절하셔서, 상대가 선물을 가지고 오지 않도록 하십시오. ❸動회복하다. 다시 찾다.
4【回顾】huígù 動회고〔회상〕하다. 돌이켜 보다. ¶～录 | 회고록. ¶～过去 | 과거를 돌이켜 보다 ¶～三十年来所走过的道路 | 삼십년동안 걸어온 길을 돌이켜 보다 =〔回溯①〕〔回忆〕
【回光返照】huí guāng fǎn zhào 成낙조시 태양이 잠시 빛나다. 죽을 무렵에 잠깐 정신이 맑아지다. 소멸 직전에 잠시 왕성해지다.
【回归】huíguī ❶動회귀하다. 후퇴하다. ¶～祖国 | 조국으로 돌아가다. ❷名회귀 =〔归回〕
【回归带】huíguīdài⇒〔热rè带〕
【回归年】huíguīnián 名〈天〉회귀년. 태양년 =〔太阳年〕
【回归热】huíguīrè 名〈醫〉회귀열. 재귀열 =〔再归热〕
【回归线】huíguīxiàn 名〈地〉회귀선 =〔日道〕
【回锅】huí/guō 動(음식을) 다시 데우다〔볶다〕. ¶～肉 | 〈食〉돼지고기를 덩어리 채로 삶은 후 적당히 썰어 기름에 다시 볶은 사천(四川)요리.
【回国】huí/guó 動귀국하다.
【回渤头来】huí·guò tóu·lái 動組❶고개를 돌리다. ❷처음으로 되돌아 가다. ❸회개하다. 뉘우치다.
【回合】huíhé 名(경기·전투·논쟁·담판의) 회수(回數). 담판. 교섭. 경기의 라운드. ¶打了几个～ | 몇 차례 대전했다. ¶打胜了第一个～ | 제1라운드에서 이겼다. ¶第一个～没达到目的 | 첫번째 교섭에서는 목적을 이루지 못했다.
【回纥】Huíhé 名〈民〉위구르족 =〔维Wéi吾尔(族)〕〔回鹘〕
【回鹘】Huíhú⇒〔回纥hé〕
【回护】huíhù ❶書動감싸다. 두둔하다. 비호하다. ¶～别人的缺点并不等于爱护别人 | 남의 결점을 감싸 주는 것이 결코 그 사람을 아껴주는 것과 같은 것이 아니다. ❷名비호. 두둔.
【回话】huí/huà ❶動(주로 인편을 통하여) 대답하다. ¶你去～ | 네가 가서 대답해줘. ❷動(웃사람에게) 말씀드리다. ❸(～儿) (huíhuà(r)) 名(주로 인편을 통해서 보내는) 대답. 회답. ¶小平一定来, 请你带个～给他 | 소평이 꼭 참석한다고 그에게 좀 전해주세요.
【回环】huíhuán ❶書動구불구불 감돌다. 빙빙 돌다. 에돌다. ❷⇒〔回文①〕
【回回】Huí·hui ❶名(소수 민족의 하나인) 회족(回族). ❷名俗회교도(回教徒) =〔回子〕❸(～儿) (huíhuí(r)) 副매번. 그때마다. ¶他老不守时间～迟到 | 그는 언제나 시간을 지키지 않고 매번 지각한다.
【回回手儿】huí·huishǒur 動組❶미안하지만 손 좀 빌려 주십시오〔남에게 부탁할 때 쓰는 말〕¶请您～把那本书递给我 | 매우 죄송합니다만 그 책을 좀 건네 주십시오. ❷좀 더 주시오. ¶大节下的请您再～吧 | 명절이니 조금만 더 주십시오.
【回火】huíhuǒ ❶名動〈金〉템퍼링(tempering)(하다) =〔回韧rèn〕〔焖mèn火〕〔配pèi火〕〔韧化〕❷名〈機〉(내연 기관의) 역화(逆火)현상.
4【回击】huíjī 名動반격(하다). ¶用实际行动～了谰言 | 실제 행동으로 비난에 반격을 가했다.
【回家】huí/jiā 動집으로 돌아가다. 귀성(歸省)하다. ¶老金～修坟fén去了 | 김씨는 고향에 성묘갔습니다.
【回见】huíjiàn 套다시 만납시다. 안녕히 가십시오. ¶咱们～ | 우리 다시 만납시다.
【回教】Huíjiào⇒〔伊Yī斯兰教〕
【回敬】huíjìng 動❶(인사 또는 선물에) 답례하다. ❷술잔을 받고 답례술을 권하다. ¶～您一杯! | 당신 한 잔 드십시오! ❸대꾸하다. 반격하다. ¶他对老师～了一句 | 그가 선생님께 한마디 대꾸를 했다.
【回绝】huíjué 動거절하다. 사절하다. ¶我～了他的请求 | 나는 그의 요구를 거절했다.
【回空】huíkōng 動(올 때는 승객이나 짐을 싣고 와서) 빈 차〔배〕로 되돌아 가다. ¶～车 | 빈 채로 되돌아 가는 차. ¶～的船 | 빈 채로 되돌아 가는 배.

【回扣】huíkòu 名 수수료. 코미션. 리베이트(rebate). ¶运费～制 | 운임 중에서 몇 할을 되돌려 주는 제도 =〔方回佣〕〔方回用〕

[1]【回来】ⓐhuí/·lái ❶動 돌아오다. ¶当天回不来 | 당일로 돌아올 수 없다. ❷(huí·lái) 副 뒤에. 나중에. ¶～叫他一个人做, 看他怎麽样 | 나중에 그 혼자에게만 일을 시켜 어쩐지 보세요. ❸動 원래 상태로 되다. (병 등이) 도지다. ¶病～了 | 병이 도졌다. ¶写字写得～了 | 글씨를 또 서툴게 썼다.

ⓑ/·huí/·lái 動 동사 뒤에 보어로 쓰여, 본래 장소로 되돌아 오거나 되돌린다는 뜻을 나타냄. ¶跑～ | 뛰어 되돌아 오다. ¶把借出去的书要～ | 빌려준 책을 찾아 오다.

【回廊】huíláng 名 회랑.

【回姥姥家】huílǎo·laojiā 動組 죽다. 저승에 가다. ¶他病得很危险, 恐怕要～吧 | 그의 병이 대단히 위중해서, 아마 죽을 것 같아.

【回礼】huí/lǐ ❶動 (남의 선물에) 답례하다. ❷(huílǐ) 名 (선물에 대한) 답례.

【回历】Huílì 名 회교력(回教曆) =〔回回历〕

【回笼】huí/lóng 動 ❶ 찬 음식을 다시 찌다. ❷ (화폐 등을) 회수하다. ❸ (공포했던 것을) 취소하다. ❹ (한 번 공개한 것을) 제자리로 되돌리다.

【回炉】huí/lú 動 ❶ (금속을) 다시 녹이다. ¶废铁～ | 폐철을 다시 녹이다. ❷ (식은 음식물을) 다시 덥히다.

【回禄】huílù 書 名 화신(火神). 轉 화재. ¶惨遭～ | 참혹한 화재를 당하다. ¶～之灾 | 화재.

【回路】huílù 名 ❶〈電氣〉회로. ❷ 돌아가는길. 귀로 =〔書回程〕

【回落】huíluò 動 (수위·물가 등이) 올라갔다 도로 떨어지다. 반락(反落)하다. ¶水位有～的趋势 | 수위가 반락하는 추세에 있다. ¶物价有可能在下半年～ | 아마도 물가가 하반기에는 반락할 것이다 ⇔〔回升shēng〕

【回马枪】huímǎqiāng 名 말머리를 돌리라는 총(銃)신호. 轉 후퇴·퇴각 신호.

【回门】huí/mén 動 (옛날 북방의 풍습으로 결혼을 한 뒤 수일 내에) 처가집으로 인사하러 가다〔근친(覲親)하러 가다〕. ¶新媳妇儿明天～ | 새색시가 내일 근친하러 간다.

【回民】Huímín 名 ❶ 회족(回族). ❷ 회교도 [일반적으로 한족(漢族)이면서 회교도인 경우를 지칭함] ¶～食堂 =〔回民饭馆〕| 회교도 전용 식당.

【回眸】huímóu 書 動 고개돌려보다. 뒤돌아보다 [주로 여자를 가리킴] ¶～一笑 | 돌아보며 웃다.

【回娘家】huí niángjiā 動組 친정으로 (돌아)가다. ¶内人～了 | 아내는 친정으로 돌아 갔다.

【回暖】huínuǎn 動 ❶ (춥던 날씨가) 따뜻해지다. ¶天气～过来了 | 날씨가 다시 따뜻해졌다. ❷ 따뜻한 계절이 되다. 봄이 돌아오다.

【回片(儿)】huípiàn(r) 名 (명함과 같은 쪽지에 쓴) 간단한 인수증→〔回条(儿)①〕

【回棋】huí/qí 動 (장기·바둑 등에서) 수를 무르다. ¶我要回这一个棋 | 이 한 수를 되바꾸어야 겠다.

【回青】huíqīng ❶動 方 (옮겨 심거나 겨울을 난) 식물이 되살아나다 =〔返fǎn青〕 ❷名 도자기용의 청색 안료.

【回请】huíqǐng 動 답례로 초대하다. ¶过三天我再～ | 사흘 후에 제가 답례로 초대하겠습니다 =〔回席xí〕

[1]【回去】ⓐhuí/·qù 動 ❶ 돌아 가다. ¶离家乡十年, 一次也没～过 | 고향을 떠난 지 10년이 되도록 한 차례도 돌아 가지 않았다. ❷ 집으로 돌아가다.

ⓑ/·huí/·qù 動 돌아 가다. 어법 동사 뒤에 보어로 쓰여 원래의 위치로 돌아감을 표시함. ¶把这支笔给他送～ | 이 펜을 그에게 돌려주시오. ¶跑～ | 뛰어서 돌아가다.

【回煞】huíshà 名 죽은 뒤 며칠만에 혼백이 자기 집에 돌아오는 일 =〔归guī煞〕〔出chū殃〕

【回身(儿)】huí/shēn(r) 動 몸을 (뒤로) 돌리다. ¶他放下东西, ～就走了 | 그는 물건을 놓고는 몸을 돌려 곧바로 가버렸다.

【回升】huíshēng 動 (시세·경기·기온·수위·생산량 등이) 내렸다가 다시 오르다. 반등(反騰)하다. ¶气温～ | 기온이 다시 오르다. ¶产量～ | 생산량이 반등하다 ⇔〔回落〕

【回生】huíshēng 動 ❶ 회생하다. 소생(蘇生)하다. ¶起死～ | 기사 회생하다. ❷ (이미 배워 알던 것이) 생소해지다. 낯설어지다. 서툴러지다. ¶前一段学的外语单词又有些～了 | 바로 앞에서 배웠던 외국어 단어가 또 약간 낯설어졌다. ❸ (끓인 것 등이) 식어서 맛없게 되다. 음식맛이 가다.

【回声】huíshēng ❶名 메아리. 산울림. ¶～测深仪 | 음향 측심기. ¶传来几声～ | 메아리가 몇차례 울리다 =〔林lín响〕〔山shān音(儿)〕 ❷動 메아리치다. ❸名 보일러 등에 부착시킨 기적(汽笛). ❹名 (의견에 대한) 대답.

【回师】huíshī 動 회군(回軍)하다. ¶国民党军～武汉 | 국민당군이 무한에서 회군하다.

[4]【回收】huíshōu ❶名動 (폐품이나 오래된 물건을) 회수(하다). ¶～废品 | 폐품을 회수하다. ❷名〈化〉회수. ¶～塔 | 회수탑.

【回手(儿)】huíshǒu(r) 動 ❶ 손을 뒤로 뻗치다. 몸을 돌려 손을 뻗치다. ¶走出了屋子, ～把门带上 | 방을 나가면서 손을 뒤로 뻗쳐 문을 닫다. ❷ 반격하다. 반항하다. 맞손찌검하다. ¶父母责打孩子, 孩子不可～ | 부모가 자식을 벌로 때리더라도 자식이 반항할 수 없다.

【回首】huíshǒu 書 動 ❶ 머리를 돌리다. ❷ 돌이켜 보다. 회고하다. 회상하다. ¶不堪～往年事 | 옛 일을 감히 돌이켜볼 수가 없다.

【回赎】huíshú 動 제 값을 주고 되찾다.

【回溯】huísù ❶⇒〔回顾〕 ❷書 動 거슬러 올라 가다. ¶～历史 | 역사를 돌이켜보다.

【回天】huítiān 動 (도저히 돌이킬 수 없을 것 같은) 형세를〔국면을〕되돌리다〔만회하다〕. 喩 힘이 대단하다. ¶～之力 | 成 거대한 위력.

【回天乏术】huí tiān fá shì 成 형세를 되돌릴 방법이 없다. ¶他也感到～ | 그도 형세를 되돌릴 방

법이 없음을 느끼다.

【回填】huítián〈建〉❶動 되묻다. 도로 메우다. ¶～土 | 되묻는 흙. ¶～的时候要逐层夯实 | 되묻을 때는 한층 한층 잘 다져야 한다. ❷名 되묻음. 도로 메움.

【回条(儿)】huítiáo(r) 名 ❶(우편물을 받은 뒤 간단히 써주는) 영수증. ¶电报～ | 전보 영수증. 배달 증명서 =〔回单(儿)〕〔回执〕 ❷간단한 회답 쪽지.

【回帖(儿)】huítiě(r) 名 우편환금의 수취서.

[2]【回头】ⓐhuí/tóu 動 ❶(～儿)고개〔머리〕를 돌리다. 되돌아보다. ¶一～就看见了 | 머리만 돌리면 보인다. ¶请您回过头来 | 당신 고개 좀 돌려 보세요. ❷뉘우치다. 개심하다. ¶败子～ | 威 탕자가 개심하다. ¶现在～还不算晚 | 지금이라도 뉘우치면 늦지는 않다. ¶一去不～ | 한 번 가고는 돌아오지 않다. ❸앞으로 돌아가다. ❹(huítóu) 名 돌아올 기미〔눈치〕. ¶盼了一年还不见～ | 1년이나 기다렸는데 아직도 돌아올 기미가 안보인다. ❺(huítóu) 副 조금 있다가. 잠시 후에 [보통 1시간 이상을 말함] ¶～见 =〔回见〕| 조금 있다가 보자 =〔回来huí/·lái ⓐ②〕

ⓑhuí·tou 名〈食〉만두의 일종.

【回头路】huítóulù 名 喻 ❶되돌아 가는 길. 퇴보의 길. ¶好马不走～ | 좋은 말은 되돌아가지 않는다. ¶～我们不能走 | 우리는 퇴보의 길은 걸을 수 없다. ❷이미 지나온 길.

【回头人】huítóurén 名 方 과부(寡婦). ¶～再嫁 | 과부가 재가하다.

【回头是岸】huí tóu shì àn 威 깨달으면 극락. 개심하면 구원을 받는다. ¶孩子啊, 苦海无边, ～ | 아이야, 고생은 끝이 없고, 깨달으면 극락에 이르게 된단다.

【回味】huíwèi ❶名 식사 후의 뒷맛. ❷動 회상하다. 상기(想起)하다. ¶我正在～着今天一天的事 | 나는지금 오늘 하루 동안의 일을 회상하고 있는 중이다. ❸動(맛·말을) 음미(吟味)하다. ‖ =〔还húan味〕

【回味无穷】huí wèi wú qióng 威 곰곰히 되새길수록 뜻이 깊다.

【回文】huíwén 名 ❶회문시(回文詩) =〔回环huán②〕〔回文诗〕 ❷(Huíwén)회족(回族)의 언어. ❸회답서(回答書).

【回戏】huí/xì 動 공연을 취소하다. ¶园子满坐, 不能～ | 극장이 꽉 차서 공연을 취소할 수 없다.

【回乡】huí/xiāng 動 귀향하다. ¶～知识分子 | 귀향하는 지식인.

【回翔】huíxiáng 書 動 ❶빙빙 돌며 날다. 공중을 선회하다. ❷(물이) 돌아 흐르다.

[3]【回想】huíxiǎng 動 회상하다. ¶～起来 | 회상해 보면. ¶～当年的情景 | 당시의 상황을 회상하다.

【回响】huíxiǎng 名 動 메아리(치다). 반향(하다). ¶歌声在山谷中～ | 노래 소리가 산골짜기에 메아리치다. ¶得到了全国四面八方的～ | 전국 방방곡곡에 반향을 불러 일으켰다.

【回销】huíxiāo ⇒〔返fǎn销〕

【回心】huíxīn 動 ❶개심하다. 뉘우치다. ¶将好言语诱他, 等他～ | 좋은 말로 그를 달래어, 그가 뉘우치기를 기다리다. ¶～转意 | 威 마음을 돌리다. 태도를 바꾸다. ❷(행실을) 고치다. ❸지난날의 정분을 회복하다.

[2]【回信】huí/xìn ❶動 답장하다. ¶希望早日～ | 속히 답장해 주기를 바랍니다. ¶回了他一封信 | 그에게 답장 한 통을 썼다. ❷(huíxìn)名 답신. 답장. ¶给老师写了一封～ | 선생님께 답장을 써 보냈다. ❸(～儿)(huíxìnr) 名 회답(回答). ¶我给你个～儿 | 내가 네게 회답하마.

【回修】huíxiū 動 회수하여 수리하다. ¶～活儿 | 회수 수리 작업.

【回旋】huíxuán 動 ❶書 선회하다. ¶飞机在上空～着 | 비행기가 공중에서 선회하고 있다. ❷행동〔의논〕의 여지가 있다. ¶留点儿～的余地, 别把话说死了 | 의논할 여지는 남겨 놓아야지, 말을 딱 자르지는 마시오.

【回旋曲】huíxuánqǔ 名〈音〉회선곡.

[2]【回忆】huíyì ⇒〔回顾gù〕

【回音】huíyīn 名 ❶메아리. 반향. ❷書 답신. 답장. ❸〈音〉턴(turn).

【回佣】huíyòng ⇒〔回扣kòu〕

【回游】huíyóu ⇒〔洄huí游〕

【回援】huíyuán 動 방향을 바꾸어 우군(友軍)을 원조하다.

【回赠】huízèng 動 답례의 선물을 하다. ¶老李～我一块手表 | 이형이 나에게 손목 시계 하나를 답례의 선물로 주었다.

【回执】huízhí ⇒〔回条tiáo(儿)①〕

【回转】huízhuǎn 動 ❶(방향을) 돌리다. ¶关羽将军～马头向原地跑去 | 관우 장군은 말머리를 돌려 원래의 장소로 달려 갔다. ❷회전하다. ¶～椅 =〔转椅〕| 회전 의자. ¶～体 | 〈數〉회전체. ¶～仪 | 회전의. 자이로스코프. ❸마음을 돌리다. 생각을 바꾸다.

【回族】Huízú 名 회족 =〔东干〕

【回嘴】huí/zuǐ ⇒〔顶dǐng嘴(儿)〕

【徊】 huí ☞ 徊 huái

【茴】 huí 약이름 회, 방풍잎 회

⇒〔茴香〕〔茴油〕

【茴香】huíxiāng ❶名〈植〉회향풀 =〔書 櫰huái香〕〔小茴香〕 ❷⇒〔八bā角②〕

【茴油】huíyóu 名 회향유 =〔茴香油〕

【洄】 huí 물거슬러흐를 회

書 動 ❶물이 소용돌이 치며 흐르다. ❷(물의 흐름이) 거슬러 올라가다.

【洄游】huíyóu 名 動 (물고기의) 회유(하다). ¶季节～ | 계절 회유. ¶生殖～ | 산란 회유 =〔回huí游〕

【蛔〈蛕蚘痐〉】 huí 거위 회

⇒〔蛔虫〕

【蛔虫】huíchóng 名〈動〉회충.

huǐ ㄏㄨㄟˇ

1【会】 huǐ ☞ 会 huì ⑯

【虺】huǐ huī 살무사 훼, 고달플 회

Ⓐhuǐ ❶書名〈動〉살무사. 독사 =〔虺蛇shé〕❷⇒〔虺虺〕

Ⓑhuī ⇒〔虺颓〕

【虺虺】huǐhuǐ 書擬 우르릉. 꽈르릉［우레 소리］

Ⓑhuī

【虺颓】huītuí 書動 병들고 지치다. 시들시들하다. 기운이 없다.

2【悔】huǐ 뉘우칠 회, 후회할 회 動❶뉘우치다. 후회하다. ¶后~ | 후회하다. ¶~过自新 | 잘못을 뉘우치고 새출발하다. ❷취소하다. 없었던 일로 하다. ¶~亲↓

【悔不当初】huǐ bù dāng chū 成 애당초 그렇게 하지 말았어야 했는데. ¶我早知你这样无情, 真是~ | 나는 네가 이토록 무정한 줄 일찍이 알았더라면, 정말 애당초 그러지 말았어야 했는데.

【悔不该】huǐ bùgāi 動組 …하지 말았어야 했는데 (하고 후회하다).

4【悔改】huǐgǎi 動 회개하다. 뉘우쳐 고치다. ¶彻底~ | 철저히 뉘우쳐 고치다. ¶死不~的之顽固派 | 죽어도 회개하지 않는 완고파.

【悔过】huǐ/guò 動 잘못을 뉘우치다. ¶~自新 | 成 잘못을 뉘우쳐 스스로 새로운 사람이 되다. ¶~自责 | 잘못을 뉘우치고 자신을 책망하다.

4【悔恨】huǐhèn 形 뉘우치다. 후회하다. ¶他万分~ | 그가 대단히 후회하다.

【悔恨交加】huǐ hèn jiāo jiā 成 후회와 뉘우침이 번갈아 일다. ¶她~, 决心跟他分手 | 그녀는 후회와 뉘우침을 거듭하며, 그와 헤어지기로 결심하다.

【悔婚】huǐ/hūn 動 약혼을 파기(破棄)·취소하다.

【悔口】huǐkǒu 動 앞서 한 말을 취소하다.

【悔棋】huǐ/qí 動 (바둑·장기에서) 수를 무르다. ¶咱们事先约, 不能~ | 우리의 일이 선약이니, 무를 수 없다.

【悔亲】huǐ/qīn 動 혼담을 취소하다.

【悔悟】huǐwù 動 자기의 잘못을 깨달아 후회하고 뉘우치다 =〔悔悟回头〕

【悔罪】huǐ/zuì 動 죄를 뉘우치다. ¶~自新 =〔悔过自新〕| 죄를 뉘우치고 새사람이 되다. ¶~下泪 | 죄를 뉘우치며 눈물을 흘리다.

3【毁〈燬3譭4〉】huǐ 헐 훼, 무너질 훼 動❶부수다. 파괴하다. 훼손하다. ¶这把桌子谁~的 | 이 책상을 누가 부쉈느냐? ¶~灭↓ ❷方(다른 것으로) 개조하다. 고쳐 만들다. ¶这两个小凳儿是一长旧桌子~的 | 이 걸상 두 개는 낡은 책상 하나로 고쳐 만든 것이다. ❸(불) 태워 버리다. ¶烧~ | 불태워 버리다. ❹書 비방하다. 헐뜯다. ¶~誉yù参半 | 비방하는 것도 있지만 칭찬하는 것도 있다.

【毁谤】huǐbàng ⇒〔诽fěi谤〕

【毁掉】huǐdiào 動 부숴버리다. 못쓰게 만들다. ¶你~了她的前程 | 네가 그녀의 전도를 망쳐버렸다.

4【毁坏】huǐhuài 動 부수다. 훼손하다. 무너뜨리다. ¶~党的组织 | 당 조직을 무너뜨리다. ¶~名誉 | 명예를 훼손하다 =〔损坏〕〔破坏〕

【毁家纾难】huǐ jiā shū nàn 成 가산(家產)을 모두 털어 국난(國難)을 돌보다. ¶为了帮助灾民, 他毅然~ | 이재민을 돕기 위해, 그는 의연히 가산을 털어 돌본다.

4【毁灭】huǐmiè 動 괴멸하다〔시키다〕. 섬멸하다. ¶他们~了核武器 | 그들은 핵무기를 괴멸하였다.

【毁弃】huǐqì 動 파기하다. 취소하다.

【毁人炉】huǐrénlú 名組 喩 사람을 해치는 곳. 우범지대. ¶你千万不要去那个地方, 那里是一个~ | 너는 절대 거기에 가지 마라, 그 곳은 사람을 나쁘게 만드는 곳이다.

【毁容】huǐróng 書動 (생김새를 바꾸기 위하여) 얼굴에 상처를 내다. ¶为了报复, 就把旧恋人~ | 보복으로 옛 애인의 얼굴에 상처를 내다.

【毁伤】huǐshāng 動 해치다. 손상시키다. 다치게 하다. 훼손시키다. ¶~别人的感情 | 다른 사람의 감정을 상하게 하다.

【毁损】huǐsǔn 動 손상하다. 훼손하다.

【毁于一旦】huǐ yú yī dàn 成 십년공부 나무아미타불. ¶好好儿的前途, 意被他~ | 좋은 앞날이 결국 그에 의해 나무아미타불이 되었다.

【毁誉】huǐyù 書名 비난과 칭찬. ¶~参半 | 成 비난 반 칭찬 반. ¶不计~ | 成 비난이나 칭찬을 아랑곳하지 않다.

【毁约】huǐ/yuē 動 협약·조약·약속등을 어기다.

【毁钟为铎】huǐ zhōng wéi duó 成 종을 방울로 바꾸다. 우둔한 행동. 멍청한 짓.

huì ㄏㄨㄟˋ

3【汇(滙)〈匯〉】①huì 물돌아나갈 회 ❶動(흐르는 물이) 한 곳으로 모이다. 합류하다. ¶百川所~ | 모든 냇물이 모이는 곳. 모두가 바라는 바. ❷動 한 곳에 모으다. 집대성하다. ¶~印成书 | 편집·인쇄하여 책을 만들다. ❸휘편. 총집. 집성. ¶词~ | 어휘. ¶字~ | 자전. ¶总~ | 총집 ❹動〈經〉환(換)으로 보내다. 송금하다. ¶~给他一笔路费 | 그에게 여비를 송금하다. ❺名〈經〉환(換). ¶电~ | 전신환.

【汇兑】huìduì 名〈經〉환(換). ¶~单 =〔汇单〕〔汇票〕| 환어음. ¶~银行 | 외환 은행. ¶邮政yóuzhèng~ | 우편환. ¶~(经纪)商 | 환 중매인. ¶~管制 | 환관리.

【汇兑市价】huìduìshìjià 名〈經〉환시세. 환율.

【汇费】huìfèi ⇒〔汇水①〕

【汇合】huìhé 動 (물줄기가) 모이다. 통합〔회합〕하다. 합치다. ¶~处 | 합치는 곳. ¶小河~成大河 | 작은 시내가 모여 큰 강을 이루다. ¶学生的意志~成一支巨大的力量 | 학생들의 의지를 모아 거대한 역량을 이루다.

4【汇集】huìjí ❶動 모이다. 집중하다. ¶游行队伍从四面八方~到天安门广场上 | 시위 행렬이 사방 팔방에서 천안문 광장으로 모여들다. ❷모으다. 집중시키다. ¶~材料 | 재료를 모으다 ‖ =〔会集〕

【汇价】huìjià 名〈經〉환시세. 환율 =〔汇兑市价〕

【汇聚】huìjù 動 한데 모이다. 모여 들다. 집합하

다. ¶许多支流~成大河｜많은 지류들이 모여들어 큰 강을 이루다＝〔会聚〕

3【汇款】huì/kuǎn ❶ 動 송금하다. ¶~行｜송금은행. ¶~人＝〔发fā款人〕｜송금인. ¶邮政~｜우편환. ❷(huìkuǎn) 名 부친〔부쳐온〕 돈. 송금한 돈. ¶收到一笔~｜송금해 온 돈을 받다.

【汇流】huìliú 動 합류하다. ¶~点｜합류점. ¶~条｜〈電氣〉모선(母線).

【汇拢】huìlǒng 動 취합하다. 모으다. 모이다. ¶几个团体~一起｜몇개의 단체가 함께 모였다. ¶共产党的各支部队在智异山~｜공산당의 각 부대가 지리산에 모이다.

4【汇率】huìlǜ 名 환율. ¶固定~｜고정 환율. ¶浮动~｜변동 환율. ¶套算~｜재정(裁定) 환율. ¶远期外汇~｜선물(先物) 환율. ¶即期外汇~｜현물 환율＝〔汇兑duì市价〕〔汇价〕

【汇票】huìpiào 名 환어음. ¶光票~｜신용 어음. ¶商业~｜상업 어음. ¶承兑~｜인수 어음. ¶~出票人｜환어음 발행인. ¶~受款人｜환어음 수취인. ¶~背书人｜환어음 배서인. ¶远期~｜기한부 어음. 유전스 빌(usance bill). ¶即期~｜일람 출급 어음. 사이트 빌(sight bill). ¶限期~｜확정일 출급 어음. ¶银行~｜은행환. ¶邮政~｜우편환 증서. ¶电汇~｜전신환 증서. ¶跟单~｜하환 어음＝〔汇单〕

【汇钱】huì/qián 動 환으로 송금하다. ¶经常给父母~｜늘상 부모님께 환으로 송금하다.

【汇水】huìshuǐ ❶ 名 환수수료＝〔汇息xī〕〔汇费〕 ❷⇒〔贴tiē水①〕

【汇展】huìzhǎn 名 공동 전시회. 판촉회. ¶现在艺术大~｜현대 예술 대전시회.

【汇注】huìzhù 動 ❶(물을) 모아 흘러들게 하다. ❷ 집해(集解)하다. 집석(集釋)하다.

【汇总】huìzǒng 動 (자료 등을) 한데 모으다. ¶~报告｜일괄 보고하다. ¶把这些资料~上报｜이런 자료들을 모아서 상부에 보고하다.

3【汇(彙)】 ② huì 모을 휘

3【汇报】huìbào 名 動 종합 보고(하다). ¶向老师~访问的观感｜선생님께 방문 소감을 종합 보고하다. ¶整风运动的情况~｜정풍 운동 상황의 종합 보고. ¶~提纲｜보고 요강.

【汇编】huìbiān ❶ 名 휘편. 집성(集成). 총집(總集)〔자료 등을 종합 편찬한 서적의 명칭에 쓰임〕 ¶法规~｜법규 총집. ¶资料~｜자료 휘편. ❷ 動 총괄 편집하다. ¶~程序｜(컴퓨터에서의) 어셈블러(assembler). ¶~语言＝〔符号语言〕〔汇编程序语言〕｜어셈블리 언어(assembly language).

【卉】 huì 풀 훼

名 풀의 총칭〔주로 관엽(觀葉) 식물〕 ¶奇花异~｜진귀한 꽃과 풀. ¶~木＝〔卉物〕｜초목.

1【会(會)】 huì kuài guì 모을 회

Ⓐ huì ❶ 能 (배우거나 연습을 통해서) …할 수 있다. …할 줄 알다. ¶我不~唱这个歌儿｜나는 이 노래를 부를 줄 모른다. ¶他~说汉语｜그는 중국말을 할 줄 안다. ❷ 能 …을 잘하다. …에 뛰어나다. 어법〔「很」「真」「最」뒤에 자주 쓰이며, 단독으로 대답에 사용할 수 없음. ¶你真~说｜당신은 정말 구변이 좋다. ¶~过日子｜살림살이를 잘하다. ❸ 能 …할 가능성이 있다. …할 것이다〔가능이나 추측을 나타냄〕 ¶现在他不~在家里｜지금 그는 집에 없을 것이다. ¶他不~不来｜그가 오지 않을 리 없다. 어법「会」「能」「可以」의 비교⇒〔能néng〕 ❹ 動 모으다. 모이다. ¶~合↓ ¶~聚↓ ❺ 動 만나다. ¶你~过他没有?｜당신은 그를 만나 보았습니까? ¶想~一~你哥哥｜너의 형을 만나려고 한다. ❻ 動 능숙하다. 잘 알다. ¶他~游泳｜그는 헤엄 칠 줄 안다. ¶他~中国话｜그는 중국어에 능숙하다. ❼ 動 (식당·술집 등에서) 돈을 치르다. 지불하다. ¶~了茶钱｜차값을 치렀다. ❽ 이해하다. 깨닫다. ¶误~｜오해하다. ¶体~｜체득하다. ❾ 名 모임. 집회. 회의. ¶开~｜개회하다. ¶舞~｜무도회. ❿ 名 회. 단체. 조직. ¶学生~｜학생회. ¶工~｜노동조합. ⓫ 名 〈佛〉재회(齋會) 〔신도들이 중을 공양하거나, 죽은 사람을 위하여 중들이 모여 불경을 드리는 일〕 ¶赶~｜절간을 공양하러 가다. 재올리는 구경 하러 가다. ⓬ 名 옛날, 민간의 산악 신앙이나 풍작 기원 등을 위하여 조직한 집단 모임. ¶香~｜영지(靈地) 참배의 계. ⓭ (행정의) 중심지. 도시. ¶省~｜성 소재지. ⓮ (~儿) 名 계(契). ⓯ 書 名 시기. 기회. ¶机~｜기회. ¶适逢其~｜적당한 시기를 만나다. ⓰ 合 huǐ) (~儿) 名 잠시. (짧은) 시간 〔「这」「那」를 받거나 목적어(賓語)가 되면 흔히「一」는 생략됨〕 ¶一~儿｜잠깐. ¶这~儿｜이때. 요즈음. ¶用不了多少~儿｜시간이 얼마 들지 않는다.

Ⓑ kuài ⇒〔会计〕

Ⓒ guì ⇒〔会稽jī〕

Ⓐ huì

【会榜】huìbǎng ⇒〔会试〕

【会标】huìbiāo 名 어떤 집회를 대표하는 표지(標志). ¶设计了一枚~｜표지 한 장을 설계했다.

【会餐】huì/cān ❶ 動 회식하다. ¶在学生会馆~｜학생회관에서 회식하다. ❷(huìcān) 名 회식.

【会操】huì/cāo 名 動 합동 연습〔훈련〕(하다).

2【会场】huìchǎng 名 회의장. 집회 장소.

【会钞】huì/chāo ⇒〔会帐zhàng〕

【会党】huìdǎng 名 청대(清代) 말엽에, 반청복명(反淸復明)을 종지(宗旨)로 한 원시 형태의 민간 비밀 결사 단체.

【会的不难, 难的不会】huì·de bùnán, nán·de bùhuì 諺 알면 쉽고 모르면 어렵다. 할 줄 아는 사람은 어렵지 않고 어려워 하는 사람은 하지 못한다＝〔会者不难, 难者不会〕〔难的不会, 会的不难〕〔难者不会, 会者不难〕

【会风】huìfēng 名 회의를 하는 방법·태도. ¶减少会议, 改革~｜회의를 줄이고, 회의 방법을 고치다. ¶~不正｜회의하는 태도가 바르지 못하다.

【会攻】huìgōng 動 연합하여 공격하다.

【会馆】huìguǎn 名 회관 〔중국에서는 특히 명대

(明代) 이후 동향 출신 또는 동업자의 상호 부조·친목·협의·제사 등을 위하여 대도시나 상업 중심지역에 설립한 기관을 가리킴]

【会海】huìhǎi 喩 회의가 극히 많음. 빈번함

【会合】huìhé ❶ 動 회합하다. 합류(合流)하다. 모이다. ¶～地点｜함께 만나는 지점. ¶黄浦江在吴淞口与长江～｜황포강은 오송구에서 양자강과 합류한다. ❷ 動 랑데부(rendezvous;프)하다. ❸ 動 상처가 다시 아물다. ❹ 名〈天〉회합. ¶九星～｜행성 직결(行星直結) ❺ 名 (상처의) 유합(癒合). ❻ 名 합류. 집합.

1【会话】huìhuà 名 회화. ¶练习～｜회화를 연습하다. ¶汉语～｜중국어 회화.

【会集】huìjí 動 모이다. 회합하다. ¶～在一起｜한데 모이다＝〔汇huì集〕

2【会见】huìjiàn 名 動 회견(하다). 접견(하다) [주로 외교적인 회합에 쓰임] ¶金泳三总统～了李鹏总理｜김영삼 대통령이 이붕 총리를 접견했다. ¶进行十分有意义的～｜매우 뜻깊은 회견을 가지다.

【会聚】huìjù 動 모이다. 집합하다＝〔汇huì聚〕

【会刊】huìkān 名 ❶ (학회 또는 모임의) 회보. ❷ (단체·협회·학회의) 정기 간행물.

【会考】huìkǎo 名 합동 시험 [각 학교의 학생을 한 곳에 모아서 치는 시험]

2【会客】huì/kè 動 손님을 만나다. ¶午休时间不～｜점심 휴식시간에는 손님을 만나지 않는다. ¶～室＝〔会客厅〕｜응접실.

【会门(儿)】huìmén(r) 名 옛날 민간의 비밀 결사의 총칭.

【会盟】huìméng 書 動 회맹하다. 제후와 제후가 만나서 맹약을 맺다.

【会面】huì/miàn 動 만나다. 대면하다. ¶会过一次面｜한 번 만난 적이 있다.

【会旗】huìqí 名 회기.

【会齐(儿)】huìqí(r) 動 다 모이다. 회합하다＝〔聚jù齐〕

【会儿】huìr 名 잠시. 잠깐. 어법 동사(動詞)뒤에 올 때는「一」는 흔히 생략됨. ¶一～｜잠깐(동안). ¶等～｜잠깐만 기다려라. ¶这～｜이때. ¶用不了多大～｜그렇게 많은 시간이 필요없다.

【会商】huìshāng 만나서〔모여서〕의논하다. 공동으로 상의하다.

【会审】huìshěn 名 動 합동〔공동〕심사(를하다). 합동 심판(을 하다). ¶～施工图纸｜시공 도면을 공동 심사하다. ¶由几位传家～｜몇 전문가로부터 심사를 받다.

【会师】huì/shī 動 ❶〈軍〉부대가 합류하다. ❷ (어떤 사업을 위해서) 많은 사람들이 집결하다.

【会试】huìshì 名 회시 [명청(明清) 시대에 향시(鄕試)에 합격한「举人」들이 칠 수 있는 3년마다 한 번 실시한 과거 시험으로, 합격자는「贡人」라 불리우며「殿试」를 칠 자격이 주어짐] ¶中了～｜회시에 합격했다＝〔会榜bǎng〕

【会首】huìshǒu 名 옛날, 각종 조직〔회〕의 대표자＝〔会头〕

【会水】huì/shuǐ 動 수영을 할 줄 알다.

2【会谈】huìtán 名 動 회담(하다). ¶～十分成功｜회담이 매우 성공적이다.

【会堂】huìtáng 名 회당. 의사당. 공회당. ¶人民大～｜인민 대회당.

【会通】huìtōng 動 훤히 알다. 정통하다＝〔融róng会贯通〕

4【会同】huìtóng 動 ❶ 회동하다. 연합하다. ¶～办理｜함께 처리하다. ¶由教育部～有关部委一起处理｜교육부에서 관계 부처와 연합하여 함께 처리하다. ❷ 書 고대에, 제후가 천자를 알현하다.

4【会晤】huìwù 動 만나다. 대면하다. ¶两国总理定期～｜양국 총리가 정기적으로 만나다.

【会务】huìwù 名 집회나 회의의 사무.

【会衔】huìxián 動 공문서에 연명(連名)으로 서명하다.

【会心】huìxīn 動 ❶ 마음에 들다. ¶～的微笑｜회심의 미소. ❷ (속마음을) 이해〔납득〕하다. 깨닫다. ¶别有～｜남다른 이해가 있다.

【会演】huìyǎn ❶ 名 動 (여러 예술 단체가) 합동 공연(하다). ¶～世界各国的电影儿｜세계 각국의 영화를 합동 상영하다. ❷ 名 경연대회. 콩쿠르(concours;프). ¶参加业余歌唱～｜아마추어 가요 콩쿠르에 참가하다 ‖＝〔汇huì演〕

【会厌】huìyàn 名〈生理〉회염. 후두개(喉頭蓋). ¶～软骨｜후두개 연골.

【会要】huìyào 名 회요 [한 왕조의 제도나 연혁을 기록한 책] ¶唐～｜당회요.

【会意】huìyì ❶ 名 회의 [6서(六書)의 하나로 두 개 이상의 글자가 한데 모여 하나의 뜻을 표시하는 조자법(造字法)] ¶～文字｜회의 문자. ❷ 動 깨닫다. (다른 사람의 의중을) 이해하다〔알다〕. ¶他～地点了点头｜그는 알았다는 듯이 고개를 끄덕였다. ❸ 마음에 맞다.

2【会议】huìyì 名 회의. ¶举行～＝〔举办会议〕｜회의를 거행하다. ¶～结束jiéshù了｜회의가 끝났다. ¶～主持者｜사회자. ¶～厅｜회의홀. ¶～室｜회의실. ¶～地点｜회의 장소. ¶～日程表｜회의 일정표. ¶全体～｜전체 회의. ¶部长～｜각료 회의. ¶校务～｜교무 회의. ¶预备yùbèi～｜예비 회의. ¶厂务～｜공장 업무 회의. ¶工作～｜작업 회의.

【会阴】huìyīn 名〈生理〉회음＝〔俗 海底dǐ②〕

【会友】huìyǒu ❶ 名 회우 [회원 상호간의 호칭] ¶我跟他是语言学会的～｜나와 그는 언어학회의 회우이다. ❷ 動 벗으로 사귀다. 교분을 맺다. ¶以文～｜문으로써 벗을 사귀다.

【会元】huìyuán 名 옛날, 과거 시험의「会试」에서 장원 급제를 한 사람→〔会试〕

4【会员】huìyuán 名 회원. ¶正式～｜정회원. ¶～证｜회원증. ¶工会～｜노동 조합원. ¶～国｜회원국. ¶～人数｜회원수. ¶～资格｜회원 자격.

【会战】huìzhàn 動 ❶ 회전. 전쟁에서 쌍방의 주력 부대가 일정한 장소와 시간에 진행하는 결전. ¶在洛东江～｜낙동강에서 결전을 벌이다. ❷ 힘을 집중하여 모종의 임무를 완성하는 일.

【会章】huìzhāng 名 ❶ 회칙. ❷ 회·단체의 표장.

【会长】huìzhǎng 名 회장. ¶副fù～｜부회장. ¶

名誉～ | 명예 회장.
【会帐】huì/zhàng 動 (음식점 등에서 여러 사람의 것을 한 사람이) 도맡아 돈을 지불하다 =〔会钞chāo〕
【会诊】huì/zhěn ❶ 動 몇 명의 의사가 환자 한 사람을 진찰하다. ¶请了三位名医去～ | 세 사람의 명의를 청하여 함께 진찰하다. ❷ 名 합동진찰.
【会址】huìzhǐ 名 ❶ 단체 조직의 소재지. ❷ 개최지.
【会众】huìzhòng 名 ❶ 회중. 회의 출석자. 회합에 모인 대중. ❷ 옛날 민간의 비밀 결사에 참가한 사람.
Ⓑ kuài
4【会计】kuàijì ❶ 動 회계하다. ❷ 名 회계원. ¶高级～师 | 공인 회계사. ¶助理～师 | 수습 회계사. ¶～年度 | 〈經〉회계 연도.
Ⓒ guì
【会稽】Guìjī 名 〈地〉절강성(浙江省)에 있는 산 이름.
【荟(薈)】huì 풀우거질 회 書 ❶ 狀 초목이 무성하다. ❷ 動 모이다. 모으다. ¶～萃↓ ¶～集↓
【荟萃】huìcuì 動 (우수한 인물이나 정채한 물건 등이) 모이다. ¶～一堂 | 한 곳에 모이다. ¶人才～ | 인재가 모이다 =〔会萃〕〔汇huì萃〕
【荟集】huìjí 動 모으다. 모이다. ¶～了一些各人字画 | 명인의 글과 그림 약간을 모았다.
4【绘(繪)】huì 그림 회 動 (그림을) 그리다. (도면을) 그리다. ¶～彩色图画 | 채색화를 그리다. ¶～声～色↓ =〔書 缋huì〕→〔画①〕
【绘成】huìchéng 動 (…으로) 그리다. (…을) 그림으로 나타내다. ¶～了一幅风景画 | 한 폭의 풍경화를 그리다.
4【绘画】huì/huà ❶ 動 그림을 그리다. ¶他长于～ | 그는 그림에 뛰어나다. ❷ (huìhuà) 名 회화. 그림. ¶～架 | 화가(畫架). 이즐(easel).
【绘声绘色】huì shēng huì sè ❶ 成 (묘사나 서술이) 생생하다[핍진하다]. ¶～的描写 | 생생한 묘사 =〔绘声绘影yǐng〕〔绘形绘声〕〔绘影绘声〕 ❷ (huìshēng huìsè) 名 (한자(漢字)의) 상형(象形)과 상성(象聲).
【绘事】huìshì 書 名 회화에 관한 일.
【绘图】huì/tú 動 제도(製圖)하다. 도면을 그리다. ¶～师 | 제도사. 도안가. ¶～蜡纸 | 투사지. 트레이싱 페이퍼(tracing paper). ¶～器 | 제도기. ¶～纸 | 도화지. 켄트지.
【绘图机】huìtújī 名 〈電算〉(컴퓨터의) 플로터(plotter).
【绘影绘声】huì yǐng huì shēng ⇒〔绘声绘色①〕
【绘制】huìzhì 動 제도하다. (도면 등을)제작하다. ¶～建设的蓝图 | 건설 청사진을 제작하다. ¶～地图 | 지도를 제작하다.
【桧】huì ☞ 桧 guì Ⓑ
【烩(燴)】huì 모아끓일 회 動 ❶ 기름에 볶은 후 소량의 물에 갠 녹말 가루를 넣고 걸쭉하게 만들어 데워 요리하다. ¶～虾仁xiārén | 〈食〉위와 같은 방법으로 만든 새우 속살 요리. ❷ 쌀밥 등에 생선·육류·야채 등을 넣고 끓여 요리하다. ¶～饭 | 〈食〉이와 같은 요리법으로 만든 요리
【烩玉米松茸】huìyùmǐsōngróng 名 〈食〉옥수수 양송이 볶음.
【讳(諱)】huì 꺼릴 휘, 휘 휘 ❶ 動 꺼리다. (꺼려) 피하다. 감추다. ¶直言不～ | 직언을 함에 꺼리낌이 없다. ¶隐～ | 꺼리어 숨기고 피하다. ❷ 名 기휘(忌諱). 꺼리는 일. ¶犯了他的～了 | 그가 꺼리는 일을 하였다. ❸ 名 휘 [옛날, 죽은 황제나 손위 사람의 이름]
【讳病忌医】huì bìng jì yī ⇒〔讳疾忌医〕
【讳疾忌医】huì jí jì yī 成 병을 감추고 의사를 피하다. 자기의 결점이나 잘못을 덮어 감추고 남의 충고나 비판을 회피하며 고치려 하지 않다 =〔讳病忌医〕
【讳莫如深】huì mò rú shēn 成 깊이 감춰 두고 누설하지 않다. 그저 숨기기만 함. ¶对于要不要改国号一事, 李总统～ | 국호를 바꿀것이냐는 문제에 대해, 이총통은 그저 숨기기만 한다.
【哕】huì ☞ 哕 yuě Ⓑ
4【秽(穢)】huì 더러울 예 ❶ 形 더럽다. ¶污～ | 불결하다. ❷ 形 추악하다. ¶～行↓ ❸ 名 잡초.
【秽迹】huìjì 書 名 추악한 행적. ¶揭露他的～ | 그의 추악한 행적을 드러내다.
【秽气】huìqì 名 악취.
【秽土】huìtǔ 名 ❶ 〈佛〉예토. 이 세상 [정토(淨土)에 대(對)해서 말함] ❷ 더러운 흙. ❸ 쓰레기. ¶～车 | 쓰레기 차 =〔垃圾lājī〕
【秽闻】huìwén 書 名 추문(醜聞). 추악한 소문. 스캔들 [주로 음란한 소문을 가리킴] ¶～四播 | 추문이 사방에 퍼지다. ¶～远扬 | 스캔들이 멀리까지 퍼지다.
【秽行】huìxíng 書 名 추악한 행위 [주로 음란한 행동을 가리킴] ¶批判其～ | 그 추악한 행위를 비판하다.
4【贿(賄)】huì 뇌물 회, 재물 회 名 ❶ 뇌물. ¶行～ =〔送贿〕 | 뇌물을 주다. ¶受～ | 뇌물을 받다. ❷ 재화. 재물.
4【贿赂】huìlù 名 動 뇌물(을 주다). ¶受～ | 뇌물을 받다. ¶～并行 | 뇌물수수가 함께 이루어지다. ¶～公行 | 뇌물수수가 공공연히 행해지다. ¶他用黄金～了办事人员 | 그는 금을 담당자에게 뇌물로 주었다.
【贿选】huìxuǎn 動 선거에서 당선되기 위해 뇌물을 쓰다.
【恚】huì 성낼 에 書 動 원망하다. 분노하다. ¶～其无礼 | 그 무례함에 대해 분노하다.
【恚恨】huìhèn 書 動 원망하다. ¶～至极 | 원망이 극에 달하다.

【彗】huì 비 혜, 살별 혜
❶書名비. ❷ ⇒〔彗星〕

【彗汜画涂】huì sì huà tú 成 비로 쓸고 금을 긋다. 무른 땅에 말뚝박기. 매우 쉽다.

【彗星】huìxīng 名〈天〉혜성. 살별 =〔长cháng星〕〔帚zhǒu星〕〔俗 扫sǎo帚星〕

3【慧】huì 총명할 혜
形 총명하다. 슬기롭다. ¶～明↓ ¶貌máo若不～ | 얼굴 생김새는 총명하지 않은 것같다.

【慧明】huìmíng 書❶形 총명하다. 영리하다. ❷名 명확한 생각.

【慧黠】huìxiá 書形 총명하고 교활하다〔약다〕. ¶此人十分～, 能言善辩 | 이 사람은 매우 교활하여, 말을 잘 꾸민다.

【慧心】huìxīn 名❶〈佛〉혜심 [우주의 진리를 깨닫는 마음] ❷喻 지혜.

【慧眼】huìyǎn 名〈佛〉혜안 =〔慧目〕

【槥】huì 작은관 혜
書名 작은 관(棺) =〔椟椟dú〕

【篲】huì 비 수
書名 비 [대나무로 만든 비]

【篲汜画涂】huì sì huà tú ⇒〔彗汜画涂〕

【诲(誨)】huì 가르칠 회
書動 가르치다. 깨우치다. 가르쳐 인도하다. ¶～人不倦↓

【诲人不倦】huì rén bù juàn 成 싫증내지 않고 꾸준히 가르치다 =〔诲而不倦〕

【诲淫诲盗】huì yín huì dào 成 간음·절도 등의 나쁜 짓을 하도록 가르치다. ¶他善于～ | 그는 나쁜 짓 가르치기를 잘한다.

【晦】huì 그믐 회, 어두울 회
書❶形 어둡다. 컴컴하다. ¶～冥↓ ❷形 분명하지 않다. 똑똑치 않다. ¶～涩↓ ❸名 (캄캄한) 밤. ¶风雨如～ | 비바람이 휘몰아쳐 마치 캄캄한 밤과 같다. ❹名 음력 그믐. ¶～朔↓

【晦暗】huì'àn 書形 어둡다. ¶面色～ | 안색이 어둡다.

【晦明】huìmíng 書名 낮과 밤. 명암(明暗). 어둠과 밝음.

【晦冥】huìmíng 書形 어둡다. 어두컴컴하다. ¶天地～ | 천지 회명 =〔晦暝míng〕

【晦气】huìqì ❶形 불운하다. 재수없다. 운수 사납다. ¶认～ | 운수가 사나운 것으로 치다. ¶～的事 | 불운한 일. ❷名 불운. ¶退退～ | 액막이를 하다.

【晦涩】huìsè 形 회삽하다. (언어·문장 등이) 난해(難解)하여 뜻을 알 수 없다. ¶文字～ | 문장이 난해하다. ¶～的语言 | 회삽한 말. ¶李商隐的诗很～ | 이상은의 시는 매우 회삽하다.

【晦朔】huìshuò 書名❶ 그믐과 초하루. ❷ 저녁과 아침.

【喙】huì 부리 훼
書名 (새·짐승의) 부리. 주둥이. (사람의) 입. ¶不容置～ | 말참견을 허용하지 않는다. ¶百～莫辩 | 成 입이 백개라도 변명할 수 없다.

4【惠〈僡憓〉】huì 은혜 혜
❶名動 은혜(를 베풀다). 혜택(을 주다). ¶施～于人 | 남에게 은혜를 베풀다. ¶平等互～的原则 | 호혜 평등의 원칙. ❷書敬 상대방이 자기를 대하는 행위를 존경하여 말할 때 사용함. ¶～临↓ ¶～存↓ ❸「慧」과 통용⇒〔慧huì〕 ❹(Huì) 名 성(姓).

【惠赐】huìcì 名動札 혜사(하다). ¶请即～荐书一封 | 추천서 한 통 써 주시기 바랍니다.

【惠存】huìcún 札 받아 간직해 주십시오 [사진·서적 등을 증정할때 씀] =〔赐cì存〕

【惠恩】huì'ēn 名 은혜. 자애.

【惠风】huìfēng 名❶ 만물을 자라게 하는 따뜻하고 부드러운 바람. ❷喻 남풍(南風). 봄바람. ❸喻 임금의 은혜.

【惠顾】huìgù 名動 혜고(하다). 신세를 입다. ¶铭谢～ | 혜고에 깊이 감사드리다 [주로 상점에서 고객에 대하여 많이씀]

【惠及】huìjí 動 (어떤 사람 또는 장소에) 은혜가 미치다. ¶～远方 | 은혜가 먼 곳에까지 미치다. ¶～后世学者 | 후세 학자에 은혜가 미치다.

【惠寄】huìjì 名動札 혜송(惠送)(하다). ¶～大作 | 대작을 혜송하다.

【惠莅】huìlì 名動札 혜림(惠臨)(하다).

【惠临】huìlín 名動敬 혜림(하다). 왕림(하다).

【惠灵顿】Huìlíngdùn 名〈地〉웰링턴(Wellington) [「新西兰」(뉴질랜드;New Zealand)의 수도]

【惠然肯来】huì rán kěn lái 成❶ 흔쾌히〔기꺼이〕오다. ❷敬 왕림해 주시다. ¶学兄～, 小弟不胜荣幸 | 학형께서 왕림해 주시니, 이 동생은 대단한 영광입니다.

【惠询】huìxún 書❶動 조회〔문의〕를 하시다. ❷名 문의. 물으심. ¶承蒙～ | 하문(下問)을 받다.

【蕙】huì 난초 혜
名〈植〉❶ 혜초(蕙草) =〔零líng陵香〕〔佩pèi兰⑤〕〔熏xūn草①〕 ❷ 혜란(蕙蘭). ¶～心 | 轉 미인의 아름다운 마음. ¶～质 | 아름다운 성질 =〔蕙兰〕

【蕙兰】huìlán 名〈植〉혜란.

【蟪】huì 쓰르라미 혜
⇒〔蟪蛄〕

【蟪蛄】huìgū 名〈蟲〉씽씽매미 =〔惠huì蛄〕

【溃】huì ☞ 溃 kuì Ⓑ

【阓(闠)】huì 저자문 궤
⇒〔阛huán阓〕

【缋(繢)】huì 그림 궤, 그림 귀
「绘」와 같음⇒〔绘〕

hūn ㄏㄨㄣ

2【昏】hūn 날저물 혼, 어두울 혼
❶書名 해질 무렵. 황혼(黃昏). ¶晨chén～ | 아침 저녁. ❷形 어둡다. 컴컴하다. ¶天～地暗 | 온 천지가 캄캄하다. ❸形 (정신이) 멍하다. 흐리멍텅하다. 어리석다. ¶～头～脑↓ ¶～庸↓ ❹動 (정신이) 나가다. (의식을) 잃다. ¶～过去了 | 정신이 나가다. ¶～迷↓ ❺動 어지럽다. (눈앞이) 어리어리하다. ¶头～眼花 |

머리가 어질어질하고 눈앞이 아찔하다.

【昏暗】hūn'àn 形 어둡다. 어두컴컴하다. ¶～不明 | 어두컴컴하다.

【昏沉】hūnchén ❶形 어둡다. 어둑어둑하다. ¶暮色～ | 저녁 빛이 어둑어둑하다. ❷⇒〔昏昏沉沉〕

【昏沉沉】hūnchénchén 狀 ❶ 의식이 몽롱하다. ¶脑nǎo子～的 | 머리가 몽롱하다. ❷ 어둑어둑하다.

【昏定晨省】hūn dìng chén xǐng 成 조석으로 부모님께 문안을 여쭙다 ＝〔晨昏定省〕

【昏官】hūnguān 書 名 아둔한 관리. ¶～当朝, 百姓遭殃 | 아둔한 관리가 조정 일을 맡으면, 백성들이 재앙을 만난다.

【昏过去】hūn ·guò ·qù 까무러치다. 의식을 잃다. ¶哭得～了 | 울다가 까무러쳤다.

【昏黑】hūnhēi 狀 ❶ (날이) 어둑어둑하다. ¶天色～ | 날이 어둑어둑하다. ❷ (빛깔·안색이) 어둡다. ❸ (전도가) 암담하다.

【昏花】hūnhuā 狀 눈이 침침〔가물가물〕하다. ¶老眼～ | 노안으로 눈이 침침하다.

【昏话】hūnhuà 名 황당한 말.

【昏黄】hūnhuáng 書 狀 흐릿하다. 몽롱하다 [주로 달빛·등불 빛 등] ¶月色～ | 달빛이 흐릿하다.

【昏昏】hūnhūn 狀 ❶ 어둡다. 컴컴하다. ❷ 깊이 잠들다. 잠에 빠지다. ¶～熟睡 | 깊이 잠들다. ❸ 어지럽다. 정신이 가물가물하다.

【昏昏沉沉】hūn·hunchénchén 狀 혼미하다. 의식이 없다. ¶他发高烧, ～地睡了两天 | 그는 고열이 나서 의식없이 이틀 동안을 잤다 ＝〔昏沉②〕

【昏昏盹盹】hūn·hundǔndǔn 狀 머리가 멍하다. 몽롱하다.

【昏昏沌沌】hūn·hundùndùn 狀 어둑어둑하다. 분명하지 않다. 멍하다.

【昏昏欲睡】hūn hūn yù shuì 成 정신이 멍하여 졸리다.

【昏厥】hūnjué 動〈醫〉의식을 잃다. 졸도하다 ＝〔晕yūn厥〕

【昏君】hūnjūn 名 ❶ 書 아둔한 군주. ¶你这个老～, 该下台了 | 너처럼 아둔한 군주는 반드시 물러나야 한다. ❷ 罵 바보. 얼간이.

【昏聩】hūnkuì 書 形 눈과 귀가 어둡다. 喻 머리가 아둔하여 시비를 못 가리다. 멍청하다.

【昏乱】hūnluàn 形 ❶ (머리가) 어지럽다. (정신이) 혼미하다. ❷ 書 (세상이) 어지럽다〔혼란하다〕.

2【昏迷】hūnmí 動 혼미하다. 의식 불명이다. 인사불성이다. ¶～不醒 | 의식불명으로 깨어나지 못하다. ¶处于～状态zhuàngtài | 혼수 상태에 빠지다.

【昏睡】hūnshuì 名 動 혼수(하다). ¶他在～中死去 | 그는 혼수 상태에서 죽었다.

【昏死】hūnsǐ 動 의식을 잃다. 졸도하다.

【昏天黑地】hūn tiān hēi dì 成 ❶ 사방이 캄캄하다. ¶到了晚上, ～的, 山路就更不好走了 | 밤이 되니 사방이 캄캄해져 산길은 더욱 걷기가 불편해졌다. ❷ 정신이 아찔하다. 혼미하다. ❸ 아수라장〔난장판〕(이 되다). ❹ (생활이) 방탕하다〔문란하다〕. ¶过着～的生活 | 방탕한 생활을 하다. ❺ (세상이) 어지럽다〔암담하다〕‖＝〔浑hún天黑地〕

【昏头昏脑】hūn tóu hūn nǎo 成 정신이 흐리멍텅하다. 어리벙벙하다 ＝〔昏头打脑〕〔浑头浑脑〕〔混hùn头混脑〕

【昏头转向】hūn tóu zhuàn xiàng ⇒〔晕yūn头转向〕

【昏星】hūnxīng 名〈天〉개밥바라기 [일몰 후 서쪽 하늘에 보이는 금성(金星)이나 수성(水星)]

【昏眩】hūnxuàn 形 (정신이) 어질어질하다. (눈앞이) 아찔하다. (머리가) 어찔하다.

【昏庸】hūnyōng 書 形 멍청하고 어리석다. 우매하다. 우둔하다. ¶国君～政治腐败 | 나라의 임금이 우매하면, 정치가 부패해진다. ¶老朽xiǔ～ | 成 노쇠하고 우둔하다.

【阍(閽)】hūn 문지기 혼
書 名 문. 궁문. ¶～人＝〔司阍〕| 문지기.

【阍者】hūnzhě 書 名 문지기.

2【婚】hūn 혼인할 혼
名 動 혼인(하다). ¶未～ | 미혼. ¶重～ | 다시 결혼하다. ¶结～ | 결혼하다. ¶离～ | 이혼하다.

【婚变】hūnbiàn 名 가정에서의 혼인관계의 변화 [주로 이혼이나 외도를 말함] ¶她几经～, 心力交瘁 | 그녀는 여러차례 이혼을 하여, 마음이 비교적 쇠약해 있다.

【婚假】hūnjià 名 결혼 휴가.

【婚嫁】hūnjià 名 혼사(婚事).

【婚礼】hūnlǐ 名 결혼식. 혼례. ¶～蛋糕dàngāo | 웨딩 케이크. ¶举行～ | 결혼식을 거행하다 ＝〔昏hūn礼〕

【婚龄】hūnlíng 名 ❶〈法〉결혼 연령. ❷ 혼기(婚期). 결혼 적령기.

【婚配】hūnpèi ❶ 動 결혼하다. 배우자가 되다 [흔히, 기혼·미혼의 구별에 쓰임] ¶子女三人, 均已～ | 아들딸 셋 다 결혼했다. ❷ 名 배우자. ¶成～ | 부부가 되다.

【婚期】hūnqī 名 ❶ 결혼 날짜. 결혼식 날. ¶～纪念 | 결혼 기념일. ¶确定～ | 결혼 날짜를 정하다. ❷ 혼기(婚期). 결혼 적령기. ¶错过～ | 혼기를 놓치다.

【婚事】hūnshì 名 ❶ 혼사. ¶办～ | 혼사를 치르다. ❷ 혼담(婚談). ¶正在考虑～ | 혼담을 고려중이다.

【婚书】hūnshū 名 결혼 증명서 ＝〔龙lóng凤帖〕〔婚据jù〕

【婚外恋】hūnwàiliàn 名 유부남·유부녀와의 연애.

2【婚姻】hūnyīn 名 ❶ 혼인. 결혼. ¶～介绍所 | 결혼 상담소. ¶～自由 | 결혼의 자유 ＝〔昏hūn姻〕❷ 書 부부(夫婦).

【婚姻法】hūnyīnfǎ 名〈法〉혼인법.

【婚约】hūnyuē 名 動 혼약(하다). 결혼 약속(하다). 약혼(하다). ¶撕毁sīhuǐ了～ | 결혼 약속

을 파기했다.

【荤(葷)】hūn xūn 훈채 훈, 냄새날 훈

Ⓐhūn 名❶(육류의) 고기요리. ¶不吃～ | 육식을 하지 않다. ¶开～ | 정진(精進)기간이 끝나 (못먹게 하던) 고기 요리를 다시 먹게하다. ❷〈佛〉(파·마늘·등의) 특수한 냄새가 나는 채소.

Ⓑxūn ⇒〔荤粥〕

Ⓐhūn

【荤菜】hūncài 名 고기 요리. 생선·육류 요리. ¶和尚不能吃～ | 승려는 고기 요리를 먹지 않는다 ⇔〔素sù菜〕

【荤腥(儿)】hūnxīng(r) 名〈食〉(생선·고기 등의) 비린내 나는 음식. ¶他从不沾一点儿～ | 그는 이제까지 조금도 비린내 나는 음식을 먹지 않았다.

【荤油】hūnyóu 名〈食〉라드(lard). 돼지 기름 =〔猪zhū油〕

Ⓑxūn

【荤粥】Xūnyù ⇒〔獯Xūn鬻〕

hún ㄏㄨㄣˊ

3【浑(渾)】hún 흐릴 혼, 모두 혼 ❶動(물이) 탁하다. 탁해지다. ¶水～了 | 물이 흐려졌다. ❷形 멍청하다. 어리석다. 똑똑지 못하다. ¶～人↓ ❸形 전(全). 전부. 모두. 완전히. ¶～身是汗 | 온몸이 땀투성이다 ‖ =〔混hún〕❹자연의. 천연의. ¶～厚↓ ¶～实↓ ❺書副 거의. ❻(Hún) 名 성(姓).

【浑虫】húnchóng ⇒〔浑蛋dàn〕

【浑蛋】húndàn 名罵 개자식. 망할 자식. 머저리같은 놈 =〔浑虫chóng〕〔混hùn虫〕〔混蛋〕

【浑沌】húndùn ❶⇒〔混hùn沌〕❷名 혼돈 [전설상의 악수(惡獸)] ❸名喩 자연(自然).

【浑噩】hún'è 貶 ❶멍청하다. 흐리멍덩하다. ❷천진 난만하다. 순진하다. 순박하다.

【浑号】húnhào ⇒〔绰chuò号(儿)〕

【浑厚】húnhòu 書形 ❶질박하고 성실하다〔온후하다〕. ¶天性～ | 천성이 온후하다. ❷(시문이나 서화의 풍격이) 소박하고 무게 있다〔중후하다〕. 웅혼(雄渾)하다. ¶笔力～ | 필력이 웅혼하다. ¶歌声～有力 | 노래 소리가 웅혼하여 힘이 있다. ❸(용모가) 관록이 있다. ¶～的面容 | 중후한 느낌의 용모.

【浑话】húnhuà 形 허튼 소리. 헛소리.

【浑浑】húnhún 書貶 분란(紛亂)스럽다. 어지럽다. 순박하다.

【浑浑噩噩】húnhún è'è 貶 ❶순박하고 천진하다. ❷어리석고 멍청하다.

【浑混】húnhùn ⇒〔混hùn沌〕

【浑家】húnjiā 名近 ❶아내. 처. ❷온 가족.

【浑金璞玉】hún jīn pú yù 成 제련하지 않은 금과 다듬지 않은 옥. 원래부터 아름다운 것. (사람의) 품성이 순박하고 아름답다 =〔璞玉浑金〕

【浑酒】húnjiǔ 名 탁주. ¶一杯～聊解愁 | 한 잔의 탁주로 시름을 삭이다.

【浑沦】húnlún 書貶 혼돈(混沌)하다. 분명하지 않다. 혼돈 상태이다 =〔混hùn沦②〕

【浑朴】húnpǔ 形 질박하다. 소박하다.

【浑然】húnrán 書副 ❶온통. 완전히. 혼연히. ¶～一体 | 成 혼연 일체. ❷전혀. 아주. ¶～无知 | 아주 무지하다. ¶～天成 | (재덕·문장 등이) 완전무결하다.

【浑人】húnrén 書名 바보. 멍청이.

3【浑身】húnshēn 名 온몸. 전신. ¶～都是泥 | 온몸이 진흙투성이다. ¶～是胆 | 成 아주 대담무쌍하다 =〔混hùn身〕〔周zhōu身〕〔全quán身〕

【浑实】hún·shi 形 ❶천진난만하다. ❷(어린애가) 토실토실 튼튼하다. ❸착실하다. 성실하다.

【浑水摸鱼】hún shuǐ mō yú 成 혼란한 틈을 타서 한 몫 보다 =〔混hùn水摸鱼〕〔浑水浑鱼〕

【浑天仪】húntiānyí ❶名〈天〉혼천의 =〔浑仪〕〔浑天球qiú〕❷⇒〔天tiān球仪〕

【浑象】húnxiàng ⇒〔天tiān球仪〕

【浑小子】húnxiǎo·zi 名 바보 녀석. 멍청이 [젊은 남성에게 씀] ¶我揍zòu你这个～! | 내가 너 이 멍청한 놈을 때려주겠다!

【浑圆】húnyuán 書貶 둥글다. 동그랗다. ¶～的月亮 | 둥근 달.

【浑浊】húnzhuó 書形 ❶혼탁하다. 흐리다. ¶～的河水 | 혼탁한 황하의 물. ❷어리석다. (머리가) 흐리터분하다.

【珲(琿)】hún huī 아름다운옥 혼

Ⓐhún 書❶名 옥(玉)의 일종. ❷지명에 쓰이는 글자. ¶～春县 | 혼춘현. 길림성(吉林省)에 있는 현이름.

Ⓑhuī ⇒〔瑗珲〕

【混】hún ☞ 混 hùn Ⓑ

【馄(餛)】hún 만두 혼 ⇒〔馄饨〕

【馄饨】hún·tún 名〈食〉혼돈〔보통 「水饺子」(물만두) 보다 작은 만두〕

3【魂】hún 넋 혼 名❶(～儿) 혼. 영혼 [형체(形体)에 붙어 있는 넋은 「魂」이라 하고, 형체에서 떨어진 넋을 「魄」이라 함] ¶～魄↓ →〔魄pò〕❷정신. 정서. ¶神～颠倒 | (무엇에 정신이 나가)정신이 뒤바뀌어 있다. 제 정신이 아니다. ❸국가·민족의 숭고한 정신. ¶民族～ | 민족혼.

【魂不附体】hún bù fù tǐ 成 겁에 질려 넋을 잃다. 혼비백산하다. ¶他吓得～ | 그가 놀라 혼비백산하다.

【魂不守舍】hún bù shǒu shè 成 (죽음에 임박하여) 정신이 오락가락하다 =〔魂不守宅zhái〕

【魂飞胆裂】hún fēi dǎn liè 成 혼이 달아나다. 혼비백산하다 =〔魂飞魄pò散〕〔魂飞天外〕〔魄散魂飞〕

【魂飞魄散】hún fēi pò sàn ⇒〔魂飞胆dǎn裂〕

【魂飞天外】hún fēi tiān wài ⇒〔魂飞胆裂〕

【魂灵(儿)】hún·líng(r) 名口 영혼. 혼. 넋.

【魂魄】húnpò 名 혼백. 영혼.

hùn ㄏㄨㄣˋ

【诨(諢)】hùn 농 원, 별명 원
名 익살. 우스갯 소리. 농담. ¶～号↓ ¶插科打～ | 익살이나 유머를 섞어서 남을 웃기다.
【诨号】hùnhào ⇒〔绰chuò号(儿)〕
【诨名】hùnmíng ⇒〔绰chuò号(儿)〕
【鲩(鯶)】hùn ⓧhuàn) 초어 혼
名〈魚貝〉초어(草魚). ¶～鱼 | 초어 =〔鲩huàn〕
【砼】hùnníngtǔ ☞ 砼 tóng
2【混】hùn hún gǔn 섞일 혼, 흐릴 혼
Ⓐhùn ❶動 섞다. 섞이다. ¶～在一块儿 | 함께 섞다〔섞여 있다〕. ❷動 남을 속이다. 가장하다. ¶蒙～过天 | 成 속임수를 써서 고비를 넘기다. ❸動 그럭저럭 살아가다. 되는대로 살아가다. ¶～日子↓ ¶整天胡～ | 왼종일 빈둥거리다. ❹動 (비정상적인) 관계를 맺다. ¶他们～得烂熱 | 그들은 밀착된 관계다. ❺形 혼란하다. 혼동하다. ❻形 모호하다. 명확하지 않다. ¶含～ | 모호하다. ❼書形 더럽다. 혼탁하다. ¶～浊↓ =〔書 溷①〕 ❽副 함부로. 되는대로. 아무렇게나. ¶～出主意 | 되는대로 의견을 내놓다.
Ⓑhún「浑」과 통용 ⇒〔浑①②③〕
Ⓒgǔn 書 貶 물이 세차게 흐르다. 도도하게 흐르다. ¶～～ | 콸콸 흐르다. 도도히 흐르다 =〔滚gǔn②〕
Ⓐhùn
【混编】hùnbiān 動 혼합하여 편성하다. ¶把这些不同来源的学生～成一个大班 | 이런 출신이 다른 학생들을 혼합하여 한 개반으로 편성하다.
【混成】hùnchéng 動 뒤섞여서 이루어지다. 혼합하여 이루어지다.
【混成旅】hùnchénglǚ 名 簡〈軍〉「混成旅团」(혼성 여단)의 약칭.
【混充】hùnchōng 動 사칭(詐稱)하다. 속이다. 가장하다. ¶～共产党员 | 공산당원으로 사칭하다.
【混沌】hùndùn 區 혼돈(渾沌). 무지 몽매한. ¶～世界 | 혼돈의 세계 =〔浑hún沌①〕〔浑混〕
【混饭】hùn/fàn 動 밥벌이하다. 그럭저럭 살아가다. ¶～吃 | 그럭저럭 해서 밥먹고 살다. ¶他到处～ | 그는 이곳저곳에서 그럭저럭 살아간다.
4【混纺】hùnfǎng 名〈紡〉❶ 혼방. ¶～纱 | 혼방사(絲). ¶棉毛miánmáo～ | 면모 혼방. ❷ 혼방 직물.
【混分儿】hùn/fēnr 動 그럭저럭 점수 만을 얻다.
3【混合】hùnhé ❶動 혼합하다. 함께 섞다. ¶男女～双打 | 남녀 혼합 복식. ¶～公司 | 합판(合辦) 회사. ❷名〈化〉혼합. ¶～比 | 혼합비. ¶～色 | 혼합색. ¶～晶 | 혼정. ¶～气 | 혼성 가스. ¶～器 | 믹서.
【混合台】hùnhétái 量 트랙터(tractor)의 대수를 계산하는 단위 =〔自zì然台〕
4【混合物】hùnhéwù 名〈化〉혼합물.
【混混】hùnhùn ❶貶 왕성하다. 활달하다. ❷擬 곤곤. 콸콸〔물결 소리〕❸形 혼탁하고 어지럽다.
【混迹】hùnjì 書動 진면목을 숨기고 끼어들어 섞이다. 잠입하다. ¶他一生～于政坛, 但始终不得志 | 그는 일생을 정계에 몸담았으나, 결국 뜻을 얻지 못하였다.
【混交林】hùnjiāolín 名 혼효림(混淆林). 혼합림(混合林).
【混进】hùnjìn 動 (어떤 조직이나 지역에) 잠입하다〔섞여 들다〕. ¶他终于～了会场 | 그는 마침내 회의장에 잠입했다.
3【混乱】hùnluàn 名形 혼란(하다). ¶思想～ | 사상이 혼란하다. ¶秩序zhìxù～ | 질서가 문란하다.
【混沦】hùnlún ❶書 貶 물이 굽이쳐 흐르다. ❷⇒〔浑hún沦〕
3【混凝土】hùnníngtǔ 名 콘크리트(concrete). ¶钢筋～ | 철근 콘크리트. ¶～块 | 콘크리트 블록. ¶～觉拌机 | 콘크리트 믹서. ¶～搅拌汽车 | 콘크리트 트럭 믹서. ¶～工 | 콘크리트 공사.
【混骗】hùnpiàn 動 어물쩍 속이다.
【混频管】hùnpínguǎn 名〈電算〉혼합관(混合管).
【混频器】hùnpíngqì 名〈電算〉믹서(mixer).
【混然】hùnrán 貶 구별·구분이 없다. 뒤섞이다. 무지(無知)하다.
【混日子】hùn rì·zi 그럭저럭 나날을 보내다. 무위(無爲)하게 날을 보내다. ¶他在家里～ | 그는 집에서 무위도식한다.
【混入】hùnrù 動 혼입하다. (한데) 섞여들다
【混世魔王】hùnshìmówáng 成 喩 세상을 어지럽히고 재난을 가져다 주는 마귀. ¶希特勒是个～ | 히틀러는 세상을 어지럽히고 재난을 가져다 준 악마이다.
【混事】hùn/shì 動 貶 ❶ (뚜렷한 목적도 없이) 일을 아무렇게나 하다. ❷俗 매음(賣淫)하다. ¶～的 | 매춘부. ❸ (단지 먹고 살기 위해) 일을 하다. 그럭저럭 밥벌이나 하다 =〔混事由儿〕
【混熟】hùnshú 動 ❶ 친한 사이가 되다. ¶他跟队长～了 | 그는 대장과 친한 사이가 되었다. ❷ 어떻게 해서든 친해지다.
【混同】hùntóng 動 혼동하다.
【混为一谈】hùn wéi yī tán 成 똑같이 취급하다 =〔并bìng为一谈〕
3【混淆】hùnxiáo 動 ❶ 뒤섞이다 〔주로 추상적인 것에 쓰임〕 ¶真伪～ | 진위가 헛갈리다. ❷ 뒤섞다. 헛갈리게 하다. ¶～黑白 | 成 고의로 흑백을 헛갈리게 하다 ‖ =〔浑hún淆〕
【混淆是非】hùn xiáo shì fēi 成 고의로 시비를 헛갈리게 하다. ¶要旗帜鲜明, 不能～ | 기치를 선명히 하면, 고의로 시비를 헛갈리게 할 수 없다.
【混淆视听】hùn xiáo shì tīng 成 남의 이목(耳目)을 혼란시켜 시비(是非)를 분간할 수 없게 하다.
【混血】hùn/xuè ❶動 혼혈하다. ❷ (hùnxuè) 名 혼혈. ¶～儿 | 혼혈아.
【混一】hùnyī 書動 혼일하다. 섞여서 하나가 되다.
【混杂】hùnzá 動 (뒤)섞(이)다. ¶鱼龙～ | 成 옥(玉)과 돌이 섞이다. ¶老师说的话里～着方言 |

선생님의 말에 방언이 섞여 있다.
【混战】hùnzhàn 名動 혼전(하다). 난투(하다). ¶一场～ | 한바탕의 혼전. ¶～了一会儿, 警察就来了 | 잠시 난투를 벌이자 경찰이 왔다.
【混帐】hùnzhàng 區罵 염치없는. 뻔뻔한. 비열한. ¶～东西 | 개자식. ¶～话 | 개소리.
4【混浊】hùnzhuó 形 혼탁하다. 흐리다. 탁하다. ¶～的水 | 흐린 물. ¶～度 | 흐림도. ¶～的空气 | 혼탁한 공기 ＝〔溷浊〕‖⇔〔明澈chè〕
Ⓑ hún
【混虫】húnchóng 名罵 멍텅구리. 바보. ¶他真是个～ | 그는 정말 바보이다.
【混蛋】húndàn ⇒〔浑hún蛋〕
【混水摸鱼】hún shuǐ mō yú ⇒〔浑水摸鱼〕

【溷〈圂$_{2,3}$〉】hùn 더러울 혼, 뒷간 혼 ❶「混」과 통용⇒〔混hùn ⑦〕❷名 돼지 우리. ❷名 변소.

huō ㄏㄨㄛ

【耠】huō ㊀ hé) 극젱이 합 ❶(～子) 名〈農〉극젱이. ❷動 땅을 일구다. ¶～个二三寸深就够了 | 두 세 치의 깊이로 일구면 된다 ＝〔豁huō④〕〔劐huō②〕

【锪】huō ☞ 锪 huò

【劐】huō 찢을 획 ❶動 (칼·가위로) 째다〔가르다〕. ¶用刀一～绳子就断了 | 칼로 한 번 가르니 끈이 끊어졌다. ❷「耠」와 같음⇒〔耠②〕

4【豁】huō huò huá 넓을 활

Ⓐ huō ❶動 찢어지다. 갈라지다. ¶～了一个口子 | 갈라져서 틈새가 하나 생겼다. ¶纽襻niǔpàn儿～了 | 단추 고리가 끊어졌다. ❷動 내걸다. 희생시키다. ¶～着命干 | 목숨을 내걸고 하다. ¶～出一天工夫也得把它办理 | 하루쯤 시간을 내서라도 그 일을 처리해야 한다. ❸(～子)名 깨진 부분. 갈라진 틈. 터진 곳. ¶城墙～子 | 성벽을 허물어 만든 통로. ❹「耠」와 같음⇒〔耠②〕
Ⓑ huò ❶(생각이) 확 트이다. ¶～达↓ ❷(세금·형벌 등을) 면제하다. ¶～免↓ ❸⇒〔豁亮〕
Ⓒ huá→〔豁拳〕
Ⓐ huō
【豁边】huōbiān 動 예측이 틀리다.
【豁出去】huō·chu·qu 動組 俗 어떤 희생을 치루더라도 하다. 필사적으로 하다. (목숨을) 내던지다〔내걸다〕. ¶如今事已至此, 我也～了 | 지금 일이 이에 이르렀으니, 나도 어떠한 대가를 치르더라도 하고야 말겠다.
【豁唇】huōchún ⇒〔豁唇子〕
【豁唇子】huōchún·zi 名 언청이 ＝〔豁唇〕〔方豁子①〕〔豁嘴zuǐ(儿)〕〔唇裂〕
【豁口(儿, 子)】huōkǒu(r·zi) 名 (성벽·기물 등의) 갈라진 곳. 터진 곳. 금. ¶城墙～ | 성벽을 허물고 만든 출입구 ＝〔方豁子②〕
【豁上】huō·shang 動 (홍망·성패를 걸고 일체를) 내던지다.(성패를 떠나) 과감히 해보다. ¶把小命～也要去一趟北京 | 목숨을 내던지고 북경을 한 번 가려하다.
【豁着】huō·zhe 動 ❶…을 돌보지 않다. 내걸다. ¶～命干 | 목숨을 내걸고 하다. ❷차라리 …할지언정. 오히려 …하는 편이 낫다. ¶我～不挣钱, 也不卖给他 | 나는 차라리 돈을 벌지 않을 지언정, 그에게는 팔지 않겠다.
【豁子】huō·zi ❶⇒〔豁唇子〕❷⇒〔豁口(儿,子)〕❸名方 성벽을 허물어 만든 통로 ＝〔城墙豁子〕
【豁嘴(儿)】huōzuǐ(r) ⇒〔豁唇chún子〕
Ⓑ huò
【豁达】huòdá 書形 (성격이) 활달하다. 도량이 크다. 너그럽다. ¶老李性格～ | 이형은 성격이 너그럽다. ¶～大度 | 활달하고 도량이 크다.
【豁朗】huòlǎng 形 명랑하다. 탁 트이다.
【豁亮】huò·liàng ⓧ hè·liang) 形 ❶(막힘 없이) 넓고 환하다. ¶这间房子又干净又～ | 이 방은 깨끗하고 환하다. ❷(기분이) 상쾌하다. 확 트이다. ¶心里顿时～了 | 마음이 갑자기 확 트였다. ❸(소리가) 또렷하게 잘 들리다. 낭랑하다.
【豁免】huòmiǎn 書動 (세금·부역 등을) 면제하다. 면해주다. ¶～钱粮 | 조세를 면제하다. ¶～权 | (세금이나 부역의 의무에 대한 외교관·의원·승려 등의) 면제 특권.
【豁然】huòrán 書狀 ❶(마음이) 탁 트이다. 후련하다. ¶听了这句话, 我才～明白 | 이 말을 듣고서야 나는 비로소 확연히 알 수 있었다. ❷확 뚫리다. 환하게 열리다. ¶～贯guàn通 | 환히 꿰뚫다.
【豁然开朗】huò rán kāi lǎng 成 (마음이) 확 트이다. 갑자기 머리가 트이다.
Ⓒ huá
【豁拳】huá/quán ⇒〔划huá拳〕

【攉】huō huò 손뒤집을 확
Ⓐ huō 動 퍼 옮기다. ¶～土 | 흙을 퍼 옮기다.
Ⓑ huò 動 ❶반죽하다. ¶～面 | 밀가루를 반죽하다. ❷書 손을 뒤집다. 휘젓다.
【攉煤】huō méi 動組 석탄을 파다. ¶～工人 | 채탄부. ¶～机 | 채탄용 파워 셔블(power shovel)
【攉捞】huò·lāo 動方 휘저어 어지럽히다.

huó ㄏㄨㄛˊ

1【和】huó ☞ 和 hé Ⓒ

1【活】huó 살 활, 살릴 활, 살림 활 ❶動 살다. 생존하다. 생활하다. ¶我还想多～几年呢 | 나는 아직 몇 년 더 살고 싶다. ¶他还～着吗? | 그가 아직 살아 있니? 어법「活」의 부정은 일반적으로「没」를 쓰고,「不活了」는「不想活了」(살고 싶지 않다)의 뜻이며,「活在…」의 형태로도 많이 쓰임. ¶这花儿没～ | 이 꽃은 살아 있지 않다. ¶小猫儿生下来没～三天就死了 | 고양이 새끼는 삼 일 동안 살다 죽었다. ¶敬爱的周总理永远～在我们心中 | 경애하는 주총리는 영원히 우리 마음 속에 살아 있다⇔〔死〕❷形 살아있는. 생명이 있는. ¶～鸡 | 살아 있는 닭. ¶～老虎 | 살아 있는 호랑이. ❸形 활

기차다. 생기있다. 생생하다. 생동적이다. ¶这一段描写得很～ | 이 문장의 묘사가 아주 생동적이다. ¶群众口头上的语言是～的 | 군중들의 입으로 하는 말은 생생한 것이다. ❹形 재생이 가능한. 재사용할 수 있는. 유동적이다. 이동식이다. 조립식이다. 고정되어 있지 않다. ¶～页↓ ¶～火山↓ ¶这是～的, 可以卸xiè下来 | 이것은 조립식이어서 분해 해체할 수 있다. ¶牙～了 | 이가 흔들리다. ❺副 꼭. 마치. 흡사. 매우. ¶～像一只老虎 | 흡사 호랑이같다. ¶简直是～臭 | 어쨌든 매우 냄새 난다. ❻(～儿) 名 일 [일반적으로 육체노동을 일컬음] ¶细～ | 세공. ¶重～ | 중노동. ¶干～儿 | 일하다. ¶一工～ | 하루 분의 일. ¶粗～ | 막일. ❼(～儿) 名 제품. 상품. 생산품. 세공품. ¶出～儿 | 생산품을 내다. ¶废～ | 불합격품. ¶这一批～儿做得很好 | 이 제품들은 잘 만들어 졌다. ❽(～儿) 名 제사용구 [종이로 누각·창고·상자·수레·말·배·다리·인형 등의 모양을 만들어 제사에 올리는 것] ¶黄～ | 천연두의 신(神)에 바치는 누런 종이로 만든 깃발. 천개(天蓋)·가마·말 등. ❾(～儿) 名 方 싸움. 경쟁. ¶他们俩打起～儿来了 | 그들 둘은 싸우기 시작했다.

【活靶(子)】huóbǎ(·zi) 名 ❶〈軍〉이동 표적. ❷ 살아있는 표적 [비판이나 비난의 표적이 되는 사람을 가리킴] ¶他正好作为我们批判的～ | 그가 마침 우리의 비판의 표적이 되었다.

【活板】huóbǎn 名〈印出〉활판. ¶～印刷 | 활판 인쇄 =〔活版〕〔活字版〕〔活字板〕

【活瓣】huóbàn 名〈生理〉판막(瓣膜).

【活宝】huóbǎo 名 貶 익살꾼. 우스운 사람. 가소로운 사람. ¶你瞧qiáo这个～ | 너 이 익살꾼을 봐라→〔宝货③〕

【活报(剧)】huóbào(jù) 名〈演映〉계몽선전극의 일종[시사 문제 등을 드라마 형식으로 취급하여 대중에게 쉽게 이해시키고자 한 것]

【活便】huó·bian 形 口 ❶ 민첩하다. 기민하다. 재빠르다. ¶手脚～ | 동작이 재빠르다. ❷ 편리하다. ¶这个东西很～ | 이 물건은 아주 편리하다.

【活不活, 死不死】huó bù huó, sǐ bù sǐ ⇒〔死不死, 活不活〕

【活财产】huócáichǎn 名組 산 재산. ¶把掌握的知识·技术看成自己的～ | 파악한 지식·기술을 자기의 산 재산으로 간주하다.

【活茬】huóchá 名 俗 농사일. 들 일 =〔农nóng活〕

【活茬儿】huóchár 名 (일의) 마무리. ¶那个瓦匠的～利落 | 저 미장이의 일 마무리는 깨끗하다.

【活到老, 学到老】huódàolǎo, xuédàolǎo 諺 늙어 죽을 때까지 배움은 끝나지 않는다. 배움의 길은 끝이 없다 =〔活到老, 学不了liǎo〕

【活地狱】huódìyù 名 생지옥. ¶这公司简直是一座～ | 이 회사는 그야말로 생지옥이다.

1【活动】huó·dòng ❶ 動 운동하다. (몸을) 움직이다. ¶每天早晨起来到外边散散步, ～～身子 | 매일 아침 일찍 일어나 밖에 나가 산보하여 몸을 움직이다. ❷ 動 (취직 또는 그 외의 어떤 목적을 위해) 뛰다. 운동하다. 활동하다. ❸ 動 활약하다. 활동하다. ❹ 動 동요되다. 흔들리다. ¶听他的口气, 倒有点～了 | 그의 말투를 들어보니 약간 동요된 것 같다. ¶这把椅子～了 | 이 의자는 흔들거린다. ❺ 名 활동. 행사. 운동. ¶～能力 | 활동력. ¶校内～ | 교내 행사. ¶文艺～ | 레크레이션 활동. ¶悼念～ | 추도 행사. ❻ 名 움직임. 동요. ❼ 形 고정되지 않다. 융통성이 있다. 유동적이다. ¶～资金 | 유동 자금. ¶～靶bǎ | 이동 표적. ❽ 形 경기가 좋다. 호황이다. ¶近来市面上倒还～ | 요즘 경기는 그런대로 호황이다. ¶❾ 形 활발하다. 기민하다. ¶他那个人很～, 困不住的 | 저 사람은 너무나 기민해서 곤경에 빠지는 일이 없다. ❿ 名〈心〉행동.

【活动分子】huódòng fènzǐ 名組 활동 분자. 활동력이 강한 사람.

【活动家】huódòngjiā 名 활동가. ¶他是社会～ | 그는 사회 활동가이다.

【活而不乱】huó ér bù luàn 成 융통성은 있으나 원칙은 지킨다. ¶这儿的气氛qìfēn是～ | 이 곳의 분위기는 융통성은 있으나 원칙은 지킨다.

【活泛】huó·fan 形 口 俗 재치가 있다. 머리가 잘 돈다. 임기 응변에 능하다. ¶心眼～ | 머리가 잘 돌아간다.

【活分】huó·fen 形 ❶ 부드럽고 포슬포슬하다. ¶春天泥土～容易开垦 | 봄에는 땅이 부드럽고 포슬포슬하여 경작하기가 쉽다. ❷ 융통성이 있다. ❸ 활발하다. 활동적이다. ❹ 여리다. 약하다. ❺ (돈이) 넉넉하다.

【活佛】huófó 名 ❶ 활불. 생불(生佛). ❷ 라마교(喇嘛教)의 수장(首長) =〔呼图克图〕 ❸ 세상 사람을 구하는 중.

3【活该】huógāi 能 口 (…한 것은) 당연하다. 그래도 싸다. 자업자득이다. ¶～如此 | 이처럼 되는 것이 당연하다 =〔合当②〕〔合该②〕

【活寡(妇)】huóguǎ(fù) 名 생과부. ¶守～ | 생과부로 수절하다 =〔活孤孀〕

【活鬼】huóguǐ 名 ❶ 산 귀신 [있을 수 없는 일을 말함] ❷ 산 송장.

【活化】huóhuà 名 動〈物〉활성화(하다). ¶～剂jì | 활성제. ¶～能 | 활성화 에너지.

【活化石】huóhuàshí 名 살아 있는 화석 [지질 시대 때 생존했던 동식물로 현재 절멸위기에 놓여 있는 희귀종] =〔孑jié遗生物〕

【活话(儿)】huóhuà(r) 名 확실치 않은 약속[말]. 유동적인 말. ¶他说的是～, 我也不知道他到底怎么想的 | 그의 말이 확실치 않아, 나도 그가 도대체 어떻게 생각하고 있는지 알 수가 없다 =〔活口⑦〕

【活活(儿的)】huóhuó(r·de) 副 ❶ 생으로. 산채로. 멀쩡하게. 무참하게. ¶～冻死了 | 무참하게 얼어죽다 =〔活生生②〕 ❷ 꼭. 마치. 완전히. ¶你呀, ～是个半疯子 | 너는 완전히 반미치광이구나.

【活火】huóhuǒ 名 타오르는 불꽃. 이글거리는 불.

【活火山】huóhuǒshān 名〈地質〉활화산.

【活计】huó·ji 名 ❶ (바느질·자수·수예 등의) 일〔감〕. 轉 육체 노동. ¶针线～ | 바느질 =〔活件〕 ❷ 일의 완성된 모습. ❸ (완성 또는 미완성의)

수공예품. ❹(의류·신발 등의) 기성품. ❺살림(살이). 생계.
【活件】huójiàn ⇒〔活计①〕
【活见鬼】huójiànguǐ 俗 喩 참으로 이상하다. 기묘하기 짝이 없다. 터무니 없다. ¶真是～, 好好儿的一支笔, 一转身就不见了 | 정말로 기묘하기 짝이 없구나. 잘 쓰던 붓이 순식간에 보이지 않다니.
【活结】huójié 名 풀매듭. ¶打个～ | 풀매듭을 짓다 =〔口 活扣kòu儿〕
【活口】huókǒu ❶名 활로. 살아나갈 길 =〔活口儿①〕 ❷名 (살인 사건의 현장을 증언할 수 있는) 산증인. ❸名 회피하는 말. 둘러대는 말. ❹名 정보를 제공할 수 있는) 포로. 범인. ❺名 여지(餘地) =〔活口儿②〕 ❻動 생활을 유지하다. ❼⇒〔活话〕
4【活力】huólì 名 활력. 생기. 활기. ¶这个小松树很～ | 이 작은 소나무는 매우 활력이 있다.
【活灵活现】huó línghuó xiàn 成 (묘사·서술이) 매우 생동적이다 =〔活龙活现〕
【活路】ⓐhuólù (～儿) 名 ❶ 활로. 살길. 살아나갈 길〔방도〕. ¶断～ | 살아나갈 방도를 끊다. ❷ 해결책. 타개책.
ⓑhuó·lu 名 육체 노동.
【活轮】huólún 名 공전피대바퀴. 플라이 휠(fly wheel) =〔活皮带轮〕〔游yóu轮〕
【活络】huóluò 形 方 ❶ (근골·기계 부품 등이) 느슨해지다. 흔들거리다. ¶轮子～, 要紧一紧螺丝 | 바퀴가 흔들거리니 나사를 단단히 조여야겠다. ❷ (말이) 애매모호하다〔불확실하다〕. ¶他说得很～ | 그는 말을 너무 애매모호하게 한다.
【活埋】huómái 動 생매장하다. ¶他的父被日本鬼子～了 | 그의 아버지는 일본놈에 의해 생매장되었다.
【活门】huómén 名 ❶書 활로. 살아나갈 방도. ❷ 밸브(valve) =〔活瓣bàn〕〔活罨yǎn〕〔舌shé门〕
【活命】huó/mìng ❶動 (그럭저럭) 살아가다. 연명하다. 목숨을 부지하다. ¶～哲学 | 목숨을 최우선으로 하는 사고방식. ❷書 動 살리다. 목숨을 살리다〔구하다〕. ¶～之恩 | 목숨을 구해준 은혜. ❸ (huómìng) 名 목숨. 생명.
【活拿】huóná 動 생포하다. 사로잡다. ¶终于将这个飞贼生擒～ | 마침내 이 도적을 생포했다 =〔活捉zhuō〕
【活腻】huónì 動 생활에 싫증나다. 살아가는데 진절머리가 나다. ¶脸上没有甚么血色, 仿佛是～了的样子 | 얼굴에 약간의 핏기도 없는 것이 마치 살아가는데 싫증난 것 같다.
2【活泼】huó·po 形 ❶ 활발하다. 생동적이다. 생기가 있다. ¶这篇报导, 文字～ | 이 보도는 기사가 생동적이다. ❷〈化〉반응도가 높다.
【活泼乱跳】huópō luàntiào 貶 활발하다. 팔팔하다. ¶～的人忽然得病死了 | 팔팔하던 사람이 갑자기 병으로 죽었다.
【活泼泼】huópōpō 貶 아주 활발하다. 생기발랄하다.
【活菩萨】huópú·sà 名 산 보살. 喩 구원자. 구세주.
【活期】huóqī 名〈經〉당좌 =〔定dìng期〕
【活契】huóqì 名 옛날 부동산 매매 계약을 맺을 때 환매(還買) 가능의 규정이 포함된 계약.
【活气(儿)】huóqì(r) 名 활기. 원기. 생기.
【活钱】huóqián 名 ❶ 부수입. ❷ 액수가 일정치 않은 돈. ❸ 현금. 회전 자금.
【活人】huórén ❶名 살아 있는 사람. ❷動 사람을 살리다〔구하다〕.
【活塞】huósāi 名〈機〉피스톤(piston). 밸브(valve). ¶液压～ | 액체 피스톤. ¶～泵bèng | 피스톤 펌프. ¶～杆gān | 피스톤 로드(rod). ¶～环 | 피스톤 링. ¶～体 | 피스톤 몸체 =〔奥 配pèi司登〕〔北 鞲gōu鞴〕〔北 勾gōu背〕〔俗 汽qì缸饼子〕〔汽柄bǐng〕
【活神仙】huóshén·xian 名 산 신령님.
【活生生】huóshēngshēng ❶ 貶 생생하다. 생동하다. 살아 있는 듯하다. ¶亲自体验～的事实 | 생생한 사실을 몸소 체험하다. ❷⇒〔活活(儿的)①〕
【活受罪】huóshòuzuì 動 俗 살면서 고통받다. 매우 고통스럽다 [주로 과장의 표현임] ¶到这个岛国来真是～ | 이 섬나라에 오는 것은 정말 고통스럽다.
【活水】huóshuǐ 名 흐르는 물 →〔死水〕
【活死人】huósǐrén 名 方 罵 반응이 더디고 동작이 느린 사람.
【活头儿】huó·tour 名 사는 즐거움. 사는 맛. 사는 보람. ¶我还有甚么～! | 내게 또 무슨 사는 맛이 있겠니! 어법 동사는「有」만 쓰임.
【活土层】huótǔcéng 名 땅을 갈아 농사를 짓고 난 뒤의 부드러워진 토양층.
【活脱儿】huótuōr 形 口 신통하게 같다〔닮다〕. 아주 비슷하다. ¶他的面貌～像是他父亲 | 그의 얼굴 모습은 신통하게도 그의 아버지를 닮았다→〔活像〕
【活物】huówù 名 (살아 있는) 생물. ¶只有那眼珠间或一轮, 还可以表示她是一个～ | 다만 눈이 간혹 움직이는 것은 그녀가 아직도 살아있다는 표시이다.
【活现】huóxiàn 動 완연하게〔생생하게〕 나타나다. 선하게 드러나다. ¶父亲的形象又～在我眼前了 | 아버지의 모습이 또 내 눈앞에 선하게 떠올랐다.
【活现眼】huóxiànyǎn 動 망신시키다 [조소의 어감을 지님] ¶别在这儿～了! | 여기서 망신시키지 마!
【活像】huóxiàng 動 신통하게 닮다. 꼭 같다. 아주 비슷하다. ¶～真的 | 꼭 진짜같다. 어법「好像」보다 뜻이 강하며, 뒤에「似的」가 오는 경우가 많음.
【活心】huó/xīn ❶動 (나쁜 일에) 마음이 내키다. ❷動 마음에 여유가 생기다. ❸ (huóxīn) 形 (연필 등의) 심이 움직이게 되어 있는. ¶～铅笔 | 샤프 펜슬.
【活性】huóxìng 名 ❶ 활동성(活動性). ❷〈化〉활성. ¶～染料 | 활성 염료. ¶～铁 | 활성철. ¶～土 | 활성토. ¶～物质 | 활성 물질.
【活血】huóxuè 動〈漢醫〉인체 내의 혈액 순환을

돋구다. ¶～作用｜혈액순환작용.

【活阎王】huóyán·wang 名 喻 ❶ 악마의 화신(化身). ❷ 폭군(暴君). ¶希特勒称得上是一个～｜히틀러는 폭군으로 불리운다.

【活页】huóyè 形 루스 리프(loose leaf)식의. ¶～本｜루스 리프 북. ¶～笔记本｜루스 리프식 노트. ¶～文选｜루스 리프식 문집. ¶～夹｜루스 리프용 바인더＝〔活叶yè〕

【活用】huóyòng 動 활용하다. 살려 쓰다. ¶～废物｜폐품을 활용하다.

2【活跃】huóyuè ❶ 動 활기를 띠게 하다. 활발하게 하다. ¶～地方经济｜지방 경제를 활성화하다. ❷ 動 적극적으로 활동〔활약〕하다. ¶～分子｜열성 분자. ❸ 動 암약하다. ❹ 形 활동적이다. ¶销售仍然～｜팔림새가 여전히 활발하다.

【活帐】huózhàng 名 당좌 예금. ¶存～｜당좌 예금을 하다.

【活支汇信】huózhī huìxìn 名組 신용장. L/C＝〔支银凭信〕

【活质】huózhì 名〈生理〉활성(活性) 물질.

【活捉】huózhuō ⇒〔活拿〕

【活字】huózì 名〈印出〉활자. ¶～版｜활판. 활자로 찍은 판본〔책〕. ¶～号｜활자호수. ¶～合金｜활자 합금. ¶～印刷yìnshuā｜활자 인쇄.

【活字典】huózìdiǎn 名 喻 살아 있는 사전. 박식한 사람. ¶老李是一本～｜이형은 살아 있는 사전이다＝〔書 行xíng秘书〕

【活罪】huózuì 名 생고생. 고생살이. 날고생.

huǒ ㄏㄨㄛˇ

1【火】huǒ 불화, 사를 화

❶ (～儿) 名 불. ¶灯～｜등불. ¶点～｜불을 붙이다. ❷ 名 화재. ¶防～｜화재를 예방하다. ❸ 名 총포(銃砲). 탄약. ¶军～｜무기탄약. ¶开～｜발포하다. ❹ 名 화력. 동력. ¶～犁lí↓ ❺ (～儿) 名 성. 화. 분노. ¶动～＝〔动怒〕｜성내다. ¶～大｜화가 몹시 나다. ❻ 形 轉 긴급하다. 절박하다. ¶～速↓ ❼ (～儿) 動 화를 내다. ¶他～儿了｜그는 화가 났다. ❽ 書 動 불태우다. ¶～其书｜그 글을 불태우다. ❾ 名〈漢醫〉열〔소화불량이나 국부적인 염증 혹은 변비 등으로 나타나는 증세〕 ¶上～｜열이 나다. ❿ 名 고대의 군대 조직 [10명을 1「火」라 했음] ¶～伴↓ →〔伙huǒ〕 ⓫ (Huǒ) 名 성(姓).

【火把】huǒbǎ ⇒〔火炬jù〕

【火耙】huǒbà 名 불갈퀴.

【火伴(儿)】huǒbàn(r) 名 ❶ (옛날 10명을 단위로 한 군대 조직에서의) 병사들 사이. ❷ 轉 동료. 동반자 ‖＝〔伙伴(儿)〕

【火棒】huǒbàng 名 횃불 방망이(를 돌리면서 추는 춤).

【火暴】huǒbào 方 ❶ 形 성급하다. 불같다. ¶～性子｜불같은 성질(을 지닌 사람)＝〔暴躁bàozào〕〔急jí躁〕 ❷ 形 왕성하다. 한창이다. ¶牡丹花开得真～｜모란꽃이 정말 한창이다. ¶他的小饭店生意很～｜그의 작은 식당의 장사가 매우 잘된다＝〔旺盛wàngshèng〕〔热闹rènào〕 ❸ 動 발끈〔벌컥〕 성을〔화를〕 내다. ¶老金～地喊道｜김씨가 발끈해서 고함을 쳤다.

【火并】huǒbìng 動 무리가 분열되어 서로 싸우다. ¶两派流氓发主了～｜양파의 유민들 사이에 싸움이 발생했다. ¶双shuāng方～起来｜쌍방이 서로 갈라져 싸우기 시작하다.

【火钵】huǒbō 名 각로(脚爐).

2【火柴】huǒchái 名 성냥. ¶安全～｜안전성냥. ¶～头｜성냥 대가리. ¶一根～｜성냥 한 개피＝〔洋火〕〔奧 自来火〕〔京 取灯儿〕〔京 洋取灯儿〕

【火场】huǒchǎng 名 불난 곳. 화재 현장.

1【火车】huǒchē 名 ❶ 기차. ¶～房｜기차 차고. ¶～机车｜증기 기관차. ¶～票｜기차표. ¶～司机｜기관사. ¶～站｜기차역. ¶电动～｜전기기관차. ❷ 書 옛날 화공(火攻)에 쓰는 수레.

【火车头】huǒchētóu 名 ❶ 기관차＝〔机车〕 ❷ 喻 선도적〔지도적〕 역할을 하는 것〔사물〕. ¶～作用｜선구적인 역할. ¶知识分子是历史进步的～｜지식인은 역사 발전의 선구자이다.

【火成岩】huǒchéngyán 名〈鑛〉화성암＝〔岩浆岩〕

【火炽】huǒchì 形 ❶ 왕성하다. 번화하다. 열렬하다. ❷ 격렬하다. 치열하다. ¶篮球赛到了最～的阶段｜농구 경기가 가장 열띤 단계에 이르다.

【火冲冲】huǒchōngchōng 狀 화를 버럭 내다. 매우 분노하다.

【火刀】huǒdāo 名 方 부시＝〔火镰lián〕

【火夫】huǒfū 名 ❶ 화부. ❷ (옛날, 군대·기관·학교 등의) 취사원＝〔伙夫〕〔炊chuī事员〕

【火攻】huǒgōng 名 動 화공(하다). ¶用～来迫pò使敌人投降｜화공으로 적군의 투항을 압박하다.

【火罐(儿,子)】huǒguàn(r·zi) 名〈漢醫〉흡각(吸角). 흡종(吸鍾). ¶拔bá～｜흡각 (치료를 하다)＝〔罐子②〕

【火光(儿)】huǒguāng(r) 名 불빛. 화광. ¶～冲天｜成 화광이 충천하다＝〔火亮(儿)〕

【火锅(儿)】huǒguō(r) 名 ❶ 신선로＝〔锅子②〕〔暖nuǎn锅〕 ❷〈食〉신선로 요리. ¶打～｜신선로 요리를 끓이면서 먹다＝〔火锆gǔ(子)〕 ❸〈食〉중국식 모듬 냄비〔전골〕 ❹「涮shuàn羊肉」의 다른 이름. ¶吃～｜양고기 전골을 먹다. ‖→〔边biān炉〕

【火海】huǒhǎi 名 불바다. ¶火灾现场，一片～｜화재 현장이 온통 불바다이다.

【火海刀山】huǒ hǎi dāo shān ⇒〔刀山火海〕

【火红】huǒhóng 狀 ❶ 시뻘겋다. 타는 듯 붉다. ¶～的太阳｜타는 듯 붉은 태양. ❷ 정열에 불타다.

【火候(儿)】huǒ·hou(r) 名 ❶ 불의 세기와 시간. ¶这鸭子烤kǎo得正到～｜이 오리는 딱 알맞게 구어졌다＝〔火耗hào②〕〔火头②〕 ❷ 喻 수양(修養)·학력(學力)의 정도. ¶刚出师的人没有临时变动的～｜막 선생이 된 사람은 임시변통의 능력이 없다. ❸ 喻 결정적인 순간. 중요한〔긴요한〕 시기. ❹ 적당한 시기. ❺ 옛날, 도교(道教)에서 단약(丹藥)을 만들 때 알맞는 불의 정도→〔炉lú火纯青〕

【火狐】huǒhú ⇒〔赤chì狐〕

【火呼呼】huǒ·hū·hū 貶 화가 나 숨이 막히다. 씩씩대다.

【火花】huǒhuā ❶名 불꽃. 스파크. ¶生命的～ | 생명의 불꽃. ¶思想的～ | 사상의 불꽃. ❷名 폭죽. 꽃불. ❸⇒〔飞蛾fēié〕

【火化】huǒhuà ❶書 動 물건을 삶다. ❷名 動 화장(火葬)(하다). ¶为了节约土地, 一律实行～ | 토지 절약을 위해 일률적으로 화장을 실시하다. ¶～场＝〔火葬场〕| 화장터＝〔火葬zàng〕

【火浣布】huǒhuànbù 名 석면포(石綿布)＝〔書火毳cuì〕

【火鸡】huǒjī 名〈鳥〉❶칠면조＝〔吐tǔ绶鸡〕〔八卦鸡〕❷타조의 옛 이름. ❸「食火鸡」(화식조)의 다른 이름.

【火急】huǒjí 形 화급하다. 다급하다[편지나 전보 용어] ¶十万～＝〔書万急〕| 成 대단히 급하다＝〔火速sù〕

[3]【火剪】huǒjiǎn 名 ❶(음식을 굽거나 불을 휘저을 때 쓰는) 부집게＝〔火钳qián〕❷고데(집게).

【火碱】huǒjiǎn 名〈化〉가성 소다＝〔烧shāo碱〕〔氢qīng氧化钠〕

【火箭】huǒjiàn 名 ❶로케트. ¶～炮 | 로케트포. ¶～弹dàn | 로케트탄. ¶～筒tǒng | 로케트 발사기. ¶～塔 | 로케트 발사대. ¶～鞋 | 뾰족 구두. ¶反坦克～炮 | 바주카포→〔导dǎo弹〕❷書 화전. 불화살.

【火警】huǒjǐng 名 ❶화재(사건). ¶～瞭liào望塔 | 화재 감시탑. ¶发现～请拨电话119 | 화재를 발견하면 119로 전화하십시오. ❷화재경보. ❸119번[화재 신고 전화번호]

【火镜】huǒjìng⇒〔凸tū透镜〕

【火酒】huǒjiǔ 名 ❶方 알콜. 주정(酒精)＝〔乙yǐ醇〕❷도수가 높은 술.

【火居道士】huǒjū dào·shi 名組 옛날, 아내를 거느린 도사.

【火具】huǒjù 書 名 화구. ❶화공(火攻)에 쓰는 병기(兵器). ❷(도화선·전관 등과 같은) 점화나 기폭(起爆)장치의 총칭.

【火炬】huǒjù 名 횃불. ¶～接力 | 성화 릴레이. ¶～接力赛(跑) | (장거리) 횃불 경주＝〔火把〕〔火枝〕〔明子①〕

【火炕】huǒkàng 名 온돌＝〔热rè炕〕〔暖nuǎn炕〕〔温wēn炕〕→〔炕①〕

【火坑】huǒkēng 名 ❶불구덩이. 喩 비참한 생활. 참혹한 고생. 고경(苦境). ¶你这样做是把往～里推 | 너가 이렇게 하는 것은 사람을 곤경으로 밀어넣는 것이다. ¶跳出～ | 비참한 생활을 벗어나다. ❷喩 창녀 세계. ¶落～ | 창녀가 되다.

【火筷子】huǒkuài·zi 名 부젓가락＝〔火箸zhù〕〔方火叉〕

【火辣】huǒlà 貶 ❶맵다. 얼얼하다. ❷괄괄하다. 기승스럽다. 별나다. ¶～脾pí气 | 별난 성질. ❸날카롭다. ¶说得～ | 신랄하게 말하다.

【火辣辣】huǒlàlà ⓧhuǒlālā) 貶 ❶몹시 뜨겁다. 타는 듯이 뜨겁다. ¶～太阳 | 타는듯이 뜨거운 태양. ❷아리고 얼얼하다. ¶手烫tàng伤了, 疼得～的 | 손에 화상을 입어, 쓰리고 얼얼하다. ❸속이 달다. 초조하다. 화끈화끈 달다. ¶脸liǎn上～的, 羞xiū得不敢抬头 | 얼굴이 화끈 화끈거리고, 부끄러워 머리를 들 수 없다.

【火老鸦】huǒlǎoyā 名 方 세차게 불이 붙을 때 날아오르는 큰 불꽃. 화재때 솟아오르는 화염.

【火犁】huǒlí 名 方 트랙터(tractor)＝〔拖tuō拉机〕

[3]【火力】huǒlì 名 ❶화력. ¶～发电 | 화력 발전. ¶～发电站 | 화력 발전소. ❷〈軍〉화력. 무기의 위력. ¶～点＝〔发射点〕| (사격에서의) 발사지점. ¶～圈 | 총포의 사정 거리권.

【火镰】huǒlián 名 부시. 화도(火刀). ¶打～ | 부시를 치다＝〔方火刀〕

【火亮(儿)】huǒliàng(r) 名 方 작은 불빛. 조그마한 불꽃.

【火烈鸟】huǒlièniǎo 名〈鳥〉홍학(紅鶴). 플라밍고(flamingo).

【火龙】huǒlóng ❶名 불의 용. 화룡. 喩 (용처럼) 죽 이어진 불빛의 행렬. ¶大堤上的灯笼火把像一条～ | 제방의 등롱과 횃불들이 마치 한 마리의 화룡같다. ❷名 方 방고래. ❸⇒〔棉mián红蜘蛛〕❹⇒〔麦mài蜘蛛〕

【火砻】huǒlóng 名 방앗간. 정미소.

【火笼】ⓐhuǒ·long 動 더위를 먹다. 더위에 축 늘어지다. ¶这些花都～了 | 이 꽃들은 다 더위에 축 늘어졌다.

ⓑhuǒlóng(～儿)⇒〔烘hōng蓝〕

【火炉(子)】huǒlú(·zi) 名 ❶난로. 스토브. ¶燃酒精～ | 알콜 스토브. ¶燃油～ | 석유 스토브. ¶燃煤～ | 석탄 난로＝〔炉子〕❷풍로. ❸부뚜막. 아궁이.

【火轮船】huǒlúnchuán 名 俗 기선(汽船)＝〔方火轮②〕〔轮船〕

【火冒三丈】huǒ mào sān zhàng 成 분이 머리꼭대기까지 치민다. ¶他一听此话就～ | 그가 이 말을 듣고는 화가 머리꼭대기까지 치밀었다.

【火煤(儿, 子)】huǒméi(r·zi) 名 (불)쏘시개＝〔火媒méi〕〔火捻niǎn(儿)①〕

【火苗(儿, 子)】huǒmiáo(r·zi) 名 화염. 불꽃→〔火头①〕〔火焰〕

【火磨】huǒmò 名 동력 제분기.

【火捻(儿)】huǒniǎn(r) ❶⇒〔火煤méi(儿, 子)〕❷⇒〔火纸媒儿〕

【火炮】huǒpào 名〈軍〉화포. ¶用～轰hōng敌人的碉堡diāobǎo | 화포로 적의 진지를 폭파하다.

【火盆(儿)】huǒpén(r) 名 ❶화로. ❷(제사 지낼 때) 종이를 태우는 화로.

【火漆】huǒqī 名 봉랍＝〔封fēng蜡〕

【火气】huǒqì ❶名〈漢醫〉화기. 내열. 화병. 울화증. ¶多喝点水, ～就降下去了 | 냉수를 좀 많이 마시면, 화기가 내려간다. ❷名 화. 분. 정열. 노기. ¶压不住心头的～ | 마음속에서 치밀어 오르는 화를 누를 길 없다. ¶年轻的人一定要有～ | 젊은 사람은 반드시 정열을 지녀야 한다. ❸形 (연극에서 연기가) 지나치다.

【火器】huǒqì 名〈軍〉화기.

【火钳】huǒqián 名 부집게. 불집게 =〔火剪jiǎn①〕
【火枪】huǒqiāng 名 ❶ 구식 총. ❷ 화승총.
【火墙】huǒqiáng 名 ❶ 벽난로. 페치카. ¶烧起～ | 벽난로에 불을 때다. ❷〈機〉(화로·보일러 등의) 벽. ❸⇒〔火网wǎng〕
【火情】huǒqíng 名 화재의 (손실) 정도. ¶～严重 | 화재의 정도가 심각하다. ¶在森林里发现了～ | 삼림 속에서 화재의 상황를 발견했다.
【火儿】huǒr 名 ❶ 불. ❷ 노기. 노여움. ¶～了 | 화를 발끈내다.
【火热】huǒrè 朕 ❶ 불같이 뜨겁다. ¶～的心 | 불같이 뜨거운 마음. ¶水深～ | 成 홍수와 화재의 고난. ❷ 친밀하다. 친분이 두텁다. ¶他俩正打得～ | 그들 둘은 목하 열애중이다. ❸ 치열하다. 왕성하다. ¶打得正～ | 한창 치열하게 싸우다.
【火绒】huǒróng 名 부싯깃.
【火肉】huǒròu 名 方〈食〉햄(ham) =〔火腿tuǐ〕
【火色】huǒsè 名 ❶〈色〉불색. 적색(赤色). ❷ 方 불의 세기와 시간. ¶拿稳了～ | 불의 세기와 시간을 잘 맞추다 =〔火候①〕 ❸ 喩 일의 경중. 적절한 시기. ¶不识～ | 일의 경중을 모르다.
4【火山】huǒshān 名 ❶〈地質〉화산. ¶活～ | 활화산. ¶死～ | 사화산. ¶～岛 | 화산도. ¶～灰 | 화산재. ¶～口 | 분화구. 화산구. ¶～岩 | 화산암. ¶～锥 | 원추형 화산. ¶～砾 | 화산력. ❷ 俗 댄스 홀.
【火伤】huǒshāng 名 화상. ¶他发明了一种专治～的药 | 그는 화상 전문 치료약을 발명했다.
【火上加油】huǒ shàng jiā yóu 成 불난 집에 부채질하다 =〔火上浇jiāo油〕〔火上添tiān油〕
【火上浇油】huǒ shàng jiāo yóu ⇒〔火上加油〕
【火烧】ⓐ huǒshāo 動 (불로) 태우다. 굽다.
ⓑ huǒ·shao 名〈食〉참깨를 묻히지 않은「烧饼」
【火烧火燎】huǒ shāo huǒ liǎo 成 애간장이 타다. 몹시 초조하다.
【火烧眉毛】huǒ shāo méi máo 成 발등에 불이 떨어지다. 대단히 긴박하다. 일이 절박하다. ¶～顾gù眼前 | 발등에 불이 떨어져 눈앞의 일만 생각하다 =〔火燎liǎo眉毛〕〔火烧屁股pìgǔ〕
【火烧心】huǒshāoxīn 名 ❶ 매우 초조한 마음. 조바심. ¶这是～的事 | 이것은 조바심나는 일이다. ❷ 우쭐하는 마음. 자만심. ❸ 위통(胃痛).
【火烧云】huǒshāoyún 名 (아침·저녁) 놀.
【火舌】huǒshé 名 불길. 화염. ¶～蹿cuān到了房顶 | 불길이 지붕으로 솟아올랐다.
【火绳】huǒshéng 名 화승 [약쑥·풀을 꼰 끈으로, 불을 붙여 모깃불이나 담뱃불에 씀] =〔艾ài绳〕
【火石】huǒshí 名 ❶ 부싯돌. 수석(燧石). ❷ 라이터 돌.
【火势】huǒshì 名 불기운. 불타는 기세. ¶基本上控制kòngzhì了～ | 우선적으로 불기운을 제압하였다.
【火树银花】huǒ shù yín huā 成 등불·불꽃놀이 등으로 휘황 찬란하다.
【火速】huǒsù 副 ❶ 書 황급히. 지급(至急)하게. 화급(火急)하게. ¶～动身 | 황급히 출발하다. ❷ 㕛 빨리 [「oso」처럼 발음함] ¶～来! | 빨리 오세요!
【火炭(儿)】huǒtàn(r) 名 불타고 있는 숯이나 장작.
【火塘】huǒtáng 名 方 방바닥의 흙을 파서 만든 화로.
【火烫】huǒtàng ❶ 形 화끈화끈하다. 뜨끈뜨끈하다 =〔滚gǔn烫〕 ❷ 動 (머리를) 고데하다.
【火烫烫】huǒtàngtàng 形 화끈화끈하다. 후끈거리다.
【火头】huǒtóu 名 ❶ (～儿)불꽃. 불길. ¶油灯的～儿太小 | 유등의 불꽃이 너무 작다→〔火苗〕〔火焰〕 ❷ (～儿)⇒〔火候(儿)①〕 ❸ (～儿)화. 노기. 홍분. ¶你先把～压一压, 别着急 | 너는 우선 홍분을 가라앉히고 조급해 하지 말라. ❹⇒〔火主〕 ❺ 불쏘시개. ❻ 옛날, 군대 취사병.
【火头军】huǒtóujūn 名 옛날, 군대의 취사원(炊事員). 취사병 [지금은 놀리는 말로 쓰임]
【火头上】huǒtóu·shang 성이 난 때. 한창 홍분할 때. ¶他正在～, 等他消消气再跟他细说 | 그가 지금 한창 홍분되어 있으니, 화가 좀 가라앉은 뒤에 상세히 말해라.
【火腿】huǒtuǐ 名〈食〉햄(ham). ¶～鸡蛋 | 햄에그. ¶～浆香肠 | 햄 소세지. ¶夹肉面包用～ | 샌드위치햄. ¶罐头guàntóu～ | 통조림 햄.
【火网】huǒwǎng 名〈軍〉화망 =〔火墙qiáng③〕
【火匣子】huǒxiá·zi 名 方 (붉은 칠을 한) 조잡한 관(棺) =〔薄báo皮(棺)材〕
【火险】huǒxiǎn 名 화재보험. ¶保～ | 화재 보험에 들다 =〔火灾保险〕
【火线】huǒxiàn 名 ❶〈軍〉(최)전선. 전장. ❷ 생산〔노동〕현장. ❸〈電氣〉(전기줄에서 전기가 오는) 전원선.
【火硝】huǒxiāo 名〈化〉질산 칼륨. 초석(硝石) =〔硝酸钾〕
【火蝎子】huǒxiē·zi 名 方〈動〉작은 전갈 =〔小xiǎo蝎子〕
【火星】huǒxīng 名 ❶〈天〉화성. ❷ (～儿, ～子) 불티. 불똥. 불꽃. ¶～迸发 | 불똥이 튀다.
【火性】huǒxìng 俗 ❶ 名 발끈하는 성미. 격하기 쉬운 성질. 조급한 성미. ❷ 발끈하다.
【火熊熊】huǒxióngxióng 朕 활활 타다. 세차게 타오르다.
【火眼】huǒyǎn 名〈漢醫〉급성 결막염.
【火眼金睛】huǒ yǎn jīn jīng 成 손오공의 눈. 모든 것을 꿰뚫어 보는 눈. 혜안. ¶他是～, 什么人都能识破 | 그는 모든 것을 꿰뚫어 보기에, 어떤 사람도 간파할 수 있다.
3【火焰】huǒyàn 名 화염. 불꽃 =〔俗 火苗miáo(儿, 子)〕
【火焰喷射器】huǒyàn pēnshèqì 名組〈軍〉화염방사기 =〔俗 喷火器〕
【火焰山】Huǒyànshān 名 ❶ 서유기(西游記)에 나오는 화염의 산. ❷ (huǒyànshān) 轉 고온 고열의 지하 작업 현장.
3【火药】huǒyào 名 화약. ¶～库 | 화약고. ¶～桶tǒng | 화약통.
【火药味】huǒyàowèi 名 ❶ 화약 냄새. ❷ 喩 전쟁의 기미.

【火印】huǒyìn 名 소인(燒印). 낙인(烙印). 화인(火印). ¶打～＝〔烫tàng火印〕| 소인을 찍다.
【火油】huǒyóu 名 方 ❶ 석유＝〔煤油〕 ❷ 등유＝〔灯油①〕
4【火灾】huǒzāi 名 화재. ¶防止～发生 | 화재 발생을 방지하다.
【火葬】huǒzàng 名 動 화장(하다). ¶～场＝〔火化场〕| 화장터. ¶提倡～, 废止土葬 | 화장을 제창하고, 토장을 폐지하다＝〔火化②〕
【火蜘蛛】huǒzhīzhū 名 方〈蟲〉목화붉은진드기＝〔棉红叶螨〕
【火纸】huǒzhǐ 名 ❶ 초산을 발라 불이 잘 붙는 종이. 도화지(導火紙). ❷ 담배불을 붙이는 데 쓰는 얇은 종이.
【火中取栗】huǒ zhōng qǔ lì 成 남의 꾀임에 빠져 위험을 무릅쓰고 불속에서 밤을 줍다. 남 좋은 일만 하다. 죽쑤어 개 주다. ¶你这样做简直是～, 太危险了 | 너가 이렇게 하는 것은 그야말로 죽쑤어 개주는 격이어서, 대단히 위험하다.
【火种】huǒzhǒng 名 불씨. ¶点着～ | 불을 지피다.
【火烛】huǒzhú ❶ (～儿) 名 인화물. 인화성 물질. ¶小心～＝〔火烛小心〕| 인화물 조심＝〔火儿炷zhǔ儿〕 ❷ (～儿) 名 方 화재. ❸ 書 動 불로 비추다. ❹ 書 名 촉광(燭光)
【火主】huǒzhǔ 名 (불이 났을 때) 불이 처음 난 집＝〔火头④〕
【火柱】huǒzhù 名 불기둥.
【火箸】huǒzhù ⇒〔火筷子〕
【火砖】huǒzhuān 名〈建〉내화 벽돌＝〔耐火砖〕
【火字旁】huǒzìpáng 名 한자 부수의 불화(火)변.

2【伙】 huǒ 세간 화
주의 옛날 군제(軍制)에 의하면 10인(人)을 1「火」라고 하였는데, 같은「火」내에 있는 군인끼리 서로「火伴」이라 불렀음. 후에 차츰「火伴」을「伙伴」으로 쓰면서「伙」자가 생겨남. ❶ (학교·군대 등에서의) 식사. ¶～食↓ ¶包～ | 식사를 정하다. ❷ 도구. 기구. 집기. ¶家～＝〔傢伙〕| ⓐ 가구. 도구. 공구. 형구(刑具). 악기. ⓑ 녀석. 놈. ❸ 동료. 친구. 동아리. ¶～友 | 친구. ¶～伴↓＝〔夥huǒ②〕 ❹ 名 떼. 패. 무리. 단체. 일행. ¶入～ | 일행에 끼어들다. ¶成群搭～ | 무리를 이루다＝〔夥②〕 ❺ 공동으로 …하다. 협력하다. 연합하다. ¶～同购买 | 공동으로 구매하다. ¶这块地两家～种分粮 | 이 땅은 두 집이 공동으로 경작하고 수확물은 나눈다＝〔夥②〕 ❻ 고용된 사람. 점원. ¶店～ | 점원. ¶～计↓ ¶东～ | 주인과 점원＝〔夥②〕 ❼ 젊은이. 녀석. 자식. 놈. ¶小～子 | 젊은이. 녀석＝〔夥②〕 ❽ (～子) 量 무리. 패. ¶一～人 | 한 무리의 사람. ¶一～子贼 | 한 패의 도둑. ¶三个一群, 五个一～ | 삼삼 오오 짝을 짓다＝〔夥②〕
【伙办】huǒbàn 動 공동으로 행하다. 함께 처리하다.
3【伙伴(儿)】huǒbàn(r) 名 ❶ 옛날, 병제(兵制)에서 열 명이 이룬 한 조(組). ❷ 동료. 친구. 동반자. ¶老～们 | 옛날 친구들 ‖＝〔火伴(儿)〕
【伙房】huǒfáng 名 취사장. 부엌. 주방.
【伙夫】huǒfū 名 취사부(炊事夫). 취사원＝〔火夫②〕
【伙耕】huǒgēng 動 공동 경작하다. ¶他们实行～, 互相帮助 | 그들은 공동 경작을 실시하여, 서로 돕는다.
4【伙计】huǒ·ji 名 ❶ 옛날의 점원. ¶店里的～ | 상점 점원＝〔伙友(儿)②〕 ❷ 머슴→〔长cháng工(儿)〕 ❸ 무리. 동료. 동업자＝〔伙子①〕〔火计〕 ❹ 口 형. 친구. ¶这么着吧, ～, 我给三十块钱吧 | 이렇게 하자, 형씨, 내 삼십원 주지. ❺ 口 정부(情婦). ❻ 옛날, (고용된) 농부.
2【伙食】huǒ·shi 名 (학교·군대 등의) 공동 식사. ¶他家的～不赖 | 그의 집 식사는 나쁘지 않다. ¶～费 | 식비. ¶～班 | 취사반＝〔火食③〕
【伙同】huǒtóng 動 한 패가 되다. 결탁하다. ¶～购买gòumǎi | 공동구매하다. ¶～其他诸侯图谋叛乱 | 다른 제후들과 한 패가 되어 반란을 도모하다.
【伙种】huǒzhòng 動 조를 짜서 경작하다.
【伙子】huǒ·zi ❶ ⇒〔伙计jì③〕 ❷ 量 무리. 패. ¶一～贼 | 한 무리의 도둑. ❸ 名 方 아들. ¶大～ | 장남. ¶二～ | 차남.

【钬(鈥)】 huǒ (홀뮴 화)
名〈化〉화학 원소명. 홀뮴(Ho ; holmium).

【夥】 huǒ 많을 과
❶ 書 形 많다. ¶受益者颇～ | 이익을 보는 사람이 매우 많다. ❷「伙」와 같음⇒〔伙huǒ③④⑤⑥⑦⑧〕 주의 현재는「夥」로 쓰지 않고 거의「伙」로 씀.

huò ㄏㄨㄛˋ

【和】 huò ☞ 和 hé D

1【或】 huò 혹 혹, 혹이 혹, 있을 혹
❶ 副 혹은. 아마도. 어쩌면 [서면어(書面語)에 주로 쓰이며, 구어(口語)에서는「或者」를 씀] ¶代表团已经起程, 明晨～可到达 | 대표단은 이미 출발했으니, 어쩌면 내일 아침에 도착할 수 있을 것이다. ¶他们～要提出一些问题 | 아마도 그들이 문제를 제기할지도 모른다＝〔也许〕〔或许〕 ❷ 連 혹은. 또는. 그렇지 않으면. ¶～多～少 | 많거나 적거나. 다소. ¶～问他～问我都可以 | 그에게 묻거나 나에게 묻거나 다 괜찮다. ¶～你同意, ～你反对, 总得表示个态度 | 네가 동의하든 반대하든 어쨌든 태도를 밝혀야 한다. ¶～典～卖都可以 | 저당잡히든 팔아치우든 다 괜찮아＝〔或者〕 ❸ 連 어떤 것. 어떤 사람 [동사구를 여러개 연결하여 어떤 상황이 교체되어 있음을 나타냄] ¶每天早晨有许多人在公园里锻练, ～跑步, ～打拳, ～做操 | 매일 아침 많은 사람들이 공원에서 운동을 하는데, 어떤 사람은 달리기를 하고, 어떤 사람은 태극권을 하고, 어떤 사람은 체조를 한다. 어법 두 개의 단음절로 된 목적어(賓語)를 연결할 때는 반드시 동사를 중복하고 그 앞에「或」나「或者」를 사용하거나 혹은 직접 동사를 중복하여야 함. ¶有事找他～我都可以(×) ¶有事找他～找我都可以 | 일이 있

으면 그를 찾아도 좋고, 나를 찾아도 좋다. ¶有事找老康~老金都可以 | 일이 있으면 강씨나 김씨 중 누구를 찾아도 된다＝〔有的〕 ❹[書][代] 어떤 사람. 아무개. 혹자(或者). 모인(某人). ¶~告之曰 | 어떤 사람이 일러 말하기를. ❺[書][副] 조금. 약간 [부정문에 쓰임] ¶不可~缓 | 조금이라도 늦추면 안된다. ¶不可~忽 | 조금이라도 소홀히 해서는 안된다. ❻[書][動] 혹은 …이다. 있다 [부정형으로 쓰임] ¶饮酒过度, 未~不病 | 술을 지나치면 병에 걸리지 않을 수가 없다.

【或…或…】 huò…huò… …하거나 …하다. ¶或明或暗 | 공공연히 혹은 남몰래. ¶或大或小 | 크거나 작거나. ¶或迟或早＝〔或早或晚〕 | 조만간.

3【或多或少】 huòduōhuòshǎo [狀組] 많든 적든.

【或然】 huòrán ❶[副] 아마. 혹시. ❷[名] 개연(蓋然). ¶~误差wùchā | 확률 오차.

【或然率】 huòránlǜ [名]〈數〉 확률.

【或然性】 huòránxìng [名] 개연성. ¶这事带有~ | 이 일은 개연성을 지니고 있다＝〔盖gài然性〕

4【或是】 huò·shi ❶[連] …이거나 (혹은) …이다. …아니면 …이다. ¶买水仙~梅花 | 수선화나 매화를 사다. ❷[副] 아마. 혹시＝〔或许〕〔或者①〕

【或先或后】 huòxiān huòhòu [狀組] ❶ 앞서거니 뒤서거니하다. ¶他们~都去过中国 | 그들은 앞서거니 뒤서거니 하면서 모두 중국에 갔다. ❷ 언젠가는.

【或许】 huòxǔ ⇒〔或者①〕

【或早或晚】 huòzǎo huòwǎn [狀組] 조만간에.

1【或者】 huòzhě ❶[副] 아마. 어쩌면. 혹시(…인지 모른다). ¶~他已经走了 | 아마 그는 갔을런지 모른다＝〔或许〕〔容或〕〔容许②〕→〔可能③〕〔也许〕 ❷[連] …이 아니면 …이다. ¶~你去, ~我去, 都行 | 네가 가든, 아니면 내가 가든 다 괜찮다＝〔或则〕

4【惑】 huò 미혹할 혹
[動] ❶ 의혹하다. 미혹하다. 망설이다. ¶智者不~ | 지혜로운 사람은 미혹되지 않는다. ¶~于敌人 | 적에게 미혹되다. ¶大~不解 | [成] 크나큰 의혹이 풀리지 않다. 매우 의심스러워 도무지 이해되지 않다. ¶惶~ | (상황을 몰라) 두렵고 당혹해 하다. ❷ 미혹시키다. 현혹시키다. ¶~众↓

【惑乱】 huòluàn [動] 혼란시키다. 미혹시키다. ¶~人心 | 인심을 미혹시키다.

【惑众】 huòzhòng [動] 대중을 현혹시키다. ¶造谣~ | 유언비어를 퍼뜨려 대중을 현혹시키다.

2【货(貨)】 huò 재화 화, 팔 화
❶[名] 물품. 상품. 화물. ¶订~ | 물품을 주문하다. ¶以~易~ | 물물교환(하다). ❷ 돈. 화폐. ¶~单位 | 화폐 단위. ¶~流通量 | 화폐 유통량. ¶~危机 | 통화 위기. ¶通~ | 통화. ❸[罵] 놈. 자식. ¶笨bèn~ | 바보. ¶蠢chǔn~ | 멍텅구리.

3【货币】 huòbì [名]〈經〉 화폐. ¶~单位 | 화폐 단위. ¶~地租 | 화폐 지대. ¶~流通量 | 화폐 유통량. ¶~危机 | 통화 위기. ¶~资本 | 화폐 자본＝〔钱币〕

【货仓】 huòcāng [名] ❶ 선창(船倉). ❷ 화물 창고.

【货舱】 huòcāng [名] (배·비행기의) 화물칸〔짐칸〕.

【货场】 huòchǎng [名] (역 등의) 화물 하치장. ¶~重地, 严禁烟火 | 화물 하치장과 같은 중요한 장소에서는 취연을 엄금한다.

【货车】 huòchē [名] 화물 열차. 화물차→〔客kè车〕

【货船】 huòchuán [名] 화물선. ¶定期~ | 정기 화물선＝〔货轮〕

【货单】 huòdān [名]〈商〉 ❶ 인보이스(invoice). 하물송장(荷物送狀)＝〔发fā(货)单〕 ❷ 적하 목록. ❸ 상품 리스트. ¶出口~ | 수출 품목표. ¶进口~ | 수입품 리스트.

【货到付款】 huòdào fùkuǎn [名組]〈商〉 화물 상환불. 대금 상환 인도(C.O.D.)＝〔货到付现〕〔货到交付〕〔货到即交〕〔货到即付〕〔货到收款〕〔交货付款〕

【货到即付】 huòdào jífù ⇒〔货到付款〕

【货柜】 huòguì [名] 상품 진열장. 쇼케이스(showcase).

【货价】 huòjià [名] 상품 가격. ¶仓库交~＝〔栈房交货价〕 | 창고 인도 가격. ¶当地交~ | 현장 인도가격. ¶工厂交~ | 공장도가격. ¶码头mǎtóu交~ | 부두 인도 가격. ¶卡车上交~ | 화차 인도 가격. ¶船舱内交~ | 선박 인도 가격. ¶车站交~ | 정거장 인도 가격.

【货架(子)】 huòjià(·zi) [名] ❶ 상품 진열대. ❷ 자전거의 짐받이＝〔后座儿〕

【货款】 huòkuǎn [名] 상품 대금. ¶明天来提~ | 내일 상품 대금을 인출한다. ¶收取~ | 상품 대금을 받다.

【货郎(儿)】 huòláng(r) [名] 방물장수. 황아 장수. (주로 여성용) 잡화를 파는 행상인. ¶~担 | 황아 장수의 짐 보따리.

【货郎鼓】 huòlánggǔ [名] 황아 장수가 치고 다니는 북→〔波bō浪鼓(儿)〕

【货轮】 huòlún [名] 화물선＝〔货船chuán〕

【货卖一张皮】 huòmài yī zhāng pí [諺] 이어서 한 장의 가죽인 것처럼 꾸며 팔다. [喻] 가짜 물건을 팔다.

【货票】 huòpiào [名] ❶ 상품 전표. ❷ 슬립(slip). 전표.

【货品】 huòpǐn [名] ❶ 상품. 물품. 화물. ¶百货公司的~, 样式繁多 | 백화점의 상품이 종류가 다양하다. ❷ 상품의 종류.

【货色】 huòsè [名] ❶ (품종·품질에 대해 말할때의) 상품. 물품. ¶各种~ | 각종 상품. ¶上等~ | 상등품. 고급품. ❷[貶] 물건(짝). 놈. 자식. 잡동사니 [사람이나 언론·작품 등을 비난할 때 쓰임] ¶是何等~? | 어떤 물건〔놈〕이냐? ❸[書] 화색. 재색(財色).

【货声】 huòshēng [名] (행상인이) 물건을 사라고 외치는 소리. (수선하는 사람이) 수리하라고 외치는 소리. ¶门外传来一阵~ | 문 밖에서 물건 사라고 외치는 소리가 한차례 들려왔다.

【货摊(儿)】 huòtān(r) [名] 노점. ¶摆bǎi~ | 노점을 차리다.

【货位】 huòwèi ❶[量] 화차(貨車) 1량에 가득 실을

수 있는 화물의 양. ❷名(역·상점·창고 등의) 물품을 저장하거나 임시로 화물을 쌓아두는 위치. ❸名〈貿〉적하(積荷) 위치.

³【货物】huòwù 名 물품. 상품. 물건. 화물. ¶发送~ | 물품을 발송하다. ¶~出门概不退还 | 판매된 상품은 일절 반환이 안됩니다. ¶~花色 | 상품목록. ¶~凭票 | 상품권. ¶~清单 | 적하(積荷) 목록. ¶~税 | 물품세. ¶~提单 | 화물 상환증. ¶~抵押放款 | 상품 담보 대부. ¶~指示标志 | (저장·운송에 있어서의) 포장 지시 표지.

【货箱】huòxiāng 名 컨테이너(container). ¶~号码 | 컨테이너 일련 번호.

【货样(儿, 子)】huòyàng(r·zi) 名 상품 견본. 샘플(sample). ¶先看~, 再讲价钱 | 먼저 상품 견본을 보고, 다시 가격을 이야기 합시다 =〔样品〕

【货源】huòyuán 名 화물·상품의 공급원. ¶~帐 | 상품 매입장〔구입장〕. ¶开辟~ | 상품의 공급원을 개척하다.

【货运】huòyùn 名 화물 운송. ¶~单据 | 선적 서류. ¶~单 | 운송장. AWB. ¶~列车 | 화물 열차. ¶~周转量 | 화물 운송 회전량.

【货栈】huòzhàn 名 창고 =〔堆duī栈〕

【货真价实】huò zhēn jià shí 成 ❶ 물건도 진짜고〔좋고〕값도 싸다. ¶本公司产品~ | 우리 회사의 생산품은 물건도 좋고 값도 싸다. ❷ 貶 조금도 거짓이 없다. 틀림없다.

【货殖】huòzhí 書 名 ❶ 화식. 재산의 증식. 재물(財物)을 늘림. ❷ 상공업의 경영.

【货主】huòzhǔ 名 화주. 하주(荷主). ¶发~ | 화물 발송인. ¶收~ | 화물 수취인.

2【获(獲)】 1 huò 얻을 획
動 ❶ 잡다. 붙잡다. ¶捕~ | 포획하다. ¶俘~ | 포로. ❷ 얻다. 획득하다. ¶不劳而~ | 노력하지 않고 얻다.

²【获得】huòdé 動 획득하다. 얻다. ¶~胜利 | 승리를 획득하다. ¶~好评 | 호평을 얻다. ¶~了诺贝尔奖金 | 노벨 장학금을 획득했다.

【获得性】huòdéxìng 名〈生〉획득성. 획득형질. ¶~免疫 |〈醫〉획득 면역. 후천성 면역. ¶~免疫不全综合症 |〈醫〉후천성 면역결핍증.

【获救】huòjiù 動 구조되다. ¶病人~了 | 환자가 구조되었다.

【获利】huòlì 書 動 이익을 얻다.

⁴【获取】huòqǔ 動 얻다. 획득하다. ¶~好感 | 호감을 얻다.

【获胜】huòshèng 書 動 승리하다. 이기다. ¶以三比二~了 | 3대2로 승리했다 =〔取胜〕〔得胜〕

【获释】huòshì 動 석방되다. 자유인이 되다. ¶政治犯一一~ | 정치범이 하나하나 석방되다.

【获悉】huòxī 書 動 ❶ 정보를 얻다. 소식〔사실〕을 알게 되다. ¶记者在全国水利会议上~ | 기자들이 전국 수리 회의에서 소식을 알 수 있었다. ❷ 札 상세히 알았습니다 ‖ =〔获知〕

【获知】huòzhī ⇒〔获悉〕

【获致】huòzhì 書 動 획득하다. 실현하다. 이루어지다. ¶~协议 | 협의가 이루어지다.

【获准】huòzhǔn 書 動 비준을 얻다. 허가를 받다. ¶庆祝~公私合营 | 공사 합영이 허가된 것을 축하하다.

【获(穫)】 2 huò 벨 확, 거둘 확
動 수확하다. 베어 들이다. ¶秋~冬藏 | 가을에는 거둬들이고 겨울에는 저장하다.

4【祸(禍)】 huò 재화 화
❶ 名 재앙. 재난. 사고. 고난. ¶车~ | 차 사고. ¶惹rě~ | 화를 일으키다 ⇔〔福fú①〕❷ 動 화를 입히다. 해치다. ¶~国殃民 | 국가와 민족에 해를 끼치다.

【祸不单行】huò bù dān xíng 成 재앙은 겹쳐 오게 마련이다. 엎친 데 덮친다. 설상가상(雪上加霜). ¶~, 福无双至 | 화는 겹쳐서 오고, 복은 겹쳐 오지 않는다.

【祸从口出, 病从口入】huò cóngkǒu chū, bìngcóngkǒu rù 諺 화는 입에서 나오고 병은 입으로 들어간다.

【祸从天上来】huò cóngtiān·shanglái 諺 재난이 갑자기 닥치다. 뜻밖의 재난. ¶闭门家中坐, ~ | 문을 닫고 집에 앉아 있는데, 재난이 갑자기 닥치다.

【祸端】huòduān 書 名 화근 =〔厉lì阶〕

【祸福无门】huò fú wú mén 成 화와 복은 각자가 하는데 달려있다.

【祸根】huògēn 名 화근. ¶留~儿 | 화근을 남기다. ¶铲除~ | 화근을 제거하다 =〔祸胎tāi〕

⁴【祸害】huòhài ❶ 名 화. 재난. 재해. ¶经常惹出~ | 언제나 화를 일으키다. ❷ 名 화근. 문제를 일으키는 사람. ❸ 動 화를 미치게 하다. ¶~同学 | 급우들에게 화를 미치게 하다. ¶~星 | 골목대장. 말썽꾸러기. ❹ 動 해치다. 파손하다. ¶野猪~了一大片庄稼 | 멧돼지가 많은 농작물을 망쳤다.

【祸患】huòhuàn 名 재난. 재앙. ¶根除gēnchú~ | 재앙을 근절하다.

【祸及】huòjí 書 動 재앙이 미치다.

【祸乱】huòluàn 名 화란. 재난과 변란. ¶~星 | 재난의 원흉.

【祸起萧墙】huò qǐ xiāo qiáng 成 내부에서 말썽〔분쟁〕이 일어나다.

【祸起肘腋】huò qǐ zhǒu yè 成 재앙은 가까운 곳에서 일어난다.

【祸事】huòshì 名 재난. 재앙.

【祸首】huòshǒu 名 (재난 등을 일으킨) 장본인. 원흉. ¶~罪魁 | 주모자. 주범 =〔祸手〕

【祸水】huòshuǐ 名 (불행의 원인이 되는) 화근 [주로 여성을 가리키기도 함] ¶妾为家庭中~ | 첩은 집안의 화근이다.

【祸祟】huòsuì 名 재앙. 앙화

【祸胎】huòtāi ⇒〔祸根〕

【祸兮福所倚, 福兮祸所伏】huò xī fú suǒ yǐ, fú xī huò suǒ fú 成 화 속에 복이 깃들어 있고, 복 속에 화가 숨어 있다. 화복은 서로 의존하는 것이며 바뀔 수도 있다.

【祸心】huòxīn 名 앙심. 나쁜 마음. ¶包藏~ | 나쁜 마음을 품다.

【祸殃】huòyāng 名 재앙. 재난. 불행.

【祸中有福】huò zhōng yǒu fú 成 화 속에 복이 있다. 나쁜 것 속에 좋은 것의 요소가 숨겨져 있다.

【锪(鍃)】huò ⓧhuō) 구멍낼 홀 ⇒〔锪孔〕

【锪孔】huòkǒng 名 절삭 가공.

4【霍】huò 빠를 곽 ❶書副 재빠르게. 갑자기. 불시에. 돌연히. ¶～地躲过 | 재빠르게 비키다. ❷擬 썩썩 [문질거나 비비는 소리] ¶磨刀～～ | 칼을 썩썩 갈다. ❸ (Huò) 名 성(姓).

【霍地】huòdì 副 갑자기. 벌떡. 획. ¶他～站了起来 | 그가 갑자기 일어섰다. ¶～闪开 | 획 비켜서다.

【霍霍】huòhuò ❶擬 썩썩. ¶～地磨刀 | 썩썩 칼을 갈다. ❷狀 번쩍번쩍〔번뜩번뜩〕하다. ¶电光～ | 번갯불이 번쩍번쩍하다.

【霍乱】huòluàn 名 ❶〈醫〉콜레라＝〔外虎列拉〕〔虎疫〕〔〈汉医〉绞jiǎo肠痧〕〔转zhuàn肠痧〕〔转腿肚瘟〕〔子午痧〕❷〈漢醫〉(설사·구토·복통 등을 수반하는) 급성 위장염. 곽란 ‖＝〔〈汉医〉瘪biě螺痧〕

【霍梅尼】Huòméiní 名外〈人〉호메이니(A.R. Khomeini, 1900～1989)[이란의 회교 지도자]

【霍尼亚拉】Huòníyàlā 名外〈地〉호니아라(Honiara)[「所罗门」(솔로몬;Solomon)의 수도]

【霍然】huòrán ❶書副 갑자기. 돌연히. ¶手电筒～一亮 | 손전등 불이 갑자기 번쩍거렸다＝〔突tū然〕❷狀 깨끗이 낫다. 쾌유되다. ¶～病愈 | 병이 깨끗이 나았다.

【霍闪】huòshǎn 動方 번개 치다＝〔打闪〕

【嚯】huò 놀라는소리 확 ❶嘆 어. 야 [놀라움과 경탄을 나타냄] ¶～, 原来你在这儿 | 어, 너 여기 있었구나. ❷擬 휙. 쑥 [빠른 동작을 나타냄] ¶他～地站了起来 | 그가 휙하니 일어섰다.

【攉】huò ☞ 攉 huō Ⓑ

【藿】huò 콩잎 곽, 풀이름 곽 ❶書名 두류(頭類)의 잎. ¶～蠋zhú | 콩잎에 달라 붙는 큰 녹색 애벌레. ¶藜lí～之羹gēng | 명아주잎이나 콩잎으로 끓인 국. ❷⇒〔藿香〕

【藿香】huòxiāng 名〈植〉곽향. ¶～油 | 곽향유.

【豁】huò ☞ 豁 huō Ⓑ

【镬(鑊)】huò 가마솥 확 名 ❶(옛날의) 큰 가마. ¶～烹pēng | 옛날 큰 솥에 넣어 삶아 죽이는 형벌. ❷(～子) 方 솥. 냄비. 가마.

【蠖】huò 자벌레 확 名〈蟲〉자벌레. ¶～屈 | 잠시 허리를 굽혀 참다＝〔尺chǐ蠖〕〔斥chǐ蠖〕〔方步屈〕〔屈伸虫〕

·huo ㄏㄨㄛ˙

1【和】·huo ☞ 和 hé Ⓔ

J

jī ㄐㄧ

1【几】jī ☞ 几 jǐ B 2

4【讥(譏)】jī 나무랄 기 [書][動] ❶ 비방하다. 빈정대다. 비웃다. 조롱하다. ¶难免墨守成法之～ | 실정법을 지킨다는 비방을 면하기 어렵다. ❷ 조사하다. 검사하다. 엄하게 따져묻다.

【讥谤】jībàng [書][動] 비방하다. 헐뜯다. ¶～同僚, 讨好tǎohǎo上司 | 동료를 비방하고, 상사의 비위를 맞추다.

【讥嘲】jīcháo [書][動] (헐뜯고) 비웃다.

【讥刺】jīcì ⇒〔讥讽①〕

【讥讽】jīfěng ❶ [動] 풍자하다. 비난하다. 비꼬다. ¶作诗～朝政 | 시를 지어 조정을 풍자하다 ＝〔[書] 讥刺〕〔讥讪shàn〕 ❷ ⇒〔反fǎn语①〕

4【讥笑】jīxiào [動] 비꼬다. 조롱하다. 비웃다. ¶他～别人无能 | 그가 다른 사람을 무능하다고 비꼬다 ＝〔[書] 讥诮qiào〕

【叽(嘰)】jī 쪽잘거릴 기 [擬] 지지. 짹짹. 까악 까악 [(새·벌레 등이) 우는 소리] ¶小鸟～～地叫 | 새가 짹짹거리다.

【叽咯儿】jī·ger [動][俗] 조르다. 요구하다.

【叽咕】jī·gu [動] ❶ 소곤거리다. ¶他们俩叽叽咕咕, 不知在说什么 | 그들 둘이 소근거리는데, 무엇을 이야기하고 있는지 모르겠다. ❷ 낮은 소리로 원망하다. ❸ 도발(挑發)하다. ¶这件事是他～出来的事情 | 이일은 그가 도발(挑發)하여 일으킨 것이다.

【叽叽嘎嘎】jī·jigāgā [擬] 웃고 떠드는 소리. 삐걱거리는 소리 ＝〔叽叽咯咯〕〔叽叽呱呱〕

【叽叽喳喳】jī·jizhāzhā [擬] 재잘재잘 ＝〔唧jī唧喳喳〕

【叽哩旮旯儿】jī·ligālár [名][方] 이곳저곳. 도처. 각처. ¶他的工作室里, ～都是昆虫标本 | 그의 공작실 안은 도처에 모두가 곤충표본 투성이다 ＝〔犄jī哩旮旯儿〕

【叽哩咕噜】jī·ligūlū [擬] ❶ 알아들을 수 없는 말. 재잘거리는 소리. ¶他～地不知道说什么 | 그는 웅얼웅얼 무엇을 말하는지 알 수 없다. ❷ 물체가 굴러가는 소리. ¶一个铜钱掉在地下～地不知道哪里去了 | 동전이 하나가 바닥에 떨어져 또르르 굴러 어디로 갔는지 모르겠다.

【叽哩呱啦】jī·liguālā [擬] 왁자지껄. 요란하게 떠드는 소리. ¶～说个没完 | 끝없이 소란스럽게 지껄이다.

3【饥(飢)】1 jī 주릴 기 ❶ [動] 굶주리다. 배고프다. ¶如～如渴 | 굶주리고 목말라 있는 것 같다 ⇔〔饱bǎo〕 ❷ (Jī) [名] 성(姓).

【饥不择食】jī bù zé shí [成] 배고플 때는 찬밥 더운밥을 가리지 않는다. 다급할 때는 이것저것 가릴 여유가 없다. ¶真是～, 他竟吃了一碗冷饭 | 정말 찬밥 더운밥 가릴 여유가 없어, 결국 그는 찬밥 한 그릇을 먹었다.

【饥肠】jīcháng [書][名] 주린 배〔창자〕. ¶～辘辘lù | 굶주린 창자에서 꼬르륵 소리가 난다.

3【饥饿】jī'è ❶ [形] 배가 고프다. ❷ [名] 굶주림. 기아 ＝〔饥馁něi〕

【饥寒】jīhán [名] 굶주림과 추위.

【饥渴】jīkě [書] ❶ [名] 기갈. 기아와 갈증. ❷ [形] 배고프고 목마르다. [喩] 간절한 기대.

3【饥(饑)】2 jī 흉년들 기, 굶주릴 기 ❶ [名] 흉작. ¶大～ | 대흉작. ❷ [動] 배고프다. 굶주리다.

【饥荒】jī·huang [名] ❶ 기근. 흉작. ❷ [口] 생활고. 경제적 곤란. ¶闹～ | 생활고에 시달리다. ❸ [口] 빚. 채무. ¶拉～ | 빚을 지다.

【饥馑】jījǐn [書][名] 기근. 흉작 ＝〔饥歉qiàn〕

【饥民】jīmín [書][名] 굶주린 백성. 주린 인민.

【玑(璣)】jī 구슬 기, 선기 기 [書][名] ❶ 둥글지 않은 구슬. ¶珠～ | 주기. ❷ 고대에 천문 관측기 혼천의(渾天儀)의 회전 부분. ❸ 〈天〉 별이름 [북두칠성의 세째 별]

1【机(機)】jī 틀 기 ❶ 기계. 기구. ¶收音～ | 라디오. ¶插秧chāyāng～ | 이앙기. ❷ [名][簡] 「飞机」(비행기)의 약칭. ¶乘～ | 비행기를 타다. ¶轰炸hōngzhà～ | 폭격기. ¶僚liáo～ | 편대기. ❸ (생물체 기관의) 기능. 작용. 활동 능력. ¶有～体 | 유기체. ❹ (일의) 전기. 계기. 실마리. ¶生～ | 생존의 계기. ¶转～ | 전기. ❺ 기회. 시기. ¶好～会 | 좋은 기회. ¶勿失良～ | 좋은 기회를 놓치지 말라. ❻ 사물의 중심. 중요한 고리. 기밀. 비밀. ¶～密大事 | 비밀스러운 큰 일. ¶军～ | 군사기밀. ❼ 기민한. 민활한. ¶～变↓ ¶～智↓ ❽ 음모의 마음. ¶～心 | 음흉한 마음.

【机变】jībiàn [動] ❶ 임기 응변하다. ¶这个人很能～, 对于什么事都能应付 | 이 사람은 임기응변을 잘하여 무슨 일이든지 잘 대응해 나간다. ❷ 간교한 속임수를 쓰다 ＝〔[書] 机诈zhà〕

【机变如神】jī biàn rú shén [成] 지략이 뛰어나 임기응변이 귀신같다.

【机播】jībō [名] 〈農〉 ❶ 비행기에서 씨를 뿌려 식림·조림하는 일. ❷ 농업 기계·파종기 등을 이용한 파종. ¶搞～ | 농업 기계를 이용하여 파종을 하다.

【机不可失】jī bù kě shī [成] 기회를 놓치지 말아야 한다. 좋은 기회를 잡아라. ¶这么好的职业你却不愿作, 太可惜了, 要知道～啊! | 이렇게 좋은 직업을 너는 오히려 마다하니, 정말 안타깝구나, 좋은 기회는 놓치지 말아야 한다는 점을 알아라. ¶～, 时不再来 | 시간을 놓치지 말아라, 때는 다시 오지 않는다 ＝〔机不旋踵〕

【机舱】jīcāng [名] ❶ 비행기의 객실. ❷ 배의 기관실.

【机场】jīchǎng [名] 비행장. 공항. ¶～跑道 ＝〔滑huá行跑道〕 | 비행장 활주로. ¶国际guójì～ | 국

제 공항. ¶～费fèi | 공항 이용료. ¶军用～ | 군용 비행장 =〔飞机场〕〔航háng空港〕〔航空站zhàn〕

4【机车】jīchē 名 ❶ 기관차. ¶蒸汽zhēngqì～ | 증기 기관차. ¶电力～ | 전기 기관차. ¶～汽机 | 기관차. 엔진. ¶～汽锅guō | 기관차 보일러. ¶汽油yóu～ | 휘발유 기관차. ¶汽轮lún～ | 터빈 기관차. ¶柴chái油～ =〔内nèi燃机车〕| 디젤 기관차 =〔机关车〕〔火车头①〕 ❷ 엔진. ❸ 台 오토바이. 모터바이시클.

2【机床】jīchuáng 名〈機〉선반. 공작기계. 절삭기계. ¶～厂 | 공작기계 공장.

【机电】jīdiàn 名 기계와 전력 설비의 총칭. 동력 전기. ¶完成全部～设备的安装工程 | 전체 동력 전기 설비의 설치 공사를 완성하다.

3【机动】jīdòng ❶ 區 기계로 움직이는. ¶～三轮车 | 삼륜 자동차. ¶～船 | 발동선. ¶～自行车 | 모페드(moped). ❷ 形 기동적인. 기민한. 기동부대. ¶～力量 | 기동력. ¶～小组 | 기동대. ❸ 形 기민성 있게 운용되는. 융통성 있는. ¶～费 | 예비비. ¶～粮 | 응급 예비 식량.

【机动车】jīdòngchē 名 자동차. 동력 엔진 차량. ¶～道 | 차량 전용 도로. ¶～驾驶jiàshǐ证 | (자동차) 운전 면허증.

【机帆船】jīfānchuán 名 발동기를 설치한 범선.

【机房】jīfáng 名 ❶ 기계실 =〔机器房〕 ❷ (배의) 기관실. ❸ 옷감을 짜는 장소.

【机锋】jīfēng 書 名 ❶ 날카롭고 뾰족한 끝. ❷ 예리한 말. ¶～语 | 선가(禪家)에서 남을 계오(啓悟)시키는 법어(法語). ¶言谈之中, 很有～ | 말하는 가운데, 매우 예리한 말이 있다.

【机耕】jīgēng 動〈農〉기계〔트랙터〕를 사용하여 경작하다. ¶～小组 | 기계 경작반. ¶～农场 | 기계화 농장.

【机工】jīgōng 名 ❶ 기계 (제조) 공업. ❷ 기계공 =〔机床工人〕⇔〔钳qián工②〕 ❸ ⇒〔机械工程〕 ❹ 방직 공장의 직공.

【机工厂】jīgōngchǎng 名 ❶ 기계 제조 수리 공장. ❷ 기계 부품 제조 공장 ‖ =〔机工车间〕〔金工场〕〔金工车间〕

3【机构】jīgòu 名 기구. ❶〈工〉기계의 내부구조나 장치. ❷ 기관·단체 등의 사업 단위. ❸ 기관·단체 등의 내부 조직. ¶～庞大 | 조직이 방대하다. ¶进行文化侵略～ | 문화 침략을 진행하는 기구. ¶调整～ | 기관을 조정하다.

2【机关】jīguān 名 ❶ 기관. 기구 [공공 사무를 처리하는 조직·단체] ¶～人员 | 기관 요원. ¶～报 | 기관지. ❷〈機〉기관. ¶～车 =〔俗 火车头〕| 기관차. ❸ 기계 장치로 되어 있는 기관. ¶机(关)枪 =〔俗 花huā舌子②〕〔俗 螳táng螂枪〕| 기관총. ¶～炮 | 기관포. ❹ (주도 면밀한) 계책. 책략. ¶识破shípò～ | 기밀을 간파하다.

【机关用尽】jī guān yòng jìn 成 온갖 수단을 다 부리다. ¶他虽然～, 但仍逃不脱失败的命运 | 그는 비록 갖은 방법을 다 썼으나, 실패의 운명을 벗어날 수 없었다.

【机灌】jīguàn ❶ 名 기계 관개(灌漑). ❷ 動 기계로 관개(灌漑)하다.

【机化】jīhuà 名 動〈醫〉유기화(有機化)(하다).

1【机会】jī·huì 名 기회. ¶～难得 | 기회는 얻기 어렵다. ¶中兴～在此 | 중흥의 기회는 여기에 있다. ¶～主义 | 기회주의.

【机件(儿)】jījiàn(r) 名〈機〉기계의 부품 =〔构gòu件〕〔零líng件〕〔配pèi件①〕

【机匠】jījiàng 名 고참(古參) 기계공. 숙련공.

【机井】jījǐng 名 펌프 우물.

【机警】jījǐng ❶ 形 기민하다. 눈치빠르다. 날쌔고 재치있다. ¶他～地回过头来 | 그는 재빠르게 돌아왔다. ¶～眼睛 | 날쌔고 재치있는 눈. ❷ 名 영민. 기민.

【机具】jījù 名 기구. 기구와 도구.

【机理】jīlǐ ⇒〔机制zhì〕

4【机灵】jī·ling ❶ 形 영리하다. 약삭빠르다. 기지가 있다. ¶～变儿 =〔机伶便儿〕| 임기응변의 재주(꾼). ¶～鬼儿 | 약삭빠른 놈 =〔机伶〕 ❷ 動 깜짝 놀라다. 퍼뜩 생각나다. ¶他心里一～, 回身就跑了 | 그는 마음 속으로 깜짝놀라 몸을 돌려 도망쳤다. ❸ 動 方 몸을 떨다. ¶被冷风吹得他身上一～ | 그는 찬바람을 맞고서 몸을 떨었다 =〔激jī灵〕

【机灵儿】jī·lingr ❶ 形 잔재주가 많다. ❷ 名 잔재주꾼 ‖ =〔机伶líng儿〕

【机米】jīmǐ 名 ❶ 옛날, 정미기로 찧은 쌀. ❷ 멥쌀.

4【机密】jīmì 名 形 기밀(의). 극비(의). ¶～文件 | 기밀문서. ¶他们商量得很～ | 그들은 극비리에 논의하다.

【机敏】jīmǐn 形 기민하다. 민첩하다. ¶这孩子很～ | 이 아이는 매우 민첩하다.

【机谋】jīmóu 書 名 ❶ (사태의 변화에 신속히 대응하는) 책략. 계략. ❷ 전술.

【机能】jīnéng 名〈生理〉기능. ¶身体～良好 | 신체 기능이 양호하다. ¶心脏活动～的障碍zhàng'ài | 심장 활동 기능의 장애 →〔功gōng能〕

【机票】jīpiào 名 비행기표. 탑승권.

1【机器】jī·qi ❶ 名 기계. 기기. ¶～带 | 기계용 벨트. ¶～翻译 | 기계 번역. ¶～虎钳hǔqián | 바이스(vice). ¶～匠 | 기계공. ¶～锯jù | 기계톱. ¶～语言 | (컴퓨터의) 기계어. ¶～指令 | (컴퓨터의) 기계어 명령. ¶～油 =〔机械油〕〔江 车油〕| 기계유. 기계기름. ¶～丝 =〔厂chǎng丝〕| 기계사. ❷ 名 기구(機構). 기관. 조직 →〔机构〕〔机关〕 ❸ 形 喻 거칠다 [비웃는 뜻으로 쓰임] ¶他很～ | 그는 매우 거칠다. ❹ 名 사고. 두뇌. ¶开动～ | 머리를 쓰다.

【机器面】jī·qìmiàn 名〈食〉❶ 기계로 빻은 밀가루 =〔洋白面〕〔白面〕 ❷ 기계 국수.

【机器人】jīqìrén 名 로보트(robot). 기계 인간 ¶～大战外星人 | 기계 인간이 외계인과 크게 전쟁하다 =〔机械xiè人〕

4【机枪】jīqiāng 名 簡「机关枪」(기관총)의 약칭.

【机巧】jīqiǎo ❶ 名 形 재주(가 있다). 교묘(하다). 요령(이 좋다). ❷ 形 약다. 교활하다. ❸ 形 기민하다.

【机群】jīqún 名 비행기 편대. 비행기떼.

【机身】jīshēn 名 (비행기의) 기체 동체. ¶～着陆 zhuólù | (항공기의) 동체 착륙.
【机师】jīshī 名 ❶ 기계 관리자. 기술자. ❷ 비행기의 조종사.
4【机体】jītǐ 名 ❶ 〈生理〉 유기체(有機體). ¶不病菌侵袭qīnxí～ | 병균이 유기체에 침습하지 못하게 하다. ❷ (비행기의) 동체.
【机务】jīwù 書 名 ❶ 국가의 기밀 사무 [주로 군사 기밀을 말함] ❷ 기계에 관한 일. ❸ 열차나 비행기의 승무원.
2【机械】jīxiè ❶ 名 기계 (장치). ¶～化 | 기계화(하다). 융통성이 없이 기계적이다. ¶～木浆 | 기계 펄프. ¶～手 =〔机械手臂〕〔机械臂〕 | 매직 핸드(magic hand). 매니퓰레이터(manipulator). ❷ 形 기계적이다. 융통성이 없다. ¶这种看法太～了 | 이런 관점은 너무 기계적이다.
【机械工程】jī xiègōngchéng 名組 기계 제조 기술 =〔簡 机工③〕
【机械化】jī xiè huà 動 기계 장비를 사용해 효율을 높이다.
【机心】jīxīn 書 名 교활한 마음. 흉계(凶計).
【机型】jīxíng 名 ❶ 기체(機體)의 형태. ❷ 기계의 모형. ❸ 기관실.
【机要】jīyào ❶ 形 기밀의. ¶～工作 | 기밀 사업. ¶～秘书 | 기밀 담당 비서. ¶～通信 | (우편으로 취급하는) 기밀 통신. ❷ 名 (문장 등의) 요점.
【机宜】jīyí 名 기의. 시의(時宜). ¶面授～ | 시의에 적합한 대책을 직접 알려 주다. ¶不识人情, 暗于～ | 인정을 모르고, 시의에 어둡다.
【机翼】jīyì 名 기익. 비행기의 날개.
【机油】jīyóu 名 기계유. ¶发动机～ | 모터 오일. ¶～泵 =〔油泵bèng〕 | (자동차의) 오일 펌프 =〔引yǐn擎油〕
4【机遇】jīyù 書 名 좋은 기회〔처지〕. ¶抓住～, 深化改革 | 좋은 기회를 잡아, 개혁을 심화하다.
【机缘】jīyuán 名 기연. 기회와 인연. ¶～凑巧 | 기회와 인연이 딱 들어맞다.
【机长】jīzhǎng 名 (비행기의) 기장.
4【机智】jīzhì 名 形 기지(가 넘치다). ¶他勇敢yǒnggǎn～ | 그는 용감하고 기지가 있다.
【机制】jīzhì ❶ 形 기계로 제조한. ❷ 名 ⓐ 메커니즘. 기계의 구조와 공작 원리. ⓑ 유기체의 구조. ¶神经～ | 신경의 메커니즘. ⓒ 자연 현상의 물리 화학적 변화의 메커니즘 ‖ =〔机理lǐ〕
【机杼】jīzhù 書 名 ❶ 베틀. 베틀의 북. ❷ 문장의 구상과 구성. ¶他喜欢自出～ | 그는 스스로 문장 구상하기를 좋아한다. ¶～一家 | 成 독특한 문장으로 일가를 이루다.
【机子】jī·zi 名 口 ❶ 베틀. ¶这样可以熟悉～的各种毛病 | 이러면 베틀의 각종 문제점을 잘 알 수 있다. ❷ 전화기. ❸ (총의) 방아쇠.
【机组】jīzǔ 名 ❶ 〈機〉 유니트(unit). 세트(set). ❷ (비행기의) 탑승원 조(組).

3【肌】jī 살가죽 기
名 〈生理〉 ❶ 근육. ¶随意～ | 수의근. ¶不随意～ | 불수의근. ❷ 살. 피부 [근육과 피부의 총칭] ¶侵qīn～砭biān骨 | (한기가) 뼛속까지 스며들다.
【肌肤】jīfū 書 名 근육과 피부. ¶～之亲 | 喻 남녀의 육체 관계.
【肌骨】jīgǔ 名 기골. 살과 뼈대.
【肌腱】jījiàn 名 〈生理〉 건(腱) =〔腱jiàn〕
【肌理】jīlǐ 書 名 살결.
3【肌肉】jīròu 名 〈生理〉 근육. ¶农民特有的强硬qiángyìng的～ | 농민 특유의 건강한 근육. ¶～注射 | 근육 주사 =〔筋jīn肉〕
【肌体】jītǐ 書 名 몸. 신체. 喻 조직. 기구. ¶～健壮 | 건장한 신체. ¶她～瘦shòu小 | 그녀는 몸이 마르고 작다.
【肌纤维】jīxiānwéi 名 〈生理〉 근섬유.

【矶(磯)】jī 물가 기
❶ 書 名 강안으로 뻗어 있는 바위나 자갈밭. ¶钓～ | 낚시터로 쓰이는 물가의 바위. ❷ 지명에 쓰이는 글자. ¶燕子～ | 연자기 [강소성(江蘇省)에 있는 지명] ¶采石～ | 채석기 [안휘성(安徽省)에 있는 지명]
【矶帽】jīmào 名 〈動〉 말미잘 ⇒〔海hǎi葵〕

【丌】jī 받침대 기, 성 기
주의 「兀」와 혼동하지 말 것 ⇒〔兀wù〕 ❶ 名 받침대. ❷ 「其」의 고자(古字) ⇒〔其jī〕 ❸ (Jī) 名 성(姓). ❹ 복성(複姓) 중의 한자. ¶～官↓.
【丌官】Jīguān 名 복성(複姓).

【乩】jī 무꾸리할 계
⇒〔乩笔〕〔扶fú乩〕
【乩笔】jībǐ 名 그릇에 담긴 모래에 점쟁이가 쓴 점 글.

2【击(擊)】jī 칠 격
❶ 動 치다. 두드리다. ¶～鼓 | 북을 치다. ❷ 動 공격하다. ¶东声～西 | 동쪽에서 소리내고 서쪽에서 치다. ¶游～ | 게릴라전을 하다. ❸ 動 부딪치다. 접촉하다. 닿다. ¶撞～ | 부딪치다. ¶肩摩毂～ | 成 어깨가 맞스치고 수레바퀴가 부딪치다. 왕래하는 사람이 많다. ❹ 눈에 띄다. ¶目～ | 목격하다.
【击败】jībài 動 쳐부수다. 격파하다. 패배시키다. ¶以五比一～了日本队 | 일본 팀을 5:1로 격파하다.
【击毙】jībì 動 사살〔총살〕하다. 쳐죽이다. ¶公安人员～了逃犯 | 경찰이 도주범을 총살하다.
【击沉】jīchén 動 격침시키다. ¶～敌舰jiàn五艘 | 적함 다섯 척을 격침시키다.
【击穿】jīchuān 名 〈電氣〉 절연 파괴(絶緣破壞). ¶～电压diànyā | 파괴 전압.
【击打】jīdǎ 動 치다. 두드리다. ¶～大鼓 | 큰 북을 두드리다.
【击发】jīfā 動 격발하다. ¶～装置zhuāngzhì | 격발 장치.
【击毁】jīhuǐ 動 격파하다. 쳐부수다.
【击剑】jījiàn 名 〈體〉 펜싱 =〔剑击〕
【击键】jījiàn 動 (워드 프로세서의) 키보드를 치다.
【击节】jījié 書 動 박자를 맞추다.
【击节称赏】jī jié chēng shǎng 成 찬사를 아끼지 않다 =〔击节称叹〕〔击节叹赏〕

【击节叹赏】jī jié tàn shǎng⇒〔击节称赏〕
【击溃】jīkuì 動 쳐부수다. 섬멸〔격파〕하다. ¶独立军~了日本鬼子｜독립군이 일본 귀신을 격파하다. ¶~战｜섬멸전.
【击落】jīluò 動 격추하다. ¶今天的空战~敌机三十多架｜오늘의 공중전에서 적기 30여 대를 격추시키다.
【击破】jīpò 動 격파하다.
【击球】jīqiú 名〈體〉❶(야구에서의) 타격. ¶~员｜타자. ¶~次序｜타격 순서. ¶~员区｜타석. ❷(축구에서 골 키퍼의) 펀칭.
【击赏】jīshǎng 書 動 격상하다. 무릎을 치며 탄복하고 칭찬하다 =〔激赏〕
【击水】jīshuǐ ❶動 수면을 치다. ¶举翼jǔyì~｜(새가) 날개를 들어 수면을 치다. ❷名 動 수영(하다).
【击退】jītuì 動 격퇴하다. ¶~日本军几次进攻｜일본군의 몇 차례 공격을 격퇴하다.
【击钟鼎食】jī zhōng dǐng shí 成 생활이 호화롭고 사치스럽다 =〔击钟陈chén鼎〕
【击中】jīzhòng 動 명중하다. ¶~痛处｜아픈 곳을 찌르다. ¶他的批评~了我的要害｜그의 비평은 나의 정곡을 지적했다.

2【圾】jī ⓧ sè) 바드러울 급
⇒〔垃lā圾〕

【芨】jī 대왕풀 급
❶名〈植〉넓은 잎 딱총나무 =〔芨芨〕❷⇒〔白bái芨〕

1【鸡(鷄)〈雞〉】jī 닭 계
名〈鳥〉닭. ¶一只~｜닭 한 마리. ¶公~｜수탉. ¶母~｜암탉. ¶柴chái~｜재래종의 닭. ¶矮ǎi~｜당닭.
【鸡巴】jī·ba 名 俗 음경(陰莖). ¶~蛋｜罵 좆새끼.
【鸡雏】jīchú 名 병아리.
¹【鸡蛋】jīdàn 名 계란. 달걀 =〔回鸡子儿〕〔俗 白果(儿)〕〔鸡卵luǎn〕
【鸡蛋糕】jīdàngāo 名〈食〉❶ 카스테라. ❷케이크(cake) =〔蛋糕〕
【鸡蛋里挑骨头】jīdàn·li tiāo gǔ·tou 歇 달걀 속에서 뼈를 찾다. 억지로 남의 흠을 들추어내다 [보통 뒤에「挑刺儿」이 붙음] =〔鸡蛋里找骨头〕
【鸡蛋碰石头】jīdàn pèng shí·tou 歇 계란으로 바위 치기. ¶你个人想跟政府对抗, 这不是~吗?｜너 개인이 정부에 대항하려고 생각한다면, 이는 계란으로 바위 치는 것이 아니겠니?
【鸡蛋青(儿)】jīdànqīng(r) 名 달걀의 흰자위 =〔鸡子青(儿)〕〔蛋青(儿)〕
【鸡飞蛋打】jī fēi dàn dǎ⇒〔鸡也飞了蛋也打了〕
【鸡公车】jīgōngchē 名 方 (운반용의) 외바퀴 손수레 [「小车」의 다른 이름]
【鸡冠(子)】jīguān(·zi) ❶名 닭의 볏. ❷⇒〔鸡冠花huā〕
【鸡冠菜】jīguāncài 名〈植〉배추의 일종 =〔黑hēi白菜①〕
【鸡冠花】jīguānhuā 名〈植〉맨드라미 =〔鸡冠(子)②〕
【鸡冠石】jīguānshí 名〈鑛〉계관석.
【鸡黄】jīhuáng 名 方〈鳥〉갓 부화한 병아리.
【鸡霍乱】jīhuòluàn 名 닭 콜레라(fowl cholera).
【鸡奸】jījiān 名 계간. 비역 [남자끼리 성교하듯이 하는 짓.] =〔要jī奸〕〔俗 鸡姦jiān〕
【鸡口牛后】jī kǒu niú hòu 成 닭머리가 될지언정 소꼬리는 되지 않는다 [「宁nìng为鸡口, 毋wú为牛后」의 약칭] =〔鸡尸shī牛从〕
【鸡肋】jīlèi 書 名 닭갈비. 喻 그다지 가치는 없으나 버리기는 아까운 것.
【鸡零狗碎(儿)】jīlíng gǒusuì(r) 成 喻 쓸데없이 자질구레하고 복잡한 일이나 물건. ¶你瞧qiáo你写的作文, ~算什么文章?｜너 너가 쓴 문장을 보아라, 쓸데없는 것이 무슨 문장이냐?
【鸡毛掸子】jīmáo dǎn·zi 名組 닭털로 만든 털이개 =〔方 鸡毛帚zhǒu〕
【鸡毛店】jīmáodiàn 名 옛날, 매우 누추한 여인숙 [이불 없이 닭털속에 파고 들어가서 추위를 견디는 식의 최하급 여인숙] ¶他不愿住~｜그는 누추한 여인숙에 묵기를 원하지 않다 =〔鸡毛小店儿〕
【鸡毛蒜皮】jī máo suàn pí 成 ❶닭털과 마늘 껍질. 喻 하찮은 것. ¶不要把它当dàng做是~的小事情｜그것을 보잘 것 없이 사소한 일이라고 여기지 마라. ❷俗 뒷거래를 할 때 증정하는 물건 [「鸡」는「机」와 동음(同音)으로「收录两用机」(녹음기·라디오 겸용기)「缝纫机」(재봉틀)「电视机」(텔레비전) 등을,「毛」는「毛料」(모직물)·「毛线」(털실) 등을,「蒜」은「算」과 동음으로「电子计算器」(컴퓨터)를,「皮」는「皮质」(가죽 제품)를 가리킴]
【鸡毛信】jīmáoxìn 名 (옛날) 긴급편지. 긴급공문 [겉봉에 붙인 닭깃털의 숫자로 긴급한 정도를 표시함]
【鸡毛帚】jīmáozhǒu⇒〔鸡毛掸子〕
【鸡鸣狗盗】jī míng gǒu dào 成 보잘 것 없는 재능이나 특기를 가진 사람. 어중이 떠중이. ¶他们不过是~之徒而已｜그들은 보잘것 없는 어중이 떠중이 무리에 불과하다.
【鸡棚】jīpéng 名 닭장.
【鸡皮疙瘩】jīpí gē·da 名組 소름. 닭살. ¶吓得一身~｜놀라서 온몸에 닭살이 돋다.
【鸡犬不留】jī quǎn bù liú 成 모조리 죽이다. 씨를 말리다. ¶贼进了城, 把人民杀了个~｜도적이 성 안에 들어와, 사람들을 죽여 씨를 말려 버렸다.
【鸡犬不宁】jī quǎn bù níng 成 개나 닭까지도 편안하지 못하다. 치안 상태가 극히 어지럽다. ¶他们天天吵架chǎojià, 闹得全家~｜그들은 매일 다투다보니, 온 집안이 소란스러워 개나 닭까지 편안하지 못하다.
【鸡犬升天】jī quǎn shēng tiān 成 한 사람이 높은 벼슬에 오르면 그 딸린 식구도 권세를 얻는다. ¶他因为老子是大官, 所以也当上了小官, 真是一人得道, ~啊｜그는 아버지가 높은 관직에 있기에 작은 관직에 오를 수 있었는데, 정말 한 사람이 벼슬에 오르면 그 식구도 권세를 얻는구나 =〔鸡犬皆仙〕
【鸡犬之声相闻, 老死不相往来】jī quǎn zhī shē-

J

ng xiāng wén, lǎo sǐ bù xiāng wǎng lái [成] 닭 울고 개 짖는 소리가 들릴 정도로 가까이 살건만 늙어 죽을 때까지 한번도 왕래하지 않다. 사이가 매우 나쁘다.

【鸡杀马】jīshāmǎ [名][俗][台] 남자가 여자에게 하는 안마 [「马杀鸡」(마사지)가 주로 여자가 남자에게 하는데서 유래]→〔马杀鸡〕

【鸡虱(子)】jīshī(·zi) [名]〈蟲〉닭니 =〔食shí毛虫〕〔羽yǔ虫〕

【鸡尸牛从】jī shī niú cóng ⇒〔鸡口kǒu牛后〕

【鸡头】jītóu [名]〈植〉가시연 =〔芡qiàn〕

【鸡头米】jītóumǐ [名]〈植〉가시연밥 =〔芡qiàn实(米)〕

【鸡尾酒】jīwěijiǔ [外][名]〈食〉칵테일(cocktail). ¶ ~会 | 칵테일 파티.

【鸡瘟】jīwēn [名] 닭의 급성 전염병. ¶最近村子里又闹~了 | 최근 마을에 또 닭의 급성 전염병이 발생했다.

【鸡窝】jīwō [名] 닭의 둥지.

【鸡心】jīxīn [名] ❶ 닭의 염통. ❷ 하트(heart)형. ❸ 닭 염통 모양의〔하트형의〕장식품. ¶ ~项练 | 하트형 목걸이.

【鸡胸(脯儿)】jīxiōng(púr) [名] ❶ 닭의 가슴. ❷〈醫〉(구루병으로 인한) 새가슴. 계흉.

【鸡血藤】jīxuèténg [名]〈植〉계혈등.

【鸡眼】jīyǎn [名] ❶ 닭의 눈. ❷ [喩] 작은 눈. ❸〈醫〉티눈. ¶他脚上长了一个~ | 그녀의 다리에 티눈이 생겼다.

【鸡也飞了蛋也打了】jī yě fēi lè dàn yě dǎ lè [諺] 닭도 날아가고 달걀도 깨지다. 모두 다 잃다 =〔鸡飞蛋打〕

【鸡杂(儿)】jīzá(r) [名] (음식 재료로 쓰이는) 닭 내장.

【鸡爪疯】jīzhǎofēng [名]〈漢醫〉(손가락·발끔치의) 경련.

【鸡肫(儿)】jīzhūn(r) [名] (요리에 쓰이는) 닭의 위(胃) =〔鸡胗zhēn(儿)〕〔鸡胗肝儿〕→〔下水〕

【鸡子】jī·zi [名][方] 닭.

【鸡子儿】jīzǐr ⇒〔鸡蛋dàn〕

1【其】jī ☞ 其 qí [B]

1【基】jī 터 기

❶ [名] 기초. 토대. ¶地~ | 토대. ¶房~ | 집의 토대. ❷ 근본적인. 기초적인. ¶ ~层↓ ¶ ~数↓ ❸ [書][動] 기초하다. 근거하다. 의거하다. ¶ ~于上述理由, 我不赞成zànchéng他的意见 | 상술한 이유에 의거하여 나는 그의 의견에 찬성하지 않는다. ❹ [名]〈化〉기. ¶石蜡là~ | 파라핀기. ¶氨ān~ | 아미노기.

1【基本】jīběn ❶ [名] 기본. 근본. ❷ [形] 기본의. 근본〔기본〕적인. ¶ ~纲领gānglǐng | 기본 강령. ¶ ~电荷 | 전기 소량(素量). ❸ [形] 주요한. 주된. ¶ ~群众qúnzhòng | 노동자 계급·빈농(貧農) 등 무산계급 혁명의 기본이 되는 일반 대중. ❹ [副] 대체로. 거의. ¶粮食~可以自给zìjǐ | 식량은 대체로 자급할 수 있다.

【基本车间】jīběn chējiān [名組] 기본 작업장. 기초 작업장. 단위 생산시설.

【基本词汇】jīběn cíhuì [名組]〈言〉기본 어휘.

【基本功】jīběngōng [名] 기초적〔기본적〕 지식과 기술〔기능〕. ¶练习~ | 기초적 지식과 기술을 연마하다.

【基本工资】jīběn gōngzī [名組]〈經〉기본 임금.

【基本建设】jīběn jiànshè [名組] 기본 건설 [고정 자산을 증가시키기 위한 건설] =〔[簡]基建〕

【基本粒子】jīběn lìzǐ [名組]〈物〉소립자(素粒子).

【基本上】jīběn·shang [副] ❶ 주로. ¶到会的人~是青年 | 회의에 참석한 사람은 주로 청년이다. ❷ 대체로. ¶任务rènwù~已经完成 | 임무는 대체로 이미 완성했다.

3【基层】jīcéng [名] 기층. (조직의) 말단. (최) 하부 조직. ¶深入~进行调查 | 하부 조직에 깊이 들어가 조사를 하다.

1【基础】jīchǔ [名] ❶ (건축물의) 토대. 기초. ❷ 기초. 기반. ¶打~ | 기초를 닦다. ❸〈哲〉하부구조 =〔经济基础〕

【基础代谢】jīchǔ dàixiè [名組]〈生〉기초 대사 =〔基底dǐ代谢〕

【基础教育】jīchǔ jiàoyù [名] 기초 교육. 국민교육.

【基础课】jīchǔkè [名] 기초 과목.

【基础科学】jīchǔ kēxué [名組] 기초 과학.

3【基地】jīdì [名] ❶ 기지. ¶军事~ | 군사 기지. ❷ (활동·운동의) 근거지. ¶ ~营yíng | (등산의) 베이스 캠프.

【基地飞机】jīdì fēijī [名組]〈軍〉기지항공기 =〔岸基飞机〕

【基点】jīdiǎn [名] ❶ 기점. 중심. 중점. 센터. ¶以水源地为~, 在半径百公里内植树 | 수원지를 기점으로 하여 반경 100km 이내에 나무를 심다. ❷ 출발점. 근저(根底). 기반. 기초. ❸〈測〉기점.

【基调】jīdiào [名] ❶〈音〉주조(主調). ❷ 기조. ¶以写实主义为~的文学 | 사실주의를 기조로 하는 문학.

【基督】jīdū [名]〈宗〉그리스도. ¶耶稣~ | 예수 그리스도. ¶ ~教科学箴zhēn言报 | 크리스찬 사이언스 모니터(Christian Science Monitor).

4【基督教】jīdūjiào [名]〈宗〉기독교. ¶ ~徒 | 기독교도. ¶ ~教女青年会 | 기독교 여자 청년회(Y.W.C.A). ¶ ~教青年会 | 기독교 청년회(Y.M.C.A).

【基尔特】jī'ěrtè [名][外] 길드(guild).

【基肥】jīféi [名]〈農〉밑거름 =〔底dǐ肥〕

【基辅】Jīfǔ [名][外]〈地〉키에프(Kiev) [「乌克兰」(우크라이나;Ukraina)의 수도]

【基干】jīgàn [名] ❶ 기간. 골간. 기초. 중심. ¶ ~产业chǎnyè | 기간 산업. ❷ 핵심 간부.

【基极】jījí [名]〈電子〉베이스(base).

【基加利】Jījiālì [名][外]〈地〉키갈리(kigali) [「卢旺达」(르완다;Rwanda)의 수도]

【基价】jījià [名] (물가 지수의) 기준이 되는 물가.

【基建】jījiàn [名][簡]「基本建设」의 약칭.

4【基金】jījīn [名] 기금. ¶福利fúlì~ | 복지 기금. ¶公债gōngzhài~ | 공채 기금. ¶ ~会 | 기금회.

【基里巴斯】Jīlǐbāsī [名][外]〈地〉키리바시(kiribati) [태평양 중부의 Gilbert Islands가 독립하여 성립된 나라. 일명 키리바시. 수도는 「拜里基」(바이리키;Bairiki)]

【基诺族】jīnuòzú 名 중국 소수민족의 하나. 운남성(雲南省)에 분포해 있음.

【基色】jīsè 원색. 바탕색 =〔原yuán色〕

【基石】jīshí 名 초석(礎石). 추춧돌 [주로 비유적으로 쓰임] ¶建设民主主义的~ | 민주주의의 초석을 건설하다. ¶那就是我的全生活,全思想,全作品的~ | 그것은 나의 모든 생활과 사상과 작품의 추춧돌이다. ¶奠下~ | 초석을 세우다.

【基什尼奥夫】Jīshíní'àofú 名 外 〈地〉 키시네프(Kishinev)[「摩尔达维亚」(몰도바;Moldavia)의 수도]

【基数】jīshù 名 ❶ 〈數〉 기수 =〔个数〕 ❷ (통계의) 기준수.

【基线】jīxiàn 名 〈數〉〈測〉 기선.

【基辛格】Jīxīngé 名 外 〈人〉 헨리 키신저(Henry A. Kissinger, 1923~)[미국의 정치가·외교전문가·전 국무장관]

【基业】jīyè 名 ❶ 書 조상대대로 전해 오는 사업. ❷ 사업의 기반. 기초가 되는 사업. ¶为韩国的科学奠定diàndìng了~ | 한국의 과학을 위해 기반을 다졌다.

【基因】jīyīn 名 ❶ 書 기인. 원인. ❷ 外 〈生〉 유전자. 진(gene). ¶~突变 | 유전자 돌연 변이. ¶~重chóng组 | 유전자 재결합. ¶~型 | 유전자형. ¶~工程 | 유전자 공학. ¶显性~ | 우성 인자.

【基音】jīyīn 名 ❶ 〈音〉 바탕음. 기음. 기본음. ❷ 〈物〉 기본음. 기음.

【基于】jīyú 介 …에 근거하다. ¶~以上理由, 我们不赞成他们的意见 | 이상의 이유에 근거하여 우리는 그들의 의견에 찬성하지 않는다.

【基质】jīzhì 名 〈生〉 기질.

【基准】jīzhǔn 名 기준. ¶~尺寸 | 기준 치수. ¶~点 | 기준점.

1【期】jī ☞ 期 qī Ⓑ

【箕】jī 키 기, 쓰레받기 기
名 ❶ 키. 쓰레받기 =〔簸bò箕〕 ❷ 제상(蹄狀)·궁상(弓狀)의 지문(指紋). ¶斗~ =〔箕斗dǒu〕 | 지문 →〔指纹〕 ❸ 〈天〉 기수(箕宿) [28수(宿)의 하나] ❹ (Jī) 성(姓).

【箕斗】ⓐ jīdǒu 名 ❶ 〈天〉 기수(箕宿)와 두수(斗宿). ❷ 粵 〈鑛〉 스킵(skip) [광석을 운반하는 용기]
ⓑ jī·dou 名 (사람의) 지문 [나선형인것을 두(斗), 그렇지 아니한 것을 기(箕)라고 함]

【箕风毕雨】jī fēng bì yǔ 成 단비와 춘풍을 몰아오듯 백성들에게 선정을 베풀다.

【箕踞】jījù 書 動 다리를 뻗고 앉다. ¶~而坐 | 다리를 쭉 펴고 앉다 =〔箕坐zuò〕

【箕坐】jīzuò ⇒〔箕踞〕

2【奇】jī ☞ 奇 qí Ⓑ

【剞】jī 새김칼 기
⇒〔剞劂〕

【剞劂】jījué 書 ❶ 名 끝이 구부러진 조각칼. ❷ 動 서적(書籍)을 판각하다. ¶付之~ | 목판에 새겨서 서적을 출판하다 =〔雕diāo板〕

【犄】jī 뿔 기, 모서리 기
⇒〔犄角〕

【犄角】ⓐ jī·jiao 名 口 (짐승의) 뿔. ¶牛~ | 쇠뿔. ¶鹿lù~ | 녹각. ¶南北呼应, 形成~之势 | 남북이 호응하여, 뿔의 형세를 형성하다.
ⓑ (~儿) jījiǎo(r) 名 口 ❶ 각. 모서리. ¶桌子~ | 책상 모서리 =〔棱léng角〕 ❷ 구석. 모퉁이. ¶墙qiáng~ | 담 모퉁이 =〔角落luò〕〔畸jī角(儿)〕

【畸】jī 뙈기밭 기, 나머지 기
書 形 ❶ 비정상적이다. 불규칙적이다. ¶~形↓ =〔奇qí①〕 ❷ 치우치다. 기울다 →〔畸轻畸重〕 ❸ 단수(端數)의. 우수리의. ¶~零↓

【畸变】jībiàn ⇒〔失shī真②〕

【畸角(儿)】jījiǎo(r) ⇒〔犄角jiǎo②〕

【畸零】jīlíng 書 名 ❶ 나머지. 우수리 =〔奇jī零〕 ❷ 외로운 사람.

【畸轻畸重】jī qīng jī zhòng 成 너무 가볍거나 너무 무겁다. 한 쪽으로 치우치다. 편중하다. ¶待人处事要公允, 不能~ | 사람을 대하고 일을 처리함에는 공평 타당해야하며, 한 쪽으로 치우칠 수 없다 =〔畸重畸轻〕〔偏piān轻偏重〕

【畸人】jīrén 名 기인(奇人). 괴짜.

【畸形】jīxíng ❶ 名 기형. ¶先天~ | 선천적 기형. ¶~儿 | 기형아. ❷ 形 기형적인. 비정상적인. ¶~的小学生活 | 기형적 소학교 생활. ¶~教育 | 기형적 교육. ¶刺激cìjī经济~发展 | 경제의 기형적 발전을 자극하다.

【咭】jī 웃음소리 길
擬 ❶ 체. 칫. [감탄·혐오스러울 때 혀를 차는 소리] ¶~, 讨人嫌xián | 쳇! 귀찮게 하는구나. ❷ 낄낄. 와락. 왁자지껄 끽 [웃음·말하는 소리. 수레나 차 등의 물체가 마찰하는 소리] ¶~~地笑 | 킬킬거리며 웃다. ¶~噔dēng咯gē噔 | 덜거덩 덜거덩 →〔叽jī〕

2【积(積)】jī 쌓을 적
❶ 動 쌓다. 쌓이다. ¶~少成多↓ ¶堆duī~如山 | 흙이 산더미처럼 쌓이다. ¶日~月累 | 오랜 세월이 지나다. ❷ 動 모으다. 저축하다. ¶~了一笔款子 | 약간의 돈을 모았다. ¶蓄xù~ | 저축하다. ❸ 名 簡 〈數〉 적(積) [곱하여 얻은 수. 「乘chéng积」(승적)의 약칭] ¶面~ | 면적. ¶体~ | 체적 →〔积分③〕〔积数〕 ❹ 名 〈漢醫〉 체내나 장기(臟器)에 물질이 정체하는 병. ¶食~ =〔疳gān积〕 | (어린 아이의) 소화불량. ¶虫~ | 장내(腸內) 기생충병. ❺ 오랜기간 누적된. 오래된. ¶~习↓

【积案】jī'àn 書 名 미해결 안건. 현안(懸案). ¶处理了一批~ | 여러 미해결 안건을 처리했다. ¶~如山 | 成 현안이 산처럼 쌓이다.

【积弊】jībì 書 名 적폐. 오랜 폐단.

【积不相能】jī bù xiāng néng 成 오랫동안 서로 모르는 체하고 지내다.

【积草存粮】jī cǎo cún liáng 成 군량(軍糧)과 마초(馬草)를 저장해 두다. 전비(戰備)를 갖추다

=〔积草屯tún粮〕

【积尘】jī/chén ❶ 動 먼지가 쌓이다. ❷ (jīchén) 名 쌓인 먼지.

【积储】jīchǔ ⇒〔积存〕

【积存】jīcún 動 적립하다. 저축하다. ¶～旅费 | 여비를 적립하다 =〔积储chǔ〕〔积蓄xù①〕=〔积贮zhù〕

【积德】jī/dé 動 덕을 쌓다. ¶～累lěi功 | 成 공덕을 쌓다.

【积肥】jī/féi ❶ 動 비료를 쌓다. 퇴비를 만들다. ❷ (jīféi) 名 두엄. 퇴비. ¶～场 | 퇴비장.

【积分】jīfēn 名 ❶ (학교의) 평소 점수. ❷ 누계 점수. 점수의 합계. ❸ 〈數〉 적분. ¶～方程 | 적분 방정식. ¶～法 | 적분법. ¶～学 | 적분학.

【积垢】jīgòu 名 쌓인 때.

【积谷防饥】jī gǔ fáng jī 成 곡식을 비축하여 흉년에 대비하다 =〔积谷防荒〕

【积毁销骨】jī huǐ xiāo gǔ 成 계속 헐뜯으면 뼈도 녹아버린다. 거듭된 비난이 사람 잡는다 [여러 사람의 말이 무서움을 나타냄]

2【积极】jījí 形 ❶ 적극적이다 [주로 추상적인 사물에 쓰임] ¶起～作用 | 적극적 작용을 일으키다. ¶一定要～进行 | 반드시 적극적으로 진행해야 한다. ¶～分子 | 행동이 적극적인 사람. ❷ 열성적이다. 의욕적〔진취적〕이다. ¶他工作得很～ | 그는 일하는 것이 매우 열성적이다 ‖ →〔消xiāo极〕

2【积极性】jījíxìng 名 적극성.

【积久】jījiǔ 動 오랜 세월 누적되다〔쌓이다〕. ¶这是我～才看出来的 | 이는 내가 오랜 시간이 걸려 알아낸 것이다. ¶～弊生 | 오랜 세월 누적되면 폐단이 생긴다.

【积聚】jījù ❶ 動 (쌓아) 모으다. 축적하다. ¶～资金 | 자금을 모으다. ¶～革命力量 | 혁명 역량을 축적하다. ❷ 名 〈漢醫〉 적취.

【积疴】jīkē 書 名 적아. 숙아(宿疴). 지병. 고질병. ¶彻底治理～ | 고질병을 철저히 치료하다.

【积劳】jīláo 書 動 오랜 기간 피로가 겹치다. ¶～成疾 | 成 피로가 쌓여 병이 되다.

2【积累】jīlěi ❶ 動 쌓이다. 누적하다. 축적되다. ¶～经验是解决问题的基本条件 | 축적된 경험은 문제 해결의 기본 조건이다. ❷ 名 축적. ¶国民收入的～和消费 | 국민 소득의 축적과 소비. ❸ 名 〈經〉 (자본의) 축적. 적립금.

【积木】jīmù 名 집짓기 놀이 장난감. ¶小孩子最爱玩搭～游戏 | 어린 아이들이 가장 좋아하는 놀이는 집짓기 놀이이다.

【积年】jīnián 書 名 오랜 세월. 다년간. ¶～弊病 | 오래된 폐단. ¶～旧案 | 오래된 현안. ¶～累月 | 成 오랜 세월.

【积欠】jīqiàn ❶ 名 누적된 빚. 밀린 빚. ¶偿还～ | 밀린 빚을 상환하다. ¶清理～ | 누적된 빚을 청산하다. ❷ 動 체납하다. ¶交清了～的税款 | 체납된 세금을 물었다.

【积沙成塔】jī shā chéng tǎ 成 티끌 모아 태산 =〔聚jù沙成塔〕

【积善余庆】jī shàn yú qìng 成 선을 많이 쌓으면 복을 받는다.

【积少成多】jī shǎo chéng duō 成 티끌 모아 태산 =〔聚jù少成多〕

【积食】jī/shí 方 ❶ 動 소화가 안되다. 체하다. ❷ (jīshí) 名 소화 불량 [주로 어린이의 경우를 말함] ‖ =〔停tíng食〕

【积水】jīshuǐ ❶ 名 고인 물. ¶～难消之势 | 고인 물이 잘 빠지기 힘든 형세. 喩 재고품의 판로가 보이지 않는 상태. ❷ (jī shuǐ) 물이 괴다. ¶～成渊 | 물이 고여 큰 못을 이루다. 티끌모아 태산.

【积体电路】jītǐdiànlù 名組 〈電算〉 집접회로(IC).

【积土为山, 积水为海】jī tǔ wéi shān, jī shuǐ wéi hǎi 成 티끌모아 태산이다.

【积习】jīxí 書 名 오랜 습관. 누습. ¶看来他是～难改啊 | 보아하니 그는 고질적인 습관을 고치기 어렵다. ¶～相沿 | 成 오랜 습관이 계속되어 고쳐지지 않다. ¶～难忘 =〔积习难除〕 | 成 고질적인 버릇은 떼어버리기 힘들다.

【积薪厝火】jī xīn cuò huǒ 成 섶을 지고 불에 들어가다. 위험한 짓을 하다.

【积蓄】jīxù ❶ ⇒〔积存〕 ❷ 名 저축. 저금액. ¶月月都有～ | 다달이 저축을 하다.

【积雪】jīxuě ❶ 名 쌓인 눈. 적설. ¶～量 | 적설량. ¶万年～ | 만년설. ❷ (jī xuě) 눈이 쌓이다.

4【积压】jīyā 動 ❶ 쌓이다. 방치해 두다. ¶～在心中的忧虑yōulǜ | 마음 속에 쌓인 근심. ❷ (재산·물자 등을) 묵혀 두다. 사장(死藏)하다. ¶～资金 | 자금을 묵어두다. 유휴(遊休) 자금.

【积忧成疾】jī yōu chéng jí 成 오랫동안 근심하여 병을 얻다. ¶他一生为国事操劳cāoláo, 终于～ | 그는 일생동안 국사를 위해 애써 일하였는데, 결국 근심이 쌓여 병을 얻었다.

【积羽沉舟】jī yǔ chén zhōu 成 새털도 쌓이면 배를 가라앉힌다. 작은 힘도 합하면 큰 힘이 된다.

【积攒】jīzǎn 動 口 조금씩 모으다. 저축하다. ¶～家产 | 재산을 모으다.

【积重难返】jī zhòng nán fǎn 成 오랫동안 쌓인 나쁜 습관·폐단 등은 고치기 어렵다. ¶要随时纠正工作中的失误, 以免～ | 작업 중의 잘못을 수시로 고치려면, 오래된 나쁜 폐단을 고칠 수 있어야 한다.

【积铢累寸】jī zhū lěi cùn 成 조금씩 조금씩 모으다 =〔铢积寸累〕

【姬】jī 아씨 희, 첩 희

❶ 書 名 아름다운 여인. 여자에 대한 미칭. ¶美～ | 미희. ❷ 書 名 가무(歌舞)를 업으로 삼던 여자. ¶歌～ | 가희. ¶舞～ | 무희. ❸ 書 名 첩. ¶～妾之盛 | 成 첩이 많다 =〔妾qiè〕 ❹ (Jī) 名 성(姓)

【姬鼠】jīshǔ 名 〈動〉 들쥐.

【笄】jī 비녀 계

書 名 ❶ 비녀. ❷ (남자의 관(冠)에 꽂는) 핀. ❸ 喩 성년(成年)이 된 여자. ¶及～ | 書 여자가 성년이 되다 →〔冠guàn〕

【笄冠】jīguàn 書 名 비녀와 관. 喩 성년.

【笄礼】jīlǐ 名 여자의 성년식 [15세에 비녀를 꽂고 성년으로 침]

【笄年】jīnián 名 여자의 비녀를 꽂는 나이. 여자의 15세.

【屐】jī 나막신 극
書 名 ❶ 나막신 =〔木屐〕 ❷ 신. ¶草～ | 짚신 =〔屐履lǚ〕

【屐齿】jīchǐ 書 名 나막신의 굽.

【唧】jī 물댈 즉, 벌레소리 즉
❶ 動 물을 끼얹다〔뿌리다〕. 액체를 뿜다. ¶～她一身水 | 그녀의 온 몸에 물을 끼얹다. ❷ ⇒〔唧筒〕 ❸ ⇒〔唧唧〕

【唧叮咕咚】jīdīng gūdōng 擬 터벅터벅. 터덜터덜 〔발자국 소리〕 ¶有一辆大车～地来了 | 큰 차 한 대가 터덜거리며 왔다 =〔唧咚咕咚〕

【唧咚咕咚】jīdōng gūdōng ⇒〔唧叮咕咚〕

【唧咕】jī·gu 動 ❶ 소곤소곤 (귓속말을) 하다. ¶他们俩好得一见面就～没完 | 저들 둘은 만났다 하면 쉴새없이 소곤거릴 정도로 사이가 좋다. ❷ 중얼거리다. 투덜거리다. ❸(액체가) 찔끔거리다. (대소변 등을) 질금거리다. ¶这孩子! ～了一裤子 | 이 녀석! 온 바지에 (오줌을) 질금거렸구나 =〔激jī咕〕

【唧唧】jījī 擬 ❶ 소곤소곤 [속삭이는 소리] ❷ 찌르찌르. 찍찍 [벌레 우는 소리]

【唧唧喳喳】jī·jizhāzhā ⇒〔叽jī叽喳喳〕

【唧筒】jītǒng 名〈機〉펌프(pump) =〔泵bèng〕

【缉(緝)】jī ⓐ qì) qī 자을 즙, 꿰맬 즙, 모을 집

Ⓐ jī ⓐ qì) 動 ❶ 체포하다. 포박하다. ¶～私↓ ¶通～ | 지명 수배하다. ❷ 書 삼을 삼다.

Ⓑ qī 動 (바느질에서) 박다. 박음질하다. ¶～边儿 | (옷의) 가장자리를 박음질하다.

【缉捕】jībǔ ❶ 書 動 잡다. 체포하다. ¶～凶手 | 흉악범을 체포하다 =〔缉获huò③〕〔缉拿ná〕 ❷ 名 포졸.

【缉查】jīchá 動 수사하다. 조사하다.

【缉访】jīfǎng 動 (물어보고 다니면서) 조사하다.

【缉获】jīhuò ❶ 動 압수하다. ❷ 動 수색하다. ❸ ⇒〔缉捕bǔ①〕

【缉拿】jīná ⇒〔缉捕①〕

【缉私】jīsī 動 밀매·밀수업자를 잡다. ¶～船chuán | 밀수 감시선.

【嵇】Jī 산이름 혜, 성 혜
名 ❶〈地〉혜산(嵇山) [하남성(河南省) 수무현(修武縣) 서북쪽에 있음] ❷ 성(姓).

【稽】jī qǐ 상고할 계, 머무를 계

Ⓐ jī ❶ 動 조사하다. 고찰하다. ¶～查↓ ¶无～之谈 | 조리가 맞지 않는 터무니 없는 말. ❷ 動 입씨름하다. 다투다. 따지다. ¶反唇相～ | 도리어 남을 반박하고 따지다. ❸ 書 動 머무르다. 지연하다. ¶～留↓ ❹ (Jī) 名 성(姓).

Ⓑ qǐ ⇒〔稽颡sǎng〕〔稽首shǒu〕

Ⓐ jī

【稽查】jīchá ❶ 動 (밀수·탈세·법령 위반 등을) 검사하다. 검열하다. ¶～会kuàijì | 회계를 검사하다. ¶～海上走私zǒusī | 해상 밀수를 검사하다 =〔稽察chá〕〔稽核hé〕〔检jiǎn查〕 ❷ 名 검사원. 조사원.

【稽核】jīhé ⇒〔稽查〕

【稽考】jīkǎo 書 動 고찰〔검사〕하다. 조사하다. ¶无可～ | 조사할 수가 없다.

【稽留】jīliú 書 動 머무르다. 체류하다. ¶因事～, 未能如期南下 | 일 때문에 체류하게 되어 기일내에 남하할 수 없다.

【稽延】jīyán 書 動 지연시키다. 시간을 끌다.

Ⓑ qǐ

【稽首】qǐshǒu 書 名 계수. 돈수(頓首) [옛날, 공경하는 뜻으로 머리를 조아리는 것을 일컬음] ¶孟子～再拜 | 맹자가 머리숙여 재배하다.

【赍(賫)〈齎〉】jī 가져갈 재, 줄 재
書 動 ❶ 주다. 증여하다. ¶～送↓ ❷(마음속에) 품다. ¶～志↓

【赍送】jīsòng 書 動 가지고 가서 주다.

【赍志】jīzhì 書 動 뜻만 품고 이루지 못하다.

【跻(躋)〈隮〉】jī 오를 제
書 動 오르다. 올라가다. ¶自～于荣光之路 | 스스로 영광의 길에 오르다.

【齑(齏)】jī 부술 제, 나물 제
書 ❶ 動 잘게 다지다. 부수다. ¶化为～粉 =〔变为齑粉〕 | 喻 철저하게 분쇄하다. ❷ 名 다진 생강·마늘·부추 등.

【齑粉】jīfěn 書 名 잘게 부순 가루. ¶变为～ | 가루가 되다.

【畿】jī 경기 기
書 名 수도 부근의 땅. ¶京～ | 수도와 수도 부근의 땅.

【畿辅】jīfǔ 書 名 국도 부근의 땅 =〔畿甸diàn〕〔畿内〕

【墼】jī 굽지않은 벽돌 격
❶ ⇒〔土tǔ墼〕 ❷ ⇒〔炭tàn墼〕

2【激】jī 부딪칠 격, 과격할 격
❶ 動 (비를 맞거나 찬물에 몸이 젖어) 병이 나다. ¶她被雨水～病了 | 그녀는 비를 맞아서 병이 났다. ❷ 動 자극하다. 흥분시키다. ¶刺～ | 자극하다. ¶说话～她 | 말로 그녀를 자극하다. ❸ 動 方 (음식을 찬물에 담그거나 섞어서) 차게 하다. (찬물에) 채우다. ¶把西瓜xīguā放在冰水里～一～ | 수박을 얼음물에 넣어 좀 차게 해라. ❹ 動 (물결이) 일다. (물이) 솟구치다. ¶～起浪花 | 물결을 일으키다. ¶～起了一场风波 | 한바탕 풍파를 일으키다. ❺ 形 급격하다. 강렬하다. 세차다. ¶～流↓ ¶偏piān～情绪qíngxù | 편향성. ❻ 감격하다. (감정이) 격동되다. ¶感～ | 감격하다. ¶愤fèn～ | 격분하다.

【激昂】jī'áng 書 形 (감정·어조 등이) 격앙되다. ¶情绪～ | 정서가 격앙되다. ¶会场上响起～的口号声 | 회의장에서 격앙된 구호 소리가 울려퍼지다.

【激磁】jīcí 名〈電氣〉자화(磁化). 여자(勵磁) =〔励lì磁〕

【激荡】jīdàng 動 ❶ 격동하다. 흔들리다. ¶海水～的声音 | 바닷물이 출렁이는 소리. ❷ 격동시키다. 설레이게 하다. ¶～全球 | 전세계를 설레

이게 하다 ‖ =〔激动dòng④〕

[2]【激动】jīdòng ❶ 形 격동하다. 감정이 격해지다. 감격하다. 흥분하다. ¶你何必那么～呢! | 뭘 그렇게 흥분할 필요 있니! ❷ 動 (감정을) 불러 일으키다. 끓어오르게 하다. 감동〔감격〕시키다. ¶这是多么～人心的时刻啊! | 이 얼마나 감격적인 순간인가! ❸ 名 격동. ❹ ⇒〔激荡〕

[4]【激发】jīfā ❶ 動 (감정을) 불러 일으키다. 끓어오르게 하다. 분발시키다. ¶～起无穷的热情 | 무한한 열정을 불러 일으키다. ❷ 名〈物〉여기(勵起).

【激愤】jīfèn 形 격분하다. 격노하다. ¶非常～ | 대단히 격분하다.

【激奋】jīfèn 動 ❶ 격분하다. (정열·애정을) 불태우다. ❷ (감정·감각 등을) 불러 일으키다.

[4]【激光】jīguāng 名〈物〉레이저(laser) ❶ 마이크로파(micro wave)보다 파장이 짧은 가시 광선(可視光線)을 증폭 발진하는 장치 =〔激光器〕 ❷ 레이저 광선. ¶～核聚变 | 레이저 핵융합. ¶～测距仪 | 레이저 거리계. ¶～打孔机 | 레이저 광선 천공기. ¶～光谱学 | 레이저 분광학. ¶～手术刀 | 레이저 메스. ¶～束 | 레이저빔. ¶～制导导弹 =〔激光自导导弹〕 | 레이저 유도 폭탄. ¶～雷达 | 레이저 레이다 ‖ =〔㊀莱lái塞〕

【激光唱机】jīguāng chàngjī 名組 컴팩트 디스크(CD) 플레이어.

【激光唱片】jīguāng chàngpiàn 名組 컴팩트 디스크(CD;Compact disk) =〔CD唱片〕〔电射唱片〕〔数shù字唱片〕

【激化】jīhuà 動 격화되다. 격화시키다.

【激活】jīhuó 動 활성화(活性化)하다. ¶～肝脏gānzàng的功能 | 간장의 기능을 활성화하다.

【激将】jījiàng 動 喩 (욕설·심한 말 또는 반어적인 어투로) 사람을 격하게 하여 분발시키다. ¶劝quàn将不如～ | 권유하는 것보다 분발시키는 편이 낫다.

【激进】jījìn 形 급진적이다. 과격하다. ¶～派 | 급진파. ¶～主义 | 급진주의 =〔急jí进〕

【激浪】jīlàng 書 名 격랑. 노도. 성난 파도. ¶只见两股～汹涌xiōngyǒng而来 | 단지 두차례의 노도가 솟구쳐 오는 것을 보다

[4]【激励】jīlì ❶ 書 名 動 격려(하다). 사기를 진작시키다. ¶～士气 | 사기를 북돋우다. ❷ 名〈電氣〉여자(勵磁). 여기(勵起). 여진(勵振). ¶～不足 | 부족 여자. ¶～电流 | 여자 전류. ¶～电位 | 여기 전위. ¶～功率gōnglǜ | 여진 전력. ¶～频率pínlǜ | 여진 주파수. ¶～状态zhuàngtài | 여기 상태. ¶～器 | 여진기. ¶～曲线 | 여기 곡선. ¶～阳极yángjí | 방전 유지 양극. ¶～截面jiémiàn | 여기 단면적.

[2]【激烈】jīliè 形 격렬〔치열〕하다. 극렬〔맹렬〕하다. ¶争论得～ | 논쟁이 격렬하다. ¶做很～的批评 | 극렬한 비평을 하다. ¶～战斗 | 격렬한 전투 =〔激剧jù〕〔剧烈〕

【激灵】jī·ling ⇒〔机jī灵③〕

【激流】jīliú 名 격류. 거센 흐름. ¶在～中勇敢yǒnggǎn前进 | 격류 속에서 용감히 전진하다.

【激酶】jīméi 名〈生理〉자극성 효소.

【激恼】jīnǎo 動 화나게 자극하다. ¶他是有意用这话来～你的 | 그는 일부러 이런 말로써 너를 자극하여 화나게 한다.

【激怒】jīnù 動 격노하다. 대단히 노하다. ¶他一句话～了校长大人 | 그의 한마디가 총장님을 대단히 노하게 했다.

【激起】jīqǐ 動 불러일으키다. 야기하다. ¶～公愤 | 대중의 분노를 야기시키다. ¶～了广大消费者的强烈不满 | 많은 소비자들의 강한 불만을 불러 일으켰다.

【激切】jīqiè 書 形 직설적이고 격렬하다. ¶言辞～ | 말이 너무 직설적이고 격렬하다.

[4]【激情】jīqíng 名 격정. (억누르기 힘든) 열정. 정열. ¶鲁迅写下了充满～的杂文 | 노신은 열정이 충만한 잡문을 지었다.

【激赏】jīshǎng ⇒〔击jī赏〕

[3]【激素】jīsù 名〈生理〉호르몬(hormone). ¶睾丸gāowán～ =〔睾丸素(酮)〕〔睾固酮〕 | 남성 호르몬. ¶甲状腺～ | 갑상선 호르몬. ¶生长shēngzhǎng～ =〔激长素〕 | 생장 호르몬. ¶性～ | 성 호르몬. ¶雌cí～酮 =〔雌素酮〕 | 에스트론(estrone). ¶垂chuí体前叶～ | 뇌하수체 전엽 호르몬 =〔荷hé尔蒙〕〔贺hè尔蒙〕

【激扬】jīyáng ❶ ⇒〔激浊扬清〕 ❷ 動 (감정이) 격앙되다. 끓어오르다. ¶～的欢呼声 | 격앙된 환호성. ❸ 動 격려하여 진작시키다. ¶～士气 | 사기를 격려하여 진작시키다.

【激涌】jīyǒng 動 요동하다. 맹렬하게 소용돌이치다.

【激越】jīyuè 書 形 ❶ (감정이) 강렬하다. 고조되다. ❷ 우렁차다. 높고 맑게 울리다. ¶雄浑～的军号声 | 웅혼하고 우렁찬 군대 나팔 소리.

【激增】jīzēng 動 급격히 증가하다. ¶人口～ | 인구가 급증하다. ¶购买力～ | 구매력이 급격히 증가하다.

【激战】jīzhàn 名 격전. 치열한 전투.

【激浊扬清】jī zhuó yáng qīng 成 탁한 물을 흘려보내고 맑은 물을 끌어들이다. 악을 물리치고 선을 권장하다 =〔激扬①〕〔扬清激浊〕

【羁(羈)〈羇〉】jī 굴레 기

書 ❶ 名 말 굴레. 말고삐. ¶无～之马 | 굴레 벗은 말. ❷ 動 속박하다. ¶放荡不～ | 방탕하여 속박할 수 없다. ❸ 머무르다. 기거(寄居)하다. ¶～留↓ =〔羇jī〕

【羁绊】jībàn 書 名 ❶ 기반. 굴레. ❷ 구속. 속박. ¶他们脱出了家庭的～ | 그들은 가정의 구속에서 벗어났다. ¶摆脱了殖民主义的～ | 식민주의의 속박에서 벗어나다.

【羁勒】jīlè 書 動 속박하다.

【羁留】jīliú 動 ❶ 구금(拘禁)하다 =〔羁押yā〕 ❷ (외지에서) 머무르다. 기거하다.

【羁旅】jīlǚ 書 動 오랫동안 타향에서 머물다. 객지생활을 하다. ¶半生～ | 반평생을 객지에서 머물다 =〔羁栖qī〕

【羁縻】jīmí 書 動 ❶ 속박하다. 구속하다. 견제하다. ❷ 예속시키다. 복종하게 하다. 얌전히 따르

게 하다 =〔笼lóng络〕
【羁押】jīyā ⇒〔羁留liú①〕

jí ㄐㄧˊ

2【及】jí 미칠 급, 더불 급 ❶動 동사 뒤에 보어로 쓰여, 제 시간에 가닿다. 시간에 대다. ¶来得～ | 시간에 맞춰 댈 수 있다. ¶来不～ | 시간에 대지 못하다. ¶赶得～ | 따라 가다. 시간에 대어 가다. ❷動 (비교해서) …만 하다. 비교하다. …에 미치다. 어법 일반적으로 부정부사「不」와 같이 쓰임. ¶我不～他 | 나는 그만 못하다. ¶北京不～上海大 | 북경은 상해만큼 크지 않다. ❸書動 이르다. 도달하다. …에 미치다. ¶将～十载 | 10년이 되려한다. ¶已～入学年龄 | 이미 입학할 나이가 되다. ❹連 및. 와. 과. 어법 ⓐ 병렬관계에 있는 명사·명사구(名詞詞組)의 접속에 사용함. 병렬 접속되는 것이 3개 이상일 때는 마지막 앞에 옴. ¶工人, 农民～士兵 | 노동자·농민 및 사병. ⓑ 중요한 병렬 항목은「及」의 앞에 두며,「其」「其他」와 연이어 쓰임.「及其」는「和他(们)的」(…와 …의 …) 뜻이며, 하나의 접속사(連詞)로 볼 수도 있음. ¶人员, 图书, 仪器～其他 | 사람·도서·기기 및 기타. ¶工厂～其周围 | 공장과 그 주위. ¶员工～其家属 | 직원과 그들의 가족. ⓒ「及」「以及」는 뜻은 같으나 용법이 다름. ㉠「及」는 낱말(詞)과 구(詞組)만을 접속하지만,「以及」는 절(分句), 문(句)까지도 접속함. ㉡「及」는「其」와 연용할 수 있으나,「以及」는 할 수 없음. ㉢「以及」앞에서는 끊어 읽을 수 있으나,「及」앞에서는 불가함→〔以yǐ及〕
【及第】jídì 書動 (과거에) 급제하다. ¶壮元zhuàngyuán～ | 장원 급제하다 ¶他以第二名～ | 그는 이등으로 급제하다 ⇔〔不第①〕→〔及格〕
2【及格】jí/gé 動 합격하다. ¶我害怕不～ | 나는 불합격할까 걱정된다. ¶～分数fēnshù | 합격점수. ¶～率 | 합격률.
【及格赛】jígésài 名 예선전 ⇔〔决赛〕
【及冠】jíguàn 書 ❶名 (남자의) 만 20세. ❷動 남자가 성년(成年)이 되다.
【及笄】jíjī 書 ❶名 (여자의) 만 15세. 시집을 보낼 나이. ❷動 여자가 만 15세가 되다.
【及龄】jílíng 書動 규정된 나이에 이르다. 적령이 되다. ¶～儿童 | 학령 아동.
【及门】jímén 書名 문하생. 문인(門人). 제자. ¶～第子 =〔及门之士〕| 문하 제자.
2【及时】jíshí ❶副 제때에. 적시에. ¶～播种 | 제때에 파종하다. ❷形 시기 적절하다. 때맞다. ¶～的措施cuòshī | 시기 적절한 조치. ❸副 즉시. 곧바로. 신속히. ¶有什么问题就～解决 | 무슨 문제가 있으면 즉시 해결한다 =〔马上mǎshàng〕〔立刻lìkè〕
【及时雨】jíshíyǔ 名 ❶ 때맞은〔때맞춰 내리는〕비. ¶这个政策真是一场～, 使这么多人受惠shòuhuì | 이 정책은 정말 때맞춰 내리는 비와 같아서, 이렇게 많은 사람들이 수혜를 받았다. ❷喩 해결사.
【及时行乐】jí shí xíng lè 成 제때에 (맞추어) 즐기다. 때를 놓치지 않고 즐기다.
【及物动词】jíwù dòngcí 名〈言〉타동사.
【及于】jíyú 動 (어떠한 범위·장소에) 다다르다. 미치다. 도달하다. 퍼지다. ¶其影响～全校 | 그 영향이 전 학교에 미쳤다.
4【及早】jízǎo 副 일찍. 일찌감치. 빨리. ¶～动身, 别误了 | 일찌감치 출발하여 늦지 않도록 해라 =〔趁chèn早(儿)〕
【及至】jízhì 連 …에 이르러. …의 때가 되면. ¶原子能的研究, ～第二次世界大战末期以后, 才有长足的进步 | 원자력 연구는 제2차 세계 대전 말기 후에 비로소 장족의 발전이 있었다.

【岌】jí 높은산 급 書状 산이 높다→〔岌岌〕
【岌岌】jíjí 書状 ❶ 산이 높고 험준하다. ❷ 매우 위태롭다. 위급하다. ¶～可危 | 대단히 위급하다. 풍전 등화(風前燈火)

【汲】jí 길을 급, 당길 급 ❶動 (물을) 퍼올리다〔긷다〕=〔汲水〕 ❷書形 매우 바쁘다. 황망하다. ¶终日～～, 竟无所获 | 종일토록 매우 바빠도 결국 아무 것도 얻은 바가 없다. ❸ (Jí) 名 성(姓)
【汲汲】jíjí 書状 ❶ 급급하다. ¶～于个人富贵 | 개인의 부귀에 급급하다. ❷ 급박하다.
【汲取】jíqǔ 動 ❶ (물을) 긷다. ❷ 흡수〔섭취〕하다. 얻다. ¶从他的着作中～新的理论价值 | 그의 저작 가운데서 새로운 이론의 가치를 흡수하다. ¶～营养 | 영양을 섭취하다.
【汲引】jíyǐn 書動 ❶ 물을 길어 올리다. ❷轉 (일꾼으로) 발탁하다. 등용하다.

1【级(級)】jí 층계 급, 등급 급 ❶書名 단. 계단. ¶石～ | 돌계단. ❷ 학년. ¶三年～ | 3학년. ¶留～ | 유급. ❸ 등급. ¶中～ | 중급. ¶上～ | 상급. ❹量 층. 급. 등 [계단·단계·등급을 세는 양사] ¶十多～台阶 | 10여층으로 된 계단. ¶一～钳qián工 | 1등 조립공→〔晴jiè②〕
3【级别】jíbié 名 등급. 직급. 등급의 구별. ¶～高, 工资多 | 직급이 높으면 급료도 많다.
【级差】jíchā 名 등급상의 격차. ¶工资的地区～取消了 | 임금 체계에서 등급상의 격차를 없애 버렸다.
【级任】jírèn 名 학급 담임(교사).
【级数】jíshù 名〈數〉급수.

1【极(極)】jí 극 극, 용마루 극 ❶名 극 [지구의 양극. (자석·전원의) 극] ¶南～ | 남극. ¶阴～ | 음극. ❷書名 정상. 끝. 절정. ¶登峰造～ | 成 정상에 이르다. ❸書動 절정〔끝〕에 이르다. 최고도에 이르다. ¶物～必反 | 成 사물은 변전의 절정에 이르면 반드시 역전(逆轉)한다. ❹ 최고의. 최종의. ¶～端↓ ¶～度↓ ❺副 아주. 지극히. 몹시. 매우. 어법 ⓐ 어떤 형용사 앞에는 쓸 수 없음. ¶～好 | 매우 좋다. ¶～新(×) ¶～亲爱(×) ¶～永久(×) ¶～密(×) ¶～斜(×) ⓑ 중첩된 형용사 앞에는 쓸 수 없음. ¶～黑黑的(×) ¶～

亮闪闪的(×) ⓒ「极＋形」가 명사를 수식할 때는「的」를 동반함. ¶～大的空间｜아주 넓은 공간. ¶～聪明的孩子｜아주 총명한 아이. ⓓ동사나 조동사 앞에 쓰임. ¶～能说明问题｜문제에 대해 아주 잘 설명한다. ¶～有成就｜업적이 아주 많다. ⓔ「极」가「不」앞에 쓰이는 경우는「不」뒤에 적극적인 의미를 지닌 쌍음절 형용사나 동사·소수의「好」「稳」「准」등의 단음절 형용사가 있을 때에 국한됨. ¶～不危险(×) ¶～不模糊(×) ¶～不安全｜극히 안전하지 못하다. ¶～不清楚｜극히 깨끗하지 못하다. ¶～不好｜극히 좋지 않다. ❻副 형용사나 동사 뒤에 보어로 쓰여, 극히. 아주. 매우. 몹시. 어법 방언(方言)을 제외하고는 앞에「得」를 쓰지 않으며, 뒤에「了」를 동반하고 구어(口語)에 많이 나타남. ¶好～了｜아주 좋다. ¶新鲜～了｜아주 신선하다. ¶对～了｜아주 꼭 맞다.

【极板】jíbǎn 名〈電氣〉전극판 =〔电极板〕

【极大】jídà 貺 지극히 크다. 최대 한도이다. ¶～部分｜가장 큰 부분. ¶～量｜최대 한도량.

【极低】jídī 貺 지극히 낮다. 최저 한도이다. ¶劳动者的工资～｜노동자의 임금이 지극히 낮다.

【极地】jídì 名〈地〉극지. ¶～高压｜극지 기압. ¶～航空｜〈航〉극지 비행〔항공〕. ¶～海洋气团｜극지 해양 기단.

【极点】jídiǎn 名 최고도. 최고조. 절정. ¶感动到了～｜감동이 최고조에 달했다 =〔极处chù〕〔极顶dǐng〕〔极度dù②〕

4【极度】jídù ❶副 극도로. 최대 한도로. ¶感到～的不安｜극도의 불안을 느끼다. ¶～兴奋｜극도로 흥분하다. ❷⇒〔极点〕

3【极端】jíduān ❶名 극단. ¶各走～｜각자 극단을 걷다. ❷副 극단적인. 극도의. ¶～热情｜극도의 열정. ❸副 극단적으로. 극도로. 아주. 몹시. ¶～憎恨｜극도로 미워하다.

【极高】jígāo 形 극히 높다. ¶准确度～｜정확도가 지극히 높다. ¶～频pín｜밀리파(mili 波).

【极冠】jíguān 名〈天〉극관.

【极光】jíguāng 名〈氣〉극광. 오로라(aurora). ¶北～｜북극광. ¶南～｜남극광 =〔华盖huágài②〕

【极化】jíhuà 名動〈物〉분극(分極)(하다).

【极口】jíkǒu 動 온갖 말을 다하다. 어법 주로 부사적으로 쓰임. ¶～否认｜극구 부인하다.

【极乐】jílè 區 극락. 낙원. ¶～世界 =〔西天②〕｜극락 세계.

【极乐鸟】jílèniǎo 名〈鳥〉극락조 =〔风fēng鸟〕

1【极了】jí·le 副 극히. 매우. 아주. 몹시 어법 성질·상태를 나타내는 형용사나 동사의 뒤에 붙여 그 정도가 가장 심함을 나타냄. 보통 문장 끝에 오며「极…」보다도 어감이 강함. ¶冷～｜굉장히 춥다. ¶好～｜아주 좋다.

4【极力】jílì 動 있는 힘을 다하다. 어법 주로 부사적으로 쓰임. ¶你不是～主张早走吗?｜너는 일찍 가자고 극력 주장하지 않았니? ¶～反对｜있는 힘을 다해 반대하다.

【极量】jíliàng 名〈醫〉극량.

【极目】jímù 書動 시력이 미치는 데까지 바라보다. ¶～青青的草原｜아득히 푸른 초원을 바라보다.

【极品】jípǐn 書名 최상품. 일등품.

2【极其】jíqí 副 지극히. 매우. ¶～安静｜지극히 고요하다. ¶～巨大｜매우 거대하다. ¶～美丽｜매우 아름답다.

【极圈】jíquān 名〈地〉극권. ¶北～｜북극권. ¶南～｜남극권.

【极权政府】jíquán zhèngfǔ 名組 일인〔일당〕독재 정부. ¶～主义｜전체 주의.

【极深研几】jí shēn yán jī 成 사물의 심오하고 미세한 부분까지 연구 토론하다.

【极盛】jíshèng 區 극성. 절정. 전성. ¶～时代｜전성 시대. ¶意大利艺术的～时期｜이태리 예술의 절정 시기.

【极天际地】jí tiān jì dì 成 위로는 하늘에 닿고 아래로는 땅끝에 이르다. 끝없이 넓다.

4【极限】jíxiàn 名 ❶극한. 최대한. ¶～安全量｜최대한의 안정량. ¶～强度｜〈工〉극한강도. ❷〈數〉극한.

【极小】jíxiǎo ❶區 극히 작다. 최소 한도이다. ¶～值｜극소치. ¶～量｜최소량. ❷名〈數〉극소.

【极刑】jíxíng 名 극형. 사형. ¶处以～｜극형에 처하다.

【极值】jízhí 名〈數〉극값. 극치. ¶求～｜극값을 구하다.

【笈】jí 책상자 급

書名 (책을 넣고 짊어지는) 책상자. ¶负～从师｜成 유학하고 와서 스승이 되다. 책을 싸 들고 스승을 따르다.

4【吉】jí 길할 길

❶形 길하다. 좋다. ¶凶多～少｜흉한 일은 많고 길한 일은 적다 ⇔〔凶xiōng①〕 ❷書名 음력 매월 초하루. 삭일(朔日) →〔吉日〕 ❸(Jí) 名簡「吉林省」(길림성)의 약칭. ❹(Jí) 名 성(姓).

【吉卜赛(人)】jíbǔsài(rén) 名外 집시(Gypsy) =〔吉普赛(人)〕〔茨cí冈人〕

【吉布提】Jíbùtí 名外〈地〉지부티(Djibouti) [아프리카 동북부, 아든만에 접한 나라. 1977년 6월 27일 프랑스로부터 독립. 수도는「吉布提」(지부티; Djibouti)]

【吉尔吉斯】Jíěrjísī 名外〈地〉키르기스(Kirgiz) [「独立国家国协」(독립국가연합; CIS)중의 한 나라. 수도는「伏龙芝」(프룬제; Frunze)]

【吉光片羽】jí guāngpiàn yǔ 成 잔존(殘存)하는 진귀한 문장이나 서화 등의 문물(文物). ¶众多的珍贵遗物, 现在只剩下～了｜많은 진귀한 유물이 지금은 단지 문장·서화 등의 문물만 남아 있다.

【吉剧】jíjù 名〈演映〉길림성(吉林省)의 지방극.

【吉利(儿)】jílì(r) ⇒〔吉祥xiáng①〕

【吉隆坡】Jílóngpō 名外〈地〉쾰라룸푸르(Kuala Lumpur) [「马来西亚」(말레이시아; Malaysia)의 수도] =〔吉gǔ隆坡〕

4【吉普车】jípǔ chē 名外 지프(jeep) =〔外吉普卡〕〔越野车〕

【吉期】jíqī 名 길일[주로 결혼 날을 가리킴] ¶另择~ | 달리 길일을 간택하다.
【吉庆】jíqìng 形 경사스럽다.
【吉人】jírén 書 名 착한[좋은] 사람. ¶~天相xiàng | 착한 사람은 하늘도 굽어본다 =[吉士shì]
【吉日】jírì ❶ (음력) 초하루 =[朔shuò日] ❷ 길일. 좋은 날. ¶~良辰 | 成 좋은 날. 좋은 때 =[吉辰chén][吉时]
【吉他】jítā 名 外〈音〉기타 =[吉泰tài琵琶][外结他][六弦琴]
【吉特巴】jítèbā 名〈舞〉外 지루박(jitterbug) [「水手舞」「水兵舞」라고도 함]
4【吉祥】jíxiáng ❶ 形 길하다. 상서롭다. 운수가 좋다 =[吉利(儿)] ❷ 形 순조롭다. ¶这档dàng子事办得挺~ | 이 일은 아주 순조롭게 처리되었다. ❸ 名 「死」「棺」의 말을 꺼려서 특별히 쓰는 용어. ¶~板 | 관널. ¶~床 | 관대(棺臺). ¶~所 | 빈소.
【吉祥物】jíxiángwù 名 마스코트(mascot). ¶第十一届亚运组委会决定以大熊猫xióngmāo为1990年亚运会的~ | 제11회 아시안게임 조직위원회는 팬더곰을 1990아시안게임의 마스코트로 결정했다.
【吉凶】jíxiōng 名 길흉. ¶~难测 | 길흉을 예측하기 힘들다.
【吉兆】jízhào 書 名 길조. 길한 징조. ¶这可是一个~啊 | 이는 정말 길조이다 =[吉征zhēng]

【佶】jí 바를 길

書 形 ❶ 바르다. ❷ 건장하다.
【佶屈聱牙】jí qū áo yá ⇒[诘jí屈聱牙]

【诘】jí ☞ 诘 jié Ⓑ

2【即〈卽〉】jí 곧 즉

書 ❶ 動 …이다. 어법 판단을 나타내며, 「即是」로 쓰이기도 함. ¶周树shù人~鲁迅xùn | 주수인이 노신이다. ¶暹罗xiānluó~今之泰国 | 「暹罗」는 오늘의 태국이다. ❷ 動 삽입어로 쓰여, 즉…. ¶解放jiěfàng后的头一年, ~一九五十年, 我乡办了第一所中学 | 해방후의 첫해, 즉 1950년에 우리 고향에 첫번째 중학을 설립하였다. ❸ 副 …이 되면 곧. …하자 곧. ¶下星期~能完成 | 다음주면 곧 완성할 수 있다. ¶学校毕业~就业 | 학교를 졸업하면 곧 취직한다. ❹ 副 (그 자리에서) 즉각. 당장. 바로. ¶~地处理 | 당장 처리하다. ¶闻过~改 | 허물을 듣자 곧 고치다. 잘못을 지적받자 바로 고치다. ❺ 連 설령 …할지라도[일지라도, 하더라도]. ¶~无他方之支援, 也能完成任务 | 설령 다른 지원이 없다 하더라도 임무를 완성할 수 있다 =[即使] ❻ 動 가까이 가다. 접근하다. ¶不~不离 | 가까이 하지도 않고 멀리 하지도 않다. ❼ 動 (자리에) 나아가다. 차지하다. 종사하다. ¶~位↓ ❽ 名 가까이. 눈앞. 지금. ¶成功在~ | 성공이 눈앞에 있다.
4【即便】jíbiàn ❶ ⇒[即使shǐ] ❷ 副 札 즉시. 곧. ¶~遵照 | 즉시 명령대로 처리하기 바람.
【即付】jífù ⇒[即交jiāo①]
【即或】jíhuò ⇒[即使shǐ]
3【即将】jíjiāng 副 곧. 멀지않아. 불원간. ¶~出版 =[即将问世] | 머지않아 출판될 것이다.
【即交】jíjiāo 動 ❶ 즉시 지불하다 =[書 即付fù] ❷ 즉시 교부하다.
【即景】jíjǐng 書 ❶ 名 눈앞에 보이는 경물(景物). ¶农村~ | 눈앞에 보이는 농촌 정경. ❷ 動 눈앞에 보이는 경물을 보고 시문을 짓거나 그림을 그리다. ¶~诗 | 즉흥시.
【即景生情】jí jǐng shēng qíng 成 눈앞의 정경에 따라 감흥이 일다[떠오르다]. ¶李白~, 写了一首短诗 | 이백은 정경을 보고 감흥이 떠올라, 짧은 시 한 수를 지었다.
【即刻】jíkè 書 副 곧. 즉각. ¶~出发 | 즉각 출발하다 =[即时]
【即令】jílìng ⇒[即使shǐ]
【即日】jírì 名 ❶ 그날. 당일. ¶~返回 | 그날에 돌아오다. ❷ 가까운 시일내. 수일내. ¶本片~放映 | 본 영화는 수일내에 방영할 것이다.
【即溶咖啡】jíróng kāfēi 名組 台 인스턴트 커피(instant coffee)
【即如】jírú 書 즉[바로]…와 같다 =[即若][且qiě如]
【即若】jíruò ❶ ⇒[即使shǐ] ❷ ⇒[即如]
【即时】jíshí ⇒[即刻kè]
3【即使】jíshǐ 連 설령[설사] …하더라도[할지라도, 일지라도]. ¶~天塌下来, 咱们也不怕 | 설사 하늘이 무너져 내린다할지라도 우리는 두렵지 않다. 어법 「即使」가 나타내는 조건은 아직 실현되지 않은 일이거나 사실과 상반되는 일로, 주로 「即使…也(还)…」의 형태로 쓰임 =[即便biàn①][即或huò][即令lìng][即若ruò①]
【即事】jíshì 書 ❶ 名 눈앞의 일. ❷ 動 일에 착수하다.
【即位】jí/wèi 書 動 ❶ 자리에 앉다. 착석하다. ❷ 즉위하다. ¶太子~后, 马上进行改革 | 태자가 즉위한 후, 곧바로 개혁이 진행되다.
【即席】jíxí 書 ❶ 名 즉석. ¶~演说 | 즉석 연설. ¶~面(条) =[方便面(条)] | 인스탄트 라면. ❷ 動 자리에 앉다. 착석하다 =[就位][入席①]
【即兴】jíxìng 動 즉흥. ¶~曲 | 즉흥곡. ¶~诗 | 즉흥시. ¶他~谱了一支曲 | 그는 즉흥적으로 곡 하나를 작곡했다.
【即以其人之道, 还治其人之身】jí yǐ qí rén zhī dào, huán zhì qí rén zhī shēn 成 그 사람의 방법대로 그 사람을 대하다. 사람에 따라 상대하는 방법을 달리하다.

【亟】jí qì 빠를 극, 자주 기

Ⓐ jí 書 ❶ 形 급박하다. 시급하다. ¶需款甚~ | 현금이 심히 급하게 필요하다. ❷ 副 급히. 속히. 빨리. ¶~待解决 | 빠른 해결을 바라다.
Ⓑ qì 書 副 누차(屢次). 여러번. 자주. ¶~来请教 | 여러번 와서 가르침을 청하다.
【亟待】jídài 書 動 시급히 (…을) 요하다[기다리다]. ¶~解决 | 시급히 해결을 기다리다.
【亟亟】jíjí 書 狀 총망하다. 급급하다. 급박하다. ¶不必~ | 급급해 할 필요가 없다. ¶~奔bēn走 | 바삐 돌아다니다.

【殛】jí 죄줄 극
動❶書 죽이다. 형벌에 처하다. ❷ 벼락치다. ¶雷~老树 | 늙은 나무에 벼락치다. ¶变压机被~坏 | 변압기가 벼락맞아 망가졌다.
【殛毙】jíbì 書動 (비참히) 죽다. ¶为雷电~ | 벼락 맞아 비참하게 죽었다.

1【急〈忣〉】jí 급할 급
❶動 서두르다. 조급해하다. 초조해하다. ¶~着要走 | 급히 서둘러 가려하다. ¶~得慌 | 몹시 초조해지다. ❷形 화를 잘 내다. 발끈해지다. ¶没说三句话他就~了 | 그는 몇 마디 말을 하지도 않고 발끈 해진다. ❸動 빠르다. 급하다. 급격하다. ¶水流很~ | 물의 흐름이 매우 빠르다. ¶脚步jiǎobù很~ | 발걸음이 매우 급하다. ❹形 긴급하다. 긴박하다. ¶不~之务 | 긴박하지 않은 업무. ❺動 (다른 사람의 어려움을) 돕다. ¶~人之困↓
【急巴巴】jíbābā 狀 다급〔급박〕하다. 조급하다→〔急急巴巴〕
【急蹦蹦】jíbèngbèng 狀 급해서 발을 동동 구르다. 펄쩍펄쩍 뛰다. ¶事情不如意就~的跳起来了 | 일이 여의치 못하자 급해서 발을 동동구르며 뛰었다.
【急变】jíbiàn ❶動 갑자기 변하다. ¶~情况 | ❷書名 긴급한 변고.
【急病】jíbìng 名 급병. ¶得了~ | 급병에 걸리다 =〔急脉mài〕〔急症zhèng〕
【急不可待】jí bù kě dài 成 한시도 기다릴 수 없을 만큼 마음이 조급하다 =〔急不可耐〕〔急不能待〕
【急不可耐】jí bù kěnài ⇒〔急不可待〕
【急不得恼不得】jí ·bu ·de nǎo ·bu ·de 成 이럴 수도 저럴 수도 없다. 이러지도 못하고 저러지도 못하다 =〔啼tí笑皆非〕
【急步】jíbù 名 빠른 걸음. ¶他~向前 | 그는 앞을 향해 빠른 걸음을 하다. ¶~走向教室 | 교실을 향해 빨리 걷다.
【急茬儿】jíchár 回 ❶名 긴급한 일. 다급한 용무. ¶他真有点儿~, 没等下班就走了 | 그는 정말 다급한 용무가 있어서 퇴근 시간을 기다리지 못하고 나갔다. ❷形 경솔하다. 덜렁〔덤벙〕거리다. ❸形 무례하다. 버릇없다. ❹名 조급한 사람. 안달뱅이. ❺名 다급한 경우를 모면해 주는 것 =〔急碴chā儿〕
【急扯白脸】jíchěbáiliǎn ⇒〔急赤白脸〕
【急叱白脸】jíchìbáiliǎn ⇒〔急赤白脸〕
【急斥白脸】jíchìbáiliǎn ⇒〔急赤白脸〕
【急赤白脸】jí·chibáiliǎn 狀組 方 핏대를 올리다. (얼굴이) 붉으락푸르락하다. ¶两个人~地吵个没完 | 두 사람은 얼굴이 붉으락푸르락하며 끝없이 말다툼하고 있다 =〔急扯chě白脸〕〔急叱chì白脸〕〔急斥chì白脸〕〔急赤白嚷rǎng〕
【急赤白嚷】jíchìbáirǎng ⇒〔急赤白脸〕
【急促】jícù 形 ❶ 촉박하다. ¶时间很~, 不能再犹豫了 | 시간이 너무 촉박하니, 더 이상 주저할 수 없다. ❷ (속도가) 빠르다. 다급하다. 가쁘다. ¶~的脚步声 | 다급한 발자국 소리 =〔書 急骤zhòu〕
【急电】jídiàn ❶名簡 지급 전보. ¶总部来了一封~ | 총사령부에 지급 전보가 왔다 =〔加jiā急电(报)〕〔飞fēi电〕 ❷書動 지급 전보를 치다.
【急风暴雨】jí fēng bào yǔ 成 사나운 비바람. 폭풍우. 질풍노도같은 기세. ¶这场运动如~, 势不可挡 | 이번 운동은 폭풍우와 같아서 그 기세를 막을 수 없다.
【急腹症】jífùzhèng 名〈醫〉급성 복통 증상.
【急公好义】jí gōnghào yì 成 대중의 이익을 위해 열성을 다하다. 의협심이 강하다.
【急功近利】jí gōng jìn lì 成 눈앞의 이익에만 급급하다. ¶这种~的做法是不合适的 | 이런 눈앞의 이익에만 급급하는 방법은 합당하지 못하다.
【急管繁弦】jí guǎn fán xián 成 리듬이 다채롭고 음색이 풍부한 음악〔연주〕=〔急竹繁丝〕
【急坏】jíhuài 動 몹시 당황하다. 조바심하다. 애태우다. ¶等了半天他也不来, 真把我~了 | 한참 기다렸는데도 그조차 오지 않아 나를 조바심나게 했다.
【急急如律令】jí jí rú lǜ lìng 動組 喩 즉시 명령대로 하다 [원래 한대(漢代)에서는 지급(至急)의 뜻을 지닌 공문 용어였으나 후에 도교에서 주문을 외울 때 잡귀가 빨리 물러가라는 뜻으로 마지막 맺는 말로 쓰임]
【急急巴巴】jí·jibābā 狀 다급하다→〔急巴巴〕
【急件】jíjiàn 名 긴급 안건. 지급 문서. ¶作为~处理 | 긴급 안건으로 처리하다.
【急进】jíjìn ⇒〔激jī进〕
【急劲儿】jíjìnr 狀 초조하다. 조급하다. 당황하다. ¶您看他这个~ | 선생님 그가 이렇듯 당황해하는 것 좀 보세요.
【急惊(风)】jíjīng(fēng) 名〈漢醫〉❶ 급경풍(急驚風). ❷ 급성 뇌막염.
【急救】jíjiù 名動 응급 조처(를 취하다). 응급 치료(를 하다). 구급(하다). ¶他身受重伤流血过多, ~无效, 终于献出了他的宝贵bǎoguì生命shēngmìng | 그는 몸에 중상을 입고 유혈이 과다하여, 응급 조치도 소용이 없어, 결국 귀중한 생명을 잃었다. ¶~包 | 구급낭. ¶~车 =〔救护hù车〕| 구급차. ¶~法 | 구급법. 응급 치료법. ¶~站zhàn | 구급 센터. ¶~药品yàopǐn | 구급약. ¶~药箱xiāng | 구급 상자. ¶~方 | 구급책. 구급방.
4【急剧】jíjù ⇒〔急遽〕
【急遽】jíjù 形 급속하다. 갑작스럽다. 급격하다. ¶情况~变化 | 상황이 급속히 변하다 =〔書 急剧jù〕〔急速sù①〕
【急口令】jíkǒulìng ⇒〔绕rào口令(儿)〕
【急快】jíkuài 形 재빠르다. 날래다.
【急来抱佛脚】jílái bào fójiǎo ⇒〔急时抱佛脚〕
【急流】jíliú 名 ❶ 급류. ¶~滚滚gǔn | 급류가 세차게 흐르다. ❷〈氣〉제트 기류(jet 氣流).
【急流勇进】jí liú yǒng jìn 成 급류를 거슬러서 앞으로 나아가다. 수많은 난관을 무릅쓰고 용감히 나아가다. ¶坚强jiānqiáng的人~ | 굳센 사람은 수많은 난관을 무릅쓰고 용감히 나아간다.
【急流勇退】jí liú yǒng tuì 成 한창 전성기에 있을

때 (관직 등을) 결단성있게 물러나다. ¶聪明的懂得～ | 현명한 사람은 결단성 있게 물러날 때를 알고 있다.

2【急忙】jímáng 形 급하다. 분주하다 =〔疾jí忙〕

【急猫猴性】jímāo hóuxìng ❶ 名組 성미가 급한 사람. ❶ 狀組 몹시 당황해하다.

【急难】jí/nàn ❶ 書 動 남을 도와 재난에서 구원하다. ❷ (jínàn) 名 위급한 재난.

【急拍】jípāi 名〈音〉알레그로(allegro) =〔快板〕

【急迫】jípò 形 다급〔절박, 급박〕하다. ¶这是当前最～的任务 | 이것이 당면한 가장 절박한 임무이다 =〔急切qiē①〕

【急起直追】jí qǐ zhí zhuī 成 분발하여 (앞지른 것을) 바싹 따라잡다 =〔亟jí起直追〕

4【急切】jíqiè ❶ ⇒〔急迫pò〕 ❷ 副 급히. 당장. 서둘러 [주로「急切间」「急切里」형으로 쓰임] ¶～间找不着适当的人 | 당장 적당한 사람을 찾을 수 없다 =〔仓卒cāngzú〕

【急人】jírén ❶ 動 마음을 졸이게 하다. 애태우다. ¶～的消息xiāoxī | 마음을 애태우는 소식. ❷ 形 초조하다.

【急人之困】jí rén zhī kùn 成 지체없이 다른 사람의 어려움을 해결하다 =〔急人之难〕

【急如星火】jí rú xīng huǒ 成 ❶ 유성(流星)처럼 몹시 빠르다. ¶人们～地抢运qiǎngyùn药品和医疗机材 | 사람들은 몹시 재빠르게 약품과 의료기기를 시간을 다투어 옮겼다. ❷ (성화같이) 몹시 다급하다.

【急时抱佛脚】jíshí bào fójiǎo 諺 급하면 부처다리를 껴안는다. 급하게 되어서야 서둔다〔도움을 청한다〕[「闲时不烧香」의 뒤에 연결됨] =〔急来抱佛脚〕〔临lín急抱佛脚〕〔临时抱佛脚〕

【急事(儿)】jíshì(r) 名 급한 일. 긴급 사건. ¶当前～ | 당면한 긴급 사건.

【急死】jí·si ❶ 안타까와 죽을 지경이다. 몹시 초조하게〔애타게〕하다. ¶真是～人 | 정말 사람을 몹시 애타게 한다. ❷ 動 화가 치밀어 죽다. 애타 죽다 ‖ =〔急杀shā〕〔急煞shà〕

【急速】jísù ❶ ⇒〔急遽jù〕 ❷ 形 황망하다. 분주하다.

【急湍】jítuān 名 급류. 세찬 물살. ¶在～中翻滚fāngǔn | 급류 속에서 소용돌이 치다.

【急弯】jíwān 名 ❶ (도로의) 급커브. ¶前有～，行车小心 | 앞에는 급커브가 있으니 운전에 주의하십시오. ❷ (자동차·배·비행기 등의) 급커브. 급선회.

【急务】jíwù 名 급무. 급선무. ¶当前～ | 당면한 급선무.

【急行军】jíxíngjūn 名 動〈軍〉급행군(하다). ¶部队～，一夜走了一百里 | 부대가 강행군하여 하룻밤에 백 리를 걸었다.

【急性】jíxìng ❶ ⇒〔急性儿〕 ❷ 名 區〈醫〉급성(急性)(의). ¶～盲肠炎 | 급성 맹장염. ¶～传染病 | 급성 전염병. ❸ 名 喩 조급성. 조급증 =〔急性病②〕

【急性病】jíxìngbìng 名 ❶〈漢醫〉급성병. ❷ ⇒〔急性③〕

【急性儿】jíxìngr 名 성급한〔조급한〕 성미 =〔急性①〕〔急性子·zi①〕

【急性子】ⓐ jíxìngzǐ 名〈漢醫〉급성자. 봉선자(鳳善子).
ⓑ jíxìng·zi 名 ❶ ⇒〔急性儿〕 ❷ ⇒〔急性人〕

4【急需】jíxū ❶ 動 급히 필요하다. ¶提供～的资金 | 긴급한 자금을 제공하다. ❷ 名 긴급한 수요. ¶以应～ | 긴급한 수요에 대처하다.

【急眼】jí/yǎn 動 ❶ 초조해지다. 애가 타다. ¶他急了眼，怕继承不着财产 | 그는 애타해하며, 재산을 상속받지 못할까봐 걱정한다. ❷ 성내다. 눈에 쌍심지를 켜다. ¶你别跟他～ | 너는 그에게 성내지 마라.

【急用】jíyòng 名 긴급한 수요 [주로 금전 방면에 쓰임] ¶我因为有点儿～，所以想和您借点儿钱 | 제가 다소 급히 쓸 데가 있어서, 당신한테 돈을 좀 빌려고 합니다.

4【急于】jíyú 動 급히 서둘러 …을〔를〕 하려고 하다. …에 급급하다. ¶他～回家 | 그는 집에 돌아가는 것에 급급하다.

3【急躁】jízào ❶ 形 초조해하다. 조바심하다. ¶不要心中太～ | 마음 속으로 너무 초조해 하지마. ❷ 動 조급하게 서두르다. ¶～冒进 | 조급하게 서두르며 무모하게 돌진하다. ❸ 形 성미가 급하다. ¶他的个性～ | 그는 성격이 급하다.

【急诊】jízhěn 名 動 급진(하다). ¶～病人 | 응급환자. ¶～室 | 응급실. ¶他挂了一个～ | 그는 급진을 신청했다.

【急症】jízhèng ⇒〔急病〕

【急智】jízhì 名 임기 응변의 재치〔기지〕.

【急中生智】jí zhōng shēng zhì 成 다급한 중에 좋은 생각이 떠오르다 =〔情qíng急智生〕

【急骤】jízhòu ⇒〔急促cù②〕

【急转直下】jí zhuǎn zhí xià 成 급변하다. ¶形势～ | 형세가 급변하다.

【革】jí ☞ 革 gé Ⓑ

3【疾】jí 병 질

❶ 名 질병. ¶积劳成～ | 피로가 쌓여 병이 되다. ¶目～ | 눈병. ❷ 고통. 근심. ¶～苦↓ ❸ 미워하다. 증오하다. 「嫉jí」와 통용 ⇒〔嫉jí②〕 ❹ 빠르다. ¶～走 | 질주하다. ¶～风↓

3【疾病】jíbìng 書 名 질병. 병. ¶豫防yùfáng～ | 병을 예방하다.

【疾步】jíbù 名 빠른 걸음. ¶～行走 | 빠른 걸음으로 걸어가다.

【疾恶如仇】jí è rú chóu 成 (추악한 것, 나쁜 짓, 나쁜 사람을) 원수처럼 미워하다.

【疾风】jífēng 名 질풍.

【疾风劲草】jí fēng jìng cǎo 成 세찬 바람이 불어야 억센 풀을 알 수 있다. 역경에 처해봐야 그 사람의 진가를 알 수 있다 =〔疾风知劲草〕〔疾风知劲草, 烈火见真金〕

【疾呼】jíhū 動 격렬하게 소리 지르다. 급히 부르다. ¶为了民众zhòng的利益lìyì, 他大声～ | 민중의 이익을 위해, 그는 큰소리로 격렬하게 소리 지른다.

【疾患】jíhuàn 書 名 질환.

【疾苦】jíkǔ 名 질고. 괴로움. 고통. ¶关心人民的～｜국민의 질고에 관심을 갖다.
【疾雷】jíléi 名 ❶ 질뢰. ❷ 喩 일이 번개처럼 아주 빨리 일어나는 것. ¶～不及掩耳｜成 일이 너무 급작스럽게 발생하여 대비할 틈이 없다.
【疾驶】jíshǐ 動 (차 등을) 빨리 몰다. ¶～而去｜차를 빨리 몰아서 가다. ¶全速～｜전속력으로 차를 빨리 몰다.
【疾首蹙额】jí shǒu cù é 成 (역겹거나 가증스러워) 인상을 찡그리다.
【疾言厉色】jí yán lì sè 成 말이 빨라지고 굳은 표정을 짓다. ¶他对下属总是～的｜그는 언제나 아랫 사람에게 말이 빠르고 굳은 표정을 짓다＝[疾言遽jù色]
4【嫉】jí 시새움할 질
書 動 ❶ 질투하다. 시기하다. ¶心～其贤｜마음 속으로 그 현명함을 시기하다. ¶遭受别人～妒dù｜남의 시기를 받다＝[忌jì①] ❷ 미워하다. 증오하다 ¶～恶↓＝[疾jí④]
4【嫉妒】jídù 動 질투하다 ¶他很羡慕你, 但并不～你｜그는 매우 너를 흠모하지만, 너를 질투하지는 않는다.＝[忌jì妒]
【嫉恶】jí'è ⇒[疾jí恶]
【嫉恨】jíhèn 動 질투하여 미워하다[원망하다] ¶～眼光｜질투하여 원망하는 눈빛＝[忌jì恨][气qì恨]
【嫉贤妒能】jí xián dù néng 成 자기보다 현명하고 능력있는 사람을 시기하다.
【嫉羡】jíxiàn 動 질투하면서 부러워하다. ¶～目光｜질투하면서도 부러워하는 눈빛.
【蒺】jí 납가새 질
⇒[蒺藜]
【蒺藜】jí·li 名 ❶ 〈植〉 질려. 납가새＝[茨cí②][荠jì②][升shēng推][止zhǐ行] ❷ 질려자(蒺藜子). 납가새의 열매. ❸ 질려철(蒺藜鐵). 마름쇠 [옛날 무기의 일종]＝[蒺藜骨朵][铁tiě蒺藜] ❹ 〈動〉「蜈wú蚣」(지네)의 옛 이름. ❺ 〈蟲〉「蟋xī蟀」(귀뚜라미)의 옛 이름.
【棘】jí 멧대추나무 극
❶ 名 〈植〉 멧대추나무＝[酸枣zǎo树] ❷ 가시가 있는 것. ¶～皮动物↓ ❸ (Jí) 名 성(姓).
【棘轮】jílún 名 〈機〉 깔쭉톱니바퀴. 래치트(ratchet)＝[北 克kè崩轮][江 撑chēng牙]
【棘皮动物】jípí dòngwù 名組 〈動〉 극피동물.
【棘手】jíshǒu 形 (처리하기가) 곤란하다. 애먹다. 난처하다. ¶这件事情办起来, 有点儿～｜이 일은 처리하자면 다소 애먹는다＝[烫tàng手④]
【棘爪】jízhuǎ 名 〈機〉 (톱니바퀴의 역회전을 막는) 톱니 멈춤쇠.
1【集】jí 모일 집
❶ 動 모으[이]다. 수집하다. ¶密mì～｜밀집하다. ¶搜sōu～资料｜자료를 모으다. ❷ (～子) 名 집록(集錄). 문집. ¶诗～｜시집. ¶全～｜전집. ¶文～｜문집. ❸ 모이는 곳. 轉 (정기적으로 열리는) 시장. ¶赶～｜시장에 가다. ❹ 名 (서책의) 집. 분책(分冊). (필름의) 편(篇). ¶康熙字典分子,丑,寅,卯等十二～｜강희자전은 자·축·인·묘 등의 12집으로 나뉘어 있다. ¶上下两～, 一次放映｜상하 2편 동시 상영. ❺ (Jí) 名 성(姓).
【集成】jíchéng ❶ 動 집성하다. 집적(集積)하다. ¶把这些文件～一个｜이런 서류들을 하나로 집성하다. ❷ 名 〈電氣〉 집성. 집적. ¶～电路｜집적 회로.
【集大成】jí/dàchéng ❶ 動 집대성하다. ¶集中国古典诗歌之大成｜중국 고전 시가를 집대성하다. ❷ (jídàchéng) 書 名 집대성.
【集电极】jídiànjí 名 〈電子〉 콜렉터(collector).
1【集合】jíhé ❶ 名 動 집합(하다). ¶民兵已经在大庙前～了｜민병이 이미 사당 앞에 집합하였다. ¶～各种材料｜각종 재료를 모으다. ¶紧急～｜비상 소집. ¶～号｜집합 신호. ¶～体｜집합체. ❷ 〈數〉 집합. ¶～集(合)｜공집합.
4【集会】jíhuì 名 動 집회(하다). ¶举行群众～｜군중 집회를 거행하다. ¶～和结社的自由｜집회와 결사의 자유.
【集结】jíjié 動 집결하다. 집중하다. ¶～待命｜집결하여 명령을 기다리다. ¶～兵力｜병력을 집결하다＝[聚jù集]
【集锦】jíjǐn 名 대표 선집. ¶邮票yóupiào～｜걸작 우표첩. ¶图片～｜그림[사진]첩.
【集聚】jíjù 書 動 모이다. 집합하다 ¶人都～在戏台前了｜사람들이 모두 무대 앞에 모였다＝[聚集]
【集刊】jíkān 名 논문집. 집간.
【集流环】jíliúhuán 名 〈電氣〉 집전자(集電子)
【集录】jílù 名 動 집록(하다). ¶～短篇｜단편을 집록하다.
【集贸】jímào 名 정기 시장에서 행해지는 거래 무역.
【集权】jíquán 名 집권. ¶中央～制度｜중앙 집권 제도.
【集日】jírì 名 장날.
【集散地】jísàndì 名 집산지.
4【集市】jíshì 名 (농촌이나 소도시의) 정기 시장. 장. ¶～交易＝[集市贸易]｜정기 시장에서 행해지는 교역.
【集思广益】jí sī guǎng yì 成 여러 사람의 의견을 모으면, 보다 큰 효과를 거둘 수 있다. 세 사람이 모이면 문수 보살의 지혜. ¶多听群众的意见, 可以～｜군중의 의견을 많이 들어면, 보다 큰 효과를 거둘 수 있다.
2【集体】jítǐ 名 집단. 단체. ¶～创造｜집단 창조. ¶～公寓｜아파트 단지. ¶～合同＝[团体协约]｜단체 협약. ¶～化｜집단화. ¶～领导｜집단 지도. ¶～旅行｜단체 여행 ¶～谈判｜단체 교섭 ⇔[个gè人①][个体]
【集体户】jítǐhù 名 합작경영의 기업.
【集体经济】jítǐ jīngjì 名組 〈經〉 공동 경제 →[个gè体经济]
【集体所有制】jítǐ suǒyǒuzhì 名組 〈經〉 집단 소유제. ¶这个农场还是～的｜이 농장은 아직도 집단 소유제이다.
3【集团】jítuán 名 ❶ 집단. 단체. ¶这处形成一个

小～｜이 곳은 하나의 작은 집단을 형성하고 있다. ¶～经济｜〈經〉블록 경제. ¶～防守｜집단 방어. ¶～军｜〈軍〉집단군 [군의 편제단위, 몇 개의 군단·여단을 관할함] ❷한 패거리. 도당. ¶反动派～｜반동파의 패거리.

【集训】jíxùn 名動 합동 훈련(하다). 합숙 훈련(하다). ¶干部轮流～｜간부가 차례로 합숙 훈련을 하다.

【集腋成裘】jí yè chéng qiú 成 백여우의 겨드랑이 가죽을 모아 갖옷을 만들다. 티끌모아 태산.

4【集邮】jí/yóu ❶動 우표를 수집하다. ❷(jíyóu) 名 우표 수집. ¶～爱好者｜우표 수집 애호가.

【集约】jíyuē 名動 집약(하다). ¶农业要走～化的发展道路｜농업은 집약화의 발전 과정으로 가야만 한다.

【集运】jíyùn 動 모아서 수송하다. ¶～木材｜목재를 모아서 수송하다.

【集镇】jízhèn 名「城chéng市」보다는 작은 규모의 도시.

2【集中】jízhōng 動 ❶ 집중하다. ¶～全力｜전력을 집중하다. ¶目光～到他的身上｜시선이 그에게 집중되다. ❷모이다. 집합하다. ❸(의견을) 집약하다.

【集中营】jízhōngyíng 名 ❶수용소. ¶关在～｜수용소에 수용되다. ❷군대의 임시 주둔지.

【集注】jízhù ❶動 (정신·시선 등이) 집중되다. 쏠리다. ❷名 집주(集註) [주로 책명으로 사용됨] ¶四书～｜사서집주 =〔集解jiě〕〔集释shì〕

【集装箱】jízhuāngxiāng 名 컨테이너. ¶～船 =〔货柜guì输〕｜컨테이너선. ¶～专用码头｜컨테이너 전용 부두. ¶～运输｜컨테이너 수송.

4【集资】jí/zī 動 자금을 모으다. ¶他们～为了一个侨民小学｜그들은 교민 소학교를 위해 자금을 모았다.

【集子】jí·zi 名 문집(文集). 시문집(詩文集). ¶这个～里一共有二十篇小说｜이 문집에는 모두 20편의 소설이 실려 있다.

【集总】jízǒng 形〈電氣〉총괄적인. 일괄적인. ¶～电容｜총용량.

【楫〈檝〉】jí 노 즙/집

書 ❶名 노. ❷動 배를 젓다.

3【辑(輯)】jí 모을 집

❶모으다. 편집하다. ¶编～新书｜새로운 책을 편집하다. ❷名 집(輯) [전집·자료집 등을 내용 또는 발표 순서로 나눈 각 부분] ¶这部丛书分为十～｜이 총서는 10집으로 나누어져 있다. ❸書形 화목하다 =〔辑睦〕

【辑录】jílù 動 집록하다. ¶本书大量～了当时的史实｜본 책은 당시의 역사적 사실을 대량으로 집록했다.

【辑佚】jíyì 動 흩어진 것을 모으다. 없어진 것을 모아 수록하다.

【戢】jí 거둘 즙

❶書動 거두다. 거두어 넣다. ¶载～干戈｜무기를 거두다. ❷(Jí) 名 성(姓).

【戢兵】jíbīng 書動 군을 철수하다. 전쟁을 끝내다.

【戢鳞潜翼】jí lín qián yì 成 비늘을 숨기고 날개를 감추다. 물러나 은거하다 =〔戢鳞戢翼〕

【蕺】jí 삼백초 즙

❶ ⇒〔蕺菜〕 ❷(Jí) 名 즙산(蕺山) [절강성(浙江省)에 있는 산]

【蕺菜】jícài 名〈植〉즙채. 삼백초 =〔蕺草〕〔鱼腥草〕

【蕺草】jícǎo ⇒〔蕺菜〕

【踖】jí 밟을 적

❶書動 밟다. ❷ ⇒〔踖踖〕

【踖踖】jíjí 書 貶 어려워 하다. 수줍어 하다.

【藉】jí ☞ 藉 jiè B

3【籍】jí 문서 적, 온화할 자

❶책. 서적. ¶古～｜고서. ❷(소속 관계를 기록한) 문서. 장부. 호적. ¶户～｜호적부. ¶名～｜명부. ❸출생지. 고향. 원적(原籍). ¶～贯↓ ❹(개인의 어떤 조직에 소속됨을 밝히는) 적. ¶国～｜국적. ¶学～｜학적. ❺書動 등기하다. 기록하다. ¶～没mò↓ ❻→〔籍籍jí〕 ❼(Jí) 名 성(姓).

4【籍贯】jíguàn 名 본적. 관향(貫鄕) ¶你的～是哪儿?｜너의 본적은 어디니? =〔本běn籍〕→〔原yuán籍〕

【籍籍】jíjí 貶 ❶ 대단히 소문이 난. 평판이 자자한. ❷어지러운. 분분한. 난잡한 =〔藉藉〕

【籍没】jímò 書動 (죄인의) 재산을 기록하고 몰수하다.

【鹡(鶺)】jí 할미새 척

⇒〔鹡鸰〕

【鹡鸰】jílíng 名〈鳥〉척령. 할미새 =〔脊jǐ令〕〔雍yōng渠〕

【瘠】jí 파리할 척

書形 ❶(몸이) 여위어 약하다. ❷(땅이) 메마르다. 척박하다. ¶改良～土｜척박한 땅을 개량하다.

【瘠薄】jíbó 形 (땅이) 메마르다. 척박하다 ⇔〔肥沃féiwò〕

【瘠己肥人】jí jǐ féi rén 成 자신에게는 엄격하고 남에게는 관대하다.

【瘠人肥己】jí rén féi jǐ 成 남에게는 야박하게 하면서 자기의 탐욕만 채우다.

【蹐】jí 살살걸을 척

書動 종종 걸음으로 걷다.

【蹐地局天】jí dì jú tiān 書 貶 머뭇거리다. 나아가지 못하다 =〔局jú天蹐地〕

jǐ ㄐㄧˇ

1【几(幾)】1 jǐ jī 얼마 기, 거의 기

A jǐ ❶代 몇. 얼마. 어법 ⓐ「几」가 대신해서 묻는 숫자는「一」에서「九」까지이나「十」「百」「千」등의 앞과「十」의 뒤에 쓰이기도 함. ¶三加二等于～?｜3 더하기 2는 얼마냐? ¶你种了～棵树?｜너 몇 그루의 나무를 심었느냐? ¶来了～十个人?｜몇 십 명이 왔느냐? ¶太平天国起义在一八～～年?｜태평천국의 난은 천팔백 몇년에 일어났지? ⓑ「几」는 10 이하의 가계수(可計數)를

나타내므로 그 이상의 수나 불가계수(不可計數)를 물을 때는「多少」를 씀. ¶来了十～个人? 来了十三个人 | 십 몇 명이 왔느냐? 십 삼명이 왔다. ¶来了多少人? 来了很少人 | 얼마나 많은 사람이 왔느냐? 몇 명 밖에 안왔다. ❷ 數 몇. 어법 ⓐ 양사 앞에 쓰여 부정(不定)의 숫자를 나타냄. ¶咱们～个一道去 | 우리 몇 사람 같이 가자. ⓑ「好几」「几十几百」「几千几万」등의 형태로 수량이 많음을 강조함. ¶他好～个月没来信 | 그는 근 몇 달 동안 편지를 보내지 않았다. ¶每天要处理～十～百封读者来信 | 매일 수십 수백 통의 독자 편지를 처리해야 한다.

Ⓑ jī ❶ 거의. 하마터면. ¶～乎↓ ❷ 징후. 징조. ¶～兆 | 징조. ❸ 위태롭다. ¶～殆↓

Ⓐ jǐ

【几次三番】jǐ cì sān fān 成 재삼 재사. 수차례 거듭하여. ¶～催促 | 거듭하여 재촉하다 ＝〔几次连lián番〕

【几多】jǐduō 代 方 몇. 얼마. ¶～人? | 몇 사람인가? ¶这袋米有～重? | 이 마대의 쌀은 무게가 얼마냐? ＝〔多少duō·shao〕

【几番】jǐfān 몇 번. 여러 차례.

【几分】jǐfēn 좀. 약간. 다소. ¶有～醉意 | 약간 취기가 있다. ¶她说的～道理 | 그녀의 말에는 다소간 일리가 있다.

【几个】jǐ·ge 몇(개). ¶有～人? | 몇 사람이 있니? →〔多少duō·shao〕

4【几何】jǐhé ❶ 書 代 얼마. 몇. ¶不知尚有～ | 아직 얼마나 남았는지 모르겠다 ＝〔几化〕〔多少duō·shao〕 ❷ 名 簡 〈數〉기하. 기하학. ¶～构形 | 기하학적 구조. ¶～级数 ＝〔等比级数〕| 기하급수. ¶～图形 ＝〔簡 图形〕| 기하도형. ¶～学 | 기하학. ¶～体 ＝〔立体〕| 입체.

【几经】jǐjīng 書 動 몇 번〔여러 차례〕겪다〔경험하다〕. ¶～波折 | 곡절을 여러 차례 겪다.

【几起几伏】jǐ qǐ jǐ fú 成 몇 차례나 기복을 거듭하다. ¶改革开放～, 还是在向前发展 | 개혁 개방은 몇차례 기복을 거듭하면서 여전히 앞을 향해 발전하고 있다.

【几儿】jǐr 代 北 ❶ 어느날. ¶今儿(是)～? | 오늘이 며칠이냐? ＝〔哪nǎ一天〕 ❷ 언제. ¶金老师～结婚, 小张知道吗? | 장군은 김선생님이 언제 결혼하는지 아니?

【几上几下】jǐ shàng jǐ xià 成 ❶ 몇 번이나 오르내리다. ❷ 몇 차례나 간부가 되었다가 일반 서민이 되었다가 하다. ❸ (문화 대혁명 때) 학교에서 배운 것을 실제에 활용하고, 문제를 찾기 위해 몇번이고 농촌으로 가다.

【几时】jǐshí 代 언제. ¶你们～走? | 너희들은 언제 가니? ＝〔甚shén么时候〕

【几许】jǐxǔ 書 代 얼마. ¶不知～ | 얼마나 되는지 모르겠다 ＝〔几多〕

Ⓑ jī

2【几乎】jīhū 副 ❶ 거의. ¶他～一夜没睡 | 그는 거의 밤새 자지 않았다. ❷ 하마터면 ＝〔几几〕〔几几乎〕

【几里咕噜】jī·ligūlū 狀 중얼중얼거리다. 꽁알거리다.

【几里拉喳】jī·lilāchā 狀 俗 능숙하다. 능수능란하다.

【几率】jīlǜ 名 〈數〉확률. ¶出现的～不大 | 출현할 확률은 많지 않다 ＝〔概gài率〕

【几内亚】Jīnèiyà 名 外 〈地〉기니(Guinea) [서아프리카에 위치한 나라. 수도는「科kē纳克里」(코나크리;Conakry)]

【几内亚比绍】Jīnèiyàbǐshào 名 外 〈地〉기니비사우(GuineāBissau) [서아프리카의 옛 Portuguese Guinea, 1973년에 독립. 수도는「比绍bǐshào」(비사우;Bissau)]

【几至】jīzhì 形 거의 …한 지경에 이르다. ¶勤奋念书, ～忘食 | 거의 식사조차 잊은채 열심히 공부하다.

【几】 ② jī 안석 궤, 책상 궤

(～儿) 名 상. 탁자. ¶茶～ | 잔을 놓는 상.

【几案】jī'àn 名 책상. ¶～上搁着一本线装书 | 책상 위에 선장본이 한 권 놓여져 있다 ＝〔条tiáo案〕

【虮(蟣)】 jǐ 서캐 기

⇒〔虮子〕

【虮子】jǐ·zi 名 〈蟲〉서캐. 이의 알.

1【己】 jǐ 몸 기

名 ❶ 자기. 자신. ¶损人利～ | 남에게 손해를 끼치고 자신을 이롭게 하다. ¶舍～为wèi人 | 남을 위해 자기자신을 희생하다. ¶～见 | 자기의 견해. ❷ 기(己). 십간(十干)의 6번째 →〔干支〕 ❸ (배열순서의) 6번째.

【己方】jǐfāng 名 자기편. ¶～跟他方的合同 | 자기 편과 다른 편의 계약.

【己见】jǐjiàn 書 名 자기 의견〔생각〕. 사견(私見). ¶固执～ | 자기 의견을 고집하다. ¶各执～ | 각기 자기 의견에 집착하다 ＝〔己意yì〕

【己任】jǐrèn 名 자기의 소임〔임무〕. ¶以天下为～ | 천하의 일을 자신의 임무로 삼다.

【己所不欲, 勿施于人】jǐ suǒ bù yù, wù shī yú rén 成 자기가 싫은 것을 남에게 시키지 말라.

【己烷】jǐwán 名 〈化〉헥산(hexane).

【纪】 Jǐ ☞ 纪 jì Ⓑ

1【挤(擠)】 jǐ 밀칠 제, 떨어질 제

動 ❶ (사람이나 물건이) 빽빽이 들어 차다. 붐비다. ¶～得难受 | 빽빽이 들어차서 견디기 어렵다. ¶公共汽车里～满了人 | 버스안이 사람으로 꽉 찼다. ❷ 비집다. 밀치다. ¶拥～ | 밀치락달치락 하다. ¶～进去 | 비집고 들어가다. ❸ 조이다. 죄다. ¶～着坐 | 죄어 앉다. ❹ 동시에 일이 겹치다. ¶事情全～在一块儿 | 일이 한꺼번에 겹치다. ❺ 짜다. ¶～牛奶niúnǎi | 우유를 짜다. ¶我们的学习时间是～出来的 | 우리의 학습시간은 짜낸 것이다. ❻ 압력을 가하다. 강요하다. 궁지에 몰다. ¶用话～他 | 말로써 그에게 압력을 가하다. ¶～着哑巴说话 | 벙어리에게 말을 하도록 강요하다. 무리한 압력을 가하다. ¶排～ | 배척하다.

【挤出】jǐchū 動 (짜)내다. ¶～半天去公园去玩儿

ㅣ한나절을 시간내어 공원에 가서 놀다. ¶～时间ㅣ시간을 (짜)내다.

【挤倒】jǐdǎo 動 ❶ (콱) 밀어서 넘어뜨리다. ¶游人～了栏杆ㅣ여행객이 난간을 밀어 넘어뜨리다. ❷ 예금 인출 소동으로 도산하다〔시키다〕.

【挤掉】jǐdiào 動 배척하다. 따돌리다. ¶无权把他们～ㅣ그들을 배척할 권리는 없다.

【挤兑】jǐduì ❶ 動 예금을 찾으려고 몰려들다. ¶中国银行昨天发生了～事件ㅣ어제 중국은행에는 예금 인출하려고 고객이 몰려드는 사건이 발생했다. ❷ 名 (은행에 대한) 지불 청구의 쇄도.

【挤对】jǐ·dui 動 方 강요하다. 궁지로 몰다. ¶别把他～得太没路儿ㅣ그를 너무 막다른 데까지 몰지마 =〔挤碓duì〕

【挤干儿】jǐgānr 動 바싹 쥐어짜다. 있는 돈을 죄다 써버리다.

【挤咕】jǐ·gu 動 方 ❶ (눈을) 껌벅이다. 깜짝거리다. 슴벅거리다. ¶他的眼睛里进去了沙子，一个劲儿地～ㅣ그의 눈에 모래가 들어가서 계속해서 눈을 깜짝거린다. ❷ 눈짓〔윙크〕하다. (신호로) 눈을 껌벅이다 =〔挤眼(儿)〕 ❸ 짜내다 ‖ =〔挤鼓gǔ〕〔挤顾gù〕

【挤挤插插】jǐ·jichāchā 狀 方 붐비다. 빽빽하다. ¶屋里～地堆满了家具ㅣ방안에 가구를 빽빽이 채웠다.

【挤脚】jǐjiǎo 動 발에 꼭 끼이다. ¶这双鞋太小，～ㅣ이 신은 너무 작아 발이 꼭 끼인다.

【挤进】jǐjìn 動 비집고〔헤치고〕 들어가다. ¶他～人群，把孩子带了出来ㅣ그는 사람들 사이를 비집고 들어가, 아이를 데려나왔다.

【挤垮】jǐkuǎ 動 밀어 뭉그러뜨리다. 끝까지 몰아세워 뭉그러뜨리다.

【挤满】jǐmǎn 動 꽉차다. 가득차다. ¶群大众～在狭窄的街头ㅣ군중이 좁은 거리에 가득차다 =〔挤塞sāi〕

【挤眉弄眼】jǐ méi nòng yǎn 成 ❶ 곁눈질하다. 추파를 던지다. ❷ 눈짓〔윙크〕하다 ‖ =〔挤眉溜liū眼〕〔挤眼〕

1【给】jǐ ☞ 给 gěi B

4【脊】jǐ 등골뼈 척, 등성마루 척
❶ (사람이나 동물의) 등. 등뼈. ¶背～ㅣ등. ¶～椎↓ ❷ (중앙이 높고 양측이 낮은 물체의) 중앙이 높게 되어 있는 부분. ¶屋～ =〔房fáng脊〕ㅣ용마루. ¶山～ㅣ산마루.

【脊背】jǐbèi 名 등. ¶大家偷偷的用手指着老李的～说ㅣ모두들 몰래 손가락으로 이씨의 등을 가리키며 말했다. ¶～靠～地坐着ㅣ등에 등을 맞대고 앉아 있다. ¶～弯曲wānqūㅣ등이 굽다.

4【脊梁】jǐ·liang 又 京 (jǐ·niang) 名 京 등뼈. 등골뼈. 등. ¶猪八戒的～ㅣ저팔계의 등뼈. 무능한 패거리. ¶光着～ㅣ웃통을 벗고.

【脊鳍】jǐqí 名 (물고기의) 등지느러미 =〔背bèi鳍〕

【脊神经】jǐshénjīng 名〈生理〉척추 신경.

【脊髓】jǐsuǐ 名〈生理〉척수. ¶～炎ㅣ척수염. ¶～灰质炎 =〔小儿痳痹症〕ㅣ척수회백질염. 소아마비.

【脊索】jǐsuǒ 名〈生理〉척삭. ¶～动物ㅣ척삭 동물.

【脊柱】jǐzhù 名〈生理〉척주. 등심대.

【脊椎】jǐzhuī 名〈生理〉척추. 등뼈. ¶～动物ㅣ척추 동물.

【掎】jǐ 당길 기
書 動 ❶ 뒤에서 잡아 당기다. ❷ 끌다.

【掎角之势】jǐ jiǎo zhī shì 成 사슴의 뿔을 붙잡은 형세. 앞뒤에서 적을 몰아치다. 서로 할거하여 대치한 형세.

【戟】jǐ 미늘창 극, 찌를 극
❶ 書 名 미늘창〔옛날, 무기의 하나〕 ❷ 곧게 펴다. ¶～手↓ ❸ 찌르다. ¶刺cì～ =〔刺激〕ㅣ자극하다.

【戟手】jǐshǒu 動 삿대질하다 =〔戟指〕

【戟指怒目】jǐ zhǐ nù mù 成 (화가나서) 눈을 부릅뜨고 삿대질하다. ¶他对批评他的人～ㅣ그는 자기를 비평하는 사람에게 눈을 부릅뜨고 삿대질하다.

【麂】jǐ 노루 궤
名〈動〉고라니〔사슴과(科)의 작은 동물〕

【麂子】jǐ·zi 名 口〈動〉고라니.

jì ㄐㄧˋ

1【计(計)】jì 셀 계, 꾀할 계
❶ 動 세다. 셈하다. 계산하다. 어법 「按」「以」등의 전치사(介詞)와 호응하여 서면어(書面語)로 쓰임. ¶按时～价ㅣ시간에 따라 값을 계산하다. ¶以每人一百元～，共约三千余元ㅣ일인당 100원으로 계산하면, 합계 약 3000여원이 된다. ❷ 動 (계산하면) …인 셈이다. …이 된다. 어법 통계나 열거(列擧)에 쓰임. 이때 「计」다음에 「有」가 있을 수 있음. ¶买进的新书，～中文三十种，外文二十种ㅣ매입한 새 책은 중국어 30종, 외국어 20종이다. ¶～有毛衣两件，绒衣一套ㅣ털옷 두 벌 내의 한 벌이다. ❸ 動 따지다. 어법 부정형으로 쓰임. ¶不～个人得失ㅣ개인의 이해를 따지지 않다 =〔计较〕 ❹ 動 …을 위하여. …에 착상하여. …의 견지에서. 어법 「为…计」의 형식으로만 쓰임. ¶为国家利益～，为个人前途～，青年都不宜早婚ㅣ국가의 이익과 개인의 앞날을 위해 청년들은 조혼을 하지 말아야 한다. ❺ 계획. 계략. 계책. 방책. ¶妙～ㅣ묘계. ¶好～ㅣ좋은 계책. ❻ 계획하다. ¶设～ㅣ설계하다. ❼ 계량기. 계기. ¶风力～ㅣ풍력계. ❽ (Jì) 名 성(姓).

【计策】jìcè 名 계책. 계략. 술책. ¶巧施～，年取暴利ㅣ교묘하게 계책을 써서, 해마다 폭리를 취하다.

【计程车】jìchéngchē 名 영업용 택시 =〔出租chūzū汽车〕〔的dí士〕

【计酬】jìchóu 動 임금을 계산하다. ¶我们工厂按件～ㅣ우리 공장은 일에 따라 임금을 계산한다.

【计分】jì/fēn 動 ❶ 몫·배당을 계산하다. ¶按时间～ㅣ시간에 따라 배당을 계산하다. ❷ 노동 점수를 계산하다 =〔计工gōng分〕

1【计划】jìhuà 名 動 계획(하다). ¶工作～ㅣ작업

계획. ¶～申请 | 계획 신청. ¶～指标 | 계획 목표. ¶远景～ | 장기 계획. ¶～性 | 계획성 =〔计画huà〕
【计划经济】jìhuà jīngjì 名組〈經〉계획 경제.
【计划生育】jìhuà shēngyù 名組 가족 계획. 산아 제한. ¶实行～ | 가족 계획을 실행하다.
【计价】jì/jià ❶ 動 가격 계산을 하다. ❷ (jì jià) 名 원가 계산.
【计件】jìjiàn 動 생산량〔작업량〕에 의해 계산하다. (사물의) 건수(件數)에 의해 계산하다.
4【计较】jìjiào ❶ 動 따지다. 염두에 두다. 문제 삼다. ¶斤斤～ | 成 이것 저것 세세하게 따지다. ¶这点儿事, 你何必～呢 | 이 정도 일을 가지고 네가 하필 따질 게 뭐 있느냐. ❷ 動 논쟁하다. 승강이하다. ¶我不同你～ | 나는 너와 승강이하고 싶지 않다. ❸ 名 계획. 생각. ¶往后再作～ | 나중에 다시 생각하다. ❹ 動 상의하다. 상담하다. ¶这事以后重新～ | 이 일은 후에 다시 상담하자 ‖ =〔计校xiào〕
【计量】jìliàng 動 ❶ 계량하다. 재다. ¶～器 | 계량기. ❷ 헤아리다. 계산하다.
【计略】jìlüè ⇒〔计谋móu〕
【计谋】jìmóu 名 책략. 계략. ¶他还颇有～ | 그는 아직도 약간의 계책이 있다 =〔计略lüè〕
【计穷力竭】jì qióng lì jié 成 계책도 다썼고 힘도 다했다. 이제는 별수 없다 =〔计尽力穷〕〔计穷力极〕〔计穷力尽〕〔计穷力屈〕
【计日程功】jì rì chéng gōng 成 날짜를 따라 성과〔진도〕를 계산하다. (진전이 빨라서) 성공〔완성〕이 눈앞에 보이다.
【计上心来】jì shàng xīn lái 成 계략〔묘안〕이 떠오르다. ¶他略一沉思, 经于～ | 그는 깊은 생각에 빠졌다가 결국은 묘안을 떠올렸다 =〔计上心头〕
【计时】jìshí 區 시간으로 계산한. 시간에 의해 계산된. ¶～奖励制 | 상여금이 있는 시간 임금제.
【计时工资】jìshí gōngzī 名組〈經〉시간급 =〔呆dāi工钱〕〔死工钱〕
【计数】jìshù 動 수를 세다. 계산하다. 통계내다. ¶～器 | 계수기 | 〈物〉계수관(計數管).
【计数器】jìshù qì 名〈電算〉카운터(counter).
【计司】jìsī 名 外 치즈(cheese). ¶～汉堡 | 치즈 햄버거 =〔干酪gānlào〕
2【计算】jìsuàn ❶ 名 動 계산(하다). ¶按日～ | 일수에 따라 계산하다. ¶～产值 | 생산고를 계산하다. ¶～出需要的费用 | 수요의 비용을 계산해내다. ¶～尺 =〔算尺〕 | 〈數〉계산자. ¶～器 | 계산기. ❷ 動 고려하다. 계획하다. 타산을 세우다. ¶做事没～ | 계획없이 일을 하다. ❸ 動 암해하다. 모해하다.
3【计算机】jìsuànjī 名 컴퓨터. ¶～辅助设计 | 컴퓨터에 의한 자동 설계. ¶～图形学 | 컴퓨터 그래픽스(computer graphics).
【计委】jìwěi 名 簡「国家计划委员会」(국가 계획 위원회)의 약칭.
【计无所出】jì wú suǒ chū 成 속수무책이다 =〔计无所施shī〕
【计议】jìyì 名 動 상의(하다). 협의(하다). ¶从长～ | 成 천천히 신중하게 의논하다 =〔商shāng议〕

1【记(記)】jì 적을 기 ❶ 動 명심하다. 기억하다. 암기하다. ¶你好好～住, 别忘了 | 잘 기억해 두고 잊어버리지 마라. ¶好～ | 기억하기 쉽다. ¶死～硬背 | 기계적으로 암기하다. ❷ 動 적다. 기록하다. ¶～日记 | 일기를 적다. ¶把这些事情都～在笔记本上 | 이 일들을 모두 노트에 기록하다 →〔纪①〕 ❸ (어떤 내용을 기록하거나 묘사한) 책이나 글. ¶游～ | 기행문. ¶杂～ | 에세이(essay). ❹ (～儿) 名 기호. 부호. 표지. ¶暗～儿 | 암호. ¶本店以熊猫xióngmāo为～ | 본 상점은 팬더곰을 상표로 한다. ❺ 名 옛날, 상호(商號)에 붙이는 경영자의 기호. ¶朱～ | 주씨 상점. ❻ 書 名 인장(印章). ¶戳chuō～ | 도장. 스탬프 →〔印yìn①〕 ❼ 名 (피부의) 반점. 모반(母斑). ¶脸上有一大块黑～ | 얼굴에 커다란 검은 반점이 하나 있다. ❽ 量 方 대. 번〔동작의 횟수를 나타냄〕 ¶打一～耳光 | 따귀를 한 대 때리다.
【记仇(儿)】jì/chóu(r) 動 원한을 새기다. 앙심을 품다. ¶这个人从来不～ | 이 사람은 원래부터 원한을 새기지 않는다 =〔记恨hèn〕
2【记得】jì·de 動 기억하고 있다. ¶您还～吧? | 당신 아직도 기억하고 계시겠지요? ¶～你还当了队长呢 | 네가 아직 대장을 맡고 있다는 것을 기억하고 있다.
【记分(儿)】jì/fēn(r) 動 점수를 기록하다. ¶～簿bù | 점수 기록부. ¶～牌pái | 스코어 보드. ¶～员yuán | 기록원.
【记工】jì/gōng 動 (농업 생산 단위에서) 작업시간·작업량을 기록하다. ¶～簿 =〔记工本〕 | 작업 시간·작업량을 기록하는 장부. ¶～员 | 노동 점수 기록원.
【记功】jì/gōng 動 공적을 기록하다. 공로를 인정하다〔받다〕. ¶记一大功 | 큰 공적을 기록하다 =〔记功劳〕
【记挂】jìguà 動 方 염려하다. 근심하다. ¶一切都平安, 您不要～ | 만사가 다 평안하니, 당신은 걱정하지 마십시오.
【记过】jì/guò ❶ 動 잘못을 기록하다. 과오를 범하다. ¶记了一次过 | 과오를 한 차례 범했다. ❷ (jìguò) 名 과실의 기록. ¶受了～, 撤职处分 | 과실이 기록되어 면직 처분을 받았다.
4【记号】jì·hao ❶ 名 기호. 표시. 마크. ¶用红铅笔作～ | 붉은 연필로 표시를 하다. ¶联络liánluò～ | 연락 기호. ¶做个～ | 표시를 하다 =〔标biāo记〕 ❷ (jì/hào) 動 표시를 하다. ¶用颜色来～ | 색깔로 표시를 하다.
【记恨】jìhèn ⇒〔记仇chóu(儿)〕
【记牢】jìláo 動 명심하다. 명기(銘記)하다. ¶这一点你务必～ | 이 점은 너가 반드시 명심해야 한다.
2【记录】jìlù ❶ 名 動 기록(하다). ¶会议～ | 회의록. ¶～簿 | 기록부. ¶～新闻 | (받아 쓸 수 있도록 느리게 하는) 기록 방송. ❷ 名 서기. 기록자 =〔记录员〕 ❸ 名 (경기 등의) 최고 성적·기록.

¶打破～ | 기록을 깨다. ¶创造新～ | 신기록을 내다 ‖ =〔纪录〕

【记名】jì/míng 動 기명하다. ¶～股票gǔpiào | 기명 주식(株式). ¶～投票 | 기명 투표→〔签qiān名〕

【记念】jìniàn ⇒〔纪jì念〕

【记取】jìqǔ 書 動 명심하다. 기억해 두다. ¶～经验·教训jiàoxùn | 경험·교훈을 명심하다. ¶历史的教训应当～ | 역사적 교훈은 당연히 명심해야 한다.

【记事】jì/shì ❶ 動 일을 기록하다. ¶～本 =〔记事册cè〕| 수첩. ¶～纸 | 메모 용지. ❷ 動 역사의 경과를 기술하다. ¶～文 | 기사문. ❸ (jìshì) 名 기사.

【记事儿】jìshìr 動 (어린애가) 사물을 구별·기억할 수 있게 되다. ¶那时他哥儿只有五岁, 才～ | 그때 그의 형은 단지 다섯살이어서, 겨우 사물을 구별 기억할 수 있었다.

【记述】jìshù ⇒〔记叙xù〕

【记诵】jìsòng 動 외다. 암송하다. ¶～章句 | 장구를 암송하다.

【记下来】jì·xià·lái 動組 기록하다. 써넣다. ¶把他的话～ | 그의 말을 기록하다

4【记性(儿)】jì·xing(r) 名 기억(력). ¶我哥儿～不好 | 나의 형은 기억력이 좋지 않다. ¶她是一个～很强的人 | 그녀는 기억력이 대단한 사람이다 =〔记忆yì(力)〕

【记叙】jìxù 動 기술〔서술〕하다. ¶～文 | 서술문 =〔记述shù〕

【记要】jìyào 名 개요. 요약. 요람 =〔纪jì要〕

2【记忆】jìyì 名 動 기억(하다). ¶～坏 | 기억력이 나쁘다. ¶留在～里 | 기억 속에 남아 있다. ¶～犹新 | 成 아직도 기억에 생생하다.

4【记忆力】jìyìlì 名 기억력.

3【记载】jìzǎi ❶ 動 기재하다. 기록하다. ¶把这个方针～在宪法中 | 이런 방침을 헌법에 기재하다. ¶忠实地～ | 충실히 기록하다. ❷ 名 기록. 기재. 문장. ¶当时的～ | 당시의 기록. ¶～事项 | 기재 사항.

【记帐】jì/zhàng 動 ❶ 기장하다 ¶先～, 以后一起付钱 | 먼저 기장을 하고, 나중에 한꺼번에 돈을 지불하다 =〔落luò帐〕 ❷ 외상 거래를 하다=〔写xiě帐①〕

2【记者】jìzhě 名 기자. ¶随军～ | 종군 기자. ¶～招待会 | 기자 회견.

【记住】jì·zhu 動 기억해 두다. ¶把这首诗～ | 이 시를 기억해 두다.

1【纪(紀)】jì Jǐ 법 기, 실마리 기

Ⓐ jì ❶ 書 動 (계통을 세워) 기록하다. 기재하다 [뜻은 「记」와 같으나 주로 「纪念」「纪年」「纪元」「纪传」 등에서만 쓰임]→〔记②〕 ❷ 정리하다. 처리하다. ¶经～(人) | 중개인. ❸ 書 名 법. 규율. 질서. ¶军～ | 군기. ¶风～ | 풍기. ❹ 名 〈地質〉기. ¶寒武～ | 캄브리아기. ❺ 名 기 [고대에는 「一纪」가 12년이었으나, 오늘날은 100년임] ¶中世～ | 중세기. ❻ 書 名 실의 끝.

Ⓑ Jǐ 名 성(姓).

【纪纲】jìgāng 書 ❶ 名 기강. 법도. ❷ 動 단속하다. 다스리다. ¶足以～四海 | 세상을 다스릴 만하다. ❸ 名 고용인 [「纪纲之仆」의 약칭]

【纪检】jìjiǎn 名 簡 「纪律检查」(기율검사)의 약칭.

【纪录】jìlù ⇒〔记jì录〕

【纪录片】jìlùpiàn ⇒〔记jì录片〕

【纪录片儿】jìlùpiānr ⇒〔记录片〕

2【纪律】jìlǜ 名 ❶ 규율. 기율. ¶遵守zūnshǒu～ | 규율을 준수하다. ¶劳动～ | 노동 규율. ¶加入秘密mìmì团体, 就应该服从fúcóng～ | 비밀 단체에 가입하면, 반드시 기율을 지켜야 한다. ❷ 법칙. ¶～性 | 법칙성.

【纪略】jìlüè 書 動 개략(槪略)을 기록하다. ¶写了一本「五四运动～」| 「오사운동기략」을 저술하다.

【纪年】jìnián 名 기년. ❶ 기원(紀元)으로부터 헤아린 햇수. ❷ 〈史〉연대순에 의한 역사 편찬법. ¶～体 | 기년체. 편년체→〔纪事本末体〕

2【纪念】jì·niàn ❶ 動 기념하다. ¶～碑 | 기념비. ¶～册 | 기념책. ¶～戳chuō | 기념 스탬프. ¶～封 | 기념 편지봉투. ¶～馆 | 기념관. ¶～会 | 기념회. ¶～明信片 | 기념 우편엽서. ¶～品 =〔念心儿〕| 기념품. ¶～日 | 기념일. ¶～塔 | 기념탑. ¶～堂 | 기념당. ¶～章 | 기념장. ¶～周 | 기념 주간. ❷ 名 기념(품). ¶这张照片给你做个～吧 | 이 사진을 네게 기념으로 줄께→〔念心儿〕‖ =〔记jì念〕

【纪实】jìshí 名 실제 기록. 현장 기록. ¶动员大会～ | (군중) 동원 대회의 현장 기록. ¶大会～ | 대회 실제 기록.

【纪事】jìshì 名 기사. ¶唐诗～ | 〈書〉당시기사.

【纪委】jìwěi 名 簡 「纪律检查委员会」(기율검사위원회)의 약칭.

【纪行】jìxíng 名 기행. ¶延安～ | 연안 기행.

4【纪要】jìyào 名 기요. 요록(要錄). ¶会谈～ | 회담 요록 =〔记要〕

【纪元】jìyuán 名 기원. ¶人类历史的新～ | 인류 역사의 신기원.

【纪传体】jìzhuàntǐ 名 〈史〉기전체 [역사 현상의 총체를 본기(本記)·열전(列傳)·표(表)·지(志)로 분류하여 기술하는 역사 편찬 방식]→〔纪事本末体〕〔编biān年体〕

4【忌】jì 시기할 기

書 動 ❶ 새암하다. 질투하다. 시기하다. ¶～妒↓ =〔嫉jí①〕 ❷ 두려워하다. 근심〔걱정〕하다. ¶肆sì无～惮 | 조금도 거리낌없이 제 마음대로 하다. ¶顾gù～ | 걱정하다. ❸ (기호품 등을 일시적으로) 끊다. 그만두다. ¶～酒 | 술을 끊다→〔戒jiè③〕 ❹ 꺼리다. 싫어하다. 삼가하다.

【忌辰】jìchén 名 기일(忌日) =〔忌日①〕

【忌吃】jìchī 動 어떤 음식을 싫어하다〔꺼리다〕. ¶～生冷 | 날것·찬것을 삼가다.

【忌惮】jìdàn 動 기탄하다. 꺼리다.

【忌妒】jì·du 動 시기하다. 질투하다. ¶～心 | 시기심. ¶～的眼睛 | 질투의 눈길 =〔妒嫉jí〕〔妒忌jì〕〔嫉jí妒〕

【忌讳】jì·huì ❶ 動 기피하다. 꺼리다 =〔讳忌〕❷

名금기. 터부(taboo). ¶犯～ | 금기를 범하다. ❸動 금하다. 금기로 여기다. ❹名㊀ 초(醋)의 다른 이름.

【忌刻】jìkè 形 질투심이 강하고 야박하다. ¶他为人很～ | 그는 사람됨이 몹시 질투가 강하고 냉혹하다 =〔忌克kè〕

【忌口】jì/kǒu 名 음식을 가리다. 음식을 가려먹게 하다. ¶他有许多～ | 그는 가리는 음식이 많다 =〔忌食①〕〔忌嘴zuǐ①〕

【忌日】jìrì 名 ❶ 기일 =〔忌辰chén〕 ❷ 액일(厄日). ¶婚丧大礼均避～行之 | 혼상 대례는 모두 액일을 피하여 거행한다.

【忌食】jìshí 動 ❶ 음식을 가리다. 가려서 먹다. ¶～发物 | 알레르겐을 꺼리다 =〔忌口〕 ❷ 금식하다. ¶印度教徒～牛肉, 伊斯兰教徒～猪肉 | 힌두교도는 소고기를 먹지 않고 이슬람교도는 돼지고기를 먹지 않는다.

【忌嘴】jì/zuǐ ❶ ⇒〔忌口kǒu〕 ❷動 규정식(規定食)을 취하다.

【跽】 jì 꿇어앉을 기

書動 윗몸을 꼿꼿이 세우고 무릎을 꿇다. ¶按剑而～ | 손에 칼을 쥐고 무릎을 꿇다 =〔长cháng跪〕

【齐】 jì ☞ 齐 qí Ⓓ

4【剂(劑)】 jì 약제 제

❶ 조제한 약제(藥劑). ¶药～ | 약제. ¶针～ | 주사약. ❷ 화학작용·물리작용을 일으키는 물질. ¶杀虫～ | 살충제. ¶冷冻～ | 냉동제. ❸書動 배합하다. 조정하다. ¶酌盈～虚 | 과부족을 조정하다. ❹量 첩. 제 [약제를 세는 단위] ¶一～药 | 약 한제 →〔服fù〕 ❺ (～儿, ～子) 名 만두 등을 빚을 때 반죽한 밀가루를 막대 모양으로 둥글게 끊어 놓은 것. ¶面～ | 밀가루 반죽의 작은 덩어리.

【剂量】jìliàng 名 (약의) 조제량. (화학 시험제·방사선 등의) 사용량. ¶～计 | 선량계(線量計). ¶用药的～不够, 所以病情不见好转 | 약의 조제량을 충분히 하지 않으면, 병세가 좋아지지 않는다.

【剂型】jìxíng 名〈藥〉조제한 약의 형태 [「片状」「丸状」「膏状」등이 있음]

【剂子】jì·zi 名 약의 분량. ¶这服药～真不小 | 이 약은 분량이 정말 적지 않다.

【哜(嚌)】 jì 맛볼 제

❶ ⇒〔哜哜嘈嘈〕 ❷書動 맛을 보다.

【哜哜嘈嘈】jì·jicáocáo 狀 와자지껄하다. 떠들다. ¶屋里面～, 不知他们在说些什么 | 방안이 와자지껄하여 그들이 무슨 말을 하고 있는지 알 수 없다.

1【济(濟)】 jì jǐ 건질 제, 건널 제

Ⓐ jì ❶書動 돕다. 구제하다. ¶经世～民 | 成 세상을 다스리고 백성을 구제하다. ❷名 도움. 원조. ¶他得了谁的～ | 그는 누구의 도움을 받았는가. ❸書動 (일에) 유익하다. 쓸모가 있다. ¶无～于事 | 아무데도 쓸모가 없다. ❹書動 강을 건너다. ¶同舟共～ | 成 서로 협력하여 난관을 극복하다.

Ⓑ jǐ ❶ ⇒〔济济〕 ❷ (Jǐ) 名〈地〉제수(濟水) [하남성(河南省)에 있는 강 이름] =〔沇Yǎn水〕 ❸ 지명에 쓰이는 글자. ¶～南市 | 제남시. 산동성(山東省)에 있음.

Ⓐ jì

【济寒赈贫】jì hàn zhèn pín 成 헐벗고 구차한 사람을 구제하다. ¶他一向～, 乐施好hào善 | 그는 줄곧 헐벗고 구차한 사람을 구제하며, 즐거이 남을 돕는다.

【济贫】jìpín 動 가난한 사람을 구제하다. ¶～箱xiāng | 모금함 =〔济困kùn〕〔济贫拔bá苦〕

【济时拯世】jì shí zhěng shì 成 세상을 구제하다. ¶他在～的雄心壮志 | 그는 세상을 구제하려는 원대한 포부를 지니고 있다.

【济世安邦】jì shì ān bāng 成 세상을 구하고 나라를 안정시키다.

【济事】jì/shì 動 도움이 되다. 쓸모가 있다. 성사할 수 있다. ¶不济于事 | 도움이 못되다. ¶人少了不～ | 사람이 적으면 쓸모가 없다.

Ⓑ jǐ

【济楚】jǐchǔ 書 狀 단정하다. 단아하다. 아름답다. ¶衣冠～ | 의관이 단정하다.

【济济】jǐjǐ 狀 사람이 많다. 와글거리다. ¶～一堂 | 사람이 한 방에 가득하다. ¶人才～ | 인재가 수두룩하다.

【济南】Jǐnán 名〈地〉제남 [중국 산동성(山東省)의 성도(省都)]

【荠(薺)】 jì qí 냉이 제

Ⓐ jì ❶ →〔荠菜〕 ❷〈植〉질려. 납가새 =〔蒺jí藜①〕

Ⓑ qí →〔荸bí荠〕

【荠菜】jìcài 名〈植〉냉이 =〔护hù生草〕

【霁(霽)】 jì 갤 제

書動 ❶ (비나 눈이 온 후에) 날이 개다. ¶秋雨初～ | 가을비가 그치고 날이 개다. ¶～月↓ ❷ 노여움이 풀리다〔가시다〕. ¶气平怒～ | 노여움이 풀리다.

【霁月】jìyuè 書名 맑게 갠 하늘의 밝은 달. ¶光风～ | 시원한 바람과 밝은 달. 인품이 고상하고 도량이 넓다. 태평 성대.

【鲚(鱭)】 jì 갈치 제

名〈魚貝〉갈치. 웅어 =〔鲚鱼〕〔刀dāo鲚〕〔刀鱼②〕〔魛dāo鱼②〕

2【际(際)】 jì 사이 제

❶書名 끝. 가. 갈림길. ¶边～ | 끝. 실마리. ¶天～ | 하늘가. ¶成败之～ | 성패의 갈림길. ❷ 사이. 상호간. ¶国～贸易 | 국가간의 무역. ❸ 속〔안〕. 가운데. ¶胸～ | 가슴속. ❹書名 때. 즈음. 무렵. 시기. ¶此～方做准备 | 이때에 이르러 비로소 준비하다. ❺書副 마침 …(어떤 시기나 단계)에 즈음하다. 바야흐로 …한 때에 이르다. ¶～此增产节约之时 | 이 증산 절약의 때에 이르러. ❻書動 조우(遭遇)하다. 만나다. 부닥치다. ¶～遇↓

【际逢】jìféng 書動 만나다. 마주치다. ¶～盛世

ㅣ태평성세를 만나다.
【际遇】jìyù 書❶動기회를 만나다. ❷名경우. 처지. 운(運). ¶～不佳ㅣ운이 좋지 않다. ¶不忍此等～, 毅然出走ㅣ이러한 처지를 참지못하여, 단호히 나가버리다.

【系】jì ☞ 系 xì B

【伎】jì 재주 기
❶名재능. 기능. 솜씨. ¶～俩↓ =〔技〕 ❷「妓」와 같음 ⇒〔妓jì〕
【伎俩】jìliǎng 名貶수단. 수법. ¶欺骗人的～ㅣ다른 사람을 속이는 수법. ¶识破了他的～ㅣ그의 수법을 간파했다.

【妓】jì 기생 기
名기생. 창기. ¶娼chāng～ㅣ창기 =〔伎jì②〕
【妓女】jìnǚ 名기녀 =〔娼妓〕
【妓院】jìyuàn 名기원. 기생집. 기방. 기루 =〔妓馆guǎn〕

1【技】jì 재주 기
名기술. 기능. 재능. 솜씨. ¶绝～ =〔绝活(儿)〕ㅣ절기. ¶一～之长cháng ㅣ한가지 재주에 뛰어나다. ¶无所施其～ㅣ재능을 발휘할 데가 없다 =〔伎①〕
【技法】jìfǎ 名기법. 기술.
【技工】jìgōng 名기술자. 기능공 =〔技术工人〕
【技击】jìjī 名격투기.
[3]【技能】jìnéng 名기능. 솜씨.
[3]【技巧】jìqiǎo 名❶기교. ¶绘画huìhuà～ㅣ회화 기교. ¶艺术yìshù～ㅣ예술 기교. ¶运用～ㅣ기교를 부리다. ¶～要素ㅣ〈體〉곡예 요소. ¶～运动ㅣ〈體〉마루운동. ❷書무술. 무예(武藝).
【技师】jìshī 名「初级工程师」또는「高级技术员」에 상당하는 기사의 총칭.
【技士】jìshì 名「工程师」아래 직급의 기사.
[1]【技术】jìshù 名기술. ¶～很高明ㅣ기술이 매우 뛰어나다. ¶～兵种ㅣ〈軍〉기술 병종. ¶～辅导团ㅣ기술 고문단. ¶～改造ㅣ기술 개조. ¶～革新ㅣ기술 혁신. ¶～教育ㅣ기술 교육. ¶～级ㅣ기술(자)의 등급. ¶～推广站ㅣ기술 보급소. ¶～为第一ㅣ기술 제일주의. ¶～装备ㅣ기술 장비. ¶～转让ㅣ기술 이전. ¶～指导ㅣ기술 지도(원). ¶科学～ㅣ과학 기술. ¶～水平ㅣ기술 수준. ¶尖端～ㅣ첨단 기술. ¶先进～ㅣ선진 기술.
【技术科学】jìshù kēxué 名組기술 과학. 응용 과학. ¶最注重发展～ㅣ응용 과학 발전을 가장 중시하다.
【技术性】jìshùxìng 區기술상(의). 기술적(인). ¶～的问题ㅣ기술적인 문제.
[2]【技术员】jìshùyuán 名기술원. 기술자.
【技痒】jìyǎng 書動재능을 뽐내고 싶어서 손발이 근질거리다 =〔伎jì痒〕〔难挠náo〕
【技艺】jìyì 名기예. 솜씨. ¶～超群ㅣ기예가 출중하다. ¶他的～实在不高ㅣ그의 기예는 사실상 높지 않다.

【芰】jì 마름 기
名〈植〉마름. 새발마름. ¶～角ㅣ마름. ¶～荷ㅣ마름이나 연(蓮) 등의 총칭.

2【季】jì 철 계
名❶계절. 절기 [삼개월(三個月)을 1「季」라 함] ¶四～(儿)ㅣ사계절. ¶换～ㅣ환절기. ❷書막내 [형제의 순서를「伯」「仲」「叔」「季」로 순서 지우는 경우의 맨 아래] ¶～弟↓ ❸書한 계절의 마지막 달. ¶～春↓ →〔孟mèng②〕〔仲zhòng②〕 ❹書(어느 시기의) 끝. 말기. ¶明～ㅣ명말. ❺(～儿, ～子) 시기(時期). ¶旺～ㅣ성수기. ¶上～ㅣ상반기. ❻(Jì) 성(姓).
【季春】jìchūn 書名음력 3월. 늦은 봄. ¶～时节ㅣ늦은 봄철 →〔暮mù春〕
【季弟】jìdì 書名막내 동생〔아우〕.
[4]【季度】jìdù 名사분기(四分岐). 분기. ¶～预算ㅣ분기 예산.
【季风】jìfēng 名〈氣〉계절풍. 철바람. ¶～气候qìhòuㅣ계절풍 기후 =〔季候风〕〔季节风〕〔气(候)风〕
【季候】jìhòu 名方계절(季節). ¶隆冬～ㅣ몹시 추운 겨울철.
[2]【季节】jìjié 名계절. ¶不寒不热的好～ㅣ춥지도 덥지도 않은 좋은 계절. ¶农忙(的)～ㅣ농번기. ¶收穫shōuhuò～ㅣ수확의 계절. ¶～差价ㅣ계절적 가격 차이. ¶～鸟ㅣ철새. ¶渔汛xùn～ㅣ고기잡이철.
【季军】jìjūn 名(운동경기의) 3등.
【季刊】jìkān 名계간. ¶办了一个哲学～ㅣ철학 계간을 만들다 =〔季报bào〕
【季祖母】jìzǔmǔ 名서조모 =〔庶shù祖母〕

【悸】jì 두근거릴 계
書動(가슴이) 두근거리다. 겁을 내다. ¶心有余～ㅣ생각하면 지금도 가슴이 두근거린다. ¶～栗lì↓
【悸动】jìdòng 動두근거리다. 벌벌 떨다. ¶心里～了一下ㅣ가슴이 잠시 두근거렸다.
【悸栗】jìlì 書動벌벌 떨다. 겁을 내다.

【洎】jì 미칠 기, 윤택할 계, 국물 계
書❶動이르다. 미치다. ¶自古～今ㅣ예로부터 지금까지. ¶～乎近世ㅣ근세에 이르다. ❷形윤택하다. ¶越之水重浊而～ㅣ월나라의 물은 매우 탁하지만 윤택하다. ❸名(고기국의) 국물. 육즙(肉汁). ❹動물을 대다. 물을 부어 넣다.
【洎夫蓝】jìfūlán 名〈植〉사프란(saffraan; 네) [붓꽃과에 속하는 다년생 화초] =〔番fān红花〕

2【迹〈跡蹟〉】jì 자취 적
❶書名자취. 흔적. 자국. ¶足～ =〔脚迹〕ㅣ족적. 발자국. ❷사적. 고적. ¶事～ㅣ사적. ¶名胜古～ㅣ명승고적. ❸행적. 거동. ¶～近违抗↓
【迹地】jìdì 名〈林〉벌채 후 나무를 심지 않은 땅.
【迹近违抗】jì jìn wéikàng 成(행위가) 거의 반항에 가깝다.
[4]【迹象】jìxiàng 名자취. 흔적. 현상. 기미. 기색. ¶这是一种不寻常的～ㅣ이것은 심상치 않은 징조이다.

1【继(繼)】jì 이을 계
❶動계속하다. 지속하다. ¶

J

～续干下去｜계속 일을 하다. ❷書動(뒤를) 잇다. 계승하다. ¶～承↓ ¶～往开来｜선인(先人)의 일을 이어 다시 장래의 길을 개척하다. ❸書連그 다음에. 그 후에. ¶始而反对, ～而赞成｜처음에는 반대하였지만, 그 후에 찬성하였다.

3【继承】jìchéng 動 ❶(유지·사업 등을) 계승하다. 이어〔물려〕받다. ¶～传统｜전통을 계승하다. ¶～先烈的遗业｜선열의 유업을 이어받다. ❷(유산·권리 등을) 상속하다. ¶～财产｜재산을 상속하다. ¶～权｜상속권.

【继承人】jìchéngrén 名 ❶〈法〉상속인. ❷계승자. 후계자. ¶革命的～｜혁명의 계승자. ¶王位～｜왕위 계승자 ‖＝〔继承者〕

【继电器】jìdiànqì 名〈電氣〉계전기. 릴레이＝〔继动器〕〔电diàn驿(器)〕〔替tì续器〕

【继而】jì'ér 書連 계속하여. 뒤이어. ¶先是领唱的一个人唱, ～全体跟着一起唱｜먼저 선창자가 혼자서 노래를 부르고 계속하여 모두가 따라서 함께 불렀다＝〔继以yǐ〕

【继父】jìfù 名 계부. 의붓아비. ¶她的～是个酒鬼｜그녀의 의붓아비는 술고래이다.

【继晷焚膏】jì guǐ fén gāo ⇒〔焚fén膏继晷〕

【继进】jìjìn 動 계속 나아가다. ¶水陆～｜수상 육상으로 계속 나아가다.

【继母】jìmǔ 名 계모＝〔后hòu妈〕〔如rú母〕〔填tián房娘〕〔续xù母〕

【继配】jìpèi 名 후처(後妻)＝〔继室shì〕〔次cì配〕

【继任】jìrèn ❶動 직무를 이어받다. ❷名 후임(後任). ¶～人选｜후임 인선.

【继室】jìshì ⇒〔继配〕

【继嗣】jìsì 書 ❶動 상속하다. 이어받다. ❷名 상속인. 후계자. ¶老刘没有～｜유씨는 상속인이 없다.

【继往开来】jì wǎng kāi lái 成 선인들의 위업을 계승하여 앞길을 개척하다.

【继武】jìwǔ 書動 앞 사람의 일을 계승하다.

1【继续】jìxù 名動 계속(하다). ¶～前进｜계속 전진하다. ¶把工作～进行下去｜일을 계속해 나가다. ¶～不停｜끊임없이 계속하다. ¶大雨～了三昼夜｜큰 비가 연 3일 밤낮을 계속 내렸다.

【觊(覬)】jì 넘겨다볼 기

❶書動 바라다. 희망하다. ¶～幸↓ ❷→〔觊觎〕

【觊幸】jìxìng 書動 요행을 바라다.

【觊觎】jìyú 書動 분에 넘치는 것을 넘겨다 보다. ¶～别国领土｜다른 나라 영토를 넘겨다 보다.

2【既】jì 이미 기, 다할 기

❶副 이미. 벌써 [대개 고정형식(固定格式)으로 쓰임] ¶～往不咎｜지나간 것은 묻지 않다. ¶～得利益↓ ¶～成事实↓ ❷副 …한 바에는. …한 이상은. 어법「就」「则」와 호응하여 쓰임. ¶～说了就作｜말한 이상은 한다. ¶你～知道, 就该告诉他｜네가 알고 있는 이상 그에게 알려야 한다. ❸副 …할 뿐만 아니라 …도. …하고 또…. 어법 ⓐ「又」「且」와 호응하여 양면의 성질이나 상태가 병존함을 나타냄. ¶～生动又活泼｜생기있고도 활발하다. ¶～快又好｜빠르고도 좋다. ¶～高且大｜높고도 크다. ¶～醉且饱｜취하고 배부르다. ⓑ「也」와 호응하여 보충설명함. ¶～肯定成绩, 也指出缺点｜업적을 인정했을 뿐 아니라, 결점도 지적하였다. ¶我～懂英语, 也懂汉语｜나는 영어를 알 뿐 아니라, 중국어도 안다. ⓒ「又…又…」「也…也…」는 두가지 성질이나 상태가 완전히 병존함을 나타내지만, 「既…也(且, 又)…」는 뒤에 비중을 두는 편임. ⓓ 주어는 다르나 술어(謂語)가 같은 절(分句)은 「既…也(且, 又)…」로 연결할 수 없으며 「不但…也…」로 접속하여야 함. ¶他既去了, 我也去了(×) ¶不但他去了, 我也去了｜그가 갔을 뿐 아니라, 나도 갔다. ❹連 기왕…한 이상. 이미…한 바에야. 어법「既然」과 같으나 「既」는 앞 절(小句)의 주어 다음에만 올 수 있음→〔既然〕¶既他有事(×) ¶既然他有事, 我就不等了｜그가 일이 있는 이상, 난 기다리지 않겠다. ¶～要写, 就要写好｜기왕 쓸 바에야 잘 써야 한다. ❺書副 그 뒤. 후에. 나중에. ¶初以为不可, ～又允许｜처음엔 안된다고 했으나, 나중에 허락했다. ❻書動 다하다. 마치다. 끝나다. ¶感谢无～｜감사하기 그지 없습니다. ❼書名 개기일식(皆既日蝕).

2【既…也…】jì…yě…⇒〔既③〕

2【既…又…】jì…yòu…⇒〔既③〕

【既成事实】jìchéng shìshí 名組 기정 사실. ¶承认chéngrèn～｜기정 사실로 받아 들이다.

【既得利益】jìdé lìyì 名組 기득 이권. ¶他极力想保住～｜그는 기득 이권을 힘을 다해 유지하려고 하다.

【既定】jìdìng ❶名 기정. ❷形 이미 확정된. ¶～目标｜이미 확정된 목표. ¶～方针｜이미 확정된 방침.

【既而】jì'ér 書副 이후. 그뒤. 이윽고. ¶～雨住, 欣然登山｜그뒤 비가 그치자 즐거이 산을 올랐다.

【既来之, 则安之】jì lái zhī, zé ān zhī 成 기왕 온 바에는 편안하게 지낸다. 넘어진 김에 쉬어간다. ¶忙什么! ～, 再坐会儿｜무엇을 서두르니! 넘어진 김에 쉬어간다고 좀 더 앉아 있자.

2【既然】jìrán 連 이미 이렇게 된 바에야. 기왕 그렇게 된 이상. ¶～如此, 别无办法｜기왕 이렇게 된 이상 달리 방법이 없다. ¶～知道做错了, 就应当赶快纠正｜이미 잘못된 것을 안 이상, 마땅히 빨리 바로 잡아야 한다. 어법 ⓐ「就」「那么」「还」「也」등과 호응하여 쓰임. ¶～商品还存在, 那么货币自然需要存在｜상품이 여전히 존재하는 이상, 화폐도 자연히 존재해야 한다. ⓑ「既然」과 「既」의 차이점⇒〔既④〕‖＝〔既是〕

【既是】jìshì 連 …된 바에야. …된 이상. ¶～去了, 就应该好好完成任务｜기왕 간 바에야, 반드시 임무를 훌륭히 수행해야 한다. ¶～他不愿意, 那就算了吧｜그가 원하지 않는 바에야, 그냥 그만 둡시다＝〔既然rán〕

【既往不咎】jì wǎng bù jiù 成 과거의 잘못을 묻지 않다. ¶我们的政策是～, 只好你以后认真做事就行｜우리의 정책은 과거의 잘못은 묻지 않기에, 다만 너가 이후에 열심히 일만 하면 된다.

【既望】jìwàng 名 음력 16일. 보름 다음날.
【既有今日, 何必当初】jì yǒu jīnrì, hé bì dāngchū 成 기왕 이렇게 되고 말 것을, 애당초 왜 그랬을까?
【暨】jì 및 기, 굳셀 기
❶ 書 連 및. …과〔와〕. ¶东至海～朝鲜｜동쪽으로 바다와 조선에 이르다《史記·始皇紀》＝〔与〕〔及〕 ❷ 書 이르다. 미치다. ¶～今＝〔至今〕｜지금까지. ❸ (Jì) 名 성(姓).
1【绩(績)〈勣〉】jì 자을 적, 공 적
❶ 動 (실을) 잣다. 뽑다. ¶～麻｜삼을 잣다. ¶纺～｜방적(하다). ❷ 공적. 성과. 업적. ¶成～｜성적. ¶劳～｜공로와 업적.
【绩效】jìxiào 名 성적. 효과. ¶～不大｜효과가 크지 않다.
【偈】jì jié 중의귀글 게, 힘쓸 걸, 빠를 걸
A jì 名 外 〈佛〉불경의 노래가사 [송(頌)의 뜻인 「偈陀」(gatha; 범)의 약칭]
B jié 書 形 ❶ 용맹하다. ❷ 빠르다.
3【寂】jì 고요할 적
書 形 ❶ 고요하다. 조용하다. ¶～无一人｜인기척 하나 없이 고요하다. ❷ 외롭다. 쓸쓸하다. 적막하다. ¶枯～｜메마르고 적막하다.
【寂寂】jìjì 朕 고요하다. 정적의. ¶四周～无声｜사방이 고요하여 아무소리도 들리지 않는다.
4【寂静】jìjìng 形 고요하다. 적막하다. ¶在～的深夜里｜적막한 깊은 밤에.
【寂寥】jìliáo ⇒〔寂寞mò〕
3【寂寞】jìmò 形 적막하다. 적적하다. ¶我在这里一点也不～｜나는 여기서 조금도 적적하지가 않다. ¶内心感到十分～｜마음 속으로 매우 적적함을 느끼다＝〔書 寂寥jìliáo〕
【寂然】jìrán 書 ❶ 朕 고요한. 조용한. ¶～无声｜소리 하나 없이 고요하다. ❷ 副 가만히. ¶～不动｜꼼짝도 하지 않다.
1【寄】jì 부칠 기
❶ 動 (우편으로) 부치다. 보내다. ¶～包裹bāoguǒ｜소포를 부치다→〔送sòng①〕 ❷ 動 (부탁하여) 전달하다. ¶～语↓ →〔捎shāo②〕 ❸ 書 動 맡기다. 위탁〔기탁〕하다. ¶～存↓ ¶～希望于儿子｜아들에게 희망을 걸다. ❹ 書 動 (남에게 몸을) 의지하다. 의탁하다. ¶～人篱下↓ ¶～生↓ ❺ 의(義)로 맺은 친족 관계. ¶～父↓
【寄存】jìcún 動 맡겨 두다. 보관시키다. ¶行李～处｜물품 보관소. ¶把书包～在办公室中｜책가방을 사무실에 맡겨두다＝〔寄放〕
【寄存器】jìcúnqì 名 〈電子〉레지스터(register). ¶变址～｜인덱스 레지스터(index register). ¶进位～｜올림 저장 레지스터＝〔台 置数器〕
【寄达】jìdá 動 우편으로 송달하다. ¶～国｜우송물의 발신국.
【寄到】jìdào 動 (…로) 부치다〔보내다〕. ¶要把这封信～中国去｜이 편지를 중국으로 부치려하다.
【寄递】jìdì 動 (우편물을) 부치다. 우송하다
【寄放】jìfàng 動 (임시로) 맡기다. 맡겨 두다＝〔寄顿dùn〕 ¶把孩子～在邻居家中｜아이를 이웃 가정에 임시로 맡겨 두다.
【寄费】jìfèi 名 우송료. 우편 요금. ¶～不够｜우편 요금이 부족하다.
【寄父】jìfù 名 수양 아버지. 의부＝〔寄爹diē〕〔义yì父〕
【寄回】jìhuí 動 되돌려 보내다. 반송하다. ¶把信～｜편지를 반송하다.
【寄籍】jìjí ❶ 動 임시 거주하다. ❷ 名 거주지. ¶我原籍是东北, ～是北京｜나는 본적이 동북이고, 거주지는 북경이다.
【寄件人】jìjiànrén 名 발신인. ¶～总付邮费邮件｜요금 별납 우편.
【寄居】jìjū 書 動 ❶ 얹혀살다. 기거하다. 기숙하다. ¶她从小就～在外祖父家里｜그녀는 어려서부터 외조부댁에서 기숙하였다＝〔寄寓yù〕 ❷ 타향에 머물다.
【寄居蟹】jìjūxiè 名 〈魚貝〉소라게. 집게＝〔寄居虫chóng〕〔寄居虾xiā〕
【寄款】jìkuǎn 動 송금하다. ¶～人＝〔发fā款人〕｜송금인 ⇔〔收shōu款①〕
【寄卖】jìmài ⇒〔寄售shòu〕
【寄母】jìmǔ 名 수양 어머니. 의모＝〔寄娘niáng〕〔义yì母〕
【寄情】jìqíng ❶ 動 (연구·일에) 전념하다. 전심하다. ❷ 動 탐닉하다. 빠지다. ¶他～山水, 云游四海｜그는 산수에 탐닉하여, 온세상을 구름처럼 떠돈다.
【寄人篱下】jì rén lí xià 成 남에게 의지하여 살아가다. 남에게 얹혀살다. ¶林黛玉从小就过着～的生活｜임대옥은 어려서부터 남에게 의지한 생활을 하고 있다.
【寄生】jìshēng 名 動 기생(하다). ¶～虫chóng｜기생충. ¶～蜂fēng｜기생벌. ¶～阶级jiējí｜기생 계급. ¶～木｜기생목. ¶～生活｜기생 생활. ¶～者｜놀고 먹는 놈.
【寄售】jìshòu 名 動 위탁 판매(하다). ¶～店｜위탁 판매점＝〔寄卖mài〕〔寄销xiāo〕〔托tuō卖〕〔委wěi销〕
【寄宿】jìsù 動 ❶ 묵다. 임시로 거주하다. ¶那次到上海, 我们～在一个老朋友家里｜저번에 상해에 갔을 때, 우리는 친구네에서 묵었다＝〔借jiè宿〕 ❷ 기숙사에 살다. ¶～店diàn｜하숙. ¶～生＝〔住读生〕〔住校生〕｜기숙사생. ¶～舍｜기숙사. ¶～学校｜학교 기숙사에 살다. 기숙사제 학교.
4【寄托】jìtuō 動 ❶ 기탁〔부탁〕하다. 맡기다. ¶母亲把那孩子～在邻居家里｜어머니는 그 아이를 이웃집에 맡겼다＝〔托tuō付〕 ❷ (기대·희망 등을) 걸다. 담다. ¶这个作曲家把他对祖国的热爱～在乐曲中｜이 작곡가는 조국을 사랑하는 자기의 심정을 악곡에 담았다.
【寄往国】jìwǎngguó 名 (우편의) 수신국.
【寄信】jì xìn 편지를 부치다. ¶～人｜발신인＝〔发fā信〕〔打dǎ信〕
【寄言】jìyán 書 動 말을 전하다. 전갈하다＝〔寄

语yǔ〕
【寄养】jìyǎng 動 (아이를) 기탁하여 양육하다. 남에게 맡겨 양육하다. 남이 기르다. ¶我哥儿～在别人家 | 나의 형은 남의 집에서 양육되었다.
【寄予】jìyǔ 動 ❶ (희망을) 걸다. 두다. 기탁하다. ¶～期望qīwàng | 기대를 걸다. ❷ (동정을) 주다. 보내다. 정을 주다. ¶～无限wúxiàn同情 | 무한한 동정을 하다 ‖ =〔寄与yǔ〕
【寄语】jìyǔ ⇒〔寄言yán〕
【寄寓】jìyù ⇒〔寄居jū①〕
【寄赠】jìzèng 動 기증하다. 그저 주다. 주다. ¶把这本书～我的老师 | 이 책을 나의 선생님께 기증하다.
【寄主】jìzhǔ 名〈生〉기주. 숙주 =〔宿sù主〕
【寄自】jìzì 書 動 …(으)로부터 보내다. …에서 발신하다. …에서 보내다. ¶～中国 | 중국에서 발신하다→〔来lái自〕

【祭】 jì Zhài 제사지낼 제

Ⓐ jì 動 ❶ (죽은 사람을) 추도하다. 추모하다. 애도하다. ¶公～烈liè士 | 열사를 추모하다. ❷ (신에게) 제사지내다. 제를 올리다. ¶～天 | 하늘에 제사지내다. ❸ 近 사용하다. 쓰다. 부리다. ¶～起一件法宝fǎbǎo来 | 신통력 있는 보물을 사용하다.
Ⓑ Zhài 名 성(姓).
【祭典】jìdiǎn 名 제전. 제사의 의식. ¶举行jǔxíng庄严zhuāngyán肃穆sùmù的～ | 장엄하고 엄숙 경건한 제전을 거행하다.
【祭奠】jìdiàn ❶ 名 제전. 추모 의식. ❷ 動 제사지내 추모하다.
【祭酒】jìjiǔ 名 ❶ 제주. 신에게 바치는 술. ❷ 제주 [제사를 맡아 보던 관리]
【祭礼】jìlǐ 名 ❶ 제례. 제사. ❷ 제물.
【祭灵】jìlíng 名 제사지내는 사람.
【祭品】jìpǐn 名 제물. 공물(供物). ¶供上了～ | 제물을 바쳤다.
【祭器】jìqì 名 제기 =〔祭仪yí②〕
【祭祀】jì·sì 書 名 動 제사(지내다) =〔祭赛sài〕
【祭坛】jìtán 名 제단 =〔祭台tái〕
【祭文】jìwén 名 제문.
【祭筵】jìyán 名 장례(葬禮) 때 상가(喪家)에 보내는 음식. 초상집 음식.
【祭仪】jìyí ❶ 名 제사 의식. ¶不合～ | 제사 의식에 맞지 않다. ❷ ⇒〔祭器qì〕
【祭灶】jì/zào 動 부뚜막 신에게 제사를 지내다. ¶男不拜月, 女不～ | 國 남자는 달에게 절하지 않고, 여자는 부뚜막에 제사지내지 않는다 =〔祀sì灶〕
【祭祖】jìzǔ 動 조상에게 제사지내다. ¶每年春节都要～ | 매년 설날에는 모두 조상에게 제사지내려 한다.

【蓟(薊)】 jì 엉겅퀴 계

名 ❶〈植〉엉겅퀴. ¶大～ =〔刺蓟菜〕| 엉거시. 지느러미엉겅퀴. ❷ (Jì)〈地〉계현(薊縣) [하북성(河北省)에 있는 현(縣) 이름] ❸ (Jì) 성(姓).
【蓟马】jìmǎ 名〈蟲〉삽주벌레(thrips).

【瘈】 jì ☞ 瘈 zhì

【稷】 jì 기장 직

名 ❶〈植〉메기장. 기장 [이삭으로 비를 매기 때문에 「扫用粟」(소용속)이라고도 함] =〔回 糜mí子〕 ❷ 오곡(五穀)의 신(神). 곡신. ¶社shè～ | 사직. 토지신과 오곡신. 轉 국가. 종묘 사직. ❸ 농관(農官). 고대에 농사를 관장하던 관(官).

【鲫(鯽)】 jì 붕어 즉

名〈魚貝〉붕어. ¶海～ | 바다 망성어 =〔鲫鱼〕〔北 鲫瓜儿〕〔北 鲫瓜子〕〔鲋fù〕

【冀】 jì 바랄 기

❶ 書 動 희망하다. 바라다. ¶希～ | 간절히 바라다. ❷ (Jì) 名〈地〉하북성(河北省)의 다른 이름. ¶～鲁豫边区 | 하북(河北)·산동(山東)·하남(河南)의 경계 지역. ❸ (Jì) 名 성(姓).
【冀求】jìqiú 動 얻기를 바라다. ¶他～得以施展才华 | 재능을 발휘할 수 있기를 바라다.
【冀望】jìwàng 書 動 희망하다. ¶～成功 | 성공을 희망하다.

【骥(驥)】 jì 준마 기

書 名 ❶ 좋은 말. 준마. ❷ 轉 재능이 뛰어난 사람.
【骥尾】jìwěi 書 名 ❷ 준마의 꼬리. ❷ 轉 훌륭한 사람의 뒤. ¶附fù～ | 훌륭한 사람을 본받아 행동하다.

【髻】 jì 상투 계

書 名 쪽. 상투. ¶～鬟huán | 둥그렇게 틀어올린 머리. ¶抓zhuā～ | 화 양쪽 귀 위의 쪽진 머리.

【罽】 jì 담 계, 그물 계

❶ 書 名 모직의 융단. ❷ →〔罽宾〕
【罽宾】Jìbīn 名〈史〉계빈 [한대(漢代)에 지금의 캐시미르(kashimir) 지방에 있던 나라 이름]

jiā ㄐㄧㄚ

1【加】 jiā 더할 가

❶ 動 더하다. 보태다. ¶～一倍 | 두배로 하다. ¶二～五等于七 | 2더하기 5는 7. ¶喜上～喜 | 경사가 겹치다⇔〔减jiǎn①〕 ❷ 動 (본래 없던 것을) 덧붙이다. 달다. 넣다. ¶～符号fúhào | 부호를 붙이다. ¶～主解zhǔjiě | 주해를 덧붙이다. ❸ 動 증가하다. 늘리다. 많아지다. 늘어나다. 어법 형용사 앞에 놓여 그 수량이 늘거나 정도가 높아지는 것을 나타냄. ¶～了一个人 | 한 사람이 늘어났다. ¶～大↓ ¶～多 | 많게 하다. 많아지다. ¶～小心 | 조심하다. ❹ 動 (어떤 동작을) 하다. 어법 「加」앞에는 단음절 부사만 쓰이고 쌍음절 부사일 경우에는 「加以」를 써야 함. ¶特～注意zhùyì | 특히 주의하다. ¶大～赞扬 | 크게 찬양하다. ¶一定加考虑(×) ¶一定加以考虑kǎolǜ | 반드시 고려를 해야 한다. ❺ 名 (Jiā) 성(姓)
【加把劲儿】jiā bǎ jìnr 動組 한 번 더 힘을 쓰다. ¶大家～, 争取早一点完工 | 모두들 한 번 더 힘

을 써서, 빨리 완공하도록 합시다.

4【加班】jiā/bān 動 ❶ 초과 근무하다. 특근하다. 잔업(殘業)하다. ¶～到十一点钟｜열한시까지 잔업하다. ¶～津jīn贴＝〔加班工资〕〔加班费〕｜시간외 근무 수당. 잔업 수당. ¶～时间｜초과 근무 시간→〔加点①〕 ❷ 특별히 편성하다. ¶～车｜증편〔임시〕 운행차.

【加倍】jiā/bèi ❶ 動 배가하다. 갑절이 되게 하다. ¶技术革新后产量可以～｜기술 혁신 후에 생산량이 갑절이 될수 있다. ¶加两倍｜두배로 늘리다. ❷ (jiābèi) 副 갑절로. 각별히. 더더욱. 특히. ¶～努力｜더더욱 노력하다. ¶～的爱情｜각별한 애정.

【加大】jiādà 動 가하다. 크게 하다. (속도를) 내다. ¶～速度｜속도를 내다. ¶～油门｜액셀러레이터(accelerator)를 밟다. 속력을 내다.

【加德满都】Jiādémǎndū 名 外〈地〉카트만두(Kathmandu) 〔「尼泊尔」(네팔;Nepal)의 수도〕

【加点】jiā/diǎn 動 ❶ 초과 근무하다. 시간외 근무를 하다. 잔업하다. 연장 근무를 하다. ¶加班～｜시간 외 초과 근무→〔加班〕〔延yán点〕 ❷ (jiādiǎn) 문장을 다듬다.

【加法】jiāfǎ 名 ❶〈數〉덧셈(법). ❷ 플러스. 보탬. ¶对他们说来是做了～｜그들에게는 보탬이 된 셈이다.

【加饭酒】jiāfànjiǔ 名〈食〉소홍주(紹興酒)의 일종→〔绍shào兴酒〕

【加封】jiā/fēng 動 ❶ 동봉하다. ❷ (jiā fēng)(봉건 사회에서) 토지나 작위를 봉하다. ¶得到皇上的～｜황제의 토지를 받다.

【加钢】jiā/gāng 動 날을 세우다. ¶那镐头使秃了, 又舍不得花钱～｜그 곡괭이는 끝이 무디어졌지만, 날을 세우려고 돈 쓰기에는 아깝다.

2【加工】jiā/gōng ❶ 動 가공하다. ¶～是在另lìng一个工厂进行｜가공은 다른 공장에서 한다. ¶～成奶粉｜분유로 가공하다. ¶～车间｜가공 작업장. ¶～费｜가공비. ¶～工业｜가공 공업→〔机jī制②〕 ❷ 動 마무리하다. 끝손질하다. ¶～车间｜마무리 작업장. ¶～尺寸｜마무리 치수. ❸ 動 (문장 등을) 다듬다. 수고를 들이다. ¶这篇文章wénzhāng需要xūyào～｜이 문장은 다듬어야 한다. ❹ 動 종업원 수를 늘리다. ❺ (jiāgōng) 名 가공.

【加工粮】jiāgōngliáng 名〈農〉가공 식량. ¶～不足｜가공 식량이 부족하다.

【加固】jiāgù 動 강화〔보강〕하다. 견고히 하다. ¶～工事｜보강공사. ¶～堤防｜제방을 견고히 하다.

【加官】jiā/guān 動 승진하다. ¶他立了功, 被上级～了｜그는 공을 세워 승진되었다.

【加官进爵】jiā guān jìn jué 成 승급(昇級)하다. 벼슬이 높아지다＝〔加官进禄lù〕〔加官进位wèi〕

【加冠】jiāguān ❶ 가관 〔옛날, 남자가 20세가 되면 비로소 갓을 쓰던 일, 또는 그 의식〕 ❷ 動 관례(冠禮)를 행하고 갓을 쓰다.

【加害】jiāhài 動 가해하다. ¶～于人｜남에게 해를 입하다.

【加号】jiāhào 名〈數〉덧셈표. 더하기 표.「＋」⇔〔减jiǎn号〕

【加厚】jiāhòu 動 두텁게 하다. ¶这件大衣要～｜이 외투는 두텁게 해야 한다.

4【加急】jiājí ❶ 動 다급하게 서두르다. ❷ 區 긴급한.

【加急电(报)】jiājí diàn(bào) 名〈通〉지급 전보. ¶他给妹妹发了一份～｜그는 누이에게 지급 전보를 쳤다＝〔急电〕

3【加紧】jiājǐn 動 다그치다. 강화하다. 박차를 가하다. 힘을 들이다. ¶～脚步｜발걸음을 재촉하다. ¶～生产｜생산에 박차를 가하다.

【加劲(儿)】jiā/jìn(r) 動 힘을 들이다. 정력을 쏟다. ¶受到表扬以后, 他们更～工作了｜표창을 받은 이후로, 그들은 더욱 힘껏 일을 했다→〔加油yóu②〕〔叫jiào劲〕〔较jiào劲(儿)〕

4【加剧】jiājù 動 격화(激化)되다. 심해지다. ¶对立～｜대립이 격화되다. ¶～经济危机｜경계 위기를 악화시키다. ¶病势～｜병세가 악화되다.

【加开】jiākāi 動 (차·비행기 편수를) 늘리다. ¶～临时班机｜임시 항공편을 늘리다.

【加快】jiākuài 動 빠르게 하다. ¶～票｜(철도의) 급행표. ¶～脚步｜발걸음을 빨리하다. ¶火车～了速度｜기차가 속도를 올렸다.

【加宽】jiākuān 動 넓게 하다. 넓히다. ¶～道路｜도로를 넓게하다. ¶路面～了一倍｜도로를 두배로 넓혔다.

【加拉加斯】Jiālājiāsī 名 外〈地〉카라카스(Caracas) 〔「委内瑞拉」(베네수엘라;Venezuela)의 수도〕

【加勒比共同体】Jiālèbǐ Gòngtóngtǐ 名組 카리브연안국의 공동체(caribbean Community).

【加勒比海】Jiālèbǐhǎi 名〈地〉카리브 해(Carībbean Sea).

【加喱】jiā·li 名 外〈食〉카레(curry). 카레 요리. ¶～饭｜〈食〉카레 라이스. ¶～粉｜카레 가루＝〔加里〕〔加厘〕〔咖ga喱〕

【加料】jiā/liào 動 ❶ 원료를 넣다. ¶自动～｜(원료의) 자동 공급하다. ❷ (jiāliào) 形 名 특제(품). ¶～药酒｜특제 약주. ¶～羊毫｜특제 양털 붓＝〔双料(儿)〕

【加仑】jiālún 量 外〈度〉갤런(gallon)＝〔加伦lún〕〔嗧jiālún〕〔夸kuā脱〕〔品pǐn脱〕〔蒲pú式耳〕

【加罗林群岛】Jiāluólín Qúndǎo 名組 外〈地〉캐롤라인제도(Caroline Islands) 〔태평양 서부. 적도 부근의 500여섬으로 이루어진 제도〕

【加码】jiā/mǎ ❶ (～儿) 動 상품의 가격을 올리다. ¶大米的价格不断地～｜쌀의 가격이 끊임없이 오르다. ❷ 動 수량의 지표를 높이다. ❸ 動 (도박에서) 판돈을 올리다. ❹ 動 가중하다〔되다〕. ¶政治压力又～了｜정치적 압력이 또 가중되었다. ❺ (jiāmǎ) 名〈商〉(손실 보충을 위한) 추가 매매. ❻ (jiāmǎ) ⇒〔加头〕

【加密】jiāmì 動 빽빽하게〔촘촘하게〕하다.

【加冕】jiā/miǎn 動 (국왕이) 대관(戴冠)하다. ¶～(典)礼｜대관식.

【加拿大】Jiānádà 名 外〈地〉캐나다(Canada) 〔북미에 있는 영연방자치국. 수도는「渥太华」

(오타와;Ottawa)]

【加那利群岛】Jiānàlì Qúndǎo 名組 外〈地〉카나리아제도(Canary Islands) [대서양 아프리카 서북해안에 가까이 위치한 스페인령제도. 수도는「拉斯帕耳马斯」(라스팔마스;Las Palmas)]

【加纳】Jiānà 名 外〈地〉가나(Ghana) [서아프리카에 위치한 나라. 수도는「阿克拉」(아크라;Accra)]

【加农炮】jiānóngpào 名 外〈軍〉카농포(cannon 砲).

【加蓬】Jiāpéng 名 外〈地〉가봉(Gabon)[아프리카 서남부에 위치한 나라. 수도는「利伯维尔」(리브르빌;Libreville)]

【加气水泥】jiāqì shuǐní 名組 에이 이 시멘트(AE cement).

[2]【加强】jiāqiáng 動 강화하다. 보강하다. ¶～领导 | 지도를 강화하다. ¶～军事力量 | 군사력을 보강하다. ¶～连 | 보강된 중대(中隊). ¶～政治思想教育 | 정치사상교육을 강화하다.

[4]【加热】jiā/rè 動 가열하다. 데우다. ¶水～到摄氏一百度就会发生蒸发现象 | 물이 가열되어 섭씨 백도가 되면 증발현상이 발생 한다. ¶～器 | 가열기. 히터(heater).

[3]【加入】jiārù 動 ❶ (집어) 넣다. 더하다. 보태다. ¶～少许食盐 | 소금을 약간 집어넣다. ❷ 가입하다. 참가하다. ¶同年, 他～了同盟会 | 같은 해에 그는 동맹회에 가입했다. ¶～的会员 | 가입한 회원.

【加塞儿】jiā/sāir 動 口 새치기하다. ¶别～ | 새치기하지 말아라.

【加上】jiā·shang ❶ 動 더하다. 첨가하다. ¶在文末～了一个注释 | 문미에 주석을 더하였다. ❷ 連 그 위에. 게다가. ¶昨天很累, ～时间也不早, 所心没有回家去了 | 어제는 피곤도 하였고 게다가 시간도 늦었었기 때문에 집에 가지 않았다 =〔加着〕

[4]【加深】jiāshēn 動 더욱 깊게 하다. 심화되다. ¶～两国的友谊yǒuyì | 양국의 우의를 더욱 깊게 하다. ¶矛盾～ | 모순이 심화되다. ¶～基本知识的理解lǐjiě | 기본 지식의 이해를 더욱 심화시키다.

【加收】jiāshōu 動 추가 징수하다. ¶每重二十克～资费 | 매 20g마다 요금을 추가 징수하다.

【加数】jiāshù 名〈數〉가수. 더하는 수.

[3]【加速】jiāsù 動 가속하다. 속도를 늘리다. ¶～前进 | 속도를 늘려 전진하다. ¶～经济改革 | 경제개혁을 가속하다.

【加速度】jiāsùdù 名〈物〉가속도. ¶重力～ | 중력 가속도. ¶～计 | 가속도계 =〔加速力〕

【加速力】jiāsùlì ⇒〔加速度〕

【加速器】jiāsùqì 名 ❶〈物〉가속기. 가속 장치. ¶粒子～ | 입자 가속기. ¶直线～ | 직선 가속 장치. ¶回旋～ | 사이클로트론(cyclotron). ¶同步～ | 싱크로트론(synchrotron). ¶稳相～ | 싱크로사이클로트론(synchrocyclotron). ❷ (자동차의) 액셀러레이터(accelerator). ¶踏～ =〔踩加速器〕| 액셀러레이터를 밟다.

【加速运动】jiāsù yùndòng 名組〈物〉가속 운동.

【加特力教】Jiātèlìjiào 名 外〈宗〉카톨릭교. 구교. 천주교.

【加头】liātóu 名〈經〉은행이 대출자의 신용 정도에 따라 이자율을 올리는 것 =〔加码mǎ⑥〕

【加薪】jiā/xīn 動 임금〔봉급〕을 올려 주다. ¶要求～ | 임금 인상을 요구하다.

【加刑】jiāxíng 書 動 형(벌)을 가하다.

【加修】jiāxiū 動 개축(改築)하다. 증축하다. ¶～工事 | 증축 공사.

【加压】jiāyā 動 가압하다. 압력을 높이다. ¶蒸气～ | 증기의 압력을 높이다.

[2]【加以】jiāyǐ ❶ 動 …을 가하다. …하다 ¶～限制 | 제한을 가하다. ¶～记录 | 기록하다. ¶～批判pīpàn | 비판하다. ¶～思考sīkǎo | 사색하다. ¶～研究 | 연구하다. 어법 ⓐ「予以」와「加以」의 차이;「予以」는「予以自新之路」와 같이 일반 명사 앞에 쓰일 수 있음에 비해「加以」는 이러한 용법이 없음. ⓑ「加」와「加以」의 차이→〔加④〕❷ 連 게다가. …한데다가. 그 외에. ¶他基础好, ～认真学习, 进步很快 | 그는 기초도 좋은데다가 열심히 공부하기 때문에 발전이 매우 빠르다.

【加意】jiāyì 動 특별히 주의하다. 어법 주로 부사어(狀語)로 쓰임. ¶～调养 | 각별히 건강에 유의하다. ¶～经营 | 경영에 유의하다. ¶～保护 | 보호에 특별히 주의하다.

[3]【加油】jiā/yóu 動 ❶ 기름을 넣다. 기름을 치다. ¶给汽车～ | 자동차에 기름을 넣다. ¶～票 | 휘발유 배급표. ¶～站 | 주유소. ¶空中～ | 공중급유. ¶～飞机 | 급유기(給油機). ❷ (～儿) 힘을 (더) 내다. 가일층 노력하다. 기운을 내다. 격려하다. 응원하다. ¶～, ～! | 힘내라, 힘! 화이팅, 화이팅! ¶～干 | 힘을 내서 하다. ¶给他～ | 그를 응원하다 =〔叫劲(儿)①〕

【加之】jiāzhī 連 게다가. 또. ¶山高路险, ～天气不好, 的确难以行走 | 산이 높고 길이 험한데다가 날씨까지 나빠 정말 걷기가 힘들다.

[4]【加重】jiāzhòng 動 가중하다. 가중시키다. 무거워지다. ¶病情～了 | 병세가 무거워지다. ¶～责任 | 책임을 가중시키다. ¶～危机 | 위기를 가중시키다. ¶～语气 | 어조를 강하게 하다.

【加注】jiā/zhù 動 주를〔주석을〕달다. ¶在难解的句子下面要～, 以便读者的理解 | 어려운 문장 아래에 주석을 달아, 독자의 이해를 돕는다.

【伽】

jiā ☞ 伽 qié B

【茄】

jiā ☞ 茄 qié B

【迦】

jiā 부처이름 가

음역어에 쓰임 [범어(梵語)의「ka」음을 나타냄] ¶释～ | 석가. ¶～塔 | 석가탑.

【迦蓝】jiālán 名 外〈佛〉가람. 절 =〔伽蓝〕

【迦陵频伽】jiālíngpínqié 名 外〈佛〉가릉빈가(kalavinka; 범) [불경에 나오는 상상의 새] =〔迦陵〕〔好声鸟〕〔频伽〕

【枷】

jiā 항쇄 가, 도리깨 가

名 칼. 항쇄(項鎖) [죄인의 목에 씌우는

형구]

【枷锁】jiāsuǒ [名] ❶ 칼과 족쇄. ¶犯人戴着～ | 범인이 칼과 족쇄를 차고 있다. ❷ [喻] 속박. 구속. 멍에. ¶摆脱bǎituō～ | 멍에에서 벗어나다. ¶精神～ | 정신적 속박. ¶打碎旧制度的～ | 구제도의 멍에를 부숴버리다.

【珈】jiā 머리꾸미개 가
[書] [名] 부인의 머리 장식용 옥.

【痂】jiā 딱지 가
[名] 부스럼 딱지. ¶结～就快好了 | 딱지가 앉으면 곧 낫는다＝〔嘎渣gāzhā〕

【笳】jiā 호드기 가
❶ ⇒〔笳管〕 ❷ ⇒〔胡hú笳〕

【笳管】jiāguǎn [名] 구멍 아홉개가 뚫린 세워서 부는 피리.

【袈】jiā 가사 가
⇒〔袈裟〕〔袈衣〕

【袈裟】jiāshā [名] [外] 〈佛〉 가사(kasāya;범) ¶和尚们披着黄色的～, 正在念经 | 스님들이 노란색 가사를 입고서, 염불을 하고 있다＝〔坏huài色衣〕〔水田衣〕

【袈衣】jiāyī [名] 장례복.

【跏】jiā 책상다리할 가
⇒〔跏趺〕

【跏趺】jiāfū [名] 가부좌. 올방자. ¶结～坐 | 올방자를 틀고 앉다. 가부좌를 틀다.

4【嘉】jiā 아름다울 가
❶ [形] 아름다운. 훌륭한. 근사한. ¶～礼 | 혼례. ¶～宾↓ ❷ [書] [動] 칭찬하다. 찬양하다. 자랑하다. ¶其志可～ | 그 뜻은 정말 칭찬할 만하다. ¶精神可～ | 정신은 참으로 자랑할만하다. ❸ [書] [名] 기쁨. 환희. ❹ [書] [名] 경사. 행복. ❺ (Jiā) [名] 성(姓).

【嘉宾】jiābīn [書] [名] ❶ [敬] 훌륭한 손님. 가빈(佳賓). 내빈(來賓). ¶各位～, 你们好! | 내빈 여러분, 안녕하십니까? ❷ 〈鳥〉 참새의 다른 이름→〔麻má雀①〕

4【嘉奖】jiājiǎng ❶ [動] 표창하다. ❷ [名] 칭찬과 장려. 표창. ¶得到了～ | 표창을 받았다.

【嘉靖】Jiājìng [名] 명대(明代) 세종(世宗)의 연호(1522～1566).

【嘉勉】jiāmiǎn [書] [動] 칭찬하고 격려하다. ¶总统亲自～三军战士 | 대통령이 친히 삼군의 병사를 격려하다.

【嘉酿】jiāniàng [名] 맛좋은 술. 미주(美酒)＝〔嘉醴lǐ〕〔[書] 佳酿〕

【嘉偶】jiā'ǒu [名] 화목한 부부. 좋은 배우자＝〔嘉耦ǒu〕〔佳偶〕

【嘉庆】jiāqìng [名] ❶ 경사스러운 일. 즐거운 일. ❷ (Jiāqìng) 청대(清代) 인종(仁宗)의 연호(1796～1820).

【嘉许】jiāxǔ [書] [動] 칭찬하다. ¶荣获校长的～ | 영광스럽게도 총장님의 칭찬을 받다.

【嘉言懿行】jiā yán yì xíng [成] 아름다운 언행. 좋은 말과 훌륭한 행실＝〔嘉言善行〕

2【夹(夾)】jiā jiá gā 낄 협

Ⓐ jiā ❶ [動] 끼우다. 집다. ¶用筷子～菜吃 | 젓가락으로 요리를 집어먹다. ¶把纸～在书里 | 종이를 책갈피에 끼우다. ❷ [動] 겨드랑이에 끼다. ¶～着书包上学 | 책가방을 겨드랑이에 끼고 등교하다＝〔挟〕 ❸ [動] 뒤섞이다. 혼합하다. ¶风声～着雨声 | 바람소리에 빗소리가 뒤섞이다. ❹ [動] 가위로 베다. 자르다. ¶～开↓ ❺ [動] 죄여들다. ¶～击 | 조이면서 치다. ¶～攻↓ ❻ (～儿, ～子) [名] 집게. 끼우개 [물건을 끼우는 도구] ¶纸～ | 종이 클립. ¶皮～ | 가죽 지갑. ¶卷～ | 서류 클립. ¶文件～ | 파일. ¶香烟xiāngyān～ | 담배갑. ❼ [名] 기호「×」[수학의 곱하기 기호] ❽ [形] 이중의. ¶～层儿 | 이중으로 된 것. ¶～壁墙bìqiáng | 이중 벽.

Ⓑ jiá [區] 두겹의. ¶～↓ | ¶～衣裳 | 겹옷＝〔袷jiá〕

Ⓒ gā ⇒〔夹肢窝〕

Ⓐ jiā

【夹板】jiābǎn [名] ❶ (～子) 협판. ⓐ 박자를 칠때 사용하는 악기＝〔竹zhú板〕→〔快kuài板〕 ⓑ 책 또는 짐을 끼어 두는 널빤지. ❷ 〈醫〉 부목(副木). ¶上～ | 부목을 대다. ¶石膏shígāo～ | 깁스 붕대(Gips;독). ❸ (～子) 합판(合版)＝〔胶合版〕 ❹ (～子) 포장할 때 쓰는 끼우는 판. ❺ (～儿) 진퇴양난의 처치. 곤란한 처지. ❻ (～儿) 무거운 짐. ¶套上了～ | 무거운 부담을 지다. ❼ (～儿) (소나 말을 수레에 멜 때) 채와 연결시키는 판.

【夹板儿气】jiābǎnrqì 진퇴 양난의 곤경. [名] ¶我不去他不愿意, 我去你就不愿意, 这样儿～谁受得了啊! | 내가 가지 않는 것은 그가 원하지 않고, 내가 가면 또 네가 원하지 않으니, 이같은 진퇴양난 속에서 누가 견뎌낼 수 있겠소!

【夹包】jiābāo [名] 공기. 공기 놀이. ¶玩～ | 공기놀이를 하다.

【夹层】jiācéng [區] 이층(二層)의. 이중(二重)의. ¶～玻璃bōlí | 이중 유리. ¶～墙 | 이중벽.

【夹带】jiādài ❶ [動] 몰래 숨겨 넣다. 밀수하다. ¶邮寄包里不能～信件xìnjiàn | 소포 우편에는 편지를 숨겨 넣을 수 없다. ¶～私货 | 밀수하다. ❷ [名] (시험의) 부정 행위 쪽지. ¶～条子 | 커닝 페이퍼.

【夹袋】jiādài [名] ❶ 주머니. ¶大衣上还有一个～ | ❷ 수대(手袋).

【夹道】jiādào ❶ (～儿) [名] 담장 사이의 좁은 길＝〔夹道子〕 ❷ [副] 길 양쪽으로 늘어서다〔줄 지어 서다〕. ¶～热烈欢迎 | 길 양쪽으로 줄지어 서서 열렬히 환영하다. ¶～欢送 | 연도 환송. ¶～欢迎 | 연도 환영.

【夹缝】jiāfèng ❶ [動] 시침바느질을 하다. 가봉하다. ❷ (～儿) [名] 틈(새). ¶一本书掉在两张桌子的～里 | 책 한 권이 두 책상 사이의 틈새로 떨어졌다. ❸ (～儿) [名] (돌이나 나무의) 균열. 잔금.

【夹肝】jiāgān [名] [方] 식용의 소·양·돼지 등의 췌장(膵臟).

【夹攻】jiāgōng [名] [動] 협공(하다). ¶受到两面～ | 양면 협공을 받다. ¶内外～ | 내외에서 협공

하다. ¶左右～ | 좌우로 협공하다 =〔夹击jī〕
【夹棍】jiāgùn 名 옛날, 주리를 틀던 막대기. 주릿대 =〔夹棒bàng〕
【夹击】jiājī 書 名 動 협공(하다). ¶从两边儿～敌人 | 양쪽에서 적군을 협공하다 =〔夹攻gōng〕
【夹剪】jiājiǎn 名 집게 가위.
【夹角】jiājiǎo 名〈數〉협각.
【夹具】jiājù 名〈機〉고정 장치. 조임 장치 =〔卡qiǎ具〕〔治zhì具〕
【夹开】jiākāi 動 가위로 자르다.
【夹七夹八】jiā qī jiā bā 成 이것저것 뒤섞다. 뒤죽박죽이다. ¶～地骂 | 마구 욕하다 =〔夹七带八〕〔夹七杂八〕〔夹三夹四〕
【夹七杂八】jiā qī zá bā ⇒〔夹七夹八〕
【夹起尾巴】jiā qǐ wěi ·ba 成 꼬리를 사리다〔감추다〕. ¶～逃跑 | 꼬리를 감추고 달아나다 =〔夹尾巴〕
【夹三夹四】jiā sān jiā sì ⇒〔夹七夹八〕
【夹生】jiā·sheng 動 ❶ (음식이) 설익다. ¶饭煮～了 | 밥이 설익었다. ❷ (학문이나 기술이) 설익다. 어중간하다. ❸ 方 서먹서먹하다. 원만하지 않다.
【夹生饭】jiā·shēngfàn 名 ❶ 설익은 밥. ¶～可不好吃 | 설익은 밥은 정말 맛이 없다. ❷ 轉 찜찜한 기분. ❸ 轉 어중간한 것. ¶这次工资改革又成了～ | 이번 임금 개혁은 또 어중간한 것이 되었다.
【夹馅(儿)】jiāxiàn(r) ❶ 區 소를 넣은. ¶～饼干 | 〈食〉속이 든 비스켓 =〔夹心xīn〕 ❷ 名 俗 속에 납이나 동이 들어간 은화.
【夹心】jiāxīn ⇒〔夹馅xiàn(儿)①〕
4【夹杂】jiāzá 動 혼합하다. 뒤섞(이)다. ¶～物 | 혼합물. 불순물. ¶他的文章中～着不少文言词语 | 그의 문장에는 적지 않은 문언투의 말이 섞여 있다 =〔搀chān杂〕
【夹竹桃】jiāzhútáo 名〈植〉협죽도.
【夹注】jiāzhù 名 본문 사이에 삽입한 주석(註釋). ¶～号 | 주석 표기 기호. ( )〔 〕〈 〉등.
3【夹子】jiā·zi 名 ❶ 집게. ¶头发～ | 머리 핀. ¶洗衣～ =〔衣服夹子〕| 빨래 집게 =〔卡qiǎ子①〕 ❷ 동물의 집게발. ¶蟹xiè～ | 게의 집게발. ❸ 종이〔서류〕 끼우개. 클립. ❹ 파일(file). 서류철. ¶把文件放在～里 | 서류를 서류철에 넣다. ❺ 지갑. ¶皮～ | 가죽지갑.
B jiá
【夹袄】jiá'ǎo 名 겹저고리. ¶她给孩子做了一件～ | 그녀는 아이에게 겹저고리 한 벌을 지어주었다.
【夹谷】Jiágǔ 名 복성(複姓).
【夹克】jiákè 名 外 재킷(jacket). 잠바. ¶运动～ | 트레이닝 재킷. ¶羊皮～ | 양가죽 잠바 =〔茄jiā克〕〔绒róng线衫〕
C gā
【夹肢窝】gā·zhiwō 名 겨드랑이 =〔胳gē肢窝〕〔嘎gā吱窝〕

【挟】jiā ☞ 挟 xié B

【浃(浹)】jiā 두루미칠 협

書 動 ❶ 축축히 젖다. 축축해지다. ¶汗hàn流～背 | 땀이 흘러 등이 축축히 젖다. ❷ 스며들다. 사무치다. ¶～于骨髓gǔsuǐ | 뼈에 사무치다. ❸ 순환하다. 돌다. ¶～辰 | 십이지(十二支)를 순환하다.
【浃浃】jiājiā 書 狀 축축하다. 젖다.
【浃髓沦肤】jiā suǐ lún fū 成 뼈속 깊이 살갗 전체에 미치다. 영향이 매우 크다 =〔浃髓沦肌〕
【浃髓沦肌】jiā suǐ lún jī ⇒〔浃髓沦肤〕

【筴(筴)〈梜〉】jiā cè 점대 책, 대쪽 책, 끼 책

A jiā ❶ 名 점을 치는데 쓰던 쉰 개의 대. ❷ 名 고대에 젓가락을 가리키던 말.
B cè「策」과 통용 ⇒〔策cè〕

3【佳】jiā 아름다울 가

形 좋다. 아름답다. 훌륭하다. ¶成绩甚～ | 성적이 대단히 뛰어나다.
【佳宾】jiābīn 書 名 반가운 손님. 귀빈. ¶～满座 | 반가운 손님들로 가득차다.
【佳话】jiāhuà 書 名 미담. 감동적인 이야기. ¶这故事到处传为～ | 이 이야기는 도처에서 감동적인 이야기로 전해진다.
【佳节】jiājié 名 ❶ 좋은 계절. ¶阳春～ | 양춘 가절. ¶大家都热烈欢迎这个～的到来 | 모두 다 이 좋은 계절이 다가오는 것을 열렬히 환영한다. ❷ 명절. ¶中秋～ | 중추 가절.
【佳景】jiājǐng 書 名 아름다운 경치. 좋은 경치.
【佳境】jiājìng 書 名 ❶ 경치가 좋은 곳. ❷ 좋은 경지. 재미있는 대목. ¶话正谈到～, 他来了 | 이야기가 막 재미있는 대목에 들어갈 무렵 그가 왔다. ¶渐入～ | 점차 좋은 경지로 들어가다.
【佳句】jiājù 名 아름다운〔좋은〕 글귀. ¶他写文章爱用～秀语 | 그는 문장을 지을때 아름다운 글귀와 빼어난 어투를 애용한다.
【佳丽】jiālì 書 ❶ 形 (용모·경치 등이) 아름답다. ❷ 名 미녀. ¶皇帝的后宫有三千～ | 황제의 후궁으로 삼천명의 미인이 있다.
【佳酿】jiāniàng ⇒〔嘉jiā酿〕
【佳偶】jiā'ǒu ⇒〔嘉jiā偶〕
【佳期】jiāqī 書 名 ❶ 좋은 시기. ❷ 결혼식 날. ❸ 데이트 날〔시간〕.
【佳人】jiārén 書 名 ❶ (～儿) 가인. 미인. ¶才子～ | 재자 가인. ❷ 좋은 사람. ❸ 유능한 사람.
【佳人薄命】jiā rén bó mìng 成 미인박명.
【佳肴】jiāyáo 名 書 좋은 요리〔안주〕. ¶～可口 | 좋은 요리가 입에 맞다.
【佳音】jiāyīn 名 書 기쁜〔좋은〕 소식. 아름다운 소리. ¶静候～ | 기쁜 소식을 기다리다.
【佳作】jiāzuò 名 뛰어난 작품. 가작. ¶又写了一篇～ | 또 뛰어난 작품 하나를 썼다 =〔佳什shí〕

1【家〈傢$_8$〉】jiā gū ·jia ·jie 집 가

A jiā ❶ 名 집. 가정. ¶他的～在北京 | 그의 집은 북경에 있다. ❷ 名 (부대나 관청의) 집무하는 장소. ¶刚好营长不在～ | 마침 대대장이 집무실에 없었다. ❸ 상점. 가게. ¶铺～ | 상점. ❹ 量 가정. 집. 곳. [가정·가게·공장 등을 세는 단위] ¶一～人家 | 한 가정. ¶五～商店 | 상점 다섯 곳. ¶

只此一～别无分号 | 이 가게는 한 집만 있을 뿐이고 다른 분점은 없다. ❺ 집에서 기르는. ¶～鸭 | 집오리→〔野〕 ❻ 頭 謙 자기보다 배분이 높거나 연령이 높은 친족을 다른 사람에게 말할때 붙임. ¶～父↓ ¶～叔↓ →〔舍shè④〕 ❼ 北 처. 아내. ¶～里=〔家里的〕〔家的〕 | 집사람. 안사람. ❽ ⇒〔家具〕〔家伙〕〔家什〕 ❾ 尾 자칭 또는 타칭의 접미사로 쓰임. ¶咱～ | 우리. ¶人～ | 남. 다른사람. ❿ 書 名 「大夫」(대부)가 통치하는 지역 [「诸候」(제후)가 통치하는 지역은 「国」라고 함]→〔国④〕 ⓫ (Jiā) 名 성(姓).

Ⓑ gū 옛날의 여자의 존칭. ¶曹大～ | 〈人〉후한(後漢)의 「班昭」(반소)[「班固」의 여동생]

Ⓒ ·jia 尾 ❶ 어떤 학문이나 활동에 종사하는 사람. ¶哲学～ | 철학가. ¶作～ | 작가. ¶革命～ | 혁명가. ❷ 어떤 직업에 종사하거나 어떤 신분을 지닌 사람. ¶农～ | 농부. ¶船～ | 뱃사공. ¶店～ | 상인. ❸ 춘추전국시대의 학파(學派)를 가리킴. ¶儒～ | 유가. ¶道～ | 도가. ❹ 사람을 가리키는 명사의 뒤에 쓰여 동류(同類)의 사람을 나타냄 [사람의 신분·연령·성별 등을 나타냄] ¶老人～ | 노인들. ¶孩子～ | (남자) 아이들. ¶学生～ | 학생들.

Ⓓ ·jie 「价」와 같음⇒〔价·jià Ⓒ〕

【家败人亡】 jiā bài rén wáng 成 (재난으로) 집도 잃고 가족도 잃다 =〔家破人亡〕

【家财】 jiācái ⇒〔家产chǎn〕

【家蚕】 jiācán 名 〈蟲〉집누에. 가잠 =〔桑sāng蚕〕

【家产】 jiāchǎn 名 가산. ¶～万贯 | 가산이 만관이다 =〔家财cái〕〔家资zī〕

4【家常】 jiācháng ❶ 名 가정의 일상 생활. 일상적인 일. ¶～日用 | 일용품. ¶～面 | 〈食〉가정에서 해 먹는 국수. ¶扯chě～ | 일상사를 잡담하다. ❷ ⇒〔家常饼bǐng〕

【家常便饭】 jiā cháng biàn fàn 成 ❶ 평소 집에서 먹는 음식. ❷ 흔히 있는 일. 일상사. ¶他喝酒逛妓院jìyuàn是～ | 그가 술마시고 기생 집에서 노니는 것은 흔히 있는 일이다. ‖ =〔家常饭〕

【家常饼】 jiāchángbǐng 名 〈食〉집에서 흔히 해 먹는 「烙lào饼(儿)」의 일종 =〔家常②〕

【家常菜】 jiāchángcài 名 일상 가정 요리.

【家常饭】 jiāchángfàn ⇒〔家常便饭〕

【家常话】 jiāchánghuà 名 보통 흔히 있는 이야기. 일상적인 이야기.

【家长里短(儿)】 jiā cháng lǐ duǎn(r) 成 方 일상적인 집안의 자질구레한 일 =〔家长理短(儿)〕

【家常面】 jiāchángmiàn 名 〈食〉일상 가정 국수. 간이 국수 [일상 가정에서 국수]

【家仇】 jiāchóu 名 집안끼리 맺은 원한.

【家丑】 jiāchǒu 名 집안에서 일어난 불미스러운 일. 집안 망신. 집안의 수치. ¶～不可外扬 | 諺 집안 허물은 밖으로 드러내서는 안된다.

4【家畜】 jiāchù 名 가축.

【家传】 ⓐ jiāchuán 名 가전. 대대로 집안에 전해 내려오는 것. ¶～秘方 | 대대로 집안에 전해 내려 오는 비방.

ⓑ jiāzhuàn 名 한 집안의 전기(傳記).

【家祠】 jiācí 名 가묘(家廟). 한 집안의 사당 =〔家庙miào〕〔家堂táng〕

【家慈】 jiācí ⇒〔家母〕

【家大业大】 jiā dà yè dà 成 집이 크면 재산도 많다. 재산가.

【家当(儿)】 jiā·dàng(r) 名 口 가산(家産) =〔家私sī①〕〔家产chǎn〕

【家道】 jiādào 名 ❶ 가도. 가정 도덕. ❷ (～儿) 가계. 집안의 살림 형편. ¶～败落bàiluò | 가세가 기울다. ¶～富足 | 가계가 넉넉하다. ¶～小康 | 집안 살림이 괜찮다 =〔書 家计jì〕→〔家境jìng〕

【家底(儿)】 jiādǐ(r) 名 ❶ 집안의 생활〔경제〕 기반. ¶我的～你还不清楚吗? | 나의 형편을 너는 아직도 모르니? ¶～厚 | 생활 기반이 탄탄하다. ¶～薄 | 경제적 기반이 약하다. ❷ 조상으로부터 물려받은 재산. ❸ 여축(餘蓄).

【家丁】 jiādīng 名 가복(家僕).

【家法】 jiāfǎ 名 ❶ 사제(師弟)간에 전해 내려오는 학술 이론과 연구 방법. ❷ 가법. 한 집안의 법도 또는 규율 =〔家规〕〔家约〕 ❸ 집안 사람을 벌주는 데 쓰이는 몽둥이·채찍 등의 형구(刑具).

【家访】 jiāfǎng 名 動 가정 방문(하다). ¶去～ | 가정 방문가다.

【家父】 jiāfù 名 謙 가친. 남에게 자기 아버지를 일컫는 말. ¶～身体欠佳qiànjiā, 不能见客 | 저의 어르신께서는 건강이 좋지 못해, 손님을 맞이할 수가 없습니다 =〔家大人〕〔書 家严yán〕

【家鸽】 jiāgē 名 〈鳥〉집비둘기 =〔鹁bó鸽〕

【家馆】 jiāguǎn 名 ❶ 사숙(私塾). ❷ 가정 교사.

【家规】 jiāguī 名 가규 =〔家法②〕

【家花不及野花香】 jiāhuā bù jí yěhuā xiāng 諺 남의 떡이 커 보인다.

3【家伙】 jiā·huo ❶ 名 가구 =〔家巴bā什〕〔家具jù①〕〔家生②〕〔家什〕〔家式〕 ❷ 名 악기·병기(兵器)·형구(刑具)·공구·도구 등. ¶打～ | 악기를 울리다. ¶上了～ | 형틀을 씌우다. ¶我们听到有贼zéi就拿ná着～追zhuī上了 | 우리들은 도둑이야 하는 소리를 듣고, 병기를 들고 뒤쫓아갔다. ❸ 名 녀석. 자식. 놈 [사람을 깔보거나, 서로 친해서 막 부르는 칭호] ¶这～真可恶wù | 이 녀석은 정말 꼴보기 싫다. ❹ 量 方 동작의 회수를 나타냄. ¶引得老先生和小学生们哗一～都哈哈大笑起来 | 그래서 늙은 선생과 어린 학생들은 와! 하고 모두들 한바탕 웃었다. ¶玉宝见天已大亮liàng, 忽一～跳下炕kàng来 | 옥보는 날이 밝은 것을 보고, 후다닥 온돌에서 뛰어 내렸다 =〔下子xià·zi〕

【家鸡】 jiājī 名 집에서 기르는 닭. ¶～不如野鸡鲜 | 집닭은 꿩만큼 신선하지 못하다.

【家给人足】 jiā jǐ rén zú 成 ❶ 집집마다 살림이 넉넉하고 사람마다 의식(衣食)이 풍족하다. ❷ (지방의) 산물이 풍족하여 생활이 넉넉하다 ‖ =〔家给民足〕〔人给家足〕

【家计】 jiājì ⇒〔家道②〕

【家祭】 jiājì 名 가제. 가정에서 모시는 조상에 대한 제사 =〔書 寝qǐn荐〕

【家家(儿)】jiājiā(r) 집집마다. 집집이 =〔家家户户〕

【家家户户】jiājiāhùhù 名組 가가 호호. 집집마다 =〔家家(儿)〕〔每家〕

【家教】jiājiào 名 ❶ 가정 교육. ¶～严 | 가정교육이 엄하다. ❷ 簡「家庭教师」(가정 교사)의 약칭.

【家境】jiājìng 名 가정 형편. 집안 형편 ¶小王的～还不错 | 왕군의 가정 형편은 아직은 나쁘지 않다 =〔方 家事②〕→〔家道②〕

【家居】jiājū 書 動 (직업 없이) 집에 박혀 있다. 집에서 놀고 있다.

[2]【家具】jiā·ju 名 ❶ 가구. 세간. 가재 도구 =〔家伙huǒ①〕❷ 손에 든 무기나 흉기.

【家眷】jiā·juàn 書 名 謙 ❶ 가족. 가솔. ❷ 처(妻). ¶他只身居住北京, ～还在老家河南 | 그는 혼자 북경에 거주하고 있고, 처는 아직도 고향인 하남에 있다.

【家口】jiākǒu 名 ❶ 가족수. ❷ 가족. ¶养活～ | 가족을 부양하다.

【家累】jiālěi 書 名 집안의 걱정거리. 가정 생활의 근심과 부담. ¶他人口多, ～重 | 그는 식구가 많아서, 부담이 크다.

【家里】jiā·li 名 ❶ 집(안). 가정. ❷ 俗 아내. 마누라. 집사람. ¶我的～ | 우리 집사람. 우리집 =〔家里的〕〔屋里的〕❸ 출장시에 자기의 원래 근무처를 일러 말함.

【家门】jiāmén 名 ❶ 집의 대문. ❷ 書 가족. 가정 [자기 가족을 일컫는 말] ¶～奉佛 | 우리 가족은 불교(佛教)를 믿는다. ❸ 方 한 집안. 일가(一家). ¶这是～的不幸 | 이는 가문의 불행이다. ¶小张是我的～堂兄弟 | 장군은 우리 한 집안 사촌형제이다 =〔本家〕❹〈文〉희곡에서 극중인물의 가세(家世)와 유형 [극중 주요인물이 맨처음 무대에 등장했을 때 소개함]

【家母】jiāmǔ 書 名 謙 가모. 가자(家慈). 자친(慈親) [남에게 자기 어머니를 겸손하게 이르는 말] =〔家慈cí〕

【家奴】jiānú 書 名 종. 집노비.

【家破人亡】jiā pò rén wáng ⇒〔家败bài人亡〕

【家谱】jiāpǔ 名 한 집안의 족보. ¶嗣子sìzi应列入～ | 적자는 당연히 족보에 올라가야 한다 =〔家牒dié〕〔家乘shèng〕〔宗谱zōngpǔ〕

【家禽】jiāqín 名 집에서 기르는 날짐승.

【家雀儿】jiāquèr 名 方〈鳥〉참새 =〔麻mā雀①〕

【家人】jiārén 書 名 ❶ 가족. 집안 사람 =〔家人父子〕〔家里人〕❷ 하인. 종.

【家史】jiāshǐ 名 집안 내력. 집안의 역사. ¶他竟不知道自己的～ | 그는 결국 자기 집안 내력을 모른다.

【家世】jiāshì 書 名 ❶ 가세. 가문. 가계(家系)와 문벌(門閥). ¶～寒微 | 가문이 보잘것 없다. ¶叙述了自己的～ | 자신의 가세를 서술했다. ¶人都重他的～ | 사람들은 모두 자기 가문을 중시한다. ❷ 생활 정도.

【家事】jiāshì ❶ 名 가사. 집안 일. ¶他不愿意听见别人谈起～ | 그는 다른 사람이 집안 얘기하는 것을 듣고 싶어 하지 않는다. ❷ ⇒〔家境jìng〕

【家室】jiāshì 名 ❶ 가족. 가정. ¶他没有～ | 그는 가족이 없다. ❷ 부부. 아내. ❸ 書 집. 가옥.

【家什】jiā·shi 名 口 가재도구. 가구. 기물. 비품 =〔家式shì〕〔家伙huǒ①〕

【家式】jiā·shi ⇒〔家什〕

【家书】jiāshū ⇒〔家信xìn〕

【家叔】jiāshū 名 謙 가숙 [남에게 자기의 숙부를 이르는 말]

【家塾】jiāshú 書 名 개인이 사사로이 설립한 글방. 사숙(私塾). 문숙(門塾). ¶父亲六岁入～开蒙 | 부친은 여섯 살에 가숙에서 글을 배우기 시작했다 =〔门塾〕

[3]【家属】jiāshǔ 名 가족. 가솔. 가속. ¶职工～ | 종업원 가족. ¶军人～ | 군인 가족. ¶～主义 | 가족 제일 주의 =〔家族zú〕

【家私】jiā·sī ❶ ⇒〔家当dāng(儿)〕❷ 名 가사(家事).

【家堂】jiātáng ⇒〔家祠cí〕

[1]【家庭】jiātíng 名 가정. ¶简直是一个友爱的～的聚会 | 그야말로 우애적인 가족 모임. ¶～福利 | 가정 복지. ¶～妇女 | 가정 주부. ¶～主夫 | 가사를 돌보는 남자. ¶～教育 | 가정 교육. ¶～作业 =〔作业〕| 숙제.

【家童】jiātóng 書 名 동복(童僕). 집의 아이종.

【家徒四壁】jiā tú sì bì 成 (너무 가난하여) 가산이라고는 벽 밖에 없다. 서발 막대 거칠 것 없다 =〔家徒壁立〕

【家兔】jiātù 名〈動〉집토끼.

[4]【家务】jiāwù 名 ❶ 가사(家事). ¶做～ | 집안 일을 하다. ¶操持cāochí～ | 가사를 꾸려가다 =〔家务事〕❷ 집안 내의 분쟁. ¶闹nào～ | 집안 내의 분쟁을 일으키다.

[2]【家乡】jiāxiāng 名 고향. ¶～风味 | 고향의 맛. 향토적 정서 =〔家园yuán①〕〔故gù乡〕

【家小】jiāxiǎo 名 口 처와 자식. 처자 [때로는 처만을 지칭함] ¶老金还没有～ | 김씨는 아직 처자가 없다.

【家信】jiāxìn 名 집에서 온 편지. 집으로 보내는 편지 =〔書 家书shū〕〔乡书〕

【家兄】jiāxiōng 名 謙 가형. 사형(舍兄).

【家学】jiāxué 書 名 가학. 집안 대대로 전해내려오는 학문. ¶～渊源 | 가전 학문이 깊다.

【家训】jiāxùn 名 가훈. ¶颜氏的～是"忠, 信"两字 | 안씨의 가훈은 충과 신 두 글자이다.

【家鸭】jiāyā 名〈鳥〉집오리.

【家严】jiāyán 書 名 謙 남에게 자기의 아버지를 이르는 말 =〔家父〕〔家君〕

【家宴】jiāyàn 名 집안 잔치. ¶设～招待zhāodài | 집안 잔치를 벌여 초대하다.

【家燕】jiāyàn 名〈鳥〉제비 =〔燕子〕

【家业】jiāyè 名 가업. 가산(家產). 부동산.

【家蝇】jiāyíng 名〈蟲〉(집)파리.

【家用】jiāyòng 名 ❶ 가정의 비용. 생활비. ¶贴补～ | 생활비를 보조하다. ❷ 가정용 물품. ¶～电器 | 가정용 전기 기구.

【家有敝帚, 享之千金】jiā yǒu bì zhǒu, xiǎng zhī qiān jīn 成 집안의 낡은 빗자루도 천금같이 대우

받다. 喩 자신의 작품이 매우 진귀하게 여겨지다.

【家有千口，主事一人】jiā yǒu qiānkǒu, zhǔ shì yīrén 諺 집에 천 사람이 있어도 일을 주관하는 사람은 한 사람이다. 사람이 많이 있다해도 누군가 책임자가 있어야 한다.

4【家喻户晓】jiā yù hù xiǎo 成 집집마다 다 알다.

【家园】jiāyuán 名 ❶ 집의 정원. 轉 고향. 가정. ¶ 重建～ | 가정[살림]을 다시 꾸리다. ❷ 方 집 정원에서 가꾼 것.

4【家长】jiāzhǎng ❶ ⇒〔家主翁〕 ❷ 名 학부형. 보호자. ¶～会 | 학부모회.

【家政】jiāzhèng 名 가사의 관리. ¶ 她颇精～ | 그녀는 상당히 가사 관리에 뛰어나다.

【家种】jiāzhòng ❶ 名 인공 재배. ¶ 把野生药材改为～ | 야생의 약재를 인공 재배시키다. ❷ 形 집에서 재배한. ¶～的蔬菜shūcài | 집에서 재배한 야채.

【家主翁】jiāzhǔwēng 名 가장 =〔家翁〕〔家长①〕〔家主〕

【家族】jiāzú 名 가족. 동족. ¶ 我考上大学，为我们～争了光 | 나는 대학에 합격하여, 우리 가족을 위해 영예을 떨쳤다.

【镓(鎵)】jiā (갈륨 가)
名〈化〉화학 원소 명. 갈륨(Ga ; gallium).

【葭】jiā 갈대 가
名 ❶ 書〈植〉어린갈대. ❷ 書 갈피리. ❸ (Jiā) 가현(葭縣) [섬서성(陝西省)에 있는 현 이름. 현재는「佳县」(가현)으로 씀]

【葭莩】jiāfú 書 名 ❶ 갈대청. ❷ 喩 갈대청 같이 지극히 엷은 관계. 관계가 소원해진 친척. ¶～之亲 | 먼 친척.

【豭】jiā 수퇘지 가
書 名〈動〉수퇘지.

jiá ㄐㄧㄚˊ

【夹】jiá ☞ 夹 jiā B

【郟(郟)】Jiá 땅이름 겹
名 ❶〈地〉겹현(郟縣). [하남성(河南省)에 있는 현이름] ❷ 성(姓).

【荚(莢)】jiá 꼬투리 협
名〈植〉(콩의) 깍지. 꼬투리. ¶ 豆～ | 콩깍지. ¶ 皂zào～ | 쥐엄나무 꼬투리.

【荚果】jiáguǒ 名〈植〉협과.

【铗(鋏)】jiá 칼 협
書 名 ❶ (대장간에서) 불에 달군 쇠를 집는 집게. ❷ 칼. 검(劍). ❸ 칼자루.

【蛱(蛺)】jiá 호랑나비 협
⇨〔蛱蝶〕

【蛱蝶】jiádié 名〈蟲〉네발나비. 표범나비. ¶ 花园里～纷飞 | 꽃밭에 네발나비가 날아다닌다.

4【颊(頰)】jiá 뺨 협
名 뺨. 볼. ¶ 两～绯红 | 양 뺨이 아주 붉다 =〔脸liǎn蛋儿〕〔腮sāi帮子〕

【颊囊】jiánáng 名 (원숭이·다람쥐 등의) 볼주머니. 음식물을 일시 저장해 두는 곳 =〔颊 qiǎn〕

【恝】jiá 근심없을 개/괄
書 動 마음이 전혀 움직이지 않다. 본체만체하다. 개의치 않다.

【恝置】jiázhì 書 動 방치(放置)하다. 내버려 두다. ¶～不顾gù | 방치하고 돌보지 않다.

【戛〈戞〉】jiá 창 알
書 ❶ 動 가볍게 두드리다 =〔戛击〕 ❷ 名 고대의 긴 창 비슷한 무기. ❸ ⇒〔戛然〕

【戛戛】jiájiá 書 狀 ❶ 어긋나 서로 맞지 않다. ❷ 독창적이다. ¶～独造dúzào | 굉장히 독창적인 경지에 이르다.

【戛然】jiárán 書 擬 ❶ 쟁. 창. 확 [학의 울음소리. 칼과 칼이 부딪치는 소리 등의 맑은 소리] ❷ 탁. 뚝 [갑자기 끊어지는 소리] ¶～而止 | 소리가 뚝 그치다.

jiǎ ㄐㄧㄚˇ

3【甲】jiǎ 첫째천간 갑
名 ❶ 갑. 십간(十干)의 첫번째 →〔干支〕 ❷ 배열순서의 첫째. 제1. ¶～卷 | 제1권. ¶～于天下 | 천하제일. ❸ 부정대사(不定代詞)로 씀 [가정(假定)의 인명·지명 등에 쓰여 어떤 한 쪽을 나타냄] ¶～队和乙队 | 갑팀과 을팀. ❹〈化〉유기 화합물의 탄소의 원자수가 하나인 것. ¶～醇↓ ¶～酸↓ ❺ 갑옷. ¶～胄zhòu | 갑옷과 투구. ¶～士 | 갑옷 입은 병사. ❻ (거북 등의) 껍데기. ¶ 龟guī～ | 거북의 등껍데기. ❼ 각질. ¶ 指～ | 손톱. ❽ (금속제의) 보호용 장비. ¶ 装～汽车 | 장갑자동차. ¶～板 | 갑판. ❾ 옛날의 일종의 호구편제(戶口編制) [보갑제도(保甲制度)로 100호(戶)를 이름]→〔保甲〕 ❿ (Jiǎ) 성(姓).

4【甲板】jiǎbǎn 名 갑판. ¶ 水手们在～上休息 | 선원들이 갑판에서 쉬고 있다.

【甲板交货价格】jiǎbǎn jiāohuò jiàgé 名組〈商〉본선 인도 가격(本船引渡價格) =〔船上交(货)价(格)〕

【甲苯】jiǎběn 名〈化〉톨루엔(toluene). 메틸 벤젠(methylbenzene) [폭약·염료·향료 등의 원료로 쓰임]→〔苯〕

【甲兵】jiǎbīng 書 名 ❶ 갑옷과 무기. 轉 군비(軍備). 군사(軍事). ❷ 무장한 병사 =〔甲士〕〔甲卒〕

【甲虫】jiǎchóng 名〈蟲〉갑충. ¶～大都是爬行的 | 갑충은 대부분 기어간다.

【甲醇】jiǎchún 名〈化〉메틸 알콜(methyl alcohol). 메탄올(methanol). ¶～燃料发动机 | 메틸 알콜을 연료로 쓰는 엔진 =〔木精〕〔木醇〕

【甲酚】jiǎfēn 名〈化〉크레졸(cresol) =〔甲苯běn酚〕〔煤méi酚〕

【甲骨文】jiǎgǔwén 名 갑골문 [거북의 껍데기나 짐승의 뼈에 새긴 중국 고대의 문자] ¶ 小张正在研究～ | 장군은 지금 갑골문을 연구중이다 =〔龟guī甲文〕〔契qì文〕〔商要文〕〔殷yīn契〕〔殷墟要辞〕〔殷墟文字〕〔贞zhēn要文字〕

【甲基】jiǎjī 名〈化〉메틸기(methyl基;CH3). ¶～纤维素xiānwéisù | 메틸 셀룰로오스(methylce-

llulose). ¶～橡胶xiàngjiāo | 메틸 고무.
【甲级】jiǎjí 區❶대형(의). ¶～小汽车 | 중형(重型) 승용차. ❷1등급(의). ¶～票 | 1등(급)표.
【甲壳】jiǎqiào 名〈動〉갑각. ¶～动物 | 갑각류 동물.
【甲醛】jiǎquán 名〈化〉포름알데히드(formaldehyde) =〔蚁yǐ醛〕
【甲酸】jiǎsuān 名〈化〉의산. 개미산(formic acid) =〔蚁yǐ酸〕
【甲烷】jiǎwán 名〈化〉메탄(methane). ¶～基 | 메탄기. ¶～气体 | 메탄 가스(methane gas).
【甲午战争】Jiǎwǔ Zhànzhēng 名組〈史〉청(清) 광서(光緒) 20년, 갑오(1894)년에 발발한 청일 전쟁(清日戰爭) =〔甲午之役〕
【甲鱼】jiǎyú 名〈動〉자라. ¶吃～能大补元气 | 자라를 먹으면 원기를 크게 보충할 수 있다 =〔鳖biē〕
【甲种粒子】jiǎzhǒng lìzǐ 名組〈物〉알파 입자(α—particle) =〔阿耳法粒子〕
【甲种射线】jiǎzhǒng shèxiàn 名組〈物〉알파선(α—rays) =〔阿耳法射线〕
【甲胄】jiǎzhòu 書名 갑옷과 투구. 갑주. ¶古代士兵穿～作为据身衣服 | 고대의 병사들은 갑옷과 투구를 호신용으로 입었다.
【甲状旁腺】jiǎzhuàngpángxiàn 名組〈生理〉갑상선 좌우양엽(左右兩葉)의 후면에 있는 4개의 내분비선. 부갑상선.
【甲状软骨】jiǎzhuàngruǎngǔ 名組〈生理〉갑상연골 =〔喉hóu结〕〔盾dùn状软骨〕
【甲状腺】jiǎzhuàngxiàn 名〈生理〉갑상선. ¶～机能亢进 | 갑상선 기능 항진(hyperthyroidism). ¶～素 | 티록신(thyroxine).
【甲状腺肿】jiǎzhuàngxiànzhǒng 名組〈醫〉갑상선종 [갑상선이 부어오르는 질환을 통틀어 일컬음] =〔㊄ 大脖子病〕
【甲子】jiǎzǐ 名❶육십 갑자(六十甲子). 육갑(六甲). ❷갑자. ¶～年 | 갑자년. ❸書 춘추. 나이. 연령. ¶贵～? | 춘추가 어떻게 되십니까?
【甲紫】jiǎzǐ 名〈藥〉겐티안 바이올레트(gentian violet) =〔龙lóng胆紫〕

【岬】jiǎ 갑 갑, 산사이 갑

名❶갑(岬). 곶 [바다 쪽으로 부리같이 길게 내민 육지. 주로 지명에 많이 쓰임] ❷산과 산 사이. 협곡.
【岬角】jiǎjiǎo 名 갑. 곶.

【胛】jiǎ 어깨뼈 갑

名〈生理〉어깨죽지. ¶～骨↓
【胛骨】jiǎgǔ 名〈生理〉견갑골 =〔肩jiān胛骨〕

【钾(鉀)】jiǎ 갑옷 갑 (칼륨 갑)

名❶갑옷. ❷〈化〉화학 원소명. 칼륨(K ; kalium). ¶碳酸tànsuān～ | 탄산 칼륨. ¶高锰酸～ | 과망간산 칼륨.
【钾肥】jiǎféi 名〈農〉칼리 비료. ¶～厂 | 칼리 비료 공장. ¶种花生需要～ | 땅콩을 재배하는 데에 칼리 비료가 필요하다 =〔钾肥料〕〔钾素肥料〕〔钾质肥料〕

【贾】jiǎ ☞ 贾 gǔ B

1【夏】jiǎ ☞ 夏 xià B

1【假〈叚〉】jiǎ jià 빌 가

A jiǎ ❶形 거짓의. 가짜의. 인조(人造)의 ¶～面具 | 가면. ¶～话=〔谎话〕| 거짓말. ¶这是～的 | 이것은 가짜다 ⇔〔真〕❷副 가짜로. 거짓으로. 비슷하게 꾸며. ¶～做看报的样子 | 거짓으로 신문 보는 척하다. ❸가정(假定)하다. ¶～说↓ ❹書動 빌다. 차용(借用)하다. ¶～此机会 | 이 기회를 빌어. ¶久～不归 | 오랫동안 빌려가 놓고는 돌려주지 않는다→〔借jiè〕❺만약. ¶～若他来, 我就不去 | 만약 그가 오면 나는 가지 않겠다.
B jià 名 휴가. ¶请～ | 휴가를 신청하다. ¶放～ | 휴가가 되다. ¶事～ | 사고 휴가. ¶婚～ | 결혼 휴가. ¶暑shǔ～ | 여름 방학.

A jiǎ
【假扮】jiǎbàn 動 가장(假裝)하다. 변장하다. ¶妹妹～公主 | 여동생이 공주로 변장하다.
【假钞】jiǎchāo 名 위조 지폐. ¶银行里有识别～的机器 | 은행에 위조 지폐를 식별하는 기계가 있다.
【假充】jiǎchōng 動 …(으)로 가장하다. …인 체하다. ¶～好人 | 좋은 사람인 체하다. ¶～内行 | 전문가인 체하다 =〔冒mào充〕
【假慈悲】jiǎcíbēi 名 거짓 동정〔눈물〕. ¶猫哭老鼠～ | 고양이 쥐 생각하듯 슬픈 체하다 =〔假闷mēn儿〕
【假大空】jiǎ dà kōng 名組「假话」(거짓말)「大话」(큰소리)「空话」(헛소리)의 합성어(合成語).
【假道学】jiǎdàoxué 名組 위군자. 위선자. ¶我最恨这种～ | 나는 이런 위선자를 가장 싫어한다.
4【假定】jiǎdìng ❶動 가정하다. 가령 …라고 하다. ¶～每人分一个, 也得有十个 | 가령 한 사람에 하나씩 나누어도 열 개는 있어야 한다. ¶～每年的产量是一万吨 | 매년 생산량이 만 톤이라고 가정하다. ❷⇒〔假设②〕
【假动作】jiǎdòngzuò 名組〈體〉❶(배구의) 트릭 플레이(trick play). ❷(축구의) 페인트(feint). ¶他做了一个～骗后卫, 直扑球门而去 | 그는 페인트로 수비를 속인다음, 곧바로 골문으로 돌진해 갔다.
【假发】jiǎfà 名 가발. ¶戴～ | 가발을 쓰다 =〔假髻jì〕〔假头〕
【假分数】jiǎfēnshù 名〈數〉가분수.
【假根】jiǎgēn 名〈植〉가근. 헛뿌리.
【假公济私】jiǎ gōng jì sī 成 공적인 명의로 사복(私腹)을 채우다 =〔假公肥己〕〔假公为私〕
【假果】jiǎguǒ 名〈植〉헛열매.
【假行家】jiǎhángjiā 모르면서도 아는 체하다. 전문가인 체하다.
【假话】jiǎhuà 名 거짓말. ¶小孩子可不说～ | 어린 아이는 정말 거짓말을 하지 않는다 =〔谎huǎng话〕
【假货】jiǎhuò 名 위조품. 모조품 ⇔〔真货〕
【假脚】jiǎjiǎo 名 의족.

【假借】jiǎjiè ❶ 書 動 (명의·힘 등을) 빌다. 차용하다. 구실삼다. ¶～名义 | 명의를 빌다. ¶～有病不上班 | 병을 구실삼아 출근하지 않다. ¶～外力 | 외부 세력을 빌다. ❷ 名 〈言〉가차 [육서(六書)의 하나. 한자의 구성에서 같은 음의 글자를 빌어 딴 뜻에 쓰는 법] ❸ 書 動 용서하다.

【假借字】jiǎjièzì 名 가차자 [가차(假借)에 의해서 만들어진 글자. 예를 들면「万」은 원래 벌레의 이름이었으나 가차하여 수의「万」을 나타냄]

【假哭】jiǎkū 動 거짓으로 울다. 우는 체하다. ¶孩子用～唤起父母的注意 | 아이가 거짓으로 우는 체하여 부모의 관심을 일으키다.

4【假冒】jiǎmào 動 (진짜인 것처럼) 가장하다. …체하다. ¶他～他父亲的名字去亲戚家借钱 | 그는 부친의 이름을 빌어 친척 집에서 돈을 빌었다 =〔假充chōng〕〔冒充〕

【假寐】jiǎmèi 書 動 가면(假眠)을 취하다. 옷을 입은 채 잠깐 잠을 자다 =〔假寝qǐn〕〔假卧wò〕

【假门假事】jiǎménjiǎshì 成 진실한 체하다 =〔假模假式〕〔假模假样(儿)①〕〔乔qiáo模乔样(儿)〕

【假面具】jiǎmiànjù 名組 가면. 탈. ¶戴dài～ | 탈을 쓰다. ¶撕破sīpò～ | 가면을 벗기다 =〔假面〕

【假名】jiǎmíng 名 ❶ 가명. ❷ 〈言〉가나[일본어의 자모]

【假模假式】jiǎmó jiǎshì 成 진실한 체하다. 얌전한 체하다. ¶不用你对我～的 | 너는 나에게 진실한 체 꾸밀 필요가 없다 =〔假门假事〕〔假模假样(儿)①〕〔乔qiáo模乔样(儿)〕

【假奶油】jiǎnǎiyóu 名組 마가린(margarine). 인조 버터 =〔人造黄油〕

【假撇清】jiǎpiēqīng 動 方 (어떠한 일과) 관계없는 체하다. 시치미 떼다.

【假仁假义】jiǎrén jiǎyì 成 위선. 가식된 인의(仁義). 거짓 친절. ¶他～地表示同情 | 그는 위선적으로 동정을 표시했다.

3【假如】jiǎrú 連 만약. 만일. 가령. ¶～明天不下雨, 我一定去 | 만약 내일 비가 오지 않는다면 나는 반드시 갈 것이다. 어법 수사적(修辭的)인 도치(倒置)에도 쓰이는데 이런 경우에는 가정된 것의 뒤에「的话」가 주로 옴. ¶你要及时指出, ～你发现同学犯了错误的话 | 너는 제때에 지적해야 한다. 만약 학우가 착오를 범한 것을 발견한다면→〔假使〕

3【假若】jiǎruò ⇒〔假使shǐ〕

【假嗓(子)】jiǎsǎng(·zi) 名 〈音〉가성(假聲). 꾸민 목소리 =〔假声〕

【假山】jiǎshān 名 만든산. 인공산. ¶～假水 | 인공산과 인공 연못 =〔俗 山子石儿〕

4【假设】jiǎshè ❶ 動 가정하다. ❷ 名 가설. 가정 =〔假定dìng②〕〔假说shuō〕

【假设敌】jiǎshèdí 名 〈軍〉가상적(假想敵) =〔假想敌〕

【假声】jiǎshēng 名 〈音〉가성 =〔假嗓sǎng(子)〕

3【假使】jiǎshǐ 連 만일. 만약. 가령 =〔假比bǐ〕〔假饶ráo〕〔假如rú〕〔假若ruò〕

【假誓】jiǎshì 名 〈法〉위증(僞證). ¶犯上～罪名 | 위증죄를 범하다.

【假释】jiǎshì 名 動 〈法〉가석방(하다).

【假手】jiǎ/shǒu ❶ 動 남의 손을 빌다. (남을) 이용하다. ¶～于人 | 남의 손을 빌다. ¶尚未能展开与你公司直接贸易, 而多～香港中间商, 殊以为憾 | 일찌기 당신 회사와 직접 무역을 할 수 없어, 홍콩 중간상인의 손을 많이 빌었는데, 매우 유감이었다. ❷ (jiǎshǒu) 名 의수.

【假说】jiǎshuō ⇒〔假设shè②〕

【假斯文】jiǎsīwén 動 점잖은 체하다. 고상한 체하다.

【假死】jiǎ/sǐ ❶ 動 (동물의 적을 만났을 때 자기 보호의 수단으로) 죽은 체하다. ❷ (jiǎsǐ) 名 〈醫〉가사.

【假托】jiǎtuō 動 ❶ 핑계삼다. 핑계하다. ❷ (남의 명의를) 빌다. ❸ 빗대다. 가탁하다.

【假戏真做】jiǎ xì zhēn zuò 成 ❶ 가짜를 진짜인 체하다. ¶他最擅长shàncháng于～, 欺骗别人 | 그는 가짜를 진짜인 체하는데 뛰어나, 남에게 사기를 친다. ❷ 일장 연극놀음을 하다.

【假想】jiǎxiǎng 形 가상의. 상상의. 가공의. ¶～的故事 | 가공의 이야기.

【假想敌】jiǎxiǎngdí 名 〈軍〉가상 적 =〔假设敌〕

【假象】jiǎxiàng 名 ❶ 〈哲〉가상. ❷ 거짓 형상. 허상(虛像). ¶他们正在制造～, 迷惑人们的视线 | 그들은 거짓 형상을 만들어 사람들의 눈을 현혹시키고 있다. ❸ 〈軍〉위장. ❹ 〈鑛〉가상 ‖ =〔假像〕〔假相xiàng〕

【假象牙】jiǎxiàngyá 名組 셀룰로이드 =〔赛sài璐珞〕

【假小子】jiǎxiǎo·zi 名組 말괄량이.

【假笑】jiǎxiào 名 動 헛웃음(짓다).

【假心假意】jiǎ xīn jiǎ yì 成 겉으로만 진정인 체하다. ¶她～地说要帮助我 | 그녀는 겉으로만 진정인 체 말하면서 나에게 도움을 요청한다.

【假惺惺】jiǎxīng·xing 狀 진심인 체하다. 위선적이다. 그럴듯하게 꾸며져 있다.

【假牙】jiǎyá 名 틀니. 의치(義齒). ¶装～ | 틀니를 해넣다 =〔托牙〕〔镶xiāng牙②〕

【假言假意】jiǎyán jiǎyì 狀 모른 체하고 거짓말을 하다. 거짓말을 하여 남을 속이다.

【假眼】jiǎyǎn 名 의안.

【假意】jiǎyì ❶ 名 거짓된 마음. ❷ 副 고의로. 일부러. 짐짓. ¶他～笑着问刚来的这位是谁呢 | 그는 일부러 웃으면서 방금 오신 이 분이 누구냐고 물었다.

【假殷勤】jiǎyīnqín 形組 은근한 체하다. 공손하고 친절한 체하다. ¶我不喜欢在长官面前～ | 나는 장관 앞에서 공손하고 친절한 체하는 것을 좋아하지 않는다.

【假造】jiǎzào 動 ❶ 위조하다. ¶～证件 | 증서를 위조하다. ¶～帐目 | 장부를 위조하다. ❷ 날조하다. ¶～理由 | 이유를 날조하다.

【假正经】jiǎzhèng·jing 形組 점잖은 체함. 단정한 체함. 진지한〔근실한〕체함. ¶她们全都要装～的 | 그녀들은 모두 단정한 체한다.

【假肢】jiǎzhī 名 의수(義手). 의족(義足).

J

4【假装】jiǎzhuāng 動 가장하다. …체하다. ¶～不知道(的样子) | 모르는 체하다. ¶～睡觉 | 자는 체하다. ¶咱们～打仗玩儿吧 | 우리 전쟁 놀이하자.

B jià

3【假期】jiàqī 名 ❶ 휴가 기간. ¶～满, 必须立即归队 | 휴가 기간이 다되어, 반드시 즉각 귀대해야 한다. ❷ 휴일 ＝〔假日〕

【假日】jiàrì 名 휴일. ¶只有～才能回父母家 | 단지 휴일에만 부모님 댁에 돌아갈 수 있다 ＝〔休息日〕

2【假条(儿)】jiàtiáo(r) 名 휴가 신청서. 결근계. 결석계. ¶递dì～ | 결근계를 제출하다 ＝〔请假单〕

【椵】jiǎ ☞ 椵 gǔ

【瘕】jiǎ 기생충병 하
書 名〈漢醫〉적병(積病) [오랜 체증으로 뱃속에 응어리가 생기는 병]

【斝】jiǎ 옥잔 가
名 고대의 옥으로 만든 잔 [주둥이가 둥글고 다리가 셋 달렸음]

jià ㄐㄧㄚˋ

2【价(價)】jià jiè ·jie 값 가

A jià 名 ❶ (～儿) 가격. 값. ¶零售～格＝〔零价〕| 소매 가격. ¶批发～格＝〔批价〕| 도매 가격. ¶涨～ | 값이 오르다. ¶落～ | 값이 내리다. ¶还～ | 값을 깎다. ¶削xiāo～ | 막파는 가격. ¶约～ | 어림 가격. ¶贱卖～ | 헐값. ❷〈化〉원자값. 원자가(原子價). ¶一～元素 | 일가(價) 원소. ❸ 가치. ¶等～交换 | 등가교환 ‖ ＝〔書 贾jià〕

B jiè 名 심부름꾼. 하인. ¶小～ | 나의 하인. ¶贵～＝〔盛价〕〔尊价〕| 귀하의 하인.

C ·jie ❶ 助 方 부정부사(否定副詞)의 뒤에 붙어 어기(語氣)를 강하게 함. ¶不～ | 아니오. ¶甭béng～ | 필요없어. ¶别～ | 하지마. 어법 부정부사(否定副詞) 뒤에 붙어 독립적으로 쓰이고, 뒤에 다른 성분(成分)은 놓일 수 없음. ❷ 尾 시간이나 수량을 나타내는 말에 붙음. ¶成天～忙 | 왼종일 바쁘다. ¶西五斗～米 | 너덧말의 쌀. ¶黑～ | 밤중. ❸ 尾 원곡(元曲)·구소설(舊小說)·현대오어(現代吳語)에 보이는 부사의 접미사(後綴). ¶一面～ | 한편으로는. ¶彼此～ | 피차간에. ¶震天～响 | 하늘을 진동시킬만큼 울리다 ‖ ＝〔家·jie〕

【价电子】jiàdiànzǐ 名〈化〉가전자.

2【价格】jiàgé 名 가격. ¶～补贴bǔtiē |〈經〉재정 보조(금). ¶单位～ | 단가. ¶出口～ | 수출 가격. ¶批发～ | 도매 가격. ¶零售～ | 소매 가격. ¶同行～ | 동업자 가격. ¶市场～ | 시장 가격. ¶工厂～ | 공장 가격. ¶工厂交货～ | 공장도 가격. ¶进货～ | 구입 가격. ¶公卖～ | 전매 가격. ¶合同～ | 계약 가격. ¶即期～ | 현금 가격. ¶成本～ | 원가. ¶期货～ | 선물 가격. ¶可销～ | 판매 가능 가격. ¶理想～ | 희망 가격. ¶收购～ | 조달 가격. ¶付现款～ | 현금 지불 가격. ¶赊卖～ | 외상 판매 가격. ¶折扣～ | 할인 가격. ¶议妥～ | 협의 가격. ¶最低～ | 최저 가격. ¶基本～ | 기본 가격. ¶最高～ | 최고 가격. ¶妥实～ | 적당한 가격. ¶(输入港)船上交货～ | FOS. ¶船边交货～＝〔靠船(交)价格〕| FAS. ¶离岸～ | FOB. ¶离岸加运(费)～ | C & F. ¶到岸～ | CIF. ¶到岸加汇费～ | CIF & E. ¶到岸加佣金～ | CIF & C. ¶车厢交货～＝〔火车上交货价格〕| FOR. ¶垄断～ | 독점 가격.

【价款】jiàkuǎn 名 대금. ¶粮食～ | 식량 대금.

【价廉物美】jià lián wù měi 成 값도 싸고, 물건도 좋다 [상점의 광고·선전 문구] ¶韩国的工艺品～, 很值得买 | 한국의 공예품은 값도 싸고 물건도 좋아서 매우 살만한 가치가 있다 ＝〔物美价廉〕

【价码(儿)】jiàmǎ(r) 名 口 정가. 가격. ¶～签子 | 정찰(正札) ＝〔货huò码〕

【价目】jiàmù 名 가격. 정가. ¶～单＝〔价目表〕| 가격표. ¶～牌 | (게시용) 가격표.

3【价钱】jià·qian 名 가격. 값. ¶～公道 | 가격이 적정하다. ¶讲～ | 값을 흥정하다.

2【价值】jiàzhí 名 ❶〈經〉가치. ¶剩余～ | 잉여 가치. ¶使用～ | 사용 가치. ❷ 가치. ¶这些资料zīliào有很大的～ | 이 자료들은 대단히 큰 가치가 있다.

【价值规律】jiàzhí guīlǜ 名組〈經〉가치 법칙. ¶做生意要遵守～ | 장사를 하면 가치 법칙을 준수해야 한다 ＝〔价值法则〕

【价值形式】jiàzhí xíngshì 名組〈經〉가치 형태.

1【驾(駕)】jià 탈것 가
❶ 名 탈것. 거마(車馬). ¶整～出游 | 거마를 정비하여 놀러가다. ❷ 轉 敬 타인에 대한 존칭 [상대방의 행동 또는 왕림에 대하여 높여 이르는 말] ¶～临↓ ¶劳～ | 미안하지만. 말씀 좀 여쭙겠습니다. 수고하셨습니다. ❸ 動 (소나 말을) 수레에 매다. 몰다. (수레나 농기구를) 끌다. ¶这辆车用两匹马～着 | 이 수레는 말 두 필이 끌고 있다. ¶～着牲口耕地 | 가축을 부려 땅을 갈다. ❹ 動 (자동차·기관차·기선·비행기 등을) 조종하다. 운전하다. ¶～船 | 배를 운전하다. ¶～驶机车 | 기관차를 조종하다.

【驾崩】jiàbēng 書 動 천자가 세상을 떠나다. ¶皇帝～了, 太子登基了 | 황제가 세상을 떠나자, 태자가 등극하였다.

【驾临】jiàlín 書 名 札 왕림(往臨). ¶敬备菲酌, 恭候～ | 변변치 못한 음식이나마 준비하여 왕림해 주시기를 삼가 기다리고 있습니다.

【驾凌】jiàlíng 書 動 능가(凌駕)하다 ＝〔凌líng驾〕

【驾轻就熟】jià qīng jiù shú 成 가벼운 수레를 몰고 아는 길을 가다. 식은 죽 먹기. ¶教语音学他是～了 | 성운학을 가르치는 것이 그에게는 식은 죽 먹기이다 ＝〔轻qīng车熟路〕

3【驾驶】jiàshǐ 動 (자동차·열차·배·비행기 등을) 운전하다. 조종하다. ¶～证 | 면허증. ¶～飞机 | 비행기를 조종하다.

【驾驶员】jiàshǐyuán 名 조종사. 운전사. 항해사.

【驾驭】jiàyù 書 動 ❶ 몰다. 부리다. ¶这匹马不好～ | 이 말은 부리기가 힘들다. ❷ 지배하다. 제어

하다. 관리하다. ¶～自然 | 자연을 다스리다 ¶他觉得～不了目前的局势 | 그는 눈앞의 상황이 제어할 수 없다고 느꼈다. ‖＝〔驾御yù〕

2【架】jià 시렁 가 ❶(～儿, ～子) 名 물건을 놓거나 걸거나 받치는 물건으로 선반·대(臺)·틀·시렁·골조 등. ¶书～ | 서가. 책장. ¶帽～ | 모자걸이. ¶床～ | 침대 받침대. ¶葡萄pútáo～ | 포도 시렁. ¶房～ | 집의 뼈대. ❷名 싸움.언쟁. ¶打～ | 싸우다. ¶劝～ | 싸움의 중재를 하다. ❸動 세우다. 가설하다. (다리를) 놓다. (대포를) 걸다. ¶～桥 | 다리를 놓다. ¶～炮 | 대포를 걸다. ¶～电线 | 전선을 가설하다. ❹動 지탱하다. 견디다. 막다. ¶上面太沉, 怕～不住 | 위가 너무 무거워서 지탱하지 못할 것 같다. ¶他～不住酒 | 그는 술에 견디지 못한다. ¶拿枪～住砍kǎn过来的刀 | 총으로 내리치는 칼을 막다. ❺動 부축하다. ¶他受伤了, 两个人～着他走 | 그가 부상을 당해, 두 사람이 그를 부축해서 가다. ❻動 납치하다. ¶被他们～走了 | 그들에게 납치되어 갔다. ❼動 부추기다. 충동하다. ¶调tiáo词～讼 | 남을 부추겨서 소송을 일으키다. ¶捧pěng扬～事 | 남을 치켜세워 일을 일으키다. ❽量 대 [받침대가 있는 물건을 세는 단위] ¶七～飞机 | 비행기 7대. ¶一～机器 | 기계 한 대. ¶一～床 | 침대 하나. ❾量 方 산(山)의 수(數)를 세는 말. ¶一～山 | 산 하나. ¶翻一～山 | 산을 하나 넘다 ＝〔座〕

【架不住】jià ·bu zhù 動組 方 ❶ 견디지 못하다. 버티지 못하다. 참지 못하다. ¶双拳难敌四手, 好汉～人多 | 두 주먹이 네 손을 대적하기 힘들고 장사라 해도 많은 사람은 견뎌내지 못한다. ¶谁也～这么大的浪费 | 누구라도 이렇게 큰 낭비를 참지 못할 것이다 ＝〔禁不住〕〔受不住〕 ❷ 당해내지 못하다. 저항하지 못하다. ¶男人虽然力气大, ～妇女会找窍门 | 남자들이 비록 힘은 세다 해도, 여자들이 꾀를 쓰는 것에는 당해내지 못한다 ＝〔抵不上〕 ‖ ⇔〔架得住〕

【架次】jiàcì 量 연 대수(延臺數). 연 기수(延機數) [비행기의 출동 회수와 대수를 함께 세는 복합양사] ¶敌机出动了二百多～ | 적기는 연 200여대가 출동했다. ¶出动四批飞机共四十～ | 출동한 네개 편대의 비행기가 총 40대이다.

【架豆】jiàdòu ⇒〔菜cài豆〕

【架空】jiàkōng ❶ 動 (집 또는 어떤 시설물을) 기둥으로 받쳐 공중에 뜨게 설치하다. ¶那座房子是～的, 离地约有六, 七尺高 | 저 집은 가공(架空)의 건물로, 땅에서 대략 6·7자(尺) 높이로 떠 있다. ❷ 形 喻 허구의. 기초가 없는. 터무니 없는. ¶这理想未必完全是～的 | 이 이상은 완전히 터무니 없는 것은 아니다. ¶没有相应的措施cuòshī, 计划就会成为～的东西 | 상응하는 조치가 없으면, 계획은 터무니없는 것이 될것이다. ❸ 動 喻 추앙하는 척 하면서 속으로는 배척하여 실권을 잃게 하다.

【架弄】jià·nong 動 ❶ 계략을 부려 아첨하다. 추켜 올리다. 부추기다. ¶大伙儿一～, 他不能不去 | 모두가 추켜 올리면, 그는 가지 않을 수 없을 것이다. ❷ 어색하게 걸치다. 어울리지 않는 복장을 하다. ¶一个老太太～着一件纱褂子 | 할머니가 엷은 적삼을 어색하게 걸치고 있다. ❸ 우롱하다. 속이다. ¶衣服首饰拣上好的, 都～走了 | 옷과 장신구 등 좋은 것을 골라, 사람을 속이고 모두 가져갔다.

【架枪】jià/qiāng 動 〈軍〉 걸어총하다.

【架设】jiàshè 動 가설하다. ¶～高压电线 | 고압전선을 가설하다.

【架桥铺路】jiàqiáopūlù 喻 장애를 극복하여 새로운 조건을 만들다 ＝〔搭dā桥铺路〕

【架事】jiàshì 動 일을 저지르게 하다. ¶捧场～ | 남을 선동하여 일을 저지르게 하다.

【架式】jià·shi 名 俗 ❶ 모양. 자세. 태도. 폼. ¶拿～ | 폼을 잡다. 으스대다. ¶比个～ | (무예 등에서) 자세를 취하다 ＝〔姿势zīshì〕〔姿态tài〕 ❷ (대치하고 있는) 형세. 정세 ‖ ＝〔架势〕

【架势】jià·shi ⇒〔架式〕

3【架子】jià·zi 名 ❶ (건조물의) 뼈대. 틀. 선반. 대(臺). ¶花瓶～ | 화병 받침. ¶保险刀的～ | 안전 면도날의 틀. ❷ 喻 (사물의) 조직. 구조. 구상. 골격. ¶写文章要先搭好～ | 문장을 쓸려면 먼저 구상을 잘 해야 한다. ❸ 티. 허세. (뽐내는) 태도. ¶官～ | 간부 티. ¶放下～ | 거만한 태도를 버리다. ❹ (몸의) 자세. ¶老李拉开～, 打起太极拳 | 이형은 자세를 취하고 태극권을 시작하였다.

【架子车】jià·zichē 名 (인력으로 끄는) 나무로 만든 두 바퀴 짐수레.

【架子工】jià·zigōng 名 〈建〉 ❶ 비계(飛階)를 전문적으로 쌓거나 철거하는 일. ❷ 위와 같은 일을 전문으로 하는 사람《＝〔架工〕

【架子花(脸)】jià·zihuā(liǎn) ⇒〔副fù净〕

【架子猪】jià·zizhū 名 몸체만 크고 아직 살이 찌지 않은 돼지 ＝〔方 壳ké郎猪〕〔方 克kè郎猪〕

【架走】jiàzǒu 動 ❶ 손으로 양쪽에서 껴안듯이 데리고 가다. ¶他还想闹, 结果被两个警察～了 | 그는 계속 소란을 피우려다, 결국 두 경찰에 의해 잡혀갔다. ❷ 납치하다.

【贾】jià ☞ 贾 gǔ Ⓒ

3【假】jià ☞ 假 jiǎ Ⓑ

3【嫁】jià 시집갈 가 動 ❶ 시집가다. 시집보내다. ¶出～ | 출가하다. ¶～人↓ ¶改～ | 개가하다 ⇔〔娶〕 ❷ 전가(轉嫁)하다. (남에게) 뒤집어 씌우다. ¶～祸于人 | 화를 남에게 전가하다. ¶为人作～衣 | 남을 위해 헛고생하다.

【嫁祸于人】jià huò yú rén 成 화를 남에게 전가시키다. ¶他妄图～, 逃脱罪责 | 그는 화를 남에게 전가시켜 죄과를 벗어나려고 망상하다.

【嫁鸡随鸡】jiàjī suíjī 諺 여자가 출가해서는 남편을 따라야 한다 ＝〔嫁狗随狗〕

【嫁接】jiàjiē 名 動 〈植〉 접목(하다). ¶～果木 | 과일 나무를 접붙이다. ¶种胚pēi～ | 눈접.

【嫁奁】jiàlián ⇒〔嫁妆zhuāng〕

【嫁女】jiànǚ 書 動 딸을 시집보내다.
【嫁娶】jiàqǔ 動 시집가고 장가들다.
【嫁人】jià/rén 動 시집가다. 출가하다. ¶女儿大了总要～, 不能一辈子侍候父母 | 여식이 성장하면 대체로 출가를 해야지, 일평생 부모를 모실 수는 없다.
【嫁衣】jiàyī 名 여자의 혼례복.
【嫁妆】jià·zhuang 動 시집갈 때 가지고 가는 물품 =〔嫁奁lián〕〔嫁装zhuāng〕

2【稼】jià 심을 가
❶ 動 (곡식을) 심다. ¶耕～ | 경작하다. ❷ 名 농작물. 곡식. ¶庄～ | 농작물.
【稼穑】jiàsè 書 名 파종과 수확. 농사. ¶统治者不知～, 但求享受 | 통치자가 농사는 모르고, 단지 향수만을 추구한다.

·jia ㄐㄧㄚ˙

1【家】·jia ☞ 家 jiā C

jiān ㄐㄧㄢ

【戋(戔)】jiān 작을 전/잔
⇒〔戋戋〕
【戋戋】jiānjiān 書 狀 작다. 적다. 보잘 것 없다. ¶为数～ | 수가 적다.
【浅】jiān ☞ 浅 qiǎn B
【笺(箋)〈牋1, 2〉】jiān 전지 전, 부전 전 ❶ 名 편지를 쓰거나 혹은 간단한 말을 쓰는데 사용되는 종이. ¶便～ | 편지지. ¶信～ | 편지지. ❷ 名 편지. 서신 =〔書 信札zhá〕〔华笺〕〔华翰〕 ❸ 書 動 주석을 달다. ¶～注↓ ❹ 名〈文〉문체(文體)의 일종〔한(漢)·위(魏) 시대의 상주문(上奏文)〕
【笺注】jiānzhù 書 名 전주. 주석(註釋). 주해(注解). ¶他为唐诗三百首作～ | 그는 당시 삼백수의 주석을 달았다.
【溅】jiān ☞ 溅 jiàn B
【籛(籛)】Jiān 성 전
名 성(姓)〔요(堯)나라때 「彭城」에 봉(封)해졌던 「籛铿」이라는 사람은 767년을 살았다고 함. 이 사람을 「老彭」「彭祖」라고 함〕
4【奸〈姦4〉】jiān 간사할 간, 간음할 간
❶ 形 간사하다. 간교하다. ¶～雄↓ ¶～笑↓ ¶老～巨猾 | 매우 간악하고 교활하다〔한 사람〕. ❷ 形 俗 교활하다. 능글맞다. ¶这个人太～了, 躲躲闪闪不肯使力气 | 이 사람은 너무 교활해서 피하기만 하고 힘을 쓰려 하지 않는다. ❸ 名 간첩. 매국노. ¶汉～ | 매국노. ¶锄chú～ | 매국노를 없애다. ❹ 動 간통하다. 간음하다. ¶强～ | 강간하다. ¶～出人命, 赌出贼 | 간통은 살인범을 내고 도박은 도적을 낸다.
【奸臣】jiānchén 書 名 간신. ¶秦桧是宋朝的～ | 진회는 송대의 간신이다.
【奸党】jiāndǎng 名 간당. 간사한 무리. 악당. ¶剪除jiǎnchú～ | 간사한 무리를 제거하다.
【奸夫】jiānfū 名 간부(姦夫). 간통한 남자. ¶一并住了～淫妇 | 간통한 남자와 음탕한 부인을 함께 체포했다.
【奸滑】jiānhuá 形 교활하다. 간교하다 ¶他为人～, 从不说半句真话 | 그는 사람이 간교하여, 진실된 말은 한마디도 하지 않는다 =〔奸猾huá〕
【奸计】jiānjì 名 간계. 간모(奸謀) =〔奸策cè〕
【奸佞】jiānnìng 書 形 名 간사하여 아첨을 잘하다(잘하는 사람). ¶～当道 | 간사하여 아첨을 잘하는 무리가 요직을 차지하다.
【奸情】jiānqíng 名 ❶ 간통 사건. ¶～败露bàilù | 간통 사건이 발각되다. ❷ 나쁜 마음.
【奸商】jiānshāng 名 간사한 상인. 악덕 상인.
【奸徒】jiāntú 名 간당(奸黨). 간사한 무리. ¶清除～ | 간사한 무리를 없애다.
【奸污】jiānwū ❶ 動 강간하다. 능욕하다. ¶～妇女 | 여자를 강간하다. ❷ 形 음란하다. 추잡하다.
【奸细】jiān·xi 名 ❶ 스파이. 첩자. ❷ 간사한 소인.
【奸险】jiānxiǎn 形 간사하고 음험하다. ¶～人物 | 간사하고 음험한 인물.
【奸笑】jiānxiào ❶ 動 간사하게 웃다. ¶他～着说 | 그는 간사하게 웃으면서 말하다. ❷ 名 간사스러운 웃음.
【奸邪】jiānxié 書 ❶ 形 간사하다. ❷ 名 간사한 사람.
【奸雄】jiānxióng 書 名 간웅. 간사한 영웅.
【奸胥滑吏】jiānxū huálì 成 간악하고 교활한 서리(胥吏).
【奸淫】jiānyín ❶ 名 간음. ¶～烧杀 | 강간 살인 방화. ❷ 動 강간하다. ¶～掳掠 | 강간하고 약탈하다. ❸ 形 음란하다. 추잡하다.
【奸贼】jiānzéi 名 간사하고 음험한 사람. 간신(奸臣). ¶卖国～ | 매국노.
【奸诈】jiānzhà 形 간사(奸邪)하여 남을 잘 속이다. ¶这小子太～了! | 이 녀석은 정말 간사하여 남을 잘속인다!
2【尖】jiān 뾰족할 첨
❶ (～儿) 名 (사물의) 뾰족한 끝. 끝부분. ¶针～儿 | 바늘끝. ¶刀～儿 | 칼끝. ¶笔～儿 | 붓끝. 펜촉. ❷ (～儿, ～子) 名 뛰어난 것. 으뜸. ¶～儿货 | 으뜸 상품. ¶这群人里他是个～儿 | 이 사람들 중에서는 그가 으뜸이다. ❸ 形 뾰족하다. 날카롭다. ¶铅笔削得很～ | 연필을 아주 뾰족하게 깎았다. ¶～下巴颏儿 | 뾰족한 턱. ❹ 形 소리가 높고 날카롭다. ¶～声～气 | 날카로운 소리. ❺ 形 감각이 예민하다. ¶耳朵～ | 귀가 밝다. ¶眼～ | 눈치가 빠르다. ❻ 形 지독하다. 인정이 없다. ¶～薄↓ ❼ 名 여행도중에 하는 식사. ¶打～ | 여행중에 식사하다. ¶打茶～ | 여행중 쉬면서 차를 마시다.
【尖兵】jiānbīng 名 ❶〈軍〉첨병. ¶一连作为～, 直插敌后 | 일개 중대가 첨병이 되어, 곧바로 적군의 후방에 투입되다. ❷ 喻 (사업상의) 선구자. 선봉. 개척자. ¶我们是造林战线上的～ | 우리는 조림 사업의 선구자이다.
【尖薄】jiānbó 形 가혹하다. 박정하다.

【尖刀】jiāndāo 名 ❶ 끝이 뾰족한 칼. ¶像一把～插入敌人心脏 | 마치 적의 심장에 뾰족한 칼을 꽂은 듯하다. ❷〈軍〉돌격대. 선봉. ¶～连 | 돌격 중대. ¶～任务 | 돌격 임무. ❸〈機〉검 바이트.

【尖顶】jiāndǐng 名 첨단. 정점. 꼭대기.

4【尖端】jiānduān ❶ 名 첨단. 뾰족한 끝. ❷ 形 최신의. 첨단의. ¶～的机器设备 | 최신 기계 설비. ¶～放电 |〈電氣〉첨단 방전. ¶～技术 | 첨단 기술. ¶～科学 | 첨단 과학.

【尖尖】jiānjiān 㕮 날카롭고 뾰족하다.

【尖叫】jiānjiào 動 날카롭게 소리치다〔부르짖다〕. ¶～声 | 날카롭게 외치는 소리.

【尖刻】jiānkè 形 (말투가) 신랄하다. 가혹하고 악랄하다. ¶～地批评 | 신랄하게 비평하다.

【尖括号】jiānkuòhào 名 첨괄호「〈 〉」

【尖利】jiānlì 形 ❶ 날카롭다. 예리하다. 칼날같다. ¶笔锋～ | 필봉이 예리하다. ¶他的眼光非常～ | 그의 눈빛이 매우 날카롭다 =〔尖锐ruì〕〔锋fēng利〕 ❷ 몹시 영리하다.

【尖溜溜】jiānliūliū 㕮 方 대단히 예리하다〔날카롭다〕.

【尖劈】jiānpī 名〈物〉쐐기 =〔劈⑤〕

【尖脐】jiānqí 名 ❶ 수케의 뾰족한 복부(腹部). ❷ 수케 =〔尖脐的〕〔尖脐蟹xiè〕〔雄xióng蟹〕

2【尖锐】jiānruì 形 ❶ (끝이) 뾰족하고 날카롭다. ¶把锥子zhuīzi磨得非常～ | 송곳을 아주 뾰족하게 갈았다 =〔锋fēng利①〕 ❷ (객관적 사물에 대한 인식이) 예리하다. ¶眼光～ | (사물을 보는) 눈빛이 예리하다. ¶他看问题很～ | 그는 문제를 보는 것이 아주 예리하다. ❸ (음성이) 날카롭고 귀에 거슬리다. ¶～的哨声 | 날카로운 호각 소리. ❹ (언론·투쟁 등이) 격렬하다. 첨예하다. 날카롭다. ¶～的批评 | 첨예한 비평. ¶他的发言太～了 | 그의 발언은 매우 날카로웠다.

【尖锐化】jiānruìhuà 動 첨예화하다 ⇔〔钝dùn化〕

【尖声尖气】jiān shēng jiān qì 成 새된 목소리로 지지 않으려고 계속 떠들어 대다. ¶这个女孩～地说话 | 이 여자 아이는 새된 목소리로 계속 떠들며 말한다.

【尖酸】jiānsuān 形 (말에 가시가 돋치고) 신랄하다. ¶～讽刺fěngcì | 신랄한 풍자. ¶他一向说话～ | 그는 줄곧 신랄하게 말한다.

【尖头】jiāntóu 名 뾰족한 끝. ¶～鞋 | 뾰족 구두. ¶～对～ | 喻 두 호적수가 맞서서 지혜를 겨루다.

【尖团音】jiāntuányīn 名〈言〉「尖音」(첨음)과「团音」(단음) [「尖音」은「z·c·s」가「i·ü」와 결합된 음을 말하고「团音」은「j·q·x」가「i·ü」와 결합된 음을 말함. 현대 표준 중국어에는 이런 구별이 없음]

【尖音】jiānyīn 名〈言〉첨음 →〔尖团tuán音〕

3【尖子】jiān·zi 名 ❶ 물체의 날카로운 끝 부분. 뾰족한 끝. ❷ 뛰어난 사람이나 물건. ❸ (전통극에서) 갑자기 곡조가 높아지는 부분.

【尖嘴薄舌】jiān zuǐ bó shé 成 말이 신랄하고 매정하다. 신랄하게 비평하다. ¶这些娘们儿～, 整天飞短流长 | 이 여자들이 신랄하게 비평을 하면서, 왠종일 낭설을 퍼뜨리며 남을 헐뜯는다.

1【坚(堅)】jiān 굳을 견 ❶ 形 견고하다. 단단하다. ¶～如钢铁 | 강철같이 단단하다. ¶～不可破 | 단단해서 부숴지지 않는다. ❷ 形 확고하다. 굳세다. ¶信心甚～ | 믿음이 매우 확고하다. ❸ 名 (주로 진지(陣地)가) 견고한 것. ¶无～不摧 | 아무리 견고한 것이라도 부술 수 있다. ❹ 副 굳게. 강하게. 끝까지. ¶～持到底 | 끝까지 견지하다. ¶～辞 | 끝까지 사퇴하다. 고사(固辭)하다. ❺ (Jiān) 名 성(姓).

【坚壁】jiānbì 動 ❶ 벽을 견고히 하다. ❷ 轉 (적들의 손에 들어가지 못하도록) 단단히 물자(物資)를 감추다.

【坚壁清野】jiān bì qīng yě 成 진지를 굳게 지키고, 주위의 인구(人口)나 물자를 소개(疏開)하고 부근의 건물·수목 등을 적군이 이용하지 못하도록 제거 또는 소각하다 [우세한 적군에 대처하는 일종의 전술] ¶老百姓～, 不给敌人留一点物质 | 사람들이 소각 전술을 펼쳐, 적에게 약간의 물자도 남겨두지 않다.

【坚不可摧】jiān bù kěcuī 成 대단히 견고하여 무너뜨릴 수 없다. 난공불락 =〔坚不可破pò〕

【坚不可破】jiān bù kěpò ⇒〔坚不可摧〕

1【坚持】jiānchí 動 (주장을) 견지하다. 끝까지 버티다. 고수하다. 지속하다. ¶她～要去, 我也没有办法 | 그녀가 끝까지 고수해 나가면, 나도 방법이 없다. ¶～原则 | 원칙을 견지하다. ¶～错误 | 잘못을 고집하다 =〔固gù持〕

2【坚定】jiāndìng ❶ 形 (입장·주장·의지 등이) 확고하다. 부동(不動)하다. ¶意志不～ | 의지가 확고하지 않다. ❷ 動 굳히다. ¶～信念 | 신념을 굳히다 ¶～了我的决心 | 나의 결심을 굳혔다. ‖ =〔坚凝níng〕⇔〔动摇dòngyáo〕

【坚定不移】jiān dìng bù yí 成 확고부동하다. ¶～地改革开放 | 확고부동한 개혁개방.

3【坚固】jiāngù ❶ 形 견고하다. 튼튼하다. ¶阵地～ | 진지가 견고하다. ¶～耐用 | 튼튼하고 질기다. ❷ 動 견고하게 하다. 굳히다. ¶这一切都～了他的信心 | 이 모든 것이 다 그의 신념을 견고하게 했다.

【坚果】jiānguǒ 名〈植〉견과.

【坚甲利兵】jiān jiǎ lì bīng 成 단단한 갑옷과 날카로운 무기. 정예 부대.

2【坚决】jiānjué 形 단호하다. 결연(決然)하다. ¶采取～措施cuòshī | 단호한 조치를 취하다 ⇔〔迟疑chíyí〕

【坚苦】jiānkǔ 動 괴로움을 꾹 참다. 각고 면려(刻苦勉勵)하다.

【坚苦卓绝】jiān kǔ zhuó jué 成 (어려운 상황에서) 각고 면려의 정신이 탁월하다. ¶进行了～的斗争 | 정신력이 투철한 투쟁을 전개 했다.

2【坚强】jiānqiáng ❶ 形 굳세다. 꿋꿋하다. 완강하다. 강경하다. ¶～不屈 | 成 의지가 강하여 뜻을 굽힐 줄 모르다. ¶～的男子汉 | 꿋꿋한 사나이. ¶～的团结 | 굳센 단결. ❷ 動 강고(强固)히 하다. 강화하다.

【坚忍】jiānrěn 形 참고 견디다. ¶～不拔 | 成 견인

J

불발하다. 굳게 참고 견뎌 마음이 흔들리지 않다.

4【坚韧】jiānrèn 書形 강인하다. 끈질기다. ¶运动员在比赛中表现出～的斗志｜선수들이 시합에서 강인한 투지를 드러내다.

【坚韧不拔】jiān rèn bù bá 成 의지가 굳건하여 동요됨이 없다.

【坚如磐石】jiān rú pán shí 成 반석 같이 튼튼〔견고〕하다.

4【坚实】jiānshí 形 ❶ 견고하다. 튼튼하다. ❷ 건장하다. ¶身体～｜신체가 건장하다.

【坚守】jiānshǒu 動 굳게 지키다. ¶战士～堡垒bǎolěi｜병사들이 진지를 굳게지키다.

【坚挺】jiāntǐng ❶ 形 강인하다. 곧고 굳세다. ❷ 形〈經〉시세가 오르거나 보합세를 나타내다.

4【坚信】jiānxìn 動 굳게 믿다. ¶我～他们一定会成功｜나는 그들이 반드시 성공하리라고 굳게 믿는다. ¶～不移｜成 굳게 믿고 동요하지 않다.

【坚毅】jiānyì 書形 의연(毅然)하다.

3【坚硬】jiānyìng 形 굳다. 단단하다. ¶～的土地｜굳은 토지.

【坚贞】jiānzhēn 書形 (지조·의지가) 굳다. 꿋꿋하고 바르다.

4【坚贞不屈】jiān zhēn bù qū 成 지조가 굳어 절대 굽힘이 없다.

【鲣(鰹)】jiān 가다랭이 견
名〈魚貝〉가다랭이.

【鲣鸟】jiānniǎo 名〈鳥〉견어조.

3【歼(殲)】jiān 섬멸할 섬
動 섬멸하다. ¶围～｜포위하여 섬멸하다. ¶日本军五千名悉数被～｜일본군 5천명은 모두 섬멸되었다.

【歼敌】jiāndí 動 적을 섬멸하다. ¶～一个团｜적 일개 연대를 섬멸하다.

【歼击】jiānjī 動 공격하여 섬멸하다. ¶～敌机数架｜여러 대의 적기를 공격하여 섬멸하다.

3【歼灭】jiānmiè 動 섬멸하다. 몰살하다. ¶～战｜섬멸전.

1【间(間)】jiān jiàn 사이 간

Ⓐ jiān ❶ 名 사이. 중간. ¶彼此～的差别｜서로간의 차이. ¶五月和六月～｜5월과 6월 사이. ❷ 名 막연한 시간·장소를 나타냄. ¶人～｜세상. 세간(世間). ¶晚～｜저녁. 밤. ¶要～带上青龙大刀｜허리에 청룡도를 차고 있다. ❸ 名 방. 실(室). ¶火土～｜보일러실. ¶亭子～｜다락방. ¶洗手～｜화장실. ¶样子～｜진열실. ❹ 名 …속에. …중에. ¶赞成者～, 也有积极的, 也有消极的｜찬성자중에는 적극적인 사람도 있고 소극적인 사람도 있다. ❺ 量 간. 칸 [방을 세는데 쓰임] ¶两～卧室｜침실 두 칸. ¶五～门面｜다섯 칸 짜리 가게 ‖ =〔閒jiān〕

Ⓑ jiàn ❶ (～儿) 名 사이. 틈. ¶当～｜중간. ¶团结无～｜단결해서 틈이 없다. ¶乘～｜틈을 타다. ❷ 動 간격을 두다. 사이를 두다. ¶～断｜중단하다. ¶相～｜서로가 사이를 두다. ¶～一日｜하루 걸러. ¶晴～多云｜맑았다가 구름이 다소 낌. ❸ 이간시키다. 갈라놓다. ¶反～计=〔离间计〕｜이간책. ❹ 動 솎다. ¶～苗｜모를 솎다. ¶拿～下来的白菜苗煮汤｜솎아 온 배추로 국을 끓이다. ❺ 엿보다. 살피다.틈을 노리다. ¶～细=〔间谍dié〕｜간첩. ❻ 書副 근래. 최근. ¶～岁丰收｜근래 수년간 풍작이다. ❼ 書副 가끔. 때때로. 왕왕. ¶～有之｜가끔 그런게 있다 ‖ =〔閒jiàn〕

Ⓐ jiān

【间冰期】jiānbīngqī 名〈地質〉간빙기.

【间关】jiānguān 書 ❶ 擬 삐걱삐걱. 삐거덕 [수레의 삐걱거리는 소리] ❷ 擬 짹짹. 찌찍 [새 울음소리] ❸ 貶 험난하다. ¶～千里, 始至上海｜험난한 천리 길을 걸어서 겨우 상해에 도착했다. ❹ 貶 회삽(晦澁)하다. 뜻이 불분명하다.

【间架】jiānjià 名 ❶ 건축물의 구조. ❷ 한자 필획(筆劃)의 구조. ¶这些字的～不好写｜이러한 글자의 필획 구조는 쓰기에 좋지 않다. ❸ 문장의 구성 체제. ❹ 방의 크기. 방의 면적. ¶那所儿房子～虽然大, 可是不大适用｜그 집은 방은 비록 크지만, 그다지 실용적이지 못하다 =〔方 间量(儿)〕〔面宽①〕〔间丈儿〕 ❺ 크기. 규모.

【间脑】jiānnǎo 名〈生理〉간뇌.

【间歇】ⓐ jiānxiē ❶ 動 (작업의) 중간에 휴식하다. ❷ 名 중간 휴식. ¶在会议～去买车票｜회의 중간 휴식 시간에 차표를 사러 가다.

ⓑ jiànxiē 名形 간헐(적). ¶心脏病患者常常有～脉搏｜심장병 환자는 간헐적으로 맥박이 끊기는 현상이 일어난다.

【间奏曲】jiānzòuqǔ ⊗ jiànzòuqǔ) 名〈音〉간주곡 =〔插chā曲〕

Ⓑ jiàn

【间壁】jiànbì 名 이웃집.

【间不容发】jiàn bù róng fà 成 머리카락 하나 넣을 사이도 없이 가깝다. 喩 발등에 불이 떨어지다.

【间道】jiàndào 書名 샛길.

【间谍】jiàndié 名 스파이. 간첩 =〔间人〕〔间细〕〔间者〕

【间断】jiànduàn 動 (연속적 일이) 중단되다. 중간에서 끊어지다. ¶～雨｜내리다 말다 하는 비.

4【间隔】jiàngé ❶ 名動 (공간 또는 시간의) 간격(을 두다). 사이(를 두다). ¶隔一定的～｜일정한 간격을 두다. ❷ 動 간을 막다. 간막이하다.

【间隔号】jiàngéhào 名〈言〉(끊어 읽기 부호의 하나인) 중점(中點)「·」

【间或】jiànhuò 副 간혹. 때때로. 가끔. ¶这样东西, ～有用的｜이런 물건도 때때로 유용하다.

4【间接】jiànjiē 名形 간접(적인). ¶～传染｜간접 전염. ¶这个原因是很～的｜이런 원인은 매우 간접적인 것이다 ⇔〔直接〕

【间接税】jiànjiēshuì 名〈法〉간접세.

【间接推理】jiànjiē tuīlǐ 名組〈論〉간접 추리.

【间接选举】jiànjiē xuǎnjǔ 名組〈法〉간접 선거

【间距】jiànjù 名 간격.

【间苗】jiàn/miáo 動 모를 솎다. ¶他下田～去了｜그는 논에 모를 솎으러 갔다.

【间日】jiànrì 書名 격일.

【间隙】jiànxì 名 틈(새). 사이. ¶利用工作～学习

| 작업의 빈틈을 이용하여 학습하다.
【间歇】jiànxiē ☞〔间歇〕jiānxiē ⓑ
【间歇泉】jiànxiēquán 名〈地質〉간헐천 =〔间歇喷pēn泉〕
【间歇热】jiànxiērè 名〈醫〉간헐열 =〔间退瘴热症〕
【间杂】jiànzá 動 섞이다. 혼합되다.
【间作】jiànzuò 名動〈農〉간작(하다). ¶实行玉米和大豆～ | 옥수수와 콩의 간작을 실시하다 =〔间种〕

【锏(鐧)】jiān jiǎn 병기 간, 굴대쇠 간

Ⓐ jiān 名 (금속제로 가늘고 4개의 모서리가 있는) 채찍 비슷한 옛날 병기(兵器).
Ⓑ jiǎn 名〈機〉차의 굴대에 끼우는 쇠 [굴대의 마찰을 줄임]

2【艰(艱)】jiān 어려울 간, 고생 간

❶ 形 곤란하다. 어렵다. ¶～辛↓ ¶文字～深 | 문장이 심오하여 이해하기 어렵다. ¶～难↓ ❷ 書 名 부모의 상(喪). ¶丁内～⇔〔丁外艰〕| 어머니의 죽음.
2【艰巨】jiānjù 形 어렵고도 막중하다. ¶这个任务太～了 | 이 임무는 매우 어렵고도 막중하다.
2【艰苦】jiānkǔ ❶ 形 어렵고 고달프다. 힘들고 어렵다. 고생스럽다. ¶～的岁月 | 힘들고 고달픈 세월. ¶～奋斗 | 각고 분투하다. ❷ 名 간난 신고(艱難辛苦) ‖ =〔艰辛xīn〕
【艰苦卓绝】jiān kǔ zhuō jué 成 지극히 힘들고 어렵다 ¶进行了～的斗争 | 지극히 어려운 투쟁을 수행했다 =〔艰苦卓厉〕
3【艰难】jiānnán 形 곤란하다. 어렵다. ¶这一条路很～ | 이 길은 매우 험하다.
【艰涩】jiānsè 書 形 ❶ (문장이) 어려워 이해하기 곤란하다. 회삽〔난삽〕하여 난해하다. ❷ 길이 험해 다니기 어렵다. ❸ 맛이 떫다. ❹ 문사(文思)가 느리고 둔하다.
【艰深】jiānshēn 形 (이치 또는 문장이) 심오하여 이해하기 어렵다. ¶汉字～, 不便使用 | 한자는 어려워, 사용하기에 불편하다. ¶～的词句 | 심오하여 이해하기 어려운 어구.
【艰危】jiānwēi ❶ 名 (국가·민족의) 곤란과 위험. ❷ 形 (국가·민족이) 곤란하고 위태롭다.
4【艰险】jiānxiǎn ❶ 名 곤란과 위험. ¶历尽～ | 온갖 곤란과 위험을 겪다. ¶不畏～ | 곤란과 위험을 두려워하지 않다. ❷ 形 (입장·처지가) 곤란하고 위험하다. ¶越是～越向前 | 곤란하고 위험할수록 더욱 전진하다 =〔艰难险阻〕
【艰辛】jiānxīn 名 形 간난 신고(艱難辛苦)(하다). 고생(스럽다). ¶历尽～, 方有今日 | 온갖 고생을 겪었기에, 비로소 오늘이 있게 되었다 ¶忍受世上的～ | 세상의 괴로움을 참고 받아들이다 =〔艰苦kǔ〕

2【肩】jiān 어깨 견

❶ 名 어깨. ¶并～而行 | 어깨를 나란히 하고 가다. ¶两～ | 양 어깨. ❷ 書 動 짊어지다. 부담하다. 맡다. ¶息～ | 책임을 벗다. ¶身～大任 | 중대한 임무를 맡다.
4【肩膀】jiānbǎng 名 ❶ (～儿, ～子) 어깨. ¶耸耸sǒng～ | 어깨를 으쓱거리다 =〔方 肩头②〕 ❷ (～儿) 책임. ¶有～ | 책임감이 있다. ¶这事我都有～ | 이 일은 내게 모든 책임이 있다. ¶～儿宽 | 충분히 책임질 능력이 있다. 안면이〔교제가〕 넓다. ¶～儿硬 =〔有后台〕〔有靠山〕| 책임질 능력이 있다. ¶溜liū～ | 책임을 회피하다. ¶把～儿摘开 | 책임을 면제하다 ‖ =〔方 肩膊bó〕
【肩不能挑, 手不能提】jiān bù néng tiāo, shǒu bù néng tí 成 어깨에 물건을 메지도 못하고, 손으로 물건을 들지도 못하다. 육체 노동을 할 줄 모르는 지식인이다. 서생일 뿐이다. 할 줄 아는 것이 아무 것도 없다.
【肩负】jiānfù 動 짊어지다. 걸머지다. ¶我们～着新社会建设的重大责任 | 우리들은 새로운 사회 건설의 중대한 책임을 짊어지고 있다 =〔肩荷hè〕
【肩胛】jiānjiǎ 書 名 어깨.
【肩胛骨】jiānjiǎgǔ 名〈生理〉어깨뼈. 견갑골 =〔髆bó骨〕〔饭fàn匙骨〕〔胛骨〕〔方 琵pí琶骨〕
【肩摩毂击】jiān mó gǔ jī 成 어깨와 어깨가 서로 스치고, 수레의 바퀴가 서로 부딪치다. 오가는 사람과 수레로 붐비다 =〔摩肩击毂〕〔毂击肩摩〕
【肩头】jiāntóu 名 ❶ 書 어깨 위. ¶～有力养一口, 心头有力养千口 | 어깨에 힘이 있으면 한 명밖에 양육할 수 없으나, 마음에 힘이 있으면 천 명도 양육할 수 있다. ❷ 方 어깨 =〔肩膀bǎng①〕 ‖ =〔肩顶儿〕
【肩窝(儿, 子)】jiānwō(r·zi) 名 어깨 앞의 우묵한 곳.
【肩章】jiānzhāng 名 견장.

3【监(監)】jiān jiàn 볼 감, 살필 감, 옥 감

Ⓐ jiān ❶ 動 감시하다. 살피다. 감독하다. ¶～考↓ ❷ 名 감옥. 형무소. ¶收～ | 수감하다.
Ⓑ jiàn 名 ❶ 옛날, 정부 기관의 이름. ¶国子～ | 국자감. 청조(清朝)까지 설치되었던 국가 최고 교육 기관. ❷ 書 환관 =〔太监〕〔内监〕〔宦官①〕 ❸ (Jiàn) 성(姓).
Ⓐ jiān
【监测】jiāncè 名 動 감시 측량(하다). ¶～卫星 | 감시 측량 위성. ¶空气污染～ | 공기 오염 감시 측량.
4【监察】jiānchá 動 감찰하다. ¶～权 | 감찰권. ¶～委员 | 감찰 위원. ¶～制度 | 감찰 제도.
【监场】jiān/chǎng ❶ 動 시험장의 감독을 하다. ¶由校长亲自～ | 교장이 직접 시험 감독을 하다. ❷ (jiānchǎng) 名 시험(장) 감독.
3【监督】jiāndū ❶ 動 감독하다. ❷ 名 감독(자).
【监犯】jiānfàn 名 옥중에 수감된 죄수. ¶～们每天放风两次 | 죄수들은 매일 두차례씩 바람을 쏘인다.
【监工】jiān/gōng ❶ 動 공사를 감독하다. ❷ (jiāngōng) 名 공사 감독. 현장 감독. ¶～人 | 공사 감독 ‖ =〔监造zào〕〔督dū工〕
【监管】jiānguǎn 動 (범인을) 감시·관리하다.
【监护】jiānhù 動 ❶ 감호하다. 감독 보호하다. ❷ 〈法〉(미성년자 및 금치산자를) 후견하다. ¶～

人 | 후견인.
【监禁】jiānjìn 動 감금하다.
【监考】jiān/kǎo ❶ 動 시험을 감독하다. ¶任课教师必须亲自～ | 담당 교사가 반드시 직접 시험 감독을 한다 =〔监试shì〕 ❷ (jiānkǎo) 名 시험 감독.
【监控】jiānkòng 動 (기기(機器)·계기(計器) 등의 작업 상태나 어떤 사물의 변화 등을) 감시 제어하다.
【监牢】jiānláo ⇒〔监狱yù〕
3【监视】jiānshì 動 감시하다. ¶远远～着敌人 | 멀리 적군을 감시하고 있다. ¶～雷达léidá | 감시 레이다. ¶～哨shào | 감시초. ¶～员 | 감시원.
【监守】jiānshǒu 動 감시하여 지키다. 관리하다.
【监守自盗】jiān shǒu zì dào 成 자기가 관리하는 공공 재물을 훔치다.공금을 착복하다. 횡령하다.
【监听】jiāntīng 動 도청(盜聽)하거나 모니터로 감시하다. ¶～器 | 도청기. 모니터.
3【监狱】jiānyù 名 감옥. ¶～是改造犯人的学校 | 감옥은 범인을 개조하는 학교이다 =〔回 监牢láo〕
【监制】jiānzhì 動 상품의 제조를 감독하다.
B jiàn
【监本】jiànběn 名 옛날, 국자감(國子監)에서 출간한 서적.
【监生】jiànshēng 名 감생 [명청(明淸)시대의 국자감(國子監) 학생] =〔上舍〕

3【兼】jiān 겸할 겸, 쌓을 겸
❶ 動 겸하다. 동시에 …하다. ¶～着做两种买卖 | 두가지 장사를 겸영(兼營)하다. ¶品学～优 | 품행과 학업 모두 훌륭하다. ❷ 書 名 두배. 곱절. ¶～程chéng↓ ¶～旬xún↓
【兼办】jiānbàn 動 ❶ 겸하여 취급하다. 겸무하다. ❷ 겸업하다.
【兼备】jiānbèi 動 겸비하다. ¶智德～ | 지와 덕을 겸비하고 있다.
【兼并】jiānbìng 書 動 겸병하다. 합병하다. 통일하다. ¶秦始皇～天下 | 진시황이 천하를 합병하다.
【兼差】jiānchāi 書 名 動 겸직(하다). ¶他还在县衙门～ | 그는 아직도 현의 관청에서 겸직하고 있다.
【兼程】jiānchéng 書 動 하루에 이틀 길을 가다. 겸행(兼行)하다. ¶日夜～ | 밤낮으로 쉬지않고 가다 =〔兼程并进〕〔兼程而进〕〔兼程前进〕〔倍bèi道〕
【兼而有之】jiān ér yǒu zhī 成 겸유하다. 동시에 양면을 다 갖추다. ¶他两种性格～ | 그는 두가지 성격을 겸유하고 있다.
【兼顾】jiāngù 動 고루〔아울러〕 돌보다. 겸하여 고려하다. ¶公私～ | 공사 양쪽을 겸하여 고려하다.
【兼管】jiānguǎn 動 ❶ 겸하여 관할하다. ❷ 고루 마음을 쓰다.
【兼毫】jiānháo 名 양털과 승냥이털을 섞어서 만든 붓.
【兼课】jiān/kè 動 (교사가) 수업을 겸임하다. ¶他晚上在夜大学～ | 그는 저녁에 야간 대학에서 수업을 겸임한다.
4【兼任】jiānrèn ❶ 動 겸임하다. 겸직하다. ¶张先生今年又～别校的课 | 장선생은 올해 또 다른 학교의 수업을 겸임한다. ¶由副总理～外交部部长 | 부총리가 외무부 장관을 겸임한다. ❷ 名 비상임(非常任). 비전임(非專任). ¶～教员 | 시간강사.
【兼容】jiānróng 區 (텔레비전에 있어) 겸용식의. ¶～制电视 | 흑백 겸용식 칼라 텔레비전.
【兼收并蓄】jiān shōu bìng xù 成 (내용 또는 성질이 다른 것을) 전부 받아들이다. ¶他善于～, 终于自成一家 | 그는 다른 것을 잘 받아들여, 결국 자성일가했다 =〔俱jù收并蓄〕
【兼祧】jiāntiāo 書 動 한 사람이 두 집의 대를 잇다.
【兼听则明, 偏信则暗】jiān tīng zé míng, piān xìn zé àn 成 양쪽을 다 들으면 시비를 밝힐 수 있고, 한 쪽 말만 들으면 어둡게 된다.
【兼旬】jiānxún 書 名 2순(二旬). 20일간.
【兼职】jiān/zhí ❶ 動 겸직하다. ¶他兼了三个职 | 그는 세 가지 직무를 겸임했다. ¶～教员 | 겸직 교원. ❷ (jiānzhí) 名 겸직. ¶辞去～ | 겸직을 사임하다.

【搛】jiān 집을 겸
動 (젓가락으로) 집다. ¶用筷子kuàizi～菜 | 젓가락으로 반찬을 집다.

【蒹】jiān 물억새 겸
名 〈植〉 갈대의 일종.
【蒹葭】jiānjiā 名 ❶ 〈植〉 갈대. 물억새. ❷ 喩 보잘것 없는 신분.

【缣(縑)】jiān 비단 겸
書 名 겹실로 짠 비단. 이합사견(二合絲絹). 얇고 질기게 짠 명주.
【缣帛】jiānbó 名 합사(合絲)로 짠 비단.

【鳒(鰜)】jiān 넙치 겸
名 〈魚貝〉 넙치 =〔鳒鱼〕
【鳒鱼】jiānyú 名 〈魚貝〉 넙치 =〔大口鳒〕

【鹣(鶼)】jiān 비익조 겸
名 전설 속의 비익조(比翼鳥).
【鹣鲽】jiāndié 名 ❶ 비익조(比翼鳥)와 비목어(比目魚). ❷ 喩 정분이 두터운 부부(夫婦).

【渐】jiān ☞ 渐 jiàn B

【缄(緘)】jiān 봉할 함, 묶을 함
❶ 動 (편지를) 봉하다. 붙이다 [편지 봉투에 쓰는 글자] ¶王～ | 왕씨가 봉함. ¶上海小平～ | 상해에 사는 소평 드림. ❷ 動 입을 다물다. ¶～口不言 | 입을 다물고 말을 않다. ❸ 書 名 서신(書信). 편지. ❹ 書 量 통 [편지의 수를 세는 양사] ¶来了三～信 | 세 통의 편지가 왔다 =〔封fēng④〕
【缄封】jiānfēng 動 (편지를) 봉하다. ¶亲自～了信函 | 직접 편지를 봉했다.
【缄口】jiānkǒu 書 動 함구하다. 입을 다물다. ¶～如瓶, 防意如城 | 成 입을 굳게 다물고 속마음을 드러내지 않다 =〔结jié口〕→〔闭bì口〕
【缄默】jiānmò 書 動 침묵을 지키다. 입을 다물다. ¶长时间的～, 使人有一种窒息的感觉 | 오랜 시간의 침묵은 사람에게 질식할 것같은 느낌을 주었다.

【菅】jiān 사초 간, 거적 간
❶名〈植〉솔새 [포아풀과에 딸린 여러해살이풀. 뿌리로는 솔을 만들고, 대로는 지붕을 이는 데 쓰임] ❷書動경시(輕視)하다. ¶草～人民 | 威사람들을 잡초처럼 우습게 여기다. ❸(Jiān) 名성(姓).

【湔】jiān 씻을 전, 빨 전
書動씻다. 빨다. ¶～洗↓

【湔洗】jiānxǐ 書動빨아서 헹구다.

3【煎】jiān 달일 전, 졸일 전
❶動(약·차 등을) 달이다. 졸이다. ¶～药↓ ¶～茶↓ ❷動기름에 지지다. (전을) 부치다. ¶～鱼↓ ¶～豆腐↓→〔炒chǎo〕〔炸zhá①〕 ❸量탕[약을 달이는 횟수] ¶头～ | 첫탕. ¶二～ | 재탕. ¶他的病吃一～药就好 | 그의 병은 약을 한 번만 달여 먹으면 낫는다. ❹動轉괴로움을 당하다. 고생하다.

【煎熬】jiān'áo ❶動바싹 졸이다. 달이다. ❷動안타까와하다. 애타다. 고민하다. 시달리다. 생활상 곤란을 겪다. ❸名(육체·정신에 가해지는) 고통. 시달림. ¶受尽shòujìn了生活的～ | 생활의 고통을 지긋지긋하게 겪다.

【煎饼】jiān·bing 名〈食〉전병.

【煎茶】jiānchá 動차를 달이다〔끓이다〕=〔烧shāo茶〕

【煎豆腐】jiān dòu·fu ❶動組두부를 기름에 지지다. ❷(jiāndòu·fu) 名〈食〉(기름에) 지진 두부.

【煎服】jiānfú 動달여서 먹다〔복용하다〕. ¶韩药大都是～的 | 한약은 대부분 달여서 복용한다.

【煎锅】jiānguō 名지지고 볶는 바닥이 낮고 둥근 중국식 솥. ¶平底～ | 프라이 팬 =〔煎炒锅〕

【煎药】jiān/yào 動약을 달이다.

【煎鱼】jiān yú ❶생선을 지지다. ❷(jiānyú)名〈食〉(기름에) 지진 물고기.

【犍】jiān qián 불깐소 건
Ⓐ jiān 書名거세한 소. 불친소 =〔犍牛〕
Ⓑ qián 지명에 쓰이는 글자. ¶～为wéi县 | 건위현(犍爲縣). 사천성(四川省)에 있는 현 이름.

【犍牛】jiānniú 名불친소. 거세한 소 =〔犍子〕

【鞯(韉)】jiān 언치 천
書名말언치. 안장 밑에 까는 깔개 =〔鞍鞯〕〔鞍韂〕

jiǎn ㄐㄧㄢˇ

【囝】jiǎn nān zǎi 아이 건
Ⓐ jiǎn 名江❶자식 =〔儿女〕❷아들 =〔儿子〕
Ⓑ nān 名江아이. 어린이 =〔囡nān〕 ¶男小～ | 사내아이. ¶女小～ | 계집아이.
Ⓒ zǎi「仔」와 통용 ⇒〔仔zǎi〕

2【拣(揀)】jiǎn 가릴 간/련
動❶선택하다. 고르다. ¶～要紧的说 | 급한 것을 골라 말하다. ¶～派 | 골라서 파견하다 =〔捡③〕〔挑tiāo②〕〔挑拣〕 ❷줍다. ¶把钢笔快～起来吧 | 만년필을 빨리 주으시오. ¶～了一条命 | 목숨을 건졌다 =〔捡①〕→〔拾shí①〕

【拣精拣肥】jiǎn jīng jiǎn féi 威엄밀하고 세밀하게 고르다.

【拣粮】jiǎn/liáng 動(떨어진 이삭을) 줍다. 양곡을 가려 고르다.

【拣漏儿】jiǎn/lòur ⇒〔捡jiǎn漏儿〕

【拣食】jiǎnshí 動먹이를 찾(아 다니)다. 주워먹다.

【拣选】jiǎnxuǎn 動간선하다. 선택하다. ¶让有经验的农民～良种 | 경험이 있는 농부에게 좋은 종자를 선택하게 하다 =〔采cǎi选〕

【拣字】jiǎn/zì 動채자(採字)하다. 문선(文選)하다. ¶～工人 | 책자공. 문선공 =〔捡字〕→〔排pái字〕

【枧(梘)】jiǎn 비누 견
❶名方비누. ¶香～ | 세수 비누. ¶～盒 | 비눗갑. ❷가끔「碱」과 통용 ⇒〔碱jiǎn①〕 ❸「笕」과 같음 ⇒〔笕jiǎn〕

【枧黄】jiǎnhuáng 名〈色〉미황색. ¶酸suān性～ | 〈染〉메타닐 옐로(metanil yellow).

【笕(筧)】jiǎn 대홈통 견
名홈통. 수채. ¶屋～ | (빗물받이) 홈통 =〔枧jiǎn③〕〔水笕〕

【笕水】jiǎnshuǐ 名홈통으로 끌어온 물.

4【俭(儉)】jiǎn 검소할 검, 흉년들 검
❶形검약(儉約)하다. 검소하다. ¶省吃～用 | 먹는것을 줄이고, 아껴쓰다. ❷形적다. 풍부하지 못하다. ¶～腹↓ ❸書名흉작(凶作). ¶～岁 =〔歉qiàn岁〕| 흉년.

【俭腹】jiǎnfù 書形지식이 깊지 못하다. 속(머리)에 든 것이 없다.

【俭朴】jiǎnpǔ 形검소하다. 소박하다. ¶他生活很～ | 그의 생활은 매우 검소하다.

【俭省】jiǎnshěng 動절약하다. 아껴쓰다. ¶处处～, 把～下来的钱, 都印了书和印了画 | 매사에 절약하여, 절약한 돈으로써, 몽땅 책과 그림을 인쇄하였다 =〔减jiǎn省〕〔节jié俭〕

【俭用】jiǎnyòng 動절약하다.

【俭约】jiǎnyuē 書動검약하다. 절약하다. ¶提倡～ | 절약을 제창하다 =〔约俭〕

2【捡(撿)】jiǎn 주을 검, 고를 검
動❶줍다. ¶把铅笔～起来 | 연필을 줍다. ¶～柴chái | 땔나무를 줍다 =〔拣jiǎn②〕〔检jiǎn③〕 ❷선택하다. 고르다. ¶～了一张画片 | 그림엽서를 1장 골랐다 =〔拣①〕〔挑tiāo②〕 ❸거두다. 치우다. ¶吃完了, 把家伙～了去吧 | 다 먹었으니, 그릇을 치워라.

【捡漏】jiǎn/lòu 動지붕의 새는 곳을 수리하다.

【捡漏儿】jiǎn/lòur 動方❶남의 행동이나 말의 흠을 잡다. 약점을 잡다. ❷뜻하지 않게 횡재하다. 노다지를 캐다. ❸좋은 기회를 잡다 ‖ =〔拣漏儿〕

【捡破烂儿】jiǎn pòlànr ❶쓰레기를〔폐품을〕 줍다. ¶～的 | 넝마주이. ❷喻선택하고 남은 사람이나 물건을 받아들이다.

1【检(檢)】jiǎn 조사할 검, 봉함 검
❶動점검하다. 검사하다. 조사하다. ¶～字↓ ¶～验↓ ❷書動규제하다.

조심하다. ¶行为不～ | 행동이 조심성이 없다. ¶言语失～ | 말을 조심하지 않다. ❸「捡」과 통용⇒〔捡jiǎn①〕 ❹ 名 책의 제자(題字). 장서(藏書) 검색의 편리를 위해 붙인 표. ❺ (Jiǎn) 名 성(姓).

【检波】jiǎnbō 名〈電子〉검파. ¶～器 | 검파기.

4【检测】iǎncè 動 측정 검사하다. ¶经过～, 发现病根之所在 | 검사를 해보면, 병의 근원적 소재를 발견할 수 있다.

1【检查】jiǎnchá ❶ 動 검사하다. 점검하다. ¶～工作 | 작업을 점검하다. ❷ 動 조사하다. ¶～行李 | 짐을 조사하다. ❸ 動 검열하다. ¶～刊物 | 간행물을 검열하다. ❹ 動 (사상을) 점검하다. 반성하다. 자기 비판을 하다. ¶～思想 | 사상을 점검하다. ❺ 名 점검. 검사. 검열. 반성. 자아 비판. ¶新闻～ | 신문 검열. ❻ 名 반성문. 자아 비판문.

4【检察】jiǎnchá ❶ 動〈法〉범죄 사실을 수사하다. 범죄 사실을 취조하여 고발하다. ¶～机关 | 검찰 기관. ¶～院 | 「人民检察院」의 약칭. ❷ 名 검사(檢事). 검찰관. ¶～长 | 검사장 =〔检察官〕〔检察员〕

【检点】jiǎndiǎn ❶ 動 점검하다. ¶～行李 | 짐을 점검하다. ❷ 名 動 (언행·행위를를) 신중히 하다. 주의하다. 단속하다. ¶他行为不～, 受到大伙儿的批评 | 그는 행동이 신중하지 못해, 많은 사람의 비판을 받았다. ¶她说话失于～ | 그녀는 말을 조심하지 않는다.

4【检举】jiǎnjǔ 名 動 고발(하다). 적발(하다). 검거(하다). ¶做～ | 고발·적발하다. ¶～信 | 고발 편지. ¶～箱 | 고발함. ¶～流氓 | 부랑아들을 검거하다.

【检录】jiǎnlù ❶ 名 (선수 명단 대조와 입장을 위한) 등록. ❷ 動 (운동장에서) 운동 선수를 점호하고 입장 안내를 하다. ¶～员 | 선수 점검·안내원. ¶～处 | 선수 등록처 또는 안내소.

【检票】jiǎn piào 動 개찰하다. 검표하다. 검찰하다. ¶～处 =〔检口〕| 개찰구. ¶～员 | 개찰원.

【检视】jiǎnshì 名 動 검시(하다). ¶做～ | 검시하다.

【检束】jiǎnshù 名 動 검속(하다). 단속(하다) =〔拘jū检〕

【检索】jiǎnsuǒ 動 (도서·자료 등을) 검사하여 찾다〔열람하다〕. ¶这本词典～起来很方便 | 이 사전은 찾아 보기가 매우 편리하다.

3【检讨】jiǎntǎo ❶ 動 (주로 학술상의 문제를) 검토하다. ❷ 動 본인 또는 부문(部門)의 사상·일·생활상의 결점·과실을 검사하여, 그 근원을 추구하다. 깊이 반성하다. 자기 비판을 하다→〔检查chá④〕 ❸ 名 반성. 검토. ¶做～ | 반성〔검토〕하다. ¶工作～ | 일·활동에 대한 반성. ❹ 名 반성문. ¶～书 | 시말서. 반성문.

4【检修】jiǎnxiū 名 動 점검 수리(하다). 분해 검사(하다). 오버홀(overhaul)(하다). ¶～车 | 공작차. ¶～汽车引擎yǐnqíng | 자동차 엔진을 점검 수리하다. ¶搞gǎo～ | 점검 수리하다.

3【检验】jiǎnyàn 名 動 검험(하다) 검증(하다). 검사(하다). ¶～汽车性能 | 자동차의 성능을 검사하다. ¶实践是～理论的尺度 | 실천은 이론을 검증하는 척도이다. ¶～测规cèguī | 검사용 게이지. ¶～位 | 체크비트(checkbit). ¶～证 | 검사증. ¶做～ | 검증하다.

【检疫】jiǎnyì 名 動 검역(하다). ¶～员 | 검역원. ¶～站 | 검역소. ¶～证明书 | 검역증명서. ¶～传染病 | 전염병 검역.

【检阅】jiǎnyuè ❶ 名 動 (군대의) 사열(하다). 열병(하다). ¶～了仪仗队 | 의장대를 사열하다. ¶～台 | 사열대. ❷ 名 動 검열(하다) 검사(하다). ¶搞gǎo～ | 검열하다 =〔查chá阅①〕〔简阅〕 ❸ 動 살펴 보다. 둘러 보다. 눈여겨 보다.

【检字】jiǎn zì ❶ 글자를 찾다. 단어를 찾아보다. ❷ (jiǎnzì) 名 검자. ¶～表 | 검자표. (자전의) 색인.

【检字法】jiǎnzìfǎ 名〈言〉검자법. ¶部首～ | 부수 검자법. ¶音序～ | 음의 순서에 따른 검자법. ¶四角号码～ | 사각 번호에 의한 검자법.

【睑(瞼)】jiǎn 눈꺼풀 검, 고을 검

❶ 名〈生理〉눈꺼풀. ¶上～ =〔俗 上眼皮(儿)〕⇔〔下睑〕| 윗눈꺼풀 =〔眼yǎn睑〕〔俗 眼皮(儿)〕 ❷ 당대(唐代) 남조(南詔), 지금의 운남성(雲南省)〕지역의 행정 단위의 일종으로 주(州)에 해당함.

【睑腺炎】jiǎnxiànyán 名〈醫〉다래끼. 맥립종(麥粒腫).

【硷(鹼)〈鹻鹸〉】jiǎn 소금기 함, 잿물 감/함

4【茧(繭)】jiǎn 고치 견

❶ (～儿, ～子) 名 (누에) 고치 =〔蚕cán茧〕 ❷ (～子) 名 (손·발 등의) 굳은살 =〔趼子〕

【茧绸】jiǎnchóu 名 명주 =〔山绸〕〔柞zuò丝绸〕→〔蚕cán丝〕

【茧花】jiǎnhuā ⇒〔茧子②〕

【茧丝】jiǎnsī ❶ 名 견사. 생사. 명주실. ¶～跌价, 蚕农破产 | 생사 가격이 떨어져, 잠농이 파산하다. ❷ 喩 고치에서 실을 뽑듯이, 백성을 세금으로 착취하는 것.

【茧子】jiǎn·zi 名 ❶ 方 고치. ❷ (손·발에 생기는) 못. 굳은살. ¶手上生～ | 손에 못이 박히다 =〔茧巴bā〕〔茧花huā〕〔趼jiǎn子〕

4【柬】jiǎn 가릴 간, 편지 간

❶ 書 動 고르다. ❷ 名 서한·명함·청첩장 등의 총칭. ¶请～ =〔请帖〕| 초대장.

【柬埔寨】Jiǎnpǔzhài 名〈地〉캄푸치아(Kāmpuchea) [1976년 이후 캄보디아(Cambodia)의 국호. 수도는 「金边」(프놈펜;Phnom penh)] =〔高棉〕

【柬帖】jiǎntiě 名 쪽지 (편지).

2【剪〈翦$_{1,2}$〉】jiǎn 가위 전, 벨 전

❶ (～子) 名 가위. ¶一把～ =〔一把剪刀〕| 가위 한 자루. ❷ 動 (가위로) 자르다. 오리다. ¶～几尺布做衣服 | 천을 몇 자 잘라 옷을 짓다. ¶～纸↓ ❸ 動 제거(除去)하다. ¶～除↓ ❹ 書 動 가로막다. 비스듬히 내려치다. ¶把这铁棒tiěbàng也似虎尾倒竖起来, 只一～ |

이 쇠몽둥이 같은 호랑이 꼬리를 거꾸로 세우고 옆으로 휘둘러 쳤다《水滸傳》❺動(양손이) 뒤로 교차되어 묶이다. ¶她反~着手｜그녀는 두 손이 뒤로 묶여있다. ❻가위와 모양이 비슷한 기구. ¶火~｜불집게. 퍼머집게. ¶夹~｜집게 ‖ ＝〔翦①〕

【剪报】jiǎn bào 動組 ❶신문에서 (참고가치가 있는 부분을) 오려내다. ❷(jiǎnbào) 名 신문을 오려낸 것. 스크랩. ¶他每天为总裁准备一份~｜그는 매일 총재를 위해 스크랩을 한 부 준비한다.

【剪不断, 理还乱】jiǎn bù duàn, lǐ hái luàn 成 끊을래야 끊을 수 없고, 정리해도 여전히 어지럽다. 옛 것에 대한 집착이나 그리움이 가슴속에 가득하다.

【剪裁】jiǎncái ❶動 마름질하다. 재단하다. ¶这件衣服~得很合体｜이 옷은 몸에 잘 맞게 재단되었다. ❷動喻 소재를 취사 선택하다. 편집하다. 가위질하다. ❸名 삭제. 가위질. 편집. ¶做~｜편집하다.

4【剪彩】jiǎn/cǎi 動 (개막식·개통식 등에서) 테이프를 끊다. ¶~礼｜개막식. 개통식.

【剪除】jiǎnchú 動 (악인·나쁜 세력 등을) 잘라내다. 제거하다. ¶~祸根｜화근을 제거하다.

【剪床】jiǎnchuáng 名〈機〉전단기. 시어(shear) ＝〔⑫剪刀车〕

4【剪刀】jiǎndāo 名 ❶가위. ¶~, 石头, 布＝〔剪包锥〕｜가위 바위 보. ❷〈機〉전단기(剪斷機). 시어(shear). ‖＝〔剪子〕

【剪刀差】jiǎndāochā 名〈經〉협상가격차(鋏狀價格差). 세레(schere). ¶缩小工农业之间的~｜공업과 농업 간의 협상가격차를 축소하다.

【剪断】jiǎnduàn 動 (가위로) 자르다. 잘라 끊다. 전단하다. ¶~旧情, 寻找新欢｜옛 정을 끊고, 새로운 즐거움을 찾다. ¶~机｜재단기.

【剪发】jiǎn/fà ❶動 머리를 깎다. 이발하다 [일반적으로는「理发」를 씀] ¶~的｜(좀 경멸의 뜻으로) 이발쟁이 [보통「理发员」이라 함] ¶~为尼｜삭발하고 중이 되다. ❷(jiǎnfà) 名 단발(斷髮).

【剪辑】jiǎnjí ❶名 (영화 필름 등의) 커팅(cutting). 편집. ¶录音~｜녹음 편집 ＝〔剪接〕❷動 커트하여 편집하다. ¶~照片｜필름을 커트하여 편집하다. ❸名 몽타즈(montage;프) ＝〔影片剪辑〕

【剪接】jiǎnjiē ❶動 잘라 붙이다. ❷⇒〔剪辑①〕

【剪径】jiǎnjìng 動近 길을 막아서다. 도적이 길을 막고 행인을 약탈하다 ¶~的盗贼｜길을 막아선 도적＝〔路lǔ劫〕

【剪开】jiǎnkāi 動 가위로 자르다.

【剪票】jiǎn/piào 動 차표나 배표를 찍다. 개찰하다. ¶~口｜개찰구. ¶~铗jiá＝〔轧yà票钳〕｜개찰용 펀치 ＝〔铰jiǎo票〕

【剪切力】jiǎnqiēlì 名〈物〉전단력(剪斷力).

【剪切形变】jiǎnqiē xíngbiàn 名組〈物〉전단 변형(剪斷變形) ＝〔切变〕

【剪秋萝】jiǎnqiūluó 名〈植〉전추라(翦秋蘿).

【剪贴】jiǎntiē ❶動 (신문의 기사 등을) 잘라서 붙이다. ¶~簿bù｜스크랩 북. ❷名 (오색 종이 등을 이용한) 종이 오리기.

【剪影】jiǎnyǐng 名 ❶사람의 얼굴이나 인체의 윤곽에 따라 종이를 오려낸 것. 실루엣(silhouette; 프). ¶晨练~｜새벽에 실루엣을 연습하다. ❷喻 사물의 윤곽만을 묘사한 것.

【剪纸】jiǎnzhǐ 名〈美〉종이를 오려 여러가지 형상이나 모양을 만드는 종이 공예. ¶韩国的民间~很有名｜한국의 민간 종이 공예는 대단히 유명하다 ＝〔夹jiā花样儿〕

【剪纸片】jiǎnzhǐpiàn 名〈撮〉실루엣(silhoūette) 영화. 그림자 그림만으로 표현한 영화 ＝〔⑪剪纸片儿〕

【剪烛西窗】jiǎn zhú xī chuāng 成 옛친구와 모여 앉아 옛정을 나누다.

【剪子】jiǎn·zi ⇒〔剪刀dāo〕

【谫(謭)】jiǎn 얕을 전

⇒〔谫陋〕

【谫陋】jiǎnlòu 書 形 천박하고 고루하다. ¶学识~｜학식이 천박하고 고루하다.

【翦】jiǎn 벨 전, 성 전

❶「剪」과 같음 ⇒〔剪 jiǎn〕❷(Jiǎn) 名 성(姓).

【趼】jiǎn 굳은살 견

⇒〔趼子〕

【趼子】jiǎn·zi 名 (손바닥이나 발바닥에 생기는) 굳은살. 못. ¶手上就打起~了｜손에 못이 생겼다 ＝〔茧jiǎn子②〕〔老趼〕

2【减(減)】jiǎn 덜 감, 빼기 감

動 ❶빼다. 감하다. 줄이다. ¶七~五是二｜7빼기 5는 2. ¶削xiāo~｜삭감하다. ¶~价↓ ⇔〔加jiā①〕❷(정도가) 낮아지다. 쇠약해지다. ¶人虽老了, 干活还是不~当年｜비록 나이는 먹었으나 일하는 것은 여전히 전보다 덜하지 않다. ¶~色↓

【减半】jiǎnbàn 動 반감하다. ¶生产效率不高, 工人的工资~｜생산률이 높지 않아, 노동자의 임금이 반감되다. ¶~卖｜반값으로 팔다.

4【减产】jiǎn/chǎn 動 ❶감산하다. ❷조업을 단축하다.

【减除】jiǎnchú 動 줄이거나 없애다. ¶~负担fūdān｜부담을 줄이다.

4【减低】jiǎndī 動 낮추다. 인하하다. ¶~物价wùjià｜물가를 인하하다. ¶~速度sùdù｜속도를 낮추다.

【减法】jiǎnfǎ 名〈數〉감법. 뺄셈.

【减肥】jiǎnféi 動 체중을 줄이다. ¶女孩子都比较注意~｜여자 아이는 모두 대체로 체중 감량에 주의해야 한다. ¶~茶｜다이어트(diet) 차.

【减号】jiǎnhào 名〈數〉뺄셈 부호.「一」의 부호 ⇔〔加jiā号〕

【减河】jiǎnhé 名 방수로(放水路) ＝〔减水河〕

【减价】jiǎn/jià ❶動 값을 내리다. 할인하다. ¶~抛pāo售｜값을 낮추어 투매하다. ¶~一成｜10% 할인하다. ¶~票｜할인권. ❷(jiǎnjià) 名 가격 할인.

【减慢】jiǎnmàn 動 속력이 떨어지다. ¶他~了前

进的速度 | 그는 전진하는 속도를 떨어뜨렸다.

【减免】jiǎnmiǎn 動 감면하다. ¶～租税 | 조세를 감면하다.

【减摩合金】jiǎnmó héjīn 名組〈工〉감마합금 =〔巴bā比合金〕〔巴比特合金〕

【减器】jiǎnqì 名〈電算〉감산기(減算器).

2【减轻】jiǎnqīng 動 경감하다. 줄이다. ¶没法～农民的负担 | 농민의 부담을 경감할 방법이 없다 =〔轻减〕

【减去】jiǎnqù 動 빼다. 감하다.

【减却】jiǎnquè 動 감퇴하다. 줄이다.

4【减弱】jiǎnruò 動 약해지다. 완화되다. 약화시키다. ¶风势～了 | 바람의 기세가 약화되었다.

【减色】jiǎn/sè 動 ❶ (사물의 외관·명성·질 등의) 빛이 바래다. 떨어지다. 부진하다. 손색이 가다. 손색을 주다. ❷ 은화(銀貨)의 「成chéng色」(순도)가 떨어지다.

【减杀】jiǎnshā 名 경감하다. 약화시키다.

2【减少】jiǎnshǎo 動 적게 하다. 감소하다. 줄(이)다. ¶～损失 | 손실을 적게 하다. ¶～人员 | 인원을 감소하다. ¶缺点～了 | 결점이 줄어들었다 ⇔〔增加〕

【减数】jiǎnshù 名〈數〉뺌수. 감수.

【减税】jiǎn/shuì 動 감세하다.

【减速】jiǎnsù 動 감속하다. ¶～装置 | 감속 장치. ¶电车～了 | 전차가 감속했다.

【减速剂】jiǎnsùjì 名 (원자로의) 감속재(減速材) =〔慢màn化剂〕

【减速运动】jiǎnsù yùndòng 名組〈物〉감속 운동.

【减缩】jiǎnsuō 動 감축하다. 단축하다. ¶～开支 | 지출을 감축하다. ¶裁减cáijiǎn工人, ～工时 | 노동자를 줄이고, 노동 시간을 단축하다.

【减退】jiǎntuì 動 감퇴하다. (정도가) 내려가다. ¶机能～了 | 기능이 감퇴하였다. ¶视力～了 | 시력이 감퇴하였다.

【减刑】jiǎnxíng 動〈法〉감형하다.

【减削】jiǎnxuē 動 삭감하다. ¶～预算yùsuàn | 예산을 삭감하다 =〔削减〕

【减压】jiǎnyā 動 감압하다. ¶～器 | 감압기. ¶～室 | 감압실. ¶～塔tǎ | 진공 칼럼(column). ¶～蒸馏zhēngliú | 감압 증류. 진공 증류.

【减员】jiǎn/yuán 動 ❶ 감원하다. ¶公司gōngsī又要～了 | 회사가 또 감원하려 한다. ❷ (군대에서 부상·사망·실종 등으로) 인원이 줄어들다.

【减震】jiǎnzhèn 動 충격을 흡수〔완화〕하다.

3【碱〈堿〉】jiǎn 잿물 감/함

❶ 名〈化〉소다(soda). 잿물 성분이 탄산나트륨(Na_2CO_3)인 천연산 알칼리성 물질 [정제되지 않은 것을 「土碱」이라 하고 세탁·공업용의 정제된 것을 「纯碱」「片碱」「食碱」이라함] ¶洗衣可以用～ | 세탁 시에 소다를 사용할 수 있다→〔苏打sūdá①〕 ❷ 名〈化〉알칼리(alkali). 염기(鹽基) [「盐基」는 옛이름] ❸ 名〈化〉알칼로이드(alkaloid). 식물염기(植物鹽基). ¶古柯～ =〔可卡因〕| 코카인 =〔生物碱〕〔赝yàn碱〕 ❹ 動 염분에 의해 침식되다. 염분의 침식을 받아서 반흔(斑痕)이 생기거나 유약(釉藥)이 벗겨지다. ¶这堵墙全～了 | 이 벽은 온통 허옇게 벗겨졌다.

【碱地】jiǎndì 名〈地質〉알칼리성 토양 =〔碱土〕〔碱性土壤〕〔盐yán碱地〕

【碱化】jiǎnhuà 名 動〈化〉알칼리화(하다).

【碱荒】jiǎnhuāng 名 염분이 많은 황무지.

【碱金属】jiǎnjīnshǔ 名〈化〉알칼리 금속.

【碱式】jiǎnshì 形 염기성(의). 알칼리성(의). ¶～盐yán | 염기성 염.

【碱土金属】jiǎntǔ jīnshǔ 名組〈化〉알칼리 토류금속.

【碱性】jiǎnxìng 名〈化〉알칼리성. 염기성. ¶～催化剂 | 염기성 촉매. ¶～反应 | 알카리성 반응. ¶～槐黄 =〔金胺〕| 오라민(auramine) [「盐基淡黄」은 옛이름] ¶～菊橙 | 크리소이딘(chrysoidine) [「盐基金黄」은 옛이름] ¶～品红 =〔一品红②〕| 푸크신(fuchsin). 로자닐린(rosaniline). 마젠타(magenta). ¶～蕊ruǐ香红 =〔若ruò丹明〕| 로다민(rhodamine). ¶～染料 | 염기성 염료. ¶～油 | 염기성 기름 ⇔〔酸suān性〕

【裥(襇)】jiǎn 치마주름 간

名 方 (스커트의) 주름.

1【简(簡)】jiǎn 대쪽 간

❶ 形 간단하다. 생략하다. 단순하다. ¶～体字↓ ¶言～意赅gāi | 成 말은 간단하나 뜻은 다 갖추고 있다 ⇔〔繁fán Ⓐ①〕 ❷ 形 간단하게 하다. 간소화 하다. ¶精兵～政 | 군대를 정선하고 정치기구를 간소화하다. ❸ 動 (인재를) 선택하다. ¶～拔bá↓ ¶～任rèn↓ ❹ 名 죽간(竹簡) (옛날에 글씨를 쓰던) 대나무 조각. 轉 편지. ¶书～ | 서신→〔简册cè①〕〔策cè④〕 ❺ (Jiǎn) 名 성(姓).

【简傲】jiǎn'ào 形 교만하다. 오만하다. ¶这个人十分～, 不好相处 | 이 사람은 대단히 오만하여, 함께 지내기가 힘들다.

【简拔】jiǎnbá 書 動 선발하다 =〔简擢zhuó〕

【简版】jiǎnbǎn 名 ❶ 옛날 글씨를 써서 편지 대신 썼던 목편·죽편 =〔木简〕 ❷ 협판(夾板)·질(帙)의 대용으로 책을 끼우는 판 =〔夹jiā板(子)①ⓑ〕

【简报】jiǎnbào 名 간략한 보도. 속보. 브리핑. ¶工作～ | 작업 브리핑. ¶看了会议～ | 회의 속보를 봤다.

【简本】jiǎnběn 名 약본(略本). 초본(抄本). 다이제스트판.

3【简编】jiǎnbiān 名 ❶ 書 서적. ❷ 간편. 약본(略本). 다이제스트본. 간략하게 편찬한 책 [책 이름에 많이 쓰임] ¶他写了一本「近代史～」| 그는 「근대사간편」을 썼다.

【简便】jiǎnbiàn 形 간편하다.

【简表】jiǎnbiǎo 名 간단한 (도)표.

【简册】jiǎncè 名 ❶ 옛날, 글자를 적는 데 쓰인 가늘고 긴 대쪽. ❷ 轉 서적. 책 ‖ =〔简策cè〕

4【简称】jiǎnchēng 名 動 약칭(하다). ¶「大韩民国」～韩国 | 대한민국의 약칭은 한국이다.

1【简单】jiǎndān 形 ❶ 간단하다. 단순하다. (이해·

사용·처리가) 용이하다. ¶～化｜단순화. ¶～机械｜(지렛대·도르래·나사 등의) 단순 기계. ¶～商品生产＝〔小商品生产〕｜〈經〉단순 상품 생산. ¶～协作｜〈經〉단순 협업. ¶～再生产｜〈經〉단순 재생산→〔复fù杂〕 ❷(경력·능력 등이) 평범하다. 어법 주로 부정문에 쓰임. ¶这家伙主意多, 不～｜이 친구는 수단이 좋고 보통이 아니오. ¶演技yǎnjì不～｜연기가 평범하지 않다. ❸소홀히 하다. 일을 적당히 처리하다. ¶～从事｜일을 적당히 처리하다.

【简牍】jiǎndú 書 名 ❶글자를 적는데 사용한 죽편(竹片)이나 목편(木片). 서적. ❷편지. 서간.

4【简短】jiǎnduǎn ⇒〔简洁jié〕

【简分数】jiǎnfēnshù 名〈數〉단분수(單分數).

【简古】jiǎngǔ 書 形 간결하고 옛스럽다. 옛스러워 이해하기 어렵다. ¶他的文章wénzhāng语言～, 不好懂｜그의 문장 언어가 옛스러워, 이해하기 어렵다.

4【简化】jiǎnhuà 動 간략화〔간소화〕하다. ¶～手续shǒuxù｜수속을 간소화하다.

【简化汉字】jiǎnhuà Hànzì ❶動 한자(漢字)의 획을 간단히 하다 [예를 들어「禮」는「礼」로「動」은「动」으로 씀. 또한 한자의 수도 정리하여 이체자(異體字) 중에서 하나만을 사용하는데, 그 예로「劫·刼·刦·刧」중에서「劫」만을 쓰고 나머지는 쓰지 않음] ❷名組 간체자(簡體字). 간화한 한자.

【简简决决】jiǎn·jian juéjué 狀 활달하다. 시원시원하다. 척척 해내다. 능란하다.

【简捷】jiǎnjié 形 간결하고 시원시원하다. 간단 명료하다. ¶这样做比较bǐjiào～｜이렇게 하면 비교적 명료하다.

【简洁】jiǎnjié 形 (언행·문장 등이) 간결하다. ¶文章要～生动｜문장은 간결하고 생동적이어야 한다＝〔简短duǎn〕

【简介】jiǎnjiè ❶書 名 안내서. 간단한 설명서. 간단한 소개. (소설·영화 등의) 간단한 줄거리. ¶剧情～｜드라마의 줄거리. ❷動 간단히 소개〔설명〕하다. ¶他～了学校的情况｜그는 학교의 상황을 간단히 소개했다.

【简括】jiǎnkuò 形 간단히 총괄〔개괄〕하다. ¶～的总结｜개괄적 총결.

【简历】jiǎnlì 名 약력(略歷).

【简练】jiǎnliàn 形 간결하고 세련되다. 간단하고 요령있다. ¶内容丰富, 文字～｜내용이 풍부하고 문장은 간결하고 요령있다.

4【简陋】jiǎnlòu 形 (가옥·설비 등이) 초라하다. 빈약하다. 누추하다.

【简略】jiǎnlüè ❶形 (언어·문장의 내용이) 간략하다. ¶他的介绍jièshào太～了｜그의 소개는 매우 간략하였다. ❷動 간략하게 하다 ‖＝〔简约yuē〕

【简慢】jiǎnmàn ❶動 태만하여 소홀히 하다. 게을리하다. ❷套 접대가 소홀하여 죄송합니다. 변변치 않아 죄송합니다. ¶太～了｜너무 접대가 변변치 못해 죄송했습니다 ‖＝〔简亵xiè〕

4【简明】jiǎnmíng 形 간명하다. 간단 명료하다. ¶～有力｜간단 명료하고 힘이 있다. ¶～扼要｜成 간단 명료하면서도 요점이 있다. ¶～词典｜콘사이스(concise).

【简朴】jiǎnpǔ 形 (언어·문장·생활 태도 등이) 간소(簡素)하다. 질박하다. 소박하다. ¶措辞～, 说理透彻｜어휘를 선택함이 간소하고, 도리를 설명함이 투철하다.

【简谱】jiǎnpǔ 名〈音〉약보(略譜). 숫자보(數字譜) [음계를 아라비아 숫자 1－7로 표기한 악보]

【简任】jiǎnrèn 名 신해혁명(辛亥革命) 이후부터 중화인민공화국 성립 이전까지의 제2등급 문관으로「特任」과「荐任」사이의 직위＝〔简任官〕

【简式】jiǎnshì 形 ❶〈數〉단항식(單項式). ❷약식(略式).

【简释】jiǎnshì 名 간단한 해석. 주석 [표제어에 많이 쓰임]

【简述】jiǎnshù 書 名 動 약술(하다). ¶～了事情经过｜일의 경과를 약술했다.

【简缩】jiǎnsuō 動 간소화(簡素化)하다. 통폐합하다. (복잡한 것을) 간단히 축소하다

4【简体字】jiǎntǐzì 名 ❶약자(略字)＝〔简笔字〕〔简字〕〔减jiǎn笔字〕 ❷「简化汉字②」의 속칭 ⇔〔繁fán体字〕

【简谐运动】jiǎnxié yùndòng 名組〈物〉단현 운동. 단진동(單振動). 단일현(單一弦) 운동.

【简写】jiǎnxiě ❶名 약체(略體). ❷動 간략하게 쓰다. 요약해서 쓰다. ❸名 약본(略本). 다이제스트판.

【简讯】jiǎnxùn 名 간단한 소식.

【简言之】jiǎnyánzhī 連 간단히 말하면. 요컨대 [보통 문장의 첫머리에 위치함]

4【简要】jiǎnyào 形 간요하다. 간단하면서도 요령있다. 간단 명료하다. ¶作了～的说明｜간단 명료한 설명을 하였다.

【简仪】jiǎnyí 名〈天〉간의 [원대(元代)의 천문학자 곽수경(郭守敬)이 발명한 천문 기구]

4【简易】jiǎnyì 形 간단하고 쉬운. 간이한. 시설이 미비한. ¶～办法｜간단하고 쉬운 방법. ¶～机场｜경비행장. ¶～沙发｜간이 소파. ¶～住宅｜간이 주택. ¶～公路｜간이 도로. ¶～食堂｜간이 식당.

【简约】jiǎnyuē ⇒〔简略lüè〕

【简则】jiǎnzé 名 간략한 규칙. 요강(要綱). ¶入党～｜입당 요강.

【简章】jiǎnzhāng 名 간략한 규칙. 약칙(略則). 요람(要覽). ¶招生～｜학생 모집 요강.

3【简直】jiǎnzhí 副 ❶그야말로. 전혀. 정말. 완전히. 실로 [과장의 말투임] ¶屋子里热得～呆不住｜방안이 더워서 정말 못있겠다. ¶～不知道｜전혀 모른다. ¶这～不像话｜이는 그야말로 말이 안된다. ❷方 차라리. 아예. ¶雨下得那么大, 你～别回去了｜비가 저렇게 많이 오는데, 너는 차라리 돌아가지 말아라. ❸솔직하게. 숨김없이. 명백히. ¶～地说出来｜숨김없이 말하다. ❹곧바로. 똑바로. ¶～地走, 别拐弯儿｜곧바로 가, 돌지 말고 ‖＝〔简值zhí〕

【简装】jiǎnzhuāng 區 (상품의) 간단한 포장→

〔精jīng装②〕

【锏】 jiǎn ☞ 锏 jiān Ⓑ

【戬〈戩〉】 jiǎn 멸할 전
書 ❶ 動 제거하다. 소멸시키다. ❷ 名 행복. 복. ❸ 인명에 쓰이는 글자. ¶杨～ | 전설의 무신(武神)「二郎神」의 이름.

【戬谷】 jiǎngǔ 書 복록(福祿). 부귀.

❶「碱」과 같음 ⇒〔碱jiǎn①〕 ❷ 書 形 짜다. ¶～苦 | 짜고 쓰다.

【謇】 jiǎn 떠듬거릴 건
書 ❶ 動 말을 더듬다. ❷ 形 정직하다. 강직하다. ¶～谏jiàn | 직간하다. ❸ 助 (문의 첫머리에 쓰이는) 발어사(發語辭).

【謇谔自负】 jiǎn è zì fù 成 직간을 잘하고 자부심이 강하다.

【蹇】 jiǎn 절뚝발 건
書 ❶ 動 다리를 절다. ❷ 動 순조롭지 못하다. 곤궁하다. ¶贫pín～ | 빈곤. ❸ 動 뽐내다. 오만하다 ＝〔骄jiāo蹇〕 ❹ 名 노마(駑馬). 당나귀. ❺ (Jiǎn) 名 성(姓).

【蹇蹇】 jiǎnjiǎn 書 狀 정직하고 곧다. 충직하다. 충절하다.

jiàn ㄐㄧㄢˋ

1【见(見)】 jiàn xiàn 볼 견, 나타날 현

Ⓐ jiàn ❶ 動 보이다. 눈에 띄다. ¶这几句诗好像在哪儿～过 | 이 몇 구의 시는 어디선가 보았던것 같다. ❷ 動 마주치다. 만나다. ¶改天～ | 다음에 만납시다. ¶不能～人 | 남을 대할 낯이 없다. ¶请～ | 면회를 청하다. ❸ 견해. 의견. ¶浅～ | 얕은 견식. ¶成～ | 선입관이 있다. ❹ 動 …에 닿다. 노출되다. 접촉하다. ¶冰～热就化 | 얼음이 열에 노출되면 곧 녹는다. ¶这种药怕～光 | 이 약은 햇빛에 노출되는 것을 꺼린다. ❺ 動 (현상이나 상태가) 드러나다. 나타나다. ¶～效↓ ¶病已～好 | 병은 이미 나았다. ❻ 動 나오다. ¶挖wā坑～了水 | 구덩이를 파니 물이 나오다. ❼ 動 …로 보이다. …이라고 생각하다. ¶不～得好 | 좋다고는 생각지 않는다. ❽ 動 (문장 등이) 나와 있다. 참고하다. ¶～上 | 전출(前出). ¶～下 | 후출(後出). ❾ 書 能 …하게 되다. 피동을 나타냄. ¶～笑 | 비웃음을 자아내다. ¶～问 | 질문을 받다. ¶有能必～用, 有德必～收 | 재능이 있으면 반드시 쓰이고, 덕이 있으면 반드시 받아들여진다. ❿ 書 能 (자기에게) …해 주기를 원함을 나타냄. 어법 경어(敬語)적인 어감을 나타냄. ¶～谅 | 양해하여 주시기 바랍니다. ¶请勿～怪 | 탓하지 마십시오. ⓫ 動「听」「看」「闻」「遇」「碰」「梦」등의 단음절(單音節) 동사 뒤에 보어로 쓰여, 무의식적인 감지의 결과를 나타냄. ¶看～ | 눈에 띄다. ¶听～ | 들리다. ¶遇～ | 만나다. ⓬ (Jiàn) 名 성(姓).

Ⓑ xiàn 書 動 ❶ 나타나다. 드러나다. ¶发～ | 발현하다. ¶～龙在田 | 용이 나타나서 밭에 있다. 덕있는 선비가 바야흐로 등용되다《易經》＝〔现①〕 ❷ 현존하다. ¶仓无～谷 | 창고에는 현물의 곡식이 없다《漢書·王莽傳下》

Ⓐ jiàn

【见爱】 jiàn'ài 動 사랑을 받다. 총애를 얻다. ¶承蒙～, 不胜欣喜 | 총애를 입어, 기쁨을 이기지 못하다.

【见报】 jiàn/bào 動 신문에 나다〔게재되다〕. ¶这篇文章明天就可以～ | 이 글은 내일이면 신문에 게재될 것이다.

【见背】 jiànbèi 書 動 (윗사람이) 죽다. 세상을 등지다〔떠나다〕. ¶生孩一年, 慈父～ | 생후 1년만에 아버지께서 세상을 떠나시다.

【见不得】 jiàn ·bu ·de 動組 ❶ 볼 수 없다. 보아서는 안된다. ¶那财的人～钱 | 재물을 탐내는 사람은 돈을 보아서는 안된다. ❷ 면목없다. 남을 볼 낯이 없다. ¶不做～人的事 | 면목없는 일을 하지 않다. ❸ 方 (눈에 거슬리므로) 두고 보지 못하다. ¶我～懒lǎn汉 | 나는 게으른 녀석을 두고 보지 못한다.

【见长】 ⓐ jiàncháng 動 뛰어나다. 특출하다. ¶以数学～ | 수학에 특출나다. ¶他以画山水～ | 그는 산수를 그리는데 뛰어나다.
ⓑ jiànzhǎng 動 성장하다. 발육하다. ¶一场春雨后, 麦苗立刻～了 | 봄비가 한바탕 내린 후 보리는 눈에 띄게 자랐다.

【见得】 jiàn·dé 動 알다. …라고 생각되다. …으로 보이다. 어법 부정문·의문문에만 사용함. ¶怎么～他来不了 | 어떻게 해서 그가 못온다고 생각하니. ¶何以～? | 어떻게 알았지? ¶明天不～会下雨 | 내일은 비가 오지 않을 것 같다.

【见地】 jiàndì 名 견해. 식견. ¶这篇文章很有～ | 이 글은 대단히 식견이 있다.

【见方】 jiànfāng 名 口 평방(平方). ¶四公尺～ | 4평방 미터.

【见访】 jiànfǎng 書 動 套 방문을 받다.

【见风使舵】 jiàn fēng shǐ duò 成 바람을 보고 노를 젓다. ❶ 형편을 보아 일을 처리하다. 바람 부는 대로 돛을 달다. 누울 자리를 보고 다리를 뻗다. ❷ 기회주의적 태도를 취하다. ¶他惯于～, 讨好领导 | 그는 기회주의적 태도가 습관화되어, 영도자의 비위를 잘맞춘다 ＝〔见风使帆〕〔见风驶船〕〔见风转舵〕〔看风使舵〕〔看风使帆〕

【见风是雨】 jiàn fēng shì yǔ 成 바람이 부는 것을 보고 비가 올 것이라고 생각하다. 작은 조짐을 보고 경솔하게 단정하다.

【见缝插针】 jiàn fèng chā zhēn 成 틈만 보이면 바늘을 꽂다. 이용할 수 있는 모든 기회를 다 이용하다.

【见怪】 jiàn/guài 動 ❶ 탓하다. 나무라다. 언짢아하다. 타박하다→〔见罪〕 ❷ 괴이한〔괴상한〕 것을 보다. ¶因为塞车, 所以来迟了, 请不要～ | 차가 밀려 늦게 왔으니, 나무라지 마십시오.

【见鬼】 jiàn/guǐ 動 ❶ 귀신을 보다. 喩 이상야릇하다. 괴상하다. ¶～说鬼话, 见人说人话 | 諺 상대방을 보아가면서 임기응변하다. ❷ 죽다. 뒈져 버리다. 파멸하다. ¶～, 借他五十万块钱, 一个月光是利钱就得给二十万块 | 뒈져 버려! 그에게

오십만원을 빌렸더니 한 달만에 이자가 이십만원이라니.

【见好】jiànhǎo 動 ❶ (병이) 나아가다. 호전되다. ¶吃了这么多药, 病仍不~, 怎么办呢? | 이렇게 많은 약을 먹었는데도, 병이 여전히 호전되지 않으니, 어떻게 하지요? =〔见轻qīng〕 ❷ (남에게) 잘 보이다.

【见机】jiànjī 動 기회를 보다. 형편을 살피다. ¶你要~应对 | 너는 기회를 봐서 응대해라 =〔见几〕

【见教】jiànjiào 書 動 套 가르침을 받다. 가르쳐 주시다. ¶请随时~ | 수시로 가르침을 주십시오.

3【见解】jiànjiě 名 견해. 의견. ¶~深入 | 의견이 심각하다.

【见礼】jiàn/lǐ ❶ 動 인사하다. ¶彼此见了礼让坐 | 서로 인사하고 자리를 권했다. ❷ (jiànlǐ) 名 신부가 신랑의 친척 친구들과 나누는 첫인사.

【见猎心喜】jiàn liè xīn xǐ 成 남이 사냥하는 것을 보니 자기도 마음이 동하다. 전날의 홍취가 되살아나다.

1【见面(儿)】jiàn/miàn(r) 動 만나다. 대면하다. ¶他俩经常~ | 그들 두 사람은 종종 만난다. ¶见过一回面儿 | 한 번 만난 적이 있다. ¶什么时候再~? | 언제 다시 만납니까?

【见面礼(儿)】jiànmiànlǐ(r) 名 ❶ 초면 인사. ❷ (윗사람이 아랫사람에게) 첫인사 때 주는 선물. ❸ 인사. 인사말 ‖ =〔書 表礼〕

【见轻】jiànqīng ⇒〔见好①〕

【见仁见智】jiàn rén jiàn zhì 成 어진 이는 어진 점을 보고 지혜로운 자는 지혜로운 점을 본다. 똑같은 문제〔일〕이라도 사람에 따라 보는 관점이 다르다. ¶不同的人从不同的角度看问题, 难免~ | 각기 다른 사람이 다른 각도에서 문제를 보니, 관점의 차이를 면하기 어렵다.

【见世面】jiàn shìmiàn 動組 세상 물정을 잘 알다. ¶经风雨~ | 풍파를 겪어 세상 물정을 잘 알다.

4【见识】jiàn·shi ❶ 動 견문을 넓히다. ❷ 名 식견. 생각. 견문. 지식. ¶增长~ | 견문을 넓히다.

【见所未见】jiàn suǒ wèi jiàn 成 지금까지 본 적이 없(는 새로운 것을 보)다. ¶这真是~, 闻所未闻 | 이는 정말 본적이 없는 것을 보는 것이요, 들은 적이 없는 것을 듣는 것이다.

【见天(儿)】jiàntiān(r) 名 口 매일. ¶他~早上出去散步 | 그는 매일 아침 산보를 한다 =〔见天家〕〔见天见〕

【见外】jiànwài 動 타인 취급하다. 남처럼 대하다. 서먹서먹하게 대하다. ¶随便吃吧, 请不要~ | 서먹서먹하게 대하지 마시고, 편하게 드십시오.

【见危授命】jiàn wēi shòu mìng 成 위험한 고비에서 아낌없이 목숨을 바치다 =〔见危致命〕〔临lín危受命〕

【见微知著】jiàn wēi zhī zhù 成 일의 시작을 보고 그 본질과 발전 추세를 알 수 있다. 될성 싶은 나무는 떡잎부터 알아본다.

【见闻】jiànwén 名 견문. 경험. ¶~不广 | 견문이 넓지 못하다.

【见习】jiànxí 區 動 견습(하다). 실습(하다). ¶~生 | 견습생. ¶~医生 | 인턴. ¶~技术员 | 견습기술자. ¶在医院里~了半年 | 병원에서 반년간 실습했다.

【见效】jiàn/xiào 動 효력을 나타내다. 효험을 보다.

4【见笑】jiànxiào 動 ❶ 謙 웃음거리가 되다. ¶写得不好, ~~ | 잘 쓰지 못해, 웃음거리가 될까 부끄럽습니다. ❷ 비웃다. ¶我刚开始学, 你可别~ | 나는 이제 막 배우기 시작했으니, 너 정말 비웃으면 안돼.

【见异思迁】jiàn yì sī qiān 成 딴것만 보면 마음이 변하다. 의지가 굳지 못하다. ¶他一向~, 缺少恒心 | 그는 항상 의지가 굳지 못해, 변함없는 마음이 결핍되어 있다.

【见义勇为】jiàn yì yǒng wéi 成 정의를 보고 용감하게 뛰어들다. 의로움에 용감하다. ¶~的精神真值得我们学习 | 정의의 정신은 정말 우리가 배워야할 가치가 있다.

【见于】jiànyú 動 …에 보이다. …에 나타나다.

【见长】jiànzhǎng ☞〔见长〕jiàncháng b

【见证】jiànzhèng 名 ❶ (명백한) 증거. ¶~人 | 증인. 목격자. ❷ 名 (사건을 목격한) 현장 증인. 증거 물품 →〔人证〕

【见罪】jiànzuì 書 動 謙 탓하다. 나무라다. 언짢게 여기다. 나쁘게 생각하다 [자신의 행동에 대하여 상대에게 하는 겸어] ¶招待不周, 请勿~ | 접대가 부족하다고 탓하지 마십시오 →〔见怪guài①〕

B xiàn

【见齿】xiànchǐ 書 動組 이를 드러내고 웃다.

【见头角】xiàn tóujiǎo 動組 書 두각을 나타내다.

3【舰(艦)】jiàn 싸움배 함

名 군함. ¶主力~ | 주력 군함. ¶航空母~ | 항공모함.

【舰队】jiànduì 名〈軍〉함대. ¶太平洋~ | 태평양 함대.

【舰日】jiànrì 名〈軍〉한 척의 군함이 해상에서 작전한 일수 [하루를 「一个舰日」라고 함]

【舰艇】jiàntǐng 名〈軍〉함정. ¶建造新型的~ | 신형 함정을 건조하다.

1【件】jiàn 것 건, 구분할 건

❶ 量 건 [일·사건·개체(個體)의 사물을 세는 데 사용함] 어법 「事件」「文件」처럼 「件」이 붙어 있는 명사에는 쓸 수 없음. ¶两~文件(×) ¶两个文件 | 두 가지 문서. ¶一~事情 | 한 가지 일. ¶一~衣服 | 한 가지 옷. ❷ (~儿) 尾 하나하나 셀 수 있는 것. ¶零~(儿) | 부품. ¶配~ | 부속품. ❸ 尾 문서. 문건. ¶文~ | 문서. ¶来~ | 내신(來信). 온 문건. ❹ 尾 공업 생산물·운수의 단위. ¶计~工资 | 성과급. 생산 제품 수에 따라 지급하는 임금. ¶大~ | 큰 것. ¶快~ | 속달.

【件件(儿)】jiànjiàn(r) 名組 가지 가지. 모두. 어느 것이나. 어떤 일이든지. ¶~俱jù全 | 모든 것이 다 갖추어져 있다.

【件头】jiàn·tou 名 물건. 물품. ¶玉~ | 옥으로 만든 물품.

【间】jiàn ☞ 间 jiān B

【涧(澗)〈磵〉】 jiàn 산골물 간 [書][名] 산골짜기의 물. ¶山～ | 산골짜기로 흐르는 물.

【涧沟】 jiàngōu [書][名] 계류(溪流). 산골짜기의 작은 물줄기.

【涧水】 jiànshuǐ [名] 골짜기의 냇물.

【饯(餞)】 jiàn 전송할 전 ❶ 송별연을 베풀다. ¶～行↓ ❷ (과일을) 설탕에 절이다. ¶～果↓

【饯别】 jiànbié ⇒〔饯行〕

【饯果】 jiànguǒ [名] 꿀에 재거나 졸인 과일.

【饯行】 jiànxíng [動] 전별(餞別)하다. 송별연을 베풀다. ¶明天我在海云台酒楼为你～ | 내일 나는 해운대 호텔에서 너를 위해 송별연을 베푼다 =〔饯别〕〔送行②〕

3**【贱(賤)】** jiàn 천할 천 ❶ [形] (값이) 싸다. ¶价钱jiàqián～ | 값이 싸다 ⇔〔贵〕 ❷ [形] (지위·신분 등이) 낮다. 천하다. ¶贫～ | 가난하고 천하다. ❸ [書][動] 경멸하다. 경시하다. ¶人皆～之 | 사람들이 모두 경멸하다. ❹ [形][謙] 저의 [자신을 낮추어 하는 말] ¶～姓 | 저의 성. ¶～内 | 저의 안사람.

【贱骨头】 jiàngǔ·tou [名組][罵] ❶ 쌍놈. 천박한 놈. ¶你这个～! | 너 이 쌍놈의 자식! ❷ 난폭하고 비굴한 놈.

【贱货】 jiànhuò [名] ❶ 값싼 물건. 싸구려. ❷ [罵] 천박한 놈. 쌍놈.

【贱价】 ⓐ jiànjià [書][名] 싼 값. 헐값. ¶以～拍卖pāimài房产 | 싼 값으로 부동산을 박매하다.

ⓑ jiànjiè [書][名] 저의 집 하인.

【贱买】 jiànmǎi [動] 싸게〔헐하게〕 사다. ¶乘机～了一个房子 | 기회를 잡아 싼 집을 샀다.

【贱卖】 jiànmài [動] 싸게 팔다. ¶～不赊 | [成] 싸게는 팔아도 외상은 주지 않는다 =〔贱售shòu〕

【贱民】 jiànmín [名] ❶ 천민. 상놈 →〔良liáng民①〕 ❷ (인도 카스트 제도의) 불가촉 천민.

【贱内】 jiànnèi [名][謙] 우처 [자기의 아내를 낮추어 이르는 말] ¶～在公司供职 | 집사람이 회사에서 같이 근무한다 =〔贱荆jīng〕〔贱室〕〔拙zhuō荆〕

【贱妾】 jiànqiè [書][名] 천첩. ❶ 처가 남편에 대하여 자기를 낮추어 이르는 말. ❷ 종이나 노는 계집으로서 남의 첩이 된 여자.

【贱人】 jiànrén [名][近][罵] 쌍년 [옛날, 소설 또는 희곡에서 여자를 욕할 때 쓰던 말] ¶打死你这个～! | 너 이 쌍년을 때려 죽이겠다!

1**【践(踐)】** jiàn 밟을 천 [書][動] ❶ 밟다. 짓밟다. ¶～踏tà | 짓밟다. 유린하다. ❷ 이행하다. 실행하다. ¶～约↓ ❸ 망치다. 소홀히 하다. ¶作～东西 | 물건을 소홀히 하다. ❹ (어떤 곳을) 밟다. 다다르다. ¶重chóng～其地 | 그 땅을 다시 밟다.

【践诺】 jiànnuò ⇒〔践约yuē〕

4【践踏】 jiàn·tà [動] ❶ 밟다. 함부로 딛다. ¶请勿～草地 | 잔디를 함부로 밟지 마시오. ❷ 짓밟다. 유린하다. ¶他们恣意～日内瓦协议 | 그들이 제멋대로 제네바 협정을 짓밟았다.

【践约】 jiàn/yuē [書][動] 약속을 이행하다. ¶他总于～付钱 | 그는 결국 약속을 이행하여 돈을 지불했다 =〔践诺nuò〕

【践祚】 jiànzuò [書][動] 임금의 자리에 오르다. 즉위하다. 등극하다.

3**【溅(濺)】** jiàn jiān 뿌릴 천

Ⓐ jiàn ❶ [動] (물방울·진흙 등이) 튀다. ¶水花四～ | 물보라가 사방으로 튀다. ¶～了一身水 | 온 몸에 물방울이 튀었다.

Ⓑ jiān ⇒〔溅溅〕

Ⓐ jiàn

【溅落】 jiànluò [動] 〈航〉 (우주선이) 착수(着水)하다. ¶～点 | 착수 지점.

Ⓑ jiān

【溅溅】 jiānjiān [書][擬] 물이 흐르는 소리. ¶流水～ | 물이 졸졸 흘러간다 =〔浅浅〕

1**【建】** jiàn 세울 건 ❶ [動] (건물을) 짓다. 세우다. ¶新～房屋 | 집을 새로 짓다. ❷ 설정하다. 창설하다. ¶～国 | 나라를 창건하다. ¶～军↓ ❸ 제기하다. 제안하다. ¶～议↓ ❹ (Jiàn) [名][簡] 〈地〉 ⓐ 「福建省」(복건성)의 약칭. ⓑ 건강(建江) [복건성에 있음] =〔闽mǐn江〕 ❺ [書][名] 북두칠성의 「斗柄」(자루)이 가리키는 방향 [매월 그 방향이 다르므로 이로써 달(月)을 나타냄] ❻ [書][名] (음력의) 달. ¶大～ | 음력 30일의 달. ¶小～ | 음력 29일의 달.

【建安】 Jiàn'ān [名] 건안 [동한(東漢) 헌제(獻帝)의 연호(196～220)]

【建白】 jiànbái [書][動] 의견을 제기하다. 주장을 진술하다.

【建材】 jiàncái [名] 건축 재료. ¶开了一个专营～的商行 | 건축 재료 전문상점 하나를 개업했다.

【建厂】 jiàn/chǎng [動] 공장을 건설하다.

【建成】 jiànchéng [動] 건설하다. ¶～民主主义社会 | 민주주의 사회를 건설하다.

【建党】 jiàndǎng [動] 결당(結黨)하다. 창당(創黨)하다. ¶～五十周年 | 창당 오십주년.

【建都】 jiàn/dū [動] 수도를 세우다. 수도로 정하다. ¶宋代～开封 | 송대에는 개봉을 수도로 정했다.

【建国】 jiàn/guó [動] 건국하다 =〔[書]肇zhào国〕

4【建交】 jiàn/jiāo [動] 외교 관계를 맺다. 국교를 맺다. ¶韩中于一九九二年正式～ | 한국과 중국은 1992년에 정식 수교했다.

【建军】 jiàn/jūn [動] ❶ 건군하다. 군대를 창건하다. ¶～节 | 건군 기념일. ❷ 군대를 강화하다. ¶～路线 | 군대 강화 노선. ¶～原则 | 군대 강화 원칙.

【建库】 jiàn/kù [動] 창고를 짓다.

【建兰】 jiànlán [名] 〈植〉 건란 =〔兰花〕〔[俗]兰草〕

2【建立】 jiànlì [動] ❶ 세우다. 구축하다. ¶～根据地 | 근거지를 구축하다. ¶～基础 | 기초를 쌓다. ❷ 맺다. 설정하다. ¶～外交关系 | 외교 관계를 맺다. ¶～交易关系 | 무역 관계를 설정하다.

【建漆】 jiànqī [名] 복건성(福建省)에서 나는 옻칠이나 칠기(漆器).

1【建设】 jiànshè [名][動] 건설(하다). ¶～铁路 | 철

로를 부설하다. ¶～革命政权｜혁명 정권을 수립하다. ¶～国家｜국가를 세우다.

【建树】jiànshù ❶動(공훈을) 세우다. (실적을) 쌓다. ❷名공적. 공헌. 실적. ¶对国家的进步,毫无～｜국가 발전에 아무런 공헌도 없다.

【建文】Jiànwén 名건문 [명(明) 혜제(惠帝)의 연호(1399～1402)]

2【建议】jiànyì 名動건의(하다) =〔献xiàn议〕

【建元】jiànyuán 書動연호를 정하다.

3【建造】jiànzào 動건조하다. 짓다. 세우다. ¶～了一个大工厂｜큰 공장을 하나 세웠다.

【建政】jiànzhèng 動정권(政權)을 세우다.

【建制】jiànzhì ❶名(기관·군대의 조직 편제와 행정 구획 등) 제도의 총칭. ¶大行政区～｜대행정구 제도. ❷動편제(編制)하다. 조직하다. 편성하다. ❸名태도. 태세.

2【建筑】jiànzhù ❶名動건축(하다). ¶～桥梁｜교량을 건축하다. ¶～工地｜건설 현장. ¶～面积=〔展开面积〕｜건축 면적. 건평. ¶～物｜건축물. ¶～学｜건축학. ❷名건축물. ❸名구조. ¶上层～｜상부 구조.

1【健】jiàn 굳셀 건
❶건강하다. 튼튼하다. ¶～康↓ ❷動튼튼하게 하다. 강하게 하다. ¶～胃药｜건위제. ¶～身｜몸을 튼튼하게 하다. ❸강하다. 왕성하다. ¶～步↓ ❹(…가) 뛰어나다. 잘 …하다. ¶～谈↓ ¶～饭↓

【健步】jiànbù 書❶形씩씩하게 잘 걷다. 걸음이 빠르고 힘있다. ¶他～走上主席台｜그는 씩씩하게 주석대로 걸어갔다. ❷名걸음이 잰 사람. 빨리 걷는 사람 =〔急jí足〕

【健儿】jiàn'ér 書名건아 [주로 전사(戰士)나 운동선수를 말함] ¶体育～捧着奖杯回来了｜운동선수들이 우승컵을 들고서 돌아 왔다.

【健饭】jiànfàn ❶形위(胃)가 튼튼하다. 가리는 것 없이 다 잘먹다. 많이 먹다. ❷名대식가(大食家). 건담가(健啖家). ‖ =〔健啖〕

【健将】jiànjiàng 名❶맹장(猛將). 투사. 유력자. 실력자. ❷최우수 운동 선수. 체육 영웅. ¶他是运动～｜그는 운동 스타이다.

1【健康】jiànkāng 名形❶건강(하다). ¶我看见了一个～的,充满活力的灵魂｜나는 건강하고 활력이 가득찬 영혼 하나를 보았다. ¶～状况｜건강 상태. ¶～诊断=〔健康检查〕｜건강 진단. ❷건전(하다). 정상(이다). ¶思想～｜사상이 건전하다.

4【健美】jiànměi ❶名건강미. ¶～比赛｜육체미 대회. 보디 빌딩 경연 대회. ¶～操cāo=〔健美舞〕｜에어로빅 댄스. 중국식 건강 체조. ¶～运动｜건강 미용 운동. 보디 빌딩. ❷形건강하고 아름답다.

3【健全】jiànquán ❶形(병이나 탈 없이) 건강하고 온전하다. 건전하다. ¶身心～｜몸과 마음이 건전하다. ❷形(사물이) 건전하다. 결점이 없다. ❸動건전하게 하다. 완비하다. ¶～生产责任制zérènzhì度｜생산 책임 제도를 완비하다.

【健身房】jiànshēnfáng 名체육관. 체육실.

【健谈】jiàntán 名形입담(이 좋다). 능변(이다). ¶老人家十分～｜아버지는 매우 입담이 좋으시다.

【健忘】jiànwàng 形잘 잊어 버리다. ¶他很～｜그는 매우 잘 잊어버린다. ¶～症｜건망증 =〔書病忘〕〔書善忘〕

【健旺】jiànwàng 形건강하고 정력이 왕성하다.

【健在】jiànzài 書動건재하다 [주로 자기보다 연장자에게 사용] ¶双亲～｜부모님이 모두 건재하다 =〔健存cún〕

4【健壮】jiànzhuàng 形건장하다. ¶他的身体～｜그의 몸은 건장하다.

【腱】jiàn 힘줄 건
名〈生理〉힘줄. 건. ¶～子↓ ¶阿ā基里斯～=〔艾ài基利氏腱〕〔跟gēn腱〕｜外아킬레스건.

【腱鞘】jiànqiào 名〈生理〉건초. ¶～炎｜건초염.

【腱子】jiàn·zi 名건(腱). 힘줄 =〔花huā腱儿〕

【楗】jiàn 문빗장 건
❶「键」과 같음 ⇒〔键③〕 ❷書名제방의 터진 곳을 막은 참대나무·흙·돌 등의 자재.

【毽】jiàn 제기 건
(～儿,～子) 名제기.

【毽球】jiànqiú 名〈體〉❶스펙타크로 [중간에 네트를 설치하고 각 3명이 한조가 되어 공을 갖고 하는 경기로 중국과 동남아 지역에서 유행하는 민속경기. 우리의 족구와 유사] ❷스펙타크로에 사용되는 공.

【毽子】jiàn·zi 名제기. ¶踢tī～｜제기를 차다 =〔毽儿〕

2【键(鍵)】jiàn 열쇠 건
❶名수레바퀴의 비녀장. ❷名(피아노·풍금 등의) 건반. 누르개. 키(key). ¶～盘↓ ❸書名(쇠로 만든) 문빗장 =〔楗jiàn①〕 ❹자물쇠 속의 용수철 =〔锁簧suǒhuáng〕 ❺일의 중요한 곳. 관건(關鍵) =〔关guān键〕 ❻(기계의) 핀. ❼名〈化〉(원자 또는 분자의) 결합. 본드(bond).

【键板】jiànbǎn ⇒〔键盘〕

【键槽】jiàncáo 名열쇠의 홈 =〔键座zuò〕〔销xiāo(子)槽〕

【键打孔】jiàndǎkǒng 名〈電算〉천공기(穿孔機). 키펀치(key-punch). ¶～作员｜키펀치 오퍼레이터(operator).

4【键盘】jiànpán 名건반. 키보드. ¶制造新的电脑diànnǎo～｜새로운 컴퓨터 키 보드를 제조하다 =〔键板bǎn〕

【踺】jiàn 구를 건
⇒〔踺子〕

【踺子】jiàn·zi 名체조(體操)의 회전 동작의 하나 =〔阿ā拉伯手翻〕

4【剑(劍)〈劒〉】jiàn 칼 검
名큰 칼. 검. ¶一把～｜칼 한 자루.

【剑拔弩张】jiàn bá nǔ zhāng 成칼을 빼들고 쇠뇌시위를 당기다. 사태가 아주 아슬아슬하다. 일촉즉발. ¶气氛紧张,直至～｜분위기가 긴장되어, 곧바로 일촉즉발의 상황에 이르다.

【剑齿虎】jiànchǐhǔ 名〈動〉검치호.

【剑兰】jiànlán 名〈植〉글라디올러스. 당창포 =〔唐tāng菖蒲〕
【剑麻】jiànmá 名〈植〉사이잘(sisal)삼.
【剑眉】jiànméi 名 꼬리가 날카롭게 치켜 올라간 눈썹.
【剑桥】Jiànqiáo 名 外〈地〉케임브리지(cāmbridge).
【剑鞘】jiànqiào 名 칼집.
【剑侠】jiànxiá 書 名 검협. 검술에 능한 협객. ¶关东有许多～ | 관동에 많은 협객들이 있다.

3【荐(薦)】jiàn 드릴 천
❶ 추천하다. 소개하다. ¶推～ | 추천하다. ❷ 書 動 권하다. 올리다. ¶～酒 | 술을 권하다. ❸ 書 動 깔다. ¶～以茅草 | 띠풀을 깔다. ❹ 書 名 ⓐ 풀. ⓑ 초석(草席). ¶草～ | 초석. ❺ 書 副 자꾸. 자주. 빈번히. ¶饥馑～臻 | 기근이 빈번히 닥쳐오다.
【荐骨】jiàngǔ 名〈生理〉천골. 엉덩이뼈 =〔荐椎zhuī〕〔骶dǐ骨〕
【荐举】jiànjǔ 書 動 천거〔추천〕하다 =〔荐引yǐn〕
【荐任】jiànrèn 名 천임 [신해 혁명 이후부터 중화인민공화국 성립 이전까지의 제 3등 문관으로 「简任」아래 「委任」위의 직위] =〔荐任官〕
【荐头(人)】jiàn·tou(rén) 方 ❶ 名 옛날, 고용인 소개업자. 중개인 =〔荐头店〕〔荐头行háng〕 ❷ 動 추천하다.
【荐贤举能】jiànxián jǔnéng 成 재능과 덕망이 있는 사람을 천거하다. ¶他喜欢～, 被人称为伯乐 | 그는 능력있는 사람 천거하기를 좋아하여, 사람들에게 伯樂이라고 칭해진다.
【荐引】jiànyǐn ⇒〔荐举jǔ〕

【栫】jiàn 버팀목 천
❶ (기울어진 집을) 버티다. 떠받치다. ¶用棍～着门 | 막대기로 문을 떠받치다. ❷ (흙이나 돌로) 물을 막다.

【监】jiàn ☞ 监 jiān Ⓑ

【槛(檻)】jiàn kǎn 난간 함
Ⓐ jiàn 書 名 ❶ 난간. ❷ (짐승이나 죄인을 가두는) 나무 우리. ¶～车↓ ❸ 목욕통.
Ⓑ kǎn 名 문지방 =〔门槛〕〔门限xiàn〕
【槛车】jiànchē 名 옛날, 짐승이나 죄수를 운반하던 수레.

3【鉴(鑒)〈鑑〉】jiàn 거울 감
❶ 書 名 거울 [고대에 동(銅)으로 만든 것] ¶波平如～ | 물결이 잔잔하여 거울과 같다. ❷ 書 名 교훈. 본보기. ¶引以为～ | 본보기로 삼다. ❸ 관찰하다. 조사하다. ¶～别↓ ¶～定↓ ❹ 動 비추다. ¶水清可～ | 물이 맑아 비춰볼 수 있을 정도이다. ❺ 書 動 札 옛날, 편지 서두에서 받을 사람 이름 뒤에 쓰여 「읽어 주시기 바랍니다」의 뜻을 가짐. ¶李先生台～ | 이선생님 읽어주시기 바랍니다. ¶…惠～ =〔…台tái鉴〕〔…钧jūn鉴〕〔…赐cì鉴〕〔…大鉴〕 | 모모선생께. 모모선생 읽어주시기 바랍니다.
4【鉴别】jiànbié 名 動 감별(하다). ¶～古董gǔdǒng | 골동품을 감별하다. ¶～力 | 감별력.
3【鉴定】jiàndìng ❶ 名 動 감정(하다). ¶～书 | 감정서. ¶～这幅画的价值jiàzhí | 이 그림의 가치를 감정하다. ❷ 名 (초·중·고·대학의) 평가. ❸ 名 (직장에서의) 근무 평정(評定)
【鉴戒】jiànjiè 名 감계. 교훈. ¶引为～ | 成 거울로 삼다. 교훈으로 삼다.
【鉴谅】jiànliàng 書 動 套 양해를 얻다〔구하다〕 ¶至希～! | 양해를 바라옵니다! =〔鉴原yuán〕
【鉴赏】jiànshǎng 動 (예술품을) 감상하다. ¶～唐诗的水平很高 | 당시의 높은 수준을 감상하다. ¶～力 | 감상력.
4【鉴于】jiànyú 動 …에 비추어 보다. …을 감안하다. 어법 인과 관계를 나타내는 종속절에 쓰이며, 일반적으로 앞에 주어를 사용하지 않음. ¶～上述情况, 我们提出以下建议 | 상술한 상황을 감안하여 우리는 다음과 같은 건의를 제출합니다→〔有鉴及此〕

2【渐(漸)】jiàn jiān 차차 점
Ⓐ jiàn 副 점차로. 점점. ¶逐～提高 | 점차로 높이다.
Ⓑ jiān 書 動 ❶ 스며들다. 적시다. ¶～染↓ ❷ 흘러들다. ¶东～于海 | 동쪽으로 흘러 바다에 들어가다.
Ⓐ jiàn
【渐变】jiànbiàn ❶ 動 점차적으로 변화하다. ¶性质～ | 성격이 점차로 변화하다. ❷ 名 완만한 변화 [주로 양적인 변화를 가리킴]→〔突tū变〕
【渐次】jiàncì 書 副 점차. 점점. ¶春风徐来, 百花～开放 | 봄바람이 서서히 불어오니, 온갖 꽃들이 점점 피어난다 =〔渐渐〕
2【渐渐(儿)(地)】jiànjiàn(r)(·de) ⓧ jiànjiān(r)(·de)) 副 점점. 점차 [수량의 점차적 증감을 나타냄] ¶过了清明, 天气～暖nuǎn起来了 | 청명이 지나자 날씨가 점점 따뜻해졌다. ¶他～衰老起来了 | 그는 점점 쇠약해졌다 =〔渐次〕
【渐进】jiànjìn 書 動 점차 전진 발전하다. ¶循序～ | 成 순서를 따라 점차 전진 발전하다.
【渐入佳境】jiàn rù jiā jìng 成 점입가경이다. ❶ 흥미가 점점 더해지다. ❷ 상황이 점차로 호전되다.
Ⓑ jiān
【渐染】jiānrǎn 動 書 서서히 물들다. ¶～恶习 | 나쁜 습관에 서서히 물들다.
【渐渍】jiānzì 動 ❶ 차츰차츰 스며들다. ❷ 점점 감염되다.

【僭】jiàn 참람할 참
書 動 ❶ (본분이나 분수에) 지나치는 행동을 하다. ¶～分↓ ❷ 틀리다. 서로 다르다.
【僭分】jiànfèn 書 形 과분하다. 분에 맞지 않다.
【僭越】jiànyuè 書 動 주제넘게 윗사람의 명의나 물건 등을 함부로 사용하다. ¶～职位 | 직위를 도용하다.
【僭主】jiànzhǔ 名 ❶ 참주. 왕위를 찬탈한 사람. ❷〈史〉참주 [B.C. 7세기부터 B.C. 3세기까지 그리스 아테네를 지배한 집정관]
【僭坐】jiànzuò 動 謙 실례합니다 [남보다 상석에 앉을 때에 쓰는 말] =〔僭座zuò〕

【谏(諫)】jiàn 간할 간 書動 (임금이나 웃사람에게) 간하다. 간언하다. ¶纳～ | 간언을 듣다.
【谏臣】jiànchén 書名 직간하는 신하.
【谏劝】jiànquàn 書動 간하다. 충고하다.
【谏言】jiànyán 書名 간언. 충고.
【谏诤】jiànzhèng 書動 직간하다.
【谏阻】jiànzǔ 動 (어떤 일을) 충고하여 저지하다〔막다〕. ¶竭力～金九去平壤 | 김구선생이 평양가는 것을 힘을 다해 충고하여 저지하다.

2【箭】jiàn 살 전 書名 ❶ 名 화살. ¶射～ =〔放箭〕| 활을 쏘다. ¶光阴似～ | 세월가는 것이 화살같이 빠르다. ❷ 대나무. ¶嘉树美～ | 좋은 나무와 아름다운 대나무. ❸ 꽃대. 꽃줄기.
【箭靶子】jiànbǎ·zi 名 (화살의) 과녁.
【箭步】jiànbù 名 (화살 같이) 빠른 걸음. 단숨에 멀리 뛰는 걸음.
【箭楼(子)】jiànlóu(·zi) 名 (관찰을 하거나 화살을 쏘는 구멍이 있는) 성루(城樓).
【箭石】jiànshí 名〈考古〉전석. 벨렘나이트(Belemnite) [오징어류에 속하는 고생물 화석]
【箭头(儿, 子)】jiàntóu(r·zi) ❶ 名 화살촉. ❷ ⇒〔箭嘴zuǐ〕
【箭在弦上】jiàn zài xián shàng 成 화살이 이미 시위에 걸리다. 부득이 그렇게 하지 않으면 안되는 상황에 처하다. ¶～, 不得不发 | 成 화살이 이미 시위에 걸렸으니, 쏘지 않을 수 없다 =〔矢在弦上〕
【箭猪】jiànzhū 名 ❶〈動〉호저 =〔豪háo猪〕 ❷ 喻 성을 잘내는 사람.
【箭镞】jiànzú 名 (쇠로 만든) 화살촉.
【箭嘴】jiànzuǐ 名 화살표 =〔箭头(儿, 子)②〕〔箭头形〕

jiāng ㄐㄧㄤ

1【江】jiāng 물이름 강 名 ❶ 강. ¶洛东～ | 낙동강. ❷ (Jiāng) 簡〈地〉「长江」(양자강(揚子江))의 약칭. ❸ (Jiāng) 성(姓)
【江北】Jiāngběi 名〈地〉❶ 강북 [양자강 하류의 북쪽에 인접한 강소성(江蘇省)과 안휘성(安徽省) 일대. ❷ 강북 [양자강 이북 지역] ❸ 가릉강(嘉陵江)과 장강(長江)의 합류 지점에 있는 사천성(四川省)의 현 이름.
【江表】Jiāngbiǎo 名〈地〉옛날, 양자강 이남지역을 일컫던 말. ¶～英豪, 都归附guīfù刘备 | 강표의 영웅 호걸이 모두 유비를 따르다.
【江防】jiāngfáng 名 ❶ 양자강의 치수 설비(治水設備). ❷ 양자강의 군사 방어 시설.
【江河】Jiāng Hé 名 ❶ 양자강과 황하(黃河) ❷ (jiānghé) 하천. 강. ¶～日下 | 成 강물이 날마다 아래로 흐르다. 형세가 점점 악화되다.
【江湖】ⓐ jiānghú ❶ 名 강과 호수 [「三江五湖」의 약칭] ❷ 名 세간(世間). 세상. 사방 각지. ¶走～ | 세상을 떠돌다. ¶吃～饭 | 세상을 돌아다니면서 생활하다. ¶闯荡～几十年 | 몇십년간 방랑생활을 하다. ❸ 動 세상사를 잘 알다. 세상 물정을 잘 알다. ¶老～ | 산전수전을 다 겪어 세상 물정을 잘 아는 노련한 사람. ❹ 形 허풍이 많다. ¶他说得很～ | 그는 허풍을 잘 친다.
ⓑ jiāng·hú 名 세상 각지를 떠돌아 다니며 사는 사람. 천지를 유람하며 사는 사람 =〔江湖客〕〔江湖派〕〔江湖人〕
【江湖大夫】jiāng·hú dài·fu 名 돌팔이 의사 =〔江湖郎中〕〔蒙古大夫〕
【江湖郎中】jiāng·hú lángzhōng ⇒〔江湖大夫〕
【江湖骗子】jiāng·hú piàn·zi 成 세상을 떠돌아다니며 속임수를 쓰거나 가짜약 등을 파는 사람. 喻 사기꾼. 협잡꾼.
【江郎才尽】jiāng láng cái jìn 成 ❶ 재능이 다하다. ¶他早年很有才气cáiqì, 现在xiànzài则已经yǐjīng～ | 그는 어려서는 대단히 재기가 있었으나, 지금은 이미 재능이 다하였다. ❷ 글재주가 점점 못해지다.
【江蓠】jiānglí 名〈植〉❶ 강리 =〔茳jiāng蓠〕〔海面线〕❷ 고서(古書)에 나오는 향초(香草).
【江里来水里去】jiāng ·li lái shuǐ ·li qù 成 강에서 와서 물로 가다. 얻을 때 방법 그대로 잃어버리다. 부정하게 얻은 재물은 오래 못간다.
【江轮】jiānglún 名 강에만 운행하는 기선.
【江米】jiāngmǐ 名 찹쌀. ¶～酒jiǔ =〔酒酿niàng〕〔醪糟láozāo〕|〈食〉찹쌀로 빚은 술. 감주. ¶～面miàn | 찹쌀 가루. ¶～糖táng |〈食〉길쭉한 장방형이나 일정하게 2 내지 3 크기로 썰은 엿. 찹쌀 강정. ¶～人 =〔江米面人儿〕| 찹쌀 가루를 쪄서 빚은 인형. 또는 그러한 세공(細工) ‖ =〔糯nuò米〕
【江南】Jiāngnán 名〈地〉❶ 강남 [양자강 하류 이남의 지역. 강소(江蘇)·안휘(安徽) 두 성(省)의 남부와 절강성(浙江省) 북부 지역] ❷ 강남 [양자강 이남의 지역] ¶～方言 | 강남 방언. ¶～的景色十分秀丽xiùlì | 강남의 경치는 대단히 수려하다.
【江山】jiāngshān 名 ❶ 강산. 산하. 轉 국토. 천하(天下) [주로 국가 또는 국가의 지배권을 가리킴] ¶～易改, 禀bǐng性难移 =〔山河好改, 秉性难移〕〔江山可改, 本性难移〕| 諺 강산은 쉽게 바꿔어도 본성은 바꾸기 어렵다. 세살적 버릇 여든 간다. ¶打～ | 천하를 평정하다. ¶坐～ | 喻 정권을 잡다. ❷ 책임. 역할. ¶搞生产, 牲口就是半个～, 不把它喂壮实不行啊! | 생산을 하는 데에는 가축이 반 몫을 하니, 튼튼하게 기르지 않으면 안돼!
【江天】jiāngtiān 名 강 위의 드넓은 하늘.
【江豚】jiāngtún 名〈動〉상괭이 =〔江猪zhū〕〔懒lǎn妇鱼〕
【江西腊】jiāngxīlà ⇒〔翠cuì菊〕
【江西人锯碗, 自顾自】jiāng·xirén jū wǎn, zìgù zì 歇 자기 일이 바빠서 남에게 신경쓸 틈이 없다.
【江洋大盗】jiāng yáng dà dào 成 강이나 바다에서 약탈을 일삼는 강도. 천하에 악명을 떨치고 다니는 해적. ¶遇着几只～的船 | 몇 척의 해적선을 만나다.

【江珧】jiāngyáo 名〈魚貝〉살조개. 안다미조개. 강요주(江瑶珠)＝〔江瑶yáo〕〔玉yù珧〕

【江猪】jiāngzhū ⇒〔江豚tún〕

【茳】jiāng 천궁오 강 ⇒〔茳芏〕

【茳芏】jiāngdù 名〈植〉방동사니과에 속하는 다년초 식물 [방석·돗자리 등을 만드는 데 쓰임]＝〔席xí草〕

【豇】jiāng 광저기 강 ⇒〔豇豆〕

【豇豆】jiāngdòu 名〈植〉광저기. 강두. ¶～炒茄子是家常｜강두와 가지로 볶은 요리는 일상적인 집안 음식이다＝〔长cháng豆〕〔豆角〕〔饭豆〕〔裙qún带豆〕

4【姜】① Jiāng 성 강 名 성(姓).

【姜太公在此】諺 Jiāngtàigōng zàicǐ 강태공이 여기에 있다. 만사가 순조롭게 해결되다 [강태공은 주(周)나라 무왕(武王)을 도와 천하를 평정한 인물로 민간에서는 액운을 막아주는 신으로 신봉되어 종이나 돌에 「(姜)太公在此, 百无禁忌」「(姜)太公在此, 诸神退位」등의 말을 써서 부적으로 사용했음]＝〔太公在此〕

4【姜(薑)】② jiāng 생강 강 ❶名〈植〉생강. ¶鲜xiān～｜날생강. ¶干gān～｜마른 생강. ❷動 부추기다. 선동하다. ¶因为你～他们, 他们打起来｜네가 그들을 선동했기 때문에, 그들이 싸우기 시작했다.

【姜桂】jiāngguì ❶名 생강과 계피. ❷形喻 강의(剛毅)하다. 강직하다.

【姜黄】jiānghuáng 名 ❶〈植〉강황＝〔宝bǎo鼎香〕 ❷〈色〉생강색과 같은 황색.

【姜片虫】jiāngpiànchóng 名〈動〉비대흡충

【姜是老的辣】jiāng shì lǎo·de là 諺 생강은 여문 것이 맵다. 나이가 들면 경험이 풍부해지고 일을 처리하는 것도 노련하다.

【姜汤】jiāngtāng 名〈食〉생강탕.

【姜芋】jiāngyù 名〈植〉식용 홍초＝〔芭bā蕉芋〕〔蕉jiāo藕〕

1【将(將)】jiāng jiàng qiāng 장차 장, 문득 장, 장수 장

Ⓐ jiāng ❶副 장차. 곧. 바로. ¶火车～进站了｜기차가 곧 역으로 들어오려 한다. ¶大风～至｜큰 바람이 곧 불려고 한다＝〔将要〕〔快要〕 ❷副 방금. 지금. 막. ¶他～到北京｜그는 막 북경에 도착하였다. ❸副 겨우. 가까스로. ¶这间屋子～能坐十个人｜이 방에는 겨우 열 사람이 앉을 수 있다. ¶人数～够｜인원수가 가까스로 채워졌다. ❹書副 또한. 또. …하기도 하고 …하다. 어법 「将… 将…」의 형식으로 쓰임. ¶～信～疑↓ ❺書副 혹은. 아니면. ¶言乎～不言乎｜말을 할 것인가 말것인가? ❻介 …을[를]. 어법 「把」와 용법은 같으나 서면어(書面語)에 쓰임. ¶～门关上｜문을 잠그다. ¶～他请来｜그를 청해 오다→〔把〕 ❼介 …으로써. …로. 어법 성어(成語)나 숙어에 자주 보이며 「拿」와 같음. ¶～错就错↓ ¶～心比心｜마음으로 마음을 헤아리다→〔拿〕 ❽書動 부축하다. 돕다. ¶出郭相扶～｜서로 부축하여 성곽을 나가다. ❾書動 데리다. 거느리다. ¶～幼弟而归｜어린 동생을 데리고 돌아가다. ❿動近 들다. 가지다. 잡다. ¶～酒来｜술을 가져오다. ⓫動 몸조리하다. ¶～息↓ ¶～养↓ ⓬動方 (가축이) 번식하다. (새끼를) 낳다. ¶～羔gāo｜양을 번식하다. ⓭書動 처리하다. 처치하다. ¶慎重～事｜신중히 일을 처리하다. ⓮動 (장기에서) 「장군」하고 부르다. ¶我～了他一军｜난 그에게 장군을 불렀다. ⓯動 자극하다. 부추기다. 충돌하다. ¶他已经下了决定, 你再～他也没用｜그는 이미 결정을 내렸으니, 너가 그를 부추겨도 소용없다. ⓰書動 보내다. 전송하다. ¶百辆～之｜100대의 수레로 전송하다. ⓱書動 나아가다. 진보하다. ¶日就月～｜일취월장하다. ⓲助近 동사와 방향보어의 중간에 쓰여, 동작의 시작이나 지속을 나타냄. ¶走～进去｜걸어 들어가다. ¶唱～起来｜노래부르기 시작하다. ⓳ (Jiāng) 名 성(姓).

Ⓑ jiàng ❶名 장군. 장수. 지휘관. ¶上～｜중장. ¶大～｜대장. ❷書動 거느리다. 통솔하다. ¶不善～兵而善～将｜병졸은 잘 지휘하지 못하지만 장군은 잘 다스린다. ❸尾俗 …을 잘하는 사람. …쟁이. …대장. ¶喝～｜술 대장. ¶吃～｜대식가. ¶耍shuǎ～｜노름쟁이.

Ⓒ qiāng 書動 청하다. 원하다. ¶～伯之助｜어른에게 구원을 청하다.

Ⓐ jiāng

【将错就错】jiāng cuò jiù cuò 動組 成 잘못인줄 알면서도 계속 잘못을 저지르다. 잘못된 김에 계속 잘못된 길로 나가다＝〔以yǐ歪就歪〕〔倚yǐ歪就歪〕〔因yīn势乘势〕

【将功赎罪】jiāng gōng shú zuì 成 공을 세워 속죄(贖罪)하다. ¶做错了事, 应该努力补过, ～｜일을 잘못 처리했으면, 반드시 노력 보충하고, 공을 세워 속죄를 해야 한다＝〔将功补bǔ过〕〔将功折zhé罪〕

【将计就计】jiāng jì jiù jì 成 장계취계. 상대방의 계략을 역이용하여 상대방을 공격하다.

【将将】ⓐ (～儿) jiāngjiāng(r) 副 ❶ 가까스로. 겨우. 간신히. ❷ 방금. 막. 이제.

ⓑ jiàng jiàng 대장을 통솔하다[거느리다].

4【将近】jiāngjìn 動 거의 …에 가깝다. ¶～黄昏, 天下起了雨｜거의 황혼 무렵이 되자, 비가 내리기 시작했다.

【将就】jiāng·jiu 動 우선 아쉬운 대로 참고 견디다. 그럭저럭 참고 쓰다. ¶暂zàn且～着住｜잠시 아쉬운 대로 참고 지내다. ¶冷是冷, 还可以～｜춥기는 춥지만, 아직 참을 만하다.

【将巨】Jiāngjù 名 복성(複姓).

3【将军】jiāng/jūn ❶動 (장기에서) 장군을 부르다. ❷動喻 (어려운 문제로) 당황케[난처하게, 쩔쩔매게] 하다. ¶你怎么将我爸的军呢?｜너는 왜 우리 아버지를 당황하게 하니? ❸ (jiāngjūn) 名 ⓐ 장군. ⓑ 고급 장령(將領).

1【将来】jiānglái 名 장래. 미래. ¶小时候不读书,

～干什么呢? | 어려서 책 읽지 않으면, 장래에 무엇을 할꺼니?
【将闾】Jiānglǘ 名 복성(複姓).
【将他一军】jiāng tā yī jūn ❶ (장기에서) 장(군) 부르다. ❷ 궁지로 몰아넣다. 난처하게 하다. 꼼짝 못하게 하다. 좌절〔실패〕 시키다. ¶藉此机会～ | 이 기회를 빌어 그를 꼼짝 못하게 하다 ‖ =〔将一军〕
【将息】jiāngxī ❶ ⇒〔将养yǎng①〕 ❷ 動 비위를 맞추다. 알랑거리다.
【将心比心】jiāng xīn bǐ xīn 成 입장을 바꾸어 생각하여 다른 사람의 마음을 잘 이해하다. ¶人要～, 才能互相了解, 互相信任 | 사람은 입장을 바꾸어 남을 생각해보면, 서로 이해와 신뢰를 할 수 있다.
【将信将疑】jiāng xìn jiāng yí 成 반신 반의하다.
【将养】jiāngyǎng 動 ❶ 휴양하다. 양생(養生)하다. 보양(保養)하다. 몸조리하다. ❷ 양육하다. 보살피다. ¶多病的小孩儿不好～ | 병이 많은 어린이는 보살피기 힘들다.
²【将要】jiāngyào 副 막〔장차〕 …하려 하다. ¶～开始 | 막 시작하려 한다.
【将欲取之, 必先与之】jiāng yù qǔ zhī, bì xiān yǔ zhī 成 가지고 싶으면 먼저 주어야 한다.
B jiàng
【将官】ⓐ jiàngguān 名 장성(將星) [「元帅」보다는 낮고 「校官」보다는 높은 「大将」「上将」「中将」「小将」의 네 계급을 일컬음]
ⓑ jiàng·guan 名 回 고급 군관 =〔将领〕
【将将】jiàng jiàng ☞〔将将〕jiāng jiāng ⓑ
【将领】jiànglǐng 名 고급 장교. ¶重赏zhòngshǎng了一批～ | 몇 고급 장교들에게 큰 포상을 했다 =〔将官ⓑ〕
【将令】jiànglìng 名 近 군령(軍令).
【将门出虎子】jiàngmén chū hǔ zǐ 成 장군 가문에서 장군 난다 =〔将门有将〕〔将门出将子〕
【将士】jiàngshì 名 장교와 병사. ¶级～们鼓气 | 장교와 사병들에게 사기를 북돋아주다.
【将校】jiàngxiào 名〈軍〉장교.
【将遇良材】jiàng yù liáng cái 成 장령이 재간 높은 사람을 만나다. 어긋버긋한 사람끼리 맞붙다.
【将指】jiàngzhǐ 書 名 ❶ 장지. 가운뎃손가락. ❷ 엄지발가락.

3【浆(漿)】jiāng jiàng 미음 장, 풀먹일 장
A jiāng ❶ 名 진한〔걸쭉한〕 액체. ¶豆～ | 콩국. ¶牛痘～ | 왁친. ¶糖～ | 시럽 →〔液yè〕 ❷ 펄프(pulp). ¶纸～ | 종이 펄프. ❸ 動 석회. 모르타르(mortar). ¶刷～ | 모르타르를 바르다. ❹ 動 (옷 등에 먹이는) 풀. ¶上～ | (옷에) 풀을 먹이다. ❺ 動 (옷 등에) 풀을 하다〔먹이다〕. ¶～衣裳 | 옷에 풀을 먹이다.
B jiàng 「糨」과 같음 ⇒〔糨jiàng①〕
【浆果】jiāngguǒ 名〈植〉장과.
【浆糊】jiānghú 名 풀.
【浆膜】jiāngmó 名〈生理〉장막.
【浆洗】jiāngxǐ 動 (옷을) 빨아 풀을 먹이다. ¶她在家里缝补～, 也很累的 | 그녀는 집에서 바느질 수선을 하고, 옷을 빨아 풀을 먹이다보니, 대단히 피곤하다.
【浆液】jiāngyè 名 ❶ 장액. 진액. ❷〈生理〉장액.

3【僵〈殭1, 2〉】jiāng 넘어질 강
❶ 形 (죽어서) 굳다. 뻣뻣하다. 경직되어 있다. ¶～尸shī ↓ ¶冻得手脚发～了 | 얼어서 손발이 굳어졌다 ❷ 形 (식물이) 마르다. 시들다. ¶花儿都～巴了 | 꽃이 온통 시들어 버렸다. ❸ 形 교착 상태에 빠지다. ¶陷xiàn于～局 | 교착 상태에 빠지다. ¶他～了半天才说了 | 그는 한참동안 멍해 있다가 겨우 입을 열었다. ❹ 動 자극하다. 도발하다. ¶拿话一～他就动起火儿来 | 말로 자극하자 그가 화를 냈다 →〔将jiāng⑮〕 ❺ 動 方 (얼굴·표정을) 굳게〔엄숙하게〕하다. ¶他～着脸 | 그가 엄숙한 얼굴을 하고 있다.
【僵蚕】jiāngcán 名〈漢醫〉백강잠 =〔白僵蚕〕
【僵持】jiāngchí 動 양보없이 맞서다. 대치하다. ¶～不下 | 대치하여 양보하지 않다. ¶双方～了很长时间 | 쌍방이 대단히 오랜 시간 대치하였다.
【僵化】jiānghuà 形 경직되다. 교착 상태에 빠지다. 정체하다. ¶他的思想很～ | 그의 사고는 매우 경직되어 있다. ¶局势～ | 정세가 교착 상태에 빠지다.
【僵局】jiāngjú 名 교착된 국면. 교착 상태. ¶决心打破～ | 결심이 교착 상태를 타파하다.
【僵立】jiānglì 動 꼿꼿이 서(서 움직이지 않)다. ¶他～在那儿 | 그는 그곳에 꼿꼿이 서있다.
【僵尸】jiāngshī 名 ❶ 썩지 않고 굳어진 송장. ¶成为一具～ | 하나의 송장이 되었다. ❷ 喻 형식만 남아 있고 실질은 이미 없어진〔생명력이 없는〕 것. 썩어 빠진 것 →〔尸体〕
【僵死】jiāngsǐ 動 죽어 경직되다. 喻 경직되어 생명력을〔생기를〕 잃다. ¶～的语言 | 경직되어 생명력이 없는 언어.
【僵硬】jiāngyìng 形 ❶ (몸이) 뻣뻣하다. ❷ 융통성이 없다. 딱딱하다. ¶～的工式gōngshì | 딱딱한 공식. ¶态度tàidù十分shífēn～ | 태도가 아주 융통성이 없다.
【僵直】jiāngzhí 形 뻣뻣하다.

【缰(繮)〈韁〉】jiāng 고삐 강
名 (말)고삐. ¶放～ =〔松sōng缰〕 | 고삐를 늦추다. ¶收～ | 고삐를 조이다. ¶信马由～ | 成 말을 타고 발길 닿는 대로 몰아가다. 주견이 없이 남의 말에 놀아나다. 마음대로 하도록 내버려두다.
【缰绳】jiāng·sheng 名 (말)고삐.

【礓】jiāng 자갈 강

3【疆】jiāng 지경 강
❶ 경계. 국경. ¶边～ =〔边境〕 | 변경. ¶新边～ | 外 뉴 프론티어(New Frontier)의 역어. ❷ 국토. ¶～土 ↓ ❸ 한계. 끝. ¶万寿无～ | 만수무강. ❹ (Jiāng) 名 簡〈地〉「新疆」(신강)의 약칭.
【疆场】jiāngchǎng 書 名 전장(戰場). 싸움터. ¶

驰骋chíchěng~ | 싸움터를 말타고 달리다=〔沙shā场〕〔战zhàn场〕
【疆界】jiāngjiè 名 국경. 경계. ¶~不清 | 경계가 분명하지 않다.
【疆吏】jiānglì 書 名 ❶ 지방 장관. ❷ 국경을 지키는 관리.
【疆土】jiāngtǔ 名 강토. 영토. ¶这都是韩国的~ | 이 모두가 한국의 강토이다.
【疆埸】jiāngyì 書 名 ❶ 밭두둑. 경작지의 경계=〔田tián边〕❷ 변경(邊境). 국경.
【疆域】jiāngyù 名 강역. 국가의 영토.

jiǎng ㄐㄧㄤˇ

2【奖(奬)】jiǎng 표창할 장 ❶ 칭찬하다. 격려하다. 장려하다. ¶~励↓ ❷ 動 표창하다. ¶有功者~ | 유공자는 표창하다. ❸ 名 상. 상품. 상금. ¶发~ | 상을 주다. ❹ 名 당첨금. 당첨. ¶中zhōng~ | 당첨되다.
【奖杯】jiǎngbēi 名 상배(賞杯). 우승컵.
【奖惩】jiǎngchéng 名 장려와 징벌. 상벌(賞罰). ¶~严明 | 상벌이 엄정하다.
【奖罚】jiǎngfá 名 상벌(賞罰).
【奖罚兑现】jiǎngfá duìxiàn 動組 상벌을 실제로 행하다. 신상필벌(信賞必罰).
3【奖金】jiǎngjīn 名 상금. 장려금. 상여금. 보너스. 프리미엄(premium). ¶诺贝尔~ | 노벨 상금. ¶~挂帅 | 상금 제일주의. ¶~制度 | 상여금〔보너스〕제도.
【奖进】jiǎngjìn 動 장려하여 (앞으로) 나아가게 하다.
3【奖励】jiǎnglì 名 動 ❶ 장려(하다). ¶出口~金 | 수출 장려금. ¶~省工 | 재료 절약을 장려하다. ¶物质~ | 물질적 장려. ❷ 표창(하다). ¶~劳模 | 모범 노동자를 표창하다. ❸ 칭찬(하다).
【奖牌】jiǎngpái 名 ❶ 상패. ¶挂~ | 상패를 걸어두다. ❷ 메달. ¶荣获多枚~ | 여러 개의 메달을 영광스럽게 획득하다.
4【奖品】jiǎngpǐn 名 상품. 장려.품 ¶分发~ | 상품을 나누어 주다=〔奖赏shǎng品〕
【奖券】jiǎngquàn 名 복권. 추첨권=〔俗 彩cǎi票〕
【奖赏】jiǎngshǎng 名 動 상(을 주다). ¶~有功人员 | 유공자에게 상을 주다.
【奖售】jiǎngshòu 動 제품의 판매를 장려하다.
2【奖学金】jiǎngxuéjīn 名 장학금. ¶获得得一份~ | 장학금을 받다.
【奖掖】jiǎngyè 書 動 장려하고 발탁하다. ¶~后进 | 후진을 장려하고 발탁하다=〔奖挹yì〕
【奖章】jiǎngzhāng 名 (장려·표창의) 휘장·포장·메달.
4【奖状】jiǎngzhuàng 名 상장=〔奖凭píng〕

【蒋(蔣)】Jiǎng 나라이름 장 名 ❶ 주대(周代)의 나라이름. ❷ 성(姓).

4【桨(槳)】jiǎng 노 장 名 (작은) 노 [큰 것은「橹lǒ」라 함] ¶划huá~ | 노를 젓다.
【桨升飞机】jiǎngshēng fēijī ⇒〔直zhí升飞机〕
【桨式飞机】jiǎngshì fēijī 名組 프로펠러 비행기=〔螺luó旋桨飞机〕
【桨叶】jiǎngyè 名 프로펠러. 패들(paddle)=〔明轮叶〕〔蹼板〕

1【讲(講)】jiǎng 이야기할 강 ❶ 動 말하다. 이야기하다. ¶~话↓ ¶她会~英语 | 그녀는 영어를 할 수 있다→〔谈〕〔说〕❷ 動 설명하다. 해석하다. 강의하다. ¶这本书是~科学的 | 이 책은 과학에 대하여 설명한 것이다. ¶这段文章不好~ | 이 문장은 해석하기가 힘들다. ❸ 動 변론하다. 주장하다. (…에 대해서) 논하다. ¶~理↓ ¶~技术他不如你, ~干劲儿他比你足 | 기술을 논한다면 그가 너만 못하지만, 열의를 논한다면 그가 너보다 낫다. ❹ 動 상담하다. 상의하다. 교섭하다. ¶~条件 | 조건을 협의하다. ¶~好了价儿了 | 값에 대한 교섭이 끝났다. ❺ 動 중시하다. 주의하다. ¶工作要~效率 | 일은 능률을 중시해야 한다. ¶~卫生 | 위생에 주의하다. ❻ (~儿) 名 의미. 뜻. 도리. ¶这句话有~儿吗? | 이 말은 의미가 있느냐?
【讲唱文学】jiǎngchàng wénxué 名組 강창문학 [강(講)하는 부분은 산문으로, 창(唱)하는 부분은 운문으로 이루어진 중국의 민간문학. 송대(宋代)의 고자사(鼓子詞), 원대(元代)의 사화(詞話), 명청(明清)시대의 탄사(彈詞)·고사(鼓詞) 등]=〔说唱文学〕
【讲法】jiǎng·fa 名 ❶ 조사(措詞) [시가(詩歌)·문장(文章)의 창작에 있어서 적당한 문구를 배치 또는 선용(選用)하는 것]=〔措cuò词〕❷ 의견. 견해. ❸ 설명. 해석. ¶这个字有几种~ | 이 글자는 여러가지 해석이 있다→〔说法〕
【讲稿(儿)】jiǎnggǎo(r) 名 강연·보고·강의 등의 원고.
【讲古】jiǎnggǔ 動 ❶ 지나간 말을 하다. 轉 트집잡다. ❷ 옛날 이야기를 하다. 강담(講談)하다. ¶~佬 | 강담사.
【讲和】jiǎng/hé 動 강화하다. ¶我们现在~吧 | 우리 지금 강화합시다.
2【讲话】jiǎng/huà ❶ 動 이야기하다. 발언하다. ❷ (jiǎnghuà) 名 강화. 담화. 연설. 말. ❸ (jiǎnghuà) 名 강화 [주로 입문서의 성격을 띤 책 이름에 쓰임] ¶文章~ | 문장 강화.
【讲价(儿)】jiǎng/jià(r) 動 ❶ 값을 교섭하다. 값을 흥정하다. ❷ 조건을 걸다. ¶不论多难多险, 我没有讲过价儿 | 아무리 어렵고 험해도 나는 조건을 건 적이 없다 ‖=〔讲价钱〕〔方 讲盘pán儿〕〔方 讲盘子〕
【讲交情】jiǎng/jiāo·qing 動組 우의를 중시하다. ¶这老小子从不~ | 이 늙은이는 지금까지 우의를 중시하지 않았다.
4【讲解】jiǎngjiě 動 설명하다. 해설하다. ¶把这段古文给我~一下 | 이 단락의 고문을 저에게 설명해 주십시오. ¶~员 | (박물관 등의) 안내원. 해설자.
3【讲究】ⓐ jiǎngjiū ⓑ jiǎngjiù) 動 강구하다. 연구

하다.
ⓑ jiǎng·jiu ❶動 중히 여기다. 소중히 하다. 염두에 두다. 문제 삼다. 따지다. 신경을 쓰다. ¶～卫生 | 위생에 신경을 쓰다. ¶写文章一定要～逻辑luójí | 글을 쓰는 데에 있어서 반드시 논리성을 중히 여겨야 한다. ❷動 취미를 가지다. 특별한 습관을 가지다. ¶中国人～吃瓜子儿 | 중국인은 호박씨를 까먹는 습관을 지니고 있다. ❸形 정교하다. 꼼꼼하다. ¶会场布置得很～ | 회의장을 아주 정교하게 잘 꾸몄다. ❹動 뒷공론을 하다. (뒤에서 남을) 비평하다. ¶背地里～人 | 뒤에서 이러쿵 저러쿵 남의 말을 하다. ❺(～儿) 名 따져볼〔음미할〕 만한 것. 의의. (숨은) 의미. 주의하거나 되고할 만한 내용〔이치〕. ¶难道这里面还有什么～吗? | 설마 이가운데 또 무슨 의미가 있다는 말인가? ❻(～儿) 名 볼품. ¶这个建筑jiànzhù真有个～ | 이 건축물은 정말 볼품이 있다.
3【讲课】jiǎng/kè 動 강의하다. ¶下午讲了三堂课 | 오후에 세 시간 강의하였다. ¶～时数 | 강의 시간수.
4【讲理】jiǎng/lǐ ❶動 시비(是非)를 가리다. 이치를 따지다 =〔理论①〕 ❷形 도리를 알다. 도리를 따르다. ¶他很～ | 그는 도리를 잘 따른다. ¶蛮mán不～ | 成 전혀 도리를 모르다 =〔讲情理〕〔说理②〕
【讲礼貌】jiǎng lǐmào 動組 예의 바르다.
【讲论】jiǎnglùn 動 숙덕공론하다. 담론(談論)하다. ¶我们正～你呢 | 우리들은 막 네 얘기를 하고 있던 참이야.
【讲面子】jiǎng miàn·zi 動組 체면을 중시하다〔따지다〕.
【讲明】jiǎngmíng 動 명백히 말하다. 표시하다. 확실히 공표하다. 분명히 밝히다. ¶～事实真相 | 사실의 진상을 확실히 공표하다.
【讲排场】jiǎng páichǎng 動組 겉치레를 좋아하다. 격식을 따지다〔차리기 좋아하다〕.
【讲盘儿】jiǎng/pánr ⇒〔讲价jià(儿)〕
【讲评】jiǎngpíng 名 動 강평(하다).
【讲情】jiǎng/qíng 動 ❶(남을 위해) 통사정하다. 사정을 말하다. ❷대신 사과하다 ‖ =〔说情(儿)〕
【讲求】jiǎngqiú 動 ❶강구하다. 추구하다. 중시하다. ❷연구하다.
【讲师】jiǎngshī 名 ❶강사. 강연·강의를 하는 사람. ❷(학교의) 전임 강사.
【讲史】jiǎngshǐ 名 강사 [송대(宋代) 설화(說話)의 일종. 역사적 사실을 이야기로 꾸민 민간문학의 한 양식. 후대 연의소설(演義小說)의 모체가 됨] =〔讲史书〕→〔说话〕
【讲授】jiǎngshòu 動 강의하다. 교수하다. ¶李教授在蔚山大学～中国语学概论 | 이교수님은 울산대학에서 중국어학개론을 강의하신다.
4【讲述】jiǎngshù 動 (일이나 도리 등을) 진술하다. 강술하다 ¶～了事情的原委yuánwěi | 사건의 경위를 진술했다 =〔讲敍xù〕
【讲死】jiǎngsǐ 動 (변동이 없도록) 잘라 말하다. 단언하다. ¶这事还不能～ | 이 일은 아직 단언할 수 없다.
【讲台】jiǎngtái 名 교단. 강단. 연단 =〔讲坛①〕
【讲坛】jiǎngtán ❶⇒〔讲台〕 ❷名 강연·토론회 장소.
【讲堂】jiǎngtáng 名 ❶옛날, 사원〔학교〕 등에서 경서를 강론하던 곳. ❷교실 =〔教jiào室〕
【讲头儿】jiǎng·tour 名 말 할 만한 것. 말 할 가치. ¶这有什么～? | 이것이 무슨 말 할만한 가치가 있니?
【讲妥】jiǎngtuǒ 動 (상담하여) 합의가 되다. 교섭이 타결되다.
【讲卫生】jiǎng wèishēng 動組 위생을 중시하다. 위생에 신경을 쓰다.
【讲席】jiǎngxí 名 교사가 강의하는 자리. ¶设了一个～ | 강의용 자리를 설치 했다.
【讲习】jiǎngxí 名 動 강습(하다). ¶～班 | 강습반. ¶～会 | 강습회. ¶～所 | 강습소.
【讲学】jiǎng/xué 動 학문을 강의하다. 학술강연을 하다. ¶康老师在这里讲过学 | 강선생님은 여기서 학술 강연을 한 적이 있다.
4【讲演】jiǎngyǎn 名 動 강연(하다). 연설(하다).
3【讲义】jiǎngyì ❶名 動 강의(하다). ❷名 강의안. 강의록.
【讲章儿】jiǎngzhāngr 名 설명문. 설명. 해석
2【讲座】jiǎngzuò 名〈教〉강좌. ¶汉语广播guǎngbō～ | 방송 중국어 강좌.

【耩】 jiǎng 밭갈 강
書 動「耧lóu子」(파종기)로 씨를 뿌리다. ¶锄chú干～湿 | 마른 땅을 갈고, 습한 땅에 씨를 뿌리다→〔播bō种〕
【耩子】jiǎng·zi 名 方〈機〉파종기 =〔耧lóu子〕

jiàng ㄐㄧㄤˋ

4【匠】 jiàng 장인 장
❶名 장인(匠人). ¶木～ | 목수. ¶能工巧～ | 숙련공. 명공(名工). ❷조예가 깊은 사람을 높여 이름. ¶艺术巨～ | 예술의 거장. ❸고안(考案). 궁리. 착상(着想). ¶意～ | (시문·회화 등의) 구상. 창안. 고안.
【匠人】jiàngrén 名 장인. ¶他父亲是个做竹器的～ | 그의 부친은 대나무 그릇을 만드는 장인이다.
【匠心】jiàngxīn 書 名 장심. 장의(匠意). 궁리. 고안. ¶独具～ | 成 (기술이나 예술 방면에) 독창성이 있다 =〔匠意yì〕
【匠心独运】jiàng xīn dú yùn 成 독특한 구상. 기발한 착상. ¶他～, 画了这么一幅高明的画儿 | 그는 독특한 구상으로, 이렇게 고명한 그림 한 폭을 그렸다.

【洚】 jiàng ⊗ hóng) 큰물 홍
名 ❶큰물. ❷지명에 쓰이는 글자. ¶杨家～ | 양가강 [호북성(湖北省) 천문현(天門縣) 서북에 있음]
【洚水】jiàngshuǐ 書 名 홍수. 큰물.

2【降】 jiàng xiáng 내릴 강, 항복할 항
Ⓐ jiàng ❶動 내리다. 떨어지다. ¶～雨↓ ¶温度

～到冰点了 | 온도가 빙점까지 내려갔다. ❷動 내리게 하다. 떨어뜨리다. ¶～价↓ ¶～级↓ ❸(Jiàng) 名 성(姓).

Ⓑ xiáng ❶動 항복하다. 투항하다. ¶宁死不～ | 죽을지언정 항복하지 않다. ❷動 항복시키다. 길들이다. 제압하다. (해충 등을) 방제하다. ¶猫～得住耗子hàozi | 고양이는 쥐를 제압할 수 있다. ¶这种虫子用杀虫剂能～得住 | 이런 벌레들은 살충제로 방제할 수 있다.

Ⓐ jiàng

【降半旗】jiàng bànqí 動組 반기〔조기〕를 게양하다. ¶～致哀 | 조기를 게양하여 애도의 뜻을 나타내다 =〔下半旗〕

2【降低】jiàngdī 動 낮추다. 내리다. 내려가다. ¶生活水平～了 | 생활 수준이 내려갔다.

【降调】jiàngdiào ❶動簡 직위를 낮춰서 전임시키다. 좌천하다 [「降级调用」의 약칭] ❷名〈言〉하강 음조(下降音調).

【降服】jiàngfú 動 강복하다. 오복(五服)의 복제(服制)에 따라 복(服) 입는 등급이 내리다[양자간 아들의 생가 부모에 대한 복제 따위가 이에 해당함]

【降格】jiàng/gé 書動 ❶(기준·신분 등을) 낮추다. 격을 낮추다. ¶～以求 | 成 기준을 낮추어서 구하다. ❷신령이 하늘에서 내려오다.

【降级】jiàng/jí 動 ❶(관리의) 등급을 낮추다. ¶～处分 | 등급을 낮추어 처벌하다. ¶～留任 | 직급를 낮추어 유임시키다. ¶～调用 =〔降调diào〕| 좌천하다 =〔降黜chù〕❷낙제시키다. 유급시키다.

4【降价】jiàng/jià ❶動 값이〔값을〕 내리다. 가격을 인하하다. ¶～出售chūshòu积压商品 | 가격을 인하하여 방치된 상품을 판매하다. ❷(jiàngjià) 名 가격 인하.

【降结肠】jiàngjiécháng 名〈醫〉하행 결장.

4【降临】jiànglín 書動 미치다. 닥치다. 찾아오다. ¶夜色～ | 어둠이 밀려오다.

4【降落】jiàngluò 動 ❶착륙하다. ¶～伞sǎn | 낙하산. ❷(가격 등이) 떨어지다.

【降幂】jiàngmì 名〈數〉내림차.

【降旗】jiàng/qí 動 기를 내리다 ⇔〔挂guà旗〕

【降生】jiàngshēng 動 ❶강생하다. 강탄(降誕)하다 =〔降凡fán〕〔降世shì〕❷출생하다. ¶他自～以来, 没过上一天好日子 | 그는 출생한 이래로, 하루도 편한 날이 없었다.

【降水】jiàngshuǐ 名〈氣〉강수. ¶～量 | 강수량. ¶人工～ | 인공 강우.

【降温】jiàng/wēn ❶動 온도를〔온도가〕 내리다. 기온이 내리다. ❷(jiàngwēn) 名 기온의 하강. ❸(jiàngwēn) 名 (공장 등의) 냉방. ¶～设备 | 냉방 설비.

【降香】jiàngxiāng 名 ❶〈植〉강진향(降眞香) =〔降香木〕〔降真香〕❷옛날, 천자가 향을 피우고 기우제를 지내는 것.

【降心相从】jiàng xīn xiāng cóng 成 자기의 뜻을 굽히고 남의 뜻에 복종하다.

【降雪】jiàng/xuě 書 ❶動 눈이 내리다. ❷(jiàngxuě) 名 강설. ¶～量 | 강설량.

【降压】jiàngyā 名〈電氣〉강압. ¶～器 | 강압기. ¶～变电站 | 강압 변전소. ¶～变压器 | 강압 변압기.

【降雨】jiàng/yǔ 書 ❶動 비가 내리다. ❷(jiàngyǔ) 名 강우. ¶～量 | 강우량. ¶人工～ | 인공 강우.

【降职】jiàng/zhí 動 강직되다〔시키다〕. ¶降他的职 | 그를 강직시키다. ¶给他～处分 | 그를 강직시켜 처리하다.

Ⓑ xiáng

【降表】xiángbiǎo 書名 항복할 뜻을 적에게 알리는 글.

【降伏】xiángfú 動 굴복〔복종〕시키다. 길들이다. ¶～劣马 | 거친 말을 길들이다. ¶～了对手 | 적수를 굴복시키다.

【降服】xiángfú ☞〔降服〕jiàngfú ⓑ

【降龙伏虎】xiáng lóng fú hǔ 成 (법력으로) 용을 굴복시키고 범을 제압하다. 강적〔강대한 세력〕을 이기다. ¶他有～的能耐néngnài | 그는 강적을 이기는 능력을 지니고 있다.

【降顺】xiángshùn 書動 항복〔굴복〕하여 순종하다.

【绛(絳)】 jiàng 진홍 강

❶書名〈色〉짙은 적색. 진홍색. ❷(Jiàng) 名〈地〉강현(絳縣) [산서성(山西省)에 있는 현 이름]

【绛紫】jiàngzǐ 名〈色〉진홍색.

【虹】 jiàng ☞ 虹 hóng Ⓑ

【弶】 jiàng 덫 경

方 ❶名 (쥐·참새 등을 잡는) 덫. 올가미. ¶装zhuāng～ | 덫을 놓다. ❷動 덫으로〔올가미로〕 잡다.

【将】 jiàng ☞ 将 jiāng Ⓑ

【浆】 jiàng ☞ 浆 jiāng Ⓑ

2【酱(醬)】 jiàng 장 장

❶名 된장. ¶黄～ | 소맥분과 대두로 만든 누런 된장. ¶甜面～ | 밀가루로 만든 달콤한 된장. ¶炸～面 | 짜장면. ❷된장과 비슷한 풀 상태의 식품. ¶果子～ | 과일잼. ¶辣椒làjiāo～ | 고추장. ¶番茄fānqié～ | 토마토 케첩. ¶打成烂泥～ | 죽탕이 되도록 치다. ❸名〈色〉짙은 갈색. 암갈색. ❹된장이나 간장에 절인 야채. 간장으로 조린 고기. ¶～黄瓜huángguā | 오이 장아찌. ¶～肘子zhǒuzi↓ ❺動 된장이나 간장으로 야채를 절이다. ¶把萝卜～一～ | 무를 된장에 절이다. ❻「糨」과 같음 ⇒〔糨jiàng②〕

【酱菜(儿)】jiàngcài(r) 名〈食〉간장에 절인 야채. ¶韩国的～很好吃 | 한국의 절인 야채는 매우 맛있다.

【酱豆腐】jiàngdòu·fu 名〈食〉소금에 절여 가공한 두부 =〔腐乳rǔ〕〔方乳腐〕→〔豆腐〕

【酱坊】jiàngfáng ⇒〔酱园yuán〕

【酱缸】jiànggāng 名 장독. 장 항아리.

【酱瓜】jiàngguā 名 ❶ 월과(越瓜). ❷(~儿)〈食〉된장에 절인 월과.
【酱肉】jiàngròu ❶ 名〈食〉돼지고기 장조림. ❷(jiàng ròu) 돼지고기를 간장에다 조리다.
【酱色】jiàngsè 名〈色〉진한 홍갈색(紅褐色).
【酱鸭】jiàngyā ❶ 名〈食〉간장에 조린 오리고기. ❷(jiàng yā) 오리를 간장에 조리다.
2【酱油】jiàngyóu 名 간장. ¶~瓶 | 간장병.
【酱园】jiàngyuán 名 간장·된장·장아찌 등을 전문으로 만들어 파는 상점 =〔酱坊fāng〕〔酱房fáng〕
【酱肘子】jiàngzhǒu·zi 名〈食〉돼지 다리 살고기를 크게 썰어 간장과 향료를 넣어서 달게 조린 음식.
【酱紫(色)】jiàngzǐ(sè) 名〈色〉짙은 자주빛. 암자색 =〔绛jiàng紫〕

2【强】 jiàng ☞ 强 qiáng Ⓒ

【犟】 jiàng 고집셀 강
❶「强」과 같음⇒〔强jiàng〕 ❷ 形 京 완고하다. 고집이 세다. ¶脾pí气~ | 성질이 완고하다.
【犟种】jiàngzhǒng 名 고집쟁이. 완고한 사람. ¶你是天生的~ | 너는 타고난 고집쟁이이다.

【糨】 jiàng 풀 강
❶ 名 풀. ¶~子↓ =〔浆jiàng〕 ❷ 形 (풀이나 죽이) 되다. 걸쭉하다. ¶大米粥熬得太~了 | 쌀죽을 아주 걸쭉하게 쑤었다 =〔酱jiàng⑥〕→〔稠chóu②〕
【糨糊】jiàng·hu 名 풀. ¶抹mǒ~ | 풀칠을 하다. ¶他的脑子就像~一样糊涂 | 그의 머리는 풀처럼 멍청하다. =〔口 糨子〕
【糨子】jiàng·zi ⇒〔糨糊〕

jiāo ㄐㄧㄠ

【艽】 jiāo 변방 구
⇒〔秦qín艽〕

1【交】 jiāo 사귈 교 서로 교
❶ 動 교차하다 [「交于」의 형태로 쓰임] ¶两条线~于一点 | 두 선이 한 점에서 교차하다. ❷ 動 (어떤 시간·계절이) 되다. 도달하다. ¶已~亥时 | 이미 해시가 되었다. ¶明天就~夏至了 | 내일이면 하지가 된다. ¶他已经~四十岁了 | 그는 이미 마흔살이 되었다 =〔到〕 ❸ 動 사귀다. 교제하다. ¶~朋友 | 친구를 사귀다. ¶大学二年时~了一个女朋友 | 대학교 이학년때 한 여자 친구와 교제했다. ❹ 動 넘기다. 건네다. 내다. 제출하다. ¶报告已经~了 | 보고서를 이미 제출하였다. ¶~会费 | 회비를 내다. 어법「交」뒤에「给」를 써서 간접 목적어와 직접 목적어를 두는데, 직접 목적어만을 둘 수는 없음. ¶我~给他两张票 | 나는 그에게 두 장의 표를 주었다. ¶我~给他 | 나는 그에게 주었다. ¶我~给两张票(×). ❺ 動 (어떤 일을) 맡기다. 분배하다. ¶这件事~他办 | 이 일은 그에게 맡겨 처리하시오. ❻ 名 교차점. 인접지대. …의 사이. ¶两国~界 | 두 나라의 접경지대. ¶春夏之~ | 봄과 여름 사이. ❼ 名 친구. 벗. 동무. ¶至~ | 친우. ¶知~ =〔知己〕 | 친한 친구. ❽ 名 교제. 교분. 우정. ¶邦~ | 국교. ¶建~ | 국교를 맺다. ❾ 名 거래. 흥정. ¶成~ | 흥정이 이루어지다. ❿(임무를) 교대하다. ¶~差↓ ⓫(암수가) 서로 붙다. 성교하다. ¶~合↓ ¶杂~ | 교잡하다. ⓬ 서로. 상호. ¶~流↓ ⓭ 副 번갈아. 일제히. 함께. ¶风雨~加 | 비바람이 일제히 몰아치다. ⓮「跤」와 통용 ⇒〔跤jiāo〕
【交白卷(儿)】jiāo báijuàn(r) 動組 ❶ (시험에서) 백지 답안을 제출하다. ❷ 喩 임무를 완전히 완성하지 못하다. ❸ 喩 득점을 하지 못하다. 무득점이다 ‖ =〔缴jiǎo白卷〕
【交班】jiāo/bān 動 (근무를) 교대하다→〔班③〕〔接jiē班(儿)〕〔歇xiē班(儿)〕〔值zhí班(儿)〕
【交办】jiāobàn 動 처리하도록 맡기다. 맡겨 처리시키다.
【交保】jiāobǎo 動 ❶〈法〉피고를 보증인에게 인도하다. 보석하다. ¶~释出 | 보석 출옥하다. ❷ 보증서·보증금 등을 건네주다.
【交杯酒】jiāobēijiǔ 名 합환주(合歡酒). ¶新郎新娘在人的哄笑声中喝了~ | 신랑과 신부가 사람들의 떠들썩하게 웃음 속에서 합환주를 마셨다 =〔交杯盏儿〕〔交心酒〕〔合婚酒〕
【交兵】jiāobīng 書 動 교전(交戰)하다. ¶两国常年~, 积怨很深 | 두 나라가 오랜 기간 교전하여, 쌓인 원한이 매우 깊다.
【交不了】jiāo ·bu liǎo 動組 ❶ 수교(手交)할 수 없다. 건네줄 수 없다. ❷ 해후하지 못하다. 만날 수 없다 ‖ ⇔〔交得了liǎo〕
【交不起】jiāo ·bu qǐ 動組 (경제력이 없거나 비싸서) 납입하지 못하다. 납입할 수 없다 ¶这个学生因~学费就退学的 | 이 학생은 학비를 납입할 수 없어서 퇴학되었다 ⇔〔交得起〕
4【交叉】jiāochā ❶ 動 교차하다. 엇갈리다. ¶~火网 | 십자 포화. ❷ 動 겹치다. 중복되다. (일부분이) 일치되다. ¶两个提案中~的部分 | 두 개의 제안 중 일치되는〔겹치는〕부분. ❸ 動 갈마들다. 번을 갈다. 교체하다. ¶~作业 | 교체 작업. ¶~进行 | 번갈아 진행하다. ❹ 名〈生〉교차 [염색체 이상의 하나]
【交差】jiāo/chāi 動 임무를 마치고 (결과를) 보고하다. ¶他已经向上级~了 | 그는 이미 상급자에게 임무를 마치고 결과를 보고하였다.
4【交错】jiāocuò ❶ 書 動 교착하다. 서로 뒤섞여 엇갈리다. 교차하다. ¶纵横~的沟渠 | 종횡으로 교차하는 도랑. ❷ 形 교차한. 맞물린. ¶~气缸 | X형 실린더.
3【交代】jiāodài 動 ❶ 사무를 인계하다. 교대하다. ¶办~ | 사무를 인계하다. ¶~工作 | 작업을 교대하다. ❷ 분부하다. ¶我已经~好了他回来的时候替我买来 | 나는 이미 그가 돌아올 때 나 대신 사오도록 분부해 놓았다. ❸ (사정이나 의견을) 설명하다. ¶我有一句话~诸位 | 저는 여러분에게 한 마디 설명할 것이 있습니다. ¶向老百姓~清楚政府的政策 | 백성들에게 정부의 정책을 분명히 설명하다. ❹ 자백하다. ¶~罪行 | 범죄 행위를 자백하다. ❺ 복명(復命)하다. 대답하다. 결말을 내다. ¶我回去没法儿~ | 나는 돌아가 대답할 방법이 없다. ¶这件事算是~了 | 이

일은 끝난 셈이다. ❻해야 할 일을 하다. ¶好好地～功课 | 열심히 공부를 한다. ❼교제하다. ¶这个人个性太强, 不好～ | 이 사람은 개성이 너무 강하여 교제하기 어렵다.

【交道】jiāodào 名❶교제상의 친분·정의(情誼). ¶打～ | 교제하다. 친분을 나누다. ❷거래상(去來上)의 친분.

【交底(儿)】jiāo/dǐ(r) 動❶내막을〔경위를〕 말하다〔알리다〕. ¶我先向你～吧, 我只有二阡万圆资金 | 내가 먼저 내막을 얘기하는데, 나는 단지 이천만원의 자금이 있다. ❷비결·비장의 수법을 털어놓다 ‖ =〔交代底细〕

4【交点】jiāodiǎn 名❶〈數〉교점. ❷〈天〉교점. ¶～月 | 교점월(nodical month).

【交锋】jiāo/fēng 動교전하다. 싸우다. ¶交上锋了 | 싸움이 붙었다.

4【交付】jiāofù 動❶교부하다. 지불하다. ❷건네주다. 인도하다. 위임하다 ‖ =〔交给〕

【交感神经】jiāogǎn shénjīng 名組〈生理〉교감신경.

【交割】jiāogē 動❶수불(受拂)하다. 쌍방이 모든 상업 거래에 대한 수속을 끝내다［주로 상품의 거래에서 쓰임］ ¶～日 | 거래 일자. ❷(중개소를 거치지 않고) 직접 거래하다. ¶自行～ | 직접 거래하다. ❸관계를 끊다.

【交工】jiāo/gōng 動준공하여 인도하다. 공사를 인도하다. ¶这活儿明天要～了 | 이 생산품은 내일 인도될 것이다.

【交公】jiāo/gōng 動관청에 신고하다. 나라에 바치다. ¶拾物～ | 습득물을 관청에 신고하다.

【交媾】jiāogòu 動(남녀가) 성교하다 =〔書交合hé〕〔交欢huān②〕〔書阴yīn媾〕→〔性交〕

【交好】jiāo/hǎo 動친하게 지내다. 친교를〔친분을〕맺다.

【交合】jiāohé ⇒〔交媾gòu〕

【交互】jiāohù 副❶서로. ❷교대로. 번갈아 가며. ¶两种策略～使用 | 두가지 책략을 번갈아 가며 사용하다.

【交欢】jiāohuān ❶動(상대방으로부터) 환심을 얻다. 같이 즐기다. 친선을 도모하다→〔联lián欢〕❷名動성교(性交)(하다) =〔交媾gòu〕

【交还】jiāohuán 動돌려주다. 반환하다 ¶把钱包～失主 | 돈지갑을 잃어버린 주인에게 돌려주다 =〔交回〕

2【交换】jiāohuàn 名動교환(하다). ¶～价值 | 〈經〉교환 가치. ¶～财 | 〈經〉교환재. ¶～机 | (전화의) 교환대.

【交活(儿)】jiāo huó(r) 제품을 인도(引渡)하다. ¶～日期 | 상품의 인도 기일.

【交火】jiāo/huǒ 動교전(交戰)하다. ¶结果两支部队在洛东江～了 | 결과적으로 두 부대가 낙동강에서 교전했다.

【交货】jiāo huò 물품을 인도(引渡)하다. ¶～簿 | 화물 인도부. ¶仓库～ | 창고 인도. ¶船上～ | 본선 인도. ¶～港 | 인도항. ¶～期 =〔交货时间〕| (상품의) 인도 기일. ¶～收据 | 물품 인수증. ¶铁路旁～ | 철도 인도.

【交货单】jiāo huò dān 하도 지시서(荷渡指示書) =〔出货单〕

【交集】jiāojí ❶動(여러 감정이나 사물이) 번갈아 모여들다. 갈마들다. ¶百感～ | 온갖 생각이 번갈아 들다. ❷名공통점. ¶没有任何～ | 어떤 공통점도 없다.

2【交际】jiāojì 名動교제(하다). ¶小张很善于～ | 장군은 교제를 잘한다. ¶～舞 =〔交谊舞〕| 사교춤.

【交际花】jiāojìhuā 名❶사교계의 꽃. ¶她以前是一个～ | 그녀는 예전에 사교계의 꽃이었다. ❷貶교제가 넓은 여자.

【交加】jiāojiā 書動한꺼번에 오다〔닥치다〕. 겹치다. ¶贫病～ | 가난과 질병이 한꺼번에 겹치다. ¶风雪～ | 눈보라가 한꺼번에 닥쳐오다.

【交角】jiāojiǎo 名❶〈數〉교각. ❷호각(互角).

【交接】jiāojiē 動❶교체(交替)하다. 인계 인수하다. ¶～班 | 근무를 교체하다. 교체 근무. ❷교제하다. 사귀다. ❸잇닿다. 연접(連接)하다. ❹성교(性交)하다. 관계를 맺다. ❺전달하다. ¶礼物～仪式 | 선물 전달 의식.

【交界】jiāojiè ❶名경계. 접경(接境). ¶在江苏, 浙江的～处有许多山 | 강소성과 절강성의 접경에는 많은 산이 있다. ❷動경계선이 맞닿다. 인접하다.

【交卷】jiāo/juàn 動❶(～儿, ～子) 시험 답안을 제출하다 =〔缴jiǎo卷(儿, 子)〕❷轉(일의) 결과를 보고하다. ❸(～儿) (일을) 완수하다. 해치우다. 끝내다.

【交口】jiāo/kǒu ❶副입을 모아 말하다. ¶～称赞 =〔交口称誉〕| 成입을 모아〔이구 동성으로〕칭찬하다. ❷動말을 주고받다. 말을 건네다.

【交款】jiāo/kuǎn 動대금을 지불하다. ¶一手～, 一手收货 | 한편으로 대금을 지불하고, 한편으로는 물건을 받는다.

【交困】jiāokùn 書動많은 어려움을 겪다. 곤경에 처하다. ¶内外～ | 成안팎으로 곤경에 빠지다.

【交粮】jiāo/liáng 動❶연공(年貢)을 바치다. 소작료를 바치다. ❷(현물로) 농업세를 납부하다.

2【交流】jiāoliú ❶名動교류(하다). ¶文化～ | 문화 교류. ¶校际～ | 학교간의 교류. ¶～电 | 〈電氣〉교류 전류. ¶～发电机 | 교류 발전기. ❷動한꺼번에 흘러나오다.

【交纳】jiāonà 動(세금·회비 등을) 납부하다. 불입하다. ¶～捐税 | 세금을 납부하다. ¶～股款 | 주식 대금을 불입하다. ¶～学费 | 학비를 납부하다.

【交配】jiāopèi 名動교배(하다). ¶选择良种猪～ | 좋은 돼지를 골라 교배하다. ¶～期 | 교배기.

【交迫】jiāopò 書動사방에서 압박하다. 시달리다. ¶饥寒～ | 굶주림과 추위에 시달리다.

【交清】jiāoqīng 名몽땅 돌려주다. 남김없이 물다. 청산하다. ¶一次～ | 단번에 청산하다 =〔交足

jiāo·qing 名친분. 우정. 정분. ¶我和他～很深 | 나는 그와 친분이 두텁다. ¶不讲～ | 사정이 없다. 인정에 끌리지 않다.

【交融】jiāoróng 動혼합되다. 뒤섞이다. 한데 어

우러지다. 조화되다. ¶水乳～ | 成 물과 우유가 잘 섞이다. 관계가 잘 융합되다. 잘 어울리다.

4【交涉】jiāoshè 名 動 ❶ 書 관련(하다). 관계(하다). ❷ 교섭(하다). 절충(하다). ¶工人代表正在跟公司负责人～ | 노동자 대표가 회사 책임자와 교섭중이다.

4【交手】jiāo/shǒu ❶⇒〔拱gǒng手(儿)①②〕❷ 動 (상인이) 처음 거래하다. ❸ 動 맞붙어 싸우다. 드잡이 하다. ¶～战 | 육탄전. ¶交上手了 | 격투가 붙다. ❹ (jiāoshǒu) 名 발판. ¶搭个～ | 발판을 짜다.

【交税】jiāo/shuì 動 세금을 내다. 납세하다. ¶守法的公民按时～ | 법을 지키는 국민은 때에 맞춰 세금을 낸다 =〔交捐juān〕

3【交谈】jiāotán 動 이야기하다. 잡담하다.

4【交替】jiāotì ❶ 動 교체하다. 교대하다. ¶新旧～ | 成 신구 교대하다. ❷ 副 번갈아 가며. 교대로. ¶～进行 | 번갈아 가며 진행하다.

2【交通】jiāotōng ❶ 名 교통. ¶～标志biāozhì | 교통 표지. ¶～部 | 교통부. ¶～工具 | 교통 수단. ¶～监理人员 | 교통 관리원. ¶～警察jǐngchá | 교통 경찰. ¶～量 | 교통량. ¶～事故 =〔交通意外〕| 교통 사고. ¶～事故牌 | 교통사고 표시판. ¶～网 | 교통망. ¶～线 | 수송선(輸送線). ¶～信号 | 교통 신호. ¶～要冲 | 교통 요충지. ¶～要道 | 교통 요로. ¶～噪声zàoshēng | 교통 소음. ¶～阻塞zǔsāi | 교통 체증〔마비〕. ❷⇒〔交通员〕❸ 書 動 내통하다. ❹ 名〈軍〉통신·연락 사무. ¶～兵 | 통신병. ❺ 書 動 (길이 사방으로) 통하다. ❻ 書 動 왕래하다.

【交通车】jiāotōngchē 名 ❶ 통근차. ❷〈軍〉연락차.

【交通岛】jiāotōngdǎo 名 (도로 중심의) 교통 정리대. ¶警察在～上疏道车辆 | 경찰이 교통정리대에서 차량을 소통시키다.

【交通员】jiāotōngyuán 名 (지하) 연락원. (비밀) 통신원 [항일 전쟁과 국공 내전(國共內戰) 때, 공산당의 비밀 연락원을 가리킴] =〔交通②〕

【交头接耳】jiāo tóu jiē ěr 成 귀에 대고 소곤거리다. 귀속말로 속삭이다. ¶开会的时候, 大家不要～, 唧唧jī喳喳chā | 회의를 할때, 여러분은 귀속말로 소곤거리지 마시오 =〔交耳〕

【交托】jiāotuō 動 (일을 남에게) 맡기다〔부탁하다〕.

4【交往】jiāowǎng ⇒〔来往lái·wang①〕

【交尾】jiāowěi 名 動 교미(하다). ¶两条鲤鱼lǐyú正在～ | 두 마리의 잉어가 교미하고 있다.

【交午】jiāo/wǔ ❶ 動 정오가 되다. ❷ (jiāowǔ) 書 動 종횡으로 교차되다.

【交恶】jiāowù 書 動 서로 미워하여 원수같이 대하다.

【交相】jiāoxiāng 書 副 상호(간에). 서로. ¶～辉映 | 서로 빛을 받아 더욱 빛나다.

【交响曲】jiāoxiǎngqǔ 名〈音〉교향곡.

【交响诗】jiāoxiǎngshī 名〈音〉교향시.

【交响乐】jiāoxiǎngyuè 名〈音〉교향악. ¶～团 =〔交响乐队〕| 교향악단.

【交卸】jiāoxiè 動 (후임자에게 사무를) 인계하다.

【交心】jiāo/xīn 動 속마음을 털어놓다. ¶～运动 | 1958년 5·6월에 우파 분자(右派分子) 배격 운동에 뒤이어 자본주의적 사상을 철저히 불식하기 위하여 전개한 사상 개조 운동.

【交椅】jiāoyǐ 名 ❶ 교의 [등받이와 팔걸이가 있고 다리를 접을 수 있는 옛날 의자] =〔書 胡hú床〕❷ 方 (팔걸이) 의자. 轉 석차. 지위.

3【交易】jiāoyì 名 動 교역(하다). 거래(하다). 장사(하다). ¶做～ | 거래하다. 교역하다. ¶现款～ | 현금 거래. ¶赊帐～ | 외상 거래. ¶～额 | 거래액.

【交谊】jiāoyì 書 名 우의. 우정. ¶～舞 | 사교춤 =〔交情qíng〕

【交游】jiāoyóu 書 名 動 교제(하다). 교유(하다). ¶金老师的～甚广 | 김선생님의 교유는 대단히 넓다.

【交友】jiāoyǒu ❶ 書 名 벗. 친구. ❷ 動 교제하다. 교우하다.

【交战】jiāo/zhàn 動 교전하다. 충돌하다. ¶～国 | 교전국. ¶～权 | 교전권. ¶～双方 | 교전 쌍방. ¶～状态 | 교전 상태. ¶～团体 | 교전 단체.

【交帐】jiāo/zhàng 動 ❶ 장부를 인계하다. ❷ (사정이나 결과를) 보고〔설명〕하다. ¶你这样彻底拒绝, 我回到总部就不好～了 | 네가 이처럼 철저히 거절한다면, 내가 본부에 돌아가 보고하기 힘들다. ❸ (현금으로) 지불하다.

【交织】jiāozhī 動 ❶ (감정이) 엇갈리다. 교차하다. ¶喜悲～ | 기쁨과 슬픔이 교차하다. ❷ 섞어서 짜다.

2【郊】jiāo 성밖 교

名 ❶ 성밖. 교외. 시외. ¶近～ | 근교. ¶西～ | 서쪽 교외 →〔城chéng②〕❷ 옛날, 천지(天地)에 지내는 제사.

2【郊区】jiāoqū 名 (도시의) 교외 지역. ¶北京～有许多农场 | 북경의 교외에는 많은 농장이 있다 ⇔〔市区〕〔城区〕

【郊外】jiāowài 名 교외. ¶星期天准备去～旅游 | 일요일에 준비하여 교외로 놀러가다.

【郊野】jiāoyě 書 名 교외의 넓은 들판 =〔郊原yuán〕

【郊游】jiāoyóu 動 교외로 소풍가다. 들놀이하다 →〔野yě餐〕

【姣】jiāo 아름다울 교

書 形 아름답다 =〔娇jiāo〕

【姣好】jiāohǎo 書 形 용모가 아름답다. 예쁘다 =〔姣丽〕〔姣美〕〔姣妍〕

【姣丽】jiāolì ⇒〔姣好〕

【姣美】jiāoměi ⇒〔姣好〕

【姣妍】jiāoyán ⇒〔姣好〕

【茭】jiāo 꼴 교

❶ 書 名 꼴. 건초. ❷ ⇒〔茭白〕❸ ⇒〔方 玉茭(子)〕

【茭白】jiāobái 名〈植〉줄의 어린 줄기가 깜부기병에 걸려 비대해진 것 [식용으로 함] =〔茭瓜guā〕〔茭儿菜〕〔茭笋sǔn〕〔菰gū菜〕

【茭瓜】jiāoguā ⇒〔茭白〕

【茭儿菜】jiāorcài ⇒〔茭白〕
【茭笋】jiāosǔn ⇒〔茭白〕

【蛟】jiāo 교룡 교
名 ❶ 교룡(蛟龍) [고대 전설상의 동물로 홍수를 일으킨다 함] ❷ 書 악어의 일종.
【蛟龙】jiāolóng 名 교룡 =〔交jiāo龙②〕
【蛟龙得水】jiāo lóng dé shuǐ 成 교룡이 물을 만나다. 자신의 재능을 충분히 발휘할 수 있는기회를 얻다.

【跤】jiāo 종아리 교
❶ 名 곤두박질. 공중제비. ¶跌diē一～ | 실족하여 넘어지다. ❷ ⇒〔摔shuāi跤〕 ‖ =〔交⑭〕

【鲛(鮫)】jiāo 상어 교
名〈魚貝〉상어 =〔鲨shā鱼〕

4【娇(嬌)】jiāo 아리따울 교
❶ 形 (여자·어린아이·꽃 등이) 아름답다. 사랑스럽다. 예쁘고 귀엽다. ¶撒sā～ | 애교부리다. ¶江山如此多～ | 강산이 이처럼 무척 아름답구나. ❷ 動 응석을 받아 주다. 지나치게 사랑하여 감싸다. ¶小孩子别太～了 | 어린애를 너무 응석 받아 주지 마라. ❸ 形 나약하다. 연약하다. ¶才走几里地, 就说腿酸, 未免太～ | 겨우 몇 리를 걷고서 다리가 아프다고 하니 너무 나약하다고 하지 않을 수 없다.
【娇嗔】jiāochēn 動 새침해지다. ¶给他一个～ | 그에게 새침을 떨다.
【娇痴】jiāochī 形 순진하고 귀엽다. 천진 난만하다 =〔娇憨hān〕
【娇滴滴】jiāodīdī 狀 애교스럽다. ¶～的声音 | 애교스러운 목소리.
【娇儿】jiāoér 名 ❶ 응석동이. 응석받이. ❷ 사랑하는 자식. 애아(愛兒). ¶膝下有～两个 | 슬하에 자식이 둘있다. ‖ =〔娇子〕
【娇乖乖】jiāoguāiguāi 狀 사랑스럽다. 귀엽다. ¶这孩子玩得～得 | 이 아이는 정말 귀엽게 논다.
【娇惯】jiāoguàn ⇒〔娇生惯养〕
【娇贵】jiāo·guì ❶ 形 귀하다. 응석받이로 자라 연약하다〔무르다〕. ¶养得太～ | 너무 애지중지 키우다. ❷ 形 부서지기〔손상받기〕 쉽다. ¶仪表～, 要小心轻放 | 계기(計器)는 손상받기 쉬우니 조심스럽게 내려놓아야 한다.
【娇憨】jiāohān ⇒〔娇痴chī〕
【娇好】jiāohǎo 形 부드럽고〔예쁘고〕 사랑스럽다〔아름답다〕. ¶姿容～ | 자태가 아름답다.
【娇客】jiāokè 名 ❶ 俗 사위 =〔女婿〕 ❷ 응석받이로 자란 사람. ❸〈植〉작약의 다른 이름.
【娇丽】jiāolì 形 귀엽고 아름답다. 아리땁다 =〔娇美měi〕
【娇美】jiāoměi ⇒〔娇丽lì〕
【娇媚】jiāomèi 形 ❶ 아양떨다. 교태부리다. ¶江南秀色, 无限～ | 강남에 미인이 끝없이 교태를 부린다. ❷ 요염하다. 교태있다.
【娇嫩】jiāo·nen 形 ❶ 가냘프다. 연약하다. ¶她身子太～ | 그녀의 몸은 너무 가냘프다. ❷ 무르다. 망가지기 쉽다. ¶～东西 | 망가지기 쉬운 물건.
【娇女(儿)】jiāonǚ(r) 名 ❶ 아리따운 여자. 미녀 =〔書 娇娘〕 ❷ 응석받이로 키운 딸. 사랑하는 딸. ¶～泪多 | 응석받이로 자란 딸은 눈물이 많다.
【娇妻】jiāoqī 書 名 아리따운 아내. ¶家有～ | 집에 아리따운 아내가 있다. ¶～美妾 | 成 아름다운 처와 첩.
4【娇气】jiāo·qi ❶ 形 허약하다. 가냘프다. 나약하다. ¶他太～了 | 그녀는 매우 나약하다. ❷ 形 까다롭다. 까탈스럽다. ❸ 名 나약함. 나약한 기질〔태도〕.
【娇娆】jiāoráo 書 形 요염하다.
【娇容】jiāoróng 書 名 아름다운 용모.
【娇柔】jiāoróu 形 아름답고 부드럽다.
【娇弱】jiāoruò 形 아리땁고 가냘프다〔연약하다〕.
【娇生惯养】jiāo shēng guàn yǎng 成 익애(溺愛)하다. 응석받이로 키우다 =〔娇宠chǒng〕〔娇惯〕〔娇养〕
【娇态】jiāotài 名 교태. 아양부리는〔아리따운〕 자태(姿態) =〔娇姿zī〕
【娇娃】jiāowá 名 ❶ 아름다운〔귀여운〕 소녀 [주로 희곡에서 쓰임] ❷ 方 응석받이. 응석동이.
【娇小】jiāoxiǎo 形 귀엽고 작다. ¶她长得～可爱 | 그녀는 귀엽고 사랑스럽다.
【娇羞】jiāoxiū 狀 교태를 띠다. 수줍어하다. ¶她一听此话, 不由～万分 | 그녀가 이 말을 듣고는, 무척이나 수줍어한다→〔害hài臊〕
【娇艳】jiāoyàn 形 아름답고 요염하다.
【娇养】jiāoyǎng ⇒〔娇生惯养〕
【娇纵】jiāozòng (아이를) 버릇없게 기르다. (응석받이로) 제멋대로 하게 두다.

2【骄(驕)〈憍〉】jiāo 교만할 교
形 ❶ 거만하다. 교만하다. ¶多～必败 | 成 지나치게 교만하면 실패하기 마련이다. ¶戒～戒躁 | 成 교만과 조급함을 경계하다. ❷ 자랑하다. 뽐내다. 우쭐대다. ¶这是值得我们～傲ào的 | 이것은 우리가 뽐낼 만한 것이다. ❸ 경시하다. 깔보다. ❹ 書 강하다. 맹렬하다. 격렬하다. ¶～阳↓
4【骄傲】jiāo'ào ❶ 名 形 거만(하다). 교만(하다). ¶她太～ | 그녀는 너무 교만하다 ⇔〔谦qiān虚①〕 ❷ 動 자랑하다. 뽐내다. 자부하다. 자랑삼다. ¶感到～ | 자랑스럽게 여기다. ❸ 名 자랑. 긍지. 자랑거리. ¶这是我们的～ | 이것은 우리의 자랑거리이다.
【骄兵】jiāobīng 書 名 ❶ 스스로의 힘만 믿고 적을 얕보는 군대. ¶～必败 | 적을 얕보는 군대는 반드시 패한다. ❷ (지휘를 따르지 않는) 교만한 군인〔사병〕.
【骄横】jiāohèng 形 거만하고 횡포(横暴)하다. ¶他一贯～无礼 | 그는 언제나 거만하여 예의가 없다.
【骄矜】jiāojīn 書 形 교만하고 자부심이 많다.
【骄慢】jiāomàn 形 교만하다.
【骄气】jiāo·qi 名 교만한〔건방진〕 태도. ¶克服～ | 교만한 태도를 극복하다.
【骄奢淫逸】jiāo shē yín yì 成 교만하고 사치스러우며 황음무도하다. ¶封建帝王过着～的生活 | 봉건 제왕은 교만하고 사치스럽고 음란한 생활을 한다 =〔骄奢淫佚yì〕

【骄阳】jiāoyáng 名 書 뙤약볕. 폭양(曝陽). ¶～灼zhuó人 | 成 뙤약볕이 사람을 태우는 듯하다.
【骄纵】jiāozòng 形 교만하고 방자하다. ¶他太～了, 不知道收敛shōuliǎn一点 | 그는 너무나 교만 방자하여, 조금도 삼가할 줄을 모른다 =〔骄肆sì〕〔骄恣zì〕

3【浇(澆)】jiāo 물뿌릴 요 ❶ 動 뿌리다. ¶～水↓ ¶大雨～得全身都湿透了 | 큰 비가 내려 온 몸이 흠뻑 젖었다. ¶～了一身水 | 온 몸에 물을 뒤집어썼다. ❷ 動 부어넣다. ¶～铸↓ ¶～铅字 | 활자 모형에 납을 붓다. ❸ 動 관개하다. ¶车水～地 | 수차로 논밭에 물을 대다. ❹ 書 形 박정(薄情)하다. 각박(刻薄)하다. 경박하다. ¶～薄↓ ❺ 書 動 삭이다. 없애다. ¶以酒～愁 | 술로 근심을 삭이다.
【浇版】jiāo/bǎn 動〈印出〉연판 주조(鉛版鑄造)하다. 지형(紙型)에 납을 붓다. ¶～机 | 주조기(鑄造機).
【浇薄】jiāobó 書 形 ❶ 경박하다. ❷ 야박하다. 냉혹하다. ¶人情～ | 인정이 없다 ‖ =〔浇浮〕〔書 浇漓〕〔脆cuì薄〕
【浇地】jiāo/dì ⇒〔浇灌guàn①〕
【浇肥】jiāo/féi 動 (액체) 비료를 뿌리다〔주다〕.
【浇粪】jiāo/fèn 動 인분을 뿌리다〔주다〕.
4【浇灌】jiāoguàn 動 ❶〈農〉(논·밭에) 물을 대다. 관개(灌漑)하다 =〔浇地dì〕 ❷ (틀에 액체로 된 물질을) 붓다〔주입하다〕. ¶～心血 | 심혈을 쏟다.
【浇漓】jiāolí →〔浇薄〕
【浇湿】jiāoshī 動 물을 부어 적시다. 비를 맞아 젖다. ¶大雨把地都～了 | 큰 비가 땅을 온통 적셔 버렸다.
【浇水】jiāo/shuǐ 動 물을 끼얹다.
【浇头】jiāo·tou 名 方〈食〉웃기 [음식물 위에 얹어 내는 갖은 양념을 한 요리]
【浇注】jiāozhù 動 ❶ (액체나 걸쭉한 것을) 부어넣다〔주입하다〕. ❷〈金〉금속을 녹여 거푸집에 붓다.
【浇筑】jiāozhù 動 토목 공사 등에서 콘크리트 등의 재료를 틀에 부어 예정된 형태로 만들다.
【浇铸】jiāozhù 動〈工〉주조(鑄造)하다. ¶～机 | 주조기.

3【胶(膠)】jiāo 갖풀 교 ❶ 名 아교. 갖풀. ¶皮～ | (동물의 가죽으로 끓여 만든) 아교. ¶明～ | 젤라틴(gelatine). ¶万能～ | 만능 접착제. ❷ 나무의 진. 수지(樹脂). ¶桃～ | 복숭아 나무의 진. ¶果～ | 과실 진. ❸ 고무. 합성수지. 플라스틱. ¶～鞋↓ ❹ (아교처럼) 끈적끈적〔찐득찐득〕한 것. ¶～泥↓ ❺ 動 아교로 붙이다. 아교로 붙인 것처럼 움직이지 않다. 교착(膠着)하다. ¶～柱鼓瑟↓ ¶不可～于成规 | 기존의 규범에 얽매여서는 안된다. ¶水浅舟～ | 물이 얕아서 배가 땅에 닿다. ❻ 書 形 단단하다. 튼튼하다. ❼ ⇒〔胶子〕 ❽ (Jiāo) 名〈地〉교현 [산동성(山東省)에 있는 현 이름] ❾ (Jiāo) 名 성(姓).
【胶版】jiāobǎn 名 ❶〈印出〉오프세트 인쇄판. ¶～印刷 | 오프세트 인쇄. ¶～印刷机 | 오프세트 인쇄기. ¶～纸 | 오프세트 페이퍼. ❷ (탁상용) 고무판 ‖ =〔橡xiàng皮版〕
【胶布】jiāobù 名 ❶ 절연 테이프. 점착 테이프. 고무를 입힌 테이프. ¶绝缘～ | 점착 테이프를 절연하다 →〔胶带dài③〕 ❷ 口 반창고 ¶止血～ | 지혈 반창고 =〔绊bàn创膏〕〔橡xiàng皮膏〕
【胶带】jiāodài 名 ❶ 테이프(tape). 자기 테이프(磁氣tape). 녹음 테이프. ¶倒～ | 테이프를 되감다. ¶洗～ | 테이프를 지우다. ¶录音～ | 녹음 테이프. ¶～录音机 =〔磁带录音机〕 | 테이프 레코더 =〔磁带〕〔录音(磁)带〕〔录画磁带〕 ❷ 필름. ¶电视录像～ | 텔레비전 녹화 필름. ¶电影～ | 영화 필름. ❸ (접착용) 테이프. ¶透明tòumíng～ | 셀로판 테이프 →〔胶布bù①〕 ❹ 고무 밴드(band). 고무 바퀴. ¶创伤chuàngshāng～ | 반창고. ¶车轮～ | 타이어.
【胶合】jiāohé 動 아교로 붙이다.
【胶合板】jiāohébǎn 名 베니어 합판. ¶椴木～ | 피나무 베니어 합판. ¶水曲柳～ | 들메나무 베니어 합판 =〔胶夹jiā板〕〔北 包bāo板〕〔层céng板〕〔北 粘zhān板〕〔北 三合板〕〔江 三夹板〕〔北 镶xiāng板〕〔北 镶xiāng合板〕
【胶结】jiāojié 動 접착하다. 교착(膠着)하다. ¶～剂 | 접착제.
3【胶卷(儿)】jiāojuǎn(r) 名 두루마리 필름(roll film). 필름. ¶彩色cǎisè～ | 칼라 필름 →〔胶片piàn〕
【胶木】jiāomù 名〈化〉베이클라이트(bakelite) =〔酚fēn醛塑胶〕
【胶泥】jiāoní 名 점토. 찰흙. ¶用～捏niē了一个玩具 | 점토로 장난감을 하나 만들었다.
【胶皮】jiāopí 名 ❶ (유화(硫化)) 고무. (가황(加黃)) 고무. ¶～轮 | 타이어. ¶～糖 | 젤리(jelly). ¶～带 | 고무 밴드(band). ¶～轱辘车 | 고무바퀴 차. ¶～活 | 고무 제품. ❷ 方 인력거 =〔胶皮车〕〔人力车①〕
【胶皮鞋】jiāopíxié 名 ❶ 고무신. ¶老金穿了一双～ | 김씨는 고무신 한켤레를 신었다. ❷ 고무창을 댄 신발. ❸ 고무 오버슈즈(overshoes). 고무덧신 ‖ =〔胶鞋〕〔橡xiàng皮鞋〕
4【胶片】jiāopiàn 名 필름(film). ¶彩色～ =〔有色软片〕 | 칼라 필름. ¶电影～ | 영화 필름. ¶缩微suōwēi～ | 마이크로 필름. ¶正色～ | 정색(整色) 필름 =〔外 非林〕〔外 菲fēi林〕〔软片①〕〔赛sài璐珞片〕→〔胶卷juǎn(儿)〕
【胶漆】jiāoqī 名 아교와 옻. 喻 우정이 깊고 두텁다. ¶～相投 | 우정이 매우 두텁다.
【胶乳】jiāorǔ 名〈化〉고무나무의 유탁액(乳濁液). 라텍스(latex).
【胶水(儿)】jiāoshuǐ(r) 名 ❶ 수용(水溶) 천연고무. 아라비아 고무. ❷ 고무풀. ¶用～把纸粘zhān住 | 고무풀로써 종이를 붙이다. ❸ 아교풀.
【胶态】jiāotài 名〈化〉콜로이드(colloid) 상태. ¶～银 | 콜로이드 은. ¶～硫 | 콜로이드 유황. ¶～运动 | 콜로이드 운동.
【胶体】jiāotǐ 名〈化〉콜로이드(colloid). 교질. ¶

~化学 | 콜로이드 화학. ¶~溶液 | 콜로이드 용액. ¶~剂 | 콜로이드제 =〔胶质zhì〕
【胶鞋】jiāoxié ⇒〔胶皮pí鞋〕
【胶靴】jiāoxuē 名 고무 장화 =〔胶皮pí靴〕
【胶印】jiāoyìn 名〈印出〉오프세트(offset) 인쇄. ¶~机 | 오프세트 인쇄기. ¶~油墨 | 오프세트 잉크. ¶~用纸 | 오프세트 인쇄 용지. ¶~比油印贵 | 오프세트 인쇄가 등사보다 비싸다 =〔胶印印刷〕
【胶纸】jiāozhǐ 名 스티커(sticker). ¶~带 | 접착 테이프.
【胶柱鼓瑟】jiāo zhù gǔ sè 成 음을 조절하는 연주(雁柱)를 아교로 붙여 놓고 금(琴)을 타다 [연주를 좌우로 이동하여 음을 조절함] 고지식하여 조금도 융통성이 없다. ¶办事要随机应变, 不能~ | 일을 처리할 때는 수시로 임기응변해야하지, 융통성 없이 할 수는 없다.
【胶着】jiāozhuó 動 교착하다. ¶~状态zhuàngtài | 교착 상태.

1【教】jiāo ☞ 教 jiào B

3【椒】jiāo 후추 초
名〈植〉자극성 있는 열매를 가진 식물. ¶花~ | 산초나무. ¶胡hú~ | 후추나무. ¶辣là~ | 고추. ¶青qīng~ =〔柿shì子椒〕〔甜tián椒〕| 피망. 서양고추.
【椒盐(儿)】jiāoyán(r) 名 볶은 산초 열매와 소금을 잘게 부수어 만든 조미료. ¶~排骨 |〈食〉「椒盐(儿)」을 넣은 갈비찜. ¶~月饼 |〈食〉「椒盐(儿)」을 넣은 월병 =〔花椒盐〕

3【焦】jiāo 그슬릴 초
❶ 動 (불에) 타다. 눋다. ¶饭烧~了 | 밥이 눌었다. ¶烧得~黑 | 시커멓게 탔다. ❷ 動 초조하다. 애태우다. 안달하다. ¶等得心~ | 마음을 애태우며 기다리다. ❸ 形 굽거나 튀겨서 바삭바삭하게 되다〔만들다〕. ¶柴火晒得~干了 | 장작이 햇볕에 바싹 말랐다. ¶麻花炸得真~ | 꽈배기가 바싹바싹하게 튀겨졌다. ❹ 名 簡〈鑛〉코크스. ¶炼~ | 코크스를 만들다 =〔焦炭tàn〕〔焦煤méi〕 ❺ 名〈漢醫〉초(焦) [위(胃)의 분문(噴門)까지를「上焦」(상초), 유문(幽門)까지를「中焦」(중초), 배꼽아래까지를「下焦」(하초)라 하여 소화·흡수·배설을 말음] ❻ (Jiāo) 名 성(姓).
【焦巴巴】jiāobābā 貶 까맣게 타다. 까맣게 그슬리다. ¶饭烧得~ | 밥이 까맣게 탔다.
【焦比】jiāobǐ 名〈金〉코크스비(coke比).
4【焦点】jiāodiǎn ❶ ⇒〔主zhǔ焦点〕 ❷ 名〈數〉초점. ❸ 名 (관심·사건 등의) 초점. ¶争论的~ | 논쟁의 초점.
【焦耳】jiāoěr 名 外〈物〉줄(Joule).J [에너지의 절대 단위] =〔焦尔ěr〕
【焦黑】jiāohēi ❶ 貶 타서 까맣게 되다. ¶饭~了 | 밥이 타서 까맣게 되었다. ❷ 名 타서 까맣게 된 색.
【焦糊糊】jiāohūhū 貶 (불에 타서) 새까맣다
【焦化】jiāohuà 名 動〈化〉코크스화(하다). ¶~反应 | 코크스화 반응.
【焦黄】jiāohuáng ❶ 貶 눌어 누르스름하다. ¶烧饼烤得~ |「烧饼」(구운 빵)이 노르스름하게 구워졌다. ❷ 名〈色〉엷은 갈색. 누르스름한 색〔빛〕.
3【焦急】jiāojí 動 초조해 하다. 안달하다. ¶心里~ | 마음이 조급하다〔초조하다〕
【焦距】jiāojù 名〈物〉초점 거리. ¶调整~ | 초점 거리를 조정하다. ¶~目镜 | 접안렌즈.
【焦渴】jiāokě ❶ 形 목이 몹시 마르다. ❷ 動 애태우다. 초조해 하다. ¶~地等待日子到 | 그날이 오기를 초조하게 기다리다.
【焦枯】jiāokū 動 (식물이) 말라 시들다 =〔焦萎wěi〕
【焦雷】jiāoléi 名 우렁찬 천둥. ¶响声和~一般 | 소리가 우렁찬 천둥 소리같다.
【焦裂】jiāoliè 動 (물이 부족하여) 갈라지다. ¶~的土地 | 쩍쩍 갈라진 땅.
【焦虑】jiāolǜ 形 가슴을 태우다 ¶他心中万分~ | 그녀는 무척이나 가슴을 태우고 있다.
【焦煤】jiāoméi 名〈鑛〉점결탄 =〔主zhǔ焦煤〕
4【焦炭】jiāotàn 名 코크스. 해탄(骸炭) =〔焦子b〕〔路gē炭〕〔骸hái炭〕〔枯kū块煤〕
【焦头烂额】jiāo tóu làn é 成 머리를 태우고 이마를 데다. 참패 당하여 곤경에 빠지다.
【焦土】jiāotǔ 名 초토. ¶~战术 | 초토화 전술. ¶~政策 | 초토화 정책.
【焦心】jiāoxīn 動 方 초조해 하다. 애태우다. 몹시 근심하다. ¶病老没有起色不由得~ | 병이 좀처럼 낫지 않으니 아무래도 초조해진다. ¶一想到这事, 他就~ | 이 일을 생각하면, 그는 초조해진다.
【焦油】jiāoyóu 名〈化〉❶ 타르(tar). ¶木~ | 목타르. ¶~分离器 | 타르 분리기 =〔黑hēi油〕〔溚tǎ〕 ❷ 略 콜타르(coal-tar) =〔煤méi焦油〕
【焦躁】jiāozào 形 몹시 애가 타고 초조하다. ¶这几年他一直~不安 | 요 몇년간 그는 계속 초조해하고 불안해 한다.
【焦炙】jiāozhì 形 몹시 초조하다.
【焦灼】jiāozhuó ❶ 名 화상(火傷) ❷ 書 動 몹시 초조해 하다. 애태우다. 조바심하다.

【僬】jiāo 난쟁이 초
⇒〔僬侥yáo〕
【僬侥】jiāoyáo 名 전설에 나오는 난쟁이 이름.

【噍】jiāo ☞ 噍 jiào B

1【蕉】jiāo qiáo 파초 초
A jiāo ❶ 名〈植〉파초(芭蕉). ❷ 파초처럼 큰 잎을 가지고 있는 식물. ¶香xiāng~ =〔甘gān蕉〕| 바나나. ¶美人~ | 칸나(canna).
B qiáo ⇒〔蕉萃〕
A jiāo
【蕉麻】jiāomá 名〈植〉마닐라삼 =〔马mǎ尼拉麻〕
B qiáo
【蕉萃】qiáocuì ⇒〔憔qiáo悴〕

【礁】jiāo 암초 초
名 ❶ 암초(暗礁). ¶触chù~ | (배가)

좌초하다. ❷ 산호초(珊瑚礁).
【礁石】jiāoshí 名 암초(暗礁). ¶鲨鱼shāyú在～边畅游觅食mìshí | 상어가 암초 부근에서 마음껏 노닐며 먹이를 찾고 있다 =〔伏fú礁〕

【鷦(鷦)】jiāo 뱁새 초
⇒〔鹪鹩〕
【鹪鹩】jiāoliáo 名〈鳥〉굴뚝새 =〔布bù母〕〔巧qiǎo妇(鸟)〕〔桑sāng飞〕

jiáo ㄐㄧㄠˊ

【矫】jiáo ☞ 矫 jiǎo Ⓑ

4【嚼】jiáo jiào jué 씹을 작
Ⓐ jiáo 動 ❶ (이로 음식을) 씹다. ¶细～慢咽 | 잘게 씹어 천천히 삼키다. ❷ (귀찮을 정도로) 수다를 떨다. 말을 곱씹다. ¶他一个人在那儿穷～ | 그 혼자서 저쪽에서 끝없이 수다 떨다.
Ⓑ jiào 動 (소나 양 낙타 등의 동물이) 되새김질하다 =〔倒dǎo嚼〕〔倒嚼jiào〕
Ⓒ jué「嚼jiáo」의 문어음(文語音).
Ⓐ jiáo
【嚼谷(儿)】jiáo·gu(r) ⇒〔嚼用yòng〕
【嚼过儿】jiáo·guor ⇒〔嚼用〕
【嚼里儿】jiáolǐr ⇒〔嚼用〕
【嚼话】jiáohuà ❶ 名 수다쟁이. ❷ 動 수다떨다. 지껄이다. ¶又来～了? | 또 수다를 떨러 왔니? =〔嚼说shuō〕
【嚼蛆】jiáoqū 動 罵 함부로〔엉터리로〕 말하다〔지껄이다〕. ¶她又在嚼jiáo什么蛆 | 그녀는 또 뭘 함부로 지껄이고 있다. ¶他一天到晚没事做, 净～ | 그는 왼종일 할 일이 없어 수다만 떨고 있다.
【嚼舌】jiáoshé 動 ❶ 이러쿵저러쿵 지껄이다. 함부로 말하다. ¶别～ | 함부로 지껄이지 마라. ❷ 쓸데없이 논쟁하다. ¶不要跟他～ | 그와 쓸데없는 논쟁 하지 마라 ‖ =〔嚼舌根gēn〕〔嚼舌根板子〕〔嚼舌头〕〔嚼舌子〕
【嚼用】jiáoyòng 名 생활비. ¶人口多, ～大, 不节省怎么行呢? | 사람이 많아 생활비가 많이 드는데 절약하지 않으면 어떡하니? =〔方 嚼谷gǔ(儿)〕〔方 嚼里lǐ儿〕〔方 嚼过儿〕〔方 缴jiǎo里儿〕
【嚼子】jiáo·zi 名 재갈. ¶马～ | 말재갈.
Ⓑ jué
【嚼墨喷纸】jué mò pēn zhǐ 成 먹을 씹고 종이를 뿜다. 喻 문장을 지을 수 없다.

jiǎo ㄐㄧㄠˇ

1【角】jiǎo jué 뿔 각
Ⓐ jiǎo ❶ 名 (짐승의) 뿔. ¶牛～ | 쇠뿔. ¶鹿～ | 사슴뿔. ❷ 名〈數〉각. 각도. ¶直～ | 직각. ¶锐～ | 예각. ❸ (～儿) 名 모서리. 구석. ¶桌子～儿 | 책상 모서리. ¶墙～儿 | 담 모퉁이. ¶拐～儿 | 귀퉁이. 모퉁이. ❹ 名〈天〉각수(角宿) [28수(宿)의 하나] ❺ 名 옛날, 군대에서 쓰던 악기. 나팔. 뿔피리. ¶号～ | 군대의 나팔. ❻ 뿔과 비슷한 형상의 물건. ¶菱～ | 마름의 열매. ❼ 名 곶. 갑 [주로 지명에 쓰임] ¶镇海～ | 진해각. 복건성(福建省)에 있는 갑의 이름. ❽ 名 방위. 방향. ¶南西～ | 남서쪽. ❾ 量 4분의 1. ¶一～饼 | 떡 4분의 1쪽. ❿ 量〈錢〉각(角) [중국 화폐의 보조 단위로「一角」(일각)은「一元」(일원)의 10분의 1임] =〔毛〕〔毫⑧〕 ⓫ 量 옛날 공문서를 세는 말. ¶一～公文 | 공문서 1통. ⓬ 量 정(錠). 알 [환약을 세는 말] ¶吃一～荷喋丸 | 하엽환 한 알을 먹다. ⓭「饺」와 통용 ⇒〔饺jiǎo〕
Ⓑ jué ❶ 경쟁하다. 겨루다. ¶～斗↓ ¶口～ | 말다툼하다. ¶～力↓ ❷ (～儿) 名 ⓐ 배우. ¶主～ | 주역. ¶配～ | 조역. ⓑ 배역(配役). ¶你去什么～儿 | 당신은 무슨 역으로 분장합니까? ⓒ 중국 전통극에 있어서의 배역의 종류 [경극(京劇)의「生·旦·净·丑」(생·단·정·축) 등] =〔行háng当(儿)〕 ❸ 名〈音〉각 [옛날의 음부(音符)에서 오음(五音)인「宫」「商」「角」「徵」「羽」의 하나] ❹ 名 옛날의 술을 담던 그릇. 술그릇. 술잔 [모양은「爵」(작)과 비슷함] ❺ (Jué) 名 성(姓).
Ⓐ jiǎo
【角暗里】jiǎoàn·li 名 方 외진 구석. ¶蚊子wénzi, 苍蝇cāngyíng喜欢躲duǒ在～ | 모기와 파리는 외진 구석에 숨기를 좋아한다.
【角尺】jiǎochǐ 名 직각자. 곱자 =〔矩jǔ尺〕
【角动量】jiǎodòngliàng 名〈物〉각운동량.
3【角度】jiǎodù 名 ❶〈數〉각도. ¶～尺 | 각도자. ¶～规 =〔角规guī〕 | 각조 게이지(gauge). ❷ 사물을 보거나 생각하는 방향. 견지. 관점. ¶从哪个～看问题呢 | 어느 각도에서 문제를 보겠는가? ¶分析fēnxī现象的～要改变gǎibiàn | 현상을 분석하는 관점은 바뀌어야 한다.
【角钢】jiǎogāng ⇒〔三sān角铁①〕
【角弓反张】jiǎogōng fǎnzhāng 名組〈漢醫〉각궁반장 [파상풍 등으로 오는 경련]
【角料】jiǎoliào 名 (충격을 방지하기 위해) 구석에 메워 넣는 것. ¶利用lìyòng～做了一个小盒子hézi | 각료를 이용하여 작은 상자 하나를 만들었다.
【角楼(儿, 子)】jiǎolóu(r·zi) 名 (성의) 모퉁이에 있는 성루(城樓).
3【角落】jiǎoluò 名 ❶ 구석. ¶院子yuànzi的一个～长着一棵桃树 | 뜰 한 구석에 복숭아 나무 한 그루가 자라고 있다. ❷ 구석진 곳. 궁벽한 곳. ¶社会shèhuì的各个～ | 사회의 구석구석.
【角门(儿)】jiǎomén(r) 名 정문 좌우에 있는 작은 문. ¶新开了一个～ | 작은 문 하나를 새로이 열었다 =〔脚jiǎo门〕
【角膜】jiǎomó 名〈生理〉각막. ¶～混浊 | 각막 혼탁. ¶～炎yán |〈醫〉각막염 =〔明角罩zhào〕
【角票】jiǎopiào 名「1角」「2角」「5角」등의「角」을 단위로 하는 지폐 =〔毛票〕
【角球】jiǎoqiú 名〈體〉(축구의) 코너 킥. ¶踢tī～ | 코너 킥을 하다.
【角速度】jiǎosùdù 名〈物〉각속도.
【角铁】jiǎotiě 名 ❶〈工〉L자형 철판. L형강(L型

鋼)＝〔㊣三角铁②〕〔㊌弯板〕❷앵글(angle) 철.
【角雉】jiǎozhì 名〈鸟〉수계(綬鷄).
【角质】jiǎozhì 名〈生理〉각질. ¶～层 | 각질층. ¶～鳞 | 어린(魚鱗).
【角逐】jiǎozhú ⊗ juézhú) 書 動 승부를 겨루다. 각축하다. ¶超级大国～的场所 | 초강대국의 각축장.
【角子】jiǎo·zi ❶ 名 예전에 통용되던「1角」과「2角」의 은화(銀貨). ❷⇒〔饺jiǎo子〕
Ⓑ jué
【角斗】juédòu ❶ 動 맞붙어 싸우다. 격투하다. ¶紧张而热烈的～ | 긴장하여 열심히 싸우다. ¶～了半天, 不分胜负 | 한참 동안 격투를 벌였으나, 승부를 가리지 못했다. ❷ 名 격투 경기. ¶～场 | 격투 경기장.
【角力】juélì ❶ 動 힘을 겨루다. 씨름하다. ❷ 서로 다투다. 서로 경쟁하다.
【角色】juésè 名 ❶ 배역. ¶她在这部电影里演哪个～? | 그녀는 이 영화에서 무슨 배역으로 나오니? ＝〔角儿〕〔脚jué儿〕 ❷ 인물. 명사(名士). ¶李教授是文化界的新进～ | 이교수님은 문화계의 신진인물이다 ‖＝〔脚jué色〕
【角逐】juézhú ☞〔角逐〕jiǎozhú

【佼】 jiǎo 예쁠 교
書 形 ❶ 아름답다. ¶～人 | 미인. ❷ 뛰어나다. 우수하다. ¶其中～者 | 成 그 중에 뛰어난 자.
【佼佼】jiǎojiǎo 狀 뛰어나다. 출중하다. ¶他真是个庸yōng中～的 | 그는 정말 보통사람보다 뛰어난 사람이다.
【佼佼者】jiǎojiǎozhě 名 뛰어난 존재. 인기있는 사람. ¶他在这剧团已是～了 | 그는 이 극단에서 이미 인기있는 사람이 되었다. ¶我是这个班的～ | 나는 이 반의 뛰어난 존재이다.

3【狡】 jiǎo 간교할 교
❶ 形 교활하다. 간사하다. ¶～计↓ ❷ 書 形 건장하다. ❸ 書 形 작다. 어리다.
【狡辩】jiǎobiàn 動 교활하게 궤변〔변명〕을 하다. ¶他最善于～ | 그는 교활한 변명을 잘한다.
3【狡猾】jiǎohuá 形 교활하다. 간사하다. ¶～的家伙 | 교활한 놈 ＝〔狡滑huá〕〔狡狯kuài〕〔巧qiǎo黠〕
【狡计】jiǎojì 名 교활한 계략 ＝〔奸jiān计〕
【狡狯】jiǎokuài ⇒〔狡猾huá〕
【狡赖】jiǎolài 動 교활하게 발뺌하다. 교활한 방법으로 (자기의 잘못을) 부인하다. ¶你怎么～也不行 | 네가 아무리 교활하게 부인해도 안된다.
【狡兔三窟】jiǎo tù sān kū 成 교활한 토끼는 굴을 세 개 파놓는다. 교활한 자는 발 뺄구멍을 미리 빈틈없이 마련해 둔다.
【狡兔死, 走狗烹】jiǎotù sǐ zǒugǒu pēng 成 토끼를 다 잡고 나면, 사냥개 삶는다. 필요할 동안에는 쓰이다가 필요가 없어지만 버림을 당한다→〔飞fēi鸟尽良弓藏〕
【狡黠】jiǎoxiá ⇒〔狡诈zhà〕
【狡诈】jiǎozhà 形 교활하다. 간사하다 ¶这个人太～了 | 이사람은 매우 간사하다 ＝〔狡伪wěi〕〔書狡黠xiá〕

1【饺(餃)】 jiǎo 경단 교
(～儿, ～子)〈食〉만두. 교자. ¶包～ | 만두를 만들다. ¶水～ | 물만두. ¶蒸zhēng～儿 | 찐만두 ＝〔角jiǎo⑬〕
1【饺子】jiǎo·zi 名〈食〉교자 [만두피에 다진 고기·야채 소를 넣어 싼 것. 찐 것을「蒸zhēng饺子」「烫tàng面饺儿」라고 하며, 삶은 것은「水饺子」「煮zhǔ饺子」「煮饽bō饽」라 하고 기름에 구운 것을「锅贴(儿)guōtiē(r)」라 함] ¶北方人过年爱吃～ | 북방 사람들은 설날에 교자를 먹는다 ＝〔扁biǎn食〕〔角儿〕

4【绞(絞)】 jiǎo 묶을 교, 목맬 교
❶ 動 꼬아서 합치다. 꼬다. ¶铁索tiěsuǒ是用许多铁丝sī～成的 | 쇠밧줄은 많은 철사를 꼬아 만든 것이다. ❷ 動 쥐어짜다. 비틀어 짜다. ¶把毛巾～干 | 수건을 비틀어 짜서 말리다 ¶～脑汁 | 생각을 짜내다 ＝〔拧níng〕 ❸ 動 교수형에 처하다. 교살하다. 목을 조이다. ¶～刑 | 교수형. ¶～架↓ ¶～杀↓ ❹ 動 도르래를 돌리다. 감아 올리다. ¶～着辘lù轳汲水 | 고패를 돌려 물을 긷다. ❺ 動 뒤얽히다. 엉키다. ¶好多问题～在一起, 闹不清楚了 | 많은 문제들이 한데 얽혀 분명치 않게 되었다. ❻ 動〈機〉리머(reamer)로 깎다. ¶～孔 | 리머로 구멍을 깎다. ¶～刀↓ ＝〔铰②〕 ❼ 動 송곳으로 찌르듯이 아프다. ¶～着疼 | 욱신욱신 아프다. ❽ 量 타래 [섬유제품인 실·털실 등을 세는데 사용함] ¶一～毛绵 | 털실 한 타래.
【绞包针】jiǎobāozhēn 名 돗바늘. 대형 바늘
【绞肠痧】jiǎochángshā 名〈漢醫〉교장사(攪腸沙) [급성 장염. 곽란]
【绞车】jiǎochē ⇒〔卷juǎn扬机〕
【绞刀】jiǎodāo 名〈機〉리머(reamer). ¶手(用)～ | 핸드 리머(hand reamer) ＝〔㊌铣xǐ刀②〕
【绞架】jiǎojià 名 교수대. ¶战犯应当上～处死 | 전범은 마땅히 교수대에서 처형해야 한다 ＝〔吊diào架②〕
【绞尽】jiǎojìn 動 완전히 죄어 짜다. ¶～脑汁 | 온갖 지혜를 다 짜내다.
【绞盘】jiǎopán 名〈機〉❶ 캡스턴(capstan). ❷ 캡스턴 윈치(capstan winch) ＝〔绞盘卷扬机〕→〔卷扬机〕
【绞肉】jiǎoròu ❶ 動 고기를 갈다. ¶用手摇绞肉机～ | 수동식 분쇄기로 고기를 갈다. ❷ 名 간 고기.
【绞杀】jiǎoshā 動 교살하다. ¶古时候盛行～死囚 | 옛날에는 사형수를 교살하는 것이 성행했다.
【绞手】jiǎo/shǒu ❶ 動 손을 비비다. ❷ (jiǎoshǒu) 名〈機〉탭 렌치(tap wrench).
【绞死】jiǎosǐ 動 ❶ 교살(絞殺)하다. ¶～了一个异端分子 | 한 이단자를 교살시켰다. ❷ 목을 매 죽이다. ❸ (문화 대혁명 때 쓰인 말로) 최후까지 비판 타도하다.
【绞索】jiǎosuǒ 名 ❶ 교수형에 쓰이는 밧줄. ❷ 올가미. ¶把～套在自己的脖子上 | 올가미를 자신의 목에 걸다.
【绞痛】jiǎotòng ❶ 名 내장·심장 등의 격렬한 통

증. 칼로 후비는 듯한 모진 아픔. ¶心～ | 협심증(狭心症) =〔疚jiǎo痛〕❷形(주리 틀거나 칼로 후비듯이) 몹시 아프다. ¶肚子～ | 배가 꼬이듯이 아프다.

【绞刑】jiǎoxíng 名 교수형.

【绞缢】jiǎoyì 書動 목을 졸라 죽이다.

【铰(鉸)】jiǎo 가위 교
❶動口(가위로) 자르다. 베다. ¶用剪子～ | 가위로 자르다. ❷「绞」와 같음 ⇒〔绞jiǎo⑥〕

【铰接】jiǎojiē 動 서로 연결하다. 경첩을 걸어 연결하다. ¶～式无轨电车 | 관절식 트롤리 버스(trolley bus). 관절식 무궤도 전차.

【铰链】jiǎoliàn 名❶경첩. 돌쩌귀. ¶弹簧tánhuáng～ | 용수철 경첩 =〔合hé叶〕❷〈機〉힌지(hinge). ¶～接合 | 힌지 포인트(hinge point). ❸〈機〉(크레인의) 앵커 체인(anchor chain).

【皎〈皦₁〉】jiǎo 흴 교, 깨끗할 교
❶形 희고 밝다. 희고 깨끗하다. ¶～月 | 밝은 달. ❷(Jiǎo) 名 성(姓).

【皎白】jiǎobái ⇒〔皎洁①〕

【皎皎】jiǎojiǎo 書 狀❶교교하다. 새하얗고 밝다. ¶～月色 | 교교한 달빛. ❷깨끗하다. 결백하다.

【皎洁】jiǎojié 形❶희고 깨끗하다. 밝고 맑다. ¶～的月光 | 밝고 깨끗한 달빛 =〔皎白〕❷공명정대하다.

【筊】jiǎo 대새끼 효
❶書名 대줄. 죽삭(竹索) [대조각을 잘게 잘라 만든 줄] ❷書名〈音〉고대의 퉁소의 일종.

【侥(僥)】jiǎo yáo 요행 요, 난장이 요

Ⓐ jiǎo →〔侥幸〕

Ⓑ yáo →〔僬jiāo侥〕

【侥幸】jiǎoxìng ❶形(의외의 이익을 얻었을 때의) 운이 좋다. 요행이다. ¶我很～, 考上了大学 | 나는 운이 매우 좋아 대학에 합격하였다. ❷名 요행. 요행수. ¶～心理 | 요행을 바라는 마음. ❸副 요행히. 다행으로. ¶我～考上了 | 나는 요행히 시험에 붙었다 ‖ =〔徼幸〕

【挢(撟)】jiǎo 손들 교
❶動 들다. 들어 올리다. ❷「矫」와 같음 ⇒〔矫jiǎo①②③④〕

【矫(矯)】jiǎo jiáo 바로잡을 교, 거짓 교

Ⓐ jiǎo ❶動 굽은 것을 바르게 펴다. 교정하다. 시정하다. ¶～正错误cuòwù | 잘못을 시정하다. ¶痛tòng～前非 | 威 지난날의 잘못을 철저하게 고치다. ❷動 용감하다. 늠름하다. ¶～健↓ ❸動 위조하다. 속이다. 꾸며내다. ¶～饰外貌 | 외모를 속여 꾸미다. ¶～命 | 명령을 속이다. 꾸며낸 명령. ❹書動 들다. ¶～首而望 | 고개를 들어 바라보다 ‖ =〔侨qiáo〕❺(Jiǎo) 名 성(姓).

Ⓑ jiáo「矫情」에 나타나는 이독음(異讀音) ⇒〔矫情jiǎoqíng ⓑ〕

【矫健】jiǎojiàn 書形❶씩씩하고 힘차다. ¶～的步伐 | 씩씩하고 힘찬 발걸음. ❷건전하다.

【矫矫】jiǎojiǎo 書 狀 높이 오르다. 뛰어나다. ¶～不群qún | 출중하다. 뛰어나다.

【矫捷】jiǎojié 形 용감하고 날쌔다. 힘차고도 민첩하다. ¶身手～ | 몸놀림이 용감하고 날쌔다. ¶他一口气爬上树, 像猴一般～ | 그는 단숨에 나무위로 올라가는데, 마치 원숭이처럼 힘차고도 민첩하다.

【矫情】ⓐ jiǎoqíng 書動 감정을 감추고 거드름 피우다. 경우에 맞지않게 행동하면서도 우쭐대다.
ⓑ jiáo·qíng 動 方 억지 부리다. 생떼쓰다. ¶这个人太～ | 이 사람은 너무 생떼를 부린다.

【矫揉造作】jiǎo róu zào zuò 威 일부러 꾸밈이 심하여 몹시 부자연스럽다. 어색하다. ¶这个人一向～, 假门假事的 | 이 사람은 언제나 꾸밈이 심해 부자연스런데도, 진실한 체한다.

【矫若游龙】jiǎo ruò yóu lóng 威 매우 민첩하다. 재빠르다.

【矫饰】jiǎoshì 書動 억지로 꾸며대다. 외모를 거짓으로 꾸미다. ¶他极力想～自己的错误 | 그는 자신의 잘못을 억지로 꾸며대려고 한다.

【矫枉过正】jiǎo wǎng guò zhèng 威 구부러진 것을 바로 잡으려다가 정도를 지나치다. 잘못〔편향〕을 시정한다는 것이 지나쳐 다른 잘못〔편향〕을 초래하다.

【矫形】jiǎoxíng 動〈醫〉정형하다. ¶～外科 | 정형 외과. ¶～医生 | 정형 외과 의사. ¶牙齿yáchǐ～ | 치열 교정.

【矫正】jiǎozhèng 動 교정하다. 바로잡다. ¶～口吃 | 말더듬을 교정하다. ¶～视力 | 시력을 교정하다.

【矫治】jiǎozhì 書動 시정하다. 바로잡다. ¶～口吃和结巴jiēbā | 말더듬는 것을 시정하여 바로잡다.

1【觉】jiǎo ☞ 觉 jué

3【搅(攪)】jiǎo 어지러울 교, 섞을 교
動❶방해하다. 혼란시키다. ¶我现在忙, 你别～我 | 나는 지금 바쁘니까 나를 방해하지 마라. ¶胡～ | 소란을 피우다. ❷뒤섞다. 휘젓다. ¶把锅guō～一～ | 냄비속의 것을 좀 뒤섞어라. ¶把粥～一～ | 죽을 좀 휘저어라. ❸혼합하다. 뒤섞다. ¶不能让好的坏的～在一起 | 좋은 것과 나쁜 것을 함께 뒤섞어 놓을 수 없다. ❹方 언쟁하다.

4【搅拌】jiǎobàn 動 휘저어 섞다. 반죽하다. 이기다. ¶～箱xiāng | 반죽통. ¶混hùn凝土～车 | 콘크리트 믹서차. 레미콘.

【搅拌机】jiǎobànjī 名〈機〉교반기. 믹서.

【搅动】jiǎo/dòng 動❶뒤섞다. 휘젓다. ¶拿棍子～灰浆 | 막대기로 회반죽을 휘젓다. ❷훼방놓다. 교란하다. 방해하다. ¶～酣hān梦 | 달콤한 꿈을 깨뜨리다.

【搅浑】jiǎo/hún 動 뒤섞어 혼탁하게 하다. ¶把水～ | 물을 뒤섞어 혼탁하게 만들다.

【搅混】jiǎo·hun ⇒〔搅乱luàn〕

【搅和】jiǎo·huo 動口❶뒤섞다. 휘젓다. 뒤엉클다. ¶用筷子～～ | 젓가락으로 뒤섞다. ❷훼방놓다. 방해하다. ¶事情让他～糟了 | 일은 그 사람의 방해로 망쳤다.

【搅局】jiǎo/jú 動 (사태를) 혼란에 빠뜨리다. 어지럽히다. 복잡하게 만들다. ¶这事办得已经八分成功, 让他从中一拦阻给～了 | 이 일은 이미 8할은 성사되었는데 그가 그만 중간에서 훼방을 놔서 엉망이 되었다.

【搅乱】jiǎoluàn 動 교란하다. 혼란시키다. 뒤섞이다. ¶他把事情都～了 | 그가 일을 몽땅 뒤섞어 놓았다 =〔口 搅jiǎo混〕→〔打dǎ搅③〕

【搅扰】jiǎorǎo ⇒〔打dǎ搅〕

【搅醒】jiǎoxǐng 動 떠들어서 잠을 깨우다. ¶我被一阵说话声～了 | 나는 말하는 소리에 시끄러워 잠이 깨었다. ¶别～了孩子 | 아이를 깨우지 말라.

【搅匀】jiǎoyún 動 골고루 뒤섞다. 잘 젓다. ¶搁上点儿白糖再～了 | 설탕을 조금 넣고 다시 잘 저어라.

1【脚〈腳〉】jiǎo jué 다리 각, 밟을각

Ⓐ jiǎo ❶ 名 (사람의) 발. ¶一只～ | 한 쪽 발. ¶手～ | 손발. 부하→〔腿tuǐ〕〔足zú〕 ❷ (동물·도구류의) 발. 다리. ¶桌(子)～ =〔桌腿〕| 책상다리. ❸ 물체의 밑부분. ¶山～ | 산기슭. ¶墙～ | 담 밑 =〔根 gēn②〕 ❹ 운반에 관계 있는 사람이나 사물. ¶～夫↓ ¶～行háng↓ ❺ 위에서 수직으로 내리는 줄기 모양의 물체. ¶雨～ | 빗발. ¶日～ | 햇발. ❻ 方 (소량의, 그다지 좋지 않은 것이) 남은 것. ¶酒～ | 마시고 조금 남은 술. ❼ 名 본문의 아래에 주(註)를 달거나 설명하는 글. ¶注～ | 주석.

Ⓑ jué ❶ 옛날의 극본(劇本)·곡본(曲本). ¶～本↓ ❷ 연극의 배우. ¶～色↓ 어법 옛날에는 「脚儿」「脚色」(배역)으로 썼으나, 지금은 「角儿」「角色」로 씀. ❸ 「脚jiǎo」의 문어음(文語音).

Ⓐ jiǎo

【脚板】jiǎobǎn 名 ❶ 方 발바닥 =〔脚掌zhǎng〕 ¶宽大的～ | 넓은 발바닥. ❷ 발판. 페달. ¶踩cǎi～ | 페달을 밟다.

【脚背】jiǎobèi 名 발등. ¶～上长zhǎng眼睛 | 俗 자기가 높이 보인다. 자부〔자만〕하다 =〔脚面miàn〕

【脚本】jiǎoběn ⓧ juéběn) 名 각본. ¶为一部新戏写了一个～ | 새로운 연극을 위해 각본을 썼다. ¶电影～ | 영화 각본.

【脚脖子】jiǎobó·zi ⇒〔脚腕wàn子〕

【脚布】jiǎobù 名 발수건.

3【脚步(儿)】jiǎobù(r) 名 ❶ 걸음나비. 보폭. ¶～大 | 걸음나비가 크다. ❷ (발)걸음. 걸음걸이. ¶放轻～ | 발걸음을 가볍게 떼다. ❸ 발소리. ¶听不出～来 | 발소리를 들을 수 없다. ❹ 선인이 보인 모범적인 자취. ¶踏著先烈的～前进 | 선열의 모범적인 자취를 따라서 나아가다.

【脚程】jiǎo·chéng 名 다리 힘. 걷는 능력. ¶这匹pǐ马～很好 | 이 말은 매우 잘 달린다. ¶他的～快, 来回五十多里, 半天时间就够gòu了 | 그는 걸음이 빨라 왕복 오십여리를 한나절이면 충분히 다녀온다.

【脚刀(儿)】jiǎodāo(r) 名 한자 부수의 병부절(卩) =〔弯wān耳刀(儿)〕〔弯耳朵〕

【脚灯】jiǎodēng 名〈演映〉각광(脚光). 푸트 라이트(foot light) =〔脚光guāng〕

【脚蹬】jiǎodēng 名 (자전거의) 페달. ¶自行车～ | 자전거 페달. ¶掉了一个～ | 자전거 페달 하나가 떨어졌다.

【脚蹬板(儿)】jiǎodēngbǎn(r) 名 (기계·자동차 등의) 발판. 디딤판 =〔脚踏板(儿)〕〔踏tà板(儿)④〕

【脚蹬子】jiǎodēng·zi ❶ ⇒〔脚踏子〕 ❷ 名 (기계의) 다리 받침대. ❸ 名 발을 얹는 것 [등자·자전거 페달 등]

【脚凳】jiǎodèng 名 발판.

【脚底】jiǎodǐ 名 발바닥.

【脚底板(儿)】jiǎodǐbǎn(r) 名 方 발바닥 [「脚掌zhǎng」「脚心」「脚(后)跟」전부를 가리킴] ¶～擦油 | 歇 발바닥에 기름을 바르다. 잽싸게 내빼다 [뒤에 「溜得快」가 이어지기도 함]

【脚垫】jiǎodiàn 名 인력거의 발판. ¶他买了一个～ | 그는 인력거 발판 하나를 샀다.

【脚法】jiǎofǎ 名 발놀림 [공을 찰 때의 기교] ¶马拉多纳～灵活细腻 | 마라도나의 발놀림은 민첩하고도 섬세하다.

【脚夫】jiǎofū 名 ❶ (옛날의) 짐꾼. 지게꾼. ❷ 소몰이꾼 ‖ =〔脚户hù〕

【脚跟】jiǎogēn ⇒〔脚后hòu跟〕

【脚孤拐】jiǎogū·guai 名 方 발의 제1설상골(楔狀骨) 부분 =〔脚骨gǔ拐〕

【脚行】jiǎoháng 名 (옛날의) 운송업. 운반부.

【脚后跟】jiǎohòu·gen 名 발꿈치 =〔脚跟〕

【脚货】jiǎohuò 名 하등품. ¶贱卖了一批～ | 다소의 하등품을 싼값에 팔았다.

【脚迹】jiǎojì 名 발자국.

【脚尖(儿)】jiǎojiān(r) 名 발끝. 발부리. ¶踮diǎn着～走 | 발끝을 세우고서 걸어가다.

【脚劲(儿)】jiǎojìn(r) 名 方 다리 힘. ¶妈妈的眼睛不如从前了, 可是～还很好 | 어머님의 눈은 옛날보다는 못하지만, 다리 힘은 여전하시다.

【脚扣】jiǎokòu 名 디딤쇠.

【脚力】jiǎolì 名 ❶ 다리 힘. ¶这匹马～出众 | 이 말은 다리 힘이 탁월하다. ❷ 짐꾼. 운수 노동자. 운반 인부. ❸ 운임. 운반비. ❹ 옛날, 선물을 보낼 때 심부름꾼에게 주는 삯〔행하〕.

【脚镣】jiǎoliào 名 족쇄(足鎖). 차꼬. ¶～, 手铐kào等刑具 | 족쇄·수갑 등 형구.

【脚炉】jiǎolú 名 발쬐는 화로.

【脚门】jiǎomén ⇒〔角jiǎo门(儿)〕

【脚盆】jiǎopén 名 발을 씻는 대야. ¶～不能用来洗脸 | 발 씻는 대야를 세수할때 쓸 수 없다.

【脚气】jiǎoqì 名 ❶〈醫〉각기 =〔俗 脚风fēng湿〕〔软ruǎn脚病〕❷ 方 (발의) 무좀 =〔脚癣xuǎn〕〔香港脚〕

【脚钱】jiǎoqián 名 ❶ 운임. 운반비. ❷ 배달비. ¶付了一点儿～ | 약간의 배달비를 지불했다. ‖ =〔脚价jià〕〔脚资zī〕

【脚儿】jiǎor ⓐ 名 발 [주로 여자의 발을 말함] ¶～小 | 전족(缠足)한 (작은) 발.

ⓑ juér ⇒〔角jué色①〕

【脚手架】jiǎoshǒujià 名〈建〉비계(飛階). ¶工人在～上工作｜노동자가 비계에서 일을 한다＝〔建筑jiànzhù架〕〔鹰yīng架〕

【脚踏车】jiǎotàchē 名 方 자전거. ¶机jī器～＝〔马mǎ达脚〕｜오토바이＝〔自zì行车〕〔粤单dān车〕

【脚踏两只船】jiǎo tà liǎng zhī chuán 諺 양다리를 걸치다＝〔脚踩两只船〕〔脚跐两只船〕〔脚踏两边儿船〕〔脚踏两来舡〕〔脚踏两头船〕〔脚站两只船〕

【脚踏实地】jiǎo tà shí dì 成 일 하는 것이 착실하고 실속 있다. ¶～地工作｜착실하게 일하다.

【脚踏子】jiǎotà·zi 名 발걸이. (책상의) 발디딤대＝〔脚踏儿〕〔脚登dēng儿〕〔脚蹬dēng子①〕

【脚腕子】jiǎowàn·zi 名 발목. ¶他的～踒wǎi了｜그의 발목이 접질러졌다＝〔京脚脖bó子〕〔脚腕儿〕〔腿tuǐ腕子〕

【脚下】jiǎoxià 名 ❶ 발 밑. 발 아래. ¶～一滑, 摔shuāi了一跤｜미끄러져 넘어졌다. ❷ 바로. 지금. 목하(目下). ❸ 근처. 부근. ¶夏至～｜하지 무렵.

【脚心】jiǎoxīn 名 족심(足心)＝〔脚掌zhǎng心〕

【脚癣】jiǎoxuǎn 名 무좀. ¶她去上海治～｜그녀는 상해에 가서 무좀을 치료한다＝〔脚气qì②〕〔脚蛀zhù〕

【脚丫子】jiǎoyā·zi 名 方 발＝〔脚鸭yā儿〕〔脚鸭子〕〔脚巴bā丫儿〕〔脚巴鸭儿〕〔脚巴鸦儿〕〔脚步bù鸭儿〕〔脚步鸭子〕

【脚印(儿)】jiǎoyìn(r) 名 발자국. ¶皮鞋的～｜구두 발자국＝〔脚痕hén〕〔脚踪zōng(儿)〕

【脚掌】jiǎozhǎng ⇒〔脚板bǎn①〕

【脚爪】jiǎozhǎo 名 方 동물의 발톱.

【脚正不怕鞋歪】jiǎo zhèng bù pà xié wāi 諺 발 모양이 바르면 신이 비뚤어져도 걱정 않는다. 내가 올바르면 남의 중상도 두렵지 않다＝〔心正不怕影儿斜, 脚正不怕倒踏鞋〕

【脚指】jiǎozhǐ 名 발가락.

【脚指头】jiǎozhǐ·tou 名 口 발가락.

【脚趾】jiǎozhǐ 名 발가락.

【脚注】jiǎozhù 名 각주. ¶付印前又给文章加几个～｜원고를 출판사에 넘기기 전에 또 문장에 몇 개의 각주를 달다.

Ⓑ jué

【脚本】juéběn ☞〔脚jiǎo本〕

【脚儿】juér ☞〔脚儿〕jiǎor ⓑ

【脚色】juésè ⇒〔角jué色〕

【湫】 jiǎo ☞ 湫 qiū Ⓑ

【剿〈勦〉】 jiǎo chāo 토벌할 초, 표절할 초

Ⓐ jiǎo 動 토벌(討伐)하다. 소탕하다. ¶～匪↓

Ⓑ chāo 動 표절(剽竊)하다. ¶～说↓＝〔抄chāo②〕

Ⓐ jiǎo

【剿除】jiǎochú 動 토벌하여 섬멸〔제거〕하다. ¶～了残敌｜잔적을 제거하다.

【剿匪】jiǎofěi 動 비적을 토벌하다. ¶国军在智异山～｜국군이 지리산에서 공비를 토벌하다.

【剿灭】jiǎomiè 動 토벌하여 섬멸하다. 철저히 토벌하다. ¶～土匪｜비적을 토벌하여 섬멸하다＝〔剿绝〕

【剿平】jiǎopíng 動 토벌하여 평정하다. ¶～了土匪, 强盗｜도적과 강도를 토벌하여 평정하다.

Ⓑ chāo

【剿说】chāoshuō 書 名 (남의 말을) 표절하다.

【敫】 Jiǎo 성 교

名 성(姓).

【徼】 jiǎo ☞ 徼 jiào Ⓑ

4【缴(繳)】 jiǎo zhuó 줄 교, 얽힐 교, 주살 작

Ⓐ jiǎo 動 ❶ 납부하다. 바치다. 불입하다. 물다. ¶～公粮｜(현물로) 농업세를 바치다. ¶～款↓→〔交jiāo④〕 ❷ (무기 등을) 넘겨주다. 압수하다. ¶～枪不杀｜총을 넘겨주면 죽이지는 않는다. ❸ 얽다. 얽히다. 걸다. 휘감기다. ¶蜘蛛zhīzhū～丝＝〔蜘蛛织纲〕｜거미가 집을 짓다.

Ⓑ zhuó 書 名 (사냥감을 끌어 당기기 위한) 화살에 붙은 실.

【缴费】jiǎo/fèi 動 비용을 납부하다. ¶这儿的规矩, 先～后领药｜이 곳의 규정은 먼저 비용을 납부하고 나중에 약을 가져가는 것이다.

【缴裹儿】jiǎo·guor ⇒〔嚼jiáo用〕

【缴获】jiǎohuò ❶ 動 노획하다. ¶从日本军那儿～了一些新式武器｜일본군 진영에서 약간의 신식무기를 노획했다. ❷ 名 전리품. 노획물.

4【缴纳】jiǎonà 動 납부〔납입〕하다. ¶～日期｜납입〔납부〕기일.

【缴枪】jiǎo/qiāng 動 ❶ (무기를 넘겨주어) 항복하다. ¶～不杀｜항복하면 죽이지 않겠다. ❷ (적의 총을) 몰수하다. 노획하다. ¶缴了十支枪｜총 열 자루를 노획하였다.

【缴销】jiǎoxiāo 動 반납 폐기하다. ¶护照hùzhào, 身份证什么的, 用过以后, 得送回原领之处～｜여권·신분증 등은 사용 후 발급처에 반납하여 폐기해야 한다.

【缴械】jiǎo/xiè 動 ❶ (적에게) 무기를 내놓게 하다. (적을) 무장 해제시키다. ¶缴了敌人的械｜적을 무장 해제시켰다. ❷ (적이) 무장을 해제하다. 무기를 바치다. ¶他们只得乘乘儿地～投降｜그들은 그저 순순히 무기를 버리고 투항했다.

jiào ㄐㄧㄠˋ

1【叫〈呌〉】 jiào 부르짖을 규

❶ 動 부르다. 불러오다. 찾다. ¶老张～你｜장씨가 너를 부른다. ¶外面儿有人～你｜밖에서 누군가 너를 부른다. ❷ 動 (자동차를) 부르다. (음식 등을) 주문하다. ¶～了一辆出组汽车｜택시 한 대를 불렀다. ¶～菜了吗?｜요리를 시켰니? ❸ 動 …라고 부르다. …로 불리다. (이름을) …라고 하다. ¶他～我大姐｜그는 나를 「大姐」(큰 누나)라고 부른다. ¶这～不锈钢xiùgāng｜이것은 스테인레스강이라고 한다. ¶我～王平｜나의 이름은 왕평입니다. 어법

「叫」는 동작 방향이 일정하지 않아 자동사가 되기도 하고 타동사가 되기도 함 ¶我～小平｜나는 소평이라고 불린다. ¶你～谁?｜너는 누구를 부르느냐? ❹ 動 외치다. 고함치다. 부르짖다. ¶大～一声｜큰 소리로 고함치다. ¶大喊大～｜큰 소리로 고함치고 외치다. ❺ 動 (동물이) 울다. 짖다. 지저귀다. ¶鸡～｜닭이 울다. ¶狗～｜개가 짖다. ❻ 形 轉 수식어로 쓰여, 우는 것. 수컷. ¶～鸡↓ ¶～驴↓ ❼ 動 (기계·기구 등이) 소리내다. 울리다. ¶火车～｜기차가 (기적을) 울리다. ¶机关枪～起来了｜기관총이 소리내기 시작했다. ❽ 動 뒤집어 쓰다. ¶这样的事, 谁也不敢往身上～｜이러한 일은 누구도 감히 떠맡으려 하지 않는다. ❾ 動 사역(使役)동사로 쓰여, (…하도록) 용인하다. 방치하다. 허용하다. ¶没说完～他慢慢说吧｜말이 끝나지 않았으면 천천히 말하도록 해라. ¶你不～我走怎么着!｜네가 나를 못가게 하는데 어떻게 하겠다는 거니? ¶他不～去, 我就不去｜그가 가라 하지 않으면 나는 가지 않는다. ❿ 動 사역동사로 쓰여, (…하도록) 시키다. …하게 하다. ¶～他做事｜그가 일을 하게 하다. ¶～他拿来｜그가 가져오게 하다. ⓫ 介 …에 의하여. ¶他～雨淋了｜그는 비에 젖었다. ¶树～风刮倒了｜나무가 바람에 넘어졌다. 어법 ⓐ 전치사(介詞)「叫」는「教」로 쓰기도 함. ⓑ「叫」「让」의 전치사(介詞) 용법은「被」와 기본적으로 같음. 구어(口語)에서는「叫」「让」을 쓰지만 비교적 정식·정중·엄숙한 경우에는「被」를 씀. ⓒ「叫」「让」은 뒤에 사람을 가리키는 명사가 올 때 사역(使役)을 나타내는지 아니면 피동을 나타내는지 혼돈할 수 있음. ¶我叫〔让〕他说了几句｜는 다음 세 가지의 예문과 같은 뜻이 될 수 있음. ㉠ ¶命令他说几句｜나는 그에게 몇 마디 말을 하라고 시켰다. ㉡ ¶容许他说了几句｜몇 마디 말을 하도록 허용하였다. ㉢ ¶被他说了几句｜그에게 몇 마디 말을 들었다. 잔소리를 듣게 되었다. ⓓ「被」는 동사 앞에 직접 쓰일 수 있으나「叫」는 극히 드물게 쓰이고「让」은 동사 앞에 쓸 수 없음.「叫」를 동사 앞에 직접 쓸 때는 대개 동작자가 암시된 경우임. ¶被打｜얻어 맞다. ¶他们都叫抓走了｜그들은 모두 (순경에게) 잡혀갔다. ¶衣服都叫淋透了｜옷이 몽땅 (비에) 젖었다＝〔教jiào②〕

【叫板】jiào/bǎn 名 경극에서 마지막 대사를 길게 뽑아 다음 곡조로 넘어가게 하는 대목.

【叫不上】jiào ·bu shàng 動組 (몰라서) 이름을 말할〔부를〕수 없다. ¶脸比较熟, 但是～名字来｜얼굴은 비교적 익지만 이름은 몰라서 부를 수가 없다.

【叫不响】jiào ·bu xiǎng 動組 상대하지 않다. 어울리지 않다. ¶他在这一带可～, 不必提他的名字了｜그는 이 일대에서는 어울리지 않으니, 그의 이름을 제기할 필요가 없다.

【叫不应】jiào ·bu yìng 動組 불러도 대답〔반응〕이 없다. ¶我叫了半天也～, 大概是睡着zháo了｜내가 한참을 불러도 반응이 없으니, 아마도 잠들었나 보다. ¶这真是叫天～, 叫地不答应｜정말 하늘을 향해 불러도 반응이 없고, 땅에다 외쳐도 대답이 없다.

【叫菜】jiào/cài 요리를 주문하다.

【叫车】jiào chē 차를 부르다. ¶叫一辆车｜차를 한 대 불러라!

【叫吃】jiàochī 단수! [바둑에서 단수를 치면서 상대방에게 경고하는 말]

【叫春】jiào/chūn ❶ 動 동물이 (발정기가 되어) 암내를 내며 울다. ¶猫儿在房顶～｜고양이가 지붕에서 암내를 내며 울다. ❷ (jiàochūn) 名 암내 울음.

【叫倒好(儿)】jiào dàohǎo(r) 動組 거짓 갈채를 보내다 [연기·노래가 서툴때「好!」라고 하면서 말끝을 길게 늘여서 야유하는 것을 말함]＝〔喊hǎn倒好(儿)〕→〔叫好(儿)〕

【叫哥哥】jiàogē·ge ⇒〔叫姑姑gū〕

【叫姑姑】jiàogū ·gu 名〈蟲〉여치＝〔方 叫哥哥〕〔蝈蝈儿〕

[4]【叫喊】jiàohǎn ❶ 動 큰소리로 외치다. 소리〔고함〕치다. ¶高声～｜큰소리로 고함치다. ❷ 名 외침. 절규. 부르짖음 ‖＝〔喊hǎn叫〕

【叫好(儿)】jiào/hǎo(r) 動 갈채를 보내다.「好!」(잘 한다!)라고 외치다＝〔唱好〕〔喊hǎn好(儿)〕〔嚷rǎng好〕→〔叫倒dào好(儿)〕〔打通〕〔喝hè彩〕

【叫号电话】jiàohào diànhuà 名組〈通〉(국제전화의) 번호 통화→〔叫人电话〕

【叫化子】jiàohuā·zi ⇒〔叫花子〕

【叫花】jiàohuā 動 구걸하다. 동냥하다＝〔叫化〕

【叫花子】jiàohuā·zi 名 ⊡ 거지. 비렁뱅이＝〔叫化子〕〔乞丐qǐgài〕

[4]【叫唤】jiào·huan 動 ❶ 외치다. 고함〔소리〕치다. ¶他在那儿瞎～什么呢?｜그는 저쪽에서 무턱대고 뭘 외치고 있니? ¶痛得直～｜아파서 줄곧 고함치다. ❷ (새나 짐승이) 울다〔짖다〕. ¶一条狗在门口儿直～｜개 한마리가 집 앞에서 계속 짖어대고 있다.

【叫魂(儿)】jiào/hún(r) 動 ❶ 혼을 불러 들이다. ❷ 계속하여 큰소리로 외치다.

【叫鸡】jiàojī 名 方〈鳥〉수탉＝〔公gōng鸡〕

【叫价】jiàojià 名〈商〉부르는 값. 호가(呼hū價).

【叫劲(儿)】jiào/jìn(r) ❶⇒〔加jiā油②〕 ❷ 動 거역하다. 반항하다. ¶别再跟他～!｜다시는 그를 거역하지 말라! ¶跟我～会有你什么好处｜나에게 반항하여 네게 무슨 좋은 점이 있겠니＝〔别biè扭〕

【叫局】jiào/jú ⇒〔叫条tiáo子〕

【叫绝】jiàojué 動 훌륭하다고 외치다. ¶拍pāi案～｜책상을 치며 훌륭하다고 외치다→〔叫好(儿)〕

【叫苦】jiào/kǔ 動 ❶ 고통을 호소하다. 비명을 지르다. 죽는〔우는〕소리를 하다. ¶～不迭｜成 끊임없이 비명을 지르다. ❷ 한탄하다. 슬퍼하다.

【叫苦连天】jiào kǔ lián tiān 成 (고통으로 하여) 끊임없이 아우성치다 [몹시 괴로운 모습을 형용함] ¶这下他真的～了｜이번에 그가 정말 끊입없이 아우성쳤다.

【叫驴】jiàolǘ 名 方〈動〉수당나귀＝〔公gōng驴〕

⇔〔草cǎo驴〕

【叫妈】jiào/mā 動 ❶ 어머니를 부르다〔찾다〕. ❷ 轉 곤란한 경우에 처하다. ¶～的日子 | 곤란할 때.

【叫骂】jiàomà 動 큰소리로 욕을 하다.

【叫卖】jiàomài 動 ❶ (거리·상점에서) 소리치며 팔다. ¶沿途～ | 거리를 다니면서 소리치며 팔다. ❷ 경매하다 ‖ =〔喊hǎn卖〕

【叫门】jiào/mén 動 문을 두드리다. ¶快去看一下, 有人在外面～呢 | 빨리 가서 보고, 사람이 밖에 있으면 문을 두드려라.

【叫名】jiàomíng 名 方 ❶ (～儿) 명칭. ❷ 명목상. 명의상. ¶这孩子～八岁, 其实还不到六岁 | 이 아이는 명의상으로는 8살이지만 실제로는 아직 6살도 안되었다.

【叫起来】jiàoqǐlái 動組 ❶ (불러)깨우다. ¶明天六点钟叫我起来吧 | 내일 여섯 시에 깨워 주시오 ⇒〔叫醒xǐng〕 ❷ 소리지르기 시작하다.

【叫屈】jiào/qū 動 억울함을 호소하다. 불평을 말하다.

4【叫嚷】jiàorǎng 動 고함치다. 떠들어대다. ¶他～得最凶 | 그는 대단히 흉폭하게 고함친다.

【叫饶】jiàoráo 動 소리내어 용서를 빌다.

【叫人电话】jiàorén diànhuà 名組〈通〉(국제전화의) 상대방 지명 통화 =〔㊀指名电话〕→〔叫号电话〕

【叫天不应, 唤地不灵】jiào tiān bù yìng, huàn dì bù líng 成 하늘도 땅도 무심하다. 고립무원의 상태다.

【叫条子】jiào/tiáo·zi 動 쪽지를 써서 기생을 부르다 =〔叫局jú〕

【叫嚣】jiàoxiāo 貶 ❶ 動 큰 소리로 떠들어대다〔아우성치다〕. ¶他公然～要推翻政府 | 그는 공연히 아우성치며 정부를 전복시키려 한다. ❷ 名 아우성. 부르짖음.

【叫醒】jiàoxǐng 動 (불러서) 깨다〔깨우다〕. ¶～服务 | (호텔의) 웨이크업 콜(wake—up call) =〔喊hǎn醒〕→〔叫起来①〕

【叫阵】jiào/zhèn 動 (적진 앞에서 고함을 치며) 도전하다. ¶不要理会敌方的～ | 적군의 도전을 거들떠보려 하지 않는다.

【叫正】jiào·zheng 動 강변하다. 논쟁하다. ¶～了半天, 也没结果 | 한참동안이나 논쟁을 벌였지만 결론이 없다.

【叫子】jiào·zi 名 方 호루라기. 경적 =〔叫笛dí〕〔哨shào子①〕

【叫座(儿)】jiàozuò(r) 動 (연극 또는 배우가) 관객을〔인기를〕끌다. ¶他现在老了, 不～ | 그는 이제 늙어서 관객을 끌지 못한다. ¶他演yǎn的戏xì很～ | 그가 연기한 연극이 많은 관객을 끌었다.

2【叫做】jiàozuò 動 …라고 부르다. …라고 불리다. …이다. ¶这东西～汽车 | 이것을 자동차라고 부릅니다.

【峤(嶠)】jiào qiáo 뾰족하고높을 교, 산길 교

Ⓐ jiào 書 名 산길.

Ⓑ qiáo 書 狀 산이 높고 가파르다.

【峤屿】qiáoyǔ 名 바다 가운데 우뚝 솟은 작은 섬 =〔海峤〕

4【轿(轎)】jiào 가마 교

(～儿, ～子) 名 옛날, 어깨에 메는 탈것. 가마. ¶花～ | 꽃가마. ¶抬tái～ | 가마를 메다 →〔抬子〕

4【轿车】jiàochē 名 ❶ (～儿) 옛날, 말이나 노새가 끄는 지붕 있는 이륜(二輪) 마차. ❷ 승용차. ¶小～ | 소형 승용차. ¶韩国的～造得很漂亮 | 한국의 소형 승용차는 대단히 맵시있다 =〔轿式汽车〕〔卧wò车②〕

【轿夫】jiàofū 名 교부. 가마꾼. 교자꾼. ¶两个～把他抬上了山 | 두사람의 가마꾼이 그를 태워 산에 올랐다 =〔轿班bān〕

【轿子】jiào·zi 名 가마. ¶八抬～ | 여덟 대의 가마.

【觉】jiào ☞ 觉 jué Ⓑ

1【校】jiào ☞ 校 xiào Ⓑ

1【较(較)】jiào 대강 교, 차체 각

❶ 動 비교하다. 겨루다. ¶工作～前更为努力 | 작업을 전보다 더 열심히 한다 →〔计jì较②〕 ❷ 副 비교적. 보다. 약간. ¶用～少的钱, 办～多的事 | 비교적 적은 돈을 들여, 보다 많은 일을 하다. ¶～好 | 비교적 좋다. ❸ 名〈數〉두 수 사이의 차(差). ¶七与五的～是二 | 7과 5의 차이는 2이다. ❹ 書 形 분명하다. 뚜렷하다. 현저하다. ¶～著↓ ❺ 書 副 대략. 거의 =〔大较〕

【较比】jiàobǐ ⇒〔比较②〕

【较场】jiàochǎng ⇒〔校jiào场〕

【较劲(儿)】jiào/jìn(r) ❶ 힘〔재능〕을 겨루다〔경쟁하다〕. ¶二年级决心和我们～ | 이학년들이 우리와 경쟁하기로 결심했다. ❷ 지독〔혹독〕하다. 심하다. ¶这两天天气可真～, 连水缸都结冰了 | 이틀동안 날씨가 아주 혹독하여 물독까지 얼어 붙었다. ❸ (매우) 중요한 작용을 하다. ¶这几句话真～ | 이 몇마디 말은 정말 중요한 작용을 한다.

4【较量】jiào·liàng 動 ❶ (힘·기량 등을) 겨루다. 대결하다. 경쟁하다. ¶我来和你～ | 나는 너와 겨루어 보겠다. ¶这回跟他～～了 | 이번에는 그와 경쟁했다. ❷ 비교하다. 논쟁하다 ‖ =〔校xiào量〕

【较为】jiàowéi 書 副 비교적 …이다〔하다〕. ¶～知己 | 비교적 친한 사이이다.

【较真(儿)】jiào/zhēn(r) ❶ ⇒〔认rèn真①〕 ❷ (jiàozhēn(r)) ⇒〔认rèn真②〕

【较著】jiàozhù 書 形 현저하다. 뚜렷하다. 분명하다.

1【教】jiào jiāo 가르칠 교

Ⓐ jiào ❶ 지도하다. 교육하다. 가르치다. 어법 다음절(多音節)의 낱말(詞)속에서는 제4성으로 발음되지만 단독으로 동사로 쓰일 때는 제1성으로 발음함. ¶～导↓ ¶请～ | 가르침을 청하다. ❷「叫」와 같음 ⇒〔叫⑪〕 ❸ 교육. 가르침. ¶因材施～ | 배우는 사람의 형편에 맞게 교육하다. ¶家～ | 가정 교육. 가정교사. ❹ 名

종교. ¶你信~吗? | 너는 종교를 믿니? ¶佛~ | 불교. ¶伊斯兰~ | 이슬람교. ❺ (Jiào) 名 성(姓).

B jiāo 動 가르치다. 전수(传授)하다 어법 ⓐ 단독으로 동사로 쓰일 때는 제1성으로 발음하지만 다음절(多音节) 낱말(词) 속에서는 제4성으로 발음함. ⓑ 명사·동사로 된 목적어나 간접·직접 목적어를 가질 수 있음. ⓒ 특히 동작대상이 아닌, 학교등의 장소를 나타내는 목적어도 가질 수 있음. ¶~科学 | 과학을 가르치다. ¶~唱歌 | 노래하는 것을 가르치다. ¶他~我们物理 | 그는 우리에게 물리를 가르친다. ¶我~了十年大学 | 나는 10년 동안 대학에서 가르쳤다. ¶康老师~给我们汉语 | 강선생님께서 우리들에게 중국어를 가르쳐 주신다.

A jiào

【教案】jiào'àn 名 ❶ 교수안. 강의안. ❷〈史〉교안 [청말(清末)에 외국 교회와 중국인 사이에 일어난 소송 사건, 또는 외교 사건] ¶李老师写好了~ | 이선생님은 강의안을 다 작성하셨다.

【教本】jiàoběn 名 교과서 =〔教科书〕〔课本〕

【教鞭】jiàobiān 名 교편. 교사의 지휘봉. ¶执~于某校 | 모 학교에서 교편을 잡고 있다.

2【教材】jiàocái 名 교재. ¶编了一本~ | 교재 한 권을 편찬했다.

【教程】jiàochéng 名 ❶ 교과 과정. ❷ 강좌. 코스 [주로 책이름으로 쓰임]

3【教导】jiàodǎo 動 가르치다. 지도하다. ¶~主任 | 지도 주임. ¶~员 | 簡 정치 지도원.

【教父】jiàofù 名〈宗〉교부. ❶ 고대 교회에서 교의(教義)에 권위있던 신학자. ❷ 천주교의 훌륭한 사제. ❸ 영세 받을 때 세우는 남자 보증인 =〔代父〕

【教改】jiàogǎi 名 簡「教学改革「(교육 개혁)의 약칭. ¶试行~ | 교육 개혁을 실시하다.

【教工】jiàogōng 名 교직원. ¶改善~的生活 | 교직원의 생활을 개선하다.

【教官】jiàoguān 名 교관. ❶ 옛날, 교화(教化)를 담당한 관리 =〔学官〕❷ 옛날, 학교에서 교련을 담당한 사람. ❸ 군대에서 병사 훈련을 담당하는 군관.

【教规】jiàoguī 名〈宗〉종규(宗規). 계율(戒律).

【教化】jiàohuà 書 動 교화하다.

【教皇】jiàohuáng 名〈宗〉교황. 로마 법왕 =〔教王〕〔教宗〕〔法王①〕

4【教会】a jiàohuì 名〈宗〉교회. ¶设立了几个~ | 교회를 몇군데 설립했다.

b jiāohuì 動 가르쳐서 알도록 하다. ¶~农民使用机器 | 농민에게 기계를 다룰 줄 알도록 가르치다.

【教诲】jiàohuì 書 動 가르치다. 깨우치다. 타이르다. ¶谆谆zhūn~ | 간곡하게 타이르다.

【教具】jiàojù 名 교육용 기재.

【教科书】jiàokēshū ⇒〔教本〕

3【教练】jiàoliàn ❶ 動 (운전·운동 등을) 가르치다. 교육하다. ¶~车 | 운전 교습차. ❷ 名 코치(coach) =〔指导员〕❸ 名 (군대의) 교관.

【教龄】jiàolíng 名 교직의 근속 연수.

【教门(儿)】jiàomén(r) 名〈宗〉❶ 回 회교(신자). ❷ 교회의 통칭.

【教民】jiàomín ⇒〔教徒tú〕

【教派】jiàopài 名 교파. 종파.

【教区】jiàoqū 名 (교회와 목사가 있는) 교구.

2【教师】jiàoshī 名 교사. ¶~职工 | 교직원. ¶当~ | 교사가 되다.

【教师节】Jiàoshī Jié 名 스승의 날 =〔六六(教师)节〕

【教士】jiàoshì 名 ❶〈宗〉(기독교의) 선교사. ❷ 書 훈련을 받은 병사.

1【教室】jiàoshì 名 교실 =〔课kè室〕〔课堂táng①〕

2【教授】jiàoshòu ❶ 動 교수하다. 전수(傳授)하다. ¶个别~ | 개인 교습하다. ❷ 名 (대학의) 교수. ¶助zhù~ | 조교수 ¶副fù~ | 부교수. ¶客座~ | 객원 교수.

4【教唆】jiàosuō 動 교사하다. ¶~犯 | 교사범(인) =〔教诱yòu〕

3【教堂】jiàotáng 名 교회당. 예배당. ¶天主~ | 천주 교회. 성당.

4【教条】jiàotiáo 名 ❶ 훈련의 주요 항목. ❷ 학생이 지켜야 할 규칙. 교훈의 조목(條目). ❸〈宗〉교회가 공인한 교의(教義). ❹ 입증적 논거(論據)없이 맹목적으로 받아들여지는 원칙이나 원리. ¶~主义 | 교조주의.

【教廷】jiàotíng 名 로마 교황청.

【教徒】jiàotú 名 신도. 신자 =〔教民〕〔教中人〕

【教务】jiàowù 名 교무. ¶~处 | 교무처. ¶~长 | 교무 처장.

【教席】jiàoxí 名 ❶ 교원의 직위. ❷ 회교도의 연회(宴會).

2【教学】a jiàoxué 名 가르침과 배움.

b jiāo/xué 動 가르치다. 교수하다.

【教学相长】jiào xué xiāng zhǎng 成 가르치고 배우는 과정을 통해 선생도 학생도 발전하다. 교학상장.

2【教训】jiào·xun ❶ 動 가르치고 타이르다. 훈계하다. 꾸짖다. ¶~了他一顿 | 그를 한차례 훈계했다. ❷ 名 교훈.

3【教研室】jiàoyánshì 名 교육 문제를 연구하는 조직. 학교의 연구실. 교원실. ¶文艺~ | 문예 연구실.

【教研组】jiàoyánzǔ 名「教研室」보다 규모가 작은 연구반. ¶热处理~ | 열처리 연구반.

4【教养】jiàoyǎng ❶ 動 (어린이를) 가르쳐 키우다. 교양하다. ❷ 名 교양. ¶他的~太差 | 그는 교양이 없다.

【教益】jiàoyì 書 名 교훈과 이익. ¶很受~ | 교훈과 이익을 많이 받다.

【教义】jiàoyì 名〈宗〉교의. ¶违反了基督教的~ | 기독교의 교의를 위반했다.

【教友】jiàoyǒu 名〈宗〉교우. ¶他结识了许多~ | 그는 많은 교우를 사귀었다.

1【教育】jiàoyù ❶ 名 動 교육(하다). ¶~方针 | 교육 방침. ❷ 名 가르침. 배우는 바.

【教谕】jiàoyù ❶ 書 動 가르치고 깨우쳐주다. ❷

청대(清代) 현학(縣學)의 정교관(正教官). ❸ 종교상의 명령 혹은 지시.

2【教员】jiàoyuán 名 교원. 교사 →〔学xué员①〕

【教正】jiàozhèng ⇒〔指zhǐ正〕

【教职】jiàozhí 名 명청(明清) 시대의 교수·학정(學正)·교유(教諭)·훈도(訓導) 등의 여러 관직.

【教职员】jiàozhíyuán 名 교직원. ¶共有～一百五十人 | 교직원이 모두 백오십명이다 =〔教工〕〔教职员工〕

【教主】jiàozhǔ 名 〈宗〉 교주. 교조(教祖).

B jiāo

【教坏】jiāohuài 動 가르쳐서 나쁘게 만들다. 나쁜 짓을 가르치다〔시키다〕.

【教会】jiāohuì ☞ 〔教会〕 jiàohuì b

【教课】jiāo/kè 動 수업하다. 강의를 하다.

【教书】jiāo/shū 動 글을 가르치다. ¶～的 | 교사(教師). ¶～先生 | 학교의 선생.

【教学】jiāo/xué ☞ 〔教学〕 jiàoxué b

【酵】 jiào (㊀ xiào) 지게미 효, 술괼 효 ⇒〔醱fā酵〕

【酵母】jiàomǔ 名 〈微〉 효모(균). 이스트(yeast) =〔酵母菌jùn〕〔酿母菌〕

【酵母菌】jiàomǔjūn ⇒〔酵母〕

【酵素】jiàosù 名 효소.

【酵子】jiào·zi 名 方 효모를 넣어 발효시킨 밀가루 반죽 =〔引yǐn酵〕

【窖】 jiào 움 교, 깊은마음 교

❶ 名 지하실. 움. 구덩이. ¶地～ | 움. ¶冰～ | 얼음 저장고. ❷ 動 (지하실·움 등에) 물건을 저장하다. ¶把土豆～起来 | 감자를 저장하다. ¶～冰↓

【窖肥】jiào/féi 方 ❶ 動 퇴비를 만들다. ❷ (jiàoféi) 名 퇴비. ¶积了一些～ | 약간의 퇴비를 쌓아 두었다. ‖ =〔沤òu肥〕

【窖穴】jiàoxué 名 움 =〔口 窖子〕

【窖子】jiào·zi ⇒〔窖穴〕

【噍】 jiào jiāo jiū 씹을 초, 지저귈 초

A jiào 書 動 씹다. 먹다. ¶～咀↓ →〔咀jǔ嚼〕

B jiāo 書 形 소리가 짧고 급하다. ¶～杀 | 초조하여 목소리가 나오지 않다.

C jiū 書 擬 즐거워하는 소리. ¶～～ | 새 울음 소리. 환호의 소리.

【噍咀】jiàojǔ 書 動 씹어 먹다.

【噍类】jiàolèi 書 名 음식물을 씹어 먹는 동물의 총칭. 살아 있는 사람 또는 동물을 말함.

【醮】 jiào 제사지낼 초

書 名 ❶ 승려나 도사가 제단을 만들어 놓고 신(神)에게 올리는 제사. ¶打～ | 단을 만들어 놓고 제사를 지내다. ❷ 과부(寡婦)의 재혼 =〔再醮〕 ❸ 옛날, 관례(冠禮)나 혼례(婚禮) 때의 간단한 의식.

【徼】 jiào jiǎo 돌 요, 변방 요

A jiào 書 ❶ 名 국경. 변경(邊境). ❷ 動 순찰하다.

B jiǎo ❶ 書 動 구(求)하다. ❷ ⇒〔徼幸〕

【徼幸】jiǎoxìng ⇒〔侥jiǎo幸〕

【嚼】 jiào ☞ 嚼 jiáo B

jiē ㄐㄧㄝ

【节】 jiē ☞ 节 jié B

【疖(癤)】 jiē (㊀ jié) 부스럼 절 ⇒〔疖子〕

【疖子】jiē·zi 名 ❶ 〈醫〉 종기. 부스럼. ¶她手上长了一个～ | 그녀의 손에 종기가 났다. ❷ 〈植〉 나무의 옹이.

2【阶(階)】 jiē 섬돌 계

名 ❶ 계단. 층계. ¶石台～(儿) | 돌층계. ¶进身之～ | 출세의 계단. ❷ 등급. 계급. ¶官～ | 벼슬급.

3【阶层】jiēcéng 名 계층. ¶上部～ | 상부 계층. ¶社会～ | 사회 계층.

2【阶段】jiēduàn 名 단계. 계단. ¶大桥第一～的工程已经完成 | 다리의 제1단계 공사는 이미 완성되었다.

2【阶级】jiējí 名 계급. ¶工人～ | 노동자 계급. 프롤레타리아트. ¶～斗争 | 계급 투쟁. ¶～路线 | 계급 노선. ¶～社会 | 계급 사회. ¶～性 | 계급성. ¶～意识 | 계급 의식.

【阶梯】jiētī 名 ❶ 층층대. 계단. ¶～教室 | 계단교실. ❷ 轉 (실력 등을 높이는) 입문(入門)의 수단·방법. ¶法语～ | 불어 입문서. ¶英语听力～ | 영어 청취력 입문서.

【阶下囚】jiēxiàqiú 名 (옛날, 법정계단 밑에서 심문을 받던) 죄인. 감금된 사람.

3【结】 jiē ☞ 结 jié B

【秸〈稭〉】 jiē 짚 갈

名 (농작물의) 대. 줄기. 짚. ¶麦～ | 보릿짚. ¶包米～ | 옥수숫대.

4【皆】 jiē 다 개

書 副 모두. 다. 전부. ¶全国～知 | 온 나라가 다 알다.

【皆大欢喜】jiē dà huān xǐ 成 모두 몹시 기뻐하다. ¶这种做法～, 人人满意 | 이런 방법은 모두다 좋아하여, 사람마다 만족해 한다.

【皆是】jiēshì 모두가 다 …이다. ¶触chù目～ | 눈에 보이는 것은 다 그것이다.

【喈】 jiē 새소리 개 ⇒〔喈巴〕〔喈喈〕

【喈喈】jiējiē 書 擬 ❶ 둥둥. 땡땡 [종이나 북소리] ¶钟鼓～ | 종소리 북소리가 둥둥 울린다. ❷ 지지배배. 꼬꼬 [새나 닭소리] ¶鸡鸣～ | 닭이 꼬꼬하고 운다.

【楷】 jiē ☞ 楷 kǎi B

1【接】 jiē 접할 접

❶ 動 받다. 접수하다. ¶～到一封信 | 편지 한 통을 받다. ¶～电话 | 전화를 받다. ❷ 動 가까이 가다. 접촉하다. ¶邻～ | 인접하다. ¶交头～耳 | 얼굴을 가까이 대고 입을 귀에 가져가다. 소근거리다. ❸ 動 잇다. 연결하다.접목하

다. ¶～电线｜전선을 연결시키다. ¶请金先生～电话｜김선생님 좀 바꿔 주십시오. ¶把蔷薇qiángwēi～上｜장미를 접목하다. ❹動 계속하다. 잇다. ¶～着说吧｜계속해서 말하셔요. ¶～着念｜이어서 읽다. ❺動 맞이하다. 영접하다. ¶到火车站～朋友去｜기차역에 친구를 맞이하러 가다. ❻動 (던진 것·떨어지는 것을) 받아내다. 받아쥐다. ¶用手～住｜손으로 받아내다. ¶～球↓ ❼動 이어받다. 교체하다. ¶～任｜일을 이어받다. ¶谁～你的班儿?｜누가 당신과 교대합니까? ❽(Jiē) 名 성(姓).

4【接班(儿)】jiē/bān(r) 動 (일 등을) 교대하여 이어받다. 계승하다. ¶总部有意让老张～｜본부에서 고의로 장씨를 교대시키다. ¶～人｜후계자. 교대자 =〔方 接脚jiǎo〕

【接办】jiēbàn 動 ❶ 인수하여 경영하다. ❷ 인수하여 처리하다. ¶这件事以后由老李～｜이 일은 후에 이씨가 인수하여 처리한다.

【接棒】jiē/bàng ❶ 動〈體〉(릴레이 경주에서) 바통(baton;프)을 이어받다. ❷(jiēbàng) 名〈體〉(릴레이 경주의) 바통 =〔接力棒〕

【接步履】jiēbùlǚ ⇒〔接履〕

【接不上】jiē ·bu ·shàng ❶ 이어지지 않다. 연결되지 않다. ¶电话打了半天, 可老～｜전화를 한참동안이나 걸었지만, 언제나 연결되지 않는다. ❷ 계속 댈 수가 없다. ¶本钱～｜본전이 떨어졌다. ❸ 계속되지 않다. 이어지지 않다. ¶哭得～气｜숨이 넘어가도록 몹시 울다 ‖ ⇔〔接得上〕

【接茬儿】jiē/chár 動 方 ❶ 말장단을 맞추다. 말을 받다. 동의하다. ¶他几次跟我说到老金的事, 我都没～｜그는 내게 몇 번 김씨에 대한 얘기를 했지만, 나는 도통 말을 받아주지 않았다 =〔搭dā茬儿〕❷ 또 다른 일을 바로 이어서 하다. ¶随后我们～商量晚上开会的事｜뒤이어 우리는 바로 저녁 회의에 관한 일을 상의했다. ¶咱们换一家酒店～喝吧｜우리 술집을 바꿔 계속해서 술을 마시자.

【接车】jiē/chē ❶ 動 (기차·버스역 등에 가서) 영접하다. ❷(jiēchē) 名 영접용 차.

2【接触】jiēchù ❶ 動 닿다. 접촉하다. ¶皮肤和物体～时, 所生的感觉就是触觉｜피부가 물체와 접촉했을 때 생기는 감각이 촉각이다. ❷ 動 접촉하다. 관계를 갖다. 교제하다. ¶领导应该多跟群众～｜지도자는 응당 많은 대중과 접촉해야 한다. ❸ 名〈物〉접촉. ¶～不良｜〈電氣〉접촉 불량. ❹ 動〈軍〉교전하다. ❺ 名 접촉. 교제. ¶跟他有～｜그와 접촉이 있다. ¶～眼镜 =〔隐yǐn形眼镜〕〔无形眼镜〕｜콘텍트 렌즈(contact lens).

【接达】jiēdá 名〈電算〉액세스(access) [메모리·주변장치로부터 데이터(data)의 전송 요구를 하여 처리하는 것]

2【接待】jiēdài 名 動 접대(하다). 응접(하다) [주로 정식적이거나 중요한 용건에 쓰임] ¶～室｜응접실. ¶明天的客人由我来～｜내일의 손님은 내가 접대한다. ¶～来宾｜내빈을 접대하다→〔招待〕

2【接到】jiēdào 動 받다. 입수하다. ¶～来示｜札 혜서(惠書)를 받았습니다. 서한을 배독(拜讀)하였습니다.

【接地】jiē/dì〈電氣〉❶ 動 접지하다. 어드(earth)하다. ❷(jiēdì) 名 접지. 어드.

【接点】jiēdiǎn 名 ❶〈電氣〉(개폐기·플러그 등의) 접촉 부분. ❷〈軍〉접촉점.

4【接二连三】jiē èr lián sān 成 끊임없이 연속되다. 연이어지다. ¶捷报～地传来｜승전보가 끊임없이 전해 오다.

【接防】jiē/fáng 動〈軍〉수비를 교체하다. 방어 임무를 인계받다. ¶清川江由六团～｜청천강은 육단이 방어 업무를 인계 받는다.

【接风】jiēfēng 動 멀리서 온 손님에게 식사를 대접하다. 환영회를 열다. ¶今天我办了一桌酒席为你们～｜오늘 나는 너를 환영하기 위해 술자리를 마련하였다 =〔洗尘xǐchén〕〔拂fú尘③〕

【接奉】jiēfèng 書 動 札 배령(拜領)하다. 배수(拜授)하다.

【接缝】jiēfèng 名 이음매. 이은 자리.

【接羔】jiē/gāo 動 양·돼지 등의 출산을 돕다.

【接骨】jiēgǔ 名 動〈漢醫〉접골(하다). ¶～丹｜喩 (일시적인 방편의) 좋은 계기나 조건. ¶～匠｜俗 접골사.

【接管】jiēguǎn 動 (일 또는 물자를) 접수하여 관리하다.

【接轨】jiē/guǐ 動 (철도) 레일을 접속하다〔시키다〕. ¶让中国的经济政策跟外国的经济政策～｜중국의 경제 정책을 외국의 정책과 접속시키다. ¶～处｜철도 선로의 접속점〔교차점〕.

【接合】jiēhé 名 動 접합(하다). ¶～器｜어댑터(adapter).

【接话】jiē huà ❶ 대답하다. ¶大人说话, 小孩不能随便～｜어르신이 말씀을 하시니, 아이가 마음대로 대답할 수가 없다. ❷ 말을 잇다. 이야기를 계속하다. ¶～尾｜말끝을 받아 넘기다. 말끝을 잇다.

【接回】jiēhuí 動 다시 맞아들이다. 다시 데려오다.

【接活(儿)】jiē/huó(r) 動 일거리를 떠맡다〔인수하다〕.

【接火(儿)】jiē/huǒ(r) 動 口 ❶ (총포로) 서로 맞붙기 시작하다. ¶先锋部队跟人民军～了｜선봉부대가 인민군과 맞붙었다. ❷ (안팎의 전선이 연결되어) 전등이 켜지다. 전기가 통하도록 외부선과 내부선을 연결시키다.

【接济】jiējì 動 ❶ (물자나 금전으로) 원조하다. 돕다. 구제하다. ¶～难民｜난민을 구제하다. ¶～粮食｜식량을 원조하다. ❷ (생활비를) 보내다. ¶学费～不上｜학비를 계속하여 보낼 수가 없다. ❸ 보급하다. ¶把弹药和补给品用空投～地面部队｜탄약과 보급품을 공중 투하하여 지상부대에 보급한다.

【接驾】jiē/jià 動 ❶ 書 황제를 영접하다. ❷ 喩 지체 높은 사람을 영접하다.

2【接见】jiējiàn 動 접견하다.

【接界】jiē/jiè ❶ 動 인접하다. ¶湖南跟江西～｜호남성은 강서성과 인접해 있다 =〔接境jìng〕〔書 接壤rǎng〕❷(jiējiè) 名 접경 지대. 인접 지

대. 경계.

2【接近】jiējìn ❶動 접근하다. 가까이 하다. 친하다. ¶~群众 | 군중과 친하다. ❷形 가깝다. 접근해 있다. 비슷하다.

【接境】jiējìng⇒〔接界jiè①〕

【接客】jiē/kè 動 ❶ 손님을 접대하다. ❷ 옛날, 기녀(妓女)가 유객을 접대하다. ¶让姑娘儿~ | 아가씨들로 하여금 유객을 접대하게 하다.

【接口】jiēkǒu ❶名 이은곳. 이음매. ❷名〈電算〉(컴퓨터의) 인터페이스(interface). ¶~电路 | 인터페이스 회로. ❸名 (식물을) 접붙이기할 때 칼로 절개한 부분. ❹ (jiē/kǒu) 動 말을 잇다. 이어 말하다 =〔接嘴zuǐ〕

【接力】jiēlì 名動 릴레이(하다). ¶400米~ | 400미터 릴레이. ¶~运输 | 릴레이 운수하다. ¶~投手 | 구원 투수.

【接力棒】jiēlìbàng 名 바통(baton; 프). ¶和平与友谊的~ | 평화와 우호의 바통 =〔接棒②〕

【接力赛跑】jiēlì sàipǎo 名組 릴레이 경주 =〔替tì换赛跑〕→〔接力〕

3【接连】jiēlián 副 연거푸. 연이어. 연속. 잇달아. ¶~射击 | 연속 사격하다. ¶~失败 | 연거푸 실패하다. ¶~三个小时 | 연속 세 시간. ¶~不断 | 끊임없다.

【接木】jiē/mù ❶動 접목하다. ¶去年~的石榴已经结果了 | 작년에 접목한 석류가 이미 열매를 맺었다 =〔接枝(儿)〕〔嫁jià接〕 ❷ (jiēmù) 名 접목. ¶~法 | 접목법.

【接目镜】jiēmùjìng 名〈物〉접안 렌즈(接眼lens) =〔目镜〕

【接纳】jiēnà 動 (개인이나 단체가 조직에 참가하는 것을) 받아들이다. ¶本会~了一批新会员 | 본회가 새로운 회원을 몇사람 받아들였다.

【接气】jiē/qì 動 ❶ (문장 내용이) 연관되다〔이어지다〕. ❷ (~儿) 숨을 잇다. ¶跑了这么远, 我接不上气儿了 | 이렇게 멀리 달렸더니 숨이 차다.

4【接洽】jiēqià 動 ❶ 상담하다. 타협하다. 절충하다. 교섭하다. ¶进行~ | 교섭을 진행하다. ¶跟对方~一下 | 상대방과 좀 교섭하다 =〔洽qià商〕→〔谈tán判〕 ❷〈商〉매매의 거래나 거래 조건 등의 사전 문의〔조회〕를 받다.

【接球】jiē/qiú 動〈體〉공을 받다. 포구(捕球)하다 →〔投tóu球〕

【接壤】jiērǎng⇒〔接界jiè①〕

【接任】jiē/rèn 動 직무〔임무〕를 이어받다〔인계받다〕. ¶~视事 | 직무를 인계받아 집무하다. ¶由他~驻大使 | 그가 주영 대사 직무를 인계받다.

【接墒】jiēshāng 動〈農〉토양 중의 수분을 농작물의 발아(發芽)와 성장에 적합하게 하다.

【接生】jiē/shēng 動 조산(助産)하다. 아이를 받다. ¶晚上摸黑出去为产妇~ | 밤중에 어둠을 더듬어 가서 산모를 위해 아이를 받다. ¶~员 | 조산원.

【接生婆】jiēshēngpó 名 산파 =〔接生员〕〔产婆〕〔老娘〕〔老娘婆〕〔老牛婆〕〔收生婆〕〔助产士〕

【接声儿】jiē/shēngr 動 (소리에) 응하다. 응답하다. 뒤를 이어 노래하다. ¶敲了半天门, 也没人~ | 한참 동안 문을 두드려도 응답하는 사람이 없다 =〔接腔qiāng(儿)〕

【接事】jiē/shì 動 직무〔사무〕를 인계받다.

4【接收】jiēshōu 動 ❶ 받다. ¶~来稿 | 보내온 원고를 받다. ❷ 수신하다. 듣다. ¶~天线 | 수신 안테나. ¶~无线电信号 | 무선 신호를 수신하다. ¶在屋中~广播 | 방에서 방송을 듣다. ❸ (법령으로 재산 등을) 접수하다. ¶~了许多敌产 | 많은 적의 재산을 접수했다. ❹ 받아들이다. ¶~新会员 | 새로운 회원을 받아들이다.

【接手】ⓐ jiēshǒu ❶名〈體〉(야구의) 포수 =〔接球手〕 ❷動 일을 인수하다〔인계 받다〕. ¶这个案件由副队长~处理 | 이 안건은 부대장이 인계받아 처리한다.

ⓑ jiē·shou 名 ❶ (복도·정거장·백화점에 비치되어 있는) 잠시 물건을 놓는 작은 책상. ❷ 시중드는 사람.

2【接受】jiēshòu 動 받아들이다. 수락하다. 받다. ¶~礼物lǐwù | 선물을 받다. ¶~条件tiáojiàn | 조건을 받아들이다. ¶~邀请yāoqǐng | 초청을 수락하다.

【接署】jiēshǔ 動 사무를 인수하여 그 대리를 하다.

【接送】jiēsòng 動 맞이하고 보내다. ¶用汽车~ | 자동차로 맞이하고 보내다.

【接穗】jiēsuì 名〈農〉접수. 접지(接枝). ¶往砧木上~ | 접본에 접수를 붙이다.

【接榫】jiē/sǔn 動 ❶〈建〉凸부분을 凹부분에 끼워 넣다. 장부를 홈 구멍에 끼우다 =〔接笋〕 ❷ 喻 (작품의) 앞뒤를 끼워 맞추다.

【接谈】jiētán 動 면담하다. 만나서〔접견하여〕 이야기하다.

【接替】jiētì 動 대신하다. 교체하다. (임무를) 인계하다. ¶我~金老师当系主任 | 나는 김선생님에게 학과장을 인계했다.

【接通】jiētōng 動 (전화가) 연결되다. 통하다. ¶~电流 | 전류를 통하게 하다. ¶电话~了吗 | 전화가 연결되었니?

【接头】jiē/tóu 動 ❶ (~儿) (가늘고 긴 물건의 두 끝을) 잇다〔접합하다. 연결시키다〕. ¶把这两条线接上头 | 이 실 두 가닥을 이어라. ❷ 口 면담하다. 타합하다. 연락을 취하다. 접선하다. ¶组织上叫我来跟你~ | 조직에서 나더러 당신과 접선하라고 했습니다. ❸ 사정을 잘 알다. ¶那件事我一点儿也不~ | 그 일은 내가 전혀 알지 못한다.

【接头儿】jiē·tóur 名 이음매. 이은 곳. ¶铁管子的~开了 | 철관의 이음매가 벌어졌다.

【接头人】jiētóurén 名 상의하거나 교섭할 상대. 연락할 상대. ¶老李是~, 你有事可以找到 | 이씨가 상의 대상이니, 네가 일이 있을 때 찾으면 돼.

【接吻】jiē/wěn 動 키스하다. 입맞춤하다. ¶偷tōu偷的接个吻 | 몰래 살짝 키스하다 =〔亲嘴qīnzuǐ(儿)①〕

【接物镜】jiēwùjìng 名 대물(對物) 렌즈. 접물경 =〔物镜〕

【接线】jiē/xiàn ❶動 실을 잇다. ❷動〈電氣〉(도선으로) 접속하다〔전선을 잇다〕. ¶和外线接上线了 | 외선과 접속하였다. ¶~图 | 배선도. ¶

~柱｜접속자. 단자. ❸動 전화를 연결하다. ¶电话~员｜전화 교환원. ❹⇒〔接线头〕❺(jiēxiàn) 名〈電氣〉도선(導線). ¶~断了｜도선이 끊어졌다.
【接线頭】jiēxiàntóu 動 접선하다. (지하 공작원이) 연락을 취하다 =〔接线④〕
【接线生】jiēxiànshēng 名 전화 교환원. ¶电话~态度很不好｜전화 교화원의 태도가 매우 좋지 않다 =〔电话接线员〕
【接续】jiēxù 動 접속하다. 잇다. 계속하다. ¶此段应~前页末行｜이 단락은 앞 페이지 마지막 줄에 이어야 한다. ¶~着办｜계속해서 하다.
【接应】jiēyìng 動 ❶(전투·운동 경기에서 자기편과) 호응하여 행동하다. 지원하다. ¶三排冲上去了, 二排随后~｜3소대가 돌격하자, 2소대가 뒤따랐다. ¶友军就会来~的｜우군이 지원하러 올 것이다. ❷보급하다. 공급하다. ¶子弹~不上｜탄알이 공급되지 못하다. ❸맞이하다. ¶我们多次派人去~你们, 可始终没联系上｜우리들은 여러차례 너희들을 맞이하러 사람을 보냈지만, 끝내 연결이 되지 않았다.
【接援】jiēyuán 動〈軍〉지원하다. ¶由四徘~三排｜4소대가 3소대를 지원하다.
【接站】jiēzhàn 名(정거장으로의) 출영(出迎). ¶明天十点去火东站~｜내일 열시에 기차역에 마중가다.
1【接着】jiē·zhe ❶動(손으로) 받다. ¶我往下扔, 你在下面~｜내가 아래로 던질테니 너는 아래에서 받아라. ❷副 잇따라. 연이어. 계속하여. 이어서. ¶这本书, 你看完了我~看｜이 책, 네가 다 보고 나면 이어서 내가 보겠다.
【接踵而来】jiē zhǒng ér lái 威 연달아〔잇달아〕오다. ¶许多事情~｜많은 일들이 연이어 오다 =〔接踵而至zhì〕〔继jì踵而至〕
【接种】jiēzhòng 動〈醫〉접종하다. ¶~牛痘｜우두를 접종하다. ¶~疫苗｜왁친을 접종하다.
【接住】jiēzhù 動 ❶받아쥐다. ¶用双手~｜두 손으로 받아쥐다. ❷잇다. ¶~线头｜실끝을 잇다.
【接嘴】jiē/zuǐ ⇒〔接口④〕

【痎】jiē 학질 해

書名 학질. 이틀거리 =〔疟疾nüèjí〕

1【街】jiē 거리 가

名❶(도시나 마을안의 비교적 넓고 큰) 길. 거리. 도로. ¶大~小巷｜한길과 작은 골목길. 온거리 도처에. ¶上~了｜거리로 나갔다. ❷方 시장. ¶赶~｜시장에 가다.
2【街道(儿)】jiēdào(r) 名❶큰 길. 가로. 거리. ¶~树｜가로수. ❷도시의「区」아래의 작은 행정 단위. ¶~工作｜「街道」의 사업. ¶~居民｜한「街道」에 사는 주민. ¶~消费合作社｜「街道」소비협동조합. ¶~办事处｜「街道」행정 기관.
【街灯】jiēdēng 名 가로등. ¶~都亮了｜가로등이 모두 켜졌다.
4【街坊】jiē·fang 名 回 이웃(사람). ¶~家的狗, 吃了就走｜이웃집 개는 먹고 나면 곧바로 가버린다. 은혜를 모르다. ¶~邻舍 =〔街坊四邻〕｜이웃(사람).
【街垒】jiēlěi 名 바리케이드(barricade).
【街门】jiēmén 名 큰길로 나 있는 문〔입구〕.
【街面儿上】jiēmiànr·shang 名 回 ❶시정(市井). 길바닥. 거리. ❷시내 근처. 부근의 거리. ❸세간. ¶~的事｜세상 일.
【街上】jiē·shang 名 거리. 가두. 노상(路上). ¶~演说｜가두 연설. ¶常在~看到｜늘 거리에서 보다 =〔街头〕
【街市】jiēshì 名 시가(市街). 상점이 늘어선 거리.
【街谈巷语】jiē tán xiàng yǔ 威 항간에 떠도는 소문〔여론, 이야기〕¶这种~, 不足为信｜이런 떠도는 얘기는 믿을만한 것이 못된다 =〔街谈巷说〕〔街谈巷议〕
4【街头】jiētóu 名 가두. 길거리. ¶~演讲yǎnjiǎng｜가두 연설. ¶十字~｜십자로. ¶涌上~｜길거리로 쏟아져 나오다. ¶流落liúluò~｜거리를 떠돌다 =〔街上〕
【街头画】jiētóuhuà ⇒〔宣xuān传画〕
【街头剧】jiētóujù 名 가두극 [항일 전쟁 시기 국민들의 전의(戰意)를 고양시키기 위해 연출했던 극]
【街头诗】jiētóushī 名 가두시 [주로 벽보등을 이용하여 당면한 현실 문제를 대중들에게 알리는 시] =〔墙qiáng头诗〕
【街头巷尾】jiē tóu xiàng wěi 威 거리와 골목. 도처. 이곳저곳. ¶他整天在~叫卖｜그는 왼종일 이곳저곳에서 물건사라고 외쳤다.
【街巷】jiēxiàng 名 큰길과 골목 =〔大街小巷〕
【街心】jiēxīn 名 거리의 한가운데. 도로의 중앙.

3【揭】jiē 들 게

❶動(붙어 있는 것을) 떼다. 벗기다. ¶把墙上贴着的画儿~下来｜벽에 붙어 있는 그림을 떼내다. ¶把这张虎膏药~下来｜고약을 떼내다. ❷動(닫혀 있는 것을) 열다. ¶~锅盖guōgài｜냄비 뚜껑을 열다. ¶~幕↓ ❸動 폭로하다. 들추어내다. 공개하다. ¶~露敌人的丑丑chǒu面貌miànmào｜적의 흉악한 면모를 폭로하다. ¶~短(儿)↓ ❹書動 높이 들다. 추겨들다. ❹(Jiē) 名 성(姓).
【揭榜】jiēbǎng 動 ❶방을 게시하다. 시험 합격자를 발표하다. ¶研究生录取名单明日~｜대학원 합격자 명단이 내일 발표된다→〔揭晓xiǎo〕❷초빙·입찰공고 등의 내용을 써놓은 방을 떼어 응모를 표시하다.
【揭不开锅】jiē·bukāi guō 솥 뚜껑을 열 수 없다. 喩 가난하여 먹을 것이 없다. ¶他家穷得常常~｜그의 집이 가난하여 언제나 먹을 것이 없다.
【揭穿】jiēchuān 動 폭로하다. 들추어내다 [「揭露」「揭发」보다 정도가 철저함] ¶恶行~了｜나쁜 행실이 드러났다. ¶~阴谋｜음모를 들추어내다. ¶假面具被~了｜가면이 벗겨졌다.
【揭疮疤】jiē chuāng·ba 喩(남의) 약점을〔아픈데를〕들추어내다. ¶不要老提过去, 更不能~｜과거 일을 얘기하지 말아야하며, 더더욱 약점을 들추어내서는 안된다.
【揭底(儿)】jiē/dǐ(r) 動(비밀·약점·좋지 못한 과거 등을) 폭로하다. ¶那集团的事儿就怕~｜

그 그릇의 일이 폭로될까 두렵다.

【揭短(儿)】jiē/duǎn(r) 動 (남의 결점·부정 등을) 폭로하다. 아픈 데를 들추어내다. ¶骂人不可～ | 남을 욕은 하더라도 약점은 들추지 말라 =〔揭币bì〕

4【揭发】jiēfā 動 (결점·비위·죄상 등을) 들추어내다. 적발하다. 폭로하다. ¶～真相 | 진상을 폭로하다. ¶～阴谋 | 음모를 폭로하다. ¶～黑幕 =〔揭发内情〕| 흑막을 들추어내다. ¶～批判 | 적발 비판하다 =〔点穿②〕〔点破②〕

【揭竿而起】jiē gān ér qǐ 成 봉기하다. 반기를 들다. ¶明朝末年,政治暗黑,人民生活十分困苦,老百姓忍无可忍,～,爆发了以李自成为首的农民起义 | 명대 말엽, 정치가 부패해지고, 사람들의 생활이 매우 궁핍해져, 백성들이 참으려해도 참을 수 없어, 봉기하여 이자성을 중심으로한 농민기의가 폭발했었다.

【揭根子】jiēgēnzi 남의 사생활·결점 등을 폭로하다 =〔方 揭老底〕

【揭锅】jiē/guō 動 ❶ (음식물이 익은 후) 솥에서 꺼내다. 喻 밥을 먹을 수 있다. ❷ 喻 (시기가 성숙하여) 공개 선포하다.

【揭开】jiēkāi 動 ❶ (붙은 것을) 떼다. 벗기다. ❷ 열다. 올리다. ¶～序幕 | 서막을 올리다. ¶～两国关系史上的新篇章 | 양국 관계사의 새로운 장을 열다. ❸ 폭로하다. 드러내다. ¶～秘密 | 비밀을 폭로하다.

【揭老底】jiē lǎodǐ ⇒〔揭根子〕

3【揭露】jiēlù 名 動 폭로(하다). ¶～事件的本质 | 사건의 본질을 폭로하다. ¶～敌人的阴谋 | 적의 음모를 폭로하다. ¶～无遗 =〔揭露无余〕| 남김없이 폭로하다.

【揭谜底】jiē mídǐ 動組 일의 진상을 폭로하다.

【揭幕】jiēmù 動 ❶ 막을 열다. 제막(除幕)하다. 개회하다. 개점하다. 개장(開場)하다. ¶～式 | 제막식. ❷ 喻 (대사건이) 막을 올리다〔시작하다〕. ¶战争～了 | 전쟁이 시작되었다.

【揭破】jiēpò 動 들추어내다. 폭로하다.

4【揭示】jiēshì 動 ❶ 게시하다. ¶～牌 | 게시판. ¶～注意事项 | 주의 사항을 게시하다 =〔揭贴tiē〕〔揭帖tiě①〕 ❷ 드러내어 (사람에게) 보이다. 명시하다. ¶小说作者深刻地～了人物的内心世界 | 소설가는 인물의 내면 세계를 깊이있게 드러내 보였다.

【揭帖】jiētiě ❶ ⇒〔揭示①〕 ❷ 名 벽보 [주로 개인적으로 널리 일반에게 호소하는 것을 가리킴] ¶匿nì名～ | 익명의 선전문 낙서(落書). ¶寻xún人的～ | 구인 벽보〔광고〕.

【揭晓】jiēxiǎo 動 ❶ (결과를) 발표하다. ¶录取名单还没有～ | 합격자 명단은 아직 발표되지 않았다. ¶～日期 | 발표일. ❷ 시세를 공시(公示)하다.

【嗟】 jiē ⓧ juē) 탄식할 차, 감탄할 차

❶ 動 탄식하다. 한탄하다. ¶～悔↓ ❷ 動 감탄하다. ¶～叹 | 書 動 차탄하다. 탄식하다. 감탄하다. ❸ 書 嘆 아! [탄식이나 감탄을 나타내는 말] ¶～呼↓ ❹ 書 嘆 옛다! [먹을 것을 건내줄 때 하는 말] ¶～! 来食 | 옛다! 먹어라 《禮記》

【嗟呼】jiēhū 嘆 아!

【嗟悔】jiēhuǐ 動 탄식하며 후회하다. ¶他为此事～再三 | 그가 이 일을 하고 여러차례 탄식하며 후회하다.

【嗟来之食】jiē lái zhī shí 成 「옛다」하고 던져 주는 음식. 모욕적인 베품. ¶不肯接收～ | 모욕적인 베품은 받으려 하지 않다. ¶～, 岂能接受 | 모욕적으로 베풀어주면, 어찌 받아들일 수 있겠는가.

jié ㄐㄧㄝˊ

【孑】 jié 고단할 혈

書 形 ❶ 외롭다. 홀로다. ¶～立↓ ❷ 남다. 남겨지다. ¶～遗↓ ❸ ⇒〔孑孓〕

【孑孓】jiéjué ❶ 名 〈蟲〉장구벌레 =〔跟头虫儿〕〔筋斗虫儿〕 ❷ 形 짧고 작다.

【孑立】jiélì 書 動 외로이 서다. 고립하다 =〔单特孑立〕

【孑然】jiérán 書 狀 고독하다. 외롭다. ¶她三十五了, 仍～一身 | 그녀는 삼십오세인데, 여전히 고독하게도 혼자이다. ¶～无所凭赖 | 홀로 의지할 곳이 없다.

【孑然一身】jié rán yī shēn 成 외톨이. 혈혈단신.

【孑遗】jiéyí 書 名 (재난·전쟁 등으로 거의 다 죽고) 겨우 살아 남은 소수의 사람. 겨우 남아 있는 것. 오직 하나만이 남아 있는 것. ¶靡mǐ有～ | 남은 사람이 없다.

1 【节(節)】 jié jiē 마디 절

Ⓐ jié ❶ (～儿) 名 (식물·사물의) 마디. (동물의) 관절. ¶竹～ | 대의 마디. ¶骨～ | 뼈마디. ¶脱～ | 탈골하다. ❷ 축제일. 기념일. ¶双十～ | 쌍십절. ¶国庆～ | 국경일. ❸ (사물의) 단락. 구분. ¶音～ | 음절. ¶分～ | 단락을 나누다. ❹ 名 절기. 계절. ¶季～ | 계절. ¶中秋～ | 중추절. ¶过～ | 명절을 쇠다. ❺ 名 절도. ¶礼～ | 예절. ¶饮食有～ | 먹고 마시는 데 절도가 있다. ❻ 名 절개. 절조(節操). ¶守～ | 절개를 지키다. ¶古风良～ | 고상한 풍격과 훌륭한 절개. ❼ 소리의 높낮이 속도. 음률. ❽ 名 일. 사항. ¶生活小～ | 생활 중의 사소한 일. ❾ 動 절약하다. 절제하다. ¶～衣宿食↓ ❿ 動 요약하다. 요점을 따서 기록하다. ¶～译 | 초역(抄譯)하다. ⓫ 書 名 부절(符節) [옛날에 외국으로 가는 사신이 소지하던 증표] ¶使～ | 사절. ⓬ 名 〈工〉(나사의) 피치(pitch). ⓭ 書 形 높고 험하다. ¶～彼南山 | 높고 험한 저 남산 《詩經》 ⓮ 名 〈電算〉노드(node). ⓯ 量 단락지어진 것을 세는 데 쓰임. ¶三～课 | 3시간의 수업. ¶五～火车 | 열차 5대. ⓰ 量 노트(knot). ¶船的速度是二十～ | 배의 속도는 20노트이다. ⓱ (Jié) 名 성(姓).

Ⓑ jiē ⇒〔节骨眼(儿)〕〔节子〕

Ⓐ jié

【节哀】jié'āi 書 動 슬픔을 억제하다.

【节本】jiéběn 名 초본(抄本). 발췌본. ¶看～「红楼梦」| 발췌본 「홍루몽」을 보다.

【节操】jiécāo [書][名] 절조. 절개. ¶保持自己的～ | 자신의 절개를 지키다.
【节理】jiélǐ [名]〈地質〉절리.
【节烈】jiéliè [形] (여인의) 절개가 곧다 [옛날, 여인이 수절(守節)을 하면「节妇」라 하고, 순절(殉節)을 하면「烈妇」「烈女」라 했음]
【节令(儿)】jiélìng(r) [名] ❶ 절기. 계절. 철. ¶～不正 | 절기가 비정상적이다. ¶应～ | 계절에 맞다. ❷ 명절.
【节录】jiélù [名][動] 절록(하다). 초록(抄錄)(하다). ¶从书中～了几段收入教材 | 책에서 몇단락을 절록하여 교재에 넣다.
【节律】jiélǜ [名] 물체 운동의 리듬과 법칙.
【节略】jiélüè ❶ [名][動] 발췌(하다). 요약(하다). 개괄(하다). ❷ [書][動] 절감하다. 줄이다. ❸ [名]〈外〉외교 각서. 메머랜덤(mēmorandum) =〔备bèi忘录①〕
1【节目】jiémù [名] 종목. 프로그램(program). 레퍼터리(repertory). 항목. 목록. ¶今天晚会的～很精彩jīngcǎi | 오늘 저녁 만찬회의 프로그램은 아주 멋있다. ¶电视～ | 텔레비전 프로그램. ¶答问～ | 퀴즈 프로그램. ¶～表 =〔节目单〕| 프로그램. ¶～简介 | 프로그램의 간단한 소개. ¶～主持人 | 프로그램 사회자.
4【节能】jiénéng [名][動] 에너지(를) 절약(하다) ¶注意～ | 에너지 절약에 주의하다 =〔节约能源〕
【节拍】jiépāi [名]〈音〉박자. 리듬. 장단. ¶～器 | 메트로놈 =〔节奏zòu①〕
【节气】jié·qi [名] 절기. ¶一年有二十四～ | 1년에는 24절기가 있다. ¶～不饶人 | 계절은 사람을 기다리지 않는다. 농사는 제때 제때 해야만 한다 =〔节序〕〔气节①〕
1【节日】jiérì [名] ❶ 경축일. 기념일. ¶这一天原是一个～ | 이 날은 본디 기념일이다. ❷ 명절.
2【节省】jiéshěng [動] 아끼다. 절약하다. ¶～时间 | 시간을 아끼다. ¶～劳动力 | 노동력을 절약하다 =〔节撙zǔn〕〔减jiǎn省〕→〔节约〕〔节俭jiǎn〕〔俭省〕
【节外生枝】jié wài shēng zhī [成] 긁어서 부스럼 만들다. 문제를 복잡화하다. 엉뚱한 문제를 만들어내다. ¶严加监视, 以防～ | 엄격히 감시를 강화하여, 엉뚱한 문제 발생을 방지하다 =〔节上生枝〕
【节下】jié·xia [名][口] 명절. 명절 때〔대목〕[특히 설·단오·추석의 3대 명절 대목을 일컬음] ¶大～的还不吃点好的? | 큰 명절인데도 맛있는 걸 안 먹는다고?
【节衣缩食】jié yī suō shí [成] 입고 먹는 것을 절약하다. ¶他们一家人～, 买了一架钢琴 | 그들 식구가 절약하여, 피아노를 한 대 샀다 =〔缩suō衣节食〕
【节译】jiéyì [名][動] 초역(抄譯)(하다) =〔摘zhāi译〕
【节余】jiéyú ❶ [動] 절약하여 남기다. ❷ [名] 절약하여 남긴 금전 또는 물건.
4【节育】jiéyù [名][動][簡] 산아 제한(을 하다). 인구조절(을 하다). 계획 출산(을 하다). ¶～手术 | 불임 수술. ¶～环 =〔节育花〕〔避孕bìyùn环〕| 피임 링. 루프(loop). ¶通过～来控制人口 | 산아 제한을 통하여 인구를 억제하다 =〔节制生育〕〔计划jìhuà生育〕
【节欲】jiéyù [動] 욕심을 절제〔억제〕하다.
2【节约】jiéyuē [動][形] 절약하다 [주로 비교적 큰 범위에 사용됨] →〔节省shěng〕
【节肢动物】jiézhī dòngwù [名組]〈動〉절지동물.
【节制】jiézhì ❶ [動] 지휘 통솔하다. 통제 관리하다. ❷ [名][動] 절제(하다). 제한(하다). 억제(하다). ¶欲望舞边, 请多～ | 욕망은 끝이 없는 것이니, 절제를 하십시오.
4【节奏】jiézòu ❶ ⇒〔节拍pāi〕 ❷ [形][喩] 리드미컬하다. 율동적이다. 규칙적이다.

[B] jiē

【节骨眼(儿)】jiē·guyǎn(r) [名][方] 결정적인 중요한 시기〔관건〕. ¶正在这～的时候, 救兵及时赶到 | 이 결정적인 시기에 구원병이 때맞춰 도착하다. ¶做工作要抓住～ | 일을 할 때에는 결정적 시기를 잡아야 한다.
【节子】jiē·zi [名] (나무의) 옹이.

【栉】 jié ☞ 栉 zhì

【疖】 jié ☞ 疖 jiē

【讦(訐)】 jié 들추어낼 갈/알

[書][動] (남의 비밀·과실·약점 등을) 폭로하다. 들추어내다. ¶攻～ | 남의 약점을 공격하다.
【讦直】jiézhí [書][動] 남의 잘못을 바로 지적하다.

4【劫〈刦刧刼〉】 jié 겁탈할 겁

❶ [動] 강탈하다. 약탈하다. ¶打家～舍 | 집집을 다니며 약탈하다. ❷ 위협하다. 협박하다. ¶～制 | 힘으로 위협하다 =〔劫略lüè〕 ❸ [動] 습격하다. 급습하다. ¶偷营～寨zhài | 적의 군영 성채를 습격하다. ❹ [名] 재난. ¶遭～ | 재난을 당하다. ¶浩～ | 큰 재난. ❺ [名][簡]〈佛〉겁(劫). 영겁. 매우 긴 시간 [「劫波」(kalpa;범)의 약칭] ⇔〔刹那chànà〕 ❻ [名] (바둑에서의) 패.
【劫案】jié'àn [名] 강도 사건. 약탈 사건. ¶又发生了一起～ | 또 강도 사건이 발생했다.
4【劫持】jiéchí [動] (물건·인물·결점 등을 들어) 협박하다. 강제하다. ¶暴徒～了一架客机 | 폭도들이 여객기 한 대를 납치하다. ¶空中～ =〔劫持客机〕〔劫机〕| 하이재킹(하다) =〔要挟〕〔挟持〕
【劫道】jié/dào [動] 노상강도질 하다 =〔截jié道〕
【劫夺】jiéduó [動] 약탈하다. 강탈하다 ¶～财物 | 재물을 약탈하다 =〔劫掠lüè〕
【劫匪】jiéfěi [名] 노상 강도. 떼강도 =〔截道〕
【劫富济贫】jié fù jì pín [成] 부자의 재물을 빼앗아 가난한 사람을 구제하다.
【劫后余生】jiéhòu yúshēng [成] 재난 뒤에 살아 남은 사람. 재해의 생존자. ¶广岛原子爆炸的～ | 히로시마의 원폭 생존자.
【劫机】jiéjī [名][動] 공중 납치(하다). ¶～犯 | 공중 납치범.

【劫掠】jiélüè 名動 약탈(하다). 강탈(하다).
【劫数】jiéshù 名轉〈佛〉액운(厄運).
【劫狱】jié/yù 動 탈옥시키다. 겁수(劫囚)하다 =〔劫牢láo〕

【诘(詰)】jié jí 꾸짖을 힐
A jié 書❶動 따져묻다. 힐문하다. ¶～其未返之故 | 돌아오지 않는 이유를 힐문하다. ¶反～ | 반문하다. 문하다. ❷名 이튿날. 다음날. ¶～朝↓
B jí ⇒〔诘屈qū〕
A jié
【诘难】jiénàn 書動 힐난하다. ¶他们相互～ | 그들은 서로 힐난한다.
【诘问】jiéwèn 動 따져묻다. 힐문하다.
【诘朝】jiézhāo 書名 아침. 이튿날 아침 =〔诘旦dàn〕
B jí
【诘屈聱牙】jí qū áo yá 成 말이나 문장이 난잡하여 읽기가 거북하다 ¶这篇文章写得～, 很难读懂 | 이 문장은 난잡하고 거북하여, 매우 읽어 이해하기가 어렵다 =〔佶jí屈聱牙〕

4【杰〈傑1, 2〉】jié 뛰어날 걸
❶形 뛰어나다. 특출하다. 걸출하다. ¶～作↓ ❷名 재능이 출중한〔뛰어난〕사람. ¶豪～ | 호걸. ¶南宋三～ | 남송의 삼걸. 문천상(文天祥)·장세걸(張世傑)·육수부(陸水夫)의 세 호걸. ❸(Jié)名 성(姓).
4【杰出】jiéchū 形 걸출하다. 출중하다. 뛰어나다. ¶康老师是一个～的语言学家 | 강선생님은 뛰어난 언어학자이시다.
4【杰作】jiézuò 名 걸작. ¶我也想读读这篇～ | 나도 이 걸작을 읽으려고 한다.

【拮】jié 일할 길/결, 핍박할 갈
⇒〔拮据〕
【拮据】jiéjū 形 옹색하다. 군색하다. 경제형편이 곤란하다. ¶手头～ | 경제 형편이 옹색하다. ¶财政～ | 재정이 곤란하다.

3【洁(潔)】jié 깨끗할 결
❶ 깨끗하다. 청결하다. ¶净～ | 깨끗하다. ¶纯～ | 순결하다. ❷ 청렴하다. ¶～士 | 청렴한 선비.
3【洁白】jiébái 貶❶ 새하얗다. ¶～的雪花 | 새하얀 눈꽃. ❷ 결백하다. 순결하다. ¶～的心灵 | 결백한 영혼.
【洁净】jiéjìng 形❶ 깨끗하다. 정갈하다. ¶屋子里很～ | 방안이 매우 깨끗하다. ❷ 청렴 결백하다.
【洁癖】jiépǐ 名 결벽. ¶她有～, 一天要洗五次澡 | 그녀는 결벽증이 있어, 하루에 다섯번 목욕한다.
【洁身自好】jié shēn zì hào 成❶ 세속에 물들지 않고 자신의 순결을 지키다. ❷ 남이야 어떻게 하든 자신이 좋아하는 것만을 생각하다. 자기 한 몸만을 돌보다.
【洁治】jiézhì 名動 치석 제거(齒石除去)(하다). 스케일링(하다).

1【结(結)】jié jiē 맺을 결, 매듭 결
A jié ❶動 매다. 묶다. 엮다. 뜨다. ¶～绳↓ ¶～网↓ ❷動 엉기다. 응결하다. ¶～冰↓ ¶～成硬块 | 응결하여 단단한 덩어리가 되다. ❸動(관련을) 맺다. 결성하다. ¶集会～团 | 모여서 단체를 결성하다. ¶～好 | 친분관계를 맺다. ❹動 끝맺다. 결말을 짓다. ¶就～了 | 끝장이야. ¶没～没完 | 아직 끝나지 않다. ❺(～子) 名 매듭. ¶打～ | 매듭을 짓다. ¶死～ | 옭매듭. ¶活～ | 풀매듭. ❻名 증서. 보증서. ¶具～ | 보증서를 구비하다. ¶保～ | 보증서.
B jiē ❶動(열매가) 열리다. 열매를 맺다. ¶开花～果 | 꽃피고 열매맺다. ❷ ⇒〔结巴bā〕〔结实〕
A jié
【结案】jié/àn 動 사건을 종결하다. 판결을 내리다. ¶这个案子下周～ | 이 건은 다음주에 판결을 내린다.
【结疤】jiébā ❶名 흠. ❷動〈醫〉흉터가 지다.
【结拜】jiébài 動 의형제〔의자매〕를 맺다. ¶他们～为弟兄 | 그들은 의형제가 되었다 =〔结义yì〕
【结伴(儿)】jié/bàn(r) 動 한패가〔동행이〕되다. ¶～而行 | 동행해서 가다. ¶～还乡 | 동행해서 고향으로 돌아가다 =〔结个伴(儿)〕〔搭dā伴(儿)〕
【结帮】jié/bāng 動 무리를 짜다. 파벌을 만들다. ¶学生们～到广州打工 | 학생들은 무리를 지어 광주에 가서 아르바이트 한다.
【结冰】jié bīng 動 얼다. 동결〔빙결〕하다.
【结彩】jié/cǎi 動 비단·색종이 테이프·전등 등으로 아름답게 꾸미다. ¶悬灯～ | 등롱(燈籠)을 매달아 아름답게 꾸미다. ¶国庆节, 商店门前都结着彩, 喜气洋洋 | 국경일에는 상점 문앞을 온통 아름답게 꾸며 즐거움이 넘친다.
【结草】jiécǎo 動 죽은 후에라도 은혜에 보답하다. 결초보은(結草報恩)하다. ¶您的大恩就是～也难报答 | 당신의 큰 은혜는 결초보은한다해도 보답하기 어렵습니다.
【结肠】jiécháng 名〈生理〉결장. 잘룩 창자
【结成】jiéchéng 動 결성하다. 결합하여 이루어지다. ¶～同盟 | 동맹을 결성하다.
【结仇】jié/chóu 動 원수지다→〔结怨yuàn〕
【结存】jiécún ❶名 결산한 뒤의 잔액이나 재고품. ¶本月～五万元 | 이달의 잔고는 오만원이다. ❷動 결제(決濟)하다.
【结党营私】jié dǎng yíng sī 成 파벌을〔무리를〕만들어 사욕을 꾀하다 =〔结帮bāng营私〕
【结缔组织】jiédì zǔzhī 名組〈生理〉결체 조직 ¶损伤了～ | 결체 조직을 손상했다 =〔结组织〕
【结冻】jié/dòng 動❶(얼음이) 얼다. 결빙(結冰)하다. ❷ 젤리처럼 응고하다.
【结发夫妻】jié fà fū qī 成 결발 부부. 초혼 부부. 처녀·총각으로 결혼한 부부. ¶他俩是～ | 그들 두 사람은 초혼 부부이다.
2【结构】jiégòu 名❶ 구성. 구조. 조직. ¶～简单, 操作方便 | 구조가 간단하고 조작이 편리하다. ¶原子～ |〈物〉원자 구조. ¶～式 |〈化〉구조식. ❷ 기구(機構). ¶对外贸易～ | 대외 무역 기구. ¶情报～ | 정보 기구. ❸〈建〉(건축물의) 구조. 구조물. ¶～力学 | 구조 역학. ¶钢筋混凝土

～｜철근 콘크리트 구조물. ¶砖zhuān木～｜벽돌 목재 구조물. ❹〈言〉구조. ¶动补～｜동보구조. ¶句子的～｜문장 구조. ¶～助词｜구조조사.

3【结果】jiéguǒ ❶名 결실. 결과. ¶他们俩婚姻hūnyīn是爱的～｜그들 두사람의 결혼은 사랑의 결실이다. ¶必然bìrán～｜필연적인 결과. ❷副 결국. 드디어. 마침내. 끝내. ¶经过一番争论zhēnglùn, ～他让步了｜한바탕 논쟁을 벌인 끝에 마침내 그가 양보했다. ❸動 열매가 맺다. ¶开花～｜꽃이 피고 열매가 맺다. ❹動近 죽이다. 없애버리다. 해치우다. ¶一刀把他～了｜단칼에 그를 없애버렸다.

2【结合】jiéhé ❶名動 결합(하다). 결부(하다). ¶理论和实践相～｜이론과 실천이 서로 결합하다. ¶城乡～｜도시와 농촌간의 결합. ¶～膜＝〔结膜mó〕｜결막. ❷動 부부가 되다. ¶他们若能～, 一定是理想的一对｜그들이 만약 부부가 될수 있다면 틀림없이 이상적인 한 쌍이 될 것이다.

【结合能】jiéhénéng 名〈原〉결합 에너지 [두개 혹은 다수의 자유 상태의 입자가 결합될 때 내는 에너지. 자유 원자가 결합할 때 내는 에너지를「化学结合能「(화학 결합 에너지), 분산핵이 원자핵으로 될 때 방출하는 에너지를「原子核结合能「(원자핵 결합 에너지)라 함]

【结核】jiéhé 名 ❶〈醫〉결핵. ¶～病｜결핵병. ¶～病院｜결핵 병원. ¶～(杆)菌｜결핵균. ¶肺fèi～｜폐결핵. ❷〈鑛〉결핵.

【结喉】jiéhóu 名〈生理〉결후＝〔喉结〕

2【结婚】jié/hūn ❶動 결혼하다. ❷(jiéhūn) 名 결혼. ¶～登记dēngjì｜혼인 신고. ¶～蛋糕dàngāo＝〔婚礼蛋糕dàngāo〕〔礼饼〕｜웨딩 케이크. ¶～年龄＝〔婚龄〕｜결혼 연령. ¶～证(书)｜결혼 증서.

【结伙】jié/huǒ ❶動 무리〔패거리〕를 짓다. ❷(jiéhoǒ) 名〈法〉범죄 공모(共謀) 조직. ¶他们～偷东西｜그들은 공모하여 물건을 훔쳤다.

【结集】jié/jí 動 ❶(단편적인 문장·논문 등을) 모아 편집하다. ¶～成册｜(문장을) 모아 책으로 만들다. ¶～付印｜편집하여 인쇄하다. ❷(jiéjí)〈軍〉(병력을) 집결하다.

【结交】jié/jiāo 動 친교를 맺다. 교제하다. 친구가 되다. ¶他～一些社会名流｜그가 일군의 사회 명사들과 친교를 맺다. ¶～名士｜명사와 교제하다＝〔缔dì交〕〔托tuō交〕

【结焦】jiéjiāo 名動〈物〉건류(乾溜)(하다). 코크스화(하다). ¶～性｜코크스화하는 성질.

4【结晶】jiéjīng ❶名動〈化〉결정(하다). ¶～化学｜결정 화학. ¶盐～｜소금 결정. ¶～断面｜결정 단면. ¶～水｜결정수. ❷名 크리스탈＝〔晶体〕❸名喩 결정. 진귀한〔소중한〕성과.

4【结局】jié/jú ❶動 결말짓다. 종결하다. ❷(jiéjú) 名 결말. 종국. 결국. 결과. ¶～还算不错｜결과가 아직은 나쁘지 않다.

【结块】jiékuài 動 덩어리로 되다.

【结了】jié·le 결말이 나다. (이것으로) 끝이다. ¶这不～吗｜이 정도면 됐지→〔完了〕

2【结论】jiélùn 名 결론. 결말. ¶做出～来｜결론을 내다.

【结脉】jiémài 名〈漢醫〉결체맥(結滯脈).

【结盟】jié/méng 動 맹약〔동맹〕을 체결하다. ¶不～国家｜비동맹 국가.

【结膜】jiémó 名〈生理〉결막. ¶～炎＝〔俗 红眼〕｜결막염＝〔结合膜〕

【结幕】jiémù 名 종막(終幕). 喩 일의 끝판〔클라이막스〕.

【结亲】jié/qīn 動 ❶俗 결혼하다. ❷(두 집안이 혼인에 의하여) 친척이 되다. 인척 관계를 맺다. ¶他们两家～了｜그들 두 집안이 인척 관계를 맺었다.

【结清】jiéqīng 動 청산하다.

【结社】jié/shè ❶動 단체를 조직〔결성〕하다. ¶～自由｜결사의 자유. ❷(jiéshè) 名 결사.

【结绳】jiéshéng 動 (옛날, 문자가 없던 시대에) 새끼에 매듭을 지어 기록하다. ¶～记事｜새끼에 매듭을 지어 사실을 기록하다.

【结石】jiéshí 名〈醫〉결석. ¶胆～｜담석(膽石).

【结识】jiéshí 動 사귀다. ¶他～了许多中国朋友｜그는 많은 중국 친구들을 사귀었다.

1【结束】jiéshù ❶動 끝나다. 마치다. 종결하다. 종료하다. ❷名 종결. 종료. ❸名動〈商〉결산(하다). 마감(하다). ❹動近 몸 단장하다. 옷치장하다＝〔装zhuāng束〕

【结束语】jiéshùyǔ 名 결어. 맺는 말 ¶他在～中交代了写作本文的动机｜그는 맺는말에서 본문을 쓰게된 동기를 설명하였다＝〔结语〕

【结素】jiésù 名〈醫〉투베르쿨린＝〔旧jiù结核菌素〕〔结核菌素〕

4【结算】jiésuàn 名動〈商〉결산(하다). ¶～大帐｜연말 총결산을 하다. ¶～报告｜결산 보고.

【结网】jié wǎng ❶ 그물을 뜨다. ❷(거미가) 줄을 치다＝〔织zhī网〕

【结尾】jiéwěi 名 ❶ 결말. 결미. 최종 단계. ¶～工程｜마지막 공정. ❷〈音〉코다(cōda).

【结穴】jiéxué 名 문장의 결말. 사건의 귀결점.

4【结业】jié/yè 動 학업을 마치다. 수료하다. 훈련을 끝내다. ¶他～于北京大学｜그는 북경대학을 수료했다. ¶～生｜(단기 과정의) 수료생.

【结义】jiéyì ⇒〔结拜bài〕

【结余】jiéyú ❶名 잔고(殘高). 잉여(剩餘). 잔금. ¶他收入不多, 但是每月都有～｜그는 수입은 많지 않지만 매달 잔고가 있다. ❷動 청산하고 남다. ¶～九百多元｜청산하고 900여원이 남았다.

【结语】jiéyǔ ⇒〔结束shù语〕

【结冤】jié/yuān 動 원한을 품다. 원수를 맺다. ¶他们两人～很深｜그들 둘은 원한이 매우 깊다.

【结缘】jié/yuán 動 ❶ 인연을 맺다. ¶小张年经的时候就和音乐结了缘｜장군은 어렸을 때 벌써 음악과 인연을 맺었다. ❷〈佛〉불도(佛道)에 귀의하다.

【结怨】jié/yuàn 動 원한을 맺다.

【结扎】jiézā 名動〈醫〉결찰(하다). ¶～血管｜혈관을 결찰하다. ¶输精管～术｜정관(결찰)술.

【结帐】jié/zhàng ❶動 결산하다. 청산하다. 계산

을 끝내다. ❷ (jiézhàng) 名 결산. 청산. ¶年末～ | 연말 결산 ‖ =〔齐qí帐〕
【结症】jiézhèng 名〈漢醫〉소·말 등의 가축의 위 또는 장에 음식물이 막혀 일어나는 소화불량·변비 등의 증상.
【结子】jié·zi 名 매듭. 코. ¶打～ | 매듭을 짓다.
B jiē
【结巴】jiē·ba ❶ 動 말을 더듬다. ¶他～得励害lìhài | 그는 심하게 말을 더듬는다. ❷ 名 말더듬이. 말더듬 ‖ =〔吃chī口③〕〔嗜jiē巴〕〔口吃〕
4【结果(子)】jiēguǒ(·zi) 動 열매가 맺다.
【结结巴巴】jiē·jiēbābā 狀 말을 더듬다. 더듬거리다 =〔嗜嗜吧吧〕
2【结实】a jiēshí 動 열매를 맺다. ¶开花～ | 꽃이 피고 열매가 맺다.
b jiē·shi 形 ❶ 굳다. 단단하다. 질기다. ¶这石头很～ | 이 돌은 매우 단단하다. ❷ (신체가) 튼튼하다. ¶他身子不太～ | 그는 몸이 그다지 튼튼하지 않다. ❸ 견실하다. 확고하다. 확실하다. ¶那件事你千万瞒～ | 너 그 일은 부디 확실하게 비밀로 해둬. ❹ 충실하다. 내용이 있다.

1【桔】jié jú 도라지 길
A jié ⇒〔桔槔〕〔桔梗〕
B jú「橘」의 이체자⇒〔橘jú〕
【桔槔】jiégāo 名 두레박.
【桔梗】jiégěng 名〈植〉도라지.

【颉】jié ☞ 颉 xié B

【鲒(鮚)】jié 대합 길
❶ 名〈魚貝〉마합·말씹조개류(類). ❷ 지명에 쓰이는글자. ¶～埼亭 | 길기정. 지금의 절강성(浙江省) 은현(鄞縣) 부근에 있었던 옛 지명.

【婕】jié 궁녀 첩
⇒〔婕妤〕
【婕妤】jiéyú 名 한대(漢代) 궁녀의 관명 [비빈의 칭호] =〔婕母〕

3【捷〈疌倢〉】jié 빠를 첩
❶ 빠르다. 민첩하다. ¶敏mǐn～ | 민첩하다. ❷ 書 名 動 싸움에 이김〔이기다〕. 승리(하다). ¶大～ | 대승리. ¶连战连～ =〔连战皆捷〕| 연전연승. ❸ 書 名 전리품(戰利品). ¶献～ | 전리품을 바치다. ❹ (Jié) 名 성(姓).
【捷报】jiébào 名 ❶ 승리의 소식. 승전보. ¶～频传 | 승전보가 잇달아 날아들다. ❷ 옛날, 과거 시험에 합격한 사람에게 알리는 급보. ❸ 성공의 소식.
【捷径】jiéjìng 名 첩경. 지름길. 빠른 길〔방도〕. ¶做学问不能走～ | 학문에는 지름길이 없다.
【捷克】Jiékè 名 外〈地〉체코(Czecho) 공화국[체코슬로바키아가 1990년 연방 공화국이 되면서 분리된 나라. 수도는「布拉格「(프라하;Praha)]
【捷克斯洛伐克】Jiékèsīluòfákè 名 外〈地〉체코(Czecho)와 슬로바키아(Slovakia) 연방공화국 [1960년 체코슬로바키아 사회주의 공화국으로 독립하였으나, 1990년「捷克「(체코)와「斯洛伐克「(슬로바키아)가 공화국(共和国)으로 독립하면서 연방공화국이 됨. 수도는「布拉格「(프라하;Praha)]→〔捷克〕〔斯洛伐克〕
【捷足先登】jié zú xiān dēng 威 ❶ 행동이 민첩한 사람이 먼저 목적을 달성한다. ¶他～, 一举得这个职位 | 그는 민첩하게 목적을 달성하여, 일거에 이 직위에 올랐다. ❷ 빠른 것이 승리한다. 앞장서다 ‖ =〔捷足先得〕〔疾jí足先登〕

【睫】jié 속눈썹 첩
名 속눈섭. ¶目不交～ | 밤에 눈을 붙이지 못하다. 뜬 눈으로 밤을 새우다 =〔(眼)睫毛〕〔敬 眼眨zhǎ毛〕
【睫毛】jiémáo 名 속눈섭. ¶～膏gāo | 마스카라.

【偈】jié ☞ 偈 jì B

【碣】jié 비 갈
名 (둥근) 돌비석 [기둥이 모난 것은「碑bēi」라 함] ¶墓～ | 묘비.
【碣石】jiéshí 名 둥근 비석.

3【竭】jié 다할 갈
動 ❶ 다하다. ¶～力↓ ❷ (소모되어) 다 없어지다. ¶取之不尽, 用之不～ | 아무리 취하여도 다함이 없고, 아무리 써도 다 없어지지 않는다. 喩 무궁무진하다.
【竭诚】jiéchéng 副 성의를 다하다. 정성껏 하다. ¶～招待 | 정성껏 접대하다. ¶我方一定～为你们服务 | 우리 측은 당신들을 위해 꼭 성의를 다하겠습니다.
【竭尽】jiéjìn 書 動 (있는 힘을) 다하다. ¶～所能 | 할 수 있는 바를 다하다.
【竭蹶】jiéjué 書 動 ❶ 발이 걸려 넘어지다. 힘이 없어 비틀거리며 걷다. ❷ 轉 (자금이) 고갈되다. 바닥나다. ¶～状态zhuàngtài | 경제적인 고갈 상태.
3【竭力】jié/lì 副 진력하다. ¶尽jìn心～ | 威 전심전력하다. ¶～推行 | 전력을 다해 추진하다. ¶～抗拒kàngjù | 있는 힘을 다해 항거하다 =〔尽力〕〔殚dān力〕
【竭泽而渔】jié zé ér yú 威 늪의 물을 말려 고기를 잡다. ❶ 눈 앞의 이익만 보고 장래를 생각하지 않다. ❷ 남김없이 잔혹하게 착취하다.

【羯】jié 오랑캐 갈, 불깐양 갈
❶ (Jié) 名〈民〉갈족 [고대, 북방의 한 부족.「五胡」(오호) 의 하나]→〔五胡〕 ❷ ⇒〔羯羊〕
【羯鼓】jiégǔ 名〈音〉북의 일종 [어깨에서 앞으로 늘어뜨리고 양 손으로 북채를 가지고 양면을 침. 갈족(羯族)이 전했다고 함] =〔两杖鼓〕
【羯羊】jiéyáng 名 불깐 양.

【桀】jié 하왕이름 걸
❶ 名〈人〉걸 [중국 고대 하(夏)나라 말기의 폭군 이름. 흉포한 자의 대명사로 쓰임] ❷「杰」와 통용 ⇒〔杰jié〕 ❸ (Jié) 名 성(姓).
【桀骜不驯】jié ào bù xùn 威 흉악하고 난폭하다. 사납고 고집스럽다. ¶这人从小就～ | 이 사람은 어려서부터 흉악하고 난폭했다.
【桀犬吠尧】jié quǎn fèi yáo 威 ❶ 걸왕(桀王)의

개가 요임금을 보고 짖다. 악한 주인에 악한 개. ❷ 선악에 관계없이 주인을 위하여 충성을 다하다.

【桀纣】Jié Zhòu 名〈人〉하왕(夏王) 걸(桀)과 상왕(商王) 주(紂). 喩 폭군.

3【截】jié 끊을 절

❶ 動 자르다. 끊다. 절단하다. ¶把木头～成三段 | 나무를 세 동강이로 절단하다. ❷ (가로) 막다. 차단하다. ¶～留↓ ❸ 動 마감하다. ¶～至昨天, 已有三百多人报名 | 어제까지 이미 삼백여명이 신청했다. ❹ (～儿, ～子) 量 (긴 것의) 토막. (사물의) 일부분. ¶一～儿木头 | 나무 한 토막. ¶说话了半～儿 | 말을 도중에서 그만두었다. ¶上中下三～ | 상중하 세 부분.

【截长补短】jié cháng bǔ duǎn 成 ❶ 장점을 취하여 단점을 보충하다. ❷ 남는 것으로 부족한 부분을 보충하다 ¶做学问要～, 兼收各家之优点 | 학문을 할때는 장점으로써 단점을 보충하여야 하며, 각가의 우수한 점을 아울러 수용해야한다 =〔采cǎi长补短〕〔绝jué长补短〕

【截断】jiéduàn 動 절단하다. 끊다. 중단하게 하다. 막다. ¶～钢管 | 강관을 절단하다. ¶～敌人的退路 | 적의 퇴로를 차단하다. ¶～话头 | 말허리를 막다.

【截获】jiéhuò 動 중도에서 탈취하거나 포획하다. ¶～了一份情报 | 정보를 포획했다.

【截击】jiéjī ❶ 動 도중에서 차단하여 공격하다. ❷ 名〈體〉(구기 종목의) 발리(volley).

【截口】jiékǒu ⇒〔剖pōu面〕

【截流】jiéliú 動 물의 흐름을 막아 수위(水位)를 높이거나 수류(水流)의 방향을 변경시키다. ¶～工程 | 수위〔수류〕조절 공사.

【截留】jiéliú 動 (딴 곳으로 보내거나 보내야 할 물자를) 차단하여 억류하다. ¶从前常有盗贼～运输中的国家公款的事 | 이전에는 도적들이 운송중인 국가의 공금을 도중에서 탈취하는 일이 자주 있었다.

【截煤机】jiéméijī 名〈機〉절탄기.

【截门】jiémén 名 파이프의 밸브.

【截面】jiémiàn ⇒〔剖pōu面〕

【截取】jiéqǔ 動 (중간에서) 일부분을 취하다. 절취하다. ¶从文章中～一段作为例子 | 문장 가운데에서 한 단락을 절취하여 예로 삼다.

【截然】jiérán 副 자른듯이 경계가 분명하다. 절연하다. ¶～不同 | 뚜렷이 다르다.

【截瘫】jiétān 名〈醫〉하반신 불수. ¶邓小平的儿子邓扑方患了～ | 등소평의 아들 등박방은 하반신 불수이다.

【截肢】jié/zhī〈醫〉❶ 動 팔이나 다리를 자르다. ¶这腿看来只能～ | 이 다리는 보아하니 잘라야겠다. ❷ (jiézhī) 名 절단 수술.

4【截止】jiézhǐ 動 마감하다. 일단락 짓다. ¶预约昨天已经～ | 예약은 어제 이미 마감했다. ¶三月初五～报名 | 삼월 오일이 등록 마감이다. ¶～期 | 마감 기일.

【截至】jiézhì 動 (시간적으로) …에〔까지〕 이르다 [주로 「为wéi止」와 함께 쓰임] ¶报名日期～本月底为止 | 등록 일자는 이달 말까지이다.

jiě ㄐㄧㄝˇ

1【姐】jiě 누이 저

名 ❶ 누나. 언니. ¶大～ | 큰 누나〔언니〕=〔姊zǐ〕 ❷ 친척 중 같은 항렬로 나이가 자기보다 위인 여자에 대한 통칭. ¶表～ | 사촌 누나〔언니〕. ❸ 아가씨 [일반적으로 젊은 여자를 부르는 호칭] ¶王三～ | 왕가(王家)의 셋째딸.

【姐夫】jiě·fu 名 누나〔언니〕의 남편. 자형. 형부 =〔姐婿xù〕〔姐丈zhàng〕

1【姐姐】jiě·jie 名 ❶ 누나. 누님. 언니. ¶大姐(姐) | 큰 누나〔언니〕. ❷ 친척중 같은 항렬로 자기보다 나이가 위인 여자를 부르는 칭호 [형수는 포함되지 않음]

【姐妹】jiěmèi 名 ❶ 자매. 여자 형제. ¶她就～一个 | 그녀는 외동딸이다. ¶她们～三个都是音乐老师 | 그들 자매 셋은 모두 음악 선생님이다. ❷ 형제 자매. ¶你们～几个? | 당신네는 형제 자매가 몇입니까? 어법 「我们姐妹三个」라는 말을 남자가 하면, 「형제 자매가 세 사람 있다」라는 뜻이 되고, 여자가 하면 「자매〔여자 형제〕가 셋이다」 혹은 「형제 자매가 셋이다」라는 뜻이 됨. 특히 여자가 남자 형제가 포함된 것을 강조할 때는 「我们弟兄三个」라 말함 ‖ =〔姊jié妹〕

【姐儿】jiěr 名 方 ❶ 자매. 형제 자매. ¶你们～几个? | 너의 형제 자매는 몇 이니? ¶～一个 | 외동딸. ¶～三个 | 세 자매 →〔哥儿①〕 ❷ 형제의 부인 또는 친한 여자 친구 끼리의 호칭. ¶咱们～俩没见面有三年了吧! | 우리 두 사람은 벌써 3년 동안이나 만나지 못했지! ❸ 따님.

【姐丈】jiězhàng ⇒〔姐夫〕

1【解〈鮮〉】jiě jiè xiè 풀 해

Ⓐ jiě ❶ 動 풀다. 열다. 벗(기)다. ¶～扣儿↓ ¶～衣服 | 옷을 벗다. ❷ 動 (맺힌 것을) 화해시키다. 중재(仲裁)하다. ¶劝～ | 중재하다. ❸ 動 분리하다. 가르다. 분해하다. ¶难～难分 | 분리하기가 어렵다. ¶溶～ | 용해하다. ❹ 動 없애다. 제거하다. 해제하다. ¶～渴kě↓ ¶～职zhí↓ ❺ 動 해석하다. 해설하다. ¶这句话～得很切 | 이 말은 해석이 아주 적절하다. ¶注～ | 주해(하다). ❻ 動 알다. 이해하다. ¶令人难～ | 이해하기가 어렵다. ❼ 의식. 견식. ¶见～ | 견해. ❽ 용변(用便)을 보다. ¶～手(儿)↓ ❾ 介 京 …(로)부터 [시간·장소의 기점을 나타냄] ¶～这儿到那儿 | 여기부터 저기까지 →〔从cóng〕〔打dǎ④〕〔由yóu①〕〔自zì④〕〔起qǐ⑫〕 ❿ 名 動〈數〉(방정식의) 해(를 구하다). ¶求～ | 해를 구하다. ¶～方程组 | 연립 방정식을 풀다.

Ⓑ jiè 動 호송(護送)하다. 압송(押送)하다. ¶～送囚犯 | 범인을 압송하다. ¶～差↓

Ⓒ xiè ❶ 動 口 알다. 이해하다. ¶～不开这个道理 | 이 이치를 이해할 수 없다. ❷ 名 옛날의 각종 기예 [특히, 곡마 기예를 말함] ¶跑马卖～ | 곡마를 직업으로 살아가다. ❸ (Xiè) 名〈地〉ⓐ 해현(解縣) [산서성(山西省)에 있는 현 이름] ⓑ 해지(解池) [산서성에 있는 호수 이름] ❹ (Xiè) 名 성(姓).

Ⓐ jiě

【解饱】jiěbǎo 形 方 (음식이) 근기가 있다. 배부르다. ¶这东西还挺～的｜이 음식은 아직도 대단히 근기가 있다.

【解馋】jiě/chán 動 ❶ (좋은 음식을 먹어) 식욕을 채우다. ¶买一点零食让孩子们～｜약간의 간식을 사서 아이들의 식욕을 채워주다. ❷ 욕망을 만족시키다.

【解嘲】jiě/cháo 動 남의 조소에 대하여 변해하다. 조소를 면하기 위하여 변명하다. ¶聊以～｜우선 조소를 면하기 위하여 대충 변명을 하다.

【解酲】jiěchéng 書 動 숙취를 풀다 ＝〔書 解酒〕

【解仇】jiě/chóu ⇒〔解恨hèn〕

【解愁】jiě/chóu 動 시름을 잊다. 근심이 없어지다. ¶他终日喝酒～｜그는 종일토록 술을 마시며 시름을 잊는다.

【解愁排难】jiěchóu páinàn 動組 근심걱정을해결하다 ＝〔排难解忧〕

[4]【解除】jiěchú 動 없애다. 제거하다. 해제하다. ¶～顾虑gùlǜ｜근심을 없애다. ¶～误会｜오해를 풀다. ¶～警报｜경보를 해제하다.

[2]【解答】jiědá 名 動 해답(하다). 대답(하다).

【解冻】jiě/dòng 動 ❶ (봄철이 되어) 얼었던 것이 녹아서 풀리다. 해빙되다. ¶一到春天, 江河都～了｜봄이 오니 강이 다 녹아 풀렸다. ❷ (자금 등의) 동결을 해제하다. ¶资金～｜자금 동결을 해제하다. ❸ (대립·긴장된 관계가) 완화하다.

【解毒】jiě/dú 動 ❶〈醫〉해독하다. 독을 없애다. ¶～剂｜해독제. ¶～作用｜해독 작용. ❷〈漢醫〉상초열(上焦熱)·발열 등의 원인을 제거하다.

【解饿】jiě/è 動 요기(療饑)하다.

【解乏】jiě/fá 動 피로를 풀다. ¶洗个澡～｜목욕을 하여 피로를 풀다. ¶喝了一杯酒来～｜한 잔의 술로써 피로를 풀다.

[2]【解放】jiěfàng 名 動 해방(하다). ¶～前夕｜해방 전야. ¶～思想｜사상을 해방하다.

[3]【解放军】jiěfàngjūn 名 해방군 [특히 중국 인민해방군을 가리킴]

【解放帽】jiěfàngmào 名 인민모(人民帽) [초록·회색·파란색 등의 면 또는 모직으로 만든 모자로, 형태가 중국 인민 해방군의 것과 같아서 이렇게 부름. 간부나 일반 노동자들이 널리 씀] ＝〔人民帽〕

【解放区】jiěfàngqū 名 항일 전쟁 시기와 국공 내전(國共內戰) 시기에 홍군(紅軍)에 의하여 해방된 지구.

【解放战争】jiěfàng zhànzhēng 名組 해방 전쟁 [특히 1945～49년의 국공 내전(國共內戰)을 가리킴]

【解诂】jiěgǔ 書 ❶ 動 주해(註解)하다. 고어(古語)를 현대어(現代語)로 해석하다. ❷ 名 주석.

[4]【解雇】jiě/gù ❶ 해고하다. ¶～了一批工人｜노동자 몇사람을 해고했다. ❷ (jiěgù) 名 해고, ¶～津贴｜해고 수당→〔开kāi除①〕

【解恨】jiě/hèn 動 원한을 풀다. 한이 풀리다. ¶这坏蛋打他一顿也不～｜이 몹쓸 녀석은 한바탕 때려도 한이 풀리지 않는다 ＝〔解仇〕

【解惑】jiě/huò 動 의혹을 풀다. 어려운 문제를 해결하다. ¶老师要给学生～｜선생님은 학생들에게 어려운 문제를 해결해 주신다.

【解禁】jiě/jìn 動 해금하다. ¶～货单｜금수 해제 품목. ¶现在～了, 什么党派都可以成立｜지금은 해금이 되어, 어떤 당파라도 성립될 수 있다.

【解酒】jiě/jiǔ 動 숙취를 풀다 ＝〔書 解酲chéng〕

【解救】jiějiù 動 구(제)하다. 구출하다.

[1]【解决】jiějué 動 ❶ 해결하다. ¶～问题｜문제를 해결하다. ¶～办法｜해결 방법. ❷ (적을) 소멸시키다. 없애버리다. ¶把逃跑的敌人全～了｜도망치던 적을 전부 소멸시켰다. ¶～了两个罪犯｜범인 둘을 처형했다.

【解开】jiě·kāi 動 ❶ 해체하다. ❷ (종기를) 절개하다. ❸ (끈·보따리·단추·매듭 등을) 풀다〔끄르다, 열다, 벗기다〕. ¶～头巾｜두건을 풀다. ¶～这个谜｜이 수수께끼를 풀다. ¶～上衣｜윗옷을 풀어 젖히다. ¶～扣kòu儿｜단추를 끄르다. 轉 실마리를 풀다. ❹ 해방하다. 해제하다.

【解渴】jiě/kě 動 갈증을 풀다. 해갈하다. ¶喝杯茶解～｜차를 마셔 갈증을 풀다

【解铃系铃】jiě líng xì líng 成 방울을 건 놈이 떼어내야 한다. 자기가 저지른 일은 자기가 해결해야 한다. 결자해지(結者解之) ＝〔解铃还需系铃人〕〔解铃还是系铃人〕〔解铃还须系铃人〕

【解码】jiěmǎ 動 (암호·부호 등을) 해독하다. ¶他编了一个～程序chéngxù｜그는 암호 체계를 만들었다.

【解闷(儿)】jiě/mèn(r) 動 갑갑증을 풀다. 기분전환을 하다 ＝〔解闷气〕〔書 遣qiǎn闷〕〔書 遣情〕〔散sǎn闷(儿)〕〔消xiāo闷〕

【解难排忧】jiěnán páiyōu ⇒〔排pái难解忧〕

【解囊】jiěnáng 動 돈주머니 끈을 풀다. 사재(私財)를 내어 돕다. ¶～相助｜成 돈을 내어 다른 사람을 돕다.

【解聘】jiě/pìn 動 (초빙한 사람을) 해임하다 [주로 계약 기간이 끝나 다시 초빙하지 않는 것을 말함] ¶～家庭教师｜가정 교사를 해임하다.

[3]【解剖】jiěpōu 名 動 해부(하다). ¶～尸体｜시체를 해부하다. ¶～自己｜자신을 분석하다. ¶时时～自己的灵魂｜때때로 자신의 영혼을 분석하다. ¶尸体～｜시체 해부. ¶活体～｜생체 해부. ¶～刀｜해부도. 메스. ¶～学｜해부학.

【解剖麻雀】jiě pōu má què 成 참새 한마리를 해부하면 다른 참새의 생리적 구조도 다 알 수 있다는 말. 전형분석(典型分析)을 하다.

【解气】jiě/qì 動 분을〔화를〕풀다. ¶喝一斤酒不～｜한 근의 술을 마시고서는 분이 풀리지 않는다.

【解劝】jiěquàn 動 달래다. 중재하다. 무마하다. ¶你去～几句, 叫他别生气了｜네가 몇 마디 달래서 그가 화내지 않도록 해라. ¶从中～｜중재하다.

【解热】jiě/rè 動 해열하다. 열을 내리게 하다. ¶～剂｜해열제.

[4]【解散】jiěsàn 動 ❶ 해산하다. 흩어지다. ¶他们因为内讧而～了这个组职｜그들은 내부분열로 인해 이 조직을 해산하였다. ❷ (단체 혹은 집회

를) 해산하다〔해체하다〕.
【解事】jiě/shì 動 사리(事理)를 알다. 여러가지 일을 이해하다. ¶孩子们还小, 不~ | 아이들은 아직 어려서, 사리를 분별하지 못한다.
²【解释】jiěshì ❶ 動 해석하다. 해설하다. ¶~法律 | 법률을 해석하다. ❷ 動 변명하다. 해명하다. 설명하다. ¶~误会 | 오해를 해명하다. ¶~态度 | 태도를 변명하다. ❸ 名 해석. 해명. ¶宪法的~ | 헌법의 해석.
【解手】jiě/shǒu 動 ❶ 헤어지다 =〔分手〕 ❷ (~儿) 動 (대소변을) 보다. 용변하다. ¶我去解个手儿 | 나 화장실에 좀 가야겠다. ¶解大〔小〕手儿 | 대변〔소변〕을 보다.
【解说】jiěshuō ❶ 名 動 해설(하다). 설명(하다). ❷ 動 중재(中裁)하다. 달래다. ❸ 名 〈演映〉(영화 등의) 나레이션(narration).
【解题】jiětí 動 책의 작자·내용·권수 등을 설명해 놓은 글.
【解体】jiětǐ 名 動 해체(하다). 붕괴(하다). 와해(하다). ¶苏联~了 | 소련이 해체되었다.
【解脱】jiětuō 動 ❶ 〈佛〉 해탈하다. ❷ 벗어나다. ¶从困境中~出来 | 곤경에서 벗어나다. ❸ (죄 또는 책임을) 회피하다.
【解围】jiě/wéi 動 ❶ 포위를 헤치다〔풀다〕. ❷ 곤경에서 벗어나게 하다〔구원하다〕. ¶给他~ | 그를 곤경에서 벗어나게해 주다.
【解悟】jiěwù 動 ❶ 〈佛〉 해오하다. ❷ 깨닫다.
【解吸】jiěxī 名 탈착 =〔脱tuō吸〕
【解析】jiěxī ❶ 動 해석하다. 분석하다. ❷ 名 해석. ¶~几何 | 해석 기하.
【解颜】jiěyán 書 動 기뻐서 웃다. 얼굴에 웃음을 띠다.
【解严】jiě/yán 動 계엄령을 해제하다. ¶北京明天才能~ | 북경이 내일에야 비로소 계엄령이 해제된다.
【解衣】jiěyī 書 動 옷을 벗다.
【解疑】jiěyí 動 곤란·의문 등을 해결하다.
【解疑儿】jiě/yír 動 재수가 나쁠 때 굿이나 제를 지내 잡귀를 풀다.
【解忧】jiěyōu 動 근심·걱정을 해결하다. 시름을 덜다.
【解约】jiě/yuē 動 계약을 취소하다. 해약하다.
【解职】jiě/zhí 書 動 해임하다. 해직하다 =〔解任rèn〕
Ⓑ jiè
【解差】jièchāi ❶ 動 범인을 압송하다〔호송하다〕. ¶他~后就回了老家 | 그는 범인을 압송하고는 고향으로 돌아갔다. ❷ 名 범인을 호송하는 직무. ❸ 名 호송원 =〔解子〕
【解犯】jièfàn 動 범인을 호송하다. ¶~到案 | 범인을 호송하여 출정(出廷)시키다.
【解款】jièkuǎn 動 돈을 호송하다. ¶他去银行~ | 그는 은행에 가서 돈을 호송한다.
【解粮】jiè/liáng 動 식량을 호송하다.
【解送】jièsòng 動 호송하다. 압송하다. 잡아 보내다 =〔押yā送〕
【解往】jièwǎng 動 …로 호송하다. ¶~原地 | 원래의 장소로 호송하다.
【解元】jièyuán 名 명청(明淸)시대 과거(科擧) 향시(鄕試)의 수석 합격자.

jiè ㄐㄧㄝˋ

1【介】jiè gà 낄 개

Ⓐ jiè ❶ 動 끼(이)다. ¶~乎两者之间 | 둘 사이에 끼이다. ❷ 소개하다. ¶媒~ | 매개하다. ¶居间为~ | 가운데서 중개하다. ❸ 걱정하다. 신경을 쓰다. ¶不必~意 | 걱정할〔마음 쓸〕 필요는 없다. ❹ 갑옷. ¶~胄↓ ❺ 갑각(甲殼). ¶~虫 | 〈動〉 갑각류. ❻ 강직하다. ¶贞~ | 절개있고 강직하다. ❼ 크다. ¶~福 | 큰 복. ❽ 名 미세한 것. ¶无纤~过 | 티끌만한 과오도 없다 =〔芥jiè〕 ❾ 書 量 낱. 개. ¶一~书生 | 일개 서생 =〔个〕 ❿ 名 〈演映〉 옛날 희곡의 극본에서 동작을 지시하는 말. ¶哭~ | 우는 동작. ⓫ 書 名 한계. 본분. 경계선. ¶人各有~ | 사람은 각기 본분이 있다. ⓬ (Jiè) 名 성(姓).
Ⓑ gà 代 江 그와 같은. 이와 같은. ¶阿有~事? | 그런 일이 있습니까?
【介词】jiècí 名 〈言〉 개사. 어법 명사·대명사 또는 명사성 어구의 앞에 위치하여 동사·형용사와의 시간·방향·장소·대상·목적·방식·비교·피동 등의 관계를 나타내는 품사.
【介乎】jiè·hu 動 …에 끼여 있다. …사이에 있다. ¶~两者之间 | 둘 사이에 끼여 있다. 이도 저도 아니다 =〔介在〕
【介怀】jièhuái ⇒〔介意yì〕
【介面】jièmiàn 名 〈電算〉 인터페이스(interface). ¶~卡kǎ | 인터페이스 카드.
【介壳】jièqiào 名 개각(介殼). 겉껍데기.
【介然】jièrán 書 狀 의지가 굳다. 고고(孤高)하다. ¶~自好hào | 스스로 고고하기를 좋아하다.
【介入】jièrù 動 개입하다. 끼어들다. ¶我不想~这个事件 | 나는 이 사건에 개입하고 싶지 않다.
¹【介绍】jièshào ❶ 動 소개하다. ¶~费fèi | 소개비. ¶职业~所 | 직업 소개소. ¶作自我~ | 자기 소개를 하다. ❷ 動 중매하다. (결혼 상대를) 소개하다. ¶~对象 | 결혼 상대를 소개하다. ❸ 動 (새로운 사람이나 일을) 끌어들이다. 추천하다. ¶~入会 | 새로 입회시키다. ❹ 動 이해시키다. 설명하다. ¶我来~一下这本书的内容 | 제가 이 책의 내용을 설명해 드리겠읍니다. ❺ 名 소개. 설명.
【介绍人】jiè·shaorén 名 ❶ 소개인. 중개자. ❷ 결혼 중매인.
【介绍信】jièshàoxìn 名 소개장. ¶学校给他开了一封~ | 학교에서 그에게 소개장을 한 통 주었다→〔荐jiàn书〕
【介意】jiè/yì 動 개의하다. 신경쓰다. 마음속에 품다. 어법 주로 부정사 뒤에 쓰임. ¶这件事你不必~ | 이 일은 너가 신경 쓸 필요없다. ¶毫háo不~ | 전혀 개의치 않다 =〔介怀huái〕〔屑xiè意〕
【介音】jièyīn 名 〈言〉 개음. 개모(介母) 〔중국 음운에서, 주요 모음(主要母音) 앞에 있는 i,u,ü의

음. 예를 들면「天tiān」의 개음은「i」,「多duō」의 개음은「u」,「略lüè」의 개음은「ü」]→〔韵母〕
【介质】jièzhì 名 매체(媒體). 매개체. 매개물 =〔介体〕〔媒méi质〕
【介胄】jièzhòu 書 名 갑주(甲冑). 갑옷과 투구.
【介子】jièzǐ 名〈物〉중간자(中間子).

2【价】jiè ☞ 价 jià B

【尬】jiè ☞ 尬 gà

【芥】jiè gài 겨자 개

A jiè ❶ 名〈植〉겨자. ¶ ~末↓ ❷ 喩 작은 것. ¶ 草~ | 가치가 없는 것.
B gài ⇒〔芥菜〕〔芥蓝(菜)〕
A jiè
【芥菜】ⓐ jiècài 名〈植〉갓. 개채(芥菜).
ⓑ gàicài 名〈植〉갓의 변종 =〔盖菜〕
【芥蒂】jièdì 書 名 불만. 응어리. 맺힌 마음. ¶ 经过第三者的调解, 两人心中不再有什么~了 | 제삼자의 조정으로, 두 사람 마음 속에는 다시는 어떤 응어리가 지지 않게 되었다.
【芥末】jiè·mo 名 겨잣가루 =〔芥面儿〕
【芥子】jièzǐ 名 ❶〈植〉겨자씨. 개자(芥子) =〔芥籽〕❷ 喩 몹시 작은 것.
gài
【芥菜】gàicài ☞〔芥菜〕jiècài ⓑ
【芥蓝(菜)】gàilán(cài) 名〈植〉동갓.

【玠】jiè 홀 개

❶ 書 名 큰 홀(笏) [고대, 임금이 제후(諸侯)를 봉할 때 신표로 씀]

【疥】jiè 옴 개

名〈醫〉옴.
【疥疤】jièbā 名 옴자리.
【疥疮】jièchuāng 名〈醫〉옴 =〔疥痨lì〕〔疥癣xuǎn〕
【疥蛤蟆】jièhá·ma 名〈動〉옴두꺼비 =〔癞lài蛤蟆〕
【疥(癣)虫】jiè(xuǎn)chóng 名〈動〉개선충. 옴벌레.

【蚧】jiè 조개 개

⇒〔蛤gé蚧〕

【骱】jiè 관절 개

名 方 관절 =〔关节①〕¶ 脱~ =〔脱位〕| 탈구하다 =〔关节①〕

1【界】jiè 지경 계

❶ 尾 경계를 나타냄. ¶ 边~ | 경계. ¶ 国~ | 국경선. ❷ 尾 범위를 나타냄. ¶ 眼~ | 안계. ¶ 管~ | 관할 구역. ¶ 租~ | 조차 지역. ❸ 尾 사회적인 집단을 나타냄. ¶ 文艺~ | 문예계. ¶ 宗教~ | 종교계. ❹ 尾 자연의 범위 혹은 동·식물의 크게 본 분류를 나타냄. ¶ 动物~ | 동물계. ¶ 生物~ | 생물계. ¶ 有机~ | 유기계. ❺ 書 動 경계를 정하다. 구분하다. 구획하다. ¶ 版面~为四栏 | 지면을 네 개의 난으로 구분하다.
【界碑】jièbēi 名 경계를 표시하는 비석. ¶ 他们挖出了一块~, 知道分界线的方位了 | 그들은 경계를 표시한 비석을 발굴하여, 경계선의 위치를 알게 되었다→〔界石〕
【界尺】jièchǐ 名 직선자.
【界河】jièhé 名 경계선이 되는 하천.
【界面】jièmiàn 名 ❶ 계면. 경계를 이루는 면. ❷〈電算〉인터페이스(interface).
【界石】jièshí 名 경계석 →〔界碑bēi〕
【界说】jièshuō 書 名 계설. 정의(定義). ¶ 他对这些概念~不清 | 그는 이런 개념에 대한 정의가 분명하지 못하다.
【界外球】jièwàiqiú 名〈体〉(야구의) 파울볼(foul ball). 구기의 아웃(out)⇔〔界内球〕
4【界限】jièxiàn 名 ❶ 한계. 경계. ¶ 是非~ | 시비의 한계. ¶ 抹杀革命与反革命的~ | 혁명과 반혁명의 경계를 없애다. ❷ 끝. 한도. ¶ 他的野心是没有~的 | 그의 야심은 끝이 없다. ❸ 격. 간격. 격의. ¶ 彼此之间没有什么~ | 피차간에 아무런 격의가 없다. ❹ 名〈電算〉마진(margin).
【界限量规】jièxiàn liángguī 名組 한계 게이지(gauge)
3【界线】jièxiàn 名 ❶ 경계선. ¶ 划~ | 경계선을 긋다. ¶ ~分明 | 경계선이 명확하다. ❷ (사물의) 테두리. 가장자리. ❸ (바느질의) 시침질.
【界桩】jièzhuāng 名 경계 말뚝.

4【戒】jiè 경계할 계

❶ 動 경계하다. 경고하다. 방비하다. ¶ 力~浮夸 | 허풍을 크게 경계하다. ¶ ~备↓ ❷ 動 권고하다. 충고하다. 타이르다. ¶ 规~ | 훈계하다 =〔诫②〕❸ 動 (기호품을) 끊다. ¶ ~烟↓ ❹ 名〈佛〉계율. ¶ 五~ | 5계. ¶ 受~ | 수계하다. 중이 되다. ❺ 名 못하게 하는 일. 계 [죄악이라고 금하는 행위] ¶ 酒~ | 주계. ❻ 반지. ¶ ~指↓ ¶ 钻~ | 다이아 반지.
【戒备】jièbèi 名 動 경비(하다). 경계(하다). ¶ 处於~状态zhuàngtài | 경계 상태에 처해 있다. ¶ 加强jiāqiáng~ | 경비를 강화하다. ¶ ~森严sēnyán | 경계가 삼엄하다.
【戒尺】jièchǐ 名 ❶ 옛날 글방 선생이 학생을 벌할 때 쓰던 목판(木板) =〔戒方〕❷〈佛〉죽비(竹篦).
【戒除】jièchú 動 (좋지 않은 습관을) 끊다. ¶ ~恶习 | 나쁜 습관을 끊다. ¶ ~吸烟 | 담배를 끊다.
【戒刀】jièdāo 名 계도 [옛날 승려가 가지고 다니던 칼]
【戒牒】jièdié 名〈佛〉도첩 =〔度dù牒〕
【戒赌】jiè/dǔ 動 도박을 끊다. ¶ 她丈夫终于~了 | 그녀의 남편은 결국 도박을 끊었다.
【戒荤】jiè/hūn 動 비린내 나는 요리를 금하다. 육식을 금하다. ¶ 她打算dǎsuàn明天开始kāishǐ~ | 그녀는 내일부터 육식을 금하려고 한다.
【戒忌】jièjì ❶ ⇒〔禁jìn忌①〕❷ 動 금기해야 할 일에 대하여 경계심을 가지다.
【戒骄戒躁】jiè jiāo jiè zào 成 교만함과 성급함을 경계하다.
【戒酒】jiè/jiǔ 動 술을 끊다. 금주하다. ¶ 决心~ | 술을 끊기로 결심하다 =〔止zhǐ酒〕
【戒惧】jièjù 名 경계와 두려움.

【戒口】jièkǒu 名動 ❶(병 때문에) 금식(하다) ❷말조심(하다)
【戒律】jièlǜ 名〈佛〉계율. ¶小和尚违反了～ | 동자승이 계율을 위반하였다 =〔戒条tiáo〕
【戒坛】jiètán 名 승려에게 계율을 전수하는 식단(式壇).
【戒条】jiètiáo ⇒〔戒律lǜ〕
【戒心】jièxīn 名 경계심 =〔戒意yì〕
【戒烟】jiè/yān 動 ❶금연하다. 담배를 끊다. ❷아편을 끊다 =〔戒大烟〕
4【戒严】jiè/yán ❶動 계엄하다. 계엄령을 내리다. ❷(jièyán) 名 계엄. ¶～令 | 계엄령.
【戒指(儿)】jiè·zhi(r) 名 반지. ¶戴dài～ | 반지를 끼다. ¶订婚～ | 약혼 반지 =〔戒子〕〔京 手镏liú子〕〔書 约指〕〔指环huán〕
【戒子】jiè·zi ⇒〔戒指(儿)〕

4【诫(誡)】jiè 경계할 계
❶動 경계하다. 경고하다. ¶告～ | 경고하다. ❷「戒」와 같음 ⇒〔戒②〕 ❸名 훈계하는 말. ¶摩西十～ | 모세의 10계.
【诫条】jiètiáo 名 금령(禁令). 금제(禁制).

2【届〈屆〉】jiè 이를 계
❶動 (때에) 이르다〔다다르다〕. ¶已～寒假 | 벌써 겨울 방학이 되었다. ❷量 회(回). 기(期) [정기적인 회의 또는 졸업년차 등에 쓰이며, 일반 동작의 횟수에는 쓰이지 않음] ¶第一～ | 제1회. ¶上半～ | 상반기. ¶本～毕业生 | 금년도 졸업생 →〔次cì④〕
【届满】jièmǎn 動 만기가 되다. ¶他当省长已～四年了 | 그가 성장을 맡은 지 이미 4년 만기가 되었다 =〔期qī满〕
【届期】jièqī 動 기한〔기일〕이 되다. ¶～还清 | 기한이 되어 청산하다.
【届时】jièshí 動 그 때가 되다. 정한 기일이 되다. ¶～准到 | 그 때에는 반드시 도착한다. ¶～务请光临 | 그 때에는 반드시 왕림하여 주십시오 =〔到时〕

1【借】jiè 빌 차, 빌릴 차
❶動 빌다. 꾸다. ¶我～他十块钱 | 나는 그에게서 10원을 빌렸다. ¶跟老王～钱 | 왕씨로부터 돈을 꾸었다 →〔该〕〔租〕 ❷ 빌려 주다. 꾸어 주다. ¶～给他两本书 | 그에게 책 두 권을 빌려 주었다. 어법「借」가「빌려 주다」(借出)의 뜻인지「빌리다」(借入)의 뜻인지는 앞 뒤 문맥을 보아야 판단되는 경우가 많음. 그래서「给」를 목적어(賓語)의 앞이나 뒤에 두어 빌려 가는 사람을 명확히 나타냄. ¶图书馆今天不～书 | 도서관에서는 오늘 책을 빌려 주지 않는다. ¶二十块钱够不够? 要不够, 我再～你十块钱 | 20원이면 충분하니? 모자란다면, 다시 10원을 더 빌려주마. ¶他～了雨衣给我 | 그가 나에게 비옷을 빌려 주었다. ¶自行车我已经～给小黄了 | 자전거는 이미 황씨에게 빌려 주었다.
【借词】jiè/cí ❶名〈言〉차용어. 외래어. ❷⇒〔藉jiè词〕
【借此】jiècǐ 動 이 기회를 빌다. ¶大家～谈谈吧! | 모두 이 기회를 빌어 이야기합시다! ¶他又～大做文章 | 그는 이 기회를 빌어 크게 문장을 지었다.
【借贷】jiè dài ❶動 돈을 꾸다〔빌다〕. ¶靠～生活 | 돈을 꾸어 생활하다. ¶～无门 | 돈을 꾸려해도 방법이 없다. ¶借高利贷 | 고리대금을 빌다. ❷名 대변과 차변. 대차. ¶～关系 | 대차 관계.
【借刀杀人】jiè dāo shā rén 成 남의 칼을 빌어서 사람을 죽이다. 남을 이용하여 사람을 해치다. ¶他惯于～ | 그는 남을 이용하여 사람을 죽이는데 습관이 되어 있다 =〔借剑jiàn杀人〕
【借道】jièdào 動 ❶경유하다. ¶～日本回国 | 일본을 경유하여 귀국하다. ❷길을 빌다.
【借调】jièdiào 動 (필요에 따라) 일시적으로 다른 곳으로 차출(근무)하다. ¶他～到旅行社去工作了 | 그는 임시로 여행사에 차출되어 일하고 있다.
【借读】jièdú 動 다른 학교를 빌어 수업하다. 더부살이 수업을 하다. ¶她在第二中学～过一年 | 그녀는 제이중학에서 더부살이 수업을 일년간 받았다 =〔藉jiè读〕
【借端】jièduān 動 簡 트집을 잡다 [「借故生端」의 약칭] ¶～生事 | 트집을 잡아 말썽을 일으키다 =〔藉jiè端〕
【借对】jièduì 名 차대 [시를 지을 때 음이 같거나 비슷한 자를 빌어 대(對)를 짓는 대우법(對偶法)의 하나. 예를 들면「谈笑有鸿儒, 往来无白丁」에서「鸿」은「红」과 음이 같으므로「白」와 대를 함]
【借方】jièfāng 名〈商〉차방. 차변(借邊) =〔收shōu方〕→〔贷dài方〕
【借风使船】jiè fēng shǐ chuán 成 바람을 빌어 배를 몰다. 남의 힘을 빌어 자기의 목적을 이루다 =〔借风驶shǐ船〕〔借水行舟〕
【借给】jiègěi ‥에게 빌려 주다 [토지 가옥과 같이 손료(損料)를 받는 것에는「租zū给」라고 함]
【借古讽今】jiè gǔ fěng jīn 成 옛 인물·사건을 평론한다는 명목하에 현실을 풍자하다. ¶他作了一首诗, ～, 评击时政 | 그는 시를 지어, 평론의 명목 하에 현실을 풍자하며, 당시의 정치를 비평하였다.
【借故】jiè/gù 動 구실을〔핑계를〕 대다〔붙이다〕. 빙자하다. ¶他不愿意再跟他们谈去, 就～走了 | 그는 더 이상 그들과 이야기하고 싶지 않아 핑계를 대고 가 버렸다 =〔藉jiè故〕
【借光】jiè/guāng 動 ❶남의 혜택을 입다. 남의 덕을 보다. 남의 신세를 지다. ❷套 실례합니다. 미안합니다 [부탁하거나 물을 때 씀] ¶～, 让我过去 | 죄송하지만, 좀 지나갑시다. ¶～, 火车站在哪儿? | 실례합니다만, 기차역이 어디에 있읍니까?
【借花献佛】jiè huā xiàn fó 成 남의 꽃을 빌어 부처에게 바치다. 남의 것으로 인심을 쓰다 =〔借物请客〕
【借火(儿)】jiè/huǒ(r) 動 (담뱃)불을 빌다. ¶对不起, 让我～ | 미안하지만, 담배불 좀 빌까요.
【借机】jièjī 動 기회를 빌다〔타다〕. ¶～说了他一顿 | 기회를 빌어 그에게 한바탕 얘기하다. ¶～攻击gōngjī | 기회를 타서 공격하다.
4【借鉴】jièjiàn 動 참고로 하다. 거울로 삼다. ¶作

为～ | 참고로 하다 =〔借镜jìng〕
【借镜】jièjìng ⇒〔借鉴jiàn〕
【借酒撒疯儿】jièjiǔ sāfēngr 動組 술기운을 빌어 미친 체하다.
【借据】jièjù 名 차용 증서 =〔借票piào〕〔借契qì〕〔借券quàn〕〔借约〕〔借字儿〕〔站zhàn据〕〔站条(儿)〕〔站单〕〔借单dān〕
3【借口】jiè/kǒu ❶ 動 구실로〔핑계로〕 삼다. 빙자하다. ¶别～快速施工而降低工程质量! | 빠른 시공을 빙자하여 공사의 질을 떨어뜨리지 말라! ❷ (jièkǒu) 名 구실. 핑계. ¶制造～ | 핑계거리를 만들다. ¶寻找～ | 구실을 찾다. ¶别拿忙做～而放松学习! | 바쁜 것을 핑계 삼아 공부를 소홀히 하지 말라! ‖ =〔藉jiè口〕
【借款】jiè/kuǎn ❶ 動 돈을 빌다〔차용하다〕. ¶如有急需, 可以向互助会～ | 급히 필요하면 상조회에서 돈을 차용할 수 있다. ❷ 動 돈을 빌려주다. ❸ (jièkuǎn) 名 빌린 돈. 차관. 부채. ¶还清了～ | 빌린 돈을 갚았다. ¶～(字)据 | 차용 증서.
【借期】jièqī 名 차용 기간. ¶～已到 | 차용 기간이 이미 다가왔다.
【借钱】jiè/qián 動 ❶ 돈을 꾸다〔빌다〕. ¶借利息钱 | 이자 돈을 꾸다. ❷ 돈을 빌려 주다.
【借取】jièqǔ 動 남의 물건이나 돈을 잠시 빌어 사용하다. 차용하다.
【借尸还魂】jiè shī huán hún 成 죽은 사람의 혼이 다른 사람의 시체를 빌어 부활하다. 새로운 명목·형태로 다시 나타나다.
【借宿】jiè/sù 動 숙소를 빌다. 남의 집에서 묵다. ¶在农民家里～了一夜 | 농가에서 하룻밤을 묵었다 =〔借寓yù〕〔借住〕
【借题发挥】jiè tí fā huī 成 ❶ 어떤 일을 구실삼아 자기 의사를 발표하거나 자기가 생각하는 바를 행하다. ❷ 트집을 잡다. 아무에게나 무턱대고 분풀이하다. ¶他～, 批评了学校当局的无能 | 그는 트집을 잡아, 학교 당국의 무능을 비판하였다.
【借条(儿)】jiètiáo(r) 名 (약식의) 차용 증서.
【借位】jiè/wèi 動 〈數〉 뺄셈을 할 때, 윗자리수에서 하나 빌려오다.
【借问】jièwèn ❶ 敬 말씀 좀 여쭙겠는데요. ¶～您, 张先生家在哪儿? | 말씀 좀 여쭙겠는데요, 장선생댁이 어디입니까? ¶～酒家何处有? | 말씀 좀 여쭙겠는데요, 술집이 어디에 있습니까? ❷ ⇒〔试shì问〕
【借以】jièyǐ 書 連 …에 의해서. …함으로써. ¶略举几件事实, ～证明这项工作的重要性 | 대략 몇 가지 사실을 제시하여, 이 작업의 중요성을 증명하다.
【借用】jièyòng 動 ❶ 차용하다. 빌려 쓰다. ¶～一下你的铅笔 | 당신의 연필 좀 빌려 씁시다. ❷ 전용(轉用)하다.
【借喻】jièyù 名 은유(隱喩).
【借阅】jièyuè 動 (도서·자료 등을) 빌려보다〔열람하다〕. ¶一次只能～三本杂志 | 한 번에 단지 세 권의 잡지를 빌려볼 수 있다.
【借韵】jièyùn 名 動 오·칠언 근체시(近體詩)의 첫 구에 비슷한 운(韻)을 빌어 쓰는 것〔빌어쓰다〕.
【借债】jiè/zhài ❶ 動 돈을 꾸다. 빚을 내다. ¶～度日 | 빚을 내서 살아가다 =〔借帐zhàng〕 ❷ (jièzhài) 名 빚. 채무. ¶他有很多～ | 그는 많은 빚을 지고 있다.
【借帐】jiè/zhàng ⇒〔借债①〕
【借支】jièzhī 動 (급료를) 가불하다. 가불받다.
【借重】jièzhòng 動 敬 남의 힘을 빌다. 도움을 받다. 신세를 지다. ¶这件事～您才成功了 | 이 일은 당신의 도움으로 잘 되었습니다. ¶以后～您的地方还很多, 还要常来麻烦您 | 앞으로도 당신께 신세질 일이 많아서 계속 성가시게 할 것 같습니다 =〔贼zéi重〕〔藉jiè重〕
【借主(儿)】jièzhǔ(r) 名 채무자. 차주. ¶～讨债来了 | 채무자가 돈을 재촉하러 왔다.
【借住】jièzhù ⇒〔借宿sù〕
4【借助】jièzhù 動 (다른 사람 또는 사물의) 도움을 빌다. …의 힘을 빌리다. ¶要看到极远的东西, 就得～于望远镜 | 매우 먼 곳의 물건을 보려면, 망원경을 이용해야 한다.
【借资】jièzī 動 자본을 빌다. ¶他们～二十万元, 建立了一个球场 | 그들은 이십만원의 자본을 빌어 운동장을 건립했다.
【借字】jièzì 名 통가자(通假字). 가차자(假借字).
【借走】jièzǒu 動 빌어가다. ¶那本书他～了 | 그 책은 그가 빌어 갔다.

【唶】 **jiè 탄식할 차**
書 擬 아이고. 쳇 [탄식하는 소리]

【解】 **jiè** ☞ 解 jiě B

【藉】 **jiè jí 깔개 자, 빌 자**
주의 A ③④ 의 경우에는 대체로「借」로 씀 ⇒〔借jiè〕

A jiè ❶ 書 名 깔개. 돗자리. ❷ 書 動 (…위에) 포개어지다. 깔고 앉다. 겹겹으로 누워있다. ¶枕zhěn～ | 겹쳐 쓰러지다. 뒤섞여 자다. ❸ 動 가탁하다. 핑계삼다. 구실삼다. ¶～口↓ =〔借jiè〕 ❹ 動 의지하다. 기대다. (기회를) 타다. ¶火～风势, 越烧越旺 | 불은 바람을 타고 갈수록 맹렬히 타올랐다. ¶～着势力欺负人 | 세력에 기대어 남을 얕보다 =〔借jiè〕 ❺ 書 連 설령 …라 할지라도. 비록…이라 할지라도.

B jí 書 ❶ 動 밟다. 뭉개다. ¶而人皆～吾弟 | 당신들이 모두 내 동생을 짓밟았다. ❷ 엉망이 되다. 헝클어지다. ❸ 動 천자(天子)가 직접 농사짓다. ¶～田↓ ❹ 혼잡하고 많다. ¶～～↓ ❺ (Jí) 名 성(姓).

A jiè
【藉词】jiè/cí ❶ 動 구실을〔핑계를〕 대다. ¶～推托 | 구실을 대어 (남에게) 미루다. ❷ (jiècí) 名 구실. 어법「借词」는 다른 의미가 있음→〔借jiè词〕
【藉口】jiè/kǒu ⇒〔借jiè口〕

B jí
【藉藉】jíjí ⇒〔籍jí籍〕
【藉田】jítián 書 名 動 임금이 직접 농사지어 모범을 보이는 행위(를 하다).

·jie ㄐㅣㄝ·

2【价】·jie☞价 jià Ⓒ

1【家】·jie☞家 jiā Ⓓ

jīn ㄐㅣㄣ

2【巾】jīn 헝겊 건, 수건 건
名❶ (네모로 자른) 천. 헝겊. ¶手~｜손수건. ¶围wéi~｜스카프. 목도리. ¶毛~｜수건. ¶披pī~｜숄. ❷ 두건(頭巾). ¶头~｜두건. 스카프.

【巾帼】jīnguó 書 名 ❶ 옛날, 부녀자들이 쓰던 두건. ❷ 轉 부녀자. ¶~英雄｜여장부. 여걸.

1【今】jīn 이제 금
名❶ 지금. 현재. 현대. ¶当~｜지금. ¶古为~用｜威 옛 것 중에서 좋은 점을 현대에 도움이 되게 사용하다. ¶厚~溥古｜威 현재의 것을 중시하고 옛 것을 경시하다 ⇔〔古〕❷ 方 오늘. ¶~晚上｜오늘 저녁.

【今不如昔】jīn bù rú xī 威 오늘이 지난날만 못하다. ¶他发生了~的哀叹｜그는 오늘이 지난날만 못하다는 슬픈 탄식을 하였다.

【今草】jīncǎo 名 금초 [진대(晋代) 이후로 쓰인 초서체로 육조 시대 때의 장초(章草)와 구분하여 일컬었음]

【今非昔比】jīn fēi xī bǐ 威 지금은 옛날에 비할 바가 아니다 [변화가 매우 많음을 형용] ¶这儿的景象是~｜이곳의 경관은 너무도 변화가 많다.

2【今后】jīnhòu 名 금후. ¶~更要加倍努力｜앞으로는 더욱 노력을 배가해야 한다 =〔从cóng今以后〕

1【今年】jīnnián 名 금년. ¶~他要去台湾｜그는 올해 대만에 가려고 한다.

【今儿(个)】jīnr(·ge) 名 京 오늘. ¶~晚上我值班｜오늘 밤은 내가 당직이다.

【今人】jīnrén 名 오늘날의 사람. 현대인.

3【今日】jīnrì 名 ❶ 오늘. ¶参观团预定~到达｜참관단은 오늘 도착 예정이다. ❷ 현재. 오늘날. 현대. ¶~韩国｜오늘날의 한국 ‖ =〔今天〕

【今生】jīnshēng 書 名 금생. 현세. 살고 있는 동안. ¶~今世｜이 한평생〔세상〕=〔今世②〕〔此cǐ生〕

【今世】jīnshì ❶ 名 현대. ¶此恩~难报｜이 은혜는 이 세상에서는 보답하기 어렵다. ❷ ⇒〔今生〕

1【今天】jīntiān 名 ❶ 오늘. ¶~的事~做｜오늘 일은 오늘 한다. ¶一年前的~｜일년 전의 오늘. ¶~几号?｜오늘이 며칠이니? =〔京 今儿(个)〕❷ 현재. 목전(目前). ¶~的中国已经不是二十年前的中国了｜현재의 중국은 이미 20년 전의 중국이 아니다.

【今晚】jīnwǎn 名 오늘 밤〔저녁〕=〔今天晚上〕

【今文】jīnwén 名 금문 ❶ 한대(漢代)에 통용되던 예서(隸書)를 진(秦) 이전의 「古文」에 대해서 일컫던 말. ❷ 경학에서의 금문(학파).

【今昔】jīnxī 名 금석. 현재와 과거. ¶~之感｜금석지감.

【今夜】jīnyè 名 오늘 밤.

【今译】jīnyì 名 금역. 고대 문헌의 현대어역. ¶古籍~｜고서의 현대어역.

【今音】jīnyīn 名〈言〉❶ 현대의 어음(語音). ❷ 《切韻》이나 《廣韻》 등의 운서(韻書)로 대표되는 수당(隋唐) 시기의 어음 [《詩經》의 압운(押韻)·《說文》의 해성(諧聲)으로 대표되는 「古音」과의 상대적 개념]

【今朝】jīnzhāo 名 ❶ 方 오늘. ❷ 현재 →〔今天〕

【今朝有酒今朝醉】jīnzhāo yǒujiǔ jīnzhāo zuì 諺 오늘 술이 있으면 오늘 취한다. 오늘은 오늘이고 내일은 내일이다. 그럭저럭 되는대로 살아가다. ¶~, 明日愁来明日当 =〔今朝有酒今朝醉, 莫管明日是与非〕｜오늘 술이 있으면 오늘 취하고, 내일의 근심은 내일 해결한다 =〔今儿个就顾gù今儿个〕

【矜〈矜c〉】jīn guān qín 불쌍히여길 긍, 홀아비 관, 창자루 근
Ⓐ jīn ❶ 불쌍히 여기다. 가엽게 여기다. ¶~怜lián↓ ❷ 자랑하다. 자만하다. 우쭐대다. ¶自~其功｜공로를 자랑하다. ¶骄~｜교만하다. ❸ 신중히 하다. 조심하다. ¶~持chí↓ ❹ 존경하다.
Ⓑ guān 書 名 홀아비 =〔鳏guān①〕
Ⓒ qín 書 名 옛날의 창자루.

【矜才使气】jīn cái shǐ qì 威 자기 재능만 믿고 제 마음대로 하다. ¶他一向~, 自以为是｜그는 늘 상 자기 재능만 믿고 제마음대로 하며, 스스로 옳다고 생각한다.

【矜持】jīnchí 書 動 ❶ 스스로 억제하고 조심하다. 자중하다. ❷ 굳어지다. 딱딱해지다. ¶他在台上显得有点~｜그는 무대 위에서 다소 굳어진 것 같다. ❸ 믿는 바가 있어 자랑하다. 긍지를 갖다 =〔矜恃shì〕

【矜功伐善】jīn gōng fá shàn 威 자신의 공로와 장점을 과시하고 겸손할 줄 모른다. ¶由于他~, 因而不大得旁人的喜欢｜그는 자신을 과시하고 겸손할 줄 모르기에, 사람들의 사랑을 크게 얻지 못한다.

【矜夸】jīnkuā 書 動 자랑하다. 뽐내다.

【矜怜】jīnlián 書 動 가엾게 여기다 =〔矜悯〕

【矜名嫉能】jīn míng jí néng 威 자신의 명성을 과장하고 현능한 사람을 질투하다. ¶文人大都有一种通病, 就是~｜문인은 대체로 일종의 통병을 지니고 있는데, 바로 자신을 과장하고 능력있는 사람을 질투하는 것이다 =〔矜名妒dù能〕

【衿〈紟2〉】jīn 옷깃 금
名 ❶ 옷섶. 옷깃. ¶大~｜겉섶. ¶对~｜맞섶 =〔襟jīn〕❷ 書 옷고름.

1【斤】jīn 근 근
❶ 量 근 [중량의 단위. 구제(舊制)에서는 1「斤」(근)이 16「两」(양)이고, 지금 쓰는 「市制」(시제)에서는 1「斤」이 10「两」이며, 미터법에서의 0.5kg임] ¶公~｜킬로그램. ❷ 尾「斤」(근)으로 계산할 수 있는 물건에 붙여 집체명사화 함. ¶煤méi~｜석탄. ¶盐yán~｜소금. ❸ 도끼. ¶斧yé~｜도끼.

【斤斤】jīnjīn ⇒〔斤斤计较〕

【斤斤计较】jīn jīn jì jiào 成 (사소한 일을)지나치게 따지다. ¶不要~个人得失 | 개인의 득실을 지나치게 따지지 말아라 =〔斤斤〕〔斤斤较量〕

【斤斤自守】jīn jīn zì shǒu 成 앞 뒤를 재보며 제 몸만 돌보다. ¶做事不能~ | 일을 처리하는 데는 제 몸만을 돌볼 수는 없다.

【斤两】jīnliǎng 名 ❶ 중량. ¶~多少? | 중량은 얼마이니? ❷ (말·행동 등에 나타나는) 무게. ¶他说法有~ | 그의 말에는 무게가 있다.

2【金】jīn 쇠 금, 금 금, 성 김 ❶ 名〈化〉화학 원소 명. 금(Au ; aurum). ❷ 名 금. 황금. ¶~子 | 금. ¶黄~ | 황금. ¶白~ | 백금. ❸ 名 금속의 총칭 [금·은·동·철·주석 등] ¶五~ | 금·은·동·철·주석. ¶合~ | 합금. ❹ 돈. ¶现~ | 현금. ¶奖jiǎng~ | 상금. 장려금. ¶助学~ | 장학금. ¶赡shàn养~ | 부양금. 보조금. ❺ 書 名 금속제의 타악기. ¶~鼓 | 징과 북. ¶鸣~收兵 | 징을 울려 군대를 철수하다. ❻ 귀중한. 존귀한. ¶~錤言 | 귀중한 말씀. ¶乌~墨玉 | 흑다이어. 석탄. ❼ 금색의. 금빛의. ¶~色纽扣niǔkòu | 금빛 단추. ❽ (Jīn) 名〈史〉금나라 [1115~1234년, 여진족(女眞族)의 완안아골타(完顔阿骨打)가 세운 나라로 중국의 북부에 위치했음] ❾ (Jīn) 名〈地〉금현(金縣) [요령성(遼寧省)의 지명] ❿ (Jīn) 名 성(姓).

【金榜】jīnbǎng 名 과거시험의 합격자 명단을 게시하던 방.

【金榜题名】jīn bǎng tí míng 成 ❶ 과거에 합격하다. ¶十年寒窓, 終于换得~ | 십년동안 문을 닫고 지내더니, 결국 과거에 합격했다. ❷ 승진하다 ‖ =〔金榜挂guà名〕

【金本位】jīnběnwèi 名〈經〉금본위 화폐 제도.

【金笔】jīnbǐ 名 (금촉) 만년필 =〔钢gāng笔②〕〔自zì来水笔〕

【金碧辉煌】jīn bì huī huáng 成 금빛 찬란하다. 건축물의 장식이 눈부시게 화려하다. ¶大厅里~ | 로비가 금빛 찬란하다 =〔金碧荧yíng煌〕

【金币】jīnbì 名 금화.

【金边】jīnbiān 名 ❶ (Jinbiān) 〈地〉프놈펜(Phnompenh) [「柬埔寨」(캄푸치아;Kampuchea)의 수도] =〔百奔〕❷ 금장식 끈. ❸ 금테. ¶~精装 | 고급 금테 제본

【金箔】jīnbó 名 금박. ¶~匠 | 금박 기술자. ¶~纸 | 금박지 =〔金叶(子)〕

【金不换】jīnbùhuàn ❶ 喩 금하고도 안 바꾸는 매우 귀중한 것. ¶浪子回头~ | 방탕한 자식이 뉘우치면 금하고도 바꾸지 않는다. ❷ 名 喩 (좋은) 먹. ❸ 名〈漢醫〉삼칠초(三七草)의 뿌리 [지혈·절상(切傷)·타박상에 쓰임]

【金灿灿】jīncàncàn 貺 금빛 찬란하다. ¶~的阳光洒满大地 | 금빛 찬란한 햇빛이 온 대지를 비추다.

【金蝉脱壳】jīn chán tuō qiào 成 매미가 허물을 벗듯 감쪽같이 몸을 빼서 도망하다. ¶他使了一个~之计, 巧妙qiǎomiào地溜liū了出来 | 그는 매미가 허물 벗는 듯한 계략으로, 교묘히 빠져나왔다.

【金城汤池】jīn chéng tāng chí 成 철옹성. 방비가 매우 튼튼한 성 =〔金汤〕

【金疮】jīnchuāng 名〈漢醫〉금창. 금속성의 칼이나 창·화살 등에 다친 상처 =〔金疡yáng〕

【金丹】jīndān 名 금단. 신선약. 장수약.

【金貂换酒】jīn diāo huàn jiǔ 成 금초(金貂)를 술로 바꿔 마시다. 방탕하기 짝이 없다.

【金锭】jīndìng ⇒〔锭dìng金〕

【金赌银还】jīndǔ yínhuán 成 돈 놓고 돈 먹기 하다.

4【金额】jīn'é 書 名 금액. ¶不足的~由学校补偿 | 부족한 금액은 학교에서 보충하다.

【金发】jīnfà 名 금발(머리). ¶~女娘 | 금발의 아가씨.

【金饭碗】jīnfànwǎn 名 喩 수입이 매우 좋은 직업이나 직위.

【金刚】jīngāng 名 ❶ 매우 굳은 의지. ❷ 簡〈佛〉금강야차명왕(金剛夜叉明王)의 약칭. ❸ 方 번데기 =〔蛹yǒng〕

【金刚努目】jīn gāng nǔ mù 成 금강역사가 눈을 부릅뜨고 있다. 무시무시하고 흉악스런 얼굴 =〔金刚怒目〕

【金刚砂】jīngāngshā 名 금강사 =〔钢gāng砂〕〔钢石粉〕〔钢(玉)砂〕

【金刚石】jīngāngshí 名〈鑛〉금강석. 다이아몬드. ¶~可以划开huákāi玻璃 | 다이아몬드는 유리를 자를 수 있다 =〔金刚钻zuàn③〕

【金刚钻】jīn'gāngzuàn 名 ❶ 금강사(金剛砂) =〔水钻(儿)〕❷ 금강사가 붙은 송곳. ¶没有~揽不起瓷器 | 諺 금강석 송곳이 없이는 자기를 수리할 수 없다. 능력이 없으면 함부로 일을 맡지 않는다. ❸ ⇒〔金刚石〕❹ 금강석 부스러기. ❺〈蟲〉면화자실충나비.

【金戈铁马】jīn gē tiě mǎ 成 ❶ 전쟁. 전쟁에 관한 일. ❷ 용맹스런 전사.

【金工】jīngōng 名 금속 가공 작업. 또는 그 기능.

【金箍棒】jīngūbàng 名 손오공의 여의봉[「如意金箍棒」이라고도 함]

【金瓜】jīnguā 名 ❶〈植〉호박의 일종→〔南nán瓜〕❷ 노랑 참외. ❸ 옛날, 무기의 일종.

【金光大道】jīn guāng dà dào 成 찬란한 길. ¶走上了自由民主主义的~ | 자유 민주 주의의 찬란한 길로 걸어갔다.

【金龟】jīnguī 名 ❶〈動〉거북 =〔乌wū龟①〕❷ 금으로 만든 거북 모양의 도장 손잡이. 금으로 만든 거북 [당(唐)대의 삼품 이상의 관리가 쓰던 패물]

【金龟子】jīnguīzǐ 名〈蟲〉풍뎅이 =〔俗 金虫chóng〕〔金壳ké郎〕〔金蜣qiāng(螂)〕

【金贵】jīn·guì 形 口 귀하다. 귀중하다. ¶这种药材特别~ | 이런 약재는 특별히 귀하다 =〔珍zhēn贵①〕→〔宝bǎo贵〕

【金合欢】jīnhéhuān ⇒〔荆jīng球花〕

【金衡】jīnhéng 名 트로이(troy) [영국·미국에서 쓰는 금은 보석의 중량 단위]

【金花菜】jīnhuācài 名〈植〉클로버 =〔金光菜〕

【金煌煌】jīnhuānghuāng 貺 금빛 찬란하다. 휘황

찬란하다. ¶～的勋章 | 금빛 찬란한 훈장＝〔金晃晃huǎng〕

4【金黄】jīnhuáng 名〈色〉황금색〔빛〕. ¶～色的头发 | 금발머리.

【金婚】jīnhūn 名 금혼(식). ¶刘先生夫妇～纪念会在大亚宫举行 | 유선생 부부의 금혼 기념식을 대아궁에서 거행한다.

【金鸡独立】jīnjī dúlì ❶ 名組 닭이 외발로 서는 것과 같은 무술 자세의 하나. ❷ 動組 한 발로 서다.

【金鸡纳】jīnjīnà 名〈植〉기나수. 키나＝〔金纳勒〕〔规guī那树〕〔几jǐ那树〕

【金鸡纳霜】jīnjīnàshuāng 名〈藥〉키니네(quinine)＝〔奎kuí宁〕

【金交椅】jīnjiāoyǐ 名 喩 극히 중요한 지위나 직책 [대부분 나쁜 뜻으로 쓰임] ¶他终于坐上了总裁这把～ | 그는 결국 총재라는 대단히 중요한 직책에 앉게 되었다.

【金橘】jīnjú 名 ❶〈植〉금귤(나무). 금강. 동귤(童橘). ❷(～儿) 금귤의 열매 ‖＝〔金柑gān〕

【金科玉律】jīn kē yù lǜ 威 금과옥조. 금옥과 같이 귀중히 여겨 신봉하는 법칙이나 규정. ¶规章guīzhāng制度zhìdù也不是～, 不能有一点变通biàntōng | 규칙과 제도는 금과옥조이기에, 조금도 변통할 수 없는 것이다＝〔金科玉条tiáo〕

【金壳郎】jīnkéláng ⇒〔金龟guī子〕

【金口玉言】jīn kǒu yù yán 威 황제의 말씀. 바꿀 수 없는 말＝〔金口玉音yīn〕

【金库】jīnkù 名 ❶ 국고＝〔国库〕❷ 금고.

【金矿】jīnkuàng 名 금광.

【金兰弟兄】jīnlán dì·xiong 名組 의형제 ¶三人结为～ | 세 사람이 의형제를 맺었다＝〔拜bài把子的〕

【金莲(儿)】jīnlián(r) 名 옛날, 전족을 한 부녀자의 발.

【金铃子】jīnlíngzǐ 名 ❶〈蟲〉방울벌레. ❷〈植〉금령자. 고련실. 천련자.

【金陵】Jīnlíng 名〈地〉남경(南京)의 옛 이름.

【金锣】jīnluó 名〈音〉징.

【金霉素】jīnméisù 名〈藥〉오레오마이신(aureomycin)＝〔金链丝菌素〕

【金迷纸醉】jīn mí zhǐ zuì 威 사치스럽고 음란한 생활. ¶过着～的生活 | 사치스럽고 음란한 생활을 하고 있다＝〔纸醉金迷〕

【金瓯】jīn'ōu 名 금속제 술잔. 喩 완정한 강토〔국토〕. ¶国家分裂, ～残缺cánquē | 국가가 분열되어 국토가 나뉘어지다.

【金牌】jīnpái 名 금메달.

4【金钱】jīnqián 名 금전. 돈.

【金钱豹】jīnqiánbào 名〈動〉표범의 일종.

【金枪鱼】jīnqiāngyú 名〈魚貝〉참치.

4【金融】jīnróng 名 금융. ¶～寡头＝〔财政寡头〕| 금융 과두. ¶～机关jīguān | 금융 기관. ¶～市场 | 금융 시장. ¶～资本zīběn＝〔财政资本〕| 금융 자본. ¶改革gǎigé～体制 | 금융 체제를 개혁하다.

【金嗓子】jīnsǎng·zi 名組 부드럽고 듣기좋은 목소리. ¶她那～, 唱出歌来非常动人 | 그녀의 부드러운 목소리로 노래를 하면 매우 사람을 감동시킨다.

【金色】jīnsè 名 ❶ 금빛. ¶的夕阳～ | 금빛 노을. ❷ 금의 품위.

【金沙萨】Jīnshāsà 名 外〈地〉킨샤사(Kinshasa) [「扎伊尔」(자이르;Zaire)의 수도]

【金闪闪】jīnshǎnshǎn 狀 금빛과 같이 찬란한. ¶～的阳光 | 찬란한 햇빛.

【金声玉振】jīn shēng yù zhèn 威 모든 음을 집대성하다. 지덕을 겸비하다.

【金石】jīnshí 名 ❶ 書 금석. ❷ 喩 매우 굳고 단단한 것. ¶精诚所至, ～为开 | 정성이 지극하면 어떤 어려움도 극복할 수 있다. ❸ 동기(銅器)와 비석. ❹ 금석 문자. ❺〈音〉종(鐘)과 경(磬) 등의 악기.

【金石为开】jīn shí wéi kāi 威 ❶ 지성이면 감천. ❷ 의지가 굳건하면 어떠한 어려움도 극복한다.

【金石之交】jīn shí zhī jiāo 威 금속처럼 굳고 변함없는 교분. ¶我跟老李是～ | 나와 이형은 교분이 변함이 없다＝〔金石交〕〔金石至交〕

2【金属】jīnshǔ 名 금속. ¶～器械 | 금속 기계.

【金丝(儿)】jīnsī(r) 名 금실. ¶～镶嵌 | 금실 상감(하다). ¶～桃 | 물레 나물. ¶～眼镜 | 금테 안경.

【金丝猴】jīnsīhóu 名〈動〉원숭이의 일종 [온몸이 아름다운 털로 덮혀 있으며 중국 서남 지방에 서식함]

【金丝雀】jīnsīquè 名〈鳥〉카나리아＝〔金丝鸟niǎo〕〔芙fú蓉鸟〕〔小黄鸟〕

【金丝燕】jīnsīyàn 名〈鳥〉금사연 [남양의해변에 서식하는 제비로 집은「燕(窝)菜」(제비집 요리)의 재료로 쓰임]

【金斯敦】Jīnsīdūn 名 外〈地〉❶ 킹스턴(Kingston)[「诺福克岛」(오스트레일리아령 노퍽섬; Norfolk Island)의 수도] ❷ 킹스턴(Kingston)[「牙买加」(자메이카;Jamaica)의 수도] ❸ 킹스타운(Kingstown)[「圣文森特和林纳丁斯」(세인트빈센트그레나딘;St. Vincent and the Grenodīnes)의 수도]

【金粟兰】jīnsùlán 名〈植〉다란＝〔珠zhū兰〕〔珍zhēn珠兰〕

【金汤】jīntāng ⇒〔金城汤池〕

【金条】jīntiáo 名 막대형 금괴. ¶总督送给他一根～ | 총독이 그에게 막대형 금괴를 하나 주었다.

【金童玉女】jīn tóng yù nǚ 威 선인을 시중드는 동남 동녀. 천진 무구한 어린이. ¶～在院子yuànzi里玩儿玩儿 | 천진무구한 어린이가 뜰에서 놀고 있다.

【金文】jīnwén 名 금문 [청동기 등에 새긴 글자] ¶郭沫若研究过～ | 곽말약이 금문을 연구했다＝〔钟zhōng鼎文〕

【金乌】jīnwū 書 名 태양의 다른 이름. ¶～西坠zhuì | 해가 서쪽으로 기울다.

【金乌玉兔】jīnwū yùtù 名 喩 태양과 달.

【金屋藏娇】jīn wū cáng jiāo 威 훌륭한 집에 미인을 감추어 두다. 첩을 맞아들이다＝〔藏cáng娇〕

【金无足赤】jīn wú zú chì 威 ❶ 순전한 금은 없다.

❷옥에도 티가 있다. ¶俗话~, 哪一个人没有缺点呢? | 속어에서 이르길 옥에도 티가 있다고 했는데, 누군들 결점이 없겠는가? =〔金无足赤, 人无完人〕

【金相学】jīnxiàngxué 名 금상학.

【金星】jīnxīng 名 ❶〈天〉금성 =〔长庚〕〔启qǐ明(星)〕〔太白星〕 ❷금빛 오각별 모양. ¶~奖章 | 금빛 오각별 모양의 메달. ❸(어지럼증을 느낄 때) 눈에서 느끼는 불꽃 같은것. ¶他眼前起了~ | 그는 눈 앞에 불꽃이 튀는 것 같이 느꼈다.

【金牙】jīnyá 名 금니. 금치(金齒). ¶镶xiāng~ | 금니를 해넣다.

【金钥匙】jīnyào·shi 名 喩 문제 해결의 좋은 방법이나 비결. 금과옥조(金科玉條). ¶黄金万能主义并不是决解一切问题的~ | 황금 만능 주의가 모든 문제 해결의 금과옥조는 결코 아니다.

【金银花】jīnyínhuā 名〈植〉금은화. 인동덩굴의 꽃 =〔忍rěn冬花〕

3【金鱼】jīnyú 名 ❶〈魚貝〉금붕어 =〔文鱼①〕 ❷열쇠의 다른 이름.

【金鱼虫】jīnyúchóng 名〈蟲〉물벼룩 =〔水蚤zǎo〕

【金鱼藻】jīnyúzǎo 名〈植〉금어조. 붕어마름.

【金玉】jīnyù ❶ 名 금과 옥. ❷ 名 喩 진귀한 것. 귀중한 보물. ❸ 形 화미(華美)하다. 귀중하다.

【金玉良言】jīn yù liáng yán 成 귀중한 말. 고귀한 의견. ¶满口的~ | 입안 가득한 귀중한 말 =〔金玉之言〕〔金石文言〕

【金玉其外, 败絮其中】jīn yù qí wài, bài xù qí zhōng 成 겉만 번지르하고 속은 텅비다. 빛 좋은 개살구. ¶这个人~, ~ | 이 사람은 겉만 번지르하고, 속은 텅비었다.

【金圆券】jīnyuánquàn 名〈錢〉국민당 정부가 1948년에 발행한 지폐 [1원(圓)은 법정 지폐 300만원(元), 4원(圓)은 1달러에 해당함]

【金盏花】jīnzhǎnhuā 名〈植〉금잔화 =〔金盏草〕〔金盅zhōng花〕

【金针】jīnzhēn 名 ❶바늘. 봉침(縫針). ❷침구용 금침. 침(鍼). ❸ 轉 비결(佚訣). 요령. ❹⇒〔金针菜②〕

【金针菜】jīnzhēncài 名 ❶〈植〉원추리. ❷원추리의 꽃 =〔金针④〕 ❸넘나물.

【金针虫】jīnzhēnchóng 名〈蟲〉방아벌레의 유충 →〔叩kòu头虫〕

【金针度人】jīn zhēn dù rén 成 어떤 기예(技藝)의 비법을 타인에게 전수하다.

【金枝玉叶】jīn zhī yù yè 成 금지 옥엽. ¶她可是富贵人家的~ | 그녀는 정말 부귀한 집안의 금지옥엽이다. ❶황족(皇族). ❷명문 귀족의 출신. ‖ =〔玉叶金枝〕

【金钟(儿)】jīnzhōng(r) 名〈蟲〉방울벌레. 금종충(金鐘蟲) =〔马铃(儿)〕〔铃líng虫〕

【金镯】jīnzhuó 名 금팔찌. ¶她手腕上着一个~ | 그녀는 손목에 금팔찌를 하고 있다.

【金字塔】jīnzìtǎ 名 피라밋. 금자탑. ¶埃及āijí的~ | 이집트의 피라밋.

【金字招牌】jīnzì zhāopái 名組 ❶금박으로 쓴 간판. ❷가게의 자본이 넉넉하고 신용이 두텁다. ❸ 轉 허울만 번드르르한 명예나 칭호 등. 빛 좋은 개살구. 허울 좋은 하늘타리. ¶他动不动就向人打出高干~, 真没修养 | 그는 걸핏하면 사람들에게 허울좋은 고급간부 칭호를 내세우는데, 정말 수양이 부족하다.

【金子】jīn·zi 名 금. 금괴. ¶每粒粮食都比~还贵重 | 식량 한 알이 금덩이보다 더 귀중하다.

4【津】jīn 나루 진

名 ❶나루터. ¶~渡↓ ¶关~ | 거쳐야만 되는 나루터. ¶要~ | 중요한 나루터. ❷ 書 침. 타액. ¶莫梅生~ | 매실을 보고 침을 흘리다. ¶~液 | 타액. ❸ 書 땀. ¶遍体生~ | 온몸에 땀이 흐르다. ❹⇒〔津贴〕 ❺⇒〔津津〕 ❻(Jīn) 名〈地〉천진(天津)의 약칭.

【津巴布韦】Jīnbābùwéi 名 外〈地〉짐바브웨 (Zimbabwe) [1980년 4월에 독립한 남아프리카의 사회주의 공화국. 수도는 「哈拉雷」(하라레; Harare)]

【津渡】jīndù 名 나루(터). ¶麻浦~ | 마포 나루터 =〔摆bǎi渡〕〔渡口〕

【津津】jīnjīn 貺 ❶입에 착 달라붙게 맛이 좋다. ❷흥미진진하다. ❸넘칠 정도로 가득하다. ¶汗~ | 땀에 흠뻑 젖다.

【津津乐道】jīn jīn lè dào 成 흥미진진하게 이야기하다. ¶他总是~地谈论世事 | 그는 흥미진진하게 세상사를 이야기 한다.

4【津津有味】jīn jīn yǒu wèi 成 흥미 진진하다. ¶那位将军~地给孩子们讲战斗故事 | 그 장군은 아이들에게 흥미 진진하게 전투 이야기를 해주었다.

【津梁】jīnliáng 書 名 ❶나루와 다리. ❷ 喩 교량 역할을 하는 사물〔방법〕. ¶汉语~ | 중국어 입문서.

4【津贴】jīntiē ❶ 名 수당. 보조금. ¶生活~ | 생활 보조금 ¶额é外~ =〔特定津贴〕 | 특별 수당. ¶野外~ | 야외 작업 수당. ¶工地~ | 공사 현장 수당. ¶加点~ | 초과 근무 수당. ¶停工~ | 휴업 수당. ¶卸xiè工~ | 퇴직 수당. ¶遗yí属~ | 유족 수당→〔工资〕 ❷ 動 수당을 지급하다→〔待dài遇〕

【津液】jīnyè 名〈漢醫〉❶진액. ❷침. 타액 =〔唾tuò液〕

【琎(璡)】jīn 옥돌 진

❶ 書 名 옥(玉)과 비슷한 돌. ❷인명에 쓰이는 글자.

3【筋〈觔〉】jīn 힘줄 근

❶ 名〈生理〉근육 =〔肌jī肉〕 ❷ 口 피하의 정맥 혈관. ¶青~ | 핏대. 핏줄. ¶青~暴露 | 핏대가 서다. ❸(~儿, ~子) 名 口 힘줄. ¶扭niǔ了~ | 힘줄을 접질렀다. 삐었다. ❹힘줄같이 생긴 것. ¶叶~ | 잎맥. ¶铁~ | 철근. ¶钢~混凝土 =〔钢骨水泥〕 | 철근 콘크리트. ¶橡皮~儿 | 고무줄.

【筋斗】jīndǒu 名 動 곤두박질(하다). 공중재비(를 넘다). ¶摔shuāi~ | 곤두박질치다.

【筋骨】jīngǔ 名 ❶〈生理〉근골. 근육과 뼈. ¶伤了~ | 근골을 다쳤다. ❷체력. 신체. 체격. ¶学武术可以锻炼~ | 무술을 배우면 신체를 단련할

수 있다.

【筋节】jīnjié 名 ❶ 喩 (문장이나 말에서의) 중요한 대목. 요점 =〔接骨眼(儿)〕❷ (～姍) 俗 적당한 시기나 정도. ¶他来得真是～上｜때맞게 그가 왔다 ‖ =〔筋斤(儿)〕〔筋劲(儿)〕

【筋络】jīnluò 名〈生理〉뼈마디에 연결된 근육 =〔筋脉mài①〕¶～鼓出来了｜근육이 불거져 나왔다.

【筋脉】jīnmài ❶ ⇒〔筋络〕❷ 名 요소. 급소

【筋疲力尽】jīn pí lì jìn 國 기진 맥진하다 =〔精疲力竭〕〔精疲力尽〕〔力尽筋疲〕

【筋肉】jīnròu 名〈生理〉근육. ¶～劳动｜육체 노동 =〔肌jī肉〕

【禁】jīn ☞ 禁 jìn Ⓑ

【襟】jīn 깃 금, 마음 금, 동서 금

❶ 名 옷섶. 옷깃 =〔衿〕❷ 가슴속. 심중. 생각. ¶～怀↓ ¶胸～｜흉금. 가슴속. ❸ 書 名 동서(同壻). ¶～兄↓ ¶～弟↓ =〔连襟〕

【襟弟】jīndì 名 처제의 남편. 손아래 동서.

【襟怀】jīnhuái 書 名 흉금. 생각. 회포. 포부. ¶～宽博｜생각이 넓다 =〔襟抱bào〕〔襟期qī〕

【襟兄】jīnxiōng 名 처형의 남편. 손위 동서.

jǐn ㄐㄧㄣˇ

2【仅(僅)】jǐn jìn 겨우 근, 거의 근

Ⓐ jǐn 副 ❶ 겨우. 간신히. 가까스로. ¶他～～上了六个月学｜그는 겨우 6개월간 학교에 다녔을 뿐이다 =〔廑jǐn③〕❷ 다만. 단지. …뿐으로. …만으로. ¶这些意见～供参考｜이런 의견들은 다만 참고로 내놓을 뿐이다. ¶不～如此｜이와같을 뿐만 아니라.

Ⓑ jìn 書 形 거의 …에 가깝다 [당대(唐代)의 시문(詩文)에서 많이 볼 수 있음] ¶士卒～万人｜사병이 거의 만명에 가깝다.

【仅够】jǐngòu 動組 간신히 …만하다. 겨우 …되다. ¶～用两天｜겨우 이틀 동안 쓸만하다. ¶他的工资～吃饭而已｜그의 월급으로는 겨우 밥먹을 따름이다.

【仅见】jǐnjiàn 動組 극히 드물게 보이다. ¶这种现象为历年来所～｜이런 현상은 몇년 만에 나타나는 극히 드문 것이다.

2【仅仅】jǐnjǐn 副 ❶ 단지. 다만. ¶～说了几句话就完了｜단지 몇 마디 말하고는 끝냈다. ❷ 겨우. 간신히. ¶～够用｜겨우 자란다 ‖ =〔仅只〕

【仅可】jǐnkě 다만〔겨우〕…할 수 있을 뿐이다. ¶～敷衍fūyǎn一时, 不能叫人了解｜다만 일시적으로 얼버무릴 수 있을 뿐이지, 사람들을 이해시킬 수는 없다. ¶门太狭小, ～进去一人｜문이 매우 협소하여, 겨우 한사람만 들어갈 수 있다.

【仅只】jǐnzhǐ ⇒〔仅仅〕

2【尽(儘)】1 jǐn 다할 진

❶ 頭 맨. 가장. 제일 [방위를 표시하는 말 앞에 흔히 쓰임] ¶～里头｜맨 안쪽. ¶～前头｜맨 앞. ❷ 動 모든 것을 다하다. ¶～着力气做｜전력을 다해 하다. ❸ 動 먼저 …하다 [「尽着」의 형태로 쓰임] ¶先～着旧衣服穿｜먼저 헌옷부터 입다. ¶座位先～着请来的客人坐｜좌석은 먼저 초청한 손님부터 앉게 한다. ❹ 動 …의 한도〔범위〕내에서 하다 [「尽着」의 형태로 쓰임] ¶～着三天把事情办好｜3일 내로 일을 다 마치다. ❺ 副 힘 닿는대로. 될 수 있는 대로. ¶～早↓ ¶～可能地减少错误｜될 수 있는대로 실수를 줄이다. ❻ 副 方 줄곧. 내내. 언제까지나. ¶这些日子～下雨｜요즈음 내내 비가 내린다.

【尽够】jǐngòu 狀 충분하다. 넉넉하다. ¶每月的工资～自己的用度｜매달 월급이 자신의 비용에 충분하다.

2【尽管】jǐnguǎn ❶ 副 얼마든지. 마음놓고. ¶有意见～提, 不要客气｜의견이 있으면 마음놓고 말씀하시고, 사양하지 마시오. ¶你有什么困难～说｜네게 무슨 어려운 점이 있으면 얼마든지 얘기해. ❷ 副 方 늘. 그냥. ¶有病早些治, ～耽搁着也不好｜병이 있으면 빨리 고쳐야지, 그냥 그대로 놔두면 좋지 않다. ❸ 連 비록〔설령〕…라 하더라도. …에도 불구하고. 어법 주로「但(是)」「可是」「然而」「还」「也」등과 호응함. ¶～如此｜이러함에도 불구하고. ¶～以后变化难测, 然而大体的计算还是可能的｜비록 이후의 변화는 예측하기 힘들다해도 대체적인 계산은 그래도 가능할 것이다 =〔尽让ràng②〕

4【尽快】jǐnkuài 副 되도록 빨리. ¶～地完成国家建设的任务｜가능한한 빨리 국가 건설의 임무를 완성하다. ¶请～来一趟儿｜되도록 빨리 오십시오.

2【尽量(儿)】jǐnliàng(r) 副 가능한 한. 되도록. 최대한으로. ¶～别伤他的感情｜되도록 그의 감정을 상하게 하지 말아라. ¶～满足他的要求｜최대한으로 그의 요구를 만족시키다.

【尽让】jǐnràng ❶ 名 動 方 겸양(謙讓)(하다). 양보(하다). ¶哥哥～弟弟｜형이 아우에게 양보하다. ❷ ⇒〔尽管guǎn③〕

【尽先】jǐnxiān 副 맨〔제일〕먼저. ¶～上班｜맨 먼저 출근하다.

【尽早】jǐnzǎo 副 되도록 빨리. ¶～写回信｜되도록 빨리 답장을 쓰다.

【尽自】jǐnzì 副 方 ❶ 자꾸. 늘. 계속. ¶～一说就讨厌了｜자꾸 말하면 싫증난다. ¶别～诉苦｜자꾸 죽는 소리 하지 마! ❷ 마음대로. 제멋대로. 거리낌없이. ¶你～去作, 决没有问题｜네가 거리낌없이 해도, 결코 문제가 없을 것이다. ❸ 언제(까지)나. 끝끝내. 하염없이. ¶别～耽误dān·wu工夫儿｜하염없이 시간을 지체하지 말아라 ‖ =〔紧jǐn着②〕〔紧自〕

2【尽(盡)】2 jìn 다할 진

❶ 動 다하다. 전부 다 쓰다. 모두 사용하다. ¶用～力气｜힘을 다하다. ¶～其所有｜가진 것을 모두 다 쓰다. ¶人～其才, 物～其用｜사람은 그 재능을 다 하고, 사물은 그 쓰임을 다 한다. ¶无穷无～｜무궁무진하다. ❷ 動 극한에 달하다. 절정에 이르다. ¶～头↓ ¶山穷水～｜막다른 골목에 몰리다. 이러지도 저러지도 못하다. ❸ 動 전력(全力)을 다해 완성하다. (책임을) 다하다. ¶～责任｜책임을 다하다. ❹

副 모두. 전부. 다. ¶到会的～是熟人 | 출석자는 모두 아는 사람들이다. ¶～人皆知↓ ❺ 副 다만〔단지〕…뿐. …만. ¶你别～抽烟呀! | 너는 담배만 피우지 마라. ¶～顾着说话, 忘了办事 | 이야기하는 데만 정신을 쏟아서 일하는 걸 잊었다.

【尽到】jǐn·dao 動 다하다. ¶～责任 | 책임을 다하다. ¶我～了作为父亲的责任 | 나는 아버지로서의 책임을 다했다.

【尽欢】jǐn/huān 動 마음껏 즐기다. ¶～而散 | 마음껏 즐기고 헤어지다.

【尽节】jǐn/jié 動 ❶ 충성을 다하다. ❷ 정조를 지키기 위해 목숨을 버리다.

3【尽力】jǐn/lì 動 힘을 다하다. ¶此事我已经～了 | 이 일은 내가 이미 힘을 다하였다. ¶～而为 | 힘을 다해 하다. ¶～帮助 | 힘을 다하여 돕다.

【尽量(儿)】jǐnliàng(r) 副 양을 다 채우다. 마음껏 하다. ¶请～吃吧 | 마음껏 드십시오.

【尽其可能】jǐnqí kěnéng 動組 할 수 있는 한 다하다. ¶～让孩子们多参加一些课外活动 | 할 수 있는 한 아이들을 약간의 과외활동에 참가시킨다.

【尽情】jǐnqíng ❶ 動 실컷 하다. 한껏 하다. 마음껏 하다. ¶～欣赏 | 실컷 감상하다. ¶～唱歌 | 실컷 노래하다. ¶～而散 | 마음껏 즐기고 흩어지다. ❷ 성의를 다하다. 호의를 충분히 나타내다. ¶～就是了 | 성의만 다하면 그것으로 족하다.

【尽然】jǐnrán 動 완전히 그렇다. 어법 주로 부정문에 쓰임. ¶未必～ | 꼭 그런 것은 아니다. ¶也不～ | 모두 그런 것도 아니다.

【尽人皆知】jǐn rén jiē zhī 成 모든 사람이 다 알다. ¶这是～的事实 | 이 일은 모든 사람이 다 아는 사실이다.

【尽善尽美】jǐn shàn jǐn měi 成 진선진미하다. 완전무결하다. ¶任何事物一开始都不可能是～的 | 어떤 일이든 처음부터 완전무결할 수는 없다.

【尽是】jǐnshì 전부 …이다. ¶这儿原来～石头 | 이 곳은 본디 전부 돌뿐이다.

【尽释前嫌】jǐn shì qián xián 成 과거의 악감정을 완전히 없애다. ¶南北方要～, 团结建国 | 남북방이 과거의 악감정을 완전히 없애고서, 단결하여 건국을 하여야 한다.

【尽收眼底】jǐn shōu yǎn dǐ 成 (풍경의) 전체가 한 눈 안에 들어오다. ¶从飞机鸟瞰, 整个汉江大桥～ | 비행기에서 내려다 보면 한강다리 전체가 한 눈에 들어온다.

【尽头】jǐntóu 名 막바지. 말단. 끝. ¶半岛的～ | 반도의 끝. ¶苦也苦到了～, 穷也穷到了～ | 괴로움도 극도에 이르고 가난도 막바지에 이르렀다.

【尽孝】jǐn/xiào 動 ❶ 효도를 다하다. ❷ 상(喪)을 마치다.

【尽心】jǐn/xīn 動 마음을 다하다. 성의를〔정성을〕다하다.

【尽心竭力】jǐn xīn jié lì 成 전심전력하다. ¶我已经～了 | 나는 이미 전력을 다했다 ＝〔尽心尽力〕

【尽信书不如无书】jǐn xìn shū bù rú wú shū 成 《서경》을 맹신하는 것은 《서경》이 없는 것만 못하다. 책을 맹신하거나 책에 구속되지 말라.

【尽性】jǐnxìng ❶ 形 성질이 있다. ¶～地哭 | 성질있게 운다. ❷ 動 천부적인 개성을 다하다.

【尽兴】jǐn/xìng 形 흥을 다하다. 마음껏 즐기다〔놀다〕. ¶改天咱们再～地谈吧 | 다른 날 우리 다시 마음껏 이야기하자. ¶我觉得今天玩得很～ | 나는 오늘 마음껏 논것 같다.

【尽义务】jǐn yìwù ❶ 의무를 다하다. ¶我不过是～罢了 | 나는 의무를 다했을 따름이다. ❷ 무보수로 (일)하다.

【尽在于斯】jǐn zài yú sī 成 모든 것이 여기에 있다. ¶促进作用～ | 촉진 작용은 모든 것이 여기에 있다.

【尽职】jǐn/zhí 動 직무를 다하다.

【尽忠】jǐn/zhōng 動 ❶ 충성을 다하다. ❷ 목숨을 바쳐 충성하다.

【尽忠报国】jǐn zhōng bào guó 成 충성을 다하여 나라에 보답하다.

【卺】jǐn 합환주잔 근

書 名 옛날, 혼례에 사용되던 술잔. ¶合～ | 구식 혼례에서 신랑 신부가 술잔을 주고 받다. 喻 결혼하다.

【堇】jǐn 제비꽃 근

⇒〔堇菜〕〔堇色〕

【堇菜】jǐncài 名 〈植〉 제비꽃. 오랑캐꽃 ＝〔堇堇菜〕〔如rú意草〕

【堇色】jǐnsè 名 옅은 보라색.

3【谨(謹)】jǐn 삼갈 근

❶ 動 신중하다. 조심하다. 삼가다. ¶～记↓ ❷ 副 정중히. 공손히. 삼가〔경의를 표하는 말〕 ¶～赠 | 삼가 드립니다. ¶～领 | 삼가 받자옵니다.

【谨饬】jǐnchì 書 形 신중하고 절도가 있다.

【谨防】jǐnfáng 書 動 (…에) 주의하다. 몹시 경계하다. 유의하다. ¶～扒pá手 | 소매치기 조심! ¶～火灾 | 화재 주의! ¶～假冒 | 유사품에 주의하세요![광고용어]

【谨记】jǐnjì 動 잘 기억하다. 새겨두다. ¶～在心 | 명심하다. ¶此言请～ | 이 말을 새겨 두십시오.

【谨启】jǐnqǐ 動組 札 삼가 아룁니다. 근계(謹啓).

【谨上】jǐnshàng 動 札 삼가 올립니다〔드립니다〕.

3【谨慎】jǐnshèn 形 신중하다. ¶小心～ | 조심하고 신중하다. ¶讲得很～ | 매우 신중하게 말하다 ⇔〔轻qīng率〕

【谨守】jǐnshǒu 動 엄수(嚴守)하다. ¶他～师说, 不敢立论 | 그는 스승의 말을 엄수하여, 감히 입론하지 않는다.

【谨小慎微】jǐn xiǎo shèn wēi 成 사소한 것에 신경을 쓰다. 소심하리만큼 신중히 하다 ＝〔尽小慎微〕

【谨严】jǐnyán 形 근엄하다. 신중하고 세밀하다. 엄밀하다. ¶这篇论文结构jiégòu～ | 이 논문은 구성이 엄밀하다.

【谨言慎行】jǐn yán shèn xíng 成 언행을 각별히 조심하다. ¶领导干部要～ | 지도하는 간부들은 각별히 언행을 조심해야 한다.

【馑(饉)】jǐn 흉년들 근

⇒〔饥jī馑〕

【廑】jǐn ☞ 廑 qín

【槿】jǐn 무궁화나무 근
⇨〔木mù槿〕

【瑾】jǐn 옥 근
書名 아름다운 옥 [인명에 주로 쓰임]

1【紧(緊)】jǐn 팽팽할 긴, 굳을 긴
❶形 팽팽하다. ¶绳子拉得很～ | 끈을 아주 팽팽하게 잡아 당기다 ⇔〔松①〕 ❷形 단단하다. 움직이지 않다. 단단히 고정되어 있다. ¶捏niē～笔杆 | 붓대를 단단히 쥐다. ¶握～拳头 | 주먹을 꽉 쥐다. ❸形 꼭 끼다. 좁다. 빡빡하다. 바싹 붙어 있다. ¶这双鞋太～, 不能穿 | 이 신은 너무 꼭 끼여서 신을 수 없다. ¶抽屜chōutì～, 拉不开 | 서랍이 빡빡해서 열리지 않는다. ¶他住在我的～隔壁 | 그는 우리 바로 옆집에 산다. ❹形 (일이) 꽉 차 있다. (시간이) 촉박하다. 여가가 없다. ¶功课很～ | 공부가 아주 바쁘다. ¶任务很～ | 일이 꽉 차 있다. 喻 시간관계로 서두르다. ❺形 절박하다. 급박하다. ¶事情～急 | 사정이 긴급하다. ❻形 (생활에) 여유가 없다. 넉넉지 못하다. ¶手头儿～ | 주머니 사정이 넉넉지 못하다. ❼形 엄격하다. ¶管制得很～ | 아주 엄격하게 통제하다. ❽動 꼭 죄다. 팽팽히 잡아 당기다. ¶～一～腰带 | 혁대를 꽉 졸라 매다. ¶～一～螺丝钉 | 나사못을 꼭 죄다. ❾動 아끼다. 절약하다. ¶～着手儿花 | 돈을 절약하다. ❿副 빨리. 서둘러. ¶～走 | 빨리 가다. ¶～写 | 서둘러 쓰다. ⓫副 쉴새 없이. 연이어. 연달아. ¶雨下得～ | 비가 쉴새 없이 내리다. ⓬副 ㊣ 대단히. 매우. ¶忙得～ | 매우 바쁘다. ¶可怕得～ | 대단히 무섭다.

【紧挨】jǐn'āi 動 바싹 붙어 있다. 아주 가까이 있다. 바싹 접근하다. ¶～着老李站着 | 이형 옆에 바싹 붙어 서 있다. ¶～着海边有许多酒楼 | 해변에 많은 술집들이 바싹 붙어있다.

【紧巴巴】jǐnbābā 狀 ❶ (옷이) 꼭 끼다. 바짝 조이다. 빠듯하다. ¶衣服又瘦又小, ～地贴在身上 | 옷이 솔고 작아서 몸에 꼭 끼이다. ❷ (경제 상태가) 빠듯하다.

【紧巴】jǐn·ba 形 ❶ 팽팽하다. ❷ 살림살이가 빠듯하다. ¶家家日子都～ | 집집마다 살림살이가 모두 빠듯하다.

【紧梆梆】jǐnbāngbāng 狀 ❶ 팽팽히 켕기다. 바짝 조이다. 꼭 끼다. ¶这双鞋穿着～ | 이 신은 신으니 발이 꼭 끼인다. ❷ 쪼들리다. 경제적인 여유가 없다 ‖ =〔紧帮帮bāng〕

【紧绷绷】jǐnbēngbēng 狀 ❶ 팽팽하다. 바짝 조이다. ¶皮带系jì得～的 | 혁대를 바짝 조여매다. ❷ 표정이 부자연스럽다. ¶脸～的, 像很生气的样子 | 얼굴이 긴장되어 있는 것이 마치 몹시 화가 난 것 같다.

【紧逼】jǐnbī 動 몹시 조르다. 재촉하다. 호되게 압박하다. ¶采用全场～ | 〈體〉(농구 등에서) 올코트 프레싱(강압 수비)을 펼치다.

【紧闭】jǐnbì 動 꼭 닫다〔다물다〕. ¶～着嘴 | 입을 꼭 다물다.

【紧吃】jǐnchī 動 급히 먹다. 끊임없이 먹다. ¶前方吃紧, 后方～ | 전방은 급박한데, 후방에서는 끊임없이 먹고 있다.

【紧凑】jǐncòu ❶形 치밀하다. 잘 짜이다. 빈틈없다. ¶这个影片很～, 一个多余的镜头也没有 | 이 영화는 잘 짜여져서 군더더기 장면이라곤 하나도 없다. ❷動 바싹 접근하다.

【紧盯】jǐndīng 動 사이를 두지 않다. 틈을 주지 않다 [「～着」의 형태로 쓰임] ¶他～着又问了 | 그는 틈을 주지 않고 또 물었다.

【紧防】jǐnfáng 動 긴장하여〔단단히〕 방비하다.

【紧赶】jǐngǎn 動 ❶ 급하게 하다. ¶把活儿～了一天多 | 일을 급히 서둘러 하루 남짓 했다. ❷ 급히 뒤쫓다. ❸ 급히 나아가다. ¶～几步 | 급히 몇 걸음 나아가다

【紧赶慢赶】jǐngǎn màngǎn 動組 급히 서두르다. ¶我～还是来不及 | 내가 급히 서둘러도 여전히 시간에 댈 수 없다. 어법 「慢赶」에는 실제적인 의미는 없음 =〔紧赶快赶〕

【紧跟(着)】jǐngēn(·zhe) 動 바싹 뒤따르다. 어법 문장에서는 주로 상황어적으로 쓰임. ¶～时代的步伐 | 시대의 흐름에 뒤떨어지지 않다. ¶～着就跑来了 | 바싹 뒤쫓아 달려오다.

【紧箍咒】jǐngūzhòu 名《西遊記》에서 삼장 법사가 손오공의 머리에 씌운 금테를 조일 때 사용하는 주문. 轉 사람을 구속〔속박〕하는 도구 =〔金箍咒〕

【紧乎】jǐn·hu 形 급하다. 절박하다. ¶信儿来的～ | 급한 소식이 왔다.

3【紧急】jǐnjí 形 긴급하다. 절박〔긴박〕하다. ¶～措施cuòshī | 긴급 조치. ¶～关头 | 긴급한 고비〔시각〕. ¶～会议 | 긴급 회의. 비상 회의. ¶～集合 | 비상 소집. ¶～戒严令 | 비상 계엄령. ¶～命令 | 긴급 명령. ¶～起飞 | 긴급발진. ¶～求救讯号 | 긴급 구조 신호(S.O.S). ¶～手术 | 긴급 수술. ¶～状态 | 긴급〔절박한〕 상황〔상태〕.

【紧接(着)】jǐnjiē(·zhe) 副 연이어서. 뒤이어서. 잇달아. 바짝 붙어서. ¶～他又唱了一首歌 | 연이어서 그는 또 노래를 한 곡조 뽑았다.

【紧紧】jǐnjǐn 副 바짝. 꽉. 단단히. ¶～握手 | 굳게 악수하다. ¶～地掌握霸权 | 단단히 패권을 장악하다.

【紧紧巴巴】jǐn·jinbābā 狀 ❶ (넉넉하지 못하여) 빠듯하다. ¶他老是～的 | 그는 늘 빠듯하게 살아간다. ❷ 비좁다. ¶这屋住六个人, 是有点～ | 이 방에서 여섯 명이 자면 다소 비좁다.

【紧靠】jǐnkào 動 바싹 붙어 있다. 바로 옆에 있다. ¶那块旱田～着水库, 不愁没有水 | 그 밭은 바로 저수지 옆에 있으니 물 걱정은 없다.

【紧邻】jǐnlín 名 가까운 이웃. ¶远亲不如～ | 먼 친척이 가까운 이웃보다 못하다.

【紧锣密鼓】jǐn luó mì gǔ 成 ❶ 貶 징과 북을 요란하게 울려대다. 활동개시 전에 여론을 (미리 떠들석하게) 조성하다. ¶在～声中登场了 | 징과 북이 요란하게 울리는 가운데 등장했다. ❷ (정세가) 긴박하다 ‖ =〔紧锣急鼓〕

3【紧密】jǐnmì ❶形 긴밀하다. 굳다. ¶～关系 | 긴밀한 관계. ¶～地团结 | 굳게 단결하다. ❷形

끊임없다. 잦다. ¶枪声十分～ | 총소리가 대단히 잦다. ¶～的雨点 | 끊임없는 빗방울. ❸動 긴밀히 하다. ¶～了关系 | 관계를 긴밀히 하다.
4【紧迫】jǐnpò 形 긴박하다. 급박하다. ¶时间～ | 시간이 급박하다.
3【紧俏】jǐnqiào 形 공급 부족의. ¶～货 | 공급이 부족한 물건. ¶这种商品现在很～ | 현재 이런 상품은 공급 부족이다.
【紧缺】jǐnquē 形 ❶ 매우 부족한. 공급이 부족한. ¶～商品 | 공급 부족 상품. ❷ 결핍되다. 부족하다.
【紧身儿】jǐn·shenr ❶ 名 내의. 속옷. ¶绒róng～ | 모 내의. ¶绵mián～ | 면 내의 =〔紧子〕〔近身儿〕 ❷ 形 (옷이) 몸에 꼭 맞다.
【紧守】jǐnshǒu 動 ❶ 엄격하게 지키다〔수비하다〕. ¶～信用 | 신용을 엄격히 지키다. ❷ 낭비하지 않다. 아껴쓰다. ¶每月～着过也得五百块钱 | 매달 아껴써도 오백원은 든다.
4【紧缩】jǐnsuō 動 긴축하다. 축소하다. 줄이다. 좁히다. ¶励行节约, ～开支 | 절약하여, 지출을 줄이다.
【紧锁】jǐnsuǒ 動 죄(이)다. ¶双眉～ | 양미간을 찌푸리다.
【紧贴】jǐntiē 動 바싹 붙다. ¶～着他的身旁 | 그의 곁에 바싹 붙어 있다.
【紧握】jǐnwò 動 단단히 쥐다. ¶～钢枪gāngqiāng | 소총을 단단히 쥐다.
【紧压茶】jǐnyāchá 名 덩어리차 [찻잎을 증기로 쪄서 덩어리 모양으로 압축한 차]〔砖茶〕〔沱tuó茶〕
【紧要】jǐnyào 形 긴요하다. 요긴하다. 중대 하다. ¶～关头 | 중대한 고비. ¶无关～ | 요긴하지 않다.
1【紧张】jǐnzhāng ❶ 動 긴장하다. 불안해 하다. ¶第一次登台, 免不了有些～ | 처음 무대에 올라가면 긴장하지 않을 수 없다. ❷ 形 긴박한. 바쁜. ¶工作～ | 작업이 바쁘다. ¶～的劳动 | 쉴 틈 없는 노동. ¶战线～ | 전선이 긴박하다. ¶～动人的情节 | 긴박하고 감동적인 단락. ¶～的台湾局势 | 긴박한 대만 정세. ❸ 形 (경제적으로) 힘에 부치다〔겹다〕. (물자가) 부족하다. ¶现在市内住房很～ | 지금 시내는 살림집이 매우 부족하다. ❹ 形 (근육이) 긴장되어 있다. 팽팽하다. ¶体操的选手, 浑身的肌肉都很～ | 체조 선수는 전신의 근육이 온통 긴장되어 있다. ❺ 名 긴장. 불안. 긴박. 핍박. ¶天天在搞～ | 매일 불안을 조성하고 있다.
【紧着】jǐn·zhe ❶ 動 俗 서두르다. 다그치다. ¶下星期一就要演出了, 咱们得～练 | 다음 주 월요일이면 바로 공연을 해야 하니 서둘러서 연습해야겠다 =〔加紧〕 ❷ ⇒〔尽jǐn自〕
【紧抓】jǐnzhuā 動 ❶ 꽉 쥐다〔잡다〕. ❷ (어떤 점을) 중점적으로 확실히 다루다. ¶～经济建设 | 경제 건설을 확실히 다루다.
【紧走】jǐnzǒu 動 급히 걷다. ¶他又～了几步 | 그는 또 급히 몇걸음 걸었다.
【紧走慢走】jǐnzǒu mànzǒu 動組 급히 가다. 부랴부랴 가다. 어법「慢走」는 실질적인 의미가 없음.

4【锦(錦)】jǐn 비단 금
❶ 書 名 (색채와 무늬가 아름다운) 비단. ❷ 形 색채가 선명하고 화려하다. 아름답다. ¶～缎duàn↓ ¶～霞xiá | 아름다운 노을. ¶～绣河山 | 아름다운 산하. ❸ 名 (Jǐn) 名〈地〉금현(錦縣) [요령성(遼寧省)에 있음]
【锦标】jǐnbiāo 名 우승패. 우승컵. 우승기. ¶～主义 | 우승제일주의. 공명주의. ¶～被韩国队夺走了 | 우승기는 한국팀이 가져갔다.
【锦标赛】jǐnbiāosài 名 선수권 대회. 결승전 ¶参加乒乓球～ | 탁구 선수권 대회에 참가하다 =〔冠guàn军决赛〕
【锦缎】jǐnduàn 名 수를 놓은 비단. ¶买了一匹～ | 수 놓은 비단 한 필을 샀다.
【锦鸡】jǐnjī 名〈鳥〉금계.
【锦葵】jǐnkuí 名〈植〉당아욱. 금규. ¶～科 | 〈植〉금규과(식물).
【锦纶(丝)】jǐnlún(sī) 名 나일론. ¶～裤子 | 나일론 바지 =〔耐nài纶〕〔尼ní龙〕
【锦囊妙计】jǐn nángmiào jì 成 비단 주머니속의 묘계. 교묘한 묘책. ¶你又有什么～可以挽回败局? | 네가 또 무슨 묘책이 있어 진 판을 만회하겠니?
【锦旗】jǐnqí 名 우승기. 페넌트(pennant). ¶夺得一面～ | 우승기를 차지하다.
【锦瑟年华】jǐn sè nián huá 成 청춘시절 =〔锦瑟华年〕
【锦上添花】jǐn shàng tiān huā ❶ 成 금상첨화. ❷ (jǐnshàngtiānhuā) 名〈植〉「蟹xiè爪兰」의 다른 이름.
【锦心绣口】jǐn xīn xiù kǒu 成 아름다운 마음과 고운 말. 재사(才思)가 뛰어나고 사조(詞藻)가 화려하다 =〔锦心绣腹fù〕〔锦绣心肠cháng〕〔绣口锦心〕
4【锦绣】jǐnxiù 名 ❶ 금수. 비단에 놓은 수. ❷ 喻 아름다운 것. ¶～江山 =〔锦绣山河〕 | 成 금수강산. ¶～前程 =〔锦片前程〕 | 成 찬란한 미래. 유망한 전도.
【锦绣江山】jǐn xiù jiāng shān 成 아름다운 국토 ¶～岂容日本军侵占 | 아름다운 국토를 어찌 일본군에게 점령당하겠는가 =〔锦绣河山〕
【锦绣前程】jǐn xiù qián chéng 成 앞길이 창창하다 =〔锦片piàn前程〕
【锦衣玉食】jǐn yī yù shí 成 호의호식하다. 호사스러운 생활.

jìn ㄐㄧㄣˋ

【仅】jìn ☞ 仅 jǐn B

2【尽(盡)】jìn ☞ 尽jǐn ❷

【烬(燼)】jìn 탄나머지 신
名 타고 남은 찌꺼기. 재 =〔灰烬〕

【赆(贐)〈賮〉】jìn 전별할 신
書 名 전 별 품 (餞 別 品). 송별할 때 주는 물건 =〔馈kuì赆〕
【赆仪】jìnyí 書 名 전별할 때 주는 물건〔금품〕.

2【劲(勁)〈劤〉】jìn jìng 셀 경, 굳셀 경

Ⓐ jìn ❶ (～儿) 名 힘. 轉 원기. 의욕. 흥미. ¶手～ | 손 힘. ¶使～ | 힘을 쓰다. ¶下棋没～, 不如打球去 | 장기는 재미 없으니, 탁구치러 가는 게 더 낫다. ¶干活儿起～ | 일에 의욕이 나다. ❷ 名 기질. 성질. 성분(性分)＝[脾pí气] ❸ (～儿) 尾 태도·상태 등의 정도를 나타냄. 어법 형용사·동사 뒤에 와서 그것을 명사화하고 그 뜻을 강조함. ¶亲热～ | 친근한 태도. ¶冷～儿 | 추운 정도. ❹ (～儿) 名 정신. 정서. 기색. 태도. 모양. ¶冒险～儿 | 모험적인 정신.

Ⓑ jìng 書 形 강하다. 힘차다. ¶强～ | 강하다. ¶外柔内～ | 외유 내강하다. ¶字体端～ | 자체가 단정하고 힘차다.

Ⓐ jìn

【劲气】jìn·qi 名 ❶ 힘. 기운. ❷ 원기.

4【劲头(儿)】jìntóu(r) 名 ㊀ ❶ 힘. ¶～大 | 힘이 세다. ¶比～ | 힘을 겨루다. ❷ 열의. 의욕. 열정. 정력. ¶～不足 | 열정이 부족하다. ¶～大起来了 | 열의가 커졌다. ❸ 기세. 홍. 절정. 고비. ¶正在～上呢, 哪肯罢手啊! | 한창 절정에 올라 있는데, 어찌 그만두려고 하겠니! ¶过了这个～, 准有好日子 | 이 고비를 넘기면 반드시 좋은 날이 있을 것이다. ❹ 모양. 꼴. 태도. 표정. ¶看他那兴高采烈的～ | 그가 저렇게 기뻐서 어쩔 줄 몰라하는 꼴 좀 봐라.

Ⓑ jìng

【劲草】jìngcǎo 名 ❶ 억센 풀. ¶疾风知～ | 질풍이 억센 풀을 안다. ❷ 喩 절개가 굳은 사람.

【劲敌】jìngdí 書 名 강적. ¶遇上了～ | 강적을 만났다.

【劲风】jìngfēng 書 名 세찬 바람. 강한 바람. ¶～吹过, 松柏依然挺立 | 세찬 바람이 불어와도, 소나무와 잣나무는 의연히 서있다.

【劲旅】jìnglǚ 書 名 ❶ 강한 군대. 정예 부대. ❷ (운동의) 강팀.

【劲松】jìngsōng 名 군센 소나무. ¶～苍翠cāngcuì | 소나무가 푸르고 싱싱하다.

1【进(進)】jìn 나아갈 진

❶ 動 나아가다. 전진하다. ¶～一步 | 한 걸음 전진가다. ¶向前～ | 앞으로 나아가다 ⇔[退①] ❷ 動 (바깥으로부터 안으로) 들다. ¶请～ | 들어오십시오. ¶～学校 | 학교에 들어가다 ⇔[出①] ❸ 動 받아들이다. 사들이다. 들여놓다. ¶～货↓ ¶商店刚～了一批货 | 상점에서는 막 한 무더기의 상품을 들여놓았다. ❹ 動 (축구·농구 등에서) 골인하다. ¶～了! | 골인! ¶这球没～ | 이 공은 골인이 아니다. ❺ 動 동사 뒤에 보어로 쓰여, 동사의 동작이 밖에서 안으로 행해짐을 나타냄. ¶走～会场 | 회의장으로 걸어 들어가다. ¶引～国外的新技术 | 외국의 신기술을 끌어 들이다. ❻ 量 ⓐ 채. 동. 줄지어 늘어선 가옥을 세는 말. ¶第三～房子是会议室 | 셋째 동 집이 회의실이다. ⓑ 채. 중국 구식 가옥의 「正房」「厢房」「院子」의 한 조(組)를 세는 말. ⓒ 가옥 사이의 정원을 세는 말. ¶两～院子 | 가운데 뜰 둘.

【进逼】jìnbī 動 ❶ (군대가) 앞으로 다가가다. ¶我军～日本军阵地 | 아군이 일본군 진지로 다가갔다. ❷ …을 향해서 나아가다.

【进兵】jìn/bīng 動 진군하다. 출병하다. ¶美国～伊拉克 | 미국이 이라크에 출병하다.

2【进步】jìnbù ❶ 名 動 진보(하다). ¶～快 | 진보가 빠르다 ⇔[退步①] ❷ 形 진보적이다. ¶～人士 | 진보적 인사. ¶～的思想 | 진보적 사상 ⇔[保bǎo守②]

【进餐】jìn/cān 書 動 식사를 하다. ¶一同～ | 함께 식사하다.

【进场】jìnchǎng 動 ❶ (옛날, 과거를 보기 위해) 시험장에 들어가다. ¶提前～ | 앞당겨 시험장에 들어가다. ❷ 입장하다. ❸ (비행기가 활주로에) 진입하다. ¶～灯 | 진입등. ¶～失败 | 진입 실패.

【进城】jìn/chéng 動 성 안에 들어가다. 시내에 들어가다. ¶我明天～买书 | 나는 내일 시내에 가서 책을 산다.

4【进程】jìnchéng 名 ❶ 수속. 절차. ❷ 행정(行程). 여정(旅程). 노정(路程). ❸ (사건·행위의) 경과. 진행 과정. ¶历史的～ | 역사의 발전 과정. ¶在改革开放的～中 | 개혁 개방의 진행 과정에서.

【进尺】jìnchǐ 名 〈鑛〉 (채굴·굴진 등의) 진척 속도. ¶掘进工作面的月～ | 굴진 작업의 월(月)진도. ¶钻机钻探的年～ | 보링 굴삭의 연(年) 진도.

【进出】jìnchū ❶ 動 출입하다. 드나들다. ¶他们都由这个门～ | 그들은 모두 이 문으로 드나든다. ❷ 名 수입과 지출. 수지(收支). ❸ 名 수출입(輸出入).

【进出口】jìnchūkǒu 名 ❶ 수출입(輸出入). ¶～业务 | 수출입 업무. ¶～公司 | 수출입 회사. ¶～贸易 | 수출입 무역. ¶～平衡 | 수출입 균형. ❷ 출입구.

【进德修业】jìn dé xiū yè 成 덕을 높이고 업을 쌓다. ¶青年人要～ | 청년들은 덕을 높이고 업을 쌓아야한다.

【进抵】jìndǐ 動 (군대가) 전진하여 …에 도달하다.

【进度】jìndù 名 ❶ 진도. ¶工程～加快了 | 공사의 진도가 빨라졌다. ❷ 진도 계획. ¶～表 | 진도(계획)표.

4【进而】jìn'ér 副 더욱 나아가. 진일보하여.

【进发】jìnfā 動 (차·배 또는 집단이) 출발[전진]하다. ¶列车向上海～ | 열차가 상해를 향하여 출발하다.

【进犯】jìnfàn 動 (적군이) 침범하다. (적군이) 침공하다. ¶打败～的日本军 | 침범해온 일본군을 무찔렀다.

【进港】jìn/gǎng 動 입항하다. ¶～费 | 입항세.

2【进攻】jìngōng ❶ 名 動 진공(하다). 진격(하다). 공격(하다). ¶大举～ | 대대적으로 공격하다. ¶～性武器 | 공격용 무기. ¶～姿势 | 공격 태세. ❷ 動 공세를 취하다.

【进宫】jìngōng 動 ❶ (옛날) 궁중에 들어가 조회에 참가하다＝[書 参cān朝] ❷ 궁중에 들어가다.

【进贡】jìn/gòng 動 공물(貢物)을 바치다. ¶～了不少丝绸 | 적지 않은 비단을 공물로 바쳤다.

2【进化】jìnhuà 名 動 진화(하다). ¶～的过程 | 진화의 과정. ¶～论＝[达尔文主义] | 진화론. ¶

～谱 | 계보수(系譜樹).
【进货】jìn/huò ❶動 상품을 사들이다. ¶～价格 | 구입가격. ❷動 입하(入荷)하다. 물품이 들어오다. ❸(jìnhuò) 名 입하품(入荷品).
【进击】jìnjī 動 진격하다. 공격하다. ¶～日本军 | 일본군을 향해 진격하다.
【进见】jìnjiàn 動 알현하다. 배알하다＝〔晋jìn见〕
【进谏】jìnjiàn 書動 간언을 올리다〔드리다〕. ¶他勇于～ | 그는 용감히 간언을 드린다.
【进京】jìn/jīng 動 입경(入京)하다. 상경(上京)하다＝〔晋jìn京〕
3【进军】jìnjūn 動 진군하다. ¶向东北～ | 동북쪽으로 진군하다. ¶～号 | 진군 나팔. ¶～令 | 진군 명령.
2【进口】jìn/kǒu ❶動 입항(入港)하다. ¶轮船～了 | 기선이 입항했다＝〔入港②〕〔入口②〕❷動 수입하다. ¶～报单 | 수입 신고서. ¶～货 | 수입품. ¶～商 | 수입상. ¶～税 | 수입세. ¶～限额 | 수입 쿼터(quota). ¶～许可证 | 수입 허가증. ¶～远期便利 | 수입 유전스(usance)＝〔入口③〕❸(jìnkǒu) 名 입구.
【进款】jìnkuǎn 名口 수입(收入).
1【进来】ⓐjìn/·lái 動 들어오다. ¶请～ | 들어오시오. ¶～了一个人 | 한 사람이 들어왔다⇔〔出去ⓐ〕
ⓑ/·jìn/·lái 동사 뒤에 쓰여 안으로 들어옴을 나타냄. ¶走～ | 걸어 들어오다. ¶搬～ | 옮겨 들여오다.
【进料】jìnliào 動〈工〉(원료·자재 등을) 공급하다. ¶从美国～, 在中国加工 | 미국에서 원자재를 가져와, 중국에서 가공한다.
【进门】jìn/mén 動 ❶문을 들어가다. ❷입문(入門)하다. ¶他终于～了 | 그는 결국 입문하였다. ❸시집가다.
4【进取】jìnqǔ 動 진취하다. ¶～心很强 | 진취심이 매우 강하다. ¶～的精神 | 진취적 정신.
1【进去】ⓐjìn/·qù 動 들어가다. ¶咱们～吧 | 들어갑시다.
ⓑ/·jìn/·qù 동사 뒤에 쓰여 안으로 들어감을 나타냄. ¶搬～ | 옮겨 들여가다. ¶听不～ | 귀에 들어오지 않다. ¶走～ | 걸어 들어가다.
2【进入】jìnrù 動 들어가다. 진입하다. ¶红军～西北 | 홍군이 서북에 진입하다. ¶～研究所 | 대학원에 입학하다.
【进深】jìn·shen 名 (뜰이나 건물의) 앞쪽에서 뒤까지의 길이. ¶房子倒不错, 可惜～太浅 | 방이 좋긴 좋지만 안타깝게도 길이가 너무 짧다.
【进食】jìnshí 動 식사를 하다. 밥을 먹다. ¶按时～是个好习惯 | 시간 맞추어 식사하는 것은 좋은 습관이다.
【进士】jìnshì 名 진사. ¶他祖父是前清～ | 그의 할아버지는 청대의 진사이셨다→〔科kē举〕
【进退】jìntuì 名 ❶진퇴. 전진과 후퇴. ¶～自如＝〔进退自由〕| 전진과 후퇴가 자유롭다. ❷나아가야 할 때 나아가고 물러나야 할 때 물러나는 것. ¶不知～ | 처신할 줄 모르다. ¶～出处 | 진퇴 출처.
【进退两难】jìn tuì liǎng nán 成 진퇴 양난. 진퇴유곡. ¶我现在是～, 不知怎么办才好 | 지금 나는 진퇴 양난이어서, 어떻게 해야 좋을지 모르겠다＝〔进退维谷〕
【进退失据】jìn tuì shī jù 成 진퇴함에 의거할 바를 잃다. 오도 가도 못하다.
【进退首鼠】jìn tuì shǒu shǔ 成 전진할 것인지, 후퇴할 것인지 입장을 정하지 못하다.
【进退维谷】jìn tuì wéi gǔ ⇒〔进退两难〕
【进退无门】jìn tuì wú mén 成 전진·후퇴 모두 길이 없다＝〔进退无路〕
【进退自如】jìn tuì zì rú 成 자유자재로 나아갔다가 물러났다가 하다. ¶他灵活处事, ～ | 그는 민첩하게 일을 처리하며, 자유자재로 나아갔다 물러났다 한다.
【进位】jìn/wèi ❶動〈數〉자릿수를 올리다. ❷名〈電算〉자리올림. 캐리(carry).
【进香】jìn/xiāng 動 (불교도나 도교도가) 참배하다. ¶～团 | 참배단.
【进项(儿)】jìn·xiang(r) 名 수입. ¶他近来～很不错 | 그는 요즘 수입이 아주 좋다＝〔得dé项〕
1【进行】jìnxíng 動 ❶진행하다. (어떠한 활동을) 하다. ¶～侵略 | 침략하다. ¶～抵抗 | 저항하다. ¶～讨论 | 토론을 진행하다. ¶～教育和批评 | 교육과 비평을 행하다. ¶将革命～到底 | 혁명을 끝까지 진행하다. ¶手术～了八个小时 | 여덟 시간이나 수술하였다. 어법 ㉠ 지속적이면서 정식적인 엄숙한 행위에 쓰이고, 일시적이고 일상적인 행위에는 쓰이지 않음. 즉,「进行午睡」라든가「进行呐喊」이라고는 쓰지 않음. ㉡ 뒤에 오는 행위를 나타내는 말은 2음절임. ❷행진하다. 전진하다.
【进行曲】jìnxíngqǔ 名 행진곡.
2【进修】jìnxiū 動 연수하다. 능력을 향상시키다. ¶出国～人员 | 외국에 가서 연수하는 사람. ¶～生 | 연수생. ¶～班 | 연수반. 능력 향상반.
【进言】jìn/yán 動 敬 진언하다. 말씀을 올리다. ¶向您进一言 | 당신께 한 말씀 올리겠습니다. ¶大胆～ | 대담하게 진언하다
【进谒】jìnyè 動 札 찾아 뵙다. 알현하다. ¶～您的老太爷 | 당신의 춘부장을 찾아 뵙다.
2【进一步】jìn yī bù 副組 진일보하다. 한 걸음 나아가다. ¶～实现农业机械化 | 한 걸음 나아가 농업의 기계화를 실현하다.
【进益】jìnyì 書名 학식과 품행의 진보.
4【进展】jìnzhǎn 名動 진전(하다). ¶～神速 | 진전이 무척이나 빠르다. ¶有～ | 진전이 있다. ¶谈判毫无～ | 담판에 조금도 진전이 없다.
【进占】jìnzhàn 動 진격하여 점령하다. ¶军人～了学校 | 군인이 학교를 점령하다.
【进站】jìn/zhàn 動 (차량 등이) 정류소로 들어가다. ¶列车～了 | 열차가 역으로 들어갔다.
【进驻】jìnzhù 動 (군대가) 진주하다. ¶美军部队已～该市 | 미군부대가 이미 그 시에 진주했다. ¶～军 | 진주군.

【妗】jìn 외숙모 금

(～子) 名 ❶ 외숙모＝〔方 妗母〕〔舅jiù

母] ❷ 처남의 아내. 처남 댁. ¶大~子 | 손위 처남 댁.
【妗母】jìnmǔ 名 方 외숙모.
【妗子】jìn·zi 名 ❶ 口 외숙모. ❷ 처남댁. 처남의 아내. ¶大~ | 큰 처남댁.
1【近】jìn 가까울 근 ❶ 形 (거리가) 가깝다. ¶邮政局离家很~ | 우체국은 집에서 매우 가깝다 ⇔[远①] ❷ (현재를 기준으로) 시간적으로 가깝다. ¶~百年史 | 근백년사. ¶~几天 | 요며칠 ⇔[远②] ❸ 形 친하다. (관계가) 깊다. ¶亲~ | 친하다. ¶~如父母 | 부모처럼 가깝다. ❹ 動 접근하다. ¶年~七十 | 나이가 일흔 가깝다. ¶~前看看 | 가까이 가서 좀 보다. ❺ 形 비근(卑近)하다. ¶言~旨远 | 말은 비근해도 뜻은 심원하다. ❻ 맞다. ¶~情↓ ❼ 形 비슷하다. 유사하다. ¶这两个字义相~ | 이 두 글자는 뜻이 서로 비슷하다.
【近安】jìn'ān 札 근래의 평안. ¶顺颂~ | 아울러 귀체 평안하신지 문안드립니다.
【近便】jìn·bian 形 (길이) 가깝고 편리하다. 가깝다. ¶从小路走要~一些 | 오솔길로 가는 게 가깝고 편리하다.
【近处】jìnchù 名 가까운 곳. 근처. ¶~没有学校 | 근처에는 학교가 없다.
3【近代】jìndài 名 근대. 근세. ¶~史 | 근대사. ¶~五项 | 〈體〉 근대 오종 경기.
【近道】jìndào 名 가까운 길. 지름길. ¶抄~走 | 지름길로 가다.
【近东】Jìndōng 名 〈地〉 근동. 서아시아. ¶~各国 | 근동 각국.
【近古】jìngǔ 名 근고(시기). ¶~历史, 我不太了解 | 근고시기의 역사를 나는 그다지 잘 모른다.
【近海】jìnhǎi 名 근해. ¶~航行 | 근해 항행. ¶~渔业 | 근해 어업. ¶利用~养殖海带hǎidài | 근해를 이용하여 미역을 양식하다.
【近乎】jìn·hu ❶ …에 가깝다. ¶~天真的表情 | 천진스러운 표정. ¶~嫉妒的脸色 | 질투에 가까운 안색. ¶~野蛮yěmán | 야만에 가깝다. ❷ 形 가깝다. 친근하다. ¶他说话多~ | 그가 말하는 게 얼마나 친근한가. ❸ (~儿) 名 方 (관계의) 친밀함. ¶套~＝[拉近乎] | (잘 모르면서도) 친한 체하다.
【近郊】jìnjiāo 名 근교. ¶上海~ | 상해 근교
【近景】jìnjǐng 名 ❶ 근경. 가까운 경치. ¶看~不如看远景 | 가까운 경치를 보는 것은 먼 경치를 보는 것만 못하다. ❷ 〈撮〉 클로즈 업(close up) →[远景③] ❸ 현재의 상황[상태].
【近距离】jìnjùlí 名 근거리. ¶~投篮tóulán | 〈體〉 (농구의) 근거리 슛.
【近看】jìnkàn 動 가까이서 보다. ¶~是灰色 | 가까이서 보면 회색이다.
【近况】jìnkuàng 名 근황. ¶~如何? | 근황이 어떠니?
2【近来】jìnlái 名 근래. 요즘. ¶他~工作很忙 | 그는 근래 일이 매우 바쁘다 ＝[近日]
【近邻】jìnlín 名 근린. 가까운 이웃. ¶远亲不如~ | 먼 친척이 가까운 이웃보다 못하다.
【近路】jìnlù 名 지름길. 가까운 길. ¶走~ | 지름길로 가다 →[抄chāo道(儿)①]
4【近年】jìnnián 名 근년. ¶~来 | 근년들어.
【近旁】jìnpáng 名 근방. 부근. 근처. ¶住在车站~ | 역 부근에 살다.
4【近期】jìnqī 名 ❶ 〈商〉 단기. ❷ 가까운 기일[장래]. ¶~内无大雨 | 가까운 기일 안에는 큰 비가 없을 것이다.
【近前】jìnqián 名 方 ❶ 부근 ＝[附fù近] ❷ 곁. 신변 ＝[跟前 a]
【近亲】jìnqīn 名 근친. 가까운 친척. ¶他在釜山没有~, 只有一个堂叔 | 그는 부산에 가까운 친척이 없고, 단지 당숙이 한 분 계신다.
【近情】jìnqíng ❶ 形 정리(情理)에 맞는. ❷ 名 근황 ＝[近况]
【近人】jìnrén 名 ❶ 근대 또는 현대의 사람. ❷ 가까운 사람. ¶身边一个~也没有 | 신변에 가까운 사람이 하나도 없다.
【近日】jìnrì 名 근일. 근래. ¶~开业 | 근일 개업 ＝[近来]
【近日点】jìnrìdiǎn 名 〈天〉 근일점. ¶观察~震动 | 근일점 진동을 관찰하다.
【近世】jìnshì 名 근세. ¶他研究~中国语 | 그는 근세 중국어를 연구한다.
4【近视】jìn·shi ❶ 名 근시. ¶眼睛有一点儿~ | 눈이 약간 근시이다. ❷ 形 喩 근시안적이다. 안목이 좁다. ¶这种观点未免太~了 | 이런 관점은 대단히 근시안적이다.
【近水楼台】jìn shuǐ lóu tái 成 물가에 있는 누대에 제일 먼저 달빛이 비친다. 가장 가까이 있는 사람이 가장 먼저 기회를 [이득을] 얻는다 [「近水楼台先得月」의 약칭]
【近水知鱼性, 近山识鸟音】jìn shuǐ zhī yúxìng, jìn shān shí niǎoyīn 諺 물 가까이 있으면 물고기의 성질을 알고, 산 가까이 있으면 새소리를 안다. 사람의 경험과 지식은 환경으로부터 얻는다.
4【近似】jìnsì 動 근사하다. 비슷하다. ¶颇为~ | 꽤 비슷하다. ¶~计算 | 근사치 계산.
【近似值】jìnsìzhí 名 근사값. 근사치.
【近体(诗)】jìntǐ(shī) 名 〈文〉 근체시 [당대(唐代)에 형성된 율시와 절구의 통칭] →[今体(诗)]
【近卫军】jìnwèijūn 名 근위군 ＝[禁jìn(卫)军]
【近因】jìnyīn 名 가까운 원인. 직접적 원인 ¶找出~ | 직접적 원인을 찾아내다 →[远yuǎn因]
【近于】jìnyú ❶ …에 가깝다 [주로 추상적인 것에 쓰임] ¶~荒唐 | 황당무계함에 가깝다. ¶~人情 | 인정에 부합되다. ❷ 거의. 대다수가. ¶这种戏~失传 | 이런 연극은 거의 전해지지 않는다.
【近悦远来】jìn yuè yuǎn lái 成 인근 사람은 은택을 받아 기뻐하고, 먼 데 사람들도 흠모하여 모여 들다. 모든 사람이 우러러 따르다.
【近战】jìnzhàn 名 〈軍〉 근접전(近接戰). ¶我军长于~ | 아군은 근접전에 뛰어나다.
【近朱者赤, 近墨者黑】jìn zhū zhě chì, jìn mò zhě hēi 成 주사(朱砂)에 가까이 있는 사람은 붉게 물이 들고, 먹에 가까이 있는 사람은 검게 된다.

사람은 환경에 의해 크게 영향을 받는다. ¶～, ～, 所以要多交好朋友, 少交坏朋友 | 사람은 환경에 영향을 받기 때문에, 좋은 친구를 많이 사귀고, 나쁜 친구를 사귀지 말아야 한다 =〔近朱近墨〕

【靳】jìn 가슴걸이 근, 아낄 근 ❶書動 아까워하다. 인색하다. ¶～而不与 | 인색하여 주지 않다. ❷書動 (남을) 비웃다. 욕(辱)보이다. ❸ (Jìn) 名 성(姓).

3【浸〈濅1, 2, 3〉】jìn 잠글 침, 젖을 침 ❶動 (물에) 담그다. 잠그다. ¶把种子放在开水里～一～ | 씨앗을 끓는 물에 담그다. ¶～软↓ ❷動 젖어들다. 스며들다. 배다. ¶衣服让汗～湿了 | 옷에 땀이 흠뻑 베었다. ❸書副 점점. 점차로. ¶同学爱～厚 | 급우애가 점점 두터워지다.

【浸沉】jìnchén 動 빠지다. ¶～在喜悦之中 | 기쁨에 빠지다 =〔沉浸〕

【浸膏】jìngāo 名〈藥〉엑스트랙트(extract)

【浸剂】jìnjì 名〈藥〉침제.

【浸泡】jìnpào 動 (물 속에) 담그다. ¶～棉籽 | 목화씨를 물에 담그다. ¶把稻种～水中 | 벼 종자를 물속에 담그다.

【浸染】jìnrǎn 動 ❶ 점차 물들다. 차츰 감염되다. 서서히 전염되다. ¶～了恶习 | 차츰 나쁜 습관에 물들었다. ❷ 적시다. 스며들다. ¶雨丝很细很均匀地～大地 | 빗줄기가 대지를 촉촉히 적셨다 ‖ =〔書浸濡rú〕

【浸软】jìnruǎn 動 (물 등에) 담가서 부드럽게 하다.

【浸润】jìnrùn ⊗ qīnrùn) ❶動 침윤하다. 차츰 스며〔배어〕들다. ❷書動 참소의 말이 점차 먹혀들다. ¶～之谮 | 침윤지참. 차차 젖어서 퍼지는 것과 같이 조금씩 오래 두고 하는 참소의 말. ❸名 액체와 고체가 접촉할 때에 액체가 고체의 표면에 부착되는 현상. ❹名〈醫〉침윤. ¶肺～ | 폐침윤.

【浸湿】jìnshī 動 축축해지다. ¶背包给雪～了 | 배낭이 눈에 축축해졌다.

【浸水】jìnshuǐ 動 침수하다. 물이 스며들다.

【浸透】jìntòu 動 ❶ (흠뻑) 적시다. ¶被雨水～了 | 빗물에 흠뻑 젖었다. ❷ (속속들이) 배다. 스미다. 침투하다. ¶汗水～了衬衫chènshān | 땀이 셔츠에 배어 들었다. ❸ (사상·감정 등을) 그득 포함하다. 가득 차다.

【浸淫】jìnyín ⊗ qīnyín) 書動 점점 스며들다. 점점 깊이 빠져들다. ¶受西方文化之～ | 서양 문화의 침투를 받다.

【浸种】jìn/zhǒng〈農〉❶動 침종하다. ❷ (jìnzhǒng) 名 침종. ¶温水～ =〔温汤浸种〕| 온수 침종.

【浸渍】jìnzì 動 ❶ 담그다〔적시다〕. ❷ (물 등에) 불리다.

【祲(祲)】jìn 햇무리 침, 요기 침 書名 상서롭지 못한 기운. 요기(妖氣).

4【晋〈晉〉】Jìn 진나라 진, 나아갈 진 ❶名〈史〉진. 주대(周代)의 나라 이름 [현재의 산서성(山西省) 및 하북성(河北省)의 남부일대] ❷名〈史〉진. 사마염(司馬炎)이 세운 왕조. ❸名簡〈地〉「山西省」(산서성)의 다른 이름. ❹ (jìn) 書動 나아가다. 전진하다. ¶～级↓ ¶加官～爵 | 벼슬·작위가 오르다. ¶～京 | 상경하다. ❺名 성(姓).

【晋封】jìnfēng 名 청대(淸代)의 제도로, 관리의 증조부모·조부모·부모·처 등 살아있는 사람에게 봉전(封典)을 내리는 것.

【晋级】jìn/jí 動 진급하다. 승급하다. ¶立了大功才得以～ | 큰 공을 세워 진급하다.

【晋见】jìnjiàn 書動 뵈옵다. 알현하다. ¶～部长大人 | 부장 어른을 알현하다 =〔进jìn见〕

【晋剧】jìnjù 名 진극 [산서(山西) 지방의 중국 전통극] =〔中路梆子〕

4【晋升】jìnshēng 書名 승진하다〔시키다〕. ¶每两年～一次 | 이년에 한 번씩 승진시킨다.

【晋谒】jìnyè 書動 진현하다. 알현하다. ¶他～了总统金泳三 | 그는 김영삼 대통령을 알현했다.

【晋职】jìn/zhí 書動 승진하다.

【搢〈搢〉】jìn 꽂을 진 書動 꽂다. 끼워 넣다.

【搢绅】jìnshēn 書名 진신. 벼슬아치의 총칭. 관리 또는 퇴관한 사람. 청대(淸代)의 세습 관리.

【缙(縉)】jìn 분홍빛 진 ❶書名 붉은 비단. ¶～绅↓ ❷ 지명에 쓰이는 글자. ¶～云 | 절강성(浙江省)에 있는 현(縣) 이름]

【缙绅】jìnshēn ⇒〔搢jìn绅〕

2【禁】jìn jīn 금할 금, 금령 금

Ⓐ jìn ❶動 금지하다. ¶～赌 | 도박을 금지하다. ❷動 구금(拘禁)〔감금〕하다 =〔监jiān禁〕〔囚qiú禁〕 ❸動 기피하다. 꺼리다 =〔禁忌①〕 ❹名 금지령. 법령 [법률·습관 등으로 금지된 일] ¶犯～ | 금령(禁令)을 어기다. ❺書名 궁궐. 궁중 =〔禁宫〕〔禁中〕〔宫禁〕

Ⓑ jīn ❶動 견디다. 지탱하다. (임무를) 감당해 내다. ¶～得起考验 | 시련을 견뎌내다. ¶墙～烧 | 벽은 불연성이다. ❷ 참다. ¶她不～笑起来 | 그녀는 참을 수가 없어서 웃음을 터뜨렸다. ¶失～ | 실금하다.

Ⓐ jìn

【禁暴诛乱】jìn bào zhū luàn 成 폭행을 금지하고 반란자를 죽이다 =〔禁暴静jìng乱〕

【禁闭】jìnbì 名動 감금(하다). 금족(禁足)(하다). ¶关～ | 감금하다. ¶坐～ | 감옥살이하다.

【禁城】jìnchéng 名 궁성(宮城). 황궁의 성벽. 왕궁. ¶北京的紫～ | 북경의 자금성.

【禁地】jìndì 名 통행 금지 구역.

【禁锢】jìngù ❶動 옛날, 금고하다. 허물이 있어 벼슬을 못하게 하다. ❷名動〈法〉감금(하다). 금고(하다). ❸動 속박하다. ¶用封建礼教把妇女～起来 | 봉건예교로 부녀자들을 속박하다.

【禁火】jìnhuǒ ⇒〔寒hán食(节)〕

【禁忌】jìnjì ❶動 꺼리다. 기피하다. ¶～辛辣油腻yóunì | 맵고 기름진 것을 기피하다. ¶百无～ | 成 아무 것도 꺼리지 않다 =〔戒忌①〕 ❷名 금

기. 터부(taboo). ❸ 名〈醫〉금기.
【禁戒】jìnjiè 動 ❶ (기호를) 끊다. ❷ (음식·육식을) 끊다. ❸ 명령하여 금지하다.
【禁绝】jìnjué 動 철저히 금지하다. 금지되어 없어지다. ¶应当~一切空话 | 모든 빈말을 마땅히 금지해야 한다.
【禁军】jìnjūn ⇒〔禁卫军〕
【禁例】jìnlì 名 금지 조항. ¶他违反了~ | 그는 금지 조항을 위반하였다.
【禁猎】jìnliè 動 사냥을 금하다. ¶~期 | 사냥을 금지하는 시기. 금렵기. ¶~区 | 수렵 금지 지구.
【禁令】jìnlìng 名 금령. ¶不得违反~ | 금령을 어기지 않다.
【禁律】jìnlǜ 書 名 금지령.
【禁脔】jìnluán 名 ❶ 임금이 드는 상등(上等)의 저민 고기. ❷ 喩 남이 손댈 수 없는 것. 독점물. ¶视为~ | 독점물로 생각하다.
4【禁区】jìnqū 名 ❶ 금지 구역. (군사 시설이나 야생 동식물 등의) 보호구역. ¶他不小心闯入了~ | 그는 조심하지 않아 금지 구역에 들어가 버렸다. ❷ 성역(聖域). ❸〈漢醫〉금침혈(禁針穴). 금구혈(禁灸穴). ❹〈體〉(페널티에어리어 등의) 제한 구역.
【禁若寒蝉】jìn ruò hán chán ⇒〔噤jìn若寒蝉〕
【禁食】jìnshí 名 動 금식(하다). 단식(하다).
【禁售】jìnshòu 名 動 발매〔판매〕금지(하다).
【禁书】jìnshū 名 금서. ¶为~ | 금서가 되다.
【禁卫军】jìnwèijūn 名 금위군 =〔簡 禁军〕〔近卫军〕
【禁烟】jìnyān ❶ 名 금연. 담배〔아편〕의 금지 ¶车厢内~ | 객실내 금연 →〔戒jiè烟〕❷ ⇒〔寒hán食(节)〕
【禁夜】jìnyè 名 야간 통행 금지.
【禁鱼】jìnyú 名 어로 금지. ¶~区 | 어로 금지 구역. ¶~期 | 어로 금지 기간.
【禁欲】jìnyù 名 動 금욕(하다). ¶~主义 | 금욕주의.
【禁苑】jìnyuàn 名 금원. 어원(御苑).
2【禁止】jìnzhǐ 名 動 금지(하다). ¶~吸烟 | 흡연 금지. ¶~停车 | 주차 금지. ¶~摄影shèyǐng | 촬영 금지.
【禁制品】jìnzhìpǐn 名 금지 물품. ¶枪支是~, 个人不得私藏或携带xiédài | 총기는 금지 물품이어서, 개인적으로 가질 수도 없고 휴대할 수도 없다 =〔禁货huò〕
【禁子】jìn·zi 名 (옛날의) 간수. 옥사장이 =〔禁卒〕
【禁卒】jìnzú ⇒〔禁子〕
【禁阻】jìnzǔ 動 금지〔저지〕하다.
Ⓑ jīn
【禁不起】jīn ·bu qǐ 動組 (주로 사람이) 이겨내지 못하다. ¶~考验 | 시련을 이겨내지 못하다 ⇔〔禁得起〕
【禁不住】jīn ·bu zhù 動組 ❶ 이겨내지 못하다. 견디지 못하다. ¶小张你怎么这样~批评? | 장군 자네는 어떻게 이렇게도 비판을 견디지 못하는가? ¶~风吹雨打 | 세상의 시련을 이겨내지 못하다. ❷ 참지 못하다. …하지 않을 수 없다. ¶~笑了起来 | 참지 못하고 웃어대기 시작했다.
【禁得起】jīn ·de qǐ 動組 (주로 사람이) 이겨낼 수 있다. ¶他~别人胡吹乱打 | 그는 남이 마구 씹어대는 것을 이겨낼 수가 있다.
【禁受】jīnshòu 動 참다. 이겨내다. 견디다. ¶~考验 | 시련을 이겨내다. ¶~疼痛 | 고통을 참다 =〔忍受〕

【噤】jìn 입다물 금
❶ 書 動 입을 다물다. 침묵을 지키다. ¶~声↓ ❷ 추위로 몸을 떨다. 몸서리치다. ¶寒~ | 추위로 몸을 떨다.
【噤口】jìnkǒu 動 입을 다물다. ¶~无言 | 입을 다물고 말을 않다.
【噤口痢】jìnkǒulì 名〈漢醫〉금구리. ¶~子不见午 | 금구리에 걸리면 자시(子時)에도 오시(午時)의 일을 알 수 없다.
【噤若寒蝉】jìn ruò hán chán 成 늦가을의 매미처럼 아무 소리를 내지 못하다. 감히 말을 못하다. ¶他在长官面前~ | 그는 장관의 면전에서는 감히 말을 못한다 =〔禁jìn若寒蝉〕〔寒蝉仗马〕〔仗zhàng马寒蝉〕
【噤声】jìnshēng 動 입을 다물고 소리를 내지 않다.

【觐(覲)】jìn 뵐 근
書 動 배알(拜謁)하다. (성지에) 참배하다. ¶入~ | 궁궐에 들어가 임금을 배알하다 =〔觐见〕〔朝觐〕

jīng ㄐㄧㄥ

【泾(涇)】Jīng 물이름 경
名〈地〉❶ 경하(涇河) [감숙성(甘肅省)에서 발원하여, 섬서성(陝西省)으로 흐르는 강] ❷ 경현(涇縣) [안휘성(安徽省)에 있는 현 이름]
【泾渭】Jīng Wèi 名 ❶〈地〉경수와 위수 [모두 섬서성(陝西省)에 있는데 위수(渭水)는 탁하고 경수(涇水)는 맑음] ❷ (jīngwèi) 轉 맑음과 흐림. 시(是)와 비(非).
【泾渭不分】jīng wèi bù fēn 成 선악(善惡)이나 시비(是非)의 구별이 확실치 않다 ⇔〔泾渭分明〕
【泾渭分明】jīng wèi fēn míng 成 시비나 선악의 구별이 뚜렷하고 분명하다. ¶这个人是非善恶, ~ | 이사람은 시비선악의 구별이 뚜렷하고 분명하다 ⇔〔泾渭不分〕

4【茎(莖)】jīng 줄기 경
❶ 名 식물의 줄기. ¶地上~ | 땅위의 줄기. ❷ 書 量 줄기. 가닥 [길고 가는 것을 세는 양사] ¶数~小草 | 몇 포기의 작은 풀. ¶数~白发 | 몇 가닥의 흰 머리칼.
【茎秆】jīngǎn 名 (벼·보리 등의) 줄기.

1【经(經)】jīng jìng 날 경, 지경 경
Ⓐ jīng ❶ 書 動 경과하다. 지나다. 통과하다. ¶二十七次列车~天津开往延边 | 27열차는 천진을 지나 연변으로 간다. ¶途~南京 | 남경을 경유하다. ❷ 書 動 연동식(連動式)의 제일동사(第一動詞)로 쓰여, (과정·수속 등을) 거쳐서. …에

의하여. ¶～人翻译｜남의 번역에 의하여. ¶计划已～上级批准执行｜계획은 이미 상급기관의 비준을 거쳐 집행되었다. ❸動 경험하다. 체험하다. 겪다. ¶～了不少大事｜적지 않은 큰 일을 겪었다. ¶身～百战｜몸소 많은 전쟁을 경험하다. ❹動 버티다. 견디다. 어법「住」「起」등의 보어와 함께 쓰임. ¶～住了考验｜시련을 견디다. ¶这个布料～不住洗｜이 옷감은 빨 수 없다. ❺動 경영하다. 다스리다. 관리하다. ¶～商｜장사하다. ❻書動 경계를 짓다. 재다. ❼書動 목 매달다. 목 매달아 죽다. ¶～其颈于树枝｜나뭇가지에 목 매달았다《史記·田單列傳》❽俗 (종류나 내용이) 같다. ¶我是和人两～｜나는 다른 사람들과 다르다. ❾舊 jìng) 名〈紡〉직물의 날실⇔〔纬wěi①〕 ❿名〈地〉경도(經度). 경선(經線). ¶北京市在东～一百一十六度｜북경시는 동경 116도에 있다. ⓫名 경. ⓐ 경서(經書). 성현(聖賢)이 지은 불변의 이치를 기술한 책. ¶诗～｜시경. ¶书～｜서경. ⓑ 종교의 교리를 적은 책. ¶佛～｜불경. ¶圣～｜성경. ⓒ 한 가지 일 또는 한 가지 기예를 기술한 책. ¶山海～｜산해경. ¶黄帝内～｜황제내경. ⓬名〈漢醫〉인체내의 기혈(氣血)이 순행하는 길. ⓭名 월경(月經). ¶行～｜월경하다. ¶～血不调｜생리불순. ⓮名 원칙. 상도(常道). ¶夫礼,天之～也｜무릇 예는 영원불변한 하늘의 도리이다. ⓯「京」과 통용⇒〔京jīng② ⓐ〕 ⓰(Jīng) 名 성(姓).

Ⓑ jìng 動〈紡〉날실을 (방직기에) 걸다. ¶～纱｜날실(을 걸다).

【经办】jīngbàn 動 (상품 등을) 취급하다. 처리하다. ¶～人｜수탁인(受託人). 제작 청부인.

【经邦济世】jīngbāng jìshì 成 나라를 다스리고 세상을 구하다. ¶他自以为有～之才｜그는 스스로가 나라를 다스리고 세상을 구하는 인재라고 여기다.

【经闭】jīngbì 名〈醫〉무월경(無月經).

【经不起】jīng·bu qǐ 動組 견디어 내지 못하다. 이겨내지 못하다. ¶～压力｜압력을 이겨내지 못하다＝〔禁不起〕⇔〔经得起〕

【经不住】jīng·bu zhù 動組 이겨〔견디어〕 내지 못하다. ¶他～小王的恳求, 就答应了｜그는 왕군의 간청을 견디지 못하고 대답하였다. ¶～考验｜시련을 이겨 내지 못하다⇔〔经得住〕

[1]【经常】jīngcháng ❶副 늘. 항상. 언제나. ❷形 보통이다. 정상적이다. ¶这样作法倒不～｜이러한 방법은 오히려 일상적인 것이 아니다. ❸名 일상. 평상.

【经幢】jīngchuáng 名〈佛〉불호(佛號)나 경문(經文)을 새긴 돌기둥.

[4]【经典】jīngdiǎn 名 ❶ 경전. 고전(古典). ¶博览～｜경전을 두루 섭렵하다. ¶儒家～｜유가의 경전. ❷〈宗〉(종교의 교리를 설파하는) 경전. ¶佛教～｜불교 경전. 불경. ❸ 사상·행동의 표준이 되는 권위있는 저작 [현대 중국에서는 마르크스·레닌·모택동의 저서를 일컬음]

【经度】jīngdù 名〈地〉경도→〔纬wěi度〕

[3]【经费】jīngfèi 名 (기관·학교 등의) 경비. ¶活动～还没有着落zhuóluò｜활동 경비는 아직 나올 곳이 없다.

【经风雨, 见世面】jīng fēng yǔ, jiàn shì miàn 成 시련을 겪어 세상 물정을 알다. ¶青年人要～, ～｜젊은 사람은 시련을 겪어 세상 물정을 알아야 한다.

【经管】jīngguǎn ❶動 관리하다. 취급하다. ¶由～人签字盖章｜담당자가 서명 날인하다. ❷名簡 경영과 관리.

【经国济民】jīng guó jì mín 成 나라를 잘 다스리고 국민의 복리를 증진시키다. ¶读书是为了学习～的本领｜독서는 경국제민의 기량을 공부하기 위한 것이다.

[1]【经过】jīngguò ❶動 (장소·시간·동작 등을) 경과하다. 거치다. ¶～三十分钟就结束了｜30분이 경과하여 끝났다. ❷動 경험〔체험〕하다. ¶事非～不知难｜일이란 경험해 보지 않으면 그 어려움을 알 수 없다. ❸名 과정. 경력. ¶厂长向来宾报告建厂～｜공장장은 내빈에게 공장의 건설 과정을 보고했다.

【经互会】Jīnghùhuì 名簡「经济互助委员会」(경제 상호 원조 회의, 코메콘(COMECON))의 약칭.

【经籍】jīngjí ❶⇒〔经书〕❷書名 옛날서적의 총칭.

【经纪】jīngjì ❶動 (기업을) 계획·관리하다. 경영하다. ¶不善～｜경영을 잘 하지 못하다. ❷⇒〔经纪人①〕 ❸書動 (집안을) 꾸리다. ¶～其家｜그 집안을 꾸려나가다.

【经纪人】jīngjìrén 名 ❶ 중매인. 거간꾼. 브로커 [「市侩」「市牙」「牙侩」「牙人」「牙子」등도 비슷한 의미지만,「经纪人」보다는 악덕·저급의 의미가 강함] ¶股票～｜증권 브로커＝〔经纪②〕〔粵 经纪佬〕〔吳 掮qián客〕 ❷ 중개 상인. 매매 대리인.

[1]【经济】jīngjì ❶名〈經〉경제. ¶～法｜경제법. ¶～地理学｜경제 지리학. ¶～绝交｜경제적 단절. ❷名 국민 경제에 유익하거나 해로운 영향을 끼치는 것. ❸名 살림살이. 개인 생활 형편〔비용〕. ¶算～帐｜경제적인 이득을 따져 보다. ❹形 (인력·물자·시간 등이) 적게 들다. 경제적이다. ¶～席｜(비행기의) 2등석. ❺名簡「经国济民」(경국제민)의 약칭.

【经济核算】jīngjì hésuàn 名組 경제 계산. ¶～制｜경제 계산제〔독립 채산제〕.

【经济开发区】jīngjì kāifāqū 名組〈經〉경제 개발구. 경제 개발 지역(단지).

【经济恐慌】jīngjì kǒnghuāng 名組〈經〉경제 공황. ¶美国又发生了～｜미국은 또 경제 공황이 발생했다＝〔经济危机wēijī〕

【经济联合体】jīngjì liánhétǐ 名組 경제 연합체. 경제연합조직 [중국의 경제 개혁 중 발생한 각종 경제 연합 조직의 통칭(通稱)]

【经济林】jīngjìlín 名〈林〉경제림.

【经济师】jīngjìshī 名 경제사 [중국 경제 전문 간부 직계명]

【经济特区】jīngjì tèqū 名組 경제 특구. 자유 무역 지구. ¶中国搞了不少～｜중국은 많은 경제특구를 설정했다＝〔特区〕

【经济危机】jīngjì wēijī ⇒〔经济恐kǒng慌〕
【经济学】jīngjìxué 名 ❶ 경제학. ❷ 簡「政治经济学」(정치 경제학)의 약칭.
【经济作物】jīngjì zuòwù 名組〈經〉특용 작물. 공예 작물 =〔技术作物〕
【经久】jīngjiǔ 動 ❶ 오랜 시간을 경과하다. ¶ ~不息 | 慣 그칠 줄 모르다. 오래도록 계속되다. ❷ 오래 가다〔지속되다〕. ¶ ~耐用 | 오래 쓰다.
【经卷】jīngjuàn 名 두루마리 혹은 표장(表裝)하여 말아놓은 불경(佛經). ¶ 亲自缮shàn写~ | 직접 두루말이 불경을 필사하다.
²【经理】jīnglǐ ❶ 動 경영 관리〔처리〕하다. ¶ 他很会~事业 | 그는 사업 경영을 아주 잘한다. ❷ 名 기업의 책임자. 지배인. ¶ 总~ | 총지배인. 사장. ¶ 副~ | 부지배인. 부사장. ❸ ⇒〔代dài理商〕
²【经历】jīnglì ❶ 動 겪다. 경험〔체험〕하다. 경과하다. ¶ ~过风浪 | 갖은 풍랑을 겪었다 =〔经见〕 ❷ 名 경력. 경험. 내력. 경위. ¶ 他这人~多, 见识广 | 그 양반은 경험도 많고 식견도 넓다.
【经略】jīnglüè 書 ❶ 動 (정치적·군사적으로) 계획하고 운영하다. ❷ 名 경략사. 옛날, 변경에 둔 군사상의 장관 =〔经略使shǐ〕
【经纶】jīnglún 書 名 잘 다듬은 누에실. 喻 정치적인 식견. 경륜. ¶ 满腹~ | 慣 풍부한 경륜.
【经络】jīngluò 名〈漢醫〉경락. ¶ ~不畅 | 경락이 막히다.
【经脉】jīngmài 名〈漢醫〉경맥.
【经期】jīngqī 名〈生理〉월경 기일.
【经纱】jīngshā〈紡〉❶ 名 날줄 ⇔〔纬wěi纱〕 ❷ 動 날줄을 조정하다.
⁴【经商】jīng/shāng 動 장사하다. ¶ 我师弟终于弃学~ | 나의 후배는 결국 공부를 그만두고 장사를 한다.
【经师】jīngshī ❶ 書 名 경학(經學)에 통달한 학자. 경서(經書)를 가르치는 스승. ❷ 名 경전을 베끼는 것을 직업으로 삼는 사람. ❸ 名 표구사(表具師). ❹ 動 스승한테 배우다.
【经史子集】jīng shǐ zǐ jí 名組 경·사·자·집 [한적(漢籍)의 전통적 분류법으로 경서(經書)·역사서(歷史書)·제자(諸子)·시문집(詩文集)을 일컬음]
【经事】jīng/shì 動 일을 경험하다. ¶ 他~不多, 所以还不老练 | 그는 경험이 적어 아직도 노련하지 못하다.
【经手】jīng/shǒu 動 다루다〔취급하다〕. 손을 거치다. 중매(仲買)하다. ¶ ~费 | 수수료. 중개료. ¶ ~人 | 취급인. ¶ ~商 | 중매상. 브로커.
⁴【经受】jīngshòu 動 (시련 등을) 겪다. 경험하다. 견디다. ¶ 怎么能~得起呢 | 어떻게 견뎌낼 수 있을까 =〔承chéng受〕〔禁jìn受〕
【经售】jīngshòu 動 중개 판매하다. 위탁 판매하다. ¶ 总~处为此间大华公司 | 총 위탁 판매소는 이곳의 대화 공사이다 =〔经销xiāo〕
【经书】jīngshū 名 경서. 유가(儒家)의 경전(經傳) =〔经籍jí①〕
【经天纬地】jīng tiān wěi dì 慣 천하를 다스리다. 재능이 대단히 뛰어나다.
【经痛】jīngtòng ⇒〔痛经〕
【经委(会)】jīngwěi(huì) 名 簡「经济委员会」(경제 위원회)의 약칭.
【经纬】jīngwěi 名 ❶ 직물(織物)의 날과 씨. ❷ 경도와 위도. ¶ ~度 | 경위도. ❸ 남북으로 통한 길과 동서로 통한 길. ❹ 轉 일체(一切).
【经纬万端】jīng wěi wàn duān 慣 두서를 잡지 못하다. 복잡다단하다.
【经线】jīngxiàn 名 ❶ (직물의) 날실. ❷〈地〉경선. 자오선 =〔子午线〕‖ ⇔〔纬wěi线〕
⁴【经销】jīngxiāo ⇒〔经售shòu〕
【经心】jīngxīn 動 조심하다. 주의〔유의〕하다. ¶ 无论什么事只要多~, 就不会出大错 | 무슨 일이든지 깊이 조심한다면 큰 잘못은 없을 것이다 =〔经意yì①〕〔留liú心〕〔在意〕
【经学】jīngxué 名 경학. 경서(經書)를 연구하는 학문. ¶ 训诂原是为~服务的 | 훈고는 본시 경학을 위해 필요한 것이다 =〔经术shù〕
【经血】jīngxuè 名 월경 =〔经水〕
¹【经验】jīngyàn 名 動 경험·체험(하다). ¶ ~定律 | 경험적 법칙.
【经验主义】jīngyàn zhǔyì 名 경험주의. 경험론.
【经意】jīngyì ❶ ⇒〔经心〕 ❷ ⇒〔经义①〕
【经义】jīngyì 名 ❶ 경서(經書)의 뜻 =〔经意②〕 ❷ 과거 시험의 한 과목.
³【经营】jīngyíng 動 ❶ 경영하다. ¶ ~项目 | 영업품목. ❷ 계획·조직·운영하다. ¶ 他们苦心~了集体安全体系 | 그들은 고심하여 집단 안전 보장 체제를 조직하였다. ❸ 취급하다. ¶ 我公司~废铁 | 우리 회사는 고철을 취급한다.
【经由】jīngyóu 動 경유하다. 경과하다. ¶ 他们~香港到台湾 | 그들은 홍콩을 경유하여 대만에 가다.
【经院哲学】jīngyuàn zhéxué 名組〈哲〉스콜라(Schola) 철학 =〔烦琐fánsuǒ哲学①〕
【经传】jīngzhuàn 名 경전. 경서와 그 해설서. ¶ 不见~ | 慣 경전에 보이지 않다. 근거가 없다.

2【京】jīng 서울 경, 클 경
❶ 名 수도. 서울. ¶ 上~ | 상경하다. ❷ 數 경. ⓐ 조(兆)의 10배 =〔经⑮〕 ⓑ 조(兆)의 억(億) 배. ❸ 書 形 크다. ¶ 莫mò之与~ | 그보다 큰 것은 없다. ❹ (Jīng) 名 簡〈地〉「北京」(북경)의 약칭. ❺ (Jīng) 名〈民〉경족(京族) [중국 소수 민족의 하나]→〔京族〕 ❻ (Jīng) 名 성(姓).
【京白】jīngbái 名 ❶ 경극(京劇)의 북경어 대사(臺詞). ❷ 북경어 구두어(口頭語). ¶ 他说的是~ | 그가 하는 말은 북경 구어이다.
【京城】jīngchéng ⇒〔京都dū〕
【京都】jīngdū 名 수도(首都) =〔京城chéng〕〔京国〕〔京华huá〕〔京师shī〕
【京二胡】jīng'èrhú 名〈音〉호금(胡琴)의 일종으로,「二胡」와 비슷한데 소리는「京胡」와「二胡」의 중간이며 경극의 반주에 주로 쓰임 =〔嗡wēng子〕
【京官】jīngguān 名 중앙 관청의 관리.
【京胡】jīnghú 名〈音〉경극(京劇)의 반주로 사용하는 호금(胡琴)의 일종→〔板bǎn胡〕〔胡琴qín

(儿)〕
【京华】jīnghuá ⇒〔京都dū〕
【京畿】jīngjī 書 名 수도 및 그 부근의 지방.
【京津】Jīng Jīn 名〈地〉북경(北京)과 천진(天津).
2【京剧】jīngjù 名〈演映〉경극 [중국 주요 전통극의 하나] =〔京戏xì〕〔京腔qiāng③〕
【京派】jīngpài 名 북경파. 북경풍 [경극(京劇)의 유파의 한 종류] →〔海派①〕
【京腔】jīngqiāng ❶ 名 북경 말투. ¶撇piē~ | 貶 북경 말투로 지껄이다. ❷ 名 (옛날의) 북경어. ❸ ⇒〔京剧jù〕
【京师】jīngshī ⇒〔京都dū〕
【京戏】jīngxì ⇒〔京剧jù〕
【京油子】jīngyóu·zi 名 貶 교활한〔입만 살아 있는〕 북경놈. ¶十个~说不过一个卫嘴子 | 교활한 북경놈 열 명이 천진(天津) 말쟁이 하나를 못 당한다.
【京韵大鼓】jīngyùn dàgǔ 名組「大鼓」의 일종 [북경에서 발생하여 북방 각지에서 유행하였음] →〔大鼓〕
【京族】Jīngzú 名〈民〉경족. ❶ 중국 소수 민족의 하나. ❷ 월남(越南)의 최다(最多) 민족.

2【惊(驚)】jīng 놀랄 경
❶ 名 놀람. ¶受~ =〔吃惊〕 | (깜짝) 놀라다. ❷ 動 놀라게 하다. ¶打草~蛇 | 成 풀을 쳐서 뱀을 놀라게 하다. (비밀스런 일을 할 때) 행동에 조심성이 없어서 들키다. ❸ 動 (말이) 놀라 날뛰다. ¶马~了 | 말이 놀라서 날뛰었다. ❹ 動 (밖으로) 흘러 나오다. 터지다. ¶奶~了 | 젖이 흘러 나왔다. ¶痱fèi子~了 | 땀띠가 났다.
【惊诧】jīngchà 書 形 놀라며 의아하게 여기다. ¶他的突然tūrán出现chūxiàn使大家感到~ | 그의 갑작스런 출현은 모두를 의아하게 했다 =〔骇hài怪〕
3【惊动】jīngdòng 動 놀라게〔시끄럽게〕 하다. 귀찮게 하다. ¶他睡了, 别~他 | 그가 잠들었으니 깨지 않도록 합시다. ¶这件事还~了省长 | 이 일은 또 성장을 놀라게 했다.
【惊愕】jīng'è 書 形 경악하다. 깜짝 놀라다.
【惊飞】jīngfēi 動 놀라 뛰어 오르다.
【惊风】jīngfēng 名〈漢醫〉경풍. 경기. ¶小孩子起了~ | 아이가 경기를 일으켰다. ¶急~ | 급경풍. ¶慢~ | 만경풍.
【惊弓之鸟】jīng gōng zhī niǎo 成 화살에 놀란 새. 자라보고 놀란 가슴 솥뚜껑보고 놀란다. ¶这些兵成了~ | 이들 도망병들이 화살에 놀란 새가 되었다 =〔伤shāng弓之鸟〕
【惊骇】jīnghài 書 形 놀라다. 무서워하다.
【惊汗】jīnghàn 動 놀라서 식은 땀이 나다.
【惊鸿】jīnghóng ❶ 名 놀라 날아오르는 기러기. ❷ 形 喩 (미인의 자태가) 날아갈 듯하다〔날씬하다〕.
【惊呼】jīnghū 動 깜짝 놀라 소리치다.
4【惊慌】jīnghuāng 動 놀라 어찌할 바를 모르다 =〔惊惶huáng〕
【惊惶失措】jīnghuáng shī cuò 成 놀라 허둥대며 어쩔 줄을 모르다. ¶他一下子~了 | 그는 돌연 허둥대며 어쩔 줄을 몰라하다 =〔惊慌huāng失措〕
【惊魂】jīnghún 名 깜짝 놀랐을 때의 기분〔감정〕. ¶~未定 | 成 놀란 가슴을 진정하지 못하다.
【惊悸】jīngjì ❶ 書 動 놀라서 가슴이 두근거리다〔울렁거리다〕. ❷ 名〈漢醫〉경풍. 경기.
【惊叫】jīngjiào 動 놀라 외치다. ¶他~了一声 | 그는 놀라 한차례 외쳤다.
【惊恐】jīngkǒng 動 놀라 두려워하다. 질겁하다. ¶~失色 | 成 놀라 안색이 변하다 =〔惊怖bù〕
【惊雷】jīngléi 名 격심한 천둥 소리. ¶一声~从天而来 | 격심한 천둥 소리가 하늘에서 울려오다.
【惊乱】jīngluàn 形 놀라 허둥거려 혼란하다.
【惊马】jīngmǎ 名 놀라 날뛰는 말.
【惊梦】jīng/mèng 動 꿈에서 놀라 깨다.
【惊怕】jīngpà 動 두려워하다. 무서워하다.
【惊跑】jīngpǎo 動 놀라 달아나다.
3【惊奇】jīngqí 形 놀랍고도 이상하다. 이상히 여기다. ¶以~的眼光看 | 놀랍고도 이상한 눈초리로 보다.
【惊扰】jīngrǎo 動 소란을 피우다. 방해하다. 괴롭히다. ¶自相~ | 자기들끼리 소란 피우다.
3【惊人】jīngrén 動 사람을 놀라게 하다. ¶~的消息 | 사람을 놀래킬만한 소식.
【惊蛇入草】jīng shé rù cǎo 成 놀란 뱀이 풀섶으로 들어가다. 초서(草書)의 필치가 힘있고 독특하다.
【惊神泣鬼】jīng shén qì guǐ 成 귀신까지 놀라게 하고 울리다. 喩 시문〔글〕이 아주 감동적이다.
【惊世骇俗】jīng shì hài sú 成 온 세상을 깜짝 놀라게 하다. ¶发表了一些~的议论 | 세상을 놀래킬 의론을 발표했다.
【惊叹】jīngtàn 動 경탄하다.
【惊叹号】jīngtànhào ⇒〔感gǎn叹号〕
【惊堂木】jīngtángmù 名 경고봉 [옛날, 법관이 책상을 두드려 범인을 경고하던 막대기]
【惊涛骇浪】jīng tāo hài làng 成 거칠고 사나운 파도. 격렬한 소동. 첨예한 투쟁. 매우 위험한 처지〔고비〕. ¶他一生中, 不知经历过多少次的~ | 그는 일생 동안 얼마나 많은 고비를 넘겼는지 모른다.
【惊天动地】jīng tiān dòng dì 成 하늘을 놀라게 하고 땅을 뒤흔들다. 온 세상을 깜짝 놀라게 하다. ¶他要做一番~的大事 | 그는 온 세상을 깜짝놀라게할 큰 일을 하나 하려고 한다.
【惊悉】jīngxī 動 札 알고 놀랐습니다 [편지에서 상대방의 가정에 불행한 일이 일어난 것을 알았을 경우에 씀] ¶~尊大人zūndàrén溘逝kèshì | 존대인께서 갑자기 서거하셨다는 소식을 알고 놀랐습니다.
【惊喜】jīngxǐ ❶ 名 놀람과 기쁨. ¶~交集 | 成 놀람과 기쁨이 교차하다. ❷ 動 기뻐서 놀라다.
【惊吓】jīngxià ❶ 動 놀라다. 두려워하다. ¶~失魂 | 놀라서 기절하다. ❷ 名 놀람. 충격. ¶孩子受了~, 哭起来了 | 어린애가 놀라 울기 시작했다.
【惊险】jīngxiǎn 形 아슬아슬하다. ¶~小说 | 드

릴러(thriller) 소설. ¶～戏剧 | 드릴러 극. ¶～电影＝〔惊险片〕| 드릴러 영화.

【惊心动魄】jīng xīn dòng pò 成 심금을 울리다. 조마조마하게 하다. ¶～的斗争场面 | 조마조마한 투쟁 장면＝〔惊魂hún动魄〕〔动魄惊心〕

【惊醒】ⓐ jīngxǐng 動 ❶ 깜짝 놀라서 깨다. ¶突然从梦中～ | 갑자기 꿈에서 놀라 깨다. ❷ 놀래 깨우다. ¶别～了孩子 | 아이를 놀래 깨우지 말라＝〔惊觉〕

ⓑ jīng·xing 形 잠귀가 밝다. ¶他睡觉很～, 有点儿响动都知道 | 그는 잠귀가 매우 밝아서, 약간의 기척도 다 안다.

3【惊讶】jīngyà 形 놀라다. 의아해하다. ¶他觉得很～ | 그는 매우 의아함을 느꼈다.

【惊疑】jīngyí 動 놀라며 의아해하다.

3【惊异】jīngyì 形 놀라며 이상히 여기다.

【惊蛰】jīngzhé ❶ 名 경칩[24절기의 하나] ❷ (jīng/zhé) 動 벌레들이 겨울잠에서 깨다. ¶早惊过蛰了 | 겨울잠에서 일찍 깨었다.

【惊住】jīngzhù 動 놀라 멈추어 서다.

【惊走】jīngzǒu 動 놀라 달아나다. ¶那当儿咳嗽késòu一声儿把敌人～了 | 그때 기침을 한번 해서 적을 놀라 달아나게 했다.

3【鲸(鯨)】jīng 고래 경

名〈動〉고래＝〔鲸鱼〕

【鲸吞】jīngtūn 動 喩 (타국의 영토를) 병탄하다. ¶蚕食cánshí～ | 잠식 병탄하다.

【鲸须】jīngxū 名 고래 수염.

3【鲸鱼】jīngyú 名 俗〈動〉고래. ¶～不是鱼, 因为～是哺乳动物 | 고래는 고기가 아니다. 왜냐하면 고래는 포유동물이기 때문이다＝〔京鱼〕

【荆】jīng 모형 형, 가시나무 형

名 ❶〈植〉가시나무[형장(刑杖)으로 쓰임] ❷ 형벌에 쓰이는 곤장. ¶负～请罪 | 사죄하고 처벌을 청원하다. ❸ (Jīng)〈史〉춘추시대, 「楚国」(초나라)의 다른 이름[호남(湖南)·호북(湖北)에 있었음] ❹ (Jīng) 성(姓).

【荆钗布裙】jīng chāi bù qún 成 싸리비녀에 무명치마. 여성의 소박한 옷차림＝〔荆布〕

【荆妇】jīngfù 書 名 저의 처. 집사람＝〔荆壁bì〕〔荆妻qī〕〔荆人〕〔荆室shì〕

【荆棘】jīngjí 名 ❶〈植〉가시나무. ❷ 轉 곤란. 고난. ¶前途遍布～ | 전도에 많은 어려움이 놓여 있다 ‖＝〔棘楚〕

【荆棘载途】jīng jí zài tú 成 가시덤불이 앞을 가로막다. 첩첩한 난관〔애로〕.

【荆芥】jīngjiè 名 ❶〈植〉형개. 정가. ❷〈漢醫〉정가의 잎·줄기.

【荆妻】jīngqī ⇒〔荆妇fù〕

【荆球花】jīngqiúhuā 名〈植〉아카시아의 일종＝〔金合欢〕

【荆条】jīngtiáo 名 가시나무의 줄기나 가지.

【菁】jīng 부추꽃 정, 우거질 청

❶ ⇒〔芜wú菁〕 ❷ 정화(精華). 정수(精粹). ❸ ⇒〔菁菁〕

【菁华】jīnghuá ⇒〔精jīng华〕

【菁菁】jīngjīng 書 貶 (초목이) 무성하다. ¶草木～ | 초목이 무성하다.

【腈】jīng (니트릴 정)

名〈化〉니트릴(nitrile). ¶聚jù丙烯～ | 폴리아크릴 니트릴.

【腈纶】jīnglún 名〈紡〉아크릴 섬유.

1【睛】jīng 눈알 정

❶ 名 눈알. 눈동자＝〔眼珠yǎnzhū儿〕¶目不转～ | 눈 한 번 깜박하지 않다. ❷ ⇒〔眼睛〕

【箐】jīng qiàn ⓧ qìng) 가는대 정, 대숲 천

Ⓐ jīng 書 名 가는 대. 세죽(細竹).

Ⓑ qiàn ❶ 書 名 산골짜기의 죽림(竹林). 轉 나무가 우거진 골짜기. ❷ 지명에 쓰이는 글자. ¶梅子～ | 운남성(雲南省)에 있는 지명.

1【精】jīng 자세할 정

❶ 形 정밀하다. 정교하다. 세밀하다. ¶～打细算 | 세밀하게 타산하다 ⇔〔粗②〕❷ 정제한. 순수한. ¶～金↓ ❸ 形 총명하다. ¶这孩儿真～ | 이 아이는 아주 총명하다. ❹ 形 훌륭하다. 우수하다. ¶兵～粮足 | 成 병사는 우수하고 식량은 넉넉하다. ❺ 名 정신. 원기. ¶聚～会神 | 정신을 집중하다. ❻ 名 정액(精液). ¶受～ | 수정하다. ❼ 動 능하다. 정통하다. ¶他～于针灸zhēnjiǔ | 그는 침구에 능하다. ❽ 名 요괴. 요물. 괴물. ¶妖～ | 요정. ¶狐狸húlí成了～了 | 여우가 요괴로 둔갑하였다. ❾ 副 (단음절 형용사 앞에 쓰여) 매우. 아주. 대단히. ¶～窄zhǎi↓ ¶～瘦shòu↓ ¶～湿shī↓＝〔十分〕〔非常〕❿ 정제한 것. 정수(精髓). ¶麦～ | 맥정. ¶酒～ | 주정. 알콜.

【精白】jīngbái 貶 새하얗다. 순백(純白)하다. ¶～的面粉miànfěn | 새하얀 밀가루.

【精薄】jīngbáo 貶 아주 얇다. ¶～嘴皮子 | 아주 얇은 입술.

【精本】jīngběn 名 인쇄와 장정(裝幀)이 정밀한 서적(書籍). ¶～的售价太高 | 정본의 판매 가격이 매우 비싸다.

【精兵简政】jīng bīng jiǎn zhèng 成 ❶ 군대의 정예화와 행정 기구의 간소화. ❷ 인원을 정선(精選)해서 기구를 축소하다.

【精采】jīngcǎi ❶ 形 뛰어나다. 훌륭하다. 근사하다. 멋이 있다. ¶～夺目 | 成 훌륭해서 눈길을 끌다. 매우 다채롭다＝〔出色〕❷ 名 정채 ‖＝〔精彩〕

1【精彩】jīngcǎi ⇒〔精采〕

【精巢】jīngcháo 名〈生理〉정소. 고환. 정집＝〔睾gāo丸〕

【精诚】jīngchéng 書 名 정성. 지성(至誠).

【精赤条条】jīng chì tiáo tiáo 成 알몸뚱이〔벌거숭이〕가 되다.

【精虫】jīngchóng ⇒〔精子〕

【精纯】jīngchún ❶ 形 정순하다. 순수하다. ❷ 名 정수(精粹).

【精粹】jīngcuì ❶ 形 정제되어 순수하다. ❷ 形 (문체·표현 등이) 간명하다. ¶他文章写得很～ | 그 문장을 아주 간명하게 쓴다. ❸ 名 정수(精

髓).

【精打光】jīngdǎguāng 狀 아무것도 없이 텅 비다. ¶祖遗的财产他花得～ | 조상 때부터 내려온 재산을 그가 몽땅 써버렸다→〔一干二净〕

4【精打细算】jīng dǎ xì suàn 成 면밀하게 계획하다. 꼼꼼히 따지다.

【精当】jīngdàng 形 (언론·글 등이) 정확하고 적절하다. 적당하다. ¶用例～, 说理秀彻 | 용례가 적당하고, 설리가 투철하다.

【精到】jīngdào 形 주도 면밀하다. ¶～的见解 | 주도 면밀한 견해.

【精雕细镂】jīng diāo xì lòu 成 세심하게〔정성들여〕 다듬다〔새기다〕 =〔精雕细刻kè〕

【精读】jīngdú 名 動 정독(하다)

【精度】jīngdù 名 簡〈工〉「精密度」(정밀도)의 약칭.

【精纺】jīngfǎng 區〈紡〉정방하다. ¶～的毛线 | 정방한 털실.

【精干】jīnggàn 形 당차고 야무지다. 영리하다. ¶他年纪虽轻, 却是很～老练 | 그는 비록 나이는 어리지만 매우 영리하고 노련하다.

【精耕细作】jīng gēng xì zuò 成 정성 들여 갈고 조심스럽게 심다. 농사일을 알뜰히 하다. ¶要增产, 就要～ | 생산을 늘리려면 정성들여 경작해야 한다.

【精工】jīnggōng ❶ 名 세밀〔정밀〕한 작업. ❷ 名 숙련공. ❸ 形 정교(精巧)하다.

【精怪】jīngguài ⇒〔精灵líng①〕

【精光】jīngguāng 狀 ❶ 원기가 왕성하다. ❷ (남김 없이) 깨끗하다. 말끔하다. ¶吃得～ | 말끔하게 먹어 치우다 =〔精空kōng〕

【精悍】jīnghàn 形 날쌔고 용맹하다. 야무지다. 명석하고 수완이 있다. ¶他是一位～的指挥员 | 그는 날쌔고 용맹스런 지휘관이다.

4【精华】jīnghuá 名 정수(精髓). 엑스. ¶取其～, 去其糟粕zāopò | 정수를 취하고 찌꺼기를 버리다 =〔菁jīng华〕⇔〔糟粕〕

【精货】jīnghuò 名 상등품. 일등품 ¶制作～ | 일등품을 제작하다.

【精加工】jīngjiāgōng 名〈機〉마무리. 끝손질. 정밀 가공. ¶半～ | 반 마무리.

4【精简】jīngjiǎn 動 정선(精選)하다. 간소화하다. ¶～机构 | 기구를 간소화하다.

【精金】jīngjīn 名 순금(純金).

【精进】jīngjìn 動 ❶ 書 열심히 노력하다. ¶一向努力～ | 줄곧 열심히 노력하다. ❷〈佛〉(불도에) 정진하다.

【精矿】jīngkuàng 名〈鑛〉정광(精鑛).

2【精力】jīnglì 名 정력. ¶～旺盛wàngshèng | 정력이 왕성하다.

【精炼】jīngliàn ❶ 動 정련하다. 정제하다. ¶原油送到炼油厂去～ | 원유를 정유 공장에 보내어 정제하다 =〔提tí炼〕❷ ⇒〔精练liàn〕

【精练】jīngliàn 形 (말·문장 등이) 군더더기가 없다. 간결하다. ¶文辞～ | 문사가 간결하다 =〔精炼②〕

【精良】jīngliáng 形 정교하고 우수하다. 훌륭하다. ¶装备～ | 장비가 정교하고 우수하다.

【精灵】jīnglíng ❶ 名 정령. 도깨비. 요괴 =〔精怪guài〕〔鬼guǐ怪〕❷ 形 方 약다. 영리하다. ¶～人 | 영리한 사람. ¶～鬼 | 약삭빠른〔빈틈없는〕 놈.

4【精美】jīngměi 形 정미하다. 섬세하고〔정교하고〕 아름답다. ¶包装～ | 포장이 정교하고 아름답다.

4【精密】jīngmì 形 정밀하다. 세밀하다. ¶～车床 | 정밀 선반. ¶～仪器yíqì | 정밀 계기.

【精密度】jīngmìdù 名〈工〉정밀도 =〔簡 精度〕

【精妙】jīngmiào 形 정묘하다. 정교하고 아름답다. ¶书法～ | 서법이 정교하고 아름답다.

【精明】jīngmíng 形 ❶ 총명하다. ¶小张很～ | 장군은 매우 총명하다. ❷ 轉 婉 교활하다.

【精囊】jīngnáng 名〈生理〉정낭 =〔精胞bāo〕

【精疲力尽】jīng pí lì jìn 成 기진맥진하다 =〔筋jīn疲力尽〕〔精疲力竭jié〕

【精辟】jīngpì 形 (견해·이론 등이) 치밀하다. 투철〔정밀〕하다. 깊고 예리하다. ¶～计划 | 치밀한 계획.

【精品】jīngpǐn 名 우량품. 상등품. 우수한 작품. ¶艺术～ | 우수한 예술 작품. ¶这是酒中的～ | 이것은 아주 좋은 술이다.

【精气】jīngqì 名 ❶ 정기. 혼. 정력. 생명. ❷ 정신과 기력.

【精气神(儿)】jīngqìshén(r) 名 정신력과 체력. 원기. 정력. ¶费～ | 온 신경을 쓰다.

【精巧】jīngqiǎo 形 정교하다. ¶造型～ | 조형이 정교하다.

【精切】jīngqiè 形 적절〔적합〕하다.

4【精确】jīngquè 形 정확하다. 자세하고 확실하다. ¶～的计算 | 정확한 계산.

【精锐】jīngruì ❶ 形 (군대가) 정예하다. ❷ 名 정예 병사〔군대〕. ¶派出的都是～ | 파견된 것은 모두 정예 부대이다.

【精舍】jīngshè 書 名 ❶ 학사(學舍). 서재(書齋). 서원(書院). ❷〈佛〉절. 사원 =〔静jìng舍〕

【精深】jīngshēn 形 (학문·이론 등이) 조예가 깊다. 정밀하고 깊다. ¶博大～ | 成 (학식이) 넓고도 깊다 =〔精湛zhàn〕

1【精神】ⓐ jīngshén 名 ❶ 정신. ¶～面貌 | 정신 면모. 정신 세계. ¶集团主义～ | 집단주의 사상. ❷ 주요 의미〔의의〕. 요지. ¶领会文件的～ | 서류의 주요 의미를 이해하다.

ⓑ jīng·shen ❶ 名 원기. 활력. 기력. 정력. ¶～焕发 | 成 정신이 환하게 빛나다. 활력이 넘치다. ¶～奕奕 | 成 원기 왕성하다 =〔口 精神头儿〕❷ 形 활기차다. 생기발랄하다. 원기가 있다. 정력적이다. ¶这小女孩儿大大的眼睛, 怪～的 | 이 여자아이의 커다란 눈동자는 정말 생기발랄하다. ❸ 動 기운을 내다.

【精神病】jīngshénbìng 名〈醫〉정신병.

【精神抖擞】jīng shén dǒu sǒu 成 원기가 왕성하다. 정신이 분발되다. ¶他～走上讲台 | 그는 원기 왕성하게 강단으로 걸어갔다 =〔精神焕huàn发〕

【精神分裂症】jīngshén fēnlièzhèng 名組〈醫〉정신 분열증.

【精神劳动】jīngshén láodòng 名組 정신 노동.
【精神失常】jīngshén shīcháng 名組 정신 이상
【精神文明】jīngshén wénmíng 名組 ❶ 정신 문명. ¶建设~ | 정신 문명을 건설하다. ❷ 사회주의 정신문명.
【精神污染】jīngshén wūrǎn 名組 정신 오염. ¶清除~ | 정신 오염을 제거하다.
【精神头儿】jīng·shentóur ⇒〔精神·shen①〕
【精审】jīngshěn ❶ 書 形 (의견·계획 등이) 정밀하고 빈틈없다. ❷ 書 形 (문장이) 아주 상세하다. ❸ 動 면밀히 심사하다.
【精湿】jīngshī 形 方 매우 축축하다. 흠뻑 젖다. ¶衣服淋得~ | 옷이 매우 축축하게 젖었다.
【精瘦】jīngshòu 形 方 몹시 여위다. 앙상하게 뼈만 남다.
【精饲料】jīngsìliào 名 농후 사료(濃厚飼料) =〔浓厚饲料〕〔精jīng料〕
【精髓】jīngsuǐ 名 정수. 진수. 정화. ¶这是黑格尔哲学的~ | 이는 헤겔 철학의 정수이다.
4【精通】jīngtōng 動 정통하다. 통달하다. ¶~经济 | 경제에 정통하다.
【精微】jīngwēi ❶ 形 (지식이나 학문이) 깊고 정밀하다. ¶博大~ | 成 넓고도 정밀하다. ❷ 名 깊고 미묘한 비밀[신비]. ¶探索宇宙的~ | 우주의 깊고 미묘한 신비를 탐색하다.
3【精细】jīngxì 形 ❶ 매우 가늘다. ¶~的腿 | 매우 가느다란 다리. ❷ 정교하다. ¶~的象牙雕像 | 정교한 상아 조각상. ❸ 세심하다. 주의깊다. ¶~人儿 | (세상 경험이 많아) 주도 면밀한 사람.
4【精心】jīngxīn 形 공들이다. 심혈을 기울이다. 세심하다. ¶~斟酌zhēnzhuó | 세심하게 고려하다. ¶~护理hùlǐ | 심혈을 기울여 간호하다.
【精选】jīngxuǎn 動 ❶ 〈鑛〉 선광(選鑛)하다. ❷ 정선하다. ¶~细选 | 成 정선하다.
【精盐】jīngyán 名 정제(精製)한 소금.
【精要】jīngyào 形 정묘하고 긴요하다. 간명하며 절실하다.
【精液】jīngyè 名 〈生理〉 정액.
【精义】jīngyì 書 名 ❶ 오묘한 이치. ❷ 자세한 의의[뜻].
4【精益求精】jīng yì qiú jīng 成 훌륭한 것을 더 훌륭하게 하려 하다. 더 잘하려고 애쓰다.
【精英】jīngyīng ❶ ⇒〔精华huá〕 ❷ 名 귀재(鬼才). 천재. 영웅. ¶象棋xiàngqí~ | 장기의 천재.
【精于】jīngyú 形 (…에) 정통[통달]하다. ¶~医理 | 의술에 정통하다.
【精窄】jīngzhǎi 形 方 대단히 좁다. 비좁아 답답하다. 옹색하다. ¶~的道路 | 대단히 비좁은 길.
【精湛】jīngzhàn ⇒〔精深shēn〕
3【精致】jīngzhì 形 ❶ 세밀하다. 정교하다. ¶~的花纹 | 정교한 무늬. ❷ 상등의. 우수한. ¶挠二斤肉, 要~的 | 고기 두 근 베어 주세요, 좋은 것으로요.
【精制】jīngzhì 動 〈化〉 정제하다. ¶~品 | 정제품. ¶~了一些食品 | 약간의 식품을 정제하다.
【精装】jīngzhuāng 名 ❶ 고급 장정(裝訂). 하드커버(hard cover). ¶~本 | 정장본. ❷ (상품 등의) 정교한 포장.
【精壮】jīngzhuàng 形 ❶ (사람·동물 등이) 힘세다. 건장하다. ¶~的小伙子 | 건장한 녀석들. ❷ (문체·변론 등이) 힘차다.
【精子】jīngzǐ 名 〈生理〉 정자. ¶~库 | 정자 은행 =〔精虫chóng〕

【旌】jīng 기 정
❶ 名 (깃털로 장식한) 기(旗). ❷ 書 動 표창하다. ¶以~其功 | 그 공로를 표창하다.
【旌表】jīngbiǎo ❶ 動 선행을 표창하다. ❷ 書 名 기치(旗幟).
【旌麾】jīnghuī 名 ❶ 군기(軍旗). ¶~南指 | 군기가 남쪽을 가리킨다. ❷ 군대(軍隊).
【旌旗】jīngqí 名 기(旗)의 총칭. ¶~飘飘 | 깃발이 펄럭이다.

4【晶】jīng 맑을 정
❶ 形 밝다. 빛나다. ¶亮~~的 | 반짝반짝하다. ❷ 名 수정. ¶水~ | 수정. ¶墨~ | 흑수정. ¶烟~ | 연수정. ❸ 결정체. ¶~体↓
【晶晶】jīngjīng 貺 밝게〔반짝반짝〕 빛나다. ¶~星光 | 반짝반짝 빛나는 별빛.
【晶亮】jīngliàng 貺 맑고 환하다. 반짝반짝하다. ¶~的眼睛 | 맑게 반짝이는 눈 =〔晶明〕
【晶体】jīngtǐ 名 〈物〉 결정체. 결정. 크리스털(crystal). ¶~分析 | 결정 해석. ¶~计数管 | 결정 계수기. ¶~检波器 | 결정 검파기 =〔结jié晶体〕
【晶体点阵】jīngtǐ diǎnzhèn 名組 〈化〉 공간 격자. 결정 격자 =〔空kōng间点阵〕
【晶体管】jīngtǐguǎn 名 〈電氣〉 반도체 전자관. 트랜지스터(transistor). ¶~电路 | 트랜지스터 회로.
【晶莹】jīngyíng 形 반짝반짝 빛나다. 투명하고 아름답다. ¶~泉水 | (맑고) 정결한 샘물.
【晶状体】jīngzhuàngtǐ 名 〈生理〉 수정체 =〔水晶体〕

【粳】jīng ⓐ gēng) 메벼 경
⇒〔粳稻〕〔粳米〕
【粳稻】jīngdào 名 〈植〉 메벼.
【粳米】jīngmǐ 名 멥쌀 →〔糯nuò米〕

4【兢】jīng 조심할 긍
⇒〔兢兢〕〔兢兢业业〕
【兢兢】jīngjīng 貺 신중하다. 긍긍하다. ¶战战~ | 전전긍긍하다.
4【兢兢业业】jīng jīng yè yè 成 (일에) 착실하다. 꾸준하다. ¶老王一向工作~的 | 왕씨는 줄곧 착실하게 일을 한다.

jǐng ㄐㄧㄥˇ

2【井】jǐng 우물 정
❶ 名 우물. ¶打一眼~ =〔打一口井〕 | 우물을 하나 파다. ❷ (굴·갱·움 등의) 우물과 비슷한 형태의 것. ¶油~ | 유정. ¶煤méi~ | 탄갱. ❸ 書 形 (질서)정연하다. ¶~~有条↓ ❹ 名 〈天〉 정성(井星) [28수(宿)의 하나] ❺ (Jǐng) 名 성(姓).
【井底之蛙】jǐng dǐ zhī wā 成 우물 안 개구리. 견

문이 좁고 세상 물정에 어두운 사람 ¶他是～, 见识有限 | 그는 우물 안 개구리여서, 식견이 좁다 =〔井底蛙〕〔井蛙〕〔井鱼〕

【井灌】jǐngguàn ❶名 우물물에 의한 관개(灌漑). ❷動 우물물로 관개하다.

【井架】jǐngjià 名 ❶ 우물의 틀〔테두리〕. ❷ 광산의 수직갱 또는 유정 입구 (위)에 설치한 탑〔틀〕. 유정탑. 수직 갱탑 =〔鉆zuàn塔〕 ❸ 권양기. 윈치(winch).

【井井有条】jǐng jǐng yǒu tiáo 成 논리〔사리〕가 정연하다. 질서 정연하다. ¶家里安排得～ | 집안이 질서 정연하게 꾸며져 있다 =〔井然rán有条〕

【井喷】jǐngpēn 名〈化〉석유정·천연 가스정의 원유 혹은 천연가스의 분출.

【井然】jǐngrán 書 貶 잘 정돈되어 있다. 정연하다. ¶～有序 | 成 질서 정연하다.

【井水不犯河水】jǐngshuǐ bù fàn héshuǐ 諺 喩 ❶ 서로 간섭하지 않다. ¶今后咱们俩～ | 지금부터 우리 둘은 서로 간섭하지 않는다. ❷ 전혀 관계가 없다 ‖ =〔井水河水两不犯〕〔河水不犯井水〕

【井田制】jǐngtiánzhì 名〈史〉정전법. ¶春秋时候实行～, 四周是私田, 中间是公田 | 춘추 시대에 정전법을 시행했는데, 사방이 개인 밭이고, 가운데가 공동 밭이다.

【井蛙】jǐngwā ⇒〔井底之蛙〕

【井蛙见】jǐngwājiàn 名 喩 좁은 식견 =〔井蛙之见〕

【井盐】jǐngyán 名 정염 〔염분을 지닌 우물물로 만든 소금〕

【阱〈穽〉】jǐng 함정 정
⇒〔阱陷〕〔陷xiàn阱〕

【阱陷】jǐngxiàn 名 함정.

【肼】jǐng (하이드라진 정)
名〈化〉하이드라진(hydrazine). ¶苯běn～ | 페닐하이드라진 =〔联lián氨〕

【刭(剄)】jǐng 목벨 경
書 動 (칼로) 목을 베다. ¶自～ =〔自刎wěn〕| 자살하다.

4【颈(頸)】jǐng gěng 목 경

A jǐng ❶ 목 =〔俗 脖bó子〕 ¶长～鹿 | 기린. ❷ 병의 목. ¶长～瓶 =〔烧shāo瓶〕| 목이 긴 병. 플라스크.

B gěng「脖颈儿」에 나타나는 이독음(異讀音) ⇒〔脖bó颈儿〕

【颈项】jǐngxiàng 名 목 〔목의 앞을「颈」, 뒤를「项」이라 함〕

【颈椎】jǐngzhuī 名〈生理〉경추. 목등뼈.

2【景】jǐng yǐng 빛 경, 그림자 영

A jǐng ❶ (～儿) 名 경치. 풍경. ¶雪～ | 설경. ¶风～美丽 | 풍경이 아름답다. ¶良辰美～ | 날씨도 좋고 경치 또한 아름답다. ❷ 상황. 정황. 모양. ¶背～ | 배경. ¶远～ | 원경. 미래도. ❸ 名 경기. 경제적 환경. ¶生意不～ | 장사가 잘되지 않는다. ❹ 名〈演映〉(연극·영화의) 배경. 세트(set). ¶内～ | 실내 세트. ¶外～ | 옥외 세트. ❺ 名〈演映〉(희곡의) 경〔1막을 배경에 따라 나눈 단락〕 ¶第二幕第一～ | 제2막 1경. ❻ 書 形 존경하다. ¶～仰yǎng↓ ❼ 書 形 큰. 위대한. ¶～行 | 훌륭한 행위. ❽ (Jǐng) 名〈地〉경현(景縣)〔하북성(河北省)에 있는 현이름〕 ❾ (Jǐng) 名 성(姓).

B yǐng「影」과 통용 ⇒〔影yǐng〕

【景观】jǐngguān 名 ❶ 경관. ¶人文～ | 인문 경관. ¶自然～ | 자연 경관. ❷〈地〉지형. ¶岩溶yánróng～ | 카르스트 (karst;독) 지형.

【景况】jǐngkuàng 名 형편. 상황. 주위 사정. 상태. ¶我们的～越来越好 | 우리의 상황은 갈수록 좋아진다.

【景慕】jǐngmù ⇒〔景仰yǎng〕

【景片】jǐngpiàn 名〈演映〉플랫(flat) 〔무대 배경의 하나〕

【景颇族】Jǐngpōzú 名〈民〉경파족 〔중국 운남성(雲南省)에 사는 소수 민족의 하나〕

【景气】jǐngqì ❶ 名〈經〉경기. ❷ 形 경기가 좋다 〔주로「不景气」의 형태로 쓰임〕 ¶有的国家的不～情况是不容易克服的 | 어떤 국가의 불경기 상황은 쉽게 극복되지 않는다. ¶美国的经济起发不～了 | 미국의 경제는 불경기가 시작되었다.

3【景色】jǐngsè 書 名 경치. 풍경. ¶～如画 | 경치가 그림 같다 =〔景致zhì〕

【景泰】Jǐngtài 名〈史〉경태 〔명(明) 대종(代宗)의 연호(1450～1456)〕

【景泰蓝】jǐngtàilán 名 경태람 〔명(明) 경태(景泰) 연간에 동기(銅器) 표면에 무늬를 내고 파란을 발라서 불에 구워낸 공예품〕 ¶～花瓶 | 경태람 꽃병 =〔景泰兰lán〕→〔蓝货〕

【景天】jǐngtiān 名〈植〉꿩의 비름.

3【景物】jǐngwù 書 名 경물. 풍물. 풍경. ¶山川秀丽, ～宜人 | 산천이 수려하여 경물이 마음에 들다.

3【景象】jǐngxiàng 名 현상. 경치. 상태. 광경. 모양. 모습. ¶生气勃勃的～ | 생기 발랄한 모습. ¶太平～ | 태평스러운 모양 =〔景儿〕〔景状zhuàng〕

【景仰】jǐngyǎng 動 앙모(仰慕)하다. 경모하다. ¶十分～高小姐 | 대단히 미스고를 경모한다 =〔書 景慕〕

【景遇】jǐngyù 書 名 경우. 형편. 사정. ¶～不佳 | 형편이 좋지 않다.

【景致】jǐngzhì ⇒〔景色sè〕

【憬】jǐng 깨달을 경
❶ 書 動 깨닫다. 각성하다. ¶闻之～然 | 듣고서 그러하다고 깨닫다. ❷ ⇒〔憧chōng憬〕

【憬悟】jǐngwù 動 깨닫다. ¶～己非 | 자기의 잘못을 깨닫다.

【儆】jǐng 경계할 경
書 動 타이르다. 훈계하다. 경계하다. ¶惩chéng一～百 | 한 사람을 벌하여 백사람을 훈계하다.

【儆戒】jǐngjiè 動 경계하다 =〔警jǐng戒①〕

2【警】jǐng 경계할 경
❶ 경계하다. ¶～惕tì↓ ❷ 경고하다.

주의시키다. ¶～告↓ ❸名(경계해야 할) 위험한 상황〔사건〕. ¶火～ | 화재 사건. ¶报～ | 위급한 상황을 알리다. ❹(감각이) 예민하다. 민감하다. ¶～觉 | 민감하게 여기다. ❺名簡「警察」(경찰)의 약칭. ¶交通～ | 교통 경찰. ¶～政 | 경찰 행정. ❻ 정채(精彩)가 있어 남의 이목을 끌다. ¶～句↓

【警报】jǐngbào 名 경보. ¶～器 | 경보기. 사이렌. ¶拉响了～ | 경보를 울렸다. ¶～灯 | 경보등. ¶防空～＝〔空袭警报〕| 공습 경보. ¶台风～ | 태풍 경보＝〔警耗hào〕

【警备】jǐngbèi 名動 경비(하다). ¶～司令部 | 경비 사령부. ¶～森严 | 경비가 삼엄하다.

【警策】jǐngcè 書 ❶動 경계하여 채찍질하다. ❷名 말을 달리게 하기 위한 채찍. ❸名喻 문장에서 전편(全篇)을 생동감 있게 하는 중요한〔기발한〕문구.

2【警察】jǐngchá 名 경찰. ¶秘密mìmì～ | 비밀경찰. ¶交通～ | 교통경찰. ¶～局 | 경찰국. ¶～署 | 경찰서＝〔警士〕→〔公gōng安局〕〔巡xún警〕

【警车】jǐngchē 名 경찰차. 백차. 패트롤 카.

【警灯】jǐngdēng 名 경보용 등화. ¶～闪烁shǎnshuò | 경보등이 깜박이다.

【警笛(儿)】jǐngdí(r) 名 ❶(경찰용) 호각. ❷ 경적. 경보 기적(汽笛). 사이렌.

【警动】jǐngdòng ❶⇒〔惊动〕 ❷動(행동거지가 비범하여) 사람을 놀라게 하다.

【警匪片】jǐngfěipiàn 名 갱 영화. ¶他最爱看～ | 나는 갱 영화를 가장 좋아한다.

【警服】jǐngfú 名 경찰복.

3【警告】jǐnggào ❶名動 경고(하다). ¶～了迟到的同学 | 늦게 온 급우를 경고했다. ¶～信号 | 경고 신호. ❷名 경고(처분). ¶给予～处分 | 경고를 주다.

【警官】jǐngguān 名 경관.

4【警戒】jǐngjiè ❶動(잘못을 고치도록) 경계하다. 주의를 주다＝〔儆jǐng戒〕〔儆诫jiè〕 ❷名動〈軍〉경계(하다). ¶～敌人袭击 | 적의 습격을 경계하다. ❸名〈軍〉경계병.

【警戒色】jǐngjièsè 名 경계색. 보호색.

【警戒水位】jǐngjiè shuǐwèi 名組 경계 수위.

【警句】jǐngjù 名 경구＝〔警语〕

【警觉】jǐngjué ❶名 경각. 경계심. ¶～性 | 경각성. ❷動 민감하게 눈치채다. 재빨리 깨닫다. ¶妈一听～起来 | 엄마는 듣자 재빨리 눈치챘다. ❸形 민감하다.

【警铃】jǐnglíng 名 비상 벨.

【警犬】jǐngquǎn 名 경찰견.

【警探】jǐngtàn 名 경찰과 형사.

3【警惕】jǐngtì 名動 경계(하다). 경계심(을 가지다). ¶丧失～ | 경계심을 잃다.

4【警卫】jǐngwèi ❶名動 경계·호위(하다). 호위(하다). 경호(하다). 경비(하다). ¶～室 | 경비실. 수위실. ❷名 경호원. 경비원. ¶～员 | 경호원. ¶当总统的～ | 대통령의 경호원을 맡다.

【警醒】jǐngxǐng ❶形 잠귀가 밝다. 잠에서 잘 깨다. ¶我睡觉～, 误不了事! | 나는 잠귀가 밝아서 일을 그르칠 수가 없다! ❷動 각성하다. 깨닫다＝〔警省xǐng〕 ❸動 경계를 하다. ¶吩咐下人夜间～些 | 하인에게 밤에 더 경계하라고 분부하다.

【警钟】jǐngzhōng 名 경종. ¶敲响了环景污染问题的～ | 환경 오염 문제의 경종을 울렸다. ¶～长鸣 | 成 늘 경종을 울리다.

jìng ㄐㄧㄥˋ

【劲】 jìng ☞ 劲 jìn Ⓑ

【弪(弳)】 jìng 호도 경
名〈數〉라디안(radian). 호도＝〔弧hú度〕

3 **【径(徑)】** jìng 길 경
❶名 좁은 길. 오솔길. ¶曲～ | 꼬불꼬불한 좁은 길. ❷名 방법. 과정. 수단. ¶捷jié～ | 첩경. ❸書副 곧바로. 곧장. 직접. ¶取道香港, ～回釜山 | 홍콩을 거쳐 곧장 부산으로 돌아오다. ¶～与该部联系 | 직접 그 부서와 연락하다 ‖＝〔迳jìng〕 ❹名簡〈數〉「直径」(직경)의 약칭. ¶半～ | 반경.

【径流】jìngliú 名〈地〉(증발·흡수되지 않고) 땅 위·땅속으로 흘러 유실되는 빗물.

【径情直遂】jìng qíng zhí suì 成 뜻대로〔마음먹은 대로〕순조롭게 성공하다. ¶做事不能～, 是复杂微妙的 | 일을 하다보면 뜻대로 순조롭게 성공할 수만은 없다. 왜냐하면 일이란 복잡미묘한 것이기 때문이다.

【径庭】jìngtíng 舊 jìngtìng) 名 ❶書 좁은 길과 넓은 뜰. ❷喻 현격한 차이. ¶大有～＝〔大相径庭〕| 成 큰 차이가 있다.

【径直】jìngzhí 副 ❶ 곧장. 곧바로. ¶飞机将～飞往釜山 | 비행기가 곧바로 부산으로 날아갈 것이다＝〔径自zì③〕 ❷ 직접. ¶你～写下去吧, 等写完了再修改 | 네가 직접 써 내려가라, 다 쓴 다음에 고치자.

【径自】jìngzì ❶副 제멋대로. 제마음대로. ¶他话也不说, 拿把铁锹～出了家门 | 그는 말도 하지 않고 삽을 들고는 제마음대로 집문을 나섰다. ❷副 오로지. 일념으로. 전심으로. 한결같이. ¶干活～ | 전심으로 일을 하다. ❸⇒〔径直zhí①〕

【迳(逕)】 jìng 길 경
「径」과 같음⇒〔徑jìng①②③〕

【胫(脛)〈踁〉】 jìng 정강이 경
名 정강이＝〔小腿tuǐ〕

【胫骨】jìnggǔ 名〈生理〉경골. ¶扭伤niǔshāng了～ | 경골을 접질렀다.

【痉(痙)】 jìng 심줄땅길 경
⇒〔痉挛〕

【痉挛】jìngluán 名動 경련(을 일으키다). ¶小腿～ | 아랫 다리가 경련을 일으키다.

【清】 jìng ☞ 清 qīng

【婧】 jìng 가냘플 청
書形 여자가 총명하다〔재치있다〕.

【靖】 jìng 편안할 정
❶形 안정하다. 평안하다. ¶局势不～ |

형세가 불안하다. ❷動(질서를) 안정시키다. 평정하다. ¶～乱↓ ❸(Jìng) 名 성(姓).

【靖边】jìngbiān 書動 변경을 평정하다.

【靖国】jìngguó 書動 나라를 안정시키다. 나라를 편안하게 다스리다.

【靖康】Jìngkāng 名〈史〉정강 [송(宋) 흠종(欽宗)의 연호(1126～1127)]

【靖乱】jìngluàn 動(천하의) 어지러움을 평정하다.

【靖难】jìngnàn 書動(나라의) 위난을 평정하다. ¶为国～ | 나라를 위해 난을 평정하다.

【靓(靚)】jìng liàng 단장할 정

Ⓐ jìng 書名動 화장(하다). 장식(하다). ¶～妆↓
Ⓑ liàng 形粵 예쁘다. 아름답다. ¶～女 | 아름다운 여자.

【靓妆】jìngzhuāng 書名 아름다운 장식 =〔靓饰shì〕〔靓庄zhuāng〕

1 **【净(淨)】jìng 깨끗할 정** ❶副 다만. 오직. ¶～顾着说话, 忘了时间了 | 오직 말하는 데만 신경쓰다 보니 시간을 잊어 버렸다. ¶不能～听你一个人的, 还要听听别人的意见 | 너의 말만을 들을 수는 없고, 다른 사람의 의견도 들어야 한다. ❷副 항상. 언제나. 늘. ¶你太粗心cūxīn, ～写错字 | 너는 너무 조심성이 없어 항상 글자를 틀리게 쓴다. ¶他这个人呀, ～爱开玩笑 | 이 사람으로 말할것 같으면, 늘 우스갯 소리를 좋아 한다 ‖ =〔只zhǐ〕〔光guāng〕 ❸副 모두. ¶他说的～是废话 | 그가 말하는 것은 모두 쓸데없는 소리이다 =〔全quán〕〔都dōu〕 어법 구어(口語)에서는「净」다음의「是」를 생략할 수 있으며,「都」를 붙여 말하기도 함. ¶书架上～都是文艺书刊 | 책꽂이에는 모두 문학예술 서적이다. ❹形 깨끗하다. 청결하다. ¶～水 | 깨끗한 물. ❺動 깨끗하게 하다. ¶～一～桌面儿 | 탁자를 깨끗하게 하다. ¶～面 | 얼굴을 깨끗하게 하다. ❻動 동사 뒤에 보어로 쓰여, 아무 것도 없다. 텅비다. 깨끗하다. ¶材料cáiliào都用～了 | 재료는 모두 다 써 버렸다. ¶碗里的水都喝～了 | 사발 속의 물을 모두 다 마셔 버렸다. ❼形 순수하다. 순정하다. ¶～利↓ ¶～重↓ ❽形 아무 것도 없는. 무늬가 없는. ¶～面儿↓ ❾名〈演映〉전통극의 악인역. 성격이 거칠거나 강한 남자의 배역명→〔花脸liǎn〕

【净白】jìngbái 狀 새하얗다. ¶～的脸 | 새하얀 얼굴.

【净便】jìng·bian ❶形北(외모가) 산뜻하다. ¶外表～ | 외모가 산뜻하다. ❷⇒〔静jìng便〕 ❸形 초조(初潮)가 아직 없거나 월경이 끝나 깨끗하다.

【净光】jìngguāng 狀 아무것도 없이 텅비다. 깨끗하다. 남김없다. ¶输shū得～ | (돈을) 몽땅 잃었다. ¶身上的钱用得～ | 지니고 있던 돈을 몽땅 써버렸다 =〔净打光〕

4【净化】jìnghuà 動 정화하다. 맑게 하다. ¶～空气 | 공기를 정화하다.

【净货】jìnghuò 名 ❶ 다른 것이 섞이지 않은 물건. ❷ 정미(正味).

【净价】jìngjià 名 ❶ 에누리 없는 가격. 실가. ¶他报的是～ | 그가 보고한 것은 에누리 없는 가격이다 =〔实价②〕 ❷ 운임·잡비 등을 공제한 순수 원가.

【净尽】jìngjìn 形 조금도 남지 않다. 남김없다. ¶消灭xiāomiè～ | 남김없이 소멸하다.

【净角】jìngjué 名〈演映〉전통극에서 성격이 강렬하거나 거친 남자 배역.

【净利】jìnglì 名 경비를 공제한 순익. 순이익. ¶当年～两千万 | 당해의 순이익이 이천만원이다→〔毛máo利〕

【净米】jìngmǐ 名 정미(精米).

【净面】jìng/miàn 動方 얼굴을 씻다〔닦다〕.

【净身】jìngshēn ❶動(옛날 남자의) 불알을 까다. 거세(去勢)하다. ❷動 몸을 깨끗이 하다. ❸名 순결한 몸. ❹副 입은 옷 그대로. 알몸으로.

【净剩了】jìngshèng·le 단지 …할 뿐이다. ¶～哭 | 단지 울 뿐이다 =〔只zhǐ剩了〕

【净收入】jìngshōurù 名組 순수입. 실수입. ¶农业生产～ | 농업 생산에 의한 실수입 =〔净数④〕〔净赚zhuàn〕

【净手】jìng/shǒu 動 ❶方 손을 씻다. ❷婉 용변(用便)하다. ¶他～去了, 您等一下吧! | 그가 용변보러 갔으니, 당신은 잠깐 기다리시오!

【净数】jìngshù ❶名 정미 수량(正味數量). ❷名 정미 중량. ❸名 실가(實價). ❹⇒〔净收入〕

【净损】jìngsǔn 名 순손실.

【净添】jìngtiān 名 순증가. ¶今年又～了二十多个新工人 | 올해에 또 이십여명의 새로운 노동자가 늘어났다.

【净桶】jìngtǒng 名婉 변기 =〔马mǎ桶〕

【净土】jìngtǔ 名〈佛〉정토. ¶佛门～, 严禁酒色 | 불문 정토에서는 주색을 엄격히 금한다.

【净信】jìngxìn 動 완전히 믿다. ¶别～老王一个人的话 | 왕씨 한 사람의 말만 완전히 믿어서는 안된다.

【净余】jìngyú 名 나머지 돈〔물건〕. ¶除去开支, ～五百元 | 지출을 제외하고 500원이 남았다.

【净值】jìngzhí 名 ❶簡「固gù定资产净值」(고정자산 순수 금액)의 약칭. 감가 상각 후의 가격 =〔折zhé余价值〕 ❷ 순수 금액. ¶出口～ | 순수출액 =〔净额é〕

【净重】jìngzhòng 名 순량. 정미 중량. ¶这袋来～一百公斤 | 이 자루의 정미 중량은 백킬로이다 =〔纯chún量〕

【净赚】jìngzhuàn ⇒〔净收入〕

1 **【静(靜)〈竫$_{1,2}$〉】jìng 조용할 정** ❶形 움직이지 않다. ¶～止↓ ¶风平浪～ | 成 바람이 자고 파도가 잠잠하다. 喻 무사평온하다 ⇔〔动①〕 ❷形 고요하다. 조용하다. ¶寂jì～ | 고요하다. 적막하다. ¶夜～人稀 | 成 밤이 깊어 조용해지고 사람의 발길도 뜸하다. ¶大家～一～吧! | 다들 조용히 하시오! ❸(Jìng) 名 성(姓).

【静便】jìng·bian 形 ❶ 안정하다. 안온하다. 차분하다. ¶心里不～ | 마음이 불안하다. ❷ 조용하

다. ¶他的房间好～｜그의 방은 아주 조용하다 ‖＝〔静办bàn〕〔净jìng办〕〔净便biàn②〕

【静场】jìng/chǎng ❶動(연극·영화 등이 끝난 뒤) 관중들이 나가다. ❷(jìngchǎng) 名〈演映〉(공연 중의) 정지 동작. 정지 화면.

【静电】jìngdiàn 名〈電氣〉정전기(靜電氣). ¶～感应｜정전 감응. 정전 유도. ¶～计｜정전계.

【静观】jìngguān 動 조용히 관찰하다. 정관하다. ¶～默察, 了然于心｜가만히 살펴보면, 마음이 분명해진다.

【静候】jìnghòu 書動札 조용히 기다리다. ¶～回音｜회답을 조용히 기다리다.

【静寂】jìngjì 名形 정적(하다). 고요(하다). ¶一切～｜모든 것이 고요하다.

【静静地】jìngjìng·de 副 조용히. 고요히. ¶～坐｜조용히 앉아 있다.

【静静儿】jìngjìngr 狀 조용하다. ¶～吧!｜조용하시오!

【静脉】jìngmài 名〈生理〉정맥. ¶～滴注法｜점적 정주법(點滴靜注法). ¶～曲张｜〈醫〉정맥류상종창(靜脈瘤狀腫脹). ¶～注射zhùshè｜〈醫〉정맥 주사.

【静谧】jìngmì 形❶書 조용하다. 고요하다. ¶寺院中一片～｜사원이 고요하다. ❷(세상이) 평온하다.

【静摩擦】jìngmócā 名〈物〉정지 마찰. ¶～力｜정지 마찰력

【静默】jìngmò 動❶침묵하다. ¶会场上又是一阵～｜회의장에는 또 한 차례 침묵이 흘렀다. ❷묵도하다. ¶为悼念殉国先烈, 全体起立, ～致哀｜순국 선열을 추념하기 위해 전체가 기립해서 묵도하며 애도를 표했다.

【静穆】jìngmù 形 조용하고 장엄〔엄숙〕하다

4【静悄悄】jìngqiāoqiāo 狀 아주 고요〔조용〕하다. ¶～地过日子｜조용히 지내다.

【静如处女, 动如脱兔】jìng rú chǔ nǚ, dòng rú tuō tù 成 조용할 때는 처녀와 같고, 움직일 때는 달아나는 토끼와 같다. 적절하게 행동하다.

【静思】jìngsī 書動 고요히 생각하다

【静态】jìngtài 名 정태. ¶～分析｜정태 분석. ¶～的物体｜정적인 물체.

【静听】jìngtīng 動 조용히 듣다. ¶～上司的训话｜조용히 상사의 훈시를 듣다.

【静物】jìngwù 名〈美〉정물. ¶～画｜정물화. ¶～摄影｜정물 촬영. ¶～写生｜정물 사생.

【静心】jìng/xīn ❶動 마음을 가라앉히다〔진정하다〕. ❷(jìngxīn) 書名 평정(平靜)한 마음. 고요한 마음.

【静养】jìngyǎng 名動 정양(하다). ¶希望你安心～｜네가 편안한 마음으로 정양하기를 바란다.

【静止】jìngzhǐ 名動 정지(하다). ¶～动作｜동작을 멈춰라 ＝〔静息xī〕

【静坐】jìngzuò ❶名動 정좌(하다). ❷動 조용히〔버티고〕앉다. 연좌하다. ¶～罢工｜연좌 파업(하다).

2【竟】jìng 끝날 경, 마침내 경

❶副 뜻밖에. 의외로. ¶没想到老李～答应了｜이씨가 의외로 허락하리라고는 생각지도 못했다. ¶～如此简单｜뜻밖에도 이렇게 간단하였다 ＝〔竟然〕 ❷副 온통. 다만. 끝까지. ¶他～说废话｜그는 끝까지 쓸데없는 말만 한다. ❸副 결국. 끝내. 드디어. 마침내. ¶有志者～成｜뜻이 있는 자는 결국 이루어낸다. ❹書動 끝내다. 마치다. 완수하다. ¶读～｜다 읽다. ¶写～｜다 쓰다. ¶未～之业｜끝내지 못한 일. ❺形 처음부터 끝까지. 전부의. ¶～日↓

【竟敢】jìnggǎn 副 감히. ¶～那么回答!｜감히 그렇게 대답하다니! ¶这孩子～骂大人!｜이녀석이 감히 대인을 욕하다니!

3【竟然】jìngrán 副❶뜻밖에도. 의외로. 상상외로. ¶这本书他～半天就读完了｜이책을 그는 상상외로 반나절만에 다 읽어버렸다. ¶这样宏伟的建筑, ～只用一年的时间就完成了｜이런 웅장한 건축이 의외로 겨우 1년 만에 완성되었다. ❷결국. 마침내. 드디어. ¶他～成功了!｜그가 결국 성공했어! ‖＝〔竟而ér〕

【竟日】jìngrì 名 온종일. 하루 종일.

【竟天价】jìngtiān·jie ❶⇒〔整zhěng天〕 ❷名 하늘 가득. 온 하늘. ¶凑巧风紧, 刮刮杂杂地火起, ～烧起来｜때마침 바람이 거세지자 훨훨 불길이 일어나, 하늘 가득히 타올랐다《水滸傳》

【竟至】jìngzhì ❶생각외로〔상상외로〕…에 이르다〔도달하다〕. ¶～如此之多｜생각외로 이처럼 많아졌다. ❷결국 …에 이르다〔도달하다〕. ¶因为经久没修, ～完全失去效用｜오랫동안 수리를 하지 않았기 때문에 결국 완전히 쓸모없는 지경에 도달했다.

【竟自】jìngzì 副❶결국. 드디어. 마침내. ¶虽然没有人教他, 他摸索了一段时间, ～学会了｜비록 누가 가르쳐 주지는 않았지만 그는 한동안 연구하더니 마침내 할 줄 알게 되었다. ❷뜻밖에도. 놀랍게도. ¶他～敢说出这样的话来了｜그가 뜻밖에도 이런 말을 했다. ❸전연. 전혀. ¶我那么托他, 他～不管｜내가 그토록 그에게 부탁을 했는데도, 그는 전혀 게의치 않았다. ❹그냥. 줄곧. 여전히. 언제까지나. ¶水～流着｜물은 줄곧 흐르고 있다.

2【境】jìng 지경 경

名❶경계. 국경. ¶边～｜변경. ¶驱逐出～｜국외로 추방하다. ❷곳〔장소〕. 구역. ¶如入无人之～｜마치 사람이 없는 곳에 들어가는 것 같다. ❸경우. 처지. 형편. ¶家～｜가정 형편. ¶处～不同｜처지가 다르다. ❹(품행·학업의) 정도. 경지. ¶学有进～｜학문이 진보되었다. ¶学无止～｜학문에는 끝이 없다.

4【境地】jìngdì 名❶상황. 경지. 입장. 지경. 국면. 처지. ¶达到无我的～｜무아의 지경에 도달하다. ❷경계. ❸정도.

4【境界】jìngjiè 名❶경계. ¶～线｜경계선. ❷경지. ¶艺术的～｜예술적 경지. ¶理想～｜이상적인 경지.

【境况】jìngkuàng 名(생활) 형편. 상황. ¶～不佳｜생활 형편이 좋지 않다.

【境内】jìngnèi 名 국내. 경내. ¶武汉在湖北省～

| 무한은 호북성 경내에 있다.

【境外】jìngwài [名] 경외. 국외. ¶批判~敌对势力的言论 | 국외 적대세력의 언론을 비판하다 ⇔〔境内〕

【境域】jìngyù [名] ❶ 경계 내의 땅. ❷ 경지. ❸ 경계.

【境遇】jìngyù [名] 경우. (생활) 형편. 처지. 상황.

【猄】jìng 짐승이름 경
[名] 호랑이나 표범과 비슷한 전설상의 흉포한 짐승 [태어나자마자 곧 어미를 잡아 먹는다고 함] ¶枭xiāo~ | [喻] 불효자.

2【镜(鏡)】jìng 거울 경
❶ (~儿, ~子) [名] 거울. ¶照~子看 | 거울에 비추어 보다. ❷ [名] 렌즈. ¶凸tū透~ =〔正透镜〕| 볼록 렌즈. ¶凹āo透~ =〔负透镜〕| 오목렌즈. ¶放大~ | 확대경. ❸ 렌즈를 이용하여 만든 기구. ¶眼~ | 안경. ¶望远~ | 망원경. ❹ [書][動] 비추어 보다. 거울로 삼다. 성찰하다. ¶居今之世, 志古之道, 所以自~也 | 오늘을 살면서 옛 도(道)에 뜻을 두는 것은 옛 도를 거울로 삼고자 함이다《史記》

【镜花水月】jìng huā shuǐ yuè [成] 거울 속의 꽃, 물 속의 달. ❶ 환영(幻影). ¶美好的理想成了~ | 아름다운 이상이 환영이 되었다. ❷ 오묘하여 말로 표현할 수 없는 시문의 경지.

【镜架】jìngjià [名] ❶ 안경테. ❷ 거울 틀〔테〕. ❸ 액자.

【镜框(儿, 子)】jìngkuàng(r·zi) [名] ❶ 거울틀. ❷ 액자. ¶做了一个~ | 액자를 하나 만들다.

【镜儿】jìngr ⇒〔镜子〕

【镜台】jìngtái [名] 경대. 화장대 =〔梳shū妆檯〕

【镜铁矿】jìngtiěkuàng [名]〈鑛〉경철광. 휘철광(輝鐵鑛).

4【镜头】jìngtóu [名] ❶ (카메라·영사기·촬영기 등의) 렌즈. ¶撮cuō近~ | 접사(接寫)렌즈. ¶阔角~ =〔广角镜头〕| 광각 렌즈. ¶变焦~ | 줌(zoom) 렌즈. ¶标准~ | 표준 렌즈. ¶超近摄影~ | 접사용 마이크로 렌즈. ❷ (영화의) 커트신(cut scene). 스냅(snap). 쇼트(shot). ❸ 장면. 화면. 신(scene). ¶特写~ | 클로즈 업(close up). ¶特技~ | 특수 촬영 화면. ❹ (영화의) 스틸(still).

【镜匣】jìngxiá [名] 화장 상자 =〔镜奁lián〕

【镜鱼】jìngyú [名]〈魚貝〉병어 =〔鲳chāng鱼〕

2【镜子】jìng·zi [名] ❶ 거울. ¶照~看 | 거울에 비추어 보다. ❷ [口] 안경. ¶配pèi~ | 안경을 맞추다 ‖ =〔镜儿〕

2【敬】jìng 공경할 경
❶ [名][動] 존경(하다). 공경(하다). ¶致~ | 경의를 표하다. ¶~之以礼 | 예의 바르게 공경하다. ❷ [副] 공손히. 삼가. ¶~请指教 | 삼가 지도를 바랍니다. ❸ [動] (음식이나 물건을) 공손히 드리다〔올리다〕. ¶~茶↓ ¶我~您一杯 | 제가 당신께 한 잔 올리겠습니다. ❹ 선물 겉에 써서 축하·위로·성의 등의 뜻을 표시하는 글귀. ¶喜~ =〔奁lián敬〕| 결혼 축하. ¶酬chóu~ | 사례(謝禮). ❺ (Jìng) [名] 성(姓).

2【敬爱】jìng'ài ❶ [貶] 경애하다. 존경하고 사랑하다. ¶~的康老师 | 경애하는 강선생님. ❷ [名] 경애. 존경.

【敬茶】jìng chá 차를 권하다〔내다〕→〔拜bài茶〕

【敬称】jìngchēng [名][動] 경칭(하다).

【敬辞】jìngcí [名] 경어(敬語) =〔敬语yǔ〕

4【敬而远之】jìng ér yuǎn zhī [成] 경원(敬遠)하다. ¶领导者对知识分子一向有些~ | 지도자가 줄곧 지식인에 대하여 다소 경원시하고 있다.

【敬奉】jìngfèng [書][動] ❶ (신이나 웃어른에게) 삼가 드리다〔바치다〕. ❷ (웃사람의 편지나 상급기관의 공문을) 삼가 받다. ¶~指示… | 삼가 지시를 받자와….

【敬告】jìnggào [動][敬] 말하다. 알리다. ¶~读者 | 독자들께 알립니다.

【敬贺】jìnghè ⇒〔拜bài贺〕

【敬候】jìnghòu [書][動][敬] 공손히 기다리다. ¶~回音 | 공손히 회답을 기다리다.

3【敬酒】jìng/jiǔ [動] 술을 권하다. ¶向李教授~ | 이교수님께 술을 권하다. ¶我给你~ | 내가 네게 술을 권한다 =〔进jìn酒〕〔请qǐng酒〕〔劝quàn酒〕

【敬酒不吃, 吃罚酒】jìngjiǔ bù chī, chī fájiǔ [諺] 권하는 술은 마시지 않고 벌주를 마시다. 잡수시오 할 때는 안먹다가 처먹어라 할 때 먹는다. ¶你别~, ~ | 너는 권할 때 먹도록 해라 =〔拉lā着不走, 打着倒走〕〔㊁ 晴qíng天不肯走, 直待雨淋头〕

【敬老院】jìnglǎoyuàn ⇒〔养yǎng老院〕

2【敬礼】jìng/lǐ ❶ [動] 경례하다. ¶向校长敬个礼 | 총장님께 경례하다. ❷ [敬][札] 경구(敬具). 경백(敬白) [편지의 맨끝에 쓰는 말] ❸ (jìnglǐ) [名] 경례. ¶行~ | 경례하다. ❹ (jìnglǐ) [名] 선물.

【敬慕】jìngmù [形] 경모하다. ¶~的眼神 | 경모하는 눈빛. ¶对她, 我一直很~ | 그녀에 대해, 나는 줄곧 경모해왔다.

【敬佩】jìngpèi [形][敬] 경복하다. ¶深深~ | 깊이 탄복하다. ¶他很~老金 | 그는 김형을 매우 경복한다 =〔钦qīn佩〕

【敬启者】jìngqǐzhě [札] 삼가 아뢰니다. 근계(謹啓). 배계(拜啓).

【敬若神明】jìng ruò shén míng ⇒〔奉fèng若神明〕

【敬神】jìng/shén [動] ❶ 귀신〔신령〕을 공경하다. ❷ 귀신〔신령〕에게 바치다.

【敬颂】jìngsòng [札] 삼가 축하드립니다.

【敬挽】jìngwǎn [動] 심심(深甚)한 조의(弔意)를 표합니다.

【敬畏】jìngwèi [名][形] 경외(하다). ¶对上司很~ | 상사를 매우 경외한다.

【敬悉】jìngxī [札] 삼가 잘 받았습니다〔알았습니다〕. ¶~您当上议员, 特表恭贺 | 당신이 의원이 되신 것을 알았습니다. 정말 축하의 뜻을 표합니다.

【敬谢不敏】jìng xiè bù mǐn [成] 일을 감당할 능력이 없어 사절합니다.

【敬烟】jìng yān 담배를 권하다.

【敬仰】jìngyǎng [動] 공경하고 우러러보다. 경앙하다.

【敬意】jìngyì [名] 경의. ¶表示深深的~ | 심심한 경의를 표하다.

【敬赠】jìngzèng 書 動 삼가 드리다.
【敬重】jìngzhòng 形 ❶ 존경하다. ¶他是她最～的老师 | 그는 그녀가 가장 존경하는 선생님이다. ❷ 경의를 품고 중시하다. 높이 사다 ‖→〔轻qīng慢〕
【敬祝】jìngzhù 動 ❶ 경축하다. ¶～您老人家长寿 | 당신 아버님의 장수를 경축합니다. ❷ 札 삼가 축원하다.
2【竞(競)】jìng 다툴 경 ❶ 動 겨루다. 경쟁하다. ¶～走↓ ¶～技jì↓ ❷ (Jìng) 名 성(姓).
【竞渡】jìngdù ❶ 名 경조(競漕). 보트 레이스(boat race). ¶龙舟～ | 단오절에 행하는 용주(龍舟) 경기. ❷ 名 動 (횡단) 수영 경기(를 하다). ¶游泳健儿～大韩海峡 | 수영의 건아들이 대한해협 횡단 수영 경기를 하다.
【竞技】jìngjì 名 〈體〉 경기. ¶～场 | 경기장.
【竞技体操】jìngjì tǐcāo 名組 〈體〉 경기 체조. ¶她的～很好 | 그녀의 경기 체조는 매우 훌륭하다.
【竞技状态】jìngjì zhuàngtài 名組 〈體〉 (경기자의) 경기 컨디션. ¶～好 | 경기 컨디션이 좋다.
2【竞赛】jìngsài 名 動 경쟁(하다). 경기(하다). ¶军备～ | 군비 경쟁. ¶生产～ | 생산 경쟁. ¶核～ | 핵 경쟁. ¶劳动～ =〔工作竞赛〕| 노동 경쟁. ¶汽车～ | 자동차 경기. ¶体育～ | 체육 경기. ¶～规则 | 경기 규칙 →〔比bǐ赛〕
4【竞选】jìngxuǎn ❶ 動 경선하다. 선거 경쟁〔선거 운동〕을 하다〔벌이다〕. 선거에 입후보하다. ¶～伙伴 | 러닝 메이트(running mate). ¶～演说 | 선거 연설. ¶～运动 | 선거 운동. ¶～诺言 | 선거 공약. ¶他有意～总统 | 그는 대통령 선거에 입후보할 뜻이 있다. ❷ 名 선거 경쟁. 선거 운동.
3【竞争】jìngzhēng 名 動 경쟁(하다). ¶贸易～ | 무역 경쟁. ¶生存～ | 생존 경쟁. ¶～价格 | 경쟁 가격. ¶～心 | 경쟁심.
【竞走】jìngzǒu 名 〈體〉 경보(競步). ¶～比赛 | 경보 경기.

jiōng ㄐㄩㄥ

【扃】jiōng jiǒng 빗장 경
Ⓐ jiōng 書 ❶ 名 빗장. 문고리. ¶～关↓ ❷ 名 문. ¶重chóng～ | 중문. ❸ 動 문을 닫다. ¶把门～上 | 문을 닫아라.
Ⓑ jiǒng ⇒〔扃扃〕
Ⓐ jiōng
【扃关】jiōngguān 名 (문)빗장.
Ⓑ jiǒng
【扃扃】jiǒngjiǒng 書 動 명찰(明察)하다 =〔書 炯炯jiǒng②〕

jiǒng ㄐㄩㄥˇ

【扃】jiǒng ☞ 扃 jiōng Ⓑ
【迥〈泂$_1$〉】jiǒng 멀 형 書 ❶ 形 멀다. ¶山高路～ | 산은 높고 길은 멀다. ❷ 形 차이가 심하다〔현저하다〕. 판이하다. 아주 다르다. ¶病前病后～若两人 | 병들기 전과 나은 후에 전혀 딴 사람 같다. ❸ 副 아주. 대단히.
【迥别】jiǒngbié 書 動 아주 다르다. 판이하다. ¶弟兄俩性格～ | 형제 둘의 성격이 판이하다 =〔迥异yì〕〔迥殊shū〕
【迥乎】jiǒnghū 書 副 훨씬. 매우. 현저히. ¶～不同 | 威 매우 다르다 =〔迥然rán〕
【迥然】jiǒngrán ⇒〔迥乎hū〕
【炯】jiǒng 밝을 형 書 形 ❶ (눈부시게) 빛나다. 형형하다. ¶目光～～ | 威 눈빛이 빛나다. ❷ 밝다. 환하다. ¶～鉴jiàn | 밝은 거울.
【炯炯】jiǒngjiǒng ❶ 書 狀 (눈빛이) 형형하다. ¶两眼放出～的光芒 | 두 눈이 형형한 빛을 발하다. ❷ ⇒〔扃jiǒng扃〕 ❸ 書 形 (심기가) 불편하다. 마음에 걸리다.
【炅】jiǒng Guì 빛 경
Ⓐ jiǒng 書 名 햇빛.
Ⓑ Guì 名 성(姓).
【窘】jiǒng 군색할 군 ❶ 形 곤궁하다. 궁핍하다. ¶生活很～ | 생활이 매우 곤궁하다. ❷ 形 (입장이) 난처하다. (방법이 없어서) 곤란하다. ¶你一言, 我一言, ～得他满脸通红 | 너가 한마디, 내가 한마디 하는 통에 그는 난처해서 얼굴이 화끈 달아 올랐다. ❸ 動 난처하게 하다. 곤란하게 하다. ¶什么问题也～不住他 | 어떤 문제라도 그를 곤란하게 하지 않는다.
【窘促】jiǒngcù ⇒〔窘迫pò〕
【窘境】jiǒngjìng 名 곤경. 궁지. 난처한 지경. ¶处于～ | 난처한 지경에 처하다. ¶从～中解脱出来 | 곤경에서 빠져나왔다 =〔窘况kuàng〕
【窘况】jiǒngkuàng ⇒〔窘境jìng〕
【窘困】jiǒngkùn 形 ❶ (생활이) 곤궁하다. 군색하여 고생스럽다. ¶处于～的状况 | 곤궁한 상황에 처해있다. ❷ (처지가) 궁하다. 난처하다.
【窘迫】jiǒngpò 形 ❶ (생활이) 곤궁하다. ¶过～的日子 | 곤궁한 생활을 하다. ❷ (입장이) 매우 곤란하다〔난처하다〕. ¶处境～ | 처지가 매우 난처하다 ‖ =〔書 窘促cù〕
【窘态】jiǒngtài 名 궁상(窮狀). ¶表现出了～ | 궁상을 드러냈다 =〔窘相xiàng〕

jiū ㄐㄧㄡ

2【纠(糾)〈糺〉】jiū 얽힐 규 動 ❶ 얽히다. 휘감기다. ¶～缠chán↓ ❷ 모으다. 규합하다. ¶～合↓ ❸ 바로잡다. 시정하다. ¶～偏piān↓ ❹ 살피다. 조사하다. 감독하다. ¶～察chá↓
【纠察】jiūchá ❶ 動 (죄상을) 조사하다. 규찰하다. ❷ 動 공공 질서를 유지하다. ❸ 名 피켓(picket). 규찰 대원. ¶～线 | (노동 쟁의의) 피켓 라인.
【纠察队】jiūcháduì 名 (노동 쟁의 등의) 피켓. 규찰대.

【纠缠】jiūchán 動 ❶ 뒤얽히다. 뒤엉키다. ¶~在一起 | 한데 뒤얽히다. ❷ 치근거리다. ¶别和他~了 | 그에게 치근덕거리지 마시오. ❸ 분쟁을 일으키다. ¶那件事~了许久仍无结果 | 그 일은 오랫동안 분쟁을 일으켰지만 여전히 결과가 없다 ‖ =〔纠扯chě〕〔绞缠②〕〔绞结〕

4【纠纷】jiūfēn ❶ 名 다툼. 분쟁. 분규. ¶调解~ | 분규를 중재하다. ¶国际~ | 국제 분쟁. ❷ 動 분규하다. 옥신각신하다.

【纠葛】jiūgé 名 분쟁. 다툼. 분규. ¶他们之间发生了一点~ | 그들 간에 약간의 분쟁이 일어났다.

【纠合】jiūhé 動 貶 모으다. 규합하다. ¶~党羽 | 도당을 규합하다. ¶~了一支又一支的军队 | 한 무리 또 한 무리의 군대를 규합했다 =〔鸠jiū合〕

【纠集】jiūjí 動 貶 규합하다. ¶~死党 | 보수적 집단을 규합하다 =〔鸠jiū集〕

【纠结】jiūjié 書 動 결탁하다. 합동하다.

【纠偏】jiū/piān 動 簡 편향〔치우친 것〕을 바로잡다 =〔纠正偏向〕

2【纠正】jiūzhèng 動 (사상·행동·방법 등의 단점이나 잘못을) 교정하다. 바로잡다. ¶~错误 | 잘못을 바로잡다 =〔纠绳shéng〕

【赳】 jiū 헌걸찰 규, 굳셀 규

⇒〔赳赳〕

【赳赳】jiūjiū 狀 용감하다. 당당하다. ¶雄~ | 위풍 당당하다.

1【究】 jiū (又 jiù) 궁구할 구

❶ 탐구하다. 캐다. 추구하다. ¶研~ | 연구하다. ¶深~ | 깊이 탐구하다. ❷ 書 副 결국. 도대체. ¶~属不妥 | 결국은 타당하지 않다. ¶~应如何处理? | 도대체 어떻게 처리할 것이니?→〔究竟jìng〕

【究办】jiūbàn 書 動 취조하여 처벌하다. ¶依法~ | 의법 처벌하다 =〔究处chǔ〕〔究治zhì〕

【究根(儿)】jiū/gēn(r) 動 뿌리를 캐다. 철저히 규명하다. ¶这事已经了结, 你不必~了 | 이 일은 이미 해결되었으니 네가 규명할 필요가 없다.

【究诘】jiūjié 書 動 끝까지 따져 묻다. ¶不必一味~ | 끝까지 따져 물을 필요없다.

2【究竟】jiūjìng ❶ 名 결말. 일의 귀착. ¶大家都想知道个~ | 모두들 결말을 알고 싶어 한다. ❷ 副 도대체. 대관절. 어법 ⓐ 주로 서면어(書面語)의 의문문에 쓰이며 구어(口語)에서는 「到底」를 씀. ⓑ 「…吗」 형식의 의문문에는 쓸 수 없음. ¶你~吗(×) ¶你~答应不答应? | 너는 도대체 응낙할 것이니 안할 것이니? ❸ 副 필경. 결국. 어쨌든. 요컨대. ¶他~经验丰富, 让他负责这项工作最合适 | 어쨌든 그는 경험이 풍부하니 그에게 이 일을 책임지게 하는 것이 가장 적합하다 =〔毕竟〕 ‖ =〔必竟〕〔究应〕〔究之〕

【究其实】jiūqíshí 動 사실을 따지다. ¶~一说 | 사실을 터놓고 말하자면. ¶~, 他这种作法是嫁祸于人 | 사실을 따져보면, 그의 이런 방법은 다른 사람에게 화를 전가시키는 것이다.

【鸠(鳩)】 jiū 비둘기 구

❶ 名 〈鳥〉 비둘기. ❷ 모으다. ¶~合↓

【鸠合】jiūhé ⇒〔纠jiū合〕

【鸠集】jiūjí ⇒〔纠集〕

【鸠集凤池】jiū jí fèngchí 成 용렬한 자가 요직을 차지하다. ¶现在学校里~ | 지금 학교에는 용렬한 자가 요직을 차지하고 있다.

【鸠形鹄面】jiū xínghú miàn 成 빼빼 마른 몸에 파리한 얼굴 =〔鸟niǎo面鹄形〕〔鹄形鸠面〕

【阄(鬮)】 jiū 제비 구/규

(~儿) 名 제비. ¶抓~(儿) =〔拈niān阄(儿)〕 | 제비를 뽑다→〔抽chōu签(儿)②〕

【啾】 jiū 울 추

⇒〔啾唧〕〔啾啾〕

【啾唧】jiūjí 擬 짹짹. 재잘재잘 찌르륵 [새·벌레 등이 우는 소리]

【啾啾】jiūjiū 擬 ❶ 찍찍. 짹짹. 조잘조잘 [많은 수의 새가 우는 소리] ¶寒风鸣~ | 찬바람에 짹짹거리며 울다. ❷ 귀신이 곡하는 소리. 처연하고 처절한 소리.

3【揪】 jiū 모을 추

動 움켜 쥐다〔잡다〕. 잡아〔끌어〕 당기다. ¶~着绳子往上爬 | 새끼줄을 잡고 기어 오르다. ¶~耳朵↓ =〔方 薅hāo〕

【揪辫子】jiū/biàn·zi 動組 ❶ 喻 약점을 잡다. 꼬투리를 잡다. ¶不应揪人家的辫子不放 | 다른 사람의 약점만을 그냥 잡고 늘어져서는 안된다 =〔抓zhuā辫子〕 ❷ 낡은 반동적 사상을 지닌 사람을 끄집어 내다.

【揪出来】jiū·chū·lái 動組 끌어내다. 몰아내다. ¶~暗藏的机会主义者 | 숨어 있는 기회주의자를 몰아내다.

【揪斗】jiūdòu 動 적발하여 투쟁하다. ¶~反动分子 | 반동 분자를 적발해 내어 비판하다.

【揪耳朵】jiū ěr·duo 動組 ❶ 귀를 잡아당기다. ❷ 轉 강제로 시키다.

【揪揪】jiū·jiu 狀 方 쭈글쭈글하다 [「揪揪着」의 형태로 쓰임] ¶衣服没熨yùn, 还~着呢 | 옷을 다리지 않아 아직 쭈글쭈글하다.

【揪痧】jiū/shā ❶ 動 더위를 먹거나 목병이 났을 때 목·이마·팔꿈치 등을 꼬집어서 피하 출혈을 일으켜 속의 염증을 경감시키다. ¶他有内热, 你去给他~吧! | 그가 속열이 있으니, 네가 가서 출혈시켜 염증을 경감시켜 주어라! ❷ (jiūshā) 名 위와 같은 것을 하는 민간 요법.

【揪手】jiū·shou 名 (물건·문 등의) 손잡이. ¶拴shuān个~就好拿了 | 손잡이를 묶으면 잡기 쉽다.

【揪心】jiū/xīn 動 方 ❶ 마음을 졸이다. 근심〔걱정〕하다. ¶这孩子真叫人~ | 이 애는 정말 사람을 걱정 시킨다. ❷ 괴롭다. 고민하다. 고심하다. ¶伤口痛得~ | 상처가 아파서 괴롭다.

【揪住】jiūzhù 動 꽉 붙잡다. 붙들다. ¶~尾巴 | 꼬리를 잡다. 약점을 잡다. ¶别~别人的缺点 | 남의 결점을 잡지 마라.

【鬏】 jiū 상투 추

(~儿) 名 머리를 틀어 올린 상투.

【缪】 jiū ☞ 缪 móu B

【噍】jiū ☞ 噍 jiào Ⓒ

【蝤】jiū ☞ 蝤 qiú Ⓒ

jiǔ ㄐㄧㄡˇ

1【九】jiǔ 아홉 구
❶ 數 9. 아홉. ❷ 名 동짓날 부터 9일씩 [매 9일간이 1「九」이고, 1「九」에서 9「九」까지 81일간 임] ¶冷在三～ | 동지로부터 19～27일간에 가장 춥다→[数shǔ九] ❸ 다수(多數). 여러번. ¶～死一生 | 구사일생. ¶～牛一毛↓ ❹ 복성(複姓)중의 한 자(字). ¶～方↓ 어법 단독으로 9를 읽을 때는「gōu」라고도 발음함.

【九层之台, 起于垒土】jiǔ céng zhī tái, qǐ yú lěi tǔ 成 구층 누각도 하나 하나 쌓아올린 것이다. 천리 길도 한 걸음부터. ¶～, ～, 做学问必先打好基础才成 | 천리길도 한걸음부터이니, 학문을 하려면 반드시 먼저 기초를 닦아야만 한다.

【九成】jiǔchéng 名 ❶ 10분의 9. 9할(割). ❷ 書 9층.

【九成九】jiǔchéngjiǔ 名 십중팔구. 열에 아홉. ¶这事～是确定quèdìng了 | 이 일은 거의다 확정됐다.

【九重天】jiǔchóngtiān 名 높디 높은 하늘. ¶飞上～去 | 높은 하늘을 날아가다.

【九重霄】jiǔchóngxiāo 名 ❶ 하늘의 가장 높은 곳 ＝[九霄][重霄] ❷ 궁성. 왕궁.

【九二〇】jiǔ'èrlíng ⇒[赤chì霉素]

【九方】Jiǔfāng 名 복성(複姓).

【九宫】jiǔgōng ⇒[宫调gōngdiào]

【九宫格儿】jiǔgōnggér 名 한자 서법 연습 용지.

【九归】jiǔguī 名〈數〉구귀 제법(九歸除法) [(주산에서) 아홉이내의 수의 제법]

【九斤黄鸡】jiǔjīnhuángjī 名〈鳥〉코친 [중국 원산의 유명한 육용 품종의 닭] ¶她宰了一只～给我作下酒菜 | 그녀는 코친을 한 마리 잡아 나에게 술안주로 주었다 ＝[俗 九斤黄]

【九九】jiǔjiǔ 名 ❶ 동지(冬至)로부터 81일 째 되는 날→[九九歌] ❷〈數〉구구. 곱셈. ¶～表 | 구구표. ❸ (～儿) 생각. 식견. ¶他心里没个～ | 그는 마음 속에 아무런 생각도 지니고 있지 않다.

【九九歌】jiǔjiǔgē 名 구구가 [동지(冬至)이후의 아홉 절기의 특징을 내용으로 한 노래]

【九九归一】jiǔ jiǔ guī yī 成 돌고 돌아서 원점으로 되돌아가다. 결국. ¶～, 还是老师的话对 | 결국에 가서는 역시 선생님의 말씀이 옳았다 ＝[九九归原yuán]

【九流三教】jiǔ liú sān jiào ⇒[三教九流]

【九牛二虎之力】jiǔ niú èr hǔ zhī lì 成 굉장히 큰 힘. 엄청난 노력. ¶我费了～才把这一套东西搞到手 | 나는 엄청난 노력을 들여 이 물건을 손에 넣게 되었다. ¶费尽～ | 있는 힘을 다하다 ＝[九牛二虎]

【九牛一毛】jiǔ niú yī máo 成 많은 가운데 극히 적은 부분. 새발의 피. ¶要将所掌握的部分与全部相比不过是～ | 장악하고 있는 부분을 전부와 비교해 보면 겨우 새발의 피에 지나지 않는다. ¶这一点钱对他的工资来说是～ | 이 약간의 돈을 그의 월급으로 말한다면 새발의 피에 불과하다.

【九曲回肠】jiǔ qū huí cháng 成 ❶ 꼬불꼬불하다. ❷ 울화가 치밀어 창자가 뒤집히다 ＝[九回肠]

【九泉】jiǔquán 書 名 구천. 황천. ¶在～之下安眠 | 구천에서 편안히 잠들다 ＝[黄huáng泉]

【九死一生】jiǔ sǐ yī shēng 成 구사일생. ¶他～从敌占区逃了出来 | 그는 구사일생으로 적의 점령지에서 도망쳐 나왔다 ＝[一生九死]

【九天】jiǔtiān 名 ❶ 구중천. 제일 높은 하늘. ¶～九地 | 하늘과 땅 차이. ¶～之上 | 成 까마득히 높은 곳. ❷ 사면 팔방. ¶～四海 | 成 드넓은 하늘과 사방의 바다. ❸ 궁성 ‖ ＝[九垓gāi]

【九头鸟】jiǔtóuniǎo 名 ❶ 전설에 나오는 머리 아홉 개의 불길한 새. ❷ 轉 교활한 사람. 능갈맞은 사람 ‖ ＝[鬼车guǐjū]

【九霄云外】jiǔ xiāo yún wài 成 하늘 끝 저멀리. 까마득히 먼 곳. 어법「到」「在」와 연용하여 보어로 사용됨. ¶忘在～去了 | 까마득히 잊어버렸다.

【九一四】jiǔyīsì 名〈藥〉옛날 매독 치료제[치료약].

【九音锣】jiǔyīnluó ⇒[云yún锣]

【九月九】jiǔyuèjiǔ 名 음력 9월 9일. 중양절(重陽節)→[重chóng阳(节)]

【九州】jiǔzhōu 名 ❶ (옛날 중국의) 9개 주의 행정 구역. ¶名扬～ | 이름을 구주에 떨치다. ❷ 轉 중국 전체 영토.

【九族】jiǔzú 名 구족. ¶他犯了灭～的大罪 | 그는 구족을 멸하는 대죄를 지었다 ＝[九代]

1【久】jiǔ 오랠 구
❶ 形 오래다. (시간이) 길다. ¶等了好～了 | 오래 기다렸다. ¶很～没有见面了 | 오래간만입니다 ⇔[暂zhàn] ❷ 名 시간의 길이. 기간 동안. ¶考古队发掘了两个月之～ | 고고학팀이 두 달동안 발굴했다. ❸ 書 形 오래된. 묵은. 옛날의. ¶～怨 | 묵은 원한.

【久别重逢】jiǔ bié chóng féng 成 오랜만에 다시 만나다. ¶老同学～, 不胜欣喜 | 옛 동창들이 오랜만에 다시 만나 기쁨을 이기지 못하다.

【久病成医】jiǔ bìng chéng yī 成 오래 병을 앓으면 의사가 된다. ¶～, 他现在也会治治小病了 | 오래 병을 앓으면 의사가 된다더니, 그가 지금은 작은 병 정도는 치료할 수 있게 되었다.

【久等】jiǔděng 動 오래 기다리다. ¶让您～了 ＝[叫您久等了] | 당신을 오래 기다리게 했군요.

【久赌无胜家】jiǔdǔ wú shèngjiā 諺 도박을 오래 하여 이긴 사람 없다.

【久而久之】jiǔ ér jiǔ zhī 成 오래. 오래동안. 오래도록. 오래오래. 어법 주로 부사적 용법으로 사용됨. ¶～差不多的话就都能说了 | 오래되니 웬만한 말은 할 수 있게 되었다.

【久旱】jiǔhàn 動 오래 가물다. 가뭄이 오래 지속되다. ¶～逢甘雨 | 成 오랜 가뭄 끝에 단비가 내리다. 오랫동안 바라던 것이 마침내 이루어지다.

【久借不归】jiǔ jiè bù guī 成 ❶ 빌린 것을 질질 끌며 돌려주지 않다. ¶我知道他一借出就一定～, 会丢了的 | 나는 그가 빌려갔다 하면 오랫동안 돌려주지 않아 잃어버리고 말 것이라는 것을 안

다. ❷빌려준 뒤 오래된 것은 돌아오지 않는 법이다 ‖ =〔久假不归〕

【久经】jiǔjīng ❶動 오랜시간 경험하다. ¶～考验 | 오랜 시련을 겪다. ❷⇒〔久已〕

【久久】jiǔjiǔ 副 오래오래. 오래도록. 오랫동안. ¶心情～不能平静 | 마음이 오랫동안 가라앉지 않았다.

【久留】jiǔliú 動 오랫동안 머무르다. ¶此地不可～ | 여기는 오랫동안 머물 곳이 못된다.

【久陪】jiǔpéi 動 오랫동안 동행〔동반, 수행〕하다. ¶不能～了 | 오랫동안 동행할 수가 없습니다.

【久违】jiǔwéi 套 오래간만입니다. ¶～～! | 오래간만입니다.

【久闻大名】jiǔwén dàmíng 套 존함〔높은 명성〕은 오래 전에 들었습니다 [처음 대면할 때 쓰는 말] ¶啊, 康先生, ～, 今日得见, 乃三生有幸 | 아 강선생님, 존함은 이미 들었고요, 오늘 뵙게되어 정말 크나큰 행운입니다 =〔久仰yǎng大名〕

【久仰】jiǔyǎng 套 존함은 오래 전부터 들었습니다 [처음 만났을 때의 인사] ¶～您的大名啊 | 이미 당신의 존함을 들었습니다 =〔素sù仰〕

【久已】jiǔyǐ 副 오래전에 벌써〔이미〕. 오래전부터. 일찍이. ¶这件事我～忘了 | 이 일을 나는 이미 오래전에 잊어버렸다 =〔久经jīng〕

【久远】jiǔyuǎn ❶形 멀고 오래다. 까마득하다. ¶～的痃日 | 까마득한 옛날. ❷名 먼 미래〔앞날〕 ‖ =〔远向xiàng〕

【久坐】jiǔzuò 動 오래 앉다〔머물다〕. ¶今天有点儿事, 不能～ | 오늘은 일이 좀 있어서 오래 머무를 수 없습니다.

3【灸】jiǔ 뜸 구
名動〈漢醫〉뜸(을 뜨다). ¶针zhēn～疗法 | 침구 요법. ¶拿艾ài子～一～ | 쑥으로 뜸질하다.

【灸治】jiǔzhì 名動 뜸(으로) 치료(하다).

4【玖】jiǔ 옥돌 구
❶數「九」의 갖은 자. ❷書名 옥과 비슷한 검은색의 돌.

【韭〈韮〉】jiǔ 부추 구
名〈植〉부추 =〔韭菜〕〔丰fēng本〕

【韭菜】jiǔ·cài 名〈植〉부추 =〔辣là韭〕

【韭黄】jiǔhuáng 名 (겨울철에 움 또는 온실에서 키운) 누런색의 연한 부추.

1【酒】jiǔ 술 주
名 ❶술. ¶烧shāo～ | 소주. ¶啤pí～ | 맥주 =〔壶hú中物〕〔黄汤(子)〕〔梨lí花春〕〔里l-丫牵绵〕〔俗猫māo儿尿〕〔三酉yǒu〕〔扫sǎo愁帚〕〔水绵袄〕〔四王子〕〔天與大夫〕〔忘wàng忧物〕 ❷알코올이 함유된 액체. 정기(丁幾). ¶碘～ =〔碘diǎn酊〕 | 요오드팅크 =〔酊dīng〕 ❸(Jiǔ) 성(姓).

【酒吧(间)】jiǔbā(jiān) 名方外 (서양식) 술집. 바(bar). ¶她在～当服务员 | 그녀는 술집 종업원이다.

【酒保(儿)】jiǔbǎo(r) 名近 술집 심부름꾼. 술집 보이. ¶唤～取好酒来 | 보이를 불러 좋은 술을 가져오게 하다 =〔酒家③〕〔量liáng酒〕

【酒杯】jiǔbēi 名 술잔.

【酒饼】jiǔbǐng ⇒〔酒曲qū〕

【酒不醉人人自醉】jiǔ bù zuì rén rén zì zuì 成 술이 사람을 취하게 하는 것이 아니라 사람이 스스로 취한다.

【酒菜(儿)】jiǔcài(r) 名 ❶술 안주. ¶买了一斤猪头肉作～ | 돼지 머리 고기를 한근 사서 술안주로 하다 =〔下酒菜〕〔下酒物〕 ❷술과 안주 ‖ =〔書酒肴yáo〕

【酒池肉林】jiǔ chí ròu lín 成 주지 육림. 술이 못을 이루고 매단 고기가 숲을 이루다. ❶온갖 향락이 극에 달하다. ❷호화로운 잔치〔연회〕

3【酒店】jiǔdiàn 名 ❶술집 =〔酒馆guǎn(儿, 子)〕〔酒户hù〕〔酒铺(儿)〕 ❷호텔 [주로 홍콩에서 사용함] ❸선술집. ❹台 극장식 식당.

【酒饭】jiǔfàn 名 술과 음식. 술과 식사.

【酒逢知己千杯少】jiǔ féng zhījǐ qiān bēi shǎo 成 술은 좋은 친구를 만나 마시면 천 잔으로도 모자란다. 술은 마음이 맞는 사람과 마셔야 한다. ¶～, 来, 咱们再喝一瓶! | 술이란 마음 맞는 사람과 마셔야하니, 자, 우리 다시 한 병 더 마십시다!

【酒缸】jiǔgāng 名 ❶술독. ¶掉在～里 | 술독에 빠지다. 항상 술에 취해 있다. ❷北 술집. ❸술고래.

【酒馆(儿, 子)】jiǔguǎn(r·zi) ⇒〔酒店diàn①〕

【酒鬼】jiǔguǐ 名 罵 술고래. 술도깨비. ¶他是一个～, 挣的薪水全喝了 | 그는 술고래여서, 월급 받으면 몽땅 마셔버린다.

【酒酣耳热】jiǔ hān ěr rè 成 술이 한참 달아 올라 귀까지 빨개지다. 술이 얼큰하다. ¶～, 即席赋诗 | 술이 얼큰하여 즉석에서 시를 짓다.

【酒后见真情】jiǔhòu jiàn zhēnqíng 諺 술에 취하면 본성이 나타난다. 술 먹으면 바른 말 한다. 취중에 진담나온다.

【酒后失言】jiǔhòu shīyán 술로 인한 실언. ¶他～, 说出了真相 | 그는 술먹고 실수하여, 진상을 말해버렸다.

【酒后无德】jiǔhòu wúdé 술을 마시면 주정을 부리다. 술 버릇이 나쁘다.

【酒花】jiǔhuā 名〈植〉홉. 홀포 =〔忽hū布(花)〕〔啤酒花〕

【酒幌子】jiǔhuǎng·zi ⇒〔酒望(子)〕

4【酒会】jiǔhuì 名 간단한 연회. 파티. ¶鸡尾～ | 칵테일 파티.

【酒家】jiǔjiā ❶名 술집. 선술집. ❷名方 요리집. ❸⇒〔酒保(儿)〕

【酒劲儿】jiǔjìnr 名 술기운. ¶借着～闹 | 술 기운에 떠들다.

4【酒精】jiǔjīng 名〈化〉주정.

【酒具】jiǔjù 名 술(마시는) 용구〔도구〕. ¶买了一套～ | 술마시는 도구를 한세트 샀다.

【酒客】jiǔkè 名 ❶술 손님. ❷술을 좋아하는 사람.

【酒力】jiǔlì ❶⇒〔酒量(儿)〕 ❷⇒〔酒钱(儿)〕 ❸名 술의 세기. 주정도. ❹名 술기(운). ¶不胜～ | 술기운을 이기지 못하다.

【酒帘】jiǔlián ⇒〔酒望(子)〕

【酒量(儿)】jiǔliàng(r) 图 주량. ¶他~大 | 그는 술이 세다 =〔酒力①〕
【酒令(儿)】jiǔlìng(r) 图 (술 자리의 흥을 돋구기 위한) 벌주(罰酒) 놀이. ¶行~ | 벌주 놀이를 하다. ¶色shǎi子~ | 주사위를 사용하여 벌주를 주는 놀이 =〔觥gōng令〕〔㊔觞shāng令〕〔㊔觞政〕
【酒母】jiǔmǔ ⇒〔酒曲qū〕
【酒囊饭袋】jiǔ náng fàn dài 威 밥주머니. 식충이. 밥통. 먹고 사는 것 말고는 아무 재주도 없는 사람. ¶他是一个十足的~ | 그는 대단한 식충이이다 =〔酒囊饭桶〕〔酒甕wèng饭囊〕〔饭坑酒囊〕
【酒酿】jiǔniáng 图 감주(甘酒) =〔酒娘niáng〕〔㊀钵bō酒〕〔㊁江米酒〕〔醪láo糟〕〔㊀糯nuò米酒①〕〔甜tián酒酿〕
【酒旗】jiǔqí ⇒〔酒望wàng(子)〕
【酒气】jiǔqì 图 얼큰한 기분. 술기운. 술기. 주기(酒氣). ¶~喷喷pēn | 술내가 푹푹 나다.
【酒器】jiǔqì 图 주기. 술그릇. 착락(錯落). 주구(酒具).
【酒钱(儿)】jiǔ·qián(r) 图 ❶ 술값. ¶给他一点儿~ | 그에게 약간의 술값을 주다. ❷ 팁(tip). 사례금 ‖ =〔酒资zī〕
【酒曲】jiǔqū 图 주모. 술밑. 술 누룩 =〔酒饼bǐng〕〔酒媒méi〕〔酒母mǔ〕
【酒肉朋友】jiǔ ròu péng yǒu 威 술친구. 오로지 함께 먹고 마시고 노는 친구로, 어려움은 함께 할 수 없는 친구. ¶他和老王是~ | 그와 왕씨는 술친구이다.
【酒入愁肠】jiǔ rù chóu cháng 威 걱정거리가 있어 술이 많이 먹히지 않다. 술로 시름을 달래다. 홧술을 마시다. ¶~人更愁 | 술로 시름을 달래려고 하면 더욱 시름만 깊어진다.
【酒色财气】jiǔ sè cái qì 威 술·여자·돈·노여움 등 삼가해야 할 네 가지.
【酒圣】jiǔshèng 图 ❶ 맑은 술. 청주. ❷ 주성(酒聖). 주호(酒豪). 주선(酒仙). 술 잘 마시는 사람.
【酒石酸】jiǔshísuān 图 〈化〉 주석산 =〔二羟qiǎng丁二酸〕〔果酸〕
【酒食】jiǔshí 图 ❶ 술과 식사. ❷ 음식물의 총칭 ‖ =〔酒馔zhuàn〕
【酒是英雄胆】jiǔ shì yīngxióngdǎn 諺 술을 마시면 담이 커진다.
【酒徒】jiǔtú 图 ❶ 술 손님. 주객. ❷ 호주가.
【酒望(子)】jiǔwàng(·zi) 图 주기. 술집 앞에 광고 삼아 세우는 기 =〔酒幌huǎng子〕〔酒帘lián〕〔酒旗qí〕〔青qīng帘〕〔三尺布〕
【酒味儿】jiǔwèir 图 ❶ 술 맛. ❷ 술 향기. 술 냄새.
【酒窝(儿)】jiǔwō(r) 图 보조개 =〔酒坑kēng(儿)〕〔酒涡wō(儿)〕〔梨lí窝〕〔梨涡〕〔笑窝(儿)〕
【酒席】jiǔxí 图 ❶ 술자리. 술좌석. 연석(宴席) =〔酒筵〕〔酒座〕〔酒坐〕→〔宴yàn会〕 ❷ 연회의 요리. ¶办了三桌~ | 세 탁자의 연회 요리를 준비했다→〔便biàn饭〕
【酒仙】jiǔxiān 图 ❶ 주선. 주호(酒豪). ❷ (Jiǔxiān) 〈人〉 당대(當代) 시인 이백(李白)의 다른 이름.
【酒兴】jiǔxìng 图 주흥. ¶趁着~ | 주흥을 틈타서.
【酒宴】jiǔyàn ❶ ⇒〔酒席xí①〕 ❷ 图 술잔치.
【酒药】jiǔyào 图 이스트(yeast). 누룩.
【酒靥】jiǔyè ⇒〔酒窝wō(儿)〕
【酒意】jiǔyì 图 취기. 술기운. ¶他脸上很有~了 | 그의 얼굴에 술기운이 가득하다. ¶他的~失去了一半 | 그의 취기는 반쯤 가셨다.
【酒有别肠】jiǔ yǒu bié cháng 威 술배는 따로 있다. 배가 불러도 술은 마실 수 있다 [남에게 술을 권할 때 하는 말]
【酒糟】jiǔzāo 图 술지게미. 재강 =〔酒骨gǔ〕〔酒渣zhā〕〔酒滓zǐ〕〔香糟zāo〕
【酒糟鼻(子)】jiǔzāobí(·zi) 图 주부코. (주독이 오른) 빨간 코 =〔酒渣zhā鼻〕〔酒齄zhā鼻〕〔糟鼻子〕
【酒盅(儿)】jiǔzhōng(r) 图 작은 술잔 =〔酒盅子〕〔酒锺zhōng〕
【酒足饭饱】jiǔzú fànbǎo 威 술과 밥을 배불리 먹었습니다. 대접을 잘 받았습니다. ¶他们~之后才谈生意 | 그들은 배불리 먹은 후에 사업 얘기를 한다.

jiù ㄐㄧㄡˋ

1【旧(舊)】jiù 예 구, 낡을 구 ❶ 形 과거의. 옛날의. ¶~社会 | 구사회. ¶~经验jīngyàn | 옛 경험 ⇔〔新〕 ❷ 形 낡다. 오래되다. ¶~书↓ ¶衣服~了 | 옷이 낡았다. ¶又~又破的鞋 | 낡고 떨어진 신발 ⇔〔新〕 ❸ 形 이전의. 그전의. ¶照~ | 이전대로 따르다. ¶~都 | 옛 수도. ❹ ㊔ 图 오랜 교분. 오랜 친구. ¶怀huái~ | 옛 벗〔일〕을 생각하다. ¶有~ | 오랜 교분이 있다.
【旧案】jiù'àn 图 ❶ 오래 된 현안(懸案). ¶积年~都已经清理完毕 | 몇 년 동안 쌓인 현안을 말끔히 다 처리하다. ❷ 전례(前例). ¶这个工作暂照~办理 | 이 작업은 당분간 전례대로 처리한다. ❸ 오랜〔낡은〕 문서.
【旧病复发】jiù bìng fù fā 威 ❶ 지병이 도지다. ❷ 나쁜 경향이나 버릇이 재발하다. ¶他~, 又去偷东西了 | 그는 나쁜 버릇이 재발하여, 또 물건을 훔치러 갔다.
【旧部】jiùbù 图 원래의 부하. ¶他是张自忠的~ | 그는 장자충의 원래 부하였다.
【旧仇】jiùchóu 图 숙원(宿怨). ¶报bào~ | 숙원을 풀다.
【旧调重弹】jiù diào chóng tán 威 옛 가락을 다시 연주하다. ❶ 옛 일을 다시 문제 삼다. ❷ 같은 소리를 곱씹다 ‖ =〔老调重弹〕
【旧都】jiùdū 图 고도(古都). 옛 도읍. ¶~西安的面貌 | 옛 도읍 서안의 면모 =〔㊔旧国〕
【旧故】jiùgù ⇒〔旧交jiāo(儿)〕
【旧观】jiùguān ㊔ 图 원래 모양. 옛 모습. ¶恢复huīfù~ | 원래 모양대로 회복하다.
【旧国】jiùguó ⇒〔旧都dū〕
【旧恨新仇】jiù hèn xīn chóu 威 오래 전부터 품어온 원한에 새로운 증오가 겹치다.
【旧货】jiùhuò 图 낡은 상품. 폐품. 고물. ¶~铺pū

|폐품 가게. 고물상.
【旧迹】jiùjì 名❶ 옛날 자취. ❷ 지나간 일. 옛 일.
【旧交(儿)】jiùjiāo(r) 名 옛 친구. 오래 사귄 친구 =〔旧故gù〕〔書 素sù交〕
【旧教】jiùjiào 名〈宗〉구교. 천주교 =〔天主教〕
【旧金山】Jiùjīnshān 名〈地〉「圣弗兰西斯科(샌프란시스코)의 다른 이름.
【旧居】jiùjū 名 이전의 거주지. 옛집. ¶参观了鲁迅的~ | 노신의 옛집을 참관했다 =〔旧宅zhái〕〔故gù居〕〔故庐lú〕
【旧历】jiùlì 名 음력 =〔农nóng历〕〔阴yīn历〕→〔阳yáng历〕
【旧例】jiùlì 名 전례. 선례. ¶打破~ | 선례를 깨다.
【旧梦重温】jiùmèng chóngwēn 威❶ 옛 꿈을 다시 실현하려 하다. ❷ 喩 남녀가 오랫동안 헤어져 있다 다시 만나다.
【旧年】jiùnián 名❶ 이전. 옛날. ❷ 음력 정월. 구정→〔新年〕❸ 方 작년 =〔去年〕
【旧瓶装新酒】jiù píng zhuāng xīn jiǔ 威 낡은 병에 새 술을 담다. 낡은 형식에 새 내용을 담다. ¶这是~, 没改变内容 | 이는 낡은 병에 새 술을 담은 것으로, 내용은 변함이 없다.
【旧情】jiùqíng 名❶ 옛정. ¶她不忘~ | 그녀는 옛 정을 잊지 못하다. ❷ 이전의 사정. 옛날 모습.
【旧日】jiùrì 名 옛날. 이전.
【旧社会】jiù shèhuì 낡은 사회 [보통 1949년 이전의 사회를 지칭함]
【旧诗】jiùshī ⇒〔旧体tǐ诗〕
【旧石器时代】jiùshíqì shídài 名組〈史〉구석기 시대.
【旧时】jiùshí 名 지난날. 옛날. 이전. ¶~故友 | 옛친구.
【旧识】jiùshí ❶ 名 옛날에 서로 알던 사람. ❷⇒〔旧友〕
【旧式】jiùshì 名形 구식(의). 재래식(의). 구형(의). 고풍(古風)(의). ¶~文人 | 낡은 스타일의 문인. ¶~飞机 | 구식 비행기. ¶~装备 | 구식 장비 ⇔〔新式〕
【旧事】jiùshì 名 과거지사. 지나간 일. ¶那已是~ | 그것은 이미 지나간 일이다 =〔去事〕→〔往事〕
【旧事重提】jiù shì chóng tí 威 지나간 일을 다시 꺼내다→〔旧调重弹〕
【旧书】jiùshū 名 낡은〔헌〕책. 옛 책. 오래된 책. 고서. ¶~店 | 헌책방. 고서점 ⇔〔新书〕
【旧俗】jiùsú 名 옛〔낡은〕풍속.
【旧态复萌】jiù tài fù méng 威❶ 옛 모습이 되살아나다. 원래 상태로 돌아가다. ❷ 오래된 나쁜 버릇이 다시 나오다.
【旧套(子)】jiùtào(·zi) 名 옛 습관. 예전〔낡은〕양식. 구투(舊套).
【旧体诗】jiùtǐshī 名 문인시(文人詩) [고시(古詩)와 율시(律詩)가 있음] ¶他会写~ | 그는 시를 지을줄 안다 =〔旧诗〕
【旧闻】jiùwén 名 전에 들은 말〔소문〕. 묵은 소식.
【旧物】jiùwù 名❶ 유물. ❷ 전장(典章)과 문물(文物). ❸ 구토(舊土).
【旧习】jiùxí 名 구습. 옛 습속〔습관〕. 낡은 버릇. ¶~难改 | 옛〔오래된〕습관은 고치기 어렵다.
【旧相识】jiùxiāngshí 名 구면. 전부터 아는 사이〔사람〕.
【旧学】jiùxué 名 구학문 [근대 서양 문화의 영향을 받기 전의 중국의 고유한 학문]
【旧业】jiùyè 名❶ 옛 직업. ❷ 앞사람의 사업. ❸ 이전의 재산. ¶~荡然无存 | 이전의 재산이 아무것도 남지 않았다.
【旧友】jiùyǒu 名 오랜 친구. 옛친구. ¶~重逢 | 威 옛친구를 다시 만나다 =〔書 旧雨〕〔旧知〕〔老友〕
【旧雨】jiùyǔ ⇒〔旧友〕
【旧宅】jiùzhái ⇒〔旧居〕
【旧址】jiùzhǐ 名❶ 옛터. ¶参观了学校的~ | 학교의 옛터를 참관했다. ❷ 본래〔이전〕주소. 옛 주소.
【旧制】jiùzhì 名❶ 옛〔낡은〕제도. ❷ (중국의) 옛 도량형 제도.

【臼】jiù 절구 구
❶ (~子) 名 절구. ❷ 절구 모양과 비슷한 것. ¶~齿↓ ❸ 名〈生理〉관절. ¶脱tuō~ | 탈구되다.
【臼齿】jiùchǐ 名〈生理〉구치. 어금니 =〔槽cáo牙〕〔磨mó牙②〕〔盘pán牙〕

【柏】jiù 오구목 구
名〈植〉오구목(烏臼木) =〔柏树〕〔乌wū柏〕

3【舅】jiù 외숙 구, 시아버지 구
名❶ 외삼촌. ¶大~ | 큰외삼촌. ¶二~ | 둘째 외삼촌. ❷ (~子) 처남. ¶大~子 | 큰처남. ¶妻~ | 처남. ❸ 書 시아버지. ¶~姑 | 시부모님.
【舅表姐妹】jiùbiǎojiěmèi 名組 외사촌 자매. ¶她们是~ | 그녀들은 외사촌 자매 사이이다 =〔亲表姐妹〕
【舅父】jiù·fu 名 외숙. 외삼촌. ¶他~是军官 | 그의 외삼촌은 군관이다 =〔回 舅舅〕〔舅氏〕〔江 阿ā舅〕〔亲qīn娘舅〕〔母舅〕
3【舅舅】jiù·jiu ⇒〔舅父〕
【舅老爷】jiùlǎo·ye 名 주인의 외할아버지나 외삼촌.
【舅妈】jiùmā ⇒〔舅母mǔ〕
3【舅母】jiùmǔ 名 외숙모. 외삼촌댁 =〔回 舅妈mā〕
【舅奶奶】jiùnǎi·nai 名❶「舅祖」의 처. ❷ 옛날, 주인의 조카 며느리를 부르는 호칭.
【舅嫂】jiùsǎo 名 回 처남댁. 처남의 아내.
【舅嫂】jiùsǎo 名 回 처남댁. 처남의 아내.
【舅子】jiù·zi 名 回 처남. ¶大~ | 손위 처남. ¶小~ | 손아래 처남.

【究】jiù ☞ 究 jiū

【咎】jiù 허물 구
❶ 名 과실. 죄과. 잘못. ¶~有应得↓ ¶引~自责zé | 잘못을 인정하고 자책하다. ❷ 動 책망하다. 탓하다. 나무라다. ¶既往不~ | 威 과

거의 잘못을 나무라지 않다. ❸名흉사(凶事). 재앙. ¶休xiū～ | 길흉.
【咎由自取】jiù yóu zì qǔ 成자기가 뿌린 씨는 자기가 거둔다. 자업자득. ¶这真是～, 罪有应得 | 이는 정말 자업자득이어서, 죄를 받아 마땅하다.
【咎有应得】jiù yǒu yīng dé 成죄를 지으면 벌을 받아 마땅하다.

【疚】jiù 오래앓을 구
書❶名고질병. 오랜 병. ❷形(자기 자신의 잘못에 대해) 내심 괴롭다. 언짢다. ¶内～于心 | 마음에 가책을 느끼다.
【疚愧】jiùkuì 形(양심의) 가책을 느끼며 부끄러워하다. ¶～的心情 | 부끄러운 심정.

【柩】jiù 널 구
名관(棺). 관구(棺柩). 널. ¶～车↓ =〔棺柩〕〔灵柩〕
【柩车】jiùchē 名영구차.

2【救〈捄〉】jiù 구원할 구
❶動(위험·재난 등에서) 구하다. 구조하다. ¶抢～ | 급히 구조하다. ¶把失足落水的小孩～上岸来 | 실족하여 물에 떨어진 어린 아이를 구해 강기슭에 올라오다. ❷動(위험·위기·재난 등을) 막다. 제지하다. 제거하다. ¶～火↓ ¶这些先借给你～急 | 급한 것을 막도록 너에게 이것들을 우선 빌려 주마. ❸名구제. 구원. 도움. ¶求～于人 | 남에게 도움을 청하다.
【救兵】jiùbīng 名원군. 원병. ¶请～ | 원병을 요청하다. 남에게 원조를 요청하다. ¶快去搬～ | 빨리 가서 원병을 청하다.
【救场】jiù/chǎng 動(희곡연출에서) 출연배우가 참가할 수 없게 됐을 때 다른 배우가 대신 무대에 오르는 것을 지칭함.
【救出】jiùchū 動구출하다. ¶从水中～了落水儿童 | 물 속에서 물에 빠진 어린이를 구출했다.
【救国】jiù/guó 動나라를 구하다. ¶～运动 | 구국운동.
【救护】jiùhù 名動구호(하다). ¶～队 | 구호대. ¶～人员 | 구호 요원. ¶～车 | 구급차. ¶～船 | 구호선. ¶～所 =〔救护站〕| 구호소.
【救荒】jiù/huāng 動기근을 구제하다. 구황하다. ¶～作物 | 구황 작물.
【救回】jiùhuí 動사경에서 구해 내다.
【救活】jiùhuó 動생명을 구하다. 목숨을 살리다.
【救火】jiù/huǒ 動불을 끄다. ¶仓库失火了, 快去～啊 | 창고에 불이 났으니, 빨리 가서 불을 끄라.
【救火以薪】jiù huǒ yǐ xīn 成장작으로 불을 끄다. 더 큰 화를 초래하다→〔抱薪救火〕
【救急】jiù/jí 動❶급한 상황을 구제하다〔도와주다〕. ¶～救不了穷 | 급한 상황은 구제해도 가난은 어쩔 수 없다. ❷응급 치료를 하다. ¶～药 | 구급약. ¶～法 | 구급법. ¶～箱 | 구급 상자. ¶～包 | 구급 가방.
4【救济】jiùjì 動구제(하다). ¶他～过不少穷人 | 그는 많은 가난한 사람을 구제하였다. ¶～粮 | 구제 식량.
【救驾】jiù/jià 動❶위험에 처한 황제를 구하다. ❷喩곤경에 빠진 사람을 돕다.
【救经引足】jiù jīng yǐn zú 成목을 매고 죽는 사람을 구한다는 것이 오히려 발을 잡아 당기다. ¶你这是～, 方法不当 | 너는 구한다는 것이 오히려 발을 잡아 당기고 있으니, 방법이 맞지 않다.
【救苦救难】jiù kǔ jiù nàn 成어려움에 처한 사람을 구제하다.
【救困扶危】jiù kùn fú wēi 成곤란하고 위급한 사람을 구하다.
【救命】jiù/mìng ❶動인명을 구조하다. ¶～恩人 | 생명의 은인. ¶～草 | 실날같은 희망. ❷套」사람 살려! [황급히 구조를 청하여 부르짖는 말]
【救难】jiùnàn ❶動재난으로부터 구(조)하다. ❷名구난. ¶～船 | 구조선.
【救球】jiù/qiú 動(구기에서) 포구(捕球)하다. 공을 잡다.
【救儿】jiùr 名구제될 가망. ¶我还有～没～呀? | 제가 아직도 구제될 가망이 있습니까?
【救人】jiù rén 사람을 구하다. ¶～救到底 =〔救人须救彻〕| 사람을 구하려면 끝까지 구해야 한다.
【救生】jiùshēng 動생명을 구하다. ¶水上～ | 수상 구조. ¶～设备 | 구명 장비. ¶～梯tī | 비상용 구명 사다리.
【救生筏】jiùshēngfá 名구명 뗏목.
【救生圈】jiùshēngquān 名구명 부표. 구명 부이.
【救生艇】jiùshēngtǐng 名구명정. 구명 보트.
【救生衣】jiùshēngyī 名구명 동의. 구명 조끼. ¶买了一件～ | 구명 조끼 한 벌을 샀다.
【救世主】jiùshìzhǔ 名〈宗〉구세주 [기독교에서 예수를 존중하여 이르는 말] ¶世界上没有什么～ | 세상에는 어떠한 구세주는 없다 =〔救主〕
【救死扶伤】jiù sǐ fú shāng 成죽어가는 사람을 살리고 부상자를 돌보다. ¶医生应该～ | 의사는 마땅히 죽어가는 사람을 구하고, 부상자를 돌보아야 한다.
【救亡】jiùwáng 動국가·민족을 멸망으로부터 구하다. ¶～运动 | 구국 운동 =〔救亡图存〕
【救亡图存】jiù wáng tú cún 成망국의 비운을 가셔버리고 국가의 생존을 도모하다.
【救星】jiùxīng 名喩구원의 신. 구원의 손길. ¶正在紧要关头, 来了～ | 긴급한 고비에 구원의 손길이 다가왔다 =〔救命星儿〕
【救药】jiùyào 動구제하다. 손을 쓰다. 만회하다. ¶不可～ | 손을 쓸 수가 없다.
【救援】jiùyuán 動구원하다. ¶向非洲提供tígōng～物资 | 아프리카에 구호 물자를 제공하다 =〔求助zhù〕
4【救灾】jiù/zāi 動❶이재민을 구원하다. 재난에서 구원하다. ❷재해를 없애다.
【救治】jiùzhì 動치료하여 위험으로부터 건지다. 응급 처치하다.
【救助】jiùzhù 動구조하다. 도와주다. ¶～穷人 | 가난한 사람을 돕다.

1【就】jiù 이룰 취, 나갈 취, 곧 취
Ⓘ 副❶곧. 즉시. 당장. ¶我～去 | 나 당장 간다. ¶天很快～亮了 | 곧 날이 밝는다. ❷이미. 벌써. 일찍이. 어법「就」앞에 반드시 시간을 나타내는 말이 와야 함. ¶他昨天晚上～去了

| 그는 어제 저녁에 이미 갔다. ¶事情早~清楚了 | 일은 일찍이 이미 명백해졌다. ❸ …하자 곧. 바로. 어법 ⓐ 「動 + 就 + 動」의 형식으로 두 동작이 연이어 행해짐을 나타냄. ¶说完~走 | 말이 끝나자마자 갔다. ¶放下背包~到地里干活 | 배낭을 내려 놓자마자 밭에 가 일을 했다. ⓑ 「動 + 就 + 形」의 형식일 때 형용사는 동작의 결과를 나타냄. ¶看见你~高兴 | 너를 만나니 기쁘다. ¶看完~明白了 | 다 보고 나니 알겠다. ⓒ 「一〔刚·才〕…就…」의 형식으로 자주 쓰임. ¶一看~会 | 보자마자 할 줄 안다. ¶天一亮~走 | 날이 밝자마자 가자. ❹ 바로. 꼭. 틀림없이. 어법 ⓐ 「就 + 是〔在〕」의 형태로 쓰임. ¶那~是他的家 | 저것이 바로 그의 집이다. ¶他的好处, ~在这一点 | 그의 장점은 바로 이 점에 있다. ⓑ 「就 + 動」의 형태에서 「就」를 강하게 발음하여 의지가 굳어 있음을 나타냄. ¶你不让干, 我~要干 | 네가 못하게 하지만 꼭 하고 말꺼야. ¶我~不信我学不会 | 나는 내가 배워 낼 수 없다고 생각하지는 않아. ⓒ 「就 + 動〔形〕」의 형태에서 주어를 강하게 발음하고 「就」를 약하게 발음하여, 주어가 술어에서 말하는 조건과 꼭 부합됨을 강조함. ¶老赵~学过法语, 你可以问他 | 조씨는 틀림없이 불어를 배운 적이 있다. 그에게 물어 봐도 좋다. ¶这儿~很安静 | 이곳이 바로 조용하다(따로 조용한 곳을 찾을 필요없다). ❺ 오직. 단지. 다만. 오로지 …뿐. 어법 ⓐ 「就(+有) + 名」의 형태로 어떤 범위를 확정함. ¶老两口~(有)一个儿子 | 늙은 두 사람은 오로지 아들 하나가 있을 뿐이다. ¶书架上~(有)那么几本书 | 책꽂이에는 그러한 책이 몇 권 있을 뿐이다. ⓑ 「就 + 動 + 賓」의 형태에서 「就」를 강하게 발음하여 동사의 동작이 목적어에 제한되어 있음을 나타냄. ¶我~要这个 | 나는 이것만을 원한다(다른 것은 필요없다). ¶老王~学过法语 | 왕씨는 불어만을 배운 적이 있다(다른 것은 배운 적도 없다). ⓒ 「就 + 문(句)」의 형태로 주어 이외에는 …하지 않았음을 나타냄. ¶昨天~他没来 | 어제 그만 오지 않았다(다른 사람은 모두 왔다). ¶~我一个人去行了 | 내 혼자만 가면 된다(딴 사람은 갈 필요 없다). ⓓ 「就 + 这样」으로 다른 어떤 상황이 없음을 나타냄. ¶~这样, 他离开了我们 | 이렇게 그는 우리에게서 떠났다 =〔只〕 ❻ 수량의 많거나 적음을 나타냄. 어법 ⓐ 「就 + 動 + 數 + 量」의 형식에서 「就」를 강하게 읽으면 화자(話者)가 그 수량이 적다고 여기는 것을 나타냄. 이 때 동사는 생략할 수 있음. ¶他~要了三张票, 没多票 | 그는 석 장의 표를 사려했으나 표가 더 없었다. ¶我~(有)一本, 你别拿走 | 난 한 권 밖에 없다. 가져가지 마라. ⓑ 「就 + 動 + 數 + 量」의 형식에서 「就」를 약하게 발음하고 주어를 강하게 발음하면 화자(話者)가 수량이 많다고 여기는 것을 나타냄. 이 때 동사는 생략할 수 있음. ¶他~要了三张票, 没剩几张了 | 그가 석 장(이나 되는) 표를 원했기 때문에 표가 몇 장 남지 않았다. ¶去的人不少, 我们班~(去了)七·八个 | 간 사람이 적지 않다. 우리 반만 하여도 7·8 명이나 된다. ⓒ 「一 + 動 + 就 + 數 + 量」의 형식에서 「就」를 약하게 발음하고 동사를 강하게 발음하여 화자가 그 수량이 많다고 여기는 것을 나타냄. ¶一干~半天 | 했다하면 반나절 동안 한다. ¶一讲~一大篇 | 말했다 하면 한바탕 많이 한다. ❼ 앞 절(小句)을 이어 받아 하나의 결론을 유도함. 어법 ⓐ 「如果〔「只要」「既然」「因爲」「爲了」〕…就…」의 형식으로 앞의 조건 아래 어떠하다는 뜻을 나타냄. ¶如果他去, 我~不去了 | 그가 간다면 나는 가지 않겠다. ¶他既然不同意, 那~算了 | 그가 동의하지 않는다면 그만 두자. ⓑ 문(句子)이 비교적 짧을 때는 「如果」「只要」 등의 접속사(連詞)를 생략할 수 있음. ¶下雨~不去 | 비가 온다면 가지 않겠다. ¶不同意~算了 | 동의하지 않는다면 그만두어라. ⓒ 「不…就不…」의 형태로 …하지 않는다면 반드시 …않는다는 의미로 쓰임. ¶他不干~不干, 要干就真像个干的样子 | 그는 안 한다면 반드시 안 하지만, 한다 하면 정말 하는 것처럼 한다. ¶不说~不说, 一说就没完没了 | 말하지 않는다면 절대 하지 않지만, 한번 했다하면 끝없이 한다. ⓓ 「…就…(吧)」의 형태로 용인·용납의 뜻을 나타냄. ¶去~去, 怕什么? | 갈테면 가라, 무엇을 두려워 하나? ¶比赛~比赛吧, 输了也没关系 | 겨루자면 겨루자, 진다해도 관계없다. ⓔ 상대방의 말을 이어 받아, 동의함을 나타냄. ¶运输的事~这么办吧! | 운송에 관해서는 이렇게 합시다. ¶~这样吧, 你先去和他商量商量 | 이렇게 하지요. 당신이 먼저 가서 그와 한번 의논해 보시오. ❽ 원래부터 그러하다는 것을 나타냄. ¶我本来~懂日语 | 나는 원래부터 일본어를 알고 있다. ¶我~知道他会来的, 今天他果然来了 | 나는 일찍부터 그가 올 줄 알았는데, 과연 오늘 그가 왔다. ❾ 동작·행위·성질·상태 등을 나타내는 말 뒤에 쓰여 그 말을 강조함. ¶好~好在那儿 | 좋은 것은 바로 그것이다. ¶他吓~吓糊涂了 | 그는 바로 놀라서 멍청해졌다. Ⓘ 動 ❶ 가까이하다. 곁에 다가서다. 접근하다. 어법 연동식(連動式)의 제1동사로 주로 쓰임. 「就」 다음이 단음절일 때는 관용구인 경우가 많고 다음절일 때는 「着」를 붙임. ¶~着灯看书 | 등불을 가까이하고 책을 본다. ¶往前~一~身子 | 몸을 앞으로 붙이다. ❷ 성취하다. 완성하다. 이루다. 확정하다. ¶事情已~了, 不必再提了 | 일은 이미 확정되었다. 더이상 말할 필요없다. ¶他已经死~了 | 그는 죽은 것이 확실하다. ❸ (목전의 편리를) 이용하다. 빌리다. …대로 하다. 어법 연동식의 제1동사로 쓰임. ¶~近买来 | 가까운 곳에서 사오다. ¶~热儿打铁 | 뜨거울 때 쇠를 두드리다. ¶~地取材 | 현지에서 재료를 구하다. 현지 조달하다. ❹ 곁들이다. 더불어 놓다. ¶吃饭~什么菜? | 식사에 무슨 요리를곁들여 놓을까요? ❺ 종사하다. 나아가다. ¶~学↓ ¶~事 | 취직하다. ¶~任↓ ❻ 따르다. …편에 서다. ¶反邪~正 | 부정을 배척하고 정의의 편에 서다. ¶俯~ =〔迁就〕〔将就〕 | (마지못해) 따르다〔동조하다〕. ❼ 줄어들다. 수축하다. ¶~筋jīn↓ Ⓘ 介 …에 의하면. …에

대하여. …에 관하여. 어법 동작의 대상이나 논점의 대상을 끌어들임. ¶～我看来 | 내가 보기에는. ¶～我所知 | 내가 아는 바에 의하면. Ⓘ 連 ❶가령 …일지라도. 설사 …이라도. 어법 뒤에 「也」「都」가 호응함. ¶你～说得再好听, 我也不信 | 네가 다시 더 듣기 좋은 말을 해도 나도 믿지 않겠다. ¶我～再胖, 都赶不上你 | 내가 다시 더 살이 쪄도 너를 앞지르지는 못할 것이다. ❷단지.다만. 어법 앞에 언급된 것의 일부를 부정하거나 예외적인 것을 덧붙여 말할 때 쓰임. ¶别的同学都来, ～是他没来 | 딴 동학들은 다 왔는데 단지 그만 오지 않았다. ¶他念得倒很用功, ～是成绩好不来 | 그는 공부는 열심히 하는데 오로지 성적이 오르지 않는다 ‖＝〔就是〕

【就伴(儿)】jiù/bàn(r) 動 ❶동반자가 되다. 부부가 되다. ❷짝을 이루다. 한짝이 되다. ¶我跟他～去上海 | 나는 그와 짝이 되어 상해에 간다.

【就便】jiù/biàn 副 ❶(～儿)…하는 김에. …하던 차에 ¶我～这次出差的机会, 也去看看釜山 | 내 이번에 출장가는 김에 부산에도 들려 보겠다＝〔顺便〕 ❷비록〔설사〕…하더라도. ¶～他要, 我也不给 | 설사 그가 요구하더라도 나는 주지 않겠다＝〔就是③〕

【就菜】jiù cài (밥 먹을 때) 반찬을〔요리를〕 함께 먹다. ¶你别净吃饭, ～吃吧 | 너는 밥만 먹지 말고 반찬도 함께 먹어.

4【就餐】jiùcān 書 動 밥을 먹다. 밥 먹으러 가다. ¶中午十二点去餐厅～ | 낮 열두시에 식당에 밥 먹으러 간다.

【就此】jiùcǐ 副 ❶지금 바로. 즉시. 이제 곧. ¶～前往 | 지금 바로 떠나겠다. ❷이것으로. 이상으로. 여기까지. ¶文章～结束 | 문장은 여기에서 끝난다.

【就搭】jiù·da 動 그럭저럭 조절하다. 양보하다. ¶双方一～, 事情就好办了 | 쌍방이 서로 좀 양보하면 일은 잘 처리될 것이다.

【就道】jiùdào 書 動 출발하다. 길을 떠나다. ¶束装～ | 여장을 꾸려 길을 떠나다＝〔就途〕

4【就地(儿)】jiùdì(r) ❶副 그 자리에서. 현장〔현지〕에서. ¶～解决 | 현장에서 해결하다. ❷動 지면에 대다〔붙이다〕. 땅에 질질 끌다. ¶两支脚～趿拉tālā | 두 발을 땅에 질질 끌다.

【就地取材】jiù dì qǔ cái 成 원자재를 현지에서 해결하다. ¶做家具可以～ | 가구는 원자재를 현지에서해결하여 만든다.

【就地正法】jiùdì zhèngfǎ 動組 범인을 즉석에서 총살하다〔사형에 처하다〕. ¶把杀人犯～ | 살인범을 즉석에서 총살하다＝〔就地正义〕

【就读】jiùdú 動 학교에서 공부하다. 학교에 다니다. ¶～于某学校二年级 | 모 학교 2학년에 다니고 있다.

【就饭】jiù/fàn 動 밥 반찬으로 하다. ¶～吃很好 | 밥 반찬으로 먹으면 아주 좋다.

【就范】jiùfàn 動 ❶시키는 대로 하다. 통제에 순종하다. ¶迫使～ | 강제로 따르게 하다. ❷일정한 범주나 궤도를 따르다. ❸본〔형〕을 뜨다.

【就根儿】jiùgēnr 副 전혀. 원래. 처음부터. ¶他～不上我这儿来 | 그는 애초부터 나에게 오지 않는다.

【就合】jiù·he 動 方 ❶원칙도 없이 남들과 융화하다. 타협하다. 양보하다. ¶你要是～他, 他就不那么咬牙了 | 네가 그와 타협한다면, 그도 그렇게 단호하게 굴지 않을 것이다＝〔迁qiān就〕 ❷움츠리다. 쪼그리다＝〔蜷quán曲〕 ❸임시 변통하다. ¶～着吃午饭剩下的猪肉就得了 | 점심에 남긴 돼지 고기를 임시 변통해서 먹으면 된다 ‖＝〔就和〕 ❹접근하다.

4【就近】jiùjìn 副 가까운 곳에(서). 근처에(서). ¶他～买了一点食品 | 그는 근처에서 약간의 식품을 샀다.

【就酒】jiù/jiǔ 動 술안주로 하다.

【就快】jiùkuài 副 곧. 이윽고. 멀지 않아. 어법 문장 끝에 「了」를 동반함. ¶～60岁了 | 곧 60세가 된다.

【就里】jiùlǐ ❶名 내부 상황. ¶他岂知～的事 | 그가 내막을 어찌 알겠니→〔个中〕〔内中〕 ❷副 내밀(内密)히. 슬며시.

【就连】jiùlián 介 …조차도. …마저. ¶～外交部也不理这个碴儿 | 외무부조차도 이 일에 신경쓰지 않는다.

【就擒】jiùqín 書 動 ❶사로잡다. 생포하다. ❷사로 잡히다. 체포당하다. ¶束手～ | 꼼짝못하고 붙들리다.

【就寝】jiùqǐn 書 動 취침하다＝〔就枕zhěn〕〔入寝〕

【就让】jiùràng 連 ㊀ 설사. 가령. ¶～他来, 也晚了 | 설사 그가 오더라도 역시 늦었다＝〔即使jíshǐ〕

【就任】jiù/rèn 動 취임하다. 부임하다. ¶～总经理 | 총리에 취임하다.

【就使】jiùshǐ 連 비록〔설령〕…하더라도. ¶～他不来也不要紧 | 비록 그가 오지 않더라도 괜찮다＝〔即便〕〔即使〕

【就事】jiùshì 動 ❶취직하다. 일에 종사하다. 부임하다. ❷사실에 의거하다.

【就事论事】jiù shì lùn shì 成 ❶사실에 입각하여 사물의 득실을 논하다. 공리 공론을 하지 않다. ❷(사물의 본질이나 사물간의 관계는 고려하지 않고) 사물의 표면 현상만으로 사물을 논하다. ¶讨论问题不能～, 要想得这一点儿 | 토론 문제는 표면 현상만으로 논할 수 없다는 것, 이 점을 생각해야 한다.

2【就是】jiùshì ❶助 문장 끝에 쓰여 긍정을 표시함. 어법 대부분 「了」를 붙임. ¶我一定办到, 你放心～了 | 내가 반드시 처리할테니, 너는 안심해도 된다. ❷套 그래 그래. 맞다 맞아. 어법 단독으로 쓰여서 동의를 표시함. ¶～, ～, 您的话很对 | 그렇고 말고요, 지당하신 말씀입니다. ❸副 …뿐이다. …밖에 안 된다. ¶～这么一句呀 | 이 한 마디뿐인가. ❹副 바로 …이다. ¶这儿～我们的学校 | 여기가 바로 우리 학교이다. ❺副 강한 의지를 나타냄. ¶我不干～不干 | 나는 안 한다면 안 한다. ❻副 동작·상태가 어느 동작에 이어지는 것을 나타냄. ¶跑前去～一巴掌 | 앞으로 뛰어나가자 마자 따귀 한 대를 때리다. ❼連 「不是」와 호응하여 선택을 나타냄. ¶不是我, ～你

｜내가 아니면 너다 ‖ ＝〔就〕
³【就是…也…】jiùshì…yě… 連 설사 …이라도. 어법 주로 뒤에 「也」와 호응함. ¶～有天大的困难, 我们也能完成任务｜설사 아무리 큰 어려움이 있다 하더라도 우리는 능히 임무를 완성할 수 있다.
³【就是说】jiù·shì shuō ⇒〔也yě就是说〕
【就势(儿)】jiùshì(r) ❶ 동작의 순간이나 기세를 타서〔이용해서〕(다른 동작을 곧바로 하다). ¶他把铺盖放在地上, ～坐在上面｜이부자리를 바닥에 내려 놓고는, 그대로 그 위에 주저앉았다. ❷…하는 김에. ¶进来～把门带上｜들어 오는 김에 문을 닫으시오→〔顺shùn便(儿)〕
【就手(儿)】jiùshǒu(r) 副 ❶ …하는 김에. ¶出去～把门带上｜나가는 김에 문을 닫아라 ＝〔随suí手(儿)①〕〔方 趁chèn手〕〔方 带dài手儿〕 ❷…하고 곧. …에 때 맞추어. ¶稍微待一待儿, 站起来说明了缘故, ～告辞了｜조금 있다가 일어나서 이유를 설명하고 곧 작별하였다 ‖ ＝〔跟手(儿)②〕〔顺shùn手(儿)③〕
【就说】jiùshuō 連 설사 …할지라도. 만일 …이라도. ¶～还有, 也不会多吧｜설사 아직 있다고 하더라도 그리 많지는 못할 것이다→〔就算〕
⁴【就算】jiùsuàn 連 口 가령 …이라도. ¶～有困难, 也不会太大｜가령 곤란이 있다 해도 그다지 심하지는 않을 것이다→〔就说〕
【就汤儿泡】jiùtāngrpào 動組 喩 (다른 일에) 곁들여 하다. ¶趁着这个机会您～办那个事吧｜이 기회에 저 일도 하십시오.
【就汤下面】jiùtāng xiàmiàn 動組 마침 있는 국물에 국수를 넣다. 떡본 김에 제사지낸다. ¶我们～, 把这个问题一块解决算了｜우리는 떡 본 김에 제사지낸다고, 이 문제를 한꺼번에 해결하였다.
【就位】jiù/wèi 動 제자리를 차지하다. 제자리로 가다. ¶各就各位｜각자 제자리로 가다.
【就绪】jiù/xù 書 動 궤도에 오르다. 자리가 잡히다. 일이 진척되기 시작하다. ¶一切准备zhǔnbèi～｜모든 준비가 다 되었다.
【就学】jiù/xué 動 취학하다. ¶达到～年龄｜취학 연령에 달하다.
【就要】jiùyào 副 멀지 않아. 곧. 어법 문장 끝에 「了」가 붙음. ¶再过三天～开学了｜사흘 지나면 곧 개학한다.
⁴【就业】jiù/yè 動 취직〔취업〕하다. ¶他在出版社就了业｜그는 출판사에 취직을 하였다. ¶充分～｜완전 고용. ¶～人数｜고용인 수. ¶～不足｜불완전 취업. ¶～面｜취업의 종류와 범위.
【就医】jiù/yī 動 의사에게 보이다〔진찰을 받다〕. ¶有病当～, 不可乱服成药｜병이 있으면 진찰을 받아야지, 함부로 아무 약이나 먹어서는 안 된다.
【就义】jiùyì 書 動 의(義)를 위하여 죽다〔희생되다〕. ¶从容～｜정의를 위해 의연하게 죽다.
【就着】jiù·zhe 介 ❶ …때〔기회〕에. ¶～这个机会｜이 기회에. ❷…에 대해서. …에 의하여. …중에서. ¶～现有的人挑选｜현재 있는 사람 중에서 뽑다.
【就诊】jiùzhěn 書 動 ❶ 진찰하다. ¶在附近～｜부근에서 진찰하다. ❷ 진찰받다.
【就正】jiùzhèng 書 動 다른 사람에게 가르침을 청하다. 질정(叱正)을 바라다. ¶～于读者｜독자들에게 질정을 바라다.
⁴【就职】jiù/zhí 動 (정식으로) 취임하다 〔비교적 높은 직위를 가리킴〕 ¶就校长之职｜총장으로 취임하다. ¶～典礼｜취임식. ¶～演说｜취임 연설.
【就中】jiùzhōng 書 副 ❶ 그 중에서도. 특히. ¶这件事我们四个人都知道, ～李先生知道得最清楚｜이 일은 우리 네 사람이 모두 알고 있지만, 특히 이선생이 가장 잘 알고 있다 ＝〔其qí中〕 ❷ 가운데서. 중간에서(어떤 일을 하다). ¶～调停｜가운데서 조정하다 ＝〔居jū中〕
【就坐】jiù/zuò ⇒〔就座zuò〕
【就座】jiù/zuò 動 자리에 앉다. ¶贵宾们依次～｜귀빈들이 차례로 자리에 앉다.

【僦】 jiù 품삯 추, 세낼 추
書 ❶ 動 세를 내다. 임차(賃借)하다. ¶～屋｜집을 세내다. ❷ 名 動 운송(하다). ¶～费｜운임. 집세.

【鹫(鷲)】 jiù 수리 취
名〈鳥〉독수리. 콘도르(condor) ＝〔口 老鹰yīng〕〔口 老雕diāo〕
【鹫岭】Jiùlǐng 名 취령산 〔석가가 설법했던 인도의 산〕＝〔鹫山〕〔灵鹫山〕

【厩】 jiù 마구간 구
書 名 마구간.
【廄肥】jiùféi 名 외양간 두엄 ＝〔圈juàn肥〕〔方 圊qīng肥〕

·jiu ㄐㄧㄡ˙

【蹴】 ·jiu ☞ 蹴 cù B

jū ㄐㄩ

【车】 jū ☞ 车 chē B

【且】 jū ☞ 且 qiě B

【沮】 Jū ☞ 沮 jǔ C

【狙】 jū 긴팔원숭이 저, 엿볼 저
書 ❶ 名 큰 원숭이의 하나. ❷ 動 기회를 엿보다. 저격하다. ¶遇～｜저격을 당하다.
【狙击】jūjī ❶ 名 動 저격(하다). ¶～敌人｜적을 저격하다. ❷ 動 허술한 틈을 타서 공격하다.
【狙击手】jūjīshǒu 名 저격수. 저격병. ¶在路口埋伏了～｜길목에 저격수를 매복시켰다.

【苴】 jū chá zhǎ 삼씨 저, 마른풀 차
A jū 書 名 ❶ 풀로 짠 신의 밑창. ❷ 삼의 씨. ❸ 열매가 여는 삼 ＝〔苴麻〕 ❹ 짚같은 것으로 싼 꾸러미. ¶苞bāo～｜짚으로 싼 꾸러미. 喩 뇌물.
B chá 書 名 마른 풀. 뜬 풀.
C zhǎ 書 名 찌꺼기. 두엄. 못 쓰는 것. 하잘 것 없는 것 ＝〔渣〕
【苴麻】jūmá 名 열매가 여는 삼 ＝〔种zhǒng麻〕〔子麻〕

【疽】jū 악창 저
[名]〈漢醫〉악성 종기. 종창→〔痈yōng〕

【趄】jū qiè 머뭇거릴 저
[A] jū ❶ ⇒〔趑趄〕 ❷ ⇒〔趔liè趄〕 ❸ ⇒〔趑zī趄〕
[B] qiè [形] 경사지다. 기울다. 비스듬하다. ¶ ～坡儿↓ ¶ ～着身子 | 몸을 비스듬히 하다.
[A] jū
【趄避】jūbì (書) [動] 피하다. 나아가지 않다.
[B] qiè
【趄坡儿】qièpōr [名] (京) 경사지. 경사진 비탈.

【雎】jū 물수리 저
⇒〔雎鸠〕
【雎鸠】jūjiū [名]〈鳥〉물수리. 징경이. ¶关关～, 在河之洲; 窈窕淑女, 君子好求. | 꽉꽉우는 물수리는 황하의 물가에 있고, 요조숙녀는 군자의 좋은 짝이라네.

2【居】jū 살 거
❶ [動] 살다. 거주하다. ¶久～乡间 | 오랫동안 시골에서 거주하다. ¶分～ | 별거하다. ❷ [動] (…에) 위치하다. (…에) 있다. ¶ ～间↓ ¶ ～中↓ ❸ [動] (…을) 자처하다. …연(然)하다. ¶以前辈自～ | 선배로 자처하다. ❹ [動] (…을) 차지하다〔맡다〕. ¶身～要职 | 요직을 맡다. ❺ [動] 쌓다. 축적하다. ¶奇货可～ | [成] 물품을 독점하여 이익을 취하려고 하다. ❻ [動] 머무르다. 자리잡다. ¶岁月不～ | 세월은 머무르지 않는다. ¶变动不～ | 끊임없이 변동하다. ❼ [動] (마음에) 품다. 두다. ¶是何～心? | 무슨 저의인가? ❽ [名] 주거(住居). 주소. ¶迁～ | 이사하다. ¶ ～无定址 | 주거 부정. ❾ 음식점의 옥호(屋號)에 붙이는 글자. ¶沙锅～ | 북경의 「白煮猪」(돼지고기 백숙)로 유명한 요리집 이름→〔轩xuān①〕〔斋zhāi①〕 ❿ (Jū) [名] 성(姓).
【居安思危】jū ān sī wēi [成] 편안할 때에도 앞으로의 우환을 염려하다. ¶人应该～ | 사람은 모름지기 평안할 때에도 앞날을 염려해야 한다 =〔于安思危〕
【居处】[a] jūchǔ ❶ [名][動] 거처〔거주〕(하다). ¶ ～的地方 | 거주하는 곳. ❷ (書) [名] 생활 형편〔처지〕.
[b] jūchù [名] 거주지. 주소. 숙박소.
【居多】jūduō [動] 다수를 차지하다. ¶李教授所写的文章, 关于文学理论方面的～ | 이교수님이 쓴 글은 문학 이론에 대한 것이 다수를 차지한다.
【居高临下】jū gāo lín xià [成] 높은 곳에서 내려다보다. 아주 유리한 지위에 있다. ¶这里地势～, 易守难攻 | 이곳 지세는 높은 곳에서 내려다 볼 수 있으므로 방어하기는 쉽고 공격하기는 어렵다.
【居功】jūgōng (書) [動] 공로가 있다고 자처하다. ¶ ～自满 =〔居功自傲〕〔居功骄傲jiāoào(自恃)〕 | 공로가 있다고 자처하며 교만하다.
【居货待价】jūhuòdàijià ⇒〔居奇qí〕
【居家】jūjiā ❶ [動] 집에 있다. 집에서 지내다. ¶ ～过日子 | 집에서 생활하다. ¶ ～人等 | 한집안 사람들. 온가족. ❷ [動] 집안 일을 처리하다. ❸ [名] 집에서의 일상 생활. ¶ ～日用 | 집에서 매일 쓰는 것 ❹ ⇒〔在zài家②〕
【居间】jūjiān ❶ [動] 중간에 서다. 조정하다. ¶ ～调解 | 중간에서 조정하다. ❷ [名] 거간꾼. 중개인. ¶ ～贸易 | 중개 무역. ¶ ～钱 | 중개료. ¶ ～人 | 중개인. 거간꾼. ¶ ～业 | 중개업.
【居里】jūlǐ [量] (外)〈物〉퀴리(curie).
【居里夫人】Jūlǐ fūrén [名] (外)〈人〉퀴리부인(Marie Curie, 1867～1934) =〔居礼夫人〕
【居留】jūliú ❶ [動] 거류하다. 잠시 머물다. 체류하다. ¶ ～权 | 체류권. ¶ ～证 | 거류증. ¶长期～在国外 | 오랜 기간 외국에서 체류하다. ❷ [名] 거류. ¶做～ | 거류하다.
3【居民】jūmín [名] 주민. ¶ ～身分证 | 주민등록증. ¶城市～ | 도시의 주민 =〔居人〕
【居民点】jūmíndiǎn [名] (생산과 생활의 새로운 수요에 응해서 차츰 조성된) 주택 단지.
【居民委员会】jūmín wěiyuánhuì [名組] 거주민 위원회 [도시 거주민들의 자치조직(自治組織)]
【居奇】jūqí [動] 폭리를 노려서 희귀한 상품을 팔지 않고 값이 오르기를 기다리다 =〔居货待价〕〔奇货可居〕
3【居然】jūrán [副] ❶ 뜻밖에. 갑자기. 의외로. [어법] 「竟然」보다는 어감이 가벼움. ¶他～回来了 | 그가 의외로 돌아왔다. ❷ (書) 확연히. 확실히. ¶ ～可知 | 확실히 알 수 있다.
【居丧】jūsāng (書) [動] 상중에 있다. ¶他～三月才出门 | 그는 상중이어서 삼월에야 나올 수 있다 =〔居哀āi〕〔居忧yōu〕
【居上风】jū shàngfēng [動組] 우위를 차지하다. 높은 수준에 있다. ¶他久～毫无傲ào气, 真是难得 | 그는 오랫동안 높은 수준에 있지만 조금도 오만하지 않으니 참으로 드문 일이다.
【居士】jūshì [名] ❶〈佛〉불교신자. ❷ 벼슬을 하지 않고 은거해 있는 학자. 거사. ¶东坡～ | 동파거사. (宋代의 大文豪 蘇軾의 호)
4【居室】jūshì [名] ❶ 거실. 거처하는 방. ¶ ～中挂有国画 | 거실에 국화가 걸려 있다. ❷ (方) 가옥. 집. 건물. ❸ (書) 부부(가 함께 거처하는 곳). ❹ (書) 관아(官衙). 관아의 유폐(幽閉)하는 방.
【居所】jūsuǒ [名]〈法〉거주지.
【居停】jūtíng ❶ [動] 머물러 살다. ❷ ⇒〔居停主人〕
【居停主人】jūtíng zhǔrén [名組] 기거하고 있는 곳의 집주인 =〔居停②〕
【居心】jūxīn [名] [貶] 생각. 심보. 속마음. 저의. ¶ ～不良 | [成] 심보가 나쁘다. ¶ ～何在 | 저의가 어디에 있을까? ¶ ～不净 | 심보가 더럽다.
【居心叵测】jū xīn pǒ cè [成] 마음이 음흉하여 본심을 헤아리기 어렵다. ¶这个人～ | 이 사람은 마음이 음흉하여 본심을 알기 어렵다.
【居于】jūyú (書) (…에) 있다. (…을) 차지하다. ¶ ～多数 | 다수를 점하다.
【居中】jūzhōng [名][動] 중간〔한 가운데〕(에 서다). ¶ ～调解tiáojiě | 중간에 서서 조정하다.
3【居住】jūzhù ❶ [動] 거주하다. ¶ ～面积 | 거주 면적. ¶ ～期限 | 거주 기한. ¶ ～条件 | 거주 조건. ❷ [名] 거주지. ¶ ～分散 | 거주지가 분산되어 있다.

【据】jū ☞ 据 jù ②

【椐】jū 개비자나무 거
名〈植〉개비자나무의 딴 이름 =〔灵寿(木)〕

【琚】jū 패옥 거
名 ❶ 書 패옥 [옛날, 사람들이 몸에 차고 다니던 옥] ❷ (Jū) 성(姓).

【锯】jū ☞ 锯 jù B

【裾】jū 옷자락 거
書 名 ❶ 옷자락. ❷ 옷도리의 겉섶
【裾礁】jūjiāo 名〈地質〉해안의 암초.

4【拘】jū jú 잡을 구, 껴안을 구
A jū ❶ 動 체포하다. 구류하다. 구금하다. ¶～捕↓ ¶～留↓ ¶被～于某处 | 모처에 구금되어 있다. ❷ 動 얽매이다. 구속받다. ¶不～形跡 | 형식에 얽매이지 않다. ❸ 動 제한하다. ¶大小不～ | 크기에는 제한이 없다. ❹ 形 융통성이 없다. 완고하다. ¶他太～了 | 그는 아주 완고하다. ¶～泥↓
B jú 京 動 (긴장하여) 굳어지다. ¶他们初次见面, 总有点～着 | 그들은 초면이므로 아무래도 좀 굳어져 있다.
【拘板】jū·ban 形 方 (말이나 행동 등이) 자유롭지 못하고 딱딱하다. ¶自己人随便谈话, 不必这么～ | 우리끼리인데 서로 딱딱하게 이러지 말고 자유롭게 이야기합시다.
【拘捕】jūbǔ 動〈法〉체포하다. ¶～了罪犯 | 범인을 체포했다 =〔拘拿ná〕〔拘执zhí②〕
【拘管】jūguǎn 動 ❶ 감독하다. 통제하다. 단속하다. ¶严加～ | 더 엄격히 통제하다. ❷ 구류하다 →〔管束〕
【拘谨】jūjǐn 形 ❶ 근실하고 정직하다. (융통성 없이) 고지식하다. (언행이) 지나치게 조심스럽다. ¶行动～ | 행동이 조심스럽다 →〔谨慎shèn〕 ❷ (동작 등이) 어색하다. 딱딱하다. ¶他行动～得如同缠了一身绳子 | 그의 행동은 끈에 몸이 묶인 듯이 어색하다.
【拘禁】jūjìn 名 動〈法〉구금(하다). ¶非法～ | 불법 구류(하다) =〔拘囚qiú〕〔拘系xì〕〔拘押yā〕〔拘絷zhí〕
【拘礼】jūlǐ 動 예의에 얽매이다. 조심스럽게 행동하다. ¶熟不～ | 잘 아는 사이여서 예의에 얽매이지 않다.
4【拘留】jūliú 名 動〈法〉구류(하다). 구치(하다). ¶～了几个嫌疑犯 | 몇 명의 혐의자를 구치했다. ¶～所 | 구치소. ¶～证 | 구류장(拘留狀).
【拘挛】jūluán 動 ❶ 경련이 나다. 쥐가 나다. ¶打了一个～ | 경련을 일으키다. ❷ 書 구애되다. 얽매이다. ¶～章句 | 장구에 얽매이다.
【拘挛儿】jū·luanr 動 北 ❶ (추위로 손발이) 곱아 뻣뻣해지다. ¶这天儿真冷, 手都冻～了 | 요 며칠은 매우 추워서 손이 온통 얼어 곱아 들었다. ❷ (머리칼이) 곱슬곱슬해지다. 둥글게 말다. ¶头发烫tàng得～ | 머리칼을 곱슬곱슬하게 파마하였다.
【拘泥】jū·nì ❶ 動 구애되다. 구속받다. 고집하다. ¶～成说 | 기존 학설을 고집하다. ¶～于形式 | 형식에 구속받다. ❷ 形 융통성이 없다. 고집스럽다. ¶～不通 | 고집스럽고 융통성이 없다. ¶他做事太～了 | 그는 일을 함에 융통성이 없다.
【拘票】jūpiào 名〈法〉구속 영장. 구인장(拘引狀) =〔提tí票〕
【拘牵】jūqiān ❶ 動 붙들리다. 사로잡히다. 구애되다. ¶竟～文字的小节, 不管人民生活的实在 | 소소한 규정에 얽매여 국민 생활의 실재를 돌보지 않다. ❷ 書 名 動 속박(하다).
【拘守】jūshǒu ❶ 動 고수(固守)하다. (관습에) 얽매이다. ¶～积jī习 | 관습에 얽매이다. ¶～旧法 | 낡은 법규에 얽매이다. ❷ ⇒〔囚qiú禁〕
4【拘束】jūshù ❶ 動 구속하다. 속박하다. ¶不要～孩子的正当活动 | 아이들의 정당한 활동을 속박하지 마시오 ⇔〔自在zài〕 ❷ 形 자연스럽지 못하다. 어색하다. 거북하다. 딱딱하다. ¶她在生人面前很～ | 그녀는 낯선 사람 앞에서는 매우 어색해한다. ¶大家随便坐吧, 不要～ | 모두들 편히 앉읍시다. 어색해하지 말고 ⇔〔自然·ran〕
【拘系】jūxì ⇒〔拘禁jìn〕
【拘押】jūyā ⇒〔拘禁jìn〕
【拘役】jūyì 名〈法〉형기(刑期)가 비교적 짧은 구금형.
【拘囿】jūyòu 動 ❶ 구애되다. 고집하다. ❷ 한정하다. 제한하다.
【拘于】jūyú 動 書 (…에) 사로잡히다. 구애되다. ¶～礼节 | 예절에 얽매이다. ¶不必～成例 | 선례에 얽매일 필요가 없다.
【拘执】jūzhí ❶ 動 구애되다. 구속받다. 고집하다. ¶这些事儿可以变通着办, 不要过于～! | 이 일은 융통성 있게 처리할만 하니 지나치게 구애받지 말아라! ❷ ⇒〔拘捕bǔ〕

【驹(駒)】jū 망아지 구, 말 구
名〈動〉❶ (～儿, ～子) 망아지. 당나귀 새끼. ❷ 좋은 말. ¶千里～ | 하루에 천리를 달리는 좋은 말.
【驹子】jū·zi 名〈動〉망아지. 새끼 노새 =〔驹儿〕

【俱】jū ☞ 俱 jù B

【锔(鋦)】jū jú 거멀못 거, 큐륨 거
A jū ❶ (～子) 名 거멀(못). 꺾쇠. ❷ 動 깨진 도자기 등에 거멀장을 대다. 거멀하다. ¶～碗 | 사발을 거멀장하다. ¶她们俩闹决裂了, 我去给～锔去 | 그 여자들은 사이가 틀어져 있으니, 내가 가서 중재해야 겠다 =〔锯jū〕
B jú 名〈化〉화학 원소 명. 큐륨(Cm ;curium).
【锔碗儿的】jūwǎnr·de 名組 거멀장이. 도자기 등을 수리하는 사람.
【锔子】jū·zi 名 거멀(못). 꺾쇠.

【掬〈匊〉】jū 움킬 국, 손바닥 국
❶ 動 (양손으로) 뜨다. 받쳐들다. ¶以手～水 | 양손으로 물을 떠서 올리다. ¶笑容可～ | 얼굴에 넘칠 듯한 웃음을 띠다. ❷ 量 양손으로 한 번 떠낼 수 있는 양. ¶摘果盈～ | 과일을 양손 가득히 따다.

【掬水】jū/shuǐ 動 양손으로 물을 뜨다.

4【鞠】jū(㊀jú) 공 국, 궁궁이 국
❶書動 양육〔부양〕하다. ¶～养↓ ¶～育↓ ❷名 제기공 [옛날, 공차기에 쓰인 가죽공] ¶蹴～ | 제기공을 차다. ❸「菊」와 통용⇒〔菊jú〕 ❹「鞫」와 같음⇒〔鞫jū〕 ❺⇒〔鞠躬〕 ❻(Jū) 名 성(姓).

4【鞠躬】jū/gōng ❶動 (서서) 허리를 굽혀 절하다. ¶深深地鞠了一个躬 | 크게 허리를 굽혀 절했다. ❷(jūgōng) 名 허리를 굽혀 하는 절. ¶行三～礼 | 허리를 굽혀 세 번 절하다. ❸(jūgōng) 札 옛 서간문(書簡文)이나 초대장 등의 서명 밑에「某某～」등과 같이 쓰는 상투어의 하나. 지금은「敬jìng礼」라고 씀. ❹(jūgōng) 狀 조심하고 삼가하다.

【鞠躬尽瘁】jū gōng jìn cuì 成 나라를 위하여 온 힘을 다하다. ¶他为了国家的利益～ | 그는 국가의 이익을 위해 온 힘을 다한다.

【鞠养】jūyǎng ⇒〔鞠育②〕

【鞠育】jūyù 書動 ❶(아기에게) 젖을 주다. ❷기르다. 양육하다. 부양하다 =〔鞠养〕

【鞫】jū 국문할 국, 궁할 국
書動 심문하다. 죄상을 캐어 조사하다. ¶严～ | 엄격히 심문하다 =〔鞠jū④〕

jú ㄐㄩˊ

1【局〈跼₁₁〉】jú 방 국, 굽힐 국
❶부분. ¶～部↓ ❷名 기관(機關)·단체 조직의 사무 분업 단위[대체로「部」보다 작고「处」보다 큼] ¶邮～ | 우체국. ¶公安～ | 공안국. ❸名 상점의 호칭. ¶书～ | 서점. ¶皮～ | 모피점. ❹名 (장기나 바둑의) 판. ¶打了个平～ | 무승부가 되었다 =〔棋qí局〕 ❺名 바둑·장기의 형세. 轉 사건의 형세. 정황. ¶时～ | 시국. ¶结～ | 결말. ❻사람의 기량(器量). 재덕(才德). ¶器～ | 기량. ¶～度↓ ❼함정. 책략. 계략. ¶骗～ | 속임수. 올가미. ¶美人～ | 미인계. ❽名 연회·주석 등의 모임. ¶饭～ | 연회. ¶牌～ | 도박장. ❾量 바둑·장기·운동시합 등의 한 판 승부. ¶一～棋 | 바둑·장기의 일국. ¶第三～比赛 | (게임의) 제3세트→〔场chǎng⑥〕〔回合〕〔盘pán⑩〕 ❿구속하다. 제약하다. 억누르다. ¶～限↓ ⓫구부리다. 굽히다. 움추리다. ¶～蹐↓

3【局部】júbù 名 국부. 일부분. ¶～工人 | 수공 공장에서 개별적 상품 생산 작업을 하는 공인. ¶～麻醉mázuì | 국부 마취. ¶～战争 | 국지전. ¶今天～地区有雨 | 오늘 일부 지역에서 비가 내렸다.

【局促】júcù 形 ❶좁다. 협소하다. ¶屋子太～ | 방이 너무 좁다. ❷方 (시간이) 촉박하다. 짧다. ¶三天太～ | 사흘은 너무 촉박하다. ❸쭈뼛쭈뼛하다. 어색하다. 서먹서먹하다. 부자연스럽다. ¶～不安 | 안절부절하다.

【局度】júdù 名 도량(度量) =〔格gé度〕

【局蹐】jújí 書動 두려워 몸을 움츠리다.

3【局面】ⓐ júmiàn 名 ❶국면. 정세. 형세. 상태. 형편. ¶出现了新的～ | 새로운 정세가 조성되다. ❷方 (사물의) 규모. ¶这家商店～不大 | 이 상점은 규모가 크지 않다.
ⓑ jú·mian 名 명예. 체면. 면목. ¶～人(儿) | ⓐ 점잖은 사람. ⓑ 안면이 넓은 사람

【局内】júnèi 名動 그 일〔어떤 일〕에 참여하다. ¶～人 | ⓐ 바둑·장기 두는데 참가하는 사람. ⓑ 내부 사람. 당사자. 부내 사람. 인사이더(insider) =〔局中〕⇔〔局外〕

【局骗】júpiàn 動 계략으로 사람을 속이다. ¶～他人钱财 | 다른 사람의 재화를 속이다 =〔局诈zhà〕

4【局势】júshì 名 (정치·군사 등의 일정 기간중의) 정세. 형세. 상태. ¶紧张～ | 긴장 상태〔정세〕. ¶国际～ | 국제 정세. ¶整个～ | 전반적 정세. ¶～动荡不安 | 정세가 동요하여 불안하다.

【局外】júwài 動 어떤 일과 무관하다〔관계없다〕. ¶～人 | 국외인. 외부 사람. 아웃 사이더(outsider) ⇔〔局内〕

4【局限】júxiàn 動 국한하다. 한정하다. ¶受时代的～ | 시대적 한정를 받다. ¶～性 | 한계성.

2【局长】júzhǎng 名 국장. 서장.

【局子】jú·zi 名 ❶口 옛날의 공안국(公安局). 경찰국(警察局). ¶他又进～了 | 그는 또 경찰서에 들어갔다. ❷큰 상점. 창고 또는 상점이 딸린 공장.

【锔】jú ☞ 锔 jū Ⓑ

【焗】jú 찔 국
❶動方 증기에 쪄서 익히다. ❷形 (더위) 푹푹 찌다.

【拘】jú ☞ 拘 jū Ⓑ

【桔】jú ☞ 桔 jié Ⓑ

4【菊】jú 국화 국
名 ❶〈植〉국화 [「东篱(君子)」「延yán年客」「延寿客」는 다른 이름]→〔菊花〕 ❷(Jú) 성(姓).

4【菊花】júhuā 名〈植〉국화(꽃). ¶～傲ào秋霜 | 국화가 가을 서리를 업신여긴다 =〔九花(儿)〕

【菊花菜】júhuācài 名〈植〉쑥갓 =〔茼tóng蒿(菜)〕

【菊石】júshí 名〈魚貝〉암모나이트(ammonite).

【菊芋】júyù 名〈植〉❶뚱딴지. ❷뚱딴지의 덩이 줄기 ‖ =〔洋yáng姜〕〔俗洋大头〕〔俗鬼子姜jiāng〕

【鞠】jú ☞ 鞠 jū

1【橘】jú 귤나무 귤, 귤 귤
名〈植〉귤(나무). ¶～子 | 귤. ¶红～ | 복건산(福建產)의 주홍색 귤 =〔桔jú〕

【橘柑】júgān 名方 귤(나무).

【橘红】júhóng 名 ❶〈漢醫〉귤홍. ❷〈色〉(붉은 빛이 도는) 귤색.

【橘黄】júhuáng 名〈色〉오렌지색. 귤빛. ¶～的灯光 | 오렌지색 등불.

【橘络】júluò 名〈漢醫〉귤의 속과 껍질 사이의 섬유질.

【橘汁】júzhī 名 오렌지 주스. ¶买了一桶～ | 오렌지 주스 한 통을 샀다.
1【橘子】jú·zi 名 귤(나무). ¶～果酱 | 마말레이드(marmalade). ¶～水 | 오렌지 주스.

jǔ ㄐㄩˇ

【咀】jǔ zuǐ 씹을 저, 방자할 저
A jǔ 動 ❶ (음식물을 입 안에 넣어) 씹다 =〔嚼jiáo咀〕 ❷ 轉 음미하다. 이해하다. ¶含英～华 | 成 문장을 잘 음미해 가면서 책을 읽다.
B zuǐ 「嘴」의 속자(俗字) ⇒〔嘴zuǐ〕
【咀嚼】jǔjué 動 ❶ (음식물을) 씹다. ❷ (의미를) 음미하다. ¶要仔细～, 体会文章中的深义 | 자세히 음미해야, 문장중의 깊은 뜻을 느낄 수 있다.

【岨】jǔ 돌산 저, 울퉁불퉁할 서
❶ 書 名 돌이 많은 산. ❷ 「龃」와 같음 ⇒〔龃jǔ〕

【沮】jǔ jù Jū 그칠 저, 막을 저
A jǔ 書 動 ❶ 패하다. 무너지다. (기세가) 꺾이다. ¶惨～ | 기가 완전히 꺾이다. ❷ 저지하다. 막다. ¶～其成行 | 가는 길을 가로막다 =〔阻zǔ〕 ❸ 새다 =〔沮泄xiè〕
B jù 書 名 낮아서 습기가 많은 땅. ¶～泽↓
C Jū ❶ 名 〈地〉 저수(沮水) [섬서성(陝西省)·호북성(湖北省)에 있는 강 이름] ❷ 名 성(姓). ❸ 복성(複姓)중의 한 자(字). ¶～渠qú↓
A jǔ
【沮丧】jǔsàng ❶ 形 기가 꺾이다. 풀이 죽다. 낙담하다. ¶士气～ | 사기가 꺾이다. ❷ 動 기를 꺾다. 실망시키다. ¶～敌人的精神 | 적군의 기를 꺾다 ‖ =〔沮索suǒ〕
B jù
【沮泽】jùzé 名 저택. 습지 =〔沮洳〕
C Jū
【沮渠】Jūqú 名 복성(複姓).

【龃(齟)】jǔ 맞지않을 서/저
書 形 서로 어긋나다. 맞지 않다. 가지런하지 않다. ¶～龉↓
【龃龉】jǔyǔ 書 動 ❶ 치아의 아래 위가 맞지 않다. ❷ 喩 의견이 엇갈리다. ¶双方发生～ | 쌍방간에 의견 충돌이 생기다. ¶工作中, 同事之间难免有一点儿～ | 작업 중, 동료간에 약간의 의견 충돌은 피할 수 없다.

【柜】jǔ ☞ 柜 guì 1

3【矩】jǔ 곱자 구, 법 구
名 ❶ 書 곱자. 곡척(曲尺) →〔榘jǔ〕〔矩尺〕 ❷ 書 법칙. 규정. 규칙. ¶循规蹈～ | 규칙을 잘 지키다 →〔规guī矩〕 ❸ 〈物〉 모멘트(moment). ¶力～ | 힘의 모멘트.
【矩尺】jǔchǐ 名 곱자. 곡척 =〔北 弯wān尺〕〔江 角jiǎo尺〕〔曲qū尺〕
【矩形】jǔxíng 名 〈數〉 직사각형 =〔长方形〕
【矩阵】jǔzhèn 名 ❶ 〈數〉 행렬(行列). ❷ (콤퓨터의) 매트릭스(matrix). ❸ 〈經〉 산업 구조의 상호 관계를 표시하는 표(表)의 양식.

【榘】jǔ 곱자 구, 법 구
「矩」와 같음 ⇒〔矩jǔ①〕

【枸】jǔ ☞ 枸 gǒu C

【蒟】jǔ 구약나물 구
⇒〔蒟酱〕〔蒟蒻〕
【蒟酱】jǔjiàng 名 ❶ 〈植〉 나도후추 =〔枸酱〕〔蒌lóu叶〕〔土蒌藤〕 ❷ 〈食〉 나도후추 열매로 만든 장(醬).
【蒟蒻】jǔruò 名 〈植〉 구약나물 =〔魔mó芋〕〔茉mò芋〕〔方 木芋〕〔蒻头〕

【莒】jǔ 나라이름 거
名 ❶ 書 〈植〉 토란 =〔芋yù①〕 ❷ (Jǔ) 〈地〉 거현(莒縣) [산동성(山東省)에 있는 현 이름] ❸ (Jǔ) 〈史〉 거국(莒國) [주대(周代)의 나라 이름]

1【举(舉)】jǔ 들 거, 과거 거
❶ 動 치켜들다. 들어 올리다. ¶你把旗子～起来吧 | 너는 기를 들어 올려라. ¶～重↓ →〔擎qíng①〕 ❷ 動 일으키다. 시작〔기도〕하다. 홍기하다. ¶～兵↓ ¶～义↓ ❸ 動 제시하다. 제출하다. ¶～三个例 | 세 개의 예를 들다. ❹ 천거하다. 추천하다. ¶推～ | 추천하다. ❺ 書 動 낳다 =〔生shēng①①〕 ❻ 書 動 날다. ¶高～远蹈 | 높이 뛰어 멀리 달아나다. ❼ 書 副 전부. 모두. 온. ¶～国↓ ¶～世公认 | 온 세계가 공인하다. ❽ 名 행위. 동작. ¶一～一动 | 일거 일동. ❾ 名 簡 「举人」의 약칭 [명청(明清)시대 향시(鄉試)에 합격한 사람] ¶中～ | 「举人」에 급제하다.
【举哀】jǔ'āi 動 ❶ 곡(哭)하다 [상례(喪禮)의 하나] ❷ 애도하다. ¶宣布全国～三天 | 3일간의 전국 애도일을 선포하다.
【举案齐眉】jǔ àn qí méi 成 아내가 남편을 깍듯이 존경하다. 부부가 서로 존경하다. ¶他们夫妻俩～, 相敬如宾 | 그들 부부 두 사람은 손님처럼 서로 존경한다.
3【举办】jǔbàn 動 ❶ 행하다. 거행하다. 개최하다. ¶～教养讲座 | 교양 강좌를 개최하다. ¶～国际商品展览会 | 국제 상품 전람회를 개최하다. ¶～人民福利事业 | 국민 복리 사업을 행하다. ❷ 설치하다. 설립하다. ¶～许多工科大学 | 수많은 공과대학을 설립하다.
【举杯】jǔ/bēi 動 잔을 들다. ¶～祝健康 | 잔을 들어 건강을 기원하다.
【举兵】jǔbīng 動 거병하다. 군사를 일으키다. ¶～出征 | 병사를 일으켜 출정하다.
【举不胜举】jǔ bù shèng jǔ 成 이루 다 헤아릴 수 없다. ¶这样的例子～ | 이러한 예는 이루 다 헤아릴 수 없다.
【举步】jǔ/bù 書 動 발을 내딛다. ¶～向前行 | 앞을 향해 발을 내딛다 =〔拔bá步〕〔迈mài步〕
【举措】jǔcuò 名 ❶ 행동 거지. ¶～失当 | 成 행동거지가 도리에 맞지 않다 =〔举动〕 ❷ (대응) 조치. ¶采取新的～ | 새로운 조치를 취하다.
4【举动】jǔdòng 名 거동. 행동. 동작. ¶轻率的～

｜경솔한 행동. ¶～缓慢｜행동이 느리다＝〔举措cuò①〕

【举发】jǔfā 動 ❶ 폭로하다＝〔揭jiē发〕 ❷ 적발하다＝〔检jiǎn举〕

【举凡】jǔfán 書 副 대개. 모두. ¶～要点都胪列lúliè于后｜대개 요점은 모두 뒤에 나열한다＝〔凡是①〕

【举国】jǔguó 名 전국. 어법 주로 부사성 수식어로 쓰임. ¶得到～一致的支持｜거국적으로 일치된 지지를 얻다. ¶～欢腾＝〔举国若狂〕｜成 전국이 기쁨으로 들끓다.

【举国上下】jǔ guó shàng xià 成 거국적. 온 나라. ¶消息传来，～一片欢腾｜소식이 전해지자, 온 나라가 기쁨으로 들끓는다.

【举火】jǔ/huǒ 書 動 ❶ 불을 붙이다. 봉화를 올리다. ¶～为号｜봉화를 올려 신호하다. ❷ 불을 때어 밥을 짓다→〔烧shāo火〕〔升shēng火〕

【举家】jǔjiā 名 온 집안. 어법 주로 부사성 수식어로 쓰임. ¶～老小｜온 가족. ¶老李他们～住在一山｜이형의 온 가족이 일산에 산다.

【举架】jǔjià 名 方 (집의) 높이. ¶这间房子～矮｜이 집은 높이가 낮다.

【举荐】jǔjiàn 動 (사람을) 추천하다.

【举例】jǔ/lì 動 예를 들다. ¶～叙述｜예를 들어 서술하다.

【举例发凡】jǔ lì fā fán 成 책의 범례를 종류에 따라 예를 들어가며 개괄적으로 설명하다.

【举目】jǔmù 書 動 눈을 들어(서) 보다. ¶～无亲｜成 사고 무친. ¶～远眺｜成 눈을 들어 멀리 바라보다.

【举棋不定】jǔ qí bù dìng 成 바둑돌을 손에 쥔 채로 두지 못하다. 주저하며 결정짓지 못하다. 우유부단하다. ¶他做事总是～，难下决断｜그는 일을 함에 늘상 우유부단하여, 어렵게 결단을 내린다.

【举枪】jǔ qiāng ❶ 총을 들다. ❷〈軍〉 받들어 총(하다). ¶～致敬｜받들어 총하여 경의를 표하다.

【举人】jǔrén 名 거인 [명청(明淸)시대에 향시(鄕試)에 합격한 사람]

【举人无私】jǔ rén wú sī 成 공정하게 사람을 선발하다.

【举世】jǔshì 名 온 세상. 온 누리. 전세계. ¶～周知＝〔举世皆知〕｜成 온 세상이 다 알다.

4【举世闻名】jǔshìwénmíng 成 세상에 널리 이름나다.

【举世无双】jǔ shì wú shuāng 成 천하에 견줄 자가 없다. 세상에서 최고이다. ¶他是一个～的英雄｜그는 세상 최고의 영웅이다＝〔盖gài世无双〕〔海hǎi内无双〕

4【举世瞩目】jǔshìzhǔmù 成 온 세상 사람이 주목하다.

【举事】jǔshì 書 動 사건을 일으키다. 무장 봉기하다.

【举手】jǔ/shǒu 動 ❶ 거수하다. 손을 들다. ¶谁知道谁～!｜아는 사람은 손을 드세요! ❷ 거수경례를 하다. ¶～礼｜거수 경례.

【举手之劳】jǔ shǒu zhī láo 成 사소한 수고〔노고〕＝〔一举手之劳〕

【举枉错直】jǔ wǎng cuò zhí 成 간사한 인물을 등용하고 강직한 인물을 파면시키다→〔举直错枉〕

2【举行】jǔxíng 動 거행하다. 진행하다. 실시하다. ¶～入学典礼｜입학식을 거행하다. ¶这里～过重要的会议｜여기서 중요한 회의를 했다. ¶週末～婚礼｜주말에 혼례를 거행하다. ¶～罢工｜파업을 단행하다. ¶～比赛｜시합을 하다.

【举要】jǔ/yào 動 대강을 열거하다〔책이름에 주로 쓰임〕 ¶唐诗～｜〈书〉당시거요.

【举一反三】jǔ yī fǎn sān 成 한 가지 일로부터 다른 것을 미루어 알다. 하나를 보고 열을 안다＝〔举隅yú〕

【举义】jǔyì 書 動 의거를 일으키다→〔起义①〕

【举隅】jǔ/yú ⇒〔举一反三〕

【举债】jǔ/zhài 書 ❶ 動 기채(起債)하다. 빚을 내다〔얻다〕. ¶他～买了一所房子｜그는 빚을 내어 집을 샀다. ❷ (jǔzhài) 名 기채. ¶解决财政赤字的办法中，一是～｜재정적자를 해결하는 방법 중의 하나는 기채이다.

【举直错枉】jǔ zhí cuò wǎng 成 강직한 인물을 등용하고 간사한 인물은 파면시키다→〔举枉错直〕

【举止】jǔzhǐ 名 동작. 행동거지. ¶～轻率｜행동거지가 경솔하다. ¶～言谈｜언행.

【举重】jǔzhòng ❶ 名〈體〉 역도. ❷ 動 무거운 물건을 들다. ¶～若轻｜成 무거운 물건을 가볍게 들다. 큰 일을 간단히 처리하다.

【举足轻重】jǔ zú qīng zhòng 成 일거수 일투족이 전반적 국면에 중대한 영향을 끼치다 [실력이 막강하거나 지위가 중요함] ¶他在公司里处于～的地位｜그는 회사 내에서 중대한 영향을 끼치는 지위에 있다.

【举座】jǔzuò 書 名 자리를 같이한 모든 사람. 동석한 모든 사람. ¶～惊骇｜동석한 사람이 모두 놀라다＝〔举坐zuò〕

【榉(欅)】jǔ 느티나무 거

名〈植〉 ❶ 느티나무. ❷ ⇒〔山shān毛榉〕

【踽】jǔ 외로울 우, 곱사등이 우

⇒〔踽踽〕〔踽偻〕

【踽踽】jǔjǔ 書 狀 터덜터덜 걷다. 쓸쓸히 걷다. ¶～独行｜터덜터덜 홀로 걷다.

jù ㄐㄩˋ

1 ## 【句】jù gōu 구절 구

A jù ❶ (～子) 名〈言〉 문(sentence). 문장. ¶问～｜의문문. ¶造～｜글〔문장〕을 짓다. ❷ 量 말·글을 세는 데 쓰임. ¶一～话也没说｜한마디 말도 하지 않다.

B gōu ❶ ⇒〔高句丽〕 ❷ 인명에 쓰이는 글자. ¶～践｜구천. 춘추시대 월(越)나라 왕의 이름. ❸ 「勾」와 통용⇒〔勾gōu〕

【句读】jùdòu 名 구두. ¶～点｜구두점. ¶不懂～，就不能理解文义｜구두를 모르면, 문장의 뜻을 이해할 수 없다.

【句法】jùfǎ 名 ❶ (글의) 구성 방식. 구성법. ¶这句诗的～很特别｜이 시의 구법은 매우 독특하다. ❷〈言〉 신택스(syntax). 통사론(統辭論)＝

〔造zào句法〕
【句号】jùhào 名 마침표. 피리어드(period).종지부〔「.」또는「。」〕=〔句点〕→〔标点(符号)〕
【句尾】jùwěi 名 문말(文末). 문미(文尾).
【句型】jùxíng 名 문형(文型). 문장 유형. ¶～研究 | 문형 연구.
1【句子】jù·zi 名 ❶〈言〉문(文). 문장. 월. ¶主语和谓语是～的主要成分 | 주어와 술어는 문장의 주요 성분이다→〔文章①〕❷ 구(句).
【句子成分】jù·zi chéngfèn 名〈言〉문장 성분〔「主语」「谓语」「宾语」「补语」「定语」「状语」의 다섯 가지가 있음〕

2【巨】jù 클 거
❶ 形 크다. ¶损失甚～ | 손실이 매우 크다. ¶～型运输机 | 대형 수송기 =〔钜③〕❷ (Jù) 名 성(姓).
【巨变】jùbiàn 名 거대한 변화. ¶形势～ | 형세가 크게 변화하다.
【巨擘】jùbò 書 名 ❶ 엄지 손가락. ❷ 喩 (어떤 분야의) 권위자. 거장. 거두. ¶艺术界～ | 예술계의 거장.
2【巨大】jùdà 狀 거대하다. ¶～的工程 | 거대한 공사. ¶做出～的努力 | 굉장한 노력을 기울이다.
【巨定义】jùdìngyì 名〈電算〉매크로 정의.
【巨额】jù'é 區 거액(의). ¶～投资tóuzī | 거액 투자. ¶～赤字 | 거액의 적자. ¶～资金 | 거액의 자금.
【巨幅】jùfú 名 ❶ 대형 화폭(畵幅). ¶～画像 | 대형 초상화. ❷ 그림 등의 걸작.
【巨富】jùfù 書 名 거부.
【巨构】jùgòu 名 ❶ 높고 큰 건축물. ❷ 거작(巨作). ¶艺术～ | 예술 대작.
【巨贾】jùgǔ 名 거상(巨商). 대상(大商).
【巨祸】jùhuò 名 큰 재난. ¶闯chuǎng上了～ | 큰 재난을 당했다.
【巨奸】jùjiān 名 큰 악당〔악한〕. ¶～大猾 | 간악하고 교활한 (사람).
【巨匠】jùjiàng 書 名 거장. ¶医界～의학계의 거장.
【巨款】jùkuǎn 名 거금(巨金). 거액의 돈. ¶携xié～外逃 | 거금을 소지하고 밖으로 도망가다.
【巨量元素】jùliàng yuánsù 名組〈生〉생물체의 생장에 있어서 많은 양을 필요로 하는 화학 원소.
【巨流】jùliú 名 ❶ 거대한 하천. ❷ 굉장히 큰 흐름. ¶游行队伍的～ | 데모대의 큰 물결. ❸ 喩 거대한 시대 조류(潮流).
【巨龙】jùlóng 名 큰 용.
【巨轮】jùlún 名 ❶ 큰 바퀴. ¶历史的～ | 역사의 큰 바퀴. ❷ 대형선. 호화선. ¶远洋～ | 대형 원양 기선. ¶三万吨～ | 삼만톤의 대형 선박.
【巨人】jùrén 名 거인. ❶ 몸이 유난히 큰 사람. ¶～症 |〈醫〉거인증. ❷ (신화·동화 속의) 초인간적인 거대한 인물. ❸ 喩 큰 사람. 위인.
【巨商】jùshāng 名 거상. 호상(豪商). ¶台港～ | 대만·홍콩 지역의 거상.
【巨石文化】jùshí wénhuà 名組〈考古〉거석 문화.
【巨式】jùshì 名〈電算〉매크로(macro) =〔巨型〕
【巨头】jùtóu 名 거두. 우두머리. ¶商界的～ | 재계의 거두. ¶工业界～ | 공업계의 거두.
【巨万】jùwàn 書 名 막대한 금액. 대단히 많은 수량. ¶耗资～ | 거액의 자금을 쓰다.
【巨细】jùxì 名 대소(大小). 轉 상세(詳細). ¶事无～ | 威 일의 대소를 구분하지 않다. 큰 일 작은 일 할 것 없이 모두.
【巨星】jùxīng 名 ❶〈天〉거성. ❷ 喩 위대한 인물.
【巨型】jùxíng 形 초대형의. ¶～电子计算机 | 슈퍼 컴퓨터(super computer). ¶～油船 | 대형 유조선.
【巨制】jùzhì 名 위대한 작품. 스케일이 큰 작품. 대작(大作).
【巨著】jùzhù 名 대저(大著). 대작. 거작. ¶历史～ | 역사적인 거작.
【巨子】jùzǐ 名 ❶ (전국시대 때) 묵가(墨家)학파의 우두머리에 대한 존칭. ❷ 書 어떤 방면에 뛰어난 업적이나 명망이 있는 사람. ¶文坛～ | 문단의 거장. ¶革命～ | 혁명의 거두. ¶实业界～ | 실업계의 거두.
【巨组译器】jùzǔyìqì 名組〈電算〉매크로 어셈블러(macro assembler).

【讵(詎)】jù 어찌 거
書 副 어찌. 어떻게. 어법 반문(反問)의 의미를 나타냄. ¶～知天气骤寒 | 날씨가 갑자기 추워질 줄을 어찌 알았으랴. ¶如无援助, ～能成功 | 만일 원조가 없었더라면 어떻게 성공할 수 있었겠는가.

2【拒】jù 막을 거, 방진 구
❶ 動 막다. 저항하다. ¶抗～ | 항거하다. ¶～腐 | 부패를 방지하다. ❷ 動 거절하다. 거부하다. ¶～绝 | 거절하다. ¶～不受贿 | 뇌물을 받지 않다.
【拒捕】jùbǔ 動 (범인이) 체포에 저항하다. ¶可以对～者开枪 | 체포에 저항하는 자는 발포해도 된다.
【拒不】jùbù 거절하여 …하지 않다. ¶～招待 | 대접하기를 거절하다. ¶～受贿 | 뇌물을 거절하다.
【拒斥】jùchì 動 거부하고 배척하다. ¶～外来势力的参入 | 외부세력의 침투를 배척하다.
【拒付】jùfù 動 지불을 거절하다. ¶～支票 | 지급 거절 수표. ¶～票据 | 부도 어음 =〔拒兑〕→〔票piào据①〕
【拒谏饰非】jù jiàn shì fēi 威 충고를 받아들이지 않고 자신의 잘못을 감추다. ¶他不虚心听取群众qúnzhòng的意见yìjiàn, 而是～ | 그는 마음을 비우고 군중의 의견을 들으려고 하지 않고, 충고를 거부한 체 자신의 잘못을 감추려고 한다 =〔饰非拒谏〕
2【拒绝】jùjué 名 動 거절(하다). 거부(하다). ¶表示～ | 거절하다. ¶遭zāo了～ | 거절을 당했다. ¶～诱惑yòuhuò | 유혹을 뿌리치다. ¶～无理要求 | 무리한 요구를 거부하다. ¶～贿赂 | 뇌물을 거절하다.
【拒聘】jùpìn 動 초빙을 거절하다.
【拒人于千里之外】jù rén yú qiān lǐ zhī wài 威 스스로 옳다고 여겨 다른 사람의 의견을 받아들이지 않다. 태도가 오만하여 부접도 못하게 하다. ¶他虚心向你求教, 你怎能～呢? | 그가 마음을

비우고 너에게 가르침을 구하는데, 네가 어찌 받아들이지 않을 수 있겠니?

【拒收】jùshōu 動 받지 않다. ¶～外国货币｜외국 화폐를 받지 않다.

【拒守】jùshǒu 書 動 방어하다. 지키다. ¶凭险～｜위험을 무릅쓰고 방어하다.

【苣】jù qǔ 상치 거

Ⓐ jù ⇒〔莴wō苣〕

Ⓑ qǔ ⇒〔苣荬菜〕

【苣荬菜】qǔ·mǎicài 名〈植〉사데풀.

【炬】jù 홰 거

❶ 名 횃불. ¶目光如～｜눈빛이 횃불같다. 눈빛이 예리하다 =〔俗 火把〕❷ ⇒〔蜡là炬〕

【钜(鉅)】jù 강할 거

❶ 書 名 ⓐ 단단한 쇠. ⓑ 갈고리. ❷ 지명에 쓰이는 글자. ¶～野县｜거야현. 산동성(山東省)에 있는 현 이름. ❸「巨」와 같음 ⇒〔巨jù①〕

3【距】jù 떨어질 거

❶ 動 (시간적·공간적으로) 떨어지다. 사이를 두다. ¶～今已数年｜지금까지 이미 수년이 되었다. ¶相～数里｜몇 리 떨어져 있다. ❷ 거리. 간격. ¶等～离｜등거리. ¶株～｜식물의 포기와 포기 사이. ❸ 書 名 (수탉 등의) 며느리발톱. ❹ 書 動 저항하다. ¶与项羽相～岁余｜항우와 싸운지 일년 남짓하다《史記·高祖本紀》=〔拒jù〕

[2]【距离】jùlí ❶ 動 (…로부터) 떨어지다. 사이를 두다. ¶釜山～汉城约有四百三十里｜부산은 서울로부터 약 430km 떨어져 있다. ¶现在～唐代已经有一千多年｜지금은 당대로부터 이미 일천 여 년이 지났다. ❷ 名 거리. 간격. ¶直线～｜직선거리. ¶保持一定的～｜일정한 간격을 유지하다. ¶缩小～｜간격을 축소하다.

2【具】jù 갖출 구

❶ 기구. 도구. ¶文～｜문방구. ¶家～｜가구. ❷ 量 구. 개 [관·시체·기물(器物) 등을 세는 데 쓰임] ¶一～死尸｜시체 한 구. ¶座钟一～｜탁상 시계 한 개. ❸ 動 갖추다. 구비하다. ¶略～轮廓｜대체로 윤곽이 잡히다. ¶～备↓ ❹ 書 動 준비하다. 마련하다. ¶谨～薄礼｜삼가 보잘것 없는 선물이나마 마련했습니다. ❺ 動 서명하다. ¶～名↓ ❻ 書 能 충분히 …할 수 있다. ¶～见事先准备不足｜사전 준비가 부족하다는 것을 충분히 알 수 있다 =〔足可〕

【具保】jùbǎo 動 보증인을 세우다.

[2]【具备】jùbèi 動 갖추다. 구비하다. ¶一切条件～了｜모든 조건이 구비되었다. ¶～了举办奥运的条件｜올림픽을 개최할 조건을 갖추었다 =〔完wán备〕〔备全〕

【具结】jù/jié ❶ 動 서약서〔보증서〕를 제출하다. ¶具安分结｜분수를 알고 나쁜 짓을 안하겠다는 서약서를 쓰다. ¶～完案｜서약서를 제출하고 사건을 종결짓다. ❷ (jùjié) 名 관청에 제출하는 서약서〔보증서〕.

【具名】jù/míng 動 (문서에) 서명하다. ¶快在这儿～｜빨리 여기에 서명해.

[2]【具体】jùtǐ ❶ 形 구체적이다. ¶计划得很～｜계획이 매우 구체적이다. ¶～地说明｜구체적으로 설명하다. ❷ 形 특정의. 실제의. ¶～的人｜특정인. ¶你担任dānrèn什么～工作?｜너는 실제로 무슨 일을 담당하고 있니? ¶～的执行者｜실제의 집행자. ❸ 動 구체화하다 [뒤에「到」를 수반함] ¶贯彻guànchè增产zēngchǎn节约的方针～到我们这个单位dānwèi, 应该yīnggāi采取下列各种有效措施cuòshī｜증산 절약을 관철하는 방침을 우리 부서에 구체화하려면, 반드시 다음의 각종 유효한 조치를 취해야 한다.

【具体而微】jù tǐ ér wēi 成 내용은 대체로 갖추어져 있으나 규모가 좀 작다. 대체적으로는 다 갖추었으나 약간 부족한 점이 있다.

【具体劳动】jùtǐ láodòng 名組〈經〉구체적 유용(有用) 노동. ¶～创造商品的使用价值｜구체적 유용 노동은 상품의 사용 가치를 창출한다 ⇔〔抽chōu象劳动〕

【具文】jùwén ❶ 名 내용이 없는 글·규칙·규정. ¶一纸～｜빈 종이장. ❷ 札 문건을 갖추다. ¶理合～呈请鉴核｜도리로서는 마땅히 문서를 제출하여 심사를 받아야 할 것입니다 =〔备bèi文〕

【具象】jùxiàng ❶ 動 형상을 갖추다. ❷ 名 구상. ¶～美｜구상미.

[2]【具有】jùyǒu 動 구비하다. 가지다. 어법 목적어로는 주로 추상적인 것이 쓰임. ¶～这种倾向｜이런 경향을 지니고 있다. ¶～信心｜확신을 갖다. ¶～历史意义｜역사적 의의를 지니다.

2【俱】jù Jū 모두 구

Ⓐ jù ❶ 書 副 다. 모두. 전부. ¶万事～备｜成 모든 일이 다 준비되다. ¶～已了解｜모든 것을 다 알다 =〔全〕〔都〕❷ ⇒〔家jiā俱〕❸ ⇒〔俱乐部〕

Ⓑ Jū 名 성(姓).

[2]【俱乐部】jùlèbù 名 外 구락부. 클럽(club). ¶读书～｜독서 클럽.

【俱全】jùquán 書 動 모두 갖추다. ¶一概～ =〔一应俱全〕｜成 모두 다 갖추다. ¶样样～｜갖가지를 다 갖추다.

4【惧(懼)】jù 두려워할 구

動 두려워하다. 무서워하다. ¶临危不～｜위기에 임해서 두려워하지 않다. ¶毫无所～｜조금도 무서워하지 않다 =〔瞿jù〕

【惧内】jùnèi 書 動 아내를 두려워하다. ¶老金～, 不敢晚回家｜김씨는 아내를 두려워하여, 감히 늦게 집에 들어가지 못한다. ¶～的｜공처가 =〔怕pà老婆〕

【惧怕】jùpà 動 두려워하다. ¶临危不～｜위험에 이르러서도 두려워하지 않다 =〔惧怯qiè〕〔惧惮dàn〕

【惧色】jùsè 名 두려워하는 기색. ¶毫无～｜조금도 두려워하는 기색이 없다.

【犋】jù 겨리 구

❶ 量 호리. 겨리 [농기구를 끌 수 있는 축력을「一犋」라 하는데「一犋」는 1마리가 될 수도 있고 2마리 이상일 수도 있음] ¶两～牲口耕

地｜두 겨리의 축력으로 땅을 갈다. ¶一～｜한 겨리의 축력. ❷名써레 뒷면의 나무로 된 부분 [써레의 쇠로 된 부분은「犁lí」라고 함]

【飓(颶)】jù 구풍 구 ⇒〔飓风〕

【飓风】jùfēng 名〈天〉❶허리케인. ¶～刮倒材木｜허리케인이 나무를 넘어뜨리다. ❷풍력이 12급 이상인 바람.

【沮】jù ☞ 沮 jǔ Ⓑ

【倨】jù 거만할 거 書形오만하다. 거만하다.

【倨傲】jù'ào 書形오만불손하다. 건방지다. ¶他非常～｜그는 대단히 오만불손하다.

2【剧(劇)】jù 연극 극, 심할 극 ❶名연극. 극. ¶演～｜연극. ¶独幕～｜단막극. ❷形격렬하다. 심하다. ¶加～｜격화되다. ¶病～｜병이 심하다. ❸書形크다. ❹書形통쾌하다. ❺書形번잡하다. 바쁘다. ¶～繁↓ ¶事有简～｜일에는 간단한 것과 복잡한 것이 있다. ❻(Jù) 名성(姓).

4【剧本(儿)】jùběn(r) 名(연극의)극본. 각본. ¶分镜头～｜(영화의) 각 장면의 촬영 대본→〔脚jiǎo本〕

2【剧场】jùchǎng 名극장. ¶～整修, 暂停开放｜극장이 수리를 하느라, 잠시 휴관한다 ＝〔剧院yuàn①〕

【剧毒】jùdú 名극독. 극심한 독. ¶这种农药有～｜이런 농약에는 극심한 독이 있다.

【剧繁】jùfán 書形매우 바쁘다.

3【剧烈】jùliè 形❶극렬하다. 격렬하다. ¶～攻击｜맹렬한 공격. ¶～运动｜격렬한 운동. ❷(약성(藥性)이) 심하다. (자극·통증 등이) 심하다.

【剧目】jùmù 名연극 제목. ¶保留～｜보존하여 재연(再演)하는 작품〔레퍼터리〕.

【剧评】jùpíng 名극평. 연극 평론. ¶写了一个～｜연극 평론을 한 편 썼다.

【剧情】jùqíng 名簡「剧中情节」(연극의 줄거리)의 약칭. ¶～太复杂了｜연극의 줄거리가 매우 복잡했다.

【剧痛】jùtòng ❶名극통. 심한 고통. ❷動심한 고통을 느끼다. ¶伤口～起来｜상처에서 극심한 통증이 일기 시작했다.

4【剧团】jùtuán 名극단.

【剧务】jùwù 名❶극단의 배역·연출 등의 각종 사무. ❷무대 감독.

3【剧院】jùyuàn 名❶극장 ＝〔剧场chǎng〕 ❷극단의 명칭. ¶青年艺术～｜청년 예술극단.

【剧照】jùzhào 名〈演映〉(영화·연극의) 스틸(still).

【剧中人】jùzhōngrén 名〈演映〉등장 인물.

【剧终】jùzhōng 名(연극·영화·소설에서의) 끝〔종료, 대단원〕.

【剧种】jùzhǒng 名❶중국 전통극의 종류 [「京剧」「越剧」「豫剧」등] ❷연극의 종류 [「话剧」「戏曲」「歌剧」「舞剧」등]

【剧作】jùzuò 名극작품. 시나리오. ¶～研究｜시나리오를 연구하다.

2【据(據)】① jù 의거할 거 ❶動의지하다. 의거하다. 근거하다. ¶～险固守｜험한 곳에 의거하여 굳건히 지키다. ❷점거하다. 차지하다. ¶盘～｜불법으로 점거하다 ＝〔踞jù②〕 ❸名증거. 증서. 근거. ¶证～｜증거. ¶收～｜영수증. ¶字～｜계약 증서. ❹介…에 따르면. …에 의거하여 [말의 근거를 나타내는 말] ¶～他说｜그가 말하는 바에 의하면. ¶～记者的报道｜기자의 보도에 따르면.

【据称】jùchēng 들리는 바에 의하면. 소문에 의하면. ¶～这种建筑方法起源于印度｜들리는 바에 의하면 이런 건축 양식은 인도에서 기원했다고 한다.

【据传】jùchuán 書듣건대. 전하는 바에 의하면. ¶～, 以前那里有座庙｜전하는 바에 의하면 이전에 그 곳에는 사당이 있었다고 한다.

【据此】jùcǐ 書❶이에 의하면〔따르면〕. ❷札하급 기관에서 온 공문을 인용할 경우에 쓰이는 문구의 하나→〔奉fèng此〕

4【据点】jùdiǎn 名거점. 발판. ¶战略～｜전략 거점. ¶安～｜거점을 구축하다.

【据理】jùlǐ 書이치대로 하다. 이치에 따르다. ¶～公断｜이치에 따라 공정하게 판단하다. ¶～力争｜成사리에 따라 끝까지 논쟁하다.

【据守】jùshǒu 動거수하다. 웅거하여 지키다. ¶掘jué壕～｜참호를 파고 웅거하여 지키다. ¶～交通要道｜교통의 요도를 지키다.

2【据说】jùshuō 말하는 바에 의하면. 듣건데. ¶～他明天准来｜그는 내일 꼭 온다고 했다 ＝〔据云yún〕

【据为己有】jù wéi yǐ yǒu 成자기 것이 아닌 것을 차지하고서 자기 것으로 삼다. 제 주머니에 넣다. ¶他把学校财产～｜그는 학교 재산을 자기 것으로 삼는다.

4【据悉】jùxī ❶札잘 알았습니다. ❷書아는 바에 의하면. 아는 바로는. ¶～, 双方达成了协议｜아는 바에 의하면, 서로가 합의했다고 한다. ¶～, 金泳三总统跟江泽民主席在七月会见｜아는 바로는, 김영삼 대통령과 강택민 주석이 칠월에 회담을 한다고 한다.

【据以】jùyǐ 書連(…에) 의(거)하여. ¶他讲了很多前人失败的例子, ～说明任务的艰巨性｜그는 이전 사람들이 실패한 예를 많이 들면서 임무의 지난함을 설명했다.

【据有】jùyǒu 動점유(占有)하다. 점거하다. ¶～江东｜강동지방을 점거하다.

【据】② jū 일할 거 ⇒〔拮jié据〕

4【锯(鋸)】jù jū 톱 거

Ⓐ jù ❶(～子) 名톱. ¶拉lā～｜톱질하다. ¶电～｜전기톱. ❷動켜다. 톱질하다. ¶～木头｜나무 토막을 톱질하다.

Ⓑ jū「锔」의 이체자⇒〔锔jū〕

【锯齿】jùchǐ ❶(～儿) 名톱니. 톱날. ¶～形｜톱

날 모양. ❷名 천이나 종이를 톱날 모양으로 자른 것. ❸動轉 끝까지 트집을 잡아 들볶다〔못살게 굴다〕. ¶来回的～人 | 자꾸만 트집을 잡아 사람을 못살게 굴다. ❹名〈漢醫〉잠을 자면서 이를 가는 것.

【锯齿草】jùchǐcǎo 名俗〈植〉톱풀 =〔蓍shī(草)〕〔蚰yóu蜒草〕

【锯床】jùchuáng 名〈機〉기계톱. ¶弓～ | 띠기계톱. ¶圆～ | 둥근기계톱.

【锯断】jùduàn 動 톱으로 자르다. ¶他把一棵死树～了 | 그는 죽은 나무 한 그루를 톱으로 베었다.

【锯末(儿, 子)】jùmò(r·zi) 名 톱밥 =〔锯糠kāng〕锯面miàn〕〔锯屑xiè〕〔木屑〕→〔刨bào花(儿,子)〕

【锯子】jù·zi 名 톱. ¶拉～ | 톱으로 켜다. ¶用～把木板锯开 | 톱으로 합판을 켜다.

【踞】jù 쭈그리고앉을 거
❶動 웅크리다. 쭈그리고 앉다. ¶蹲～ | 쭈그리고 앉다. ¶龙盘虎～ | 成 용이 서리고 호랑이가 웅크리다. 喻 지세(地勢)의 험악한 상태. ❷ 점거하다. ¶盘～ | 불법으로 점거하다 =〔据②〕

3【聚】jù 모일 취
❶動 모이다. 모으다. ¶大家～在一起商量shāngliàng | 다들 함께 모여 상의하다. ❷名〈化〉폴리(poly). ❸書名 사람이 모이는 곳. 촌락. 취락.

【聚宝盆】jùbǎopén 名 화수분. 보물 단지. 喻 자원의 보고(寶庫). ¶智异山是个～ | 지리산은 자원의 보고이다.

【聚苯乙烯】jùběnyǐxī 名〈化〉폴리스티렌(polystyrene) =〔外 玻璃司的林〕〔多苯乙烯〕

【聚变】jùbiàn 名〈物〉융합(融合). ¶～反应堆 | 융합 원자로. ¶核～ | 핵융합. ¶受控～ | 제어융합.

【聚变反应】jùbiàn fǎnyìng 名組 핵융합 반응 =〔热核反应〕

【聚餐】jù/cān ❶動 회식하다. ¶明天公司职员～ | 내일 회사 직원들이 회식한다. ❷(jùcān) 名 회식. ¶～会 | 회식모임.

【聚赌】jùdǔ 動 모여서 도박을 하다. ¶严禁yánjìn～ | 집단 도박을 엄격히 금한다.

【聚光灯】jùguāngdēng 名 스포트라이트(spotlight).

【聚光镜】jùguāngjìng 名 ❶ 집광 렌즈. ❷ 집광경.

【聚合】jùhé ❶動 집합하다. 한데 모이다. ¶～力 | 응집력 =〔聚集jí①〕 ❷名動〈化〉중합(하다). ¶～物 | 중합체. 폴리머.

4【聚会】jùhuì ❶名 회합. 모임. ¶今天有一个～ | 오늘 모임이 하나 있다. ❷動 모이다. 집합하다. ¶九二级学生在小礼堂～ | 92학번 학생들이 소강당에서 모임을 가지다. ¶～在一起 | 함께 모이다.

【聚积】jùjī ❶動 (조금씩) 모으다. 모이다. 축적하다. ¶～资金 | 자금을 모으다. ❷名 축적 =〔积淤〕

3【聚集】jùjí ❶動 모으다. 모이다. ¶～力量 | 역량을 결집하다. ¶～兵力 | 병력을 모으다. ¶～在一起 | 한데 모이다 =〔聚合①〕 ❷名〈物〉초점.

【聚歼】jùjiān 動 (적을)포위 섬멸하다. ¶～日本军 | 일본군을 포위 섬멸하다.

【聚焦】jùjiāo 動〈物〉초점을 모으다. 집광하다. ¶～成像 | 초점을 모아 영상을 만들다.

3【聚精会神】jù jīng huì shén 成 정신을 집중하다. 정신을 가다듬다. ¶～地听 | 정신을 가다듬어 듣다. ¶看起书来～ | 책을 보자면 정신을 집중해야 한다.

【聚居】jùjū 書動 모여 살다. 집거(集居)하다. ¶朝鲜族～的地方 | 조선족이 모여 사는 지방.

【聚敛】jùliǎn 動 (세금을) 긁어 모으다. 수탈하다. ¶不择手段地～财富 | 수단을 가리지 않고 재물을 수탈하다 =〔書 裒póu敛〕

【聚拢】jùlǒng 動 한 곳에 모이다. ¶大家～在一块儿 | 모두가 한 곳에 모이다.

【聚落】jùluò 名 취락. 부락. 촌락.

【聚氯乙烯】jùlǜyǐxī 名組〈化〉폴리염화 비닐(PVC) =〔簡俗 乙烯〕

【聚齐】jù/qí 動 (약속된 지점에) 모두 집합하다. ¶参观的人九时在首都体育馆对面～ | 참관할 사람은 9시에 수도체육관 맞은 편에 모두 집합하시오 =〔会huì齐〕

【聚醛树脂】jùquán shùzhī 名組〈化〉알데히드(aldehyde) 수지.

【聚伞花序】jùsǎn huāxù 名組〈植〉취산 꽃차례. 취산화서.

【聚散】jùsàn 名 집산. 집합과 분산. ¶这股土匪～不定 | 이들 도적들은 모이고 흩어지는 것이 일정하지 않다.

【聚沙成塔】jù shā chéng tǎ 成 모래도 모이면 탑을 이룬다. 티끌 모아 태산 =〔积jī沙成塔〕

【聚首】jùshǒu 書動 모이다. ¶～一堂 | 한 자리에 모이다 =〔聚头〕

【聚讼纷纭】jù sòng fēn yún 成 의견이 분분하여 일치하지 않다.

【聚谈】jùtán 動 모여서 이야기하다. 함께 토론하다.

【聚蚊成雷】jù wén chéng léi 成 모기도 모여 날면 우뢰소리 같다. 喻 여러 사람이 비방하면 무섭다.

【聚珍版】jùzhēnbǎn 名 취진판 [청대(淸代) 건륭(乾隆) 38년(1773)에 사고전서(四庫全書) 중 일부의 선본(善本)을 활자로 인쇄한 것] =〔聚珍本〕

【聚众】jùzhòng 書動 많은 사람을 모으다. ¶～滋zī事 =〔聚众闹事〕| 많은 사람을 모아 소동을 일으키다. ¶～赌博 | 사람을 모아 도박하다.

【窭(窶)】jù 가난할 구, 좁은땅 루
書動 가난하다. 빈궁하다.

【屦(屨)】jù 신 구
書名 삼·칡 등으로 만든 신. ¶削xuē趾适～ =〔削足适屦〕| 발을 깎아 신발에 맞추다. 억지로 무리한 일을 한다.

【屦及剑及】jù jí jiàn jí 成 결단력이 있고 신속하다. 번개같다 =〔剑及屦及〕

【遽】jù 갑자기 거
❶副 급히. 서둘러. 갑자기. ¶匆～ | 황급히. ¶言毕～行 | 말을 마치고는 서둘러 갔다.

❷書形 놀라 당황하다. ¶惶～ | 당황하다. ❸書名 옛날, 역참(驛站)에 두던 수레.

【遽然】jùrán 書副 갑자기. ¶～变色 | 갑자기 안색을 바꾸다. ¶～大笑 | 갑자기 크게 웃다 =〔遽尔ěr〕〔突tū然〕

【醵】jù 추렴할 거/각
書動 ❶ (여러 사람이) 돈을 모으다. 각출하다. ¶～金 | 돈을 각출하다. ❷ 돈을 모아서 술을 마시다.

【醵金】jùjīn 動 돈을 각출하다. ¶～购酒 | 돈을 각출하여 술을 사다.

【醵资】jùzī 動 자금을 모으다. 돈을 모으다.

【瞿】jù ☞ 瞿 qú B

juān ㄐㄩㄢ

【身】juān ☞ 身 shēn B

【娟】juān 예쁠 연
書形 아름답다. 곱다. 예쁘다. ¶婵chán～ | (자태가) 아름답다.

【娟娟】juānjuān 書狀 예쁘다. 아름답다. 곱다. ¶～明月 | 밝은 달처럼 아름답다.

【娟秀】juānxiù 書形 모습이 아름답다. 자태가 수려하다. ¶字迹jì～ | 필적이 수려하다.

4【捐】juān 기부 연
❶動 (재물을) 기부하다. 부조하다. 헌납하다. ¶募～ | 모금하다. ¶～款↓ ❷動 (세금 또는 할당금을) 납부하다. ¶～税↓ ❸動 (생명이나 몸을) 바치다. 버리다. ¶为wèi国～躯 | 나라를 위하여 몸을 바치다. ❹名 세금. ¶房～ | 집세. ¶车～ | 차량세. ¶上～ | 세금을 납부하다. ❺書動 돈으로 관직을 사다. ¶～班↓

【捐班(儿)】juān/bān(r) 名 청대(清代)에 돈으로 관직을 산 사람들. ¶～出身 =〔捐纳出身〕| 돈으로 관직을 산 사람.

【捐官】juānguān 動 ❶ 돈으로 관직을 사다 =〔捐功名〕〔捐纳nà〕❷ 기부하다. 헌납하다.

4【捐款】juān/kuǎn ❶動 돈을 기부하다. ¶～兴建学校 | 돈을 기부하여 학교를 중건하다. ❷ (juānkuǎn) 名 기부금. 헌납금. ¶把～存入银行 | 기부금을 은행에 입금하다.

【捐弃】juānqì 書動 ❶ (권리 등을) 버리다. 포기하다. ¶～前嫌xián | 과거의 원한을 버리다. ❷ (처 자식을) 내버리다.

【捐钱】juānqián ❶名 의연금. 기부금. ❷ (juān/qián) 動 돈을 기부하다.

【捐躯】juānqū 動 목숨을 바치다. ¶～赴义 | 목숨을 바쳐 정의를 따르다. ¶为祖国～ | 조국을 위해 목숨을 바치다.

【捐税】juānshuì ❶名 세금. ❷ (juān/shuì) 動 세금을 내다. ¶依法～ | 법에 따라 세금을 내다.

4【捐献】juānxiàn 動 ❶ 기부하다. 헌납하다. ¶李老师把全部藏书～给图书馆 | 이선생님은 모든 장서를 도서관에 기증하였다. ❷ 바치다. ¶～宝贵的生命 | 귀중한 생명을 바치다.

【捐血】juānxuè 名動 헌혈(하다) =〔献血〕

4【捐赠】juānzèng 動 기증하다. 기부하다. ¶～文艺杂志 | 문예 잡지를 기증하다.

【捐助】juānzhù 動 재물을 기부하여 돕다. ¶～贫困地区 | 재물을 기부하여 빈곤 지역을 돕다.

【捐资】juān/zī 書動 돈을 기부하다. ¶～兴学 | 돈을 기부하여 학교를 세우다. ¶～办工厂 | 자금을 기부하여 공장을 만들다.

【涓】juān 물방울 연, 졸졸흐르는물 연
書 ❶名 졸졸 흐르는 물. 물방울. ¶～滴↓ ❷動 고르다. 선택하다. ¶～吉↓ ❸形 깨끗하다. ¶～人 | 깨끗한 사람.

【涓埃】juān'āi 書名喻 사소한 것. 미세한 것. ¶略尽～之力 | 적은 힘이나마 다하다 =〔涓尘〕

【涓尘】juānchén ⇒〔涓埃〕

【涓滴】juāndī 書名 물방울. 적은 양의 물. 喻 매우 적은 양. 사소한 것. ¶～节省 | 적은 것이라도 절약하다. ¶～不漏 | 成 아무리 작은 것이라도 빠뜨리지 않다. ¶～归公 | 成 제것이 아니면 아무리 작더라도 공적인것으로 돌리다.

【涓吉】juānjí 書動 길일(吉日)을 택하다.

【涓涓】juānjuān 書狀 물이 졸졸 흐르다. ¶～细流 | 물이 졸졸 가늘게 흐르다.

【鹃(鵑)】juān 두견이 견
⇒〔杜dù鹃〕

【圈】juān ☞ 圈 quān C

【朘】juān zuī 쪼그라질 전

A juān 書動 ❶ 착취하다. ¶～削↓ ❷ 줄다. 감소하다. ¶日削月～ | 날로 감소하다.

B zuī 名方 (남자의) 생식기.

【朘削】juānxuē 書動 착취하다.

【镌(鎸)】juān 새길 전
書動 새기다. 조각하다. ¶永～金石 | 금석에 영원히 새기다.

【镌心铭骨】juān xīn míng gǔ 成 마음에 새겨 영원히 잊지 않다.

【蠲】juān 없앨 견, 깨끗할 견
書 ❶動 면제하다. 제외하다. ¶～租↓ ❷形 청결하다. 깨끗하다. ¶除其不～, 去其恶臭 | 불결한 것을 없애고 악취를 제거하다.

【蠲除】juānchú 書動 면제하다.

【蠲免】juānmiǎn 書動 (조세·벌금·노역 등을) 면제하다. 없애다.

【蠲租】juānzū 書動 조세(租税)를 면제하다.

juǎn ㄐㄩㄢˇ

2【卷(捲)〈餸₈〉】1 juǎn 말 권
❶動 (원통형으로) 말다. 감다. 걷다. ¶～帘子liánzi | 발을 걷다. ¶～起袖子就干 | 소매를 걷어 올리고 일을 하다. ❷動 (바람 등이) 말아 올리다. 휩쓸다. 휘말다. ¶汽车～起尘土 | 자동차가 먼지를 휘날리다. ¶～入漩xuán涡wō | 소용돌이에 휘말리다. ¶北风～落叶 | 북풍이 낙엽을 휩쓸다. ❸動北 욕하다. 꾸짖다. ¶～他一顿了 | 그를 한바탕 꾸짖었다. ❹動 가지고 달아나다. 털어 달아나다.

¶～款kuǎn↓ ❺「锩」과 같음⇒〔锩juǎn〕 ❻(～儿) 名 원통형으로 말은 것. 감은 것. ¶烟～儿 | 권연. ¶铺盖～儿 | 이불을 둘둘 말아 갠 것. ❼量 통구리 [일정한 크기로 묶거나 싼 덩어리를 세는 단위] ¶一～纸 | 종이 한 통구리. ❽(～儿, ～子) 名〈食〉찐빵의 일종 [밀가루를 반죽하여 얇게 밀어 한쪽에 기름과 소금을 바르고 둘둘 말아 쪄냄]

【卷巴】juǎn·ba 動俗 둘둘 말다〔싸다〕. ¶他把棉衣～～都卖了 | 그는 솜옷을 둘둘 말아서 몽땅 팔아 버렸다.

【卷包(儿)】juǎnbāo(r) 動 ❶ 몽땅 털다. ¶～一走 | 몽땅 털어서 달아나다→〔席卷xíjuǎn〕 ❷ 모조리〔있는대로〕 저당잡히다.

【卷笔刀】juǎnbǐdāo 名 연필 깎이. ¶给孩子买了一个～ | 아이에게 연필 깍이 하나를 사주었다.

【卷边】juǎn/biān ❶ 動 (칼날·천 등의) 끝이 말리다. ❷ 動 (바느질에서) 사뜨다〔감치다〕. ❸ (juǎnbiān) 名 (칼날·천 등의) 끝이 말림. ❹ (juǎnbiān) 名 감침질. 사뜨기.

【卷尺】juǎnchǐ 名 줄자. ¶钢～＝〔链liàn尺〕 | 강제(鋼製) 줄자. 스틸 테이프. ¶镍niè钢～ | 니켈 강제 줄자. ¶麻制布～ | 베줄자＝〔皮pí尺〕〔软ruǎn尺〕

【卷发】juǎnfà ❶ 名 곱슬머리. 파마한 머리. ¶他天生一头～ | 그는 선천적이 곱슬머리이다. ❷ (juǎn/fà) 動 파마하다. ¶～机 | 컬링 아이언(curling iron).

【卷口】juǎn/kǒu 動 칼날이 (말려서) 무디게 되다.

【卷款】juǎnkuǎn 動 돈을 가지고 달아나다. ¶会计kuàijì～外逃 | 경리가 돈을 가지고 밖으로 달아나다.

【卷毛】juǎnmáo 名 곱슬곱슬한 털. ¶买了一只～小狗 | 곱슬곱슬한 털을 가진 강아지 한 마리를 샀다.

【卷铺盖】juǎnpū·gai 動組 ❶ 이불을 말다. ❷ 직장을 그만두다. 퇴직하다. ❸ 손을 떼다. 관계를 끊다. ❹ 야반 도주하다. 한밤중에 도망하다.

【卷儿】juǎnr 名 만 것. ¶烟～ | 궐련. ¶铺盖～ | 여행 휴대용 둘둘만 이불.

【卷入】juǎnrù 動 말려들다. 휩쓸려들다. ¶他也～了学潮 | 그도 학원 시위에 말려들었다. ¶～旋涡 | 成 (분쟁 등의)소용돌이 속에 말려들다.

【卷舌音】juǎnshéyīn 名〈言〉권설음. 혀 끝을 말아서 내는 음＝〔翘qiào舌音〕

【卷舌元音】juǎnshé yuányīn 名組〈言〉권설모음[「儿」「耳」「二」등의 음]

【卷逃】juǎntáo 動 돈이나 물건을 가지고 달아나다. ¶～细软 | 귀금속이나 고급 옷 등을 가지고 달아나다.

【卷土重来】juǎn tǔ chóng lái 成 한번 패했다가 세력을 회복하여 다시 쳐들어오다. 권토중래하다. ¶落后势力企图～ | 낙후 세력이 권토중래를 기도하다.

【卷心菜】juǎnxīncài 名 方〈植〉양배추＝〔方 包bāo头菜〕〔方 包心白〕〔方 包(心)菜〕〔结jié球甘蓝〕〔俗 人头菜〕〔北 洋yáng白菜〕〔方 圆yuán白菜〕→〔白菜〕

【卷须】juǎnxū 名〈植〉권수. 덩굴손.

【卷烟】juǎnyān ❶ 名 권연. 담배 ¶买了一包～ | 담배 한 갑을 샀다＝〔纸zhǐ烟〕 ❷ 名 시가. 엽권연. 여송연＝〔雪茄〕 ❸ (juǎn yān)담배를 말다.

【卷扬机】juǎnyángjī 名〈機〉권양기. 윈치(winch)＝〔绞jiǎo车〕〔辘gǎo车〕〔北 马机〕→〔起重机〕

【卷叶蛾】juǎnyè'é 名〈蟲〉잎말이 나방. 엽권아＝〔俗 卷叶虫〕

【卷子】juǎn·zi 名 ❶〈食〉밀가루 반죽으로 편평하게 늘여서 말아 찐 빵. ❷ 원통형으로 만 물건.

3【卷】② juàn quán 두루마리 권

Ⓐ juàn ❶ (～儿) 名 책. 서적. ¶手不释～ | 항시 책을 놓지 않다. ¶书～ | 서적. ❷ 名 두루마리. 권축. 족자. ❸ (～儿, ～子) 名 시험 답안지. ¶交～ | 답안을 제출하다. ¶试～ | 답안지. ❹ 量 ⓐ 권 [서적의 책 수 또는 편장(篇章) 수] ¶第一～ | 제1권. ¶上～ | 상권. ¶下～ | 하권. ⓑ 권 [문서를 세는 단위] ¶一～档案 | 문서철 한 권. ❺ 名 문서. 문건(철). ¶查～ | 문건을 찾아보다.

Ⓑ quán ❶ 書 形 굽다. 구부정하다. ¶～曲 | 굽다. ❷ ⇒〔卷卷〕

Ⓐ juàn

【卷纸】juànzhǐ 名 시험 답안 용지.

【卷帙】juànzhì 書 名 서적. 책. 권질. ¶～浩繁 | 서적이 대단히 많다.

【卷轴】juànzhóu 書 名 ❶ 권축. 족자. 두루마리. ¶客厅中挂着～ | 거실에 족자가 걸려있다. ❷ 서적.

【卷轴装】juànzhóuzhuāng 名 권축장. 권자본(卷子本)＝〔卷jǔan装〕

【卷子】juàn·zi ❶ 名 시험 답안. ¶看～ | 시험 답안을 채점하다. ¶发～ | 답안지를 배부하다. ¶改～ | 채점하다. ¶判～ | 답안의 합격 여부를 판정하다＝〔卷儿〕〔答案àn〕〔答卷〕〔考kǎo卷〕〔试shì卷〕 ❷ ⇒〔卷轴装〕

【卷宗】juànzōng 名 ❶ 書 (보관용으로 철한) 공문서. 문건. ¶查阅了大量～ | 대량의 문건을 조사하였다. ❷ 서류철. 파일(file).

Ⓑ quán

【卷卷】quánquán 書 狀 곡질곡질하다. 곡진하다＝〔拳拳〕

【锩(錈)】juǎn 칼날휠 권
書 動 (칼날이) 말리다. 휘어지다. 구부러지다＝〔卷juǎn⑤〕

juàn ㄐㄩㄢˋ

3【卷】juàn ☞ juǎn ②

3【倦〈勌〉】juàn 고달플 권
❶ 形 피곤하다. 나른하다. ¶身上发～ | 몸이 나른하다. ¶困～ | (피곤하여) 졸리다. ❷ 動 싫증나다. 진지리가 나다. ¶诲人不～ | 成 사람을 가르치는데 싫증내지 않다.

【倦鸟知还】juàn niǎo zhī huán 成 집생각이 나서 돌아가다.

【倦容】juànróng 名 권태로운 모습. 피곤한 기색.

¶～满脸 | 얼굴에 피곤한 기색이 가득하다 =〔倦色〕
【倦色】juànsè ⇒〔倦容〕
【倦态】juàntài 書名 피곤한 모양. 지친 모습. 권태.
【倦意】juànyì 書名 피곤한〔권태로운〕 기분. 권태감.
【倦游】juànyóu 動 ❶ 書 놀이에 싫증나다. ¶～归来 | 놀이에 싫증나서 돌아오다. ❷ 관리 생활에 싫증나다.

4【圈】juàn ☞ 圈 quān D

【桊】juàn 코뚜레 권
(～儿) 名 쇠코뚜레. ¶牛鼻～儿 | 쇠코뚜레.

【眷〈睠₃〉】juàn 돌아볼 권
❶ 가족. 친족. ¶家～ | (자신의) 가족 [특히 처자를 가리킴] ¶亲～ | 친척. ❷ 書 動 그리워하다. 사모하다. ¶～恋liàn↓ ❸ 書 動 돌보다. 보살피다. 관심을 갖다. 배려하다. ¶蒙méng承chéng殊shū～ | 각별한 보살핌을 받았습니다.
【眷顾】juàngù 書 動 돌봐주다. 관심을 갖고 돌보다 =〔眷爱ài〕〔眷注zhù〕
【眷眷】juànjuàn 書 狀 그리워하다. 아쉬워하다.
【眷恋】juànliàn 書 動 그리워하다. 사모하다. 미련을 두다. ¶一点也不～过去 | 조금도 과거에 미련을 두지 않다. ¶～故乡 | 고향을 그리워하다.
【眷念】juànniàn 書 ❶ 動 그리워하다. 생각하다. ¶～故国 | 고국을 생각하다 =〔想念〕 ❷ 名 그리움. 생각. ¶勾起对祖国的～ | 조국에 대한 그리움을 불러일으키다.
【眷属】juànshǔ 書 名 가족. 권속. ¶出国时没带～ | 출국시에 가족을 데려가지 않다 =〔眷口〕〔亲眷②〕
【眷注】juànzhù ⇒〔眷顾gù〕

【狷〈獧〉】juàn 성급할 견
書 形 ❶ 성급하다. 조급하다. ¶～急↓ ❷ 강직하다. (성미가) 대쪽 같다. ¶～介↓
【狷傲】juàn'ào 形 (성격이) 강직하고 굽히지 않는.
【狷急】juànjí 書 形 성급하다. 조급하다.
【狷介】juànjiè 書 形 (성격이) 견개하다. 강직하다. 대쪽같다.

2【绢(絹)】juàn 명주 견
❶ 名 얇은 비단〔견직물〕. 명주. ¶～花↓ ❷ ⇒〔绢子〕
【绢本】juànběn 名 견본. ❶ 서화(書畫)를 그리는 데 쓰는 비단. ❷ 비단에 그린〔쓴〕 서화. ¶这儿幅花鸟全是～ | 이 몇 폭의 화조는 모두 견본이다.
【绢花】juànhuā 名 비단으로 만든 조화(造花). ¶买了一把～ | 비단으로 만든 조화를 샀다 =〔京花〕
【绢画】juànhuà 名 비단에 그린 그림.
【绢人】juànrén 名 (북경 명산의) 비단 인형.
【绢丝】juànsī 名 견사. ¶～纺绸 | 산동주(山東紬). 견주(繭紬). ¶～织物 | 견사 직물.
【绢子】juàn·zi 名 方 손수건 =〔手绢(儿)〕〔手帕pà〕

【隽】juàn ☞ 隽 jùn B

【鄄】Juàn 땅이름 견
名〈地〉견성(邱城) [산동성(山東省)에 있는 현 이름]

juē ㄐㄩㄝ

【嗟】juē ☞ 嗟 jiē

【噘】juē 입내밀 궐
「撅」와 같음 ⇒〔撅juē③〕

【撅〈撧₄,₅,₆〉】juē 꺾을 궐, 칠 궐, 걷을 게 ❶ 動 곧추세우다. 치켜들다. ¶～着尾巴 | 꼬리를 곧추세우다. ❷ 形 俗 완고하다. ¶～老头子↓ ❸ 動 (화나거나 불쾌할 때) 입을 삐죽 내밀다. ¶～嘴↓ =〔噘juē〕 ❹ 動 ❶ 口 꺾다. ¶～一根柳条当马鞭 | 버들가지를 하나 꺾어 말채찍으로 하다. ❺ 動 인공호흡으로 살리다. ¶这还能～过来 | 아직은 인공호흡을 하여 살릴 수 있다. ❻ 動 方 (남을) 난처하게 하다. 콧대를 꺾다. 핀잔〔무안〕을 주다. ¶成心～他 | 고의적으로 그를 난처하게 하다. ¶叫你给～了 | 너한테 코떼었다.
【撅巴】juē·ba ❶ 動 받쳐서 일으키다. 상반신을 부축해 일으켜 세우다. ❷ 狀 喻 융통성 없다. 딱딱하다. ¶～棍子 | 喻 융통성이 없는 사람. 완고한 사람.
【撅短儿】juē/duǎnr 動 俗 남의 단점을 들추어 내다. ¶说人不～ | 말할 때 그의 단점을 들추어내지 않는다.
【撅老头子】juēlǎotóu·zi 名 고집센 늙은이〔영감〕.
【撅嘴】juē/zuǐ 動 (토라져서) 입을 삐죽 내밀다. ¶气得小女孩儿撅着嘴一语不发 | 화가 나서 어린 여자 아이가 입을 삐죽 내민체 한마디도 말을 하지 않다. ¶别～了, 我会满足你的 | 토라지지마, 나는 네것에 만족할거야 =〔噘juē嘴〕

jué ㄐㄩㄝˊ

【孓】jué 장구벌레 궐
⇒〔孑jié孓〕

【抉】jué 긁을 결
書 動 ❶ 골라내다. ¶～择↓ ❷ 도려내다. 파내다. 후벼내다. ¶钉陷槽中, ～而出之 | 못이 홈 속에 빠져서 후벼서 꺼내다.
【抉择】juézé 書 名 動 선택(하다). 채택(하다). ¶面临困难的～ | 곤란한 선택에 직면하다. ¶赶快～ | 빨리 선택하다.
【抉摘】juézhāi 書 動 ❶ 골라내다. 가려내다. ¶～真伪 | 진위를 가려내다. ❷ 폭로하다. 까발리다. ¶～弊端bìduān | 폐단을 까발리다.

1【决】jué 결정할 결
❶ 動 정하다. 결정하다. 판단하다. ¶犹豫不～ | 머뭇거리며 정하지 못하다. ¶～一死战↓ ❷ 副 결코. 절대로. 어법 부정사(否定詞) 앞에 놓여 강조함. ¶在困难面前～不退缩 | 난관앞에서 절대로 물러서지 않다. ❸ 사형을 집행하

다. ¶枪～ | 총살하다. ❹動 (제방 등이) 무너지다. 터지다. ¶河～了口了 | 강 둑이 무너졌다. ❺해결하다.

[4]【决不】juébù 결코…하지 않다. ¶他～不会拒绝jùjué | 그는 결코 거절하지 않을 것이다.

[4]【决策】juécè ❶動 방법·정책을 결정하다. ¶～者 | 정책 결정자. ¶理性地～ | 이성적으로 방법을 결정하다. ¶运筹～ | 계략을 짜고 정책을 결정하다. ❷名 결정된 책략이나 방법. ¶战略～ | 전략(적) 결정.

【决雌雄】jué cíxióng 動組 자웅을 겨루다. 승패를[우열을] 결정짓다.

【决堤】jué/dī 動 제방이 터지다. ¶严防～ | 엄격히 제방의 유실을 방지하다. ¶由于洪水～了 | 홍수로 제방이 무너졌다.

[1]【决定】juédìng ❶動 결정하다. ¶我～不去上大学 | 나는 대학에 진학하지 않기로 결정한다. ¶～胜负 | 승부를 정하다. ❷名 결정. 결정 사항. ¶这个问题尚未做出～ | 이 문제는 아직 결정을 내리지 못했다. ❸動 결정하다. 좌우하다. ¶存在～意识 | 존재가 의식을 결정한다. ¶～论 | 〈哲〉결정론. ❹動 객관 법칙이 사물을 어떤 일정한 방향으로 변화 발전하게 하다. ¶～因素 | 결정 요소.

【决定性】juédìngxìng 狀 결정적(인). ¶～的胜利 | 결정적인 승리. ¶～意义 | 결정적인 의미.

【决定于】juédìngyú 書 動組 …에 의하여 결정되다. ¶一切都～经验 | 모든 것이 경험에 의해 결정되었다.

【决斗】juédòu 名動 결투(하다).

【决断】juéduàn ❶動 결단을 내리다. 결정을 내리다. ¶早日～ | 조만간 결정을 내리다. ❷名形 결단력(이 있다). ¶他很～ | 그는 대한히 결단력이 있다. ❸名 결단. ¶做出重大的～ | 중대한 결단을 내리다. ¶下～ | 결단을 내리다.

【决断如流】jué duàn rú liú 威 결단을 내림이 흐르는 물과 같다. 지체없이 빨리 빨리 결단을 내림.

【决河之势】jué hé zhī shì 威 둑을 터뜨려 강물이 맹렬히 흐르는 것 같은 형세. 맹렬한 형세.

【决计】juéjì ❶動 마음먹다. 결심하다. ¶无论如何, 我～明天就走 | 어떤 일이 있든 간에 나는 내일 가기로 결심했다. ❷副 반드시. 틀림없이 [긍정적인 판단을 나타냄] ¶～是他来了 | 틀림없이 그가 온 것이다.

【决绝】juéjué ❶動 관계를 끊다. 단절하다. 단호히 끊다. ❷形 단호한. 결연한. ¶～而强硬 | 단호하고 강경하다. ❸動 결별하다. 영원히 이별하다.

[3]【决口】jué/kǒu ❶動 (제방이) 터지다. ¶黄河～, 造成几万人表生 | ❷(juékǒu) 名 터진 곳. ¶堵塞～ | 터진 곳을 틀어막다.

【决裂】juéliè 動 (담판·회의가) 결렬되다. (관계를) 끊다. 결별하다. ¶和议～了 | 평화회의가 결렬되었다. ¶他俩终于～了 | 그들 두사람은 마침내 결별하였다.

【决明】juémíng 名 〈植〉결명차→[青葙].

【决然】juérán 書 ❶狀 (결심 등이) 확고한. 결연한. ¶毅yì然～ | 의연하고도 확고한. ¶～起来了 | 결연히 일어섰다. ❷副 절대로. 도저히.

[4]【决赛】juésài 名 결승전. ¶半～ | 준결승전→[锦jǐn标赛].

【决胜】juéshèng ❶動 최후의 승부를 결정하다. ❷名 결승.

【决胜千里】jué shèng qiān lǐ 威 천리 밖에서 승리를 결정하다. 천리나 떨어진 먼 곳에서도 승리할 수있는 계책을[꾀를] 결정함 =[决胜千里之外][决策千里]

【决死】juésǐ 動 죽음을 각오한. 필사적인. ¶～的斗争 | 죽음을 각오한 투쟁. ¶～的战斗 | 필사적 전투.

[4]【决算】juésuàn 名動 결산(하다). ¶年终～ | 연말 결산.

[2]【决心】juéxīn 名動 결심(하다). 결의(하다). 다짐(하다). ¶～书 | 결의서. ¶下定～ | 결심을 굳히다.

【决一雌雄】jué yī cí xióng 威 자웅을 가리다. 승패를 가리다. ¶韩国队打算跟日本队～ | 한국 팀은 일본 팀과 승패를 가리려 한다.

【决一死战】jué yī sǐ zhàn 威 생사를 걸고 결전을 벌이다.

【决意】juéyì 名動 결의(하다). 결심(하다). ¶他～明天一早就动身 | 그는 내일 아침 일찍 떠나기로 결심했다.

[3]【决议】juéyì 名動 결의(하다). 결정(하다). ¶～(草)案 | 결의(초)안 =[议决]

[4]【决战】juézhàn 名動 결전(하다).

【诀(訣)】jué 비결 결

❶ 비법. 비결. 묘방. ¶秘～ | 비결. ❷ 외우기 쉽도록 요점만을 정리하여 만든 어구(語句). ¶歌～ | (기억하기 쉽도록) 요점만을 간추려서 노래 형식으로 만든 것 =[口诀] ❸ 書動 헤어지다. 이별하다. ¶～别↓ ¶永～ | 영결하다.

【诀别】juébié 動 결별하다 .이별하다. ¶我已经跟她～过了 | 나는 이미 그녀와 이별하였다.

【诀窍(儿)】juéqiào(r) 名 좋은 방법. 비결. 요령. ¶炒菜的～是拿准火候儿 | 볶는 요리의 비결은 불의 세기와 시간을 잘 맞추는 것이다 =[诀要yào][窍门(儿)][窍qiōng要][窍诀jué]

【诀要】juéyào ⇒[诀窍(儿)]

【玦】jué 패옥 결

書 名 ❶ 결(玦) [한 쪽이 트인 고리 모양의 패옥(佩玉)] ❷ 활깍지.

【觖】jué 서운해할 결, 바랄 기

書形 불만족스럽다. 흡족하지 않다. ¶～如 | 불만스런 모양. ¶～望↓

【觖望】juéwàng 書動 ❶ 원망하다. 불평을 품다. ❷ 바라다. 희망하다.

1【角】jué ☞ 角 jiǎo B

【桷】jué 서까래 각

名 ❶ 書 (네모진) 서까래 =[椽chuán] ❷〈植〉아그배나무.

2【绝(絕)】jué 끊을 절

❶動 끊다. 단절하다. ¶～交

↓ ❷動 다 없어지다. 다하다. ¶气～ | 숨이 끊어지다. ¶法子都想～了 | 방법이란 방법은 다 생각해 보았다. ❸動 (앞이) 막히다. 막다르다. ¶～壁bì↓ ¶～处逢生↓ ❹ 비할 데가 없다. 유일무이하다. ¶～技jì↓ ❺副 극히. 매우. 몹시. ¶～好↓ ¶～细的面 | 매우 가느다란 국수. ❻形俗 기발하다. 색다르다. ¶特务们想的法子够～的了 | 스파이들이 생각해낸 방법은 대단히 기발한 것이었다. ❼副 결코. 절대로. 어법 뒤에 부정사(否定詞)를 수반함. ¶～没有 | 절대로 없다. ¶他～不再来了 | 그는 결코 다시 오지 않을 것이다 =〔并bìng〕 ❽名簡〈文〉절구(絶句). ¶五～ | 오언절구.

【绝版】jué/bǎn ❶動 절판되다. ¶这本书早就～了 | 이 책은 일찌기 절판되었다. ❷ (juébǎn) 名 절판. ¶～书 | 절판본.

【绝笔】juébǐ 名 절필. 최후의 작품〔필적〕. ¶这封信是他的～ | 이 편지는 그의 최후의 필적이다.

【绝壁】juébì 名 절벽. ¶前面突然出现了一道～ | 앞에 갑자기 절벽이 나타났다.

【绝不亚于】jué·bu yà·yu 動組 결코 …에(게) 뒤지지 않다. ¶康教授的学问～中国学者 | 강교수님의 학문은 결코 중국 학자에게 뒤지지 않는다.

【绝唱】juéchàng 名 절창. 비할 데 없이 뛰어난 시문(詩文). ¶千古～ | 천고에 빛날 시.

【绝处逢生】jué chù féng shēng 成 죽을〔위험한〕고비에서 다시 살아나다. ¶这下他终于～ | 이번에 그는 끝내 죽을 고비에서 다시 살아났다.

【绝大】juédà 區副 대단히 큰. 절대의. ¶～部分 | 대부분. ¶～多数 | 절대 다수.

【绝代】juédài 書 ❶名 아득히 먼 시대. ❷形 절세의. 당대 최고의. ¶忠勇～ | 충성과 용맹이 당대 최고이다. ¶～佳人 | 절대 가인. 절세미인 =〔绝世②〕

【绝倒】juédǎo 書動 ❶ (우스워) 배를 안고 넘어지다. 포복절도(抱腹絶倒)하다. ❷ 매우 감탄하다. ❸ 느닷없이 넘어지다. 졸도하다. ❹ 대단히 슬퍼하다. ❺ 대단히 근심하다.

【绝地】juédì 名 ❶ 매우 험준한 곳. ❷ 궁지. ¶陷xiàn于～ | 궁지에 빠지다 =〔绝境jìng①〕

【绝顶】juédǐng ❶副 더 이상 없다. 절정의. ¶～聪明 =〔聪明绝顶〕| 극히 총명하다. ❷書名 (산의) 꼭대기. 정상. 절정.

²【绝对】juéduì ❶形 절대(의). 절대적(인). ¶～高度 | 절대 고도. ¶～零度 |〈物〉절대 영도. ¶～值 | 절대치 ⇔〔相对〕 ❷副 절대로. 완전히. 반드시. ¶这件事～做不到 | 이 일은 절대로 해낼 수 없다. ❸副 몹시. 가장. 절대. ¶我们的朋友～大多数都是好朋友 | 우리 친구들은 절대 다수가 모두 좋은 친구이다. ¶～服从 | 절대적인 복종. ¶～不可动摇的信念 | 절대로 흔들릴 수 없는 신념.

【绝对观念】juéduì guānniàn 名組〈哲〉절대정신 [헤겔(Hegel) 철학에 있어서 최고 원리를 일컫는 말] =〔绝对精神jīngshén〕

【绝对命令】juéduì mìnglìng 名組 절대 명령. 지상 명령. ¶～要求绝对服从 | 지상 명령으로 절대 복종을 요구했다.

【绝对湿度】juéduì shīdù 名組〈物〉절대 습도 =〔簡 湿shī度〕

【绝对温度】juéduì wēndù 名組〈物〉절대 온도 =〔外 开(尔文)〕

【绝对真理】juéduì zhēnlǐ 名組〈哲〉절대 진리 ¶没有什么～ | 어떤 절대적 진리는 없다→〔相对真理〕

【绝根(儿)】jué/gēn(r) 動 ❶ 근절하다. ¶这类事情就绝不了根, 断不了种 | 이같은 일은 절대로 뿌리를 뽑을 수도, 씨를 말릴 수도 없다. ❷ 후사(後嗣)가 끊기다.

【绝好】juéhǎo 狀 대단히〔아주〕좋다.

【绝后】jué/hòu 動 ❶ 후사(後嗣)가 없다. 대가 끊어지다. ¶做这样缺德的事, 不怕～吗? | 이렇게 덕이 없는 일을 하고서도, 대가 끊어질 것이 두렵지 않습니까? =〔绝户①〕 ❷ 절후하다. 앞으로 그런 예를 볼 수 없다. ¶空前～ | 成 공전 절후.

【绝户】jué·hu ❶ ⇒〔绝后①〕 ❷名 후손〔자식〕이 없는 사람〔가정〕. ¶那个老～真可怜 | 저 노인은 자식이 없어서 정말 가엽다. ❸形轉 죄가 많다. 터무니없다. ¶～主意 | 터무니 없는 생각 ‖ =〔绝户头〕

【绝户坟】jué·hufén 名 주인 없는 무덤.

【绝活(儿)】juéhuó(r) 名 특기. 뛰어난 재주. ¶他发球有～ | 그는 서브에 뛰어난 재주가 있다 =〔绝技jì〕〔绝艺yì〕

【绝技】juéjì 名 절기 =〔绝活huó(儿)〕

【绝迹】jué/jì ❶動 자취를 감추다. 사라지다. ¶天花在我国完全～了 | 천연두는 우리나라에서 완전히 자취를 감추었다. ❷動 세속과 인연을 끊다. ❸ (juéjì) 名 인적이 없는 곳.

【绝佳】juéjiā 形 대단히 아름답다〔훌륭하다〕.

【绝交】jué/jiāo 動 절교〔단교〕하다. 관계〔교제〕를 끊다. ¶她跟我～了 | 그녀는 나와 교제를 끊었다.

【绝经】juéjīng 名〈生理〉폐경(閉經).

【绝境】juéjìng 名 ❶ 궁지. 절망적인 상태. ¶濒bīn于～ | 궁지에 몰리다 =〔绝地②〕 ❷ 인적없는 땅. ❸ 세속을 떠난 경지.

【绝句】juéjù 名 절구 [「近体诗」의 일종으로 한 수(首)가 4구(句)이며, 한 구(句)가 다섯 자인 「五言绝句」와 일곱자인 「七言绝句」가 있다] =〔截jié句②〕

【绝口】juékǒu 動 ❶ 입을 다물다. 말을 멈추다. ¶赞不～ | 끊임없이 칭찬하다. ¶骂不～ | 계속 욕하다. ❷ 있는 말을 다하다. ¶～称好 | 입에 침이 마르도록 칭찬하다. ❸ 입을 다물다.

【绝了】jué·le 끝까지 (…을) 하다. 어법 보통 보어로 쓰임. ¶骂～ | 끝까지 욕하다. ¶斗～ | 끝까지 싸우다. ¶法子都想～ | 방법은 있는대로 다 생각해 봤다.

【绝路】jué/lù ❶動 길이 끊기다. 길이 막히다. ¶这个办法要是还不行, 那可就绝了路了 | 이 방법도 안되면 정말 길이 없다. ❷ (juélù) 名 막다른 골목. ¶走上了～ | 막다른 골목으로 들어가다. ¶～逢生 =〔绝处逢生〕| 成 절대절명의 위기에서 다시 살길을 찾다.

【绝伦】juélún 書動 남보다 월등하게 뛰어나다. ¶

聪明～｜총명이 과인하다 =〔绝等děng〕〔绝群qún〕

【绝门】juémén 名 ❶ 자손이 없는 사람. ❷ 실업자. ❸ 기적적인 일.

【绝密】juémì 名 形 극비(의). ¶～消息｜극비의 소식.

【绝妙】juémiào 形 절묘하다. 더없이 훌륭하다. ¶～的文章｜더없이 훌륭한 문장. ¶～的讽刺｜절묘한 풍자.

【绝妙好辞】jué miào hǎo cí 成 절묘한 말〔문장〕. ¶这才是～呢｜이야말로 절묘한 문장이다.

【绝命】jué/mìng 動 절명하다. 죽다.

【绝命书】juémìngshū 名 임종 때 남기는 글. 유서.

【绝情】jué/qíng 動 形 정리(情理)를 끊다. ¶～忘义｜정리와 의리를 망각하다. ¶～的事｜정리를 끊는 일.

【绝色】juésè 書 ❶ 名 절색. 절세의 미인. ❷ 形 극히 아름다운. ¶～佳人 =〔绝代佳人〕｜절세미인.

【绝食】jué/shí 動 절식하다. 단식하다. ¶～疗法liáofǎ｜단식 요법. ¶～抗议kàngyì｜단식 투쟁 =〔書 绝粒lì〕

【绝世超伦】jué shì chāo lún 成 당대에 따를 사람이 없다 =〔绝世无伦〕

【绝嗣】jué/sì 動 자손이〔후계자가〕 끊기다 =〔绝绪xù〕

4【绝望】jué/wàng ❶ 形 절망하다. ¶～的悲鸣｜절망적인 비명. ¶我太～了｜나는 대단히 절망하였다. ❷ (juéwàng) 名 절망

【绝无仅有】jué wú jǐn yǒu 成 아주 적다. 거의 없다. 극히 드물다.

【绝响】juéxiǎng 書 名 ❶ 끊어져 전하지 않는 음악. ❷ 喻 전통이 끊어진 사물.

【绝续】juéxù 名 단절과 연속. ¶存亡～的关头｜생사 존망의 고비.

【绝学】juéxué ❶ 書 名 절학. 끊어져 전하지 않는 학문. ¶音韵学不是～｜성운학은 끊어진 학문이 아니다. ❷ 動 학문을 그만 두다.

【绝艺】juéyì 名 절예. 절기. ¶他会好几样～｜그는 몇가지 뛰어난 기예를 할 줄 안다 =〔绝活(儿)〕

【绝育】jué/yù 動 ❶ 임신 중절하다. ¶～手术｜임신 중절수술 →〔打dǎ胎〕 ❷ 불임 수술을 하다 →〔节jié育〕

4【绝缘】juéyuán ❶ 動 인연을〔관계를〕 끊다. ❷ 圖〈電氣〉절연(하다). ¶～材料cáiliào｜절연 재료. 절연물. ¶～油｜절연유. ¶～凡立水｜절연용 와니스. ¶～纸｜절연지 =〔隔gé电〕

【绝缘子】juéyuán·zi 名〈電氣〉애자(礙子) =〔瓷cí瓶②〕〔瓷碗wǎn〕〔瓷珠zhū儿〕

【绝早】juézǎo 書 ❶ 名 이른 아침. ❷ 副 아주 일찍. ¶三日～过上海｜3일 아주 일찍 상해를 통과하였다.

【绝招(儿)】juézhāo(r) 名 ❶ 절기. 뛰어난 재간. ❷ 상상도 할 수 없는 수단·계책. ¶我受不了他的～｜나는 그의 상상도 못할 계책을 받아들일 수가 없다. ‖ =〔绝着zhāo(儿)〕

【绝症】juézhèng 名 불치의 병. 죽을 병. ¶癌症áizhèng是不是～呢?｜암은 불치의 병인가?

【绝种】jué/zhǒng ❶ 動 멸종하다. 절종하다. ¶恐龙早已～｜공룡은 이미 오래 전에 멸종되었다. ❷ (juézhǒng) 名 멸종. 절종. ❸ (juézhǒng) 名 圖 씨가 마를 놈.

【绝子绝孙】jué zǐ jué sūn 成 ❶ 자손이 끊어지다. 대가 끊어지다 =〔绝嗣sì无后〕 ❷ 圖 씨가 마를 놈 ‖ =〔绝子断孙〕

【珏〈瑴〉】 jué 쌍옥 각

書 名 한 쌍의 옥(玉).

1【觉(覺)】 jué ㊇ jiào) jiào 깨달을 각, 깰 교

Ⓐ jué ❶ ㊇ jiào) 動 느끼다. ¶下了雪, ～出冷来了｜눈이 내려서 춥게 느껴진다. ¶不知不～｜부지불식간에. ❷ ㊇ jiǎo) 감각. ¶视～｜시각. ¶失去知～｜지각을 잃다. ❸ ㊇ jiǎo) 깨닫다. 자각하다. ¶先知先～｜선각자. ¶～悟↓ ❹ 動 (잠에서) 깨다〔깨어나다〕. ¶大梦初～｜깊은 꿈에서 막 깨어나다. ❺ 발각(發覺)하다〔되다〕. ¶发～｜발각하다.

Ⓑ jiào 名 動 잠(자다). ¶午～｜낮잠. ¶睡大～｜충분히 자다. 늦잠자다. ¶～醒｜잠이 깨다.

4【觉察】juéchá 動 깨닫다. 알아차리다. 감지하다. ¶你刚才用话骗他, 恐怕他已经～了｜너는 방금 말로 그를 속였지만, 아마 그가 벌써 알아차렸을 것이다.

1【觉得】jué·de 動 ❶ …라고 느끼다. ¶虽然工作到深夜, 但一点也不～疲倦｜비록 밤늦게까지 일을 했지만, 조금도 피곤함을 느끼지 않는다. ❷ …라고 여기다〔생각하다〕 어법 어기가 단정적이 아님. ¶我～应该先跟他商量一下｜나는 마땅히 먼저 그와 상의해야 한다고 생각한다 ‖ =〔京 觉着〕

2【觉悟】juéwù ❶ 動 깨닫다. 자각하다. 인식하다. ¶～到事情的严重性｜일의 중대성을 인식하다. ❷ 名 각오. 의식. 각성. 자각. ¶唤起人民的～｜국민의 의식을 환기시키다. ¶～程度｜자각 정도. ¶～分子｜눈이 트인 사람.

4【觉醒】juéxǐng 名 動 각성(하다). ¶第三世界的～｜제 삼 세계의 각성.

【觉着】jué·zhe ⇒〔觉得〕

【倔】 jué juè 굳셀 굴

Ⓐ jué ⇒〔倔强〕

Ⓑ juè 形 말투가 거칠고 태도가 불손하다. 퉁명스럽다. 괴팍스럽다. ¶说话太～｜말하는 것이 너무 퉁명스럽다. ¶那老头子真～｜저 노인은 정말 괴팍스럽다.

Ⓐ jué

【倔强】juéjiàng 形 고집이 세 남에게 굴하지 않다. ¶这孩子太～了｜이 아이는 매우 고집이 세다 =〔崛jué强〕

Ⓑ juè

【倔巴】juè·ba 形 方 무뚝뚝하다. 퉁명스럽다. ¶这人有点～｜이 사람은 다소 퉁명스럽다.

【倔脾气】juèpí·qi 名 옹고집. 괴벽한 성미. ¶他的～来了劲, 谁也没治｜그의 옹고집은 한 번 부렸

다 하면, 누구도 어쩔수 없다.

【倔人】juèrén 名 괴벽한〔심술궂은〕사람.

【倔头倔脑】juè tóu juè nǎo 成 ❶ 말이나 태도가 무뚝뚝하다. 불친절하다. ❷ 한 가지에 전념하다. 집중하다.

【倔性子】juèxìng·zi 名組 괴벽한 성질. 괴벽한 사람. 별난 성미. ¶使~ | 괴벽한 성질을 부리다. ¶他是天生的~ | 그는 선천적으로 괴벽한 성질을 지녔다.

【崛】jué 우뚝솟을 굴
書 動 우뚝 솟다.

【崛起】juéqǐ 書 動 ❶ (봉우리 등이) 우뚝 솟다. ❷ 굴기하다. 들고 일어나다. 궐기하다. ¶东学军~于三道 | 동학군은 삼도에서 일어났다. ¶一个亚洲经济圈在迅速地~ | 하나의 아시아 경제권이 빠르게 형성되다.

4【掘】jué 팔 굴, 뚫을 궐
動 ❶ 파다. ¶~井 | 우물을 파다. ¶发~ | 발굴하다. ❷ 떠내다. 뜨다 =〔舀yǎo①〕¶~了一勺子蜂蜜fēngmì | 벌꿀을 한 숟가락 떴다.

【掘进】juéjìn 動〈鑛〉굴진하다.

【掘墓人】juémùrén 名組 ❶ 무덤을 파는 사람. 喩 스스로 파멸을 자초하는 사람. ❷ 구제도를 타파하는 이. ¶无产阶级是资本主义的~ | 무산계급은 자본주의의 타파자이다 ‖ =〔掘墓者〕

【掘土】juétǔ 動 흙을 파다 =〔挖wā土〕

【掘土机】juétǔjī 名〈植〉동력삽. 파워 셔블(power shovel). 엑스커베이터(excavator) ‖ =〔电铲〕

【脚】jué ☞ 脚 jiǎo B

【厥】jué 그 궐
書 ❶ 動 기절〔졸도〕하다. 인사불성이 되다. ¶昏~ | 기절하다 ¶痰tán~ |〈漢醫〉담궐. ❷ 代 그의. 그것의. ¶~母 | 그의 어머니. ¶只虑当前, 未顾~后 | 눈 앞의 일만 걱정하고 그 뒤의 일은 생각지 못하다.

【劂】jué 새길 궐
⇒〔剞jī劂〕

【獗】jué 날뛸 궐
⇒〔猖chāng獗〕

【蕨】jué 고사리 궐
❶ ⇒〔蕨菜〕❷ 名 양치(羊齒) 식물의 총칭.

【蕨菜】juécài 名〈植〉고사리. ¶这儿不宜种~ | 이 곳은 고사리 재배에 적합하지 않다 =〔拳菜〕

【蕨类植物】juélèi zhíwù 名組〈植〉양치 식물(羊齒植物).

【橛】jué 말뚝 궐
名 ❶ (~儿, ~子) 쐐기. 짧은 말뚝. ¶钉上一个~ | 말뚝을 하나 박다→〔劈pī⑤〕〔楔xiē子①〕❷ 그루터기. ¶稻dào~ | 벼 그루터기. ❸ 말의 재갈.

【橛巴】juébā 形 완고하다. 고지식하다. 고집스럽다.

【镢(钁)】jué 괭이 궐
名 괭이 =〔镬jué〕

【镢头】juě·tou 名 괭이. ¶用~撅juē土 | 괭이로 흙을 갈다 =〔镐gǎo头〕

【蹶】jué juě 넘어질 궐, 뛰어일어날 궤

A jué 動 ❶ 넘어지다. ¶~而伤足 | 넘어져서 발을 다치다. ❷ (기세를) 꺾다. 거꾸러뜨리다. ❸ 喩 실패하다. 좌절하다. ¶一~不振zhèn | 한 번 실패한 뒤 다시는 재기하지 못하다. ❹ 書 고갈(枯竭)하다. ❺ 書 밟다. 디디다.

B juě ⇒〔蹶窝〕

【蹶窝】juě·wo 形 俗 (영양부족으로) 발육이 나쁘다. 비실비실하다. ¶他们把孩子都饿~了 | 그들은 아이들을 모두 굶겨 영양부족으로 만들었다.

【矞】jué ☞ 矞 yù C

【谲(譎)】jué 속일 휼
書 動 속이다. 기만하다. 거짓말하다. ¶~而不正↓

【谲而不正】jué ér bù zhèng 成 속이며 올바르지 않다. 속이 음흉하다.

【谲诈】juézhà ❶ 動 속이다. 간교하게 기만하다. ❷ 形 교활하다. 간교하다. ¶这小子太~了 | 이 녀석은 매우 교활하다.

【噱】jué xué 껄껄웃을 갹

A jué 書 動 크게 웃다. ¶可发一~ | 크게 웃음을 자아내다.

B xué 動 方 웃다. ¶发~ | 웃음을 터뜨리다.

【噱头】xuétóu 方 ❶ 名 웃음 거리. 우스개. ¶有啥~ | 무슨 웃음거리가 있는가→〔俏qiào头②〕❷ 名 술수. 수단. 술책. ¶摆bǎi~ | 술책을 쓰다. ❸ 形 익살스럽다. 우습다. ¶很~ | 매우 익살스럽다.

【爵】jué 벼슬 작
名 ❶ 고대의 작위(爵位) [「公(공)·侯(후)·伯(백)·子(자)·男(남)의 다섯 등급으로 나누었음] ¶封~ | 작위를 주다. ¶~高位危 | 신분이 높을수록 지위는 위태롭다. ❷ 고대의 술잔 [참새의 부리 모양을 본떠 청동으로 만든 세 발 달린 그릇]

【爵禄】juélù 書 名 작위와 봉록(俸祿). ¶追求~ | 작위와 봉록을 추구하다.

【爵士】juéshì 名 ❶ 나이트 작(knight爵). 훈작사(勳爵士). ❷ 外〈音〉재즈(jazz). ¶~(音)乐 | 재즈 음악. ¶~舞 | 재즈 댄스. ¶~乐队 | 재즈 밴드.

【爵位】juéwèi 名 작위.

【嚼】jué ☞ 嚼 jiáo C

【爝】jué 횃불 작
⇒〔爝火〕

【爝火】juéhuǒ 書 名 횃불. 화톳불.

【矍】jué 두리번거릴 확
❶ 書 形 깜짝 놀라 어리둥절하다. 놀라서 두리번거리다. ❷ ⇒〔矍铄〕

【矍铄】juéshuò 書 形 정정하다. ¶年过九十, 精神却很~ | 구십이 넘어도 정신은 오히려 매우 또렷하다.

【攫】jué 움킬 확
書 動 움켜 잡다. 가로채다. 빼앗다. ¶老

鹰～兔｜매가 토끼를 움켜 잡았다. ¶～为己有｜빼앗아 제 것으로 만들다.
【攫取】juéqǔ 動 약탈하다. 수탈하다. ¶～超额利润｜초과 이윤을 수탈하다. ¶以暴力～财富｜폭력으로 재산을 약탈하다.

【镢(鐝)】jué 괭이 곽 名 큰 괭이. ¶负fù～插chā｜괭이를 메다 ＝〔镬jué〕

【蠼】jué ☞ 蠼 qú B

juě ㄐㄩㄝˇ

【蹶】juě ☞ 蹶 jué B

juè ㄐㄩㄝˋ

【倔】juè ☞ 倔 jué B

jūn ㄐㄩㄣ

2【军(軍)】jūn 군사 군 ❶ 名 군대. ¶参～｜군에 입대하다. ¶裁cái～｜군축(軍縮)하다. ❷ 名〈軍〉군단. ¶～长↓ →〔连⑨〕〔旅④〕〔排⑦〕〔棚⑧〕〔团⑥〕〔营④〕〔班②〕 ❸ 書 動 주둔하다. ¶～于京城之郊｜수도 교외에 주둔하다. ❹ 名 죄를 지어 변경 방위군으로 편입된 사람. ¶充～｜형벌로 죄인을 변경 수비군으로 편입시키다 [옛날, 형벌의 하나]
3【军备】jūnbèi 名 군비. ¶扩大～｜군비를 확대하다. ¶～缩减＝〔军缩suō〕〔裁cái军〕｜군비 축소.
【军部】jūnbù 名〈軍〉사령부. ¶直捣dǎo～｜곧바로 사령부를 공격하다.
【军操】jūncāo 名 군사 훈련.
【军车】jūnchē 名 ❶ 군용차. ¶乘～去前方采访｜군용차를 타고 전방을 시찰하다. ❷ 군용 열차.
【军刀】jūndāo 名 군도.
2【军队】jūnduì 名 군대. ¶训练～｜군대를 훈련시키다.
4【军阀】jūnfá 名 군벌. ¶～主义｜군벌주의.
【军法】jūnfǎ 名 군법. ¶～会议｜군법 회의. ¶～处｜군사 재판소. ¶～司｜군법무국.
【军法从事】jūn fǎ cóng shì 成 군법에 따라 엄격히 처리하다. ¶违反军令要～｜군령을 위반하면 군법에 따라 엄격히 처벌될 것이다.
【军方】jūnfāng 名 군부. 군대.
【军费】jūnfèi 名 군비. 군사비. ¶削减xiāojiǎn～｜군비를 삭감하다.
【军分区】jūnfēnqū 名 군관구(軍管區).
【军服】jūnfú 名 군복. ¶一套～｜군복 한 벌.
【军港】jūngǎng 名 군항.
【军歌】jūngē 名 군가.
【军鸽】jūngē 名 군사용 비둘기.
【军工】jūngōng 名 ❶ 군수 산업. ¶～厂｜군수창. ❷ 군사 시설 공사.
【军功】jūngōng 名 전공(戰功). 무공 ¶立下～｜전공을 세우다 ＝〔武wǔ功①〕
3【军官】jūnguān 名〈軍〉❶ 장교. 사관. ¶～学校＝〔军校〕｜(외국의) 사관학교 [중국에서는「军事学院」이라 함] ❷「排长」(소대장) 이상의 간부.
【军国】jūnguó 名 군국. ❶ 군사와 국정 또는 군대와 국가. ❷ 군비를 강대하게 하는 것을 주요 목적으로 하는 국가. ¶～主义｜군국주의.
【军号】jūnhào 名 군용 신호 나팔.
【军徽】jūnhuī 名 군대의 표지.
【军火】jūnhuǒ 名 병기. 무기. 화기. ¶～工业｜군수 공업. ¶～库｜무기고. ¶～商｜무기 상인.
【军机】jūnjī 名 ❶ 군사 계획〔전략〕. 군략(軍略). ❷ 군사 기밀. ¶泄漏xièlòu～｜군사 기밀을 누설하다.
【军籍】jūnjí 名 ❶ 군적. ❷ 轉 군인의 신분.
【军纪】jūnjì 名 군기. 군대의 기율. ¶～不正｜군기가 바르지 못하다 ＝〔军规guī〕
3【军舰】jūnjiàn 名 군함 ＝〔兵bīng舰〕
【军阶】jūnjiē 名 군인의 계급〔등급〕. ¶～颇高｜계급이 다소 높다.
【军界】jūnjiè 名 군인 사회.
【军警】jūnjǐng 名 군경. 군대와 경찰.
【军垦】jūnkěn 動 군대가 황무지를 개간하다.
【军垦农场】jūnkěn nóngchǎng 名組 군대 개간 농장 [인민 해방군이 변경(邊境)·연해지구(沿海地區)의 황무지를 개간하여 조성한 농장]
【军礼】jūnlǐ 名 ❶ 군인의 예절〔예의〕. ❷ 군대식 경례. ¶行一个～｜군대식 경례를 하다.
【军力】jūnlì 名 병력. 군사력. ¶～强大｜군사력이 강대하다.
【军粮】jūnliáng 名 군량.
【军龄】jūnlíng 名 군대 복무 햇수.
【军令】jūnlìng 名 군령. 군사 명령. ¶颁布～｜군령을 반포하다.
【军令如山】jūn lìng rú shān 成 군의 명령은 산처럼 일체의 동요도 없이 철저히 이행해야 한다.
【军令状】jūnlìngzhuàng 名 옛날, 군령을 받은 다음에 쓰는 임무 수행을 약속한 서약서.
【军帽】jūnmào 名 전투모. ¶一顶～｜전투모 하나.
【军民】jūnmín 名 군민. 군인과 국민.
【军棋】jūnqí 名 군대 체재를 응용한 장기의 일종. ¶下～｜군장기를 두다.
【军旗】jūnqí 名 군기. 군대의 깃발.
【军情】jūnqíng 名 군사 상황. ¶泄露～｜군사 상황이 누설되다.
【军区】jūnqū 名 군사 지역.
【军权】jūnquán 名 병권(兵權). 군 지휘권. ¶握有wòyǒu～｜군 지휘권을 장악하고 있다.
3【军人】jūnrén 名 군인.
【军容】jūnróng 名 군용. 군대의 위용이나 장비. ¶整饬～｜군용을 강화 정돈하다.
【军师】jūn·shī 名 ❶ 군사(軍師). 참모. ❷ 喩 모사(謀士). 책사(策士). ¶你要下象棋, 我来给你当～｜네가 장기를 두면, 내가 너의 책사가 되어 주마.
【军士】jūnshì 名 하사관(下士官).
2【军事】jūnshì 名 군사. 군대·전쟁 등에 관한 일. ¶～教育｜군사 교육. ¶～训练xùnliàn｜군사

훈련. ¶～设施｜군사 시설. ¶～分界线｜군사 분계선. ¶～工业｜군수 공업. ¶～家｜군사 전문가. ¶～路线｜군사 노선. ¶～冒险màoxiǎn｜군사적 모험. ¶～勤务｜군사상의 후방 근무. ¶～素质｜군사력. ¶～调tiáo处｜군사적 조절. ¶～条令｜군사 수칙. ¶～物资｜군수 물자. ¶～犯｜군 범죄인. ¶～行动｜군사 행동. ¶～学｜군사학. ¶～学院｜군사 학교. ¶～优势yōushì｜군사적 우세.

【军事法庭】jūnshì fǎtíng 名組 군사 법정. 군법회의. ¶送交～审判｜군법회의 재판으로 넘기다.

【军事管制】jūnshì guǎnzhì 名組 군사 관제〔통제〕.

【军事化】jūnshìhuà 動 군사화하다. 전시 편제화하다. ¶经济～｜경제의 전시 편제화.

【军事基地】jūnshì jīdì 名組 군사 기지.

【军事科学】jūnshì kēxué 名組 군사 과학.

【军事体育】jūnshì tǐyù 名組 군사 체육. 전투체육. ¶发展～｜전투 체육을 발전시키다.

【军属】jūnshǔ 名 군인 가족.

【军统】Jūntǒng 名 簡 군사통계국 [국민당(國民黨) 특무 기관의 하나로「国民政府军事委员会调查统计局」의 약칭]

【军屯】jūntún 名〈軍〉군영지. 군사주둔지.

【军威】jūnwēi 名 군대의 위엄. ¶大振～｜군대의 위엄을 크게 떨치다.

【军委】Jūnwěi 名 簡「中国共产党中央军事委员会」(중국 공산당 중앙 군사 위원회)의 약칭.

【军务】jūnwù 名 군무. 군대의 사무. 군사에 관한 사무. ¶～繁忙fánmáng｜군무가 바쁘다. ¶督理dūlǐ～｜군무를 감독 처리하다.

【军衔】jūnxián 名 군대 계급 [인민 해방군의 계급 제도는 일반적으로「元帅(大元帅·元帅)」「将官(大将·上将·中将·少将·准将)」「校官(大校·上校·中校·少校)」「尉官(大尉·上尉·中尉·少尉·准尉)」「军士(上士·中士·下士)」「兵(上等兵·列兵〔一等兵〕·二等兵)」으로 구분함]

【军饷】jūnxiǎng 名 군인의 급료 및 보급품.

【军校】jūnxiào 名 사관학교.

【军械】jūnxiè 名 병기. 무기. ¶～厂｜무기공장. ¶～库｜무기고.

【军心】jūnxīn 名 군대의 전투 의지. 군대의 사기. ¶动摇dòngyáo～｜군대의 사기를 동요시키다.

【军需】jūnxū 名 ❶ 군수(품). 군사 물자. ¶～物质｜군수 물자. ¶～品｜군수품. ¶～船｜군수선. ¶～工厂｜군수 공장 =〔军须〕❷ 옛날, 군대의 보급 담당자. ¶～官｜보급관.

【军训】jūnxùn ⇒〔军事训练〕

4【军医】jūnyī 名 군의관. ¶他父亲做过～｜그의 아버지는 군의관을 역임했다.

【军营】jūnyíng 名 병영.

4【军用】jūnyòng 名 군용. ¶～地图｜군용 지도. ¶～飞机｜군용 비행기. ¶～机场｜군용 비행장. ¶～卡车｜군용 트럭. ¶～列车｜군용 열차. ¶～品｜군수품. ¶～犬｜군용견. ¶～产品｜군용 물품. ¶～物资｜군수 물자. ¶～卫星｜군사 위성.

【军邮】jūnyóu 名 군사 우편.

【军乐】jūnyuè 名 ❶ 군악. ¶～队｜군악대. ❷ 俗 취주악.

【军运】jūnyùn 名〈軍〉(군사)수송. ¶～任务｜수송 임무.

【军长】jūnzhǎng 名 군단장 =〔军座zuò〕

【军政】jūnzhèng 名 ❶ 군사(軍事)와 정치. ❷ 군사 행정. ❸ 군대와 정부.

【军种】jūnzhǒng 名 군별(軍別). 군대의 기본 종별(種別). ¶三大～｜삼군(육·해·공군).

4【军装】jūnzhuāng 名 군복. 군인의 복장.

【皲(皸)】 jūn 터질 균

⇒〔皲裂〕

【皲裂】jūnliè 書 動 ❶ (추위로)피부가 트다. ¶双手～｜두 손이 트다 =〔龟jūn裂①〕❷ 균열이 생기다.

4【君】 jūn 임금 군

名 ❶ 군주. 황제. 국왕. 임금. ¶国～｜군주. ¶～臣｜군주와 신하. ❷ 書 敬 군 [주로 남성을 존칭하는 말] ¶张～｜장군. ¶诸～｜제군. 여러분. ❸ 書 봉건시대의 봉호(封號). ¶孟尝～｜맹상군 [전국시대(戰國時代) 제(齊)나라의 재상] ❹ 書 아내가 자기 남편을 지칭하는 말. ¶夫～｜부군. ❺ 書 자식이 다른 사람 앞에서 자기 부친을 지칭하는 말. ¶家～｜아버님. ¶先～｜선친(先親).

【君临】jūnlín 動 ❶ 군림하다. ¶～天下｜천하에 군림하다. ❷ 오다. ¶黎明～之时｜여명이 올 때.

【君权】jūnquán 書 名 군주의 권력. ¶去除～｜군주의 권력을 제거하다.

【君士坦丁堡】Jūnshìtǎndīngpù 名 音譯〈地〉콘스탄티노플(constantinople)→〔伊yī斯坦布尔〕

【君主】jūnzhǔ 書 名 ❶ 군주. ¶打倒～｜군주를 타도하다. ¶～立宪｜입헌 군주제. ¶～专制｜전제 군주제. ¶～制｜군주 제도. ❷ 천자의 딸. 공주.

【君子】jūnzǐ 書 名 ❶ 군자. 학식과 덕망이 높은 사람. ¶正人～｜마음씨가 올바르며 학식과 덕행이 높고 어진 사람. ¶伪～｜위선자. ❷ 높은 관직에 있는 사람. ❸ 아내가 자기 남편을 이르던 말.

【君子报仇, 十年不晚】jūnzǐ bào chóu, shínián bù wǎn 諺 군자가 원수를 갚는 데에는 10년이 걸려도 늦지 않다.

【君子动口, 小人动手】jūnzǐ dòng kǒu, xiǎorén dòng shǒu 諺 군자는 말로 하고 소인은 완력을 쓴다.

【君子国】Jūnzǐguó 名 ❶ 군자국. 풍속이 선량하고 예의가 바른 나라. ❷ 신라(新羅)의 다른 이름.

【君子兰】jūnzǐlán 名〈植〉군자란.

【君子协定】jūnzǐ xiédìng 名組 신사 협정. ¶订下～｜신사 협정을 체결하다 =〔绅shēn士协定〕

【君子一言, 好马一鞭】jūnzǐ yīyán, hǎomǎ yībiān 諺 군자는 한 번 말하면 꼭 실행하고, 좋은 말은 한 대만 때리면 달리기 시작한다. 장부일언 중천금 =〔君子一言, 快马一鞭〕〔君子一言, 驷马难追〕

【君子一言, 驷马难追】jūnzǐ yīyán, sìmǎ nán zhuī ⇒〔君子一言, 好马一鞭〕

【君子之交】jūn zǐ zhī jiāo 成 군자(간)의 사귐. ¶～淡如水｜군자간의 사귐은 물과 같이 담담하다. ¶咱们可是～｜우리는 정말 군자간의 사귐이다.

【䇹】jūn 버들말즘 군 ⇒〔䇹荙菜〕

【䇹荙菜】jūndácài 名〈植〉근대.

2【均】jūn yùn 고를 균, 따를 연, 운 운

Ⓐ jūn ❶ 形 고르다. 균일하다. 균등하다. ¶贫富不～｜빈부가 고르지 못하다. ¶利益～沾zhān｜이익을 균등하게 받다. ❷ 動 고르게 하다. 균등하게 하다. ¶有多有少, 不如～一～吧｜많거나 적거나 하기 보다는 고르게 나누는 편이 좋겠다. ❸ 副 모두. 다. 전부. ¶老少～安｜노인과 아이들이 모두 편안하다. ❹ (Jūn) 名〈地〉균현(均縣)[호북성(湖北省)에 있는 현 이름]

Ⓑ yùn「韵」과 통용 ⇒〔韵yùn〕

【均等】jūnděng ❶ 形 균등하다. 같다. 고르다. ¶机会～｜기회 균등. ❷ 動 평균하다.

【均分】jūnfēn 動 고르게 분배하다〔나누다〕. ¶四股～｜네등분하다. ¶～不开＝〔均不开〕｜균등하게 분배할 수 없다.

【均衡】jūnhéng 名 ❶ 균형. 평형. ¶保持身体的～｜몸의 균형을 유지하다. ❷ 形 고르다. 균형이 잡히다. ¶国民经济～地发展｜국민 경제의 균형적 발전.

【均衡论】jūnhénglùn 名〈經〉균형 이론.

【均可】jūnkě 動 모두 좋다. ¶男女～参加｜남녀가 모두 참가해도 좋다.

【均势】jūnshì 名 균등한 세력. 세력 균형. ¶维持～＝〔保持均势〕｜세력 균형을 유지하다.

【均属】jūnshǔ 書 副 전부. 모두. ¶～妨碍fángài生产｜모두 생산을 방해하다.

【均摊】jūntān 動 균등하게 부담하다. 고르게 할당하다. ¶水费按户～｜수도세는 가구에 따라 균등하게 부담한다＝〔分fēn摊〕

3【均匀】jūnyún 形 균등하다. 고르다. 균일하다. ¶中奖zhòngjiǎng机会～｜당첨의 기회는 균등하다. ¶品质～｜품질이 균일하다.

【钧(鈞)】jūn 서른근 균, 녹로 균 ❶ 量 균 [옛날의 중량 단위. 30「斤」에 해당함] ¶雷霆léitíng万～之势shì｜成 매우 무서운 힘. 노도같은 기세. ¶千～一发fà｜아주 무거운 것을 머리카락 한 가닥에 매달다. 아주 위험하다. ❷ 名 질그릇을 만드는데 쓰이는 기구. 녹로(轆轤). ❸ 書 名 敬 상대방과 관계있는 사물이나 행위에 존경의 뜻을 나타냄 [서한문에서 주로 웃어른이나 상급(上級)에 대해 쓰임] ¶～命↓ ¶～安↓

【钧安】jūn'ān 名 札 안녕. 평안. ¶敬请～｜내내 평안하시기를 비옵니다.

【钧命】jūnmìng 名 札 귀하의 명령.

【钧启】jūnqǐ 札 뜯어 보십시오 [봉투에서 상대방 이름 밑에 쓰는 말]

【筠】jūn ☞ 筠 yún Ⓑ

【筠】jūn ☞ 筠 yún Ⓑ

【龟】jūn ☞ 龟 guī Ⓑ

【菌】jūn ☞ 菌 jùn Ⓑ

【麇】jūn qún 노루 균, 떼질 군

Ⓐ jūn 名〈動〉노루 [「獐zhāng子」(노루)의 옛 말]

Ⓑ qún 書 動 떼지어 모이다. 군집(群集)하다 → 〔群qún〕〔麏qún〕

【麇集】jùnjí 書 動 군집하다. 사람이 많이 모이다. 다 모이다. ¶诸事～｜여러 가지 일이 다 모이다.

jùn ㄐㄩㄣˋ

4【俊〈儁寯3〉】jùn 뛰어날 준 ❶ 形 (용모가) 아름답다. 수려(秀麗)하다. ¶～秀↓ ¶这个小姐长得好～呀!｜이 아가씨는 얼마나 용모가 아름다운가! ❷ 形 위풍당당하다. ¶～鹰yīng｜위풍당당한 매. ❸ 書 名 재지(才智)가 뛰어난 사람. 준재(俊才). ¶～杰↓＝〔隽jùn〕

【俊拔】jùnbá 形 걸출하다.

【俊杰】jùnjié 書 名 ❶ 준걸. ¶韩国多～｜한국에는 준걸이 많다＝〔豪háo杰〕❷ 훈공자(勳功者).

【俊美】jùnměi 形 준수(俊秀)하다. 미목 수려(眉目秀麗)하다. ¶老李的容貌可真是～｜이형의 용모는 정말 준수하다.

【俊气】jùn·qi 形 (용모가) 매우 아름답다. ¶那个小姐眉清目秀, 挺～｜저 아가씨는 미목 수려하여 정말로 아름답다.

【俊俏】jùnqiào 形 口 (용모가)빼어나다. 준수하다. 수려하다. ¶～的小姐｜용모가 빼어난 아가씨.

【俊秀】jùnxiù 形 ❶ 준수하다. 준매(俊邁)하다. 걸출하다. 뛰어나다. ❷ (용모가)아름답다. 미목 수려하다.

【俊逸】jùnyì 書 ❶ 形 준일하다. 재지(才智)가 뛰어나다. ¶诗风～｜시풍이 준일하다. ❷ 名 재능이 뛰어난 사람.

【馂(餕)】jùn 대궁 준 書 名 먹고 남은 음식. 턱찌끼. 턱찌꺼기＝〔馂余〕

4【峻】jùn 높을 준 形 ❶ 산이 높고 험하다. 험준하다. ¶高山～岭｜높고 험준한 산. ❷ 엄하다. 가혹하다. ¶性情～急｜성질이 모질고 급하다. ¶严刑～法｜엄한 형벌과 가혹한 법률. ❸ 크다. ¶～德｜큰 덕.

【峻急】jùnjí 書 形 ❶ 성급하고 모질다. ¶他生性～｜그는 성격이 급하고 모질다. ❷ 물살이 세차다.

【峻峭】jùnqiào ❶ 形 (산이)높고 험하다. ¶～的群山｜높고 험한 산들. ❷ 書 形 준엄하다. 가혹하다＝〔峻刻〕❸ 形 喩 인품이 뛰어나다.

【峻险】jùnxiǎn 形 험준한. 험한. ¶～小路｜험준한 오솔길.

【峻直】jùnzhí 形 높고 곧바른. ¶～的山峰｜우뚝 솟은 산봉우리.

【浚〈濬〉】jùn xùn 깊을 준, 빼앗을준
Ⓐ jùn ❶動 깊게 파다. 준설(浚渫)하다. ¶～井｜우물을 깊게 파다. ❷形 깊다. ¶水流急～｜물흐름이 빠르고 깊다. ❸書動 탈취하다. 빼앗다.
Ⓑ xùn 名〈地〉준현(浚縣) [하남성(河南省)에 있는 현 이름]
【浚河机】jùnhéjī 名〈機〉준설기 =〔浚泥机〕〔挖wā泥机〕
【浚利】jùnlì 書狀 막힘 없이 잘 흐르다.
【浚泥船】jùnníchuán 名 준설선 =〔挖wā泥船〕
【浚泥机】jùnníjī ⇒〔浚河机〕
【浚哲】jùnzhé 書形 빼어나게 명석하다.

【骏(駿)】jùn 준마 준, 빠를 준
❶書名 좋은 말. 준마(駿馬). ¶驽nú～不分｜成 좋은 말과 나쁜 말을 구별하지 못하다. ❷書形 크고 훌륭하다. ¶～业｜크고 훌륭한 사업 [다른 사람의 사업을 칭송할 때 쓰는 말] ❸書形 (속도가) 빠르다. ¶～发↓
【骏发】jùnfā 書動 ❶ 빨리 발전하다. ¶财源～｜빨리 돈이 벌리다. ❷ 신속하게 경작(耕作)하다. ❸ 빨리 명리(名利)를 얻다.
【骏马】jùnmǎ 名 좋은 말. 준마. ¶～奔驰在大草原上｜준마가 대초원을 나는 듯이 달린다 =〔骏骥jì〕

【畯】jùn 농부 준, 권농관 준
書名 ❶ 옛날의 권농관(勸農官). ❷ 농부.

【竣】jùn 끝날 준
書動 (일을) 끝내다. 완료하다. 준공하다. ¶完～ =〔告竣〕〔告成〕｜준공하다. ¶～事｜일을 끝내다.
【竣工】jùngōng 動 준공하다(되다). ¶这座大楼已提前～｜이 빌딩은 이미 조기 준공되었다.

【郡】jùn 고을 군
名 군(郡) [현(縣)에 해당하던 옛 행정구역] ¶秦分天下为三十六～｜진나라는 천하를 36군으로 나누었다 →〔封fēng建〕
【郡将】jùnjiàng ⇒〔郡守①〕
【郡守】jùnshǒu 名 군수 =〔郡将〕
【郡王】jùnwáng 名 군왕 [친왕(親王)의 다음 지위]
【郡县】jùnxiàn 名 군과 현. 군현. 지방.
【郡主】jùnzhǔ 名 군주 [청대(淸代) 친왕(親王)의 딸에 대한 칭호]

【捃〈攈〉】jùn 주울 군
書動 모으다.
【捃华】jùnhuá 書動 정수(精髓)만을 골라 모으다.
【捃拾】jùnshí 書動 채집하다. 모으다 =〔捃摭〕

2【菌】jùn jūn 버섯 균
Ⓐ jùn 名〈植〉버섯류의 총칭. ¶松～｜송이버섯. ¶香～ =〔香蕈xùn〕〔香菇gū〕〔香姑gū〕｜표고버섯.
Ⓑ jūn 名 균. 균류(菌類). ¶霉méi～｜곰팡이. ¶～苗↓
Ⓐ jùn
【菌肥】jùnféi 名 簡 세균비료(細菌肥料). ¶使用～可以增产｜세균비료를 사용하면 증산할 수 있다.
【菌子】jùn·zi 名 方 버섯 =〔蘑mó菇〕〔蕈xùn〕
Ⓑ jūn
【菌苗】jūnmiáo 名〈醫〉백신. 왁찐. ¶霍乱huòluàn～｜콜레라 백신. ¶伤寒shānghán～｜장티푸스 백신. ¶小儿麻痹mábì～｜소아마비 백신. ¶伤寒副伤寒混hùn合～｜장티푸스·파라티푸스 혼합 백신. ¶百日咳～｜백일해 백신.

【隽〈雋〉】jùn juàn 준걸 준
Ⓐ jùn「俊」과 같음 ⇒〔俊jùn③〕
Ⓑ juàn ❶ ⇒〔隽永〕❷ (Juàn) 名 성(姓).
【隽永】juànyǒng ❶書形 의미가 깊다. 심오하다. ¶用语～, 耐入寻味｜용어가 의미 깊고 심오하다. ❷ (Juànyǒng) 名〈書〉준영 [한대(漢代)의 책이름]

K

【K—书】K—shū 俗 台 ❶ 名 정독실. 독서실. ❷ 動 책을 파고들다. 정독하다 [「啃书」(책에 몰두하다)에서 온 말] →〔啃kěn书〕

kā ㄎㄚ

【咔】kā ☞ 咔 kǎ B

【咖】kā gā (음역자 가)

A kā ⇨〔咖啡〕
B gā ⇨〔咖喱lí〕
A kā

1【咖啡】kāfēi 名 外 ❶〈植〉커피(coffee) 나무 =〔咖啡树〕❷〈食〉커피. ¶ ~壶hú | 커피포트(coffee pot). ¶ ~滤壶lǜhú | 퍼어콜레이터(percolator). 여과기가 달린 커피 끓이개. ¶ ~精 | 커피 엑스. ¶ ~店 | 커피 숍(coffee shop). ¶ ~室 =〔咖啡厅〕| 커피 룸(coffee room). ¶ ~豆 =〔咖啡子〕| 커피 원두. ¶ ~渣zhā | 커피 원두를 끓이고난 찌꺼기. ¶ 即溶~ | 인스턴트 커피.

【咖啡杯】kāfēibēi 名 ❶ 커피잔. ❷ 유원지·유치원에 있는 놀이 기구 [커피 잔 모양의 회전 좌석]

【咖啡碱】kāfēijiǎn 名〈化〉카페인(caffeine) =〔咖啡因〕〔茶素〕〔茶精〕〔茶(香)精油〕

【咖啡色】kāfēisè 名〈色〉커피색. ¶ ~的裤子 | 커피색 바지.

【咖啡因】kāfēiyīn ⇒〔咖啡碱〕

【咖啡中毒】kāfēi zhōngdú 名組 커피 중독.

B gā

【咖喱】gālí 名 外 카레(curry). ¶ ~粉 | 카레 가루. ¶ ~鸡块 | 카레를 넣어 조리한 닭 고기 =〔咖哩〕〔加厘〕〔加喱〕〔加里〕

【咖喱牛肉】gālí niúròu 名組〈食〉쇠고기 카레 볶음 =〔咖哩牛肉〕

【喀】kā kē 뱉을 객

A kā 擬 ❶ 왝. 칵 [구토하거나 기침하는 소리] ❷ 뚝. 딱 [물건 등이 부러지는 소리] ¶ ~吱zhī~吱 | 삐걱삐걱. ¶ ~噔dēng | 콰당. 쿵.
B kē ⇨〔唠lào喀〕

【喀吧】kābā 擬 뚝. 똑. 딱 [물체가 부러지거나 끊어지는 소리] ¶ ~一声, 棍子撅juē成两截 | 뚝 소리를 내면서 몽둥이가 두 동강이 났다 =〔咔吧〕

【喀布尔】Kābù'ěr 名 外〈地〉카불(Kabul) [「阿富汗」(아프카니스탄;Afghanistan)의 수도]

【喀楂】kāchā ⇒〔喀嚓〕

【喀嚓】kāchā 擬 뚝. 딱. 쿵. 우지직. 쨍그렁 [물건이 깨지거나 부러지는 소리] ¶ 忽听得~一声, 原来是树杆子倒下去了 | 갑자기 쿵하는 소리가 들리더니 나무가 쓰러졌다 =〔喀楂〕〔咔嚓〕

【喀哧】kāchī 擬 ❶ 아삭아삭. 사각사각 [음식을 씹는 소리] ❷ 헉헉 [황급히 숨을 몰아 쉬는 소리]

【喀哒】kādā 擬 딸깍. ¶ 很不高兴似地~一声, 放下了电话筒 | 매우 기분나쁘다는 듯이 딸깍하고 수화기를 놓았다 =〔咔哒〕

【喀尔巴阡山】Kā'ěrbāqiānshān 名 外〈地〉카르파티아 산맥(Carpathian Mountains).

【喀拉昆仑】Kālākūnlún 名 外〈地〉캐라코람(Karakoram)산맥 =〔冰山③〕

【喀麦隆】Kāmàilóng 名 外〈地〉카메루운(Cameroun) [서 아프리카 기니아 만(灣)에 면한 연방제 공화국으로 수도는「雅温得」(야운데;Yaounde)

【喀秋莎】kāqiūshā 名 外 ❶ 카츄샤 포 [소련의 로켓포의 일종] ❷ (Kāqiūshā) 〈人〉카츄샤 [톨스토이의 소설 부활의 여주인공]

【喀斯特】kāsītè 名 ❶〈地質〉카르스트(Karst). ❷ 카스트(caste) [인도의 신분계급] ¶ ~制度 | 카스트 제도 =〔世袭阶级〕

【喀土穆】Kātǔmù 名 外〈地〉하르툼(khartoum) [「苏丹」(수단;Sudan)의 수도] =〔喀土木〕

kǎ ㄎㄚˇ

【卡】kǎ ☞ 卡 qiǎ B

【佧】kǎ 종족이름 가
⇒〔佧佤族〕

【佧佤族】Kǎwǎzú 名「佤族」(와족)의 구칭(舊稱).

【咔】kǎ kā (음역자 가/잡)

A kǎ ⇒〔咔唑zuò〕〔咔叽jī〕
B kā 擬 쾅. 탁. 콰당 [서랍 등을 닫는 소리] ¶ ~的一声关上抽屉chōuti | 탁하고 서랍을 닫았다.
A kǎ

【咔唑】kǎzuò 名〈化〉카르바졸 =〔氮芴dànwù〕

B kā

【咔吧】kābā ⇒〔喀kā吧〕

【咔嚓】kāchā ⇒〔喀嚓〕

【咔哒】kādā ⇒〔喀哒〕

【胩】kǎ (이소니트릴 가)
名〈化〉이소니트릴. 카르빌라민 =〔异腈jīng〕

【咳】kǎ ☞ 咳 ké C

【咯】kǎ gē ·lo luò 울 각, 말다툼할 락

A kǎ 動 캑하고 내뱉다. ¶ 把鱼刺~出来 | 생선 가시를 칵하고 내뱉다.
B gē ⇨〔咯哒〕〔咯噔〕〔咯咯〕〔咯吱〕
C ·lo 助「了」와 용법은 같으나, 다소 강한 어감을 줌 ⇒〔了·le②③〕
D luò ⇨〔吡bǐ咯〕
A kǎ

【咯血】kǎ/xiě〈醫〉❶ 動 각혈하다. ¶ 他昨天~了 | 그는 어제 각혈을 했다. ❷ (kǎxiě) 名 각혈. 해혈.

B gē

【咯哒】gē·da 名 덩이. 덩어리. ¶ 土~ | 흙덩어리. ¶ 冰~ | 얼음덩이 =〔咯嗒〕〔疙gē瘩②〕

【咯噔】gēdēng 擬 쿵쿵. 뚜벅뚜벅. ¶ 走廊里响起

了～～的皮靴声 | 복도 안에서 뚜벅뚜벅하는 구두소리가 났다.
【咯咯】gēgē 擬❶꼬꼬. 꼬꼬댁 [닭이 우는소리] ¶公鸡～～地叫 | 수탉이 꼬꼬댁하고 울다. ❷껄껄 [사람의 웃음 소리] ¶老李听到他的话, 忽然～地大笑起来 | 이씨는 그의 말을 듣더니 갑자기 껄껄하고 크게 웃기 시작했다.
【咯咕】gēgū ⇒〔咯碌咯碌〕
【咯吱】gēzhī 擬 삐걱. 삐그덕 ¶他弄得椅子～～地响 | 그는 어떻게 했길래 의자가 다 삐그덕거린다.

kāi ㄎㄞ

1【开(開)】kāi ·kai 열 개, 벌릴 개, 펼 개

Ⓐkāi ❶動(닫힌 것을) 열다. ¶～窗户 | 창문을 열다. ¶闸门zhámén～得太大 | 수문을 너무 많이 열었다 ⇔〔闭①〕〔关①〕 ❷動(길·창문 등을) 내다. 뚫어 통하게 하다. 넓히다. 개간하다. 캐다. ¶～路 | 길을 내다. ¶把荒地都～了 | 황무지를 개간하였다. ❸動(붙은 것을) 벌리다. 떼어 내다. 따다. 벌어지다. 피다. ¶～一个西瓜 | 수박 한 통을 가르다. ¶两块木板没粘好, 又～了 | 판자 두 개를 잘 붙이지 못해서 또 벌어졌다. ¶扣子～了 | 단추가 풀어졌다. ¶这花～得真好看 | 이 꽃은 정말 아름답게 피었다. ❹動(금지령 등을)풀다. 해제하다. ¶～戒↓ ❺動(차량 등을) 운전하다.(기계 등을) 조종하다. 운전하여 떠나다. ¶～汽车 | 자동차를 운전하다. ¶～收音机 | 라디오를 틀다. ¶～电灯 | 전등을 켜다. ¶这班列车～往北京 | 이 열차는 북경으로 간다. ❻動(군대가) 출동하다. ¶部队已～往前线 | 부대는 이미 전선으로 떠났다. ¶昨天～来了一个师 | 어제 일 개 사단이 왔다. ❼動(사업·가게·홍행 등을) 열다. 개설하다. 개업하다. ¶～医院 | 병원을 열다. ¶百货店就～在十字路口 | 백화점은 로터리 입구에 개설되었다. ❽動 시작하다. ¶～工↓ ¶～学↓ ❾動(모임 등을) 열다. 개최하다. 거행하다. ¶～运动会 | 운동회를 열다. ¶会议已经～过了 | 회의는 이미 열렸었다. ❿動 적다.(서류를) 작성하다.(문건 등을) 발행하다. ¶～药方 | 처방전을 쓰다. ¶～介绍信 | 소개장을 쓰다. ¶～了一张收据 | 영수증을 발행하다. ⓫動 끓다. ¶水～了 | 물이 끓었다. ¶～了一壶水 | 한 주전자의 물이 끓었다. ⓬動(어떤 비율로) 분배하다. 평가하다 [「开」앞의 두 숫자는 합하여 10이 되어야 함] ¶三七～ | 3대 7로 나누다. 3대 7로 평가하다. ⓭動 늘어놓다. 진열하다. 차리다. ¶～饭↓ ¶先～两桌菜 | 우선 음식을 두 상 차리다. ⓮動(강의·강좌 등을) 개설하다. ¶～了五门基础课 | 다섯 과목의 기초 강좌가 개설되었다. ⓯動(강물이) 녹다. 풀리다. ¶冰河～了冻 | 얼었던 강물이 풀렸다. ⓰動 지불하다. ¶车钱从是我公司～的 | 차비는 우리 회사에서 지불했다. ⓱動 제명하다. 해고시키다. ¶公司不能随便～掉工人 | 회사는 마음대로 근로자를 해고시킬 수 없다. ⓲量 절 [종이의 크기를 나타내는 단위] ¶十六～ | 16절지 [신문지 크기의 전지를 16쪽으로 나눈 크기] ⓳量 캐럿(carat) [순금의 함유도나 보석의 무게를 나타내는 단위] ¶十八～金 | 18금 =〔开拉特〕〔开勒〕〔加拉〕〔加辣〕〔卡剌特〕 ⑳(Kāi) 名 성(姓).

Ⓑ·kāi 動 동사 뒤에 보어(補語)로 쓰여 여러 가지의 뜻을 나타 냄. ❶나누어지다. 떨어지다. 열리다. ¶拉～抽屉 | 서랍을 열다. ¶翻～课本 | 교과서를 펼치다. ❷떠나다. 멀어지다. 떨어지다. ¶请站～一点, 留出条路来 | 좀 떨어져 서라, 길을 내어야겠다. ¶你不能随便走～ | 너 함부로 떠나지 못한다. ❸(널리) 퍼지다. ¶这首歌传～了 | 이 노래 널리 퍼졌다. ¶这个名儿就喊～了 | 이름이 널리 불려지게 되었다 ❹분명히 하다. 넓게 …하다. 확 트이게 …하다 [「说」「想」「看」등의 동사 뒤에만 쓰임] ¶看得远, 想得～ | 멀리 보고 넓게 생각하다. ¶还是把事情说～了好 | 역시 사정을 분명히 말해 두는 것이 좋겠다. ❺(마음껏) …하기 시작하다 [동작이 시작되어 계속됨을 나타냄] ¶一见到亲人他就哭～了 | 친지를 만나자마자 그는 목놓아 울기 시작했다. ¶下了两天雨, 天就冷～了 | 이틀 동안 비가 오자 날씨가 추워지기 시작했다. ❻용납하다. 받아들이다. …해내다 [공간의 수용 가능을 나타냄] ¶天安门广场站得～五十万人 | 천안문 광장은 50만 명이 들어설 수 있다. ¶人多, 坐不～ | 사람이 많아서 다 앉을 수가 없다. 어법「動＋得(不)＋开」와「動＋得(不)＋下」는 모두 일정한 수량을 받아들일 수 있음을 나타내지만,「开」를 붙이는 경우에는 일정한 거리를 유지하면서 수용할 수 있다는 뜻이고「下」를 붙이는 경우는 일정한 거리가 없이 빽빽하게 수용함을 의미함. ¶这口袋装得下五十斤米 | 이 주머니에는 50근의 쌀을 넣을 수 있다. ¶这儿放不开四张床, 挤一挤就放下了 | 이 곳에 4개의 침대를 제대로 놓을 수는 없으나, 딱 붙여서 넣으니 다 들어갔다.

【开拔】kāibá 動 부대가 이동하다. ¶明天一拂晓fúxiǎo, 部队～ | 내일 날이 새면 부대가 이동한다 =〔开差②〕
【开班】kāi/bān 動❶새 학급을 만들다. 새 반을 개설하다 ¶满二十人才能～ | 20명이 되면 새 반을 개설할 수 있다. ❷일을 시작하다.
3【开办】kāibàn 動❶창립하다. 개설하다. ¶～补习班 | 학원을 개설하다. ❷개최하다. ¶～展览会 | 전람회를 개최하다.
【开本】kāiběn 名〈印出〉절판 [전지를 기준으로 재단 매수로 표시하는 책의 크기] ¶八～ | 8절판.
【开笔】kāi/bǐ 動❶처음으로 시문을 배우기 시작하다. 옛날 학동들이 작문을 시작하다. ¶他八岁～, 九岁就成了篇 | 그는 여덟살 때 작문을 시작하여 아홉살 때 비로소 한 편을 완성하였다. ❷처음 붓을 들다〔글자를 쓰다〕. ¶新春～ | 신춘휘호(揮毫).
【开标】kāi/biāo 動❶개찰(開札)하다. ¶～价格 | 개찰가격. ❷方(모양·상황을) 상세히 설명하다.
【开播】kāibō 名動 방송(을 시작하다). 개국(開局)(하다). ¶举行～典礼 | 방송개시식을 거행

하다.

【开步】kāibù 動❶큰걸음으로 걷다. ¶他刚～就打了个踉跄liàngqiàng | 그는 발걸음을 떼자마자 비틀거렸다. ❷方발걸음을 떼기 시작하다.

【开采】kāicǎi 動(지하 자원을) 채굴하다. 개발하다. ¶～矿石 | 광석을 채굴하다. ¶～费用 | 채굴비용. 생산비. ¶～权 | 채굴권.

【开彩】kāicǎi 動❶복권을 추첨하다. 당첨을 발표하다 =〔开奖〕❷상처를 입어 피가 나다.

【开拆】kāi chāi 動❶개봉하다. 열다 =〔开发③〕❷나누다. ¶四六～ | 4·6제로 나누다.

【开场】kāi/chǎng ❶動개막하다. 공연을 시작하다. ¶他们到了剧院，～已很久了 | 그들이 극장에 도착했을 때에는 공연이 시작된 지가 이미 오래였다. ❷動喻(일이) 시작하다〔되다〕. ¶运动会已经～ | 운동회가 이미 시작되었다. ❸(kāichǎng) 名(회의, 일따위의) 개막. 개시. ¶他带头发言给会议做个很好的～ | 그가 솔선해서 한 발언은 회의의 좋은 개막이 되었다.

【开场白】kāichǎngbái 名❶〈演映〉(연극·영화 등의) 개막사. 프롤로그. ❷喻개회사. 서두. 서론. ¶他说了几句～ | 그가 개회사를 몇 마디 했다 ‖ ⇔〔收shōu场白〕

【开诚布公】kāi chéng bù gōng 成진심으로 공명정대하게 처리하다. 속마음을 털어놓다. ¶说句～的话，那篇文章我自己很得意 | 몇 마디 속에 있는 말을 털어 놓으니 그 문장이 내 스스로 아주 흡족하다.

【开诚相见】kāi chéng xiāng jiàn 成(솔직담백하게) 흉금을 털어 놓고 대하다. ¶他一向～ | 그는 지금까지 사람을 아주 솔직하게 대해 왔다. ¶同事之间展开批评，应该～，用不着拐guǎi弯抹角! | 동료들 사이에 서로 비평을 할때는 마땅히 흉금을 털어 놓고 솔직하게 대해야지 둘러대서는 않된다! =〔开心见诚〕

【开秤】kāi/chèng 動❶무게를 달다. ❷(주로 계절성의 물건을) 구매하기〔사들이기〕시작하다. ¶果品收购站已经～收购西瓜了 | 과일 수매소에서는 벌써 수박을 사들이기 시작했다.

【开出】kāichū 動❶(계산서, 수표, 영수증등을) 발급하다. (신용장등을)발행하다. ❷(차·배 등이) 출발하다. 떠나가다. ¶～轮船预告 | 출항 기선 예고.

【开初】kāichū 名方처음. 애초. 당초. ¶～他们互不了解，日子一久，也就熟了 | 처음에 그들은 서로 이해하지 못했는데, 세월이 흐르자, 역시 곧 친해졌다 =〔当初〕〔开始〕〔起初〕

3【开除】kāichú 動❶추방하다. 제명하다. (자격, 신분을)박탈하다. 해고하다. 퇴학시키다. ¶他早被～了 | 그는 벌써 해고당했다 ¶～党籍 | 당적을 박탈하다 =〔开革〕❷지출하다. ❸近죽이다. 제거하다.

【开锄】kāi/chú ❶動애벌갈이(하다). ¶棉花明天～ | 면화는 내일 애벌갈이 한다. ❷(kāichú) 名애벌갈이.

【开船】kāichuán 動❶출항〔출범〕하다. ¶～便遇打头风 | 출항하자마자 역풍을 만나다. 喻전조가〔운이〕나쁘다. ❷배를 조종하다.

【开窗信封】kāichuāng xìnfēng 名組편지 겉장에 쓴 주소 성명이 보이게 봉투의 주소란을 파라핀지 또는 셀로판지로 투명하게 만든 봉투.

【开创】kāichuàng 動창립〔창업, 창설〕하다. 세우다. 시작하다. ¶～封建王朝 | 봉건왕조를 창업하다.

【开春(儿)】kāi/chūn(r) ❶動봄이 되다. ❷(kāichūn(r)) 名초봄〔음력정월 입춘을 전후한 시기.

【开打】kāidǎ ❶名(연극 중의) 격투 장면. ❷動(연극에서)격투를 벌이다. ¶两人一照面就～ | 두 사람은 서로 마주치기만하면 격투를 벌인다.

【开裆裤】kāidāngkù 名(주로 유아용으로) 엉덩이 부분을 터놓은 개구멍바지. ¶从穿～时起就认识了 | 개구멍바지 입던 시절(어린시절)부터 아는 사이다 =〔散sǎn腿裤〕〔屁股帘〕〔屁帘儿〕〔屁帘子〕

【开刀】kāi/dāo ❶動俗수술하다→〔手术〕❷動목을 베다. 참수하다. ¶～问斩 | 成참수형에 처하다. ❸動轉제명하다. 면직시키다. ❹動喻아무개를 본보기로 징계하다. …부터 먼저 손을 대다〔착수하다〕. ¶先拿他～ | 먼저 그를 본보기로 처벌하다. ❺(kāidāo) 名수술 〔외과수술〕 ¶～间 | 方수술실 ❻(kāidāo) 名方나사돌리개.

【开导】kāidǎo 動❶일깨우다. 선도(善導)하다. 계몽하다. 계발〔교화〕하다. ¶孩子有缺点，应该耐心～ | 아이들은 결점이 있기 마련이니 반드시 인내심을 가지고 선도해야 한다 =〔开诱〕動❷近선도(先導)하다 =〔开道①〕

【开倒车】kāi dàochē 動組❶차를 거꾸로 몰다. 차를 후진시키다. ❷喻역사에 역행하다. 대세(조류)에 거스르다. ¶开历史的倒车 | 역사에 역행하다. ¶要顺手潮流向前走，不要～ | 대세에 순응하여 앞으로 전진해야지 대세에 거스르지 마라

【开道】kāi/dào 動❶길을 열다. 앞서 인도하다. 개척하다. 선도하다. ¶鸣锣～ | 징을 치며 길을 열다 =〔开导②〕〔开路②〕❷方길을 비켜서다. ¶喝令～ | 비켜서라고 호령하다.

【开灯】kāi/dēng 動전등〔호롱불〕을 켜다. ¶开电灯 | 전등을 켜다. ¶开盏灯 | 호롱불을 켜다.

【开吊】kāidiào 舊kāi diào) 動(상가(喪家)에서 날짜를 정해) 조문을 받다 =〔开丧〕

【开冻】kāi/dòng 動(강이나 하천의)얼음이 녹다. 해빙하다. ¶江河～了 | 강의 얼음이 풀렸다.

3【开动】kāidòng 動❶(기계 등을) 작동시키다〔운전하다〕. ❷喻머리를 쓰다. ¶～脑筋 | 머리를 쓰다. ❸(군대가) 이동하다. 전진하다. ¶队伍休息了一会就～了 | 군대는 좀 쉬고 곧 전진하였다.

【开端】kāiduān 名動발단(하다). 시작(하다). 효시(를 이루다) ¶诗经成了中国诗歌的～ | 시경은 중국시가의 효시를 이루었다 =〔起端〕〔起始〕〔起首〕

【开恩】kāiēn ❶動謙은혜〔자비〕를 베풀다. 관용을 베풀어 용서하다. ¶您多～，饶过我们吧! | 자비를 베푸시어 저희들을 살려주십시오! ❷(kāi

/ēn) 소원〔사정〕을 들어 주다. 특별히 배려해주다. ¶老师开了恩给我三分 | 선생님께서 특별히 배려하여 3점을 주셨다.

[3]【开发】a kāifā ❶ 動 (자연 혹은 자연자원을)개발하다. 개척하다. 발굴하다. ¶把海底的天然煤气～出来 | 해저천연가스를 개발하다. ❷ 動 (기술, 인간의 능력등을)개발하다. 발전시키다. ❸ 動 계발하다. 교도(教導)하다. 일깨우다. ¶～愚蒙 | 우매한 자를 일깨워 주다. ❹ 動 처리하다. 처치(處置)하다. ❺ 動 (서신등을) 개봉하다. ❻ ⇒〔开拆①〕
b kāi·fa 動 ❶ 지불하다. ¶～车费 | 차비를 지불하다 =〔开付〕 ❷ (수표, 영수증등을) 발급하다. ❸ 송금하다.

[3]【开饭】kāi/fàn 動 ❶ 식사를 하다. 밥상을 차리다. ¶大概快开午饭了 | 대충 오찬 준비가 다 되었다. ❷ (공공 식당에서) 배식을 시작하다.

【开方】kāi/fāng ❶ (～儿) 動 처방전을 쓰다〔내다〕. ¶快给我～抓药吧 | 빨리 처방전을 쓰서 약을 지어주십시오. 〔开方子①〕〔开药方〕 ❷ 動 〈數〉개방하다. 평방근이나 입방근을 산출하다. ¶81开4次方得正负3 | 4루트 81은 ±3. ❸ (kāifāng) 名 〈數〉개방.

【开方子】kāi fāng·zi ❶ ⇒〔开方①〕 ❷ 京 옛날, 기생이 손님에게 행하(行下)를 달라고 조르다.

【开房间】kāi fángjiān 動組 方 ❶ 여관방을 빌다. 여관에 투숙하다. ❷ 轉 남녀가 여관에 들다. ¶背bèi着父母, 双双～的新闻, 越来越多了 | 부모를 속이고 쌍쌍이 여관에 든다는 소식이 갈수록 많아지고 있다.

[2]【开放】kāifàng 動 ❶ (꽃이) 피다. ¶桃花已经～了 | 복숭아꽃이 이미 만발하였다. ❷ (봉쇄·금지령·제한 등을) 풀다. 해제하다. ¶～禁令 | 금지령을 해제하다. ❸ (공항·항구따위의) 통행을 개방하다. 개항하다. ¶～商埠 | 무역항을 개방〔개항〕하다. ❹ (도로·교통따위의) 통행을 허가하다. ¶～城市 | 외국인에게 관광을 허가한 도시. ❺ (공원·도서관·전람회장 따위의) 공공 장소를 (일반에게) 공개하다. ❻ 방출하다. (기계 등을) 가동하다. ¶～冷气 | 냉방중. ❼ 〈電氣〉개방하다. ❽ 近 석방하다.

【开付】kāifù ⇒〔开发·fa〕

【开赴】kāifù 動 (목적지를 향하여) 떠나다〔출발하다〕. (군대 등이) 출동하다. ¶部队～云南 | 부대가 운남으로 출동하다.

【开革】kāigé ⇒〔开除①〕

【开工】kāi/gōng 動 ❶ (공장이) 가동되다. 조업하다. ¶筹备了两个月, 工厂～了 | 2개월간의 준비끝에 공장이 가동되었다. ¶～率 | 공장 가동률. ¶完全～ | 완전조업(하다). ¶～不足 | 부분조업. 조업 단축 →〔收工〕 ❷ 공사를 시작하다. 착공하다. ¶～典礼 | 기공식.

【开弓】kāigōng 動 시위를 당기다. 활을 쏘다. ¶～放箭 | 시위를 당겨 화살을 쏘다. ¶左右～ | 成 양손으로 활을 쏘다. 양손을 번갈아 가며 사용하다. 동시에 몇 가지 일을 하다.

【开关】kāiguān ❶ 名 〈電氣〉스위치(switch). 개폐기. 전환기. ¶开～ | 스위치를 켜다. ¶～扣 | 스위치 누름 단추. ¶～台 | 스위치 스탠드(switch stand). ¶刀形～ =〔闸刀开关〕 | 나이프 스위치(knife switch) =〔开闭器〕〔电门〕〔掣chè门〕〔司sī路机〕 ❷ 名 밸브(valve). ❸ 名 (사진기의) 셔터(shutter) =〔快门〕 ❹ 名 개폐. 여닫이. ❺ 動 여닫다. 개폐하다. ¶～抽屉的声音 | 서랍을 여닫는 소리.

【开关板】kāiguānbǎn 名 〈電氣〉배전반 =〔配pèi电板〕〔配电盘〕〔开关屏〕

【开关柄】kāiguānbǐng 名 〈機〉손잡이. 개폐기.

【开罐刀】kāiguàndāo 名 깡통 따개 =〔外 开听刀〕〔开罐器〕〔开罐头的〕〔打罐头的〕〔罐头刀〕

【开罐器】kāiguànqì ⇒〔开罐刀〕

【开罐头的】kāigān·tou·de ⇒〔开罐刀〕

【开光】kāi/guāng ❶ 動 〈佛〉(불상의 완성 후) 개안공양(開眼供養)하다 =〔开眼③〕 ❷ (kāiguāng) 名 납관(納棺)때 자녀가 솜에 물을 적셔 사자(死者)의 눈을 닦아주는 것. ❸ 動 (머리·수염을) 빡빡 깎다〔밀다〕 [이발·면도 등을 익살조로 하는 말] ❹ (kāiguāng) 名 기물(器物)의 표면에 부채·복숭아 모양 등의 일정한 무늬를 남겨놓고, 그 밖의 부분을 꽃무늬로 장식하는 장식법의 하나. ❺ ⇒〔开眼①〕

【开锅】kāi/guō 動 俗 ❶ (냄비·솥 안의 것이) 끓다. ¶煮了半天还没有～ | 한참동안 끓였지만 아직도 끓지 않는다. ❷ 轉 소동을 일으키다. 열기가 닳아 오르다. ¶教室里早已～了 | 교실안은 벌써부터 소동이 벌어졌다.

【开国】kāiguó 動 개국하다. 건국하다. 새 왕조를 열다. ¶～元勋 | 개국 공신. ¶～大典 | 개국 대제전.

【开航】kāi/háng 動 ❶ (배나 비행기의) 항로를 열다. 새로운 항로에 운항이 개시되다 ¶天津一仁川线早已～ | 천진·인천선이 이미 개통되었다. ❷ (선박이) 출항하다.

【开合】kāihé ❶ 名 개폐(開閉). ❷ 動 열었다 닫았다 하다. ¶～桥 | 개폐교. ❸ 動 거침없이 지껄이다 =〔开河③〕

【开河】kāi/hé 動 ❶ (강·하천등의 얼음이) 녹다. 해빙되다 ⇔〔封河〕 ❷ 물길을 열다. ❸ 轉 거침없이 지껄이다〔말하다〕. ¶信口～ | 成 나오는 대로 지껄이다 =〔开合③〕

【开后门(儿)】kāi hòumén(r) 動組 ❶ 안쪽문을 열다. ❷ 轉 뒷거래하다. 불공정 거래로 이익을 챙기다. ¶买卖东西不准～ | 장사에서 불공정 거래는 용납하지 않는다. ❸ 轉 사리(私利)를 도모하다. 편의를 제공하다. 뇌물을 주다. ¶他为走私犯～, 触犯了法律 | 그는 밀수로 사리를 도모하여 법률을 위반하였다.

【开户】kāi/hù 動 ❶ (은행에)계좌를 개설하다 =〔开个户头〕〔开立帐户〕 ❷ (옛날) 노예·노비가 평민으로 되다. ❸ 문을 열다.

【开花(儿)】kāi/huā(r) 動 ❶ 꽃이 피다. ¶～期 | 개화기. ❷ 喻 (꽃이 피듯) 터지다. 파열하다. ¶这双鞋～儿了 | 이 신발은 터졌다. ❸ 喻 (마음에) 기쁨이 일다〔넘치다〕. (얼굴에) 웃음꽃이

피어나다. ¶心里开了花｜마음에 기쁨이 일어났다. ❹ 喩 (사업이)번창하다. 잘되다. 성과가 나타나다. ¶技术革命在企业中全面开了花，结了果｜기술혁명이 기업에서 확실히 성과를 나타내어 결실을 가져왔다. ❺ 方 욕설을 퍼붓다. ¶我从来不～的｜나는 지금껏 욕설을 한 적이 없다. ❻ 方 단계적으로 올라가다. 승진하다. ❼ 近 여자아이를 낳다.

【开花结果】kāi huā jiē guǒ 成 꽃이 피어 열매를 맺다. 순조롭게 좋은 결과를 맺다. ¶民主的思想已在韩国～｜민주화사상은 한국에서 이미 꽃을 피워 결실을 맺었다.

【开化】ⓐ kāihuà ❶ 動 개화하다. 문명화되다. ¶这山村还很不～｜이곳 산촌은 아직 크게 개화되지 못하였다. ❷ (～儿) 動 方 (강·대지 등이) 해동(解凍)하다. 풀리다. 녹다→〔开河①〕 ❸ (Kāihuà) 名〈地〉개화. ⓐ 절강성(浙江省)에 있는 현(縣) 이름. ⓑ 운남성(雲南省) 문산현(文山縣)의 옛 이름.

ⓑ kāi·hua 動 ❶ 北 (과일 등이) 잘 익다. ¶长zhǎng不～，不好吃｜잘 익지 않으면 맛이 없다. ❷ 北 마음이 명랑해지다. 기분이 좋아지다. ¶这两天他心里不～｜요 며칠 그는 마음이 편하지 않았다. ‖＝〔开豁〕❸ 北 성숙하다. 견식이 넓어지다. ❹ 어른이 되다.

【开怀】kāihuái 副 흉금을 열다. 마음을 털어놓다. ¶～畅饮｜成 마음을 터놓고 마음껏 마시다.

【开怀儿】kāi/huáir 動 ❶ 처음 애를 낳다. ¶她没开过怀儿｜그녀는 애를 낳아 본 적이 없다. ❷ 처음으로 성교하다.

【开荒】kāi/huāng 動 황무지를 개간하다. ¶～种耕｜황무지를 개간하여 경작하다.

²【开会】kāi/huì ❶ 動 회의를 열다. 회의에 참석하다. ¶我～去｜나는 회의에 간다. ¶开了三天会｜3일간 회의를 열었다. ¶开迎新会｜신입생 환영회를 열다. ❷ (kāihuì) 名 회의.

【开荤】kāi/hūn 動 ❶〈宗〉(계율에 따라 채식 기간을 끝내고) 육식을 시작하다 ¶他说一生不曾～｜그는 일생동안 한번도 육식을 해 본적이 없다고 한다＝〔开斋①〕〔开素〕 ❷ 큰소리로 떠들어대다. ¶有话好讲，别～啦!｜할 말이 있으면 좋게 말하고 떠들어 대지 말라!

【开火(儿)】kāi/huǒ(r) 動 ❶ 발포하다. 사격하다. ¶～!｜발사! ❷ 개전(開戰)하다. 전투가 시작되다. ¶上海竟然jìngrán～｜상해에서 기어코 전투가 시작되었다. ❸ 불끈 화를 내다. 울화를 터트리다.

【开豁】ⓐ kāihuò ❶ 形 광활하다. 앞이 넓게 탁트이다. ¶雾气一散，四处都显得十分～｜안개가 걷히자 사방이 아주 탁 트였다. ❷ 形 (도량이) 넓다. (마음이) 트이다. ¶他心地～，不拘小节｜그는 마음이 넓어 작은 일에 구애되지 않는다. ❸ 形 명랑해지다. 상쾌하다. 마음이 편안해 지다. ¶听了报告，他的心里更～了｜보고를 듣고나서 그의 마음은 한결 편안해 졌다. ❹⇒〔开脱〕 ❺ 動 발전하다. ¶常常看报看书，思想也～多了｜늘 책과 신문을 보아서 사상도 많이 발전하였다.

ⓑ kāi·huo ⇒〔开化·hua③〕

【开架式】kāijiàshì 名 개가식. ¶～阅览室｜개가식 열람실.

【开间】kāijiān ❶ 量 四 칸살. 간. 칸. ¶单～｜단칸. ¶双～｜두 간. ❷ 名 四 방의 넓이〔폭〕. ¶那房子进深还可以，就是～小了点儿｜그 방은 길이는 괜찮은데 폭이 조금 좁다. ❸ 名〈建〉벽의 기둥과 기둥 사이의 우묵한 곳.

【开讲】kāijiǎng ❶ 動 강의를〔강연을〕 시작하다. 개강하다. ❷ 動 (소설 따위의) 강담(講談)을 시작하다. ❸ 名 개강(開講) 팔고문(八股文)의 한 구성요소＝〔起讲〕

【开交】kāijiāo 動 ❶ 해결하다. 끝을 맺다 [주로 부정문에 많이 쓰임] ¶早早～为上｜일찌감치 끝내는 것이 상책이다. ¶忙得不可～｜바빠서 어찌할 수 없다. ❷ 近 관계를 끊다. 단교하다. 헤어지다. ¶好容易就～了｜손쉽게 단교해 버렸다.

【开脚】kāi/jiǎo 動 ❶ 첫발을 내딛다. ❷ 喩 시작하다.

【开解】kāijiě 動 ❶ 달래서 마음을 풀어 주다. 위로하다. ¶大家说了些～的话，她也就想开了｜모두 위로의 말들을 하니, 그녀도 곧 납득하게 되었다. ❷ 近 설명하여 타이르다. 선도하여 중재하다. ❸ (이유를 설명하여) 위급한 상황에서 구해주다. ❹ 맞추다. 완성시키다. ¶～魔方｜루빅 큐브(Rubik's cube)를 맞추다.

【开戒】kāi/jiè 動 ❶〈宗〉계율을 어기다. 파계하다. ❷ 轉 (생활상의 금기·계율을) 깨뜨리다. ¶파기하다. 他戒了三天酒，又～了｜그는 3일간 술을 끊더니만 또 파기해 버렸다.

【开金】kāijīn 名 外 캐럿(carat)＝〔外 卡刺特②〕

【开禁】kāijìn 動 해금(解禁)하다. ¶新闻～，有利于舆论监督｜보도가 해금되면 여론감시에 유리하다.

【开局】kāijú ❶ 動 (바둑·장기시합 등을) 시작하다. ¶这回刚～就不顺利｜이 판은 막 시작하자마자 순조롭지 못하다. ❷ 動 도박장을 열다. ¶～聚赌｜도박장을 열어 노름꾼을 모으다. ❸ 名 (바둑·장기 따위의) 시작 단계의 상황〔정황〕.

【开卷】kāijuàn ❶ 動 책을 펴다. 轉 독서하다. ❷ 名 (책 따위의) 첫 페이지. 권두(卷頭) ❸ 名 오픈 북 테스트(open book test)＝〔开卷考试〕

【开卷有益】kāi juàn yǒu yì 成 책을 펼치면 이로움이 있다. 독서는 유익하다＝〔开卷有得〕

【开掘】kāijué 動 ❶ 발굴하다. 굴착하다. ¶～运河｜운하를 파다. ❷ (문학작품에서 제재·인물 등의 사상·생활 등을 심도있게 탐색하여)충분히 표현〔묘사〕해 내다. ¶主题抓得准，～得深｜주제를 정확히 포착〔파악〕하고, 깊이〔심도〕있게 파헤쳐 표현해내다.

²【开课】kāi/kè 動 ❶ 수업을 시작하다. ❷ (대학교수가) 강의를 담당하다〔개설하다〕. ¶老师～要做充分的准备｜선생이 강의를 담당하면 충분한 준비를 해야한다.

【开垦】kāikěn 動 개간하다. ¶～荒地｜황무지를 개간하다.

³【开口】kāi/kǒu ❶ 動 입을 열다. 말하다. ¶他想了好几天，始终没敢～｜그는 며칠을 생각했으나

결국 감히 입을 열지는〔말하지는〕못했다 ⇔〔闭口〕 ❷ ⇒〔开刃儿〕 ❸ 動 깨어져 틈이 벌어지다 =〔开口子①〕 ❹ 動 (서신 등을) 개봉하다. ¶ ~信件 | 우편물을 개봉하다.

【开口呼】kāikǒuhū 名〈言〉중국어에 있어서 개음(介音)이 없거나 주요 원음(元音)이 「i」「u」「ü」가 아닌 운모(韻母) →〔四呼〕

【开口如银, 闭口如金】kāi kǒu rú yín, bì kǒu rú jīn 成 입이 천근같다〔무겁다〕.

【开口跳】kāikǒutiào 名〈演映〉희곡 중에서 무사·어릿광대 역 =〔武wǔ丑儿〕

【开口销】kāikǒuxiāo 名〈機〉분할 핀(split pin) =〔开尾销〕

【开口子】kāi kǒu·zi ❶ ⇒〔开口③〕 ❷ 動 北 결심 또는 신념을 나타내다. ¶治好你这个病, 老大夫开了口子了 | 너의 병을 치료할 수 있다고 노의사는 자신감을 나타내었다. ❸ 動 (하천 따위의) 제방이 무너지다. ¶黄河开了口子了 | 황하의 제방이 터졌다. ❹ (지도자나 지도기관등이) 법률이나 정책을 위반한 행위에 대해 길을 열어주다.

【开快车】kāi kuàichē 動組 ❶ 급행 열차를 몰다. ❷ 喩 (일·작업 따위의) 속도를 내다. 박차를 가하다. 급히 처리하다. ¶他~讲完了这篇课文 | 그는 진도에 속도를 내어 이 과의 강의를 끝냈다.

【开矿】kāi/kuàng 動 광물을 채굴하다. 광산을 개발하다. ¶ ~执zhí照 | 광산 채굴 허가증. ¶ ~炸药 | 광산용 다이너마이트.

【开阔】kāikuò ❶ 形 (면적 혹은 공간이) 넓다. 광활하다. ¶ ~的天空 | 광활한 창공. ❷ 形 (생각·마음·기분등이) 탁 트이다. 유쾌해지다. ¶胸襟~ | 속이 탁 트이다. ¶心情也不由自主~起来 | 마음까지 자신도 모르게 유쾌해졌다. ❸ 形 (수단 또는 규모가) 방대하다. 크다. ❹ 動 넓히다. 넓어지다. ¶ ~眼界 | 시야를 넓히다 ¶视野一下子~起来 | 시야가 갑자기 넓어졌다 =〔开扩②〕

【开朗】kāilǎng 形 ❶ (공간이) 탁 트이고 밝다. ¶豁然~ | 탁 트이고 밝아지다. ❷ (성격·기분등이) 낙관적이다. 명랑하다. ¶晴朗的天气鼓舞着~的心 | 화창한 날씨는 명랑한 마음을 일으켜준다.

【开了春的画眉】kāi·le chūn·de huàméi 成 입춘 뒤의 화미조. 喩 말을 잘하다. 말이 청산유수 같다. ¶他说起话来像~似的 | 그는 말을 하기 시작하면, 입춘 뒤의 화미조같이 잘도 지껄인다.

【开犁】kāi/lí ❶ 動 일년의 농사를 시작하다. 봄 발갈이를 시작하다. ¶春天~ | 봄에 일년의 농사를 시작한다. ❷ ⇒〔开墒shāng〕

【开例】kāi/lì 動 전례(前例)를 남기다. ¶如果从你这里~, 以后事情就不好办了 | 만일 네가 여기에서 전례를 남긴다면, 앞으로는 일을 처리하기가 곤란할 것이다.

【开镰】kāi/lián 動 낫질을 하다. 수확하기 시작하다. ¶小麦快熟了, 一到下月就~ | 밀이 거의 다 익어가니, 내달이 되면 수확을 시작한다.

【开脸】kāi/liǎn 動 ❶ (옛날, 여자가 시집갈 때 솜털·귀밑머리를 다듬어서) 얼굴을 단장하다. ❷ 轉 시집가다. ❸〈美〉얼굴 부분을 그리다〔조각하다〕.

【开列】kāiliè 動 하나하나 써넣다. 열거하여 기록하다. ¶ ~清单 | 명세서를 써넣다 ¶老师给我~了一个阅读书目 | 선생님께서 필독서의 목록을 열거해 주셨다 =〔开具②〕

【开溜】kāi/liū 動 ❶ 方 살짝 빠져나가다. 몰래 떠나다. ¶半路上有几个人悄悄开了溜 | 도중에 몇몇 사람이 살그머니 빠져나갔다. ❷ (kāiliū) 몰래 도망가다. ¶真的出事, 他就害怕hàipà, ~了 | 정작 일이 벌어지자, 그는 겁이나서 몰래 도망쳐 버렸다.

【开楼】kāi/lóu 動 파종하기 시작하다.

【开路】 a kāilù ❶ 動 길을 내다. 길을 뚫다. ¶逢山~, 遇水造桥 | 산을 만나면 길을 내고, 강을 만나면 다리를 놓다. ❷ ⇒〔开道①〕 ❸ 動 北 출발하다. 길을 가다. ¶不早了, 咱们~ | 늦었으니 출발하자. ❹ 動 사자(死者)의 영혼을 인도하다. ❺ 名〈電氣〉개방회로(開放回路).

b kāi·lu 名 신불에 참배하는 행렬의 선두에 서서 「飞fēi叉」(막대 끝에 U자 모양의 쇠를 꽂은 무기)를 휘두르며 춤을 추는 곡예의 일종.

【开路先锋】kāilù xiānfēng 名組 ❶ 선봉대. 개척자. 선구자. ¶他们是建设祖国的~ | 그들은 조국을 건설한 선구자이다. ❷ 선결 조건.

【开绿灯】kāi lǜdēng 動組 ❶ 푸른 신호등을 켜다. ❷ 轉 타인의 행동을 저지하지 않고 편의를 제공함. 허가하다. ¶你放心, 他们不同意, 我~, 你大胆干吧 | 안심해, 그들은 반대지만 나는 찬성이니 대담하게 한 번 해봐! ¶要是你爸爸开了绿灯, 咱俩春节就证记结婚 | 만일 너의 아버지만 허가한다면 우리 둘은 설날에 결혼하자.

【开罗】Kāiluó 名 外〈地〉카이로(Cairo)〔「埃及」(이집트; Egypt)의 수도〕

【开锣】kāi/luó ❶ 動〈演映〉(그날의) 공연을 시작하다. 개연(開演)하다 [중국 전통극에서 시작시간이 되면 먼저 「闹nào台」(징이나 북을 쳐서 분위기를 고조시키는 것)가 행하여 지는 것을 말함] ❷ 動 喩 일을 시작하다. ¶此事已经~了 | 이 일은 이미 시작되었다. ❸ ⇒〔开箱②〕 ❹ (kāiluó) 名 촌극(寸劇)

【开曼群岛】Kāimān Qúndǎo 名〈地〉케이만제도(Cayman Islands) [라틴아메리카에 있는 영령(英領)의 섬나라. 수도는 「乔治敦」(조지타운; Georgetown)]

【开门】kāi/mén 動 ❶ 문을 열다. ❷ 개점(開店)하다. 영업을 시작하다. ❸ 공개하다. 공개적으로 …을〔를〕하다 →〔开门办学〕 ❹ 문호를 개방하다. 기회를 부여하다. ❺ 생활을 영위하다 →〔开门七件事〕

【开门办学】kāimén bànxué 名組 교실에서의 수업과 공장·농촌에 내려가서 쌓는 실습, 즉 학문과 실제를 연계시키고자 했던 문화 대혁명 기간중의 교육방법.

【开门红】kāiménhóng 喩 첫 시작부터 큰 성과를 거두다. 좋은 출발을 하다. ¶今年又夺得了~ | 올해도 또 처음부터 훌륭한 성과를 거두었다.

【开门见山】kāi mén jiàn shān 成 (말·문장 등이) 단도직입적으로 본론에 들어가다. ¶这篇文章很

K

好，～，中心突出｜이 문장은 아주 훌륭하다. 단도직입적으로 중심이 잘 드러나 있다.

【开门七件事】kāimén qījiànshì 名組 일곱 가지 생활 필수품 [「柴chái」(땔나무)·「米mǐ」(쌀)·「油yóu」(기름)·「盐yán」(소금)·「酱jiàng」(간장)·「醋cù」(식초)·「茶chá」(차)를 말함]

【开门揖盗】kāi mén yī dào 成 문을 열어 도둑을 불러들이다. 스스로 재앙을 불러들이다. ¶你这种做法简直是～｜너의 이런 행위는 마치 문을 열어 도둑을 불러들이는 격이다.

【开蒙】kāi/méng ❶ 動 어린아이가 글을 배우다. 어린아이에게 글을 가르치다. ¶祖父八岁～｜조부께서는 8세 때 부터 글을 배우기 시작하셨다. ❷ ⇒〔启qǐ蒙〕

[2]【开明】kāimíng 形 개화되다. (생각이) 깨어 있다. (사상이) 진보적이다. ¶我们的校长很～｜우리 교장은 매우 진보적이다

[3]【开幕】kāi/mù ❶ 動 개막하다. 막을 열다. ¶戏～了｜공연이 시작되었다. ❷ 動 (회의·전람회 등을) 시작하다. ¶展览会～｜전람회가 시작되다. ❸ (kāimù) 名 개막. 개업. 개회. ¶～词｜개회사. ¶～典礼＝〔开幕式〕〔开幕礼〕｜개업식. 개회식 ‖→〔揭jiē幕〕

【开拍】kāipāi 動 ❶ 〈撮〉 크랭크인하다. 촬영을 시작하다. ¶这部电视剧下个月～｜이 텔레비젼 연속극은 다음달에 크랭크인한다. ❷ 거래소의 입회(入會)를 개시하다. ❸ 경매를 시작하다.

【开盘】kāipán ❶ 動 바둑시합 등을 시작하다. ❷ 名 〈商〉 개장(開場). 거래 개시. ¶～价｜개장 가격＝〔开市①〕〔初chū开②〕 ❸ 動 (증권거래소 따위에서) 영업을 개시하다. 거래를 시작하다. 개장하다.

【开炮】kāipào 動 ❶ 포를 쏘다. 발포하다. ❷ (kāi/pào) (상대방을) 공격하다. 호되게 비판하다. ¶猛你忘了我的名字了? 上次会上我还向您开过炮呢!｜저의 이름을 잊었어요? 지난 번 회의에서 당신을 호되게 비판한 적이 있잖아요!

[2]【开辟】kāipì ❶ 動 (길을) 열다. ¶～就学之路｜배움의 길을 열다. ❷ 動 개척하다. 개발하다. 창립하다. ¶～新的领域｜새로운 분야를 개척하다. ❸ 動 군대를 변경에 파견하다. ❹ 名 簡 개척. 「开天辟地」(천지 개벽)의 약칭.

【开篇】kāipiān 名 ❶ 「弹tán词」에서 이야기를 들려주기 전에 부르는 「唱chàng词」. ❷ 강소(江蘇)·절가(浙江)지방의 극에서 공연을 시작하기 전에 들려주는 단가곡(短歌曲).

【开瓢儿】kāi/piáor 動 俗 머리를 깨다. 골통이 부서지다. ¶别打了，开了瓢儿可不是玩儿的!｜그만 때려라, 골통이 부서지면 장난이 아니냐!

【开票】kāi/piào 動 ❶ 개표하다. 개찰하다. ❷ 영수증을 끊어주다. ❸ 어음을〔문서를〕 발행하다. ¶～人｜어음〔문서〕 발행인.

【开启】kāiqǐ 動 ❶ 열다. 개방하다. ¶～门户｜문호를 개방하다. ❷ 계몽하다. ¶知识是～生活的钥匙｜지식은 생활을 여는 열쇠이다. ❸ 발단을 이루다. 시작하다. ¶～了商代文化的先河｜상대 문화의 발단을 이루었다.

【开腔】kāi/qiāng 動 ❶ 입을 열다. 말을 하다〔떼다〕. ¶大家还没有说话，他先～了｜모두가 말을 꺼내기도 전에 그가 먼저 입을 열었다. ❷ 노래하기 시작하다.

【开枪】kāiqiāng ⇒〔放fàng枪〕

【开窍(儿)】kāi/qiào(r) 動 ❶ 생각이 트이다. 깨닫다. 이해하다. 비로소 알아차리다. ¶日久天长脑袋一不～，就落后了｜오랜 세월이 흘러도 여전히 생각이 트이지 않는다면 낙후되고 말것이다. ❷ (아동이) 철이 들기 시작하다. 사춘기에 들다＝〔情窦初开〕 ❸ 諷 方 눈을 뜨다. 물정에 밝다. ¶他很～｜그는 아주 물정에 밝다.

【开球】kāi/qiú 〈體〉 ❶ 動 시구(始球)하다. 시합을 개시하다. ❷ 動 (축구에서) 킥 오프(kick off)하다. (핸드볼에서) 드로 오프(throw off)하다. (배구에서) 서브(serve)하다. ❸ (kāiqiú) 名 시구(始球). ¶～式｜시구식. ❹ (kāiqiú) 名 (축구의) 킥 오프. (핸드볼의) 드로 오프. (배구의) 서브.

【开渠】kāi/qú 動 물길을 트다〔파다〕. ¶～抗旱｜물길을 터서 가뭄에 대비하다.

【开缺】kāi/quē 動 ❶ (옛날, 관리가 퇴직·사망했을 때) 자리를 비워 두고 후임을 고르다. ❷ 역인(役人)이 사직하다.

【开刃儿】kāi/rènr 動 (칼·가위 따위의) 날을 갈다〔세우다〕＝〔开口②〕

【开赛】kāisài 動 경기를 시작하다. ¶奥运会～了｜올림픽 경기가 시작되었다.

【开山】ⓐ kāi/shān 動 ❶ (채석·도로 건설 등의 목적으로) 산을 깎다〔폭파하다〕. 산림을 개척하다. ¶～劈造田산과림을 개척하여 밭을 만들다. ¶～板斧｜나무꾼이 사용하는 낫처럼 생긴 큰 칼. ¶～(大)斧｜산림을 개척할 때 사용하는 초승달 모양의 큰 도끼. 喩 처음. 시초. ❷ (일정 기간 동안) 산림을 개방하다. ❸ 〈佛〉 명산에 사원을 창건하다→〔开山祖师〕 ❹ 처음으로 연출하다. ¶～的新剧｜처음 연출한 신극.

ⓑ kāi·shān ❶ ⇒〔开山祖师〕 ❷ 名 喩 원조(元祖). 본가(本家).

【开山鼻祖】kāishān bízǔ ⇒〔开山祖师〕

【开山祖师】kāishān zǔshī 名 ❶ 〈佛〉 개산조사 [사원·종파(宗派)의 창시자] ❷ (학술이나 어떤 일의) 창시자. 창업자. 개척자. 시조 ‖＝〔开山老祖〕〔开山鼻祖〕〔开山·shān①〕

【开墒】kāi/shāng 動 땅을 갈 때, 먼저 쟁기로 도랑을 만들고 그 도랑을 따라 밭을 갈다＝〔开犁lí lí②〕

[3]【开设】kāishè 動 ❶ 설립하다. 설치하다. 차리다. ¶～一个零售商店｜소매점을 차리다. ❷ (강좌·과정을) 개설하다. ¶～环境工学课程｜환경공학과정을 개설하다.

[1]【开始】kāishǐ ❶ 動 시작하다〔되다〕. 착수하다. ¶～讨论｜토론을 시작하다. ¶旧的一年结束了，新的一年～了｜묵은 한 해가 끝나고 새로운 한 해가 시작되었다＝〔起始〕 ❷ 名 시작. 처음. 개시. ¶这还只是～｜이것은 아직 시작일 뿐이다.

【开士】kāishì 名 〈佛〉 ❶ 보살(菩薩). ❷ 敬 승려.

【开释】kāishì 動 ❶ 석방하다. 방면하다. ❷ 풀어서 밝히다. 설명하다. ¶向他～ | 그에게 설명하다.
【开首】kāishǒu 名 方 시초. 최초. 처음 =〔开先〕〔开手(儿)②〕
【开涮】kāi/shuàn 動 方 (사람을) 놀리다. 희롱하다. 농담을 하다. ¶别争拿这个人～ | 이 사람을 희롱하려고 다투지 마라.
³【开水】kāishuǐ 名 ❶ 끓는 물 =〔方滚水〕〔滚汤〕〔沸fèi水〕〔沸汤①〕 ❷ 끓은 물→〔热水〕〔汤④〕
【开台】kāitái 動 개막하다. 공연이 시작되다. ¶戏已～ | 연극이 이미 시작되었다.
【开膛】kāi/táng 動 배를 가르다. 내장(內臟)을 해부하다. ¶把鱼～ | 생선의 배를 가르다.
【开天窗(儿)】動組 kāi tiānchuāng(r) ❶ 매독환자의 코가 헐어서 뭉그러지다. ❷ 신당국의 검열에 걸려) 지신문의 면에 구멍이 나다. 기사(記事)가 삭제되다. ❸ 近 탁 터놓고 하다〔말하다〕.
【开天辟地】kāi tiān pì dì 成 천지 개벽(天地開辟). 유사(有史)이래 =〔开辟③〕
【开听刀】kāitīngdāo ⇒〔开罐刀〕
【开庭】kāi/tíng 動 〈法〉 개정하다. 법정을 열다. ¶～审判 | 개정하여 심판하다 =〔开堂①〕
【开通】ⓐ kāitōng 動 ❶ 개통하다. 열다. 자유롭게 왕래하다. ¶～河道 | 물길을 열다. ❷ 계발(啓發)하다. 개화시키다. ¶～风气 | (보수적인) 기풍을 개화시키다.
ⓑ kāi·tong 形 개명하다. 깨다. 진보적이다. ¶现在的老人也～了 | 현재의 노인들도 생각이 깨어있다.
【开头(儿)】kāi/tóu(r) ❶ 動 시작하다. (일·행동·현상등이) 최초로 발생하다. ¶我们的学习刚～, 你现在来参加还赶得上 | 우리는 학습을 방금 막 시작했으니 지금이라도 참가하면 따라올 수 있다. ❷ 動 먼저 시작하다. 발단을 이루다. ¶我～, 你跟着 | 내가 먼저 시작할테니 따라 하십시오. ❸ (kāitóu(r)) 名 시초. 최초. 첫머리. 처음. ¶凡事～最难 | 모든 일은 처음이 가장 어렵다.
【开脱】kāi·tuō 動 (죄명·과실에 대한 책임을) 벗어나다〔면제하다〕. 해방되다. ¶～杀人的罪名 | 살인의 죄명에서 벗어나다 =〔开豁huō④〕〔出脱②〕→〔摆bǎi脱〕〔解脱③〕
【开拓】kāituò ❶ 動 개척하다. 넓히다〔트다〕 ¶～海外市场 | 해외 시장을 개척하다. ¶～新的眼界 | 새로운 안목을 넓히다. ❷ 名 〈鑛〉 굴삭(掘削). 채굴에 앞서 진행되는 갱도 건설등 공정의 총칭.
【开挖】kāiwā 動 굴착하다. 파다. 파내다. ¶～鱼池 | 양어장을 파다.
【开外】kāiwài 名 (…) 이상. 남짓. 가량. 어법 ⓐ 연령·거리등을 나타내는 수량사뒤에 쓰임. ¶他大约五十～ | 그는 대충 오십세 가량이다. ⓑ「开外」는 10이상의 수량사 뒤에만 쓰이나 「多」는 제한이 없음. ⓒ 연령을 나타내는 수량사 뒤에 쓰일 때 「开外」보다 「多」의 범위가 더 넓음. ⓓ「开外」는「數＋名＋开外」의 형식으로 쓰이고「多」는「數＋多＋名」의 형식으로 쓰임. ¶五十岁开外 | 50세 가량. ¶五十多岁 | 50여세.
¹【开玩笑】kāi wánxiào 動組 ❶ 농담을 하다. 웃기다. 놀리다. ¶随便开两句玩笑 | 아무렇게나 두어마디 농담을 하다→〔逗dòu笑(儿)〕 ❷ 장난으로 여기다〔하다〕. ¶这可不是～的事情 | 이는 결코 장난으로 할 일이 아니다.
【开往】kāiwǎng 動 ❶ (교통편으로) 출발하다. 가다. ❷ (차·배·비행기 등이) …로 향하여 출발하다. ¶～北京的列车 | 북경으로 떠나는 열차.
【开胃】kāiwèi ❶ 動 식욕을 증진시키다〔돋구다〕. ¶这汤吃了能～ | 이 탕을 먹으면 식욕을 증진시킬 수 있다. ❷ ⇒〔开心②〕 ❸ 動 方 뜻밖에 생각이 나다.
【开先】kāixiān ⇒〔开首〕
【开箱】kāixiāng 動 ❶ 상자를 열다. 짐을 풀다. ❷ 〈演映〉(정월에) 개봉하다. 첫 공연을 하다 [정월에 첫 공연을 할 때 연말에 봉해 두었던 공연도구 상자를 다시 여는 것을 말함] =〔开锣③〕 ❸ 舊 (신부가) 결혼 후 혼수용품 상자를 열(어 가족들에게 보이)다.
【开消】kāixiāo ⇒〔开销〕
【开销】kāi·xiāo ❶ 名 비용. 경비 지출. 씀씀이. ¶她的～太大 | 그녀의 씀씀이는 너무 크다. ❷ 動 (비용을) 지출하다. 지불하다. ¶这笔钱仅仅足够zúgòu～了广告费 | 이 돈으로 간신히 광고비를 지불하였다 =〔去项儿qùxiàngr〕 ❸ 動 方 해고하다. 처분하다. ❹ 動 方 꾸짖다. 질책하다. ‖ =〔开消〕
【开小差(儿)】kāi xiǎochāi(r) 動組 ❶ 군인이 대오를 이탈하여 도망가다. ❷ 도망하다. 꽁무니를 빼다. 달아나다. ¶遇到困难, 不找办法, 光想～呀! | 곤란에 봉착해서 방법은 찾으려 하지 않고 오로지 도망갈 생각만 하는구나! ❸ (생각이) 산만하다. 정신을 팔다. ¶上课～, 怎么能学习呢? | (수업중에 정신을 딴 데 팔다니 어떻게 공부가 되겠느냐? ‖ =〔小差(儿)①〕
【开心】kāi/xīn ❶ 動 기분을 상쾌하게 하다. 기분 전환하다. ¶今天闷mèn得慌, 我们看场电影开开心去吧 | 오늘은 마음이 우울하니, 우리 영화를 보며 기분 전환하러 갑시다. ❷ 動 희롱하다. 놀리다. ¶别拿他～ | 그를 놀리지마 =〔方开胃②〕 ❸ (kāixīn) 形 유쾌하다. 즐겁다. ¶说说笑笑, 十分～ | 웃고 얘기하면서 무척 즐겁다.
【开心丸儿】kāixīnwánr ⇒〔宽kuān心丸儿〕
【开行】kāixíng 動 (차나 배를) 운전하다. 출발하다. ¶火车已经～, 她还在站上挥手致意 | 기차가 이미 출발하였는데도 그녀는 여전히 정거장에서 손을 흔들며 아쉬운 마음을 전하고 있었다.
¹【开学】kāi/xué 動 ❶ 학교가 시작하다 ❷ 새로운 학기가 시작되다. 개학하다. ¶这个学期九月一号～ | 이 학기는 9월 1일에 개학한다.
【开言】kāi/yán 書 動 말을 하다 발언하다. 말문을 열다 [주로 희곡에서 많이 사용함] ¶他油嘴油舌地开了言 | 그는 막힘없이 말문을 열었다. ¶～道: 请问诸位女娘姓氏 | 말하기를: 신사 숙녀 여러분께 묻건데.
【开筵】kāiyán 動 ❶ 연회(宴會)를 열다. 연회석을 마련하다. ❷ 연회를 시작하다.
【开颜】kāiyán 動 활짝 웃다. 희색이 만면하다 ¶

她一下子笑～了｜그녀는 갑자기 희색이 만면해졌다＝〔启qǐ颜〕

【开眼】kāi/yǎn ❶名動〈醫〉(각막이식을 하여) 먼 눈을 뜨다. 개안(하다). ¶～手术｜개안 수술＝〔开光⑤〕 ❷動 안목을 넓히다. 견문〔식견〕을 넓히다. ¶这样好的风景, 来一趟也可以开开眼｜이렇게 좋은 경관은 한 번만 와도 견식을 넓힐 수 있다. ❸⇒〔开光①〕

【开眼界】kāi yǎnjiè 動組 시야를〔견문을〕 넓히다. ¶这次旅行让我也开开眼界｜이번 여행은 나에게도 견문을 크게 넓혀 주었다.

²【开演】kāiyǎn 動 (연극·영화등의) 공연을〔이〕 시작하다〔되다〕. ¶第二幕果然就～了｜제 2막이 과연 시작되었다.

【开(药)方(儿, 子)】kāi (yào) fāng(r, ·zi) ⇒〔开方①〕

³【开夜车】kāi yèchē 動組 ❶야간 열차를 운전하다. ❷밤을 새워 일하다〔공부하다〕 ¶为了写这篇文章, 开了一个夜了｜이 문장을 쓰기위해서 어젯밤을 꼬박 새웠다＝〔作zuō夜工〕→〔熬áo夜(儿)③〕〔打通宵〕.

【开业】kāi/yè 動 ❶개업하다. ❷업무를 시작하다. ¶自～以来, 生意一直不错｜개업한 후로 줄곧 장사가 잘 된다.

【开元】kāiyuán ❶書動 개국(開國)하다. ❷(Kāiyuán) 名 개원 [당(唐) 현종(玄宗)의 연호(713～741)]

【开源节流】kāi yuán jié liú 威 수입〔생산〕을 늘리고 지출을〔소비를〕 줄이다.

【开凿】kāizáo 動 ❶(운하·터널 등을) 파다. 굴착하다. ¶～运河｜운하를 파다. ❷채굴하다.

【开斋】kāi/zhāi ❶⇒〔开荤〕 ❷動〈宗〉회교의 라마단(Ramadan)이 끝나다→〔封斋〕

【开斋节】Kāizhāi Jié 名〈宗〉(회교의) 라마단(Ramadan)이 끝나는 날. 소(小) 바이람(Lesser Bairam)＝〔尔代节〕

²【开展】kāizhǎn ❶動 (점차) 넓히다〔확대하다〕. 전개하다. 촉진하다. 조장하다. ¶～韩中贸易｜한·중 무역을 전개하다. ❷名 전개. 발전. ¶有助于今后贵我双方交易之～｜앞으로 쌍방의 교역 발전에 도움이 되다.

【开斩】kāizhǎn 動 참형(斬刑)하다.

【开绽】kāi/zhàn 動 (꿰맨 자리가) 터지다. 해어지다. ¶鞋～了｜신발이 터졌다.

【开战】kāi/zhàn ❶動 개전하다. 전쟁을 시작하다. 전투를 개시하다. ¶向两国在边境上～了｜양국은 국경에서 전투를 개시하였다. ❷(kāizhàn) 名 개전 ‖＝〔开仗〕

【开张】kāi/zhāng ❶動 개점하다. 창업하다. ¶择吉～｜길일을 택하여 개점하다. ❷動 그날의 첫 거래를 하다. 마수걸이하다. ¶今天我们店到中午才～｜오늘 우리 가게는 한낮이 되서야 첫거래를 했다. ❸動喩 (어떤 사업을) 시작하다. ¶招收工作还没有～｜모집 활동은 아직 시작하지 않았다.

【开仗】kāi/zhàng ⇒〔开战〕

【开帐】kāi/zhàng 動 ❶계산서를 작성하다. ¶总共多少钱, 请～来｜모두 얼마인지 계산서를 작성해 주시오. ❷(음식점 등에서) 계산〔지불〕하다.

【开征】kāizhēng 動 ❶(세금을) 징수하기 시작하다. ❷(사람을) 모집하다. 선발하다. ¶～服务小姐｜도우미를 모집하다.

【开支】kāizhī ❶動 지출하다. ¶不应当用的钱, 坚决不～｜써서는 안 될 돈은 절대로 지출하지 않는다. ❷動方 임금을 지불하다. ❸名 지출. 지불. ¶减省～｜지출을 줄이다→〔开销〕

【开宗明义】kāi zōngmíng yì 威 효경(孝經) 제 1장의 편명. 전편(全篇)의 요지를 밝히다. 轉(말 또는 글에서) 첫머리에 요지를 밝히다. ¶他～地摆出了作者的观点｜그는 첫머리에서 작자의 관점을 밝히고 있다.

【开走】kāizǒu 動 ❶(어떤 장소로 부터) 떨어지다. (군대 등이) 출발하다. ❷차가 떠나다.

【开罪】kāizuì 動 ❶죄를 짓다. ¶不要～于人｜남에게 죄를 짓지 마라. ❷감정을 해치다. 남의 미움〔노여움〕을 사다→〔得dé罪·zui〕

【锎(鐦)】kāi (칼리포르늄 개) 名〈化〉화학 원소 명. 칼리포르늄(Cf; californium).

【揩】kāi 닦을 개 動 닦다. 문지르다. ¶～汗｜땀을 닦다. ¶把桌子～干净｜탁자를 깨끗하게 닦다→〔擦②〕

【揩布】kāibù ⇒〔揩桌布〕

【揩拭】kāishì 動 닦다. 문지르다. ¶拿着手帕shǒupà～额é上的汗珠hànzhū｜손수건으로 이마의 땀방울을 닦다.

【揩油】kāi/yóu 動 기름을 문지르다. 轉 남을 속여서 이득을 보다. 등쳐 먹다. 남을 협박하여 금품을 우려내다. 중간에서 웃돈을 떼어내다. 착복하다. 갉아먹다. ¶你想～, 我不给!｜네가 (돈을) 착복하겠다고, 그럴 순 없어! ¶揩他的油｜그에게 등을 쳐먹다.

【揩桌布】kāizhuōbù 名方 행주＝〔揩布〕

kǎi ㄎㄞˇ

【岂】kǎi ☞ 岂 qǐ Ⓑ

【凯(凱)】kǎi 이길 개 名 ❶전승(戰勝)의 환호. 승리의 노래. ¶奏～而归｜개가를 울리며 돌아오다. ¶～歌↓＝〔恺kǎi〕 ❷(Kǎi) 성(姓).

【凯恩斯】Kǎi'ēnsī 名外〈人〉케인즈(John M. Keynes, 1883～1946) [영국의 경제학자. 케인즈 이론의 창시자]

【凯尔特人】kǎi'ertè rén 名外 켈트(Kelt)인. 켈트인 [인도 유럽의 한 종족]

【凯歌】kǎigē 名 개선가. 승리의 노래. ¶～入云霄xiāo｜개선가가 하늘높이 울려 퍼지다.

【凯旋】kǎixuán 動 개선하다. ¶得胜～｜승리하여 개선하다. ¶～牌坊｜개선 환영 아치.

【凯子】kǎi·zi 名俗台 남정네. 사내 [남자에 대한 속칭]⇔〔马mǎ子〕

【剀(剴)】kǎi 낫 개, 간절할 개 書 ❶名 큰 낫. ❷動 풀을 베다.

❸形 절실하다. ¶～切↓
【剀切】kǎiqiè 書形 ❶ 사리에 합당하다. ¶～详尽 | 사리에 합당하며 상세하기 그지없다. ¶～中理 | 사리에 딱 들어맞다. ❷ 적절하다. ¶～教导 | 적절하게 지도하다. ❸ 절차탁마(切磋琢磨)하다 ‖ ＝〔恺切①〕.

【垲(塏)】kǎi 시원한땅 개
書形 지세가 높고 건조하다. ¶爽～＝〔垲朗〕| 시원하고 상쾌하다.

【闿(闓)】kǎi 열 개, 기뻐할 개
書 ❶動 열다. 창시하다. ❷形 즐겁다. 기쁘다＝〔恺①〕

【恺(愷)】kǎi 즐거울 개
❶書形 즐겁다＝〔闿〕❷「凯」와 같음 ⇒〔凯①〕❸ 음역어에 쓰임. ¶～撒↓
【恺撒】Kǎisā 名外〈人〉케사르(GaiusJulius Caesar)＝〔凯撒〕

【铠(鎧)】kǎi 갑옷 개
書名 갑옷. ¶首～ | 투구.
【铠甲】kǎijiǎ 名 갑옷. ¶身披～ | 갑옷을 입다.
【铠装】kǎizhuāng 名〈電氣〉(전선의) 피복. ¶～电缆 | 절연 케이블.

【蒈】kǎi (카란 개)
名〈化〉카란(carane) [유기화합물의 일종]

【楷】kǎi jiē 본 해, 해서 해
Ⓐ kǎi 名 ❶ 규범. 본보기. 모범. ¶～模↓ ❷ 해서(楷書). ¶正～＝〔正书〕〔正体〕| 정자체의 해서. ¶小～ | 가는〔작은〕글자의 해서.
Ⓑ jiē 名〈植〉황련목(黃連木). 공목(孔木) [「曲阜」(곡부)에 있는 공자(孔子)의 묘에 심었다고 하는 나무]
【楷模】kǎimó 名 모범. 본보기. ¶先烈的行为, 可以做为我们的～ | 선열의 행적은 우리들의 모범이 될 수 있다＝〔楷式〕〔楷则〕〔書楷范〕
【楷书】kǎishū 名 해서체 [한자 자체(漢字字體)의 한 가지]＝〔真书〕〔楷体①〕
【楷体】kǎitǐ ❶ ⇒〔楷书〕❷名 알파벳의 인쇄체.
【楷则】kǎizé ⇒〔楷模〕
【楷字】kǎizì 名 해서체로 쓴 한자 →〔楷书〕

【锴(鍇)】kǎi 쇠 개
書名 좋은 철. 정제된 철.

【慨〈嘅₃〉】kǎi (又kài) 분개할 개
書 ❶動 분개하다. 분격하다. ¶愤～ | 분개하다. ❷形 인색하지 않다. 시원시원하다. ¶慷kāng～ | 후하게 대하다. ❸動 개탄하다. 한탄하다. 탄식하다. ¶感～ | 감개하다. ¶～叹↓
【慨当以慷】kǎi dāng yǐ kāng 成 의기가 드높다. 정서가 고무되다. 시원시원하다＝〔慨而慷〕
【慨而慷】kǎi ér kāng ⇒〔慨当以慷〕
【慨然】kǎirán 眖 ❶ 감개무량하다. ¶～长叹 | 감개무량하여 깊이 탄식하다. ❷ 시원시원하다. 흔쾌하다. ¶他～应允 | 그는 흔쾌히 응낙하였다. ❸ 탄식하다. 분격하다.
【慨叹】kǎitàn 動 개탄하다. 탄식하다.

kài ㄎㄞˋ

【忾(愾)】kài xì qì 성낼 개, 한숨 희
Ⓐ kài 書動 분노하다. 분개고 증오하다 ¶敌仇同～＝〔同仇敌忾〕| 成 함께 원수를 증오하다.
Ⓑ xì 書動 탄식하다. 한숨 쉬다.
Ⓒ qì 書動 도착하다. …에 이르다＝〔迄qì〕

【慨】kài ☞ 慨 kǎi

【咳】kài ☞ 咳 ké Ⓑ

kān ㄎㄢ

【刊〈栞〉】kān 새길 간
❶動 새기다. 조각하다. ¶宋元～本 | 송원(宋元)시대에 새긴 판본 →〔刻板〕❷轉 간행하다. 출판하다. ¶发～ | 발간하다. ¶停～ | 정간되다. ¶创～ | 창간하다. ❸動 삭제하다. 고치다. ¶不～之论 | 成 달리 고칠 수 없는 지리지당(至理至當)한 말. ❹名 간행물. ¶月～ | 월간. ¶周～ | 주간. ¶期～ | 정기 간행물. ¶副～ | 문예〔학예〕란.
【刊布】kānbù 書動 간행하여 공포하다.
【刊出】kānchū 動 간행〔출판〕하다〔되다〕. 발간하다〔되다〕. ¶这一件事情老早就～了 | 이 사건은 오래 전에 활자로 발표되었다.
【刊大】kāndà 名簡「刊授大学」(간수대학)의 약칭 →〔刊授大学〕
【刊登】kāndēng 動 (신문·잡지 따위에) 게재하다. 싣다. ¶他发表一篇论文, 接连～了三期 | 그는 논문을 발표하여 3기에 걸쳐 연이어 게재하였다＝〔刊载〕
【刊定】kāndìng 動 개정 간행하여 확정하다. ¶～了宣言 | 선언(문)을 개정하여 확정하였다.
【刊刻】kānkè ❶名 판각(版刻). ❷動 판목(版木)에 새기다.
【刊落】kānluò 書名動 ❶ (오자(誤字) 또는 틀린 부분을) 삭제(하다). ¶此页～一字 | 이 페이지에서 한 자 삭제. ❷ (조판할 때) 탈자(脫字)(가 나다).
【刊谬】kānmiù ⇒〔刊误〕.
【刊授】kānshòu 名 정기 간행물을 통한 일종의 통신교육.
【刊授大学】kānshòu dàxué 名組 간수대학 [학술단체·대기업 혹은 과학연구기관 등의 잡지의 편집부에서 개최하는, 연령·성별·직업 등의 제한이 없는 개방 성질의 대학으로 정기적으로 발행되는 간행물을 교재로 하여 전문지식을 자습·독학함]
【刊头】kāntóu 名 (신문·잡지 따위의) 발행인란. ¶设计了新的～ | 발행인란을 새로 설계하였다.
³【刊物】kānwù 名 출판물. 간행물. ¶办～ | 간행물을 내다. ¶定期～ | 정기 간행물.
【刊误】kānwù 動 오류를 삭제하다. 교정하다. ¶～表 | 정오(正誤)표＝〔刊谬〕〔刊正〕〔勘误〕.

【刊行】kānxíng 動 출판 발행하다. 간행하다.
【刊印】kānyìn ❶ 動 인쇄하다. ❷ 動 간행하다. 출간하다. ❸ 名 (목판인쇄의) 활판인쇄.
【刊载】kānzǎi ⇒〔刊登〕
【刊正】kānzhèng ⇒〔刊误〕

【看】kān ☞ 看 kàn B

【勘】kān (舊 kàn) 살필 감
動 ❶ 교정하다. 대조 검토하다. ¶校～ | 교정하다. ¶～误↓ ❷ 실지 조사하다. 탐사하다. ¶～察↓ ¶推～ | 죄인을 심문하다.
【勘测】kāncè 動 실지 측량하다. 실측하다. ¶航空～ | 항공 실지 측량. ¶～储量 | 측정 매장량.
【勘查】kānchá ⇒〔勘察①〕
【勘察】kānchá ❶ 名 動 (지형·지질 구조·지하 자원의 매장 상황 등을) 실지 조사(하다). 탐사(하다) =〔勘查〕 ❷ 動 〈地〉 시굴하다.
【勘定】kāndìng ❶ 動 측량하여 확정짓다. ¶～分界线 | 분계선을 측량하여 확정하다. ❷ 書 動 조사〔심사〕하여 결정하다. ¶～税则 | 세칙을 심사 결정하다. ❸ 動 (원고를) 교정〔교열〕하다. ❹ 動 (회계를) 검사하다. ❺ 動 (기계를) 점검하다. ❻ 名 교정. 교열. 감사. 검사. 점검.
【勘核】kānhé 動 조사 확인하다 =〔核实①〕
【勘校】kānjiào ⇒〔校勘〕
【勘谬】kānmiù 動 교정하다 =〔刊谬〕
【勘探】kāntàn ❶ 動 (지질·지형·지하 자원등을) 탐사하다. 조사하다. ¶～天然油气 | 천연가스를 탐사하다 =〔探勘〕 ❷ 名 탐사. 조사. ¶～队 | 탐사대. ❸ 名 탐광(探鑛).
【勘问】kānwèn 書 動 조사하여 심문하다. 캐묻다.
【勘误】kānwù ⇒〔刊误〕
【勘验】kānyàn 動 ❶ 〈法〉 실지조사하다. ❷ 현장 검증하다. ❸ 검시(檢屍)하다.
【勘正】kānzhèng 動 교정하다. 교감하다.

【堪】kān 견딜 감
書 ❶ 能 …할 수 있다. …(하기에) 족하다. ¶～当重任 | 중임을 맡기에 족하다. ¶不～设想 | 상상도 할 수 없다. ❷ 動 참다. 견디다. ¶难～ | 견디기 어렵다. ¶狼狈不～ | 궁지에 빠져 견디지 못하다.
【堪布】kānbù 名 〈宗〉 ❶ 계율을 주관하는 라마승. ❷ 라마 사원의 주지(住持).
【堪察加半岛】Kānchájiā Bàndǎo 名 外 〈地〉 캄차카(Kamchatka) 반도.
【堪培拉】Kānpéilā 名 外 〈地〉 캔버러(Canberra) [「澳大利亚」(오스트레일리아;Australia)의 수도]=〔坎kǎn拉〕〔坎柏剌〕〔坎伯拉〕〔康kāng伯拉〕
【堪舆】kānyú 書 名 ❶ 천지(天地). ❷ 풍수(風水). ¶～家=〔形家〕 | 풍수장이.

【戡】kān 이길 감
書 動 (무력으로 반란을) 평정하다. 진압하다. ¶～乱↓ ¶～平叛乱 | 반란을 진압하다.
【戡乱】kānluàn 動 반란을 평정하다.

【龛(龕)】kān 감실 감
(～儿, ～子) 名 〈佛〉 부처를 모셔 두는 작은 방. 감실(龕室). ¶佛～ | 불단. ¶～儿 | 轉 배후. 배경. 뒷받침. 후원.
【龛影】kānyǐng 名 〈醫〉 엑스선 촬영에 의하여 얻어진 영상.

kǎn ㄎㄢˇ

【坎〈埳〉】kǎn 구덩이 감, 감괘 감
❶ (～儿) 名 문턱. 문지방. ¶门～(儿) | 문턱. ❷ 名 감. 감괘(坎卦) [8괘(八卦)의 하나. 물을 대표함]→〔八卦〕 ❸ (길이) 울퉁불퉁하다. ¶～坷kě↓ ❹ 書 名 구덩이. 움푹 패인 땅. ¶凿záo地为～ | 땅을 파서 구덩이를 만들다. ❺ (～儿) 名 두렁. 두둑. ¶田～儿 | 논두렁. ¶土～儿 | 흙두둑. ❻ (～儿) 名 관문. 고비. 고개. ¶过了～了 | 고비를 넘겼다. ¶六十岁是个～ | 60세는 액운이 있다 =〔关煞〕 ❼ (～儿) 名 套 구덩이! 발 밑 주의! [말을 부릴 때 발밑의 구덩이 등을 주의하라는 말] ❽ (～儿) 名 은어(隱語). ¶吊diào～ | 은어를 쓰다. ❾ 擬 쩡쩡. 쿵쿵 [나무 찍는 소리] ❿ 擬 둥둥. 딩당딩당 [북 치는 소리]
【坎肩(儿)】kǎnjiān(r) 名 조끼. 배자 =〔背bèi心(儿)〕
【坎井】kǎnjǐng ⇒〔坎儿井〕
【坎井之蛙】kǎn jǐng zhī wā 成 우물안 개구리. 식견이 좁다. ¶他是～, 见识有限 | 그는 우물안 개구리 같아서 식견이 좁다.
【坎坷】kǎnkě 形 ❶ (길·땅이) 울퉁불퉁하다. ❷ 喩 뜻을 이루지 못하다. 불우하다. ¶一生～ | 일생 동안 불우하게 지내다 ‖ =〔坎坷〕
【坎帕拉】Kǎnpàlā 名 外 〈地〉 캄팔라(Kampala) [「乌干达」(우간다;Uganda)의 수도]
【坎儿井】kǎnrjǐng 名 감정 [관개용 우물]=〔坎井〕〔串井〕
【坎土曼】kǎntǔmàn 名 위구르족이 사용하는 곡괭이 =〔坎土镘〕
【坎子】kǎn·zi 名 ❶ 두둑. 두렁. ¶土～ | 흙두둑. ❷ 方 곤란. 좌절. ¶碰上～ | 곤란에 처하다. ❸ 方 돌출 장애물.

2【砍】kǎn 쪼갤 감
動 ❶ (칼·도끼 등으로) 찍다. 쳐서 베다. ¶～柴 | 장작을 패다. ¶把树枝～下来 | 나뭇가지를 치다. ❷ 方 (…을 향하여) 집어 던지다. 팔매 치다. ¶拿砖头～狗 | 벽돌을 개한테 던지다. ❸ (조직 등을) 파괴하다〔부수다〕.
【砍大山】kǎndàshān 動組 京 ❶ 큰소리로 의논하다. 허풍을 떨다. ❷ 方 한담(閑談)〔잡담〕(을 나누다).
【砍刀】kǎndāo ⇒〔大dà刀〕
【砍掉】kǎndiào 動 ❶ (나무 등을) 베어 넘기다. 잘라내다. 삭제하다. ¶这篇稿子太长, 得～一半 | 이 원고는 너무 길어서 반은 삭제해야 한다. ❷ (조직 등을) 강제적으로 와해시키다〔부수다〕.
【砍断】kǎnduàn 動 절단하다. 잘라버리다. 찍어버리다. ¶～了电线杆子xiàngānzi | 전신주를 잘라 버렸다.
【砍伐】kǎnfá 動 (톱·도끼 등으로) 나무를 베다〔자르다〕. 벌채하다. ¶禁止～树木 | 수목 벌채

금지.

【砍落】kǎnluò 動 잘라〔베어〕 버리다. ¶他就是～了三个手指也得打麻将｜그는 손가락 셋을 끊어 버릴지라도 마작을 하지 않고는 못 배긴다.

【砍头疮】kǎntóuchuāng 名 목덜미에 나는 악성 종기 ＝〔砍头痈〕

【莰】kǎn (캄판 감) ⇒〔莰烷〕

【莰烷】kǎnwán 名 外〈化〉보르난(bornane). 캄판(camphane).

【侃〈偘〉】kǎn 강직할 간 書 貶 ❶ 강직하다. ¶～而谈↓ ❷ 화락(和樂)하다.

【侃侃】kǎnkǎn ❶ 書 貶 강직하다. ❷ 書 貶 말이 조리가 있고 당당하다. ❸ 貶 화락(和樂)하다.

【侃侃而谈】kǎn kǎn ér tán 成 조리있고 당당하게 말하다 ＝〔侃侃而言〕

【侃快】kǎnkuài 形 方 상쾌하다. 시원스럽다. 매끄럽다. ¶他办事～利索｜그는 일을 처리하는 것이 매끄럽고 민첩하다.

【侃(儿)】kǎn(r) 名 方 은어(隱語). 암어(暗語). ¶调～｜은어로 말하다. ¶这是他们那一行的～｜이것은 그들 직업의 은어다 ＝〔坎⑧〕

【槛】kǎn ☞ 槛 jiàn Ⓑ

kàn ㄎㄢˋ

1【看】kàn kān 볼 간

Ⓐ kàn 動 ❶ 보다. (눈으로 책을)읽다. 구경하다. ¶～电影｜영화를 관람하다. ¶～球赛｜구기 경기를 보다. ¶～小说｜소설책을 보다. ¶～报｜신문을 읽다. ❷ (사람을) 만나다. 방문하다. ¶下次再来～你｜다음에 다시 와서 보자. ¶我去～过他｜내가 그를 가서 만난 적이 있다. ❸ (환자가) 진찰을 받다. (의사가) 진찰을 하다. ¶他上午去～病｜그는 오전에 진찰 받으러 갔다. ¶李大夫今天～门诊｜이 의사는 오늘 진료를 한다. ¶你～什么科?｜당신은 무슨 과의 진료를 받으려합니까? ❹ …라고 여기다. …라고 보다. …라고 생각하다. ¶我～不会下雨, 你～呢?｜내가 보기엔 비가 오지 않을 것 같은데 네가 보기엔 어떻나? ¶你～他会来吗?｜네가 보기엔 그가 올 것 같으냐? ❺ …에 달려 있다. ¶这件事全～你了｜이 일들은 모두 너에게 달려 있다. ¶整个比赛就～这一局了｜모든 경기는 이 한 판에 달려 있다. ❻ 조심하다. 주의하다. 어법 명령문에 쓰여, 상대방에게 주의를 환기시킴. 「看」의 목적어가 없는 경우에는 뒤에 「着」를 붙임. ¶别跑, ～车｜뛰지 마라. 차조심해라. ¶～着点儿, 别摔着｜넘어질라. 조심해라. ❼ 대하다. 대우하다. 취급하다. ¶另眼相～｜成 특별히 우대하다. ¶冷眼相～｜냉대하다. ❽ 기대하다. 예상하다. 바라보다. ¶可以～几分利息｜다소의 이자를 바라볼 수 있다. ❾ 생각해 주다. 고려해 주다. ¶～我的脸, 饶他这一次｜내 얼굴을 봐서라도 그를 한 번 용서해 줘요. ❿ …쪽을 보고 있다. …을 향하다. ¶那么北京是往哪儿～呢?｜그러면 북경은 어느 쪽인가요? ¶打这儿往南～｜여기서 남쪽 방향이다. ⓫ 俗 내오다. 가져오다. ¶～茶｜차를 내오다. ¶～酒｜술을 차려오다. ⓬ 동사 뒤에 조사처럼 쓰여, …해 보다. 시험해 보다. 어법 앞의 동사는 대개 중첩하며, 동량사(動量詞)를 가질 수 있음. 동사 뒤에 「了」「着」를 붙여 쓸 경우에는 「看」을 중첩함. ¶让我想想～｜내가 생각해 보게 해 주세요. ¶用这方法试试～｜이 방법으로 시험해 보자. ¶用着～～｜써 보고 있다. ¶试了～～｜시험해 보았다. 어법 「看」과 「看见」의 차이점은 다음과 같음. ⓐ 「看」은 동작 그 자체를 나타내고 「看见」은 동작의 결과를 나타냄. ¶他看了半天, 什么也没看(×) ¶他看了半天, 什么也没看见｜그는 오랫동안 보았으나, 아무것도 보이지 않았다. ⓑ 「看」은 지속성(持續性) 동사이므로, 앞에 「在」「正在」를 붙일 수 있으나, 「看见」 앞에는 붙일 수 없음. ¶我进去的时候, 他正在看见书(×) ¶我进去的时候, 他正在看书｜내가 들어갔을 때 그는 책을 보고 있었다.

Ⓑ kān 動 ❶ 지키다. 파수하다. 돌보다. ¶～孩子｜아이를 돌보다. ❷ 맡아보다. 담당하다. 관리하다. ¶一个工人可以～三部机器｜근로자 한 사람이 세 대의 기계를 볼 수 있다. ❸ 구류하다. 감호하다. 주시하다. ¶～住他, 别让他跑｜그를 잘 감시해서 도망가지 못하게 하시오.

Ⓐ kàn

【看白戏】kàn báixì 動組 공짜 구경을 하다. 무료로 극을 보다.

【看扁】kànbiǎn 動 깔보다. 얕잡아 보다. ¶你别把老子～了!｜노인을 깔보지 마라!

1【看病】kàn/bìng 動 ❶ 문병하다. ¶他住了医院了, 咱们看他病去吧｜그가 입원하였으니 우리 문병갑시다. ❷ (의사가) 진찰하다. 치료하다. ¶请大dài夫～来｜의사에게 왕진을 청하다. ❸ 江 진찰을〔치료를〕 받다. ¶到医院～去｜병원에 진찰 받으러 가다 ＝〔方 看医生〕‖＝〔瞧qiáo病〕

【看不出】kàn ·bu chū 動組 ❶ 보고 알아낼 수 없다. 분간할 수 없다. 식별할 수 없다. ¶是真是假, 我～｜진짜인지 가짜인지 분간할 수 없다. ❷ …이라고 생각되지〔보이지〕 않다. ¶～他这人倒很有魄力｜그같은 사람에게 대단한 박력이 있을 것 같아 보이지는 않는다.

【看不出来】kàn ·bu ·chū ·lái 動組 분간할〔알아볼〕 수 없다. ¶你说他是中国人, 我～｜그가 중국인이라고 하지만 나는 도무지 분간할 수가 없다 ＝〔瞧不出来〕⇔〔看得出来〕

【看不得】kàn ·bu ·de 動組 ❶ 봐서는 안 된다. ¶色情小说少年是～的｜포르노 소설은 봐서는 안된다. ❷ 차마 볼 수 없다. ¶他喝醉了酒, 在大街上晃huǎng晃摇yáo摇地走, 实在～｜그는 술에 취하여 비틀거리며 길을 걷고 있는데 참으로 보기 좋지 않다. ❸ 생각해서는 안된다. ¶你～他现在这么穷, 他是有大志的｜그가 지금 이렇게 가난하다고 형편없다고 보아서는 안된다. 그는 웅지를 품고 있으니까 ‖＝〔瞧不得〕

【看不惯】kàn ·bu guàn 動組 ❶ 낯설다. 보아오지

K

못하다. 익숙하지 않다. ❷눈에 거슬리다. 눈꼴이 사납다. ¶真～这家伙｜이 녀석이 정말 눈꼴사나워 죽겠군 ‖ =〔瞧不惯〕

【看不过】kàn ·bu guò 動組 回 간과할 수 없다. 그냥 보아 넘길 수 없다. ¶我真～你这么得意忘形｜네가 이렇게 우쭐대는 모습은 정말 못봐 주겠다 =〔看不过去〕〔看不过眼儿〕〔瞧不过〕⇔〔看得过〕→〔看不下去〕

【看不过去】kàn ·bu guò ·qù ⇒〔看不过〕

【看不见】kàn ·bu jiàn 動組 보이지 않다. ¶街上～人影儿｜거리에는 사람 그림자도 보이지 않는다 =〔瞧不见〕⇔〔看得见〕

【看不开】kàn ·bu kāi 動組 마음에 두다. 옹졸하게 생각하다. 떨쳐 버리지 못하다. ¶这事儿你别～｜이런 일은 마음에 (담아)두지 마라 ⇔〔看开〕

【看不看的】kàn ·bu kàn ·de 狀 보거나 말거나. 보든지 안 보든지. ¶～你先拿去｜보든 안 보든 우선 가지고 가라.

²【看不起】kàn ·bu qǐ 動組 ❶경시〔경멸〕하다. 깔보다. 업신여기다. ¶你别～他｜그를 깔보지 마라. ❷(돈이 없어) 보지 못하다. ¶音乐会的票价太贵, 我～｜음악회의 표가 너무 비싸 나는 볼 수 없다 ‖ =〔瞧不起〕⇔〔看得起〕

【看不清(楚)】kàn ·bu qīng(·chu) 動組 똑똑히 보이지 않다. 분명하지 않다. ¶黑板上写着什么字, 我～｜칠판위에 무슨 글자가 쓰여져 있는지 똑똑히 보이지 않는다.

【看不上(眼)】kàn ·bu shàng(yǎn) 動組 ❶(보아서) 마음에 들지 않다. 눈에 차지 않다. ¶他老轻举妄动, 令人～｜그는 늘 경거망동하여 남의 마음에 들지 않는다 ⇔〔看得上〕❷(어떤 사물에 까지) 눈이 미치지 못하다. ¶这么小的事情, 谁都～｜이렇게 작은 일에는 누구도 눈이 미치지 못한다. ❸(보려고 해도) 볼 수 없다. ❹경멸하다. 얕보다 ‖ =〔瞧不上(眼儿)〕

【看不透】kàn ·bu tòu 動組 ❶(사람의 재능 등을) 알아차리지〔간파하지〕못하다. ¶～他还有这么大的本领｜그에게 이렇게 큰 재간이 있는 줄은 알아채지 못했다 ❷(문제·현상 등을) 충분히 인식하지 못하다 ⇔〔看得透〕

【看不完】kàn ·bu wán 動組 다 보지 못하다. 끝까지 보지 못하다. ¶这么多的作业, 我一天～｜이렇게 많은 숙제는 하룻만에 다 볼 수가 없다.

【看不下去】kàn ·bu ·xià ·qù 動組 계속하여 볼 수 없다. 차마 눈뜨고 볼 수 없다. 가만히 보고 있을 수 없다 ¶这事儿我实在～了｜이 일은 정말이지 더 이상 두고 볼 수 없다 →〔看不过〕

【看不中】kàn ·bu zhòng 動組 (보아서) 마음에 들지 않다 →〔看不上(眼)①〕

【看不准】kàn ·bu zhǔn 動組 똑똑히 알 수 없다. 정확히 보지 못하다. 분간할 수 없다.

【看菜吃饭, 量体裁衣】kàn cài chī fàn, liàng tǐ cái yī 成 반찬을 보아가며 밥을 먹고, 몸에 맞추어 옷을 마름질하다. 轉 대상〔상황〕에 따라 적합한 조처를 취하다. 실제 상황에 따라 문제를 처리하다.

【看茶】kàn chá 動 近 套 차를 가져와라〔가라〕[옛날 하인에게 차를 가져다 손님을 대접하라고 하는 말] ¶～来!｜차를 가져오라!

【看长】ⓐ kàn cháng 動 길게 이어지다. 먼 안목으로 보다.

ⓑ kàn zhǎng ⇒〔看涨〕

【看成】kàn chéng ⇒〔看做〕

【看承】kàn chéng 動 ❶대접하다. 대우하다. ❷보살피다. 돌보다. 양육하다.

【看出】kàn chū 動 알아차리다. 간파하다. 분별하다. ¶～了他的心思｜그의 마음을 간파하였다.

【看出来】kàn ·chū ·lái 動組 분간하다. 알아차리다. 간파하다. ¶他今天不高兴, 我已经～了｜그가 오늘 기분이 좋지 않은 것을 나는 이미 알아차렸다.

【看穿】kàn/chuān 動 간파하다 꿰뚫어 보다. ¶我早～了他的诡计｜나는 이미 그의 흉계를 간파하였다 =〔看破①〕

【看大夫】kàn dài ·fu 動組 의사에게 보이다〔진찰을 받다〕=〔瞧qiáo大夫〕→〔看病〕

【看待】kàn dài 動 대(우)하다. 다루다. 취급하다. ¶另眼～｜다른 눈으로 대하다. 특별 취급하다. ¶跟他一样～｜그와 똑같이 대우하다 =〔对待〕

【看到】kàn ·dao 動 보다. 보게 되다. ¶拐个弯儿就可以～邮局了｜모퉁이를 돌면 바로 우체국을 볼 수 있을 것이다 →〔看见〕

【看得出来】kàn ·de ·chū ·lái 動組 분간해 낼〔구분할〕수 있다. 보고 알아낼 수 있다. ¶他们的作风由此～｜그들의 하는 짓은 이것으로 알아차릴 수가 있다. ¶看得出事来 =〔看得出话来〕｜이해력이 좋다. 재치가 있다 ⇔〔看不出来〕

【看得过去】kàn ·de ·guò ·qù ⇒〔看得过(儿)〕

【看得见】kàn ·de jiàn 動組 볼 수 있다. 보이다. ¶你～黑板上的字吗｜너는 칠판의 글이 보이느냐 =〔瞧得见〕⇔〔看不见〕

【看得开】kàn ·de kāi ⇒〔看开〕

【看得起】kàn ·de qǐ 動組 近 중시하다. 존경하다. 알아 주다. ¶谁都～他｜누구라도 그를 존중한다 =〔瞧起〕⇔〔看不起〕

【看得上】kàn ·de shàng 動組 (보고) 마음에 들다. 호감을 갖다 =〔瞧得上〕⇔〔看不上(眼)①〕

【看灯】kàn dēng 動 음력 정월 보름, 즉 원소절(元宵節) 밤에 등불 놀이를 구경하다.

【看跌】kàn diē 動 (시세의) 하락을 예측하다. 하락세를 보이다. ¶近日股价～｜오늘의 주가는 하락세를 보이고 있다 =〔看落〕

【看懂】kàn dǒng 動 보고 알다. 알아보다. 이해하다.

²【看法(儿)】kàn ·fǎ(r) 名 견해. 보는 방법. ¶对这个问题有两种不同的～｜이 문제에 대해서 두 가지 다른 견해가 있다. 어법 구두어에서「怎么看法(儿)」「如何看法(儿)」의 형식을 취해서 동사적으로 쓰임. ¶你怎么～?｜너는 어떻게 생각하느냐?

【看风使舵】kàn fēng shǐ duò 成 바람을 보아가며 돛을 조정하다. 轉 정세의 변천을〔눈치를〕보아가며 행동하다. 형세를 관망하다 =〔看风使船〕〔看风使帆fān〕〔见风转zhuǎn舵〕〔见风使舵〕〔转风使舵〕

【看高】kàngāo 動 ❶ 값이 오르다. ❷ 값이 오르기를 기다리다.

【看顾】kàngù 動 ❶ (환자를) 보살피다. 간호하다. ¶ ~病人很周到 | 환자에 대한 간호가 매우 세심하다. ❷ 사랑하여 돌보다. 애고(愛顧)하다.

【看官】kànguān 名 套 독자 여러분! [화본(話本)·장회소설(章回小說)중의 독자에 대한 호칭] ¶ 列位~, 你们猜结果如何 | 독자 여러분, 결과가 어떻게 될지 맞춰 보시겠습니까.

【看惯】kànguàn 動 낯익다. 자주 보아서 익숙하다. ¶ 我~了这种场面 | 나는 이런 장면에 익숙하다.

【看好】kànhǎo ❶ 動 (정세나 시세 등이) 잘 되리라 예측[예견]하다. ❷ 動 잘 보다. 끝까지 보다. 똑똑히 보다. ❸ 副 方 마침. 때마침. 공교롭게도. ¶ 我正预备去找你, ~碰着你 | 나는 지금 막 너를 찾아 가려고 하였는데 때마침 너를 만났다.

【看花】kànhuā 動 ❶ 꽃을 감상하다. ❷ 눈이 흐리다[침침해 지다]. ¶ ~了眼睛 | 눈이 침침해 졌다.

【看活】kànhuó 動 ❶ (환자 등을) 보살피다. 돌보다. ❷ (kànhuó(·le)) 융통성 있게 보다. ¶ 把条件都~了 | 조건을 모두 융통성 있게 보았다.

1【看见】kàn·jiàn 動 보(이)다. 만나다. 눈에 띄다. ¶ 我~你, 很高兴 | 나는 너를 만나게 되어 무척 기쁘다 =[京 瞧见][看到]→[看不见][看得见] 어법 「看」과 「看见」의 차이점 ⇒[看]

【看开】kàn/kāi 動 낙천적으로 생각하다. 마음에 두지 않다. 마음을 크게 먹다. 대범하게 행동하다. ¶ 伯母去世, 你得~一点儿, 不要过分悲伤 | 네 어머님께서 돌아가셨지만 마음을 크게 먹어야지 지나치게 상심하지 마라 =[看得开]⇔[看不开]

【看看】ⓐ kàn·kan ❶ 動組 (물건이나 모양을) 보다. 검사하다. (사람을) 방문하다 [「看」의 중첩형] ¶ ~书 | 책을 좀 보다. ¶ 明天我们去~老师 | 내일 우리는 선생님을 뵈러 간다. ❷ 助 (시험)해 보다. ¶ 不信你拿一下~ | 믿지 못하면 (한 번) 들어보아라. ❸ ⇒[看kān看]

ⓑ kānkān 副 이제 곧. 막. 보아 하니. 머지 않아. ¶ ~地庄稼要干坏了 | 머지 않아 농작물이 다 말라 버릴 것 같다 =[堪堪][看kàn乎]

【看客】kànkè 名 方 관객. 구경꾼 =[瞧客][瞧主儿②]→[观众]

2【看来】kàn·lai 副 보기에. 보건대. 보아하니. ¶ ~实行颇难 | 보아하니 실행은 꽤나 어렵겠다.

【看漏】kànlòu 動 간과하다. 못 보고 지나치다[빠뜨리다]. ¶ 把否定词~了, 所以理解错了 | 부정사를 못 보고 빠뜨려 잘못 이해하였다.

【看面子】kàn miàn·zi 動組 낯[체면]을 봐주다. 낯[체면]을 세우다. ¶ 看着她的面子, 这一次不得不答应你 | 그녀의 체면을 봐서 이번에는 할수없이 응낙한다.

【看破】kàn/pò 動 ❶ 간파하다. 알아 차리다. 꿰뚫어 보다. ¶ 他的手段我全~了 | 그의 수단은 내가 모두 간파하였다 =[看穿][看透] ❷ 달관하다. 초월하다. ¶ ~红尘 | 속세를 초월하다. 세상사에 달관하다. ❸ 체념하다. 단념하다. ¶ 小孩是死了, 您可得~着点儿! | 아이는 이제 죽었으니 단념하십시오! →[想开①][看开]

【看齐】kànqí 動 ❶ (대형·대오를) 정렬하다. 나란히하다. ¶ 向右~! | 우로 나란히! →[注zhù目] ❷ …을 본받다. …과을 모범으로 삼다. ¶ 向先进人物~ | 진보적인 인사를 본받다→[取齐(儿)①]

【看起来】kàn ·qǐ ·lái 動組 ❶ 보면. 볼 것 같으면. ¶ 这么~, 他并不是一位专家 | 이렇게 보면 그는 틀림없이 전문가가 아니니다. ❷ 보아하니. 보기에. ¶ 天阴上来了, ~要下雨了 | 하늘이 흐려졌다. 보아하니 비가 올것같다.

【看轻】kànqīng 動 얕보다. 깔보다. 경시하다. ¶ 你别~他 | 그를 얕보지 말라 ⇔[看重]

【看热闹】kàn rè·nao 動組 ❶ (소란·법석 등을) 구경하다. ❷ 거리공연을 구경하다 =[瞧热闹]

【看上】kàn·shàng 動 ❶ 보고 마음에 들다. 반하다. ¶ 他~了人家的姑娘了 | 그는 남의 아가씨에게 반했다 =[看上眼][看中] ❷ 눈에 들다. 눈여겨보다. ¶ 我早就~这个东西了 | 나는 일찍부터 이 물건에 눈독을 들이고 있었다. ❸ 넋을 잃고 보다. 탐독(耽讀)하다. ¶ 他~了那本小说, 连觉都没睡 | 그는 그 소설을 탐독하느라 잠도 자지 못했다 ‖ =[瞧上]

【看死】kànsǐ 動 고정관념을 갖고 보다. 단정해 버리다. ¶ 别把人~了, 人不是石头, 总会变的! | 사람을 어떻다라고 미리 단정하지 마라. 돌이 아닌 바에야 언제나 변할 수 있는 것이다→[看活]

【看台】kàntái 名 (원형극장·경기장 따위의) 관람석. 관객석. ¶ 观众在~上欢呼 | 관중들이 관람석에서 환호하다.

【看透】kàn/tòu 動 ❶ (상대방의 의향·생각·속셈 등을) 간파하다[알아차리다]. ¶ 我~了他的用意 | 나는 그의 의향을 간파하였다. ❷ (상대방의 결점 또는 사물의 무가치함이나 무의미함 등을) 꿰뚫어[알아]보다. ¶ 这个人我~了, 没有什么真才实学 | 이 사람은 내가 알아봤다. 아무런 재능과 학식도 없어 ‖ =[瞧透]→[看破]

【看头(儿)】kàn·tou(r) 名 볼만한 것[가치]. ¶ 这个片子没有什么~ | 이 영화는 아무런 볼만한 가치도 없다 =[瞧头儿]

【看图识字】kàntú shízì 動組 그림을 보고 글을 익히다 =[读图识字]

【看望】kàn·wàng 動 ❶ 방문하다. 문안하다. 찾아가 보다. ¶ 回家~父母 | 집으로 부모님을 찾아 뵙다. ❷ 멀리 바라보다. 조망(眺望)하다.

【看戏】kàn xì ❶ 연극을[영화를] 보다 =[观guān剧]→[听tīng戏] ❷ 方 (누군가가 생각해 내기를 기대하면서) 방법을 생각하다.

【看相】kàn/xiàng ❶ 動 관상[수상·골상]을 보다. ¶ ~的 =[相士] | 관상쟁이. ❷ 書 動 엿보다. 살피다. (기회를) 노리다. ❸ 動 近 얼굴을 보이다[드러내다] ❹ 動 (kànxiàng) 名 표면상의 모양. 상태. 상황. 체재(體裁).

【看笑话】kàn xiào·hua 動組 웃음거리로 삼다. ¶ 大家都在看他的笑话 | 모두들 그를 웃음거리로

K

삼고 있다.
【看眼色行事】kàn yǎnsè xíngshì 動組 남의 눈치를 보고 일하다.
²【看样(子)】kàn yàng(·zi) ❶動組 견본을 보다. 겉모양을 보다. ❷副 모양을 보니…것 같다. 보아하니…듯하다. ¶～他有十几岁｜보아하니 그는 열 몇살 정도인 듯 하다. ❸動組 최종〔오케이〕교정을 보다.
【看野眼】kàn yěyǎn 動組 方 한눈을 팔다. 곁눈질하다. 두리번 거리다.
【看医生】kàn yīshēng ⇒〔看病③〕
【看涨】kànzhǎng 動 ❶(주가가) 강세(强勢)〔오름세〕로 되다. ❷값이 오르다. 오를 기미가 있다. ¶他的身价～｜그의 몸값이 오르다 ‖ ＝〔看长zhǎng〕
【看中】kàn/zhòng 動 (보고) 마음에 들다. ¶你～了哪个, 就调哪个｜어느 것이든 마음에 드는 대로 골라라 ＝〔看上①〕
【看重】kànzhòng 動 중시하다. 존중하다 ⇔〔看轻〕
【看主(儿)】kànzhǔ(r) ❶名 구경꾼. ¶他倒是个～, 真肯花钱｜그 사람이야말로 구경꾼이다. 참으로 기꺼이 돈을 잘 쓴다. ❷사람 나름이다. 사람에 달려 있다. ¶那得～了｜그것은 사람 나름이다.
【看赚】kànzhuàn 動 이득이 있다. 이익을 보다. ¶买糖～了｜설탕을 사서 이익을 보았다.
【看准】kànzhǔn 動 똑바로 보다. 정확히 보다. ¶～了他进家里去了｜그가 집으로 들어가는 것을 정확히 보았다 ＝〔瞧qiáo准〕
【看做】kànzuò 動 …로 간주하다. …라고 생각하다. ¶我们把他～为全校的楷模｜우리는 그를 전교생의 모범으로 생각한다 ＝〔当做〕〔看做〕〔看成〕
B kān
【看场】kān/cháng 動 (추수기간에) 타작 마당을 감시하다. ¶他为地主家～｜그는 지주의 타작마당을 감시한다.
【看坟】kānfén 動 ❶묘를 지키다〔돌보다〕. ❷喩「窝wō头」를 먹다. 가난한 생활을 보내다. ¶他家现在很苦, 一天两顿尽～｜그의 집은 지금 매우 형편이 어려워서 하루에 두 끼를「窝头」로 때운다.
【看瓜】kānguā 喩 바지를 벗기다 ＝〔扒bā裤子〕
【看护】kānhù ❶動 간호하다. 보살피다. ¶～病人｜환자를 간호하다. ❷名 俗 간호원→〔护士〕
【看家】kān/jiā ❶動 집을 보다〔지키다〕. ¶～的｜집 지키는 사람. 저택의 수위. ❷(kānjiā) 名 簡 비전의 기예. 장기〔특기〕⇒〔看家本领〕
【看家本领】kānjiā běnlǐng 成 비전〔비장〕의 솜씨〔수법〕. 비법. ¶这是英国政治家的～｜이것은 영국 정치가의 비장의 수법이다 ＝〔看家②〕〔看家本事〕→〔撒sā手锏〕
【看家狗】kānjiāgǒu 名組 ❶집 지키는 개 ＝〔書守shǒu犬〕❷轉 추종자. 측근자. 앞잡이.
【看家戏】kānjiāxì 名組 옛날, 배우나 극단의 십팔번 연극.
【看看】kānkān ☞〔看看〕kàn·kan b
【看门】kān/mén 動 문을 지키다. 문지기를 서다. 집을 보다. ¶～的｜문지기. 수위. ¶～狗｜집을 지키는 개.
【看青(儿)】kān/qīng(r) 動 京 농작물을 지키다. ¶～人｜농작물을 지키는 사람.
【看守】kānshǒu ❶動 수호하다. 책임지고 보호하다. 관리하다. ❷動 감시하다. 지켜 보다〔서다〕. 망을 보다. ¶在重要地方派人～｜요소에 사람을 보내 망을 보다. ❸動 감금〔구금〕하다. 구류하다. ¶把叛徒～起来｜반역자를 구금하다. ❹名 옛날, 감옥의 간수. 교도관.
【看守内阁】kānshǒu nèigé 名組 과도 내각. 선거 관리 내각 ＝〔看守政府〕〔过渡内阁〕〔过渡政府〕
【看守所】kānshǒusuǒ 名 구치소. ¶嫌疑犯被关在～里｜피의자를 구치소에 가두다.
【看押】kānyā 動 구류하다. (임시로) 잡아 가두다. ¶那个人因为有偷东西的嫌疑, 昨天被警察局～起了来｜그 사람은 절도 혐의로 어제 경찰에 의해 구류처분 되었다.
【看夜儿】kānyèr 名 動 야간 경비(를 서다). ¶他去～了｜그는 야간경비 하러 갔다.
【看座儿】kānzuòr 動 (극장에서) 좌석을 안내하다. ¶～的｜(극장의) 좌석 안내원.

【嵌】kàn ☞ 嵌 qiàn B

【勘】kàn ☞ 勘 kān

【墈】kàn 험한비탈 감, 낭떠러지 감
名 둑. ¶井～｜우물둑 [우물 주위에 볼록하게 도드라진 부분]

【磡】kàn 낭떠러지 감
書 名 산 벼랑. 낭떠러지.

【阚(闞)】Kàn hǎn 성 감, 으르렁거릴 함
A Kàn 名 성(姓).
B hǎn「喊」와 통용 ⇒〔喊hǎn〕

【瞰〈矙₂〉】kàn 내려다볼 감
書 動 ❶내려다보다. ¶俯～｜굽어보다. ¶鸟～｜조감하다. ❷엿보다. 들여다보다.
【瞰亡往拜】kàn wáng wǎng bài 成 집주인 없는 때에 방문하다. 喩 만나기 싫은 사람을 건성으로 방문하다.

kāng ㄎㄤ

【闶(閌)】kāng kàng 문높을 항
A kāng ⇒〔闶阆(子)〕
B kàng 書 形 높고 크다.
【闶阆(子)】kāngláng(·zi) 名 方 (건축물의)내부〔공간〕. ¶这井下面的～这么大啊!｜이 우물 아래의 공간은 이렇게 크다고!

【康】kāng 편안할 강
❶편안하다. 건강하다. ¶健～｜건강하다. ❷形 俗 속이 텅 비다. 바람이 들다. 못 쓰게 되다. ¶萝卜～了｜무에 바람이 들어 속이 텅 비었다. ¶那件事～了｜그 일은 허사가 되었다 ＝

〔糠②〕 ❸ (Kāng) 名〈地〉강현(康縣). 감숙성(甘肅省)에 있는 현 이름. ❹ (Kāng) 名성(姓).
【康拜因】kāngbàiyīn 名外〈機〉콤바인(combine). 복식(複式)수확기. 합성식 수확기 =〔康拜因收挠机〕〔谷物联合收挠机〕〔联合收挠机〕→〔联合机〕
【康拜因采煤机】kāngbàiyīn cǎiméijī 名 콤바인 채탄기 =〔联lián合采煤机〕
【康秉纳】kāngbǐngnà 名外〈經〉콤비나트(kombinat; 러) →〔联合企业①〕
【康采恩】kāngcǎiēn 名外〈經〉콘체른(konzern; 독) =〔康采因〕〔康载尔〕
【康采因】kāngcǎiyīn ⇒〔康采恩〕
【康定生】kāngdìngshēng 名外〈物〉콘덴서(condenser) =〔电容器〕
【康复】kāngfù 書 動 건강을 회복하다. 병이 낫다. ¶祝您早日~ | 하루 빨리 회복하기를 바랍니다.
【康健】kāngjiàn 書 ❶ 形 건강하다. 건재하다. ¶身子比以前~了许多 | 몸이 이전보다 많이 건강해 졌다. ❷ 名 건강 =〔健康①〕
【康康舞】kāngkāngwǔ 名外〈舞〉캉캉춤(cancan; 프).
【康乐】kānglè 書 形 편안하다. 안락하다. ¶祝您~无羌 | 편안하고 무고하길 빕니다.
【康乐球】kānglèqiú 名外 캐럼즈(caroms) [보통 2인 또는 4인이 네 귀퉁이에 구멍이 나 있는 당구대 모양의 나무판 위에 장기알 모양의 것을 놓고 막대로 구멍 속에 쳐서 넣는 오락. 당구의 풀(pool)과 유사함] =〔康乐棋〕〔克郎棋〕〔克郎球〕
【康乃馨】kāngnǎixīn 名外〈植〉카네이션(carnation) =〔康耐馨〕〔麝shè香石竹〕
【康耐馨】kāngnàixīn ⇒〔康乃馨〕
【康泰斯】Kāngtàisī 名外 콘탁스(Contax; 독) [독일 산 카메라의 일종] →〔来Lái卡〕
【康铜】kāngtóng 名外〈鑛〉콘스탄탄(constantan) [구리 55, 니켈 45의 비율로 된 합금의 일종]
【康熙】Kāngxī 名 강희 [청(淸) 성조(聖祖)의 연호(1662~1722)]
【康载尔】kāngzài'ěr ⇒〔康采恩〕
【康庄大道】kāngzhuāng dàdào 成 넓고 확 트인 길. 사통팔달의 큰 길. ¶他们走上了共同致富的~ | 그들은 다 같이 부유해질 수 있는 광명에 찬 길로 나아갔다.

【慷〈忼〉】 kāng ⊗ kǎng) 강개할 강

⇒〔慷慨〕〔慷然〕
【慷慨】kāngkǎi 書 ❶ 形 강개하다. 정의감에 차다. (의기·정서가) 격앙되다 =〔慷忾〕 ¶~悲愤 | 비분강개하다. ❷ 形 기개가 있다. ❸ (kāng/kǎi) 動 아끼지 않다. 후하게 대하다. ¶慷他人之慨 | 成 남의 재물로 선심 쓰다〔생색 내다〕.
【慷慨悲歌】kāngkǎi bēigē 成 비장하게 노래하다.
【慷慨陈词】kāngkǎi chéncí 成 당당하게 말하다. 격앙된 어조로 자신의 견해를 밝히다.
【慷慨激昂】kāngkǎi jī'áng 成 의기에 차서 감정이 격앙되다 =〔激昂慷慨〕
【慷慨解囊】kāngkǎi jiěnáng 成 남을 동정하여 돈 주머니를 풀다. (경제적으로) 선뜻 남을 도와주다. ¶老张~, 资助办学 | 장씨는 선뜻 돈주머니를 풀어 학교 경영에 일조하였다.
【慷慨就义】kāngkǎi jiùyì 成 의기가 격앙되어 정의를 위해 희생하다.
【慷然】kāngrán 書 貶 호탕하다. 시원시원하다. ¶~允诺了 | 시원스럽게 승낙하였다.
【慷人之慨】kāngrén zhīkǎi 成 계주생면. 남의 것을 가지고 자기가 생색내다.

【糠〈穅〉】 kāng 겨 강

❶ 名 (곡물의) 겨. 기울. ¶米~ | 쌀겨. ¶木~ | 톱밥. ❷「康」과 같음 ⇒〔康kāng②〕
【糠粃】kāngbǐ ⇒〔粃糠〕
【糠菜】kāngcài 名 겨와 나물. 喩 조악한 음식. ¶~半年粮 | 겨와 나물이 반년 양식. 喩 생활이 곤궁하여 겨우 입에 풀칠하다.
【糠醛】kāngquán 名〈化〉푸르푸랄(furfural) =〔呋喃甲醛〕
【糠油】kāngyóu 名 미강유(米糠油). 겨 기름

【鱇(鱇)】 kāng 아귀 강

⇒〔鮟ān鱇〕

káng ㄎㄤˊ

2【扛〈掆A摃〉】 káng gāng 멜 강, 마주 들 강

Ⓐ káng ❶ 動 어깨에 메다. ¶~枪 | 총을 메다. ¶~着锄头 | 호미를 메고 있다 →〔担dān①〕 ❷ 고용되어 농사짓다. ¶~活↓ ❸ 動 (책임·임무 등을) 떠맡다. 부담하다. ¶那个任务你一定要~起来 | 그 임무는 네가 꼭 맡아야 한다. ❹ 대들다. 버릇없이 굴다. ¶我怕他~起来 | 그가 대들까 두렵다. ❺ 動 俗 참다. ¶你吃了吗? 我还~着呢 | 너는 먹었느냐? 나는 아직 참고 있다. ❻ 量 어깨에 메는 것이나 힘든 일 따위에 쓰임. ¶这~长工 | 이런 머슴살이.
Ⓑ gāng 動 ❶ 書 (무거운 것을) 두 손으로 받쳐들다. ¶力能~鼎 | 발이 셋 달린 솥을 들어올릴 만큼 힘이 세다. ❷ 方 (두 사람 이상이) 함께 물건을 들다. ¶~椅子 | 의자를 함께 들다.
【扛长工】káng chánggōng 動組 머슴살이를 하다. ¶他爷爷年轻时给地主家~ | 그의 할아버지는 젊었을 때 지주집에서 머슴살이를 했다 =〔扛长活〕〔扛活〕
【扛长活】káng chánghuó ⇒〔扛长工〕
【扛大个儿】káng dàgèr 動組 方 (역·부두 등에서) 짐을 나르다〔하역하다〕. ¶~的 | 하역부. ¶在站上扛了一个时期的大个儿 | 역에서 얼마동안 짐을 나르는 일을 하였다.
【扛夫】kángfū ⇒〔扛肩儿的〕
【扛竿】kánggān 名 대나무 장대 위에서 하는 곡예.
【扛活】káng/huó 動 머슴 살다. ¶给人家扛了三年活 | 남의 집에서 삼년 동안 머슴을 살았다 =〔扛大活③〕〔扛长活〕〔扛长工〕
【扛肩儿的】kángjiānr·de 名 짐꾼. 하역부. 포터 =〔扛夫〕→〔窝wō脖儿①〕

K

kǎng ㄎㄤˇ

【慷】kǎng ☞ 慷 kāng

kàng ㄎㄤˋ

【亢】kàng 목 항, 높을 항
❶書形 높다. ❷書形轉 고자세를 취하다. 거만하다. ¶不~不卑｜成 거만하지도 비굴하지도 않다. ¶高~｜(소리나 지세가) 높다. ❸「抗」과 통용⇒〔抗kàng①〕 ❹書形 심하다 ¶~旱↓ ❺名 항수 [28수(二十八宿)의 하나] ❻(Kàng) 名 성(姓).

【亢傲】kàng'ào 形 오만하다.

【亢奋】kàngfèn 形 극도로 흥분하다. ¶他一直处于非常~的状态｜그는 줄곧 극도로 흥분된 상태에 놓여있다.

【亢旱】kànghàn 書 ❶名 대한(大旱). 큰가뭄 ❷形 대단히 가물다.

【亢进】kàngjìn 名〈醫〉항진. ¶甲状腺机能~｜갑상선 기능 항진.

【伉】kàng 짝 항, 굳셀 항, 높을 항
❶⇒〔伉俪〕 ❷「抗」과 통용⇒〔抗kàng①〕 ❸(Kàng) 名 성(姓).

【伉俪】kànglì 書名 부부. 부처(夫妻). ¶~情深｜부부의 정이 깊다. ¶总统~访问韩国来｜총통 부처(夫妻)가 한국을 방문하러 오다.

【抗】kàng 막을 항, 겨룰 항
❶動 저항하다. 반항하다. ¶~日战争↓ ¶对~｜대항하다 =〔亢③〕〔伉②〕 ❷動 거부〔거절〕하다. 항거하다. ¶~拒批评｜비평에 대해 항거하다. ¶~租↓ ❸動 타협하지 않다. 굽히지 않다. ❹動俗 부딪치다. ¶我~桌｜나는 책상에 부딪쳤다. ❺(kàng) 名 성(姓).

【抗暴】kàngbào 動 폭력〔폭정〕에 항거〔대항〕하다.

【抗辩】kàngbiàn 名動 항변(하다) =〔抗论②〕

【抗病】kàngbìng 動 병과 싸우다. (식물이) 병충해와 싸우다. ¶~性｜내병성(耐病性). ¶~品种｜내병성 품종.

【抗不住】kàng·bu zhù 動組 저항할 수 없다. 견디어〔참아〕 내지 못하다. ¶~拷打｜고문을 견디어 내지 못하다 ⇔〔抗得住〕

【抗磁性】kàngcíxìng 名〈物〉반자성(反磁性).

【抗大】kàngdà 名簡「中国人民抗日军事政治大学」(중국 인민 항일 군사 정치 대학)의 약칭. ¶~精神｜항대 정신 [단결·긴장·엄숙·활발로 대표됨]

【抗丁】kàng/dīng 動 옛날 징집(徵集)을 거부하다. ¶~抗粮｜成 징집·징발을 거부하다.

【抗毒素】kàngdúsù 名〈醫〉항독소. ¶白喉~｜디프테리아 항독소.

【抗风】kàngfēng 動 바람을 거스르다. ¶~而上｜바람을 안고서 올라가다. ¶~火柴｜바람에 강한 성냥.

【抗寒】kànghán 名動 방한(하다). 내한(하다). ¶高粱酒, 冷天喝点儿~真不错｜고량주는 추운 날 한 잔 하면 추위를 이기기에 정말 괜찮다→〔取qǔ暖〕

【抗旱】kàng/hàn 動 ❶ 가뭄과 싸우다. 가뭄에 견디다. ¶~措施｜가뭄 방지조치. ❷轉 자재부족과 싸우다. 자재난을 타개하다. ¶工业~｜공업 자재부족 타개.

【抗衡】kànghéng 動 필적하다. 맞서다. 맞먹다. ¶在学力方面我不能跟他~｜학식에 있어서 나는 그와 필적할 수 없다.

【抗洪】kàng/hóng 動 홍수를 막다. 홍수와 싸우다. ¶~抢险｜홍수와 싸워 긴급 구조하다.

【抗坏血酸】kànghuàixuèsuān 名〈化〉비타민C. 아스코르빈산(ascorbic acid) =〔维生素C〕〔丙种维生素〕

【抗击】kàngjī 名動 저항(하여) 반격(하다). ¶~敌人｜적에게 반격하다.

【抗碱】kàngjiǎn 形 염기성〔알칼리성〕에 강하다. ¶~品种｜강 염기성 품종.

【抗拒】kàngjù ❶動 (사람·공격 따위에) 저항하다. 반항하다. 반발하다. (법을) 무시하다. (의지·계획등에) 반대하다. 거역하다. (요구를) 거부하다. ¶不可~的历史潮流｜거역할 수 없는 역사 조류. ¶它不可~地冲进每个人的心中｜그것은 저항할 수 없을 정도로 모든 사람들의 마음속을 파고 들어 왔다. ❷名 (공기·물 등의) 저항력. ❸名 (사람의 의지·계획등에 대한) 반대. 방해. ❹名 (물체의 외력에 대한) 강도.

【抗菌素】kàngjūnsù 名〈藥〉항생 물질 =〔抗生素〕

【抗拉强度】kànglā qiángdù 名組〈物〉항장력(抗張力) =〔抗牵强度〕〔抗张强度〕

【抗涝】kànglào 動 홍수의 대비책을 강구하다.

【抗力】kànglì 名〈物〉항력.

【抗粮】kàngliáng 動 식량의 징발에 저항하다. 소작료 납입을 거부하다. ¶~不交｜식량 징발에 저항하여 응하지 않다. 소작료를 반대하여 바치지 않다.

【抗命】kàngmìng 動 명령을 어기다. 항명하다. ¶军人只能受命, 不能~｜군인은 명령에 복종할 뿐 항명할 수 없다.

【抗日战争】KàngRì Zhànzhēng 名組 항일 전쟁 ⇒〔抗战②〕

【抗渗】kàngshēn 區 (물 등이) 스며들지 않는. 불투수성(不透水性)(의). ¶~试验｜불투수성 시험.

【抗生素】kàngshēngsù ⇒〔抗菌素〕

【抗税】kàngshuì 動 납세를 거부하다 ¶发动fādòng群众~｜군중을 동원하여 납세를 거부하다 =〔抗捐juān〕

【抗体】kàngtǐ 名〈生〉항체. 면역체.

【抗压强度】kàngyā qiángdù 名組〈物〉압축 강도.

【抗药性】kàngyàoxìng 名〈醫〉항약성. 병균의 약물에 대한 내성·저항력. ¶产生了~｜항약성이 생기다.

3【抗议】kàngyì 名動 항의(하다). 항변(하다). ¶提出~｜항의를 제기하다. ¶~书｜〈外〉항의서. 이의신청서.

【抗御】kàngyù ❶動 저항하여 막다〔방어하다〕. ¶~外侮｜외래 침략에 저항하여 방어하다. ❷名 저항과 방어

【抗原】kàngyuán 名〈醫〉항원. 면역원.
【抗灾】kàng/zāi 動 재해에 대처하다. ¶～抢险 | 재해 긴급구조. ¶抗住了去年那场灾 | 작년의 그 재해에 대처하였다.
【抗战】kàngzhàn ❶ 名 動 항전(하다). ❷ 名 簡「抗日战争」(항일 전쟁)의 약칭.
【抗战区】kàngzhànqū 名 중일 전쟁(中日戰爭) 중에 전투가 벌어진 지역.
【抗张强度】kàngzhāng qiángdù ⇒〔抗拉强度〕
【抗震】kàngzhèn ❶ 動 지진·재해를〔에〕 극복하다〔적극적으로 대처하다〕. ❷ 名 내진(耐震). ¶～结构 | 〈建〉내진 구조. ❸ 名 지진대책.
【抗租】kàngzū 動 지조(地租)의 납부를 거부하다.
【抗嘴】kàngzuǐ 動 말대답〔대꾸〕하다. 말다툼하다. ¶你别～, 要一哼hēng哼我就揍你! | 말대꾸하지 말아. 한 번만 더 빈정대면 그땐 혼내줄 것이다!

【阋】kàng☞ 阋 kāng Ⓑ

【炕〈匟〉】kàng 구들 항, 마를 항

❶ 名 온돌. ¶火～ | 온돌. ¶上～认得女人, 下～认得钱 | 온돌에 오르면 여자만을 알고, 온돌에서 내려오면 돈만을 알다. 여자와 돈만을 밝히는 사람. ❷ 動 ㊄(불에) 쬐다. 건조시키다. ¶放在炉子旁边～一～ | 난로 옆에 놓고 쬐다. ¶把湿衣服放在热炕头上～一～ | 젖은 옷을 뜨거운 온돌 위에 두고 건조시키다. ❸ 名 轉 침구. 잠자리. ¶尿niào了～了 | 잠자리에 오줌을 싸다.
【炕火】kànghuǒ 名 온돌의 불. ¶烧shāo～ | 온돌에 불을 지피다.
【炕几】kàngjī ⇒〔炕桌(儿)〕
【炕席】kàngxí 名 온돌 위에 까는 돗자리. ¶铺pū～ | 돗자리를 펴다. ¶卷juǎn～ | 돗자리를 걷다.
【炕桌(儿)】kàngzhuō(r) 名 온돌 위에 놓는 작은 책상 =〔炕几〕

【钪(鈧)】kàng (스칸듐 강)

名〈化〉화학 원소 명. 스칸듐(Sc ; scandium) [스칸디나비아에서 온 이름.「鋼」는 옛이름]

kāo ㄎㄠ

【尻】kāo 꽁무니 고

書 名 궁둥이. 볼기. 엉덩이. ¶～骨 =〔坐骨〕|〈生理〉좌골→〔屁pì股〕
【尻子】kāo·zi 名 ㊄ 엉덩이. 볼기.
【尻坐】kāozuò 書 動 궁둥이를 들고 앉다.

kǎo ㄎㄠˇ

2【考〈攷〉】kǎo 상고할 고, 칠 고

❶ 動 시험을 치다〔받다〕. ¶她～上大学了 | 그녀는 대학 입학 시험에 합격했다. ¶招～新生 | 신입생 모집 시험을 치다. ¶应～ | 응시하다. ❷ 조사〔검사〕하다. ¶～察↓ ¶～查↓ ❸ 연구하다. 고증하다. ¶～据↓ ❹ 장수하다. ¶寿～ | 장수. 고령(高齡). ❺ 돌아가신 아버지. ¶先～ | 망부(亡父).
【考妣】kǎobǐ 書 名 돌아가신 부모. ¶如丧～ | 成 貶 자신의 부모가 죽은 듯이 슬퍼하고 안달하다.
【考不上】kǎo·bu shàng 動組 시험에 합격하지 못하다 ⇔〔考上〕
【考查】kǎochá 動 조사하다. 검사하다. ¶～学生的学业成绩 | 학생의 학업 성적을 검사하다.
3【考察】kǎochá ❶ 動 실지 조사하다. 시찰하다. ¶～水利工程 | 수리공사를 시찰하다. ❷ 動 고찰하다. 면밀히 관찰하다. ¶～孟子思想的核心 | 맹자사상의 핵심을 고찰하다. ❸ 名 고찰. 시찰. 관찰. 실지조사.
【考场】kǎochǎng 名 시험장. ¶进入～ | 시험장에 들어가다 =〔试场〕
【考订】kǎodìng 名 動 고찰·수정(하다).
【考分(儿)】kǎofēn(r) 名 시험점수. 시험성적. ¶他的～不高 | 그의 시험점수는 높지 않다.
【考古】kǎogǔ ❶ 動 옛것을 고증하다. 고고학(考古學)에 종사하다. ❷ 名 고고학. ¶～家 | 고고학자.
【考官】kǎoguān 名 옛날, 과거의 시험관. ¶主～坐在中间儿, 陪péi～分侍两旁 | 주임 시험관이 한가운데에 앉고 부시험관이 양쪽에 갈라서 배석하다.
【考核】kǎohé ❶ 動 심사하다. ¶～干部 | 간부를 심사하다. ❷ 動 점검하다. ❸ 動 고과(考課)하다. 성적을 평가하다. ❹ 名 심사.
【考绩】kǎo/jì ❶ 動 성적을 검사〔시험〕하다. ❷ 動 근무 평정하다. ¶要求政府取消定期～制度 | 정기적인 근무 평정 제도를 취소하도록 정부에 요구하다. ❸ 名 평가 성적 ❹ 名 평소 근무평가.
【考进】kǎojìn 動 시험(을) 쳐서 들어가다. ¶～大学 | 시험을 쳐서 대학에 들어가다.
【考究】ⓐ kǎojiū 動 고찰하고 연구하다. ¶这问题很值得～ | 이 문제는 대단히 연구할 만한 가치가 있다.
ⓑ kǎo·jiu ❶ 動 ㊄ 깊이 생각하다. 신경 쓰다 =〔讲究 ⓑ①〕 ❷ 形 정미(精美)하다. ¶这本书的装潢很～ | 이 책의 장정은 매우 정미하다 ‖ =〔考求〕
【考据】kǎojù ⇒〔考证〕
【考卷(儿)】kǎojuàn(r) 名 시험 답안. ¶批～ | 시험 답안을 채점하다. ¶交～ | 답안지를 내다 =〔试卷〕
2【考虑】kǎolǜ 名 動 고려(하다). ¶认真地～这个问题 | 진지하게 이 문제를 고려하다 =〔考量〕
【考评】kǎopíng 動 심사 평가하다.
【考勤】kǎoqín 動 학습·출근 상태를 평정(評定)하다. ¶～簿bù | ⓐ 근무평정부 ⓑ 출근부.〔签qiān到〕
【考区】kǎoqū 名 시험구. ¶釜山～有三个考场 | 부산 시험구에는 세 군데 고사장이 있다.
【考取】kǎo/qǔ 動 시험으로 뽑다〔뽑히다〕. 시험에 합격하다. ¶他～了司法官了 | 그는 시험으로 사법관에 뽑혔다 =〔考上〕
【考上】kǎoshàng 動 (시험에) 합격하다. ¶他～大学了 | 그는 대학에 합격하였다 =〔考中〕〔考取〕〔取中〕⇔〔考不上〕

【考生】kǎoshēng 名 수험생.
¹【考试】kǎoshì 名動 시험(을 치르다). 고사(를 실시하다). ¶入学～ | 입학 시험. ¶期末～ | 기말 시험. ¶开卷～ | 공개 시험. ¶书面～ | 필답 고사. ¶口头～ | 구두 시험.
【考释】kǎoshì 動 고문자(古文字)를 고증하여 풀이하다.
【考问】kǎowèn 書 動 ❶ 시문(試問)하다. ❷ 상세히 따져 묻다. ❸ ⇒〔拷问〕
³【考验】kǎoyàn 動 ❶ 시험하다. 측정하다. ❷ 시련을 주다. ¶经得起艰难的～ | 어려운 시련을 견디어 내다.
【考语】kǎoyǔ 名 옛날, 관리의 근무 태도 따위에 대한 평어(評語). 상사(上司)의 부하직원에 대한 평가.
【考证】kǎozhèng 名動 고증(하다). ¶～学 | 고증학 ＝〔考据〕
【考中】kǎo/zhòng ⇒〔考上〕

【拷】kǎo 칠 고
❶ 動 때리다. 고문하다. ¶～问↓ ❷ ⇒〔拷绸〕
【拷贝】kǎobèi 名 外 ❶〈電算〉카피(copy). 복사 ＝〔复写〕 ❷ 영화의 프린트(print) 필름 ＝〔正片〕‖ ＝〔考贝〕
【拷绸】kǎochóu 名 여름용 광동(廣東)산 엷은 비단 ＝〔莨绸〕〔拷纱〕〔暑凉绸〕〔暑凉纱〕〔香莨绸〕
【拷打】kǎodǎ 動 고문하다. 형구(刑具)를 사용하다. ¶反动派～了革命志士 | 반동파는 혁명지사들을 고문하였다.
【拷纱】kǎoshā ⇒〔拷绸〕
【拷问】kǎowèn 名動 고문(하다). ¶～了几天, 他就死了 | 며칠 고문을 하자 그가 죽었다 ＝〔書 拷掠〕〔考问③〕〔拷讯〕
【拷讯】kǎoxùn ⇒〔拷问〕

【栲】kǎo 모밀잣밤나무 고, 고리 고
⇒〔栲贝〕〔栲栳〕〔栲树〕
【栲胶】kǎojiāo 名 타닌 엑스(tannin extract).
【栲栳】kǎolǎo 名 고로 [버드나무가지로 엮어 곡물을 담는데 쓰는 원형의 광주리] ＝〔笆bā斗〕

2【烤】kǎo 구울 고
動 ❶ (불에) 굽다. ¶～着吃 | 구워서 먹다. ¶～肉↓ ❷ (불에) 쬐여 말리다. ¶把湿衣裳～一～ | 축축한 옷을 불에 말리다. ❸ (불을) 쪼이다. 쬐다. (불을 쬐어) 따뜻이 하다. ¶～手 | 손을 불에 쬐다.
【烤白薯】kǎobáishǔ ❶ 名〈食〉군고구마. ❷ (kǎo báishǔ) 고구마를 굽다 ‖ ＝〔烤地瓜〕
【烤电】kǎo/diàn〈醫〉❶ 動 전기 치료를 하다. ❷ (kǎodiàn) 名 디아테르미(diathermy). 전기치료.
【烤房】kǎofáng 名 화력(火力) 건조실.
【烤火】kǎo/huǒ 動 불을 쬐다. ¶伸手～ | 손을 내밀어 불을 쬐다.
【烤蓝】kǎolán ⇒〔发fā蓝②〕
【烤面包】kǎomiànbāo ❶ 名〈食〉토스트. ❷ (kǎo miànbāo) 토스트를 만들다.
【烤肉】kǎoròu ❶ 名 구운 고기. 불고기. ¶他最爱吃朝鲜～ | 그는 한국식 불고기를 가장 즐겨 먹는다. ❷ (kǎo ròu) 고기를 굽다.
【烤箱】kǎoxiāng 名 오븐(oven). 레인지(range).
【烤鸭(子)】kǎoyā(·zi) 名〈食〉오리통구이. 오리를 화로 윗부분에 걸어놓고 통째로 구운 것 ¶北京～ | 북경식 오리 요리 ¶北京全聚德的～最有吃头 | 북경「全聚德」의 오리요리가 가장 먹을만하다.
【烤烟】kǎoyān ❶ 名 건조실에서 발효·건조시킨 잎담배. ❷ (kǎo yān) (건조실에서) 잎담배를 건조시키다.

kào ㄎㄠˋ

【铐(銬)】kào 쇠고랑 고
❶ (～子) 名 쇠고랑. 수갑. ¶手～ | 수갑. ❷ 動 수갑을 채우다. ¶把犯人～起来 | 범인에게 수갑을 채우다.

【犒】kào 호궤할 호
動 (술·음식·금품 등으로) 위로하다. ¶～劳↓
【犒劳】kào·láo ❶ 動 (술과 음식으로) 위로〔위무〕하다. ❷ 動 方 諷 비난〔책망〕받다. 공격〔타격〕을 받다. 채이다. ¶给他一顿～ | 그에게 한대 먹이다. ¶～了一蹄子 | (말에게) 한 번 채이다. ❸ 名 (술과 음식을 통한) 위로. ¶吃～ | (술과 음식으로) 위로 받다.
【犒赏】kàoshǎng 動 위로하여 포상하다. 공로를 표창하다. ¶～军士 | 군사를 위로하여 포상하다 ＝〔劳láo赏〕

2【靠】kào 기댈 고
❶ 動 (…에) 기대다. ¶～着墙站着 | 벽에 기대어 서 있다. ❷ 動 (물건을) 기대어 세우다. ¶把梯子～在墙上 | 사다리를 담에 기대어 세우다. ❸ 動 접근하다. 닿다. 대다. ¶～岸 | 기슭에 닿다. ¶行人～边儿走! | 보행자는 길가로 가시오. ❹ 動 의지하다. 의거하다. ¶～人吃饭 | 남에게 의지하여 생활하다. ¶～着什么过日子? | 무엇으로 생활하는가? ❺ 믿다. 신뢰하다. ¶可～ | 믿을 만하다.
【靠岸】kào/àn 動 (배를) 물가〔도크; dock〕에 대다. 접안하다. 기항(寄港)하다. ¶～装船(卸货) | (도크에)접안하여 화물을 선적(하역)하다.
【靠把】kàobǎ 名 경극(京劇)에서 (배우가 갑옷을 입고 칼이나 창을 들고) 싸우는 연기를 하다. ¶～戏 | 싸우는 장면을 주로 하는 연극. ¶～武生 ＝〔靠背武生〕| 경극에서 싸우는 장면을 주로 하는 배역 ＝〔靠背③〕
【靠背(儿)】kàobèi(r) ⓧ kào·bei(r) ❶ 名 의자의 등받이. ¶高～椅子 | 등받이가 높은 의자. ❷ 名 轉 후원자. 뒷받침. 배경. ¶人总是人, 要有个～, 事情办好 | 사람은 어디까지나 사람일 뿐, 후원자가 있어야 일을 원만히 할 수 있지. ❸ ⇒〔靠把〕
【靠边(儿)】kào/biān(r) ❶ 動 길옆으로〔길가로〕붙다. ¶靠右边(儿)停(车)! | 오른쪽 길가에 (차를) 세워 주세요! ❷ 動 喩 方 (말이) 도리〔정리〕에 맞다. ¶你这话说得还不～ | 너의 말은 아무래도 정리에 맞지 않는다. ❸ (kàobiān(r)) ⇒

〔靠边(儿)站〕 ❹ 動 方 근접하다. 가깝다.
【靠边(儿)站】kàobiān(r) zhàn 動組 ❶ 비켜서다. 轉 부차적인 역할을 하다. ❷ 근신하다. (비판을 받아) 대열·현직(現職)·현장을 떠나다〔물러나다〕. ¶他的父亲是个～的老干部 | 그의 부친은 현직에서 물러난 노간부이다. ❸ 보류해 두다. 뒤로 미뤄두다 ‖ =〔靠边(儿)③〕
【靠不住】kào ·bu zhù 動組 믿을〔의지할〕 수 없다. 신뢰할 수 없다. ¶他老是骗人, 就～ | 그는 늘 다른 사람을 속여 신뢰할 수 없다 ⇔〔靠得住〕
【靠得住】kào ·de zhù 動組 신뢰할〔의지할〕 수 있다. 믿을 만하다. ¶那话～ | 그 말은 믿을 만하다 ⇔〔靠不住〕
【靠垫】kàodiàn 名 (의자 따위의) 쿠션(cushion) =〔靠包〕〔靠背垫子〕〔软ruǎn垫〕
【靠港】kào/gǎng 動 기항(寄港)하다.
【靠后】kàohòu 動 ❶ 훗날을 기약하다. 뒤로 미루다. ¶婚期还要～ | 혼기를 뒤로 미뤄야 겠다. ❷ 뒤로 돌다.
【靠耩】kàojiǎng 動 〈農〉 (파종의 폭을 넓혀 밀식(密植)을 피하기 위하여) 파종한 곳에 다시 한번 파종하다 =〔靠耧lóu〕
[3]【靠近】kàojìn ❶ 形 가깝다. 근접하다. ¶两人坐得十分～ | 두 사람은 매우 가깝게 앉아 있다. ¶医院就在～这条街的地方 | 병원은 이 거리와 근접한 곳에 있다. ❷ 動 가까이 다가서다. 접근하다. ¶别～危险的地方! | 위험한 곳에 가까이 다가서지 마라! ❸ 動 方 가깝게 지내다. 친하다 ¶～的朋友 | 가깝게 지내는 친구 ‖ =〔挨āi近〕〔京 企qǐ𠂤〕
【靠拢】kào/lǒng 動 ❶ 접근하다. (착) 들러 붙다. ¶～份子 | 국민당 중에서 공산당 측으로 복종하여 온 사람. ¶自觉地向他～ | 의식적으로 그에게 접근하였다. ❷ 몸을 맡기다〔기탁하다〕 ❸ 〈軍〉 밀집 대형을 취하다.
【靠耧】kàolóu ⇒〔靠耩jiǎng〕
【靠模】kàomú 又 kàomó 名 〈機〉 (부품의) 모형.
【靠旗】kàoqí 名 경극(京劇)에서 무장이 갑옷의 등에 꽂는 4개의 삼각기.
【靠山】kào·shān ❶ 動 산을 가까이 하다. 산을 끼다. ¶～的地方 | 산을 끼고 있는 곳. ❷ 名 方 喩 믿고 의지할 사람. 후원자. 후견인. 배경. ¶听说董事长是他的～ | 듣자하니 사장이 그의 후견인이래 =〔硬yìng伐 ❸ ⇒〔碰pèng头③〕
【靠山吃山, 靠水吃水】kào shān chī shān, kào shuǐ chī shuǐ 成 산골 사람이 산의 덕을 입고, 물가 사람이 물의 덕을 본다. ¶～, 我学中文就得吃中文 | 산골 사람 산 덕 입고, 물가 사람 물덕 보는 것 처럼, 나는 중국어를 배웠으니 중국어 덕을좀 봐야겠다.
【靠身】kàoshēn ❶ ⇒〔依yī靠②〕 ❷ 動 近 몸을 팔아 노예가 되다. ❸ (～儿) 動 (옷 따위의 크기가) 몸에 꼭 맞다. ¶新买的衣服紧～儿 | 새로 산 옷이 몸에 꼭 맞는다.
【靠手】kàoshǒu 名 의자의 팔걸이. ¶～椅 | 팔걸이 의자.
【靠水识鱼性, 近山懂鸟音】kào shuǐ shì yúxìng, jìn shān dǒng niǎo yīn 成 물가에 있으면 고기 습성을 알고, 산골에 있으면 새소리를 안다.
【靠天】kào/tiān 動 하늘〔운명〕에 맡기다. 천명에 의지하다. ¶～吃饭 | 운명을 하늘에 맡기고 살아가다. ¶～思想 | 운명론. ¶～天不佑, 叫地地不应 | 成 하늘도 땅도 무심하다. 그 누구도 도와주지 않는다 =〔望wàng天田〕
【靠托】kàotuō 動 의뢰하다. 믿고 부탁하다. 희망을 걸다. ¶这件事我可全～您了 | 이 일을 모두 당신에게 부탁합니다. ¶圆满完成任务就～这最后的几天了 | 원만하게 임무를 완성하느냐는 마지막 며칠에 희망이 걸려 있다〔달려있다〕
【靠椅】kàoyǐ 名 등받이가 있는 의자.
【靠着】kào·zhe ❶ 介 다가서서. 접근하여. 가까이에. 곁에. ¶～她散步 | 그 여자와 다가붙어 산보하다→〔挨āi着①〕 ❷ 動 가까이 다가서다. 접근하다. 기대다. ¶我要～你, 但是你离我越来越远 | 가까이 다가 갈수록 너는 더욱더 멀어져 간다. ❸ 名 方 동거(同居)
【靠枕(儿)】kàozhěn(r) 名 기댈 수 있게 놓아둔 길고 큰 베개 =〔碰pèng头④〕
【靠准(儿)】kàozhǔn(r) 形 方 믿을 만 하다. 신뢰할 수 있다. 확실하다. ¶他很～, 有要紧的事可以交给他办 | 그는 대단히 믿을 만한 사람이니 긴급한 일이 있으면 그에게 맡기십시오 =〔方 靠实②〕

kē ㄎㄜ

【呵】kē ☞ 呵 hē D

【坷】kē ☞ 坷 kě B

【苛】kē 독할 가
形 가혹하다. 심하다. 번거롭다. 까다롭다. ¶对方提出的条件太～了 | 상대방이 내놓은 조건은 너무 가혹하다.
【苛察】kēchá 書 動 (남의 결점 등을) 엄밀하게 살피다〔조사하다〕. ¶君子不为～ | 군자는 남의 결점을 엄하게 살피지 않는다.
【苛待】kēdài 書 動 학대하다. 모질게 굴다. ¶绝不能～孩子 | 절대로 어린애를 학대해서는 안된다.
【苛捐杂税】kē juān zá shuì 成 ⓐ 가혹하고 잡다한 세금. ¶这年头～多如牛毛 | 올해의 가혹한 세금은 소털 만큼이나 많다 =〔苛杂〕 ⓑ 임시로 만들어 낸 불필요한 일이나 임무.
【苛刻】kēkè 形 (조건·요구 등이) 너무 지나치다. 가혹하다. 각박(刻薄)하다. ¶这个条件太～, 接受不了 | 이 조건은 너무 지나쳐서 받아들일 수 없다 =〔苛酷〕
【苛酷】kēkù ⇒〔苛刻〕
【苛评】kēpíng 書 名 혹평. 신랄한 비평. ¶受～ | 혹평을 받다.
【苛求】kēqiú ❶ 動 가혹하게 요구하다. 무리하게 찾다. ¶对于他们不必bì～! | 그들에게 가혹하게 요구할 필요없다! =〔苛敛liǎn〕 ❷ 名 가혹한 요구.
【苛税】kēshuì 名 가혹한〔무거운〕 세금.

【苛性钾】kēxìngjiǎ 名〈化〉가성 칼리. 수산화 칼륨 =〔氢qīng氧化钾〕

【苛性钠】kēxìngnà 名〈化〉수산화 나트륨. 가성 소다 =〔氢qīng氧化钠〕〔俗 烧shāo碱〕

【苛杂】kēzá 書 名 가혹하고 잡다한 세금 =〔苛捐杂税ⓐ〕

【苛责】kēzé 書 動 통렬히 책망〔비난〕하다. 엄하게 꾸짖다.

【苛政】kēzhèng 書 名 학정(虐政). ¶～猛于虎 | 학정은 호랑이보다 더 무섭다.

【苛重】kēzhòng 形 (세금 등이) 가혹하고 무겁다.

【柯】kē 가지 가
❶ 名 가지. 줄기. ¶槐huái～ | 홰나무 줄기. ❷ 書 名 자루. ¶斧～ | 도끼 자루. ❸ ⇒〔柯克孜(族)〕 ❹ (Kē) 名 성(姓).

【柯尔克孜(族)】Kē'ěrkèzī(zú) 名 外〈民〉키르기즈(kirgiz)족 [주로 신강(新疆)서부에 거주하는 중국 소수 민족의 하나] =〔克尔克滋族〕〔吉尔吉斯族〕

【舸】kē 배말뚝 가
❶ 書 名 배를 매는 말뚝. ¶牂zāng～ | 배말뚝. ❷ 지명에 쓰이는 글자. ¶牂zāng～ | 장가 [한대(漢代)의 군명(群名)]

【珂】kē 백마노 가
❶ 書 名 옥과 비슷한 돌. ❷ 書 名 말 재갈의 장식. ❸ 음역어에 쓰임. ¶～罗版↓

【珂罗版】kēluóbǎn 名〈印出〉콜로타이프(collotype) =〔玻璃版〕〔柯式印刷〕〔冷式印刷〕→〔影印〕〔照相版〕

【轲(軻)】kē kě 수레 가
Ⓐ kē ❶ 名 書 고대 수레의 일종. ❷ (Kē) 성(姓).
Ⓑ kě ⇒〔坎轲〕

【疴〈痾〉】kē ⓧ ē) 병 아
書 名 병. ¶染～ | 병에 걸리다. ¶养～ | 몸조리하다. ¶微wēi～ | 가벼운 병.

【砢】kē luǒ 돌쌓일 가
Ⓐ kē ⇒〔砢碜chěn〕
Ⓑ luǒ ⇒〔磊lěi砢〕

【砢碜】kē·chen 方 ❶ 形 보기 흉하다〔싫다〕. 추하다. 망신스럽다. 꼴불견이다. ¶只有我落在后面多～哪! | 나만 혼자 뒤처지다니 얼마나 망신스러운가!. ❷ 動 창피〔수치〕를 주다. 망신시키다. 모욕을 주다. ¶～人那也得看个时候呀 | !대남에게 창피를 주는 것도 때를 보고 해야지! ‖ =〔苛忱〕

【钶(鈳)】kē (콜럼븀 가)
名〈化〉화학 원소 명. 콜럼븀 (Cb ; columbium) [콜럼븀은「铌」(니오븀;niobium)의 옛 이름] =〔铌ní〕

【蚵】kē 말똥구리 가
⇒〔屎shǐ蚵螂〕

2【科】kē 조목 과
❶ 名 과 [연구·업무 분야를 분류한 구분] ¶文～ | 문과. ¶哲学～ | 철학과. ¶牙～ | 치과. ❷ 名 과 [기관의 내부조직의 구분] ¶秘书～ | 비서과. ¶总务～ | 총무과. ❸ 名〈生〉과 [동식물의 구분] ¶松～ | 소나무과. ❹ 名〈演映〉과 [연극 용어로 무대에서의 배우의 동작과 표정] ¶饮酒～ | 술마시는 동작. ❺ 書 動 (형벌이나 세금을) 부과하다. ¶～以罚金 | 벌금을 부과하다. ❻「棵」와 통용 ⇒〔棵kē①〕

【科白】kēbái 名〈演映〉(배우의) 동작과 대사 =〔做白〕

【科班(儿)】kēbān(r) 名 ❶ 경극 배우 양성소. ❷ 轉 정규 교육이나 훈련. ¶～出身 | 배우 양성소 출신. ⓐ 정규 교육이나 훈련을 받은 사람. ⓑ 해마다 새로 들어오는 사람.

【科伯恩城】Kēbó'ēnchéng 名 外〈地〉코크번타운(Cockburn Town) [「特克斯群岛和凯科斯群岛」(영령 터크스 앤드 카이코스제도;Turks and Caicos Islands)의 수도]

【科场】kēchǎng 名 ❶ 과장. 과거 시험장. ❷ 轉 과거시험. ¶～日期 | 과거시험 날짜. ¶他～不利, 屡试屡败 | 그는 과거운이 없어서 매번 응시할 때마다 실패하고 말았다.

【科第】kēdì 名 ❶ 과거 선발 등급. ❷ 과거(科擧). 과시(科試). ¶～出身 | 과거출신. ¶通过～选拔官员 | 과거를 통하여 관리를 뽑다 =〔科举〕

3【科技】kējì 名 簡 과학 기술.

【科教】kējiào 名 簡 과학 교육. ¶～(影)片(儿) | 과학 교육 영화 =〔科学教育〕

【科臼】kējiù ⇒〔窠kē臼〕

【科举】kējǔ 名 과거. ¶辛亥革命以后, ～制度取消了 | 신해혁명 이후 과거 제도는 폐지되었다.

【科伦坡】Kēlúnpō 名 外〈地〉콜롬보(Colombo) [「斯里兰卡」(스리랑카;Sri Lanka)의 수도] =〔可伦坡〕

【科摩罗】Kēmóluó 名 外〈地〉코모로(Comoros) [아프리카 동해안의 도서국가. 코모로 연방회교공화국(Federal and Islamic Republic of the Comoros). 수도는「莫罗尼」(모로니;Moroni)]

【科目】kēmù 名 ❶ (학)과목. ¶考试～ | 시험과목. ❷ 문제.

【科纳克里】Kēnàkèlǐ 名 外〈地〉코나크리(Conakry) [「几内亚」(기니;Guinea)의 수도]

3【科普】kēpǔ 名 簡 과학 보급(科學普及). ¶～读物 | 과학보급 도서.

【科室】kēshì 名 (기업이나 기관의) 각 과(科)와 각 실(室). ¶～人员 | 각실·각과 요원.

【科头跣足】kē tóu xiǎn zú 成 맨머리와 맨발. 아주 편하다.

【科威特】Kēwēitè 名 外〈地〉❶ 쿠웨이트(Kuwait) [아라비아 동부의 페르시아만에 면한 회교국. 원래는 영국 보호령이며 1961년에 독립. 수도는「科威特」(쿠웨이트;Kuwait)] ❷ 쿠웨이트(Kuwait)[「科威特」(쿠웨이트;Kuwait)의 수도]

1【科学】kēxué ❶ 名 과학. ❷ 形 과학적이다. ¶这种说法不很～ | 이러한 생각은 대단히 과학적이지 못하다.

【科学技术】kēxué jìshù 名組 과학 기술. ¶造车～ | 자동차 생산 과학 기술. ¶尖端～ | 첨단 과

학 기술. ¶～大学｜과학 기술 대학 =〔簡 科技〕
[2]【科学家】kēxuéjiā 名 과학자.
【科学学】kēxuéxué 名 현대과학 자체의 결구와 변화법칙을 탐구하고 각 학과의 발전 추세를 예측하여 과학활동을 위하여 최상의 정책과 관리를 제공하는 학문.
[2]【科学院】kēxuéyuàn 名 과학원.
[2]【科研】kēyán 名 簡「科学研究」(과학 연구)의 약칭. ¶～单位｜과학 연구 단위〔부문〕. ¶～机构｜과학 연구 기구. ¶～卫星｜과학 연구용 위성. ¶～项目｜과학 연구 프로젝트.
[2]【科长】kēzhǎng 名 과장(課長).

【蝌】kē 올챙이 과
⇒〔蝌蚪〕〔蝌子〕
【蝌蚪】kēdǒu 名〈動〉올챙이 =〔回 蝌子〕〔科斗(虫)〕〔聒子〕〔俗 蛤há蟆骨朵儿〕〔俗 蛤蟆咕嘟儿〕〔悬xuán针①〕
【蝌子】kē·zi ⇒〔蝌蚪〕

【喀】kē ☞ 喀 kā B

1【棵】kē 그루 과, 괘 괘
❶ 量 포기. 그루 [식물 등을 세는 단위] ¶一～树｜나무 한 그루. ¶一～白菜｜배추 한 포기 =〔科⑥〕→〔株zhū②〕 ❷ (～儿) 名 (식물의) 줄기 또는 포기의 크기. ¶这白菜～很大｜이 배추는 통이 매우 크다. ❸ (～子) 名 方 (주로 농작물의) 줄기.
【棵儿】kēr 名 식물의 크기. ¶这棵花～小｜이 꽃은 (송이가) 작다.
【棵子】kē·zi 名 方 (주로 농작물의) 대〔줄기〕. ¶玉米的～长得很高｜옥수수대가 매우 높게 자랐다.

【稞】kē 쌀보리 과
⇒〔稞麦〕〔青qīng稞(麦)〕
【稞麦】kēmài 名〈植〉쌀보리 =〔青稞〕

【窠】kē 보금자리 과
名 (새·짐승의) 둥지. 보금자리 =〔俗 窝wō〕 ¶做～｜둥지를 틀다. ¶鸟～｜새둥지. ¶狗～｜개집.
【窠臼】kējiù 書 名 ❶ 貶 상투(常套). (문장이나 예술 작품 따위의) 기존 형식〔패턴〕. 고정된 격식. ¶落～｜기존〔틀에 박힌〕 형식에 빠지다. ¶摆脱前人～, 独创一格｜이전 사람들의 상투적인 형식에서 벗어나 독자적으로 별개의 형식을 창조하다 =〔科臼〕 ❷ 方 토대. 기초.

2【颗(顆)】kē 낟알 과
量 알. 방울 [구슬·옥·쌀·콩 따위의 작고 둥근 알맹이 모양을 세는 단위] ¶一～黄豆｜콩 한 알. ¶一～子弹｜탄알 한 발. ¶一～～汗珠子往下掉｜구슬땀이 방울방울 떨어지다. ¶一～心｜한 마음.
【颗粒】kēlì 名 ❶ 알. 과립. ¶这些珍珠的～大小很整齐｜이 진주알들은 크기가 매우 고르다. ❷ (곡식의) 낟알. 톨. ¶～无收｜한 톨의 곡식도 거두지 못했다. ❸〈化〉입자. ¶～密度｜입자의 밀도. ❹〈醫〉육아(肉芽).

【髁】kē 종지뼈 과
❶ 名〈生理〉(뼈의 양끝에 있는) 돌기(突起). ❷ ⇒〔髁膝盖(儿)〕
【髁膝盖(儿)】kēxīgài(r) ⇒〔磕kē膝盖(儿)〕

【嗑】kē ☞ 嗑 kè C

【瞌】kē 졸 개
⇒〔瞌睡〕
【瞌睡】kēshuì ❶ 動 말뚝잠을 자다. 졸다. ❷ 名 졸음. 가면. ¶他一开会就打～｜그는 회의를 시작하자 마자 (졸려서) 꾸벅였다. ❸ 形 (매우 피곤하여) 졸립다. 졸음이 오다. ¶两宿没睡觉, 白天～得很!｜이틀밤을 못 잣더니 낮엔 대단히 졸립다.

【磕〈搕〉】kē 돌부딪치는소리 개
動 ❶ (단단한 물건에) 부딪치다. ¶～了脑袋一下｜머리를 한번 부딪쳤다. ¶碗～掉一块｜사발이 부딪쳐 이가 빠지다. ❷ 動 톡톡 치다. ¶～烟斗｜(재를 떨기 위해) 담뱃대를 톡톡 두들기다.
【磕巴】kē·ba 方 ❶ 動 말을 더듬다. ¶他一紧张就～不停｜그는 한 번 긴장하면 말을 계속 더듬는다. ❷ 名 말더듬이 ‖ =〔口吃〕〔结jiē巴〕
【磕绊儿】kē·banr 名 方 ❶ 불우. 노고. 괴로움. ❷ ❸ 분쟁. 다툼. 내분. ¶同事之间难免有点儿～｜동료간에는 다소 다툼이 있을 수 있다.
【磕打】kē·da 動 ❶ (툭툭) 치다. 두드리다. 털어내다. ¶你小心点儿! 一～就坏了｜주의해라! 조금만 쳐도 망가진다. ¶用手指～烟卷灰yānjuǎnhuī｜손가락으로 담뱃재를 톡톡 털다. ❷ 京 학대하다. ¶她进了他家门, 净受～｜그녀는 그의 가문으로 시집가서 오로지 학대만 받아 왔다 =〔磕哒〕
【磕打牙儿】kē·dayár ⇒〔磕牙②〕
【磕哒】kē·da ⇒〔磕打〕
【磕磕绊绊】kē·kebànbàn 貶 ❶ (다리가 불편하여) 어기적거리다. 뒤뚱거리며 걷다. ¶吓得他～的就跑了｜그는 놀란 나머지 뒤뚱거리며 도망쳐 버렸다. ❷ (지면이 울퉁불퉁하거나 돌투성이어서)걷기 어렵다. ¶路上不是石头就是砖头～, 不好走｜길이 돌 아니면 벽돌 투성이라 걷기가 수월치 않다.
【磕磕撞撞】kē·kezhuàngzhuàng 貶 ❶ 물건 등이 서로 부딪치다. ❷ (허둥대거나 술에 취해서) 비틀거리다. ¶那个人走路～的, 一定是喝醉了｜저 사람 비틀거리며 걷는 것을 보니 틀림없이 술 취했을 것이다.
【磕碰】kēpèng ❶ 動 물건이 서로 부딪치다. ¶车上这一箱瓷器没包装好, 一路磕磕碰碰的碎了一半儿｜차에 실은 도자기 한 상자가 포장을 제대로 하지않아 도중에 서로 부딪쳐 반이나 깨졌버렸다. ❷ 動 方 사람과 물건이 서로 부딪치다. ❸ 動 분규〔분쟁〕이 일어나다. 옥신각신하다. ¶大家住在一起, 平日免不了有个～｜모두가 함께 지내다 보면 평소에 옥신각신 하는 것은 불가피한 일이다. ❹ 動 方 단련하다. ❺ ⇒〔磕碰儿②〕
【磕碰儿】kē·pengr 方 名 ❶ (그릇 등에 생긴) 흠〔집〕. ¶这个茶杯一点儿没～｜이 찻잔은 조그마한 흠집도 없다. ❷ 타격. 좌절 =〔磕碰⑤〕 ¶我

受shòu不住～ | 나는 좌절을 참아 낼 수가 없다.

【磕破】kēpò 動 (부딪쳐서) 다치다. 깨지다. 터지다. ¶他手上～了一点儿皮 | 그는 (부딪쳐서) 손의 껍질이 조금 벗겨졌다.

【磕伤】kēshāng 動 부딪쳐서 상처가 생기다[를 내다]. ¶小孩儿不小心～了膝盖 | 어린애가 조심하지 않고 (부딛쳐서) 무릎에 상처가 났다.

【磕碎】kēsuì 動 때려 부수다. 부딪쳐 박살나다. ¶茶壶～了 | 차 주전자가 박살이 나버렸다.

【磕头(儿)】kē/tóu(r) 動 ❶ (양손을 짚고 이마를 땅에 조아리며) 절하다. ¶～求恕 | 절을 하며 용서를 빌다 =〔叩kòu头①〕 ❷ 轉 스승으로 모시다. ¶～拜师 | 스승에게 머리를 조아리며 절을 하다. 제자로 들어가다. ❸ 方 의형제의 언약을 하다. 의형제를 맺다. ¶你我是磕过头的, 还分什么彼此呢? | 너와 나는 의형제를 맺은 사이인데 아직도 무엇때문에 따로 따로 가르자는 거야? ¶～弟兄 | 의형제. ❹ 方 (머리을 꾸벅거리며) 졸다. ¶他磕了半天头儿了 | 그는 한참 동안 꾸벅꾸벅 졸았다.

【磕头虫(儿)】kētóuchóng(r) ⇒〔叩kòu头虫〕

【磕头磕脑】kētóu kēnǎo 成 사람이나 물건 등이 많아 복잡하고 서로 부딪치다. ¶车上很挤jǐ, ～的, 气都透tòu不过来 | 차안이 매우 붐벼 서로 밀치고 부딪치고 숨조차 제대로 쉴 수가 없다.

【磕膝盖(儿)】kēxīgài(r) 名 方 무릎 =〔百棱盖儿〕〔波bō棱盖(儿)〕〔波罗盖儿〕〔拨bō棱盖(儿)〕〔膊bō棱盖儿〕〔胳gē棱瓣儿〕〔胳肋拜儿〕〔髁膝盖(儿)〕

【磕响头】kēxiǎngtóu 動 머리가 땅에 닿도록 절하다. ¶他一股劲儿jìnr地～了 | 그는 온 힘을 다해 머리가 땅에 닿도록 절을 하였다. ¶～的 | 머리가 땅에 닿도록 절하며 구걸하는 거지.

【磕牙】kē/yá 動 ❶ 한담[잡담]을 하다. ¶闲～ | 한담을 하다. ¶他们俩磕了半天牙了 | 그들 둘은 한참 동안 잡담을 나누었다. ❷ 웃으면서 농담하다. 희희덕거리다 =〔磕打牙儿〕‖ =〔嗑kè牙〕

【颏(頦)】kē ké 아래턱 해

A kē 名 턱. 아래턱. ¶结巴～子 | 말더듬이 =〔下巴〕〔下巴颏儿〕〔下巴颏子〕

B ké ⇒〔红hóng,点颏〕

【颏勒嗉】kē·lèsù 名 方 〈生理〉 결후 =〔结喉〕

ké ㄎㄜˊ

3【壳】ké ☞ 壳 qiào B

【咳〈欬〉】kē kài kǎ hài hāi 기침해

A ké 動 ❶ 기침하다. ¶～了一声 | 콜록하고 기침하다. ❷ 西北 노하다. ¶～气 | 노하다.

B kài 「咳ké」의 문어음(文語音).

C kǎ 動 (각하고) 내뱉다. ¶～血xuè | 객혈(하다). 토혈(하다).

D hài 嘆 아 [탄식하는 소리] ¶～! 浪费làngfèi了时间真可惜 | 아! 시간을 헛되이 보내어 정말 아깝구나.

E hāi ❶ 嘆 어. 자. 야 [남을 부르거나 주의를 환기시킬 때 내는 소리] ¶～, 到这边来 | 자. 이리 오라구. ❷ 嘆 아이참. 하. 허. 아이구 [아쉬움·후회·놀람을 나타낼 때 내는 소리] ¶～, 我忘了带书来 | 아이참, 책을 안 가지고 왔네. ¶～! 这不是我的! | 아니! 이건 내 것이 아닌데! ¶～! 可惜 | 아! 아깝다. ❸ 動 탄식하다. ¶～声叹气↓

A ké

【咳喘】kéchuǎn 動 기침으로 숨을 몰아 쉬다.

【咳呛】kéqiàng ⇒〔咳嗽〕

¹【咳嗽】késòu 又 ké·sou 動 기침하다. ¶～很厉害 | 기침이 심하다. ¶咳了一声嗽 | 콜록 하고 기침을 한번 하다. ¶孩子老～, 得吃点儿药 | 어린애가 여전히 기침을 하니 약을 좀 먹여야 된다 =〔方 咳呛〕

B kài

【咳唾成珠】kài tuò chéng zhū 成 기침할 때 튀기는 침방울도 모두 진주 알이 되다. 말 마디가 천금같다.

E hāi

【咳声叹气】hāi shēng tàn qì 成 탄식하다. 한탄하다 =〔唉āi声叹气〕

【颏】ké ☞ 颏 kē B

kě ㄎㄜˇ

2【可】kě kè 옳을 가, 들을 가

A kě ❶ 能 …해도 된다. …할 수 있다. 어법 허가나 가능을 나타내며, 서면어(書面語)에 주로 쓰이고, 숙어나 반대의 의미를 지닌 말을 대응시켜 쓰는 경우를 제외하고는 구어(口語)에서는 「可以」를 씀→〔可以〕 ¶～望丰收 | 풍작을 바라볼 수 있게 되었다. ¶～大～小 | 클 수도 있고 작을 수도 있다. ¶～去～不去 | 가도 되고 가지 않아도 된다. ❷ 能 …할 만하다. 어법 주로 「可＋動＋的」의 형태로 쓰임. ¶北京～游览的地方不少 | 북경은 구경할 만한 장소가 적지 않다. ¶这儿～看的东西真多 | 이곳은 볼 만한 물건이 참으로 많다. ❸ 副 어기를 강조함. 어법 ⓐ 일반 진술문(陳述句)에 쓰여, 약간은 의외라는 뜻을 나타냄. ¶他～没说过这话 | 그가 이런 말을 했을 리 없어요. ¶枣儿大不一定甜, ～不能只看外表 | 대추가 크다고 반드시 단 것은 아니다. 외모만 볼 수는 없는 것이지. ⓑ 「可＋不＋形」의 형태로 약간은 의외라는 뜻을 나타냄. ¶他跑得～不快 | 그는 의외로 빨리 달리지 못하는구나. ¶这问题～不简单 | 이 문제는 오히려 간단하지 않아. ⓒ 반어문(反問句)에 쓰여 어기를 강하게 함. ¶你一个小孩儿～怎么搬得动那么大的石头 | 너 어린아이로서 어떻게 이렇게 큰 돌을 옮길 수 있겠니? ¶这么大的地方, ～上哪儿去找他呀? | 이렇게 넓은데, 어디에서 그를 찾는단 말이냐? ⓓ 명령문(祈使句)에 쓰여 반드시 …해야 함을 나타냄. 뒤에 일반적으로 「要」「能」「应该」 등이 호응하며, 문(句子)의 끝에 어기조사가 옴. ¶你说话～要小心哪 | 너 말조심해야 한다. ¶你～不能粗

心大意啊｜너 절대 소홀히 해서는 안돼. ⓔ감탄문(感嘆句)에 쓰여, 어기를 강하게 함. 어기조사가 문의 끝에 옴. ¶他汉语说得～好啦｜그는 중국어를 아주 잘 한다. ¶这鱼～新鲜呢｜이 고기는 아주 신선하구나. ❹ 副 의문을 표시함 [조기백화에 많이 보이며 현대어에서 드물게 보임] ¶一向～好?｜내내 안녕하신지요? ¶杭州你～曾去过?｜항주에 가본 적이 있는지요? ❺ 副 대략. 대충. ¶年～二十｜나이는 대략 20세 정도. ¶长～七尺｜길이는 대략 일곱 자 정도. ❻ 頭 심리상태를 나타내는 단음절 동사 앞에 붙어,「…할 만한」「반드시 …해야할」「…할 수 있는」등의 의미를 보태고 형용사가 되게 함. ¶～喜｜기뻐할. ¶～悲｜슬퍼할. ¶～爱↓ ❼ 頭 기타의 단음절 동사 앞에 쓰임. ¶～靠｜믿을 만한. ¶～行｜해 볼 만한. ❽ 頭 명사 앞에 붙어 적합하다는 의미를 지닌 형용사를 만듦. ¶～口｜입에 맞다. ¶～身｜몸에 맞다. ¶～人意｜사람들의 마음에 들다. ❾ 連 그러나. 오히려 [「可是」와 같이 쓰임] ¶这篇文章虽然不长, ～内容却很丰富｜이 글은 길지 않으나, 내용은 풍부하다. ¶嘴里不说, 他心里～想着｜입으로는 말하지 않으나 마음속으로는 오히려 생각하고 있다. ❿ 動 전부 사용하다. 있는 대로 다 쓰다 [주로「着」를 동반함] ¶～着钱花｜돈을 있는 대로 다 쓰다. ¶～着脑袋做帽子｜머리 크기대로 모자를 만들다. ⓫ 形 전부. 온. 모든. ¶～村的人都喜欢他｜온 마을 사람들이 그를 좋아한다. ⓬ (Kě) 名 성(姓).

Ⓑ kè ⇒〔可汗〕

Ⓐ kě

²【可爱】kě'ài 形 사랑스럽다. 귀엽다. ¶眼睛生得～｜눈이 사랑스럽게 생겼다. ¶他的女儿很～｜그의 딸은 매우 귀엽다.

【可比价格】kěbǐ jiàgé 名組〈經〉불변 가격 =〔不变价格〕

【可鄙】kěbǐ 書 形 비열하다. 야비하다. ¶这种人真～｜이런 인간은 정말 야비하다.

【可变电容器】kěbiàndiànróngqì 名組 바리콘(variable condenser). 가변 축적기(可變蓄積器).

【可变资本】kěbiàn zīběn 名組〈經〉가변 자본→〔不变资本〕

³【可不是】ⓐ kěbù·shì 動組 ❶ 정말로…은 아니다. ¶这～我所提出的想法｜이것은 정말로 내가 끄집어낸 생각은 아니다. ❷ 어찌 …이 아닌가. 정말 …이 아닌가. ¶～真的, 我撒谎做什么?｜참말이 아니면 내가 거짓말을 해서 뭘 하겠습니까? =〔难道不是〕

ⓑ kě·bushì 그렇다. 그렇고말고(요) =〔可不是嘛〕〔可不是吗〕〔簡 可不②〕

【可不】kě·bu 副組 ❶ 簡 물론이다. 그렇고말고. 그렇다 [「可不是」의 약칭] ¶～, 我正想这个问题呢｜그렇고 말고, 나도 바로 이 문제를 생각하고 있는 중이다. ❷ 어찌 …이 아니겠는가. …으로 되지 않는가. ¶～就好了吗!｜어찌 좋지〔잘 되지〕않겠습니까 =〔岂不(是)〕

【可不是吗】kě·bushì·ma ⇒〔可不是kě·bushì〕

【可怖】kěbù 書 形 두렵다. 무시무시하다. 소름이 끼친다. ¶情景～｜광경이 소름끼친다.

【可操左券】kěcāo zuǒquàn 成 성공을 장담하다. 성공할 확신을 갖다. ¶生意兴旺～｜장사가 번창할 것은 확실하다 =〔簡 操券〕

【可拆】kěchāi 形 분해할 수 있는. ¶～砂箱｜〈機〉스냅 플라스크(snap flask). ¶～装置zhuāngzhì｜분리 장치.

【可 】kěchǐ 形 수치스럽다. 치욕스럽다. ¶他忽然想起这是～的, 他不应该想那种女人｜그는 갑자기 수치스럽다는 생각이 들어 그런 여자는 더 이상 생각을 말아야 한다고 생각했다.

【可的松】kědìsōng 名 外〈藥〉코티존(oortisone).

【可读性】kědúxìng 名 읽을 만한 가치. ¶增加文章的～｜문장의 읽을만한 가치를 증가시키다.

【可锻铸铁】kěduàn zhùtiě 名組〈金〉가단 주철.

【可否】kěfǒu ❶ 名 가부. ¶议论事情的～｜일의 가부를 논의하다. ❷ 書 副 적절한 지 어떤지. ¶～照上述办法处理, 请速回函｜위에 기술한 방법으로 처리해도 적절한 지 속히 회답 주십시오. ❸ 書 副 할 수 있는지 없는지. ¶～胜任, 难以断定｜임무를 감당할 수 있는지 없는지를 단정하기 어렵다.

【可歌可泣】kěgēkěqì 成 찬송할 만하고 눈물 흘릴 만하다. 감격적이고 눈물겹다. 감동을 불러 일으키기에 충분하다. ¶他的献身精神, 真是～｜그의 희생정신은 감동적이고 눈물겹다 =〔可泣可歌〕

【可观】kěguān 形 ❶ 가관이다. 볼만하다. ¶这出戏大有～｜이 연극은 대단히 볼 만하다. ❷ 훌륭하다. 근사하다. 굉장하다. ¶他无师自通, 笔下却很～｜그는 스승없이 혼자 스스로 터득했어도 필치는 오히려 훌륭하다.

【可贵】kěguì 形 ❶ 진귀하다. 귀중하다. ❷ 고귀하다. 소중하다. ¶为国羲牲的精神是很～的｜나라를 위해 희생한 정신은 대단히 고귀한 것이다.

【可好】kěhǎo 副 (때)마침. 공교롭게도. ¶我正要去看他, ～他来了｜내가 막 그를 만나러 가려던 참에, (때)마침 그가 왔다.

【可恨】kěhèn ❶ 形 원망스럽다. 밉살스럽다. 가증스럽다. ¶这小子太～了｜이 꼬마녀석은 너무나 밉살스럽다. ❷ 動 원망하다. 증오하다. ¶～他什么?｜그에게 무엇을 원망하겠나? ❸ 書 動 몹시 애석하게 여기다. 가슴 아프게 생각하다.

【可嘉】kějiā 形 칭찬할 만하다. 아름답게 여기다. ¶表扬～行为｜칭찬할 만한 일을 표창하다.

³【可见】kějiàn ❶ …을 알〔볼〕수 있다. ¶他连中文小说都能看了, ～他的中文水平很高｜그가 중국어 소설도 능히 읽는 것을 보면 그의 중국어 수준이 대단히 높음을 알 수 있다 =〔想见〕〔足见〕 ❷ 形 낯익다. 익숙하다.

【可见度】kějiàndù 名 가시도(可視度).

【可见光】kějiànguāng 名〈物〉가시 광선.

【可劲(儿)】kě/jìn(r) 動 方 전력을 기울이다. 있는 힘을 다하다. ¶～干活｜전력을 다해 일하다.

【可敬】kějìng 形 존경할 만하다. 존경스럽다. ¶他是一位～的长者｜그는 존경할만한 어른이다.

【可就】kě jiù 副 (…하면) 곧. 바로. 틀림없이 [「就」보다 뜻이 강함] ¶照那么办, ～会成功了 | 그렇게 하면 틀림없이 성공하게 될 것이다.
【可卡因】kěkǎyīn 名 外〈藥〉코카인 =〔古柯碱〕
2【可靠】kěkào 形 믿을 만하다. 믿음직하다. 확실하다. 근거가 있다. ¶他为人很～ | 그는 사람됨이 믿음직하다. ¶这种说法相当～ | 이러한 견해는 상당히 근거가 있다〔믿을 만하다〕
【可可】kěkě 名 外〈植〉코코아(cocoa). ¶～树 | 코코아 나무. ¶～子 | 코코아 열매. ¶～粉 | 코코아 가루. ¶～茶 | 코코아 차. ¶～脂zhī | 코코아 버터 =〔谷古〕〔蔻kòu蔻〕
【可可(儿·的)】kěkě(r·de) 副 方 때마침. 우연히도. 공교롭게도. ¶正说他呢, ～儿他来了 | 그 막 틀에 대해서 이야기 만하고 있는데 때마침 그가 왔다. ¶～的撞出这节怪事来 | 공교롭게도 이 괴상한 일이 터져 나왔다 =〔恰好〕
【可控硅】kěkòngguī 名〈電氣〉실리콘 제어 정류소자(制御整流素子). 에스 시 아르(SCR).
【可口(儿)】kěkǒu(r) 形 입〔맛〕에 맞다. 먹을 만하다. 맛있다. ¶这家餐厅的菜, 觉得真～ | 이 레스토랑의 요리는 정말 입맛에 맞는 것 같다.
【可口可乐】kěkǒu·kělè 名 外〈食〉코카콜라.

【可乐】kělè ❶ 名 外〈食〉콜라. ¶百事～ | 펩시콜라(Pepsi Cola). ❷ 形 웃음을 자아내다. 우스꽝스럽다. 즐겁다. ¶这人真～ | 이 사람은 정말 우스꽝스럽다.
2【可怜】kělián ❶ 形 가련하다. 불쌍하다. ¶他刚三岁就死了父母, 真～呢! | 그가 갓 세 살이 되자마자 부모가 죽었으니, 정말 불쌍하다! ❷ 動 동정하다. 불쌍히 여기다. ¶对这种一贯做坏事的人, 绝不能～他 | 처음부터 끝까지 나쁜 짓만을 하는 이런 사람에 대해서는 결코 동정할 수가 없다. ❸ 形 (수량이나 질이) 볼품없다. 초라하다. (말할) 가치가 없다. ¶少得～ | 극히 적다. 적어서 말할 가치가 없다.
【可怜巴巴】kěliánbābā 狀 불쌍하고 가련하다.
【可怜虫】kěliánchóng 名 喩 가련한 사람. 불쌍한 인간.
【可怜见(儿)】kěliánjiàn(r) ❶ 形 불쌍하기 짝이 없다. 가엾다. ¶这孩子从小没了爹娘, 怪～的 | 이 애는 어릴때 부터 부모없이 자라 정말 불쌍하기 짝이 없다 =〔可怜不大见儿的〕 ❷ 動 近 불쌍히 여기다. 동정하다.
【可了不得】kěliǎo·bu·de 狀組 큰일이다. 야단이다. 대단하다. ¶～了, 闹命案了! | 큰일났다, 살인사건이 발생했다!
【可了儿的】kěliǎor·de ⇒〔可惜了儿的〕
【可恼】kěnǎo 形 괴롭다. 성가시다. 귀찮다. 화나다. 속상하다.
1【可能】kěnéng ❶ 能 가능하다. …할 수 있다. ¶他今天不～回来 | 그는 오늘 돌아올 수 없을 것이다. ❷ 名 가능성. ¶这事态的发展有两种～ | 사태의 발전은 두 가지 가능성이 있다. ❸ 副 아마도. 아마 (…일지도 모른다). ¶今天下午他们～去看电影 | 오늘 오후에 그들은 아마 영화를 보러갈런지도 모른다→〔恐怕〕〔也许〕 ❹ 副 (주로 반어적으로) 설마〔어찌〕… 할 수가. ❺ 形 가능한. 가능하다. 어법 명사를 수식하거나 술어로 쓰인다. ¶我看这是根本不～的事情 | 내가 보기에 이것은 근본적으로 불가능한 일이다. ¶只要努力, 掌握这种技术还是～的 | 노력하기만 하면 이런 기술을 습득하는 것은 아직 가능하다.
【可能性】kěnéngxìng 名 가능성. ¶有～ | 가능성이 있다.
【可逆反应】kěnì fǎnyìng 名組〈化〉가역 반응.
2【可怕】kěpà 形 두렵다. 무섭다. 끔직하다. ¶你别吓人觉得好～! | 사람을 무섭게 (느끼게) 하지 마라!
【可佩】kěpèi 形 존경〔탄복〕할 만하다.
【可气】kěqì 形 화〔부아〕가 치밀다. 속상하다. ¶你听他那样话, 还不觉得～吗? | 그가 하는 말 좀 들어 봐 부아가 안나게 생겼나?
3【可巧】kěqiǎo 副 (때)마침. 공교롭게(도). 하필이면 … 하다. ¶～碰见了那个人 | 공교롭게도 그 사람을 만났다. ¶哪能～就轮到咱们身上呢? | 어찌 하필이면 우리에게 까지 미칠 줄이야?
【可亲】kěqīn 形 친근감을 나타내다〔느끼다〕. 친밀하다. ¶和蔼～ | 화목하며 친밀하다.
【可取】kěqǔ 形 취할〔받아들일〕 만하다. 배울 만하다. 본받을 만하다. ¶他确有～的地方儿 | 그에게는 확실히 본받을 만한 점이 있다.
【可人】kěrén ❶ 動 선한 느낌이 들다. 마음에 들다. (사람을) 즐겁게 하다. ¶风光～ | 경치가 사람을 즐겁게 해준다. ❷ 名 본받을 만한 사람. 뛰어난 인물.
【可人儿】kěrénr 名 마음에 드는 사람.
【可人意】kěrényì 形 마음에 들다.
【可溶性】kěróngxìng 名〈化〉가용성.
【可身(儿)】kěshēn(r) 形 方 (옷 등이) 몸에 맞다. ¶难得碰上作～儿的衣服 | 몸에 맞는 옷을 고르기가 쉽지 않다 =〔可体〕
1【可是】kěshì ❶ 連 그러나. …이나. …지만. ¶嘴里不说, ～他心里想着呢 | 입으로는 말하지 않지만 마음속으로 생각하고 있어→〔但是①〕〔然而〕 ❷ 連 그런데 [화제를 바꿀 때 쓰임] ¶～, 他近来好吗? | 그런데 그는 요즘 잘 있느냐? ❸ 連 …이기는 하나. ¶好～好, 有点儿俗气 | 좋기는 좋으나 조금 촌티가 난다. ❹ 副 아무래도. 대단히. 굉장히 [술어를 강조함] ¶这～真不错 | 이건 정말 괜찮다. ❺ …(이)지요? 맞지요?. ¶我说的～? | 내 말이 맞지요?
【可视电话】kěshì diànhuà 名 화상 전화
【可塑性】kěsùxìng 名 ❶〈物〉가소성. ❷〈生理〉적응성.
【可叹】kětàn 形 찬탄〔한탄〕할 만하다. 애석하다. ¶～一代英雄, 身死他国 | 한 시대의 영웅이 타국에서 죽다니 애석한〔한스러운〕 노릇이다.
【可体】kětǐ ⇒〔可身(儿)〕
【可望而不可即】kě wàng ér bù kě jí 成 바라만 볼 뿐 도달할 수 없다. 실현하기 어렵다. ¶钻研尖端科学是有困难的, 但绝不是～ | 첨단과학을 연구하는 일이 어렵긴 하지만 그렇다고 절대 실

현 불가능한 것은 아니다 =〔可望而不可及〕〔可望不可亲〕

【可谓】kěwèi 書 動 …라고 말할 수 있다. …라고 할 만하다. ¶如此说来, ~言之成理 | 이와 같이 말하자면 일리가 있다고 할 수 있다.

【可恶】kěwù 形 혐오스럽다. 가증스럽다. ¶他那脸~极了! | 그의 저 꼬락서니는 가증스럽기 짝이 없다!

3【可惜】kěxī ❶ 形 애석하다. 아깝다. 안타깝다. ¶浪费了这么多的时间, 真~了 | 이렇게 많은 시간을 낭비하다니 정말 아깝다. ¶这是一件十分~的事情 | 이것은 대단히 애석한 일이다. ❷ 副 애석하게도. 아깝게도. ¶~我去晚了一步, 最精彩的节目已经演过了 | 애석하게도 한 발 늦었더니 가장 볼 만한 프로는 이미 방영이 끝난 뒤였다. ❸ 動 애석하게 여기다. 아까워하다.

【可惜了儿的】kěxīliǎor·de 狀 方 (낭비에 대해) 아깝다. ¶这东西还能用, 扔了怪~ | 이 물건은 아직 쓸 수 있는데 버리자니 정말 아깝다 =〔可了儿的〕

【可喜】kěxǐ 形 ❶ 즐겁다. 기쁘다. 축하할 만하다. 경사스럽다. ¶这可是件~的事 | 이는 정말로 축하할 만한 일이다. ❷ 近 귀엽다. 사랑스럽다.

【可想而知】kě xiǎng ér zhī 成 미루어 알 수 있다. 생각만 해도 알 수 있다. 가히 상상할〔짐작할〕 수 있다. ¶她连她妈都骂, 那对别人~了 | 그녀는 자기 엄마에게 까지 욕을 하니, 다른 사람에게 어떻게 하는지 가히 짐작할 수 있다.

3【可笑】kěxiào 形 ❶ 가소롭다. 경멸스럽다. ¶幼稚~ | 유치하고 가소롭다. ❷ 우습다. 웃음이 터질만 하다. ¶说起来也~ | 말을 하자면 웃음이 터져 나온다.

【可心】kě/xīn 動 마음에 들다. 흡족하다. ¶~可意的 | 마음과 뜻대로. ¶这个才可到我心上 | 이거야 말로 비로소 내 마음에 든다.

【可信】kěxìn 形 미덥다. 믿을 만하다. ¶他说的话难以~ | 그의 말은 믿기 어렵다.

3【可行】kěxíng 形 실행할 만하다. 가능성이 있다. 할 수 있다. ¶我想您的建议是~的 | 당신의 건의는 실행 가능한 것이라고 생각됩니다.

【可行性研究】kěxíngxìng yánjiū 名〈商〉실행 가능성 연구.

【可疑】kěyí 形 의심스럽다. 수상쩍다. ¶他的言行很有~的地方 | 그의 언행은 대단히 수상쩍은 데가 있다.

1【可以】kěyǐ ❶ 能 …할 수 있다 [가능이나 능력을 나타냄] ¶你明天~再来一趟吗? | 내일 다시 한 번더 올 수 있습니까? ❷ 能 …해도 좋다〔된다〕[허가를 나타냄] ¶我~跟他谈谈吗? | 그와 얘기를 해도 될까요? ❸ 能 …할 가치가 있다. ¶这个问题~研究一番 | 이 문제는 한 번 연구해 볼 가치가 있다. 어법 「可以」「能」「会」의 차이점 ⇒〔能néng〕 ❹ 形 좋다. 괜찮다. ¶他的中文还~ | 그의 중국어는 그런 대로 괜찮다. ❺ 形 해도 너무하다. 심하다. 지나치다. ¶天气热得真~ | 날씨가 더워도 정말 너무 덥다.

【可意】kě/yì 動 마음에 들다. 만족해 하다. ¶这件衣服你穿得~吗? | 이 옷은 입어보니 마음에 드세요?

【可用】kěyòng 形 쓸 만하다. 채용할 만한 가치가 있다. ¶这雇用还真~ | 이 하인은 정말이지 쓸 만하다.

【可憎】kězēng 形 ❶ 증오스럽다. 밉살스럽다. ¶~的冤家 | 증오스러운 원수. ❷ 近 귀엽다. 앙증맞다. ¶~的媚脸儿通红了 | 귀엽고 아름다운 얼굴이 온통 붉어졌다.

【可着】kě·zhe ❶ (크기·치수 따위에) 맞추어. ¶~脑袋做帽子 | 머리 크기에 맞추어 모자를 만들다. ❷ (…의 범위에) 맞추어. (있는 것) 만으로. ¶~这张纸画一个地图吧 | 이 종이에 맞추어 지도를 하나 그려라. ❸ 전체 중에. 모두 중에서. ¶~这一屋子的人, 也没有像他那么难看的 | 온 방안에 있는 사람 중에서 그 보다 못생긴 사람은 아무도 없다. ❹ 한껏. (…을) 다해서. ¶船长~嗓子招呼 | 선장은 목청껏 불러댔다.

【可朱浑】Kězhūhún 名 복성(複性).

Ⓑ kè

【可汗】kèhán 名 칸(khan) [중세기 선비(鮮卑)·돌궐(突厥)·회흘(回紇)·몽골(蒙古) 등 종족(種族)의 군주(君主)의 칭호] =〔簡 汗〕

【坷】 kě kē 험할 가

Ⓐ kě ❶ ⇒〔坎kǎn坷〕 ❷ ⇒〔坷儿〕

Ⓑ kē ⇒〔坷坷绊绊(的)〕〔坷拉〕

【坷儿】kěr 名 장애. 지장. 액 =〔关煞〕

【坷坷绊绊】kē·kebànbàn 狀 비틀거리다. 비실거리다.

【坷拉】kē·lā 名 흙덩이. ¶打~ | 흙덩이를 이기다 =〔坷垃〕〔土块〕〔土坷拉〕

【岢】 kě 땅이름 가

지명에 쓰이는 글자. ¶~岚县 | 가람현. 산서성(山西省)에 있는 현 이름.

【轲】 kě ☞ 轲 kē Ⓑ

【哿】 kě ☞ 哿 gě

1【渴】 kě 목마를 갈

形 ❶ 목마르다. ¶解~ | 갈증을 풀다. ¶又~又饿 | 목도 마르고 배도 고프다. ❷ 간절하다. 절실〔절박〕하다. ¶~望↓

【渴慕】kěmù 書 動 간절히 사모〔흠모〕하다. ¶~自由 | 자유를 간절히 흠모하다 =〔渴仰〕

【渴念】kěniàn 動 간절히 생각하다. 몹시 그리워하다. ¶他~和家人团聚 | 그는 가족들과 한자리에 만나기를 몹시 그리워 한다 =〔渴想①〕

【渴求】kěqiú 動 갈구하다. 갈망하다. ¶我并不是~着快乐 | 나는 결코 쾌락만을 갈구하는 것은 아니다.

【渴睡】kěshuì 形 졸(리)다. ¶我~死了 | 나는 졸리워 죽을 지경이다 =〔瞌kē睡〕

3【渴望】kěwàng 名 動 갈망(하다). ¶他一直~当作家 | 그는 줄곧 작가가 되기를 갈망해 왔다 =〔渴想②〕

【渴想】kěxiǎng ❶ ⇒〔渴念〕 ❷ ⇒〔渴望〕

kè ㄎㄜˋ

【可】kè ☞ 可 kě Ⓑ

1【克】① kè 능할 극, 이길 극, 그램 극 ❶ 書 能 …할 수 있다. 능히 …하다. ¶不～分身｜몸을 뺄 수가 없다. 손을 놓을 수가 없다. ¶不～亲自出席｜스스로 출석할 수가 없다. ¶不～胜任｜책임을 감당할 수가 없다. ❷ 動 극복하다. 이기다. ¶以柔～刚｜부드러움으로 강함을 이기다. ¶～己↓ ¶战必～, 攻必取｜싸우면 반드시 이기고 공략하면 반드시 빼앗는다. ❸ …를 잘하다. 능하게 하다. ¶～勤～俭↓ ❹ 量〈度〉그램(gram)＝[克兰姆][公分] ❺ 量〈度〉ⓐ 티베트 지역에서 쓰는 용량의 단위 [1「克」는 25「斤」에 해당함] ⓑ 티베트 지역에서 쓰는 지적(地積)의 단위 [약 1「市亩」에 해당함]

【克当量】kèdāngliàng 名〈化〉그램(gram)당량.

【克恩】kè'ēn 名 外〈紡〉콘(cone).

【克分子】kèfēnzǐ 名〈化〉그램분자. 몰(mol).

【克分子浓度】kèfēnzǐ nóngdù 名〈化〉분자농도. 몰(mol) 농도＝[克式量浓度]

2【克服】kèfú 動 ❶ 극복하다. 이겨내다. ¶我们得～各种困难kùnnán｜우리는 여러가지 어려움을 극복해야 만 한다. ❷ 참고 견디다. ¶那个东西没有了, 用这个～一下吧｜그 물건이 동났으니 이것으로 참고 견뎌보자. ❸ (전투에서) 탈취하다. 탈환하다.

【克复】kèfù 動 (무력으로) 탈환하다. 되찾다. ¶～沦陷地区｜피점령지를 탈환하다.

【克格勃】Kègébó 名 外 ❶ 키게베(KGB). 소련 국가보안 위원회. ❷ 키게베 요원.

【克己】kèjǐ 動 ❶ 극기하다. 자제하다. ❷ 轉 싸게 주다 ¶本店货真价实, 非常～｜본 점포에서는 물건도 확실하고 가격도 현실적인 편이어서 대단히 싸게 주는 것입니다. ¶～价格｜염가(廉價). ❸ 書 검약하다. 절약하다.

【克己奉公】kè jǐ fèng gōng 成 자신을 희생하고 공익에 봉사하다. 헌신적으로 일하다.

【克卡】kèkǎ 量〈度〉그램 칼로리(gram calorie)→[卡路里]

【克拉】kèlā 量 外〈度〉캐럿(carat)＝[开kāi Ⓘ②]

【克拉子】kèlàzǐ 名 外〈機〉클러치(clutch)＝[离合器]

【克赖斯基】Kèlàisījī 名 外〈人〉크레이스키(Bruno Kreisky, 1911～) [오스트리아의 수상. 오스트리아 사회당의 당수]

【克郎】kèláng 量 外〈錢〉크로네(krone;독) [스웨덴·덴마크·노르웨이 등의 통화 단위]＝[克朗][克罗纳]

【克郎球】kèlǎngqiú ⇒[康kāng乐球]

【克里姆林宫】Kèlǐmǔlín Gōng 名 外 ❶ 크레믈린(kremlin)궁전. ❷ 轉 소련 정부.

【克罗埃西亚】Kèluó'āixīyà 名 外〈地〉크로아티아(Croatia) [「南纱拉夫」(유고슬라비아; Yugoslavia)로부터 1991년 분리 독립한 나라. 수도는「札格拉市」(자그레브; Zagreb)]

【克罗米】kèluómǐ 名 外〈化〉크롬(Cr)＝[铬gè]

【克灭杀】kèmièshā 名〈藥〉비 에이치 시(B.H.C)＝[六liù六六]

【克勤克俭】kè qín kè jiǎn 成 근면하고 검소하다. ¶～是韩国人的优良传统｜근면 검소는 한국인의 아름다운 전통이다.

【克山病】kèshānbìng 名〈醫〉풍토병의 일종 [흑룡강성(黑龍江省) 극산현(克山縣)에서 처음 발견됨]＝[方 攻心翻]

【克绍箕裘】kè shào jī qiú 成 선조의 업적을 계승하다. 가업을 이어 받다. 학문·기예등을 전수받다→[肯堂肯构]

【克丝钳子】kèsīqián·zi 名組〈工〉펜치＝[钢丝钳]

【克汀病】kètīngbìng 名 外〈醫〉크레틴 병(cretinim)＝[呆小症]

【克原子】kèyuánzǐ 名 外〈物〉그램 원자(gram atom).

【克制】kèzhì ❶ 動 (감정 등을) 자제하다. 억제하다. 억누르다. ¶在外交场合要～, 不能感情用事｜외교무대에서는 감정을 자제해야지 감정대로 일을 처리해서는 안된다. ❷ 動 方 구박하다. 들볶다. 징계하다. ❸ 名 억제. 자제. 자중. ¶我的～是有限度xiàndù的｜나의 자제심에도 한도가 있는 것이다.

1【克(剋)〈尅〉】② kè kēi 이길극, 급할극 ❶ 動 극복하다. 제압하다. 이기다. 점령하다. ¶下～上｜하극상＝[克kè] ❷ 動 (날짜를) 정하다. (기한을) 정하다. (기일을) 한정하다. ¶～日完成｜날짜를 정하고 완성시키다. ¶～期动工｜기한을 정하고 착공하다＝[刻⑥] ❸ 소화하다. 소화시키다. ¶～食↓ ❹ 動 엄하다. 가혹하다. 모질게 굴다. ¶他～了我一顿｜그는 나에게 모질게 굴었다. ❺ 動 (성격·궁합 등이) 상극하다. ¶相生相～｜서로 돕고 서로 물리치다. ¶～星↓

Ⓑ kēi 動 口 ❶ (사람을) 때리다. 구타하다. ❷ 꾸짖다. 질책하다. 비판하다. ¶挨āi了～了｜꾸중을 듣다.

Ⓐ kè

【克斤扣两】kè jīn kòu liǎng 成 ❶ 사소한 것까지도 따지다. ❷ 자잘한 것까지도 간섭하다.

【克扣】kèkòu 動 ❶ (재물을) 가로 채다. 떼어먹다. ¶～下属的薪水｜부하 직원의 월급을 떼어먹다＝[俗 掯kèn扣]→[扣除] ❷ 억제하다. 엄격하게 대하다.

【克食】kèshí 動 소화를 돕다. 소화가 잘 되게 하다. ¶吃水果可以～｜과일을 먹으면 소화를 도와준다.

【克死】kèsǐ 動 한 쪽의 운(運)이 세어서 다른 쪽을 압도하여 죽음에 이르게 하다 [부부·친자(親子)사이에 쓰임] ¶据说他是被他命硬的妻子～的｜소문에 의하면 그는 운이 억센 그의 마누라 때문에 죽었다고들 한다.

【克星】kèxīng 名 ❶ (오행의 상생상극(相生相剋)의 원리에서) 운명적으로 상극(相克)인 사람. ❷ 轉 貶 적수(敵手). 천적.

【克择】kèzé 書 動 길일(吉日)을 고르다.

【氪】kè (크립톤 극)
名〈化〉화학 원소 명. 크립톤(Kr ; krypton) [희가스(稀gas)원소]

1【刻】kè 새길 각
❶動 새기다. 조각하다. ¶～图章 | 도장을 새기다. ❷量 15분 [옛날, 물시계로 시간을 잴 때, 하루를 「百刻」로 나누었음. 지금은 15분(分)을 「一刻」라 함] ¶上午十点一～开车 | 오전 10시 15분에 발차한다. ❸가혹하다. 냉혹하다. 박정하다. ¶待人太～ | 사람을 대하는데 너무 가혹하다. ❹시간. 시각. ¶此～ | 지금. 현재. ❺(정도가) 극심하다. ¶深～ | 심각하다.

【刻板】kè/bǎn ❶動 판목(版木)에 새기다 =〔刻版〕❷(kèbǎn) 形 喩 판에 박은 듯하다. 융통성이 없다. ¶这个人好～ | 이 사람은 대단히 융통성이 없다. ¶过～似的单调日子 | 판에 박은 듯한 단조로운 나날을 보내다.

【刻本】kèběn ⇒〔板本〕

【刻薄】kè·bó ❶形 (사람을 대하는 것이나 말이) 각박하다. 냉혹하다. 몰인정하다. ¶尖酸～ | 가혹하고 박정하다. ¶～成家, 理无久享 | 諺 각박하게 집안을 이루면 오래도록 행복을 누릴 수가 없다. 남을 울려서 얻은 것은 오래가지 않는다. ❷形 인색하다. 째째하다. ❸形 方 (말을) 빈정대거나 풍자조이다. ❹動 가혹하게 대하다. 빈정대다. 빗대어 욕하다. ¶他一点儿也不～老百姓 | 그는 조금도 백성들을 가혹하게 대하지 않는다 ‖ =〔刻峭〕〔峭qiào刻〕〔峭薄〕〔锲薄〕

【刻不容缓】kè bù róng huǎn 成 일각도 지체할 수 없다. 한시도 미룰 수 없다. ¶抗洪工作～ | 홍수를 막아 내는 일은 한시도 지체할 수 없다.

【刻刀】kèdāo 名 조각칼.

【刻毒】kèdú 形 ❶(말이) 박정하고 악랄하다. 냉혹하고 잔인하다. ¶你的话真～ | 네 말은 정말 이지 냉정하고 잔인하다. ❷方 화가 나다. 성이 나다.

【刻度】kèdù 名 (용기·기구의) 눈금.

【刻符】kèfú 名 각부. 진서(秦書) 8체(體)의 하나 [부절(符節)에 새긴 데서 유래한 말]

【刻骨】kègǔ 書 動 뼈에 사무치다. 깊이 아로새기다. 가슴에 새기다. (고마움·증오의 마음이) 극도에 달하다. ¶～仇恨 | 뼈에 사무친 원한.

【刻骨铭心】kè gǔ míng xīn 成 喩 각골 명심하다. 마음속 깊이 아로새기다. ¶这次失恋成了他～的痛苦记忆 | 이 번 실연은 마음속 깊이 고통스런 기억으로 아로 새겨졌다 =〔镂骨铭心〕〔刻骨镂心〕

【刻画】kèhuà 動 (인물의 형상·성격 등을) 묘사하다. 형상화하다. ¶～入微 | 미세한 부분까지 묘사해 내다. ¶鲁迅先生成功地～了阿Q这个形象 | 노신 선생은 아큐라는 (인물)형상을 성공적으로 묘사하였다 =〔刻划②〕

2【刻苦】kèkǔ ❶動 고생을 참아내다. 몹시 애쓰다. ¶他学习很～用功 | 그는 면학에 고생을 참아내며 열심히 노력한다. ¶～耐nài劳 | 成 각고정려(刻苦精勵)하다. 애써 노고에 견디다. ❷形 소박하다. 검소하다. ¶他的生活很～ | 그의 생활은 매우 검소하다. ❸動 方 가혹하게 다루다. 학대하다. 고통을 주다.

【刻蜡版】kè làbǎn 動組 등사 원지에 글을 쓰다 =〔刻钢板〕〔写腊纸〕〔写钢板〕

【刻丝】kèsī ⇒〔缂kè丝〕

【刻下】kèxià 書 名 목하(目下). 현재 =〔目mù下〕

【刻写】kèxiě 動 ❶밀랍지 위에다 철필로 글씨를 쓰다. ❷(감정·정서 등이) 새겨져 있다 =〔刻印②〕❸(비석 따위에) 글자를 새기다.

【刻意】kèyì 動 ❶(지혜·노력 등을) 다 짜내다. 고심(苦心)하다. ¶～求工 | 고심하여 정교한 것을 구하다. ❷욕망을〔욕구를〕억제하다.

【刻印】kèyìn ❶動 판각하여 인쇄하다. ¶～宣传品 | 선전품을 판각하여 인쇄하다. ❷⇒〔刻写②〕❸動 마음에 (아로)새기다. ❹(kè/yìn) 動 인장을 새기다.

【刻舟求剑】kè zhōu qiú jiàn 成 각주구검. 시세의 변화를 살피지 못하고 어리석은 행동을 하다. 융통성이 없어 사태의 변화를 모르다 =〔刻舷求剑〕〔契舟求剑〕

【刻字】kè/zì ❶動 글자를〔도장을〕새기다. ¶～匠jiàng | 글자를 새기는 장인. ¶～店 | 도장포. ¶～器 =〔冲chòng字机〕| 각자기(刻字器)(letter punch). ❷(kèzì) 名 새긴 글자.

3【客】kè 손 객
❶名 ⓐ 손님. ¶请～ | 손님을 초대하다. 한턱내다 ⇔〔主zhǔ①〕ⓑ (상점 등의) 손님. 고객. ¶乘～ | 승객. ¶～满↓ ❷量 方 분 [식품·음료 따위의 몫이 되는 분량] ¶一～客饭 | 정식 1인분. ❸손님. 여객(旅客). ¶旅～ | 여행자. ¶顾～ | 고객. 손님. ¶～店↓ ❹외지(外地). ¶～死↓ ¶～队↓ ❺어떤 일이나 활동을 하는 사람. ¶政～ | 정객. ¶刺～ | 자객. ❻객관. ¶～观↓ ❼(Kè) 名 성(姓).

【客帮】kèbāng 名 ❶황무지에 와서 그룹을 이루고 있는 떠돌이 상인. ❷타지방에 거주하는 동향인의 조직단체 [상해의「广东帮」「宁波帮」따위] =〔外帮①〕⇔〔本běn帮〕

【客舱】kècāng 名 (배나 비행기의) 선실 객실. ¶～内没有暖气 | 객실내에는 난방이 되어 있지 않다 =〔座舱〕

【客车】kèchē 名 ❶객차 [「货huò车」나「专zhuān车」와 구별하여 말함. 철도의「客车」에는「餐车」「邮车」「行李车」등이 포함됨] ❷대형 승용차 [버스 따위] ❸簡 보통 열차 [「普通旅客列车」의 약칭] =〔慢车〕

【客船】kèchuán 名 여객선.

【客串(儿)】kèchuàn(r) 動 ❶아마추어 연기자가 임시로 전문 극단에 참가하여 연기를 하다. 轉 초보자가 전문인 집단에 들어가다. ❷본직(本職) 외에 다른 직을 맡다.

【客店】kèdiàn 名 여인숙. 규모가 작은 여관 =〔客寓①〕→〔旅lǚ馆〕

【客队】kèduì 名〈體〉원정팀. 초청팀 ⇔〔主队〕

【客饭】kèfàn 名 ❶정식. ¶在菜馆吃～ | 식당에서 정식을 먹다. ❷(기관·단체 등의 식당에서) 손님에게 임시로 해주는 식사.

【客房】kèfáng 名 ❶객실(客室). ¶～服务 | 룸 서

비스(room service) ❷近 응접실 =〔客室〕〔客屋〕
【客官】kèguān 名近敬 (여관·음식점·극장따위의) 고객. 손님. ¶请问~要吃什么酒? | 손님 무슨 술을 드시겠습니까?
3【客观】kèguān 名形 객관(적이다). ¶他的看法很~ | 그의 견해는 대단히 객관적이다 ⇔〔主观〕
【客户】kèhù 名 ❶ (당·송 이전에) 타지(他地)에서 이주(移住)하여 지주에게 고용된 소작농 =〔粤 客家②〕⇔〔主zhǔ户〕 ❷ 고객. 거래처. ❸ 호적(戶籍).
【客话】kèhuà ❶ ⇒〔客套话(儿)〕 ❷ ⇒〔客家话〕
【客货】kèhuò 名 ❶近 타지방에서 온 화물. 외래 상품. ❷ 승객과 화물. ¶~船 =〔客货轮〕| 화객선.
【客机】kèjī 名 여객기. ¶歹徒劫持了一家~ | 악한들이 여객기 한 대를 납치하였다.
【客籍】kèjí 名 ❶ 임시 거주지. 현주소 →〔原籍〕 ❷ 외지 사람. 타향인.
【客家】Kèjiā ❶ 名 객가(족) [서진(西晉) 말년과 북송(北宋) 말년에 황하(黃河) 유역에서 점차 남방(南方)으로 이동한 종족. 지금은 광동(廣東)·복건(福建)·광서(廣西)·강서(江西)·호남(湖南)·사천(四川)·대만(臺灣) 등지에 거주함] ❷ (kèjiā) ⇒〔客户①〕
【客家话】Kèjiāhuà 名〈言〉 객가어 =〔客话②〕
【客里空】kèlǐkōng 名喩 ❶ 객관적 사실과 다르게 허위(虛僞)로 조작·날조된 신문 보도. ❷ 거짓말을 잘하며 성실하지 못한 사람.
【客流】kèliú 名 승객의 유동량. ¶~高峰 | 러시 아워(rush hour).
【客轮】kèlún 名 여객선.
【客满】kèmǎn 名形 만원(滿員)(이다). ¶上班时公车~, 坐不上去 | 출근할 무렵에는 버스가 만원이어서 탈 수가 없다.
【客票】kèpiào 名 ❶ 승차권. 항공권. ❷〈演映〉 옛날 극장의 무료 우대권.
1【客气】ⓐ kè·qi ❶ 形 예의가 바르다. 정중하다. 공손하다. ¶他对人很~ | 그는 남에게 아주 공손하다. ❷ 形 겸손하다. ¶你说得太~了 | 말씀이 너무 겸손하십니다. ❸ 書 形 마음이 진실하지 못 하다. 성의가 없다. ¶~虚张 | 성의가 없이 허세를 부리다. ❹ 動 사양하다. ¶别~! | 사양하지 마십시오. ¶他~了一番, 把礼物收下了 | 그는 한 번 사양하고는 선물을 받았다. ❺ 動 인사말을 하다. ¶他跟老太太~了几句 | 그는 노부인과 몇 마디 인사말을 나누었다.
ⓑ kèqì 書 名 객기.
【客卿】kèqīng 書 名 ❶ 타국 출신으로 그 나라에서 관리가 된 사람. ❷ 당대(唐代) 홍려관(鴻臚)의 다른 이름.
【客情(儿)】kèqíng(r) 名 친절한 마음(으로 하는 것). ¶我帮你的忙是~, 不是本分 | 내가 너를 도와주는 것은 친절한 마음에서 우러나와서이지 의무감에서가 아니다.
2【客人】kè·rén 名 ❶ 손님. ¶他请了一桌子~ | 그는 손님을 한 상 초대하였다. ❷ 나그네. 길손. 여행자. ❸ 행상(行商).
【客死】kèsǐ 書 動 객사하다. 타향에서 죽다. ¶~他乡 | 타향에서 객사하다.
【客随主便】kè suí zhǔ biàn 成 손님이 주인 하자는 대로 따르다.
【客岁】kèsuì 書 名 작년. 지난 해.
【客堂】kètáng 名 方 손님을 모시는 방. 객실. 응접실 =〔客厅〕
【客套】kètào ❶ 名 사양하는 말. 인사치레말. ¶咱们俩是老朋友, 还讲~什么? | 우리들은 절친한 사이인데, 무슨 인사치레 말인가? =〔客套话(儿)〕〔客套语〕 ❷ 名 사양. 겸손. ❸ 動 사양하는 말을 하다. ¶彼此~了几句 | 서로 몇 마디 사양하는 말을 했다.
【客套话(儿)】kètàohuà(r) 名 겸손해 하는 말. 인사말 [예를 들어「借光」「慢走」「留步」따위] ¶他很会说~ | 그는 인삿말을 아주 잘 한다 =〔客套①〕〔客话①〕
【客体】kètǐ 名 (주체에 대한) 객체 ⇔〔主体〕
3【客厅】kètīng 名 객실. 응접실 =〔客堂〕〔客室〕
【客土】kètǔ 名 ❶〈農〉 객토. ❷ 書 객지. 타향 =〔客地〕
【客星】kèxīng 書 名 중국 고대에 신성(新星)과 혜성(彗星)을 가리키던 말.
【客姓】kèxìng 名 동성(同姓) 마을에 섞여 사는 다른 성. ¶这个村大都是~ | 이 마을의 대부분은 다른 성을 가진 사람들이다.
【客运】kèyùn 名 여객 운송(업무). ¶~量 =〔客流量〕| 여객 수송량. ¶~公司 | 여객 회사.
【客栈】kèzhàn 名 옛날의 여인숙 [시설이 좋지 않으며 창고업이나 운수업을 겸하기도 함] →〔旅馆〕
【客座(儿)】kèzuò(r) 名 ❶ 객석. 좌석. ❷ 轉 객실. 응접실.
【客座教授】kèzuò jiàoshòu 名組 객좌〔객원〕교수.

【恪】kè 삼갈 각
書 動 정성을 다하여 공경하다. 신중하다. ¶~守↓ ¶~动 | 정성껏 부지런히 힘써 일하다.
【恪守】kèshǒu 動 준수하다. 엄수하다. 충실히 지키다. ¶~规章 | 규칙을 준수하다 =〔恪遵〕
【恪守不渝】kè shǒu bù yú 成 엄수하여 조금도 변함이 없다. 변함없이 지키다.

1【课(課)】kè 매길 과, 일 과
❶ 名 수업. 강의. ¶上~ | 수업을 하다. ❷ 名 수업 과목. ¶共有八门~ | 모두 8과목의 수업이 있다. ❸ 名 수업의 시간. ¶一节~ | 한 시간의 수업. ❹ 名 과(課) [기관·학교 등의 행정상의 단위] ¶会计~ | 회계과. ❺ 量 과(課) [교과서 따위의 한 단락] ¶第一~ | 제1과. ❻ 動 (세금을) 부과하다. ¶~以重税 | 무거운 세금을 부과하다. ❼ 옛날, 세금의 일종. ¶国~ | 국세.
1【课本(儿)】kèběn(r) 名 교과서 =〔教科书〕
【课表(儿)】kèbiǎo(r) 名 강의〔수업〕 시간표 =〔功课表〕
2【课程】kèchéng 名 ❶ (교육) 과정. 커리큘럼(curriculum). ¶~表 | 교과 과정표. ❷ 書 세금으로 바치는 돈이나 물건.
【课后】kèhòu 名 방과 후. 수업이 끝난 후.

【课间】kèjiān 名 수업과 수업 사이. ¶～休息｜수업 사이의 휴식. ¶～操｜수업 사이에 하는 체조.
【课卷】kèjuàn 名 ❶ (작문·리포트 등의) 숙제. 과제(물)→〔试卷〕❷ 연습장.
【课时】kèshí 名 강의〔수업〕 시간. ¶一周担任六～｜일주일에 여섯 시간을 강의하다. ¶～计划｜교수안. 교수 계획.
【课税】kè/shuì ❶ 動 세금을 부과하다. ¶课以重税｜무거운 세금을 부과하다. ❷ (kèshuì) 名 과세.
3【课堂】kètáng 名 교실. ¶～讨论｜학습토론. 세미나 ＝〔课室〕〔教jiào室〕
【课题】kètí 名 과제. ¶研究不少新～｜많은 새로운 과제를 연구하다.
【课外】kèwài 名 과외. ¶～活动｜과외 활동. ¶～辅导｜과외 지도.
1【课文(儿)】kèwén(r) 名 ❶ 교과서 중의 본문. ❷ 교과서의 연습용 문장.
【课业】kèyè ❶ 名 수업. 학업. ❷ 書 면학에 힘쓰다. 학문을 하다.
【课余】kèyú 名 과외. 수업외. ¶～常常到西湖去钓过鱼｜과외 시간에는 종종 서호에서 낚시를 하곤 했다.
【课桌】kèzhuō 名 교탁.

【骒(騍)】kè 암말 과
⇒〔骒马〕

【骒马】kèmǎ 名 方 암말. ¶～上不了阵｜諺 암말은 전쟁터에 나가지 않는다. 轉 능력이 모자라는 사람에게 큰 일을 맡기지 않는다 ＝〔课马〕〔母马〕

【锞(錁)】kè 덩어리 과
⇒〔锞子〕

【锞子】kè·zi 名 ❶ (옛날, 화폐로 쓰이던) 작은 금·은괴. ¶银～｜은괴. ❷〈演映〉높이 뛰어 올라 공중제비를 하고 등허리부터 떨어지는 곡예.

【嗑】kè xiā kē 말많을 합

Ⓐ kè ❶ 動 (이빨로) 깨물다. 갉아먹다. ¶～瓜子儿｜(호박씨·수박씨 등을 앞 이빨로) 까먹다〔깨물어서 먹다〕. ¶老鼠把箱子～破pò了｜쥐가 상자를 갉아 망가뜨렸다 ＝〔磕kē②〕❷ ⇒〔嗑牙〕
Ⓑ xiā ⇒〔嗑嗑〕
Ⓒ kē ⇒〔唠lào嗑(儿)〕
【嗑牙】kèyá ⇒〔磕kē牙〕
【嗑嗑】xiāxiā 書 狀 함부로 지껄이다. 함부로 웃다.

【溘】kè 갑자기 합

書 ❶ 副 돌연. 갑자기. ¶～逝↓ ❷ 擬 철벅 [물소리] ¶飞下双鸳鸯, 塘水声～～｜원앙새 한 쌍 날아 내려오니 못의 물은 철벅철벅. ❸ 形 싸늘〔쌀쌀〕함을 형용. ¶沙 十里寒～～｜십리의 모래 둔턱이 싸늘하게 가로질러 있다.
【溘然】kèrán 書 副 갑자기. 돌연히.
【溘逝】kèshì 書 動 갑자기 죽다 ＝〔溘然长逝〕

【缂(緙)】kè 수놓을 혁
⇒〔缂丝〕

【缂丝】kèsī 名〈美〉❶ 자수(刺繡). ❷ 자수품(刺繡品) ‖ ＝〔刻丝〕〔克丝〕

kēi ㄎㄟ

【抠】kēi ☞ 抠 kōu Ⓑ

kěn ㄎㄣˇ

2 **【肯】** kěn 즐거이할 긍, 뼈에붙은살 긍

❶ 動 동의하다. 승낙하다. 수긍하다. ¶首～｜수긍하다. ¶他已经千～万～了｜그는 이미 수없이 승낙했다. ❷ 能 …하고 싶다. 원하다. 기꺼이 …하다. 어법 「要」보다는 소극적이며, 부정은「不肯」이고,「会」다음에 쓰이기도 함. ¶他～不～来｜그가 오려고 하니? ¶很～动脑筋｜매우 머리 쓰기를 좋아한다. ❸ 能 方 곧잘 …하다. …하기 쉽다. ¶这几天～下雨｜요 며칠 동안은 곧잘 비가 내린다. ¶他～开玩笑｜그는 곧잘 농담을 한다 ＝〔常〕〔爱〕 어법「不肯不」는「肯」의 뜻이 아니고「一定要」(반드시 …하려 하다)의 뜻임. ¶我劝他别去, 可是他不肯不去｜나는 그에게 가지 말라 하여도, 그는 반드시 가려고 한다. ❹ 뼈에 붙어있는 살코기. ¶～綮↓ ❺ 喻 아주 중요한〔관건이 되는〕 부분. ¶中zhòng～｜정곡을 찌르다. 말이 정확하게 들어맞다.
2【肯定】kěndìng ❶ 動 긍정하다. 인정하다. 단언하다. ¶～别人的意见｜다른 사람의 의견을 긍정하다. ¶他今天来不来不能～｜그가 오늘 올지 안 올지 단언할 수 없다. ❷ 形 긍정적이다. ¶我问他赞成不赞成, 他的回答是～的｜내가 그에게 찬성할 것인가 안 할 것인가 물으니, 그의 대답은 긍정적이었다 ‖ ⇔〔否fǒu定〕❸ 形 확실하다. 틀림없다. 명확하다. ¶请给一个～的答复｜확실한 회답을 주십시오. ¶这里面～有鬼｜여기에 틀림없이 도깨비가 있다. ❹ 名 긍정. ¶～命题｜〈論〉긍정 명제. ¶～性｜긍정적.
【肯干】kěngàn 形 자발적이다. ¶小王很～, 可是方法不当｜왕군은 대단히 자발적이긴 하지만 방법이 옳지 않다.
【肯尼迪】Kěnnídí 名 外〈人〉케네디(J.F.kennedy, 1917～1963) [미국의 제35대 대통령]
【肯尼亚】Kěnníyà 名 外〈地〉케냐(Kenya) [아프리카 동부에 위치한 나라. 수도는「内罗毕」(나이로비;Nairobi)] ＝〔干Gān鸦〕〔怯Qiè尼亚〕
【肯綮】kěnqìng 書 名 뼈와 근육이 접한 곳. 轉 핵심. 요소. 급소 ¶深中zhòng～ ＝〔中肯〕〔深入肯綮〕｜成 급소를 찌르다.
【肯堂肯构】kěn táng kěn gòu 成 터도 닦고 집도 세우다. 부업(父業)을 계승할 수 있게 되다. 대를 이어 나가다 ＝〔肯构肯堂〕
【肯特基】Kěntèjī 名 外 켄터키(Kentucky) [닭고기 음식의 상표명] ＝〔肯德基〕

【啃】kěn kèn 깨물 간

Ⓐ kěn 動 ❶ 쏠다. 갉아먹다. 물어뜯다. 깨물다. ¶老鼠把抽屉～坏了｜쥐가 서랍을 갉아 망가졌다. ¶狗～骨头｜개가 뼈를 물어뜯다. ❷ 喻 …에만 매달리다. 몰두하다. …만 하다. ¶抱着书本儿～｜책에만 몰두하고 있다 ＝〔龈kěn〕
Ⓑ kèn 動 京 먹다. ¶白～他几顿嘴头子食｜공짜로 몇 번 그의 집 밥을 먹었다.

Ⓐkěn

【啃不动】kěn·bu dòng 動組 ❶(딱딱하거나 이가 약해서) 씹을〔물어뜯을〕 수 없다. ❷(맞해결하기) 벅차서 감당할 수 없다. 힘에 겨워하다. ¶这个难题谁都～ | 이 난제는 아무도 감당할 수 없다 ⇔〔啃得动〕

【啃不下】kěn·bu xià 動組 ❶(배불러서) 먹을 수 없다. ❷이해할 수 없다 ‖ ⇔〔啃得下〕

【啃骨头】kěn gǔ·tou 動組 ❶뼈를 갉다. ❷(차분〔침착〕하게) 어려운 문제에 대처하다. 곤란을 극복하기 위해 노력하다. ¶只要有～的精神, 就能有成功的希望 | 곤란을 극복하기 위해 노력하는 정신만 있다면 성공할 희망은 있는 것이다. ❸공략하기 어려운 것을 공격하다.

【啃青】kěnqīng 動 ❶ 方 (곡식을) 풋바심해 먹다. ❷ 近 가축이 어린 싹을 먹다.

【啃书】kěnshū 動 台 책에 빠지다. 책에 몰두하다.

【啃书本(儿)】kěn shūběn(r) 動組 독서에 전념하다. 공부에 애쓰다. ¶他只知～, 家里的事一点儿也不关心 | 그는 공부에 애쓸줄만 알았지 가사에는 조금도 관심이 없다.

【垦(墾)】 kěn 개간할 간

動 개간하다. (땅을) 일구다. ¶开～荒地 | 황무지를 개간하다.

【垦地】kěndì ❶動 땅을 일구다. 개간하다. ¶一开春就去～ | 봄이 되자마자 땅을 일군다. ❷名 개간한 토지.

【垦荒】kěnhuāng 動 황무지를 개간하다.

【垦田】kěntián ❶動 개간하여 논밭으로 만들다. ❷名 개간하여 만든 논밭.

【恳(懇)】 kěn 정성 간, 간절히 간

❶形 정성스럽다. 간절하다. ¶～求↓ ¶诚～ | 성의 있고 간절하다. ¶意诚辞～ | 成 뜻이 성의가 있고 말이 간절하다. ❷動 부탁하다. 요청하다. 간청하다. ¶敬～ =〔奉fèng恳〕〔奉求〕 | 공손히 간청하다. 정중히 부탁하다. ¶转～ | 남을 통해 부탁하다.

【恳辞】kěncí 動 완곡하게 사양하다. ¶老刘～了工会主席一职 | 유씨는 노조의 주석직을 완곡하게 사양하였다.

【恳祈】kěnqí 書 動 간절히 빌다.

【恳切】kěnqiè 形 ❶(태도·말씨가) 간절〔간곡〕하다. 진지하다. 성의가 있다. ❷정중〔공손〕하다.

【恳请】kěnqǐng 動 간청하다. ¶～原谅 | 양해해 주실 것을 간청합니다.

【恳求】kěnqiú 動 간절이 원하다. 간청하다. ¶～您老人家高高手儿, 让我过关 | 관대히 봐주시어 관문을 통과할 수 있도록 어르신께 간청드립니다.

【恳谈】kěntán 動 간담하다. 정답게 애기하다.

【恳挚】kěnzhì 書 形 (태도나 말씨가) 성실하고 진지하다. 친절하고 성의 있다. ¶词意～动人 | 말이 성실하고 진지하여 사람을 감동시킨다.

【龈】 kěn ☞ 龈 yín Ⓑ

kèn ㄎㄣˋ

【裉〈褙〉】 kèn 솔기 긍

名 (웃옷의) 겨드랑이 밑의 솔기. ¶煞shā～ | 옷소매를 달다. ¶抬tái～ | 어깨에서 겨드랑이 밑까지의 치수. ¶腰～ =〔腰围〕 | 허리둘레의 치수.

【啃】 kèn ☞ 啃 kěn Ⓑ

【掯】 kèn 억누를 긍

動 方 ❶억누르다. 압박하다. 억지로 강요하다. ¶～留 | 억지로 머물게 하다. 억류하다. ¶逼bī～ | 강박하다. 강요하다. ¶勒lēi～ | 구속하다. 우물쭈물하다. ❷질질 끌다. 어물어물하다. 주저주저하다. ¶～口说话 | 어물어물 이야기하다.

【掯价】kènjià 動 값을 흥정하다. ¶你不要再～ | 너 다시 값을 깍으려 들지 마라.

【掯手】kènshǒu 動 주저하다. 우물쭈물하다.

kēng ㄎㄥ

【吭】 kēng háng 목 항

Ⓐkēng 動 소리를 내다. 말하다. ¶一声也不～ | 한마디도 말하지 않다.

Ⓑháng 名 〈生理〉 목구멍. 목청. 목소리. ¶引～高歌 | 목청을 돋구어 소리높이 노래하다 =〔颃②〕→〔喉hóu咙〕

【吭吭吃吃】kēng·keng chīchī 貶 당황하여 어쩔 줄 모르다. ¶他红着脸～地说 | 그는 얼굴을 붉히고 어쩔 줄 몰라하며 말했다 =〔啃kēn啃哧哧〕

【吭气(儿)】kēng/qì(r) 動 소리을 내다. 입을 열다 [흔히 부정으로 쓰임] ¶不对这种不合理的事儿, 居然谁也不～ | 이러한 불합리한 일에 대해서 뜻밖에 아무도 입을 열지 않았다. 〔吭声(儿)〕

【吭声(儿)】kēng/shēng(r) ⇒〔吭气(儿)〕

3【坑〈阬〉】 kēng 구덩이 갱

❶(～儿, ～子) 名 구멍. 구덩이. ¶水～ | 물웅덩이. ¶泥～ | 진흙 구덩이. ¶挖wā～ | 구덩이를 파다. ¶粪～ | 분뇨 구덩이. ❷名 지하도. 갱도. 땅굴. ¶矿～ | 갱도. ¶～道↓ ❸動 곤경〔함정〕에 빠뜨리다. 모해하다. ¶～人↓ ¶你别～人了! | 다른 사람을 곤경에 빠뜨려선 안돼! ❹ 書 動 (사람을) 생매장하다. ¶焚书～儒 | 분서갱유 [진(秦)의 시황제(始皇帝)가 책을 불사르고 유학자(儒學者)를 생매장했던 일] ❺(Kēng) 名 성(姓).

【坑边纸】kēngbiānzhǐ 名 뒤지·포장지에 쓰이는 황갈색을 띤 (약간 두껍고 꺼끌꺼끌한 느낌을 주는) 종이 [절강성(浙江省)에서 생산됨] =〔草纸〕

【坑道】kēngdào 名 ❶〈鑛〉 갱도. 지하도. ❷〈軍〉 참호. 교통호. ¶～战 | 참호전.

【坑害】kēnghài 動 해치다. 괴롭히다. 곤경에 빠뜨리다. 음해하다. ¶这本黄色小说不知～了多少青年 | 이 에로소설이 얼마나 많은 청소년들을 해쳤는지 모른다 =〔倾qīng害〕

【坑井】kēngjǐng 名 〈鑛〉 갱도와 수갱(竪坑)

【坑坑洼洼】kēng·kengwāwā 貶 울퉁불퉁하다. ¶路面～的, 不好走 | 길바닥이 울퉁불퉁하여 걷

기 힘들다 =〔坑坑坎坎(的)〕

【坑苦】kēngkǔ 動 사람을 몹시 괴롭히다. 사람을 (함정에 빠뜨려) 괴롭히다.

【坑蒙拐骗】kēng mēng guǎi piàn 成 사람을 곤경에 빠뜨리고, 물건을 빼앗고 기만하다. ¶这个人~样样都干 | 이 사람은 남을 곤경에 빠뜨리고 물건을 빼앗고 기만하는 등 못하는 짓이 없다.

【坑木】kēngmù 名〈鑛〉갱목.

【坑骗】kēngpiàn 動 (사람을) 속여서 손해를 입히다〔피해를 끼치다〕. ¶~国家的行为 | 국가에 손해를 끼치는 행위.

【坑人】kēngrén 動 方 ❶ 사람을 함정〔곤경〕에 빠뜨리다. 속여서 손해보게 하다. ¶你再也不许~了 | 남을 곤경에 빠뜨리는일은 다시는 용서하지 않겠다. ❷ 사람을 슬프게 하다. ¶这孩子养到这么大死了, 真~哪! | 이 아이를 이렇게 클때까지 키웠는데 죽다니 정말 사람 마음을 슬프게 한다! ❸ 이유없이 죄를 뒤집어 씌우다. ❹ 近 사람을 살해하다.

【坑子】kēng·zi 名 近 구덩이. 웅덩이. ¶水~ | 물구덩이.

【硁(硜)〈䃘〉】 kēng 돌소리 갱

⇒〔硁硁〕

【硁硁】kēngkēng ❶ 擬 탁탁. 쿵쾅 [돌이 부딪치며 나는 소리] ❷ 書 狀 소견이 좁다. 옹졸하다. ¶~自守 | 成 옹졸하고 고집스럽다.

【铿(鏗)】 kēng 거문고소리 갱, 칠 갱

❶ 擬 ⓐ 쨍강쨍강. 뎅그렁. 뎅뎅 [금속 등이 부딪혀 나는 소리] ¶~的一声 | 뎅그렁 하는 소리. ⓑ 뚱땅 [거문고나 피아노 따위의 연주 소리] ¶琴声~~ | 거문고 소리가 뚱땅뚱땅 울리다. ❷ 書 動 치다. 때리다. ¶~钟 | 종을 치다.

【铿锵】kēngqiāng 書 擬 아름답게 울리는 악기 소리. 곱고 낭랑한 소리. ¶~有力的回答 | 곱고 낭랑하며 힘있는 대답.

【铿然】kēngrán 書 狀 소리가 (잘 울려) 맑고 힘차다. ¶溪水奔流, ~有声 | 시냇물이 세차게 흘러 콸콸 소리가 난다.

kōng ㄎㄨㄥ

2【空】 kōng kòng 하늘 공, 빌 공

Ⓐ kōng ❶ 形 (텅) 비다. (속에) 내용물이 없다. ¶~碗 | 빈 그릇. ¶他是~着手去的, 甚么也没带 | 그는 빈손으로 갔다, 아무것도 가지지 않고. ❷ 形 (글이나 말이) 내용이 없다. 공허하다. 실속없다. ¶这部电影剧内容很~ | 이 영화는 내용이 아무것도 없다. ❸ 副 헛되이. 부질없이. 공연히. ¶~过了一年 | 1년을 헛되이 지냈다. ¶叫~了 | 헛되이 부르다. 불러도 대답이 없다. ¶落~ | 허탕치다. ❹ 하늘. 공중. ¶天~ | 하늘. ¶领~ | 영공. ¶航~ | 항공. ❺ 실제와 맞지 않는. ¶~谈↓ ¶~想↓ ❻ 복성(複姓) 중의 한 자(字).

Ⓑ kòng ❶ 動 (시간·장소 등을) 비우다. 내다. 공백으로 하다. ¶~一个格 | 한 칸을 비우다. ¶~出一间房子 | 방 한 칸을 비우다. ¶~出一些时间来 | 약간의 시간을 내다. ❷ 形 (쓰지 않고) 비다. 비어 있다. ¶~白 | 공백. ¶~房 | 빈방. ¶~地 | 빈터. ¶车厢里~得很 | 객차 안이 텅 비어 있다. ❸ (~儿, ~子) 名 틈. 여가. 겨를. ¶有~儿着来 | 겨를이 있으면 다시 오겠다. ❹ (~儿, ~子) 名 틈새. 사이. 여백. ¶漏lòu了~ | 틈이 벌어졌다. ¶趁~ | 틈을 타다. ❺ (~子) 名 손(損). 결손(缺損).

Ⓐ kōng

【空白】ⓐ kōngbái 名〈電算〉블랭크(blank). 공백. ⓑ kòngbái 名 공백. 여백. 공란. ¶~部门 | 미개척 분야. ¶~支票 | 백지 수표. ¶~带 =〔空带〕 | 빈 녹음 테이프. ¶当时我脑子里一片~ | ① 당시 내 머리속은 텅텅 비어 있었다〔무지한 상태였다〕. ②당시 나의 뇌리에는 아무 기억도 없었다.

【空包弹】kōngbāodàn 名〈軍〉공포탄.

【空肠】kōngcháng 名 ❶〈生理〉공장. ❷〈植〉황금(黃芩). 속서근풀 =〔黄芩〕

【空场】kōngchǎng 名 공지(空地). 광장(廣場).

【空车】kōngchē 名 빈차. 공차. ¶跑~ | 빈차로 달리다. ¶拉~ | 빈차로 끌고 다니다.

【空城计】kōngchéngjì 名 성을 비우는 전술. 허장성세. 위급한 상황에서 상대방을 속이는 계책. ¶他们巧妙地唱了一出~, 让我们找不到要找的人 | 그들은 교묘하게 공성계(空城計)를 써서 우리가 찾으려는 사람을 찾아내지 못하게 하였다.

【空荡荡(的)】kōngdàngdàng(·de) ⓧ kōngdāngdāng(·de)) 狀 텅 비다. 쓸쓸하다. 황량하다. 허전하다. ¶马路上~的, 连个人影都没有 | 거리는 텅 비어, 사람의 그림자조차 보이지 않는다 =〔空荡〕〔空落落(的)〕

【空档】kōngdǎng 名〈機〉뉴트럴(neutral). (자동차 따위의 변속 기어에서) 중립의 위치 [기어의 연결부에 동력이 없는 위치]

【空洞】kōngdòng ❶ 名〈醫〉공동. ¶肺部的~ | 폐부의 공동. ❷ 形 내용이 없다. 공허하다. ¶~的理论 | 공허한 이론. ¶~无物 | 成 텅비다. 내용이 없다.

【空洞洞(的)】kōngdòngdòng(·de) 狀 공허하다. 텅 비다. ¶大厅里~, 没多少人参观画展 | 온 홀 텅 비어 있었고 시화전을 관람하는 사람은 얼마 되지 않았다.

【空乏】kōngfá 形 모자라다. 궁핍하다. 결핍되다.

【空翻】kōngfān 名〈體〉공중 회전〔돌기〕. ¶~两周 | 공중 이회전.

【空泛】kōngfàn 形 공허하다. 내용이 없다. ¶这篇文章语言~ | 이 문장에 사용된 말에는 내용이 없다.

【空防】kōngfáng 名 영공 수호. 방공(防空).

【空腹】kōngfù 名 공복 →〔空心(儿)ⓑ〕

【空谷足音】kōng gǔ zú yīn 成 인적 없는 산골짜기의 사람 발자국 소리. 반가운 소식이나 손님. ¶这使得她起了~似的欢喜 | 이것은 그녀에게 마치 인적 없는 산골짜기의 사람 발자국 소리 같은 환희를 불러 일으켰다.

【空喊】kōnghǎn ❶ 動 헛되이 외치다〔절규하다〕. ¶~口号 | 헛되이 구호만 외치다. ❷ 名 공허한

외침〔절규〕=〔空唤〕①〔空嚷〕
【空耗】kōnghào ❶動 헛되이 소모하다. 쓸데없이 낭비하다. ¶～时间｜시간을 헛되이 소모하다. ❷形書 궁핍하다. ¶国用～｜국가 재정이 궁핍하다.
【空话】kōnghuà 名 ❶ 공염불(空念佛). 공론(空論). 빈말. ¶～连篇｜威 온통 빈말만 잔뜩 늘어놓다 =〔空谈②〕 ❷方 잡담. 험담. 악담. ¶不要在背后说别人的～｜등 뒤에서 남의 험담을 하지 마라.
【空怀】kōnghuái 動 ❶ (꿈·생각·희망 등을) 헛되이〔부질없이〕품다. ¶～壮志｜큰뜻 을 헛되이 품다. 큰뜻을 품고 있으나 펼 기회가 없다. ❷ (kōnghuái) 〈牧〉 암놈이 새끼를 배지 못하다.
【空欢喜】kōnghuānxǐ ❶動 괜히〔헛되이〕 기뻐하다. ¶结果他～了一场｜결과적으로 그는 한 바탕 괜히 기뻐한 꼴이 되고 말았다. ❷名 부질없는〔헛된〕 기쁨.
【空幻】kōnghuàn ❶名 공상(空想). 환상(幻想). ¶～的希望｜공허한 희망. ❷形 공허하다. 헛되다.
【空寂】kōngjì 書形 텅비어 적막하다. 인적이 없고 적적하다. ¶街上～无人｜거리는 텅비어 적막하고 사람조차 없다 =〔空寥〕
【空际】kōngjì 名 천공(天空). 하늘(가). ¶球场上掌声和欢呼声洋溢～｜운동장의 박수 소리와 환호성이 하늘가에 울려 퍼지다.
【空架子】kōngjià·zi 名 ❶ (문장이나 조직·기구 등이) 단지 형식뿐이고 내용이 없는 것. ❷ 적빈(赤貧). 빈털터리. ❸ 허세(虛勢). 거드름. 으시댐. ¶他只搭了一个～｜그는 단지 으시댈 뿐이었다.
²【空间】kōngjiān 名 ❶ 공간. ¶～艺术｜공간 예술. ¶发展的～很大｜발전할 수 있는 공간이 대단히 크다. ❷ 우주 공간. ¶～科学｜우주 과학. ¶～探索｜우주 탐사. ¶～站｜우주 정류장→〔宇yǔ宙〕
【空间波】kōngjiānbō 名 공중 전파 =〔天波〕
【空间点阵】kōngjiān diǎnzhèn 名組 〈化〉 공간격자(空間格子) =〔晶体点阵〕
【空间图形】kōngjiān túxíng 名組 〈數〉 공간 도형 =〔几何图形〕
【空间站】kōngjiānzhàn ❶名 (과학 기술 연구용) 유인 우주선. ❷ 우주 정류장 =〔太tài空站〕
【空降】kōngjiàng 動 ❶ 비행기나 낙하산 등을 이용하여 땅에 내려 앉다. ❷ 〈軍〉 (사람·무기·물자 등을) 낙하산으로 떨어뜨리다. 공수(空輸)하다. ¶～兵=〔伞兵〕｜낙하산병→〔空投〕
【空降部队】kōngjiàngbùduì 名組 ❶ 〈軍〉 낙하산 부대. 공수 부대. ❷ 俗 낙하산식 인사로 들어온 사람 [인사원칙을 지키지 않고 상부에서 배정한 인사]
【空姐】kōngjiě 名 스튜어디스 =〔空中小姐〕
³【空军】kōngjūn 名 〈軍〉 공군. ¶～基地｜공군기지.
【空空】kōngkōng ❶形 텅 비다. 아무 것도 없다. 빈털털이다. ❷名方 여가(餘暇). 한가한 틈. ❸書名 허심. ❹書名 미묘(微妙)한 이치.
【空空儿】kōngkōngr ❶名俗 도둑의 다른 이름. ❷ (～的) 副 빈손으로. 아무것도 없이. ¶头一次去看望人家, 怎么好意思～呢!｜처음으로 어른을 찾아 뵙는데 어찌 빈손으로 가겠는가!
【空空如也】kōngkōngrú yě 威 텅 비어 아무것도 없다. 빈털털이다. 실속이 없다. ¶有些人喜欢夸夸其谈, 其实脑子里却是～｜어떤 사람들은 과장해서 말하기를 좋아하는데 알고보면 머리속은 텅 비어 아무것도 없는 사람일 수 있다.
【空口】kōngkǒu 名 ❶ (안주는 먹지 않고) 술만 마심. (반찬 없이) 밥만 먹는 것. ¶别～吃菜, 吃口饭呀｜반찬만 먹지 말고 밥도 먹어라. ❷ 빈말. 공담. 입에 발린 말. ¶～白话, 人家也许不信哩｜실천하지 못할 빈말만 하니 사람들이 아마 믿지 않을 걸.
【空口说白话】kōngkǒu shuō báihuà 諺 실천하지 못할 입에 발린 말만 하다.
【空口无凭】kōngkǒu wú píng 威 빈말만 하고 증거〔근거〕가 없다. 근거 없는 허튼 소리.
【空旷】kōngkuàng 形 광활하다. 훤하고 넓다. ¶砍掉了这棵树, 院里显着～一点儿｜이 나무를 베어내니 정원이 한결 훤해 보인다 =〔虛旷〕
【空廓】kōngkuò 書形 (일정한 장소가) 널찍하다. ¶～的大厅里什么也没有放｜널찍한 홀안에는 아무 것도 놓여 있지 않았다.
【空阔】kōngkuò 形 탁트이고 넓다. 광활하다. ¶高原上到处都是一样的～｜고원은 어느 곳이든 한결같이 광활하였다.
【空灵】kōnglíng ❶形 변화무쌍하다. 시문(詩文)이 생동적으로 쓰여 진부하지 않다. ¶我的笔写不出这～的妙景｜내 글솜씨로는 이렇게 변화무쌍한 절묘한 광경을 묘사해 낼 수 없다. ❷名 〈美〉 동양화에서 여백 처리로 신묘한 뜻을 나타내는 것.
【空论】kōnglùn 名 공론. 공허한 이론.
【空落落(的)】kōngluòluò(·de) ⇒〔空荡荡(的)〕
【空忙】kōngmáng 動 (일없이) 공연히〔괜히〕 바쁘다.
【空门】kōngmén 名 ❶ 불교. 불문. ¶遁入～｜속세를 피해 출가하다. ❷ 〈體〉 (축구 따위의) 무인지경. 골키퍼(goal keeper)가 없는 골문.
【空蒙】kōngméng 書形 (안개비 등이 내려) 희미하다. 뿌옇다. ¶山色～｜산색이 희미하다. ¶烟雾～｜연무가 자욱하다.
【空名】kōngmíng 名 공명. 허명(虛名). ¶为了一点～而奔累了一生｜한 점의 허명을 좇아서 평생을 바쁘게 뛰어 다녔다.
【空漠】kōngmò 形 ❶ (장소·광경 등이) 텅비어 고요하다. 허전하고 쓸쓸하다. ❷ (마음이) 혼미하다. 얼빠지다. 허허롭다 =〔空寞〕
【空难】kōngnàn 名 공중사고〔재난〕. 비행기 사고.
【空跑】kōngpǎo 動 헛걸음하다. 헛탕치다. ¶～了一趟｜한 차례 헛걸음하다.
¹【空气】kōngqì 名 ❶ 공기. ¶吸收新鲜的～｜신선한 공기를 마시다. ¶～槽cáo｜에어 탱크. ¶～炉｜반사로(反射爐). ¶～滤清器｜공기 여과기. ¶～塞门 =〔气嘴〕｜공기 마개. 에어콕(air cock). ¶～污染｜공기 오염. ¶～轴承｜공기

베어링(air bearing). ¶～冷却｜공기 냉각(air—cooling). ❷분위기. 여론(輿論). ¶会谈是在真诚和友好的～中进行的｜회담은 성의있고 우호적인 분위기 속에서 진행되었다.

【空气锤】kōngqìchuí 名 공기 해머(air hammer) =〔电动锤〕〔气锤〕

²【空前】kōngqián 形 공전의. 전대 미문(前代未聞)의. ¶～的新记录｜전대 미문의 신기록.

【空前绝后】kōng qián jué hòu 威 과거에도 없었고 앞으로도 없을 것이다. 전무후무(前無後無)하다. ¶这种盛况是～的｜이러한 성황은 전무후무한 것이다 =〔空前未有〕〔光前绝后〕

【空枪】kōngqiāng 名 공포(空砲). 빈 총. ¶放～｜공포를 쏘다. ¶扎～｜자본 없이 일을 하다. 허세를 부리다.

【空勤】kōngqín 名 (항공 부문의) 기내(機內)근무 ⇔〔地勤〕

【空情】kōngqíng 名〈軍〉공중의 상황. ¶通报～｜공중의 상황을 통보하다.

【空驶】kōngshǐ 動 ❶ (자동차 등이) 빈 차로 주행하다. ¶汽车又～了一圈｜자동차가 또 한 바퀴 빈 차로 주행하였다. ❷비행하다. ¶～里程｜비행 거리.

【空手(儿)】kōngshǒu(r) ❶名 맨손. 빈손. 무일푼. ¶～起家｜무일푼으로 집을 일으키다. 빈손으로 큰 일을 성취하다. ¶我总不能～去看望父母, 总得带一点儿礼物才成｜나는 결코 빈손으로 부모님을 찾아 뵈올 수는 없어, 그래도 약간의 선물은 준비해야 돼. ❷副 (글씨본·그림본 따위의) 견본〔실물〕 없이. ¶～画的画儿｜실물을 보지 않고 그린 그림.

【空疏】kōngshū 書 形 (학문·문장·의론 등이) 공소하다. 내용이 치밀하지 못하고 간략하다.

【空说】kōngshuō ⇒〔空谈〕

【空谈】kōngtán ❶動 빈〔헛〕말 하다. ❷名 공담. 공론. ¶纸上～｜지상 공론. 탁상 공론 =〔空话①〕〔空言〕‖ =〔空说〕〔空讲〕

【空调】kōngtiáo ❶名 냉난방〔공기〕 조절. ¶～症｜냉난방 지역에서의 장기간에 걸친 작업으로 발생되는 각종의 병 [더위·추위공포·두통·사지신경통·인후통 등이 있음] ❷⇒〔空调机〕

【空调机】kōngtiáojī 名〈機〉냉난방 조절기. 에어컨 =〔空调②〕〔空调器〕

【空桐树】kōngtóngshù 名〈植〉낙엽 교목의 일종 [잎은 호생하며 달걀 모양이고, 과실은 핵과로 긴 타원형이며 두상 화서(頭狀花序)임] =〔珙gǒng桐〕

【空投】kōngtóu 名 動 공중 투하(하다) →〔空降②〕

【空头】ⓐ kōngtóu ❶名 形 공매도(空賣渡)(의). 공매(의) [현물을 가지지 않는 채 차액의 이익을 목적으로 청산 거래하는 일] ¶～票据 =〔空票①〕〔通融票据〕｜공어음. ¶作～｜시세의 약세를 틈타 이익을 남기다 =〔空卖〕 ❷名 공매인(公賣人) ⇔〔多头〕 ❸形 유명 무실한. 이름뿐인. 허울뿐인. ¶～(人)情｜말로만 베푸는 인정. ¶～政治家｜공론(空論)만 일삼는 정치가. ❹⇒〔阿ā呆〕 ❺名 方 이야기. 고사(故事).

ⓑ kōng·tou 名 겉만 갖추고 속이 빔. ¶吃～｜가공의 인물을 만들어 놓고 봉급을 착복하다.

【空头支票】kōngtóu zhīpiào 名組 ❶〈經〉공수표. 부도수표. ❷喻 빈말. 거짓약속. ¶他的许诺都是～, 一样都兑现不了｜그의 약속은 모두가 공수표〔빈말〕이어서 한결같이 현금으로 바꿀 수가 없다〔약속을 실행하지 않는다〕

【空位】kōngwèi 名〈電算〉스페이스(space)

【空文】kōngwén 名 ❶ (법률·규정 따위의) 유명무실한 조문(條文). ¶规章制度成了一纸～｜규율과 제도가 한 장의 유명무실한 조문이 되어 버렸다 =〔具文①〕 ❷쓸데없는 글. 실용성이 없는 문장.

【空吸】kōngxī 名〈物〉흡입. ¶～泵｜흡입 펌프. ¶～管｜흡입 파이프.

【空袭】kōngxí 名 공습. ¶～警报｜공습 경보. ¶～系统｜방공 경보 시스템.

【空想】kōngxiǎng 名 動 공상(하다). 헛된 생각(을 하다). ¶～家｜공상가. ¶他老是～, 不去实行｜그는 늘 헛된 생각만 할 뿐 실행에 옮기지는 않는다.

【空心(儿)】ⓐ kōng xīn(r) ❶動 나무 줄기의 심(心)이나 채소의 속이 비어 있다. ¶这棵柳树空了心了｜이 버드나무는 속이 비었다. ❷形 속이 텅빈. 중공(中空)의. 공동(空洞)의. ¶～坝｜중공댐(中空dam)

ⓑ kòngxīn(r) ❶名 빈속. 공복(空腹). ¶这剂药～吃｜이 약은 공복에 먹는다. ¶～酒｜빈속에 마시는 술. ❷ (kòng xīn(r)) 動 배속을 비우다. 아무것도 먹지 않다 =〔空肚儿〕〔空镜儿〕

【空心菜】kōngxīncài 名〈植〉나팔꽃 나물. 옹채.

【空心莲子草】kōngxīn liánzǐcǎo 名組〈植〉물알데르난테라 [일년생 또는 다년생 초본 식물로 늪·도랑 따위에 자라며 돼지의 사료로 쓰임] =〔俗 水花生〕

【空心萝卜】kōngxīnluó·bo 名組 俗 台 겉과 속이 다른 사람.

【空心砖】kōngxīnzhuān 名〈建〉중공(中空) 벽돌. 공동(空洞) 벽돌.

【空虚】kōngxū ❶形 공허하다. 텅 비다. 무의미하다. 허전하다. ¶他精神～, 寻找各种肉体刺激｜그는 정신이 공허하여 여러가지 육체적 자극을 찾는다. ❷動 (상점이) 파산하다. 도산하다.

【空穴来风】kōng xué lái fēng 威 구멍이 있어야 바람이 불어 들어온다. 전혀 까닭〔근거〕없는 것이 아니다. 아니 땐 굴뚝에 연기 나랴.

【空运】kōngyùn 動 공수(空輸)하다. 항공 수송하다. ¶向灾区～了几百吨救济物资｜재해지역에 수백 톤의 구호물자를 공수하였다.

【空战】kōngzhàn 名〈軍〉공중전. 항공 작전. ¶～导弹｜〈軍〉대공미사일. A.A.M.

【空筝】kōng·zheng ⇒〔空钟·zhong〕

²【空中】ⓐ kōngzhōng 名 ❶공중. ¶鸟在～飞｜새가 공중에서 비상하다. ¶～鬼｜① 방사능을 함유한 비. ② 산성비. ¶～大学｜台 방송통신대학. ❷가공(架空). ¶～设想｜가공으로 생각

하다.
ⓑkōng·zhong⇒〔空钟·zhong〕
【空中楼阁】kōng zhōng lóu gé 成 사상누각. 신기루. 喩 공중에 누각을 짓는 것처럼, 근거 없거나 현실과 동떨어진 이론이나 계획 =〔海市蜃楼〕
【空中小姐】kōngzhōng xiǎojiě 名 (비행기의) 여승무원. 스튜디어스(stewardess) =〔空姐〕
【空钟】kōng·zhong 名 죽방울. 디아볼로(diabolo). 북의 동체와 비슷하게 생긴 완구. ¶抖～｜죽방울을 돌리다 =〔空筝〕〔空竹〕〔空中·zhong〕〔空铳〕
【空竹】kōngzhú ⇒〔空钟〕
【空转】kōngzhuàn 動〈機〉공(회)전하다. 헛돌게 하다. ¶让机器～, 以测试其性能｜기계를 공전시켜 그 성능을 측정한다.
【空坐】kōngzuò 動 그냥〔그저〕앉아 있다.
Ⓑkòng
【空白】kòngbái ☞〔空白〕kōngbái ⓑ
【空白带】kòngbáidài 名 簡 공테이프(空 tape) =〔空白录音带〕
【空白点】kòngbáidiǎn 名 ❶ 미개척 부분이나 분야. ❷ 중백점(中白點)〔부호「○」〕❸ 틈. 허점. 맹점.
【空场(儿)】kòngchǎng(r) ⇒〔空地(儿)①〕
【空出】kòngchū 動 (시간·공간 등을) 비우다. 틈을 내다. 틈새가 생기다. ¶这枝烟一顿就～一大块｜이 담배는 톡톡 치면 큰 틈새가 생긴다. ¶～房间｜방을 비우다.
【空当(儿, 子)】kòngdāng(r·zi) 名 俗 ❶ (공간적인) 틈(새). 간격. ¶你们靠得紧点儿, 中间不要留那么大的～｜바짝바짝 기대어라, 중간에 그렇게 큰 간격을 남겨두지 말고. ❷ (시간적인) 짬. 겨를. 틈. ¶趁这～, 你去一趟打听一下!｜이런 틈을 타서 한 번 가서 물어보시오! ‖ =〔空隙〕→〔空子〕
【空地(儿)】kòngdì(r) 名 ❶ 빈 땅. 노는 땅. 이용하지 않은 땅. 나대지 =〔空场(儿)〕❷ 빈틈. 겨를. 짬.
【空额】kòng'é 名 부족액. 결원(수). ¶补上～｜부족액〔결원〕을 보충하다.
【空缺】kòngquē 名 ❶ (직위의) 공석(空席). ❷ (금전의) 부족(액). ¶填补～｜부족액을 메꾸다.
²【空儿】kòngr 名 ❶ 시간. 틈. 짬. 겨를. ¶你有～来玩儿吧｜시간 있으면 놀러 오십시오. ❷ 빈틈. 간격. 빈자리. ¶找一个～坐下｜빈자리를 찾아서 앉다. ❸ 俗 기회 ‖ =〔空子 ⓑ①②③〕
【空位(儿)】kòngwèi(r) 名 공석(空席). 빈자리. ¶剧场中没有一个～｜극장안은 빈자리가 하나도 없다.
【空隙】kòngxì 名 ❶ (공간적인) 틈. 간격. ¶行距之间要有一定的～｜(행군할때) 앞뒤사람의 사이는 일정한 간격이 있어야 한다. ❷ (시간적인) 겨를. 짬. ❸ (말·연설 중간의) 사이. 틈. 잠시 멈춤. ¶说一句停顿一下, 故意留个～让我记上｜한 구절 말하고 잠간 쉬고 고의적으로 사이를 두어 내가 받아 쓸 수 있도록 하였다.
【空暇】kòngxiá ⇒〔空闲③〕
【空闲】kòngxián ❶ 形 비어 있다. 사용하지 않고 있다. ¶～房屋｜빈집. ❷ 形 한가하다. 시간이 있다. ¶等你～下来, 再跟他谈谈心吧｜네가 한가해지면 다시 그와 마음을 터놓고 얘기 하자. ❸ 名 한가한 시간. 여가. 겨를 =〔空暇〕
【空心(儿)】kòngxīn(r) ☞〔空心(儿)〕kōng/xīn(r) ⓑ
【空子】ⓐkòngzǐ 名 어수룩한 사람. 멍청이. 생각이 없는 사람.
ⓑkòng·zi 名 ❶ ⇒〔空(儿)〕. ❷ 손실. 부채. 빚.

【倥】kōng ☞ 倥 kǒng Ⓑ

【崆】kōng 산이름 공
⇒〔崆峒〕
【崆峒】Kōngtóng 名〈地〉❶ 공동산〔감숙(甘肅)·사천(四川)·하남(河南) 등지에 있음〕❷ 산동성(山東省)에 있는 섬 이름.

【箜】kōng 공후 공
⇒〔箜篌〕
【箜篌】kōnghóu 名〈音〉공후〔고대 현악기의 일종〕=〔空侯〕〔坎侯〕

kǒng ㄎㄨㄥˇ

2【孔】kǒng 구멍 공, 클 공
❶ 名 구멍. ¶针～｜바늘구멍. 바늘귀. ¶气～｜기공. ¶一～之见｜좁은 견식. 편견. ❷ 量 方 동굴 등을 세는데 쓰임. ¶一～土窑｜토굴 하나. ❸ ⇒〔孔子〕❹ (Kǒng) 名 성(姓).
【孔壁】kǒngbì 名 일례(逸禮)·상서(尙書)등이 나왔다는 공자(孔子)의 구택(舊宅)의 벽.
【孔壁古文】kǒngbì gǔwén 名組 공자(孔子)의 구택(舊宅)의 벽에서 나온 고문경전(古文經傳).
【孔洞】kǒngdòng 名 구멍 공동. ¶～中藏着几个小蜜蜂｜구멍속에 몇마리 작은 꿀벌들이 숨어 있다.
【孔方(兄)】kǒngfāng(xiōng) 名 돈. 엽전〔엽전에 네모난 구멍「孔方」과 돈을 희화(戲化)한「兄」을 합쳐 이렇게 불렀음. 돈님. 엽전형님.〕
【孔夫子】Kǒng Fūzǐ 名 敬〈人〉공자(孔子)에 대한 존칭.
【孔夫子搬家】Kǒngfūzǐ bānjiā 歇 공자가 이사가다. 언제나 지기만 하다〔뒤에「净是书」(온통 책뿐이다)가 이어짐.「书」와「输」(지다)는 발음이 같음.〕
【孔府】kǒngfǔ 名 산동성(山東省)의 곡부현(曲阜縣)에 있는 공자 후손의 저택.
【孔家店】kǒngjiādiàn 名 貶 공자의 상점. 공자의 유교사상을 선전하는 거점. ¶打倒～｜공자의 유교사상을 선전하는 거점을 때려부수다〔5·4 시대, 유교와 예교(禮敎)를 타도하자는 구호로서「打倒孔家店」이 제창되었음〕
【孔教】kǒngjiào 名 ❶ 공자의 가르침. ❷ 유교(儒教) =〔儒rú教〕
【孔径】kǒngjìng 名 구경(口徑). 구멍의 직경
【孔孟之道】kǒngmèngzhī dào 名組 ❶ 공맹지도. 공자와 맹자가 주장한 인의(仁義)의 도덕. ¶他满口～｜그는 하는 말 마다 온통 공맹지도

뿐이다. ❷ 轉 유교(儒教).

【孔庙】kǒngmiào 名 공자묘 =〔孔子庙〕〔夫子庙〕〔文庙〕〔学庙〕

【孔明灯】kǒngmíngdēng 名 ❶ 기구(氣球)의 원리를 이용하여 만든 종이 등 [삼국시대에 제갈공명이 발명했다고 전해짐] ❷ 앞에 유리를 달아 손으로 들고 다니는 등롱 =〔诸葛灯〕

【孔雀】kǒngquè 名〈鳥〉공작. ¶～开屏 | 공작이 꼬리를 부채 모양으로 활짝펴다 =〔孔鸟〕〔越yuè鸟〕

【孔雀绿】kǒng·quèlǜ 名〈色〉피콕 그린(peacock green).

【孔雀石】kǒng·quèshí 名〈鑛〉공작석 =〔青琅玕〕〔青珠〕〔绿青〕〔石绿〕

【孔武有力】kǒngwǔ yǒulì 成 위풍당당하고 힘이 넘치다.

【孔隙】kǒngxì 名 ❶ 공극. 구멍. 틈(새). ¶～率 | 공극율. ¶在会议的～, 打了一个电话 | 회의도중에 틈을 내어 전화를 걸었다. ❷ 여가. 겨를.

【孔型】kǒngxíng 名〈金〉홈(형).

【孔穴】kǒngxué 名 ❶ 틈. 구멍. ❷ 인체의 입·눈·귀·코 등의 구멍 =〔孔窍qiào〕

【孔子】Kǒngzǐ 名〈人〉공자(B.C. 551~479) [중국 춘추(春秋)시대의 대 철학자·사상가. 유가(儒家)의 비조(鼻祖)] =〔敬 孔夫子〕〔敬 孔圣(人)〕

【倥】kǒngkōng 괴로울 공, 미련할 공

Ⓐ kǒng ⇒〔倥偬〕
Ⓑ kōng ⇒〔倥侗〕

Ⓐ kǒng

【倥偬】kǒngzǒng 書 形 ❶ (사태가) 긴박하다. 황망하다. ¶戎马～ | 成 군무에 분주하다. 전란이 그칠 새 없다. ❷ 곤궁하다.

Ⓑ kōng

【倥侗】kōngtóng 書 形 무지몽매(無知蒙昧)하다 =〔空侗〕

【恐】kǒng 두려워할 공

❶ 動 무서워하다. 두려워하다. ¶惶～ | 황공하다. ¶～怖↓ ¶惊～ | 놀라서 무서워하다. ❷ 위협하다. 겁나게 하다. ¶～吓↓ ❸ 副 아마 [주로 부정적인 결과를 염려할 때 쓰임] ¶～不可信 | 아마 믿지 못할 것이다. ¶～已忘掉 | 아마 벌써 잊어버렸을 것이다.

[3]【恐怖】kǒngbù ❶ 名 공포. 테러(terror). ¶～活动 | 테러 활동. ¶白色～ |〈史〉백색 테러. 백색 공포. ❷ 動 近 두려워 하다. 공포에 떨다.

【恐怖份子】kǒngbù fènzǐ 名組 테러 분자. ¶逮捕～ | 테러분자를 체포하다. ¶防止～入境 | 테러분자의 입국을 막다.

【恐怖小说】kǒngbù xiǎoshuō 名組 공포소설. 괴기 소설.

【恐怖组织】kǒngbù zǔzhī 名組 테러 조직. ¶查禁～ | 테러조직을 조사하여 활동을 금지시키다.

【恐吓】kǒnghè 動 위협하다. 협박하다. ¶用武力～他人 | 무력으로 사람을 협박하다 =〔恐喝〕

【恐吓信】kǒnghèxìn 名 협박장. 공갈장 =〔黑信〕

【恐后无凭】kǒnghòu wú píng 成 후에 증거가 없어지는 것을 우려하다. 뒷날을 우려하다 [계약서 따위에 쓰임] ¶～立此借券为证 | 후일을 위하여 이 차용증을 작성하여 증거로 삼다 =〔恐后无据〕→〔恐口无凭〕

【恐慌】kǒnghuāng ❶ 形 두렵다. 무섭다. 당황하다. ¶～情绪 | 공포감. ¶～万状 | 공포에 질리다. ❷ 名 두려움. (군중을 휩쓰는)공포. ¶他不觉浮起一层～ | 그는 자신도 모르는 사이에 한 겹의 공포에 떨기 시작하였다 ❸ 名〈經〉공황. ¶经济～ | 경제 공황. ¶金融～ | 금융 공황.

【恐惧】kǒngjù 動 두려워[무서워]하다. 겁먹다. ¶～不安 | 두려워 불안하다. ¶无所～ | 두려워할 것이 없다.

【恐口无凭】kǒngkǒu wú píng 成 말만으로는 증거가 되지 않을 우려가 있다 [차용서 따위에 쓰임] ¶～立字为据 | 후일의 증거로 계약서를 작성하다→〔恐后无凭〕

【恐龙】kǒnglóng 名〈動〉공룡. ¶地球上的～在白垩纪末大规模绝灭了 | 지구상의 공룡은 백악기말에 대규모로 멸종하였다.

[2]【恐怕】kǒngpà ❶ 副 (나쁜 결과를 예상해서) 아마 …일 것이다. ¶～他不会同意 | 아마 그는 동의하지 않을 것이다 =〔方 恐防〕❷ 副 대체로. 대략. ¶他走了～有二十天了吧! | 그가 떠난 지 대략 20일이나 되었을 것이다 =〔也许〕❸ 動 두려워하다. 염려하다. ¶我～他给忘了, 再三嘱咐了 | 나는 그가 잊어버릴까 염려되어 재삼 당부했다 ‖ =〔書 恐其〕

【恐水病】kǒngshuǐbìng 名〈醫〉공수병. 광견병 =〔狂kuáng犬病〕

kòng ㄎㄨㄥˋ

【空】kòng ☞ 空 kōng Ⓑ

【控】kòng 당길 공

❶ 動 (신체 또는 신체의 일부분을) 드리우다. 축 늘어뜨리다. ¶腿都～肿了 | 오랫동안 다리를 늘어뜨리고 있어 부었다. ¶枕头掉了, ～着脑袋睡着 | 베개에서 떨어져 머리를 드리우고서 잤다. ❷ 動 (용기를) 거꾸로 세우다. 거꾸로 들고 쏟다. ¶～着搁 | 거꾸로 놓다. ¶把瓶子里的水～干净 | 병 속의 물을 남김없이 거꾸로 들어 쏟다. ❸ 통제하다. 제어하다. ¶～马 | 말을 세우다. ¶遥～ | 원격 조종. ❹ 고발하다. 고소하다. 하소연하다. ¶上～ | 상고[공소]하다. ¶指～ | 고발하다. ¶向何人申～ | 누구에게 하소연하겠습니까.

【控告】kònggào〈法〉❶ 動 고소하다. 기소하다. 고발하다. ¶他～老王侵害了他的名誉 | 그는 왕씨를 명예훼손으로 고소하였다. ❷ 名 공소장(公訴狀) =〔告状②〕

【控购】kònggòu 動 구매를 규제하다. ¶目前～的商品有十七种 | 현재 규제 상품은 17종이나 된다.

【控诉】kòngsù 動 ❶〈法〉고소하다. 고발하다. ❷ (범죄자를) 규탄하다. (죄상을) 성토하다.

[2]【控制】kòngzhì 動 ❶ 제어하다. 규제하다. 통제

하다. 억제하다. ¶～自己的感情 | 자신의 감정을 억제하다. ¶～经济建设的规模 | 경제건설 규모를 규제하다. ¶～程序 | 컨트롤 프로그램(control program). ¶～市场 | 시장 통제〔장악〕❷ 제압하다. 지배하다. ¶以武力～政权 | 무력으로 정권을 제압하다〔지배하다〕.

【控制棒】kòngzhìbàng 名〈物〉제어봉(制御棒). 원자로(原子爐)의 출력(出力)을 조종하는데 사용하는 막대기.

【控制论】kòngzhìlùn 名 사이버네틱스(cybernetics). 인간 기계론.

【控制器】kòngzhìqì 名〈機〉제동기. 제어기(controller) =〔京 制御器〕〔调tiáo节器〕

【控制数字】kòngzhì shùzì 名組〈經〉정책 지수. 목표치(目標値) [생산 계획의 목표 숫자를 말함]

kōu ㄎㄡ

【芤】kōu 파 규, 맥이름 규 名 ❶〈植〉(고서(古書)에서의) 파=〔葱〕❷〈漢醫〉규맥 [부실한 맥]

【芤脉】kōumài 名〈漢醫〉규맥 [주로 대출혈이 있을 때 나타나는 맥박 현상]

【抠(摳)】kōu kēi 걷을 구, 때릴 구

Ⓐ kōu ❶ 動 (손가락이나 가는 꼬챙이로 작은 물체를) 후비다. 파다. ¶～出了一个小洞 | 작은 구멍 하나를 팠다. ¶把玉米粒儿～下来 | 옥수수알을 후벼 내다 =〔抠搜①〕❷ 動 지나치게 파고들다. ¶～字眼儿 | 글귀만 파고들다. ¶死～书本儿 | 책만 파고들다. ❸ 形 方 인색하다. 째째하다. ¶这个人太～了 | 이 사람은 너무 인색하다 =〔吝啬〕

Ⓑ kēi 方 때리다. ¶大家～他 | 여러 사람이 그를 때리다.

【抠根(儿)问底(儿)】kōugēn(r) wèndǐ(r) ⇒〔刨páo根儿问底儿〕

【抠开】kōukāi 動 ❶ (손가락 등으로) 후비어 벌리다〔뚫다〕. ¶他把伤疤～了 | 그는 상처부위를 손가락으로 후벼 벌려 댔다. ❷ (사람을) 쫓아내다. 추방하다.

【抠抠搜搜】kōu·kousōusōu 狀 좀스럽다. 곰상스럽다. ¶我顶讨压他贪～的毛病了 | 나는 그의 그 좀스러운 성벽을 가장 혐오한다 =〔抠搜⑤〕

【抠抠索索】kōukōusuǒsuǒ 狀 인색하다. 옹졸맞다.

【抠门儿】kōuménr 形 方 인색하다. 너그럽지 못하다. ¶他太～了, 一顿饭都不舍得请 | 그는 너무 인색하여 식사 한 끼도 선뜻 내지 않는다.

【抠破】kōu pò 動 (긁거나 문질러) 터뜨리다. 찔러 부수다〔뚫다〕. ¶她把一个疱给～了 | 그녀는 여드름 하나를 긁어 터뜨렸다.

【抠钱】kōu qián 動 ❶ 교묘하게 돈을 강요하다. ❷ 부당한 방법으로 돈을 벌다.

【抠搜】kōu·sou ❶ ⇒〔抠①〕❷ 動 샅샅이 뒤지다. ¶他～了半天 | 그는 한참동안 샅샅이 뒤졌다. ❸ 方 자세히 계산하다. 면밀히 검토하다. ❹ 動 方 느릿느릿 일하다. 일을 꾸물거리며 하다. ¶像你这么抠抠搜搜的, 哪儿就办完了? | 너같이 이렇게 느릿느릿 일해서 어떻게 끝마치겠냐? ❺ ⇒〔抠抠搜搜〕❻ 形 (도가 지나치게) 생활이 검소하다. 인색하다. ¶不～就不够过的了 | 검소하지 않으면 생활해 나가기에 부족하다 ‖ =〔抠唆〕

【抠唆】kōu·suo ⇒〔抠搜〕

【抠字眼儿】kōu zìyǎnr 動組 문자만 세세히 해석하거나 잘못을 따지다. ¶不要死～, 领会意思就行了 | 문자 해석에만 매달리지 말고 뜻만 이해하면 그만이다.

【眍(瞘)】kōu 눈들어갈 구 動 (눈이) 움푹 들어가다. 퀭하니 들어가다. ¶他病了一场, 眼睛都～进去了 | 그는 한 번 앓고 나더니 눈이 퀭하니 쑥 들어갔다.

【眍眍着】kōukōu·zhe 狀 (눈등이) 움푹 들어가다.

【眍搂】kōu·lou 動 눈이 움푹 들어가다. ¶～眼儿 =〔窝眍眼(儿)〕〔窝孔眼〕| 움푹 들어간 눈. ¶一夜没睡, 眼睛都～了 | 하룻밤을 못 잤더니 눈이 움푹 들어갔다.

kǒu ㄎㄡˇ

1【口】kǒu 입 구 ❶ 名 입 [보통「嘴」라 함] ¶开～ | 입을 열다. ¶～出不逊 | 불손하게 말하다. ❷ (～儿) 名 (용기의) 아가리. ¶瓶子～儿 | 병 아가리. ❸ (～儿) 名 출입구. 드나드는 곳. ¶门～ | 입구. 문 어귀. ¶出～ | 출구. ¶胡同～儿 | 골목 어귀. ❹ 만리장성의 관문 [주로 지명에 많이 쓰임] ¶喜峰～ | 희봉구. 하북성(河北省)에 있음. ¶～外↓ ¶西～羊皮 | 만리장성의 서쪽에서 나는 양피. ❺ 名 (상처) 자리. 터진 곳. 째진 곳. ¶衣服撕了个～儿 | 옷이 한 군데 찢어졌다. ❻ 입담. 말씨름. ¶～不严 | 입이 가볍다. ¶有～才 | 말재주가 있다. ❼ 요리의 맛 [주로 짠맛의 정도] ¶～轻↓ ¶～重↓ ❽ (칼·검·가위 등의) 날. ¶刀～ | 칼날. ❾ 名 (말이나 당나귀 등의) 나이 [이빨의 수로 알아볼 수 있음] ¶这匹马～还轻 | 이 말은 아직 어리다. ¶六岁～ | 6살 먹은 짐승〔가축〕. ❿ (관련) 부문. ¶农林～ | 농림 부문. ⓫ (～儿, ～子) 量 식구 [사람을 셀 때 쓰임] ¶五～人 | 다섯 식구. ¶有多少～人? | 몇 사람이 있는가? ⓬ 量 마리 [돼지 등의 가축을 셀 때 쓰임] ¶一～猪 | 돼지 한 마리. ⓭ 量 아가리가 있는 물건에 쓰임. ¶一～井 | 우물 하나. ¶一～棺材 | 관 하나. ⓮ 量 언어나 방언에 쓰임 [수사는「一」만 씀] ¶说一～漂亮的北京话 | 그는 멋지게 북경어를 한다. ¶讲一～流利的英语 | 유창한 영어를 한다. ⓯ 量 입. 모금. 마디 [입과 관련된 동작의 회수를 나타냄] ¶被蛇咬了一～ | 뱀에게 한 입 물렸다. ¶一～吃一个 | 한 입에 한 개씩을 먹다. ⓰ 量 자루 [날이 있는 것에 쓰임] ¶一～刀 | 칼 한 자루.

【口岸】kǒu'àn 名 ❶ 항구. 개항지(開港地). ¶装船～ | 선적항. ¶通商～ | 통상항 →〔港gǎng口〕❷ 方 점포를 내는 장소. ¶有的店铺本来就临街, ～不错 | 어떤 점포는 본래부터 거리에 인접해 있는데 점포를 낼 장소로는 괜찮다.

【口巴巴】kǒubābā 㫘 정중히 말하다. ¶人家～地央告了半天, 怎么好意思不答应呢! | 사람이 한참을 정중하게 애원하는데 어찌 미한하여 승낙하지 않을 수 있겠는가?

【口白】kǒubái ❶ 名 말투. 화제. ❷ 名〈演映〉대사. ❸ 動 (건조함을 막기위해) 입술연고를 바르다.

【口碑】kǒubēi 名 ❶ 구비. 구전(口傳). ❷ 입담. 화제. 많은 사람들의 입. ¶上～ | 입담에 오르다. 화제거리가 되다. ¶～载zài道 | 成 많은 사람의 입에 오르다. 칭송이 자자하다.

【口北】Kǒuběi 名〈地〉만리 장성 이북 지방 [주로 장가구(張家口) 이북의 하북성(河北省) 북부와 내몽골(內蒙古) 자치구의 중부를 가리킴] ＝〔口外①〕

【口边】kǒubiān 名 입가. 입언저리. ¶话到～又咽了回去 | 말이 입가에 맴돌다 다시 들어 가버렸다.

【口才】kǒucái 名 말재간〔재주〕. 구변. ¶他的～不佳 | 그의 구변은 좋지 못하다 ＝〔口辩〕

【口沉】kǒuchén 方 ❶ 形 (요리의 맛이) 짜다. ¶喜欢吃～的 | (맛이) 짠 것을 좋아하다. ❷ 動 짠 맛을 좋아하다. ❸ 動 늘 짠 음식을 만들다 ‖＝〔口重〕

【口称】kǒuchēng 動 … 라고 일컫다. 말로 하다

【口吃】kǒuchī ㊎ kǒují) ❶ 動 말을 더듬다. ¶他愈说愈激动, 后来有点～了 | 그는 말을 하면 할수록 흥분하여 나중에는 조금 더듬거렸다. ❷ 名 말더듬이 ‖＝〔结jiē巴〕

【口齿】kǒuchǐ 名 ❶ 말솜씨. 말주변. ¶～伶líng利 | 말씨가 유창하다. 말주변이 좋다. ❷ (말할 때의) 발음. ¶～不清 | 말하는 게 또렷하지 않다. ¶～清楚 | 말이 또랑또랑하다. ❸ 구치. 치아의 상태. ❹ 方 신용. ❺ 가축의 나이. ¶这头牛～还轻 | 이 소는 나이가 아직 어리다.

【口臭】kǒuchòu 名 구취. 입냄새. ¶这种牙膏专治～ | 이 치약은 구취를 전문적으로 치료해 준다.

【口传】kǒuchuán ❶ 動 구전(口傳)하다. 입으로 전하다. ¶这种技艺不见书本, 都是由师傅～的 | 이 기예는 책에는 없고 모두가 스승으로 부터 구전된 것이다. ❷ 名 구전. 구비.

【口疮】kǒuchuāng 名〈醫〉구창 [「口炎」「口角炎」의 통칭]

²【口袋】ⓐ kǒudài ❶ (～儿) 名 (의복의) 호주머니. ❷ 量 方 섬. ¶打了十几～米 | 십여 섬의 쌀을 거두었다.

ⓑ kǒu·dai (～儿) 名 부대. 자루. ¶面～ | 밀가루 부대. ¶纸～儿 | 종이 자루.

【口耳】kǒu'ěr 名 ❶ 입과 귀. ❷ 말하는 것과 듣는 것. ¶～授受 | 成 친히 전수하다. ¶～之学 | 成 구이지학. 얻어들은 지식. ❸ 회화력과 청취력.

【口风(儿)】kǒu·feng(r) 名 말 뜻. 말투. ¶露出了一点儿～ | 말투에 어떤 의미를 조금 드러내었다 ＝〔口气(儿)①〕

【口服】kǒufú 動 ❶ 말로 복종을 나타내다. 설복(舌服)하다. ¶～心服 | 成 말 뿐만 아니라 마음속까지 복종하다. 진심으로 인정하다. ❷ 복용(服用)하다 ＝〔内服〕

【口福】kǒufú 名 식복(食福). 먹을 복〔기회〕＝〔口头福(儿)〕〔口道福(儿)〕→〔眼福〕〔艳yàn福〕

【口腹】kǒufù 書 名 음식. ¶不贪～ | 음식을 탐내지 않다. ¶～之累 | 생계유지의 괴로움.

【口干舌苦】kǒu gān shé kǔ 成 입이 마르고 혀가 아프다. 몹시 떠들어서 피곤하다 ＝〔口干舌燥〕

【口干舌燥】kǒu gān shé zào ⇒〔口干舌苦〕

【口供】kǒugòng 名 (범인·용의자 등의) 자백. 진술. ¶逼～ | 자백을 강요하다 ＝〔口词〕

²【口号】kǒuhào 名 ❶ 구호. 구령 ＝〔口合〕 ❷ 구호. 슬로건(slogan). ¶喊～ | 구호를 외치다. ❸ 近 (군대의) 야간 암호〔신호〕 ‖＝〔口令〕 ❹ (～儿) 近 속담. 이언(俚諺).

【口红】kǒuhóng 名 입술 연지. 립스틱(lipstick). ¶抹mǒ～ | 입술 연지를 바르다 ＝〔唇chún膏〕〔口脂①〕

【口惠】kǒuhuì 名 말뿐인 은혜. ¶～而实不至 | 말로만 은혜를 베풀고 실행하지는 않다.

【口技】kǒujì 名 입내. 성대 모사(聲帶模寫) ＝〔方 相xiàng书〕

【口碱】kǒujiǎn 名 方 서북(西北)지구에서 산출되는 탄산 소오다.

【口讲指画】kǒu jiǎng zhǐ huà 成 입으로 말하며 손으로 가르키다. 손짓 몸짓을 해가며 말하다. ¶他～, 十分生动 | 그는 손짓 몸짓을 해가며 말하는 것이 아주 활기에 넘친다.

【口角】ⓐ kǒujiǎo 名 입가. 입아귀. ¶～尖酸 | 주둥이가 거칠다. 말이 신랄하다 ＝〔嘴角〕〔嘴边〕 ❷ 近 말투. 말씨.

ⓑ kǒujué ❶ 名 動 입씨름(하다). 언쟁(하다). 말다툼(하다). ¶和别人～ | 다른 사람과 말다툼하다. ❷ 名 말투. 상투어. 어기(語氣).

【口角春风】kǒu jiǎo chūn fēng 成 ❶ 말이 봄바람같이 부드럽다. ❷ 다른 사람에게 좋은 말만 하다. 입에 침이 마르도록 칭찬하다 [옛날, 주로 사람을 추천·소개할 때 쓰였음]

【口角炎】kǒujiǎoyán 名〈醫〉구각염.

【口紧】kǒujǐn 形 입이 무겁다. 말을 신중히 하다. 고집스럽다. ¶他很～ | 그는 매우 입이 무겁다.

【口噤】kǒujìn ❶ 動 이를 악물다. ❷ 動 입을 다물고 아무 말도 하지않다. ❸ 名〈漢醫〉구금.

【口径】kǒujìng 名 ❶ (기물의) 구경. ¶～130毫米折射望远镜 | 구경 130㎜의 굴절 망원경. ❷ (요구하는) 규격. 성능. 조건. 척도. ¶他们俩说得对不上～ | 그들 둘은 대화를 해도 조건이 맞지 않는다. ❸ 입. 목소리. ¶他们都是一个～ | 그들은 모두가 한 입〔목소리〕이다.

【口角】kǒujué ☞〔口角〕kǒujiǎo ⓑ

【口诀】kǒujué 名 ❶ 구결. 암송하기 쉽도록 요점만을 정리하여 만든 어구. ¶乘法～ | 곱셈 구구〔구결〕. ❷ 불가(佛家)·도가(道家)가 도법(道法)이나 비술(侯術)을 전수(傳授)하는 요어(要語)

【口渴】kǒukě 形 목마르다. 갈증나다 ＝〔口干〕

【口可铄金】kǒu kě shuò jīn 成 입은 쇠도녹인다. 참언(讒言)은 무서운 것이다.

【口口相传】kǒu kǒu xiāng chuán 成 ❶ 입에서 입으로 전해오다. ❷ 한 입 두 입 건너다.

【口口声声】kǒu·koushēngshēng 副 말끝마다. 입만 열면. 말만 했다하면. ¶他～说爱我｜그는 입만 열면 나를 사랑한다고 한다.

【口快】kǒukuài 形 ❶입싸다. 입빠르다. 입이 가볍다. ¶他一向～, 你不能让他知道这事儿｜그는 언제나 입이 싸기 때문에 이 일을 그가 알게 해서는 안된다＝[近口浅] ❷말이 솔직하다. 한 입으로 두 말 하지않다. ¶心直～｜成마음이 곧고 말하는 것이 솔직하다.

【口粮】kǒuliáng 名 ❶(군대에서 지급되는) 식량. (일상 생활에서) 각개인의 식량＝[口分①][方口食②] ❷(인민 공사의) 보류(保留) 식량. ❸(사병에게 지급되는) 급료.

【口令】kǒulìng 名 ❶구령. 호령. ¶喊～｜구령하다. ❷군호(軍號). 군대의 암호. ¶联络～｜암호로 연락하다. ❸슬로건(slogan). 표어. 강령.

【口马】kǒumǎ 名 ❶장가구(張家口)이북, 즉 구북(口北)에서 나는 말. ❷近사람과 말

【口蜜腹剑】kǒu mì fù jiàn 成 말은 달콤하게 하면서 뱃속엔 칼을 품고있다. 웃음 속에 칼을 품다. 교활하고 음흉하다. ¶这个人～, 心狠手辣｜이 사람은 웃음속에 칼을 품고 있어서 마음이 음흉하고 악랄하다＝[口甜心里苦][舌蜜腹剑][佛口蛇心][笑里藏刀]

【口蘑】kǒumó 名〈植〉구마 [만리장성 이북의 목장 초원지대에서 나는 버섯의 일종. 육질이 희고 두꺼움. 장가구(張家口) 일대에서 나는 것이 가장 유명함.]

【口器】kǒuqì 名〈生理〉(곤충의) 구기.

3【口气(儿)】kǒu·qì(r) 名 ❶말투. 어투. 말씨. ¶～强硬的演说｜강경한 어투의 연설. ❷함의(含意). 어조. 기색. ¶埋怨的～｜원망하는 듯한 어조. ¶哥哥温和地说着, 没有一点儿责备的～｜형님은 부드럽게 말 하면서 나무라는 기색은 조금도 없었다＝[口吻②]

【口腔】kǒuqiāng 名〈生理〉구강. 입속. ¶～元音｜구강 모음. 순모음.

【口琴】kǒuqín 名〈音〉하모니카. ¶吹～｜하모니카를 불다.

【口轻】kǒuqīng ❶形 (맛이) 담백하다. 싱겁다→[口重①] ❷動 담백한 맛을 좋아하다. ❸形方 (말이나 노새 등이) 나이가 어리다. ¶～的骡子｜나이 어린 노새＝[口青][口小] ❹形近 입이 가볍다. 입이 싸다.

【口儿】kǒur 名 ❶近입. ❷사람. ¶一～｜한 사람. ¶小两～｜젊은 부부. ❸출입구. 어귀. ¶门～｜문어귀 현관. ¶胡同～｜골목 어귀. ❹方 (어떤 종류의) 수공업이나 자유업에 종사하는 장소. ¶木匠～｜목공방. ¶骡子～｜노새를 빌려 주는 곳. ❺깨진[터진] 데. 갈라진 틈 ‖＝[口子] ❻(그릇의) 아가리. ¶瓶～｜병 아가리.

【口若悬河】kǒu ruò xuán hé 成 말이 물흐르듯 하다. 말이 막힘없이 달변이다. 말이 청산 유수(青山流水)같다. ¶他讲起话来～, 滔滔不绝｜그는 말을 시작하면 마치 도도히 흐르는 청산유수와도 같이 막힘이 없다＝[口如悬河][口似悬河]

【口哨儿】kǒushàor 名 휘파람. ¶吹～嘹嘹｜휘파람을 휘휘히 불다＝[俗口溜子][口笛][呼哨][唿哨]

【口舌】ⓐkǒushé ❶書名 입과 혀. 언변(言辯). 구변(口辯). 말솜씨. ¶以～为劳｜언변으로 노력하다.

ⓑkǒu·she 名 ❶(오해로 일어나는) 말다툼. 승강이. 시비. 언쟁. ¶闹～｜승강이를 벌이다. ¶～是非｜시비 거리. ❷(설득·교섭·언쟁·권고할 때의) 말. 입심 [보통「费口舌」로 씀] ¶为了这事儿, 我也费了不少～呢｜이 일을 위하여 나 또한 많은애를 썼습니다. ❸近세간의 평판. 소문. 구설수. ¶压～｜소문을 무마하다. ❹方혀＝[舌头]

【口实】kǒushí 書名 ❶구실. 핑계. ¶以出差为～去旅行｜출장을 구실로 여행을 가다. ❷이야깃거리. 화제. ¶小人利～｜소인은 이야깃거리을 이용한다.

【口是风, 笔是踪】kǒu·shi fēng, bǐ·shi zōng 諺 말은 없어지지만 글은 증거로 남는다.

【口是心非】kǒu shì xīn fēi 成 말로는 인정하나 속으로는 인정하지 않다. 겉과 속이 다르다. ¶他并不是那种～的人｜그는 결코 그런 표리부동한 사람이 아니다＝[口不应心]

3【口试】kǒushì 名 구술 시험. 구두 시험. ¶笔试合格后, 才能参加～｜필기 시험에 합격한 후에야 비로소 구두 시험을 볼 수 있다→[笔试]

【口授】kǒushòu 動 ❶말로 전수(傳授)하다. 구전하다. ¶由民间艺人世代～而保存下来｜민간 예술인의 여러대에 걸친 구전에 의하여 보존되어 오다＝[口耳相传] ❷구술하여 받아쓰게 하다. ¶他写的这封信是他父亲～的｜그가 쓴 이 편지는 그의 부친의 말을 받아 적은 것이다.

【口述】kǒushù 動 구술하다. ¶他～了当时的情景｜그는 당시의 정경을 구술하였다.

【口水】kǒushuǐ 名 ❶침. 타액. ¶肚皮饿了, 只好多吞些～!｜배가 고프면 침을 많이 삼키려무나! ¶～花｜方침의 거품. 개거품. ❷군침. ¶流～｜군침을 흘리다.

【口说无凭】kǒu shuō wú píng 成 말만으로는 증거가 될 수는 없다. ¶恐日后～, 先立此字据｜후일 말만으로 증거가 될 수 없을까 우려하여 먼저 증서를 작성하다.

【口诵】kǒusòng 動 읊(조리)다. 낭독하다. ¶～心惟｜成(글을) 입으로 낭독하고 마음속으로 생각하다.

【口算】kǒusuàn 動 암산하다. 속으로 계산하다.

【口谈】kǒután 名方 입담. 입버릇 처럼 하는 말＝[口头禅②]

【口蹄疫】kǒutíyì 名〈醫〉구제역.

【口条】kǒu·tiáo 名方 (식용으로 쓰이는) 돼지나 소의 혓바닥. ¶～是很好的下酒菜｜소의 혓바닥은 아주 훌륭한 술안주 요리이다.

3【口头】ⓐkǒutóu 名 ❶(사상이나 행동과 대별하여) 구두. 말 [주로「口头上」으로 쓰임] ¶他～上说得好听｜그는 입으로는 듣기 좋은 말만 한다. ❷(서면에 대한) 구두. ¶～报告｜구두 보고[발표](하다). ¶～翻译｜통역→[书面] ❸方

물건의 아가리 부분. ❹㊄ 출입구.
ⓑkǒu·tou(r) 名㊄ 맛 =〔口味(儿)〕
【口头禅】kǒutóuchán 名❶〈佛〉구두선. 구두삼매(口頭三昧). ❷입버릇처럼 하는 말. (실제로는 아무 의미 없이) 늘상 입에 달고 다니는 말. ¶「我怕谁?」是老王的～ | 「누가 겁날줄 알고?」는 그가 늘 입버릇처럼 하는 말이다 =〔㊄口谈〕
【口头文学】kǒutóu wénxué 名組 구전 문학(口傳文學).
【口头语(儿)】kǒutóuyǔ(r) 名 입버릇. 말버릇. 어투 =〔流口辙②〕
【口外】Kǒuwài ❶⇒〔口北〕 ❷名 (kǒuwài) 골목이나 통로의 바깥쪽.
【口腕】kǒuwàn 名〈動〉촉수(觸手).
【口味(儿)】kǒuwèi(r) 名❶맛. ¶这个菜的～不错 | 이 요리의 맛은 괜찮다. ❷구미. 식욕. 기호. 취미. ¶合～ | 구미에 맞다. ¶适合读者的～ | 독자의 기호에 맞다. ¶开～ | 구미가 동하다. 식욕을 돋구다 ‖ =〔口道·dao(儿)〕〔㊄口头(儿)〕
【口吻】kǒuwěn 名❶(물고기·짐승 따위의) 주둥이 부분 [코와 입을 포함한 앞으로 돌출된 부분을 말함] ❷말투. 어조(語調). ¶玩笑的～ | 농담조 =〔口气(儿)②〕
【口误】kǒuwù ❶動 (주의하지 않아서) 잘못 말하다. 틀리게 읽다. ❷名 실언(失言). 잘못 읽은 글자.
【口香糖】kǒuxiāngtáng 名 껌. 츄잉껌(chewing gum) =〔泡泡糖②〕〔胶姆糖〕〔香口胶〕〔香口珠〕〔橡皮糖〕
【口信(儿)】kǒuxìn(r) 名❶전언(傳言). 전갈. ¶托人带～ | 남에게 전갈을 부탁하다. ❷세간의 화제. 소문. 풍문. ❸㊀ (말을 통한) 신뢰. 믿음. 성실함.
【口形】kǒuxíng 名〈言〉(음성학에서 발음할 때의) 두 입술의 모양. 입 모양 =〔口型②〕
【口型】kǒuxíng ❶名 (말하거나 발음할 때의) 입 모양. ❷⇒〔口形〕
【口血未干】kǒu xuè wèi gān 威 입술의 피가 아직 마르지 않다.입술의 피가 채 마르기도 전에 맹세를 어기다 [옛날, 맹세할 때 입술에 가축의 피를 발랐음]
【口炎】kǒuyán 名〈醫〉구내염(口內炎).
【口眼喎斜】kǒuyǎn wāixié ❶動組 입이 삐뚤어지고 눈이 사시(斜視)가 되다. ❷名〈漢醫〉안면신경 마비 =〔口眼歪斜〕
【口译】kǒuyì 名 통역. ¶这回由她担任～ | 이 번에는 그녀가 통역을 맡는다→〔笔译〕
【口议腹非】kǒu yì fù fēi 威 입으로는 의논하면서 속으로는 비난하다. 마음속으로 불만을 품다.
【口音】ⓐkǒuyīn 名〈言〉구음[비음 및 비음화음을 제외한 것] ¶～与鼻音 | 구음과 비음.
ⓑkǒu·yin 名❶발음. ¶听他的～, 好像是上海人 | 그의 발음을 들어보니 상해 사람인 것 같다. ❷소리. 음성. ¶她一听她儿子的～, 就赶紧出来了 | 그녀는 아들의 음성을 듣자마자 서둘러 나왔다. ❸사투리 혹은 그런 억양이나 발음. ¶他用北方～讲话 | 그는 북방시 억양〔사투리〕으로 말한다→〔发音〕
¹【口语】kǒuyǔ 名❶구어. ¶～体 | 구어체→〔书面语〕〔文言〕 ❷세간의 소문. 풍문. 화제. ❸㊀ (범인이나 용의자의) 자백. 진술. ❹㊖ 비난하는 말. 헐뜯는 말.
【口罩(儿)】kǒuzhào(r) 名 입마개. 마스크. ¶戴上(摘zhāi)～ | 마스크를 착용하다(벗다).
【口中雌黄】kǒu zhōng cí huáng 威❶말을 수시로 바꾸다. 말하자마자 취소하다. ❷(주견없이) 되는대로 말하다.
【口重】kǒuzhòng ❶⇒〔口沉①②〕 ❷形㊀ 입이 무겁다. 말이 신중하다.
【口诛笔伐】kǒu zhū bǐ fá 威 언론이나 문장으로 남의 죄상을 폭로하여 단죄하다.
【口拙】kǒuzhuō 形 말주변〔말재간〕이 없다→〔嘴拙笨〕
【口字旁】kǒuzìpáng 名 한자 부수의 입구(口)변.
【口子】kǒu·zi ❶⇒〔口(儿)〕 ❷名㊄ 항구. ❸量㊀ 명. ¶家里有几～? | 식구가 몇 명 있느냐? ¶一百多～人 | 백여 명. ❹名㊀ 부부 또는 어느 한쪽.

kòu ㄎㄡˋ

【叩〈敂₁〉】kòu 두드릴 고, 물을 고 動❶두드리다. 치다. ¶～门 | 문을 두드리다. 안내를 청하다. ¶～钟 | 종을 치다→〔敲qiāo①〕 ❷머리를 땅에 조아리고 절하다. ¶～头↓
【叩拜】kòubài ❶動 머리을 조아려 절하다. ❷名 고두(叩頭). 고수(叩首). ❸名札 돈수(頓首). 경백(敬白) [편지 끝에 쓰는 경어]
【叩打】kòudǎ 動 때리다. 치다. 두드리다. ¶～心扉 | 마음의 문을 두드리다.
【叩见】kòujiàn ㊖動 머리를 조아리며 배알하다. ¶弟子～恩师 | 제자가 머리를 조아리며 은사님을 배알합니다 =〔㊖叩谒〕
【叩首】kòu/shǒu ⇒〔叩头〕
【叩头】kòu/tóu ❶動 머리를 조아려 절하다. ¶三跪九～ | 무릎 꿇고 세 번 머리를 땅에 닿도록 하는 절을 세 번 반복하다. 최고의 경의를 표하다 =〔磕头〕 ❷(kòutóu) 名札 돈수(頓首). 경백(敬白) ‖ =〔叩首〕〔扣头 ⓐ②〕
【叩头虫】kòutóuchóng 名❶〈蟲〉방아벌레. 고두충. ❷굽실거리는 사람. 아첨꾼 ‖ =〔磕kē头虫(儿)〕〔跳米虫〕
【叩问】kòuwèn ㊖動敬 여쭙다. 가르침을 청하다. 자문을 구하다.
【叩谢】kòuxiè ㊖動 정중히 예를 갖추며 감사의 표시를 하다. 머리를 조아리며 사례하다. ¶～大人恩准 | 대인의 은전(恩典)에 머리를 조아리며 사례드립니다.
²【扣〈釦₆〉】kòu 두드릴 구, 덜 구 ❶動 (자물쇠·단추·손잡이 쇠 등을) 채우다. 잠그다. 끼우다. ¶～扣子 | 단추를 채우다. ¶把门～上 | 문고리를 걸다. ❷動 (물체를) 엎어놓다. 뒤집어 놓다. 뒤집어 덮다. ¶把碗～在桌子上 | 사발을 책상 위에 엎어놓다.

¶要～上书背诵｜책을 덮고서 외워야 한다. ¶用碗把菜～上｜사발로 반찬을 덮다. ❸動 구류하다. 차압하다. ¶把犯人～起来｜범인을 구류하다→〔扣留〕❹動 할인하다. 값을 깎다. (세금 등을) 공제하다. 빼다. ¶八～｜20퍼센트 할인. ¶～工资｜임금을 공제하다. ❺(～儿, ～子) 名 매듭. ¶绳子上有一个～儿｜끈에 매듭이 하나 있다. ❻(～儿, ～子) 名 단추. ¶扣～子｜단추를 채우다. ¶带～＝〔皮带扣〕｜혁대 버클→〔钩gōu子〕〔揿qìn钮〕❼名 야담(野談) 따위에서 가장 긴박한 고비에 이르러 이야기를 갑자기 중단하는 대목. ❽名 나사산＝〔螺luó丝扣(儿)〕❾量 나사의 한 바퀴. ¶拧nǐng了好几～｜여러 바퀴 돌렸다.

【扣除】kòuchú 動 (공)제하다. ¶从工资里～房租｜노임에서 방세를 공제하다＝〔扣减〕

【扣发】kòufā 動 (돈이나 물품의 배분을) 정지하다. 억제하다. 유보하다. ¶因迟到被～一个月奖金｜지각을 했기 때문에 한 달간 보너스가 정지되었다.

【扣分(儿)】kòufēn(r) ❶⇒〔扣分(数)儿〕 ❷動 노동 점수를 깍다＝〔扣工〕 ❸名〈體〉감점. ¶～表｜감점표.

【扣分(数)儿】kòufēn(·shu) 動 점수를 깍다. 감점(減點)하다＝〔扣分(儿)①〕

【扣奖】kòu/jiǎng 動 상려금〔보너스〕을 공제하다.

【扣紧】kòujǐn 動 ❶(덮개·뚜껑 등을) 꼭 덮다〔닫다〕. (단추·자물통 등을) 꼭 채우다. ❷(내용·주제 등을) 확실히 파악하다. ¶～主题来写文章｜주제를 확실히 파악하여 문장을 쓰다.

【扣留】kòuliú 動 억류〔구류〕하다. 압수하다. 차압하다. ¶被海关～所带的物品｜세관으로 부터 소지하고 있던 물품을 압수 당하였다.

【扣帽子】kòu mào·zi 動組 죄를 덮어씌우다. (경솔하게) 좋지 않은 레테르〔딱지〕를 붙이다. ¶你别给人乱～!｜너는 남에게 함부로 죄를 덮어 씌우지 마라.

【扣球】kòu qiú ❶動〈體〉(테니스·탁구 따위에서) 스매쉬(smash)하다. (배구에서) 스파이크(spike)하다. ¶跳起～｜점프하여 스매시〔스파이크〕하다. ❷(kòuqiú) 名〈體〉스매쉬. 스파이크.

【扣人心弦】kòu rén xīn xián 成 심금을 울리다. 사람의 마음을 감동시키다. ¶～的比赛场面｜감동적인 경기 장면＝〔动人心弦〕

【扣肉】kòuròu 名〈食〉저민 고기를 쪄서 접시에 담은 요리＝〔扣菜〕

【扣杀】kòushā 動〈體〉(탁구·테니스 따위에서) 스매쉬(smash)하다. ¶闪电般的～｜번개같은 스매쉬. ¶大板～｜받아낼 수 없는 스매쉬.

【扣上】kòu·shang 動 (단추·고리·빗장 등을) 잠그다. 걸다. 채우다. ¶～门｜문고리를 걸다.

【扣手】ⓐkòushǒu ❶名〈體〉(배구에서의) 스파이커(spiker). ❷形 方 절묘한 조화를 이루다.
ⓑ(kòu·shou) 名 (돌절구 따위의) 손잡이로 뚫어 놓은 구멍.

【扣头】ⓐkòutóu 動 近 ❶머리에 (끈 등을) 동여매다. 묶다. ❷⇒〔叩头〕
ⓑkòu·tou 名 ❶공제액. ❷할인액＝〔让头〕〔饶ráo头〕〔折zhé扣〕❸(거래에서 소개자나 중개인이 받는) 소개료. 수수료. 구전. 중개료. 커미션(commission).

【扣押】kòuyā 動 ❶구금(拘禁)하다. 억류하다. 가두다. ¶一个嫌疑犯xiányífàn被警察局jǐngchájú～了｜한 용의자가 경찰당국에 구금되었다. ❷차압하다. 압수하다. 입류하다. ¶～工资｜임금을 차압하다.

【扣压】kòuyā 動 억누르다. 보류(保留)하다. ¶～批评意见｜비평의견을 억누르다.

【扣子】kòu·zi 名 ❶단추. ¶扣上～｜단추를 채우다. ❷매듭. ¶打个～｜매듭을 매다. ❸(소설 따위의) 절정. 클라이맥스(climax). ¶入～｜절정에 이르다. ❹方 유인책. 계략.

【筘〈簆〉】kòu 바디 구
❶名〈紡〉바디 [베틀이나 방직기·가마니틀 등에 딸린 기구의 한 가지]＝〔杼zhù②〕❷⇒〔筘布〕

【筘布】kòubù 名〈紡〉그레이 시팅(grey sheeting). 무명천. 표백하지 않은 재래의 무명천의 일종＝〔扣kòu布〕

【寇】kòu 도둑 구
❶외래 침략자. 침범자. ¶外～｜외구. ❷침략〔침범〕하다. ¶入～｜침입해 오다. ❸(Kòu) 名 성(姓).

【寇仇】kòuchóu 書 名 ❶도적. 침략자. ❷원수. 적.

【蔻】kòu 육두구 구
❶⇒〔蔻丹〕❷⇒〔豆dòu蔻〕

【蔻丹】kòudān 名 매니큐어. ¶往手指甲上涂上～｜손톱에 매니큐어를 바르다＝〔指甲油〕〔寇丹〕

【蔻蔻】kòukòu ⇒〔可kě可〕

kū ㄎㄨ

【刳】kū 가를 고, 팔 고
書 動 도려내다. 파다. 발라내다. ¶～剥↓ ¶～木为舟｜나무 속을 파서 통나무배를 만들다.

【刳剥】kūbō 書 動 가죽을 벗기다.

【挎】kū ☞ 挎 kuà Ⓑ

【矻】kū ⓧ kù wù) 힘써일할 굴
⇒〔矻矻〕

【矻矻】kūkū 書 朕 부지런하다. 바지런 떨다. ¶～终日｜종일 부지런히 애쓰다.

3【枯】kū 마를 고, 마른나무 고
❶動 (식물이) 시들다. (우물·강 등이) 마르다. ¶～树｜고목. ¶～井↓ ❷생기가 없다. 무미 건조하다. 멍하다. 할일 없이 우두커니 있다. ¶～燥↓ ¶～坐｜멍하니 앉아 있다.

【枯草热】kūcǎorè 名〈醫〉건초열(乾草熱). 고초열.

【枯禅】kūchán 動〈佛〉만사(萬事)를 버리고 고목처럼 좌선하다.

【枯干】kūgān 形 바싹 마르다. 시들시들 하다. 생기가 없다. ¶禾苗都～了｜벼이삭이 모두 바싹 말라버렸다.

【枯槁】kūgǎo 書 動 (초목이) 말라 비틀어지다.

【枯黄】kūhuáng ❶ 動 (초목이) 말라서〔시들어서〕 누렇게 되다. ¶过了中秋, 树叶逐渐～ | 추석이 지나자 나뭇잎이 점차 말라서 누렇게 되었다. ❷ 名 〈色〉 고황색. 마른 나뭇잎 색. ¶～的头发 | 고황색의 머리카락.

【枯寂】kūjì 形 적막하다. 무미 건조하다. ¶他们的精神一天比一天～下去 | 그들의 정신은 하루 하루가 다르게 무미건조해져 갔다.

【枯竭】kūjié 動 고갈되다. 소진되다. ¶水源～了 | 수자원이 고갈되었다.

【枯井】kūjǐng 名 물이 말라 버린 우물. 고갈된 우물. ¶～无波 | 成 마른 우물은 파문이 없다 =〔穷qióng井〕

【枯窘】kūjiǒng 書 形 (원천이) 고갈되다. 다 떨어지다. 바닥이 나다. ¶文思～ | 문장의 구상이 고갈되다 =〔枯竭窘迫〕

【枯木逢春】kū mù féng chūn 成 마른나무에 꽃이 피다. 가뭄에 단비를 만나다. 절망 중에 생기를 되찾다. 재기의 기회를 마련하다 =〔枯树生花〕〔枯树著花〕〔枯木发荣〕

【枯荣】kūróng 書 名 (초목의) 성쇠(盛衰). (인생의) 좌절과 성공. ¶草木～有周期 | 초목의 성쇠는 주기가 있는 법이다.

【枯涩】kūsè 形 ❶ 무미 건조하다. 딱딱하다. ¶～呆板 | 말이나 문장이 내용이 없고 무미건조하다. ¶～的生活 | 무미건조한 생활. ❷ (목소리가) 컬컬하다. 갈라지다. 쉬다. (얼굴·피부 등이) 윤기가 없다. 초췌하다. ¶面容～ | 얼굴이 윤기가 없다.

【枯瘦】kūshòu 形 몹시 여위다. 바싹 마르다. 앙상하다. 얼굴에 빈티가 나다. ¶～的双手 | 몹시 여윈 두 손 =〔書 枯瘠〕

【枯水季节】kū shuǐ jì jié 名 갈수기(渴水期) =〔枯水期〕

【枯水期】kūshuǐqī ⇒〔枯水季节〕

【枯萎】kūwěi ❶ 動 (꽃·잎이) 시들어 마르다. 이울다. ¶草木到冬天就～ | 초목은 겨울이 되면 시들어 말라 버린다. ❷ 形 메말라 있다. 생기가 없다. ¶面容～ | 얼굴에 생기가 없다.

【枯朽】kūxiǔ 動 말라 썩다〔부패하다〕. ¶～的老树 | 말라 썩은 고목.

【枯叶蛾】kūyè'é 名 〈蟲〉 고엽나비 =〔枯叶蝶〕

【枯燥】kūzào 形 ❶ 바싹 마르다. 말라빠지다. ❷ 轉 무미 건조하다. 단조롭다. ¶这篇文章写得太～了 | 이 문장은 지나치게 무미건조하다 =〔枯索②〕

【枯枝败叶】kū zhī bài yè 成 마른 나뭇가지와 시든 잎. ¶树林中满是～, 一片肃杀的景象 | 산림은 온통 마르고 시들어 한 편의 살풍경이다.

【枯坐】kūzuò 書 動 하는 일없이 공연히 앉아있다. 말없이 앉아있다.

【骷】 kū 그루터기 고

⇒〔骷髅〕

【骷髅(头)】kūlóu(·tou) 名 해골. 두개골.

1【哭】 kū 울 곡, 곡할 곡

動 (소리내어) 울다. ¶～泣↓ ¶放声大～ | 목놓아 울다. ¶～什么? | 무엇 때문에 우느냐?

【哭鼻子】kū bí·zi 近 훌쩍거리며 울다. ¶可不许～啊! | 훌쩍거리며 울면 안돼! =〔哭一鼻子〕

【哭爹叫娘】kū diē jiào niáng 狀 아버지 어머니 불러가며 큰 소리로 울부짖다. ¶小孩儿吓得～的 | 어린애는 놀라서 엄마 아빠를 불러가며 큰 소리로 울어댄다 =〔哭爹哭娘〕

【哭喊】kūhǎn 動 울부짖다. 울며불며 하다. ¶～了几声 | 몇 번을 울부짖었다 =〔哭叫〕

【哭叫】kūjiào ⇒〔哭喊〕

【哭哭啼啼(的)】ku·kutítí(·de) 狀 하염없이 훌쩍 거리다. ¶～的离别了 | 하염없이 훌쩍거리며 이별하였다.

【哭脸】kūliǎn ❶ 名 우는 얼굴. 울상. ❷ (kū/liǎn) 動 方 울다. 훌쩍거리며 울다.

【哭灵】kū/líng 動 영구(靈柩)·위패(位牌)·무덤 앞에서 통곡하다.

【哭泣】kūqì ❶ 動 울다. 흐느끼다. ¶暗自～ | 남몰래 흐느끼다. ❷ 名 울때의 눈물.

【哭腔】kūqiāng ❶ 名 우는〔흐느끼는〕 소리. ¶带着～喊叫 | 울음 섞인 목소리로 외쳐대다. ❷ 名 〈演映〉 희곡 공연중 흐느낌〔울음〕을 나타내는 곡조. ❸ (～儿) 動 울음 섞인 목소리로 말하다.

【哭穷】kū/qióng 動 울면서 하소연 하다. 우는 소리 하다. 엄살로 곤란한 사정을 늘어놓다. ¶别对我～ | 나에게 우는 소리 하지마라.

【哭丧棒】kūsāngbàng 名 상장(喪杖). 상주가 짚는 지팡이 =〔哀杖〕〔丧棒〕

【哭丧脸(儿)】kūsāngliǎn(r) ❶ 名 울상. 찌프린 얼굴. 근심에 찬 얼굴. ¶瞧你～ | 울상을 하고 있는 꼴 좀 보소. ❷ (kū·sang liǎn(r)) 動 울상을 하다. 얼굴을 찌프리다.

【哭诉】kūsù 動 울며 하소연하다〔성토하다, 규탄하다〕. ¶他～了生活的困难 | 그는 생활의 어려움을 울면서 하소연하였다.

【哭天喊地】kū tiān hǎn dì 成 큰소리로 목을 놓아 울다. 땅을 치며 통곡하다 =〔哭天嚎地〕〔哭天哭地〕

【哭天抹泪】kū tiān mǒ lèi 成 貶 눈물을 닦으며 계속 울어대다. 눈물로 얼굴을 적시다. ¶瞧你～的, 一点男子汉的样子也没有 | 눈물을 닦으며 계속 울어대는 꼴이라니 사내대장부 같은 모습이라곤 조금도 없다.

【哭笑不得】kū xiào bù dé 成 울 수도 웃을 수도 없다. 이러 지도 저러 지도 못하다. ¶他的话实在叫人～ | 그의 말은 정말이지 사람을 울 수도 웃을 수도 없게 한다.

【堀】 kū 굴 굴, 팔 굴

書 ❶ 名 동굴. 구멍 =〔窟〕 ❷ 動 동굴을 뚫다.

【窟】 kū 움 굴, 굴 굴

名 ❶ 동굴. ¶石～ | 석굴. ¶狡兔三～ | 교활한 토끼는 세 개의 구멍을 가지고 있다 =〔書 堀〕〔窟穴xué〕 ❷ 소굴 [나쁜 패거리들의 집합 장소] ¶赌～ | (비밀) 도박장→〔窟窿(儿)〕

3【窟窿(儿)】kū·long(r) 名 ❶ 굴. 구멍. ¶～洞 |

동굴. ¶靴底磨了个大～ | 구두 밑바닥이 닳아서 큰 구멍이 났다. ❷喩 손실(損失). 부채. 빌린 돈. ¶拉～ | 돈을 빌리다 ‖ =〔窟笼(儿)〕

【窟臀】kūtún 名方 궁둥이. 볼기 =〔臀〕〔屁股〕

【窟宅】kūzhái 名 소굴. 토비·도적들의 지하 은거지. ¶军队包围了～, 土匪们只得投降 | 군대가 소굴을 포위하자 토비들은 투항할 수 밖에 없었다.

kǔ ㄎㄨˇ

1【苦】kǔ 씀바귀 고, 괴로와할 고

❶形 쓰다. ¶这药～极了 | 이 약은 매우 쓰다. ¶～胆↓ ❷形 힘들다. 괴롭다. 고달프다. ¶他认为这活儿太～ | 그는 이 일이 너무 힘들다고 생각한다. ¶愁眉～脸 | 수심으로 얼굴을 찌푸리다. ❸形 극력. 열심히. 꾸준히. 어법 주로 단음절 동사 앞에서 부사어로 쓰임. ¶～学 | 열심히 배우다. ¶勤学～练 | 열심히 배우고 꾸준히 훈련하다. ❹動 고생시키다. 괴롭히다. ¶解放前, 一家六口都仗着他养活, 可～了他了 | 해방전에, 여섯 식구 모두가 그를 의지해 살았기 때문에 정말 그를 고생시켰다. ❺名 고생. 애. 어법 대개「吃·有·怕」의 목적어로 쓰임. ¶她很能吃～ | 그녀는 고생을 잘 참아낸다. ❻…때문에 고생하다〔괴로워하다〕. ¶～于不识字 | 글을 몰라서 고생하다. ¶～夏↓ ❼書名 씀바귀.

【苦艾】kǔ'ài 名〈植〉압생트(absinthe; 프)쑥.

【苦熬】kǔ'áo 動 생활고를 참고 견디다. ¶母子俩～了整整二十年 | 두 모자는 꼬박 이십년의 세월을 참고 견디며 살아왔다.

【苦巴巴】kǔbābā 貶 고생스럽다.

【苦不堪言】kǔ bù kān yán 成 고생을 이루 말로 다 할 수 없다. ¶当时的生活～ | 당시의 생활은 고생을 이루 말로 다 할 수 없다.

【苦不唧儿(的)】kǔ·bujīr(·de) 貶 약간 쓴맛이 나다. (맛이) 쓰다. ¶这个菜吃起来～的 | 이 요리는 먹어 보니 약간 쓴맛이 난다.

【苦菜】kǔcài 名〈植〉씀바귀 =〔褊苣qǔ〕〔老鹳guàn菜〕〔苦苣菜〕〔荼tú草〕〔游冬〕

【苦差(事)】kǔchāi(·shi) 名 고된〔고생스러운〕 임무. 힘들고 피곤한 일. ¶～总得有人干, 还是我来吧 | 힘들고 피곤한 일은 결국 누군가 해야 하는데 그래도 내가 해야지.

【苦撑】kǔchēng 動 고통을 참고 버티다. 힘들게 버티다. ¶～待援 | 고통을 참고 버티며 도움을 기다리다.

【苦撑待变】kǔ chēng dài biàn 成 고통을 이겨내면서 어떤 변화가 일어날 것을 기대하다.

【苦楚】kǔchǔ ❶名 고초. (생활에서 오는 정신적인) 고통. 시달림. ¶谁知道我心中有无限～? | 내 마음속의 무한한 고통을 누가 알아 줄까? ❷動 고생하다. 고초를 겪다.

【苦处】kǔ·chu ⊗kǔchù) 名 괴로운 점. 고통스러운 곳. ¶你不晓得我的～ | 너는 나의 괴로운 점을 모른다.

【苦大仇深】kǔ dà chóu shēn 成 고통이 클수록 원한도 깊다. 뼈에 사무치는 원한을 품고 있다.

【苦胆】kǔdǎn 名俗 담낭(膽囊).

【苦迭达】kǔdiédá ⇒〔苦迭打〕

【苦迭打】kǔdiédǎ 名舊外 쿠데타 =〔苦迭达〕〔苦推打〕〔武力政变〕

【苦斗】kǔdòu 動 고군분투하다. 고달프게〔힘들게〕 투쟁하다. ¶～求翻身 | 힘들게 투쟁하며 해방을 갈구하다.

【苦读寒窗】kǔ dú hán chuāng 成 알아 주는 사람 없이 고학하다.

【苦干】kǔgàn 動 힘껏 일하다. 열심히 일하다. ¶埋mái头～ | 몰두하여 열심히 일하다.

【苦根(子)】kǔgēn(·zi) 名 괴로움의 근원. 고생〔고통〕의 원인. ¶挖掉生活的～ | 생활의 고통스런 원인을 제거해 버리다.

【苦工】kǔgōng 名 ❶ 고된 일〔노동〕. 고역(苦役). ¶做～ =〔服苦工〕| 힘든 노동에 종사하다 =〔苦役〕〔苦活〕 ❷ 힘든 노동에 종사하는 노동자.

【苦功】kǔgōng 名 각고(刻苦)의 노력. 힘든 수련〔수업〕. ¶语学非得下～不可 | 어학은 각고의 노력을 쏟지 않으면 안된다.

【苦瓜】kǔguā 名 ❶〈植〉여주 =〔锦jǐn荔枝〕〔凉liáng瓜〕〔方 癞lài瓜(儿,子)〕〔癞葡萄〕〔癞萝卜〕〔红姑娘②〕 ❷ 고생하는 사람. ¶我们都是一条藤上的～ | 우리들은 모두 함께 고생한 사람들이다. ❸ 외톨박이. ¶只剩下我这个～ | 나만 외톨박이로 남았다.

【苦瓜藤上生苦瓜】kǔguāténg·shang shēngkǔguā 諺 여주 덩굴에는 여주 밖에 열리지 않는다. 轉 그 아비에 그 자식 =〔苦瓠只生困瓠〕

【苦果】kǔguǒ 名 ❶ 고생한 결과. 쓴 경험. ❷ 쓴 열매. 喩 나쁜 결과〔결말〕. ¶她自己种下的～让她自己尝cháng | 그녀 스스로가 뿌린 열매를 그녀 자신이 맛보다. 자업자득이다.

【苦孩子】kǔhái·zi 名組 ❶ 불행한 어린이. 생활환경이 불우한 어린이. 고생하는 어린이. ❷ 애정에 굶주린 어린이.

【苦海】kǔhǎi 名 ❶〈佛〉고해. 喩 고통스런 세상〔환경〕. 곤경. ¶脱离～ | 고해〔곤경〕를 벗어나다 =〔苦河〕 ❷ 염호(鹽湖).

【苦海无边, 回头是岸】kǔ hǎi wú biān, huí tóu shì àn 成 고해(苦海)는 끝이 없으나, 고개만 돌리면 피안(皮岸)이다. 마음만 고쳐 먹으면 고통에서 헤어날 수 있다.

【苦害】kǔhài 名方 괴롭히다. 고통을 주다. 손해를 입히다. ¶～良民 | 선량한 백성을 괴롭히다.

【苦寒】kǔhán ❶名 혹한(酷寒). 지독한 추위. ❷形〈漢醫〉약맛이 쓰서 한성(寒性)이 있다. ❸形 가난하다. 빈한하다.

【苦旱】kǔhàn ❶名 심각한 가뭄. 지독한 한발. ❷動 가뭄으로 고생하다.

【苦活】kǔhuó ⇒〔苦工①〕

【苦尽甘来】kǔ jìn gān lái 成 고진감래. 고생 끝에 낙(樂)이 온다. ¶～, 好日子在后边儿呢 | 고생 끝에 낙이 온다고 훗날 좋은 시절이 있을 거야 =〔苦尽甜来〕

【苦境】kǔjìng 名 ❶ 역경(逆境). 불운한 상황. ¶脱离～ | 역경을 벗어나다. ❷ 위험하고 어려운 상태.

【苦酒】kǔjiǔ 名〈食〉❶ 書 식초의 옛 이름＝〔醋cù①〕 ❷ 맥주. ❸ 지독하게 쓴 술. ❹ 고배(苦杯). 쓴 잔.

【苦口】kǔkǒu 形 ❶ 간곡하게 권하다. 입이 닳도록 진심으로 충고하다. ¶～婆pó心｜成 입이 닳도록 간절하게 충고하다. ¶～良言｜成 좋은 말로 간곡하게 충고하다. ❷ 입에 쓰다. ¶良liáng药～, 忠言逆耳｜諺 좋은 약은 입에 쓰고, 충언은 귀에 거슬린다.

【苦苦】kǔkǔ ❶ 副 극력. 간절히. 열심히. ¶～哀求｜간절히 애원하다. ❷ 狀 고통스럽다. 괴로워하다. ¶～的熬过了八年｜고통스럽게 8년을 견디어 냈다.

【苦力】kǔlì ❶ 書 動 고생〔괴로움〕을 참아가며 노력하다. ❷ 名 힘든 일. 막 노동. ¶他到城里做～去了｜그는 성내로 막노동을 하러갔다. ❸ 名 쿨리(cooly). 힘든 일에 종사하는 중국이나 인도의 하층 노동자. 막일꾼.

【苦脸】kǔliǎn 名 괴로운 얼굴. 고통스런 표정. 수심에 가득찬 얼굴. ¶他总是一副～｜그는 언제나 괴로운 얼굴을 하고있다.

【苦练】kǔliàn ❶ 動 꾸준히〔열심히〕 수련〔훈련〕하다. ¶他～出本事来了｜그는 꾸준히 수련하여 기술을 터득하였다. ❷ 名 목숨을 건 훈련.

【苦闷】kǔmèn ❶ 形 마음이 울적하다. 번민스럽다. 괴롭고 답답하다. ¶她感到十分～｜그녀는 대단히 괴롭고 답답함을 느꼈다. ❷ 名 고민. 번민. 번뇌.

【苦命】kǔmìng 名 불운. 비운. 고통스런 운명. 사나운 팔자. ¶她恨自己的～｜그녀는 자신의 불운을 원망한다.

【苦难】kǔnàn 名 고난. 고통과 재난. ¶经历了多少～的岁月｜많은 고난의 세월을 겪어 왔다.

【苦恼】kǔnǎo ❶ 動 고뇌하다. 고민하다. ¶受到一点挫折用不着～｜약간 좌절 당했다하여 고민할 필요는 없다. ❷ 動 괴롭히다. 고뇌〔고민〕하게 하다. ¶我总是不明白什么东西在～她｜나는 무엇이 그녀을 괴롭히고 있는지 끝내 알지 못하겠다. ❸ 形 비참하다.

【苦求】kǔqiú 名 動 애원(하다). 탄원(하다). 간청(하다). ¶他不理会我的～｜그는 나의 애원을 거들떠보지도 않는다.

【苦劝】kǔquàn 動 극력 권하다. 애써 충고하다. ¶我～了半天, 他怎么也不听｜한참을 애써 충고했는데 그는 아무래도 듣지 않는다.

【苦肉计】kǔròujì 名 고육책(苦肉策). ¶黄盖巧施了～｜황개는 교묘하게 고육책을 썼다.

【苦涩】kǔsè 形 ❶ (맛이) 씁쓸하고 떫다. ❷ (고통으로) 괴롭다. 마음이 쓰라리다. ¶～的表情｜괴로운 표정.

【苦参】kǔshēn 名〈植〉고삼 [한의에서 해열·가려움증·살충·이뇨제 등으로 쓰임]

【苦守】kǔshǒu 動 (정절·절개를) 애써 지키다. 끝까지 지키다.

【苦水】kǔshuǐ 名 ❶ 못 먹는 물. 경수(硬水). 쓴맛이 나는 물. ¶～井＝〔苦井〕｜먹지 못하는 우물. ❷ (병등으로 인해 토해내는 위액 따위의) 쓴 체액〔분비물〕. ❸ 轉 쌓이고 쌓인 고통〔고생〕. ¶吐出多年的～｜오랜세월 동안 쌓이고 쌓인 고생담을 모조리 털어놓다. ❹ 고통으로 인한 눈물. 괴로운 나날. ¶他从小泡在～里｜그는 어릴적부터 눈물로 살아 왔다.

【苦思冥想】kǔ sī míng xiǎng 成 골똘히〔깊이〕 생각하다. 깊은 생각으로 명상에 잠기다.

【苦痛】kǔtòng 名 고통. 괴로움＝〔痛苦〕

【苦头(儿)】kǔtóu(r) 名 쓴맛.

【苦味酸】kǔwèisuān 名〈化〉피크린(picrin) 산＝〔黄色炸药〕

【苦夏】kǔxià ❶ 動 여름을 타다. 여름을 못견디다. ¶我有～的毛病｜나는 여름을 타는 체질이다. ❷ 名 여름을 탐. 더위 먹음 ‖＝〔方 注zhù夏〕〔方 疰zhù夏〕〔方 蛀zhù夏〕

【苦相】kǔxiàng 名 ❶ 운이 좋지못한 인상. ❷ 고뇌에 찬 얼굴. 고통스러운 표정.

【苦笑】kǔxiào 名 動 괴로운 웃음〔쓴웃음〕(을 짓다). ¶他无可奈何地～了几声｜그는 어쩔 수 없는 듯 몇 번 쓴웃음을 지어보였다.

【苦心】kǔxīn 名 動 고심(하다). ¶你要晓得, 妈是费了一番～｜너는 엄마가 한 차례 고심했다는 것을 알게 될거야.

【苦心孤诣】kǔ xīn gū yì 成 고심참담한 노력을 기울여 남다른 경지에 이르다. 심혈을 기울여 방법을 찾다.

【苦心经营】kǔ xīn jīng yíng 成 심혈을 기울여 경영하다. ¶我～了十几年, 才有今天这份家业｜나는 십 수년간 심혈을 기울인 경영 끝에 비로소 오늘날의 가업을 이루게 되었다.

【苦心人】kǔxīnrén 名組 대단한 노력가. ¶～天不负｜諺 하늘은 노력하는 사람을 버리지 않는다. 지성이면 감천이다.

【苦行】kǔxíng ❶ 名 動〈宗〉고행(하다). ¶～僧｜고행승. ❷ 名 절에 거주하며 출가(出家)를 희망하는 사람.

【苦学】kǔxué 書 動 고학하다. 애써 배우다. ¶～苦干｜애써 배우고 힘들게 일하다.

【苦言药, 甘言疾】kǔyán yào, gānyán jí 諺 귀에 거슬리는 말은 약이 되고, 듣기에 달콤한 말은 병이 된다. 양약(良藥)은 입에 쓰다.

【苦于】kǔyú 書 動 ❶ (…으로, 에) 괴롭다〔고생하다, 시달리다〕. ¶他～胃病｜그는 위장병으로 고생한다. ❷ (…보다) 더 괴롭다. 고통〔고생〕스럽다. ¶失恋～死别｜실연은 사별보다 더 고통스럽다.

【苦雨】kǔyǔ 名 ❶ 지긋지긋한 비. ❷ 장마.

【苦战】kǔzhàn 動 고전하다. 악전 고투하다. 사투를 벌이다. ¶他～了几天, 总算把这个新节目拼凑pīncòu编造biānzào出来了｜그는 며칠을 고전한 끝에 결국 이 새로운 프로그램을 편집해 내고야 말았다.

【苦中苦】kǔzhōngkǔ 名組 갖은 고생. 죽을〔모진〕 고생. ¶吃得～, 方为人上人｜諺 갖은 고생을 견뎌내야만, 비로소 남 보다 뛰어난 사람이 된다.

【苦中作乐】kǔ zhōng zuò lè 成 고생 속에서도 낙천적으로 살다. 고생 속에서 즐거움을 찾다. ¶他

家境不好, 但能够～, 寻找快活 | 그의 가정환경은 좋은 편이 못 되지만 고생속에서도 낙천적으로 살면서 유쾌한 생활을 한다 =〔苦中寻乐〕

【苦衷】kǔzhōng 名 고충. 남모르는 고민. ¶请谅解我的～! | 저의 고충을 헤아려 주십시오!

【苦竹】kǔzhú 名〈植〉고죽. 참대. ¶～笋sǔn | 참대 죽순.

【苦主】kǔzhǔ 名 ❶ (살인 사건의) 피해자의 가족·유족. ❷ 피해자 ‖ =〔哭主〕

kù ㄎㄨˋ

【库(庫)】kù 곳집 고 ❶ 名 창고. 곳간. ¶水～ | 저수지. ¶国～ | 국고 =〔仓库〕 ❷ ⇒〔库仑〕 ❸ (Kù) 名 성(姓).

【库藏】ⓐ kùcáng 動 (물건 등을) 창고에 저장하다. (책을) 서고에 소장하다. ¶～图书三十万卷 | 장서 30만 권.
ⓑ kùzàng 書 ❶ 名 창고. 서고. ❷ 창고의 저장물.

【库存】kùcún 名 ❶ 재고(在庫). 스톡(stock). 잔고. ¶～簿 | 잔고〔재고〕대장. ¶～货物 =〔存货〕 | 재고품. ¶～现金限额 | 현금 보유 한도액. ¶～资金 | 현재의 보유 자금. ❷ 재고량.

【库缎】kùduàn 名〈紡〉공단 =〔贡缎〕

【库房】kùfáng 名 ❶ 창고. 무기고. 금고. ❷ 고방. [옛날, 관아의 재정을 담당하던 부서]

【库锦】kùjǐn 名〈紡〉금실·은실·색깔 있는 털실로 짠 비단.

【库克群岛】Kùkè Qúndǎo 名 外〈地〉쿡 제도(The Cook Islands) [남태평양에 위치한 제도. 뉴질랜드 령(領)으로, 수도는 「阿瓦鲁阿」(아바루아; Avarua)]

【库雷蚊】kùléiwén 名〈蟲〉집 모기 =〔库蚊〕〔家蚊〕〔常蚊〕

【库仑】kùlún 外 ❶ 量〈物〉쿨롱. 전기량의실용 단위. ❷ (Kùlún) 名〈人〉쿨롱(Chales Augustin de Coulomb, 1736～1806) [프랑스 물리학자]

【库仑计】kùlúnjì 名 外〈物〉쿨롱 미터(Coulomb meter). 전량계.

【库琴】Kùqín 名 外〈地〉쿠칭(Kuching) [보르네오 섬의 북서부에 있는 항만도시] =〔古晋〕

【库券】kùquàn 名 簡 국고 채권(国库券)의 약칭.

【库蚊】kùwén ⇒〔库雷蚊〕

【库藏】kùzàng ☞〔库藏〕kùcáng ⓑ

【裤(褲)〈袴〉】kù 바지 고 名 바지. ¶毛～ | 털내복 바지. ¶棉毛～ | 메리야스 바지. ¶短～ | 반바지. 짧은 팬츠. ¶做一条～子 | 바지 하나를 만들다 =〔绔①〕

【裤衩(儿)】kùchǎ(r) 名 반바지. 잠방이. 팬티. ¶三角～ | 삼각 팬티 =〔裤叉(儿)〕〔方 裤头〕→〔短裤〕

【裤裆】kùdāng 名 바지 덧천〔이음 천〕. ¶～不宜太大 | 바지 덧천이 적당하지 않고 너무 크다.

【裤兜(儿, 子)】kùdōu(r·zi) 名 ❶ 바지의 허리 부분. ❷ 方 바지 덧천.

【裤筒(儿, 子)】kùtǒng(r·zi) 名 바지의 통. ¶～窄zhǎi | 바지통이 좁다 =〔裤管(儿)〕〔裤脚管〕

【裤腿(儿, 子)】kùtuǐ(r·zi) 名 ❶ 바짓가랑이. ¶～紧了一点儿 | 바짓가랑이가 조금 달라 붙는다 =〔方 裤脚②〕 ❷ 옛날, 전족(纏足)한 발을 감싸기 위해 바지 아래부분에 통 모양으로 만든 것.

【裤袜】kùwà 名 팬티 스타킹 =〔袜裤〕

【裤腰】kùyāo 名 바지의 허리. ¶～过肥 | 바지허리가 너무 넓다.

2【裤子】kù·zi 名 바지. ¶～里打木鱼 | 바지 안에서 목탁을 두드리다. 喻 밖에서 조금도 모르다. 이름이 조금도 알려지지 않다. ¶穿一条～ | ⓐ 바지를 입다. ⓑ 한통속〔한패〕이〔가〕 되다. 같은 운명이 되다.

【绔(絝)】kù 바지 고 ❶ 「裤」와 통용⇒〔裤〕 ❷ ⇒〔纨wán绔〕

【喾(嚳)】Kù 제왕이름 곡 名〈人〉제곡(帝嚳). 고대의 오제(五帝) 중의 하나 [황제(黃帝)의 증손이며, 요(堯)의 조부이고, 고신씨(高辛氏)라고도 부름] =〔帝dì喾〕

【酷】kù 독할 혹, 심할 혹 ❶ 形 잔혹〔잔인〕하다. 혹독하다. ¶苛～ | 가혹하다. ¶～形↓ ❷ 副 매우. 몹시. ¶～似↓ ¶～寒↓

【酷爱】kù'ài 動 열애하다. 깊이 사랑하다. ¶～自由 | 자유를 깊이 사랑하다.

【酷寒】kùhán ❶ 書 名 혹한. ❷ 形 몹시 춥다.

【酷好】kùhào 書 動 지나치게 좋아하다 =〔酷嗜〕

【酷吏】kùlì 書 名 혹리. 포학한 관리→〔暴吏〕

【酷烈】kùliè 書 形 ❶ 잔혹하다. 맹렬하다. 격렬하다. ¶斗争～ | 투쟁이 격렬하다. ❷ (형벌이) 가혹하다. ❸ (향기가) 매우 진하다.

【酷虐】kùnüè 書 ❶ 形 몹시 잔학〔잔혹〕하다. 포학하다. 비인도적이다. ❷ 動 몹시 학대하다. 가혹하게 다루다.

【酷热】kùrè 書 ❶ 名 무더위. 염천(炎天). ¶实在受不了这～ | 정말이지 이런 무더위는 못 견디겠다.❷ 形 (날씨가) 몹시 무덥다. 찌는 듯 하다. ¶～如焚 | 成 불길이 활활 타오르는 듯한 무더위.

【酷暑】kùshǔ 書 ❶ 名 혹서. ¶不怕～ | 혹서에도 끄떡없다. ❷ 形 더위가 심하다.

【酷似】kùsì 書 動 몹시 닮다. 매우 비슷하다 =〔酷类〕〔酷肖〕

【酷刑】kùxíng 名 혹형. 가혹한 형벌.

kuā ㄎㄨㄚ

【夸】① kuā 풍칠 과 書 形 사치하다. 호사하다. ¶贵而不为～ | 존귀하나 사치스럽지 않다.《荀子·仲尼》

3【夸(誇)】② kuā 자랑할 과 ❶ 動 자만하다. 과장하여 말하다. ¶她把一点小事～得比天还大 | 그녀는 사소한 일을 터무니없이 과장한다. ¶～口↓ ❷ 動 칭찬하다. ¶人人都～她劳动好, 学习好 | 사람마다 그녀를 일도 잘 하고, 공부도 잘 한다고 칭찬한다 ‖ =〔夸②〕 ❸ (Kuā) 名 성(姓).

【夸大】kuādà 動 과장하다. 과대(過大)하게 평가하다. ¶～了目前的困难｜목전의 어려움을 과장하다.

【夸大其词】kuā dà qí cí 成 말을 과장하다. 말이 실제보다 지나치다.

【夸诞】kuādàn 書 動 과장하여 황당하게 찌껄이다. 과장하여 믿을 수가 없다.

【夸父追日】kuā fù zhuī rì 成「과부」(誇父)가 태양을 좇다 [중국 고대 신화에「과부」(誇父)라는 사람이 태양을 좇다가 목이 말라 황하(黃河)와 위수(渭水)의 물을 다 마시고도 갈증이 풀리지 않아 다른 곳으로 물을 찾으러 가다가 도중에 목이 말라 죽었다고 함] ❶ 대자연을 정복하려는 굳은 결심. ❷ 힘에 부치는 일을 하다. 무모하게 덤비다 ‖＝〔夸父与日逐走〕

【夸功】kuāgōng 動 공로를 자랑하다〔칭찬하다〕. 자만하다.

【夸海口】kuā hǎikǒu 動組 크게 허풍을 떨다. 큰소리치다. ¶他早就夸下海口, 说一定能帮忙为成｜그는 일찌기 큰소리를 치면서 말하기를 틀림없이 도와주겠다는 거였다＝〔海口③〕〔夸下海口〕→〔夸口〕〔夸嘴〕

【夸奖】kuā·jiǎng ❶ 動 칭찬하다. 찬양하다. ¶同学们都～他进步很快｜학우들은 모두 그가 실력이 매우 빠르게 발전하는 것을 칭찬한다＝〔夸许〕〔夸好〕 ❷ 謙 남의 칭찬에 대한 겸손의 말. ¶～～!｜과찬이십니다!

【夸口】kuā/kǒu ⇒〔夸嘴〕

【夸夸其谈】kuākuā qí tán 成 큰소리치다. 호언장담하다. ¶他一向～, 而从不落实｜그는 줄곧 큰소리만 쳤지 아직 한 번도 실천해 본 적은 없다.

【夸示】kuāshì 書 動 과시하다. 남에게 자랑해 보이다.

【夸饰】kuāshì ❶ 書 動 과장하여 묘사하다. 지나치게 수식〔장식〕하다. ❷ 名 과장법 [수사법(修辭法)의 하나]＝〔夸大格〕〔夸张格〕〔铺张格〕

【夸脱】kuātuō 量 外 쿼트(quart) [1갈론(gallon)의 4분의 1 또는 2파인트(pint)]＝〔夸尔〕→〔加仑 jiālún〕

【夸耀】kuāyào 動 貶 과시하다. 뽐내다. 자화자찬하다. ¶她～自己的美丽｜그녀는 자신의 아름다움을 뽐낸다.

【夸赞】kuāzàn 動 과찬하다. 격찬(激讚)하다. 상찬(賞讚)하다.

【夸张】kuāzhāng ❶ 動 과장하다. ¶你这样说未免太～了吧｜네가 이렇게 말하는 것은 너무 과장하는 것 같다. ❷ 名〈言〉(수사학(修辭學)의 과장→〔夸饰〕

【夸嘴】kuā/zuǐ 動 허풍을 떨다. 떠벌리다. ¶～的大dài夫没好药｜諺 허풍쟁이 의사 치고 명의 없다＝〔夸口〕〔说大话〕

kuǎ ㄎㄨㄚˇ

【侉〈咵〉】kuǎ 거칠 과
形 方 ❶ (실하고) 크다. 투박스럽다. ¶长成一个～大个儿｜실하고 크게 자랐다. ¶这个箱子太～了, 携xié带不方便｜이 상자는 너무 커서 휴대하기가 불편하다. ❷ 촌스럽다. 조야하다. ¶～姑娘＝〔侉丫头〕｜촌 처녀. ❸ (말씨가) 우스꽝스럽다. 촌티가 나다 [말씨가 귀에 거슬리거나 제고장 말씨가 아닐 때 비웃는 말] ¶你说话有点儿～｜너의 말은 좀 우스꽝스럽다.

【侉子】kuǎ·zi 名 ❶ 촌놈. 타고장 말씨를 쓰는 사람[특히 북경 사람이 산동 사람을 가리켜 말하는 경우가 많음. 또한 남방 사람이 북방 사람을 가리켜 말하기도 함] ❷ 견문이 좁은 사람 ❸ 方 시골뜨기→〔京油子〕

3【垮】kuǎ 무너질 과
動 붕괴하다. 망가지다. 실패하다. ¶搞～｜그르치다. 망치다. ¶那公司～了｜그 회사는 무너졌다. ¶别把身体累～了｜과로로 몸을 못쓰게 하지 마라.

【垮不了】kuǎ ·bu liǎo 動組 실패할 리가 없다. 망칠리가 없다. ¶凡事要先准备好, 就会～｜모든 일은 준비만 철저하면 실패할 리가 없을 것이다.

【垮台】kuǎ/tái 動 와해하다. (건물 등이) 붕괴되다. (정치적으로) 실패하다. (신체가) 망가지다. ¶成立不到三个月内阁就～了｜구성된지 3개월도 안되어 내각은 와해되고 말았다＝〔倒dǎo台〕〔塌台〕〔垮杆〕

kuà ㄎㄨㄚˋ

【挎】kuà kū 팔에걸 과, 찰 과
Ⓐ kuà 動 ❶ (팔에) 걸다. (팔을) 끼다. ¶胳膊上～着篮子｜팔에 바구니를 걸고 있다. ¶两个人～着胳臂走｜두 사람은 팔짱을 끼고 간다＝〔跨⑤〕 ❷ (어깨나 허리에) 지니고 있다. 메다. 차다. ¶～枪｜총을 어깨에 메다. ¶～着刀｜칼을 차고 있다.
Ⓑ kū 書 動 ❶ 지니다. ❷ 새기다. ❸ 도려내다.

【挎包(儿)】kuàbāo(r) 名 (어깨에 메는) 서류 가방＝〔挎兜(儿)〕

【胯〈骻〉】kuà 사타구니 과
名〈生理〉사타구니. 샅. ¶伸腰拉～｜허리를 펴고 사타구니를 벌리다.

【胯骨】kuàgǔ 名 俗〈生理〉관골(髖骨). 무명골. 무명뼈＝〔宽骨〕〔髋骨〕〔无名骨〕

【胯下】kuàxià 名 가랑이 밑. 사타구니 밑. ¶～之辱rǔ｜成 (한신(韓信)의 고사에서 나온) 사람의 가랑이 밑을 빠져나가는 치욕. [큰 뜻을 이루기 위하여 조그만 치욕을 참아 넘긴다는 뜻으로 쓰이는 성어]

2【跨】kuà 넘을 과, 걸터앉을 고
動 ❶ 뛰어넘다. 건너다. 큰 걸음으로 건다. ¶～海｜바다를 건너다. ¶我们又向前～进一步｜우리는 앞으로 또 한 걸음 크게 내딛었다. ❷ (두 다리를 벌리고) 걸터타다. 걸치다. ¶～在马上｜말에 올라타다. ¶铁桥横～长江两岸｜철교가 양자강 양 기슭에 걸쳐 있다. ❸ 덧붙이다. 겸임하다. ¶旁边还另外～着一行小字｜옆에 따로 작은 글자가 한 줄 덧붙여져 있다. ❹ (시간·공간의 한계를) 초월하다. 걸치다. ¶～两省

| 두 성에 걸치다. ❺ 걸다. 끼다 =〔挎kuà①〕

【跨步电压】kuàbù diànyā 名組〈電氣〉접지에 단락이 일어날 경우 접지 지점의 한 걸음 이내의 거리에 발생하는 전압.

【跨度】kuàdù 名〈建〉경간(徑間). 스팬(span) =〔跨径〕〔跨距〕〔跨长〕

【跨国公司】kuàguó gōngsī 名組〈經〉다국적 기업(多國籍企業) =〔超国家公司〕〔多国公司〕〔多国籍公司〕〔国际公司〕〔跨国企业〕

【跨海】kuà/hǎi 動 바다를 가로질러 건너다〔횡단하다〕. ¶早年～留洋 | 일찌기 바다 건너 외국에 체류한 적이 있다.

【跨江过海】kuà jiāng guò hǎi 威 강을 건너고 바다를 건너다.

【跨街】kuàjiē 動 거리 상공 양쪽으로 가로 걸쳐있다. ¶～横幅 | (거리 양쪽으로 내걸어 놓은) 현수막

【跨进】kuàjìn 動 ❶ 성큼 앞으로 내딛다. 약진하다. ¶～了一步 | 한 걸음 약진하다. ❷ 들어서다. 진입(進入)하다. ¶世界到二十世纪末已～了经济战争时代 | 세계는 20세기 말에 이르러 이미 경제 전쟁시대에 들어섰다 =〔跨入〕

【跨栏】kuà/lán ❶ 動 장애물〔허들〕을 넘다. 장애물〔허들〕경기를 하다. ❷ (kuàlán) 名〈體〉장애물 경주. 허들 레이스. ¶～接力 | 장애물 이어달리기. 허들 릴레이 →〔低栏〕

【跨年度】kuà niándù 區 (임무·계획·예산 등이) 해를 넘기다. ¶～预算 | 다음 년도 까지 걸친 예산.

【跨越】kuàyuè 動 (지역·시기·일정한 한계를) 뛰어넘다. 횡단하다. 가로지르다. ¶～障碍 | 장애를 뛰어넘다〔극복하다〕. ¶～太平洋 | 태평양을 횡단하다.

kuǎi ㄎㄨㄞˇ

【蒯】kuǎi 기름사초 괴
❶ ⇒〔蒯草〕 ❷ (Kuǎi) 名 성(姓).

【蒯草】kuǎicǎo 名〈植〉괴초. 황모(黃茅) [수초(水草)의 일종으로 자리를 만드는 데 씀]

kuài ㄎㄨㄞˋ

【会】kuài ☞ 会 huì Ⓑ

【侩(儈)】kuài 장주릅 쾌, 거간꾼 쾌
⇒〔牙yá侩〕〔市shì侩〕

【哙(噲)】kuài 목구멍 쾌
❶ 書 動 삼키다. 목구멍으로 넘기다. ❷ 語 方 「呢」나 「啊」와 같이 쓰임. ❸ 사람 이름에 쓰임 ¶樊Fán～ | 번쾌 [전한(前漢) 시대의 무장]

【哙伍】kuàiwǔ 書 名 평범한 인물. 속인(俗人).

【浍(澮)】kuài 봇도랑 회
名 ❶ 書 (논밭의) 도랑. 봇도랑. ¶～渠qú =〔沟浍〕〔田浍〕| (논밭의) 도랑. ❷ (Kuài)〈地〉회하(澮河) [안휘성(安徽省)에 있는 강이름]

【狯(獪)】kuài 교활할 회/쾌
⇒〔狡jiǎo狯〕

【脍(膾)】kuài 회 회
書 名 얇게 썬 고기. 생선회 =〔鲙②〕

【脍炙人口】kuài zhì rén kǒu 威 인구(人口)에 회자하다. 좋은 시문(試文)이나 사물이 널리 사람의 입에 오르내리다. ¶他写了一篇～的散文 | 그는 널리 인구에 회자되는 산문을 썼다.

【鲙(鱠)】kuài 회 회, 준치 회
❶ ⇒〔鲙鱼〕 ❷ 「脍」의 이체자 ⇒〔脍kuài〕

【鲙鱼】kuàiyú 名〈魚貝〉준치 =〔快鱼〕〔鳓lè鱼〕

1【块(塊)】kuài 덩이 괴
❶ (～儿) 名 덩이. 덩어리. ¶土～ | 흙덩이. ¶把肉切成～儿 | 고기를 덩어리로 자르다. ❷ 名 方 장소. ¶这～儿 | 이곳. ❸ 名 方 크고 튼튼한 몸. ❹ 量 덩이. 조각. 장 [덩어리 또는 조각 모양의 물건을 세는 단위] ¶一～肥皂 | 비누 한 장. ¶一～肉 | 고기 한 덩어리. ¶一～面包 | 빵 한 덩어리. ¶一～布 | 천 한 조각. ❺ 量 口 「元」「圓」「달러」「마르크」 등의 화폐의 기본단위. ¶美金一～钱 | 미화 5달러. ¶人民币五～钱 | 중국돈 5원(元). ¶新台币五～ | 대만돈 5원. ❻ 함께. 같이. ¶一～儿走 | 함께 가다.

【块根】kuàigēn 名〈植〉괴근. 덩이뿌리. ¶～可以入药 | 괴근은 약재로 쓰이기도 한다.

【块规】kuàiguī 名〈機〉게이지 블록(gauge block). 슬립 게이지(slipp gauge). 단면(端面) 게이지 =〔规矩块〕〔对板〕〔标准块规〕〔标准量规〕

【块茎】kuàijīng 名〈植〉구경(球莖). 둥근꼴 밑줄기.

【块儿】kuàir ❶ 名 덩이. 덩어리. 괴상(塊狀). ❷ 名 方 곳. 장소. ¶我哪～都去过 | 나는 어느 곳이나 다 가보았다. ❸ 名 등이 높고 큰 체격. ❹ 名 方 몸집. 체구. ¶他～可不小 | 그는 몸집이 정말 크다. ❺ 名 方 풍채. 체격. ❻ 名 方 힘. 체력. ¶咱们今儿都卖卖～ | 우리 오늘도 품 좀 팔아 보자구. ❼ 形 方 체격이 좋다. 우람하다. ¶这小伙子长得真～ | 이 녀석은 체격이 정말 우람하게 생겼다.

【块头】ⓐ kuàitóu 名 方 ❶ 몸집. 체구. 덩치 =〔个子〕 ❷ 얼굴. 안면 =〔脸盘儿〕 ❸ 원(元).[화폐단위] ¶一张五～ | 한 자에 오원.
ⓑ (kuàitóur) 名 方 체격. 풍채 =〔身材〕

1【快】kuài 쾌할 쾌, 빠를 쾌
❶ 形 빠르다. ¶他进步很～ | 그는 진보가 매우 빠르다. ¶～上学吧! | 서둘러 학교에 갑시다. ¶～来帮忙 | 어서 와서 도와달라! ⇔〔慢①〕 ❷ 形 (머리 회전 속도가) 빠르다. 예민하다. 민첩하다. ¶他脑子～, 理解能力很强 | 그는 머리 회전이 빨라 이해력이 매우 우수하다. ❸ 形 (연장 등이) 잘 들다. 날카롭다 [「刀」「剑」에만 사용됨] ¶刀不～了, 该磨一磨 | 칼이 잘 들지 않으니 좀 갈아야만 한다 ⇔〔钝①〕 ❹ 副 곧. 머지않아. 어법 일반적으로 문미에 「了」가 오며, 시간을 나타내는 짧은 문장에 쓰여 다음 문장과 긴밀히 연결시킴. 「快…的」의 형태로 쓰일 경우는 「了」를 생략함. ¶火车～到了 | 기차가 곧 도착

한다. ¶～暑假了｜머지않아 여름 방학이다. ¶天～黑他才回家｜날이 어두워지려 할 때서야 그는 집으로 돌아갔다. ¶天～亮的时候, 他才离开实验室｜날이 밝으려 할 무렵에야 그는 실험실을 떠났다 =〔快要〕 ❺形 기쁘(게 하)다. 즐겁(게 하)다. 상쾌하다. ¶大～人心｜成 사람의 마음을 매우 즐겁게 하다. ¶愉～｜유쾌하다. ❻形 편안하다. ¶身体不～｜신체가 불편하다. ❼形 (성격 등이) 시원스럽다. 솔직하다. ¶～人↓ ¶这人真爽～｜이 사람은 참으로 시원스럽다. ❽形 (비누 등이) 잘 일다. ¶这块胰子不～｜이 비누는 잘 일지 않는다.

【快班(儿)】kuàibān(r) 名 ❶ 포졸 =〔快役〕〔马快(班)〕〔近 快手③〕 ❷ 수업 진도가 빠른 반(班). 속성반. ¶转入～学习｜속성반으로 옮겨 공부하다.

【快板】kuàibǎn 名 ❶ (～儿) 비교적 빠른 박자로 「拍板」과 「竹板」을 치며 간혹 대사를 섞어 노래하는 중국 민간 예능의 한 가지 =〔快书〕 ❷ (중국 전통극이나 민간 예능에서의) 잦은 박자→〔慢板〕 ❸〈音〉 빠른 템포(tempo). 알레그로(alegro).

【快板书】kuàibǎnshū 名 1950년 천진(天津)에서 생겨난, 「竹板」과 「节子板」을 치며 간혹 대사를 섞어 노래하는 중국 민간 예능의 한 가지.

【快报】kuàibào 名 속보(速報).

【快步】kuàibù 名 속보(速步). 빠른 걸음. ¶～走!｜속보로 가! ¶～如飞｜成 나는 듯이 빠른 걸음으로 걷다.

[3]【快餐】kuàicān 名 즉석 음식〔요리〕. 간단한 식사. ¶～部｜스낵 코너. ¶～食品｜즉석 식품→〔方便面(条)〕

【快车】kuàichē 名 급행 열차〔버스〕. ¶～票｜급행 차표. ¶特别～｜특급 열차 =〔急行(车)〕→〔慢车〕

【快车道】kuàichēdào 名 (도로의) 1차선. 추월선. ¶～上不得停车｜추월선에서는 차를 멈출 수 없다 ⇔〔慢车道〕

【快当】kuài·dang 形 ❶ 민첩하다. 재빠르다. 신속하다. 잽싸다. ¶他做起事来又细心又～｜그는 일을 하면 세심하고 민첩하다. ❷ 方 날카롭다. 예리하다. ❸ 近 통쾌하다. 유쾌하다.

【快刀切豆腐】kuàidāo qiē dòu·fu 歇 잘 드는 칼로 두부를 자르다. 일이 척척 잘 되어 가다.

【快刀斩乱麻】kuài dāo zhǎn luàn má 成 잘 드는 칼로 어지럽게 뒤엉킨 삼 가닥을 자르다. 복잡하게 뒤얽힌 문제를 명쾌하게 처리하다. ¶他～, 一下子把村里的事理顺了｜그는 마치 잘 드는 칼로 어지럽게 뒤엉킨 삼타래를 자르듯 순식간에 마을 일을 반듯하게 해결해 버렸다.

【快递】kuàidì 名〈通〉속달. ¶～业务｜속달 업무.

【快感】kuàigǎn 名 쾌감. 상쾌한 느낌. 통쾌한 기분. ¶心中充满～｜마음속은 쾌감으로 충만하다.

【快攻】kuàigōng ❶ 名〈體〉(농구의) 퀵 어택(Quick attack). (배구의) 속공. (축구·농구의) 패스트 브레이크(Fast break). ¶～投篮｜(농구의) 퀵 어택 슛(Quick attack shoot). ❷ 動 속공하다.

[3]【快活】kuài·huo 形 즐겁다. 유쾌하다. ¶～汤｜喻 술.

【快件】kuàijiàn 名〈通〉(철도 화물의) 급송화물. 속달취급화물. (우편의) 속달류(速達類) ⇔〔慢件〕

【快捷】kuàijié 形 (속도가) 빠르다. (행동이)민첩하다.

[2]【快乐】kuàilè ❶ 形 즐겁다. 유쾌하다. ¶他是一个～的单身汉｜그는 즐겁게 지내는 독신자이다. ❷ 名 쾌락. 즐거움. 기쁨. ¶共享～｜기쁨을 다 함께 하다.

【快马加鞭】kuài mǎ jiā biān 成 빨리 달리는 말에 채찍질을 하다. 더욱 속도를 내다. 박차를 가하다. ¶咱们要～, 更上一层楼｜우리는 더욱 박차를 가하여 한 단계 더 올라서야 할 것이다.

【快马一鞭, 快人一言】kuàimǎ yī biān, kuàirén yī yán 成 준마는 채찍질 한번으로 족하고 시원시원한 사람은 말 한 마디면 족하다→〔好汉一言, 快马一鞭〕〔君子一言, 快马一鞭〕

【快慢(儿)】kuàimàn(r) 名 속도. ¶抄写的～由你自己掌握｜베껴 쓰는 속도는 네 스스로 조절해야 한다 =〔速度〕

【快门】kuàimén 名〈攝〉(사진기의) 셔터(shutter). ¶按～｜셔터를 누르다 =〔开关③〕

【快人】kuàirén 書 名 쾌활한 사람. 시원시원한 사람. 화끈한 사람. ¶～做快事｜成 시원시원한 사람은 일도 시원시원하게 한다. ¶～快语｜成 시원한 사람은 말도 시원시원하게 한다.

【快驶】kuàishǐ 動 (차·배 등을) 쾌속으로 몰다〔운전하다〕. 질주하다.

【快事】kuàishì 名 시원스러운〔통쾌한〕 일. 만족스러운 일. ¶一生一大～｜생애 최대의 통쾌한 일.

【快手】kuàishǒu ❶ (～儿) 名 솜씨가 민첩한 사람. ❷ 形 方 (일 처리 등이) 재빠르다. 민첩하다. ¶就要下大雨了, 大家～点儿｜곧 큰비가 올 것 같으니 모두 좀 빨리 해라. ❸ ⇒〔快班①〕.

【快速】kuàisù ❶ 形 쾌속의. 신속한. 속도가 빠른. ¶～照相机｜폴라로이드 카메라(Polaroid camera). ¶～粒子｜고속 입자. ¶～军舰｜쾌속 함정. ❷ 名〈音〉알레그로(Alegro).

【快慰】kuàiwèi 書 動 즐거워 마음이 놓이다. 기쁨으로 안심하다.

【快信】kuàixìn 名〈通〉속달우편〔편지〕=〔快递dì信件〕〔快递邮件〕

【快性】kuàixìng ❶ 形 (성격이) 시원시원하다. 소탈하다. ¶他是个～人｜그는 시원시원한 사람이다. ❷ 名 시원시원한 성격. 소탈한 성격. ❸ 動 方 (일을) 끝내다. 처치하다. 매듭을 짓다.

【快要】kuàiyào 副 곧〔머지않아〕 (…하다) [일반적으로 구말(句末)에 「了」가 옴] ¶火车～到了｜열차가 곧 도착하게 된다 =〔快④〕 어법 수량을 나타내는 말과 결합될 때는 일반적으로 「快」를 쓰고 「快要」를 쓰지 않으며, 그리고 시간명사와 결합할 때는 「就要」를 쓴다.

【快意】kuàiyì ❶ 形 상쾌하다. 쾌적하다. ¶感到十分～｜매우 상쾌하다. ❷ 形 마음에 들다〔맞다〕.

뜻대로 되다. ❸ 名 만족감. 쾌감. ¶心中有一丝～ | 마음속으로 한 가닥 만족감을 느꼈다. ❹ (kuài yì) 書 動 만족하게 하다. 마음에 들게 하다.

【快鱼】kuàiyú ⇒〔鲙kuài鱼〕

【快嘴】kuàizuǐ 名 입이 가벼운 사람. 생각하지 않고 아무렇게나 지껄이는 사람. ¶她是一个～婆娘pó niáng | 그 여자는 입이 가볍운 여편네이다 =〔快口②〕

【筷】kuài 젓가락 쾌 (～儿, ～子) 名 젓가락. ¶一双～ | 젓가락 한 벌. ¶请动～吧! | 어서 드십시오. ¶竹～ | 대 젓가락.

2【筷子】kuài·zi 名 젓가락 =〔快子〕

kuān ㄎㄨㄢ

2【宽(寬)】kuān 너그러울 관 ❶ 形 (폭·면적·범위가) 넓다. ¶马路很～ | 길이 아주 넓다. ¶面子可～呢 | 안면이 매우 넓다 ⇔〔窄①〕 ❷ 形 여유롭다. 풍족하다. ¶农民手头比过去～多了 | 농민의 주머니 사정이 이전보다 훨씬 여유로와 지다. ❸ 形 관대하다. ¶现行政策比以前～ | 현행의 정책은 이전보다 관대하다. ❹ 動 (마음을) 느슨하게 하다. (기한 등을) 늦추다. 연장하다. ¶请～心吧! | 마음을 놓으시오. ¶～限两个月 | 두 달 동안 기한을 연기하다. ❺ 名 폭. 너비. ¶有多～? | 폭이 얼마나 되는가? ¶这条河有一公里～ | 이 강은 폭이 1km이다. ❻ (Kuān) 名 성(姓).

【宽厂】kuānchǎng ⇒〔宽敞〕

【宽畅】kuānchàng ❶ 形 (마음이) 시원하다. 후련하다. ¶胸怀～ | 가슴이 후련하다. ❷ ⇒〔宽敞〕

【宽敞】kuān·chang 形 (장소·범위 등이) 넓다. 널찍하다. (마음이) 탁 트이다. 후련하다. ¶～舒适 | 널찍하고 편안하다 =〔宽厂〕〔宽畅②〕

【宽绰】kuān·chuo 形 ❶ (장소나 범위가) 널찍하다. 여유가 있다. ❷ (생활이) 풍요롭다. 여유롭다. ¶现代的农村收入比以前高, 生活也很～ | 지금의 농촌은 소득이 과거 보다 높아지고 생활도 매우 풍요롭다. ❸ (kuānchuò) (마음이) 여유가 있다. 너그럽다. ¶听了他的话, 心里显着～多了 | 그의 말을 듣고는 마음이 한결 여유로와졌다.

【宽打窄用】kuān dǎ zhǎi yòng 威 (예산·시간 등을) 여유 있게 준비하여 아껴쓰다 =〔宽备窄用〕

【宽大】kuāndà ❶ 形 (면적이나 용적 등이) 크다. 넓다. 헐렁헐렁 하다. ¶穿牛仔裤穿得要～一点儿 | 청바지는 조금 헐렁헐렁하게 입어야 한다. ❷ 形 (마음·성격이) 관대하다. 너그럽다. ¶～处理 | 너그럽게 처리하다. ❸ 動 (남에게) 관대하다. 관대하게 대하다. ¶～为怀 | 威 관대한 마음을 갖다. 남을 너그럽게 대하다.

【宽待】kuāndài 動 관대하게 대(우)하다. 너그럽게 다루다. ¶他已经后悔了, 我们也应该～他 | 그도 이미 후회하고 있으니 우리도 마땅히 너그럽게 대해야 한다.

【宽贷】kuāndài 書 動 관용을 베풀다. 대범하게 보다. 너그럽게 대하다. ¶宜加～, 使其自新 | 마땅히 관용을 베풀어 그를 스스로 새 사람이 되도록 만들어야 한다.

【宽度】kuāndù 名 폭. 너비. ¶测量～ | 너비를 측량하다.

【宽泛】kuānfàn 形 (의미 또는 미치는 면이) 넓다. 광범위하다. 막연하다. ¶这种说法太～ | 이러한 견해는 지나치게 광범위하다.

【宽幅】kuānfú 名 광폭(廣幅). 더블(double) 폭. ¶～棉布 | 더블폭 면포.

【宽广】kuānguǎng 形 (면적·범위가) 크다. 넓다. ¶他的眼界更～起来 | 그의 시야가 더욱 넓어졌다.

【宽宏】kuānhóng 形 ❶ (도량이) 크다. 넓다. ¶他为人～, 和别人从不计较 | 그는 도량이 넓어서 다른 사람과 지금까지 한 번도 좀스럽게 따지지 않는다. ❷ (소리가) 우렁차다. 크고 낭랑하다. ¶～的歌声 | 우렁찬 노래소리 ‖ =〔宽洪〕

【宽宏大量】kuān hóng dà liàng 威 도량이 크고 관대하다. ¶他对年轻人一向～ | 그는 젊은이들에게 줄곧 크고 관대한 도량으로 대해 왔다 =〔宽宏大度〕〔宽洪大量〕〔宽海大量〕

【宽厚】kuānhòu 形 ❶ (폭이) 넓고 두텁다. ¶～结实的肩膀 | 넓고 튼실한 어깨. ❷ (남에게) 너그럽고 후하다. 다정하다. 친절하다. 사려깊다.

【宽怀】kuānhuái 動 ❶ 흉금을 터놓다. ❷ 유유자적하다. 편안히 지내다. ❸ 안심하다. 마음을 크게 먹다. ¶你～吧! 这个病过几天就好起来的 | 마음을 크게 먹어라! 이 병은 며칠 지나면 곧 좋아질거야.

【宽假】kuānjiǎ 書 動 사정을 봐주다. 용서하다. 관용을 베풀다.

【宽解】kuānjiě 動 마음을 놓다〔풀어 주다〕. 안심시키다. 위안하다. ¶母亲生气的时候, 姐姐总能设法～ | 어머니가 화났을 때, 누나는 늘 어떻게 해서든지 마음을 풀어드렸다.

【宽紧带】kuānjǐndài 名 ❶ (옷·양말 따위에 사용하는) 고무 테이프. ❷ 方 고무 밴드. 고무 벨트 =〔松紧带(儿)〕

【宽旷】kuānkuàng 形 광활하다. 광막하다. ¶～的草原 | 광활한 초원.

3【宽阔】kuānkuò 形 ❶ (폭이) 넓다. 광대하다. ❷ (옷 등이) 헐렁헐렁하다. 넉넉하다. 느슨하다. ❸ 아량이 넓다〔크다〕. ¶胸怀～ | 아량이 넓다. ❹ (강·도로·어깨 따위의 폭이) 넓다. ¶～平坦的林荫大道 | 넓고 평탄한 큰 가로수 길. ¶胸脯～ | 가슴팍이 넓다.

【宽猛相济】kuān měng xiāng jì 威 관대함과 엄격함을 잘 조화시켜 행하다. 관대하면서도 엄하다. ¶对待下属要～, 恩威并施 | 부하를 대할때는 관대하면서도 엄격해야 하며 은혜와 위엄을 함께 베풀어야 한다.

【宽让】kuānràng 動 배려하다. 대범하게 보아 넘기다. 너그러이 양보하다. 관용하다.

【宽饶】kuānráo ⇒〔宽恕〕

【宽容】kuānróng ❶ 形 너그럽다. 포용력이 있다. ¶他对待不同见解都很～ | 그는 서로 다른 견해에 대해서도 모두 너그럽다. ❷ 動 관용하다. 너그럽게 받아들이다〔용서하다〕.

【宽舒】kuānshū 形 ❶ (기분이) 후련하다. 편안하

고 시원하다. ¶办好了事, 心里~了 | 일을 끝내고 나니 기분이 후련해졌다. ❷㊍(장소·시간 등이) 넓고 여유가 있다. 융통성이 있다.

【宽恕】kuānshù 動 너그러이 용서하다. 관대하게 봐주다. ¶请你~这一次! | 이 번 한 번만 너그러이 용서해 주십시오! =〔宽饶〕〔書宽宥〕

【宽松】kuānsōng ❶形(붐비지 않고) 널찍하다. 여유가 있다. ❷形(마음이) 느슨해 지다. 이완되다. ❸形(마음이) 넉넉하다. 여유가 있다. ❹動 완화시키다. 느슨하게 하다. ¶~腰带 | 허리띠를 느슨하게 하다.

【宽慰】kuānwèi 動 ❶ 위로하다. 달래다. ¶你再去~她几句 | 다시 가서 그녀를 몇 마디 위로해 주어라. ❷(마음을) 즐겁게 해주다. 안심시키다.

【宽狭】kuānxiá ⇒〔宽窄〕

【宽限】kuān/xiàn 動 기한을 연장하다〔늦추다〕. ¶请~一个星期 | 일주일만 연장해 주십시오.

【宽心】kuān/xīn 動 마음을 넓게〔편히〕 가지다. 안심하다. 마음을 놓다. ¶您宽宽心吧! | 마음을 편히 가지십시오! ¶~落luò意 | 마음을 느긋하게 먹다.

【宽心丸儿】kuānxīnwánr 名組 喩 위로하는 말. ¶行了, 行了, 别给我~吃了 | 됐어, 됐어, 나를 위로하려고 하지마 =〔开心丸儿〕

【宽衣】kuān/yī ❶動 옷을 느슨하게 하다. ❷動 敬 옷을 벗다 [상대에게 권하는 말로 쓰임] ¶天气热, 请~! | 날씨가 더우니 옷을 벗으십시오! =〔宽章〕 ❸(kuānyī) 名 크기가 넉넉한 옷. ¶~大袖 | (작업복 따위의) 소매가 크고 헐렁헐렁한 옷.

【宽以待人, 严以律己】kuān yǐ dài rén, yán yǐ lǜ jǐ 諺 남에게는 너그럽고 자신에게는 엄격하다.

【宽银幕】kuānyínmù 名 와이드 스크린(wide screen). ¶~电影 | 와이드 스크린 영화 =〔宽银幕屏〕

【宽宥】kuānyòu ⇒〔宽恕〕

【宽余】kuānyú 形 ❶(생활이) 부유하다. 풍요롭다. ❷(씀씀이가) 융통성이 있다. 여유가 있다. ❸(마음이) 편하고 느긋하다. 자유롭고 구애됨이 없다.

【宽裕】kuānyù 形(생활·시간·환경 등이) 융통성이 있다. 여유롭다. 넉넉하다. ¶时间很~ | 시간이 매우 여유롭다. ¶生活不够~ | 생활이 넉넉하지 못 하다.

【宽窄(儿)】kuānzhǎi(r) 名 ❶ 너비. 폭 =〔書宽狭〕❷여유. ¶手头儿的~ | 주머니 사정의 여유.

【宽展】kuānzhǎn ❶形(마음이) 후련하다. 시원하다. ❷形 近 ㊍(장소가) 넓다. 널찍하다. ❸動 늦추다. 연기〔연장〕하다. ¶日期~五天 | 날짜를 5일 연장하다.

【宽纵】kuānzòng 動 ❶ 방임하다. 구속하지 않다. 제멋대로 하게 하다. ¶不要~自己, 要求自己越严, 进步就越快 | 자신을 방임하지 말고 자신에 대한 요구가 엄격하면 할 수록 진보는 더욱 빠를 것이다.

【髋(髖)】kuān 허리뼈 관

⇒〔髋骨〕

【髋骨】kuāngǔ 名〈生理〉관골. 무명골(無名骨). 궁둥이 뼈 [「髂qià骨」「耻chǐ骨」「坐骨」의 총칭] =〔俗胯kuà骨〕

kuǎn ㄎㄨㄢˇ

2【款〈欵〉】kuǎn 정성 관

❶名(법률·규정·조약 따위의) 항목. 조항 [「条」다음이「款」이며,「款」다음이「项」임] ¶第一条第二~ | 제1조 제2항. ❷(~子) 名 돈. 경비. ¶存~ | 예금하다. ¶放~ | 대출하다. ¶公~ | 공금. ❸書 動 초대하다. 환대하다. 대접하다. ¶~客 | 손님을 극진히 대접하다. ❹(글이나 그림 따위에 쓰는) 서명. ¶落~ | 낙관. ¶上~ ⇔〔下款〕| 글씨·그림 따위의 처음에 받는 사람의 이름을 서명하는 것. ❺形 진실하다. 정성스럽다. 성실하다. ¶~留↓ ¶~问 | 정중하게 방문하다 혹은 묻다. ❻느리다. 완만하다. ¶~步↓ ¶点水蜻蜓~~飞 | 물을 치면서 잠자리가 천천히 날고 있다.

【款步】kuǎnbù 書 動 느릿 느릿 걷다. 천천히 걷다. ¶老人~前行, 十分稳健 | 노인이 천천히 앞으로 걷는 것이 대단히 침착해 보인다 =〔缓huǎn步②〕

3【款待】kuǎndài 動 환대하다. 정중하게 대접하다. ¶~客人 | 손님을 환대하다 =〔款接〕⇔〔薄bó待〕

【款冬】kuǎndōng 名〈植〉관동. 머위 =〔款东〕〔款冻〕〔書菟tù奚〕

【款款】kuǎnkuǎn ❶書 形(걸음 등이) 느릿느릿하다. (말이) 또박또박하다. 예의바르고 분별력이 있다. ¶~而行 | 느릿느릿 가다. ¶~谈 | 예의 바르고 분별력 있게 말하다. ❷䀌 간절하다. 성실하다. ❸名 ㊍ 가리개. 차일(遮日). 차폐물(遮蔽物). ❹名 ㊍ 한도(限度). ¶究竟要花多少钱, 他心头儿没得~ | 도대체 얼마를 쓰려고 하는지 그의 심중엔 한도가 없다.

【款留】kuǎnliú 書 動(손님을) 간절하게 만류하다〔머무르게 하다〕.

【款洽】kuǎnqià 書 ❶形 마음이 풀어지다. 감정이 융화되다. ❷動 환대하다.

【款曲】kuǎnqū 書 ❶名 간절한 마음. 진실한 마음. 호의. ¶两党暗通~ | 두 당 사이에 간절한 마음이 몰래 통하다. ❷名 마음속의 곡절〔고충〕. ❸名 애모의 정. ❹名 속사정. 상세한 상황. ❺形 상세하다. 세세하다. ¶~寻问 | 상세히 묻다. ❻形(사이가) 흉허물이 없다. 격의 없다. ¶善与人~ | 남과 흉허물없이 잘 지내다.

【款式】ⓐkuǎnshì 名 격식. 양식. 형식. (문서의) 서식. (복장의) 스타일(style). 디자인(design). ¶这衣服的~挺时髦的 | 이 옷의 스타일은 아주 유행하는 것이다.

ⓑkuǎn·shi 形 ❶(건물 등이) 널찍하고 깔끔하다. 반듯하다. 모양새가 있다. ¶屋里拾掇得很~ | 방안을 반듯하게 정돈해 놓았다. ❷(태도가) 당당하다. 풍채가 좋다. ¶肥大的~, 瘦小的边式 | 諺 뚱뚱한 사람은 풍채가 좋고 마른 사람은 스마트하다. ❸㊍ 스마트(smart)하다. 깔끔하다. ¶打扮得倒~ | 차려 입은 모습이 굉장히 깔끔하다.

【款项】kuǎnxiàng 名 ❶ 비용. 경비 [주로 기관·단체 등에서 취급하는 비교적 큰 금액의 돈을 말함] ❷ (법령·규칙·조약 따위의) 조항.

【款识】kuǎnzhì 名 ❶ 종정(鍾鼎) 따위에 새겨진 문자 [음각(陰刻)한 글자를 「款」 양각(陽刻)한 글자를 「识」라 함] ❷ 낙관 [글씨나 그림의 표제나 서명] ❸ 편액(匾額) ‖ =〔款志〕〔俗 款儿①〕

【款子】kuǎn·zi ⇒〔款项①〕

【窾】kuǎn 빌 관
書 名 틈. 구멍. ¶怪石生～ | 괴석에 구멍이 생기다.

【窾要】kuǎnyào 名 喻 요점.

kuāng ㄎㄨㄤ

【匡】kuāng 바로잡을 광, 도울 광
❶ 書 動 바로잡다. 시정하다. ¶～谬miù | 잘못을 바로잡다. ❷ 書 動 도와주다. 보좌하다. ¶～我不逮dài | 내가 해내지 못하는 것을 도와주다. ❸ 動 方 대충하다. 어림하다. ¶～算↓ ❹ (Kuāng) 名 성(姓).

【匡救】kuāngjiù 書 動 바로잡아 구제하다. 올바른 길로 이끌어 구원하다. ¶～失足少年 | 나쁜 길로 빠진 청소년을 올바른 길로 이끌어 구원하다.

【匡算】kuāngsuàn 書 動 대충 대충 계산하다. 어림하다.

【匡正】kuāngzhèng 書 動 ❶ 바로잡다. 고치다. 정정하다. 개정하다. ¶～时俗sú | 풍속을 바로잡다. ❷ 돕다. 원조하다. 보좌하다.

【劻】kuāng 급할 광
⇒〔劻勷〕

【劻勷】kuāngráng 書 形 초조하다. 안절부절못하다. 불안해 하다.

【诓(誆)】kuāng 속일 광
動 속이다. 거짓말하다. ¶他老～人 | 그는 늘 남을 속인다 =〔诳kuāng〕

【诓骗】kuāngpiàn 動 (거짓말로) 속이다. 사칭하다. 속여서 빼앗다. ¶他不会～你 | 그는 당신을 속이지 않을 거다 =〔诓诈〕

【诓诈】kuāngzhà ⇒〔诓骗〕

【哐】kuāng 부딪치는소리 광
擬 쾅. 꽝. 쨍그랑 [부딪쳐서 나는 소리] ¶～的一声脸盆pén掉在地上了 | 쾅 소리를 내며 세수대야가 땅에 떨어졌다.

【哐啷】kuānglāng 擬 쾅. 콰당 쨍그랑 [부딪쳐 나는 소리·문닫는 소리]

【框】kuāng ☞ 框 kuàng Ⓑ

3【筐】kuāng 광주리 광
❶ (～儿, ～子) 名 (대나 버드나무가지를 엮어 만든) 광주리 [남방(南方)에서는 「篮子」라고 함] ¶抬～ | 멜대에 매달아 흙·돌 등을 운반하는 광주리. ¶竹～儿 | 대광주리. ❷ 量 광주리에 넣은 것을 세는 단위. ¶一～果子 | 과일 한 광주리.

【筐子】kuāng·zi 名 (비교적 작은) 광주리. 바구니. ¶菜～ | 야채 바구니 →〔篮lán〕〔篓lǒu子〕〔笸pǒ箩〕〔簸bò箕②〕

【诳】kuāng ☞ 诳 kuáng Ⓑ

kuáng ㄎㄨㄤˊ

3【狂】kuáng 미칠 광
❶ 動 미치다. 미쳐 날뛰다. ¶～人 | 미친 사람. ¶发～ | 발광하다. ❷ 形 분별없다. 허황하다. 정상이 아니다. ¶口出～言 | 허망한 말을 하다. 분별없이 말하다. ❸ 形 오만하다. ¶～傲ào | 방자하고 오만하다. ❹ 形 격심하다. 사납다. 맹렬하다. ¶水流得～ | 물이 세차게 흐르다. ¶～风暴雨 | 광풍과 폭우. ❺ 副 기분 내키는 대로. 마구. 미친 듯이. ¶～笑↓

【狂暴】kuángbào 形 ❶ 흉포〔난폭〕하다. ¶～行为 | 난폭한 행위. ❷ 비·바람이 몹시 거세다.

【狂奔】kuángbēn 動 광분하다. 미쳐서 날뛰다 =〔狂走〕

【狂飙】kuángbiāo 書 名 ❶ 폭풍. 광풍. 질풍. ❷ 喻 격렬한 세력〔힘〕.

【狂飙运动】kuángbiāo yùndòng 名組 질풍 노도 운동. 슈투름 운트 드랑(Sturm und Drang;독) [18세기 후반 독일에서 괴테를 중심으로 한 문학운동] =〔狂飙突进运动〕

【狂草】kuángcǎo 名 몹시 흘려서 쓴 초서체의 한 가지.

【狂放】kuángfàng 書 形 분방하다. 구애됨이 없다. 제멋대로이다. ¶性情～ | 성격이 구애됨이 없다.

3【狂风】kuángfēng 名 광풍. 폭풍. 돌풍. 미친 듯이 사납게 부는 바람. ¶～恶浪 | 成 거센 바람과 사나운 파도. ⓐ 극히 위험한 처지〔형세〕. ⓑ 반동적 역류.

【狂蜂浪蝶】kuángfēng làngdié 名 색광(色狂). 여색(女色)에 미친 사람. ¶他早年是～, 最后得了花柳病 | 그는 초년에 여색에 빠져 끝내 성병에 걸렸다.

【狂喊】kuánghǎn 書 動 절규하다. 미친 듯이 외치다〔고함치다〕. ¶～口号 | 미친듯이 구호를 외쳐대다.

【狂欢】kuánghuān 動 미친 듯이 환호하다〔기뻐하다〕. ¶～之夜 | 광희(狂喜)의 밤. ¶～乱舞 | 미친듯이 환호하고 춤추다.

【狂客】kuángkè 書 名 미치광이. 언행이 경박한 자.

【狂澜】kuánglán 書 名 ❶ (소용돌이 치는) 거대한 파도. 세찬 물결. ❷ 轉 격동하는 정세〔국면〕. 격렬한 사태〔추세〕. ¶挽～于既倒 | 成 다 쓰러져 가는 정세를 되돌리다.

【狂气】kuáng·qi ❶ 名 광기. ❷ 名 오만한 태도나 말투. ❸ 形 오만 방자하다. 무례하다. 거칠다. ¶这个年轻人太～了 | 이 젊은이는 너무 오만 방자하다.

【狂犬病】kuángquǎnbìng 名 〈醫〉 광견병 =〔疯犬病〕〔恐水病〕

【狂热】kuángrè ❶ 形 열광적이다. 열렬하다. ¶教徒们十分～ | 신도들은 대단히 열광적이다. ❷ 名 (일시적인) 극단적 정열.

【狂人】kuángrén 名 ❶ 광인. 미치광이. ¶战争～

｜전쟁광. ❷ 매우 오만한 사람.
【狂妄】kuángwàng 書 形 방자하고 오만〔교만〕하다. 분별없다. 망녕스럽다. ¶～自大｜오만 방자하며 잘난 체 하다 =〔狂傲〕
【狂喜】kuángxǐ 書 ❶ 動 미친 듯이 기뻐하다〔좋아하다〕. ¶他们相见时～地拥抱起来｜그들은 서로 만났을 때 미친 듯이 기뻐하며 포옹하였다. ❷ 名 미칠듯한 기쁨〔환희〕. ¶压住心中的～｜마음속의 미칠듯한 환희를 억누르다 ‖ =〔狂悦〕
【狂想曲】kuángxiǎngqǔ 名〈音〉광상곡. ¶西班牙～｜스페인 광상곡.
【狂笑】kuángxiào 動 ❶ 마구 웃다. 미친 듯이 웃다. ¶～不止｜미친 듯이 계속 웃다. ❷ 크게 비웃다. 조소하다.
【狂言】kuángyán 書 名 미친 소리. 황당무계한 말. 터무니없는 말. ¶口吐～｜터무니없는 말을 내뱉다 =〔狂话〕

【诳(誑)】kuáng kuāng 속일 광

Ⓐ kuáng 動 속이다. 기만하다. ¶你别再～我啦｜더 이상 나를 속이지 말라.
Ⓑ kuāng 「诓」과 통용 ⇒〔诓kuāng〕
Ⓐ kuáng
【诳话】kuánghuà ⇒〔诳语〕
【诳言】kuángyán ⇒〔诳语〕
【诳语】kuángyǔ 名 거짓말. 공갈. 허풍. ¶打～｜공갈을 치다 =〔诳话〕〔诳言〕
Ⓑ kuāng
【诳骗】kuāngpiàn ⇒〔诓kuāng骗〕

kuǎng ㄎㄨㄤˇ

【夼】kuǎng 땅이름 광, 웅덩이 천

❶ 名 方 웅덩이. 움푹 들어간 곳. ❷ 지명에 쓰이는 글자. ¶大～｜산동성(山東省) 내양현(萊陽縣) 남쪽에 있는 지명. ¶刘liú家～｜산동성 모평현(牟平縣) 남쪽에 있는 지명.

kuàng ㄎㄨㄤˋ

【邝(鄺)】Kuàng 성 광

名 성(姓).

【圹(壙)】kuàng 뫼구덩이 광

❶ 名 묘혈(墓穴). 뫼구덩이. 묘. ¶打～｜묘혈을 파다. ❷ 「旷」과 통용 ⇒〔旷kuàng①〕
【圹圹】kuàngkuàng 書 ❶ 狀 (초원이) 아득히 넓다. 멀고 요언하다.

【纩(纊)〈絖〉】kuàng 솜 광

書 名 풀솜 →〔丝绵〕

【旷(曠)】kuàng 넓을 광, 헛되이 지낼 광

❶ 形 넓고 넓다. 광활하다. ¶～野↓ =〔圹②〕 ❷ 形 속이 넓고 활달하다. ¶～达↓ ❸ 動 등한히〔소홀히〕 하다. 낭비〔허비〕하다. 게으름을 피우다. 轉 쉬다. ¶～课↓ ¶临时生病，～了半天工｜병이 나서 일을 반나절 쉬었다. ❹ ⇒〔旷代〕 ❺ 形 京 헐겁다. 헐렁하다. ¶螺丝～了｜나사가 헐겁다. ¶这双鞋我穿着太～了｜이 신발은 내가 신어 보니 너무 헐렁하다. ❻ (Kuàng) 名 성(姓).
【旷达】kuàngdá 書 形 (마음·사상이) 낙관적이며 얽매이지 않다. 활달하여 구속되지 않다. ¶他生性～，不计名利｜그는 낙천적이며 얽매이지 않는 성품을 타고나 명리에 연연해 하지 않는다 =〔旷放〕〔旷荡②〕
【旷代】kuàngdài 書 形 당대(當代)에 비할 데 없다. 세상에 따를 자가 없다. ¶～文豪｜당대(當代)에 따를 자가 없는 문호 =〔旷世〕
【旷废】kuàngfèi 書 動 내버려두다. 방치하다. 소홀히 하다. ¶～学业｜학업을 방치하다.
【旷夫】kuàngfū 書 名 늙은 독신남자. 홀애비. ¶～怨女｜늙은독신남녀.
【旷工】kuàng/gōng 動 (근로자가) 태업(怠業)하다. 사보타지하다. 이유없이 결근하다. ¶谁～，我就开除谁｜태업을 하는 사람이면 누구를 막론하고 해고할 것이다 →〔罢bà工〕
【旷古】kuànggǔ 書 名 미증유(未曾有). 공전(空前). ¶～绝jué伦｜成 자고 이래로 유례없이 뛰어나다. ¶～未闻｜成 전대(前代) 미문.
【旷课】kuàng/kè 動 ❶ (학생이) 학업을 게을리 하다. ❷ 수업을 거부하다. 이유없이 결석하다. ¶旷一节课｜한 시간 수업을 빠지다.
【旷阔】kuàngkuò 書 形 광활하다. 공활하다. ¶～无人｜광활하며 인적이 없다.
【旷日持久】kuàng rì chí jiǔ 成 오랜 시간을 허비하다. 헛되이 시일을 질질 끌다. ¶这是一项～的大工程｜이것은 오랜 시간을 허비하는 대공사이다 =〔旷日废时〕
【旷世】kuàngshì ⇒〔旷代〕
【旷野】kuàngyě 名 광야. 황야. 넓은 들판. ¶～中横着几个荒村｜광야에 몇몇 황폐한 마을들이 늘어져 있다 =〔旷原〕
【旷远】kuàngyuǎn 書 形 ❶ 넓고 요원하다〔멀다〕 =〔旷渺〕 ❷ (시간·세월이) 멀고 오래다. 까마득하다. ¶年代～｜연대가 멀고오래되다 =〔旷隔〕

2【矿(礦)〈鑛〉】kuàng 쇳돌 광

名 ❶ 광물. 광석. ¶采～ =〔挖矿〕｜광석을 채굴하다. ❷ 광산. ¶煤～｜탄광. ¶开～｜광산을 개발하다.
【矿藏】kuàngcáng 名 지하〔광물〕 자원. 매장 광물. 광맥. ¶～丰富｜지하자원이 풍부하다.
【矿层】kuàngcéng 名〈鑛〉광층. ¶～顶板｜광층 천반. ¶～厚度｜광층의 두께. ¶～褶皱｜광층 주름.
【矿产】kuàngchǎn 名 광산물. 광물자원. ¶勘探～｜광산물을 탐사하다.
【矿尘】kuàngchén 名 (광산의) 갱내 먼지〔분진〕.
【矿床】kuàngchuáng 名〈鑛〉광상. ¶金属～｜금속 광상. ¶海底～｜해저 광상. ¶层状～｜층상 광상.
【矿灯】kuàngdēng 名 광산 갱내에 설치된 등. 광산용 램프(lamp). ¶～装在安全帽上｜광산용 램프를 안전모에 부착하다.
【矿工】kuànggōng 名 광산 노동자. 광부. 갱부.
【矿井】kuàngjǐng 名 광정. 광산의 수갱(竪坑)·갱도·사갱(斜坑)의 총칭. ¶～火灾｜갱내(坑

內）화재. ¶～升降装置｜수직갱 승강 장치. ¶～水｜갱내수. ¶～运输｜갱내 운반. ¶～瓦斯｜갱내 가스.

【矿警】kuàngjǐng 名 광산 지대나 채굴현장의 담당 경찰.

【矿坑】kuàngkēng 名 광갱. 광물 채굴용 갱도.

【矿脉】kuàngmài 名 광맥. ¶摸清了～｜광맥을 확실이 찾아 내었다.

【矿棉】kuàngmián 名〈鑛〉석면(石綿)＝〔石棉〕

【矿苗】kuàngmiáo 名〈鑛〉노두(露頭). 노출된 광맥＝〔露lù头 ⓐ〕

【矿区】kuàngqū 名 광구. 광산 지대＝〔矿界〕

【矿泉】kuàngquán 名 광천. 광물질을 함유한 샘.

【矿泉水】kuàngquánshuǐ 名 광천수. 미네랄 워터(mineral water)＝〔矿水①〕〔矿质水〕

【矿砂】kuàngshā 名〈鑛〉광사. 광석 알갱이

【矿山】kuàngshān 名 광산. ¶～测量学｜광산 측량학. ¶～污染｜광산 오염.

3【矿石】kuàngshí 名 ❶〈鑛〉광석. ¶～含金属量｜광석내 금속 함유량. ¶～脉｜광맥. ❷〈電氣〉(검파기·라디오 등에 쓰이는) 광석.

【矿石收音机】kuàngshí shōuyīnjī 名組〈電氣〉광석 (검파) 라디오＝〔矿石机〕

【矿体】kuàngtǐ 名〈地質〉광석체. 광상(礦床). ¶～破坏｜광체 파괴.

【矿物】kuàngwù 名 광물. ¶～资源｜광물 자원. ¶～胶｜광물성 아교. ¶～燃料｜광물성 연료.

【矿物学】kuàngwùxué 名 광물학.

【矿物油】kuàngwùyóu 名 광물유. 광유(鑛油)＝〔矿质油〕

【矿盐】kuàngyán ⇒〔岩yán盐〕

【矿业】kuàngyè 名 광업＝〔矿务〕

【矿渣】kuàngzhā 名 광재(鑛滓). 광물 찌꺼기〔부스러기〕. ¶利用～铺路｜광재를 이용하여 길을 깔다〔닦다〕. ¶～棉｜광재섬유. ¶～水泥｜광재 시멘트. ¶～砖｜광재 기와.

【矿脂】kuàngzhī ⇒〔凡fán士林〕

【矿质】kuàngzhì 名 광물질(鑛物質). ¶～化｜광물질화. ¶～漆｜광물성 락스. ¶～橡胶｜광물질 고무. ¶～盐｜무기염.

【矿柱】kuàngzhù 名〈鑛〉❶ (갱내의) 받침목. 갱목. ❷ 광주. 광석을 채굴하면서 기둥의 역활을 하도록 남겨둔 광석 기둥.

【况〈況〉】kuàng 모양 황

❶ 상황. 정황. 형편. ¶近～｜근황. ¶战～｜전황. ❷ 書 動 비기다. 비교하다. 비유하다. ¶不能以古～今｜옛것으로 오늘을 비길 수 없다. ❸ 書 連 하물며. 더구나. ¶此事成人尚不能为, ～幼童乎?｜이 일은 어른도 할 수 없거늘 하물며 어린아이야? ❹ (Kuàng) 名 성(姓).

【况复】kuàngfù ⇒〔况且〕

【况乎】kuàng·hu ⇒〔况且〕

【况兼】kuàngjiān ⇒〔况且〕

3【况且】kuàngqiě 連 하물며. 게다가. 더구나. ¶这本书的内容很好, ～也很便宜｜이 책은 내용도 아주 좋고 게다가 값도 매우 싸다＝〔抑yì且〕〔况复〕〔况兼〕〔况又〕〔書 况乎〕

【况味】kuàngwèi 書 名 (마주친) 사정. 상황. 처지. 정취. 풍정 ¶秋天的～｜가을의 정취.

【况又】kuàngyòu ⇒〔况且〕

【贶(貺)】kuàng 줄 황

❶ 書 動 주다. 하사하다. ¶～仪｜선물. ❷ (Kuàng) 名 성(姓).

【框】kuàng kuāng 문얼굴 광

Ⓐ kuàng 名 틀. 테 [문·창문·안경알 등을 고정시키는 틀] ¶门～｜문틀. ¶窗～창틀. ¶眼镜～｜안경테. ¶镜～｜거울틀. 액자.

Ⓑ kuāng ❶ ⇒〔框框〕 ❷ 動 方 (글·그림 따위에) 테두리를 두르다. ¶把这几个字～起来｜이 몇 글자에 테두리를 둘러라. ❸ 動 轉 제한하다. 구속하다. ¶不能～得太死｜너무 지나치게 제한해서는 안된다.

Ⓐ kuàng

【框架】kuàngjià 名 ❶ (기계의) 틀. 골조(骨組). 구조. 프레임(frame). ❷ 그림틀. 이젤. ❸ (집이나 가구의) 결구. 구조. ❹ (문예작품의) 기본 구상〔구조〕. ¶文章的～已经搭好了｜문장의 기본 구조는 이미 다 짜놓았다.

【框图】kuàngtú 名 외형도. 약도. 개요도 [회로·절차·공예 순서 등의 내재 관계를 표시하는 도형]＝〔方框图〕〔方块图〕

【框子】kuàng·zi 名 틀. 테. ¶窗～｜창틀. ¶眼镜～｜안경테.

Ⓑ kuāng

【框框】ⓐ kuāngkuāng 名 方 ❶ 구멍. ¶墙上挖了个大～｜담벽에 큰 구멍 하나를 뚫었다. ❷ 비쩍 마른 사람. 말라깽이. 몹시 수척한 사람.

ⓑ kuāng·kuang 名 ❶ 둘레. 테두리. 윤곽. ¶他拿红铅笔在照片四周画了个～｜그는 붉은 색연필로 사진의 둘레에 테두리를 둘렀다. ❷ 낡은 격식〔관념·틀〕. 관례. 전통적인 방법. ¶勇敢地打破～｜용감하게 낡은 격식을 타파하다.

【眶】kuàng 눈자위 광

❶ (～儿, ～子) 名 눈자위. 눈언저리. ¶眼泪夺～而出｜눈물이 쏟아져 내리다. ❷ 量 눈에 고인 눈물을 세는 데 쓰임. ¶两～热泪｜두 눈에 그득한 뜨거운 눈물.

【眶骨】kuànggǔ 名 안와골(眼窩骨).

kuī ㄎㄨㄟ

【亏(虧)】kuī 이지러질 휴

動 ❶ 손해보다. 얻어야 할 이익을 잃다. ¶～了不少｜적지 않게 손해 봤다. ¶这次～得太厉害了｜이번에 너무 심하게 손해 봤다. ❷ 부족하다. 모자라다. ¶～什么就买什么｜모자라는 건 무엇이나 사다. ¶身大力不～｜체격도 크고 힘도 모자라지 않다. ❸ 손해를 보이다. 저버리다. 배신하다. 어법 주로 부정문에 쓰임. ¶你别担心, ～不了你｜걱정하지 마라, 너를 저버리지 않을 테니. ¶什么时候～过你｜언제 손해를 보였니? ❹ 다행히 …이 있었다. …덕분이다. 어법 동태조사「了」를 동반하며, 긍정식으

로만 쓰임. ¶今年计划能够提前完成, 全~了大家 | 올해의 계획이 앞당겨 완성될 수 있었던 것은 모두 여러분의 덕이다. ¶这回可~了你, 不然我会空跑一趟 | 이번에 다행히 네가 있었다, 아니였으면 한 번 헛걸음 칠 뻔했다. ¶~你来了, 我们的问题才算解决了 | 다행히 네가 와서, 우리들의 문제는 해결된 셈이다. ❺副 …이면서도 …하다. 유감스럽게도 …하다. 어법 문두에 쓰여 비난·조롱·풍자의 뜻을 지닌 반어적 표현으로 「亏＋你〔他〕＋動＋得」나 「亏＋你〔他〕＋还」의 형태로 쓰임. ¶这点道理都不懂, ~你还是个中学生 | 이런 이치조차도 모르는데, 너는 중학생이라고 하겠니. ¶这话~他说得出口 | 이런 말을 그가 하다니.

【亏本(儿)】kuī/běn(r) 動 본전에 밑지다. 손해보다. 결손나다. ¶~的买卖 | 밑지는 장사. ¶~抛售 | 결손 처분. ¶~订货 | 출혈 수주(出血受注)＝〔亏折〕〔吃本〕〔赔本(儿)〕〔折shé本(儿)〕〔缺本〕〔缺本钱〕〔贴本〕〔蚀本〕

【亏待】kuīdài 動 홀대하다. 푸대접하다. ¶我不会~你的 | 나는 너를 홀대하지는 않을 것이다.

【亏得】kuī·de 副 ❶ 다행히. 덕분〔덕택〕에. ¶还是~他自己努力读书, 才有今天的成功 | 뭐니 해도 그 자신이 스스로 노력하여 공부한 덕분에 비로소 오늘의 성공이 있게 되었다＝〔幸亏〕〔多亏〕〔亏赖〕〔亏了〕〔亏杀〕 ❷…이면서도〔이라면서〕. 흥. 잘도 [빈정대는 말] ¶~你这么长大, 那么简短的事儿都不懂 | 너는 이렇게 컸으면서도 그까짓 단순한 일조차 모르는구나. ¶~你说出那样的话来! | 흥, 너는 그 따위 말을 잘도 씨부리는군! ¶这么热的天气还穿毛衣, 真~你! | 이렇게 더운 날씨에도 스웨터를 입다니, 참 너도… ＝〔亏煞〕

【亏短】kuīduǎn 名動 부족(하게 되다). 결손(되다). ¶本月的经费有~ | 이번 달 경비는 부족하다.

【亏对】kuīduì 動 불손〔부당〕하게 대하다. ¶从不~别人 | 지금껏 한 번도 남을 부당하게 대한 적이 없다.

【亏乏】kuīfá 動 부족하다. 결핍하다. ¶物资~ | 물자가 결핍되다.

【亏负】kuīfù 動 (호의·은혜·기대 등을) 저버리다. 배반하다. ¶~人家的事儿 | 남의 호의를 저버리는 일〔행위〕.

【亏耗】kuīhào 名動 ❶ 적자(나다). 결손(나다). 손실(하다). ❷ 소모(되다). ¶他体力~太多了 | 그는 체력 소모가 너무 많다.

【亏空】kuī·kong ❶ 名 (적자로 인한) 부채. 빚. 적자. ¶账面上出现了~ | 장부상으로 적자가 났다. ❷ 動 결손나다. 적자를 내다. 적자로 인하여 빚내다〔빚지다〕. ¶你到底~多少 | 너는 도대체 얼마나 빚졌느냐? ‖ ＝〔亏欠〕

【亏赖】kuīlài ⇒〔亏得①〕

【亏了】kuī·le ⇒〔亏得①〕

【亏累】kuīlěi ❶ 動 적자가 누적되다〔쌓이다〕. ❷ (kuī·lěi) 名 누적적자. 적채(積債).

【亏欠】kuīqiàn ⇒〔亏空〕

【亏杀】kuīshā ⇒〔亏得①〕

【亏煞】kuīshā ⇒〔亏得〕

【亏折】kuīshé ⓧ kuīzhé) ⇒〔亏本〕

【亏蚀】kuīshí ❶ 名 일식 또는 월식. ❷ 名動 결손(나다). 손해(보다)＝〔亏损①〕〔亏帐〕 ❸ ⇒〔损sǔn耗〕

【亏损】kuīsǔn ❶ ⇒〔亏蚀②〕 ❷ 名動 (몸이) 허약(해지다). 쇠약(해지다).

【亏心】kuīxīn 動 양심에 부끄럽다. 양심의 가책을 받다. 마음에 거리끼다. ¶你这样做~不~? | 너는 이렇게 하면 양심에 부끄럽니 부끄럽지 않니? ¶不做~事, 不怕鬼叫门 | 諺 양심에 부끄러운 일을 하지 않으면 귀신이 문을 열라고 해도 두려워하지 않는다.

【岿(巋)】kuī 우뚝설 귀

⇒〔岿然〕

【岿然】kuīrán 書 狀 홀로 우뚝 서 있다. ¶~屹yì立 | 산이 우뚝 높이 솟아 있다. 위풍당당하다. ¶~不动 | 우뚝 서서 움직이지 않다. 동요하지 않다. 끄떡하지 않다.

【刲】kuī 벨 규

書 動 자르다. 베다.

【悝】kuī lǐ 농할 회, 근심할 리

Ⓐ kuī 書 動 놀리다. 조롱하다. 희롱하다.

Ⓑ lǐ 書 動 걱정하다. 슬퍼하다.

【盔】kuī 투구 회

名 ❶ 투구. 철모. ¶~甲↓ ¶钢~ | 철모. ❷ (~儿) 투구형 또는 반구형(半球形)의 모자. ¶白~ | 백색 헬멧. ¶帽~儿 | 베레모. ❸ (~子) 바리. 사발. 뚝배기 모양의 그릇.

【盔甲】kuījiǎ 名 투구와 갑옷. ¶身披~ | 투구를 쓰고 갑옷을 걸치다＝〔盔铠kǎi〕

【盔帽】kuīmào 名 투구. 헬멧(helmet).

【盔形帽】kuīxíngmào 名組 헬멧(helmet).

【盔子】kuī·zi 名 ❶ 뚝배기 모양의 그릇. ¶瓷~ | 사기 사발. ¶陶~ | 도기 사발. ❷ (나무로 된) 모자형 틀.

【窥(窺)〈闚〉】kuī 엿볼 규

動 엿보다. 몰래 살피다. ¶管~蠡测lícè | 成 대롱 구멍을 통하여 하늘을 보고, 표주박으로 바닷물을 되다. 식견이 좁다.

【窥豹一斑】kuī bào yī bān 成 사물의 일부분만을 보다. 부분적 관찰만으로 전체를 추측하다.[뒤에 「以见全豹」가 이어지기도 함]＝〔管中窥豹, 可见一斑〕

【窥测】kuīcè 書 動 엿보아 추측〔짐작〕하다. 정탐하다. 엿보다. ¶~时机 | 때를 엿보다. ¶~方向 | 방향을 정탐하다〔살피다〕.

【窥察】kuīchá ⇒〔窥探tàn〕

【窥见】kuījiàn 書 動 미루어 짐작하다. 추측하다. ¶从他这首诗里可以~他的胸怀 | 이 한 수의 시를 통하여 그의 심중을 미루어 짐작할 수 있다.

【窥视】kuīshì ⇒〔窥探〕

【窥伺】kuīsì 書 動 엿보다. 살피다. 노리다. ¶~动静 | 동정을 살피다.

【窥探】kuītàn 動 정탐(偵探)하다. 몰래 탐지하다〔살피다〕. 훔쳐보다. (기회를) 엿보다. ¶窗口也

时时有人～了 | 창문에서도 수시로 훔쳐 보고 있었다 =〔窥察〕〔窥视〕

kuí ㄎㄨㄟˊ

【奎】kuí 별이름 규
名❶〈天〉규성(奎星) [이십팔수(二十八宿)의 하나] ¶～星 | 규성. ❷(Kuí) 名성(姓).

【奎宁】kuíníng 名外〈藥〉키니네(kinine;네). 금계랍. ¶盐酸～ | 염산키니네. ¶硫酸～ | 유산키니네. ¶碳酸乙酯～ =〔无味奎宁〕〔乙碳酸奎宁〕〔优奎宁〕| 에틸렌산 키니네. ¶～水 | 키니네 수. 헤어토닉(hair tonic). ¶～酸 | 키니네 산 =〔规尼涅〕〔金鸡纳霜〕〔治疟碱〕

【喹】kuí (퀴놀린 규)
⇒〔喹啉〕

【喹啉】kuílín 名外〈化〉퀴놀린(quinolin).

【蝰】kuí 살모사 규
⇒〔蝰蛇〕

【蝰蛇】kuíshé 名〈動〉살모사.

【馗】kuí 거리 규/구
「逵」와 같음⇒〔逵kuí〕

【葵】kuí 해바라기 규
名〈植〉❶ 해바라기. ¶～花↓ =〔向日葵〕❷빈랑. ¶蒲～ | 빈랑. ¶～扇↓ ❸접시꽃. ¶蜀shǔ～ | 접시꽃. ❹당아욱. ¶秋～ | 당아욱. ❺금전화(金錢花). ¶锦～ | 금전화.

【葵瓜子】kuíguāzǐ ⇒〔葵花子(儿)〕

【葵花】kuíhuā 名❶〈植〉해바라기. ¶～油 | 해바라기 기름. ¶～朵朵向阳开 | 해바라기는 송이마다 태양을 향해 핀다. ❷喻해바라기성 인사〔인물〕=〔向日葵〕

【葵花子(儿)】kuíhuāzǐ(r) 名해바라기씨 =〔葵瓜子〕〔葵花籽〕

【葵扇】kuíshàn 名빈랑(檳榔)의 잎으로 만든 부채. 파초부채 =〔俗芭蕉扇〕

【揆】kuí 헤아릴 규
書❶動추측하다. 헤아리다. 짐작하다. ¶～情度理↓ ¶～其本意 | 그 본뜻을 짐작하다. ❷名도리. 이치. ¶其～一也 | 그 도리는 하나이다.

【揆测】kuícè ⇒〔揆度〕

【揆度】kuíduó 書動추측하다. 헤아리다. ¶～优劣 | 우열을 헤아리다 =〔揆测〕

【揆情度理】kuí qíng duó lǐ 成정리에 맞게 헤아리다. 인정과 도리에 맞게하다. ¶处理民事纠纷要～ | 민사분쟁을 처리할 때는 정리에 맞게 헤아려야 한다.

【睽】kuí 어길 규
動떨어지다. 헤어지다. 이별하다. 사이를 두다. ¶～违↓

【睽违】kuíwéi 書動멀리 떨어지다. 오랜동안 만나지 못하다. ¶～数载 | 수년 동안 만나지 못하다. ¶地域～ | 서로 멀리 떨어져 있다.

【暌】kuí 부릅뜰 규
動눈을 크게 뜨고〔부릅뜨고〕보다. ¶～～↓ ❷맞지 않다. 위배되다. ¶～异↓

【暌暌】kuíkuí 書狀눈을 크게 뜨고 지켜보다. ¶众目～ | 뭇 사람이 지켜보다.

【暌异】kuíyí 書形(의견 등이) 맞지 않다. 서로 다르다. ¶两人见解～ | 두 사람의 견해가 서로 맞지 않다.

【逵】kuí 한길 규
書名(사방으로 통하는) 길. 도로.

【隗】Kuí ☞ 隗 wěi

【魁】kuí 우두머리 괴, 별이름 괴
❶名우두머리. 수령. 두목. ¶贼～ | 도적의 두목. ❷(몸집이) 크다. 장대하다. ¶～梧↓ ❸⇒〔魁星〕

【魁岸】kuí'àn ⇒〔魁梧〕

【魁首】kuíshǒu 書名❶ 제일인자. 같은 또래 중에서 재능이 가장 뛰어난 사람. ¶文章～ | 문장의 제일인자 =〔魁元〕❷괴수. 두목. 영수(領袖). 우두머리. ¶他是民族党的～ | 그는 민족당의 영수이다. ❸명대(明代)에 과거에 장원급제한 사람.

【魁伟】kuíwěi ⇒〔魁梧〕

【魁梧】kuíwú 書形체구가 크고 위엄이 있다. 당당하다. ¶容貌～ | 용모가 위엄이 있다 =〔魁岸〕〔魁伟〕

【魁星】kuíxīng 名❶〈天〉괴성 [북두칠성의 첫째 별. 또는 첫째에서 넷째 별까지의 총칭] ❷(Kuíxīng) 중국의 신화에서 문운(文運)의 성쇠를 주관하는 별 [옛날 여러 지방에서 「魁星楼」「魁星阁」등의 건축물이 있었음]

【夔】kuí 짐승이름 기
名❶다리가 하나이며 용 비슷한 고대 전설상의 동물. ¶～龙↓ ❷(Kuí) 성(姓).

【夔龙】kuílóng 名❶종정이기(鐘鼎彝器)에 새긴 기(夔)와 용 =〔夔纹〕❷(Kuí Lóng)〈人〉기룡 [순(舜)임금의 신하 둘의 이름. 「夔」는 악관(樂官), 「龙」은 납언(納言)의 관직을 맡았음]

【夔纹】kuíwén ⇒〔夔龙①〕

kuǐ ㄎㄨㄟˇ

【傀】kuǐ guī 허수아비 괴

Ⓐ kuǐ ⇒〔傀儡〕

Ⓑ guī 書形❶우뚝 서다. ¶～然独立 | 홀로 우뚝 서 있다. ¶～伟 | 위대하다. ❷괴이하다. ¶～奇 | 기괴하다.

【傀儡】kuǐlěi 名❶(인형극의) 꼭두각시 인형. 목우(木偶). ¶～家庭 =〔玩偶之家〕|〈書〉인형의 집. ❷喻괴뢰. 허수아비. 유령. 꼭두각시. ¶～政权 | 괴뢰〔허수아비〕정권. ¶～公司 | 유령 회사. ¶他这个总统不过是一个～而已 | 이 대통령은 허수아비에 지나지 않는다.

【傀儡戏】kuǐlěixì 名〈演映〉인형극. 꼭두각시 놀이〔극〕=〔木偶戏〕

【跬】kuǐ 반걸음 규
❶書名반보(半步). 반걸음. ❷喻일시적인. ¶～誉 | 일시적인 명예.

【跬步不离】kuǐ bù bù lí 成반 발자국도 떨어지지 않다. 늘 붙어 다니다.

【跬步千里】kuǐ bù qiān lǐ 成 반 걸음으로 걸어도 천리를 갈 수 있다. 천리 길도 한 걸음부터.

kuì ㄎㄨㄟˋ

【匮(匱)】kuì guì 다할 궤
Ⓐkuì 書形(물자·금전 등이) 모자라다. 탕진하다. ¶～竭 | 다 써버리다.
Ⓑguì「柜」의 이체자⇒〔柜guì〕
【匮乏】kuìfá 書動 결핍되다. 부족하다. ¶食品～ | 식품이 결핍되다 =〔匮缺〕
【匮缺】kuìquē⇒〔匮乏〕

【愦(憒)】kuì 심란할 궤
어리석다. 멍청하다. 혼란하다. (마음이) 산란하다. ¶昏hūn～ | 어리석다. ¶～乱 | 마음이 어지럽고 산란하다.
【愦愦】kuìkuì 書狀 분명하지 않다. 모호하다. 애매하다. 산만하다.

【溃(潰)】kuì 무너질 궤
❶(둑이) 터지다. 무너지다. ¶～堤 | 둑이 터지다. ¶崩～ | 붕괴되다. ❷(군대가) 패배하여 뿔뿔이 흩어지다. 궤멸하다. ¶敌人～下去了 | 적들은 패배하여 뿔뿔이 달아나고 말았다. ❸(포위를) 뚫다. 돌파하다. ¶～围wéi | 포위망을 뚫다. ❹〈醫〉(몸의 한 부분이) 썩어 구멍이 나다. 썩어 문드러지다. ¶胃～疡 | 위궤양.
【溃败】kuìbài 動(군대가) 패하여 진영이 무너지다. 궤멸하다. ¶敌军～, 仓惶逃跑 | 적군은 궤멸하여 황겁히 도망쳐 버렸다.
【溃不成军】kuì bù chéng jūn 成(군대가) 패배하여 전열을 갖추지 못하다. ¶敌军一下子～ | 적군은 순식간에 무너져 전열을 갖출 틈이 없었다.
【溃决】kuìjué 動(제방 등이) 큰 물로 무너지다. ¶～成灾 | 큰 물로 제방이 무너져 재해를 입다.
【溃乱】kuìluàn 動 무너져서〔붕괴되어〕 난장판이 되다〔혼란에 빠지다〕.
【溃灭】kuìmiè 動 궤멸하다. 무너져 멸망하다. ¶土匪～, 四下逃命 | 토비들은 궤멸하여 사방으로 도망쳐 버렸다.
【溃散】kuìsàn 動(군대가) 싸움에 패하여 뿔뿔이 흩어지다〔도망치다〕.
【溃逃】kuìtáo 動 패하여 뿔뿔이 도망치다.
【溃退】kuìtuì 動(군대가) 패하여 후퇴하다. ¶蒋介石～台湾 | 장개석 군대는 패주하여 대만으로 후퇴하였다.
【溃疡】kuìyáng 名〈醫〉궤양. ¶他得了胃～ | 그는 위궤양에 걸렸다. ¶十二指肠～ | 십이지장 궤양.

【蒉(蕢)】kuì 삼태기 궤
名❶書 삼태기. 멱둥구미. ❷(Kuì) 성(姓).

【馈(饋)〈餽〉】kuì 보낼 궤
드리다. 선사하다. 증정하다. ¶～以鲜果 | 신선한 과일을 선물하다.
【馈列】kuìliè 名〈電算〉라인피드(line feed). ¶～字元 | 개행문자(改行文字).
【馈入装载】kuìrù zhuāngzài 名〈電算〉로드(load)
【馈赠】kuìzèng 書名動 선물〔선사〕(하다). 증정(하다). ¶这种茶叶很适于～亲友 | 이런 차는 친척이나 친구들에게 선물하기에 아주 적합하다 =〔馈送〕〔馈遗〕〔馈献〕〔饷xiǎng遗〕

【瞆(瞶)】kuì 소경 궤
書名 장님. 소경 →〔瞎xiā〕

【篑(簣)】kuì 죽롱 궤
書名(흙을 나르는 대로 만든) 삼태기. ¶功亏一～ =〔九仞功亏一篑〕| 成 아홉 길 높이의 산을 쌓는데 한 삼태기의 흙이 모자라 쌓지 못하다. 사소한 실수로 일 전체를 망치다. 최후의 노력이 부족하여 실패하다.

【聩(聵)】kuì 귀머거리 외/회
어리석고 멍청하다. ¶昏～ | 어리석어 이치를 모르다.
【聩聩】kuìkuì 書狀 우매하고 무지하다.

【喟】kuì 한숨쉴 위
한숨짓다. 탄식하다. ¶～～ | 줄곧 한숨짓다.
【喟然】kuìrán 書狀 한숨을 쉬다. 탄식하다. ¶～长叹 | 한숨을 쉬며 길게 탄식하다.
【喟叹】kuìtàn 書動 감개무량(感慨無量)하여 탄식하다. 개탄하다. ¶每每忆及此事, 他老～不已 | 매번 이 일을 기억에 떠올릴 때면 그는 늘 감개에 젖어 탄식하곤 한다.

【愧〈媿〉】kuì 부끄러워할 괴
부끄럽다. 부끄러워하다. ¶问心无～ | 양심에 부끄럽지 않다. 떳떳하다. ¶羞xiū～ | 부끄러워하다.
【愧对】kuìduì 形 볼〔만날〕 낯이 없다. 보기에 민망하다. 볼 면목이 없다. ¶实在是～国人 | 정말 국민들을 대할 면목이 없다.
【愧汗】kuìhàn 書動 부끄러워 땀을 흘리다. 수치스러워 진땀이 나다. ¶～不堪 | 부끄러워 진땀을 감당하지 못하다.
【愧恨】kuìhèn 書動 부끄러워하여 원망하다. 수치심으로 자신을 탓하다. ¶他明白了自己的不对, 内心深自～ | 그는 자기의 잘못을 깨닫고, 내심 매우 부끄러워 자신을 원망한다 =〔惭cán恨〕
【愧疚】kuìjiù 書❶名 양심의 가책. 내면의 부끄러움. ¶心怀～ | 양심에 가책되는 바가 있다. ❷動 양심의 가책을 느껴 부끄러워하다. ¶～得无地自容 | 양심의 가책으로 몸 둘 곳이 없다.
【愧色】kuìsè 名 부끄러워하는 표정〔낯빛〕. ¶毫无～ | 부끄러워하는 낯빛이 조금도 없다.
【愧天怍人】kuì tiān zuò rén 成(부끄러워) 남 볼 면목이 없다. 수치스러워 얼굴을 들지 못하다.
【愧痛】kuìtòng 動 부끄러워서 고통을 느끼다.
【愧怍】kuìzuò 書動 부끄러워하다 =〔惭愧〕〔惭cán怍〕

kūn ㄎㄨㄣ

【坤〈堃〉】kūn 곤괘 곤
❶名 곤괘 [팔괘(八卦)의 하나. 땅을 상징함]→〔八卦〕 ❷轉 땅. 어머니. 여자 [「乾qián」(하늘·남편·남자)과 상대적으로 쓰임] ¶乾qián～ | 천지.

【坤包】kūnbāo 名 여성용 핸드백이나 손지갑. ¶她背着一个小～ | 그녀는 작은 핸드백을 메고 있다.

【坤角儿】kūnjuér 名〈演映〉구극(舊劇)의 여배우. ¶他奶奶早年是个～ | 그의 할머니는 젊었을 때 여배우였다.

【昆〈崑₄崐₄〉】kūn 많을 곤〈산이름 곤〉❶ 많다. ¶～虫↓ ❷ 자손. 후손. ¶后～후손. ❸ 형. ¶～仲↓ ❹ 지명에 쓰이는 글자. ¶～山县 | 곤산현. 강소성(江蘇省)에 있는 현이름. ¶～仑lún | 곤륜산.

【昆布】kūnbù 名〈植〉다시마 =〔海带(菜)〕

3【昆虫】kūnchóng 名 곤충. ¶～学 | 곤충학. ¶～生态学 | 곤충 생태학.

【昆腔】kūnqiāng 名 곤강 [중국 전통 희곡의 곡조의 하나] =〔昆剧〕〔昆曲②〕〔昆山腔〕〔水磨调〕

【昆曲】kūnqǔ 名 ❶ 곤곡 [강소성(江蘇省) 남부와 북경·하북 등지에서 유행했던 지방 희곡.「昆腔」을 연창(演唱)하며,「南昆」과「北昆」으로 나눔] ❷ ⇒〔昆腔〕

【昆山腔】kūnshānqiāng ⇒〔昆腔〕

【昆仲】kūnzhòng 書 名 (귀댁의) 형제분 [남의 형제를 높여 이르는 말] ¶贵～几位? | 귀댁의 형제는 몇 분이십니까? =〔昆季〕〔昆玉〕

【焜】kūn 빛날 혼
書 形 밝게 빛나다. ¶～耀↓

【焜耀】kūnyào 動 밝게 빛나다. 빛내다. 밝게 하다. 번쩍이다. 찬란하다.

【琨】kūn 옥돌 곤
❶ 書 名 아름다운 옥(玉). ❷ 인명에 쓰이는 글자.

【锟(錕)】kūn 산이름 곤
❶ 지명에 쓰인는 글자. ¶～山 | 곤산. 곤오산(錕鋙山) [고서(古書)에 나오는 산. 여기서 생산되는 철은 품질이 뛰어나 도검(刀劍)을 만들었음] ❷ (Kūn) 名 성(姓).

【醌】kūn (키논 곤)
名〈化〉키논(quinone). ¶蒽ēn～ | 안트라키논(anthraquinone).

【鲲(鯤)】kūn 곤어 곤
名 곤어 [고대 전설속에 나오는 큰 물고기의 이름] ¶～鹏↓

【鲲鹏】kūnpéng 名 ❶ 곤과 붕 [장자(莊子)에 나오는 큰 물고기와 큰 새] ❷ 대붕(大鵬). ¶此人素有～之志 | 이 사람은 평소 대붕과 같은 큰 뜻을 품고 있다.

【裈(褌)〈裩〉】kūn 잠방이 곤
書 名 잠방이. 바지. ¶～裆dāng | 바지살. ¶～衣 | 곤의 →〔褲kù〕

【髡】kūn 머리깎을 곤
❶ 書 名 머리 깎는 형벌. ❷ 名 喩 중. 스님. ❸ 動 나뭇가지를 치다. 가지치기하다. ¶～树 | 가지치기하다.

kǔn ㄎㄨㄣˇ

【悃】kǔn 정성 곤
書 名 진심. 성의. 감사. ¶聊liáo表谢～ | 약간이나마 사의(謝意)를 표하다.

2【捆〈綑〉】kǔn 묶을 곤
❶ 動 묶다. 동이다. ¶～行李 | 짐을 묶다〔꾸리다〕. ¶～结实 | 단단하게 묶다. ❷ (～儿, ～子) 量 단. 묶음. 다발. ¶一～柴火 | 땔나무 한 단. ¶一～报纸 | 신문지 한 뭉치 →〔束shù②〕 ❸ 名〈電氣〉코일(coil). ¶感应～ | 유도〔감응〕 코일 =〔线圈〕

【捆绑】kǔnbǎng 動 (노끈·줄 등으로) 묶다. 동여매다. ¶～不成夫妻 | 諺 줄로 묶는다고 부부가 되지는 않는다. 轉 결혼에 무리는 금물 =〔捆缚〕

【捆儿】kǔnr 名 ❶ 量 묶음. 다발. 뭉치. ¶一～报纸 | 신문 한 뭉치 =〔捆子〕 ❷ 京 결말. 끝. ¶原有些真, 到了你嘴里越发没了～了 | 원래 진실이 조금은 있었지만, 네 입에 오르더니 점점 허풍이 늘어 끝이 없게 되었다.

【捆扎】kǔnzā 動 단단히 묶다. 동이다. 한데 묶다. ¶这东西要～得结实一点儿 | 이 화물은 튼튼하게 동여 매야 한다.

【阃(閫)〈梱〉】kǔn 문지방 곤, 성문 곤
書 名 ❶ 문턱. 문지방 =〔门坎(儿)〕 ❷ 부녀자가 거처하던 곳. 轉 부인. 부도(婦道). ¶尊～ | 영부인.

【阃德】kǔndé 書 名 부덕(婦德) =〔阃范〕〔阃仪〕〔壸德〕〔壸范〕

【阃范】kǔnfàn ⇒〔阃德〕

【阃外】kǔnwài 書 名 국외. 성밖. 변방. ¶～之任 | 변방 장군의 직책.

【阃仪】kǔnyí ⇒〔阃德〕

【壸(壼)】kǔn 대궐안길 곤
❶ 書 名 궁중(宮中)의 통로. ¶～政 | 궁중의 내정(內政). ❷「阃」와 같음 ⇒〔阃kǔn①〕

【壸德】kǔndé ⇒〔阃kǔn德〕

【壸范】kǔnfàn ⇒〔阃德〕

【壸闱】kǔnwéi 書 名 ❶ 궁중의 깊숙한 곳. ❷ 여자가 거처하는 곳. 내실(內室) ‖ =〔闺guī阃〕

kùn ㄎㄨㄣˋ

2【困〈睏₅〉】kùn 곤할 곤
❶ 動 고생하다. 시달리다. 곤경〔궁지〕에 빠지다. ¶为病所～ | 병으로 고생하다. ¶真把我给～住了 | 정말 나를 곤경에 빠지게 했다. ❷ 動 轉 가두어 놓다. 포위하다. ¶把敌人～在城里 | 적을 성안에 가두어 놓다. ❸ 形 곤궁하다. 곤란하다. ¶～难↓ ❹ 形 지치다. 피로〔피곤〕하다. ¶～乏↓

【困惫】kùnbèi 書 形 피곤하다. 지치다. 고달프다. ¶～不堪 | 피곤하여 견딜 수 없다.

【困处】ⓐ kùnchǔ 動 곤경에 빠지다〔처하다〕. ¶～孤岛 | 절해고도의 궁지에 몰리다.
ⓑ kùnchù 名 곤경. 곤란한 처지.

【困顿】kùndùn 形 ❶ 피곤하여 주저앉다. 지치다. ❷ (생활이) 곤궁하다. 딱하다. ¶生计～ | 생계가 곤궁하다.

【困厄】kùn'è 書 ❶ 名 곤궁. 재난. 고통. ¶从艰难～中挣脱出来 | 간난과 고통으로 부터 빠져 나오다. ❷ 形 곤란하다. 궁하다. 고난스럽다 ‖ =〔困

坷〕
【困乏】kùnfá ❶形 피곤하여 힘에 부치다. 지치다. ❷形 (생활이) 고달프다. 곤란하다. ❸動近 곤궁하여 고생하다. ¶行路~ | 도중에 곤궁에 빠져 고생하다.
【困惑】kùnhuò ❶形 곤혹(당혹)스러워 하다. 어리둥절해 하다. ¶到底怎么回事儿, 他感到十分~ | 도대체 어떻게 된 일인지 그는 대단히 곤혹스러웠다. ❷名 곤혹. 당혹.
【困境】kùnjìng 名 곤경. 괴로운 처지. 궁지. ¶陷入~ | 곤경에 빠지다. ¶摆脱~ | 곤경에서 헤어나다.
【困窘】kùnjiǒng 形 쪼들리다. 옹색하다. 궁핍하다. ¶生活~起来了 | 생활이 쪼들리기 시작하였다 =〔困穷〕
【困倦】kùnjuàn 形 피곤〔피로〕하여 졸음이 오다〔졸립다〕. ¶觉得有点儿~, 就上床去睡了 | 피곤으로 졸음이 엄습해 옴을 느껴 침대로 가서 잠을 청하였다.
【困苦】kùnkǔ ❶名 (생활상의) 어려움. 고통. 생활고. ❷形 (생활이) 곤궁하여 고통스럽다 [「困难」보다 심한 정도에 쓰임] ¶生活很~ | 생활이 매우 힘들고 고통스럽다.
1【困难】kùn·nan ❶名 곤란. 어려움. 애로. 장애 ¶不怕~ | 곤란을 두려워 하지 않다. ❷形 곤란하다. 어렵다. 곤궁하다. ¶情况十分~ | 상황이 매우 힘들다〔곤란하다〕.
【困扰】kùnrǎo ❶名 괴롭힘. 성가심. 혼란. 트러블(trouble). ¶陷于~之中 | 혼란에 빠지다. ❷動 괴롭히다. 성가시게 하다. 귀찮게 굴다. 곤혹케 하다. 곤경에 빠뜨리다. ¶~敌军 | 적군을 곤경에 빠뜨리다.
【困人】kùnrén ❶動 (사람을) 나른하게〔졸리게〕 하다. ¶~的天气 | 사람을 나른하게 하는 날씨. ❷形 나른하다. 피곤하여 졸리다.
【困守】kùnshǒu 動 ❶ 사수(死守)하다. 가까스로 지키다. ¶~孤城 | 고립된 성을 사수하다. ❷近 갇히다. 포위되다.
【困兽犹斗】kùn shòu yóu dòu 成 궁지에 몰린 짐승이 마지막 발악을 하다. 轉 궁지에 처한 적이나 악인이 최후의 저항을 하다.
【困于】kùnyú 書 動 …에 시달리다〔괴로움을 당하다, 곤혹케 되다〕. ¶~酒色 | 주색에 시달리다.
【困住】kùnzhù 動 가두다. 포위하다. 옴짝달싹 못하게 하다. ¶火车被大雪~了 | 기차가 대설로 인해 갇혀 버렸다.

kuò ㄎㄨㄛˋ

【扩(擴)〈拡〉】kuò 넓힐 확

넓히다. 확대하다. 확장하다. ¶~而充之 | 넓히어 충실하게 하다. ¶~军↓
【扩编】kuòbiān 動〈軍〉(군대) 편제〔편성〕를 확대하다〔늘리다〕. ¶把一营~为加强营 | 한 개 대대를 더 확대하여 대대를 강화하다.
【扩充】kuòchōng 動 확충〔확대〕하다. ¶~力量 | 역량을 확충하다.
2【扩大】kuòdà 動 확대하다. 넓히다. 증대하다. ¶~范围 | 범위를 확대하다. ¶~眼界 | 시야를 넓히다. ¶~销路 | 판로(販路)를 확대하다. ¶~财产 | 재산을 늘리다.
【扩大化】kuòdàhuà 動 확대화 하다. ¶极左分子搞反右~运动, 把许多知识分子打入黑牢 | 극좌분자들은 반우파 확대화 운동을 전개하면서 많은 지식인들을 감옥에 집어넣었다.
【扩建】kuòjiàn 動 ❶ 증축하다. 늘려 짓다. ¶~校舍 | 교사를 증축하다. ❷ (기구·조직·규모 등을) 확대하다. 확장하다. ¶~开发区 | 개발지구를 확장하다.
【扩散】kuòsàn ❶動 확산되다〔시키다〕. 널리 퍼지다. 퍼뜨리다. ¶谣言四处~了 | 유언비어가 널리 확산되었다 =〔弥散〕❷名〈物〉확산. ¶~本领 | 확산 능력. ¶~反射 | 확산 반사. ¶~抽气泵 | 확산 펌프.
【扩音机】kuòyīnjī 名 확성기. ¶用~宣传 | 확성기로 선전하다 =〔扩大机〕〔扩声机〕〔扩声器〕〔扩音器②〕〔播音机〕
【扩印】kuòyìn 名動 (사진을) 인화 확대(하다). ¶请把这张照片~几份 | 이 사진을 몇 장 인화하여 확대해 주세요.
【扩展】kuòzhǎn 動 (장소·범위를) 넓히다. 넓어지다. 확대 전개하다. 확장시키다. ¶火势向四面~ | 불길이 사방으로 번져나갔다. ¶~环保运动 | 자연보호 운동을 확대 전개하다.
【扩张】kuòzhāng ❶動 확장하다. 확대하다. ¶~势力 | 세력을 확장하다. ¶~政策 | 팽창 정책. ❷名 확장. 팽창. ¶领土~ | 영토 확장.

【括】kuò guā 묶을 괄

Ⓐkuò ❶ 묶다. 동이다. 동여매다. ¶~发 | 옛날 상중(喪中)에 삼으로 머리를 동여매다. ❷ 포괄하다. ¶总~ | 총괄하다. ¶概~ | 개괄하다.
Ⓑguā 動 ❶ 착취하다. ¶搜~ =〔搜刮〕| 재물을 착취하다. ❷方 포용하다. ¶一塌~子 =〔奥一股脑儿〕| 한꺼번에.
【括号】kuòhào 名 ❶ (수학에서의) 괄호[「( )〔 〕{ }」의 세 가지] ❷ (문장 부호로서의) 괄호. 묶음표 [「( )〔 〕」의 두 가지] =〔括弧(儿)②〕
【括弧(儿)】kuòhú(r) 名 ❶ 소괄호 =〔小括号〕❷ ⇒〔括号②〕❸ ⇒〔引yǐn号〕
【括约肌】kuòyuējī 名〈生理〉괄약근 =〔括约筋〕
【括约筋】kuòyuējīn ⇒〔括约肌〕

3【阔(闊)〈濶〉】kuò 넓을 활

❶形 부유하다. 사치스럽다. ¶摆~ | 잘사는 체하다. ¶~人↓ ¶那会儿, 他家汽车·洋房什么都有, ~得很 | 그 당시 그의 집엔 자동차에 양옥집에 없는게 없고 아주 부유했었다. ❷ (면적이나 공간이) 넓다. 광활하다. ¶辽liáo~ | 끝없이 넓다. ❸ (시간적으로) 멀다. 오래다. ¶~别↓ ¶高谈~论 | 成 광범위하게 논의하다. ❹名 폭. 너비. ¶二指~的皮带 | 손가락 두 개 폭의 혁대.
【阔别】kuòbié 動 오랜동안 이별하다. ¶~重逢 | 成 오랜동안 헤어졌다 재회하다 =〔久别〕

【阔步】kuòbù 書 名 動 활보(하다). 큰 걸음(으로 걷다). ¶昂首～ | 고개을 들고 활보하다.
【阔绰】kuò·chuò 形 (생활이) 사치스럽다. 호화롭게 꾸미려 하다. ¶表现自己的～ | 자신의 사치를 드러내다. ¶婚礼搞得太～了 | 결혼식을 너무 호화스럽게 치뤘다. ¶他生活～, 经常上酒楼饭店吃喝, 一花就是上百万元 | 그의 생활은 너무 사치스러워, 늘 술집과 레스토랑을 다니며 먹고 마시는데, 한번 썼다하면 수백만원이다.
【阔大爷】kuò·dàyé 名 貶 부자 나으리. ¶你现在是～了, 还会认得我吗? | 너는 지금 부자 나으리가 되셨는데 나를 알아 보겠어?
【阔老】kuòlǎo 名 호사가. 부자. 부호 =〔阔佬①〕
【阔气】kuò·qi 形 호기가 있다. 호사럽다. 어법 「阔气」는 주로 외면적인 분위기가 호화로운 것을 강조하고,「阔绰」는 씀씀이가 많고 헤프며 꾸미는 데 신경을 쓰는 것을 강조함.「阔气」는「摆」의 목적어로도 쓰임. ¶他家的摆设很～ | 그의 집의 차림새가 아주 호화롭다. ¶摆～ | 호사를 떨다.
【阔人(儿)】kuòrén(r) 名 재력가. 부자. 호사가 =〔阔主(儿)〕
【阔少】kuòshào 名 부잣집 도련님. ¶他是张家的～ | 그는 장부자집 도련님이다.
【阔叶树】kuòyèshù 名〈植〉활엽수.

【蛞】 kuò 괄태충 활
⇒〔蛞蝼〕〔蛞蝓〕
【蛞蝼】kuòlóu 名〈蟲〉땅강아지 =〔蝼蛄〕
【蛞蝓】kuòyú 名〈動〉활유. 괄태충(括胎蟲).

【廓】 kuò 넓을 확/곽
❶ 광활하다. 넓다. ¶寥liáo～ | 텅비고 끝없이 넓다. ¶～落↓ ❷ 물체의 바깥둘레. 윤곽. ¶轮～ | 윤곽. ❸ 숙청하다. 소탕하다. 비우다. ¶～清↓ ❹ 확장하다. 넓히다. ¶～张↓ ❺「郭」와 통용 ⇒〔郭guō①〕
【廓落】kuòluò 書 形 넓고 적막하다. 텅 비어 인적이 없다. ¶～的古庙 | 인적이 없고 적막한 고찰(古刹).
【廓清】kuòqīng 動 숙청하다. 소탕하다. 일소하다. ¶～残余势力 | 잔여세력을 숙청하다.
【廓张】kuòzhāng 書 動 확장하다. ¶向外～ | 밖으로 확장하다.

L

lā ㄌㄚ

2【垃】**lā ⓐ lè) 쓰레기 랍, 흙덩이 랍** ⇒〔垃圾〕〔坷kē垃〕

²【垃圾】lājī ⓐ lèsè) 名 ❶ 쓰레기. 오물. ¶～桶tǒng | 쓰레기통. ¶～坑kēng | 쓰레기 버리는 구덩이. ¶处理工业～ | 공업 쓰레기를 처리하다. ❷ 금속 찌꺼기 =〔熔渣róngzhā〕‖=〔拉圾〕〔拉撒〕 ❸ 書 더러운 흙과 폐기한 물건.

【垃圾堆】lājīduī ⓐ lèsèduī) 名 쓰레기 더미.

1【拉】**lā lá là lǎ 끌 랍, 꺾을 랍**

Ⓐ lā ❶ 動 끌다. 당기다. ¶～板bǎn车 | 큰 짐수레를 끌다. ¶～弓↓ ¶把东西～上来 | 물건을 끌어 올리다. ❷ 動 (차나 수레에 실어) 운반하여 나르다. ¶～了一车西瓜 | 수박을 한 수레 실어 날랐다. ❸ 動 方 (주로 부대를) 인솔하여 이동하다. ¶把二连～到河那边去 | 제2중대를 강변 저쪽으로 이동시키다. ❹ 動 (악기를) 타다. 켜다. 연주하다. ¶～小提琴 | 바이올린을 연주하다. ¶～手风琴 | 손풍금을 타다→〔弹tán〕 ❺ 動 (거리나 간격이) 떨어지다. 벌어지다. 뒤떨어지다. ¶不要～开距离jùlí | 거리를 벌어지지 않게 해라. ❻ 動 貶 끌어들이다. 연결시키다. 맺다. ¶～了一帮人 | 한 무리의 사람을 끌어들였다. ¶～关系↓ ¶～买卖↓ ❼ 動 돕다. 거들다. 어법 대개「一把」「一下」등의 보어를 동반함. ¶人家有困难, 咱们应该～他一把 | 남에게 어려움이 있으면 우리는 마땅히 그를 좀 도와주어야 한다. ¶他犯了错误, 我们要～他一把 | 그가 잘못을 저질렀는데 우리가 그를 좀 도와주어야겠다. ❽ 動 연장하다. 미루다. ¶～日子 | 기일을 연기하다. ¶～长声音说话 | 소리를 길게 빼어 말하다. ❾ 動 연루시키다. 연관시키다. 끌고 들어가다. ¶自己做的事, 为什么要～上别人 | 자기가 할 일을 왜 다른 사람에게 연관시키느냐? ❿ 動 方 부양하다. 키우다. 기르다. 어법 대개「大」등의 보어를 동반함. ¶她把两个孩子～大了 | 그의 어머니는 매우 어렵게 그를 키웠다. ⓫ 動 파괴하다. 꺾다. ¶摧枯cuīkū～朽 | 成 고목 꺾듯이 쉽다. 식은죽 먹기다. ⓬ 動 口 배변하다. (똥을) 누다. 싸다. ¶～屎shǐ↓ ¶～稀↓ ⓭「拉lá」의 우독음⇒〔拉lá②〕 ⓮ 名 簡「拉丁」(라틴;Latin)의 약칭→〔拉丁〕

Ⓑ lá 動 ❶ 자르다. 베다. 썰다. ¶～下一块肉 | 고기 한 덩이를 잘라내다. ¶手指被草～破了 | 손가락이 풀에 베였다. ¶手上～了个口子 | 손을 좀 베였다 =〔剌lá〕 ❷ ⓧ lā) 잡담하다. 한담하다 ¶～家常↓ ¶～话↓ ¶～呱↓ =〔啦lā②〕

Ⓒ là ❶ ⇒〔拉拉蛄〕 ❷「落」와 통용 ⇒〔落là〕

Ⓓ lǎ ❶ ⇒〔拉忽〕〔半bàn拉(儿)〕 ❷ ⇒〔虎不拉〕

Ⓐ lā

【拉巴】lā·ba 動 方 ❶ (잡아) 끌다. ❷ 만류하다. ❸ 기르다. 키우다. ¶她一个人把三个孩子都～大了 | 그녀 한 사람이 애 셋을 키웠다. ❹ 원조하다. 이끌어주다 ‖ =〔拉拔〕〔拉把〕→〔拉扯 ①②③〕

【拉巴斯】Lābāsī 名 外〈地〉라파스(La Paz)〔「玻bō利维亚」(볼리비아;Bolivia)의 수도〕

【拉巴特】Lābātè 名 外〈地〉라바트(Rabat)〔「摩mó洛哥」(모로코;Morocco)의 수도〕

【拉帮结伙】lā bāng jié huǒ 成 자기편을 끌어들여 패거리를 짓다. 작당하다. ¶他们～, 打击异己 | 그들은 작당하여 이분자를 공격한다.

【拉伯人】Lābórén 名 外 라프(Lapps)인. 라플랜드인〔아시아 계통 인종. 노르웨이·스웨덴·핀란드 등지에 살고 있음〕=〔拉普人〕〔拉普兰人〕

【拉不出】lā ·bu chū 動組 끌어낼 수 없다. 빼낼 수 없다.

【拉不出屎怨茅房】lā ·bu chū shǐ yuàn máofáng 諺 똥을 눌 수 없다고 변소를 탓하다. 안되면 조상 탓. ¶你别～, 我的笔是好的, 是你自己的字写得不好 | 너 똥 눌 수 없다고 변소 원망말라. 내 붓은 좋은 것이야, 자기가 글씨를 못 쓴 탓이지.

【拉不动】ⓐ lā ·bu dòng 動組 끌 수 없다. (끌어도) 끄떡하지 않다.

ⓑ lá·bu dòng 動組 (물건이 딱딱하거나 칼날이 무뎌서) 베어지지 않다.

【拉不断扯不断】lā ·bu duàn chě ·bu duàn 狀組 쉴새없이. 끊임없이. ¶～地说 | 끊임없이 이야기하다.

【拉不开】lā ·bu kāi 動組 당길 수 없다. 당겨서 떼어낼 수 없다. 당겨 열 수 없다. ¶这个弓我～ | 이 활은 내가 잡아당길 수 없다.

【拉不了】lā ·bu liǎo 動組 (무겁거나 많아서) 끌 수 없다.

【拉茬】lā·chá ⇒〔拉叉〕

【拉碴】lāchá ⇒〔拉叉〕

【拉叉】lāchǎ 動 사지(四肢)를 뻗치다. 쭉 펴다〔벌리다〕. ¶四脚～ | 손발을 쭉 벌리다.

【拉长】lā/cháng 動 ❶ (～儿) 오래 계속하다. 길게 끌다. ¶～做一件事 | 오랫동안 한가지 일을 하다 =〔拉常儿〕 ❷ (lācháng) (시간·기간을) 연기하다. ¶这事马上不能决定, 要～来看 | 이 일은 금방 결정할 수 없으니 시일을 두고 봐야겠다. ❸ (lācháng) 길게 늘이다〔빼다〕. ¶～嗓sǎng子 | 목소리를 길게 늘이다.

【拉长脸】lācháng liǎn 動組 화가 난 얼굴을 하다. 얼굴에 노기를 띠다. ¶他拉长着脸训人 | 그는 성난 얼굴을 하고 사람을 훈계한다. ¶你又什么不高兴的, 又～? | 너 또 뭐가 불쾌해서 얼굴이 붉그락 푸르락하느냐?⇒〔拉长方脸儿〕

【拉场】lā/chǎng 動〈演映〉극을 지연시키다. 고의로 시간을 끌다.

【拉车】lāchē ❶ 動 수레를 끌다. ¶给阔人～很辛苦, 但多少能得一点儿钱 | 부자에게 수레를 끌어주는 것이 힘은 들지만 얼마간 돈을 벌 수는 있다. ¶～不看路 | 俗 길도 보지 않고 수레를 끌다. 목적이 분명치 않아 방향이 잘못되다. ¶～的 | 짐수레꾼. 인력거꾼. ❷ 名 사과의 일종〔북방에서 나는 조생종〕

【拉扯】ⓐ lā·che 動 口 ❶ 잡아〔끌어〕 당기다. ¶他一把～住我的衣服 | 그는 내 옷을 한 줌 잡아

당겼다. ❷돌보다. 키우다. ¶一个寡妇～三个孩子, 可真不容易! | 과부 한 명이 세 아이를 키우는 것은 정말 쉽지 않다 =〔拉持〕 ❸돕다. 이끌어 주다. 보호하다. 돌보다. ¶师傅见他有出息, 愿意特别～他一把 | 스승은 그가 장래성이 있다고 보고 특별히 그를 한번 이끌어 줄려고 한다. ¶老王想～他的弟弟当主任 | 왕씨는 그의 동생이 주임을 맡도록 밀어주려고 한다 =〔拉持〕〔拉揪jiū〕 ❹결탁하다. 공모하다. 꼬드겨서 관계를 맺다. ¶他们俩～上交情了 | 그들 둘은 결탁되었다. ¶他想跟我～～交情 | 그는 나와 관계를 좀 맺으려고 한다. ❺끌어들이다. 관련시키다. ¶你自己做事自己承当chéngdāng, 不要～别人 | 자기가 한 일은 스스로 책임져야지, 다른 사람을 끌어들여서는 안된다. ¶别乱～人家 | 함부로 남을 끌어들이지 마라.

ⓑ lá·che 動 方 한담하다. ¶他们俩～起话来 | 그들 두 사람은 이야기를 나누었다.

【拉扯儿】lā·cher 動 고르게 하다. 균등하게 하다. 평균하다. ¶～一个人三个 | 평균해보니 한 사람 당 세개이다.

【拉持】lā·chi ⇒〔拉扯②③〕

【拉床】lāchuáng 名〈機〉브로치반(broaching machine) =〔剥bō孔机〕

【拉吹】lāchuī ⇒〔拉倒①〕

【拉大旗作虎皮】lā dà qí zuò hǔ pí 成 깃발을 가지고 범가죽으로 쓰다. 타인의 위세를 이용해서 겁을 주거나 위협하다. ¶拉大旗作为虎皮, 包着自己, 去吓唬xiàhǔ别人 | 남의 위세를 몸에 두르고 다른 사람을 위협하다. ¶他老～, 打着他爹的旗号qíhào去骗piàn吃,骗喝 | 그는 늘 깃발을 호피삼는 버릇이 있어 자기 아버지 명의를 이용하여 남을 기만하여 먹고 마시고 한다.

【拉倒】lādǎo 動 口 ❶그만두다. 끝내다. 단념하다. ¶你不干就～, 我另找别人去 | 하지 않으려면 그만 두어라. 다른 사람을 찾으러 가겠다. ¶这书既然jìrán借不到, 只好～了 | 이 책은 빌릴 수 없다면 그만둘 수밖에 없다 =〔吹⑥〕〔作罢〕〔方拉吹〕 ❷넘어뜨리다.

【拉丁】lā/dīng ❶動 (병사나 인부를) 강제로 징발하다 =〔拉夫①〕 ❷(Lādīng) 名 外 라틴(Latin). ¶～美洲 | 라틴 아메리카. ¶～文 | 라틴어. ¶～化 | 로마자화. 로마자로써 중국어를 표기하다 ‖ =〔外腊丁〕

【拉丁化新文字】Lādīnghuà xīnwénzì 名 簡〈言〉「北方话拉丁化新文字」의 약칭 [로마자로써 중국어를 표음(表音)하며, 성조를 표시하지 않는 방식이었는데 1957년「汉语拼音方案」이 공포된 뒤 쓰이지 않게 되었음] =〔北方话拉丁化新文字〕〔北拉〕〔新文字〕→〔国guó语罗马字〕〔汉hàn语拼音方案〕

【拉丁字母】Lādīng zìmǔ 名 外 라틴자모 〔문자〕. ¶汉语拼音用的是～ | 한어병음자모로 사용하는 것이 라틴자모이다 =〔罗马字母〕

【拉肚子】lā dù·zi 動組 설사하다 ⇒〔拉稀①〕

【拉夫】lā/fū ❶⇒〔拉丁①〕 ❷動 俗 일을 강요하다.

【拉杆(儿)】lāgān(r) 名 ❶〈機〉풀 로드(pull rod). 드래그 링크(drag link). 드로우 바(draw bar). ❷조립식 막대.

【拉各斯】Lāgèsī 名 外〈地〉라고스(Lagos) [「尼日利亚(나이지리아;Nigeria)의 수도]

【拉弓】lā gōng 動組 활을 당기다.

【拉呱儿】lāguǎr 動 方 한담하다. ¶吃了晚饭, 大家伙儿在院子里～ | 저녁을 먹고 난 다음 모두가 정원에서 한담을 나누었다.

【拉关系】lā guān·xi 動組 貶 ❶관계를 이용하다. ¶拉师生关系 | 사제지간의 관계를 이용하다. ❷(주로 나쁜 일로) 관계를 맺다. ¶为了谋求某种利益, 千方百计和对方～ | 모종의 이익을 추구하기 위해서 온갖 계책을 다 써서 상대방과 관계를 맺다.

【拉管】lāguǎn 名 俗 外〈音〉트롬본(trombone).

【拉后】lāhòu 動 ❶뒷걸음 치게 하다. ¶把走向和平的进程jìnchéng, 至少～了三十年 | 평화를 향한 진행을 적어도 30년 뒷걸음 치게 하였다. ❷(뒤로) 물러서다. ¶但是干起活来谁也不肯～ | 그러나 일을 시작하면 누구도 뒤로 물러서려 하지 않는다.

【拉后腿】lā hòutuǐ 動組 喩 貶 뒷다리를 잡아당기다〔채다〕. 전진을 방해하다. ¶他要回家, 你不要～ | 그는 집에 돌아 가려하니 너는 방해하지 마라. ¶他是一队之长, 你作妻子的不可能～啊 | 그는 한 팀의 대장이니 너는 아내된 자로서 앞길을 방해해서는 결코 안된다 =〔方拉腿〕〔拖tuō后腿〕〔扯chě后腿〕

【拉胡琴(儿)】lā húqín(r) 動組 호금(胡琴)을 켜다.

【拉祜族】Lāhùzú 名〈民〉중국 서남 지방의 소수 민족 [주거지는 운남성 난창 납호족 자치현(雲南省瀾滄拉祜族自治縣)]

【拉话】lā/huà ☞〔拉话〕lá/huà

【拉簧】lāhuáng 名 ❶텐션 스프링(tension spring). 인장 용수철. ❷〈體〉엑스 밴드(X band) =〔练力带〕

【拉饥荒】lā jī·huang 動組 口 ❶돈을 빌리다〔차용하다〕. ¶一年四季经常～, 躲债主 | 일년 사계절을 늘 돈을 빌리고 빚쟁이를 피하고 한다 =〔方捅tǒng饥荒〕 ❷생활이 곤란하다.

【拉圾】lājī ⇒〔垃lā圾〕

【拉家常】lā/jiācháng ☞〔拉家常〕lá/jiācháng

【拉家带口】lā jiā dài kǒu 成 ❶식솔들을 거느리다. 일가(一家) 대소(大小)를 이끌다. ¶过去他～吃苦受累 | 지난날 그는 많은 식솔을 거느리고 고생스럽게 살았다. ¶他～的, 怎么走得了呢? | 그는 딸린 식솔들이 많은데 어떻게 갈 수가 있겠느냐? ❷가정·가족의 번거로움. 가족이 어려움에 처하다. ❸(생활고로) 가족을 이끌고 떠나다.

【拉交情】lā jiāo·qing 動組 貶 사귀다. 친교를 맺다. 교제하다. (사귀려고) 남을 끌다. ¶他能言善拍, 到处～ | 그는 말을 잘하여 가는 곳마다 친교를 맺으려 한다.

【拉脚】lā/jiǎo 動 ❶발을 끌다. ❷(마차로) 사람〔화물〕을 실어 나르다.

【拉紧】lājǐn 動 힘껏 당기다. 팽팽하게 당기다. ¶～绳子 | 밧줄을 팽팽하게 당기다.

【拉近】lājìn 動 ❶ 친한 체하다. 가깝게 굴다. ¶他走过来跟我～ | 그가 걸어와 나에게 친한 척 했다 ＝[貶拉近乎][套tào近乎] ❷ 가까이 끌어당기다.

【拉揪】lājiū ⇒[拉扯③]

【拉锯】lā/jù ❶ 動 (큰 톱을 두 사람이 밀고 당기면서) 톱질하다. ❷ 喩 밀었다 당겼다 하다. ¶～式 | 일진일퇴식(의) ¶在这个地区, 敌我双方你进我出, 互相～ | 이 지역에서 적군과 아군 쌍방은 일진 일퇴를 서로 주고 받았다.

【拉锯战】lājùzhàn 名 일진일퇴의 전투. 시소 게임. ¶打～ | 일진일퇴의 전투를 하다. ¶跟侵略者展开～ | 침략자와 일진일퇴의 전투를 전개하다.

【拉开】ⓐ lā·kai 動 ❶ 당겨서 열다. ¶～门 | 문을 당겨서 열다. ❷ 떼어 놓다. 갈라 놓다. ¶孩子们打起来了, 快～ | 아이들이 싸우니 빨리 떼어 놓으시오. ❸ 지껄이다. 말하다. ¶～了闲话 | 한담을 시작했다.

ⓑ lá·kāi 動 베다. 절개하다. 쪼개다.

【拉客】lā/kè 動 ❶ (호텔·식당 등에서) 손님을 끌다. ❷ (택시 등이) 손님을 실어 나르다. ❸ (창녀·기녀가) 호객 행위를 하다.

【拉亏空】lā kuī·kong 動組 ❶ 돈을 빌리다[꾸다]. 부채를 지다. ¶拉下不少的亏空 | 적지 않은 돈을 빌리다. ¶生活困难, 经常～ | 생활이 어려워 늘 빚을 지다. ❷ 손해를 보다. 적자를 내다 ‖ ＝[拉空]

【拉拉扯扯】lālāchěchě 動組 ❶ 결탁하다. 손을 잡다. ¶～形成小集团 | 서로 결탁하여 작은 집단을 형성하다. ❷ 꾸물꾸물 끌다. ¶别～的, 不像话 | 꾸물꾸물 끌지 말라, 말같지도 않다.

【拉拉队】lālāduì 名 응원단. ¶～姑娘 | 치어(cheer) 걸 ＝[啦啦队]

【拉拉杂杂】lālāzázá ⓧ lālāzāzā) 狀 方 ❶ 지저분하다. 깨끗하지 않다. ¶这市场怎么这么～ | 이 시장은 어째 이렇게 지저분한가. ❷ 난잡하다. 두서가 없다. 조리가 없다. 무질서하다. ¶他的演讲～的, 讲得没有条理 | 그의 강연은 두서가 없고 말에 조리가 없다. ¶我～谈了这些, 请大家指教 | 謙 제가 두서없이 몇 마디 했습니다. 여러분께서 많이 가르쳐주십시요.

【拉力】lālì ❶ ⇒[张zhāng力] ❷ 名 당기는 힘. 견인력. ¶～试验 | 견인력 시험. ¶试一试线的～ | 실의 당기는힘을 시험해보다.

【拉练】lāliàn 動 야영 훈련(野營訓練)하다. ¶～行军 | 야영 훈련 행군. ¶我们部队明天去～ | 우리 부대는 내일 야영 훈련을 간다. ¶～了一个多月 | 일개월 넘게 야영 훈련을 했다.

【拉链(儿)】lāliàn(r) 名 지퍼 ⇒[拉锁(儿)①]

【拉铃儿】lālíngr 名 (끈을 당겨서 소리를 내는) 초인종.

【拉拢】lā·long 動 ❶ 貶 (자기의 이익을 위해) 관계를 맺다. 끌어들이다. ¶～政治家 | 정치가와 관계를 맺다. ¶～干部 | 간부를 끌어들이다. ❷ 연락하다. 어울리다. 교제하다. ¶各方面有～ | 안면이 넓다. ❸ (돈을) 쓰다. (시간을) 허비하다. ¶钱不禁～ | 돈은 쓰는 데에 당해내지 못한다. 쓰는 만큼 돈이 없다. ¶～工夫 | 시간을 허비하다.

【拉马克学说】Lāmǎkè xuéshuō 名組 外 〈生〉 라마르크의 진화설.

【拉买卖】lā mǎi·mai 動組 ❶ 손님을 끌어들이다. 장사가 되게 하다. ¶店员站在门口～ | 점원이 입구에 서서 손님을 불러들이다. ¶这家商店很会～ | 이 상점은 장사를 아주 잘한다. ❷ 수레[차]를 끌며 행상을 하다.

【拉毛】lāmáo 名 〈紡〉 털실로 옷감을 짜서 표면을 부드럽고 연하게 처리하는 것. ¶买了一条～围wéi巾 | 털실 가공 목도리를 하나 샀다 ＝[拉绒róng]

【拉密堡】Lāmìpù 名 外 〈地〉 포트라미(Fortlamy) [「乍得」(차드;Chad)의 수도]→[恩贾梅纳]

【拉皮条(纤)】lā pí·tiao(qiàn) 動組 뚜쟁이 짓을 하다. ¶一个女人被控以～之罪 | 한 여자가 (매음) 뚜쟁이 짓을 한 죄로 체포 기소되었다 ＝[拉马][扯皮条]

【拉平】lā/píng ❶ 動 같게 하다. 평균하다. ¶一个公司有许多工人, 他们之间的个人差别可以～ | 회사에 많은 노동자가 있더라도, 그들 사이의 개인적인 차이는 없앨 수 있다. ¶没有必要～应有的差距chājù | 마땅이 있어야 될 차이를 같게 만들 필요는 없다. ❷ 動 〈體〉 동점이 되다. 비기다. ¶主队五号上场后, 连连得分, 终于把比分～ | 홈팀의 5번 선수가 교체되어 들어온 이후에 연속으로 득점하여 결국 점수를 동점으로 만들었다. ❸ 動 잡아당겨 팽팽하게 하다. ❹ (lāpíng) 名 〈航〉 수평 비행.

【拉纤】lā/qiàn 動 ❶ (물가에서 밧줄로) 배가 나아가게 끌어 전진시키다. 배를 밧줄로 끌다. ¶～子 | 배를 끄는 밧줄. ¶她在船上掌舵duò, 他在岸上～ | 그녀는 배위에서 배키를 잡고, 그는 강기슭에서 밧줄로 배를 끈다. ❷ (～儿) 알선하다. 보살피다. 주선하다. 중개하다. ¶请你从中拉个纤, 促成这笔生意 | 당신이 중간에서 좀 주선을 하여 이 장사가 잘 되게 해주시오. ¶拉地纤 | 토지 매매의 중개를 하다. ¶～的 | 중개인. 매개인 ＝[拉纤儿] ❸ (직업·가옥을 알선해 주고) 수수료를 얻다.

【拉人下水】lā rén xià shuǐ 動組 ❶ (어떤 지위에서) 사람을 끌어내리다. ❷ 사람을 (나쁜 일에) 끌어들이다. ¶他利用金钱女色～ | 그는 돈과 여자를 이용하여 사람을 나쁜 일에 끌어들인다.

【拉绒】lāróng ⇒[拉毛]

【拉撒】lāsā ⇒[垃lā圾]

【拉飒】lāsà ⇒[垃lā圾]

【拉萨】Lāsà 名 〈地〉 라사(Lhasa)[티베트(Tibet) 자치구의 수도]

【拉散车】lā sǎnchē 動組 인력거꾼이 돌아다니며 아무 손님이나 태우다 ＝[拉散座]

【拉散座】lā sǎnzuò 動組 ⇒[拉散车]

【拉上】lā·shang 動 ❶ 끌어올리다. ¶把车子～山坡pō | 차를 산언덕으로 끌어올리다. ❷ 끌어들이다[넣다]. ¶顺路～他们一块儿走 | 가는 길에 (도중에서) 그들을 데리고 같이 가자 ‖ ＝[拉起]

【拉伸】lāshēn 動 잡아 끌다. 잡아당기다. ¶~性 | 인장성. ¶~试验 | 인장(引張)시험. ¶~形变 | 인장변형. ¶~包装 | 스트레치(stretch) 포장.

【拉屎】lā/shǐ 動 ㊀ 대변을 보다. ¶骑在人民头上~ | 백성들의 머리 위에서 똥을 누다. 喻 사람을 우습게 보다 =〔落矢〕

【拉手(儿)】ⓐ lā/shǒu(r) 動 ❶ 악수하다. ¶一见面就~ | 만나자 마자 악수를 하다. ¶他俩正拉着手 | 그들 둘은 지금 악수를 하고 있다. ¶手拉(着)手儿 | 손에 손을 잡다. ❷ 손을 잡다. 제휴하다. 공모하다. ¶他们已经~了 | 그들은 벌써 손을 잡았다.

ⓑ lā·shou(r) 名 (문이나 서랍 등의) 손잡이. ¶大门的~掉了 | 대문의 손잡이가 떨어졌다. ¶衣柜上安的是塑料~ | 옷장에 단 손잡이는 플라스틱 손잡이다.

【拉斯帕耳马斯】Lāsīpà'érmǎsī 名 外 〈地〉라스팔마스(Las palmas) [「加那利群岛」(카나리아제도;Canary Islands)의 수도]

【拉锁(儿)】lāsuǒ(r) 名 ❶ 지퍼. 쟈크. 파스너(fastener). ¶包上的~裂开了 | 가방의 지퍼가 터졌다 =〔拉链liàn(儿)〕 ❷ (자수의) 체인 스티치(chain stitch).

【拉脱维亚】Lātuōwéiyà 名 外 〈地〉라트비아(Latvia) [「波罗的海」(발트해;Balt海岸) 삼국(三國)중의 한 나라.「独立国家国协」(독립국가연합;CIS)중의 한 나라·수도는 「里加」(리가;Riga)]

【拉瓦尔品第】Lāwǎ'ěrpǐndì 名 外 〈地〉라발핀디(Rawalpindi) [파키스탄의 옛 수도]

【拉网】lā/wǎng 動 ❶ 그물을 당기다〔걷다〕. ¶大清早qīngzǎo就出去~ | 꼭두새벽에 나가서 그물을 걷다. ❷ 거미가 거미줄을 치다. ❸ 喻 포위망을 좁히다.

【拉稀】lā/xī 動 ❶ ㊀ 설사하다. ¶吃了不洁jié的东西就会~ | 불결한 것을 먹으면 곧 설사한다 =〔拉肚dù子〕〔泻xiè肚(子)〕〔拉青丹qīngdān〕 ❷ 용두 사미로 끝나다. 뒤가 시시해지다. ❸ 기력이 소모되다. 힘이 다하여 실패하다. 맥이 빠지다. ¶跑pǎo着~ | 달려서 기력이 다하다. ❹ 당황하다. ¶考试的时候儿拉了稀了 | 시험볼 때 당황하였다.

【拉下脸】lā/·xia liǎn 動組 ❶ 사사로운 정에 흐르지 않다. ¶他虽然年纪轻, 遇事却能~, 批评人一点不讲情面 | 그는 나이는 비록 얼마 안되지만 일처리가 매우 공정하여 사람을 비평할 때 조금도 정에 얽매이지 않는다. ¶他办事大公无私, 对谁也能~来 | 그는 일 처리가 매우 공정하여, 누구에게도 개인적인 정분에 흐르지 않게 한다. ❷ 불쾌한 표정을 짓다. ¶他听了这句话, 立刻~来 | 그는 이 말을 듣자마자 즉각 불쾌한 표정을 나타냈다.

【拉下水】lā/·xia shuǐ 動組 (상대방을) 진구렁에 빠뜨리다. 타락시키다. ¶黑社会把警察局长也~了 | 암흑가조직이 경찰국장도 타락시켰다. ¶他原来是个好的青年, 后来被走私集团拉下了水 | 그는 원래 훌륭한 청년이었으나 후에 밀수조직에 의해 타락됐다 =〔拉人下水〕〔拖下水〕

【拉线】lā/xiàn ❶ 動 실〔줄〕을 당기다. ❷ 動 목수나 미장이가 줄을 치다. ❸ 動 조종하다. ¶~人 | 조종하는 사람. ❹ 動 소개하다. ¶~人 | 소개자. ❺ (lāxiàn) 名 쳐 놓은 선.

【拉线开关】lāxiàn kāiguān 名組 〈電〉풀 스위치.

【拉延】lāyán 名 〈工〉드로잉(drawing). 인발(引拔) =〔拉制〕

【拉秧】lā/yāng 動 수확기가 지난 후, 채소류의 뿌리를 뽑다.

【拉洋片】lāyángpiàn 名 요지경(瑤池鏡). ¶戳chuō穿~ | 轉 내막을 폭로하다 =〔拉大片(儿)〕〔推洋片〕〔西洋景〕

【拉一把】lā·yi bǎ 動組 도와주거나 원조하다. ¶你是学长, 要~我才对 | 당신이 선배님이니까 저를 도와주어야 옳지요. ¶他有困难, 你总要~呀 | 그가 곤란하니 네가 어쨌든 도와주어야지.

【拉杂】lāzá 形 조리가 없다. 난잡하다. ¶这篇文章写得太~, 我看了半天也不明白 | 이 글은 너무 난잡하여 한참을 보아도 이해할 수가 없다. ¶这老头拉拉杂杂地说了不少话 | 이 영감은 두서없이 말을 많이 늘어놓았다.

【拉杂谈】lāzátán 名 잡다한 이야기. 「乒乓pīngpāng球锦标赛jǐnbiāosài~ | 탁구 선수권 시합에 대한 이런저런 이야기.

【拉债】lā/zhài ⇒〔拉帐〕

【拉帐】lā/zhàng 動 ❶ 빚을 지다. ❷ 외상으로 사다 ‖ =〔拉债zhài〕

【拉住】lā·zhù 動 ❶ 끌어당겨서 붙잡다. ❷ 꽉 (단단히) 쥐다. ¶~东西不放 | 물건을 꼭 쥐고 놓지 않다.

【拉兹】Lāzī 名 外 나치스(Nazis;독) =〔纳Nà粹〕

【拉走】lāzǒu 動 억지로 끌고 가다. 연행(連行)하다. ¶他不容分说, 一把将小王~了 | 그는 해명할 기회를 주지 않고 단번에 왕군을 잡아갔다.

Ⓑ lá

【拉不动】lá·bu dòng ☞ 〔拉不动〕 lā·bu dòng ⓑ

【拉扯】lá·che ☞ 〔拉扯〕 lā·che ⓑ

【拉呱(儿)】lá/guǎ(r) ㊇ lā/guǎ(r)) 動 方 ❶ 한담하다. 잡담하다. ¶几个老头儿凑在一起~ | 노인 몇이 함께 모여 잡담하다. ❷ 소곤거리다. 속삭이다. ❸ 지껄이다 ‖ =〔拉拉呱〕〔拉聒〕〔聊liáo天(儿)〕

【拉话】lá/huà ㊇ lā/huà) 動 이야기하다. 잡담하다. ¶我们一边抽烟, 一边~ | 우리는 담배를 피우면서 이야기를 했다 =〔啦话〕

【拉家常】lá/jiācháng ㊇ lā/jiācháng 動組 일상적인 생활 이야기를 하다. 한담하다.

【拉开】lá·kāi ☞ 〔拉开〕 lā·kāi ⓑ

【拉拉呱】lá·la guā ⇒〔拉呱(儿)〕

Ⓒ là

【拉拉蛄】làlàgǔ 名 〈蟲〉땅강아지.

Ⓓ lǎ

【拉忽】lǎ·hu 形 方 소홀하다. 방심하다. 건성건성하다. 흐리터분하다. 부주의하다. ¶这人太~, 办事靠kào不住 | 이 사람은 너무 건성건성이라서, 일 처리하는 것을 믿을 수 없다.

1【啦】lā·la 어조사 라/랍

Ⓐlā ❶擬 팍. 펄렁. 와르르. 덜퍼덕. ¶啪pā～一声掉在地下｜덜퍼덕하고 땅바닥에 떨어졌다→[哩lī哩啦啦] ❷動 잡담하다. 한담하다＝[拉lá②] [啦咖gā]

Ⓑ·la 語「了」와「啊」의 합음으로 양쪽의 뜻을 지닌 어기조사→[了·le][啊·a]

【啦话】lā/huà ⇒[拉lá话]

【啦啦队】lālāduì ⇒[拉拉队]

【剌】lā ☞ 剌 là Ⓒ

【邋】lā 나부낄 랍 ⇒[邋遢]

【邋遢】lā·ta 形 ❶ 불결하다. 지저분하다. ¶这厨师做菜很～｜이 주방장은 요리를 지저분하게 한다. ¶这么～!｜이렇게나 지저분할까! ❷ 칠칠치 못하다. 질서가 없이 엉망진창이다. ¶穿得邋里邋遢｜입은 것이 칠칠치 못하다.

lá ㄌㄚˊ

【旯】lá 구석 라 ⇒[旮gā旯儿]

1【拉】lá ☞ lā Ⓑ

【砬〈磖〉】lá 땅이름 랍/립 ❶ ⇒[砬子] ❷ 지명에 쓰이는 글자. ¶红石～｜하북성(河北省)에 있는 지명.

【砬子】lá·zi 名 方 산 위에 우뚝 선 큰 바위. 주로 지명에 쓰임. ¶白石～｜흑룡강성(黑龍江省)에 있는 지명.

【剌】lá ☞ 剌 là Ⓑ

3【喇】lá ☞ 喇 lǎ Ⓓ

lǎ ㄌㄚˇ

1【拉】lǎ ☞ lā Ⓓ

3【喇】lǎ lá 나팔 라/나

Ⓐlǎ ❶ ⇒[喇叭][喇嘛] ❷(Lǎ) 名 성(姓).

Ⓑlá ⇒[喇喇][哈hā喇子]

Ⓐlǎ

3【喇叭】lǎ·ba 名 ❶〈音〉나팔. ¶歪wāi嘴和尚吹～｜喻 입 돌아간 중이 나팔 불다. 자질이 없으면 일을 제대로 할 수 없다＝[喇吧] ❷(확성 작용을 하는) 나팔 모양의 물건. ¶汽车～｜클랙슨. 경적. ¶按àn～＝[摁èn喇叭][捏niē喇叭]｜경적을 울리다. ¶无线电～｜라디오 스피커.

【喇叭管】lǎ·baguǎn 名〈生理〉나팔관.

【喇叭花(儿)】lǎ·bahuā(r) 名〈植〉나팔꽃＝[牵qiān牛花]

【喇叭口(儿)】lǎ·bakǒu(r) 名 ❶ 나팔의 주둥이. ❷喻 물체의 아가리가 넓게 퍼져 있는 것. ¶～的袖子｜나팔(같은) 소매. ¶～裤｜나팔 바지. 판탈롱.

【喇叭裤】lǎ·bākù 名 나팔바지.

【喇叭裙】lǎ·baqún 名 플레어 스커트.

【喇叭嗓子】lǎ·ba sǎng·zi 名組 나팔 소리 같이 높고 큰 목소리.

【喇叭筒】lǎ·batǒng 名 메가폰. 확성 나발.

【喇叭嘴】lǎ·bazuǐ 名 ❶ 나팔의 주둥이. ❷喻 수다쟁이.

【喇虎】lǎ·hu ⇒[拉lǎ忽]

【喇唿】lǎ·hu ⇒[拉忽]

【喇糊】lǎ·hu ⇒[拉忽]

【喇嘛】lǎ·ma ❶ 名 外〈佛〉라마(Lama). 라마교의 중. ¶大～｜라마의 고승(高僧)→[达赖喇嘛] ¶～的帽子｜ⓐ 라마승의 모자. ⓑ 喻 노란 빛. ❷ 動 俗 취하다. ¶你又喝～了吧｜너 또 취했구나＝[剌lǎ麻]

【喇嘛教】Lǎ·majiào 名〈佛〉라마교. ¶他信奉xìnfèng～｜그는 라마교를 신봉한다.

Ⓑlá

【喇喇】lá·la ❶ 動 질질 흘리다. 뚝뚝 떨어뜨리다. ¶吓xià得小狗子直～溺儿｜놀란 강아지가 계속 오줌을 찔끔찔끔 쌌다. ❷ 擬 와르르. 우당탕 [물건이 넘어지는 소리] ¶急～如大厦倾｜갑자기 와르르 하는 것이 마치 큰 건물이 무너지는 것 같다《紅樓夢》

【喇喇哩哩】lá·lalīlī 擬 웅얼웅얼. 중얼중얼 [작은 소리로 중얼거리는 소리]

là ㄌㄚˋ

1【拉】là ☞ 拉 lā Ⓒ

【剌】là lá lā 어그러질 랄

Ⓐlà 書 動 위배되다. 어긋나다. ¶乖guāi～＝[乖违]｜도리에 맞지 않다.

Ⓑlá 動 (날붙이로 고기 등을) 자르다. 썰다. ¶手指头叫小刀子～了｜손가락이 칼에 베였다＝[拉lá①]

Ⓒlā ❶ 음역어에 쓰임. ¶阿～伯｜아라비아(Arabia). ❷ 擬 와르르. ¶刮guā～｜와르르.

【剌麻】là·má ⇒[喇lǎ嘛]

【瘌】là 독창 랄 ⇒[瘌瘌疤疤][瘌黎][瘌痢]

【瘌瘌疤疤】là·labābā 狀 표면이 울퉁불퉁하다＝[疤疤癞癞]

【瘌黎】làlí ⇒[瘌痢]

【瘌痢】là·lì 名 方〈醫〉독창(禿瘡)＝[瘌黎][癞痢][黄癣]

3【辣】là 매울 랄 ❶ 名 매운 맛. ¶酸甜苦suāntiánkǔ～咸xián｜시고 달고 쓰고 맵고 짠 맛. ❷ 形 맵다. ¶～得他直出汗｜매워서 그는 땀을 계속 흘린다. ❸ 形 흉악하다. 지독하다. 잔인하다. 악랄하다. ¶心毒手～｜마음이 모질고 수단이 악랄하다. ¶毒～｜악랄하다→[厉lì害] ❹ 動 얼얼하게 하다. 아리다. (눈·코·입에) 맛의 강한 자극을 주다. ¶～眼睛｜눈이 아리다. ¶他吃到一口芥末jièmò, ～得直流汗｜그는 겨자를 한 입 먹더니, 하

도 얼얼해서 줄곧 땀을 흘린다.

【辣菜】là·cài 名〈食〉갓 뿌리와 무를 삶아 만든 요리.

【辣蒿蒿】làhāohāo ⇒〔辣乎乎〕

【辣乎乎】làhūhū 貶 매워서 얼얼하다. ¶吃了一盘～的麻婆豆腐 | 입이 얼얼하게 매운 마파두부 요리를 한 접시 먹었다 =〔辣蒿hāo蒿〕

【辣酱】làjiàng 名 ❶ 고추장. ¶韩国人特别喜欢～ | 한국인은 고추장을 유별나게 좋아한다. ❷ 매운 콩장.

【辣酱油】làjiàngyóu 名〈食〉소스 =〔沙shā士〕

3【辣椒】làjiāo 名〈植〉고추. ¶～酱 | 고추장. ¶～粉 =〔～面(儿)〕| 고춧가루 =〔辣角〕〔辣秦椒〕〔辣茄〕〔辣子①〕〔方番fān椒〕〔蕃fán椒〕〔海椒〕〔京秦qín椒③〕

【辣角】làjiǎo ⇒〔辣椒〕

【辣茄】làqié ⇒〔辣椒〕

【辣手】làshǒu ❶ 名 악랄한 수단〔수법〕. 어법 주로「下」의 목적어로 쓰임. ¶对自己的同志怎么能下这个般～? | 자기의 동지에게 어떻게 이런 악랄한 수단을 쓸 수 있는가? =〔辣腕〕 ❷ 形 方 수단〔수완〕이 악랄하다〔지독하다〕. ❸ 形 口 (일에) 애를 먹다. 까다롭다. ¶那个事情很～ | 그 일은 매우 까다롭다. ¶这项工作太～ | 이 작업은 너무 어렵다.

【辣丝丝(儿)】làsīsī(r) 貶 조금 맵다. 알알하다. ¶放了一点儿辣油～儿的 | 고추기름을 약간 넣어서 조금 맵다.

【辣蒜】làsuàn 名〈植〉마늘 =〔大蒜〕

【辣挞】là·ta ⇒〔邋lā遢〕

【辣腕】làwàn ⇒〔辣手①〕

【辣味(儿)】làwèi(r) 名 매운 맛. ¶我吃不得～ | 나는 매운 것을 먹으면 안된다. 매운 것을 먹을 수 없다.

【辣薤】làxiè 名〈植〉부추 =〔韭jiǔ菜〕

【辣油】làyóu 名 고추 기름 =〔辣椒油〕

【辣子】là·zi 名 ❶ ⇒〔辣椒〕 ❷ 망나니. 마구 굴러먹은 사람. 말괄량이.

【辣子鸡】là·zijī 名〈食〉나조기.

【辣子肉丁】là·ziròudīng 名〈食〉주사위 크기 만큼 자른 돼지고기를 고추와 함께 볶은 요리.

4【落】là ☞ 落 luò C

4【腊(臘)】1 là 섣달 랍

名 ❶ 납평제(臘平祭) [옛날 동지 뒤의 셋째 술일(戌日)에 농사를 위해 지내던 제사]→〔腊日〕 ❷ 轉 음력 12월〔섣달〕. ¶～尽春来↓ ❸ (주로 섣달에) 소금에 절여 말린 고기. ¶～鱼↓ ¶～味↓ ❹ (Là) 성(姓).

【腊八(儿)】Làbā(r) 名〈佛〉납팔. 음력 12월 8일 [석가 성불의 날] =〔腊八日〕

【腊八日】làbārì ⇒〔腊八(儿)〕

【腊八(儿)粥】làbā(r) 名〈食〉납팔절에 먹는 죽 [음력 12월 8일「腊八(儿)」에 먹는 일종의 죽] ¶明日乃是腊八, 世上人都熬áo～ | 내일이 납팔절이라서 모든 사람들이 납팔죽을 끓인다 =〔佛粥〕〔七宝粥〕

【腊肠(儿)】làcháng(r) 名〈食〉(중국식의) 훈제 소시지. ¶买几挂～ | 훈제 소시지를 몇 줄 사다 =〔香肠〕〔红肠〕

【腊丁】Làdīng ⇒〔拉lā丁〕

【腊尽春来】là jìn chūn lái 威 해가 바뀌어 봄이 오다.

【腊克】làkè 名 外 라카 (lacquer; 영) →〔虫胶①〕

【腊梅】làméi 名〈植〉납매. 새양나무. ¶～在寒风中开放飘香 | 납매는 겨울 바람 속에서도 피어 향기를 드날린다 =〔冬梅〕〔蜡梅〕〔狗蝇梅〕〔書寒客〕〔黄梅花〕〔小黄香〕

【腊日】làrì 名 납일 [동지 뒤의 세 번째 술일(戌日)로 납향(臘享)을 함]→〔腊①〕

【腊味】làwèi 名 ❶ 건육(乾肉)·건어물(乾魚物) 등의 말린 식품의 총칭→〔腊鱼〕 ❷ 음력 섣달에 담근 술.

【腊鱼】làyú 名 건어물(乾魚物).

4【腊月】làyuè 名 음력 섣달. ¶今天是阴历～初二日 | 오늘은 음력 섣달 초이틀이다.

【腊】2 xī 台 xí) 포 석

書 ❶ 名 말린 고기. ❷ 動 햇볕에 쬐어 말리다.

3【蜡(蠟)】1 là 밀 랍

名 ❶ 납. 밀랍. 왁스(wax). ¶石～ | 파라핀→〔蜡人〕 ❷ 초. 양초. ¶一支～ | 양초 한 자루.

【蜡板】làbǎn 名 ❶ (인쇄용의 도금한) 연판(鉛版). ❷ 등사 원지. ¶刻～ | 등사 원지를 긁다 =〔蜡版〕

【蜡版】làbǎn ⇒〔蜡板②〕

【蜡棒】làbàng ⇒〔蜡笔〕

【蜡笔】làbǐ 名〈美〉크레용. ¶三十六色的～ | 서른 여섯 가지 색의 크레용 =〔蜡棒〕〔颜色笔〕

【蜡粉笔】làfěnbǐ 名〈美〉크레파스.

【蜡果】làguǒ 名〈美〉밀랍으로 만든 과일·채소 등 공예품.

【蜡黄】làhuáng 名 貶〈色〉누른빛(의). 담황색(淡黃色)(의). ¶～的琥珀hǔpò | 담황색의 호박. ¶他疼得脸～了 | 그는 하도 아파서 얼굴이 다 노래졌다.

【蜡炬】làjù ⇒〔蜡烛〕

【蜡泪】làlèi 名 촛농. ¶～一点点往下掉 | 촛농이 한 방울씩 아래로 떨어지다 =〔蜡液〕〔蜡珠(儿)〕

【蜡疗】làliáo 名〈醫〉석랍(石蠟)을 가열하여 환부에 붙임으로써 국부적으로 염증의 진행을 억제하는 물리 치료의 일종. 관절염이나 골절에 효과가 있다.

【蜡扦(儿,子)】làqiān(r·zi) 名 ❶ 촛대. ¶香炉xiānglú的两旁摆bǎi着一对～ | 향로 양쪽에 촛대 한 쌍이 놓여 있다 =〔蜡台〕〔蜡签〕 ❷ 어린아이의 정수리 부분에 남겨 놓은 머리카락 [길게 자라면 땋음]

【蜡染】làrǎn 名〈染〉염색법의 한 가지 =〔蜡防印花法〕

【蜡人(儿)】làrén(r) 名 밀랍 인형 =〔蜡像〕

【蜡书】làshū 名「蜡丸」(납환) 속에 감춘 비밀 문서나 서류.

【蜡台】làtái ⇒〔蜡扦(儿,子)①〕

【蜡头儿】làtóur 名 ❶ 몽당초. ❷ 喻 일이 결말에

가까움.
【蜡图纸】làtúzhǐ ⇒〔有yǒu光纸〕
【蜡液】làyè ⇒〔蜡泪〕
【蜡渣(子)】làzhā(·zi) 名 초 찌꺼기 =〔蜡滓〕
【蜡纸】làzhǐ 名 ❶ 파라핀지 =〔石蜡纸〕 ❷ 등사용 원지(原紙). 등사지. ¶刻kè～=〔刻蜡版〕〔写xiě钢gāng板〕 | 원지를 긁다 =〔钢版蜡纸〕〔誊téng写版纸〕
3【蜡烛】là·zhú 名 초. 양초 ¶点～ | 초에 불을 붙이다 =〔書 蜡炬〕
【蜡滓】làzǐ ⇒〔蜡渣(子)〕
【蜡嘴(雀)】làzuǐ(què) 名〈鳥〉고지새.

【蜡〈褶〉】 ② zhà 제사이름 차
名 주대(周代)의 연말에 지내던 제사.

【镴(鑞)】 là 땜납 랍
名 땜납 [주석과 납의 합금.「焊hàn锡」「锡xī镴」라고 부르기도 함]→〔焊hàn料〕
【镴箔】làbó 名 납지 [옛날 지전(紙錢)을 만들 때 쓰는 주석 종이]
【镴枪头】làqiāngtóu 名 ❶ 납으로 된 창의 끝. ¶银样～ | 은이나 납으로 된 무딘 창끝. ❷ 喻 유명무실 →〔虚有其表〕

·la ㄌㄚ·

1【啦】 ·la ☞ 啦 lā Ⓑ

【鞡】 ·la 가죽신 랍
⇒〔靰wù鞡〕

lái ㄌㄞˊ

1【来(來)】 lái 올 래
❶ 動 오다. ¶赵老师已经～了 | 조 선생님은 이미 오셨다. ¶他今天～过两次 | 그는 오늘 두 번 왔었다 ⇔〔去①〕 어법 ⓐ「来」(오는)의 주체가 특정한(지시된) 것이 아니면「来」의 뒤에 두어,「〔시간사, 장소사〕＋来＋名」의 형태인 존현문(存現文)으로 표현하여야 함. ¶～汽车了 | 자동차가 왔다. ¶家里～了客人 | 집에 (어떤) 손님이 왔다. ⓑ 확정적인 것이「来」의 주체일 때는「名＋来＋〔장소사〕」의 형태로 표현하여야 함. ¶老赵～了北京 | 조군이 북경에 왔다. ¶客人来了 | 그 손님이 오셨다. ❷ 動 보내 오다. 오게하다. ¶他～过两封信 | 그는 두 통의 편지를 보내 왔다. ¶有的队长duìzhǎng自己～了, 有的队只～了个代表 | 어떤 대장은 직접 왔고, 어떤 대장은 대표를 파견해 왔다. ¶我们可以～两个人帮忙 | 우리는 두 사람을 보내 도울 수 있다. ❸ 動 가져 오세요. 주시오. 어법「来＋名」의 형태로 명령어에 쓰임. ¶快～杯水 | 물 한 잔 빨리 주시오. ¶～一碗wǎn牛肉面 | 소고기 국수 한 그릇(주시오)! ❹ 動 발생하다. 나타나다. ¶问题～了 | 문제가 생겼다. ¶任务～了, 要努力完成 | 임무가 왔다. 열심히 완성해야 한다. ❺ 動 구체적인 동사의 대신에 쓰임. ¶你拿那个, 这个我自己～ | 너는 저것을 가져라, 이것은 내가 가지마. ¶唱得太好了, 再～一遍 | 너무 도 잘 불렀다, 다시 하나 더 불러라. ❻ 動 다른 동사의 앞이나 뒤에 쓰임. 어법 ⓐ「来＋動」의 형태로 어떤 일을 하려함을 타나냄.「来」가 없어도 뜻의 변화는 없음. ¶我～说两句 | 내가 몇 마디 하겠다. ¶你去打水, 我～生炉子 | 너는 물 길러라, 나는 난로를 지피겠다. ¶大家想办法～解决 | 모두들 방법을 찾아 해결하자. ⓑ「動＋来」의 형태로「来」(오는)의 목적을 나타냄. ¶我们支援你们～了 | 우리들은 당신들을 지원하러 왔다. ¶他回家探亲tànqīn～了 | 그는 집에 친척을 만나러 왔다. ❼ (·lái) 動 동사 뒤에 보어로 쓰임. 어법 ⓐ「動＋来(＋名)」의 형태로 동작이 말하는 사람에게로 향해짐을 나타냄. ¶一架飞机从远处飞～ | 한 대의 비행기가 먼 곳에서 날아왔다. ¶前面走～一群学生 | 앞에 한 무리의 학생들이 걸어온다. ⓑ「動＋得〔不〕＋来」의 형태로 잘 융합되거나 혹은 어떤 동작을 완성할 능력이 있고 없음을 나타냄. ¶他们俩很谈得～ | 그들 둘은 말이 잘 통한다. ¶这两个人恐怕合不～ | 이 두 사람은 어울리지 못할 것 같다. ¶这个歌我唱不来 | 이 노래는 부를 줄 모른다. ¶我吃不～这种菜 | 이런 요리는 나는 먹을 줄 모른다. ⓒ「動＋来＋動＋去」의 형태로 동작이 여러 차례 중복됨을 나타냄. ¶跑～跑去 | 이리저리 뛰다. ¶飞～飞去 | 이리저리 날다. ¶翻～覆fù去 | 여러 번 번복하다. 이리저리 뒤집다. ⓓ「看」「说」「想」「听」「算」등의 뒤에 쓰여 삽입어가 됨. 어떤 일에 착안하거나 계산함을 나타냄. 여기의「来」는「起来」로 바꾸어 쓸 수 있음. ¶说～话长 | 말하자면 이야기는 길다. ¶这个人看～年纪不少了 | 이 사람은 보아하니, 나이가 적지 않은 것 같다. ¶算～时间已经不短了 | 따져보니, 시간은 이미 짧지 않다. ❽ 動 자. 그러면 [다른 사람을 부르거나 재촉함] ¶～, 咱们唱歌吧 | 자, 우리 노래 부르자. ❾ (·lai) 助 ㊀ …한 적이 있다. …인 바 있다. 어법 조사로 쓰인「来」와 보어(補語)로 쓰인「来」는 아주 다르므로 확실히 구별하여야 함. 문(句子)의 끝에 쓰여, 일찍이 어떤 일이 발생한 적이 있음을 나타냄 ⇒〔来着〕 ¶你都忙什么～? | 너 무엇이 그렇게 바빴었니? ¶你到哪里去来? | 너 어디에 갔었니? ¶别告诉他我去游泳～ | 그에게 내가 수영갔었다고 말하지 마라. ❿ 助 사물이나 상황 등을 대체적으로 견주어 말할 때 쓰임. ¶天～大 | 하늘처럼 크다. ¶火～热 | 불처럼 뜨겁다. ⓫ 助 …이래로. …이후로. ¶从上月～ | 지난달부터 줄곧. ¶这一年～他的进步很大 | 이 한 해 동안 그는 많이 발전했다. ⓬ 助 시가(詩歌)나 숙어 등에 의미 없이 쓰여 어조를 고르게 함. ¶正月里～是新春 | 정월은 새봄이라. ¶不愁吃～不愁穿 | 먹을 걱정, 입을 걱정 없지요. ⓭ 數 정도. 쯤. 어법 ⓐ「来」앞의 수보다 약간 작거나 큰 정도의 수를 표시함. ¶他今年三十～岁了 | 그는 금년에 30세쯤 되었다. ⓑ「来」가 수사와 양사 사이에 쓰일 때 수사는 반드시 끝자리가「0」이어야 함. ¶五～斤(×) ¶十～斤 | 10근쯤. ⓒ 수사의 끝자리가 1부터 9까지일 때는「来」는 양사와 명사 사이에 씀. ¶五斤～肉(×) ¶五斤

来肉 | 다섯 근쯤의 고기. ⓓ 수사가 「十」일 때는 「来」의 위치에 따라 뜻이 달라짐. ¶买了十~斤糖 | 10근 쯤(10±1斤)의 설탕을 샀다. ¶买了十斤~糖táng | 열근 쯤(10斤±1-2两)의 설탕을 샀다. ⓔ 미수(尾數)를 나타내는 「几」「多」와 「把」는 앞의 수사보다 더 많음을 나타내고 「来」는 그 숫자만큼임을 나타냄. ¶千把块钱 | 천여 원의 돈 ¶十几个人 | 11-19 사람. ¶十多个人 | 11-15 사람. ¶十来个人 | 8-12 사람. ⑭ (Lái) 名 성(姓).

【来报】láibào ⇒〔来电①〕

[3]【来宾】láibīn 名 ❶ 내빈. 손님. ¶招待~ | 손님을 접대하다. ❷ (Láibīn) 〈地〉광서성(廣西省)의 현(縣) 이름.

【来不得】lái ·bu ·de 動組 ❶ 올 수 없다. ¶这儿是~的地方 | 여기는 와서는 안되는 곳이다. ❷ …할 수 없다. …해서는 안된다. ¶干这种活儿~半点马虎 | 이런 일을 하는데는 조금도 대충해서는 안된다. ¶这可~ | 절대 이렇게 해서는 안된다.

[2]【来不及】lái ·bu jí 動組 ❶ 미치지 못하다. 손쓸 틈이 없다. 시간적으로 늦다. ¶~想这个 | 이것을 생각할 겨를이 없다. ¶~准备 | 준비할 틈이 없다. ❷ 여유가 없다 ‖⇔〔来得及①〕 어법 ⓐ 「没来得及」로 바꾸어 쓸 수도 있음. ⓑ 「来及」라고 하지는 않음.

【来不来】lái ·bu lái 動組 ❶ 올지 안올지. ¶~由你 | 올지 안 올지는 네게 달려 있다. ❷ 될지 안될지. ❸ 자칫하면. 좌우간. 걸핏하면. ¶~就哭起来 | 걸핏하면 운다. ❹ 할 수 없다. 소용 없다. 싫다. ¶太甜的菜我~ | 너무 단 음식은 싫다.

【来不了】lái ·bu liǎo 動組 ❶ (아무리 해도) 올 수 없다. ¶他~ | 그는 아마 못 올 것이다. ❷ (도저히) 할 수 없다. ¶这我可~ | 이건 난 도저히 할 수 없다 ‖⇔〔来得了〕

【来碴儿】láichár 動 무슨 까닭이 있어서 오다. ¶刚才gāngcái有人找他, 想是~啦! | 방금 어떤 사람이 그를 찾고 있었는데 무슨 까닭이 있어서 왔을 거야!

【来迟】láichí 動 지각하다. 오는 것이 늦다. ¶因为堵dǔ车, 我~了 | 차가 막혀서 지각을 했다.

【来到】láidào 動 오다. 도착하다. 닥치다. ¶冬天~了 | 겨울이 왔다. ¶~这里已有几年了? | 여기에 온지 벌써 몇 년이 되었죠?

【来的】lái·de ⇒〔来着〕

【来得】lái·de 形 口 ❶ 할 수 있다. 잘하다 [동사 대신 사용되어 능력·방법·수단을 나타냄] ¶粗细活儿她都~ | 힘든 일이건 소소한 일이건 그녀는 다 할 수 있다. ❷ 동작의 강도와 결과를 나타냄. ¶这一句话~厉害 | 이 말은 너무 심하다. ❸ …이 더 …하다 [비교의 결과가 명백한 경우에 사용됨] ¶海水比淡水重, 因此压力也~大 | 바닷물이 민물보다 무겁기 때문에 압력도 훨씬 크다.

[2]【来得及】lái ·de jí 動組 늦지 않다. ¶现在就去, 也许还~ | 지금 곧 가면 아마 아직 늦지 않을 것이다. ¶不要着急zháojí, 还~讲 | 조급해마라, 아직 말할 시간이 있다 ⇔〔来不及〕

【来电】láidiàn ❶ 名 수신 전보 =〔来报〕 ❷ 動 轉 마음이 통하다. 눈이 맞다. ❸ (lái/diàn) 動 전보가 오다. ¶请~告知 | 전보로 좀 알려주시오.

【来牍】láidú ⇒〔来函〕

【来而不往】lái ér bù wǎng 成 ❶ 방문에 대해 답방(答訪)하지 않다. ❷ 선물에 답례하지 않다. ¶~非礼也 | 받기만 하고 답례하지 않는 것은 예의가 아니다. ¶他送来了一束鲜花儿, 我可不能~啊 | 그가 생화를 한 다발 보내왔으니 결코 받기만 하고 답례하지 않을 수 없다. ❸ 상대방의 공격에 반격하지 않다. 한결같이 수세의 입장을 취하다.

【来犯】láifàn 動 (영토·권리 등을) 침범하다. 침해하다. ¶时刻防止敌人~ | 늘 적의 침범을 막다.

[4]【来访】láifǎng 名 動 내방(하다). 방문(하다). ¶欢迎~我国 | 우리나라를 방문하심을 환영합니다. ¶这次~是为了向你们取经的 | 이번 방문은 당신들에게서 경험을 배우기 위한 것입니다.

【来附】láifù ⇒〔来归①〕

【来复枪】láifùqiāng 名 外 〈軍〉라이플(rifle)총.

【来复线】láifùxiàn 名 外 〈軍〉총신(銃身) 내부의 나선형의 강선 =〔膛tāng线〕

【来稿】lái/gǎo ❶ 動 원고를 보내오다. 투고하다. ¶欢迎~ | 투고 환영. ❷ (láigǎo) 名 투고한 원고. ¶~的质量很高 | 투고된 원고의 수준이 아주 높다.

【来归】láiguī ❶ 名 動 귀순(하다) =〔来附〕 ❷ 書 動 시댁(媤宅)으로 돌아오다〔돌아가다〕.

【来函】láihán 書 名 보내온 편지. 내신(來信). ¶~领悉lǐngxī | 札 보내주신 편지는 잘 받았습니다 =〔来牍dú〕〔来翰〕〔来缄〕〔来示〕〔来书〕〔来信①〕〔来札〕〔来讯〕

【来翰】láihàn ⇒〔来函〕

[3]【来回(儿)】láihuí(r) ❶ 名 動 왕복(하다). ¶~好几次 | 몇차례 왕복하다. ❷ 動 여러 차례 왔다갔다 하다. ¶~跑 | 왔다갔다 뛰어 다니다. ❸ 動 (물건을) 바꾸다. 교환하다. ❹ 助 내외. 가량. ¶年纪在四十~ | 나이가 사십 내외이다 =〔左右〕〔来往·wang②〕〔来去③〕

[4]【来回来去】láihuí láiqù ❶ 한 곳을 왔다갔다하다. 계속 오가다 =〔来来去去〕 ❷ (말을) 되풀이하다. 되씹다. ¶~地说车轱辘话 | 같은 말을 되씹어 말하다.

【来回票】láihuípiào 名 왕복표 ¶订~比较上算 | 왕복표를 예매하는 것이 비교적 채산이 맞는다 =〔来回车票〕〔往返票〕→〔单dān程票〕

【来货】láihuò 名 ❶ 도착한 물건. ¶收到~以后马上付款fùkuǎn | 물건을 받은 이후 바로 돈을 지불하다. ❷ (토산품에 대하여) 외래품. ❸ 화물의 도착.

【来缄】láijiān ⇒〔来函〕

【来件装配】láijiàn zhuāngpèi 名組 〈經〉녹다운(knockdown) 수출.

【来劲】lái/jìn ❶ 動 方 신명나다. 흥겨워하다. ¶他越干越~ | 그는 일할수록 흥겨워한다. ❷ (~儿) 動 方 기운이 나다. 힘이 솟다. 득의 양양해지다. ¶越夸越~ | 칭찬을 하면 할수록 의기 양양해진다. ❸ (~儿) 形 격동시키다. 흥분시키다.

¶这样伟大的工程, 可真～ | 이렇게 위대한 공사는 정말 사람을 흥분시킨다. ❹(～儿) 動 北 (더욱) 강경해지다. 화를 내다. ¶我好心劝她, 她倒更～了 | 나는 호의에서 그녀에게 권했는데 오히려 그녀는 더욱 화를 냈다. ❺(～儿) 形 성하다. 도지다. 더하다. ¶不等天凉病就～了 | 날씨가 추워지기도 전에 병이 도졌다. ❻(～儿) 形 좋다. 훌륭하다. ¶这个烟真～ | 이 담배는 정말 좋다→〔够gōu味儿〕 ❼(～儿) 形 알차다. 실하다. ¶这豆真～ | 이 콩은 정말 알차다.

【来卡】láikǎ 名 外 라이카 카메라(Leica Kamera; 독).

3【来客】lái/kè ❶ 動 손님이 오다. ❷(láikè) 名 손님. ¶招待～ | 손님을 접대하다.

【来款】láikuǎn 名 송금액. 보내온 돈.

4【来历】láilì 名 내력. ¶～不明 | 정체 불명⇒〔来路 ⓑ〕

【来料加工】láiliào jiāgōng 名組 ❶ 제공된 원료를 가공하다. ¶承接～业务 | 원료 가공 일을 청부맡다. ❷ 위탁 가공〔무역〕.

4【来临】láilín ❶ 動 이르다. 도래하다. 다가오다. ¶新年～ | 새해가 다가오다. ¶一场暴风雨就要～ | 폭풍우가 한차례 곧 몰려올 것이다. ❷ 名 動 敬 (귀빈이) 왕림(하다). 임석(하다).

【来龙去脉】lái lóng qù mài 成 어떤 일이나 사물의 전후 관계. 일의 경위. 옛날, 풍수지리 학자들이 용처럼 쭉 뻗어나가 있는 산수지세를 가리키던 말. ¶这件事的～, 我都弄清楚了 | 이 일의 경위는 내가 이미 분명히 알아보았다.

【来路】ⓐ láilù 名 ❶ 진입로. 진로. ¶二连挡dǎng住了敌人的～ | 2중대가 적의 진로를 차단했다. ❷ 출처(出處). 원천. ❸(～儿) 수입. ¶～大 | 수입이 많다. ❹(～儿) 규모. 구조. ¶铺子～很大 | 점포의 규모가 아주 크다.

ⓑ lái·lu 名 내력. 경력. 유래. ¶～不明 | 내력이 의심스럽다〔분명치 못하다〕=〔来历〕〔来头②〕

4【来年】láinián 書 名 내년. 다음해. 명년. ¶等到～, 这一棵小树一定是长大成材 | 내년이 되면 이 작은 나무가 반드시 재목이 될 것이다 =〔来岁〕

【来去】lái qù ❶ 오가다. 반복하다. ❷ 轉 사건의 동향. 사람의 거취. ¶～自由 | 거취가 자유롭다. ❸ ⇒〔来回(儿)④〕 ❹ 왕래하며 교제하다.

【…来…去】… ·lai … ·qu 동작이 여러 차례 반복됨을 나타냄. 어법 「来」「去」앞에는 주로 동일한 동사가 옴. 유의(類義)동사나 관용어가 올 수도 있음. ¶蜜蜂在花丛中飞～飞～ | 꿀벌이 꽃덤불 속에서 이리저리 날아다니다. ¶说～说～ | 곱씹어 말하다. ¶挑～挑～ | 이리 고르고 저리 고르다. ¶翻～覆～ | 엎치락뒤치락하다.

【来人】láirén ❶ 名 심부름꾼. 온 사람 [흔히 물건이나 편지 등을 가져온 사람을 가리킴] ¶～手里拿着一封介绍信 | 온 사람은 손에 소개장 한 통을 들고 있다 =〔来手〕〔来使〕 ❷(～儿) (옛날, 매매·임대·고용 등의) 중개인. 소개인. ❸ 套 이리 오너라. 누구 없느냐 [옛날,아랫 사람을 부를 때 사용하던 말] ¶快, ～呀 | 여봐라, 이리 오너라. ❹ 名 (자신의) 사자(使者). ¶收条儿请交～带回 | 영수증은 사자편에 보내 주십시오.

【来日】láirì 名 書 장래. 미래. 앞날. ¶～无多 | 앞날이 많이 남지 않았다.

【来日方长】lái rì fāng cháng 成 장래가 있다. 시간이나 기회가 얼마든지 있다.

【来沙而】láishā'ér ⇒〔来苏儿〕

【来沙儿】láishā'ér ⇒〔来苏儿〕

【来生】láishēng ⇒〔来世②〕

【来世】láishì 名 ❶ 후대(後代). ❷〈佛〉내세. 후세. ¶今生积德jīdé, ～可以享福xiǎngfú | 현세에서 덕을 쌓아두면 내세에 복을 누리게 된다 =〔来生〕

【来示】láishì ⇒〔来函〕

【来势】láishì 名 (외부로부터) 밀려오는 세력〔기세〕. ¶～很凶猛xiōngměng, 难以阻挡zǔdǎng | 기세가 맹렬하여 저지하기 어렵다.

【来手】láishǒu ⇒〔来人①〕

【来书】láishū ⇒〔来函〕

【来苏儿】láisūr 名 外〈藥〉리졸(lysol). 크레졸(cresol) 비눗물 =〔来沙儿〕〔来沙而〕〔来苏水〕〔拉lā苏水〕〔煤méi酚皂溶液〕〔杂zá酚皂液〕

【来岁】láisuì ⇒〔来年〕

【来头】lái·tou 名 ❶ 경력. 소질. ¶这个人～不小 | 이 사람은 경력이 많다. ❷ ⇒〔来路ⓑ〕 ❸(～儿) 까닭. 이유. 연유. ¶他这些话是有～的 | 그의 이런 말은 까닭이 있는 말이다. ❹ (밀려오는) 기세. ¶～过猛 | 기세가 너무 맹렬하다 =〔来势〕 ❺(～儿) 흥미. 재미. ¶看电视没有什么～ | TV 보는 것은 별 재미가 없다. ❻(～儿) (일을 하는) 방식. 태도. ¶～不对 | 방식이 틀렸다. ❼(～儿) 보람. 효과.

3【来往】ⓐ láiwǎng 動 오고 가다. 왕래하다. ¶互相～ | 서로 왕래하다. ¶翻修路面, 禁止车辆～ | 도로 보수 공사 중으로 차량 통행을 금지한다.

ⓑ lái·wang ❶ 名 動 교제(하다). 거래(하다). ¶我决不跟这种人～ | 나는 결코 이런 인간하고는 교제하지 않겠다. ¶～借贷 | 거래상의 대차 =〔交往〕 ❷ ⇒〔来回(儿)④〕

【来文】láiwén 名 보내〔부쳐〕온 문서.

2【来信】láixìn ❶ ⇒〔来函〕 ❷(lái/xìn) 動 편지가 오다. 편지를 보내다. ¶常～ | 자주 편지 하세요. ¶不必～了 | 편지할 필요없다.

【来意】láiyì 名 ❶ 온 뜻. 온 이유. ¶他的～很明显míngxiǎn是为了钱 | 그가 온 이유는 분명하다, 돈 때문이다. ¶他说明～ | 그가 찾아온 취지를 말하다. ❷ 상대편이 말하는 뜻.

【来因】láiyīn ⇒〔来由〕

【来因河】Láiyīnhé ⇒〔莱茵河〕

【来音】láiyīn 書 名 전해온 말〔소식〕.

【来由】láiyóu 名 일의 시작. 근거. 원인. 이유. 까닭. 내력. ¶无～的话 | 근거 없는 말. ¶问～ | 까닭을 묻다 =〔来因〕

3【来源】láiyuán ❶ 名 (사물의) 내원(來源). 근원. 출처. ¶新闻的～ | 소식의 출처. ¶收入～ | 수입원. ❷ 名 수원(水源). ¶你知道这道河的～吗? | 이 강의 수원을 알고 있는가? ❸ 名 원산지. 생산지. 공급지. ❹ 名 (상품의) 출하. 공급. ¶～丰

富 | 공급 충분. ❺動(사물이)기원(起源)하다. 유래하다[뒤에「于」가 붙음] ¶神话的内容也是～于生活的 | 신화의 내용도 생활에서 기원한 것이다. ¶理论～于实践shíjiàn | 이론은 실천에서 나온다.

【来札】láizhá ⇒〔来函hán〕

【来者不拒】lái zhě bù jù 成 ❶오는 것을 막지 않는다. ¶～, 去者不追 | (순리대로) 오는 막지 말고, 이미 간 것을 (미련을 두어) 쫓지 않는다. ❷사례금을 기쁘게 받다. ¶谁送他东西他都收, ～ | 누가 그에게 선물을 해도 그는 다 받는다, 오는 것을 거절하는 법이 없다.

【来着】lái·zhe 助 ⓪…을 하고 있었다. …이었다 =〔来⑨〕〔来的〕 어법 ⓐ 문(句子)의 끝에 쓰여 일찍이 어떤 일이 발생하였음을 나타냄. ⓑ「来着」와 같은 용법의「来⑨」는 근대한어나 현대한어의 일부 방언에 씀. ¶你刚才做什么～? | 너는 방금 무엇을 하고 있었니? ¶贵学校是在哪儿～? | 당신 학교는 어디에 있었던가요? ⓒ「来着」와「过」의 차이. ㉠「来着」는 문(句子)의 끝에 쓰여 전체 문의 어기를 나타내는 조사이지만,「过」는 동사 뒤에 쓰이는 동태조사(動態助詞)임. ㉡「来着」는 이미 발생한 동작에 쓰이므로 그 부정문(否定句)이 없으나「过」는 아직 발생하지 않은 동작에도 쓸 수 있으므로 부정문이 있음. ¶我没去上海来着(×) ¶我没去过上海 | 나는 상해에 가 본 적이 없다. ㉢「来着」는「谁」「什么」등의 의문사가 있는 의문문에만 쓸 수 있으나,「过」는 이러한 제약이 없음. ¶他发言来着吗?(×) ¶谁发言来着? | 누가 발언하였느냐? ¶他发过言吗? | 그가 발언한 적이 있느냐? ㉣「来着」가 쓰인 경우의 동사는 보어나 수식어를 가질 수 없으나,「过」는 이러한 제한이 없음. ¶我拿走来着(×) ¶我拿走过 | 내가 가져 간 적이 있다. ¶我偷tōu偷地拿来着(×) ¶我偷偷地拿过 | 내가 몰래 가진 적이 있다. ㉤ 문(句子)에 시간을 나타내는 말이 따로 없는 경우,「来着」는 오래지 않은 과거에 발생한 것을 나타내고「过」는 비교적 오래 전의 일을 나타냄. ¶我去天津来着 | (며칠 전에) 천진에 갔었다. ¶我去过天津 | (몇 년 전에, 오래 전에) 천진에 간적이 있다.

【来之不易】lái zhī bù yì 成 성공을 거두거나 손에 넣기가 쉽지 않다. ¶幸福生活～, 一定要好好珍惜zhēnxī | 행복한 생활은 얻기 힘든 것이니 소중하게 생각해야 한다.

【来自】[2] láizì 動書(…에서) 오다. (…에서부터) 나오다[생겨나다]. ¶～中国 | 중국에서 오다.

【崍(崍)】 lái 산이름 래
지명에 쓰이는 글자. ¶邛Qióng～ | 사천성(四川省)에 있는 산 이름.

【崍山】Láishān 名〈地〉내산 [사천성(四川省)에 있는 산]

【徕(徠)〈倈勑B〉】 lái lài 올 래, 위로할 래
Ⓐ lái「来」의 고체자(古體字)로「招徕」「徕呆」에 쓰임 ⇒〔招zhāo徕〕〔徕呆〕
Ⓑ lài 書動 위로하다 =〔劳徕〕

【徕呆】láidāi 形俗 나쁘다. ¶这个东西不～ | 이 물건은 나쁘지 않다→〔坏huài①〕

【涞(淶)】 lái 물이름 래
지명에 쓰이는 글자. ¶～水↓ ¶～源↓

【涞水】Láishuǐ 名〈地〉❶내수 [하북성(河北省)의 현(縣) 이름] ❷강 이름.

【涞源】Láiyuán 名〈地〉현(縣) 이름 [하북성(河北省) 서부에 있음. 내수(涞水)의 발원지라서 붙여진 이름]

【莱(萊)】 lái 명아주 래
❶書名〈植〉명아주 [「藜lí」의 옛이름] ❷名〈地〉내산(莱山) [광동성(廣東省)에 있는 산 이름] ❸書名 교외의 휴경지(休耕地) 또는 황무지. ❹잡초. ¶草～ | 잡초. ❺⇒〔莱菔〕 ❻(Lái) 名 성(姓).

【莱菔】láifú 書名〈植〉(한약재용의) 무.

【莱塞】láisài 名外〈物〉레이저(laser) =〔镭léi射〕〔激jī光〕〔激光器〕〔激光放大器〕

【莱索托】láisuǒtuō 名外〈地〉레소토(Lesotho) [남아프리카 영연방 내의 자치국. 수도는「马塞卢」(마세루;Maseru)]

【莱茵河】Láiyīnhé 名外〈地〉라인(Rhein)강 =〔来因河〕

【棶木】láimù 名〈植〉말채나무(Cornus coreana) [층층나무과의 낙엽 교목] =〔灯dēng台树〕

【铼(錸)】 lái (레늄 래)
名〈化〉화학 원소명. 레늄(Re ; rhenium).

lài ㄌㄞˋ

【徕】 lài ☞ 徕 lái Ⓑ

【赉(賚)】 lài 줄 뢰, 사여 뢰
書動 ❶(상을) 주다. 하사하다. 베풀다. ¶赏～ | 상을 주시다. ❷격려하다. ¶劳～ | 격려하다.

【赉品】làipǐn 書名 하사품(下賜品). 사은품.

【赉锡】làixī 書動 하사하다. 내려 주다 =〔赉赐〕

【睐(睞)】 lài 곁눈질할 래
書動 ❶(옆으로) 보다. 곁눈질하다. ❷생각하다. …로 보다. ¶青～ | 중요시하다. 총애하다.

4【赖(賴)〈頼〉】 lài 의뢰할 뢰
❶動 버티다. 눌러 앉다. 어법 대개「在」와 함께 전치사구를 이루어 보어로 쓰이거나, 동태조사「着」과 함께 쓰임. ¶他～在我家不走 | 그가 우리 집에 눌러 앉아 가지를 않는다. ¶～着不肯走 | 눌러 붙어 가려고 하지 않는다. ❷動(자신의 책임이나 잘못을) 부인하다. 발뺌하다. ¶是你讲的, 别～! | 네가 말한 것이니 발뺌하지 말라! ¶撒sā～ | 부인하다. ¶～是～不掉的 | 부인할래도 부인할 수 없는 것이다→〔无赖〕 ❸動(죄나 잘못 등을 남에게) 뒤집어 씌우다. ¶自己做错了, 不能～别人 | 자기가 잘못한 것을 남에게 뒤집어 씌워서는 안된다. ❹動 책망하다. 탓하다. ¶学习不进步, 只

能～自己不努力 | 학습에 진보가 없는 것은 자기 스스로 노력을 하지 않은 탓이다. ¶这不能～他 | 이것으로 그를 책망할 수 없다. ❺形 俗 나쁘다. 뒤떨어지다. ¶庄稼zhuāngjia长得真不～ | 농사가 정말 잘 됐다. ❻의뢰하다. 기대다. ¶依～ | 의뢰하다. ❼(Lài) 名 성(姓).

【赖床】làichuáng 動 잠자리에서 일어나지 않으려고 꾀를 부리다. ¶别～了 | 일어나지 않으려고 꾸물대지 마라.

【赖词(儿)】làicí(r) 名 方 ❶남을 모함하는 무책임한 언동. 트집. ❷발뺌하는 말. 거짓말.

【赖掉】lài/diào 動 (억지를 써서 책임 등을) 부인하다. 발뺌하다. 모면하다. ¶事实是赖不掉的 | 사실인 것은 부인할래야 부인할 수 없는 것이다. ¶想～赌债dǔzhài是不可能的 | 노름빚을 부인하려고 하는 것은 불가능한 일이다.

【赖活】làihuó ⇒〔癞lài活〕

【赖皮】làipí ❶形 무뢰하다. 뻔뻔하다. 파렴치하다. 교활하다. ¶那家伙太～ | 저 녀석은 너무 뻔뻔스럽다. ¶你别～了 | 너 너무 무뢰하게 굴지 마 ❷名 능글맞음. 뻔뻔함. 파렴치함. ¶耍shuǎ～ | 능글맞게 굴다. ❸名 능글맞은〔뻔뻔한〕 놈 ‖ =〔赖脸〕〔死皮〕〔赖皮赖脸〕

【赖人】làirén 名 나쁜 놈. 무뢰한. ¶他是一个～, 别理他 | 그는 무뢰한이야, 그와 상대하지 말아 →〔坏huài人〕

【赖三卡】làisānkǎ 名 奥 막차 바로 앞의 차 [막차(last car)가 「赖四卡」인데 「四」 앞이 「三」이므로 이렇게 말함]→〔赖四卡〕

【赖四卡】làisìkǎ 名 外 奥 막차 [「last car」의 음역어로서 상해(上海)에서 주로 씀]→〔赖三卡〕〔末(班)车〕

【赖学】lài/xué 動 方 ❶수업을 빼먹다. ❷수업에 농땡이 부리다. 학업을 게을리하다. ¶不能让孩子～ | 애들이 농땡이 부리도록 해서는 안된다 =〔逃学〕

【赖以】làiyǐ 書 動 의지하다. 믿다. ¶～安身立命的孔孟之道 | 안신입명하는 공맹지도에 의지하다.

【赖帐】lài/zhàng 動 ❶생트집을 잡아 빚을 갚지 않다. 빚을 떼먹다. ¶话都说出口了, 可不许～啊 | 말까지 했는데 생트집을 잡아 빚을 떼먹을 수는 없다 =〔赖站〕〔赖债〕 ❷喻 부인하다. 잡아떼다. ¶你是说了这句话的, 还赖什么帐! | 네가 이 말을 한 것은 사실인데 그래도 무얼 잡아떼려고 하느냐!

【濑(瀨)】 lài 여울 뢰

名 ❶書 여울. ¶江～ | 강의 여울. ❷書 모래 위로 얕게 흐르는 물. ❸(Lài) 〈地〉뇌수(瀨水) [강소성(江蘇省) 율양현(溧陽縣)에 있는 강 이름]

【濑鱼】làiyú 名〈魚貝〉놀래기.

【濑仔】làizǐ 名 貶 배에 사는 놈 [선상 생활자(船上生活者)를 낮추어 부르는 말]→〔水shuǐ上居民〕

【癞(癩)】 lài 문둥병 라

❶名〈醫〉문둥병. 나병 =〔麻má疯〕 ❷名 方〈醫〉나두창(癩頭瘡) [머리에 나는 부스럼의 한 가지. 모양이 문둥병과 비슷함] →〔瘌là〕 ❸名 비루. ¶～皮狗↓

【癞疮疤】làichuāngbā 名 부스럼 자국. 흉터.

【癞狗】làigǒu ⇒〔癞皮狗〕

【癞瓜(儿, 子)】làiguā(r·zi) 名 方〈植〉여주

【癞蛤蟆】làihá·ma 名〈動〉두꺼비 =〔癞团〕〔蟾蜍chánchú〕〔疥jiè蛤蟆〕

【癞蛤蟆想吃天鹅肉】làihá·ma xiǎng chī tiān'é ròu 諺 두꺼비가 백조 고기를 먹으려 하다. 자기의 분수를 알지 못하다. ¶他是～, 竟追起李小姐来了 | 그와 미스리는 두꺼비에 백조인데 분수를 모르고 미스리를 쫓아다닌다.

【癞活】làihuó 動 간신히〔겨우〕살아가다. 고생 속에 살아가다. ¶好死不如～着 | 諺 고생살이도 죽음보다는 낫다 =〔赖lài活〕

【癞皮狗】làipígǒu 名 ❶비루 먹은 개. ❷喻 비열하고 염치없는 놈 =〔癞狗〕

【癞头疮】làitóuchuāng 名〈醫〉나두창. 백독두창.

【癞子】lài·zi 名 方 ❶나두창(癩頭瘡)이 있는 자. ❷문둥이.

【籁(籟)】 lài 퉁소 뢰

名 ❶〈音〉옛날, 퉁소의 일종. ❷(구멍에서 나오는) 소리. ¶天～ | 하늘에서의 소리. ¶万～无声=〔万籁俱寂〕| 아무 소리도 없이 조용하다.

lán ㄌㄢˊ

3 【兰(蘭)】 lán 난초 란

名 ❶〈植〉난초의 총칭 =〔兰花〕〔兰芝〕 ❷〈植〉향등골나물 =〔兰草①〕 ❸〈植〉목란(木蘭). ❹(Lán) 簡〈地〉난주(蘭州)의 약칭. ❺(Lán) 성(姓).

【兰艾】lán'ài 名 ❶〈植〉난과 쑥. 喻 군자와 소인. ¶～难分 | 난과 쑥을 구분하기 어렵다. 옥석 구분이 어렵다.

【兰艾同焚】lán ài tóng fēn 成 좋고 나쁜 것 구분 없이 같이 타다〔재앙을 입다〕.

【兰宝石】lánbǎoshí ⇒〔蓝lán宝石〕

【兰草】láncǎo ❶名〈植〉향등골나물. ❷⇒〔兰花①〕 ¶古人用～比喻bǐyù君子 | 옛 사람은 난초로써 군자를 비유했다.

【兰闺】lánguī =〔兰室②〕

4【兰花】lánhuā ❶名〈植〉난초. 난초과에 속하는 식물의 총칭. ¶～比较幽雅yōuyǎ | 난초는 비교적 그윽하고 품위가 있다 =〔俗 兰草②〕 ❷名 난초·등골나물 등의 꽃.

【兰花手】lánhuāshǒu 名〈演映〉중국 전통극에서 엄지와 중지를 구부리고 나머지 손가락은 편 손놀림 =〔兰花指〕

【兰花指】lánhuāzhǐ ⇒〔兰花手〕

【兰卡】lánkǎ 名 外 라이카(Leica; 독). ¶～照相机 | 라이카 사진기.

【兰谱】lánpǔ 名 옛날, 의형제를 맺을 때 주고 받는 각자의 가계(家系)를 적은 책. ¶同～ | 청대(淸代), 같은 해 과거에 합격한 자의 명부 =〔金兰谱〕→〔换huàn帖〕

【兰室】lánshì 書 名 ❶귀댁(貴宅). 귀가(貴家). ¶～在何方? | 귀댁은 어디시오? ❷부인의 거실

〔침실〕=〔兰闺〕❸〈佛〉절.
【兰孙】lánsūn ㊓㊔영손(令孫). ¶~在哪儿高就｜영손은 어디서 근무하는지요?
【兰熏桂馥】lán xūn guì fù ㊗난초와 월계수의 향기. ❶은공이 오래도록 남아 있다. ❷자손이 번성하다.

2【拦(攔)】lán 막을 란
㊛저지하다. 막다. 방해하다. ¶~住他, 不要让他进来!｜그를 가로막아 들어오지 못하게 해라! =〔阑④〕→〔阻zǔ①〕
【拦挡】lándǎng ㊛가로막다. 저지하다. 방해하다. ¶~住敌人的去路｜적들이 가는 길을 가로막았다.
【拦道木】lándàomù ㊔행인이나 차량 등을 저지하는 차단봉.
【拦柜】lánguì ㊔상점의 계산대. 카운터 =〔栏柜〕〔柜台〕
【拦河坝】lánhébà ⇒〔拦水坝〕
【拦河闸】lánhézhá ㊔(하천)조절 댐.
【拦击】lánjī ❶㊛적의 진로〔퇴로〕를 차단하고 공격하다. ¶奋fèn力~敌人｜분발하여 적의 활로를 차단하고 공격하다. ❷㊔〈體〉(테니스·축구등에서의) 발리(volley). 차단 공격. ¶由后卫hòuwèi~｜후위 선수가 적의 공격을 차단하고 공격하다.
【拦劫】lánjié ㊛길을 막고 강탈하다. 노상 강도질을 하다. ¶你们一定要在这里把敌人的汽车~过来｜너희는 여기서 적의 차를 기다렸다가 강탈해와야 한다. ¶~路人｜길가는 사람을 노상 강도질하다 =〔拦夺〕
【拦截】lánjié ㊛가로막다. ¶~车辆｜차량을 가로막다.
【拦路】lán/lù ㊛길을 가로막다. ¶~抢qiǎng劫｜길을 막고 강탈하다.
【拦路虎】lánlùhǔ ㊔❶길을 막는 호랑이. ❷길목을 지키는 강도. ❸㊕장애물. 난관. ¶要消灭工作中的~｜작업 중의 난관을 없애야한다. ❹㊖모르는 글자 ‖=〔拦街虎〕
【拦网】lánwǎng ㊛〈體〉(배구의) 블로킹하다. ¶~得分｜블로킹으로 득점하다 =〔封fēng网〕
【拦蓄】lánxù ㊛(제방을 쌓아) 물을 막아 고이게 하다. ¶~洪水｜큰물을 가두어 막다. ¶把洪水~起来｜홍수를 막아두다.
【拦腰】lányāo ㊘중간에서 부터. 도중에서 부터. 어법 주로 동사를 수식하는 부사어 기능을 함. ¶~截断｜중간에서 끊다.
【拦阻】lánzǔ ㊛가로막다 =〔阻拦〕

4【栏(欄)】lán 난간 란
❶㊔신문·서적 등의 난. ¶专~｜(신문·잡지의) 특별란. ¶分两~排版páibǎn｜2단으로 조판하다. ❷㊔표의 난. 칸. ¶这一~的数字还没有核hé对｜이 난의 숫자는 아직 대조하지 않았다. ❸난간. ¶石~｜돌난간. ¶桥~杆｜다리난간 =〔阑③〕❹(가축등을 기르는) 우리. ¶牛~｜외양간→〔栏杆〕〔栅zhà栏(儿)〕❺㊙우리. ¶一~牛｜한 우리의 소.
4【栏杆】lángān ㊔❶난간. ¶水泥~｜콘크리트 =〔阑杆①〕〔㊓阑槛〕〔㊓栏楯〕❷여자 옷의 레이스 등의 장식.
【栏柜】lánguì ㊔상점의 계산대.

【岚(嵐)】lán 남기 람
㊔❶㊓남기 이내〔산 속의 습기〕¶晓~｜새벽 안개 =〔山岚〕❷(Lán) ㊔〈地〉남현(嵐縣)〔산서성(山西省)에 있는 현〕
【岚气】lánqì ㊔남기. 이내〔산속에 찬 습기〕

【婪〈惏〉】lán 탐할 람
㊛탐내다. 욕심 부리다. ¶贪tān~｜탐욕스럽다.
【婪夫】lánfū ㊓㊔욕심이 많은 자. 탐욕스런 사람.
【婪尾(春)】lánwěi(chūn) ㊔〈植〉작약 =〔芍药sháoyào〕
【婪尾酒】lánwěijiǔ ㊔술잔을 돌릴 때 마지막 사람이 마시는 석 잔의 술=〔蓝尾酒〕

【阑(闌)】lán 함부로 란, 한창 란
㊓❶㊘함부로. 마음대로→〔阑入〕❷㊛끝나가다. 깊어지다. ¶酒~｜술자리가 끝나가다. ¶岁suì~｜해가 저물다. ¶夜~人静｜밤이 깊어지고 인기척이 없다. ¶~珊↓ ❸「栏」과 통용⇒〔栏lán①〕❹「拦」과 통용⇒〔拦lán〕
【阑干】lángān ❶⇒〔栏杆①〕❷㊛㊓이리저리 뒤섞이다. ¶星斗xīngdǒu~｜별들이 흩어져 있다.
【阑入】lánrù ㊓㊛❶함부로〔마음대로〕 들어오다. 난입하다. ¶请勿~｜함부로 들어오지 마시오. ❷끼워 넣다.
【阑珊】lánshān ㊓㊛(세력 등이) 점차로 줄어들다. 쇠(잔)하다. 시들다. ¶意兴~｜흥이 다하다. ¶灯火~｜등불이 꺼져가다 =〔阑残〕
【阑尾】lánwěi ㊔〈生理〉충양돌기. 충수(蟲垂).
【阑尾炎】lánwěiyán ㊔〈醫〉충수염(蟲垂炎). 맹장염 =〔㊗盲máng肠炎〕

【谰(讕)】lán 헐뜯을 란, 실언할 란
㊓㊛함부로 말을 하다. 중상하다. 비방하다. ¶~言↓
【谰言】lányán ㊔❶중상 모략의 말. 헐뜯는 말. ¶无耻wúchǐ~｜염치를 모르는 중상 모략 ❷허튼〔실없는〕소리. 망발. ¶~恶语｜근거 없는 악담 ‖=〔谰调〕
【谰调】lándiào ⇒〔谰言〕

【澜(瀾)】lán 물결 란
㊔큰 물결. 파도. ¶推波助~｜파란을 조장시키다. ¶波~｜파도. 파란.

【斓(斕)】lán 얼룩얼룩할 란
⇒〔斑bān斓〕

【镧(鑭)】lán (란타늄 란)
㊔〈化〉화학 원소명. 란타늄(La ; lanthanium)〔「锒láng③」은 옛 이름〕

1【蓝(藍)】lán ·la 쪽 람
Ⓐlán ❶㊔〈植〉쪽 =〔蓼liǎo蓝〕❷㊔〈色〉남빛. 남색. ¶~墨水｜파란색 잉크. ❸⇒〔蓝楼〕❹㊔〈植〉구경(球莖) 양배추 ❺(Lán) ㊔성(姓).
Ⓑ·la「苤piě蓝」에 나타나는 이독음(異讀音)⇒〔苤piě蓝〕
【蓝桉】lán'ān ㊔〈植〉유칼립투스 =〔桉树〕〔蓝油木〕

【蓝宝石】lánbǎoshí 名〈鑛〉사파이어(sapphire) =〔兰宝石〕〔蓝石英〕〔蓝水晶〕〔青宝石〕〔青玉〕〔翡fěi翠石〕〔西冷石〕→〔刚gāng石〕
【蓝本(儿)】lánběn(r) 名 원본. 출전(出典). 저본(底本). ¶这部小说的～是一个民间故事 | 이 소설의 저본은 어느 한 민간 고사이다.
【蓝黑】lánhēi 名〈色〉검은 남색.
【蓝灰色】lánhuīsè 名〈色〉푸르스름한 잿빛.
【蓝晶晶】lánjīngjīng 貺(물·보석등이) 푸르게 빛나다. ¶～的宝石 | 푸르게 빛나는 보석.
【蓝鲸】lánjīng 名〈動〉장수경(長鬚鯨). 큰고래 =〔剃tì途鲸〕
【蓝菌菌】lánjūnjūn 貺 쪽을 풀어 놓은 듯이 파랗다. ¶水里～,远远看到人影 | 물은 쪽을 푼 듯 파랗고, 아득히 멀리 사람의 그림자가 보인다.
【蓝蒌】lánlóu ⇒〔蓝褛lǚ〕
【蓝缕】lánlǚ ⇒〔蓝褛lǚ〕
【蓝褛】lánlǚ 形(의복이) 너덜너덜하다. 남루하다 =〔蓝缕〕〔蓝蒌〕〔褴褛〕〔褴缕〕
【蓝皮书】lánpíshū 名〈政〉청서(青書) [영국 정부가 간행하는 외교문서(blue book)]
【蓝青】lánqīng 名 ❶〈色〉남청색. 청록색. ❷ 喩 순수하지 않은 것. 비슷하면서도 (실지와는) 다른 것→〔蓝青官话〕
【蓝青官话】lánqīng guānhuà 名組 사투리를 쓰는 사람들이 말하는 북경말. 서투른 북경말. ¶他说的是带有苏州口音的～ | 그가 하는 말은 소주 지방음이 섞인 서투른 북경말이다.
【蓝石英】lánshíyīng ⇒〔蓝宝石〕
【蓝水晶】lánshuǐjīng ⇒〔蓝宝石〕
【蓝田人】Lántiánrén 名〈考古〉남전인 [중국에서 가장 오래된 직립인. 1963년 섬서(陝西) 남전현(藍田縣)에서 출토되었음] =〔蓝田猿人〕
【蓝田猿人】Lántián yuánrén ⇒〔蓝田人〕
【蓝图】lántú 名 ❶ 건설 계획. 청사진(青寫眞). 설계도. ¶人们还只能凭着设计～想像第一汽车制造厂的面貌和未来的汽车模样 | 사람들은 제일 자동차 제조 공장의 면모나 미래의 자동차 모양을 설계 도면상으로서만 상상할 수 있다. ❷ 喩 청사진(青寫眞). 미래도. ¶描绘国家建设的～ | 국가 건설의 청사진을 그리다 ‖ =〔蓝晒图〕
【蓝汪汪儿】lánwāng·wangr 貺(짙은 남빛으로) 푸르다. ¶～的一泓海水 | 넓고 푸르른 바닷물.
【蓝尾酒】lánwěijiǔ ⇒〔婪lán尾酒〕
【蓝蔚蔚】lánwèiwèi 貺(짙은 남빛으로) 푸르다. 새파랗게 개이다. ¶～的天空 | 맑고 푸른 하늘.
【蓝盈盈】lányíngyíng 貺 方 티없이 새파랗다. 눈부시게 푸르다. ¶～的天空 | 눈부시게 푸른 하늘. ¶～的宝石 | 파랗게 반짝이는 보석.
【蓝油木】lányóumù 名 俗〈植〉유칼립투스(eucalyptus) =〔桉ān树〕〔蓝桉〕
【蓝藻】lánzǎo 名〈植〉남조식물(藍藻植物). 남조(blue green alga).

【褴(襤)】lán 헌누더기 람

⇒〔褴褛〕〔褴缕〕
【褴褛】lánlǚ ⇒〔蓝lán褛〕
【褴缕】lánlǚ ⇒〔蓝lán褛〕

1【篮(籃)】lán 바구니 람

❶(～儿, ～子) 名(대·등나무 등으로 엮은) 바구니. ¶竹～ | 참대바구니→〔筐①〕 ❷(～儿) 名 농구의 바스켓. ¶投～儿 | 슛하다. ❸ 量 바구니에 든 것을 세는 양사. ¶一～菜 | 한 바구니의 나물.
【篮板】lánbǎn 名〈體〉(농구 골대의) 백보드(backboard).
【篮板球】lánbǎnqiú 名〈體〉(농구의) 리바운드 볼(rebound ball). ¶抓住～ | 리바운드 볼을 잡다.
1【篮球】lánqiú 名〈體〉❶ 농구(basketball). ¶打～ | 농구를 하다. ¶～网wǎng | 골 네트. ¶～架jià | 농구 골대. ¶～赛sài | 농구 시합. ¶～鞋xié | 농구화. ❷ 농구공.
【篮圈】lánquān 名〈體〉(농구 골대의) 링(ring).
【篮儿】lánr ⇒〔篮子〕
【篮柱】lánzhù 名 농구(골)대.
3【篮子】lán·zi 名 바구니. 광주리. ¶竹条～ | 대바구니. ¶买菜的～ | 시장보는 바구니 =〔篮儿〕

lǎn ㄌㄢˇ

1【览(覽)】lǎn 볼 람

❶ 動(훑어) 보다. ¶展～ | 전람하다. ¶一～表 | 일람표. ❷(Lǎn) 名 성(姓).
【览胜】lǎnshèng 書 動 명승지를 유람하다. ¶～黄山 | 황산을 유람하다.

4【揽(攬)〈擥〉】lǎn 잡을 람

動 ❶ 끌어안다. ¶她～着孩子睡觉 | 그녀는 아이를 끌어안고서 잔다. ❷ 떠맡다. 불러들이다. ¶他把责任都～到自己身上了 | 그는 책임을 모두 자기가 떠맡았다. ¶～买卖↓ ❸ 貶(권력을) 장악하다. ¶大权独～ | 권력을 독점하다. ❹ 묶다. 새끼를 감다. ¶把柴chái火～上 | 장작을 묶다. ❺(고용되어) 일하다. ¶～了长工 | 머슴살이를 했다.
【揽工】lǎn/gōng 動 ❶ 方 고용되어 일하다. 품팔이하다. ¶儿子大了,替别人～ | 아들이 다 컸으니 남에게 머슴살이를 시키련다. ¶到镇zhèn上～去 | 읍에 품팔이하러 가다. ¶～汉 | 품팔이꾼→〔长chánɡ工〕 ❷⇒〔揽活(儿)〕 ❸ 名 임시로 고용된 노동자.
【揽活(儿)】lǎn/huó(r) 動 일을 맡다. 청부를 맡다. ¶农闲时节外出～ | 농한기에는 밖에 나가 품을 판다 =〔揽工②〕
【揽买卖】lǎn mǎi·mai ❶ 주문을 맡다. ❷ 고객을 끌다 ‖ =〔揽生意〕
【揽生意】lǎn shēng·yi ⇒〔揽买卖〕
【揽事】lǎn/shì 動 일을 맡다〔하다〕. ¶他很会～ | 그는 일을 아주 잘 맡아 한다.

【缆(纜)】lǎn 닻줄 람

❶ 名(배를 매는) 밧줄. ¶解～ | 출범하다. ❷ 名(여러 겹으로 꼰) 굵은 밧줄. 케이블(cable). ¶～车↓ ¶电～ | 전력 케이블. ¶钢～ | 와이어 로프(wire rope). ❸ 動(밧줄로) 배를 매다. ¶～船 | 배를 매다 ‖→〔绳shéng〕

【缆车】lǎnchē 名 케이블 카. ¶坐～上山 | 케이블카를 타고 산에 오르다 =〔电缆车〕
【缆道】lǎndào 名 삭도(索道).
【缆绳】lǎnshéng 名 로프. ¶钢丝gāngsī～ | 와이어 로프 =〔缆索〕

【榄(欖)】lǎn 감람나무 람 ⇒〔橄gǎn榄〕〔榄青〕〔榄仁〕
【榄青】lǎnqīng 名〈色〉올리브색의 일종.
【榄仁】lǎnrén 名 올리브 열매.

【漤〈灠〉】lǎn 간칠 람 ❶ 動 (야채·생선·고기에) 소금 또는 조미료를 치다. ❷ ⇒〔漤柿子〕
【漤柿子】lǎn shì·zi 動組 감을 우리다. (더운물이나 석회수로) 감의 떫은 맛을 빼다.

【罱】lǎn 파낼 람 ㊀ ❶ 名 막대 그물 [막대기 끝에 그물을 달아 물고기를 잡거나 물풀·진흙 등을 퍼내도록 한 도구] ❷ 動 (막대 거물로) 건지다. 파내다. ¶～河泥 | 강의 진흙을 파내다 ‖ =〔方 捻niǎn④〕

2【懒(懶)】lǎn 게으를 라 形 ❶ 게으르다. 태만하다. ¶好hào吃～做要不得 | 먹기만 좋아하고 일에는 게을러서는 안된다 ⇔〔勤qín①〕 ❷ (…을) 하기 싫어하다. ¶嘴～ | 말하기 싫어하다. ¶腿～ | 다니기 싫어하다. ❸ 나른하다. 지치다. ¶身上发～, 大概是感冒了 | 몸이 나른한 것이 아마도 감기가 들었나보다.
【懒病】lǎnbìng 名 게으름병. 꾀병. ¶他得的是～ | 그가 걸린 것은 꾀병이다.
【懒虫】lǎnchóng 名 ㊀ 罵 게으름뱅이. 게으른 놈. ¶你这个小～! | 너 이 게으름뱅이야!
【懒怠】lǎn·dai ❶ ⇒〔懒惰〕 ❷ 形 마음이 내키지 않다. 귀찮아지다 [바로 뒤에 동사가 이어짐] ¶话也～说 | 말하는 것조차 귀찮다.
【懒蛋】lǎndàn 名 罵 게으름뱅이. 게으른 놈. ¶可不许做～啊! | 게으름뱅이가 되는 것을 결코 용납 안겠다.
【懒得】lǎn·de 動 …하기 싫다. …할 기분이 나지 않다 어법 대개 동사(구)가 목적어로 옴. ¶～吃 | 먹기 싫다. ¶天太热, 实在～上街 | 날이 너무 더워 정말 시내에 나갈 기분이 나지 않는다 =〔懒于〕
4【懒惰】lǎnduò 形 나태하다. 게으르다. ¶～的学生 | (공부에) 게으른 학생. ¶他太～了, 实在没出息 | 그는 너무 게을러서 정말 앞날이 캄캄해 =〔懒怠①〕⇔〔勤qín劳〕
【懒夫】lǎnfū ⇒〔懒人〕
【懒鬼】lǎnguǐ 名 罵 게으름뱅이. 농땡이 =〔懒货〕〔懒骨头〕
【懒汉】lǎnhàn 名 (남자) 게으름뱅이. 게으른 놈. ¶懦nuò夫～ | 成 게으르고 나약한 놈.
【懒汉鞋】lǎnhànxié 名 신발끈이 없거나 신목에 끈이 달려 있어 신고 벗기에 편한 신발 =〔懒鞋〕
【懒觉】lǎnjiào 名 늦잠. ¶睡～ | 늦잠을 자다.
【懒皮】lǎnpí ⇒〔懒人〕
【懒人】lǎnrén 名 게으른 사람. 게으름뱅이 =〔懒皮〕〔懒夫〕〔懒崽zǎi子〕
【懒散】lǎnsǎn 形 (정신·태도·생활 등이) 산만〔해이〕하다. 나태하고 산만하다. ¶好多事不惦记diànjì办, 太～了 | 많은 일을 유념해서 처리하지 않고 너무 산만하다. ¶精神很～ | 정신이 아주 해이하다. ¶克服～作风 | 해이하고 산만한 풍조를 극복하다.
【懒鞋】lǎnxié ⇒〔懒汉鞋〕
【懒腰】lǎnyāo 名 나른한 허리. 피로한 허리. ¶伸了一个～ | 기지개를 한 번 켰다.
【懒于】lǎnyú ⇒〔懒得〕
【懒崽子】lǎnzǎi·zi ⇒〔懒人〕

làn ㄌㄢˋ

2【烂(爛)】làn 문드러질 란 ❶ 形 (끓이거나 익거나 하여) 무르다. (수분이 많아서) 물렁하다. 흐물흐물하다. ¶牛肉煮得很～ | 쇠고기를 푹 삶아 물렁물렁해졌다. ¶这个桃儿又～又甜 | 이 복숭아는 물렁하고 달다. ❷ 動 썩다. 부패하다. ¶桃儿和葡萄容易～ | 복숭아와 포도는 썩기 쉽다. ❸ 形 (오래되어) 낡다. 헐다. 너덜너덜하다. ¶衣服穿～了 | 옷이 오래 입어 해어지다. ❹ 形 어수선하다. 뒤죽박죽이다. ¶一本～帐 | 뒤죽박죽인 장부. ❺ 副 아주. 푹. 몹시 [정도가 매우 높거나 지나침을 나타냄] ¶～熟 | 푹 익다. ¶～醉 | 몹시 취하다. ❻ 形 빛나다. 번쩍이다. ¶月亮好像～银盘 | 달이 빛나는 은쟁반 같다.
【烂好人】lànhǎorén 名 무골 호인(無骨好人) =〔方 滥好人〕
【烂糊】làn·hu 形 (음식이) 푹 익다. 물렁물렁하다. 물컹하다. ¶老年人才喜欢吃～的 | 노인이나 물렁한 것을 좋아하지.
【烂货】lànhuò 名 ❶ 쓰레기. 변변치 못한 물건. ¶～市 | 고물 시장. ❷ 喩 밀매음녀. ¶她这个～, 早晚要坐牢的 | 밀매음하는 그년은 조만간 감옥에 갈꺼야.
【烂漫】lànmàn ❶ 貺 눈부시다. 빛이 찬란하다. ¶晚霞wǎnxiá～ | 저녁 노을이 붉게 타다. ❷ 形 순진하다. 꾸밈새가 없다. ¶天真～ | 천진난만하다. ❸ 動 흩어져 사라지다.
【烂熳】lànmàn ⇒〔烂漫〕
【烂缦】lànmàn ⇒〔烂漫〕
【烂泥】lànní 名 진흙. ¶身上沾满了～ | 온 몸에 진흙이 묻었다. ¶～塘táng | 수렁. ¶～浆 | 진흙탕. ¶～坑 | 진흙 구덩이.
【烂舌根】làn shégēn ⇒〔烂舌头〕
【烂舌头】làn shé·tou ㊀ 喩 ❶ 動 쓸데없는 말을 잘하다. 이간질하다. 말을 옮기어 싸움을 일으키다. ❷ 名 입이 가벼운 사람. 말 참견꾼. 이간질쟁이 ‖ =〔烂舌根〕
【烂帐】lànzhàng 名 ❶ 뒤죽박죽이 된 장부〔문서〕. ❷ 장기간 회수 안 되고 있는 대금(貸金). ¶一笔～ | 장기간 회수 안 되고 있는 돈. ¶竟打～ | 喩 쓸데없는 짓을 하다.

3【滥(濫)】làn 넘칠 람 ❶ 形 지나치다. 과도하다. 함부로 …하다. ¶～交↓ ¶～用↓ ❷ (물이) 넘쳐

흐르다. 범람하다. ¶泛fàn~ | 범람하다. ❸ (물에) 띄우다. 뜨게 하다. ¶~觞↓ ❹ 내용이 없다. 사실과 맞지 않다. ¶~调↓

【滥调(儿)】làndiào(r) 名 ❶ 내용이 없고 사람을 짜증나게 하는 논조. 판에 박힌 말〔글〕. 진부한 말〔문구〕. ¶千篇一律的~ | 천편 일률적인 내용이 없는 빈말. ¶这种~, 人们早听腻了 | 이런 판에 박힌 진부한 논조는 벌써 지겹도록 들었다. ¶这种~我听烦了 | 이런 판에 박힌 말은 듣기가 싫증난다. ❷ 케케묵은〔진부한〕 음곡(音曲). ¶~没人弹tán | 케케묵은 곡은 타는 사람이 없다.

【滥发】lànfā 動 남발하다. ¶~毕业证书 | 졸업장을 남발하다.

【滥伐】lànfá 動 남벌(하다). ¶~树木 | 나무를 남벌하다.

【滥好人】lànhǎorén ⇒〔烂làn好人〕

【滥交】lànjiāo 動 마구 사귀다〔교제하다〕. ¶别~朋友 | 친구를 함부로 사귀지 마라.

【滥觞】lànshāng 書 名 시작. 기원. 근원. 남상.

【滥套(儿, 子)】làntào(r·zi) 名 (글에서의) 내용이 없는 상투어나 형식.

【滥用】lànyòng 動 남용하다. 함부로 쓰다. ¶~职权 | 직권을 남용하다. ¶~权利 | 권리를 남용하다.

【滥竽】lànyú 書 動 무능한데도 직위를 차지하다.

【滥竽充数】làn yú chōng shù 成 ❶ 무능한데도 끼어들어 숫자만 채우다. ¶小王也参加了合唱队, 他根本不会唱, 只不过是~罢了 | 왕군도 합창단에 끼었는데 그는 전혀 노래를 못부르니 무능한 자가 끼어들어 숫자만 채운 것에 불과하다. ❷ 눈속임하다. 나쁜 것을 가지고 좋은 것인 체하다 ‖ =〔滥吹〕

【滥仔】lànzǐ 名 방탕자. 탕아. ¶阿三是个~, 不能跟他交朋友 | 아삼은 탕아이니 그와 친구할 수 없다.

lāng ㄌㄤ

【啷】 lāng 부딪치는소리 랑
❶ →〔当啷〕 ❷ →〔啷当(儿)〕

【啷当(儿)】lāngdāng(r) 助 方 ❶ 등(等). 따위. ¶帽mào子·领带·皮鞋~的样样全新 | 모자·넥타이·가죽 구두 등 모든 것이 새것이다. ❷ 가량. 쯤. 안팎 [나이를 표시할 때 사용함] ¶他才十~岁 | 그는 겨우 열살 쯤 되었다.

láng ㄌㄤˊ

2【狼】 láng 이리 랑
❶ 名〈動〉이리. ¶一只~ | 이리 한 마리. ❷ 形 轉 (이리처럼) 포악하다. 극악무도하다. ¶~心狗肺gǒufèi的人 | 흉악한 사람. ❸ ⇒〔狼狈〕〔狼藉〕 ❹ (Láng) 名 성(姓).

4【狼狈】lángbèi ❶ 形 喩 난감해 하다. 몹시 괴로워하다. ¶现出很~的样子 | 낭패한 모습이 드러나다. ❷ 形 喩 낭패하다. 당황하다. 허둥대다. ¶~而逃 | 낭패하여 달아나다. ❸ 動 喩 결탁하다. 공모하다. ❹ 形 저열하기 짝이 없다.

【狼狈不堪】láng bèi bù kān 成 ❶ 몹시 낭패하다. ❷ 신분이 높던 사람이 형편없이 몰락함.

【狼狈为奸】láng bèi wéi jiān 成 서로 결탁〔공모〕하여 나쁜 일을 하다. 야합하다.

【狼狈相】lángbèixiàng 名組 망측하고 볼품 없는 꼴〔모양〕.

【狼虫虎豹】láng chóng hǔ bào 成 맹수(猛獸)의 총칭.

【狼毒】lángdú ❶ 名〈植〉오독도기. ❷ 書 形 喩 잔인하다. 잔학하다 =〔狼恶〕

【狼狗】lánggǒu 名〈動〉셰퍼드. ¶养一只~ | 셰퍼드 한 마리를 기르다.

【狼毫】lángháo 名 족제비털 붓. 족제비털로 만든 붓. ¶买一支~笔 | 족제비털로 만든 붓을 한 자루 사다.

【狼嚎】lángháo 動 이리가 짖다. 미친 듯이 짖다. 마구 울부짖다. ¶~鬼guǐ叫 =〔狼嚎怪叫〕 | 喩 미친듯이 큰 소리로 울부짖다. 비명을 지르다 =〔狼号〕

【狼疾】lángjí ❶ ⇒〔狼藉〕 書 ❷ 動 하찮은 일에 마음이 쏠려 큰 일을 놓치다.

【狼藉】lángjí 書 形 ❶ 난잡하게 어질러지다. ¶墙qiáng根下大便~ | 담장 아래에 똥이 어지러이 널려져 있다. ❷ 평판이 나쁘다. ¶名声~ | 평판이 극히 나쁘다 ‖ =〔狼疾①〕〔狼籍〕〔狼扈〕〔狼戾lì②〕

【狼籍】lángjí⇒〔狼藉〕

【狼戾】lánglì ❶ 書 動 形 몹시 탐욕스럽다. ❷ ⇒〔狼藉〕

【狼人】lángrén ❶ 名 貶 광동(廣東)·광서(廣西) 두 성(省)의 경계 지역에 거주하는 소수 민족에 대해 멸시하여 일컫는 말. ❷ (láng/rén) 動 사람을 협박하다.

【狼头】láng·tou ⇒〔榔láng头〕

【狼尾草】lángwěicǎo 名〈植〉❶ 수크령. ❷ 강아지풀 ‖ =〔莨láng尾〕

【狼心狗肺】láng xīn gǒu fèi 成 흉악하고 마음이 고약한 사람. 심성이 탐욕스럽고 잔인한 사람. ¶这个~的人, 我不想理他了 | 이 탐욕스럽고 잔인한 인간과는 거들떠보기조차 싫다.

【狼烟】lángyān ❶ 名 (승냥이 똥으로 지피는) 봉화. 횃불. ¶~墩dūn | 봉화대. ❷ 喩 전쟁 ‖ =〔狼火〕

【狼烟四起】láng yān sì qǐ 成 ❶ 사방팔방에서 경보의 봉화(烽火)가 일다. 각지에서 전란이 일어나다. ¶~, 边事不息 | 각지에서 난리가 끊임없이 일어나다. ❷ 사회가 불안하고 어지럽다.

【狼咽虎吞】láng yàn hǔ tūn 成 ❶ 게걸스럽게 먹다. ❷ 폭력으로 병탄하다. 탐욕으로 횡령하다.

【狼子野心】láng zǐ yě xīn 成 ❶ 승냥이〔이리〕 새끼는 나면서부터 흉악하다. 본성이 흉악하면 길들이기 어렵다. ❷ 흉악한 야심(을 가진 사람). ¶我早已看穿了他的~ | 나는 이미 일찍이 그의 흉악한 야심을 간파했다.

【阆(閬)】 láng làng 휑뎅그렁할 랑

A láng ⇒〔阆kāng阆〕

B làng ❶ 書 形 널찍하다. ❷ 書 名 성(城)의 물없는 해자(垓字) =〔書 隍huáng〕 ❸ 지명에 쓰이

는 글자. ¶～中｜낭중. 사천성(四川省)에 있는 현이름.

【阆风瑶池】làngfēng yáochí 名組 喩 선경(仙境).

【琅〈瑯〉】láng 옥돌 랑 ❶ ⇒〔琅琅〕❷ ⇒〔珐fà琅〕〔琳lín琅〕❸ 지명에 쓰이는 글자. ¶～琊山｜낭야산 [산동성(山東省)에 있는 산이름] ❹ (Láng) 名 성(姓).

【琅琅】lángláng 擬 ❶ 쨍강 [쇠붙이나 돌이 서로 부딪치는 소리] ❷ 낭랑. 또랑 또랑 [책 읽는 소리를 형용] ¶～的吟诗声｜낭랑하게 들리는 시 읊는 소리. ¶这篇文章写得很好, ～上口｜이 글은 아주 잘 썼기 때문에 술술 잘 읽힌다.

【稂】láng 가라지 랑 書 名〈植〉❶ 가라지 ＝〔稂莠〕❷ 강아지풀 ＝〔狼láng尾草〕

【稂莠】lángyǒu 名〈植〉가라지 [곡식을 해치는 풀의 일종]

【锒(鋃)】láng 쇠사슬 랑 ❶ ⇒〔锒铛〕❷ 擬 땡땡 [종소리] ❸ 名〈化〉「镧」(란타늄)의 옛 이름→〔镧lán〕

【锒铛】lángdāng ❶ 書 名 쇠사슬. ¶～入狱｜쇠사슬로 묶어 감옥에 가두다. ❷ 擬 쨍그랑. 땡그랑 [금속이 부딪치는 소리] ‖ ＝〔郎当①〕〔琅珰〕

2【郎】láng làng 사내 랑

Ⓐ láng 名 ❶ 사내. 남자 [옛날, 남자에 대한 호칭] ¶放牛～｜목동. ¶新～｜신랑. ❷ 낭군 [옛날, 처가 남편을 부르던 호칭] ❸ 옛날, 벼슬 이름. 제왕의 시종관(侍從官). ¶侍～｜시랑. ❹ 옛날, 노복(奴僕)이 주인을 부르던 칭호. ❺ (동물의) 수컷. ¶～猫↓ ❻ (Láng) 성(姓).

Ⓑ làng ⇒〔屎shǐ壳郎〕

【郎才女貌】láng cái nǚ mào 成 신랑은 재능있고 신부는 아름답다. 잘 어울리는 짝〔부부〕. ¶搞对象讲的是～, 门当户对｜짝을 고르는데는 중시하는 것은 재능과 미모가 서로 어울리고, 집안 형편이 걸맞는 것이다 ＝〔男才女貌〕

【郎舅(儿)】lángjiù(r) 名 매부와 처남.

【郎君】lángjūn 名 ❶ 近 낭군. 남편 ＝〔郎伯①〕❷ 남자분. 신사. ❸ 자제(분). 영랑(令郎). 영식(令息). ❹ 귀공자.

【郎猫】lángmāo 名〈動〉수코양이 ＝〔公猫〕

【郎中】lángzhōng 名 ❶ 낭중 [벼슬 이름] ❷ 方 한의사.

3【廊】láng 행랑 랑 名 ❶ (～儿) 복도. 통로. ¶走～｜복도. ¶长～｜긴 복도. ❷ (～子) 처마. 포치(porch).

【廊庙】lángmiào 書 名 ❶ 조정(朝廷). ¶～腐败fǔbài｜조정이 부패하다. ❷ 조정의 대정(大政)을 보살피는 전사(殿舍). ¶～之志｜정권을 잡으려는 마음.

【廊子】láng·zi 名 ❶ 처마. 포치. ❷ 복도. 낭하.

【榔〈桹〉】láng 빈랑나무 랑 ❶ 名 (어부가 쓰는) 물고기 모는 대. ❷ ⇒〔槟bīn榔〕❸ ⇒〔榔榔〕〔榔头〕〔榔榆〕

【榔榔】lángláng 擬 딱딱 [나무를 마주치는 소리]

【榔头】láng·tou 名 망치 [비교적 큰 것을 가리킴]

【榔榆】lángyú 名〈植〉참느릅나무.

【锒(鎯)】láng 망치 랑 ⇒〔锒锤〕〔锒头〕

【锒锤】láng chuí ⇒〔榔láng头〕

【锒头】láng·tou ⇒〔榔láng头〕

【螂〈蜋〉】láng 사마귀 랑 ⇒〔螳táng螂〕〔蚂mā螂〕〔蜣qiāng螂〕〔虼gè螂〕〔屎shǐ蚵螂〕〔蟑zhāng螂〕

lǎng ㄌㄤˇ

2【朗】lǎng 밝을 랑 ❶ (빛이) 밝다. 훤하다. 쾌청하다. ¶月～风清｜成 달이 밝고 바람이 맑다. ¶天～气清｜成 날씨가 쾌청하다. ❷ (소리가) 맑고 크다. 낭랑하다. ¶高声～诵｜큰 소리로 낭송하다. ❸ (Lǎng) 名 성(姓).

2【朗读】lǎngdú 動 낭독하다. ¶大声～课文｜큰 소리로 본문을 낭독하다.

【朗朗】lǎnglǎng 貺 ❶ 낭랑하다. ¶～书声｜낭랑하게 글 읽는 소리 ❷ 밝다. ¶～明月｜밝은 달.

【朗然】lǎngrán 貺 ❶ 밝게 빛나다. ¶月光～｜달빛이 밝게 빛나다. ❷ (소리가) 맑고 크다. 낭랑하다. 우렁차다.

3【朗诵】lǎngsòng 動 낭송하다. 큰소리로 읽다. ¶～诗｜시를 낭송하다. ¶～了一篇散文｜산문 한 편을 낭송했다.

【朗笑】lǎngxiào 動 쾌활〔명랑〕하게 웃다. ¶纵声～｜소리를 내어 쾌활하게 웃다.

【朗照】lǎng zhào 動組 ❶ 札 양찰(諒察). 명찰(名察). 편지의 끝에 쓰는 말 ＝〔醒鉴〕❷ 햇빛·달빛이 비침. ¶明月～｜밝은 달빛이 비치다.

làng ㄌㄤˋ

【郎】làng ☞ 郎 láng Ⓑ

2【浪】làng 물결 랑 ❶ 名 물결. 파도. ¶风狂～大｜바람도 물결도 다 거세다. ¶波bō～｜물결. 파도. ¶乘chéng风破～｜成 바람을 타고 파도를 넘다. 유리한 형세에 편승하여 난관을 극복하다. ❷ 물결처럼 기복이 있고, 출렁이는 것. ¶声shēng～｜ⓐ 군중의 술렁거림. ⓑ 음파. ¶稻dào～｜벼의 물결. ❸ 제멋대로. 절제없이. ¶～费↓ ❹ 方 動 貶 여기저기 떠돌아다니다. ¶～游四方｜사방을 제멋대로 떠돌아 다니다. ¶这孩子整天在外边～, 吃饭才回家｜이 아이는 종일 바깥에서 헤집고 다니고, 밥 먹을 때만 집에 들어온다. ❺ (Làng) 名 성(姓).

4【浪潮】làngcháo 名 ❶ 파도와 조수. ¶～翻滚｜파도가 용솟음치다. ❷ 喩 물결. 소동. 풍조. 캠페인. ¶革命的～｜혁명의 물결.

【浪船】làngchuán ❶ 名 배 그네 [어린이의 놀이기구] ❷ ⇒〔浪木〕❸ 名 파도에 떠도는 배.

【浪当】làngdāng ⇒〔浪荡①〕

【浪荡】làngdàng ❶ 動 (일하지 않고) 빈둥거리다. ¶在外国～了大半生｜외국에서 인생의 반 이상

을 빈둥거리며 보냈다 =〔浪当〕 ❷ 形 방탕하다. ¶～公子 | 貶 방탕한 귀공자 =〔浪放〕

【浪放】 làngfàng ⇒〔浪荡②〕

2【浪费】 làngfèi ❶ 動 낭비하다. ¶～时间 | 시간을 낭비하다. ❷ 形 헛되다. 비경제적이다. ¶这样大的教室你们几个人在那儿上课, 那太～了! | 이렇게 큰 교실을 너희 몇 명이서 수업을 받는다면 너무 낭비다.

【浪花(儿)】 lànghuā(r) 名 ❶ 물보라. ¶～四溅jiàn | 물보라가 사방으로 튀다. ❷ 喻 생활 중의 사건. 풍파. ¶感情的～ | 감정의 풍파. ❸ (열매를 맺지 못하는) 수꽃. 웅화(雄花).

【浪迹】 làngjì 動 (정처 없이) 떠돌아다니다. 방랑하다. ¶～江湖 | 成 세상을 방랑하다.

4【浪漫】 làngmàn ❶ 形 로맨틱하다. 낭만적이다. ¶你太～了 | 너는 너무 낭만적이야→〔罗曼蒂克luómàndìkè〕 ❷ 名 낭만. ❸ 形 (남녀 관계에서) 방탕하다. 방종하다.

【浪漫派】 làngmànpài 名 낭만파.

【浪漫主义】 làngmàn zhǔyì 名 낭만주의. 로맨티시즘.

【浪木】 làngmù 名 〈體〉 유동원목(遊動圓木)〔운동기구임〕 =〔浪桥〕〔荡dàng木〕〔浪船②〕

【浪人】 làngrén 名 ❶ 書 유민(遊民). 떠돌이. ❷ 낭인. 건달. ¶日本～ | 일본 깡패.

【浪声浪气】 làng shēng làng qì 成 음탕한 소리와 방탕한 기색.

【浪涛】 làngtāo 名 파도. ¶～滚gǔn滚 | 파도가 굽이치다.

【浪头】 làng·tou 名 ❶ 口 파랑. 파도. 파도의 꼭대기. ¶风刮大了, ～也高起来 | 바람이 세게 부니, 파도도 높아지기 시작한다. ❷ 喻 조류(潮流). 경향. 유행. ¶赶～ | 유행을 따르다. ❸ 〈演映〉「昆kūn曲」에서 길게 뽑아 노래하는 장면.

【浪游】 làngyóu 動 ❶ 유랑하다. 방랑하다. ¶～四方 | 여기저기 유랑하다. ❷ 만유(漫遊)하다. 유람하다. ¶在东南沿海～ | 동남 연해 지역을 유람하다.

【浪子】 làngzǐ 名 ❶ 방탕한〔불량한〕 아이〔자식〕. ¶～回头金不换 | 諺 방탕한 자식의 개심은 돈으로도 바꿀 수 없다 =〔败子回头金不换〕. ❷ 방랑자. 무직업자. ❸ 건달.

【莨】 làng liáng 풀이름 랑

Ⓐ làng ⇒〔莨菪〕

Ⓑ liáng ⇒〔莨绸〕〔薯莨〕

Ⓐ làng

【莨菪】 làngdàng 名 〈植〉 사리풀 〔가지과(科)에 속하는 약용 식물〕 =〔横héng菪〕〔横唐〕〔天仙子〕〔行xíng唐〕

Ⓑ liáng

【莨绸】 liángchóu ⇒〔拷kǎo绸〕

【阆】 làng ☞ 阆 láng Ⓑ

【蒗】 làng 땅이름 랑

지명에 쓰이는 글자. ¶宁～ | 영랑현〔운남성(雲南省)에 있는 「彝族Yízú」(이족)의 자치현(縣)〕 ¶～蕖qú | 낭거 〔운남성(雲南省)에 있는 현(縣)〕

lāo ㄌㄠ

2【捞(撈)】 lāo 잡을 로

動 ❶ (액체 속에서 물건을) 건지다. 끌어올리다. 잡다. ¶在河里～水草 | 바다에서 수초(水草)를 건지다. ¶～鱼 | 고기를 잡다. ❷ (부당한 방법으로) 손에 넣다. 취득하다. 한몫 보다. ¶趁机chènjī～一把 | 기회를 타서 한몫 보다. ¶一个钱也没～着 | 돈 한 푼도 손에 넣지 못하다. ❸ 方 (내친 김에) 가지다. 잡다. (획)잡아당기다. ¶他一把～起姓李的手 | 그는 이씨의 손을 획 잡아당겼다.

【捞稻草】 lāo dàocǎo 動組 喻 ❶ 이익을 보다. 한밑천 잡다. ¶他作那个报告, 纯粹chúncuì是为了～ | 그가 그 보고를 한 것은 순전히 이익을 챙기기 위함이다 =〔占zhàn便宜〕 ❷ 물에 빠진 자가 지푸라기를 잡다. 쓸데없는 발악을 하다. ¶你想～也是办不到的 | 네가 발버둥을 쳐봐도 해 낼 수 없을 것이다. ¶快要淹yān死的人, 连一根稻草也想捞 | 물에 빠져 죽게된 사람은 지푸라기 하나라도 잡으려 한다.

【捞底(儿)】 lāo dǐ(r) 動組 ❶ (잃었던) 밑천을 도로 찾다. ❷ 밑에 있는 것을 건져 내다.

【捞回来】 lāo ·hui ·lai 動組 ❶ (물 속에서) 건져 내다. 구출하다. ❷ (본전·원금 등을) 도로 찾다. 봉창하다. ¶把本钱～ | 본전을 도로 찾아오다.

【捞救】 lāojiù 動 (물에 빠진 사람을) 건져내다. 구조하다. ¶～落水儿童 | 물에 빠진 아이를 건져내다.

【捞面】 lāo miàn ❶ 삶은 국수를 건져 내다. ❷ (lāomiàn) 名 〈食〉 삶아서 건져 내어 양념 국물을 부어 먹는 국수.

【捞摸】 lāo·mo 動 口 ❶ (물 속에서) 물건을 더듬어 찾다. ❷ 喻 부당한 이익을 얻다.

【捞钱】 lāo qián 動組 부정한 돈을 벌다. 공돈을 벌다. ¶他四处～ | 그는 사방에서 돈을 긁어모은다. ¶捞笔钱 | 한밑천 잡다.

【捞取】 lāoqǔ 動 ❶ 건지다. 잡아〔건져〕 올리다. ¶塘táng里的鱼可以随时～ | 연못 안의 물고기는 언제든지 잡을 수 있다. ❷ (부정당한 방법으로) 얻다. 취하다. ¶通过非法途径tújìng～政治资本 | 부정한 방법으로 정치 자금을 얻다.

【捞梢】 lāoshāo ⇒〔捞本(儿)〕

【捞一把】 lāo yī bǎ 動組 한몫 보다. 한밑천 잡다. ¶乘人之难大～ | 남의 어려움을 틈타서 크게 한밑천 잡다. ¶他当会计kuàijì的时候, 利用职务上的便利, 大捞了一把 | 그는 회계로 있을 때, 직무상의 잇점을 이용하여 크게 한밑천 잡았다.

【捞油水】 lāo yóushuǐ 動組 貶 이익이나 장점을 구하다〔획득하다〕. ¶这个家伙都捞够了油水, 就跑了 | 이 놈이 이익을 충분히 얻자마자 도망가버렸다. ¶他乘机大～ | 그는 기회를 타고 크게 한밑천 잡았다.

【捞鱼】 lāo yú 動組 물고기를 잡다. 어로하다.

【捞着】 lāo/zháo 動 ❶ 얻다. 손에 넣다. ❷ (기회

L

를) 얻다. ¶那天的晚会, 我没～参加 | 그날 저녁 파티에 참가할 기회를 얻지 못했다.

láo ㄌㄠˊ

3【牢】láo 우리 뢰 ❶名 감옥. ¶坐～ | 감옥살이를 하다. ❷形 튼튼하다. 견고하다. 단단하다. ¶这双鞋子～得很 | 이 신발은 아주 질기다. ¶～记↓ ¶把箱子钉～ | 상자를 단단히 못질하다. ❸ (가축의) 우리. 외양간. ¶亡wáng羊补～ | 國 소 잃고 외양간 고치다. ❹ 옛날, 제물로 바치는 가축. 희생. ¶太～ | 제물로 바치는 소(牛). ¶少shǎo～ | 제물로 바치는 양(羊). ❺ (Láo) 名 성(姓).

【牢不可破】láo bù kě pò 國 견고하여 무너뜨릴〔깰〕수 없다 [주로 추상적인 사물에 사용함] ¶我们的友谊是～ | 우리들의 우정은 깨뜨릴 수 없을 정도로 단단하다. ¶两国永远的～友谊 | 영원히 깨어지지 않을 두 나라 간의 우의

4【牢房】láofáng 名 감방. ¶坐～ | 감방에 갇히다.

3【牢固】láogù ❶形 견고〔확고, 튼튼〕하다. ¶～的水坝shuǐbà挡dǎng住了洪水 | 견고한 댐이 홍수를 막았다. ¶地基打得挺～ | 지반을 아주 견고하게 닦다 =〔牢靠①〕〔方 牢棒〕 ❷ (Láogù) 名 〈地〉 섬서성(陕西省) 영강현(寧姜縣)의 서남쪽에 있는 관(關)의 이름.

4【牢记】láojì 動 명심하다. 단단히 기억하다. ¶～在心 | 마음속에 기억하다.

【牢监】láojiān ⇒〔牢狱yù〕

【牢槛】láojiàn ⇒〔牢狱yù〕

【牢靠】láo·kao ❶ ⇒〔牢固①〕 ¶这套家具做得挺～ | 이 가구 세트는 아주 튼튼하게 만들었다. ❷形 확실하다. 믿음직하다. 신뢰할 수 있다. ¶办事～ | 일의 처리가 확실하다. ¶这个人不太～ | 이 사람은 그다지 믿음직하지 않다.

【牢笼】láolóng ❶名 새장. 조롱. ❷名 우리. 외양간. ❸名 감옥. ❹名 喩 속박. 제한. ¶新中国的妇女冲chōng破了封建思想的～ | 신중국의 여성들은 봉건 사상의 속박을 깨뜨렸다. ❺名 계략. 함정. 올가미. ¶堕duò入～ | 계략에 빠지다. ¶～计 | 속임수. 계략. ❻書 動 농락하다. 꾀다. 구슬리다. ¶用物质利益来～群众, 只能奏效zòuxiào于一时 | 물질적인 이익으로 군중을 구슬리면 단지 한 때만 효과를 볼 수 있을 뿐이다. ¶～诱骗yòupiàn | 농락하고 기만하다. ❼書 動 구속하다〔되다〕. 속박하다〔되다〕. ¶要开拓kāituò前进, 不要为旧观念所～ | 길을 헤치고 나아가야지 낡은 관념에 구애받아서는 안된다. ¶不为旧礼教所～ | 옛 예교에 속박되지 않다. ❽動 싸다. 포괄(包括)하다.

3【牢骚】láosāo ❶名 불평. 불만. 푸념. ¶发～ | 불평하다. ¶他满腹mǎnfù～ | 그는 불만이 가득하다. ❷動 불평하다. ❸形 성가시다. 귀찮다. ¶事情很多了真～ | 일이 많아서 정말 귀찮다.

【牢什子】láoshí·zi ❶名 方 시시한 것. 보기 싫은 것. 꼴사나운 것. ¶我不要这些～ | 나는 이런 시시한 것은 필요 없다. ❷形 귀찮다. 성가시다. ¶那时答应他们做个～妇女主任 | 그 때 그들에게 성가신 부녀회장이 될 것을 승낙하였다 ‖ =〔劳什子〕〔捞láo什子〕

【牢头】láotóu 名 (옛날, 감옥의) 간수. 옥졸. ¶～太坏了, 常常虐待nüèdài囚犯qiúfàn | 간수가 너무 나쁘다, 늘 죄수를 학대하니 말이다 =〔牢头禁卒〕〔牢头禁子〕

【牢稳】ⓐ láowěn ❶形 확실하다. 안전하다. 견고하다. ¶重要文件放在保险柜bǎoxiǎnguì里比较～ | 중요한 서류는 보관금고에 보관하는 것이 비교적 안전하다.
ⓑ láo·wen 形 (물체가) 동요하지 않다. 든든하다. 끄떡없다. ¶不等火车停～, 人们便一窝蜂地挤上前去 | 기차가 완전히 멈추기도 전에 사람들이 벌떼처럼 비집고 올라간다. ¶这个花瓶摆在这儿很～ | 이 화병은 여기 놓아 두면 안전하다.

【牢狱】láoyù 名 감옥. ¶关在～ | 감옥에 갇히다 =〔牢监〕〔牢槛〕〔囚qiú牢〕〔监jiān狱〕

1【劳(勞)】láo 일할 로 ❶名 動 일(하다). 노동(하다). ¶按～计酬 | 일한 만큼 보수를 계산하다. ❷動 (체력·기관·기능을) 쓰다. ¶～力↓ ¶～心↓ ❸動 (사람을) 부리다. 고용하다. ¶～人 | 사람을 부리다. ❹動 수고〔폐〕를 끼치다. ¶～你传个话 | 수고스럽지만 말 좀 전해 주십시오. ❺名 動 피로(하다). ¶积jī～成疾 | 피로가 쌓여서 병이 되다. ❻名 공적. 공로. ¶卓著zhuózhù勋xūn～ | 뛰어난 공로. ❼名 簡 「劳动者」(노동자)의 약칭. ¶～资关系 | 노사 관계. ❽動 위로하다. 위문하다. ¶犒kào～ | (술과 음식으로) 위로하다. ¶～军↓ ❾ (Láo) 名 〈地〉 노산(嶗山) [산동성(山東省)에 있는 산 이름] ❿ (Láo) 名 성(姓).

【劳保】láobǎo ❶ ⇒〔劳动保险〕 ❷ ⇒〔劳动保护〕

【劳步】láobù 敬 발걸음시키다. 수고시키다. ¶～, ～! | 오시느라 수고하셨습니다→〔劳驾〕

【劳丹】láodān ⇒〔阿ā片酊〕

1【劳动】ⓐ láodòng ❶名 노동. 일. ¶文学创作是一项繁重fánzhòng的脑力～ | 문학 창작은 힘든 정신 노동의 하나이다. ¶～工资 | 노동에 대한 보수→〔工作〕 ❷動 (특히) 육체 노동을 하다. 일하다. ¶他～去了 | 그는 일 하러 갔다. ¶他在工厂～ | 그는 공장에서 일한다.
ⓑ láo·dong 敬 애쓰셨습니다. 수고하셨습니다. ¶～您跑一趟tàng | 수고스럽지만 한 번 다녀와 주십시오→〔劳驾〕

【劳动保护】láodòng bǎohù 名組 노동 보호. ¶～设施 | 노동 보호 시설 =〔簡 劳保②〕

【劳动保险】láodòng bǎoxiǎn 名組 노동 보험. ¶参加～ | 노동 보험에 가입하다 =〔簡 劳保①〕

【劳动法(令)】láodòngfǎ(lìng) 名 〈法〉 노동법규. 노동법령. 노동법 =〔劳工法规〕

【劳动纷争】láodòng fēnzhēng ⇒〔劳动争议〕

【劳动风潮】láodòng fēngcháo ⇒〔劳动争议〕

【劳动服】láodòngfú 名 작업복. ¶他身穿～ | 그는 작업복을 입고 있다.

【劳动节】Láodòng Jié ⇒〔国Guó际劳动节〕

4【劳动力】láodònglì 名 노동력. 품. 일손. ¶缺乏quēfá～｜노동력이 부족하다.

【劳动模范】láodòngmófàn 名組 모범 노동자 [위로부터 「劳动英雄」「劳动模范」「模范工作者」의 세 단계가 있음] ¶他当上了～｜그는 모범 노동자로 선정되었다 =〔簡 劳模〕

【劳动强度】láodòng qiángdù 名組 노동 강도 [단위 시간 내의 노동력 소모의 정도]

【劳动权】láodòngquán 名組〈法〉노동권.

【劳动人民】láodòng rénmín 名組 근로자. 노동자.

【劳动日】láodòngrì 名 ❶ 근무일. 일하는 날 →〔休xiū息日〕❷ 노동 시간을 계산하는 단위 [보통 8 시간을 하나의「劳动日」로 함] ❸ 한 사람의 노동력으로 맡은 일을 완성할 수 있는 날수. ¶五万个～｜한 사람이 5만 일 동안 일한 것과 같은 노동량.

【劳动生产率】láodòng shēngchǎnlǜ 名組 노동 생산성〔생산율〕¶提高～｜노동 생산성을 높이다 =〔生产率〕

【劳动条件】láodòng tiáojiàn 名組 노동 조건 =〔待dài遇条件〕〔工gōng作条件〕

【劳动者】láodòngzhě 名 노동자 =〔工gōng人〕

【劳动争议】láodòng zhēngyì 名組 노동 쟁의〔분쟁〕=〔劳动纷fēn争〕〔劳动风潮〕〔劳资争议〕〔劳工纠jiū纷〕〔劳资纠纷〕〔雇gù主佣yōng工争执〕〔工潮cháo〕→〔罢bà工〕〔怠dài工〕

【劳动组合】láodòng zǔhé 名組 노동 조합. 협동조합 →〔工gōng会〕

【劳而无功】láo ér wú gōng 成 헛수고하다. 애쓴 보람이 없다. ¶即使做到, 也只～｜하기는 했지만 헛수고한 셈이다. ¶这样做实在是～｜이렇게 하면 정말 헛수고하는 것이다.

【劳乏】láofá ❶ 形 노곤하다. 피곤하다 =〔劳困②〕❷ 動 지치다.

【劳方】láofāng 名 노동자측. 피고용자. ¶～与资方 =〔雇佣gùyōng双方〕｜노동자측과 자본가측. 노사 쌍방 =〔佣yōng方〕⇔〔资zī方〕

【劳工】láogōng ⇒〔工人〕

【劳工纠纷】láogōng jiūfēn ⇒〔劳动争议〕

【劳绩】láojì 名 공로. 공적. ¶～股gǔ｜공로주(株). 권리주.

¹【劳驾】láo/jià 動 套 도움을 청하거나 감사를 표시하는 말. 수고스럽지만. 죄송하지만. 수고하셨습니다. 어법 일반적으로 말머리에 쓰며, 단독으로 쓸 수도 있음. ¶～, 请把那本杂志递dì给我｜수고수럽지만 그 잡지를 내게 건네주세요. ¶～您给我家里打个电话｜수고스럽지만 우리 집에 전화를 한 통 해 주시겠어요. ¶～!＝〔劳你驾〕〔劳您大驾〕｜(오시느라) 수고하셨습니다. ¶～, 请让一让｜미안합니다만, 좀 비켜 주시겠어요.

【劳金】láojīn 名 ❶ (고용원에게 주는) 보수. 노임. 급료. ❷ (영업 이익금에서 받는) 위로금. 위로이익 배당. ¶他吃上～｜그는 이익 배당을 받았다 ‖ =〔劳钱〕

【劳军】láo/jūn ⇒〔劳师〕

【劳苦】láokǔ ❶ 名 고생. 수고. 노고. ¶～大众｜근로 대중. ❷ 動 위문하다. 위로하다.

【劳苦功高】láo kǔ gōng gāo 成 고생하며 큰 공을 세우다. ¶张先生一个人来创办这么大的公司, 真是～｜장선생 혼자서 이렇게 큰 회사를 창립했으니 정말 고생하여 큰 공을 세웠다.

【劳累】láolèi 動 힘들게 일하다. (과로로) 피곤해지다. ¶终年～｜일년 내내 힘들게 일하다. ¶因为～了一天, 吃饭时反而更兴奋, 大家嘈cáo嘈杂杂地笑着闹着｜하루 종일 힘들게 일했기 때문에 밥 먹을 때 오히려 흥이 나서 모두들 시끌벅적하게 웃고 떠들고 하였다. ¶他～致zhì死｜그는 과로로 인해 죽었다.

【劳力】láolì ❶ 名 노력. 노동력. ¶花～｜힘을 쓰다. ¶大家靠自己～生活｜모두들 자기의 노력에 의지해서 생활한다. ❷ 名 일꾼. 일손. ¶～不足｜일손이 모자라다. ❸ 動 힘써 일하다. 육체 노동을 하다.

【劳碌】láolù 動 (일이 많아) 고생하다. 바쁘게 일하다. 악착같이 일하다. ¶～奔忙｜成 수고스레 동분서주하다 =〔劳劳碌碌〕

【劳民伤财】láo mín shāng cái 成 ❶ 국민을 혹사시키고 물자를 낭비하다. ❷ 인력·물자만 낭비하다〔낭비하고 아무런 효과도 보지 못하다〕.

【劳模】láomó ⇒〔劳动模范〕

【劳伤】láoshāng〈漢醫〉❶ 名 과로로 생기는 병. ¶他那是～, 不好治疗, 就得慢慢儿地将养｜그 사람의 그것은 과로로 생긴 병이라서 잘 치료가 되지 않아서 천천히 요양해야 돼. ❷ 動 과로로 병이 생기다.

【劳神】láo/shén 動 形 근심하다. 걱정하다. 정력을 소비하다. ¶你现在身体不好, 不要多～!｜넌 지금 몸이 좋지 않으니 너무 신경쓰지 마라! ¶～代为照顾一下｜수고스럽지만 대신 좀 보살펴 주십시오. ¶这种事儿太～了｜이런 일은 너무 신경을 쓰게 한다 =〔张心〕

【劳师】láo/shī 書 動 군대를 위문하다 =〔劳军〕

【劳师动众】láo shī dòng zhòng 成 많은 인력을 투입하다. 작은 일에 많은 인원을 동원하여 크게 벌이다. ¶这点事有几个人干两天也就完了, 何必这么～的?｜이런 일들은 몇 사람이서 이틀만 하면 끝나는데 이렇게 많은 인력을 동원하고 일을 크게 벌릴 필요가 있나요?

【劳心】láo/xīn 動 마음을 쓰다. 정신 노동을 하다. ¶～费力｜몸도 마음도 지치다. ¶～不如劳力｜마음을 쓰는 것이 몸을 쓰는 것보다 못하다.

【劳燕分飞】láo yàn fēn fēi 成 때까치와 제비가 제각기 다른 방향으로 날아가다. (부부가) 헤어지다. 이별하다. ¶同学们毕业后便～了, 不知什么时候才能再见面｜학우들은 졸업 후에 제각기 갈 길을 갔으니 언제 다시 만날 수 있을 지 모르겠다 =〔两燕分飞〕

【劳役】láoyì ❶ 名 (형벌로서) 강제 노동. ¶他被判处六个月的～｜그는 6개월 강제 노동에 처해졌다. ❷ 名 옛날의 부역. ¶服～｜부역을 하다. ❸ 動 (가축을) 부리다. ¶这队共有十七头能～的牛｜이 부대에는 부릴 수 있는 소가 모두 17마리 있다. ¶这头牛还能～一二年｜이 소는 아직 1,2년은 더 부릴 수 있다.

【劳役地租】láoyì dìzū 名組〈經〉노동 지대(地代)

L

=〔徭yáo役地租〕

【劳资】láozī 名 노동자와 자본가. 노사(勞使). ¶～协商会议 | 노사 협의회. ¶～关系 | 노사관계.

【劳资争议】láozī zhēngyì ⇒〔劳动争议〕

【劳作】láozuò ❶ 名 옛날, 소학교 과목의 하나 [가사(家事)·농사·공예 등을 가르침] ❷ 名 動 노동(하다). 힘드는 일(을 하다). ¶他们都在田间～ | 그들은 모두 밭에서 일한다. ¶～复～, 生活依然不好过 | 힘들게 일하고 또 일해도 생활은 여전히 고생스럽다.

4【唠(嘮)】láo lào 수다스러울 로

Ⓐ láo ⇒〔唠叨〕

Ⓑ lào 動 ㊥ 말하다. 지껄이다. 이야기하다. ¶～得很热闹 | 아주 시끄럽게 지껄이다. ¶有什么问题, 咱们～～吧 | 무슨 문제가 있으면 우리 이야기해 봅시다.

Ⓐ láo

【唠叨】láo·dao ⓧ lāo·dao) 動 수다 떨다. 시끄럽게 떠들다. 잔소리하다. ¶你～了半天, 到底能解决什么问题呢? | 넌 한참 동안 수다를 떨었지만 도대체 무슨 문제를 해결할 수 있느냐? ¶老太太就爱～ | 할머니가 잔소리가 심하다.

【唠呶】láonáo ⇒〔唠叨〕

Ⓑ lào

【唠扯】lào·chě 動 ㊍ 한담(閑談)을 하다. 세상 이야기를 하다. ¶我正跟他～呢 | 나는 그와 한담을 하고 있다→〔聊liáo天(儿)〕

【唠喀(儿)】lào/kē(r) ⇒〔唠嗑(儿)〕

【唠嗑(儿)】lào/kē(r) 動 ㊍ 한담(閑談)을 하다. 세상 이야기를 하다. ¶有的唠着嗑, 有的看着报 | 한담을 하는 자도 있고, 신문을 보는자도 있다 =〔唠喀(儿)〕

【崂(嶗)】Láo 산이름 로
名〈地〉노산(崂山) [산동성(山東省)에 있는 산이름] =〔劳山〕

【铹(鐒)】láo (로렌슘 로)
名〈化〉화학 원소 명. 로렌슘(Lr;lawrencium) [인공 방사성 원소]

【痨(癆)】láo 폐병 로
名〈漢醫〉결핵. 폐병 =〔痨病〕

【痨病】láobìng 名〈漢醫〉폐병. 폐결핵 =〔痨疾jí〕〔痨伤shāng〕〔痨症zhèng〕〔劳病〕〔肺病〕〔肺痨〕〔怯症①〕

【痨虫】láochóng 名 俗 결핵균.

【醪】láo 막걸리 로
書 名 탁주. 막걸리.

【醪药】láoyào 名 술로 조제한 약.

【醪糟(儿)】láozāo(r) 名 감주(甘酒) =〔江米酒〕〔酒娘〕

lǎo ㄌㄠˇ

1【老】lǎo 늙을 로, 어른 로, 익숙할 로
❶ 形 늙다. 나이가 많다. ¶我已经～了 | 나는 이미 늙었다. ¶他六十多岁了, 可是一点也不显～ | 그분은 예순이 넘었는데도 조금도 늙어보이지 않는다 ⇔〔少shào①〕〔幼①〕 ❷ 形 오래된 옛날의. ¶～朋友↓ ¶～牌 | 오래된 상표 ⇔〔新〕 ❸ 形 낡은. 구식의. 시대에 뒤떨어진. ¶这部机器太～了 | | 이 기계는 너무 낡았다. ¶～办法 | 낡은 방법. ¶这所房子太～了 | 이 집은 너무 낡았다 ⇔〔新〕 ❹ 形 본래의. 원래의. ¶～脾pí气 | 본래의 성미. ¶你在～地方等我 | 늘 만나던 곳에서 나를 기다려라 ⇔〔新〕 ❺ 形 (야채·과일·고기 등이) 쇠다. 굳다. ¶菠bō菜～了不好吃 | 시금치는 쇠면 맛이 없다 ⇔〔嫩①〕 ❻ 形 (음식·요리 등을 할 때) 너무 오래하여 망치다. 정도가 지나치다. ¶蔬菜不要炒chǎo得太～ | 채소는 너무 많이 볶아서는 안된다. ❼ 形 (빛깔이) 짙다. 진하다. ¶～绿 | 진한 녹색. ¶～红 | 진홍색. ❽ 形 익숙하다. 경험이 많다. 노련하다. ¶～工人 | 숙련된 노동자. ¶～手儿 | 숙련공. ❾ 副 늘. 항상. 언제나. ¶别～开玩笑 | 늘 농담만 하지 마라. ¶～给您添麻烦, 真过意不去 | 늘 당신께 번거로움만 끼쳐드려서 정말 죄송합니다 =〔一直〕〔再三〕 ❿ 오래도록. 오래. 어법 「老十不〔没〕十動」의 형태로 시간이 오래되었음을 강조함. ¶我跟他～没见面了 | 나는 그와 오랫동안 만나지 못했다. ¶这屋子～不住人, 有股霉味méiwèi | 이 방에는 오랫동안 사람이 살지 않아 곰팡이 냄새가 난다. ⓫ 副 매우. 몹시. 대단히. 어법 ⓐ긍정적·적극적 의미를 지닌 단음절 형용사 앞에 쓰여 정도가 심함을 나타냄. ¶～长的胡hú子 | 매우 긴 수염. ¶～大的年纪 | 퍽 많은 나이. ¶太阳都～高的了, 还不起来? | 해가 이미 높이 떴는데 아직도 안일어나느냐? ⓑ「总」과 「老」의 차이 ⇒〔总zǒng〕 ⓬ 頭 사람이나 동물을 나타내는 일부 명사 앞에 쓰여 명사를 만듦. 「老」의 원래의 뜻과는 무관함. ¶～虎 | 호랑이. ¶～鼠 | 쥐. ¶～百姓 | 백성. 국민. ⓭ 頭 한 글자로 된 성(姓)의 앞에 붙여 호칭으로 씀. 직접 이름을 부르는 것보다 어기가 더 친밀함. ¶～王 | 왕군. ¶～李 | 이씨 →〔小⑧〕 ⓮ 頭 「二」에서 「十」까지의 숫자나 「儿」「大」「幺yāo」의 앞에 쓰여 형제·자매의 항렬을 나타냄. ¶～大↓ ¶～三 | 셋째 (형제·자매) ¶你是～几 | 당신은 (항렬이) 몇째입니까? ⓯ 頭 口 막내의. ¶～儿子 | 막내 아들. ¶～妹子 | 막내 누이동생. ⓰ 頭 토박이의. ¶～北京 | 북경토박이 →〔小⑧〕 ⓱ 動 口 婉 (늙어서) 죽다. 돌아가시다 [「老十了」의 형태로 쓰임] ¶他去年正月～了 | 그는 지난해 정월에 죽었다. ¶隔壁gébì前天老了人了 | 옆집에 그저께 사람이 죽었다. ⓲ 動 轉 은퇴하여 쉬다. ¶告～ | (노령으로) 은퇴하다. 물러나다. ¶请～ | 은퇴를 청하다. ⓳ 名 敬 노인. 어르신네. ¶李～ | 이노인. 이옹 =〔佬②〕 ⓴ (고분자 화합물 등의) 노화(老化). ¶～化 | 노화. ¶防～剂 | 노화 방지제. ㉑ 名 (Lǎo) 성(姓).

【老八板(儿)】lǎobābǎn(r) 名 ㊍ ❶ 낡은 습관. ❷ 보수적이고 완고한 사람 ‖ =〔老板板〕〔老死凿(儿)〕

【老八辈子】lǎobābèi·zi 狀組 낡고 진부하다. 케케묵다. ¶这是～的故事了, 你讲给谁听? | 이건 아주 진부한 이야기인데 누구 들으라고 이야기하

느냐?

【老八路】lǎobālù 名組 항일 전쟁에 참여 했거나 전쟁 중에 고생했던 팔로군(八路軍) 간부와 전사에 대한 친밀한 호칭(號稱).

[2]【老百姓】lǎobǎixìng 名 口 평민. 백성. 대중. 일반인 [군인이나 정부 관료와 구별됨]

[2]【老板】lǎobǎn 名 ❶ 주인. 상점의 주인. 지배인 ¶ 请~过来一下 | 주인 좀 오라고 해라→〔掌柜(的)①〕 ❷ 재산가. 기업주. 사장. ❸ 敬 경극(京劇) 배우. 극단주. ¶今儿听谭~的戏 | 오늘 담씨 극단주의 경극을 듣는다. ❹ ⇒〔老本③〕

【老板奶奶】lǎobǎn nǎi·nai ⇒〔老板娘〕

【老板娘】lǎobǎnniáng 名 江 (상점의) 주인의 아내. (자본가나 경영자의) 처 =〔老板奶奶〕

【老半天】lǎobàntiān 名 口 ❶ 한나절. ❷ 한참. 오랫동안. 긴 시간. ¶我等你~ | 너를 한참 기다렸다 =〔方 老大半天〕

【老伴(儿)】lǎobàn(r) 名 ❶ 노처(老妻). 노부(老夫). 노부부 상호간의 호칭(互稱). ¶他~去世了 | 그는 부인이 죽고 없다. ❷ 허물 없는 친한 친구.

【老辈(儿, 子)】lǎobèi(r·zi) 名 연장자. 웃어른. 선배. ¶小辈要听~的话 | 후배가 선배의 말을 듣다 =〔长zhǎng辈〕

【老本】lǎoběn 名 ❶ 나무의 원줄기. ❷ (~儿)본전. 밑천. 자본. ¶有了~ | 밑천이 생겼다. ¶连~也保不住 | 본전조차 지킬 수 없다. ❸ (~儿) 옛날의 각목판(刻木版) 서적 =〔老板④〕

【老鼻子】lǎobí·zi 狀 北 대단히〔아주〕 많다 [보통 뒤에「了」또는「啦」를 붙임] ¶来的人~了 | 온 사람이 매우 많다.

【老表】lǎobiǎo 名 ❶ 사촌→〔表兄弟〕 ❷ 方 轉 여보게 [알지 못하는 사람을 부를 때 쓰는 말] 동향인. ¶你打听到了那位~的姓名吗 | 당신 저 동향 친구의 이름을 알아보았나?→〔老嫂②〕 ❸ 俗 강서인(江西人)의 다른 이름.

【老兵】lǎobīng 名 ❶ 노병. 고참병. ❷ 선배. 베테랑. 고참자. ¶他是一个~油子 | 그는 닳고 닳은 베테랑이다.

【老病】lǎobìng ❶ 動 늙어서 병이 들다〔많다〕. ❷ (~儿) 고질병. 지병(持病). 숙환. ¶天一冷, ~就好犯 | 날씨가 추워지면 바로 지병이 재발한다 =〔老毛病(儿)〕

【老伯(伯)】lǎobó(·bo) 名 ❶ 敬 큰아버지. 백부(伯父). ❷ 敬 아버지의 친구나 친구의 아버지에 대한 호칭〔경어〕. ❸ 아저씨.

【老伯母】lǎobómǔ 名 ❶ 敬 어머님 [아버지 친구의 부인 또는 친구의 어머니에 대한 존칭] ❷ 아주머니→〔老伯(伯)〕

【老巢】lǎocháo 名 ❶ 새둥주리. 보금자리. ❷ 오랜 근거지. ❸ 喩 도둑〔비적〕의 소굴. ¶警察一举端了犯人的~ | 경찰에서 일거에 범인들의 소굴을 들어냈다.

[4]【老成】lǎochéng ❶ 形 어른스럽다. ¶少shào年~ | 어린 애가 어른스럽다. ❷ 形 노숙(老熟)하다. 노련하다. (경험이 풍부하여) 온건·신중하다. ¶这位先生很~ | 이 분은 아주 경험이 많고 노련하다. ❸ 形 글이 세련되다. ❹ (Lǎochéng) 名 복성(複姓).

【老城】lǎochéng 名 ❶ 고성(古城). ¶~被拆chāi了 | 고성이 철거됐다. ❷ 성을 중심으로 발달한 오래된 도시.

【老秤】lǎochèng 名 (옛 도량형에 의해 만든) 구식 저울. ¶~的八两等于新秤的半斤 | 구식 저울의 여덟 양이 신식 저울의 반근과 같다.

【老吃老做】lǎochī lǎozuò 動組 늙은 티를 내다→〔倚老卖老〕

【老虫】lǎochóng ❶ ⇒〔老虎①〕 ❷ ⇒〔老鼠〕

【老粗】lǎocū ❶ 形 거칠다. 막되다. 교양이 없다. ❷ (~儿) 名 謙 무식꾼. 무식쟁이. 막된 놈. ¶我是~, 没什么文化 | 저는 무식꾼입니다. 뭐 배운게 없습니다.

【老搭档】lǎodādàng 名 오랜 동료. ¶咱两是~了, 不用客气, 有什么事尽管说 | 우리 둘은 오랜 동료 사이니까 사양말고 무슨 일이든 다 말해라.

【老大】lǎodà ❶ 名 (형제나 자매의) 맏이 =〔江 阿大①〕→〔大郎〕〔老二〕 ❷ 名 方 선주(船主). 혹은 선장. ¶他是船上的~ | 그는 배 위에서 제일 높은 사람이다. ❸ 名 좌상(座上). 장로. 거물. 우두머리. ❹ 副 近 대단히. 몹시. 매우. ¶心中~不高兴 | 마음 속으로 매우 불쾌했다. ¶吃了~的惊 | 매우 놀랐다. ❺ 書 形 늙다. 연로하다. ¶少小离家~回 | 어려서 집을 떠나 늙어 돌아오다. ¶~无成 | 成 나이만 먹고 아무 것도 해 놓은 것이 없다.

【老大不小】lǎodàbùxiǎo 狀 方 다 크다〔자라다〕. 성년이 되다〔가까워 지다〕. ¶他~的了, 也该闯练chuǎngliàn闯练了 | 그도 다 컸으니 이제 세상에 나가 고생하며 단련해야 한다.

【老大哥】lǎodàgē 名 敬 형님 [자기보다 나이 많은 사람에 대한 존칭] ¶工人~ | 노동자에 대한 경칭.

【老大姐】lǎodàjiě 名 언니 [여자들 사이에서 상대편을 높여 부르는 말] ¶~, 您帮帮我吧! | 언니, 나 좀 도와줘!

[2]【老大妈】lǎodàmā 名 아주머니.

【老大难】lǎodànán ❶ 名 (오랫동안 해결되지 않은) 난제(難題). ¶解决了生产上的~ | 생산에 있어서의 난제를 해결하다. ❷ 形 (문제가 복잡하여) 해결하기〔풀기〕 어렵다. ¶~问题 | 복잡하여 풀기 어려운 문제.

[2]【老大娘】lǎodà·niang 名 敬 할머니 [늙은 여자에 대한 존칭]

【老大人】lǎodàrén 名 ❶ 영감(님). ❷ 아버님. ❸ 敬 춘부(장).

【老大无成】lǎo dà wú chéng 成 나이가 많도록 해 놓은 일이 없다. ¶老王今年四十八了, ~, 成家立业的事一样没成 | 왕씨는 금년에 이미 48살인데 해 놓은 일도 없고, 결혼하여 독립하는 일마저도 똑같이 이루질 못했다.

[2]【老大爷】lǎodà·ye 名 口 敬 할아버지 [늙은 남자의 존칭]

【老旦】lǎodàn 名 (중국 전통극에서의) 늙은 아낙네 역(을 하는 배우).

【老当益壮】lǎo dāng yì zhuàng 成 늙었어도 기개가 더 굳다. 늙었지만 열의가 높다.

【老道】lǎodào 名 口 도사(道士). ¶从寺院里走出来一位~ | 사원에서 도사 한 분이 걸어 나온다 ¶~庙 | 도교의 사원(寺院).

【老到】lǎo·dao 形 方 노련하다. 주도 면밀하다. 노숙하다. ¶最~的办法 | 가장 견실한 방법.

【老底(儿)】lǎodǐ(r) 名 ❶ 내력. 상세한 사정. ¶你知道他们~吗 | 너 그들의 내력을 잘 아느냐? ❷ 지난날의(나쁜) 경력〔소행〕. 내막. 내력. ¶揭~ | 내막을 캐내다 =〔老准(儿)〕 ❸ 가문. 문벌. ¶~寒微hánwēi | 가문이 변변치 못하다 =〔家世〕 ‖ =〔老底儿〕 ❹ ⇒〔老根(儿)①〕 ❺ 대대로 물려받은 재산. ¶他家~厚 | 그의 집에는 물려받은 재산이 많다.

【老底子】lǎodǐ·zi 名 ❶ 저력. 기반. ¶沿海的工业~ | 연해 지역의 공업 기반. ❷ 口 이전. 옛날. ❸ 方 원래 ❹ 口 원적지. ¶我问你~家里事 | 나는 너에게 원적지의 집안 일에 대해 묻고 있다.

【老地方】lǎodì·fang 名 원래의 곳. 늘 가는 곳. ¶明天在~见面 | 내일 늘 가는 그 곳에서 만나자.

【老弟】lǎodì 名 ❶ 자네. 친구 [동년배나 나이가 아래인 남자에 대해 친근하게 부르는 호칭] ¶~, 别客气了 | 어이 친구, 너무 사양말게. ❷ 方 남동생 =〔弟弟〕

【老店】lǎodiàn 名〔전통 있는, 역사가 오랜〕가게〔점포〕. ¶南京的十竹斋是百年~ | 남경에 있는 십죽재는 아주 오래된 점포이다 =〔老号②〕〔老行háng〕〔老铺〕〔老字号(铺儿)①〕

【老雕】lǎodiāo 名〈鳥〉독수리→〔鹫jiù〕

【老调】lǎodiào 名 ❶ 貶 틀에 박힌 말. 늘 해오던〔같은〕말. ¶重弹chóngtán~ | 늘 하던 소리를 또 하다. ❷ 하북성(河北省) 중부의 고양(高陽)·박야(博野) 일대의 지방극 =〔老调梆子〕

【老调重弹】lǎo diào chóng tán 成 옛날 곡조를 다시 연주하다. 같은 말을 귀찮을 정도로 되뇌다. ¶他讲了半天, 还是~, 简直是白浪费时间 | 그는 한참을 이야기했지만, 역시 늘 해오던 말의 중복에 불과하니 정말 헛되이 시간만 낭비했다 =〔旧调重弹〕

【老掉(了)牙】lǎodiào(·le)yá 慣 喩 매우 낡다. 낡아빠지다. 케케묵다. ¶~的衣裳 | 낡아빠진 옷. ¶不要再提那些~的规矩guījǔ了 | 더 이상 그런 낡아빠진 규칙을 들먹거리지 마라. ¶这种机器~了 | 이런 기계는 케케묵은 것이다.

【老爹】lǎodiē 名 ❶ 方 조부. 할아버지. ❷ 方 敬 노인장. ❸ 敬 나리. 나리마님 [관리나 관리의 부친에 대한 존칭]

【老东西】lǎodōng·xi 名 ❶ 낡은 물건. 오랜 물품. ❷ 罵 늙정이. 늙다리. ¶你这个~, 来找死啊? | 너 이 늙정이야, 죽고 싶어 그래 ‖ =〔老儿〕〔老货(儿)〕〔老物〕

【老豆腐】lǎodòu·fu 名 간수를 넣어 응고시킨 두부 =〔北豆腐〕

【老二】lǎoèr 名 둘째 아들. 둘째 딸 =〔江 阿二〕〔書 次子〕

【老封建】lǎofēngjiàn 形 名 아주 봉건적인 사람. 완고하여 융통성이 없다〔없는 사람〕. 시대의 흐름을 모르다〔모르는 사람〕. ¶她母亲是个~, 不许她穿短裤 | 그녀의 어머니는 아주 봉건적인 사람이라서 그녀가 짧은 바지를 입는 것을 허용하지 않는다.

【老佛爷】lǎofó·ye 名 ❶ 俗 부처. ❷ 敬 청대(清代) 황태후(皇太后)·태상 황제(太上皇帝)에 대한 존칭 ‖ =〔佛爷〕

【老夫】lǎofū 名 ❶ 謙 近 나. 내 [노인이 자기를 낮추어 일컫는 말] ❷ 옛날, 대부의 벼슬에 있던 사람이 70세가 되어 벼슬을 그만둔 후 스스로를 일컫던 말.

【老哥】lǎogē 名 노형 [친한 친구간의 호칭]

【老革命】lǎogémìng 名 노혁명가. ¶他爷爷是个~ | 그의 할아버지는 노혁명가이시다.

【老根(儿)】lǎogēn(r) 名 ❶ (뽑기 힘든) 깊은 뿌리. 오랜 뿌리. 밑뿌리. ¶挖绝wājué~ | 깊은 뿌리를 뽑아버리다 =〔老底子〕 ❷ 가문. 가계. ❸ 생활의 중요한 기반.

【老工(人)】lǎogōng(rén) 名 숙련 노동자. 숙련공 =〔熟shú练工(人)〕

【老公】ⓐ lǎogōng 名 ❶ 늙은이. 노인. ❷ 近 江 남편 ¶她~在公司上班 | 그녀의 남편은 회사에 출근한다 =〔丈夫〕 ❸ 俗 국가나 공공단체(기관).
ⓑ lǎo·gong 名 口 환관(宦官) =〔太监〕〔宦官〕〔老公公③〕

【老公公】lǎogōng·gong 名 方 ❶ 할아버지[어린이가 나이 많은 남자를 부르는 말] ❷ 시아버지. ❸ ⇒〔老公ⓑ〕

【老狗】lǎogǒu 名 ❶ 늙은 개. ❷ 轉 罵 늙은이

【老古董(儿)】lǎogǔdǒng(r) 名 ❶ 고물. 골동품. ❷ 喩 완고하고 진부한 구식 사람. ¶看他的打扮, 真像个~ | 그가 치장한 것 좀 봐라, 정말 완고한 구식 영감같다. ❸ 謙 노인이 자신을 낮추어 일컫는 말.

【老鸹】lǎo·gua 名 口〈鳥〉까마귀 =〔乌wū鸦〕

【老光】lǎoguāng 名 動 노안(老眼)(이 되다) =〔老花〕

【老光眼】lǎoguāngyǎn 名 노안(老眼). 심한 원시안(遠視眼) =〔老花眼〕〔老视(眼)〕〔口 花眼〕

【老光眼镜】lǎoguāng yǎnjìng 名組 노안경. 돋보기 =〔老花(眼)镜〕〔花镜〕〔养目镜〕

【老规矩(儿)】lǎoguī·ju(r) 名 종래의 관습〔규칙, 틀〕. 관례. ¶他不懂得~ | 그는 종래의 습관을 알지 못한다.

【老鬼】lǎoguǐ 名 ❶ 늙정이. 늙다리. ¶这个狡猾jiǎohuá的~ | 이 교활한 늙다리. ❷ 기관장 [선원 사이의 호칭]

4【老汉】lǎohàn 名 ❶ 노인. ❷ 謙 우로(愚老). 졸로(拙老) [노인이 스스로를 낮추어 일컫는 말] ¶~我今年六十五岁 | 이 늙은이는 금년에 예순 다섯이오.

【老行】lǎoháng ⇒〔老店〕

【老号】lǎohào ❶ 名 진짜. 진품(眞品). ❷ ⇒〔老店〕

2【老虎】lǎohǔ 名 ❶〈動〉호랑이. ¶纸~ | 종이 호랑이 =〔白额侯〕〔大虫〕〔山君〕〔黄斑〕〔方 老虫①〕 ❷ 喩 국가나 인민의 이익을 해치는 개인이나 단체. ❸ 喩 전력소비가 큰 기계나 설비. ❹ 喩 사람에게 해를 끼치는 사물. ¶冬天须防火~ |

L

겨울에는 화재를 예방해야만 한다.

【老虎凳】lǎohǔdèng 名 옛날 고문(拷問)용 의자.

【老虎戴佛珠】lǎohǔ dài fózhū ⇒〔老虎挂素珠〕

【老虎挂念珠】lǎohǔ guà niànzhū ⇒〔老虎挂素珠〕

【老虎挂素珠】lǎohǔ guà sùzhū 歇 위선자. 탈을 쓰다. 좋은 일을 하는 체하다. ¶他这么和气是～假充善人 | 그가 이렇게 온화한 것은 호랑이가 염주를 걸고 있는 것으로 선량한 사람인 체하는 것일 뿐이다 ＝〔老虎戴佛珠〕〔老虎挂念珠〕

【老虎钳(子)】lǎohǔqián(·zi) 名〈機〉❶ 바이스(vice) ＝〔虎钳〕〔台钳〕❷ 펜치.

【老虎头上动土】lǎohǔ tóu·shang dòngtǔ 諺 호랑이 머리에 흙을 던지다. 아주 위험한 일〔짓〕을 하다. ¶你这是～, 竟向厂长提出意见 | 너 이건 아주 위험한 짓이야. 공장장에게 감히 의견을 제시하다니.

【老虎头上拍苍蝇】lǎohǔ tóu·shang pāi cāng·ying 諺 호랑이 머리 위의 파리를 잡다. 대담하게 (위험한) 일을 하다.

【老花镜】lǎohuājìng ⇒〔老光眼镜〕

【老花眼】lǎohuāyǎn ⇒〔老光眼〕

【老花眼镜】lǎohuā yǎnjìng ⇒〔老光眼镜〕

4【老化】lǎohuà 動 ❶ (신체·정신 등이) 노화(老化)되다〔하다〕. ❷ (지식 등이) 낡고 시대에 뒤떨어지게 되다〔변하다〕❸ 노령화하다. 늙은 사람의 비중이 늘어나다. ¶欧洲人口～ | 유럽의 인구는 노령화하고 있다. ¶知识～很严重yánzhòng | 지식의 노령화가 심각하다.

【老话(儿)】lǎohuà(r) 名 ❶ 옛말. 속담. ❷ 옛날 이야기. 지난 얘기. ❸ 상투어. 진부한 말.

【老黄牛】lǎohuángniú 名 喩 묵묵히 성실하게 남을 위해 봉사하는 사람. ¶他干活不怕脏zāng, 不怕累, 埋mái头苦干, 从来不计较jìjiào报酬bàochóu, 真是一头～ | 그는 일을 하는데 있어 더러워지는 것도 힘든 것도 게이치않고 묵묵히 열심히 일하면서 여태 보수에 대해서는 조금도 연연해하지 않으니 정말 황소같은 사람이야.

【老火】lǎohuǒ 方 ❶ 形 (정도가) 심하다. 심각하다. ¶等到～就不好办了 | 사태가 심각해지면 일을 처리하기 어렵다. ❷ 形 (일이) 하기 어렵다. 수고롭다. ¶这是太～ | 이 일은 너무 하기 어렵다. ❸ 動 화내다 ＝〔恼nǎo火〕

【老伙计】lǎohuǒ·ji 名 ❶ 오랜 점원. ❷ (같은 직업의) 오랜 동료. 오랜 친구. ¶～, 我们得想想办法啊! | 여보게 친구, 방법을 좀 생각해야되지 않겠나.

【老几】lǎojǐ 代 ❶ (형제 중의) 몇째. ¶他～? | 그는 형제 중 몇째인가? ❷ 俗 반문(反問)에 쓰여 어떤 범위 내에 들어갈 수 없거나 자격이 없음을 나타냄 ¶我不行, 在他们中间我算～ | 저는 안됩니다. 그들 중에 제가 낄 수나 있겠습니까? ¶你算～? 谁要你来管闲事? | 너도 낄려구? 누가 너더러 남의 일에 상관하라고 했냐?

4【老家】lǎojiā 名 ❶ 고향(집). ¶你～在哪儿? | 당신은 고향이 어디입니까? ¶我～还有父亲母亲和弟弟 | 내 고향에는 부모님과 동생이 아직도 살고 있다. ❷ 원적(原籍). ¶我～是庆北 | 나의 원적은 경북이다. ❸ 轉 저승. 저 세상. ¶把你打发到～去 | 너를 저승에 보내 주마.

【老家伙】lǎojiā·huo 名 罵 늙정이. 늙다리. ¶这个～, 倒挺能活的 | 이 놈의 늙다리 죽지않고 잘도 버티네.

【老家贼】lǎojiāzéi 名 方〈鳥〉참새 ＝〔老家子〕〔麻má雀①〕

【老家子】lǎojiā·zi ⇒〔老家贼〕

【老奸巨猾】lǎo jiān jù huá 成 매우 교활하고 간사하다. 또는 그런 사람.

【老碱】lǎojiǎn 名〈化〉탄산 칼륨 ＝〔钾jiǎ碱〕〔碳tàn酸钾〕

【老江湖】lǎojiāng·hu 名 ❶ 여러 곳을 돌아다녀 세상 물정에 밝은 사람. ❷ 떠돌이. 닳고 닳은 사람. ¶他是个十几年的～, 这点小事还瞒得住他吗? | 그는 십수 년 동안 산전수전 다 겪은 사람인데 이런 작은 일을 그에게 속일 수 있을까?

【老姜】lǎojiāng 名 ❶〈植〉해묵은 생강. ❷ 喩 신랄한 노인. 성질이 괴팍한 노인. ❸ 喩 경륜이 쌓인 노인.

【老将(儿)】lǎojiàng(r) 名 ❶ 노장. ❷ 喩 베테랑. 노련가. ¶～出马, 一个顶俩 | 俗 베테랑이 나서면 두 사람 몫을 한다. ❸ 俗 장기의 궁(宮).

【老交情】lǎojiāo·qing 名 오랜 친구. 오랜 교제. ¶他们是～ | 그들은 오랜 친구다. ¶小张啊, 我和你爸是～了 | 장군, 나와 너의 아버지는 오랜 친구이다.

【老境】lǎojìng ❶ 名 노경. 노년기. ¶渐入～ | 점점 노년기에 들어서다. ❷ 노년의 처지. 늘그막의 신세 ＝〔老景〕

【老酒】lǎojiǔ 名 ❶ 오래 묵은 술. ❷ 方 양조주(釀造酒) [특히「绍兴shàoxīng酒」를 가리킴]

【老舅】lǎojiù 名 막내 외삼촌. ¶他～是市长 | 그의 막내 외삼촌은 시장이다.

【老辣】lǎolà 形 (하는 짓이) 노련하고 악랄하다. 매섭다. ¶他文笔～ | 그는 글이 아주 매섭다.

【老老】lǎo·lao ❶ ⇒〔姥lǎo姥〕 ❷ ⇒〔老头子②〕 ❸ 名 罵 망할 것. 늙다리.

【老老少少】lǎo·laoshàoshào 成 노소. 늙은이와 젊은이. 부모와 자식. ¶～的人真不少 | 늙은이 젊은이 할 것 없이 수가 정말 많다.

【老老实实】lǎo·laoshíshí 狀 매우 성실하다. ¶～地做学问 | 아주 성실히 학문을 하다.

【老里老气】lǎolǐlǎoqì 狀 아주 어른스럽다. 매우 노숙하다. ¶这孩子说起话来～的 | 이 아이는 말하는 것이 아주 어른스럽다.

【老例(儿)】lǎolì(r) 名 선례. 전례. 관례. ¶按照～处理 | 선례에 따라 처리하다.

【老脸】lǎoliǎn 名 ❶ (～儿) 謙 늙은이 얼굴〔체면·안면〕. ¶请看着～饶恕ráoshù他呢! | 이 늙은이의 얼굴을 봐서 그를 좀 용서해 주십시오! ❷ 罵 철면피 ＝〔老脸皮〕〔老面miàn皮〕〔老皮子〕 ❸〈演映〉얼굴에 특수한 분장〔화장〕을 하는 역 ＝〔花脸〕

【老脸皮】lǎoliǎnpí ⇒〔老脸②〕

【老练】lǎoliàn 形 노련하다. ¶他比起过去来已经～得多了 | 그는 과거에 비해서 이미 대단히 노련해졌다. ¶他很～, 一点也不慌huāng | 그는 노

련해서 조금도 허둥대거나 당황하지 않는다.
【老林】lǎolín 名 方 처녀림. 원시림. ¶深山～｜깊은 산의 원시림.
【老路】lǎolù 名 ❶ 옛길. ¶咱们还是走那条～回家吧｜우리 그래도 가던 길로 집에 가자. ❷ 轉 낡은 방법. 오래된 수단. ¶别走前人失败的～｜앞사람의 전철을 밟지 말아야 한다.
【老嬷嬷】lǎomā·ma 名 貶 어멈 [늙은 하녀·식모 등 아랫 사람을 좀 가볍게 부르는 말] =〔老妈(儿,子)〕
【老马识途】lǎo mǎ shí tú 成 늙은 말이 길을 안다. ❶ 경험이 많으면 그 일에 능숙하다. ¶他是～, 跟着他不会错｜그는 경험이 많아 그 일에 능숙하므로 그를 따라하면 잘못되지 않을 것이다. ❷ 謙 연장자가 후진을 가르칠 때 쓰는 말 ‖ =〔识途老马〕〔老马之智〕
【老迈】lǎomài 形 늙고 쇠약하다. 늙다. ¶我爷爷已～年高｜우리 할아버지는 이미 연로하시다.
【老命】lǎomìng 名 ❶ 노인의 목숨. 늙은 목숨. ¶求您饶ráo了我一条～吧｜제발 이 늙은 목숨을 살려 주십시요. ❷ 남은 목숨. 죽을 목숨. ¶拚pīn了这条～｜남은 목숨을 내걸다. ❸ 諷 자기나 다른 사람의 목숨을 해학적으로 일컫는 말. ¶差点儿把我这条～都送了｜하마터면 이 한 목숨마저 잃을 뻔 했다.
【老谋深算】lǎo móu shēn suàn 成 일하는 것이 노련하고,(계획이) 용의 주도하다. ¶老王胸xiōng有成竹, ～, 小李哪里是他的对手duìshǒu｜왕군은 마음 속에 이미 계획이 서 있고 일하는 것이 노련하기 때문에 이군이 어디 그의 적수가 되겠는가.
【老衲】lǎonà 書 名 ❶ 노승(老僧). ❷ 謙 노승의 자칭.
【老奶奶】lǎonǎi·nai 名 ❶ 증조모. ❷ 敬 아이들의 나이 든 부인에 대한 존칭. ❸ 敬 손위의 나이 든 친척 부인에 대한 존칭.
【老脑筋】lǎonǎojīn 名 ❶ 낡은 머리〔생각〕. ¶你这～也该换换了｜너 이 낡은 생각은 좀 바꾸어야 돼. ❷ 사고 방식이 낡은 사람. 완고한 사람 ‖ =〔旧jiù脑筋〕
【老蔫儿】lǎoniānr 名 ❶ 무뚝뚝한 사람. ❷ 소극적인 사람. 굼뜬 사람. 느림보. ¶他是一个三棍子打不出一个闷屁mènpì的～｜그는 매로도 엉덩이 한번 달싹하게 못하는 느림보이다.
[3]【老年】lǎonián 名 ❶ (60세 이상의) 늙은이〔나이〕. ¶～的人｜노인. ¶～福利｜노인 복지. ❷ 옛. 옛날. ¶～的规矩｜구습(舊習) =〔老年程〕〔老年间〕
【老年程】lǎoniánchéng ⇒〔老年②〕
【老年间】lǎoniánjiān 名 왕년. 옛날 =〔老年②〕
【老年人】lǎoniánrén 名 노인 [60세 이상의 고령자를 가리킴]
【老娘】ⓐ lǎoniáng 名 ❶ 늙으신 어머니. 노모. 유모. ❷ 方 부인의 자칭 [자긍(自矜)의 뜻이 있음] ¶你敢欺负qīfù～吗!｜네가 감히 이 마나님을 업신여길 셈이냐! ❸ 부인.
ⓑ lǎo·niang 名 ❶ 方 외조모 =〔姥lǎo姥①〕〔外祖母〕 ❷ 口 산파(産婆) =〔接jiē生婆〕〔老娘婆〕〔老牛婆〕
【老鸟】lǎoniǎo 名 俗 台 고참 ⇔〔菜鸟〕
【老牛破车】lǎo niú pò chē ❶ 成 늙은 소가 헌 수레 끌 듯 하다. 하는 일이 굼뜨다. ¶他办事一贯yīguàn是～, 你着急zháojí也没用｜그는 일하는 것이 늙은 소가 헌 수레 끌 듯 해왔기 때문에 네가 안달한다고 해도 소용이 없다. ❷ 늙은 소와 낡은 수레. 喩 쓸모 없는 잡동사니.
【老农】lǎonóng 名 ❶ 연로한 농민. ¶我一个乡下～, 能懂什么?｜나는 시골의 일개 늙은 농부인데 뭘 알겠소?→〔老乡〕 ❷ 노련한 농사꾼. ¶～的话是有些道理｜늙은 농사꾼의 말은 그런 대로 일리가 있다.
【老牌(儿)】lǎopái(r) 區 ❶ 유서 깊은. 명성이 있는. ¶～产品｜명성이 있는 상품. ¶～大学｜유서깊은 대학. ❷ 喩 전문가인. 베테랑의. ¶～外交家｜베테랑 외교가.
【老朋友】lǎopéng·you 名 오랜 친구. 옛 친구. ¶我们是三十年的～｜우리들은 삼십년된 옛 친구이다.
【老脾气】lǎopí·qi 名 오래된 버릇. 옛날부터 굳어진 성벽. ¶～发作｜제 버릇이 나오다.
[3]【老婆】lǎo·po ❶ 名 口 마누라. 처. ¶小～｜첩 =〔大婆儿〕〔大婆子〕〔媳xí妇儿〕 ❷ ⇒〔老婆子①〕
【老婆婆】lǎopó·po 名 方 ❶ 敬 할머님 [아이들의 나이 든 부인에 대한 존칭] ❷ 시어머니.
【老婆儿】lǎopór 名 ❶ 할머니 [나이 든 부인을 친숙하게 부르는 말] ❷ 할멈 [노부부간에 남편이 아내를 친하게 부르는말]→〔老婆子②〕
【老婆子】lǎopó·zi 名 ❶ 貶 할망구. 할멈 [「老婆儿」보다 혐오의 느낌이 있음] ❷ ⇒〔老婆儿②〕 ❸ 어멈. (늙은)하녀. 시녀.
【老铺】lǎopù ⇒〔老店〕
【老气】lǎoqì ❶ 形 어른스럽다. 노숙하다. 노련하다. ¶这孩子说话很～｜이 아이는 말하는 것이 아주 노숙하다. ¶别看他年纪小, 说话倒很～｜그가 어리다고 보지 마라. 말하는 것은 꽤 노숙하다. ❷ 形 (옷차림이나 꾸밈새 등이) 옛스럽다. ¶这种衣服老里老气｜이런 옷은 너무 구식이다. ¶穿着, 打扮都很～｜옷차림과 몸단장이 구식티가 난다. ❸ 形 (채색이) 침침하고 어둡다. ¶这种颜色太～, 不适合青年人穿｜이런 색깔은 너무 침침해서 젊은 사람이 입기에 어울리지 않는다. ❹ 名 늙어서도 왕성한 기백.
【老前辈】lǎoqiánbèi 名 ❶ 敬 대선배. ¶请～多多指教zhǐjiào｜대선배님께서 많이 가르쳐주십시오. ❷ 노인. 늙은이.
【老亲】lǎoqīn 名 ❶ 늙은 부모. ❷ 오랜〔친한〕 친척. ¶～旧友｜成 친한 친척과 친구. ¶～旧邻｜成 오랜 친척과 이웃. ❸ 書 노모(老母). ¶大邱有～｜대구에 노모가 계시다.
【老拳】lǎoquán 名 ❶ 주먹. ¶饱以～｜주먹으로 (한 대) 먹이다. ❷ 노련한 솜씨.
[2]【老人(儿)】lǎo·rén(r) 名 ❶ 늙은이. 노인. ❷ 자기의 부모나 조부모(祖父母). ¶我家里有两位～｜우리 집에는 부모님이 모두 계신다.
【老人斑】lǎorénbān 名 (노령에 따라 나타나는)

검버섯. ¶他爷爷手上长满了～ | 그의 할아버지 온 손에 검버섯이 피어 있다 =〔老斑〕

3【老人家】lǎo·ren·jia 名 口 ❶ 敬 어른. 어르신네. ¶他～最近身体好啊? | 그 어른께서는 요즘 몸이 건강하신지요? ❷ 자기〔타인〕의 아버지. ¶你们～今年有七十了吧 | 너희 아버님께서는 금년에 일흔이 되셨겠네.

【老人星】lǎorénxīng 名〈天〉남극노인성. 노인성. 轉 장생(長生)의 상징. 장수 노인. ¶他是这一带的～ | 그는 이 일대의 장수 노인이다 =〔南nán极老人星〕→〔寿shòu星老儿①〕

【老人院】lǎorényuàn ⇒〔养老院〕

【老弱病残】lǎoruòbìngcán 名組「老人」(노인)·「体弱tǐruò的」(허약자)·「病号」(병자)·「残废cánfèi」(신체 장애자)의 4부류. ¶大家要照顾zhàogù～ | 모두들 노약자 지체부자유자나 허약자를 돌보아야 한다.

【老嫂】lǎosǎo 名 ❶ 누님. ❷ 아주머님 →〔老表biǎo②〕

【老少无欺】lǎo shào wú qī 威 노인이나 어린이도 속이지 않는다 ¶本店讲究jiǎngjiū诚信chéngxìn, ～ | 우리 가게에서는 신용을 중시하여 노인이나 어린이도 속이지 않습니다.

【老生常谈】lǎo shēng cháng tán 威 노서생(老書生)이 늘 해오던 말. 별 새로운 것 없는 소리〔이야기〕. 늘상 하는 소리. ¶老师讲的这些读书方法, 虽然是～, 但如果能坚持jiānchí去作, 一定能获益huòyì不浅qiǎn | 선생님이 말한 이 공부 방법들은 비록 옛날부터 해오던 소리지만 꾸준히 할 수만 있다면 반드시 수확이 적지 않을 것이다 =〔老生常谭〕

【老生常谭】lǎo shēng cháng tán ⇒〔老生常谈〕

1【老师】lǎoshī 名 ❶ 선생님. 스승. ¶南～教我们汉语 | 남 선생님이 우리들에게 중국어를 가르친다. ❷ ⇒〔老师傅③〕 ❸ 스님에 대한 경칭.

【老师傅】lǎoshī·fu 名 ❶ 敬 어떤 기능 또는 기예에 뛰어난 노인에 대한 존칭. ¶跟～学做木匠话 | 스승에게서 목공일을 배우다. ❷ (회교도의) 주교(主教). ❸ (회교도의) 가축 도살자. 백정.

【老式(儿)】lǎoshì(r) 區 고풍(古風)의. 구식의. ¶～衣柜yīguì | 구식 옷장.

2【老实】lǎo·shi 形 ❶ 솔직하다. 성실하다. 정직하다. ¶说句～话 | 솔직히 말하다. ¶手不～ | 손버릇이 나쁘다. ❷ 온순하다. 얌전하다. 점잖다. 참하다. 고분고분하다. ¶这孩子真～, 从不惹是生非 | 이 아이는 정말 얌전해서 여태 한번도 말썽을 피우지 않았다. ¶他是个～人 | 그는 점잖은 사람이다. ❸ 婉 어리석다. 총명하지 않다. ¶这人太～, 跟他说话不能绕弯儿ràowānr | 이 사람은 너무 순진해서 그와 말을 할 때 너무 빙빙 돌려말하면 안된다. ‖ 어법「老实」은 성실하고 거짓이 없음을 강조하고 얌전하여 말썽을 피우지 않는 뜻과 어리석다의 완곡한 표현으로도 쓰이는데 반해,「忠实」은 진실되어 믿을 만함에 중점이 있고 어감이 무거워「国家·民族·事业·朋友」등에 주로 쓰이며「老实②③」의 뜻으로는 사용되지 않음.

【老实巴交(儿)】lǎo·shi bājiāo(r) 狀 方 고지식하다. 매우 솔직〔정직, 얌전〕하다. ¶你是～的人, 提dī防上当 | 너는 고지식하니까, 속지 않도록 조심해라 =〔老实巴焦〕〔老实巴脚〕

【老实话】lǎo·shihuà 名 솔직한 말. 사실대로의 말 ¶说～ | 솔직하게 말하자면.

【老实人】lǎo·shirén 名 ❶ 성실한 사람. 정직한 사람. ¶不许欺负qīfù～ | 정직한 사람은 속이면 안된다 =〔老实主儿〕 ❷ 온순한〔얌전한〕 사람. 고분고분한 사람.

【老实说】lǎo·shi shuō 솔직히 말하면. 사실대로 말하면 [문두(文頭)에 옴]

【老实主儿】lǎo·shizhǔr ⇒〔老实人①〕

2【老是】lǎo·shi 副 언제나. 늘. 항상. 그냥. ¶他～这样 | 그는 늘 이렇다.

【老熟人】lǎoshúrén 名 오래 전부터 잘 알고 있는 사람. ¶咱们～了, 还讲客气干什么? | 우리는 예전부터 알고 지내는 사이인데 뭘 그래 예의를 따집니까?

4【老鼠】lǎo·shǔ 名〈動〉쥐 ¶～给猫māo拜年bàinián | 俗 쥐가 고양이에게 새배하다. 화를 자초하다 =〔方 老虫②〕〔方 耗hào子〕〔北 穴xué虫〕〔尖jiān嘴子①〕

【老帅】lǎoshuài 名 ❶ (장기에서의) 장(將). ❷ 늙은 원수(元帥)에 대한 애칭. ¶几位～都过世了 | 늙은 원수 몇 분이 모두 돌아가셨다.

【老死】lǎosǐ 副 죽어도. 끝까지. 절대로. ¶～不肯kěn妥协tuǒxié | 끝까지 타협하려 하지 않다.

【老死不相往来】lǎo sǐ bù xiāng wǎng lái 威 절대로 서로 왕래하지 않다. ¶自从吵了一架以后, 这兄弟俩就～ | 한번 싸운 뒤로 이 형제 둘은 절대로 왕래하지 않는다→〔鸡犬jīquǎn之声相闻, 老死不相往来〕

【老宋体】lǎosòngtǐ ⇒〔宋体字〕

4【老太婆】lǎotàipó 名 노부인. 할머니.

2【老太太】lǎotài·tai 名 敬 ❶ 자당(慈堂). 훤당(萱堂) [타인의 어머니에 대한 경칭] ❷ 노마나님 [심부름꾼이 주인의 어머니에 대한 경칭] ❸ 할머님. 노부인(老婦人) [늙은 여자에 대한 존칭] ❹ 자친(慈親) [타인에 대하여 자기 어머니의 존칭]

【老太爷】lǎotàiyé 名 敬 ❶ 춘부장. 영존(令尊) [타인의 아버지에 대한 경칭] ❷ 영감님 [심부름꾼이 주인의 아버지에 대한 존칭] ❸ 할아버님. 할아버지 [노인에 대한 존칭] =〔老爷爷②〕 ❹ 엄친(嚴親). 아버님 [타인에 대한 자기 아버지의 존칭] =〔方 敬 老爷子①〕 ❺ 옛날, 현지사(縣知事)의 아버지.

【老态龙钟】lǎo tài lóng zhōng 威 늙어서 쇠약하고 행동이 민활하지 못하다. ¶爷爷已经是一副～ | 할아버지는 이미 늙어서 행동이 민활하지 못하시다.

【老汤】lǎotāng 名 ❶ (닭·오리·돼지 고기 등을) 여러 번 우린 국물. ❷ 方 김칫국이나 장아찌의 국물.

【老天】lǎotiān 名 ❶ 俗 하늘. ¶靠～保佑bǎoyòu | 하늘의 가호에 의지하다. ¶～不负fù苦心kǔxīn人 | 谚 하늘은 애쓰는 사람을 저버리지 않는다. ¶～饿不死人 | 谚 하늘은 사람을 굶어 죽이기까지는 않는다. ¶～有眼 | 成 하늘에 눈이 있다. 하늘이 다 보고 있다. ❷⇒〔老天爷〕

4【老天爷】lǎotiānyé 名 하느님. ¶～保佑bǎoyòu | 하느님이 보우하다. ¶哎呀! 我的～呀! 你怎么把它丢diū了 | 아이구! 하느님 맙소사! 너 어떻게 그걸 잃어버렸느냐! ¶～饿不死没眼的家雀jiāquè | 谚 하느님은 눈 없는 참새도 굶겨 죽이지 않는다. 하늘은 무정하지 않다 =〔天爷〕〔老天②〕

2【老头儿】lǎotóur 名 ❶ 노인. 영감. 늙은이. ¶白发苍cāng苍的～ | 백발이 성성한 노인. ❷⇒〔老头子②〕 ❸ 方 俗 아버지. 영감. 양반 [자기 또는 남의 아버지의 속칭]

【老头子】lǎotóu·zi 名 ❶ 늙은이. 늙다리. 늙정이 →〔老头儿①〕 ❷ 영감 [노부부 사이에서 아내가 남편을 부르는 호칭] =〔老头儿②〕〔老老②〕→〔老婆儿〕〔老婆子②〕 ❸ 두목. 두령. 보스.

【老土】lǎotǔ 名 촌뜨기. 시골뜨기. ¶他是一个不开窍kāiqiào的～ | 그는 아직 생각이 트이지 못한 촌뜨기다.

【老外】lǎowài 名 京 俗 口 ❶ 촌뜨기. 시골뜨기. ❷ 외국인. 양코배기. ¶我是～ | 나는 외국인이다. ❸ 풋내기. 초심자. 문외한. 비전문가.

【老顽固】lǎowán·gu 名 고집쟁이. 벽창호.

【老亡八】lǎowáng·ba 名 罵 늙은이. 늙다리. 늙정이.

【老问题】lǎowèntí 名 (미해결의) 숙제(宿題). 현안(懸案).

【老翁】lǎowēng 書 名 노옹. 노인. 할아버지

【老挝】Lǎowō 名〈地〉라오스(Laos) [인도차이나반도 동북부의 나라. 수도는 「万象」(브양트얀; Vientiane)] =〔寮Liáo国〕〔老挝人民民主共和国〕

【老倭瓜】lǎowōguā 名 方 호박 =〔南nán瓜〕

【老锡儿】lǎoxīr 名 方〈鳥〉콩새 =〔锡嘴〕

【老戏】lǎoxì 名 구극(舊劇). ¶年轻人不爱听～ | 젊은이는 구극을 즐겨 듣지 않는다.

【老弦】lǎoxián 名 호궁(胡弓)이나 거문고의 굵은 줄.

3【老乡(亲)】lǎoxiāng(qīn) 名 ❶ 동향인(同鄕人). 한 고향 사람. ¶他是我的～ | 그는 나와 동향이다. ¶他们是山东～ | 그들은 고향이 산동인 동향인이다. ¶听你的口音, 咱们好像是～ | 당신 말씨를 들어 보니, 아무래도 우리는 동향인 같소. ❷ 서로 알지 못하는 농민들 끼리 부르는 호칭. ¶～, 请问你, 王家在哪里? | 농부님 말씀 좀 여쭙겠습니다. 왕씨네 집이 어디에 있소?

【老相】lǎo·xiàng ❶ 形 겉늙다. 실제 나이보다 더 들어 보이다. ❷ 名 겉늙은 얼굴. ¶她现在一副～ | 그녀는 지금 겉늙은 얼굴이다.

【老小】lǎoxiǎo 名 ❶ 노인과 아이. ¶一家～ | 한 집안의 노인과 자식. 한 가족. ❷ 가족. 처자(妻子). ❸ 江 남자애 →〔老老少少〕

【老兄】lǎoxiōng 名 ❶ 敬 노형. ¶～几时到的? | 노형은 언제 왔습니까?. ❷ 나 [형이 아우에 대한 자칭]

【老羞成怒】lǎo xiū chéng nù 成 부끄러움이 나중에는 노여움이 되다. ¶他终于～, 大发脾气 | 그는 결국 부끄러움이 노여움으로 변해 성질을 대단히 부린다. ¶老张～, 恐要和我计较起来 | 장씨는 부끄러움이 노여움으로 변해서 아마도 나한테 따질 것 같다 =〔恼羞成怒〕

【老朽】lǎoxiǔ ❶ 形 낡다. 노후하다. 늙어 쓸모 없게 되다 =〔朽迈xiǔmài〕 ❷ 名 謙 늙다리. 늙정이. 늙은이. 우로(愚老).

【老鸦】lǎoyā 名 江〈鳥〉까마귀 =〔乌鸦〕

【老腌瓜】lǎoyānguā 名 方〈植〉월과 =〔越瓜〕

【老腌儿】lǎoyānr 方 ❶ 形 소금에 오래 절인. 오래 담근. ¶～咸xián菜 |〈食〉장아찌. ¶～的鸡子儿 |〈食〉오래 소금에 절인 계란. ❷ 名〈食〉소금에 오래 절인 오리알〔계란〕.

【老眼光】lǎoyǎnguāng 名 종래의 눈. 낡은 안목. 선입견. ¶别拿～看人 | 선입견을 가지고 사람을 보지 마시오. ¶不能用～看新事物 | 낡은 안목으로 새로운 사물을 보아서는 안된다.

【老样(儿, 子)】lǎoyàng(r, zi) 名 ❶ 재래식. 종래의 방식. ❷ 구식. 낡은 식. 유행에 뒤진 형. ¶～的衣服 | 시대에 뒤진 옷. ❸ 옛모습. 그저 그 모양〔꼴〕. ¶你还是～! | 너는 여전히 그대로이군! ¶工作还是～, 没什么变化 | 일은 늘 그 모양이고 별 변화가 없다.

4【老爷】lǎo·ye 名 ❶ 敬 어르신네. 나리(마님). 주인 어른 [옛날, 윗사람·관리·고용주 등에 대한 일반적인 경칭] ❷ 敬 주인 [아내가 남편을 일컫는 말] ¶我家～ | 우리 집주인. ¶您家～ | 댁의 주인 어른. ❸ 方 외조부 =〔外祖父〕 ❹ 敬 관왕(關王) [관우(關羽)를 높여 이르는 말] ❺ 노인.

【老爷爷】lǎoyé·ye 名 ❶ 증조부. ❷⇒〔老太爷③〕

【老爷子】lǎoyé·zi ❶⇒〔老太爷④〕 ❷ 名 方 敬 어르신네. 노인장.

4【老一辈】lǎoyībèi 名 구세대. 전 세대.

【老一套】lǎoyītào ❶ 名 상투적인 수법. 케케묵은〔낡은〕방식. ¶脱离～ | 상투적인 방식에서 벗어나다. ❷ 名 늘 쓰는 말. ¶「民主」是～, 说话容易, 实际做起来难 | 「민주」라는 말은 늘 쓰는 말로, 말하기는 쉽지만 실제로 행하기는 어렵다. ❸ 動 타성에 젖다 =〔老套(子)〕

【老鹰】lǎoyīng 名〈鳥〉❶ 소리개 =〔鸢yuān①〕 ❷ 새매 =〔老鹞鸢yàoyuān〕〔雀鹰〕

【老油勺儿】lǎoyóushǎor ⇒〔老油子〕

【老油条】lǎoyóutiáo ⇒〔老油子〕

【老油子】lǎoyóu·zi 名 ❶ 貶 세상사에 밝고 아주 약은 놈. 닳고 닳은 자. ¶他是个～, 谁也骗piàn不了他 | 그는 아주 닳고 닳은 자라 누구도 그를 속일 수 없다. ¶他是个～, 整天zhěngtiān吊儿郎当的, 从没好好干过活 | 그는 정말 약아빠진 놈이라 온 종일 빈들거리기만 하고 한번도 열심히 일 한 적이 없다. ❷ 전문가 ‖ =〔江 老油条〕〔老油勺儿〕

【老友】lǎoyǒu 名 옛친구. 오랜 벗 =〔故友①〕〔旧友〕〔老交〕

【老有所归, 幼有所养】lǎo yǒu suǒ guī, yòu yǒu suǒ yǎng 成 연로한 자에게는 돌아갈 곳이 있어야 하고, 어린이들에게는 돌봐줄 곳이 있어야 한다.

¶实行仁政rénzhèng, 就必须做到～ | 인정을 펴서 경로 시설과 보육 시설을 갖추어야 한다.

【老于】lǎoyú 書 …에 밝다 ¶～世故 | 成 貶 세상 물정에 밝다. 처세술에 능하다.

【老玉米】lǎoyù·mi 名 方 옥수수 =〔玉米〕

【老妪】lǎoyù 書 名 노구. 할멈. 노부인.

【老远】lǎoyuǎn 形 ❷ 매우 멀다. ¶他从～的地方赶回来 | 그는 아주 먼 곳에서 급히 돌아왔다. ❷ 오래 전이다. 퍽 오래되다.

【老早】lǎozǎo ❶ 名 이른 아침. ¶～巴夜bāyè | 方 이른 아침. ❷ 副 아침 일찍. ❸ 副 벌써. 이미. 훨씬 전에.

【老贼】lǎozéi 名 罵 ❶ 놈. 새끼. ¶你这个不知耻chǐ的～! | 너 이 염치도 모르는 놈! ❷ 영감태기.

【老丈】lǎozhàng 書 名 敬 노인장. 어르신네

【老丈人】lǎozhàngrén ❶ ⇒〔岳yuè父〕 ❷ 名 罵 바보.

【老帐】lǎozhàng 名 ❶ 오랜 빚. 묵은 빚. ¶算～ | 묵은 빚을 갚다. ❷ 해묵은 문제. 오랫동안 미해결인 문제. ¶翻fān～ | 해묵은 문제를 끄집어내다. ❸ 숙적(宿敵). ¶算～ | 숙적을 치다.

【老者】lǎozhě 名 ❶ 노인. ❷ 敬 어르신. 영감님. ¶～今年高寿了? | 영감님 금년에 춘추가 어떻게 되십니까?

【老庄】lǎozhuāng ❶ (～子) 名 俗 유서깊은 상점. 전통있는 상점. ❷ (Lǎo Zhuāng) 〈人〉 노자(老子)와 장자(莊子).

【老资格】lǎozī·ge 名 고참. 경험자 [때로 술어적으로도 쓰임] ¶摆bǎi～ | 고참 티를 내다. ¶卖～ | 경력을 뻐기다.

【老子】ⓐ Lǎozǐ 名 ❶ 〈人〉 노자 =〔老聃〕 ❷ 〈書〉 노자가 지은 책 =〔(老子)道德经〕

ⓑ lǎo·zi 名 口 ❶ 아버지. ¶～英雄儿好汉 | 아버지는 영웅이고 아들은 대장부다. ¶有什么～有什么儿子 | 諺 그 아버지에 그 아들. ❷ 노부(老夫). ❸ 이 몸. ¶～天下第一 | 이 몸이 천하 제일이다.

【老字号(铺儿)】lǎozì·hao(pùr) ❶ ⇒〔老店〕 ❷ 名 신용 있는 가게.

【老总(儿)】lǎozǒng(r) 名 ❶ 사장. 지배인. 우두머리. ❷ 敬 옛날, 군인·경관에 대한 존칭. ❸ 敬 「解jiě放军」의 고급 간부에 대한 존칭.

【老祖宗】lǎozǔzōng 名 선조. 조상. ¶他们并不比他们的～高明 | 그들은 결코 그들의 선조보다 낫지 않다.

【佬】 lǎo 사내 로

名 ❶ 粤 貶 (성년) 남자. 사나이 ¶细xì～哥 | 사내아이. ¶阔kuò～ | 부자. 부호. ¶聋lóng～ | 귀머거리. ¶寡guǎ～ | 홀아비. ❷ 北 연장자에 대한 경칭(敬稱). ¶你～ =〔你老〕| 당신. 귀하. ❸ 罵 놈. ¶美国～ | 미국놈. 양키.

3【姥】 lǎo mǔ 할미 로/모

Ⓐ lǎo ⇒〔姥姥〕

Ⓑ mǔ ❶ 書 名 노파(老婆). ❷ 지명에 쓰이는 글자. ¶天～山 | 천모산. 절강성(浙江省)에 있는 산 이름.

3【姥姥】lǎo·lao ❶ 名 口 외할머니. ¶～家 =〔外祖家〕| 외갓집 =〔老娘 ⓑ ①〕〔外祖母〕→〔奶nǎi奶①〕 ❷ ⇒〔接jiē生婆〕 ❸ 京 마음 속으로 불복하거나 경시함을 나타내는 말. ¶～, 你说什么也不行 | 천만에, 네가 뭐라고 말해도 안돼 ‖ =〔老老①〕〔老姥〕

【姥鲨】lǎoshā 名 〈魚貝〉 돌묵상어 =〔姥鲛jiāo〕

【栳】 lǎo 고리 로

⇒〔栲kǎo栳〕

【铑(銠)】 lǎo (로듐 로)

名 〈化〉 화학 원소명. 로듐(Rh ; rhodium) [금속 원소]

【潦】 lǎo ☞ 潦 liáo Ⓑ

lào ㄌㄠˋ

【络】 lào ☞ 络 luò Ⓑ

【烙】 lào luò 지질 락

Ⓐ lào ❶ 動 다리다. 다리미질하다. ¶用熨斗yùndǒu把裤子kùzi～平 | 다리미로 바지를 다리다. ❷ 動 소인〔낙인〕을 찍다. ¶～上印记 | 낙인을 찍어 두다. ¶～印↓ ❸ 動 (전병 등을) 굽다. ¶～了两张饼 | 밀가루전병을 두 장 굽다. ❹ 名 〈工〉 금속제 관(管)의 지름을 확대 또는 축소하는 일.

Ⓑ luò ⇒〔炮páo烙〕

【烙饼】làobǐng ❶ 名 〈食〉 (중국식) 밀전병 →〔家jiā常饼〕〔青qīng油饼〕 ❷ (lào bǐng) 밀전병을 굽다. ¶她正在厨房里～ | 그녀는 부엌에서 떡을 굽고 있는 중이다.

【烙痕】làohén ⇒〔烙印〕

【烙花】lào/huā 動 공예의 일종으로, 인두로 참빗·부채살·목제(木製) 가구 등에 각종 무늬를 새겨 넣다. ¶烙了一些花 | 인두로 무늬를 약간 새겨 넣었다 =〔烫tàng花〕

【烙印】làoyìn 名 낙인. ¶在他的思想中留下了时代的～ | 그의 사상 중에는 시대의 낙인이 남아 있다. ¶加盖jiāgài～ | 낙인을 찍다 =〔烙痕〕

【落】 lào ☞ 落 luò Ⓑ

【酪】 lào 타락 락, 과즙 락

名 〈食〉 ❶ 소·말·양 등의 젖으로 만든 반응고체의 식품. ❷ 과일로 만든 잼 형태의 식품. ¶奶nǎi～ | 치즈. ¶杏仁xìngrén～ | 살구잼.

【酪氨酸】làoānsuān 名 〈化〉 티로신(tyrosine).

【酪乳】làorǔ 名 〈食〉 우락유(牛酪乳). 버터 밀크

【酪酸】làosuān 名 〈化〉 낙산 =〔丁dīng酸〕

【唠】 lào ☞ 唠 láo Ⓑ

4【涝(澇)】 lào 큰물결 로

❶ 動 (비가 많이 내려) 물에 잠기다. 침수되다. ¶防fáng～ | 수해 방지(를 하다). ¶庄稼zhuāngjià～了 | 농작물이 침수되었다 ⇔〔旱hàn①〕 ❷ 名 (비가 내려) 논밭에 고인 물. ¶排pái～ | (침수된 논의) 물을 빼다.

【涝害】làohài 名 〈農〉 수해. ¶受shòu～ | 수해를

입다. ¶开河kāihé挖渠wāqú, 防治～ | 하천과 수로를 파서 수해를 예방 대처하다.
【涝年头儿】làoniántóur 名 비가 많은 해. ¶逢féng上～就收不到粮食 | 비가 많은 해를 만나면 양식을 받을 수 없다.
【涝死】làosǐ 動 ❶ (농작물이) 물에 잠겨 죽다. ❷ 익사하다.
【涝灾】làozāi 名 수해(水害).

【耢(耮)】lào 갈퀴 로
❶ 名 갈퀴 [농기구의 일종. 보통「耙bà」로 써레질을 하고 난 후에「耢」로 땅을 다시 고름] ＝〔盖(㮣)〕〔耱mò〕 ❷ 動 (갈퀴로) 땅을 고르다.

【嫪】lào 애석해할 로
❶ 書 動 애석해하다. 미련을 두다. ❷ (Lào) 名 성(姓).

lē ㄌㄜ

【肋】lē ☞ 肋 lèi B

lè ㄌㄜˋ

【仂】lè 나머지 륵
書 名 나머지 수.
【仂语】lèyǔ 名〈言〉어구. 구(小句;phrase). 연어(連語) ＝〔词组〕〔短语〕

【叻】Lè (싱가포르 륵)
名 簡〈地〉싱가포르 [화교들은「新加坡xīnjiāpō」(싱가포르)를「石shí叻」또는「叻埠bù」라고 부름] ¶～币bì | 싱가포르 달러.

【泐】lè 돌부서질 륵, 새길 륵
書 動 ❶ 돌이 (결에 따라) 쪼개지다〔갈라지다〕. ❷ 札 (글을) 쓰다. 적다 [동년배나 아랫 사람에게 보내는 편지에 씀] ¶手～ | 손수 글을 쓰다. ❸「勒」와 통용 ⇒〔勒④〕
【泐此】lècǐ 札 이에 편지를 써서 말씀드립니다 [편지의 끝맺는 말] ＝〔手shǒu此〕

4【勒】lè lēi 굴레 륵
A lè ❶ 名 (말의) 굴레. ¶马～ | 말굴레. ❷ 動 (말·나귀의) 고삐를 당겨 멈춰 세우다. ¶悬崖xuányá～马 | 벼랑에 이르러 말을 멈춰 세우다. ❸ 書 動 통솔하다. ¶整zhěng～兵马 | 군대를 통솔하다. ❹ 書 動 새기다. 조각하다. ¶～石↓ ❺ 강제하다. 핍박하다. ¶～令↓ ❻ 名 가로획 [서법(書法)의 하나] ❼ 量 簡〈物〉「勒克司」(럭스; lux)의 약칭. ❽ (Lè) 名 성(姓).
B lēi 動 ❶ (단단히) 묶다. 졸라매다. ¶用绳子shéng·zi把行李xíngli～上 | 노끈으로 짐을 단단히 묶다. ❷ 절약하다. 검약하다. ¶虽然挣zhèng得多也得～着点儿吧 | 많이 벌긴 하지만 조금 절약하시오. ❸ 문지르다. 닦다. ¶～一～脊梁jǐliáng | 등을 문지르다. ¶用手巾～一～身上的水 | 수건으로 몸의 물을 닦다.
A lè
【勒交】lèjiāo 動 양도를 강요하다. ¶强人拦路lánlù～行人财物 | 강도가 길을 가로막고 행인의 재물을 강요하다.
【勒克司】lèkèsī 量 外〈物〉럭스(lux) [조도(照度)의 단위] ＝〔米烛光mǐzhúguāng〕〔勒克斯〕
【勒令】lèlìng 動 명령하여 강제로 하게 하다. 어법 주로 겸어문으로 씀. 어떤 경우에는 겸어를 생략할 수 있음. ¶～他交代罪行 | 강제로 그가 죄상을 밝히도록 명령하다. ¶政府～该党解散jiěsǎn | 정부가 강제로 그 당을 해산하게 했다. ¶～停刊 | 강제로 폐간하다.
【勒马】lèmǎ 고삐를 당겨〔조여〕말을 멈추게 하다 →〔勒衔xián〕〔悬xuán崖勒马〕
【勒派】lèpài 動 강제로 징수〔파견〕하다. ¶～军捐jūnjuān | 군비를 강제로 징수하다.
【勒石】lè/shí 動 돌에 글자를 새기다 ＝〔勒碑〕
【勒索】lèsuǒ 動 협박하여 재물을 강탈하다. 어법 주로 목적어나 보어를 가지며, 대개「敲诈qiāozhà」와 같이 쓰임. ¶～钱财 | 재산을 강탈하다. ¶向农民～了好几次 | 농민들을 수차례 협박하여 재물을 강탈했다. ¶～信 | (금전을 강요하는) 협박장. ¶敲诈～ | 공갈이나 사기를 쳐서 재물을 빼앗다 ＝〔勒赚〕→〔勒lēi掯〕
【勒衔】lèxián 動 (말을 세우기 위하여) 말고삐를 잡아당기다 →〔勒马〕
【勒抑】lèyì 動 ❶ 강압적으로 파는 값을 내리다. ❷ 강제로 빼앗고 억누르다. ¶～民众的情绪qíngxù | 민중의 감정을 억누르다.
B lēi
【勒毙】lēibì ⇒〔勒死①〕
【勒紧】lēijǐn 動 ❶ 단단하게 조르다. ❷ 고삐를 바짝 당기다.
【勒紧裤(腰)带】lēi jǐn kù (yāo)dài 動組 ❶ 허리띠를 졸라매다. ¶～, 节省分文 | 허리띠를 졸라매고 푼돈을 아끼다. ❷ 喩 배고픔 을 참다.
【勒掯】lēi·kèn 動 方 ❶ 강요하다. 구속하다. 칭칭 얽어매다. 어거지로 밀어붙이다. 애를 먹이다. ¶要～我同去 | 억지로 나에게 같이 가기를 강요하다. ¶一条条不合理的法令～得人喘chuǎn不过气来 | 불합리한 법령의 조목 하나 하나에 묶여 숨을 쉴 수도 없다. ❷ 떨떠름하여 우물쭈물하다. ❸ 사람을 놀리다. 야유하다 ‖ ＝〔勒𢙅〕〔 掯〕〔累掯〕
【勒裤带】lēi kùdài 動組 허리띠를 졸라매다. 배고픔을 참고 견디다. ¶～也要省一点儿钱下来 | 허리띠를 졸라매어서라도 돈을 조금 남겨둬야겠다. ¶这荒年huāngnián灾月zāiyuè的, 哪一家不是勒着裤带过日子 | 이런 흉년이 든 때에 허리띠를 졸라매고 나날을 보내지 않는 집이 어디 있겠느냐 ＝〔勒腰带〕〔勒裤腰带〕〔勒肚皮〕
【勒上】lēi·shang 動 단단히 묶다. ¶把行李～ | 짐을 단단히 묶다.
【勒死】lēisǐ 動 ❶ 교살(絞殺)하다. ¶凶xiōng手把人质zhì～了 | 악한이 인질을 교살했다 ＝〔勒毙〕 ❷ 매듭을 (풀리지 않도록) 단단히 맺다.

【鳓(鰳)】lè 준치 륵
名〈漁具〉준치 ＝〔鳓鱼〕
【鳓鲞】lèxiǎng 名 말린 준치 ＝〔勒鲞〕
【鳓鱼】lèyú 名〈魚貝〉준치 ＝〔鲙kuài鱼〕〔快鱼〕〔白

鳞鱼〕〔粵 曹白鱼〕〔闖 白力鱼〕

1【乐(樂)】lè yuè yào 즐길 락, 풍류 악, 좋아할 요

A lè ❶ 形 즐겁다. 기쁘다. ¶~事↓ ❷ 動 口 웃다. ¶你~什么? | 너는 왜 웃느냐? ❸ 動 즐기다. 좋아하다. ¶~于助人 | 남을 돕기를 즐겨하다. ❹ 지명에 쓰이는 글자. ¶~亭 | 하북성(河北省)에 있는 현(縣) 이름. ❺ (~儿, ~子) 名 즐거움. 쾌락. ¶快~ | 쾌락.

B yuè ❶ 名 음악. ¶奏zòu~ | 음악을 연주하다. ❷ 名 簡 〈書〉 악경(樂經). ❸ (Yuè) 名 성(姓). ❹ 복성(複姓)중의 한 자. ¶~正↓

C yào 書 動 즐기다. 좋아하다. ¶智者~水, 仁者~山 | 지혜로운 사람은 물을 좋아하고, 어진 사람은 산을 좋아한다《論語·雍也》

A lè

【乐不可支】lè bù kě zhī 成 기뻐서 어쩔 줄 모르다. 기쁘기 한량없다. ¶一听这话儿, 他马上~ | 그는 이 말을 듣자마자 기뻐서 어쩔 줄 모랐다.

【乐不思蜀】lè bù sī Shǔ 成 삼국시대 촉한이 망한 후, 後主인 劉禪이 가족들과 함께 낙양(洛陽)에 피난해 있을 때 司馬昭가 蜀나라가 그립느냐고 물은 질문에 대한 대답이 「此间乐, 不思蜀」이라고 한 것에서 유래된 성어《三國志·蜀志·後主傳》. 즐거움에 빠져 (고향에) 돌아 갈 생각마저 잊다. ¶他在外地日子过好了, 也就~, 不想再回家乡了 | 그는 밖에서 세월을 잘 보내고 있어, 유선(劉禪)이 촉나라로 돌아갈 생각을 안하듯 그도 집에 돌아갈 생각을 하지 않는다.

【乐此不倦】lè cǐ bù juàn 成 어떤 일이 즐거워 싫증내지 않다.

【乐此不疲】lè cǐ bù pí 成 어떤 일이 즐거워 피곤한 줄 모르다.

【乐道】lèdào 動 ❶ 도를 즐기다. ¶~忘饥wàngjī | 도를 즐기느라 배고픔도 잊다. ❷ 칭찬하다. 좋게 평가하다. ¶最为影迷所~ | 영화팬들에게서 가장 호평을 받다. ❸ (어떤 것을) 이야기하기를 좋아하다. ¶津津~ | 흥미 진진하게 이야기하다.

【乐得】lèdé 動 ❶ 기꺼이〔즐거이〕…하다. 어법 반드시 술어나 술어성 어구가 목적어로 와야 함. ¶他请我去参加讨论会, 我也~去听听别人的意见 | 그가 나에게 토론회에 가자고 해서 나도 기꺼이 가서 다른 사람의 의견을 들어보기로 했다. ❷ …하는 것이 마음에 꼭 맞다. ¶~这样做 | 딱 이렇게 할 것을 바라다.

【乐颠颠(儿)】lèdiāndiān(r) 狀 口 기뻐서 깡충깡충〔펄쩍펄쩍〕뛰다. ¶他打完电话~地跑回来 | 그는 전화를 다 걸고는 기뻐서 깡충깡충 뛰면서 돌아왔다.

【乐而不淫】lè ér bù yín 成 쾌락을 즐기되 도를 넘지 않다.

2【乐观】lèguān 形 낙관적(이다). ¶老李非常~ | 이씨는 매우 낙관적이다. ¶不要太~, 也不要太悲观bēiguān! | 너무 낙관하지 말라. 그렇다고 너무 비관도 말라! ¶~主义 =〔乐天主义〕| 낙관주의 ⇔〔悲观〕

【乐哈哈】lèhāhā 狀 싱글벙글 웃고 있다. ¶小金今天~的, 不知有什么喜事 | 김군이 오늘 싱글벙글하는데 무슨 기쁜 일이 있었는지 모르겠다.

【乐呵呵】lèhēhē 狀 즐거워하다. ¶他一天到晚总是~的 | 그는 온종일 계속 싱글벙글하였다.

【乐和】lè·he 方 ❶ 形 (생활이) 유쾌하다. 즐겁다 ¶日子过得挺~ | 생활이 아주 즐겁다. ❷ 動 (혼자 무슨 일을 하며) 즐기다. ¶咱今儿个~~ | 나는 오늘 좀 즐겨 볼거나.

【乐坏】lèhuài 動 너무 기쁘거나 즐거워 오히려 어디가 잘못되다. 그럴 정도로 기쁘다. ¶把我~了 | 너무 기뻐 병나겠다.

【乐极生悲】lè jí shēng bēi 成 즐거움이 다하면 슬픈 일이 생긴다 ⇔〔否pǐ极泰来〕

【乐劲儿】lèjìnr 名 기뻐하는 모습. 흡족해 하는 모양〔꼴〕. ¶看他那~! | 좀 봐라. 그가 저렇게 기뻐하다니!

4【乐趣】lèqù 名 즐거움. 재미. ¶从书中获得不少~ | 책 안에서 많은 즐거움을 얻다.

【乐融融】lèróngróng 狀 화기 애애하다. 즐겁고 화목하다. ¶家家户户~ | 집집마다 화기 애애하다. ¶~的晚会 | 화기 애애한 저녁 만찬.

【乐善】lèshàn 動 즐겨 남을 돕다. 선행을 좋아서 하다 =〔成 乐善好hào施〕→〔乐施〕

【乐善好施】lè shàn hào shī ⇒〔乐善〕

【乐施】lèshī 動 희사(喜捨)를 즐기다. 즐겨 희사하다→〔乐善〕

【乐事】lèshì 名 즐거운 일. 즐거움. ¶以助人为~ | 남을 돕는 것을 즐거운 일로 삼다.

【乐陶陶】lètáotáo 書 狀 아주 기쁘다. 매우 유쾌하다 [주로 운문(韻文)에서 사용함] ¶生活一年比一年好, 大伙儿心里~的 | 생활이 해가 갈수록 나아져서 모두들 마음이 아주 즐겁다.

【乐天派】lètiānpài 名 ❶ 낙천주의자. ¶爷爷是个~ | 할아버지는 낙천주의자이시다. ❷ 처세에 달관한 사람→〔乐观〕

【乐天知命】lè tiān zhī mìng 成 하늘의 뜻에 순응하며 자기의 분수를 알다.

4【乐意】lèyì 動 ❶ (…하는 것을) 즐겁게 여기다. 기꺼이 …하려 하다. ¶这件事只要你~办, 保险bǎoxiǎn办得好 | 이번 일은 네가 기꺼이 하려고만 하면 반드시 잘 할 수 있을 것이다. ¶大家都~帮助他 | 모두들 그를 기꺼이 도우려 하다. ❷ 만족해 하다. 좋아하다. 즐거워하다. ¶他听了这话有点不~ | 그는 이 말을 듣고 약간 불만스러워 했다.

【乐于】lè yú …을 기뻐하다. 기꺼이 …하다. ¶~助人 | 남을 즐겨 돕다.

【乐园】lèyuán 名 낙원. ¶幸福~ | 행복의 낙원. ¶儿童~ | 어린이의 낙원.

【乐滋滋】lèzīzī 狀 口 기뻐서 어쩔 줄을 몰라하다. ¶听了老师的表扬biǎoyáng, 他心里~的 | 선생님의 칭찬을 듣고 그는 기뻐서 어쩔 줄을 몰라한다.

【乐子】lè·zi 名 口 ❶ 즐거움. 즐거운 일. ¶出去找个~ | 나가서 즐거운 일을 찾아보자. ¶下雨天出不了门儿, 下两盘棋, 也是个~ | 비오는 날은 외출할 수 없어, 바둑을 두세 판 두는 것 또한 즐거운 일이다→〔乐儿〕❷ 농담. 우스개. 웃음소리.

L

¶闹nào了场chǎng~, 十分有趣qù | 한바탕 우스운 일이 벌어져서 정말 재미있었다.

Ⓑ yuè

⁴【乐队】yuèduì 名〈音〉악대. 악단. ¶交响jiāoxiǎng~ | 교향악단. ¶军~ | 군악대. ¶京剧~ | 경극 악단. ¶铜管tóngguǎn~ | 취주 악대.

【乐府】yuèfǔ 名 ❶ 악부 [한대(漢代)에 설립된 민가 등을 수집하고 가사·악률에 관한 사항을 맡아 본 관청] ❷ 악부 [악부에서 수집 혹은 제정한 가요.] ❸ 轉〈文〉악부. 악부시 [악부 체제에 따라 지은 시가]

【乐歌】yuègē 名〈音〉❶ 음악과 가곡. ❷ 반주가 있는 가곡.

【乐工】yuègōng 名 ❶ 악공. 주악하는 사람. 음악가. ❷ 악기를 만드는 사람.

【乐理】yuèlǐ 名 악리. 음악 이론. ¶他精通jīngtōng~ | 그는 음악 이론에 정통하다.

【乐谱】yuèpǔ 名 악보. ¶~台tái =〔乐谱架〕| 보면대(譜面臺).

³【乐器】yuèqì 名 악기. ¶打击dǎjī~ | 타악기.

⁴【乐曲】yuèqǔ 名 악곡. 음악 작품.

【乐团】yuètuán 名〈音〉악단. ¶交响jiāoxiǎng~ | 교향악단. ¶广播guǎngbō~ | 방송 악단.

【乐音】yuèyīn 名〈物〉악음.

【乐章】yuèzhāng 名〈音〉악장. ¶全曲分三个~ | 전곡이 세 개 악장으로 나뉘어져 있다.

【乐正】Yuèzhèng 名 복성(複姓).

Ⓒ yào

【乐山乐水】yào shān yào shuǐ 成 요산요수. 산과 물을 좋아하다.

【雒】lè ☞ 雒 luò

·le ㄌㄜ˙

1【了】① ·le liǎo 어조사 료, 끝날 료

Ⓐ ·le 助語 동사 뒤에 쓰여 동작의 완성을 나타내는 동태조사(動態助詞)나 문(句子)의 끝에 쓰여 어떠한 상황이 변화하였거나 변화할 것임을 나타내는 어기사로 쓰임. ❶「動＋了＋賓」의 형식으로 쓰여 동작의 완성을 나타냄. 어법 ⓐ 일반적으로 동작의 완성을 나타냄. ¶我已经问~老汪 | 왕씨에게 이미 물어 보았다. ¶蔡老师早就看出~问题 | 채 선생님은 일찌감치 문제점을 간파하였다. ¶我买~三张票 | 표 석 장을 샀다. ⓑ 뒤에 이어지는 문(小句)이 있을 때, 동작이 완성된 후 어떤 상황이 나타났거나, 혹은 앞의 상황이 뒤 상황의 조건임을 나타냄. ¶看~电影我就回家了 | 영화를 보고 나서 집에 돌아갔다. ¶你吃~饭再去吧 | 밥을 먹은 후에 가거라. ¶你做完~功课, 我才让你去玩儿 | 네가 숙제를 다 해야만 나가 놀도록 하겠다. ⓒ「數＋量(＋시간사)」의 형식이 동사 뒤에 있을 때는 동작의 시작으로 부터 완성 까지의 시간의 길이를 나타내지만, 동사가「走」「来」「离开」「到」「死」「毕业」등과 같이 비지속성(非持續性)일 때는 동작이 끝난 후 경과된 시간을 나타냄. ¶他睡~一个钟头 | 그는 한 시간 동안 잠을 잤다[이미 깨어났다] ¶这段路我们走~四十分钟 | 이 길을 우리들은 40분 동안 걸었다[이미 다 걸었다] ¶这本书我大概看~四天 | 이 책을 나는 대충 4일 동안 보았다[이미 다 보았다. 연속해서 4일 동안 보았거나 다 보는데 걸린 시간이 합치면 4일이 된다)] ¶这本书我念~三遍 | 이 책을 나는 세 번 읽었다[네 번 읽지는 않았다] ¶他走~一天 | 그가 떠난 지 하루가 되었다. ¶他毕业~五年 | 그는 졸업한 지 5년이 되었다. ⓓ「動＋了＋數＋量(＋시간사)」의 형식 뒤에 다시 이어지는 문(小句)이 있을 때는, 동작이 경과한 후 다른 동작이 발생했거나 어떤 다른 상태를 형성하게 되었음을 나타냄. 동사 앞에 항상「刚」「才」등을 붙임. ¶你走~十分钟他就来了 | 네가 떠나고 10분 되자 그가 왔다. ¶才吃~不到半个钟头就吐了 | 먹고 반 시간도 안 되어 토했다. ¶这部电影我刚看~一半就让人叫走了 | 이 영화를 막 반을 보았을 때 어떤 사람에게 불려 갔다. ¶我才念~三遍还背不下来 | 난 겨우 세 번을 보아 아직 외울 수 없다. ⓔ 변화를 나타내지 않아, 완료와는 무관한 동사「是」「姓」「好像」「属于」「觉得」「认为」「希望」「需要」「作为」등의 뒤에는「了」를 붙일 수 없음. ¶他已经属于~老一辈(×) ¶我曾经希望~你去的(×) ⓕ 일상적인 습관이나 행위 등을 나타내는 동사 뒤에는「了」를 붙일 수 없음. ¶我以前每天早上六点钟起~床(×) ⓖ 목적어가 동사일 때는 앞의 동사에「了」를 붙일 수 없음. ¶他答应~就去(×) ¶他答应就去~ | 그는 곧 가기로 했다. ¶他决定~明天动身(×) ¶他决定明天动身~ | 그는 내일 출발하기로 결정하였다. ⓗ 연동문(連動句)이나 겸어문(兼語句)에서는 일반적으로 뒤에 있는 동사에 붙이지만 앞 동사의 완성을 강조할 때는 앞 동사에 붙이기도 함. ¶我去图书馆借~两本书 | 나는 도서관에 가서 책 두 권을 빌렸다. ¶我已经叫他找来~一本书 | 나는 이미 그에게 책 한 권을 찾아오라고 하였다. ¶我们也找~一个旅馆住~一夜 | 우리들도 여관 하나를 찾아 하룻밤을 잤다. ⓘ「忘」「丢」「关」「喝」「吃」등의 동사 뒤에 쓰여「掉」(…해치우다. …해버리다)와 같은 의미의 결과를 나타내며, 이러한 의미로 명령문(命令句)이나 파자문(把字句)에도 쓰임. ¶卖~旧的买新的 | 헌 것을 팔아치우고 새것을 사다. ¶扔rēng~一个又一个 | 한 개 또 한 개씩 버렸다. ¶你饶ráo~他吧 | 그를 용서하여라. ¶你应该忘~这件事 | 너 이 일을 잊어 버려라. ❷「動＋賓＋了」의 형식에 쓰여 어떤 사태가 변화하였거나 곧 변화하게 됨을 나타냄. ¶下雨~ | 비가 온다[비가 오는 상태로 변했다. 이미 비가 오기 시작하였다] ¶他也喜欢跳舞~ | 그도 춤추기를 좋아하게 되었다[이미 좋아하기 시작하였다] ¶吃饭~ | 밥먹게 되었다[밥을 먹을 수 있게 되거나 곧 밥먹게 되다] ¶要下雨~ | 비가 오려고 한다. ❸「動＋了＋賓＋了」의 형식으로 쓰여, 동작의 완성과 상황의 변화를 동시에 나타냄. ¶我已经写~回信~ | 나는 답신을 이미 다 썼다. ¶我已经买~车票~ | 나는 이미 차표를

샀다. 어법 ⓐ 시간을 나타내는 말이 동사 뒤에 있을 때는 동작의 시작으로 부터 현재 까지의 경과된 시간 만을 나타내므로, 동사의 동작은 앞으로 더 계속될 수도 있고 현재로서 끝날 수도 있음. ¶这本书我看~三天~ | 이 책은 3일 동안 보았다[앞으로 더 보아야 하거나 다시 더 볼 생각이 없다] ¶我来~两年~ | 나는 온 지 2년이 되었다[이제 오는 것에 완전히 익숙해 졌다거나, 자주 왔으므로 이제는 다른 곳에 가 보아야 겠다] ¶这块地种~三年棉花~ | 이 땅에는 3년 동안 면화를 심었었다[내년에는 다른 것을 심어야 겠다] ⓑ 동사가 한 번의 동작으로 끝나는 것일 때는 동사 바로 뒤의「了」는 생략함. ¶他已经报〔了〕名~ | 그는 이미 등록하였다. ¶老王已经有〔了〕对象~ | 왕씨는 이미 (결혼)대상이 생겼다. ¶他已经到〔了〕北京~ | 그는 이미 북경에 도착하였다. ❹「動＋了」의 형식으로 동작의 완성이나 사태의 변화를 나타냄. 이 때의「了」는 동작의 완성을 나타내는 동태조사일 수도 있고 상황의 변화를 나타내는 어기조사일 수도 있으며, 혹은 동태조사와 어기조사를 겸하고 있을 수도 있음. 어법 ⓐ「了」가 어기조사일 때는 상태가 이미 변화하였거나 변화할 것임을 나타내고 동작의 완성여부와는 무관함. ¶休息~ | ㉠ 휴식하기 시작하였다. ㉡ 휴식할 수 있게 되었다. 휴식하자. ¶他已经睡~ | 그는 이미 잠들었다[지금도 자고 있다] ¶来~! 来~! | (곧) 간다. 됐다. 됐어. ¶他们要走~ | 그들이 곧 떠나려고 한다. ¶水快开~ | 물이 끓으려고 한다. ⓑ「了」가 동태조사와 어기조사를 겸하고 있을 때는 동작의 완성과 상황의 변화가 있었음을 나타냄. ¶我已经吃~, 别给我做饭了 | 나는 이미 먹었다, 나를 위해 밥을 짓지 마라. ¶他已经来~, 不用打电话了 | 그는 이미 왔다, 전화할 필요가 없다. ⓒ「動＋了」뒤에 이어지는 문(小句)이 있을 때 동작이 완성된 후 또 다른 동작이나 상황이 발생했거나 혹은 뒷 사항의 조건임을 나타냄. ¶我听~很高兴 | 나는 듣고서 몹시 기뻤다. ¶这块布可以剪~做围裙wéiqún | 이 천은 잘라서 앞치마를 만들어도 좋다. ¶把衣服穿好~走 | 옷을 잘 입고난 후 가거라. ¶你早来~就好了 | 네가 일찍왔더라면 좋았을 텐데. ❺「形＋了」의 형식으로 쓰여 상황의 변화가 이미 완성되어 새로운 국면이 출현하였음을 나타냄. ¶头发白~, 皱纹zhòuwén也多~ | 머리카락은 희어지고, 주름도 많아졌다. ¶人老~, 身体差~ | 사람은 늙고 몸은 나빠졌다. 어법 ⓐ「了」가 어기조사로만 쓰인 경우에는 어떤 상황의 변화없이 이미 출현한 상황을 긍정만 하거나, 곧 새로운 상황이 있게 됨을 나타냄. ¶这个办法最好~ | 이 방법이 가장 좋다. ¶这双鞋太小~ | 이 신은 너무 작다. ¶天就亮~ | 날이 곧 밝게 된다. ¶头发快全白~ | 머리카락이 곧 모두 희게 된다. ⓑ「形＋了＋數＋量＋了」의 형식으로 변화의 완성과 신국면의 출현을 나타내며, 수량사는 변화의 정도를 나타냄. ¶已经晴qíng~三天~ | 이미 3일간 맑은 날이 계속되었다. ¶这孩子又高~一寸~ | 이 아이는 또 1촌이 자랐다. ⓒ「形＋了＋數＋量」의 형식으로 변화와 그 정도를 나타내거나, 표준치에서 얼마간 이탈되어 있음을 나타냄. ¶这个星期只晴~一天 | 이번 주에는 단 하루만 맑았다. ¶头发白~许多 | 머리카락이 많이 희어졌다. ¶这双鞋大~一号 | 이 신은 한 호수가 크다. ¶这件衣服短~点儿 | 이 옷은 좀 짧다. ❻「名＋了」의 형식으로도「…이 되었다」는 의미의 변화를 나타내는 동사처럼 쓰이게 함. ¶春天~ | 이미 봄이 되었다. ¶中学生~ | 중학생이 되었다. ¶快月底~ | 곧 월말이 된다. ❼「數＋量＋了」의 형식으로 동사「有」(…은 되었다. …이 있다)가 쓰인 것과 같이 만듦. ¶半个月~＝〔已经有半个月了〕| 이미 반달이나 되었다. ¶四十岁~＝〔已经有四十岁了〕| 이미 40살이다. ¶已经一百个~ | 이미 100개가 되었다. ❽ 부사「太」「可」와 호응하여 성질·상태 등을 강조함. ¶那太好~ | 그것은 너무나 좋군. ¶事情可多~ | 일이 정말 많기도 하군 ‖ 어법 ⓐ「了」가 있는 문의 부정은「没(有)」로 함. ¶我喝~酒~ | 난 술을 마셨다. ¶我没喝酒 | 나는 술을 마시지 않았다. ⓑ「動＋了＋賓＋了」의 형식은 보통「没…呢」로 부정함. ¶买~词典~ | 사전을 샀다. ¶还没买词典呢 | 아직 사전을 사지 않았다. ⓒ 곧 새로운 상황이 출현할 것임을 나타내는 어기조사「了」의 부정은「不…(呢)」로 함. ¶我想走~ | 난 가볼까 한다. ¶我还不想走(呢) | 난 아직 갈 생각이 아니다. ¶他快去上海~ | 그는 곧 상해에 가게 된다. ¶他还不去上海呢 | 그는 아직 상해에 가지 않는다. ⓓ「没」로 부정된 문의 동사 뒤에는 일반적으로「了」를 붙일 수 없으나 다음의 경우에는 쓰임. ㉠「了」가 쓰여「掉」와 같은 의미의 결과를 나타내는 경우에는 동사 뒤에「了」를 쓸 수도 있음. ¶幸亏xìngkuī没扔rēng~它, 今天又用上了 | 다행히 내다 버리지 않아 오늘 또 사용하게 되었다. ㉡「没」가 먼저 동사 앞에 쓰인 후 어기조사「了」가 붙은 경우. ¶好些天没见到张老师~ | 여러 날 장 선생님을 만나지 못했다. ⓔ「了」가 쓰인 문은「没」로 부정해야 하나 다음과 같은「不…了」의 형식은 있음. ㉠「不」가 먼저 동사 앞에 쓰인 후 어기조사「了」가 붙은 경우로 원래의 계획이나 경향이 바뀌어 새로운 상황이 되었음을 나타냄. ¶任务rènwù紧jǐn, 明天不休息~ | 임무가 긴박해서 내일 쉬지 않게 되었다. ¶进了工厂了, 不上学~ | 공장에 들어가게 되어 학교에 가지 않게 되었다. ㉡「不」가 동사 뒤의「了」를 부정하는 경우가 있는데, 이는 가설적(假說的) 부정으로「如果不…」(만약 …하지 않으면)의 의미로 쓰인 것이며, 이 때「了」는 쓰지 않아도 됨. ¶事情不讲清楚(了)不行 | 사안에 대해 분명히 이야기하지 않으면 안 된다. ¶功课不做完(了)心里不塌实tāshi | 숙제를 다하지 않으면 마음이 불안하다. ❾ 동일한 사물을 열거할 때「啦」대신에「了」를 쓰기도 함.「啊」와 같은 용법으로 쓰임. ¶花~草~他都喜欢 | 꽃이나 풀이나 그는 모두 좋아한다. ¶什么吃~, 喝~, 玩~, 他一概yīgài不感兴趣 | 먹는 것·마시는 것·노는 것 등등

어떤 것에 대해서도 그는 일체 흥미를 일으키지 않는다. 어법「了」와「过」의 차이점 ⇒〔过guò〕

Ⓑ liǎo ❶ 動 끝내다. 완결하다. 결말을 짓다. ¶这件事已经~啦 | 이 일은 이미 끝이 났다. ¶一~百~ | 한 가지가 끝나면 모든 일이 뒤이어 끝난다. 어법 ⓐ 목적어로는「事情」「事儿」「心事」「活儿」「工作」「差事」「案子」「公案」등만 올 수 있으며, 부정은「没」로 함. ¶才~了一桩zhuāng心事 | 겨우 한 가지 마음 쓰이는 일을 끝냈다. ¶这事儿还没~ | 이 일은 아직 끝나지 않았다. ⓑ「不」로 부정하는 경우는 몇 개의 고정형식에만 나타남. ¶不~~之 | 일을 끝내지 않고 버려 두다. ¶这事儿不~不行 | 이 일은 끝내지 않으면 안된다. ❷ 동사나 형용사 뒤에「得」나「不」와 같이 보어로 쓰여, 어떤 행위의 실현 가능성·상태의 가능성 여부에 대한 예측과 상태의 정도에 대한 예측 등을 나타냄. ¶吃得~ | (다) 먹을 수 있다. ¶这事儿了liǎo得~了liǎo不~? | 이 일을 다 끝낼 수 있니 없니? ¶这病好得~ | 이 병은 좋아질 수 있다. ¶小河的水深不~ | 작은 시내의 물은 깊을 수가 없다. ¶真的假不~, 假的真不~ | 진짜는 가짜일 수 없고, 가짜는 진짜일 수 없다. ❸ 書 副 완전히. 전혀. 조금도. ¶~不相涉xiāngshè | 서로 전혀 간섭하지 않다. ¶~无惧容jùróng | 두려워하는 기색이 전혀 없다. ❹ 動 俗 던져 넣다. ¶谁把一块石头~到井里了 | 누가 돌 하나를 우물에 던져 넣었는가? ❺ 動 가지고 떠나다. ¶~了主人的几块钱溜liū门儿去了 | 주인의 돈을 몇 원 가지고 도망쳤다. ¶把外国人的东西~了走了 | 외국인의 물건을 가지고 갔다.

【了不的】liǎo·bu·de ⇒〔了不得〕

【了不得】liǎo·bu·de 形 ❶ 대단〔훌륭, 굉장, 비범〕하다. 어법 술어로 쓰일 때는 대개 부사「真·的确」등과 함께 쓰여 감탄문이 됨. 관형어로 쓰일 때는 조사「的」이 꼭 필요함. ¶他是一位~的英雄yīngxióng | 그는 대단한 영웅이다. ¶他的本领běnlǐng真~ | 그의 능력는 정말 대단하다. ¶这有什么~的 | 이게 뭐 그리 대단해. ❷ (상황이 심각하고 수습할 방도가 없어) 큰일이다. 야단이다. 어법 대개 무주어문의 술어로 쓰임. 앞에 부사「可」가 오기도 함. ¶~啦, 打起来了! | 큰일 났다 싸움이 크게 붙었다! ¶可~啦, 着火了! | 정말 큰일 났다. 불이 크게 났다! ¶丢了块手表, 有什么~的 | 손목시계 하나 잃어버렸는데 뭐 그리 야단났다고 그러느냐 ‖ =〔了不的〕

2【了不起】liǎo·buqǐ 形 보통이 아니다. 뛰어나다. 놀랍다. 굉장하다. ¶他的功绩gōngjì是~的 | 그의 공은 대단한 것이다. ¶汉语学了一年就说得那么流利, 可真~ | 중국어를 일년 배워서 그렇게 유창하게 말하다니 정말 대단하다. ¶这没有什么~! | 이것은 뭐 그리 대단하지 않다 ⇔〔了得起〕

【了得】liǎo·de 動 …해서야 어찌되겠나. 어법 경악·힐책·책망 등을 나타내는 문장의 끝에 부사「还」과 같이 쓰여 사태가 심각하고 수습할 수 없는 지경에 이르렀음을 표시함. ¶你居然jūrán辱骂rǔmà老师, 这还~ | 네가 선생님을 모욕하다니 이게 어디 될 법이나 한가. ¶如果一交跌jiāodiē下去, 那还~! | 만약 넘어지기라도 한다면 어쩔려구!

【了断】liǎoduàn 動 결말을 내다. 끝을 내다. ¶那件事还没有~ | 저 사건은 아직 결말이 나지 않았다. ¶此事复杂fùzá, 难以早日~ | 이 일은 복잡해서 일찍 끝내기 어렵다.

【了结】liǎojié 動 결말이 나다. 해결하다. 끝나다. ¶~不了liǎo | 해결이 안 나다. ¶赶快gǎnkuài~手头的工作 | 빨리 잡고 있는 일을 끝내라.

【了局】liǎo/jú ❶ 動 종결하다. 끝을 맺다. ¶后来呢, 你猜cāi怎么~ | 나중에는 말이지, 너 어떻게 결말이 났는지 맞춰봐라. ❷ (liǎojú) 名 결말. 종결. 끝. ¶这就是故事的~ | 이것이 바로 이야기의 결말이다. ❸ (liǎojú) 名 장구지책(長久之策). 해결 방법. ¶这样做, 终久不是~ | 이렇게 하는 것은 결국 해결 방법이 아니다.

【了了】ⓐ liǎo·le 動 청산(清算)하다. 완료하다. 끝을 맺다. ¶把帐给~! | 계산을 청산하시오! ¶~一桩心事 | 걱정거리 하나를 마무리했다.

ⓑ liǎoliǎo 書 形 ❶ 확실히 알다. 분명히 알다. 어법 주로 관용어로 쓰임. ¶心中~ | 마음속으로 분명히 알다. ❷ 영리하다. 현명하다.

【了了】liǎoliǎo ☞〔了了〕liǎo·le ⓑ

【了却】liǎoquè 動 近 해결하다. 마치다. 달성하다. (근심 걱정을) 덜다. ¶~一生心愿 | 일생의 소원을 달성하다. ¶早日结婚, 以~父母的一桩心事 | 하루 빨리 결혼해서 부모의 걱정을 덜어드려라.

【了儿】liǎor 名 ❶ 끝. 최후. ¶由头儿到~ | 처음부터 끝까지. ❷ 결과. ❸ 걸쇠·거멀못·물림쇠 등.

【了事】liǎo/shì 動 ❶ (주로 철저하지 않게 또는 부득이하여) 일을 끝마치다. 사태를 진정시키다. ¶草cǎo草~ =〔敷只了事〕| 대충대충 마치다. ❷ 일을 처리하다. ❸ (분쟁을) 해결하다. 조절하다. ❹ 轉 죽다.

【了手】liǎo/shǒu 動 方 (일을) 처리하여 끝내다. 완결시키다. 책임을 완수하다. ¶不得~ | 결말을 지을 수 없다 =〔办完〕

【了无】liǎowú 形 조금도 없다. ¶他~长chǎng进 | 그는 조금도 진보가 없다.

1【了(瞭)】② liǎo 밝을 료

주의「了」를「瞭」의 간체자로 대용하지 않는 항목이 있음 ⇒〔瞭liào〕 ❶ 명백하다. 알고 있다. ¶~解↓ ¶明~ | 명료하다. ¶一目~然 | 일목 요연하다. ❷ (눈동자가) 맑고 밝다.

1【了解】liǎojiě ❶ 動 (자세하게 잘) 알다. 이해하다. ¶我刚来, 不~情况 | 나는 방금 와서 상황을 잘 알지 못한다. ¶只有眼睛向下, 才能~群众的愿望和要求 | 눈을 아래로 돌려야만 군중의 소망과 요구를 이해할 수 있다. ¶谁也不~他什么时候走的 | 누구도 그가 언제 떠나는 지를 알지 못한다 =〔谅liàng解〕→〔懂dǒng〕〔理解〕〔知道〕 ❷ 動 알아보다. 조사하다. ¶自己去~一下 | 손수 가서 한 번 알아 보다. ¶你先~~情况, 然后再说 | 네가 먼저 상황을 좀 알아보고난 후에 말해라.

어법「了解」는「正确·错误·细致·深入」등의 수식을 받을 수 있고, 형식동사「进行」의 목적어로 쓰일 수 있으며 정도보어를 취할 때「得」을 생략할 있으나,「知道」는 이러한 사항이 모두 불가능함.

【了然】liǎorán 形 분명하다. 확실하다. ¶～而明 | 확실하고 분명하다. ¶真相zhēnxiāng如何, 我也不大～ | 진상이 어떤지 나도 분명히 알지는 못한다.

【了如指掌】liǎo rú zhǐ zhǎng 成 손바닥을 가리키듯 확실히 안다. 제 손금을 보듯 훤하다.

lēi ㄌㄟ

4【勒】lēi ☞ 勒 lè B

【擂】lēi ☞ 擂 léi C

léi ㄌㄟˊ

【累】léi ☞ 累 lèi C

【嫘】léi 사람이름 루
❶⇒[嫘祖] ❷음역어에 쓰임. ¶～萦↓

【嫘祖】Léizǔ 名〈人〉누조[고대 전설상의 황제(黃帝)의 비(妃)로 양잠술을 발명했다고 함]

【嫘萦】léiyíng ⇒[雷léi虹]

【缧(縲)】léi 포승 류
❶書名 포승. 오랏줄. ❷「累」와 통용⇒[累léi]

【缧绁】léixiè 名 書 ❶오랏줄. 포승. ¶稍shāo有不慎shèn, ～加身 | 조금 조금하지 않아 포승줄을 받게 되었다. ❷轉 감옥. ¶虽在～之中, 非其罪也 | 비록 감옥에 있지만 그의 죄는 아니다.

【缧萦】léiyíng ⇒[雷léi虹]

2【雷】léi 천둥 뢰
名 ❶천둥. 우레. ¶打～ | 천둥이 치다. ¶春～ | 춘뢰. 봄날의 우레 ❷군사용(軍士用)의 폭파 무기. ¶地～ | 지뢰. ¶鱼～ | 어뢰. ¶布bù～ =[埋mái雷] | 지뢰를 부설하다. ❸(Léi) 성(姓).

【雷暴】léibào 名〈氣〉천둥. 우레. ¶下午山区有～ | 오후에 산간 지역에 천둥이 치겠다.

【雷池】Léichí 名〈地〉호북성(湖北省)에 있는 못 이름 [지금의 안휘성(安徽省) 망강현(望江縣)에 있음] 轉 한계의 뜻으로 씀. ¶不容越～一步 =[不准入～一步] | 成 한 걸음도 들어가는 것을 허용하지 않다.

4【雷达】léidá 名 外 레이다(radar). 전파 탐지기. ¶～手 | 레이다 조종사. ¶～网 | 레이다 망. ¶～发射机 | 레이다 송신기. ¶～观测guāncè | 레이다 관측.

【雷打不动】léi dǎ bù dòng 成 ❶천둥이 쳐도 움직이지 않는다. 의지가 굳세어 흔들리지 않다. ¶他天天游泳yóuyǒng, ～ | 그는 매일 수영을 하는데 의지가 굳세어 흔들리지 않는다. ❷일을 함에 규정을 엄격하게 지키며 조금도 변동이 없다. ¶我们的写作计划一定要求按时ànshí完成, ～ | 우리들의 저술 계획은 반드시 시간에 맞춰 완성해야 하며, 어떤 일이 있어도 변함이 없다. ❸(협정·결정 등이) 어떤 상황하에서도 변경할 수 없다. 최종적이다.

【雷锋】Léi Fēng 名〈人〉뇌봉(1940～1962)[공무로 순직한 중국의 인민 영웅]

【雷公】Léigōng ⇒[雷神]

【雷汞】léigǒng 名〈化〉뇌홍(雷汞). 뇌산 수은($Hg(ONC)_2$) [화약의 기폭제로 뇌관이나 폭탄에 씀] =[雷汞水][雷酸汞][雷酸水银]

【雷管】léiguǎn 名 뇌관 =[俗 底dǐ火②][火帽huǒmào]

【雷害】léihài 名〈農〉천둥에 의한 해(害). 벼락 피해. ¶遭受zāoshòu～ | 벼락 피해를 입다.

【雷虹】léihóng 名 音譯〈紡〉레이온(rayon:프). 인조견사.

【雷击】léijī ❶名〈氣〉벼락. ❷動〈氣〉벼락이 치다. ❸動(어뢰·기뢰·수뢰 등으로) 적함을 치다. ¶～舰jiàn |〈軍〉어뢰정.

【雷厉风行】léi lì fēng xíng 成 천둥이나 바람같이 신속하다. 맹렬한 기세로 재빨리 행동하다. ¶这小伙子做起事来～ | 이 녀석은 일을 하려하면 아주 재빠르다 =[雷厉风飞]

【雷鸣】léimíng ❶名 뇌성. 우렛소리 =[雷声] ❷名 喩(천둥 소리처럼 나는) 큰 소리 ¶掌声zhǎngshēng～ | 박수 소리가 우레와 같다. ❸(léi míng) 動 우레가 울다. 천둥치다. ❹書 名 喩 요란하게 코고는 소리.

【雷姆】léimǔ 量〈物〉렘(rem)[방사선의 1조사(照射) 단위→[辐射fúshè]

【雷鸟】léiniǎo 名〈鳥〉뇌조 =[岩雷鸟][柳liǔ鸡]→[松sōng鸡]

【雷射】léishè 名 外 레이저(laser). ¶～线 | 레이저 광선

【雷射唱片】léishèchàngpiàn 名組 콤팩트 디스크(compact disc digital audio).

【雷神】Léishén 名 뇌신. ¶～打豆腐dòufǔ | 뇌신이 두부를 치다. 작은 일에도 전력을 다하다 =[雷公][雷师][雷兽][雷祖]

【雷声】léishēng ⇒[雷鸣①]

【雷声(儿)大, 雨点(儿)小】léishēng(r) dà yǔdiǎn(r)xiǎo 諺 천둥 소리만 크고 비는 별로 오지 않는다. 말만 앞세우고 실행하지 않다. ¶说要大幅度dàfúdù提高工资gōngzī, 结果～, 没涨zhǎng了几块钱 | 월급을 대폭으로 올린다고 했는데 결과는 천둥 소리만 크고 비는 별로 안오는 식으로 몇 원 안올랐다.

【雷师】Léishī ⇒[雷神]

【雷兽】Léishòu ⇒[雷神]

【雷酸汞】léisuāngǒng ⇒[雷汞]

【雷酸水银】léisuān shuǐyín ⇒[雷汞]

【雷霆】léitíng 書 名 ❶세찬 천둥소리. ❷名 큰소리. 喩 격노(激怒). ¶大发～ | 매우 화내다.

【雷霆万钧】léi tíng wàn jūn 成 (막을 수 없이) 거대한 위력[기세].

【雷同】léitóng 書 動 ❶뇌동하다. 덩달아 찬성하다. ❷유사하다. ¶这两篇文章题材tícái～ | 이 두 편의 글은 제재가 유사하다.

4【雷雨】léiyǔ 名〈氣〉뇌우.
【雷雨云】léiyǔyún 名〈氣〉뇌운(雷雲)→〔积jī雨云〕
【雷阵雨】léizhènyǔ 名 천둥비. 뇌우. 천둥과 번개를 동반한 소나기. ¶傍晚bàngwǎn本市有～ | 해질 무렵 이 도시에 천둥과 번개를 동반한 소나기가 내리겠다.
【雷祖】Léizǔ ⇒〔雷神〕

【擂〈擂〉】léi lèi lēi 갈 뢰
Ⓐ léi 動 연마하다. 갈다. ¶～钵↓
Ⓑ lèi ❶ 動 (북 등을) 치다. 두드리다. ¶～鼓gǔ | 북을 치다. ❷ 연무대(演武臺). 무술 경기를 위해 만든 무대. ¶～台↓
Ⓒ lēi 動 치다. 때리다. ¶～了一拳quán | 주먹으로 한 대 쳤다.
Ⓐ léi
【擂钵】léibō 名 막자 사발. 유발(乳鉢). 철확 =〔擂盆〕
【擂鼓三通】léigǔ sāntòng 動組 북을 세 번 세차게 치다. 전쟁에서 큰 북을 세 번 쳐서 사기를 진작시키다.
Ⓑ lèi
【擂台】lèitái 名 무술 경기를 위해 만든 무대. 연무대(演武臺). ¶～赛sài | 겨루기 시합. ¶摆～比武 | 연무대를 설치하고 무예를 겨루다.

【檑】léi 뇌목 목
⇒〔檑木〕
【檑木】léimù 名 뇌목 [성벽 위에서 밀어 떨어뜨려 공격해 오는 적을 막는 데 사용했던 원기둥 모양의 큰 나무] =〔滚gǔn木〕

【礌〈礧〉】léi 돌쌓일 뢰
❶ ⇒〔礌石〕 ❷ 書 動 공격하다. 치다.
【礌石】léishí 名 적을 물리치기 위해 성벽 위에서 떨어뜨리는 큰 돌.

【镭(鐳)】léi 병 뢰 (라듐 뢰)
名 ❶〈化〉화학 원소 명. 라듐(Ra ; radium) [방사성 금속원소의 하나] =〔镭锭〕 ❷ 중턱이 불룩한 병.
【镭锭】léidìng 名〈化〉라듐(radium)
【镭放射气】léifàngshèqì ⇒〔镭射气〕
【镭射气】léishèqì 名〈化〉라돈(radon) =〔氡dōng〕〔镭放射气〕

【罍〈櫑〉】léi 술그릇 뢰
名 고대의 술항아리 [뇌운문(雷雲紋)이 조각되어 있음]

【羸】léi 파리할 리
書 形 여위다. 수척하다. ¶～弱↓
【羸顿】léidùn 書 形 지치고 피곤하다.
【羸劣】léiliè ⇒〔羸弱〕
【羸弱】léiruò 書 形 허약하다. 여위고 약하다. ¶他自幼zìyòu～ | 그는 어려서부터 몸이 약하다 =〔書 羸劣〕〔書 羸瘦〕
【羸师】léishī 書 名 약한 군대. 피로하고 지쳐 쇠약한 군대. ¶～易败yìbài | 지쳐 약해진 군대는 쉽게 진다 =〔羸兵〕
【羸瘦】léishòu ⇒〔羸弱〕

lěi ㄌㄟˇ

【耒】lěi 쟁기 뢰
名 ❶ 가래. 쟁기. ❷ 가래(쟁기)의 나무자루. ❸ (Lěi)〈地〉뇌수(耒水) [호남성(湖南省)에 있는 하천의 이름]
【耒耜】lěisì 書 名 ❶ 쟁기. ❷ 轉 같이 농구의 총칭. 농사일. ¶他只会读书, 不识～ | 그는 공부만 할 줄 알지 농사는 모른다.

【诔(誄)】lěi 뇌사 뢰 제문 뢰
❶ 書 動 옛날에, 죽은 사람의 사적(事跡)을 서술하여 애도를 표시하다 [주로 윗사람이 아랫사람에 대해 했음] ❷ 名〈文〉뇌. 조문(弔文). 조사(弔辭).
【诔词】lěicí 書 名 죽은 사람의 사적을 서술하여 애도를 나타내는 문장〔문사〕.

4【垒(壘)】lěi 진 루
❶ 名 성벽. 성채. 보루. 군용(軍用)의 방어벽. ¶深沟shēngōu高～ | 깊은 고랑과 높은 성벽. ¶壁bì～ | 진영 보루. ❷ 動 (흙·벽돌·돌 등을) 쌓다. ¶把井口～高一些 | 우물 입구를 조금 높게 쌓다. ¶～了一个灶台zàotái | 부뚜막을 하나 만들다. ❸ 名〈體〉(야구 등의) 베이스(base). ¶一～打 | 일루타. ¶全～打 | 홈런.
【垒卵之危】lěi luǎn zhī wēi ⇒〔累lěi卵之危〕
【垒坯】lěi/pī 動 北 가로막다. 가리다. 방해되다. ¶这事你怎么不明白, 心里垒着坯呢 | 이 일을 네가 잘 알지 못하는 것은 마음 속에 방해물이 가로막고 있기 때문이다.
【垒球】lěiqiú 名〈體〉❶ 소프트볼(softball). ❷ 소프트볼 경기에 사용되는 공.
【垒窝】lěiwō 動 새가 둥지를 틀다. ¶燕子～了 | 제비가 둥지를 틀었다.

【累】lěi ☞ 累 lèi Ⓑ

【磊】lěi 돌쌓일 뢰
⇒〔磊落〕
【磊落】lěiluò 書 形 마음이 솔직하다. 공명정대하다. 당당하다. 진솔하다. 어법 주로 관용어로 쓰임. ¶光明～ | 공명정대하다. ¶胸怀xiōnghuái～ | 마음이 솔직하다

4【蕾〈藟〉】lěi 꽃봉오리 뢰
名 꽃봉오리. 꽃망울. ¶蓓bèi～ | 꽃봉오리. 꽃망울.
【蕾铃】lěilíng ⇒〔棉mián桃〕

【儡】lěi 망칠 뢰, 허수아비 뢰
名 허수아비. 꼭두각시. 인형. ¶傀kuǐ～ | 괴뢰. 꼭두각시.

lèi ㄌㄟˋ

【肋】lèi lē 갈빗대 륵
Ⓐ lèi 名〈生理〉옆구리. ¶两～ | 양 옆구리
Ⓑ lē「lèi」의 문어음(文語音).
【肋巴骨】lèi·bagǔ 名 方〈生理〉늑골. 갈빗대 =〔肋条①〕〔肋骨〕〔胁xié(条)骨〕

【肋骨】lèigǔ ⇒〔肋巴骨〕
【肋尖窝子】lèijiānwō·zi 名〈生理〉명치 =〔心口〕
【肋间肌】lèijiānjī 名〈生理〉늑간근(肋間筋).
【肋膜】lèimó 名〈生理〉늑막.
【肋膜炎】lèimóyán 名〈醫〉늑막염 =〔俗 肋痛〕〔胸膜炎〕
【肋条】lèi·tiao 名 方 ❶ ⇒〔肋巴骨〕 ❷ (돼지고기의) 갈비. ¶用~做东坡肉dōngpōròu | 돼지 갈비로 동파육을 만들다.

2【泪(淚)】 lèi 눈물 루
名 눈물. ¶眼yǎn~ | 눈물. ¶流~ =〔掉diào〕| 눈물을 흘리다.
【泪痕】lèihén 書 名 눈물 흔적〔자국〕. ¶满脸liǎn~ | 온 얼굴이 눈물 자국이다. ¶~条条 | 눈물 흘린 자국이 많다.
【泪花(儿)】lèihuā(r) 名 ❶ 눈물. 눈물의 문학적 표현. ¶眼里噙qín着~ | 눈에 이슬이 맺히다. ❷ 막 흐를 듯한 눈물→〔泪珠(儿)〕
【泪人(儿)】lèirén(r) 名 喩 (아주 상심하여) 펑펑 울어 눈물 투성인 사람. 어법 일반적으로「哭」과 어울려 쓰임. ¶哭得成了个~了 | 하도 울어 눈물 투성이가 다 되었다.
【泪如泉涌】lèi rú quán yǒng 成 눈물이 샘물처럼 솟아 나오다. ¶他一听爷爷去世, 马上~ | 그는 할아버지께서 돌아가셨다는 말을 듣자마자 눈물을 펑펑 흘렸다.
【泪水】lèishuǐ 名 눈물. ¶含着~说 | 눈물을 머금고 말하다. ¶他伤心shāngxīn得~直流 | 그는 상심해서 눈물을 줄곧 흘렸다 =〔眼泪〕
【泪眼】lèiyǎn 名 눈물 어린 눈. ¶~模糊 | 눈물이 어려 눈이 흐릿하다. ¶~朦胧ménglóng | 눈물 어린 눈이 흐릿하다.
【泪液】lèiyè 名〈生理〉누액. 눈물 =〔眼泪〕
【泪珠(儿)】lèizhū(r) 名 눈물 방울. ¶~滚滚 | 눈물이 마구 흐르다.

2【类(類)】 lèi 무리 류
❶ 名 종류. 같은 부류. ¶分~ | 분류하다. ¶按~分别安放 | 종류별로 나눠 따로 놓다. ❷ 유사하다. 비슷하다. 닮다. …같다. ¶~似↓ ¶画虎~狗 | 호랑이를 그렸는데 개를 닮다. ❸ (Lèi) 名 성(姓).
【类比】lèibǐ 名 動〈論〉유추(하다). 비론(比論)(하다). ¶~推理tuīlǐ | 서로 비교하여 추론하다. ❷ 名〈電算〉아날로그(analog). ¶~计算机械 | 아날로그 계산기. ¶~备份bèifèn | 아날로그 백업(back up)
【类地行星】lèidì xíngxīng 名組〈天〉지구형 행성(地球型行星).
【类毒素】lèidúsù 名〈醫〉톡소이드(toxoid). 변성독소(變性毒素). ¶白喉báihóu~ | 디프테리아 톡소이드.
【类乎】lèi·hu 動 마치 …와 같다. …에 가깝다. ¶这个故事~神话 | 이 이야기는 신화에 가깝다. ¶这样的辩论~吵架 | 이러한 변론은 말싸움과 다름없다. ¶他的话~奇谈怪论qítánguàilùn | 그의 말은 괴변에 가깝다 =〔好像〕〔近于〕
【类木行星】lèimù xíngxīng 名組〈天〉목성형 행성(木星型行星).
【类人猿】lèirényuán 名 유인원. ¶有人说人是从~演变来的 | 어떤 이는 사람은 유인원에서 변천해 온 것이라고 말한다.
【类如】lèirú 書 動 예를 들면 …와 같다 =〔例如〕
【类书】lèishū 名 유서(類書) [같은 부류〔종류〕의 어휘를 나누어 수록한 책]
3【类似】lèisì 動 유사하다. 비슷하다. ¶~的错误 | 유사한 과오. ¶跟这~的话 | 이것과 유사한 말.
【类同】lèitóng 動 대체로 같다〔유사하다〕. ¶这一点跟西方相~ | 이 점은 서양과 서로 유사하다.
【类推】lèituī 書 名 動 유추(하다). ¶以此~ | 이것으로 유추하다.
【类新星】lèixīnxīng 名〈天〉준신성(準新星).
3【类型】lèixíng 名 유형. ¶~学 | 유형학.

1【累〈儽A纍BC絫C〉】 lèi lěi léi 포갤 루, 누끼칠 루
Ⓐ lèi ❶ 形 피로하다. 피곤하다. 지치다. ¶你不~吗? | 피곤하지 않니? ¶今天忙了一天, 太~了 | 오늘 하루종일 바빴기 때문에 너무 피곤하다. ❷ 動 피로하게 하다. 무리하게 하다. 과도하게 사용하다. 어법 반드시 목적어가 있어야 함. ¶我这个病弱bìngruò的身体, 只会~人 | 내 몸은 병약해서 남을 피곤하게만 할꺼다. ¶这种事太~人 | 이런 일은 너무 사람을 피곤하게 만든다. ¶这点话~不着他 | 이 약간의 말은 그를 피곤하게 하지 않을 것이다. ❸ 動 열심히 일하다. 수고하다. 어법 대개 보어를 동반함. ¶他已~了几个月, 该休息了 | 그는 몇 달을 열심히 일했으니 쉬어야 한다. ❹ 動 수고를 끼치다. 폐를 끼치다. 귀찮게 하다. ¶~你走一趟吧 | 수고스럽겠지만 한 번 다녀오세요. ¶叫您受~ | 폐를 끼쳤습니다.
Ⓑ lěi ❶ 動 누적되다. 쌓이다. 쌓아 올리다. ¶日积月~ | 成 날과 달이 쌓이다. 오랜 시일이 지나다. ❷ 副 여러 번. 자꾸. 누차. ¶~戒不改 | 누차 경고하여도 고치지 않다. ❸ 動 거듭하다. 연속하다. ¶经年~月 | 세월을 거듭하다. ❹ 動 연루되다. 관련되다. ¶牵qiān~ | 관련되다. ¶连lián~ | 연루되다. ❺「垒」와 통용 ⇒〔垒lěi〕
Ⓒ léi ❶ 形 번잡하다. 번거롭다. 성가시다. ¶给别人添tiān~ | 다른 사람에게 더 번거롭게 하다→〔麻má烦〕 ❷ 書 名 밧줄. 굵은 밧줄. ❸ 書 動 (사람을) 밧줄로 묶다.
Ⓐ lèi
【累不过来】lèi·buguò·lai 動組 (힘들어서) 감당〔처리〕할 수가 없다. ¶家里这些事, 一个人~ | 집안의 이러한 일들은 혼자서는 너무 힘들어 감당할 수가 없다.
【累倒】lèidǎo 動 지쳐 쓰러지다. ¶这事还真~了老王 | 이 일이 정말로 왕씨를 지쳐 쓰러지게 했다.
【累坏】lèihuài 動 ❶ 지쳐서 몸을 망치다. 피로로 몸을 해치다. ¶我都快~了 | 나는 힘들어 죽을 지경이다 =〔累垮〕 ❷ 극도로(피로하여) 지쳐버리다. 몹시 지치다.
【累活(儿)】lèihuó(r) 名 힘든〔힘겨운〕일. 고달픈 일. ¶我又没有力气, 干不了~儿 | 나는 힘이 없어서 힘든 일을 할 수 없다.

【累垮】lèikuǎ ⇒〔累坏①〕

【累人】lèi/rén ❶形(사람을) 고생하게〔고달프게〕하다. ¶整天抱这孩子真～ | 하루 종일 이 아이를 안고 있는 것은 정말 사람 지치게 한다. ❷形(피로하여) 낙이 없다. 고생스럽다. 고달프다.

【累死】lèisǐ ❶動 힘들어 죽을 지경이다. 몹시 피곤하다. ¶～我了 | 힘들어 죽겠네. ❷動 지쳐서〔피로해서〕죽다. ¶他给地主扛kāng活～了 | 그는 지주에게 고용되어 일을 하다가 지쳐서 죽었다. ❸形 매우 번거롭다〔성가시다〕.

【累死累活】lèi sǐ lèi huó 威 피곤으로 죽을 것 같다. ¶～地干了一年, 什么也没有得到 | 일 년 동안 죽자살자 일을 했지만 아무 것도 얻지 못했다.

Ⓑ lěi

【累次】lěicì 書副 여러 번. 자주. ¶敌人～来犯 | 적이 여러 번 침범해왔다 =〔屡lǚ次〕

【累积】lěijī 動 누적하다. 축적하다. ¶～资金zījīn | 자금을 축적하다. ¶把分数～起来算总分 | 점수를 누적시켜서 총점을 계산한다.

【累及】lěijí 動 누를 끼치다. 연루하다. ¶～无辜wúgū | 威 무고한 사람에게까지 누를 끼치다. ¶封建时代, 一人获罪, 往往～全家 | 봉건시대에는 한 사람이 죄를 져도 전가족이 연루되곤 했다.

【累加器】lěijiāqì 名〈電算〉(컴퓨터의) 누산기(累算器). 어큐뮬레이터(accumulator) =〔累积jī器〕〔累进器〕

【累进】lěijìn 名動 누진(하다). ¶～法 | 누진법. ¶～优先股yōuxiāngǔ | 누가 배당 우선주(累加配當優先株).

【累累】lěilěi ☞〔累累〕léiléi ⓑ

【累卵】lěiluǎn 書動 계란을 쌓아 올리다. 喩 위험천만이다. ¶危wēi如～ | 달걀을 쌓은 것처럼 위험하다. ¶势如～ | 형세가 계란을 쌓아올린 것 같이 아슬아슬하다.

【累卵之危】lěi luǎn zhī wēi 威 쌓아 올린 계란처럼 몹시 위태하다. 누란지세(累卵之勢) =〔垒卵之危〕→〔累卵〕

【累年】lěinián 名 해마다. 매년. ¶～丰收fēngshōu | 해마다 풍년이다. ¶～欠债qiànzhài | 해마다 빚을 지다 =〔累岁〕

【累世】lěishì 書名 역대(歷代). 대대. 여러 세대. ¶～升平 =〔重熙累洽chóngxīlěiqià〕| 威 대대로 태평 세월이 이어지다.

Ⓒ léi

【累累】ⓐléiléi 書狀 ❶ 지쳐서 초라하다. 실망하여 풀이 죽어 있다. ¶～若丧家之狗 | 초라하고 실망한 것이 마치 상갓집 개같다《史記·孔子世家》❷ 주렁주렁하다. ¶果实guǒshí～ | 과일이 주렁주렁하다. ❸ 쌓아 올려져 있다. ¶负债fùzhài～ | 빚이 산더미 같다.

ⓑ lěilěi ❶副 누차. 거듭. ¶～停笔沉思 | 누차 붓을 멈추고 깊이 생각하다. ❷形 높이 쌓여 있다. 거듭 쌓여 있다. ¶罪行zuìxíng～, 臭名chòumíng昭著zhāozhù | 죄가 많고 악명이 높다. ¶果实～ | 과일이 주렁주렁하다.

【酹】lèi 강신할 뢰
書動 옛날, 술을 땅에 뿌리고 신에게 제사를 지내다.

【擂】lèi ☞ 擂 léi Ⓑ

【颣(纇)】lèi 마디 뢰, 흠 뢰
書名 ❶ 매듭. 마디. ❷ 흠. 결점. ¶疵cī～ | 흠.

·lei ㄌㄟ·

【嘞】·lei 어조사 륵
助 상황의 어떤 변화나 새로운 상황의 출현 등을 경쾌한 어감으로 나타내는 어기조사 →〔了·le〕¶好～, 我就去 | 좋다. 내가 가마. ¶雨不下了, 走～ | 비가 안 내리는구나, 가도록 하지.

lēng ㄌㄥ

4【棱】lēng ☞ 棱 léng Ⓑ

léng ㄌㄥˊ

4【棱〈稜A〉】léng lēng líng 모 릉

Ⓐ léng ❶(～儿, ～子) 名 모서리. 귀퉁이. ¶桌zhuō子～ | 탁자의 모서리. ¶见～见角 | 威(사람이나 물체가) 모나다. ¶四～儿 | 네 모서리. ❷(～儿) 名 물체 위에 요철 모양으로 돌기한 부분. ¶瓦wǎ～ | 기와 이랑. ¶搓cuō板的～儿 | 빨래판의 오돌토돌한 부분. ❸形 거칠다. 난폭하다 =〔楞〕

Ⓑ lēng ⇒〔红hóng不棱登〕〔花hūa不棱登〕

Ⓒ líng 지명에 쓰이는 글자. ¶穆mù～ | 목릉 [흑룡강성(黑龍江省)에 있는 현(縣)이름]

【棱缝(儿)】léng·fèng(r) 名 ❶ 方 이음매. ❷ 方 轉(빈)틈. 기회. 결함. ¶老张真行, 这么复杂的问题, 他一眼就看出～来了 | 장씨는 정말 대단해. 이렇게 복잡한 문제도 한눈에 결함을 알아냈다. ❸ 轉 내정(內情). 속 사정. ¶他看出点～来, 心中很不高兴 | 그는 속 사정을 조금 알아채고는 마음 속으로 몹시 불쾌해했다.

【棱角(儿)】léngjiǎo(r) 名 ❶ 모서리. 모난 귀퉁이. ¶把～磨掉módiào了 | 모서리를 갈아 없앴다. ❷ 喩 날카로움. 예리함. 규각(圭角). ¶他天生～多. | 그는 천성적으로 아주 날카롭다. ¶坎坷kǎnkě的生活经历磨平mópíng了他的～ | 불우한 생활 역정이 그의 모난 성격을 갈아 냈다. ❸ 고분고분하지 않음. ¶他从来就是个有～的, 谁的话都不听 | 그는 원래부터 고분고분하지 않아서 누구의 말도 듣지 않는다.

【棱镜】léngjìng 名〈物〉프리즘 =〔三棱镜〕〔三角镜〕〔角棱镜〕

【棱棱角角】léng·lengjiǎojiǎo 狀 울퉁불퉁하다. 들쭉날쭉하다.

【棱台】léngtái ⇒〔棱锥zhuī台〕

【棱柱体】léngzhùtǐ 名 ❶〈數〉각 기둥 =〔角jiǎo柱体〕❷〈物〉프리즘.

【棱锥】léngzhuī 名〈數〉각뿔. 각추.

【棱锥台】léngzhuītái 名〈數〉각뿔대. 각추대 =

〔簡棱台〕
【棱子】léng·zi 名方 모서리. ¶石头~ | 돌 모서리.

【塄】léng 밭두둑 릉
名方 두둑. ¶地~ | 밭두둑.
【塄坎】léngkǎn 名方 밭두둑 =〔地塄〕

【楞】léng lèng 모 릉
A léng「棱」과 통용 ⇒〔棱léng〕
B lèng「愣」과 통용 ⇒〔愣lèng①〕

lěng ㄌㄥˇ

1【冷】lěng 찰 랭
❶形 춥다. 차다. ¶天气很~ | 날씨가 아주 춥다.⇔〔热③〕 ❷動方 (주로 음식물을) 식히다. ¶稀饭太烫tàng了, ~一下再吃 | 죽이 너무 뜨거우니 식혀서 드세요. ❸形轉 냉정하다. 냉담하다. 쌀쌀하다. ¶~言~语↓ ¶态度很~ | 태도가 너무 냉정하다. ❹形 고요하다. 쓸쓸하다. 적막하다. ¶~落↓ ¶~清清↓ ❺形 생소하다. 보기 드물다. 낯설다. ¶~僻字 | 벽자(僻字). ❻形 인기가 없다. 평판이 좋지 않다. ¶~门系 | 비인기학과 ¶~货↓ ❼形 암암리에. 불의(不意)에. 돌연히. ¶~枪↓ ¶~箭↓ ❽ (Lěng) 名 성(姓).
【冷板凳】lěngbǎndèng 名 ❶ 차가운 걸상. ❷轉 냉대(冷待). 푸대접. ¶把我请来却给我~坐! | 나를 초대해 놓고는 냉대를 하는군! ❸喩 한직(閑職). ¶这重~我可不愿坐 | 나는 이런 한직에는 결코 있지 않겠다. ❹喩 옛날. 글방 선생. 훈장 [비꼬는 투의 말임] ❺俗 (희곡에서의) 청창(清唱).
【冷冰冰】lěngbīngbīng 狀 ❶ 쌀쌀하다. 냉랭하다. ¶~的脸色 | 쌀쌀한 표정. ¶你看他那~的样子 | 너 그의 저 쌀쌀맞은 꼴 좀 봐라. ❷方 얼음처럼 차다. 차디 차다. ¶~的地板 | 얼음처럼 차가운 바닥 ‖ =〔冷冷冰冰〕
【冷兵器】lěngbīngqì 名 암살〔사살〕용의 (칼·창·총검·비수 등의) 무기. ¶发明了火药, 宣告~时代的结束. | 화약의 발명은 비화약(非火藥) 무기 시대의 종결을 알렸다.
【冷布】lěngbù 名 방충망천. ¶~帐zhàng | 모기장 =〔棂líng布〕〔寒冷纱〕
【冷不防】lěng·bufáng 副 돌연히. 갑자기. 뜻밖에. 불의에. ¶给敌人以~ | 적들을 불의에 습격하다 =〔方冷不丁〕〔方冷孤丁〕〔猛不防〕〔方冷丁〕〔方冷丁丁〕〔冷打警〕〔冷地里〕〔冷然间〕
【冷菜】lěngcài 名 ❶ 전채(前菜). 오르되브르. ¶先上来~ | 먼저 전채(前菜)를 내 주세요. ❷ 냉채. ❸ 찬 요리.
【冷餐】lěngcān 名 ❶ 뷔페(buffet;프). ¶~招待会 | 뷔페 리셉션(buffet reception). ❷ 냉채만 있는 식사.
【冷藏】lěngcáng 動 차게 보관(처리)하다. 냉장보관하다. ¶~食物需要设备 | 음식물을 냉장보관하려면 설비가 갖추어 있어야 한다. ¶把肉放到冰箱里~起来 | 그 고기를 냉장고에 넣어 차게 보관해라. ¶~库kù =〔冷库〕 | 냉장고. ¶~室 =〔冷藏间〕 | 냉동실. ¶~船 | 냉동선.
【冷场】lěngchǎng 動 ❶ (연극에서 배우가 제때에 등장하지 않거나 대사를 잊어버린 경우 혹은 회의가 시작되어도 말하는 사람이 없는 경우에) 흥이 깨져 침묵이 흐르다. 어색해지다. 썰렁하다. 어법 목적어를 갖지 않고,「出现·造成」등의 목적어로도 쓰임. ¶对口相声xiàngshēng正说到热闹处, 其中一人把词儿忘了, 一下就~了 | 둘이 번갈아가며 하는 만담이 막 가장 활기있는 부분에 이르렀는데 한 사람이 대사를 잊어버려 한순간에 장내의 분위기가 썰렁해졌다. ¶座谈会开始后, ~了好一会儿才有人发言 | 좌담회가 시작된 후에 한참동안 어색한 분위기가 흐르고나서야 어떤 사람이 말을 꺼냈다. ¶我就怕出现chūxiàn~ | 나는 어색한 분위기가 생길까봐 걱정이다. ¶大家发言很热烈, 一点儿也没有~ | 다들 열렬히 발언하여 조금도 따분한 장면이 없었다. ¶她们谈得天花乱坠, 主任一到, 突然冷了场 | 그 여자들이 너도나도 신나게 수다를 떨고 있었는데 주임이 오자 갑자기 침묵이 흘렀다.
【冷嘲热讽】lěng cháo rè fěng 成 차가운 조소와 신랄한 풍자를 하다. ¶他对新生事物总是~ | 그는 새로운 사물에 대해 늘 차갑게 조소를 보내고 신랄하게 풍자를 한다.
【冷处理】lěngchǔlǐ 名〈金〉냉간 처리 =〔冰冷处理〕
【冷床】lěngchuáng 名〈農〉냉상.
【冷待】lěngdài 動 냉대하다. 박대하다. ¶岳母yuèmǔ上回~了他, 他心里很不服气fúqì | 장모가 지난 번에 그를 박대하였기 때문에 그는 마음 속으로는 불복하고 있다 =〔薄bó待〕
4【冷淡】lěngdàn ❶形 쓸쓸〔적막, 한산〕하다. 불경기다. ¶店里的生意一向~ | 가게의 장사가 줄곧 불경기다. ¶气氛qìfēn~ | 분위기가 쓸쓸하다 =〔冷寂〕 ❷形 쌀쌀〔냉담, 냉정〕하다. 불친절하다. 무관심하다. ¶~地拒绝jùjué | 냉정하게 거절하다. ¶他待人态度很~ | 그는 사람 대하는 태도가 아주 냉담하다. ❸動 냉대〔푸대접〕하다. 쌀쌀하게 대하다. ¶要热情招待来访者, 别~了人家 | 찾아 온 사람을 따뜻하게 접대해야지 푸대접하지 말아라.
【冷碟(儿)】lěngdié(r) 名方 전채(前菜). 오르되브르 →〔冷盘(儿)〕
【冷丁】lěngdīng ⇒〔冷不防〕
【冷冻】lěngdòng 名動 냉동(하다). ¶~机 | 냉동기. ¶~食品 | 냉동 식품. ¶~卵luǎn婴儿yīngér | 인공 수정아. ¶~剂 | 냉동제. ¶~干燥gānzào | 냉동 건조.
【冷饭】lěngfàn 名 식은 밥. 찬밥. ¶今天晚上我们吃~ | 오늘 저녁은 식은 밥이다. ¶~吃了肚子dùzi疼 | 찬밥은 먹으면 배탈난다. 轉 쓸모 없는 물건〔것〕. ¶炒chǎo~ | 이미 한 말〔일〕을 되풀이 하다. 재탕하다.
【冷风】lěngfēng 名 ❶ 찬바람. 한풍(寒風). ¶刮guā~ | 찬바람이 불다. ❷轉 냉담한 말〔태도〕. ¶吹chuī~ | 냉담한 말을 하다. 찬물을 끼얹다. ❸俗 압축 공기.

ㄴ

【冷锋】lěngfēng 名〈氣〉한랭전선 =〔冷锋面〕〔冷空气前锋〕

【冷敷】lěngfū 名動〈醫〉얼음 찜질(하다). ¶用湿shī毛巾máojīn~头部 | 젖은 수건으로 머리를 냉찜질하다.

【冷宫】lěnggōng 名 ❶ 옛날, (총애를 잃은 왕비가 거처하던) 쓸쓸한 궁전. ❷ 轉 누구도 돌보지 않는 곳. 불필요한 물건을 두는 곳. ¶被他打入~ | 그는 총애를 잃고 쓸쓸한 나날을 보내게 되었다.

【冷光】lěngguāng 名〈物〉냉광.

【冷锅里冒热气】lěngguō·li mào rèqì 諺 찬 솥에서 뜨거운 김이 나오다. 喻 밑도 끝도 없는 말을 하다. 까닭 모를 말을 하다. ¶~, 哪儿来的话呢? | 밑도 끝도 없는 말을 하는군. 어디에서 나온 말이냐?

【冷害】lěnghài 名 냉해. 한랭에 의한 피해. ¶西北地区遭受zāoshòu~ | 서북 지구에서 냉해를 입었다.

【冷汗】lěnghàn 名 식은 땀. ¶出~ | 식은 땀이 나다. ¶他吓xià了一身~ | 그는 놀라서 전신에 식은땀이 다 났다.

【冷焊】lěnghàn 名〈工〉냉간 압접(冷間壓接) =〔冷压接〕

【冷荤】lěnghūn 名 차게 해서 먹는 고기 요리. ¶先上了一道~ | 먼저 찬 고기 요리가 올라왔다 →〔冷盘(儿)〕

【冷货】lěnghuò 名 잘 팔리지 않는 상품. 인기 없는 상품 =〔冷门货〕〔冷背货〕

【冷寂】lěngjì ⇒〔冷淡①〕

【冷加工】lěngjiāgōng 名〈工〉냉간 가공 [보통 절삭 가공에 관한 말로 쓰임] =〔常温加工〕

【冷箭】lěngjiàn 名 ❶ 갑자기 날아오는 화살 =〔暗àn箭〕 ❷ 貶 喻 불의(不意)의 위해(危害). 남몰래 사람을 해치는 수단. ¶此人惯于在暗中施放~ | 이 사람은 남모르게 사람을 잘 해친다. ¶在暗中射~, 不像个男子 | 몰래 사람을 해치려하다니 남자답지 않다 =〔冷拳〕 ❸ 喻 살을 에는 듯한 찬바람.

【冷箭伤人】lěng jiàn shāng rén 成 남몰래 (암암리에) 사람을 해치다[중상 모략하다].

3【冷静】lěngjìng 形 ❶ 方 조용〔고요〕하다. ¶清晨的公园, 人不多, 显得很~ | 새벽 공원은 사람이 많지 않아 아주 조용하다. ¶夜深了, 街上冷冷静静的 | 밤이 깊어 길거리가 아주 조용하다→〔清静①〕 ❷ 냉정〔침착〕하다. 이성적이다. ¶~庄重zhuāngzhòng的态度 | 냉엄한 태도. ¶~下来, 好好儿想些办法! | 냉정을 찾아서 방법을 잘 생각해봐라! ¶保持bǎochí~ | 냉정을 유지하다. ¶你的头脑要~~, 不要感情用事 | 좀 냉정하게 생각해라, 감정적으로 일을 처리해서는 안된다. ‖ 어법 주위환경에 대해서 「冷静」은 사람이 적어 시끌벅쩍하지 않음을 의미하나 「沉静」은 조그만 소리도 들리지 않을 정도로 조용함을 의미하고, 사람에 대해서는 「冷静」은 충동적이지 않고 이성적임을 의미하나 「沉静」은 말수가 적고 과묵한 성격임을 의미함.

【冷酒】lěngjiǔ 名 찬술. ¶~后犯 | 찬술은 나중에 취한다. 轉 그 때는 가만히 있다가 나중에 소란을 떨다. ¶有话趁chèn早儿说, 别~后犯 | 할 말이 있으면 빨리 말해라. 나중에 소란떨지 말고.

【冷觉】lěngjué 名〈生理〉냉각.

【冷峻】lěngjùn 形 냉담〔준엄〕하다. 냉혹〔무정〕하다. ¶屋里的空气~起来 | 방안 분위기가 엄숙해지다. ¶他一向很~ | 그는 지금껏 아주 냉혹하다.

【冷开水】lěngkāishuǐ 名組 方 끓여 식힌 물 =〔凉liáng开水〕

【冷库】lěngkù 名 냉장고. ¶猪肉zhūròu都存cún在~中 | 돼지고기는 모두 냉장고에 보관되어 있다 =〔冷藏库〕

【冷酷】lěngkù 名形 냉혹(하다). 잔인(하다). ¶被~地拒绝jùjué了 | 냉정하게 거절당했다. ¶他待人~ | 그는 사람을 냉혹하게 대한다 =〔冷毒〕

【冷酷无情】lěng kù wú qíng 成 냉혹하고 몰인정하다.

【冷冷儿】lěng·lengr 動 ❶ (마음을) 진정시키다. 식히다. 가라앉히다. ¶且等~老太太的心再说 | 할머니의 마음을 진정시킨 다음 얘기하자. ❷ 추워지다. ¶等~再给他们穿棉袄mián'ǎo | 추워지면 그들에게 솜옷을 입혀라.

【冷脸子】lěngliǎn·zi 名 ❶ 엄숙한〔무표정한〕 얼굴. ❷ 方 냉담한 표정. ¶别在看她的~, 咱们走吧 | 그녀의 냉담한 얼굴을 보고 있지 말고 가자.

【冷落】lěngluò ❶ 形 쓸쓸〔조용〕하다. ¶庭园~ | 정원이 쓸쓸하다. ¶冷冷落落的院子, 没有一点生气 | 아주 쓸쓸한 정원엔 생기라고는 조금도 없다. ¶过去这里很~, 现在变得热闹rènào了 | 과거에 여기는 매우 조용했었는데, 지금은 번화하게 변했다. ❷ 動 냉대하다. 푸대접하다. ¶别~了他 | 그를 냉대하지 말아라. ¶不可~了客人 | 손님을 푸대접해서는 안된다. ¶他没想到竟被~到这种地步 | 그는 어쩌다 이런 지경으로 푸대접받을 줄은 생각도 못했다.

【冷铆】lěngmǎo 名〈機〉냉간(冷間) 리벳(rivet).

【冷门(儿)】lěngmén(r) 名 ❶ 도박에서 돈을 잘 걸지 않는 곳. ❷ 喻 (학문·사업·경기 등의) 비인기 분야. 관심을 끌지 못하는 분야. ¶过去地质学是~儿 | 옛날 지질학은 비인기과목이었다. ¶今天这场球赛爆bào出了大~ | 오늘 이 경기는 갑자기 사람들의 주목을 받기 시작했다. 큰 이변이 나타났다 ⇔〔热门(儿)〕

【冷漠】lěngmò 形 냉담하다. 무관심하다. ¶~的态度 | 냉담한 태도. ¶他对朋友太~了 | 그는 친구들에게 너무 무관심하다.

【冷凝】lěngníng 名〈物〉응축. 응결. ¶~点 | 응결점.

【冷暖】lěngnuǎn 名 차가움과 따뜻함. 轉 일상 생활. ¶关心guānxīn群众的~ | 군중의 일상 생활에 관심을 갖다.

【冷暖自知】lěng nuǎn zì zhī 成 물이 찬지 더운지는 마셔 본 사람이 잘안다. 어떤 일을 당해 봐야 그 맛을 안다.

【冷盘(儿)】lěngpán(r) 名 ❶〈食〉냉채(冷菜) [중국 요리에서 맨 처음 나오는 큰 접시에 담은 여러가지 음식·술안주 등] ¶上了四个~ | 냉채 네

가지를 올렸다 =〔攒zǎn盘(儿)〕〔凉liáng菜②〕〔凉碟(儿)〕〔拼pīn盘(儿)〕→〔冷碟(儿)〕〔冷荤〕〔前菜〕〔小吃(儿)③〕〔压桌〕 ❷ (서양 요리의) 오르되브르(hors d'oeuvre; 프).

【冷僻】lěngpì 形 ❶ 한적하다. 외지다. 적적하다. ❷ (글자·명칭·전고(典故)·서적 등이) 생소하다. 보기 드물다. ¶~的典故diǎngù | 생소한 전고 =〔生僻shēngpì〕

【冷气】lěngqì 名 ❶ 냉기. 냉각 공기. 냉기류. ❷ 냉방 장치. 에어콘. ¶电影院开放~ | 극장에 에어콘을 가동하다. ❸ 소극적인 주장. ¶他专喜欢放~ | 그는 오로지 소극적인 주장만 한다.

【冷气团】lěngqìtuán 名〈氣〉한랭 기단.

【冷枪】lěngqiāng 名 ❶ 드문드문 쏘는 총소리. ¶远处yuǎnchù偶尔ǒuěr传来一两声~ | 먼 곳에서 이따금 한두발의 총소리가 들려왔다. ❷ 불의의 총격. 기습. ¶要提防dīfáng背后放~的人 | 배후에서 불의의 기습을 하는 사람을 경계해야 된다. ¶~杀敌 | 기습하여 적을 죽이다. ❸ 비방. 중상모략.

【冷峭】lěngqiào 形 ❶ 書 매우 춥다. ❷ 喩 말씨가 신랄하다〔모질다〕. 각박하다.

【冷清】lěng·qing 形 ❶ 쓸쓸〔썰렁, 적막, 적적〕하다. ¶家中只剩下我一个人了, 感到非常~ | 집안에 나 혼자만 남아있게 되어 무척 처량하다. ¶冬天游人少, 文殊山一带更加~ | 겨울에는 놀러 오는 사람이 적어서 문수산 일대는 더욱 쓸쓸하다. ❷ 한산하다. 불경기다. ❸ ⇒〔冷清清②〕

【冷清清】lěngqīngqīng 狀 ❶ 스산〔썰렁, 적막〕하다. ¶~的月色 | 스산한 달빛 =〔冷湫湫〕 ❷ 냉담하다 =〔冷清③〕

【冷湫湫】lěngqiūqiū ⇒〔冷清清①〕

【冷拳】lěngquán ⇒〔冷箭②〕

[3]【冷却】lěngquè 名 動 냉각(하다). ¶先~一下再加工 | 먼저 한번 냉각한 다음 가공하라.

【冷热病】lěngrèbìng 名 ❶ 方〈醫〉학질. 말라리아 =〔疟nüè疾〕 ❷ 喩 貶 기복이 심한 감정. ¶要一直保持旺盛wàngshèng的斗志, 不要犯~ | 왕성한 투지를 계속 유지해야지 변덕이 죽 끓 듯해서는 안된다.

【冷若冰霜】lěng ruò bīng shuāng 成 차갑기가 얼음·서리같다. ¶他对部下一向~ | 그는 부하에 대해서 지금까지 서릿발같다.

【冷色】lěngsè 名〈色〉한색. 찬색 [푸른색 및 그 계통의 색] =〔寒色〕⇔〔暖nuǎn色〕

【冷森森】lěngsēnsēn 狀 ❶ (냉기가 스며들어) 으슬으슬 춥다. ¶地下室里~的 | 지하실안은 으슬으슬 춥다. ❷ (적막하여) 으스스하다.

【冷杉】lěngshān 名〈植〉전나무 =〔枞cōng〕

【冷食】lěngshí 名 ❶ (아이스크림·청량 음료 등의) 차고 단 음식. ¶~部 | 빙과점. ❷ 차게 하여 먹는 음식.

【冷手】lěngshǒu 名 ❶ 찬 손. ❷ 비전문가. 초심자. 풋내기.

【冷水】lěngshuǐ 名 ❶ 자연수. 생수(生水). 끓이지 않은 물. ¶~浴 | 냉수욕. ¶~里有细菌xìjùn, 不能喝 | 끓이지 않은 생수는 세균이 있으니 마셔서는 안된다. ❷ 喩 찬물. 어법 주로「泼pō·浇jiāo」등의 목적어로 쓰임. ¶大家干得正起劲, 你千万不能泼~ | 모두들 지금 막 힘을 내서 일하고 있는데 제발 찬물을 끼얹지 마라.

【冷丝丝】lěngsīsī 狀 조금 춥다. 싸늘하다. 으슬으슬 하다. ¶这屋子没生火炉huǒlú, 窗缝chuāngfèng也没糊hú, 给人~的感觉 | 이 집은 화로도 피우지 않았고, 창문 틈도 바르지 않아서 으슬으슬하다 =〔冷丝儿丝儿的〕

【冷飕飕】lěngsōusōu 狀 (날씨나 바람이) 맵고 차다〔싸늘하다〕. ¶~的叫人打寒颤hánzhàn | 바람이 차가워서 몸이 으스스 떨린다. ¶从湖里刮来的~的风 | 호수에서 불어오는 차가운 바람. ¶外边~的受不住了 | 바깥 날씨가 맵고 차서 견디기 힘들다.

【冷烫】lěngtàng 名 콜드 퍼머넌트(cold permanent). ¶~精jīng | 콜드 퍼머넌트액(液) =〔化学烫(发)〕

【冷天】lěngtiān 名 추운 날(씨). ¶大~的, 别出门了 | 아주 추운 날씨이니 외출하지 마라.

【冷笑】lěngxiào 動 냉소하다. 조소하다. ¶他~了几声 | 그는 쌀쌀한 태도로 몇 번 비웃었다.

【冷血动物】lěngxuè dòngwù 名組 ❶〈動〉냉혈 동물 =〔变温动物〕 ❷ 喩 인정이 없고 냉혹한 사람. ¶他是~, 不懂得爱情 | 그는 냉혈동물이라 애정을 이해하지 못한다.

【冷言冷语】lěng yán lěng yǔ 成 쌀쌀한〔차가운〕말. 가시돋친 말. 비꼬는 말 =〔冷言热语〕

【冷眼】lěngyǎn 名 ❶ 차가운 눈(초리). 냉담한 대우(待遇). 냉대. ¶~看人 | 차가운 눈으로 사람을 보다. 냉대하다. ¶~看待 | 냉랭하게 대하다 →〔白眼〕 ❷ 喩 이성적이고 객관적인 태도. ¶~观察来客的言谈举止 | 냉철하게 손님의 언행을 관찰하다. ¶据我~, 她们还合得来 | 나의 냉철하고 객관적인 관찰에 따르면 그녀들은 그래도 같이 지낼 수 있을 것이다. ‖⇔〔暖眼〕

【冷眼旁观】lěng yǎn páng guān 成 ❶ 냉정한 눈으로〔태도로〕 방관하다. ❷ 외면하다. 본체 만체하다. ¶这是咱们大家的事, 你怎么可以~呢? | 이것은 우리 모두의 일인데 너는 어찌 본체 만체 할 수 있느냐?

【冷一句, 热一句】lěng yī jù, rè yī jù 成 ❶ 비꼬는〔빈정대는〕 말을 하다. ❷ 喩 때로는 냉담했다가 도 때로는 열심이다〔친절하다〕.

【冷一阵, 热一阵】lěng yī zhèn, rè yī zhèn 成 ❶ 때로는 춥고 때로는 덥다. ❷ 실망하기도 하고 희망을 갖기도 하다. 좋게 생각하기도 하고 나쁘게 생각하기도 하다. ❸ 때로는 냉담하고 때로는 열심이다〔친절하다〕.

[3]【冷饮】lěngyǐn 名 청량 음료. ¶买了一些~ | 청량 음료를 조금 샀다 ⇔〔热饮〕

【冷遇】lěngyù 動 냉대하다. 푸대접하다. ¶受到~ | 냉대를 받다.

【冷战】ⓐ lěngzhàn 名 냉전. ¶东西方的~结束了 | 동서방간의 냉전이 끝났다 ⇔〔热rè战〕

ⓑ (~儿) lěng·zhan(r) 名 口 전율. 몸서리. ¶刺骨的寒吹得他直打~ | 살을 에이는 찬바람이 매

섭게 불어 그는 줄곧 몸서리를 쳤다＝〔冷颤〕〔冷噤〕〔寒噤〕〔寒战〕〔寒栗〕

【冷子】lěng·zi 名〈氣〉❶ 진눈깨비. ❷㊗ 우박. ¶下一阵～ | 우박이 한바탕 쏟아지다＝〔雹báo〕→〔抽chōu冷子〕

lèng ㄌㄥˋ

3【愣〈睖₁〉】lèng 멍청할 릉 ❶動 멍하니 있다. 멍청하다. 어리둥절하다. ¶发～ | 멍청해지다. ¶他～了半天没说话 | 그는 한동안 어리둥절해서 말도 하지 못했다＝〔呆dāi〕〔楞lèng〕 ❷形㊀ 경솔하다. 덤벙대다. 거칠다. ¶～小子↓ ¶他说话做事太～ | 그는 언행(言行)이 너무 경솔하다. ❸形 무모하다. 무분별하다. 억지로 하다. ¶明知不对, 他～那么说 | 옳지 않은 것을 분명히 알면서도 그는 무분별하게 그렇게 말한다. ❹副 의외로. ¶下这么大雨, 你～不知道 | 이렇게 큰 비가 오는데도 정말 몰랐다고. ❺副 비록…하더라도. 가령 …라 해도. ¶～拉车, 不去当兵 | 비록 수레를 끌더라도 군대에는 안간다. ❻副 매우. 대단히. 특별히. ¶墙外有一棵～高的树 | 담장 밖에 아주 키 큰 나무가 한 그루 있다.

【愣干】lènggàn 動 억지로 하다. 되는 대로 하다. ¶～是不行的, 要有点科学kēxué头脑tóunǎo | 억지로 해서는 안되며 좀 과학적인 머리가 있어야 한다. ¶不要～, 要找窍门儿qiàoménr | 억지로 하지 말고 요령을 찾아야 된다.

【愣神儿】lèng/shénr 動㊄ 멍청해 하다. 얼이 빠지다. 얼떨떨해 하다. ¶他站在一旁～, 不知道想些什么 | 그는 한쪽 곁에 멍하니 서 있는데 무엇을 생각하는지 모르겠다. ¶你愣什么神儿, 快回去吧 | 너 뭘 멍하니 있는거냐 빨리 돌아가라.

【愣是】lèng·shi 副㊄ 어쨌든. 하여간. ¶她～不答应dāying | 그녀는 어쨌든 응하지 않은거야.

【愣说】lèngshuō 動 억지말을 하다. 억지를 쓰다. 생떼를 쓰다. ¶他～自己是队长duìzhǎng | 그는 자기가 대장이라고 억지를 쓴다.

【愣头瞌脑】lèng tóu kē nǎo ⇒〔愣头愣脑〕

【愣头愣脑】lèng tóu lèng nǎo 成 ❶ 멍청하다. 어리둥절해 하다. ❷ 경솔하고 조심성이 없다. 침착하지 못하다. ¶这孩子～的 | 이 애는 경솔하고 조심성이 없다 ‖＝〔愣头瞌脑〕

【愣小子】lèngxiǎo·zi 名㊍ 경솔한 사람〔젊은이〕. 덜렁쇠. 덜렁이. ¶我不喜欢这种～ | 나는 이런 덜렁이는 좋아하지 않는다.

【愣眼】lèngyǎn 動 시선을 돌리다. ¶～一看 | 한번 힐끗 보다.

【楞】lèng ☞ 楞 léng Ⓑ

lī ㄌㄧ

【俚】lī ☞ 俚 lǐ Ⓑ

【哩】lī ·li lǐ (又 yīnglǐ) 어조사 리

Ⓐ lī 形㊎ …와 같다. 이러하다. 그러하다. ¶～也罢～也罢 | 이래도 그만 저래도 그만. 이와 같을 뿐이다.

Ⓑ ·li 助㊄ ❶ 백화 소설(白話小說)에 쓰이는 어기조사(語氣助詞)로 용법이 표준어의 「呢·ne」와 거의 같으나, 의문문에는 쓰이지 않음. ¶他那人还没走～ | 그 사람은 아직 안 갔군. ❷ 용법이 표준어의 「啦·la」와 같으며, 사물을 열거할 때 쓰임. ¶用过了的碗wǎn～, 筷kuài子～, 都在一边儿, 放着 | 사용하고 난 후의 그릇·젓가락들이 그대로 옆에 놓여 있다.

Ⓒ lǐ 又 yīnglǐ 量〈度〉마일(mile) [합성약자(合成略字)로 「yīnglǐ」로도 읽음. 지금은 「英里」로 씀]

【哩哩啦啦】lī·lilālā ❶ 貺㊀ 어지러이. 띄엄띄엄. 간헐적으로 어법 주로 부사어로 쓰임. ¶他不会挑tiāo水, ～洒sǎ了一地 | 그는 물을 잘 길을 줄 몰라서 여기저기 질금질금 흘렸다. ¶米～撒sǎ了一地 | 쌀을 여기저기 흘렸다. ¶～下起雨来 | 후두둑 비가 오기 시작한다. ¶雨～下了好多天了 | 비가 오락가락 여러 날을 흩뿌렸다. ❷動 (일을) 척척 해내지 못하다. 실수를 많이 저지르다 ‖＝〔沥lì沥拉拉〕

【哩哩啰啰】lī·liluōluō 貺㊀ 말을 주절주절 분명치 않게 하다. 중얼거리다. ¶他～说了半天, 也不知说了个啥? | 그가 한참을 주절댔는데도 무엇을 말했는지 모르겠다. ¶母亲～唠叨láodáo个没完 | 어머니는 중얼 중얼 잔소리를 끊임없이 했다.

lí ㄌㄧˊ

【丽】lí ☞ 丽 lì Ⓑ

【骊(驪)】lí 가라말 려, 검을 려 ❶書名 검은 말＝〔骊驹jū〕❷ 지명에 쓰이는 글자. ¶～山 | 여산. 섬서성(陝西省) 임동현(臨潼縣)에 있는 산 이름.

【鲡(鱺)】lí 뱀장어 리, 가물치 리 ⇒〔鳗mán鲡〕

【鹂(鸝)】lí 꾀꼬리 리 ⇒〔黄huáng鹂〕

2【厘〈釐〉】lí 이 리, 다스릴 리 ❶量〈度〉리 [도량형(度量衡)의 단위] ⓐ 1「尺」(척)의 1000분의 1 [길이의 단위] ⓑ 1「两」(양)의 1000분의 1 [무게의 단위] ⓒ 1「亩」(묘)의 100분의 1 [넓이의 단위] ❷量 소수명(小數名). ⓐ 1의 100분의 1. ¶三～ | 100분의 3. ⓑ 연이율(年利率)에서는 100분의 1. ¶年利七～ | 연리 7푼. ⓒ 월이율에서는 1000분의 1. ¶月利五～ | 월리 5리. ❸ 다스리다. 정리하다. ¶～定↓ ❹ (Lí) 名 성(姓).

【厘定】lídìng 書動 정리 개정하다. 개정하다. ¶～农业政策 | 농업 정책을 개정하다＝〔厘订〕〔厘制〕

2【厘米】límǐ 名〈度〉센티미터(cm)＝〔公分①〕

【厘米波】límǐbō 名〈電氣〉센티미터파(cm波)→〔微波〕

【厘米克秒单位】límǐkèmiǎo dānwèi 名組〈物〉C.G.S 단위.

4【狸〈貍〉】lí 너구리 리 名〈動〉❶「豹猫bàomāo」(삵괭이)의 다른 이름 =〔狸子〕❷ 너구리. ❸ ⇒〔狐hú狸〕❹ ⇒〔河hé狸〕

【狸猫】límāo ⇒〔豹bào猫〕

【狸藻】lízǎo 名〈植〉통발 [통발과의 다년생 수초(水草)]

【狸子】lí·zi ⇒〔豹bào猫〕

【喱】lí 카레 리 ❶ ⇒〔咖gā喱〕❷ 量〈度〉그레인(grain) [야드·파운드법의 중량 단위. 0.0648g에 해당함] =〔克kè冷〕

2【梨〈棃〉】lí 배나무 리, 배 리 名❶〈植〉배나무 =〔梨树〕❷ 배 =〔梨子〕

【梨脯】lífǔ 名 껍질을 벗겨 두 쪽으로 잘라서 설탕 또는 꿀에 절인 배.

【梨膏】lígāo 名 배에서 짜낸 즙에 꿀을 타서 끓여 반고체 상태로 만든 것 [음료나 기침약으로 사용됨] ¶喝~有利于肺部fèibù | 배즙을 마시면 폐에 좋다 =〔秋qiū梨膏〕

【梨花大鼓】líhuā dàgǔ 名組 산동(山東)지방에서 발생한 「大鼓(书)」의 일종 [삼현금과 「梨花简」을 사용하여 연주함] =〔铁片大鼓〕〔山东大鼓〕

【梨花带雨】lí huā dài yǔ 威 ❶ 이슬 머금은 배꽃 같다 [미녀가 슬피우는 정경을 형용] ¶~, 粉面沾泪 | 배꽃은 빗방울에 젖고, 고운 얼굴은 눈물에 젖는다. ❷ 요염하고 아름답다.

【梨园】Líyuán 名 ❶ 이원 [당대(唐代)에 현종(玄宗)이 악공(樂工)·궁녀에게 음악·무용을 연습시키던 곳] ❷ (líyuán) 轉 극장. 연극계. 배우 사회. ¶~行háng | 배우 사회. 배우업. ¶投身tóushēn~ | 연예계에 투신하다.

【梨园子弟】lí yuán zǐ dì 威 ❶ 이원(梨園)에 속한 예인(藝人). ¶他早年曾是~ | 그는 일찌기 이원에 속한 예인이었다. ❷ (가무희곡(歌舞戲曲)의) 모든 예인을 통칭함 =〔梨园弟子〕

【梨子】lí·zi 名 方 배

4【犁〈犂〉】lí 쟁기 려, 얼룩소 리 ❶ 名〈農〉쟁기. ¶马拉~ | 마소가 끄는 쟁기. ❷ 動 쟁기로 밭을 갈다. ¶用新式犁~地 | 신식 쟁기로 땅을 갈다. ❸ 얼룩소. ¶~牛↓ ❹「黎」와 통용 ⇒〔黎lí②〕

【犁巴】lí·ba 名〈農〉쟁기. ¶~雨 | 갈이할 때 알맞게 오는 비. 喻 봄비 =〔犁头〕

【犁壁】líbì 名〈農〉(보습의) 볏 =〔犁镜〕

【犁铧】líhuá 名〈農〉(쟁기·경운기 등의 갈이용) 보습. ¶双shuāng~ | 두날 보습〔쟁기〕=〔铧〕〔犁刀〕

【犁镜】líjìng ⇒〔犁壁〕

【犁牛】líniú ❶ 名 方 부림소. 역우(役牛). ❷ 名 얼룩소. ¶~之子 | 威 천한 부모에게서 태어난 훌륭한 자식. ❸ ⇒〔牦máo牛〕

【犁田】lí/tián 動 논밭을 갈이하다〔일구다〕. ¶这一带还用牛~ | 이 일대는 소로 논밭을 일군다.

【犁头】lí·tou ⇒〔犁巴〕

【犁杖】lí·zhang 名〈農〉❶ 쟁깃술. ❷ 方 쟁기.

【蜊】lí 바지락개량조개 리 ⇒〔蛤gé蜊〕

1【离(離)】lí 떠날 리 ❶ 動 분리하다. 떨어지다. 갈라지다. 헤어지다. 분산하다. ¶他~家已经三年了 | 그는 집을 떠난 지 벌써 3년이 되었다. ¶他从来没~过家 | 그는 종래 집을 떠나 본 적이 없다. ¶寸步不~ | 촌보도 떨어지지 않다. 조금도 곁을 떠나지 않다. ❷ 動 모자라다. 결핍하다. …이 없다. 어법「离+名」의 형태로 문(句子)의 앞에 쓰여, 가정의 의미를 나타냄. ¶~了钢铁gāngtiě, 工业就不能发展 | 강철이 없이는 공업은 발전할 수 없다. ¶~眼镜, 我简直jiǎnzhí跟瞎子xiāzi一样 | 안경이 없이는 나는 그야말로 봉사와 같다. ¶别以为~了你就不行 | 너 없으면 안 되는 것으로 여기지 마라. ❸ 介 …로 부터. …에 비하면. …에서. 어법 ⓐ 장소를 나타냄. ¶~学校不远了 | 학교로 부터 멀지 않다. ¶北京~天津二百多里 | 북경은 천진에서 이백여 리 떨어져 있다. ⓑ 시간을 나타냄. ¶~中秋只有两天了 | 추석까지는 겨우 이틀 남았다. ¶~出发不到十分钟了 | 출발한 지 10분이 되지 않았다. ⓒ 목적을 나타냄. ¶我的成绩chéngjì~老师的要求还有距离jùlí | 나의 성적은 선생님의 요구에 비하여 아직 거리가 있다. ¶我们的工作~实际shíjì需要xūyào还差得远 | 우리들의 작업은 실제 필요에 비하면 아직 멀었다. ❹ 動 차이가 나다. (멀리) 떨어지다. ¶差不~ =〔差不多〕| 거의 차이가 없다. ¶还算不~ | 대체로 괜찮은 편이다. ¶还不大~儿 | 크게 차이가 나지 않다. ¶八九不~十(儿) | 십중팔구. ❺ 名 이괘 [팔괘(八卦)의 하나. 불(火)을 상징함] →〔八卦〕❻ (Lí) 성(姓).

【离岸加保险费价格】lí'àn jiā bǎoxiǎnfèi jiàgé 名組〈貿〉시 앤드 아이(C & I) 가격.

【离岸加运(费)价格】lí'àn jiā yùn(fèi) jiàgé 名組〈貿〉시 앤드 에프(C & F) 가격.

【离岸价(格)】lí àn jià(gé) 名組〈貿〉본선 인도가격(本船引渡價格). F.O.B. 가격 →〔到dào岸价(格)〕

【离别】líbié 動 이별하다. 헤어지다. ¶三天之后咱们就要~了 | 3일 후면 우리들은 헤어지게 될 것이다.

【离不开】lí ·bu kāi 動組 떨어질 수 없다. 그만둘 수 없다. ¶~手儿 | (바빠서) 손을 뗄〔뻴〕수 없다. ¶咱俩谁也~谁 | 우리 둘 중 누구도 그 누구와 떨어질 수 없다. ¶~眼儿 | (위험해서) 한눈을 팔 수 없다. 눈을 뗄 수 없다 ⇔〔离得开〕

【离不了】lí ·bu liǎo 動組 ❶ 떨어질 수 없다. ❷ 떨어질래야 떨어질 수 없다. …할 수밖에 없다. 없어서는 안 된다. ¶宣传是买卖场中万~的 | 선전은 장사하는 데 절대로 없어서는 안 되는 것이다. ¶鱼~水 | 물고기는 물과 떨어져서는 안된다 =〔跑pǎo不了〕〔逃táo不了〕‖ ⇔〔离得了〕

【离愁】líchóu 名 이별의 슬픔(근심). ¶无限~与谁人说 | 한없는 이별의 슬픔을 그 누구와 이야기할꺼나. ¶~别恨 | 威 이별의 근심과 한〔슬픔〕.

【离得了】lí ·de liǎo 動組 떨어질 수 있다. ¶孩子

已经断了奶nǎi, ～娘了 | 아이가 이미 젖을 떼었기 때문에 엄마한테서 떨어질 수 있다⇔〔离不了〕
【离队】lí/duì 動 ❶ 대오(隊伍)를 이탈하다. ¶他半道上～ | 그는 도중에서 대오를 이탈했다. ❷ 부서를 떠나다〔이탈하다〕.
【离港】lí/gǎng 動 출항하다.
【离格儿】lí/gér 動 ❶ 격식에 벗어나다. 상궤(常軌)를 벗어나다. 탈선하다. 실제와 맞지 않다. ¶～的行为 | 격식에 벗어난 행위. ¶写字儿离了格儿了 | 글자를 쓰는 것이 격식에 맞지 않다. ❷ 현격한 차이〔거리〕가 있다. ¶太离了格儿了 | 너무 차이가 난다.
【离宫】lígōng 名 이궁. 행궁(行宮). ¶皇帝住进了～ | 황제가 행궁으로 들어갔다.
【离合器】líhéqì 名〈機〉클러치(clutch). 연축기(連軸器). ¶确quèáo～ | 물림 클러치 ¶摩擦mócā～ | 마찰 클러치. ¶～踏板tàbǎn | 클러치 페달 =〔㊗靠kào背轮〕〔㊣㊇克kè拉子〕
2【离婚】lí/hūn ❶ 動 이혼하다. ¶跟他离了婚了 | 그와 이혼하다. ¶这对夫妻～了 | 이 부부는 이혼했다. ¶他离过几次婚 | 그는 몇 번 이혼한 적이 있다. ❷ (líhūn) 名 이혼. ¶办理bànlǐ～的手续shǒuxù | 이혼 수속을 하다.
【离家】lí jiā (자기) 집을 떠나다. 고향을 떠나다. 타향에 가다. ¶～千里地, 各处各乡风 | 諺 고장이 다르면, 풍습도 다르다. ¶～三里远, 别是一乡风 | 집에서 3리만 떨어져도 타향의 풍습이 있다.
【离间】líjiàn 動 이간하다. 사이가 벌어지게 하다. ¶～骨肉 | 형제의 사이를 벌어지게 하다. ¶～计 | 이간책. ¶有人专会挑拨tiǎobō～, 制造矛盾 | 어떤 사람은 오로지 충동질하고 이간질을 해서 사이가 나쁘게 만들 줄만 안다. ¶要提防dī·fang别有用心的人～我们的关系 | 속셈이 다른 사람이 우리의 관계를 이간질하는 것을 경계해야 한다.
【离解】líjiě 名〈物〉(원자의) 해리(解離). ¶～度 | 해리도. ¶～热 | 해리열. ¶～能 | 해리 에너지.
【离经叛道】lí jīng pàn dào 成 경서(經書)의 도리〔말씀〕를 따르지 않고 유가(儒家)의 도덕 전통을 어기다. 정도〔바른 길〕에서 벗어 나다. ¶他一向～, 我行xíng我素sù | 는그 줄곧 정도에서 벗어났는데도 자기 식대로 고집한다.
【离境】líjìng 動 경계를 벗어나다. 월경(越境)하다. 출국(出國)하다. ¶～手续 | 출국 수속.
【离绝】líjué 動 ❶ 書 관계를 끊다. 절연(絶緣)하다. 단절하다. ¶与世～ | 세상과 인연을 끊다.
1【离开】lí/kāi 動 떠나다. 벗어나다. 헤어지다. 떼어 놓다. ¶他已经～北京了 | 그는 이미 북경을 떠났다. ¶鱼～了水就不能活 | 물고기는 물을 떠나면 살 수 없다. ¶我不能～你 | 나는 너와 헤어질 수 없다.
【离谱(儿)】lí/pǔ(r) 動 ❶ 악보에 맞지 않다. 가락이 틀리다. ❷ 轉 실제와 다르다〔동떨어지다〕. 격식에 맞지 않다. 상궤(常軌)를 벗어나다. ¶今后报道bàodào消息不要太～ | 이제부터 소식보도는 실제와 너무 동떨어지게 하지 말라. ¶你的话也太～了 | 너의 말도 전혀 맞지 않다. ¶贵得太～了 | 너무 지나치게 비싸다.
【离奇】líqí 形 색다르다. 예사롭지 않다. 괴이하다. 기이하다. 진기(珍奇)하다. 불가사의하다. ¶～得惊jīng人 | 너무 기이하여 사람을 놀라게 한다. ¶～的故事 | 기괴한 이야기. ¶～古怪gǔguài | 成 기괴하다.
【离弃】líqì 動 (일·사람 등을) 내버려 두고 돌보지 않다.
【离腔走板】líqiāng zǒubǎn 成 ❶ 제 곡조에 맞지 않는 소리를 지르다. ❷ 轉 요점〔핵심〕에서 벗어나다. 정도(正道)를 밟지 않다〔벗어나다〕 ¶他的行为太～了 | 그의 행위는 너무 정도를 벗어났다 ‖ =〔离弦走板儿〕
【离情】líqíng 名 이별의 감정〔심사〕. ¶～依yī依 | 이별을 아쉬워하다. ¶～别绪biéxù | 이별의 감정 =〔离绪〕
【离去】líqù ❶ 動 떠나가다. ❷ 名〈電算〉퀴트(quit).
【离群索居】lí qún suǒ jū 成 무리를 떠나서 홀로 쓸쓸히 지내다. ¶他一向～, 以读书为乐 | 그는 여태 책 읽기를 낙으로 삼고 홀로 조용히 지낸다 =〔离索〕
【离任】lírèn 動 이임하다. ¶～回国 | 이임하고 귀국하다. ¶即将～的大使 | 머지 않아 이임하는 대사.
【离散】lísàn 動 (가족이) 이산하다. 뿔뿔이 흩어지다. ¶亲人～ | 육친들이 뿔뿔이 흩어지다.
【离山迢远】lí shān tiáo yuǎn 成 아득히 멀(리 떨어지)다.
【离身(儿)】lí/shēn(r) 動 (일에서) 몸을 떼다〔빼다〕. (물건을) 손에서 놓다. ¶行李不能～! | 짐을 손에서 놓아서는 안돼!
【离索】lísuǒ ⇒〔离群索居〕
【离题】lí/tí 動 ❶ (문장의 내용 등이) 주제〔본제(本題)〕로부터 벗어나다. ❷ (시험 등에서) 예상이 빗나가다.
【离题万里】lí tí wàn lǐ 成 주제(主題)에서 멀리 벗어나다. 내용과 제목이 영 딴판이다 =〔去qù题万里〕
【离析】líxī ❶ 書 動 분산하다. 분리하다. ¶分崩bēng～ | 지리멸렬하다. 사분오열되다. ¶使有用的金属从这矿石中～出来, 需要较高的技术 | 유용한 금속을 이 광석 중에서 분리해 내는 데는 비교적 높은 기술이 필요하다. ❷ 名〈金〉편석(偏析, segregation) =〔偏piān析〕 ❸ 動 분석하다. ¶要把各家的论点一一～清楚是很不容易的 | 각가의 논점을 일일이 정확하게 분석해내는 것은 쉽지 않다.
【离弦走板儿】lí xián zǒu bǎnr 成 말이나 하는 일이 준칙(準則)에서 벗어나다.
【离乡背井】lí xiāng bèi jǐng 成 정든 고향을 등지고 떠나다. ¶为避bì水灾shuǐzāi, 只得～ | 수재를 피하기 위해서는 정든 고향을 떠날 수 밖에 없다 =〔背井离乡〕
【离心】líxīn ❶ 動 (단체 혹은 지도자와) 한마음이 아니다. 뜻이 맞지 않다. 어법 대개「离德」과 병용함. ¶大家在一起工作, 要同心协力, 不能～离德 | 모두들 함께 일하니 한마음으로 협력해야지

뜻이 맞지 않아서는 안된다. ❷ 動 중심에서 멀어지다. 어법 대개 관형어로 쓰임. ¶～作用 | 원심작용. ❸ 名〈物〉 원심(遠心).

【离心泵】líxīnbèng 名〈物〉원심(遠心) 펌프 =〔离心水泵〕〔离心唧jī筒〕

【离心机】líxīnjī 名〈機〉원심 분리기(遠心分離機) =〔离心分离机〕

【离心离德】lí xīn lí dé 成 한마음 한뜻이 아니다. 불화반목(不和反目)하다. ¶他跟政府～ | 그는 정부와 한마음 한뜻이 아니다 ⇔〔同心同德〕

【离绪】líxù ⇒〔离情〕

【离异】líyì 書 名 動 이혼(離婚)(하다). ¶父母～, 孩子受罪shòuzuì | 부모가 이혼하면 애들이 고생이다 =〔离婚〕

【离辙】lí/zhé 動 口 喩 정도나 주제를 이탈하다. 탈선하다. ¶你这番话说得～了 | 너의 이 말은 주제를 벗어났다. ¶他这种行为离了辙 | 그의 이런 행동은 제궤도를 벗어난 것이다.

【离职】lí/zhí 動 ❶ (잠시) 직무를 떠나다. ¶他离了职到电大学习 | 그는 잠시 직무를 떠나 방송통신대학에서 공부하다 ⇔〔在职〕 ❷ 직무를 그만두다. 사직하다. ¶他写了～报告, 不想在这个厂干下去了 | 그는 사직서를 썼는데 이 공장에서 더 이상 일하려 하지 않는다.

【离子】lízǐ 名〈化〉이온. ¶水合氢qīng～ | 히도로늄 이온. ¶阴～ =〔负离子〕| 음이온. ¶阳～ =〔正离子〕| 양이온. ¶～化 | 전리 =〔游yóu子①〕〔外 伊yī洪〕

【离座】lízuò 動 자리를〔좌석을〕 뜨다.

【漓(灕)】lí 스밀 리, 엷을 리
❶ ⇒〔淋lín漓〕 ❷ ⇒〔浇jiāo漓〕

【蓠(蘺)】lí 돌피 리
⇒〔江jiāng蓠〕

【缡(縭)〈褵〉】lí 향주머니 리
書 ❶ 名 옛날, 부녀자의 패건(佩巾). ¶结jié～ | 옛날, 여자가 시집가다. ❷ 名 향주머니. ❸ 動 비단으로 신을 장식하다.

2【璃〈瓈〉】lí 유리 리
⇒〔玻bō璃〕〔琉liú璃〕

4【篱(籬)】lí 울타리 리
❶ 名 울타리. ¶竹～茅舍 | 대나무 울타리를 친 초가집. ❷→〔笊zhào篱〕

4【篱笆】lí·ba 名 (대나무·갈대·나뭇가지 등으로 만든) 울타리. 바자. ¶一道～ | 울타리 하나. ¶没有不透风tòufēng的～ | 바람이 새지 않는 울타리는 없다. 나쁜 일은 반드시 새 나간다. ¶～障儿zhàngr | 北 울타리 =〔方 笆篱〕

【篱落】líluò 書 名 울타리. ¶～围小院 | 울타리가 작은 뜰을 에워싸고 있다.

【嫠】lí 과부 려
書 名 과부(寡婦)→〔寡guǎ妇〕

【嫠妇】lífù 書 名 과부. ¶～夜啼yètí | 과부가 밤에 울다.

3【黎】lí 검을 려, 많을 려
❶ 많다. ¶～民↓ ❷ 검다. 어둡다 =〔犁④〕→〔黎明〕 ❸ 名〈民〉여족(黎族) [광동성(廣東省) 해남도(海南島)에 사는 소수 민족] ❹ (Lí) 名〈史〉옛 나라 이름 [지금의 산서성(山西省) 장치현(長治縣) 서남쪽에 있었음] ❺ (Lí) 名 성(姓).

【黎巴嫩】Líbānèn 名 外〈地〉레바논(Lebanon) [지중해의 동해안, 이스라엘 북쪽의 나라. 수도는 「贝鲁特bèilǔtè」(베이루트;Beirut)]

【黎黑】líhēi 書 貺 검다. 새까맣다. ¶面目～ | 얼굴이 검다 =〔黧lí黑〕

【黎俱吠陀】Líjù Fèituó 名 外〈書〉리그베다(Rig Veda; 범).

【黎民】límín 書 名 서민. 백성. ¶～百姓 | 일반 백성 =〔黎蒸zhēng〕〔黎众zhòng〕〔黎首shǒu〕〔黎庶shù〕〔黎元yuán〕

【黎明】límíng 名 여명. 새벽. 동틀 무렵. ¶～运动 | 계몽 운동.

【黎首】líshǒu ⇒〔黎民〕

【黎庶】líshù ⇒〔黎民〕

【黎元】líyuán ⇒〔黎民〕

【黎蒸】lízhēng ⇒〔黎民〕

【黎众】lízhòng ⇒〔黎民〕

【黎族】Lízú 名〈民〉여족 [광동(廣東)·해남도(海南島)에 거주하는 소수 민족]

【藜〈蔾〉】lí 명아주 려
❶ 名〈植〉명아주→〔莱lái①〕 ❷ ⇒〔蒺jí藜〕

【藜芦】lílú 名〈植〉여로 =〔鹿葱〕〔山葱〕

【藜杖】lízhàng 名 명아주 줄기로 만든 지팡이. ¶～韦带 | 명아주 지팡이와 가죽 때. 아주 검소한 생활.

【黧】lí 검을 리/려
名〈色〉흑황색. 암황색. ¶～黑↓

【黧黑】líhēi ⇒〔黎lí黑〕

【罹】lí 근심할 리, 걸릴 리
書 ❶ 動 (질병·재난 등을) 당하다. 만나다. ¶～病↓ ¶～灾 | 재난을 당하다. ❷ 名 재난. 우환(憂患). ¶逢féng此百～ | 이러한 온갖 우환을 만나다.

【罹病】líbìng 動 병에 걸리다. 병들다. ¶常年chángnián～ | 일년 내내 병에 걸려 있다 =〔罹患〕

【罹患】líhuàn ⇒〔罹病〕

【罹难】línàn 書 動 ❶ 조난(遭難)하다. ¶爬pá山的两个人可能～ | 등산한 두 사람은 조난을 당한 것 같다. ¶他在这次空袭kōngxí中不幸bùxìng～ | 그는 이번 공습에서 불행히도 조난당했다. ❷ 살해되다.

【蠡】lí ☞ 蠡 lǐ B

lǐ ㄌㄧˇ

1【礼(禮)】lǐ 예 례, 예물 례
名 ❶ 예. 예의. ¶婚hūn～ | 혼례. ¶丧sāng～ | 상례. ❷ 경례. 인사. ¶行了一个～ | 인사를 한번 했다. ¶敬～ | 경례. ¶大～ | 큰 절. ❸ 선물. 예물. ¶送～ | 선물하다. ¶情我领了, ～不能收 | 고마워하는 뜻은 받겠지만, 선물은 받을 수 없습니다. ¶～轻意重 | 선물

은 작지만 정성은 크다. ❹ 의식 =〔典礼〕 ¶毕业bìyè～ | 졸업식. ❺ (Lǐ) 〈書〉 예경(禮經)·주례(周禮)·의례(儀禮)·예기(禮記)의 총칭. ❻ (Lǐ) 성(姓).

3【礼拜】lǐbài ❶ 名動 예배(하다). ❷ 名口 주(週) [보통 「星期xīngqī」를 씀] ¶开学已经三个～了 | 개학한지 이미 삼주가 지났다. ¶还有三个～ | 아직 3주일이 있다. ❸ 名口 요일 [「天〔日〕, 一, 二, 三, 四, 五, 六」과 연용(連用)하여 요일을 나타냄] ¶～四 | 목요일. ❹ 名簡口 「礼拜天」의 약칭 =〔礼拜日〕

【礼拜寺】lǐbàisì 名 〈宗〉 회교의 사원(寺院). ¶奶奶到～去了 | 할머니는 회교 사원에 갔셨다 =〔清真qīngzhēn寺〕

【礼拜堂】lǐbàitáng 名 〈宗〉 예배당.

2【礼拜天】lǐbàitiān 名口 일요일. ¶～不上班 | 일요일은 근무하지 않는다 =〔礼拜日〕

【礼崩乐坏】lǐ bēng yuè huài 成 예악이 붕괴되다. 전통적인 예악이 파괴되다. ¶战国时期, ～, 民风日下 | 전국시대에 예악이 붕괴되어 민풍이 나날이 쇠락되었다.

【礼成】lǐchéng 動 의식(儀式)이 끝나다. ¶～后再撤chè走鲜花xiānhuā | 의식이 끝난 후 생화를 거두어 가다.

【礼单】lǐdān 名 ❶ 의식의 식순표. ¶送来了一张～ | 의식의 식순 한장을 보내왔다. ❷ 선물 명세서. 예물〔증정품〕목록 =〔礼帖〕

【礼多人不怪】lǐ duō rén bù guài 諺 예의·예절은 지나쳐도 사람들이 허물로 여기지 않는다.

【礼法】lǐfǎ 名 예법. 예의 법도(禮儀法度)=〔礼度〕

【礼服】lǐfú 名 예복(禮服) ¶他穿着～, 戴dài着领结lǐngjié | 그는 예복을 입고 나비 넥타이를 매고 있다→〔便biàn服①〕

【礼盒】lǐhé 名 선물갑. 선물합. 선물함 [선물을 담아 보내던 갑]

【礼花】lǐhuā 名 경축 행사를 거행할 때 쏘아 올리는 꽃불.

【礼记】Lǐjì 名 〈書〉 예기 [「五经」의 하나]→〔五经〕

【礼教】lǐjiào 名 예교. (봉건적인) 예법과 도덕.

4【礼节】lǐjié 名 예절. ¶不拘jū～ | 예의 범절에 구애받지 않다.

【礼金】lǐjīn 名 사례금(謝禮金). 축의금(祝儀金).

【礼路儿】lǐ·lur 名方 예절(禮節). 예의. 인사성. ¶～不利 | 예의가 없다. 인사성이 바르지 못하다→〔礼貌〕

【礼帽】lǐmào 名 ❶ 예모. ❷ 실크 모자.

2【礼貌】lǐmào ❶ 名 예의. ¶很有～ | 매우 예의 바르다. ¶没～ | 예의가 없다. ¶讲究～ | 예의를 중시하다. ❷ 形 예의 바르다. ¶他～地叫了一声:叔叔 | 그는 예의 바르게 「아저씨」하고 한번 불렀다. ¶这样说, 很不～ | 이렇게 말하면 아주 실례다→〔礼路儿〕

【礼炮】lǐpào 名 예포.

4【礼品】lǐpǐn ⇒〔礼物〕

【礼聘】lǐpìn 動 예를 갖추어 초빙(招聘)하다.

【礼器】lǐqì 名 관혼상제 등의 연회에서 사용하던 기물.

【礼钱】lǐqián 名俗 축의금.

【礼轻情意重】lǐ qīng qíngyì zhòng 諺 예물은 변변치 않으나 그 성의만은 대단하다 =〔諺 千里送鹅毛émáo, 礼轻情意重〕

【礼让】lǐràng 名動 예양(하다). 예의를 갖춰 사양하다. ¶兄弟俩互相hùxiāng～ | 형제가 서로 예의를 지키며 양보하다. ¶他在公共汽车上总是～老人 | 그는 버스 안에서 늘 노인에게 예의바르게 자리를 양보한다. ¶我～这位长者zhǎngzhě坐下 | 나는 이 어르신에게 자리를 양보한다.

【礼尚往来】lǐ shàng wǎng lái 成 ❶ 예절상 상호왕래〔답례〕를 중시하다. ¶～, 人之常情chángqíng | 서로 주고 받으며 예의를 갖추는 것이 인지상정이지. ¶老王结婚时, 小李送了一件毛衣, 现在老王办喜事xǐshì, 小李当然也要送点礼物, ～嘛 | 왕군이 결혼할 때, 이군이 털스웨터를 한 벌 선물했는데 이제 왕군이 결혼을 하려하니 이군이 당연히 선물을 좀 해야지. 서로 주고 받는 것이 예의니까. ❷ 상대방의 행동 여하에 따라 어떠한 행동을 취하다. 가는 말이 고와야 오는 말이 곱다. ¶他既然jìrán对我不客气, ～, 我当然也得děi回敬huíjìng他几句 | 그가 나에게 예의를 갖추지 않는 이상 나도 당연히 몇 마디 보답을 해주어야겠다.

【礼数】lǐshù 名口 ❶ 예의. 예모. 예절. ¶是待客dàikè的～里从来所没有的 | 손님을 접대하는 예절 중에 여태 없던 것이다. ¶不懂dǒng～ | 예의를 모르다. ❷ 사회적 신분·지위에 상응하는 예의·격식.

【礼俗】lǐsú 名 ❶ 예의와 풍속. ¶不拘～ | 예의와 풍속에 구애받지 아니하다. ❷ 관혼상제·내왕 등의 예절.

2【礼堂】lǐtáng 名 강당(講堂). 식장(式場).

1【礼物】lǐwù 名 ❶ 선물. 예물. ¶送什么～好? | 어떤 선물을 하면 좋겠습니까? ¶～商店 | 선물 상점. ❷ (간단한) 방문 선물 ‖ =〔礼品〕→〔拜bài礼①〕

【礼贤下士】lǐ xián xià shì 成 (옛날, 임금이나 대신이) 어진 이를 예의와 겸손으로 대하다. 인재를 중히 여기다. ¶我今天看见了一位～的大人先生, 在今世只怕是要算绝少juéshǎo的了 | 나는 오늘 인재를 중히 여기는 어르신을 한 분 뵈었는데 금세기에는 아마도 거의 찾아보기 어려운 분일 것이다.

【礼仪】lǐyí 名 예의. 예법. 예절과 의식. ¶～之邦bāng | 예의의 나라. ¶～熟透shútòu的人 | 예법에 아주 밝은 사람.

【礼遇】lǐyù 名動 예우(하다). 어법 대개 「给予·受到」의 목적어로 쓰임. ¶受到隆重lóngzhòng的～ | 성대한 예우를 받다.

【礼治】lǐzhì 名 예치 [예(禮)로써 백성을 다스리자는 유가의 정치 사상]

【礼烛】lǐzhú 名 혼례용 홍촉(紅燭).

2【李】lǐ 오얏나무 리

❶ 名 〈植〉 오얏나무 =〔李树〕〔李子树〕 ❷ (～子) 名 오얏 열매. ❸ ⇒〔行李〕 ❹ (Lǐ) 名

성(姓).

【李唐】Lǐ Táng 名 ❶ 이당. 당대(唐代) [당 황실이 이씨(李氏)였기 때문에 나온 말] ❷ (Lǐtáng) 〈人〉 이당 [송대(宋代)의 산수 화가]

【李子】lǐ·zi 名 ❶ 〈植〉 자두나무. ❷ 자두.

1【里】 ① lǐ 마을 리, 이 리
❶ 量 〈度〉 리. 길이의 단위. ⓐ「市里」의 약칭으로 500미터. ⓑ→〔公里〕〔英yīng里〕〔海hǎi里〕 ❷ 名 향리(鄕里). 고향. ¶故～ | 고향 ¶返fǎn～ | 고향에 돌아가다. ❸ 名 이웃. ¶邻～ | 이웃. ❹ 名 리 [옛날「五户」를「一邻」이라 하고「五邻」을「一里」라 했음] ❺ (Lǐ) 名 성(姓).

【里昂】Lǐ'áng 名 外 〈地〉 리옹 [프랑스 남동부에 있는 상공업 도시]

【里程】lǐchéng 名 ❶ 이정. 길의 이수(里數). 노정. ¶到县城xiànchéng有不少～呢 | 縣 정부 소재지까지는 꽤 먼 노정이 있다. ❷ 발전 과정. ¶生物的～ | 생물의 진화 과정.

【里程碑】lǐchéngbēi 名 ❶ 이정표 ⇒〔里程表〕

【里程标】lǐchéngbiāo ⇒〔里程碑〕

【里程表】lǐchéngbiǎo ⇒〔里程碑〕

【里根】Lǐgēn 名 外 〈人〉 레이건(Ronald Reagen ; 1911～) [미국의 제40대 대통령.「雷根」으로 표기하기도 함]

【里加】Lǐjiā 名 外 〈地〉 리가(Riga) [「拉脱维亚lātuōwéiyà」(라트비아;Latvia)의 수도]

【里拉】lǐlā 名 量 外 〈錢〉 리라(lira;이) [이탈리아의 화폐 단위의 하나] =〔外 利拉〕〔外 力剌〕〔外 李赖〕

【里弄】lǐlòng 名 方 ❶ 골목(길). ❷ 도시의 행정 단위. ¶～工作 | 골목(길)에 사는 주민에 대한 활동 ‖ =〔里巷〕

【里斯本】Lǐsīběn 名 外 〈地〉 리스본(Lisbon) [「葡萄牙pútáoyá」(포르투갈;Portugal)의 수도] =〔外 利斯本〕

【里巷】lǐxiàng ⇒〔里弄lòng〕

【里亚尔】lǐyà'ěr 名 量 外 〈錢〉 리아르 [이란의 화폐단위. 1「里亚尔」은 100「地那」]

【里约热内卢】Lǐyuē Rènèilú 名 外 〈地〉 리오데자네이로(Rio De Janeiro) [브라질의 옛 수도]

1【里(裡)〈裏〉】 ② lǐ 안 리, 속 리
❶ (～儿, ～子) 名 (의복·이불 등의) 속. 안. 종이·가죽·천 등의 안쪽의 면. ¶被～儿 | 이불 안. ¶衣服～儿 | 옷 속. ¶这是面儿, 那是～儿 | 이것은 겉이고 저것이 속이다. ¶这纸不分～儿面儿 | 이 종이는 안팎의 구분이 없다 ⇔〔面miàn②〕 ❷ 名 가운데. 속. 내부. ¶～屋↓ ¶～圈 | 울타리 안 ⇔〔外wài①〕→〔内nèi①〕 ❸ 名 일정한 구간·경계 안쪽. 안. 속. 가운데. …내. 내부. 어법 ⓐ (·li) 명사 뒤에 붙어 장소·시간·범위 등을 나타냄. ¶屋～有人 | 방 안에 사람이 있다. ¶暑假shǔjià～他来过两次 | 여름 방학 동안 그는 두 번 왔다. ¶他的发言～ | 그의 발언 중에. ¶往～走 | 안으로 걸어가다. ¶朝～看 | 안을 들어다 보다. ¶从～到外 | 안에서 밖으로. ⓑ 일부분의 단음절 형용사 뒤에 붙어 경향·방향 등을 나타냄. ¶往好～想 | 좋은 쪽으로 생각하다. ¶往少～说, 也有七八次 | 적게 말한다 해도 7, 8차례는 된다. ⓒ 명사 뒤에 방위사(方位詞)로 쓰인 경우는 모두 경성으로 읽음. ❹ 尾「这」「那」「哪」등의 뒤에 붙어서 장소를 나타냄. ¶这～ | 여기. ¶那～ | 저기. ¶哪～ | 어디. ❺ 名 〈漢醫〉 속 [몸의 내부·내장 조직을 말함] ¶～症↓ ⇔〔表biǎo⑩ⓑ〕

1【里边】lǐ·bian 名 ❶ (～儿) (일정한 시간·공간·범위) 이내. 동안. 안(쪽). 내부. 속. ¶～有人 | 안에 사람이 있다. ¶到～坐会儿吧 | 안으로 들어와 잠시 앉으세요. ¶他三年～没有请过一次假 | 그는 3년 동안에 한 번도 휴가를 내지 않았었다 =〔里厢〕〔里面〕〔里头①〕 ¶屋子～有多少人? | 방 안에는 몇 사람이 있습니까? ❷ 近 기원(妓院). 기루(妓樓). ¶同往～吃酒 | 함께 기루에 가서 술을 마시다.

【里表】lǐbiǎo 名 안팎. 안과 밖. 겉과 속. ¶～一致yīzhì | 겉과 속이 같다.

【里层】lǐcéng 名 ❶ (옷·모자·신 등의) 안. ¶～布 | 안감 =〔里子①〕 ❷ 옷 등의 안에 해당하는 부분.

【里出外进】lǐ chū wài jìn 威 가지런하지 않다. 울퉁불퉁하다. 들쭉날쭉하다. ¶牙yá长得～的 | 이가 들쭉날쭉하다. ¶马路边上的树栽zāi得～, 很不好看 | 길 옆의 가로수들이 들쭉날쭉 심어져 있어 아주 보기 싫다 =〔参差cēncī不齐〕

【里带】lǐdài ⇒〔里胎①〕

【里袋】lǐdài 名 안주머니. ¶西装～ | 양복의 안주머니 =〔内口袋〕

【里勾(儿)外联】lǐ gōu(r) wài lián 動組 내부 사람이 외부 사람과 결탁〔공모, 내통〕하다. ¶～, 搞gǎo各种形式的经济jīngjì协作xiézuò | 내부 사람과 결탁하여 각종 형식의 경제 협력을 하다.

【里肌】lǐ·ji ⇒〔里脊〕

【里脊】lǐ·ji 名 등심. ¶～丝(儿) | 등심살을 잘게 저민 것. ¶炸zhá～ | 등심을 기름에 튀긴 요리 =〔里肌〕〔力脊〕

【里间(儿)】lǐjiān(r) ⇒〔里屋〕

【里裤】lǐkù ⇒〔衬chèn裤〕

2【里面(儿)】lǐ·mian(r) ❶ ⇒〔里边①〕 ❷ 名 왼쪽. 좌측.

【里排】lǐpái 名 (식당이나 요릿집에서) 안쪽 식탁. ¶只有老王坐在～的桌前吃饭 | 왕씨만 안쪽의 앞 식탁에 앉아서 밥을 먹고 있다.

【里圈】lǐquān 名 〈體〉 (육상 경기의) 안쪽 레인(lane).

【里儿】lǐr 名 (옷·모자·신·이불 등의) 안 =〔里子〕

【里三层外三层】lǐ sāncéng wài sāncéng 俗 안으로 세 겹 밖으로 세 겹. 겹겹이. ¶会场四围～地挤jǐ满了人 | 회의장 둘레에는 사람들이 겹겹이 가득 모여 있다.

【里手】lǐshǒu ❶ (～儿) 名 (조종하는 차나 기계의) 왼쪽. 좌측. ¶骑qí自行车的总是从～上车 | 자전거를 타는 사람은 항상 왼쪽으로부터 올라탄다 ⇔〔外手(儿)〕→〔里头③〕 ❷ 名 方 전문가. 능수.

【里胎】lǐ·tāi 名 ❶ (타이어의)튜브(tube). ❷ 에어

백 (air bag). 공기 주머니.
【里通】lǐtōng 動 내통하다. ¶～外国 | 외국과 내통하다.
3【里头】lǐ·tou 名 ❶ 안. 내부. 속. 가운데. ¶这～有几本书 | 이 안에 책이 몇 권 있다 =〔里边①〕〔里面(儿)〕〔方 里首〕 ❷ 안쪽. ¶请～坐 | 안쪽에 앉으십시오. ¶往～拐guǎi | 안쪽으로 돌아가다. ¶到～打听打听 | 안에 가서 알아보다 ❸ 궁중. 내리(內裏). 대궐 →〔里手①〕
【里外里】lǐwàilǐ 方 ❶ 名 양쪽의 합계. 수입과 지출의 상계. ¶这个月省了五块钱, 爱人又多寄来十五块, ～有二十块的富余fùyú | 이번 달에는 오원을 절약했고 또 남편이 십오 원을 더 보내와, 양쪽을 보태 이십 원의 여유가 생겼다. ❷ 副 결국. 결과로는. 어떻게 해도 결국. ¶～一样 | 이러나 저러나 결국 마찬가지. ¶反正～都是一样的耗费 | 어떻든 결과는 모두 같은 경비이다.
【里屋】lǐwū 名 안방.「正房」양쪽에 있는 방. ¶我住在～ | 나는 안방에서 묵는다 =〔里间屋(子)〕〔里间(儿)〕〔进间〕〔内nèi屋〕
【里衣】lǐyī 名 속옷. 내의 =〔衬chèn衣(儿)〕〔内nèi衣〕〔贴tiē身衣〕
【里应外合】lǐ yìng wài hé 威 안팎에서 서로 호응하다. ¶是～, 没有家贼jiāzéi断乎duànhū偷tōu不了这许多去 | 안팎에서 호응한 것이야. 집안 도둑이 없다면 단연코 이 많은 것을 훔쳐갈 수 없을꺼야.
【里院】lǐyuàn 名「正zhèng房①」(안채)의 앞 뜰.
【里症】lǐzhèng 名〈漢醫〉이증 [몸(신체)안 깊숙한 곳의 병의 증세(증상)]
【里子】lǐ·zi 名 ❶ 의복·모자·신발 등의 속. ¶～布bù | 안감 =〔里儿〕〔里层①〕⇔〔面子④〕 ❷〈演映〉조연자(助演者). 조역. ❸ 㡳 台 속에 든 것. 숨은 교양 [「面子」가「체면」이란 뜻에서 파생된 말] ¶他是个很有～的人 | 그는 속이 꽉 찬 사람이다.

【俚】 lǐ lī 속될 리

Ⓐ lǐ 形 천하다. 통속적이다. ¶～言↓ ¶～歌↓
Ⓑ lī 代 奧 그 사람. 그녀 [표준어의「他」(그),「她」(그녀)에 해당함] ¶～笃dǔ | 그들.
【俚歌】lǐgē 名 속요. 통속가요. 민간가요. ¶收集shōují了几十首～ | 수십 수의 속요를 수집했다.
【俚俗】lǐsú ❶ 名 민간의 풍속. ❷ 形 통속적이다. 비속하다. ¶用词～, 颇pō有乡土xiāngtǔ气息qìxī | 어휘 사용이 통속적이고, 향토적인 냄새가 난다.
【俚言】lǐyán 名 ❶ (비속하거나 통용 지역이 극히 좁은) 방언. ❷ 속어(俗語). 상말. 속된 말 ‖ =〔俚语〕
【俚谚】lǐyàn 名 항간에 널리 쓰이는 통속적인 속담. ¶～中很有一些哲理zhélǐ | 속담 속에도 이치가 많이 담겨 있다 =〔里谚〕〔野yě谚〕
【俚语】lǐyǔ ⇒〔俚言〕

【哩】 lǐ ☞ 哩 lī Ⓒ

【娌】 lǐ 동서 리

⇒〔妯zhóu娌〕

【悝】 lǐ ☞ 悝 kuī Ⓑ

1【理】 lǐ 다스릴 리

❶ 名 이치. 도리. 조리. 법칙. ¶按àn～说 | 이치대로 말하면. ¶有条tiáo有～ | 조리 정연하다. ¶这次争吵zhēngchǎo, 是你没有～, ～在他那边 | 이번 언쟁에서 너에게는 일리가 없고 그가 일리가 있다. ❷ 名 자연과학·이학·물리학을 가리킴. ¶物～学 | 물리학. ¶～科 | 이과. ¶数～化 | 수학·물리학·화학. ¶我喜欢学文, 我不喜欢学～ | 나는 인문학을 공부하고 싶지 자연과학을 공부하고 싶지않다. ❸ 動 정리하다. ¶整～ | 정리하다. ¶妈! 你把我的床也～好了 | 엄마! 제 침대도 다 정리하셨군요. ❹ 動 상관하다. 상대하다. 아랑곳하다 어법 주로 부정문에 씀. ¶今天他们俩谁也不～谁 | 오늘 그들 둘은 서로 아랑곳하지 않는다. ¶～都不～ | 전혀 거들떠보지도 않다. ¶跟他说了半天, 他～也不～ | 그에게 한참동안 얘기 했으나 그는 거들떠보지도 않는다. ¶置之不～ | 威 내버려 두고 거들떠보지 않다. ❺ 결. 무늬. 모양. ¶木～ | 나뭇결. ¶肌jī～ | 살결. ❻ 다루다. 관리하다. 처리하다. ¶～财↓ ¶当家～事 | 집안일을 맡아 처리하다. ❼ 書 名 법관. ❽ (Lǐ) 名 성(姓).
【理财】lǐ/cái ❶ 動 재정을 관리하다. ¶他虽会赚钱zhuànqián, 但不善～ | 그는 비록 돈을 잘 벌지만, 관리는 잘하지 못한다. ❷ (lǐcái) 書 名 재정.
4【理睬】lǐcǎi 動 (다른 사람의 언행에 대해) 아랑곳하다. 거들떠보다. 상대하다. 어법 주로 부정·금지에 쓰임. ¶但是他依旧yījiù不～她 | 그러나 그는 여전히 그녀를 거들떠보지 않는다. ¶他再不～听筒tīngtǒng中那吱zī吱的声音 | 그는 다시는 수화기에서 나는 지지직하는 소리에 아랑곳하지 않는다. ¶这儿的人谁也不愿yuàn～他 | 여기에 있는 사람은 누구도 그와 상대하려 하지 않는다.
【理当】lǐdāng 당연히. 당연히 …해야 한다. ¶～改过自新 | 당연히 잘못을 고쳐 새사람이 되어야 한다. ¶～, ～! | 매우 지당합니다. ¶别客气, 这是我～的 | 그렇게 감사할 필요 없습니다. 이건 제가 마땅히 해야할 일인걸요 =〔理该〕〔理应〕
【理短】lǐduǎn 形 조리에 어긋나다. 이유가 서지 않다. 이치에 닿지 않다. ¶觉得自己～, 无法辩驳 | 자신이 조리에 어긋나 반박할 수가 없다고 느끼다 =〔理亏〕〔理曲〕〔理屈〕〔理偏〕⇔〔理长〕
2【理发】lǐ/fà 動 이발하다. ¶～匠 =〔理发员〕〔理发师〕| 이발사. ¶～馆 =〔理发店〕| 이발소. ¶～时候颈脖子jǐngbózi上粘zhān了许多短头发 | 이발할 때 목에 짧은 머리카락이 많이 붙어 있다.
【理合】lǐhé 札 당연히 …해야 한다 [옛 공문서 용어] ¶～据实备文呈报 | 당연히 사실에 근거하여 문서로 보고해야 한다.
【理化】lǐhuà 名 ❶ 물리학과 화학. ❷ 書 정치와 교화. ❸ 書 만물 이치의 변화.
4【理会】lǐhuì ❶ 動 알다. 이해하다. ¶这段话的意思不难～ | 이 말 한토막의 뜻은 이해하기 어렵

지 않다. ¶人家说了半天, 他也没～, 到时候还是问这问那 | 남들이 한참 동안 얘기했는데도 그는 이해하지 못하고 막상 때가 되서도 여전히 이것 저것을 묻는다. ¶你这村鸟diǎo～得什么! | 너 같은 시골뜨기가 무엇을 알겠니! 《水滸傳》 ❷ (～儿) 動 주의를〔관심을〕 기울이다. 아랑곳하다. 상관하다. 어법 주로 부정문에 쓰임. ¶不予yǔ～ | 주의를 기울이지 않다. ¶儿子死了, 他会一点儿不～! | 자식이 죽었는데 그가 조금도 아랑곳하지 않을 리가 있나! ¶他在旁边站了半天, 谁也没～ | 그가 한동안 옆에 서 있었는데도 아무도 상대해 주지 않았다.

²【理解】lǐjiě 名動 이해(하다). ¶～力 | 이해력. ¶加深～ | 이해를 깊게 하다. ¶只能那样～ | 그렇게 이해할 수 밖에 없다. ¶你的意思我完全～了 | 너의 뜻은 내가 완전히 이해했다. ¶彼此bǐcǐ～ | 서로 이해하다→〔了liǎo解〕

【理科】lǐkē 名 ❶ 이과. ❷ (대학의) 이학부(理學部). 자연 과학 대학.

【理亏】lǐkuī ⇒〔理短〕

【理疗】lǐliáo 名 簡 〈醫〉「物理疗法」(물리 요법)의 약칭. ¶到医院去做～ | 병원에 가서 물리치료를 하다.

【理路】lǐlù 名 ❶ (생각이나 글의) 조리. ¶他的文章～清楚 | 그의 글은 조리가 분명하다. ❷ 方 조리. 이치. ¶他每句话都在～上, 使人听了不能不心服 | 그의 모든 말이 다 일리가 있어서, 사람들이 듣고는 심복하지 않을 수 없게 한다. ¶你的话说得很有～, 我完全同意tóngyì | 네가 하는 말은 매우 일리가 있어 나는 완전히 동의한다.

²【理论】lǐlùn ❶ 名 이론. ¶～家 | 이론가. ¶研究～ | 이론을 연구하다. ¶～联系liánxì实际shíjì | 이론이 실제와 결부되다. ❷ 近 動 시비를 가리다. 이치를 따지다. ¶待我回来, 再和他～ | 내가 돌아온 다음 다시 그와 시비를 가리자. ¶何必这么～ | 이렇게 논쟁할 필요가 있는가 =〔讲jiǎng理①〕 ❸ 近 動 알아채다. 느끼다 =〔理会②〕

【理念】lǐniàn 名 〈哲〉 이념.

【理气】lǐqì 名 ❶ 〈漢醫〉 약물로써 기(氣)의 막힘·기허(氣虛)·기의 역류 현상 등을 치료하는 방법. ❷ 이(理)와 기(氣) [성리학(性理學) 용어] ❸ 문장의 이론(理論)과 기세(氣勢).

【理屈词穷】lǐ qū cí qióng 成 이치가 닿지 않아 말문이 막히다. ¶他一下子～, 愣在那儿了 | 그는 잠깐 조리가 어긋나 말문이 막히자 그곳에 멍하니 있었다 =〔理屈词谬〕

【理儿】lǐr 名 도리(道理). ¶说不出～来 | 도리에 맞는 말을 하지 못하다. (그) 이유를 설명하지 못하다.

⁴【理事】lǐ·shì ❶ 名 이사. ¶安全～会 | 안전 보장 이사회. ❷ 動 일을 처리하다.

【理顺】lǐshùn ❶ 動 순리에 따르다 ❷ 알맞게 하다. 적합〔적당〕하게 하다. 순조롭게 하다. ¶～各种关系 | 각종 관계를 순조롭게 하다.

⁴【理所当然】lǐ suǒ dāng rán 成 도리(道理)로 보아 당연하다. ¶子女赡养shànyǎng父母是～的事情 | 자녀가 부모를 봉양하는 것은 도리로 보아 당연한 일이다.

²【理想】lǐxiǎng ❶ 名 이상. ¶～的伴侣bànlǚ | 이상적인 짝. ¶永远和平是人类rénlèi的～ | 영원한 평화가 인류의 이상이다. ❷ 形 이상적이다. ¶最～的环境huánjìng | 가장 이상적인 환경. ¶这件事办得很～ | 이 일은 아주 이상적으로 처리했다. ¶～价格 | 희망 가격. ❸ 動 이치에 따라〔도리에 맞게〕 생각하다.

【理性】lǐxìng ❶ 名 이성. ¶失去～ | 이성을 잃다 →〔本běn能〕〔感gǎn性〕 ❷ 形 이성적이다. 지적이다. ¶这种做法很～ | 이런 방법이 이성적이다.

【理性认识】lǐxìngrèn·shi 名組 〈哲〉 이성적 인식.

【理学】lǐxué 名 ❶ (송대(宋代)의) 이학 =〔道学〕〔宋学〕 ❷ 이학. 자연 과학(自然科學)의 총칭.

【理应】lǐyīng ⇒〔理当〕

²【理由(儿)】lǐyóu(r) 名 이유. 까닭. ¶毫无～ | 조금의 이유도 없다. ¶～充足 | 이유가 충분하다. ¶有充分的～ | 충분한 이유. ¶～不详 | 이유 불명. ¶大家都以为这不成～ | 모두들 이것은 이유가 되지 않는다고 생각한다.

⁴【理直气壮】lǐ zhí qì zhuàng 成 이유가 정확하고 충분하여 말의 기세가 아주 당당하다. 떳떳하다.

【理智】lǐzhì ❶ 名 이지. 이성. ¶丧失sàngshī～ | 이성을 잃다. ❷ 形 이지적이다. ¶不～ | 이지적이지 못하다. ¶他一向很～ | 그는 지금까지 늘 이지적이다.

【锂(鋰)】 lǐ (리튬 리)

名 〈化〉 화학 원소 명. 리튬(Li; lithium) [금속 중 가장 가벼움]

【锂云母】lǐyúnmǔ 名 〈鑛〉 리티아(lithia)운모.

【鲤(鯉)】 lǐ 잉어 리

名 〈魚貝〉 잉어 =〔鲤鱼〕

【鲤鱼】lǐyú 名 〈魚貝〉 잉어 =〔方 鲤子〕〔俗 鲤拐子〕

【鲤鱼钳】lǐyúqián 名 〈機〉 外 펜치(slip joint plier)

【鲤(鱼)跳龙门】lǐ(yú) tiào lóngmén 諺 ❶ 잉어가 용문에 오르다. 喩 출세하다. ❷ 벌떡 일어나다. ¶他一个～, 到了班长身边 | 그는 벌떡 일어나 분대장 옆으로 왔다→〔龙lóng门〕

【逦(邐)】 lǐ 연할 리

⇒〔逦迤〕〔迤yǐ逦〕

【逦迤】lǐyǐ 書 狀 구비구비 연달아 있다. 구불구불 잇닿다. ¶群山qúnshān～ | 산들이 구비구비 겹쳐 있다 =〔迤逦〕

【澧】 lǐ 물이름 례

지명에 쓰이는 글자. ¶～水 | 예수. 호남성(湖南省)에 있는 강 이름

【醴】 lǐ 단술 례, 달 례

書 ❶ 名 감주(甘酒). ¶醇chún～ | 진한 감주. ❷ 名 감천(甘泉). 물맛이 좋은 샘. ❸ 形 감미롭다. ❹ 지명에 쓰이는 글자. ¶～泉县Lǐquánxiàn | 예천현. 섬서성(陝西省)에 있는 현 이름 [지금은「礼泉」이라 씀]

【醴酒不设】lǐ jiǔ bù shè 成 감주를 상에 올리지 않다. 사람을 잘 접대하지 않다.

【鳢(鱧)】 lǐ 가물치 례

名 〈魚貝〉 가물치(과의 총칭) =〔乌鳢①〕〔鳢鱼〕〔黑鱼〕〔蠡lǐ鱼〕〔财鱼〕

【蠡】lǐ lí 나무좀 려, 표주박 려
Ⓐlǐ ❶名〈蟲〉나무좀. ❷書動 벌레가 나무를 좀먹다. ❸喩 낡은 기물(器物). ❹(Lǐ) 名〈地〉ⓐ 여현(蠡縣)[하북성(河北省)에 있는 현 이름] ⓑ 여호(蠡湖) [강소성(江蘇省) 무석시(無錫市) 동남쪽 25km에 있는 호수] ❺ 인명에 쓰이는 글자. ¶范～ | 범여. 춘추(春秋)시대의 사람.
Ⓑlí 名❶ 표주박. ¶以～测海cèhǎi =〔以蠡酌zhuó海〕| 표주박으로 바닷물을 되다. 좁은 견식으로 헤아리다. ❷조가비. 조개 껍질.
【蠡实】lǐshí 名〈植〉타래붓꽃 =〔旱hàn蒲〕〔荔lì实〕〔马mǎ蔺(子)〕〔马帚〕〔豕shǐ首〕
【蠡鱼】lǐyú ⇒〔鳢lǐ〕

lì ㄌㄧˋ

1【力】lì 힘 력
❶名 힘. 물체의 운동 상태를 변화시키는 원인이 되는 작용. ❷名 힘. 체력. ¶～大无穷 | 힘이 한없이 세다. ¶用～推车tuīchē | 힘을 써서 수레를 밀다. ¶他出了不少～ | 그는 적지 않은 힘을 썼다. ¶～不能支 | 威 힘으로 지탱할 수 없다. ❸능력. 사물의 기능이나 효능. 힘. ¶目mù～ | 시력. ¶脑nǎo～ | 지력. ¶能～ | 능력. ¶理解～ | 이해력. ¶说服～ | 설득력. ¶药～ | 약의 효력. ❹힘을 다하다. 노력하다. ¶～战↓ ¶～戒↓ ❺形 강하다. 튼튼하다. ¶我身板儿shēnbǎnr不～ | 나는 체력이 약하다. ❻量 (성분의 함유량을 나타내는) 퍼센트(%). 백분율. ¶九九～锌粉xīnfěn | 99퍼센트의 아연분. ❼(Lì) 名 성(姓).
【力巴(儿)】lì·ba ❶形 方 미숙하다. 졸렬하다. 서투르다. 문외한이다. ¶对这一套tào技术jìshù我可～得很 | 이 일련의 기술에 대해서는 나는 정말 서투르다. ¶你刻字倒像行家hángjiā, 写字可是～ | 너는 글자를 새기는 데는 전문가 같지만, 글씨는 정말 미숙하구나. ❷名 미숙한 사람. 풋내기. 문외한 =〔力巴头(儿)〕〔力把(儿)头〕〔劣liè巴(儿)〕〔劣把(儿)〕
【力巴头(儿)】lì·ba·tour ⇒〔力巴〕
【力把(儿)头】lì·bǎr·tou ⇒〔力巴〕
【力笨】lì·ben 形 서투르다. 미숙하다. ¶作得一点不～ | 잘 만들어 조금도 미숙해 보이지 않는다.
【力避】lìbì 書動 힘껏 피하다. 애써 벗어나다. ¶～我的视线shìxiàn | 나의 시선을 애써 피하다.
【力臂】lìbì 名〈物〉지레의 받침점에서 힘점까지의 거리.
【力薄才疏】lì bó cái shū 威謙 능력도 없고, 재능도 없다. ¶我～, 不胜shèng此职cǐzhí | 저는 능력도 재능도 없으니 이 직무를 감당할 수 없습니다.
【力不从心】lì bù cóng xīn 威 능력이 의지를 따르지 못하다. ¶干这事他有一点～ | 이 일을 하는데 있어 그는 의지만 있지 능력이 따라주지 않는 것 같다.
【力不能支】lì bù néng zhī 威 버틸 힘이 없다
【力不胜任】lì bù shèng rèn 威 능력이 모자라 일을 맡을 수 없다. ¶当队长我～ | 대장 직을 맡기에는 저는 능력이 따라주지 못합니다.
【力持】lìchí 動 견지(堅持)하다. ¶～正义 | 정의를 견지하다.
【力畜】lìchù 名 역축(役畜). 부림 짐승 =〔役yì畜〕
【力挫】lìcuò 動 힘을 다하여 이기다. ¶～对手duìshǒu | 힘을 다해 상대방을 이기다.
【力点】lìdiǎn 名〈物〉역점. 힘점.
【力竭气喘】lì jié qì chuǎn 威 힘도 다하고 숨도 가쁘다.
【力竭声嘶】lì jié shēng sī 威 힘도 다하고 목도 쉬다. 피곤이 극도에 달하다 =〔声嘶力竭〕
【力戒】lìjiè 動 힘껏 경계하다. 극력 방지하다. ¶～骄傲jiāoào | 힘껏 오만을 경계하다. ¶～浪费làngfèi | 애써 낭비를 막다.
【力矩】lìjǔ 名〈物〉(힘의) 모멘트(moment)
【力克】lìkè 動 힘을 다하여 이기다. ¶～强敌qiángdí | 강적을 물리치다.
2【力量】lì·liang 名❶ 힘 [추상적인 힘을 포함] ¶人多～大 | 사람이 많으면 힘도 크다. ¶不团结tuánjié, 就没有～, 就翻不了身 | 단결하지 않으면 힘이 없고 또 처지를 개선할 수도 없다. ❷능력. 역량. 힘. ¶尽jìn一切yīqiè～ | 모든 역량을 다하다. 최선을 다하다. ¶他很有～ | 그는 매우 능력이 있다. ❸세력. ¶政治～ | 정치 세력. ¶民主～ | 민주 세력. ¶～薄弱bóruò | 세력이 약하다. ¶根本的～ | 기본적인 세력. ❹효력. 작용. 역할. ¶这种农药的～很大 | 이 농약은 효력이 매우 크다. ¶这篇文章揭露jiēlù敌人的阴谋yīnmóu, 很有～ | 이 글은 적의 음모를 폭로하는데 큰 역할을 했다. ❺병력. ¶武装wǔzhuāng～ | 무장병력. ‖ 어법 「力量」은 추상적인 사물에 대해서도 쓰일 수 있고, 물리적인 힘 외에도 능력·효력·역할 등의 의미로도 쓰이지만, 「力气」는 구체적인 사람이나 동물의 힘만을 의미함.
【力能举鼎】lì néng jǔ dǐng 威 무쇠솥을 들어 올릴 만한 힘이 있다. 굉장한 힘이 있다. ¶他～, 才智过人 | 그는 힘도 굉장하고 재주도 비범하다.
【力偶】lì'ǒu 名〈物〉우력(偶力). 짝힘. ¶～的力矩 | 짝힘의 모멘트 =〔偶力〕
【力排众议】lì pái zhòng yì 威 여러사람의 의견을 극력 배제하다. 자신의 의견만을 내세우다. ¶他～, 举荐jǔjiàn小南当队长 | 그는 여러 사람의 의견을 배제하고 남군을 대장으로 추천했다.
2【力气】lì·qi 名 (육체적인) 힘. 완력. 체력. ¶很有～ | 힘이 세다. ¶出～ | 힘을 내다. ¶我们年轻人不掏tāo～, 对得起谁呀? | 우리 젊은이들이 힘을 내지 않는다면 누구를 볼 면목이 있겠는가? ¶觉得身子软绵绵ruǎnmiánmián的, 四肢sìzhī没有～ | 몸이 나른하고 사지에 힘이 하나도 없는 것 같다. ¶卖～的 | 俗 노동자. 막일꾼. ¶卖～ | ⓐ 노동력을 팔다. ⓑ 힘을 쓰다. 힘써 하다. ¶吃奶～ | 젖먹던 힘 =〔方 气力①〕→〔体tǐ〕
【力气活(儿)】lì·qihuó(r) 名 노동. 막일. 고된 일. 힘이 드는 육체 노동. ¶我干的全是～ | 내가 하는 일은 전부가 힘든 막일이다.
【力钱】lì·qian 名 方 품삯. 심부름 삯. ¶挑行李, 挣zhèng几个～ | 짐을 져주고 품삯을 조금 벌다.

¶开发～ | 심부름 삯을 주다 =〔辛xīn力钱〕〔脚jiǎo钱②〕

3【力求】lìqiú 書 動 貶 힘써 노력하다〔추구하다〕. 되도록 힘쓰다. 어법 반드시 술어나 술어성 어구가 목적어로 와야 함. 「力图」가 좋거나 나쁜 의미로 다 쓸 수 있는데 비해 「力求」는 좋은 의미로만 사용됨. ¶～取得好的成绩 | 좋은 성적을 거두려고 힘쓰다. ¶我们～取得一致意见 | 우리는 일치된 의견을 얻으려고 애써 노력할 것이다. ¶写文章～合乎héhū群众qúnzhòng的口味kǒuwèi | 글을 쓰는데 대중의 구미에 맞도록 애쓴다.

【力劝】lìquàn 書 動 힘써 권하다. ¶～诸君zhūjūn用功读书! | 여러분 열심히 공부하십시오.

【力所能及】lì suǒ néng jí 成 힘이 능히 미치다. 스스로 할 만한 능력이 있다. ¶在～的范围fànwéi内帮助别人 | 힘 자라는 범위 내에서 다른 사람을 돕다. ¶只要我～, 一定把它做好 | 내 힘으로 할 수만 있다면 반드시 그것을 완수하겠다.

【力透纸背】lì tòu zhǐ bèi 成 붓의 힘이 종이 뒷면에까지 배어들다. 글씨나 문장 등이 힘차다. ¶他的文章语气坚决jiānjué, ～ | 그의 문장은 어투가 단호하고 아주 힘이 있다.

4【力图】lìtú 書 動 힘써 …하려고 하다〔꾀하다〕. 어법 반드시 동사성 목적어를 동반해야 됨. ¶～自强 | 힘써 자강을 도모하다. ¶～改善gǎishàn | 개선에 힘쓰다. ¶～摆脱bǎituō困境kùnjìng | 곤경에서 벗어나려고 힘을 다하다.

【力挽狂澜】lì wǎn kuáng lán 成 험난한 정세에서 애써 벗어나고자 하다. 힘을 다해 위험한 국면을 만회하다. ¶他～, 把队伍duìwǔ带出险境xiǎnjìng | 그는 험난한 국면을 만회하고자 군대를 위험한 지역에서 이끌고 나왔다.

【力行】lìxíng 書 動 힘쓰다. 힘써 행하다. 노력하다. ¶～不懈xiè | 꾸준히 힘써 노력하다.

【力学】lìxué ❶〈物〉역학. ❷ 書 動 힘써 배우다. 학문에 진력하다. ¶～不倦 | 배움에 힘쓰며 싫증내지 않다.

【力战】lìzhàn 動 분전하다. 분투하다.

3【力争】lìzhēng 動 ❶ …을 이루기 위해 온 힘을 다 쏟다. 온 힘을 다해 쟁취하다. 어법 반드시 목적어를 동반해야 하며, 동사구를 목적어로 취할 수 있음. ¶～在今春之前完成 | 올 봄 전에 완성하기 위하여 극력 힘을 쓰다. ¶～超额chāo'é完成任务rènwù | 임무를 초과 달성하기 위해 온 힘을 다 쏟다. ❷ 온 힘을 다해 논쟁하다. 어법 목적어를 갖지 않음. ¶据jù理lǐ～, 决不示弱 | 이치에 근거해서 온 힘을 다해 논쟁하고 결코 약함을 보이지 않다.

【力争上游】lì zhēng shàng yóu 成 앞(장)서기 위해 분투·노력하다. 보다 높은 목표에 도달하기 위해 힘쓰다→〔鼓gǔ足干劲〕〔总zǒng路线③〕

【力主】lìzhǔ 書 動 강력히 주장하다. ¶～和平hépíng | 평화를 강력히 주장하다.

1【历(曆)〈厤〉】 1 lì 책력 력

❶ 연월일이나 절기를 추산하는 방법. 역. 역법(曆法). ¶～法↓ ¶阴～ =〔农历〕〔旧历〕| 음력. ¶阳～ | 양력. ❷ 연월일·절기 등을 기록한 책이나 표. 역서(曆書). 책력(冊曆). ¶～书↓ ¶日～ | 일력. ¶月～ | 달력. ❸ 행사 일정표. ¶学校～ | 학교 행사 일정표.

【历本】lìběn 名 方 역서(曆書) =〔历书〕

【历法】lìfǎ 名 역법 ¶各国采用不同的～ | 나라마다 서로 다른 역법을 채용한다.

【历年】lìnián 名〈天〉역년.

【历书】lìshū 名 역서. 달력. 책력 ¶你拿～看看好日子歹dǎi日子 | 책력을 가져와서 길일인지 흉일인지 좀 보아라 =〔方 历本〕〔时宪书〕〔宪书〕

【历象】lìxiàng 名 천문. 기상.

1【历(歷)】 2 lì 지낼 력

書 ❶ 動 겪다. 경험하다. (시간이)경과하다. ¶～尽难苦 | 온갖 고생을 다 겪다. ¶～时三年 | 3년이 흘렀다. ❷ 副 두루. 하나하나. ¶～访各校 | 각 학교를 두루 방문하다. ¶～览诸史 | 모든 역사를 하나하나 열람하다. ❸ (경과하여) 지금까지. 과거의. ¶～代↓ ¶～年↓ ❹ ⇒〔历历〕

【历程】lìchéng 名 역정. 지나온 노정〔경로〕. (역사적) 과정. ¶回顾huígù过去的艰苦jiānkǔ～ | 과거의 어려웠던 발자취를 되돌아보다. ¶渡过dùguò苦难的～ | 고난의 역정을 건너다.

【历次】lìcì ❶ 名 이제까지의 매회. (지난) 여러 차례. ¶这次参加的人数比～都要多 | 이번에 참가한 인원은 이제까지의 그 어느 때보다도 많다. ¶经过～整顿zhěngdùn, 政治素质sùzhì有了提高 | 수차례의 정비를 거쳐 정치 자질이 높아졌다. ❷ 副 자주. 몇 번이나.

4【历代】lìdài 名 역대. 대대. ¶～名人年谱 | 역대 명인 연보. ¶～史表 | 역대 역사표.

【历届】lìjiè 區 (집회·행사 등의) 지나간 매회. ¶这次参加奥林匹克的人数, 打破～记录 | 이번 올림픽에 참가한 인원수는 역대의 기록을 깨뜨렸다. ¶～毕业生 | 역대 졸업생.

【历尽】lìjìn 動 두루 다 경험하다〔겪다〕. ¶～艰辛jiānxīn =〔历尽千辛万苦〕| 갖은 고생을 다 겪다.

【历经】lìjīng 動 두루 …경험하다. 여러 번 …겪다.

4【历来】lìlái 書 副 예로부터. 여태까지. 역대로 〔부정문에서는 「从来」를 많이 사용한다〕 ¶～如此 | 역대로 이와 같았다. ¶韩国的冬天, ～是这么冷的 | 한국의 겨울은 예로부터 이렇게 추웠다.

【历历】lìlì 貶 역력하다. (눈에) 선하다. 분명하다. 뚜렷하다. ¶湖水清澈qīngchè, 遊鱼～可数 | 호수가 맑아서 물 속에서 노는 고기도 하나 하나 셀 수 있을 만큼 환히 보인다. ¶童年往事, ～如在眼前 | 지나간 어린 시절의 일들이 마치 눈앞에 보듯 눈에 선하다.

【历历在目】lì lì zài mù 成 눈앞에 역력히 떠오르다. 눈앞에 선하다. ¶一幕mù幕动人的场景～ | 한 막 한 막 감동적인 장면이 눈앞에 선하다.

【历练】lìliàn ❶ 名 경험과 수련〔단련〕. ¶他有～, 办事比较稳重wěnzhòng | 그는 경험이 많아서 일을 비교적 안정되게 처리한다. ❷ 動 경험을 쌓다. 실지(實地) 단련〔수련〕하다. ¶况且他也这样大了, ～～也好 | 더우기 그가 이렇게 성장했

으니 경험을 쌓고 수련을 해보는 것도 좋겠다→〔闯chuǎng练〕

3【历年】lìnián 名 과거 여러 해. 예년(例年). 매년. ¶～来我国人民生活水平不断提高 | 과거 몇 년간 우리 나라 국민들의 생활 수준은 끊임없이 향상되었다. ¶这部论文集汇集了他～的研究成果 | 이 논문집에 그의 과거 몇 년간의 연구 성과를 두루 모아두었다.

【历任】lìrèn 動 역임하다. ¶他～连长,营长,团长,师长等职 | 그는 중대장·대대장·연대장·사단장의 직책을 역임했다.

【历时】lìshí ❶ 動 시간이 경과하다〔걸리다〕. ¶这部小说,～七年才完成 | 이 소설은 7년이 걸려서 비로소 완성되었다. ❷ 名 경과한 시간. 지나온 세월.

1【历史】lìshǐ 名 ❶ 역사. ¶社会发展的～ | 사회 발전의 역사. ¶完成～使命 | 역사적 사명을 완수하다. ¶～特点 | 역사적 특수성. ¶～进程 | 역사적 진전. ¶～舞台 | 역사의 무대. ¶～潮流 | 역사의 흐름〔조류〕. ¶～任务 | 역사적 임무. ¶～火车头 | 역사의 원동력. ❷ 어떤 사물이나 개인의 발전 과정. 이력(履歷). 개인의 경력. ¶他的～很复杂 | 그의 이력은 아주 복잡하다. ¶这个人～上没问题 | 이 사람은 경력상에 문제가 없다. ❸ 과거의 사실. ¶这件事早已成为～了 | 이 일은 벌써 과거사가 되었다. ❹ 과거 사실(事實)의 기록. ¶人类自有～以来 | 인류가 역사 기록을 가졌을 때 이후로. ¶中国有3000多年的～ | 중국은 3000여년간의 역사 기록을 가지고 있다. ❺ 역사학. ¶我是学～的 | 나는 역사학을 공부하는 사람이다. ¶～是一门重要的课程 | 역사학은 중요한 교육 과정의 하나이다.

【历史剧】lìshǐjù 名〈演映〉사극(史劇). 역사극. ¶郭沫若擅长shàncháng写～ | 곽말약은 역사극을 잘 쓴다.

1【历史性】lìshǐxìng 名 역사성. 역사적. ¶～的局限性 | 역사적 국한성〔한계성〕. ¶～作用 | 역사적 역할. ¶～胜利 | 역사적 승리. ¶两国元首进行～的会谈 | 양국의 원수가 역사적인 회담을 진행하다.

【历数】lìshǔ 動 열거하다. 나열하다. 낱낱이 세다. ¶～侵略者的罪行zuìxíng | 침략자의 죄상을 낱낱이 들추어내다〔열거하다〕.

【历诉】lìsù 書 動 상세하게 말하다. 자세히 알리다. ¶他～了所受的各种委屈wěiqū | 그는 그가 입었던 억울함을 낱낱이 말했다.

【呖(嚦)】lì 새소리 력

⇒〔呖呖〕

【呖呖】lìlì 書 擬 새의 맑고 깨끗한 울음 소리. ¶莺yīng声～ | 꾀꼬리의 울음 소리가 맑고 깨끗하다.

【坜(壢)】lì 땅이름 력

지명에 쓰이는 글자. ¶中～ | 대만(臺灣)에 있는 지명.

4【沥(瀝)】lì 물방울 력

❶ 動 (액체가) 방울방울 떨어지다. 뚝뚝 떨어지다. ¶绑bǎng着绷带bēngdài的伤口上仍～着鲜红的血 | 붕대를 감은 상처에서 여전히 새빨간 피가 방울방울 떨어지고 있다. ¶滴dī～ | (빗방울 등이) 뚝뚝 떨어지다. ❷ 動 거르다. 여과하다. ¶把水～掉 | 물을 걸러내리다. ¶刚～下了一杯酒 | 막 술을 한 잔 걸러냈다. ❸ (액체의) 방울. ¶余yú～ | 여적. 남은 방울. ❹ ⇒〔沥青〕

【沥涝】lìlào 動 (배수가 나빠서 곡식이) 침수되다. 물에 잠기다. ¶～成灾zāi | 침수로 재해가 나다.

【沥沥拉拉】lì·lilālā 擬 똑똑. 뚝뚝. 후두둑. 방울방울 [액체가 떨어지는 소리] ¶雨～下起来了 | 비가 후두둑하고 오기 시작했다 =〔哩lī哩啦啦〕

4【沥青】lìqīng ❶ 名〈化〉역청. 아스팔트. 피치(pitch). ¶地～ =〔土沥青〕| 천연 피치. ¶铺pū～ =〔浸沥青〕| 아스팔트를 깔다. ¶～马路 =〔柏油bǎiyóu路〕| 아스팔트 길 =〔柏油〕〔渣zhā油〕〔臭chòu油〕 ❷ 名 송진 =〔松脂〕

【沥水】lìshuǐ 名 (비온 후의) 괸 물.

【苈(藶)】lì 꽃다지 력

⇒〔葶tíng苈〕

【枥(櫪)】lì 말구유 력

❶ 書 名 말구유. ¶马～ | 말구유. 말여물 통 ❷ 轉 마굿간. ¶～马 | 喻 갇혀 있는 사람. ❸「栎」와 통용 ⇒〔栎lì〕 ❹ 名 잠족. 누에섶 =〔蚕cán箔〕

【疬(癧)】lì 연주창 력

⇒〔瘰luǒ疬〕

【雳(靂)】lì 천둥 력

⇒〔霹pī雳〕

2【厉(厲)】lì 엄할 려

❶ 엄하다. 엄격하다. ¶严～ | 엄격하다. ¶～行节约 | 절약을 엄격하게 하다. ❷ 엄숙하다. 근엄하다. 맹렬하다. 세차다. ¶正言～色 | 成 말이 엄정하고 표정이 근엄하다. ¶声色俱～ | 목소리와 얼굴빛이 엄숙하다. ¶雷léi～风行 | 우뢰같이 맹렬하고 바람처럼 신속하다. (정책·법 집행이) 엄정하고 신속하다. ❸ (Lì) 名 성(姓). ❹「励」「疠」「砺」「癞」등과 통용⇒〔励lì〕〔疠lì〕〔砺lì〕〔癞lài〕

【厉兵秣马】lì bīngmò mǎ 成 무기를 갈고 말을 먹이다. ❶ 전쟁 준비를 하다. ❷ 만반의 준비를 하다. ¶他们～,准备大干一场 | 그들은 만반의 준비를 하여 크게 한판 벌릴 준비를 한다 ‖ =〔秣马厉兵〕

2【厉害】lì·hai ❶ 形 사납다. 무섭다. ¶他的手段太很～ | 그는 수단이 너무 지독하다. ¶你大胆儿! 你不知道他们多么～ | 너 정말 간도 크다! 그 사람들이 얼마나 무서운지 모르지. ¶风可是～ | 바람이 정말 사납다. ❷ 形 대단하다. 굉장하다. 심하다. 지독하다. ¶疼得～ | 몹시 아프다. ¶破得～ | 심하게 파괴되다. ¶这几天热得～ | 요며칠 지독하게 덥다. ❸ 名 지독함. 본때. ¶给他看看我们的～ | 그에게 우리의 본때를 보여주자. ¶我要让他知道我的～ | 그에게 내가 얼마나 지독한 지 알게 해 주어야겠다 ‖ =〔利害〕

【厉民政策】lìmín zhèngcè 名組 국민을 괴롭히는 정책. ¶实行～ | 국민을 괴롭히는 정책을 실시하다.

【厉声】lìshēng 副 엄하거나 매서운 목소리로. ¶～责问zéwèn | 엄한 목소리로 책망하다. ¶老王～问道:你干什么? | 왕씨는 사납게 물었다: 너 뭐하는 거냐?

【厉行】lìxíng 書 動 엄중히〔엄격히〕 실시하다. 엄격히 행하다. 단행(斷行)하다.

【厉行节约】lì xíng jié yuē 成 엄격하게〔철저히〕 절약하다.

2【励(勵)】lì 힘쓸 려 ❶ 動 격려하다. 고무하다. ¶奖～ | 장려하다. ¶～志↓ ❷ 動 힘쓰다. 애쓰다. ¶夙sù～夜勤 | 아침 일찍부터 밤 늦게까지 애쓰다. ❸ (Lì) 名 성(姓).

【励磁】lìcí 名〈物〉여자. 자화(磁化). ¶～机 | 〈電氣〉여자기 =〔激磁〕

【励精图治】lì jīng tú zhì 成 정신을 가다듬어 나라를 잘 다스릴 방법을 강구하다. 힘을 다하여 나라를 다스리다. ¶领导阶层要同心同德～ | 지도자 계층에서 한 마음으로 힘을 다해 나라를 잘 다스려야 한다.

【励志】lìzhì 書 動 자신을 고무하다. 스스로 분발하다.

【砺(礪)】lì 숫돌 려 書 ❶ 名 숫돌 =〔砺石〕→〔砥dǐ〕 ❷ (칼을)갈다. ¶砥～ =〔磨mó～〕 | (칼을) 갈다. ¶秣mò马～兵 | 成 전쟁 준비를 하다. 만반의 준비를 하다. ❸ 動 연마하다. 서로 권면하다. ¶互相砥～ | 서로 권면하다.

【砺兵】lìbīng 動 무기를 갈다 =〔厉兵〕

【砺带山河】lì dài shān hé ⇒〔砺山带河〕

【砺山带河】lì shān dài hé 成 태산이 숫돌처럼, 황하가 허리띠 처럼 작아질 때까지 영원 무궁하게 번영하다 =〔砺带山河〕

【粝(糲)】lì 매조미쌀 려 書 ❶ 名 현미(玄米). ¶～米 | 현미. ¶～饭 | 현미밥. ❷ 形 거칠다.

【蛎(蠣)】lì 굴조개 려 書 名〈魚貝〉굴 =〔牡mǔ蛎〕

【蛎房】lìfáng 名 굴껍데기.

【蛎干(儿)】lìgān(r) 名〈食〉말린 굴.

【蛎鹬】lìyù 名〈鳥〉검은머리물떼새.

1【立】lì 설 립 ❶ 動 서다. 어법 주로 보어를 취함. 장소·존현목적어를 가질 수 있음. ¶～得正 | 반듯하게 서 있다. ¶～在门口 | 문앞에 서 있다. ¶～门口 | 문앞에 서다. ¶树下～着一个人 | 나무 아래 한 사람이 서 있다. ¶坐～不安 | 안절부절못하다. ❷ 動 세우다. 사물의 윗부분을 위로 향하게 하다. ¶路边～着许多木桩mùzhuāng | 길 옆에 말뚝이 많이 세워져 있다. ¶～根杆子gānzi当坐标 | 장대를 세워 좌표로 삼다. ¶把梯子tīzi～起来 | 사다리를 세우다. ¶把伞sǎn～在门后头 | 우산을 문 뒤에 세우다. ¶横眉héngméi～目mù | 成 눈썹을 찡그리고 눈초리를 치켜 올리다. 喩 몹시 성난 얼굴을 하다. ❸ 動 설립하다. 창립하다. (제도를) 제정하다. (약정·증서를) 작성하다. ¶～学校 | 학교를 세우다. ¶制度～不起来 | 제도를 제정하지 못하다. ¶～功↓ ¶～合同↓ ❹ 書 動 즉위(卽位)하다. 어법 목적어를 취하지 못함. ¶高祖崩, 太宗～ | 고조가 죽고 태종이 즉위하다. ¶陈涉乃～为王 | 진섭이 드디어 왕으로 즉위했다. ❺ 존재하다. 생존하다. ¶自～ | 자립하다. ¶独～ | 독립하다. ❻ 곧. 즉시. ¶～即↓ ¶～刻↓ ❼ 입식의. 수직의. ¶～轴↓ ❽ (Lì) 名 성(姓).

【立案】lì/àn 動 ❶ 입안하다. ¶立了案, 禀bǐng了上司了 | 입안하여 상사에 보고하였다. ❷ (주관기관에) 등록하다. 등기하다. ¶请批准pīzhǔn～ | 허가 등록을 출원하다→〔备bèi案〕

【立不住】lì ·bu zhù 動組 ❶ 서 있을 수 없다 =〔站不住①〕 ❷ 유지할 수 없다. 계속할〔지속할〕 수 없다. ¶这买卖～ | 이 장사는 계속할 수 없다. ❸ 자라지 않다. ¶小孩儿～ | 아이가 자라지 않다.

2【立场】lìchǎng 名 ❶ 입장. ¶站在学生的～ | 학생의 입장에 서다. ❷ (특히) 계급적 입장. ¶只要我们能够坚持jiānchí自己的～就行 | 우리는 단지 우리 스스로의 입장을 견지할 수만 있다면 된다→〔立脚点〕

【立春】lìchūn ❶ 名 입춘 =〔始shǐ春〕 ❷ (lì/chūn) 動 입춘이 되다.

【立此存照】lìcǐ cúnzhào 動組 후일의 증거〔참고자료〕로 문서화하여 보존하다 [계약서나 공문서 등에 쓰이는 관용어] ¶恐口说无凭píng, ～ | 말만으로는 근거가 안되니 증거를 문서로 보존합시다.

【立德】lìdé 書 動 덕을 쌓다.

【立等】lìděng ⇒〔立候hòu〕

【立等可取】lì děng kě qǔ 俗 (구두·가방·시계 등의) 즉석 수리 [주로 간판 용어로 쓰임] ¶快修手表, ～ | 손목 시계를 빨리 수리하니 즉석에서 찾을 수 있음.

【立地】lìdì ❶ 副 즉시. 당장. ¶吃下去, ～生效shēngxiào, 一天比一天好了 | 복용하면 즉각 효과가 생기고 하루가 다르게 좋아진다. ¶服药之后, ～见效 | 약을 복용한 후 바로 효과를 보다. ¶放下屠刀túdāo, ～成佛chéngfó | 도살용 칼을 내려놓으면 즉시 부처가 될 수 있다. 나쁜 사람도 회개하면 즉시 좋은 사람이 될 수 있다 =〔立刻〕〔立即〕 ❷ 動 近 서다 [「立着」의 뜻] ¶这湖山石下～ | 이 태호석(太湖石) 밑에 서 있다 ❸ 名 입지. 수목(樹木)이 자라는 곳.

【立定】lìdìng 動 ❶ 제자리 서 [구령의 하나]→〔站zhàn住〕 ❷ 똑바로 서다. 단단히 서다. ¶～脚跟jiǎogēn, 安分fèn守己shǒujǐ | 굳건히 서서 자신의 분수를 지키다 =〔站定〕

【立定跳远】lìdìng tiàoyuǎn 名組〈體〉제자리 넓이뛰기.

【立冬】lìdōng ❶ 名 입동. ❷ (lì/dōng) 動 입동이 되다.

【立法】lì/fǎ 動 입법하다. 법률을 제정하다. ¶～机关 | 입법 기관. ¶～程序 | 입법 절차.

2【立方】lìfāng 名 ❶〈數〉입방. 세제곱. 삼승(三乘). ❷ 簡〈數〉입방체(立方體)의 약칭. ❸〈度〉부피의 단위 [주로 입방 미터를 가리킴]

【立方分米】lìfāng fēnmǐ 名〈度〉입방 데시 미터.
【立方根】lìfānggēn 名〈數〉세제곱근. 입방근. ¶求～ | 세제곱근을 구하다.
【立方毫米】lìfāng háomǐ 名〈度〉입방 밀리 미터.
【立方厘米】lìfāng límǐ 名〈度〉입방 센티 미터 =〔外 西西〕
[4]【立方米】lìfāngmǐ 名〈度〉입방미터 =〔簡 立米〕〔立方公尺〕
【立方体】lìfāngtǐ 名〈數〉입방체 =〔簡 立方②〕〔正方体〕
【立竿见影】lì gān jiàn yǐng 成 막대기를 세우자마자 그림자가 나타난다. 즉시 효과가 나타나다. ¶疗效liáoxiào迅速xùnsù, ～ | 치료 효과가 빠른 정도가 막대기를 세우자마자 그림자가 나타날 정도이다.
【立功】lì/gōng 動 공을 세우다. ¶立过两次大功 | 두 차례 큰 공을 세웠다. ¶立了个二等功 | 두번째 공을 세웠다.
【立功赎罪】lì gōng shúzuì 成 공을 세워서 속죄하다. ¶你要努力工作, ～, 争取zhēngqǔ人民的宽大kuāndà | 너는 공을 세워서 속죄해야 되니 열심히 일해서 국민의 용서를 얻어야 한다 =〔立功自赎〕
【立柜】lìguì 名 옷장. 장농 =〔竖shù柜〕→〔顶柜〕
【立合同】lì hé·tong 動組 계약서를 작성하다. 계약을 맺다.
【立候】lìhòu 書 動 動 지금 곧 …할 것을 요하다〔기다리다〕. ¶～回示=〔立候回音〕〔立候回信〕| 札 즉시 회답을 주십시오 =〔立待〕〔立等〕
【立户】lì/hù 動 ❶ 가정(家庭)을 꾸미다. ¶结婚后独立dúlì～ | 결혼 후에 독립해서 가정을 꾸미다. ❷ 은행에 계좌를 설치하다.
[2]【立即】lìjí 副 즉시. 곧. 당장. ¶他～站了起来 | 그는 즉시 일어났다. ¶须要xūyào～决定 | 즉각 결정을 해야된다 =〔立刻〕
[4]【立交桥】lìjiāoqiáo 名 簡「立体lìtǐ交叉jiāochā桥qiáo」(입체 교차교) 의 약칭.
【立脚(儿)】lì/jiǎo(r) 動 서다. 입각하다. 발판으로 하다. ¶～地 | 발판. 근거지. ¶～不稳 | 발판〔입장〕이 불안정하다. 지위가 불안하다. ¶连个～的地方都没有 | 발 붙일 곳조차 없다.
【立脚点】lìjiǎodiǎn 名 ❶ (사물을 관찰·판단할 때의) 입장. 위치. ¶是否对国家和人民有利, 这是我们观察和处理问题时的～ | 국가와 인민에 대해 유리한 지 여부가 바로 우리가 문제를 관찰하고 처리하는 입장이다. ❷ 발판. 근거지. ¶把这里作为～和联络站 | 이곳을 발판과 연락 장소로 하다. ¶如果我们在国际市场上没有～就无法跟人家竞争zhēng | 만일 우리가 국제시장에서 발판을 갖고 있지 않다면 남들과 경쟁할 방법이 없다 ‖ =〔立足点〕
【立井】lìjǐng 名 수갱(竪坑) =〔竖shù井〕→〔斜xié井〕
【立就】lìjiù ⇒〔立刻〕
【立据】lìjù 動 증서를 저당 잡히다. 증명서를 담보물로 삼다. ¶～为凭píng | 담보를 잡아 증거로 삼다.
[1]【立刻】lìkè 副 즉시. 곧. 당장. ¶～回答 | 즉시 대답하다 =〔立时〕〔立地①〕〔立即〕〔立时巴刻〕〔立马②〕〔立就〕
【立枯病】lìkūbìng 名〈農〉입고병. 장승병.
【立领(儿)】lìlǐng(r) 名 바로 세우는 깃. 스탠딩 칼라(standing collar).
【立论】lìlùn ❶ 動 입론하다. 이론을 내세우다. ¶～严谨yánjǐn | 입론이 엄정하고 빈틈이 없다. ❷ 名 입론. 내세운〔주장한〕 이론.
【立马】lìmǎ ❶ 動 말을 세우다. ❷ 副 西北 곧. 즉시. ¶他～跑了过来 | 그는 즉시 뛰어왔다. ¶～间 | 즉시. 곧 =〔立刻〕
【立门户】lì mén·hu 動組 집〔가정〕을 가지다. 살림을 차리다. ¶他自己立了门户 | 그는 자기 살림을 차렸다.
【立人(旁)儿】lìrén(páng)r 名 한자 부수의 사람인(亻)변. ¶双～ | 중인변 =〔单dān立人儿〕
【立身处世】lì shēn chǔ shì 成 처세하다. 인생 철학. ¶～, 讲的是一个「诚」字 | 입신하고 처세하는 데에 중시하는 것은 바로「诚」자이다.
【立时】lìshí ⇒〔立刻〕
【立式】lìshì 區〈機〉입식의. 수직의. 직립의.
【立式水泵】lìshì shuǐbèng 名組 수직 펌프.
【立誓】lì/shì 動 맹세하다. ¶～戒jiè烟酒yānjiǔ | 담배와 술을 끊기로 맹세하다. ¶他～要考上重点大学 | 그는 중점대학에 합격하기로 맹세했다.
【立嗣】lìsì 書 動 ❶ 후계자를 세우다. ❷ 양자를 들여 대를 잇다 ‖ =〔立后〕
【立陶宛】Lìtáowǎn 名 外〈地〉리투아니아(Lithuania) [「波罗的海」(발트해;Balt 海) 삼국(三國) 중의 한 나라.「独立国家国协」(독립국가 연합;CIS)중의 한 나라. 수도는「维尔纽斯」(빌뉴스;Vilnyus)]
[4]【立体】lìtǐ 名 ❶〈數〉(원뿔·다면체 등의) 입체. ❷ (공간적 의미의) 입체. ¶～地看农村现实 | 입체적으로〔종합적으로〕 농촌 현실을 보라.
【立体电影】lìtǐ diànyǐng 名組〈演映〉입체 영화. ¶宽kuān银幕yínmù～ | 시네라마(cinerama).
【立体几何学】lìtǐ jǐhéxué 名組〈數〉입체 기하학.
【立体角】lìtǐjiǎo 名〈數〉입체각.
【立体声】lìtǐshēng 名 입체 음(향). 스테레오. ¶～收音机shōuyīnjī | 스테레오 전축. ¶～电视 | 스테레오 텔레비전. ¶～广播guǎngbō | 스테레오 방송. ¶～录音机 | 스테레오 녹음기.
【立脱马司试纸】lìtuōmǎsīshìzhǐ 名組 外〈化〉리트머스 시험지 =〔石蕊试纸〕
【立夏】lìxià ❶ 名 입하 [24절기(節氣)의 하나] ¶进入～以来, 天气一直很热 | 입하에 들어선 이후로 날씨가 줄곧 덥다. ❷ (lì/xià) 動 여름에 들어서다.
【立下】lì·xia 動 ❶ 세우다. ¶～雄心xióngxīn壮志zhuàngzhì | 큰 뜻을 세우다. ¶他这回～了大功 | 그는 이번에 큰 공을 세웠다. ❷ 체결하다. 정하다. ¶～合同 | 계약을 체결하다. ¶～盟誓 | 맹세를 하다.
【立宪】lìxiàn 動 입헌하다. ¶～政体 | 입헌 정체.
【立言】lì/yán 動 저술을 통해 학설을 세우거나 자

기의 주장을 펴다. ¶为人民～的作家将受到人民的尊重 | 인민을 위해 글로 자신의 주장을 펴는 작가가 인민의 존중을 받을 것이다.

【立异】lì/yì 動 이론(異論)을 세우다. 다른 것을 표방하다. 상이한 태도〔견해〕를 견지하다.

【立意】lìyì 動 ❶ 생각을 정하다. 결심하다. ¶他～为wèi人民服务 | 그는 민중을 위하여 봉사하고자 결심하였다. ❷ 작품의 주제를 정하다. ¶命题～之后就是表现手法的问题了 | 명제가 정해진 다음에는 바로 표현 기법의 문제가 있다. ¶需要研究一下这篇文章如何～ | 이 글이 어떻게 주제를 정했는지 연구해볼 필요가 있다. ¶这幅画～新颖xīnyǐng | 이 그림은 주제 선택이 참신하다. ¶他的文章～深远shēnyuǎn | 그의 글은 주제가 아주 심원하다.

【立正】lìzhèng ❶ 動 부동〔차려〕 자세를 하다. 자세를 바로하다. ❷ 名 차려.

【立志】lì/zhì 動 뜻을 세우다. 포부를 가지다. 어법 주로 동사나 동사구가 목적어로 옴. ¶～当老师 | 선생님이 되기로 뜻을 세우다. ¶立下大志 | 큰 뜻을 세우다.

【立轴】lìzhóu 名 ❶ 폭이 좁은 족자 ⇒〔挂guà轴(儿)〕〔中堂②〕 ❷ 名〈機〉수직축.

【立锥之地】lì zhuī zhī dì 成 송곳 박을 만한 땅. 매우 좁은 장소〔땅〕. 입추의 여지 [주로 부정문에 쓰임] ¶在旧社会, 我家穷得上无片瓦, 下无～ | 구사회(중국인민공화국 수립 이전 사회) 때 우리 집은 하도 가난하여 변변한 집도 손바닥만한 땅조차도 없었다 =〔置zhì锥之地〕

【立足】lìzú 動 ❶ 발붙이다. ¶～之地 | 成 발붙일 곳〔여지〕. ❷ 근거하다. 입각하다. (입장에) 서다. ¶～于独立自主 | 독립 자주에 근거하다.

【立足点】lìzúdiǎn 名 입장. ¶他们的意见不同, 却～相同 | 그들의 의견은 달랐지만 서로의 입장은 오히려 같다 ⇒〔立脚点〕

【莅〈蒞涖〉】lì 임할 리 書 動 이르다. 다다르다. 출석하다. ¶～场↓ ¶～会↓

【莅场】lìchǎng 書 動 (어떤) 장소에 임하다

【莅会】lìhuì 書 動 회의에 임하다〔참석하다〕 ¶欢迎～指导zhǐdǎo | 회의에 참석하셔서 많은 지도 바랍니다.

【莅临】lìlín 書 動 敬 왕림하다. 몸소 임하다 [주로 고위간부·귀빈 등에게 사용함] ¶敬请～指导 | 삼가 왕림하셔서 지도해 주시기를 바랍니다. ¶热烈欢迎局领导～我校指导工作 | 국장께서 업무 지도차 우리 학교에 왕림하신 것을 열렬히 환영합니다. 어법 「莅临」은 주로 존경의 대상에 대해 사용되나, 「来临」은 자연 현상과 추상적인 사물에 주로 사용되며 「존경」의 의미는 없음.

【笠】lì 삿갓 립 名 (대나무·풀로 엮어 만든) 삿갓 =〔斗dǒu笠〕

【笠菅】lìjiān 名〈植〉꽃대 =〔台tái〕

【笠檐】lìyán 名 갓양태. 입첨.

2【粒】lì 낟알 립 ❶ (～儿) 名 알. 알갱이. ¶饭fàn～ | 밥알. ¶豆dòu～儿 | 콩알. ❷ 量 알. 톨 [알갱이 상태의 것을 세는 단위] ¶一～珠子 | 구슬 한 알. ¶一～米 | 쌀 한 톨.

【粒度】lìdù 名〈鑛〉〈地質〉〈金〉입도. ¶～太粗cū | 입도가 너무 굵다.

【粒肥】lìféi 名 簡「颗kē粒肥料」(입상(粒狀)비료)의 약칭.

【粒选】lìxuǎn 動〈農〉종자를 고르다.

【粒子】ⓐ lìzǐ 名〈物〉입자. 소립자(素粒子). ¶～间距jiānjù | 입자 간격. ¶～加速器 | 입자 가속기 =〔基jī本粒子〕
ⓑ lì·zi 名 알. 알갱이 =〔粒①〕

【吏】lì 벼슬아치 리 名 ❶ 옛날, 역인(役人). 하급관리. ❷ 옛날, 관리. ¶大～ | 큰 벼슬을 한 사람. ¶贪官tānguān污wū～ | 탐관 오리.

【吏部】lìbù 名 이부. 옛날, 중앙 정부 육부(六部)의 하나.

【吏治】lìzhì 書 名 ❶ 관리의 치적(治績). ❷ 관리의 공무 집행.

1【利】lì 날카로울 리 ❶ 名 이익. 이로움. ¶这件事对学生有～ | 이 일은 학생에게 유익하다. ¶有一～便有一弊bì | 이익이 있으면 폐단도 있는 법이다. ¶唯～是图 | 成 오로지 이익만 도모하다 ⇔〔害②〕〔弊bì②〕 ❷ 名 이윤. 이자. 이식. ¶本～两清 | 원금과 이자를 다 청산하다. ¶红hóng～ | 순이익. ¶暴bào～ | 폭리. ❸ 書 動 이롭게 하다. ¶～国～民的事 | 나라와 인민을 이롭게 하는 일. ❹ 날카롭다. 예리하다. ¶锐ruì～ | 날카롭다 ⇔〔钝dùn①〕 ❺ 순조롭다. 편리하다. ¶顺～ | 순조롭다. ¶便～ | 편리하다. ❻ (Lì) 名 성(姓).

【利比里亚】Lìbǐlǐyà 名 外〈地〉라이베리아(Liberia) [아프리카 서부에 위치한 나라. 수도는「蒙罗维亚ménɡluówéiyà」(몬로비아;Monrovia)] =〔里卑lǐbēi利亚〕

【利比亚】Lìbǐyà 名 外〈地〉리비아(Libya) [아프리카 북부에 위치한 나라. 정식명은 리비아 아랍 공화국(Libyan Arab Republic). 수도는「的黎波里dìlíbōlǐ」(트리폴리;Tripoli)]

4【利弊】lìbì 書 名 이해(利害). 이로움과 폐단. ¶要分清～ | 이득와 폐단을 분명히 구분해야 된다. ¶～相因 | 이와 해가 서로 따르다. ¶～得失 | 成 이해 득실 =〔利病〕

【利伯维尔】Lìbówéiěr 名〈地〉리브르빌(Libreville) [「加蓬jiāpénɡ」(가봉;Gabon)의 수도]

【利导】lìdǎo 書 動 잘 이끌다. 유리하게 인도하다. ¶他因势～这些罢bà课kè的学生, 让他们马上复课 | 그는 정세에 따라 수업을 거부하는 학생들을 잘 인도하여 그들이 곧 수업을 재개하도록 하였다 →〔因势利导〕

4【利害】ⓐ lìhài 名 이해. 이익과 손해. ¶～冲突 | 이해 충돌. ¶不计～ | 이해를 따지지 않다.
ⓑ lì·hai ⇒〔厉害〕

【利己主义】lìjǐ zhǔyì 名 이기주의.

【利剑】lìjiàn 名 이검. 썩 잘 드는 칼. ¶拔出báchū

～, 准备决战｜예리한 칼을 뽑아 결전의 준비를 하다.

【利令智昏】lì lìng zhì hūn 成 이욕(利欲)은 사람의 눈을 멀게 한다. ¶这几个流氓liúmáng～, 竟杀人越货yuèhuò｜저 부랑자들은 돈에 눈이 멀어 결국 사람을 죽이고 재물을 약탈했다.

【利隆圭】Lìlóngguī 名外〈地〉릴롱궤(Lilongwe) [「马拉维」(말라위;Malawi)의 수도]

【利落】lì·luo ❶形(말·동작·솜씨가) 시원시원하다. 재빠르다. 민첩하다. ¶动作挺～｜동작이 정말 잽싸다. ¶说话不～｜말이 시원스럽지 못하다. ¶～手｜솜씨가 뛰어난 사람 =〔方利洒〕❷形 단정하다. 정연하다. 산뜻하다. 깔끔하다. ¶东西收拾～了｜물건이 깔끔하게 정리되었다. ❸깨끗이 끝내다. ¶这件事总算办～了｜이 일은 어쨌든 말끔히 처리된 셈이다. ¶他的伤还没～就上前线了｜그의 상처가 다 아물기도 전에 전선으로 갔다.

【利率】lìlǜ 名〈經〉이율. ¶提高～｜이율을 높이다.

【利马】Lìmǎ 名外〈地〉리마(Lima) [「秘鲁mìlǔ」(페루;Peru)의 수도]

【利玛窦】Lìmǎdòu 名〈人〉마테오 리치(Matteo Ricci, 1552～1610) [이탈리아의 선교사]

【利尿】lìniào 名〈醫〉이뇨.

【利尿剂】lìniàojì 名〈藥〉이뇨제.

【利器】lìqì 名❶이기. 예리한〔날카로운〕무기. ❷이기. 편리한 도구. ❸喻 영재(英才).

【利权】lìquán 名 이권. ¶追求zhuīqiú～｜이권을 쫓다. ¶挽回wǎnhuí～｜이권을 되찾다. ¶～外溢wàiyì｜이권이 국외로 유출되다.

【利儿】lìr 名(금전적인) 이익. 이득. ¶这项买卖很有～｜이 장사는 이윤이 많이 남는다.

3【利润】lìrùn 名 이윤. ¶～率lǜ｜이윤율. ¶取得～｜이윤을 취하다. ¶～挂帅shuài｜이윤 제일주의.

【利市】lìshì ❶書名(장사로 번) 이익. 이윤. ¶大发～｜장사가 잘 되어 이윤을 많이 얻다. ❷名方(장사에서) 재수. 운수. ¶赢yíng倒没赢多少钱, 就是发个～｜돈을 얼마 못 벌었지만 운수가 트인 편이다. ❸粵 명절이나 경축일 등에 연소자(年少者)나 점원들에게 주는 축의(祝儀). ❹形方 길(吉)하다. 재수가 좋다. ¶他这个人抬脚动步, 总要找个～之日｜그 사람은 몸을 조금 움질일 때도 늘 재수가 좋은 길일을 찾는다.

【利税】lìshuì 名 이윤과 세금.

【利他】lìtā 動 남을 이롭게 하다. 남의 행복을 도모하다 =〔利人〕

【利他主义】lìtā zhǔyì 名 이타주의.

【利物浦】Lìwùpǔ 名外〈地〉리버풀(Liverpool) [영국 잉글랜드 서부 랭카셔(Lancashire)의 항구 도시]

4【利息】lìxī 名 이식. 이자. ¶存款cúnkuǎn～年利二厘｜예금 이자는 연리 2리이다. ¶付fù～｜이자를 지불하다. ¶～折扣zhékòu｜이자 할인(撓引). ¶～水平｜이자의 수준. ¶～所得税｜이자 소득세 =〔利钱〕〔息金〕

【利牙】lìyá 名 날카로운 이빨.

【利雅得】Lìyǎdé 名外〈地〉리야드(Riyadh) [「沙特shātè阿拉伯ālābó」(사우디아라비아;Saudi Arabia)의 수도]

2【利益】lìyì 名 이익. 이득. ¶保护bǎohù大家～｜모두의 이익을 보호하다.

1【利用】lìyòng 名動 ❶이용(하다). 활용(하다). 응용(하다). ¶他很会～时间｜그는 시간을 잘 이용한다. ¶～水力发电｜수력을 이용하여 전기를 일으키다. ¶这些东西还可以～～, 丢了可惜｜이 물건들은 아직도 좀 쓸 수 있는데 버린다면 아깝다 ¶～废物｜폐품을 이용하다. ❷(수단을 써서) 남이 나를 위해 일하도록 하다. 이용(하다). ¶他们之间只是互相～｜그들 사이는 단지 서로 이용할 뿐이다. ¶～别人替他服务｜남을 이용해서 그를 위해 봉사하게 하다. ¶他是想～～你, 不是帮你的助｜그는 너를 좀 이용하려는 거지 너를 도와주려는 것이 아니다.

【利诱】lìyòu 動(재물로) 유혹하다. ¶敌人一直用金钱、地位来～他｜적들은 줄곧 돈과 지위로 그를 유혹하려고 한다. ¶不受～, 不怕威胁wēixié｜재물에 의한 유혹도 받아들이지 않고, 위협도 두려워하지 않다. ¶威逼wēibī～对他都不起作用｜위협이나 유혹도 그에게 어떤 작용도 하지 못한다.

【利于】lìyú …에 이롭다. …에 이익이 있다. ¶不～团结tuánjié的话不说｜단결에 도움이 되지 않는 말은 하지 말라. ¶忠言zhōngyán逆耳nìěr～行｜충성스러운 말은 귀에 거슬리나 행함에 이롭다.

【利欲熏心】lì yù xūn xīn 成 사리 사욕은 사람을 미혹시킨다. 명리에 정신이 팔리다.

【利嘴花牙】lì zuǐ huā yá 成 말재주가 좋다. 구변이 좋다.

4【俐】lì 똑똑할 리
⇒〔俐亮〕〔俐落〕〔伶líng俐〕

【俐亮】lì·liàng 形 유쾌하다. 상큼하다. 산뜻하다 =〔方利lì亮〕

【俐落】lì·luo ⇒〔利落〕

【猁】lì 스라소니 리
⇒〔猞shē猁〕

【莉】lì 말리 리
⇒〔茉mò莉〕

【痢】lì 설사 리
❶名〈漢醫〉이질. ¶赤chì～｜적리. ¶白～｜백리 =〔痢疾〕❷⇒〔瘌là痢〕

【痢疾】lì·ji 名〈醫〉이질. 이증(痢症). 하리(下痢). ¶他孩子得了～｜그의 아이가 이질에 걸렸다→〔细菌性xìjūnxìng痢疾〕〔阿ā米巴痢疾〕

1【例】lì 인증 례
❶名(～子) 예. 보기. (조사 또는 통계의) 사례(事例). 경우. ¶举一个～子｜예를 하나 들다. ¶举～说明｜예를 들어 설명하다. ¶八十～中, 七十二～有显著xiǎnzhù的进步｜여든 사례 중, 일흔 두 사례에서 현저한 진보가 있었다. ❷규정. 규칙. ¶条～｜조례. ¶破pò～｜전례를 깨뜨리다. ❸조례에 규정된. 관례에 따라 진행하는. ¶～会↓ ¶～行公事↓

【例话】lìhuà 名 예화. 교훈적인 구체적 실화
【例会】lìhuì 名 예회. 정기〔정례〕 모임. ¶每週三下午开一个～ | 매주 수요일 오후에 정례 모임을 가진다. ¶本周～因故改期 | 이번 주의 정례 회의는 사정으로 인해 시간을 변경한다.
【例假】lìjià 名 ❶ 설·노동절 등 규정에 따라 쉬는 날. 공휴일. ❷ 婉 월경(月經). 생리 기간. 생리 휴가.
【例句】lìjù 名 예문. 예구. ¶造～ | 예문을 짓다. ¶收集～ | 예문을 수집하다.
1【例如】lìrú 動 예를 들면. 예컨대 →〔比方②〕
【例授】lìshòu 名 규정에 따라 본인에게 은전(恩典)이 내려지는 것 [증조부모·조부모·부모 및 처에게 내려지는 것을「例封fēng」, 죽은 사람에게 내려지는 것을「例赠zèng」이라 함]
【例题】lìtí 名 예제. 예로 든 문제.
4【例外】lìwài ❶ 名 예외. ¶这个可要做～处理 | 이것은 예외로 처리해야 된다. ❷ 名 예외(적인 상황). ¶一般讲, 纬度wěidù越高, 气温越低, 但也有～ | 일반적으로 말해서 위도가 높을 수록 기온은 낮아지는데 역시 예외적인 상황은 있다. ❸ 動 예외로 하다. 예외(가 되)다. ¶我这个人也不～ | 나도 예외일 수 없다.
【例行】lìxíng 動 규정〔관례(惯例)〕대로 행하다.
【例行程序】lìxíng chéngxù 名組〈電算〉루틴(routine).
【例行公事】lìxíng gōngshì 成 관례(慣例)에 따라 하는 공무. 실효를 고려하지 않은 형식적인 일. ¶办理一个申请, 手续shǒuxù这么复杂fùzá, 但这是～, 哪一步也不能少 | 신청 하나 하는데 수속이 이렇게 복잡하지만 이것은 관례적인 공무이기 때문에 어느 한 과정도 빠뜨릴 수 없다.
【例言】lìyán 名 범례(凡例). 일러두기. ¶看书一定要先看～ | 책을 보는데는 반드시 일러두기를 먼저 봐야 한다.
【例证】lìzhèng 名 動 예증(하다). ¶做为～, 举出了几个事实 | 예증을 하려고 몇 가지 사실을 거례했다.
2【例子】lì·zi 名 口 예. 보기. 본보기. ¶举几个～说明 | 예를 몇 개 들어 설명하다.

【戾】 lì 어그러질 려, 사나울 려

書 ❶ 名 죄. ¶取～ | 죄를 받다. ❷ 形 어긋나다. 서로 반대되다. (성질이) 비뚤어지다. ¶乖guāi～ | (성격·언어·행동이) 도리에 맞지 않다. 비뚤어지다. ❸ 形 흉악하다. ¶暴bào～ | 포악하다. ❹ 書 動 이르다. 다다르다. ¶鸢yuān飞～天 | 소리개가 하늘로 날아오르다.
【戾虫】lìchóng 名 호랑이의 다른 이름.
【戾输出】lìshūchū 名 재수출.
【戾税】lìshuì 名〈貿〉환세(還稅). 관세 환급.

【唳】 lì 울 려

動 새가 울다. ¶风声鹤hè～ | 成 바람 소리나 학의 울음 소리(에 놀라다). 아무 것도 아닌 것에 무서워서 떨다.

2【丽(麗)】 lì lí 고울 려

A lì ❶ 아름답다. 예쁘다. 곱다. ¶美～ | 아름답다. ¶山水秀xiù～ | 경치가 수려하다. ❷ 붙다. 부착하다. 연결되다. ¶附fù～ | 부착하다. ¶～泽↓ ❸ (Lì) 名 성(姓).
B lí ❶ (Lí) 名〈地〉여수(麗水) [절강성(浙江省)에 있는 현 이름] ❷ ⇒〔高gāo丽〕
【丽日】lìrì 書 名 화창한 볕. 밝은 태양.
【丽泽】lìzé 書 ❶ 名 연접해 있는 두 늪. ❷ 動 轉 벗끼리 서로 도와 절차탁마(切磋琢磨)하다 [연접한 두 늪이 서로 물을 윤택하게 한 데서 나옴]
【丽质】lìzhì 書 名 ❶ 미모(美貌). ¶高小姐是天生～ | 미스 고는 타고난 미모를 지녔다. ❷ 미모의 여인. 미인(美人).

【俪(儷)】 lì 짝 려

❶ 짝(의). 쌍(의). ¶～句 | 대구. ❷ ⇒〔伉kàng俪〕
【俪影】lìyǐng 書 名 부부 사진. ¶这是我们结婚十周年zhōunián～ | 이것은 우리 결혼 10주년 기념 사진이다.

【郦(酈)】 Lì 땅이름 려

名 ❶〈地〉춘추(春秋)시대 초(楚)나라의 지명 [지금의 하남성(河南省) 내향현(內鄕縣)의 동북쪽 지방] ❷ 성(姓).

【疠(癘)】 lì 문둥병 라, 염병 려

書 名 ❶〈醫〉돌림병. 전염병＝〔疠疫yì〕❷ 악성 종양. ¶疥jiè～ | 옴.

3【隶(隸)〈隷〉】 lì 종 례

❶ 動 부속되다. 예속되다. 종속되다. ¶直～中央 | 중앙에 직속되다. ❷ ⇒〔奴nú隶〕❸ 名 예서(隸書) [서체(書體)의 하나] ¶古～ | 진한(秦漢)시대 때의 예서. ❹ 名 옛날, 관청에서 부리던 하인〔고용인〕. ¶皂zào～ | 옛날, 하급 관노(官奴).
【隶书】lìshū 名 예서 [篆zhuàn書, 楷kǎi書, 行xíng書, 草cǎo書와 함께 다섯 가지의 書體중 하나]＝〔佐zuǒ书〕
【隶属】lìshǔ 動 예속되다. 종속되다. ¶～关系 | 종속 관계. ¶直辖zhíxiá市直接～国务院 | 직할시는 직접 국무원에 예속된다.

【栎(櫟)】 lì yuè 상수리나무 력, 땅이름 악

A lì 名〈植〉상수리나무 [「柞zuò木②」「橡xiàng①」은 다른 이름]＝〔栎麻〕〔枥lì③〕
B yuè 지명에 쓰이는 글자. ¶～阳 | 악양. 섬서성(陝西省)에 있는 지명.
【栎樗】lìchū ⇒〔栎散〕
【栎散】lìsǎn 書 名 쓸모 없는 재목. 喩 쓸모 없는 사람＝〔栎樗〕〔樗情〕〔樗材〕

【轹(轢)】 lì 칠 력

書 動 ❶ 차〔수레〕로 (사람·동물을) 치다. ❷ (사람을) 짓밟다. 억누르다. 억압하다. ¶陵líng～ | 구박하다. 능멸하다.
【轹死】lìsǐ 動 차에 치어 죽다＝〔轹杀〕

【砾(礫)】 lì 자갈 력

자갈. 조약돌. 부스러진 돌. ¶沙～ | 모래와 자갈.
【砾石】lìshí 名 자갈. 조약돌.
【砾岩】lìyán 名〈地質〉역암.

【趚(躒)】lì luò 움직일 력
Ⓐlì 書動 움직이다. 행동하다. ¶骐骥qíjì一~, 不能千里ㅣ준마도 단걸음에 천리를 갈 수는 없다. 喩아무리 현인(賢人)이라도 단번에 학문을 이룰 수는 없다.
Ⓑluò ⇒〔卓zhuó趚〕

4【荔】lì 여지 여
❶⇒〔荔枝〕 ❷(Lì) 名〈地〉여강(荔江)[광서(廣西)에 있는 강이름] ❸(Lì) 名성(姓).
【荔支】lì·zhī ⇒〔荔枝〕
4【荔枝】lì·zhī 名❶〈植〉여지. ❷여지의 과실 ‖ =〔荔支〕〔丹dān荔〕〔雷芝léizhī〕〔离lí支〕

4【栗〈慄3〉】lì 밤나무 률
❶名〈植〉밤나무. ❷(~子) 名밤. ¶炒chǎo~子ㅣ군밤. ❸(벌벌·덜덜) 떨다. ¶战zhàn~ㅣ전율하다. ¶不寒而~ㅣ成춥지도 않은데 떨다. 매우 두려워 하다. ❹(Lì) 名성(姓).
【栗暴】lìbào 名꿀밤. ¶凿záo~ =〔打栗暴〕ㅣ꿀밤을 먹이다 =〔栗苞②〕〔栗头〕〔栗凿záo〕
【栗苞】lì·bao 名❶밤송이 =〔栗房〕 ❷⇒〔栗暴〕
【栗房】lìfáng ⇒〔栗苞①〕
【栗然】lìrán 貶두려워 벌벌 떨다.
【栗色】lìsè 名〈色〉밤색. 다갈색. ¶他买了一件~的外套ㅣ그는 밤색 외투를 한벌 샀다.
【栗鼠】lìshǔ 名〈動〉다람쥐 =〔松鼠〕〔松狗〕
4【栗子】lì·zi 名〈植〉❶밤나무. ❷밤. 밤알. 밤톨. ¶糖炒tángchǎo~ㅣ감률(甘栗). 모래와 함께 섞으면서 구운 밤. ¶炒~ㅣ군밤. ¶~肌肉jīròuㅣ거친 피부 =〔栗黄〕

【傈】lì 묘주목 률
⇒〔傈傈族〕
【傈傈族】Lìsùzú 名리수족 [운남성(雲南省)·사천성(四川省)에 거주하는 중국 소수 민족]=〔栗lì粟族〕〔力些族〕

【溧】lì 땅이름 률
지명에 쓰이는 글자. ¶~水ㅣ율수. 강소성(江蘇省)에 있는 현(縣) 이름.

【篥】lì 악기이름 률
⇒〔觱bì篥〕

【鬲】lì gé 솥 력, 막을 격
Ⓐlì 名❶고대의 속이 빈 세 발이 달리고 아가리가 둥근 솥 =〔鬲lì〕 ❷고대에 사용되었던 초벌구이한 독〔질항아리〕.
Ⓑgé ❶「隔」와 통용 =〔隔gé〕 ❷인명에 쓰이는 글자. ¶胶~ㅣ교격. 은말(殷末) 주초(周初)의 사람. ❸지명에 쓰이는 글자. ¶~津ㅣ격진. 하북성(河北省)에서 발원하여 산동성(山東省)으로 흘러 들어가는 강 이름.

【镉】lì ☞ 镉 gé Ⓑ

【詈】lì 꾸짖을 리
書動욕하다. ¶申申而~ㅣ끊임없이 욕하다→〔骂mà〕

·li ㄌㄧ˙

2【哩】·li ☞ 哩 lī Ⓑ

liǎ ㄌㄧㄚˇ

1【俩(倆)】liǎ liǎng 두개 량, 재주 량
Ⓐliǎ 數量❶두 개. 두 사람. ¶~仨sāㅣ두세 개. ¶我们~ㅣ우리 두 사람. ¶他~ㅣ그들 둘. ¶姊妹~ㅣ언니와 동생 두 사람 =〔两个〕 어법「俩」는 뒤에「个」나 다른 양사(量詞)를 붙이지 않음. ❷두세 개. 조금. 얼마쯤. ¶今天有了~钱儿, 可不能忘掉过去的穷日子呀!ㅣ오늘 돈이 조금 있다고 과거의 어려웠던 시절을 잊어서는 결코 안된다!
Ⓑliǎng ⇒〔伎jì俩〕
【俩大钱】liǎdàqián 名組구멍 뚫린 큰 엽전 두 닢 [옛날, 몇 푼 안 된다는 뜻으로 쓰였음] ¶挣zhèng了~就以为了不起了ㅣ한 두 푼 벌었다고 되게 대단하다고 생각한다→〔俩钱儿〕
【俩钱儿】liǎqiánr 名몇 푼 안 되는 돈. 약간의 돈. 「多花~买好的ㅣ돈을 몇 푼 더 줘서 좋은 것을 산다→〔俩大钱〕
【俩人】liǎrén 두 사람. ¶夫妻fūqī~ㅣ부부 두 사람.
【俩心眼儿】liǎxīnyǎnr 名組 喩❶서로 다른 마음. 의견이 일치하지 않음. ¶他跟咱们是~ㅣ그는 우리와 의견이 서로 다르다. ❷두 마음. 딴마음. 불성실한 마음.

lián ㄌㄧㄢˊ

【奁(奩)〈匳匲籢〉】lián 경대 렴
書名❶(옛날 부녀자의) 화장 함〔상자〕. ¶镜~ =〔镜匣xiá〕ㅣ화장 함. ❷(옛날 시집갈 때 가져가는) 혼수(婚需) =〔妆zhuāng奁〕
【奁币】liánbì 名혼수품과 지참금 =〔奁资〕
【奁资】liánzī ⇒〔奁币〕

【帘】1 lián 술기 렴
書名옛날 술집에 세웠던 기 =〔酒帘〕

3【帘(簾)】2 lián 발 렴
名(~儿, ~子) 발. ¶竹~ㅣ대발. ¶窗chuāng~ㅣ창문의 커튼.
【帘布】liánbù 名(타이어 등의 고무제품 안쪽에 대는) 천. ¶扯chě了几尺~ㅣ안천을 몇 척 끊어 샀다 =〔帘子布〕
【帘几】liánjǐ ⇒〔帘儿〕
【帘儿】liánr 名발. 커튼 =〔门mén帘(儿, 子)〕〔窗帘(儿)〕〔回帘子〕〔帘儿〕
【帘子】lián·zi ⇒〔帘儿〕
【帘子布】lián·zibù ⇒〔帘布〕

1【连(連)】lián 이을 련
❶動잇다. 붙다. 연결하다. 연접하다. 어법 대개 목적어나 보어를 동반함. ¶骨肉相~ㅣ뼈와 살이 붙어있는 것 처럼 밀접히 연결되다. ¶心~心ㅣ마음과 마음이 이어져 있다. ¶天~着水, 水着~天ㅣ하늘은 물과 이어져

있고, 물은 하늘과 이어져 있다. ¶～得很紧 | 긴밀히 연결되다. ¶狗～上了 | 개가 흘레 붙었다. ❷副 연이어. 연거푸. 연방. 어법 단음절 동사만을 수식하고 동사 뒤에 수량사구가 옴. 쌍음절 동사에는「接连」「连着」「一连」의 형태로 쓰임. ¶～演十场 | 연이어 10번을 공연하다. ¶我们～发了三封信 | 우리는 연이어 세 통의 편지를 보냈다. ¶老张一面听他的话, 一面～～点头 | 장씨는 그의 말을 들으면서 연방 고개를 끄덕였다. ¶接连〔连着〕演出了一个月 | 연이어 한 달 동안 연출하였다. ¶一连讨论了三天 | 연이어 삼일간 토론하였다. ❸介 합하여. 포함하여. 더하여. 어법 문장 중에 수량사가 반드시 있어야 되며, 동사를 생략하기도 함.「连…」은 주어 앞에 올 수도 있음. ¶这次～我有十个人 | 이번에는 나를 포함하여 열 사람이다. ¶～今天是五天 | 오늘까지 치면 5일간이다. ¶～新来的同学, 我们才五个人 | 새로온 급우까지 합하여 우리는 겨우 다섯 사람이다. ❹介 한꺼번에. 같이. …까지. ¶～根拔bá出 | 뿌리까지 함께 뽑아내다. ¶～皮吃 | 껍질과 함께 먹다. ¶干脆～桌子一起搬走 | 아예 책상까지 함께 옮기자. ❺介 …에 …까지. …와 …을 합해. …하며 (동시에)…하며. ¶～…带… ↓ ❻介 …조차도. …까지도. …마저도 어법 ⓐ 뒤에「也」「都」「还」등과 호응하여 낱말(詞)이나 구(詞組)를 강조함.「连」앞에「甚至」를 더하기도 함. ¶(甚至)～我都知道了, 他当然知道 | (심지어) 나까지도 알게 되었는데, 그는 당연히 알 것이다. ⓑ「连＋名」인 경우, 그 명사는 주어나 목적어 혹은 기타성분일 수도 있으므로, 문장 안에 생략된 것이 있을 경우에 두 가지 뜻이 있을 수 있음. ¶～我也不认识 | ㉠ 나까지도 (그를) 못알아 보았다. ㉡ (그는) 나조차도 못알아보았다. ⓒ「连＋動」인 경우,「不/没＋술어」형식이어야 함. ¶～下象棋xiàngqí都不会 | 장기두는 것조차도 할 줄 모르다. ⓓ「连＋절」의 경우, 이 절은 의문대사나 부정수사(不定數詞)로 구성된 것이어야 함. ¶～他住在哪儿我也忘了问 | 그가 어디에 사는지조차도 나는 묻는 것을 잊었다. ⓔ「连＋數量」의 경우, 수사는「一」에 국한되고 술어는 부정형이어야 함. ¶他家我～一次也没去过 | 그의 집에 나는 한번도 간 적이 없다. ¶屋里～一个人也没有 | 방안에는 한 사람도 없다. ❼介 …을〔를〕[아주 드물게「把」나「将」과 같이 쓰임] ¶等我～这张报看完了再去 | 내가 이 신문을 다 보고 난 뒤에 가지→〔把bǎ〕 ❽量 연. 림(ream)[전지(全紙) 500장을 1「连」이라 함]＝〔令lǐng〕〔另④〕 ❾名〈軍〉중대. ¶第三～ | 제3중대→〔班bān②〕〔军jūn②〕〔旅lǚ④〕〔排pái⑦〕〔棚péng⑧〕〔团tuán⑥〕〔营yíng④〕 ❿ (Lián) 성(姓).

【连本带利】liánběn dàilì 動組 원리(元利)합계. 원금에 이자까지. ¶～一起还给你 | 원금에 이자까지 함께 너에게 돌려준다. ¶～都亏kuī了 | 원금에 이자까지 모두 까먹었다.

【连比】liánbǐ 名〈數〉연비.

【连部】liánbù 名〈軍〉중대 본부.

【连茬】liánchá ⇒〔连作〕

【连城】liánchéng ❶ 喩 (물건이) 귀중하다〔값지다〕. ¶价值～的钻石zuànshí | 매우 값진〔비싼〕다이아몬드→〔连城璧bì〕 ❷名 연성현(連城縣)에서 나는 대나무 종이의 일종 [옛날 장표(莊票)나 송장(送狀)등으로 쓰였음]

【连城璧】liánchéngbì 名 ❶ 화씨 벽(和氏璧)＝〔和hé(氏)璧〕〔赵zhào璧〕 ❷轉 더없이 귀중한 보물.

【连串(儿)】liánchuàn(r) 動 한 줄에 꿰이다. 계속하여 이어지다. ¶一～的问题 | 계속 이어지는 문제.

【连词】liáncí 名〈言〉접속사＝〔连接词〕

【连蹿带跳】liáncuān dàitiào 動組 팔짝팔짝〔깡총깡총〕뛰다. ¶～地扑pū到他母亲的怀huái里 | 팔짝팔짝 뛰어서 어머니의 품안에 달려들었다. ¶小孩子～地来到我跟前 | 아이가 깡총깡총 뛰어내 곁으로 왔다.

【连带】liándài 動 ❶ 서로 관련되다. ¶人的作风和思想感情是有～关系的 | 사람의 태도와 사상 감정은 서로 관련되어 있다. ❷ 연대하다. ¶～负担fùdān | 연대 부담(하다). ¶～责任zérèn | 연대 책임. ❸ …까지〔을〕포함하다. ¶～下肥工作需要五天 | 비료 주는 일까지 포함하여 닷새가 필요하다.

4【连…带…】lián…dài… ❶ …에 …까지. …와 …을 합해. 어법 두 가지 항목을 모두 포함함을 나타냄. 주어 앞에 올 수 있음. ¶～人带马都来了 | 사람과 말이 모두 왔다. ¶连老人带小孩一共八个人 | 노인과 어린이까지 합쳐서 모두 여덟명이다. ¶连纸带笔都拿走了 | 종이에다 연필까지 모두 가지고 갔다. ¶～洗澡xǐzǎo带理发, 总共才五块钱 | 목욕에서 이발까지 합쳐봐야 모두 겨우 5원이다. ❷ …하며 (동시에)…하며. …하고 …하면서. 어법 선후 관계 없이 두 가지 동작이 동시에 발생함을 나타냄. 단음절 동사와 어울려 쓰이는데 이 두 동사는 서로 연관성이 있음. ¶他～说带唱地表演了一段 | 그는 말과 노래를 곁들여 한 대목을 연출하였다. ¶孩子们～蹦bèng带跳地跑了进来 | 아이들은 깡총깡총 뛰어 들어왔다. ¶他连笑带哭地讲了一个故事 | 그는 웃고 울고 하면서 이야기를 하였다 ‖＝〔无…带…〕

【连带负担】liándài fùdàn 名組〈法〉연대 부담.

【连裆裤】liándāngkù 名 ❶ (어린이들이 입는 가랑이가 터지지 않은 중국식) 통바지→〔开裆裤〕 ❷方 한통속. ¶穿～ | 한통속이 되어 서로 감싸주다. ¶他跟他媳妇儿xífur穿一条～ | 그와 그의 아내는 한통속이다.

【连登】liándēng 動 ❶ 잇달아 합격하다. ❷ 연속 게재(揭載)되다. 연이어 싣다〔실리다〕. ¶这部小说～了三个月 | 이 소설은 석달 내내 연재되었다.

【连读】liándú 名 動〈言〉연독(連讀)(하다), 연달아서 읽다＝〔联lián读〕

【连队】liánduì 名 ❶〈軍〉중대(中隊). 또는 중대에 상당하는 단위. ❷〈土〉연속 아치 댐(multiplearch dam).

【连二接三】lián'èr jiēsān ⇒〔连三带四〕
【连根儿】liángēnr ❶ 動 뿌리까지 포함하다. ❷ 副 뿌리째. 송두리째. ¶～动摇dòngyáo | 뿌리째 흔들리다. ¶把这个黑店～拔了 | 이 악덕 상점을 뿌리째 뽑았다.
【连亘】liángèn 書 動 (주로 산맥 등이) 줄기줄기 뻗다〔잇닿다〕. ¶山脉shānmài～, 蜿蜒wāntíng前伸qiánshēn | 산맥이 끊임없이 구불구불 앞으로 뻗어있다.
【连亘不断】lián gèn bù duàn 成 끝없이 이어지다.
【连拱坝】liángǒngbà 名〈土〉연속 아치 댐(multiplearch dam).
【连拱桥】liángǒngqiáo 名〈土〉연속 아치교(multiarch橋).
【连贯】liánguàn 動 ❶ 연관되다. 이어지다. 연속하다. 계속되다. 통하다. ¶思想不～ | 생각이 이어지지 않다. ¶中间加个过渡段, 就可使这篇文章的前后～起来了 | 중간에 이어 넘어가는 단락을 하나 더하면 이 글의 전후가 연관될 수 있다. ¶长江大桥把南北交通～起来了 | 장강 대교는 남북의 교통을 이어놓았다 =〔联贯〕 ❷ (활을 쏠 때) 잇달아 적중(的中)시키다.
【连滚带爬】liángǔn dàipá 動組 구르기도 하고 기기도 하다. 허겁지겁하다. ¶～逃跑了 | 허급접겁 도망쳤다.
【连锅端】liánguōduān 動組 喻 몽땅 소멸하다. 송두리째 뽑아버리다. ¶把那个赌窖dǔjiào～了 | 그 도박 소굴을 송두리째 뽑았다.
【连号(儿)】liánhào(r) ❶ 名 일련 번호. ❷ 名 연쇄점. 체인 스토어(chain store) ❸ ⇒〔连字符〕 ❹ (lián/hào(r)) 動 번호가 이어지다.
【连横】liánhéng ❶ 名 연횡. 연형설(連衡說) [전국(戰國)시대에 장의(張儀)가 제창한 외교 정책의 일종] ❷ 動 횡으로 연합하다 ‖ →〔合纵hézòng连横〕
【连环】liánhuán ❶ 名 연환(連環) [고리로 연결된 쇠사슬] 喻 서로 연관된〔되는〕 물건 또는 일. ❷ 動 서로 연관되다.
【连环保】liánhuánbǎo 名 연대 보증.
【连环计】liánhuánjì 名 ❶ 연환계 [차례 차례 교묘하게 짠 계략] ¶他设的是～ | 그가 짠 계략은 연환계이다. ❷ 중국 전통극의 하나.
【连环套】liánhuántào 名 연결된 올가미〔덫〕. ¶巧安qiǎoān～ | 교묘하게 덫을 설치하다.
【连环作保】liánhuán zuòbǎo 動組 연대 보증하다 =〔连环具保〕
【连击】liánjī 名 動〈體〉(배구에서) 드리블(dribble)(하다).
【连脚裤】liánjiǎokù 名 (아기들의) 양말바지.
3【连接】liánjiē 動 ❶ 연접하다. (사물이) 서로 잇닿다. ¶两句话～不上 | 두 마디 말이 서로 이어지지 않는다. ¶～不断的山岭shānlǐng | 끝임없이 잇닿아 있는 산 봉우리. ❷ 연접시키다. 연결시키다 ‖ =〔联接〕→〔接连〕
【连接词】liánjiēcí ⇒〔连词〕
【连接号】liánjiēhào ⇒〔连字符〕
【连结】liánjié 動 연결하〔되〕다. ¶密切地～起来 | 밀접하게 연결되다. ¶～插座chāzuò | 연결 코드.
【连襟(儿)】liánjīn(r) 名 (남자) 동서. ¶他是我的～ | 그는 나의 동서이다. ¶他们是～ | 그들은 동서지간이다 =〔连衿(儿)〕〔连袂〕〔襟兄弟〕〔俗 一担儿挑〕〔書 僚婿liáoxù〕〔友yǒu婿〕
【连累】liánlěi 動 연루되다. 말려들다. ¶我犯错误, ～了同事 | 내가 잘못을 저질렀는데 동료가 연루되었다. ¶还是让我回去罢, 免得～了你 | 그래도 내가 돌아가게 해줘, 너까지 말려들게 되지 않으려면 =〔挂guà累〕
【连类】liánlèi 書 動 동류의 사물을 함께 연이어 놓다. ¶～而及 | 연이어 미치다〔전해지다〕.
【连理】liánlǐ 書 ❶ 뿌리 다른 초목이 서로 엉겨 붙어 자라다 [옛날 상서로운 징조로 여김] ❷ 喻 금실 좋은 부부. ¶结为～ | 부부가 되다. ‖ =〔连理枝〕→〔比翼bǐyì连理〕
【连理枝】liánlǐzhī 名 ⇒〔连理〕 ¶在天愿为比翼鸟, 在地愿为～ | 하늘에서는 비익조가 되고자 하고, 땅에서는 연리지가 되고자 한다. 금실 좋은 부부가 되고자 한다
4【连连】liánlián 副 口 ❶ 연신. 끊임없이. 어법 「连连」이 수식하는 동사 뒤에 수량구가 오지 않으나, 「连续」가 수식하는 동사 뒤에 수량구가 올 수 있음. 「连连」은 부사라서 명사를 수식할 수 없으나, 「连续」는 형용사라서 명사를 수식할 수 있음. ¶～立功lìgōng | 연신 공을 세우다. ❷ 서서히. 천천히 ‖ =〔联联〕
2【连忙】liánmáng 副 얼른. 급히. 바삐. 분주히. 재빨리. ¶～跑过来 | 황급히 달려왔다. ¶他～收拾了行李 | 그는 얼른 짐을 꾸렸다.
4【连绵】liánmián ❶ 狀 (산맥·강·눈·비 등이) 그치지 않다. 끊이지 않다. 죽 이어지다. ¶～群山 | 산들이 끊임없이 이어져 있다. ¶阴雨～ | 장마가 그치지 않다 =〔联绵〕〔绵联〕〔绵亘〕 ❷ 名 처마.
【连绵不断】lián mián bù duàn 成 끊임없이. 부단히.
4【连年】liánnián 副 해마다. 여러 해 계속. ¶～丰收 | 해마다 계속 풍작이다.
【连皮】liánpí 動 (상품의 무게를) 포장까지 포함하다. ¶～三十斤 | 포장까지 포함하여 30근이다.
【连皮带骨】liánpí dàigǔ 名組 가죽에 뼈까지. 喻 완전히.
【连篇】liánpiān 形 ❶ 편수가 많다. 여러 편 계속된다. ¶～累牍lěidú | 成 편폭이 지나치게 길어 글이 장황하다. ❷ 形 전편에 걸쳐 있다〔수두룩하다〕. ¶误字～ | 오자가 전편에 걸쳐 있다. ¶废话fèihuà～ | 쓸 데 없는 말이 전편에 수두룩하다.
【连任】liánrèn 動 연임하다. ¶～部长 | 부장직을 연임하다. ¶会长不得děi～两届jiè以上 | 회장직은 두 번 이상 연임할 수 없다 =〔联lián任〕
【连日】liánrì 副 연일. 매일. ¶～阴雨 | 연일 장마비다. ¶～暴晒bàoshài | 연일 뜨거운 햇볕이 내려 쪼이다.
【连三带四】liánsān dàisì 狀組 계속하여. 연달아. 연거푸. 연이어. ¶～地追问 | 연이어 추궁하다 =〔连二接三〕〔连三并四〕〔连一接二〕

【连衫裙】liánshānqún [名] 원피스(onepiece) 드레스 =〔连衣裙〕〔(外)布拉吉〕
【连声】liánshēng [副] 연거푸〔계속해서〕 말하다. ¶～说｜계속해서 말하다. ¶～道谢｜연거푸 고맙다고 말하다.
【连输】liánshū [動] 연거푸 지다. 연패(連敗)하다. ¶他～几局jǐjú｜그는 몇 판을 연거푸 졌다.
【连锁】liánsuǒ [形] 쇠사슬처럼 연이어져 있는. 연쇄적인. [어법] 단독으로 술어가 되지 못하고 주로 관형어나 부사어가 됨. ¶～商店 =〔联lián号〕｜연쇄점. 체인점. ¶～在一块儿｜연이어서 한데 묶여 있다. ¶～贸易｜링크(link)제 무역.
【连锁反应】liánsuǒ fǎnyìng [名組]〈物〉〈化〉연쇄반응 =〔连串反应〕〔链liàn式反应〕
【连台】liántái [名] ❶ 연속 상연. 연속극 ❷ [喩] 쉬지 않고 계속하는 일. 몰아침. ¶打几个～, 这才略有眉目méimù｜몇 차례 몰아치기를 하니까, 겨우 대강 일의 윤곽이 잡혔다. ¶今儿个他打～不回来｜그는 오늘도 계속 돌아오지 않는다.
【连台本戏】liántái běnxì [名組] 연속 공연하는 장편 연극.
【连天】liántiān ❶ [副] 연일. 며칠을 계속해서. ¶～连夜liányè写稿gǎo｜며칠을 계속해서 원고를 쓰다. ¶～赶路gǎnlù｜연일 길을 재촉하다. ❷ [動] 끊이지 않다. 계속하다. ¶叫苦～｜늘〔계속〕우는 소리를 하다. ❸ [動] 하늘에 맞닿아 있는 듯하다. ¶水面～｜수면이 하늘과 맞닿아 있다. ¶烽fēng火～｜봉화불이 하늘과 맞닿아 있는 듯하다.
【连通】liántōng ⇒〔通连〕
[4]【连同】liántóng [介] …과 함께. …을 포함해서. …과 같이. ¶将各点记录jìlù～样本yàngběn存备cúnbèi参考｜각 기록을 견본과 함께 참고하기 위하여 보존하다. ¶把罪犯～凶器一起送交派出所｜범인을 흉기와 함께 파출소로 넘기다 =〔联lián同〕
【连推带拉】liántuī dàilā [動組] ❶ 뒤에서 밀고 앞에서 끌다. 밀고 당기다. ❷ [喩] 억지로 하다 ‖ =〔连推带搡〕
【连推带搡】liántuī dàisǎng ⇒〔连推带拉〕
【连调式】liánwèishì [名]〈言〉연동식(連動式).
【连写】liánxiě [動] 연서(連書)하다. (한자를 병음자모(拼音字母)로 음을 표기할 때 다음절 단어인 경우 각 음절을) 연이어 쓰다. ¶「人民(rénmín)」是一个多音节的词, 应该～｜「人民」은 다음절 단어(rén+mín)이기 때문에 마땅히 이어 써야(rénmín) 한다 ‖ =〔连书〕
[2]【连续】liánxù ❶ [動] 연속하다. 계속하다. ❷ [形] 연이어져 있다. [어법] 정도부사의 수식을 받지 않고 주로 부사어나 관형어로 쓰임. 「连续」은 중간에 조금도 끊임이 없는 것을 의미하는데, 「陆续」은 중간에 끊임이 있을 수도 있음. ¶山势～不断, 一眼望不到头｜산세가 끊임없이 이어져 있어 한눈으로는 끝까지 다 볼 수 없다. ¶～性｜연속성. ¶他～发表了十篇论文｜그는 10편의 논문을 연속으로 발표했다 =〔联lián续〕
【连续光谱】liánxù guāngpǔ [名組]〈物〉연속 스펙트럼(spectrum).
[4]【连续剧】liánxùjù [名] (텔레비전 등의) 연속극.
[4]【连夜(儿)】liányè(r) [副] ❶ 그날 밤에 바로. 밤새도록. 밤새껏. ¶他接到通知～赶回来｜그는 통지를 받고 그날 밤으로 서둘러 돌아왔다. ¶他下班回家后, ～赶制图表｜그는 퇴근하고 집에 돌아와서 밤에도 계속 서둘러 도표를 만들었다. ¶～赶gǎn活｜밤새도록 일을 하다. 밤일을 하다. ❷ 며칠밤 계속. [어법] 대개 「连日」과 함께 쓰임. ¶连日～地刮风下雨｜몇날 며칠을 계속해서 바람이 불고 비가 온다.
【连一接二】liányī jiē'èr ⇒〔连三sān带四〕
【连衣裙】liányīqún ⇒〔连衫shān裙〕
【连阴天(儿)】liányīntiān(r) [名] 여러날 계속되는 궂은 날씨 =〔连阴雨天〕
【连阴雨】liányīnyǔ [名] 장마. 연일 계속 내리는 비. ¶这些日子竟下～｜요즘은 계속 비만 내린다.
【连赢】liányíng [名][動] 연승(連勝)(하다). ¶～三局｜세 판을 연승하다.
【连用】liányòng [動] 연용하다. 이어서 쓰다. [어법] 목적어를 갖지 않음. ¶「俩(liǎ)」和「个」这两个字不能～｜「俩」와「个」, 이 두 글자는 이어서 쓸 수 없다. ¶这里～三个「非常」, 显出十分强调的语气｜여기에 「대단히」라는 말을 세번 연속해서 썼기 때문에 아주 강조하는 어감이 잘 드러난다.
【连载】liánzǎi [名][動] 연재(하다). ¶长篇～｜(소설 등의) 장편 연재. ¶这个故事在报纸上～过｜이 이야기는 신문에 연재된 적이 있다.
【连着】lián·zhe [動] 연속하다. 잇닿다. ¶～遇yù上三件事情｜연달아 세 건의 일을 만났다. ¶～班儿｜잇달아 그칠 새 없이.
【连指手套】liánzhǐ shǒutào [名組] ❶〈體〉(야구의) 미트(mitt). ¶戴dài～｜미트를 끼다 =〔大dà元手套〕〔合hé手套〕〔两liǎng指手套〕 ❷ 벙어리 장갑.
【连种】liánzhòng ⇒〔连作zuò〕
【连轴(儿)转】liánzhóu(r) [動] (교대하거나 쉬지 않고) 줄곧 (일)하다. 멈추지 않다. 그치지 않다. ¶这几天真是忙得～｜요며칠 정말 바빠서 쉴 틈이 없었다. ¶他们～打了三天三夜麻将májiàng｜그들은 삼일 낮 삼일 밤을 계속해서 마작을 했다.
【连珠】liánzhū ❶ [名] 꿴 구슬. (소리 등이) 꿴 구슬처럼 잇달아 끊이지 않는 것. ❷ [名]〈論〉삼단 논법의 다른 이름. ❸ ⇒〔山shān丹①〕 ❹ [名]〈文〉연주체 [후한(後漢)때 반고(班固) 등이 시작한 문체의 일종] ❺ [名] 구슬을 꿰다. ❻ [副] 연달아 잇달아.
【连珠炮】liánzhūpào [名] 속사포(速射砲). 기관총. [喩] 따발총 쏘듯 말을 빨리 하는 것. ¶～似地sìde提出了许多问题｜속사포를 쏘듯이 많은 문제를 (한꺼번에) 제기하다 =〔快kuài炮〕〔速射sùshè炮〕
【连属】liánzhǔ ❶ (書) [動] 연결되다. ¶～在一起｜한데 연결되어 있다. ¶两地～｜두 곳이 연결되어 있다. ❷ [名] 상종(相從). 친척·친구간의 왕래〔교제〕. ¶他们两家儿早没～了｜그들 두 집안은

일찍부터 왕래가 없었다 =〔联属〕

【连缀】liánzhuì 動 이어지다. 연속되다. 연결되다.

【连字符】liánzìfú 名〈言〉하이픈(hyphen). 접합부(接合符). 「—」부호 =〔连号(儿)③〕〔连接号〕〔连字号〕

【连字号】liánzìhào ⇒〔连字符〕=〔联宗〕

【连奏】liánzòu 名〈音〉레가토(legato;이)

【连作】liánzuò 名 動〈農〉연작(하다). ¶有的农作物, 如稻子dàozi, 可以～ | 어떤 농작물, 벼같은 것은 연작할 수 있다 =〔连茬〕〔连种〕〔重chóng茬〕

【连坐】liánzuò 名 動 연좌(되다). ¶封建fēngjiàn社会shèhuì, 一人犯罪fànzuì, 全家～ | 봉건 사회에서는 한 사람이 죄를 지으면 전가족이 연좌된다.

【涟(漣)】lián 잔물결 련

書 ❶ 名 잔 물결. ¶清～ | 맑고 잔잔한 물결. ❷ 形 눈물이 줄줄 흐르다. ¶泣涕qìtì～～ | 하염없이 울다.

【涟涟】liánlián 貺 눈물을 줄줄 흘리다. ¶不少人流下了～热泪 | 많은 사람들이 하염없이 뜨거운 눈물을 흘렸다 =〔書 涟洏〕

【涟漪】liányī 書 名 잔잔한 물결. ¶水面荡dàng开了一圈圈～ | 수면이 동심원을 그리며 잔잔한 물결이 넘실거린다.

4【莲(蓮)】lián 연 련

名 ❶〈植〉연. 연꽃. ❷ 簡「莲子」(연밥)의 약칭.

【莲菜】liáncài 名 方 반찬으로 쓰이는 연뿌리.

【莲池】liánchí 名 연지. 연못 =〔莲花池〕〔莲花塘〕〔莲塘〕

【莲房】liánfáng 書 名 ❶ 연방. 연밥이 들어있는 송이 =〔莲蓬〕 ❷ 승방(僧房).

【莲花(儿)】liánhuā(r) 名〈植〉연꽃. ¶洁白jiébái的～ | 순백색의 연꽃.

【莲花池】liánhuāchí ⇒〔莲池〕

【莲藕】lián'ǒu 名 연뿌리. ¶～同根 | 喩 떨어질래야 떨어질 수 없는 관계.

【莲蓬】lián·peng ⇒〔莲房①〕

【莲蓬头】lián·pengtóu 名 샤워기나 물뿌리개의 노즐(nozzle).

【莲(蓬)子儿】lián(·peng)·zir 名 ❶ 연밥. ¶小孩子剥bō开莲蓬找～吃 | 아이가 연방을 벗겨 연밥을 꺼내 먹는다 =〔莲子〕 ❷ 연밥 모양의 것. ❸「枣zǎo(儿)」(대추)의 한 가지.

4【莲子】liánzǐ 名 연밥. ¶糖táng～ | 연밥을 설탕에 절인 것 =〔莲蓬子儿①〕〔莲实〕

【裢(褳)】lián 전대 련

⇒〔褡dā裢(儿)〕

【鲢(鰱)】lián 서어 련

⇒〔鲢鱼〕

【鲢鱼】liányú 名〈魚貝〉서어(鱮魚). 연어 =〔書 鱮xù〕〔白鲢〕

2【怜(憐)】lián 불쌍히여길 련

❶ 불쌍히〔가여이〕 여기다. 동정하다. ¶～悯↓ ¶～惜↓ ¶同病tóngbìng相xiāng～ | 國 같은 병을 앓는 사람끼리 서로 가엽게 여기다. 어려운 처지에 있는 사람끼리 동정하고 돕다. ❷ 사랑하다. 귀여워하다. ¶～爱↓ ¶人皆jiē～幼yòu子 | 사람은 다 어린이를 귀여워한다.

【怜爱】lián'ài 動 사랑하다. 어여삐 여기다.

【怜愍】liánmǐn 動 동정하다. 불쌍히 여기다. ¶你～～她吧 | 그녀를 좀 불쌍히 여겨라. ¶他十分～你的遭遇zāoyù, 但是爱莫能助 | 그는 너의 처지를 대단히 동정하지만 도와주려해도 도와줄 힘이 없다 =〔怜悯〕〔怜念〕

【怜悯】liánmǐn ⇒〔怜愍〕

【怜念】liánniàn ⇒〔怜愍〕

【怜惜】liánxī 動 동정하여 돌보다. 불쌍히 여겨 도와주다. 애호(愛護)하다. ¶很～儿童 | 아동을 사랑하고 잘 돌본다. ¶你做做好事, ～～穷人吧 | 너 좋은 일 좀 해서 가난한 사람들을 좀 돌보아 주렴.

【零】lián ☞ 零 líng Ⓑ

【荅】lián ☞ 荅 xiān Ⓑ

1【联(聯)】lián 연할 련

❶ 연결하다. 연합〔결합〕하다. 합동하다. ¶～络↓ ¶～盟↓ ❷ 名〈文〉대련(對聯). 대귀(對句). ¶一副春～ | 한 쌍의 춘련(설에 붉은 종이로 문에 써 붙이는 대련). ¶这～写得比那～好 | 이 대련이 저 대련보다 더 잘 썼다.

4【联邦】liánbāng 名〈政〉연방. ¶～制 | 연방제. ¶英～ | 영연방. ¶～调查局diàochájú | 연방수사국. 에프 비 아이(F.B.I.). ¶～共和国gònghéguó | 연방 공화국.

【联保】liánbǎo ❶ 名 動 상호 보증(하다). ❷ 名 상호 보험. ¶～寿险shòuxiǎn | 상호 생명 보험. ❸ 名 보안 목적의 지방 단체의 연합.

【联播】liánbō 名 動 네트워크(network)방송(을 하다). ¶～节目jiémù | 모국(母局) 프로그램. 네트워크 프로그램.

【联唱】liánchàng 名〈音〉메들리를 여러 가수가 함께 돌아가면서 부르는 방식. ¶民歌～ | 민가 연창.

【联大】Liándà 名 簡 유엔 총회 〔「联合国大会」의 약칭〕

【联带】liándài 動 연대하다. ¶～债务zhàiwù | 연대 채무. ¶～责任zérèn | 연대 책임.

【联电】liándiàn 動 연명으로 전보치다. 여러 사람의 이름으로〔연명으로〕 전보를 치다 →〔通tōng电②〕

【联防】liánfáng 名 動 ❶〈軍〉공동 방위(共同防衛)(하다). ¶军民～ | 군인과 민간인이 공동의 방위하다. ❷〈體〉공동 수비〔방어〕(하다).

【联共(布)】Liángòng(bù) 名 簡〈政〉소련공산당 〔「苏联共产党(布尔什维克)」의 약칭〕→〔布尔什维克〕

【联贯】liánguàn ⇒〔连贯①〕

【联号】liánhào 名 연쇄점. 체인 스토어(chain store) =〔连锁商店〕

2【联合】liánhé ❶ 名 動 연합〔결합〕(하다). 단결(하다). 공동(하다). ¶～举办jǔbàn | 공동으로 개최하다. ¶～签名qiānmíng | 연합으로 서명하다. ¶～邦 | 연방. 연합국. 동맹국. ¶～兵种 | 혼성 부대. ¶～公司 | 방계 회사. ¶～国安理会＝〔安理会〕| 국제 연합 안전 보장 이사회. ¶～政府 | 연립 정부. ¶～宣言＝〔共同宣言〕| 공동 성명. ❷ 名〈生理〉(뼈의) 결합. ¶耻骨chǐgǔ～ | 치골 결합.

【联合采煤机】liánhé cǎiméijī 名組〈機〉콤바인 채탄기(採炭機)＝〔㊇采煤康拜因kāngbàiyīn(机)〕〔㊇康拜因采煤机〕

【联合国】Liánhéguó 名 ❶ 연합국. ❷〈政〉유엔(UN). 국제 연합. ¶～大楼 | 유엔 빌딩. ¶～总部 | 유엔 본부. ¶参加～ | 유엔에 가맹하다.

【联合国教科文组织】Liánhéguó Jiàokēwén Zǔzhī 名 簡 유네스코(UNESCO)〔「联合国教育科学及文化组织」의 약칭〕

【联合国粮农组织】Liánhéguó Liángnóng Zǔzhī 名組 簡〈政〉국제 연합 식량 농업 기구(FAO).

【联合机】liánhéjī 名〈機〉콤바인(combine)＝〔联动机〕→〔㊇康拜因〕

【联合企业】liánhé qǐyè 名組〈經〉❶ 콤비나트(kombinat；러)＝〔联合(工)厂〕〔联合公司〕 ❷ 카르텔(kartell；독). 기업 연합.

【联合社】Liánhéshè 名 에이 피(A.P.)(통신사)＝〔美联社〕

【联合体】liánhétǐ 名〈農〉연합 농가 조직〔「专业户」(특정 업종 경영 농가).「重点户」(복합 경영 중핵 농가) 등의 중핵(中核) 농가가 잉여 자금의 활용 등을 위해 조직한 연합 경영체〕＝〔经jīng济联合体〕

【联合王国】Liánhé Wángguó 名組 簡〈地〉유나이티드 킹덤(United Kingdom). 영국〔「大不列颠及北爱尔兰联合王国」의 약칭〕

2【联欢】lián/huān 動 함께 모여 즐기다. 친목(親睦) 모임을 가지다. ¶韩中青年大～ | 한중 양국 젊은이들이 친목모임을 크게 가지다. ¶这两个学校的学生曾联过一次欢 | 이 두 학교 학생들은 이미 한차례 친목 모임을 가진 바 있다. ¶你们两个班经常～～, 可增进友谊, 促进团结 | 너희 두 반은 늘 함께 모여 즐기니 우의를 증진하고 단결력을 높일 수 있겠구나.

【联欢会】liánhuānhuì 名 간친회. 친목회. ¶欢迎新生～ | 신입생 환영회＝〔联谊会〕

【联机】liánjī 名(컴퓨터의) 온라인(on-line). ¶～数据shùjù处理 | 온라인 데이터 처리＝〔联线〕〔线xiàn上〕

【联机实时控制】liánjī shíshí kòngzhì 名組(컴퓨터의) 온 라인 리얼 타임(on-line real time) 제어.

【联接】liánjiē ⇒〔连接〕

【联结】liánjié 名 動 연결(하다). ¶画一条直线把这两点～起来 | 직선을 한 줄 그어 이 두 점을 연결시킨다. ¶北京～全国各地的中心 | 북경은 전국 각지를 연결하는 중심이다.

【联句】liánjù 名 연구〔각자가 한 구 내지 두 구씩 연결되게 짓는 작시(作詩)의 한 방식〕

【联军】liánjūn 名 연합군(聯合軍). ¶八国～侵略一个国家 | 여덟 국가의 연합군이 한 국가를 침략하다.

【联考】liánkǎo 名 簡〈教〉(대만(臺灣)의) 연합고사〔「联合考试」의 약칭〕

【联立方程】liánlì fāngchéng 名組〈數〉연립방정식.

3【联络】liánluò 動 연락하다. 서로 주고받다. 관계를 가지다. ¶跟对方～ | 상대방과 연락하다. ¶～了几个人 | 몇 사람에게 연락했다. ¶正在想法～ | 연락할 방법을 생각하고 있는 중이다. ¶～处 | 연락처. ¶～网 | 연락망. ¶～员 | 연락원. ¶失去～ | 연락이 끊기다. ¶我们多多接触, ～～感情 | 우리 좀 자주 만나서 관계를 좀 돈독히 하자＝〔连络〕

3【联盟】liánméng 名 연맹. 동맹. ¶结成jiéchéng～ | 동맹을 결성하다. ¶工农～ | 노·농〔노동자·농민〕동맹＝〔连盟〕

【联绵字】liánmiánzì 名〈音〉연면어(連綿語)〔두 음절(音節)로 연철(聯綴)되어 이루어지고, 분리되어서는 의미를 갖지 못하는 단어〕＝〔联绵词〕〔连绵字〕〔连语〕

【联翩】liánpiān 書 狀 ❶ 새가 푸드득 날다. 훨훨 날다. ❷ 喩 연이어 계속되다. 그치지 않다. ¶浮想fúxiǎng～ | 생각이 연달아 떠오르다＝〔连liánǹ翩〕

【联赛】liánsài 名〈體〉(주로 구기 종목에서) 각 팀의 실력에 따라 여러 조로 나누어 경기를 갖는 방식. 리그(league)전＝〔循环xúnhuán赛〕

【联席】liánxí 動 연석하다. (둘 이상의 단체가) 합석하다＝〔连席〕

【联席会议】liánxí huìyì 名組 연석 회의. 합동회의. ¶举行jǔxíng～ | 연석 회의를 개최하다.

1【联系】liánxì 動 연계하다. 밀접한 관계를 가지다. ¶这跟你的工作有～ | 이것은 너의 일과 밀접한 관계가 있다. ¶我们两个人一直有～ | 우리 두 사람은 줄곧 연락이 있었다. ¶打电话～时间和地点 | 전화를 걸어 시간과 장소를 연락하다. ¶你快跟他～一下 | 너 빨리 그에게 연락 좀 해라. ¶你们要多同群众～～, 争取他们的支持zhīchí | 너희들은 군중들과 밀접한 관계를 자주 가져서 그들의 지지를 얻어야 한다 ‖＝〔连系〕

4【联想】liánxiǎng 名 動 연상(하다). ¶～丰富fēngfù | 연상력이 풍부하다.

【联姻】liányīn ❶ 名 인척. ❷ 動 혼인하다. ❸ 動 喩 합작관계를 맺다. ¶政治和经贸jīngmào～ | 정치와 경제가 유착관계를 맺다 ‖＝〔联婚〕

【联运】liányùn 名 動 연락 운송(하다). ¶建立jiànlì航空hángkōng～关系 | 항공 연락 수송 관계를 수립하다. ¶水陆～ | 수륙 연락 운송＝〔连运〕

【联奏】liánzòu 名〈音〉여러 곡(曲)의 일부분을 뽑아 유기적으로 연결하여 연주하는 방식.

4【廉】lián **청렴할 렴**

❶ (값이) 싸다. ¶低～ | 저렴하다. ¶～价↓ ¶物美价～ | 품질도 좋고 값도 싸다. ❷

청렴(하다). ¶清～ | 청렴하다. ❸(Lián) 名 성(姓).

【廉耻】liánchǐ 名 염치. 체면. ¶这种人不知～ | 이런 사람은 체면도 모른다.

【廉官】liánguān 名 청렴 결백한 관리. 청백리(清白吏) =〔廉吏〕

4【廉价】liánjià 名形 헐값(이다). 싼 값(이다). 염가(이다). 저렴(하다). 어법 단독으로 술어가 되지 못하고, 주로 관형어나 부사어로 쓰임. ¶～出售chūshòu | 염가로 판매하다. ¶～抛pāo售 | 투매(投賣)(하다). ¶～商品 | 염가 상품. ¶～劳动力láodònglì | 싼 노동력. ¶～品pǐn | 염가품 =〔低dī价〕

4【廉洁】liánjié 形 청렴 결백하다. ¶清正～ | 청렴결백하다 =〔廉白〕〔廉明〕→〔清洁〕

【廉洁奉公】lián jié fèng gōng 成 청렴하게 공직에 종사하다. ¶老村长～, 深受村民爱戴àidài | 촌장 어르신이 청백리라서 마을 사람들의 높이 추대한다.

【廉吏】liánlì ⇒〔廉官〕

4【廉正】liánzhèng 書 形 청렴하고 바르다. ¶～无私wúsī | 청렴하고 공정 무사하다 =〔廉直〕

【濂】Lián 시내이름 렴
名〈地〉염강(濂江) [강서성(江西省)에 있는 강 이름]

【臁】lián 정강이 렴
名〈生理〉정강이의 양쪽. ¶～骨gǔ | 정강이뼈. ¶～疮↓

【臁疮】liánchuāng 名〈漢醫〉하퇴 궤양(下腿潰瘍). 정강이에 난 부스럼 =〔伤shāng手疮〕〔伤守疮〕

4【镰(鐮)〈鎌〉】lián 낫 겸/렴
名 ❶ 낫 [풀베는 기구] =〔镰刀〕 ❷ 부시 →〔火huǒ镰〕

4【镰刀】liándāo 名 낫. ¶一手拿枪一手拿～ | 한 손에는 총을 들고 다른 한 손에는 낫을 들다.

【镰鱼】liányú 名〈魚貝〉낫고기.

【蠊】lián 땅풍뎅이 렴
⇒〔蜚fěi蠊〕

liǎn ㄌㄧㄢˇ

【莶】liǎn ☞ 莶 lián

【敛(斂)〈歛〉】liǎn ⓧ liàn 거둘 렴
❶ 거두다. 거두어들이다. ¶～容↓ ¶～足↓ ❷ 징수하다. 수집하다. ¶～财↓ ¶横征暴héngzhēngbào～ | 成 터무니 없이 무거운 세금을 징수하다. ❸ 수축하다. ¶收～剂 =〔剑剂〕〔剑涩剂〕| 수렴제.

【敛步】liǎnbù 書 動 발걸음을 멈추고 앞으로 나아가지 않다 =〔敛足zú〕

【敛财】liǎn/cái 動 재물을 긁어모으다〔착취하다〕. ¶不择zé手段shǒuduàn地～ | 수단과 방법을 가리지 않고 재물을 긁어모으다.

【敛迹】liǎn/jì 書 動 숨어서 감히 나오지 못하다. ¶政治清明, 盗贼dàozéi～ | 정치가 바르고 맑으면 도적들이 감히 날뛰지 못한다.

【敛钱】liǎn/qián 動 ⓞ 여러 사람들에게 비용을 거두거나 기부금을 받다. ¶巧立名目, ～肥私 | 교묘히 명목을 만들고 돈을 거두어 착복하다. ¶敛了不少钱 | 적지 않은 기부금을 거두었다.

【敛衽】liǎnrèn 書 動 옷깃을 여미다. (복장을 단정히 하여) 경의를 표하다 =〔裣liǎn衽〕

【敛容】liǎnróng 書 動 얼굴에 웃음을 거두다. 정색하다. ¶～正色 | 정색하다 =〔敛身〕

【敛涩剂】liǎnsèjì 名〈藥〉수렴제(收斂劑) =〔收敛剂〕〔敛剂〕

【敛身】liǎnshēn ⇒〔敛容〕

【敛足】liǎnzú ⇒〔敛步〕

1【脸(臉)】liǎn 뺨 검
名 ❶ (～儿, ～子) 얼굴. ¶洗～ | 세수하다. 얼굴을 씻다. ¶刮guā～ | 얼굴을 면도하다. ❷ 轉 (～儿) 물체의 앞면. ¶鞋～ | 신발등. ¶门～儿 | 문의 앞면. ❸ 轉 체면. 면목. ¶丢diū～ | 체면을 잃다. ¶人有～, 树有皮 | 사람은 얼굴이 있고 나무는 껍질이 있다. 사람은 체면을 중시여겨야 한다. ¶不要～ | 罵 뻔뻔스럽다. ¶没有～见人 | 사람을 대할 면목이 없다. ❹ (～儿, ～子) (얼굴의) 표정. ¶笑～儿 | 웃는 얼굴. ¶把～一变 | 얼굴 표정을 일변하다. ¶一听说要钱, 他的～忽地变了 | 돈을 달라는 말을 듣자마자 그의 얼굴 표정이 갑자기 변했다.

【脸蛋儿】liǎndànr 名 ❶ (주로 어린이의) 낯. 얼굴. ❷ 뺨. 볼. ¶小姑娘的～红得像苹果píngguǒ | 소녀의 뺨이 사과처럼 빨갛다 =〔脸颊jiá〕〔脸颊骨〕‖ =〔脸蛋子〕

【脸蛋子】liǎndàn·zi ⇒〔脸蛋儿〕

【脸红】liǎnhóng 形 ❶ 얼굴이 빨개지다. 부끄러워하다. ¶说这种话也不～ | 이런 말을 해도 얼굴을 붉히지 않는다. ❷ (노하거나 흥분하여) 얼굴이 붉으락해지다. =〔脸红耳赤ěrchì〕

【脸红脖子粗】liǎnhóng bó·zi cū 狀組 ❶ (성이 나서) 목에 핏대를 세우고 얼굴을 붉히다. ❷ 몹시 초조해 하다. 안절부절못하다.

【脸颊】liǎnjiá ⇒〔脸蛋儿②〕

【脸颊骨】liǎnjiágǔ ⇒〔脸蛋儿②〕

【脸孔】liǎnkǒng 名 奧 낯. 얼굴 =〔面孔①〕

【脸面】liǎnmiàn 名 ❶ 얼굴. ¶～发光 | 얼굴이 환하다. ¶～清秀 | 얼굴이 수려하다. ❷ 체면. 낯. 명예. ¶看老同学的～, 你再帮他一回吧 | 옛친구의 낯을 봐서라도 네가 그를 한번 도와주어라. ¶也给他个～吧! | 그의 체면도 세워 주어라! ‖ =〔脸上〕〔脸嘴〕

【脸盘儿】liǎnpánr 名 얼굴. 용모. 얼굴 생김. 얼굴의 윤곽

4【脸盆】liǎnpén 名 세숫 대야 [보통「洗xǐ脸盆」이라 함] ¶～架jià子 =〔洗脸架〕| 세면대. ¶～桌儿 | 테이블 형태의 세면대 =〔面miàn盆①〕

【脸皮(儿)】liǎnpí(r) 名 ❶ 낯가죽. ¶～厚hòu | 얼굴이 두껍다. 부끄러움을 잘 안탄다. ❷ 면목. 체면. 안면. 정실. 사정. ¶这种人真不要～ | 이런 사람은 정말 체면도 가리지 않는다 ‖ =〔面miàn皮〕 ❸ 얼굴 피부. ¶白净báijìng～ | 희고 깨끗한 얼굴(피부).

【脸皮(儿)薄】liǎnpí(r) 狀組 부끄러움을 잘 타다. 기가 약하다. ¶妹妹～, 输shū多了就哭kū | 여동생은 기가 약해서 자꾸 지면 운다 =〔脸嫩〕⇔〔脸皮厚〕

【脸皮厚】liǎnpíhòu 狀組 낯가죽이 두껍다. 뻔뻔스럽다. 철면피이다 =〔脸皮(儿)壮〕⇔〔脸皮(儿)薄〕

【脸皮(儿)壮】liǎnpí(r) ⇒〔脸皮厚〕

【脸谱(儿)】liǎnpǔ(r) 名 ❶ 〈演映〉 중국 전통극에서 배우들의 얼굴 분장(扮裝)[극중 등장 인물의 특징·성격 등을 표현] ❷ 용모. 얼굴 생김새 ‖ =〔面谱(儿)〕

【脸热】liǎnrè 形 ❶ ⇒〔脸软〕 ❷ 얼굴에 열이 나다. 수줍어하다. ¶他听了这话, 觉得有些～ | 그는 이 말을 듣고, 얼굴이 약간 화끈거림을 느꼈다.

【脸软】liǎnruǎn 形 정이나 안면에 약하다. 마음이 여리다. ¶～心慈xīncí | 마음씨가 착하고 어질다. ¶～吃亏chīkuī | 정에 약해 손해를 보다 =〔脸热①〕〔脸善〕⇔〔脸硬〕

3【脸色】liǎnsè 名 ❶ 안색. 혈색 [건강 상태를 가리킴] ¶她病了好几天, ～很难看 | 그녀는 여러 날을 아파서 안색이 아주 나쁘다. ❷ 안색. 기색. 낯빛. 표정. ¶变了～ | 표정이 변했다. ¶我不愿看老板的～做事 | 나는 주인의 안색을 살피면서 일을 하고 싶지는 않다 ‖ =〔面色〕 어법 「脸色」은 주로 얼굴에 나타나는 건강 상태나 표정을 의미하지만, 「神色」은 얼굴 뿐 아니라 동작에서 나타나는 표정이나 태도를 의미함.

【脸上】liǎnshàng ⇒〔脸面〕

【脸生】liǎnshēng 形 낯이 설다. 면식이 없다 =〔面生〕

【脸水】liǎnshuǐ 名 세숫물. 세면수 =〔洗脸水〕

【脸形】liǎnxíng 名 얼굴형. ¶～很好 | 얼굴형이 좋다 =〔脸型〕

【脸型】liǎnxíng ⇒〔脸形〕

【脸硬】liǎnyìng 形 정실(情實)이나 안면에 의해 좀처럼 감정이 흔들리지 않다 ⇔〔脸软〕

【脸子】liǎn·zi 名 方 ❶ 얼굴. 용모 [주로 미모(美貌)를 가리키며, 속된 어조임] ¶人家～好 | 그는 얼굴 하나 괜찮다. ❷ 불쾌한 표정. ¶露lòu出～ | 불쾌한 표정을 짓다. ¶她正在气头上, 我才不去看她的～呢 | 그녀는 지금 화가 잔뜩 나 있으니, 나는 진짜 그녀의 그 얼굴을 가서 보고 싶지 않다.

【裣(襝)】 liǎn 옷깃여밀 렴

⇒〔裣衽〕

【裣衽】liǎnrèn ⇒〔敛衽〕

【蔹(蘞)】 liǎn 거지덩굴 렴

⇒〔白bái蔹〕

【琏(璉)】 liǎn 호련 련

名 옛날, 서직(黍稷)을 담던 종묘제기(宗廟祭器) =〔瑚hú琏〕

liàn ㄌㄧㄢˋ

1【练(練)】 liàn 익힐 련, 누일 련

❶ 動 연습하다. 훈련하다. 단련하다. ¶～本领běnlǐng | 기량을 닦다. ¶继续～下去 | 계속해서 훈련하다. ¶排pái～ | 조련하다. ¶～把势↓ ❷ 書 名 흰 비단. ¶江平如～ | 강물이 흰 명주같이 잔잔하다. ❸ 動 생사(生絲)를 삶아 부드럽고 희게 하다. ¶这丝没～过 | 이 생사는 삶아 희게 하지 않았다. ¶～漂 | 표백하다. ❹ 경험이 많다. ¶老～ | 노련하다. ¶熟shú～ | 숙련되다. ❺ (Liàn) 名 성(姓).

【练把式】liàn bǎ·shi 動組 무예를 익히다. 무예연기를 하다. ¶～的 | (가두에서) 무예 연기를 하는 사람 =〔练把势〕〔打把势①〕

【练把势】liàn bǎ·shi ⇒〔练把式〕

【练笔】liàn/bǐ 動 ❶ 습작(習作)을 하다. ¶你来～～笔吧 | 네가 습작을 좀 해봐라. ❷ 습자(習字)를 하다.

4【练兵】liàn/bīng 動 연병하다. 轉 훈련하다. ¶～场 | 연병장.

【练操】liàn/cāo 〈軍〉 ❶ 動 조련〔교련〕하다. ¶士兵正在～ | 사병들은 교련중이다. ❷ (liàncāo) 名 조련.

【练达】liàndá 書 動 경험이 많아 세상 물정에 통달하다. ¶～世事 | 세상사(世上事)에 통달하다.

【练功】liàn/gōng 動 (무술을) 연마하다. (기예를) 연습하다. 단련하다. ¶每天早起～ | 매일 일찍 일어나 무술(기예)을 연마하다. ¶～场 | 연마장.

【练就】liànjiù 動 훈련이나 연습을 하여 몸에 익히다. ¶～一手好枪法qiāngfǎ | 총쏘는 법을 훌륭하게 몸에 익히다.

【练球】liàn/qiú 動 구기(球技)연습을 하다. ¶赛sài前～ | (경기 전에 갖는) 예비 운동. 워밍업.

【练拳】liàn/quán 動 권법(拳法)을 수련하다.

【练手(儿)】liàn/shǒu(r) ❶ 動 (기예를) 연습하다. ❷ 動 습자(習字)를 하다. ❸ (liànshǒur) 名 숙련자. 숙련가.

【练熟】liànshú 動 숙련하다. 배워 익혀 숙달하다.

【练武】liànwǔ 動 ❶ 무예를 연마하다. ❷ 군사 훈련을 하다.

1【练习】liànxí ❶ 動 연습하다. 익히다. ¶～写文章 | 문장 쓰기를 연습하다. ¶～说英语 | 영어 말하기를 연습하다. ❷ 名 연습. 연습문제. 훈련. ¶～比赛bǐsài | 연습 경기. ¶交～ | 연습 문제를 제출하다. ¶做～ | ⓐ 연습하다. ⓑ 숙제를 하다.

1【炼(煉)〈鍊〉】 liàn 달굴 련, 이길 련

動 ❶ 광물을 녹여 정제(精製)하다. 정련(精鍊)하다. ¶～出了铁tiě | 철을 정련해 내다. ¶钢～出来了 | 강철이 정련되어 나왔다. ¶千锤chuí百～ | 단련에 단련을 거듭하다. ❷ 가열하여 정제(精製)하다. ¶把油～出来 | 기름을 정제하여 내다. ❸ 불사르다. (불로) 달구다. ¶真金不怕火～ | 진짜 금은 불로 달구는 것을 두려워하지 않는다. 참된 사람은 어떤 시련도 두려워하지 않는다. ❹ (자(字)·구(句)를 애써서) 가다듬다. ¶～句↓ ‖ =〔练①〕

【炼丹】liàndān ❶ 名 도가(道家)의 단약(丹藥) [불로 장생의 약] ❷ (liàn/dān) 動 단약(丹藥)을 만들다. ¶～术shù | 연단술 ‖ =〔炼药〕〔铅qiān汞〕

【炼钢】liàn/gāng 動 제강하다. ¶~厂chǎng | 제강소. ¶~炉lú | 제강로. ¶~工人 | 제강공.

【炼焦】liàn/jiāo ❶動 코크스를 만들다. ¶他炼过几年焦,懂这一行 | 그는 몇 년 동안 코크스를 만들어와서 이 분야를 잘 안다. ¶~技术jìshù | 코크스를 만드는 기술. ¶~车间 =〔炼焦厂〕| 코크스 공장. ❷(liànjiāo) 名 코크스(cokes) =〔炼焦煤méi〕〔焦炭tàn〕

【炼句】liàn/jù 書動(시문의) 자구(字句)를 퇴고하다〔다듬다〕. ¶写作时精心jīngxīn~ | 작문할 때 세심하게 자구를 가다듬는다 =〔炼字〕

【炼乳】liànrǔ 名 연유 =〔练奶〕〔凝浓níngnóng牛奶〕→〔奶粉nǎifěn〕〔牛奶〕〔鲜xiān奶〕

【炼山】liàn/shān 動(조림(造林)이나 삼림(森林)을 새롭게 하기 위해) 산의 잡초·관목(灌木) 등을 태우다. ¶秋后~,时间最适宜 | 추수 후에 산불을 놓는 것이 시기적으로 가장 적당하다.

【炼糖】liàn/táng 動 설탕을 정제하다. ¶~厂 | 제당 공장.

【炼铁】liàn/tiě ❶動 제철하다. ¶用高炉gāolú~ | 용광로로 제철하다. ❷(liàntiě) 名 제철.

【炼油】liàn/yóu 動 ❶정유(精油)하다. 석유를 정제하다. 석유를 분류(分溜)하다. ¶~机器 | 정유기(精油機). ❷제유하다. 동물(식물) 기름을 가열하여 식용유로 만들다. ¶猪油~好了 | 돼지 기름을 정제했다.

【炼字】liànzì ⇒〔炼句〕

2【恋(戀)】liàn 그리워할 련 ❶사랑하다. 연애하다. ¶~爱↓ ¶失shī~ | 실연하다. ❷그리워하다. 아쉬워하다. ¶~旧↓ ¶留liú~ | 아쉬움이 남다. ❸(Liàn) 名 성(姓).

2【恋爱】liàn'ài ❶動 연애하다. ¶他们俩正在~ | 그들 둘은 지금 연애중이다. ¶跟她~ | 그녀와 연애하다. ¶他俩~了两年才结婚 | 그들 둘은 2년 동안 연애하고서야 비로소 결혼했다. ❷名 연애. ¶谈~ | 연애하다. ¶~观 | 연애관.

【恋歌】liàngē 名 연가. ¶唱了一支~ | 연가를 한 곡 불렀다.

【恋家】liàn/jiā 動 집을 그리워하다. ¶年轻人不~ | 젊은 사람은 집을 그리워하지 않는다.

【恋旧】liànjiù 書動 ❶고향을 그리워하다. ❷옛날을 회고하다 =〔怀旧〕

【恋恋不舍】liàn liàn bù shě 成 아쉬움에 헤어지지 못하다. 떨어지기〔떠나기〕 몹시 아쉬워하다. ¶他~地离开了故乡gùxiāng | 그는 몹시 아쉬워하면서 고향을 떠났다.

【恋情】liànqíng 名 연정. 사랑하는 마음. ¶发生~ | 사랑하는 마음이 생기다.

【恋人】liànrén ❶動 사람을 연모하다. ❷書名 연인. 애인. ¶离开~ | 애인과 헤어지다.

【恋皂】liànzào ⇒〔恋栈zhàn〕

【恋栈】liànzhàn 書 ❶動 말이 마구간에서 떨어지지 않으려 하다. ❷諷 관직·직위·명예 등에 연연하다. ¶许多老干部主动让贤,毫不~ | 많은 늙은 간부들이 스스로 더 나은 자에게 자리를 양보하며 조금도 관직에 연연해 하지 않는다 ‖ =〔恋皂〕

【恋枕】liànzhěn 書動 잠자리에서 일어나기 아쉬워하다.

【敛】liàn ☞ 敛 liǎn

【殓(殮)】liàn 염할 렴 動 염습(殮襲)하다. 납관(納棺)하다. 시체를 관에 넣다. ¶入~ =〔装殓〕| 입관하다. ¶小~ | 소렴하다 [시체에 새로 지은 옷을 입히고 이불로 쌈] ¶大~ | 대렴하다 [소렴을 치른 다음날, 다시 송장에 옷을 더 포개 놓고 이불로 싸서 베로 묶는 일]

【潋(瀲)】liàn 뜰 렴, 물가 렴 ❶書形 물결이 넘실거리다. ¶~滟↓ ❷지명에 쓰이는 글자. ¶~江水 | 염강수 [강서성(江西省)에 있는 하천의 이름] ¶~城 | 염성 [복건성(福建省) 복정현(福鼎縣)에 있는 지명]

【潋滟】liànyàn 書狀 ❶물살이 세다. ❷찰랑찰랑 물결이 일다. ❸물결이 햇빛에 반짝이다. ¶湖光húguāng~ | 호수가 햇빛에 반짝이다.

4【链(鏈)】liàn 쇠사슬 련 ❶名(~儿, ~子) 사슬. 쇠사슬. ¶表biǎo~ | 시계줄. ¶项xiàng~ | 목걸이. ¶拉lā~ | 지퍼. ❷⇒〔铰jiǎo链〕 ❸名〈鑛〉아직 정련하지 않은 연광석. ❹量 연(鏈) [영국의 해양 거리 단위로 1연(鏈)은 1해리(海里)의 10분의1. 185.2m]

【链板输送机】liànbǎn shūsòngjī 名組〈機〉체인 컨베이어 =〔链式运输机〕

【链带】liàndài 名〈機〉체인 벨트(chain belt).

【链轨】liànguǐ ⇒〔履lǚ带〕

【链霉素】liànméisù 名〈藥〉스트렙토마이신(streptomycin). ¶注射zhùshè~ | 스트렙토마이신을 주사하다 =〔肺fèi针〕→〔霉①〕

【链钳子】liànqián·zi 名〈機〉체인 파이프 렌치(chain pipe wrench) =〔链管扳钳〕

【链球】liànqiú 名〈體〉❶해머 던지기. ❷경기용 해머. ¶掷zhì~ | 해머를 던지다.

【链球菌】liànqiú jūn 名〈微生〉연쇄상 구균(連鎖狀球菌).

【链式反应】liànshì fǎnyìng 名組〈化〉연쇄 반응. ¶发生~ | 연쇄 반응이 발생하다 =〔连鎖反應〕

【链条】liàntiáo 名 ❶〈機〉(전동용) 체인. ❷⇒〔链子①〕

4【链子】liàn·zi 名 ❶쇠사슬 =〔链条②〕 ❷口(자전거·오토바이 등의) 체인. ¶自行车~断了 | 자전거 체인이 끊어졌다.

【楝】liàn 멀구슬나무 련 名〈植〉멀구슬나무. 소태나무. ¶~实 =〔楝实〕〔苦kǔ楝子〕〔苦楝〕| 멀구슬나무의 열매.

【楝树】liànshù 名〈植〉멀구슬나무.

liáng ㄌㄧㄤˊ

2【良】liáng 어질 량 ❶좋다. 훌륭하다. ¶品质pǐnzhì优yōu~ | 품질이 우수하다. ¶消化xiāohuà不~ | 소화 불량이다. ❷매우. 대단히. ¶~久↓ ¶用心

～苦 | 대단히 고심하다. ❸ (Liáng) 名 성(姓).
【良辰美景】liáng chén měi jǐng 成 좋은 시절〔날〕에 아름다운 경치.
2【良好】liánghǎo 形 양호하다. 좋다. ¶～的开端kāiduān | 좋은 출발. 좋은 시작. ¶创造chuàngzào了～的条件 | 양호한 조건을 만들었다. ¶多年来保持bǎochí着～的关系 | 다년간 좋은 관계를 유지해오고 있다.
【良机】liángjī 方 名 호기(好機). 좋은 기회. ¶莫失mòshī～ | 좋은 기회를 놓치지 말라 =〔好机〕
【良家】liángjiā 名 양가. 좋은 집안. ¶～子(女) | 양가의 아들(딸).
【良久】liángjiǔ ❶ 書 形 아주 오래다. ¶沈思shěnsī了～ | 오랫동안 심사숙고했다. ❷ 書 名 아주 오랫동안. 오랜 시간.
【良民】liángmín 名 양민. ❶ 일반 평민→〔贱民①〕 ❷ 선량한 백성 =〔良萌méng〕〔良氓máng〕
【良人】liángrén 書 名 ❶ 남편을 일컫던 옛말. ❷ 평민 혹은 백성을 일컫던 옛말 [노(奴)·비(婢)와 구별함] ❸ 좋은 사람. 군자(君子). ❹ 처. ❺ 향사(鄕士)의 다른 이름. 고대의 지방관명(地方官名). ❻ 한대(漢代), 궁중 여관(女官)명.
【良师益友】liáng shī yì yǒu 成 훌륭한 스승과 훌륭한 벗 [흔히 서적을 가리킴] ¶金教授是我们的～ | 김교수는 우리의 좋은 스승이자 유익한 벗이다.
【良田】liángtián 書 名 양전. 비옥한 토지〔전답〕. ¶万顷wànqǐng～ | 한없이 넓은 옥토.
【良心】liángxīn 名 양심. ¶有～ | 양심이 있다. ¶坏了～ | 양심을 잃다. ¶其实凭～讲, 爷爷不要你出去, 还是为你好 | 사실 양심을 걸고 말하자면 할아버지가 너를 나가지 못하게 한 것은 그래도 너를 위해서이다. ¶～叫狗吃了 | 喩 양심이 개에게 먹혔다. 양심이 조금도 없다.
【良心话】liángxīnhuà 名 양심적인 말. 진실한 이야기. ¶说～ | 양심적인 말을 하다.
【良性】liángxìng 區 〈醫〉 양성의. ¶～病bìng | 가벼운 병. 양성인 병.
【良药】liángyào 名 좋은 약.
【良药苦口】liáng yào kǔ kǒu 成 좋은 약은 입에 쓰다. ¶来自群众qúnzhòng的批评pīpíng是～, 要虚心xūxīn接受jiēshòu | 여러 사람들이 한 비평은 입에는 쓰지만 좋은 약이니 겸허하게 받아들여야 한다.
【良友】liángyǒu 書 名 양우(良友). 좋은 친구. 훌륭한 벗 =〔良知②〕〔良朋好友〕
【良莠】liángyǒu 書 名 좋은 것과 나쁜 것. 喩 선악(善惡). 좋은 사람과 나쁜 사람.
【良莠不齐】liáng yǒu bù qí 成 좋은 사람〔것〕도 있고 나쁜 사람〔것〕도 있다. 옥석 혼효(玉石混淆).
【良知】liángzhī 名 ❶ 書 〈哲〉 양지 [배우지 않고도 깨우치는 천부적인 지능(知能)] ❷ ⇒〔良友〕
【良知良能】liángzhīliángnéng 名組 〈哲〉 양지. 양능.
4【良种】liángzhǒng 名 우량종. 좋은 종자. ¶选xuǎn～ | 우량종을 가리다. ¶～基地jīdì | 집중적으로 우량 품종을 기르는 장소.

【莨】liáng ☞ 莨 làng Ⓑ

【踉】liáng liàng 뛸 량, 비틀거릴 량

Ⓐ liáng ⇒〔跳tiào踉〕
Ⓑ liàng ⇒〔踉跄〕
【踉跄】liàngqiàng 形 비틀거리며 걷다. ¶～而行 | 비틀거리며 걷다.

1【亮】liáng ☞ 亮 liàng Ⓑ

1【凉〈涼〉】liáng liàng 서늘할 량

Ⓐ liáng ❶ 形 서늘하다. 선선하다 [날씨를 가리킬 때는「冷lěng」보다 추운 정도가 낮음] ¶天气～了 | 날이 선선해졌다. ❷ 形 식다. 차다. ¶饭～了 | 밥이 식었다. ¶～水↓ ❸ 動 喩 실망하다. 낙담하다. 낙심하다. ¶爹diē这么一说, 我就～了半截儿bànjiér | 아빠가 그렇게 말해서 나는 반쯤 낙담했다. ❹ ⇒〔受shòu凉〕 ❺ (Liáng) 名 〈史〉 동진시대(東晋時代)의 국명(國名) [「前凉」(전량),「后凉」(후량)이 있으며 감숙성(甘肅省)에 있었음]
Ⓑ liàng 動 식히다 ¶茶太热, ～一～再喝 | 차가 너무 뜨거우니 좀 식혀서 마셔라 =〔晾liàng④〕
【凉拌】liángbàn 動 다듬어진 음식 재료에 양념을 하여 무치다. ¶～菜 | 무침 요리. 냉채. ¶～了一碟dié黄瓜 | 오이를 한 접시 무쳤다.
【凉拌海蜇皮】liángbàn hǎizhépí 名 〈食〉 해파리 냉채.
【凉拌鸡肉】liángbànjīròu 名 〈食〉 닭고기 냉채.
【凉菜(儿)】liángcài(r) ❶ 名 냉채. ¶夏天吃～很爽口shuǎngkǒu | 여름에 냉채를 먹으면 입이 아주 개운하다. ❷ ⇒〔冷lěng盘①〕
【凉茶】liángchá 名 ❶ 식은 차. 냉차. ¶别喝～! | 식은 차는 마시지 말라! ❷ 흥분을 가라 앉히기 위하여 약으로 먹는 차.
【凉碟(儿)】liángdié(r) ⇒〔冷lěng盘①〕
【凉饭】liángfàn 名 식은〔찬〕밥.
【凉粉(儿)】liángfěn(r) 名 〈食〉 녹두묵 =〔玻璃bōlí粉(儿)〕→〔洋yáng菜〕
【凉汗】liánghàn 名 식은땀. ¶出～ | 식은 땀이 나다. ¶流～ | 식은땀을 흘리다.
【凉津津】liángjīnjīn 形 약간〔좀〕 시원하다〔차다〕.
【凉浸浸】liángjìnjìn 形 서늘하다. 사늘하다. ¶～的, 她感到一阵泌入mìrù肺腑fèifǔ的舒服shūfu | 서늘해서 그녀는 폐부까지 스며들어오는 편안함을 느꼈다.
【凉开水】liángkāishuǐ 名組 끓여서 식힌 물 ¶给我一杯～ | 찬물 한 잔 주세요 =〔冷lěng开水〕〔冰bīng开水〕
1【凉快】liáng·kuai ❶ 形 서늘하다. 선선하다. 시원하다. ¶入秋以来, 天气逐渐zhújiàn～了 | 가을이 되면서 날씨가 점차 선선해졌다. ¶夏天, 睡在竹床上真～ | 여름에 대나무 침상에서 자면 정말 시원하다. ¶下了一阵雨, 天气～多了 | 비가 한 차례 내리니, 날씨가 퍽 시원해졌다. ❷ 動 더위를 식히다. 시원한 바람을 쐬다. ¶我们到树荫shùyìn下面去～一会儿吧! | 우리 나무 그늘로

가서 잠시 더위를 식힙시다. ¶在外头～～ | 밖에서 시원한 바람을 좀 쐬다. ¶～一下身子再干活 | 땀을 좀 식힌 다음 일하자. ¶快把电扇开, 让我～一会儿 | 빨리 선풍기를 틀어서 좀 시원하게 해다오.

【凉了半截儿】liáng·le bànjiér 動組 京 喩 실망하다. 낙심하다. ¶他一看就～了 | 그는 보자마자 실망했다. ¶一听他那口气, 我心里就～ | 그의 그 말투를 듣자마자 나는 속으로 실망했다.

【凉帽】liángmào 名 ❶ 여름 모자. ¶戴dài了一顶dǐng～ | 모자 하나를 썼다. ❷ 청대(清代)의 여름용 예모(禮帽).

【凉面】liángmiàn 名〈食〉냉국수. ¶吃一碗～ | 냉국수 한 그릇을 먹다.

【凉棚】liángpéng 名 차양 =〔天tiān棚②〕〔凉篷〕

【凉篷】liángpéng ¶手搭dā～往前瞧 | 손으로 햇볕을 가리고 앞을 내다보다⇒〔凉棚〕

【凉气(儿)】liángqì(r) 名 ❶ 서늘한 공기. 냉기. ¶～直往外冒mào | 냉기가 계속 밖으로 발산되다. ❷ (놀라고 두려운 나머지 들이키는) 숨. ¶他不由得吸了一口～ | 그는 자기도 모르게 숨을 들이켰다.

【凉薯】liángshǔ 名 方 중국 서남 지방에서 나는 콩과(科)에 속하는 고구마의 일종 =〔豆dòu薯〕〔㊒薯仔〕〔地瓜②〕

【凉爽】liángshuǎng 形 시원하고 상쾌하다. ¶～的秋天 | 시원하고 상쾌한 가을철 =〔凉快①〕→〔清qīng凉〕

[3]【凉水】liángshuǐ 名 ❶ (온수에 대해) 냉수. 찬물. ❷ 끓이지 않은 물. 생수. ¶跑到厨房chúfáng舀yǎo一瓢piáo～喝了 | 부엌으로 달려가 냉수를 한 바가지 퍼서 마셨다.

【凉丝丝】liángsīsī 貺 약간 차다. 서늘하다. 어법 대개 조사「的」를 동반함. ¶喝了杯橘子水, 心里～的, 真舒服 | 오렌지 쥬스를 한 잔 마시니 속이 다 시원한 것이 정말 개운하다. ¶北京夏天早晚也是～的 | 북경은 여름에도 아침 저녁으로 서늘하다 =〔凉丝儿丝儿(的)〕

【凉飕飕】liángsōusōu 貺 바람이 매우 싸늘하다. ¶～的冷风 | 싸늘한 찬바람.

【凉榻】liángtà 名 나무로 만든 키가 작은 평상 혹은 침대. ¶夏天睡在～真舒服 | 여름에 평상에 자면 아주 기분이 좋다.

【凉台】liángtái 名 노대(露臺). 발코니. 베란다. 테라스 =〔方楼台①〕→〔晒shài台①〕〔阳yáng台〕

【凉亭】liángtíng 名 행인이 비를 피하거나 휴식할 수 있도록 만든 정자. ¶山上有一座～ | 산 위에 정자가 하나 있다.

【凉席(儿, 子)】liángxí(r·zi) 名 여름(에 사용하는) 돗자리.

【凉鞋】liángxié 名 (여름에 신는) 샌들(sandals).

【凉药】liángyào 名〈漢藥〉(황련(黃連)·대황(大黃)·황금(黃芩)·서각(犀角) 등의) 한성(寒性)의 약.

【凉意】liángyì 名 서늘한 감각. ¶立秋过后, 早晚有些～了 | 입추가 지나니, 아침 저녁으로 조금 쌀쌀해졌다.

【凉着】liángzháo 動 方 감기가 들다. ¶昨天穿少了, 又～了 | 어제 옷을 적게 입었더니, 또 감기가 들었다→〔伤shāng风①〕

【凉枕(儿)】liángzhěn(r) 名 (도기·나무·등나무 등으로 만든) 여름 베개.

【谅】 liáng ☞ 谅 liàng B

【椋】 liáng 푸조나무 량

❶ 名〈植〉푸조나무 [느릅나무과에 속하는 낙엽 교목] ❷ ⇒〔椋鸟〕〔欧ōu椋鸟〕

【椋鸟】liángniǎo 名〈鳥〉찌르레기.

2【粮(糧)】 liáng 양식 량

名 ❶ 양곡. 식량. ¶粗cū～ =〔杂zá粮〕〔糙cāo粮〕| 잡곡. ¶细～ | 쌀과 보리류. ¶干～ | 건량. 휴대용 식량. ❷ 농업세(農業稅). 해마다 바치는 공물. ¶公～ | 공출미. ¶交～ | 농업세를 바치다. ❸ 方 급료. 급여.

【粮仓】liángcāng 名 ❶ 곡식 창고. ¶东北是中国的～ | 동북 지역은 중국의 곡식 창고이다. ❷ 喩 곡창 지대.

【粮船】liángchuán 名 곡물 수송선.

【粮地】liángdì 名 ❶ 전부(田賦)를 내는 토지. ❷ 옛날, 소작인이 지주를 위하여 경작하는 토지.

【粮户】liánghù 名 方 지주 =〔地dì主①〕

【粮荒】liánghuāng 書 名 (심각한) 식량 결핍. 식량 기근. ¶闹nào～ | 식량 기근이 들다.

【粮库】liángkù 名 식량 창고. ¶～重地, 严禁yánjìn烟火 | 주요 식량 기지이니 화기를 엄금하시오.

[4]【粮票】liángpiào 名 ❶ 옛날, 전부(田賦) 영수증 ❷ 식량 배급표[구입권].

[2]【粮食】liáng·shi 名 양식. 식량. 작물. ¶田里长zhǎng着两种东西, 一种叫～, 一种叫杂草zácǎo | 논에 자라고 있는 것이 두 종류가 있는데 한 종류는 작물이고 다른 하나는 잡초다. ¶～政策 | 식량정책. ¶～市场 | 곡물 시장 =〔食粮〕

【粮食作物】liáng·shi zuòwù 名組 곡류 작물 [쌀·보리·잡곡 작물의 총칭]

【粮税】liángshuì 名 곡물로 내는 농업세(農業稅).

【粮油】liángyóu 名 ❶ (곡물에서 짠) 식물성 유지(油脂). ❷ 식량과 식용유 =〔粮谷油脂〕

【粮站】liángzhàn 名 식량 구매·판매소. ¶到～卖粮 | 식량 구매소에 가서 곡식을 팔다.

2【梁〈樑₁〉】 liáng 대들보 량

名 ❶〈建〉들보 =〔木梁〕❷〈建〉도리. ¶正～ =〔脊檩jǐlǐn〕| 마룻대. ❸ 轉 다리. 교량. ¶津jīn～ | 나루와 다리. ¶桥qiáo～ | 교량. ❹ (～儿, ～子) (기구(器具)의 윗쪽에 손으로 들게 된) 손잡이. ¶脚踏车的大～ | 자전거의 핸들. ❺ (～儿, ～子) 물체 중간의 볼록 솟은 부분. ¶鼻bí～儿 | 콧대. ¶山～ | 산등성이. ❻ (Liáng)〈史〉양나라. ⓐ 전국(戰國)시대의 국명(國名) [위(魏)나라가 대량(大梁)으로 천도한 후에 고친 이름] ⓑ〈史〉남조(南朝)의 하나 [소연(蕭衍)이 건국하였음(502—557)] ⓒ〈史〉후량→〔后Hòu梁〕❼ (Liáng) 성(姓).

【梁津】liángjīn 書 名 나루터.

【梁丘】Liángqiū 名 복성(複姓)

【梁山泊】Liángshānpō 名〈地〉❶ 양산박 [수호전(水滸傳)에서 송강(宋江)이 성채를 짓고 있던 곳] ❷ 轉 호걸들의 웅거지. ¶实在不行就上～做强盗qiángdào | 정말로 해도 해도 안되면 양산박에 가서 강도짓이나 하지뭐.

【梁上君子】liáng shàng jūn zǐ 成 ❶ 양상군자. 婉 도둑. ❷ 轉 사상적으로 태도를 결정하지 못하는 사람.

3【粱】liáng 기장 량
❶ 名〈植〉(우수한 품종의) 조 =〔粟sù②〕❷ 좋은 식량(食糧). ¶膏gāo～ | 기름진 고기와 좋은 식량. ❸ 기장. 고량→〔高gāo粱〕

【墚】liáng 구릉 량
名 띠 모양으로 된 황토 구릉.

2【量】liáng liàng 헤아릴 량

Ⓐ liáng ❶ 動 (길이·분량 등을) 재다. ¶～体温(体重·血压) | 체온(체중·혈압)을 재다. ¶～地↓ ¶用斗dǒu～米 | 말로 쌀을 되다→〔商量〕❷ 動 轉 ㊀ (식량·베 등을) 사다〔팔다〕. ¶～米↓ ❸ 추측하다. 추량하다. ¶打～ | 가늠하다. ¶思～ | 짐작하다.

Ⓑ liàng ❶ 名 되 [부피를 재는 도구의 총칭] ❷ 名 한도(限度). 용량. ¶降雨jiàngyǔ～ | 강우량. ¶饭～ | 식사량. ¶力～ | 역량. ❸ 名 도량. ¶她没有容人之～ | 그녀는 남을 용납할 도량이 없다 =〔度量(儿)〕❹ 名 수량. 분량. ¶饱和～ | 포화량. ¶质～并重 | 질과 양을 모두 중시하다. ❺ 動 평가하다. 추량하다. ¶～力↓ ¶～入为出↓ ¶～你也跑不了 | 내가 보기엔 너도 도망 못 가. ❻ 名〈電算〉볼륨(volume).

Ⓐ liáng

【量杯】liángbēi 名 미터 글라스(meter glass). ¶用～测cè溶液róngyè的体积 | 미터 글라스로 용액의 부피를 재다.

【量表】liángbiǎo 名〈物〉부칭. 액체 비중계(比重計). 뜨저울.

【量程】liángchéng 名 (측정기(測定器)의) 측정 범위.

【量地】liáng dì 動 토지를 측량하다.

【量度】liángdù 名 動 측정(하다). 측량(하다). ¶～功力大小 | 수완이 많고 적음을 측정하다.

【量角器】liángjiǎoqì 名〈數〉각도기. 분도기 =〔量角规guī〕〔半圓规〕〔分度尺〕〔分度规〕〔分度器〕〔分角规〕〔分角器〕

【量具】liángjù 名 측정기(測定器).

【量米】liáng/mǐ 動 ❶ 쌀을 되다. ❷ 쌀을 되어서 사다〔팔다〕. ¶量着贵米吃 | 비싼 쌀을 되어서 사 먹다.

【量天尺】liángtiānchǐ 名〈天〉육분의 =〔六分儀〕

【量筒】liángtǒng 名〈物〉메저링 실린더(measuring cylinder) →〔量杯〕

【量雨表】liángyǔbiǎo 名〈氣〉우량계(雨量計).

Ⓑ liàng

【量变】liàngbiàn ❶ 名〈哲〉양적 변화. ¶由～到质变 | 양적 변화로부터 질적 변화에 이르다. ❷ 動 양적으로 변화하다.

【量材录用】liàng cái lù yòng 成 재능〔능력〕에 따라 등용해 쓰다. ¶使用人的时候, 应～, 每个人都发挥fāhuī更大的作用 | 사람을 쓸 때는 마땅이 재능에 따라 등용해서 모든 사람이 다 더 큰 역할을 할 수 있게 해야한다 =〔量才录用〕〔量材使用〕

【量词】liàngcí 名〈言〉양사[사물의 수량 단위를 나타내는 명량사(名量詞)와 동작 또는 변화의 회수를 나타내는 동량사(動量詞)로 나누며, 보통 수사(數詞)와 함께 쓰임. 「一本书」에서의 「本」, 「一张纸」에서의 「张」, 「打一次」에서의 「次」, 「吃了一顿」에서의 「顿」 등을 가리킴]

【量纲】liànggāng 名〈物〉차원(次元). ¶～分析 | 차원 분석.

【量力】liànglì 動 자신의 능력〔힘〕을 헤아리다〔가늠하다〕. ¶～而行 | 능력을 헤아려서 행하다. ¶度德～ | 자신의 덕성과 능력을 헤아리다.

【量入为出】liàng rù wéi chū 成 수입을 보아 가며 쓰다. 수입에 맞게 지출하다. ¶他们的日子过的很细, ～, 从不多花一分钱 | 그들은 생활이 아주 검소하여 수입을 보아가며 쓰기 때문에 여태 한 푼도 더 쓴 적이 없다.

【量体裁衣】liàng tǐ cái yī 成 몸에 맞추어 옷을 재단하다. 실정에 맞게 하다 =〔称chēng体裁衣〕

【量小】liàngxiǎo 形 ❶ 양(量)이 적다. ❷ 簡 주량(酒量)이 적다 [「酒jiǔ量小」의 약칭]

【量小非君子, 无毒不丈夫】liàng xiǎo fēi jūnzǐ, wú dú bù zhàngfū 諺 도량이 좁으면 군자가 아니요, 배짱이 없으면 장부가 아니다.

【量刑】liàng/xíng〈法〉❶ 動 양형하다. 형벌의 정도를 정하다. ❷ (liàngxíng) 名 양형.

【量子】liàngzǐ 名〈物〉양자(quantum). ¶光～ | 광양자. ¶～论 | 양자론.

【量子力学】liàngzǐ lìxué 名組〈物〉양자 역학(quantum mechanics).

liǎng ㄌㄧㄤˇ

1【两(兩)】liǎng 둘 량
❶ 數 둘. 2. ¶～个人 | 두 사람. ¶～把椅子 | 의자 두개. 어법 「二」과 「两」은 모두 2를 나타내지만 그 용법은 아주 다름. 「二」과 「两」의 비교 ⇒〔二èr〕❷ 數 쌍으로 구성된 가족 단위의 호칭 앞에 붙임. 어법 이 경우 그 구성원이 둘이란 의미이지 두 개의 구성원을 나타내지는 않음. 두 개의 구성원일 경우에는 양사를 사용해 표현함. ¶～对夫妻 | 두쌍의 부부. ¶～弟兄 | 형제. ¶～姐妹 | 자매. ¶～父母(×). ❸ 數 양쪽. 쌍방 [서면어나 숙어에 주로 쓰임] ¶～便 | 양쪽이 모두 편리하다. 쌍방의 편의. ¶生产分配～不误 | 생산과 분배 양쪽을 틀림없게 하다. ❹ 數 두어. 몇몇 [1에서 9까지의 수를 나타내는데 「几」와 같음] ¶过～天再说 | 며칠 후에 봅시다. ¶我说～句 | 몇 말씀합시다. ❺ 별개의. 두 개의. 상이한. 다른. ¶他们的习惯跟我们～样 | 그들의 습관은 우리와 상이하다. ❻ 量〈度〉양 [무게의 단위. 10「钱」이 「两」 구식으로는 16 「两」이 1「斤」이나 지금은 10「两」을 1「斤」으로

침] ¶半斤八～ | 반근이나 여덟 양이나. 어슷비슷하다. ❼量 테일(tael). ⓐ 옛날 은화(銀貨)의 단위 [주로 외국인이 썼으며, 품질에 따른 종류가 많았음] ⓑ 옛날 외국인이 중국의 무게 단위로 씀 [보통 37g에 해당함]

【两掰】liǎngbāi 動 쌍방이 말하는 것의 중간을 취하다. ¶别依买主儿也别依卖主儿, 咱们～了吧 | 살 사람이나 팔 사람 모두에게 동의하지 말고, 우리는 중간을 취합시다.

【两败俱伤】liǎng bài jù shāng 成 양편이 다 손해를 보다. 쌍방이 모두 다 망하다. ¶这样对抗duìkàng下去, 咱们会～的, 倒让第三方得利 | 이렇게 대항해가다가는 우리 모두 다 망하고 오히려 제삼자가 어부지리를 얻을 수 있겠다.

【两半(儿)】liǎngbàn(r) 名 절반. 반. ¶把苹果píngguǒ切qiē成～ | 사과를 반으로 자르다.

【两饱一倒(儿)】liǎng bǎo yī dǎo(r) 名組 먹고 자고, 자고 먹고하다. 무위 도식(無爲徒食)하다. ¶他一天到晚追求zhuīqiú的是～ | 그는 하루 종일 하고자 하는 것이라곤 먹고 자고 자고 먹고 하는 일이다.

【两边(儿)】liǎngbiān(r) 名 ❶ 양변. 양측. ¶这张纸～长短不齐 | 이 종이는 양변의 길이가 같지 않다. ❷ 쌍방. ¶～都说好了, 明儿下午比赛 | 쌍방은 내일 오후에 시합을 하기로 약속했다. ❸ 양쪽. 두 곳. 두 방향. ¶这间屋子～有窗户chuānghù, 光线guāngxiàn很好 | 이 방은 양쪽에 다 창이 있어 빛이 아주 잘 들어온다.

【两边倒】liǎngbiāndǎo 動組 이리저리 쏠리다. 喩 양다리 걸치다. ¶墙qiáng上一根草, 风吹～ | 諺 담위의 풀 한 포기가 바람이 불자 이리저리 쏠리다. 양다리를 걸치다. ¶赞成什么, 反对什么, 态度要明朗, 不能～ | 무엇을 찬성하고 반대할 지 태도를 분명히 해야지 이리저리 흔들려서는 안된다.

【两不相让】liǎng bù xiāng ràng 成 양쪽이 서로 양보하지 않다. ¶他们～, 这样对谁都没好处 | 그들은 양쪽이 서로 양보하지 않으니 이러면 그 누구에게도 잇점이 없다.

【两不找】liǎng bù zhǎo ❶ (매매·교환 등에서 값이나 가치가) 서로 상등하다〔맞아떨어지다〕. ¶你打算～, 我不能换给你 | 너는 맞바꾸려 생각하지만, 나는 네게 바꿔줄 수 없다. ❷ (금액이 딱 맞아서) 거슬러 줄 것이 없다.

【两步并作一步】liǎngbù bìngzuò yībù 動組 두 걸음을 한 걸음으로 걷다. 喩 매우 급히 걷다 =〔两步改做一步〕

【两曹】liǎngcáo ⇒〔两造〕

【两重】liǎngchóng 名 이중(二重). 양면(兩面). ¶～人格 | 이중 인격. ¶～任务 | 이중 임무. ¶新旧社会～天 | 구사회의 흐린 하늘과 신사회의 맑은 하늘. 서로 다른 두 사회 =〔二重〕

【两重性】liǎngchóngxìng 名〈哲〉이중성. 양면성. ¶事物都具有～ | 사물은 모두 양면성을 가지고 있다 =〔二重性〕

【两次运球】liǎngcì yùnqiú 名組〈體〉(농구의) 더블 드리블(double dribble).

【两抵】liǎngdǐ 動 상쇄하다. ¶你不用还我那钱, 我拿你一个西瓜, 咱们～了 | 너는 그 돈을 내게 갚을 필요가 없어. 내가 너의 수박 하나를 가지면 우린 셈이 없어지게 되는 거지. ¶收支shōuzhī～ | 수지가 균형을 이루다〔맞아떨어지다〕.

【两端】liǎngduān 名 ❶ (사물의) 양단. 처음과 끝. ❷ 쌍방. ❸ 양극단. 지나침과 모자람.

【两耳不闻窗外事】liǎng'ěr bùwén chuāngwàishì 諺 바깥 일에 전혀 귀를 기울이지 않다. 세상사에 관심을 두지 않다. ¶～, 一心只读圣贤shèngxián书 | 세상사에 관심을 두지 않고, 오로지 성현의 글읽는 데만 전념하다.

【两个人穿一条裤子】liǎng·gerén chuān yītiáokù·zi 諺 두 사람이 바지 하나를 입다. 喩 ❶ 두 사람의 사이가 매우 좋다. ❷ 두 사람이 한통속이 되다. ¶他们～, 谁也不是什么好东西 | 그들 둘은 한 통속이라서 누구도 그리 좋은 놈은 아니다.

【两公婆】liǎnggōngpó 名 方 부부 두 사람. 내외간. ¶～又吵架chǎojià了 | 내외간에 또 싸움이다 =〔公婆②〕

【两顾】liǎnggù 動 두 곳에 마음을 쓰다. 두곳에 다 신경을 쓰다. ¶这样做可以公私～ | 이렇게 하면 공과 사에 두루 신경을 쓸 수 있다.

【两广】Liǎng Guǎng 名〈地〉양광. 광동(廣東)과 광서(廣西). ¶邓小平巡视xúnshì～ | 등소평이 광동과 광서를 모두 순시하다 =〔两粤〕

【两汉】Liǎng Hàn 名〈史〉양한. 전한(前漢)과 후한(後漢).

【两湖】Liǎng Hú 名〈地〉양호. 호남성(湖南省)과 호북성(湖北省)

【两虎相斗】liǎng hǔ xiāng dòu 成 호랑이 두 마리가 서로 싸우다. 두 강자가 서로 싸우다 [흔히〔两虎相斗, 必有一伤〕으로 쓰임] =〔两虎相争〕

【两虎相争】liǎng hǔ xiāng zhēng ⇒〔两虎相斗〕

【两回事】liǎng huí shì 名組 서로 무관한 두 종류의 일〔사물〕. ¶教学和科研是互相联系, 相互促进的, 而不是完全无关的～ | 교학과 과학연구는 서로 밀접한 관련이 있고 서로 촉진시켜주는 것이지, 결코 완전히 무관한 두 일이 아니다. ¶善意shànyì的批评pīpíng跟恶è意的攻击gōngjī完全是～ | 선의적인 비평과 악의적인 공격은 전혀 별개의 것이다 =〔两码事〕

4【两极】liǎngjí 名 ❶ 지구의 남극과 북극. ❷ 전기의 양극과 음극. ❸ 喩 양극단. 상반되는 두 단체 또는 경향. ¶真理在～之间 | 진리는 양극단 사이에 있다.

【两江】Liǎng Jiāng 名〈地〉청초(清初)에는 강남성(江南省)과 강서성(江西省)의 합칭(合稱)이었는데 강희(康熙) 후(後)에는 강남성이 강소(江蘇)·안휘(安徽) 두 성(省)으로 나뉘어져, 세 성(省)을 총칭하게 됨.

【两脚规】liǎngjiǎoguī 名 ❶〈工〉디바이더(divider) =〔分线规〕 ❷ 컴퍼스(compass) =〔圆规〕

【两脚书橱】liǎngjiǎo shūchú 名組 두 발 달린 책장. 喩 ❶ 학식이 깊은 사람. ¶他是个博学强记的～ | 그는 박학하고 기억력이 좋은 두 발 달린 책장이다. ❷ 책은 많이 읽었으나 쓸모가 없는 학자

〔사람〕.

【两晋】Liǎng Jìn 名〈史〉서진(西晋)과 동진(東晋). ¶～出了许多才子文人 | 양진때 훌륭한 문인이 많이 나왔다.

【两可】liǎngkě 動 이래도 좋고 저래도 좋다〔관계없다〕. ¶去不去，是～的 | 가든지 안 가든지 관계없다. ¶先别谢，成不成还在～之间哪 | 우선 고맙다고 하지 마. 아직은 될 수도 있고 안 될 수도 있으니까.

【两口儿】liǎngkǒur ❶⇒〔两口子〕 ❷두 식구. ¶他家只有～人 | 그의 집은 단지 두 식구 뿐이다.

4【两口子】liǎngkǒu·zi 名 부부 두 사람. ¶～不和气 | 부부 사이가 나쁘다 =〔两口儿①〕

【两肋扎刀】liǎng lèi zhā dāo 成 양 옆구리를 칼에 찔리다. 매우 위험한 상태에 놓이다. 상당한 위험을 무릅쓰다. ¶为朋友～ | 친구를 위하여 어떤 위험도 무릅쓰다

【两路】liǎnglù ❶名 두 길. 두 방향. ¶～进攻 | 두 방향에서 공략하다. ❷數量 서로 다른 길의. 관계없는. ¶～人 | 서로 다른 성격의 사람. ¶～事 | 서로 관계가 없는 일.

【两码事】liǎngmǎshì ⇒〔两回事〕

【两免】liǎngmiǎn 動 양쪽이 다 …을 생략하다. 서로 간략하게 하다. ¶咱们～了吧 | 우리 서로 간략하게 합시다.

【两面(儿)】liǎngmiàn(r) 名 ❶ 양면. ¶这张纸～都写满了字 | 이 종이는 양면에 모두 글자가 가득 쓰여 있다. ¶这种料子～的颜色不一样 | 이러한 재료는 양면의 색깔이 같지 않다. ❷ 양쪽. 양측. ¶左右～都是高山 | 좌우 양쪽 모두 높은 산이다. ❸ (사물의) 표리(表裏). ¶～性 | 이중성. 양면성. ¶问题的～我们都要看到 | 우리는 문제의 표리를 모두 보아야 한다.

【两面刀】liǎngmiàndāo ❶名 양날의 칼 =〔两刃刀〕 ❷⇒〔两面三刀〕

【两面二舌】liǎng miàn èr shé ⇒〔两面三刀〕

【两面光】liǎngmiànguāng 喩 쌍방에 모두 좋게 하다. 쌍방의 비위를 맞추다. ¶他这样做是～，谁都高兴 | 그가 이렇게 하는 것은 쌍방을 모두 좋게 하는 것이라서 누구든 기분 좋아 한다.

【两面派】liǎngmiànpài 名 양면 작전을 쓰는 사람. 기회주의자.

【两面三刀】liǎng miàn sān dāo 成 음험하고 악랄하며 겉과 속이 다르다 =〔两面刀②〕〔两面二舌〕

【两难】liǎngnán 動 이렇게 하기도 저렇게 하기도 어렵다. 이러지도 저러지도 못하다. ¶进退～ | 成 진퇴 양난. ¶事在～ | 일이 이러지도 저러지도 못할 지경이다.

3【两旁】liǎngpáng 名 양쪽. 양측. ¶马路～挤jǐ满了欢迎的人群 | 도로 양쪽은 환영 인파로 빽빽하게 찼다.

【两栖】liǎngqī 動 땅에서도 물에서도 살다. 喩 두 가지를 겸해서 하다. ¶～动物 =〔两栖类〕 | 양서 동물. ¶～部队bùduì | 수륙 양용 부대. ¶～演习 | 수륙 합동 훈련. ¶剧影jùyǐng～ | 연극에도 영화에도 출연하다.

【两栖演员】liǎng qī yǎn yuán 名組 두 종류의 예술 형식에 출연이 가능한 연기자. ¶他是影视～ | 그는 영화배우이기도 하고 탈렌트이기도 한 연기자이다.

【两歧】liǎngqí 書 動 (의견·방법 등이) 둘로 나눠지다. 일치하지 않다. ¶办法应该划一，不能～ | 방법은 반드시 통일이 되어야지 둘로 갈라져서는 안 된다. ¶以免～ | 둘로 나눠지는 것을 막다. 둘로 나누어지지 않게 하다.

【两讫】liǎngqì 動〈商〉쌍방의 계산이 끝나다. ¶钱qián已付清fùqīng，货huò已送到，彼此bǐcǐ～ | 돈도 이미 다 지불했고 물건도 이미 보냈으니 피차 쌍방의 계산이 끝났다 =〔两清〕

【两清】liǎngqīng ⇒〔两讫qì〕

【两全】liǎngquán 動 양 쪽이 모두 원만하다〔손실이 없다〕. ¶他也想不出一个～的妙计miàojì | 그도 양쪽이 다 좋은 묘안을 생각해내지 못했다.

【两全其美】liǎng quán qí měi 成 쌍방이 모두 좋게 하다. 누이 좋고 매부 좋다. ¶他喜欢那个，你喜欢这个，你们俩掉换diàohuàn一下，岂不～ | 그는 저것을 좋아하고 너는 이것을 좋아하니 너희 둘이 서로 바꾼다면 둘에게 다 좋은 방법이 아니겠니?

4【两手(儿)】liǎngshǒu(r) 名 ❶ 두 손. 양손. ¶～空空，一无所获 | 양손이 모두 빈손으로 얻은 것이 하나도 없다. ¶～攥zuàn着空拳头quántóu | 빈주먹만 쥐다. 빈털터리다. ¶～托刺猬cì·wèi | 成 두손으로 고슴도치를 받치다. 이러지도 저러지도 못하다. ❷ 솜씨. ¶你这～真不错 | 너의 이 솜씨는 정말 대단하다. ¶露～本事 | 조금 솜씨를 보이다. ❸ 두 가지 경우〔방법〕. ¶要做～准备 | 두 가지 경우를 다 준비해야 한다.

【两头(儿)】liǎngtóu(r) ❶名 두 끝. 양쪽. ¶这根木料～一样粗cū | 이 목재의 양 끝은 똑같이 굵다. ¶～大，中间小 | 두 끝은 크고 가운데는 작다. ¶～挤 | 양 쪽에서 밀다〔압박하다〕. ❷名 쌍방. ¶这件事～都满意 | 이 일은 쌍방간에 모두 만족했다. ¶～为难 | 쌍방이 모두 어렵다. ¶落得个～不讨好 | 쌍방이 모두 좋은 결과를 얻지 못하게 되다.

【两下】liǎngxià ⇒〔两下里〕

【两下里】liǎngxià·li 名 쌍방. 양쪽. ¶这办法对学校对学生～都有好处 | 이 방법은 학교와 학생 쌍방에게 모두 잇점이 있다. ¶～都没意见 | 양쪽 모두 의견이 없었다 =〔两下〕〔两下处〕

【两下子】liǎngxià·zi 名 ❶ 상당한 능력〔학문〕. 대단한 솜씨. ¶嘴zuǐ上有～ | 말솜씨가 좋다. ¶这孩子果然有～ | 이 아이는 과연 대단한 솜씨를 가지고 있구나. ❷數量 한 두번. ¶～就好了 | 한 두번이면 된다. ‖ =〔二èr下子〕

【两相】liǎngxkāng 名 상호간. 양측. 쌍방 모두. ¶站立～ | 양쪽에 서다. ¶～比较 | 상호 비교(하다). ¶～抵销dǐxiāo | 서로 상쇄(相殺)하다 =〔两边厢〕〔两厢②〕

【两相情愿】liǎng xiāng qíng yuàn 成 쌍방(雙方)이 모두 원하다. ¶只要他们～，就可以成交 | 그들 쌍방이 모두 원하기만 하면 교역은 이루어질 수 있다.

【两厢】liǎngxiāng 名 ❶ 양쪽 행랑. ❷ ⇒〔两相〕

【两性】liǎngxìng 名 ❶ 양성. 남성과 여성. 암컷과 수컷. 암수. ¶～的差别｜암수의 구별. ❷ (사물의) 두 가지 성질.

【两性化合物】liǎngxìnghuàhéwù 名組〈化〉양성 화합물.

【两性人】liǎngxìngrén 名〈生理〉중성(中性)＝〔二性子〕

【两性生殖】liǎngxìng shēngzhí 名組〈生〉유성 생식＝〔有性生殖〕

【两袖清风】liǎpg xiù qīng fēng 成 ❶ 청렴결백한 관리. ¶他是个～的好官｜그는 청렴결백한 좋은 관리이다. ❷ 빈털터리이다. 털면 먼지뿐이다. ¶我现在是～,身无分钱｜나는 지금 빈털터리라서 돈 한 푼도 가진 것이 없다. ‖＝〔清风两袖〕

【两样】liǎngyàng ❶ 形 서로 다르다. 상이하다. ¶他的脾气píqì和别人～｜그의 성미는 다른 사람과 서로 다르다. ❷ 形 특출하다. 비범하다. 색다르다. 보통이 넘는다. ¶你的脑袋nǎodài到底～｜너의 머리는 정말 비범하다. ❸ (liǎng yàng) 두 가지 물건〔방법〕.

【两姨】liǎngyí 名 이종 사촌＝〔姨表(亲)〕

【两姨亲】liǎngyíqīn 名 이종 사촌. ¶他们是～｜그들은 이종 사촌간이다＝〔姨表(亲)〕

【两翼】liǎngyì 名 ❶ (비행기나 날짐승 등의) 좌우 양 날개. ❷〈軍〉중군(中軍)을 기준하여 그 양쪽에 있는 진영. ¶～部队bùduì｜좌우익 부대.

【两用】liǎngyòng ❶ 區 겸용(兼用)의. 두 가지로 쓸 수 있는. ¶～炉lúzi｜겸용 난로. ¶～写字台｜개폐식(開閉式)으로 되어 있는 사무용 책상. ¶～雨衣｜겸용 우의. ¶～桌｜사각형과 원형으로 쓸 수 있는 탁자→〔双用〕❷ 動 두 가지로 쓰다. ¶一字～｜한 글자를 두 가지 뜻으로 쓰다.

【两粤】liǎngyuè ⇒〔两广〕

【两造】liǎngzào 名〈法〉원고와 피고. ¶原被～｜원고와 피고. ¶～同意和解｜원고와 피고 쌍방이 서로 화해하기로 동의하다＝〔两曹〕〔两告〕

1【俩】liǎng ☞ 俩 liǎ Ⓑ

【唡(㖊)】liǎng ⓧ yīngliǎng) 온스 량
量 온스(ounce) [합성약자(合成略字). 1「唡」은 1「磅」(파운드)의 16분의 1. 지금은「英两」으로 씀]＝〔盎斯ángsī〕

【魉(魎)】liǎng 산도깨비 량
⇒〔魍wǎng魉〕

liàng ㄌㄧㄤˋ

1【亮】liàng liáng 밝을 량

Ⓐ liàng ❶ 形 밝다. 환하다. ¶那盏zhǎn灯dēng不～｜그 등불은 밝지 않다. ¶火光把场地照得很～｜불빛이 장내를 환하게 비추었다. ❷ 形 날이 밝다. 날이 새다. ¶天～了｜날이 밝았다. ❸ 動 빛을 내다. 밝히다. 비추다. ¶用手电筒～了一下｜손전등으로 한 번 비추었다. ❹ 形 (마음·사상이) 밝아지다. 기분이 상쾌하다. 뚜렷하게 되다. ¶心明眼～｜成 마음이 환하고 눈이 밝다. ❺ 形 (목소리가) 크다. 우렁차다＝〔洪hóng亮〕〔宏hóng亮〕❻ 形 (번쩍번쩍) 빛나다. 빛을 내다. ¶刀磨mó得真～｜칼이 잘 갈려서 번쩍번쩍 빛나다. ❼ 動 드러내다. 나타내다. ¶把底儿～出来｜바닥을 드러내다. ¶～一手｜솜씨를 한 번 보이다. ❽ 動 (목소리를) 크게 하다. ¶～起嗓子sǎngzi｜소리를 크게 지르다. ❾ (～儿) 名 빛. 광선. 轉 등불. ¶火～儿｜불빛. ❿ 名 등불. ¶拿个～儿来｜등불을 가져오시오.

Ⓑ liáng ⇒〔亮阴〕

Ⓐ liàng

【亮出】liàng·chu 動 나타내다. 드러내다. ¶把本事～来｜솜씨를 보이다. ¶～黑心来｜흑심을 드러내다.

【亮灯】liàngdēng 名 動 등불(을 켜다). ¶回到城里已经～了｜시내로 돌아왔을 때는 벌써 등불이 켜져 있었다＝〔掌zhǎng灯〕〔上灯〕

【亮底】liàng/dǐ 動 바닥을 보이다. 숨김없이 드러내다. 마음을 터놓다. ¶交心～｜마음을 터놓고 사귀다. ¶你也该亮亮底了｜너도 속마음을 좀 털어놓아야 된다.

【亮度】liàngdù 名〈物〉광도(光度). ¶～适宜shìyí｜광도가 적절하다.

【亮富】liàngfù 動 부(富)의 정도를 노출시키다. 부를 과시하다. ¶争zhēng着～｜다투어 부를 과시하다.

4【亮光(儿)】liàngguāng(r) 名 밝은 빛. 광선. 광택. ¶夜已经很深了, 他研究室的窗户上还有～｜밤이 이미 깊었는데, 그의 연구실 창문에는 아직도 불빛이 있다.

【亮光光】liàngguāngguāng 狀 ❶ 매우 번쩍이다. 번쩍번쩍 빛나다. ¶地板～的｜바닥이 번쩍번쩍한다＝〔亮景景〕〔亮堂堂tāngtāng〕❷ 轉 (대머리가) 번들번들 하다. ¶～的秃tū头｜번들번들한 대머리.

【亮晃晃】liànghuǎnghuǎng 狀 (흔들리면서) 반짝이다.

【亮家伙】liàng jiā·huo 動組 (칼 등을) 쑥 뽑다 [무예자들이 시합하기 위하여 무기를 뽑는 것] ¶动不动就要～｜걸핏하면 칼을 뽑는다.

【亮晶晶】liàngjīngjīng 狀 (별·이슬·구슬 등이) 반짝반짝하다. 빛나다. ¶～的星星｜반짝이는 별. ¶～的眼睛｜반짝이는 눈.

【亮景景】liàngjǐngjǐng ⇒〔亮光光①〕

【亮牌(子)】liàng pái(·zi) 動組 ❶ 일을 숨기지 않고 밝히다. 생각을 속속들이 드러내다. ¶有胆子dǎnzi你就自己～!｜배짱이 있다면 스스로 분명히 밝혀라! ❷ 손 안에 쥐고 있는 패를 보이다. ❸ 喻 신분이나 직무 등을 현시하다.

【亮儿】liàngr 名 ❶ 등불. ¶天快黑了, 快去找个～｜날이 곧 저물겠다 빨리 가서 등불을 찾아봐라. ❷ 빛. 광선. ¶远远有点～, 可能是一户人家｜멀리 불빛이 한 점 보이는데 아마도 인가인 것같다. ❸ 喻 금력(金力). 실력. 힘. ¶他们只不过是萤火虫yínghuǒchóng的屁股pìgǔ, ～不大｜그들은 반딧불 엉덩이에 불과해서 빛이 그리 세지 못해. 실력〔힘〕이 별로 없다.

【亮闪闪】liàngshǎnshǎn 賦 반짝반짝 빛나다. ¶发出～的绿色莹光yíngguāng | 반짝이는 푸른 옥빛을 내뿜다.

【亮堂】liàng·tang 形 ❶ 밝다. 환하다. ¶新盖的礼堂又高大, 又～ | 새로 지은 강당은 웅장하면서도 밝다. ❷ (기분·생각 등이) 좋다. 밝다. 분명하다. ¶看了教委的指示, 大家心里都更～了 | 교육위원회의 지시를 보고나니 모두들 기분이 더욱 좋아졌다. ¶他的脸也～了 | 그의 얼굴도 환해졌다.

【亮堂堂】liàngtāngtāng 賦 환하다. 밝다. ¶一觉醒来, 窗外已经～的了 | 깨어보니 창밖이 이미 환해져 있었다 ⇒〔亮光光①〕

【亮相(儿)】liàng/xiàng(r) 動 ❶ (배우가 동작을 잠깐 멈춘 자세를 하여) 배우의 형상을 두드러지게 하다. ¶她出场一～就赢得了满堂彩 | 그녀가 무대에 등장하여 정지 동작을 한번 취하자 마자 온 관중들의 갈채를 받았다. ¶为了答谢观众的热情, 他又出来亮了一下相 | 관중의 성원에 보답하기 위해 그는 다시 나와서 동작을 한번 취해보였다 =〔亮像儿〕 ❷ (대중 앞에서) 자신의 입장을 분명히 하다〔밝히다〕. ¶他快要出来～了 | 그는 이제 곧 나와서 자신의 입장을 밝히려고 한다. ¶在这次会上, 他终于～了, 摆出了自己的观点 | 이 회의석상에서 그는 드디어 얼굴을 드러내고 자신의 관점을 내놓았다. ❸ 이름이 나 있는 사람이 공적인 자리에 모습을 드러내다. ¶息影十年之后, 她又在银幕上～了 | 영화계에서 은퇴한 지 10년만에 그녀는 다시 은막에 모습을 드러냈다.

【亮像儿】liàng/xiàngr ⇒〔亮相(儿)①〕

【亮眼人】liàngyǎnrén 名 ❶ 눈뜬 사람 [맹인(盲人)이 맹인 아닌 사람을 일컫는 말] ¶只要是～, 都能找到 | 맹인만 아니라면 다 찾을 수 있다. ❷ 감식안(鑒識眼)을 가진 사람. 선견지명(先見之明)이 있는 사람.

Ⓑ liáng

【亮阴】liángyīn ⇒〔谅liáng暗〕

1【凉】liàng ☞ 凉 liáng Ⓑ

1【谅(諒)】liàng liáng 믿을 량, 알 량

Ⓐ liàng ❶ 動 허락하다. 용서하다. 이해하다. ¶请多原～ | 양해 바랍니다 =〔原谅〕〔宽kuān谅〕 ❷ 副 생각건대〔짐작컨대〕 …같다. ¶～老师不能来 | 생각건대 선생님은 오시지 못할 것 같다. ❸ (Liàng) 名 성(姓).

Ⓑ liáng ⇒〔谅暗〕

Ⓐ liàng

【谅察】liàngchá 書 動 (편지글에서) 굽이 살펴 용서를 해 주기를 바라다. ¶敬祈jìngqí～ | 삼가 양찰을 바라옵니다.

3【谅解】liàngjiě 名 動 양해(하다). 이해(하여 주다). ¶请你～ | 양해해 주십시오. ¶他很～你的苦衷kǔzhōng | 그는 너의 고충을 잘 이해한다. ¶你们应该互相～, 搞好关系 | 너희는 마땅히 서로 이해하여 관계를 잘 만들어야 한다 =〔了liǎo解①〕

Ⓑ liáng

【谅暗】liáng'ān 書 名 양암. 양음. 임금의 거상(居喪) =〔谅阴ān〕〔亮阴liáng'ān〕〔凉阴〕〔梁暗〕

4【晾】liàng 쪼일 량

動 ❶ 통풍이 잘 되는 곳이나 그늘에서 말리다. ¶夜里把山芋shānyù片儿～在凉台上 | 밤에 고구마 조각을 베란다에서 말린다. ❷ 轉 내버려 두다. 그만두다. ¶他～了台了 | 그는 이젠 손들었다. ❸ 方 햇볕에 말리다. ¶～衣服 | 옷을 말리다. ¶把湿衣服拿出去～干再穿 | 젖은 옷을 가져 나가서 햇볕에 말린 다음 입어라 =〔晒shài②〕 ❹ 식히다. ¶～一碗开水 | 끓은 물 한 사발을 식히다 =〔凉liàng〕

【晾干】liànggān 動 그늘진 곳에서 말리다. ¶～干白菜 | 배추를 그늘에서 말리다. ¶草药已经～了 | 약초는 이미 널어서 말렸다.

【晾晒】liàngshài 動 그늘에서 말리다. ¶把菜块～一天 | 썰어 놓은 야채를 그늘에서 하루 동안 말리다.

【晾着】liàng·zhe ❶ (햇볕에) 널어 놓다. ¶院里～不少衣服 | 정원에 많은 옷들이 널려 있다. ❷ 식히고 있다. ❸ 방치하고 있다. 널려 있다. ¶家里～一大片儿事, 我可要告辞gàocí | 집에 일이 가득 널려 있어서, 나는 가야겠습니다.

【踉】liàng ☞ 踉 liáng Ⓑ

1【辆(輛)】liàng 수레 량

量 대. 량 [차를 세는 데 쓰임] ¶五～汽车 | 자동차 다섯 대.

2【量】liàng ☞ 量 liáng Ⓑ

【靓】liàng ☞ 靓 jìng Ⓑ

liāo ㄌㄧㄠ

【撩】liāo liáo liào 가릴 료, 붙들 료

Ⓐ liāo 動 ❶ 치켜들다. 걷어올리다. 쓸어올리다. ¶把帘子liánzi～起来 | 발을 걷어올리다. ¶把垂chuí下的头发～上去 | 흘러내려온 머리카락을 쓸어 올리다 →〔掀xiān①〕 ❷ 손으로 물을 뿌리다. ¶扫地要先～点儿水 | 바닥을 쓸 때는 먼저 물을 좀 뿌려라 →〔洒sǎ①〕 ❸ 힐끗 보다. ¶～了一眼 | 힐끗 한 번 보았다. ❹ 사용하다. ¶那几块钱, 几天就～光了 | 그 몇 푼의 돈은, 며칠 안 가서 다 써버렸다.

Ⓑ liáo 動 건드리다. 희롱〔조롱〕하다. 도발〔자극〕하다. ¶～逗↓ ¶春色～人 | 봄 경치가 사람의 마음을 들뜨게 한다.

Ⓐ liāo

【撩开】liāokāi 動 ❶ (옷자락·커튼 등을) 걷어올리다. 치켜들다. ¶～窗帘往外看 | 커튼을 걷어올리고 밖을 내다보다. ¶把垂chuí下的部分～ | 아래로 처진 부분을 걷어올리다. ❷ 팽개치다. 내동댕이치다. 벗어던지다. ¶他把慈悲cíbēi面孔～了 | 그는 자비로운 얼굴을 벗어던졌다〔완전히 바꿨다〕

【撩起】liāoqǐ 動 걷어올리다. 말아올리다. ¶～长裙｜긴 치마를 걷어올리다.
【撩水】liāo/shuǐ 動 (손으로) 물을 뿌리다→〔洒sǎ水〕
B liáo
【撩逗】liáodòu 動 近 건드리다. 집적거리다. 유혹하다. ¶今日我着实zhuóshí～他一番｜오늘은 한번 정말로 그를 집적거려보겠다＝〔撩斗〕
【撩乱】liáoluàn ⇒〔缭liáo乱〕
【撩情】liáoqíng 動 정욕을 돋구다〔일으키다〕.
【撩人】liáo/rén 動 남을 꾀다. 자극하다. 남의 마음을 움직이게 하다. 남의 마음을 끌다. ¶拿好话～｜좋은 말로써 남을 꾀다. ¶春色～｜봄 경치가 사람의 마음을 움직이게 하다〔자극하다〕.

liáo ㄌㄧㄠˊ

4【辽(遼)】 liáo 멀 료
❶ (아득히) 멀다. ¶～远↓ ¶～阔↓ ❷ (Liáo) 名 요나라(907～1125) ❸ (Liáo) 名 簡「辽宁省」(요녕성)의 약칭.
【辽东】Liáodōng 名〈地〉❶ 요하(遼河)의 동쪽지역 [요녕성(遼寧省)의 동부와 남부 일대] ❷ 요동 반도(半島).
【辽旷】liáokuàng ⇒〔辽阔〕
4【辽阔】liáokuò 形 아득히 멀다. 넓고 넓어 끝이 보이지 않다. ¶～的草原｜끝없이 넓게 펼쳐져 있는 초원. ¶～的华北大平原｜광활한 화북 대평원. 어법「辽阔」는 대상이 주로「天地·原野」등 구체적인 공간이나,「广guǎng阔」는「辽阔」에 비해 범위가 작고 그 대상이 구체적인 공간 외에도 추상적인「前途·眼界·胸怀」에 쓰일 수 있음＝〔辽旷〕〔辽廓〕
【辽廓】liáokuò ⇒〔辽阔〕
【辽西】Liáoxī 名〈地〉요하(遼河)의 서쪽 [즉 요녕성(遼寧省)의 서부 지역] ¶～平原｜요서 평원.
【辽远】liáoyuǎn 書 形 요원하다. 아득히 멀다. 멀고 멀다. ¶～无边｜멀고 멀어 끝이 없다.

3【疗(療)】 liáo 병나을 료, 병고칠 료
❶ 치료하다. (병을) 고치다. ¶诊zhěn～｜진료(하다). ¶电～｜전기 치료(를 하다). ❷ (고통 등을) 제거하다. 극복하다. ¶～贫↓
【疗程】liáochéng 名 치료 기간. 치료 과정. ¶缩短suōduǎn了～｜치료 기간을 단축하였다. ¶十天为一个～｜십일을 하나의 치료 기간으로 삼다.
【疗饥】liáojī 書 動 요기하다. 배고픔을 면하다. 공복을 채우다. ¶粗粝cūlì的食物也可～｜조악한 음식물이라도 요기는 채울 수 있다.
【疗贫】liáopín 書 動 가난을 구제(救濟)하다. 가난을 극복하다.
4【疗效】liáoxiào 名 치료 효과(治療效果). ¶青霉素qīngméisù对肺炎fèiyán有显著xiǎnzhù的～｜페니실린은 폐렴에 뚜렷한 치료 효과가 있다.
4【疗养】liáoyǎng 名 動 요양(하다). ¶在温泉wēnquán～｜온천에서 요양하다. ¶～了一段时间｜일정 시간 동안 요양했다.
【疗养院】liáoyǎngyuàn 名 요양원. ¶住进了～｜요양원에 입원했다.

2【聊】 liáo 힘입을 료, 편안할 료
❶ 動 한담〔잡담〕하다. 재잘거리다. ¶有空咱们～～｜시간이 있으면 한담이나 좀 합시다. ¶～天↓ ❷ 약간. 잠시. 조금. ¶～且↓ ¶～以自慰zìwèi｜威 잠시 자기 자신을 위안하다. ¶～胜于无↓ ❸ 의지〔기탁〕하여 생활하다. 편안히 하다. ¶民不～生｜인민들이 편안히 살 수 없다. ¶无～赖lài｜살길이 없다. ❹ 흥미. ¶无～｜무료하다. ❺ (Liáo) 名 성(姓).
【聊备一格】liáo bèi yī gé 威 얼마간 격식을 차리다. 그럭저럭 격식을 갖추다.
【聊表寸忱】liáo biǎo cùn chén ⇒〔聊表寸心〕
【聊表寸心】liáo biǎo cùn xīn 威 작은 성의를 표하다. ¶献xiàn上薄礼bólǐ, ～｜札 변변치 않은 선물로 작은 성의를 표한다＝〔聊表寸忱〕
【聊赖】liáolài 書 動 믿다. 의지하다. ¶无～＝〔百无聊赖〕｜의지할 데가〔것이〕 없다. 답답하다. 심심하다＝〔寥liáo赖〕
【聊且】liáoqiě 書 副 조금. 일단. 좌우간. ¶～住在这儿｜일단 잠시 여기에 살자. ¶～一观｜좌우간 한 번 보다＝〔姑且〕
【聊胜于无】liáo shèng yú wú 威 없는 것보다는 좀 낫다. ¶东西虽然不太好, 但是～｜물건은 비록 그다지 좋지는 않지만 그래도 없는 것보다는 낫다.
2【聊天(儿)】liáo/tiān(r) 動組 口 한담하다. 잡담을 하다. ¶到隔壁～去了｜이웃집에 잡담하러 갔다. ¶他喜欢闲聊, 不断地～聊地｜그는 잡담하는 것을 좋아하여 끊임없이 이 얘기 저 얘기를 나눈다＝〔撩天〕〔方 摆bǎi龙门阵〕〔谈tán天(儿)〕〔穷究〕
【聊闲篇】liáo xiánpiān 動組 한담하다. 잡담하다.
【聊闲天(儿)】liáo xiántiān(r) 動組 잡담을 하다. 한담하다. ¶一天到晚～｜하루 종일 잡담하다.
【聊以解嘲】liáo yǐ jiě cháo 威 잠시 다른 사람의 조소(嘲笑)에서 벗어나다. 일시적으로 난처한 국면에서 벗어나다.
【聊以卒岁】liáo yǐ zú suì 威 억지로 한 해를 지내다〔보내다〕.

3【僚】 liáo 벗 료, 희롱할 료
❶ 관리. ¶官～｜관료＝〔書 寮⑤〕 ❷ 옛날, (같은 관서(官署)의) 동료. 친구. ¶～属↓＝〔同僚〕
【僚属】liáoshǔ 書 名 (옛날, 자기 밑에 딸린) 하급 관리. 부하.
【僚佐】liáozuǒ 書 名 옛날, 관청에서 일을 돕는 (하급) 관리＝〔寮佐〕

【嘹】 liáo 새소리멀리들릴 료, 울 료
⇒〔嘹喨〕
【嘹亮】liáoliàng 形 (소리·음성이) 맑고 깨끗하다. 쟁쟁하다. 맑게 울리다. ¶说话～干脆gāncuì｜말 소리가 맑고 시원스럽다. ¶～的歌声｜맑고 고운 노랫소리＝〔聊亮〕

【寮】 liáo 집 료, 벼슬아치 료
❶ 名 (함께 거처하는) 숙소. ¶僧sēng～

|스님이 거처하는 방. ❷名方 작은 집. ¶茶～酒肆|다방과 주점. ❸지명에 쓰이는 글자. ¶水底～|대만(臺灣)에 있는 지명. ❹(Liáo) 名簡〈地〉「寮国」(라오스)의 약칭. ❺「僚」와 통용⇒〔僚liáo①〕

【寮国】Liáoguó 名〈地〉라오스(Laos) [수도는 「万象」(비엔티안; Vientiane)]＝〔老挝wō〕

【撩】liáo ☞ 撩 liāo B

【獠】liáo 요동개 료, 서남오랑캐 로
❶形(얼굴이) 흉악하게 생기다. ¶～面↓ ❷名 서남방에 사는「仡佬Gélǎo族」등의 소수 민족을 멸시하여 일컫는 말.

【獠面】liáomiàn 名 흉악한 몰골. 흉악하게 생긴 얼굴.

【獠牙】liáoyá 名 입술 밖으로 나온 긴 이. ¶青面～|검푸른 얼굴에 쑥 튀어나온 긴 이. 喻 흉악한 용모.

【缭(繚)】liáo 얽힐 료, 감길 료
❶휘감(기)다. 감돌다. 얽히다. ¶～乱↓ ¶烟气～绕|연기가 휘말려 올라가다＝〔缪liǎo〕 ❷(바늘로 비스듬히) 감치다. 공그르다. ¶～缝↓→〔钩gōu⑥〕〔牵qiān③〕

【缭缝】liáofèng 動 솔기를 감치다.

【缭乱】liáoluàn 貶 뒤섞이다. 난잡하다. 얽히어 어지럽다. ¶百花～|여러 꽃이 한데 뒤섞여 피다. ¶眼花～|成 색채가 요란하여 눈이 어지럽다. 눈이 어리어리하다. ¶～的思绪sīxù|혼란한 감정. ¶满屋子都是～的家具·用品|방에는 가구와 일용품이 온통 어지러져 있다＝〔撩乱〕

【缭绕】liáorào ❶動 빙빙 돌며 올라가다. 피어오르다. 감돌다. 맴돌다. ¶～的烟雾yānwù使他眼睛看不清楚了|피어오르는 연기때문에 그는 눈이 잘 보이지 않았다. ¶歌声～|노랫소리가 (귓전에) 맴돌다. ❷書貶 긴 소매가 펄럭이다.

【燎】liáo liǎo 탈 료, 불놓을 료

A liáo ❶(불을 놓아) 태우다. 불이 번지다. ¶～草儿↓ ¶～原↓ ❷(불에) 태우다. 그을다. ¶～发↓ ❸화상을 입다. 불에 데다. ¶～浆泡↓

B liǎo ❶動(주로 머리카락이)불에 타다. 그을다. ¶不小心把眉毛～了|조심하지 못해서 눈썹이 불에 탔다. ❷書名 큰 불꽃. 횃불. ¶～炬↓ ❸書形 빛나다. 밝다. ¶～～↓ ❹「liáo」의 문어음(文語音).

A liáo

【燎草儿】liáo/cǎor 動 음력 섣달 30일 오후에 묘앞에서 「纸钱」을 태우고 폭죽을 터뜨려 조상의 혼령을 맞다→〔纸钱〕

【燎发】liáofà 動 모발을 태우다. 喻 일이 매우 쉽다. ¶易如～|쉽기가 머리카락 태우는 것 같다＝〔燎毛〕

【燎浆泡】liáojiāngpào 名 ❶〈漢醫〉화상(火傷)후 피부에 생기는 물집. ❷〈醫〉수포. 포진. 물집. ¶嘴角上长出好几个～|입가에 꽤 많은 물집이 생겨났다 ‖＝〔燎泡〕〔潦liǎo浆泡〕〔烫tàng泡〕

【燎泡】liáopào ⇒〔燎浆泡〕

【燎原】liáoyuán 動(큰불이 번져) 들판을 태우다. ¶烈火～|사나운 불길이 들판을 태우다. 喻 화란(禍亂)이 널리 퍼져 진압하기가 어렵다. ¶星星之火, 可以～|작은 불똥이 넓은 들판을 태울 수 있다.

【燎原之势】liáo yuán zhī shì 成(들판에 번지는 불길과 같이) 걷잡을 수 없이 맹렬한 기세. ¶罢工bàgōng浪潮làngcháo已成～|파업의 거센 물결이 이미 걷잡을 수 없는 기세가 되었다.

B liǎo

【燎光】liǎoguāng 書形 밝다＝〔燎亮〕

【燎炬】liǎojù 名 횃불→〔火把〕

【燎亮】liǎoliàng ⇒〔燎光〕

【燎燎】liǎoliǎo 貶 빛나고 밝다. 빛나다.

【鹩(鷯)】liáo 뱁새 료
⇒〔鹩哥〕〔鹪jiāo鹩〕

【鹩哥】liáogē 名〈鳥〉구관조.

【寥】liáo 휑할 료, 쓸쓸할 료
❶적다. 드물다. ¶～若晨星↓ ¶～落↓ ❷텅비다. 공허하다. 고요하다. ¶寂～|적요하다.

【寥廓】liáokuò 書貶 ❶텅 비고 끝없이 넓다. ¶～的天空|끝없이 넓은 하늘. ❷쓸쓸하고 고요하다.

【寥落】liáoluò 書貶 희소하다. 드물다. ¶～的晨星|드문드문한 새벽별＝〔寥寥落落〕

【寥若晨星】liáo ruò chén xīng 成 새벽 하늘의 별같이 드물다. 매우 드물다. ¶这种现象现在已经～|이러한 현상은 지금 이미 매우 드물다. ¶来听课的学生～, 可老师依然讲得十分认真|강의를 들으려 온 학생은 아주 적었지만 선생님은 평소대로 아주 열심히 강의하셨다.

liǎo ㄌㄧㄠˇ

1【了】liǎo ☞ 了 ·le B

【钌】liǎo ☞ 钌 liào B

4【潦】liǎo lǎo 큰비 료, 길바닥물 료

A liǎo ⇒〔潦草〕〔潦倒〕

B lǎo 書 ❶名 큰비. ¶～浸|큰비로 침수함. ❷名動 길바닥에 고인 물(이 흐르다). ¶～水|길바닥에 고인 물. ❸形 비가 세차게 내리다 ‖→〔涝lào〕

4【潦草】liǎocǎo 形 ❶(글씨가) 조잡하다. 거칠다. ¶字写得太～|글씨를 너무 조잡하게 쓰다. ❷(일을 하는 데) 허술하다. 성실하지 않다. ¶办事～|일 처리가 너무 대충이다. ¶～塞责sèzé|어물어물 해치워 책임을 넘기다 ‖＝〔了草〕〔老草〕

【潦倒】liǎodǎo ❶形 초라하게 되다. 영락(零落)하다. 가난하게 되다. ¶～一辈子|평생 가난한 생활을 하다. ¶把～不堪的二流子改造好了|(손을 쓸 수 없을 정도로) 심하게 타락한 건달을 완전히 개조시켰다. ❷動(투쟁·생활 등의) 의욕을 잃다. 타락하다. 자포 자기하다. ¶～梆子|罵 타락한 놈. 변변치 못한 놈.

【蓼】liǎo lù 여뀌 료, 클 륙

Ⓐliǎo 名❶〈植〉여뀌. 수료(水蓼)＝〔書 蔷sè〕〔水蓼〕❷옥수수의 이삭. ¶出～结棒｜옥수수의 이삭이 나와 열매를 맺다. ❸(Liǎo)〈史〉춘추(春秋)시대 나라 이름［지금의 하남성(河南省) 고시현(固始縣) 동부］❹(Liǎo) 성(姓).

Ⓑlù 書 狀 (식물이) 크게 자라다.

ⓑliǎo·hua 名〈食〉과자의 일종［찹쌀가루를 반죽하여 튀긴 것으로 둥글며 속은 비고 겉에 설탕을 묻힘］＝〔麻花儿〕

【蓼科】liǎokē 名〈植〉요과. 마디풀과(polygonaceae)

【蓼蓝】liǎolán 名〈植〉요람. 대청(大青)＝〔蓝〕

【缪】liǎo ☞ 缪 móu Ⓔ

【燎】liǎo ☞ 燎 liáo Ⓑ

liào ㄌㄧㄠˋ

【尥】liào 뒷발질할 료
⇒〔尥蹶子〕

【尥蹶子】liàojuě·zi ❶動組 (말·당나귀 등이) 뒷발질하다. ¶留神驴lǘ～｜당나귀에 채이지 않도록 주의해라. ¶谨防马～伤了你｜말에 채여서 다치지 않도록 경계해라＝〔撂liào蹶子〕〔打蹶子〕❷名 뒷발질하는 말이나 당나귀. 말을 잘 듣지 않는 사람. ❸喻 사람이 순순하지 않다. 말을 듣지 않다.

【钌(釕)】liào liǎo 걸쇠 료

Ⓐliào ⇒〔钌铞儿〕

Ⓑliǎo 名〈化〉화학 원소 명. 루테늄(Ru ; ruthenium)［백금속 원소의 하나］

【钌铞儿】liàodiàor 名 걸쇠. ¶门～｜문걸쇠

2【料】liào 헤아릴 료, 셀 료

❶動 예측하다. 예상하다. 추측하다. ¶不出所～｜추측한 바를 벗어나지 않다. ¶预yù～｜예상하다. ¶不～｜뜻밖에. ❷(～儿, ～子) 名 재료. 원료. ¶原～｜원료. ¶燃～｜연료. ❸名(소·말의) 사료. ¶喂wèi～｜사료를 먹이다. ¶～豆儿↓ ❹名 유리질 재료의 하나［모조 주옥(珠玉)이나 공예품 등을 만드는 데 쓰임］¶这个戒指jièzhǐ是～的｜이 반지는 유리로 만든 것이다. ❺量 ⓐ〈漢醫〉제. 첩［1회분의 환약을 제조하는 데 필요한 약의 분량을 세는 단위］¶配好的一～药｜조제한 1첩의 약. ⓑ 옛날, 목재의 계산 단위［단면이 1평방자(尺), 길이가 7자인 것을「一料」라 함］❻名 罵 쓸데없는 것. 변변치 않은 놈. ¶你这块～｜이 변변찮은 놈. ❼名 톱날. ¶拨bō～｜톱날을 세우다.

【料槽】liàocáo 名❶ 원료를 담는 통. ❷사료통. ¶马在～中吃草料｜말이 사료통 중에서 먹이를 먹는다.

【料场】liàochǎng 名 원료 적재장.

【料定】liàodìng 動 단정하다. 예측하다. ¶我～你会这样做的｜나는 네가 이렇게 하리라고 예측했다.

【料豆(儿)】liàodòu(r) 名 사료용 콩.

【料及】liàojí 書 動 예상하다. 생각이 미치다. ¶中途大雨, 原未～｜도중에 큰비가 오리라고는 애초 예상하지 못했다.

【料酒】liàojiǔ 名 요리할 때 쓰는 조미용 술. ¶炒肉时加一点儿～很香｜고기를 볶을 때 조미용 술을 조금 넣으면 아주 맛있다.

【料理】liàolǐ 動 처리하다. 정리하다. ¶把房间～一下｜방안을 좀 정리해라. ¶事情还没～好, 我怎么能走?｜일을 아직 다 처리하지 않았는데 내가 어떻게 갈 수 있는가? ¶～家务｜가사를 처리하다＝〔撩liáo理〕〔撩治〕〔扑pū拉⑥〕

【料器】liàoqì 名「烧料」로 만든 기물→〔料④〕〔玻bō璃器〕

【料事】liàoshì 動 (일을) 예견하다. 추측하다. ¶～不到｜예견하지 못하다. ¶～如见｜예측이 눈으로 보듯 확실하다.

【料事如神】liào shì rú shén 成 귀신같이 알아맞히다. ¶诸葛亮ZhūGéliàng一生～｜제갈량은 평생 귀신같이 예견하였다.

【料所不及】liào suǒ bù jí 成 생각이 미치지 못하다. 미처 생각하지 못하다. ¶这可是我～的事｜이건 정말 내가 생각도 못했던 일이다.

【料想】liàoxiǎng 動 예상하다. 추측하다. 어법 보어로「到」가 오고, 목적어로 동사구나 주술구가 올 수 있음. ¶～不到竟会发生这样的事｜이런 일이 발생하리라고는 전혀 예상하지 못했다. ¶这件事我早就～到了｜이 일은 난 벌써부터 예상하고 있었다.

【料子】liào·zi 名❶ 옷감［어떤 지역에서는 특히 모직물만을 가리킴］＝〔料儿〕❷목재. ❸回(어떤 일에 적합한) 인재. 쓸만한 재목. ¶这小伙子是块好～, 应该好好培养péiyǎng他｜이 젊은이는 쓸만한 재목이니 잘 키워야한다. ❹⇒〔烧shāo料〕❷罵 변변찮은 놈. 쓸모없는 녀석.

【瞭】liào 밝을 료

주의 이 항목의 「瞭」는 「了」를 간체자로 대용하지 않음⇒〔了·le②〕❶動(높은 곳에서) 멀리 바라보다. ¶～望↓ ❷⇒〔瞭见〕

【瞭高儿】liàogāor 動 (도적 등이) 높은 곳에서 망을 보다. ¶贼zéi在房上～｜도적이 지붕 위에서 망을 본다.

【瞭见】liàojiàn 動 方 보다. 바라 보다＝〔看kàn见〕

【瞭望】liàowàng 動 높은 곳에 올라 멀리 바라보다 높은 곳에서 적의 동정을 감시하다. ¶～敌人的动静dòngjìng｜높은 곳에서 적의 동정을 살피다. ¶战士们～广阔的大海｜전사들은 광활한 바다를 멀리 바라보았다. ¶～车｜전망차. ¶～标｜전망 표지. ¶～的｜파수꾼. 감시인. ¶～台｜파수대. 전망대. ¶～所｜(높은 곳에 있는) 감시소. 관측소.

【廖】Liào 성 료
名 성(姓).

【撂】liào 던질 료, 버릴 료

動❶俗 놓다. 내려놓다. ¶把碗～在桌子上｜사발을 탁자 위에 (내려)놓다. ❷俗 내던지다. 포기하다. 방치하다. ¶～下不管｜내버려 두

고 상관하지 않다. ❸ 쓰러뜨리다. ¶～倒好几个人 | 여러 사람을 쓰러뜨리다. ❹ 俗 (뒤에) 남다. 잔류하다. ¶她一死, ～三个女孩子怪可怜的 | 그녀가 죽자, 세 딸아이만 남아서 정말 불쌍하게 되었다 ‖ ＝[撩liào]

【撂荒】liào/huāng 動 方 밭을 묵히다. ¶那块坡地pōdì～了, 没人管 | 그 언덕배기 땅은 황폐화되어 돌보는 사람이 없다.

【撂跤】liào/jiāo 方 ❶ 動 쓰러뜨리다. 넘어뜨리다. ❷ 動 씨름하다. ¶他们在～ | 그들은 씨름하고 있다. ¶刚下班他们就撂起跤来了 | 근무를 마치자마자 그들은 씨름을 하기 시작했다. ❸ (liàojiāo) 名 씨름. ❹ 動 喻 (어려운 일과) 씨름하다. 잡고 늘어지다. 애를 쓰다. 용을 쓰다. ¶我跟那块石头撂了半天跤了, 可是还扳bān不动 | 나는 그 돌덩이를 붙들고 한참 동안이나 씨름했지만, 옮길 수가 없었다 ＝[撂交]→[摔shuāi交]

【撂蹶子】liào juě·zi ⇒[尥liào蹶子①]

【撂手】liào/shǒu 動 내버려 두다. 손을 떼다. 관계를 끊다. ¶～不管 | 내버려 두고 상관하지 않다. ¶这事儿你不能～ | 이 일은 네가 손을 떼면 안 된다.

【撂挑子】liào tiāo·zi 動組 ❶ (멜대 등으로 메는) 짐을 내려놓다.짐을 벗다. ❷ 喻 (책임져야 할 일을) 내버려 두다. 상관하지 않다. 책임을 회피하다. 해야할 일을 하지 않다. ¶队长duìzhǎng因为有人批评pīpíng, 他就想～不干 | 대장은 비판하는 사람이 있기 때문에 일을 내버려두고 하지 않으려 한다 ＝[打杠子gāngzi④] ‖ ＝[撂担子dànzi]

【撂在一边】liào·zai yībiān 動組 한편에 내버려 두다. 방치하다. 방치하고 거들떠보지 않다. 상관하지 않다. 모르는 체 하다. ¶这事情先～ | 이 일은 우선 내버려 두자.

【燎】liào ☞ 撩 liāo C

【镣(鐐)】liào ⓧ liáo) 족쇄 료
名 족쇄. ¶～铐↓

【镣铐】liàokào 名 족쇄와 수갑.

liē ㄌㄧㄝ

【咧】liē ☞ 咧 liě B

lié ㄌㄧㄝˊ

【咧】lié ☞ 咧 liě C

liě ㄌㄧㄝˇ

【咧】liě liē lié·lie 어조사 렬

A liě 動 (가로로) 입을 벌리다. ¶～嘴↓

B liē ⇒[咧咧liē·lie]

C lié ⇒[咧咧lié·lie]

D ·lie 助 方 용법이「了」「啦」「哩」등과 비슷한 어기(語氣)조사. ¶好～ | 좋아.

A liě

【咧开】liěkāi 動 (입을 가로로) 벌리다. ¶嘴笑得～了 | 웃어서 입이 가로로 벌어졌다.

【咧嘴】liě/zuǐ 動 (웃거나 울거나 불만스러워) 입이 옆으로 찢어지듯이 벌어지다 어법「撇piě嘴」보다 벌어진 정도가 더 심함. ¶疼得直～ | 아파서 입이 벌어지다. ¶他咧着嘴笑 | 그는 씩 웃었다. ¶～要哭 | 삐죽거리며 울상을 짓다.

B liē

【咧咧】a liē·lie 動 方 어린아이가 칭얼대(며 울)다. ¶别在这儿～了, 快走吧 | 여기서 칭얼거리지 말고 빨리 가자.

b lié·lie 動 方 ❶ 멋대로 지껄이다. 떠들어대다. ¶瞎xiā～什么? | 무얼 지껄여대느냐? ❷ 큰소리로 왕왕대다. ¶唱唱～ | 큰소리로 노래하다. ¶哭哭～ | 엉엉 울다.

【裂】liě ☞ 裂 liè B

liè ㄌㄧㄝˋ

2【列】liè 줄 렬
❶ 名 줄. 열. 대열. ¶站在前～ | 맨 앞줄에 서다. ❷ 名 부류. 종류. ¶不在讨论之～ | 토론할 종류는 아니다. ❸ 動 늘어놓다. 진열하다. 배열하다. ¶～在最前头 | 맨 앞에 배열하다. ¶排pái～ | 배열하다. ¶陈chén～ | 진열하다. ❹ 動 (어떤 부류 속에) 끼워 넣다. ¶～入甲等 | 1급에 넣다. ❺ 각각의. 여럿의. ¶～国↓ ❻ 量 줄. 열 [행렬을 이룬 것을 세는 데 쓰임] ¶一～火车 | 열차 한 대. ¶一～横队 | 일렬 횡대. ❼ (Liè) 名 성(姓).

【列巴】lièbā 名 外 빵 [러시아어의 음역어(音譯語)]→[面miàn包]

【列兵】lièbīng 名〈軍〉일등병 ＝[一等兵]→[军jūn衔]

3【列车】lièchē 名 열차. ¶旅客～ | 여객 열차. ¶货物～ | 화물 열차. ¶～时刻表 | 열차 시각표. ¶～段 | (지역 철도국이 관할하는) 철도 구간. ¶～开动了 | 열차가 움직이기 시작했다. 어법 양사로는「次·趟」등을 씀.

【列车员】lièchēyuán 名 열차 승무원. ¶协助xiézhù～打扫车厢chēxiāng | 열차 승무원을 도와서 객실을 청소를 하다.

【列车长】lièchēzhǎng 名 (열차의) 여객 전무.

【列出】lièchū 動 열거하다. 늘어놓다. ¶～几项 | 몇 개 항목을 열거하다. ¶～理由 | 이유를 늘어놓다. ¶～清单 | 목록을 열거하다.

【列次】liècì 名 ❶ 書 순서. 서열. ❷ 열차의 발차 순서.

【列岛】lièdǎo 名 열도. ¶澎湖pénghú～ | 팽호열도.

【列队】liè/duì 動 대열을 짓다. ¶～游行 | 대열을 지어 시위하다. ¶～欢迎 | 줄지어 환영하다.

【列国】lièguó 名 열국. 각국. 여러 나라. ¶周遊zhōuyóu～ | 여러 나라를 두루 돌아다니다.

4【列举】lièjǔ 動 열거하다. ¶～了许多事实 | 많은 사실을 열거했다.

【列宁】Lièníng 名 外〈人〉레닌(VladimirIl'ich Lenin, 1870～1924) [구(舊) 소련 공산당의 창시자이면서 소련을 건국한 사람]

【列薇格勒】Liènínggélè 名 外〈地〉레닌그라드(Leningrad).

【列宁主义】Lièníng zhǔyì 名 레닌 주의→〔马mǎ克思列宁主义〕

【列强】lièqiáng 名 열강. ¶帝国dìguó主义～ | 제국주의 열강.

[4]【列入】lièrù 動 집어넣다. 끼워 넣다. ¶～必需品类 | 필수품 종류에 넣다. ¶～预算 | 예산에 넣다.

【列数】lièshǔ 動 하나하나 꼽다. 세어 열거하다. ¶～他们十大罪状 | 그들의 십대 죄상을 열거하다.

【列为】lièwéi 動 (어떤 부류에) 속하다. 들다. ¶～头等 | 일등급에 속하다. ¶～议程 | 의사 일정에 들다.

【列位】lièwèi 書 ❶ 名 열위. 여러분. 제군. ¶～看官 | 독자 여러분. ❷ 名 차례. ❸ 動 벼슬자리에 들다.

[4]【列席】liè/xí ❶ 動 (업저버로) 참관하다. 참석하다 [비정규회원이 발언권은 있으나 표결권은 없이 회의에 참석하는 것을 말함] ¶我～旁听pángtīng, 受受教育 | 나는 비자격자로 방청하면서 좀 배우고자 한다. ¶今天的会请您～ | 오늘 회의에 당신을 업저버로 초대합니다. ¶～代表会议 | 대표 회의에 업저버로 참석하다. ❷ (lièxí) 名 (업저버로서의) 참관. 참석. ¶～代表 | 업저버. ❸ 動 열석하다. 자리에 쭉 늘어앉다.

【列印机】lièyìnjī 名〈電算〉라인프린트(line printer).

【列阵】lièzhèn 書 動 열진하다. 포진(布陣)하다. ¶～待敌 | 포진하고 적을 기다리다.

【列支敦士登】Lièzhīdūnshìdēng 名〈地〉리히텐슈타인(Liechtenstein) [오스트리아와 스위스 사이에 있는 입헌군주국. 수도는「瓦杜兹wǎdùcí」(파두츠; Vaduz)]

【列传】lièzhuàn 名〈史〉열전. 기전체(紀傳體)의 역사서에서 일반 인물의 전기. ¶～体 | 열전체 ⇒〔本běn纪〕〔世shì家②〕

【列子】Lièzǐ 名〈人〉열자 [전국(戰國) 시대의 사상가인 열어구(列御寇)]

【列祖列宗】liè zǔ liè zōng 成 역대의 조상. ¶你要输shū了, 可就丢diū了～的脸了 | 네가 진다면 역대의 조상의 체면을 떨어뜨리는 것이다.

【洌】 liè 찰 렬

차다. 춥다. 차갑다. ¶凛lǐn～ | 살을 에듯 춥다.

【洌洌】lièliè 貺 차다. 춥다. ¶北风～ | 북풍이 차다.

【洌泉】lièquán 名 차가운 샘. 찬물이 나오는 샘.

【冽】 liè 맑을 렬

書 形 (물·술 등이) 맑다. 깨끗하다. ¶～泉 | 맑은 샘물.

【冽清】lièqīng 形 (물·술이) 맑다. 깨끗하다.

2【烈】 liè 세찰 렬

❶ 形 맹렬하다. 강렬하다. 격심하다. ¶性如～火 | 성질이 불같이 격렬하다. ¶～酒↓ ❷ (품성이) 높다. 강직하다. ¶～女↓ ❸ (정의·국가·국민을 위하여) 목숨을 바친 사람. ¶先～ | 선열. ❹ 기세가 대단하다. ¶热～ | 열렬하다. ❺ (Liè) 名 성(姓).

【烈度】lièdù 名 簡 지진의 강도. 진도 [「地震烈度」(진도)의 약칭]

【烈风】lièfēng 名 강풍(强風). ¶～呼啸hūxiào | 강풍이 씽씽거린다.

【烈妇】lièfù ⇒〔烈女〕

[4]【烈火】lièhuǒ 名 열화. 맹렬한 불. 사나운 불길. ¶斗争的～ | 투쟁의 맹렬한 불길. ¶革命的～ | 혁명의 맹렬한 불길.

【烈火见真金】liè huǒ jiàn zhēn jīn 成 사나운 불길에서 순금을 알 수 있다. 극심한 시련을 당해 보아야만 비로소 그 사람의 진가를 알 수 있다.

【烈酒】lièjiǔ 名 독한 술. ¶韩国人不爱喝～ | 한국인은 독주를 즐겨 마시지 않는다.

【烈马】lièmǎ 名 ❶ 사나운 말. ¶他降xiáng住了这匹～ | 그는 이 사나운 말을 길들였다. ❷ 기질이 강한 말. 좋은 말. ¶～不吃回头草, 好女不嫁二夫男 | 諺 (부정적인 의미에서) 좋은 말은 머리를 돌려 자기가 밟고 온 쪽의 풀을 먹지 않고, 정조가 굳은 여자는 두명의 지아비를 섬기지 아니한다.

【烈女】liènǚ 名 열녀. 열부. ¶～不事二夫 | 諺 열녀는 두 남편을 섬기지 않는다 =〔烈妇〕

[3]【烈士】lièshì 名 ❶ 열사. ¶～陵园 | 열사 묘지 공원. ¶～纪念节 | 열사 기념일 [청명절을 이 날로 정함] ❷ 포부가 큰 사람. 공적이 큰 사람. ¶～暮年, 壮心不已 | 포부가 큰 사람은 만년에 이르러서도 그 뜻을 그만두지 않는다.

【烈属】lièshǔ 名 (전쟁·혁명 등으로 순국한) 열사의 유족 =〔烈士家属〕〔光荣之家〕

【烈性】lièxìng 區 ❶ 성격이 격하기 쉬운. ¶～汉子 | 격한 성격의 남자. ❷ 강렬한. 센. 독한. ¶～酒 | 독한 술. ¶～炸药zhàyào | 강력한 폭약.

【烈性子】lièxìng·zi 名 격하기 쉬운 성질. 열화 같은 성질. 급한 성질.

【烈焰】lièyàn 名 맹렬한 불길. ¶～冲天 | 맹렬한 불길이 하늘로 치솟다.

3【裂】 liè liě 찢어질 렬

Ⓐ liè ❶ 動 금이 가다. 갈라지다. 쪼개지다. ¶手冻dòng～了 | 손이 얼어서 터졌다. ❷ 動 (우정이나 관계가) 망가지다. 갈라지다. ¶决～ | 결렬되다. ❸ 名 결각(缺刻) [잎의 가장자리가 깊이 후미지게 패어 들어간 부분]

Ⓑ liě 動 方 (사물의 양쪽 부분이) 열리다. 벌어지다. ¶衣服没扣kòu好, ～着怀huái | 옷의 단추를 잠그지 않아 앞가슴이 벌어지다.

Ⓐ liè

【裂变】lièbiàn ❶ 名〈物〉핵분열. ¶核～ | 핵분열. ¶～物质 | 핵분열 물질. ¶～武器 | 핵무기. ❷ 動 핵분열하다.

【裂缝(儿)】liè/fèng(r) ❶ 動 찢어져〔파열되어〕좁고 긴 틈이 생기다. 금이 가다. ¶玻璃bōlí～了 | 유리에 금이 갔다. ¶桌面裂了一条缝儿 | 탁자 위에 금이 한 줄 갔다. ❷ (lièfèng(r)) 名 갈라진 금. 균열. 틈. ¶结构上的～一天比一天大起来 | 구조상의 균열이 하루하루 커진다→〔裂痕〕〔裂纹(儿)①〕

【裂痕】lièhén 名 ❶ (사물의) 갈라진 금. 틈. 균열. ¶玻璃中间有一道～ | 유리 중간에 갈라진 금이 한 줄 있다. ❷ (감정 상의) 금. 불화. ¶他俩之间有了～ | 그들 둘 사이에 금이 생겼다→〔裂缝(儿)〕〔裂纹(儿)①〕

【裂化】lièhuà 動〈化〉(석유를) 분류(分溜)하다. 분해 증류하다. ¶～车间 | 분류 공장 =〔裂炼〕〔裂馏〕

【裂开】lièkāi 動 찢어지다. 갈라지다. 터지다. 찢다. 가르다. ¶地震dìzhèn过后, 墙壁qiángbì～了 | 지진이 지나간 뒤 벽이 갈라졌다. ¶豆子～了 | 콩이[콩꼬투리가] 터졌다. ¶木板～了 | 나무 판자가 갈라졌다.

【裂口(儿)】liè/kǒu(r) ❶ 動 벌어지다. 갈라지다. ¶手冻得～了 | 손이 얼어 터졌다. ❷ (lièkǒu(r)) 名 (갈라진) 틈. 금. 상처. ¶～上淌tǎng满了血xiě | 상처에서 피가 흘러나와 홍건하다. ¶手上的～已经好了 | 손의 상처는 이미 다 나았다.

【裂炼】lièliàn ⇒〔裂化〕

【裂馏】lièliú 動〈化〉분류(分溜)하다 =〔裂化〕

【裂片】lièpiàn 名 (꽃이나 잎의) 열편.

【裂纹(儿)】lièwén(r) 名 ❶ 갈라진 금. 틈. 균열. ¶地有～了 | 땅이 갈라졌다 =〔裂璺①〕→〔裂痕〕〔裂缝(儿)〕 ❷ 도자기 표면에 일부러 낸 잔금 =〔碎磁suìcí〕 ❸ 보조개. ¶脸上一点～都没有 | 얼굴에 보조개가 조금도 패지 않다 =〔酒窝jiǔwō(儿)〕

【裂璺】lièwèn ❶ 名 (기물의 갈라진) 금. 어법 양사로「道·条」등을 주로 씀. ¶有一道～ | 틈이 하나 있다. ❷ (liè/wèn) 動 (기물에) 금이 가다.

【裂隙】lièxì 名 갈라진 틈. ¶有几条～ | 갈라진 틈이 몇 개 있다.

B liě

【裂揪】lièjiū 動 方 벌어지다. ¶衣领子朝两边～着 | 옷깃이 양쪽으로 벌어져 있다.

【趔】 liè 비틀거릴 렬
⇒〔趔趄〕

【趔趄】liè·qie 又 liè·ju) 名 ❶ 비틀거리다. 휘청거리다. ¶他～着走进教室 | 그는 비틀거리며 교실로 걸어 들어온다. ¶他趔趔趄趄地走来了 | 그는 비틀비틀하면서 걸어왔다. ¶打了个～, 摔倒shuāidǎo了 | 한 번 비틀하더니 넘어졌다 =〔打趔趄〕 ❷ (일에 익숙하지 못하여) 꾸물거리다.

3【劣】 liè 못할 렬
❶ 나쁘다. 좋지 않다. ¶不分优yōu～ | 우열의 차이가 없다. ¶低～ | 저열하다 ⇔〔优①〕 ❷ 일정한 표준보다 작다. ¶～弧↓ ❸ 미숙하다. 서투르다. ¶～巴(儿)↓

【劣巴(儿)】liè·ba(r) ⇒〔力lì巴(儿)〕

【劣把(儿)】liè·ba(r) ⇒〔力lì巴(儿)〕

【劣等】lièděng 區 열등. ¶～生 | 열등생 ⇔〔优等〕

【劣董】lièdǒng ⇒〔劣绅shēn〕

【劣根性】liègēnxìng 名 (장기간에 걸쳐 형성되어 고치기 힘든) 좋지 못한 습성. 저열한 근성. ¶懒lǎn, 是一个人的～ | 게으름은 사람의 나쁜 근성 중의 하나다.

【劣弧】lièhú 名〈數〉열호. 결레호〔공액호〕중의 작은 쪽의 호 =〔劣弓形〕⇔〔优弧〕

【劣货】lièhuò 名 ❶ 나쁜 물건. 불량품. 열등품. ¶这是一批pī～, 要马上退tuì回 | 이것은 불량품들이니, 바로 반송해야 한다 =〔乏fá货②〕〔糟zāo货〕→〔精jīng货〕 ❷ 轉 적대국(敵對國)의 상품. ¶抵制dǐzhì～ | 적대국 상품을 배격하다. ❸ 나쁜 놈.

【劣迹】lièjì 名 (지난날의) 악행. 못된 행적. ¶列数～ | 못된 행적을 열거하다. ¶～昭彰zhāozhāng =〔劣迹昭著〕 | 成 못된 행적이 뚜렷히 들어나다.

【劣绅】lièshēn 名 행실이 못된 지방의 악덕 인사. ¶土豪tǔháo～ | 토호와 악덕 인사 =〔劣董〕

【劣势】lièshì 名 열세. ¶处于～ | 열세에 몰리다. ¶变～为优势 | 열세에서 우세로 변하다.

【劣于】lièyú 書 動 …보다 못하다. ¶质量便～外国货 | 품질은 외제보다 못하다.

【劣质】lièzhì 區 저질의. ¶～货 | 저질품. ¶～产品 | 질이 나쁜 생산품.

【劣种】lièzhǒng 名 ❶ (경제 가치가 비교적 낮은) 열등 품종. ❷ 나쁜 놈.

【劣株】lièzhū 名 생장이 불량한 그루〔포기〕

【埒】 liè 같을 랄/렬
書 ❶ 形 같다. 동등하다. ¶富～王侯 | 왕이나 제후와 같이 부유하다. ❷ 名 낮은 담. ❸ 名 한계. 한도.

【捩】 liè 비틀 렬
돌리다. 비틀다. 전환하다. ¶转～点 | 전환점.

3【猎(獵)】 liè 사냥 렵
❶ 잡다. 사냥하다. ¶～虎 | 호랑이를 사냥하다. ¶打～的 =〔猎人〕 | 사냥꾼. 포수. ❷ 轉 구하다. 찾아다니다. ¶涉shè～ | 섭렵하다. ❸ 擬 쏴. 씽씽 [바람소리를 나타냄]→〔猎猎〕

【猎捕】lièbǔ 動 포획하다.

【猎场】lièchǎng 名 사냥터.

【猎刀】lièdāo 名 사냥용 칼. ¶腰yāo挂guà～ | 허리에 사냥용 칼을 차다.

【猎狗】liègǒu 名 사냥개 =〔猎犬〕

【猎户】lièhù 名 ❶ 사냥을 생업으로 하는 사람. 사냥꾼. 엽사 =〔猎人〕〔猎手①〕 ❷ 사냥을 업으로 삼는 집. 사냥꾼의 집.

【猎猎】lièliè 書 擬 바람 소리. 깃발 등이 바람에 나부끼는 소리. ¶秋风～ | 가을 바람이 쏴 하고 불다. ¶红旗～, 歌声嘹亮liáoliàng | 붉은 깃발은 펄럭펄럭하고, 노랫소리는 쟁쟁하다.

【猎奇】lièqí 動 貶 기이한 것만 찾아 다니다. ¶旅客到外国大都是为了～ | 여행객이 외국에 가는 것은 대부분 기이한 것을 찾아 다니기 위함이다.

【猎枪】lièqiāng 名 엽총. 사냥총.

【猎取】lièqǔ 動 ❶ 사냥하여 얻다. ¶～黄羊 | 누런 양을 사냥해 잡다. ¶原始社会的人用粗糙的石器～野兽 | 원시사회의 사람들은 조잡한 석기로 들짐승을 사냥하여 얻었다. ❷ 貶 (명예·이익을) 탈취하다. 빼앗다. ¶～高位 | 높은 자리를 탈취하다. ¶～不义之财 | 불의의 재산을 빼앗다.

【猎犬】lièquǎn ⇒〔猎狗〕
[3]【猎人】lièrén 名 사냥꾼. 사냥을 생업으로 하는 사람 ⇒〔猎户①〕
【猎杀】lièshā 動 수렵하다. ¶决不允许～国家珍稀保护动物 | 국가의 희귀 보존 동물의 수렵을 절대로 금한다.
【猎涉】lièshè 動 섭렵하다. 여러 가지 책을 널리 읽다 ＝〔涉猎〕
【猎手】lièshǒu ❶ 名 사냥꾼 [주로 솜씨가 좋은 사냥꾼을 말함] ¶老王是个好～ | 왕씨는 훌륭한 사냥꾼이다 ＝〔猎户①〕 ❷ ⇒〔猎团〕
【猎团】liètuán 名 사냥꾼으로 조직된 부대 ＝〔猎手②〕
【猎物】lièwù 名 수렵물. 사냥해서 잡은 것. ¶他扛káng着～回来了 | 그는 사냥으로 잡은 것을 메고 돌아왔다 ＝〔猎获物〕
【猎装】lièzhuāng 名 사파리 자케트(safari jacket). 사파리 슈트(suit). ¶这儿正流行～ | 여기는 사파리 자케트가 유행하고 있다.

【躐】liè 밟을 렵
書 動 밟다. 밟고 넘다. (순서나 등급을) 뛰어넘다. ¶～登↓ ¶～等↓
【躐登】lièdēng 書 動 계급을 뛰어넘어 승진하다 ＝〔躐进〕
【躐等】lièděng 書 動 단계·등급·순서 등을 건너뛰다. ¶学习要有顺序, 不能～求进 | 공부란 순서가 있어야 되며 단계를 건너뛰며 나아갈 수 없다. ¶技术决不能～速成 | 기술은 결코 빨리 연마하고자 단계를 뛰어넘을 수 없다.

【鬣】liè 갈기 렵
名 (동물의) 갈기. ¶马～ | 말 갈기.
【鬣狗】liègǒu 名〈動〉하이에나(hyena).

·lie ㄌㄧㄝ˙

【咧】·lie ☞ 咧 liě D

līn ㄌㄧㄣ

【拎】līn ⓧ līng 들 령
動 (손으로 물건을) 들다. ¶～着一篮子lánzi菜 | 채소 한 바구니를 들고 있다.

lín ㄌㄧㄣˊ

[2]【邻(鄰)〈隣〉】lín 이웃 린
❶ 名 이 웃 (사람). ¶左右～ | 이웃. ¶远亲不如近～ | 먼 친척보다 가까운 이웃이 낫다. ❷ 인접하다. 접근하다. ¶～国↓ ¶～近↓ ❸ 名 인[5「户」(집)를 1「邻」으로 하였던 고대의 호적 편제 단위]
【邻邦】línbāng ⇒〔邻国〕
【邻村】líncūn 名 이웃 마을. 인촌.
[4]【邻国】línguó 名 주변 국가. ¶去～工作 | 이웃나라에 가서 일하다 ＝〔邻邦〕〔邻壤〕
【邻角】línjiǎo 名〈數〉인접각.
【邻接】línjiē 動 (지역이) 인접하다. 이웃하다. ¶中国北部和蒙古人民共和国相～ | 중국 북부는 몽골 인민공화국과 서로 인접해 있다. ¶我国北部～着中国 | 우리 나라의 북부는 중국과 인접해 있다.
【邻近】línjìn ❶ 動 (위치가) 이웃하다. 가까이 접하다. ¶中国东部跟朝鲜半岛接壤jiērǎng, 跟日本～ | 중국의 동부는 한반도와 접경하고 있고, 일본과는 이웃하고 있다. ¶～国家 | 인근 국가. ❷ 名 부근(附近). 근처. ¶化工厂～不宜建住宅zhùzhái | 화학공장 부근에는 주택을 건설하는 것은 좋지 않다. ¶学校～有公园 | 학교 부근에 공원이 있다. ❸ ⇒〔邻居〕
[2]【邻居】línjū 名 이웃. 이웃집. 이웃 사람. ¶～好, 胜于金宝jīnbǎo | 이웃이 좋으면 금은 보석보다 낫다. ¶他是我的～ | 그는 내 이웃에 사는 사람이다. ¶街坊～ | 이웃(사람) ＝〔邻比〕〔邻壁〕〔邻近③〕〔方 邻舍〕〔邻右〕〔邻左〕
【邻里】línlǐ 名 동네. ¶～服务站 | 동네 서비스 센터. ¶～乡党 | 동향 사람. ¶～之间, 要搞好团结 | 동네간에 단결을 잘 해야한다.
【邻舍】línshè ⇒〔邻居〕

[2]【林】lín 수풀 림
❶ (～子) 名 숲. 수풀. ¶松～ | 소나무 숲. ❷ 名 喩 (사람·사물의) 집단. 모임. 계. ¶作家之～ | 작가의 모임. ¶民族之～ | 민족의 집단. ❸ 名 簡 「林业」(임업)의 약칭. ¶农林牧 | 농업·임업·목축업. ❹ 書 形 많다. 빽빽하다. ¶～立↓ ❺ (Lín) 名 성(姓).
【林产】línchǎn 名 임산. ¶～资源 | 임산 자원. ¶～物 ＝〔林产品〕 | 임산물.
[4]【林场】línchǎng 名〈林〉❶ 영림(營林)을 담당하는 기관. ❷ 삼림을 육성·벌채하는 장소.
【林带】líndài 名〈林〉(방풍·방사 등을 목적으로 조성한) 수대(樹帶). ¶防风～ | 방풍 수대. ¶防沙～ | 방사 수대.
【林地】líndì 名〈林〉삼림지. 임지. ¶～面积miànjī | 임지 면적.
【林海】línhǎi 名 喩 숲의 바다. 수해(樹海).
【林立】línlì 動 喩 숲처럼 빽빽이 늘어서다. 즐비하다. 어법 술어나 관형어로 상용됨. ¶晨雾中隐现出来了～的烟囱yāncōng | 새벽 안개 속에서 빽빽이 들어선 굴뚝이 모습을 드러냈다. ¶工厂～ | 공장이 즐비하다.
【林林总总】lín lín zǒng zǒng 成 매우 많다. ¶百货公司的物品, ～, 应有尽有 | 백화점의 물건들이 즐비하여, 있을 있을 것은 모두 다 있다.
【林木】línmù 名 ❶ 수림(樹林). 숲. ❷ 임목. 수풀의 나무.
【林农】línnóng 名 삼림의 조성·관리·보호 등의 일에 종사하는 농민.
【林檎】línqín 名〈植〉능금(나무).
【林区】línqū 名〈林〉삼림 지구. ¶～面积逐年zhúnián扩大kuòdà | 삼림 지구의 면적이 해마다 확대되고 있다.
【林涛】líntāo 名 숲에서 이는 바람결.
[4]【林业】línyè 名 임업.
【林阴道】línyīndào 名 가로수길 ＝〔林阴路〕→〔行xíng道树〕
【林苑】línyuàn 名 옛날, 왕후 귀족들이 사냥하고

즐겼던 동산.

【林子】lín·zi 名 (口) 숲. 삼림. ¶在～中闲xián坐 | 숲에서 앉아 쉬다 ＝〔树林〕

【啉】lín (쿼놀린 림)
⇒〔喹kuí啉〕

3【淋〈痳B〉】lín lìn 물방울떨어질 림, 뿌릴 림

A lín 動 ❶ (비에) 젖다. ¶身上～了雨 | 몸이 비에 젖었다. ¶衣服～得湿透了 | 옷이 비에 흠뻑 젖었다. ❷ (물·땀 등이) 듣다. 방울방울 떨어지다. ¶大汗～漓 | 땀이 뚝뚝 떨어지다. ❸ (물을) 뿌리다. ¶花蔫niān了, ～上点水吧! | 꽃이 시들었으니, 물을 좀 뿌려라!

B lìn ❶ 動 거르다. 여과(濾過)하다. ¶把这药用纱布～一下 | 이 약을 가제로 한 번 여과시켜라. ❷ (又lín) 名 〈醫〉 임질 ＝〔白浊báizhuó〕

A lín

【淋巴】línbā 名 外 〈生理〉 임파. ¶～管 | 임파관. ¶～结＝〔淋巴腺〕 | 임파선. ¶～球 | 임파구. ¶～液 | 임파액.

【淋离】línlí ⇒〔淋漓〕

【淋漓】línlí 書 狀 ❶ (흠뻑 젖어) 뚝뚝 떨어지다. 줄줄 흐르다. 흥건하다. ¶大汗～ | 땀방울이 뚝뚝 떨어지다. ¶～的鲜血 | 뚝뚝 떨어지는 선혈. ❷ (말·글·원기 등이) 힘차다. 통쾌하다. 왕성하다. 어법 대개 「慷慨kāngkǎi·痛快·悲壮」등과 같이 쓰임. ¶文笔酣畅hānchàng, 痛快～ | 문필이 호방하고 아주 힘차다. ¶墨迹～ | 붓글씨가 아주 힘차다 ‖ ＝〔淋离〕

【淋漓尽致】lín lí jìn zhì 成 (글이나 말이) 상세하고 철저하다. 아주 철저하게 드러내다〔표현하다〕. ¶这本小说把旧社会官场的黑暗揭露得～ | 이 소설은 구사회 관리사회의 어두운 면을 낱낱이 철저하게 드러냈다.

【淋湿】línshī 動 (비에) 흠뻑 젖다 ＝〔淋透〕

【淋透】líntòu ⇒〔淋湿〕

【淋雨】lín/yǔ ❶ 動 비에 젖다. ¶病人不能～ | 환자는 비에 젖으면 안된다. ❷ (línyǔ) 名 장마.

【淋浴】línyù 名 動 샤워(하다). 물을 덮어쓰다. ¶洗～ | 샤워하다. ¶～室 | 샤워실.

B lìn

【淋病】lìnbìng 名 ❶ 〈醫〉 임질(淋疾). ❷ 〈漢醫〉 신장염·방광염·결석(結石)·결핵 등으로 배뇨(排尿)에 이상이 생긴 병증 ‖ ＝〔淋疾〕〔淋症〕〔白浊〕

【琳】lín 옥 림
書 名 아름다운 옥(玉).

【琳琅】línláng ❶ 名 아름다운 옥. ❷ 名 喩 아름답고 귀한 물건. ❸ 擬 댕강. 쟁강 [옥돌이 부딪칠 때 나는 소리]

【琳琅满目】lín láng mǎn mù 成 아름다운 옥이 눈앞에 가득하다. 갖가지 훌륭한 물건이 매우 많다 [주로 책이나 공예품에 대해 쓰임] ¶朴教授的研究室中, 各种书籍～ | 박교수의 연구실에는 각종 귀한 서적이 아주 많다.

【霖】lín 장마 림
장마. ¶秋～ | 가을 장마. ¶甘～ | ⓐ 단비. 약비. ⓑ 轉 은택(恩澤).

【霖霖】línlín 狀 비가 계속 내리다.

【霖雨】línyǔ 名 ❶ 장마. ❷ 喩 은택(恩澤).

2【临(臨)】lín 임할 림
❶ 動 (어떤 장소에) 가까이 있다. 향하다. 임하다. ¶背山～水 | 산을 등지고 물가에 있다. ¶我家房子～街 | 우리 집은 길가에 붙어 있다. ¶居高～下 | 높은 곳에서 아래로 임하다〔내려다보다〕. ❷ 動 도달하다. 이르다. 오다. ¶亲～指导 | 몸소 와서 지도하다. ¶身～其境 | 몸소 그 곳에 가다. ¶双喜～门 | 집안에 경사가 겹치다. ❸ 動 어떤 일에 부딪치다. 직면하다. 조우(遭遇)하다. ¶如～大敌 | 강적을 만난 것 같다. ¶面～现实 | 현실에 직면하다. ❹ 介 막 …하려 하다. …할 즈음. …할 때. 어법 「临＋動」「临＋動＋(的)时(候)」「临＋動＋前〔之前, 以前〕」의 형식으로 쓰임. ¶他～走给你留了一张字条 | 그가 막 떠나려 할 즈음 너에게 쪽지 한 장을 남겼다. ¶～别之前, 留下几句话 | 작별하기 전에, 몇 마디 말을 남기다. ❺ 動 모사하다. 본뜨다. ¶这张画～得很像 | 이 그림은 아주 비슷하게 모사했다. ❻ (Lín) 名 성(姓).

【临别】línbié 動 이별에 임하다. 막 헤어지려고 하다. ¶～赠言 | 成 헤어질 때 (충고 등의) 말을 선사하다. ¶大伙儿～应该聚jù一聚 | 헤어지기 전에 모두가 한번 모여야지. ¶大家合照了一张相, 当做～纪念 | 모두 함께 단체사진을 찍어 이별 기념으로 삼았다 ＝〔临分〕

【临产】línchǎn 動 해산할 때를 당하다. 곧 해산하려고 하다. ¶他妻子～了 | 그의 부인은 해산할 때가 다 됐다. ¶～阵痛zhèntòng | 산통(產痛) ＝〔俗 临盆〕

【临场】línchǎng 動 ❶ 시험장에서 시험에 참가하다. 경기장에서 경기에 참가하다. ¶缺乏quēfá～经验 | 직접 참가한 경험이 부족하다. ❷ 현장에 임하다. ¶～指导zhǐdǎo | 현장 지도. ¶～发晕fāyùn | 현장에서 현기증이 나다.

【临池】línchí 動 글씨 쓰기를 익히다. 서예를 연습하다 [한대(漢代) 서예가 장지(張芝)가 글씨를 익힐 때 항상 연못물로 벼루를 씻어 연못물이 먹물로 검게 변하였다는 고사에서 나옴] 어법 보어는 올 수 있으나 목적어를 갖지 못함. ¶他～多年, 大有长进 | 그는 수년간 서예를 익혀 큰 발전이 있었다.

4【临床】línchuáng 動 ❶ 〈醫〉 직접 환자를 접하며 치료·연구하다. ¶～检查jiǎnchá | 임상 검사. ¶～经验 | 임상 경험. ❷ 의료 행위를 하다. ¶他～多年, 积累了丰富的经验 | 그는 수년간 의사 생활을 해오는 동안 풍부한 경험이 쌓였다.

【临到】líndào 動 ❶ (…에) 이르다. (…에) 임박하다. 어법 동사(구)를 목적어로 갖고, 첫번째 절 문두에 쓰임. ¶～进考场了, 他忽然头痛起来 | 고사장 입실에 임박했는데 그는 갑자기 머리가 아프기 시작했다. ¶～开会, 我才准备好 | 개회 직전에서야 나는 준비가 끝났다. ❷ (어떤 일이) 떨어지다. 닥치다. 어법 명사(구)가 목적어로 옴. ¶这事如果～他头上, 他一定会有办法 |

이 일이 그에게 떨어진다면 그는 반드시 어떤 방법을 찾아낼 것이다. ¶事情～头上了，总得设法做好它｜일이 머리 위에 떨어져야 완수할 방법을 강구한다.

【临本】línběn ⇒〔临摹〕

【临风】línfēng 書動 바람을 맞다〔쐬다〕. ¶～而立｜바람을 맞으면서 서 있다.

【临机】línjī 書動 시기를 잘 잡다. 시기를 장악하다. 어법 주로 다른 동사와 연용되어 연동구분으로 쓰임. ¶～应变｜成 임기 응변하다. ¶～立断｜成 시기를 잘 잡아 바로 판단을 내리다.

【临街】línjiē 動 거리에 면하다. ¶他们～开了一个茶馆｜그들은 거리 가까이에 찻집을 하나 열었다.

【临界】línjiè ❶ 名〈物〉임계. ¶～角｜임계각. ¶～温度｜임계 온도. ¶～态｜임계 상태. ¶～点｜임계점. ¶～压力｜임계 압력. ❷ 動 위기에 직면하다.

[4]【临近】línjìn 動 (시간·거리상) 접근하다. 근접하다. ¶他住在～文殊山的一所疗养院里｜그는 문수산 가까이에 있는 요양원에 살고 있다.

【临空城】línkōngchéng 名 신 부지(敷地). 신 택지. 나대지.

【临渴掘井】lín kě jué jǐng 成 목이 말라야 우물을 판다. ¶～，为时已晚｜목이 말라야 우물을 파니 때가 이미 늦었다.

【临了(儿)】línliǎo(r) ⇒〔临完①〕

【临门】línmén 動 문에 이르다〔다다르다〕 ¶双喜～｜집안에 경사가 겹치다.

【临摹】línmó 名動 (글씨나 그림 등을) 모사(하다). ¶～品｜모사품. ¶实物～｜실물 모사＝〔临本〕

[2]【临时】línshí ❶ 名 어떤 일이 곧 발생하려할 때. ¶～误事｜때가 왔을 때 일을 그르치다. ¶事先有准备，～就不会忙乱｜사전에 준비가 되어 있으면 때가 되어도 당황하지 않는다. ❷ 區 임시의. 비정식의. ¶～收据shōujù｜가영수증. ¶～测验cèyàn｜임시 테스트. ¶～措置cuòzhì｜임시 조치. ¶～列车｜임시 열차. ¶～主席｜임시 의장. ¶～政府｜임시 정부.

【临时抱佛脚】línshí bào fójiǎo 動組 諺 급하면 부처 다리를 안는다. ¶平时不烧香，～，明天就要考试了，现在才准备，已经来不及了｜평소에 향은 피우지 않고 급하면 부처 다리 껴안는다고 시험이 바로 내일인데 지금에야 준비하니 이미 늦었다＝〔急时抱佛脚〕

【临时工(人)】línshí gōng(rén) 名 임시 직공＝〔短工(儿)〕〔散sǎn工①〕〔长cháng工(儿)〕

【临睡】línshuì 動 잘 무렵이 되다. ¶～关上台灯táidēng｜자기 전에 탁상용 전등을 끄다.

【临死】línsǐ ❶ 動 죽음에 이르다. 죽을 때가 되다. ¶他～还想挣扎zhēngzhá一下｜그는 죽음에 이르러서 도 한번 더 몸부림을 치고 싶었다. ❷ 名 임종시. 죽을 때 ‖＝〔临命〕〔临终〕

【临帖】líntiè 動 서첩(書帖)을 보고 따라 쓰다〔습자하다〕＝〔临写〕

【临头】líntóu 動 (재난이나 불행이) 눈앞에 닥치다. ¶事到～，我们要冷静lěngjìng｜일이 눈앞에 닥쳐왔으니 냉정해져야 합니다.

【临完】línwán 副 ❶ 끝으로. 최후에. ¶～说一句话｜끝으로 한마디 말하다＝〔回临了(儿)〕〔临末了(儿)〕〔临完了儿〕 ❷ 결국. 필경. ¶～把钱都喝了猫儿尿｜결국 그 돈으로 다 술을 마시고 말았다.

【临危】línwēi 動 ❶ (생명의) 위험에 직면하다. ¶～不惧jù｜위험에 직면해서도 두려워하지 않다. ❷ 병이 위독하여 위험한 고비에 이르다.

【临危授命】lín wēi shòu mìng 成 위험한 고비에 목숨을 걸다. ¶队长～，率部队突围tūwéi｜대장은 목숨을 걸고 부대를 이끌고 포위망을 돌파한다.

【临刑】línxíng ❶ 動 사형에 임하다. ❷ 名 사형 집행 직전.

【临行】línxíng 動 출발할 때가 되다. ¶～匆cōng匆，不及告别｜떠날 때 바빠서 미처 작별을 고하지 못하다.

【临渊羡鱼】lín yuān xiàn yú 成 못에 가서 물고기만 부러워하다. 감나무 밑에 누워 홍시 떨어지기만을 기다리다. ¶～，不如退而结网｜못에 가서 물고기를 탐내는 것보다는 물러나서 그물을 뜨는 것이 더 낫다.

【临月(儿)】línyuè(r) 動 해산달이 임박하다.

【临战】línzhàn 動 싸움〔전쟁〕에 임하다. ¶～之前｜싸움을 앞둔 때. ¶处于～状态｜임전 상태에 있다.

【临阵磨枪】lín zhèn mó qiāng 成 싸움터에 임하여 창을 갈다. 준비없이 있다가 급하게 되어서야 바삐 서두르다.

【临终】línzhōng 動 죽음에 이르다. ¶他～的时刻，神志仍然很清醒qīngxǐng｜그는 임종 때 의식이 아직 또렷했다⇒〔临死〕

【临走】línzǒu 動 출발하려 하다. 떠날 즈음이 되다. ¶～他没招呼zhāohū我一声｜떠날 때에 그는 나에게 한 마디 인사도 하지 않았다.

【粼】lín 물부딪칠 린

❶ 書名〈植〉속이 찬 대나무. ❷ ⇒〔粼粼〕

【粼粼】línlín 書 貶 맑고 깨끗하다. ¶绿水～｜녹수가 맑고 깨끗하다＝〔磷磷〕

【嶙】lín 깊숙할 린

⇒〔嶙嶙〕〔嶙峋〕

【嶙嶙】línlín ⇒〔嶙峋〕

【嶙峋】línxún 書 貶 ❶ (산의 바위 등이) 겹겹이 우뚝 서다. ❷ 喩 사람됨이 굳세고 정직하다. ❸ (사람이) 여위어 뼈가 드러나다＝〔瘦shòu骨嶙峋〕‖＝〔嶙嶙〕

【遴】lín 가릴 린

❶ 신중하게 고르다. 선출하다. ¶～选↓ ❷ (Lín) 名 성(姓).

【遴柬】línjiǎn ⇒〔遴选〕

【遴选】línxuǎn 書動 신중히 고르다. 선발(選拔)하다. ¶～人材｜인재를 선발하다. ¶～优秀yōuxiù运动员｜우수 선수를 선발하다＝〔遴柬〕

【辚(轔)】lín 삐걱거릴 린

❶ ⇒〔辚辚〕 ❷ 書名 문턱. ❸ 書形 왕성하다. ¶殷yīn～｜성대하다.

【辚辚】línlín 書擬 덜커덩덜커덩. 삐거덕 삐거덕 [수레나 마차가 달릴 때 나는 소리] ¶车～, 马萧xiāo萧 | 수레는 덜커덩 덜커덩 말은 히이잉 히이잉 =〔邻邻〕

【瞵】lín 볼 린
書動 노려보다. 째려보다. ¶鹰yīng～鹗è视 | 성난 눈으로 쏘아보다.

4【磷〈燐〉】lín 인 린
名〈化〉화학 원소 명. 인(P; phosphorus) [비금속 원소의 하나] ¶黄～ | 황인. ¶红～ | 붉은 인.

【磷肥】línféi ⇒〔磷质肥料〕

【磷光】línguāng 名〈物〉인광(燐光). ¶～体 | 인광체. ¶～闪闪shǎn | 인광이 번쩍이다.

【磷灰石】línhuīshí 名〈鑛〉인회석.

【磷火】línhuǒ 名 인화. 도깨비불 =〔俗鬼火〕

【磷酸】línsuān 名〈化〉인산(燐酸). ¶～亚铁 | 인산 제일철. ¶～高铁 | 인산 제이철. ¶～钾jiǎ | 인산 칼륨.

【磷酸铵】línsuān'ān 名〈化〉인산 암모늄.

【磷酸钙】línsuāngài 名〈化〉인산 칼슘.

【磷脂】línzhī 名〈化〉인지질(燐脂質).

【磷质肥料】línzhì féiliào 名組〈農〉인산 비료.

【鳞(鱗)】lín 비늘 린
❶名(물고기의) 비늘. ❷비늘 모양의 것. ¶～伤↓ ❸어류(魚類). ¶～介 | 어류(魚類)와 패류(貝類)

【鳞苞】línbāo 名〈植〉인엽(鱗葉) [겨울철 싹의 겉을 싸고 보호하는 비늘 모양의 작은 잎] =〔鳞片③〕→〔鳞芽〕

【鳞波】línbō 名(물고기의 비늘과 같은) 잔물결. 파문(波紋). ¶～层céng层 | 끊임없이 이는 잔물결.

【鳞翅目】línchìmù 名〈生〉인시목.

【鳞次栉比】lín cì zhì bǐ 威 물고기 비늘이나 참빗의 빗살같이 가지런히 늘어서 있다. ¶新建的厂房·高耸gāosǒng的烟囱cōng·～的工人住宅 | 새로 지은 공장, 우뚝 솟아있는 굴뚝들 그리고 즐비하게 늘어선 노동자 주택 =〔栉zhì比鳞次〕

【鳞甲】línjiǎ 名 인갑. 비늘과 껍데기.

【鳞茎】línjīng 名〈植〉인경. 비늘줄기 =〔鳞苗〕

【鳞片】línpiàn ❶名(물고기의) 인편. 비늘조각. ❷名 곤충의 날개나 신체를 덮고 있는 비늘 조각. ❸⇒〔鳞苞〕

【鳞伤】línshāng 名 물고기 비늘처럼 수없이 많은 상처. ¶他被流氓liúmáng打的～ | 그는 건달들에게 맞아 상처투성이다. ¶遍biàn体～ | 威 온몸이 상처투성이다 =〔鳞伤〕

【鳞芽】línyá 名〈植〉인아. 비늘눈→〔鳞苞〕

【鳞爪】línzhǎo 名 ❶書 비늘과 발톱. ❷喩(사물의) 조각. 편린. 일부. ¶只剩shèng下～的记忆jìyì | 단지 조각난 기억만이 남아 있다.

【麟〈麐〉】lín 기린 린
名〈動〉기린 =〔麒qí麟〕

【麟凤龟龙】lín fèng guī lóng 威(전설상의 네 가지 영물) 기린·봉·거북·용, 喩 진귀한 것. 인품이 고상하고 걸출한 사람.

lǐn ㄌㄧㄣˇ

【禀】lǐn ☞ 禀 ping B

【凛】lǐn 찰 름
❶한랭하다. 몹시 춥다〔차다〕. ¶～冽↓ ❷엄하다. 엄숙하다. ¶～然↓ ¶～遵↓ =〔懔①〕 ❸「懔」과 통용 ⇒〔懔lǐn②〕

【凛冽】lǐnliè 書狀 매섭게 춥다. 살을 에듯 춥다. ¶北风～ | 북풍이 살을 에듯 춥다 =〔凛凛①〕

【凛凛】lǐnlǐn 書狀 ❶매섭게 춥다. ¶朔风～ | 삭풍이 아주 차갑다 =〔凛冽〕 ❷늠름하다. 위엄이 있다. ¶威风～ | 위풍이 늠름하다.

【凛然】lǐnrán 書狀 매우 엄하다. 위엄이 있다. ¶大义～ | 정의롭고 늠름하다. ¶～不可侵犯qīnfàn | 매우 위엄이 있어 감히 함부로 할 수 없다.

【凛若冰霜】lǐn ruò bīng shuāng 威 얼음장같이 차디차다.

【凛遵】lǐnzūn 書動 삼가 따르다. 굳게 지키다.

【廪】lǐn 곳집 름
❶쌀광. 곡물 창고. ¶仓cāng～ | 곡물 창고. 곡창. ❷녹미(祿米). 녹봉(祿俸)으로 주는 쌀 =〔禀lǐn〕

【廪粮】lǐnliáng ⇒〔廪膳〕

【廪禄】lǐnlù ⇒〔廪膳〕

【廪膳】lǐnshàn 名 녹미(綠米) =〔廪禄〕〔廪粮〕〔廪食〕

【廪食】lǐn·shí ⇒〔廪膳〕

【懔】lǐn 두려워할 름, 찰 름
❶엄하다. 엄숙하다 =〔凛②〕 ❷무서워하다. 두려워하다. ¶～然生畏wèi | 두려워 겁을 먹다 =〔凛③〕

【懔懔】lǐnlǐn 書狀 두려워 하다. 삼가하다.

【檩】lǐn 도리 름
(～子) 名〈建〉도리. ¶脊jǐ～ | 대들보 =〔桁héng〕

【檩条】lǐntiáo 名〈建〉도리 =〔檩〕

【檩柱椽柁】lǐn zhù chuán tuó 名組 도리·기둥·서까래·들보.

lìn ㄌㄧㄣˋ

【吝〈悋〉】lìn 아낄 린
形 인색하다. 쩨쩨하다. ¶～于用财 | 재물을 쓰는 것에 인색하다. ¶不～教诲 | 가르침에 인색하지 않다. 몇번이고 가르치다 =〔遴〕

【吝财】lìncái 動 재물을 몹시 아까워하다. 재물에 인색하게 굴다. ¶～不舍shě | 재물에 인색하여 내놓으려 하지 않다.

【吝啬】lìnsè 名形 인색(하다). ¶这家伙太～了 | 저 놈은 아주 인색해 =〔遴啬〕

【吝惜】lìnxī 動 인색하게 굴다. 내놓기를 아까워하다. ¶～钱财 | 재물 쓰는 것에 인색하다. ¶不～自己的力量 | 자신의 힘을 아끼지 않다.

【赁(賃)】lìn 품삯 임
❶動 임차〔임대〕하다. 고용하다〔고용되다〕. ¶～了一间屋子 | 방을 한칸 세내

다. ¶这辆车已经～出去了 | 이 차는 이미 임대되었다. ¶～到今年年底 | 금년 연말까지 세내다. ¶租zū～ | (토지나 집 등을) 빌려쓰다〔빌려주다〕. ¶招zhāo～ | 빌릴 사람을 구하다. ❷名 세. 품삯. 임금. ¶房～ | 집세 →〔租〕

【赁车】lìn/chē ❶動 차를 세내다. ¶赁了一辆车 | 차 한 대를 세내다. ❷(lìnchē) 名 세낸 차. 전세차.

【赁金】lìnjīn 名 ❶ 임금. 노임. ¶～年底总付 | 노임을 연말에 모두 지불하다. ❷ 집세.

【赁书】lìnshū ❶動 삯을 받고 대서(代書)해 주다 =〔赁写〕 ❷ 유료로 책을 빌리다.

【淋】lìn ☞ 淋 lín Ⓑ

【蔺(藺)】lìn 골풀 린
❶名〈植〉골풀 =〔灯心草〕 ❷ ⇒〔马mǎ蔺〕 ❸ (Lìn) 성(姓).

【躏(躪)〈躙〉】lìn 짓밟을 린
⇒〔蹂róu躏〕

【膦】lìn (인화수소 린)
名〈化〉포스핀(phosphin;독). 기상 인화 수소(氣狀燐化水素).

līng ㄌㄧㄥ

【拎】līng ☞ 拎 līn

líng ㄌㄧㄥˊ

【令】líng ☞ 令 lìng Ⓒ

4【伶】líng 영리할 령
❶ 영리하다. 말주변이 있다. ¶～俐↓ ¶～牙俐齿↓ ❷ ⇒〔伶仃〕 ❸ 배우. 광대. ¶坤kūn～ =〔坤角儿〕 | 여배우.

【伶仃】língdīng 貶 고독하다. 의지할 곳이 없다. ¶孤gū苦～ | 成 의지할 데 없이 외롭다. ¶～就道 | 홀로 길을 떠나다 =〔伶丁〕〔零língT〕〔令língT〕〔書 伶俜〕

4【伶俐】líng·li 形 영리하다. 재주있다. 총명하다. ¶口齿kǒuchǐ～ | 말주변이 뛰어나다. ¶这姑娘真～ | 이 아가씨는 정말 영리하다 =〔伶透〕〔令利〕〔方 灵透〕

【伶俜】língpīng ⇒〔伶仃〕

【伶牙俐齿】líng yá lì chǐ 成 말주변이 아주 뛰어나다. 말솜씨가 유창하다. ¶这丫头yātou～的, 谁也说不过她 | 이 계집애는 말솜씨가 아주 뛰어나 누구도 말로 당해낼 수가 없다 =〔灵líng牙俐齿〕

【泠】líng 맑은소리 령
❶ 시원하다. 상쾌하다. ¶～风↓ ❷ (Líng) 名 성(姓).

【泠风】língfēng 書 名 산들바람. 선들바람.

【泠泠】línglíng 書 ❶ 貶 청량(清涼)하다. 시원하다. ❷ 貶 소리가 깨끗하게 잘 들리다.

【苓】líng 도꼬마리 령
❶ ⇒〔苓耳〕 ❷ ⇒〔茯fú苓〕 ❸ →〔苓落〕

【苓耳】líng'ěr 名〈植〉도꼬마리 =〔苍cāng耳〕

【苓落】língluò ⇒〔零落〕

【囹】líng 옥 령
⇒〔囹圄〕

【囹圄】língyǔ 書 名 감옥. ¶身陷xiàn～ | 감옥에 들어갔다 =〔囹圉〕

【囹圉】língyǔ ⇒〔囹圄〕

4【玲】líng 금옥소리 령
⇒〔玲玲〕〔玲珑〕

【玲玎】língdīng ⇒〔玲玲〕

【玲琅】línglǎng ⇒〔玲玲〕

【玲玲】línglíng 書 擬 옥(玉)이 부딪쳐 나는 소리. ¶～盈耳 | 옥 소리가 귀에 가득차다. ¶～作响 | 짤랑짤랑 맑은 옥소리를 내다 =〔玲玎〕〔玲琅〕

4【玲珑】línglóng ❶ 形 (물건이) 정교(精巧)하고 아름답다. 어법 대개「小巧xiǎoqiǎo·剔透tītòu」등 단어와 조합하여 쓰임. ¶这花篮儿lánr小巧～ | 이 꽃바구니는 깜찍하고 정교하다. ❷ 形 (사람이) 영리하고 민첩하다. ¶这孩子很～ | 이 아이는 아주 영리하다. ❸ 形 눈부시게 찬란하다. 영롱하다.

【玲珑剔透】líng lóng tī tòu 成 ❶ 문장이나 기물(器物)이 정교하고 아름답다. ¶文辞秀丽xiùlì～ | 문사가 아름답고 정교하다. ❷ (사람이) 총명하고 영리하다.

【瓴】líng 암키와 령
書 名 ❶ 암키와. 골기와 ❷ 물동이 →〔高屋建瓴〕

2【铃(鈴)】líng 방울 령
❶ (～儿) 名 방울. 종. 벨. ¶门～ | 초인종. ¶上课～ | 수업 시작종. ❷ 방울처럼 생긴 것. ¶哑yǎ～ | 아령. ❸ 목화 다래. ¶落～ | 목화 다래가 지다.

【铃铛】líng·dang 名 방울. 초인종. ¶～声响xiǎng, 又到上课的时候了 | 종소리가 울리니, 또 수업 시작할 때가 되었다. ¶买了一个小～ | 작은 방울을 하나 샀다.

【铃兰】línglán 名〈植〉은방울꽃 =〔君影草jūnyǐngcǎo〕

【鸰(鴒)】líng 할미새 령
⇒〔鹡jí鸰〕

【羚】líng 영양 령
⇒〔羚羊〕〔羚羊角〕

【羚羊】língyáng 名〈動〉영양 =〔羚〕〔灵羊〕

【羚羊挂角】líng yáng guà jiǎo 成 영양이 밤이면 뿔을 나무에 걸다. 우환을 방비하다. ❶ 종적을 감추다. ❷ 시상(詩想)이 독특하고 절묘하다.

【羚羊角】língyángjiǎo 名〈漢醫〉영양각. 영양의 뿔 [감기약 조제에 쓰임]

【聆】líng 들을 령
❶ 書 動 듣다. ¶～教↓ ❷ ⇒〔聆聆〕

【聆教】língjiào 書 動 札 가르침을 주의깊게 듣다.

【聆聆】línglíng 書 動 분명히〔확실히〕알다.

【聆听】língtīng 書 動 경청하다. 주의깊게 듣다. 어법 주로「指导·教诲·演说·指示」등에 대해 사용됨. ¶～首长的指示 | 우두머리의 지시를 경청하다. ¶认真～导师的教诲jiàohuì | 열심히 담임 선생님의 가르침을 경청하다.

【蛉】líng 잠자리 령
❶ ⇒〔白bái蛉〕 ❷ ⇒〔蜻qīng蛉〕 ❸ ⇒〔螟míng蛉〕

【翎】líng 깃 령
(~儿, ~子) 名 새의 깃털. ¶鹅é~扇shàn | 거위의 깃털로 만든 부채.

【翎管】língguǎn 名 옛날, 깃털 장식을 모자에 다는 데 사용한 대롱→〔翎子①〕

【翎箭】língjiàn 名 살깃이 달린 화살.

【翎毛(儿)】língmáo(r) 名 ❶ 우모(羽毛). 깃털. ❷〈美〉조류(鳥類)를 제재(題材)로 한 중국화(中國畫). ¶~画huà | 새 그림. ¶她爷爷擅长shàncháng~ | 그녀의 할아버지는 새 그림이 장기이시다.

【翎子】líng·zi 名 ❶ 청대(淸代), 관리의 예모(禮帽)의 장식으로 다는 공작의 깃털→〔翎管〕 ❷ 연극에서 무장(武將)의 모자에 꽂는 꿩의 꼬리 깃털. ❸ 새의 꼬리 깃털 =〔翎只〕

1【零】líng lián 영 령

Ⓐ líng ❶ 數 영. 0. 제로(zero). ¶五减jiǎn五等于~ | 5에서 5를 빼면 영이다. ¶我在这方面的知识几乎等于~ | 나의 이 방면의 지식은 거의 제로이다. ❷ 數 숫자의 빈자릿수. 어법 ⓐ 연도(年度)나 번호 등을 제외한 일반적인 숫자에 「0」이 끝자리에 있을 때는 일반적으로 읽지 않음. 「40」은. 「四十」(sìshí)로 읽음. ⓑ 「0」이 숫자의 가운데 있을 때는 갯수에 관계없이 「零」으로 읽음. 「108」은 「一百零八」(yìbǎilíngbā)로 읽음. 「1008」은 「一千零八」(yīqiānlíngbā)로 읽음. 「10080」은 「一万零八十」(yīwànlíngbāshí)로 읽음. ⓒ 중량·길이·시간·연월(年月) 등을 나타내는 숫자의 가운데 「0」이 없더라도 끝자리가 없음을 강조하기 위하여 「零」을 쓰기도 함. ¶二十斤~一两 | 스무 근하고 1냥. ¶五点~一分 | 5시 1분. ¶三分~十五秒 | 3분 15초. ¶一年~八个月 | 1년 8개월. ¶一个月~一天 | 1개월하고 하루. ❸ 數 계량의 계산 기준점. ¶最高气温摄氏~上十度 | 최고 온도는 섭씨 영상 10도. ❹ (~儿) 名 우수리. 끝수. ¶年纪七十有~ | 나이는 70여 세이다. ¶十块钱全买了书, 只剩了点儿~儿 | 10원 모두 책을 사고 우수리만 조금 남았다. ¶把~儿抹mǒ了去不算 | 우수리를 잘라 버리고 계산에 넣지 않다. ❺ 形 낱개의. 자질구레한. 영세한. ¶~食 | 간식. ¶~售shòu | 소매. ¶~存整取 | 잔돈으로 저금하여 목돈으로 찾다 ⇔〔整〕 ❻ 말라 떨어지다. 쇠잔하다. 영락하다. ¶~落↓ ¶凋diāo~ | (초목이나 꽃이) 지다. ¶飘piāo~ | (나뭇잎이나 꽃이) 우수수 떨어지다. ❼ 書 動 (액체 등이) 떨어지다. ¶感激gǎnjī涕tì~ | 감격하여 눈물이 떨어지다.

Ⓑ lián ⇒〔先xiān零〕

Ⓐ líng

【零部件】língbùjiàn 名〈機〉부(속부)품. ¶进口了一些~ | 약간의 부품을 수입했다.

【零吃(儿)】língchī(r) 口 ❶ 動 간식하다. ❷ ⇒〔零食(儿)〕

【零尺】língchǐ 名 재단하고 남은 헝겊 조각. 자투리 =〔零头(儿)③〕

【零存整付(存款)】língcún zhěngfù (cúnkuǎn) 名組 적립저금(積立貯金). 적금.

【零存整取】líng cún zhěng qǔ 名組 푼돈을 저축하여 목돈을 찾다. ¶~很方便 | 푼돈을 저축하여 목돈을 찾으니 아주 편리하다.

【零打碎敲】líng dǎ suì qiāo ⇒〔零敲碎打〕

【零蛋】língdàn 名 俗 제로 [0을 가리킴] ¶这次考试, 他居然得了个~ | 이번 시험에서 그는 뜻밖에도 영점을 받았다 =〔鸭yā蛋〕

【零点】língdiǎn ❶ 名 밤 12시. 영시(零時). ¶~一刻 | 12시 15분. ❷ 動 일품(一品)요리를 주문하다. ¶~菜单 | 일품 요리 메뉴. ❸ 名 (소수점의) 영점. ¶~儿二五 | 0.25.

【零丁】língdīng ⇒〔伶líng仃〕

【零度】língdù 名 영도. ¶气温降jiàng到~ | 기온이 영도까지 내려갔다. ¶~以下 | 영도 이하.

【零分(儿)】língfēn(r) 名 (시험의) 영점. ¶谁得了~, 谁就要被勒令lèlìng退学 | 누구든 영점을 받으면 강제로 퇴학당한다.

【零工】línggōng 名 ❶ 임시로 고용되어 하는 일. 날품팔이. ¶打~ | 임시로 고용되어 일하다. ❷ 임시 고용된 노동자.

【零花】línghuā ❶ 動 용돈으로 쓰다. 헐어 쓰다. ¶这30块钱给你平时~ | 이 30원을 너에게 줄테니 평상시에 용돈으로 쓰렴. ¶这点儿钱, 你留着~吧 | 이 돈을 갖고 있다가 용돈으로 써라. ¶我的钱没有~过一分 | 내 돈은 한푼도 헐지 않았다. ❷ (~儿) 名 口 용돈. 사소한 비용. ¶妈妈给他一块钱做~ | 어머니가 그에게 1원을 용돈으로 주었다.

【零活儿】línghuór 名 자질구레한 일. 잔일. 잡일. 잡무. ¶他在业余yèyú时间, 为厂里干很多~ | 그는 작업 시간외로 공장을 위해 잡일을 많이 한다.

3【零件】língjiàn 名 부품. 부속품. ¶闹钟坏了一个~ | 자명종의 부품이 하나 망가졌다 =〔俗 另lìng件〕

【零零散散】líng·lingsǎnsǎn 狀 여기저기 흩어져 있다. 산만하다. ¶二十多户人家~地分布在几个山沟shāngōu里 | 20여 가구의 집들이 몇 개의 산골짜기에 여기 저기 흩어져 분포되어 있다. ¶把房间里~的东西整理好 | 방안에 여기저기 흩어져 있는 물건들을 다 정리해라.

【零零碎碎】líng·lingsuìsuì 狀 자질구레하다. 자잘하다. 세세하다. ¶这些~的布料bùliào你拿去做小孩子的尿布niàobù吧! | 이 자질구레한 천들은 가져다가 어린애의 기저귀를 만들어 주렴! ¶这些~的回忆, 后来成了我那篇文章的材料 | 이런 자질구레한 기억들이 훗날 나의 그 글의 재료가 되었다 =〔里lǐ里拉拉〕

【零乱】língluàn 形 어지럽다. 어수선하다. 너저분하다. 산만하다. ¶房间里~不堪kān | 방안이 너무 너저분하여 견딜 수가 없다 =〔凌líng乱〕

【零落】língluò ❶ 動 (꽃·잎이) 말라 떨어지다. 시들다. ¶深秋季节, 花木~ | 깊은 가을이 되어 꽃과 나무들이 시들다. ❷ 狀 (사물이) 쇠퇴하다.

영락하다. ¶家业～ | 가업이 쇠퇴하다. ¶一片凄凉qīliáng～的景象jǐngxiàng | 처량하고 보잘것없는 광경. ❸ 㕩 드문드문하다. ¶～的枪声qiāngshēng此起彼伏 | 드문드문 총소리가 여기저기서 일어나다. ¶～的叫卖声 | 가끔 들리는 사라고 외치는 소리. ¶这个花圃huāpǔ里零零落落地开着几朵花 | 이 꽃밭에는 꽃 몇 송이가 드문드문 피어있다 ‖ ＝〔苓落〕

【零买】língmǎi 動 조금씩 사다. 소량으로〔낱개로〕 사다. ¶～比整买zhěngmǎi费钱fèiqián | 낱개로 사는 것보다 전부를 사는 것이 돈이 더 든다.

【零卖】língmài ⇒〔零售shòu〕

【零配件】língpèijiàn 名 부(속부)품.

【零票子】língpiào·zi ⇒〔零碎票〕

【零七八碎】língqī bāsuì 㕩 ❶ 어지럽게 흩어져 있다. 너저분하다. ¶他把～的东西整理得井井有条 | 그는 어지럽게 흩어져 있던 물건을 질서정연하게 정리했다. ❷ (～儿) 자질구레한 일. 쓸데없는 일. 사소한 일. ¶干～儿 | 이것저것 일을 하다. 자질구레한 일을 하다. ¶他就喜欢摆弄那些～儿 | 그는 정말 저런 쓸데없는 것을 늘어놓기를 좋아한다. ¶整天忙些个～儿 | 하루 종일 자질구레한 일들로 바쁘다. ❸ 조금씩 조금씩. ¶～地买了一大堆 | 이것저것 조금씩 사서 한 무더기가 되었다 ‖ ＝〔零碎八七〕

2【零钱(儿)】língqián(r) 名 ❶ (10전(角)이나 1전(分)단위의) 작은 돈. 잔돈. ¶～不要找 | 잔돈은 거슬러주지 마시오. ¶把这十块钱换成～ | 이 돈 십원을 잔돈으로 바꿔주시오. ❷ 용돈. ¶一个月花不了多少～ | 한달에 용돈을 얼마 쓰지 않는다. ❸ (팁 등) 급료 외의 잔수입.

【零敲碎打】líng qiāo suì dǎ 成 간헐적으로 하다. ¶他～地拿走我不少东西 | 그는 간헐적으로 내 물건을 적지 않이 가져 갔다 ＝〔零打碎敲〕

【零散】líng·san 形 분산(分散)되어 있다. 흩어져 있다. 집중되어 있지 않다. ¶把～的材料归并guībìng在一起 | 분산된 재료를 한곳에 모아 놓다. ¶桌子上～地放着几本书 | 책상 위에 몇 권의 책이 흩어져 있다. ¶你搜集sōují的材料太～了, 应该集中起来, 归归类 | 네가 찾아 모은 재료는 너무 산만하니 한군데로 집중시키고 분류를 좀 해야한다.

【零食(儿)】língshí(r) 名 군음식. 끼니 때 외 주전부리. 간식. ¶吃～ | 간식을 먹다 ＝〔㊄零嘴(儿)〕〔㊀零吃(儿)②〕〔小食①〕

4【零售】língshòu ❶ 名 소매. ¶～店 | 소매점. ¶～摊tān | 소매점〔주로 노점상〕. ¶～物价 | 소매물가. ¶～起点 | 소매(하는) 최저량. 소매의 최저 금액 ⇔〔批pī发①〕 ❷ 動 소매하다. 낱개로 팔다. ¶本店只～, 不批发pīfā | 본 상점에서는 소매만 하고 도매는 하지 않는다. ‖ ＝〔零卖〕〔㊈零批〕

【零数(儿)】língshù(r) 名 (정수(整數) 이외의) 끝수. 나머지. 우수리 →〔整zhěng数①〕

4【零碎】língsuì ❶ 形 자잘하다. 자질구레하다. 잡다하다. 소소하다. ¶～活儿 | 자질구레한 일. ¶充分利用～的材料 | 부스러기 재료를 충분히 이용하다. ¶要善于移用～的时间 | 자투리 시간을 잘 이용해야 한다. ¶～钱 | 잔돈. ❷ (～儿) 名 자잘한 물건. 소소한 물건. 잡동사니. ¶他正在拾掇shíduō～儿 | 그는 자잘한 물건을 정리하고 있다.

【零碎票】líng·suipiào 名 보조 지폐 ＝〔零票子〕

【零头(儿)】líng·tóu(r) ❶ 名 (계산 단위나 포장 단위 등에서) 일정한 단위가 되지 못하는 우수리. 나머지. ¶整五元, 没有～儿 | 딱 5원으로 우수리가 없다. ¶～不算, 我们花了二十元 | 우수리를 빼고 우리들은 20원을 썼다. ¶每十盒装一箱, 还剩下三盒～ | 한 상자에 작은 상자 10개를 넣는데 작은 상자 3개가 우수리로 남았다. ❷ 名 자투리. ¶这是做衣服多下来的～, 可以做双鞋面 | 이것은 옷을 만들고 남은 자투리인데 신발 깔개를 한짝 만들 수 있겠다. ❸ ⇒〔零尺〕

【零下】língxià 名 영하. 영도 이하. ¶～十度 | 영하 십도.

4【零星】língxīng 形 ❶ 분량이 얼마 안되다. 보잘것없다. 소량이다. ¶～土地 | 얼마 안되는 땅. ¶～买卖 | 소량매매. ¶零零星星的消息 | 소량의〔단편적인〕 소식. ¶～材料 | 자질구레한 재료. ❷ 산발적이다. 드문드문하다. ¶我还听见～的枪声 | 나는 산발적으로 나는 총소리까지 들었다. ¶下着零零星星的小雨 | 간간이 보슬비가 내리고 있다. 어법 「零星」은 양이 적은 것을 의미하는 반면 「零碎」는 완정하지 않고 부스러진 것을 의미함. 「零星」에는 「드문드문하다」의 의미도 있고 명사 용법도 있으나, 「零碎」은 그렇지 못함. 또 「零星」은 일반적으로 술어로 잘 쓰이지 않으나 「零碎」는 술어로 쓰일 수 있음.

【零讯】língxùn 名 (간행물의) 단신. 토막소식. ¶国际～ | 국제 단신. ¶商品～ | 상품 단신.

【零用】língyòng ❶ 動 용돈이나 잡비로 쓰다. 자잘하게 쓰다. ¶这点钱给你～吧 | 이 조금의 돈을 너에게 줄테니 용돈으로 써라. ¶每月给父母几百元钱让他们～ | 매월 부모님에게 몇 백원을 드려서 용돈으로 쓰시게 한다. ¶我没有～过一分钱, 都留着呢 | 나는 한푼도 헐지 않고 다 남겨놓았다. ¶本月的工资已经～掉很多了 | 이번 달 임금은 이미 많이 헐어썼다. ¶～现金簿＝〔零用帐〕 | 용돈〔잡비〕 지출 대장. ¶～钱 | 잡비. 용돈. ❷ 名 용돈. 잡비. 소소한 비용.

【零族】língzú 名 〈化〉 (원소 주기율표상의) 제0족.

【零嘴(儿)】língzuǐ(r) 名 ㊄ 주전부리.

2【龄(齡)】líng 나이 령

名 ❶ 나이. 연령. ¶婚～ | 결혼 연령. ❷ 세(歲). 살. ¶五～幼童 | 5세의 유아. ❸ 연한(年限). 연수. ¶工～ | 근무 연한. ¶党～ | 당력(黨歷). ❹ 곤충·식물의 변태기를 세는 데 쓰임 [유충(幼蟲)이 처음 허물 벗기 전까지를 「一龄虫」이라 하고, 볏잎이 자라 7개가 되면 「七叶龄」이라함]

2【灵(靈)】líng 신령 령

❶ 形 영험(靈驗)이 있다. 효력이〔효과가〕 있다. ¶这种药吃下去很～ | 이 종

류의 약은 먹으면 바로 효과가 있다. ¶这个法子倒很～ | 이 방법은 꽤 효과가 있다. ❷形 (기계 등을) 부리기 쉽다. 예민하다. 약빠르다. ¶这架机器很～ | 이 기계는 매우 잘 된다. ¶心～手巧 | 약고 솜씨가 좋다. ¶耳朵很～ | 귀가 아주 밝다. ❸形 밝다. 정통하다. ¶我对于机器不大～ | 나는 기계에는 별로 정통하지 않다〔모른다〕. ❹ 마음. 정신. 영혼. 혼. ¶心～ | 심령. ¶～感 | 영감. ❺ 신선(神仙) 또는 신선에 관한 것. ¶神～ | 신령. ❻名 영구(靈柩) 또는 죽은 사람에 관한 것. ¶移～ | 영구를 옮기다. ¶～位↓ ❼ (Líng) 名 성(姓).

【灵便】líng·bian 形 ❶ (신체의 손발·오관이나 기계의 동작이) 재빠르다. 민첩하다. 기민하다. 민활하다. ¶手脚～ | 손발이 날쌔다. ¶我耳朵不～, 你说话大声点儿! | 나는 귀가 밝지 못하니 좀 크게 말하시오! ¶他虽年逾yú古稀, 但身子还很～ | 그는 비록 나이가 70을 넘었으나 몸은 아직도 민활하다. ❷ (사용에) 편리하다. ¶这种车子骑起来很～ | 이런 자전거는 타기에 아주 편리하다. ¶这把钳子qiánzi使着真～ | 이 펜치는 사용하기가 정말 편리하다 ‖ =〔灵翻〕〔灵俏〕〔伶便〕〔伶变〕〔伶分〕

【灵车】língchē ⇒〔灵柩车〕

【灵榇】língchèn ⇒〔灵柩jiù〕

【灵床】língchuáng 名 영상. 대렴(大殮)한뒤에 시체를 두는 곳.

【灵丹妙药】líng dān miào yào 成 영험(靈驗)하고 효력 있는 신기한 영약(靈藥). 모든 문제를 해결할 수 있는 좋은 방법. ¶我也没有什么～可以解决这个问题 | 나도 이 문제를 해결 할 수 있는 영약을 가지고 있지 않다 =〔灵丹圣药〕〔万应灵丹〕

【灵感】línggǎn 名 영감.

【灵光】língguāng ❶名 신기하고 이상한 빛. ❷名 신상(神像)의 머리 부분에 그린 후광(後光). ❸形 方 (효과가) 좋다. 뛰어나다. ¶这孩子脑子nǎozi蛮mán～的 | 이 아이는 머리가 꽤 뛰어나다. ❹名〈佛〉사람마다 고유하게 있는 불성(佛性).

3【灵魂】línghún 名 ❶ 마음. 정신. ¶纯洁chúnjié的～ | 순결한 마음. ❷ 인격. 양심. ¶出卖～ | 양심을 팔아버리다. ❸俗 사물의 중심. 핵심. ❹ 영혼. 혼 =〔俗 魂灵儿〕

2【灵活】línghuó 形 ❶ 민첩하다. 재빠르다. ¶脑子很～ | 머리가 아주 총기가 있다. ¶～的腿脚tuǐjiǎo | 재빠른 다리. ❷ 융통성이 있다. 신축성이 있다. ¶他处理问题既～又果断 | 그는 문제를 처리한 데 있어 융통성도 있고 과단성도 있다. ¶～运用 | 탄력성 있게 운용하다. ¶～性 | 융통성. 유연성(柔軟性). ❸ 원활하다. ¶工作也比较～ | 작업도 비교적 원활하다. ‖ 어법 「灵活」은 총기가 있거나 경직되지 않고 융통성이 있음을 강조하나 「灵敏」은 반응이 빠름을 강조함. 「灵活」은 「动作·活动·脑筋·方法·指挥」 등을 형용하는데 반해, 「灵敏」은 사람이나 동물의 감각·반응 및 계기의 성능 표현에 주로 쓰임.

【灵机】língjī 名 재치. 기지. 영감. ¶～一动 | 기지를 한 번 발휘하다. ¶动～ | 기지를 발휘하다.

【灵柩】língjiù 名 영구. 관 =〔灵榇〕〔簡 灵〕

【灵柩车】língjiùchē 名 영구차 =〔灵车〕〔运灵车〕

4【灵敏】língmǐn 形 반응이 빠르다. (육감이) 예민하다. 민감하다. ¶那条狗的嗅觉xiùjué特别～ | 그 개의 후각은 유난히 예민하다. ¶～的感觉 | 예민한 감각.

【灵敏度】língmǐndù 名 ❶ (라디오 등의) 수신능력도. 감도. ¶这个收音机～很高 | 이 라디오는 감도가 매우 좋다. ❷ (기구의) 정밀도.

【灵牌】língpái 名 위패. ¶设立～ | 위패를 세우다 =〔灵位〕

4【灵巧】língqiǎo 形 ❶ 민첩하고 교묘하다. ¶心思～ | 생각이 교묘하다. ❷ 솜씨가 뛰어나다. 재주가 있다. ¶一双非常～的手 | 한 쌍의 손재주가 뛰어난 손. ❸ 머리 회전이 빠르다. ❹ 기능적이다. ¶这假手很～ | 이 의수는 매우 기능적이다. ‖ 어법 「灵巧」는 「巧」에 촛점이 있어 둔하지 않음을 강조하는데 반해 「灵活」은 「活」에 촛점이 있어 경직되지 않음을 강조함.

【灵寝】língqǐn 名 영구(靈柩)를 안치한 곳.

【灵台】língtái 名 ❶ 書 마음. 심령(心靈) ❷ 옛날 천자(天子)가 천문 기상을 관찰하던 대(臺).

【灵堂】língtáng 名 ❶ 영구나 영정(影幀)을 모신 방 [일반적으로 「正房」 혹은 대청에 설치함] ❷ 신불(神佛)을 모신 방.

【灵通】língtōng ❶形 (소식이) 빠르다. ¶消息～的人 | 소식통. 소식을 빨리 아는 사람. ¶耳目～ | 귀와 눈이 민감하다. 소식이 빠르다. ¶新闻记者对于消息特别～ | 신문기자는 소식을 특별히 빨리 안다. ❷形 方 사용하기에 편리하다. ¶这玩意儿真～! | 이 물건 정말 잘 되네! ❸名〈植〉〈漢醫〉감초(甘草)의 다른 이름.

【灵透】líng·tou 形 方 총명하다. 영리하다 =〔伶俐〕〔伶透〕〔聪明〕

【灵位】língwèi 名 위패(位牌) =〔灵牌〕

【灵性(儿)】língxìng(r) ❶名 (주로 동물에 대해) 영리함〔총기〕. ¶这匹马很有～, 能领会lǐnghuì主人的意图 | 이 말은 매우 총명해 주인의 의도를 능히 알아차린다. ❷名 타고난 총명〔영리함〕. 활발한 본성. 지혜. ❸名 영혼. ❹形 두뇌 회전이 빠르다.

【灵验】língyàn ❶形 (방법 혹은 약물 등이) 신통한 효과가 있다. 특효가 있다. ¶药到病除, 非常～ | 약을 쓰자마자 병이 없어지니 정말 신통하다. ❷動 (예언 등이) 잘 맞다. 적중하다. ¶那巫婆wūpó的话很～ | 그 무당의 말은 아주 신통하다. ¶天气预报果然～, 今天是个大晴天 | 일기예보가 과연 잘 맞는구나. 오늘은 아주 맑은 날이군. ❸名 신불(神佛) 등의 영험. ¶那个庙真有～ | 저 절은 영험이 있다 ‖ =〔灵效〕〔灵应〕

【灵长目】língzhǎngmù 名〈動〉영장목.

【灵芝】língzhī 名〈植〉영지. ¶～长在高山上 | 영지는 높은 산에서 자란다 =〔灵芝草〕〔芝草〕

【棂(欞)〈櫺〉】líng 격자창 령

名 ❶ (～子) 名 창의 격자(格子). 창살. ¶窗～ =〔窗格(子)〕| 창의

격자. ❷ 書 긴 나무.

4【凌】líng 얼음 릉

❶ 名 方 얼음 [주로 유빙(流冰)에 관련되는 큰 덩어리] ¶撞zhuàng~ | (하천이나 바다의) 얼음을 깨다→〔冰①〕 ❷ 動 (남을) 압박〔위압〕하다. 깔보다. 업신여기다 ¶~辱↓ ¶盛气~人 | 오만한 기세로 남을 깔보다 =〔陵③〕 ❸ 오르다. 올라가다. ¶~空↓ ❹ ⇒〔凌晨〕 ❺ ⇒〔凌乱〕 ❻ 지명에 쓰이는 글자. ¶大~河 | 대릉하. 요녕성(遼寧省)에 있는 강 이름. ❼ (Líng) 名 성(姓).

【凌波】língbō 名 喩 미인의 가볍고 아름다운 걸음걸이. ¶~仙子 | 수선화.

4【凌晨】língchén 名 이른 새벽. 새벽녘. 동틀무렵. ¶车将于明日~四时半到达 | 기차가 내일 새벽 4시반에 도착할 예정이다. ¶我们明天~三点动身 | 우리는 내일 새벽 세 시에 출발한다 =〔侵qīn早〕

【凌迟】língchí 名 動 능지〔능지 처참〕(하다). ¶身受~酷刑kùxíng | 능지 처참의 혹형을 받다.

【凌架】língjià ⇒〔凌驾〕

【凌驾】língjià 書 動 (남을) 능가하다. 앞지르다. 압도하다. ¶他~于其他干部之上 | 그는 다른 간부를 훨씬 능가한다. ¶救人的念头~一切, 他转身向大火中冲chōng去 | 사람을 구한다는 생각이 그 어느 것보다도 커서, 그는 몸을 돌려 세찬 불길 속으로 뛰어 들어갔다 =〔凌架〕〔陵驾〕

【凌空】língkōng 書 動 하늘 높이 오르다. 높이 솟다. ¶高阁~ | 높은 누각이 하늘높이 솟아 있다. ¶飞机~而过 | 비행기가 하늘높이 날아가다.

【凌厉】línglì 書 形 치열하다. 맹렬하다. 기세차다. ¶攻势~ | 공세가 맹렬하다. ¶他是乒乓球单打冠军, 削球xiāoqiú反攻极为~ | 그는 탁구 단식경기의 우승자로, 컷트로 되받아치는 공격은 대단하다.

【凌乱】língluàn 形 혼란하다. 질서가 없다. 어수선하다. ¶把书桌上~的东西收拾干净 | 책상 위의 지저분한 물건들을 깨끗이 정리해라. ¶楼上传来~的脚步声 | 이층에서 들려오는 어지러운 발자국 소리. ¶~不堪kān | 成 매우 혼란하다 =〔零乱〕

【凌辱】língrǔ 名 動 능욕(하다). 모욕(하다). ¶受到~ | 능욕을 받다. ¶她不堪丈夫~, 离家出走 | 그녀는 남편의 모욕을 참지 못해 집을 나갔다.

【凌霄花】língxiāohuā 名 〈植〉능소화 =〔紫葳zǐwēi〕〔鬼目guǐmù〕

【凌夷】língyí 書 動 쇠약해지다. 내리막길을 걷다 =〔陵夷〕

【凌云】língyún 動 ❶ 기세가 하늘을 찌르다. 다른 사람을 능가하다. ¶~之志 | 높고 원대한 포부. ¶壮志zhuàngzhì~ | 成 장대한 뜻이 하늘을 찌르다. 포부가 원대하다. ❷ 세상〔세속〕을 초월하다 ‖ =〔陵云〕

【凌杂】língzá 形 어지럽고 혼란스럽다. ¶客厅中~极了 | 응접실이 대단히 어지럽다.

【凌锥】língzhuī 名 方 고드름. ¶屋檐wūyán上挂着一尺来长的~ | 처마끝에 한 척도 더 되는 긴 고드름이 달려 있다 =〔方凌凙〕〔凌丝〕〔口冰柱〕

3【陵】líng 언덕 릉

❶ 언덕. 구릉. ¶~谷变迁 | 成 구릉이 골짜기로 변하고 골짜기가 구릉으로 변하다. 세상이 크게 달라지다. ❷ 능묘(陵墓). 왕릉. ¶十三~ | 명(明)나라 13황제의 능. ❸「凌」와 같음 ⇒〔凌líng②〕 ❹ (Líng) 名 성(姓).

【陵谷变迁】líng gǔ biàn qiān ⇒〔陵谷易处〕

【陵谷易处】líng gǔ yì chù 成 구릉이 계곡으로, 계곡이 구릉으로 되다. 喩 세상이 변하여 아래 위가 바뀌다 =〔陵谷变迁〕〔陵谷之变〕

【陵墓】língmù 名 ❶ 왕릉. 능묘. 제왕 또는 제후의 무덤. ❷ 지도자 또는 순국 열사의 묘.

【陵寝】língqǐn 書 名 왕릉. 제왕의 무덤. ¶大建~ | 왕릉을 크게 짓다.

【陵园】língyuán 名 ❶ (능을 중심으로 한) 공원묘지. ¶烈士~ | 열사의 능을 중심으로 한 공원. ❷ 제왕의 묘지. 능묘.

【绫(綾)】líng 비단 릉

名 〈紡〉능(綾) [비단의 한가지. 단(緞)과 비슷하나 그보다 더 얇음] ¶~罗绸缎chóuduàn | 능(綾)과 주단.

【绫罗】língluó 名 〈紡〉능라(綾羅). ¶~锦绣 =〔绫罗绸缎〕〔绫罗缎匹〕| 견직물(絹織物)의 총칭.

【绫子】líng·zi 名 〈紡〉능(綾)

【菱〈蔆〉】líng 마름 릉

名 ❶ 〈植〉마름 =〔芰jì角〕〔水栗〕 ❷ 마름의 열매 =〔菱角〕 ❸ 〈數〉마름모꼴 =〔蔆líng〕

【菱角】líng·jiao 名 마름(열매). ¶刚摘zhāi下来的~又鲜xiān又嫩nèn | 지금 막 딴 마름 열매는 신선하고 연하다 =〔沙shā角〕

【菱苦土(矿)】língkǔtǔ(kuàng) 名 〈鑛〉마그네사이트(magnesite) =〔菱镁矿〕

【菱镁矿】língměikuàng ⇒〔菱苦土(矿)〕

【菱铁矿】língtiěkuàng 名 〈鑛〉능철광.

【菱锌矿】língxīnkuàng 名 〈鑛〉능아연광(菱亞鉛鑛, smithsonite).

【菱形】língxíng 名 〈數〉마름모. 능형. ¶~六面体 | 사방(斜方) 6면체. 능면체(菱面體).

【棱】líng ☞ 棱 léng C

【鲮(鯪)】líng 천산갑 릉

名 ❶ 〈魚貝〉잉어 =〔鲤lǐ(鱼)〕 ❷ 〈魚貝〉江 황어 =〔土鲮鱼〕〔鲮鱼〕 ❸ 〈動〉천산갑(穿山甲) =〔鲮鲤〕

【鲮鲤】línglǐ 名 〈動〉천산갑(穿山甲; Manis pentadactyla) =〔穿山甲〕〔龙鲤〕

【鲮鱼】língyú 名 〈魚貝〉황어 =〔土鲮鱼〕

【酃】líng 고을이름 령

❶ 名 〈地〉영현 [호남성(湖南省)에 있는 현 이름] ❷ ⇒〔酃渌〕

【酃渌】línglù 書 名 좋은 술.

lǐng ㄌㄧㄥˇ

2【令】lǐng ☞ 令 lìng B

4【岭(嶺)】lǐng 재 령
名❶고개. 재. 산꼭대기. ¶翻山越～ | 成 산을 넘고 재를 넘다. 일을 성취하기 위해 부단히 애쓰다. ❷산맥. ¶秦～ | 진령산맥 [섬서성(陝西省)에 있음] ❸簡 대유령(大庾嶺) 등의 오령(五嶺)을 가리키는 말. ¶～南↓

【岭南】Lǐngnán 名〈地〉영남 [오령(五嶺)의 남쪽 일대의 땅. 광동(廣東)·광서(廣西)]＝[岭表]

1【领(領)】lǐng 목 령
❶名목. ¶引yǐn～而望wàng | 목을 빼고 바라보다. ¶～巾↓ ❷(～儿, ～子) 名ⓐ 깃. 칼라. ¶翻～儿 | 젖혀진 깃. ¶没有～的衬衫chènshān | 깃이 없는 샤쓰. ¶衣～ | 옷 깃. ⓑ 옷의 목둘레선. ¶圆yuán～儿 | 둥근 목둘레선 [라운드 네크라인] ¶尖jiān～儿 | 브이(V) 네크라인. ❸喩 요점(要點). 요강(要綱). 중요한 부분. ¶提纲挈qiè～ | 成 요점을 간추리다. ❹動 인솔하다. 통솔하다. 이끌다. 안내하다. ¶～队↓ ¶带～ | 인솔하다. ¶他～着小孩子上公园去 | 그는 어린애를 데리고 공원에 갔다. ❺앞장서다. 앞세우다. ¶～先↓ ❻動 수령하다. 가져오다. ¶到保管室～办公用品 | 보관실에 가서 사무용품을 받아오다. ¶本月的工资我还没有～ | 이번 달 임금을 나는 아직 받지 못했다 ⇔[发fā⑤] ❼우두머리. 두목. ¶首～ | 수령. ¶将～ | 장수. ❽영유(領有)하다. 관할하다. 주권을 가지다. ¶～土↓ ¶～海↓ ¶～空↓ ¶占zhàn～ | 점령하다. ❾이해하다. 깨닫다. ¶～略↓ ¶～会↓ ❿받아들이다. 수락하다. ¶～教↓ ¶心～ | 마음으로 받아들이다. ⓫量 ⓐ 書 벌 [의복을 셀 때 쓰임] ¶一～青衫 | 한 벌의 평상복. ⓑ 장(張) [자리를 세는 말] ¶一～席 | 자리 한 장.

【领班】lǐngbān ❶(lǐng bān) 動 조(組)·반(班)을 지도하다. ❷名 반장. 조장. ¶他在饭店里当～ | 그는 호텔에서 조장이다. ❸名 옛날 방직 공장 작업장의 조장＝[考kǎo工]

【领兵】lǐngbīng 군대를 통솔하다. ¶～打仗zhàng, 他最拿手 | 군대를 직접 이끌고 싸움을 하는 것이 그가 가장 잘하는 것이다.

【领唱】ǐngchàng ❶動(합창에서) 선창하다. ¶由老李～ | 이군이 선창하다. ❷名 선창자.

【领带】lǐngdài ❶名 넥타이. ¶～扣针kòuzhēn | 넥타이핀. ¶系jì～ | 넥타이를 매다→[领巾][领花(儿)][领结(儿)] ❷動 俗 안내하다. 인도하다＝[带领]

1【领导】lǐngdǎo ❶動 지도하다. 영도하다. 이끌고 나가다. ¶厂长～着一个厂的工作, 担子不轻 | 공장장은 한 공장의 작업을 이끌고 나가는데 그 책임이 가볍지 않다. ¶这是校长～得好 | 이것은 교장이 영도를 잘해서 된 것이다. ¶～人民走向胜利 | 인민을 승리로 이끌다. ¶你去～～这个班吧 | 네가 가서 이 반을 좀 지도해라. ¶～方针 | 지도 방침. ¶～力量 | 지도력. ¶～班子 | 지도 집단. ¶～分子 | 지도적 위치에 있는 사람. ¶～作用 | 지도적 역할. ❷名 총책임자. 지도자. 영도자. ¶他是我们公司的～ | 그는 우리 회사의 총책임자이다. ¶当～就不能怕麻烦 | 지도자가 되면 수고스러움을 겁내서는 안된다. ‖ 어법「领导」는「이끌다」에 중점이 있고 주로 크고 전반적인 책임을 요하는 일에 사용되는 반면,「指导」는「가르치다」에 중점이 있고 전반적인 일 외에도 작고 구체적인 일에도 쓰임.「指导」는 명사 용법이 없음.

【领到】lǐngdào 動 받다. 타다. 수령하다. ¶～了本月的薪水xīnshuǐ | 이번 달 월급을 수령하였다.

【领道(儿)】lǐng/dào(r) 口 ❶動 길을 안내하다. ¶得děi找zhǎo个人给我们～ | 우리에게 길 안내해 줄 사람을 찾아야만 한다＝[带dài路] ❷(lǐngdào(r)) 名 길 안내자 ‖＝[领路]

【领地】lǐngdì ❶名 영지 [봉건 사회에서 영주(領主)가 소유한 토지] ❷⇒[领土]

【领读】lǐngdú 動 ❶札 배독(拜讀)하다. ❷따라 낭독케[읽게] 하다.

【领队】lǐng/duì ❶動 팀·대열·군대를 인솔하다. ¶上级派他去～ | 상부에서 그를 파견해서 부대(팀)를 인솔하도록 했다. ¶他～的时间不长 | 그가 팀을 맡았던 시간은 길지 않다. ❷(lǐngduì) 名 ⓐ 팀의 주장. ⓑ 팀의 감독. ⓒ 대장(隊長). ⓓ 인솔자. 책임자. 지도자. ¶他是足球队的～ | 그가 축구부의 주장(감독)이다.

【领港】lǐnggǎng ❶動(항구의) 뱃길을 안내하다. ¶～员＝[领港的][领港人][引水员] | 수로 안내인. 도선사(導船士). ¶～费 | 도선료(導船料). ❷名 수로 안내인 ‖＝[领水①][引港]

【领海】lǐnghǎi 名 영해. ¶不得děi侵入qīnrù他国～ | 다른 나라의 영해를 침입해서는 안된다＝[领水③]⇔[公海]

【领行情】lǐnghángqíng 形 모양[형편]을 살피다. 정황[상황]을 듣다. ¶多出去走走, ～～行情 | 자주 나가 다녀보면서 시세를 좀 알아보다.

【领航】lǐngháng ❶動(선박·비행기의) 항로(航路)를 인도하다[안내하다]. ❷名 파일럿. ¶～员 | 항법사. 항해사. ❸名 항공 관계사.

3【领会】lǐnghuì 動 깨닫다. 이해하다. 파악하다. 납득하다. ¶～文章的大意 | 글의 대의를 이해하다. ¶～意图 | 의도를 읽다. 의도를 알다. ¶这点厚意我是能够～的 | 이 후의는 충분히 알 수 있다＝[领悟][领意]

【领江】lǐngjiāng ❶動(강에서) 뱃길을 안내하다. ❷名(강의) 뱃길 안내원.

【领奖】lǐngjiǎng 動 상(품)을 타다[받다]. ¶上台～ | 단상에 올라가서 상을 받다. ¶～礼 | 수상식.

【领教】lǐngjiào 動 ❶套 謙 가르침을 받다. 배우다. ¶您讲的这番话道理很深刻, 我们～了 | 당신이 말한 이 이야기는 이치가 매우 깊습니다. 저희들이 많은 가르침을 받았습니다. ¶请你示范一下, 让我们～～ | 시범을 한번 보여주어서 한 수 배우게 해 주십시요. ❷가르침을 청하다. ¶有一道难题解不开, 向您～ | 풀지 못하는 어려운 문제가 하나 있어 당신께 가르침을 청합니다. ¶向大姐～剑术 | 큰누나에게 검술을 가르쳐달라고 청하다. ❸諷 겪다. 맛보다. ¶眼前的舞会, 他从未～过 | 눈앞의 무도회는 그가 여태 한번도 경험

하지 못했었다. ¶你这套手法我已～过了，请别再施展｜너의 이 낡은 수법은 내가 이미 맛본 것이니 더이상 그 수법을 쓰려고 하지 말라. ❹사귀다. 가까이하다. ¶他这种怪人，谁敢～?｜그 같은 괴짜를 누가 감히 가까이하려 하겠는가?

【领结(儿)】lǐngjié(r) 名 나비 넥타이 ＝〔领花huā(儿)〕

【领巾】lǐngjīn 名 스카프. 네커치프. ¶红～｜붉은 스카프. (소년선봉대의) 붉은 삼각건 ＝〔颈巾〕

【领空】lǐngkōng 名〈法〉영공. ¶一架飞机侵入我国～｜비행기 한 대가 우리 나라 영공을 침입하다 ⇔〔公gōng空〕

【领口】lǐngkǒu 名 ❶옷깃의 둘레. 옷의 목둘레. ¶这件毛衣～太小｜이 스웨터의 목둘레는 너무 작다. ¶～脏zāng了，脱tuō下来洗一洗｜옷깃이 더러워졌으니, 벗어서 좀 빨아라. ❷깃의 양끝을 여미는 부분. 멱살. ¶揪jiū住他的～｜그의 멱살을 거머잡다 ‖ ＝〔领窝(儿)〕

【领扣(子)】lǐngkòu(·zi) 名 ❶양복의 깃 단추. ❷칼라(collar)(를 고정시키는) 단추. ¶扣～｜칼라 단추를 채우다.

【领略】lǐnglüè 動 (체험·관찰·시험 등을 통해 감성적으로) 이해하다. 깨닫다. 감지하다. 음미하다. ¶～江南风味｜강남 특색의 맛을 알다. ¶～到中国菜的好处｜중국 요리의 좋은 점을 깨달았다. ¶～到这首乐曲的妙处｜이 악곡의 묘미를 느꼈다. 어법 대개 목적어로 「景致·风光·风味·情趣·气息·趣味」등이 옴.

【领命】lǐngmìng 動 명령을 받아들이다〔접수하다〕. ¶～往前线｜명령을 받고 전선으로 나가다.

【领情】lǐng/qíng 動 敬 (상대방의 선물·호의를) 감사히 받다. 감사히 여기다. ¶同志们的好意，我十分～｜동지들의 호의에 나는 대단히 감동했습니다. ¶你的心意我～，但是礼物不能收｜당신의 호의는 감사히 여기지만, 선물을 받을 수가 없습니다. ¶你帮了他，他也不会领你的情｜네가 그를 도와 주더라도, 그는 너의 호의를 받아들이지 않을 것이다. ¶已经领过情了，别再客气了｜호의를 이미 감사히 받았으니 더이상 예의를 갖추려 하지 마세요.

【领取】lǐngqǔ 動 (발급한 것을) 받다. 수령하다. 배급받다. ¶～奖学金jiǎngxuéjīn｜장학금을 수령하다. ¶到邮局～｜우체국에 가서 수령하다. ¶～护照hùzhào｜여권(旅券)을 받다. ¶～工资｜임금을 수령하다. ¶～通行证｜통행증을 받다. ¶靠～养老金生活｜경로보조금을 배급받아 생활하다 ＝〔关支〕

4【领事】lǐngshì 名〈外〉영사. ¶～馆＝〔领署〕｜영사관. ¶总～｜총영사. ¶代理～｜대리 영사. ¶副～｜부영사. ¶～处｜영사과.

【领事馆】lǐngshìguǎn 名 영사관 ＝〔领署shǔ〕〔领馆〕 ¶中国在釜山设立了～｜중국은 부산에 영사관을 두었다.

【领收】lǐngshōu 動 영수하다. 받다. ¶～人｜수취인.

【领受】lǐngshòu 動 받아들이다. 받다 [대부분 남의 호의 등을 받아들일 때 사용함] ¶他怀着huáizhe激动jīdòng的心情～了同事们的慰问wèiwèn｜그는 격앙된 심정으로 동료들의 위문을 받았다. ¶你的情意我～不起｜너의 애정을 나는 받아들일 수가 없다. ¶既然你送来了，我只好～下来｜네가 이렇게 가져왔으니 받아 둘 수 밖에 없구나 ＝〔書领纳〕

【领署】lǐngshǔ ⇒〔领事馆〕

【领属】lǐngshǔ 名 動 종속(되다). 예속(되다). ¶～关系｜종속 관계.

【领率】lǐngshuài 動 인솔하다 ＝〔率领〕

【领水】lǐngshuǐ ❶ ⇒〔领港gǎng〕 ❷ 名 영수 [하천·호수·항만·영해 등 국가 영역에 속하는 일체의 수역] ❸ ⇒〔领海〕

【领条(儿)】lǐngtiáo(r) 名 ❶수령서. 영수증. 수령증 ＝〔领票piào〕 ❷ 名 중국 옷의 깃. ❸ 名 옷깃의 바깥면에 가늘게 댄 헝겊.

【领头(儿)】lǐng/tóu(r) ❶ 動 口 이끌다. 앞장서다. 솔선하다. 어법 주로 다른 동사와 연용하여 연동구문으로 쓰임. ¶他什么事都～干｜그는 무슨 일이든 앞장서서 한다. ¶这事情是他领的头｜이 일은 그가 앞장 선 거야. ¶我领个头儿，大家跟着一起唱吧!｜내가 리드를 할 테니, 여러분들은 따라서 함께 노래하십시오. ¶我不敢领这个头｜나는 감히 이것은 앞장서지 못하겠다 ＝〔带头(儿)〕 ❷ (lǐngtóu) 名 吳 옷깃. 칼라.

3【领土】lǐngtǔ 名 영토. 국토. ¶～扩张｜영토 확장. ¶～主权｜영토 주권. ¶～完整｜영토 보전. ¶～不可侵犯性｜영토불가침성 ＝〔领地②〕

【领悟】lǐngwù ⇒〔领会〕

4【领先】lǐng/xiān 動 ❶선두에 서다. 앞서다. 리드하다. ¶他一路～，跑到终点｜그는 계속 선두에 서서 결승선까지 달렸다. ¶前半场足球赛二比一，韩国队～｜축구 전반전 경기는 2대 1로 한국팀이 앞서고 있다. ¶开赛之后，中国队～得分｜시합이 시작된 후에 중국팀이 먼저 선취골을 올렸다. ¶遥遥～｜멀리(크게) 앞서다. ¶主队～五分｜홈팀이 5점 앞서다. ¶他从来没领过一回先｜그는 여태 한번도 선두에 선 적이 없다. ¶他～登上了雪岳山大清峰｜그가 선두로 설악산 대청봉에 올랐다. ❷앞세우다. ¶政治工作～｜정치 사업을 앞세우다 ‖ ＝〔领前〕

【领衔】lǐngxián 動 ❶(공동 서명하는 서류에) 처음으로 서명하다. ¶李教授～签署了一份关于改革教学的倡议书｜이교수가 교육 개혁에 관한 제안서에 맨 먼저 서명했다. ¶由他～，接着其余的人具名jùmíng｜그가 먼저 서명하고, 이어서 나머지 사람들이 서명하다. ❷(연극이나 영화 배우 명단에서) 제일 앞 자리를 차지하다. ¶这部电影由她～主演｜이 영화는 그녀가 으뜸가는 역을 맡았다.

【领薪】lǐngxīn 動 봉급을 타다〔받다〕. ¶节假日不能～｜공휴일에는 봉급을 타올 수 없다.

2【领袖】lǐngxiù 名 ❶깃과 소매. ❷ 轉 (국가·단체의) 지도자. 영도인. 영수. ¶国家～｜국가 지도자. ¶～大使｜수석(首席) 대사. ¶～领事｜수석 영사.

【领养】lǐngyǎng 動 (양자·양녀를) 입양하다. 부양하다. ¶～孤儿 | 고아를 입양하다.

【领有】lǐngyǒu 動 (인구·토지를) 영유하다. 가지다.

3【领域】lǐngyù 名 ❶ 영역 [국가나 주권을 행사할 수 있는 구역] ❷ 분야. 영역 [학술·사상·사회 활동 범위로서의 영역] ¶思想～ | 사상의 영역. ¶生活～ | 생활 영역.

【领章】lǐngzhāng 名 금장(襟章). 옷깃에 다는 휘장. ¶胸xiōng前别bié着红～ | 가슴에 붉은 금장을 달고 있다.

【领旨】lǐngzhǐ 書 ❶ 套 (황제에게 응대하는 말로) 삼가 분부를 받들겠습니다. ❷ 動 윗사람의 뜻을 받들다.

【领主】lǐngzhǔ 名 영주 =〔封建主〕

4【领子】lǐng·zi 名 옷깃. 칼라(collar). ¶硬～ | 빳빳한 칼라. ¶软～ | 소프트(soft) 칼라. ¶胶jiāo～ | 고무 칼라. ¶单～ | 싱글(single) 칼라. ¶双～ | 더블(double) 칼라.

【领罪】lǐng/zuì 動 복죄(服罪)하다. 죄를 인정하다. 죄에 따라 처분받다. ¶回朝廷～ | 조정에 돌아가 복죄하다.

lìng ㄌㄧㄥˋ

2【令】lìng lǐng líng 부릴 령

Ⓐ lìng ❶ 名 명령. ¶命～ | 명령하다. ¶军～ | 군령. ¶口～ | 구령. ¶下～ | 명령을 내리다. ❷ 動 명령하다. ¶～各机关切实执行 | 각 기관에 성실히 집행하도록 명령하다. ❸ 動 …로 하여금 …하게 하다. …을 시키다. ¶～人起敬 | 사람으로 하여금 경건하게 하다. ❹ 名 옛날의 벼슬 이름. ¶县～ | 현령. ¶太史～ | 태사령. ❺ 名 술자리에서의 벌주(罰酒)놀이. ¶猜拳行～ | 술자리에서「猜拳cāiquán」(가위·바위·보 같은 놀이) 놀이를 하여 벌주 먹이기를 하다. ❻ 名 시절. 계절. ¶夏～ | 여름철. ¶当～ | 계절에 맞다. ❼ 좋다. 아름답다. 훌륭하다. ¶～名↓ ❽ 귀하의 [상대방의 친척이나 관계가 있는 사람에게 사용하는 경칭] ¶～亲↓ ¶～爱↓ ❾ 名 사(詞)나 곡(曲)의 소령(小令)에 사용되는 곡조명. ¶如梦～ | 여몽령 →〔小令〕 ❿ (Lìng) 名 성(姓).

Ⓑ lǐng 量 연(連; ream) [인쇄 용지 500매를 1「令(连)」(연)이라 함] =〔另④〕〔连⑧〕

Ⓒ líng ❶ ⇒〔令狐〕 ❷ ⇒〔令丁〕〔令利〕

Ⓐ lìng

【令爱】lìng'ài 名 敬 영애. 따님. ¶～在哪个高中上学? | 따님은 어느 고등학교에 다닙니까? =〔令千金〕〔令媛〕

【令慈】lìngcí ⇒〔令堂táng〕

【令弟】lìngdì 書 名 敬 영제. 계씨(季氏). (당신의) 아우님. ¶请问～在哪儿高就? | 당신의 아우님은 어디에서 근무하시나요?

【令姐】lìngjiě 名 敬 영자(令嬙). (당신의) 누님. ¶今天我遇见yùjiàn～了 | 오늘 당신의 누님을 뵜다.

【令阃】lìngkǔn 名 敬 현부인(賢夫人). 영부인 =〔令阁〕〔令眷〕〔令太太〕〔令正〕〔令政〕

【令郎】lìngláng 名 敬 영랑. 영식(令息). 아드님 =〔令公子〕〔贤xián郎〕

【令妹】lìngmèi 名 敬 영매. 매씨(妹氏).

【令名】lìngmíng 書 名 높은 명성. 좋은 평판.

【令谟】lìngmó 書 名 양책(良策). 좋은 계책 =〔令图〕

【令旗】lìngqí 名 옛날, 군령(軍令)을 내릴 때 쓰던 작은 깃발. ¶挥huī着～ | 영기를 휘두르고 있다.

【令千金】lìngqiānjīn ⇒〔令爱〕

【令亲】lìngqīn 名 敬 (당신의) 친척분 =〔高亲〕

【令人发指】lìng rén fà zhǐ 國 머리털이 곤두서도록 화나게 하다. ¶他的话实在～ | 그의 말은 정말 화가 나게 한다.

【令人佩服】lìng rén pèi·fú 動組 감동시키다.

【令人喷饭】lìng rén pēn fàn 國 남의 실소(失笑)를 자아내게 하다. 사람을 웃기다.

【令人神往】lìng rén shén wǎng 國 사람을 황홀하게 하다. 넋을 잃게 하다. ¶那幅画画得～ | 그 그림은 너무 잘 그려서 넋을 다 잃게 한다.

【令人作呕】lìng rén zuò'ǒu 國 구역질나게 하다. 메스껍다. 혐오감이 들게 하다. ¶她那种装腔zhuāngqiāng作势zuòshì的样子～ | 그녀의 허장성세하는 꼴을 보니 정말 메스껍다.

【令嫂】lìngsǎo 名 敬 (당신의) 형수님.

【令叔】lìngshū 名 敬 (당신의) 숙부님.

【令堂】lìngtáng 書 名 敬 자당(慈堂) =〔令慈cí〕

【令图】lìnggtú ⇒〔令谟mó〕

【令行禁止】lìng xíng jìn zhǐ 國 명이 내리면 곧 시행하고 금지시키면 곧 그만두다. 법령이나 규율이 아주 엄하다. ¶法纪fǎjì严明, ～ | 법의 기강이 엄정하여 법령이 잘 지켜진다.

【令兄】lìngxiōng 名 敬 영형(令兄). (당신의) 형님 =〔國 尊zūn兄〕

【令婿】lìngxù 名 敬 영서. 서랑(壻郎)

【令媛】lìngyuán ⇒〔令爱ài〕

【令侄】lìngzhí 名 敬 영질. 함씨(咸氏).

【令尊】lìngzūn 書 名 敬 춘부장. (당신의) 아버님. ¶～同意你出国留学吗? | 춘부장께서 너의 해외유학을 동의하시느냐? =〔令大人〕〔令老太爷〕〔令严yán〕〔令翁〕〔尊大人〕

Ⓒ líng

【令丁】língdīng ⇒〔伶língf丁〕

【令狐】Línghú 名 ❶ 〈地〉 영호 [산서성(山西省) 임의현(臨猗縣) 일대의 옛 이름] ❷ 복성(複姓).

【令利】líng·li ⇒〔伶líng俐〕

【呤】lìng (푸린 령) ⇒〔嘌piào呤〕

2【另】lìng 다를 령

❶ 代 다른. 그밖의. 별개의. ¶～一件事 | 다른 일. ¶～一个人 | 다른 한 사람. ❷ 副 따로. 달리. 별도로. ¶～想办法 | 달리 방법을 생각하다. ¶～行通知 | 따로 통지하다. ¶～有任务 | 다른 임무가 있다. ❸ 動 北 나누다. 갈라지다. ¶～居 | 별거하다. ❹ 量 연(連) [종이를 세는 단위로 1련(連)은 500장임] =〔令〕〔连⑧〕

【另案处理】lìng'àn chǔlǐ 動組 별도의 안(案)으로 처리하다. 따로 처리하다. ¶这件事得～ | 이 건

은 별도의 안으로 처리해야 된다 =〔另办〕

【另册】lìngcè 名 ❶ 별책. ❷ 별표(別表).

【另搞一套】lìng gǎo yī tào 動組 貶 다른 방법〔수단〕을 쓰다. (이의를 제기하고) 독자적인 방법을 취하다.

【另行】ⓐ lìng/háng 動〈印出〉줄을 바꾸다. ¶另起一行 | 줄을 바꾸다.

ⓑ lìngxíng 副 書 따로〔별도로〕…하다 [뒤에 두 음절의 행위동사가 옴] ¶～定夺 | 별도로 결정하다.

【另件】lìngjiàn 名 ❶ 부속품. ¶连～总共一百二十五元 | 부속품까지 모두 합해서 125원입니다 =〔零件〕❷ 부속 문서.

【另立门户】lìng lì mén hù 成 ❶ 따로 점포를 내다. ❷ 분가하여 따로 살림을 차리다. ¶他决心～, 自成一派 | 그는 분가하여 따로 한 계파를 이루기로 작정했다.

【另谋生计】lìngmóu shēngjì 動組 따로 생계를 꾸리다. 달리 생활 수단을 구하다. ¶这种行业干不下去了, 只得～ | 이런 업종은 더 이상 해나갈 수가 없게 되었으니 달리 생활 수단을 구할 수 밖에 없다.

【另请高明】lìng qǐng gāo míng 成 따로 유능한 사람을 초빙하다. ¶我干不了这活儿, 您～吧 | 저는 이 일을 못하겠으니 따로 더 유능한 사람을 찾아보세요.

【另算】lìngsuàn 動 ❶ (부기에서) 따로 계정(計定)하다. ❷ 따로 계산하다.

2【另外】lìngwài ❶ 代 다른 것. 그 밖의 것. 어법 ⓐ 명사 앞에 오는 경우. 일반적으로「的」를 동반함. ¶今天先讲这些, ～的事情以后再说 | 오늘 우선 이것들을 먼저 얘기하고 다른 일은 다음에 논의하자. ¶你们几个先去, ～的人等一会儿再去 | 너희 몇 명이 먼저 가고 나머지 사람은 조금 있다가 가라. ⓑ 수량사 앞에 오는 경우.「的」을 생략할 수 있음. ¶这里的书我只拿了一本, ～的几本我也不知道是谁拿走了 | 여기에 있는 책은 나는 한 권만 가져 갔고 나머지 책에 대해서는 누가 가져갔는 지 나도 모른다. ¶我有两个姐姐, 一个姐姐在北京工作, ～一个在上海工作 | 나에게는 누나가 두 명 있는데 한 명은 북경에서 일하고 다른 한 명은 상해에서 일한다. ⓒ「另外」와「此外」의 차이 ⇒〔此外〕❷ 副 달리. 그밖에. 따로. ¶～有什么问题? | 달리 무슨 문제가 있느냐? ❸ 連 또. 그리고. ¶请把这封信交给他, ～, 告诉他快给我回信 | 이 편지를 그에게 건네주고 그리고 빨리 나에게 답장하라고 말해주세요 =〔单dān另〕

【另想】lìngxiǎng 動 따로 생각하다. ¶～办法 | 따로 방법을 생각하다.

【另行】lìngxíng ☞〔另行〕lìng/háng ⓑ

【另眼相待】lìng yǎn xiāng dài ⇒〔另眼相看〕

【另眼相看】lìng yǎn xiāng kàn 成 ❶ 다른 시각으로 바라보다. ¶承认并改正错误以后, 群众对他就～了 | 잘못을 시인하고 또 고친 이후에 군중들은 그에 대해 다른 시각으로 바라보게 되었다. ❷ (사람이나 사물을) 각별히 중시하다. 특별 우대하다. ¶小张年富niánfù力强lìqiáng, 工作踏实tàshí, 领导对他～ | 장군은 젊고 혈기왕성할 뿐 아니라 일도 착실히 하기 때문에 최고 책임자가 그를 각별히 중시한다 ‖ =〔另眼看待〕〔另眼相待〕

【另一套】lìng yī tào 名組 다른 방법〔수단〕. ¶我还有～ | 나는 다른 수단이 또 있다.

【另议】lìngyì 書 動 따로 상담〔의논〕하다 =〔另商shāng〕

【另约】lìngyuē ❶ 動 따로 약속하다. ❷ 名 다른 약속.

【另纸】lìngzhǐ 書 名 별지(別紙). 별편(別便). ¶表格画在～上 | 양식은 별지에 그려 두었다. ¶～缮呈shànchéng | 札 별편에 말씀드리겠습니다 =〔另张〕

【另作】lìngzuò 動 (일 등을) 다시 하다. 다시 만들다. ¶～别图tú | 書 다시 다른 계획을 세우다 =〔另做〕

liū ㄌㄧㄡ

3【溜〈霤$_{B2,3}$〉】liū liù 떨어질 류

Ⓐ liū ❶ 動 미끄러지다. 미끄럼을 타다. (얼음을) 지치다. ¶～冰↓ ¶从滑梯huátī上～下来 | 미끄럼틀에서 미끄럼을 타고 내려오다. ❷ 動 몰래 빠져나가다. 뺑소니치다. 살짝 도망치다. ¶一眼不见他就～了 | 눈에 보이지 않자 그는 곧 도망쳤다. ¶～课 | 수업을 빼먹다. ❸ 動 내려가다. 떨어지다. ¶价钱往下～ | 가격이 떨어지다. ¶行市hángshì往下～ | 시세가 떨어지다. ❹ 俗 아부하다. 아첨하다. 알랑거리다. ¶～须↓ ❺ 動 힐끗 보다. ¶～了他一眼 | 그를 한 번 힐끗 봤다. ❻ 形 미끄럽다. 미끌거리다. ¶滑～ | 미끌미끌하다. ¶下了半天雨, 地～得很 | 한나절 비가 내리더니 땅이 아주 미끄럽다. ❼ 形 기울어진. 비스듬한. ¶～肩膀儿↓ ❽「熘」와 같음 ⇒〔熘liū〕❾ 動 어슬렁거리다. 빈들빈들 걷다. ¶在院子里～一～ | 뜰에서 어슬렁거리다. ¶～达↓ ❿ 尾 일부 단음절 형용사의 뒤에 중첩된 형태로 쓰여 의미를 강조함. ¶圆～～ | 동글동글하다. ¶滑～～ | 미끌미끌하다.

Ⓑ liù ❶ 名 급류(急流). 세찬 물살. ¶水深～急 | 물은 깊고 물살은 빠르다. ❷ 낙수물. ¶檐yán～ | 낙수물. ❸ 낙수받이. 물받이. ¶水～ | 물받이. ❹ (～儿) 名 근처. 근방. 부근. ¶这～儿有饭馆子没有? | 이 부근에 식당에 있습니까? ❺ 動 다시 찌다 =〔馏liù〕❻ 動 京 (석회·시멘트 등으로 틈이나 구멍을) 메우다. 바르다. ¶墙qiáng砌qì好了, 就剩下～缝了 | 담을 다 쌓았으니 틈새를 메우는 것만 남았다. ❼ (～儿) 量 줄. 열(列). 행렬. ¶一～烟跑出来 | 한 줄기 연기처럼 뛰어나오다. 매우 빨리 뛰어 나오다. ❽「遛」와 같음 ⇒〔遛liù〕

Ⓐ liū

【溜边(儿)】liū/biān(r) 動 口 ❶ 가장자리로 붙다. ¶行人～走 | 행인은 옆으로 비켜 가시오. ❷ 方 몰래 뺑소니치다〔사라지다〕. ¶他吓xià得溜了边儿了 | 그는 놀라서 몰래 뺑소니쳐 버렸다. ❸ (일을) 회피하다. 비켜 가다. ¶你别遇事就～!

| 일에 부딪치면 회피하지 말아라!

【溜冰】liūbīng〈體〉❶ 名 스케이팅(skating). ¶～场 | 스케이트장. ❷(liū/bīng) 動 스케이팅하다 ‖ =〔滑huá冰〕❸ 名 方 롤러 스케이팅(roller skating). ❹(liū/bīng) 動 方 롤러 스케이팅하다 =〔四轮滑冰〕

【溜槽】liūcáo 名〈機〉활강사면로(滑腔斜面路). 경사 홈통. 미끄럼대 =〔斜xié槽〕〔斜沟〕

【溜出去】liū·chū·qù 動組 슬그머니 나가다. 빠져나가다. 몰래 도망치다. ¶他一清早就～什么事也不管 | 그는 날이 밝자마자 몰래 빠져나가서 아무 일도 돌보지 않는다. ¶他在会议进行到一半时就～了 | 그는 회의가 반쯤 진행되었을 때 벌써 슬그머니 빠져 나갔다.

【溜达】liū·da ⓧ liù·da) 動 口 산책하다. 어슬렁거리다. ¶他在河边来回～ | 그는 강가를 오가며 어슬렁거렸다 =〔溜打〕〔溜跶〕〔遛liù达〕

【溜光(儿)】liūguāng(r) 貶 方 ❶ 미끌미끌하다. ¶这段路～的, 走路要小心 | 이 길은 미끄러우니 걸을 때 조심해야 한다. ❷ 반들반들하다. ¶头发梳shū得～ | 머리를 반들반들하게 빗다.

【溜黑】liūhēi 貶 검은빛으로 윤이 나다.

【溜滑】liūhuá 貶 ❶ 미끄럽다. 미끌미끌하다. ¶～的道儿, 要慢点儿走 | 미끄러운 길은 좀 천천히 걸어야 한다 =〔滑溜(儿)〕〔滑利·lì〕 ❷ 교활하다. 능글맞다. ¶贼鬼～的两衍眼睛 | 능글맞은〔교활한〕두 눈.

【溜尖(儿)】liūjiān(r) 貶 ❶ 날카롭다. 뾰족하다. ¶削xiāo得～的铅笔尖儿 | 뾰족하게 깎은 연필 촉. ¶～雪亮 | 날카로워서 번쩍번쩍 광이 난다. ❷ 喩 유별나다. ¶～的胡涂hútú | 이름난 바보.

【溜肩膀(儿)】liūjiānbǎng(r) ❶ 名 처진 어깨. ¶～穿西服不好看 | 어깨가 처진 사람은 양복을 입으면 보기가 좋지 않다. ❷ 形 轉 方 책임을 회피하다. 무책임하다. 꾀부리다. ¶要是把事托tuō给～的人可就糟zāo了 | 만약에 무책임한〔꾀부리는〕사람에게 일을 부탁하면 정말 큰일난다 =〔溜奸溜滑〕〔削xiāo肩膀儿〕 ❸(liū jiānbǎng(r))(맨 것이) 어깨에서 미끄러져내리다 =〔溜肩〕

【溜开】liūkāi 動 몰래 빠져나가다. 슬그머니 사라지다. ¶说不过我就～ | 나를 말로 당하지 못하면 슬그머니 사라져라. ¶他见势不妙miào, 就赶紧gǎnjǐn～了 | 그는 상황이 묘하게 돌아가는 것을 보자 바로 급히 사라졌다.

【溜溜转】liūliūzhuàn 動 빙글빙글 돌다. 대굴대굴 구르다. ¶陀螺tuóluó～ | 팽이가 빙글빙글 돌다.

【溜跑】liūpǎo 名 (슬그머니) 달아나다. 도망치다. 줄행랑 놓다.

【溜平】liūpíng 貶 方 매끄럽고 판판하다. ¶这块板子刨bào得～ | 이 판자는 대패로 밀어서 매끄럽고 판판하다. ¶～的滑冰场 | 매끄럽고 반반한 스케이트장.

【溜去】liūqù 動 몰래 달아나다. 슬그머니 뺑소니치다. ¶悄悄地～ | 몰래 달아나다 =〔溜走〕

【溜食】liūshí 動 (소화시키기 위하여) 식후에 산책하다. ¶我吃完了饭～去 | 나는 식사를 마치고는 (소화를 위해) 산책을 한다. ¶他每天晚上在校园里～ | 그는 매일 저녁 교정에서 식후 산책을 한다 =〔溜溜食(儿)〕

【溜须】liūxū 動 아부하다. 알랑거리다. ¶不必～, 我做事光明正大 | 아첨할 필요가 없다. 나는 모든 일에 광명정대하다 =〔溜奉〕〔溜沟子〕〔溜哄〕→〔拍pāi马屁mǎpì〕

【溜须拍马】liū xū pāi mǎ 曰 喩 아첨하다. ¶这小子最会～ | 이 녀석은 아첨을 제일 잘 한다. ¶我最讨厌tǎoyàn那些～的人 | 나는 그런 아첨하는 자들을 가장 미워한다.

【溜眼】liūyǎn 動 곁눈질하다. 눈짓하다. 추파를 던지다. ¶他也会跟人～ | 그도 남에게 추파를 던질 줄 안다 =〔飞fēi眼(儿)〕

【溜圆】liūyuán 貶 方 둥글다. ¶～的皮球 | 둥근 가죽 공. ¶他吃得肚子～ | 그는 하도 많이 먹어서 배가 불룩하다 =〔滴dī溜(儿)圓〕

【溜之大吉】liū zhī dà jí 成 빠져 달아나는 것이 상책이다. 줄행랑 놓다. 뺑소니치다. ¶他只说了一句「不是」便～了 | 그는 오직 한 마디 「아니야」하고는 바로 도망쳤다 =〔溜之乎也〕→〔三sān十六计, 走为上计〕

【溜走】liūzǒu ⇒〔溜去〕

【溜嘴】liū/zuǐ 動 말이 헛나오다. 말이 빗나가다. ¶老王说溜了嘴 | 왕씨는 말이 헛나왔다.

Ⓑ liù

【溜马】liùmǎ ⇒〔遛liù马〕

【熘】liū 볶을 류

動 볶다 [기름에 볶은 음식에 조미(調味)한 녹말가루를 끼얹어 다시 볶는 요리 방법] =〔溜liū⑧〕→〔卤lǔ⑥〕

【熘肉片(儿)】liūròupiàn(r) 名〈食〉녹말가루 갠 것 등을 입혀서 볶은 편육 요리 =〔溜肉片(儿)〕

【熘丸子】liūwán·zi 名〈食〉녹말가루 등을 입혀 지진 완자.

【熘虾仁】liūxiārén 名〈食〉녹말가루 갠 것 등을 입혀서 볶은 새우 요리.

【熘鱼片】liūyúpiàn 名〈食〉얇게 썬 생선에 녹말가루 갠 것 등을 입혀서 지진 요리.

liú ㄌㄧㄡˊ

【刘(劉)】Liú 도끼 류

名 성(姓).

【刘备摔孩子】Liú Bèi shuāi hái·zi 歇 유비가 아들을 내동댕이치다. 사람들의 마음을 얻기 위해 거짓 행동하다 [뒤에 「收买人心」이 이어짐]

【刘海(儿)】Liú Hǎi(r) 名 ❶ 유해아 [두꺼비 위에 올라 앉아 손에 돈꾸러미를 가지고 놀고 있는, 머리카락을 앞이마에 가지런하게 늘어뜨린 전설 중의 선동(仙童)] ❷ 轉 부녀 혹은 아이들이 앞이마에 가지런하게 늘어뜨린 짧은 앞머리 =〔刘海(儿)发〕〔留海儿(发)〕〔流苏〕〔前留海儿〕〔头发帘儿〕〔小头发儿〕‖ =〔浏海〕

【刘海(儿)发】liúhǎi(r) ⇒〔刘海(儿)②〕

【刘寄奴】liújìnú 名 ❶〈植〉유기노 =〔千qiān里光〕❷(Liú Jìnú)〈人〉유기노 [남조(南朝) 송(宋)나라의 고조(高祖)인 유유(劉裕)]

【刘姥姥进大观园】Liú lǎo·lao jìn Dàguānyuán

歇유 노파가 대관원에 들어가다. 번잡하고 화려함에 놀라 눈이 어지럽다[뒤에「眼花缭乱」이 이어지기도 함] ¶这地方，我是～，看花了眼了｜이곳은 나에게는 유노파에 대관원이라서 눈이 다 어질어질했다.

【浏(瀏)】liú 맑을 류
書❶形물이 맑고 투명하다. ❷(Liú) 名〈地〉유하(瀏河) [강소성(江蘇省)에 있는 강 이름]

【浏海】liúhǎi ⇒〔刘liú海(儿)〕

【浏览】liúlǎn 書動❶(책 등을) 대충 훑어보다. ¶这本小说我只～了一遍｜이 소설을 나는 단지 한 번 대강 훑어보았을 뿐이다. ¶这本书我只～了一遍，还没仔细zǐxì看｜이 책을 나는 겨우 한 번 대충 훑어보았을 뿐 아직 자세히 보지는 않았다. ❷(풍경 등을) 대강 둘러보다. ¶～在商店的橱chú窗前｜상점의 진열창 앞에서 둘러보다. ¶我～着路旁的树木和花草，信步xìnbù向前走去｜나는 길옆의 가로수와 화초들을 둘러보며 발길 가는대로 앞으로 걸어갔다 ‖ ＝〔流览〕〔刘览〕

1【流】liú 흐를 류
❶動흐르다. ¶水向下～｜물은 아래로 흐른다. ¶～汗hàn｜땀이 흐르다. ❷動유동하다. 유통하다. 이동하다. ¶不让这种伪劣wěiliè商品～外地｜이런 불법 저질 상품을 외지로 흘러들어가게 해서는 안된다. ¶人才向外～｜인재가 밖으로 흘러나가다. ¶～转zhuǎn↓ ¶～星↓ ❸動유랑하다. 떠돌아다니다. ¶～落↓ ¶漂piāo～｜표류하다. ❹動전하다. 퍼지다. 퍼뜨리다. ¶～芳↓ ¶～行↓ ❺動난데없이 오다. 어디에선가 흘러오다. ¶～弹↓ ❻動轉나쁜 방향으로 흐르다. 전락하다. ¶～于形式｜형식적으로 흐르다. ¶～为盗贼dàozéi｜도적으로 전락하다. ¶放任自～｜成제멋대로 하게 방임하다[내버려 두다]. ❼動귀양보내다. 유배하다. ¶～放↓ ❽흐름. 물결. ¶人～｜사람들의 물결. ¶气～｜기류. ¶电～｜전류. ❾名(물의 흐름같이) 순조롭다. ¶～利↓ ❿名부류. 종류. 유파(流派). ¶一～人物｜같은 부류의 사람. ¶儒rú家者～｜유가학파. ⓫名등급. 품위. ¶第一～产品｜일등급 생산품. ¶下～话｜상스런 말. ¶上～｜상류. ⓬名옛날의 형벌. 유형(流刑). ⓭⇒〔流明〕

【流辈】liúbèi 動동배(同輩). 같은 또래. ¶当时～咸推之｜당시 동배들이 모두 그를 추대했다.

【流弊】liúbì 書名유폐. 악습. 누적되어 온 폐단. ¶克服kèfú～｜유폐를 극복하다.

【流布】liúbù 動유포하다. 퍼뜨리다. ¶～四海｜세상에 퍼뜨리다.

【流产】liú/chǎn ❶名動〈醫〉유산(하다). ¶小张的爱人～了｜장씨 부인이 유산했다. ¶她流过几次产｜그녀는 몇 번 유산한 적이 있다. ¶人工～｜인공 유산＝〔小产〕〔小月〕→〔胚pēi胎①〕〔早产〕❷動喻(일이) 유산되다. 좌절되다. ¶他的计划～了｜그의 계획은 유산되었다.

【流畅】liúchàng 形(문장·목소리 등이) 유창하다. ¶文字～｜문장이 유창하다. ¶读得很～｜매우 유창하게 읽다. ¶他～地读完了全文｜그는 유창하게 전문을 다 읽었다.

【流程】liúchéng 名❶물길. 수로. ❷(공업제품 생산에서의) 공정. 과정. 계통. ¶～图｜계통도. ¶采用这种工艺，就能缩短suōduǎn生产～｜이 기술을 받아들이면 생산 공정을 단축할 수 있다＝〔工艺流程〕

3【流传】liúchuán 動(사적·작품 등이) 유전하다. 세상에 전해지다. ¶～于世｜세상에 전해지다. ¶～着另一种说法｜세상에 또 다른 설이 전해오고 있다. ¶我们这里～着很多神话故事｜우리 이곳은 신화 이야기가 많이 전해지고있다.

【流窜】liúcuàn 動(도적이나 적이) 도망쳐 돌아다니다. 달아나다. ¶四处～｜사방으로 달아나다.

【流弹】liúdàn 名빗나간 탄알. 난데없이 날아오는 탄알. ¶他被～打伤了腿｜그는 유탄에 다리를 다쳤다＝〔流丸〕〔飞弹〕

【流荡】liúdàng 動❶이리저리 옮겨다니다. 이동하다. ❷유랑하다. 방랑하다. 방탕하다.

3【流动】liúdòng 動❶(액체나 기체가) 흐르다. ¶这条河里的水～很慢｜이 강의 물은 흐름이 아주 늦다. ¶溪水xīshuǐ缓huǎn缓地～｜시냇물이 천천히 흐르다. ¶我们的血管里～着大韩民族的热血｜우리의 핏줄 속에는 대한 겨레의 뜨거운 피가 흐르고 있다. ¶打开窗户，让空气～～｜창문을 열어서 공기가 좀 통하게 해라. ❷옮겨다니다. 유동하다. ¶～体｜유동체 ¶～办公室｜이동 사무소. ¶～剧团｜이동 극단. ¶～人口｜유동 인구. ¶～医疗yīliáo队｜이동 의료반⇔〔固gù定①〕

【流动哨】liúdòngshào 名〈軍〉동초. ¶布下一～｜동초를 하나 배치하다.

【流动书店】liúdòng shūdiàn 名組이동 서점 ¶开设～｜이동 서점을 개설하다.

【流动资本】liúdòng zīběn 名組〈經〉유동자본.

【流动资产】liúdòng zīchǎn 名組〈經〉유동 자산.

【流毒】liúdú ❶名유전되어 온 해독. 악영향(惡影響). ¶清除封建社会的～｜봉건 사회의 악영향을 말끔히 제거하다. ❷(liú/dú) 動해독을 끼치다. 해독이 세상에 퍼지다. ¶～无穷｜해독이 끝없이 퍼지다. ¶～全国｜해독이 전국에 퍼지다.

【流芳】liúfāng 書❶動아름다운 명성을 후세에 남기다. ¶万古～＝〔流芳百世〕｜成훌륭한 명성을 자손만대에 남기다＝〔垂chuí芳〕❷名喻시간. 세월＝〔流光ⓐ①〕

【流芳百世】liú fāng bǎi shì 成훌륭한 명성을 후세에 전하다＝〔流芳千古〕

【流放】liúfàng ❶動유배하다. ¶林冲被～沧州｜임충은 창주로 유배되었다. ¶把他～到西伯利亚｜그를 시베리아로 유배보내다. ❷動원목을 강물에 띄워 운송하다. ¶利用江河水涨zhǎng的时机～木材｜강물이 불었을 때를 이용하여 목재를 강물에 띄워 운송하다.

【流丐】liúgài 名떠돌아다니는 거지.

【流感】liúgǎn 名簡유행성 감기＝〔流行性感冒〕

【流光】ⓐliúguāng 書名❶광음. 세월. ¶～易逝yìshì｜成세월은 유수같이 빨리 지나가다＝

〔流芳②〕 ❷ 휘황 찬란한 빛. ❸ 흐르는 밝은 빛. 물에 비친 달빛.

ⓑ liú·guang [名] 건달. 일정한 직업에 종사하지 않고, 빈둥거리는 사람.

【流会】liúhuì [名][動] 유회(하다).

【流火】liúhuǒ [名] ❶ [方]〈醫〉 필라리아(filaria)증 =〔丝sī虫病〕 ❷〈漢醫〉 단독 =〔丹dān毒〕

【流金铄石】liú jīn shuò shí [成] 쇠붙이나 돌도 녹일 수 있다. 쇠도 녹일 듯한 더위. 혹서(酷暑) =〔铄石流金〕

4【流寇】liúkòu [名] 유구. 일정한 근거지를 갖지 않은 떠돌이 도둑. ¶荡灭dàngmiè～ | 유구들을 소탕하다 =〔流贼〕

4【流浪】liúlàng [動] 유랑하다. 방랑하다. ¶～汉 =〔流浪者〕 | 떠돌이. 부랑인(浮浪人). ¶～街头 | 길거리를 떠돌아다니다. ¶他从此四处～, 靠讨饭tǎofàn过活 | 그는 이로부터 사방을 돌아다니며 밥을 빌어먹고 살아가게 되었다.

【流浪儿】liúlàng'ér [名] 부랑아(浮浪兒). ¶可怜他父母去世后, 成了～ | 가엽게도 그는 부모가 죽은 후에 부랑아가 되었다.

【流泪】liú/lèi [動] 눈물을 흘리다. ¶不停地～哭泣kūqì | 계속 눈물을 흘리고 흐느낀다.

【流离】liúlí [書] ❶ [動] 재해나 전란으로 인해 정처없이 떠돌아다니다. ¶～转徙zhuǎnxǐ | [成] 이리저리 옮겨다니며 떠돌다. ¶～颠沛diānpèi =〔颠沛流离〕 | [成] 생활고로 정처없이 떠돌아다니다. ❷ [形] 얼룩덜룩하다. 눈부시다 =〔陆lù离①〕 ❸ [名] 유리. 보석 이름 =〔琉liú璃①②〕

【流离失所】liú lí shī suǒ [成] (재해나 전란으로 인해) 의지할 곳을 잃고 떠돌아다니다. ¶荒年灾月, 百姓～ | 흉년에 백성들이 의지할 곳을 잃고 떠돌아다니다.

2【流利】liúlì [形] ❶ (문장·말 등이) 유창하다. ¶文章写得～ | 문장을 유창하게 쓰다. ¶他汉语说得很～ | 그는 중국어를 매우 유창하게 말한다. ❷ 막힘이 없다. 미끈하다. ¶他钢笔字写得很～ | 그는 펜글씨를 미끈하게 잘 쓴다.

【流丽】liúlì [形] (시문이나 글씨 등이) 유창하고 아름답다. 유려하다. ¶风格～ | 풍격이 유려하다.

【流里流气】liú·li liúqì [狀] ❶ 건달티가 나다. ❷ 무뢰한 같다.

【流连】liúlián ❶ [動] 놀음〔유락〕에 빠져 돌아가는 것을 잊다. ❷ [動] 어떤 일이나 고장에 정이 들어 떠나기 아쉬워하다 ‖ =〔留liú连〕 ❸ [狀] 눈물을 줄줄 흘리다. ¶泣涕～ | 눈물을 줄줄 흘리며 슬피 울다.

【流连忘返】liú lián wàng fǎn [成] 놀이에 빠져 돌아가는 것을 잊다. 어떤 일에 미련을 두어 떠나지 못하다. ¶庆州佛国寺的风景, 实在令人～ | 경주 불국사의 경치는 정말 돌아가는 것을 잊게 할 정도로 좋다 =〔流连忘反〕

【流量】liúliàng [名] ❶ 유량. ¶～计 | 유량계. ¶～系数 | 유량 계수. ❷ (단위 시간내 일정한 도로에서의 차량 등의) 통과 수량. ¶交通～ | 교통량.

【流流儿】liúliúr [副] 쭉. 줄곧. 계속. ¶～地打了一天的牌 | 하루 종일 줄곧 마작을 했다. ¶～地学了五六年的中文 | 5, 6년간 계속해서 중국어를 배웠다 =〔溜溜儿〕

4【流露】liúlù [動] (의사·감정을) 무의식중에 나타내다. ¶他无意中～出对老师不满的情绪qíngxù | 그는 무의식중에 선생님에 대한 불만스런 감정이 나타냈다. ¶他的喜悦心情～在脸上 | 그의 기쁜 마음이 얼굴에 나타나 있다. ¶他的每一首诗, 字里行间都～出对祖国的热爱 | 그의 시는 매편마다, 온 자구 속에 조국에 대한 열애가 나타나 있다. ‖ [어법] 「流露」는 무의식중에 나타나짐을 의미하고 「思想·情绪·气质·神情」 등과 어울리는 반면, 「透露」는 의식적인 행위일 수도 있고 주로 「消息·真相·风声·意思」 등과 어울림.

【流落】liúluò [動] 영락(零落)하여 타향을 떠돌다. 유랑하다. ¶～他乡 | 타향을 떠돌아 다니다. ¶～到不好的境遇 | 타향을 떠돌다가 나쁜 처지에 떨어지다.

3【流氓】liúmáng [名] ❶ 건달. 부랑자. ¶～无产阶级 | 룸펜 프롤레타리아트 =〔流亡②〕 ❷ [轉] 불량배. 무뢰한. ¶～集团 | 불량배 집단 =〔喇là子〕〔喇là伙〕〔刺子①〕 ❸ 비속한 행동. 불량한 짓. ¶～用语 | 비속한 말. ¶耍shuǎ～ | 희롱하다 행패를 부리다.

【流氓无产者】liúmáng wúchǎnzhě [名組] 부랑 노동자 계급. 룸펜 프롤레타리아트 =〔游yóu民无产者〕

【流民】liúmín [名] 유랑민. 유민.

【流明】liúmíng [量] [外]〈物〉 루멘(lumen) [광속의 단위] ¶～秒miǎo | 루멘초. ¶～时 | 루멘시.

【流脑】liúnǎo [名] [簡] 「流行性脑脊髓膜炎」(유행성 뇌척수막염)의 약칭.

【流年】liúnián [名] ❶ [書] 세월. ¶～似水 | [成] 세월은 유수와 같다. ❷ 유년. 한 해 동안의 운세. ¶～不利 | (그 해의) 운수가 불길하다 =〔小运〕

【流派】liúpài [名] ❶ (학술 사상이나 문예 방면의) 파별. 분파. 유파. ¶不同的～ | 다른 유파 =〔流别〕〔支派pài〕 ❷ 물의 지류(支流).

【流气】liúqì ❶ [名] 불량한 버릇. 건달기. ¶他有点～ | 그는 건달기가 좀 있다 =〔流氓习气〕 ❷ [狀] 불량스럽다. 건달 같다.

【流入】liúrù [動] 유입하다. 흘러 들어가다. ¶外资～ | 외부자본이 유입되다.

【流散】liúsàn [動] 떠돌아다니며 흩어지다. ¶资料～ | 자료가 흩어지다.

【流沙】liúshā [動] ❶〈地〉 사막 지대의 흩날리는 모래. ❷ 사막. ❸ 유사. 강의 바닥이나 어귀에 쌓여 있는 흩어지기 쉬운 모래. ❹ 지하수를 따라 이동하여 지층 중에 층을 이룬 모래흙.

【流失】liúshī [動] 유실하다. ¶植树造林可以防止水土～ | 나무를 심고 산림을 조성하면 땅이 유실되는 것을 막을 수 있다.

【流食】liúshí [名] 유동식. 연식. 반고형식. ¶他只能饮用～ | 그는 유동식만 먹을 수 있다→〔流质〕

【流矢】liúshǐ [書][名] ❶ 빗나간 화살. ❷ 날아가는 화살. ❸ 난데없이 날아온 화살 ‖ =〔流箭〕

【流逝】liúshì [書][動] 유수처럼 빨리 사라지다. ¶时光～, 一去不回 | 세월이 유수처럼 빨리 흐르고

또 한번 가면 돌아오지 않는다. ¶岁月无情地～着, 十年的时间一转眼就过了｜세월은 무심히도 흘러 십년의 시간이 눈깜빡할 사이에 지나가 버렸다.

[3]【流水】liúshuǐ ❶名 유수. 흐르는 물. 喻끊이지 않고 계속됨. ¶花钱如～｜돈을 물쓰듯하다. ❷名 옛날, 상점의 매상고. ¶本月做了十五万元的～｜이번 달은 15만원의 매상고를 올렸다. ❸名 轉(구식) 금전 출납부 =〔流水簿〕〔流水帐〕 ❹副 近곧. 바로.

【流水不腐,户枢不蠹】liú shuǐ bù fǔ, hù shū bù dù 成흐르는 물은 썩지 않고, 여닫는 문지도리는 좀이 먹지 않는다.

【流水无情】liúshuǐ wúqíng 成흐르는 물처럼 무정하다. 喻(상대방에게) 마음이 없다. ¶他对她是落花有意, 她却是～｜그는 그녀에게 마음이 있지만, 그녀는 (유수와 같이) 전혀 마음이 없다.

【流水席】liúshuǐxí 名손님이 계속해서 올 경우, 자리를 정하지 않고 오는 대로 먹고 가도록 하는 연회 방식.

【流水线】liúshuǐxiàn 名일관 작업열(一貫作業列). 어셈블리 라인(assembly line). ¶在～上工作｜어셈블리 라인에서 일하다.

【流水帐】liúshuǐzhàng 名(구식) 금전 출납부. 일기장(日記帳)[매일 금전과 물품의 출입을 기재하되, 종류별로 나누어 기재하지는 않음] 喻분석하지 않고 중점없이 단순히 사물을 나열하는 서술 또는 기록 =〔流水③〕〔流水簿〕

【流水作业】liúshuǐ zuòyè 名組 일관 작업. 컨베이어 시스템(conveyor system). ¶采用～｜컨베이어 시스템을 채용하다.

【流苏】liúsū ❶名(수레·깃발·장막·초롱 등의 가장자리에 꾸밈새로 늘어뜨리는) 느림. 술. ❷⇒〔刘liú海(儿)②〕

【流俗】liúsú 名貶 세속. 세상에 유행하는 일반적인 풍습. ¶不从～｜세속의 풍습을 따르지 않다.

【流速】liúsù 名〈物〉유속[단위 시간에 유체가 흘러간 거리. 단위는 m/sec] ¶～计｜유속계.

【流体】liútǐ 名〈物〉유체. 유동체. 액체와 기체의 총칭. ¶～动力学｜유체 동력학. ¶～静力学｜유체 정력학. ¶～力学｜유체 역학. ¶～压yā力计｜혈압계. 압력〔기압〕계 =〔流质②〕

[4]【流通】liútōng ❶動 유통하다. ¶空气～｜공기가 유통하다. ❷動〈經〉(상품·화폐 등이) 유통되다. ¶～费用｜유통 비용. ¶～过程｜유통 과정. ¶～货币｜유통 화폐. ¶～资本｜유통 자본. ¶～甚广｜널리 유통되다.

【流亡】liúwáng ❶動 유랑하다. 방랑하다. 망명하다. ¶～海外｜해외로 망명하다 =〔流逋bū〕〔流移yí〕 ❷名 건달. 부랑자 =〔流氓①〕

【流亡政府】liúwáng zhèngfǔ 名組 망명 정부.

【流网】liúwǎng 名〈水〉유망. 물고기를 잡는 그물의 일종.

【流纹岩】liúwényán 名〈鑛〉유문암. 화산암의 일종.

【流徙】liúxǐ 書動(안정된 거처 없이) 이곳 저곳 떠돌아다니다. 유랑하다. ¶～他乡｜타향을 유랑하다.

【流线型】liúxiànxíng 名形 유선형(의). ¶最新式的～汽车｜최신형 유선형 자동차.

【流血】ⓐliú xiě 피를 흘리다. 피가 흐르다. 피가 나다. ¶脸上流了血｜얼굴에 피가 났다.
ⓑliúxuè 名유혈. 부상 또는 생명을 희생하는 일. ¶～斗争｜유혈 투쟁. ¶～牺牲｜피를 흘리고 희생되다.

【流泻】liúxiè 動(액체·빛·감정 등이) 빠르게 흘러나오다〔쏟아져 나오다〕. ¶泉水从山涧shānjiàn里～出来｜샘물이 골짜기에서 (빠르게) 흘러나오다. ¶一缕lǚ阳光yángguāng～进来｜한 줄기 햇빛이 흘러 들어오다. ¶从窗帘缝里～进一束亮光｜커튼 틈새로 한 줄기 밝은 빛이 흘러 들어왔다. ¶诗人的激情从笔端全盘～出来｜시인의 격정이 붓끝에서 전부 쏟아져 나오다.

【流星】liúxīng 名❶〈天〉유성. ¶～陨落yǔnluò｜유성이 떨어지다 =〔飞fēi星〕〔俗贼zéi星〕 ❷고대 병기의 일종으로 쇠사슬 두 끝에 쇠망치를 단 것. ❸긴 줄 두 끝에 물그릇 또는 불뭉치를 달아서 돌리는 묘기.

【流星雨】liúxīngyǔ 名〈氣〉유성우.

[3]【流行】liúxíng ❶名動 유행(하다). 성행(하다). ¶～歌曲｜유행가. ¶～色｜유행색(깔). ¶～学｜유행을 연구하는 학문→〔时shí行③〕 ❷動 넓게 퍼지다. 널리 행해지다. ¶德之～｜덕이 널리 행해지다.

【流行病】liúxíngbìng 名〈醫〉돌림병. 유행병. ¶～学｜유행〔전염〕병학.

【流行性】liúxíngxìng 區〈醫〉유행성. 전염성.

【流行性感冒】liúxíngxìng gǎnmào 名組 유행성 감기 =〔簡流感〕

【流血】liúxuè⇒〔流血〕liú xiě ⓑ

【流言】liúyán 名유언. 근거 없는 소문. ¶恐怕kǒngpà外面的～｜아마도 외부의 유언비어일 것이다. ¶散布～｜헛소문을 퍼뜨리다. ¶～蜚fēi语 =〔流言飞语〕〔流言混hùn话〕〔流言流语〕｜成유언비어.

【流于】liúyú 書貶 …에 흐르다. …에 치우치다. ¶～形式｜형식에 흐르다.

[3]【流域】liúyù 名유역. ¶黄河～｜황하 유역. ¶长江～｜양자강 유역 =〔書灌guàn域〕

【流质】liúzhì ❶名 유동식. 소화되기 쉽도록 만든 유동체의 음식물→〔流食〕 ❷⇒〔流体〕

【流转】liúzhuǎn ❶動 항상 이곳 저곳으로 떠돌아다니다. ¶～四方｜사방으로 떠돌아다니다. ❷名動(상품이나 자금을) 유통(하다). 회전(하다). ¶商品～额｜상품 유동액. ¶既不注意货物销路xiāolù, 也不注意资本～｜물품의 판로에도 주의하지 않고, 자본 회전에도 주의하지 않는다. ¶～不畅chàng｜회전이 순조롭지 못하다. ❸動 널리 전파하여 알려지다.

【琉〈瑠〉】liú 유리돌 류
⇒〔琉璃〕

【琉璃】liú·lí 名❶유리[칠보(七寶)의 하나] ❷유리(glass)의 옛 이름 ‖ =〔流离③〕→〔玻bō璃〕 ❸알루미늄과 나트륨의 규산 화합물을 태워서 만든 유약(釉藥)의 일종. ¶～砖zhuān｜오

지 벽돌. ❹〈蟲〉잠자리의 다른 이름→〔蜻蜓qīngtíng〕

【琉璃瓦】liú·liwǎ 名〈建〉유리 유약을 발라서 구운 오지 기와 [청기와와 황금색 기와가 있으며 궁전이나 사원 등의 건축에 쓰이는 고급품임]＝〔碧瓦〕→〔琉璃③〕

4【硫】liú 유황 류
名〈化〉유황(S;sulphur).

【硫胺素】liú'ànsù ⇒〔维wéi生素B1〕

【硫华】liúhuá 名〈化〉유황화(硫黃華). 승화 유황＝〔升华硫〕

【硫化】liúhuà 名〈化〉가황(加黃). 황화(黃化).

【硫化氢】liúhuàqīng 名〈化〉황화수소.

【硫(化)染料】liú(huà) 名組〈染〉유화 물감. 황화(黃化) 염료.

【硫化橡胶】liúhuà xiàngjiāo 名組〈化〉가황(加黃) 고무. ¶用～做鞋底｜가황 고무로 신발 밑창을 만든다＝〔胶皮〕〔橡皮〕

4【硫酸】liúsuān 名〈化〉유산. 황산. ¶～铝lǚ｜황산 알루미늄. ¶～奎宁kuíníng｜유산 키니네＝〔俗 坏水(儿)〕

【硫酰胺(制)剂】liúxiān'àn(zhì) 名 설퍼마인제.

【旒】liú 깃발 류, 면류관끈 류
書 名 ❶ 깃발 위의 띠. ❷ 면류관의 주옥을 꿰어 늘어뜨린 끈＝〔鎏②〕〔冕miǎn旒〕

【鎏】liú 금 류
❶ 書 名 질이 좋은 금. ❷「旒」와 같음⇒〔旒liú②〕❸「镏」와 같음⇒〔镏liú②〕

1【留】liú 머무를 류
❶ 動 머무르다. 묵다. 轉 주의력을 집중하다. ¶他～在农村工作了｜그는 농촌에 머물러 일했다. ¶～心↓ ❷ 머무르게 하다. 만류하다. ¶挽wǎn～｜만류하다. ¶拘jū～｜구류하다. ❸ 動 받다. 접수하다. ¶礼物先～下来｜선물을 먼저 받아들이다. ❹ 動 보존〔보류〕하다. (…을) 남겨 두다. ¶自～地｜자류지. ¶～胡子↓ ❺ 動 남겨놓다. 물려주다〔전하다〕. ¶祖先～给了我们丰富fēngfù的文化遗产yíchǎn｜조상이 우리들에게 풍부한 문화유산을 물려 주었다. ❻ (Liú) 名 성(姓).

【留班】liú/bān 動 口 유급하다. 낙제하다＝〔留级〕

【留别】liúbié 書 動 이별할 때 선물을 주거나, 시·사(詩·詞)를 지어 남아 있는 친구에게 주다. ¶～之物｜이별의 기념품. 추억의 물건.

【留步】liúbù 套 나오지 마세요. ¶～～!＝〔请留步, 别送!〕｜나오지 마십시오＝〔纳nà步〕→〔别送〕

【留茶留饭】liúchá liúfàn 動組 손님을 머물게 하고 차(茶)나 밥을 대접하다. 손님을 정중히 대접하다.

【留传】liúchuán 動 후세에 물려주다. ¶代dài代～｜대대로 물려주다.

【留存】liúcún 動 ❶ 보존하(게 하)다. 남겨 두(게 하)다. ¶这份文件～备查bèichá｜이 서류는 조사를 위해서 남겨놓다. ❷ 존재하다. 현존하다.

【留党察看】liúdǎng chákàn 動組 (당내 징계 처분의 일종으로) 제명(除名)하지 않고 당내에 두고서 관찰하다.

【留得青山在, 不愁没柴烧】liú·de qīngshān zài, bù chóu méi chái shāo 諺 청산이 있는 한, 땔나무 걱정은 없다. 근본이 착실하게 갖추어지면, 걱정할 필요가 없다＝〔留得青山在, 不怕没柴烧〕

【留底(儿)】liúdǐ(r) ❶ 名 서류의 부본. ❷ (liú/dǐ(r)) 動 부본을 남기다. ¶我毫不～, 全交代了｜나는 부본을 전혀 남기지 않고 모두 인계했다. ‖＝〔留根〕

【留地步】liú dì·bu 動組 여지(餘地)를 남기다. 여유를 두다. ¶攻击敌人还要给他～吗?｜적을 공격하는데 그들에게 여유를 줄 필요가 있겠는가?＝〔留步手儿〕〔留有余地〕〔留余地〕→〔留后路(儿)〕

【留饭】liúfàn 動 ❶ 손님을 머물게 하고 식사를 대접하다. ¶今天大哥～｜오늘 큰형님이 남아서 식사를 하라고 하신다. ❷ (liú/fàn) 밥을 남기다. ¶他中午回来晚, 请给他～｜그는 정오때 늦게 돌아오니 그에게 밥을 남겨 두었다가 주세요 →〔留茶留饭〕

【留芳】liúfāng 動 喩 이름을 후세에 남기다. 명성을 남기다. ¶～百世｜오랫동안 명성을 남기다 ⇔〔遗臭yíchòu〕

【留给】liú·gei 動 (…에게) 남기다. 남겨 주다. ¶请你～我一把钥匙｜열쇠 하나를 내게 남겨 주십시오.

【留后路(儿)】liú hòulù(r) 動組 (만일의 경우를 대비하여) 빠져나갈 길을 남겨 두다. ¶他这个人老谋深算, 办什么事都预先～｜그 사람은 일을 하는 것이 노련하고 용의주도해서 무슨 일을 하든지 먼저 빠져나갈 길을 만들어 둔다. ¶话别说绝了, 还是留个后路儿的好｜말을 딱 잘라 하지 말고, 좀 여유를 두는 것이 좋다＝〔留后门〕〔留后手(儿)〕〔留退步〕〔留退身步儿〕

【留胡子】liúhú·zi 動 수염을 기르다＝〔留须〕〔書 蓄须〕

【留话(儿)】liúhuà(r) ❶ 名 (방문한 상대가 없을 때) 남기는 말. 전언(傳言). ❷ (liú/huàr) 動 말하여 두다. 말을 남겨 두다. ¶妈妈留下话说:把房间打扫dǎsǎo打扫｜어머니께서 방을 좀 청소하라는 말씀을 남기셨다.

【留级】liú/jí 動 유급하다〔시키다〕. 낙제(落第)하다〔시키다〕. ¶他又～了｜그는 또 유급됐다＝〔口 留班〕→〔落luò第〕

【留兰香】liúlánxiāng 名〈植〉스피어민트. 박하의 일종.

【留连】liúlián 動 (헤어지기가 섭섭해) 계속 머무르다. ¶～花月｜화류계에서 계속 지내다. ¶～忘返｜계속 머무르며 돌아가는 것을 잊다＝〔流连①②〕

4【留恋】liúliàn 動 ❶ (떠나거나 버리기) 아쉬워하다. 차마 떠나지(버리지) 못하다. ¶他对这些东西好像还在～｜그는 이 물건들에 대해서 아직도 미련이 남아 있는 것 같다. ¶就要离开学校了, 大家十分～｜곧 학교를 떠나게 되자, 모두들 몹시 서운하였다. ¶～不舍shě｜떠나기가 몹시 서운하다. ❷ 그리워하다. ¶很～过去｜과거를 아주

그리워하다. ¶～祖国的山山水水 | 조국의 산하를 그리워하다.

【留门】liú/mén 動 (밤에 돌아오는 사람을 위해) 빗장을 지르지 않거나 걸쇠를 채우지 않다. ¶我晚上回来晚, 你给我～ | 내가 오늘 늦게 돌아오니 문을 걸지 말아줘.

【留面子】liú miàn·zi 動組 체면을 세우다. ¶给我留个面子吧 | 내 체면 좀 세워 주시오 ¶他说话从不给人～ | 그는 말 하는데 있어 여태 남의 체면을 세워준 적이 없다.

【留难】liúnàn 動 (고의로) 트집을 잡다. 난처하게 만들다. ¶百般～ | 모든 일에 트집을 잡다.

【留尼汪(岛)】Liúníwāngdǎo 名 外 〈地〉 프랑스령 레위니옹(Réunion) [아프리카에 위치한 나라. 수도는 「圣但尼」(생드니;Saint Denis)]

[1]【留念】liú/niàn 動 (이별할 때 선물을 주어) 기념으로 남겨 두다[삼다]. ¶照相zhàoxiàng～ | 사진을 찍어 기념으로 남기다. ¶签qiān名～ | 기념으로 서명하다.

【留鸟】liúniǎo 名 〈鳥〉 유조. 텃새 ⇔[候鸟]

【留期】liúqī 動 기한을 늦추다. 날짜를 미루다.

【留情】liú/qíng 動 ❶ (정을 생각해서) 용서하다. 이해해주다. ¶手下～ | 관대한 조치를 취하다. ¶毫不～ | 조금도 용서하지 않다. ¶你就留留情放他走吧 | 네가 좀 이해해서 그를 가게 놓아주어라. ❷ 정을 품다. 정이 들다. ¶一见～ | 첫 눈에 정이 들다.

【留任】liúrèn 動 유임하다. 연임(連任)하다.

[4]【留神】liú/shén 動 (주로 위험이나 잘못에 대해) 주의하다. 조심하다. ¶车辆很多, 过马路要～ | 차가 많으니, 길 건널 때에는 주의해야 한다. ¶～车辆 | 차를 조심해라. ¶～汽车撞着你 | 차에 부딪칠까 조심해라. ¶他处处都很～ | 그는 어디서든 아주 조심스럽다 =[留心]

【留声机】liúshēngjī 名 ❶ 유성기. 축음기 =[唱chàng机][俗 话huà匣子][戏匣子] ❷ 喻 앵무새처럼 남이 한 말을 그대로 흉내내는 짓.

【留守】liúshǒu 書 動 ❶ 옛날, 황제가 수도를 떠나 순행(巡幸)할 때 대신이 수도에 남아서 지키다. ❷ 부대·기관·단체 등이 머무르던 지역을 떠나면서, 적은 수의 인원을 남겨서 지키게 하다. ¶～部队 | 본래 주둔하던 지역에 잔류하여 수비하는 부대. ¶～京城 | 남아서 수도를 지키다.

【留宿】liúsù 動 ❶ (손님을) 만류하여 묵게 하다. ❷ 유숙하다. ¶今晚他就在这里～ | 오늘밤 그는 여기에서 유숙한다.

【留题】liú/tí 動 참관이나 유람을 통해 얻은 의견·감상을 써 놓다. ¶～本 | 탐방한 감상 등을 써 놓은 노트.

【留头】liú/tóu 動 ❶ 머리를 (깎지 않고) 기르다. ❷ (여자 아이가) 처음으로 머리를 길게 기르다. ¶她是几岁上裹guǒ脚, 几岁上～? | 그녀는 몇 살에 전족을 하고, 몇 살에 머리를 길게 길렀느냐? ‖ =[留发]

【留下】liú·xià 動 ❶ 남게 하다. (붙잡아) 묵게 하다. ¶昨天他把我～了 | 어제 그는 나를 못가게 붙잡았다. ¶～他住几天 | 그를 며칠 더 묵게 붙잡았다. ❷ 말해 두다. 말하여 남겨 놓다. ¶他出去的时候～条子了 | 그는 나갈 때 쪽지를 남겨 두었다. ❸ 사 두다. ¶这些个东西他都～了 | 이 물건들을 그가 모두 사 두었다. ❹ 남기다. 남겨 두다. ¶老辈子～的房子 | 선조(先祖)께서 남기신 집. ¶～难忘的印象 | 잊을 수 없는 인상을 남기다.

[4]【留心】liú/xīn 動 주의하다. 조심하다. ¶～自己的言行 | 자기의 언행을 조심하다. ¶～搜集资料 | 자료를 수집하는 데 유의하다. ¶～听讲 | 유의하여 강의를 듣다. ¶你提醒之后, 他才～起来 | 네가 주의를 환기시킨 후로 그가 비로소 조심하기 시작했다. ¶～别写错了 | 유의하여 잘못 쓰지 말라. ¶～火车 | 기차를 조심하다. ¶～油漆 =[留心色油] | 페인트 주의 =[留神][留意][小心①][仔细②]→[当心][用心①]

【留须】liúxū ⇒[留胡hú子]

[3]【留学】liú/xué ❶ 動 유학하다. ¶他早年～中国 | 그는 일찌기 중국에서 유학했다. ❷ (liúxué) 名 유학.

[1]【留学生】liúxuéshēng 名 유학생.

【留言】liúyán 名 (어떤 장소를 떠날 때 남긴) 메모. 전해 둔 말. ¶～牌pái | 메모판. 전언판(傳言板) =[留语]

【留言簿】liúyánbù 名 메모장. 전언부(傳言簿). ¶我在～上给他写了几句话 | 나는 메모장에다 그에게 몇 마디 전할 말을 적어두었다.

【留一手(儿)】liú yīshǒu(r) 動組 가장 중요한 비법만은 (남에게 가르쳐 주지 않고) 남겨 놓다. 한 수 남겨 두다. 여유를 두다. ¶老师傅把全部本事传给徒工, 再不像从前那样～了 | 스승이 도제(徒弟)에게 기술을 전부 전수해 주어서, 예전처럼 그렇게 비법을 숨기지 않았다.

[4]【留意】liú/yì ⇒[留心]

【留影】liú/yǐng ❶ 動 기념 촬영하다. ¶会议休息时集体jítǐ～ | 회의 휴식 시간에 단체 촬영을 하다. ❷ (liúyǐng) 名 기념 촬영 사진.

【留用】liúyòng 動 ❶ 계속해서 고용하다. ¶先～一个星期再说 | 우선 한 주일 동안 더 써보고 다시 이야기하자. ❷ 남겨서[남겨 놓았다가] 사용하다.

【留有余地】liú yǒu yú dì 成 여지를 남겨두다. ¶说话做事要～ | 말하는 것이든 일하는 것이든 여지는 남겨 놓아야 된다.

【留职留薪】liúzhí liúxīn 動組 유급 휴직.

【留职停薪】liúzhí tíngxīn 動組 ❶ (징계 처분·휴직시의) 급여 정지. ❷ 휴직에 의한 급여 정지. ¶他办了～ | 그는 휴직에 의한 급여 정지 수속을 했다→[留职留薪]

【留置】liúzhì 書 動 (사람이나 물건을 어떤 곳에) 남겨두다. ¶～部分兵力 | 일부 병력을 남겨 두다.

【留住】liúzhù 動 만류하다. 붙잡아 두다. ¶～他过一夜 | 그를 만류하여 하룻밤을 묵게 하다.

【留驻】liúzhù 動 주류(駐留)하다. 주둔하다. ¶美军四万人～韩国 | 미군 사만명이 한국에 주둔하다.

【馏(餾)】 liú liù 뜸들 류

Ⓐ liú 動 끓이다. 증류하다. ¶蒸zhēng～ | 증류하

다. ¶干gān～ | 건류하다.
Ⓑliù 動 (식은 음식을) 다시 찌다[데우다]. ¶把馒头～着吃 | 찐빵을 다시 쪄서 먹다 =〔溜liù⑤〕
【馏出油】liúchūyóu 名〈化〉연료로 사용하기 위해 특별히 가공한 유류(distillate oil).
【馏分】liúfèn 名〈化〉유분(溜分).
【馏份】liúfèn 名 動〈化〉분별 증류(하다).

【遛】liú ☞ 遛 liù Ⓑ

【骝(騮)】liú 절따말 류
書 名 옛날, 좋은 말[검정 갈기에 검정 꼬리를 한 붉은 말] ¶骅～ | 주(周)나라 목왕(穆王)의 좋은 말.

4【榴】liú 석류 류
名〈植〉석류 =〔石榴〕
【榴弹炮】liúdànpào 名〈軍〉유탄포 =〔俗 老田鸡炮〕
【榴花】liúhuā 名 석류꽃 →〔榴火〕
【榴火】liúhuǒ 書 名 석류꽃(빛) →〔榴花〕
【榴莲】liúlián 名〈植〉듀리언(durian).
【榴霰弹】liúxiàndàn 名〈軍〉유산탄 =〔群qún子弹〕〔霰弹〕〔子zǐ母弹〕〔开花弹〕
【榴月】liúyuè 名 음력 5월의 다른 이름.

4【瘤】liú 혹 류
❶ (～子) 名〈醫〉혹. 종기. 종양. ¶毒dú～ | 악성 종양. ❷ 암(癌). ¶胃wèi～ | 위암. ¶肺fèi～癌ái | 폐암 →〔癌ái〕
【瘤牛】liúniú 名〈動〉인도소. 제부(zebu) =〔印度瘤牛〕
【瘤胃】liúwèi 名 유위. 혹위.
【瘤子】liú·zi 名 口 종양. 혹. 종기.

【镏(鎦)】liú liù 도금할 류
Ⓐliú ❶ 名〈化〉「镥lǔ」(루테튬)의 옛이름. ❷ 動 금속을 은(銀)이나 동(銅)에 도금(鍍金)하다. ¶～金↓ =〔鎏liú③〕 ❸ 書 名 가마솥.
Ⓑliù ⇒〔镏子〕
Ⓐliú
【镏金】liújīn 名 動 금도금(하다).
Ⓑliù
【镏子】liù·zi 名 北 반지. ¶金～ | 금반지 →〔戒jiè指(儿)〕

【镠(鏐)】liú 순금 류
書 名 질이 좋은 황금.

liǔ ㄌㄧㄡˇ

3【柳】liǔ 버들 류
名 ❶〈植〉버드나무 =〔柳树〕 ❷〈天〉유수(柳宿) [이십팔수(二十八宿)의 하나] ❸ (Liǔ) 성(姓).
【柳安(木)】liǔ'ān(mù) 名 外〈植〉나왕.
【柳拐子】liǔguǎi·zi 名 ❶ 휘어진 버드나무 가지. ❷ 俗 곱추. 곱사등이.
【柳罐】liǔ·guàn 名 버드나무 잔가지로 엮어 만든 두레박.
【柳毛子】liǔmáo·zi 名 버들솜. 버들개지. 유서(柳絮). ¶春风吹来, ～飘拂piāofú | 봄바람이 불어오니 버들솜이 가볍게 날린다 =〔柳絮〕
【柳眉】liǔméi 名 ❶ 버들잎 모양의 고운 눈썹. ❷ 喩 미인(의 눈썹) ‖ =〔柳叶眉〕
【柳琴】liǔqín 名〈音〉악기 이름 [4줄의 현(弦)이 있으며 외형은 비파(琵琶)와 비슷하나 비파보다 조금 작음] ¶她会演奏yǎnzòu～ | 그녀는 유금을 연주할 수 있다.
3【柳树】liǔshù 名 버드나무 =〔杨柳②〕
【柳体】Liǔtǐ 名 유체 [당대(唐代), 유공권(柳公權, 778～865)의 필법 =〔柳字〕
【柳条(儿, 子)】liǔtiáo(r·zi) 名 ❶ 버드나무 가지 [특히 광주리 등을 짤 수 있는 고리버들을 가리킴] ❷ 버드나무 가지 같은 줄무늬. ❸ (견직물 등의) 가는 털이 도드라진 줄무늬.
【柳条帽】liǔtiáomào 名 버드나무 가지로 만든 안전모 →〔安全帽〕
【柳絮】liǔxù ⇒〔柳毛子〕
【柳枝(儿)】liǔzhī(r) 名 버드나무 가지.
【柳子戏】liǔ·zixì 名〈演映〉유자희 [산동 지방(山東地方)의 전통극의 한 가지. 산동 서부와 강소(江蘇) 북부 및 하남(河南) 동부 일대에서 유행함]

【绺(綹)】liǔ 실스무오리 류
❶ (～儿) 量 토리. 묶음. 가락 [머리카락·수염·실뭉치 등을 세는 데 쓰임] ¶一～丝线 | 실 한 타래. ¶五～儿头发 | 머리칼 다섯 가닥 →〔桄guàng②〕 ❷ 動 (긴 것을) 아래로 드리우다. 아래로 늘어지다. ¶这件衣裳穿起来还是～着 | 이 옷은 입으면 여전히 아래로 늘어진다. ❸ (～儿) 名 옷이 아래로 드리워져 자연히 생긴 세로 주름. ❹ 名 소매치기. ¶小～ | 소매치기. ¶～贼↓
【绺贼】liǔzéi 名 소매치기 =〔剪绺贼〕〔口 小绺〕〔口 扒手〕

【锍(鋶)】liǔ 쇠지꺼기 류
名 유색(有色) 금속의 제련 과정에서 생긴 중간 산물(中間産物).

liù ㄌㄧㄡˋ

1【六】liù lù 여섯 륙
Ⓐliù ❶ 數 6. 여섯. ¶二加四等于～ | 2 더하기 4는 6이다. ❷ 名〈音〉「工尺谱」(중국 전통의 음계 부호)의 다섯째 소리 [「솔」에 해당함] →〔工尺〕 ❸ 嘆 俗 쳇! 픽! [업신여길 때 하는 말] ¶～, 你也配pèi | 쳇! 너도 자격이 있다고? ❹ 形 俗 좋지 않다. 형편없다. ¶你的成绩忒tè～! | 너 성적이 형편없구나! ❺ 代 뭘! [「什么」에 해당하는 비속한 말] ¶你懂dǒng得个～? | 네가 뭘 알아?
Ⓑlù ❶「六liù」의 문어음(文語音). ❷ 지명에 쓰이는 글자. ¶～安 | 육안. 안휘성(安徽省)에 있는 산·현 이름. ¶～合 | 육합. 강소성(江蘇省)에 있는 현 이름.
【六部】liùbù 名 육부. 옛날, 주요 국무를 맡아보던 이(吏)·호(戶)·예(禮)·병(兵)·형(刑)·공(工)부의 여섯 관아. ¶～九卿qīng | 육부 상서와 구경 →〔六房〕

【六朝】Liù Cháo 名〈史〉❶ 육조. 후한(後漢) 멸망 이후 수(隋) 통일 이전까지 지금의 남경(南京)에 도읍한 왕조. 오(吳)·동진(東晋)·송(宋)·제(齊)·양(梁)·진(陳). ❷ 육조 시대(六朝時代). ¶ ～书法 | 육조 시대의 서법. ¶ ～文 | 육조문 →〔南北朝〕

【六畜】liùchù 名 육축. 말·소·양·닭·개·돼지. ¶ 饲养sìyǎng～ | 여섯 가지 가축을 먹이다 =〔六牲〕

【六方】liùfāng 書 名 육방. 동·서·남·북·상·하의 여섯 방위 =〔六合①〕〔六区〕

【六分仪】liùfēnyí 名〈天〉육분의. 섹스턴트(sextant) =〔纪jì限仪〕〔量天尺〕

【六腑】liùfǔ 名〈漢醫〉육부. 뱃속의 여섯 기관. 담(膽)·위·대장·소장·삼초(三焦)·방광. ¶ 一听噩耗èhào, 他～俱裂jùliè | 부고를 듣는 순간 그는 육부가 다 찢어졌다 =〔六府②〕→〔五脏六腑〕

【六合】liùhé ❶ ⇒〔六方〕 ❷ 名 喩 천하. 우주 =〔六合之内〕

【六甲】liùjiǎ 名 ❶ 육십 갑자(六十甲子) =〔六十甲子〕 ❷ 오행 방술(五行方術). ❸ 俗 임신. 회임(懷妊). 회잉(懷孕). ¶ 身怀～ | 임신하다. ❹ 옛날, 신(神)이나 별(星)의 이름.

【六〇六】liùlíngliù 名〈藥〉살바르산. 육공육호(606號). 매독약=〔六百零六〕

【六六六】liùliùliù 名〈農〉비 에이치 시(BHC) [살충제의 일종]=〔俗 六六粉〕〔六氯苯〕→〔滴滴涕〕

【六氯苯】liùlǜběn ⇒〔六六六〕

【六轮】liùlún 名 6연발 권총. 육혈포 =〔六响手枪〕〔六转儿〕

【六亲】liùqīn 名 육친. 육척. ❶ 부(父)·모(母)·형(兄)·제(弟)·처(妻)·자(子) ❷ 부(父)·자(子)·형(兄)·제(弟)·부(夫)·부(婦). ❸ 부자(父子)·형제(兄弟)·고자(姑姊)·생구(甥舅)·혼구(婚媾)·인아(姻婭).

【六亲不认】liù qīn bù rèn 成 ❶ 육친도 모른다. 몰인정하다. ¶ 他执zhí法严格yángé, ～, 不循xún私情 | 그는 법 집행이 엄정하여 육친도 상관않고 사사로운 정에도 이끌리지 않는다. ❷ 안면을 돌보지 않는다.

【六神】liùshén 名 도교(道教)에서 말하는 염통·허파·간장·콩팥·지라·쓸개 등의 6장기를 담당하는 신. ¶ ～不安 | 成 (심기가 어지러워) 마음이 안정되지 못하다. ¶ ～丸 | (중국 재래약의 하나인) 육신환.

【六神无主】liù shén wú zhǔ 成 (놀라서) 어찌할 바를 모르다. 넋이 나가다. ¶ 他一看这情景, 马上～ | 그는 이 장면을 보자마자 넋을 잃었다 =〔六神分散〕

【六书】liùshū 名 육서. ❶ 한자의 구조와 운용(運用). 지사(指事)·상형(象形)·형성(形聲)·회의(會意)·전주(轉注)·가차(假借). ❷ 한자의 여섯 가지 서체. 고문(古文)·기자(奇字)·전서(篆書)·예서(隸書)·무전(繆篆)·충서(蟲書) ‖ =〔六体〕

【六仙桌(儿, 子)】liùxiānzhuō(r·zi) 名 6인용 사각 테이블→〔八仙桌(儿)〕

【六弦琴】liùxiánqín ⇒〔吉jí他〕

【六一国际儿童节】Liù Yī Guójì Értóng Jié 名組 국제 아동절 [1949년부터 6월 1일이 국제 아동절로 지정됨] =〔六一〕〔六一(儿童)节〕〔国际儿童节〕〔儿童节〕

【六指儿】liùzhǐr 名 ❶ 육손이. 육발이. ❷ 쓸데없는 것. 여분의 것. ❸ 상·하·사방.

4【陆】liù ☞ 陆 lù B

【溜】liù ☞ 溜 liū B

【馏】liù ☞ 馏 liú B

【遛】liù liú 머무를 류

A liù 動 ❶ 천천히 걷다. 산보하다. ¶ ～大街 | 큰길을 거닐다. ❷ (소·말 등의 동물을) 천천히 끌고 다니며 운동시키다. ¶ ～马↓ =〔溜liù⑧〕

B liú ⇒〔逗dòu遛〕

【遛马】liù/mǎ 動 말을 슬슬 산책시키다〔끌고 다니다〕 ¶ 老头儿～去了 | 노인은 말 산책시키러 갔다 =〔溜liù马〕

【遛鸟】liù/niǎo 動 (애완용 새가 든) 새장을 들고 산책하다〔거닐다〕. ¶ 树林shùlín里有不少～的老头 | 숲 속에는 새장을 들고 산책하는 영감들이 많이 있다.

【遛食(儿)】liùshí(r) 名 動 (소화를 위해) 식후 산책(하다). ¶ 吃饱了饭出去～ | 밥을 다 먹었으면 나가서 산책이나 하자.

【遛弯儿】liù/wānr 動 方 산책하다. 산책 삼아 한 바퀴 돌다. ¶ 您到哪儿～去? | 당신은 어디로 산책가시나요? ¶ 晚上出去遛一趟弯儿 | 저녁에 나가서 산책 삼아 한바퀴 돌았다 =〔溜liù弯儿〕

【镏】liù ☞ 镏 liú B

【碌】liù ☞ 碌 lù B

【鹨(鷚)】liù 종달새 류

❶ 名〈鳥〉종다리과에 속하는 새의 총칭. ¶ 树～ | 숲종다리. ¶ 田～ | 흰눈썹논종다리. ❷ ⇒〔天鹨〕

·lo ㄌㄛ˙

【咯】·lo ☞ 咯 kǎ C

lóng ㄌㄨㄥˊ

2【龙(龍)】lóng 용 룡

❶ 名〈動〉용 [전설상의 동물] ¶ 一条～ | 한마리의 용. ¶ 恐kǒng～ | 공룡. ❷ 名 喩 천자(天子). ¶ ～颜↓ ¶ ～袍↓ ❸ 名 喩 비범(非凡)한 사람. ❹ 名 喩 명마(名馬). ❺ (Lóng) 名 성(姓). ❼ 복성(複姓) 중의 한 자(字).

【龙船】lóngchuán ⇒〔龙舟①〕

【龙胆】lóngdǎn 名 ❶〈植〉용담 =〔陵líng游〕〔山龙胆〕〔草龙胆〕 ❷ 喩 진기한 음식.

【龙胆凤肝】lóng dǎn fèng gān 成 진기한 음식.

【龙胆紫】lóngdǎnzǐ 名〈藥〉겐티안 바이올렛(gentian violet) =〔甲紫〕〔紫药水〕
【龙灯】lóngdēng 名 용등 [정월 대보름날 용처럼 이어진 등의 막대기를 하나씩 잡고 여러 사람이 동시에 춤을 춤] ¶正月十五舞～ | 정월 보름에는 용등춤을 춘다.
【龙洞】lóngdòng 名 종유동(鍾乳洞).
【龙飞凤舞】lóng fēi fèng wǔ 成 ❶ 자유분방하고 웅장한 기세〔산세〕. ❷ 서법 필체가 힘있고 생동적이다. ¶他这几个字写得真是～ | 그의 이 몇 글자는 정말 힘있고 생동감있게 썼다.
【龙凤】lóngfèng 名 ❶ 용과 봉황. ¶～之姿zī | 喻 고귀한 모습. ❷ 결혼의 상징. ¶～婚书 | 결혼 증명서. ❸ 喻 뛰어난 재능을 지닌 사람.
【龙宫】lónggōng 名 용궁 =〔龙城〕
【龙骨】lónggǔ 名 ❶ 용골 돌기. 조류(鳥類)의 흉골. ❷〈漢醫〉용골 [고대 포유 동물들의 골격의 화석으로 진정제 등의 약으로 쓰여지는 것] ❸ (배의) 용골. 킬(keel). ¶船底～船 | 배 밑에 용골이 달린 배. ¶假jiǎ～ | 장식 용골 =〔船骨〕
【龙骨车】lónggǔchē 名〈農〉용골차. 목재로 만든 관개용 수차(水車) =〔龙骨水车〕〔龙尾车〕
【龙虎斗】lónghǔdòu 名 粵〈食〉뱀과 고양이 고기로 만든 요리 이름. ¶我不敢吃～ | 나는 뱀과 고양이로 만든 이 요리는 먹을 자신이 없다.
【龙睛鱼】lóngjīngyú 名〈魚貝〉툭눈 금붕어(dragon eyes).
【龙井(茶)】lóngjǐng(chá) 名〈食〉용정차 [절강성(浙江省)·항주(杭州)의 용정 일대에서 생산되는 녹차(綠茶)의 일종] =〔虎字龙井〕〔梅子龙井〕〔狮子龙井〕
【龙卷风】lóngjuǎnfēng 名〈氣〉회오리(바람). ¶福建又遭zāo～袭击xíjī | 복건성에 또 회오리 바람이 급습했다 =〔龙吸水〕
【龙葵】lóngkuí 名〈植〉까마종이.
【龙马】lóngmǎ 書 ❶ 名 용마. 복희씨(伏羲氏)가 보았다는 신마(神馬). ❷ 名 준마. ❸ 形 喻 심신이 건전하고 활기차다. ¶～精神 | 용마(龍馬)같은 정신. 건강하고 비범한 정신.
【龙门】lóngmén 名 ❶ 과거 시험장의 문. 등용문. 출세의 길. 벼슬자리. ¶鱼跳～ | 喻 과거 시험에 합격하다. 관문을 돌파하다. ¶登dēng～ | 喻 출세의 길에 오르다. ❷ 喻 성망이 높은 인물. ❸〈體〉(축구의) 골(goal). ¶～网wǎng | 골 네트. ¶～柱zhù | 골포스트.
【龙门刨】lóngménbào 名〈機〉평삭반(平削盤)의 일종(double housing planer) =〔龙门刨床〕→〔刨床〕
【龙门吊(车)】lóngmén diào(chē) 名組〈機〉갠트리(gantry) =〔龙门起重机〕
【龙门阵】lóngménzhèn 名 ❶〈軍〉옛날, 병사 훈련 진법의 한 가지 [양군이 서로 대치했을 때의 설전(舌戰)을 연마함] ❷ 喻 의론(議論). 수다. ¶摆bǎi个～ | 수다를 늘어놓다.
【龙脑(香)】lóngnǎo(xiāng) 名〈藥〉용뇌(향) =〔冰bīng片〕〔瑞ruì(龙)脑〕
【龙蟠虎踞】lóng pán hǔ jù 成 용이 서려 있고 범이 버티고 앉은 듯한 지세. 매우 험준한 지세 [흔히 남경(南京)을 가리킴] ¶金陵Jīnlíng乃～之地 | 금릉은 용이 서려 있고 범이 버티고 앉은 듯한 곳이다 =〔龙盘虎踞〕〔虎踞龙蟠〕
【龙袍】lóngpáo 名 용포. 천자·황태자가 입는 용무늬를 수놓은 예복 =〔龙衣〕〔衮gǔn龙袍〕〔衮衣〕
【龙山文化】Lóngshān wénhuà 名組〈考古〉용산문화 =〔黑陶hēitáo文化〕〔仰韶yǎngsháo文化〕
【龙舌草】lóngshécǎo ⇒〔水shuǐ车前〕
【龙舌兰】lóngshélán 名〈植〉용설란.
【龙蛇】lóngshé 喻 ❶ 名 비범한 사람. ❷ 名 영웅과 범부(凡夫). ❸ 名 초서체에서 필세의 생동감. ❹ 動 몸을 숨기다. 은거하다.
【龙蛇混杂】lóng shé hùn zá 成 용과 뱀이 함께 뒤섞이다. 좋은 사람과 나쁜 사람이 한데 섞여있다.
【龙生九子】lóng shēng jiǔ zǐ 成 한 부모 밑에서 태어난 자식이라도 성격이 각양각색이다.
【龙生龙, 凤生凤, 老鼠生儿会打洞】lóng shēng lóng, fèng shēng fèng, lǎoshǔ shēng ér huì dǎ dòng 諺 용은 용을 낳고, 봉은 봉을 낳으며, 쥐가 새끼를 낳으면 그 새끼는 구멍을 잘 뚫는다. 그 아비에 그 아들 [문화 대혁명 기간 중에 계급 제일주의적 입장에 대한 비유로 쓰였음]
【龙生一子定乾坤, 猪生一窝拱墙根】lóng shēng yī zǐ dìng qiánkūn, zhū shēng yī wō gǒng qiánggēn 諺 용은 한 마리의 새끼를 낳아서 천하를 평정하지만, 돼지는 새끼를 한 우리 낳아도 담장 밑만 팔 뿐이다.
【龙虱】lóngshī 名〈蟲〉물방개 [광동(廣東)·복건(福建)에서는 식품으로 함]
【龙潭虎穴】lóng tán hǔ xué 成 매우 위험한 곳. 호랑이 굴. ¶就是～, 我也要闯chuǎng一闯 | 아무리 위험한 곳이라도 부딪쳐 보아야겠다.
【龙套】lóngtào 名 중국 전통극에서 시종 또는 병졸이 입는 옷. 또는 그것을 입은 배우 →〔跑pǎo龙套(的)〕
⁴【龙头】lóngtóu 名 ❶ 수도꼭지. ¶水～ | 수도꼭지 =〔旋xuán塞〕 ❷ 方 자전거의 핸들 =〔车把〕 ❸ 俗 기관차 =〔火车头〕〔机车〕 ❹ 용머리. 喻 수령(首領). ¶占～ | 상석(上席)을 차지하다. ¶～大哥 | 세력·명성이 있는 사람. ¶～拐杖guǎizhàng | 손잡이에 용머리가 새겨진 지팡이. ❺ ⇒〔状zhuàng元①〕 ❻ 사교춤에서 남자가 여자를 리드하는 것.
【龙头蛇尾】lóng tóu shé wěi 成 용두 사미 =〔虎hǔ头蛇尾〕
【龙王】Lóngwáng 名 용왕. 수신(水神). 우신(雨神). ¶河～ | 강의 수신(水神). ¶海～ | 해신. ¶～奶奶 | 물의 여신. ¶井泉～ | 우물의 신. ¶～打呵欠hēqiàn | 용왕이 하품을 하다. 喻 빼기다 =〔龙神〕〔龙王老爷〕〔龙王爷〕
【龙虾】lóngxiā 名〈動〉(대하·왕새우 등과 같은) 큰 새우. ¶油爆yóubào～ | 기름에 튀겨 볶은 왕새우.
【龙涎(香)】lóngxián(xiāng) 名 용연향 [고래의 장의 분비액으로 만든 향료의 일종]

【龙骧虎视】lóng xiānghǔ shì 成❶기개가 드높다. ❷지략이 웅대하다.

【龙须菜】lóngxūcài ❶名口〈植〉기린초. ❷名方〈植〉아스파라거스 =〔石shí刁柏〕

【龙须草】lóngxūcǎo 名〈植〉용수초. ¶～席xí | 용수초 돗자리 =〔龙修〕〔石龙刍〕→〔草席〕

【龙血树】lóngxuèshù 名〈植〉용혈수.

【龙颜】lóngyán 书名 천자의 얼굴 =〔隆颜〕

【龙眼(肉)】lóngyǎn(ròu) 名〈植〉용안(용안의 과육) =〔龙目〕〔北 桂guì圆〕〔骊lí珠〕〔荔lì枝奴〕〔益yì智〕〔圆yuán眼〕〔圆圆〕

【龙吟虎啸】lóng yín hǔ xiào 成 용이 소리를 지르고 호랑이가 소리를 지르다. ❶동류(同類)의 사물이 서로 감응(感應)하다. ❷기세가 우렁차다.

【龙爪槐】lóngzhǎohuái 名〈植〉가지가 밑으로 늘어지는 회화나무의 일종.

【龙争虎斗】lóng zhēnghǔ dòu 成 용과 호랑이가 서로 싸우다. 싸움이나 경기가 치열하다. ¶朝廷内外, ～ | 조정 내외에서 싸움이 아주 치열하다.

【龙钟】lóngzhōng 书形❶늙어서 수족이 부자유스럽다. 늙어 지척거리다. 늙어서 휘청휘청하다. ¶老态～ | 늙어서 뼈가 앙상하다. ¶他还不到古稀gǔxī之年, 但行动已有些～ | 그는 아직도 70세가 되지 않았는데 행동이 이미 좀 부자유스럽다. ¶～老头儿 | 지척거리는 노인. ¶叫他绊bàn了一脚, 跌diē了个～ | 그는 발이 걸려서 휘청거리다 넘어졌다. ❷실의하다. 영락(零落)하다. ¶～终身 | 평생토록 뜻을 이루지 못하다. ¶～三十九, 劳生已强半 | 실의에 빠지고 영락하여 어느덧 39세, 고달픈 인생 이미 절반이 훨씬 넘었구나.

【龙舟】lóngzhōu 名❶용주 [단오절에 뱃머리를 용으로 장식하고 경조(競漕)하는 배] =〔龙船〕 ❷书 제왕의 배.

3【咙(嚨)】lóng 목구멍 롱
⇒〔喉hóu咙〕

【泷(瀧)】lóngshuāng 비올 롱, 땅이름 상

Ⓐlóng ❶名方 급류(急流). 여울. ❷지명에 쓰이는 글자. ¶七里～ | 칠리롱 [절강성(浙江省)에 있는 하천 이름]

Ⓑshuāng 지명에 쓰이는 글자. ¶～水 | 상수 [광동(廣東)에 있는 하천 이름] ¶～冈 | 상강 [강서성(江西省) 영풍현(永豐縣)에 있는 지명]

【泷船】lóngchuán 名❶급류를 타는 배. ❷轉 쾌속선.

【泷泷】lónglóng 擬 콸콸. 좍좍. 쭈룩쭈룩 [물 흐르는 소리·비 내리는 소리]

【茏(蘢)】lóng 여뀌 롱
❶书名「大蓼」(개여뀌)의 옛 이름. ❷⇒〔茏葱〕〔葱茏〕

【茏葱】lóngcōng 书狀(초목이) 푸르고 무성하다. ¶万山～ | 온산이 푸르고 무성하다 =〔葱茏〕〔珑璁②〕

【胧(朧)〈曨〉】lóng 달빛침침할 롱, 〈흐릴 롱〉 ❶形 달이 어슴푸레하다. ¶～光↓ ¶～～↓ ❷⇒〔胧憧〕

【胧光】lóngguāng 书名 희미한〔어슴푸레한〕달.

【胧胧】lónglóng 书狀 어슴푸레하다.

【胧憧】lóngtóng 书擬 둥둥둥 [연거푸 나는 북소리] =〔笼铜〕

【栊(櫳)】lóng 우리 롱
书名❶창(窗). ¶帘lián～ | 커튼이 있는 창. ❷(동물의) 우리.

4【珑(瓏)】lóng 옥소리 롱
⇒〔珑璁〕〔珑玲〕

【珑璁】lóngcōng 擬 쨍그랑. 쨍쨍 [금속·옥석(玉石) 등이 부딪히는 소리]

【珑玲】lónglíng 擬 재롱재롱. 댕강댕강 [금속이·옥이 부딪히는 소리]

【砻(礱)】lóng 갈 롱
❶名 맷돌. 연자매 연자방아. ❷動(벼를) 찧다. 매갈이하다. ¶～出米来 | 탈곡하다.

【砻糠】lóngkāng 名 벼의 겉겨. 왕겨. ¶烧～取暖qǔnuǎn | 왕겨를 태워 따뜻하게 하다. ¶～里榨zhà不出油来 | 諺 왕겨에서는 기름을 짤 수 없다. ❶가난한 사람에게서는 아무것도 얻어낼 수 없다. ❷신통치 않은 것으로 좋은 것을 만들 수 없다. ❸천한 것에서 훌륭한 것을 기대할 수 없다 =〔稻糠〕

3【笼(籠)〈㰍₃〉】lóng lǒng 채롱 롱, 대상자 롱

Ⓐlóng ❶(～儿, ～子) 名(새·곤충 등을 기르는) 장. 바구니. ¶竹～ | 대바구니. ¶鸟～ | 새장. ¶筷kuài～ | 젓가락통. ❷名 시루. 찜통. ¶蒸zhēng～ | 시루. ❸動北 불을 피우다. ¶～火↓ ¶～炉子 | 난로를 피우다. ❹動方(손을) 소매 속에 넣다. ¶～手↓ ❺⇒〔灯dēng笼〕

Ⓑlǒng ❶動 뒤덮다. 덮어씌우다. 웅성대다. ¶～罩zhào↓ ❷(～子) 名(비교적 큰) 상자. ¶箱～ | 옷장. ❸動 한데 뭉치다. 포괄하다. ¶～括↓

Ⓐlóng

【笼火】lóng/huǒ 動北 불을 피우다. ¶今天不冷, 甭～了 | 오늘은 춥지 않으니, 불을 피울 필요가 없다→〔生火 ⓐ〕

【笼鸟】lóngniǎo 名 농조. 사조(飼鳥). ¶～不自由 | 새장에 든 새는 자유스럽지 못하다 =〔书 笼禽〕

【笼屉(儿, 子)】lóngtì(r·zi) 名 시루. 찜통. ¶用～蒸包子 | 찜통으로 (소가 든) 만두를 찌다. ¶～帽 | 시루 방석 =〔蒸笼〕

【笼手】lóng/shǒu 動(옷자락에 손을 넣어) 팔짱을 끼다.

【笼头】ⓐlóngtóu 名 감옥 수감자 중의 우두머리.
ⓑlóng·tou 名(소·말의) 굴레. 재갈에 매어진 가죽끈. ¶没～的马 | 굴레 벗은 말. 喻 버릇없는 사람→〔笼嘴〕

3【笼子】ⓐlóng·zi 名❶새장. ❷바구니.
ⓑlǒng·zi 名 비교적 큰 상자. 잡물 상자(雜物箱子) =〔拢子②〕

【笼嘴】lóng·zui 名 재갈→〔笼头 ⓑ〕

Ⓑlǒng

【笼括】lǒngkuò 動❶일괄하다. 포괄하다. 망라하

다. 모두 합치다. ❷ 독점하다. 독차지하다. ¶～天下 | 천하를 독차지하다 ‖＝〔囊náng括〕

【笼络】lǒngluò 動 농락하다. 구슬리다. ¶～人心 | 인심을 농락하다. ¶用小恩小惠～下属xiàshǔ | 조금 베풀어 주어서 아랫사람들을 구슬리다.

【笼统】lǒngtǒng 形 명확하지 않다. 구체적이지 않다. 어렴풋하다. 두리뭉실하다. 막연하다. ¶我们不是～地一概yīgài反对 | 우리는 두리뭉실하게 일률적으로 반대하자는 것은 아니다. ¶～估gū产 | 어렴풋이 수확량을 짐작하다. ¶不加分析批判, ～地说这说那, 就会不自觉地被敌人利用 | 분석 비판하지 않고 막연하게 이것저것 말한다면, 자기도 모르는 사이에 적에게 이용될 수 있다 ‖＝〔拢统〕

3【笼罩】lǒngzhào ❶ 動 덮어씌우다. 뒤덮다. 휩싸이다. (연기·안개 등이) 자욱하다. 자욱이 끼다. ¶朦胧的晨雾chénwù～着海面 | 몽롱한 새벽 안개가 바다 수면을 가득 덮고 있다. ¶脸上～着忧郁的神色 | 얼굴에 우울한 기색이 어리다. ¶乌云～在湖面上 | 먹구름이 호수를 뒤덮고 있다. ¶夜色早已～了全市镇shìzhèn | 밤기운이 이미 온 시가지를 뒤덮었다. ¶整个会场被悲伤的气氛～住了 | 온 회의장이 우울한 분위기에 휩싸였다. ¶月光～着原野 | 달빛이 들판을 뒤덮고 있다. ❷ 名 주위. 둘레. 포위. ¶无数条小鱼在网扣的～里挣扎zhēngzhá着, 跳动着 | 무수한 작은 고기들이 그물코에 끼어 몸부림을 치며 팔딱거리고 있다.

【笼子】lǒng·zi ☞〔笼子〕lóng·zi ⓑ

4【聋(聾)】lóng 귀막힐 롱 ❶ 形 (귀가) 먹다. 들리지 않다. 轉 (사리에) 어둡다. ¶耳朵ěrduǒ～了 | 귀가 먹었다. ❷ (～子) 名 귀머거리.

【聋哑】lóngyǎ 名 농아. ¶～人 | 농아(자). ¶～儿童 | 농아 아동.

【聋哑学校】lóngyǎ xuéxiào 名組 농아 학교.

【聋子】lóng·zi 名 귀머거리. ¶～爱打岔dǎchà | 成 귀머거리의 지레짐작. ¶～放炮fàngpào | 귀머거리가 폭죽을 터뜨리다. 喩 공연한 짓을 하다. 무익한 짓을 하다. ¶～的耳朵 | 귀머거리의 귀. 장식품에 불과하다. (뒤에 「摆设bǎishè」를 붙여 말하기도 한다) ＝〔聋人〕

4【隆】lóng 성할 륭 ❶ (융)성하다. 왕성하다. 성대하다. ¶典礼diǎnlǐ～重 | 의식이 성대하고 엄숙하다. ¶兴xīng～ | 흥성하다. ❷ (정도가) 깊다. 심하다. ¶～冬↓ ❸ 깊고 두텁다. 극진하다. ¶～情厚谊hòuyì | 두터운 정. ❹ (부풀어) 오르다. 돌출하다. ¶～起↓ ❺ 쿵. 우르릉. 꽈르릉 [우레·대포 소리] ¶炮声pàoshēng～～ | 포성이 꽈르릉 울려 퍼지다. ❻ (Lóng) 名 성(姓).

【隆冬】lóngdōng 名 한겨울. 엄동. ¶～烈风 | 한겨울의 매서운 바람.

【隆隆】lónglóng ❶ 擬 꽈르릉. 우르릉 [천둥이나 포성이 크게 울리는 소리] ¶雷声～ | 천둥이 우르릉 울리다. ¶炮声～ | 포성이 꽈르릉 울리다. ¶～机声 | 우르릉거리는 기계 소리. ❷ 擬 칙칙폭폭 [기차가 달리는 소리] ¶火车～雾中跑 | 기차는 칙칙폭폭 안개 속을 달린다. ❸ 形 왕성하다. 기세가 높다. ¶声誉～ | 명성이 매우 높다.

【隆起】lóngqǐ ❶ 動 융기하다. 높이 솟아오르다. ❷ 名〈地質〉융기. ¶地壳～ | 지각 융기.

4【隆重】lóngzhòng 形 ❶ 성대하다. 성대하고 장중하다. ¶～大典 | 성대한 의식. ¶～热烈的欢迎 | 성대하고도 열렬한 환영. ❷ 엄숙하다. 장중하다. ¶～举行追悼zhuīdào大会 | 추도식을 엄숙히 거행하다. ¶仪式yíshì很～ | 의식이 아주 장중하다.

【隆准】lóngzhǔn 書 名 높이 솟은 코. 오뚝한 코.

【癃】lóng 파리할 륭 ❶ 書 形 쇠약하여 병이 많다. (늙어서) 허리나 등이 꼬부라지다. ❷ 名〈漢醫〉방광 결석증. 배뇨가 잘 안 되는 병＝〔癃闭bì〕

【癃闭】lóngbì 名〈漢醫〉방광 결석증＝〔癃②〕

3【窿】lóng 하늘 륭 ❶ ⇒〔窟kū窿〕 ❷ 名 方 갱도(坑道). ¶清理qīnglǐ废fèi～ | 폐광 갱도를 정리하다.

lǒng ㄌㄨㄥˇ

【陇(隴)】lǒng 언덕이름 롱 ❶「垄」과 같음⇒〔垄lǒng①〕 ❷ (Lǒng) 名〈地〉「甘肃省」(감숙성)·농산(隴山) [섬서성(陝西省)과 감숙성(甘肅省)사이에 있는 산]·농현(隴縣) [섬서성(陝西省)에 있는 현] 등의 약칭.

【陇蜀时】Lǒng Shǔ shí 名 농촉 표준시 [동경 105도의 표준시. 섬서(陝西)·사천(四川)부근의 지방 표준시]

3【垄(壟)】lǒng 두둑 롱 ❶ 名 (논·밭의) 두둑. 이랑. ¶麦mài～ | 보리밭의 두둑＝〔陇①〕 ❷ 이랑 비슷한 것. ¶瓦wǎ～ | 기왓골. ❸ 名 분묘(墳墓). 무덤 ‖＝〔垅〕

3【垄断】lǒngduàn 動 독점하다. 독차지하다. 마음대로 다루다. ¶～汽车市场 | 자동차 시장을 독점하다. ¶倾销qīngxiāo本国剩余shèngyú产品, ～别国市场 | 본국의 잉여 생산품을 덤핑하여 타국의 시장을 독점하다.

【垄断资本】lǒngduàn zīběn 名組〈經〉독점 자본＝〔独占资本〕

【垄沟】lǒnggōu 名 밭고랑. ¶～纵横zònghéng | 밭고랑이 종횡으로 나 있다.

【垄作】lǒngzuò〈農〉❶ 名 이랑 재배. ❷ 動 북을 돋구다. 이랑에 씨를 뿌리다. 이랑 재배를 하다.

【垅(壠)】lǒng 두둑 롱「垄」과 같음⇒〔垄lǒng〕

3【拢(攏)】lǒng 가질 롱 動 ❶ (한데) 모으다. 합치다. 합계하다. 집계하다. ¶把帐～一～ | 장부를 정산하다. ¶收～ | 한 곳에 모으다. ❷ 접근하다. 도착하다. 이르다. ¶船～了岸 | 배가 부두에 닿았다. ¶快～学校了 | 곧 학교에 도착한다. ¶水太浅, 船～不到码头 | 수심이 너무 얕아서 배가 부두에 접근할 수 없다. ❸ 모으다. 어법 주로 보

어로 사용됨. ¶碎suì成了一丝一丝的, 再也聚jù不~ | 아주 잘게 부서져서 더이상 모을 수가 없다. ¶他笑得嘴都合不~了 | 그는 웃느라고 입도 다물지 못했다. ¶他们俩总谈不~ | 그들 두 사람은 항상 의견이 맞지 않다. ❹ 묶어서 흩어지지 않게 하다. 동이다. 끌어안다. ¶用绳子把柴火~住 | 새끼로 장작을 묶다. ¶把孩子~在怀里 | 아이를 품속에 끌어안다. ❺ (사람의 마음을) 끌다. 사로잡다. ¶~住他的心 | 그의 마음을 사로잡다. ¶~住人心 | 인심을 한데 모으다. ❻ (머리를) 빗질하다. 손질하다. ¶~一下头发 | 머리를 좀 손질하다. ¶头发~在后面 | 머리를 뒤로 빗어넘기다.

【拢岸】lǒng/àn 動 (배를) 항구에 대다. 물가에 대다〔붙이다〕¶游船yóuchuán~了 | 유람선이 부두에 배를 대었다＝〔拢船〕

【拢共】lǒnggòng ⇒〔拢总(儿)〕

【拢过来】lǒngguò·lai 動組 끌어당기다. 한데 모으다. ¶把东西~, 聚集在一起 | 물건을 가져와 한군데로 모으다.

【拢住】lǒng/zhù 動 ❶ 붙잡다. 말리다. 만류하다. 가만히 있게 하다. ¶拢不住 | 붙잡지 못하다. ¶~口 | 말을 못하게 하다. ¶拿话~他的心 | 말로 (설득하여) 그의 마음을 사로잡다. ❷ 묶다. 매다. ❸ (흩어진 것을) 한곳에 모으다. ¶~人心 | 인심을 한데 모으다. ❹ 껴안다. 부둥켜 안다.

【拢子】lǒng·zi 名 ❶ 北 참빗＝〔拢梳〕〔梳shū子〕 ❷ 잡물 상자＝〔笼子 ⓑ〕

【拢总(儿)】lǒngzǒng(r) ❶ 名 합계. 총계. 전부. ¶~都来了 | 모두 다 왔다. ❷ 動 한데 합치다. 합계하다. ¶把零散的材料~ | 흩어진 재료를 한데 합치다. ‖＝〔拢共〕

【笼】 lǒng ☞ 笼 lóng Ⓑ

lòng ㄌㄨㄥˋ

【弄】 lòng ☞ 弄 nòng Ⓑ

lōu ㄌㄡ

【搂】 lōu ☞ 搂 lǒu Ⓑ

lóu ㄌㄡˊ

【娄(婁)】 lóu 끌 루, 별이름 루

❶ 動 北 나쁘다. 바르지 않다. ¶他的毛笔字写得特~ | 그의 붓글씨는 너무 엉망이다. ❷ 動 北 (신체가) 허약하다. ¶他的身体~极啦 | 그의 몸은 극히 허약하다. ❸ 動 北 (과일 등이 너무 오래되어) 변질하다. ❹ 名 〈天〉 누수(婁宿) [이십팔수(二十八宿)의 하나] ❺ (Lóu) 名 〈地〉 누산(婁山) [귀주성(貴州省)에 있는 산이름] ❻ (Lóu) 名 성(姓).

【娄昌】Lóuchāng 名 〈地〉 소주(蘇州)의 다른 이름＝〔娄门〕

【娄子】lóu·zi 名 口 난. 혼란. 분규. 화. 분쟁. ¶捅tǒng~ | 분규를 일으키다. ¶出~ | 혼란이 생기다→〔漏lòu子②〕

【偻(僂)】 lóu ⓧ lǚ) 굽을 루, 곱사등이 루

❶ 書 名 곱사등이＝〔瘘②〕〔佝gōu偻〕〔伛yǔ偻〕 ❷ ⇒〔偻儸〕 ❸ 書 動 굽다. 굽히다. ¶~指计之 | 손가락을 굽혀 수를 세다. ❹ 書 副 신속하게. 곧. 즉시. ¶不克~指 | 바로 지적하지 못하다. ❺ (Lóu) 名 성(姓).

【偻儸】lóu·luó ⇒〔喽lóu啰〕

【喽(嘍)】 lóu ·lou 번거로울 루

Ⓐ lóu ⇒〔喽啰〕

Ⓑ ·lou 助 ❶ 동작의 예상이나 가정을 나타내는 어기조사. ¶你要知道~, 一定很高兴 | 네가 안다면, 반드시 기뻐할 것이다. ❷「了·le」와「呕·ou」의 합음으로, 득의양양하거나 주의·환기 혹은 아주 가벼운 어감을 나타내는 어기조사. ¶起来~ | 일어나지 그래. ¶是~, 是~ | 그래, 그래. ¶那就很好~ | 그만하면 꽤 훌륭해 ‖→〔了·le〕

【喽啰】lóu·luó 名 도적의 부하. 반동파의 졸개. ¶他带了几个小~出去了 | 그는 졸개 몇 명을 데리고 나갔다＝〔娄罗〕

【溇(漊)】 Lóu 물이름 루

名 〈地〉 누수(嘍水) [호남성(湖南省)에 있는 강 이름]

【蒌(蔞)】 lóu 물쑥 루

⇒〔蒌蒿〕〔蒌叶〕

【蒌蒿】lóuhāo 名 〈植〉 물쑥→〔蒿①〕

【蒌叶】lóuyè 名 〈植〉 나도후추.

1【楼(樓)〈廔〉】 lóu 다락 루

❶ 名 (2층 이상의) 건물. 층집. ¶大~ | 빌딩. ¶四层~ | 4층건물. ❷ 名 (건물의) 층. ¶办事处bànshìchù设在三~ | 사무실은 3층에 두었다. ❸ (~儿) 名 망루(望樓)→〔牌pái楼〕 ❹ 어떤 종류의 점포. ¶首饰shǒushì~ | 장식품 가게. ¶银~ | 은 세공점. 금은 방. ❺ 量 동(棟)을 세는 단위. ¶一~＝〔一号楼〕〔一栋〕| 1(호)동. ❻ (Lóu) 名 성(姓).

【楼板】lóubǎn 名 (2층 이상의 건물에서 상·하 양층 사이의) 마루판 또는 콘크리트판.

【楼层】lóucéng 名 〈建〉 (건물의) 2층 이상의 각층. ¶这座大楼分五个~ | 이 빌딩은 5층이다. ¶太高的~, 不适宜老年人居住 | 너무 높은 층은 노인이 거주하기에 적합하지 않다.

【楼车】lóuchē 名 옛날, 성(城)을 공격할 때 쓰던 기구 [적을 망보는 망루를 설치한 차]→〔云yún梯②〕

3【楼道】lóudào 名 복도. 회랑. 낭하. 통로. 로비.

【楼烦】Lóufán 名 〈史〉 누번 [옛날, 산서성(山西省)에 있었던 나라 이름]

3【楼房】lóufáng 名 층집. ¶住进~ | 층집으로 (이사해) 들어가다＝〔書 楼宇〕→〔平píng房①〕

【楼库】lóukù 名 장례 때 태우는 종이로 만든 높은 누각 모양의 집.

【楼群】lóuqún 名 ❶ 빌딩의 숲. ¶~中建有绿地 | 빌딩 숲 사이에 녹지가 만들어져 있다. ❷ 숲처럼 서있는 빌딩.

【楼上】lóushàng 名 2층. 위층. ¶妈妈在~ | 엄마

는 위층에 있다→〔楼下〕
【楼台】lóutái 名 ❶ 方 발코니 =〔凉台〕 ❷ 망루(望樓). 고루(高樓).
【楼堂馆所】lóu táng guǎn suǒ 名組 대규모의 건조물 [사무 청사·강당·호텔·여관 등을 말함] ¶同意建～ | 대규모의 건조물을 세우는 것에 동의하다.
2【楼梯】lóutī 名 (층집의) 계단. 층계. ¶～真陡dǒu | 이 계단은 정말 가파르다. ¶走下～ | 계단을 내려오다 =〔胡hú梯〕
【楼下】lóuxià 名 일층. 아래층. ¶～是谁住吃饭? | 아래층에는 누가 밥을 먹고 있는가? ⇔〔楼上〕
【楼子】lóu·zi 名 ❶ 망루(望樓). ¶城门～ | 성문 위의 망루. ¶炮～ | 대포를 설치한 망루. ❷ 아이들이 쓰는 장식 달린 모자.

【耧(耬)】 lóu 씨뿌리는그릇 루
❶ 名 파종용 농기구 [세 가랑이진 쟁기 모양으로, 속에 깔대기가 있어 씨를 그 안에 넣으면 수레가 진행함에 따라 씨가 배출됨] =〔耧犁〕 ❷ 動 「耧」로 파종하다.
【耧播】lóubō 動 「耧」로 파종하다.
【耧车】lóuchē 名 파종용 농기구.

【蝼(螻)】 lóu 땅강아지 루
⇨〔蝼蛄〕
【蝼蛄】lóugū 名 〈蟲〉 땅강아지 [흔히 「拉lā拉蛄」라고 함] ¶～负山 | 喩 도저히 불가능한 일 =〔蝼蝈〕〔蝼蝛〕〔杜dù狗〕〔蛞kuò蝼①〕〔土tǔ狗子〕
【蝼蚁】lóuyǐ 名 ❶ 땅강아지와 개미. ❷ 喩 매우 경미한 것. 힘이 약하거나 지위가 낮은 사람. ¶～之命 | 땅강아지나 개미 같은 보잘것없는 목숨.

【髅(髏)】 lóu 해골 루
⇨〔髑dú髅〕〔骷kū髅〕

lǒu ㄌㄡˇ

【嵝(嶁)】 lǒu 산이름 루
❶ 書 名 산봉우리. ❷ 지명에 쓰이는 글자. ¶岣gǒu～山 | 형산(衡山)의 주봉(主峰) 이름. 호남성(湖南省) 형양현(衡陽縣) 북쪽에 있음.

3【搂(摟)】 lǒu lōu 안을 루, 긁을 루
Ⓐ lǒu ❶ 動 (양팔로) 껴안다. ¶把孩子～在怀里 | 아이를 품안에 껴안다. ¶～住他的腰 | 그의 허리를 부둥켜안다. ❷ 量 아름. ¶一～粗的大树 | 한 아름의 큰 나무.
Ⓑ lōu 動 ❶ (손이나 도구로 물건을) 긁어 모으다. 끌어 모으다. ¶～点干草烧 | 건초를 좀 긁어 모아 태우다. ¶～了一堆树叶儿 | 나뭇잎을 한 무더기 긁어 모았다. ❷ 方 (손가락으로 앞으로) 잡아당기다. ¶～枪机qiāngjī | 방아쇠를 당기다. ❸ (옷을) 걷어올리다. ¶把袖子xiùzi～到肘弯zhǒuwān上 | 소매를 팔꿈치까지 걷어올리다. ¶再往上～一～ | 위로 좀더 걷어올려라. ¶～着衣裳上楼 | 옷을 걷어올리고 2층에 오르다. ❹ 轉 (욕심스럽게) 긁어 모으다. (억지로) 빼앗다. 수탈하다. 착취하다. ¶钱都被他～走了 | 돈은 전부 그이한테 빼앗겼다. ¶这家伙～了不少外币 | 이 녀석은 외국돈을 적지않이 긁어모았다. ¶倘或tǎnghuò～在他手可就出不来了 | 만일 그의 손아귀에 들어가면 아주 돌아오지 않는다. ❺ 위탁받다. ¶～货↓
Ⓐ lǒu
【搂抱】lǒubào 動 두 팔로 껴안다. 포옹하다. ¶～在怀里 | 품에 끌어안다. ¶不准在公共场所～ | 공공장소에서 포옹하는 것은 안된다.
【搂腰抱肩】lǒu yāo bào jiān 成 (서로) 허리나 어깨를 껴안다. ¶～地摔打shuāidǎ | (반가워)서로 껴안고서 (상대방을) 탁탁 치다.
【搂住】lǒuzhù 動 껴안다. ¶孩子吓xià得赶紧gǎnjǐn～妈妈 | 아이는 놀라 재빨리 엄마를 껴안았다.
Ⓑ lōu
【搂巴】lōu·ba ⇒〔搂吧〕
【搂吧】lōu·ba 動 거둬들이다. 긁어가다. 빼앗다. ¶～民财 | 백성의 재산을 거둬들이다. ¶有贼进来把各样儿的东西～走了 | 도적이 들어와서 여러 가지 물건을 빼앗아 갔다 =〔搂巴〕〔搂扒〕
【搂货】lōuhuò 名 위탁 판매품 =〔搂来的货①〕→〔搂卖〕
【搂卖】lōumài 動 위탁품을 팔다. 위탁 판매하다 →〔搂货〕
【搂钱】lōu qián 動 돈을 긁어 모으다. 돈을 거둬들이다. 돈주머니를 채우다. ¶他很会～ | 그는 돈을 아주 잘 긁어 모은다.
【搂头】lōutóu 副 方 정면에서. 정면으로. 마주. 맞받아. ¶～盖脸=〔搂头盖顶〕| 머리를 정면으로 치다. ¶～就是一棍, 把他打倒了 | 정면에서 단지 일격으로 그를 때려 눕혔다.

【篓(簍)】 lǒu 대상자 루
(～儿, ～子) 名 바구니. 광주리. ¶油～ | 기름을 담는 바구니. ¶吃食～ | 음식 광주리 →〔筐kuāng子〕
【篓子】lǒu·zi 名 대바구니. ¶～里有两条鱼 | 대바구니 안에 물고기 두 마리가 담겨있다.

lòu ㄌㄡˋ

4【陋】 lòu 추할 루
❶ 추하다. 보기 싫다. ¶丑chǒu～ | 용모가 추하다. ❷ 협소하다. ¶～巷xiàng | 좁은 골목. 뒷골목. ¶末学～识 | 변변치 않은 학식. ❸ (견문이) 적다. 빈약하다. ¶见识浅～ | 成 견식이 얕고 적다. ❹ 나쁘다. 불합리하다. 케케묵다. ¶～俗↓
【陋风】lòufēng ⇒〔陋俗〕
【陋规】lòuguī 名 ❶ (옛부터 내려온) 나쁜 관습. 나쁜 습성. ¶废除fèichú～ | 전해져 오는 나쁜 관습을 폐지하다. ❷ 轉 뇌물 ‖ =〔漏规lòuguī〕
【陋见】lòujiàn 名 좁은〔천박한〕견해. ¶我说一下我的～ | 저의 천박한 견해를 말해 보겠습니다.
【陋卢】lòulú ⇒〔陋屋〕
【陋儒】lòurú 書 名 식견이 좁은 학자.
【陋识】lòushí 名 저급한 지식. 얕은 지식.
【陋室】lòushì 書 名 ❶ 누추한 집. ❷ 轉 謙 나의 집.
【陋视】lòushì 動 경시하다.
【陋俗】lòusú 名 케케묵은 낡은 풍속 =〔陋风〕〔陋

习〕
【陋屋】lòuwū ㊀图❶누추한 집. ❷轉謙나의 집 ‖=〔陋庐〕
【陋习】lòuxí ⇒〔陋俗〕
【陋巷】lòuxiàng ㊀图좁은 골목. 뒷골목→〔穷qióng巷〕

2【漏】lòu 샐 루
❶動새다. ¶~水 | 물이 새다. ¶油桶~了 | 기름통이 샌다. ❷動(비밀이) 새다. 누설하〔되〕다. 폭로하〔되〕다. ¶走~风声 | 비밀이 새나가다. ¶说~了 | 누설하다 =〔露lòu②〕 ❸動빠지다. (…을) 빠뜨리다. 누락되다. ¶这一项可千万不能~掉! | 이 항은 절대로 빠뜨리지 말아야 한다. ❹(~儿, ~子) 图빠짐. 누락. 실수. ❺图簡「漏壶」(물시계)의 약칭. ❻图轉시간. ¶~尽更深 | 밤이 이슥해지다.
【漏疮】lòuchuāng⇒〔瘘lòu疮①〕
【漏底】lòu/dǐ 動❶바닥이 새다. ¶箱子~了 | 상자 바닥이 샌다. ❷본색을 드러내다. 진상〔속사정〕이 드러나다. 들통나다 =〔露底〕‖=〔漏台〕
【漏洞】lòudòng图❶물이 새는 구멍. 물건이 빠지는 틈새. ¶堵塞dǔsè~ | 구멍을 막다. ❷喩빈틈. 약점. 실수. 맹점. ¶~百bǎi出 | 실수투성이. ¶这是制度上的~, 要设法堵塞dǔsè | 이것은 제도상의 빈틈으로 방법을 강구하여 메워야 한다.
【漏兜】lòu/dōu 動方비밀이 탄로나다. ¶这一手玩得不够巧妙qiǎomiào, ~啦! | 이 수법을 교묘하게 쓰지 못하여 탄로나고 말았구나. ¶把事说漏了兜 | 일을 누설시켰다 =〔漏露〕
【漏斗(儿)】lòudǒu(r) 图깔때기→〔漏子①〕
【漏斗车】lòudǒuchē 图개저식(開底式) 화물차. 호퍼 카(hopper car).
【漏斗户】lòudǒuhù 图喩극빈농가(極貧農家)
【漏粉器】lòufěnqì图운동장에 흰 줄을 긋는 기구.
【漏风】lòu/fēng❶動바람이 새다. ¶这个风箱~ | 이 풀무는 샌다. ¶窗户有缝儿fèngr, 漏着风呢 | 창문에 틈이 있어 바람이 새고 있다. ❷動(이가 빠져)말이 새다. ¶他们牙掉了, 说话有点~ | 그는 앞니가 빠진 후로 말할 때 조금 말이 샌다. ¶安上了假牙以后, 他说话不再~了 | 틀니를 한 후, 그는 더이상 말이 새지 않게 되었다. ❸動비밀이 새다. 소문이 퍼지다. ¶这个消息要保密, 一定不能~ | 이 소식은 비밀을 지켜야 된다. 반드시 비밀이 새게 해서는 안돼. ¶这件事若是漏了风就麻烦了 | 이 일은 만일 비밀이 샌다면 아주 골치 아파진다. ❹動方얼이 빠지다. 넋이 나가다. ❺動논밭의 지력(地力)이 소실되다. ❻(lòufēng) 图〈漢醫〉주풍. 누풍증 =〔酒风〕
【漏光】lòu/guāng動빛이 새다. ¶这个照相机~ | 이 카메라는 빛이 샌다.
【漏壶】lòuhú 图물시계. ¶古代用~计时 | 고대에는 물시계로 시간을 쟀다 =〔漏刻〕
【漏记】lòujì ❶動기입을〔기재를〕누락하다. ¶~了几个数据shùjù | 통계 수치 몇 개를 빠뜨렸다. ¶~帐目 | 장부 항목의 기재를 빠뜨리다. ❷图기입〔기재〕누락.
【漏尽】lòujìn ❶動물시계의 물이 없어져 하루의 시간이 끝나다. ❷動喩시간이 끝나다→〔漏夜〕❸图喩연말(年末). 세모(歲暮). 轉만년(晚年). ¶钟鸣~ | 成벌써 연말〔만년〕이 되었다.
【漏捐】lòu/juān ⇒〔漏税〕
【漏刻】lòukè ⇒〔漏壶〕
【漏课】lòu/kè ⇒〔漏税〕
【漏露】lòu/lù ⇒〔漏兜dōu〕
【漏气】lòu qì 動공기가 새다. ¶这个车胎chētāi~ | 이 타이어는 공기가 샌다.
【漏儿】lòur ⇒〔漏子②〕
【漏勺】lòusháo 图건더기를 뜰 수 있게 구멍을 뚫은 국자 =〔漏杓〕
【漏水】lòu/shuǐ 動물이 새다. ¶~率lǜ | 누수율.
4【漏税】lòu/shuì 動탈세하다. ¶防止~ | 탈세를 막다 =〔漏捐〕〔漏课〕〔逃táo税〕
【漏台】lòu/tái ⇒〔漏底〕
【漏夜】lòuyè 图깊은 밤. 한밤중. 심야→〔漏尽②〕
【漏雨】lòu yǔ 動비가 새다. ¶雨下得很大, 房子~了 | 비가 하도 거세게 와서 집에 비가 샌다.
【漏帐】lòu/zhàng ❶動장부 기입을〔기재를〕누락하다〔빠뜨리다〕. ❷(lòuzhàng) 图장부 기입〔기재〕누락 ‖=〔漏笔〕
【漏卮】lòu zhī ㊀图❶바닥이 새는 잔. ❷喩국가의 이익이나 권리가 밖으로 새어 나가는 것. 손실. 낭비. ¶~无底 | 손실이 막대하다. ❸喩결점. 결함.
【漏字】lòuzì ❶图탈자(脫字). ¶补上~ | 탈자를 보충하다. ❷(lòu zì) 動글자를 빠뜨리다. 글자가 빠지다.
【漏子】lòu·zi 图❶口깔때기 =〔漏斗(儿)〕❷구멍. 헛점. 과실. 약점. 실수. ¶我们厂财务上的~不少 | 우리 공장은 재무상의 구멍이 적지 않다. ¶弄出~来了 | 실수를 하고 말았다. ¶找不出一点~, 真周到 | 약간의 실수도 찾아낼 수 없으니, 정말 용의주도하다. ¶别叫他抓zhuā住~就行了 | 그에게 약점을 잡히지 않기만 하면 된다 =〔漏儿〕→〔娄子〕
【漏嘴】lòu/zuǐ 動입을 잘못 놀리다. 말을 실수하다. ¶话多就会漏嘴 | 말을 많이 하면 말실수하게 된다.

【镂(鏤)】lòu 아로새길 루, 강철 루
❶(금속에) 조각하다. 아로새기다. ¶~花↓ ¶~骨↓ ❷(Lòu) 图성(姓).
【镂版】lòubǎn 動판목(版木)에 새기다.
【镂骨】lòugǔ ㊀動마음에 깊이 새기다. 감명하다.
【镂骨铭心】lòu gǔ míng xīn 成마음 깊이 명심하다. ¶这是~的记忆 | 이것은 마음 속 깊이 새겨둔 기억들 입니다 =〔刻kè骨铭心〕
【镂花】lòuhuā 動〈美〉무늬를 조각하다.
【镂空】lòukōng 動〈美〉투조(透雕)하다. 투각(透刻)하다. ¶~的象牙球 | 투조한 상아공. ¶~花边 =〔镂空带花〕| (의복용) 레이스.

【瘘(瘻)】lòu ⓧlǘ) 부스름 루, 곱사등이 루
❶图〈漢醫〉목이 붓는 병. ❷㊀图곱사등이 =〔偻lóu①〕
【瘘疮】lòuchuāng❶图〈醫〉치루(痔瘻) =〔瘘

症〕〔漏疮〕❷⇒〔瘘疮(症)〕
【瘘疮(症)】lòuchuāng(dòu) 名〈漢醫〉농(膿)이 빠지고 딱지가 앉은 두창(痘瘡)＝〔瘘疮②〕
【瘘症】lòuzhèng⇒〔瘘疮①〕
2【露】lòu ☞ 露 lù Ⓑ

·lou ㄌㄡ˙

3【喽】·lou ☞ 喽 lóu Ⓑ

lū ㄌㄨ

【噜(嚕)】lū 군소리할 로 ❶⇒〔噜苏〕❷⇒〔哩lī噜〕❸⇒〔嘟噜dū·lu〕
【噜苏】lū·sū 動 方 군소리가 많다. 자꾸 시끄럽게 말하다＝〔噜嗦〕〔啰唆①〕
【噜嗦】lū·sū⇒〔噜苏〕
【撸(擼)】lū 훑을 로 動 方 ❶(손으로) 훑다. ¶～了一把树叶子 | 나뭇잎을 한웅큼 훑었다＝〔捋luō①〕❷(직무를) 해임하다. 면직하다. ¶他早让人给～了 | 그는 이미 면직되었다. ❸질책〔책망〕하다. 훈계하다. ¶挨ái了一顿～ | 한바탕 책망을 듣다. ❹⇒〔撸子〕
【撸子】lū·zi 名 方 작은 권총. ¶掏tāo出～吓xià人 | 작은 권총을 꺼내서 사람을 겁주다.

lú ㄌㄨˊ

【卢(盧)】lú 검을 로 ❶음역어에 쓰임. ¶～森堡↓ ❷名 簡 外〈錢〉레오. 루마니아(Rumania)의 본위 화폐＝〔列伊lièyī〕❸(Lú) 名 ⓐ〈史〉지금의 호북성(湖北省) 남장현(南漳縣)에 있던 고대(古代)의 나라 이름. ⓑ〈地〉춘추시대 제(齊)나라의 도읍 이름. ❹(Lú) 名 성(姓).
【卢比】lúbǐ 名 量 外〈錢〉루피(rupee) [인도·파키스탄·이란 등지의 통화 단위명]＝〔卢比〕
【卢布】lúbù 名 量 外〈錢〉루블(rouble) [구소련의 화폐 단위]＝〔卢币〕〔卢布〕
【卢布拉那】Lúbùlānà 名 外〈地〉류블라나(Ljubljana) [「斯洛凡尼亚」(슬로베니아;Slovenia)의 수도]
【卢萨卡】Lúsàkǎ 名 外〈地〉루사카(Lusaka) [「赞比亚」(잠비아;Zambia)의 수도]
【卢森堡】Lúsēnbǎo 名 外〈地〉❶룩셈부르크(Luxemburg). ❷룩셈부르크(Luxemburg) [「卢森堡」(룩셈부르크;Luxemburg)의 수도]
【卢旺达】Lúwàngdá 名 外〈地〉르완다(Rwanda) [중앙아프리카에 위치한 나라. 수도는「基加利」(키갈리;Kigali)]＝〔卢安达〕
【垆(壚)〈鑪〉】lú 검은석비레 로 名 ❶검은 흙. 부식토. ¶～坶↓ ¶～埴↓ ❷술집에서 술독을 올려놓는 흙으로 된 대(檯tái). 轉 술집. ¶酒～ | 술집. ¶当～ | 술을 팔다.
【垆邸】lúdǐ 書 名 주점. 술집.
【垆坶】lúmǔ 名 外〈地質〉롬(loam).
【垆埴】lúzhí 名 검은색 점토.
【庐(廬)】lú 오두막집 려 名 ❶초라한〔누추한〕집. ¶茅máo～ | 초가집. ❷(Lú)〈地〉여주(廬州) [지금의 안휘성(安徽省) 합비(合肥)에 있던 옛날의 부(府) 이름] ❸(Lú) 성(姓).
【庐剧】lújù 名〈演映〉여극 [안휘(安徽)지방 희곡극의 하나. 원명은「倒七戏」]
【庐山真面(目)】lú shān zhēn miàn (mù) 成 여산의 참모습. 대자연의 실상(實相). 진상. 진면목. ¶最后识破了～ | 마지막에 진상을 간파해냈다.
【庐舍】lúshè 書 名 초막. 오두막집. ¶简陋jiǎnlòu的～ | 누추한 오두막집.
【泸(瀘)】Lú 물이름 로 名〈地〉❶노현(瀘縣) [사천성(四川省)에 있는 현 이름] ❷노수(瀘水) ⓐ지금의 금사강(金沙江). ⓑ지금의「怒江」(노강)을 가리킴. ❸노강(瀘江) [운남성(雲南省)에 있는 강 이름]
4【芦(蘆)】lú 갈대 로 ❶(～子) 名〈植〉갈대＝〔芦(子)草〕〔芦苇〕〔葭jiā①〕〔苇〕〔苇子〕→〔荻dí①〕❷⇒〔葫hú芦〕❸(Lú) 名 성(姓).
【芦比】lúbǐ⇒〔卢lú比〕
【芦柑】lúgān 名〈植〉노감 [감귤의 일종. 복건성(福建省) 남부에서 생산됨]
【芦根】lúgēn 名〈漢醫〉노근. 갈대 뿌리. ¶喝～煮zhǔ的汤可以利尿lìniào | 갈대 뿌리를 달여 먹으면 이뇨에 좋다.
【芦沟桥事变】Lúgōuqiáo Shìbiàn 名 組〈史〉노구교 사건 [1937년 북경 교외 노구교에서 일어난 중·일 양국 군대의 충돌 사건. 중·일 전쟁의 발단이 됨]
【芦花】lúhuā ❶名 갈대꽃 [약용으로도 쓰임] ¶～盛开shèngkāi | 갈대꽃이 만개하다. ❷⇒〔芦絮〕
【芦荟】lúhuì 名〈植〉노회.
【芦笙】lúshēng 名〈音〉노황. 갈대로 만든 생황 [묘족(苗族)과 동족(侗族)이 주로 쓰는 취관악기(吹管樂器)의 일종] ¶～的声音很别致biézhì | 갈대 생황의 소리는 아주 색다르다.
【芦笋】lúsǔn 名 ❶갈대의 새싹 [식용으로 함] ❷〈植〉아스파라거스(asparagus)→〔龙lóng须菜②〕
【芦苇】lúwěi 名〈植〉갈대.
【芦席】lúxí 名 삿자리. ¶编biān～ | 삿자리를 짜다＝〔芦苇席〕→〔炕kàng席〕
【芦絮】lúxù 名 갈대꽃(의 솜털)＝〔芦花②〕
【芦衣】lúyī 名 갈대 솜 옷. 솜 대신 갈대꽃의 솜털을 넣은 옷.
【芦竹】lúzhú 名〈植〉대나무 비슷한 갈대의 일종.
【胪(臚)】lú 앞배 로 ❶늘어놓다. 배열하다. 진열하다. ¶～列↓ ❷전달하다. ¶～传↓ ❸名〈漢醫〉앞배. 전복부(前腹部). ¶～胀zhàng | 앞배

가 불어나는 병.

【胪陈】lúchén 書動 일일이 진술하다 [공문서나 서신에 많이 쓰임] ¶谨将经过实情, ～如下 | 삼가 경과 실정을 다음과 같이 차례로 말씀드립니다. ¶谨将事实经过～于后 | 사실 경과를 삼가 다음과 같이 거례합니다.

【胪传】lúchuán 書動 (위에서 아래로) 전하다. 알리다.

【胪列】lúliè 書動 늘어놓다. 열거하다. ¶～三种方案, 以供采择cǎizé | 세 가지 방안을 열거하여 채택하도록 하다. ¶～于后 | 뒤에 거례하다. ¶～如左 | 좌측에 거례한 바와 같다.

【栌(櫨)】lú 거망옻나무 로 名〈植〉거망옻나무. ¶～木＝〔黄栌〕| 거망옻나무.

【栌橘】lújú 名〈植〉감귤(柑橘)의 일종.

【栌树】lúshù 名〈植〉거망옻나무.

3【炉(爐)〈鑪〉】lú 화로 로 (～子) 名 화로. ¶火～ | 화로. ¶锅～ | 증기 보일러.

【炉坝】lúbà ⇒〔炉桥①〕

【炉箅(子)】lúbì(·zi) 名 ❶ 불받이. ❷ 화상(火床) ‖＝〔炉篦子〕〔㊂炉排〕〔㊄炉桥②〕→〔炉条〕

【炉衬】lúchèn 名 용광로 내벽(內壁). 화로의 내벽. ¶～坏了, 换一个新的 | 화로의 내벽이 못쓰게 되었으니 새것으로 갈자.

【炉甘石】lúgānshí 名〈鑛〉〈漢醫〉노감석→〔菱锌矿língxīnkuàng〕

【炉灰】lúhuī 名 탄재. 난로 재. ¶把～倒在地里 | 탄재를 땅에 쏟아버리다.

【炉火纯青】lú huǒ chún qīng 國 연단(煉丹)할 때 불꽃이 파랗게 피면 약이 다 된 것〔성공한 것〕으로 여긴다는 말. 인품수양·학문·기술·일 처리 수단 등이 최고 수준〔경지〕에 이르다. ¶他的画已经到了～的地步 | 그의 그림은 이미 최고 수준의 경지에 도달했다.

【炉坑】lúkēng 名 난로·아궁이 등의 바닥에 재를 모으는 곳. 재받이통.

【炉料】lúliào 名 광석과 기타 원료를 적절한 비율로 섞은 용광로 장입용 제련 원료.

【炉龄】lúlíng 名 용광로 (내벽의) 수명. ¶～太长的炉子要拆chāi了 | 용광로의 연령이 너무 오래된 것은 곧 철거될 것이다.

【炉桥】lúqiáo ❶ 名 보일러 브리지(boiler bridge)＝〔炉坝〕〔锅炉火坝〕〔火坝〕❷⇒〔炉箅子〕

【炉台(儿, 子)】lútái(r·zi) 名 부뚜막. 가마목. ¶把饭放在～儿上, 免得凉了 | 밥을 식지 않게 부뚜막에 올려 놓아라.

【炉膛(儿)】lútáng(r) 名 용광로·보일러 등의 내부 [용해실이나 연소실을 말함]＝〔炉腔儿〕

【炉条】lútiáo 名 불판＝〔炉棚〕→〔炉箅子〕

【炉灶】lúzào 名 부뚜막. ¶每天把～清理干净 | 매일 부뚜막을 정리하고 깨끗이 청소하다. ¶修理～ | 부뚜막을 고치다. ¶另起～ | 喻 새로 하다. 새출발을 하다＝〔灶〕→〔汤罐tāngguàn〕

【炉渣】lúzhā 名 ❶ 광재(鑛滓). ¶～可用以铺路pūlù | 광재는 길을 포장하는데 쓰일 수 있다. ❷ 탄재. 난로 재 ‖＝〔炉灰渣子〕〔炉灰砟子〕

3【炉子】lú·zi 名 아궁이·화로·난로·용광로 등의 총칭.

【轳(轤)】lú 고패 로 ❶⇒〔辘lù轳〕❷⇒〔轱gū轳〕

【轳纸呢】lúzhǐní 名 제지용 모포(毛布).

【轳轴】lúzhóu 名 도르래 축.

【舻(艫)】lú 이물 로 ❶ 名 뱃머리. 이물. ❷⇒〔舳zhú舻〕

【鸬(鸕)】lú 가마우지 로 ⇒〔鸬鹚〕

【鸬鹚】lúcí 名〈鳥〉가마우지. ¶～在水面上飞翔fēixiáng | 가마우지가 수면 위에서 날아다니다＝〔黑鸦〕〔水老鸹〕〔水老鸦〕〔鱼鹰〕

【颅(顱)】lú 두개골 로 名 ❶〈生理〉머리. 두부(頭部). 두개(頭蓋). ¶圆～方趾 | 둥근 머리 네모난 발. ❷ 喻 인간. ❸ 머리 꼭대기. 정수리. ¶～内压↓

【颅骨】lúgǔ 名〈生理〉뇌두개골(腦頭蓋骨) ¶～破裂pòliè | 뇌두개골이 깨지다＝〔头骨〕

【颅内压】lúnèiyā 名〈醫〉뇌압(腦壓).

【颅腔】lúqiāng 名〈生理〉두개골강(頭蓋骨腔).

【鲈(鱸)】lú 농어 로 名〈魚貝〉농어＝〔鲈鱼〕

【鲈鲤】lúlǐ 名〈魚貝〉농어의 일종.

lǔ ㄌㄨˇ

【卤(鹵)〈滷$_{2, 3, 5}$〉】lǔ 염밭 로 ❶ 名 염기성(鹽基性) 토양. ¶～地↓ ❷ 名 간수＝〔盐卤〕❸ (～儿, ～子) 名 걸쭉한 국물. 농즙(濃汁). ¶打～拌bàn面miàn | 걸쭉한 국물을 부어 국수를 젓다. ¶茶～ | 진하게 끓인 차. 차즙. ❹⇒〔卤素〕❺⇒〔卤簿〕❻ 動 (닭·오리 등을 통째로 또는 고깃덩이를) 다섯가지 향료를 넣은 소금물이나 간장에 삶다. ¶～鸡↓→〔熘〕❼ 形 수선스럽다. 덜렁대다. 거칠다. ¶这个孩子太～, 时常碰坏pènghuài东西 | 이 아이는 너무 덜렁대서 늘상 물건을 망가뜨린다. ❽ 고서(古書)에서「鲁」「橹」「掳」와 통용⇒〔鲁①②〕〔橹①〕〔掳lǔ①〕

【卤地】lǔdì 名 염기성 땅＝〔盐碱地〕

【卤钝】lǔdùn ❶ 形 어리석다. 바보스럽다. ¶此人～, 不可重用 | 이 사람은 너무 어리석으니 중용할 수 없다. ❷ 名 바보. 멍청이.

【卤化】lǔhuà 名〈化〉할로겐화(halogen化).

【卤鸡】lǔjī 動名「卤汁②」를 사용하여 닭을 삶다. 또는 그렇게 삶은 닭. ¶江西的～很有明 | 강서 지역의 오향 닭찜은 유명하다→〔卤⑥〕〔卤味〕

【卤莽】lǔmǎng⇒〔鲁lǔ莽〕

【卤面】lǔmiàn 名〈食〉걸쭉한 고기 국물을 부어 만든 국수→〔卤③〕

【卤水】lǔshuǐ 名 ❶ 간수＝〔卤②〕〔盐卤〕❷ 정염(井鹽)을 채취하는 데 쓰이는 염분을 포함한 지하수. 지하함수(地下咸水) ‖＝〔卤汤子〕

【卤素】lǔsù 名〈化〉할로겐(halogen). 할로겐족 원소＝〔卤族〕

【卤汤子】lǔtāng·zi ⇒〔卤水〕
【卤味】lǔwèi 名〈食〉「卤汁②」를 사용하여 삶은 음식 =〔卤菜〕→〔卤⑥〕
【卤虾】lǔxiā 名〈食〉새우를 갈아서 죽처럼 만든 것에 소금을 넣어 만든 식품→〔涮shuàn锅子〕
【卤汁】lǔ zhī 名❶간수 =〔卤②〕〔盐卤〕〔卤水〕〔苦汁〕❷「五wǔ香」을 넣은 소금물이나 간장.
【卤质】lǔzhì 名(토양에 함유된) 알칼리질.〔염기질〕.
【卤煮】lǔzhǔ 動「卤汁②」로 삶다.
【卤族】lǔzú ⇒〔卤素〕

【硇(磠)】lǔ (암모늄 로) ⇒〔硇精〕〔硇砂〕
【硇精】lǔjīng ⇒〔氨ān〕
【硇砂】lǔshā ⇒〔硇náo砂〕

4【虏(虜)】lǔ 사로잡을 로 ❶포로 =〔俘fú虏②〕 ❷書動사로잡다 =〔掳①〕❸名옛날, 북방 이민족에 대한 경멸의 호칭.
【虏疮】lǔchuāng 名〈醫〉천연두.
【虏获】lǔhuò 動(적을) 사로잡다. (무기를) 노획하다. ¶～品｜노획물 =〔掳获〕
【虏掠】lǔlüè ⇒〔掳lǔ掠〕

【掳(擄)】lǔ 노략질할 로 動❶빼앗다. 노획하다. 사로잡다. ¶～掠↓ ¶弱族男子被强族捕～为奴｜약한 부족의 남자들은 강한 부족의 남자들에게 사로잡혀 노예가 되었다 =〔虏②〕〔書卤⑧〕❷꽉 거머쥐다. ¶～了他一把头发｜그의 머리를 한 웅큼 꽉 거머쥐었다. ❸方거두어들이다. 베어들이다. ¶～柴｜땔나무를 하다.
【掳胳膊】lǔgē·bo 動組팔을 걷어 올리다. ¶～挽wǎn袖｜팔을 걷어 올리다.
【掳获】lǔhuò ⇒〔虏lǔ获〕
【掳架】lǔjià ⇒〔掳掠〕
【掳劫】lǔjié ⇒〔掳掠〕
【掳禁】lǔjìn 書動체포하여 투옥하다.
【掳掠】lǔlüè 動약탈하다. 빼앗다. 노략질하다. ¶～百姓财物｜백성의 재물을 약탈하다. ¶烧,杀,～｜방화·살인·약탈 =〔掳架〕〔掳劫〕〔虏掠〕
【掳起袖子】lǔ·qi xiù·zi 動組소매를 걷어 올리다 =〔捋luō起袖子〕
【掳人】lǔrén 動사람을 사로잡다〔납치하다〕. ¶～勒赎lèshú｜사람을 납치하여 몸값을 요구하다.
【掳皂】lǔzào 動轉능욕(凌辱)하다. 희롱하다. ¶～妇女｜부녀자를 능욕하다.

4【鲁(魯)】lǔ 미련할 로 ❶어리석다. 우둔하다. 미련하다. ¶愚～｜우둔하다.❷거칠고 경솔하다. 조야하다. ¶粗～｜거칠다 ‖ =〔書卤⑧〕❸(Lǔ) 名〈史〉노나라 [주대(周代)의 나라 이름]❹(Lǔ) 名〈地〉산동성(山東省)의 다른 이름→〔齐qí⑪〕❺(Lǔ) 名성(姓).
【鲁班尺】lǔbānchǐ 名곱자의 옛이름 =〔鲁般尺〕〔营造尺〕→〔曲尺〕
【鲁班门前舞大斧】Lǔbān ménqián wǔ dàfǔ 諺(목수의 신인) 노반 앞에서 큰 도끼를 휘두르다. 공자 앞에서 문자 쓴다 =〔班门弄斧〕
【鲁般尺】lǔbānchǐ ⇒〔鲁班尺〕
【鲁莽】lǔmǎng 形(말이나 일 처리하는 것이) 세심하지 않다. 경솔하다. 무모하다. 거칠다. ¶他做事太～｜그는 일하는 것이 너무 덤벙댄다. ¶决不能采取～的态度｜결코 경솔한 태도를 취해서는 안 된다. ¶行动太～｜행동이 너무 무모하다. ¶～地去冒险màoxiǎn｜무모하게 모험하다. ‖ 어법「鲁莽」은 말이나 일 처리에 대한 표현으로 쓰이나,「粗鲁cūlǔ」는 이것 뿐아니라 성격·태도에 대해서도 사용될 수 있음.
【鲁莽灭裂】lǔ mǎngmiè liè 成(일을 하는 것이) 대충대충 해 넘기며 경솔하고 무모하다. ¶李逵是个～的人｜이규는 덤벙대고 경솔한 사람이다.
【鲁米那】lǔmǐnà 名外〈藥〉루미날(Luminal;독).
【鲁阳】Lǔyáng 名❶복성(複姓).
【鲁鱼之误】lǔ yú zhī wù 成노(魯) 자와 어(魚) 자의 오기(誤記). 모양이 비슷한 글자를 잘못 씀. ¶手写的材料难免有～｜손으로 쓴 자료는 오기가 없기 어렵다→〔别bié风淮雨〕

【橹(櫓)〈艣₁艪₁〉】lǔ 노로, 망루로 ❶名배의 노. ¶摇yáo～｜노를 젓다 =〔書卤⑧〕→〔桨jiǎng〕❷名(성위의) 망루. ¶楼～｜망루. ❸書큰 방패.

【氇(氌)】lǔ 모포 로 ⇒〔氆pǔ氇〕

【镥(鑥)】lǔ (루테튬 로) 名〈化〉화학 원소 명. 루테튬(Lu ; lutetium).

lù ㄌㄨˋ

【六】lù ☞ 六 liù B

2【陆(陸)】lù liù 뭍 륙
A lù ❶名땅. 뭍. 육지. ¶大～｜대륙. ❷書名큰 흙산. ❸書動뛰어넘다. 도약하다. ❹「陆liù」의 문어음(文語音). ❺(Lù) 名성(姓).
B liù ❶數「六」의 대용(代用)으로 쓰임. ¶～仟qiān元整zhěng｜6천원정. ❷ ⇒〔陆轴〕
A lù
【陆稻】lùdào 名밭벼 =〔旱hàn稻〕
3【陆地】lùdì 名육지. 뭍. ¶～上台风少于海上｜육지에는 태풍이 바다보다 적다.
【陆费】Lùfèi 名복성(複姓).
【陆风】lùfēng 名〈氣〉육풍→〔海hǎi风〕
【陆架】lùjià 名〈地質〉대륙붕 =〔陆棚〕〔大陆架〕〔海架〕
3【陆军】lùjūn 名육군. ¶～司令部｜육군 사령부.
【陆离】lùlí 書❶貺(색채·무늬·광채 등이) 현란하게 빛나다. 알록달록하다. ¶光彩～｜광채가 매우 빛나고 아름답다 =〔流离②〕❷名아름다운 구슬.
【陆棚】lùpéng ⇒〔陆架〕
2【陆续】lùxù 副끊임없이. 계속하여. 잇따라. ¶来宾～地到了｜내빈들이 계속해서 도착했다. ¶一

月到三月，桃花·李花和海棠陆陆续续地都开了 | 일월에서 삼월까지 복사꽃, 오얏나무 꽃과 해당화가 잇따라 피었다. ¶～收到了一些来信 | 잇따라 편지 몇 통을 받았다.

【陆运】lùyùn 名 육상 운송. ¶～报单 | 육상운송신청서. ¶通过～，送来了一批物资 | 육상 운송으로 한 무더기의 물자가 보내왔다.

【陆战队】lùzhànduì 名〈軍〉육전대. 해병대

【陆终】Lùzhōng 名 복성(複姓).

Ⓑ liù

【陆轴】liù·zhou ⇒〔碌liù碡〕

1【录(錄)】lù 적을 록 ❶動 베끼다. 베껴 쓰다. ¶～了一首歌曲 | 노래 한 곡을 베껴 썼다. ¶另～一份 | 따로 한 부 베끼다. ¶照原文～下来 | 원문대로 베껴두다. ❷動 기록하다. 기재하다. ¶照实zhàoshí直～ | 사실대로 기재하다. ❸사물·언행을 기재한 서적. 기록. ¶语～ | 어록. ¶回忆～ | 회고록. ❹채택하다. 채용하다. ¶收～ | 수록하다. ¶～取↓ ❺(Lù) 名 성(姓).

【录供】lùgòng ❶名〈法〉진술서. ❷(lù/gòng) 動 (범인 등의) 진술을 기록하다. ¶坐在一旁～ | 한 쪽에 앉아서 조서를 기록하다.

【录灌】lùguàn 動 녹음하다. 음반을 내다. ¶三十多年来，他～了一百多张唱片 | 30여년 동안 그는 백여 장의 음반을 내었다.

4【录取】lùqǔ 動 채용하다. 합격시키다. 뽑다. ¶～线 | 합격선. ¶～新生三百名 | 신입생 삼백명을 뽑다. ¶～考试 | 채용 시험 ＝〔取录〕

【录事】lùshì 名 옛날, 관청의 서기→〔文书②〕

2【录像】lùxiàng〈摄〉❶名 녹화. ¶～(磁)带 | 비디오 테이프. ¶磁带～机＝〔录像机〕〔磁性录像机〕| 비디오 테이프 레코더(video tape recorder). ❷(lù/xiàng) 動 녹화하다 ‖＝〔录相xiàng〕〔录影〕

1【录音】lù/yīn ❶動 녹음하다. 취입하다. ❷(lùyīn) 名 녹음. 취입. ¶盒hé式～带 | 카세트 테이프. ¶实况～ | 동시녹음. ¶～(磁)带 | 녹음 테이프. ¶～摄影shèyǐng机 | 사운드 카메라. ¶～片piàn | 디스크. ¶～师 | 녹음 기사＝〔灌guàn片〕〔胶jiāo带〕〔收shōu音③〕

2【录音机】lùyīnjī 名 녹음기.

【录影】lùyǐng ⇒〔录像〕

4【录用】lùyòng 動 채용하다. 고용하다. 임용하다. ¶量材liángcái～ | 재능을 가늠하여 임용하다. ¶由国营商业部门～其从业人员 | 국영 상업 부서에서 종업원을 채용하다. ¶经过考试，公司～了两名男青年 | 시험을 거쳐 회사에서 두 명의 젊은 남자를 채용했다.

【录制】lùzhì 動 녹음(제작)하다. ¶～了许多唱片 | 많은 레코드판을 녹음 제작했다.

【渌】Lù 맑을 록 ❶名〈地〉녹수(渌水) [강서성(江西省)에서 발원하여 호남성(湖南省)으로 흘러들어가는 강] ❷名 성(姓).

【逯】Lù 하는일없을 록 名 성(姓).

【绿】lù ☞ 绿 lǜ Ⓑ

4【碌】lù liù 용렬할 록, 돌태 류

Ⓐ lù ❶⇒〔碌碌〕❷⇒〔忙máng碌〕〔劳láo碌〕❸「碌liù」의 문어음(文語音).

Ⓑ liù ⇒〔碌碡〕

Ⓐ lù

【碌碌】lùlù 貶 ❶녹록하다. 보잘것 없다. 만만하다. ¶～无奇wúqí＝〔庸yōng庸碌碌〕| 매우 평범하다. ¶～无闻 | 보잘 것 없어 이름이 알려지지 않다. ¶～无能 | 평범하고 무능하다. ❷사무가 번잡하고 쓸데 없이 바빠 고생하다. ¶～半生 | 바삐 일하며 반생을 보내다. ¶忙忙～ | 까닭없이 바쁘다. ❸자신의 의견을 고집하지 않고 남과 타협하여 복종하다 ‖＝〔陆陆〕〔录录〕〔鹿鹿〕

【碌碌无为】lù lù wú wéi 成 아무 노릇도 못하다. 무위도식하다. ¶他就这样～了一辈子 | 그는 이렇게 무위도식하며 일생을 보냈다.

Ⓑ liù

【碌碡】liù·zhóu 名〈農〉굴레. 돌태＝〔陆轴liù·zhou〕〔石磙shígǔn〕

【禄】lù 복 록 名 ❶書 녹. 녹봉. ¶高官厚～ | 높은 벼슬에 많은 녹봉. ¶无功不受～ | 공이 없어 녹봉을 받지 않는다. ❷(Lù) 성(姓).

【禄蠹】lùdù 書 名 탐관오리. ¶无耻wúchǐ的～ | 부끄러움도 모르는 탐관오리.

【禄位】lùwèi 書 名 봉록과 작위. 봉급과 벼슬.

4【赂(賂)】lù 뇌물 뢰 ❶書 名 재물. 금품. ❷⇒〔贿huì赂〕

【辂(輅)】lù 수레 로 名 ❶수레의 끌채에 가로로 댄 나무. ❷書 (옛날) 큰 수레.

1【路】lù 길 로 ❶名 길. 도로. ¶一条～ | 한 줄기의 길. ¶走～ | 길을 걷다. ¶柏bǎi油(马)～ | 아스팔트 길. ❷名 노정(路程). ¶～很远 | 노정이 매우 멀다. ❸(～儿, ～子) 名 (행동이나 생활의) 길. 방법. 수단. ¶找zhǎo活～(儿) | 살아나갈 방도를 찾다. ¶所有的营业办法都想遍了，觉得都不是～ | 모든 경영 방법을 두루 생각했지만 모두 방도가 아닌 것 같았다. ❹名 (사상이나 행동의) 방향과 맥락. ¶思～ | 사고의 맥락. ¶笔～ | 글의 맥락. ❺名 방면. 지구. 지역. ¶四～进攻 | 사방에서 쳐들어오다. ¶外～货 | 타지방에서 온 물품. ❻量 종류. 부류. ¶哪一～的病呢? | 어떤 종류의 병인가? ¶这一～人 | 이 부류의 사람. ❼量 등급. ¶头～品 | 일등품. ❽量 노선. 루트. ¶三十～公共汽车 | 30번 버스. ¶三十之一～公共汽车 | 30－1번 버스. ❾(Lù) 名 성(姓).

【路边儿】lùbiānr 名 길가. 노변. ¶～的野花不要采cǎi | 길가의 들꽃을 따면 안된다.

【路标】lùbiāo 名 ❶도로 표지. 이정표 ¶～都模糊móhú不清 | 도로 표지가 분명하지 않고 모호하

다→〔路牌〕❷〈軍〉행군할 때에 연락을 위해 길가에 남겨둔 표지 ‖＝〔路表〕

【路表】lùbiǎo ⇒〔路标〕

【路不拾遗】lù bù shí yí 成 길에 물건이 떨어져 있어도 줍지 않다. 세상이 태평하고 기풍이 올바르다. ¶民风淳厚chúnhòu～｜민풍이 순후해서 길에 떨어진 물건도 주워가지 않는다＝〔道不拾遗〕

[4]【路程】lùchéng 名 ❶ 노정. 도정(道程). ¶我们曾经经历jīnglì了长远而艰苦jiānkǔ的～｜우리는 일찍이 멀고도 험난한 노정을 겪었다. ¶大约三百里～｜대략 300리 길. ¶三天的～｜3일간의 노정. ¶革命的～还很遥远｜혁명의 길은 아직도 머나멀다. ❷ 방침. ¶今后应行的～｜금후 실행해야 하는 방침.

【路道】lùdào 名 方 ❶ 길. 활주로. ❷ 처리 방법. ¶这个～很危险wēixiǎn｜이 방식은 매우 위험하다. ¶他人倒聪明，就是～没有走对｜그 사람은 총명한데, 다만 길을 잘못 들어섰을 뿐이다. ❸ 貶 하는 짓. 품행. 행동 거지. ¶～不正｜하는 짓이 글러먹다.

【路灯】lùdēng 名 가로등. ¶～发出橙黄chénghuáng灯光｜가로등이 오렌지색 불빛을 내고 있다.

【路堤】lùdī 名 둑. 평지에 흙을 쌓아 올려 만든 도로(의 기초)→〔路基〕

【路段】lùduàn 名 지하철이나 버스 등의 구간. ¶釜山的地铁分成两个～｜부산의 지하철은 2 구간으로 나눠져 있다.

【路费】lùfèi 名 여비. 여행 비용. 노자(路資)＝〔旅lǚ费〕〔盘pán费〕

【路轨】lùguǐ 名 ❶ (철도의) 레일. ❷ 궤도

[3]【路过】lùguò 動 (일정한 곳을) 거치다. 통과하다. ¶从这儿～｜이곳을 지나다. ¶从南京去上海，～无锡｜남경에서 상해를 가면 무석을 경유한다. ¶你～南京时，来我家玩玩｜네가 남경을 지나갈 때 우리 집에 들러 좀 놀다가렴＝〔路经〕

【路基】lùjī 名 노반(路盤) [주위보다 높은 것을「路堤」, 낮은 것을「路堑」「路坎①」이라고 함]

【路祭】lùjì 名 발인(發靷)할 때, 문 앞에서 지내는 제식(祭式). 노전(路奠). 노제(路祭). 견전제(遣奠祭). ¶～棚péng｜견전제를 지내기 위해 임시로 지은 막＝〔路奠diàn〕

【路见不平，拔刀相助】lù jiàn bùpíng, bá dāo xiāngzhù 諺 노상에서 억울함을 당하는 사람을 보면 서슴없이 칼을 뽑아 돕다. 불의를 보고 용감하게 싸우다. ¶他是一个～的侠义xiáyì之人｜그는 불의를 보면 서슴치않고 도와주는 의협심이 강한 사람이다.

【路劫】lùjié 動 노상 강도하다＝〔路截〕→〔剪径〕

【路紧】lùjǐn 形 가는 길이 떠들석하다. 소란스럽다.

【路警】lùjǐng 名 철도 경찰.

【路径】lùjìng 名 ❶ (목적지로 통하는) 길. 도로. 통로. ¶～不熟shú要多多问人｜가려는 길을 잘 모르니 많이 물어봐야 한다. ❷ 방법. 방도. 수단. ¶经过多次试验shìyàn，他终于找到了成功chénggōng的～｜여러 번의 시험을 거쳐 그는 결국 성공할 수 있는 방법을 찾아냈다. ❸〈電算〉패스(path).

【路局】lùjú 名 철도〔도로〕관리국. 철도국.

【路坎】lùkǎn 名 ❶ 산을 허물어 만든 길→〔路基〕❷ 호(壕). 도랑 ‖＝〔路堑〕

[3]【路口】lùkǒu 名 갈림길. 길목. ¶十字～｜네거리 입구. ¶三岔chà～｜삼거리 입구.

【路矿】lùkuàng 名 철도와 광산.

[4]【路面】lùmiàn 名 노면. 도로. 길바닥. ¶水泥～｜콘크리트 도로. ¶柏油bǎiyóu～｜아스팔트길. ¶小心点儿. ～很滑huá｜조심해라, 노면이 아주 미끄럽다.

【路牌】lùpái 名 도로 표지→〔路标①〕

【路旁】lùpáng 名 길가. ¶～人｜길가의 사람. 낯모르는 사람＝〔路侧〕

【路堑】lùqiàn 名 원 지면(地面)보다 낮게 만들어진 도로의 기반＝〔路坎〕

【路儿】lùr 名 ❶ 종류. ¶这～货｜이 종류의 상품. ❷ 방법. 수단. ¶找～｜방법을 찾다. ❸ 연고. 친분 관계→〔路子〕

【路人】lùrén 名 ❶ 행인. ❷ 喻 낯선 사람. 관계없는 사람. ¶视同shìtóng～｜관계 없는 사람으로 취급하다.

[2]【路上】lù·shang 名 ❶ 노상. ¶～停着一辆车｜노상에 차 한 대가 서 있다. ❷ 도중. ¶～要注意扒手páshǒu｜도중에 소매치기에 주의해야 한다.

【路熟】lùshú 形 喻 길에 익숙하다〔밝다〕. ¶我～还是我去一趟吧!｜내가 길을 잘 알고 있으니 역시 내가 갔다 오겠어!

【路数(儿)】lùshù(r) 名 ❶ 방법. 방도. 절차. 순서. ¶各有各的～｜각기 제 나름대로의 방법이 있다. ¶他做事有一定的～｜그는 일을 하는 데에 일정한 절차가 있다＝〔路子〕❷ 계략. 책략. ¶他的～我还不太了解｜그의 계략은 나는 아직 그다지 잘 이해를 못하겠다＝〔着zhāo数〕❸ 내막. 상황. ¶先去看看(儿)～｜먼저 나가서 상황을 살펴보다. ¶已经摸清了内部的～｜이미 내부의 상황을 분명히 알아보았다. ❹ 俗 내력. 경력. ¶这黄飞鸿是什么～?｜이 황비홍이라는 사람은 어떤 경력을 가진 사람인가?＝〔底细〕❺ (무술의) 수(手)＝〔着zhāo数〕

【路透社】Lùtòushè 名 ❶ 外 로이터(Reuter) 통신사. ❷ 俗 소식통.

【路途】lùtú 名 ❶ 도로. 길. ¶他熟悉shúxī这一带的～｜그는 이 일대의 길을 잘 안다. ¶由县城到我们村的～，曲折难行｜현정부 소재지에서 우리 마을까지의 길은 꾸불꾸불하여 다니기가 나쁘다. ❷ 이정(里程). 거리. 길. ¶～遥远yáoyuǎn｜길이 멀다. ¶～债zhài｜喻 무슨 일이 있어도 꼭 해야 할 여행이나 방문.

[2]【路线】lùxiàn 名 ❶ (철도 등의) 노선. ¶筑铁路的～已经确定quèdìng｜철도를 건설할 노선은 이미 확정되었다. ¶火车～｜철도 노선. ¶海上～｜항로. ❷ 노정. 여정. ¶旅行的～｜여정. ❸ 원칙. 방침. 계획. 방법. 노선. ¶政治～｜정치 노선. ¶中间～｜중간 노선.

【路遥知马力，日久见人心】lù yáo zhī mǎlì, rì jiǔ jiàn rénxīn 諺 길이 멀어야 말의 힘을 알 수 있고, 세월이 흘러야 사람의 마음을 알 수 있다. ¶

～，只要我们坚持为人民做好事，最后他们一定会了解我们的 | 사람은 같이 살아 보아야 알고, 말은 타보아야 안다고 하니 우리가 국민들을 위해 좋은 일을 계속해 나가기만 한다면 언젠가는 그들도 우리를 이해할 것이다 =〔路遥知马力，事久见人心〕

【路易港】Lùyìgǎng 名 外 〈地〉 포트루이스(Port Louis) [「毛里求斯」(모리셔스; Mauritius)의 수도]

【路障】lùzhàng 名 바리케이트. ¶设置～ | 바리케이트를 치다. ¶清除qīngchú～ | 바리케이트를 제거하다.

【路中】lùzhōng 名 (Lùzhōng) 복성(複姓).

4【路子】lù·zi 名 ❶ 연줄. 연고. (처세의) 길. ¶他走长官的～ | 그는 고관의 연줄을 찾는다→〔门路①〕 ❷ 방법. 방식. 형식. ¶我走的～很对 | 내 방법이 맞다. ¶他的～多着呢! | 그는 방법이 많다구!

【潞】lù 땅이름 로
❶ 지명에 쓰이는 글자. ¶～西 | 노서. 운남성(云南省)에 있는 현 이름. ¶～酒 | 노주. 산서성(山西省)에서 생산되는 소주의 일종. ❷ (Lù) 名 〈地〉 노하(潞河)[하북성(河北省)에 있는 강 이름] ❸ (Lù) 名 성(姓).

【璐】lù 옥 로
❶ 書 名 아름다운 옥. ❷ ⇒〔赛sài璐珞〕

2【露】lù lòu 이슬 로

Ⓐ lù ❶ 名 이슬. ¶～水↓ ¶朝zhāo～ | 아침 이슬. ❷ 轉 옥외의. 노천의. ¶～宿sù风餐fēngcān↓ →〔露天〕 ❸ 名 시럽. 과실주(果實酒). ¶果子～ | 과일 시럽. ❹ 動 나타내다. 드러나다. 표현하다. ¶暴bào～ | 폭로하다. ¶揭jiē～ | 들추어내다. ¶赤身chìshēn～体 | 발가벗다. 어법 구어(口語)에서 단독으로 동사로 쓰일 때는 흔히 「lòu」로 발음함.

Ⓑ lòu 動 口 ❶ 나타내다. 드러나다. ¶脸上～了笑容 | 얼굴에 웃음을 띄우다. ¶话里～出承认的意思 | 말 속에 승인의 뜻을 나타내다. ❷ (비밀 등이) 누설되다. 새나가다. ¶走～消息 | 소식이 새나가다 =〔漏lòu②〕

Ⓐ lù

【露出】ⓐ lùchū 動 드러내다. 노출시키다. ¶～天真的微笑 | 천진한 미소를 띠다.
ⓑ lòu·chu 動 노출하다. 나타내다. 드러내다. ¶～本相来了 | 본색을 드러냈다. ¶这老狐狸húlí终于～了尾巴wěibā | 이 늙은 여우가 마침내 꼬리를 드러냈다. ¶～了真相 | 진면목을 드러냈다.

【露地】lùdì 名 집 밖의 공터. 빈터. ¶屋前有一块～ | 집 앞에 공터가 하나 있다.

【露点】lùdiǎn 名 〈物〉 이슬점. 노점.

【露骨】lùgǔ 形 비유나 의도가 잘 드러나다. 적나라하다. 노골적이다. ¶话说得十分～ | 말이 아주 분명하고 숨김이 없다. ¶～地干涉gānshè别国内政 | 노골적으로 다른 나라 내정을 간섭하다.

【露酒】ⓐ lùjiǔ 名 과즙 혹은 꽃향기를 함유한 술. 과일주. 꽃술. ¶女士爱喝～ | 여성들은 과일주를 즐겨 마신다.
ⓑ lòujiǔ 動 취기가 밖으로 드러나다.

【露苗】lùmiáo ⇒〔露头 ⓐ〕

【露苗(儿)】ⓐ lù/miáo(r) 動 ❶ 싹이 나다 =〔萌芽〕 ❷ (사건이) 발생하기 시작하다. ¶瘟疫wēnyì刚～，就扑灭pūmiè了 | 유행병이 발생하자마자 곧 박멸되었다. ❸ 일의 실마리가 잡히기 시작하다 ‖ =〔露出苗儿〕〔出苗〕
ⓑ lòu/miáo(r) 動 ❶ 싹이 나오다. ❷ 실마리〔단서〕가 보이다. 조짐이〔징조가〕 보이다. ¶事情露出苗儿来了 | 일의 실마리가 드러났다. ❸ 광맥(鑛脈)이 노출되다 ‖ =〔露出苗儿〕〔出苗〕

【露水】lù·shui 名 口 ❶ 이슬. ¶下～ | 이슬이 내리다. ¶一滴～ | 이슬 한 방울. ❷ 짧고 없어지기 쉬운 것. ¶～因缘 | 짧고 쉽게 없어질 수 있는 인연.

【露宿】lùsù 名 動 ❶ 노숙(하다) ¶～街头 | 길거리에서 노숙하다. ¶在海边～ | 해변에서 노숙하다 =〔露次〕 ❷ (등산에서) 야영(하다).

【露宿风餐】lù sù fēng cān 成 바람과 이슬을 맞으며 한데에서 먹고 자고 하다. 객지 생활의 괴로움을 맛보다 =〔餐风宿露〕〔风餐露宿〕

【露台】lùtái 名 方 ❶ 발코니. 노대(露臺). ¶走出～，向群众道谢 | 발코니에 나가 군중에게 인사하다 =〔阳台①〕 ❷ 베란다 =〔阳台②〕 ❸ (건물 옥상에 설치한) 일광 건조대 =〔晒shài台〕

【露天】lùtiān 區 옥외(屋外)의. 노천의. 한데의. ¶～电影 | 옥외 영화. ¶～剧场=〔外光剧场〕 | 노천 극장. ¶～煤矿 | 노천 탄광. ¶～演说 | 옥외 연설 =〔露天地儿〕

【露头】ⓐ lùtóu 名 〈鑛〉 노두. 광상(鑛床)이 땅거죽에 드러난 부분 =〔露层〕〔露苗〕〔矿苗〕
ⓑ lòu/tóu 動 ❶ (～儿) 머리를 내밀다〔드러내다〕. ¶他从洞里爬出来，刚一～儿就被我们发现了 | 그가 동굴에서 기어 나와 막 머리를 내밀자 우리들에게 발견되었다. ❷ 喩 나타나다. 출현하다. ¶在坏现象刚～时，就要快纠正jiūzhèng | 나쁜 현상이 막 나타났을 때 바로 고쳐야 한다. ¶太阳还没有～，我们就起来了 | 해가 아직 뜨지 않았는데도 우리들은 일어났다. ❸ 두각을 나타내다 =〔露lù头角〕

【露头角】lù tóujiǎo 動組 처음으로 재능을 드러내다. 두각을 나타내다. 어법 대개 앞에 「崭zhǎn·显」을 덧붙임. ¶他初次登台就崭～，得到观众的好评 | 그는 처음 등단하자마자 새롭게 두각을 나타내 관중의 호평을 받았다. ¶参加会议的，有不少是初～的新作家 | 회의에 참가한 사람들 중에 적지 않은 이들이 두각을 처음 나타내는 신인 작가들이다 =〔露头 ⓑ③〕
ⓑ lòu yá 싹이 트다.

【露营】lù/yíng 名 動 캠프(하다). 야영(하다). 숙영(宿營)(하다).

【露珠(儿)】lùzhū(r) 名 이슬(방울) =〔露水珠(儿)〕→〔露水〕

Ⓑ lòu

【露白】ⓐ lòu/bái 動 가지고 있는 금품이 남에게 드러나다. ¶这钱收好了，不要～ | 이 돈을 잘 간수해라. 금품을 남의 눈에 띄지 않게 해라.

b lòu·bai 動 표현하다. 드러내 보이다. 과시하다. ¶～自己聪明 | 스스로 총명함을 드러내다.

【露脖颈儿】lòu bógěngr ⇒〔露脸〕

【露底】lòu/dǐ 動 내막이 누설되다. 진상이 드러나다. ¶你事先千万别～ | 제발 사전에 내막을 누설시키지 마세요. ¶这件事, 您先给我露个底, 我好有点儿准备 | 이 일에 대해 당신이 먼저 저한테 내막을 좀 알려주면 제가 좀 준비할텐데요 =〔漏底②〕

【露富】lòu/fù 動 부가 드러나다. ¶他最不愿～ | 그는 부자인 것이 드러나는 것을 가장 싫어한다. 실수가 탄로나다.

【露光】lòuguāng ⓧ lùguāng) ❶ 名 (사진의) 노출. ¶～计 | 노출계. ❷ (lòu/guāng) 動 노출하다 =〔曝bào光〕

【露脸】lòu/liǎn 動 체면〔위신〕이 서다. 면목이 서다. ¶这回他考了第一名, 真～了 | 이번에 그는 시험에 일등하여 위신을 세웠다. ¶在这次比赛中他总算露了脸 | 이번 시합에서 그가 결국 체면은 세운 셈이다.

【露马脚】lòu mǎ·jiǎo 動組 貶 마각〔진상〕이 드러나다. 탄로나다. 정체를 드러내다. ¶说谎huǎng早晚总要露出马脚来 | 거짓말은 조만간 결국 탄로난다. ¶几句话就～了 | 몇 마디 말에 진상이 드러나다. ¶做了坏事, 总有一天会～ | 나쁜 일을 하면 언젠가 탄로날 날이 온다 =〔露出马脚〕〔露马蹄tí子〕〔漏楦xuàn儿〕→〔露馅儿〕

3【露面(儿)】lòu/miàn(r) 動 얼굴을 내밀다. 드러내다. ¶他长期不～了 | 그는 오랫동안 얼굴을 내밀지 않는다. ¶他从来没有露过一次面 | 그는 여태 한번도 얼굴을 내밀지 않았다 =〔露脖颈儿〕〔露面(儿)〕

【露苗(儿)】lòu/miáo(r) ☞ 〔露苗(儿)〕lù/miáo(r) b

【露怯】lòu/qiè 動 方 (잘 몰라서) 우스운 꼴을 보이다〔드러내다〕. ¶我怕在生人面前～ | 낯선 사람 앞에서 우스운 꼴을 보일까봐 겁난다.

【露头】lòu/tóu ☞〔露头〕lùtóu b

【露馅儿】lòu/xiànr 動 탄로나다. 진상이 드러나다. 비밀이 누설되다. ¶露了馅儿可了不得 | 진상이 탄로나면 정말 큰일이오. ¶这话本来是捏造niēzào的, 一对证, 就～了 | 이 말은 본래 날조한 것이라서, 조사하기만 하면 탄로날 것이다. ¶你放心, 他是露不了馅儿的 | 안심해라, 그는 진상을 드러낼 수가 없다 =〔露楦xuàn儿〕〔露楦头〕〔漏馅儿〕→〔露马脚〕

【露相(儿)】lòu/xiàng(r) 動 方 진면목〔본색〕을 드러내다〔나타내다〕. 정체를 드러내다. ¶他虽然伪装了好长时间, 但还是～了 | 그가 오랫동안 위장해왔지만 역시 정체가 드러났다. ¶没有露出相 | 본색이 드러나지 않았다 =〔露象(儿)〕

【露一手(儿)】lòu yī shǒu(r) 動組 솜씨를 보이다. ¶今天我来做几个好菜, ～给你们看看 | 오늘 내가 요리를 몇 개 만들어 너희들에게 솜씨를 보여주겠다. ¶心里不服气, 总想～ | 마음으로 승복을 할 수 없어 늘 한번 솜씨를 보여주고 싶다 =〔露本事〕〔露一鼻子〕

【鹭(鷺)】lù 백로 로
名 〈鳥〉 해오라기. ¶白～ =〔小白鹭〕〔白鹭鸶〕| 백로. ¶苍cāng～ | 왜가리.

【鹭鸶】lùsī 名 〈鳥〉 백로 =〔白鹭〕

【鹭鸶藤】lùsīténg ⇒〔忍rěn冬①〕

4【鹿】lù 사슴 록
名 ❶ 〈動〉 사슴. ¶一只～ | 사슴 한 마리. ❷ (Lù) 성(姓).

【鹿角】lùjiǎo 名 ❶ 녹각. 사슴뿔. ¶～胶 | 〈漢醫〉 녹각교 =〔鹿犄jī角〕 ❷ 가시나무 울타리.

【鹿角菜】lùjiǎocài 名 〈植〉 청각채(青角菜).

【鹿茸】lùróng 名 〈藥〉 녹용.

【鹿死不择荫】lù sǐ bù zé yīn 成 사슴이 죽을 때 으슥한 곳을 고르지 않는다. 급할 때에는 이것저것 돌볼 틈이 없다 =〔鹿死不择音〕

【鹿死谁手】lù sǐ shei shǒu 成 천하가 누구 손에 들어갈지? 누가 최후 승리자가 될는지? ¶主任主的宝座bǎozuò, ～还不知道呢 | 이 좋은 주임 자리가 누구 손에 들어갈 지 아직 모른다.

【漉】lù 거를 록
動 ❶ 거르다. 여과하다. ¶～酒 | 술을 거르다→〔滤lǜ〕 ❷ (액체가) 스미다. 젖다. 축축하게 젖다. ¶湿～～ =〔湿渌渌〕| 축축하게 젖다.

【漉漉】lùlù ⇒〔渌渌〕

【漉网】lùwǎng 名 〈紙〉 제지 그물 [종이를 만들 때 펄프에서 물기를 걸러내는 그물]

【辘(轆)】lù 수레소리 록
⇒〔辘轳〕〔辘辘〕

【辘轳】lù·lú 名 ❶ (두레박용의) 고패. ¶用～绞jiǎo上一桶井水jǐngshuǐ | 고패를 사용하여 우물물 한 통을 길어올리다. ❷ 〈機〉 도르래. 활차(滑車) ‖ =〔轳辘〕〔鹿卢①〕〔鹿轳〕

【辘辘】lùlù 擬 덜커덕덜커덕. 덜컹덜컹 [수레바퀴 소리] ¶牛车发出笨重bènzhòng的～声 | 소달구지가 덜컹덜컹 둔중한 소리를 내다. ¶门外传来了马车的～声 | 문 밖에서 마차의 수레바퀴 소리가 덜컹덜컹하고 들려왔다. ¶饥肠jīcháng～ | 배고픔에 창자에서 수레바퀴 소리가 다 난다.

【簏】lù 상자 록
名 ❶ 대나무상자. ¶书～ | 대나무로 만든 책 상자. ❷ 대오리로 엮은 작고 깊은 통. ¶字纸～ =〔字纸篓儿〕| 휴지통. ¶筷～ | 대오리로 엮어 만든 수저통.

【簏簌】lùsù 書 狀 축 늘어지다.

【麓】lù 산기슭 록
書 名 산기슭. ¶山～ | 산기슭. ¶泰山南～ | 태산의 남쪽 기슭.

【麓守】lùshǒu 書 名 산지기.

【蓼】lù ☞ 蓼 liǎo B

【戮〈剹$_{1,2}$勠$_{3}$〉】lù 죽일 륙, 합할 륙
書 動 ❶ 죽이다. 사형에 처하다. ¶杀～ | 살육하다. ❷ 모욕하다. ❸ 합치다. ¶～力↓

【戮力】lùlì 書 動 협력하다. 힘을 합하다. ¶～同心 | 힘과 마음을 합하다. ¶～合作 | 힘을 모아 협력하다. ¶全国人民～同心, 建设我们的祖国 | 전

국의 모든 국민들이 힘과 마음을 한데 모아 우리의 조국을 건설하자.

lǘ ㄌㄩˊ

3【驴(驢)】lǘ 당나귀 려
名〈動〉(당)나귀. ¶叫~=〔公驴〕| 숫나귀. ¶草~=〔骒kè驴〕| 암나귀.
【驴不驴, 马不马】lǘ bù lǘ, mǎ bù mǎ 諺 나귀는 나귀 같지않고 말은 말 같지 않다. 喩 비슷하면서도 비슷하지 않다. 무슨 까닭인지 알 수 없다. ¶这~, 到底算什么呢? | 이건 이것도 아니고 저것도 아니니 도대체 뭔 셈이지?
【驴唇不对马嘴】lǘ chún bù duì mǎ zuǐ 成 나귀의 입술은 말 주둥이에 맞지 않는다. 일이나 사물이 서로 부합되지 않거나 묻는 말에 맞지 않게 대답하다. 얼토당토않다. 뚱딴지 같은 소리. ¶这个比方打得不妥当tuǒdāng, 有点~ | 이 비유는 적절하지 않아서 앞뒤가 좀 맞지 않는다. ¶他的回答真是~ | 그의 대답은 정말 동문서답이다 =〔驴头不对马嘴〕〔牛头不对马嘴〕
【驴打滚】lǘdǎgǔn 動組 ❶ 이자에 이자가 붙다. 이자가 새끼를 치다. ¶他借的是~的高利贷gāolìdài | 그가 빌린 것은 이자에 이자가 붙는 고리대금이다 =〔利lì(上)滚利〕 ❷ ⇒〔驴打滚(儿)〕
【驴打滚(儿)】lǘ·dagǔn(r) 名 北〈食〉차좁쌀가루로 만든 경단에 콩가루를 묻힌 식품.
【驴肝肺】lǘgānfèi 名組 ❶ 나귀 간장과 허파 [구려서 먹지 못함] ❷ 喩 ⓐ 시시한 물건. 가치 없는 물건. ¶你真是把好心当dàng作~ | 너는 정말 호의를 시시하게 여기고 있다. ⓑ 나쁜[악한] 마음.
【驴脸】lǘliǎn 名 ❶ 긴 얼굴. 얼굴이 긴 사람. ❷ 罵 말상. 말대가리.
【驴(皮)胶】lǘ(pí) jiāo ⇒〔阿ē胶〕
【驴皮影(儿)】lǘpíyǐng(r) 名 方〈演映〉여피영 [나귀 가죽으로 만든 인형으로 연출하는 그림자극의 일종] ¶~人儿 | 여피영 중의 인물. 喩 타인의 조정을 받는 사람 =〔滦luán州影〕〔皮影戏〕
【驴子】lǘ·zi 名 方 (당)나귀.

【闾(閭)】lǘ 이문 려, 마을 려
名 ❶ 마을. 촌락. ❷ 여 [옛날, 25戶(호)를 1려(閭)로 함] ❸ 동네어귀. 동구. ¶倚yǐ~而望 | 成 ⓐ 마을 어귀에서 가족이 돌아오기를 기다리다. ⓑ 札 왕림하여 주시기 바랍니다. ❹ 이웃. 동네. 골목. ¶乡~ =〔闾里〕〔闾巷〕| 시골. 향리. ❺ 복성(複姓) 중의 한 자(字). ¶~丘↓
【闾里】lǘlǐ 書 名 마을. 시골. 향리 =〔闾伍〕
【闾丘】Lǘqiū 名 복성(複姓).
【闾巷】lǘxiàng 書 名 골목.
【闾阎】lǘyán 書 名 ❶ 마을 입구의 문. ❷ 轉 옛날, 평민이 살던 곳. 평민.

【榈(櫚)】lǘ 종려 려
❶ 名〈植〉모과나무 =〔花梨〕〔花榈〕 ❷ ⇒〔棕zōng榈〕

【瘘】lǘ ☞ 瘘 lòu

lǚ ㄌㄩˇ

【吕(呂)】lǚ 풍류 려
名 ❶ 여(呂) [중국음악의 12율(律)중의 한 음률(音律)로 6종류의 음계(音階)가 있음] →〔律lǜ吕〕 ❷ (Lǚ) 성(姓).
【吕剧】lǚjù 名 산동성(山東省)·하남성(河南省)·강소성(江蘇省)·안휘성(安徽省) 등지에서 유행하는 지방극 =〔吕戏xì〕
【吕宋】Lǚsòng 名 ❶ 外〈地〉루손(Luzon) 섬 [필리핀 군도의 북부에 있는 가장 큰 섬] ❷ (lǚsòng) 簡 여송연(呂宋煙).
【吕宋烟】lǚsòngyān 名 여송연 →〔雪茄xuějiā(烟)〕

4【侣(侶)】lǚ 짝 려, 동반할 려
❶ 동료. 동반자. ¶情~ | 연인. ¶伴~ | 반려. ❷ 書 動 동반하다.
【侣伴】lǚbàn 書 名 동료. 짝. 반려 =〔侣俦〕〔伴侣〕
【侣俦】lǚchóu ⇒〔侣伴〕

【稆(稆)〈穭〉】lǚ 날 려
書 動 곡물(穀物) 등이 자생(自生)하다. 저절로 나다. ¶~生 | 자생하다 =〔旅lǚ②〕

3【铝(鋁)】lǚ 줄 려, (알루미늄 려)
名〈化〉화학 원소명. 알루미늄(Al;aluminium). ¶硅guī酸~ | 규산 알루미늄. ¶硬yìng~ =〔强qiáng铝〕〔铝合金〕〔飞机铝合金〕〔都dū拉铝〕〔外 都拉铝〕| 듀랄루민(duralumin). ¶~器 | 알루미늄 제품 =〔江 钢精〕〔北 钢种〕〔俗 轻铘qīngtī〕
【铝箔】lǚbó 名 알루미늄 박.
【铝合金】lǚhéjīn 名 듀랄루민(duralumin) ¶安了~的自动门 | 듀랄루민으로 된 자동문을 설치했다 =〔都拉铝〕〔都拉铭〕〔飞机铝合金〕〔强铝〕〔硬yìng铝〕
【铝土】lǚtǔ ⇒〔铝土矿〕
【铝土矿】lǚtǔkuàng 名〈鑛〉보크사이트(bauxite) =〔铝土〕
【铝制】lǚzhì 名 알루미늄으로 만든 것. ¶~用具 | 알루미늄 제품.

【捋〈攞B〉】lǚ luō 만질 랄, 뽑을 랄
A lǚ 動 ❶ 쓰다듬다. 훑다. 어루만지다. ¶~胡子húzi | 수염을 쓰다듬다. ¶把纸~平 | 종이를 쓰다듬어 평평하게 하다. ❷ 간단히 이야기하다[말하다]. ¶你给我从头再~一遍 | 나에게 처음부터 다시 한번 간단히 말해주시오. ❸ (단야(鍛冶) 작업에서) 두드려서 가늘고 길게 하다 =〔拔细báxì〕
B luō 動 ❶ 훑다. ¶~树叶儿shùyèr =〔捋叶子〕| 나뭇잎을 훑다 =〔攞luō①〕 ❷ 걷어올리다. ¶~起袖子xiùzi | 소매를 걷어 올리다.
A lǚ
【捋须】lǚxū 動 수염을 쓰다듬다.
B luō
【捋胳膊】luō gē·bo 動組 팔을 걷어붙이다 =〔捋起袖子〕〔挽wǎn袖子〕
【捋虎须】luō hǔxū 動組 호랑이 수염을 잡아채다. 喩 권세가를 건드리다. 위험한 행동을 하다. 모험을 하다. ¶他竟敢~, 向领导提意见 | 그는 뜻밖

에도 감히 호랑이 수염을 건드렸다. 책임자에게 (반대) 의견을 제시하다니.
【捋奶】luō/nǎi 動 젖을 짜다. ¶捋牛奶＝〔挤jǐ牛奶〕| 우유를 짜다＝〔捋乳〕
【捋起袖子】luō·qi xiù·zi 動組 소매를 걷어붙이다 →〔捋胳gē膊〕

1【旅】lǚ 나그네 려
❶ 여행하다. 객지를 다니다. ¶～行↓ ¶～馆↓ ¶商～| 행상인. ❷ 書 動 곡물(穀物) 등이 야생하다. 자생하다. ¶～谷gǔ | 자생하는 곡식＝〔稆lǚ〕 ❸ 書 名 군대. ¶劲jìng～| 강한 군대. ¶军～之事 | 군사(軍事). ❹ 名〈軍〉여단. ¶两～兵 | 2개 여단 병력→〔军②〕〔连⑨〕〔排⑦〕〔班②〕〔团⑥〕〔营④〕 ❺ 書 副 함께. 공동으로. ¶～进～退↓
【旅伴(儿)】lǚbàn(r) 名 여행 길의 동반자. 길동무. ¶回国路上还是找一个～为好 | 귀국 길에 길동무를 하나 찾아보는 것도 좋겠다.
【旅程】lǚchéng 名 여정. 여로. ¶三天两夜的～| 이박 삼일의 여정.
【旅次】lǚcì 書 名 ❶ 여행 중의 숙박지. ❷ 여행 도중.
4【旅店】lǚdiàn 名 여관. 여인숙 [「旅店」「客店」은 옛날의 시설이 좋지 못한 소규모의 여관을 말함]＝〔旅馆guǎn〕〔客店〕
【旅费】lǚfèi 名 여비. 노자(路資). ¶～自理 | 여비는 각자 알아서 한다＝〔路lù费〕
2【旅馆】lǚguǎn 名 여관의 통칭 [「(大)饭店」「宾馆」「大酒店」등은 호텔,「旅社」는 여관의 뜻으로 주로 상호 뒤에 많이 쓰고,「旅舍」는 문어(文語)임]→〔旅店〕〔旅社〕〔旅舍〕〔饭fàn店〕〔客kè店〕〔客栈〕〔栈zhàn房〕
【旅进旅退】lǚ jìn lǚ tuì 成 함께 나아가고 함께 물러나다. 아무런 주견 없이 남따라하다. 남의 장단에 춤추다. ¶他一向～, 不敢自作主张 | 그는 여태 남의 장단에 춤춰와서 감히 자신의 주장을 펴지 못한다.
【旅居】lǚjū 書 動 객지에 머물다. ¶这几张照片是我～南京时照的 | 이 사진 몇 장은 내가 남경에 머물 때 찍은 것이다. ¶～国 | 체류국. 여행국.
2【旅客】lǚkè 名 여객. 여행자. ¶各位～们 | 여행자 여러분. ¶过往～| 통과 여객. ¶～登记簿 | 여관 등의 숙박부.
【旅社】lǚshè 名 여관. ¶在金银～过夜 | 금은 여관에서 하룻밤 묵다＝〔書 旅舍〕→〔旅馆〕
2【旅途】lǚtú 名 여정. 여행 도중. ¶～生活 | 여행 중의 생활. ¶～见闻 | 여행 도중의 견문. ¶～辛苦xīnkǔ | 여행이 고생스럽다.
1【旅行】lǚxíng 動 ❶ 여행하다. ¶暑假我们去济州岛～| 여름 방학에 우리는 제주도로 여행간다. ¶我们到北京～了一趟 | 우리는 북경으로 여행을 한번 갔었다. ¶～船 | 여객선. ¶～袋dài | 여행용 가방. ¶～飞机＝〔客机〕| 여객기. ¶～团 | 여행단. ¶～指南 | 여행 안내서. ¶春季～| 춘계 여행. ¶作长途～| 긴 여행을 하다. ¶蜜mì月～| 밀월〔신혼〕여행. ❷ (동물 등이) 큰 무리를 지어 이동하다.
【旅行杯】lǚxíngbēi 名 여행용 다용도 컵.
【旅行车】lǚxíngchē 名 소형 승합(乘合) 자동차 [마이크로버스(microbus) 혹은 스테이션 왜건(station wagon) 등을 말함]
【旅行社】lǚxíngshè 名 여행사. ¶乘chéng～的旅游车 | 여행사의 관광버스를 타다.
【旅行演出】lǚxíng yǎnchū 名組 순회 공연. ¶～的剧团jùtuán | 순회 공연단.
【旅行演说】lǚxíng yǎnshuō 名組 유세(遊說). ¶他开始到全国各地进行～| 그는 전국 각지를 돌며 유세를 시작하였다.
【旅行支票】lǚxíng zhīpiào 名組 여행자 수표. ¶你们收不收～? | 당신네는 여행자 수표를 받나요?＝〔俗 通天单〕
3【旅游】lǚyóu 動 여행하다. 관광하다. ¶我们到釜山～了一次 | 우리는 부산에 여행을 한번 갔었다. ¶春秋佳日可以出去～～| 봄 가을 좋은 계절엔 좀 나가서 여행을 하는 것이 좋다. ¶～班车 | 정기 관광 버스. ¶大力发展～事业 | 관광사업을 크게 발전시키다.
4【旅游业】lǚyóuyè 名 여행업. 관광업.

【膂】lǚ 등골뼈 려
書 名 등뼈. 등골뼈.
【膂力】lǚlì 書 名 체력. 완력. 힘. ¶～过人 | 체력이 남보다 뛰어나다.

【偻】lǚ ☞ 偻 lóu

4【屡(屢)】lǚ 여러 루
書 副 누차. 여러 번. 자주. ¶～教不改↓ ¶～战～胜↓
4【屡次】lǚcì 副 자주. 누차. 여러 번. 여러 차례. ¶～去见他去了 | 여러 번 그를 만나러 갔다. ¶他～刷新shuāxīn跳高记录 | 그는 여러 차례 높이뛰기 기록을 쇄신했다. ¶他是～地和我借钱 | 그는 자주 나에게 돈을 빌린다＝〔屡屡〕〔累次〕
【屡次三番】lǚ cì sān fān 成 수차. 여러 번. 재삼재사. ¶经过大家～的要求, 他们两个人又表演一段相声 | 모든 사람으로부터 누차 부탁을 받았기 때문에, 그 두 사람은 만담 한 소절을 더 하였다.
【屡见不鲜】lǚ jiàn bù xiān 成 자주 봐서 신기하지 않다. 흔히 볼 수 있다. ¶这种现象在这儿早已～了 | 이런 현상은 여기서는 벌써 이미 흔한 것이 되었다. ¶这些事现在～, 不足为奇 | 이런 일은 지금은 흔히 볼 수 있어 그다지 신기하지 않다＝〔数shuò见不鲜〕
【屡教不改】lǚ jiào bù gǎi 成 몇 번이고 타일러도 고치지 않다. ¶对那些～的罪犯要严加惩处 | ＝〔累屡不改〕〔屡戒不改〕
【屡屡】lǚlǚ ⇒〔屡次cì〕
【屡试不爽】lǚ shì bù shuǎng 成 여러 번 시험해도 틀림없다. 언제나 효과가 있다. ¶用这个办法～| 이 방법을 쓰면 언제나 효과가 있다.
【屡战屡胜】lǚ zhàn lǚ shèng 成 연전연승하다. 백전백승하다.

【缕(縷)】lǚ 실 루
❶ 量 올. 줄기. 가닥 [실이나 연기 등의 가늘고 긴 것을 세는데 쓰임] ¶一～头发 | 한가닥 머리카락. ¶一～麻 | 삼베 한 올. ¶

一~炊烟chuīyān | 한 줄기 밥짓는 연기. ❷ 실. ¶千丝sī万~ | 成 천갈래 만갈래의 실. 서로 복잡하게 얽혀 있다. ❸ 하나하나 상세하게. ¶~解 | 상세하게 해석하다. ¶~述↓

【缕陈】lǚchén ❶ ⇒〔缕述〕 ❷ 書 動 (하급자가 상급자에게) 의견을 진술하다. ¶兹将可行之法~如下, 敬候裁夺cáiduó | 가능한 방법을 아래와 같이 적어놓았으니 가부을 판단해 주십시오.

【缕缕】lǚlǚ 書 貶 ❶ 잇달아 끊이지 않다. 끊임없다. ¶~不断 | 잇달아 끊이지 않다. ¶~情丝 | 끊임없이 이어지는 연정. ¶村中炊烟~上升 | 마을에서는 밥짓는 연기가 모락모락 피어오르고 있다. ❷ 섬세하다. 상세하다.

【缕述】lǚshù 書 動 상세히 말하다. 차근차근 설명하다. ¶~沿途见闻 | 도중에 보았던 것을 상세히 설명하다. ¶为了节省jiéshěng篇幅piānfú, 恕不~ | 지면을 절약하고자 상세한 설명을 못하오니 양해바랍니다 =〔缕陈①〕

【缕析】lǚxī 書 動 상세히 분석하다. ¶~呈明 | 자세히 말씀드리다. ¶条分~ | 成 하나하나 구별하여 자세히 분석하다.

【褛(褸)】 lǚ 헌누더기 루
⇒〔褴lán褛〕

4【履】 lǚ 신 리
❶ 書 名 신발. ¶草cǎo~ | 짚신. ¶革gé~ | 가죽신. ❷ 書 動 밟다. 걷다. 밟고 가다. ¶如~薄冰bóbīng | 成 살얼음을 밟는 것 같다. ❸ 발걸음. ¶步bù~ | 발걸음. ❹ 이행하다. 실행하다. 실천하다. ¶~约↓ ❺ 사람의 행동. 행위. 품행. ¶操cāo~ | 품행. ❻ (Lǚ) 名 성(姓).

【履带】lǚdài 名〈機〉무한궤도. ¶坦克的~坏了 | 탱크의 무한궤도가 망가졌다 =〔履链〕〔链轨liànguǐ〕

【履历】lǚlì 名 ❶ 이력. 경력. ❷ 이력서. ¶填tián一份~ | 이력서를 한 통 쓰다 =〔履历表〕〔履历书〕

【履链】lǚliàn ⇒〔履带〕

【履险如夷】lǚ xiǎn rú yí 成 위험한 길을 평지를 다니듯 걸어다니다. 용감하여 어려움을 두려워하지 않거나, 수단이 대단하여 어려운 일을 간단히 해치우다. ¶他胆识过人, ~ | 그는 담력과 식견이 출중하여 어려운 일도 아주 쉽게 한다.

4【履行】lǚxíng 動 이행하다. 실행하다. 실천하다. ¶~自己的诺言nuòyán | 자기 스스로 승낙한 말을 실천하다. ¶~公民义务 | 공민으로서의 의무를 이행하다. ¶~合同 | 계약을 이행하다. ¶这样的合同~起来有困难 | 이런 계약은 이행하기가 곤란하다. ¶~手续 | 수속을 밟다.

【履约】lǚyuē 書 動 약속을 이행하다〔지키다〕. ¶坚决jiānjué~ | 주저없이 약속을 이행하다.

lǜ ㄌㄩˋ

2【律】 lǜ 법 률, 가락 률
❶ 법. 법률. ¶法~ | 법률. ❷ 규칙. 규정. 법칙. ¶定~ | 과학상의 법칙. ¶纪~ | 규율. 기율. ¶周期~ | 주기율. ❸ 名〈音〉음률(音律)→〔律吕〕 ❹ 名 簡〈文〉율시(律詩) ¶~诗 | 율시. ¶五~ | 오언율시(五言律詩). ❺ 書 動 단속하다. 제약하다. 얽매다. ¶~己↓ ¶~以重典 | 엄한 법으로 단속하다. ❻ (Lǜ) 名 성(姓).

【律己】lǜjǐ 書 動 자신을 단속하다. ¶严于yányú~ | 자신을 엄하게 단속하다.

【律吕】lǜlǚ 名〈音〉❶ 옛날, 음과 양의 열 두 가지 음계. ❷ 음악. 가락 [음률의 총칭] ❸ 십이율관(十二律管) [죽관(竹管)으로 만든 악률(樂律)을 교정하는 기구]

4【律师】lǜshī 名 ❶ 변호사. ¶~事务所 | 변호사 사무실 =〔大律师〕〔辩护士〕 ❷ 敬 스님. ❸ 敬 도사(道士).

【律诗】lǜshī 名 율시.

【葎】 lǜ 한삼덩굴 률
⇒〔葎草〕

【葎草】lǜcǎo 名〈植〉한삼 덩굴 =〔来莓láiméi草〕

2【虑(慮)】 lǜ 생각할 려
書 動 ❶ 생각하다. 사고(思考)하다. 고려하다. ¶考~ | 고려하다. ¶深谋远~ | 成 계획이 주도 면밀하고 생각이 원대하다. ❷ 걱정하다. 근심하다. 염려하다. ¶忧~ | 우려하다. ¶不必过~ | 지나치게 걱정할 필요없다. ¶~恋↓

【虑及】lǜjí 書 動 생각이 미치다. 예상하다. ¶因为~家人, 所以不敢轻举qīngjǔ妄动wàngdòng | 가족들에게까지 생각이 미쳤기 때문에 감히 경거망동을 하지 못하다.

【虑恋】lǜliàn 動 돌이켜 생각하다. 고려하다.

4【滤(濾)】 lǜ 거를 려
動 거르다. 여과하다. ¶~去杂质 | 나쁜 것들을 걸러 버리다. ¶~得很清 | 아주 깨끗이 걸러냈다. ¶过~ | 거르다. ¶~纸↓ ¶~袋 | 거르는 자루→〔漉lù②〕

【滤波】lǜbō 名〈電氣〉여파(濾波).

【滤斗】lǜdǒu 名 여과용 깔때기.

【滤管】lǜ guǎn 名〈醫〉카테테르(katheter;독). 소식자(消息子).

【滤光镜】lǜguāngjìng 名〈物〉(사진기의) 필터(filter)→〔滤色镜〕

【滤过】lǜguò 動 여과하다. 거르다.

【滤过性病毒】lǜguòxìng bìngdú 名組〈醫〉여과성 병원체. 미립자 병원체. 비루스. 바이러스 =〔滤过性病原体〕〔病毒〕

【滤器】lǜqì 名 여과기 =〔渗shèn滤器〕

【滤色镜】lǜsèjìng 名〈物〉(사진기의) 칼라 필터(color filter).

【滤液】lǜyè 名〈化〉여액. 거른 액체.

【滤纸】lǜzhǐ 名〈化〉여과지. ¶油~ | 기름 여과지. ¶绉布zhòubù状~ | 크레이프형 여과지. ¶色彩分离用~ | 크로마토용 여과지. ¶定量~ | 정량 여과지. ¶定性~ | 정성 여과지. ¶圆筒状~ | 원통 여과지.

【滤嘴(儿)】lǜzuǐ(r) 名 (담배의) 필터. ¶过~香烟 | 필터 담배→〔烟yān嘴(儿)〕

【率】 lǜ ☞ 率 shuài B

1【绿(綠)】 lǜ lù 초록빛 록, 여초 록

Ⓐlǜ 名形 녹색(의). ¶青山～水 | 푸른 산과 푸른 물. ¶浓nóng～ | 짙은 녹색.
Ⓑlù ❶ ⇒〔绿林〕 ❷書名〈植〉조개풀 [「荩jìn草」의 옛 이름] =〔荩jìn草〕〔菉lù〕
Ⓐlǜ
【绿宝石】lǜbǎoshí 名〈鑛〉에머랄드(emerald) =〔绿玉〕
【绿苍蝇】lǜcāng·ying 名〈蟲〉쉬파리. 금파리 =〔绿豆蝇〕〔绿头蝇〕
【绿茶】lǜchá 名 녹차. ¶品pǐn～ | 녹차를 음미하다 =〔書绿茗míng〕〔青茶〕
【绿灯】lǜdēng 名 ❶ (교통 신호의) 녹색등. 푸른 신호등. ¶等着开～ | 푸른 신호등이 켜지기를 기다리다 →〔红灯〕 ❷ (추상적인) 청신호. ¶要为人才流动大开～ | 인재들의 유동이 쉽도록 해야 한다. ¶一路～ | 전여정이 순탄하다.
【绿地】lǜdì 名 도심지의 녹지 공간. ¶市内～ | 도심의 녹지 공간.
【绿豆】lǜdòu 名〈植〉녹두. ¶煎jiān～饼bǐng | 녹두 빈대떡을 부치다.
【绿豆蝇】lǜdòuyíng ⇒〔绿苍蝇〕
【绿肥】lǜféi 名〈農〉풋거름. 녹비 =〔青肥〕
【绿肥红瘦】lǜ féi hóng shòu 成 (여자들이) 각양각색의 옷차림과 제각각의 체격을 지니다. 각양각색이다. ¶暮春时节, ～ | 늦봄이 오면 사람들이나 옷차림이 각양각색이다.
【绿肥作物】lǜféi zuòwù 名組〈農〉녹비 작물. 비료 작물.
[4]【绿化】lǜhuà 名動 녹화(하다). ¶～山区 | 산간지대를 녹화하다. ¶～运动 | 녹화 운동.
【绿化物】lǜhuàwù ⇒〔氯化物〕
【绿卡】lǜkǎ 名 그린 카드(green card) [미국의 외국인 영주 허가증] ¶取得qǔdé～ | 영주권을 취득하다.
【绿坎肩儿】lǜkǎnjiānr ⇒〔绿帽子〕
【绿帽子】lǜmào·zi 名喩諷 서방질하는 여자의 남편. ¶这个笨蛋bèndàn, 戴了～, 还蒙在鼓里呢! | 이 바보, 마누라가 서방질을 하는데 아무 것도 모르고 있다니! =〔绿坎肩儿〕〔绿头巾〕
【绿内障】lǜnèizhàng 名〈醫〉녹내장 =〔青光眼〕〔青盲〕
【绿泥石】lǜníshí 名〈鑛〉녹니석.
【绿茸茸】lǜr ōngr ōng ⓧlǜróngróng) 貺 새파랗고 조밀하다. 파릇파릇 빽빽하다. ¶～的秧苗yāngmiáo | 파릇파릇한 모. ¶一片～的草地 | 풀들이 파릇파릇 빽빽이 난 잔디밭.
【绿森森】lǜsēnsēn 貺 ❶ 새파랗다. 파릇파릇하다 =〔绿青青〕 ❷ 초목이 무성하다. 녹음이 짙다.
【绿头鸭】lǜtóuyā 名〈鳥〉물오리 =〔大麻鸭〕〔大红腿鸭〕〔野鸭〕
【绿阴】lǜyīn 名 녹음. 나무 그늘. ¶～蔽bì日 | 녹음이 해를 가리다. ¶～森森 | 녹음이 깊다 =〔绿荫〕
【绿荫】lǜyìn ⇒〔绿阴〕
【绿莹莹】lǜyīngyīng 貺 보석같이 맑게 푸르다. ¶秧苗在雨中显得～的 | 비에 젖은 푸른 모들이 영롱하다 =〔绿瑛瑛〕
【绿瑛瑛】lǜyīngyīng ⇒〔绿莹莹〕
【绿油油】lǜyōuyōu 貺 푸르고 윤기가 나다. ¶～的麦mài苗 | 파랗고 윤이 나는 보리싹 =〔碧bì油油〕
【绿藻】lǜzǎo 名〈植〉녹조. 녹조 식물.
【绿洲】lǜzhōu 名 오아시스(oasis). ¶沙漠shāmò中的～ | 사막의 오아시스 =〔泉quán地〕
【绿柱石】lǜzhùshí 名〈鑛〉녹주석 =〔绿柱玉〕
Ⓑlù
【绿林】lùlín 名 ❶ 관청에 반항하는 무리 또는 도적떼. ❷ 녹색 산림.
【绿林好汉】lù lín hǎo hàn 成 녹림의 사나이들. 산적. 녹림객 [산 속에 모여 반항하는 무리] ¶他一心想当～ | 그는 마음으로 늘 녹림객이 되고자 했다 ‖ =〔绿林豪杰〕〔绿林英雄〕〔绿林之徒〕

【氯】 lǜ 염소 록
名〈化〉화학 원소명. 염소(Cl;chlorine) =〔氯气〕
【氯丁橡胶】lǜdīng xiàngjiāo 名組〈化〉클로로프렌(chloroprene) 고무.
【氯仿】lǜfǎng 名〈化〉클로로포름(chloroform). ¶麻醉～ | 마취용 클로로포름 =〔哥罗gēluó仿〕〔哥罗仿姆〕〔哥罗芳〕〔三氯甲烷jiǎwán〕
【氯化钠】lǜhuànà 名〈化〉염화 나트륨. 소금. ¶～的俗名是盐yán | 염화 나트륨의 속칭은 소금이다 =〔绿化钠〕
【氯化物】lǜhuàwù 名〈化〉염소화합물 =〔绿化物〕
【氯纶】lǜlún 名〈化〉염화 비닐 섬유(polyvinyl chloride fiber).
【氯霉素】lǜméisù 名〈藥〉클로로마이세틴(chloromycetin). ¶～过敏mǐn | 클로로마이세틴 과민 =〔氯胺苯醇〕〔氯链丝菌素〕〔绿霉素〕
【氯气】lǜqì 名 염소(가스). ¶～炮pào =〔俗熏xūn炮〕 | 독가스탄포 =〔绿气〕

luán ㄌㄨㄢˊ

【娈(孌)】 luán ㊀lüǎn) 아름다울 련
書形 용모가 아름답다.
【娈童】luántóng 名 미남자. 미소년.

【孪(孿)】 luán ㊀lüán) 쌍둥이 산/련
書名 쌍둥이.
【孪生】luánshēng 名 쌍둥이. ¶～兄弟 | 쌍둥이 형제 =〔孪生子〕〔孪子〕〔双胞胎〕〔双伴儿〕〔双棒儿〕〔双生(子)〕
【孪生子】luánshēngzǐ ⇒〔孪生〕
【孪子】luánzǐ ⇒〔孪生〕

【峦(巒)】 luán 메 만
書名 ❶ 작고 뾰족한 산. ❷ 연산(連山). 능선이 서로 연결된 산. ¶岗gǎng～ | 연산. ¶峰fēng～ | 연봉(連峰).
【峦弟】luándì 書名 손아래 처남 →〔内nèi弟〕
【峦兄】luánxiōng 書名 손윗 처남 →〔大dà舅子〕

【挛(攣)】 luán ㊀lüán) 오그라질 련
❶ 動 손발이 오그라들어 펴지지 않다. ¶拘jū～ | 쥐가 나다. ¶～缩↓ ❷ ⇒〔痉jìng挛〕
【挛缩】luánsuō 動 경련이 나서 오그라들다.

【栾(欒)】luán 모감주나무 란
❶ ⇨〔栾树〕 ❷ ⇨〔团tuán栾〕 ❸ (Luán) 名 성(姓).
【栾树】luánshù 名〈植〉모감주나무 =〔栾华〕〔木mù栾树〕〔木栾子〕

【脔(臠)】luán 저민고기 련
書 名 잘게 썬 고기. ¶～捲↓
【脔捲】luángē 書 動 ❶ (고기를) 잘게 썰다. ❷ 분할하다. ¶～江山｜국토를 분할하다.

【滦(灤)】Luán 물이름 란
名〈地〉난하(灤河) ［하북성(河北省)에 있는 강 이름］

【銮(鑾)】luán 방울 란
❶ 名 옛날, (제왕의 수레에 다는) 방울. ❷ 名 천자의 수레. ¶起～｜임금이 행차하다. ❸ ⇨〔金jīn銮殿〕‖ =〔鸾②〕
【銮铃】luánlíng 書 名 (옛날) 수레에 다는 방울 =〔鸾铃〕

【鸾(鸞)】luán 난새 란, 방울 란
❶ 名 전설상의 봉황과 비슷한 영조(靈鳥). ¶～凤↓ ❷「銮」과 같음 ⇒〔銮〕
【鸾凤】luánfèng 名 ❶ 난새와 봉황. ❷ 喻 좋은 친구. ❸ 喻 뛰어난 사람. ¶～不栖qī枳棘zhǐjí｜諺 대인은 속된 일에 상관 아니한다. ❹ 喻 부부. ¶一对绝好的～｜한 쌍의 사이가 아주 좋은 부부. ¶～和鸣｜威 부부간에 서로 화목하다 =〔琴瑟qínsè和鸣hémíng〕
【鸾铃】luánlíng ⇒〔銮铃〕

【濡】luán ☞ 濡 rú B

luǎn ㄌㄨㄢˇ

3【卵】luǎn 알 란
❶ 名 알. ¶鸡～｜계란→〔蛋dàn①〕 ❷ 名〈生理〉난자(卵子) =〔卵子luǎnzǐ〕 ❸ 名 (곤충학상의) 수정란. ❹ ⇨〔卵子儿〕
【卵白】luǎnbái 名 난백. 흰자위 =〔蛋白〕
【卵巢】luǎncháo 名〈生理〉난소.
【卵黄】luǎnhuáng 名 난황. 노른자위 =〔蛋黄〕
【卵块】luǎnkuài 名 알덩어리 ［물고기나 곤충의 알이 산란 후에 뭉쳐져 있는 것을 말함］
【卵磷脂】luǎnlínzhī 名〈化〉레시턴(Lecithin ; 독) =〔蛋黄素〕
【卵生】luǎnshēng 名 난생. ¶～动物｜난생 동물.
【卵石】luǎnshí 名 자갈. 조약돌. ¶砌qì～的渠qú道｜자갈로 깐 용수로 =〔河hé卵石〕
【卵胎生】luǎntāishēng 名 난태생.
【卵细胞】luǎnxìbāo 名〈生理〉난세포.
【卵翼】luǎnyì 動 ❶ 난육하다. 품에 안아 기르다. ¶～新生力量｜신흥 세력을 키우다. ❷ 轉 貶 비호하다. 두둔하다. ¶在主子的～之下｜두목의 비호 아래.
【卵用鸡】luǎnyòngjī 名 난용종 닭.
【卵子】ⓐ luǎnzǐ 名〈生理〉난자→〔精子〕 ⓑ (～儿) luǎn·zi(r) 名 俗 고환(睾丸).

luàn ㄌㄨㄢˋ

1【乱(亂)】luàn 어지러울 란
❶ 形 혼란하다. 무질서하다. 어지럽다. 소란스럽다. ¶屋里很～, 你把它收拾shōushí收拾｜방안이 몹시 난잡하니, 네가 정리 좀 해라. ¶这篇稿子写得太～, 重chóng抄chāo一下吧｜이 원고는 너무 어지럽게 쓰여졌으니 다시 한번 베껴라. ¶～七八糟↓ ❷ 形 (심기가) 어수선하다. (정신이) 흐리다. ¶心烦意～｜마음이 어수선하다. ❸ 動 어지럽히다. ¶～了章法｜관례를 어지럽히다. ❹ 副 제멋대로. 함부로. ¶～跑｜마구 뛰어다니다. ¶～出主意｜제멋대로 의견을 내놓다. ❺ (～子) 名 재난. 분규(紛糾). ❻ 혼동시키다. 현혹시키다. ¶扰rǎo～｜혼란하게 하다. ¶惑huò～｜미혹시키다. ❼ 名 난리. 전쟁. 무장소요(武裝騷擾). ¶变biàn～｜변란. ¶避bì～｜피난하다. ¶作～｜난을 일으키다. 모반하다. ❽ 부정한 남녀 관계. ¶淫yín～｜음란.
【乱兵】luànbīng 名 ❶ 반란군. ❷ 패잔병.
【乱猜】luàncāi 動 마음대로〔제멋대로〕 추측하다. ¶不要～｜멋대로 추측하지 말라.
【乱吵乱嚷】luànchǎo luànrǎng 動組 마구 소리치며 시끄럽게 떠들다. ¶你们～的, 想干什么? ｜너희 이리 시끄럽게 구는데 뭘 하고 싶은거냐?
【乱成一团】luàn chéng yī tuán 威 뒤죽박죽이 되다. ¶屋里大哭小喊, ～｜집안에서 울고 불고 야단이 났다.
【乱吹】luànchuī 動 ❶ 함부로 큰소리치다〔허풍을 떨다〕. ❷ 근거 없는 말을 하다. ❸ 자기 자랑을 늘어놓다.
【乱弹】ⓐ luàndàn 名 아무렇게나 날아오는 탄환. 유탄(流彈). ¶中了～｜유탄에 맞다. ⓑ luàntán 名〈演映〉❶ 난탄. ❷ 중국 전통극 중의 가곡의 하나 =〔梆bāng子(腔)〕 ❸ 경극(京劇)의 다른 이름.
【乱党】luàndǎng 名 반역의 무리. 반도(叛徒). ¶～阴谋yīnmóu夺取duóqǔ政权｜반도들이 정권을 탈취하려고 음모를 꾸미다.
【乱动】luàndòng 動 ❶ 난동을 부리다. 함부로 행동하다. 마구 날뛰다. ❷ 함부로 손을 대다.
【乱反射】luànfǎnshè 名〈物〉난반사 =〔散射〕
【乱纷纷】luànfēnfēn 狀 어지럽고 어수선하다. ¶心里～的｜마음이 매우 산란하다.
【乱坟岗】luànféngǎng ⇒〔乱葬岗子〕
【乱搞】luàngǎo 動 ❶ 아무렇게나〔되는대로〕 하다 =〔乱干〕 ❷ 혼외(婚外)의 성관계를 갖다. ¶跟别个有夫之妇～｜다른 유부녀와 정을 통하다.
【乱哄哄】luànhōnghōng 狀 웅성웅성하다. 소란스럽다. ¶大家听到这个消息, ～地议论起来｜모두들 이 소식을 듣고는 웅성거리며 의논하기 시작했다.
【乱劲儿】luànjìnr 名 어지러운 꼴. 난잡하다. ¶你瞧qiáo这个～｜너 이 난잡한 꼴을 좀 봐라.
【乱局】luànjú 名 난국. 어지러운 판국. ¶造成～｜혼란한 국면을 조성하다.
【乱来】luànlái 動 함부로 하다. 닥치는 대로 하다. ¶千万别～｜제발 함부로 막 하지 마라.

【乱了营】luàn·le yíng 喻 方 (마음·질서 등이) 어지러워지다. 혼란스러워지다. ¶心中～ | 마음이 혼란스러워졌다.
【乱离】luànlí 動 (전란으로) 뿔뿔이 헤어지다 =〔离乱〕
【乱伦】luànlún 名 動 난륜(하다). 근친상간(을 하다). ¶历史上帝王之家兄妹～, 翁息～的事屡见不鲜 | 역사적으로 제왕의 집안에서 오빠와 여동생 혹은 시아버지와 며느리 간의 근친상간한 일이 비일비재하다.
【乱麻】luànmá ❶ 名 엉클어진 삼. 喻 혼란. ❷ 動 헝클어지다. 얼키고 설키다.
【乱麻麻】luànmámá 狀 몹시 뒤숭숭하다〔산란하다〕. ¶心绪xīnxù～的 | 마음이 산란하다.
【乱蓬蓬】luànpēngpēng 狀 ❶ (머리카락·잡초 등이) 마구 헝클어지다. ¶～的头发 | 마구 헝클어진 머리카락. ¶～的茅草máocǎo | 어지럽게 헝클어진 띠풀. ❷ 혼잡하다.
4【乱七八糟】luàn qī bā zāo 成 엉망진창이다. 난장판이다 =〔乱七杂八〕〔七乱八糟〕
【乱七杂八】luàn qī zá bā ⇒〔乱七八糟〕
【乱世】luànshì 名 난세. ¶曹操乃～英雄 | 조조는 난세의 영웅이다.
【乱说】luànshuō 動 함부로 지껄이다. ¶当面不说, 背后～ | 면전에서는 말을 안하고 없는 데서 함부로 지껄이다.
【乱弹】luàntán ☞〔乱弹〕luàndàn b
【乱弹琴】luàn tánqín 動組 마구잡이로 거문고를 타다. 喻 엉터리 수작을 하다. (남의 처지는 생각하지 않고) 제멋대로 하다. ¶你这个真是～, 好事都让你搞坏了 | 너 이건 정말 엉터리 수작이다. 좋은 일을 너 때문에 망쳤다.
【乱套】luàn/tào 動 方 (차례나 질서 등이) 어지러워지다. 혼란해지다. ¶这样, 会议就得～ | 이렇게 되면 회의는 곧 혼란해진다. ¶后台～了 | 무대 뒤가 어지러워졌다. ¶到时间开不了饭, 食堂里乱了套 | 시간이 되었는데도 밥을 차리지 못해서 식당안은 혼란스러워졌다.
【乱腾腾】luànténgténg 狀 혼란하고 소란스럽다. ¶他心里～的 | 그는 마음이 몹시 혼란스럽다.
【乱写】luànxiě 動 ❶ 엉망으로 쓰다. ❷ 낙서(落書)하다. ¶不准～ | 낙서 금지.
【乱用】luànyòng 動 함부로 쓰다. 남용하다. ¶不能～公款kuǎn | 공금은 함부로 써서는 안 된다.
【乱杂】luànzá 形 난잡하다. ¶办公室里太～ | 사무실 안이 너무 난잡하다.
【乱葬岗子】luànzàng gǎng·zi 名組 (임자 없는) 무덤이 마구 널려 있는 고개〔언덕〕=〔乱材岗子〕〔乱坟岗〕〔乱死岗子〕
【乱糟糟】luànzāozāo 狀 (마음이나 사물 등이) 혼란스럽고 난잡하다. ¶屋子里～的, 也没有时间收拾 | 방안이 너저분한데도 정리할 시간이 없다. ¶心里～的, 没有一点头绪 | 마음이 혼란스러워 조리가 조금도 없다.
【乱真】luànzhēn 動 (골동품이나 그림 등을) 진품처럼 보이게 하다. ¶仿造fǎngzào之精, 几jī可～ | 모조품의 그 정교함은 거의 진짜와 혼동할 지경이다. ¶他的仿作, 可以～ | 그의 모방작은 진짜라고도 할 수 있다.
【乱抓】luànzhuā 動 ❶ 마구 긁다〔할퀴다〕. ❷ 함부로 잡아가다. ❸ 함부로 손을 대다. ¶～活 | 아무일에나 손을 대다. ¶～乱碰pèng | 成 계획 없이 되는 대로 하다.
【乱撞】luànzhuàng 動 ❶ (북이나 종 등을) 마구 치다. ❷ 轉 함부로 돌아다니다. ¶～乱碰 | 成 무턱대고 돌아다니다. 계획없이 함부로 하다.
【乱子】luàn·zi 名 소동. 분쟁. 고장. 사고. 재앙. 재난. 어법 주로 「闹nào·出·闯chuǎng」등의 목적어가 됨. ¶惹rě～ | 분쟁을 일으키다. ¶只要不出～就好 | 고장만 안나면 된다. ¶闯下了大～ | 큰 변고를 일으켰다 ‖ =〔乱儿〕
【乱作一团】luàn zuò yī tuán 成 오합지졸로 변해 버리다. 엉망으로 혼란스러워지다.

lüán ㄌㄩㄢˊ

【孪】 lüán ☞ 孪 luán

【挛】 lüán ☞ 挛 luán

lüǎn ㄌㄨㄢˇ

【娈】 lüǎn ☞ 娈 luán

【脔】 lüǎn ☞ 脔 luán

lüě ㄌㄩㄝˇ

州影〕〔皮影戏〕 lüě ☞ lüè B

lüè ㄌㄩㄝˋ

3【掠】 lüè lüě 노략질할 략, 매질할 략

A lüè ❶ 動 비스듬히 스쳐 지나가다. 가볍게 스치다〔닿다〕. 어루만지다. ¶燕子～檐yán而过 | 제비가 처마를 스쳐 지나가다. ¶凉风liángfēng～面 | 서늘한 바람이 얼굴을 가볍게 스치다. ¶～一下头发 | 머리카락을 한 차례 쓸어 올리다. ¶嘴角zuǐjiǎo上～过一丝微笑 | 입가에 미소가 스치다. ❷ 약탈하다. 탈취하다. ¶～夺↓ =〔劫jié掠〕〔抢qiǎng掠〕 ❸ (몽둥이·채찍 등으로) 때리다. ¶拷kǎo～ | (채찍으로) 때리다. ❹ 名 서법(書法)에서 왼쪽으로 삐치는 필법 →〔撇piě③〕

B lüě 動 方 (손으로) 들다. 움켜쥐다. ¶～起一根棍子就打 | 손에 막대기를 집어들고 때리다.

【掠地飞行】lüèdì fēixíng 動組 초저공 비행(超低空飛行)(하다) ¶飞机～ | 비행기가 땅을 스칠 정도로 초저공 비행을 하다 =〔极jí低空飞行〕
3【掠夺】lüèduó 名 動 약탈(하다). 수탈(하다). ¶～百姓财物 | 백성들의 재물을 약탈하다 =〔暴bào掠〕
【掠美】lüè/měi 動 다른 사람의 공로나 명성을 가로채다. ¶这是他的高见, 我不敢～ | 이것은 그의 의견으로 내가 감히 가로챌 수는 없다 =〔掠

人之美]〔壤rǎng善〕
【掠取】lüèqǔ 動 약탈하다. 탈취하다. ¶～财物 | 재물을 약탈하다.
【掠人之美】lüèrénzhīměi ⇒〔掠美〕
【掠影】lüèyǐng 名 스쳐 지나가는 영상(影像). 스냅(snap).

2【略】lüè 간략할 략, 대강 략
❶ 形 간단하다. 단순하다. 대략적이다. ¶写得太～ | 너무 간단히 썼다 ⇔〔详xiáng①〕 ❷ 動 생략하다. ¶中间的话都～去了 | 중간의 말은 모두 빠뜨렸다. ¶从～ | 생략하다. ❸ 動 (토지를) 빼앗다. 탈취하다. ¶侵～ | 침략하다. ¶攻城～地 | 성을 공격해 땅을 빼앗다. ❹ 요약한 것. ¶要～ | 요약. ❺ 계획. 계책. 계략. ¶谋móu～ | 모략. ¶雄才xióngcái大～ | 걸출한 재능과 계책.
【略而不及】lüè ér bù jí ⇒〔略而不谈〕
【略而不谈】lüè ér bù tán 成 생략하고 언급하지 않다 =〔略而不及〕
【略号】lüèhào 名〈言〉생략 기호. 줄임표 =〔省shěng略号〕
【略加】lüèjiā ❶ 動 조금 더하다〔보태다〕. ❷ 副 조금, 약간 [뒤에 보통 2음절어가 옴] ¶～批判 | 약간 비판하다. ¶～注意 | 좀 주의를 하다.
【略见一斑】lüè jiàn yī bān 成 일면을 엿보다.
【略略】lüèlüè ⇒〔略微〕
【略胜一筹】lüè shèng yī chóu 成 한수 높다. 약간 우세하다. ¶他比我～ | 그는 나보다 한수 높다 =〔略高一等〕〔稍shāo胜一筹〕
【略图】lüètú 名 약도. ¶北京交通～ | 북경시 교통 약도.
4【略微】lüèwēi 副 조금. 약간. 대강. 어법 주로「点儿」「些」「一下」「一会」등과 호응함. ¶我～说了几句, 他就明白了 | 내가 대략 몇 마디를 말하니, 그는 곧 알아차렸다. ¶～出了点力 | 힘을 약간 냈다. ¶～修改了一下 | 조금 고쳤다. ¶微风吹来, 湖面上～起了点波纹 | 미풍이 불어와 호수면 위에 잔물결이 좀 일었다 =〔略略〕〔書 略为〕
【略语】lüèyǔ 名 약어. 간칭어 [「土改(土地改革)」,「北图(北京图书馆)」,「扫盲(扫除文盲)」와 같은 것] =〔缩suō写词〕
【略知一二】lüè zhī yī èr 成 대략〔조금〕 알다. ¶这件事我也～ | 이 일은 나도 조금 안다.

【锊(鋝)】lüè 엿냥쭝 렬
書 量 옛날, 무게 단위 [6「两」의 무게에 가까움]

lūn ㄌㄨㄣ

4【抡(掄)】lūn lún 가릴 륜/론
Ⓐ lūn 動 ❶ 힘껏 휘두르다. ¶～起大链砸zá了十几下 | 큰 쇠줄을 휘둘러 열몇 차례 내리쳤다. ❷ 단련하다. ¶～得出来↓ ❸ (향수 등을) 뿌리다. ¶～了许多香水 | 많은 향수를 뿌렸다. ❹ 喻 (돈을) 낭비하다. ¶～钱↓ ❺ 제멋대로 행동하다. 함부로 말하다. ¶别胡～了 | 함부로 말을 하지 마.
Ⓑ lún 書 動 선발하다. ¶～才↓
Ⓐ lūn
ⓑ lūn·da 動 ❶ 물건을 쥐고 흔들다. ¶把手里的东西, ～掉了 | 손에 쥔 물건을 흔들어 떨어뜨렸다. ❷ 손이나 도구를 사용하여 몸짓을 하다.
【抡刀】lūndāo 動 칼을 휘두르다. ¶他～就砍kǎn | 그는 칼을 휘둘러 그냥 찍었다.
【抡得出来】lūn ·de ·chū ·lái 動組 方 시련〔단련〕을 견뎌〔이겨〕낼 수 있다. ¶这孩子～了 | 이 아이는 시련을 이겨낼 수 있겠다 =〔抡搭·da出来〕〔摔得出来〕
【抡钱】lūn/qián 動 돈을 뿌리다. 喻 돈을 물쓰듯하다. 낭비가 심하다.
【抡枪舞剑】lūn qiāng wǔ jiàn 成 총칼을 휘두르다.
【抡拳】lūn/quán 動 주먹을 휘두르다. ¶父亲急了, ～就打 | 아버지는 급해서 주먹을 휘둘러 때렸다.
【抡手】lūnshǒu 動 손을 휘두르다〔흔들다〕.
【抡圆】lūnyuán 動 ❶ 빙빙 휘두르다. ¶拿刀～了砍 | 칼을 빙빙 휘둘러 내리 찍었다. ❷ 힘껏 후려치다〔휘두르다〕. ¶投手～了撇piě | 투수가 크게 휘둘러 힘껏 던졌다 ‖ =〔轮lún圆〕
Ⓑ lún
【抡才】lúncái 書 動 인재를 고르다.

lún ㄌㄨㄣˊ

【仑〈崙〉】lún 생각할 륜, 〈산이름 륜〉
❶ 書 名 조리(條理). 질서. ❷ 動 方 생각하다. 반성하다. ¶肚dù里～一～ | 마음 속으로 반성하다. ❸ 지명에 쓰이는 글자. ¶昆kūn～ | 곤륜산맥. ¶三条～ | 삼조륜. 대만(臺灣)에 있는 지명.
【仑巴】lúnbā 名 外〈舞〉룸바(rumba;스) =〔伦巴舞〕〔伦巴〕

【伦(倫)】lún 인륜 륜, 차례 륜
❶ 동배(同輩). 동류(同類). 동등(同等). ¶～比↓ ❷ 인륜(人倫). ¶五～ | 오륜. ¶～常↓ ❸ 순서. 질서. 조리(條理). ¶～次↓ ❹ 음역어에 쓰임. ¶哥～比亚 | 콜롬비아. ¶～敦↓ ❺ (Lún) 名 성(姓).
【伦巴】lúnbā ⇒〔仑巴〕
【伦巴舞】lúnbāwǔ ⇒〔仑巴〕
【伦比】lúnbǐ 書 ❶ 動 동등하다. 필적하다. 어법 주로 부정문에 쓰임. ¶不可～ | 필적할 수 없다. ¶无与～ | 成 필적할 만한 것이 없다. ❷ 名 동류.
【伦常】lúncháng 名 사람이 지켜야 할 도리. 오륜(五倫). ¶不讲～ | 도리를 지키지 않다.
【伦俦】lúnchóu ⇒〔伦类〕
【伦次】lúncì 書 名 (말·문장 등의) 조리. 순서. 질서. ¶语无～ | 말에 조리가 없다.
【伦敦】Lúndūn 名 外〈地〉런던 [「英国」(영국; Britain)의 수도]
【伦纪】lúnjì ⇒〔伦常〕
【伦鉴】lúnjiàn 名 인륜의 거울〔귀감〕.
【伦类】lúnlèi 名 ❶ 사물의 조리. ❷ 書 같은 또래. 동류〔한패〕 ‖ =〔伦俦〕〔伦匹①〕
【伦理】lúnlǐ 名 윤리. ¶注重zhùzhòng～ | 윤리를 중시하다. ¶～学 | 윤리학.
【伦匹】lúnpǐ ❶ ⇒〔伦类〕 ❷ 書 名 배우자.

【伦琴】lúnqín 名〈物〉뢴트겐. ¶～单位 | 뢴트겐 단위. ¶～管 | 뢴트겐 관. ¶～射线 | 뢴트겐 선. 엑스 레이(X－Ray)→〔爱克斯〕

1【论】lún ☞ 论 lùn Ⓑ

【囵(圇)】lún 덩어리질 륜 ⇒〔囫hú囵〕

4【抡】lún ☞ 抡 lūn Ⓑ

【沦(淪)】lún 잔물결 륜 빠질 륜
침몰하다. 轉 몰락(沒落)하다. (불리한 처지에) 빠지다. ¶沉chén～ | 침몰하다. ¶～落↓

【沦肌浃髓】lún jī jiā suǐ 成 뼈 속 깊이 와닿다. 깊은 영향〔감동〕을 받다.

【沦落】lúnluò 動 ❶ 떠돌다. 유랑하다. 영락(零落)하다. ¶～他乡 | 객지를 떠돌다. ¶～风尘 | 세속을 떠돌다. ¶～街头 | 거리를 떠돌다. ❷ 타락하다. ¶竟～到如此地步 | 결국 이와 같은 지경까지 타락하다 ‖ ＝〔沦败〕

【沦入风尘】lún rù fēng chén 成 영락하여 기녀가 되다. 기녀의 신분으로 전락하다.

【沦为…】lúnwéi… 動 (…으로) 전락하다. ¶～殖民地zhímíndì | 식민지로 전락하다.

【沦陷】lúnxiàn 動 ❶ 함락되다〔점령당하다〕. ¶～区 | 피점령 지구. ¶～了三年 | 삼년동안 점령당했다. ¶～于敌手 | 적의 손에 함락되다. ❷ 書 수몰(水沒)되다. 파묻히다.

【纶(綸)】lún guān 낚싯줄 륜

Ⓐ lún ❶ 書 名 청색실로 된 끈 [주로 도장을 매는 끈으로 씀] ❷ 書 名 낚싯줄 ＝〔钓纶〕 ❸ 각종 합성 섬유. ¶锦jǐn～ | 나일론. ¶涤dí～ | 테릴렌.

Ⓑ guān ⇒〔纶巾〕

Ⓐ lún

【纶音】lúnyīn 書 名 조칙(詔勅). 조서(詔書)＝〔纶绋fú〕〔纶诏〕

【纶诏】lúnzhào ⇒〔纶音〕

Ⓑ guān

【纶巾】guānjīn 名 (옛날에) 푸른 비단 띠를 두른 두건 [제갈공명이 사용하였기 때문에「诸zhū葛巾」이라고도 함]

【炝(㷍)】lún (벤젠 륜)
名〈化〉「苯」(벤젠)의 옛 이름 ⇒〔苯běn〕

2【轮(輪)】lún 바퀴 륜
❶ (～儿, ～子) 名 수레바퀴. 차의 바퀴. ¶三～摩托mótuō车 | 삼륜 오토바이. ¶自行车～儿 | 자전거 바퀴 ❷ 轉 (기계의) 바퀴. ¶齿chǐ～儿 | 톱니바퀴. ¶偏心piānxīn～儿 | 크랭크. ❸ 바퀴처럼 둥근 모양을 한 것. ¶年～ | 나이테. ¶血～ | 혈구. ❹ 名 기선(汽船). 동력선. ¶江～ | 강에 다니는 기선. ❺ 動 (순서에 따라) 차례가 되다. 어법 대개 보어를 동반함. ¶值班zhíbān每月～一次 | 당직근무가 매달 한 번 돌아온다. ¶这月我～过两次夜班 | 이번 달에 나는 야근이 두번 돌아왔다. ¶这回～到你了 | 이번에는 네 차례다. ❻ (～儿) 量 ⓐ 태양·달 등을 세는 양사. ¶一～红日 | 붉은 해. ¶一～明月 | 밝은 달. ⓑ 순환(循環)되는 사물 또는 동작을 세는 양사. ¶第二～会谈 | 제2차 회담. ¶她比我大一～ | 그녀는 나보다 한 바퀴〔12살〕 위다. ¶那木头大了一～ | 그 나무는 한 둘레가 크다. ❼ (Lún) 名 성(姓).

【轮班】lún/bān 動 ❶ 교대 근무하다. ¶昼夜zhòuyè～(制) | 주야 교대 근무(제도). ¶～看护病人 | 환자를 교대로 돌보다. ❷ (lúnbān) 名 순번. 차례. ¶等候děnghòu～ | 차례를 기다리다.

【轮唱】lúnchàng 名〈音〉윤창. 돌림노래. ¶男女～ | 남녀 윤창.

2【轮船】lúnchuán 名 (증)기선. ¶～货单 | 기선의 화물증서. ¶～公司 | 기선 회사 ＝〔方 火船〕〔俗 火轮船〕

【轮带】lúndài ❶ ⇒〔轮胎〕 ❷ 名 벨트. 피대 ＝〔皮带①〕

【轮到】lúndào 動 차례가 돌아오다〔되다〕. 순번이 되다. ¶什么时候儿～我? | 언제 내 차례가 되지? ¶这回～你了 | 이번에 너의 차례가 되었다.

【轮渡】lúndù 名 연락선. 페리(ferry). ¶市～ | 시영 연락선.

【轮番】lúnfān ❶ 名 윤번. ❷ 動 차례대로 하다. 교대로(…을) 하다. ¶～去做 | 차례로 하다. ¶～轰炸hōngzhà | 차례 차례 폭격하다.

【轮辐】lúnfú 名 바퀴살 ＝〔轮条〕

【轮毂】lúngǔ 名 바퀴통 ＝〔薄bó②〕

【轮换】lúnhuàn 動 교대로〔번갈아서〕 …하다. ¶三个人～着骑一匹马 | 말 한 마리를 세 사람이 번갈아서 타고 있다. ¶我～着双手把船划huá过去 | 나는 두 손을 번갈아 쓰면서 배를 저어갔다. ¶今天该你去～老王下来休息了 | 오늘은 네가 가서 왕씨가 내려와 쉬게 교대해 주어야 한다. ¶我们～着看护病人 | 우리는 교대로 환자를 간호한다.

【轮回】lúnhuí ❶ 名〈佛〉윤회(사상). ¶我相信～ | 나는 윤회를 믿는다. ❷ 動 순환하다. 윤회(輪廻)하다.

【轮机】lúnjī 名 簡〈機〉❶ 터빈(turbine). ¶汽～ | 증기 터빈. ¶燃气ránqì～ ＝〔煤méi气轮机〕 | 가스 터빈. ¶水力～ ＝〔水轮机〕〔水轮〕 | 수력 터빈 ＝〔外 透tòu平(机)〕〔涡wō轮(机)〕 ❷ 기선의 엔진〔기관〕. ¶～兵 | 기관공. ¶～长 | (배의) 기관장.

【轮奸】lúnjiān 名 動 윤간(하다). ¶犯fàn了～罪zuì | 윤간죄를 범했다 ＝〔轮淫〕

【轮空】lúnkōng 名 動 ❶ 일〔순번〕이 빔〔비다〕. ❷ (시합에서) 부전승으로 올라감〔올라가다〕. ¶他在一轮比赛中～ | 그는 일회전에서 부전승으로 올라갔다.

3【轮廓】lúnkuò 名 ❶ 윤곽. 테두리. 둘레의 선. ¶人体的～ | 인체의 윤곽. ¶～不清 | 윤곽이 선명하지 않다. ❷ (일의) 개황 ‖ ＝〔轮郭〕

3【轮流】lúnliú 動 윤번대로〔교대로〕 하다. 돌아가면서 하다. ¶～值班 | 교대로 당직을 서다. ¶～休息 | 교대로 쉬다. ¶～放哨fàngshào | 교대로 보초서다 ＝〔方 轮拔儿〕

【轮牧】lúnmù 動〈牧〉목초(牧草)를 보호하기 위하여 몇 구역의 초원지대를 돌아가면서 방목(放牧)하다.

【轮生】lúnshēng 名動〈植〉윤생(하다).

【轮胎】lúntāi 名 타이어. 타이어 튜브 〔타이어의 바깥쪽은「外胎」, 튜브는「内(车)胎」「里胎」라고 함〕 ¶汽车～ | 자동차 타이어. ¶橡皮xiàngpí～ | 고무 타이어. ¶实心(轮)胎 | 솔리드 타이어 =〔轮带①〕〔车带〕〔车胎〕〔皮带〕〔皮轮〕

【轮辋】lúnwǎng 名 림(rim). 수레바퀴 등의 테.

【轮系】lúnxì 名〈機〉톱니바퀴열(列). 기어 트레인(gear train).

【轮休】lúnxiū ❶ 動 名〈農〉농지를 한 지역씩 돌아가며 휴경(休耕)하다〔휴경하는 것〕. ❷ 動 돌아가면서 쉬다. ¶两个班～ | 두개 반이 교대로 쉬다.

【轮训】lúnxùn ❶ 動 교대로〔번갈아〕 훈련하다. ¶对干部实行～ | 간부에 대해서 교대로 훈련을 실시하다. ❷ 名 교대로 하는 훈련.

【轮椅】lúnyǐ 名 휠 체어(wheel chair). ¶他坐在～上看书 | 그는 휠 체어에 앉아 책을 본다 =〔椅子车〕〔摇yáo手车〕

【轮栽】lúnzāi ⇒〔轮作〕

【轮值】lúnzhí ❶ 動 교대로 일을〔임무를〕 맡다. ¶清洁qīngjié卫生wèishēng工作由大家～ | 청결·위생 작업은 모두가 교대로 담당한다. ❷ 名 순번. 돌림. 차례.

【轮种】lúnzhǒng ⇒〔轮作〕

【轮轴】lúnzhóu 名 ❶〈物〉윤축 =〔轴心〕 ❷ 차축.

【轮转】lúnzhuàn ❶ 動 윤전하다. (기계를)회전시키다. (금속·목재 등을) 선반에 걸고 작동시키다. ¶～印刷机yìnshuājī | 윤전 인쇄기. ❷ 名〈體〉로테이션(rotation).

[3]【轮子】lún·zi 名 바퀴. ¶汽车～ | 자동차 바퀴.

【轮作】lúnzuò 動〈農〉윤작하다. ¶每年～一次 | 매년 한번 윤작한다 =〔轮栽〕〔轮种〕⇔〔连作〕

lùn ㄌㄨㄣˋ

1【论(論)】lùn Lún 논할 론, 말할 론

Ⓐ lùn ❶ 介 (…에) 따라. …에 의거해서. …을 기준으로. ¶～天计算工资 | 날수에 따라 임금을 계산하다. ¶苹果～筐出售 | 사과는 한 광주리씩 판다. ¶买鸡蛋是～斤还是～个儿? | 계란은 근으로 삽니까? 개수로 삽니까? ¶～钟点↓ ❷ 토론하다. 언급하다. 말하다. ¶讨tǎo～ | 토론하다. ¶议～ | 의논하다. ❸ 평가하다. 판정하다. ¶～罪↓ ¶～价↓ ❹ 사리를 분석·논술한 문장이나 이론. ¶概～ | 개론. ¶社～ | 사설. ¶相对～ | 상대성 이론. ❺ 名 성(姓).

Ⓑ Lún ⇒〔论语〕

Ⓐ lùn

【论处】lùnchǔ 動 판정〔판단〕하여 처리하다. ¶以违反wéifǎn纪律jìlǜ～ | 규율 위반으로 판정하여 처리하다.

【论丛】lùncóng 名 논총. 논문집. ¶出版chūbǎn了一套tào《语言学～》| 《언어학논총》한질을 출판했다.

【论敌】lùndí 名 논적. ¶抓zhuā住～的弱点ruòdiǎn攻击 | 논적의 약점을 잡고 공격하다.

[4]【论点】lùndiǎn 名 논점. ¶这篇文章～突出 | 이 글은 논점이 두드러진다.

【论调(儿)】lùndiào(r) 名 貶 논조. ¶过分乐观的～ | 지나치게 낙관적인 논조.

【论断】lùnduàn 名 動 논단(하다). ¶下～ | 논단하다. ¶错误的～ | 잘못된 논단.

【论功行赏】lùn gōng xíng shǎng 成 논공행상(을 하다). ¶～, 无所偏倚piānyǐ | 논공행상에 치우침이 없다.

【论价】lùn/jià 動 가격을 의논하다. 값을 결정하다.

【论据】lùnjù 名 ❶〈論〉논거. 논증의 근거가 되는 명제. ❷ 논거. 논설이나 이론의 근거. ¶有力的～ | 유력한 논거.

【论理】lùnlǐ ❶ 副 이치상. 도리상. 도리로 말하면. 어법 앞 절의 문두에 쓰여져「이치상 마땅이 그러함」을 나타내고 뒷 절은 그렇게 하지 못한 결과가 옴. ¶～他该分到新房, 可是领导偏不给 | 이치로 보면 그가 새집을 분배받아야 하는데 책임자가 뜻밖에도 주지 않았다. ❷ 名 논리. ¶合乎～ | 논리에 맞다. ❸ (lùn/lǐ) 動 원칙에 의하여 논하다. 사리〔시비〕를 분명히 하다. ¶老张要跟他～, 问他为什么骂人 | 장씨는 그 사람이 왜 사람에게 욕을 하느냐고 사리를 따져 물으려 한다. ¶把小王找来论论理 | 왕군을 찾아와서 좀 따져야겠다.

【论理学】lùnlǐxué 名 논리학 =〔逻luó辑学〕

【论列】lùnliè 動 하나하나 논술하다. ¶一一加以～ | 일일이 논술하다.

【论难】lùnnàn 動 논란하다. 이러쿵저러쿵 상대방의 논점을 가지고 시비하거나 비난하다〔논쟁하다〕. ¶两个学派各执一说, 互相～ | 두 학파는 서로 자기 학설을 고집하며, 서로 논란한다.

[4]【论述】lùnshù 名 動 논술(하다). ¶正确地～了这个问题 | 이 문제를 정확하게 논술하였다.

【论说】lùnshuō ❶ 名 動 논설(하다). ¶～体 | 논설체. ¶～文 | 논설문. ❷ 動 口 이치대로〔원칙대로〕 말하다. ¶～这个比赛bǐsài他应该参加 | 원칙대로 이야기하자면, 이 시합에 그가 당연히 참석해야 한다.

【论坛】lùntán 名 ❶ (간행물이나 좌담회 등의) 대중에게 의견을 발표하는 곳. ❷ 喻 논단. 언론계. 평론계.

【论题】lùntí 名〈論〉논제. ¶～明确míngquè | 논제가 명확하다.

[2]【论文】lùnwén 名 논문. ¶学术xuéshù～ | 학술논문. ¶写毕业～ | 졸업 논문을 쓰다. ¶～集 | 논문집.

【论战】lùnzhàn 名 논전. 논쟁. ¶双方进行了长时间的～ | 양쪽은 장시간의 논쟁을 벌였다.

【论争】lùnzhēng 名 논쟁. 논전.

[4]【论证】lùnzhèng ❶ 名 動〈論〉논증(하다). ¶无可辩驳biànbó的～ | 반박할 여지가 없는 논증. ❷ 名 논거. 입론의 근거. ¶归纳～ | 귀납논증. ¶演绎yǎnyì～ | 연역 논증.

【论旨】lùnzhǐ 名 논의의 취지. 논지.
【论钟点】lùn zhōngdiǎn 動 시간으로〔시간제로〕 계산하다.
【论著】lùnzhù 名 논저. ¶我有三本～｜나는 논저가 세 권 있다.
【论资排辈】lùn zī pái bèi 成 자격과 (연령·공덕 등의) 서열을 따져 등급·대우 등의 고저(高低)를 결정하다 =〔论资格, 排辈数〕〔按资排辈〕
【论罪】lùn/zuì 動 논죄하다. 죄를 따지다. ¶按贪污tānwū～｜탐오에 따라 죄를 따지다.
B Lún
【论语】Lúnyǔ 名〈書〉논어.

luō ㄌㄨㄛ

【捋】luō ☞ 捋 lǚ B

【啰(囉)】luō luó ·luo 소리섞일 라

A luō ⇒〔啰哩啰嗦〕〔啰嗦〕
B luó ⇒〔啰唣〕
C ·luo 助 경멸·속단·낙관 등의 어감을 표시하는 어기조사. ¶你去就成～!｜네가 가면 그것으로 되는 거야!
A luō
【啰哩八嗦】luō·li bā·suō ⇒〔啰哩啰嗦〕
【啰哩啰嗦】luō·li luō·suo 形 지루하리만치 잔소리를 늘어놓다. 말이 많다 =〔啰里啰唆suō〕〔啰哩啰唆〕〔啰哩八嗦〕〔啰啰嗦嗦〕
【啰啰嗦嗦】luō·luo suō·suo ⇒〔啰哩啰嗦〕
【啰苏】luō·sū ⇒〔啰嗦〕
4【啰嗦】luō·suō ❶ 形 動 말이 많다. 수다스럽다. 수다스럽게 지껄이다. ¶说话太～｜말하는 것이 너무 수다스럽다. ❷ 形 (일 등이) 번거롭다. 성가시다. 자질구레하다. 귀찮다. ¶手续shǒuxù太～｜수속이 아주 번거롭다 ‖ =〔啰苏〕〔啰唆〕
B luó
【啰唣】luózào 動 近 소란을 피우다. 소동을 부리다 =〔罗唣〕

luó ㄌㄨㄛˊ

4【罗(羅)】luó 새그물 라

❶ 名 새 그물. 喻 수사망. ¶天～地网wǎng｜물샐틈 없는 경계망을 치다. ❷ 초청하다. 수집하다. ¶搜sōu～｜수집하다. ¶网～｜(인재를) 널리 모으다. ❸ 動 (가루 등을) 체로 치다. ¶把面再～一过儿｜가루를 다시 한 번 체로 치다. ❹ 書 動 (그물을 쳐서 새를) 잡다. ¶门可～雀｜문앞에서 참새를 잡을 수 있다. 찾아오는 사람도 없이 한적하다. ❺ 書 動 늘어놓다. 진열하다. ¶珍宝zhēnbǎo～于前｜진귀한 보배가 앞에 진열되어 있다. ❻ 量 그로스(gross) [12타스, 144개] ¶一～铅笔｜연필 한 그로스. ❼ 名 (가는) 체. ¶绢～｜명주실체. ¶把面过一次～｜가루를 체로 한 번 치다. ❽ 名 얇고 성기게 짠 명주. ¶～衣↓ ❾ 음역어에 쓰임. ¶～马尼亚↓ ❿ (Luó) 名 성(姓). ⓫ 복성(複姓) 중의 한 자. ¶～侯↓

【罗安达】Luó'āndá 名 外〈地〉루안다(luanda) [「安哥拉」(앙골라; Angola)의 수도]
【罗布麻】luóbùmá 名〈植〉두메개정향풀 =〔茶叶花〕〔茶棵子〕〔夹jiā竹桃麻〕
【罗德城】Luódéchéng 名 外〈地〉로드타운(Rood Town) [「英属维尔京群岛」(영령 버진제도; British Virgin Islands)의 수도]
【罗得西亚】Luódéxīyà 名 外〈地〉로디지아(Rhodesia) [남아프리카에 위치한 나라. 수도는 「索尔兹伯里」(솔즈버리; Salisbury)] =〔洛谛西亚〕
【罗锅】a luóguō ❶ (～儿) 形 등이 굽다. ¶他有点～儿｜그는 약간 등이 굽었다. ❷ (～儿, ～子) 名 곱사등이. 꼽추 =〔驼背tuóbèi〕 ❸ 書 名 아치형. ¶～桥｜아치형 다리 ‖ =〔锣luó锅〕〔螺锅〕
b luó·guo 動 (허리를) 구부리다. 어법 주로 동태조사「着」을 동반함. ¶他～着腰蹲dūn在凳子dèngzi上｜그는 등받이 없는 의자에 허리를 구부리고 쭈그려 앉아있다 =〔锣锅〕〔螺锅〕
【罗锅腰】luóguōyāo 名 활처럼 굽은 허리. ¶她爷爷是～｜그녀의 할아버지는 허리가 굽으셨다.
【罗汉】luóhàn 名 ❶〈佛〉나한 =〔阿罗汉〕 ❷ (Luóhàn)〈地〉나한 [호남성(湖南省) 성보현(城步縣) 동쪽에 있는 산]
【罗汉病】luóhànbìng 名 方〈醫〉주혈 흡충병(住血吸蟲病).
【罗汉豆】luóhàndòu 名〈植〉잠두. 누에콩 =〔蚕cán豆〕
【罗汉果】luóhànguǒ 名〈植〉❶ 개여주. ❷ 개여주 열매.
【罗汉松】luóhànsōng 名〈植〉토송(土松). ¶种了几棵～｜토송 몇 그루를 심었다.
【罗侯】Luóhóu 名 복성(複姓).
【罗掘】luójué 成 ❶ 양식이 떨어져 그물로 새를 잡고 굴을 파서 쥐를 잡아 배를 채우다. ❷ 힘을 다해 돈이나 물자를 마련〔조달〕하다. ¶～俱穷jùqióng｜재정이 매우 곤란하다. 돈을 마련할 길이 없다 ‖ =〔罗雀掘鼠〕〔逻掘俱穷〕〔逻雀掘鼠〕
【罗拉】luólā 名 ❶ 外〈機〉롤러 =〔滚gǔn子①〕 ❷〈紡〉롤러 카드(roller card).
【罗勒】luólè 名 ❶〈植〉고수. 고수풀 =〔矮糠ǎikāng〕〔佩兰pèilán③〕〔薰草xūncǎo②〕 ❷ 江〈機〉롤러 =〔滚子①〕
4【罗列】luóliè 動 ❶ 널려〔놓여〕있다. 배열〔진열〕하다. ¶饭馆里～着新桌子和新倚子｜음식점에 새 탁자와 의자가 놓여 있다. ❷ 열거하다. ¶光是～事实是不够的, 必须加以分析｜단지 사실을 열거하는 것만으로는 부족하며, 반드시 분석을 해야 한다.
【罗马】Luómǎ 名 外〈地〉로마(Roma) [「意大利」(이탈리아; Italia)의 수도] ¶～帝国｜로마 제국. ¶～字｜로마 라틴 문자. ¶～教皇｜로마 교황. ¶～(正)教｜로마교. 천주교.
【罗马公教】luómǎ gōngjiào ⇒〔天主教〕
【罗马尼亚】Luómǎníyà 名 外〈地〉루마니아(Rumania) [유럽 동남부의 사회주의 국가. 수도는 「布加勒斯特」(부쿠레슈티; Bacuresti)]
【罗马数字】luómǎ shùzì 名組〈數〉고대 로마 숫자.

【罗马字】luómǎzì 名〈言〉로마문자.
【罗曼蒂克】luómàndìkè 形外 로맨틱(romantic). ¶这事儿太～了 | 그 일은 너무 낭만적이다.
【罗曼司】luómànsī 名外 로맨스(romance) =〔罗曼斯〕
【罗盘】luópán 名❶나 침 반 =〔罗经(仪)〕〔罗盘仪〕〔罗针盘〕〔向盘〕〔指南针zhǐnánzhēn〕❷풍수가가 사용하는 방향기.
【罗圈(儿)】luóquān(r) 名❶쳇바퀴. ❷喩 한없이 반복되는 일.
【罗圈腿(儿)】luóquāntuǐ(r) 名 안짱다리. ¶他哥有点儿～ | 그의 형은 조금 안짱다리이다 =〔哈巴腿〕
【罗斯福】Luósīfú 名外〈人〉❶루즈벨트(T. Roosevelt, 1858～1919) [미국 제26대 대통령. 1906년에 노벨 평화상 수상] ❷루즈벨트(F.D. Roosevelt, 1882～1945) [미국 제32대 대통령]
【罗素】Luósù 名外〈人〉러셀(B.A. William Russel, 1872～1970) [영국의 철학자. 1950년 노벨 문학상을 수상]
【罗索】Luósuǒ 名外〈地〉로조(Roseau)[「多米尼加联邦」(도미니카연방;Commonwealth of Dominica)의 수도]
【罗网】luówǎng 名❶새·짐승을 잡는 그물. ¶猎liè人布好了～, 捕捉bǔzhuō野兽yěshòu | 사냥꾼은 그물을 설치해 놓고 들짐승을 잡는다. ❷喩 함정. 올가미. 계략. ¶自投～ | 스스로 그물에 뛰어들다. ¶他落在你的～中 | 그는 너희들의 계략에 빠졌다.
【罗纹】luówén 名❶비단결. 얇은 비단의 무늬. ❷나뭇결. ❸지문 =〔脶luó纹〕〔螺纹③〕〔指纹〕
【罗衣】luóyī 名 비단옷.
【罗织】luózhī 書動 무고한 사람을 모함하다. 어법 주로「罪名」「罪状」등이 목적어로 옴. ¶～罪名 | 죄명을 꾸며내다.
【罗致】luózhì 動(인재를) 초빙하다. 물색하다. 모으다. ¶～人才 | 인재를 물색하여 모으다. ¶这个公司自成以来, 大力～专门人才, 使公司越办越兴旺 | 이 회사는 창립 때부터 전문인력을 많이 초빙하여 회사가 갈수록 흥성해졌다.

【啰】luó ☞ 啰 luō B

【猡(玀)】luó 오랑캐이름 라
名❶〈民〉묘족(苗族)의 일종. ¶猓guǒ～ | 과라족. ❷㊄ 돼지. ¶猪～ | 돼지. 轉 바보자식. 미련한 놈.

2【萝(蘿)】luó 무 라, 미나리 라
❶⇒〔萝卜〕❷덩굴 식물. ¶茑niǎo～ | 담쟁이. ¶藤téng～ | 등나무. ¶松～ | 소나무 겨우살이. ❸書名〈植〉「莪蒿éhāo」(미나리)의 옛 이름.
²【萝卜】luó·bo 名〈植〉무. ¶白～ =〔大白萝卜〕| (보통의 흰) 무. ¶扁biǎn～ =〔芜青〕| 方 순무. 무청(蕪菁). ¶拔bá～ | 무를 뽑다. 喩ⓐ 아이를 양손으로 높이 들어 올리며 어르다. ⓑ 우두머리를 제거하다 =〔萝菔〕〔方 菜头〕〔来服〕〔莱菔〕
【萝卜干儿】luó·bogānr 名 무말랭이.
【萝芙木】luófúmù 名〈植〉라우얼피아 세르펜티나(Rauwolfia Serpentina) [열대·아열대에서 생장하며 뿌리는 고혈압에 효과가 있음] =〔萝芙藤〕〔蛇根草〕

3【逻(邏)】luó 순행할 라
❶書動 순찰하다. 순라하다. ❷음역어에 쓰임. ¶～辑↓
【逻各斯】luógèsì 名外 로고스(logos).
³【逻辑】luó·jí 外❶名 논리. 로직(logic). ¶写文章要讲～ | 글을 쓸 때는 논리를 잘 따져야 한다. ¶这几句话不合～ | 이 몇 마디 말은 논리에 맞지 않는다. ❷名 객관적 법칙성. ¶生活的～ | 생활의 객관적 법칙성. ❸名 논리학. 로직(logic) =〔逻辑学〕〔论理学〕 ❹形 논리적이다. ¶不～ | 비논리적이다. ❺名 이론. 관점. 견해. ¶这种话是强盗qiángdào的～ | 이런 말은 강도나 말하는 관점이다 ‖ =〔罗辑〕
【逻辑思惟】luójísīwéi 名組〈文〉인식과정에서 개념·판단·추리를 통한 사유방식. ¶重视培养péiyǎng～的能力 | 논리적인 사유 능력 배양을 중시하다 =〔抽象思维〕
【逻辑学】luójíxué 名 논리학 =〔逻辑③〕〔论理学〕〔名学〕〔辨学〕

【椤(欏)】luó 사라나무 라
⇒〔桫suō椤〕

3【锣(鑼)】luó 징 라
名〈音〉징. ¶一面～ | 징 하나. ¶打～ =〔鸣míng锣〕| 징을 치다. ¶开～ | (공연·시합 등을) 시작하다→〔金jīn锣〕
【锣鼓】luógǔ 名❶징과 북. 喩 징과 북의 소리. ¶～震天zhèntiān | 징과 북 소리가 천지를 진동하다. ¶开台～ | 개막을 알리는 징과 북(의 소리). ❷轉 타악기.
【锣鼓喧天】luó gǔ xuān tiān 成❶징소리 북소리가 하늘을 진동하다. ❷(일할 때) 기세가 충천하다. ❸사람들이 요란스럽게 떠들며 놀다.

4【箩(籮)】luó 광주리 라
名 대나무 광주리 =〔笸pǒ箩〕
⁴【箩筐】luókuāng 名 광주리 =〔箩头①〕
【箩头】luó·tou 名❶광주리 =〔箩筐〕〔箩子〕 ❷체 =〔筛shāi箩〕

【脶(腡)】luó 손가락끝 라
⇒〔脶肌〕〔脶纹〕.
【脶肌】luó·jī 名 손가락 끝의 피부.
【脶纹】luówén 名 지 문(指紋) =〔螺 纹 ③〕〔罗 纹 ③〕〔指纹〕

4【骡(騾)〈驘〉】luó 노새 라
名〈動〉노새 =〔骡子〕〔土驹子tǔjūzi〕〔書 小川马〕→〔驴lǘ〕
【骡驮(子)】luóduò(·zi) 名 노새 등에 실은 짐.
【骡夫】luófū 名 노새의 마부.
【骡驹子】luójū·zi 名〈動〉새끼 노새.
⁴【骡子】luó·zi 名〈動〉노새. ¶用～拉车 | 노새로 수레를 끌다 =〔骡〕〔土驹子〕〔書 小川马〕

4【螺】luó 소라 라
名❶〈魚貝〉(우렁이·다슬기·소라 등의) 나선 상태의 껍질을 가진 연체동물. ¶田～

=〔螺蛳〕〔蛳螺〕｜우렁이. ¶拳～ =〔蝾rōng螺〕｜소라. ¶窝wō～｜다슬기 =〔蠃luǒ②〕❷ 나선형의 무늬. ¶～钉↓ ❸ 나선형의 지문. ¶～纹↓

【螺撑】luóchēng 名〈機〉스테이볼트(stay bolt) =〔牵qiān条螺栓〕

【螺甸】lúodiàn ⇒〔螺钿〕

【螺钿】luódiàn 名 나전. 자개 =〔螺甸〕

【螺钉】luódīng ⇒〔⑪螺丝钉〕

【螺锅】luóguō ⇒〔罗锅luóguō〕

【螺距】luójù 名〈機〉(나사 종류의) 피치(pitch) =〔螺节〕〔牙yá距〕〔牙节〕

【螺菌】luójūn 名〈微生〉나선상균 =〔螺旋菌〕

【螺帽】luómào ⇒〔螺丝母(儿)〕

【螺闩】luóshuān ⇒〔螺栓〕

【螺栓】luóshuān 名〈機〉수나사. 볼트(bolt) ¶用～栓住｜볼트로 조이다. ¶贯穿～｜관통 볼트. ¶带头～｜탭볼트(tapbolt). ¶拔梢báshāo～｜테이퍼 볼트(tapered bolt). ¶埋头máitóu～｜접시머리나사 =〔螺闩〕

【螺丝】luósī ⇒〔螺钉〕

【螺丝扳头】luósī bān·tou 名組〈機〉스패너 =〔⑪螺丝扳手〕

【螺丝板】luósībǎn 名〈機〉다이스(dies) =〔螺丝板牙〕〔板牙〕

【螺丝扣】luósīkòu ⇒〔螺纹①〕

【螺丝帽(儿)】luósīmào(r) ⇒〔螺丝母(儿)〕

【螺丝母(儿)】luósīmǔ(r) 名⑪〈機〉암나사. 너트(nut). ¶环huán～｜링 너트. ¶锁紧suǒjǐn～｜죄임 너트. ¶方～｜각 너트. ¶对开～｜반쪽 너트. ¶导dǎo螺母～｜가이딩 너트. ¶凸缘tūyuán～｜후랜치 너트. ¶双～｜더블 너트 =〔㊉螺帽mào〕〔螺母〕〔螺丝帽(儿)〕〔⑪丝母〕〔阴螺旋〕

【螺丝钻】luósīzuàn 名〈機〉나사돌리개. 드라이버 =〔螺丝钉钻〕→〔改gǎi锥〕

【螺蛳】luó·sī 名〈魚貝〉우렁이. ¶北方人不会吃～｜북쪽 사람들은 우렁이를 먹을 줄 모른다 =〔田螺〕〔蛳螺〕

【螺纹】luówén 名 ❶〈機〉나사산 [바깥쪽에 있는 것을 「外螺纹」, 안쪽에 있는 것을 「内螺纹」이라고 함] ¶方～｜사각 나사 [나사산이 정방형임] ¶梯形～ =〔⑪马牙扣〕〔㊁梯形牙〕｜사다리꼴나사 [나사산이 사다리꼴임] =〔螺丝扣〕 ❷ 나선형 무늬. 나사선. ❸ 지문 =〔指纹〕〔罗纹③〕〔脶luó纹〕

【螺旋】luóxuán ❶ 名 나선. 나사. ¶阳yáng～｜수나사. 볼트. ¶阴yīn～ =〔牝pìn螺旋〕｜암나사. 너트. ¶～钉 =〔螺钉〕｜나사못. ❷ 名 농기구의 날. ¶三个～｜세 개의 날. ❸ ⇒〔螺旋桨〕

【螺旋桨】luóxuánjiǎng 名〈機〉(배의) 스크루. (비행기의) 프로펠러. ¶飞机的～坏了｜비행기의 프로펠러가 망가졌다 =〔螺旋③〕〔螺旋推进机〕〔螺旋推进器〕

【螺旋菌】luóxuánjūn 名〈微生〉나선균. 나선상균 =〔螺菌〕

【螺旋体】luóxuántǐ 名〈微生〉스피로헤타(spirochaeta). 나선상 미생물.

【螺旋钻】luóxuánzuàn 名〈機〉드라이버. 나사 돌리개 =〔改锥gǎizhuī〕

luǒ ㄌㄨㄛˇ

【砢】luǒ ☞ 砢 kē Ⓑ

【倮】luǒ 발가벗을 라
❶ ⇒〔倮罗〕 ❷「裸」와 같음 ⇒〔裸luǒ〕

【倮罗】Luǒluǒ 名〈民〉이족(彝族)의 다른 이름 ⇒〔罗Luó罗〕

【裸〈躶蠃〉】luǒ 벌거벗을 라
動 벌거벗다. 다 내놓다. 드러내다. ¶～体↓ ¶赤chì～｜적나라하다.

【裸露】luǒlù 動 발가벗다. (알몸을) 드러내다. 노출하다. ¶上半身～在外｜상반신을 밖으로 노출시키다. ¶～在地面上的煤层méicéng｜지면에 노출된 석탄층. ¶这根管子埋得太浅, 还有一半～在地面上｜이 파이프는 너무 얕게 묻어서 반씩이나 지면 위에 노출되어 있다. ¶他解开衣襟yījīn, ～出毛茸茸的胸膛xiōngtáng｜그는 옷깃을 풀어헤치고 털이 가득한 가슴을 드러내었다.

【裸麦】luǒmài 名〈植〉쌀 보 리 =〔青稞(麦)〕〔元麦〕〔稞麦〕

【裸体】luǒtǐ 名 알몸. 나체. ¶模特儿～坐在画室里｜모델이 알몸으로 화실 안에 앉아 있다. ¶～画huà｜나체화. 누드화. ¶～舞wǔ =〔脱tuō衣舞〕｜나체춤. 스트립 쇼. ¶～电影｜포르노 영화 =〔裸身〕〔裸形〕

【裸线】luǒxiàn 名〈電氣〉나선(螺線). 알줄.

【裸子植物】luǒzǐ zhíwù 名組〈植〉나자식물. 겉씨식물 ⇔〔被子植物〕

【瘰】luǒ 연주창 라
⇒〔瘰疬〕

【瘰疬】luǒlì 名〈醫〉나력. 연주창. 경부(頸部) 임파선 결핵. ¶～疙瘩gēda｜나력의 종창 =〔鼠疮〕〔鼠瘘〕

【蠃】luǒ 나나니벌 라, 고둥 라
❶ ⇒〔蜾guǒ蠃〕 ❷「螺」와 같음 ⇒〔螺luó①〕

luò ㄌㄨㄛˋ

【泺(濼)】Luò pō 물이름 락
Ⓐ Luò 名〈地〉낙수(濼水). 산동성(山東省)에 있는 강 이름.
Ⓑ pō「泊」와 같음 ⇒〔泊pō〕

【跞】Luò ☞ 跞 lì Ⓑ

【咯】luò ☞ 咯 ǒ Ⓓ

【洛】Luò 낙수 락
名 ❶〈地〉낙하(洛河) [섬서성(陝西省)에 있는 강 이름] ❷〈地〉낙수(洛水) [섬서성(陝西省)에서 발원하여 하남성(河南省)으로 흘러 들어가는 강] =〔雒luò②〕 ❸ 성(姓). ❹ (luò) 복성(複姓) 중의 한 자(字). ¶～下↓

【洛美】Luòměi 名〈地〉로메(Lomé) [「多哥」(토고;Togo)의 수도]

【洛杉矶】Luòshānjī 名外〈地〉로스앤젤레스(Los Angeles) =〔洛桑sāng矶〕〔络luò杉矶〕〔劳斯安琪儿斯〕

【洛书】Luòshū 名 낙서. 하(夏) 우(禹)왕 때에 낙수(洛水)에서 신구(神龜)의 등에 쓰여 나온 글.

【洛诵】luòsòng 書動(소리 내서) 읽다. 낭독하다 =〔雒诵〕

【洛下】Luòxià 名 복성(複姓).

【洛阳纸贵】luò yáng zhǐ guì 成 책이 잘 팔리다〔널리 전해지다〕[진대(晋代) 좌사(左思)의 삼도부(三都賦)를 사람들이 서로 베껴 낙양의 종이 값을 올렸다는 고사에서 유래] =〔纸贵洛阳〕

3【骆(駱)】luò 가리온 락

❶ ⇒〔骆驼〕 ❷ 名(고서(古書)에 나오는) 검은 갈기를 가진 백마(白馬). ❸ (Luò) 名 고대의 종족명 [백월족(百越族)의 일족] ❹ (Luò) 名 성(姓).

3【骆驼】luò·tuo 名〈動〉낙타. ¶买几匹~ | 낙타 몇 마리를 사다. ¶小蹄tí~ =〔明驼〕| 걸음 빠른 낙타의 일종. ¶瘦shòu死的~比马大 | 諺 말라 죽은 낙타라도 말보다는 크다. 썩어도 준치.

【骆驼刺】luò·tuocì 名〈植〉사막에서 자라는 가시가 있는 관목 [낙타의 사료로 쓰임] =〔骆驼草〕

【骆驼绒】luò·tuoróng 名 ❶ 낙타털. ❷ (겉은 순모, 안은 면으로 댄) 낙타색 모직물. ¶用~做外衣 | 낙타색 모직물로 외투를 만들다 ‖ =〔驼绒〕

3【络(絡)】luò lào 그물 락, 두를 락

Ⓐ luò ❶ 動(그물 모양의 것으로) 덮다. 씌우다. ¶头上~着一个发网fàwǎng | 머리에 머리그물을 쓰고 있다. ¶用绳网把那堆葫芦húlú~住 | 새끼로 꼰 그물로 그 표주박 무더기를 덮어 씌웠다. ❷ 動 감다.감기다. 휘감다. ¶~在一起 | 한데 감겨 있다. ❸ 動 화합하다. 합성하다. ¶~合↓ ❹ 그물 모양으로 이루어진 것. ¶橘jú~ | 귤의 그물 모양의 섬유. ¶丝瓜sīguā~ | 수세미의 섬유. ❺〈漢醫〉인체 내의 혈액이나 기(氣)가 운행하는 그물 모양의 통로. ¶脉mài~ | 맥락. ¶经~ | 경락. ❻ ⇒〔络绎〕

Ⓑ lào ⇒〔络子〕

Ⓐ luò

【络合】luòhé 動〈化〉합성하다. 화합(化合)하다. ¶~物 | 화합물.

【络腮胡子】luòsāi hú·zi 名組 구레나룻. ¶他爸长着~ | 그의 아빠는 구레나룻이 있다 =〔闹nào腮胡子〕〔落腮胡子〕

【络盐】luòyán 名〈化〉착염(錯鹽).

【络绎】luòyì 書形(사람·말·수레·배 등의 왕래가) 끊임없이 이어지다.

【络绎不绝】luò yì bù jué 成(사람·말·수레 등의 왕래가) 끊임 없이 이어지다. ¶公园里游人~ | 공원에는 놀러나온 사람들이 끊임 없이 이어져 있다.

Ⓑ lào

【络子】lào·zi 名 ❶ 망태기. ❷ 실감개 [주로 대나무나 나무를 얽어 짜 만듦]

【烙】luò ☞ 烙 lào Ⓑ

【珞】luò 구슬목걸이 락

❶ ⇒〔璎yīng珞〕 ❷ ⇒〔珞巴族〕

【珞巴族】Luòbāzú 名 로파족 [서장 자치구(西藏自治區)에 분포한 소수 민족]

【硌】luò ☞ 硌 gè Ⓑ

【铬】luò ☞ 铬 gè Ⓑ

2【落】luò lào là luō 떨어질 락

Ⓐ luò ❶ 動 떨어지다. (해가) 지다. ¶一根针zhēn~在地上 | 바늘 하나가 땅에 떨어졌다. ¶太阳~了 | 해가 졌다. ❷ 動 내리다. 낮추다. ¶~帆fān了 | 돛을 내리다. ¶把帘子liánzi~下来 | 발을 내리다. ❸ 動(가격·수위 등이) 낮아지다. 떨어지다. ¶~价了 | 가격이 떨어졌다. ¶水势未~ | 수세가아직 줄어들지 않다. ❹ 動(뒤에) 남다. 낙오되다. ¶他~在队伍后边 | 그는 대오 뒤로 낙오되었다. ¶~伍↓ ❺ 動 멈추다. 머무르다. ¶小鸟在树上~着 | 작은 새가 나무 위에 앉아 있다. ¶树上~了一只喜雀 | 나무 위에 까치가 한 마리 앉아 있다. ¶~户↓ ❻ 動 남기다. ¶脸上~了个疤bā | 얼굴에 흉터가 하나 남았다. ¶不~痕迹hénjì | 흔적을 남기지 않다. ❼ 動 손에 넣다. (…에) 귀속되다. ¶任务~到咱们组里了 | 임무가 우리 조에 떨어졌다. ¶他的房子~人家手里 | 그의 집이 다른 사람 손에 넘어가다. ❽ 動 얻다. 획득하다. ¶~埋怨máiyuàn | 원망을 사다. ❾ 動(…한) 결과가 되다. 어법 주로「~得」,「~个」구조로 됨. ¶~得如此地步dìbù | 이런 지경에 이르다. ¶~个不好 | 좋지 못한 결과가 되다. ❿ 動 方 내리다. ¶~车 =〔下车〕| 하차하다. ¶~雨↓ ⓫ 動 쌓다. ¶把碗~起来 | 그릇을 차곡차곡 쌓다. ⓬ 몰락하다. 쇠퇴하다. ¶没~ | 몰락하다. ¶零~ | 영락하다. ⓭ (소리·음(音) 등이) 그치다. ¶~音(儿)↓ ⓮ 함께 모여 거주하는 곳. 촌락. ¶村~ | 촌락. ¶部~ | 부락. ⓯ 量 무더기 [쌓아 올려 놓은 것을 세는 양사] ¶一~书 | 한 무더기의 책.

Ⓑ lào 구어(口語)에서〔落儿〕〔落架〕〔落子〕등에 나타나는 이독음(異讀音).

Ⓒ là 動 ❶ 빠지다. 빠뜨리다. ¶这里~了一个字 | 여기에 한 글자가 빠졌다. ¶学习和训练一天也不能~下 | 학습과 훈련은 하루도 빠질 수 없다. ¶丢diū三~四 | 이것 저것 빠뜨리다. ❷ 놓아 두고 잊어버리다; 잊어버리고 가져가지 않다. ¶我忙着出来, 把眼镜~在家里了 | 서둘러 나오다 보니 안경을 집에 두고 가져오지 않았다. ❸ 뒤떨어지다. 낙오하다. ¶他走得慢, ~下很远 | 그는 느리게 걸어서 매우 멀리 뒤떨어졌다 ‖ =〔拉là②〕

Ⓓ luō〔大dà大落落(儿)〕에 나타나는 이독음(異讀音).

Ⓐ luò

【落榜】luò/bǎng ⇒〔落第〕

【落包涵】luò bāo·han ⓧ lào bāo·han) 動組 ❶ 잘못했다는 책망〔비난〕을 듣다. ❷ 나쁜 결과로 되

다 =〔落不是〕

【落笔】luòbǐ 動 붓을 대다. 쓰기 시작하다. ¶真难～ | 참으로 붓을 대기가 어렵다. ¶～要审慎shěnshèn | 글을 시작할 때는 신중해야 한다 =〔落墨〕〔下笔〕〔着zhuó笔〕〔着墨〕⇔〔住zhǔ笔〕

【落泊】luòbó 書 形 ❶ 실의에 빠지다. 뜻을 얻지 못하다. ¶他一辈子丧魂sànghún～ | 그는 평생 뜻을 얻지 못해 실의에 빠져 있었다. ❷ (성격이) 대범하다. 호매(豪邁)하다 ‖ =〔落魄〕〔落薄〕〔落托〕〔落拓〕

【落不出好(儿)来】luò·buchū hǎo(r) 動組 좋은 결과를 얻지 못하다. ¶我干了一整天还～ | 하루 종일 했지만 아직도 좋은 결과를 얻지 못했다.

【落不是】luò bù·shi ⓧ lào bù·shi) ⇒〔落包涵〕

【落槽】luù/cáo 動 ❶ 물살이 약해지다. 물이 빠지다. ¶等～后你再过河吧 | 물이 빠진 다음에 강을 건너라. ❷ 가세(家勢)가 기울다. 집안이 몰락하다. ❸ (～儿) 俗 (마음이) 가라앉다〔안정되다〕. 개운해지다. ¶心里总是不～ | 마음이 늘 개운하지 않다〔안정되지 않다〕.

【落草】luòcǎo 動 ❶ 近 양민이 산 속으로 들어가 산적패가 되다. ¶上山～ | 산에 올라가 산적패가 되다. =〔落草为寇wéikòu〕. ❷ 〈佛〉 천민(賤民)이 되어 유랑하다. ❸ (～儿) 方 어린애가 태어나다 =〔方 落生①〕 ❹ (～儿) 方 (개가) 새끼를 낳다.

【落差】luòchā 名 〈物〉 (물의) 낙차 =〔水头〕

【落潮】luò/cháo ⇒〔退tuì潮〕

4【落成】luòchéng 名 動 (건축물을) 낙성(하다). 준공(하다). ¶金陵饭店～了 | 금릉 호텔이 완공되었다. ¶～典礼 | 낙성식.

【落翅子】luòchì·zi 名 俗 台 바걸(bar girl). 색(色)으로 남자를 유혹하는 여자 ⇔〔午夜牛郎〕

【落得】luò·de 動 貶 (나쁜) 결과가 되다. …를 초래하다. …가 되고 말다. ¶～一场空 | 일장춘몽〔헛된 꿈〕이 되고 말았다. ¶早听我的话, 就不至于～身败名裂 | 일찍 내 말을 들었더라도 지위도 명예도 잃는 지경에까지 가진 안을텐데. ¶～人财两空 | 사람도 재산도 다 잃게 되다.

4【落地】luò/dì ❶ 動 (물체가) 땅에 떨어지다. 땅에 (발을) 디디다. 착지하다. ¶玻璃杯一～就打碎suì了 | 유리잔이 땅에 떨어지자 마자 박살이 났다. ¶帽子落了地 | 모자가 땅에 떨어졌다. ¶人头～ | 머리가 땅에 떨어지다, 목이 잘리다. ¶他～动作失败被减了分 | 그는 착지 동작에 실패하여 감점당하였다. ❷ 動 태어나다. 출생하다. ¶婴儿yīng'ér一～就呱guā呱地哭了 | 갓난애가 태어나자 마자 앙앙하고 울었다. ¶这孩子总算平安地落了地 | 이 아이는 그래도 무사히 태어난 셈이다. ❸ 動 轉 (말·소리 등이) 끝나다. ¶他的话还没～ | 그의 말이 아직 끝나지 않았다. ❹ 區 높은 곳에서 땅에 까지 바로 이어져 있는. 입식(立式)의. ¶～电扇 | 입식 선풍기. ¶～玻璃窗 | 바닥까지 내려온 유리창문. ¶～台灯 | 입식 탁상등. ❺ (luòdì) 副 轉 전부. 깡그리. 모두. ¶房子老了, 打算～重修chóngxiū | 집이 낡아서 전부 헐고 다시 지을 예정이다.

【落地窗】luòdìchuāng 名 (땅이나 마루 바닥까지 닿는) 높고 긴 창문. ¶开了一扇shàn～ | 바닥까지 닿은 긴 창문 한짝을 열었다.

【落地扇】luòdìshàn 名 스탠드 선풍기 ⇒〔落地电扇〕

【落地生根】luòdìshēnggēn 成 (어떤 곳에서) 뿌리를 내리다(자리잡고 살다).

【落地有声】luò dì yǒu shēng 成 소리가 힘차고 쩌렁쩌렁하다. ¶他的话十分刚劲gāngjìng, ～ | 그의 말은 아주 힘있어 쩌렁쩌렁한다.

【落第】luò/dì 動 낙제하다. 불합격하다. ¶连年～, 弄得他垂头chuítóu丧气sàngqì | 해마다 불합격이라 그는 머리도 못들고 의기소침하게 되었다 =〔落榜〕〔下第〕〔不及格〕

【落点】luòdiǎn ❶ 名 (물체가) 떨어지는 지점. 낙하지점. ¶炮弹pàodàn的～ | 포탄의 낙하지점. ❷ (～儿) 動 方 (말 소리가) 그치다. 끝나다. ¶话音还没～, 他就生气了 | 말이 아직 끝나기도 전에, 그는 화를 내었다.

【落发】luò/fà 動 머리를 깎고 중이 되다. ¶～为僧 | 삭발하고 승려가 되다.

【落谷】luògǔ 動 方 (못자리에) 볍씨를 뿌리다.

【落果】luòguǒ 名 動 〈農〉 낙과(하다).

【落好(儿)】luò/hǎo(r) 動 호평을 받다. 평판이 좋다. 결과가 좋다. ¶我这样干, 就想～ | 내가 이렇게 하는것은 오로지 좋은 결과를 위해서이다.

2【落后】luò/hòu ❶ 動 낙오하다. 뒤떨어지다. ¶在行军中, 他因腿部受伤而～了 | 행군 중에 그는 대퇴부에 상처를 입어 낙오되었다. ¶他赛跑sàipǎo总是～ | 그는 달리기에서 늘 뒤떨어진다→〔落伍①〕 ❷ 動 (일의 진척이) 뒤처지다. 늦어지다. ¶我们少组比其他组～很多 | 우리 팀은 다른 팀보다 일이 한참 뒤졌다. ❸ 形 낙후되다. ¶文化很～ | 문화가 아주 뒤떨어져 있다. ¶～的生产工具 | 낙후된 생산 도구. ❹ (luòhòu) 名 方 그 후. 그뒤 =〔以后〕

【落户】luò/hù 動 ❶ (타향에) 정착하다. 거처를 정하다. 자리잡다. ¶他～农村 | 그는 농촌에 정착했다. ❷ (옛날, 기생이) 낙적(落籍)되다.

【落花流水】luò huā liú shuǐ 成 ❶ 늦은 봄의 경치. 낙화 유수 =〔流水落花〕 ❷ 喻 참패하다. 산산히 부서지다. ¶打的敌人～ | 적을 무찔러 산산히 부서지게 만들었다.

【落花生】luò·huashēng 名 〈植〉 낙화생. 땅콩 =〔花生〕〔方 仁果〕〔方 长生果〕

【落花有意, 流水无情】luò huā yǒu yì, liú shuǐ wú qíng 成 낙화는 뜻이 있건만 유수는 무정하다. 짝사랑하다.

【落荒】luòhuāng 動 近 허허벌판으로 달아나다. (무인지경으로) 도망치다.

【落荒而逃】luò huāng ér táo 成 황야로 달아나다. 허둥지둥 도망치다 =〔落荒而走〕

【落荒而走】luò huāng ěr zǒu ⇒〔落荒而逃〕

【落价】luò/jià 動 ❶ 값이 떨어지다. 물가가 내리다. ❷ 轉 몰락하다. 가난해지다.

【落脚(儿)】luò/jiǎo(r) 動 ❶ 잠시 발걸음을 멈추다. 잠시 머물다〔들러다〕. ¶今晚在旅馆～ | 오

늘 저녁엔 여관에서 묵는다. ¶临时～在朋友家里 | 임시로 친구 집에서 잠시 머물고 있다. ¶暂借贵处落一下脚 | 잠시 당신 있는 곳에서 머물고자 합니다. ❷휴식하다. ¶找个地方落落脚吧! | 어디서 좀 쉬어 가자! ❸(사업·일 등에) 발을 들여놓다. ❹이주하다. 옮겨살다. ❺(luòjiǎo)名 부산물. 폐물 =〔下脚①〕

【落井下石】luò jǐng xià shí 成 우물에 빠진 사람에게 돌을 던지다. 엎친 놈 위에 덮친격. ¶对受难的人不能～ | 재난을 당한 사람에게 또 어려움을 주어서는 안된다 =〔落井投tóu石〕〔投井下石〕〔下井投石〕

【落空】luò/kōng 動 ❶허사가 되다. ¶预想～ | 예상을 벗어나다. ¶期待～ | 기대에서 벗어나다. ¶我的梦mèng, 我的希望, 这一切都～了 | 나의 꿈, 나의 희망, 이 모든 것이 허사가 되었다 =〔脱空〕 ❷(làkòng) 넋을 잃고 멍하니 있다. 주의하지 않다. 빠뜨리다 =〔漏lòu空〕

【落款(儿)】luò/kuǎn(r) ⓧlào/kuǎn(r)) 動 (서화·편지 등에) 이름·일자 등을 써넣다. 낙관하다. ¶画是画好了, 还没～呢 | 그림은 다 그렸는데 아직 낙관을 쓰지 않았다. ¶请在这幅画的下面落个款 | 이 그림의 아랫부분에 낙관을 해 주십시오. ¶等落个款你再拿走 | 낙관을 한 다음에 네가 가지고 가거라.

【落雷】luòléi 名 動 〈氣〉 낙뢰. 벼락(이 떨어지다) =〔霹雳pīlì〕

【落泪】luò/lèi 動 눈물을 흘리다. ¶暗自～ | 몰래 혼자 눈물을 흘리다 =〔滚gǔn泪〕

【落落】luòluò 狀 ❶소탈하고 자연스럽다. 시원시원하다. ¶～实实 | 시원시원하고 솔직 담백하다. ❷(다른 사람과) 어울리지 않다. ❸많다. 허다하다. ¶～如石 | 돌처럼 흔하다.

【落落大方】luò luò dà fāng 成 (말과 행동이) 시원시원하고 대범하다 =〔落落托托〕

【落落寡合】luò luò guǎ hé 成 외롭게 지내다. 도도하게 굴며 다른 사람과 잘 어울리지 않다. ¶他终日一言不发, ～ | 그는 종일 한 마디도 않고 묵묵히 혼자 지낸다. ¶他总是一个～, 闷mēn头闷脑 | 그는 늘 다른 사람과 어울리지 않고 혼자 말없이 꾸준히 노력한다 =〔落落难合〕

【落马】luòmǎ 動 ❶낙마하다. 喩 (시합이나 싸움에서 지거나 불리하다. ❷江 체포되다.

【落寞】luòmò ❶形 적막하다. 쓸쓸하다. ¶～人生 | 쓸쓸한 삶. ❷動 영락하다. 몰락하다 ‖ =〔落漠〕〔落莫〕

【落墨】luòmò ⇒〔落笔〕

【落难】luò/nàn 動 재난을 당하다. 곤경에 빠지다. ¶对～中的人, 我们要伸shēn以援手yuánshǒu | 재난을 당한 사람에게 우리는 도움의 손길을 뻗어야 한다. ¶人家～了, 我们应该去搭救dājiù他 | 사람이 곤경에 빠졌으면 우리가 마땅히 가서 그를 구해주어야 한다. ¶～之人 | 곤경에 처한 사람.

【落魄】luòpò ⇒〔落泊〕

【落儿】ⓐluòr ❶⇒〔落儿lào r①〕 ❷名 가망. 희망. ¶那件事没～了 | 그 일은 가망이 없다. ❸名 실수. 누락. 결함. ❹量 (쌓여 있는) 무더기. ¶一～碟子diézi | 한 무더기의 접시.

ⓑlàor 名 ⓞ ❶생계 수단. 생활 밑천 〔금전·재물 등을 가리키며, 「有」「没有」의 목적어로 쓰임〕 ¶没有～ | 생계 수단이 없다 =〔落lào子①〕 ❷사업상의 이익〔재미〕.

【落日】luòrì 書 名 석양. 지는 해. ¶～余晖yúhuī | 석양 =〔落照〕

【落腮胡子】luòsāi hú·zi ⇒〔络luò腮胡子〕

【落生】luòshēng ⇒〔落草③〕

4【落实】luòshí ❶動 (면밀한 연구를 통하여, 계획·조치·통계수치 등을) 구체화하다. 적절히 실시하다. ¶～各种政策zhèngcè | 각종 정책을 구체화하다. ¶把计划～到行动上 | 계획을 행동으로 구체화하다. ❷動 집행을 관철하다. 철저히 실행하다. ¶～知识分子政策 | 지식분자 정책을 철저히 실행하다. ❸形 方 (마음이) 편안하다. ¶任务完成了, 我心里才～了 | 임무를 완수하고 나서야 내 마음이 놓였다. ¶事情没有把握, 心里总是不～ | 일에 자신이 없어 마음이 늘 편안하지 못하다. ❹動 수행하다. 구현하다. ❺動 대책을〔조치를〕 세우다〔취하다〕. ❻動 (임무가) 떨어지다. ¶任务rènwù～到人头上去 | 임무가 떨어지다.

【落市】luò/shì 動 (과일이나 채소가) 제철이 지나 시장에서 사라지다.

【落水】luò/shuǐ 動 ❶물에 빠지다. ¶～擒qín水泡shuǐpào | 諺 물에 빠지면 물거품이라도 잡으려한다. 물에 빠진 사람은 지푸라기도 잡는다. ❷물이 흘러내리다. 물이 떨어지다. ❸喩 타락하다.기생으로 전락하다 =〔落火坑〕

【落水狗】luòshuǐgǒu 名 물에 빠진 개. ❶패배자. 실패자. ❷세력을 잃은 악한〔악당〕. ¶那些人是～, 对他们不能怜悯liánmǐn | 저 사람들은 세력을 잃은 악당들이라 그들을 가엽게 여겨서는 안된다. ¶痛打～ | 힘 없어진 악한을 마음껏 두들겨 패다.

【落水管】luòshuǐguǎn 名 (가옥의) 낙수 홈통 =〔水落管〕〔雨水管〕

【落汤鸡】luò tāng jī 名 물에 빠진 닭. ¶他在大雨里跑回来, 成了～ | 그는 세찬 비 속을 뛰어 와서 마치 물에 빠진 생쥐같다 =〔落水鸡〕

【落体】luòtǐ ❶名 〈物〉 (중력의 힘으로) 떨어지는 물체. ❷(luò/tǐ)動 方 안심하다. 마음을 놓다.

【落托】luòtuō ⇒〔落泊〕

【落拓】luòtuò 書 形 ❶대범하(여 작은 일에 구속받지 않)다. ❷곤궁하(여 실의에 빠지)다 ‖ =〔落泊〕〔落魄〕

【落拓不羁】luò tuò bù jī 成 성격이 대범하여 구속받지 않다. ¶他一向～ | 그는 줄곧 성격이 대범하여 작은 일에 구애받지 않는다.

【落网】luò/wǎng 動 ❶체포되다. 포박당하다. ¶这伙罪犯全部～了 | 이 범인들은 모두 체포되었다. ❷〈體〉 공이 네트에 걸리다. 네트아웃되다.

【落伍】luò/wǔ 動 ❶낙오하다. ¶他不愿～, 一脚高一脚低地紧跟着走 | 그는 낙오하지 않으려고 다리를 절룩거리며 바짝 뒤따라 걸었다. ¶他虽

然人小，但行军没有～ | 그는 비록 사람은 작지만 행군에서 낙오되지 않았다→〔落后〕❷(시대에) 뒤떨어지다. ¶有了电灯，煤油méiyóu灯就显得～了 | 전등이 나온 뒤로 석유램프는 이미 분명히 시대에 뒤떨어졌다. ¶人不学习就要～ | 사람은 공부를 하지 않으면 곧 시대에 뒤떨어지게 된다. ❸轉 퇴직하다.

【落下】luò·xià 轉 ❶ 떨어지다. 내리다. 하락하다. ¶行市hángshì～来了 | 시세가 하락했다. ❷손에 넣다. 얻다. 획득하다. 거두다. 남다. 남기다. ¶一年才～这点收成 | 일 년에 겨우 요만큼 수확되었다. ❸…결과가 되다〔를 초래하다〕. ¶反倒～个坏名儿 | 도리어 불명예스러운 결과가 되고 말았다.

【落闲话】luò xiánhuà ⊗ lào xiánhuà) 動組 남의 〔사람들의〕 입에 오르내리다.

【落乡(儿)】luòxiāng(r) 方 ❶ 形 (도시에서) 꽤 멀다. 외지다. 궁벽하다. ❷ 名 두메 산골.

【落选】luò/xuǎn 動 낙선하다. ¶他这次又～了 | 그는 이번에도 낙선했다⇔〔当选〕

【落扬】luòyáng 動 方 타작하다. 탈곡하다. ¶麦子～以后，就把麦秸màijiē垛duǒ好 | 밀을 타작한 다음 밀짚을 차곡차곡 쌓았다.

【落叶】luòyè ❶ 名 낙엽. ¶～灌木guànmù | 낙엽 관목. ❷ (luò yè) 動 잎이 떨어지다. 낙엽이 지다.

【落叶归根】luò yè guī gēn 威 오랜 타향살이에도 마지막에는 고향으로 돌아온다.

【落叶树】luòyèshù 名〈植〉낙엽수.

【落叶松】luòyèsōng 名〈植〉낙엽송.

【落音(儿)】luó/yīn(r) 動 소리가 막 그치다. (말·노래 등을) 마치다〔끝내다〕. ¶他的话刚～，你就进来了 | 그의 말이 막 끝나자마자 네가 들어 왔다. ¶歌声还没～，全场就报以热烈的掌声 | 노래 소리가 그치기도 전에 온 객석이 열렬한 박수소리로 화답했다. ¶我的话刚落了音，他就进来了～ | 내 말이 막 끝나자 그가 들어왔다.

【落雨】luò/yǔ 動 江 비가 내리다 ＝〔下雨〕

【落照】luòzhào 名 낙조. 석양 ＝〔落日〕

【落座】luò/zuò 動 (식장·극장 등 공공 장소에서) 자리에 앉다. 착석하다. ¶客人落了座 | 손님들이 자리에 앉다. ¶他刚～，主人就端duān上了茶水 | 그가 막 자리에 앉았을 때 주인이 바로 차를 내왔다.

Ⓑ lào

【落不是】lào bù·shi ☞〔落不是〕luò bù·shi

【落地砸坑儿】làodì zákēngr 副 北 아무리 해도. 결국. 필경. ¶这件事，～只有这么办了 | 이 일은 결국 이렇게 할 수 밖에 없다.

【落黑(儿)】làohēi(r) 方 ❶ (날이) 저물다. 어둑어둑해지다. ❷ 名 저녁. 해질무렵.

【落架】lào/jià 動 方 ❶ 집이 무너지다. ¶再下雨，这间房子要～ | 비가 다시 또 오면 이 집은 무너지겠다. ❷ 喩 집이 몰락하다.

【落儿】làor ☞〔落儿〕luòr ⓑ

【落忍】làorěn 形 方 마음이 편하다 어법 주로 부정문에서 쓰임.

【落色】lào/shǎi 動 (의복 등이) 퇴색하다〔바래다〕 ¶这件衬衫chènshān～ | 이 샤쓰는 색이 바랬다 ＝〔落luò颜色〕〔退tuì色〕〔掉diào色〕

【落闲话】lào xiánhuà ☞〔落闲话luò xiánhuà〕

【落枕】lào/zhěn 動〈漢醫〉(베개를 잘못 베고 자거나 바람을 맞아서) 목이 뻣뻣하게 되다.

【落子】lào·zi ❶ ⇒〔落luò儿 ⓑ①〕 ❷ 名 方「莲花落」등의 민간 곡예(曲藝) ❸ 名〈演映〉「评píng剧」의 옛 이름.

【雒】luò ⊗ lè) 갈기흰말 락

❶「洛」와 통용⇒〔洛luò②〕 ❷ (Luò) 名 성(姓).

【雒南】Luònán 名〈地〉낙남 〔섬서성(陝西省)에 있는 현(縣)〕

【荦(犖)】luò 얼룩얼룩할 락

분명하다. 뚜렷하다. ¶卓zhuó～ | 탁월하다.

【荦荦】luòluò 書 貶 ❶ (일이) 분명하다. 뚜렷하다. 어법 주로 관용어에 쓰임. ¶～大端dàduān | 명확한 요점. 뚜렷한 개요. ❷ 뛰어나다. ❸ 사리에 밝다.

【漯】luò Tà 물이름 루/탑

Ⓐ luò 지명에 쓰이는 글자. ¶～河 | 하남성(河南省)에 있는 시(市).

Ⓑ Tà 名〈地〉탑하(漯河) 〔산동성(山東省)에 있는 강 이름〕

【摞】luò 쌓을 루

❶ 動 (물건을 포개서 위로) 쌓다. 놓인 위에다 겹치어 놓다. ¶桌子～桌子 | 탁자 위에 탁자를 포개어 놓다. ¶桌子上把书～起来 | 책상 위에 책을 포개어 쌓아 놓다. ❷ 量 무더기. 더미 〔쌓아 놓은 물건을 세는 양사〕＝〔落⑭〕 ¶一～碗 | 한 무더기의 그릇. ¶一～书 | 위로 쌓아놓은 책 한 무더기.

·luo

【啰】·luo ☞ 囉 luō Ⓒ

M

【M—TV】M—tv 名俗台Movie—TV. 비디오방. 비디오 영화관 [VTR로 영화를 보여 주는 오락장] =〔妙miào听闻〕

m´ ㄇ´

【呒(嘸)】m´ 又wǔ fǔ) 분명하지않을 무, 놀랄 무

Ⓐm´ 副吳 없다. 아니다 =〔没〕 ¶～啥↓

Ⓑfǔ 書形 놀라다. 당황하다. ¶～然 | 놀라다.

【呒没】m´méi 動吳 없다. 아니다 ¶～钞票chāopiào | 돈이 없다 =〔没有〕

【呒啥】m´ shà 動吳 아무 것도 없다〔아니다〕 ¶～办法 | 방법이 아무 것도 없다 =〔没(有)什么〕

m` ㄇ`

【唔】m` ☞ 唔 wú Ⓒ

mā ㄇㄚ

【孖】mā ☞ 孖 zī Ⓑ

1【妈(媽)】mā 어미 마

❶ 名口 엄마. 어머니. ¶我的～! | 어머나! ¶他～的(屄bī)! | 罵 제기랄! 네 에미 씹! ⇔〔爸bà〕〔爹diē〕 ❷ 어머니 뻘 되는 손위의 기혼 여성에 대한 호칭. ¶大～ | 큰 어머니. ¶姑～ | 고모. ❸ 名 아주머니. 옛날, 성(姓) 뒤에 붙여 중년·노년의 하녀를 부르던 말. ¶张～ | 장씨 아주머니.

【妈港】Māgǎng 名〈地〉「澳Ào门」(마카오)의 다른 이름.

1【妈妈】mā·ma 名 ❶ 口 엄마. 어머니. ¶～上班去了 | 어머니는 출근하셨다. ❷ 아주머니 [나이 많은 부인을 부르는 말] ❸ 할멈. 할망구 [늙은 아내를 일컫는 말] ❹ 轉 애 엄마 [아이들 앞에서 아내를 부르는 말] ❺ (～儿) 모유(母乳). 어미젖. ¶吃～ | 젖을 빨다→〔嬷嬷mā〕

【妈妈大全】mā·ma dàquán 名組 ❶ 관습·미신·잡다한 일 등을 모아놓은 책. ❷ 貶方 어머니가 늘 들려 주던 옛 풍속·관습·미신 등에 관한 이야기.

【妈妈的】mā·ma·de 名罵 바보자식. 제기랄. ¶他坐起身, 一面说道「～!」| 그는 앉으면서 「제기랄!」이라고 내뱉았다 =〔他妈的〕

【妈祖】māzǔ 名〈宗〉삼신 할머니. 중국 남방 연해(沿海) 및 남양(南洋) 일대에서 신봉하는 여신. 할미 신. ¶祭祀jìsì～ | 삼신 할머니께 제사지내다.

【蚂】mā ☞ 蚂 mǎ Ⓑ

【抹】mā ☞ 抹 mǒ Ⓒ

【麻】mā ☞ 麻 má Ⓑ

【摩】mā ☞ 摩 mó Ⓑ

【嬷】mā 어미 마, 아주머니 마 ⇒〔嬷嬷〕

【嬷嬷】mā·ma 名 ❶ 北 노부인에 대한 호칭. ❷ 시스터 [카톨릭교의 수녀(修女)에 대한 호칭] ❸ 유모(乳母)에 대한 존칭. ¶她想当～ | 그녀는 유모를 맡으려고 한다.

má ㄇㄚ´

1【么】má ☞ 么 ·me Ⓒ

1【吗】má ☞ 吗 ·ma Ⓒ

1【麻〈蔴₁痲₄〉】má mā 삼 마, 참깨 마, 마비할 마

Ⓐmá ❶ 名〈植〉삼. 마. ¶亚～ | 아마. ¶～绳shéng(儿)↓ ❷ 名〈紡〉인견(人絹)의 다른 이름. ¶～绸子↓ →〔人造丝〕 ❸ 名簡〈植〉참깨의 약칭. ¶～油↓ =〔芝zhī麻①〕 ❹ 動 저리다. 마비되다. ¶腿～了 | 발이 저리다. ❺ 오싹하다. 소름끼치다. 진저리나다. ¶听了让人脊梁发～ | 듣자니 등골이 오싹하다. ❻ 形 (표면이) 껄끄럽고 광택이 없다. 꺼슬꺼슬하다. ¶这种纸一面光, 一面～ | 이런 종이는 한쪽은 매끈하고, 한쪽은 꺼슬꺼슬하다. ❼ (저리듯이) 얼얼하다. 알알하다. ¶吃了花椒, 舌头有点儿发～ | 산초를 먹었더니, 혀가 좀 얼얼하다. ❽ (얼굴이) 얽다. ¶～脸↓ ❾ 작은 반점이 있다. ¶～雀↓ ❿ (Má) 名 성(姓).

Ⓑmā ⇒〔麻麻黑〕〔麻麻亮〕

Ⓐmá

【麻包】mábāo ⇒〔麻袋dài〕

4【麻痹】mábì ❶ 名動〈醫〉마비(되다). ¶小儿～ | 소아마비. ¶神经～ | 신경 마비. ❷ 動 (주로 정신적으로) 마비시키다. 둔감하게 하다. 무디게 하다. ¶～人们的斗志 | 사람들의 투지를 무디게 하다. ❸ 形 경계를 늦추다. 경각심을 늦추다. ¶他对坏思想简直太～了 | 그는 나쁜 사상에 대해 완전히 경각심을 늦추었다.

【麻饼】mábǐng ❶ 名〈食〉겉에 깨를 발라서 구은 작은 떡 [「烧shāo饼」의 일종] ❷ ⇒〔芝zhī麻饼②〕

【麻布】mábù 名〈紡〉❶ 삼베. 아마포(亞麻布). 리넨(linen) 린네르. ❷ 린네트(linnette)

【麻抽抽儿】máchōu·chour 狀 몹시 얽다. 올록볼록하다. ¶～的脸 | 잔뜩 얽은 얼굴→〔麻子〕

【麻绸子】máchóu·zi 名〈紡〉인견 직물.

【麻搭搭】mádādā 狀 안절부절하다. 마음이 가라앉지 않다. 진정되지 않다. ¶听了地主来了, 心里～的 | 지주가 온다는 소리를 듣고는 마음이 초조하다.

4【麻袋】mádài 名 마대. ¶火～ | 삼베로 만든 부대. ¶挟着一个～ | 마대를 하나 가지고 있다. ¶～片 | 마대 조각 =〔麻包bāo〕

【麻捣】mádǎo ⇒〔麻刀〕

【麻刀】má·dao 名 ❶ 〈建〉벽을 바르는 석회에 섞

는 썬 삼. ¶～灰泥 | 썬 삼을 섞어 바른 석회 =〔麻筋jīn〕 ❷ 方 헛수고. ¶这件事他倒闹了一脖子～ | 이 일때문에 그는 실컷 헛수고만 했다 ‖ =〔書 麻捣dǎo〕

【麻点】mádiǎn 名 ❶ 곰보 자국. 여러개의 작은 점이나 구멍. ¶脸上长着～ | 얼굴에 곰보 자국이 나있다. ¶黑门上生出不少～ | 검은 문짝에 많은 작은 구멍이 나 있다. ❷〈工〉(도금에서의) 무광처리.

【麻豆腐】mádòu·fu 名 ❶ 녹두에서 우려 낸 전분 찌꺼기. ❷〈食〉녹두로 만든 두부.

[1]【麻烦】má·fan ❶ 形 귀찮다. 성가시다. 번거롭다. ¶一点也不～ | 조금도 성가시지 않다. ¶自找～ | 스스로 번거롭게하다. ¶手续shǒuxù很～ | 수속이 대단히 번거롭다. ❷ 動 귀찮게〔번거롭게〕하다. 성가시게 굴다. 부담을 주다. 폐를 끼치다. ¶对不起,～您了 | 당신께 폐를 끼쳐 죄송합니다. ¶～你去一趟吧 | 번거롭겠지만 네가 한번 갔다 와. ¶这点小事不要去～他了 | 이런 작은 일로 그를 성가시게 하지 말아라. ❸ 動 (이것저것으로) 고민하다. 괴로와하다. ¶昨天晚上, 我心里很～ | 어제 밤 나는 매우 괴로왔다.

【麻纺】máfǎng 名〈紡〉마방적(痲紡績).

【麻啡】máfēi 名〈藥〉모르핀.

【麻风】máfēng 名〈醫〉나병. 문둥병 =〔麻疯fēng病〕

【麻胡】máhú ❶ ⇒〔麻虎子〕 ❷ 名 곰보에다 수염이 많이 난 흉칙한 사람.

【麻虎子】máhǔ·zi 名 俗 반인 반수(半人半獸)의 도깨비 [우는 아이에게 울음을 그치게 할 때 주로 쓰임] ¶别闹了,～要来了! | 떠들지 말아라, 도깨비가 온다! =〔麻胡hú①〕〔马mǎ虎子〕

【麻花(儿)】máhuā(r) ❶ 名〈食〉(기름에 튀긴) 꽈배기 ¶天津～最有名 | 천진의 꽈배기가 가장 유명하다→〔馃guǒ〕 ❷ 動 새끼줄을 꼬는 모양을 만들다. ❸ 動 직물의 눈이 흩어지다. 눈간격이 맞지 않다. ❹ 動 方 옷이 닳아서 해지다. ¶这条裤子都～了 | 이 바지는 다 닳아서 해졌다.

【麻黄】máhuáng 名〈植〉마황.

【麻黄素】máhuángsù 名〈藥〉에페드린(ephedrine). ¶盐酸yánsuān～ | 염산 에페드린.

【麻将】májiàng 名 마장. 마작(麻雀). ¶打～ | 마작을 하다 =〔麻雀què②〕

【麻酱】májiàng 名〈食〉깨장. 깨양념장. ¶～拌黄瓜 | 깨양념장에 무친 쪼개진 오이 =〔芝zhī麻酱〕

【麻秸(秆儿)】má·jie(gǎnr) 名 껍질 벗긴 삼대. ¶～打狼 | 歇 껍질 벗긴 삼대로 이리를 때린다. 때리는 쪽이나 맞는 쪽이나 양쪽이 모두 놀라다.

【麻筋儿】májīnr 名〈生理〉팔꿈치 안쪽에 있는 조금만 부딪혀도 감각이 마비되는 근육. 轉 약점. 아픈 곳. ¶敲qiāo～ | 약점을 찌르다.

【麻经(儿)】májīng(r) 名 가는 삼노끈 [작은 물건을 묶는 데 쓰임]→〔麻绳shéng(儿)〕

【麻口铁】mákǒutiě 名〈鑛〉단면(斷面)에 회색 반점이 있는 백색의 주철 [「白口铁」와 「灰口铁」의 중간 형태]

【麻辣辣】málàlà 狀 입안이 아리다. 톡톡쏘다. 저리다. ¶吃了胡椒hújiāo嘴zuǐ里～的 | 후추를 먹었더니 입안이 얼얼하다.

【麻雷子】máléi·zi 名 터지는 소리가 매우 큰 폭죽(爆竹)의 일종. ¶买了一挂～ | 폭죽을 한 세트 샀다→〔爆bào竹〕

【麻栎】málì 名〈植〉상수리나무.

【麻利】má·li ❶ 形 날래다. 민첩하다. 잽싸다. ¶他干活儿很～ | 그가 일하는 것이 매우 잽싸다. ¶动作～极了 | 동작이 엄청나게 민첩하다. ❷ 副 方 빨리. 신속하게. ¶局里开会, 叫你～回去 | 국에서 회의를 한다고 빨리 들어 오랍니다.

【麻脸】máliǎn 名 얽은 얼굴. ¶长着大～ | 얼굴이 많이 얽었다.

【麻麻花花】má·mahuāhuā 狀 흠집이 잔뜩있다. 온통 하자이다. ¶他脸上全都～的 | 그는 온 얼굴이 흠집투성이이다.

【麻麻苏苏儿】má·masūsūr 狀 노곤하다. 나른하다. 피곤하여 후들거리다. ¶腿都～的 | 다리가 후들거린다.

[4]【麻木】mámù ❶ 動 마비되다. 저리다. ¶脚～了不听使唤了 | 발이 마비되어 말을 듣지 않았다. ¶四肢～ | 팔다리가 마비되다. ❷ 形 (반응이) 둔하다. 무감각하다. ¶这儿的群众很～ | 여기의 군중은 매우 반응이 둔하다.

【麻木不仁】má mù bù rén 成 ❶ 몸이 마비되어 감각이 무리다. ❷ 喩 (모든 일에 대해) 반응이 둔하거나 관심이 없다. 감각이 무디다〔둔하다〕.

[4]【麻雀】máquè ❶ 名〈鳥〉참새. ¶～战 | 각개격파 싸움 =〔麻雀儿〕〔家雀儿〕〔方 老家贼〕 ❷ (májiàng) ⇒〔麻将jiàng〕

【麻雀虽小, 五脏俱全】máquè suī xiǎo, wǔzàng jù quán 諺 참새가 비록 작아도 오장육부는 다 갖추고 있다. 규모는 작아도 있어야 하는 것은 다 있다 =〔麻雀虽小, 肝胆俱全〕

【麻仁(儿)】márén(r) 名 삼씨 [기름을 짜거나 지사제(止瀉劑)로도 쓰임]

【麻纱】máshā 名 ❶ 가는 마사(痲絲). ❷〈紡〉면사(綿紗)나 마사를 혼합하여 평직(平織)으로 짠 여름 옷감.

【麻绳(儿)】máshéng(r) 名 삼노끈. 삼밧줄. ¶搓cuō～ | 삼노끈을 꼬다. ¶～捎shāo水, 越捎越紧 | 諺 삼끈에 물을 축이면 더욱 더 조여든다. 점점 핍박해오다→〔麻经(儿)〕

【麻绳菜】máshéngcài 名 方〈植〉쇠비름(나물) =〔马齿苋〕

【麻酥酥(儿)】másūsū(r) 狀 마비되다. 맥이 풀리다. 저리다. ¶脚放到水里, 冻dòng得～的 | 발을 물속에 담그니 차서 얼얼하다.

【麻觫觫】másùsù 狀 오금이 저리다. 맥이 빠지다. ¶他整个晚上心里～的 | 그는 저녁 내내 마음 속으로 떨었다.

【麻线(儿)】máxiàn(r) 名 마사(痲絲).

【麻药】máyào ⇒〔麻醉zuì剂〕

【麻衣神相】Máyī shénxiàng 名組 송대(宋代)에 마의(痲衣)가 창시한 관상술 =〔麻衣相法〕

【麻衣相法】Máyī xiāngfǎ 名 송대(宋代)에 마의

(麻衣)가 창시한 관상술 =〔麻衣神shén相〕
【麻蝇】máyíng 名〈蟲〉쉬파리.
【麻油】máyóu 名 참기름. ¶～很香｜참기름이 매우 고소하다 =〔香xiāng油②〕〔芝zhī麻油〕
【麻渣】mázhā 名 깻묵 →〔麻砧zhēn饼〕
【麻渣渣】mázhāzhā 貺 方 엉망이다. 어지럽다. 헝클어지다. ¶这次会真开得～的｜이번 회의는 정말 엉망이 되었다.
【麻着木着】má·zhemù·zhe 動組 俗 京 사람을 협박하다. 간담을 서늘하게 하다. ¶你甭béng～我, 我才不吃你这一套呢｜나를 협박하지 마라, 이제 너의 그 수에는 넘어가지 않는다.
【麻砧饼】mázhēnbǐng 名 참기름을 짜고 남은 원반형의 깻묵.
【麻疹】mázhěn 名〈醫〉홍역 =〔方 痧shā子〕〔疹子〕
【麻织品】mázhīpǐn 名 마직 제품. 마직물. ¶出口～｜수출용 마직 제품.
【麻子】má·zi 名 ❶ 마마〔곰보〕자국. ¶～脸(儿) =〔麻脸〕｜곰보 얼굴. ¶俏qiào皮～｜애교있는 곰보자국. ¶一脸的砢kē碜～｜얼굴 전체의 보기 흉한 곰보 자국. ¶她脸上有几点～｜그녀의 얼굴에는 몇개의 곰보자국이 있다. ❷ 얼굴이 얽은 사람. ¶大～｜얼굴 전체가 얽은 사람. ¶王～｜곰보인 왕씨. ¶浅皮～｜살짝곰보.
4【麻醉】mázuì ❶ 名 動〈醫〉마취(하다). ¶打～针zhēn｜마취주사를 놓다. ¶全身〔局部·脊jǐ髓〕～｜전신〔국부·척수〕마취. ¶针刺～｜〈漢醫〉침 마취. ¶～师｜마취사. ¶施全身～｜전신 마취를 하다. ❷ 動 喩 의식을 마비시키다. ¶用诲淫诲盗的电影～青年人｜음란하고 폭력적인 영화로 청년들의 의식을 마비시키다.
【麻醉剂】mázuìjì 名〈藥〉마취제〔약〕=〔麻药〕〔俗 蒙méng药〕
Ⓑ mā
【麻麻黑】mā·mahēi 貺 方 (해가 지고) 어둑어둑하다. (황혼 무렵) 어스레하다. 어슬어슬하다. 어슬핏하다.
【麻麻亮】mā·maliàng 貺 方 날이 어슬어슬 밝아지다. ¶天刚～就起床了｜날이 막 밝아지자 일어났다.

1【嘛〈嘜B〉】má·ma 라마교 마

Ⓐ má 代 俗 무엇. ¶干～ =〔做嘛〕｜왜. 무엇 때문에. 무엇을 하는가 =〔什么〕〔吗má〕〔么má〕
Ⓑ ·ma ❶ 助 어떤 일이 이치상 본래 그러하거나, 그러한 이유가 명확함을 나타냄. 어법 ⓐ 진술문(陳述句)의 끝에 쓰임. ¶人多力量大～｜사람이 많으면 힘도 큰 것이다. ¶他本来就不愿意去～｜그는 본래부터 가지 않으려 했었다. ⓑ 반어문(反問句)의 앞이나 뒤에 있는 문(句子)의 끝에 쓰임. ¶有意见就提～, 你怎么不提呀?｜의견이 있으면 말할 것이지, 어찌 말하지 않아요? ⓒ 원인이나 기타 상황에 대해 설명하는 문(句子)과 함께 쓰임. ¶你去问他～, 他一定知道的｜당신 가서 물어 보시오. 그는 반드시 알 것이오. ¶觉得冷就穿上～, 不要冻着了｜추우면 입으시오. 얼어서는 안되요. ❷ 助 희망이나 권고를 나타냄. ¶老康, 汽车开慢一点～!｜강씨, 차 좀 천천히 몰아요. ¶不让你去, 就别去～｜너보고 못가게 하면 가지말지 뭐. ❸ 助 문(句子)의 잠시 끊어지는 곳에 쓰여, 다음의 말에 대해 주의하도록 함. 어법 ⓐ 주어 다음에 쓰여 주어를 강조함. ¶一个革命战士～, 就得对革命负责｜혁명전사로 말하자면, 혁명에 대해 반드시 책임을 져야 한다. ¶这个问题～, 很简单｜이 문제야말로 매우 간단하다. ⓑ 가정문의 끝에 쓰임. ¶有意见～, 大家好好商量｜의견이 있다면, 모두 잘 의논합시다. ⓒ 부사나 접속사(連詞) 및 대응어(對應語) 뒤에 쓰임. ¶其实～, 这种方法也不难学｜기실은, 이런 방법도 배우기 어렵지 않다. ¶好～, 那就快找他去吧｜좋아요, 그렇다면 그를 찾으러 갑시다 =〔吗③〕 어법「吗」는 의문조사로 쓰이나「嘛」는 의문조사로는 쓰이지 않음. 그러나「吗」와「嘛」를 분별하지 않는 사람도 있음. ❹ ⇒〔喇lǎ嘛〕
【嘛劲儿】májìnr 俗 무슨 모양. 무슨 재미. ¶这是小孩子的玩意儿嘛, 有～?｜이것은 애들의 놀이인데, 무슨 재미가 있느냐?
【嘛儿】már 代 俗 어떤 것. 얼마간의 물건. ¶今天～也没预备yùbèi, 怎么招待zhāodài客人呢?｜오늘은 아무것도 준비하지 않았는데, 어떻게 손님을 초대하느냐?

【蟆】má 두꺼비 마

⇒〔蛤há蟆〕

mǎ ㄇㄚˇ

1【马(馬)】mǎ 말 마

❶ 名〈動〉말. ¶一匹～｜한 필의 말. ❷ 名 (장기의) 말. ❸ 크다. 큰. ¶～勺sháo(子)↓ ❹ ⇒〔马子〕〔马克kè〕〔马杀shā鸡〕 ❺ (Mǎ) 名 성(姓).
【马鞍】mǎ'ān 名 말의 안장. ¶～铺｜마구점 =〔马鞍子〕
【马鞍形】mǎ'ānxíng 名 ❶ 말안장 모양. U자형. ¶～的山脉｜말안장 모양의 산맥. ❷ 중간이 느슨해진〔꺼진〕상태. ¶由于战争, 我厂生产一度出现了～｜전쟁으로 인해 우리 공장의 생산이 한때 감소하였다.
【马鞍子】mǎ'ān·zi ⇒〔马鞍〕
【马帮】mǎbāng 名 말에 짐을 싣고 떼지어 다니며 장사하는 사람들. 대상(隊商). 캐러밴(caravan). 마바리 떼.
【马棒】mǎbàng 名 ❶ 말 채찍. ❷ 옛날, 여행자가 호신용으로 갖고 다닌 지팡이.
【马宝】mǎbǎo 名〈漢醫〉병든 말의 배안에서 빼낸 결석(結石) [약용으로 쓰임] ¶～可以壮阳zhuàngyáng｜말의 결석은 원기를 북돋아준다.
【马鼻疽】mǎbíjū 名〈醫〉마비저 [말의 만성 전염병으로 사람에게도 감염됨] =〔俗 吊diào鼻子〕
【马鞭(子)】mǎbiān(·zi) 名 (말)채찍 [넓게는 가축을 모는 채찍도 지칭함] ¶手执～｜손에 채찍을 쥐다.
【马弁】mǎbiàn 名 군벌 시대 (장교의) 호위병

【马表】mǎbiǎo 名 스톱 워치 =〔跑pǎo表〕〔停tíng表〕

【马鳖(子)】mǎbiē(·zi) 名〈動〉말거머리 =〔蚂蟥mǎhuáng〕

【马不停蹄】mǎbùtíngtí 成 ❶ 계속 나아가다〔달리다〕. 한시도 멈추지 않다. ¶～地来回跑 | 한시도 멈추지 않고 뛰어서 왔다갔다하다. ❷ 길을 재촉하다〔다그치다〕.

【马步】mǎbù 名 오른발을 앞으로 내밀고 허리를 낮춘 자세. 발을 버티고서서 싸우려는 자세 [권술의 기본 자세의 하나] ¶阿Q连忙捏好砖头, 摆开～准备和黑狗开战 | 阿Q는 얼른 벽돌 조각을 움켜 쥐고 오른발을 내밀고 허리를 낮춘자세로 검정개와 싸울 준비를 했다《魯迅·阿Q正傳》

4【马车】mǎchē 名 ❶ (사람을 태우는) 마차. ¶几十辆～ | 수십대의 마차. ❷ 짐마차.

【马齿徒增】mǎ chǐ tú zēng 成 나이는 먹었으나 학문을 닦지 못하고 세월을 헛되이 보냄. 한 일없이 나이만 먹다[겸손함을 표시함] ¶我是～, 无所作为 | 나는 세월을 헛되이 보내어, 한 일이 없다.

【马齿苋】mǎchǐxiàn 名〈植〉쇠비름.

【马褡子】mǎdā·zi 名 말전대. 말의 안장에 다는 주머니(saddle back)

4【马达】mǎdá 名 外〈電氣〉모터. ¶～船 =〔机jī动船〕| 모터 보트. ¶～车 =〔摩mó托车〕| 오토바이〔모터 사이클〕. ¶～油 | 모터 오일 =〔摩托〕→〔引yǐn擎〕

【马达加斯加】Mǎdájiāsījiā 名 外〈地〉마다가스카르(Madagascar) [아프리카 동남부 인도양에 있는 섬나라. 수도는 「塔那那利佛」(타나나리보;Tananarivo)] =〔马尔ěr加什〕

【马大哈】mǎdàhā 俗 ❶ 形 부주의하다. ❷ 名 부주의한 사람. 일을 되는대로 하는 사람. 건성꾼. 덜렁꾼. ¶他是个标准的～ | 그는 대표적인 덜렁꾼이다. ‖ =〔马哈〕

【马刀】mǎdāo 名 ❶〈軍〉기병(騎兵)이 휴대하는 군도(軍刀) =〔战刀〕 ❷〈魚貝〉말조개 =〔马蛤gé〕

【马到成功】mǎ dào chéng gōng 成 ❶ 신속하게 승리를 쟁취하다. ❷ 일이 빨리 이루어지다. 손쉽게 성공하다. ¶你一办不是～吗 | 네가 하기만 한다면 손쉽게 할 수 있지 않겠니?

【马道】mǎdào 名 옛날, 연병장(練兵場)이나 성벽위로 말을 달릴 수 있게 닦은 길.

【马德里】Mǎdélǐ 名 外〈地〉마드리드(Mādrid) [「西班牙」(스페인;Spain)의 수도]

【马镫】mǎdèng 名 등자(鐙子). 말등자.

【马店】mǎdiàn 名 마방. 마바리 객주집. 행상이나 마부용의 숙박 시설 =〔骡luó马店〕

【马丁炉】mǎdīnglú 名 外〈機〉마르탱(Martin)로.

【马兜铃】mǎdōulíng 名〈植〉쥐방울.

【马队】mǎduì 名 ❶ 화물을 나르는 말의 대열. 대상(隊商). ¶～遭强盗抢劫qiǎngjié | 대상이 강도들에게 약탈당하다. ❷〈軍〉기병대(騎兵隊). 기마대.

【马耳他】Mǎ'ěrtā 名 外〈地〉몰타(Malta) [지중해의 섬나라로 영연방의 일원. 수도는 「瓦莱塔」(발레타;Valletta)]

【马尔代夫】Mǎ'ěrdàifū 名 外〈地〉몰디브(Maldives) [스리랑카의 서남방, 인도양에 있는 약2천개의 산호초로 이루어진 몰디브 군도로 된 공화국. 수도는 「马累」(말레;Male)] ¶～人 | 맬다이브인.

【马尔萨斯主义】Mǎ'ěrsàsī zhǔyì 名〈經〉맬더스주의.

【马放南山】mǎ fàng nán shān 成 전마(戰馬)를 산에 풀어 놓아 마음대로 뛰어놀게 하다. 경각성을 늦추다. 시름을 놓다 [흔히 「刀枪入库, 马放南山」으로 쓰임]

【马粪纸】mǎfènzhǐ 名 마분지. ¶～的盒子 | 마분지로 된 상자 =〔黄(板)纸〕

【马蜂】mǎfēng 名〈蟲〉나나니벌 轉 벌 종류의 다른 이름. ¶～愫dú儿 | 벌의 새끼. ¶～腰yāo | 喩 가는 허리 =〔蚂mǎ蜂〕=〔蜾蠃guǒluǒ〕〔细腰蜂〕

【马蜂窝】mǎfēngwō 名 벌집. 喩 ❶ 대하기 힘든 사람. 혹은 번거롭거나 까다로운 일. ¶千万别捅这个～ | 절대로 이 벌집을 건드리지 마시오. ❷ 아파트식 주택의 다른 이름.

【马夫】mǎfū 名 마부. 말구종(驅從). 마차꾼

【马竿(儿)】mǎgān(r) 名 맹인용 지팡이.

【马革裹尸】mǎ gé guǒ shī 成 말가죽으로 시체를 싸서 장례를 지내다. ❶ 전사하다. ❷ 조국을 위해 몸바쳐 싸우다.

【马褂(儿)】mǎguà(r) 名 마고자 [남자들이 「长袍」위에 입는 허리까지 오는 짧은 상의. 검은색으로 된 것이 많으며, 원래는 만주족이 말탈 때 입는 옷이었음] ¶说相声的穿着长袍～ | 만담하는 사람이 두루마기와 마고자를 입고 있다.

【马倌(儿)】mǎguān(r) 名 말을 전문으로 기르는 사람.

【马锅头】mǎguōtóu 名 마바리꾼의 우두머리

【马号】mǎhào 名 ❶ 마구(간) =〔马棚péng〕 ❷ 관공서에서 말을 기르는 곳. ❸ 옛날, 역참에서 역마를 기르던 곳. ❹ 기병용 나팔.

【马赫】mǎhè 名 外〈物〉마하(Mach) [비행기·고속 기류 등의 속도를 나타내는 단위] =〔麻赫数〕

【马赫主义】Mǎhè zhǔyì 名〈哲〉마하주의(Machism) [19세기 후반에 오스트리아의 물리학자 마하가 창립한 주관적 유심주의 철학의 한 파] ¶～者 | 마하주의자(Machist). ¶我有点儿相信～ | 나는 마하주의를 다소 믿는다 =〔经验批判主义〕

【马后课】mǎhòukè ⇒〔马后炮〕

【马后炮】mǎhòupào 喩 「象xiàng棋」(장기) 에서 「马」가 뜬 후의 「炮」라는 말로, 행차 뒤의 나팔. 사후 약방문. 뒷북치는 것. ¶别放～了! | 뒷북치지 마! ¶会都开完了才来, 这不是闹个～吗 | 회의가 다 끝난 뒤에야 오다니, 이것은 뒷북치는 것이 아닌가 =〔马后课〕〔马后屁pì①〕

【马后屁】mǎhòupì ❶ ⇒〔马后炮〕 ❷ 다만 좇아갈 뿐 모습이 보이지 않다. 좇아 따라잡지 못하다. 포착하지 못하다.

2【马虎】mǎ·hu ⓧ mā·hu) 形 소홀하다. 데면데면

하다. 건성건성하다. 등한하다. 흐리터분하다. 무책임하다. ¶千事不能太～ | 일을 처리함에 소홀히 할 수 없다. ¶～了liǎo事 | 건성으로 일을 처리하다. ¶这是个大事, 不能～过去 | 이것은 큰 일이어서, 소홀히 할 수 없다. ¶～人＝〔哈hā哈儿人〕 | 무책임한 사람 ＝〔马糊〕〔吗呼〕〔麻呼〕〔麻糊〕→〔马马虎虎〕〔模mó糊〕

【马甲】mǎjiǎ ❶ 書 名 마갑. 말의 갑옷. ❷ ⇒〔背bèi心(儿)〕 ❸ ⇒〔江jiāng珧柱〕

【马架(子)】mǎjià(·zi) 名 ❶ 方 움막. 초막. 작고 누추한〔허술한〕 집. ❷ 方 (삼각형의) 지게. ❸ 말을 매는 곳.

【马鲛(鱼)】mǎjiāo(yú) 名〈魚貝〉삼치. 마교 ＝〔鲅bà鱼〕〔蓝lán点鲅〕〔蓝点马鲛〕〔日本鱼鲛〕〔燕yàn鱼②〕

【马脚】mǎjiǎo 名 마각. 말의 다리. 喩 엉큼한 속셈. 내막. 빈틈. 약점. 결함. 꼬리. ¶露出～ | 마각을 드러내다. 엉큼한 속셈을 드러내다. ¶看出～ | 속셈을 알아채다.

【马厩】mǎjiù ⇒〔马棚péng〕

【马驹子】mǎjū·zi 名 口 망아지. 새끼말.

[2]【马克】mǎkè 名 外〈錢〉❶ 마르크(Mark;독)〔독일의 본위 화폐〕 ❷ 마르카(Markka;핀)〔핀란드의 화폐 단위〕

【马克思列宁主义】Mǎkèsī Lièníngzhǔyì 名組 마르크스 레닌주의. ¶～者 | 마르크스 레닌주의자 ＝〔簡 马列主义〕→〔马克思主义〕〔列宁主义〕

[3]【马克思主义】Mǎkèsī zhǔyì 名 마르크스 주의. ¶坚信～ | 마르크스 주의를 굳게 믿다. ¶～者 | 마르크스주의자. 마르크시스트.

【马科斯】Mǎkèsī 名 外〈人〉마르코스(F.E.Marcos, 1917～1989)〔전 필리핀 대통령〕

【马口铁(皮)】mǎkǒutiě(pí) 名 함석. 양철 ＝〔镀dù锡铁(皮)〕〔俗 洋yáng铁〕

【马裤】mǎkù 名 승마용 바지. 승마복 하의. ¶～呢 | 외투·승마용 바지에 쓰이는 두툼한 모직물. ¶身穿～ | 몸에 승마용 바지.

【马快(班)】mǎkuài(bān) ❶ 名 近 포졸. 포리. 포도군사. ¶～要抓捕反挠头税的人们 | 포졸들이 돼지 도살세에 반대하는 사람들을 잡으려 하다 ＝〔马班儿〕〔快班①〕 ❷ 狀 (동작 등이) 빠르다.

【马拉博】Mǎlābó 名 外〈地〉말라보(Malabo)〔「赤道几内亚」(적도기니;Equatorial Guinea)의 수도〕

【马拉松】mǎlāsōng 名 ❶ 外 簡〈體〉마라톤(marathon). ¶参加～赛跑sàipǎo | 마라톤 경기에 참가하다. ❷ 喩 貶 시간을 오래 끄는 것. ¶～演说yǎnshuō | 시간을 오래 끄는 연설. ¶～战术zhànshù | 지연 전술.

【马拉松赛跑】mǎlāsōng sàipǎo 名組 外〈體〉마라톤 경기 ＝〔簡 马拉松①〕

【马拉维】Mǎlāwéi 名 外〈地〉말라위(Malawi)〔아프리카 동남부의 공화국으로 영연방의 하나. 수도는「利隆圭」(릴롱궤;Lilongwe)〕

【马来半岛】Mǎlái Bàndǎo 名組 外〈地〉말레이(Malay) 반도.

【马来西亚】Mǎláixīyà 名 外〈地〉말레이시아(Malaysia)〔동남아시아의 국가. 수도는「吉隆坡」(콸라룸푸르;Kuala Lumpur)〕

【马来语】Mǎláiyǔ 名 外〈言〉말레이어. 말라야(Malaya)어. 마래어.

【马兰】mǎlán ❶ 名〈植〉감국(甘菊)〔다년생 초본 식물로 그 잎은「马兰头」「马菜」「鱼yú鳅菜」「鸡jī儿肠」등이라 하며 식용함〕 ❷ ⇒〔马蔺lìn〕

【马蓝】mǎlán 名〈植〉마람. 판람(板藍)〔쪽의 일종〕

【马累】Mǎlèi 名 外〈地〉말레(Malé)〔「马尔代夫」(몰디브;Maldives)의 수도〕

【马里】Mǎlǐ 名 外〈地〉말리(Mali)〔아프리카 서부의 공화국. 수도는「巴马科」(바마코;Bamako)〕

【马里亚纳群岛】Mǎlǐyànà Qúndǎo 名組 外〈地〉마리아나제도(Mariana Islands)〔필리핀 제도의 동쪽에 있음〕

[4]【马力】mǎlì 名〈物〉마력〔공률(工率)의 실용 단위〕 ¶名义míngyì～＝〔标称马力〕 | 공칭(公稱) 마력. ¶实际shíjì～＝〔净马力〕 | 실마력. ¶有效yǒuxiào～ | 유효 마력. ¶制动～ | 제동 마력. ¶指示zhǐshì～ | 지시 마력. 도시(圖示) 마력. ¶开足～ | 전속력을 내다. ¶～小时 | 시간당 마력.

【马莲】mǎlián ⇒〔马蔺lìn〕

【马列主义】Mǎ Liè zhǔyì 名 簡 마르크스 레닌주의. ¶坚持～ | 마르크스 레닌주의를 견지하다 ＝〔马克思列宁主义〕

【马蔺】mǎlìn 名〈植〉마린. 꽃창포. 타래붓꽃 ＝〔马兰②〕〔马莲〕〔马帚〕〔旱hàn蒲〕〔蠡lǐ实〕〔荔实〕

[4]【马铃薯】mǎlíngshǔ 名〈植〉감자. 마령서 ¶种植zhòngzhí～ | 감자를 재배하다 ＝〔方 地dì蛋〕〔方 地豆(蛋)〕〔粵 荷hé兰薯〕〔俗 山药蛋〕〔俗 山药豆儿〕〔北 土豆(儿)〕〔北 土豆子①〕〔洋番薯〕〔江 洋山芋〕〔江 洋芋〕

【马陆】mǎlù 名〈動〉노래기 ＝〔马蚰yóu〕〔百足②〕〔香油虫〕

【马鹿】mǎlù 名〈動〉고라니 ＝〔赤chì鹿〕

[2]【马路】mǎlù 名 ❶ (도시·근교의) 대로. 큰길. 한길 ＝〔大马路〕 ❷ 공로(公路). 간선도로. 자동차 도로 ＝〔公路〕

【马路新闻】mǎlù xīnwén 名組 항간에 떠도는 소식. ¶别信这种～ | 이런 떠도는 소문을 믿지마라.

【马骡】mǎluó 名〈動〉노새.

【马马虎虎】mǎ·mahúhú ⓧ mā·mahūhū) 狀 ❶ 부주의하다. 세심하지 못하다. 아무렇게나 하다. 대충하다. 대강대강하다. 건성건성하다. ¶他的信我只是～地看了一下 | 그의 편지를 난 그저 대충대충 보았다. ¶他办事老是～ | 그는 일을 처리하는게 언제나 대강대강이다. ❷ 그리 나쁘지는 않다. 썩 좋지는 않다. 그저 그렇다. 그저 그만하다. ¶这种牌子的香烟怎么样? ～, 你来一支试试 | 이 상표의 담배는 어떻습니까? 그저 그렇습니다. 한 개피 피워 보시지요. ¶你的游泳技术怎么样? ～, 游不远 | 당신의 수영 실력은 어떻습니까? 그저 그래요, 멀리 헤엄치지는 못합니다 ＝

〔妈妈虎虎〕〔麻麻呼呼〕〔麻麻胡胡〕〔麻麻糊糊〕〔稀哩糊涂②〕

【马那瓜】Mǎnāguā 名 外〈地〉마나과(Managua)「「尼加拉瓜」(니카라과;Nicaragua)의 수도]

【马尼拉】Mǎnílā 名 外〈地〉마닐라(Manila)[「菲律宾」(필리핀;Philippines)의 수도]=〔马尼剌〕〔小吕宋〕

【马尼拉麻】mǎnílā má 名 外〈植〉마닐라 삼 =〔蕉jiāo麻〕

【马趴】mǎpā 名 몸이 앞으로 엎어진〔거꾸러진〕자세. ¶摔shuāi了个大~ | 앞으로 세게 엎어졌다.

【马棚】mǎpéng 名 마구간 =〔马房〕〔马号①〕〔马圈〕

【马匹】mǎpǐ 名 마필 [말의 총칭] ¶送给他们一些~ | 그들에게 말을 몇 필 주다.

【马屁】mǎpì 名 喻 아첨을 잘하는 사람. 아첨하는 행위. ¶他善于拍~ | 그는 아첨하는 행위를 잘한다.

【马普托】Mǎpǔtuō 名 外〈地〉마푸토(Maputo)「「莫桑比克」(모잠비크;Mozambique)의 수도]

【马前卒】mǎqiánzú 名 ❶ (싸움에서의) 선봉. ¶做战争的~ | 전쟁의 선봉이 되다. ❷ 喻 앞잡이. 졸개. 괴뢰. 심부름꾼. ¶充当抢班qiǎngbān夺权的~ | 지도부를 점령하여 권력을 탈취하는데 동원된 앞잡이. ❸ 경마 잡이.

【马钱】mǎqián 名 ❶〈植〉마전나무. 마전자나무. 번목별 =〔番fān木鳖〕 ❷〈植〉영주치자 =〔马钱子②〕 ❸ 書 왕진료. ¶这位先生本事还好, 就是~大一点儿 | 이 의사선생님의 실력은 좋지만, 왕진료가 다소 비싸다. ❹ 복채. 점친 값. ¶张瞎子算得很灵, 可是~真高 | 장님 장씨는 매우 신통하게 점을 치지만, 복채가 정말 비싸다. ❺ 書〈錢〉마전 [한 쪽에는 그림이 그려져 있고, 다른 쪽에는 글자가 새겨진 화폐의 일종]

【马钱子】mǎqiánzǐ 名 ❶〈漢醫〉마전자. 번목별. 마전의 씨. ❷〈植〉영주치자 =〔马钱②〕

【马枪】mǎqiāng 名〈軍〉❶ 기병(騎兵)이 쓰는 창. 기병창. ❷ 기병총(騎兵銃). 카빈(carbine) 총. ¶ kāng着~ | 기병총을 메고 있다.

【马球】mǎqiú 名〈體〉❶ 폴로(polo). ❷ 폴로 경기에서 사용하는 공.

【马赛克】mǎsàikè 名 ❶ 外〈建〉모자이크. ¶~砖zhuān |〈建〉모자이크 타일(tile). ¶~铺面 | 모자이크로 포장한 바닥. ❷〈美〉모자이크 도안〔회화〕‖ =〔玛mǎ赛克〕

【马塞卢】Mǎsàilú 名 外〈地〉마세루(Maseru)「「莱索托」(레소토;Lesotho)의 수도]

【马杀鸡】mǎshājī 名 外 台 ❶ 마사지(massage). ❷ 俗 여자가 남자에게 하는 안마→〔鸡杀马〕

1【马上】mǎshàng ❶ 書 名 副 말의 등 위(에서). 무력(으로). ¶~得dé天下 | 무력으로 천하를 얻다. ¶~耿驴 | 成 지나친(헛된) 일을 하다. ❷ 副 곧. 즉시. 어법「就」를 뒤에 수반하여 시간의 신속함을 나타냄 ¶我们~就动手 | 우리는 곧바로 일을 시작할 것이다. ¶电影~就要开演了 | 영화가 곧 시작되려 한다. ¶我~就回来 | 나 곧 돌아올게 =〔方 马当时〕〔俗 马溜儿〕→〔立lì刻〕

【马勺(子)】mǎsháo(·zi) 名 北 ❶ (나무로 만든) 큰 주걱. ❷ 자루 달린 주걱. ❸ 볶음·지짐 등에 쓰는 자루 달린 주걱. ¶~坏了一锅guō | 諺 주걱이 솥을 망가뜨렸다. 하나의 일로 모든 사람에게 괴로움을 주게 되었다.

【马绍尔群岛】Mǎshàoěr Qúndǎo 名組 外〈地〉마셜제도(Marshall Islands).

【马氏文通】Mǎshì Wéntōng 名〈書〉마씨문통 [청대(清代)의 마건충(馬建忠)이 지은 최초의 중국 문법서]

【马首是瞻】mǎ shǒu shì zhān 成 옛날 전쟁시 사병이 장군의 말머리를 보고 행동방향을 결정하다. 다른 사람의 지휘에 복종하거나 무조건 따라하다. 하라는 대로 하다. ¶我们~, 坚决服从fúcōng长官的指挥zhǐhuī | 우리는 하라는 대로 하기에, 지도자의 지휘에 절대 복종한다.

【马瘦毛长, 人贫志短】mǎshòu máocháng, rénpín zhìduǎn 諺 말이 여위면 털이 길어지고 사람이 빈곤해지면 포부가 작아진다.

【马术】mǎshù 名 기마술(騎馬術). 승마술(乘馬術). ¶精通jīngtōng~ | 기마술에 능통하다. ¶老金是个~专家 | 김씨는 승마술의 전문가이다.

【马斯喀特】Mǎsīkātè 名 外〈地〉무스카트(Muscat) [「阿曼」(오만;Oman)의 수도] =〔马斯加〕〔马斯开特〕

【马塔乌图】Mǎtǎwūtú 名 外〈地〉마타우투(Mata Utu) [「瓦利斯群岛和富岛纳群岛」(프랑스령 월리스푸투나섬;Wallis and Futuna)의 수도]

【马提尼克岛】Mǎtíníkèdǎo 名 外〈地〉프랑스령 마르티니크섬(Martinique) [서인도제도 중의 프랑스령 섬. 수도는「法兰西堡」(포르드프랑스;Fort dē France)]

【马蹄】mǎtí 名 ❶ 말굽. ❷ 方〈植〉올방개 =〔荸bí荠〕

【马蹄表】mǎtíbiǎo 名 원형·말굽형의 작은 (자명종) 시계. 사발 시계. ¶脖子上挂着~ | 목에 작은 시계를 걸다.

【马蹄铁】mǎtítiě 名 ❶ (말굽의) 편자. 말굽쇠. ¶钉dīng~ | 말굽쇠를 박다 =〔马掌zhǎng②〕 ❷ 말굽 자석.

【马蹄形】mǎtíxíng 名 ❶ 말굽형. ❷ U자형.

【马蹄袖(儿)】mǎtíxiù (r) 名 청대(清代) 남자 예복의 말굽형 소매. 말굽 토시.

【马桶】mǎtǒng 名 (나무·사기 등으로 만든) 변기(便器). 똥오줌통. ¶~间 | 奥 변소. ¶~刷子 | 변기 소제용 솔 =〔方 马子①〕〔便biàn桶〕〔恭gōng桶〕〔净jìng桶〕〔書 圊qīng桶〕〔粪fèn桶②〕

【马头琴】mǎtóuqín 名〈音〉몽골족의 현악기 [줄이 둘이며, 사다리형으로 머리 쪽에 말의 머리가 새겨져 있음] ¶弹~很好玩儿 | 마두금을 타면서 재미있게 놀다.

【马尾松】mǎwěisōng 名〈植〉산잣나무. ¶路边种几棵~ | 길가에 몇그루의 산잣나무를 심다.

【马尾藻】mǎwěizǎo 名〈植〉모자반. 마미조

4【马戏】mǎxì 名〈演映〉곡마. 곡예. 서커스(circus). ¶～团tuán | 곡마단. ¶～演员 | 곡예사.

【马熊】mǎxióng 名〈動〉말곰 ＝〔俗人熊〕〔棕zōng熊〕

【马靴】mǎxuē 名 승마화(乘馬靴).

【马仰人翻】mǎ yǎng rén fān 成 수습할 수 없을 정도로 크게 혼란하다. 난장판이 되다. 수라장이 되다. ¶今天这个会议叫他给闹得～的 | 오늘의 이 회의는 그에 의해 난장판이 되었다 ＝〔人仰马翻〕

【马尾儿穿豆腐】mǎyǐr chuān dòu·fu 歇 말총으로 두부를 꿰어서는 들어올릴 수 없다. 되지도 않을 말을 하다. 근거없는 말을 하다 [뒤에「提不起来」가 이어지기도 함]

【马缨花】mǎyīnghuā ⇒〔合hé欢②〕

【马蝇】mǎyíng 名〈蟲〉말파리.

【马贼】mǎzéi 書 名 (옛날의) 마적. ¶逮住了四个～ | 네 명의 마적을 체포했다.

【马扎(儿)】mǎzhá(r) 名 (접을 수 있는) 휴대용 의자. 접는 의자. ¶车上放着几个小～ | 차에 몇 개의 접는 의자가 놓여져 있다 ＝〔马闸zhá〕

【马掌】mǎzhǎng 名 ❶ 말발굽의 각질피(角質皮). ❷ 편자. 말굽쇠. 제철(蹄鐵). ¶挂～ | 말굽쇠를 신기다 ＝〔马蹄tí铁①〕 ❸ 말발굽. ❹ (～儿)「纸zhǐ牌」의 한 가지 →〔纸牌〕

【马桩】mǎzhuāng 名 말을 메어 두는 말뚝.

【马子】mǎ·zi 名 ❶ 方 ⇒〔马桶tǒng〕 ❷ (도박할 때 계산하는) 산가지. 막대기. ¶我的～有多少 | 나의 산가지가 얼마나 되지 ＝〔筹chóu码(儿)〕〔码mǎ子⑨〕 ❸ 俗 台 소녀. 여자. 아이 [여자를 낮추어 부르는 말] ⇔〔凯kǎi子〕 ❹ 마적(馬賊). ❺ 方 토비(土匪).

【马鬃】mǎzōng 名 마렵. 말갈기 ＝〔马鬣liè〕〔書 鬐qí〕

【吗】 mǎ ☞ 吗 ·ma B

【犸(獁)】 mǎ 맘모스 마

⇒〔猛měng犸〕

【玛(瑪)】 mǎ 마노 마

⇒〔玛瑙〕〔玛雅人〕

【玛格丽特二世】Mǎgélìtè'èrshì 名組 外〈人〉마거리트 2세 (Margrethe II, 1940～)[덴마크의 여왕]

【玛瑙】mǎnǎo 名〈鑛〉마노 ＝〔马脑nǎo〕〔書 文石①〕

【玛雅人】Mǎyǎrén 名 外〈民〉마야족(Maya族). ¶～的文化至今还是一个谜 | 마야 문명은 아직도 하나의 수수께끼이다.

2【码(碼)】 mǎ 야아드 마

❶ (～儿, ～子) 名 숫자. 수를 나타내는 기호. ¶号～ | 번호. ¶价～ | 정찰 가격. ¶电～ | 전보용 부호. ¶比他高一个～儿 | 그보다 한 수 위이다. ❷ (～子) 名 수를 계산하는 도구. ¶砝fǎ～(儿) | 분동(分銅). ¶筹chóu～(儿) | (마작의 점수 계산에 쓰는) 점봉(點棒). ❸ 名 면사(綿絲)의 번수(番手) [면사의 굵기를 나타내는 단위] ¶四十～ | 40번수. ❹ 名〈電算〉코드(code). ¶内～ | 내부 코드. ¶～变换 | 코드 변환. ❺ 量 (일의) 가지. 종류. ¶这是两～事 | 이것은 서로 다른 종류의 일이다. ❻ 量〈度〉야드(yard) [파운드 법의 길이단위.0.914미터] ❼ 動 方 포개어 쌓다. 쌓아올리다. ¶把这些砖～齐了 | 이 벽돌들을 가지런히 포개어 쌓았다.

【码放】mǎfàng 動 순서대로 놓다. 일정위치에 따라 쌓다. ¶货架上～着许多进口商品 | 진열대에 많은 수입 상품을 진열해 놓다. ¶各种器材～得井井有条 | 각종기재가 조리정연하게 순서대로 쌓여 있다.

2【码头】mǎ·tou 名 ❶ 부두. 선창. ¶～调diào儿 | 선창·부두의 노래. ¶～费 | 부두 사용료. ¶～工人 | 부두 노동자. ¶～交(货) | 〈商〉부두 인도조건. ¶～桥qiáo | 잔교(棧橋). ¶～税 | 부두세 ＝〔書 马头〕〔船埠chuánbù〕〔水码头〕→〔埠bù头〕 ❷ 方 교통이 편리한 상업도시. ¶水陆～ ＝〔水旱码头〕 | 수로와 육로의 교통이 편리한 상업도시. ¶跑～ | 도시를 돌며 상업을 하다.

【码子】mǎ·zi 名 ❶ 소주(蘇州)사람들이 상거래에 사용하던 숫자 ＝〔码字〕 ❷ 번호. ❸ 書 금융계에서 스스로 조달할 수 있는 현금. 은행이 지니고 있는 현금. ❹ 쌓아놓은 것. ¶麦～ | 보리 낟가리. ❺ 연극 공연 프로그램 ＝〔戏xì码(儿)〕 ❻ 안족(雁足). ❼ 원형의 점봉(點棒). 포커 칩(poker chip). ❽ 사람. 놈. 자식. ¶他堂客也是一个厉害～ | 그의 처도 지독한 사람이다. ❾ 수를 세는데 쓰는 도구 [산가지나 분동(分銅) 등]

【钨(鎷)】 mǎ (마수륨 마)

名〈化〉화학 원소 명. 마수륨 (Ma ; masurium)

4【蚂(螞)】 mǎ mā mà 말거머리 마

A mǎ ⇒〔蚂蜂〕〔蚂蟥〕〔蚂蚁〕

B mā ⇒〔蚂螂〕

C mà ⇒〔蚂蚱〕

A mǎ

【蚂蜂】mǎfēng 名〈蟲〉나나니벌 ＝〔马蜂〕

【蚂蟥】mǎhuáng 名〈動〉말거머리. ¶～会叮人 | 말거머리는 사람을 물 수 있다 ＝〔俗 马鳖biē(子)〕〔马蟥〕〔俗 马蛭zhì〕

【蚂蟥钉】mǎhuángdīng 名 양각정(兩脚釘). 거멀못.

【蚂蚁】mǎyǐ 名〈蟲〉개미 ＝〔马mǎ蚁〕

【蚂蚁搬泰山】mǎyǐ bān tàishān 諺 개미가 태산을 옮기다. 군중의 힘은 매우 커서 큰 일을 해낼 수 있다.

【蚂蚁啃骨头】mǎyǐ kěn gú·tou 諺 개미가 큰 뼈를 갉아 먹다〔먹는 정신〕. 작은 힘 또는 간단한 도구로써 큰 일을 해내다. 개미가 금탑 모으듯. ¶发扬～的精神 | 개미와 같은 근면한 정신을 발양하다.

B mā

【蚂螂】mā·lang 名 方〈蟲〉잠자리 ＝〔蜻蜓tíng〕

C mà

【蚂蚱】mà·zha 名〈蟲〉方 메뚜기. ¶～腿 | 俗 안경다리. ¶秋后的～ | 歇 철 지난 메뚜기. 곧 쇠퇴하여 죽다. 오래 지속하지 못하다 [뒤에「蹦不

下长」이 이어지기도 함] =〔蝗虫chóng〕〔㊉刮guā打扁儿〕

mà ㄇㄚˋ

【杩(榪)】mà 가로막대 마 ⇨〔杩头〕

【杩头】mà·tou 名 침대 머리 혹은 창 위·아래에 지르는 가로 막대.

2【骂(罵)〈傌〉】mà 욕할 매 動 ❶ 욕하다. ¶不要~人! | 남에게 욕하지 말라! ❷ 꾸짖다. 질책하다. ¶他爹~他不长进 | 그의 아버지는 그를 발전이 없다고 꾸짖었다.

【骂架】mà/jià 動 욕을 하며 서로 싸우다. 말다툼하다. ¶他们俩正在~, 你赶快去劝一劝 | 그들 둘이서 말다툼하고 있으니, 네가 빨리 가서 설득 좀 해.

【骂街】mà/jiē 動 ㊀ (거리에 나가) 아무에게나 고래고래 욕지거리를 하다. ¶泼妇~ | 무지막지한 여인이 길에서 마구 욕을 해대다 ¶~吵架 | 욕지거리를 하며 다투다 =〔骂大街〕〔打街骂巷〕

【骂骂咧咧】mà·maliēliē 狀 ㊀ 상스럽게 욕을 계속 퍼붓다. 쌍두문자를 끊임 없이 쓰다. ¶心里不痛快tòngkuài, 整天~的 | 마음이 편치 못하여 하루 종일 욕지거리를 한다.

【骂名】màmíng 名 나쁜 평판. 오명(汚名). 악명(惡名). ¶留下了千古~ | 천고의 오명(汚名)을 남겼다.

【骂人】mà/rén 動 남을 욕하다〔매도하다〕.

【骂阵】mà/zhèn 動 적진을 향해 욕설을 퍼붓다 [적을 동요시키는 심리전으로 주로 구소설에 많이 보임] ¶派几个小卒子出去~ | 몇 명의 졸개를 파견하여 적을 향해 욕설을 퍼붓다.

【祃(禡)】mà 마제 마 書 名 마제(禡祭) [군대의 주둔지에서 지내는 제사]

【蚂】mà ☞ 蚂 mǎ Ⓒ

【唛(嘜)】mà (음역자 마) ⇨〔唛头〕

【唛头】màtóu 名 外 마크(mark).

·ma ㄇㄚ·

1【么】·ma ☞ 么 ·me Ⓑ

1【吗(嗎)】·ma mǎ má 아편 마, 어조사 마

Ⓐ ·ma 助 ❶ 문말(句末)에 사용하여 의문문을 만듦. ¶明天走~? | 내일 갑니까? ¶你听明白了~? | 너 분명히 들었느냐? ¶你不吃辣椒~? | 너는 고추를 먹지 않니? 어법 ⓐ 의문 대사(代詞)가 있거나 긍정과 부정이 이어진 의문문에는 「呢」를 쓰고, 부정문의 의문문에는 「吗」를 씀. ¶谁去好吗? (×) ¶谁去好呢? | 누가 가는 것이 좋겠는가? ¶这支钢笔好不好吗? (×) ¶这支钢笔好不好呢? | 이 만년필은 좋은가? ¶他明天不走呢(×) ¶他明天不走吗? | 그는 내일 가지 않느냐? ⓑ 의문대사가 있는데도 「吗」를 쓰는 경우에는 의문대사는 불특정의 다수를 나타내는 지시대사로 보아야 함. ¶你有什么事~? 有, 我有一些事情 | 당신은 무슨 용건이 있습니까? 네, 난 얼마간의 일이 있습니다. ¶有谁~? | 누구 계십니까? ❷ 반어문(反問句)에 쓰여, 질문이나 질책의 어기를 가짐. ¶这像话~? | 이것이 말이 됩니까? ¶这些道理不是很明白~? | 이 이치는 아주 분명하지 않아요? ❸ 문(句子)의 잠시 멈추는 곳에 쓰임. 어법 ⓐ 전후의 관계를 분명히 해 두자는 어기를 나타냄. ¶这件事~, 其实也不能怪他 | 이런 일은, 사실 그를 나무랄 수도 없다. ¶他自己那么说~, 不会有假 | 그 스스로가 그렇게 말한 것이니, 거짓일 리는 없다. ⓑ 확신을 하고 있다는 어기를 나타냄. ¶有~ | 있고 말고. ¶你本来有错~ | 네가 본래부터 잘못한거야 =〔嘛má③〕

Ⓑ mǎ ⇨〔吗啡〕〔吗呼〕

Ⓒ má 代 ㊉ 무엇. ¶~事? | 무슨 일이냐? ¶干~ | 어째서. 왜 =〔嘛〕〔么má〕〔什么〕

【吗啡】mǎfēi 名 外 〈藥〉 모르핀(morphine). ¶~针 | 모르핀 주사. ¶~中毒 | 모르핀 중독.

【吗呼】mǎ·hu 形 모호하다. 분명치 않다. 흐리멍텅하다. 어렴풋하다. ¶你做事情怎么这么~ | 네가 하는 일은 어찌 이렇게 분명하지가 못하니 =〔马虎〕

【嘛】·ma ☞ 嘛 má Ⓑ

mái ㄇㄞˊ

2【埋】mái mán 묻을 매, 감출 매

Ⓐ mái 動 ❶ (흙·눈·낙엽 등으로) 묻다. ¶~地雷dìléi | 지뢰를 묻다. ❷ 숨기다. 감추다. ¶隐姓~名 | 성명을 숨기다.

Ⓑ mán ⇨〔埋怨〕

Ⓐ mái

【埋藏】máicáng 動 ❶ 묻히다. 매장되다. ¶这一带地下~着丰富的煤和铁 | 이 일대의 지하에는 풍부한 석탄과 철이 매장되어 있다. ❷ 매장하다. 묻어두다. 감추어 두다. 숨기다. ¶~地雷 | 지뢰를 매설해두다. ¶他是个直爽人, 从来不把自己想说的话~在心里 | 그는 시원스런 사람이어서 종래 자신이 하려는 말을 마음속에 묻어두지 않는다. ❸ 〈漢醫〉 (약을 사람·동물의 피하(皮下) 조직속에) 넣어두다.

【埋伏】mái·fu ④ 名 動 매복(하다). ¶设下~ | 매복하다. ¶~兵马 | 병마를 매복시키다. ¶中~ | 복병을 만나다. ¶~以待 | 威 매복하여 기다리다. ❷ 動 잠복(潛伏)하다. 숨다. ¶~着危机 | 위기가 잠복해 있다. ¶国内~着许多不安定因素 | 국내에 많은 불안정한 요인이 잠복해 있다.

4【埋没】máimò 動 ❶ 매몰하다〔되다〕. 묻(히)다. ¶泥石流~了整个村庄 | 진흙과 돌이 흘러 온 마을을 매몰시켰다. ❷ 드러나지 않게 하다. 재능을 발휘하지 못하게 하다. ¶不能~他音乐方面的天才 | 그와 같은 음악방면의 천재를 썩힐 수 없다.

M

¶～了多少人材｜많은 인재를 사장시켰다. ¶瞧qiáo, 这儿有重要的资料, 差点给～了｜봐, 여기 중요한 자료가 있군, 하마터면 묻혀버릴뻔 했어.

【埋汰】mái·tai ❶形 北 더럽다. ¶看你那股～劲, 不许你进屋｜네 그 더러운 꼴을 보니 집안에 들어오게 해선 안되겠다＝〔埋太〕〔埋态tài〕〔埋苔·tai〕〔不干净〕 ❷形 면목이 없다. ¶别提过去那～的事儿啦｜과거의 그 부끄러웠던 일을 꺼내지 마세요. ❸形 야무지지 못하다. ❹動 욕하다. 나쁘게 말하다.

4【埋头】mái/tóu 副 ❶ 몰두하다. 달라붙다. 정신을 집중하다. ¶～读书｜공부에 몰두하다. ¶～写作｜저작에 몰두하다. ¶～业务｜업무에 정신을 집중하다. ❷ 나사못머리를 박다 ‖＝〔埋首shǒu〕

【埋葬】máizàng 動 매장하다. 묻다. ¶～了死去的亲人｜죽은 친적을 매장했다. ¶～旧世界, 建设新世界｜낡은 세계는 묻어버리고, 새로운 세상을 건설하다＝〔葬〕

B mán

4【埋怨】mányuàn 動 불평하다. 원망하다. ¶他老爱～｜그는 언제나 불평을 잘한다. ¶自己做错了, 不要～别人｜스스로가 잘못했으면 남을 원망하지 마라.

【霾】mái 흙비올 매
名〈氣〉흙비. 황사(黄沙)현상. 연무(煙霧). 스모그(smog). ¶～晦↓

【霾晦】máihuì ❶名〈氣〉먼지가 날려 온 하늘이 뿌옇게 되는 현상. ❷形 흙먼지 등이 오염되어 하늘이 뿌옇다 ‖＝〔阴yīn霾〕〔阴霾晴淡〕

mǎi ㄇㄞˇ

1【买(買)】mǎi 살 매
❶動 사다. ¶我～了一本书｜나는 책을 한 권 샀다⇔〔卖〕 ❷動 매수하다. ¶～通↓ ❸動 (부당하게) 구(求)하다. ¶～便宜｜부당하게 이익을 얻다. ❹ (Mǎi) 名 성(姓).

【买办】mǎibàn 名 ❶ 매판(comprador; 포). 轉 매국노. ¶～资本｜매판자본. 예속자본＝〔外 康kāng白度〕〔外 刚gāng白渡〕 ❷ 매판 자본.

【买不了】mǎi·bu liǎo 動組 ❶ 살 수 없다. ¶这个价钱～｜이 가격으로는 살 수 없다＝〔买不来〕 ❷ (돈이 없어서·너무 비싸서) 살 수 없다. ¶我这穷教师的～彩电｜이 가난한 교사로서는 컬러 텔레비전을 살 수 없다＝〔买不起〕⇔〔买得起〕 ‖⇔〔买得了〕

【买不起】mǎi ·bu qǐ ⇒〔买不了②〕

【买不着】mǎi ·bu zháo 動組 사려고 해도 (물건이 없어서) 살 수 없다. ¶这本书现在～了｜이 책은 지금 사려고 해도 살 수 없다⇔〔买得着〕

【买椟还珠】mǎi dú huán zhū 成 진주함을 사고 진주를 되돌려 주다. 식견이 짧아 물건을 제대로 볼 줄 모름. 배주고 배속 빌어 먹는다. 쓸모없는 데 현혹되어 일을 그르치다. ¶他这样做法是～, 舍本逐末｜그의 이와같은 방법은 배주고 배속 빌어 먹는 격으로, 본말을 전도한 것이다＝〔得匣还珠〕

【买方】mǎifāng 名 사는 사람. 사는 쪽. ¶～关栈交货价｜〈商〉보세 창고 인도 가격. ¶～当地交货价｜〈商〉현장 인도 가격. ¶～码头交货价｜〈商〉부두 인도 가격＝〔买主(儿)〕⇔〔卖mài方〕

【买方市场】mǎifāng shìchǎng 名組〈經〉과잉 공급상태의 경제 구조. ¶现在是～占优势｜지금은 과잉 공급상태의 경제 구조가 우세를 점하고 있다⇔〔卖方市场〕

【买关节】mǎi guānjié 動組 (돈으로) 매수하다. 뇌물을 주다. 금전으로 타협하다→〔买通tōng〕

【买好(儿)】mǎi/hǎo(r) 動 비위를 맞추다. 아부하다. 아첨하다. ¶他会买人的好儿｜그는 사람들의 비위를 잘 맞춘다. ¶为要买太太的好, 买些礼物回去｜마님의 비위를 맞추기 위해, 약간의 선물을 사서 돌아가다.

【买空仓】mǎi kōngcāng 動組 方 옛날, 지주(地主)나 상인이 곡물(穀物)이 채 익기도 전에 헐값으로 사는 것＝〔买青苗〕〔放青苗〕

【买空卖空】mǎikōngmàikōng 成 ❶〈經〉공거래 하다. 금액 놀음만 하다. 공매매(空賣買)하다. ¶反对～｜공매매를 반대하다. ❷ 헛된 약속을 하다＝〔空买空卖〕〔空kōng盘①〕〔卖空买空〕〔抛pāopāo空〕 ❸喻 투기 협잡하다.

【买脸面】mǎiliǎnmiàn 動組 체면을 차리다. ¶在应当～的时候, 他会狠心的拿出钱来｜응당 체면을 차려야 할 때면, 그는 기를 쓰고 돈을 낸다《老舍·四世同堂》

【买路钱】mǎilùqián 名 ❶ 강도가 통행인으로부터 뺏는 돈[무사히 길을 가기 위해 강도에게 주는 돈을 말함] ¶快留下～｜빨리 통행세를 내 놔. ¶要～｜노상강도가 돈을 요구하다＝〔买路财〕 ❷ 장례 행렬이 길에 뿌리는 종이돈.

2【买卖】ⓐ mǎimài 動 매매하다. 사고 팔다. ¶～成局｜매매가 이루어지다. ¶～证｜매매 계약서.
ⓑ mǎi·mai 名 ❶ 장사. 매매. ¶～客人｜행상. ¶～铺儿｜점포. ¶～官｜옛날의 악덕 관리. ¶～地儿出身｜장사꾼 출신. ¶没本钱的～｜밑천 없는 장사. ¶～争毫厘｜장사는 한 푼을 다툰다. ¶～不成仁义在｜諺 거래가 성립되지 않아도 인의는 저버리지 않는다. ¶～好做, 伙计难搭｜諺 장사는 어렵지 않으나 점원을 다루기가 어렵다. ❷ 상점. 점포. ¶开了一个～｜점포를 하나 열었다.

【买卖人】mǎi·mairén 名 口 상인. ¶老朴是～, 很精通生意｜박씨는 장사꾼으로서, 사업에 매우 뛰어나다＝〔商人〕〔做买卖的〕

【买面子】mǎimiàn·zi 動組 체면을 봐주다. 체면을 봐서 융통하다. ¶不是我不买你的面子, 实在这事不好办｜내가 너의 체면을 봐주지 않은 것이 아니라, 사실 이 일은 처리하기가 쉽지 않다.

【买破烂(儿)的】mǎipòlàn(r) 名組 옛날, 넝마전(廛). 넝마를 매매하던 가게. 고물상＝〔打(小)鼓儿的〕

【买通】mǎitōng 動 (금전 등으로) 매수하다. ¶买(通)关节｜매수하여 암암리에 부탁하다. ¶～了税务所的人｜세무소 직원을 매수했다.

【买一送一】mǎi yī sòng yī 動組 하나를 사면 하나를 더 준다[광고문에 쓰임]

【买帐】mǎi/zhàng 動 ❶(상대방을) 인정〔평가〕하다. (상대방의 장점이나 능력을 인정하여) 탄복하다. 복종하다 [주로 부정적으로 쓰임] ¶他越是神气, 我们越不买他的帐 | 그가 잘난 체하면 할수록, 우리는 그를 존경하지 않는다. ¶胆敢不买老子的帐! | 감히 어르신네를 깔보다니! ❷체면을 세우다. ¶张先生在村子里有地位, 县长也要买老子的帐! | 장선생은 마을에서도 상당한 지위가 있어, 현장(縣長)도 그의 체면을 세워준다. ¶先打个电话, 看他～不～再说 | 우선 전화를 해서 그가 체면을 세워 주겠는지 어떤지를 보고 난 후 다시 이야기하자. ❸은혜에 대해 공치사하다.

【买主(儿)】mǎizhǔ(r) 名 살〔사는〕 사람. ¶～市场 | 매입 시세(市勢). ¶这批货已有了～ | 이 물건들은 이미 살 사람이 있다. ¶～资力的保证bǎozhèng | 사는 사람의 지불 능력에 대한 보증 =〔买户〕〔买家〕〔买客〕〔买方〕⇔〔卖主(儿)①〕

【荬(蕒)】mǎi 시화 매
名〈植〉시화. 이고들빼기 [담배와 흡사하게 생긴 다년초. 잎은 식용함]

mài ㄇㄞˋ

【劢(勱)】mài 힘쓸 매
書 動 힘쓰다. 노력하다. 힘차게 나아가다.

2【迈(邁)】mài 갈 매
❶動 내디디다. 활보하다. 큰 걸음으로 걷다. ¶～过门槛 | 문지방을 넘어가다. ¶一～出门就把人忘了 | 문을 나서자 곧 남의 일은 잊어버린다. ❷動 (지역이나 시기를) 뛰어넘다. 앞지르다. 초월하다. ¶～古超今 | 과거와 현재를 초월하다. ¶我的成绩chéngjì～过她去了 | 나의 성적이 그녀를 앞질렀다. ❸늙다. 노쇠하다. ¶老～ =〔年迈〕| 늙다. ❹量 外 마일(mile). ¶一个钟头走四十～ | 한 시간에 40마일을 가다 =〔英里〕〔哩〕

【迈步(儿)】mài/bù(r) 動 발걸음을 내디디다. ¶向前～ | 앞을 향해 발걸음을 내딛다. ¶不敢～ | 감히 발걸음을 내딛지 못하다 =〔迈腿tuǐ(儿)〕

【迈方步(儿)】mài fāngbù(r) 動組 (거드름을 피우며) 팔자 걸음을 걷다 [주로 옛 선비나 관리의 걸음걸이를 형용함] ¶他一个人在书房里～ | 그 혼자 서재에서 팔자 걸음을 걷고 있다 =〔迈四方步〕

【迈过】màiguò 動 ❶(가랑이를 벌리고) 넘(어가)다. 건너다. ¶一大步～沟儿去 | 큰 걸음으로 개울을 건너가다. ❷앞지르다. 능가하다.

【迈进】màijìn 動 매진하다. 돌진하다. 힘차게 앞으로 나아가다. ¶向目标mùbiāo～ | 목표를 향해 힘차게 나아가다 =〔迈往〕

【迈开】mài/kāi 動 (발을) 내디디다. 걷다. ¶～脚步 | 발걸음을 내닫다. ¶迈不开步(儿) | (발이 자유롭지 않아) 걷지 못하다. ¶～大步走 =〔迈大步〕| 성큼성큼 걷다→〔迈步(儿)〕

2【麦(麥)】mài 보리 맥
名 ❶(～子) 〈植〉맥류(麥類) [보리·귀리·호밀 등의 보리 종류] ¶大～ | 대맥. 보리. ¶裸luǒ～ | 쌀보리. ¶燕yàn～ | 귀리. ❷(～子)〈植〉밀. ¶小～ | 밀. ¶～粉fěn | 밀가루. ❸(Mài) 성(姓).

【麦茬(儿)】màichá(r) 名〈農〉❶밀·보리 그루터기. ❷밀·보리를 벤 뒤의 그루갈이. ¶～地 | 밀·보리를 베어 내고 심은 땅. 그루밭. ¶～白薯báishǔ | 그루갈이로 심은 고구마 ‖ =〔麦楂chá儿〕〔麦碴chá儿〕

【麦当劳】màidāngláo 名 外 멕도날드(McDonald) 햄버거 가게 [미국의 외식 산업체] ¶北京开了许多～ | 북경에 많은 멕도날드 햄버거 가게가 개업을 했다.

【麦地那】Màidìnà 名〈地〉메디나(Medina) [사우디아라비아 서부에 있는 이슬람교의 성지(聖地)]

【麦冬】màidōng ⇒〔麦门冬①〕

【麦蛾】mài'é 名〈蟲〉곡식나방. ¶防治fángzhì～ | 곡식나방을 방지하다.

【麦秆(儿)】màigǎn(r) 名 밀짚. 보릿짚 ¶用～编草帽儿 | 밀짚으로 모자를 엮다 =〔麦草〕

【麦管(儿)】màiguǎn(r) 名 ❶밀대. 밀짚. ❷빨대. 스트로(straw) [밀대로 만든 데서 유래] ¶用～抽汽水qìshuǐ | 빨대로 사이다를 마시다.

【麦加】Màijiā 名 ❶外〈地〉메카(Mecca) [사우디아라비아의 서부 도시. 마호메트의 탄생지로, 이슬람교의 성지(聖地)임] ❷(màijiā) 喻 문화·문명의 중심지로 동경하는 곳.

【麦角】màijiǎo 名〈藥〉맥각 [자궁 수축제·진통 촉진제·지혈제로 쓰임] ¶～毒素 | 맥각소. ¶～甾醇 | 맥각 스테롤.

【麦精】màijīng 名 맥아 엑스 =〔麦芽浸jìn膏〕

【麦克阿瑟】Màikè'āsè 名 外〈人〉맥아더(Douglas Mac Arthur, 1880～1964) [2차대전 중 미국의 육군 원수(元帥)]

【麦克风】màikèfēng 名 外 마이크로폰. 마이크. ¶播bō音小姐xiǎojiě在～前说话 | 여자 아나운서가 마이크 앞에서 말을 하다. ¶这个～坏了 | 이 마이크는 부서졌다 =〔话筒huàtǒng②〕〔微wēi音器〕

【麦口期】màikǒuqī 名 方 보릿고개. 보리가 막 익으려 해서 아직은 수확할 수 없는 시기. 단경기(端境期)

【麦浪】màilàng 名 맥랑. 바람에 흔들리는 밀이나 보리 이삭의 물결. ¶～翻滚 | 바람에 흔들린 보리 이삭의 물결이 밀려온다.

【麦粒肿】màilìzhǒng 名 俗〈醫〉다래끼. 맥립종 =〔针zhēn眼〕

【麦芒(儿)】màimáng(r) 名 보리·밀의 수염〔까끄라기〕. 맥망 =〔麦毛〕

【麦门冬】màiméndōng 名〈植〉❶맥문동 =〔麦冬〕〔爱韭jiǔ〕〔不死草〕〔忍rěn冬②〕〔凌凌líng〕〔书带草〕〔乌韭〕〔小叶麦门冬〕〔沿阶草〕〔羊韭〕〔禹yǔ韭〕 ❷맥문동이나 소엽 맥문동의 뿌리 [한약재로 쓰임] =〔阔kuò叶麦冬〕

【麦苗】màimiáo 名 밀·보리의 모종(苗種). ¶～长势zhǎngshì良好 | 밀 모종의 성장 상황이 양

호하다.

【麦纳麦】Mài nàmài 名 外 〈地〉 마나마(Manama) [「巴林」(바레인;Bahrain)의 수도]

【麦片】màipiàn 名 압맥. 납작보리 또는 누른 귀리. ¶～粥zhōu | 보리 죽.

【麦收】màishōu 名 動 밀·보리 수확(하다).

【麦穗(儿, 子)】màisuì(r·zi) 名 ❶ 밀·보리이삭. ¶金黄的～ | 금황색의 보리이삭. ❷ 털이 보리이삭처럼 더부룩하게 긴 양가죽.

【麦芽糖】màiyátáng 名 맥아당. 말토오스(maltose) [엿의 주성분] ＝[糖饴yí][饴糖]

【麦蚜(虫)】màiyá(chóng) 名 〈蟲〉 밀진딧물.

【麦蜘蛛】màizhīzhū 名 〈動〉 밀·보리에 해를 끼치는 빨간 거미 ＝[麦叶yè螨][方 红hóng蜘蛛②][方 火龙④]

【麦子】mài·zi 名 〈植〉 밀. 소맥(小麥). ¶～地(里) ＝[麦子地(儿)] | 밀밭.

1 【卖(賣)】 mài 팔 매

❶ 動 팔다. ¶～光了 | 다 팔았다. ¶贱jiàn～ | 염가 판매하다. ¶赊shē～ | 외상 판매하다 ⇔[买] ❷ 動 (조국이나 친구를) 팔아먹다. 배반하다. ¶～友求荣 | 威 친구를 팔아 영화를 구하다. ¶～国↓ ❸ 動 힘을 다하다. 힘을 아끼지 않다. ¶～力气↓ ¶～劲儿↓ ❹ 動 과시하다. 일부러 드러내 보이다. 자랑하다. ¶～功↓ ¶～弄↓ ❺ 量 京 접시. 인분 [음식점에서 요리를 세는 단위] ¶一～炒腰花 | 돼지 콩팥 볶음 일 인분. ❻ (Mài) 名 성(姓).

【卖本事】mài běn·shi 動組 ❶ 솜씨를[수완을] 과시[자랑]하다. ¶他们父女二人, 走遍江湖～ | 그들 두 부녀는 세상을 돌아다니면서 솜씨를 자랑한다. ❷ 솜씨를[수완을] 발휘하여 돈을 벌다. 재능을 팔다.

【卖不了】mài·bu liǎo 動組 (물건이 많아서) 다 안 팔리다. 팔 수 없다. 매상이 그다지 오르지 않다. 어떤 액수 이상으로 팔릴 가망이 없다. ¶货不好, 当然～ | 물건이 나쁘면 당연히 팔 수 없다 ⇔[卖得了]

【卖不着】mài·bu zháo 動組 (값이 싸서) 팔 수가 없다. (싼값으로는) 팔지 않는다. ¶出这等价, ～! | 이런 값을 낸다면 팔 수가 없다 ⇔[卖得着]

【卖唱(儿)的】màichàng(r)·de 名組 길거리나 장터에서 노래를 불러 그 돈으로 생활하는 사람. ¶她是一个～, 常在天桥tiānqiáo一带卖艺 | 그녀는 거리의 가수로서, 늘상 육교 부근에서 재능을 판다.

【卖春】màichūn 動 매음하다. 매춘하다.

【卖呆(儿)】mài/dāi(r) 動 方 ❶ (주로 여자들이 대문 밖에서) 멍청하게 바라보다. ¶她一点正经事不干, 天天吃饱了就在门口儿～ | 그녀는 정당한 일이라곤 조금도 하지 않고, 매일같이 배불리 먹고서는 문간에 서서 멍청하게 바라보고 있다. ❷ 멍해 하다. 어리둥절해 하다. 바보시늉하다. 멍청한 체하다. ¶像他这样有意～的人, 你还得防备他呢! | 그와 같이 이렇게 일부러 멍청한 체하는 사람을 너는 더욱 경계해야 돼! ❸ 구경하다. ¶～的人都笑着, 喝采, 拍手 | 구경꾼들이 다들 웃으면서 박수 갈채를 보낸다.

【卖底】mài/dǐ 動 方 고의로 비밀[내부 사정]을 누설[폭로]하다. ¶～的 | 배신자. ¶这必是有人～的 | 이는 반드시 누군가가 고의로 비밀을 누설한 것이다.

【卖恩】màiēn 動 은혜를 베풀다.

【卖方市场】màifāng shìchǎng 名組 〈經〉 수요 초과상태의 경제 구조 ⇔[买方市场]

【卖膏药】mài gāoyào 動組 ❶ 고약을 팔다. ❷ (거짓) 선전하다. ¶做～的工作 | 선전하는 일을 하다.

【卖工夫】mài gōng·fu 動組 ❶ 옛날, 머슴살이하다. 품팔이하다. ❷ 환심을 사다. 환심을 사려고 노력하다 ＝[卖好(儿)]

【卖功】mài/gōng 動 공로를 자랑하다. 자신을 내세우기를 좋아하다.

【卖狗皮膏药】mài gǒupí gāoyào 動組 엉터리 약을 팔다. 喩 듣기 좋은 말로 사람들을 속이다.

【卖瓜的说瓜甜】màiguā·de shuō guā tián 諺 참외 장수는 참외가 달다고 말한다. 轉 아전인수 ＝[卖瓜的不说瓜苦]

【卖乖】mài/guāi 動 재주를 뽐내다. 잘난 체 하다. 똑똑한 체하다. ¶得了便宜还～ | 이득을 봤다고 또 잘난 체한다.

【卖关节】mài guānjié 動組 ❶ 몰래 뇌물을 받고 이익을 제공하다. ❷ ⇒[卖关子]

【卖关子】mài guān·zi 動組 이야기꾼이 중요한 대목에서 멈추어 청중들로 하여금 조바심이 나도록 만들다. 喩 긴요한 대목에서 시치미를 떼다. ¶结果怎么样呢? 快说吧, 别～了 | 결과가 어떻게 됐니? 빨리 말해봐, 조바심 나게하지 말고 ＝[卖关节②]

【卖官鬻爵】mài guān yù jué 威 매관매직하다. (권력자가) 뇌물을 받고 관직과 작위를 팔다. ¶政治腐败, 才会有～的事儿 | 정치가 부패해지면, 매관매직하는 일이 있게 된다.

4 【卖国】mài/guó 動 나라를 팔다. ¶～行为 | 매국 행위. ¶～集团jítuán | 매국 집단. ¶～条约 | 매국 조약. ¶～主义 | 매국 주의 →[叛pàn徒][亡wáng国奴]

【卖国求荣】mài guó qiú róng 威 나라를 팔아 영달하다[영예를 구하다].

【卖国贼】màiguózéi 名 매국노.

【卖好(儿)】mài/hǎo(r) 動 수단을 부려 남의 환심을 사다. 환심을 사려고 애쓰다. ¶～讨tǎo俏 | 남의 환심을 사려고 아첨하다. ¶～行善 | 威 상대방의 환심을 사려고 좋은 일을 하다 ＝[卖工夫②]

【卖剑买牛】mài jiàn mǎi niú 威 칼을 팔아 소를 사다. ❶ 직업을 바꾸어 농사를 짓다. ❷ 개과천선하다. 잘못을 뉘우치다 ‖ ＝[卖刀dāo买犊]

【卖劲(儿)】mài/jìn(r) 動 ❶ 힘을 아끼지 않다. 힘을 다하다. 힘껏 일하다. ¶工人们干活真～ | 노동자들이 진실로 힘을 다해 일한다. ¶他工作起来好～ | 그가 일을 하면 아주 힘껏 일한다 ＝[卖力气①] ❷ (자신의 모든 것을 내놓고) 희생

하다.

【卖老】mài/lǎo 動 늙은 체하다. 노인 티를 내다. ¶倚yǐ老～ | 成 노인 티를 내다.

【卖了】mài·le 北 깨뜨렸다 [도자기 등이 실수로 인해 부서졌을 때 쓰는 말. 「碎suì了」라는 말 대신에 씀] ¶呦, 这个细瓷盘子怎么～ | 이런, 이 자기 쟁반을 어떻허다 깨뜨렸지?

【卖力气】mài/lì·qi 動組 ❶ 전심 전력하다.있는 힘을 다하다. 힘껏 일하다. ¶他做事很～ | 그는 있는 힘을 다하여 일한다 =〔卖劲(儿)①〕 ❷ 노동으로 생계를 꾸리다. 품팔이로 살아가다. ¶～的 | (막) 노동자. ¶～的活儿我不怕 | 품팔이로 살아가는 생활이 나는 두렵지 않다. ¶他以～过日子 | 그는 노동으로 생계를 꾸려간다 ‖ =〔卖力〕〔方 卖气力〕

【卖马不卖缰】mài mǎ bù mài jiāng 諺 ❶ 말은 팔아도 고삐는 팔지 않는다 [비록 소는 팔았으나, 후에 돈을 모아 다시 사겠다는 희망을 나타내는 말] ❷ 남을 돕되 나중에 자신이 곤란하지 않도록 사전에 준비하다.

【卖命】mài/mìng 動 죽을 힘을 다해 일하다. 목숨을 내걸다. 목숨을 바쳐 일하다. ¶资本家逼bī着工人们为他～ | 자본가가 노동자들을 핍박하여 그를 위해 죽을 힘을 다해 일하도록 하다. ¶我～地一冬天, 也挣zhēng不了几个钱 | 나는 한 겨울 내내 죽을 힘을 다해 일했으나 몇 푼 벌지도 못했다.

【卖弄】mài·nong 動 뽐내다. 자랑하다. 으시대다. 과시하다. 자신 만만해 하다. 드러내다. ¶～小聪明 | 조금 총명한 것을 과시하다. ¶～乖巧 =〔卖乖〕| 재주를 자랑하다. ¶别再在大伙儿跟前～ | 다시는 여러 사람들 앞에서 으시대지 마시오. ¶～殷yīn勤 | 친절함을 드러내다. ¶我将尽量地选用普通的词汇, 不故意～土语 | 나는 될 수 있는 대로 표준 어휘를 골라서 쓰지, 일부러 사투리를 쓰지는 않는다. ¶～人情 | 인정 있는 체하다 =〔卖派pài〕

【卖弄风情】mài·nong fēngqíng 成 아양을〔교태를〕 부리다. 추파를 던지다. ¶她很会～ | 그녀는 꼬리를 매우 잘 친다.

【卖破绽】mài pòzhàn 動組 (일부러) 틈〔허점〕을 보이다. 틈이 있는 체하다. ¶不是我疏神, 我这是故意卖个破绽给他 | 내가 부주의 했던 것이 아니라, 이는 내가 일부러 그에게 틈을 보인 것이다. ¶张飞卖了一个破绽, 让别人追他 | 장비는 일부러 허점을 보여, 다른 사람으로 하여금 그를 추격하게 한다.

【卖钱】mài/qián ❶ 動 팔아서 돈으로 바꾸다. 물건을 팔아 돈을 장만하다. 팔려서 돈이 되다. ¶卖好钱 | 좋은 값으로 팔리다. ¶我的表还能～ | 내 시계는 아직은 팔면 돈이 된다. ¶不用想卖我的钱 | 내 돈을 우려낼 생각을 하지 말라. ¶对不起, 今天还没～呢 | 미안해, 오늘은 아직 돈을 장만하지 못했어. ❷ (màiqián) 名 매상(금). ¶～额é | 매상고. ¶现在合作社的营业一天比一天发展, ～也一天比一天增多 | 현재 합작사의 영업은 나날이 발전하여 매상도 날로 증가하고 있다. ❸ (màiqián) 形 장사가 잘되다. 매상이 좋다. ¶老金的买卖很～ | 김씨의 장사는 매우 잘된다.

【卖俏】mài/qiào 動 ❶ 아양을〔교태를〕 부려 유혹하다 ¶她善于～, 勾引gōuyǐn男人 | 그녀는 교태를 잘부려, 남자를 유혹한다 =〔卖风流〕 ❷ 득의 만면하다.

【卖人情(儿)】mài rénqíng(r) 動組 짐짓 은혜를 베풀다. 일부러 선심〔인심〕을 쓰다. ¶今天他答应的这么痛快是故意～ | 오늘 그의 승낙이 이렇게 시원한 것은 일부러 선심을 쓰는 것이다 =〔方 卖交情〕〔卖情(面)〕

【卖傻】màishǎ 動 짐짓 바보인 체하다. 일부러 멍청하게 행동하다. ¶他喜欢～ | 그는 일부러 멍청하게 행동하는 것을 좋아한다.

【卖身】mài/shēn 動 ❶ (생활고로 인해 자신 또는 아내나 자식의) 몸을 팔다. ¶～契 | 매신 계약서. ¶～为奴 | 몸을 팔아 노예가 되다. ❷ 俗 매춘하다. ¶～为妓 | 매춘을 하여 창녀가 되다.

【卖身投靠】mài shēn tóu kào 成 (부자 혹은 세도가에게) 몸을 팔아 빌붙어 살다. 몸을 팔아 앞잡이가 되다. 꼭두각시 노릇을 하다. ¶他～反动派 | 그는 반동파에 빌붙어 산다.

【卖剩】màishèng 動 팔고 남다.

【卖完】màiwán 動 매진되다〔하다〕. ¶都～了 | 몽땅 매진되다. ¶～了菜才回家 | 요리가 매진되자 집으로 돌아왔다.

【卖笑】mài/xiào 動 (기생이) 웃음을 팔다. ¶她倚门～ | 그녀가 문에 기대어 웃음을 팔다. ¶～为生 | 웃음을 팔아 생활하다.

【卖艺】mài/yì 動 (옛날에 길거리에서 잡기·무술·곡예 등의) 기예를 팔아 생활하다. ¶～的 =〔艺人〕| 연예인. ¶在街头～ | 길거리에서 기예를 팔아 생활하다.

【卖淫】mài/yín ❶ 書 動 매음〔매춘〕하다. ¶从事～ | 매춘에 종사하다. ❷ (màiyín) 名 매음. 매춘.

【卖帐】màizhàng 動 잘못을 인정하다. ¶我当时不～, 用种种理由辩护 | 나는 그때 잘못을 인정하지 않고, 갖가지 이유를 들어 변호했다.

【卖主(儿)】màizhǔ(r) ❶ 名 매주. 파는 사람. ¶～市场 | 매주 시장. 수요가 공급보다 많아서 파는 사람이 유리한 시장 ¶跟～讨价还价 | 파는 사람과 흥정하다 =〔卖方〕〔卖户〕〔卖家〕〔卖客〕⇔〔买主(儿)〕 ❷ 動 주인을 배반하다. 주인을 팔아먹다. ¶～求荣 | 주인을 배반하여 영화를 구하다.

【卖嘴】mài/zuǐ 動 입으로만 큰소리치다. 떠벌리기만 하다. ¶革命的人不可光～ | 혁명가는 단지 입으로만 해서는 안 된다.

【卖座】màizuò ❶ 名 (극장·음식점·다방 등의) 관객〔손님〕의 정도. 매표상황. ¶～不佳jiā | 매표 상황이 좋지 않다. 장사가 좋지않다. ¶～记录 | 매표 상황 기록. ❷ 形 관객〔손님〕이 많다. 표가 잘 팔리다. ¶那齣戏可～啦 | 그 연극은 관객이 아주 많다. ¶这部片子十分～ | 이 영화는 대단히 관객이 많다. ❸ (mài/zuò) 動 입장권을 팔다. ¶～的 | 매표원.

2【脉〈脈〉】mài mò 맥 맥

Ⓐmài ❶名〈生理〉혈관. 혈맥. ¶动～｜동맥. ¶静～｜정맥. ❷名 맥박. ¶诊～｜진맥하다. ¶号～｜맥을 짚다. ❸(식물의 잎이나 곤충의 날개에 있는) 혈관 같은 조직. ¶叶～｜엽맥. ❹혈관처럼 연결·분포되어 있는 것. ¶山～｜산맥. ¶矿kuàng～｜광맥. ¶一～相承xiāngchéng｜같은 뜻이나 기풍을 계승하다.
Ⓑmò ⇒〔脉脉〕
Ⓐmài
【脉案】màiàn 名〈漢醫〉진단서(診斷書).
【脉波】màibō 名〈電算〉펄스(pulse). ¶～期间｜펄스폭(幅)
4【脉搏】màibó 名〈醫〉맥박. ¶～计｜맥박 측정기. ¶她母亲的～很正常, 不会有什么大病bìng的｜그녀의 어머니의 맥박은 지극히 정상이어서, 무슨 큰 병은 없는것 같다. ¶～不定｜맥박이 일정하지 않다. ¶她的～每分钟一百次cì｜그녀의 맥박은 매분 1백 회이다 =〔簡 脉②〕〔脉道〕〔脉息〕
【脉冲】màichōng 名❶〈電氣〉펄스(pulse) ［전파·음향 등의 순간 파동. 전압·전류 등의 급격한 변동 파동］ ¶～电话｜펄스 방식 전화. ¶～雷达léidá｜펄스 레이다(radar). ❷변화하는 규칙이 펄스와 같은 현상. ¶～激jī光器｜펄스 레이저(laser)
【脉动】màidòng 名❶〈生理〉맥동. 고동. ❷〈電氣〉(기계·전류 등의) 주기적인 운동이나 변화. ¶～式喷气发动机｜펄스 제트 엔진(pulsejet engine).
【脉动电流】màidòng diànliú 名組〈電氣〉맥동 전류. 충격 전류 =〔脉冲chōng电流〕
【脉动星】màidòngxīng 名〈天〉맥동성.
【脉络】màiluò 名❶〈漢醫〉맥락. 동맥·정맥 등 혈관의 통칭. ¶人体全身都有～分布｜인체의 전신에는 모두 혈관이 분포되어 있다. ❷(말이나 문장 등의) 맥락. 조리(條理). 두서(頭緖). ¶这篇论文结构严谨, ～分明｜이 논문은 구성이 치밀하고, 조리가 분명하다.
【脉络膜】màiluòmó 名〈生理〉맥락막.
【脉息】màixī ⇒〔脉搏bó〕
【脉象】màixiàng 名〈漢醫〉맥의 상태. 병세. ¶危险～｜위험한 병세.
Ⓑmò
【脉脉】mòmò 貶 묵묵히 정을 나타내다. 은근히 정을 표시하다. ¶她～地注视zhùshì着远去的孩子们｜그녀는 멀리 떠나가는 아이들을 묵묵히 정을 품고 주시하고 있다. ¶～含hán情｜은근한 정을 품다.

mān ㄇㄢ

【颟(顢)】mān 얼굴클 만
⇒〔颟顸〕
【颟顸】mān·hān 形 멍청하다. 어리숙하다. 사리에 밝지 못하다. ¶糊涂～｜흐리멍텅하다. ¶那人太～, 什么事都做不好｜저 사람은 너무나 멍청해서 어떤 일도 잘 하지 못한다 =〔颟里颟顸〕〔颟颟顸顸〕

mán ㄇㄢˊ

【埋】mán ☞ 埋 mái Ⓑ
4【蛮(蠻)】mán 오랑캐 만
❶形 거칠다. 난폭하다. 야만스럽다. 사리에 맞지 않다. ¶～不讲理↓ ¶～劲不少｜엉뚱한 데가 많다. ❷(～子) 名 고대(古代), 남방 민족을 지칭하는 말. ❸副 方 매우. 아주. 대단히. ¶～好｜아주 좋다. ¶～高兴｜대단히 즐겁다 =〔满mǎn⑦〕
【蛮不讲理】mán bù jiǎng lǐ 威 경우없이 놀다. 사리분별을 못하다. 막무가내로 행동하다. ¶太不像话了, 这真～!｜전혀 말도 안돼, 이거 정말 사리를 분별하지 못하는군! =〔蛮而无理〕〔满不讲理〕
【蛮缠】mánchán 動 생떼를 쓰며 늘어붙다. 억지세우다. 억지를 쓰다.
【蛮干】mángàn 動 무리하게 하다. 무모하게 하다. 무턱대고 하다. 억지로 하다. ¶那纯粹是～｜그것은 그야말로 무모한 것이다. ¶～不行, 得动脑筋nǎojīn找窍门｜무리해서 하면 안돼, 머리를 써서 비결을 찾아야지.
【蛮悍】mánhàn 形 몹시 사납고 난폭하다. ¶此人～, 躲开点儿｜이 사람이 몹시 사납고 난폭하여, 다소 피한다.
【蛮横】mánhèng 形 (태도가) 무지막지하다. 난폭하다. ¶～地拒绝合理建议｜합리적인 건의를 무지막지하게 거절하다.
【蛮荒】mán huāng ❶貶 황량하고 쓸쓸하다. 냉혹하다. ¶～时代｜냉혹의 시대. ❷書 名 불모지대. 벽지(僻地). 오지. ¶历险阻, 入～｜험악한 길을 거쳐, 벽지로 들어갔다.
【谩】mán ☞ 谩 màn Ⓑ
【蔓】mán ☞ 蔓 wàn Ⓒ
2【馒(饅)】mán 만두 만
⇒〔馒顶〕〔馒首〕〔馒头〕
【馒顶】mándǐng 名 무덤.
【馒首】mánshǒu ⇒〔馒头①〕
2【馒头】mán·tou 名❶〈食〉만두. 찐빵 ［소가 없는 것을 말함］=〔書 馒首〕〔笼lóng饼〕〔方 馍馍mó·mo〕〔方 蒸zhēng馍〕❷方〈食〉(소가 들어 있는) 만두 =〔包bāo子①〕❸轉 俗 유방.
【鬘】mán 아름다울 만, 만화 만
❶書 形 머리카락이 아름답다. ❷⇒〔华huá鬘〕
【鬘华】mánhuá 名〈植〉만화 ［자스민과 비슷한 꽃나무］
【鳗(鰻)】mán 뱀장어 만
名〈魚貝〉뱀장어 =〔鳗鲡lí〕
【鳗鲡】mánlí 名〈魚貝〉뱀장어 =〔鳗(鱼)〕〔鳗鳝shàn〕〔白鳗〕〔白鳝〕〔河鳗〕〔鳝鱼〕
3【瞒(瞞)】mán 속일 만
動 숨기다. 감추다. 속이다. ¶欺～｜기만하다. ¶不～你说｜사실대로 말하자

면 =〔谩mán〕

【瞒不过】mán ·bu guò 動組 속여 넘길 수 없다. 숨길 수 없다 ¶这事～朴小姐 | 이 일은 미스 박을 속여 넘길 수 없다 ⇔〔瞒得过〕

【瞒产】mán/chǎn 動 실제의 생산량을 숨기다〔속이다〕. 재산을 감추다〔숨기다〕. ¶企图～ | 재산을 감추려고 시도하다.

【瞒得住人, 瞒不过天】mán·dezhù rén, mán·buguò tiān 諺 사람은 속일 수 있어도 하늘은 속일 수 없다.

【瞒哄】mánhǒng 動 속이다. ¶这件事已～不了了 | 이 일은 이미 속일 수가 없게 되었다 =〔瞒骗piàn〕〔欺qī骗〕

【瞒混】mánhùn 動 (슬쩍·얼렁뚱땅) 속여 넘기다. ¶事情～不住了 | 일을 얼렁뚱땅 속여 넘길 수 없게 되었다 =〔瞒昧mèi〕

【瞒上欺下】mán shàng qī xià 成 윗사람을 속이고 아랫사람을 업신여긴다 =〔瞒上压下〕

【瞒天过海】mán tiān guò hǎi 成 속임수를 써서 고비를 넘기다. ¶他设下了～之计 | 그는 속임수를 쓰는 계략을 세웠다.

【瞒心昧己】mán xīn mèi jǐ 成 양심을 속이다. 양심을 속이고 나쁜 짓을 하다. ¶他干出这种～的事来了 | 그는 이런 양심을 속이는 일을 해왔다.

【瞒着】mán·zhe 動 속이다. 거짓말을 하다. 숨기다. ¶做事～人 | 나쁜 일을 해 놓고 속이다.

【鞔】mán 맬 만
書 ❶ 名 신끈 =〔鞋带〕❷ 動 가죽을 펼쳐 매다. ¶～鼓 | 북에 가죽을 매다. ❸ 動 천이나 가죽을 물건에 덧대다.

mǎn ㄇㄢˇ

1【满(滿)】mǎn 찰 만
❶ 形 가득하다. 꽉 차다. ¶会场里人都～了 | 회의장에 사람이 가득 찼다. ¶装～了一车 | 한 차 가득 실었다. ¶客～ | 만원. ❷ 動 轉 가득하게 하다. 가득 채우다. ¶～上这一杯吧! | 이 잔을 가득 채워라! ❸ 動 轉 일정한 기한에 다다르다. 만기가 되다. 일정한 한도에 이르다. ¶假期已～ | 휴가는 이미 끝났다. ¶不～一年 | 일년이 못된다. ❹ 形 온통. 전부. ¶～口答应 | 쾌히 승낙하다. ¶～身是汗 | 온몸이 땀이다. ❺ 形 만족하다. ¶～意↓ ¶心～意足 | 成 매우 흡족해 하다. ❻ 교만하다. 거만하다. ¶自～ | 자만하다. ❼ 副 方 대단히. 굉장히. 퍽 =〔蛮mán③〕 ❽ 副 전연. 전혀. 어법 부정의 뜻을 강조함. ¶～不是那么回事 | 전혀 그런 일이 아니다. ❾ (Mǎn) 名 簡 〈民〉 만주족(滿洲族). 만주(滿洲) ❿ (Mǎn) 名 성(姓).

【满把抓】mǎnbǎ zhuā 動組 ❶ (무엇이나) 혼자서 차지하다. ¶钞票chāopiào～ | 돈을 혼자 차지하다. ❷ 아무 것에나 손을 내밀다〔대다〕. ❸ 손 가득히 쥐다.

【满不在乎】mǎn bù zài ·hu 成 조금도 마음에 두지 않다. 전혀 개의치 않는다. ¶在钱上～ | 돈에 있어서는 조금도 걱정 않는다. ¶别人怎么说都～ | 다른 사람이 무슨 말을 해도 전혀 개의치 않는다. ¶装出一付～的样子 | 조금도 신경쓰지 않는 태도를 하다. ¶别人都在替他着急, 他却～, 就跟没事儿一样 | 남들은 모두 그 때문에 걱정하고 있는데, 그는 오히려 전혀 개의치 않고 아무 일도 없는 듯한다 =〔满不介意〕

【满场飞】mǎnchǎngfēi 喩 크게 활약하다. ¶回复当年～的姿态zītài | 왕년에 크게 활약하던 모습을 되찾다.

【满城风雨】mǎn chéng fēng yǔ 成 (주로 나쁜 소문으로 하여) 의론이 분분하다. 소문이 자자하다. 여기저기서 쑥덕거리다. ¶这事已闹得～ | 이 일은 이미 소문이 자자하다. ¶各种的谣言搅得～, 人心惶惶 | 여러가지 소문이 곳곳에 퍼져서, 인심이 흉흉하다. ¶他们闹恋爱弄得～ | 그들이 염문을 일으켜 소문이 자자하다.

【满打满包】mǎn dǎ mǎn bāo 成 몽땅〔충분히〕 계산에 넣다. 이것저것을 다 따지다. ¶～也不过这几个钱 | 몽땅 다 계산에 넣어도 돈은 겨우 이 정도다 =〔满打满算〕

【满打满算】mǎn dǎ mǎn suàn ⇒〔满打满包〕

【满登登】mǎndēngdēng 狀 口 가득하다. 꽉 차다. 그득하다. ¶今年收shōu成好, 仓库cāngkù里粮食liángshí装zhuāng得～的 | 올해는 수확이 좋아 창고에 양식이 꽉 차있다 =〔满满登登〕

【满地里】mǎndì·li ⇒〔满地(下)〕

【满地(下)】mǎndì(·xia) 名 온 대지. 온 땅. 일대. 온데. 땅바닥 여기저기. ¶这儿～是青草 | 이 곳은 온 대지가 푸른 풀이다. ¶～是花儿 | 땅바닥 여기저기가 다 꽃이다 =〔满地里〕

【满肚子】mǎndù·zi 數 量 뱃속에 가득하다. ¶～的委曲说不出来 | 뱃속 가득한 불평을 말할 수 없다.

【满额】mǎn/é 動 액수(額數)가 차다. 정원(定員)이 차다. 만원(滿員)이 되다. ¶我们学校今年招生已经～ | 금년 우리 학교의 신입생은 이미 정원이 찼다. ¶申请的人数已达到～了 | 신청한 사람 수가 이미 만원이 되었다 =〔额满〕

【满分(儿)】mǎnfēn(r) 名 만점(滿點). ¶得dé～ | 만점을 받다. ¶给～ | 만점을 주다.

【满服】mǎn/fú 動 상복입는 기한이 끝나다 =〔满孝〕〔服竟〕〔服满〕〔孝满〕

【满腹】mǎnfù 書 數 量 뱃속에 가득하다. 마음(속)에 가득차다. ¶～心事 | 근심으로 가득차다. ¶～疑云 | 의심스러운 생각으로 가득차다. ¶～文章 | 생각〔사색〕으로 가득차다.

【满腹经纶】mǎn fù jīng lún 成 한가슴 가득 경륜을 품었다. 속에 든 것이 많다. 喩 정치적 재능이 있다. 학식과 재능이 대단하다. ¶他～, 才学出众 | 그는 가슴 가득 경륜을 지녀, 재주와 학식이 출중하다.

【满腹牢骚】mǎn fù láo sāo 成 불평 불만으로 가득하다. ¶他好像受了很多委屈, 常常～ | 그는 마치 많은 수모를 당한 듯 언제나 불평 불만으로 가득차있다.

【满腹疑团】mǎn fù yí tuán 成 의심으로 가득차다.

【满腹珠玑】mǎn fù zhū jī 成 속에 주옥같은 글이 가득 들어차다. 글짓기에 능란하다.

M

【满谷满坑】mǎn gǔ mǎn kēng 成 (수량이 너무 많아) 곳곳에 꽉 들어차다 =〔满坑满谷〕

【满汉】Mǎn Hàn 名 만주족과 한족. ¶~通婚 | 만주인과 한인의 통혼(通婚).

【满汉全席】Mǎn Hàn quánxí 名組 ❶ 만주풍(满洲風)의 요리와 한족풍(漢族風)의 요리를 함께 갖춘 호화 연회석. ❷ 청대(清代) 궁중에서 가장 풍성하고 중요한 연회 [황제·공주의 결혼이나 황제·황태후 등의 생일에 거행됨]

4【满怀】mǎnhuái ❶ 動 (원한·기쁨 등이) 가슴에 꽉 차다. 가슴에 맺히다. ¶~信心 | 成 자신만만하다. ¶~喜悦 | 희열이 가슴에 가득하다. ¶~着对战友的深情 | 전우에 대한 깊은 우정이 가슴 속에 가득하다. ¶~胜利的信心 | 마음 속에 승리의 자신감이 넘치다. ¶~着对敌人的深仇大恨 | 적에 대한 깊은 적개심을 가슴 가득 품고 있다. ❷ 名 가슴통. 가슴의 앞쪽 전부. ¶同他撞zhuàng了一个~ | 그와 정면으로 부딪쳤다. ❸ 動 (가축이) 새끼를 배다.

【满坑满谷】mǎn kēng mǎn gǔ ⇒〔满谷满坑〕

【满脸】mǎnliǎn ⇒〔满面miàn〕

【满脸花】mǎnliǎnhuā 狀 (맞거나 넘어져) 온 얼굴이 피투성이다. 코피가 나고 얼굴이 시퍼렇게 부어오르다. ¶被打得~ | 맞아서 온 얼굴이 피투성이다.

【满满当当】mǎn·mandāngdāng 狀 回 가득 가득하다. 가득차다. ¶山货~地装了一车 | 산물이 차 한대 가득 실려 있다. ¶屋里客人挤得~的 | 방안에 손님들이 빽빽히 들어차 있다 =〔满满堂堂〕

【满满实实】mǎn·manshíshí 狀 回 빽빽하다. 꽉 차다. 넘쳐나다. ¶箩筐luókuāng里的花生装得~的 | 광주리에 땅콩이 가득차 있다.

【满满堂堂】mǎnmǎntángtáng ⇒〔满满当当〕

【满门】mǎnmén 名 한 집안. 온 집안. 일가(一家). ¶~连累lěi | 온 집안이 연루되었다. ¶~抄斩chāozhǎn | 成 온 집안이 도륙(屠戮) 당하다.

【满面】mǎnmiàn 書 名 만면. 온 얼굴. ¶泪流~ | 온 얼굴에 눈물이 흐르다. ¶~红光 | 건강한 얼굴 =〔满脸liǎn〕

【满面春风】mǎn miàn chūn fēng 成 만면에 웃음을 띠다. 희색이 만연하다. ¶她认识小张后,最近~ | 그녀가 장군을 알고난 후, 최근에는 온 얼굴에 웃음을 띤다 =〔满脸春风〕〔满面生春〕〔满面笑容〕〔春风满面〕〔笑容满面〕

【满目】mǎnmù 名 만목. 눈에 보이는 것 모두. ¶~凄凉 | 成 눈에 보이는 것이 모두 처량하다. ¶琳琅~ | 成 눈에 띄는 것이 모두 아름답고 진귀한 것들 뿐이다.

【满脑子】mǎnnǎo·zi 數 量 머릿속이 꽉 차 있음. ¶~黄金万能思想 | 황금 만능 사상으로 머릿속이 꽉 차 있다.

【满拧】mǎnnǐng 動 京 완전히 빗나가다〔어긋나다〕. 잘못되다. 틀리다. ¶他传错一句话不要紧,事儿~了 | 그가 한마디 잘못 전한 것은 괜찮지만 일은 완전히 잘못되어 버렸다.

【满瓶不响, 半瓶叮当】mǎnpíng bùxiǎng, bànpíng dīngdāng 諺 가득 들어 있는 병에서는 소리가 나지 않는데, 반 밖에 채워지지 않은 병에서 소리가 난다. 빈 수레가 더 요란하다 =〔整瓶子不动, 半瓶子摇〕

【满七】mǎn/qī 動 (사람이 죽은지) 만 49일이 되다. ¶他死了~了 | 그가 죽은지 만 49일이 되었다.

3【满腔】mǎnqiāng 數 量 가슴 속에 가득 참. ¶~怒火 | 成 가슴 가득한 분노. ¶~热忱rèchén | 가슴 가득한 열정. ¶他~希望地说 | 그는 가슴 가득 희망을 품고 말한다.

【满山遍野】mǎn shān biàn yě 成 산야에 가득하다. 산과 들에 가득히 덮여 있다. ¶~的金达莱 | 산야에 가득한 진달래.

【满身】mǎnshēn 數 量 온몸. 전신(全身). 만신. ¶~油泥 | 전신이 기름 투성이다. ¶~鲜血 | 成 온몸에 선혈이 낭자하다. ¶~是汗 | 온몸이 땀 투성이다.

【满师】mǎn/shī 動 도제(徒弟)의 견습 기간이 차다〔끝나다〕. ¶学徒三年~ | 견습 도제는 3년이면 견습 기간이 끝난다. ¶他~以后就一个人干 | 그가 견습기간 이후에 혼자서 일을 한다 =〔满徒tú〕〔学满〕

【满世界】mǎnshì·jie ⇒〔满市街〕

【满市街】mǎnshì·jie 名 副 方 도처에. 가는 곳마다. 여기저기. ¶你这孩子在家干点儿什么不好,~瞎跑么 | 너 이자식 집에서 뭘 잘못했길래 이곳저곳을 쓸데없이 돌아다니느냐? =〔满世界〕〔饶ráo市街〕

【满堂灌】mǎntángguàn 動 貶 주입식 위주의 교육 방법. ¶教学方法应采取启发式而不要~ | 가르치는 방법은 반드시 깨우쳐 줘야지 주입식으로 해서는 안된다.

【满堂红】mǎntánghóng ❶ 名 경사스러운 날에 집 앞에 장식한 색견(色絹)·각등(角燈)·대촉대(大燭臺) 등. ❷ 전면적인 승리(를 거두다). 도처에서의 대성황(을 이루다). ¶第一天就创了个~ | 첫날에 대성황을 이루었다. ¶今年我们公司是~, 样样指标都提前完成了 | 올해 우리 회사는 전면적인 성공을 거두었는데, 갖가지 목표가 모두 앞당겨 완성되었다. ❸ 轉 전체 성원이 다 훌륭하다. 하나도 빠짐없이 다 우수하다. ❹ 名 〈植〉 백일홍 =〔紫zǐ薇〕〔百日红〕

【满天】mǎntiān 數 量 온 하늘. ¶~的星星 | 온 하늘 가득한 별. ¶乌云~ | 먹구름이 하늘에 가득하다.

【满天飞】mǎntiānfēi 動 마구 뛰어다니다. 이리저리 돌아다니다. ¶他这人~, 让我到哪儿去找? | 그 사람이 이리저리 돌아다니는데, 내가 어디가서 찾으란 말인가?

【满头大汗】mǎntóu dàhàn 狀 온 얼굴이 땀으로 젖다. 땀으로 범벅이 되다.

【满心】mǎnxīn ❶ 副 진심으로. 충심으로. ¶~欢喜 | 진심으로 기뻐하다. ¶她倒是~愿意的 | 그녀는 오히려 진심으로 바라고 있다. ❷ 動 마음에 꽉 차다. ¶感到~欢喜 | 더 없는 기쁨을 느끼다.

【满眼】mǎnyǎn 狀 ❶ 눈에 가득차다. ¶热泪~ | 뜨거운 눈물이 눈에 가득차다. ¶~是眼泪 | 눈

에 가득한 것은 눈물. ¶他一连两夜没有睡，～都是红丝｜그는 이틀밤이나 잠자지 못해 온 눈에 핏발이 섰다. ❷시야에 가득하다. ¶走到山腰，看见～的梅花｜산 허리에 이르니 매화꽃이 눈에 가득하다.

1【满意】mǎn/yì ❶形 만족하다. 만족스럽다. ¶～的价钱｜만족스런 가격. ¶亦有不～处｜역시 만족스럽지 못한 점이 있다. ¶现出～的笑容｜만족스러운 웃음을 띄다. ¶这个条件你就～吗?｜이 조건에 너는 만족하니? ❷書動 결의(결심)하다. ¶君～杀之乎｜그대는 살해할 결심을 했는가.

【满员】mǎn/yuán ❶動 규정된 인원이 다 차다. 만원이 되다. ¶二号车厢已经～｜2호차는 이미 만원이 되었다. ❷(mǎn-yuán) 名 청대(清代) 만주족 출신의 관리.

4【满月】mǎnyuè 動名 ❶보름달. 만월. 영월(盈月). ❷(출생 후) 만 한달. ¶办～｜어린 아이의 생후 1개월 축하 잔치를 하다. ¶孩子明天就～了｜어린애가 내일이면 한 달이 된다→〔弥mí月②〕〔双满月〕

【满载】mǎnzài 動 ❶만재하다. 가득 싣다. ¶一辆～商品的卡车｜상품을 가득 실은 트럭. ❷(기기나 설비등이) 규정 작업 조건〔부하, 하중〕하에서 작업하다.

【满载而归】mǎn zài ér guī 成 ❶(물건을) 가득 싣고 돌아오다. ¶从娘家～｜신부 집에서 물건을 가득 싣고 돌아오다. ❷큰 수확을〔성과를〕거두고 돌아오다.

【满招损，谦受益】mǎn zhāo sǔn, qiān shòu yì 成 거만하면 손해를 보고, 겸손하면 이익을 본다. ¶谨记～｜거만하면 손해 보고, 겸손하면 이익 본다는 것을 삼가 기억하다.

【满洲】Mǎnzhōu 名 ❶〈民〉만주족. ❷〈地〉만주.

2【满足】mǎnzú 動 ❶…에 만족하다. ¶～于现状xiànzhuàng｜현상에 만족하다. ¶他从不～于已有的成绩chéngjì｜그는 여태 기존의 성과에 만족해보지 않았다. ❷만족시키다. ¶提高生产shēngchǎn，～人民的需要｜생산을 제고하여, 국민의 수요를 만족시키다. ❸족하다. 충분하다. 넉넉하다. ¶有多少也不～｜얼마가 있어도 넉넉하지 않다.

【满族】Mǎnzú 名〈民〉만주족.

【满嘴】mǎnzuǐ 副 轉 말하는 것은 모두. 하는 말이 모두 다. 말끝마다. ¶～胡说＝〔满嘴里胡说〕〔满嘴里跑舌头〕〔满嘴喷粪〕｜成 말하는 것 모두가 엉터리이다. ¶～起泡｜입안 가득 거품을 품었다. ¶～(的)仁义rényì道德dàodé，一肚子(的)男盗女娼｜諺 말끝마다 인의도덕을 외치지만, 뱃속은 마치 도둑이나 창부의 마음으로 가득 차다.

【满座(儿)】mǎn/zuò(r) ❶動(극장 등 공공 장소의) 좌석이 꽉 차다. 만원이 되다. ¶这个剧演了一个月，场场～｜이 연극은 1개월을 상영했는데, 매회(每回) 만원이다＝〔客满〕❷(mǎnzuò(r)) 名 장내에 꽉 찬 청중〔관객〕. ¶～的各位!｜장내 가득하신 여러분!

【螨(蟎)】mǎn 진드기 만
名〈蟲〉진드기〔절지동물의 하나〕

màn ㄇㄢˋ

【曼】màn 길 만, 아름다울 만
❶부드러운. 유연한. 아름다운. ¶～舞｜유연한 춤. ❷길게 뽑다. 길게 늘이다. ¶～延↓ ¶～声↓ ❸음역에 쓰임. ¶～谷↓

【曼德琳】màndélín 名 外〈音〉만돌린＝〔曼度林(琴)〕〔曼多林(琴)〕〔曼特林(琴)〕〔曼陀林〕〔曼陀铃(琴)〕〔俗 瓢琴piáoqín〕〔俗 洋琵琶〕

【曼谷】Màngǔ 名 外〈地〉방콕(Bangkok) 〔「泰国」(태국;Thailand)의 수도〕＝〔盘pán谷①〕

【曼妙】mànmiào 書 形(춤추는 모습이) 부드럽고 아름답다. ¶～的舞态｜아름다운 춤추는 모습.

【曼声】mànshēng 貶 ❶목소리를 길게 뽑다. ¶一面走，一面～地唱着｜걸으면서 목소리를 길게 뽑아 노래 부른다. ❷목소리를 부드럽게 하다. ¶他～说，「是不是还赌帐?」｜그는 목소리를 부드럽게하여,「노름빚을 갚을 것이냐」고 물었다.

【曼荼罗】màntúluó 名〈佛〉만다라(Mandāla; 범).

【曼陀林】màntuólín ⇒〔曼德琳〕

【曼陀铃】màntuólíng⇒〔曼德琳〕

【曼陀罗】màntuóluó 名〈植〉흰독말풀.

【曼延】mànyán 動 ❶줄줄이 이어지다. 길게 늘어지다. ¶沙漠一直～到遥远yáoyuǎn的天边｜사막이 아득히 먼 하늘 끝까지 이어져 있다. ❷만연하다. 흩어지다. 퍼지다 ‖＝〔曼衍yǎn〕〔漫màn延〕〔漫衍〕〔衍曼〕

【曼衍】mànyǎn ⇒〔曼延〕

【谩(謾)】mànmán 업신여길 만, 속일 만

Ⓐmàn ❶깔보다. 업신여기다. ¶～语｜깔보는 말. ❷함부로. ¶～骂mà｜조소하다. 경멸하다.

Ⓑmán 動 속이다. 기만하다. 감추다. ¶～天～地｜하늘과 땅을 속이다. ¶你满口～语，谁也不能相信你｜너는 늘상 거짓말을 하니, 누구도 너를 믿을 수 없다＝〔瞒mán〕

Ⓐmàn

【谩骂】mànmà 動 경멸하다. 매도하다. ¶～和捏造niēzào并不能代替历史｜매도와 날조가 결코 역사를 바꿀 수 없다.

Ⓑmán

【谩上欺下】mán shàng qī xià ⇒〔瞒上欺下〕

【墁】màn 깔 만, 바를 만, 칠할 만
❶動(벽돌·돌 등을) 땅에 깔다. ¶～砖zhuān｜벽돌을 깔다. ❷書 動(벽에) 칠을 하다. ❸「镘」과 통용⇒〔镘màn〕

【幔】màn 장막 만
(～子) 名 만막(幔幕). 방에 치는 칸막이＝〔幔帐〕¶窗～｜커튼→〔窗chuāng帘〕

【幔帐】mànzhàng 名 막(幕). 커튼.

【幔子】màn·zi 名 方 막. 장막. 커튼

1【慢】màn 느릴 만, 게으를 만
❶形(속도가) 늦다. (동작이)느리다.

¶我的表～五分钟 | 내 시계는 5분이 늦다 ⇔〔快kuài〕 ❷動 늦추다. 미루다. 기다리다. ¶且～ | 잠시 기다려라. ¶～着步儿走! | 걸음을 늦춰라. ¶请你～夸kuā口 | 허풍 좀 떨지 마세요. ❸ 태도가 냉담하다. 쌀쌀하다. 예의가 없다. ¶傲ào～ | 오만하다. ¶怠dài～ | 태만하다. ¶侮wǔ～ | 업신여기다.

【慢板】mànbǎn 名〈音〉느린 박자. 슬로우 템포 →〔板眼①〕

【慢步】mànbù 名〈軍〉상보(常步). ¶～走 | 상보로 걷다.

【慢车】mànchē 名 완행 (열)차. ¶别乘～ | 완행열차를 타지 마라→〔快kuài车〕

【慢词】màncí 名 만사. 편폭(篇幅)이 길고 곡조가 느린 사(詞).

【慢动作】màndòngzuò 名〈撮〉슬로 모션(slow motion). 「急速摄影」(고속 촬영) 필름을 보통 속도로 영사하는 느린 동작 =〔慢镜jìng头〕

【慢工出巧匠】màngōng chū qiǎojiàng 諺 일을 천천히 (꼼꼼하게) 해야 정교한 작품이 나온다 =〔慢工出细活〕

【慢工出细活】màngōng chū xìhuó ⇒〔慢工出巧匠〕

【慢化剂】mànhuàjì ⇒〔减jiǎn速剂〕

【慢火】mànhuǒ 名 약한 불. ¶炖dùn牛肉要用～ | 쇠고기를 삶을 때는 약한 불을 써야 한다 ¶～熬āo鱼头 | 약한 불에 고기대가리를 볶다 =〔文wén火〕

【慢劲儿】mànjìnr 名 느린 상태〔정도〕. ¶你瞧这个～, 快一点儿不行吗? | 너 굼뜬 꼴좀 봐라, 좀 빨리 할 수 없어?

【慢惊(风)】mànjīng(fēng) 名〈漢醫〉만경풍. ¶她得了～ | 그녀는 만경풍에 걸렸다.

【慢慢(儿)】mànmàn(r) 又 mànmān(r)) 狀 천천히. 느릿느릿. 차츰. ¶～来 | 천천히 해. ¶他干什么都是～的 | 그는 무엇을 해도 느릿느릿하다. ¶～(地)走 | 천천히 걷다. ¶～(地)就好了 | 차츰 좋아졌다. ¶火车～(地)驶进了车站 | 기차가 천천히 역으로 들어 왔다. ¶他～会想通的 | 그는 점차 납득할 것이다.

【慢慢腾腾】màn·mantēngtēng 狀 느릿느릿하다. 서서히 하다. ¶车子在道上晃huǎng晃悠yōu悠, ～地走着 | 차가 길에서 흔들거리며, 천천히 가고 있다 =〔慢慢吞吞〕

【慢坡(儿)】mànpō(r) 名 경사가 완만한 비탈 =〔小坡(儿)〕

【慢球】mànqiú 名〈體〉(야구의) 슬로우 볼

【慢声】mànshēng 名 (말할 때의) 느린 어조. ¶老师沉吟了片刻, ～地说 | 선생님은 잠시 생각에 잠겨 있다가 느린 어조로 말했다. ¶～慢气 | 느린 말투.

【慢手慢脚】màn shǒu màn jiǎo 國 동작·일하는 것이 느리다〔굼뜨다〕. ¶她～地洗衣服, 擦桌子 | 그녀는 느릿느릿 옷을 빨고, 탁자를 닦다.

【慢说】mànshuō 連 …는〔은〕 말할 것도 없고.…는〔은〕 그만두고라도. ¶这种动物, ～国内少有, 在全世界也不多 | 이런 동물은 국내에 적은 것은 말할 것도 없고 전 세계적으로도 많지 않다. ¶他讲故事, ～孩子, 连大人都爱听 | 그가 이야기를 하면, 아이들은 물론 어른들마저도 모두 즐겨 듣는다 =〔慢道〕〔慢讲jiǎng〕〔漫道〕〔漫说〕〔别说〕

【慢腾腾】màntēngtēng 狀 꾸물거리다. 느리다. 지둔하다. ¶这样～地走, 什么时候才能走到呢 | 이렇게 꾸물대며 걸어서야, 언제 도착할 수 있겠느냐 =〔慢吞吞tūn〕

【慢条斯理(儿)】màntiáo sīlǐ(r) 狀 태연자약하다. 침착하다. 느릿느릿하다. 꾸물대다. ¶～把事都办了 | 침착하게 일을 모두 끝냈다 =〔慢腾téng斯礼〕

【慢吞吞】màntūntūn ⇒〔慢腾腾〕

【慢行】mànxíng 動 ❶ 서행(徐行)하다. ¶叉路～! | 교차로 서행! ¶施工地段, 汽车～! | 공사 지역 내 자동차 서행! ¶～路 | 저속 차선(低速車線). ❷ 천천히 걷다.

4【慢性】mànxìng ❶ 區 만성의. ¶～胃炎 | 만성 위염. ¶～毒药 | 독이 천천히 퍼지는 독약. ¶～病 | 만성병. ❷⇒〔慢性子〕

【慢性子】mànxìng·zi ❶ 形 (성미가) 굼뜨다. ❷ 名 굼벵이. 행동·동작이 느린 사람 ¶他是天生的～ | 그는 타고난 굼벵이이다. ‖ =〔慢性②〕

【慢悠悠】mànyōuyōu 狀 느릿느릿하다. 어슬렁거리다. 어물거리다 =〔慢慢悠悠〕

【慢着】màn·zhe 動 천천히 하다. 그만하다. 가만! 잠깐! ¶～点儿走! | 좀 천천히 걸어라!

【慢走】mànzǒu ❶ 動 천천히 걷다. ❷ 套 안녕히 가세요. 살펴 가세요 [손님을 배웅할 때 하는 말] ¶～! ～! | 안녕히 가세요!

3【漫】màn 넘칠 만, 함부로 만
❶ 動 물이 넘치다. 범람하다. 물에 잠기다. ¶河水～出来了 | 강물이 넘쳤다. ¶水不深, 只～到脚面 | 물이 얕아서 발등까지 잠길 뿐이다. ❷ 動 온통 꽉 차다. 충만하다. ¶大雾～天 | 안개가 온 하늘에 자욱하다. ¶～山遍野↓ ❸ 제한이나 구속이 없다. 마음대로 하다. ¶～谈↓

【漫笔】mànbǐ 名 만필. 수필(隨筆) =〔漫记②〕

【漫波】mànbō 名 外〈舞〉맘보 =〔曼波〕

【漫不经心】màn bù jīng xīn 國 전혀 아랑곳하지 않다. 조금도 마음에 두지 않다. ¶对子女的品行～ | 자녀의 품행에 대하여 전혀 신경을 쓰지 않다. ¶做事～是容易出错的 | 일을 할 때 신경쓰지 않으면 잘못 되기 쉽다 =〔漫不经意yì〕

【漫不经意】màn bù jīng yì ⇒〔漫不经心〕

【漫步】mànbù 動 한가롭게 거닐다. 발길 닿는 대로 걷다. ¶～在林荫小径 | 숲속의 그늘진 오솔길을 한가로이 거닐다.

3【漫长】màncháng 形 (시간·길 등이) 멀다. 길다. 지루하다. ¶～的岁月 | 긴긴 세월. ¶～的河流 | 기나 긴 강 줄기.

【漫道】màndào ⇒〔慢说shuō〕

【漫反射】mànfǎnshè 名〈物〉난반사(亂反射) =〔漫射〕

【漫灌】mànguàn ❶ 名〈農〉토지를 고르지도 않고, 수로(水路)나 두렁도 없이 물의 흐름대로 물

을 대는 자연 관개 방법. ❷動 홍수가 밀려들다.
【漫画】mànhuà 名 만화. ¶他创立了中国～ | 그가 중국 만화를 창립했다. ¶～家 | 만화가 =〔外卡kǎ通〕〔小人儿书①〕
【漫漶】mànhuàn 貺 (문자·그림 등이 닳거나 젖어서) 희미하다. 어슴프레하다. ¶字迹～ | 글자가 희미하다.
【漫记】mànjì ❶動 생각나는〔붓가는〕 대로 쓰다. ❷名 만필(漫筆) [책 제목 등에 주로 쓰임] =〔漫笔bǐ〕
【漫卷】mànjuǎn 動 (깃발 등이) 바람에 휘날리다.
【漫骂】mànmà 動 함부로 욕하다. 마구 꾸짖다. ¶肆意～别人 | 제멋대로 남을 욕하다 =〔乱luàn骂〕〔谩màn骂〕
【漫漫】mànmàn 貺 (시간·벌판 등이) 끝없다. 가없다. 가득하다. ¶四野都是～白雪 | 온 벌판이 끝없이 하얀 눈이다.
【漫儿】mànr 名 (동전에서) 글자가 없는 쪽. 동전의 뒷면 =〔闷mènル〕
【漫山遍野】màn shān biàn yě 成 온 산천에 가득하다. 굉장히 많다. ¶我们的羊群～, 到处都是 | 우리의 양떼가 산천에 가득하여, 도처에 전부 다 이다.
【漫说】mànshuō ⇒〔慢màn说〕
【漫谈】màntán ❶動 자유롭게 이야기하다〔토론하다〕. ¶～会 | 자유 토론회. ¶听完报告咱们～一下吧 | 보고를 다 듣고, 우리 자유롭게 토론합시다. ❷名 자유 토론. 방담(放談).
【漫天】màntiān 形 ❶온 하늘에 가득차다. ¶尘土～ | 먼지가 하늘에 자욱하다→〔满mǎn天〕❷喻 무한정이다. 끝없다. 엄청나다. ¶～大谎 | 엄청난 거짓말.
【漫无边际】màn wú biān jì 成 ❶끝없이 넓다. 가없이 아득하다. ❷(말이나 글이) 본제(本題)에서 멀리 벗어나다. ¶他说起话来～ | 그는 말을 하면 본제에서 벗어난다.
4【漫延】mànyán ⇒〔曼延〕
【漫溢】mànyì 書 動 (물이) 넘치다. ¶洪流～ | 홍수로 물이 넘쳐 흐르다.
【漫游】mànyóu 動 ❶자유롭게 유람하다. 기분 나는 대로 노닐다. ¶～苏州 | 자유롭게 소주를 유람하다. ¶全球～ | 전 세계를 자유롭게 유람하다. ❷〈生〉(물고기 등이) 회유(回游)하다.
【漫游生物】mànyóu shēngwù 名組〈生〉회유성(回游性)이 있는 생물.

【缦(縵)】màn 명주 만, 늘어질 만
書 ❶名 무늬없는 견직물. ¶～布 | 무늬없는 비단천. 무명천. ❷形 꾸밈이 없다. 허식이 없다.
【缦缦】mànmàn 貺 완만하다. 느리다.
【缦裆裤】màndāngkù 名 통바지. 밑이 막힌 바지.

【熳】màn 빛날 만
⇒〔烂làn熳〕

【镘(鏝)〈槾〉】màn 흙손 만
書 名 흙 손 =〔曼③〕〔镘刀〕〔抹子〕〔泥镘〕

máng ㄇㄤˊ

【邙】máng 산이름 망
지명에 쓰이는 글자. ¶北～(山) | 북망산. 하남성(河南省) 낙양(洛陽)에 있는 산 이름.

1【忙】máng 바쁠 망
❶形 바쁘다. ¶这几天很～ | 요 며칠 아주 바쁘다. ¶白天黑夜工作～ | 밤낮으로 일이 바쁘다 ⇔〔闲xián①〕❷動 서두르다. ¶正～活呢 | 마침 일을 서둘러 하고 있는 중이다. ¶别～! | 서두르지 마! ❸動 (시간·시기에 맞추어) 준비하다. ¶～饭 | 식사 준비를 하다. ¶～年 | 새해 준비를 하다. ❹당황. 초조. ¶着～ | 당황하다. ¶心里一阵发～ | 마음 속에 한 가닥 초조감을 느끼다.
【忙不迭】máng·bu dié ⇒〔忙不过来〕
【忙不过来】máng·bu guò·lái 動組 바빠서 어쩔 줄 모르다. 미처 돌볼 겨를이 없다 ¶这几天我实在～, 不能来看你了 | 요며칠 나는 사실 바빠 어쩔 줄을 몰라, 널 보러 올 수가 없었다 =〔忙不迭〕
【忙成一团】mángchéng yītuán 動組 (많은 사람들이) 바빠서 복아치다〔부산떨다, 허둥대다〕. ¶为了这顿晚饭, 一家人～ | 이 저녁 만찬을 위해, 일가족이 바빠서 부산을 떤다.
【忙冲冲】mángchōngchōng 貺 황급하게 날뛰다. 허둥대다.
【忙而不乱】máng ér bù luàn 成 바빠도 흐트러짐이 없다. 아무리 바빠도 질서를 유지하다.
【忙坏】mánghuài 形 바빠서 죽을 지경이다. ¶这几天我～了 | 요 며칠 나는 바빠서 죽을 지경이었다.
【忙活】ⓐmánghuó (～儿) ❶名 급선무. 바삐 해야 할 일. 급한 용건. ¶这是件～, 要先做 | 이 일은 급한 용건이어서 먼저 해야만 한다. ❷(máng/huó) 動 조급하게 일하다. 바삐 움직이다. 눈코 뜰 새 없다. ¶这几天正～ | 요 며칠간은 정말 눈 코 뜰 새가 없었다. ¶你忙什么活 | 너는 무슨 일에 그렇게 바쁘니 =〔方忙活·huo〕
ⓑmáng·huo 動 方 분주하게 일하다. 바삐 일하다. ¶他们俩已经～了一早上了 | 그들 둘은 이미 아침 내내 바삐 일했다 =〔忙合〕〔忙和〕〔忙乎〕〔忙呼〕〔忙活huó②〕.
【忙劲儿】mángjìnr 名 ❶바쁜 모습. ¶瞧qiáo瞧这个～ | 이 바쁜 모습 좀 보아라. ❷名 황망. 황급. 다급.
【忙里偷闲】máng lǐ tōu xián 成 망중한(忙中閑)을 찾다. 바쁜 중에도 짬을 내다 =〔忙中偷闲〕
4【忙碌】mánglù 形 분망하다. 바쁘다. ¶他～了一天, 但一点儿也不觉得累 | 그는 하루 종일 바빴지만, 조금의 피로도 느끼지 않았다.
【忙乱】mángluàn 形 바빠서 두서가 없다〔엉망이다〕. ¶这几天～极了 | 요 며칠 동안은 엄청나게 바빴다.
【忙忙碌碌】máng·manglùlù 貺 매우 분주하다. 대단히 바쁘다. 분부하다. ¶他整天～的 | 그는 온종일 황망하다→〔忙碌〕

【忙人(儿)】mángrén(r) [名] 바쁜 사람. ¶大～ | 매우 바쁜 사람.

【忙三迭四】mángsān diésì [狀][俗] 허둥거리다. 분주히 날뛰다.

【忙上忙下】mángshàngmángxià [動組] ❶ 어른을 섬기고 아랫 사람을 보살피느라 분주하다. ¶我一天到晚, ～ | 나는 왼종일 아래 위로 바쁘다. ❷ 이것 저것 돌보느라 정신없이 바쁘다.

【忙于】mángyú [書][謔] …에 바쁘다. ¶～准备zhǔnbèi回国 | 귀국 준비에 바쁘다. ¶～秋收 | 추수에 바쁘다.

【忙月】mángyuè [名] ❶ 농번기 [흔히 입하(立夏)에서 약 120일간을 말함] ❷ [江] 농번기의 임시 고용인[품팔이꾼].

【忙着】máng·zhe [副] 서둘러. 바쁘게. 급히. ¶～做工作 | 서둘러 작업하다.

【忙中偷闲】máng zhōng tōu xián ⇒[忙里偷闲]

【忙中有错】máng zhōng yǒu cuò [成] 바삐 서둘면 실수가 생긴다. 급히 먹는 밥이 체한다. 서둘면 실패하기 마련이다.

4【芒】máng wáng 까끄라기 망, 가시 망, 억새 망 ❶ [名] 까끄라기. ¶麦mài～(儿) | 보리 까끄라기. ❷ [名] (억새 등의) 뾰족한 잎 =[颖yǐng①] ❸ [轉] (칼·창 등) 뾰족한 끝. ¶锋fēng～ | (칼·창 등의) 끝 =[铓①] ❹ ⇒[光芒] ❺ ⇒[芒芒] ❻ [名]〈植〉참억새. ❼ (Máng) [名] 성(姓).

【芒刺在背】máng cì zài bèi [成] 바늘 방석에 앉은 것 같다. 안절부절 못하다. 좌불안석(坐不安席). ¶一听这话, 他马上如～, 坐立不安 | 이 말을 듣자, 그는 곧바로 안절부절하며, 앉으나 서나 불안해한다.

【芒果】mángguǒ [名]〈植〉망고(mango) =[檬méng果]

【芒芒】mángmáng [書][狀] ❶ 많다. 왕성하다. ❷ 망망하다. 요원하다. ❸ 피곤하다. 무지하다. 멍하다. ¶～然 | 무지하여 멍한 모양.

【芒硝】mángxiāo ⇒[硭máng硝]

【芒种】mángzhòng [名] 망종. 24절기의 하나.

3【盲】máng 장님 맹 ❶ 눈이 보이지 않다. 눈이 어둡다. [轉] 사물에 대한 인식 능력이 없다. ¶～人↓ ¶文～ | 문맹 →[瞎xiā①] ❷ 맹목적으로. ¶～动↓ ❸ [尾] 명사 접미사(後綴)로 쓰여 어떤 측면에 있어서의 지식을 갖추지 못한 사람을 지칭. ¶科～ | 과학 문맹. ¶计算机～ | 컴퓨터문맹.

【盲斑】mángbān ⇒[盲点]

【盲肠】mángcháng [名]〈生理〉맹장. ¶～炎 | 맹장염.

【盲椿象】mángchūnxiàng [名]〈蟲〉장님 노린재.

4【盲从】mángcóng [動] 맹종하다. 무턱대고 따르다. ¶不要～别人 | 다른 사람을 무턱대고 따라서는 안된다.

【盲点】mángdiǎn [名]〈生理〉(눈의) 맹점 =[盲斑bān]

【盲动】mángdòng [動] 망동하다. 맹목적으로 행동하다. ¶要审慎行事, 不要～ | 세밀하고 신중하게 행동하고, 망동해서는 안된다. ¶～主义 | 모험주의.

【盲流】mángliú ❶ [動] 어떤 지역에 맹목적으로 흘러 들어가다. ¶他们～到大城市 | 그들은 맹목적으로 흘러 대도시로 들어왔다. ❷ [名] 맹목적으로 흘러 들어오는 사람.

3【盲目】mángmù ❶ [形] 맹목적(인). ¶～崇拜chóngbài | 맹목적 숭배. ¶～轰hōng炸 | 맹목적인 폭격. ¶人口的～增长 | 인구의 맹목적 증가. ❷ [名][喩] 잘못된 인식.

【盲目性】mángmùxìng [名] 맹목성. 무비판성. ¶去掉qùdiào～, 养成分析fēnxī的习惯xíguàn | 맹목성을 버리고 분석하는 습관을 기르다. ¶带有～地分析问题wèntí | 무비판적으로 문제를 분석하다.

【盲棋】mángqí [名] ❶ (장기판을 보지 않고 두는) 장님 장기. ¶下～ | 장님 장기를 두다. ❷ [轉] 풋장기. 미숙한 장기.

【盲区】mángqū [名] 난청(難聽) 지역. 레이다에 포착 안되는 지대.

4【盲人】mángrén [名] 맹인. 소경. 장님 =[瞎xiā子①] ⇔[明人①]

【盲人摸象】mángrén mō xiàng [成] 장님 코끼리 만지기. 일부분으로 전체를 판단하다 =[瞎xiā子摸象][群qún盲摸象]

【盲人(骑)瞎马】mángrén(qí) xiāmǎ 장님이 눈먼 말 타고 벼랑 가기. [轉] ❶ 위험에 위험을 더하다. 몹시 위태하다. ❷ 전혀 방법이 없다.

【盲蛇】mángshé [名]〈動〉소경뱀.

【盲文】mángwén [名] ❶ 점자(點字) =[盲字] ❷ 점자로 인쇄된 글.

【盲字】mángzì [名] 점자(點字) =[盲文①]

3【氓】máng méng 백성 맹

Ⓐ máng ⇒[流liú氓]

Ⓑ méng [書][名] 백성 [주로 외지에서 들어온 서민을 가리킴] =[萌méng④]

【氓俗】méngsú [書][名] ❶ 민속(民俗). ❷ 백성.

4【茫】máng 아득할 망, 멍할 망 ❶ 망망하다. 아득하다. ¶～～↓ ¶渺miǎo～ | 한없이 아득하다. ¶～无头绪↓ ❷ 무지하다. ¶～昧↓ ¶～然↓

4【茫茫】mángmáng [狀] 망망하다. 아득하다. 한없이 넓다. 희미하다. ¶回国以前yǐqián他感到前途qiántú～ | 귀국 이전에 그는 앞길이 망망함을 느꼈다. ¶～草原cǎoyuán | 아득한 초원. ¶～一片白雾báiwù | 끝없이 펼쳐진 자욱한 안개.

【茫昧】mángmèi [書][狀] 모호하다. 분명하지 않다. 막연하다.

4【茫然】mángrán [狀] 무지하다. 멍청하다. 막연하다. ¶～自失 | [成] 망연 자실하다. ¶事情shìqíng发生fāshēng的原因yuányīn和经过jīngguò我都～ | 일의 발생 원인과 경과를 나는 전혀 모른다. ¶～不知所措cuò | 어쩔 줄 몰라 막연해하다.

【茫无头绪】máng wú tóu xù [成] 전혀 갈피를 잡을 수 없다. 막연하여 어디서부터 손대야 할지 모

르다. ¶这事情现在还~呢 | 이 일은 지금도 여전히 갈피를 잡을 수 없다.

【硭】máng 망초 망 ⇒〔硭硝〕

【硭硝】mángxiāo 名〈化〉유산나트륨 [지방산의 순도가 낮은 것을「朴pò硝」라고 함] =〔芒máng硝〕〔硫liú酸钠〕〔十shí水合硫酸钠〕〔盐yán硝〕

【铓(鋩)】máng 봉망 망 ❶「芒」과 통용 ⇒〔芒máng③〕 ❷ ⇒〔铓锣〕

【铓锣】mángluó 名〈音〉운남성(雲南省) 와족(佤族)의 동제(銅製) 타악기 [세 개의 징이 받침대 위에 걸려 있음]

mǎng ㄇㄤˇ

【莽】mǎng 풀 망, 거칠 망 ❶ 떨기진 풀. 밀생(密生)한 풀. ¶丛~ | 우거진 풀숲. ❷ 거칠고 난폭하다. 덜렁거리다. ¶~撞↓ ❸ 書 形 크다. ❹ (Mǎng) 名 성(姓).

【莽苍】mǎngcāng 書 ❶ 名 들판. ❷ 貺 (들판의) 경치가 아득하다. ¶烟雨~ | 안개비가 자욱하다.

【莽草】mǎngcǎo 名〈植〉붓순나무 =〔毒dú八角(茴huí香)〕〔石桂〕

【莽汉】mǎnghàn 名 거칠고 경솔한 사내. 덜렁대는 사내. 덜렁이. ¶张飞是个~ | 장비는 덜렁대는 사나이다 =〔莽夫〕

【莽莽】mǎngmǎng 書 形 ❶ 풀이 무성하다. 우거지다. ❷ (들판이) 끝없이 넓다.

【莽原】mǎngyuán 名 풀이 무성한 들판.

【莽撞】mǎngzhuàng 形 (행동이) 거칠고 경솔〔무모〕하다. 우악스럽다. ¶~劲儿 | 거친 성질. ¶~的小伙子 | 거칠고 경솔한 젊은이. ¶这样做法太~了 | 이같은 방법은 대단히 무모하다. ¶请您恕我~! | 저의 경솔함을 용서해 주십시요! =〔莽莽撞撞〕

【漭】mǎng 넓을 망 ⇒〔漭沆〕〔漭漭〕

【漭漭】mǎngmǎng 書 貺 넓고 아득하다. 가없다. 끝없다. ¶~林海 | 넓고 아득한 임해.

【蟒】mǎng 이무기 망 ❶ ⇒〔蟒袍〕〔蟒蛇〕 ❷ 名 이무기.

【蟒袍】mǎngpáo 名 망포 [대신(大臣)들의 황금색 이무기를 수 놓은 예복(禮服)] =〔蟒衣〕〔蟒服〕〔花袍子〕〔花衣②〕〔簡 蟒①〕

【蟒蛇】mǎngshé 名〈動〉큰 구렁이. 큰 뱀 =〔蟒虫chóng〕〔蚺rán蛇〕

【蟒衣】mǎngyī ⇒〔蟒袍〕

māo ㄇㄠ

2【猫〈貓〉】māo máo 고양이 묘

Ⓐ māo ❶ 名〈動〉고양이. ¶一只~ | 고양이 한 마리. ❷ 動 方 (도망쳐) 숨다. ¶她~在那儿了 | 그녀는 저곳에 숨었다.

Ⓑ máo ⇒〔猫腰〕

Ⓐ māo

【猫睛石】māojīngshí ⇒〔猫眼石〕

【猫儿溺】māornì 京 ❶ 名 내막. 비밀. 음모. 꿍꿍이. 은밀한 일. 남몰래 하는 일 [아랍어로 원래는 뜻·내용의 뜻임] ¶必bì有~ | 반드시 꿍꿍이가 있다. ¶识shí破了他们的~ | 그들의 음모를 간파했다. ¶你们又搞gǎo些什么~? | 너희들 또 무슨 수작을 부리는 거냐? ❷ 形 귀찮다. 번잡하고 성가시다. ¶这事儿可真~ | 이 일은 정말 귀찮다. ¶我一生还没碰pèng见过这么~的事儿哪 | 나는 일생중에 이렇게 성가신 일을 마주친 적은 아직 없다 ‖ =〔猫儿腻nì〕〔麻儿逆nì〕

【猫儿腻】māornì ⇒〔猫儿溺nì〕

【猫儿尿】māorniào 名 ❶ 고양이 오줌. ❷ 貶 술의 다른 이름 [술에 대한 혐오감을 갖고 일컫는 말] ¶两盅~一入肚就支使得他无所不为了 | 술이 좀 들어가면 그는 못하는 짓이 없다. ¶把钱都喝了~ | 돈으로 몽땅 술을 마셔버렸다 ‖ =〔猫尿niào〕

【猫儿食】māorshí 名 京 ❶ 조금씩 자주 먹는 버릇. ❷ 고양이 먹이. ❸ 轉 하찮은 물건. 보잘것 없는 물건.

【猫儿眼】māoryǎn 名 ❶ 俗〈鑛〉묘안석 =〔猫睛石〕〔猫眼石〕 ❷〈鑛〉단백석(蛋白石). ❸ 고양이 눈처럼 변하는 사람〔것〕. ¶他是个~, 看时候变 | 그는 고양이 눈처럼 변하는 사람인데 볼 때마다 변한다.

【猫头鹰】māotóuyīng 名 ❶ 俗〈鳥〉부엉이. 부엉새 =〔北 夜yè猫子〕〔方 猫王鸟〕〔鸱鸺chīxiū〕 ❷ 轉 밤늦도록 자지 않는 사람. ¶他的笑声xiàoshēng像~一样可怕 | 그의 웃음 소리는 부엉이 같아서 정말 무섭다.

【猫熊】māoxióng 名〈動〉팬더(panda) ¶~太笨拙bènzhuō了 | 팬더는 정말 우둔하다 =〔熊猫〕〔大熊猫〕〔方 大猫熊〕〔方 山门蹲〕〔方 竹熊〕

【猫眼石】māoyǎnshí 名〈鑛〉묘안석 =〔猫眼珠〕〔猫睛石〕〔俗 猫儿眼①〕→〔走水石〕

【猫鱼(儿)】māoyú(r) 名 고양이가 먹는 작은 물고기. ¶买了几条~ | 고양이가 먹는 작은 물고기 몇마리를 샀다 =〔猫鱼子〕

Ⓑ máo

【猫腰】máo/yāo 動 허리를 굽히다〔꼬부리다〕 ¶他~钻进船舱 | 그는 허리를 굽혀 선실로 들어가다 =〔毛腰〕〔弯wān腰〕

máo ㄇㄠˊ

1【毛】máo 털 모, 풀 모, 근소 모 ❶ 名 털. ¶一根~ | 털 한 가닥. ¶羽~ | 깃털. ¶~发↓ ❷ 의류·식물 표면의 솜털. ¶桃~ | 복숭아 털. ¶长~绒 | 견면(絹綿). 벨벳. ❸ 곡물이나 풀. ¶不~之地 | 불모의 땅. ❹ 名 곰팡이. ¶长~ | 곰팡이가 나다. ❺ 動 구부리다. ¶~着腰儿 | 허리를 구부리다→〔猫máo腰〕 ❻ 動 화폐 가치가 떨어지다. ¶票子一天比一天~ | 지폐의 가치가 나날이 떨어지다. ❼ 動 보풀이 일다. ¶一洗就~了 | 한 번 씻었더니 곧 보풀이 일었다. ❽ 形 조잡하다. 가공하지 않다. ¶~铁 | 생철. ¶~坯pī↓ ❾ 形 경솔하다. 침착하지 못

하다. ¶～头～脑 | 무모하다. ⑩ 순수하지 못하다. 대략적이다. ¶～重↓ ¶生产～额 | 대략적인 생산액 ⇔〔净jìng④〕 ⑪ 작다. 가늘다. ¶～贼zéi↓ ⑫ 副 方 (수량사(數量詞) 앞에서) 약. 대체로. ¶～二十个人 | 약 20명. ⑬ 量 口 10「钱」[1「元」의 10분의 1] =〔角〕 ⑭ (Māo) 名 성(姓).

【毛白杨】máobáiyáng 名〈植〉은백양(銀白楊) =〔大叶杨〕〔响xiǎng杨〕〔白杨〕

3【毛笔】máobǐ 名 붓. 모필. ¶写～字 | 붓글씨를 쓰다. ¶～画huà | 모필화.

【毛哔叽】máobìjī 名〈紡〉울사지(wool serge).

【毛边】máobiān ❶ ⇒〔毛头①〕 ❷ ⇒〔毛边纸〕 ❸ 名 귀. ❹ (máo/biān) 動 (도자기의) 이가 빠지다. ¶古磁～不值钱 | 오래된 자기도 이가 빠지면 값이 나가지 않는다. ❺ (～儿)(máo/biān(r)) 動 가장 자리가 부서지다〔닳아서 떨어지다〕.

【毛边纸】máobiānzhǐ 名 당지(唐紙) =〔簡 毛边②〕

2【毛病】máo·bìng 名 ❶ (개인의) 결점. 흠. 나쁜 버릇. 벽(癖). ¶老金的～是性急 | 김씨의 결점은 성질이 급한 것이다. ¶他有偷东西的～ | 그는 물건을 훔치는 나쁜 버릇이 있다. ❷ 고장. (일의) 실수. ¶这个手表有了～了 | 이 손목 시계는 고장이 났다. ¶犯了主观主义的～ | 주관주의의 잘못을 저질렀다. ❸ 결점. 결함. ❹ 㒵 병. 질병. ¶孩子有～, 不要让他受凉了 | 아이가 병이 났으니, 찬바람을 쐬게 하지 말라. ¶老张胃有～ | 장씨는 위장병이 있다.

【毛玻璃】máobō·lí 名 젖빛 유리. 불투명 유리 ¶浴室的窗上安～比較好 | 목욕실의 유리는 불투명 유리가 비교적 좋다 =〔㑹 糙cāo玻璃〕〔车过的玻璃〕〔磨mó砂玻璃〕

【毛布】máobù 名〈紡〉거친 면사(綿絲)로 짠 천. 면플란넬.

【毛糙】máo·cao 形 ❶ 조잡하다. 거칠다. 정교하지 못하다. ¶这活儿做得太～ | 이 일은 매우 조잡하게 했다. ¶你做事怎么这么～ | 너는 일하는 것이 어째서 이토록 거치니? ❷ 올〔눈〕이 성기다〔거칠다〕. 거칠거칠하다. 까끌까끌하다.

【毛产】máochǎn 名 총생산(總生産). ¶一亩～八百多斤 | 일묘의 총생산량이 팔백여근이다.

【毛虫】máochóng 名 ❶〈蟲〉(송충이 등의) 모충 =〔毛毛虫①〕 ❷ (몸에 털이 난) 짐승.

【毛刺】máocì 名 ❶ (～儿) 금속 기기(機器)의 가장자리 또는 매끄러운 평면에 생긴 울퉁불퉁한〔껄껄한〕 부분. ❷ 거스러미 ‖ =〔毛头①〕 ❸ 잔털. 천의 보풀.

【毛地黄】máodìhuáng 名 ❶〈植〉디기탈리스(digitalis) =〔洋yáng地黄〕 ❷〈藥〉디기탈리스의 말린 잎 [강심제(强心劑)로 쓰임]

【毛豆(子)】máodòu(·zi) 名〈植〉❶ 풋콩. 청대콩 [껍질에 털이 많고 푸른색으로 요리에 쓰임] ¶夏秋之间则用新鲜～ | 여름이나 가을 동안에는 신선한 풋콩을 쓴다 =〔毛豆角(儿)〕 ❷ 광저기 [일반적으로 강남콩을 이름] ❸ 콩 →〔大dà豆〕

【毛发】máofà 名 (사람의) 모발. 털과 머리털. ¶这孩子～还是黄的呢 | 이 아이의 모발은 여전히 노란색이다.

【毛纺】máofǎng 名 ❶〈紡〉모방적(毛紡績). ¶～支数 | (양모 방적에 있어) 모사(毛絲) 가늘기의 번수(番數). ¶～厂 | 방적 공장. ¶粗梳～ | 방모 방적. ¶精梳～ | 소모 방적. ❷ 모방직(毛紡織). ¶～织厂 | 모방직 공장.

【毛茛】máogèn 名〈植〉미나리아재비. 모간. 모근.

【毛估】máogū 動 어림셈하다. 눈대중하다. 대충 견적(見積)하다. ¶心里～了一下, 至少也得二三亿 | 마음속으로 어림잡아보니, 적어도 2, 3억은 든다.

【毛骨悚然】máo gǔ sǒng rán 成 머리카락이 곤두서다. 모골이 송연하다. 소름이 끼치다. ¶看恐怖电影, 令人～ | 공포 영화를 보니, 머리카락이 곤두선다. ¶～的可怖景象 | 소름이 끼치는 정말 무서운 장면 =〔毛发悚然〕〔毛骨耸然〕

【毛咕】máo·gu 動 方 무서워하다. 놀라서 벌벌 떨다. 무시무시해 하다. ¶半夜里说鬼故事, 说得大家都～了 | 한밤중에 귀신 이야기를 하니 모두 무서워했다. ¶四围都黑漆漆的渗shèn得人直～ | 사방이 칠흑같이 어두워 정말 무시무시하였다 =〔毛蛊gǔ〕

【毛冠鹿】máoguānlù 名〈動〉털볏사슴.

【毛孩儿】máoháir 名 갓난 아기. 어린애 =〔毛孩子①〕〔毛毛①〕〔毛头②〕〔小毛毛〕〔小毛头〕

【毛孩子】máohái·zi 名 ❶ ⇒〔毛孩儿〕 ❷ 어찌할 도리가 없는 아들. 장래성 없는 아들. ❸ 罵 풋내기. 철부지. 애송이. ¶你们～懂个啥? | 너희 풋내기들이 뭘 알겠니? ❹〈醫〉온 몸에 털이 빽빽히 난 아이.

【毛烘烘】máohōnghōng 狀 털이 많아 복실복실하다. 북슬북슬하다. =〔毛轰轰hōng〕

【毛火虫】máohuǒchóng 名〈蟲〉方 송충이 =〔松sōng毛虫〕

【毛价】máojià 名 (터무니 없는) 에누리 →〔二èr价〕

【毛脚女婿】máojiǎo nǚxù 名 方 예비 사위 ¶～头次上门 | 예비 사위가 처음으로 방문하다 →〔毛脚媳妇〕

【毛脚媳妇】máojiǎoxífù 名 方 예비 며느리 →〔毛脚女婿〕

2【毛巾】máojīn 名 ❶ 면 수건. 타월. ¶～布 | 타월천. ¶～架jià | 타월걸이. ¶～厂 | 수건 공장 =〔面巾①〕 ❷ 털목도리. ❸ 方 수건 =〔手巾①〕

【毛巾被】máojīnbèi 名 타월 담요. ¶买了一条～ | 타월 담요 한 장을 샀다 =〔毛巾毯〕

【毛举细故】máo jǔ xì gù 成 극히 사소하고 자질구레한 일〔문제〕. ¶拣jiǎn重要的说, 不必～ | 중요한 일은 가리고, 사소한 일은 필요없다.

【毛孔】máokǒng 名 ❶ 모공. 털구멍 =〔汗孔〕 ❷ 喩 사소한 것. 매우 작은 것. ¶～那么小的事情 | 喩 모공 만큼 작은 일. 지극히 사소한 일.

【毛裤】máokù 名 털 내복 바지.

【毛梾】máolái 名〈植〉말채나무 =〔方 车梁木〕

【毛蓝】máolán 名〈色〉엷은〔옅은〕 남색. ¶～土

布 | 엷은 남색의 무명.
【毛里求斯】Máolǐqiúsī 名 外〈地〉모리셔스 (Mauritius) [인도양의 마다가스카르 섬 동쪽에 있는 섬나라. 수도는「路易港」(포트루이스; Port Louis)]
【毛里塔尼亚】Máolǐtǎníyà 名 外〈地〉모리타니 (Mauritnie) [서아프리카의 회교 공화국. 수도는「努瓦克肖特」(누악쇼트; Nouakchott)]
【毛利】máolì 名 총이익 [총수입에서 본전만을 제외한 이익] ¶获～二万块 | 이만원의 총이익을 얻다 =〔毛息〕
【毛脸姑娘】máoliǎn gū·niang 名組 (얼굴의 솜털도 가시지 않은) 처녀 →〔开kāi脸①〕
【毛量级】máoliàngjí 名〈體〉(권투 등의) 플라이 (fly)급.
【毛料】máoliào 名 ❶ 모직물(毛織物). ❷ (가공하지 않은) 원료(原料) =〔毛坯pī〕〔胚pēi(料)〕
【毛驴(儿)】máolǘ(r) 名〈動〉❶ 작은 당나귀. ❷ 俗 당나귀.
【毛乱】máoluàn 形 (흐트러진 털처럼) 상태가 어지럽다.
【毛纶】máolún 名〈紡〉(네 가닥으로 짠)고급 털실 =〔毛冷〕〔光guāng绒②〕
【毛落皮单】máo luò pí dān 成 털이 다 빠지고 가죽 한 겹 뿐이다. 보호받지 못하는 위험한 상태가 되다.
【毛毛】máo·mao 方 ❶ 名 어린 아이. 갓난애 =〔毛孩儿〕❷ 名 머리털. 모발. ❸ 貺 꾸물거리다.
【毛毛虫】máo·maochóng ❶ ⇒〔毛虫①〕 ❷ 名 꾸물거리는 사람.
【毛毛咕咕】máo·maogūgū 貺 놀라 당황하다. 황급해 하다.
【毛毛腾腾】máo·maoténgténg 貺 方 침착하지 못하다. 경망스럽다. 경솔하다. ¶她做起事来总是～ | 그녀가 하는 일은 다 경솔하다.
【毛毛(细)雨】máo·mao(xì) 名 俗 이슬비. 보슬비. ¶他只是朝我们耳朵里下点～ | 喻 그는 단지 우리 귀에다 약간 귀띔해 주었을 뿐이다→〔细xì雨〕
【毛难族】Máonánzú 名〈民〉모난족 [중국 소수민족의 하나. 광서장족자치구(廣西壯族自治區) 북부의 환강(環江)·하지(河池)·남단(南丹)·의산(宜山)·도안(都安) 등지에 분포함]
【毛囊】máonáng 名〈生理〉털주머니. 모낭.
【毛蓬蓬】máopēngpēng 貺 풀·머리카락 등이 헝클어지다. 산발이 되다. 엉켜있다.
【毛坯】máopī 名 ❶ 반제품(半製品). 반가공품. ❷ (가공하지 않은) 소재〔원료〕. ❸ 연마〔가공〕하지 않은 주물. ❹ 굽지 않은 질그릇 ‖ =〔毛料liào②〕〔江 毛胚pēi〕〔坯料〕〔胚料〕
【毛皮】máopí 名 ❶ 모피. 털가죽. ¶～货色 | 모피 상품. ¶～帽子 | 모피 모자. ❷ 겉. 외면. 피상(皮相). ¶要以～而论 | 피상적으로 논한다면.
【毛票(儿)】máopiào(r) 名 口 10전(錢)·20전 짜리의 지폐 =〔毛钱票(儿)〕〔角票〕
【毛钱(儿)】máoqián(r) 名 옛날 10전·20전짜리 은화. ¶拿出～买车票 | 십전짜리 지폐로 차표를 사다.
【毛渠】máoqú 名〈農〉관개(灌漑)용의 가는 수로(水路)
【毛儿咕咕】máorgūjī 貺 俗 매우 당황하다. 흠칫 놀라다. 벌벌 떨다. 두려워하다 =〔毛勒咕咕〕
【毛人】máorén 名 털북숭이 →〔毛孩子④〕
【毛茸茸】máorōngrōng 貺 털이 더부룩하다. 복슬복슬하다. ¶～的小白兔tù | 털이 더부룩한 작은 흰 토끼.
【毛毵毵】máosānsān 貺 털이 더부룩하다. 가늘고 조밀하다.
【毛瑟枪】máosèqiāng 名 外〈軍〉모제르총(mauser銃).
【毛手毛脚】máo shǒu máo jiǎo 成 ❶ 일을 대충대충〔경솔하게〕 처리하다. 덜렁대다. ¶他现在做事还是那样～的 | 그가 지금 일하는 것이 아직도 그렇게 덜렁댄다. ❷ 당황하여 쩔쩔매다 =〔毛脚毛手〕
【毛遂自荐】Máo suì zì jiàn 成 모수가 자천(自薦)하다. 자진해 나서다. ¶我～当了队长 | 나는 자진해서 대장을 맡았다.
【毛笋】máosǔn 名〈植〉죽순대〔맹종죽(孟宗竹)〕의 순.
【毛太纸】máotàizhǐ 名「毛边纸」와 비슷한 얇고 까만 종이 →〔毛边纸〕
【毛桃(儿, 子)】máotáo(r·zi) 名〈植〉❶ 야생(野生) 복숭아 나무. ❷ 털복숭아.
【毛头】ⓐ máotóu 名 창끝 =〔矛头①〕
ⓑ máo·tou ❶ 名 주조물·단조물·연마물 등의 가장자리 또는 평면에 생긴 껄껄한〔울퉁불퉁한〕 것. 거스러미 =〔毛刺(儿)① ②〕〔毛口①〕〔毛边①〕〔凸tū珠〕〔北 飞刺〕〔劈锋〕 ❷ ⇒〔毛孩儿〕
【毛头姑娘】máotóugū·niang 名組 俗 젊은 아가씨. 처녀. ¶一个～懂什么法律? | 일개 처녀가 무슨 법을 알겠니?
【毛头小伙子】máotóu xiǎohuǒ·zi 名組 젊은이. 젊은 아이. ¶～太鲁莽lǔmǎng | 젊은 아이가 매우 경솔하다.
【毛头纸】máotóuzhǐ 名 섬유가 거칠고 질감이 부드러운 흰 종이 [주로 창호지·포장지 등으로 쓰임] =〔东昌纸〕
【毛窝】máowō 名 方 털신. 면신발 =〔毛儿窝〕〔棉鞋〕
【毛犀】máoxī ⇒〔披pī毛犀〕
【毛细管】máoxìguǎn 名 ❶〈生理〉모세혈관. 가는 핏줄 =〔毛细血管〕 ❷〈物〉모세관 ‖ =〔簡 毛管〕→〔毛细现象〕
【毛细现象】máoxì xiànxiàng 名組〈物〉모세관현상 =〔毛细管现象〕
【毛虾】máoxiā 名〈動〉젓새우. 보리새우.
3【毛线】máoxiàn 名 털실. ¶～背bèi心 | 털실로 짠 조끼. ¶～围巾wéijīn | 털 목도리. ¶～针 | 뜨개 바늘. ¶～上衣 | 스웨터 =〔毛绒róng线〕〔呢ní绒线〕〔绒绳(儿)〕〔绒róng线②〕→〔毛纶lún〕
【毛象】máoxiàng ❶ 名〈考古〉맘모스(mammoth) =〔猛měng犸〕 ❷ ⇒〔毛象(儿)〕

M

【毛象(儿)】máoxiàng(r) 形 경솔하다. 덜렁덜렁하다 =〔毛象②〕
【毛样】máoyàng 名〈印出〉교정쇄(校正刷). 게라(galley) 쇄. ¶我粗粗地看过了～ | 나는 대충대충 교정을 보았다.
【毛腰(儿)】máo/yāo(r) 動 方 허리를〔몸을〕굽히다 =〔猫máo腰〕〔弯wān腰〕
²【毛衣】máoyī 名 ❶ 털옷. 스웨터. ¶套头(儿)的～ | 머리로부터 입는 스웨터 =〔毛线xiàn衣〕〔江 毛线衫shān〕❷ 書 짐승의 털이나 새의 깃털. ❸ 書 갖옷.
【毛蚴】máoyòu 名〈微生〉섬모 유충(纖毛幼蟲).
【毛躁】máo·zao 形 ❶ (성미가) 조급〔성급〕하다. ¶脾气～ | 성격이 조급하다 =〔暴bào躁①〕❷ 부주의하다. 세심하지 못하다. 침착하지 못하다.
【毛泽东】Máozédōng 名〈人〉모택동 (1893～1976)〔자는 윤지(潤之). 호남성(湖南省) 상담현(湘潭縣) 출신. 1949년 10월 중국 주석이 되었음〕
³【毛泽东思想】Máozédōng Sīxiǎng 名組 모택동 사상〔마르크스·레닌주의와 중국 혁명을 위한 실천적인 통일 사상〕
【毛贼】máozéi 名 ❶ 좀도둑. ❷ 罵 도둑놈. ¶～们, 哪里逃! | 도둑놈들아, 어딜 도망가려고! ¶逮住了几个小～ | 좀도둑 몇 명을 체포했다.
【毛楂楂】máozhāzhā 形 (머리털·수염이) 뻣뻣하다. ¶～的头发fà | 뻣뻣한 머리 카락.
【毛织品】máozhīpǐn 名 ❶ 모직천〔옷감〕. ❷ 모직품. 모직물. 모직으로 만든 옷 ‖ =〔毛织物〕
【毛重】máozhòng 名 ❶ (포장까지 포함한 물건의) 총중량(gross weight) =〔共重〕〔总量〕〔总重〕❷ 가축이나 가금의 산채로의 중량. ¶肉类(～)从350万吨增加zēngjiā到 600万吨 | 육류(산채로의 중량)는 350만톤에서 600만톤으로 증가했다.
【毛猪】máozhū 名〈商〉(상품으로서의) 살아있는 돼지.
【毛竹】máozhú 名〈植〉죽순대. 맹종죽(孟宗竹) ¶山上有一片～ | 산에 죽순대가 있다 =〔江南竹〕〔南竹〕
【毛装】máozhuāng 名 (책의) 가장자리를 자르지 않는 장정(裝幀). 프랑스 장정.
【毛子】máo·zi 名 ❶ 書 貶 (옛날) 서양놈. ¶老～ | 러시아놈. ❷ 方 (옛날) 토비(土匪). 비적. ❸ 方 잔 털. ¶桃～ | 복숭아털. ¶纸～ | 종이의 보풀. ❹ 어린아이의 두발.

【牦〈犛〉】máo 소 모
⇒〔牦牛〕
【牦牛】máoniú 名〈動〉야크(yak) ¶～能驮tuó许多东西 | 야크는 많은 물건을 등에 질 수 있다 =〔毛máo牛②〕〔犁lí牛③〕

【旄】máo mào 기 모, 늙은이 모
Ⓐ máo 書 名 소의 꼬리털로 만든 깃발.
Ⓑ mào「耄」와 통용 ⇒〔耄mào〕

4【髦】máo 다팔머리 모, 뛰어날 모
❶ ⇒〔时shí髦〕❷ 書 名 옛날, 어린아이의 이마에 내려 뜨린 짧은 머리카락. ❸ 걸출하다. ¶～俊↓
【髦俊】máojùn 書 名 준재(俊才). 영재.
【髦士】máoshì 書 名 우수한 선비. 준재.

2【矛】máo 창 모
名 창. →〔戈gē①〕
²【矛盾】máodùn ❶ 名 창과 방패. ❷ 名 動 喩 모순(되다). ¶～百出 | 모순이 백출하다. ¶自相～ | 스스로 모순되다. ¶这种意见并不～ | 이런 의견은 결코 모순되지 않는다. ¶解决jiějué～ | 모순을 해결하다. ❸ 名〈哲〉〈論〉모순. ¶～论 | 모순론. ¶～的普遍性 | 모순의 보편성. ¶主要～ | 주요 모순. ¶～的同一性 | 모순의 동일성.
【矛盾律】máodùnlǜ 名〈論〉모순율.
【矛头】máotóu 名 ❶ 창끝〔주로 비유적으로 쓰임〕¶漫画家把讽刺的～指向坏人 | 만화가는 풍자의 창끝을 악당에게 겨누었다 =〔毛头〕❷ (～儿) 한자 부수의 창모(矛)변.

3【茅】máo 띠 모
名 ❶〈植〉띠. ¶白～ | 띠 =〔茆máo①〕❷ (Máo) 성(姓).
【茅草】ⓐ máocǎo ❶ 名〈植〉띠. ¶～棚péng | 띠집. ❷ ⇒〔草茅〕
ⓑ máo·cao 形 누추하다. ¶俺这家, 着zhuó实～啊! | 우리 집은 참으로 누추해서!
【茅房】máofáng ⇒〔厕cè所〕
【茅膏菜】máogāocài 名〈植〉끈끈이주걱 =〔毛毡zhān苔〕
【茅坑】máokēng 名 ❶ 口 똥통. ❷ 方 (누추한) 변소 ‖ =〔茅楼〕〔毛坑〕→〔厕所〕
【茅庐】máolú 名 초가집 =〔草堂táng〕〔草屋wū〕
【茅塞顿开】máo sè dùn kāi 成 눈 앞이 확 트이다. 갑자기 (어떤 이치를) 깨닫게 되다. ¶听了老师的话, 我一下子～ | 선생님의 말씀을 듣자 나는 바로 깨닫게 되었다 =〔顿开茅塞〕〔茅塞大开〕
【茅舍】máoshè ⇒〔茅屋wū〕
【茅厕】máo·si ⇒〔厕cè所〕
³【茅台酒】máotáijiǔ 名 마오타이주〔중국 귀주성(貴州省) 모대진(茅臺鎭)에서 나는 유명한 술〕중국 4대 명주의 하나.
【茅屋】máowū 名 모옥. 초가집. 轉 누추한 집 ¶他住在山中的一间～里 | 그는 산속의 초가집에서 산다 =〔茅舍shè〕〔茅轩xuān〕

【蝥】máo 뿌리잘라먹는벌레 모
❶ ⇒〔斑bān蝥〕❷ ⇒〔蝥贼〕‖ =〔蟊〕
【蝥贼】máozéi 名 ❶〈蟲〉가뢰 =〔根白蛆〕❷ 轉 국민이나 국가에 해가 되는 사람 ‖ =〔蟊máo贼〕

【蟊】máo 뿌리 잘라먹는벌레 모
「蝥」와 통용 ⇒〔蝥máo②〕
【蟊贼】máozéi ⇒〔蝥máo贼〕

【茆】máo 순채 묘 띠 모
❶「茅」와 통용 ⇒〔茅①〕❷ (Máo) 名 성(姓).

【猫】máo ☞ 猫 māo Ⓑ

【锚(錨)】máo 닻 묘
名 닻. ¶下～ | 닻을 내리다.

【锚地】máodì 名 정박지(碇泊地). 주둔지.

mǎo ㄇㄠˇ

【卯】mǎo 넷째지지 묘
名 ❶ 묘 [십이지(十二支)의 네번째]→〔干支〕 ❷ 묘시 [오전 5시에서 7시까지] ¶交～=〔卯时〕〔卯刻kè〕| 묘시(가 되다). ❸ 옛날, 방위에서 동쪽을 가리킴. ❹ (～儿, ～子) 장붓구멍. 홈 =〔卯眼〕〔榫眼〕 ❺「铆」와 통용 ⇒〔铆mǎo〕

【卯不对榫】mǎo bù duì sǔn 成 장부와 장부구멍이 맞지 않다. 서로 모순되다. ¶他的方法fāngfǎ是～, 根本gēnběn不能解决问题wèntí | 그의 방법은 서로 모순되어, 근본적으로 문제를 해결할 수 없다.

【卯时】mǎoshí 名 묘시 [오전 5시에서 7시까지]

【卯榫】mǎosǔn 名〈建〉장붓구멍과 장부. (장붓구멍과 장부처럼) 오목하고 볼록한 부분.

【卯眼】mǎoyǎn 名〈建〉장붓구멍. 홈 =〔榫sǔn眼〕

【峁】mǎo 구릉 묘
❶ 名 황토 구릉. ❷ 지명에 쓰이는 글자. ¶三星～ | 삼성묘 [섬서성(陕西省)에 있는 지명]

【泖】mǎo 작은호수 묘
名 ❶ 書 작은 호수. ❷ (Mǎo) 호수이름 [상해시(上海市)에 있던 호수.「三泖」라고도 했음]

【昴】mǎo 별이름 묘
名〈天〉묘성 [이십팔수(二十八宿)의 하나]

【铆(鉚)】mǎo 대갈못 묘
❶ 名〈機〉리베트(rivet) 연결. 리베팅(riveting). ❷ 動 리베트(rivet)를 박다. 금속판을 리베트로 연결하다. ¶～合↓ ❸ 動 힘을들이다 ‖ =〔卯mǎo⑤〕

【铆钉】mǎodīng 名〈機〉리베트(rivet). ¶～距jù | 리베트 피치(pitch) =〔帽mào钉〕〔锅guō钉〕

【铆合】mǎohé 動 名 리베트를 조여 연결하다〔연결하는 것〕.

【铆接】mǎojiē 名 動〈機〉리베트(rivet) 연결(하다). ¶把预制的构件gòujiàn～起来 | 제작된 구재를 연결하다.

【铆劲儿】mǎo/jìnr 動 口 힘을 모아 한번에〔한꺼번에〕쓰다. ¶几个人一～, 就把大石头抬走了 | 몇 사람이 힘을 모아 큰 돌덩이를 들고 갔다. ¶铆着劲儿干 | 힘을 모아 한꺼번에 일하다.

mào ㄇㄠˋ

4【茂】mào 우거질 무, 성할 무
❶ 形 무성하다. ¶根深叶～ | 뿌리가 깊고 잎이 무성하다. ❷ 喻 번영하다. 다채롭다. 풍성하고 훌륭하다. ¶图文并～ | 그림과 문장이 모두 풍부하여 다채롭다. ❸ 名〈化〉시클로펜타딘(syclopentadiene).

4【茂密】màomì 形 (초목이) 밀생(密生)하다. 빽빽히 무성하다〔우거지다〕. ¶森林～ | 삼림이 빽빽히 우거지다. ¶～的麦苗màimiáo | 빽빽한 보리 모종.

4【茂盛】màoshèng 形 ❶ 우거지다. 무성하다. ¶庄稼长得很～ | 농작물이 무성하게 자라다. ❷ 번성(繁盛)하다. 번창하다. ¶营yíng业～ | 영업이 번창하다. ¶事业十分～ | 사업이 매우 번창하다.

2【贸(貿)】mào 장사할 무
❶ 動 (재화를) 바꾸다. 교환하다. 교역하다. ¶抱布～丝 | 베를 비단으로 바꾸다. ¶外～ =〔对外贸易〕| 대외무역. ¶易yì货～易 =〔以货易货〕〔易货交易〕| 바터 무역. ❷ 경솔하다. ¶～然↓ =〔冒mào②〕 ❸ (Mào) 名 성(姓).

【贸贸(然)】màomào(rán) 書 狀 ❶ 경솔하다. 무턱대고 …하다. ¶不要～行事 | 경솔하게 일을 처리하지 말라. ¶不肯～参加 | 무턱대고 참가하려고 하지 않다 =〔贸然〕 ❷ 눈이 흐릿하다. 눈에 정기가 없다. ❸ 멍청하다. 우매하다.

【贸然】màorán ⇒〔贸贸(然)①〕

2【贸易】màoyì 名 ❶ 무역. 교역. 상업. 매매. ¶对外～ | 대외 무역. ¶国内～ | 국내 무역. ¶国外～ | 국외 무역. ¶～协定 | 무역 협정. ¶～议定书 | 무역 의정서. ¶～差额 | 무역 차액. ¶～额 | 무역액. ¶～中心 | 무역 센터. ¶韩中～开展得很好 | 한중 무역 활동이 매우 좋다. ❷ 書 변역(變易). 변개(變改).

1【冒】mào mò 무릅쓸 모, 거짓쓸 모, 선우이름 묵

Ⓐ mào ❶ 動 뿜어 나오다. (위로) 내밀다. 나다. ¶～出烟来 | 연기를 뿜어내다. ¶～芽儿 | 싹이 돋다. ¶～泡儿 | 거품이 끓어 오른다. ❷ 動 (위험이나 악조건을) 개의치 않다. 무릅쓰고 (…을) 하다. 어법 대개「风」「雨」「雪」「危险」등을 목적어(賓語)로 가지며「～了」「～着」형태를 취함. ¶～着大雨跑来了 | 큰 비를 무릅쓰고 뛰어왔다. ¶～着风浪出海 | 풍랑을 무릅쓰고 바다로 가다. ❸ 속이다. 사칭하다. ¶～名↓ ❹ 形 조심성이 없다. 무모하다. ¶那个计划是～了 | 그 계획은 무모했다. ¶～昧mèi↓ ❺ 副 대략. 대강. ¶～三个月了 | 대략 3개월이 되었다. ❻ (Mào) 名 성(姓).

Ⓑ mò ⇒〔冒顿dú〕

Ⓐ mào

【冒称】màochēng 動 사칭(詐稱)하다. ¶他～队长 | 그는 대장을 사칭한다.

【冒充】màochōng 動 사칭(詐稱)하다. 속여서 …하다. …인 체하다. 가장하다. ¶用假jiǎ的～真zhēn的 | 가짜를 속여 진짜라고 하다. ¶～内行nèiháng | 전문가인 체하다 =〔假jiǎ冒〕〔假托tuō①〕

【冒顶】mào/dǐng ❶ 動〈鑛〉(탄광에서) 낙반(落盤)하다. ❷ ⇒〔冒名顶替〕

【冒犯】màofàn 動 ❶ 무례한 짓을 하다. (언어나 행동에 예의가 없어) 상대방의 기분을 상하게 하다. 실례하다. 범(犯)하다. (남이) 성나게 굴다. ¶不小心～了校长 | 조심하지 않아 교장을 화나

게 했다. ¶～尊zūn威｜위엄을 건드리다. 노여움을 사다. ¶刚才～了你, 请原谅yuánliàng｜방금 실례하였습니다, 양해해 주십시요. ¶～禁令｜금령을 어기다. ❷書…을 당하다〔입다〕. ¶～寒露｜찬이슬을 맞다.

【冒富】màofù 動 부가 편중되다. ¶平均主义不准住何人～, 结果是大家谁也难富｜평균주의는 어떤 사람에게도 부의 편중을 허용하지 않으며, 그 결과는 모든 사람의 빈곤을 초래했다. ¶鼓励gǔlìj少数人～｜소수의 부 편중을 부추기다.

【冒汗】màohàn 動 땀이 나다. ¶热得直～｜더워서 줄곧 땀이 나다 =〔出chū汗〕〔发fā汗〕

【冒号】màohào 名 콜론(colon). :.

【冒坏】mào/huài 動 ㊥ 나쁜 꾀를〔생각을〕 내다. ¶心里～｜마음 속에 흉계를 품고 있다 =〔冒坏水儿〕

【冒坏水儿】mào huàishuǐr ⇒〔冒坏〕

【冒火】mào/huǒ 動 ❶ 불이 뿜어나오다. 화염이 오르다. ¶忽然从那房子里冒出一股火来｜갑자기 그 집에서 화염이 솟아 나왔다. ❷ 불길을 무릅쓰다. ¶老师～进去救出教室里的孩子｜선생님은 불길을 무릅쓰고 교실에 있는 어린이를 구해냈다. ❸ (～儿) 화를 내다. ¶才没说几句话他就～啦｜말을 채 몇 마디 하지도 않았는데 그가 화를 발끈 내었다→〔生shēng气 ⓐ〕

【冒尖(儿)】mào/jiān(r) 動 ❶ (용기에) 고봉으로 수북이 담기다. 넘쳐나다. ¶筐里的土豆装得～了｜바구니에 감자가 수북히 담겼다. ❷ 남짓하다. 일정한 수량(數量)을 약간 초과하다. ¶五斤刚～｜5근을 약간 초과했다. ❸ 두드러지다. 눈에 띄다. ¶怕～｜눈에 띄는 것을 두려워하다. ¶她就爱～｜그녀는 사람들의 눈길 끌기를 좋아한다. ¶小小心心地往上～｜조심스럽게 두각을 나타내다. ❹ (조짐이) 나타나다〔생기다〕. ¶问题一～, 就要及时地研究解决｜일단 문제의 조짐이 보이면 즉각 해결책을 모색해야 한다 ‖ =〔冒头(儿)〕

【冒金花儿】mào jīnhuār ⇒〔冒金星儿〕

【冒金星儿】mào jīnxīngr 動組 ❶ 눈에서 불꽃이 튀다. ❷ 눈앞이 어찔어찔하다. ¶瞧得我两眼～｜나는 두 눈이 어찔어찔하도록 바라보았다 =〔冒金花儿〕

4【冒进】màojìn 形 무모하게 돌진(突進)하다. 분별없이 나아가다. 무턱대고 뛰어들다. ¶既要反对～, 也要反对保守｜분별없이 나아가는 것도 반대하며, 보수주의적인 것도 반대한다 ¶这种行为太～了!｜이런 행위는 매우 무모하게 돌진하는 것이다 ⇔〔冒退tuì〕

【冒领】màolǐng 動 남의 이름을 사칭하여 받다. ¶虚报～｜거짓 보고하여 사취하다. ¶他～了一套工作服｜그는 남의 이름을 사칭하여 작업복 한 벌을 받았다 =〔冒取qǔ〕

【冒冒失失】mào·maoshīshī 狀 우둔하게. 무모하게. 경솔하게. ¶他总是～的｜그는 언제나 경솔하다. ¶～地率shuài领少数积极分子前进｜무모하게 소수의 적극적인 사람들을 이끌고 전진하다→〔冒失〕

【冒昧】màomèi 形 謙 주제넘다. 경솔하다. 분별이 없다. 외람되다. 당돌하다. ¶不揣chuāi～｜경솔함을 무릅쓰다. ¶～陈辞｜외람되게 말씀드리다. ¶～地写信给你｜주제넘게도 당신에게 편지를 씁니다.

【冒名】mào/míng 動 남의 명의(名義)를 사칭하다. 이름을 훔쳐쓰다. ¶那笔钱被人～领去了｜그 돈은 다른 사람이 명의를 도용하여 찾아갔다 =〔顶dǐng名(儿)①〕〔枪qiāng名〕

【冒名顶替】màomíngdǐngtì 威 남의 이름을 훔쳐쓰다〔도용하다〕. 남의 이름을 사칭하여 그 사람 대신 어떤 일을 하거나 그 권리나 지위를 훔치다. ¶考试的时候～事儿常常发生｜시험 때는 대리 시험 사건이 항상 일어난다 =〔枪qiāng冒顶替〕〔枪名顶替〕〔簡 冒替〕〔簡 冒顶②〕

4【冒牌(儿)】mào/pái(r) 動 상표를 도용하다. ¶～货｜위조 상품.

【冒炮】mào/pào ⇒〔冒泡儿①〕

【冒泡儿】mào/pàor ❶ 動 입에서 나오는대로〔함부로〕 말하다 =〔冒炮pào〕 ❷ (mào pàor) 거품이 일어나다. 물방울이 올라가다.

【冒汽】màoqì 動 증기를 뿜어내다. 김이 나다. ¶保安阀开始～了｜안전밸브가 증기를 내뿜기 시작했다. ¶水壶hú～｜물주전자에서 김이 난다.

【冒失】mào·shi 形 경솔하다. 경망하다〔스럽다〕. 덜렁대다. 부주의하다. ¶做事要小心, 不能～｜일을 할때는 조심해야지, 경솔해서는 안된다. ¶坏了, 这事做～了｜아차, 이 일을 경망스레 처리해버렸군→〔冒冒失失〕

【冒失鬼】mào·shiguǐ 名 경망스런 사람. 무례한 사람. 덜렁이. ¶他一向说话不留神, 真是～｜그는 언제나 말하는 것이 조심스럽지 못하여 정말 덜렁이다.

【冒天下之大不韪】mào tiān xià zhī dà bù wěi 威 천하의 대악(大惡)을 범하다. 온 세상이 비난할 짓을 하다. ¶袁世凯竟～, 自立为皇帝｜원세개는 천하의 대악을 범해, 스스로 황제가 되었다.

【冒头(儿)】mào/tóu(r) ⇒〔冒尖jiān(儿)〕

【冒退】màotuì 動 갑자기〔무모하게〕 후퇴하다 ⇔〔冒进〕

4【冒险】mào/xiǎn 動 모험하다. 위험을 무릅쓰다. ¶戴上安全帽再下去, 不要～｜안전모를 쓰고 다시 내려가라, 위험을 무릅쓰지 말고. ¶～偷来一份情报｜위험을 무릅쓰고 정보를 훔쳐왔다. ¶～主义｜모험주의 =〔担dān险〕

【冒烟】màoyān 動 ❶ 연기가 나다. ¶烟囱cōng～｜연통에서 연기가 나다. ❷ 喻 극도에 달하다. 죽을 지경이다. ¶嗓子渴得直～=〔嗓子眼儿冒烟〕｜목이 말라서 죽을 지경이다. ❸ 화가 나다. 화를 내다.

【冒雨】màoyǔ 動 비를 무릅쓰다. ¶他～回去了｜그는 비를 무릅쓰고 돌아갔다.

Ⓑ mò

【冒顿】Mòdú 名〈人〉묵돌 [한초(漢初) 흉노의 선우(單于)의 이름]

1【帽】mào 건 모, 두겁 모

名 ❶ (～子) 모자. ¶草～｜밀짚 모자.

¶安全～｜헬멧. 안전모. ¶呢～｜나사 중절모. ¶铜盆tóngpén～＝[常礼帽]｜중산모. ¶大礼～｜실크해트. ¶鸭舌～｜캡. ¶脱～｜모자를 벗다. ¶爱戴高～子｜남의 아첨[칭찬]받기를 좋아하다. ❷(～儿)(기능·모양이) 모자와 비슷한 것. ¶笔～｜붓뚜껑. ¶螺丝luósī～｜나사못 대가리. ❸서두. 문장[말]의 첫부분. ¶文章的～｜문장의 서두.

【帽耳】màoěr 名(방한용) 모자의 귀덮개. ¶卷起～｜모자 귀덮개를 올리다. ¶放下～｜모자 귀덮개를 내려놓다. ¶解开～结子｜모자 귀덮개 끈을 풀다.

【帽花(儿)】màohuā(r) ❶名모자 앞에 다는 장식. ❷⇒[帽徽huī]

【帽徽】màohuī 名모표(帽標) ¶～掉了｜모표가 떨어졌다＝[回帽花(儿)②]

【帽盔儿】màokuīr 名❶헬멧. ❷모자를 만들 때 쓰는 목형(木型). ❸모자챙을 뗀 부분.

【帽舌】màoshé 名모자챙 ¶～太长｜모자 창이 매우 길다＝[帽舌头]

【帽檐(儿)】màoyán(r) 名모자의 이마 앞이나 주위에 죽 둘린 챙. ¶～坏了｜모자의 챙이 부서졌다＝[帽沿yán(儿)]→[帽舌shé]

1【帽子】mào·zi 名❶모자. ¶一顶～｜모자 하나. ¶戴～｜모자를 쓰다. ❷轉죄명 또는 악평의 레테르. 딱지. ¶扣kòu上保守bǎoshǒu思想sīxiǎng的～｜보수사상이란 딱지를 붙이다. ¶高～＝[高帽儿]｜아첨하는 말. ¶给他戴～｜그에게 죄명을 씌우다. ❸선전문구. 수식한 문구. ¶别念～了｜선전문구를 읽지 말라. ❹중국의 토지개혁 때에 농민이 지주를 개별적으로 재판하여 부과한 일종의 배상금. ❺덤으로 생긴 이익금. 구전. 웃돈. ¶我不给你佣金, 你戴dài上～好了｜수수료는 지불하지 않을 테니, 웃돈을 얹어 팔아라.

【瑁】mào 대모 모
⇒[玳dài瑁]

【旄】mào ☞ 旄 máo B

【耄】mào 늙을 모
書名(80～90세 사이의) 늙은이. ¶～龄líng｜고령.

【耄耋】màodié 名많은 나이. 고령(자).

【袤】mào 길이 무
書名(땅의) 남북의 길이.

【瞀】mào 흐릴 무, 어지러울 무
書形❶(눈이) 보이지 않다. 가물거리다. ❷뒤숭숭하다. 헷갈리다. 착란하다. ❸轉어리석다. ¶～儒rú↓

【瞀儒】màorú 書名우매한 선비. 바보 같은 학자.

【懋】mào 힘쓸 무, 성대할 무
書❶動힘쓰다. 근면하다. ❷形대단하다. 성대하다. ¶～功｜큰 공로. ¶～典｜성대한 행사.

【懋官】màoguān 書動관리를 고무·격려하다.

【懋懋】màomào 書動애쓰다. 노력하다. 부지런히 하다.

2【貌】mào 모양 모
❶名용모. 얼굴 모양. ¶容～｜용모. ¶面～｜얼굴 생김새. ¶以～取人｜외양만으로 사람을 판단하다. ❷모양. 표정. 태도. ¶礼～｜인사성. 예절. ¶工厂的全～｜공장의 전모. ❸외관. 겉보기. ¶～合神离↓ ¶～言｜겉치레 말.

【貌不惊人】mào bù jīngrén 成용모나 풍채가 사람의 주의를 끌지 못하다. 보잘 것 없다. ¶他谁～, 但才学确是出众｜그는 비록 용모가 보잘 것 없으나, 재주와 학식은 확실히 출중하다.

【貌合神离】mào hé shén lí 成❶겉으로는 서로 친한 것 같지만, 실제로 마음은 딴판이다. ¶他们夫妻俩～｜그들 부부 둘은 겉으론 친한 것 같으나, 실제로는 그렇지 않다. ❷번역문과 원문(原文)이 표면상으로는 딱 맞는것 같지만, 실제 문장품격은 다르다 ‖＝[貌合心离]

【貌似】màosì 書動보기엔[외관상, 겉으로는, 표면적으로는]…인 듯하다[…인것 같다]. ¶～强大｜외관상으로는 강대한 것 같다. ¶～公正｜보기엔 공정한 듯하다.

【貌相】màoxiàng 動외모(外貌)로 사람을 판단하다. ¶人不可～｜諺사람을 외모로 판단해서는 안된다.

·me ㄇㄜ·

1【么(麽)】·me ·ma mó 그런가 마
주의「么」는「幺」의 속자(俗字)로 많이 쓰임⇒[幺yāo]

A ·me ❶尾「这」「那」「怎」「多」등에 붙는 접미사(後綴) [송원(宋元)의 사곡(詞曲)에서는「这么」「那么」등을「么」로 줄여 쓰기도 함] ¶这～｜이렇게. ¶怎～｜어찌. 왜. 어떻게. ¶那～｜그러면. 그렇게. ¶多～｜얼마나＝[末·me] ❷助앞 절(小句)의 끝에 쓰여 어기의 함축성을 표현함. ¶不让你去～, 你又要去｜가지 못하게 하는대도 기어코 가려 한다. ❸가사(歌詞)에서 음율을 맞추기 위해 붙이는 뜻 없는 글자. ¶五月的花儿, 红呀～红似火｜5월의 꽃이 불같이 붉다.

B ·ma「吗」와 통용⇒[吗·ma]

C má 代俗무엇. 어떤. ¶干～你早来?｜뭘하려고 일찍 오니?＝[什么][吗má][嘛má][啥shá]

D mó 書形가늘고 작다. ¶～虫｜작은 벌레. ¶幺yāo～｜아주 작은. 미세한.

【末】·me ☞ 末 mò B

méi ㄇㄟˊ

1【没】méi mò 빠질 몰, 빼앗을 몰, 다할 몰

A méi 副없다. 아니다. 어법동사「有」를 부정할 때 쓰이는 부정부사이나, 의문문(問句)의 끝이나 대답(對答)할 때를 제외하고는「没有」의 형태로 씀. 특히 구어(口語)에서 그러함⇒[没有]

B mò ❶動(물에) 잠기다. 가라앉다. 침몰하다. ¶～入水中｜물에 잠기다. ¶大水把庄稼淹～了｜큰 물이 농작물을 침수시켰다. ❷動(물이) 넘치다. (어떤 높이를) 넘어서다. ¶水～了头顶｜

M

물이 머리를 넘치다. ¶雪深~膝 | 눈이 무릎 위까지 올라왔다. ❸動(금품을) 몰수하다. ¶抄~违禁品 | 금제품(禁制品)을 적발하여 몰수하다. ❹숨다. 사라지다. 소멸하다. ¶出~ | 출몰하다. ¶泯mǐn~ | 없어지다. ❺끝나다. 다하다. ¶~齿chǐ↓ ¶~世↓ ❻「殁」와 통용⇒[殁mò] ❼⇒[没奈何]

Ⓐméi

【没边(儿)】méi/biān(r) 動❶종잡을[예측 할] 수 없다. ¶他说起话来总是~ | 그가 말하기 시작하면 전혀 종잡을 수가 없다. ❷한[끝]이 없다. ❸(언행에) 절도(節度)가 없다. ❹근거가 없다.

【没病找病】méi bìng zhǎo bìng 成 일부러 고통을 자초하다. ¶你这样做是~ | 너가 이렇게 하는 것은 일부러 고통을 자초하는 것이다.

【没成想】méi chéngxiǎng 副 뜻밖에. 의외로. ¶~, 他起得这么早 | 뜻밖이네, 그가 이렇게 일찍 일어나다니. ¶~遇见他 | 뜻밖에 그를 만나다. ¶咱寻思来晚了呢, ~还早得很 | 나는 속으로 늦었다고 생각했는데, 의외로 이렇게 이르다니.

4【没吃没穿】méi chī méi chuān 成 먹을 것도 입을 것도 없다.

【没出息】méi chū·xi 動組 장래성이 없다. 변변치[신통치] 못하다. 못나다. 실없다. ¶这孩子太~了 | 이 아이는 정말 장래성이 없다. ¶~的人 | 장래성이 없는 사람.

【没词儿】méi/cír 動 ⓞ 할 말을 잃다. 말문이 막히다. ¶我被他说得~了 | 나는 그로 인해 할 말을 잃어버렸다.

2【没错儿】méi cuòr ❶套 틀림없다. 분명하다. 옳다. 맞다. ¶~, 就是他干的 | 틀림없어, 바로 그가 한 짓이야. ❷틀림없다. 잘못됨이 없다. 그르침이 없다. ¶照说明书做, 准保~ | 설명서대로 하면, 보증컨대 틀림없다.

【没大没小】méi dà méi xiǎo 成 ❶상하[연령, 지위] 차별이 없다. 지위가 평등하다. ❷윗 사람을 몰라 보다. 버르장머리 없다 ‖ =[没大没细]

【没的】méi·de ❶動 없다. 어법 동사의 앞에 위치하여 그 동사의 동작·행위가 미칠 대상이 없는 것을 나타냄. ¶~吃~穿 | 먹을 것도 없고 입을 것도 없다. ¶既是这样, 老师也~说了 | 이왕 이렇게 된 바에는 선생님도 할 말이 없다. ❷動 없다. ¶连衣服也~半片 | 옷 반 조각도 없다→[没的事] ❸動 …하지 말라. ¶出去的时候多穿点衣服, ~回头着凉 | 밖에 나갈 때 옷을 더 입어서 나중에 감기들지 않도록 해라 =[没得④][莫mò得] ❹副 까닭없이 =[没得⑤] 어법「没有的」라고 하지 않음.

【没的事】méi·de shì 套❶그럴 리 없다. 당치도 않다. ❷아무 것도 아니다. 괘념할 것 없다 ‖ =[没有的事儿]

【没得】méi·de ❶動 …되지 않다. (미처) …하지 못하다. ¶还~和父亲商量 | 아직 아버지와 상의하지 못했다. ❷動 ㊀ 없다. ¶~香味 | 향미가 없다. ❸㊀ …할 필요[가치]가 없다. ¶~找打 | 사서 맞을 필요가 없다. ❹⇒[没的③] ❺⇒[没的④]

【没得说】méi·deshuō 動組 말할 것[자격]이 없다. ¶家里没有钱, ~ | 집안에 돈이 없으니 말해 무엇해.

【没底】méi/dǐ 動❶자신이 없다. ¶我心里还~ | 나는 아직 마음에 자신이 없다. ❷한[끝]이 없다. ¶好得~ | 한없이 좋다. ❸예측할 수 없다. ❹기초가[기반이] 없다.

【没多少】méi duōshǎo 動組 얼마 없다[안된다]. 많지 않다. ¶从这儿到那儿~路程 | 여기서 거기까지는 얼마 안되는 길이다. ¶这买卖~赚头zhuàntóu | 이 장사는 이익이 얼마 없다.

【没二话】méi èrhuà 喩 두말 하지 않다. 말 한 것은 반드시 지키다. ¶他~就走了 | 그는 두말하지 않고 가버렸다.

【没法儿】méi/fǎr 京 méi/·far) ❶⇒[没有法子) ❷京 그 이상일 수 없다. 최고이다. ¶今天这场戏, ~那么好的了 | 오늘의 이 연극은 최고로 좋았다. ❸불가능하다. 결코……하지 않을 것이다. 어법「没有法儿」이라고 하지 않음.

【没法子】méi/fǎ·zi 又 méi/fá·zi) ⇒[没有法子]

【没根基】méi gēn·ji 動組 ❶貶 京 (품행이) 형편없다. 쩨쩨하다. 치사하다. ¶那个人好~了, 总是跟人要支烟抽 | 그 사람은 정말 쩨쩨하다, 늘 남에게서 담배를 얻어 피운다. ❷罵 치사한 놈. 형편없는 놈.

1【没关系】méi guān·xi 動組 ❶관계가 없다. ❷괜찮다. 문제 없다. 염려 없다. ¶有没有关系? | 괜찮습니까? ¶~, 别说对不起了 | 괜찮아, 미안하다고 말하지 마 =[蓼liǎo来头②][不要紧][不碍事]

【没好意思】méi hǎoyì·si 動組 내키지 않다. 난처하다. 거북하다. ¶我~说 | 내가 말하기가 난처하다. ¶她送给我那个东西, 我~要 | 그가 나에게 그 물건을 보내왔지만, 나는 갖기가 거북스러웠다. ¶我~收那笔钱 | 나는 그 돈을 받기가 난처하다.

【没见识】méi jiàn·shi 견식[상식]이 없다. ¶连这个都不知道, 真~! | 이것조차도 모르다니, 정말 상식이 없군! ¶你太~, 连这都不懂 | 너는 정말 식견이 없구나, 이것도 모르다니.

【没讲儿】méi jiǎngr 動組 ❶할 말이 없다. ❷이런[그런] 뜻은 없다. 이렇게[그렇게] 말할[풀이할] 수는 없다. ¶这文章~ | 이 문장은 이렇게 풀이할 수는 없다.

【没劲(儿)】méi/jìn(r) 動❶힘이 없다. ¶病才好, ~上楼 | 병이 막 나아서, 윗층에 오를 힘이 없다. ❷(일이) 잘 되지 않다. 신통치 않다. ¶他这样做实在~ | 그가 이렇게 한다면 사실은 잘 되지 않는다. ❸흥미가 없다. 무미건조하다. ¶这电影真~ | 이 영화는 정말 재미가 없다. ❹정신이[원기가] 없다. ¶昨夜失眠, 今天~做事 | 어제밤 잠을 못 자서 오늘은 일할 기운이 없다.

【没精打采】méi jīng dǎ cǎi 成 활기가 없다. 시들시들하다. 흥이 나지 않다. 맥이 풀리다. ¶他~地坐在地下 | 그는 맥이 풀려 땅바닥에 앉아 있다 =[无精打采]

【没救儿】méi/jiùr 動 구제할〔어찌할〕 방법이 없다. 희망이 없다. ¶他伤势严重, 恐怕是~了 | 그의 부상 정도가 위중하여 아마도 구제할 방도가 없을 것이다. ¶这个人实在~了 | 이 사람은 사실상 희망이 없다.

【没落子】méi lào·zi ⊗méi luò·zi) 動組 方 생계가 막연하다. 생활을 꾸릴 길이 없다. (가난하여) 몸 붙일 곳이 없다. 의지할 곳 없다. ¶老了, ~真可怜 | 늙어서 의지할 곳이 없으니 참 불쌍하다 =〔没落儿〕

【没了】méi·le ❶ 없어졌다. ❷ 끝났다. ❸ 죽었다.

【没脸】méi/liǎn 動 면목이〔염치가〕 없다. ¶~见人 | 사람을 대할 염치가 없다. ¶那么~哪! | 저토록 염치가 없다니!

【没路(儿)】méi lù(r) (빠져나갈) 길이 없다. 궁지에 빠지다. 난처해지다. ¶他除了自首外, 已~可走了 | 그는 자수 하는 것 외에는 이미 빠져나갈 길이 없게 되었다.

【没…没…】méi…méi… ❶ …도 없고 …도 없다. 어법 같거나 유사한 의미의 두 명사·동사·형용사의 앞에 쓰여 부정을 강조함. ¶~家~业 | 집도 없고 재산도 없다. ¶~完~了 | 끝도 없고 마침도 없다. ¶~羞xiū~臊sāo | 부끄러워 하지도 않고 수줍어 하지도 않다. ❷ …도 없고 …도 없다. 어법 반대되는 의미의 두 형용사 앞에 쓰여 당연히 구별해야 할 것을 구별않는다는 뜻을 나타냄. ¶~老~少 | 어른도 없고 아이도 없다. 윗사람에게 불손하다. ¶~日~夜地苦干kǔgàn | 밤낮없이 열심히 일하다.

【没门儿】méi/ménr ❶ 動 方 방법이 없다. 가망이 없다. ¶你能给我们弄几张戏票吗? 我可~ | 네가 우리에게 연극표 몇 장을 구해줄 수 있느냐? 나는 정말 방법이 없다. ❷ 動 俗 연줄이 없다. ¶那个单位~是进不去的 | 그 직장은 연줄이 없으면 들어갈 수 없다. ❸ 動 方 소용없다. 어림도 없다. 아니되다 [거절함을 나타냄] ¶老王想拉拢我? ~! | 왕씨가 나를 끌어들이려해? 어림 없지! ❹ (méi ménr) 문이 없다.

【没命】méimìng ❶ 動 죽다. ¶要不是医生及时赶到, 这小孩子就~了 | 만약 의사가 제때에 오지 않았더라면, 이 어린아이는 죽었을 것이다. ❷ 動 복(福)이 없다. ❸ 副 필사적으로. 일체를 돌보지 않고.

【没脑袋苍蝇】méi nǎo·dai cāng·ying 머리가 없는 파리. ❶ 목적도 없이 괜스레 돌아다니는 사람. ❷ 공연히 떠들어대는 사람.

【没谱儿】méi/pǔr 動 方 ❶ (특별히) 작정한 바 없다. 계획이 없다. ¶这件事该怎么办, 我还~呢 | 이 일을 어떻게 처리해야 할 지 나는 아직 아무런 계획이 없다. ¶怎么处理, 我心里可~ | 어떻게 처리해야 할지, 내 마음에는 정말 아무 계획이 없다. ❷ 종잡을 수 없다. ¶这炉子一个月要烧多少煤, 我可~ | 이 난로는 한 달에 얼마의 석탄을 때야 하는지 나로서는 정말 종잡을 수 없다. ❸ 기준이 없다. ¶做人总不能~ | 사람답게 사는 것은 어쨌든 기준이 없을 수 없다 ‖ =〔京没稿子〕

【没趣(儿)】méiqù(r) 形 ❶ 재미없다. 시시하다. ❷ 무안하다. 난처하다. ¶没有人理他, 他觉得~, 只好走了 | 아무도 그를 상대하지 않자 그가 무안하여 달아날 수밖에 없었다. ¶自讨~ | 창피를 자초하다. ❸ (일의 결과가) 신통치 않다. ¶可怜张王二家~, 真是人财两空 | 가련하게도 장씨·왕씨 두 집안이 불행하게 되어 정말 사람도 돈도 모두 없어졌다. 어법 일반적으로 「没有趣(儿)」이라고는 하지 않음.

【没人味儿】méi rénwèir 京 인간미가 없다. 사람같지 않다. ¶人要是一点人味儿都没有了, 还有谁理他? | 사람이 만약 조금도 인간미가 없다면, 대체 누가 그를 상대하겠는가? ¶这个老鬼真~ | 이 늙은이는 정말 사람같이 않다.

2【没什么】méi ·shén·me ❶ 아무 것도 아니다. 별것 아니다. ¶碰破了一点儿皮, ~ | 부딪쳐서 살갗이 좀 벗겨진 것이니 별 것 아니다. ¶他也~了不起的 | 그도 별 대단치 않다. ❷ 아무 것도 없다. ¶~可说的 | 아무 것도 할 말이 없다. ❸ 상관없다. 괜찮다. ¶~, 请进来吧! | 괜찮습니다, 들어오십시오!

2【没事(儿)】méi/shì(r) ❶ 動 (볼) 일이 없다. 용건이 없다. 한가하다. ¶今天~, 我想去看电影 | 오늘은 일이 없어 나는 영화 보러 가려고 한다. ❷ 套 대수롭지 않다. 괜찮다. 상관 없다. ¶唷, 踩cǎi了你的脚了. ~ | 아이구, 당신의 발을 밟았군요. 괜찮습니다. ‖ 어법 일반적으로 「没有事(儿)」이라고는 하지 않음.

【没事(儿)找事(儿)】méshì(r) zhǎoshì(r) 成 ❶ 쓸데 없는 일을 하다. 별것 아닌데도 일부러 말썽을 일으키다. ¶你不是~吗? | 너는 쓸데없는 일을 하려는 것 아니냐? ❷ 남의 흠을 애써 찾다.

【没数(儿)】méishù(r) ❶ 形 무수(無數)하다. ¶你养种的果树~了吧! | 당신이 재배하는 과수가 무수해졌군요! ❷ (méi/shù(r)) 動 속셈이 없다. (특별한) 작정이 없다. ¶我心中也~, 不知他来不来 | 나도 마음 속으로 작정을 못했는데, 그가 올지 안올지를 모르겠다.

3【没说的】méi shuō·de ⇒〔没有说的〕

【没头(儿)没脑(儿)】méi tóu(r) méi nǎo(r) 成 ❶ 까닭〔원인〕을 모르거나 단서〔실마리〕가 없다. ❷ 밑도 끝도 없다. 갑작스럽다. ¶~地抽打 | 밑도 끝도 없이 두들겨 패다. ❸ 일체를 돌보지 않다 ‖→〔没头脑〕

【没头脑】méi tóunǎo 狀組 喩 ❶ 두서가 없다. 조리가 없다. ❷ 까닭없다. 느닷없다. ¶~地说了一句 | 느닷없이 한마디 했다. ❸ 사물의 도리를 모르다. ❹ 罵 골이 비었다 ‖→〔没头(儿)没脑(儿)〕

【没完】méiwán 動 ❶ 끝이 없다. ¶说个~ | 끝없이 이야기하다. ¶笑起来~ | 끝없이 웃다. ❷ 끝까지 하다. 끝장을 보다 [적대감을 나타냄] ¶我跟他~ | 나는 그와 끝장을 보겠다.

【没完没了】méi wán méi liǎo 成 한도 없고 끝도 없다. ¶第二天, 风雨还是~ | 둘째날, 비바람이 여전히 한도 끝도 없다. ¶她~地哭, 我都烦透了 | 그녀가 끝없이 울어, 나는 온통 귀찮아 견딜 수

없다.

【没戏】méixì 形 俗 ❶ 가망〔희망〕이 없다. ¶这件事～了｜이 일은 허사가 되었다. ¶看来这回又～了｜보아하니 이번에도 가망이 없어 보였다. ❷ 재미없다. 시시하다. 시원치〔신통치〕 않다.

【没心肝】méi xīngān 俗 양심이 없다. 인간적인 데가 없다. ¶那你是要个～的老婆, 不管你死活么?｜그렇다면 너는 양심없는 마누라를 얻어 죽든 살든 상관 없다는 거니?《艾蕪·百煉成鋼》

【没心没肺】méi xīn méi fèi 成 ❶ 생각이 없다. 머리를 쓰지 않는다. ¶这个人～怎么办得成事?｜이 사람은 사려가 없는 인간인데 어찌 일을 해낼 수 있겠는가? ＝〔没心拉肠〕〔没心没想〕 ❷ 사람다운 데가 없다. 양심이 없다 ＝〔没心少肺〕

【没羞】méixiū 形 부끄럼이 없다. 뻔뻔스럽다. ¶那么大的小子还哭, 真～｜저렇게 큰 아이가 아직도 울다니, 정말 부끄럽도 없다.

【没羞没臊】méi xiū méi sào 成 부끄러움이 없다. 뻔뻔스럽다. ¶这个人从小就～的｜이 사람은 어려서부터 부끄러움이 없었다.

1【没意思】méi yì·si 動組 ❶ 의미가 없다. 무의미하다. ❷ 재미가 없다. ¶没有理想的人, 会觉得生活～｜이상이 없는 사람은, 생활이 무의미하다고 느낄 것이다. ❸ 지루하다. ¶每天无所事事, 好～｜매일 하는 일이 없으니, 정말 지루하다 ¶这种事干起来真～｜이런 일을 하자니 정말 지루하다. ‖＝〔没有意思〕

【没影儿】méi/yǐngr 動 ❶ 그림자가〔형적이〕 없다. 자취를 감추다. ¶像烟消云散, 一会儿就～了｜마치 연기가 사라지고 구름이 흩어지듯, 잠깐 사이에 자취를 감췄다. ❷ 근거가 없다. 가망이 없다. ¶这是～的事｜이는 근거없는 일이다.

2【没用】méi/yòng ❶ 動 쓸모가〔소용이〕 없다. ¶哭也～｜울어봐야 아무런 소용이 없다. ❷ 形 (méi yòng) 쓰지 않았다. 쓰고 있지 않다 ¶他是一个很～的人｜그는 정말 쓸모없는 사람이다. ‖ 어법 「没有用」이라고도 함.

1【没有】méi·yǒu Ⓘ 動 「有」의 부정형. ❶ 없다. 가지고〔갖추고〕 있지 않다. 어법 소유의 부정을 나타냄. ¶～理由｜이유가 없다. ¶～把握bǎwò｜자신이 없다. ¶你的话太～道理了｜너의 말은 너무 터무니없다. ❷ 없다. 어법 존재의 부정을 나타냄. 시간·장소를 표시하는 말은 앞에, 의미상의 주어는 뒤에 옴. ¶屋里～人｜방안에 사람이 없다. ¶明天～会｜내일은 회의가 없다. ¶～我不知道的｜내가 모르는 일은 없다. ❸ (「誰」「哪個」 등의 앞에 쓰여) (아무도〔누구도〕) …않다. ¶～谁会同意这样做｜아무도 이렇게 함을 동의하지 않을 것이다. ¶～哪个说过这样的话｜누구도 이런 말을 한 적이 없다. ❹ …만 못하다. …에 못미치다. 어법 비교문에 쓰임. ¶你～他高｜너는 그만큼 (키가) 크지 않다. ¶谁都～他会说话｜누구도 그보다 말을 잘하지 못한다. ¶这里从来～这么冷过｜이곳은 여태 이처럼 추웠던 적이 없다. ❺ (시간상으로) …이 못되다〔안되다〕. 어법 수량의 부족을 나타냄. ¶来了～三天就走了｜온 지 사흘이 못되어 가버렸다. ¶他走了还～两天呢｜그가 떠난 지 아직 이틀도 안된다. Ⓘ 副 동작이나 상태가 아직 발생하지 않았음을 나타내는 부정부사. ❶ 아직 …않다. 어법 경험·행위·사실 등이 아직 일어나지 않았음을 나타냄. 일반적으로 강조의 의미를 가진 「还～…(呢)」의 형태로 쓰임. ¶他们～做完｜그들은 다하지 못했다. ¶邮局还～开门呢｜우체국이 아직도 문을 열지 않았다. ❷ …않다. 어법 과거의 경험·행위·사실 등을 부정. ¶他昨天～回来过｜그는 어제 돌아온 적이 없었다. ¶银行昨天～开门｜은행은 어제 문을 열지 않았다. ¶你在大学里读过书～?｜너는 대학에서 공부한 적이 있느냐? ‖ 어법 ⓐ 문장의 끝에 위치할 때는 「没」를 쓰지 않고 반드시 「没有」를 씀. ¶屋里连一个人也～｜방안에는 한 사람도 없다. ⓑ 구어에서는 「有」를 경성으로 발음함으로써 「没有」가 「没」로 들리는 수가 있음. ⓒ 부사로서 의문문에 쓰일 경우. 「…了没有」가 일반적인 형태이지만 「有没有…」가 쓰이기도 함. ¶他有～瞒mán你, 你倒弄清了～｜그가 너를 속였는지, 너는 대체 알았느냐? ⓓ 일반적으로 부사로서 동사를 부정할 때, 「没」「没有」는 주관적 의지와는 관계없는 사실의 단순한 부정으로서 과거 시제이며, 이에 비해 「不」는 주관적 의지가 작용함을 나타내며 미래일 경우가 많음. ¶前天请他, 他没来｜그제 그를 초대했는데, 그는 오지 않았다. ¶昨天请他, 他没来, 今天不请他, 他更不来｜어제 그를 초청했으나 그가 오지 않았는데, 오늘 그를 초청하지 않으면 그는 더더욱 안올 것이다. ⓔ 「没」「没有」는 「能」「能够」「要肯」「敢」 등의 일부 조동사 앞에서만 쓰이며, 이에 비해 「不」는 모든 조동사 앞에 쓰일 수 있음. ⓕ 「不」가 조동사 및 동사와 결합할 때는 어떤 어순(語順)이라도 가능하지만 「没」「没有」는 「没＋能＋動」의 한가지 뿐임. ¶不能去. ¶能不去. ¶不能不去. ¶能不能去? ¶能去不能? ¶没能去. ¶能没去(×)

【没有法子】méi·yǒu/fǎ·zi ⊗méiyǒu/fá·zi) 動組 방법이 없다. 어찌할 수 없다. ¶～办｜처리할 방법이 없다＝〔没法儿①〕〔没法子〕→〔有法子〕

【没有过不去的河】méi·yǒu guò·buqù·de hé 諺 건널 수 없는 강은 없다. 하면 된다. ¶世界上～, 只要想办法, 什么事都能干｜세상에 건널 수 없는 강은 없으니, 단지 방법만 생각한다면, 무슨 일이든지 할 수 있다.

【没有说的】méi·yǒu shuō·de 狀組 ❶ 나무랄 것이〔데〕 없다. ¶这小伙子既能干又积极, 真是～｜이 젊은 친구는 능력도 있고 또 적극적이어서 참으로 나무랄 데 없다. ¶提升他当主任, 我～｜그를 승진시켜 주임을 맡긴다면, 나로서는 문제 삼을 것이 없다. ❷ (의논 등에서) 말할 여지가 없다. 따질 필요가 없다. ¶这车你们使了三天, 今天该我们使了, ～!｜이 차를 너희가 사흘을 썼으니 오늘은 당연히 우리가 써야지. 더 따질 필요도 없어! ❸ 별것 아니다. 문제가 안된다. ¶咱们哥儿俩, 这点小事儿还不好办, ～｜우리들 두 사람 사이에 이런 사소한 일도 처리하지 못한다면 말

도 안돼 ‖＝〔没说的〕

【没缘】méiyuán 形 인연이 없다. 喻 전혀 불가능하다. ¶我跟酒是～ | 나는 술과는 인연이 없다. ¶我和电影一向～ | 나는 영화와 언제나 인연이 없다.

4【没辙(儿)】méi/zhé(r) 動 口 방법이 없다. 어찌할 수 없다. ¶被大伙儿这么一问, 他可就～了, 连一句话也没得说的了 | 모든 사람에게 이렇게 질문을 당하니까 그는 진짜 어찌할 방법이 없어 한 마디도 할 말이 없게 되었다. ¶碰到这号事, 我就～了 | 이 일을 당하니, 나는 어찌할 수 없었다.

【没治(儿)】méi/zhì(r) 動 口 ❶ 처치할 방도가 없다. 치료할 수 없다. 어쩔 도리가 없다. ¶没个治(儿)了 | 처치할 방법이 없게 되었다. ❷ 喻 (사람·일 등이) 대단히 좋다. ¶这瓜甜得～了 | 이 과일은 달아서 매우 좋다.

【没主意】méi zhǔ·yi 動組 (특별한) 의견〔작정〕이 없다. 주견이 없다. ¶这事儿该怎么处理, 我也～ | 이 일은 마땅히 어떻게 처리해야할 지, 나로서도 의견이 없다.

【没准(儿)】méizhǔn(r) ❶ 形 확실하지 않다. 불분명하다. ¶他来不来～ | 그가 올지 안올지 확실하지 않다. ¶这事儿还～ | 이 일은 아직 분명하지 않다. ❷ 副 轉 아마도. 다분히. ¶～要下雨 | 아마도 비가 오겠다.

Ⓑ mò

【没齿】mòchǐ 書 名 몰치. ❶ 평생. 종신(終身). ¶～难忘 | 평생 잊지 못하다. ❷ 이를 가는 해 [남자 8세, 여자 7세를 일컬음]

【没齿不忘】mò chǐ bù wàng 成 평생 잊지 못하다 ¶您的大恩大德我～ | 당신의 큰 은혜를 나는 평생 잊지 못한다 ＝〔没世不忘〕

【没顶】mò dǐng 머리가 잠기다. ¶越陷越深, 很快就～ | 점점 깊이 빠져 들어 금새 머리가 잠겼다.

【没落】mòluò ❶ 名 動 몰락(하다). ¶～地主 | 몰락한 지주. ¶～王朝 | 몰락한 왕조. ❷ 動 함락하다. ❸ 動 타락하다. ¶社会风气腐朽fǔxiǔ～了 | 사회의 기풍이 부패하고 타락했다.

【没奈何】mònàihé 書 副 어쩔 수 없이. 부득이. ¶小黄等了很久不见他来, ～只好一个人去了 | 황군은 오랫동안 기다려도 그가 오지 않아, 어쩔 수 없이 혼자 갈 수 밖에 없었다 ＝〔莫mò奈何〕〔末mò耐何〕→〔没méi法子〕

【没世】mòshì 書 ❶ 動 몰세하다. 세상을 떠나다. ❷ 名 일생. 평생. ¶～不忘＝〔没齿不忘〕| 成 평생 잊지 못하다.

【没收】mòshōu 動 몰수하다. ¶～家产 | 재산을 몰수하다. ¶～个人资产 | 개인 자산을 몰수하다.

【没药】mòyào ❶ ⇒〔没药树〕 ❷ 名〈漢醫〉몰약의 즙액으로 만든 약 ＝〔末mò药②〕

【没药树】mòyàoshù 名〈植〉몰약＝〔没药①〕

4【枚】méi 낱 매

❶ 量 잎. 매. 개 [형체가 작고 동글납작한 것을 세는 말] ¶一～铜子儿 | 동전 한 닢. ¶一～炸弹 | 폭탄 한 개. ❷ 轉 하나하나. 일일이. ¶～举↓ ❸ (Méi) 名 성(姓).

【枚举】méijǔ 動 일일이 세다. ¶一一～事实真相 | 사실의 진상을 하나 하나 일일이 들다. ¶不胜～ | 成 (너무 많아서) 일일이 다 셀 수 없다.

【枚枚】méiméi 貶 정밀하다 세밀하다. 하나하나 따지다. ¶实shí实～ | 알차고 세밀하다.

4【玫】méi 매괴 매

⇒〔玫瑰〕〔玫红精〕

4【玫瑰】méi·gui 名 ❶〈植〉장미. 때찔레. ¶送他一束～ | 그에게 장미 한다발을 주다. ❷〈鑛〉흑운모의 다른 이름 ＝〔黑hēi云母〕

【玫瑰色】méi·guisè 名 ❶〈色〉장미색. 장미빛 [주로 (담)홍색임] ❷ 轉 희망. 안일. ¶在美国并不是一切都是～的 | 미국에서는 결코 모든 것이 다 희망적인 것은 아니다. ¶带有～的梦想 | 안일한 몽사을 지니고 있다.

【玫红精】méihóngjīng 名〈染〉홍색(紅色)염료의 일종. ¶盐yán基～ |〈染〉로다민(rhodamine)의 일종.

3【眉】méi 눈썹 미

❶ 名 눈썹. ¶柳叶～ | 버들잎처럼 가늘고 긴 눈썹. 喻 미인. ¶浓～大眼 | 짙은 눈썹에 큰 눈. 대장부의 모습. ❷ 책의 윗부분의 여백. ¶～批↓ ❸ (Méi) 名 성(姓).

【眉端】méiduān 名 ❶ 양미간. ¶～透出一股英气 | 양미간에서 영웅의 기개가 베어나오다. ❷ 책장의 윗부분.

【眉飞色舞】méi fēi sè wǔ 成 희색(喜色)이 만면하다. 득의 양양하다. ¶他可来劲儿了, 马上～地说 | 그는 사기가 오르자, 곧바로 희색이 만면하여 말했다.

【眉睫】méijié 名 눈썹과 속눈썹. 喻 목전(目前). 눈앞. ¶～之间 | 매우 가까운 곳. ¶战事迫在～ | 전쟁이 눈앞에 임박했다. ¶毕业近在～ | 졸업이 눈앞에 다가왔다.

【眉开眼笑】méi kāi yǎn xiào 成 싱글벙글 하다. 몹시 좋아하다. ¶一听此话, 她高兴得～ | 이 말을 듣자, 그녀는 기뻐서 싱글벙글 한다 ＝〔眉花(儿)眼笑〕〔眉欢眼笑〕

【眉来眼去】méi lái yǎn qù 成 ❶ 눈짓으로 마음을 전하다. 남녀간에 정을 주고 받다 ＝〔眉目传情②〕 ❷ 눈치를 맞추다.

【眉棱】méiléng 名 눈두덩 ＝〔眉脊〕

【眉棱骨】méilénggǔ 名〈生理〉미릉골.

3【眉毛】méi·mao 名 눈썹. ¶画～ | 눈썹을 그리다 ＝〔方 眼眉〕

【眉毛胡子一把抓】méi·mao hú·zi yībǎzhuā 諺 눈썹과 수염을 한꺼번에 잡으려고 하다. 경중 우열을 가리지 않고 한꺼번에 처리하려 하다.

【眉目】Ⓐ méimù 名 ❶ 미목. 눈썹과 눈. 轉 용모. ¶～清秀 ＝〔眉清目秀〕| 成 (남자의) 용모가 깔끔하고 빼어나다. ❷ (문장의) 요강. 요점. 조리. ¶～不清 | 일의 상황이나 문장 등의 요점이 분명하지 않다. ¶在重要的字句下面划上红道, 以清～ | 중요한 구절 아래 붉은 줄을 그어, 요점을 분명히 하다. ❸ 喻 매우 가까움. 근접. ¶近在～之间 | 매우 가까이 있다.

Ⓑ méi·mu 名 두서(頭緒). 희망. ¶把事情弄出点～再走 | 일의 두서를 좀 잡고 나서 가자. ¶你托

我办的事已经有点～了 | 네가 나에게 부탁한 일은 이미 어느 정도 희망이 있다 =〔头绪①〕
【眉目传情】méimù chuán qíng ❶ 成 윙크하다. ¶他们俩互相～ | 그들 둘은 서로 윙크한다. ❷ ⇒〔眉来眼去①〕
【眉批】méipī 名 책·서류 등의 윗부분에 써넣는 평어(評語)나 주석.
【眉清目秀】méi qīngmù xiù 成 (남자의) 미목이 수려하다. ¶小伙子长得～ | 어린 녀석이 미목이 수려하게 생겼다 =〔眉目清秀〕
【眉梢(儿)】méishāo(r) 名 눈썹 꼬리〔끝〕. ¶喜上～ | 기뻐서 눈썹 꼬리가 올라가다. 희색이 만면하다.
【眉题】méití 名 (신문 등의) 표제.
3【眉头(儿, 子)】méitóu(r·zi) 名 미간. ¶皱zhòu着～说 | 미간을 찌푸리며 이야기하다. ¶～一皱, 计上心来 | 成 양미간을 (한번) 찌푸리자 계책이 떠오르다. 단번에 계책을 생각해내다 =〔眉尖jiān〕〔眉心〕
【眉心】méixīn ⇒〔眉头(儿, 子)〕
【眉眼】méiyǎn 名 ❶ 눈썹과 눈. ❷ 轉 용모. 생김새. ¶～端正 | 용모가 단정하다. ¶这女孩儿～长得挺秀气的 | 이 여자애는 생김새가 매우 수려하다. ❸ 轉 안색. 표정. ¶做～ | 눈짓하다. ¶～弄情 | 눈으로 정을 통하다. ❹ 轉 사정(事情).
【眉眼高低】méi yǎn gāo dī 成 얼굴 표정. 낯빛. 얼굴빛. 안색. ¶你这人真不懂～, 人家正发愁呢, 你还开玩笑 | 너는 정말 눈치도 모르는구나, 남은 한창 근심하고 있는데, 너는 농담을 하다니.
【眉宇】méiyǔ 名 ❶ 書 눈썹 언저리〔윗부분〕. ¶～间流露出一种焦灼jiāozhuó不安的情绪 | 양미간에 초조하고 불안한 마음이 드러나다. ❷ 轉 표정.

【嵋】méi 산이름 미
지명에 쓰이는 글자. ¶峨～ | 사천성(四川省)에 있는 산이름.

【湄】méi 물가 미
書 名 물가. 강변.

【猸】méi 몽구스 미
⇒〔猸子〕
【猸子】méi·zi 名〈動〉몽구스 =〔蟹獴〕

【郿】Méi 고을이름 미
名〈地〉미현(郿縣) [섬서성(陝西省)에 있는 현. 지금은「眉县」으로 씀]
【郿鄠】méihù 名〈演映〉섬서(陝西)의 전통극 [섬서성·산서성(山西城)·감숙성(甘肅省) 일대에서 유행하는 지방극]

【楣】méi 문미 미
名〈建〉문미(門楣) [문이나 창문 위에 가로 댄 나무]

【镅(鎇)】méi (아메리슘 미)
名〈化〉화학 원소명. 아메리슘(Am;amerisium) [인공방사성 원소의 하나]

【鹛(鶥)】méi 멧새 미
名〈鳥〉멧새의 일종.

【莓〈苺〉】méi 딸기 매
名〈植〉딸기. ¶草～ | 양딸기. ¶蛇shé～ | 뱀딸기.

3【梅〈楳槑〉】méi 매화나무 매
名 ❶〈植〉매화. ¶～树 | 매화 나무. ❷ (Méi)〈地〉매현(梅縣) [광동성(廣東省)에 있는 현 이름] ❸ (Méi) 성(姓).
【梅毒】méidú 名〈醫〉매독 ¶染上～ | 매독에 걸리다 =〔霉毒〕〔俗 杨梅(疮)〕
3【梅花】méihuā 名 ❶〈植〉매화(꽃). ¶～草 | 물매화풀. ❷ 方 납매(臘梅). 음력 섣달에 피는 매화 =〔腊là梅〕 ❸ 트럼프에서의 클럽〔클로버〕=〔黑hēi梅花〕〔草cǎo梅花〕 ❹ (대만의) 영관급(領官級) 군인의 계급장 [대령은 매화가 셋, 중령은 둘, 소령은 하나임]
【梅花鹿】méihuālù 名〈動〉꽃사슴. ¶院中养着一只～ | 뜰에 꽃사슴 한 마리를 기르고 있다.
【梅童鱼】méitóngyú 名〈魚貝〉강달이. 강달어.
【梅雨】méiyǔ 名 매우. 장마(비) ¶～季节, 容易生霉méi | 장마철에는 곰팡이가 잘 핀다 =〔霉雨〕〔黄梅雨〕
【梅子】méi·zi 名〈植〉❶ 매화나무. ❷ 매실.

4【酶】méi 술밑 매
名〈生化〉효소. ¶淀diàn粉(糖化)～ | 디아스타제. 아밀라제. ¶朊ruǎn～ | 프로테아제. ¶胰朊～ | 트립신. ¶胃蛋白～ | 펩신. ¶脂肪～ | 리파제. ¶过氧化氢～ | 카탈라제. ¶唾tuò液～ | 프티알린 =〔酵jiào素〕

3【霉〈黴〉】méi 곰팡이 미
❶ 名〈植〉곰팡이. 균. ❷ 俗 불운(不運). ¶倒dǎo～ | 재수없다. ❸ 부패하다. 곰팡이가 슬다. ¶发～ | 부패하다. ¶～烂↓
【霉菌】méijūn 名〈微生〉곰팡이. ¶发现了～ | 곰팡이를 발견했다.
【霉菌病】méijūnbìng 名〈醫〉진균증(眞菌症).
【霉烂】méilàn 動 곰팡이가 피어 썩다. ¶垫diàn一层薄薄的～稻草 | 약간 썩은 볏짚을 깔다. ¶地下室的东西容易～ | 지하실의 물건은 쉽게 곰팡이가 피어 썩는다.
【霉天】méitiān ⇒〔黄huáng梅季〕
【霉头】méitóu 名 재수없다. 불운하다 =〔触chù霉头〕
【霉味儿】méiwèir 名 곰팡내. 곰팡이 냄새. ¶衣服上有一～ | 옷에 곰팡이 냄새가 난다.
【霉雨】méiyǔ ⇒〔梅雨〕

2【媒】méi 중매 매
❶ 名 중매인. ¶做～ | 중매하다. ❷ 매개하다. 중간에서 어떤 역할을 하다. ¶风～花 | 풍매화. ¶溶～ | 용매.
4【媒介】méijiè ❶ 動 중매하다. 중매 서다. ❷ 動 매개하다. ❸ 名 매개자. 매개물. ¶空气是传播声音的～ | 공기는 소리를 전달하는 매개물이다. ❹ 名 매스 미디어.
【媒婆(儿, 子)】méipó(r·zi) 名 매파. 혼인을 중매하는 할멈. ¶～纤qiàn手少有不瞒哄人的 | 매파나 거간꾼은 남을 속이지 않는 사람이 적다 =〔媒媪ǎo〕〔媒姥〕
【媒染】méirǎn 名 動〈化〉매염(하다). ¶～剂jì | 매염제. ¶～染料rǎnliào | 매염 염료.
【媒人】méi·ren 名 중매쟁이. ¶～口 =〔媒人嘴

(儿)〕｜중매쟁이의 말솜씨 ＝〔書 媒妁shuò〕〔媒宾〕〔俗 大dà宾〕

【媒妁】méishuò ⇒〔媒人〕

【媒怨】méi yuàn 書 원한(怨恨)을 사다. 원한을 불러 일으키다.

【媒质】méizhì 名〈物〉매질. ¶通过～传递｜매질을 통하여 전달하다 ＝〔介jiè体〕

2【煤】méi 석탄 매

名 ❶〈鑛〉석탄 ＝〔煤炭tǎn〕〔黑丹〕〔黑金〕〔石墨②〕〔石炭〕〔書 石涅niè〕 ❷(～子) 方 검댕. ¶锅～子｜냄비의 검댕.

【煤层】méicéng 名〈鑛〉탄층(炭層). 석탄층. ¶～厚度｜탄층의 두께. ¶薄báo～｜(1.3미터 이하의) 엷은 탄층. ¶中厚～｜(1.3～3.5미터 두께의) 중후탄층. ¶厚～｜(3.5～6미터 두께의) 후탄층. ¶特厚～｜(6미터 이상 두께의) 특후탄층.

【煤毒】méidú 名 탄내. 일산화탄소. ¶受～｜탄내를 맡다 ＝〔煤气qì②〕

【煤矸石】méigānshí 名〈鑛〉석탄 채굴시에 함께 채굴된 다른 암석, 또는 선탄(選炭)하고 남은 부스러기.

【煤耗】méihào 名 석탄 소비량. ¶降低～｜석탄 소비량을 줄이다 ＝〔燃rán煤率〕

【煤黑油】méihēiyóu ⇒〔煤焦jiāo油〕

【煤核(儿)】méihú(r) 名 (덜 타고 남은) 석탄재 →〔煤芯xìn〕

【煤化】méihuà 名動 탄화(하다) ＝〔炭tǎn化〕

【煤灰】méihuī 名 ❶ 석탄재. ¶～飞扬｜석탄재가 날리다. ❷ 매연(煤煙).

【煤焦油】méijiāoyóu 名〈化〉콜타르(coaltar) ＝〔外 煤溚tǎ〕〔俗 臭chòu油〕〔煤黑油〕〔煤熘油〕〔炭tǎn油〕〔柏bǎi油〕〔俗 煤落〕

【煤斤】méijīn 名 석탄의 총칭.

【煤精】méijīng 名 경도(硬度)가 높고 가벼우며 검은색으로 광택이 나는 석탄 [주로 조각 공예품에 쓰이며, 요녕성(遼寧省) 무순시(撫順市) 노천 탄광의 것이 유명함]

【煤矿】méikuàng 名 탄광. ¶开办～｜탄광을 열다. ¶～工人｜탄광 노동자. 광부(礦夫) ＝〔炭坑〕

【煤炉(子)】méilú(·zi) 名 석탄 난로. ¶烧shāo～｜석탄 난로를 때다.

【煤末(儿, 子)】méimò(r·zi) 名 석탄 가루 ＝〔煤面(儿, 子)〕

²【煤气】méiqì 名 ❶ (석탄) 가스. ¶天然～｜천연가스. ¶～灯纱罩｜가스 맨틀. ¶～表｜가스 미터. ¶～管｜가스 관. ¶～灶zào｜가스 곤로. ¶～桶tǒng ＝〔煤气贮藏槽〕〔贮气器〕｜가스 탱크. ¶～中毒｜가스 중독 ＝〔外 瓦wǎ斯〕〔方 自来火③〕 ❷ 탄내. 일산화탄소 ＝〔煤毒dú〕

【煤气灯】méiqìdēng 名 가스등.

【煤球(儿)】méiqiú(r) 名 알탄. ¶摇yáo～ ＝〔团煤球(儿)〕｜알탄을 만들다. ¶烧shāo～｜알탄을 때다.

【煤溚】méitǎ ⇒〔煤焦jiāo油〕

【煤炭】méitàn 名 석탄. ¶～工业｜석탄 공업. ¶运输～｜석탄을 운송하다.

【煤田】méitián 名 탄전(炭田) ¶开采～｜탄전을 발굴하다 ＝〔炭tàn田〕

【煤屑】méixiè 名 ❶ 석탄 지스러기〔부스러기〕. ❷ 석탄재 ＝〔煤渣(儿, 子)〕

【煤芯】méixìn 名 석탄·조개탄 등의 속이 덜탄 부분 →〔煤核hú(儿)〕

【煤油】méiyóu 名 석유. ¶～炉｜석유 난로. ¶～灯｜석유램프〔등〕. ¶～行háng｜석유 가게 ＝〔方 火油①〕〔書 洋油②〕〔粵 火水〕〔灯dēng油②〕

【煤渣(儿, 子)】méizhā(r·zi) 名 석탄재 ¶用～铺路｜석탄재로 도로를 포장하다 ＝〔煤屑xiè②〕

【煤砟子】méizhǎ·zi 名 (땔감용) 작은 괴탄.

【煤砖】méizhuān 名 ❶ 석탄 분말에 물과 적토(赤土)를 섞어서 벽돌 모양으로 만든 연료. ❷ 연탄(煉炭) ＝〔蜂fēng窝煤〕

【糜】méi ☞ 糜 mí B

měi ㄇㄟˇ

1【每】měi 매양 매

❶ 代 매. 각. …마다. 어법 ⓐ「每＋數＋量」혹은「每＋一＋名」의 형태로 쓰이며, 수사가「一」일 때는 늘 생략함. ¶～(一)个｜매 한 개마다. ¶～五米种一棵树｜매 5m 마다 한 그루의 나무를 심는다. ¶～一事物都有自己的特点｜매 사물은 모두 자기의 특징을 가지고 있다. ⓑ「每」와「各」의 차이점⇒〔各gè〕 ❷ 副 …때. 마다. 늘. 항상. 어법「每＋動＋數＋量」의 형식으로 쓰이며, 동사가「当」「逢」「到」등일 때는 뒤에 수량사가 없어도 됨. ¶～隔gé五米种一棵树｜5m 사이마다 나무 한 그루씩 심다. ¶～演出三天, 休息一天｜삼일 공연하고 하루씩 쉰다. ¶～逢期末考试, 他都很紧张｜매 번 기말고사마다, 그는 매우 긴장한다. ❸ 尾 近 …들. 어법 사람을 나타내는 명사나 대사(代詞) 뒤에 쓰여 복수를 만듦. 현대 중국어의「们」과 같음. ¶他～｜그들. ¶你～｜너희들.

【每常】měicháng 副 늘. 언제나. ¶他～说一样的话, 真叫我难听｜그는 언제나 같은 말만 하니 나는 정말 듣기 거북하다.

【每次】měicì 매번. ¶～都是这样｜매번 모두 이 모양이다. ¶这个问题已经申请过几次, 不过～都被上头驳回｜이 문제는 이미 여러 차례 신청을 했으나, 매번 위에서 반려되었다. ¶你～犯这种毛病, 怎么办｜네가 늘 이런 잘못을 저지르면 어떡해 ＝〔每回〕

【每当】měidāng …할 때마다. …할 때면 언제나. ¶～我想起童年的悲惨遭遇, 心情总是很不平静｜나는 어린 시절의 비참한 상황을 생각할 때면 언제나, 마음은 늘 진정되지가 않는다. ¶～下雨, 他的关节总要疼｜비가 올 때마다, 그의 관절에 통증이 온다. 어법 주로 뒤에「时」「时候」등이 오지만, 생략하는 경우도 있음.

【每到】měidào …가 될 때마다. 언제나 …가 되면. ¶～一站她给乘客讲那里的情况｜매번 정거장에 도착할 때마다 그녀는 승객에게 그곳의 상황

을 얘기해준다. ¶～中秋, 他一定要回家 | 추석 때마다 그는 반드시 집으로 돌아가려고 한다.

【每逢】měiféng …할 때마다. …때가 되면. ¶～星期日, 休息一天 | 매번 일요일마다 하루를 쉰다. ¶～星期三开一次会 | 수요일마다 한차례 회의를 연다.

【每逢佳节倍思亲】měiféng jiājié bèi sī qīn 명절 때만 되면 부모에 대한 그리움이 더해진다.

【每况愈下】měi kuàng yù xià 成 상황이 갈수록 나빠지다. 형편이 날로 악화되다. ¶敌军的处境～ | 적군의 상황은 날로 악화되었다 ¶他的身体是～的 | 그의 건강이 날로 악화되다 ＝〔每下愈况〕

【每每】měiměi 副 언제나. 항상. 늘 [일반적으로 과거의 일이나 항상 발생하는 일에 쓰임] ¶他们常在一起, ～一谈就是半天 | 그들은 언제나 함께 있으면서 항상 한번 이야기를 했다하면 반나절을 보낸다 ＝〔每度〕〔往往〕→〔每次cì〕

【每年】měinián ❶ 名 副 매년. 해마다. ¶我～去上海一次 | 나는 매년 한번씩 상해에 간다. ❷ 名 方 왕년(往年). 지난 해.

2【美】měi 아름다울 미
❶ 形 아름답다. ¶～貌↓ ¶风景很～ | 풍경이 매우 아름답다 ⇔〔丑chǒu〕 ❷ 形 좋다. 훌륭하다. 만족하다. 즐겁다. ¶价廉lián物～ | 成 값은 싸고 물건은 좋다. ¶日子过得挺～ | 생활이 매우 즐겁다. 아주 즐겁게 지낸다. ❸ 形 맛이 있다[좋다]. ¶这菜很～ | 이 요리는 대단히 맛이 있다. ❹ 形 우쭐하다. 득의양양〔의기양양〕하다. ¶臭chòu～ | 우쭐해하다. 잘난 척하다. ¶老师夸了他几句, 他就～得了不得 | 선생님이 그를 몇마디 칭찬하자, 그는 대단히 득의양양해 했다. ❺ 書 名 훌륭한 점. 공로. ¶掠lüè人之～ | 成 남의 공로를 가로채다. ❻ 書 動 칭찬하다. 찬양하다. ¶诗中有～有刺 | 시 속에는 칭찬도 있고 풍자도 있다. ❼ (Měi) 名 外 簡 〈地〉 ⓐ 「美洲」(아메리카주)의 약칭. ¶南～ | 남아메리카. ⓑ 「美国」(미국)의 약칭. ¶～圆↓

【美不胜收】měi bù shèng shōu 成 (아름다운 경치나 예술작품들 중의) 훌륭한 것이 한번에 다 볼 수 없을 정도로 아주 많다. ¶世界工业展览会上展出了五万多种新产品, 真是琳琅满目, ～ | 세계 공업 전람회에 전시된 5만여종의 신상품은, 눈이 휘둥그래질 정도로 훌륭한 것이 많아서 이루 다 헤아릴 수 없다.

【美不滋】měi·buzī 狀 方 득의양양해 하다. 흡족해하다. ¶他数学考试得了第一名, 心里～ | 그는 수학시험에서 일등하여 매우 흡족해한다.

【美餐】měicān ❶ 名 맛있는 음식. ¶享受～ | 맛있는 음식을 즐기다. ❷ 動 잘 먹다. 통쾌하게 먹다. ¶～一顿 | 한 끼 잘 먹었다.

【美钞】měichāo 名 ❶ 미국 달러 지폐. ❷ 미국 달러 ＝〔美圆〕

【美称】měichēng 名 미칭. 아름다운 이름. 좋은 평판. 명망. ¶四川向有天府之国的～ | 사천성(四川省)은 옛부터 천혜(天惠)의 땅으로 명망이 높다.

4【美德】měidé ❶ 名 미덕. 좋은 품성. ¶培养谦逊qiānxùn的～ | 겸손의 미덕을 기르다. ❷ (Měi Dé) 外 미국과 독일.

【美吨】měidūn 名 〈度〉 미국 톤 [2,000파운드, 즉 907.2kg임] ＝〔短duǎn吨〕〔轻qīng吨〕→〔公gōng吨〕〔英yīng吨〕

【美感】měigǎn 名 ❶ 미감. 미적 감각〔체험〕. 심미안. ¶缺乏～ | 미적 감각이 결핍되다. ❷ 쾌감. ¶听他说的话, 不由得就生一种～ | 그의 말을 들으면 자신도 모르게 일종의 쾌감이 생긴다.

【美工】měigōng 名 〈演映〉 ❶ (영화 등의) 미술업무. ❷ (영화 등의) 미술 디자이너 ＝〔美工师〕

3【美观】měiguān ❶ 形 (장식·외관 등이) 보기 좋다. 아름답다. ¶房屋布置bùzhì得很～ | 집안이 매우 아름답게 꾸며졌다. ❷ 名 미관.

【美国】Měiguó 名 〈地〉 미국(United States of America) [아메리카 합중국, 수도는 「华盛顿」(워싱턴 ; Washington)]

【美国资讯交换标准码】Měiguó zì xùn jiāohuàn biāozhǔn mǎ 名組 〈電算〉 애스키(ASCII)코드.

2【美好】měihǎo 形 좋다. 훌륭하다. 행복하다. 아름답다 [주로 생활·앞날·희망 등의 추상적인 것에 쓰임] ¶～的愿望 | 아름다운 희망. ¶～的将来 | 행복한 미래. ¶～的回忆huíyì | 아름다운 추억. ¶他的生命还那样～, 那样健美 | 그의 생명은 아직도 저토록 아름답고 건강하다.

【美化】měihuà 名 動 ❶ 미화(하다). ¶～环境 | 환경을 미화하다. ❷ 미국식(으로 되다).

【美金】měijīn ❶ ⇒〔美圆〕 ❷ 書 名 질이 좋은 금속.

【美劲儿】měijìnr ❶ 形 기뻐하는 모양. 흡족해 하는 모습. ¶孩子那个～就甭béng说! | 아이의 저 기뻐하는 모습이라니, 말도 말아! ¶你瞧qiáo他的～ | 너는 보라, 그의 기뻐하는 모습을. ❷ 名 편안한 정도.

【美酒】měijiǔ 名 미주. 맛있는 술. ¶喝的是～, 玩的是娇女 | 좋은 술 마시고, 아리따운 여자와 놀다.

2【美丽】měilì 形 미려하다. 아름답다. ¶韩国的山河是多么庄严～! | 한국의 강산이 얼마나 장엄하고 아름다운가!

4【美满】měimǎn 形 아름답고 원만하다. ¶～的生活 | 아름답고 원만한 생활. ¶达到～的解决 | 원만한 해결점에 도달하다. ¶婚姻～ | 결혼이 아름답고 원만하다.

【美貌】měimào ❶ 名 미모. ❷ 形 용모가 아름답다. ¶～女子 | 아름다운 여자.

【美美】měiměi 狀 方 힘을 다하다. 마음껏 하다. 통쾌히 하다.

【美梦】měimèng 名 ❶ 단꿈. 아름다운 꿈. ¶把她的～打了个粉碎 | 그녀의 아름다운 꿈을 부숴버렸다. ❷ 喩 현실과 맞지 않는 아름다운 환상.

4【美妙】měimiào 形 미묘하다. 아름답고 즐겁다. ¶～的青春 | 아름답고 즐거운 청춘. ¶歌声～ | 노랫 소리가 아름답다.

【美名】měimíng 名 미명. 명예스러운 이름. ¶英雄～, 流芳百世 | 영웅이란 명예스런 이름을 영원히 후세에 남긴다. ¶～远扬 | 명예스런 이름을 멀리 떨치다.

【美浓纸】měinóngzhǐ 名〈紙〉미농지.
【美女】měinǚ 名 미녀. ¶老张素爱～｜장씨는 본디 미녀를 좋아한다.
【美其名】měiqímíng 動 이름을 아름답게 꾸미다. 가식적으로 명분을 내세우다 [보통「～曰」을 붙여서 씀] ¶～曰「援助」, 把自己打扮成「救世主」｜「원조」라는 미명하에 자신을 「구세주」처럼 꾸미다.
【美气】měiqì 形 方 즐겁다. 편안하다. ¶真是～! ｜정말 기쁘다!
【美儿侈儿】měir chǐr 貶 京 스스로 으스대다. 뻐기다. 득의만만하다. ¶让ràng人抬举táijǔ才好, 自己～有什么意思!｜남들이 추켜 주어야 좋은거지 스스로 우쭐댄다고 무슨 소용이 있나! ＝[美不侈儿]
【美髯公】měirángōng 名 ❶ 아름다운 턱수염을 기른 사람. ❷ (Měirángōng)〈人〉‖《三國志演義》에서의 관우(關羽)에 대한 애칭.
【美人】měirén 名 ❶ (～儿) 미인. 미녀. ¶心里只想～伴梦｜마음 속으로 미인과 짝하는 꿈만을 꾼다. ❷ (Měirén) 簡 미국인. ❸ 옛날,「妃」「嫔」의 칭호.
【美人关】měirénguān 名 미인의 관문(關門). 미인계. ¶英雄难过～｜영웅도 미인계를 벗어나기 어렵다 ＝[燕yān脂关]
【美人计】měirénjì 名 미인계. ¶中zhòng～｜미인계에 걸리다 ＝[美人局][翻戏][放白鸽][仙人跳][捉黄脚鸡]
【美人蕉】měir énjiāo 名〈植〉❶ 홍초 ＝[大花美人蕉][红蕉①] ❷ 칸나 ＝[昙tán华①]
【美人胎子】měirén tāi·zi 名組 타고난 미인 [화장을 하지 않은 미인에 대하여 이르는 말] ¶这姑娘也是～｜이 아가씨 또한 타고난 미인이다.
【美容】měiróng 動 용모를 아름답게 꾸미다. ¶～手术｜성형 수술. ¶～霜shuāng｜화장 크림. ¶～院｜미장원. ¶～手｜의수(義手).
【美属维尔京群岛】Měishǔ Wéi'ěrjīng qúndǎo 名組 外〈地〉미국령 버진제도(Vergin Islands) [푸에르토리코(Puerto Rico) 동쪽의 서인도제도 중의 미국령인 섬. 수도는「夏洛特阿马利亚」(샤를로트아밀리 ; Charlotte Amalie)]
²【美术】měishù 名 ❶ 미술. ¶工艺～｜공예 미술 ＝[造型艺术] ❷ 그림. 회화. ¶～明信片｜그림엽서.
【美术家】měishùjiā 名 미술가 [대부분 조형 미술 작가를 가리킴] ¶他父亲是～｜그의 부친은 미술가이다.
【美术片(儿)】měishùpiàn(r) 名〈演映〉(만화영화·인형영화 등과 같이) 각종 미술 창작 수단을 이용하여 촬영한 영화.
【美术字】měishùzì 名 도안 문자. ¶写了几个～｜몇 개의 도안 문자를 썼다.
【美谈】měitán 名 미담. ¶传chuán为～｜미담으로 전해지다.
【美味】měiwèi ❶ 名 맛있는 음식. ¶～可口｜음식이 맛깔스럽다. ¶珍馐～｜成 진기하고 맛있는 음식. ❷ 形 맛이 좋다. ¶～的食品｜맛좋은 식품.
【美学】měixué 名 미학. ¶专攻～｜미학을 전공하다.
【美言】měiyán 名 動 듣기 좋은 말(을 하다). 덕담(하다). ¶～不信, 信言不美｜諺 듣기 좋은 말은 믿을 수 없고, 믿을 수 있는 말은 듣기 좋지 않다. ¶您回去, 请多替～吧｜선생께서 돌아 가셔서 잘 말씀드려 주십시오.
【美意】měiyì 名 호의. ¶多谢李老师的～｜이선생님의 호의에 감사드립니다.
【美育】měiyù 名〈敎〉❶ 정조 교육. ❷ 예술 교육.
²【美元】měiyuán ⇒[美圓yuán]
【美圓】měiyuán 名 量〈錢〉미국 달러(dollar) ＝[美钞chāo①][美金①][美元]
⁴【美中不足】měi zhōng bù zú 成 훌륭한 가운데에도 조금 모자라는 점이 있다. 옥에도 티가 있다. ¶这样岂不是有～吗!｜이러한 것은 아무래도 옥에 티가 있음이 아니겠습니까! ¶这事儿很圆满, ～的是花的钱太多｜이 일은 매우 원만한데, 옥에 티라면 돈을 많이 쓴다는 것이다.
【美滋滋】měizīzī 貶 감탄하다. 기뻐하다. 마음이 들뜨다. ¶她心里～的｜그녀는 마음이 들떠있다 ＝[美恣恣zì]
【美恣恣】měizìzì ⇒[美滋滋]

4【镁(鎂)】měi (마그네슘 미) 名〈化〉화학 원소명. 마그네슘(Mg ; magnesium).
【镁光】měiguāng 名 (마그네슘광) 플래시 라이트(flash light) [야간조명이나 신호에 사용] ¶～照明弹｜마그네슘 조명탄.
【镁砂】měishā 名〈金〉마그네시아. 산화마그네슘.
【镁砖】měizhuān 名〈金〉마그네사이트벽돌(magnesite brick).

【浼】měi 더럽힐 매, 질편할 면 書 ❶ 動 더럽게 되다. 오염되다. 轉 모욕하다. ❷ 動 부탁[청탁]하다. ¶以此事相～｜이 일을 부탁합니다.

mèi ㄇㄟˋ

1【妹】mèi 누이 매 名 ❶ 여동생. 누이동생. ¶姐～｜자매. ¶兄～｜오누이. ❷ 친척 중 같은 항렬의 여동생. ¶表～｜ⓐ 내외종 사촌누이 동생. ⓑ 애인 [애인을 표나지 않게 부르는 말] ❸ 젊은 남자가 연인 또는 아내를 부르는 호칭.
【妹夫】mèi·fu 名 매부. 여동생의 남편 ＝[書 妹倩zhài][書 妹婿xù][妹丈zhàng]
¹【妹妹】mèi·mei 名 ❶ 누이 동생. ¶她是我的亲～｜그녀는 나의 친누이 동생이다. ❷ (같은 항렬의) 나이가 어린 여자.
【妹婿】mèixù ⇒[妹夫]
【妹子】mèi·zi 名 方 ❶ 여동생. ¶做～的｜여동생으로 삼다. ❷ 여자애.

4【昧】mèi 어두울 매 ❶ 形 (사리에) 어둡다. 어리석다. ¶冒～｜분별이 없다. ¶愚～｜우매하다. ❷ 動 숨다. 숨기다. 감추다. ¶拾金不～｜成 주운 돈은 숨기

지 않는다. ¶～东西 | 물건을 감추다. ❸動 속이다. ¶～己↓ ¶～良(心)↓

【昧己】mèijǐ 動 자신을 속이다. ¶瞒mán心～ | 자신의 양심을 속이다.

【昧良(心)】mèi liáng(·xin) 양심을 속이다. ¶昧着良心做坏事 | 양심을 속이고 나쁜 짓을 하다. ¶千万别干～的坏事 | 절대로 양심을 속이는 나쁜 일을 하지 마라 ＝[昧心xīn]

【昧心】mèixīn 動 양심을 속이다. ¶他～答应了 | 그는 양심을 속이고 대답했다 ＝[昧良(心)]

【昧心钱】mèixīnqián 名 부정한 수단으로[양심을 속여] 번 돈.

【昧心事】mèixīnshì 名 양심의 가책을 느끼는 일. 꺼림칙한 일. ¶绝不能干～ | 절대로 양심의 가책을 느끼는 일을 할 수 없다.

【昧于】mèiyú 動 분명치 않다. 애매하다. ¶～形势的变化 | 형세의 변화에 어둡다.

【寐】mèi 잘 매
書 動 자다. ¶耿耿gěng不～ | 전전긍긍 잠을 이루지 못하다. ¶夙兴夜～ ＝[早起晚睡] | 成 일찍 일어나고 늦게 자다. 열심히 일하다→[睡shuì]

【袂】mèi 소매 메
名 (옷) 소매. ¶分～ | 헤어지다. 이별하다. ¶联～而往 | 함께 가다→[袖xiù]

【谜】mèi ☞ 谜 mí B

【媚】mèi 아첨할 미
❶動 아첨[아부]하다. ¶～敌 | 적에게 아첨하다. ¶谄chǎn～ ＝[奉承②] | 아부하다. ❷ 요염하다. 아름답다. 사랑스럽다. 매혹적이다. ¶娇～ | 요염하다. ¶春光明～ | 봄 경치가 매혹적이다. ¶～人的景色 | 매혹시키는 경치.

【媚骨】mèigǔ 名 아첨기. 아양떠는[아첨하는] 근성. ¶他没有丝毫的奴颜núyán和～ | 그는 노예 근성이나 아첨하는 근성이 조금도 없다 ¶他天生一副～ | 그는 타고난 아첨꾼이다.

【媚劲儿】mèijìnr 名 아양 떠는 모양. 아첨하는 모습. ¶看他那个～! | 그의 저 아양떠는 꼴 좀 봐라!

【媚世】mèishì 書 動 세상 사람에게 영합하다. ¶学者决不可～ | 학자는 결코 세상 사람에 영합해서는 안된다.

【媚俗】mèisú 動 세상 흐름에 따라가다.

【媚态】mèitài ❶形 아양을 떠는 모습. ¶～柔róu情 | 아양을 떨며 응석부리다. ❷名 애교. 교태. ¶～百出 | 교태가 백출하다. ❸動 남의 비위를 맞추다 ‖ ＝[媚气]→[娇jiāo态]

【媚外】mèiwài 動 외국(인)에 아첨하다. 외세에 빌붙다. ¶崇洋～ | 외국의 문물을 숭배하며 아첨하다.

【媚笑】mèixiào ❶名 요염한 웃음. ¶发出～ | 요염한 웃음 소리를 내다. ¶这女人满脸～,显得十分轻薄 | 이 여자가 얼굴 가득 요염한 웃음을 띠고 있는데, 대단히 경박하다. ❷動 아첨하여 따라 웃다.

【魅】mèi 도깨비 매
❶名 (전설 속에 나오는) 도깨비. 괴물. 귀신. ¶魑chī～ | 이매. 숲속에 살면서 사람을 해친다는 전설상의 괴물. ❷動 홀리다. 매혹하다. ¶～人↓ ¶～力↓

【魅力】mèilì 名 매력. ¶富有～ | 매력이 풍부하다. ¶艺术～ | 예술적 매력. ¶增加～ | 매력이 증가하다.

【魅人】mèirén 動 사람을 도취하게 만들다. 사람을 매료시키다.

mēn ㄇㄣ

3【闷(悶)】mēn mèn 번민할 민

Ⓐ mēn ❶形 (기압이 낮거나 공기가 통하지않아) 답답하다. 갑갑하다. ¶这屋子没有窗子, 太～了 | 이 방은 창이 없어서 너무 답답하다. ❷ 소리가 분명치 않다. 잠자코 있다. ¶～声～气↓ ❸ (소리가) 둔탁하다. ¶～板↓ ❹動 꼭 닫다[덮다]. 밀폐하여 공기가 세지 않게 하다. ¶茶刚泡上, ～一会儿再喝 | 차를 방금 탔으니 잠시 꼭 덮어 두었다가 마셔라. ❺動 틀어박히다. ¶他整天～在家里看书 | 그는 하루종일 집에 틀어박혀서 책을 본다.

Ⓑ mèn ❶形 마음이 편치 않다. 답답하고 번거롭다. 우울[울적]하다. ¶怎么又要睡觉? 你～的很, 出去逛逛不好? | 어떻게 또 자려고 하느냐? 마음이 답답하면 나가 돌아 다니는 것이 좋지 않겠니?《紅樓夢》 ¶解～(儿) ＝[遣qiǎn闷] | 우울함을 풀다. ❷ (기계·기구 등이) 밀폐되어 있는. 환기 장치가 없는. ¶～表biǎo↓ ¶～子车↓ ❸ 「焖」과 통용 ⇒[焖mèn]

Ⓐ mēn

【闷板】mēnbǎn 書 名 (품질을 조사하기 위해 던져 보아) 음이 둔탁한 은화(銀貨) ＝[哑yǎ板]

【闷沉沉】ⓐ mēnchénchén 狀 답답하고 불쾌하다. 음울하다. 착 가라 앉다. ¶～的天空tiānkōng | 기압이 낮아 음산한 하늘. ❷ 소리가 가라앉는 상태.

ⓑ mènchénchén 狀 울적하다. 우울하다. ¶整zhěng天呆dāi在家里, 心里～的 | 종일 집안에 틀어 박혀 있었더니 매우 울적하다.

【闷锄】mēnchú 動〈農〉종자(種子)가 발아하기 전에 김매다.

【闷得慌】ⓐ mēn·de·huang 狀組 매우 갑갑하다. 답답하다.

ⓑ mèn·de·huang 狀組 몹시 따분[우울]하다.

【闷气】ⓐ mēnqì 名 ❶ 공기가 통하지 않음. 갑갑함. ¶屋里太～了 | 방안이 매우 갑갑하다. ❷ 우울한 기분. ¶为这个我也生～ | 이로 인해 나도 우울한 기분이 든다.

ⓑ mènqì ❶名 마음속에 응어리진 원한이나 분노. 울분. ¶生～ | 울분을 품다. ❷形 가슴이 답답하다.

【闷热】mēnrè 形 무덥다. ¶～的夏天 | 무더운 여름. ¶天气～, 可能要下雨 | 날씨가 무더우니 아마도 비가 올 것 같다.

【闷声不响】mēn shēng bù xiǎng 成 숨을 죽이고 아무 소리도 내지 않다. 입을 다물고 말하지 않

다. ¶他一天到晚, 总是～的 | 그는 왠종일 계속 입을 다물고 말을 하지 않다.

【闷声闷气】mēn shēngmēn qì 成 ❶ (억지로) 입을 꽉 다물고 시무룩한 표정을 하다. ❷ 말소리가 분명치 않다. ¶她～地问了几句话 | 그녀가 분명하지 않게 몇마디 물었다.

【闷死】ⓐ mēnsǐ ❶ 形 (날씨가) 푹푹 찌다. ¶今天天气～了 | 오늘은 푹푹 찐다. ❷ 動 질식하다.

ⓑ mènsǐ 動 ❶ 몹시 고민〔번민〕하다. 몹시 지루해하다. 몹시 우울해하다. ❷ 숨막혀 죽다. 질식해 죽다. ❸ 너무 지루해서〔답답해서〕죽을 지경이다.

【闷头闷脑】mēntóu mēnnǎo 狀組 뭐가 뭔지 알 수가 없다. 우둔하기 그지 없다. 답답하다. 갑갑하다.

【闷头儿】mēn/tóur ❶ 副 말없이 꾸준히 노력하다. ¶他只是～干 | 그는 단지 말없이 꾸준히 노력할 뿐이다. ¶～匠jiàng | 마음이 굳센 사람. ❷ (mēntóur) 名 재산·재능이 있어도 겉으로 드러내지 않는 사람. ❸ (mēntóur) 形 가만히 있다. ¶～睡 | 가만히 잠만 자다.

【闷着】mēn·zhe 動 ❶ 할 말을 참고 가만히 있다. ¶～不说话 | 할 말을 참고 하지 않다. ❷ 뜸을 들이다. ¶这锅里～肉 | 이 솥안에 고기를 뜸 들이고 있다 =〔焖mēn着〕

Ⓑ mèn

【闷表】mènbiǎo 名 양면 뚜껑이 있는 회중시계 =〔闷壳儿表〕

【闷沉沉】mènchénchén ☞〔闷沉沉〕mēn chénchén ⓑ

【闷得慌】mèn·de·huang ☞〔闷得慌〕mēn·de·huang ⓑ

【闷饭】mèn/fàn ❶ 動 (뚜껑을 꼭 닫고) 뜸들여 밥을 짓다. 밥에 뜸을 들이다. ¶闷一锅饭 | 뜸들여 밥 한 솥을 짓다 =〔焖饭〕 ❷ (mènfàn) 名 뚜껑을 꼭 닫고 뜸들여 지은 밥. ¶吃了一碗～ | 뜸들여 지은 밥 한그릇을 먹었다.

【闷罐子车】mènguàn·zichē 名組 俗 유개 화차(有蓋貨車) ¶不爱坐～ | 유개 화차 타기를 좋아하지 않다 =〔棚péng车〕〔篷péng车①〕

【闷棍】mèngùn 名 아닌 밤중에 홍두깨. 뜻밖의 일격(一擊). 뜻밖의 봉변. ¶一进门就吃了她一～ | 방에 들어서자마자 그녀에게 뜻밖의 일격을 당했다.

【闷葫芦】mènhú·lu 名組 ❶ 알 수 없는 일. 수수께끼. 오리무중(五里霧中). ¶这件事的真相还是～ | 이 일의 진상은 여전히 오리무중이다. ¶谁能打破这个～呢? | 누가 이 수수께끼를 풀것인가? ❷ 말이 없는 사람. 속을 알 수 없는 사람.

【闷葫芦罐儿】mènhú·luguànr 名組 ❶ (벙어리) 저금통. ¶他把零钱碎银都装入～ | 그는 잔 돈을 모두 저금통에 집어 넣는다 =〔扑pū满〕 ❷ 喻 뭐가 뭔지 모르는 일. 수수께끼 같은 일. 구름을 잡는 것 같은 이야기. 막연한 일. ¶真是急人, 看这～多咱打破! | 정말 속이 타는군. 이 수수께끼 같은 일이 언제 가서 풀릴런지 =〔闷在罐儿里〕〔闷在葫芦里〕

【闷酒】mènjiǔ 名 ❶ 홧김에 마시는 술. ¶喝～ | 홧김에 술을 마시다. ¶～少喝为妙 | 홧김에 마시는 술은 조금 마셔야 좋다 =〔懊ào心酒〕 ❷ 혼자서 마시는 술.

【闷倦】mènjuàn 形 지루하다. 따분하다. 싫증나다.

【闷雷】mènléi 名 ❶ 소리가 낮고 무겁게 울리는 천둥. ¶西天传来一声～ | 서쪽 하늘에서 천둥소리가 들려 왔다. ❷ 喻 돌연한 타격(打擊). ¶听了他的话, 有如一个～从头上打下来 | 그의 말을 들으니, 마치 천둥이 머리 위에서 내리치는 것 같았다.

【闷闷不乐】mèn mèn bù lè 成 마음이 답답하고 울적하다. ¶你干吗～? | 너는 무엇 때문에 그렇게 울적해하니? ¶他总是～的 | 그는 계속 울적해하다.

【闷气】mènqì ☞〔闷气〕mēnqì ⓑ

【闷子车】mèn·zichē 名 (기차의 밀폐된) 화물차. 화물 차간(車間). ¶再也不敢坐～了 | 다시는 화물간을 타지 않게 되다 =〔铁tiě闷子〕

【闷坐】mènzuò 動 울적하여 (말없이) 앉아 있다. 고민에 싸여 앉아 있다.

mén ㄇㄣˊ

1 【门(門)】 mén 문 문 ❶ (～儿) 名 문. 출입구. ¶屋～ | 방문. ¶太平～ | 비상구. ❷ (～儿) 名 (가구·도구 등에 달린) 문. ¶柜～儿 | 옷장 문. ❸ (～儿) 형상·기능이 문과 유사한 것. ¶水～ | 수문. ¶电～ | (전기) 스위치. ❹ 名 일족(一族). 집안. 가문. ¶一～老小 | 한 집안의 모든 식구. ¶长～长子 | 종손(宗孫). 큰집의 맏아들. ❺ (～儿) 名 방법. 요령. 비결. ¶摸mō不着～儿 | 방법을 찾지 못하다. ❻ (학술·사상 또는 종교의) 파(派). ¶孔～ | 공자 학파. ¶佛～ | 불문. 불가. ❼ 스승과 관계되는 것. ¶同～ | 동문. ¶拜～ | 제자가 되다. ❽ 名 부문. 부류. 종류. ¶分～别类 | 부문별로 나누다. ¶五花八～ | 각양 각색. ❾ 名 문(門) [생물 분류학상의 한 단위. 강(綱)의 위, 계(界)의 아래임] ¶原生动物dòngwù～ | 원생 동물문. ❿ 名 〈電算〉 게이트(gate). ¶与～ | 앤드 게이트(AND gate). ¶非～ | 낫 게이트(NOT gate). ⓫ 量 문 [대포를 세는 데 쓰임] ¶一～袍炮 | 대포 한 문. ⓬ 量 가지. 과목 [학문·기술 등을 세는데 쓰임] ¶三～功课 | 세가지 과목. ⓭ ⇒〔门儿⑨〕 ⓮ ⇒〔门巴族〕 ⓯ (Mén) 名 성(姓).

【门巴族】Ménbāzú 名 〈民〉 문파족 [주로 티베트 자치구 남부 문우 지구(門隅地區)에 거주하는 중국 소수 민족의 하나]

【门板】ménbǎn 名 ❶ (판자) 문짝. ¶她靠在～上大哭 | 그녀는 문짝에 기대어 크게 울었다. ❷ (상점의) 덧문. 겉창. ¶上～儿 | 덧문을 달다.

【门鼻(儿, 子)】ménbí(r·zi) 名 (문)빗장을 걸거나 자물쇠를 채우기 위해 문에 박은 반원형의 동제〔철제〕로 된 고리.

【门匾】ménbiǎn 名 ❶ 편액(扁額). 문 위에 거는 액자. ❷ 지폐 또는 어음의 윗부분에 발행 은행

또는 점포 이름을 가로로 인쇄한 문자.

【门钹】ménbó 名 옛날의 대문고리 =〔无环huán(子)〕

【门插关儿】ménchā·guanr 名組 (문)빗장 =〔门插〕〔门插管guǎn儿〕〔门划子〕〔门闩shuān〕

【门差】ménchāi 名 문지기 =〔门丁〕〔门公〕〔门人②〕〔门上的〕〔门者〕〔看门的〕

【门齿】ménchǐ 名〈生理〉문치. 앞니 [위·아래 모두 네 개임] =〔俗 门牙yá〕〔方 板bǎn牙①〕〔切qiē齿①〕→〔牙①〕

【门窗】ménchuāng 名 문과 창문. ¶～要关严了 | 문이나 창은 빈틈없이 닫아야 한다

4【门当户对】mén dāng hù duì 成 (혼인 관계에 있어서) 남녀 두 집안이 엇비슷하다. 두 집안의 사회적 지위·경제적인 형편 등이 걸맞다 ¶他们俩～, 郎才女貌十分相配 | 그들 둘은 집안이 엇비슷하고, 신랑은 재주있고 신부는 아름다워 서로가 매우 어울린다 =〔门第相当〕

【门道】ⓐméndào ⇒〔门洞(儿)〕

ⓑmén·dao 名 口 ❶ 방법. 비결. 요령. ¶他的刀法很有～ | 그의 검법은 상당한 비결이 있다. ¶摸准～再干 | 요령을 정확하게 예측하여 다시 하다. ¶行háng家看～, 力巴儿看热闹 | 諺 숙련자는 일의 요체(要諦)를 잘 파악하고, 초심자는 일의 외형만을 본다. ¶生手用心作长了, 也能摸出点儿～来 | 미숙한 사람일지라도 심혈을 기울여 오래도록 하면, 얼마간의 요령이 생긴다. ¶农业增产的～很多 | 농업 증산의 비결은 매우 많다 =〔门路①〕❷ 연고. 연줄 =〔门路②〕 ❸ 형(型). 형식. 이야기의 줄거리. 도리. ¶你说这句话倒有些～ | 네가 말한 이 몇 마디 이야기는 그래도 약간의 줄거리가 있다.

【门第】méndì 名 ❶ 저택. ❷ 轉 가문. 집안(내력). 가세(家世). ¶～很高 | 가문이 매우 훌륭하다. ¶～相当 =〔门当户对〕 | (혼인 관계에 있어서) 집안이 서로 엇비슷하다 =〔门阀fá〕〔门楣méi②〕 ‖ =〔门地〕

【门丁】méndīng ⇒〔门差chāi〕

【门洞(儿)】méndòng(r) 名 중국식 저택의 대문에서 집안으로 통하는 지붕이 있는 통로. 굴처럼 생긴 문. ¶城～ | 성의 홍예문 =〔门道 ⓐ〕

【门对(儿)】ménduì(r) 名 대련(對聯). 문에 써 붙이는 대구 ¶写了一副～ | 대련을 썼다 =〔门联lián(儿)〕〔门帖tiē〕〔对联〕

【门墩(儿)】méndūn(r) 名 문둔테. ¶～虎hǔ | 문둔테에 새긴 호랑이 조각.

【门阀】ménfá 名 문벌. 권세있는 집안. ¶～观念 | 문벌 관념.

【门法】ménfǎ 名 가법(家法). 가규(家規). 가헌(家憲). ¶遵守～ | 가법을 준수하다.

【门房(儿)】ménfáng(r) 名 ❶ 문지기가 거주하는 문간방. 수위실 =〔传达室〕 ❷ 문지기. 수위. ❸ 먼 친척. 원족. 소족(疏族).

【门扉】ménfēi ⇒〔门扇shàn(子)〕

【门风】ménfēng 名 ❶ 문풍. 가풍. ¶他们家辈辈出逆子, 这是他们家的～ | 그들 집안은 대대로 불효자를 내는데, 이것이 그들 집안의 가풍이다 =〔家jiā风〕 ❷ 가문의 명예. ¶败坏～ | 가문의 명예를 더럽히다. ❸ 마작패 가운데에서 동·서·남·북 4종을 일컬음 =〔本门风〕

【门封】ménfēng 名 옛날, 관리의 집 문앞에 붙인 「禁止喧哗, 勿许作践, 如敢故违, 定行送究」(떠들지 말고 함부로 들어오지 말라, 만약 이를 어기는 자는 반드시 법대로 처리하리라)란 주의 사항 문구.

【门缝(儿, 子)】ménfèng(r·zi) 名 문틈. ¶～里看人 | 歇 문틈으로 사람을 보다. 남을 얕보다 [뒤에 「把人看扁了」가 이어지기도 함] =〔门隙xì〕

【门岗】méngǎng 名 ❶ 정문의 초소. ❷ 정문의 보초〔위병〕. ¶没立～ | 보초를 세우지 않다. ¶站～ | 정문 보초를 서다.

【门户】ménhù 名 ❶ 문. 출입문. 轉 문단속. ¶～紧闭 | 문을 꼭 닫다. ¶～要小心 | 문단속에 주의해야 한다. ❷ 喻 문호. 관문. ¶天律港是北京通往海洋的～ | 천진항은 북경에서 바다로 통하는 관문이다. ¶开放～ | 문호를 개방하다. ❸ 당파. 파벌. ¶各立～ | 각기 파벌을 세우다. ¶～之见 | 한 파의 견해. 당파에 얽매인 편견. ❹ 가문. 집안. 문벌. ¶～高 | 문벌이 높다. ¶～相当 | 집안이 서로 엇비슷하다. ¶小～儿 | 문벌이 낮은 집. ¶大～儿 | 문벌이 높은 집. ¶什么～儿出什么样儿的人 | 諺 가문이 사람을 만든다. ¶～帖tiē(儿) =〔册cè子〕 | 옛날, 혼담이 오갈 때 서로 교환하던 것으로서, 성명·본적 및 선조 3대와 자신의 관직명을 적은 것.

【门环(子)】ménhuán(·zi) 名 문고리 =〔门钹bó〕

【门将】ménjiàng 名〈體〉골키퍼. ¶韩国队的～立了大功 | 한국 팀의 골키퍼가 큰 공을 세웠다 =〔守门员〕

【门禁】ménjìn 名 (기관·단체 등의) 출입구의 경비(警備). ¶～森严sēnyán | 경비가 삼엄하다.

【门警】ménjǐng 名 출입문을 지키는 경찰. ¶他当过～ | 그는 문지키는 경찰을 했었다.

【门径】ménjìng 名 ❶ 실마리. 단서. ¶他深入群众, 虚心学习, 找到了解决问题的～ | 그는 군중속에 깊이 들어가, 겸허하게 배워 문제 해결의 실마리를 찾아냈다 →〔门路①〕 ❷ 입문. 초보. 첫걸음. ¶《四库提要》为读群书之～ | 《사고제요》는 여러 가지 책을 읽는 첫걸음이다. ¶寻找解决问题的～ | 문제 해결의 실마리를 깊히 찾다. ❸ 문앞의 통로.

【门静脉】ménjìngmài 名〈生理〉문정맥.

【门坎(儿)】ménkǎn(r) 名 ❶ 문지방. 문턱. ¶上～ =〔门楣méi〕 | 문미. ¶～高 | 문턱이 높다. ¶踏破～ | (절 등의) 대문간을 백 번 왕복하며 소원을 비는 일. ¶踢tī破～ | 喻 많은 사람이 찾아오다. ¶你怎么老不来啊? 我们这儿～高是怎么着? | 너는 어째서 쭉 안오는 거냐? 여기 우리(집)의 문턱이 높다는 말이니? ❷ 方 솜씨. 실력. 요령. 비결. ¶他不懂～ | 그는 비결을 모른다. ¶他～精, 不会上当 | 그는 실력이 뛰어나 속임수에 빠지지 않는다. ¶～紧的人 | 실력이 뛰어난 사람. ❸ 넘어야 할 난관〔어려움〕 ‖ =〔门槛kǎn(儿)〕

【门可罗雀 mén kě luó què】國 대문앞에 그물을 쳐, 참새를 잡을 정도다. 방문객이 거의 없어 문전이 쓸쓸하다. ¶这家商店生意清淡, ～ | 이 상점은 장사가 잘 안되어, 문전이 쓸쓸하다 =〔门可张罗〕

【门客】ménkè 名 문객. 식객. ¶养了不少～ | 많은 문객을 거느리다. ¶～恒有数百 | 문객이 항상 수백 명이 있다 =〔门宾〕〔门人③〕〔门生②〕〔门下(客)①〕〔门下(士)①〕〔清客①〕〔食客〕

[1]【门口(儿)】ménkǒu(r) 名 문어귀. 입구. 현관. ¶在～等候 | 입구에서 기다리다. ¶走过学校～ | 학교 입구를 지나가다. ¶把客人送到～ | 손님을 현관까지 전송하다.

【门框(儿)】ménkuàng(r) 名 문광. 문얼굴. 문틀. ¶靠着～ | 문틀에 기대어 있다.

【门廊】ménláng 名〈建〉❶ 현관(玄關). ❷ (극장·호텔등의) 복도 =〔门厅tīng②〕

【门类】ménlèi 名 부문(별). 분류. 유별. ¶基础科学和技术科学这两大～ | 기초과학과 기술과학의 양대 부류.

【门里出身】mén·li chūshēn 動組 方 ❶ 전문가(출신). 전문직(출신). ¶说到变戏法, 他是～ | 마술로 말하자면 그는 전문가다. ❷ 문벌 태생〔출신〕.

【门帘(儿, 子)】ménlián(r·zi) 名 문발.

【门联(儿)】ménlián(r) ⇒〔门对(儿)〕

【门脸儿】ménliǎnr 名 方 ❶ (성) 문 근처. ¶～上常有警察站岗 | 성문 근처에는 항상 경관이 보초를 서 있다 =〔城门脸儿〕 ❷ 상점의 문앞(의 공간) =〔门面①〕

【门楼(儿)】ménlóu(r) 名 문루. 대문〔성문〕 위의 다락집.

【门路】mén·lu 名 ❶ 비결. 방법. 요령. 단서. 실마리. ¶有了解决的～ | 해결의 단서가 생겼다. ¶找个能糊口的～ | 입에 풀칠할 수 있는 방법을 찾다. ¶那件事有了点～ | 그 일은 어느 정도 실마리가 잡혔다 =〔门道 ⓑ①〕 ❷ 연고. 연줄. 친분. ¶没有～, 进不去 | 연줄이 없어 못들어가다. ¶～窄zhǎi | 친분이 적다. 교제가 좁다. ¶钻zuān～ | 연줄을 파고들다. ¶他进那个公司是走谁的～? | 그가 저 회사에 들어간 것은 누구의 연줄인가? =〔门道 ⓑ②〕〔门子②〕

【门罗主义】Ménluó zhǔyì 名〈外〉먼로주의(Monroe Doctrine) =〔孟Mèng录主义〕

【门楣】ménméi ❶ 名 문미. 轉 집의 구조. ¶～倒很威风 | 집의 구조가 매우 위풍이 있다. ❷ 名 가문. 집안. 가계. 문벌. ¶壮～ | 가문을 번성시키다. ¶光大～ | 집안을 빛내다. ¶玷辱diànrǔ～ | 가문을 더럽히다 =〔门第②〕 ❸ ⇒〔横héng木〕

【门面】mén·mian 名 ❶ 상점 앞면. ¶他们铺子有几间～? | 그들의 상점은 앞면이 몇 간 입니까? =〔门脸儿②〕 ❷ 喩 겉보기. 외관. ¶装点～ | 외관을 약간 꾸미다. ¶连～也不要了吗? | 외관도 필요없습니까?

【门面话】mén·mianhuà 名 겉치레 말. 허울 좋은 말. 입에 발린 소리. ¶这些都是～, 说来好听而已 | 이러한 것은 모두 허울좋은 말로, 듣기좋을 따름이다.

【门牌】ménpái 名 ❶ 문패. ¶挂着～ | 문패가 달려 있다. ¶～号码 | 문패번호. 번지. ❷ 轉 번지. ¶老师家几号～? | 선생님의 집은 몇 번지이냐? ¶二十二号～ =〔门牌二十二号〕 | 22번지.

【门票】ménpiào 名 ❶ 입장권. ¶搞到两张～ | 두 장의 입장권을 구했다. ¶不收～ | 입장권을 받지 않음. 무료 입장. ¶这部电影的～很难买 | 이 영화의 입장권은 매우 구입하기 힘들다 =〔门券quàn〕 ❷ 입장료.

【门儿】ménr 名 ❶ 문. 출입구. ❷ 일문. 한패. 한집안. 일족. 일파. 일가. ❸ 방법. 요령. 실마리. 단서. 비결. ¶钻zuān研了几个月, 渐渐摸着～了 | 수 개월 연구한 결과, 차츰 요령을 알게 되었다. ❹ 연고. 연줄. ❺ 가망. 짐작. 예측. ¶你～都没有 | 넌 어림도 없다. ¶事情办得有点儿～了 | 일이 다소 가망이 있게 처리되었다. ❻ 처음. 초. ¶五月～ | 5월 초 ❼ 종류. ❽ 중요한 곳. 요지. ❾ (mēnr) 擬 빽 [기적 소리] ¶火车～～地拉嚮儿 | 기차가 빽빽 기적을 울린다.

【门儿清】ménrqīng 動 아주 뚜렷이 이해하다. ¶她什么事儿都～ | 그녀는 무슨 일이든지 다 정확히 이해한다.

【门人】ménrén 名 ❶ 문하생. 제자. 학생. ❷ 문지기 =〔门差〕 ❸ 문객. 식객. ¶养～成风 | 많은 문객을 양성하다 =〔门客〕

【门扇(子)】ménshàn(·zi) 名 문짝. ¶～上贴着一副春联 | 문짝에 한 폭의 춘련이 붙어 있다⇒〔门差chāi〕

【门神】mén·shén 名 문신 [음력 정월에 집집마다 좌우 문짝에 붙이는「神荼」와「郁垒」(현대에는「秦諒」과「尉遲敬德」)의 두 신의 상.「尉迟敬德」쪽을「武门神」또는「黑脸儿」이라 하고,「秦谅」쪽을「文门神」또는「白脸儿」이라 함. 저택내의 작은 문이나 입구의 대문 혹은 가난한 집의 문 등, 문이 한장 밖에 없을 때는 한장 짜리를 붙이는데, 이것을「正坐儿」「加官儿」또는「独坐儿」이라 함] ¶～打灶神 | 문신이 부뚜막의 신과 서로 다투다. 한 집안에서 서로 다투다.

【门生】ménshēng 名 ❶ 문(하)생. 제자 [제자가 스승에 대하여 자신의 일을 말할 때 쓰임] ¶他是康教授的～ | 그는 강교수님의 제자이다. ¶小～ | 제자의 제자 =〔门徒tú〕〔门下(士)①〕〔座主〕 ❷ 문객. 식객 =〔门客〕

【门市】ménshì 名 소매(小賣). ¶卖～ | 소매하다. ¶今天星期日, 所以～很好 | 오늘은 일요일이어서 물건이 잘 팔린다 =〔门售shòu〕〔门庄zhuāng〕

[4]【门市部】ménshìbù 名 소매부(小賣部). 소매점. ¶为本刊读者特设～服务 | 본지의 독자를 위하여 특별히 소매부를 설치하여 봉사합니다.

【门闩】ménshuān 名 (문)빗장. ¶插上～ | 빗장을 걸다 =〔门插chā关儿〕〔门栓shuān〕

【门厅】méntīng 名〈建〉❶ 현관방. ❷ (호텔·극장 등의) 대청 =〔门廊②〕

【门庭若市】mén tíng ruò shì 國 문정 약시. 문전

M

성시. 방문객이 매우 많다.

【门徒】méntú 名 문하생. 제자. ¶他自称是孔子的～ | 그는 자칭 공자의 문하생이다 =〔门生①〕

【门外汉】ménwàihàn 名 문외한. ¶起初如果只作～, 随他谈什么, 也不至出丑 | 애초부터 단지 문외한 노릇을 했더라면, 그가 무슨 말을 했더라도 추태를 보이게 되지는 않았을 것이다.《鏡花緣》

【门卫】ménwèi 名 수위. 문지기 경비원. ¶学校的～不让我进去 | 학교의 수위가 나를 들어가지 못하게 하다.

【门下(客)】ménxià(kè) 名 ❶ 문객. 식객 =〔门客〕 ❷ 문하생 제자.

【门下(士)】ménxià(shì) 名 ❶ 문하생. 제자 =〔门生①〕 ❷ 문객. 식객 =〔门客〕

【门限】ménxiàn 名 ❶ 書 문지방. 문턱 =〔门坎kǎn(儿)①〕 ❷ 문을 열고 닫는 시한.

【门牙】ményá 名 앞니 =〔门齿chǐ〕

3【门诊】ménzhěn 名〈醫〉❶ 외래 진찰〔진료〕. ¶～部 | 외래 진찰실. ¶看～ | 외래 진료를 하다. ¶～病人 | 외래 진찰 환자. ❷ 진료. 진찰. ¶～时间 | 진찰 시간. ¶～挂号证 | 진찰권.

【门子】mén·zi ❶ 名 (관청·귀족·고관 집의) 문지기 =〔门差chā〕 ❷ ⇒〔门路②〕 ❸ 名 집. 가정. 가문. ¶大～ | 큰집. ¶阔kuò～ | 부자집. ¶串chuàn～ | 이집 저집 놀러다니다. ¶出～ | 시집가다. ❹ 名 비결. 방도. 단서. 실마리. 요령. ❺ 量 경멸의 뜻을 나타냄. ¶哪～话! | 무슨 놈의 소리냐! ¶这是哪～酒, 简直是水呀! | 이것이 무슨 술이냐! 완전히 물이구만. ¶他是哪～先生, 连这么点儿都不知道! | 그가 무슨 놈의 선생이야! 이런 것 조차 모르는데 ‖ =〔方 门头〕

1【们】mén ☞ 们·men B

【扪(捫)】mén 더듬을 문 書 動 ❶ 어루만지다. 쓰다듬다. 손을 얹다. ¶～心↓ ❷ 쥐다. 잡다. 누르다. ¶用手～话筒 | 손으로 수화기를 잡다.

【扪心】ménxīn 書 動 가슴에 손을 얹다〔대다〕. 喻 반성하다. ¶～无愧kuì | 떳떳하다.

【扪心自问】mén xīn zì wèn 成 가슴에 손을 얹고 스스로 반성하다. ¶如果每一个人都能～, 就不会有这种事了 | 만약 모든 사람이 스스로 반성한다면, 이런 일은 있지 않을 것이다 =〔扪心自省〕

【钔(鍆)】mén (멘델레븀 문) 名〈化〉화학 원소 명. 멘델레븀(Md ; mendelevium)〔인공방사성 원소의 하나〕

【汶】mén ☞ 汶 wèn B

mèn ㄇㄣˋ

3【闷】mèn ☞ 闷 mēn B

【焖(燜)】mèn 뜸들일 민 動 뭉근한 불에 삶다. 뜸을 들이다〔뚜껑을 꼭 닫고 약한 불에 천천히 삶는 것〕 ¶～一锅肉 | 고기를 한 솥 고우다 =〔闷mèn③〕

【焖饭】mènfàn 動 뜸을 들이다. 뚜껑을 닫고 살짝 데우다 =〔闷mèn饭①〕

【焖烂】mènlàn 動 약한 불로 삶아 연하게 하다. 뜸들여 연하게 하다.

【懑(懣)】mèn 번민할 만 書 動 번민하다. 번뇌하다. ¶愤fèn～ | 분개하다. 화가 나 속을 태우다.

【懑懑】mènmèn 書 狀 번민하고 괴로워하다. 번뇌하다.

·men ㄇㄣ·

1【们(們)】·men mén 들 문

A ·men 尾 인칭대사(人稱代詞)나 사람을 지칭하는 명사 뒤에 붙어 복수임을 나타냄. ¶我～ | 우리들. ¶人～ | 사람들. ¶学生～ | 학생들. 어법 ⓐ 주로 문학작품에서는 사물을 나타내는 명사 뒤에도 「们」을 붙여 의인화(擬人化)하기도 함. ¶月亮刚出来, 满天的星星～眨zhǎ着眼睛 | 달이 막 나오고 온 하늘의 별들이 눈을 깜박이고 있다. ⓑ 사람을 나타내는 고유명사에 「们」이 붙으면 동년배·집단·측근의 사람을 나타냄. ¶王大爷爱说笑话, 一路上逗得小强～笑个不止 | 왕씨 아저씨는 우스개소리를 잘 하는데 도중(途中)에 웃겨서 「小强」 곁의 사람들은 웃음을 그치지 못했다. ⓒ 병렬된 마지막 성분에 붙일 수도 있음. ¶大哥哥, 大姐姐～热情地招待我们 | 형님들과 누나들은 우리를 친절하게 접대했다. ¶老师和学生～ | 선생님들과 학생들. ⓓ 「们」이 붙은 명사는 일반적으로 수량사의 수식을 받을 수는 없으나, 수량형용사 「许多」「好些」 등의 수식은 받을 수 있음. ¶三个孩子们(×) ¶好些孩子～在空地上你追我赶地跑着玩 | 많은 아이들이 공터에서 이리 저리 쫓고 쫓기며 뛰어 놀고 있다.

B mén 지명에 쓰이는 글자. ¶图～江 | 도문강. 두만강. ¶图～市 | 도문시.

mēng ㄇㄥ

【蒙】mēng ☞ méng 2 B

méng ㄇㄥˊ

【氓】méng ☞ 氓 máng B

【虻〈蝱〉】méng 등에 맹 名〈蟲〉등에. ¶牛～ | 등에. ¶～眼 | 등에풀.

4【萌】méng 싹틀 맹 ❶ 식물의 싹. 사물의 시초. ❷ (식물의) 싹이 나오다. 트다. ¶～芽↓ ❸ 書 動 발생하다. 시작하다. 일어나다. ¶故态tài复～ | 成 옛모습이 다시 살아나다. ¶见于未～ | 일이 발생하기 전에 예견하다. ❹ 백성. 인민. ¶～黎↓ =〔氓méng〕

【萌动】méngdòng 書 動 ❶ (식물이) 싹트기 시작하다. ❷ 轉 (사물이) 움직이기 시작하다. ¶春意～ | 봄기운이 돌기 시작하다. ¶爱意～ | 사랑이

싹트기 시작하다. ❸(생각이) 생기다. 싹트다. ¶曾经~过这样的认识｜일찌기 이와 같은 인식이 싹튼 적이 있다. ¶彼此心里~了一个念头｜서로의 마음속에 한 가지 생각이 떠올랐다.

【萌发】méngfā 動 (종자·포자(抱子)의) 싹이 트다. 움이 돋다. ¶茶树修剪后又~新枝｜차나무는 가지를 쳐준 뒤에 또 새 가지가 자란다. ¶了丝丝爱意~｜가느다란 사랑이 싹텄다.

【萌黎】ménglí 書 名 백성. 인민. 서민 =〔萌藜〕〔萌隶〕〔氓黎〕〔氓隶〕

【萌生】méngshēng 書 ❶ 動 (주로 추상적인 사물이) 발생하기 시작하다. 움트다. 싹트다. ¶~当和尚的念头｜스님이 되겠다는 생각을 하기 시작하다. ❷ 動 많이 생겨나다. ❸ 名 새싹. 징조.

4【萌芽】méng/yá ❶ 動 (식물이) 싹트다. 움트다. 喩 (사물이) 싹트다. 막 발생하다. ❷(méngyá) 名 새싹. 맹아. 움. 喩 사물의 시작. ¶处于~状态｜(발달의) 초기 상태에 있다 ‖ =〔萌牙①〕

3【盟】 méng míng 맹세 맹

Ⓐméng ❶ 동맹 [국가와 국가, 단체와 단체간의 연합] ¶结~｜동맹을 맺다. ¶友好同~互助条约｜우호동맹 상호원조조약. ❷ 결의하다. ¶~兄弟｜↓ ❸ 名 내몽골(內蒙古) 자치구의 행정구획 [약간의「旗(기)/「县」(현)/「市」(시)를 포괄함]

Ⓑmíng 動 맹세하다. 서약하다. 어법「盟」이 단독으로 동사로 쓰일 때「míng」으로 발음 하기도 함. ¶~一个誓｜한 가지 맹세한다.

【盟邦】méngbāng 名 동맹국(同盟國) =〔盟国〕

【盟弟】méngdì 名 의제(義弟). ¶~妇｜의제의 아내 =〔谱pǔ弟〕

【盟国】méngguó ⇒〔盟邦bāng〕

【盟军】méngjūn 名 동맹군.

【盟誓】méng/shì ❶ 動 맹세하다. ¶~结为义兄弟｜의형제 맺을 것을 맹세하다. ❷(méngshì) 書 名 맹약 ‖ =〔明míng誓〕

【盟兄】méngxiōng 名 의형(義兄). ¶~盟弟 =〔盟兄把弟〕｜결의 형제 =〔谱pǔ兄〕

【盟兄弟】méngxiōngdì 名 의형제(義兄弟) =〔把bǎ兄弟〕〔谱pǔ兄弟〕〔义yì兄弟〕

【盟友】méngyǒu 名 ❶ 맹우. 맹약(盟約)을 맺은 벗. ❷ 동맹국(同盟國) ¶韩国是美国的~｜한국은 미국의 동맹국이다 =〔盟邦bāng〕〔盟国〕

【盟约】méngyuē 名 맹약. 동맹 서약〔조약〕

【盟长】méngzhǎng 名 ❶ 맹주(盟主) =〔盟主〕 ❷「盟」의 영수(領袖)〔장〕→〔盟③〕

【盟主】méngzhǔ 名 맹주. ¶文坛~｜문단의 맹주 =〔盟首shǒu〕〔盟长zhǎng①〕

3【蒙】 ①méng Měng 입을 몽, 덮을 몽, 몽고 몽

Ⓐméng ❶ 무지(無知). 몽매(蒙昧). 우매(愚昧). ¶启qǐ~｜계몽하다. ❷ 動 가리다. 덮어 씌우다. ¶用手~住眼｜손으로 눈을 가리다. ¶再~上一块皮子｜가죽을 한 장 더 덮어 씌우다. ❸ 動 받다. 입다. ¶~难↓ ¶~你照料, 非常感谢｜당신의 보살핌을 받아서 대단히 감사합니다. ❹ 기만하다. 속이다. ¶~蔽↓ ¶~混↓ ❺ 書 形 나이가 어리다. ¶~童↓ ❻(Méng) 名 성(姓).

ⒷMěng 名 簡 〈地〉「蒙古」(몽골)의 약칭. ¶~文｜몽골어. 몽골문. ¶~族↓

Ⓐméng

【蒙蔽】méngbì 動 (사실을) 감추다. 가리우다. 속이다. 기만하다. ¶受了他的~｜그에게 속아 넘어갔다. ¶不要被花言巧语所~｜달콤한 말에 속지 말라.

【蒙尘】méngchén 書 動 몽진하다. ¶天子~｜천자가 몽진하다.

【蒙顶】méngdǐng 名 사천성(四川省) 몽산(蒙山)에서 나는 차(茶) 중에서 최고급품→〔蒙山茶〕

【蒙馆】méngguǎn 名 옛날, 서당. 글방. 사숙(私塾). ¶他八岁进~受教｜그는 여덟살에 서당에 들어가 교육을 받았다.

【蒙汗药】ménghànyào 名 俗 〈藥〉(희곡·소설 중에 나오는) 마취약. 몽한약. ¶多少好汉被~麻翻了｜많은 사내들이 마취약에 의해 마취되었다.

【蒙哄】ménghǒng 又 mēnghǒng) 動 (속임수로) 남을 속이다. 기만하다. ¶~人｜남을 속이다. ¶这事~不了liǎo行háng家｜이 일은 전문가를 속일 수 없다.

【蒙混】ménghùn 又 mēnghùn) 動 속임수로 남을 속이다〔기만하다〕. ¶他用的是假护照, 想~过去｜그가 사용한 것은 가짜 여권으로, 속여넘기려 했다.

【蒙混过关】ménghùn guò guān 又 mēnghùn guò guān) 成 속임수를 써서 고비를 넘기다. 속임수로 빠져나가다. ¶制造假象, 企图~｜허상을 만들어, 속임수로 빠져나갈 것을 시도하다.

【蒙罗维亚】Méngluówéiyà 名 外 〈地〉몬로비아(Monrovia) [라이베리아(Liberia)의 수도]

【蒙昧】méngmèi 書 形 ❶ 미개(未開)하다. ¶~时代｜미개 시대. ❷ 우매(愚昧)하다. 몽매하다. 사리에 어둡다. ¶~无知｜成 무지몽매하다.

【蒙昧主义】méngmèi zhǔyì 名 몽매주의. 반 문명〔반문화〕주의. ¶推行~｜몽매주의를 추진하다.

【蒙蒙】méngméng 書 貺 ❶ 성(대)하다. 번성하다. 무성하다. ❷ 어둑어둑하다. 어슴푸레하다.

【蒙面】méngmiàn 名 動 복면(撲面)(하다). ¶持枪~大汉｜총을 들고 복면한 사나이.

【蒙难】méng/nàn 書 動 ❶ (지도자·지사(志士)가) 희생 당하다. 박해를 당하다. ¶不少抗日义士, 不幸~｜많은 항일투사들이 불행히도 희생을 당하다. ❷ 재화(災禍)를 입다.

【蒙山茶】méngshānchá 名 중국 사천성(四川省) 명산현(名山縣) 몽산(蒙山)에서 생산되는 잎차→〔蒙顶〕

【蒙上】méngshàng 動 씌우다. 가리(우)다. ¶~一张纸｜종이를 한 장 씌우다.

【蒙神赚鬼】méngshén zuànguǐ 動組 京 남을 속이다. 기만하다. 협잡(挾雜)하다. ¶我早知道这是~的事嘛!｜나는 이것이 협잡이라는 것을 일찍이 알고 있었어!

【蒙受】méngshòu 動 입다. 받다. 당하다. ¶~耻辱chǐrǔ｜치욕을 당하다. ¶~恩惠｜은혜를 입

다. ¶～损失｜손실을 입다.
【蒙太奇】méngtàiqí 名 外 몽타주(montage;프). 화면 구성.
【蒙童】méngtóng 名 철부지. 아동. 어린 아이.
【蒙头】méng/tóu 動 ❶ 머리에 뒤집어 쓰다. ¶大家不是坐着闲谈,便是～大睡｜모두들 앉아서 잡담을 하지 않으면, 이불을 뒤집어 쓰고 잠을 잔다. ❷ 모르는 체하다. ¶蒙住头种自己的地｜모른 체 자신의 밭을 갈다. ¶～盖脸｜成 알고도 모르는 체하다.
【蒙羞】méngxiū 動 창피[수치]를 당하다. ¶他干了败坏门风的事,这回祭祖先的时候,难免要在祠堂里～了｜그는 가풍을 해치는 일을 했으니까, 이번 조상의 제사 때에는 사당에서 창피를 당하는 것을 면하기 힘들 것이다. ¶她～以后成天寻死赖活的｜그녀는 수치를 당하고 나서는 왼종일 죽느니 사느니 하고 있다.
【蒙学】méngxué 書 名 옛날의, 서당. 사숙(私塾). 초급 학교. ¶你的儿子七岁了,该入～了｜너의 아들은 7세가 되었으니, 마땅히 서당에 들어가야 한다.
【蒙药】méngyào 名〈藥〉마취약의 통칭(通稱)＝[蒙汗hàn药]
【蒙冤】méngyuān 動 누명을 쓰다. 죄를 뒤집어 쓰다. 억울하게 의심을 받다. ¶他也不幸～,几年以后才得以洗雪｜그는 불행히도 누명을 쓰고 있다가, 몇년 후에서야 비로소 벗었다.
【蒙在鼓里】méng zài gǔ·li 動組 남에게 속아 마치 북안에 들어간 것처럼 바깥 세상일에 대하여 아무것도 모르고 있다. 오리무중. 아무 영문도 모르고 있다. ¶这么大的事儿,你还～,这哪行啊!｜이렇게 큰 일을 너는 아무것도 모르고 있으니 이를 어떻게 할 것인가!＝[瞒mán在鼓里][装zhuāng在鼓里]
Ⓑměng
【蒙得维的亚】Měngdéwéidéyà 名 外〈地〉몬테비데오(Montevideo) [「乌拉圭」(우루과이; Uruguay)의 수도]
【蒙古】Měnggǔ 名〈地〉몽골 공화국(Mongolia) [몽골 공화국(Mongolian Peoplés Republic)과 중국의 내몽골 자치구(Inner Mongolia)를 포함한 지역명. 수도는 「乌兰巴托」(울란바토르; Ulan Bator)] ¶～话｜몽골어. 몽골말.
【蒙古包】měnggǔbāo 名 파오 [몽골인이 사는 이동식 천막집]
【蒙古人民共和国】Měnggǔ Rénmín Gònghéguó 名組 몽골인민공화국 [수도는「乌兰巴托」(울란바토르;Ulan Bator).
【蒙古人种】měnggǔ rénzhǒng 名〈民〉몽골 인종. 황인종 [세계 3대 인종의 하나] ¶～身体高大,眼睛较小｜몽골 인종은 신체가 크고, 눈이 비교적 작다＝[黄huáng种]
【蒙古族】Měnggǔzú 名〈民〉❶ 몽골족 [중국 소수 민족의 하나] ❷ 몽골인민공화국의 민족.
【蒙罗维亚】Měngluówéiyà 名 外〈地〉몬로비아(Monrovia) [「利比里亚」(리베리아;Liberia)의 수도]
【蒙特塞拉特岛】Měngtèsàilātèdǎo 名 外〈地〉영령 몬트세라트섬(Montserrat Island) [수도는「普利茅斯」(플리머스;Plymouth)]
【蒙族】Měngzú 名 簡 몽골족＝[蒙古族]

3【蒙(矇)】❷ méng mēng 소경 몽

Ⓐméng 書 ❶ 動 눈이 멀다. ❷ 形 불명(不明)하다.
Ⓑmēng 動 ❶ 속이다. 기만하다. ¶别～人｜사람을 속이지 마라. ¶说瞎xiā话～人｜터무니 없는 말로 사람을 기만하다. ❷ 적당히 어림하다. 멋대로 추측하다. ¶这下我可～对了｜이번에는 내 추측이 맞았다. ❸ 정신을 잃다. 혼미하다. 까무러치다. ¶眼发黑,头发～｜눈 앞이 캄캄해 지고, 머리가 멍해지다. ¶他被球打～了｜그는 공에 맞아 정신을 잃었다.
Ⓐméng
【蒙昧】méngmèi 書 形 ❶ 눈이 밝지 않다. ❷ 몽매하다. ¶～无知‖무지 몽매＝[蒙昧]
Ⓑmēng
【蒙吃蒙喝】mēngchī mēnghē 動組 남을 속여 먹고 마시다. ¶他一天到晚～｜그는 왼종일 남을 속여 먹고 마신다.
【蒙饭吃】mēngfànchī 動組 남을 속여서 살아가다[생계를 유지하다]. ¶那个家伙没什么本事,简直是到处～｜저 놈은 아무런 수완이 없이, 그야말로 도처에서 남을 속여 밥을 먹고 산다.
【蒙蒙黑】mēngmēnghēi 狀 하늘이 어두워지다. 모색이 짙어지다.
【蒙蒙亮(儿)】mēngmēngliàng(r) 狀 하늘이 밝아지다. 환해지다. ¶天～他就起床了｜하늘이 막 밝아지자 그는 잠자리에서 일어 났다. ¶天刚gāng～｜날이 막 훤히 밝아오다.
【蒙骗】mēngpiàn 動 속이다. 기만하다. ¶你受他～了｜너는 그에게 기만당했다＝[欺qī骗]
【蒙人】mēng/rén 動 사람을 속이다. ¶吃烧饼没有不掉芝麻粒儿的,～没有不露真相的｜'燒餅'을 먹으면서 묻어있는 참깨알을 떨어뜨리지 않을 수 없듯, 사람을 속여 발각되지 않는 일은 없다. ¶这回叫我抓住毛病了,你下回还～不蒙?｜이번에 내게 약점을 잡혔는데, 너 다음에도 여전히 사람을 속이려고 할테냐?
【蒙事】mēngshì 動 方 거짓말을 해서 사람을 속이다[기만하다]. ¶公文里满篇都是白字,这哪儿叫办公啊?简直是～嘛!｜공문에 온통 오자 투성이니, 이게 어디 사무를 보는 것이냐? 그야말로 사람을 기만하는 것이다!
【蒙事儿】mēngshìr 動 전문가인 체하다. 모르면서도 아는 체하다. ¶别在这儿瞎xiā～了!｜여기서 함부로 아는체 하지 마라!
【蒙松雨(儿)】mēng·songyǔ(r) 名 方 가랑비. 보슬비.
【蒙头转向】mēng tóu zhuàn xiàng 成 멍하여[얼떨떨하여] 갈피를 못 잡다. ¶他吓得～｜그는 놀라 갈피를 못 잡다.
【蒙着】mēng·zhe 俗 재수가 좋다. 우연히 (들어) 맞다. ¶总算他～了｜어쨌든 그는 요행히 맞추었다.

【蒙住】mēng·zhù 動 ❶ 속여넘기다. 감쪽같이 속이다. ¶我真把他～了｜나는 정말 그를 감쪽같이 속여넘겼다. ❷ 얼떨떨해지다. 멍청해지다. ¶他忽然这么哭起来，大家～了｜그가 갑자기 이렇게 울어대자, 사람들은 멍해졌다. ¶一时倒～了｜잠시 멍청해졌다.

【蒙(懞)】③ méng 흐리멍덩할 몽
形 흐리멍덩하다. 몽롱하다. ¶他已经～了，什么也不知道｜그는 이미 흐릿해져 아무것도 모른다.

【蒙(濛)】④ méng 가랑비올 몽
❶ ⇒〔蒙蒙〕 ❷ ⇒〔溟míng蒙〕〔空kōng蒙〕

【蒙蒙】méngméng 狀 비가 부슬부슬 내리다. ¶雨雾wù～｜안개비가 부슬부슬 내리다. ¶～细雨｜가랑비. 보슬비.

【蒙丝雨(儿)】méngsīyǔ(r) ⇒〔蒙松雨(儿)〕

【蒙松雨(儿)】méng·sōngyǔ(r) 名 보슬비. ¶门外正下着～｜문 밖에 마침 보슬비가 내리고 있다＝〔蒙丝雨(儿)〕〔小xiǎo乌拉雨〕

【幪】méng 덮을 몽
⇒〔帡píng幪〕

【獴】méng ☞ 獴 měng

【朦】méng 흐릴 몽
⇒〔朦胧〕

【朦胧】ménglóng 形 흐리다. 몽롱하다. 모호하다. 어렴풋하다. ¶月色～｜달빛이 흐릿하다. ¶～的景色｜어렴풋한 경치.

4【檬】méng 영몽 몽
❶ ⇒〔檬果〕 ❷ ⇒〔柠níng檬〕

【檬果】méngguǒ ⇒〔芒máng果〕

【礞】méng 돌이름 몽
⇒〔礞石〕

【礞石】méngshí 名〈鑛〉몽석(礞石). ¶白～｜백몽석. ¶青～｜청몽석.

【艨】méng 싸움배 몽
⇒〔艨艟〕

【艨艟】méngchōng 名 전함(戰艦)＝〔艨冲〕〔蒙冲〕〔蒙艟〕

【甍】méng 대마루 맹
書 名〈建〉용마루. 대마루. ¶比屋连～｜威 집이 연이어 있다. ¶雕diāo～绣槛｜威 화려하고 아름다운 건물.

【瞢】méng mèng 어두울 몽

Ⓐ méng 書 形 ❶ 눈이 어둡다. 눈이 흐릿하다. ¶目光～然｜눈빛이 흐릿하다. ❷ 번민하다. ❸ 부끄러워 하다.

Ⓑ mèng 名〈地〉고대의 호수의 이름 [「梦mèng」으로도 씀]

【瞢瞢】méngméng 書 狀 어둑어둑하다. ¶物失明，莫不～｜사물에 밝음이 없어지면 모든 것이 어두워진다.

【瞢腾】méngténg 書 狀 흐릿하다. 몽롱하다.

měng ㄇㄥˇ

【勐】měng 용감할 맹
❶ 書 形 용감하다. ❷ 名 운남성(雲南省)의 「西双版纳」(서쌍판납)에 사는 「傣Dǎi族」(태족) 지구(地區)의 옛 행정구획 단위. ❸ (Měng) 名〈地〉맹하(勐河) [운남성(雲南省)에 있는 강 이름]

3【猛】měng 사나울 맹, 돌연할 맹
❶ 形 맹렬하다. 격렬하다. 사납다. ¶突飞～进｜威 진보가 매우 신속하다. ¶炮火很～｜포화가 아주 맹렬하다. ❷ 形 용감하다. 용맹하다. ¶勇～｜용감하다. ¶～将↓ ❸ 副 돌연히. 갑자기. 급히. ¶～涨↓ ¶水喝～了，呛qiāng出来｜물을 급히 마셨더니 사레가 들었다. ❹ 動 (힘을) 집중시키다. ¶～着劲儿干｜힘을 집중시켜 하다. ❺ (Měng) 名 성(姓).

【猛不防】měng·bufáng 副 갑자기. 돌연히. 뜻하지 않게. ¶他～大喊了起来｜그는 갑자기 고함을 치기 시작했다. ¶我～给他一个耳光｜나는 그에게 돌연히 따귀를 한 대 때렸다＝〔方猛不乍〕〔猛丁〕〔冷lěng不防〕

【猛冲】měngchōng 動 맹렬하게 돌격하다. 돌진하다. 맹진(猛進)하다. ¶勇敢地向前～｜용감히 앞을 향해 돌진하다.

【猛打】měngdǎ 動 맹렬하게 치다. 호되게 때리다.

【猛地】měng·de 副 돌연히. 갑자기. 황급히. ¶他睁开两眼，～坐起身｜그가 두 눈을 크게 뜨고, 황급히 일어섰다＝〔猛孤丁地〕〔忽然〕

【猛丁】měngdīng ⇒〔猛不防〕

【猛孤丁地】měnggūdīng·de 副 方 느닷없이. 돌연히. 갑자기. ¶他～站住了｜그가 돌연히 멈췄다. ¶～推了他一把｜그를 느닷없이 확 밀었다＝〔猛不防〕〔猛地〕〔猛丁〕〔猛个丁地〕

【猛喝】měnghè 動 대갈하다. 호통치다. ¶向他～一声，「同志，赶快回头!」｜그를 향해, 「동지, 빨리 뉘우치시오!」라고 크게 호통쳤다.

【猛虎掏心】měnghǔ tāo xīn 威 (적의 심장부에 들어가 적에게) 치명적 타격을 주다. ¶给他来了个～｜그에게 치명적 타격을 주었다.

【猛将】měngjiàng 名 맹장. 용장(勇將). 喻 위험을 무릅쓰고 용감히 나아가는 사람.

【猛劲儿】měngjìnr 口 ❶ 動 집중하여 힘을 쓰다. 힘을 단번에 쓰다. ¶他一～，就超过了前边的人｜그가 힘을 집중하자, 곧 앞 사람을 제쳤다. ❷ 名 집중하여 단번에 쏟아낸 힘. 갑자기 쓰는 힘. ¶搬重东西要用～｜무거운 물건을 옮기려면 집중된 힘을 써야 한다. ❸ 名 용맹스런 힘. 세찬 힘. ¶这小伙子干活有股子～｜이 젊은이는 일을 세차게 해낸다.

【猛进】měngjìn 動 맹진하다. 돌진하다. 용맹하게 나아가다. ¶突飞～｜威 진보나 발전이 매우 신속하다. ¶祝你学业～!｜너의 학업에 큰 발전이 있기를 기원한다!

【猛可(的, 地, 里)】měngkě(·de·di·li) 副 近 느닷없이. 갑자기. 뜻밖에. ¶只是～想不出是谁｜다만 갑자기 누군지 생각이 나지 않을 뿐이다＝〔猛孤gū丁地〕

【猛力】měnglì 副 맹렬하게. 강력하게. 힘차게. ¶

～进攻｜맹렬히 진격하다. ¶把手榴弹～一甩｜수류탄을 힘차게 던지다.

[3]【猛烈】měngliè 形 맹렬하다. 세차다. ¶进行～的斗争｜맹렬한 투쟁을 벌이다. ¶～的炮火｜맹렬한 포화. ¶这里气候寒冷, 风势～｜이곳의 기후는 한랭하고, 바람은 세차다.

【猛犸】měngmǎ 名〈考古〉맘모스(mammoth) =〔长cháng毛象〕〔毛象〕

【猛跑】měngpǎo 動 ❶ 갑자기 달리다. ❷ 돌진하다. ¶一劲地～｜힘껏 돌진하다.

【猛禽】měngqín 名 맹금. 사나운 날짐승. ¶勇擒～｜용감하고 사나운 날짐승.

[3]【猛然(间)】měngrán(jiān) 副 뜻밖에. 갑자기. 돌연히. ¶～惊醒jīngxǐng｜갑자기 놀라 잠이 깨다. ¶～回头｜돌연히 고개를 돌리다.

【猛士】měngshì 書 名 용사(勇士). ¶不怕牺牲的～｜희생을 두려워하지 않는 용사.

【猛兽】měngshòu 名 맹수. 사나운 짐승. ¶智获～｜지혜로 맹수를 잡다.

【猛省】měngxǐng 動 ❶ 갑자기 깨닫다. 문득 생각이 나다. 문득 정신이 들다. ❷ 깊이 스스로 반성하다. ¶～自己的过失｜자신의 과실을 깊이 스스로 반성하다. ‖ =〔猛醒xǐng〕

【猛醒】měngxǐng ⇒〔猛省〕

【猛一下】měngyīxià 副 급히. 돌연히. 갑자기 [순간적으로 행동할 때 씀] ¶～拔腿跑了｜급히 뛰어 도망갔다.

【猛增】měngzēng 動 급증하다. 갑자기 증가하다. ¶比去年～了一倍｜작년에 비해 배로 급증하였다.

【猛涨】měngzhǎng 動 ❶ (값이) 폭등하다. 급등하다. ❷ (수위(水位)가) 갑자기 오르다. (물이) 갑자기 붇다.

【猛志常在】měng zhì cháng zài 成 웅심이 그냥 남아있다. 포부가 여전히 크다. ¶烈士暮年, ～｜지사는 만년에도, 포부가 여전히 크다.

【猛追】měngzhuī 動 맹렬하게 뒤쫓다〔추격하다〕. ¶～敌人｜적을 맹렬히 추격하다.

【猛子】měng·zi 名 자맥질. 무자맥질. ¶在水里扎了一个～｜물속에 한차례 자맥질하다→〔扎zhā猛子〕

【锰(錳)】

měng 망간 맹

名〈化〉화학 원소 명. 망간(Mn ; manganum). ¶过～酸钾｜과망간산 칼륨.

【锰钢】měnggāng 名〈化〉망간강. ¶这个厂专门生产～｜이 공장은 망간강을 전문으로 생산한다.

【艋】

měng 거룻배 맹

⇒〔舴zé艋〕

【蜢】

měng 벼메뚜기 맹

⇒〔蚱zhà蜢〕

【蒙】

Měng ☞ 蒙 ① méng Ⓑ

【獴】

měng ⓧméng) 몽구스 몽

名〈動〉몽구스.

【蠓】

měng 눈에놀이 몽

名〈蟲〉눈에놀이. 멸몽(蠛蠓) =〔蠛miè蠓〕〔蠓虫(儿)〕

【懵〈懜〉】

měng 어두울 몽

⇒〔懵懂〕

【懵懂】měngdǒng 形 ❶ 사리에 어둡다. 어리석다. ¶他一向懵懵懂懂｜그는 언제나 사리에 어둡다. ❷ 모호하다. 흐릿하다. ❸ 멍청하다. 멍하다. ¶聪明一世, ～一时起来｜일생을 총명하던 사람도, 때로는 멍청해진다.

【懵懵】měngměng 書 狀 ❶ 무지하다. ❷ 모호하다.

mèng ㄇㄥˋ

【孟】

mèng 우두머리 맹

❶ 書 名 (형제중에서) 맏이 [「孟」「仲」「叔」「季」의 순서] ¶～兄｜장남. ❷ 음력 사계(四季)의 최초의 달. ¶～春↓ ❸ 書 動 노력하다. ¶孟晋↓ ❹ (Mèng) 名 성(姓).

【孟春】mèngchūn 書 名 맹춘. 음력 정월 =〔孟陬zōu〕〔发春〕〔首春〕〔首岁〕〔首月〕〔献xiàn春〕

【孟德尔定律】Mèngdé'ěr dìnglǜ ⇒〔孟德尔主义〕

【孟德尔主义】Mèngdé'ěr zhǔyì 名 外〈生〉멘델리즘(mendelism). 멘델법칙. 유전법칙 =〔孟德尔定律〕

【孟冬】mèngdōng 書 名 맹동. 음력 시월. ¶此时是～时候｜이 때는 맹동의 시절이다. ¶～风烈｜음력 시월에 바람이 심하다 =〔上冬①〕

【孟夫子】Mèngfūzǐ 名〈人〉맹자(孟子). 맹자 스승.

【孟加拉】Mèngjiālā 名 外〈地〉❶ 벵골(Bengal). ¶～人｜뱅골인. ¶～湾｜벵골만. ❷ 방글라데시(Bangladesh) [1971년 파키스탄으로부터 분리·독립. 수도는 「达卡」(다카;Dacca)] =〔孟加拉国〕

【孟姜女】Mèngjiāngnǚ 名〈人〉맹강녀 [중국 진시황(秦始皇)때 제(濟)나라 사람, 범기량(范杞梁)의 처(妻)로 만리장성(萬里長城)으로 사역나간 남편이 죽은 것을 알고서는 하도 애통하게 우는 바람에 만리장성이 절로 무너졌다는 비극적인 전설의 여주인공]

【孟晋】mèngjìn 書 動 애써 발전하다.

【孟浪】mènglàng 形 ❶ 경솔하다. 경망하다. 덜렁덜렁하다. ¶不可～行事｜경망스레 일을 하지 말라 =〔鲁lǔ莽〕 ❷ 소홀하다. ¶待他不敢过于～｜그를 지나치게 소홀히 대접할 수는 없다. ❸ 조잡하다. 거칠다.

【孟母三迁】mèng mǔ sān qiān 成 맹모 삼천. 맹자(孟子)의 어머니가 아들의 교육을 위하여 환경이 좋은 곳을 찾아 세 번이나 이사했다는 고사(故事). ¶～, 为子择邻｜맹자의 어머니는 세 번씩이나 이사를 하면서, 자식을 위해 이웃을 골랐다.

【孟秋】mèngqiū 書 名 맹추. 음력 칠월 =〔首秋〕

【孟特尔逊】Mèngtè'ěrxùn 名 外〈人〉멘델스존 [독일의 작곡가(1809～1847)]

【孟夏】mèngxià 書 名 맹하. 음력 사월. ¶～烈日, 人人皆怕｜음력 사월은 매우 더워, 사람들이 다 두려워한다 =〔首夏〕

【孟子】Mèngzǐ 名 ❶〈人〉맹자 [전국시대(戰國時代)의 유교 사상가] ❷〈書〉맹자 [사서(四書)의 하나]→〔四书〕

2【梦(夢)】mèng 꿈 몽 ❶名 꿈. ¶做～ | 꿈꾸다. ¶一场～ | 한 바탕의 꿈. ¶～见↓ ❷名轉 환상. 공상. 헛된 생각. ¶～想↓ ❸動 꿈꾸다. 공상하다. ❹(Mèng) 名 성(姓).

【梦笔生花】mèng bǐ shēng huā 成 문사(文思)가 뛰어나고 사작(寫作) 재능이 걸출하다. ¶他～, 出此佳篇 | 그는 문사와 사작 재능이 뛰어나, 이 훌륭한 작품을 써냈다.

【梦话】mènghuà 名 ❶ 잠꼬대. ¶说～ | 잠꼬대하다 =〔梦呓yì〕〔呓语〕 ❷喩 잠꼬대같은 소리. 얼토당토 않는 말. ¶别说～! | 잠꼬대같은 소리 하지 말아!

【梦幻】mènghuàn 名 꿈과 환상. 몽환. 몽상. ¶～般的境界jìngjiè | 꿈과 같은 세상. 꿈나라. ¶离奇的遭遇zāoyù犹如～ | 생각지도 못한 만남이 꿈과 같다.

【梦幻泡影】mèng huàn pào yǐng 成 공허하고 깨어지기 쉬운 환상. 허깨비. 물거품. ¶美好的理想一下子成为～ | 아름다운 이상이 한순간에 물거품이 되었다 =〔幻huàn泡〕

【梦魂】mènghún 書名 몽혼. 꿈속의 혼령. ¶～飞越fēiyuè在你身旁 | 꿈속의 혼령이 네 곁으로 날아간다.

【梦见】mèng/·jiàn 動 꿈에 보다. 꿈꾸다. ¶小张～自己又回到了部队 | 장군은 자신이 다시 부대로 돌아간 꿈을 꾸었다.

【梦境】mèngjìng 名 꿈 속(의 세계). 꿈나라. 꿈결. ¶乍到这山水如画的胜地, 如入～一般 | 이처럼 경치좋은 곳에 오니 마치 꿈나라에 온것 같다.

【梦寐以求】mèng mèi yǐ qiú 成 꿈속에서도 그리다. 자나깨나 바라다. 오매불망. ¶～的愿望实现了 | 꿈에도 그리던 염원이 이루어졌다. ¶得到了～的职位 | 자나깨나 바라던 직위에 올랐다.

【梦梦】mèngmèng 書狀 멍하다. 멍청하다. 어렴풋하다.

【梦乡】mèngxiāng 名 꿈나라. 꿈 속의 세계. ¶入～ | 꿈나라로 들다. 잠자다. ¶他实在太疲倦píjuàn了, 一躺下便进入了～ | 그는 정말 너무나 피곤했기에, 눕자마자 곧 꿈나라로 갔다.

3【梦想】mèngxiǎng 名動 ❶ 몽상(하다). 망상(에 빠지다). 헛된 생각(을 하다). ¶她～当演员 | 그녀는 연기자가 되는 망상을 한다. ❷ 갈망(하다).

【梦行症】mèngxíngzhèng 名〈醫〉몽유병 =〔梦游yóu症〕

【梦魇】mèngyǎn 動〈醫〉가위 눌리다. 무서운 꿈을 꾸고 놀라다.

【梦遗】mèngyí 名動〈醫〉몽정(夢精)(하다). 몽설(夢泄)(하다) =〔俗 刻kè戳子②〕→〔遗yí精〕

【梦呓】mèngyì ⇒〔梦话huà①〕

【梦游症】mèngyóuzhèng ⇒〔梦行xíng症〕

【瞢】mèng ☞ 瞢 méng B

mī ㄇㄧ

【咪】mī 고양이 우는 소리 미 ⇒〔咪立〕〔咪咪〕

【咪立】mīlì 名外 밀리(미터)(mm) =〔毫háo米〕

【咪咪】mīmī ❶擬 야옹. 미아오 [고양이 우는 소리] ¶小猫～叫 | 새끼 고양이가 야옹하고 울다 =〔咪呜wū〕 ❷狀 미소 짓다. 살짝 웃다. ¶笑～ | 방긋거리다.

3【眯〈瞇〉】mī mí 눈잘못뜰 미

Ⓐ mī 動 ❶ 실눈을 뜨다. 눈을 가늘게 뜨다. ¶～着眼睛笑 | 눈을 가늘게 뜨고 웃다. ¶他～起眼睛看了半天 | 그는 눈을 가늘게 뜨고 한동안 봤다. ❷方 졸다. ¶～一会儿 | 잠깐 졸다.

Ⓑ mí 動 (티·먼지 등이 들어가) 눈이 안보이게 되다. 눈을 뜰 수 없게 되다. ¶沙子～了眼 | 눈에 모래가 들어가 눈을 뜰 수 없게 되었다.

【眯盹儿】mīdǔnr 動方 졸다 ¶在那儿～呢 | 저쪽에서 졸다 =〔眯登dēng儿〕〔打dǎ盹儿〕

【眯缝】mī·feng 動 눈을 가늘게 뜨다. 실눈 뜨다. ¶那个老头～着眼睛坐在椅子上 | 그 노인은 의자에 앉아 눈을 가늘게 떴다 =〔眯糊hù①〕〔眯搭dā〕〔眯烘hōng〕〔眯翕xī〕

【眯缝眼(儿)】mī·fengyǎn(r) 名動 실눈 (뜨다).

【眯糊】mī·hu ❶ ⇒〔眯翕〕 ❷動 잠깐 잠들다. ¶～了一会儿 | 잠시 자다.

【眯翕】mī·xi 動 눈을 가늘게 뜨다. 실눈 뜨다. ¶老师～着眼睛躺在床上 | 선생님께서 침상에 누워 눈을 가늘게 떴다 =〔眯唏〕〔眯细〕〔眯糊①〕〔眯搭〕〔眯缝〕〔眯烘〕

【眯眼】mī/yǎn 動 눈을 가늘게 뜨다. 실눈 뜨다. ¶他～一看, 发现来了一个熟人 | 그가 눈을 가늘게 뜨고 보더니, 잘아는 사람이 온 것을 발견했다.

mí ㄇㄧˊ

4【弥(彌)】mí 퍼질 미, 더욱 미 ❶形 가득차다. 널리 퍼지다. ¶～漫↓ ¶～天大谎↓ =〔瀰①〕〔濔①〕 ❷動 보충하다. 채우다. 메우다. 벌충하다. ¶～补亏空kuīkōng | 손실을 메우다. ¶～缝↓ ❸副 더욱 더. 점점 더. ¶欲盖～彰 | 덮으려하면 더욱 더 나타난다. ¶老而～勇 | 成 늙어가면서 더욱 더 용감해지다. ❹(Mí) 名 성(姓).

4【弥补】míbǔ 動 (결점·결손 등을) 메우다. 보충하다. 보완하다. 벌충하다. ¶～缺陷quēxiàn | 결함을 보완하다. ¶不可～的损失 | 보충할 수 없는 손실.

【弥封】mífēng 動 (부정을 막기 위해 답안지의 이름이나 번호가 적힌 부분을 접거나 종이를 붙여) 봉하다. 밀봉하다.

【弥缝】míféng 動 벌충하다. 보충하다. 메우다. 고치다. 미봉하다. 수선하다. ¶这许多亏空不知多咱才能～上 | 이 많은 손실을 언제나 메울 수 있을 지 모르겠다.

【弥缝儿】mí/fèngr 動 갈라진 금이나 빈 틈을 메우다.

【弥勒】Mílè 又 Mílē 名〈佛〉미륵 보살.

【弥留】míliú 書 ❶名動 임종(臨終)(하다). ¶～之际 | 임종(할 즈음). ¶他老人家在～时, 犹念

念不忘国家大事 | 그 어르신네는 임종시에도 국가 대사를 잊지 않으셨다. ❷動 오래 남(기)다.

4【弥漫】mímàn 動 (연기나 안개가) 자욱하다. (물이) 가득차다. 널리 퍼지다. ¶晨雾～ | 새벽 안개가 자욱하다. ¶硝烟xiāoyān～ | 화학 연기가 널리 퍼지다.

【弥撒】mí·sa 名 外 〈宗〉 미사(missa；라). 성제(聖祭) ¶做～ | 미사를 올리다 =〔圣shèng餐礼〕

【弥散】mísàn 動 (광선·기체 등이) 사방으로 퍼지다. 확산되다 =〔扩kuò散①〕

【弥天大谎】mí tiān dà huǎng 成 새빨간 거짓말.

【弥望】míwàng 書 動 멀리 바라보이다. 시야에 가득하다. 일망 무제(一望無際)하다. ¶春色～ | 봄 기운이 시야 가득하다.

【弥月】míyuè 書 ❶ 動 한 달이 걸리다. 한 달이 되다. ¶～不雨 | 한 달이나 비가 내리지 않다. ❷ 名 아기가 난지 만 한 달 =〔满月〕

【祢(禰)】 Mí nǐ 성 미, 선친사당 녜

Ⓐ Mí 名 성(姓).

Ⓑ nǐ 書 名 선친(先親) [돌아가신 아버지 위패를 모신 후의 호칭]

【祢宫】nǐgōng 書 名 아버지를 모신 사당 =〔祢庙〕

【祢庙】nǐmiào ⇒〔祢宫〕

【猕(獼)】 mí 원숭이 미

⇒〔猕猴〕

【猕猴】míhóu 名 〈動〉 미후 [원숭이의 일종] ¶台湾～ | 대만 원숭이 =〔猢hú狲〕〔恒héng河猴〕→〔猴〕〔猿yuán〕

【猕猴桃】míhóutáo ⇒〔羊桃②〕

2【迷】 mí 헤맬 미

❶ 動 갈피를 못 잡다. 헷갈리다. 헤매다. ¶～了路 | 길을 잃었다. ¶～了方向 | 방향을 잃었다. ❷ 動 심취하다. 매혹되다. 빠지다. 도취시키다. 미혹(迷惑)시키다. ¶近来他～上照相了 | 최근 그는 사진에 빠져 버렸다. ¶金钱～住心窍 | 금전은 심안(心眼)을 흐리게 한다. ¶景色～人 | 경치가 사람을 도취시킨다. ❸ 名 애호가. 광(狂). 팬. ¶棋～ | 바둑광. ¶足球～ | 축구팬. ¶运动～ | 스포츠광. ¶电影～ =〔影迷〕 | 영화광.

【迷瞪】mí·deng 動 方 (한가지 일에) 탐닉하다. 골몰하다. 심취하다. 빠지다 [「迷迷瞪瞪」으로 중첩해서 쓰이기도 함] ¶做事有点儿～ | 다소 심취하여 일을 하다. ¶～鬼guǐ | 노는 일에 탐닉하는 사람 =〔迷登dēng〕

【迷宫】mígōng 名 미궁. ¶这个案件入了～了 | 이 안건은 미궁으로 빠져들었다.

【迷航】míháng 動 (비행기·배 등이) 방향을 잃다. ¶轮船一下子～了 | 기선이 졸지에 방향을 잃어버렸다.

【迷忽忽】míhūhū 貶 멍하다. 띵하다. 어지럽다. 혼란하다. ¶吃了一瓶píng酒头都～的 | 술 한 병을 먹었더니, 머리까지 띵하다.

3【迷糊】mí·hu 形 모호하다. 혼미하다. 정신이 없다. 명확하지 않다 [「迷迷糊糊」로 중첩해서 쓰이기도 함] ¶这程子都把我忙～了 | 요즈음은 바빠서 내가 정신이 없다. ¶你这个人怎么这么～啊! | 너는 어찌 이다지도 멍청하냐! =〔迷惚hū〕

【迷魂汤】míhúntāng 名 혼을 잃게 하는 탕약 [불교나 미신에서, 사람이 죽어 저승에 가면, 영혼의 본성을 잃게 하는 탕약을 먹인다고 함] 轉 남을 유혹하는 말이나 행동 =〔迷魂药(儿)〕

【迷魂药(儿)】míhúnyào(r) ⇒〔迷魂汤〕

【迷魂阵】míhúnzhèn 名 轉 ❶ 남을 속이는 수단〔올가미〕. ¶摆bǎi～ | 사람을 속이는 계책을 쓰다. ❷ 미궁. 미로. ¶闹得糊里糊涂, 像掉进～里一样 | 뭐가 뭔지 모르게 되어 마치 미궁으로 빠져 든 것 같다.

4【迷惑】mí·huo 動 ❶ 시비를 가리지 못하다. 판단력을 잃다. 아리송하게 되다. ¶～不解 | 아리송하게 되어 이해하지 못하다. ❷ 미혹되다〔시키다〕. 현혹되다〔시키다〕. ¶花言巧语～不了我们 | 달콤한 말로 우리를 현혹시킬 수 없다.

【迷津】míjīn 書 名 ❶ 잘못 든 길. 틀린 방향. ¶指破～ | 잘못든 길을 바로 잡아주다. ❷ 〈佛〉 세속〔중생계〕의 번뇌.

【迷离】mílí 形 분명하지 않다. 흐릿하다. 흐리멍덩하다. ¶～恍惚huǎnghū | 의식이 흐리멍덩하여 헷갈리다. ¶睡眼～ | 잠에 취해 눈이 몽롱하다.

【迷恋】míliàn 動 미련을 두다〔갖다〕. 연연해하다. ¶～大都市的生活 | 대도시 생활에 미련을 갖다. ¶～不舍shě | 미련을 버리지 못하다.

【迷路】mí/lù ❶ 動 길을 잃다. 정도에서 벗어나다. 잘못된 길로 들어서다. ¶走迷了路 | 길을 잘못 들어섰다. ❷ (mílù) 名 미로. 미궁. ❸ (mílù) 名 〈生理〉 내이(內耳) =〔内nèi耳〕

【迷乱】míluàn 動 ❶ (어찌면 좋을지 몰라) 우물쭈물하다. ❷ (머리가) 혼란하다. 얼떨떨하다. 착란하다. ¶他最近思想～ | 그의 최근 사상이 혼란스럽다.

【迷漫】mímàn 形 자욱하다. 가득하다. ¶烟雾～ | 안개가 자욱하다. ¶屋子里～着一种令人窒息的紧张气氛 | 방 안에는 사람을 질식시킬 것같은 긴장된 분위기가 가득차 있다.

【迷茫】mímáng 形 ❶ 묘망(渺茫)하다. 망망하다. 아득하다. ¶大雪铺天盖地, 原野一片～ | 큰 눈이 천지를 덮어, 광야가 끝없이 넓고 망망하다. ❷ (표정이) 멍하다. 정신이 아득하다. ¶他脸上显出～的神情 | 그의 얼굴에 멍한 표정이 드러나다.

【迷蒙】míméng ❶ 形 안정하지 못하다. 멍(청)하다. ❷ 書 動 정신을 잃다. 혼미하게 되다. ❸ 動 어두워서 분명하게 보이지 않다.

【迷梦】mímèng 名 미몽. 공상. 망상. ¶打破了他当厂长的～ | 그가 공장장을 맡는다는 망상을 깨뜨려 버렸다.

【迷迷悠悠】mí·miyōuyōu 貶 해롱대다. 정신이 나가다. 멍하다. ¶我～地把表摘zhāi下来给他, 又睡着了 | 나는 멍한 상태에서 비몽 사몽간에 시계를 풀어 그에게 주고 다시 자 버렸다.

【迷你】mínǐ 區 外 작은. 소형의. 미니(mini). ¶～裙qún | 미니 스커트(mini skirt)

【迷人】mí/rén ❶[動]사람을 미혹시키다. 마음을 끌다. ¶酒不醉人人自醉, 色不～人自迷 | [諺]술이 사람을 취하게 하는 것이 아니라 사람이 스스로 취하는 것이며, 색(色)이 사람을 미혹시키는 것이 아니라 사람이 스스로 미혹되는 것이다. ❷(mírén) [形]매력적이다. 매혹적이다. ¶南国的风景的dí确是～的 | 남국의 풍경은 확실히 매력적이다.

4【迷失】míshī [動]❶(길·방향을) 잃다. ¶～道路 | 길을 잃다. ❷(물건을) 잃어버리다. 분실하다. ¶～的物件 | 잃어버린 물건.

【迷途】mítú ❶[動]길을 잘못 들다. 방향을 잃다. ¶～的羔羊gāoyáng | 길 잃은 어린 양. ¶他是一个～的小孩子 | 그는 길 잃은 어린 아이다. ❷[名]잘못 든 길[방향]. 그릇된 길.

【迷途知返】mí tú zhī fǎn [成]그릇된 길로부터 되돌아 오다. 잘못을 뉘우치다. ¶你该～了 | 너는 반드시 그릇된 길에서 되돌아 와야 한다 =〔迷途知反〕

【迷惘】míwǎng [動]곤란하여〔당황하여〕 어쩔줄 모르다. 어수선하여 갈피를 잡지 못하다.

【迷雾】míwù [名]❶농무(濃霧). 짙은 안개. ¶在～中看不清航道 | 짙은안개 속에서 항로를 찾을 수 없다. ❷[喩]사풍(邪風). (사람을) 그릇되게 하는 사물. ¶妖风～ | 사악한 풍속과 그릇된 기풍.

3【迷信】míxìn ❶[名]미신. 맹목적인 신봉·숭배. ¶破除～, 解放思想 | 미신을 타파하여, 사상을 해방시키다. ❷[動]맹신(盲信)하다. 덮어놓고 믿다. ¶他一向～韩医 | 그는 언제나 한의를 맹신한다.

【迷住】mízhù [動]홀리다. 미혹시키다. ¶被话～ | 말에 홀리다.

【迷走神经】mízǒu shénjīng [名組]〈生理〉미주신경.

【眯】mí ☞ 眯 mī [B]

3【谜(謎)】mí mèi 수수께끼 미

[A]mí [名]❶수수께끼. ¶～语 | 수수께끼. ¶破～ =〔解谜〕| 수수께끼를 풀다. ¶填字～ | 글자맞히기. 크로스워드 퍼즐. ❷[喩]불가사의한 일. ¶这个问题到现在还是一个～, 谁也猜不透 | 이 문제는 지금까지 여전히 하나의 수수께끼이며 아무도 풀 수 없다.

[B]mèi「谜儿」에 나타나는 구어음(口語音)⇒〔谜儿〕

[A]mí

【谜底】mídǐ [名]❶수수께끼의 답. ¶揭开～ | 수수께끼의 답을 드러내다⇔〔谜面〕❷[喩]사건의 진상(眞相).

【谜面】mímiàn [名]수수께끼의 문제 ⇔〔谜底①〕

3【谜语】míyǔ [名]수수께끼. ¶猜cāi～ | 수수께끼를 추측하여 맞추다.

[B]mèi

【谜儿】mèir [名][口]수수께끼. ¶破pò～ | 수수께끼를 풀다.

【醚】mí (에테르 미)

[名]〈化〉에테르. ¶乙yǐ～ | 에틸에테르 =〔醇chún精〕→〔以yǐ太〕

【糜〈糜$_B$〉】mí méi 죽 미, 문드러질 미 소비할 미, 조 미

[A]mí ❶[書][名]죽. ¶肉～ | 고기죽. ❷썩다. 문드러지다. ¶～烂↓ ❸낭비하다. 헤프게 쓰다. ¶～费↓ =〔靡mí〕❹[名](Mí) 성(姓).

[B]méi [書][名]〈植〉메기장=〔糜子〕

[A]mí

【糜费】mífèi [書][名][動]낭비(하다). ¶节约开支, 防止～ | 지출을 절약하고 낭비를 방지하다 =〔[書]靡费〕

【糜烂】mílàn ❶[形]썩어 문드러지다. 극도로 부패하다. ¶～的政治 | 부패한 정치. ¶他儿子的生活～ | 그의 아들의 생활이 극도로 부패하다. ¶～不堪 | 그지없이 부패하다. ❷[名]〈醫〉미란. (살이) 진무름. ¶～性毒剂 | 〈軍〉미란성가스.

[B]méi

【糜子】méi·zi [名]〈植〉메기장. ¶～面 =〔[書]稷jì①〕| 메기장 가루.

【縻】mí 고삐 미 묶을 미

[書]❶[名]소를 매는 고삐 =〔牛缰绳〕❷[動](밧줄로) 매다. 묶다→〔羁jī縻〕

【麋】mí 순록 미

❶[名]〈動〉고라니. ¶～茸róng =〔马鹿茸〕| 고라니의 뿔[약용에 쓰임] ❷ ⇒〔麋鹿〕❸ ⇒〔麋沸〕❹ ⇒〔麋羚〕❺[名](Mí) 성(姓).

【麋沸】mífèi [書][動]혼란하다. 소란(騷亂)하다. 들끓다.

【麋羚】mílíng [名]〈動〉큰 영양.

【麋鹿】mílù [名][俗]〈動〉사불상 =〔[俗]四不像②〕

【靡】mí mǐ 써없앨 미, 쓰러질 미

[A]mí [書][動]낭비하다. 마구쓰다. 헤프게 쓰다. ¶奢shē～ | 마구쓰다. ¶～费↓ =〔糜③〕

[B]mǐ [書]❶[動](바람에) 쓰러지다. 넘어지다. [轉]쇠퇴하다. ¶风～一时 | [成]한 시기를 풍미하다. ¶望风披～ | [成]적군의 위세에 밀려 싸우지도 못하고 패하여 도주하다. 초목이 바람에 의해 쓰러지다. ❷[形][副]없다. 아니다. ¶～日不思 | 하루도 생각하지 않은 날이 없다. ¶～事不为 | 하지 않는 일이 없다 =〔无wú〕

[A]mí

【靡费】mífèi ⇒〔糜mí费〕

[B]mǐ

【靡不有初, 鲜克有终】mǐ bù yǒu chū, xiǎn kè yǒu zhōng [成]무슨 일이든 시작하는 것은 많지만 마지막까지 해 낼 수 있는 것은 적다.

【靡丽】mǐlì [書][形]호사(豪奢)하다. 화려하다. ¶生活～ | 생활이 호사스럽다.

【靡靡】mǐmǐ [書][狀]❶느릿느릿 걷다. ❷순응하다. ❸음탕하다. 퇴폐적이다.

【靡靡之音】mǐmǐ zhī yīn [成]퇴폐적인〔음탕한〕 음악. ¶他最爱听～ | 그는 퇴폐적인 음악 듣는 것을 가장 좋아한다 =〔靡靡之乐〕

【靡然】mǐrán [書][狀]한 쪽으로 쏠리다. 풍미(風靡)하다. ¶天下～从之 | 천하가 바람에 쏠리듯 그

를 따랐다.

【靡有孑遗】mǐ yǒu jié yí 成 남은 것이 없다.

【蘼】mí 궁궁이 미
名〈植〉궁궁이 =〔芎xiōng穷〕

【蘼芜】míwú 書 名〈植〉궁궁이의 싹.

mǐ ㄇㄧˇ

1【米】mǐ 쌀 미, 미터 미
❶ 名 쌀=〔大米〕[도정(搗精)하지 않은 것은「稻谷」라고 함] ¶细~=〔白bái米〕| 백미. ¶糙cāo~=〔粗cū米〕| 현미. ¶粳jīng~ | 멥쌀. ¶糯nuò~=〔江jiāng米〕| 찹쌀. ¶碾niǎn~ | 정미하다. ¶打~ | 쌀을 사다. 쌀을 타오다. 쌀을 찧다. ❷ 껍질을 벗긴 뒤의 곡물 [주로 식용할 수 있는 것을 말함] ¶小~ | 좁쌀. ¶玉~=〔包米〕| 옥수수. ¶花生~ | 땅콩. ¶薏yì~=〔薏苡仁〕| 율무. ❸ 量 外〈度〉미터(meter) =〔公尺〕〔米达〕〔米突〕 ¶千~=〔公里〕| 킬로미터(km). ¶分~=〔公寸〕| 데시미터(dm). ¶厘lí=〔公分〕| 센티미터(cm). ¶毫háo~〔公厘〕| 밀리미터(mm). ❹ (Mǐ) 名 성(姓).

【米波】mǐbō 名〈電氣〉초단파 =〔超短波〕

【米尺】mǐchǐ 名 미터(meter) 자.

【米醋】mǐcù 名〈食〉쌀로 만든 식초. ¶这种~很香 | 이런 쌀로 만든 식초는 대단히 맛있다.

【米囤】mǐdùn 名 쌀 뒤주.

1【米饭】mǐfàn 名〈食〉❶ 쌀밥. ❷ (입쌀 또는 좁쌀로 지은) 밥. ¶白~, 香喷喷pēn | 하얀 쌀밥은 향기가 매우 짙다.

【米粉】mǐfěn 名 ❶ 쌀가루. ❷〈食〉쌀가루로 만든 가는 국수.

【米粉肉】mǐfěnròu 名〈食〉두껍게 썰은 돼지고기에 쌀가루와 조미료를 묻혀 찐 식품 =〔粉蒸zhēng肉〕〔方 鲊zhǎ肉〕

【米泔水】mǐgānshuǐ 名 쌀뜨물 ¶~可以浇花儿 | 쌀뜨물은 꽃에 뿌릴 수 있다 =〔泔水①〕

【米缸】mǐgāng 名 쌀독〔항아리〕.

【米格式】mǐgéshì 名 外 (소련의) 미그(MIG) 전투기.

【米行】mǐháng 名 미곡상(米穀商).

【米黄(色)】mǐhuáng(sè) ⇒〔米色〕

【米价】mǐjià 名 쌀값. 미가.

【米酒】mǐjiǔ 名〈食〉미주. 곡주.

【米糠】mǐkāng 名 쌀겨 =〔米麸fū〕〔玉yù糠〕

【米老鼠】Mǐlǎo·shǔ ⇒〔米奇老鼠〕

【米粒(儿)】mǐlì(r) 名 쌀알. ¶掉了几颗~ | 쌀알 몇 알을 버렸다. ¶~之大 | 쌀알 크기(의).

【米粮】mǐliáng 名 양미(糧米). 식량(食糧).

【米粮川】mǐliángchuān 名 옥답(玉沓). 곡창지대. ¶荒滩变成~ | 황량한 모래펄이 곡창지대로 변하다.

【米面】mǐmiàn 名 ❶ 쌀과 밀가루. ❷ (~儿) 쌀가루. ❸〈食〉方 쌀가루로 만든 국수.

【米奇老鼠】Mǐqí lǎo·shǔ 名 外 미키 마우스(Mickey Mouse) [미국 만화 영화의 주인공] =〔米凯kǎi鼠〕〔米老鼠〕

【米丘林学说】Mǐqiūlín xuéshuō 名 外〈生〉미추린(Michurin) 학설 [소련의 생물학자 미추린이 주장한 유전학설] ¶他坚信~ | 그는 미추린의 학설을 굳게 믿는다.

【米色】mǐsè 名〈色〉미색. ¶~的风衣 | 미색의 스프링 코트 =〔米黄(色)〕

【米筛(子)】mǐshāi(·zi) 名 쌀 체 [쌀을 치거나 거르는 체]

【米汤】mǐ·tang 名 ❶〈食〉숭늉. ❷〈食〉미음 =〔江 饮⑨〕〔饮yǐn汤③〕❸ 喩 감언(甘言) ¶灌guàn~ | 아첨하다.

【米突】mǐtū 名 量 外〈度〉미터(meter) =〔米达dá〕〔米③〕

【米象】mǐxiàng 名〈蟲〉바구미 =〔米牛niú〕〔米蛀zhù虫①〕

【米制】mǐzhì 名 미터법. ¶各国都采用~ | 각국에서 모두 미터법을 쓰고 있다 =〔国际公制〕

【米珠薪桂】mǐ zhū xīn guì 成 쌀은 진주처럼 비싸고, 땔나무는 계수나무만큼이나 귀하다. 물가가 폭등하다. 물건값이 아주 비싸다. ¶东京是~, 许多人觉得受不了 | 도쿄는 물가가 너무 비싸서, 많은 사람들이 참을 수 없다고 느낀다.

【米蛀虫】mǐzhùchóng ❶ ⇒〔米象〕 ❷ 名 轉 (쌀값을 부당하게 끌어 올리는) 악덕 미곡상(米穀商).

【敉】mǐ 어루만질 미
書 動 평정하다. 진정시키다. 어루만져주다.

【敉宁】mǐníng 書 動 위무하다. 편안하게 하다.

【敉平】mǐpíng 書 動 평정(平定)하다. ¶~叛pàn乱 | 반란을 평정하다.

【眯】mǐ ☞ 眯 mī

【脒】mǐ 아미딘 미
名〈化〉아미딘(amidine).

【芈】mǐ ☞ 芈 miē B

【弭】mǐ 활고자 미, 그칠 미
❶ 書 名 활고자 [활의 양끝 시위를 메는 부분] ❷ 書 動 정지하다. 그치다. 소멸하다. ¶~谤↓ ¶消~ | 없애다. ¶~患↓ ❸ (Mǐ) 名 성(姓).

【弭谤】mǐbàng 書 動 비방을 그치다. ¶竭力~ | 힘을 다해 비방을 그치게 하다.

【弭兵】mǐbīng 書 動 전쟁을 멈추다. 종전(終戰)하다. ¶~运动 | 부전(不戰)운동. 평화운동 =〔弭战〕

【弭患】mǐhuàn 書 動 재해를 없애다.

【靡】mǐ ☞ 靡 mí B

mì ㄇㄧˋ

【汨】Mì 물이름 멱
주의「汨」와 혼동하지 말 것⇒〔汩gǔ〕⇒〔汨罗〕

【汨罗】Mìluó 名〈地〉멱라수(汨羅水) [호남성(湖南省)을 흐르는 멱수(汨水)와 나수(羅水)가 합쳐진다 하여 이렇게 부름. 전국(戰國)시대, 굴

원(屈原)이 투신했다고 전함]
【汨汨】mìmì 擬 졸졸. 콸콸 [물흐르는 소리]
【觅(覓)〈覔〉】mì 구할 멱 書動 찾다. 구하다. ¶寻亲~友 | 친척과 친구를 찾다. ¶~房(子)↓
【觅得】mìdé 動 찾아내다. ¶~一所房子 | 집을 찾아내다.
【觅房(子)】mì/fáng(·zi) 動 집을 구하다.
【觅食】mì/shí 動 먹을 것을 찾다. 먹이를 구하다. ¶猛兽~ | 맹수가 먹을 것을 찾다.
【宓】mì Fú 편안할 밀, 사람이름 복
Ⓐmì 書形 편안하다. 고요하다.
ⒷFú ❶ 사람이름에 쓰임. ¶~羲↓ =〔伏〕 ❷ 名 성(姓).
【宓羲】Fúxī 名〈人〉복희씨 [중국 고대 전설상의 임금] =〔伏fú羲〕〔庖páo羲〕〔上皇②〕
3【泌】mì bì 스밀 필, 스밀 비
Ⓐmì 動 스며나오다. 분비하다 =〔分泌〕 ¶~尿 | 오줌을 누다.
Ⓑbì ❶「mì」의 속음(俗音). ❷「滗」와 같음⇒〔滗bì〕 ❸ 書 狀 샘물이 솟아나다. ❹(Bì) 名〈地〉비수(泌水)[하남성(河南省) 비양현(泌陽縣)의 동산(銅山)에서 발원하여 백하(白河)로 유입되는 강] ❺ 지명에 쓰이는 글자. ¶~阳 | 비양 [하남성(河南省)에 있는 현(縣)이름]
【泌尿科】mìniàokē 名〈醫〉비뇨기과.
【泌尿器(官)】mìniàoqì(guān) 名〈生理〉비뇨기.
2【秘〈祕〉】mì bì 숨길 비
Ⓐmì ❶ 비밀의. ¶~诀↓ ❷ 書 動 비밀을 지키다. 비밀로 하다. ¶~而不宣↓ ❸ 名 簡「侯书官」(서기관)의 약칭. ¶一~ | 일등 서기관. ❹(Mì) 名 성(姓).
Ⓑbì ❶ 막히다. ¶便~ | 변비 [「biān mì」로도 읽음]=〔闭〕 ❷ 음역어에 쓰임. ¶~鲁↓
Ⓐmì
【秘本】mìběn 名 비본. ¶这是~, 不得外传 | 이는 비본이어서, 밖으로 전할 수 없다.
【秘而不宣】mì ér bù xuān 成 비밀에 붙이다. 소문내지 않다. ¶对这事, 他一直~ | 이 일에 대해서, 그는 일체 비밀에 부친다.
【秘方】mìfāng 名 비방. ¶祖传~ | 조상 대대로 전해 내려온 비방.
【秘籍】mìjí 書 名 비적. 소중히 간직해둔 책 =〔侯文〕
【秘诀】mìjué 名 비결. ¶这是他成功的~ | 이것이 그가 성공한 비결이다.
2【秘密】mìmì ❶ 形 비밀스럽다. ¶~结社 | 비밀결사. ¶~文件 | 비밀 문서. ❷ 名 비밀. 비밀스러운 일. ¶揭穿jiēchuān~ | 비밀을 폭로하다. ¶守~ | 비밀을 지키다.
【秘史】mìshǐ 名 비사.
3【秘书】mìshū 名 ❶ 비서. 비서의 직무. ¶~长 | 비서실장. ¶担任~工作 | 비서 업무를 담당하다. ¶~处 | 비서국. 사무국 [국제회의 용어] ❷ 비밀 문서. ❸ 書 비서 [옛날, 도서를 관리하는 관직]
Ⓑbì
【秘鲁】bìlǔ 名 外〈地〉페루(Peru) [남아메리카 서부에 위치한 나라. 수도는 「利马」(리마; Lima)]
2【密】mì 빽빽할 밀, 몰래 밀 ❶ 形 빽빽하다. (사물 사이의 거리가) 가깝다. ¶严~ | 빈틈없다. ¶枪声越来越~ | 총성이 갈수록 잦다 ⇔〔疏shū⑥〕〔稀xī〕 ❷ 면밀하다. 치밀하다. ¶细~ | 세밀하다 =〔精jīng密〕 ❸ 形 친하다. 가깝다. (관계가) 친밀하다. ¶关系很~ | 관계가 매우 밀접하다. ❹ 공개하지 않은. 비밀의. ¶机~ | 기밀. ¶~语↓ ❺ 名〈紡〉직물의 밀도. ¶经~ | 날실의 밀도. ❻(~子) 名 퍼티(putty) [창유리 등에 쓰는 접합제] ❼(Mì) 名 성(姓).
【密闭】mìbì ❶ 名 밀폐〔밀봉〕. ¶~容器 | 밀폐용기. ❷ 動 밀폐〔밀봉〕하다. ¶将容器~起来 | 용기를 밀봉하다.
【密不透风】mì bù tòu fēng 成 바람샐 틈도 없이 포위하다. 물샐 틈 없이 지키다 ¶把总统府围得~ | 총통부를 물샐 틈 없이 지키다 =〔密不通风〕
【密布】mìbù 動 (구름 등이) 짙게 덮이다〔깔리다〕. 빽빽하게 들어차다. 빈틈없이 배치하다. ¶乌云~ | 먹구름이 짙게 덮이다. ¶~刀枪手 | 칼과 창을 든 병사들을 빈틈없이 배치하다. ¶酒店~ | 술집이 빽빽히 들어서다.
【密电】mìdiàn 名 ❶ 암호 전보. ¶用~通知前线 | 암호 전보를 이용해 전선에 통지하다. ❷ 비밀 전보.
4【密度】mìdù 名 ❶ 밀도. ¶人口~ | 인구 밀도 =〔密率lǜ〕 ❷〈物〉밀도. 비중.
4【密封】mìfēng ❶ 밀봉하다. 밀폐하다. ¶用白蜡là~瓶口以防药物受潮或挥发 | 양초로 병을 밀봉하여 약물이 습기차거나 증발하는 것을 막다. ¶~的文件 | 밀봉한 문서. ❷ 엄중히 봉쇄하다. ❸ 시험 답안지의 이름을 (종이로 발라) 봉하다→〔弥mí封〕
【密告】mìgào 名 動 밀고(하다). ¶~上峰 | 상사에게 밀고하다. ¶~者 | 밀고자 =〔密报bào〕
【密集】mìjí ❶ 形 밀집하다. 조밀하다. ¶人口~ | 인구가 밀집하다. ¶这一带商店很~ | 이 일대는 상점이 매우 조밀하다. ❷ 形 밀집해 있다. ¶对敌人进行~轰炸 | 적에게 집중 폭격을 가하다.
【密件】mìjiàn 名 비밀 문서. 밀서. ¶司令部送来了一个~ | 사령부에서 비밀 문서를 한 통 보내왔다.
【密克罗尼西亚群岛】Mìkèluóníxīyà Qúndǎo 名 外〈地〉미크로네시아 군도.
【密林】mìlín 名 밀림. 정글(jungle).
【密令】mìlìng 名 動 밀령(을 내리다). 비밀 명령(을 내리다)
【密锣紧鼓】mì luó jǐn gǔ 成 북소리·징소리가 잦게 울리다. 대대적으로 선전해서 여론을 조성하다 =〔紧锣密鼓〕

【密码】mìmǎ 名 암호. 비밀 번호. 비밀 전보코드. ¶～机 | 암호 장치. ¶～述 | 암호(서기)법. ¶～电报 | 암호 전보. ¶～员 | 암호 해독자 =〔暗码(儿, 子)①〕⇔〔明码(儿)①〕

【密密层层】mì·mi céngcéng 狀 빽빽하다. ¶～的人群 | 빽빽하게 밀집한 사람들. ¶山坡shānpō上有～的酸枣suānzǎo树, 很难走上去 | 산언덕에 메대추나무가 빽빽히 있어 걸어 올라가기가 어렵다.

【密密丛丛】mì·mi cóngcóng 狀 나무가 배게 들어서서 무성하다. 총총(葱葱)하다. ¶～的柳树林 | 빽빽히 들어선 버드나무 숲.

【密密麻麻】mì·mimámá 狀 ⓞ 촘촘하다. 총총하다. 빽빽하다. ¶报纸上写着～的小字 | 신문에 작은 글자가 빽빽이 쓰여져 있다. ¶～的星星 | 총총한 별 =〔密麻麻〕

【密密匝匝】mì·mi zāzā 狀 (사이가) 배다. 빽빽하다. 촘촘하다. ¶稻子全成熟了, ～地垂着穗子 | 벼가 완전히 익어, 빽빽히 이삭을 늘어뜨리고 있다 =〔密匝匝〕

【密谋】mìmóu 名 動 음모(하다). 비밀 모의〔모략〕(하다). ¶～造反 | 음모하여 반란을 일으키다. ¶参与～ | 비밀 모의에 가담하다.

²【密切】mìqiè ❶ 形 (관계가) 밀접하다. 긴밀하다. ¶关系很～ | 관계가 매우 밀접하다. ❷ 形 세심하다. 꼼꼼하다. 찬찬하다. 성실하다. ¶～关注 | 세심하게 배려하다. ❸ 動 밀접하게 하다. ¶～韩中两国间的经济联系 | 한중 양국 간의 경제 관계를 밀접하게 하다.

【密实】mì·shi 形 세밀하다. 촘촘하다. 꼼꼼하다. ¶这件衣服要缝得～ | 이 옷은 꼼꼼히 바느질해야 한다.

【密司】mìsī ⇒〔密斯〕

【密司脱】mìsītuō ⇒〔密斯特〕

【密斯】mìsī 名 外 미스(miss). ¶～金 | 미스김 =〔密司sī〕〔蜜mì司〕〔蜜斯〕

【密斯特】mìsītè 名 外 미스터(mister) [「密」는 「蜜」로도 씀] ¶～张 | 미스터 장 =〔密司脱tuō〕〔密斯忒tè〕

【密探】mìtàn 名 밀정(密偵). 스파이. 간첩. ¶充当～ | 밀정을 담당하다.

【密特郎】Mìtèláng 名 外 〈人〉 미테랑(F.Mitterrand, 1916～) [프랑스의 제21대 대통령, 사회당 당수]

【密陀僧】mìtuósēng 名 〈化〉 일산화연(一酸化鉛) =〔蜜mì陀僧〕〔黄铅丹〕〔黄铅粉〕〔氧rǎng化铅〕〔一氧化铅〕

【密纹唱片】mìwén chàngpiàn 名組 엘피 음반(LP音盤) =〔密纹慣转唱片〕

【密西西比河】Mìxīxībǐ Hé 名 外 〈地〉 미시시피강 =〔密士失必河〕

【密昔斯】mìxīsī 名 外 미시즈(Mrs.) ¶～李 | 미시즈 이.

【密医】mìyī 名 俗 台 돌팔이 의사. 무자격 의사 [사이비 의술로 병을 고치는 사람]

【密友】mìyǒu 書 名 가까운 친구. ¶老金是老李的～ | 김씨는 이씨의 가까운 친구이다.

【密語】mìyǔ ❶ 名 비밀 통신 용어. ❷ 名 動 밀담(하다).

【密约】mìyuē 名 ❶ 비밀 회합. ❷ 비밀 조약. 밀약. ¶订～ | 밀약을 체결하다.

【密云不雨】mì yún bù yǔ 成 먹구름만 잔뜩 끼고 아직 비는 오지 않다. ❶ 조건은 이미 성숙되었으나 일은 아직 터지지 않다. ❷ 건성으로 울다.

【密匝匝】mìzāzā ⇒〔密密匝匝〕

【密植】mìzhí 〈農〉 ❶ 名 밀식. ❷ 動 밀식하다. 빽빽하게 심다. ¶～庄稼 | 농작물을 빽빽하게 심다.

【密致】mìzhì 形 (구조나 조직 등이) 치밀하다. ¶这块组很～ | 이 팀은 조직이 치밀하다.

【嘧】 mì 피리미딘 밀

⇒〔嘧啶〕

【嘧啶】mìdìng 名 〈化〉 피리미딘(pyrimidine).

²【蜜】 mì 꿀 밀

❶ 名 벌꿀 =〔蜂密〕 ❷ 벌꿀 같은 것. ¶糖～ | 당밀. ❸ 감미롭다. ¶甜言～语 | 달콤하고 감미로운 말 =〔密甜〕 ❹ 名 外 俗 미스(miss). ¶她是不是～啊 | 그녀는 미스인가? =〔密斯〕

²【蜜蜂(儿)】mìfēng(r) 名 〈蟲〉 꿀벌. ¶小～, 嗡嗡wēngㅁ | 작은 꿀벌이 윙윙거린다. ¶～窝wō | 벌집 =〔蜡là蜂〕

【蜜柑】mìgān 名 〈植〉 여름밀감(나무). ¶买了几个～ | 여름 밀감나무 몇 그루를 샀다.

【蜜饯】mìjiàn ❶ 動 과일을 설탕에 재다. ❷ 名 〈食〉 설탕에 잰 과일 ‖ =〔蜜煎jiān〕

【蜜酒】mìjiǔ 名 밀주 [꿀을 넣어 빚은 술] ¶喝～ | 밀주를 마시다.

【蜜橘】mìjú 名 〈植〉 ❶ 귤(나무). ¶温州～ | 온주귤. ❷ 뽕깡 [인도가 원산인 밀감의 일종] ‖ =〔大柑gān〕

【蜜里调油】mì lǐ tiáo yóu 成 꿀에 기름을 치다. 매우 친밀하다. 대단히 사이가 좋다. ¶年轻轻的公母俩老是～ | 젊은 부부는 언제나 꿀맛같은 생활을 한다.

【蜜色】mìsè 名 〈色〉 벌꿀색. 담황색(淡黃色)

【蜜桃】mìtáo 名 〈植〉 수밀도(水蜜桃).

【蜜丸子】mìwán·zi 名 〈藥〉 밀환.

【蜜腺】mìxiàn 名 〈植〉 밀선. 밀조(蜜槽). 꿀샘.

【蜜源】mìyuán 名 밀원 [벌이 꿀을 빨아 오는 원천] ¶～植物 | 밀원 식물.

【蜜月】mìyuè 名 外 밀월. 허니문. ¶李先生和康小姐～旅行去了 | 이선생과 미스 강은 밀월여행을 갔다.

【蜜枣儿】mìzǎo(r) 名 〈食〉 꿀에 잰 대추.

【幂(冪)〈幎〉】 mì 덮을 멱

❶ 書 名 물건을 덮는 천. ❷ 動 (천으로) 덮다. ❸ 名 〈數〉 제곱. 멱→〔乘方〕〔乘冪〕

【幂级数】mìjíshù 名 〈數〉 멱급수.

【谧(謐)】 mì 조용할 밀

書 形 고요하다. 조용하다 =〔安ān谧〕〔静jìng谧〕

【谧谧】mìmì 書 狀 적막하다. 매우 고요하다.

mián ㄇㄧㄢˊ

3【眠】mián 잘 면 ❶書動 자다. ¶安～ | 편안하게 잠들다. ❷動 (누에가) 잠자다. (동물이) 동면(冬眠)하다. ¶蚕cán三～了 | 누에가 석 잠을 잤다. ❸量 잠 [누에의 잠자는 횟수를 세는 데 쓰임] ¶三～蚕 | 석잠잔 누에.

【眠花宿柳】miánhuā sùliǔ 成喩 화류계에 빠져 정신이 없다. ¶他成天不务正业,～ | 그는 온종일 본업(本業)은 신경쓰지 않고 화류계에 푹 빠져 정신이 없다.

4【绵(綿)】mián 솜 면 ❶(～子) 名 솜. 풀솜＝[丝绵] ❷ 부드럽다. 박약하다. ¶～软↓ ❸ 연속되다. ¶连～＝[绵联] | 면면하다. 끊임없다. ❹ (유리·수정 등이) 흐리다. ¶没～的眼镜 | 흐림이 없는 안경. ❺ (Mián) 名 성(姓).

【绵白(糖)】miánbái(táng) 名轉 최상품 백설탕. ¶买了两斤～ | 최상품 백설탕 두 근을 샀다＝[细砂(糖)]

【绵薄】miánbó 名謙 면박. 미력. 박약한 재주. ¶尽jìn～之力 | 미력(微力)을 다하다. ¶愿在文化方面,稍尽～ | 문화 활동에 미력을 다했으면 한다.

【绵长】miáncháng 形 끊임없다. 면면하다. ¶福寿～ | 만복(萬福)과 장수가 면면하소서.

【绵绸】miánchóu 名〈紡〉허드레 고치·실보무라지 등으로 짠 직물(織物)＝[棉mián绸]

【绵亘】miángèn 形 (산맥 등이) 연달아 있다. 끊임없이 뻗쳐 있다. ¶智异山～在庆南,全北和全南的边界上 | 지리산은 경상남도·전라북도·전라남도의 경계에 길게 이어져 있다＝[连lián绵]

【绵里藏针】mián lǐ cáng zhēn 成 ❶ 외모는 아주 인자한 듯하나, 마음은 악독하다. ¶他一向～ | 그는 언제나 겉으로는 인자한 듯하나, 속으로는 그렇지 않다. ❷ 조심스럽고 소중하게 보관하다[여기다]＝[绵里针]

【绵力】miánlì 名 변변치 못한 재주. 미력(微力). ¶～薄bó才 | 힘도 모자라고 재능도 변변찮다. ¶我愿尽～去达成它 | 나는 미력이나마 힘을 다해서 그것을 달성하고자 한다.

【绵联】miánlián 形 면면하다. 끊임없다＝[连lián绵]

【绵马】miánmǎ 名〈植〉면마＝[羊齿yángchǐ]

【绵密】miánmì 形 (언행·사고 등이) 면밀하다.

【绵绵】miánmián 狀 ❶ 면면하다. 끊임없이 계속되다. ¶秋雨～ | 가을비가 끊임없이 내린다. ❷喩 자손이 번성하다. ¶～瓜瓞 | 자손이 많고 집안이 번성하다.

【绵软】miánruǎn 狀 ❶ (털·옷·종이 등이) 부드럽다. ¶～的羊毛 | 부드러운 양털. ❷ 나른하다. 무력하다. ¶我觉得浑身～ | 나는 온몸이 나른함을 느꼈다.

【绵延】miányán 動 길게 이어져 있다. 끊임이 없다. ¶～千里的山脉 | 천 리에 길게 이어진 산맥.

【绵羊】miányáng 名 ❶〈動〉면양＝[俗 大dà尾巴羊][方 胡羊][吴wú羊] ❷喩 (양같이) 온순한 사람.

【绵纸】miánzhǐ ⇒[棉纸zhǐ]

【绵子】mián·zi 名方 풀솜. 설면자(雪綿子)＝[丝sī绵]

2【棉】mián 목화 면 名 ❶ 목화와 목면의 총칭 [보통은 목화를 가르킴] ¶木～ | 목면. ¶草～ | 목화. ❷ 면화. ¶～衣(裳)↓＝[棉花②]

【棉袄(儿)】mián'ǎo(r) 名 솜저고리. ¶穿着一件～ | 솜저고리 한 벌을 입고 있다.

【棉被】miánbèi 名 솜이불. ¶盖好～, 以免着凉 | 솜이불을 만들어, 추위를 피하다.

【棉布】miánbù 名 면포. 면직물. ¶用～做了一件衬衫chènshān | 면직물로 셔츠를 하나 만들었다＝[棉花布]

【棉纺】miánfǎng 名〈紡〉면방. 면사방적. ¶～厂 | 면사 방적 공장.

【棉红蜘蛛】miánhóngzhīzhū 名組〈蟲〉목화붉은 진드기＝[棉红叶螨][方 红蜘蛛][方 火龙③][方 火蜘蛛]

【棉猴儿】miánhóur 名俗北 모자가 달린 솜 외투.

2【棉花】mián·hua 名 ❶ 목화의 통칭(通稱). ❷ 면. 면사(綿絲). 솜. ¶～团 | 솜뭉치. ¶～子 | 목화씨. ¶～布＝[棉布bù] | 무명천.

【棉花蛆】mián·huaqū 名方〈蟲〉목화붉은씨벌레＝[红hóng铃虫]

【棉花绒】mián·huaróng 名〈紡〉❶ (솜을 탈때 날리는) 솜먼지. ❷ 면플란넬(綿flannel)＝[棉法兰绒][棉回绒][棉绒布]

【棉花胎】mián·huatāi ⇒[棉絮xù②]

【棉花套(子)】mián·huatào(·zi) ⇒[棉絮xù②]

【棉裤】miánkù 名 솜바지. 면바지. ¶买了一条～ | 면바지를 하나 샀다.

【棉铃】miánlíng 名 (목화) 다래. 덜 익은 목화 열매. ¶结满了～ | 목화 열매가 가득 달려 있다.

【棉铃虫】miánlíngchóng 名〈蟲〉담배벌레.

【棉毛裤】miánmáokù 名 메리야스 바지.

【棉毛衫】miánmáoshān 名 메리야스 셔츠. ¶买了一件～ | 메리야스 셔츠 한 벌을 샀다.

【棉农】miánnóng 名 면작(棉作)농민[농가]. ¶他家是～ | 그의 집은 면작 농가이다.

【棉袍(儿, 子)】miánpáo(r·zi) 名 (중국식) 솜 두루마기.

【棉球】miánqiú 名 소독용 솜. 무명실 뭉구리. 둥글게 감은 무명실.

【棉纱】miánshā 名〈紡〉면사. 무명실. ¶～厂 | 방적 공장.

【棉桃】miántáo 名 목화 다래＝[蕾lěi铃]

【棉套】miántào 名 (주전자나 밥통에 씌우는) 보온용 솜덮개.

【棉田】miántián 名 목화밭.

【棉线】miánxiàn 名 무명실.

【棉鞋】miánxié 名 솜신. (솜을 넣은) 방한화＝[毛máo(儿)窝]

【棉絮】miánxù 名 ❶ 목화 섬유. 무명실. 면사. ¶这种棉花的～长 | 이 목화의 면사는 길다. ❷ (직접 이불이나 요를 만들 수 있게 된) 이불솜＝[方 棉花胎tāi][方 棉花套tào(子)][棉胎]

【棉蚜】miányá 名〈蟲〉목화진딧물＝[棉蚜虫]

2【棉衣(裳)】miányī(·shang) 名❶솜옷. ❷무명옷.
【棉织品】miánzhīpǐn 名 면제품. 면직물 ¶小孩子应穿~ | 어린 아이는 반드시 면제품을 입어야 한다 =〔棉织物〕
【棉纸】miánzhǐ 名 화장지. 부드럽고 얇은 종이 =〔绵纸〕

miǎn ㄇㄧㄢˇ

【沔】Miǎn 물이름 면
名〈地〉❶ 면수(沔水) [섬서성(陝西省)에 있는 한수(漢水)의 상류로 고대에는 한수 전체를 가리키기도 했음] ❷ 면현(沔縣) [섬서성에 있는 현명(縣名). 지금은「勉县」으로 씀]

【眄】miǎn ⓧmiàn) 곁눈질할 면
❶ 書 動 곁 눈 질 하 다 =〔眄视〕❷ ⇒〔眄睐〕
【眄睐】miǎnlài 書 動 흘겨보다. 노려보다.
【眄眄】miǎnmiǎn 貺 곁눈질하다. 몰래 보다.

2【免】miǎn 면할 면, 벗어날 면
動 ❶ 면제하다. 생략하다. ¶俗礼都~了 | 세속적인 의례는 모두 생략했다. ¶~税↓ ❷ 벗어나다. 모면하다. ¶~疫性 | 면역성. ❸ 해직(解職)하다〔되다〕. ¶~职↓ ¶任rèn~ | 임명과 면직. ❹ 용서하다. ¶~罪↓ ❺ …할 수 없다. …을 금하다. ¶闲人~进! | 용무자외 출입금지.
【免不得】miǎn ·bu ·de ⇒〔免不了〕
【免不了】miǎn ·bu liǎo 動組 피할 수 없다. 면하기 어렵다. …하지 않을 수 없다. …되기 마련이다. 불가피하다. ¶那是~的 | 그것은 불가피한 일이다. ¶刚开始的时候, ~有种种不方便的地方 | 막 시작했을 때는 여러가지 불편한 점이 있게 마련이다. ¶在前进的道路上, 困难是~的 | 앞으로 나아가는 길에는 어려움이 뒤따르기 마련이다 =〔免不得〕⇔〔免得了〕
4【免除】miǎnchú 動 ❶ 면하다. 막다. 피하다. ¶兴修水利, ~水旱灾害 | 관개공사를 하여 홍수와 가뭄 피해를 막다. ❷ 면제하다. ¶~义务 | 의무를 면제하다.
3【免得】miǎn·de ❶ 連 …하지 않도록. ¶一气儿办好, ~又费一回事 | 다시 또 품을 들이지 않도록 한번에 처리하는 것이 좋다. ¶得děi把衣服穿好了, ~人家瞧不起 | 남에게 경멸당하지 않도록 옷을 잘 입어야 한다. ¶我再说明一下, ~引起误会 | 오해가 생기지 않도록 내 다시 한 번 설명하지. ❷ 動 면하다. 피하다. ¶~失败 | 실패를 면하다.
4【免费】miǎn/fèi 動 무료로 하다. ¶~医疗yīliáo | 무료 진료. ¶展览会~参观 | 전람회를 무료로 참관하다. ¶~邮件 | 무료 우편물.
【免付】miǎnfù 名 動 지불 면제(받다). ¶~关税 | 관세의 지불을 면제받다.
【免官】miǎn/guān 動 면관하다. 면직하다. 면직되다. 벼슬에서 해임하다. ¶因犯错误被~ | 착오를 범해 면직당하다.
【免冠】miǎnguān ❶ 動 모자를 벗다. 轉 사죄의 뜻을 표하다. 경의를 표하다. ❷ 名 圖 탈모(脫帽)(의). ¶~相片 | 탈모 사진.
【免检】miǎnjiǎn 動 검사를 면제하다. ¶出口~ | 수출 검사 면제.
【免缴】miǎnjiǎo 動 납부를 면제하다〔받다〕. ¶经济困难的人可以~费用 | 경제적으로 곤란한 사람은 비용을 면제받을 수 있다.
【免进】miǎnjìn 動 입장을 금지하다. ¶无门票者~ | 입장권이 없는 자는 입장을 금지함. ¶闲xián人~ | 용무자외 출입 금지.
【免捐】miǎnjuān 動 면세하다〔받다〕.
【免开尊口】miǎnkāi zūnkǒu 威 상대방에게 (더 이상) 말하지 말라고 완곡하게 이르는 말 [풍자적 의미로도 쓰임] ❶ 그런 말씀은 하지 마십시오. 喩 외상 사절. ❷ 의견 발표를 거절합니다. 말씀하지 않아도 좋습니다. ¶您还是~ | 당신은 여전히 말씀하시지 않으셔도 됩니다.
【免考】miǎnkǎo 動 시험을 면제하다〔받다〕.
【免礼】miǎn/lǐ ❶ 動 예를 생략하다. 약식(略式)으로 하다. ❷ 套 아랫 사람이 웃사람에게 예를 차릴 때, 웃사람이 만류하는 말.
【免票】miǎnpiào ❶ 名 무료 입장권. 무임 승차권. 우대권. ¶火车~ | 기차 무임 승차권. ❷ 動 (입장·승차할 때) 표가 필요없다. 무료다. ¶儿童身高不满一米的坐公共汽车~ | 키가 1미터 미만인 어린이는 버스를 타는데 무료다.
【免税】miǎn/shuì 動 면세하다〔되다〕. ¶~单 | 면세증. ¶~进口品 | 면세 수입품. ¶~口岸 | 자유항.
【免刑】miǎnxíng 動〈法〉형벌을 면하다. (법원의 판결을 거친 후에) 형사처벌을 면하다. ¶怀孕妇女可以~ | 임산부는 형벌을 면할 수 있다.
【免修】miǎnxiū 動 (규정에 의해) 수업의 이수를 면제하다. ¶~外语 | 외국어 수업을 면제하다.
【免役】miǎnyì 動 병역·부역을 면제하다. ¶大学生也不能~ | 대학생도 병역을 면할 수 없다→〔服fú役〕
【免疫】miǎnyì 名〈醫〉면역. ¶获得性~ | 후천성 면역. ¶~性 | 면역성. ¶~球蛋白 | 면역 글로불린(globulin).
【免于】miǎn·yu 動 …를 면하다. …에서 벗어나다. ¶~彻底崩溃bēngkuì | 철저한 붕괴를 면하다. ¶~失业 | 실업을 면하다.
【免战】miǎnzhàn 書 動 싸우기를 거부하다. 정전·휴전하다.
【免职】miǎn/zhí 動 면직하다〔되다〕. ¶免他的职 | 그를 면직하다.
【免租】miǎnzū 動 조세를 면제하다〔받다〕. ¶享受~三年的好处 | 삼년간 조세를 면제받는 혜택을 누리다.
【免罪】miǎn/zuì 動 면죄하다〔되다〕.

3【勉】miǎn 힘쓸 면, 권면할 면
動 ❶ 노력하다. 애쓰다. ¶奋~ | 분발하다 =〔俛miǎn〕〔書 黾mǐn勉〕〔書 僶mǐn俛〕❷ 고무 격려하다. ¶自~ | 스스로 고무 격려하다. ¶互~ | 서로 격려하다. ❸ 있는 힘을 다하다. ¶~强↓

【勉力】miǎnlì 副 노력하다. 힘쓰다. 애쓰다. ¶～研究 | 연구에 힘쓰다.

4【勉励】miǎnlì 動 격려하다. 고무(鼓舞)하다. ¶互相～ | 서로 격려하다. ¶～灰心丧气的朋友 | 의기 소침한 친구를 격려하다 =〔勉策cè〕

【勉勉】miǎnmiǎn 狀 애써 노력하다. 부지런하다. 애를 쓰다.

【勉勉强强】miǎn·mianqiāngqiāng 狀 억지로 하다. 겨우 하다. 그럭저럭 하다.

3【勉强】miǎnqiǎng ❶ 形 간신히. 가까스로. 무리하게. 어법 주로 동사 앞에서 부사적으로 쓰임. ¶你不舒服就去休息吧, 不要～支持了 | 몸이 불편하면 가 쉬어, 무리하게 버티지 말고. ¶收入只够五个人～餬口 | 수입은 다섯 사람이 가까스로 입에 풀칠이나 할 정도이다. ❷ 形 마지못하다. 내키지 않다. ¶～答应下来了 | 마지못해 대답했다. ¶他笑得很～ | 그는 내키지않아 하며 웃었다. ❸ 動 강요하다. ¶要是他不愿意去, 就不要～他 | 그가 가기 싫어하거든 강요하지 마라. 어법 주로 인칭 대사 목적어(賓語)를 가지며 부정문(否定文)에 쓰임. ❹ 形 (논리·이유 등이) 부족하다. 타당하지 않다. 억지스럽다. ¶这个理由很～, 怕站不住脚 | 이 이유는 타당하지 않아 말발이 서지 않을 것이다.

【勉为其难】miǎn wéi qí nán 成 힘에 부치는 일을 억지로 하다. 마지못해 하다. ¶这件事让他做, 他觉得有点～ | 이 일을 시키니 그는 못할 일을 하기나 하듯이 마지못해 하였다. ¶我也只好～了 | 나도 단지 마지못해 할뿐이다.

【娩〈挽A〉】miǎn wǎn 해산할 만, 따를 문

A miǎn 書 動 아이를 낳다. 분만하다 =〔挽miǎn〕 ¶分～ | 분만하다.

B wǎn 書 形 완만하다. 유순하다.

【娩出】miǎnchū 動 몸을 풀다. 해산하다.

【冕】miǎn 면류관 면

名 면류관 [「大夫」(대부) 이상의 관료들이 쓰던 의식용 모자] ¶加～ | 대관(戴冠)하다.

【冕服】miǎnfú 名 면복 [고대 고관들의 예복]

【冕旒】miǎnliú 名 면류관.

【鮸(鮸)】miǎn 민어 면

⇒〔鮸鱼〕

【鮸鱼】miǎnyú 名〈魚貝〉민어 =〔鳘mǐn鱼〕→〔鳔biào胶〕

【黾】miǎn ☞ 黾 mǐn B

【渑(澠)】miǎn Shéng 고을이름 면, 물이름 승

A miǎn 지명에 쓰이는 글자. ¶～池 | 옛 성(城)의 이름. 하남성(河南省)에 있는 현 이름 =〔黾〕

B Shéng 名〈地〉승수(澠水) [지금의 산동성(山東省) 임치현(臨輜縣)일대에 있는 옛날 강 이름]

【湎】miǎn 빠질 면

書 動 술에 빠지다. 轉 탐닉하다. ¶～于酒 | 술에 빠지다. 술을 많이 마시다.

【湎湎】miǎnmiǎn 書 狀 점차 변천하다. 서서히 변하다.

【缅(緬)】miǎn 멀 면, 가는실 면

❶ 書 形 아득히 멀다. ¶～怀↓ ❷ 動 方 (주름살 등을) 판판하게 펴다. ❸ 動 方 발끝으로 뭉개다. ❹ 名 簡〈地〉「缅甸」(미얀마)의 약칭.

【缅甸】Miǎndiàn 名〈地〉미얀마(Myanmar) [수도는「仰光」(양곤;Yangon)]

【缅怀】miǎnhuái 名 動 札 회고(하다). 추억(하다). ¶～先烈创业的艰难 | 선열들의 창업의 어려움을 회고하다. ¶～往事 | 옛 일을 추억하다 =〔缅思sī〕〔缅维wéi〕〔缅想〕

【缅邈】miǎnmiǎo 書 狀 요원(遙遠)하다. 아득하게 멀다. ¶思绪～ | 사고의 실마리가 아득하다.

【缅茄】miǎnqié 名〈植〉미얀마 산(產) 상록 교목의 하나 [열매는 치통 치료에 쓰임]

【缅想】miǎnxiǎng ⇒〔缅怀huái〕

【腼】miǎn 낯가릴 면

書 形 부끄러워 하다. 낯가리다.

【腼腆】miǎn·tian 形 부끄러워하다. 낯을 가리다. 어색해하다. 계면쩍어하다. 쑥스러워하다. ¶小孩儿见了生人有点～ | 어린 아이들은 낯선 사람을 보면 조금 부끄러워한다. ¶她生来就～ | 그녀는 선천적으로 부끄럼을 잘 탄다.

【腼颜事仇】miǎn yán shì chóu 成 무치하게 원수를 섬기다. 부끄러운 줄도 모르고 원수를 섬기다. 후안무치하게 원수를 섬기다.

miàn ㄇㄧㄢˋ

1【面】1 miàn 낯 면

❶ 名 얼굴. 낯. ¶～带笑容 | 얼굴에 웃음을 띠다 =〔脸〕 ❷ (～子, ～儿) 名 (물체의) 표면. 겉면. ¶海～ | 해면. ¶水～ | 수면. ¶～儿磨得很光 | 표면을 닦아서 번쩍번쩍 빛나다 ⇔〔里③〕 ❸ 動 향하다. ¶背山～水 | 산을 등지고 강을 향하다. ❹ (직접) 만나다. 얼굴을 맞대다. ¶～议↓ ¶～交↓ ❺ 방면. 측. ¶全～ | 전면. ¶正～ | 정면. ❻〈數〉면(面). ¶平～ | 평면. ¶～积 | 면적. ❼ 尾 방면. 쪽. 측. 편. 어법 방위사(方位詞)에 붙음. ¶上～ | 위. ¶前～ | 앞(쪽). ¶外～ | 바깥. ¶东～ | 동쪽. ❽ 量 면. 개 [주로 편평한 물건을 세는데 쓰임] ¶一～镜子 | 거울 하나. ¶一～扇子 | 부채 하나. ❾ 量 번. 차 [만나는 횟수를 세는데 쓰임. 동사는「见」에 국한됨] ¶见过一～ | 한번 만난 일이 있다.

【面壁】miànbì 書 ❶ 名〈佛〉면벽. 좌선(坐禪). ❷ 動 벽을 마주 대하다. 벽을 향하여 앉다. ¶～十年, 乃成巨著 | 십년간 벽을 대하여, 거작을 이루었다. ❸ 動 개의치 않다.

【面不改色】miàn bù gǎi sè 成 얼굴빛 하나 변하지 않다. 태연 자약(泰然自若)하다. ¶面对屠刀túdāo, 我也～心不跳 | 도살용 칼을 마주하고서도, 나는 태연 자약하며 마음도 동요하지 않았다.

【面部】miànbù 名 얼굴. 안면.

【面陈】miànchén 書 動 (누구의) 앞에서 진술하다. 직접 만나서 말하다. ¶～辞职理由 | 사직의 이유를 진술하다 =〔面称chēng〕

【面称】miànchēng⇒〔面陈chén〕

【面从心违】miàn cóng xīn wéi 成 겉으로는 복종하는 체하면서 내심으로는 배반하다 =〔面从腹fù背〕

3【面对】miànduì 動 마주 보다. 직면(直面)하다. 직접 대면하다. ¶~危机 | 위기에 직면하다. ¶~现实 | 현실을 직시하다. ¶~这种事情怎么办? | 이런 일에 직면하면 어떻게 하지? =〔面向①〕

【面对面】miàn duì miàn 狀組 ❶ 얼굴을 맞대다. 대면하다. ¶~地坐着 | 얼굴을 맞대고 앉아 있다. ❷ 맨투맨. 일대일. ¶实行~的指导 | 일대일로 지도하다.

【面额】miàn'é 名〈經〉액면(가격). ¶各种~的货币 | 각종 액면가의 화폐.

【面红耳赤】miàn hóng ěr chì 成 (흥분하거나 부끄러워) 얼굴이 귀밑까지 빨개지다. ¶羞得~ | 부끄러워 귀밑까지 빨개지다.

【面黄肌瘦】miàn huáng jī shòu 成 (오래 앓아) 얼굴이 누렇게 뜨고 몹시 수척하다. ¶不爱玩的小孩都是~ | 놀기를 좋아하지 않는 어린 아이는 어떻게 얼굴이 누렇게 뜨고 몹시 수척하다.

2【面积】miànjī 名 면적. ¶居住~ | 거주 면적. ¶~仪 | 구적계. ¶展览会~为三千平方米 | 전람회 면적이 3천 평방 미터이다.

【面见】miànjiàn 書 動 ❶ 눈앞에서 보다. 직접 보다. 두 눈으로 목격하다. ❷ 면회하다. 직접 만나다. ¶我明天~康主席 | 나는 강주석을 면회한다. ¶去到了是礼, 不必~ | 가는 것만도 예의이니 직접 만나볼 필요는 없다.

【面交】miànjiāo ❶ 動 직접 건네다〔전달하다〕=〔面缴〕❷ 名 일면식(一面識). 얼굴이나 알정도의 정분. 얼굴만 알고 지내는 교제. 일면지분(一面之分). 면분(面分). ¶~之友 =〔面交的朋友〕〔面朋〕| 얼굴이나 알 정도의 친구.

【面巾】miànjīn 名 ❶ 方 세수 수건. 타올 =〔手巾①〕〔毛巾①〕❷ 죽은 사람의 얼굴을 덮는 천. 멱목(幎目).

【面巾纸】miànjīnzhǐ 名 얇은 화장지. 티슈 페이퍼.

【面劲儿似地】miànjìnr·shi·de 狀組 北 줏대없이. 무골충같이. 흐리터분하게. ¶不要~听人摆布 | 줏대없이 남이 하라는 대로 하지 마시오.

【面具】miànjù 名 ❶ 마스크. ¶戴~ | 마스크를 쓰다. ¶防毒~ | 방독 마스크 =〔代面①〕❷ 가면. 탈 =〔假面具〕❸ 喩 가면. 거짓 태도나 언동. ¶揭下~ | 가면을 벗기다.

3【面孔】miànkǒng 名 ❶ 方 낯. 얼굴 =〔脸孔〕❷ 표정. ¶严肃的~ | 엄숙한 표정. ¶板起~ | 무뚝뚝한 표정을 하다. ¶装出一副救世主的~ | 구세주같은 표정을 지어내다.

3【面临】miànlín 動 (문제·상황에) 직면하다. 당면하다. 앞에 놓여 있다. ¶~一场严重的危机 | 심각한 위기에 직면하다. ¶~灭亡 | 멸망의 지경에 놓여있다.

【面聆】miànlíng 動 札 직접 말씀을 듣다. 직접 가르침을 받다. ¶~大教 | 당신의 가르침을 잘 들었습니다.

2【面貌】miànmào 名 ❶ 용모. 얼굴 생김새. ¶~凶恶 | 용모가 흉악하다. ¶他俩的~十分相似 | 그들 두사람은 얼굴 생김새가 매우 닮았다. ❷ 轉 면모. 양상. 상태. 상황. ¶旧中国的~ | 옛 중국의 면모. ¶中国人民的生活~ | 중국 국민의 생활 상황. ¶~全新 | 양상이 완전히 새로와지다.

【面面】miànmiàn ❶ 名 각방면. ❷ 名 얼굴과 얼굴. ❸ 名 俗 겉. 표면. 외관. 외면. 외형. ¶~上好了, 可是里边… | 겉은 좋으나, 속은…. ❹ 形 각자 생각대로의. ¶~观 | 각자의 견해. ❺ 名 方 분말. 가루.

4【面面俱到】miàn miàn jù dào 成 ❶ 각 방면을 빈틈없이 돌보다〔배려하다〕. 구석 구석까지 샅샅이 고려되다. ❷ 이것 저것 다 미치고〔언급하고〕있지만, 피상적일 뿐이다. ¶不必~, 要重点突出 | 피상적으로 이것 저것 다 언급할 필요가 없고 주된 점을 부각시켜야 한다. ❸ 없는 것 없이 다 갖추어지다.

【面面相觑】miàn miàn xiāng qù 成 서로 쳐다만 보다. 쳐다보기만 할 뿐 어찌할 바를 모르다. 서로가 속수무책이다. ¶他们吓得~, 不知所措 | 그들은 서로 놀라 쳐다만 볼 뿐, 조치할 바를 모른다 =〔面面相视〕

【面命耳提】miàn mìng ěr tí 成 귀를 끌어 당겨 얼굴을 맞대고 타이르다. 간곡하게 타이르다 =〔耳提面命〕

4【面目】miànmù 名 ❶ 얼굴 생김새. 용모. 몰골. ¶~狰狞zhēngníng | 얼굴 생김새가 험상궂다. ❷ 태도. 입장. 경향. 면모. ¶政治~ | 정치적 태도. ❸ 면목. 낯. 체면. ¶有何~见他呢? | 무슨 면목으로 그를 만나지? ¶要是任务完不成, 我没有~回去见同志们 | 만약 임무를 완성하지 못하면 나는 돌아가서 동지들을 볼 낯이 없게 된다. ❹ 본분. 천성. ¶守自己的~ | 자신의 본분을 지키다. ❺ 정체(政體). 참된 본디의 형체. ¶不见庐山真~ | 諺 여산의 본래 모습이 보이지 않다. 정체를 모르겠다. ¶把本来~掩盖起来 | 본래의 정체를 덮어 감추다.

【面目全非】miàn mù quán fēi 成 (주로 좋지 않은 의미로 쓰이며) 옛 모습을 찾아볼 수 없게 되다. 완전히 다른 모습으로 변하다. ¶经过一场大地震, 这个城市变得~了 | 대지진을 한차례 겪은 뒤 이 도시는 완전히 다른 모습으로 바뀌었다.

【面目一新】miàn mù yī xīn 成 면모가 일신되다. 완전히 새로운 모습을 나타내다. ¶这个工厂经过改建, 已经~了 | 이 공장은 개축을 하자, 완전히 면모가 일신되었다. ¶这篇文章经过他大加修改以后, 已经~了 | 이 문장은 그가 크게 수정한 후 전혀 다른 문장이되었다.

【面嫩】miànnèn 形 (세상 물정을 몰라) 쭈뼛쭈뼛거리다. 수줍어하다. 머무적거리다. 머뭇거리다. ¶你也太~ | 너도 매우 머뭇거린다.

【面庞(儿)】miànpáng(r) 名 얼굴 생김새. 얼굴 윤곽. ¶小孩儿圆圆的~, 水汪汪的大眼睛, 真惹人喜欢 | 어린아이의 동글동글한 얼굴과 총기가 도는 큰 눈망울은 정말 사랑스럽다 =〔脸liǎn盘儿〕

【面盆】miànpén 名 세면기(洗面器)＝〔脸liǎn盆〕

【面皮】miànpí ⇒〔脸liǎn皮(儿)①②〕

【面洽】miànqià 書 動 직접 만나 상담하다. ¶有关事宜,请找张先生～ | 관계된 사항은 장선생님을 찾아 직접 상담하십시오. ¶详情请和来人～ | 자세한 상황은 직접 손님과 만나서 이야기하십시오.

2【面前】miànqián 名 면전. (눈) 앞. ¶在凶恶的敌人～,我没有丝毫怯懦的表现 | 흉악한 적앞에서, 나는 털끝만큼도 겁내지 않았다. ¶他在困难～毫不动摇 | 그는 곤란 앞에서 조금도 동요하지 않았다. ¶在～说好话,一回头就说长说短 | 면전에서는 좋게 말하다가도 돌아서면 이러쿵 저러쿵 남의 흉을 본다.

4【面容】miànróng 名 얼굴 생김새. 용모. ¶ ～消瘦 | 얼굴이 수척하다.

【面如傅土,身似筛糠】miàn rú fù tǔ, shēn sì shāi kāng 成 얼굴빛은 흙을 바른 것 같고, 몸은 체로 겨를 치는 것 같다. 몹시 놀라서 얼굴이 창백해지고 몸은 사시나무 떨듯하다. ¶他吓得～ | 그는 놀라 얼굴이 창백해지고 몸은 사시나무 떨듯하다.

【面如土色】miàn rú tǔ sè 成 ❶ 놀라서 얼굴이 새파랗게 질리다. 안색이 창백해지다. ❷ 오래 앓아서 얼굴이 누렇게 뜨다. 안색이 누렇게 변하다. ¶一听这话,她当时就～ | 이 말을 듣자, 그녀는 그때 곧바로 놀라 얼국이 새파랗게 질려버렸다.

【面软】miànruǎn 形 (마음이) 약하다. 어질다. 순하다＝〔面柔〕

【面色】miànsè ⇒〔脸liǎn色〕

【面纱】miànshā 名 면사(포). 너울. 베일. ¶蒙méng～ | 면사포를 쓰다. ¶摘zhāi～ | 면사포를 벗다＝〔面罗luó〕〔面帕pà〕〔面衣①〕〔面罩zhào②〕〔兜dōu纱〕〔脸liǎn帕〕

【面善】miànshàn ❶ ⇒〔面熟〕 ❷ 形 (모습이) 온화하다. 인자하다. ¶ ～心狠 | 成 겉은 인자하나 마음은 사악하다.

【面商】miànshāng 書 動 직접 만나서 의논하다. 면담하다. ¶详情～ | 상세한 사정은 직접 만나서 의논하다.

【面生】miànshēng 形 낯설다. ¶这位～得很,是新来的吧! | 이 분은 매우 낯설은데 새로 오신분이지요! ¶这个学生～得很 | 이 학생은 매우 낯이 설다＝〔脸liǎn生〕

【面世】miànshì 動 세상에 나타나다. ¶到去年底为止, 世界上还没有一种治疗流行性感冒的特效药～ | 작년 말까지는 세계적으로도 유행성 감기를 치료할 특효약이 세상에 나오지 않았었다.

【面市】miànshì 動 (상품을) 시장에 내놓다. ¶新商品不断～ | 신상품을 끊임없이 시장에 내놓다.

【面试】miànshì 名 動 면접 시험(하다). ¶参加～ | 면접 시험에 참가하다＝〔面考〕

【面首】miànshǒu 名 옛날, 귀부인들이 노리개로 삼는 미남자.

【面授】miànshòu 動 직접 만나서 가르치다.

【面授机宜】miàn shòu jīyí 成 시의(時宜) 적절한 대책을〔비밀 행동 지시를〕 직접 일러주다.

【面熟】miànshú 形 낯익다. ¶这位看着～,像在哪儿见过 | 이 분은 낯이 익은데 어디에선가 본 것 같다. ¶这个人看着～, 就是想不起来是谁 | 이 사람은 낯이 익었는데 누구인지는 생각이 나지 않는다＝〔面善①〕

【面塑】miànsù 名 물들인 찹쌀가루를 반죽하여 여러가지 인물이나 동물의 형상을 빚는 중국의 전통 민속 공예.

【面谈】miàntán 名 動 면담(하다). ¶跟他～ | 그와 면담하다.

【面向】miànxiàng ❶ ⇒〔面对〕 ❷ 動 …의 쪽으로 향하다. ¶ ～太极旗庄严宣誓 | 태극기를 향해서 엄숙히 선서하다. ¶去～美好幸福的明天 | 아름답고 행복한 내일을 향해 가다. ❸ 動 (요구에) 응하다. (요구 등을) 만족시키다. ¶医疗卫生工作～农民 | 의료 위생 사업이 농민의 요구를 만족시키다.

【面向商业的通用语言】miànxiàng shāngyè·de tōngyòng yǔyán 名組 〈電算〉 코볼(COBOL)＝〔COBOL语言〕

【面相】miànxiàng 名 方 용모. 얼굴 생김새. 면상. ¶因为天黑,没有看清他是什么～ | 날이 어두워서 그가 생김새가 어떠한지 분명히 보지 못했다.

【面谢】miànxiè 動 ❶ 직접 만나 사과하다. ¶事后一定～ | 일을 마친 후에 반드시 직접 만나 사과하다. ❷ 직접 만나 감사 드리다.

【面叙】miànxù 書 動 직접 만나 이야기하다. 면담하다.

【面衣】miànyī ⇒〔面纱〕

【面议】miànyì 書 動 직접 만나서 의논하다.

【面有菜色】miàn yǒu cài sè 成 얼굴에 채달이 오르다. 낯빛이 노랗다. ¶人民～ | 사람들의 얼굴빛이 노랗다.

【面誉背毁】miàn yù bèi huǐ 成 면전에서는 칭찬을 하고 돌아서서는 헐뜯다.

【面约】miànyuē 動 직접 만나서 약속〔초청〕하다.

【面罩】miànzhào ❶ 名 (수술할 때 착용하는) 안면 마스크. ¶戴～ | 안면 마스크를 착용하다. ❷ ⇒〔面纱shā〕

【面折廷争】miàn zhé tíng zhēng 成 조정에서 직간(直諫)하고 이치를 따져 논쟁하다.

【面值】miànzhí 名 〈經〉 액면(가격). ¶新邮票的～是十五元 | 새 우표의 액면 가격은 15원이다＝〔面价〕

4【面子】miàn·zi ❶ 名 면목. 체면. 얼굴. ¶ ～事儿 | 체면에 관한 일. ¶看～＝〔给面子〕〔讲面子〕 | 체면을 세우다. ¶给他一个～, 让他一点 | 그의 체면을 봐서 좀 양보하시오. ¶丢diū～ | 체면을 잃다. ¶没有～＝〔不是面子〕 | 면목이 없다. ¶ ～推tuī住了＝〔面子推到那儿〕 | 체면상 어쩔 수 없다. ❷ 名 정의(情誼) 정분(情分) 의리. ¶顾gù全～ | 정분을 충분히 고려하다. ❸ 名 표면. 외관. 외형. ¶ ～情儿 | 겉치레뿐인 정. ¶这件衣服的～很好看 | 이 옷의 겉모양은 매우 보기 좋다. ¶做～话 | 겉치레의 말을 하다. ¶ ～货huò | 겉치레뿐인 물품. ¶盖gài～ | 표면을 싸다. ❹ 名 (옷·모자·신·이불 등의) 겉(감). ¶被～ | 이불 겉감 ⇔〔里lǐ子①〕 ❺ 名 俗 폭. ¶ ～有

多宽kuān?｜폭은 어느 정도냐?

1【面(麵)〈麪〉】②miàn 밀가루 면 ❶名곡물의 가루[주로 밀가루를 가리킴] ¶白～｜소맥분. ¶棒bàng子～＝〔玉米面〕｜옥수수 가루. ❷(～儿, ～子) 名분말. 가루. ¶粉笔～儿｜분필 가루. ¶药～儿｜약 가루. ❸名〈食〉국수. ¶一碗～｜국수 한 그릇. ¶切qiē～｜칼국수. ❹形方(전분·당분을 함유하고 있는 과일·야채류가) 섬유질이 적고 연하다. 허벅허벅하다. ¶这白薯很～｜이 고구마는 매우 연하다. ¶这个苹果很～｜이 사과는 매우 허벅허벅하다.

1【面包】miànbāo 名〈食〉빵. ¶～圈quān｜도넛. ¶稞麦kēmài～｜흑빵. ¶～卷juǎn｜롤빵. ¶烤kǎo～｜토스트. ¶烘hōng～机｜토스터.

4【面包车】miànbāochē 名승합 승용차. ¶今天我们同学五个人上～去北京饭店｜오늘 우리 급우 다섯 명은 승합 승용차를 타고 북경 호텔에 간다.

【面包果】miànbāoguǒ 名〈植〉빵나무＝〔俗面包树〕

【面茶】miànchá 名〈食〉기장쌀죽 [깨·소금·후추 등의 양념을 쳐서 먹음] ¶喝了一杯～｜기장쌀죽 한 잔을 마셨다.

【面点】miàndiǎn 名〈食〉우동·만두 등 밀가루로 만든 간식. ¶上了几盘～｜간식이 몇 접시 올랐다.

【面坊】miànfáng 名(구식) 제분소. 방앗간.

3【面粉】miànfěn 名밀가루. ¶磨mó～｜밀가루를 빻다. ¶～袋dài｜밀가루 포대. ¶～厂｜제분소.

【面糊】ⓐmiànhù 名❶묽은 밀가루 반죽[「煎jiān饼」(판판한 철판에 넓게 펴서 구운 식품)이나 「拨bō鱼儿」(수제비의 일종)의 재료로 씀] ¶～刀dāo｜묽은 밀가루 반죽을 적당한 크기로 떼어 내는데 쓰이는 주걱. ❷方(밀가루로 쑨) 풀＝〔糨jiàng糊〕

ⓑmiàn·hu 形方(음식이) 섬유질이 적고 연하다. ¶白薯蒸熟了, 很～｜고구마를 잘 삶으면 아주 연하다.

【面筋】miàn·jin 名❶〈化〉글루텐＝〔外哥路登〕 ❷밀에서 녹말을 빼고 남은, 아직 마르지 않은 기울.

【面码儿】miànmǎr 名국수에 넣은 야채 등의 고명. ¶面条里放上～｜국수에 고명을 놓다＝〔方菜码儿②〕

【面坯儿】miànpīr 名❶(삶아내어 아직 양념을 하지 않은) 맨국수. ¶～有什么吃头?｜맨국수가 무슨 맛이 있겠는가? ❷국수의 사리 ‖＝〔面纰pī儿〕

【面盆】miànpén 名쟁반.

【面人儿】miànrénr 名물들인 찹쌀 가루로 만든 인형. ¶捏niē～｜인형을 만들다.

【面食】miàn·shi 名밀가루 음식. 분식. ¶他是北方人, 喜欢～｜그는 북방 사람이어서, 밀가루 음식을 좋아한다＝〔面饭fàn〕

【面汤】ⓐmiàntāng 名국수를 삶아 낸 물. 국수물.

ⓑmiàn·tang 名方탕면(湯麵)＝〔汤面〕

1【面条(儿)】miàntiáo(r) 名❶〈食〉국수. ❷轉흘러내린 콧물. ¶从鼻子眼儿里搭拉着两根～｜콧구멍에서 두 줄기 콧물이 흘러 내리고 있다. ❸喩테이프(tape)가 엉클어진 상태[방송국 등에서 쓰는 은어(隱語)]

【面团(儿)】miàntuán(r) 名❶밀반죽 덩어리. ❷喩묵사발. ¶把他揉搓成个～｜그를 묵사발로 만들었다.

【眄】miàn ☞ 眄 miǎn

miāo ㄇㄧㄠ

【喵】miāo 고양이우는소리 묘 擬야옹. ¶～～｜야옹 야옹.

miáo ㄇㄧㄠˊ

3【苗】miáo 모 묘 ❶(～儿) 名모(종). 새싹. (야채의) 줄기〔잎〕. ¶麦～儿｜보리싹. ¶蒜suàn～｜마늘 종대. ¶韭菜jiǔcài～｜부추 줄기. ❷(～儿) (모양이) 새싹 비슷한 것. ¶火～儿｜불꽃. 불씨. ❸(어떤 사육 동물의) 새끼. 막 태어난 것. ¶鱼～｜새끼 물고기. ¶猪～｜돼지 새끼. ❹(～儿) 名俗(일·사건의) 실마리. 발단. ¶找到了有点儿～｜실마리를 찾았다. ❺(～儿) 자손. 후대. ¶他家只有这一根～｜그의 집에는 자손이라곤 이 애 하나 뿐이다. ❻〈醫〉접종약. 왁찐. ¶牛痘～｜우두 왁찐. ❼量다발. 묶음. 그루[묘종·묘목을 세는 단위] ¶一～红薯｜고구마 싹 한 다발 ❽名簡〈民〉「苗族」(묘족). ¶～绣↓ ❾(Miáo) 名성(姓).

【苗床】miáochuáng 名〈農〉묘상.

【苗而不秀】miáo ér bù xiù 成❶모종은 좋으나 열매가 없다. 자질(資質)은 있으나 성공하지 못하다. ❷겉모양뿐 실속이 없다. 빛좋은 개살구. ¶他基础很好, 但～, 没有什么成就｜그의 기초는 매우 좋으나, 실속이 없어, 어떤 성취도 없다.

【苗龄】miáolíng 名〈農〉모종의 성장 일수.

【苗民】miáomín 名묘족놈〔녀석〕 [옛날, 묘족을 멸시하여 부르던 말]＝〔苗户〕〔苗子④〕

【苗木】miáomù 名묘목.

【苗圃】miáopǔ 名〈農〉묘포. ¶他在～劳动｜그는 묘포에서 일한다＝〔圃pǔ地〕

【苗儿】miáor ⇒〔苗头(儿)〕

【苗条】miáo·tiao 形(여성의 몸매가) 날씬하다. 호리호리하다. ¶身材～｜몸매가 날씬하다＝〔条苗〕

【苗头(儿)】miáo·tou(r) 名조짐. 전조. 실마리. 단서. 경향. 상황. ¶要注意不良倾向的～｜좋지 않은 경향의 전조를 주의해야 한다. ¶这都是要起风暴的～｜이것은 모두 폭풍이 휘몰아치려는 전조이다. ¶这事来的～不顺｜이 일은 진척 상황이 순조롭지 못하다＝〔方苗儿〕〔方苗子③〕

【苗裔】miáoyì 書名후예. 자손＝〔苗末mò〕〔苗绪xù〕〔苗胤yìn〕

【苗子】miáo·zi ❶名方싹. 맹아(萌芽). ❷名喩(대를 이을) 어린 후계자. ¶这孩子简直是个好～｜이 아이는 그야말로 좋은 후계자이다. ❸⇒〔苗头(儿)〕 ❹⇒〔苗民〕

【苗族】Miáozú 名〈民〉묘족［중국 소수 민족의 하나. 중국의 귀주성(貴州省)을 중심으로 강서성(江西省)·호남성(湖南省)·운남성(雲南省)등 일부에 분포함］

2【描】miáo 그릴 묘
動❶(본떠서) 그리다. 모사(模寫)하다. 묘사하다. ¶～图tú案丨도안을 묘사하다. ¶～写着工人生活丨노동자의 생활을 묘사해 내고 있다. ❷덧쓰다. 덧그리다. ¶～红(格)↓

【描红(格)】miáo hóng(gé)「描红纸」위에 쓰인 글자를 따라서 습자(習字)하다＝〔描红模子〕

【描画】miáohuà 動 그리다. 묘사하다. ¶～治山改水的蓝图丨치산 치수의 청사진을 그리다. ¶漓江美景难以用语言来～丨이강(漓江)의 아름다운 경치는 말로 표현하기 어렵다.

4【描绘】miáohuì ❶動(생생하게) 묘사하다. (그림같이) 그려내다. ¶这些作品生动地～了农村男女青年的冲天天劲丨이 작품은 농촌 청춘 남녀들의 하늘을 찌를듯한 열성을 생동적으로 묘사했다. ❷名 투사(透寫). 전사(轉寫). 트레이싱(tracing).

【描金】miáojīn 名動 금〔은〕박(무늬를 놓다). ¶～柜guì丨금〔은〕박 무늬를 놓은 궤.

【描眉打鬓】miáo méi dǎ bìn 成 눈썹을 그리고 귀밑머리를 매만지다. 여자가 정성스럽게 화장하다. ¶她一天到晚～丨그녀는 왼종일 정성스레 화장을 한다.

【描摹】miáomó 動❶모사(模寫)하다. ❷轉(언어·문자로써) 묘사하다. 그려내다. ¶喜怒哀乐～得逼真丨희로 애락을 사실적으로 그려내다 ‖＝〔摹状zhuàng〕

4【描述】miáoshù 動名 묘사(하다). 기술〔서술〕(하다). ¶详细～事情的经过丨일의 경과를 상세히 묘사하다＝〔描叙xù〕

【描图】miáotú 名動 투사(透寫)(하다). 트레이싱(하다). ¶～纸丨트레이싱 페이퍼→〔透tòu写纸〕

2【描写】miáoxiě ❶名動 묘사(하다). ¶～人物丨인물을 묘사하다. ¶～很细致丨묘사가 매우 세밀하다. ¶～田园tiányuán风景fēngjǐng丨전원풍경을 묘사하다. ❷動 덧그려 베끼다. 본떠 그리다.

【描着模儿】miáo·zhemúr 又 miǎo·zhemǔr) 狀組 京 어렴풋이 …한 듯하다. 희미하게. ¶这位小姐～在哪里见过似的丨이 아가씨는 어렴풋이 어디선가 만난 듯하다. ¶等我想想, 这个问题, 我～还能记得丨잠깐만, 이 문제는 아직도 어렴풋이 기억이 날 듯하다→〔仿fǎng佛〕

【瞄】miáo 겨룰 묘
動 주시하다. 겨누다. 조준하다. ¶枪～得准丨총을 정확하게 겨누었다.

【瞄准(儿)】miáo/zhǔn(r) 動 조준하다. 겨누다. ¶～方向丨조준 방향. ¶把枪口～侵略者丨총구를 침략자에 겨누다. ¶正在～他的咽喉丨그의 목구멍을 겨누고 있다.

【鹋(鶓)】miáo 에뮤 묘, 새이름 묘
⇒〔鸸ér鹋〕

miǎo ㄇㄧㄠˇ

【杪】miǎo 나무끝 초
名❶(나무의) 끝. 가지 끝. ❷轉(년·월·계절의) 말. 마지막. ¶岁～丨연말. ¶～春丨늦 봄. ¶月～丨월말.

【眇】miǎo 애꾸눈 묘, 작을 묘
書❶名 애꾸눈. 외눈이. ❷形(극히) 작다. ¶～乎其小丨아주 작다.

【眇风】miǎofēng 書名 폐풍(弊風). 폐습.

【眇乎】miǎohū 書狀 아주 작다. 미세하다.

【眇见寡闻】miǎo jiàn guǎ wén 成 견문이 좁다. 과문하다.

【眇眇】miǎomiǎo 書狀 매우 작다. ¶～小小丨극히 작다.

【眇眇忽忽】miǎo·miaohūhū 書狀 너무 작아 식별할 수 없다. 아부 작아 잘 보이지도 않다.

【眇微】miǎowēi 書形 미미하다. 미세하다.

【眇眼】miǎoyǎn 書名 애꾸눈.

2【秒】miǎo 까끄라기 묘, 초 초
❶名(벼·보리 등의) 수염. ❷量 초［시간·각도·경위도 등의「分」(분)의 60분의 1의 단위］

【秒表】miǎobiǎo 名 스톱 워치(stop watch). 기초(記秒) 시계. ¶用～记时丨스톱 워치로 시간을 재다＝〔停tíng表〕

【秒差距】miǎochājù 量〈天〉파섹(pc). 항성의 거리를 측정하기 위한 천문학상 거리의 단위.

【秒针】miǎozhēn 名 초침＝〔忙máng针儿〕〔刻kè针〕

4【渺】miǎo 아득할 묘
形❶미세〔소〕하다. ¶～不足道丨미세하여 보잘것 없다→〔眇②〕〔微〕❷書 아득하고 멀다. 까마득하다. 막연하다. ¶～无人迹丨아득하고 멀어 인적이 없다＝〔邈miǎo①〕〔缈miǎo①〕〔淼miǎo②〕

【渺不可见】miǎo bù kě jiàn 成 아득히 멀어서 보이지 않다. ¶前朝遗, 大都～丨전 시대의 유적 대부분이 이미 보이지 않다.

【渺茫】miǎománg 形❶아득하다. 까마득하다. 감감하다. 희미하다. 끝없이 넓다. ¶他走后音信～丨그가 간 이후로 감감 무소식이다. ¶～的烟雾yānwù丨아득한 뿌연 안개. ❷(꿈·희망 등이) 끝이 없다. 막연하다. 막막하다. ¶～无凭píng的事丨근거없는 막연한 일. ¶～得很丨대단히 막연하다. ¶前途～丨전도가 막막하다. ¶成功的希望是很～的丨성공의 희망이 매우 막연하다 ‖＝〔淼miǎo茫〕

【渺无音信】miǎo wú yīnxìn 소식이 전혀 없다. ¶一别经年,～丨한 번 이별하고 나니 오랜 세월이 지나도, 소식이 전혀 없다.

4【渺小】miǎoxiǎo 形 매우 작다. 미미하다. 보잘것 없다. ¶个人的力量是～的丨개인의 역량은 보잘것 없는 것이다. ¶～的人物丨미미한 인물.

【缈(緲)】miǎo 아득할 묘
❶「渺」와 같음⇒〔渺miǎo②〕❷⇒〔缥piāo缈〕

【淼】miǎo 아득할 묘
❶書形 아득하게 넓다. ¶烟波浩～ | 연파가 망망하다. ❷「渺」와 같음⇒〔渺②〕
【淼漫】miǎomàn 書状 수면이 끝없이 넓다. 막막하다.
【淼茫】miǎománg ⇒〔渺miǎo茫〕
【藐】miǎo 작을 묘
書❶形 작다. ¶～小↓ ❷動 깔보다. 경시하다 =〔邈miǎo②〕
【藐视】miǎoshì 書動 경시하다. 깔보다. 업신여기다. 얕보다. ¶在战略上我们要～敌人, 在战术上要重视敌人 | 전략적으로는 우리는 적을 얕보아야 하지만 전술적으로는 적을 중시해야 한다. ¶不要～人权 | 인권을 경시해서는 안된다.
【藐小】miǎoxiǎo 形 미소(微小)하다. 아주 작다. ¶看了名山大川以后发现自己实在太～ | 명산대천을 보고 나서, 자신이 사실상 너무나 미소한 존재임을 깨닫게 되었다.
【邈】miǎo 멀 막
書❶形 멀다. 아득하다. ¶～不可闻 | 멀어서 들을 수가 없다 =〔渺miǎo②〕 ❷動 경시하다. 업신여기다 =〔藐miǎo②〕
【邈邈】miǎomiǎo 書状 아득하다. 요원하다.

miào ㄇㄧㄠˋ

2【妙〈玅〉】miào 묘할 묘
形❶좋다. 아름답다. 절묘하다. 기발하다. ¶～不可言↓ ¶说得真～ | 절묘하게 말하다. ¶这个办法真～ | 이 방법은 정말 기발하다. ❷교묘하다. 오묘하다. 미묘하다. 묘하다. ¶～计↓ ¶～诀jué | 교묘한 비결. ¶莫名其～ | 무슨 영문인지 알 수 없다. ¶～龄líng↓
【妙笔生花】miào bǐ shēng huā 成 절묘한 필법. ¶他～, 酿成秀作 | 그는 절묘한 필법으로 뛰어난 작품을 만들어내다 =〔生花妙笔〕
【妙不可酱油】miào bù kě jiàngyóu ⇒〔妙不可言〕
【妙不可言】miào bù kě yán 成 말로 표현할 수 없을 정도로 절묘하다 [「言」과 「盐」이 동음(同音)이고, 「盐」(소금)과 「酱油」(간장)가 똑같이 짠 조미료인 까닭에 「言」 대신에 「酱油」를 쓰기도 함] ¶他炒的菜, 其味道真是～ | 그가 볶은 요리는 그 맛이 정말 절묘하다 =〔妙不可酱油〕
【妙处】miàochù 名❶묘한 점〔곳〕. ¶说到～ | 말이 묘한 곳에 이르다. ❷좋은 곳〔장소〕. ❸아름다운 부분. ¶其中～, 难以言表 | 그 중의 아름다운 부분은 말로 표현하기 어렵다.
【妙法】miàofǎ 名 묘법. 묘안. 묘방. 기묘한 방법. ¶有什么～? | 무슨 묘안이 있니? ¶他觉得这是解围的～ | 그는 이것이 곤경에서 벗어나는 묘법이라고 생각했다.
【妙计】miàojì 名 묘계. 묘책. ¶想出了一条～ | 하나의 묘책을 생각해냈다 =〔妙略lüè〕
【妙境】miàojìng 名 묘경. 절묘한 경지. ¶神话世界是一片～ | 신화의 세계는 하나의 묘경이다.
【妙句】miàojù 名 묘구. 아주 잘 지은 문구.
【妙诀】miàojué 名 비결. 교묘한 수단. ¶做事有～ | 일을 함에는 비결이 있다.
【妙龄】miàolíng 名 묘령. 묘년. 꽃다운 나이. 스물 안팎의 여자 나이. ¶～少女 | 꽃다운 나이의 소녀. ¶有一个～的女孩子 | 한 묘령의 여자애가 있다 =〔妙年〕
【妙趣】miàoqù 名 묘취. 묘미. 아취. 운치. 풍취. ¶她的表演有难以形容的～ | 그녀의 연기에는 형용하기 어려운 풍취가 있다.
【妙趣横生】miào qù héng shēng 成 (말·문장·미술품 등에) 미묘한 운치가 넘치다. ¶这幅画～, 引人入胜 | 이 그림은 운치가 넘쳐나서, 사람들로 하여금 황홀하게 한다.
【妙手】miàoshǒu 名❶묘수. 뛰어난 솜씨. ❷명수. 뛰어난 솜씨를 지닌 사람. ¶～偶得 | 成 글재주가 뛰어난 사람이 문득 좋은 글귀를 생각해 내다.
【妙手回春】miào shǒu huí chūn 成 (의술이 신통하여) 죽어가는 사람을 되살리다. 의술이 뛰어남을 칭찬하는 말. ¶张大夫～, 使病人死而复活 | 닥터 장은 의술이 신통하여, 환자가 죽었다 살아나게 한다 =〔着zhuó手成春〕
【妙悟】miàowù ❶名 각오. 신묘한 깨달음. ❷動 깊이 깨닫다. 도리를 깨닫다.
【妙药】miàoyào 名 묘약. 신약(神藥). 영약. ¶～治顽症 | 영약은 고질병을 치료한다.
【妙用】miàoyòng 名 신묘한 작용. 불가사의한 효능. ¶小小银针, 大有～ | 작디작은 은침에 크나큰 신묘한 작용이 있다.
【妙语】miàoyǔ 名 명언. 재치있는 말. 묘한 말. ¶～联珠 | 재치있는 말이 계속 이어지다.
【妙语如珠】miào yǔ rú zhū 成 묘한 문구가 〔말이〕 많다. ¶他～, 不由得你佩服 | 그에게는 묘한 문구가 많아, 네가 감복하지 않을 수 없다 =〔妙语似珠〕
2【庙(廟)】miào 사당 묘
名❶종묘. 가묘. 사당. 문묘의 총칭. ¶宗～ | 종묘. 천자 또는 제후 집안의 사당. ¶土地～ | 토지신을 모시는 사당. ¶关(帝)～ =〔武帝庙〕 | 관왕묘 [관우(關羽)를 모신 사당] ¶文～ =〔孔(子)庙〕 | 공(자)묘 [공자를 모신 사당] ❷사찰. 절. ¶山上有一座～ | 산위에 절 하나가 있다. ¶姑子～ | 비구니의 절. ¶道士～ | 도교의 사찰. ❸재일. 잿날. 잿날의 모임. ¶赶～ =〔赶会〕 | 재일에 절에 재를 올리러 가다.
【庙号】miàohào 書名 묘호. 묘휘. 임금의 시호(諡號). ¶他～文忠 | 그의 묘호는 문충이다.
【庙会】miàohuì 名 옛날, 잿날 또는 일정한 날에 절 안이나 절 부근에 임시로 설치하던 (시)장. ¶赶～ | 절간의 재회에 물건을 사러가다.
【庙戏】miàoxì 名〈演映〉사당 등의 제례를 행할 때에 사당 앞에서 간단하게 공연하는 연극. ¶看～ | 사당의 연극을 보다.
【庙宇】miàoyǔ 名 묘우. 사당. 묘당. 불당. ¶～森森 | 묘당이 빽빽하다.
【庙祝】miàozhù 名 묘축. 사당·불당 등의 향촉을 돌보는〔주관하는〕 사람 =〔祠cí祝〕〔香xiāng火

③]〔香火道〕

【缪】Miào ☞ 缪 móu Ⓕ

miē ㄇㄧㄝ

【乜】miē Niè 눈흘길 마

Ⓐ miē ❶ 動 눈흘기고 보다. 눈을 흘기다. ¶～斜↓ ❷ 代 粵 무엇. 무슨 [「什么」에 해당하는 광동어. 「mat」 또는 「met」라고 발음함]

Ⓑ Niè 名 성(姓).

【乜呆呆】miēdāidāi 貺 눈이 거슴츠레하고 멍청하다. 눈동자가 희미하다.

【乜乜些些】miēmiēxiēxiē 貺 비틀거리다. 휘청대다. ¶醉zuì得两脚都～ | 취해서 두다리가 비틀비틀거린다.

【乜斜】miē·xie ❶ 動 눈을 가늘게 뜨고 째려보다. 흘겨보다 [대개 불만이 있음을 나타냄] ¶他～着眼睛, 眼角挂着讥诮jīqiào的笑意 | 그는 흘겨보면서 눈가에 비웃는 표정을 띠고 있다. ❷ 눈이 감기다. 거슴츠레해지다. ¶醉眼zuìyǎn～ | 취한 눈이 거슴츠레하다.

【芈】miē Mǐ 양우는소리 미

Ⓐ miē 「咩」와 통용 ⇒〔咩miē〕

Ⓑ Mǐ 名 성(姓).

【咩〈哶〉】miē 양우는소리 미
擬 음매. 매 [양(羊)의 울음소리] ＝〔芈miē〕

miè ㄇㄧㄝˋ

2【灭(滅)】miè 멸할 멸, 다할 멸
動 ❶ (불을) 끄다. (불이) 꺼지다. ¶火～了 | 불이 꺼졌다. ¶沙土可以～火 | 모래로 불을 끌 수 있다. ❷ 없애다. 소멸하다. 소멸시키다. ¶～蚊 | 모기를 퇴치하다. ¶物质不～ | 물질은 소멸하지 않는다. ❸ (물에) 잠기다. ¶～顶↓

【灭茬】miè/chá 動〈農〉(농작물 수확후) 논밭에 남은 그루터기를 제거하다. ¶～机 | 그루터기를 제거하는 기계.

【灭虫】miè/chóng 動 해충을 퇴치하다. ¶～宁 |〈藥〉베피니움(bephenium).

【灭此朝食】miè cǐ zhāo shí 威 적을 섬멸시키고 나서 아침밥을 먹겠다. 투지가 대단하여 당장에 승리를 얻으려 하다. ¶咱们一鼓作气, ～ | 우리는 처음의 기세로 끝장내어, 적을 섬멸시키고 아침밥을 먹겠다.

【灭顶】miè/dǐng 動 ❶ 물이 머리까지 잠기다. 익사(溺死)하다. ¶～之灾 | 威 치명적인 재난. ❷ 침몰하다.

【灭火】miè/huǒ 動 불을 끄다. 소화(消火)하다. ¶～弹 | 소화탄. ¶～剂 | 소화제 ＝〔熄xī火〕

【灭火机】mièhuǒjī 名 소화기. ¶四氯化碳～ | 4염화탄소 소화기. ¶二氯化碳～ | 탄산가스 소화기. ¶酸碱式～ | 산알칼리 소화기. ¶粉末～ | 분말 소화기 ＝〔灭火器〕〔灭火筒〕〔熄xī火器〕

【灭火器】mièhuǒqì ⇒〔灭火机〕

【灭迹】miè/jì ❶ 動 (나쁜 일의) 흔적을〔증거를〕 없애다. ¶杀人～ | 사람을 죽이고 증거를 없애다. ❷ 動 행방을〔자취를〕 감추다. ❸ ⇒〔灭绝〕

【灭绝】mièjué 動 ❶ 멸절하다. 완전히 제거하다. ¶～性病 | 성병을 완전히 퇴치하다. ¶使苍蝇cāngyíng蚊子wénzi死净～ | 파리와 모기를 완전히 박멸하다. ❷ 완전히 상실(喪失)하다. ¶～人寰 | 威 이 세상에서 없어지다. 이 세상과 인연을 끊다 ‖＝〔灭迹③〕

【灭绝人性】miè jué rén xìng 威 인간성을 완전히 상실하다. 잔인무도하다. ¶日本鬼子发动了～的南京大屠杀 | 일본 망령들이 잔인무도하게 남경대학살을 자행했다.

【灭口】miè/kǒu 名 멸구하다. 비밀의 누설을 막다 [막기 위해 그 비밀을 아는 사람을 죽이다] ¶他们这么办是为了～, 免得将来出毛病 | 그들이 이렇게 하는 것은 멸구하여 장차 탈이나지 않도록 하기 위해서이다. ¶以～为威胁 | (누설하면) 죽인다고 위협하다.

【灭门】mièmén 動 일가를 전멸시키다. 일가가 전멸하다. ¶～之祸 | 威 멸문지화. 일가가 전멸당하는 재난. ¶～的知县 | 관직은 낮으나 일문(一門)을 파멸시킬 정도의 권력이 있는 지현. ¶～绝户 | 威 일가를 몰살시키다. 일가가 몰살되다.

3【灭亡】mièwáng 動 멸망하다. 멸망시키다. ¶帝国主义必然～ | 제국주의는 반드시 멸망한다. ¶许多小国～了 | 많은 작은 국가가 멸망하였다.

【灭种】miè/zhǒng 動 ❶ 멸족(滅族)하다. 종족을 절멸(絶滅)시키다. ¶断嗣sì～ | 자손이 끊어지다. ❷ 멸종하다.

【灭族】miè/zú 書 ❶ 動 멸족하다. ¶犯这种罪要～的 | 이런 죄를 범하면 멸족당한다. ❷ (mièzú) 名 멸족. 고대 형벌의 하나로 일족(一族)을 몰살하는 것.

3【蔑】miè 잘 멸, 없을 멸
書 ❶ 形 작다. ¶～视↓ ❷ 副 없다. ¶～以复加 | 더이상 더할 것이 없다. ❸ 動 轉 멸시하다. 깔보다. ¶轻～ | 경멸(하다). ¶～伦 | 인륜을 어기다.

【蔑称】mièchēng 名 動 멸칭(하다) →〔称chēng〕

【蔑尔】miè'ěr 書 貺 아주 작다. 세미하다.

【蔑弃】mièqì 動 업신여기다. 멸시하다. ¶～古训 | 선조의 교훈을 업신여기다.

4【蔑视】mièshì 動 멸시하다. 깔보다. ¶他一向～贫穷子弟 | 그는 언제나 가난한 집 자제를 멸시한다.

【篾】miè 대껍질 멸
(～儿, ～子) 名 (대·수수깡·갈대 등의) 오리. 쪽. ¶竹～子 | 대쪽.

【篾黄】mièhuáng 名 대나무의 속껍질 ＝〔方 篾白〕

【篾匠】mièjiàng 名 죽공(竹工). 죽세공을 업으로 하는 사람.

【篾片】mièpiàn 名 ❶ 대오리. 대쪽. ❷ 闖 부호(富豪)의 집에 빌붙어 사는 식객(食客).

【篾青】mièqīng 名 대나무의 겉껍질.

【篾条】miètiáo 名 대오리. 댓개비.
【篾席】mièxí 名 죽석(竹席). 대자리.

【蠛】miè 눈에놀이 멸
⇨〔蠛蠓〕

【蠛蠓】mièměng 名〈蟲〉눈에놀이 =〔蠓虫(儿)〕

mín ㄇㄧㄣˊ

1【民】mín 백성 민
❶ 名 백성. 국민. ¶为国为～ | 나라를 위해, 국민을 위해. ❷ (어떤 민족이나 직업에 속하는) 사람. ¶藏～ | 티베트인. ¶农～ | 농민. ¶渔～ | 어민. ❸ 대중의. ¶～歌↓ ¶～谣↓ ❹ 비군사적인. 민간의. ¶军～团结 | 군민 단결. ¶～航公司 | 민간 항공 회사.

【民办】mínbàn 名 動 민영(民營)(하다). ¶～公助 | 민간이 경영하고, 국가가 보조하는 것. ¶～托儿所 | 민영 탁아소. ¶～文化组织 | 민간 문화 단체. ¶～学校 | 민영 학교. ¶～企业qǐyè | 민영 기업 =〔民营yíng〕

【民变】mínbiàn 名 민중 봉기. 민요(民擾). 민란(民亂) [「兵bīng变」과 상대적으로 쓰임] ¶发生了～ | 민란이 발생했다.

3【民兵】mínbīng 名 ❶〈史〉민병 [평소에는 생업에 종사하다가 전시(戰時)에는 작전에 참가하는 민간 무장 조직으로, 중화인민공화국 성립 후에 제도화됐음] ❷ 민병. 국민병. ¶～组织zǔzhī | 민병 조직. ¶女～ | 여자 민병. ¶～师 | 민병 사단.

【民不聊生】mín bù liáo shēng 成 백성이 안심하고 생활할 수가 없다. ¶穷年荒时, ～ | 곤궁하고 황폐한 시절에는 백성들이 안심하고 생활할 수 없다.

【民不畏死, 奈何以死惧之】mín bù wèi sǐ, nài hé yǐ sǐ jù zhī 成 백성이 죽음을 두려워하지 않거늘, 어찌 죽음으로 위협하랴?

【民船】mínchuán 名 ❶ (목조(木造)의) 화객선(貨客船). ❷ 민간 선박.

【民粹派】Míncuìpài 名 外〈史〉나로드니키(Narodniki; 러) [인민주의자라는 뜻]〔民粹主义〕

【民法】mínfǎ 名〈法〉민법. ¶他熟知～ | 그는 민법을 잘 알고 있다 =〔民律lǜ〕

【民防】mínfáng 名〈軍〉민간 방위. ¶实行～ | 민간 방위를 실시하다.

【民房】mínfáng 名 민가(民家).

【民愤】mínfèn 名 민중의 분노. ¶～极大 | 민중의 분노가 대단히 크다.

【民风】mínfēng 名 민풍. 민속. ¶～淳朴 | 민풍이 순박하다.

【民夫】mínfū 名 민부. 관가(官家)에서 불러서 쓰는 인부(人夫).

【民富国强】mín fù guó qiáng 成 백성이 부유하고 나라가 강성하다. ¶努力做到～ | 노력하여 백성이 부유하고 나라가 강성하게 만들다.

【民歌】míngē 名 민가. 민요.

【民革】Míngé 名 簡「中国国民党革命委员会」(중국 국민당 혁명 위원회)의 약칭→〔民主党派〕

【民工】míngōng 名 동원(動員) 노역.

【民国】Mínguó 名 ❶ 簡「中华民国」(중화민국)의 약칭. ❷ (mínguó) 민주 국가.

4【民航】mínháng 名 簡〈航〉「民用航空」(민간항공)의 약칭. ¶～机 | 민간 항공기.

3【民间】mínjiān 名 민간. ¶这个故事长久地在～流传 | 이 이야기는 오랫동안 민간에서 전해 온다. ¶～舞蹈 | 민속 무용. ¶～验方 | 민간 처방. ¶～故事 | 민담(民譚). ¶～文学 | 민간 문학. ¶～艺术 | 민간 예술. ¶～音乐 | 민속 음악. ¶～来往 | 민간 교류. ¶～贸易 | 민간 무역. ¶～协定 | 민간 협정.

【民建】Mínjiàn 名 簡「中国民主建国会」(중국 민주 건국회)의 약칭→〔民主党派〕

【民进】Mínjìn 名 簡「中国民主促进会」(중국 민주 촉진회)의 약칭→〔民主党派〕

【民警】mínjǐng 名 簡「人民警察」(인민 경찰) 의 약칭. ¶女～ | 여경.

【民盟】Mínméng 名 簡「中国民主同盟」(중국 민주 동맹)의 약칭→〔民主党派〕

【民品】mínpǐn 名 簡「民用产品」(민용물품) ¶生产～ | 민용물품을 생산하다→〔军品〕

【民气】mínqì 名 민중의 의기(意氣). ¶～旺盛 | 민중의 의기가 왕성하다.

【民情】mínqíng 名 ❶ 민정. 국민의 사정과 형편. ¶熟悉～ | 국민의 사정을 숙지하다. ❷ 민심(民心).

【民权】mínquán 名 ❶ 민권. ¶重视～ | 민권을 중시하다. ❷ (Mínquán)〈地〉하남성(河南省)에 있는 현(縣) 이름.

【民权主义】mínquán zhǔyì 名〈政〉민권주의 [삼민주의의 하나]→〔三民主义〕

【民生】mínshēng 名 민생. ¶国计～ | 국가 경제와 국민 생활. ¶～凋敝 | 민생이 도탄에 빠지다.

【民生疾苦】mín shēng jí kǔ 成 (낡은 사회에서) 민생고에 허덕이다. ¶关心～ | 민생질고에 관심을 두다.

【民生主义】mínshēng zhǔyì 名 민생주의 [삼민주의의 하나]→〔三sān民主义〕

4【民事】mínshì 名 ❶〈法〉민사. ¶～案件 | 민사 사건. ¶～审判庭 | 민사 법정. ¶～诉讼 | 민사 소송. ¶～权利 | 민사상의 권리. ¶～管辖权 | 민사 관할권. ❷ 書 정사(政事). ❸ 書 농사. ❹ 書 부역(賦役).

【民俗】mínsú 名 민속. ¶～学 | 민속학.

【民田】míntián 名 민간 소유 농지(農地).

【民团】míntuán 名 ❶ 치안 유지를 위한 인민의 무장단체(武裝團體). 민간 자위단(自衛團). ❷ 옛날, 악덕 지주가 백성을 압박하기 위해 조직한 민간 단체.

【民望】mínwàng 名 ❶ 국민의 희망〔소망〕. ¶他素有～ | 그는 평소에 국민의 희망을 지니고 있다. ❷ 국민의 본보기〔모범〕.

【民校】mínxiào 名 ❶ 성인 학교(成人學校) =〔业余学校〕 ❷ 사립(私立)학교. 민간 학교. ❸ 농한기를 이용하여 설치하는 농민 학교. ❹ 인민 공사(人民公社)가 설립한 학교.

【民心】mínxīn 名 민심. ¶～所向 | 민심이 지향

하는 바. ¶深得～ | 민심을 많이 얻다.

【民信局】mínxìnjú 名〈通〉민신국 [옛날, 우편 제도가 확립되기 이전에 있었던 사설 우체국] =〔民局〕

【民选】mínxuǎn 名動 민선(하다). ¶～市长 | 민선 시장.

【民谣】mínyáo 名 민요. 민간 가요. ¶收集～ | 민요를 수집하다.

【民以食为天】mín yǐ shí wéi tiān 成 백성은 양식을 하늘로 여긴다. 식량은 국민 생활의 근본이다.

4【民意】mínyì 名 민의. 여론. ¶～测验cèyàn | 여론 조사.

3【民用】mínyòng 區 민용. 민간. ¶～航空 =〔簡 民航〕| 민간 항공. ¶～机场 | 민간 비행장. ¶～建筑 | 민수(民需) 건축. ¶～五金器材 | 민수 금속 기재 →〔公gōng用〕〔军jūn用〕〔专zhuān业航空〕

【民怨】mínyuàn 名 민원. 국민의 원망. ¶～沸腾fèiténg | 成 국민의 원망이 들끓어오르다.

【民乐】mínyuè 名〈音〉민속 기악(器樂). ¶～队 | 민속 기악대. ¶～合奏 | 민속 기악 합주.

【民运】mínyùn 名 ❶ 국민의 생활 물자를 운수하는 사업. ❷ 옛날의 사영(私營) 운수업. ❸「民工」에 의한 운송. ❹ 항일 전쟁·혁명 전쟁 시기, 중국 공산당이 국민들에게 펼친 선전·조직 활동.

【民贼】mínzéi 書 名 나라와 백성을 해치는 사람. 국적(國賊).

【民政】mínzhèng 名 민정. ¶～机关 | 민정기관.

【民脂民膏】mín zhī mín gāo 成 백성의 고혈(膏血). 백성의 피와 땀으로 모은 재물(財物). ¶搜刮～ | 백성의 고혈을 짜다 =〔民膏民脂〕

【民智】mínzhì 書 名 민지. ❶ 국민의 슬기. ❷ 옛날, 백성의 교육 수준. ¶开启～ | 국민의 교육 수준을 계몽하다.

4【民众】mínzhòng 名 민중. ¶唤起～ | 민중을 불러 일으키다. ¶～版 | 보급판. ¶～团体 | 대중 조직. ¶～运动 | 민중 운동.

2【民主】mínzhǔ ❶ 名 민주. 민주주의. ¶争取～ | 민주주의를 쟁취하다. ¶～人士 | 민주 인사. ¶～共和国 | 민주 공화국. ¶～改革 | 민주 개혁. ¶～革命 | 민주 혁명. ¶～集中制 | 민주 집중제. ¶～办社 | 민주적으로 회사를 운영하다. ❷ 形 민주적이다. ¶我们校很～ | 우리 학교는 매우 민주적이다. ¶～作风 | 민주적인 작풍.

【民主党派】Mínzhǔ Dǎngpài 名組 민주 당파 [중국 공산당의 지도를 받아 인민 민주통일 전선에 참여한 부르주아 계급의 성격을 띤 정당으로 중국국민당 혁명 위원회(中國國民黨革命委員會)·중국민주동맹(中國民主同盟)·중국민주건국회(中國民主建國會)·중국민주촉진회(中國民主促進會)·중국농공민주당(中國農工民主黨)·중국치공당(中國致公黨)·대만민주자치동맹(臺灣民主自治同盟)과 구삼학사(九三學社) 등이 이에 속함]

【民主也门】Mínzhǔ Yěmén 名〈地〉예멘인민민주공화국(Democratic Yemen) [남예멘. 수도는「亚丁」(아덴;Aden)]

1【民族】mínzú 名 민족. ¶韩～ | 한 민족. ¶少数～ | 소수 민족. ¶～自决 | 민족 자결. ¶～魂 | 민족 혼. ¶～融合 | 민족 융합. ¶～虚无主义 | 민족 허무주의. ¶～学 | 민족학.

【民族形式】mínzú xíngshì 名組 민족 고유의 예술·문화 양식. ¶提倡～ | 민족 고유의 예술 문화 양식을 제창하다.

【民族主义】mínzú zhǔyì 名 ❶ 민족주의. ❷ 삼민주의의 하나 →〔三民主义〕

【民族自治】mínzú zìzhì 名組〈政〉민족 자치. ¶实行～ | 민족 자치를 실시하다.

【岷】Mín 산이름 민

名〈地〉❶ 민산(岷山) [사천성(四川省)에 있는 산 이름] ❷ 민강(岷江) [사천성(四川省)에 있는 강 이름] ❸ 민현(岷縣) [감숙성(甘肅省)에 있는 현 이름]

【苠】mín 늦게여물 민

動 北 (농작물이) 늦되다. ¶～高粱 | 늦수수. ¶黄谷子比白谷子～ | 누런 조는 흰 조보다 늦게 여문다.

【珉〈瑉〉】mín 옥돌 민

名 옥(玉)과 비슷한 돌의 일종 =〔玟mín〕

【缗(緡)〈鍲〉】mín 낚싯줄 민, 이을 면

❶ 書 名 낚싯줄. ❷ 書 名 옛날, 동전을 꿰는데 사용했던 끈. ❸ 量 관(貫) [옛날 돈을 헤아리던 단위. 끈에 꿴 일천문(一千文)의 동전을 가리킴] ¶钱三百～ | 동전 삼백관.

【旻】mín 하늘 민

❶ 書 名 가을. ¶～序↓ ❷ 書 名 하늘. ¶苍～ =〔苍天〕| 푸른 하늘.

【旻天】míntiān 書 名 ❶ 가을 하늘. ❷ 하늘의 범칭(泛稱).

【旻序】mínxù 書 名 가을철.

【玟】mín ☞ 玟 wén B

mǐn ㄇㄧㄣˇ

【皿】mǐn 그릇 명

❶ 名 (접시·주발 등) 그릇의 총칭. ¶器～ | 그릇. 식기. ❷ ⇒〔皿墩(儿)〕

【皿墩(儿)】mǐndūn(r) 名 한자 부수의 그릇명(皿)변 =〔皿堆(儿)〕〔坐墩(儿)②〕

【闵(閔)】mǐn 가엾게여길 민

❶ 書 形 힘쓰다. 애쓰다. 노력하다. ¶～勉 | 열심히 노력하다. ❷「悯」과 같음 ⇒〔悯mín〕 ❸ (Mǐn) 名 성(姓).

【闽(閩)】Mǐn 나라이름 민

名 ❶〈地〉복건성(福建省)의 다른이름. ¶～语 | 복건어. ❷〈地〉민강(閩江) [복건성(福建省)에 있는 강] ❸〈史〉오대 십국(五代十國)의 하나 =〔闽姜①〕 ❹〈民〉옛날 종족 이름 =〔闽姜②〕

【闽北话】Mǐnběihuà 名〈言〉민북 방언 [복건성(福建省) 북부·대만 일대의 방언]

【闽剧】mǐnjù 名〈文〉민극 [복건성(福建省)의 민

후(閩侯)·복건(福建) 일대에서 발생, 복주(福州) 방언으로 공연하는 일종의 지방극]=〔福fú州戏〕

【闽南话】Mǐnnánhuà 名〈言〉복건성(福建省) 남부·광동성(廣東省) 동부 및 대만에서 쓰이는 방언.

【悯(憫)】mǐn 불쌍히여길 민 形❶불쌍히 여기다. ¶其情可～ | 그 사정이 가련하다 =〔闵mǐn②〕❷근심하다, 걱정하다 =〔愍mǐn〕

【悯恻】mǐncè 形 가련하다. 불쌍하다. 측은하다 =〔悯念〕〔怜lián悯〕

【悯恤】mǐnxù 書動 불쌍히 여겨 은혜를 베풀다. 용서하다.

【悯宥】mǐnyòu 動 불쌍히 여겨 용서하다. ¶求求你～～ | 제발 불쌍히 보아 용서하십시오.

【抿】mǐn 닦을 문 ❶動(머리 등을) 작은 솔로 물이나 기름을 묻혀서 쓰다듬어[빗어] 붙이다. ¶～头发↓ ❷動(입이나 날개 등을) 약간 오므리다. 수축하다. ¶～着嘴笑 | 입을 약간 오므리고 웃다. ¶水鸟儿一～翅膀, 钻zuān入水中 | 물새가 날개를 접고 물속으로 들어가다. ❸動(사발이나 술잔에 입술을 가볍게 대고) 조금 마시다. ¶他真不喝酒, 连～都不～ | 그는 정말 술을 한 모금도 마시지 않는다.

【抿头(发)】mǐntóu(fà) (물이나 기름을 묻힌 솔로) 머리를 빗어 붙이다.

【抿子】mǐn·zi 名 머리를 곱게 빗어넘기기 위해 머릿 기름을 발라 사용하는 작은 솔 =〔笢mǐn子〕

【抿嘴】mǐn zuǐ 動❶입을 약간 오므리다. ¶她～而笑 | 그녀는 입을 약간 오므리고 웃는다. ❷입에 가벼운 웃음을 띠다.

【泯】mǐn 멸할 민 書動 소멸하다. 상실하다. ¶良心未～ | 양심이 아직 남아있다.

【泯灭】mǐnmiè 動(형체·인상·공적 등이) 사라지다[소멸하다]. ¶良知未曾～ | 양지는 일찍이 사라질 수 없는 것이다. ¶这部影片给人留下了难以～的印象 | 이 영화는 사람들에게 지울 수 없는 인상을 남겼다 =〔泯没〕

【泯没】mǐnmò ⇒〔泯灭miè〕

【黾(黽)〈僶〉】mǐn miǎn 힘쓸 민, 고을이름 면

Ⓐmǐn ⇒〔黾勉〕

Ⓑmiǎn「渑」와 통용⇒〔渑miǎn〕

【黾勉】mǐnmiǎn 動 노력하다. 힘쓰다. ¶～从事 | 일을 열심히 하다.

3【敏】mǐn 민첩할 민 ❶形 예민하다. 민감하다. 민첩하다. ¶神经过～ | 신경이 과민하다. ¶～于事慎于言 | 威 말은 신중하게 하고 일은 민첩하게 한다. ❷힘쓰다. 애쓰다. 노력하다. ¶勤～ | 부지런히 노력하다.

4【敏感】mǐngǎn 形 민감하다. 감수성이 예민하다. ¶她太～了 | 그녀는 매우 민감해졌다. ¶有些动物对天气的变化非常～ | 어떤 동물들은 날씨 변화에 대해 대단히 민감하다. ¶～元件 | 〈電氣〉(빛·온도·방사능 등의 자극을 신호로 바꾸는) 감지소자(感知素子). 감지 장치.

【敏化】mǐnhuà 名〈物〉감광(感光). ¶～剂 | 감광제. ¶～纸 | 감광지.

【敏慧】mǐnhuì 形 재빠르고 영리하다.

3【敏捷】mǐnjié 形 민첩하다. ¶动作～ | 동작이 민첩하다. ¶他思想～ | 그의 사상이 민첩하다 =〔敏快〕

【敏快】mǐnkuài ⇒〔敏捷〕

4【敏锐】mǐnruì 形 예민하다. (눈빛이) 날카롭다. ¶思想～ | 신경이 예민하다. ¶～的观察 | 예민한 관찰. ¶目光～ | 눈빛이 날카롭다. ¶听觉～ | 청각이 예민하다. ¶嗅xiù觉～ | 후각이 예민하다. ¶～的政治眼光 | 날카로운 정치적 안목.

【敏黠】mǐnxiá 書形 재빠르고 교활하다.

【鳘(鰵)】mǐn 민어 민 ❶⇒〔鳘鱼〕❷名〈魚貝〉대구의 다른 이름 =〔鳕xuě鱼〕

【鳘鱼】mǐnyú 名〈魚貝〉「鮸miǎn鱼」(민어)의 다른 이름.

【鳘鱼肝油】mǐnyú gānyóu 名組〈藥〉대구 간유[강장제로 쓰임] =〔鳕xuě肝油〕

【愍〈惽〉】mǐn 근심할 민 形❶걱정하다. 근심하다. ❷¶～恻 | 측은하게 여기다.

【愍不畏死】mǐn bù wèi sǐ 威 죽음을 조금도 두려워하지 않고 강직하다.

míng ㄇㄧㄥˊ

1【名】míng 이름 명 ❶(～儿) 名 이름. 명칭. ¶改～ | 이름을 바꾸다. ¶点～ | 점호하다. 출석 부르다. ¶签qiān～ | 서명하다. ❷名 명성. 명예. ¶出～ | 이름이 나다. 유명하다. ¶世界闻wén～ | 이름을 세계에 떨치다. ❸形 유명한. 이름난. 명성이 있는. ¶～医 | 명성이 있는 의사. ¶～山大川 | 유명한 산천. ❹動 이름을 …라고 하다. ¶这位女英雄姓刘～木兰 | 이 여성 영웅의 성은 유이고 이름은 목란이라고 한다. ❺書動 이름 짓다. 표현해내다. 형용해내다. ¶莫～其妙 | 그것의 묘함을 말해 낼 수 없다. 무슨 영문인지 알 수 없다. ¶不可～状 | 표현할 수가 없다. ¶感激莫～ | 감격을 형용해 낼 수가 없다. ❻書名 명목. 구실. ¶帝国主义以「援助」为～而行侵略之实 | 제국주의는 원조를 구실 삼아, 실제로는 침략을 한다. ❼量 명. 인. 어법 ⓐ 어떤 신분을 가진 사람을 세는 단위에 쓰이므로 신분을 나타내지 않는 명사에는 쓸 수 없음. ¶五十多～人(×) ¶五十多～工人 | 50여명의 근로자. ¶教员三十～ | 교원 30명. ¶三十～观众(×) ¶三十～朋友(×) ⓑ「名」은 양사이나 중첩할 수 없음. ¶一～一～工人(×) ¶一个一个工人 | 노동자 한 사람 한 사람. ❽量 등수를 나타냄. ¶第二～ | 2등. ¶第三～ | 3등.

【名标青史】míng biāo qīng shǐ 威 청사에 길이 남다. ¶英雄人物～ | 영웅 인물은 역사에 길이

남는다.

【名不符实】míng bù fú shí ⇒〔名不副实〕

【名不副实】míng bù fù shí 成 유명무실(有名無實)하다. ¶他真有点儿～ | 그는 정말로 다소 유명무실하다 =〔名不符实〕〔名不当实〕〔名实不符〕〔名实不相符〕⇔〔名实相符〕

【名不虚传】míng bù xū chuán 成 명실 상부(名實相符)하다. 명성과 사실이 부합되다. ¶她是～的美女 | 그녀는 듣던바 대로 미인이다. ¶果然～ | 과연 명성 그대로다.

【名不正, 言不顺】míng bù zhèng, yán bù shùn 成 대의 명분이 옳지 않으면, 말에도 이치가 맞지 않는다.

【名册】míngcè 名 명부. ¶学生～ | 학생 명부. ¶部队～ | 병원(兵員) 명부. ¶工作人员～ | 직원〔작업 인원〕명부 =〔名簿bù〕〔名籍jí〕

【名刹】míngchà 名 유명한 절. ¶参观～古寺 | 유명한 사찰을 참관하다.

【名产】míngchǎn 名 명산. 명산물. 특산물. ¶人参是韩国的～ | 인삼은 한국의 명산품이다.

4【名称】míngchēng 名 ❶ (단체나 사물의) 이름. 명칭. ❷ 명예. 영예.

【名垂青史】míng chuí qīng shǐ 成 청사에 길이 이름을 남기다 =〔名标biāo青史〕

【名词】míngcí 名 ❶〈言〉명사. ❷ (～儿) 전문 용어. 학술어. ¶化学～ | 화학 용어. ¶新～儿 | 신조어. ❸〈論〉명사(名辭) [하나의 개념을 언어로 나타낸 것]

4【名次】míngcì 名 이름 순서. 석차(席次). 서열(序列). ¶定～ | 서열을 정하다. ¶我们参加这次运动会不是为了争～ | 우리가 이번 운동회에 참가한 것은 등수를 다투기 위한 것이 아니다. ¶我的～正排在他的后头 | 나의 순서는 바로 그의 뒤로 짜여져 있다.

【名刺】míngcì ⇒〔名片piàn(儿)〕

【名存实亡】míng cún shí wáng 成 이름상으로만 남아있고 실제로는 이미 존재하지 않다. 유명 무실하다. ¶勤工俭学, 已经～ | 일하면서 배운다는 것은 이미 유명 무실해졌다.

4【名单】míngdān ❶ (～儿) 名 명단. ¶受奖人～ | 수상자 명단. ¶入伍～ | 입대자 명단. ¶候选人～ | 후보자 명단. ¶新阁～ | 새 각료 명단. ❷ ⇒〔名片(儿)〕

4【名额】míng'é 名 정원(定員). 인원수. ¶代表～ | 대표자의 정원. ¶招生～ | 학생 모집 정원. ¶今年的征兵～已满 | 금년도 징병 정원은 이미 찼다.

【名分】míngfèn 書 名 명분. 본분. 직분. ¶他的～上收入, 还是不够 | 그의 명분상의 수입은 아직도 충분하지 못하다. ¶他的年纪长～大 | 그는 나이도 위이고 직분도 높다.

【名符其实】míng fú qí shí ⇒〔名实相符〕

4【名副其实】míng fù qí shí ⇒〔名实相符〕

4【名贵】míngguì 形 ❶ 유명하고 진귀하다. ¶～的字画 | 귀중한 서화. ¶鹿茸lùróng,麝香shèxiāng,犀角xījiǎo等都是～的药材 | 녹용·사향·물소뿔 등은 모두 진귀한 약재이다. ¶这样做好了的茶叶非常～ | 이렇게 만든 차잎은 매우 진귀하다. ❷ 書 명망있고 존귀하다.

【名过其实】míng guò qí shí 成 평판이 실제보다 지나치다. 명성뿐이다. ¶他是～, 实际上没这么伟大 | 그는 평판이 지나쳐서이지, 사실상은 이토록 위대하지는 않다 →〔名不虚传〕

【名号】mínghào 名 ❶ 이름과 호. ¶～一致zhì | 이름과 호가 같다. ❷ (보통 부르는) 이름. ❸ 명예. 명성.

【名花】mínghuā 名 ❶ 썩 아름다와 이름난 꽃. ❷ 轉 미녀. 기녀(妓女). ¶～如云 | 미녀들이 구름처럼 많다. ❸ 轉 장중 보옥(掌中寶玉).

【名画】mínghuà 名 명화.

【名讳】mínghuì 書 名 사람의 이름과 휘(諱)

【名妓】míngjì 名 명기. 이름난 기생.

【名家】míngjiā 名 ❶ (어떤 분야에서) 명망이 높은 사람. 명인(名人). ❷ 명망이 높은 가문. 명문(名門). ❸ (Míngjiā)〈史〉명가 [춘추전국(春秋戰國) 시대에 궤변(詭辯)을 일삼던 학파.]

【名缰利锁】míng jiāng lì suǒ 成 명리에 사로 잡히다. 명예와 이익에 속박되다 =〔利锁名缰〕

【名将】míngjiàng 名 명장. ¶抗日～金佐镇 | 항일 명장 김좌진.

【名教】míngjiào 書 名 명교. ❶ 명분과 교화. ¶～双重 | 명분과 교화를 다 중시하다. ❷ 유가(儒家)가 정한 명분(名分)과 교훈을 준칙(準則)으로 하는 도덕 관념.

【名节】míngjié 書 名 명절. 명예와 절조(節操). ¶～重视 | 명예와 절조를 중시하다.

【名句】míngjù 名 명구. 유명한 글귀.

【名利】mínglì 名 명리. 명예와 이익. ¶不求～ | 명예와 이익을 추구하지 않다. ¶清除～思想 | 명리를 중시하는 사상을 말끔히 없애다. ¶～之客 | 명리를 탐내는 사람.

【名利双收】míng lì shuāng shōu 成 명성과 재물을 함께 얻다. 명예와 재물을 겸비하다. ¶这样做可以～ | 이렇게 하면 명예와 재물을 함께 얻을 수 있다 =〔名利双全〕〔名利兼收〕〔名利两全〕

【名列前茅】míng liè qián máo 成 이름이 앞에 놓이다. 으뜸으로 꼽히다.

【名流】míngliú 名 명류. 명사(名士). (학술·정치계의) 유명 인사(人士). ¶结交～ | 명사와 교류를 맺다.

【名落孙山】míng luò sūn shān 成 낙선〔낙방〕하다. ¶大选中～ | 총선거에서 낙선하다.

【名满天下】míng mǎn tiān xià 成 명성이 천하에 널리 알려지다.

【名门】míngmén 名 명문. 훌륭한 가문. 유명한 문벌. ¶他是～之后 | 그는 명문의 후손이다.

【名目】míngmù 名 ❶ (사물의) 명칭. ¶～繁多 | 명칭이 아주 많다 =〔書 名色①〕 ❷ 구실. 이유. ¶建立～ | 구실을 만들다. ¶巧立～ | 교묘하게 구실을 만들다.

4【名牌】míngpái ❶ (～儿) 名 유명 상표. ¶～大学 | 유명 대학. ¶～商品 | 유명 메이커의 상품. ¶～香烟 | 유명 상표의 담배. ❷ 名 명패 ❸ ⇒〔铭牌〕

【名片(儿)】míngpiàn(r) [名] 명함. ¶留下～｜명함을 남기다 =〔名刺cì〕〔名单dān②〕〔卡kǎ片②〕〔门mén刺〕〔片piàn子②〕

【名气】míng·qi [名][要] 명성. 평판. ¶有点小～｜약간의 명성이 있다. ¶～很大｜명성이 매우 높다. ¶他是一位很有～的医生｜그는 대단히 평판이 있는 의사이다 =〔[方]名头〕→〔名声(儿)〕

【名儿】míngr ⇒〔名字 [b]〕

【名儿姓儿】míngr xìngr [名組] 평판. 명성. ¶有名儿有姓儿的人物｜명성이 있는 인물. ¶无名儿少shǎo姓儿的人｜이름도 없는 사람.

[4]【名人】míngrén [名] 명인. 명사(名士). 유명한 사람. ¶～墨迹mòjì｜명사의 필적.

【名色】míngsè ❶ ⇒〔名目①〕 ❷ [書][名][喩] 이름난 미인. 이름난 기생.

【名山】míngshān [名] 명산. 이름난 산. ¶游览yóulǎn～｜명산을 유람하다.

[4]【名声(儿)】míngshēng(r) [名] 명성. 평판. ¶好～｜좋은 평판. ¶～很坏｜평판이 아주 나쁘다. [어법]「名气」와는 달리 좋은 경우·나쁜 경우 다 쓰임.

[2]【名胜】míngshèng [名] 명승(지). 명소(名所). ¶～古迹jì｜명승 고적.

【名师】míngshī [書][名] ❶ 유명한 스승. ¶受业于～鸿儒｜유명한 스승과 대학자에게 수업을 받다. ❷ 유명한 군대.

【名实不符】míng shí bù fú ⇒〔名不副实〕

【名实相符】míng shí xiāng fú [成] 명실 상부하다. 명성과 실제가 부합되다 =〔名符其实〕〔名副其实〕〔名实相副〕⇔〔名不副实〕

【名实相副】míng shí xiāng fù ⇒〔名实相符〕

【名士】míngshì [名] ❶ 옛날, 유명한 시인·문장가. ❷ 옛날, 명망이 높은 재야(在野)인사. ¶一代～｜일대의 명사.

【名士风流】míng shì fēng liú [成] 재학(才學)을 갖춘 선비의 풍류〔풍격과 태도〕.

【名士派】míng·shipài [名] 옛날, 세소(細小)한 예절 등에 구애받지 않고 자유 분방하게 사는 지식인 또는 그러한 사람의 행동 거지.

【名手】míngshǒu [名] 명수. 문필(文筆)·기예(技藝) 등이 뛰어난 사람.

【名数】míngshù [名]〈數〉명수. 단위(單位)의 이름과 수치를 붙인 수 ⇔〔不名数〕

【名斯克】Míngsīkè [名][外]〈地〉민스크(Minsk)［獨立國家國協」(독립국가연합;CIS)의 수도. 「白俄罗斯」(벨로루시;Belorussia)의 수도］

【名堂】míng·tang [名][俗] ❶ 명목. 항목. 조목. ¶联欢会上～真多, 又有舞蹈, 又有杂耍shuǎ｜친목 모임에 프로그램이 참 많다. 무용도 있고 곡예도 있다. ¶详细分别起来～是很多的｜상세하게 나누면, 조목이 매우 많다. ❷ 성과. 결과. ¶跟他讨论了半天, 也没讨论出个～来｜그와 한참동안 토론했으나 이렇다 할 성과가 없었다. ¶依靠集体力量, 一定会搞出～来的｜집단의 능력에 의존하면 반드시 성과를 낼 수 있을 것이다. ❸ 사정. 이유. 내용. ¶真不简单, 这里面还有～呢?｜정말 간단하지 않군, 이 내면에 또 무슨 사정이 있구나. ❹ 수단. 수완. ¶那家伙～可多了｜저 놈은 수완이 정말 많다.

【名特新优】míngtèxīnyōu [名組] 특색있는 신형의 (상품). 유명 상표. 우수 품질 ¶创立～商品｜특색있는 새로운 상품을 만들어내다 =〔名优特新〕

【名头】míngtóu ⇒〔名气qì〕

【名望】míngwàng [名] 명망. 명성과 인망(人望). 좋은 명성. ¶他在这一带很有～｜저 사람은 이 일대에서 매우 좋은 명성을 지니고 있다. ¶～夙sù孚｜[成] 일찍이 명망이 높다.

【名位】míngwèi [書][名] ❶ 명성과 지위. ¶～很高｜명성과 지위가 매우 높다. ❷ 관등(官等). 관리의 등급.

【名闻遐迩】míng wén xiá ěr [成] 명성이 널리 알려지다. ¶李教授在中文学界～｜이교수는 중문학계에 명성이 널리 알려져 있다.

【名物】míngwù [書][名] ❶ 사물의 이름과 형상(形狀). ❷ 명물. 유명한 물건.

【名下】míngxià [名] 이름. 명의(名義). ¶工分不能记在个人～｜노동 실적은 개인 명의로 기재할 수 없다. ¶这事怎么搞到我～来了?｜이 일이 어떻게하여 나의 명의로 되어 있니?

【名下无虚(士)】míng xià wú xū (shì) [成] 명성이 있는 사람은 반드시 그만한 실력이 있다. 명실상부하고 헛소문이 아니다→〔名不虚传〕

【名学】míngxué [名]〈論〉논리학의 옛 이름.

【名言】míngyán [書][名] 명언.

【名扬四海】míng yáng sì hǎi [成] 명성이 온누리에 떨치다.

[4]【名义】míngyì [名] ❶ 이름. 명칭. 명의. ¶改换～｜명의를 바꾸다. ¶假借～｜명의를 빌려서. ❷ 표면상. 형식상. ¶～上裁军, 实际上扩军｜표면상으로는 군비 감축이나, 실제상으로는 군비 확장이다. ¶～马力｜〈機〉공칭 마력.

【名义工资】míngyì gōngzī [名組]〈經〉명목 임금(名目任金)

[4]【名誉】míngyù [名] ❶ 명판. 명성. ¶爱惜～｜명예를 아끼다. ¶闹nào～｜명성을 얻으려 애쓰다. ¶没有～没人请｜명성이 없으면 청하는 사람이 없다. ❷ 명예. 명의상. ¶～会员｜명예 회원. ¶～会长｜명예 회장. ¶～主席｜명예 의장.

【名噪一时】míng zào yī shí [成] 한때 이름이 세상에 널리 알려지다. ¶这个人曾经～｜이사람은 일찍이 한때 세상에 이름이 널리 알려졌다

【名正言顺】míng zhèng yán shùn [成] 명분(名分)이 정당하면 말도 이치에 맞는다. ¶说起来倒很～｜말하는 것이 이치에 맞다.

【名著】míngzhù [名] 명저. 명작. ¶世界～｜세계적 명작. ¶文学～｜문학 명저 =〔名作〕

[1]【名字】[a] míngzì [書][名] 이름과 자(字). [b] míng·zi [名] ❶ 이름. 성명(姓名). ¶～叫什么?｜이름이 무엇입니까? ¶起～｜이름을 짓다. ❷ 사물의 명칭 ‖ =〔名子〕〔名儿〕

【茗】 míng 차 명

[書][名] ❶ 차(茶) 나무의 싹. ❷ (좋은) 차. ¶香xiāng～｜고급차. ¶品pǐn～｜차를 음미

하다.
【茗茶】míngchá 書 名 차. 좋은 차.
【茗具】míngjù 書 名 다기(茶器).

4【铭(銘)】míng 새길 명 ❶ 名 명. ⓐ 기물·비석 등에 사실·공덕 등을 새긴 문자. ¶墓志～ | 묘지명. ⓑ (쓰거나 새겨서) 자신을 경계하는 글. ¶座右～ | 좌우명. ❷ 마음에 새기다. 명심하다. ¶～心↓ ❸ (기물 위에) 글자를 새기다. ¶～功↓
【铭感】mínggǎn 書 動 감명하다. 감격하여 잊지 못하다. ¶～终身 | 평생토록 감격하여 잊지 못하다. ¶～五内 =〔铭感五衷zhōng〕| 마음깊이 고마움을 느끼다.
【铭功】mínggōng 書 動 (금석에) 공적을 새기다〔기록하다〕.
【铭记】míngjì ❶ 書 動 명심하다. 명기하다. 마음에 깊이 새기다. ¶中国人民将世世代代～孙中山的恩情 | 중국 국민들은 대대로 손중산의 은정을 마음 깊이 새길 것이다. ¶～在心 | 마음 속에 명기하다 =〔铭刻kè③〕❷ ⇒〔铭文〕
【铭旌】míngjīng 名 명정. 명기(銘旗). 정명(旌銘)［상구(喪具)의 하나］=〔铭旗qí〕〔明旌〕
【铭刻】míngkè ❶ 動 문자를 금석에 새기다. ❷ 名 각명(刻銘). 늑명(勒銘). 금석(金石)에 새긴 글. ¶古代～ | 고대의 각명. ¶～学 | 금석학(金石學). ❸ ⇒〔铭记①〕‖ =〔铭泐lè〕
【铭牌】míngpái 名 자동차 기기 등에 붙인 금속 표찰 =〔名牌③〕〔名号牌〕
【铭文】míngwén 名 명문. ¶铜器～ | 청동기에 새긴 명문. ¶考究～ | 명문을 고찰하고 연구하다 =〔铭记②〕
【铭心】míngxīn 書 動 명심하다. 마음속 깊이 새기다. ¶～的记忆 | 마음 속에 깊이 새긴 기억.
【铭心刻骨】míng xīn kè gǔ 成 각골 난망(刻骨難忘)하다. 깊이 감격하여 영원히 잊지 않다 =〔铭心镂骨〕〔铭肌jī镂骨〕

1【明】míng 밝을 명 ❶ 形 밝다. 환하다. ¶天～了 | 날이 밝다 ⇔〔暗〕→〔亮liàng〕❷ 形 분명하다. 명백하다. ¶情况不～ | 상황이 명백하지 않다. ❸ 動 알다. 이해하다. ¶深～大义 | 대의를 잘 알다〔깊이 이해하다〕. ❹ 形 밖으로 드러내다. 숨김없다. ¶有话～说 | 할 말이 있으면 터놓고 말하시오. ¶～枪易躲, 暗箭难防 | 드러난 창은 쉽게 피할 수 있으나, 숨어서 쏘는 화살은 막기 어렵다 ⇔〔暗〕❺ 形 눈이 밝다. 정확하게〔똑똑하게〕보다. ¶眼～手快 =〔眼尖手快〕| 成 눈도 밝고 손도 빠르다. 매우 민첩하다. ❻ 名 시각. 시력. ¶失～ | 실명하다. ❼ 다음의［시간·날짜·햇수 등에 씀］¶～天↓ ¶～春 | 내년 봄. ❽ 形 공명정대하다. 떳떳하다. ¶～人不做暗事 | 공명 정대한 사람은 떳떳하지 않은 일은 하지 않는다. ❾ 名 신명(神明). 신의 영험(靈驗). ❿ (Míng) 名 명나라［중국 왕조의 이름(1368～1644)］⓫ (Míng) 名 성(姓).
【明摆着】míngbǎi·zhe 狀 ❶ 뚜렷하다. 명백하다. 분명하다. ¶这么～的事情, 你还说不知道吗? | 이렇게 명백한 일을 너는 아직 모른다고 하느냐? ❷ 뚜렷이 놓여 있다. 환히 밝혀져 있다. ¶眼前～大堆困难 | 눈앞에 많은 난관이 뚜렷이 놓여 있다.
3【明白】míng·bai ❶ 形 분명하다. 명확하다. 명백하다. ¶他讲jù得十分～易懂 | 그는 매우 명확하고 알기 쉽게 말한다. ¶他说的话～极了 | 그가 하는 말은 대단히 분명하다. ¶最～不过了 | 더 할 수 없이 명백하다. ❷ 形 공공연하다. 숨김 없다. 솔직하다. 공개적이다. ¶你还是跟他讲～好 | 너는 그에게 숨김없이 말하는 것이 좋다. ¶他～表示不赞成这个提议 | 그는 공개적으로 이 제의에 반대를 표시했다. ❸ 形 총명하다. 현명하다. 분별있다. ¶他是个～人, 不用多说就知道 | 그는 현명한 사람이어서, 여러차례 말하지 않아도 곧 안다. ❹ 動 이해하다. 알다. ¶我不～他的意思 | 나는 그의 뜻을 이해하지 못하겠다 =〔知道〕
【明白人】míng·bairén 名 총명한 사람. 분별있는 사람. 사리(事理)를 아는 사람. ¶你是个～ | 너는 총명한 사람이다.
【明辨是非】míng biàn shì fēi 成 시비를 똑똑히 가리다. 시비판단이 분명하다. ¶作为领导者要～ | 영도자가 되려면 시비판단이 분명해야 한다.
【明察暗访】míng chá àn fǎng 成 여러모로 세심히 살피고 조사 연구하다. 음으로 양으로 조사하다. ¶～, 终于破了这个疑案 | 여러모로 조사하여 끝내 이 의안을 해결해냈다 =〔明查暗访〕
【明察秋毫】míng chá qiū háo 成 안광이 예리하여 극히 사소한 일까지도 빈틈없이 살피다. 통찰력이 예리하다. ¶他目光敏锐, ～ | 그의 눈빛이 날카롭고, 통찰력이 예리하다.
【明畅】míngchàng 形 (말·글이) 명백하고 유창하다. ¶行文～ | 문장을 지음이 명백하고 유창하다.
【明朝】ⓐ Míngcháo 名 명조. 명나라.
ⓑ míngzhāo ⇒〔明天〕
【明澈】míngchè 形 맑고 깨끗하다. 투명하다. ¶一双～的眼睛 | 맑고 깨끗한 한 쌍의 눈. ¶湖水～如镜 | 호수가 거울처럼 투명하다 =〔明澄chéng〕⇔〔混hùn浊〕
【明处】míngchù 名 ❶ 밝은 곳. ¶你把相片拿到～来, 让大家看个清楚 | 사진을 밝은 곳으로 가져와서, 모두가 똑똑히 보게 해. ❷ 명백한 곳. 공개적인 장소. 사람들이 있는 곳. ¶有话说在～ | 할 말이 있으면 여러 사람 앞에서 해라.
【明达】míngdá 形 動 통달(通達)하다. 명철(明哲)하다. 사리에 밝다. ¶她～事理 | 그녀는 사리에 통달했다.
【明打明】míngdǎmíng 副 숨기지 않다. 분명하다. ¶不能～地告诉她 | 숨김없이 그녀에게 말할 수 없다.
【明道儿】míngdàor 名 喩 정식 부부관계 =〔明路儿〕⇔〔暗àn路儿〕
【明灯】míngdēng 名 ❶ 횃불. 등불. ¶～高照 | 횃불을 높이 비추다. ❷ 喩 대중을 올바르게 인도하

는 사람. 환히 밝혀주는 등대. ¶指路～｜길을 환히 밝혀주는등대.

【明断】míngduàn 名動 명단(하다). 명확한 판단(을 하다). ¶～是罪功过｜시비 공과를 명확히 판단하다.

【明矾】míngfán 名〈化〉명반. 백반 =〔明石〕〔俗白矾〕〔钾jiǎ明矾〕

【明后天】mínghòutiān 名 내일이나 모레. ¶他～来｜그는 내일이나 모레 온다.

【明晃晃】mínghuǎnghuǎng 貶 반짝반짝하다. 번쩍번쩍하다. 빛나다. ¶～的太阳｜밝게 빛나는 태양. ¶～的刀｜번쩍이는 칼.

【明慧】mínghuì 書形 영리하다. 총명하다.

【明火】mínghuǒ ❶名動 횃불(을 밝히다). 轉 날강도(질하다). ¶在斗争中,有的同志被封建势力当作砸zá～的土匪逮捕dàibǔ｜투쟁 중에, 어떤 동지는 봉건세력에게 강도질하는 도적으로 간주되어 체포되었다 =〔明伙〕 ❷動 렌즈로 불을 일구다.

【明火执仗】míng huǒ zhí zhàng ⇒〔明灯dēng执仗〕

【明间(儿)】míngjiān(r) 名 바깥과 직접 통하는 방. 뜰쪽으로 문이 달린 방 ¶他住在～｜그는 문간방에 산다 ⇔〔暗间(儿)〕

【明胶】míngjiāo 名〈化〉젤라틴(gelatine) [단순단백(單順蛋白)의 한 가지] =〔动物胶〕〔亚yà胶〕

【明教】míngjiào 名札敬 밝은 가르침. 현명한 가르침. ¶请李老师～｜이 선생님께 현명한 가르침을 구하다.

【明旌】míngjīng ⇒〔铭míng旌〕

【明净】míngjìng 形 말쑥하다. 해맑다. 밝고 깨끗하다. ¶湖水～｜호수가 말쑥하다. ¶～的月亮｜깨끗하고 밝은 달빛.

【明镜(儿)】míngjìng(r) 名 ❶書 명경. 밝은 거울. ¶湖水清澈,犹如～｜호수가 맑고 깨끗해서 마치 밝은 거울과 같다. ❷喩 사물이 매우 밝고 깨끗한 것.

【明镜高悬】míng jìng gāo xuán 成 법집행이 엄정하고 판결이 공정하다. 일처리가 빈틈없고 공정무사(公正無私)하다. ¶本县官是～｜본관(本官)의 심판은 공정하다 =〔秦qín镜高悬〕

【明快】míngkuài 形 ❶(말·글이) 명쾌하다. 명료하고 생동적이다. ¶～的笔调｜명쾌한 필치. ¶～的节奏｜명료하고 생동적인 리듬. ❷(성격이) 명랑하고 쾌활하다. 시원시원하다. ¶～的性格｜시원시원한 성격. ❸(일처리가) 시원시원하다. ❹方 밝다. 환하다. ¶月亮照得院子里挺～｜달이 정원을 아주 밝게 비추고 있다.

【明来暗往】míng lái àn wǎng 成 공공연히 혹은 은밀히 왕래하다. 관계가 밀접하여 서로 빈번히 다니다.

【明朗】mínglǎng 形 ❶ 밝다. 환하다. ¶那天晚上的月色格外～｜그날 밤의 달빛은 유난히도 밝았다. ¶初秋的天气这样～清新｜초가을의 날씨는 이렇듯 밝고 청명하다. ¶这幅画色调～｜이 그림은 색조가 밝다. ❷ 분명하다. 명백하다. 뚜렷하다. ¶态度～｜태도가 명백하다. ¶听了报告,他的心里～了｜보고를 듣고, 그의 마음이 분명해졌다. ❸ 명랑하다. 쾌활하다. ¶性格～｜성격이 쾌활하다. ❹ 공명 정대하다.

【明理】mínglǐ 形 도리를 잘 알다. 사리에 밝다. ¶～人｜도리를 잘 아는 사람. ¶母亲很～｜어머니는 매우 사리에 밝으시다.

【明丽】mínglì 形(풍경이) 맑고 아름답다. ¶景色～宜人｜경치가 맑고 아름다워 마음에 들다. ¶～的秋色｜맑고 아름다운 가을 풍경.

【明里】míng·li 副 겉으로. 들어내 놓고. 어법「暗里」와 호응하여 쓰임. ¶～说好话,暗里搞gǎo阴谋yīnmóu｜겉으로는 좋게 말하면서, 속으로는 음모를 꾸미다. ¶～暗里｜음으로 양으로 ⇔〔暗里〕

[2]【明亮】míngliàng 形 ❶(빛이) 밝다. 환하다. ¶灯光～｜등불이 밝다. ¶打开窗户,屋子就会～些｜창문을 열면, 방이 조금 밝아질 것이다. ❷ 빛나다. 반짝거리다. ¶小姑娘有～的眼睛｜어린 아가씨는 빛나는 눈을 지니고 있다. ❸ 명백하다. 분명하다. ¶听了这番解释,老张心里～了｜이번 설명을 듣고, 장씨는 마음이 편해졌다.

【明亮亮】míngliàngliàng 貶 환하다. 밝다. ¶窗户新糊hú纸了,办公室里～的｜창문에 새로 종이를 발라 사무실이 환하다.

【明了】míngliǎo ❶動 분명히 알다. 이해하다. ¶你的意思我～｜네 뜻은 내가 잘 알겠다. ❷形 명료하다. 분명하다. ¶简单～｜간단 명료하다.

【明令】mínglìng ❶名 명문화(明文化)하여 공포한 법령. ¶～禁止｜법령으로 금지하다. ¶～嘉奖｜법령으로 격려하고 상을 주다. ❷動 명백하게〔똑똑히〕명령하다.

【明码(儿)】míngmǎ(r) ❶名〈通〉공개 전신 부호. ¶用～发报｜전신부호로 전보 치다 ⇔〔密mì码〕 ❷名 옛날의 명시 가격. 정찰 가격. ❸動 가격을 명시하다. ¶～售货｜가격을 명시하여〔정찰제로〕상품을 팔다.

【明媒正娶】míng méi zhèng qǔ 成 중매인을 통해 정식으로 배우자로 맞아 들이다. ¶他的几次婚姻都是～｜그의 여러차례 혼인은 모두 중매인을 통해 정식으로 맞이한 것이다 =〔明婚正娶〕

【明媚】míngmèi 書形 ❶(경치가) 밝고 아름답다. ¶春光～｜봄경치가 아름답다. ¶河山～｜산천이 맑고 아름답다. ❷(눈동자가) 빛나고 매력적이다.

[3]【明明】míngmíng ❶副 분명히. 명백히. ¶这～是他说的｜이는 분명히 그가 말한 것이다 =〔明是①〕 ❷書動 명찰하다. ❸書動 덕망(德望)있는 사람을 등용하다. ❹書形 부지런하다.

【明明白白】míngmíngbáibái 貶 명명백백하다. 아주 뚜렷하다. ¶这不是～的吗?｜이것은 명명백백한 것 아니니? ¶～我的心,渴望一份真感情｜명명백백한 나의 마음은 진실한 감정을 갈망한다.

【明眸皓齿】míng móu hào chǐ 成 명모 호치. 빛나는 눈동자와 하얀 치아. 미인의 용모.

【明目张胆】míng mù zhāng dǎn 成 공공연하고

대담하게〔노골적으로〕 나쁜 짓을 하다. ¶～地干｜공공연하고 대담하게 (나쁜 짓을) 하다. ¶～地进行武装干涉｜노골적으로 무장 간섭을 행하다.

¹【明年】míngnián 名 내년. 명년 ＝〔㊗过年〕〔㊀开年③〕

【明盘(儿)】míngpán(r) 書 名〈商〉옛날, 시장의 공개 협정가격(協定價格) ⇔〔暗盘(儿)〕

【明器】míngqì ⇒〔冥míng器〕

【明前】míngqián 名 청명절(清明節) 전에 딴 부드러운 잎으로 만든 녹차의 일종.

【明枪暗箭】míng qiāng àn jiàn 威 공공연한 공격과 암암리의 중상 모략. 음으로 양으로 들이대는 공격.

【明枪易躲, 暗箭难防】míngqiāng yì duǒ, ànjiàn nán fáng 諺 정면 공격은 피하기 쉬우나 암암리에 하는 공격은 막기 어렵다 ＝〔明枪好挡, 暗箭难防〕

【明情理儿】míngqínglǐr 名 方 분명한 도리(道理). 납득이 가는 이치. ¶做大事儿的人首先得～｜큰 일을 하는 사람은 먼저 분명한 도리를 지녀야 한다.

²【明确】míngquè ❶ 形 명확하다. ¶目标～｜목표가 명확하다. ¶～表示态度｜태도를 명확히 보이다. ❷ 動 명확하게 하다. ¶领导的指示～了我们前进的方向｜영도자의 지시는 우리가 나아갈 방향을 명확하게 해주었다.

【明儿】míngr ❶ ⇒〔明天〕 ❷ 名 曰 俗 면(面). 방(方). 변(邊). ¶这所房子四～窗户｜이 방은 사면이 모두 창이다.

【明人】míngrén 名 ❶ 눈이 보이는〔성한〕 사람 ⇔〔盲人〕 ❷ 공명정대한 사람. 깨끗한 사람. ¶～不做暗事｜諺 공명정대한 사람은 떳떳치 못한 일을 하지 않는다. ❸ 명(明)나라 사람. ¶～小说｜명대 소설. ❹ 사리가 밝은 사람.

【明日】míngrì ⇒〔明天〕

【明日黄花】míngrì huánghuā 威 ❶ 중양절(重陽節)후의 국화. 지난 사물〔일〕. ¶这已经是～｜이것은 이미 지난 일이다. ❷ 뉴스로서의 가치를 잃은 보도.

【明升暗降】míng shēng àn jiàng 威 겉으로는 영전한 것 같으나, 실제로는 좌천 당하다. ¶他因为性情耿直, 几经～｜그는 성격이 바르고 곧아서, 여러 차례 영전한 것 같으나 실제로는 좌천 당하였었다.

【明石】míngshí ⇒〔明矾fán〕

【明是】míngshì 副 ❶ 명백하게. 분명히. ¶～你的错, 怎么不承认?｜분명히 네 잘못인데, 어찌하여 인정하지 않니? ＝〔明明①〕 ❷ 겉으로 〔주로 뒤에 「暗里, 暗中」으로 시작되는 말이 옴〕 ¶～赞同, 暗中反对｜겉으로는 찬성하고, 속으로는 반대하다.

【明誓】míng/shì ⇒〔盟méng誓〕

【明说】míngshuō 動 숨김없이 말하다. 사실대로 말하다. 노골적으로 말하다. 분명하게 말하다. ¶至于这层老师也没～｜이 점에 관해서는 선생님도 분명하게 말하지 않았다.

【明太鱼】míngtàiyú 名〈魚貝〉명태.

【明堂】míngtáng 名 ❶ 方 곡식을 말리는 마당. ❷ 方 정원 ‖ ＝〔明唐〕 ❸ 書 명당. ⓐ 옛날, 임금이 전례(典禮)를 행하고 정교(政教)를 베풀던 곳. ⓑ 무덤 앞의 평지. ⓒ 풍수설에서 앞으로 좋은 일이 많이 생긴다는 집터나 묏자리. ⓓ 관상에서 사람의 이마를 일컫는 말. ⓔ〈漢醫〉침을 놓거나 뜸을 뜨는 혈. ⓕ〈天〉별이름. ❹ 트집. 불평. 시비. 어법 부정적인 의미로 쓰임. ¶他～太多了, 说话得留神!｜그는 불평이 매우 많으니 주의해서 말해!

¹【明天】míngtiān 名 ❶ 내일. ¶～再说～的话｜내일 얘기는 내일 하자. ❷ 가까운 장래. 앞날. ¶展望美好的～｜좋은 미래를 바라보다 ‖ ＝〔方明个〕〔曰明儿①〕〔京明儿个〕〔方明日〕〔㊀明朝ⓑ〕

【明瓦】míngwǎ 名 ❶ 굴껍질을 갈아서 만든 반투명의 얇은 기와 〔창이나 지붕에 끼워 채광하였음〕 ¶盖着～｜반투명의 얇은 기와를 덮고 있다. ❷ 천정으로 낸 창 ＝〔天窗〕

【明文】míngwén 名 ❶ 명문. ¶以～规定｜명문으로 규정하다 ＝〔明条tiáo〕 ❷ 書 정식으로 공포한 공문서(公文書). ❸ 書 미려(美麗)한 문장.

【明晰】míngxī 書 形 명백하다. 또렷하다. ¶雷达荧光屏上出现了～的映像｜레이다의 스크린에 뚜렷한 영상이 나타났다. ¶雾散了, 远处的村庄越来越～了｜안개가 흩어지자, 먼곳의 마을이 갈수록 또렷해 졌다.

【明虾】míngxiā ⇒〔对duì虾〕

²【明显】míngxiǎn 形 뚜렷하다. 분명하다. 분명히 드러나다. ¶字迹～｜필적이 뚜렷하다. ¶他的不正行为是很～的｜그의 부정 행위는 매우 분명하다. ¶他的意图太～了｜그의 의도가 대단히 분명하게 드러났다. ¶这很～是一个借口｜이는 분명히 핑계다 ＝〔明露(儿)〕

【明线光谱】míngxiàn guāngpǔ 名組〈物〉선스펙트럼(spectrum). 휘선(輝線) 스펙트럼.

【明效大验】míng xiào dà yàn 威 뚜렷한 효과. 현저한 효력〔효험〕.

³【明信片(儿)】míngxìnpiàn(r) 名 俗〈通〉엽서. ¶美术～ ＝〔俗花huā信片〕｜그림 엽서. ¶双shuāng～｜왕복엽서. ¶给他寄了一张～｜그에게 엽서를 한 장 부쳤다 ＝〔信片(儿)〕〔邮yóu片〕

⁴【明星】míngxīng 名 ❶ 인기있는 배우나 운동 선수. 스타(star). ¶电影～ ＝〔影星〕｜영화계의 인기 스타. ¶交际～｜사교계의 스타. ¶演艺界的一颗～｜연예계의 스타 ＝〔名角jué(儿)〕〔名星〕 ❷〈天〉금성(金星)의 옛 이름. ❸ 밝은 별.

【明修栈道, 暗渡陈仓】míng xiū zhàn dào, àn dù chén cāng 威 겉으로는 잔도를 만드는 체하면서, 몰래 진창(陳倉)으로 군사를 보내 기습하다. 겉과 속이 다른 행동을 한다. 성동 격서(聲東擊西)하다 〔진창은 지금의 섬서성 보계현(陝西省寶鷄縣)으로 진촉(秦蜀)의 접경지대이면서 한위(漢魏) 이래 군사적인 요충지로 유명함〕＝〔明修栈道〕

【明眼人】míngyǎnrén 名 ❶ 눈썰미가 있는 사람.

눈이 밝은 사람. ❷ 식견(識見)이 있는 사람. ¶他的用意, ～谁也不清楚 | 그의 의도는 식견이 있는 사람이라도 아무도 알지 못한다.

【明喻】míngyù 書 名 ❶ 칙명(勅命). ❷〈言〉직유(直喻)＝〔直喻法〕

【明早】míngzǎo 名 方 ❶ 내일 아침. ❷ 내일

【明哲保身】míng zhé bǎo shēn 成 명철 보신하다. 자기 일신만 득보다 [개인의 득실을 위해 원칙을 버리고 비열〔졸렬〕하게 처세하는 태도] ¶应该坚持原则, 不能采取～的态度 | 반드시 원칙을 견지해야 하며, 명철 보신적인 태도를 취하지 말아야 한다.

【明争暗斗】míng zhēng àn dòu 成 음으로 양으로 싸우다. 죽자사자 이권(利權) 쟁탈을 벌이다. ¶他们俩表面上是好朋友, 但一直～, 互相拆台chāitái | 그들 둘은 겉으로는 좋은 친구이나, 끊임없이 음으로 양으로 싸우며, 서로 무너뜨리려 한다.

【明正典刑】míng zhèng diǎn xíng 成 법에 따라 처결(處決)하다. 의법 처단하다.

【明证】míngzhèng 名 명증. 확실한 증거. ¶独岛自古即为我国领土, 这些文物就是～ | 독도가 예로부터 우리의 영토라는 것은, 이런 문물들이 명확한 증거이다＝〔铁tiě证〕〔确què证〕〔确据〕〔硬yìng证〕

【明知】míngzhī 動 명지하다. 확실히 알다. ¶～山有虎, 偏向虎山行 | 산에 호랑이가 있음을 분명히 알면서도, 호랑이가 있는 산으로 가다. 앞에 어떠한 위험이 있더라도 계속 앞으로 나아가다＝〔情知〕

【明知故犯】míng zhī gù fàn 成 뻔히 알면서 죄를 범하다. 고의로 어기다. ¶她是～ | 그녀는 뻔히 알면서 죄를 범한다.

【明知故问】míng zhī gù wèn 成 뻔히 알면서 일부러 묻다. ¶你已经得到了通知, 为什么还～呢? | 너는 이미 통지를 받았는데, 왜 알면서 또 묻는가?

【明智】míngzhì ❶ 形 사리를 알다. 현명하다. ¶表现出～的态度 | 현명한 태도를 나타내다. ¶他这样决定是～的 | 그가 이렇게 결정한 것은 현명하다. ❷ 名 명지. 총명한〔밝은〕지혜.

【明珠】míngzhū 名 ❶ 야광주(夜光珠). ❷ 喻 사랑하는 사람. 또는 귀중한 보배. ¶掌上～ | 成 손바닥 위의 보배. 지극히 사랑하는 딸자식. ¶～弹雀 | 成 귀중한 구슬을 탄환으로 하여 새를 쏘다. 작은 것을 탐내다 큰 것을 손해보다. ❸ 轉 훌륭한 인물.

【明珠暗投】míng zhū àn tóu 成 ❶ 재능 있는 사람이 중용되지 못하다. ❷ 귀중한 물건이 가치를 알지 못하는 사람의 수중에 들어 가다. ❸ 좋은 사람이 나쁜 무리속에 끼여 있다.

【明子】míng·zi 名 ❶ 관솔불. 횃불. ¶点～ | 관솔불을 켜다＝〔松明〕❷ 관솔. ¶劈pī～ | 관솔을 쪼개다.

3【鸣(鳴)】míng 울 명

動 ❶ (새·짐승·벌레 등이) 울다. ¶蝉chán～ | 매미가 울다. ❷ (감정·의견·주장을) 표현하다. 진술하다. ¶～谢↓ ¶～不平↓ ❸ 소리를 내다. 울리다. ¶自～钟 | 자명종. ¶～鼓↓

【鸣不平】míng bùpíng 불평을 늘어놓다. ¶唠唠láo叨叨～ | 되풀이하며 불평을 늘어놓다.

【鸣笛】míng/dí 動 ❶ 사이렌(siren)을 울리다. 경적(警笛)을 울리다. ❷ 호루라기를 불다. ❸ 기적〔고동〕을 울리다.

【鸣镝】míngdí 書 名〈軍〉향전(響箭). 우는 화살 [옛날, 중국에서 개전(開戰)의 신호로 우는 화살을 적진에 쏘았음]

【鸣鼓】mínggǔ 動 북을 울리다.

【鸣鼓而攻之】míng gǔ ér gōng zhī 成 죄상을 파헤쳐 성토〔비판〕하다＝〔鸣鼓而攻〕

【鸣金收兵】míng jīn shōu bīng 成 징을 울려 병사들을 불러 들이다. 싸움을 끝내다.

【鸣锣开道】míng luó kāi dào 成 (봉건 시대 관리들의 행차에) 징을 울려 길을 열다. 새로운 사물의 출현을 위해 여론을 조성하다 ¶他极力为新王朝～ | 그는 힘을 다해 새왕조를 위해 징을 울려 길을 열었다＝〔鸣锣喝道〕

【鸣枪】míng/qiāng 動 총을 쏘다. ¶～报警 | 총을 쏘아 경고하다. ¶～射击 | 위협 사격.

【鸣谢】míngxiè 書 動 사의(謝意)를 표하다. ¶～当选 | 당선 사례(謝禮). ¶～启事 | 사은 광고.

【鸣冤叫屈】míng yuān jiào qū 成 억울함을 큰소리로 호소하다. 불평이나 불만을 호소하다. ¶秦香莲到开封府～ | 진향련이 개봉부에 가서 억울함을 큰소리로 호소하다.

【冥〈冥〉】míng 어두울 명

❶ 어둡다. ¶晦huì～ | 어두컴컴하다＝〔暝③〕❷ (사리에) 어둡다. 어리석다. 우매하다. ¶～顽↓ ❸ 깊다. 심오하다. ¶～想↓ ❹ 저승. ¶～府↓＝〔阴间〕

【冥宝】míngbǎo 名 (죽은 사람을 위하여 태우는) 지전. ¶烧了不少～ | 많은 지전을 태웠다＝〔冥币bì〕〔冥财cái〕〔冥钞chāo〕〔冥楮chǔ〕〔冥钱qián〕〔冥镪qiǎng〕→〔纸zhǐ钱(儿)〕

【冥钞】míngchāo ⇒〔冥宝bǎo〕

【冥府】míngfǔ 名 명부. 저승. 황천. ¶让他在～中安息 | 그를 저승에서 쉬게 하다.

【冥器】míngqì 名 부장품(副葬品). 부장물 [고대(古代)에 부장(副葬)하던 기물. 뒤에 와서는, 사자(死者)를 위하여 태우는 종이 기물을 일컬음]＝〔明器〕

【冥钱】míngqián ⇒〔冥宝bǎo〕

【冥思苦索】míng sī kǔ suǒ 成 심사 숙고(深思熟考)하다. 깊이 사색하다. ¶经过～, 终于解决了这一难题 | 심사 숙고하여, 결국 이 어려운 문제를 해결하였다＝〔冥思苦想〕

【冥顽】míngwán 書 形 명완하다. 우매하고 완고하다. 사리에 어둡고 완고하다. ¶～不灵 | 成 우둔하다. 미련하다.

【冥顽不化】míng wán bù huà 成 사리에 어둡고 완고하다. ¶金老头是个～的人 | 김영감은 사리에 어둡고 완고한 사람이다.

【冥王星】míngwángxīng 名〈天〉명왕성.

【冥屋】míngwū 名 명복(冥福)을 빌기 위하여 영

전(靈前)에서 태우는 종이로 만든 집→〔纸zhǐ扎铺〕

【冥想】míngxiǎng 書 ❶ 動 명상하다. 깊이 생각하다. ¶苦思~ | 심사 숙고하다. ❷ 名 명상. ¶歌声把我们带到美丽的~中去了 | 노랫 소리는 우리를 아름다운 명상에 잠기게 했다.

【冥衣】míngyī 名 죽은 사람을 위하여 태우는 종이로 만든 옷 =〔鬼衣〕

【溟】míng 바다 명, 어두울 명
❶ 書 名 바다. ¶东~ | 동해. ¶北~ | 고서에 보이는 북방의 큰 바다. 북해. ❷ 가랑비로 하늘이 어둡다. ¶~蒙↓

【溟蒙】míngméng 書 ❶ 形 (안개 등으로 풍경이) 어슴푸레하다. 어렴풋하다. ¶~细雨 | 어슴푸레 부슬비가 내린다. ❷ 名 소우(小雨). 부슬비.

【溟溟】míngmíng 書 狀 ❶ 부슬비가 부슬부슬 내리다. ❷ 그윽하고 심오하다.

【蓂】míng 명협 명
⇒〔蓂荚〕

【蓂荚】míngjiā 名 〈植〉 명협. 달력풀 [중국 요(堯)임금때 나왔다는 풀 이름] =〔历荚〕

【暝】míng 해질 명
❶ 書 動 해가 지다. 저물다. ¶天已~ | 날이 이미 저물었다. ¶日将~ | 해가 막 지려 하다. ❷ 書 名 저녁 무렵. 황혼. 땅거미. ❸「冥」과 통용 ⇒〔冥①〕

【暝色】míngsè 名 황혼의 하늘 색. ¶窗外已经一片~ | 창 밖은 이미 잔뜩 황혼빛이 짙었다.

【榠】míng 명사나무 명
⇒〔榠楂〕

【榠楂】míngzhā 名 〈植〉 ❶ 명사나무 [장미과에 속하는 낙엽교목] ❷ 마르멜로(marmelo;프) =〔榅wēn桲〕

【瞑】míng 눈감을 명
❶ 눈을 감다. ¶~目↓ ❷ 形 눈이 흐려 잘 보이지 않다. ¶聋lóng~ | 귀먹고 눈이 멀다.

【瞑瞑】míngmíng 書 狀 흐릿하다. 멍하다.

【瞑目】míngmù 書 動 명목하다. (죽어서) 눈을 감다. ¶~调息 | 눈을 감고 숨을 조절함. ¶死不~ | 죽어도 눈을 감지 못하다.

【螟】míng 마디충 명
名 〈蟲〉 명충. 마디충 [벼의 가장 흔한 해충으로 「三化螟」「二化螟」「大螟」의 3종이 있음] ¶~虫↓ ¶~蛉↓

【螟虫】míngchóng 名 〈蟲〉 명충. 마디충. ¶杀灭~ | 명충을 박멸하다.

【螟蛾】míng'é 名 〈蟲〉 명아. 명충 나방. 명충(螟蟲)의 성충.

【螟蛉】mínglíng 名 ❶ 〈蟲〉 명령. 빛깔이 푸른 나방·나비의 애벌레. ❷ 書 喩 양자(養子).

mǐng ㄇㄧㄥˇ

【酩】mǐng 술취할 명
⇒〔酩酊〕

【酩酊】mǐngdǐng 書 狀 명정하다. 잔뜩 취하다. 곤드레만드레 취하다.

【酩酊大醉】mǐng dǐng dà zuì 成 곤드레만드레 취하다. ¶喝了个~ | 곤드레만드레 취하도록 마셨다.

mìng ㄇㄧㄥˋ

2【命】mìng 목숨 명
❶ 名 목숨. 생명. ¶救~ | 목숨을 구하다. ¶要~要钱! | 돈이냐 목숨이냐! ¶拼pīn~ | 목숨을 걸다. ❷ 名 운명. ¶认~ | 운명으로 알고 단념하다. ¶算~ | 점을 치다. ❸ 名 명령. 지시. ¶奉~ | 명령을 받다. ❹ 動 명령하다. ¶~驾↓ ¶~其速去 | 빨리 가라고 명령하다. ❺ (이름 등을) 짓다. 붙이다. ¶~名↓

【命案】mìng'àn 名 살인 사건. ¶包青天又断了一桩~ | 포청천이 또 살인사건 하나를 판결하였다.

【命笔】mìngbǐ 動 ❶ 書 집필(執筆)하다. 붓을 들다. ¶欣然xīnrán~ | 기꺼이 집필하다. ❷ 쓸 것을 명령받다. ¶家亲~致候 | 札 부친께서 안부를 전해 달라고 하셨습니다.

【命不该绝】mìng bù gāi jué 成 (죽지 않고) 살아날 운명이다. ¶这回又闯过了一个生死关, 这叫做~ | 이번에 또 생사의 관문을 넘었는데, 이를 일러 죽지 않고 살아날 운명이라 한다.

【命该如此】mìng gāi rú cǐ 成 이렇게 되는 것도 〔당연한〕 운명이다. ¶你~, 不要不服气了 | 너가 이렇게 되는 것은 당연한 운명이니, 복종하지 않으면 안된다.

【命根(儿, 子)】mìnggēn(r·zi) 名 ❶ 〈植〉 제뿌리. ❷ 생명의 근원. ❸ 轉 가장 귀중히 여기는 것. 가장 사랑하는 사람. ¶触chù到了~ | 가장 중요한 점을 건드리다. ¶这块砚台yàntái是他的~ | 이 벼루는 그가 가장 귀중히 여기는 것이다. ¶那孩子是他爹的~ | 저 애는 그의 아빠가 가장 사랑하는 애이다 =〔方 心尖③〕

【命官】mìngguān 書 ❶ 動 관리를 임용(任用)하다. ❷ 名 조정(朝廷)에서 임명한 관리. ¶我是朝廷的~ | 나는 조정의 관리이다.

【命驾】mìngjià 書 動 ❶ 거마(車馬)를 준비시키다. ❷ 轉 수레를 타고 출발하다. 외출하다.

【命苦】mìngkǔ 狀 운이 나쁘다.

2【命令】mìnglìng 名 動 명령(하다). ¶下~ | 명령을 내리다. ¶~式的口气 | 명령하는 투의 어조. ¶~主义 | 명령주의. ¶连长~一排担任警戒 | 중대장은 일소대에게 경계를 담당할 것을 명령했다.

【命令句】mìnglìngjù 名 〈言〉 명령문 =〔祈qí使句〕

【命脉】mìngmài 名 명맥. 생명과 혈맥(血脈). 喩 중대한 일. ¶水利是农业的~ | 수리는 농업의 생명이다. ¶经济~ | 경제의 명맥.

4【命名】mìng/míng 動 명명하다. 이름 짓다. ¶~典礼 | 명명식. ¶~法 | 명명법. ¶这条水渠被~为红旗渠 | 이 운하는 홍기 운하라 명명되었다.

【命丧黄泉】mìng sàng huáng quán 成 죽어서 저승으로 가다. ¶他爷爷为了这事~ | 그의 할아버지는 이 일로 인해 돌아가셨다.

【命数】mìngshù ❶ ⇒〔命运〕 ❷ 動 수를 세다

4【命题】mìng/tí ❶ 動 제목을 내다. 출제하다. ¶

~作文 | 과제 작문. ¶在考试大纲的范围内~ | 시험 대강의 범위 내에서 출제하다 =〔出题②〕 ❷(mìngtí) 名〈論〉명제.

【命途多舛】mìng tú duō chuǎn 成 운명이 기구하다. 한평생 우여곡절이 많다. ¶人生不测cè, ~ | 인생은 예측할 수 없고, 운명은 기구하기만 하다.

【命意】mìngyì 書 ❶動(작문·회화의) 주제를 결정하다. ❷名 함의(含意). 뜻. 취지. ¶大家不了解他这句话的~所在 | 모두들 그의 말뜻이 어디에 있는지 몰랐다.

【命硬】mìngyìng 形 운세가 강하다. 운명이 거세다. ¶她很~, 克死了两个丈夫 | 그녀는 팔자가 세어, 두명의 남편을 압도하여 죽게 했다.

2【命运】mìngyùn 名 운명. ¶悲惨bēicǎn的~ | 비참한 운명. ¶他已经yǐjīng把自己的~掌握在自己的手里 | 그는 이미 자신의 운명을 자신의 손안에 쥐고 있다. ¶~论 | 운명론 =〔命数①〕〔命途〕

【命中】mìngzhòng 動 명중하다. ¶~率 | 명중률.

miù ㄇㄧㄡˋ

【谬(謬)】miù 그릇될 류 ❶形 틀리다. 잘못되다. 사리에 맞지 않다. 잘못하다. ¶荒~ | 도리에 맞지 않다. ¶~论↓ ¶失之毫厘, ~以千里 | 작은 잘못이 나중에는 큰 잘못이 된다. ¶大~不然 | 成 완전히 틀려서 절대로 그렇지 않다 =〔缪miù①〕 ❷(Miù) 성(姓).

【谬见】miùjiàn 名 잘못된 생각. 그릇된 견해. ¶此乃~, 不值一驳 | 이는 잘못된 생각으로, 반박할 가치가 없다.

【谬奖】miùjiǎng 書 名 謙 과찬(過讚). ¶~~! | 과찬이십니다.

4【谬论】miùlùn 名 잘못된 의론(議論). 황당무계한 논리. ¶批判~ | 황당무계한 논리를 비판하다.

【谬说】miùshuō 書 名 유설. 잘못된 말. ¶纠正~ | 잘못된 말을 바로잡다.

【谬误】miùwù 書 名 오류. 잘못. ¶真理是在同~作斗争中间发展起来的 | 진리는 잘못과의 투쟁속에서 발전하는 것이다.

【谬种】miùzhǒng 名 ❶ 그릇된〔잘못된〕 언론·학파(學派). ❷ 罵 나쁜 놈. 역귀(疫鬼). ¶你简直是~ | 너는 그야말로 나쁜 놈이다. ❸ 잘못되어 생긴 변종.

【谬种流传】miù zhǒng liú chuán 成 잘못된 것을 전하다. 그릇된 것이 전파되다. ¶以防~ | 그릇된 것이 전파되는 것을 방지하다.

【缪】miù ☞ 缪 móu Ⓒ

mō ㄇㄛ

2【摸】mō mó 더듬을 모

Ⓐmō 動 ❶(손으로) 만지다. 쓰다듬다. ¶~小孩子的头 | 어린아이의 머리를 쓰다듬다. ¶我~了~他的脸, 觉得有点儿发烧 | 내가 그의 얼굴을 만져보니 다소 열이 있는 듯하다. ❷(손으로) 더듬다. 더듬어 꺼내다. ¶~鱼↓ ¶他在口袋里~了半天, ~出一张纸条来 | 그는 주머니에서 한참 동안 손으로 더듬더니 종이조각 한 장을 끄집어 냈다. ❸轉 탐색하다. 모색하다. ¶~底↓ ¶逐渐~出一套种水稻的经验来 | 점차 수도작(水稻作)의 경험을 모색해 냈다. ❹轉 짐작하다. 추측하다. ¶~他的脾气 | 그의 성질을 짐작하다. ❺轉(모르는 길이나 어둠속을) 더듬어 가다. (암중에) 행동하다. ¶~了半夜才到家 | 한밤까지 더듬거려 겨우 집에 도착했다. ¶天上没有月亮, ~着往前走 | 하늘에 달이 없어서 더듬어 앞으로 나아갔다. ¶~到敌人的碉堡diāobǎo | 적군의 진지까지 몰래 쳐들어갔다. ❻ 마작에서 「壁牌」로부터 패를 가져오다.

Ⓑmó ❶「摹」와 같음 ⇒〔摹〕 ❷ ⇒〔摸棱〕

Ⓐmō

【摸底】mō/dǐ 動 샅샅이 파악하다. 내막을 탐지하다. 실정을 알아보다. 뒤를 캐다. ¶大家的家中情况, 他都~ | 모두의 가정 형편을 그는 낱낱이 파악하고 있다.

【摸黑儿】mō/hēir 動 口 암중 모색하다. 어둠 속을 더듬다. ¶摸着黑儿找东西 | 어둠 속을 더듬어 물건을 찾다. ¶摸着黑儿走 | 어둠 속을 더듬어 가다 =〔摸黑①〕〔摸瞎xiā②〕

【摸门儿】mō/ménr 動 口 喩 요령을 알다. 비결을 터득하다. ¶摸着门儿 | 요령을 터득하다. ¶他的脾气, 我不~ | 그의 성질을 나는 파악하지 못했다.

4【摸索】mō·suo 動 ❶(길·방향 등을) 더듬어 찾다. ¶他们在暴风雨的黑夜里~着前进 | 그들은 폭풍우 치는 밤에 어둠을 더듬으며 전진했다. ❷(방법·경험·요령 등을) 모색하다. 탐색하다. ¶在工作中初步~出一些经验 | 작업 중에 처음으로 약간의 경험을 모색해 냈다. ❸ 꾸물거리다. ❹ 몰래〔슬쩍〕 훔치다. ¶他好~东西, 你得留点儿神 | 그는 곧잘 물건을 슬쩍 훔치니, 너는 주의해야 한다 =〔摸挲suō②〕

【摸头(儿)】mō/tóu(r) 動 口 (상황을) 탐색하다. 파악하다. ¶这事我不~ | 나는 이 일을 알지 못한다.

【摸透】mōtòu 動 (내막·사정 등을) 꿰뚫다. (마음속을) 읽어내다. ¶~了对方的心理 | 상대의 마음을 읽어내다. ¶我摸不透他想些什么 | 나는 그가 무엇을 생각하는지 읽어낼 수 없다.

【摸鱼】mō/yú 動 ❶ 손으로 더듬어 물고기를 잡다. ❷ 喩 손쉽게 이익을 얻다.

Ⓑmó

【摸棱】móléng ⇒〔模mó棱〕

mó ㄇㄛˊ

【么】mó ☞ 么 ·me Ⓓ

【无】mó ☞ 无 wú Ⓑ

【谟(謨)】mó 꾀 모 ❶名 계획. 대계. ¶宏hóng~ | 원대한 계획. ❷ 음역어에 쓰임 ¶~罕默德↓

【谟猷】móyóu 名 近 계략. 책략
【谟罕默德】Móhǎnmòdé 名〈人〉모하메드.

【摸】mó ☞ 摸 mō B

【馍(饃)〈饝〉】mó 찐빵 모 名 方〈食〉찐빵. 찐만두→〔馒mán头①〕
【馍馍】mó·mo 名 北〈食〉찐빵 ¶小孩子不爱吃～ | 어린 아이는 찐빵을 좋아하지 않는다 =〔馒mán头①〕

【嫫】mó 못생길 모 ❶ 書 形 못생겨 보기 흉하다. ❷인명에 쓰인 글자. ¶～母↓
【嫫母】Mómǔ 名〈人〉모모 [전설상의 추녀(醜女)로 황제(黃帝)의 네째 부인. 현명했으나 추녀(醜女)로 이름이 높았음]

【摹】mó 본뜰 모 動 본떠 그리다. 모사(模寫)하다. 모방하다. 본뜨다. ¶把这个字～下来 | 이 글자를 본떠 그리시오 =〔模mó①〕
【摹本】móběn 名 ❶ 번각본(翻刻本). 모사본(模寫本). ¶我见过～, 但没见过真本 | 나는 모사본은 보았으나, 진본은 보지 못했다. ❷〈紡〉무늬가 있는 견직물의 일종.
【摹仿】mófǎng ⇒〔模mó仿〕
【摹绘】móhuì 書 名 動 묘화(描畵)(하다).
【摹刻】mókè ❶ 動 번각(翻刻)하다. ¶～了一本韵书 | 운서 한 권을 번각했다. ❷ 名 번각물(翻刻物).
【摹拟】mónǐ ⇒〔模mó拟①〕
【摹写】móxiě 動 ❶ 모사하다. 본떠 쓰다. ❷ 묘사(描寫)하다. ¶～人物形状xíngzhuàng | 인물의 형상을 묘사하다 ‖ =〔模mó写〕
【摹印】móyìn ❶ 名 모인 [진대(秦代) 여덟 가지 글자체의 하나. 옥새 글자로 쓰였음] ❷ 名 動 (그림·책 등을) 모사 인쇄(하다).
【摹状】mózhuàng ⇒〔描miáo摹〕

4【膜】mó 꺼풀 막 ❶ (～儿) 名〈生理〉막(膜) [동·식물의 체내 박피조직] ¶耳～ | 고막. ¶肋～ | 늑막. ❷ (막 같은) 얇은 껍질. ¶笛～ | 피리청. ¶橡皮xiàngpí～ | 고무막.
【膜拜】móbài 書 動 엎드려 절하다. ¶顶礼～ | 成 부복하여 최고의 예를 취하다. 최상의 예를 하다. (권력자에게) 아첨하다.
【膜翅目】móchìmù 名〈蟲〉벌목.

2【模】mó mú 법 모, 본 모 A mó ❶ 규범. 표준. 법식(法式). ¶～型↓ ❷ 모범. 본보기. ¶劳～ | 모범 노동자. ¶～范↓ ¶～楷kǎi↓ ❸ 動 본뜨다. 모방하다. 흉내내다. ¶～仿fǎng↓ ¶～拟nǐ↓ =〔摹〕 ❹ 흐리다. 분명하지 않다. ¶～糊↓ ❺ 음역자로 쓰임. ¶～特儿↓
B mú ❶ (～儿, ～子) 名 형(型). 틀. 모양새. ¶字～儿 | 자형(字型). ¶铜tóng～ | 동(銅)으로 만든 주조(鑄造)용의 틀. ❷ (～子) 名 주형(鑄型) [쇠붙이를 녹여서 부어 물건을 만드는 거푸집의 한 가지] ❸ 모양. 모습. 형상. ¶～样(儿)↓

A mó
【模本】móběn 名 원본. 저본(底本). ¶那个～有在博物馆 | 그 원본은 박물관에 있다.
3【模范】mófàn 名 모범. ¶～人物 | 모범 인물. ¶～事迹 | 모범적 사적.
2【模仿】mófǎng 動 모방하다. 본받다. 흉내내다. ¶小孩子总喜欢xǐhuān～大人的动作 | 어린 아이는 언제나 어른의 행동을 흉내내기 좋아한다. ¶各有各的文化, 谁也不能～谁 | 제각기 각자의 문화를 가지고 있으므로, 어느 한 쪽을 모방할 수는 없다 =〔摹mó仿〕〔摹效xiào〕〔模效〕
3【模糊】mó·hu ❶ 形 모호하다. 분명하지 않다. ¶字迹zìjì～ | 필적이 모호하다. ¶认识rènshí～ | 인식이 분명하지 않다. ¶～的景物jǐngwù | 흐릿한 경치. ❷ 動 흐리게 하다. 애매하게 하다. 뒤섞다. 혼동하다. ¶泪水lèishuǐ～了他的双眼 | 눈물이 그의 두 눈을 흐리게 하였다. ‖ =〔模胡hú〕〔模mó糊〕
【模楷】mókǎi 書 名 본보기. 표준. 모범 =〔楷模〕
【模块】mókuài 名 外〈電算〉모듈(module). ¶分成三个～分别处理 | 세 모듈로 나누어 분별 처리하다 =〔模组zǔ〕〔单位体〕
【模棱】móléng 貶 (태도·견해 등이) 애매하다. 불명확하다. ¶他所派来的特使也是一样～ | 그가 파견한 특사도 또한 태도가 불명확하다 =〔摸mō棱〕
【模模糊糊】mó·mohúhú 又 mó·mohūhū) 貶 분명하지 않다. 애매하다. 모호하다.
【模拟】mónǐ ❶ 動 모방하다. 본뜨다. ¶～古人的作品 | 고인의 작품을 본뜨다. ¶～飞行 | 〈軍〉모의 비행. ¶～人像 | 초상. ¶～试验 | 모의 시험 =〔摹mó拟〕 ❷ 名〈物〉시뮬레이션(simulation). ¶电子～计算机 =〔类比计算机〕| 아날로그형 전자 계산기.
4【模式】móshì 名 모식. 표준 양식. 유형(類型). 패턴. 모델. ¶～图 | 모식도. ¶～化 | 유형화(하다).
【模数】móshù 名〈物〉계수(係數). 율(率). ¶断面～ | 단면 계수. ¶弹性～ | 탄성 계수. ¶刚性～ | 강성 계수 =〔模量〕
【模态】mótài 名〈電算〉모드(mode).
【模特儿】mótèr ❶ 名 外 모델. ¶招聘男女～ | 남녀 모델을 모집하다. ❷ ⇒〔模型xíng①〕
【模写】móxiě ⇒〔摹mó写〕
3【模型】móxíng 名 ❶ 견본. 모델. 모형 [주로 전람회나 실험용의 모형을 일컬음] =〔模特儿②〕 ❷ 목형(木型). ❸ 주형(鑄型) =〔模mú子①〕 ‖ =〔模形xíng〕
【模压】 a móyā 名〈工〉압축 성형(成形). ¶～机 | 〈機〉압축 성형기.
b múyā 名〈工〉성형(成形). 성형 가공. ¶～法 | 성형 가공법.

B mú
【模板】múbǎn 名 ❶〈土〉시멘트 거푸집. ❷〈工〉목형(木型). 형판(型板).
【模具】mújù 名〈工〉(생산용) 각종 주형. ¶买了

一副～ | 각종 주형 한 조를 샀다.

²【模样(儿)】múyàng(r) 名 ❶ 모양. 형상. 모습. ¶那个东西是什么～呢? | 그 물건은 어떤 모양이니? ❷ 용모. 생김새. ¶这孩子的～像他爸爸 | 이 아이의 생김새는 그의 아버지를 닮았다. ¶人品很好, 可惜～不济 | 인품은 훌륭한데 애석하게도 용모가 빠지는구나. ¶没有～ | 용모가 추하다. ¶看你打扮成这～, 我几乎认不出来了 | 네가 이런 모습으로 분장하니 내가 거의 알아볼 수가 없구나. ❸ 대략. 대강. 대체 [시간·연령을 대략적으로 나타냄] ¶等了大概有半个小时～ | 대략 반 시간 정도 기다린 것 같다. ¶这个人有三十岁～ | 이 사람은 대체로 서른 살 쯤 되어 보인다.

【模子】mú·zi 名 ❶ 口 주형(鑄型). 거푸집. ¶石膏shígāo～ | 석고 틀. ¶糕饼gāobǐng～ | 과자를 만드는 틀. ¶一个～里铸出来的 | ⓐ 한 거푸집으로 주조해 내다. ⓑ 흡사하다. 꼭 닮다 =〔模mó型③〕 ❷ 모형. 본. ¶牙～ | 〈醫〉 잇빨 본 (temporary teeth).

3【摩】mó mā 갈 마, 비빌 마

Ⓐ mó ❶ 動 마찰하다. 비비다. 스치다. ¶～拳擦cā掌↓ ❷ 비교 연구하다. 서로 토론하여 연구하다. ¶观～ | (경험이나 장점을 흡수하기 위해) 서로 보고 연구하다. ❸ 轉 닿다. 미치다. ¶～天岭 | 하늘에 닿일 듯한 봉우리. ¶～天楼 | 마천루. 하늘에 닿일 듯하게 높은 고층 건물. ❹ 쓰다듬다. 어루만지다. ¶～弄↓ ❺ 名 簡 〈化〉「摩尔」(몰;mol)의 약칭.

Ⓑ mā ⇒〔摩挲·sa〕

Ⓐ mó

⁴【摩擦】mócā ❶ 名 動 마찰(하다). ❷ 名 動 〈物〉 마찰(하다). ¶～电气 | 〈物〉 마찰 전기. ¶～生热 | 마찰시켜 열을 내다. ¶滑动～ | 미끄럼 마찰. ¶滚动～ | 굴림 마찰. ❸ 名 (개인이나 당파 사이의) 알력. 마찰. 충돌. ¶发生了许多～ | 많은 충돌이 발생했다. ¶武力～ | 무력 충돌 ‖ =〔磨擦〕

【摩擦力】mócālì 名 〈物〉 마찰력.

【摩擦音】mócāyīn ⇒〔擦音〕

【摩登】módēng 名 形 外 모던(modern) (하다). 신식(이다). 최신(이다). ¶～时代 | 신식 시대. ¶～家具 | 신식 가구 =〔茅máo登〕〔时髦máo〕

【摩电灯】módiàndēng 名 자전거에 부착하는 발전식 전등 =〔磨电灯〕

【摩顶放踵】mó dǐng fàng zhǒng 成 손발이 다 닳도록 수고하다. 분골 쇄신하다. ¶墨子～, 兼爱天下 | 묵자는 분골 쇄신하여, 천하를 겸애하였다.

【摩尔】mó'ěr 名 外 〈化〉 몰(mol).

【摩尔达维亚】Mó'ěrdáwéiyà 名 外 〈地〉 몰도바(Moldavia) [「独立国家国协」(독립국가연합; CIS) 중의 한 나라. 수도는 「基什尼奥夫」(키시네프;Kishinev)] =〔摩达维亚〕

【摩加迪沙】Mójiādīshā 名 外 〈地〉 모가디슈(Mogadishu) [「索马里」(소말리아;Somalia)의 수도]

【摩肩接踵】mó jiān jiē zhǒng 成 오가는 사람들로 붐비다. ¶那天街上人特别多, 真是～, 川流不息 | 그날은 거리에 사람이 유난히 많아서 정말 발 디딜 틈도 없이 북적거렸다.

【摩洛哥】Móluògē 名 外 〈地〉 모로코(Morocco) [아프리카 서북부의 회교왕국. 수도는 「拉巴特」(라바트;Rabat)]

【摩纳哥】Mónàgē 名 外 〈地〉 ❶ 모나코(Monaco) [모나코공국. 그 수도는 「摩纳哥」(모나코;Monaco)] ❷ 모나코(Monaco) [「摩纳哥」(모나코; Monaco)의 수도]

【摩弄】mónòng 動 만지작거리다. 어루만지다. 애무하다.

【摩拳擦掌】mó quán cā zhǎng 成 주먹을 문지르고 손을 비비다. 한 바탕 해보려고 단단히 벼르다. ¶大家～, 恨不得马上投入战斗 | 모두들 단단히 벼르면서 즉각 전투에 투입되지 않는 것을 안타까와 했다 =〔磨mó拳擦掌〕〔擦掌摩拳〕

【摩挲】ⓐ mósuō 動 (손으로) 쓰다듬다. 어루만지다. ¶他～着新书, 感歎不已 | 그는 새 책을 어루만지며, 감탄을 그치지 않았다 =〔摩娑suō〕〔摩莎suō〕

ⓑ mā·sa 動 ❶ (옷 등을) 손으로 매만져서 구김을 펴다. ¶要没有熨yùn斗, 半干的时候儿用手～～就成了 | 만약 다리미가 없으면, 반쯤 말랐을 때 손으로 매만져서 펴 놓으면 된다. ¶～衣裳 | 옷을 매만져서 구김을 펴다. ❷ 가볍게 문지르다. ¶～胸xiōng口 | (고통이 덜 하도록) 명치를 가볍게 문지르다. ¶～肚儿, 开小铺儿 | 내 손이 약손이다 [어린애가 배가 아프다거나 또는 보챌 때, 배를 가볍게 문지르면서 하는 말] ‖ =〔摩撒sā〕

【摩天】mótiān 狀 (하늘에 닿을 정도로) 대단히 높다. ¶～大厦 | 하늘을 찌를 듯한 고층 건물.

【摩托】mótuō 名 外 〈機〉 모터. 발동기 =〔马mǎ达〕

³【摩托车】mótuōchē 名 오토바이. ¶用～送报 | 오토바이로 신문을 배달하다 =〔摩托脚踏车〕〔机器脚踏车〕→〔汽qì车〕

【摩托船】mótuōchuán 名 모터 보트 =〔汽艇qìtǐng〕

【摩托化部队】mótuōhuà bùduì 名組 〈軍〉 오토바이 부대.

【摩崖】móyá 名 마애. 석벽(石壁)에 그림·글씨·불상 등을 새긴 것.

Ⓑ mā

【摩挲】mā·sa ☞〔摩挲〕mósuō ⓑ

2【磨】mó mò 갈 마, 맷돌 마

Ⓐ mó 動 ❶ 갈다. 문지르다. ¶～墨↓ ¶铁杵～成针 | 歇 쇠절구공이를 갈아 바늘을 만들다. 꾸준히 노력하면 어떤 일도 해낼 수 있다. ❷ 마찰하다. 쓸리다. 닳다. ¶脚上～了几个大泡 | 발에 몇개의 큰 물집이 생겼다. ¶我劝了他半天, 嘴唇都快～破了 | 나는 반나절이나 그를 설득하는 바람에 입술이 닳아 터지려 했다. ❸ 시달리다. 고통스럽게 하다. 귀찮게 굴다. 성가시게 굴다. ¶病～得心急 | 병에 시달려서 고통스럽다. ¶这孩子

真～人 | 이 아이는 정말 귀찮게 군다. ❹ 시간을 소모하다〔허비하다〕. 헛되이 보내다. ¶～洋工↓ ¶～工夫 | 시간을 허비하다. ❺ 소멸하다. 마멸되다. 없어지다. ¶百世不～ | 영원히 소멸되지 않다.

B mò ❶ (～子) 名 맷돌. ¶一盘～ | 맷돌 하나. ❷ 動 맷돌질하다. 맷돌로 갈다〔빻다〕. ¶～面 | 밀가루를 빻다. ¶～豆子 | 콩을 갈다. ❸ 動 방향을 바꾸다. 마음을 바꾸다. ¶不能～车 | 차를 돌릴 수 없다. ¶我几次劝他, 他还是～不过来 | 나는 여러차례 그에게 권고했는데도 그는 여전히 마음을 바꾸지 않았다. ❹ 量 회수. 차례. ¶转了一～ | 한 바퀴 돌았다. ¶一～买卖 | 한 차례의 장사. ¶好几～你都没来 | 몇 번이나 너는 오지 않았다.

A mó

【磨擦】mócā ⇒〔摩mó擦〕

【磨蹭】mó·ceng 動 京 ❶ (가볍게) 마찰하다. 문지르다. 삐다. ¶右脚jiǎo轻qīng轻地在地上～着 | 오른발을 가볍게 땅에 비비고 있다. ❷ 느릿느릿 걷다. 천천히 걷다. 꾸물거린다. ¶他的腿病已经减轻, 一个人扶着可以往前～了 | 그는 다리의 병세가 이미 호전되어, 한 사람이 부축하면, 앞으로 천천히 걸을 수 있다. ¶他干什么都那么～ | 그는 무얼 하든 온통 그렇게 꾸물댄다. ❸ 졸라대다. 물고 늘어지다. 귀찮게 굴다. ¶我跟爸爸～了半天, 他才答应明天带咱们到动物园玩去 | 내가 아빠에게 한참이나 졸라서야 내일 우리들을 데리고 동물원에 놀러 가겠다고 응락했다.

【磨缠】mó·chán 動 계속해서 칭얼거리다. 노닥거리다. ¶这孩子老是～人 | 이 아이는 줄곧 칭얼거린다.

【磨杵成针】mó chǔ chéng zhēn 成 쇠공이를 갈아서 바늘을 만들다. 끈기있게 노력하면 무슨 일이든 이룬다. ¶要有～的耐心, 才能成就事业 | 끈기있게 노력하면 무슨 일이든 이룰 수 있다는 인내심만 있으면, 사업을 성취할 수 있다.

【磨穿铁砚】mó chuān tiě yàn 成 쇠벼루가 구멍이 나도록 먹을 갈다. 꾸준히 학습에 힘쓰다. ¶他十年寒窗hánchuāng, ～, 终于成才 | 십년동안 매우 어려운 환경 속에서, 꾸준히 학습에 힘써, 결국 재능을 이루었다.

【磨床】móchuáng 名〈機〉연마반(研磨盤). 연마기. 그라인더. ¶工具～ | 공구 연마기. ¶钻头～ | 드릴 연마기.

【磨唇费舌】mó chún fèi shé 成 입이 닳도록 말〔설득〕하다. ¶经我一番～, 终于把请假条开出来了 | 내가 입이 닳도록 한차례 설득한 끝에, 결국 사직원을 제출하였다.

【磨刀霍霍】mó dāo huò huò 成 칼을 가는 소리. 전쟁이나 사람을 해칠 준비를 하다. ¶敌对势力～, 准备大势反攻 | 적대 세력이 전쟁 준비를 하니, 크게 반격할 준비를 하다.

【磨叨】a mó·dao 動 ❶ 투덜대다. 원망하다. 불평하다. ¶他一个劲儿找我～, 我嫌烦 | 그는 자꾸 나를 붙들고 불평을 하는데 난 진절머리가 난다. ❷ 꾸물거리다.

b mò·dao 動 口 같은 말을 지루하게 되풀이하다. 중언복언(重言復言)하다.

【磨光】móguāng 動 반짝반짝하게 갈다. 윤〔광〕을 내다. ¶～用砂 | 연마용 모래. ¶～玻璃 | 반짝거리는 유리. ¶～皮 | 광택 있는 가죽.

【磨砺】mólì 書 動 날카롭게 갈다. 喻 연마(練磨)하다. ¶老李知道只有时时刻刻～自己, 才能战胜更大的困难 | 이형은 항상 자기 자신을 연마해야만 더 큰 어려움을 이겨 낼 수 있다는 것을 알고 있다. ¶～意志和毅力 | 의지와 기백을 연마하다 =〔摩厉mólì〕

【磨练】móliàn 名 動 연마(하다). 단련(하다). ¶在艰苦斗争中～自己 | 가난과의 투쟁 속에서 스스로를 단련하다. ¶人生需要～ | 인생은 단련을 필요로 한다 =〔磨炼liàn〕〔摩mó练〕

【磨料】móliào 名 연마재(研磨材).

【磨灭】mómiè 動 (공적·흔적·인상·사실 등이) 마멸되다. 소멸되다. 없어지다. ¶年深月久, 碑文已经～ | 세월이 오래되어 비문이 이미 마모되었다. ¶留下不可～的印象 | 지울 수 없는 인상을 남기다. ¶建立不可～的功勳 | 불멸의 공훈을 세우다.

【磨墨】mó mò 먹을 갈다. ¶墨磨浓了 | 먹을 진하게 갈았다.

【磨磨蹭蹭】mó·mocèngcèng 狀 우물쭈물하다. 꾸물거리다. ¶她～的, 到现在还不动身 | 그녀는 꾸물거리며 아직 출발하지 못하고 있다→〔磨蹭〕

【磨难】mónàn 名 고난. 고생. 시달림. ¶不受～不成佛 | 諺 어려움을 겪지 않으면 부처가〔훌륭한 인물이〕될 수 없다 =〔磨折zhé〕〔魔难nán〕

【磨破】mópò 動 닳아서 떨어지다〔해지다〕. ¶～了嘴 | (말을 많이 해서) 입이 다 닳아 헤질 지경이다. ¶袖口已全～ | 소매끝이 이미 다 떨어졌다 =〔咬yǎo破②〕

【磨砂玻璃】móshā bō·li ⇒〔毛máo玻璃〕

【磨损】mósǔn 名 動 마손(되다). ¶机械～ | 기계가 마손되다. ¶减少机器的～ | 기계의 마손을 줄이다 =〔磨耗hào〕

【磨牙】mó/yá ❶ 動 方 잡담하다. 수다떨다. 무의미한 언쟁을 하다. ¶你别跟她～了 | 그녀와 쓸데없이 수다떨지 말아라 =〔摩mó牙〕 ❷ 名 어금니 =〔臼jiù齿〕 ❸ ⇒〔磨牙yá齿〕

【磨牙齿】mó yáchǐ 動組 이를 갈다 =〔磨牙③〕

【磨洋工】mó yánggōng 俗 일을 질질 끌다. 태업(怠業)하다. ¶在工作上, 不准～! | 작업 중에 태업을 금함! =〔磨羊工〕

【磨嘴】mó/zuǐ ⇒〔磨嘴皮子〕

【磨嘴皮子】mó/zuǐpí·zi 動組 方 쓸데없는 말을 지껄이다. 이러니저러니 잔소리하다. ¶成天～不干活, 还能建设好民主主义? | 왠종일 이러니 저러니 떠들어대기만 하고 일을 하지 않으니, 어찌 민주주의를 건설할 수 있겠어! =〔磨嘴〕

B mò

【磨不开】mò·bu kāi 動組 ❶ 무안하다. 창피하다. 쑥스럽다. 멋적다. 거북하다. ¶本想当面说两句, 又怕他脸上～ | 얼굴을 맞대고 몇마디 해주고 싶

은데 그가 무안해 할 것 같군. ¶给爹妈赔不是有什么～(脸)的? | 부모님에게 사죄하는데 뭐 쑥스러울 것이 있니? ❷方 남들이 되지 않다. (일이) 잘되지 않다. ¶我有了～的事, 就找他去商量 | 나는 잘 되지 않는 일이 생기면, 그를 찾아가 상의한다 ‖ =〔抹mò不开〕

【磨叨】mò·dao ☞〔磨叨〕mó·dao ⓑ

【磨烦】mò·fan 動 ❶ 귀찮게 굴다. 못살게 굴다. 성가시게 매달리다. ¶这孩子háizi常常～姐姐给他讲故事 | 이 아이는 늘 누나에게 옛날 이야기를 해 달라고 성가시게 한다. ❷ 꾸물거리다. 늑장 부리다. 늦추다. 질질 끌다. ¶故意gùyì地～等他走了才往前跑了 | 일부러 꾸물거리다가 그가 떠나자 비로소 앞으로 달렸다. ¶不必～了, 说干就干吧 | 늑장 부릴 필요 없어, 한다고 말했으면 하는거야.

【磨坊】mòfáng 名 방앗간. ¶我家以前开～ | 나는 옛날에 방앗간을 했다 =〔磨房〕

【磨黄】mòhuáng 動 꾸물대다가 실패하다. 우물쭈물하다가 못쓰게 만들다. ¶咱们这个实验非叫小李给～了不可 | 우리의 이 실험은 이군이 우물쭈물한 탓에 실패하게 될 것이다.

【磨盘】mòpán 名 ❶ 맷돌의 아래 짝. ❷方 맷돌. ¶门前有一片～ | 문 앞에 멧돌 한 짝이 있다.

4【蘑】mó 버섯 마
⇒〔蘑菇〕

⁴【蘑菇】mó·gu ❶ 名〈植〉버섯. ❷ 動 俗 치근거리다. 귀찮게 달라붙다. 징징거리다. ¶泡～ | 귀찮게 달라붙어 시간을 끌다. ¶跟他～ | 그에게 치근덕거리다. ❸ 動 꾸물거리다. 질질 끌다. ¶～战术 | 지연 전술. ¶你再这样～, 就赶不上火车 | 네가 또 이렇게 꾸물거리다가는 기차를 놓치겠다. ❹ 動 귀찮다. 번거롭다. 성가시다. ¶这事相当～ | 이 일은 상당히 성가시다. ❺ 名 수다장이. 잔소리꾼. ¶别惹他, 他是有名的～ | 그는 유명한 잔소리꾼이니 건드리지 마라. ❻ 名 소동. ¶出～ =〔出乱子〕| 소동이 일어나다.

4【魔】mó 마귀 마
❶ 名 악마. 마귀. 귀신. ¶病～ | 병마. ¶着～ | 귀신에 홀리다. ❷ 動 마력에 걸려들다. ¶被钱～住了 | 돈에 사로 잡혔다. ❸ 기이하다. 신비하다. 이상하다 [「魔罗」(mara; 범)에서 유래된 준말] ¶～力↓ ¶～术↓

【魔方】mófāng 名 루빅 큐브(Rubik's cūbe). ¶玩～ | 루빅 큐브 게임을 하다 =〔鲁比克魔方〕〔鲁华克魔方〕〔茹比克立方块〕

【魔高一尺, 道高一丈】mó gāo yīchǐ, dào gāo yīzhàng 諺 마(魔)가 한 자 높아지면 도(道)는 한 장(丈) 높아진다. 정의는 항상 승리한다 [옛날의 「道高一尺, 魔高一丈」에서 「道」와 「魔」를 바꾸어 만든 말]

【魔怪】móguài 名 요귀(妖鬼).

⁴【魔鬼】móguǐ 名 마귀. 악마. 喩 사악한 세력. ¶别理这个～ | 이 사악한 마귀는 상대하지 마라.

【魔窟】mókū 名 마굴. 악마의 소굴. ¶直捣dǎo～ | 직접 악마의 소굴을 공격하다.

【魔力】mólì 名 마력. 매력. ¶这个故事有一种～抓住我的心 | 이 이야기에는 내 마음을 사로잡는 매력이 있다.

【魔魔怔怔】mó·mozhēngzhēng 狀 홀려 정신이 없다. ¶他这会儿让ràng对象弄得～, 魂hún不附fùtǐ | 그는 이번에 결혼 상대에게 완전히 빠져서 넋을 잃었다.

【魔难】mónàn ⇒〔磨mó难〕

⁴【魔术】móshù 名 마술. ¶～演员 | 마술사. ¶变～ | 마술부리다 =〔幻术〕〔变戏法(儿)②〕〔戏法(儿)①〕

【魔王】mówáng 名 ❶〈佛〉마왕. ❷ 喩 폭군. 악마처럼 잔인한 사람. ¶他是一个～ | 그는 폭군이다.

【魔芋】móyù 名〈植〉❶ 구약(蒟蒻)나물. ❷ 구약구(蒟蒻球). 구약나물의 구경(球莖) [이것으로 곤약을 만들어 식용함] ‖ =〔蒟jǔ蒻〕

【魔掌】mózhǎng 名 마수(魔手). 喩 흉악하고 음험한 손길. ¶伸出～ | 흉악한 손길을 뻗치다. ¶逃出～ | 마수를 벗어나다.

【魔杖】mózhàng 名 마술 지팡이. ¶挥动着～ | 마술 지팡이를 휘두르고 있다.

【魔障】mózhàng 名〈佛〉마장. 악마가 설치한 불도(佛道)의 수행에 장애가 되는 것 =〔魔星〕

【魔爪】mózhǎo 名 마수(魔手). ¶斩断侵略者的～ | 침략자의 마수를 절단하다.

【魔怔】mó·zheng 形 ⓞ (마치 정신병이 있는듯) 행동이 비정상이다. ¶他还真有点儿～ | 그는 정말 행동이 다소 비정상적이다.

mǒ ㄇㄛˇ

3【抹】mǒ mò mā 바를 말, 닦을 말

Ⓐ mǒ 動 ❶ 바르다. 칠하다. ¶～上点药膏 | 연고를 바르다. ¶～一层糨糊 | 풀을 한겹 칠하다. ❷ 닦다. ¶～眼泪 | 눈물을 닦다. ¶他吃完饭把嘴一～就走了 | 그는 밥을 다 먹고 입을 한 번 닦고는 가버렸다→〔擦cā②〕〔搽chá〕 ❸ 제거하다. 지우다. 없애다. ¶～杀↓ ¶把这行字～了 | 이 줄의 글자를 지워버렸다. ❹ 만지작거리다. ¶～骨牌 | 골패를 만지작거리다.

Ⓑ mò 動 ❶ 고르다. (진흙이나 석회 등을) 발라서 고르다. ¶～墙 | 벽을 바르다. ¶他正在往墙上～石灰 | 그가 담장에 석회를 바르고 있다. ❷ 모퉁이를 돌다. 주위를 돌다. 빙돌다. ¶转弯～角 | ⓐ 빙 돌아가다. ⓑ (말 등을) 빙 둘러하다. ¶～过一座林子 | 숲을 빙 둘러 돌아서 가다. ❸ 방향을 바꾸다. ¶～头就走 | 방향을 바꾸어 가다.

Ⓒ mā 動 ❶ 닦다. ¶～桌子 | 책상을 닦다. ❷方 잡아 내리다. 잡아 누르다. ¶把帽檐儿～下来 | 모자챙을 내리다. ¶把帽子～下来 | 모자를 눌러 쓰다.

Ⓐ mǒ

【抹鼻子】mǒ bí·zi 動組 ❶ 코를 문지르다〔훔치다〕. ❷ 轉 훌쩍거리다. 울먹이다. ¶干吗má擦眼睛～的, 有什么委屈啊? | 왜 훌쩍훌쩍 울먹이지, 무슨 억울한 일이 있니?

【抹脖子】mǒ bó·zi 動組 칼로 목을 자르다 [주로 자살을 뜻함] ¶要是破产, 我就～ | 만약에 파산

한다면, 나는 자살한다 =〔書 刎颈〕
【抹掉】mǒdiào 動 삭제하다. ¶这部分很重要不能～ | 이 부분은 매우 중요한 부분이므로 삭제할 수 없다. ¶从名册上～ | 명부에서 삭제하다.
【抹黑】mǒhēi 動 ❶ 먹칠하다. ❷ 喩 체면을 손상시키다. ¶这不是给我们脸上～吗? | 이는 우리 얼굴에 먹칠하는 것이 아니냐? =〔抹灰huī②〕〔抹面子〕
【抹灰】mǒ/huī ❶ 動 회칠하다. ❷ (mǒhuī) ⇒〔抹黑②〕
【抹零(儿)】mǒ/líng(r) ❶ 動 (돈을 낼 때) 우수리를 떼다. ¶那四分的零儿抹了去吧! | 그 4전의 우수리는 떼어 버립시다! ❷ (mǒlíng(r)) 名 (계산에 넣지 않는) 우수리.
【抹抹嘴】mǒ·mozuǐ 動組 喩 ❶ 입씻다. 음식을 먹고도〔대접을 받고도〕 시치미를 떼다. ¶哪儿有吃完喝完, ～不算了的! | 먹고 마시고 나서, 입씻고 모르는 체 할 수 있단 말이야! ❷ (음식 대접 후) 인사 치레를 않다 [친한 사이여서 인사 치레 등을 할 필요가 없을 때 사용함] ¶你吃完了, ～走你的, 这儿全不用管了 | 너 다 먹었으면, 인사 치레할 것 없이 가라, 여기는 전혀 상관할 필요가 없어 →〔吃人家〕
【抹去】mǒqù 動 지워 버리다. 삭제하다. 말소하다. ¶这一点是不能凭白～的 | 이 점은 까닭없이 삭제할 수 없다.
4【抹杀】mǒshā 動 말살하다. ¶这个事实谁也～不了 | 이 사실은 누구도 말살할 수 없다. ¶一笔～ | 단번에 말살해 버리다 =〔抹煞shā〕
【抹煞】mǒshā ⇒〔抹杀〕
【抹下脸来】mǒ·xia liǎn·lai 動組 얼굴이 시무룩해지다. 뿌루퉁해지다.
【抹香鲸】mǒxiāngjīng 名 〈動〉 향유(香油) 고래.
【抹一鼻子灰】mǒ yī bí·zi huī 動組 코떼다. 거절당하다. 무안당하다. ¶大清早就～, 这一天还高兴得了liǎo吗? | 이른 아침부터 무안당하고도 이 하루가 즐거울 수 있겠니? ¶她一听这话就～不说话儿 | 그녀는 이 말을 듣자마자 뿌루퉁해져 말을 하지 않았다.
【抹子】mǒ·zi 名 〈建〉 흙손.
Ⓑ mò
【抹不开】mò ·bu kāi ⇒〔磨mò姆〕
【抹合】mò·he 動 잘 사용〔하다. 요령있게 다루다. 적당하게 대우하다. ¶能刚能柔才是本事, 她得～他一把儿 | 강할 수도 있고 부드러울 수도 있는 것이 바로 능력이니, 그녀는 그를 잘 조종해야 한다.
【抹面】mòmiàn 動 〈建〉 미장(美裝)하다. 건물 겉에 시멘트·석회 등을 바르다. ¶他们正在～呢 | 그들은 지금 미장을 하고 있다.
Ⓒ mā
4【抹布】mābù 名 행주. 걸레. ¶用～擦一下儿 | 행주로 한 번 닦다.
【抹脸】mā/liǎn 動 ❶ 口 갑자기 표정을 바꾸다. 정색(正色)하다. 굳은 표정을 하다. ¶抹不下脸来 | (상대방의 체면 때문에) 심하게 대하지 못하다. ❷ 얼굴을 닦다.

mò ㄇㄛˋ

【万】mò ☞万 wàn ②

3【末】mò ·me 끝 말

Ⓐ mò ❶ 名 물건의 끝. ¶～梢↓ ¶秋毫qiūháo之～ | 成 추호의 끄트머리. ❷ 轉 말초적인 일. 근본적이 아닌 중요하지 않은 일. ¶舍本逐～ | 근본적인 것을 버리고 하찮은 것을 추구하다. ❸ 名 최후. 마지막. ¶今年的最～的一天 | 올해의 마지막 날. ¶～(班)车↓ ❹ (～儿, ～子) 名 가루. 분말. ¶锯jù～ | 톱밥. ¶把药研成～儿 | 약을 갈아서 분말로 만들다. ❺ (～儿, ～子) 名 〈文〉 ⓐ 연극의 중년 남자 배역 [경극(京劇)의 「老生」과 같은 종류에 속함] ⓑ 簡 「末泥」(배역 이름) ⇒〔末泥〕 ❻ 量 京 번. 차. 회 [회수(回數)·도수(度數)를 세는 데 쓰임] ¶有那么一～ | 그러한 일도 있었다. ❼ 書 副 아니다. 없다. 않다. 어법 부정·금지 등을 나타냄. ¶吾～如之何 | 나는 그것을 어찌할 수 없다.
Ⓑ ·me 「么」와 같이 쓰이기도 함 ⇒〔么·me①〕
【末(班)车】mò(bān)chē 名 막차. ¶坐～ | 막차를 타다. ¶他们坐上了爱情的～ | 그들은 사랑의 막차를 탔다 =〔末次车〕〔末趟tàng车〕〔赖lài四卡〕⇔〔首(班)车〕〔头班车〕
【末代】mòdài 名 말대. 왕조의 마지막 대. ¶～皇帝 | 마지막 황제.
【末伏】mòfú 名 ❶ 말복. 입추가 지난 뒤의 첫번째 경일(庚日). ❷ 말복으로부터 다음 경일까지의 열흘의 기간 ‖ =〔下伏〕〔终zhōng伏〕
【末后】mòhòu ❶ 名 최후. 최후의 시기. 최후의 단계. ❷ 副 결국. 마지막으로. 드디어. 급기야.
【末技】mòjì 名 말기. 말예. 하찮은 기술. 변변찮은 재주. ¶音韵学决不是～ | 성운학은 결코 하찮은 기술이 아니다 =〔末艺yì〕
【末减】mòjiǎn 動 〈法〉 말감하다. 가장 가벼운 죄에 처하다.
【末将】mòjiàng 名 謙 옛날, 장군이 자신을 낮추어 일컫던 말. ¶～来也 | 말장이 왔습니다.
【末节】mòjié 名 말절. 끝 부분. 사소한 일. 지엽적인 일. ¶细枝～ | 사소하고 지엽적인 것.
【末了(儿)】mòliǎo(r) ❶ 名 최후. 마지막. 끝부분. ¶第三行～的那个字我不认识 | 셋째 줄 마지막의 그 글자를 나는 모르겠다. ❷ 副 결국. 끝으로. 마침내. 드디어. ¶大家猜了半天, ～还是哥哥猜中了 | 모두들 한참 동안을 생각했지만, 결국에는 역시 형이 맞추었다. ¶～, 谢谢诸位光临 | 끝으로, 여러분들의 왕림에 감사드립니다 =〔末末拉(了)〕〔末末了(儿)〕
【末流】mòliú 名 ❶ 말류. 근본 정신 등이 쇠퇴해 버린 마지막 단계의 유파. ¶这个学派是诗学中的～ | 이 학파는 시학 중의 말류이다. ❷ 말속. 말세의 타락된 풍속 =〔書 末俗〕
【末路】mòlù 名 ❶ 노정의 마지막. 가는 길의 끄트머리. ❷ 궁지. ¶穷途～ | 궁지. ❸ 轉 말로. 생애의 최후. 몰락해 가는 막바지.

【末泥】mòní 名〈文〉말니 [잡극·원본(院本)의 배역 이름. 노인을 대표하며 「末」라고 약칭하기도 함] =〔末尼〕

【末年】mònián 名 말년. 말기. ¶唐朝~ | 당나라 말년. ¶咸丰~ | 청대 함풍 말년.

【末期】mòqī 名 말기. ¶第一次世界大战~ | 제1차 세계 대전 말기.

【末日】mòrì 書 名 貶 ❶ 마지막 날. 최후의 날. ¶封建王朝的~ | 봉건 왕조의 최후의 날. ❷ 喩 (종교의) 심판의 날. ¶~审判 | 최후의 심판.

【末梢】mòshāo 名 말초. 끝. 말단. ¶三月~ | 3월 말. ¶鞭子的~ | 채찍의 끄트머리. ¶她在辫子的~打了一个花结 | 그녀는 땋아 늘인 머리 끝에 꽃장식을 묶었다.

【末梢神经】mòshāo shénjīng 名組〈生理〉말초신경.

【末世】mòshì 書 名 말세. ¶封建~ | 봉건시대의 말기 =〔末造zào〕〔季世〕

【末尾】mòwěi 名 ❶ 말미. 끝. 끄트머리. ¶信的~ | 편지의 말미. ¶排在~ | 끄트머리에 배열하다. ¶一切结论产生于调查情况的~ | 모든 결론은 상황을 조사한 끝에 나오는 것이다. ❷〈音〉피네(fine;이). (악곡의) 끝〔결미〕.

【末药】mòyào ❶ ⇒〔末子药〕 ❷ 名〈漢醫〉몰약(沒藥)의 즙액으로 만든 약 =〔没mò药②〕

【末叶】mòyè 書 名 말엽. ¶十七世纪~ | 17세기 말엽. ¶明朝~ | 명조 말엽.

【末子】mò·zi 名 분말. 가루. 부스러기. ¶煤~ | 석탄 가루. ¶茶叶~ | 찻잎 부스러기.

【末子药】mò·ziyào 名〈藥〉가루약 =〔末药①〕〔面子药〕

【末座】mòzuò 名 말석. 맨 끝의 좌석. ¶身处~ | 지위가 말석이다 =〔末位〕〔末席〕

【抹】mò ☞ 抹 mǒ Ⓑ

4【沫】mò 거품 말
(~儿, ~子) 名 거품. 포말. ¶唾tuò~ | 침. ¶肥皂féizào~儿 | 비누 거품.

【沫沫丢丢】mò·modiūdiū 狀 덕지덕지 묻어 지저분하다. 매우 더럽다. ¶厨房chúfáng里弄得~的 | 부엌안이 온통 누더기로 만들었다.

【沫子】mò·zi 名 거품. 포말 =〔沫儿〕

【茉】mò 말리 말
⇒〔茉莉〕

【茉莉】mò·lì 名〈植〉말리. ¶~花茶 | 자스민차. ¶~双熏 | 말리화를 찻잎에 섞어 만든 고급 자스민차 =〔萼è绿君〕〔柰花〕〔鬘华〕〔小南强〕

【秣】mò 말먹이 말
書 ❶ 名 여물. ¶粮~ | 식량과 여물. ❷ 動 여물을 먹이다. ¶~牛 | 소에게 여물을 먹이다.

【秣槽】mòcáo 名 구유.

【秣草劄刀】mòcǎo gēdāo 名組 여물용 작두.

【靺】mò 오랑캐이름 말
⇒〔靺鞨〕

【靺鞨】Mòhé 名〈民〉말갈(족).

【没】mò ☞ 没 méi Ⓑ

【歿】mò 죽을 몰
書 動 죽다. 돌아가시다. ¶病~ | 병사하다 =〔没mò⑥〕

【帕】mò ☞ 帕 pà Ⓑ

3【陌】mò 길 맥
❶ 書 名 전답 사이의 동서로 난 길. 轉 논두렁길. ¶阡~ | 논두렁 길. ❷ ⇒〔陌路〕〔陌生〕

【陌路(人)】mòlù(rén) 書 名 길가다 만난 생판 모르는 사람. 낯선 사람. 길가는 사람. ¶毫不相干的~ | 아무 관계도 없는 낯선 사람. ¶成了~了 | 전연 남과 같이 되어 버렸다. ¶视同~ | 낯선 사람 취급하다.

3【陌生】mòshēng 形 생소하다. 낯설다. ¶我们虽然是第一次见面, 并不感到~ | 우리는 비록 처음 만났지만, 결코 낯설지 않다. ¶~人 | 낯선 사람 =〔驀mò生〕

【貊】Mò 오랑캐 맥
書 名〈民〉맥 [중국 동북쪽에 살던 민족] =〔貉〕

【冒】mò ☞ 冒 mào Ⓑ

【脉】mò ☞ 脉 mài Ⓑ

4【莫】mò 없을 막, 말 막
❶ 書 副 아무도 …하지 않는 사람은 없다. …하는 것이 없다. ¶~不欣喜 | 기뻐하지 않는 사람은 없다. ¶~名其妙↓ ❷ 書 副 못하다. 않다. ¶爱~能助 | 成 마음 속으로는 도와 주려고 해도 힘이 미치지 않다. ❸ 副 …해서는 안된다. …하지 마라. ¶~说话 | 말을 해서는 안된다 =〔不要〕 ❹ 추측이나 반문을 나타냄. ¶~非↓ ❺ 음역어에 쓰임. ¶~斯科↓ ❻ 「暮」와 통용 ⇒〔暮mù〕 ❼ (Mò) 名 성(姓). ❽ 복성(複姓)중의 한 자(字). ¶~多娄↓

【莫泊桑】Mòbósāng 名 外〈人〉모파상(Guy de Maupassant, 1850~1893) [프랑스의 소설가]

【莫不】mòbù 書 副 …하지 않는 것이 없다. 모두 …하다. ¶铁路通车以后, 这里的各族人民~欢欣鼓舞 | 철도가 개통된 후, 이 곳의 각 민족 사람들은 기뻐하며 춤추지 않는 자가 없었다. ¶~大笑 | 모두 크게 웃다.

【莫不是】mòbùshì ⇒〔莫非①〕

【莫测高深】mò cè gāo shēn 成 높이나 깊이를 짐작할 수 없다. ¶美学, 对我来说实在是~ | 미학은 내게 있어서는 정말 난해하다. ¶他的话很玄, 叫人~ | 그의 말은 오묘하여 이해할 수 없다.

【莫大】mòdà 狀 막대하다. 더 없이 크다. ¶关系~ | 관계가 아주 깊다. ¶~的光荣 | 더 없이 큰 영광. ¶~的侮辱wǔrǔ | 엄청난 모욕. ¶~的愤慨 | 극도의 분노.

【莫多娄】Mòduōlóu 名 복성(複姓).

【莫尔兹比港】Mò'ěrcíbǐgǎng 名 外〈地〉포트모르즈비(Port Moresby) [「巴布亚新几内亚」(파푸아뉴기니;Papua New Guinea)의 수도]

【莫尔斯】Mò'ěrsī 名 外〈人〉모스(Morse,Samuel

Finley Breese) [미국의 발명가] ¶～电码 | 모스 부호.

【莫非】mòfēi 副 ❶ 설마 …란 말인가? 설마 …은 아니겠지? 혹시 …이 아닐까? 아마 …일 것이다. …임에 틀림없다. 어법 추측 혹은 반문을 나타내며, 종종「不成」과 호응하여 쓰임. ¶～我听错了? | 설마 내가 잘못 들었단 말인가? ¶今天她没来, ～又生了病不成? | 오늘 그녀가 오지 않았는데, 혹시 또 병이 난 것은 아니겠지? ¶～他又回家去了? | 설마 그가 또 집으로 돌아간 것은 아니겠지? =〔敢gǎn莫〕〔莫不成〕〔莫不是〕 ❷ 書 …아닌 것이 없다. 모두 …이다. ¶～王土 | 왕의 땅이 아닌 것이 없다.

【莫非说】mòfēishuō ⇒〔难nán道说〕

【莫怪】mòguài 動組 ❶ 탓하지 마라. 나쁘게 생각하지 말라. ¶请您～ | 탓하지 마십시오. ❷ 무리가 아니다. 당연하다. ¶～他生大气 | 그가 대노(大怒)하는 것도 무리는 아니다. ¶这就～他这么说 | 그가 이렇게 말하는 것은 당연하다.

【莫管】mòguǎn 書 動組 남의 일에 간섭하지 마라. 자기 일이나 열심히 하라 =〔休管〕

【莫管闲事】mòguǎn xiánshì 俗 쓸데없는 일에 참견하지 말라. ¶你还是～为妙 | 너는 여전히 쓸데없는 일에 참견하지 않는 것이 좋겠다.

【莫过于】mòguòyú 動組 書 …보다 더한 것은 없다. …이상의 것은 없다. ¶乐lè事～读书 | 독서 이상의 즐거운 것은 없다. ¶解决问题的最好办法～撤退军队 | 문제 해결의 가장 좋은 방법으로 군대를 철수하는 것 보다 더한 것은 없다.

【莫罗尼】Mòluóní 名 外〈地〉모로니(Moroni) [「科摩罗」(코모로;Comoros)의 수도]

4【莫名其妙】mò míng qí miào 成 이상야릇하다. 근거도 없고 이치에도 맞지 않아 이해할 수 없다. 영문을 알 수 없다. ¶～地挨了骂 | 영문도 모르고 욕을 먹다. ¶她～地哭了起来 | 그녀는 영문도 모르게 울기 시작했다. ¶为什么讲这番话, 真叫人～ | 왜 이런 말을 하는지, 이해할 수 없다 ‖ =〔莫明其妙〕

【莫明其妙】mò míng qí miào ⇒〔莫名其妙〕

【莫逆】mònì 書 狀 막역하다. 허물없이 대단히 친밀하다. ¶在班级中他们俩最称～ | 반 급우중에서 그들 둘이 가장 막역하다고 한다.

【莫逆之交】mò nì zhī jiāo 成 막역지교. 막역지우. ¶我跟老李是～ | 나와 이형은 막역지우이다.

【莫如】mòrú 動組 …하는 것만 못하다. …하는 것이 낫다. 어법 ⓐ 자주「与其」와 호응하여 쓰임. ¶他想, 既然来到了门口, ～跟着进去看看 | 그는 기왕 입구까지 온 바에는, 따라 들어가 보는 편이 낫다고 생각했다. ¶与其你去, ～他来 | 네가 가느니 그가 오는 것이 낫다. ⓑ「不如」는 득실(得失)을 비교하는 이외에도 우열(優劣)·고하(高下)를 비교할 수 있는데,「莫如」에는 이런 용법이 없음. ¶这个办法莫如那个好(×) ¶这个办法不如那个好 | 이 방법은 저 방법만 못하다 =〔書 莫若ruò〕

【莫若】mòruò ⇒〔莫如〕

【莫桑比克】Mòsāngbǐkè 名 外〈地〉모잠비크(Mozambique) [아프리카 동남부의 구 포르투갈령 식민지. 1975년 독립. 수도는「马普托」(마푸토;Maputo)]

【莫氏硬度表】Mòshì yìngdùbiǎo 名組〈鑛〉모스(Mohs)의 경도계 =〔摩氏硬度表〕

【莫斯科】Mòsīkē 名 外〈地〉모스코바(Mōscow) [「俄罗斯」(러시아;Russia)의 수도] =〔莫斯克〕

【莫谈国事】mò tán guóshì 書 국사를 함부로 논하지 말라 [옛날, 찻집 등에 걸어두어 손님들에게 주의를 주는 문구의 일종] ¶非常时期, ～! | 비상 시기에 국사를 함부로 논하지 말라.

【莫为已甚】mò wéi yǐ shèn 成 너무 심한일〔짓〕을 하지 않다. ¶人应行己有耻, ～ | 사람은 마땅히 행함에 염치가 있어야 하며, 너무 심한 일을 해서는 안된다.

【莫须有】mòxūyǒu 動組 아마 있을 것이다. 근거없이 죄명을 날조하다. ¶岳飞被～的罪名所处死了 | 악비는 날조된 죄명으로 처형되었다.

【莫邪】mòyé ⇒〔镆mò铘〕

【莫予毒也】mò yú dú yě 成 나를 해칠 자는 없다. ¶以为天下～ | 세상에 나를 해칠 자는 없다고 생각한다.

【莫衷一是】mò zhōng yī shì 成 일치된 결론을 내릴 수 없다. ¶对于这个问题, 大家意见纷纷, ～ | 이 문제에 대하여 각자의 의견이 분분하여, 일치된 결론을 내릴 수 없다.

2【漠】mò 사막 막, 넓을 막

❶ 名 사막 [특히 고비 사막을 지칭할 때가 많음] ¶大～ =〔戈gē壁〕| 고비 사막 =〔沙shā漠〕 ❷ 냉담하다. 무관심하다. ¶～视↓ ❸ 書 形 광막하다. 광활하다 =〔广guǎng漠〕〔广莫〕

【漠不关心】mò bù guān xīn 成 냉담하게 전혀 관심을 갖지 않다. ¶他对同事～ | 그는 동료에 대해 전혀 관심이 없다.

【漠漠】mòmò 書 狀 ❶ (구름·연기·안개 등이) 짙게 끼다. ¶湖面升起一层～的烟雾 | 호수에 짙은 안개가 피어 오르다. ❷ 막막하다. 광활하여 아득하다. ¶远处是～的平原 | 먼 곳은 광활한 평원이다.

【漠然】mòrán 書 狀 개의치 않다. 무관심하다. ¶～置之 | 成 개의치 않고 내버려 두다. ¶处之～ | 成 무심하게 처리하다.

【漠视】mòshì 書 動 경시(輕視)하다. 냉담하게 대하다. ¶失业问题不可～ | 실업 문제는 결코 경시할 수 없다. ¶他一向～法纪 | 그는 줄곧 법률과 기율을 경시한다 =〔莫视〕

3【寞】mò 쓸쓸할 막

書 形 고요하다. 적막하다. 쓸쓸하다. ¶～然 | 고요하다 =〔寂jì寞〕〔落寞①〕

【獏】mò Mú 짐승이름 맥, 종족이름 모

Ⓐ mò「貘」과 같음 ⇒〔貘mò〕

Ⓑ Mú 名 모족 [광동성(廣東省) 합포현(合浦縣) 일대에 거주하는 소수 민족]

【镆(鏌)】mò 칼이름 막

⇒〔镆铘〕

【镆铘】mòyé 名 고대 보검(寶劍)의 이름. ¶腰佩pèi～ | 허리에 보검을 차다 =〔莫邪〕

【瘼】mò 병 막
書 名 병. 고통. ¶民～ | 백성의 질고.

【貘】mò 맹수이름 맥
名〈動〉❶ 맥. ❷ 흰 표범.

【蓦(驀)】mò 넘을 맥, 곧장 맥
副 불의에. 돌연히. 갑자기. ¶她～地唱起来 | 그녀는 갑자기 노래했다 =〔蓦然〕〔蓦地〕

【蓦地】mòdì 副 갑자기. 돌연히. ¶他～站起来 | 그는 돌연히 일어섰다.

【蓦然】mòrán 副 갑자기. 문득. ¶～看去, 这石头像一头卧牛 | 문득 보니, 이 돌이 흡사 누워 있는 소와 같다. ¶～回首, 发现朴小姐在向他招手 | 문득 고개 돌려, 미스 박이 그를 향해 손을 흔들고 있는 것을 보았다 =〔蓦忽〕

【蓦生】mòshēng ⇒〔陌mò生〕

【貉】mò ☞ 貉 háo C

【嘿】mò ☞ 嘿 hēi B

2【墨】mò 먹 묵
❶ 名 먹. ¶一块～ =〔一锭墨〕| 먹 한 자루 →〔墨水(儿)②〕〔松sōng滋侯〕 ❷ 名 (서화·필기·인쇄에 쓰는) 안료(顔料). ¶红～ | 붉은 안료. ❸ 서화(書畫). ¶～宝bǎo↓ ❹ 轉 교양. 학문. ¶胸无点～ | 교양이 조금도 없다→〔墨水(儿)③〕 ❺ 검은 색. 검은 색에 가까운 것. ¶～晶 | 흑수정. ❻ 名 묵형(墨刑) [다섯 가지 형벌 중의 하나로 얼굴이나 이마에 문신을 했음] =〔墨刑〕 ❼ 名 簡 묵자(墨子). 묵가(墨家) 학파. ❽ 名 簡「墨西哥」(멕시코)의 약칭. ❾ (Mò) 名 성(姓). ❿ 복성(複姓) 중의 한 자(字). ¶～胎tāi↓

【墨宝】mòbǎo 名 ❶ 書 보배가 될만한 훌륭한 글씨〔그림〕. ❷ 轉 묵보(墨寶) [남의 글씨나 그림을 높여 이르는 말] ¶我想瞻仰zhānyǎng您的～ | 저는 당신의 묵보를 우러러보고 싶습니다. ‖ =〔宝墨〕

【墨斗(子)】mòdǒu(·zi) 名 묵두. (목수가 쓰는) 먹통 =〔墨线斗子〕

【墨(斗)鱼】mò(dǒu) 名 俗〈魚貝〉오징어 =〔乌贼〕

【墨盒(儿, 子)】mòhé(r·zi) 名 안에 솜을 넣고 먹물을 부어 수시로 붓을 적시어 사용할 수 있는 먹통.

【墨黑】mòhēi 狀 새까맣다. 캄캄하다. ¶～天 | 먹물을 부은 것처럼 캄캄한 하늘. ¶～柔软的长头发 | 새까맣고 부드러운 긴 머리카락.

【墨迹】mòjì 名 ❶ 묵적. 먹으로 쓴 흔적. ¶～未干 =〔墨汁未干〕| 成 먹물이 채 마르지도 않다. ❷ 수적(手迹). 수서(手書). 손수 쓴 글. 손수 쓴 그림. ¶这是郭沫若的～ | 이것이 곽말약의 수적이다. ❸ 필사본(筆寫本).

【墨家】Mòjiā 名〈哲〉묵가. 중국 춘추전국(春秋戰國)시대 제자백가(諸子百家)의 한 파.

【墨晶】mòjīng 名〈鑛〉흑수정(黑水晶).

【墨镜】mòjìng 名 선글라스. 색안경. ¶夏天出门应戴～ | 여름에 밖에 나갈 때는 반드시 선글라스를 써야한다 =〔太阳(眼)镜〕

【墨菊】mòjú 名〈植〉어두운 자주빛의 국화. ¶～含苞hánbāo待放 | 자줏빛 국화 꽃봉오리가 막 피려한다.

【墨吏】mòlì 書 名 묵리. 탐관오리.

【墨绿】mòlǜ 狀〈色〉철색(鐵色). 검푸른 색. ¶～的松叶 | 검푸른 소나무 잎.

【墨囊】mònáng 名〈魚貝〉(낙지 등의) 먹물주머니. 고락. 묵즙낭(墨汁囊).

【墨守成规】mò shǒu chéng guī 成 종래의 규칙·관례 등을 묵수하다. 낡은 틀에 매달리다. ¶要勇于于创新, 不能～ | 과감히 창신해야 하며 낡은 틀에 매달려서는 안된다 =〔墨守陈规〕

2【墨水(儿)】mòshuǐ(r) 名 ❶ 먹물. ❷ 잉크. ¶蓝lán～ | 파란색 잉크. ¶～瓶 | 잉크병. ¶～瓶架 =〔墨水(儿)台〕| 잉크스탠드. ¶～垫diàn | 스탬프 배드 =〔洋墨水(儿)〕 ❸ 轉 글공부. 지식. 학문. ¶他喝过几年～ | 그는 몇년간 먹물을 먹었다. ¶肚里一点～也没有 | 뱃속에 든〔배운〕것이 조금도 없다.

【墨水池】mòshuǐchí 名 잉크스탠드 [보통두가지 색깔의 잉크를 넣게 되어 있음]

【墨索里尼】Mòsuǒlǐní 名 外〈人〉뭇솔리니(Benito Mussolini, 1883～1945) [이탈리아의 정치가] =〔莫索里尼〕

【墨胎】Mòtāi 名 복성(複姓).

【墨西哥】Mòxīgē 名 外〈地〉멕시코(Mexico) [북미남부의 공화국. 수도는「墨西哥城」(멕시코시티;Mexico City)] ¶～湾 | 멕시코만. ¶～湾流 | 멕시코 만류 =〔簡 墨国〕

【墨西哥城】Mòxīgēchéng 名 外〈地〉멕시코시티(Mexico City) [「墨西哥(멕시코;Mexico)의 수도]

【墨鸦】mòyā 名 ❶ 악필(惡筆). ❷ 方〈鸟〉가마우지 =〔墨鸭yā〕〔鸬鹚lúcí〕

【墨鱼】mòyú 名 俗〈动〉오징어 =〔乌wū贼〕

【墨汁(儿)】mòzhī(r) 名 먹물. ¶～未干 | 成 먹물이 채 마르기도 전에 [협정 또는 약속을 위배하다]

2【默】mò 잠잠할 묵
❶ 말이 없다. 조용하다. ¶沉～ | 침묵하다. ¶～认↓ =〔嘿mò〕 ❷ 動 외워 쓰다. ¶～生字 | 새 낱말을 외워 쓰다→〔嘿mò〕 ❸ (Mò) 名 성(姓).

【默哀】mò'āi 動 묵도하다. 묵념하다. ¶全体起立～五分钟 | 모두 일어나 5분간 묵념하다. ¶为国父～ | 국부를 위해 묵념하다.

【默不作声】mò bù zuò shēng 成 침묵을 지키다. 잠자코 있다. ¶别人都热烈发言, 只有他坐在那里～ | 다른 사람들은 모두 열심히 발언하는데 단지 그 만이 앉아 침묵을 지키고 있다 =〔默默无言〕

【默祷】mòdǎo 名 動 묵도(하다). ¶为出海打鱼的儿子～ | 바다에 나가 고기 잡는 아들을 위해 묵

도하다.

【默读】mòdú 名動 묵독(하다). ¶他一边～, 一边记录 | 그는 한편으로 묵독하면서 한편으로 적어 나갔다 =〔默诵sòng①〕

【默记】mòjì 動 묵기하다. 암기(暗記)하다. ¶他把数字～在心 | 그는 숫자를 마음 속에 암기한다.

4【默默】mòmò 書 狀 ❶ 묵묵하다. 말없이 잠잠하다. ¶～无言 | 묵묵히 말이 없다. ❷ 불만해 하다. 불만스러워 하다.

【默默无闻】mò mò wú wén 成 이름이 세상에 알려지지 않다. ¶我是一个～的小人物 | 나는 세상에 이름이 알려지지 않은 작은 인물이다 =〔没没无闻〕

【默默无言】mò mò wú yán ⇒〔默不作声〕

【默念】mòniàn 動 ❶ 마음 속으로 생각하다. 묵상(默想)하다. 묵고(默考)하다. ¶人们～着老爷爷战斗的一生 | 사람들은 할아버지의 전투적 일생을 마음 속으로 생각하고 있다. ❷ 묵념하다. 묵도(默禱)하다.

【默片】mòpiàn 名〈撮〉무성영화(필름) =〔无声影片〕

【默契】mòqì ❶ 形 묵계(하다). 묵약(默約)(하다). ¶相互～ | 서로 묵약하다. ❷ 名 비밀 약속. 밀약(密約). 비밀 조약. 구두협정(口頭協定). ¶达成～ | 비밀 조약을 맺다. ¶关于这个问题双方曾有～ | 이 문제에 관해 쌍방간에 일찍이 비밀 조약이 있었다.

【默然】mòrán 書 狀 잠자코 있다. 묵묵히 있다. ¶二人～相对 | 두 사람이 묵묵히 마주 대하다. ¶～无言 | 잠자코 말이 없다.

【默认】mòrèn 動 묵인하다. ¶～现状xiànzhuàng | 현재 상황을 묵인하다.

【默诵】mòsòng ❶ ⇒〔默读〕 ❷ 動 암송(暗誦)하다.

【默算】mòsuàn 動 ❶ 암산하다. ❷ …할 작정이다. 심산(心算)하다.

【默写】mòxiě ❶ 動 (읽었던 문장을) 외워 쓰다. ¶～课文 | 본문을 외워 쓰다. ❷ 名 외워 쓰기. ❸ 動 마음 속으로 그림을 구상하다.

【默许】mòxǔ 動 묵허하다. 묵인하다. ¶～他们来往 | 그들의 왕래를 묵인하다.

【磨】mò ☞ 磨 mó B

【耱】mò 써레 마
名〈農〉중국 서남 지방에서 사용하는 농기구의 일종[버들가지로 결은 농기구로 갈아 놓은 땅을 고르는 데 사용함] =〔耢lào〕

mōu ㄇㄡ

【哞】mōu 소우는소리 모
擬 음매 [소가 우는 소리]

móu ㄇㄡˊ

【牟】móu mù 탐할 모
A móu ❶ 動 취하다. 얻다. ¶～利↓ ❷ (Móu) 名 성(姓).
B mù 지명에 쓰이는 글자. ¶～平 | 모평. 산동성(山東省)에 있는 현(縣) 이름.

【牟利】móu/lì 動 모리하다. 이익만 꾀하다.

【牟取】móuqǔ 動 (명성이나 이익을) 도모하다. ¶～暴利 | 폭리를 도모하다.

【侔】móu 같을 모
形 서로 같다. 닮다. ¶相～ | 서로 같다.

【侔色揣称】móu sè chuǎi chèn 成 완전히 같게 모방하다.

【眸】móu 눈동자 모
(～子) 名 눈. 눈동자. ¶明～皓hào齿 | 맑은 눈동자와 하얀 이. 아름다운 미인.

【眸子】móuzǐ 名 눈. 눈동자..

【蛑】móu 뿌리잘라먹는벌레 모
⇒〔蝤yóu蛑〕

3【谋(謀)】móu 꾀할 모
❶ 名 계획. 계략. ¶阴～ | 음모. ¶足智多～ | 지혜가 풍부하고 계략이 많다. ❷ 動 방법을 강구하다. 도모하다. ¶为人类～福利 | 인류를 위해 복지를 도모하다. ❸ 動 상담하다. 상의하다. ¶不～而合 | 의논하지 않아도 의견이 일치하다.

【谋财害命】móu cái hài mìng 成 재물을 탐내어 사람을 해치다. ¶逮住了一个～的凶犯 | 재물을 탐내어 사람을 해치는 흉악범 한 명을 체포하였다.

【谋反】móufǎn 動 모반하다. 반역을 꾀하다. ¶他们企图～ | 그들이 모반을 기도하다 =〔谋叛pàn〕

【谋饭碗儿】móu fànwǎnr 動組 ❶ 직업을 구하다. 생활 방도를 강구하다. 생계를 도모하다 →〔谋事②〕 ❷ 계책을 써서 직장에 들어가다.

【谋害】móuhài ❶ 動 모해하다. ❷ ⇒〔谋杀〕

【谋和】móuhé 動 평화를 도모〔강구〕하다. ¶南北～ | 남북이 평화를 도모하다.

【谋划】móuhuà 動 계획하다. 기도(企圖)하다. 꾀하다.

【谋利】móu/lì 動 이익을 꾀하다 =〔牟móu利〕

【谋略】móulüè 書 ❶ 名 모략. 책략. 지모. ¶此人颇有～ | 이 사람은 자못 지략이 있다. ❷ 動 모략하다.

【谋面】móumiàn 書 動 서로 대면하다. ¶我们并未～ | 우리는 서로 대면한 적이 없다. ¶素未～ | 일면식(一面識)도 없다. 한 번도 서로 만난 일이 없다.

4【谋求】móuqiú 動 강구하다. 모색하다. 꾀하다. ¶～和平解决 | 평화적인 해결을 도모하다. ¶～统一 | 통일을 꾀하다.

【谋取】móuqǔ 動 도모하다. 꾀하다. ¶不能为了～暂时的利益而牺牲原则 | 잠시의 이익을 꾀하기 위해서 원칙을 희생할 수 없다.

【谋杀】móushā 書 動 모살하다. 살해를 계획하다. 모략을 꾸며 죽이다. ¶～案 | 모살 사건 =〔谋害②〕

【谋生】móushēng 書 動 생계를 도모하다. 살 궁리를 하다. 살 길을 찾다. ¶～的手段 | 생계 수단 →〔谋饭碗儿〕

【谋士】móushì 書 名 ❶ 모의(謀議)에 참여하는 사람. ❷ 책사(策士). 모사. ¶充当～ | 모사로

삼다.
【谋事】móu/shì 動 ❶ 모사하다. 일을 꾀하다. ❷ 일자리를 찾다→〔谋饭碗儿〕
【谋事在人, 成事在天】móushì zàirén, chéngshì zàitiān 諺 일의 계획은 사람이 하지만, 그 성패(成敗)는 하늘에 달려 있다.
【谋私】móusī 動 개인적 이익을 꾀하다.

【缪(繆)】móu jiū miù mù liǎo Miào 얽을 무, 꼴 규, 잘못 무, 거짓 무, 사당차례 목, 두를 료

Ⓐ móu 書 動 얽어매다. 동여매다. ¶绸chóu～ | (감정이) 서로 얽히다.
Ⓑ jiū 書 動 꼬다. 조르다. 목메달다. ¶～死 | 목메달아 죽다.
Ⓒ miù 書 ❶ 形 잘못되다. 틀리다. ¶纰pī～ | 잘못. 착오 ＝〔谬miù①〕 ❷ 動 거짓으로 하다. 가장하다.
Ⓓ mù 書 形 정중하다. 화목하다 ＝〔穆mù①〕
Ⓔ liǎo 書 動 두르다. 둘러메다 ＝〔缭liáo①〕
Ⓕ Miào 名 성(姓).
Ⓒ miù
【缪论】miùlùn 名 오류. 잘못된 논리 ＝〔缪说〕
【缪说】miùshuō ⇒〔缪论〕
Ⓔ liǎo
【缪缭】liǎoliáo 書 動 에워싸다. 둘러 치다.
【缪缪】liǎoliǎo 書 狀 헝클어지다. 이리저리 꼬이다.

【鍪】móu 투구 무
名 ❶ 고대(古代)의 솥 [밑이 넓고 아가리가 좁은청동 솥] ❷ 고대의 투구 ＝〔兜dōu鍪〕

mǒu ㄇㄡˇ

【厶】mǒu ☞ 厶 sī Ⓑ

2【某】mǒu 아무 모
代 ❶ 어느. 아무. 모 [불특정의 사람이나 사물을 가리킬 때 쓰임] ¶～年～月 | 모년 모월. ¶～人 | 어떤 사람. 어법 ⓐ 사람이나 단체·기구(機構) 등을 나타낼 때는 중첩할 수 있지만 여전히 단수로 취급됨. ¶～～人 | 어떠 어떠한 사람. ¶～～学校 | 어느 학교. ⓑ 「某＋甲〔乙〕〔丙〕」의 형태로 쓰임. ¶～甲比～乙重一公斤 | 갑모씨가 을모씨 보다 1kg 무겁다. ¶～甲, 山东青岛人 | 갑모씨는 산동성 청도현 사람이다. ⓒ 「某＋數＋量＋名」의 형태로 쓰임. 이때 수사는 「一」「几」에 국한됨. ¶～〔一〕个人 | 어떤 한 사람. ¶～〔一〕个地方 | 어느 한 지역. ❷ 어느. 아무. 어떤. 모 [확정된 어떤 사람을 가리킴. 이름을 모를 때나 거명하기 불편할 때 씀] ¶张～ | 장아무개. ❸ 모 아무개 [자칭(自稱)으로 쓰임. 옛날, 자기 이름 대신 써서 겸허함을 나타냄] ¶有我赵～陪同前往, 你还不放心? | 나 조모가 함께 가는데, 넌 여전히 마음을 놓지 못하니?
【某个】mǒu·ge 代 어떤. 어느. ¶～人 | 어떤 사람. ¶争得～或某些阶级的利益 | 어떤 개인 혹은 어떤 계급의 이익을 쟁취하려 하다.
【某人】mǒurén 名 ❶ 아무개. 어떤 사람. 모인. ❷ 모(某). 아무개. 저 [이름 대신 써 자신을 존대하는 어기(語氣)를 나타냄] ¶我王～, 从来不说假话 | 나 왕 아무개로 말하면, 여태껏 거짓말을 한 적이 없다.
3【某些】mǒuxiē 代 몇몇. 일부. ¶～问题 | 몇몇 문제. ¶～材料 | 몇몇 자료. ¶～人 | 몇몇 사람.
【某种】mǒuzhǒng 代 어떤 종류(의). ¶在～程度上 | 어느 정도에서. ¶在～意义上 | 어떤 의미에서.

mú ㄇㄨˊ

【毪】mú 양모 모
(～子) 名〈紡〉티베트산 양모직품(羊毛織品).

【獏】mú ☞ 獏 mò Ⓑ

【模】mú ☞ 模 mó Ⓑ

mǔ ㄇㄨˇ

1【母】mǔ 어미 모
❶ 名 모친. 어머니. ¶父～ | 부모→〔娘niáng〕 ❷ 가족이나 친척 중에 자기보다 항렬이 위인 여자에 대한 호칭. ¶叔～ | 숙모. ¶姑～ | 고모. ❸ 名 形 (동물의) 암컷(의). ¶～牛 | 암소 ⇔〔公gōng〕→〔雌cí①〕 ❹ 사물 발생의 근본〔기본〕. ¶～校↓ ❺ (～儿) 요철(凹凸) 한 쌍으로 된 것 중 움푹 들어 간 쪽(凹). ¶子～扣 | 똑딱단추. ¶螺丝～ | 암나사. 너트(nut). ❻ (Mǔ) 名 성(姓).
【母爱】mǔ'ài 名 모성애. ¶出于～, 她冒死救出了孩子 | 모성애가 발휘되어, 그녀는 죽음을 무릅쓰고 아이를 구출하였다.
【母本】mǔběn 名 ❶〈植〉(식물이 번식하는 과정에 있어서 최초의) 암나무 ＝〔母树〕〔母株〕 ❷ 자본. 밑천→〔本钱①〕
【母厂】mǔchǎng 名 (하청 공장에 대한) 원청(原請) 공장. ¶从～分出一个子厂 | 원청 공장에서 하나의 작은 공장이 떨어져 나오다.
【母畜】mǔchù 名〈牧〉(가축의) 어미. ¶保护～ | 어미를 보호하다.
【母蜂】mǔfēng 名〈蟲〉암펄 ＝〔雌cí蜂〕
【母狗】mǔgǒu 名 ❶ 암캐. ¶～眼 | 貶 작고 동그란 눈 ＝〔方 狗母〕〔方 雌cí狗〕⇔〔公gōng狗〕 ❷ 罵 품행이 단정치 못한 여성을 욕하는 말.
【母后】mǔhòu 名 ❶ 왕후. ❷ 황태후.
【母机】mǔjī 名 簡 「工作母机」(공작기계)의 약칭.
【母鸡】mǔjī 名 암탉 ＝〔方 草cǎo鸡①〕〔俗 婆pó鸡〕〔方 雌cí鸡〕⇔〔公gōng鸡〕
【母老虎】mǔlǎo·hǔ 名 ❶ 암펌. ❷ 喩 심술궂은 여자. ❸ 俗 포악한 마누라. ¶他太太可是～ | 그의 아내는 정말 포악한 마누라이다.
【母马】mǔmǎ 名 암말. ¶～上不去阵, 女人掌不了印 | 암말은 전쟁에 나갈 수 없고, 여자는 권력을 장악할 수 없다 ＝〔方 马母〕〔方 雌马〕〔方 草cǎo马①〕⇔〔公gōng马〕
【母猫】mǔmāo 名 암코양이 ＝〔女nǚ猫〕→〔老lǎo猫〕〔小猫(儿)〕
【母牛】mǔniú 名 암소 ＝〔方 牛母〕〔方 雌cí牛〕〔方

沙shā牛〕⇔〔公gōng牛①〕

【母女】mǔnǚ 名 모녀. 어머니와 딸.

1【母亲】mǔ·qīn 名 모친. 어머니. ¶祖国, 我的～! | 조국, 나의 어머니! =〔口 妈妈〕

【母权制】mǔquánzhì 名 모권제. 모계 제도 ⇔〔父权制〕

【母体】mǔtǐ 名 모체.

【母系】mǔxì 名 모계. ¶～社会 | 모계 사회. ¶～亲属 | 모계 친족

【母线】mǔxiàn 名〈電氣〉〈數〉모선.

【母校】mǔxiào 名 모교. ¶回～参观 | 모교로 돌아가 참관하다.

【母性】mǔxìng 名 모성.

【母夜叉】mǔyèchā 名 사나운 여자. 기가 센 여자 →〔夜叉〕

【母音】m ǔ y ī n 名〈言〉모음 =〔元音〕→〔子音〕〔辅拢fǔrǎo〕

【母语】mǔyǔ 名 ❶ 모국어. ❷〈言〉모어. 지리적·시대적으로 분화·발달해 나간 언어의 모체(母體)가 되는 언어.

【母钟】mǔzhōng 名 어미시계.

【母株】mǔzhū ⇒〔母本①〕

【母猪】mǔzhū 名 암퇘지. ¶老～ | ⓐ 늙은 암퇘지. ⓑ 나이든 살찐 여자를 경멸하는 말 =〔方 猪母〕⇔〔公gōng猪〕

【坶】mǔ 양토 모
⇒〔垆lú坶〕

4【姆】mǔ 유모 모, 여스승 무
❶ ⇒〔保姆〕 ❷ ⇒〔姆姆〕 ❸ 음역어에 쓰임. ¶～夫蒂↓

【姆巴巴纳】Mǔbābānà 名 外〈地〉음바바네(Mbabane)〔「斯威士兰」(스와질랜드;Swaziland)의 수도〕

【姆夫蒂】mǔfūdì 名 外〈宗〉무프티(mufti). 회교 법률 학자.

【姆姆】mǔmǔ 名 (여자의) 손윗 동서 =〔母母〕

4【拇】mǔ 엄지손가락 무
名 엄지 손가락 =〔拇指〕〔大(拇)指〕〔大(拇)指头〕〔方 大拇哥〕

【拇印】mǔyìn 名 무인. 손도장. ¶打～ =〔按拇印〕| 손도장을 찍다 =〔手shǒu印(儿)②〕〔手模mó①〕

【拇战】mǔzhàn ⇒〔划huá拳②〕

【拇指】mǔzhǐ 名 엄지 손가락 =〔拇〕

2【亩(畝)】mǔ 이랑 묘
❶ 量 묘. 토지 면적의 단위〔60평방장(丈)이 1묘(畝). 1묘(畝)는 6.667아르(a)임〕→〔顷qǐng①〕 ❷ 書 名 논〔밭〕두렁.

【亩产(量)】mǔchǎn(liàng) 名 1묘의 단위 생산량. ¶粮食～超千斤 | 식량의 1묘당 단위생산량이 천근을 초과하다.

【牡】mǔ 수컷 모, 모란 모
❶ 書 名 (동물의) 수컷. (식물의) 수나무. ¶牝～ | 자웅(雌雄) ⇔〔牝pìn〕→〔公gōng⑨〕〔雄xióng①〕 ❷ ⇒〔牡丹(花)〕

【牡齿】mǔchǐ 名〈生理〉아랫니 =〔下齿〕

【牡丹(花)】mǔ·dan(huā) 名〈植〉❶ 모란. ❷ 모란꽃. ¶～虽好, 还得绿叶扶持 | 모란꽃이 비록 아름다워도, 녹색 잎이 받쳐주어야만 한다. 혼자 힘으로만은 될 수 없다. ¶红红儿的～ | 불그스름한 모란꽃. ‖ =〔富贵花〕〔贵客②〕〔鼠姑②〕〔木芍药〕〔花王〕〔国色天香〕〔天香国色〕

【牡蛎】mǔlì 名〈魚貝〉굴 =〔蚝háo〕〔海hǎi蛤蛎〕→〔海蛎子〕

【牡敛】mū·lin 貶 오물오물하다. 우물우물하다.

【姥】mǔ ☞ 姥 lǎo B

mù ㄇㄨˋ

2【木】mù 나무 목
❶ 名 수목. 나무. ¶伐fá～ | 나무를 베다 =〔树木〕→〔树shù〕 ❷ (～头) 名 목재. ¶檀香～ | 단향목 목재. ❸ 名〈音〉목관악기의 소리. 팔음(八音)의 하나→〔八音〕 ❹ 소박하다. 검소하다. ¶～讷nè↓ →〔木强jiàng〕 ❺ 무감각하다. ¶～然↓ ❻ 목제(木製)의. ¶～板↓ ❼ 마비되다. 저리다. ¶麻～ | 저리다. ¶手脚冻～了 | 손발이 얼어서 마비되었다. ❽ 動 轉 (굳어진 채로) 우뚝 서 있다. ¶他～在那里了 | 그는 그곳에 나무처럼 굳어져 서 있다. ❾ (Mù) 名 성(姓).

【木板(儿, 子)】mùbǎn(r·zi) 名 나무판. 널빤지.

【木版】mùbǎn 名〈印出〉목판. ¶～印刷 | 목판 인쇄. ¶～书 | 목판본. ¶～印花 |〈紡〉목판 날염법(捺染法).

【木版画】mùbǎnhuà ⇒〔木刻(画)〕

【木本】mùběn 名〈植〉❶ 목본(식물)→〔草本①〕 ❷ 書 나무의 뿌리.

【木本水源】mù běn shuǐ yuán 成 사물의 근원(을 캐다).

【木本植物】mùběn zhíwù 名組〈植〉목본식물.

【木笔】mùbǐ ⇒〔木兰lán①〕

【木变石】mùbiànshí ⇒〔木化石〕

【木菠萝】mùbōluó 名〈植〉보리수. 바라밀=〔波bō罗蜜②〕〔木菠罗〕〔菠萝蜜①〕〔树shù波罗〕

3【木材】mùcái 名 목재. ¶～树 | 목재용 나무. ¶～厂 | 제재소.

【木柴】mùchái 名 장작. 땔나무. ¶院后堆着～ | 뒷 뜰에 장작이 쌓여져 있다 =〔劈pǐ柴〕

【木船】mùchuán 名 목선. 나무배. ¶用～打鱼 | 목선으로 고기를 잡다.

【木醇】mùchún ⇒〔甲jiǎ醇〕

【木呆呆】mùdāidāi 貶 꼼짝 않고 멍청히 서 있다. ¶老王～地站在门口 | 왕씨는 꼼짝않고 멍청하게 입구에 서 있다.

【木雕泥塑】mù diāo ní sù 成 나무 토막이나 흙으로 만든 인형. 감정이 무디고 무뚝뚝하다〔한 사람〕=〔泥塑木雕〕

【木耳】mù'ěr 名〈植〉목이버섯 =〔木菌jùn〕〔树鸡shùjī②〕

【木筏(子)】mùfá(·zi) 名 뗏목. ¶～顺流而下 | 뗏목이 흐르는 물을 따라 내려가다 =〔木排〕

【木芙蓉】mùfúróng 名〈植〉목부용(의 꽃) =〔木莲lián②〕〔芙蓉〕

【木工】mùgōng 名 ❶ 목공(일). ¶做～ | 목공일

을 하다. ❷ 건구상(建具商). 소목장이 =〔都dū料匠〕‖→〔土工〕

【木瓜】mùguā 名 ❶〈植〉모과(나무). ❷ 回〈植〉파파이아 =〔番fān木瓜〕❸〈植〉산당화 =〔贴tiē梗海棠〕❹〈植〉산사〔아가위〕나무 =〔樝zhā子〕❺ 喩 돌대가리. 석두(石頭). 바보.

【木化石】mùhuàshí 名〈鑛〉목화석 =〔木变石〕

【木屐(子)】mùjī(·zi) 名 왜나막신. 게다 ¶拖tuō着~ | 게다를 끌고 있다 =〔木履〕

【木强】mùjiàng 形 ❶ 강직하다. 꿋꿋하다. ❷ 융통성이 없다. 곳대〔어거지〕가 세다. ¶~不灵 | 융통성이 없고 기민하지 못하다. ❸ 소박〔순박〕하다. 우둔하다.

4【木匠】mù·jiang 名 목수. 목공. ¶大dà~ | 대목. ¶小~ =〔小器作〕| 소목장이. ¶~多了盖歪了房 | 諺 목수가 많으면 집을 비뚤게 짓는다. 사공이 많으면 배가 산으로 간다 =〔木作②〕

【木焦油】mùjiāoyóu 名〈化〉목타르 =〔木黑油〕〔木溚〕

【木槿】mùjǐn 名〈植〉무궁화 =〔椴duàn③〕〔日及①〕〔朝生〕

【木刻(画)】mùkè(huà) 名〈美〉목판화. 목각(화) ¶他擅shàn长~ | 그는 목판화에 뛰어나다 =〔木版画〕

【木刻水印】mùkè shuǐyìn 名組 ❶〈印出〉컬러 인쇄 기술의 하나〔미술품의 복제(複製) 등에 쓰임〕=〔木版水印〕〔水印木刻〕〔書 饾dòu版〕→〔水印〕❷ 목각 탁본(拓本).

【木块】mùkuài 名 나무 토막〔조각〕. ¶下面填着~ | 아래에 나무 토막을 메워 넣다.

【木兰】mùlán ❶ 名〈植〉목란(꽃) =〔木笔〕〔杜兰①〕〔辛xīn夷〕〔方 望春花〕〔方 迎yíng春花③〕〔方 应yìng春花〕❷ (Mùlán)〈人〉목란〔중국의 장편 서사시 목란사(木蘭辭)에 나오는 주인공〕❸ (Mùlán)〈地〉흑룡강성(黑龍江省)에 있는 현(縣) 이름.

【木栏】mùlán 名 나무 우리.

【木莲】mùlián ❶ 名〈植〉목련(꽃) =〔黄心树〕❷ ⇒〔木芙蓉〕❸ ⇒〔薜bì荔〕

【木料】mùliào 名 목재. 재목. ¶做书桌的~ | 책상의 재목을 만들다.

【木马】mùmǎ 名 ❶ 목마. ❷〈體〉(기계 체조의) 안마(鞍馬)와 도마(跳馬)의 총칭. ❸ (위에 타고 흔들며 노는) 어린이들의 놀이 기구.

【木马计】mùmǎjì 名〈史〉목마 계략〔트로이 전쟁에서 그리스의 장군 오딧세우스가 고안하여 트로이를 함락시킨 계략〕¶巧施~ | 교묘히 목마의 계략을 쓰다.

【木棉】mùmián 名 ❶〈植〉목면. 케이폭수(樹). ❷ 케이폭 ‖ =〔红hóng棉〕〔英雄树〕〔攀pān枝花〕❸ 方 면화 =〔草棉〕

【木乃伊】mùnǎiyī 名 外 미이라. ¶成为一具~ | 한 구의 미이라가 되다 =〔木默mò〕〔干gān尸〕→〔僵jiāng尸〕

【木讷】mùnè 書 形 소박하고 말주변이 없다. ¶~寡言 | 소박하고 말수가 적다.

【木牛流马】mù niú liú mǎ 名組〈史〉중국 삼국 시대 제갈량(諸葛亮)이 만들었다고 하는 목제의 운수용 수레.

【木偶】mù'ǒu 名 ❶ 목우. 꼭두각시. 나무 인형. ¶提线~ | 꼭두각시 인형. ❷ 罵 머저리. 괴뢰. 허수아비. ¶这时他像一个~似的靠在墙上出神 | 이 때 그는 허수아비처럼 담에 기대어 넋을 잃고 있었다.

【木偶片(儿)】mù'ǒupiàn(r) 名〈演映〉인형영화. ¶儿童爱看~ | 아이들은 인형영화 보기를 좋아한다.

【木偶戏】mù'ǒuxì 名〈演映〉인형극. 꼭두각시놀음.

【木排】mùpái 名 (목재 운반을 위한) 뗏목 =〔木筏fá(子)〕〔木牌pái①〕〔木簰pái〕

【木牌】mùpái ❶ ⇒〔木排〕❷ ⇒〔木牌(子)〕

【木器】mùqì 名 목기. 목제 가구(家具). ¶屋里有不少~ | 방에 많은 목제 가구가 있다.

【木然】mùrán 狀 (잠시) 멍청하다. 무뚝뚝하다. ¶~呆dāi立 | 멍청히 우뚝 서 있다.

【木人石心】mù rén shí xīn 成 ❶ 의지가 철석같아 유혹에 넘어가지 않다. ❷ (감정이 무디어) 목석같다.

【木薯】mùshǔ 名〈植〉카사버(뿌리).

【木栓层】mùshuāncéng 名〈植〉목전층. 코르크층.

【木炭】mùtàn 名 목탄. 숯. ¶烧shāo~ | 숯을 때다. ¶~窑yáo | 숯가마 =〔簡 炭①〕

【木炭画】mùtànhuà 名〈美〉목탄화. ¶买了一幅~ | 목탄화를 한 폭 샀다.

【木通】mùtōng 名〈植〉으름덩굴=〔通草③〕

2【木头】mù·tou 名 回 ❶ 나무. 목재. ¶~房子 | 목조 가옥. ¶用~做 | 목재로 만들다. ❷ 名 나무 조각. ❸ ⇒〔木头人儿〕

【木头木脑】mùtóu mùnǎo 狀 무표정하게 우두커니 있다. 나무처럼 굳어 있다.

【木头人儿】mù·tourénr 名組 喩 우둔하고 융통성이 없는 사람. ¶他是~, 糊里糊涂 | 그는 우둔하고 융통성이 없이 흐리멍텅하다 =〔木人〕〔木头③〕

【木犀】mù·xi 名 ❶〈植〉금계(金桂)(의 꽃) =〔桂guì①〕〔岩yán桂〕❷ 계란을 풀어 넣어 만드는 요리. ¶~饭 | 계란밥. ¶~汤 | 계란탕. ¶~肉 | 계란과 목이버섯·원추리나물·고기를 함께 볶은 요리 →〔摊tān鸡蛋②〕‖ =〔木樨xī〕〔木须xū〕

【木樨】mù·xi ⇒〔木犀〕

【木锨】mùxiān 名〈農〉넉가래.

【木香】mùxiāng 名〈植〉목향 =〔蜜mì香②〕

【木星】mùxīng 名〈天〉목성 =〔福fú星②〕〔岁星〕

【木叶蝶】mùyèdié 名〈蟲〉가랑잎나비.

【木叶鲽】mùyèdié 名〈魚貝〉도다리 =〔八甲鱼〕〔猴鱼〕

【木已成舟】mù yǐ chéng zhōu 成 나무는 이미 배가 되었다. 일을 돌이킬 수 없다. 엎어진 물. 쑨죽이 밥이 되랴. ¶现在xiànzài~, 就让他们结婚jiéhūn吧 | 지금 일을 돌이킬 수 없으니, 그들을 결혼시키자.

【木鱼(儿)】mùyú(r) 名〈佛〉목어. ¶~改梆子 | 歇 목어 소리 그치면 딱따기 소리. 결국은 닫칠

운명 [뒤에「挨打的命」이 이어지기도 함]=〔鱼鼓②〕

【木贼】mùzéi 名〈植〉속새 =〔节节草〕

【木札】mùzhá 名 목찰. 목패(木牌).

【木质部】mùzhìbù 名〈植〉목질부.

【木质茎】mùzhìjīng 名〈植〉나무 줄기.

【木作】mùzuō ❶ 名 목공소. 건구상. ❷⇒〔木匠〕

【沐】mù 머리감을 목
❶ 書 動 (머리를) 씻다. 감다. 목욕하다. ¶～发 | 머리를 감다. ¶～浴↓ ❷ 書 動 轉 (휴일에) 쉬다. ¶～日 | 휴일. ❸ (Mù) 名 성(姓).

【沐猴而冠】mù hóu ér guàn 成 원숭이가 모자를 쓰고 사람인 체 하다 [권세에 의지하고 지위를 강탈한 무리들을 풍자하는 말]

【沐浴】mùyù 動 ❶ 목욕하다. ❷ 혜택을 입다. ¶每朵花, 每棵树, 每根草都～在阳光里 | 모든 꽃, 모든 나무, 모든 풀은 모두 햇빛아래 혜택을 입는다. ❸ 喻 (어떤 환경에) 푹 빠지다. ¶他们～在青春的欢乐里 | 그들은 청춘의 즐거움에 푹 빠져 있다 ‖ =〔沐洗xǐ〕

【霂】mù 가랑비 목
書 名 가랑비. ¶霢～ | 가랑비. 부슬비.

【仫】mù 종족이름 무
⇒〔仫佬族〕

【仫佬族】Mùlǎozú 名〈民〉무라오족 [광서(廣西)에 거주하는 소수 민족]

1【目】mù 눈 목, 조목 목
❶ 書 名 눈. ¶历历在～ | 눈앞에 선하다. ¶有～共睹 | 成 모두가 주시하고 있다 =〔眼睛yǎnjīng〕 ❷ 書 動 (…으로) 보다. 간주하다. ¶～为奇迹 | 기적으로 간주하다. ❸ 書 動 (눈으로) 쫓다. 주시하다. ¶返道～之 | 고개를 돌려 주시하다. ❹ (세분된) 작은 조항·조목. ¶大纲细～ | 큰 항목과 작은 조항. ¶项～ | 항목. ❺ 名〈生〉목 [생물 분류학상의 한 단위. 「纲」의 아래이고 「科」의 위임] ❻ (Mù) 名 성(姓).

2【目标】mùbiāo 名 ❶ 목적물. 표적. ¶看清～ | 목적물을 정확히 보다. ¶发现～ | 표적을 발견하다. ❷ 목표. ¶向～前进 | 목표를 향해 나아가다. ¶达到～ | 목표를 달성하다.

【目不见睫】mù bù jiàn jié 成 가까이 있는 것을 보지 못하다. 자신의 결함을 알지 못하다.

【目不交睫】mù bù jiāo jié 成 눈을 붙이지못하다. 한잠도 못자다.

【目不窥园】mù bù kuī yuán 成 정원의 꽃밭에 한 눈 팔지 않다. 전심 전력으로 독서에 몰두하다.

【目不识丁】mù bù shí dīng 成 낫 놓고 기역자도 모른다. 일자무식이다. ¶他父亲～ | 그의 아버지는 일자무식꾼이다 =〔瞎xiā字不识〕〔不识一丁〕

【目不暇给】mù bù xiá jǐ ⇒〔目不暇接〕

【目不暇接】mù bù xiá jiē 成 많아서 다 볼 수 없다 =〔目不暇给jǐ〕〔目不暇及〕

【目不邪视】mù bù xié shì 成 보지 않아야할 것은 보지 않다. 품행을 단정히 하고 예의를 지키다. ¶她～, 径直走上主席台 | 그녀는 품행을 단정히 하고 예의를 지켜, 곧장 주석대로 걸어갔다.

【目不转睛】mù bù zhuǎn jīng 成 눈 한 번 깜빡하지 않고 보다. ¶～地看 | 주의를 집중하여 뚫어지게 보다.

【目次】mùcì 名 목차 =〔目录lù③〕

【目瞪口呆】mù dèng kǒu dāi 成 어안이 벙벙하다. 아연실색하다 [놀라거나 흥분한 모습을 형용] =〔目瞪口哑〕

【目瞪口哑】mù dèng kǒu yǎ ⇒〔目瞪口呆〕

2【目的】mùdì 名 목적. ¶～地 | 목적지. ¶有～地进行工作 | 목적을 가지고 작업을 진행하다. ¶达dá到～ | 목적을 달성하다.

【目的论】mùdìlùn 名〈哲〉목적론 [유심주의(唯心主義) 학설의 일종. 세상 만물이 일정한 목적에 의해 창조된다고 보는 입장]

4【目睹】mùdǔ 動 목도하다. ¶这是我所～的事 | 이는 내가 목도한 바의 일이다. ¶耳闻～ | 成 직접 보고 듣다 =〔目击jī〕

【目瞽耳聩】mù gǔ ěr kuì 成 눈 멀고 귀 먹다.

3【目光】mùguāng 名 ❶ 식견. 시야. ¶～短浅 | 식견이 좁다. ¶～远大 | 시야가 원대하다. ❷ 눈빛. 눈길. 눈초리. ¶用好意的～看 | 호의적인 눈길로 보다. ¶往我投了～ | 나에게 시선을 주었다. ¶两人的～碰到一起 | 두 사람의 눈길이 마주쳤다. ¶～炯炯 | 成 눈이 반짝반짝거리다 ‖ →〔眼yǎn光①②〕

【目光如豆】mù guāng rú dòu 成 눈이 콩알만하다. 시야〔식견〕가 좁다. ¶他～, 缺乏远见 | 그는 식견이 좁아, 멀리 보는 안목이 없다.

【目光如炬】mù guāng rú jù 成 ❶ 눈에 불이 이는 듯 하다. 기세가 충만하다. ❷ 안광이 예리하여 통찰력이 있다.

【目击】mùjī 動 목격하다. ¶～者 | 목격자. ¶～其事 | 그 일을 목격하다. ¶～的报告 | 현장으로부터의 보고 =〔目睹dǔ〕

【目疾】mùjí 名〈醫〉안질(眼疾). ¶患了～ | 안질을 앓았다.

【目见】mùjiàn 動 직접 보다. ¶耳闻不如～ | 諺 듣는 것은 눈으로 직접 보는 것만 못하다. 백문(百聞)이 불여일견(不如一見)이다.

【目镜】mùjìng 名〈物〉접안렌즈(接眼lens). 대안렌즈(對眼 lens) =〔接目镜〕

【目空四海】mù kōng sì hǎi =〔目空一切〕

【目空一切】mù kōng yī qiè 成 안하무인(眼下無人). 안중무인(眼中無人). ¶他～, 自以为是全韩国最聪明的人 | 그는 안하무인이어서, 스스로를 전 한국에서 가장 총명한 사람이라고 생각한다 =〔目空一世〕〔目空四海〕〔眼空四海〕

【目力】mùlì 名 시력. ¶～不济 | 시력이 좋지 않다 =〔视shì力〕

4【目录】mùlù 名 ❶ 목록. ¶～学 | 목록학. ¶图书～ | 도서 목록. ¶财产～ | 재산 목록. ❷ (만담 등의)제목. ❸ 목차(目次). 차례 =〔目次cì〕

【目录学】mùlùxué 名 목록학.

【目迷五色】mù mí wǔ sè 成 색깔이 잡다하여 눈을 어지럽게 하다. 사물이 복잡하여 본질을 파악하기 어렵다.

1【目前】mùqián 名 지금. 현재. ¶～形势 | 지금의 정세. ¶到～为止 | 지금까지.

【目送】mùsòng 動 눈으로 전송하다. 눈으로 뒤쫓다. ¶站在村口～战士们远去 | 마을 입구에 서서 멀리 떠나는 병사들을 전송하다.

【目无法纪】mù wú fǎ jì 成 법률(法律)이나 규율(規律) 등을 안중에 두지 않다. ¶他简直～! | 그는 전혀 법률 등은 안중에 두지 않는다!

【目无全牛】mù wú quán niú 成 삼년 동안 소를 잡으니 기술이 진보하여 뼈와 살이 사이만 보이고 소의 전체가 보이지 않다《莊子·養生主》❶ 기술이 대단히 숙달된 경지에 이르다. ❷ 전체를 보지 못하다.

【目无组织】mù wú zǔ zhī 成 조직의 규율을 무시하다. ¶他一向～, 自以为是 | 그는 언제나 조직의 규율을 무시하고, 스스로만 옳다고 여긴다.

【目下】mùxià 名 지금. ¶～较忙, 过几天再来看你 | 지금은 비교적 바쁘니, 며칠 지나 다시 와서 뵙지요 =〔刻kè下〕〔目前〕→〔目今〕〔日下②〕

【目眩】mùxuàn 形 눈앞이 캄캄해지다. 눈이 부시다. ¶灯光强烈, 令人～ | 불빛이 강렬해서 눈이 부시다.

【目语】mùyǔ ❶ 動 눈으로 말하다. ❷ 名 눈

4【目中无人】mù zhōng wú rén 成 안하무인(眼下無人) =〔目无余子〕

【苜】 mù 거여목 목
⇒〔苜蓿〕

【苜蓿】mù·xu 名〈植〉❶ 거여목. 개자리 =〔光guāng风草〕〔连lián枝草〕〔書 木mù粟〕 ❷ 자주 개자리 =〔紫zǐ(花)苜蓿〕

【钼(鉬)】 mù 몰리브덴 목
名〈化〉화학 원소 명. 몰리브덴 (Mo ; molybdenum). ¶～丝 | 몰리브덴 선.

【钼钢】mùgāng 名〈化〉몰리브덴 강.

【牟】 mù ☞ 牟 móu B

3【牧】 mù 기를 목, 목장 목
❶ 動 (가축을) 방목하다. 놓아기르다. ¶～羊 | 양을 방목하다. ❷ ⇒〔牧民〕 ❸ (Mù) 名 성(姓). ❹ 복성(複姓)중의 한 자(字).

【牧草】mùcǎo 名〈牧〉목초. ¶广阔的～ | 광활한 목초.

3【牧场】mùchǎng 名 목장. 방목장.

【牧笛】mùdí 名 목적. 목동이 부는 피리. ¶～声声 | 목동의 피리 소리가 울리다.

【牧放】mùfàng 名 動〈牧〉방목(하다). ¶～羊群 | 양 떼를 방목하다.

【牧歌】mùgē 名 ❶ 목가. ¶悠扬的～ | 은은한 목가 소리. ❷ 농촌 생활을 주제로 한 시가나 노래. 전원시.

【牧工】mùgōng 名 목동. 방목공.

3【牧民】mùmín ❶ 名 목축민(牧畜民). ❷ 書 動 백성을 다스리다. ¶～官 | 지방관.

【牧皮】Mùpí 名 복성(複姓).

4【牧区】mùqū 名〈牧〉❶ 방목지(放牧地). ❷ 목축지역.

【牧人】mùrén 名 목자. 목축업자.

【牧师】ⓐ mùshī 名 옛날, 목지(牧地)를 관장(管掌)하던 관리. ⓑ mù·shi 名〈宗〉목사.

【牧童(儿)】mùtóng(r) 書 名 목동. ¶牛背上的～ | 소 등위의 목동 =〔牧竖shù〕

【牧羊人】mùyángrén 名 양치기. 양치는 사람.

4【牧业】mùyè 名 목축업.

【牧主】mùzhǔ 名 목장주(牧場主).

【募】 mù 뽑을 모, 부를 모
動 (널리) 구하다. 모집하다. ¶～兵 | 병사를 모집하다. ¶招～ | 모집하다.

【募兵制】mùbīngzhì 名〈軍〉모병제.

【募化】mùhuà 動 (승려·도사 등이) 탁발(托鉢)하다. 보시(布施)를 구하다. 동냥하다 =〔募缘yuán〕〔化缘〕〔求化〕

【募集】mùjí 動 모집하다. ¶～会员 | 회원을 모집하다. ¶～资金 | 자금을 모집하다.

【募捐】mù/juān 動 기부금을 거두다. 의연금을 모으다. ¶向各商号～物品 | 각 상점에서 기부 물품을 모으다 =〔募款kuǎn〕

3【墓】 mù 무덤 묘
名 묘. 무덤. ¶公～ | 공동묘지.

【墓道】mùdào 名 묘(墓)·현실(玄室) 앞으로 난 길. ¶幽寂的～ | 쓸쓸하고 적막한 무덤 길.

【墓地】mùdì 名 묘지. 무덤. ¶森森鬼气的～ | 오싹하는 무서운 분위기의 무덤.

【墓碣】mùjié 名 묘갈 [윗부분이 원형인 것을「墓碣」라 하고, 네모난 것을「墓碑」라고 함]

【墓室】mùshì 名 현실(玄室). 무덤 안의 관을 놓는[안치하는] 곳.

【墓穴】mùxué 名 묘혈. 무덤 구덩이. ¶掘jué～ | 무덤 구덩이를 파다.

【墓葬】mùzàng 名〈考古〉고분(古墳).

【墓志】mùzhì 名 묘지(墓誌).

【墓志铭】mùzhìmíng 名 묘지명(墓誌銘).

3【幕〈幙〉】 mù 장막 막
❶ 名 막 [위를 덮는 텐트와 스크린 등] ¶夜～ | 밤의 장막. ¶开～ | 개막하다. ¶银～ | 은막. 스크린. ❷ (추상적 의미의) 가리고 숨기는 막. ¶内～ | 내막. ¶黑～ | 흑막. ❸ 量 연극·가극의 막. ¶一～剧 | 1막의 연극. ❹ 量 장면 [경치에 사용됨] ¶一～动人的景象 | 감동적인 한 장면. ❺ (옛날, 전쟁 때의) 본영(本營). ¶～府↓ ❻ 사막 [고서(古書)에「漠mò」와 통용됨]→〔漠mò〕

【幕宾】mùbīn ❶ ⇒〔幕友〕 ❷ ⇒〔幕僚〕

【幕布】mùbù 名 ❶〈演映〉(무대의) 막. ¶拉开～ | 막을 열다. ❷ 은막.

【幕府】mùfǔ ❶ 書 名 막부. ⓐ 옛날, 장수들이 전쟁 중에 사무 보던 곳. ⓑ〈史〉(일본 명치 이전의) 바쿠후. ❷ ⇒〔幕僚liáo〕

【幕后】mùhòu 名 ❶ 막후. 장막 뒤. ❷ 貶 배후. ¶～操纵 | 배후 조종. ¶～交易 | 막후 교역. ¶～人 =〔幕后主持者〕| 배후 인물→〔后台〕

【幕后活动】mùhòu huódòng 名組 막후 활동. ¶老王的～特别活跃, 企图作西方三国和埃及之间的桥梁 | 왕씨의 막후 활동은 특히 활발하여, 서방 3국과 이집트 간의 교량이 되고자 한다.

【幕僚】mùliáo 名 ❶ 막료. 유막(帷幕)의 속료(屬

僚). ¶充当～ | 막료를 맡다. ❷참모(장교) ‖ =〔幕府fǔ②〕〔幕宾bīn②〕

【幕友】mùyǒu 書名 비장(裨將). 명청(明淸)시대에 지방 관서나 군(軍)에서 관직이 없이 업무를 보좌하던 고문(顧問) ¶当过边关大将的～ | 변경 대장의 고문을 역임했다 =〔幕宾bīn①〕〔幕客〕〔俗 师shī爷〕

2【慕】mù 사모할 모
❶書動 사모하다. 그리워하다. 흠모하다. ¶～念 | 그리워하다. ❷(Mù) 名 성(姓). ❸ 복성(複姓) 중의 한 자(字). ¶～容↓

【慕光性】mùguāngxìng 名〈生〉추광성(趨光性) =〔趋qū光性〕

【慕尼黑】Mùníhēi 名外〈地〉뮌헨. ¶～协定 | 뮌헨 협정 =〔占Zhān门〕

【慕容】Mùróng 名 복성(複姓).

4【暮】mù 저물 모, 늦을 모
❶名 저녁. 해질무렵. ¶朝～ | 아침저녁. ¶～色↓ ❷動 저물다. ¶日～途穷 | 威 날이 저물고 길이 막히다. 막다른 지경에 이르다. ❸ 늦다. 끝이 가깝다. ¶～年↓

【暮霭】mù'ǎi 書名 저녁 안개. ¶～沉沉 | 저녁 안개가 자욱하게 끼다. ¶森林被～笼罩着, 黄昏降临了 | 숲이 저녁 안개에 휩싸인채, 황혼이 깃들었다.

【暮春】mùchūn 名 늦봄. ¶～时光, 莺yīng飞草长 | 늦봄이 되면, 꾀꼬리가 날고 풀이 성장한다→〔季jì春〕

【暮鼓晨钟】mù gǔ chén zhōng 威(절에서) 저녁에 울리는 북과 새벽에 치는 종. ❶스님들의 적적한 생활. ❷사람을 깨우쳐 주는 말. 경종 ¶常对他说些～, 以尽朋友之责任 | 항상 그에게 깨우쳐 주는 말을 하여, 친구로서의 책임을 다한다. ‖ =〔晨钟暮鼓〕

【暮景】mùjǐng ❶書名 일몰(日沒)의 경치. ❷⇒〔暮年〕

【暮龄】mùlíng⇒〔暮年〕

【暮年】mùnián 書名 만년(晚年). 늘그막 ¶～凄凉 | 만년이 처량하다 =〔暮齿chǐ〕〔暮景jǐng②〕〔暮龄líng〕〔暮岁suì②〕

【暮气】mùqì ❶書名 무기력. 무감각. 침체성. ❷名 늙은 티. ❸形 원기를 잃다. 생기가 없다. 침체하다. 쇠퇴하다. 노쇠하다. ¶～沉沉 | 생기가 없다. ❹名 해질녘의 기상(氣象) ‖→〔朝气〕

【暮色】mùsè 名 모색. 저녁빛. 황혼. ¶～苍茫cāngmáng =〔暮色苍然〕| 황혼이 어둑어둑하다. 어둠이 짙어가다.

【暮生儿】mù·shengr 名方 유복자(遺腹子)=〔墓生儿〕〔木生儿〕〔背父生〕〔背生儿〕〔遗yí腹(子)〕

【暮岁】mùsuì ❶書名 연말. ❷⇒〔暮年〕

【暮云春树】mù yún chūn shù 威 먼 여행길에 있는 친구를 그리워하는 정이 간절하다. 두터운 우정 [두보(杜甫)의 시(詩)《春日懷李白詩》의「渭北春天树, 江东日暮云」에서 나온 말] ¶～无日不神驰左右也 | 札 그리워하는 정에 하루도 생각지 않은 날이 없습니다.

4【睦】mù 화목할 목
❶形 화목하다. 관계가 좋다. ¶兄弟不～ | 형제가 화목하지 못하다. ¶～邻关系 | 화목한 관계. ❷(Mù) 名 성(姓).

【睦邻】mùlín 書名 선린(善鄰). ¶～政策 | 선린 정책.

【缪】mù ☞ 缪 móu D

4【穆】mù 공경할 목, 온화할 목
❶形 공손하다. 정중하다. 경건하다. ¶肃sù～ | 엄숙하고 정중하다 =〔缪mù〕 ❷形 온화하다. 따사롭다. ¶～如清风 | 봄바람처럼 온화하다. ❸ ⇒〔穆斯林〕 ❹(Mù) 名 성(姓).

【穆罕默德】Mùhǎnmòdé 名外〈人〉마호메트(Mahomet, 571～632).

【穆民】mùmín ⇒〔穆斯林〕

【穆穆】mùmù 書 狀 심원(深遠)하다. 신중하고 공경스럽다.

【穆士林】mùshìlín ⇒〔穆斯林〕

4【穆斯林】mùsīlín 名外〈宗〉모슬렘(Moslem). 무슬림(Muslim;아). 회교도(回教徒) ¶～教民 | 회교도 교민 =〔穆民〕〔穆士林〕〔穆思林〕

n

n´ ㄋ´

1【嗯】n´ ☞ 嗯 ng´

nˇ ㄋˇ

1【嗯】nˇ ☞ 嗯 ngˇ

n` ㄋ`

1【嗯】n` ☞ 嗯 ng`

nā ㄋㄚ

1【那】Nā ☞ 那 nà Ⓓ

1【南】nā ☞ 南 nán Ⓑ

ná ㄋㄚ´

1【拿〈拏〉】ná 잡을 나
❶動(손으로) 잡다. (손에) 쥐다. 가지다. ¶手里～着几本书｜손에 책 몇 권을 쥐고 있다. ¶不要把这些东西～走｜이 물건들을 가지고 가지 마시오. ¶自己～, 别客气｜스스로 가지세요, 사양마시고. ❷動 붙잡다. 빼앗다. 사로잡다. ¶～贼｜도둑을 붙잡다. ¶～他入狱｜그를 잡아서 감옥에 넣다. ❸動 난처하게 하다. 곤경에 빠뜨리다. 애먹이다. 협박하다. ¶等咱们掌握了这种技术, 他就～不住咱们了｜우리들이 이 기술을 완전히 습득하고 나면, 그가 우리들을 난처하게 하진 못할 것이다. ¶你这个人在关键时候就会～人｜너는 중요한 시기에 사람을 잘 곤란하게 한다. ¶～人↓ ❹動 장악하다. 어법 대개 목적어로「权力·短处·把柄」등이 옴. ¶大权～在手中｜대권을 장악하다. ¶这事儿你～得隐吗?｜이 일을 너는 온전히 장악할 수 있느냐? ❺動 생각해내다. 확정하다. 어법 주로「主意·办法」등과 어울림. ¶～主意↓ ❻動 물체를 강한 작용으로 나쁘게 변화시키다. 해치다. 버리다. 망치다. 침해하다. 침식하다. ¶这块木头让药水～白了｜이 목재는 약물 때문에 하얗게 변했다. ¶碱jiǎn搁得太多, 把馒头mántou～黄了｜소다가 너무 많이 들어가, 찐빵을 누렇게 만들었다. ❼介 …을[를]. …으로. 어법 뒤의 동사는「当」「没办法」「怎么样」「开心」「开玩笑」등의 몇 개에 국한됨. ¶你别～我当老头子｜나를 영감탱이로 취급하지 마라. ¶别～他开玩笑｜그를 놀리지 마시오→[把][对] ❽介 …으로 (보자면). …으로 (말하자면). 어법「拿+名+来[去]+動」의 형태로 어떤 방면에 관한 화제를 제시함. 동사는「说」「讲」「看」「比」「比较」「分析」「观察」등이 주로 쓰임. ¶～产品质量说, 最近有了提高｜생산품의 질을 가지고 말하자면 최근 제고된 바가 있다. ¶～全年平均成绩来看, 小张比小王好｜전체 년도의 성적으로 보자면 장군이 왕군보다 좋다. ❾介 …(으)로(써). ¶～眼睛看一下｜눈으로 보다. ¶～事实证明｜사실로써 증명하다. ¶～钢笔写字｜만년필로 글씨를 쓰다 =[用]

【拿把】nábǎ 動 남의 약점을 이용하여 공격하다. 고의로 상대방을 애먹이다 =[拿捏niē①]

【拿办】nábàn 動 (범죄자를) 체포하여 처벌하다. ¶由他亲自～｜그가 친히 체포하여 처벌하다.

【拿不出去】ná ·bu chū qù 動組 남 앞에 내놓을 수 없다. 볼품없다. ¶我这笔字可真～啊!｜나의 이 글씨는 정말 남 앞에 보일 수 없어! ¶这么一点小礼物,实在～啊｜이렇게 작은 선물은 진짜 남 앞에 내놓을 수 없어!=[拿不出手(去)] ⇔[拿得出去]

【拿不出手(去)】ná ·bu chū shǒu (·qu) ⇒[拿不出去]

【拿不了】ná ·bu liǎo 動組 ❶ 다 가질 수 없다. 다 붙잡을 수 없다. ¶东西太多, 我一个人～｜물건이 너무 많아서 나 혼자서는 다 가질 수 없다. ❷(무거워서) 들 수 없다. ❸ 부담할 힘이 없다. 감당할 수 없다. 돈을 낼 능력이 없다 ‖⇔[拿得了]

【拿不起来】ná ·bu qǐ lái 動組 ❶(무거워서) 들어올릴 수 없다. ❷ 마음대로 할 수 없다. 틀어쥐지 못하다. ¶他虽为主任, 但一切事都～｜그가 주임이긴 하지만, 모든 일을 마음대로 할 수 없다. ¶公司里的事,他～,所以被开除了｜회사안의 일을 그가 틀어쥐지 못해서 해고 당했다. ❸ 소임을 다 할 수 없다. 힘에 벅차다. ¶写算, 他都～｜쓰고 계산하는 일 모두가 그에게는 힘에 벅차다 ‖⇔[拿得起来]

【拿不着】ná ·bu zháo 動組 (힘이 모자라거나, 키가 닿지 않거나, 기회가 없어) 갖지[잡지] 못하다. ¶那样大的工资, 我～｜그런 많은 봉급을 나는 받을 수가 없다. ¶我～那种待遇｜나는 그런 종류의 대우는 받을 수가 없다 ⇔[拿得着]

【拿不住】ná ·bu zhù 動組 ❶ 꽉 (붙)잡을 수 없다. 꽉 쥘 수 없다. ¶这么多的军警jūnjǐng, 竟自～一个扒手páshǒu｜이렇게 많은 군경이 소매치기 한 명조차 잡을 수 없다니. ¶这块冰我～, 快要滑下去了｜이 얼음은 꽉 쥘 수 없어, 곧 미끌어 떨어지려고 한다. ❷ 이해할 수 없다. 납득할 수 없다. 견딜 수 없다. ¶他的脾气, 我也～｜그의 성질은 나로서도 이해할 수 없다. ❸ 장악하지 못하다. 손을 쓸 수 없다. 제압할 수 없다. 통솔할 수 없다. ¶那么浪子, 连他父亲都～他｜저 방탕한 아들은 그의 아버지조차 어찌할 수가 없다. ¶～人, 当不了头目｜사람들을 통솔할 능력이 없는 자는 두목이 될 수 없다 ‖⇔[拿得住]

【拿不准】ná ·bu zhǔn 動組 확실히 파악할 수 없다. 확정할 수 없다. 확실히 결정하지 못하다. ¶～主意｜생각을 확정하지 못하다. ¶这事儿我～｜이 일은 내가 확정지을 수 없다→[拿准]

【拿大】ná/dà 動 方 거만하게 굴다. 잘난 체하다. 거드름 피우다. 뽐내다. ¶这位首长很随和suíhé, 一点也不～｜이 장관[지휘관]은 성격이 유순하여 조금도 거만하게 굴지 않는다 =[摆bǎi架子]

【拿大顶】ná/dàdǐng〈體〉❶動 물구나무서다. ¶拿得起大顶来 | 물구나무서기를 할 수 있다. ❷(nádàdǐng) 名 물구나무서기 ‖ =〔拿顶〕〔㊉竖shù蜻蜓qīngtíng〔竖直立〕
【拿大头】ná/dàtóu 動俗 봉 잡다. ¶那个商店的老板很猾huá, 你可别让人家拿了大头 | 그 가게 주인은 매우 교활하니, 너는 남에게 봉 잡히지 않도록 해라 =〔抓zhuā大头〕
【拿倒】nádǎo ☞〔拿倒〕nádào ⓑ
【拿到】ná/dào 動 입수하다. 손에 넣다. 받다. ¶那本书我已经~了 | 그 책은 내가 이미 손에 넣었다. ¶拿不到那笔钱, 作不了这种试验 | 그 돈을 입수할 수 없다면 이런 실험을 할 수 없다→〔拿不到〕
【拿倒】ⓐnádào 動 거꾸로 들다, 쥐다. ¶报纸~了 | 신문을 거꾸로 들었다. ¶他把书~了 | 그는 책을 거꾸로 들었다.
ⓑnádǎo 動 압도하다. 억누르다.
【拿得出去】ná·de chū qù 動組 남 앞에 내어 놓을 수 있다. 훌륭하다. ¶他的学问~ | 그의 학문은 내놓을 만 하다. ¶这一手毛笔字~的 | 붓으로 쓴 이 글씨는 남 앞에 내어 놓을 수 있다 ⇔〔拿不出去〕
【拿得起来】ná·de qǐ lái 動組 ❶들어 올릴 수 있다. ❷마음대로 할 수 있다. 틀어쥘 수 있다. 감당할 수 있다. 해낼 수 있다. ¶家里的事什么都~了 | 집안 일은 무엇이든지 할 수 있게 되었다. ¶他什么活儿都~ | 그는 무슨 일이든지 모두 해낼 수 있다 ‖ ⇔〔拿不起来〕
【拿得住】ná·de zhù 動組 ❶꽉 붙잡을 수 있다. 꽉 쥘 수 있다. ❷납득하다. 충분히 이해하다. ❸장악하다. 단속하다. 통솔하다. ¶班长对于手底下的人能~ | 반장은 아랫사람을 잘 통솔한다 ‖ ⇔〔拿不住〕
【拿顶】nádǐng ⇒〔拿大顶〕
【拿定】nádìng 動 꽉 붙잡다. 견지하다. 정하다. 세우다. ¶~主意 | 의견을 정하다. 결심하다. ¶~方针 | 방침을 세우다.
【拿过来】ná guò·lái 動組 가지고 오다. ¶~! | 이리 가져 오너라!
【拿获】náhuò 動 (범인을) 붙잡다. 체포[나포]하다. ¶昨夜~了两个小偷xiǎotōu | 어제 밤에 좀도둑 두 명을 잡았다.
【拿架子】ná jià·zi ⇒〔摆bǎi架子〕
【拿开】ná/kāi 動 치우다. 비켜 놓다. 들어 옮기다. ¶把这件东西~吧 | 이 물건을 치워라. ¶~这堆衣服 | 이 옷무더기를 들어 옮겨라.
³【拿…来说】ná…lái shuō (…에) 대하여 말하다. (…을 가지고) 말하다. ¶拿做学问来说, 可不容易啊! | 학문을 한다는 것은 정말 쉽지 않아!
【拿来主义】ná·lai zhǔyì 名 노신(魯迅)의 말로서, 전통시대의 문화 유산을 그대로 받아들이지 않고, 자신의 입장에 서서 취사 선택적으로 수용·계승하려는 사고 방식. ¶实行~, 什么都拿来试试 | 「拿来主义」를 실행하여 무엇이든 가져다가 시험삼아 해보자.
【拿捏】ná·nie 動㊉ ❶(상대방의) 약점을 이용하다. 일부러 애먹이다. ¶我并不是故意~的 | 나는 결코 일부러 애먹이려는 것이 아니다 =〔拿把〕 ❷우물쭈물하며 시간을 끌다. 고의로 꾸물거리며 남을 초조하게 하다. ¶有话快说, ~个什么劲儿jìnr? | 할 말이 있으면 빨리 하지, 뭘 우물쭈물 하느냐? =〔扭niǔ捏②〕 ❸점잖은 체하다. 진실한 체하다. ¶只得~着慢慢地退出tuìchū | 아무렇지도 않은 체하면서 슬슬 물러날 수 밖에 없다. ❹허세를 부리다. 젠체하다 =〔拿款kuǎn①〕〔拿乔qiáo〕
【拿破仑】Nápòlún 名㊥〈人〉나폴레옹 1세(Napoleon Bonaparte, 1769~1821) [프랑스의 황제]
【拿起】ná·qi 動 손에 잡다[들다]. 들어 올리다. ¶~笔 | 펜을 들다.
【拿腔拿调】ná qiāng ná diào 威 위엄을 부리는 어투로 말하다. 말할때 일부러 이상한 어투를 사용하다. ¶我喜欢他说起话来~的架势jiàshì | 나는 그가 말할 때 어투에 위엄을 부리는 태도가 싫다 =〔拿腔作调〕〔拿腔捏调〕〔捏腔拿调〕
【拿腔作势】ná qiāng zuò shì 威 허세를 부리다. ¶他一向~,惹rě人讨厌tǎoyàn | 그는 줄곧 허세를 부려서 남들의 미움을 산다.=〔拿班作势〕〔装腔作势〕
【拿权】ná/quán 動 권력이나 정권을 잡다.
【拿人】ná/rén 動 ❶사람을 체포하다. ❷(남의 약점을 잡고) 위협하다, 강요하다.
【拿骚】Násāo 名㊥〈地〉나소(Nassau)[「巴哈马」(바하마;Bahamas)의 수도]
【拿事】ná/shì 動 실권을 쥐다. 책임을 가지고 일을 처리하다. ¶他虽说是院长, 其实是校长~ | 그는 학장이라고는 하지만, 실제로는 총장의 실권을 쥐고 있다.
【拿手】náshǒu ❶形 (어떤 기술이나 일을) 잘 한다. 능숙하다. 뛰어나다. ¶你的~节目jiémù是什么? | 너가 가장 자신있어 하는 종목이 무엇이냐?. ¶~菜 | 가장 자신있는 요리. ¶干这活儿, 他很~ | 이 일은 그가 아주 잘한다. ❷名 장기. 재간. ¶你的~是什么? | 당신의 장기는 무엇입니까? ❸名 (성공에 대한) 믿음. 자신. 신심. 희망. ¶干这事儿他有~ | 이 일에 대해 그는 할 자신이 있다. ¶没~就别去干 | 자신이 없으면 하러 가지 마라.
【拿手好戏】ná shǒu hǎo xì 威 장기. 가장 자신있는 재주. 뛰어난 특기〔솜씨〕. ¶炒chǎo菜是我的~ | 볶음요리는 나의 장기이다 =〔拿手戏〕
【拿手戏】náshǒuxì ⇒〔拿手好戏〕
【拿糖】ná/táng 動㊉ 우쭐대다. 거드름 피우다. 젠체하다. ¶你不用~, 没你, 我们也能干得成! | 너 너무 우쭐대지마라. 네가 없이도 우리는 능히 해낼 수 있으니까!
【拿稳】náwěn 動 ❶단정하다. 확신하다. ¶你~他回来吗? | 너는 그가 돌아올 것을 확신하느냐?. ❷잘 쥐다. ¶~书, 别掉了 | 책을 잘 쥐고 있어, 떨어뜨리지 말라. ❸마음을 가라앉히다.
【拿下】náxià 動 ❶취하하다. 물리다. ❷뺏다. 점령하다. ¶把那座大楼~来了 | 저 빌딩을 점령하였다. ❸내리다. 내려놓다. ¶别把架子上的东西

N

～来｜선반 위의 물건을 내려지 말아라.

【拿着】ⓐ ná/zháo 動❶(손이) 닿다. 미치다. ¶太高了, 孩子拿不着｜너무 높아서 애들은 손이 미치지 않는다. ❷붙잡다. ¶大花猫～一只耗子hàozi｜큰 얼룩 고양이가 쥐 한 마리를 잡았다→〔拿不着〕〔拿得着〕

ⓑ ná·zhe ❶動 가지고 있다. ❷介 …을 가지고. …의 주제에. …이면서도. ¶～你这样一个好心人, 老天爷怎么也不可怜kěliān可怜你呢?｜너같이 이렇게 마음씨 착한 사람을 하느님이 어찌 가련히 여기지 않겠는가?

【拿着鸡毛当令箭】ná·zhe jīmáo dàng lìngjiàn 諺 닭털을 영전〔군령을 전하는 화살〕으로 삼다. 침소 봉대하다. 허풍을 떨다. 작은 일을 크게 과장하여 말하다. ¶你别～,乱吓唬xiàhǔ人｜너 너무 허풍떨어서 함부로 사람 겁주지 말아.

【拿主意】ná zhǔ·yi 動組 생각을 정하다. ¶拿好了主意再来吧｜생각을 확실히 결정해서 다시 오시오. ¶拿紧主意｜의사를 확실히 정하다.

【拿住】ná/·zhù 動❶꼭 붙잡다. 꽉 쥐다. ¶贼zéi被～了｜도둑이 붙잡혔다. ¶他～这个不放｜그가 이것을 꽉 잡고 놓지 않는다. ❷단속하다→〔拿不住〕〔拿得住〕

【拿准】ná/zhǔn 動 확정하다. 정확히 알다. ¶～了主意｜의견을 확정하였다.→〔拿不准〕

【拿走】ná/zǒu 動 가지고 가다. ¶把这两本书你都拿走｜이 책 두 권을 모두 가지고 가거라.

【镎(鎿)】ná (넵투늄 나) 名〈化〉화학 원소 명. 넵투늄(Np;neptunium) [방사성 원소의 하나]

N

nǎ ㄋㄚˇ

1【那】nǎ ☞ 那 nà Ⓑ

1【哪】nǎ ⓧ nǎi něi) ·na né 어찌 나, 어느 나

주의「nǎ」「nǎi」「něi」의 경우에는「那」로 쓰기도 하며,「·na」의 경우에는「呐」로 쓰기도 함→〔那〕〔呐〕

Ⓐ nǎ ❶代 어느. 어떤 [의문을 나타냄] ¶您是～位呀｜당신은 누구신가요? ¶～三本书是你的｜어느 세 권의 책이 너의 것이냐? ❷代 어느. 어떤 [불확정한 사항이나 사물을 나타냄] ¶～天有空来玩吧｜어느 날이든 시간이 있으면 놀러 와라.. 어법 지시대사(指示代詞)로 수량사 앞에 쓰이며, 수사가「一」일 때는 생략할 수 있음. ❸代 어떤 …이나. 어느 …이나. 어법「都」「也」와 호응함. ¶～件衣服也很合适héshì｜어느 옷이든 잘 맞는다.「哪」를 다시 사용하여, 앞에서 제시한 조건에 해당되는 사물이나 사항을 나타냄. ¶～本书内容好就要买～本｜어느 책이든 내용이 좋다면 그 책을 사겠다. ❹代 어느 것.어떤 것. 어법 ⓐ 같은 종류의 사물 중에 어느 것인지를 묻는 의문사로 쓰임. ¶～本书是你的?｜어느 책이 너의 것이냐? ⓑ 부정형식의 술어(謂語) 뒤에 주어로 두번 이상 쓰여 무엇이 무엇인지 분간할 수 없음을 나타냄. ¶看不清～是水, ～是岸｜어느 곳이 물이고 어느 곳이 강둑인지 똑똑히 볼 수 없다. ¶分不出～是死道, ～是活道｜어느 곳이 막힌 길이고 어느 곳이 통하는 길인지 분간해 낼 수 없다. ❺(～儿) 副 어찌. 왜. 어떻게 [반어문(反語句)에 쓰임] ¶我不信, ～有这样的事?｜나는 믿지 않아, 어디 이러한 일이 있어? ¶这么大事一个人～能做完?｜이렇게 큰일을 어찌 혼자서 다 해낼 수 있겠어? 어법 ⓐ「哪」가 대사(代詞)로 쓰인 경우, 특히 뒤에 양사(量詞)가 있을 때는「něi」「nǎi」로 읽기도 함. 단 부사(副詞)로 쓰이는 경우에는「nǎ」로 읽음. ⓑ「nǎi」는「哪一+量」의 형태에서「一」를 생략하여 쓰면서「哪」음에「一」음이 첨가되어「nǎi」로 읽음.「哪」가 대사(代詞)로 쓰일 때, 특히 뒤에 양사(量詞)가 있을 때의 구어음(口語音).「nǎi」는 다시「něi」로 변함. ⓒ「něi」는「哪一nǎyī」에서「一」가 생략되면서「哪」가「nǎi」로 변하고 다시 저모음(低母音)인「a」가 고모음(高母音)「i」의 영향을 받아 중모음(中母音)「e」로 변한 음.「哪」가 대사(代詞)로 쓰일 때, 특히 뒤에 양사가 있을 때의 구어음(口語音) ‖ =〔那nǎ〕

Ⓑ ·na 助 감탄의 의미를 지닌 어기조사. 운미(韻尾)가「-n」으로 끝난 글자 다음의「啊·a」는「·na」로 변하므로「哪·na」로 적음. ¶谢谢您～｜정말 고맙습니다. ¶我没留神～｜내가 정말 주의하지 않았군요 =〔呐·na〕→〔啊·a〕

Ⓒ né ⇒〔哪吒·zhā〕

Ⓐ nǎ

【哪边(儿)】nǎ·biān(r) 代 어디. 어느 쪽. 어디 쯤. ¶我～的人也不认得｜나는 어느 쪽 사람도 알지 못해.

【哪不是】nǎ bùshì 動組 어찌 …이 아니겠는가? ¶这事～你弄nòng的｜이 일은 어찌 네가 한 것이 아니겠느냐 =〔哪不②〕

【哪不】nǎ·bu ❶連 비록(…지라도). 설령(…더라도). ¶～多吃苦kǔ, 也要向前走｜얼마나 힘이 더 들더라도 앞을 향하여 나아가야 한다 =〔哪不得〕→〔哪怕〕❷⇒〔哪不是〕

【哪不得】nǎ·budé ⇒〔哪不①〕

2【哪个】nǎ·ge ⓧ něi·ge) 代❶어느(것). 어떤. ¶你要～?｜어느 것을 원하는가? ¶你们是～学校的学生?｜너희들은 어느 학교 학생인가? =〔哪一个〕❷누구. ¶～在打网球wǎngqiú?｜누가 테니스를 치고 있느냐?

【哪会儿】nǎhuìr 代❶언제. 어느 때. ¶这篇文章～才能写完?｜이 글은 언제쯤 다 쓸 수 있습니까? ¶你是～从上海回来的?｜너는 언제 상해에서 돌아온거냐? ❷어느 때. 언젠가는 [막연한 앞날을 표시함] ¶你要～来就～来｜언제든 네가 오고 싶을 때, 그 때 와라

1【哪里】nǎ·li ❶代 어디. 어느 곳. 어법 ⓐ 장소를 물을 때 씀. ¶你住在～?｜너는 어디에 사느냐? ¶这话你是从～听来的?｜이 말은 너가 어디에서 들은 것이냐? ⓑ 두 개의「哪里」를 호응시켜 조건 관계를 나타냄. ¶～有困难, 他就出现在～｜어디든 어려움이 있는 곳이면 그가 그곳에 나타난다. ¶～有压迫, ～就有反抗｜억압이 있는 곳에는 반항이 있는 법이다. ⓒ 반어문(反語句)

에 쓰여 부정적 의미를 표시함. 「怎么」와 같은 용법이나 어감이 더 강함. ¶这样美好的生活, ~是改革开放以前所能梦想到的? | 이렇게 좋은 생활은 개혁 개방 이전에 어디 꿈엔들 생각이나 하였겠느냐? ¶他~是中国人, 他是韩国人 | 그가 어디 중국인이요, 그는 한국인인데.. ⓓ 불특정한 장소를 나타냄. ¶这幅画儿好象在~见过 | 이 그림은 어디에선가 본 것 같다. ¶干工作~都一样 | 일하는 데는 어디나 다 같다 ‖ =〔回 哪儿〕 ❷ 婉 천만에. 별말씀을 [겸손하게 자신에 대한 칭찬을 부정하는 말] ¶~, ~ | 천만에요. ¶你汉语说得不错啊! ~, ~ | 너 중국어 아주 잘 하는데! 별말씀을.

2【哪怕】nǎpà 連 설사 …하더라도. ¶~山再高, 他也要爬上去 | 산이 얼마나 더 높다하더라도 그는 올라가려고 한다. ¶我一定要去南京看看, ~路很远 | 나는 꼭 남경에 가 보려고 한다, 설사 길이 아주 멀더라도. ¶~一夜不睡, 也要把这篇文章写好 | 밤을 세워서라도 이 글은 다 써야한다→〔哪不①〕

1【哪儿】nǎr ⇒〔哪里①〕

【哪儿的话】nǎr·dehuà 名組 (겸손하게 부정할 때) 천만의 말씀입니다. 별 말씀을 다 하십니다.

【哪想到】nǎxiǎngdào 動組 어떻게 생각해낼 수 있겠는가. 생각하지도 못하다. ¶~会下雨! | 비가 오리라고 어찌 생각이나 했겠는가!

2【哪些】nǎxiē ⓧ něixiē 代 어느. 어떤. 어떤 것. 어법 「哪」의 복수로서, 의문문에 사용하며 시간을 물을 때는 「天」「年」「日子」「月份」 등의 앞에는 쓸 수 있으나 「日」「月」「星期」 앞에는 쓸 수 없음. ¶~月(×) ¶~月份? | 어느 달에? ¶你都去过~地方? | 너는 어디어디를 가 봤느냐? =〔哪些个〕

【哪样(儿)】nǎyàng(r) 代 (성질이나 상태를 묻는) 어떤 (것). ¶~可您的心? | 어떤 것이 마음에 드십니까? ¶到底是~事儿让你这样难过? | 도대체 어떤 일이 너를 이렇게 괴롭게 하느냐?

【哪知】nǎzhī 副 뜻밖으로. 의외로. …할 줄이야. ¶~他早跑去了 | 그가 이리 일찍 도망가 버릴 줄이야. ¶~全身摸遍了, 就是找不见 | 온 몸을 샅샅이 뒤졌지만, 찾지 못할 줄이야 =〔哪晓得〕〔哪知道〕〔哪里知道〕〔哪儿知道〕

Ⓒ né

【哪吒】Né·zhā ⓧ Nuózhā 名〈人〉나타 [서유기(西游記)·봉신연의(封神演義)에 나오는 신통력이 대단한 인물] =〔那吒②〕

nà ㄋㄚˋ

1【呐】nà·na·ne nè 떠들 납, 말더듬을 눌

Ⓐ nà ⇒〔呐喊〕

Ⓑ ·ne 「呢」와 같음 ⇒〔呢ní Ⓑ〕

Ⓒ nè 「讷」와 같음 ⇒〔讷nè〕

【呐喊】nàhǎn ❶ 動 외치다. 고함치다. 함성을 지르다. ¶~妇女解放 | 여성 해방을 외치다. ¶拚命pīnmìng地~助威 | 죽을 힘을 다하여 큰 소리로 외치면서 응원하다. ¶摇旗yáoqí~ | 成 깃발을 흔들며, 함성을 지르다. ❷ 動 함성을 지르며 돌격하다

4【纳(納)】nà 바칠 납 ❶ 動 (구두창·양말 등을) 누비다. 촘촘히 박다 [재봉법의 일종] ¶~鞋底子 | 신발 밑창을 촘촘히 박다. ❷ 바치다. 내다. 납부하다. ¶献xiàn~ | 헌납하다. ¶~税shuì↓ =〔内nà〕 ❸ 받다. 수락하다. (받아)넣다. (받아)들이다. ¶闭门不~ | 문을 닫고 손님을 받지 않다. ¶~降xiáng↓ ¶采cǎi~建义 | 제의를 받아들이다. ❹ 누리다. 즐기다. ¶~凉↓ ❺ 오르다. 들어서다. ¶~入正轨zhèngguǐ↓ ❻ ⇒〔纳西族〕 ❼ (Nà) 名 성(姓).

【纳彩】nà/cǎi 書 名 動 납채〔납폐〕(를 보내다). ¶~礼物 | 청혼시 (신부집에) 보내는 예물 =〔纳币〕〔纳征〕〔过guò礼〕

【纳粹】nàcuì 名 外 나치스. 나치. ¶~分子 | 나치스트 =〔那其斯〕〔拉lā兹〕

【纳粹主义】nàcuì zhǔyì 名〈政〉나치즘(Nazism).

【纳夫妥】nàfūtuǒ ⇒〔萘nài酚〕

【纳福】nàfú 動 ❶ 즐겁게 살다. 복을 누리다. 행복하게 살다. ¶他儿子也大了又有房子, 尽可以在家~了 | 그는 자식들도 다 컸고, 게다가 집도 있으니, 집에서 행복하게 살 수 있게 되었다→〔享xiǎng福〕 ❷ 書 복을 가져오다. 복을 받다.

【纳富妥】nàfùtuǒ ⇒〔萘nài酚〕

【纳贡】nàgòng 動 옛날, 연공(年貢)을 바치다. 공물을 바치다. ¶每年进京~ | 매년 서울로 공물을 바친다=〔进贡〕

【纳罕(儿)】nàhǎn(r) 動 이상해하다. 신기해 하다. 놀라다. ¶我真~, 他为什么老躲duǒ着人 | 참 이상해, 그는 왜 늘 사람을 피하기만 할까 =〔纳闷mèn(儿)②〕

【纳喊】nàhǎn ⇒〔呐喊① ②〕

【纳贿】nà/huì 動 ❶ 뇌물을 받다. ¶~也要判刑 | 뇌물을 받는 것도 처벌이 된다 =〔受贿〕 ❷ 뇌물을 주다 =〔行xíng贿〕

【纳谏】nàjiàn 動 (왕이 신하의) 간언(諫言)을 채택하다. 충고를 받아들이다. ¶他乐于~ | 그는 남의 충고를 기꺼이 받아들인다.

【纳捐】nà/juān 動 ❶ 세금을 내다. 납세하다 =〔纳税〕 ❷ 의연금을 내다.

【纳凉】nàliáng ⇒〔乘chéng凉〕

4【纳闷(儿)】nà/mèn(r) ❶ 動 回 (마음에 의혹이 생겨) 답답하다. 갑갑해하다. ¶听说有上海来的长途电话找我, 一时想不出是谁, 心里有些~ | 상해에서 그를 찾는 장거리 전화가 왔다고 하는데, 그가 누구인지 한동안 생각이 나지 않아, 좀 답답했다. ❷ ⇒〔纳罕(儿)〕

【纳米比亚】Nàmǐbǐyà 名 外〈地〉나미비아(Namibia)[서남 아프리카의 유엔 공식 명칭. 수도는 「温得和克」(빈트후크;Windhoek)]

【纳入】nàrù 動 받아넣다. 들어서다. (궤도에) 올리다〔오르다〕. ¶~资本主义的轨道 | 자본주의의 궤도에 오르다.

【纳入正轨】nàrù zhèngguǐ 動組 정상궤도에 올리다〔오르다〕. ¶工作~ | 작업이 정상 궤도에 오

르다.

【纳萨】Nàsà 名 外 나사(NASA). 미국 국립 항공우주국.

4【纳税】nà/shuì 動 납세하다. 세금을 내다. ¶～人 | 납세자 =〔纳捐①〕〔缴jiǎo税〕

【纳西族】Nàxīzú 名〈民〉납서족 [중국 소수 민족의 하나. 운남(雲南)·사천(四川)지방에 분포함]

【纳降】nàxiáng 動 항복을 받아 들이다. ¶他们招降～, 扩大实力 | 그들은 항복을 권유하고 받아들이고 하여 세력을 확대한다.

【纳新】nàxīn 動 ❶ 신선한 공기를 마시다. ¶吐故～ | 옛 것을 버리고 새 것을 받아들이다 ❷ 喩 새로운 회원·당원을 받아 들이다. ¶～对象 | 입당〔입회〕대상자.

【肭】nà 살찔 납

⇒〔腽wà肭〕〔腽肭脐〕〔腽肭兽〕

【钠(鈉)】nà (나트륨 눌)

名〈化〉화학 원소 명. 나트륨(Na;natrium). ¶氯lǜ化～ | 염화 나트륨〔소금〕. ¶碳tàn酸～ =〔苏打①〕| 탄산 나트륨〔소다〕.

【钠灯】nàdēng 名 나트륨등.

【衲】nà 기울 납

書 ❶ 動 바느질하다. 수선하다. ¶百～衣 | 누더기 옷. 喩 승복. ¶百～本 | 좋은 책을 널리 수집하여 묶은 총서. ❷ 名 가사(袈裟jiāshā). 승복. ¶袄ǎo～ | 겹으로 된 승복. ❸ 名 轉 중. 승려. ¶老～ | 노승. ¶贫pín～ | 승려의 자칭.

【衲袄】nà'ǎo ⇒〔衲衣〕

【衲衣】nàyī 名 납의(衲衣) =〔衲袄〕

1【那】nà ⓧ nèi nè) 저 나

주의「那」는「哪」대신에 쓰기도 함⇒〔哪nǎ〕

Ⓐ nà 代 ❶ 저. 그. 어법 지시대사(指示代詞)로 쓰여 화자로부터 비교적 멀리 떨어져 있는 사람이나 사물을 가리킴. ⓐ 명사나 수량사(數量詞) 앞에 쓰임. ¶～孩子 | 그 아이. ¶～远方来的朋友 | 저 먼 곳에서 온 친구. ¶你看～几棵树 | 저 몇 그루의 나무를 보아라. ⓑ (대)명사가 소속을 나타내는 경우 那는 그 뒤에 온다. ¶他们～两个班的学生都不错 | 그들의 두 학급 학생들은 모두 괜찮다. ¶他～本书 | 그의 그 책. ¶印刷厂yìnshuāchǎng～位同志 | 인쇄공장의 그 동지. ⓒ 동사나 형용사 앞에「那+一」의 형태로 쓰여「那么」「那样」과 같이 어기를 강조함. ¶你叫～一大声, 他就跑了 | 네가 그렇게 한번 외치자, 그는 도망갔다. ¶剧场门口～一乱, 他们俩就走散了 | 극장 입구가 몹시 혼잡하여 그들 둘 곧은 흩어졌다. ⓓ 주로 구어(口語)에서, 동사나 형용사 앞에 쓰여 과장의 어기를 나타냄. ¶他跑得～快呀, 简直象阵风 | 그는 참 빨리 달린다. 정말 한줄기 바람같다. ¶他闷着头～干啊, 壮小伙子也赛不过他 | 그가 머리를 싸매고 일하니 젊은 장사라도 이길 수가 없다 ⇔〔这〕❷ 저것. 그것. 저 사람. 어법 단독으로 대사(代詞)로 쓰여, 비교적 멀리 떨어져 있는 사람이나 사물을 가리킴. ⓐ 사람을 가리킬 때는「是」앞에 주어로만 쓰임. ¶～是谁? | 저 사람은 누구냐? ¶～是他哥哥 | 저 사람은 그의 형〔오빠〕이다. ⓑ 사물을 가리킬 때는 주로 주어로 쓰이거나 쌍음절(雙音節) 방위사(方位詞) 앞에 쓰임. ¶～是天安门广场 | 저것이 천안문 광장이다. ¶～我知道 | 저것은 내가 안다. ¶～里面都是书 | 그 안은 모두 책이다. ⓒ「这」와 대칭적으로 쓰여, 불특정의 다수를 나타냄. ¶这也不错, ～也挺好, 不知挑tiāo哪个好呢 | 이것도 매우 좋고 저것도 아주 좋으니 어떤 것을 골라야 좋을지 모르겠다. ⓓ「这」와 대칭적으로 쓰이는 경우와「那」다음에 다른 동사가 이어지는 경우를 제외하고는「那」단독으로 목적어(賓語)로 쓰일 수 없음. 목적어로 쓸 때는「那个」와 같이「那」다음에 양사(量詞)가 있어야 함. ¶买～干嘛? | 그것을 사서 무엇하려느냐? ¶人们捡jiǎn～当肥料féiliào | 사람들은 그것을 주워 비료로 삼았다. ¶我喜欢那(×) ¶我喜欢那个 | 나는 그것을 좋아한다. ❸ 뒷 절(小句)의 머리에 쓰여, 앞 절을 가리킴. ¶你还没说你的学习成绩呢, ～是你妈妈最关心的 | 너는 아직 너의 학업성적을 말하지 않고 있는데, 그것이 네 엄마가 가장 관심을 가지고 있는 것이다. ¶你来看我, ～才怪呢 | 네가 나를 보러 왔다니, 그것 참 이상하구나! ❹ 그러면. 그렇다면 [결과를 나타내는 절(小句)을 유도하는 작용을 함.「那么」와 같음] ¶他要不给我们当翻译, ～就得另外找人了 | 그가 우리의 통역관이 되어주지 않는다면, 따로 사람을 찾아야 한다. ¶～可就没问题了 | 그렇다면야 문제 없지. ❺「那」뒤에「儿」이나「里」가 붙어 장소를 나타내는 대사가 됨 ⇒〔那儿〕〔那里〕 어법 ⓐ 구어체에서「那」가 단독으로 쓰이거나 뒤에 직접 명사가 올 경우「nà」또는「nè」로 발음하고, 뒤에 양사나 수량사가 올 경우 종종「nèi」또는「nè」로 발음함. 구어체에서「那程子」「那个」「那会儿」「那些」「那样」등은「nèi」또는「nà」로 발음하며「那么」「那么点儿」「那么些」「那么着」등에서는 가끔「nè」로 발음함. ⓑ「nèi」는「那一nàyī+量」의 형태에서「一」를 생략하여 쓰면서「那」를「nài」로 읽다가 다시 저모음(低母音)인「a」가 고모음(高母音)「i」의 영향으로 중모음(中母音)「e」로 변한 음. 양사(量詞) 앞에서는 대개「nèi」로 읽음.

Ⓑ nǎ「哪」와 통용 ⇒〔哪nǎ〕

Ⓒ něi「哪」와 통용 ⇒〔哪nǎ〕

Ⓓ Nā ❶ 고유명사의 음역어에 가끔 나타나는 이독음(異讀音). ¶～霸bà | 音譯 나하(시). 일본 도끼나와 현의 현청 소재지. ¶～落迦luòjiā | 나락(가)(Naraka;범). 지옥의 이름. ❷ 名 성(姓).

【那般】nàbān ⇒〔那样(儿)〕

2【那边(儿)】nà·biān(r) ⓧ nèi·biān(r)) 代 그곳〔쪽〕. 저곳〔쪽〕. ¶工具书在～ | 공구서는 저쪽에 있다 ¶～一点儿 | 조금 저쪽. ¶他从运动场～跑过来 | 그는 운동장 저쪽으로부터 뛰어 왔다.

【那波利】Nàbōlì 名 外〈地〉나폴리(Napoli) =〔那不勒斯nàbùlēsī〕

【那达慕】nàdámù 名 나담 페어(Nadam Fair). 내몽고 지구 몽고족의 전통 명절.

【那夫塔林】nàfūtǎlín 名 外 나프탈린 →〔萘nài〕

1【那个】nà·ge ⊗nèi[nè]·ge) 代 ❶ 그. 저. 그것. 저것. ¶～校院里学生很多 | 저 교정에는 학생이 많다. ¶～比这个结实jiēshí点儿 | 그것은 이것보다 좀 튼튼하다. ❷ 그것. 저것. 그 일. 저 일. ¶那是画画儿用的, 你要买～干什么? | 그것은 그림 그리는 데 쓰는 것인데, 네가 그것을 사서 뭐하느냐? ¶你别为～担心, 很好办 | 너 그 일 때문에 걱정하지 말아라, 처리하기 쉬워. ❸ 口 그렇게. 저렇게. 그렇다. 저렇다. 어법 ⓐ 동사나 형용사 앞에 쓰여 그 정도가 극단적이거나 과장됨을 표시함. ¶他～高兴啊, 就别提意见了! | 그가 그렇게도 기뻐하니 다른 소리 하지말게! ⓑ 술어로 쓰여 직접 말하기 어려운 것을 나타냄. 완곡하고 해학적인 의미를 내포함. ¶你刚才的态度太～了 | 너 방금 전의 태도는 너무 그래. ¶他这人做事, 真有点儿～ | 그 사람은 일하는 게 정말 좀 그래.

【那就】nàjiù 副組 그러면. 그렇다면. 그렇게 된다면. …(한)다면. ¶他要是肯用功, ～好了 | 그가 공부를 열심히 하려고만 한다면 그럼 됐다. ¶～可以了 | 그렇다면 됐다.

【那喀索斯】Nàkēsuǒsī 名 外〈神〉나르시서스(Narcissus) [희랍신화에 나오는 이기적인 미소년(美少年)]

1【那里】nà·li 代 그곳. 저곳 [비교적 먼 곳을 가리킴] ¶邮局在～ | 우체국이 그곳에 있다. ¶～是鱼米之乡 | 그곳이 농수산물이 풍부한 곳이다. 어법 ⓐ 인칭대사(人稱代詞)나 일반명사 뒤에 놓여 비처소사(非處所詞)를 처소사(處所詞)로 바꾸어 주는 역할을 함. ¶我哥哥～ | 형한테. 형 있는 곳에. ¶佛光寺～风景好 | 불광사(가 있는) 그곳은 경치가 좋다. ¶老李～ | 이씨가 있는 그곳. ¶他在老张(×) ¶他在老张～ | 그는 장씨가 있는 곳에 있다. ⓑ 「那里」와 「那儿」은 같으나 다음의 경우에는 주로 「那儿」를 씀. ㉠ 직접 동사 앞에 쓰일 때. ¶请那儿坐 | 그곳에 앉으세요. ¶那儿写文章呢, 你别去捣乱dǎoluàn | 그곳에서 글을 쓰고 있다. 난리 피우러 가지 마라. ㉡ 「从」「由」「打」 다음에 쓰여 시간이나 처소를 나타낼 때. ¶从那儿起, 往南走二百米就有商店 | 그곳으로 부터 남쪽으로 200m 가면 상점이 있다 ¶由那儿开始 | 그곳부터 시작하다. ¶打那儿起 | 그때부터.

1【那么】nà·me ⊗nè·me) ❶ 代 그렇게. 저렇게. 그런. 저런 [방식·정도 등을 표시함] ¶我不好意思～说 | 나는 그렇게 말하기가 거북하다. ¶他仍然持着年轻时代～一种朝气蓬勃cháoqìpéngbó的精神 | 그는 아직도 청년 시절의 그런 생기발랄한 정신을 지니고 있다. 어법 「那么」가 방식과 정도를 나타내기 때문에 항상 두 가지 경우가 생김. ¶～麻烦 | ㉠ 그렇게[그러한 방법으로] 귀찮다. ㉡ 매우 귀찮다. ¶～不妥当 | ㉠ (어떤 방식으로) 그렇게 타당하지 않다. ㉡ 매우 타당하지 않다. ❷ 代 수량사 앞에 쓰여 강조의 뜻을 나타냄. ¶我估计gūjì到终点站得děi走～五六个锺头 | 내가 계산하기에 종점까지는 대여섯 시간이나 걸어야 될 것이다 ❸ 連 그러면. 그렇다면. 그런고로. ¶这样做既然不行, ～你打算怎么办呢? | 이렇게 해서 안된다면 너는 어떻게 하려느냐? 어법 「那么」「那么着」「那样」의 차이점. ⓐ 「那样」은 보어로 쓰일 수 있으나 「那么」「那么着」는 쓰일 수 없음. ¶急得那么(×) ¶急得那样 | 그렇게 급하다. ⓑ 「那么」는 정도·방식·수량을 나타내고, 「那样」은 정도·방식·성질·상태를 나타냄. 「那么着」는 방식만 나타냄. ⓒ 「那样」은 명사·동사·형용사를 수식하고, 「那么」「那么着」는 동사·형용사만 수식함 ‖ ＝[那末]

【那么点儿】nà·medi ǎnr ⊗nèi·mediǎnr) 名組 그 정도. 그까짓 것 [수량이 작음을 표시함] ¶～年纪懂这么多事, 真不简单! | 그 정도의 나이에 이렇게 많은 일을 이해하다니 정말 대단해! ¶为～钱, 整天卖命 | 이까짓 돈 때문에 온종일 죽을 힘을 다해 일했군.

【那么些】nà·mexiē ⊗nè·mexiē) 그렇게나 많은 [수량이 많음을 표시함] ¶～书看得完吗 | 그렇게나 많은 책을 다 읽을 수 있겠느냐?

【那么着】nà·me·zhe ⊗nè·me·zhe) 代 그렇게 [행위·상황을 대신하거나 방식을 표시함] ¶～好不好? | 그렇게 하는 것이 어때? ¶你既对他们说了, 只好就～吧 | 네가 벌써 그들에게 말하였으니 그렇게 할 수 밖에 없지. ¶～睡也许舒服些 | 그렇게 자면 아마 좀 편한 것이다. 어법 「那么」「那样」「那么着」의 비교⇒[那么]

1【那儿】nàr ⇒[那里]

4【那时】nàshí 代 그때. 그 당시. ¶记得～相见, 你还是一个小孩哩! | 내 기억에 그때 우리가 만났을때 너는 아직 꼬마였었는데! ¶想起～受的苦, 现在心里还难受 | 그때 당한 고통이 생각나면, 지금도 견디기 어렵다.

【那天】nàtiān ⊗nèitiān) 代 ❶ 그날. ¶注册zhùcè～, 又跟同学们见面了 | 등록하던 그날, 급우들과 다시 만났다. ❷ 그 때. 그 시각. ¶～已经有十二点了 | 그 때 벌써 12시가 되었다.

【那头】nà·tou ⇒[那里]

1【那些】nàxiē ⊗nèi[nè]xiē) 代 그것들 [사람이나 사물이 둘 이상임을 지칭함] ¶～朋友 | 그 친구들. ¶～人在哪儿? | 그 사람들은 모두 어디에 있느냐? 어법 「那些」가 의문문에 주어로 쓰인 경우, 「那些」는 사물을 지칭하고 사람을 지칭하지 않음. ¶那些是什么? | 저것들은 무엇이냐? ¶那些是谁(×) ¶那些人是谁? | 저 사람들은 누구냐?

1【那样(儿)】nàyàng(r) ⊗nèi[nè]yàng(r)) 代 그렇게. 저렇게 [성질·상태·방식·정도 따위를 표시함] ¶～也好, 先试试再说 | 그렇게 하는 것도 좋겠다, 우선 해보고난 다음 얘기하자. ¶他不像你～凶xiōng | 그는 너처럼 그렇게 무섭지는 않다. 어법 「那么」「那样」「那么样」의 비교⇒[那么]

【那吒】Nà·zhā ❶ 名 外〈佛〉나라쿠바라(Nalakūvara;범) [신(神)의 이름] ＝[那吒俱伐罗][那吒太子] ❷ ⊗né[nuó]zhā) ⇒[哪né吒]

【娜】 nà ☞ 娜 nuó Ⓑ

【捺】 nà 누를 날

❶ 動 俗 (손·손가락으로) 누르다. 찍다.

¶～手印shǒuyìn | 손도장을 찍다. ❷動(감정·기분 따위를) 억제하다. 억누르다. 참다. ¶勉强miǎnqiáng～住心头的怒nùxìnhuǒ | 마음속의 분노를 억지로 참다. ¶他～着性子xìngzi | 그는 성질을 억눌렀다. ❸(～儿) 名 한자의 필획. 「㇏」(오른쪽 삐침). ¶一撇piě一～ | 왼쪽 삐침과 오른쪽 삐침.

【捺不住】nà ·bu zhù 動組 (감정을) 억누를 수 없다. 참을 수 없다. ¶他～站起来说了几句 | 그는 감정을 참지 못하고 일어나서 몇 마디 했다.

【捺儿】nàr 名 (한자의) 오른쪽 삐침(「㇏」).

·na ㄋㄚ·

1【呐】·na ☞ 呐 nà Ⓑ

1【哪】·na ☞ 哪 nǎ Ⓑ

nǎi ㄋㄞˇ

4【乃〈迺廼〉】nǎi 이에 내
書 ❶動 …이다. 바로 …이다. ¶失败～成功之母 | 실패는 성공의 어머니다. ❷連 이에. 그래서. ¶因山势高峻gāojùn, ～在山腰休息片刻 | 산세가 높고 험해서 중턱에서 잠깐 쉬었다. ❸副 비로소. ¶闻之～知其一二 | 그것을 듣고서야 비로소 조금 알았다. ❹代 너. 너의. ¶～兄 | 너의 형.

【乃尔】nǎiěr 書 副 이와 같이. 이처럼. ¶何其相似～! | 어찌 이처럼 닮았는가!

【乃父】nǎifù 名 ❶ 너의 아버지 [부·모·형·제 등 모두에게 「乃」를 붙일 수가 있음] ❷ 네 아버지 [아버지가 자식들에 대한 자칭] ‖ ＝[乃公①] [乃翁]

【乃公】nǎigōng ❶⇒[乃父] ❷名 이 어른 [윗 사람 또는 선배가 거만하게 자신을 높여 부르는 말]

【乃翁】nǎiwēng ⇒[乃父]

1【奶〈嬭〉】nǎi 젖 내
❶名 젖. 유방. ¶～头(儿)↓ ❷(～子) 名 젖. ¶牛～, 鲜xiān～ | 우유. ¶喂wèi～ | 젖을 먹이다 ＝[乳汁rǔzhī] ❸動 (아이에게) 젖을 먹이다. ¶把他～大了 | 그를 젖 먹여 키웠다. ❹⇒[奶奶]

【奶白色】nǎibáisè 名〈色〉유백색(乳白色). ¶～的灯光 | 유백색의 불빛.

【奶饼】nǎibǐng 名〈食〉치즈 ＝[干酪]

【奶茶】nǎichá 名〈食〉❶ 우유나 양유를 넣은 차. ❷「砖zhuān茶」(굳게 압축하여 벽돌 모양으로 만든 차)에 양젖 따위를 넣어 끓인 것 [몽골(蒙古)·청해(青海)·신강(新疆)·티베트 등의 산악지대에 거주하는 유목민들이 즐겨 마심] ＝[牛奶红茶] ❸ 우유를 끓여 얼레짓 가루를 넣고 걸쭉하게 만들어서 설탕을 타 마시는 음료.

【奶疮】nǎichuāng 名 젖앓이. 유선염(乳腺炎) 등의 통칭. ¶她竟得了～ | 그녀는 결국 유선염이 걸렸다.

4【奶粉】nǎifěn 名 분유(粉乳) ¶冲chōng～喝 | 분유를 타서 마시다 ＝[乳粉]

【奶积】nǎijī 名〈漢醫〉유아의 체기(滯氣). 유아의 소화불량.

【奶精】nǎijīng 名〈食〉커피 메이트(mate). ¶你加～吗? | 너는 프림을 넣느냐?

【奶酪】nǎilào 名〈食〉치즈.

【奶妈(儿, 子)】nǎimā(r·zi) 名 유모. ¶她当过～ | 그녀는 유모노릇을 한 적이 있다 ＝[奶母]

【奶名(儿)】nǎimíng(r) 名 아명 [어린 시절의 이름] ¶康先生的～阿毛 | 강선생의 아명은 「阿毛」이다 ＝[乳名(儿)][小名]

【奶母】nǎimǔ ⇒[奶妈(儿, 子)]

2【奶奶】nǎi·nai 名 ❶ 할머니 →[姥lǎo姥①] ❷敬 할머님 [할머니와 같은 항렬 혹은 그 연배의 부인에 대한 존칭] ❸敬 方 (일반적으로) 젊은 부인. ❹ 첩. 둘째 부인. ¶小～ | 둘째 부인. ❺方 어머니 [만주(滿洲) 기인(旗人)이 어머니를 「奶奶」라고 함]

【奶皮(儿, 子)】nǎipí(r·zi) 名 ❶ 유피(乳皮) ＝[乳rǔ皮] ❷ (케이크 등에서) 카스텔라 위에 씌우는 버터 크림 ＝[奶花(儿)]

【奶品】nǎipǐn 名 유제품. ¶～大幅度fúdù涨价zhǎngjià | 유제품 가격이 대폭으로 올랐다.

【奶瓶(子)】nǎipíng(·zi) 名 우유병.

【奶扇】nǎishàn 名〈食〉건조 치즈.

【奶声奶气】nǎishēng nǎiqì 貶 젖냄새가 나다. 구상유취(口尙乳臭). 젖비린내 나다. 아주 어린 티가 나다. ¶他～地说了几句 | 그는 아주 유치하게 몇 마디 했다.

【奶水】nǎishuǐ 名 口 젖. ¶她～够不够? | 그녀는 젖이 충분한가?

【奶头(儿)】nǎitóu(r) ❶名 口 젖꼭지. 유두 ＝[奶头嘴儿] ❷⇒[奶嘴(儿)]

【奶头嘴儿】nǎitóuzuǐr ⇒[奶头(儿)①]

【奶牙】nǎiyá 名 젖니. ¶～还没掉diào呢 | 젖니도 아직 빠지지 않았다. 喻 아직 입에서 젖비린내가 난다 ＝[乳齿]

【奶油巧克力】nǎiyóuqiǎokèlì 名組〈食〉밀크초콜렛 →[巧克力]

【奶罩】nǎizhào 名 브레지어(brassiere) ¶无背带～ | 어깨 끈 없는 브레지어 ＝[奶腊gǔ子][乳rǔ罩][胸xiōng衣][胸罩]

【奶制品】nǎizhìpǐn 名 유제품 ＝[奶品]

【奶子】nǎi·zi 名 ❶ 口〈食〉젖 [소·염소 등 식용할 수 있는 동물 젖의 통칭] ¶还很小, 还在吃～ | 아직 어려서 아직까지 젖을 먹고 있다. ❷方 유방. ❸方 유모 ＝[奶妈(儿, 子)]

【奶嘴(儿)】nǎizuǐ(r) 名 우유병의 젖꼭지 ＝[奶头(儿)②][俗 咂zā咂嘴儿]

【奶嘬子】nǎizuō·zi 名 아기에게 빨리는 장난감 젖꼭지.

【艿】nǎi 토란 내
⇒[芋yù艿]

【氖】nǎi (네온 내)
名〈化〉화학 원소 명. 네온(Ne;neon) ＝[氖气][外 霓ní虹][外 年红]

【氖(光)灯】nǎi(guāng) 名 네온등 ＝[霓ní虹灯]

1【哪】nǎi ☞ 哪 nǎ

nài ㄋㄞˋ

【佴】 Nài èr 성 내, 이을 이

Ⓐ Nài 名 성(姓).

Ⓑ èr 書 動 놓다. 두다. 머물다.

3**【奈】** nài 어찌 나, 어찌 내
❶ 書 副 어찌. 어떻게. ¶虞兮! 虞兮! ~若何? | 우여! 우여! 그대를 어찌 할까?《史記·項羽紀》=〔奈何〕 ❷ 動 참다. 견디다. ¶~烦 | 번거로움을 참다 =〔耐①〕

【奈端】 Nàiduān ⇒〔牛Niú顿①〕

【奈何】 nàihé ❶ 書 어찌 …할 수 있겠는가. 어법 주로 반문(反問)으로 사용됨.「如何」와 뜻이 유사함〕 ¶民不畏死, ~以死惧jù之? | 백성들이 죽음을 두려워하지 않는데, 어떻게 죽음으로 그들을 위협하겠는가? ❷ 動 대처하다. 처리하다. 어법 대개 목적어로 인칭대사가 오며, 부정문에 주로 쓰임. 인칭대사인 경우「奈」와「何」사이에 올 수 있음. ¶海浪~不了他 | 파도도 그를 어찌할 수가 없다. ¶不管你怎么说, 我就是不去, 你能奈我何! | 네가 어떻게 말하더라도, 나는 가지 않겠으니, 네가 나를 어떻게 하겠느냐! ¶~不得 | 어찌할 도리가 없다. ¶无可~ | 어찌할 수가 없다.

【柰】 nài 능금나무 내
⇒〔柰子〕〔柰花〕

【柰花】 nàihuā 名〈植〉말리꽃 〔「茉莉花」의 다른 이름〕→〔茉mò莉〕

【柰子】 nài·zi 名 능금.

【萘】 nài (나프탈린 내)
名〈化〉나프탈린 =〔骈苯piánběn〕〔外 那夫塔林〕〔俗 臭樟脑chòuzhāngnǎo〕〔俗 焦油jiāoyóu脑〕〔俗 洋樟yángzhāng脑〕

【萘酚】 nàifēn 名〈化〉나프톨 =〔纳nà夫妥〕〔纳富妥〕

【萘硫脲】 nàiliúniào ⇒〔安ān妥③〕

【萘球】 nàiqiú 名〈化〉나프탈린 알 =〔卫生球〕

2**【耐】** nài 견딜 내, 능할 능
動 참다. 견디다. 버티다. ¶吃苦~劳 | 괴로움을 참고 견디다. ¶~火↓ =〔奈②〕

【耐不住】 nài ·bu zhù 動組 참을 수 없다. 견디어 내지 못하다. ¶我真~了, 马上要找他去问个底细dǐxì | 나는 정말 참을 수 없다. 당장 그를 찾아가 진상을 물어 보아야겠다. ¶他~这般寂寞 | 그는 이러한 적적함을 견딜 수 없다.

【耐穿】 nàichuān 形 (의복·신발 등이) 질겨서 오래 신을 수 있다. ¶这双鞋~ | 이 신은 질겨서 오래 신을 수 있다. ¶这种衣服很~ | 이 옷은 오래 입을 수 있다.

3**【耐烦(儿)】** nài/fán(r) 動 번거로움을 견디다. 인내하다. 잘 참다. ¶请你先耐点儿烦吧 | 먼저 조금 번거로워도 참으세요 =〔耐心烦(儿)②〕

【耐光性】 nàiguāngxìng 名 내광성.

【耐寒】 nàihán 形 내한성이 있다. 추위에 강하다. ¶这种作物很~ | 이 작물은 추위에 강하다. ¶耐严寒 | 혹한(酷寒)에 강하다. ¶~性 | 내한성.

【耐火】 nàihuǒ 形 불에 강하다. 내화성이 있다. ¶~水泥 | 내화시멘트. ¶这种砖不~, 不能造炉子 | 이런 벽돌은 내화성이 없어서, 화로를 만들 수 없다.

【耐嚼】 nàijiáo 形 씹을 만하다. ¶海带很~ | 다시마는 씹을 만하다.

【耐久】 nàijiǔ 形 오래가다. 내구력이 있다. ¶这种工具很结实~ | 이런 공구는 튼튼해서 오래 쓴다.

【耐看】 nàikàn 形 (사람·예술작품 등을) 참고 볼 만하다. ¶金小姐长得很~ | 미스 김은 그런대로 괜찮게 생겼다.

【耐苦】 nàikǔ ❶ 動 고통을 참다. 괴로움을 견디다. ❷ 形 참을성이 많다. 인내력이 강하다.

【耐劳】 nài/láo 動 노고를〔고생을〕 견디다. ¶吃苦~ | 고생을 잘 참다. 고된 일을 잘 참고 이겨내다.

【耐涝】 nàilào ❶ 動 (곡물 등이) 홍수로 인한 침수나 습지에서 견디다. ❷ 形 (곡물 등이) 침수나 습지에 강하다.

【耐冷】 nàilěng 形 추위에 강하다. ¶北方人都很能~ | 북방 사람은 모두 추위에 강하다.

4**【耐力】** nàilì 名 인내력. 내구력. 지구력 ¶他的~很善 | 그의 인내력은 훌륭하다→〔持chí久〕

【耐磨】 nàimó 形 내마모성(耐磨耗性)이 있다. 마모에 강하다. ¶~合金钢 | 내마모성 합금강. ¶~性 | 내마모성. ¶~硬度 | 내마모성 경도.

【耐热】 nàirè 形 열에 강하다. 내열성이 있다. ¶那种玻璃~吗? | 그 유리는 열에 강하냐? ¶~性 | 내열성.

【耐蚀】 nàishí 形 부식에 강하다. 내식성이 있다. ¶~合金 | 내식 합금. ¶~金属 | 내식성 금속.

【耐水】 nàishuǐ 形 물에 강하다. 내수성이 있다. ¶~性 | 내수성. ¶~布料 | 내수성이 있는 천.

【耐酸】 nàisuān 形 산에 강하다. 내산성이 있다. ¶~缸器 | 내산성 석기(炻器). ¶~混凝土 | 내산성 콘크리트.

2**【耐心】** nàixīn ❶ 名 참을성. 인내성 ¶我们要有点儿~ | 우리는 참을성이 좀 있어야 한다 =〔耐心烦(儿)①〕 ❷ 形 인내심이 강하다. 참을성이 있다. 끈기 있다. ¶他很~地讲jiǎng了三遍biàn | 그는 아주 참을성 있게 세 번을 이야기했다.

【耐心烦(儿)】 nài/xīnfán(r) ❶ ⇒〔耐烦(儿)〕 ❷ (nàixīnfán(r)) 名 口 인내심 =〔耐心①〕

【耐性(儿)】 nàixìng(r) ❶ 名 인내성. 참을성. ¶我的~也有限度xiàndù | 나의 인내력에도 한계가 있다. ¶有~的人 | 참을성이 있는 사람. ❷ (nài/xìng(r)) 動 참다. 견디다. (감정을) 억누르다. ¶他真好~, 怎么说也不生气 | 그는 정말 인내력이 강해서 어떻게 얘기해도 화를 내지 않는다.

2**【耐用】** nàiyòng 形 질기다. 오래가다. 오래 쓸 수 있다. ¶这把伞又~又好看 | 이 우산은 오래 쓸 뿐더러 보기에도 좋다. ¶经洗~ | 세탁하여도 (천이 상하지 않고) 오래 간다.

【耐脏】 nàizāng 形 더러움을 타지 않다. 잘 더러워지지 않다. ¶颜色yánsè黑的衣服~ | 색깔이 검은 옷은 더러움을 잘 타지 않는다.

【耐战】 nàizhàn 形 지구전〔장기전〕에 강하다. ¶韩国队很~ | 한국팀은 장기전에 강하다.

【耐震】 nàizhèn ❶ 動 충격을 견디다. ❷ 形 충격에

강하다. 내진성이 있다. ¶这种手表很～ | 이런 손목시계는 충격에 강하다.

【鼐】nài 가마솥 내
書名 큰 솥. 정(鼎)의 일종. ¶～鼎及鼒zī | 큰솥과 작은 솥《詩經·周頌·絲衣》

nān ㄋㄢ¯

【囡】nān 아이 난
名方 아이. 어린이. ¶男小～ | 사내아이 =〔囝〕

【囡囡】nānnān 名方 귀염둥이 [어린 아이에 대한 친밀함을 표시하는 칭호] =〔阿囡〕〔小囡〕

【囝】nān ☞ 囝 jiǎn B

nán ㄋㄢˊ

1【男】nán 사내 남
❶ 名 남자. 남성. ¶一～一女一朵花 | 일남일녀는 한떨기 꽃이다. 일남일녀가 아주 이상적이다 ⇔〔女nǚ①〕 ❷ 書名 소자 [부친에 대한 아들의 자칭(自稱)] ❸ 아들. ¶长～ | 장남. ❹ 名 남작 [고대 봉건제도 5등 작(爵)의 제5위] ¶～爵↓ ❺ (Nán) 名 성(姓).

【男扮女装】nán bàn nǚ zhuāng 動組 남자가 여장(女裝)을 하다. ¶他～, 混进女人堆里 | 그는 여장을 하고 여인들의 무리 속으로 섞여 들어간다 ⇔〔女扮男装〕

【男厕】náncè ⇒〔男厕所〕

【男厕所】náncèsuǒ 名 남자 변소 [남자용을 표시하는 말로 쓰임] =〔男厕〕

【男大当娶, 女大当聘】nán dà dāng qǔ, nǚ dà dāng pìn 諺 남자는 어른이 되면 마땅이 아내를 얻고, 여자는 마땅이 시집가야한다.

【男盗女娼】nán dào nǚ chāng 成 남자의 도적질과 여자의 매음행위.

【男低音】nándīyīn 名〈音〉베이스(bass).

【男儿】nán'ér 名 ❶ 사내 아이. ¶怎么你家～不见一个 | 어떻게 네 집에는 사내아이가 하나도 보이지 않는가. ❷ 대장부. 사나이. ¶好～ | 호남아. ¶～志在四方 | 사내 대장부는 뜻을 넓은 세상에 둔다 =〔男子汉〕

【男方】nánfāng 名 (혼인에서) 신랑측 ⇔〔女方〕

【男高音】nángāoyīn 名〈音〉테너(tenor).

【男工】nángōng 名 ❶ 남자 직공. ❷ 남자 고용인.

【男孩(子)】nánhái(·zi) 名 사내 아이. ¶～通常比较顽皮wánpí | 사내 아이들은 일반적으로 비교적 짓궂다 =〔男孩儿〕

【男孩儿】nánháir ⇒〔男孩(子)〕

【男欢女爱】nán huān nǚ ài 成 남녀간에 서로 끔찍이 사랑하다.

【男婚女嫁】nán hūn nǚ jià 成 남녀가 시집·장가가서 가정을 이루다. ¶～, 人之常情 | 남녀가 서로 맺어지고자 하는 것은 인지상정이다.

【男家(儿)】nánjiā(r) 名 ❶ (결혼 당사자의) 신랑측. ❷ 시집. 신랑집 ‖ =〔書 乾qián宅〕⇔〔女nǚ家(儿)〕

【男角】nánjué 名 남자배우. 남우 [여배우는「坤kūn角」「女nǚ伶」이라고 함] =〔男伶〕→〔演yǎn员〕〔男星〕

【男爵】nánjué 名 ❶ 남작. ¶～夫人 | 남작 부인. ❷〈植〉감자의 일종.

【男伶】nánlíng ⇒〔男角〕

【男女】nánnǚ 名 ❶ 남자와 여자. ¶～混合双打 | 〈體〉남녀 혼합 복식 →〔乾qián坤〕 ❷ 方 자녀. ❸ 천한 사람. 하인 [소설·희곡 따위에 보임] ❹ 성별(性別). ¶不分～ | 남녀를 구분하지 않다.

【男女老少】nánnǚ lǎoshào 名組 남녀 노소.

【男女同校】nánnǚ tóngxiào 名組 남녀 공학. ¶实行～ | 남녀 공학을 실시하다 =〔男女同学①〕

【男排】nánpái 名 簡〈體〉「男子排球」(남자배구)의 약칭.

【男朋友】nánpéng·you 名 남자 애인. ¶她交了一个～ | 그녀는 애인을 한명 사귀었다 ⇔〔女朋友〕

²【男人】ⓐ nánrén 名 (성년) 남자.
ⓑ nán·ren 名 口 貶 남편 [타인이 부르는 칭호] ¶她那个～哪! 没出息 | 그녀의 그 남편 말이지! 싹이 노랗다 =〔丈夫zhàng·fu〕⇔〔女人〕

【男生】nánshēng 名 남학생. ¶～比女生勇敢 | 남학생이 여학생보다 용감하다.

【男声】nánshēng 名〈音〉남성. ¶～合唱 | 남성 합창.

【男士】nánshì 名 성년남자 [익살적인 뜻이 있음]

【男同志】nántóngzhì 名 남자 (동지). 남자분.

【男相】nánxiàng 名 남상 [여자의 얼굴이나 자태가 남자를 닮은 것을 일컬음]

【男鞋】nánxié 名 남자용 신발.

【男星】nánxīng 名 남자 배우. 남자 스타.

⁴【男性】nánxìng 名 ❶ 남성. ❷ 남자.

【男演员】nányǎnyuán 名 남자 연기자.

【男阴】nányīn 名 남근(男根). 음경(陰莖).

【男中音】nánzhōngyīn 名〈音〉바리톤(baritone).

【男主角】nánzhǔjué 名〈演映〉남자 주연 배우 ⇔〔女主角〕

【男装】nánzhuāng 名 ❶ 남장. 남자의 분장. ¶女扮bàn～ | 여자가 남자로 분장하다. ❷ 남성용 복장 ‖ ⇔〔女装〕

³【男子】nánzǐ 名 남자. ¶～单打 |〈體〉남자 단식. ¶～双打 |〈體〉남자 복식. ¶～团体赛 |〈體〉남자 단체 경기.

【男子汉】nánzǐhàn 名 사나이. 대장부. ¶他不像个～ | 그는 사내 대장부같지 않다. ¶有的妇女干起活儿来, 赛过～ | 어떤 여자는 일을 하는데 남자를 능가한다 =〔男儿②〕

【男子气】nánzǐqì 名 남자다움 =〔男人气〕

1【南】nán nā 남녘 남
A nán ❶ 名 남. 남쪽. ¶坐北朝～ | 북쪽에 자리잡아 남쪽을 향하다. ❷ (Nán) 名 성(姓).
B nā ⇒〔南无mó〕

A nán

【南半球】nánbànqiú 名〈地〉남반구.

【南北】nánběi 名 ❶ 남쪽과 북쪽. ❷ 남에서 북까

지 [거리를 말함] ¶这个水库～足有十里 | 이 댐은 남북으로 족히 10리는 된다.

【南北朝】Nán Běi Cháo 名〈史〉남북조 [송(宋)나라가 건국된 서기 420년부터 수(隋)나라에 의해 통일되기까지 남과 북에 있었던 여러 왕조(王朝)]

【南北对话】nánběi duìhuà 名組〈經〉남북회의 [개발도상국가와 공업선진국가 간에 진행되는 국제경제회의(國際經濟會議)] ¶进行～ | 남북대화를 진행하다 =〔南北会议〕

【南北合作】nánběi hézuò 名組〈經〉남북협력 [선진국과 개발도상국간의 경제·기술 합작]→〔南南合作〕

【南北会议】nánběi huìyì ⇒〔南北对话〕

【南北曲】nánběiqǔ 名 남북곡→〔北曲〕〔南曲〕

[1]【南边】nán·bian ❶ (～儿) 名 남쪽. ¶从～刮来一阵风 | 남쪽에서 한 줄기 바람이 불어온다 ❷ ⇒〔南方②〕

[2]【南部】nánbù 名 남부. ¶中国的～比北部发达 | 중국의 남부는 북부보다 발달됐다 ¶广州位于广东省～ | 광주는 광동성 남부에 위치하고 있다.

【南朝】Nán Cháo 名〈史〉남조(420～589). 남북조(南北朝) 시대의 송(宋)·제(齊)·양(梁)·진(陳)의 총칭→〔南北朝〕〔北朝〕

【南豆腐】nándòu·fu 名〈食〉❶ 연두부 =〔软豆腐〕〔宁níng波豆腐〕 ❷ 두부를 납작하고 잘게 썰어 메주콩균으로 발효시킨 것을 담가서 만든 황백색 식품.

[2]【南方】nánfāng 名 ❶ 남쪽. 남녘. ❷ 남방. 남부 [중국의 경우 장강(長江) 유역과 그 이남의 지역을 말함] ¶～人 | 남방 사람. ¶～话 | 남방 말, 남방 방언. ¶～风味 | 남방 정취. ¶他生在～,长在北方 | 그는 남방에서 태어나서 북방에서 자랐다 =〔回 南边②〕

【南方古猿】Nánfāng gǔyuán 名組〈考古〉아우스트랄로피테쿠스(Australopithecus).

【南非共和国】Nánfēi gònghéguó 名〈地〉남아프리카 공화국(South Africa) [아프리카 최남단의 독립국. 수도는「比勒陀利亚」(프리토리아; Pretoria)]

【南宫】Nángōng 名 복성(複姓).

【南瓜】nánguā 名〈植〉호박. ¶买一个～煮粥zhǔzhōu | 호박을 하나 사서 죽을 끓이다

【南国】nánguó 書 名 남국 [중국의 남부를 가리킴] ¶～风光 | 남국 풍경〔경치〕. ¶～倩qiàn女 | 남국의 여인

【南海】nánhǎi 名 ❶〈地〉남해. 남지나해(南支那海). ❷〈地〉광동성(廣東省)의 현(縣) 이름. ❸ 북경(北京) 자금성(紫金城)에 있는 호수의 하나→〔三海〕 ❹→〔南洋②〕

【南寒带】nánhándài 名〈地〉남한대 ⇔〔北běi寒带〕→〔寒带〕

【南胡】nánhú ⇒〔二èr胡〕

【南回归线】nánhuíguīxiàn 名組〈地〉남회귀선

【南货】nánhuò 名 남방에서 나는 식료품.

【南极】nánjí 名 ❶〈地〉남극. ❷〈物〉남극. 에스극(S極) ‖ ⇔〔北极①②〕

【南极光】nánjíguāng 名〈天〉남반구의 고위도지방의 하늘에 출현하는 극광 ⇔〔北极光〕→〔极光〕

【南京】Nánjīng 名〈地〉남경. 강소성(江蘇省)의 성도(省都).

【南京条约】Nánjīng Tiáoyuē 名組〈史〉남경조약. 아편 전쟁의 결과, 1842년 8월 영국과 청(清)나라 사이에 체결된 조약 [중국은 홍콩을 할양하고, 상해(上海)·영파(寧波)·복주(福州)·하문(厦門)·광주(廣州)의 개항 및 배상금 지불을 약정함]

【南柯一梦】nán kē yī mèng 成 남가일몽. 일장춘몽. ¶他的追求到头来是～ | 그가 추구하는 것은 결국 일장춘몽이다→〔邯hán郸梦〕

【南美洲】Nán Měizhōu 名〈地〉남아메리카.

【南门】Nánmén 名 복성(複姓).

[2]【南面】nánmiàn ❶ (～儿) 名 남쪽. ❷ 書 動 부귀영화를 누리다. 재부를 가지다 [옛날, 군주는 조정에서 북쪽에 앉아 얼굴을 남쪽으로 향했음] ¶～王 | 황제. 轉 최고 권력자 ⇔〔北面②〕

【南南关系】nánnán guān·xi 名組〈經〉남남관계. 개발도상국가들 간의 경제 관계.

【南南合作】nánnán hézuò 名組〈經〉남남협력 [개발도상국간의 경제·기술 합작] ¶加强～ | 남남협력을 강화하다→〔南北合作〕

【南欧】Nán ōu 名〈地〉남부 유럽. ¶出访～诸国 | 남부유럽의 여러 나라를 순방하다.

【南腔北调】nán qiāng běi diào 成 남북〔여러가지〕 방언이 뒤섞인 말씨. 각지방 사투리. ¶我们排球队里有上海人·山东人·南京人, 大伙huǒ聊起来, ～, 特别有意思 | 우리 배구팀에 상해인 산동인 남경인이 있는데 같이 잡담하기 시작하면 각 사투리가 다 나와서 정말로 재미있다.

【南曲】nánqǔ 名 ❶〈文〉남곡 [송(宋)·원(元)·명(明)시대에 유행한 남방의 해염강(海鹽腔)·여요강(餘姚腔)·익양강(弋陽腔)·곤산강(昆山腔) 등의 여러가지 곡조(曲調)] ❷ 남곡을 위주로한 중국 전통극 ‖→〔北běi曲〕

【南山可移】nánshān kě yí 歇 남산은 옮길 수 있다. 이미 결정된 안(案) 또는 일은 바꿀 수 없다 [뒤에「此案不可动」을 이어 말할 수 있음]

【南式】nánshì 區 남방식 [북경(北京) 지역에서 남방 양식의 수공업품·식품 따위를 가리킬 때 씀] ¶～盆桶péntǒng | 남방식 대야.

【南斯拉夫】Nánsīlāfū 名 外〈地〉유고슬라비아(Yugoslavia) [유럽남부의 공화국.수도는「贝尔格莱德」(베오그라드;Beograd)] =〔巨哥斯拉夫jùgēsīlāfū〕

【南宋】Nán Sòng 名〈史〉남송(1127～1279).

【南甜, 北咸, 东辣, 西酸】nántián, běixián, dōnglà, xīsuān (중국 음식은) 남쪽은 달고, 북쪽은 짜고, 동쪽은 맵고, 서쪽은 시다.

【南纬】nánwěi 名〈地〉남위→〔纬度〕〔纬线〕

【南味】nánwèi 名 남방(南方) 맛. ¶～糕点 | 남방 맛 과자.

【南温带】nánwēndài 名〈地〉남온대.

【南下】nánxià 動 남쪽으로 가다 [고대 중국에서는 북을 위로 남을 아래로 삼았음] ⇔〔北上〕

【南洋】Nányáng 名〈地〉❶남양 ［청말(淸末), 강소(江蘇)·절강(浙江)·복건(福建)·광동(廣東)의 연해(沿海)지역을 일컫던 이름］→〔北běi洋②〕❷남양 군도→〔南海④〕

【南辕北辙】nán yuán běi zhé 成 남쪽으로 가려는 사람이 북쪽으로 수레를 몰다. 행동이 목적과〔의도와〕서로 상반되다. ¶你这样做是～, 日益偏离你的目标｜너 이렇게 하는 것은 의도와 결과가 상반되는 것이다, 날이 갈수록 너의 목표와는 멀어지게 된다 ＝〔南其辕而北其辙〕

Ⓑnā

【南无】nāmó 名 外〈佛〉나무(namas ; 범). 부처나 경문의 이름 앞에 붙여 절대적인 믿음을 표시하는 말. ¶～阿弥陀佛āmítuófó｜나무아미타불.

【喃】nán 재재거릴 남
⇒〔喃喃〕〔喃藏经〕〔呢ní喃〕

【喃喃】nánnán 擬 웅얼웅얼. 중얼중얼. ¶～咄咄duō｜웅얼거리며 투덜투덜하다.

【喃喃自语】nánnán zìyǔ 動組 중얼중얼 혼잣말을 하다. ¶他爱～｜그는 잘 혼자 중얼거린다.

【喃藏经】nánzàngjīng 名 두서없는 말. 요령부득의 말.

【楠〈枏柟〉】nán 녹나무 남
⇒〔楠胡〕〔楠木〕

【楠胡】nánhú ⇒〔二èr胡〕

【楠木】nánmù 名❶〈植〉녹나무. ❷녹나무 목재.

1【难(難)】nán nàn nuó 어려울 난, 재앙 난

Ⓐnán ❶形 어렵다. 힘들다. 곤란하다. ¶学好外国话是一件很～的事｜외국어를 숙달한다는 것은 매우 어려운 일이다. ¶说着容易做着～｜말하는 것은 쉽지만 행하기는 어렵다 ⇔〔容易〕❷形 …하기 힘들다. …하기 어렵다. 어법 동사 앞에 조동사처럼 쓰임. ¶这件事情～办｜이 일은 하기 어렵다. ¶～保↓ ¶～怪↓ ❸動 곤란하게 하다. 난처하게 하다. 어법 반드시 사람을 지칭하는 목적어를 필요로 함. ¶这可真～住他了｜이것 정말 그를 난처하게 했다. ❹좋지 않다. …하기 괴롭다. ¶～听↓ ¶～吃↓ ⇔〔好〕❺尾 명사 후철로 쓰여 비교적 큰 곤란이 존재하는 일을 나타냄. ¶买书～｜도서구입난. ¶买粮liáng～｜식량구매난.

Ⓑnàn ❶名 재난. 환난. ¶遭zāo～｜재난을 당하다. ¶大～临头｜큰 재난이 임박하다. ❷질책하다. 힐책하다. 비난하다. 책망하다. ¶问～｜따져 묻다. ¶非～｜비난하다.

Ⓒnuó ❶書 形 무성하다. ❷「傩」와 통용 ⇒〔傩nuó〕

Ⓐnán

【难办】nánbàn 形 하기 어렵다. 처리하기 힘들다. ¶这件事倒～｜이 일은 아무래도 어렵겠다. ¶这并不～｜이것은 결코 처리하기 어렵지 않다.

【难保】nánbǎo 形 보증할 수 없다. 장담하기 어렵다. ¶这门课能否考及格, 这就～了｜이 과목을 시험봐서 합격할 지 여부에 대해서는 장담하기 어렵다. ¶不讲卫生, ～不生病｜위생에 신경쓰지 않으면 병이 안 걸린다고 장담할 수 없다.

【难不住】nán ·bu zhù ⊗nàn ·bu zhù) 動組 어렵게 할 수 없다. 난처하게 할 수 없다. ¶什么事也～老李｜어떤 일도 이씨를 어렵게 할 수 없다.

【难缠】nánchán 形 ❶(사람을) 다루기 어렵다. 성가시다. 귀찮다. ¶他要发起脾气píqì来, 顶dǐng～了｜그가 성질을 내기 시작하면 아주 다루기 어려워진다. ❷(사람이 도리가 없고, 막무가 내라서) 대하기 힘들다.

【难产】nánchǎn ❶名〈醫〉난산. ¶那年妻子～, 在产房里喊叫了整整一天｜그해 집사람이 난산으로 분만실에서 꼬박 하루 동안 산통을 겪었다. ¶头生儿是～｜첫 아이는 정말 난산이었다. ❷形 喩 성사하기 어렵다. 쉽지 않다. ¶那件事一再延期yánqī恐怕kǒngpà是～了｜그 일은 또 연기된다면 아마도 실현시키기 어려울 것이다.

【难吃】nánchī 形 먹기 어렵다. 맛이 없다. ¶没有比这道菜～的｜이 요리보다 맛없는 것은 없다.

【难处】ⓐnánchǔ 形 함께 하기 어렵다. 같이 있기 거북하다. 사귀기 어렵다. ¶他虽然脾气暴躁bàozào些, 但为人正直, 并不算～｜그는 성격이 좀 다혈질이지만 사람은 정직하기 때문에 결코 함께 하기 어려운 편은 아니다.

ⓑnán·chu 名 곤란. 애로. 고충. ¶这工作没有什么～｜이 일에는 아무런 어려움도 없다. ¶～可多呢!｜애로사항이 정말 많구나!

ⓒnànchù 名❶재화(災禍). 재난. ❷악운(惡運).

【难当】nándāng 形❶상대하기 어렵다. 대항〔감당〕하기 어렵다. ¶～重任｜막중한 임무를 감당하기 힘들다 ❷轉 견딜 수 없다. 견디기 어렵다. ¶痛苦～｜견딜 수 없이 고통스럽다.

【难倒】nándǎo 動 괴롭히다. 곤란케 하다. 당황케 하다. 주춤하게 하다. ¶这个问题可把我～了｜이 문제는 정말 나를 곤란하게 하였다.

2【难道】nándào 副 설마 …하겠는가? 그래 …란 말인가? 어법 반문(反問)의 어기를 강조하며, 문(句子) 끝의「吗」「不成」따위와 호응함. ¶你～不同意这个意见吗?｜너 설마 이 의견에 동의하지 않는 것은 아니겠지? ¶～让我看一下都不成｜설마 내가 한번 보는 것도 안된다고 하지는 않겠지. ¶他们做得到, ～我们就做不到吗?｜그들이 할 수 있는데 우리라고 못한단 말인가? ＝〔难不成〕→〔莫非①〕〔哪儿①ⓒ〕〔岂qǐ〕〔怎么②〕

【难道说】nándàoshuō 動組 설마 …라고 할 수 없겠지. 글쎄 …라고 말할 수 있을까? ¶～要我向你下跪不成｜설마 나더러 너에게 무릎을 꿇으라고 할 수는 없겠지 ＝〔書 莫非说〕

3【难得】nándé ❶形 (귀한 물건·보배·기회 따위를) 얻기 어렵다. 구하기 힘들다. ¶这种书很～｜이런 책은 정말 구하기 어렵다. ¶这是一个～的机会｜이것은 모처럼의 좋은 기회이다. ❷副 …하기는 어렵다. 모처럼〔드물게〕…하다. ¶这样大的雨是很～遇到的｜이렇게 큰 비는 아주 모처럼 온 것이다. ¶你～来一次, 多住几天吧｜어렵게 왔는데 며칠 더 묵으세요.

【难点】nándiǎn 名 난점. 곤란. 고충. ¶克服～｜난점을 극복하다.

【难懂】nándǒng 形 알기〔이해하기〕 어렵다. ¶～的话 | 알기 어려운 말. ¶这意思可真～ | 이 뜻은 정말 이해하기 어렵다.

4【难度】nándù 名 난이도. 어려운 정도. ¶～大 | 난이도가 높다.

3【难怪】nánguài ❶ 副 과연. 어쩐지. 그러길래. ¶～他今天这么高兴, 原来他收到了朋友的来信 | 어쩐지 그가 오늘 그렇게 기뻐하더라니, 알고보니 친구 편지를 받았었구나. ❷ 動 책망하기 어렵다. 이해할 수 있다. …도 무리가 아니다. …할 만도 하다. ¶他是南方人, 说不好普通话也～ | 그는 남방 사람이므로 표준말을 잘 못한다해도 이상할 것 없다. ¶这也～, 她是女孩子嘛 | 이거 당연한 것이지, 여자애들이니까. ¶这也～你姐姐, 因为她不太了解情况 | 너의 누나(언니) 잘못이라고 할 수 없지, 왜냐하면 그녀는 상황을 잘 몰랐을테니까.

4【难关】nánguān 名 난관. 곤란. ¶渡dù过～ | 난관을 넘다.

2【难过】nánguò 形 ❶ 고생스럽다. 지내기 어렵다. ¶穷人的日子真～ | 가난한 사람들의 나날은 정말 고생스럽다. ❷ 괴롭다. 슬프다. ¶我心里很～ | 나는 마음이 아주 괴롭다. ¶别～ | 너무 슬퍼 마라. 너무 괴로워하지 마라.

【难坏】nánhuài 動 곤란하게 하다. 난처하게 만들다. ¶那个事可把我～了! | 그 일은 정말 나를 곤란하게 만들었다!

4【难堪】nánkān 形 ❶ 참기 어렵다. 감내할 수 없다→〔不堪①〕 ❷ 난감하다. 난처하다. 거북하다. ¶情面上, 有点儿～ | 인정상 좀 난처하다. ¶他感到有点儿～, 微微涨zhǎng红了脸 | 그는 좀 거북스러워서 얼굴이 약간 붉어졌다.

2【难看】nánkàn 形 ❶ 보기 싫다〔흉하다〕. 꼴사납다. ¶这条狗毛都快掉光了, 实在～ | 이 개는 털이 거의 다 빠져서 정말 꼴사납다. ❷ 체면이 없다. 떳떳하지 못하다. ¶小伙子干活儿要是比不上老年人, 那就太～了 | 젊은이가 일 하는 게 늙은이보다 못하다면 정말 체면이 말이 아니다.

4【难免】nánmiǎn 形 면하기 어렵다. 불가피하다. 피할 수 없다. ¶没有经验, 就～要犯错误 | 경험이 없어서, 실수하지 않을 수 없다. ¶新的工作刚开始, ～要遇到一些困难 | 새 일 막 시작되었으니 약간의 어려움은 모면하기 어렵다. 어법 「难免」「不免」「未免」의 비교⇒〔未wèi免〕

【难耐】nánnài 形 참을 수 없다. 견디기 어렵다. ¶～的病痛 | 견딜 수 없는 병의 고통. ¶～的不眠之夜 | 견딜 수 없는 불면의 밤.

【难念的经】nánniàn·de jīng 名組 ❶ 어려운 경서(經書). ❷ 喻 (입밖에 내기 힘든) 곤란한 일. 어려운 일. ¶家家都有一本～ | 諺 집집마다 모두 어려운 일은 다 있는 법이다.

【难人】ⓐnánrén ❶ 動 사람을 난처하게 하다. 애를 먹이다. ¶这种～的事, 不好办 | 이런 난처한 일은 처리하기 힘들다. ❷ 名 어려운 일을 맡게 된 사람. 애를 먹는 사람. ¶如有麻烦, 我们帮助你, 决不叫你做～ | 힘든 일이 있으면 우리가 너를 도와 주겠다. 결코 너 혼자 애먹게 하지는 않을 것이다.
ⓑnànrén 動 남을 힐책하다. 비난하다.

【难容】nánróng 形 쉽게 용납될 수 없다. 서로 맞지 않다. 허용될 수 없다. ¶情理～ | 인정상 용납될 수 없다. ¶大肚能容, 容天下～之事 | 배포가 크니 세상에서 용납될 수 없는 일도 쉽게 용납한다.

【难色】nánsè 形 난색. 난처한 표정. ¶他表示～我只好不再说下去了 | 그가 난처한 표정을 짓는 바람에 나는 더 이상 말을 계속할 수 없었다.

【难上加难】nán·shang jiānán 설상 가상. 엎친데 덮친다. ¶这样就～了 | 이렇게 되면 설상가상이 된다 =〔难上难〕

【难舍难分】nán shě nán fēn 成 서로 정이 깊어 헤어지기 아쉬워하다. 차마 떨어지지 못하다. ¶他们俩liǎ～ | 그들 둘은 차마 헤어지지 못한다 =〔难分难舍〕〔难离难舍〕〔难舍难离〕

【难舍难离】nán shě nán lí ⇒〔难舍难分〕

【难事】nánshì 名 곤란한〔어려운〕 일. 곤란. ¶天下无～, 只怕有心人 | 의지만 있다면 세상에 극복 못할 어려운 일은 없다.

2【难受】nánshòu 形 (육체적·정신적으로) 괴롭다. 견딜 수 없다. ¶浑身húnshēn疼得～ | 온 몸이 아파서 견딜 수 없다. ¶他知道事情做错了, 心里很～ | 그는 일을 잘못했다는 것을 알자 무척 마음이 괴로왔다→〔好受〕

【难说】nánshuō 形 ❶ 말하기 곤란하다. 이야기하기 거북하다. ¶因为我和他没大交情, 这种话很～ | 나는 그 사람과 교제가 그다지 깊지 못하므로, 이런 말은 정말 하기 곤란하다. ❷ 단언〔확언〕하기 힘들다. 꼭 그렇다고 할 수 없다. ¶他今天能不能到我们这儿, 很～ | 그가 오늘 우리 있는 곳에 도착할 수 있을 지는 단언할 수 없다.

【难说话(儿)】nánshuōhuà(r) 動組 (성격이 괴팍하고 인정이 없어서) 말 붙이기 어렵다. 붙임성이 없다. 융통성이 없다. ¶这个人～, 找他没有用 | 이 사람은 말붙이기 힘드니, 그를 찾아 봤자 소용 없다→〔人缘(儿)②〕

【难逃】nántáo 形 벗어나기 어렵다. 피할 수 없다. ¶～法网fǎwǎng | 법망을 벗어날 수 없다.

3【难题】nántí 名 처리하기 곤란한〔어려운〕 문제. 난제. ¶这两道～ | 이 두 가지 어려운 문제 =〔难题目〕

【难题目】nántímù ⇒〔难题〕

【难听】nántīng 形 ❶ (소리·말 따위가) 듣기 싫다. 귀에 거슬리다. ¶你怎么说这样～的话? | 너 어찌 이렇게 듣기 거북한 말을 하느냐? ❷ 체면〔면목〕이 없다. 망신스럽다. 어법 주로 「说出来」「讲起来」「传出去」등의 뒤에 옴. ¶这种事情传出去多～! | 이런 일은 알려지면 얼마나 망신스럽겠는가!

【难忘】nánwàng 形 잊기 어렵다. 잊을 수 없다. ¶真～美好的回忆 | 아름다운 추억을 정말 잊기 어렵다.

【难为】nán·wei ❶ 動 괴롭히다. 난처하게 하다. ¶他不会唱歌, 别～他了 | 그는 노래를 잘 못하니, 그를 난처하게 하지 말아라. ¶别～人家 | 남

N

을 곤란하게 하지 말아라. ❷動 신세를 지다. 도움을 받다. ¶一个人干了几个人的活，太～他了 | 한 사람이 여러 사람의 일을 했다니, 그의 도움을 많이 받았다. ❸套 은혜를 입다. 신세를 지다. …하느라 수고했다. ¶你帮我把地都扫好了，真～你了 | 나를 돕느라 마당을 다 청소해 주었으니 정말 너의 신세를 졌구나. ¶～你给我拿支笔 | 수고스럽지만 저에게 연필 한자루를 가져다 주시겠어요. ‖ 어법 이 동사는 목적어를 반드시 취해야 함.

【难为情】nánwéiqíng 形 ❶ 부끄럽다. 겸연쩍다. ¶这样费心，真叫人～ | 이렇게 염려를 끼쳐, 정말 송구스럽습니다. ¶大声一点儿说，不要怕～ | 좀 큰 소리로 말해라, 부끄러워말고. ❷ 난처하다. 딱하다. 거북하다. ¶这件事实在难办，但不答应他吧，又有点～ | 이 일은 실재로 처리하기 어려운데 그의 청을 들어주지 않으려니 좀 미안하다 ‖ =〔难乎为情〕〔难以为情〕

【难闻】nánwén 形 냄새가 고약하다〔역겹다〕. ¶外面有点儿～ | 바깥에서 역겨운 냄새가 좀 난다. ¶这味儿太～了 | 이 냄새는 너무 역겹다.

【难兄难弟】ⓐ nán xiōng nán dì 成 난형난제. ❶ 우열을 가리기 힘들다. ❷ 두사람이 똑같이 나쁘다. 주의 최근엔 주로 폄의사로 사용됨 →〔伯bó仲②〕

ⓑ nàn xiōng nàn dì 成 ❶ 생사 고락을 함께 한 사람. ❷ 같은 곤경에 처한 사람.

【难言之隐】nán yán zhī yǐn 成 말못할 사정. 털어놓기 어려운 이야기.

3【难以】nányǐ 副 …하기 어렵다〔곤란하다〕. 어법 뒤에 쌍음절 단어가 오며 단독으로 술어가 되지 못함. 반면 「难」은 단음절 단어가 와도 되며 단독으로 술어가 될 수 있음. ¶～用语言来形容 | 말로는 형용하기 어렵다. ¶～想像 | 상상하기 어렵다. ¶～下笔 | 붓을 대기가 어렵다.

【难以为情】nán yǐ wéi qíng ⇒〔难为情〕

【难以置信】nán yǐ zhì xìn 成 믿기 어렵다. ¶这事实在是叫人～ | 이 일은 정말 믿기 어렵다.

【难易】nányì 名 어려움과 쉬움. 난이. ¶～倒不问 | 쉽고 어렵고는 문제삼지 않다. ¶按工作的～程度报酬chóu不同 | 일의 난이도에 따라 보수가 다르다.

【难于】nányú 動 ❶ …하기 쉽지 않다. ¶～答复 | 대답하기 어렵다. ❷ …보다 어렵다. ¶做～说 | 실행하기가 말하기보다 어렵다. ‖ 어법 「难于」는 동사만을 수식하는데 반해 「难以」는 형용사도 수식할 수 있음.

【难找】nánzhǎo 形 찾기 어렵다. ¶这个年头儿事情是很～的 | 근년에는 일거리를 찾기가 매우 어렵다.

【难治】nánzhì 形 치료하기 어렵다. 고치기 힘들다. ¶这病很～ | 이 병은 치료하기 어렵다.

【难住】nán·zhù 動 난처하게 하다. 궁지에 몰다. 곤혹스럽게 하다. ¶我被～了，不知怎么办才好 | 정말 곤혹스럽다, 어찌해야 좋을지 모르겠다. ¶这件事倒把我～了，我真不会做 | 이 일은 나를 정말 곤혹스럽게 한다. 난 정말 못하는데.

【难字】nánzì 名 생소하거나 일반사람들은 잘 모르는 글자. 어려운 글자. ¶他又认识了几个～ | 그는 또 어려한 글자 몇 자를 알았다.

【难走】nánzǒu 形 ❶ 걷기 어렵다. ¶这条路真～ | 이 길은 정말 걷기 어렵다. ❷ 떠나기 어렵다.

【难做】nánzuò 形 하기 어렵다. 만들기 힘들다. ¶这事儿并不～ | 이 일은 결코 하기 어렵지 않다.

Ⓑ nàn

【难胞】nànbāo 名 재난을 당한 동포. 박해를 받는 해외 동포 →〔难侨〕

【难不住】nàn ·bu zhù ☞〔难nán不住〕

【难处】nànchù ☞〔难处〕nánchǔ ⓒ

4【难民】nànmín 名 난민. 재난을 당한 백성. 피난민. 이재민. ¶～营 | 난민 대피소.

【难侨】nànqiáo 名 박해를 받는〔재난을 당한〕 교포 →〔难胞〕

【难人】nànrén ☞〔难人〕nánrén ⓑ

【难兄难弟】nàn xiōng nàn dì ☞〔难兄难弟〕nán xiōng nán dì ⓑ

【难友】nànyǒu 名 ❶ 고생을 같이 한 친구. ¶他在牢中帮过一个～ | 그는 옥중에서 고생을 같이 하는 친구를 도운 적이 있다. ❷ 재난을 당한 벗.

【难月】nànyuè 名 해산달. 만삭.

nǎn ㄋㄢˇ

【赧】 nǎn 붉힐 란

書 狀 부끄러워 얼굴을 붉히다. ¶～然不语 | 부끄러워 얼굴을 붉히며 말을 못하다.

【赧红】nǎnhóng 動 부끄러워 얼굴이 붉어지다. ¶～的脸庞 | 수줍어 붉어진 얼굴.

【赧赧】nǎnnǎn 狀 얼굴이 붉어지며 난처해 하다.

【腩】 nǎn 고기 남

名 소 복부의 연한 상등육(上等肉) →〔牛niú腩〕

【蝻】 nǎn 누리 남

(～儿, ～子) 名〈蟲〉누리의 유충 =〔蝗huáng蝻〕〔蝻蝗huáng〕

nàn ㄋㄢˋ

【难】 nàn ☞ 难 nán Ⓑ

nāng ㄋㄤ

4 **【囊】** nāng ☞ 囊 náng Ⓑ

【囔】 nāng 중얼거릴 낭

⇒〔囔囔〕〔嘟dū囔〕

【囔囔】nāng·nang 動 소곤거리다. 쑥덕거리다. 나직하게 말하다. ¶别瞎～了! | 근거없이 쑥덕거리지 마!

náng ㄋㄤˊ

4 **【囊】** náng nāng 주머니 낭

Ⓐ náng 名 ❶ 주머니. ¶药～ | 약주머니. ¶探～取物 | 成 독안에 든 쥐다. 아주 쉽다 =〔口袋〕 ❷ 주머니같은 물건. ¶心～ | 심낭. ¶胆～ | 담낭.

❸ ⇨〔囊括〕❹ (Náng) 名 성(姓).

B nāng ❶ 形 方 약하다. 연약하다. 나약하다. ¶这布很~, 你别买了 | 이 천은 약하니 사지마라. ¶这孩子太~, 总有病 | 이 아이는 너무 약해 항상 병이있다. ❷ ⇨〔囊揣chuài〕

【囊虫】nángchóng 名〈蟲〉낭충 [「绦tāo虫」의 유충]

【囊揣】nángchuǎi ☞〔囊揣〕nāngchuài

【囊劲儿】nángjìnr 名 方 기력. 힘. 기운. ¶这小子没~, 一点儿打击也受不住 | 이 녀석은 뚝심이 없어, 약간 타격을 가해도 견디지 못한다.

【囊空如洗】nángkōngrú xǐ 成 주머니 속이 씻은 듯이 텅 비다. 동전 한푼 없다. ¶这几年, 我一直~ | 요 몇년간 나는 줄곧 동전 한푼 없었다.

【囊括】nángkuò 動 포괄〔망라〕하다. ¶~四海 | 천하를 차지하다. 온 세계를 포괄〔망라〕하다. ¶韩国队~本次比赛的所有冠军 | 한국팀이 이번 시합의 모든 우승을 독식했다 =〔笼lǒng括〕

【囊萤映雪】náng yíng yìng xuě 成 형설지공(螢雪之功). 고생을 하며 학문을 닦다 [진(晋)나라의 차윤(車胤)이 반딧불로 글을 읽고 손강(孫康)이 눈빛으로 글을 읽었다는 고사에서 유래] =〔囊萤〕〔囊萤照读〕〔囊萤照书〕

【囊萤照读】náng yíng zhào dú ⇒〔囊萤映雪〕

【囊萤照书】náng yíng zhào shū ⇒〔囊萤映雪〕

【囊中物】nángzhōngwù 名 자루 속에 있는 물건. 喩 극히 손에 넣기 쉬운 물건. ¶你已成了他们的~ | 너는 이미 그들의 자루 속에 있는 물건이야.

【囊中之锥】náng zhōng zhī zhuī 成 낭중지추. 주머니 속에 든 송곳. 재능이 뛰어나 두각을 나타낼 사람.

B nāng

【囊揣】nāngchuài ⓧ nángchuǎi) ❶ 形 연하다. 나약하다. 허약하다. 물렁하다. ¶俺ǎn如今鬓发bìnfà苍白, 身体~ | 나는 이제 머리도 세었고 몸도 노쇠하였다. ❷ ⇒〔囊膪chuài〕

【囊膪】nāngchuài 名 돼지의 가슴 살 =〔囊揣②〕

【馕】náng ☞ 馕 nǎng B

nǎng ㄋㄤˇ

【曩】nǎng 접때 낭
書 名 옛날. 이전. 과거. ¶~昔↓ ¶~年 | 지난해.

【曩昔】nǎngxī 書 名 이전. 종전. 지난날 =〔曩者〕〔曩时〕〔曩日〕

【攮】nǎng 찌를 낭, 밀 낭
動 ❶ 밀다. ¶推来~去 | 이리 저리 밀다. ❷ 칼로 찌르다. ¶用尖jiān刀~死敌人 | 날카로운 칼로 적을 찔러 죽였다.

【攮窟窿】nǎngkū·long 動組 구멍을 뚫다.

【馕(饢)】nǎng náng 마구먹을 낭

A nǎng 動 (음식을) 입에 마구 넣다. 목이 메이게 먹다.

B náng 名〈食〉밀가루를 구워 만든 음식 [위구르족과 카자흐족의 주식(主食)]

nāo ㄋㄠ

【孬】nāo 나쁠 요, 무너질 괴
形 方 ❶ 나쁘다. 좋지 않다. ¶~主意 | 고약한 생각. ¶穿的不~ | 입은 것이 나쁘지 않다. ❷ 겁이 많다. 비겁하다. 무능하다. ¶这人太~, 没有一点男子汉气概 | 이 사람은 너무 비겁해 사내 대장부의 기개가 조금도 없다.

【孬包】nāobāo 名 罵 方 몹쓸 놈. 형편없는 놈. 무용지물(無用之物).

【孬种】nāozhǒng 名 罵 方 겁쟁이. 무능한 놈. 몹쓸 놈.

náo ㄋㄠˊ

【呶】náo 떠들썩할 노
⇒〔呶呶〕

【呶呶】náonáo 書 狀 떠들썩하게 계속 지껄이다. ¶~不休xiū | 쉬지 않고 떠들다. 쉴새 없이 지껄이다.

【侬(憹)】náo 괴로와할 뇌
⇒〔懊aǒ侬〕

4【挠(撓)】náo 굽힐 뇨, 긁을 뇨
動 ❶ 방해하다. 저해하다. 가로막다. 어지럽히다. ¶阻zǔ~ | 저해하다. ¶~心的事 | 걱정되는 일 =〔铙náo③〕 ❷ 굽히다. 굴복하다. ¶不屈qū不~ | 成 불요불굴하다. ¶百折不~ | 成 백절불굴. 수없이 꺾여도 결코 굽히지 아니하다. ❸ 긁다. 긁적거리다. ¶~痒痒 | 가려운 데를 긁다. ¶心痒yǎng难~ | 成 마음의 가려움은 긁기 어렵다. 어떤 일을 하고 싶어 견딜 수 없다 ❹ (논밭의 풀을) 뽑다. ¶~稻子dàozi | 논의 김을 매다. ❺ 떠나다. 달아나다. 도망가다. ¶~鸭子↓ ❻ 잡다. 쥐다. ¶~住他的手 | 그의 손을 꼭 쥐다. ¶~着什么吃什么 | 손에 닥치는 대로 먹다.

【挠度】náodù 名 (축대·널판 따위의) 처짐〔휘어짐〕. 굴도(屈度).

【挠钩】náogōu 名 ❶ 갈퀴. ¶用~钩东西 | 갈퀴로 물건을 끌어 올리다. ❷ 옛날, 갈퀴와 같이 생긴 무기. 갈고랑이.

【挠破】náopò 動 긁어 상처를 내다. 할퀴다. ¶把胳臂~了 | 팔을 할퀴었다.

【挠头】náo/tóu ❶ 動 머리를 긁다. 긁적거리다. ¶他一说错了话, 就爱~ | 그는 말을 실수하기만 하면 머리를 긁적거리곤 한다 =〔抓zhuā头〕❷ (náotóu) 動 애를 먹이다. 골머리를 앓게하다. ❸ (náotóu) 形 어렵다. 난처하다. 귀찮다. ¶遇上了~的事 | 귀찮은 일을 만났다. ❹ 動 머리카락을 헝클어뜨리다. ¶我挠着头怎么去见客 | 머리가 헝클어진 채로 어떻게 손님을 뵙겠습니까?

【挠痒】náo/yǎng 動 가려운 데를 긁다. ¶她给孩子~ | 그녀는 아이에게 가려운 데를 긁어 주었다.

【挠痒痒儿】náo yǎng·yangr 動組 ❶ 가려운 데를 긁다. ❷ 喩 적당히 건드리고 넘어가다. ¶你也别~了 | 너도 적당히 건드리고 넘어가지 말아.

【桡】náo ☞ 桡 ráo B

【蛲(蟯)】náo 요충 요
⇒〔蛲虫〕

【蛲虫】náochóng 名〈動〉요충. ¶用药物杀死～ | 약물로 요충을 죽이다.

【铙(鐃)】náo 징 뇨, 동발 뇨
❶名〈音〉고대 군악기의 하나 [징 모양의 것] ❷名〈音〉요발(鐃鈸). 동발(銅鈸) [발(鈸)처럼 생겼으나 중간에 돌기한 부분이 발(鈸)보다 작음] =〔铙钹〕 ❸書動 어지럽히다. 교란하다 =〔挠náo①〕 ❹(Náo) 名 성(姓).

【铙歌】náogē 名 고대의 군악(軍樂) =〔骑吹〕

【硇〈碙〉】náo 요사 요
⇒〔硇砂〕〔硇洲〕

【硇砂】nǎoshā 名〈鑛〉(천연의) 염화 암모늄 =〔卤砂lǔ〕〔硇lǔ砂〕〔氯化铵lǜhuà'ǎn〕

【硇洲】Náozhōu 名〈地〉요주. 광동성(廣東省)에 있는 섬 이름.

【猱〈夒〉】náo 원숭이 노
書❶名〈動〉고서(古書)에 나오는 원숭이의 일종. ❷「挠」와 같음⇒〔挠náo③〕

【猱犬】náoquǎn 名〈動〉들개.

【猱升】náoshēng 書動 원숭이처럼 나무에 잘 오르다.

【猱狮狗】náoshīgǒu 名〈動〉삽살개의 일종 =〔哈吧狗〕

nǎo ㄋㄠˇ

【垴(堖)】nǎo 언덕 뇌
書名 작은 산언덕 [주로 지명에 쓰이는 글자] ¶盘云～ | 산서성(山西省) 석양현(昔陽縣)에 있는 지명. ¶削～填沟 | 산언덕을 깎아 도랑을 메우다.

4【恼(惱)】nǎo 괴로와할 뇌
❶動 화내다. 성내다. 어법 보통 목적어를 취하지 않음. ¶惹rě得他有点～了 | 그를 성나게 만들었다. ¶～在心上, 笑在面上 | 成 마음은 화가 났지만 겉으로는 웃다. ❷動 화나게 하다. ¶你别～我! | 나를 화나게 하지 말라. ¶谁～你了? | 누가 너를 화나게 했느냐? ❷ 번민하다. 고민하다. ¶烦～ | 번민하다. ¶苦～ | 고뇌하다.

【恼恨】nǎohèn 動 분노하고 원망하다. 싫어하다. 나무라다. ¶我非常～他 | 나는 그를 대단히 싫어한다. ¶他为此事～不已 | 그는 이 일 때문에 분노를 삭이지 못하고 있다. ¶我说了你不愿意听的话, 心里可别～我! | 듣기 싫은 말을 하더라도, 속으로 나를 원망하지 마라!

4【恼火】nǎohuǒ ❶動 화가 나다. ¶这件事使他很～ | 이 일이 그로 하여금 화가 나게 했다. ❷名 분노. 화. ¶对于他那种听不进批评的态度, 我们感到～ | 비평을 받아들이지 않는 그의 그런 태도에 우리는 분노를 느낀다 ‖ =〔老火③〕→〔生气①〕

【恼怒】nǎonù 動 성내다. 노하다. 어법「恼怒」는「愤怒fènnù」에 비해서 그 뜻이 다소 가볍고, 주로 마음 속으로 느낀 것을 말함. ¶他的反对使父亲有些～了 | 그의 반대가 부친으로 하여금 노하게 했다.

【恼气】nǎoqì 名 노기. 분노. ¶一股～ | 가슴 가득 찬 분노.

【恼人】nǎo/rén 動 ❶ 남을 성나게〔고뇌하게〕하다. ❷ 남을 원망하다. ¶你不要～ | 남을 원망하지 마라.

【恼羞成怒】nǎo xiū chéng nù 成 부끄럽고 분한 나머지 성을 내다. 방귀낀 놈이 성낸다. ¶他不知反省xǐng, 反而～, 动手打人 | 그는 반성할 줄 모르고 오히려 방귀낀 놈이 성내는 식으로 사람을 때린다 =〔羞恼成怒〕

【恼意】nǎoyì 名動 분노(하다). 화(내다). ¶我瞧qiáo他今天微有～ | 보아하니 오늘 그는 부아가 좀 난 것 같다.

2【脑(腦)】nǎo 머릿골 뇌
名❶〈生理〉뇌. 뇌수. ¶大～ | 대뇌. ¶小～ | 소뇌. ❷轉 두뇌. 지능. ¶电～ | 컴퓨터. ¶人人动～ | 사람은 모두 머리를 쓴다. ❸轉 우두머리. 두목. ¶首～ | 수뇌. 지도자. ❹轉 정수(精粹). 엑스기. ¶樟～ | 장뇌. 방충방취제. ¶薄bò荷～(儿) | 박하정.

【脑充血】nǎochōngxuè 名〈醫〉뇌충혈. ¶患～ | 뇌충혈을 일으키다→〔脑溢yì血〕

【脑出血】nǎochūxuè ⇒〔脑溢yì血〕

【脑垂体】nǎochuítǐ ⇒〔垂体①〕

2【脑袋】nǎo·dai 名口 ❶〈生理〉뇌. 골. 머리. ¶猜cāi得不对, 就砍kǎn我的～ | 알아 맞히지 못하면 내 머리를 쳐라 =〔头①〕❷두뇌. 지능 ‖ =〔方脑袋瓜(子)〕〔方脑瓜(儿)〕〔脑瓜子〕

【脑袋搬家】nǎo·dai bānjiā 俗 살해되다. 목이 잘리다. ¶干这事可是要～的 | 이 일을 하면 목이 잘린다 =〔脑袋分家〕

【脑袋大了】nǎo·dai dà·le 動 ❶ 제 정신이 아니다. ¶忙得～ | 바빠서 제 정신이 아니다. ❷ (자극이 심하여) 머리가 멍해지다. ¶吓xià得～ | 하도 놀라서 머리가 아득해지다.

【脑袋瓜(子)】nǎo·dai guā(·zi) ⇒〔脑袋〕

【脑电波】nǎodiànbō 名〈生理〉뇌파.

【脑电图】nǎodiàntú 名〈醫〉뇌전도. ¶做～检查 | 뇌전도 검사를 하다.

【脑顶】nǎodǐng 名 정수리. 머리 꼭지.

【脑海】nǎohǎi 名 생각. 기억. 사고. 뇌리. 어법「脑海」는 서면어로 주로 생각·기억 등에 쓰이나,「脑子」는 구어로 사용폭이 훨씬 넓음.「脑筋」과는 달리 사상 의식을 가리키지 못함. ¶～里忽然闪shǎn过这样一种想法 | 이러한 생각이 갑자기 뇌리를 스쳤다. ¶往事浮现fúxiàn在～里 | 지나간 일들이 머리에 떠올랐다 =〔脑际〕

【脑积水】nǎojīshuǐ 名〈醫〉뇌수종(腦水腫). ¶他患了～ | 그는 뇌수종에 걸렸다.

【脑际】nǎojì ⇒〔脑海〕

3【脑筋】nǎojīn 名 ❶ 두뇌. 머리. ¶你动dòng动～ | 너 머리를 좀 써라. ¶这孩子～好, 反应快 | 이 아이는 머리가 좋고 반응도 빠르다. ¶伤shāng～ | 골치 아프다. ❷轉 사상. 의식. ¶旧～总要

改造一下 | 낡은 사상은 반드시 개조해야 한다. ¶新～ | 신사상.

【脑壳】nǎoké 名❶方 머리(통). 골(통). ¶放在～背后 | 喻 잊어 먹다 =〔头①〕❷貶 꼴. 꼬락서니. ¶就凭你这～也要往前摆么? | 너 그 꼬락서니로 거들먹거리려고 하느냐?

3【脑力】nǎolì 名 지능. 이해력. 사고력. 기억력. ¶我的～跟不上你的 | 내 머리는 너를 따라갈 수 없다.

【脑力劳动】nǎolì láodòng 名組 정신 노동. ¶尊重从事～的人 | 정신 노동에 종사하는 사람을 존중하다 ⇔〔体力劳动〕

【脑膜炎】nǎomóyán 名〈醫〉뇌막염 =〔俗 转脑瘋〕

【脑贫血】nǎopínxuè 名〈醫〉뇌빈혈.

【脑儿】nǎor 名❶(식용 동물의) 뇌수. 머릿골. ¶猪～ | 돼지 머릿골. ❷머릿골과 비슷한 것. ¶豆腐～ | 순두부.

【脑人儿】nǎorénr ⇒〔脑仁儿〕

【脑仁儿】nǎorénr 名俗方❶뇌. 두뇌. 뇌수. ❷머릿속. ¶招人～疼 | 사람 머리 아프게 한다 ‖ =〔脑人儿〕

【脑勺子】nǎosháo·zi 名方 후두부. 뒤통수 ⇔〔脑门子〕→〔后脑勺子〕

【脑神经】nǎoshénjīng 名〈生理〉뇌신경.

【脑性】nǎo·xìng 名 이해력. 기억력. ¶说过多少次了也记不住, 怎么那么没～啊? | 몇 번이나 말해줘도 기억해두지 못하다니, 어쩜 저렇게 기억력이 없을까?→〔记jì性〕

【脑炎】nǎoyán 名〈醫〉뇌염. ¶流行性乙型～ | 유행성 B형 뇌염.

【脑溢血】nǎoyìxuè 名〈醫〉뇌일혈. 뇌출혈. ¶他不幸得了～ | 그는 불행히도 뇌출혈이다 =〔脑出血〕→〔脑充血〕

【脑震荡】nǎozhèndàng 名〈醫〉뇌진탕.

【脑汁】nǎozhī 名 머리. 사고력. ¶绞jiǎo尽～也想不出来 | 머리를 아무리 쥐어짜도 생각이 떠오르지 않는다.

2【脑子】nǎo·zi 名❶口 뇌(수). 머릿골 =〔脑①〕❷머리. 두뇌. ¶他没有～ | 그는 머리가 나쁘다. ❸기억력.

【瑙】nǎo 마노 노

❶ ⇒〔玛mǎ瑙〕❷음역어에 쓰임. ¶～鲁lǔ↓

【瑙鲁】Nǎolǔ 名外〈地〉나우루(Nauru)[오스트레일리아 동북방의 섬나라. 수도는「瑙鲁」(나우루;Nauru)]

nào ㄋㄠˋ

2【闹(鬧)〈閙〉】nào 시끄러울 뇨

動❶떠들썩하다. 소란스럽다. 소란을 피우다. 시끄럽다. ¶不要～了 | 소란 피우지 마라. ¶热～ | 떠들썩하다. 흥청거리다. ¶这里～得很, 没法儿谈话 | 이곳은 너무 시끄러워서 대화를 할 수가 없다. ¶～市↓ ❷외치다. 아우성치다. ¶大吵大～ | 야단 법석을 떨다. ¶又哭又～ | 울기도 하고 아우성치기도 하다. ❸轉 장난하다. 농담하다. ¶～着玩儿 | 놀다. 장난하다. ¶别跟他～了 | 그와 농담하지 말아라. ❹(질병이나 재난 따위의 나쁜 일이) 발생하다. 일어나다. ¶～眼睛 | 눈병이 나다. ¶～矛盾 | 알력이 생기다. 싸우다. ¶～水灾 | 수해가 발생하다. ❺(사이가) 벌어지다. ¶两个人又～翻了 | 두 사람은 또 사이가 벌어졌다. ❻(감정을) 드러내다. 발산하다. (불평 따위를) 늘어놓다. 부리다. ¶～情绪 | 기분을 상하다. ¶～脾气 | 성질을 부리다. ❼(열성적으로) 하다. (…을) 하다 [일반적으로 구체적인 대상이 아니거나 분명히 말할 수 없는 경우에 다른 동사의 대용으로 쓰임] ¶事情～了半天, 也没结果 | 일을 한참동안 그렇게 열심히 했건만 결과도 없다. ¶～革命 | 혁명을 하다. ¶～生产 | 생산을 하다. ¶把问题～清楚 | 문제를 분명히 하다. ¶咱们不必～客套 | 우리들 사이에 격식은 필요없다 =〔搞gǎo〕〔弄nòng〕

【闹别扭】nào biè·niu 動組 의견이 맞지 않다. 사이가 틀어지다. 알력이 생기다. ¶他们夫妻性格不合, 经常～ | 그들 부부는 성격이 맞지 않아 늘 티격태격한다.

【闹病】nào/bìng 動 병을 앓다. 병에 걸리다. ¶他经常～, 影响了学习 | 그는 늘 병을 달고다녀 공부에 영향이 있다. ¶孩子～, 大人受累 | 애가 아프면 어른이 고생이다 =〔生病〕

【闹不清】nào·bu qīng 動組❶확실히 모르다. 잘 이해되지 않다. ¶我也～是怎么回事儿了 | 나도 어찌된 일인지 나도 모르겠다. ❷깨끗이 수습되지 않다. 잘 해결되지 않다. ¶那件事情还～ | 그 문제는 아직 깨끗이 해결되지 않았다 ‖ ⇔〔闹得清〕

【闹穿】nàochuān 動 분쟁이 공공연하게 알려지다. 다툰 것이 알려지다. 소문이 날 정도로 싸우다. ¶～了叫人笑话 | 다툰 것이 알려진다면 남의 웃음거리가 된다 =〔闹明〕

【闹错】nào/cuò 動 잘못을 저지르다. 실수하다. ¶您放心好了, 我绝不会～ | 안심하셔도 좋습니다. 결코 실수는 없을 것입니다. ¶把时间～了 | 시간을 잘못 알다.

【闹得】nào·de 動貶 결과로 …이 되다. 결국 …하게 되다. ¶只因这一段罗曼史, ～满城风雨 | 겨우 이 로맨스 하나 때문에, 온 도시가 발칵 뒤집혔다. ¶～人人都不满意 | 결국 모두 다 만족하지 못하게 되었다. ¶～群众不满意 | 군중을 만족시키지 못하였다.

【闹得慌】nào·de huāng 動組❶몹시 소란을 피우다. ❷마음이 들뜨다. 산란하다. 어수선하다. ¶他心里～ | 그는 마음이 어수선하다.

【闹肚子】nào dù·zi 動組 口 배탈이 나다. 설사를 하다. ¶昨天吃了不干净的东西, ～了 | 어제 불결한 음식을 먹어서, 배탈이 났다.

【闹翻】nàofān 動❶사이가 틀어지다. 사이가 벌어지다. ¶她已经跟他～了 | 그녀는 이미 그와는 (사이가) 벌어졌다. ❷몹시 날뛰다. 몹시 떼를 쓰다. 응석을 부리다. 소란을 피우다. ¶小孩儿和母亲～了 | 어린 아이가 어머니에게 몹시 떼를 썼다.

【闹房】nào/fáng 動 신혼 초야에 친구나 친척이 신혼 부부의 방에 몰려가 놀리다. ¶孩子们吵着要去～ | 애들이 신혼부부 방에 몰려가 놀릴려고 야단법석이다 =〔闹洞房〕〔闹新房〕

【闹风潮】nào fēngcháo 動組 소동이 일어나다. 소동이 벌어지다. ¶大学生又准备～ | 대학생들이 또 소동을 일으킬려고 한다.

【闹革命】nào gémìng 動組 혁명이 일어나다. 혁명을 일으키다. ¶～就是要不怕死 | 혁명을 일으킬려면 죽음을 두려워말아야 한다.

【闹鬼】nào/guǐ ❶ 動 귀신이 조화를 부리다. 이상한 일이 생기다. ¶有人说这里经常～, 我才不信呢 | 어떤 이는 여기에 늘 귀신이 조화를 부린다고 하나 나는 믿지 않아. ❷ 動 喩 뒤에서 나쁜 짓을 하다. 음모를 꾸미다. ¶有人在暗中ànzhōng～, 我们要提高tígāo警惕jǐngtì | 몰래 뒤에서 나쁜 짓을 꾸미는 사람이 있으니 우리는 더욱 경계해야 한다. ¶他很老实lǎoshi, 不会暗中～ | 그는 착실해서 은밀히 나쁜 짓을 꾸미지 않는다. ¶这才明白是他闹的鬼 | 이제야 비로소 그가 꾸민 음모임을 알았다. ❸ (nàoguǐ) 名〈演映〉경극(京劇)의 학술어 [맨 처음 배울 때 잘못 부른 곳을 악마가 씌운 것처럼 그 다음 다음에까지 꼭 잘못 부르는 것]

【闹哄哄】nàohōnghōng 狀 떠들썩하다. 소란스럽다. 웅성거리다. ¶大街上～的 | 거리가 야단 법석이다 =〔闹烘烘(的)〕〔闹轰轰(的)〕

【闹哄】nào·hong 動 ❶ 떠들썩하다. 소요(騷擾)하다. 왁자지껄하다. ¶～得一时也待不住 | 시끄러워서 잠시도 차분히 있을 수 없다. ❷ 여럿이 함께 열심히 일하다. ¶大家～了老半天, 才把堤岸缺口堵住了 | 여러 사람이 한참 동안 열심히 일을 해서야 뚝의 파손된 부분을 메웠다.

【闹烘烘(的)】nàohōnghōng ⇒〔闹哄哄〕

【闹荒】ⓐ nào/huāng ❶ 動 흉년에 농민들이 폭동을 일으키다. ¶天不下雨就要～ | 하늘에서 비가 내리지 않으면 폭동이 일어날 것이다. ❷ (nàohuāng) 名 흉년 소동. 흉년 때의 농민 폭동.

ⓑ nào·huang 動 方 마음이 불안하다. 괴롭다 =〔折腾zhéténg〕

【闹饥荒】nào jī·huang 動組 ❶ 기근(饑饉)이 들다. 흉년이 들다. ¶从前我们这儿常～ | 예전에 우리 있는 여기는 늘 흉년이 들었다. ❷ 喩 方 경제적인 어려움을 비유함. ¶这个人不会过日子, 家里又～了 | 이 사람은 살아 나갈 수 없다. 집이 또 어려워졌다.

【闹架】nào/jià 動 方 말다툼하다. 싸우다.

【闹架子】nào jià·zi 動組 겉치레하다. 뽐내다. ¶净顾了～, 把事情全耽dān误了 | 겉치레에만 신경을 써서 일을 모두 그르쳤다.

【闹口(舌)】nào kǒu(·she) 動組 말다툼하다. 말싸움하다. ¶大家庭中难免有～的事 | 대가족 집안에서는 말다툼 같은 일이 없을 수 없다. ¶一家～, 四邻都不安宁 | 한 집에서 싸우면 주위의 이웃까지 편안하지 못하다.

【闹乱】nàoluàn 動 난리를 피우다. ¶乡间常有土匪～, 只好搬进城去 | 시골은 늘 비적들이 출몰해 난리를 피우므로, 성안으로 이사할 수 밖에 없다.

【闹乱子】nào luàn·zi 動組 사고를 내다. 화를 일으키다. ¶骑快车容易～ | 자전거를 빨리 몰면 사고가 나기 쉽다. ¶马马虎虎就会～ | 대충대충 하면 사고를 일으킬 수 있다.

【闹矛盾】nào máodùn 動組 의견 충돌이 벌어지다. 서로 알력이 생기다. 사이가 틀어지다. ¶这几个女人常～ | 이 여자 몇명은 늘 의견 충돌이 난다 =〔闹磨〕

【闹皮气】nào pí·qi ⇒〔闹脾气〕

【闹脾气】nào pí·qi 動組 ❶ 배알이 뒤집히다. 성깔을 부리다. 골내다. ¶他这几天见人也总不说话, 恐怕又～了 | 그는 요즈음 사람을 보아도 도무지 말도 하지 않는걸 보니 아마 또 배알이 뒤집힌 모양이다. ❷ (nàopí·qi) 名 성질이 급한 기질. 화를 잘 내는 성미. ¶她是天生的～ | 그녀의 급한 성질은 타고난 성질이다 ‖ =〔闹皮气〕

【闹气(儿)】nào/qì(r) 動 方 ❶ 기분이 상하다. 화가 치밀어 오르다. ¶闹了一天气 | 하루 종일 화를 냈다. ❷ 화를 내며 아옹다옹 싸우다.

【闹穷】nàoqióng 動 ❶ 가난으로 고생하다〔쪼들리다〕. ¶每到发工资的前几天, 总是要～的 | 매번 봉급 날 며칠 전에는 항상 쪼들린다. ❷ 궁상을 떨다.

【闹热】nàorè ⇒〔热闹〕

【闹市】nàoshì 名 번화한 시가. 번화가. ¶前门外的～可真有得玩的 | 북경「前门」밖의 번화가에는 정말 놀 만한 것이 있다. ¶身居～, 心平如水 | 몸은 번화한 시가지에 있어도 마음은 물처럼 평온하다.

²【闹事(儿)】nào/shì(r) 動 소동을 일으키다. 일을 저지르다. 소란을 피우다. ¶不准在大街上～ | 큰길에서 소동을 일으켜서는 안된다.

【闹事情】nào shì·qing 動組 문제를 일으키다. 소란을 조성하다. ¶这孩子皮得很, 转眼不见的工夫儿又～了 | 이 아이는 정말 장난이 심해, 잠깐 한눈 파는 사이에 또 일을 저질렀다.

【闹腾】nào·teng 動 ❶ 요란한 소리가 나다. 소란을 피우다. 혼란을 일으키다. ¶～得隔gé一条街都听见了 | 하도 소란스러워서 길 건너까지 다 들린다. ❷ 날뛰다. ❸ 웃고 떠들며 놀다. 떠들어대다. ¶嘻嘻哈哈的～得挺欢 | 하하거리며 아주 즐겁게 놀았다.

【闹天儿】nào/tiānr 動 方 날씨가 좋지 않다. 날씨가 사납다 [대개 눈이나 비가 오는 것을 가리킴] ¶一连好几天都～, 好容易才遇见这么一个晴天儿 | 꽤 여러날 동안 계속 날씨가 좋지 않더니만, 모처럼 이렇게 좋은 날씨가 되었다 =〔闹天气〕

【闹头】nào·tou 名 ❶ 소란. 소동. ❷ 떠들만한 가치. ¶一点小事有什么～ | 사소한 일을 가지고 소동피울 필요가 있는가?

³【闹笑话】nào xiàohuà 動組 (지식이나 경험의 부족으로 실수하여) 웃음을 자아내다. 웃음거리가 되다. ¶我刚到中国的时候, 因为不懂汉语, 常常～ | 내가 막 중국에 왔을 때에는, 중국어를 몰라, 항상 웃음거리가 됐었다.

【闹玄虚】nào xuánxū 動組 허세를 부리다. 속임

N

수를 쓰다. 허풍치다. 기만 술책을 쓰다.
【闹意见】nào yìjiàn 動組 의견이 맞지 않다. 알력이 생기다. 말다툼하다. ¶正副主任又～了｜주임과 부주임간에 또 알력이 생겼다.
【闹灾】nàozāi 動 재해(災害)가 발생하다. ¶这一带常～｜이 일대는 늘 재해가 발생한다.
【闹贼】nàozéi 動 ⓓ 도둑이 들다. 도난당하다. ¶昨晚他家～了｜어제밤, 그의 집에 도둑이 들었다.
3【闹着玩儿】nào·zhewánr 動組 ❶ 장난하다. (말이나 행동으로) 희롱하다. 농담하다. ¶我这是～呢｜이것은 농담입니다. ❷ 경솔한 태도로 사람이나 일을 대하다. ¶不是～的｜농담이 아니다. ¶他一天到晚老～, 不作一点正经事｜그는 하루종일 빈둥거리고 진지한 일은 조금도 않는다 ‖ =〔打dǎ着玩儿〕
【闹钟】nàozhōng 名 자명종(自鳴鐘). ¶买～一个｜자명종 하나를 사다.
【闹嘴】nào/zuǐ 動 ⓕ 다투다. 말다툼하다. ¶她又跟你～啊?｜그녀는 또 너와 말다툼했느냐?

【淖】nào 진흙 뇨, 얌전할 작
진흙. 진창. ¶陷于～｜진창에 빠지다. ¶泥～｜진흙탕.
【淖尔】nào'ěr 名 ⓦ 호수 [몽골어의 음역어] ¶达里～｜달리호. 내몽골 자치구 안에 있는 호수. ¶库库～｜코코노르. 청해(青海)의 다른 이름. ¶罗布～｜라포호. 신강(新疆)에 있는 호수 =〔诺nuò尔〕

【臑】nào 팔 뇨, 앞다리 뇨
名 ❶〈漢醫〉상박(上膊).팔. ❷ 가축의 앞다리.

né ㄋㄜˊ

1【哪】né ☞ 哪 nǎ Ⓒ

nè ㄋㄜˋ

1【呐】nè ☞ 呐 nà

【讷(訥)】nè 말더듬을 눌
書 動 입이 무겁다. 말을 더듬다. ¶木～｜순박하고 말을 더듬는다 =〔呐nè〕
【讷讷】nènè 書 狀 어눌하여 더듬거리다. ¶～不出于口｜더듬거리며 말을 잘 하지 못하다.

【那】nè ☞ 那 nà

·ne ㄋㄜ·

【呐】·ne ☞ 呐 nà Ⓒ

1【呢】·ne ☞ 呢 ní Ⓑ

něi ㄋㄟˇ

1【那】něi ☞ 那 nà Ⓒ

1【哪】něi ☞ 哪 nǎ

【馁(餒)】něi 주릴 뇌, 썩을 뇌
❶ 굶주리다. ¶冻～｜추위와 굶주림. ❷ 사기가 떨어지다. 용기를 잃다. 낙담하다. ¶不要自～｜스스로 실망하여 용기를 잃지 말라 =〔气馁〕 ❸ (생선이) 상하다. 부패하다. ¶鱼～肉败｜생선의 고기가 상하다.

nèi ㄋㄟˋ

1【内】nèi nà 안 내, 들일 납
Ⓐ nèi ❶ 名 안. 속. 내부. ¶年～｜연내 ⇔〔外wài ①〕→〔里lǐ①〕 ❷ 처 또는 처가의 친척. ¶～人↓ ¶～弟↓ ¶贱jiàn～｜집사람. 마누라. ¶惧jù～ =〔怕老婆〕〔㊑ 气管炎②〕｜공처가. 공처. ❸ 국내. 자국. ¶～外交流｜내외국간의 교류.
Ⓑ nà「纳」와 같음 ⇒〔纳nà①〕
【内变】nèibiàn 名〈物〉내부 변화 [물체에 외력(外力)을 가할 경우, 내부에 생기는 체적(體積) 및 형상(形狀)의 변화] ¶发生了～｜내부 변화가 발생했다.
【内宾】nèibīn 名 ❶ 書 안손님. 여자 손님. ❷ 국내 손님. 내빈.
2【内部】nèibù 名 내부(內部). ¶～资料｜내부 자료. ¶这个问题～解决｜이 문제는 내부에서 해결한다. ¶～刊物｜ⓐ 내부 출판물. ⓑ 비공개 간행물. ¶～消息｜비공개 뉴스. 내부 뉴스.
【内城】nèichéng 名 내성. ¶守住～, 等待děngdài 援兵yuánbīng｜내성을 지키고 구원병을 기다리다.
【内出血】nèichūxuè 名〈醫〉내출혈. ¶他得了大面绩～｜그의 뇌출혈 부위가 넓다.
【内错角】nèicuòjiǎo 名〈數〉엇각. 착각(錯角).
【内盗】nèidào 名 내부 소행에 의한 절도. ¶发现了～｜내부의 절도 사건을 발견했다.
4【内地】nèidì 名 ❶ 내지. 내륙. 주의「内地」는「外地」의 상대적인 말이 아님.「外地」의 상대적인 말은「本地」임. ¶～城市｜내륙 도시. ¶中国的～｜중국의 내륙지방. ¶～近几年有很大发展｜내륙지방은 최근 몇년동안 큰 발전이 있었다. ❷ 오지(奧地). ¶～交易｜오지 거래. ¶每天从～开来的火车｜매일 오지로부터 오는 기차. ❸ 書 기내(畿內)
【内弟】nèidì 名 손아래 처남. ¶他～在广州开了一个公司｜그의 처남이 광주에 회사를 하나 차렸다 =〔内兄弟·di〕〔書 妇弟〕〔妻弟〕〔小舅子〕
【内弟妇】nèidìfù 名 손아래 처남댁.
【内定】nèidìng 動 내정하다. ¶中央～他当宣传部部长｜중앙에서 그를 선전부부장으로 내정하다.
【内动词】nèidòngcí 名〈言〉자동사(自動詞) =〔不及物动词〕
【内耳】nèi'ěr 名〈生理〉내이. 안귀 =〔迷路〕
【内分泌】nèifēnmì 名〈生理〉내분비. ¶～失调shītiáo｜내분비 이상. 내분비 장애. ¶～系统｜내분비 계통.
【内锋】nèifēng 名〈體〉(축구의) 인사이드 포워드(inside forward). ¶他踢左～｜그는 레프트 인사이드 포워드로 뛰고 있다.

【内稃】nèifū 名〈植〉속겨. 속껍질. 안껍데기.
【内服】nèifú ❶動〈醫〉내복하다. 복용하다. ¶这种药适于～｜이러한 약은 내복하는 것이 좋다. ❷區내복의. ¶～剂｜내복약.
【内服药】nèifúyào 名〈藥〉내복약 =〔内服剂〕
【内辅】nèifǔ 名(럭비·축구 따위의) 이너(inner).
【内附】nèifù ❶書動내부(來附)하다. 내복(來服)하다 =〔内属〕 ❷名속국. ❸동봉하다. ¶～照片｜사진 재중.
4【内阁】nèigé 名❶〈政〉내각. ¶影子～｜재야 내각. 야당이 집권할 때를 대비해 조직한 내각. ¶组织～｜조각하다. ¶～大臣｜내각 총리 대신. ❷〈史〉명청(明清)시대 재상(宰相)의 관서(官署).
【内功(儿)】nèigōng(r) 名내공 [체내의 여러 기관을 단련하는 무술이나 수행(修行)] ¶他～深厚｜그는 내공이 깊다→〔外wài功(儿)〕
【内顾】nèigù 書動❶뒤를 돌아보다. ❷가사에 마음을 쓰다. 처자(妻子)를 생각하다. ¶无～之忧｜집안에 걱정할 일이 없다.
【内顾之忧】nèi gù zhī yōu 國(외지(外地)에서 집안일 또는 나라일 등의) 안〔내부〕근심.
【内果皮】nèiguǒpí 名〈植〉내과피.
【内海】nèihǎi 名〈地〉❶내해 ¶在内海捕鱼bǔyú～｜내해에서 고기를 잡다 =〔内陆海〕 ❷〈法〉큰 만(灣)으로 형성된 영해.
【内涵】nèihán 名〈論〉내포(內包)→〔外延〕
4【内行】ⓐnèiháng ❶形정통하다. 숙련되다. 노련하다. ¶他对养蜂fēng养蚕cán都很～｜그는 양봉·양잠에 대하여 모두 정통하다. ❷名전문가. 숙련자. ¶要说木匠jiàng活呀, 他可是～｜목수일에는 그가 정말 전문가다 ‖→〔外行①〕
ⓑnèixíng 書名내행. 규중(閨中)에서의 품행.
【内耗】nèihào 名❶기계나 기타 장치가 자체적으로 소모되는 것 ¶减少jiǎnshǎo～｜기계의 자체 소모를 줄이다 =〔内折〕 ❷〈數〉백분법에서, 분모로 분자를 나눈 수.
【内河】nèihé 名내륙의 하천. 내수(內水). ¶～航行｜내륙 하천의 항행. ¶～航行权｜내수 항행권. ¶～小轮｜내수를 항행하는 소형 증기선. ¶～运输｜내수 운송 =〔内江①〕
【内讧】nèihòng ❶名내홍. 내분(內紛). ¶发生～｜내분이 일어나다 ❷動내분을 일으키다 ‖ =〔内哄〕
【内踝】nèihuái 名〈生理〉내과. 발 안쪽 복사뼈.
【内寄生】nèijìshēng 名〈醫〉내부 기생. 체내 기생.
【内奸】nèijiān 名내부에 잠입해 있는 간첩. 내부의 적.
【内角】nèijiǎo 名❶〈數〉내각(內角). ❷〈體〉(야구의) 인코너. ¶～好球｜인코너 스트라이크 ‖ ⇔〔外角〕
【内景】nèijǐng 名〈演映〉❶(영화 등의) 스테이지 세트. ❷실내 배경〔무대 장치〕.
【内径】nèijìng 名〈機〉내경. 안지름. ¶～规｜안지름 게이지. ¶～千分尺｜안지름 마이크로미터 (micrometer).
【内疚】nèijiù ❶名(마음속의) 멍. 매듭. 맺힌데. ❷形(양심의) 가책을 느끼다. 부끄러워하다. ¶他为此事感到十分～｜그는 이 일 때문에 매우 마음 속에 가책을 느꼈다 ¶这种有意的冷淡lěngdàn在他也很痛苦, 也很～｜이런 의식적인 냉담은 그에게 있어서도 고통스럽고 양심의 가책을 느끼는 일이다.
【内聚力】nèijùlì 名〈物〉응집력 =〔凝níng聚力〕
3【内科】nèikē 名〈醫〉내과. ¶～病房｜내과 병실. ¶～医生｜내과 의사.
【内涝】nèilào 名 침수(浸水)로 인한 재해.
【内里】nèilǐ 名方안. 속. 내부(內部). ¶这个单位外表看上去似乎很平静, ～矛盾却很多｜이 부서는 겉으로는 아주 평온한 것 같지만 내부에는 갈등이 많다 =〔内中①〕
【内力】nèilì 名〈物〉내력.
【内陆】nèilù 名〈地〉내륙. ¶～盆地｜내륙 분지.
【内陆国】nèilùguó 名〈地〉내륙국 =〔内陆国家〕
【内陆河】nèilùhé 名〈地〉내륙성 하천. 내륙하 =〔内流河〕
【内陆湖】nèilùhú 名〈地〉내륙호 =〔内流河〕
【内乱】nèiluàn 名내란. ¶发生～｜내란이 일어나다. ¶平息了～｜내란이 평정되었다.
【内蒙古】Nèi Měnggǔ 名〈地〉내몽골.
【内蒙古自治区】Nèi Měnggǔ Zìzhìqū 名組〈地〉내몽골 자치구.
4【内幕】nèimù 名貶내막. 속사정. ¶他突然辞职cízhí一定是有什么～｜그의 갑작스런 사직은 분명히 어떤 내막이 있을 것이다.
【内难】nèinàn 書名나라 안의 재난. 내부에 있는 어려움. 남 모를 괴로움.
【内能】nèinéng 名〈物〉내부 에너지 [물체 내부 분자의 불규칙운동으로 발생한 운동에너지와 분자간의 대립 위치에서 발생한 열에너지의 총칭]
【内胚层】nèipēicéng 名〈生〉내배엽(內胚葉) =〔内胚叶〕
【内皮】nèipí 名〈生〉내피 [의학상 혈관·임파관·심장 등 내부 표면을 덮고 있는 상피조직] =〔内皮层〕
【内切圆】nèiqiēyuán 名〈數〉내접원(內接圓).
【内侵】nèiqīn 動침입하다. ¶外敌～｜외적이 침입하다.
【内亲】nèiqīn ❶名처가속(妻家屬) =〔妻亲〕〔貶裙qún带亲〕 ❷書動속으로 가까이 하다.
【内勤】nèiqín 名내근(자). ¶～记者｜내근 기자. ¶～警察｜내근 경찰관 ⇔〔外勤〕
【内情】nèiqíng 名내정. 속사정. 내부 상황. ¶这种案子, ～复杂, 不易处理｜이런 사건은 속사정이 복잡하여 처리하기가 쉽지 않다. ¶深知～｜내부 사정을 깊이 알다.
【内燃机】nèiránjī 名〈機〉내연기관(內燃機關).
【内热】nèirè ❶書動초조해하다. 속이 타다 =〔内火〕 ❷名〈漢醫〉음기가 허하고 양기가 성해서 생기는 병리현상 [환자는 마음이 초조하고, 목이 마르고, 변비, 혀에 종양이 생김] ❸書名動열중(하다).
【内人】ⓐnèirén 書名궁녀(宮女).

ⓑnèi·ren 名 집사람. 안사람 [주로 중년 이상의 남자가 타인에 대하여 자기의 아내를 말할 때 씀] ¶我～出国了 | 제 집사람은 외국에 나갔습니다 =〔内子〕→〔爱人ⓑ②〕

[1]【内容】nèiróng 名 내용. ¶这个刊物kānwù比那个～更丰富 | 이 간행물은 저것보다 내용이 더 풍부하다.

【内伤】nèishāng 名〈漢醫〉내상. ¶发现胸部xiōngbù有～ | 가슴부위에 내상이 있는 것을 발견하다.

【内外】nèiwài 名 ❶ 내외. 안과 밖. ¶～有别 | 안과 밖이 다르다. ¶～夹攻jiāgōng | 내외협공. ❷ 국내와 국외. ¶～反动派 | 국내외의 반동파. ❸ 대략의 수를 표시함. ¶五十岁～ | 쉰 살 쯤. ¶一个月～ | 일개월 가량.

【内外夹击】nèi wài jiā jī 威 안밖에서 공격하다. ¶～, 把总统赶下台 | 안밖에서 공격하여 대통령을 물러나게 했다.

【内外交困】nèi wài jiāo kùn 威 국내의 정치·경제와 대외 관계가 모두 곤란하게 되다. 안팎으로 궁지에 빠지다. ¶美国正处于～的状态 | 미국은 지금 안팎으로 곤란한 지경에 빠져 있다.

【内外贸易】nèiwài màoyì 名組 국내 상업과 외국 무역.

【内务】nèiwù 書 名 ❶ 국내의 정무(政務). ❷ 궁중의 사무. ❸ (집단 생활에 있어) 실내에서의 일상 사무. ❹〈軍〉내부(생활). ¶～条令 |〈軍〉내무 규칙.

【内吸剂】nèixījì 名〈農〉침투성(浸透性) 살충제(殺蟲劑) =〔内吸杀虫剂〕

【内线】nèixiàn 名 ❶ 내간(內間) 또는 내간활동〔공작〕=〔内牵〕→〔内间〕❷ (수사기관의) 하수인. 끄나풀 →〔眼yǎn线〕❸〈軍〉내선 작전. ❹ 내선. 구내의 전화선. ¶～自动电话机 | 인터폰 →〔外线②〕

【内详】nèixiáng 札 편지 안에 자세히 썼음 [편지의 겉봉에 「内详」이나 「名内详」이라 써서 발신인(發信人)의 성명·주소를 대신함] ¶地址～ | 주소는 편지 안에 썼음.

【内向】nèixiàng ❶ 名 내성(內省). 내향. ¶～性 | 내향성. ❷ 動 내성하다. ❸ 動 안으로 향하다. ¶枪口～ | 총구를 안으로 향하다〔겨누다〕. ❹ 形 (성격·사상·감정 등이) 과묵하다. 깊고 침착하다. ¶小王性格～ | 왕군은 성격이 과묵하다. ¶他是～人, 不轻易发表意见 | 그는 성격이 과묵한 사람이라 쉽게 의견을 발표하지 않는다. ❺ 書 動 (권력이) 중앙으로 쏠리다.

【内项】nèixiàng 名〈數〉내항.

【内销】nèixiāo 名 動 국내판매(國內販賣)(를 하다). ¶这些产品大部分出口, 一部分～ | 이 생산품들은 대부분 수출을 하고 일부분만 국내판매를 한다 ⇔〔外销〕

[4]【内心】nèixīn 名 ❶ (외형·표면에 대하여)마음. 내심. ¶～深处 | 마음 깊은 곳. ¶发自～的笑 | 내심 미소를 짓다. ❷〈數〉내심. 내접원(內接圓)의 중심(中心).

【内行】nèixíng ☞〔内行〕nèiháng ⓑ

【内省】nèixǐng 動 내성하다. 자기 반성을 하다. ¶～心理学 | 내성 심리학 =〔内观〕〔内视〕

【内省不疚】nèi xǐng bù jiù 威 돌이켜 보아도 꺼림칙한 것이 없다.

【内兄】nèixiōng 名 손위 처남(妻男) =〔大舅jiù子〕

【内兄弟】ⓐnèixiōngdì 書 名 ❶ 아내의 형제. 처남들 →〔内弟〕❷ 외사촌.

ⓑnèixiōng·di ⇒〔内弟〕

【内秀】nèixiù 書 形 (겉으로는 아둔한 것 같으나 실제는) 총명하고 세심하다. ¶我知道这位是个很～的人 | 나는 이 사람이 겉과는 달리 아주 총명한 사람이라는 것을 알고 있다 =〔内慧〕

【内焰】nèiyàn 名〈化〉내염 =〔还huán原焰〕

【内衣】nèiyī 名 내의. 속옷. ¶我要选棉mián的～ | 나는 면으로 된 속옷을 고르겠다 =〔里衣〕〔衬chèn衣(儿)〕〔汗衫hànshān①〕

【内衣裤】nèiyīkù 名 아래 내의. 아래 속옷.

【内因】nèiyīn 名〈哲〉내인. 내적 요인. ¶～性精神病 | 내인성 정신병 ⇔〔外因〕

【内应】nèiyìng ❶ 名 動 내응(하다). (적과)내통(하다). (안에서) 호응(하다). ❷ 名 내통자.

【内忧】nèiyōu ❶ 名 내우. 국내의 우환. 나라의 근심 걱정. ❷ 書 動 마음 속으로 걱정하다. ❸ ⇒〔内艰〕

【内忧外患】nèi yōu wài huàn 威 내우외환. 국내의 재난과 외래의 침략.

【内蕴】nèiyùn ❶ 動 내포하다. 함유하다. 속에 품다. ¶～雄图 | 원대한 계획을 품다. ❷ 名 (포괄하고 있는) 내용. 상황. ¶这部话剧有深刻的时代～ | 이 화극은 시대적 상황을 깊이 반영하고〔담고〕있다.

[4]【内在】nèizài ❶ 名 動〈哲〉내재(하다). ❷ 區 내재하는. 내재적인. ¶～规律 | 내재 규칙. ¶～联系 | 내적 연관. ¶～矛盾 | 내적 모순. ¶～因素 | 내재 요인 ⇔〔外在〕

【内在论】nèizàilùn 名〈哲〉내재 철학.

[4]【内脏】nèizàng 名 ❶〈生理〉내장. ❷ 식용으로 하는 짐승의 내장. 내포(內包). ¶～有病变 | 내장이 병으로 변했다.

【内宅】nèizhái 名 안채. 안방. ¶她很少走出～ | 그녀는 거의 안채에서 나오지 않는다.

【内债】nèizhài 名 내채. 내국공채(內國公債) ¶清偿cháng～ | 내채를 상환하다.

[4]【内战】nèizhàn 名 ❶ 내전. ¶打～ | 내전을 하다. ❷ 내분. 집안 싸움.

【内掌柜的】nèizhǎngguì·de 名組 (상점의) 안주인 →〔老板娘〕

【内障】nèizhàng 名〈醫〉내장안(內障眼). ¶白～ | 백내장 =〔内障眼〕

【内争】nèizhēng 名 내쟁. 내부 투쟁.

[4]【内政】nèizhèng 名 ❶ 내정. ⓐ 국내의 정치 문제. ¶互不干涉gānshè～ | 상호 내정을 간섭하지 않다. ⓑ 집안 살림살이. ❷ 후궁(後宮)의 행정.

【内侄】nèizhí 名 내질(內侄). 처조카. ¶～媳xí妇(儿) | 처조카의 아내 =〔妻qī侄〕

【内侄女(儿)】nèizhínǚ(r) 名 처질녀. 처조카 딸. ¶～婿xù | 조카딸의 남편 =〔妻qī侄女〕

【内痔】nèizhì 名〈醫〉암치질.

【内中】nèizhōng 名❶가운데. 안. 속. 내부. ¶～情形非常复杂｜내부 상황은 매우 복잡하다. ¶～有你吗?｜그 가운데 너도 있느냐?＝〔内里①〕〔里头〕〔数shù中〕 ❷궁정＝〔内里②〕〔内庭〕→〔大内〕

【内助】nèizhù 書名아내. 처. ¶贤～｜당신의 부인.

【内子】nèizǐ 名 집사람. 안사람. 우처(愚妻)＝〔内人·ren〕

【内阻】nèizǔ 名〈電氣〉내부 저항.

1【那】nèi ☞ 那 nà

nèn ㄋㄣˋ

【恁】nèn nín 이러할 임

Ⓐnèn 近代❶이. 그. 저. ¶～时节｜그 시절＝〔这zhè〕〔那nà〕 ❷무엇. 어떠한. ¶～生＝〔恁样〕｜어떠한＝〔什么〕〔怎么〕 ❸이렇게. 그렇게. 이〔그〕처럼. ¶～大｜그처럼 크다. ¶要不了～些｜그렇게 많이 필요치 않다＝〔这么〕〔那么〕

Ⓑnín 近代❶당신＝〔您〕 ❷당신들. 너희들＝〔你们〕

【恁地】nèndì 副近❶이렇게. 그렇게. 이와 같이. 그와 같이. ¶～个后生｜이와 같은 젊은이. ¶诀jué然～｜그러한즉. ¶不要～说｜그렇게 말하지 말라. ❷어째서. ¶～道他不是人?｜어째서 그를 사람이 아니라고 하는가? ‖＝〔恁的〕〔那么〕〔这么〕

【恁的】nèndì ⇒〔恁地〕

3【嫩】nèn 어릴 눈

形❶(식물이) 부드럽다. 연하다. 어리다. ¶～芽｜새싹. 애순. ¶肉皮儿～｜살갗이 부드럽다. 轉내성적이다. ¶她脸皮～, 不肯表演｜그녀는 부끄러움을 타서, 연출하려 하지 않는다 ⇔〔老⑤〕 ❷경험이 얕다. 미숙하다. ¶～手(儿)↓ ❸(잠시 가열하거나 삶아서) 음식이 연하다. ¶鸡蛋煮zhǔ得～｜계란을 반숙하다. ❹(색깔 따위가) 연하다. ¶～黄↓

【嫩菜】nèncài 名❶여린 채소. ❷연한 반찬.

【嫩豆腐】nèndòu·fu 名연한 두부 ⇔〔老lǎo豆腐〕

【嫩红】nènhóng 名〈色〉연홍색.

【嫩黄】nènhuáng ❶名〈色〉연한 황색. ❷狀누르스름하다. ¶～的柳芽liǔyá｜누르스름한 갓나온 버들 잎.

【嫩脸】nènliǎn 名❶부끄러움을 잘 타는 얼굴 ¶她天生～, 怕见生人｜그녀는 타고난 부끄름쟁이라서 낯선 사람 보기를 겁낸다. ❷가냘프고 부드러운〔아름다운〕 얼굴.

【嫩绿】nènlǜ ❶名〈色〉연한 녹색. 연녹색. ❷狀파르스름하다. ¶～的青草qīngcǎo｜파르스름한 풀.

【嫩气】nèn·qi ❶名아리따운 자태. 가냘픈 모습. ¶丰润fēngrùn的脸上透着粉红的～｜윤기있는 얼굴에 아리따운 자태를 띠고 있다. ❷形가냘프다. 아리땁다. 여리다. ¶嫂子sǎozi已是四十多岁的人了, 穿水红色褂子是～了点儿?｜형수는 이미 사십이 넘었는데, 분홍색 저고리를 입으면 앳되어 보일까?

【嫩生生(的)】nènshēngshēng(·de) 狀(식물 따위가) 부드럽고 연하다.

【嫩手(儿)】nènshǒu(r) 名풋내기. 미숙자(未熟者). ¶刚参加工作的～｜방금 일하기 시작한 풋내기＝〔生手(儿)〕〔新手(儿)〕

néng ㄋㄥˊ

【而】néng ☞ 而 ér Ⓑ

1【能】néng 재능 능

❶能…할 수 있다. …할 능력이 있다. …할 줄 알다［어떤 일을 할 능력이나 조건이 됨을 나타냄］ ¶这些困难你～不～克服?｜이러한 어려움을 너는 극복할 수 있겠니? ¶他一分钟～打九十个字｜그는 일 분에 90자를 타자할 수 있다. ❷能…을 잘하다. 능히 …해내다. 어법「能」앞에「很」「最」「真」등이 주로 쓰임. ¶我们三个里, 他最～写｜우리 세 사람 중에 그가 가장 잘 쓴다. ¶他很～团结同志｜그는 동지들을 매우 잘 단결시킨다. ❸能…하는 데 쓸 수 있다. …로 사용할 수 있다［어떤 용도가 있음을 나타냄］ ¶橘子皮还～做药｜귤 껍질은 약에도 쓸 수 있다. ¶大蒜suàn～杀菌shājūn｜마늘은 살균하는 데 쓰인다. ¶这支毛笔～画画儿吗?｜이 붓으로 그림을 그릴 수 있나요? ❹能…될 수 있다. …것 같다. …할 가능성이 있다. …일 수 있다［어떤 일이 있거나 일어날 가능성을 나타냄］ ¶天这么晚了, 他～来吗?｜날이 이렇게 저물었는데 그가 올 것 같으냐? ¶满天星星, 哪～下雨?｜온 하늘에 별이 가득한데 어찌 비가 오겠니? ❺能…해도 좋다. 어법주로 의문문이나 부정문에 쓰여 정리(情理)·환경 등의 요인으로 허락할 수 없음을 나타냄. ¶我们不是发起单位, 这个会～参加吗?｜우리는 발기 기구가 아닌데, 이 회의에 참가해도 될까요? ¶这儿～不～抽烟?｜이곳에서 담배 피워도 됩니까? ¶你～不～快点儿?｜좀 더 빨리 할 수 없겠니? 어법ⓐ「能」과「会」의 차이점. ㉠처음 배워서 할 수 있는 경우는「能」「会」를 다 쓸 수는 있으나, 주로「会」를 쓰고, 그러한 능력을 상실했다가 다시 회복하였을 때는「能」을 써야함. ¶以前他不会游泳, 经过练习, 现在会〔能〕游了｜이전에 그는 수영을 할 줄 몰랐으나, 연습을 한 후 지금은 할 수 있게 되었다. ¶我病好了, 会劳动了(×) ¶我病好了, 能劳动了｜병이 다 나아서, 일 할 수 있게 되었다. ㉡어떤능력을 가지고 있음을 나타낼 때는「能」「会」를 모두 쓸 수 있지만, 그 능력이 어느 구체적인 정도에 이르렀음을 나타낼 때는「能」을 써야함. ¶他能〔会〕打字｜그는 타자를 할 줄 안다. ¶他一小时会打二百个字(×) ¶他一小时能打二百个字｜그는 한 시간에 이 백자를 칠 수 있다. ㉢가능이나 추측을 나타낼 때는「能」「会」를 모두 쓸 수 있으나, 북방구어(北方口語)에서는「能」을 주로 쓰고 기타 지역에서는「会」를 주로 씀. ¶下这么大雨, 他能〔会〕来吗?｜이렇게 큰 비가 오는데 그가 올

까요? ⓑ「能」과「可以」의 차이점. ㉠「能」은 능력이 있음을 중점적으로 나타내는 반면에「可以」는 가능성이 있음에 치중하여 쓰이긴 하나, 능력을 나타내기도 함. 그러나「可以」는 어떤 일을 잘한다는 의미로는 쓰이지 못함. ¶他很可以吃(×) ¶他很能吃，一顿dùn可以吃四大碗wǎn饭 | 그는 아주 잘 먹는다. 한 끼에 네 사발씩이나 먹는다. ㉡「能」은 객관적인 가능성을 나타내지만,「可以」는 그렇지 않음. ¶这么晚他还可以来吗?(×) ¶这么晚他还能来吗? | 이렇게 늦은데 그가 올 수 있을까요? ㉢「能」은「愿意」앞에 쓸 수 있지만「可以」는 쓸 수 없음. ¶你不让他报名，他可以愿意吗?(×) ¶他能愿意吗? | 네가 그에게 등록하지 못하도록 하였는데, 그가 동의할까? ㉣ 절(小句)이나 동사구(動詞詞組)가 주어가 되었을 때「可以」는 술어가 될 수 있으나,「能」은 될 수 없음. ¶这本书送给你也能(×) ¶这本书送给你也可以 | 이 책은 너에게 주어도 좋다. ❻ 名 재능. 능력. 기능. ¶技～ | 기능. ¶～耐↓ ¶各尽其～ | 각자 자기의 능력을 모두 발휘하다. ❼ 名 인재(人材). 재능있는 사람. ¶选贤与能 | 현명한 사람과 재능있는 사람을 뽑다. ¶先帝称他曰～ | 돌아가신 임금께서는 그를 인재라고 하셨다《諸葛亮·出師表》 ❽ 名〈物〉에너지. 에네르기. ¶原子～ | 원자력. ¶热～ | 열에너지. ¶潜qián～ | 잠재능력. 잠재에너지. ¶动～ | 운동에너지.

【能办事的】néngbànshì·de 名組 민완가(敏腕家). 수완가.

【能不】néngbù 能 어떻게 …하지 않을 수 있느냐? …하지 않을 수 없다 [대개 구(句) 끝에「吗」가 오면, 반어(反語)적인 의미를 가짐] ¶那个铺pù子那么亏空～关门吗? | 저 가게는 저렇게 손해를 보고도 어떻게 문을 닫지 않을 수 있겠습니까? ¶～忆江南吗? | 강남을 생각하지 않을 수가 있으리요.

【能产性】néngchǎnxìng 名 생산성. ¶这种构词法具有～ | 이런 조어법은 생산적이다.

【能动】néngdòng 形 능동적이다. 적극적이다. ¶必须～地展开工作 | 반드시 일을 능동적으로 전개해야 한다.

【能否】néngfǒu …할 수 있을까? ¶你～来一趟 | 너 한 번 왔다갈 수 있을까? ¶～完成任务 | 임무를 완수할 수 있을런지?

2【能干(儿)】nénggàn(r) ❶ 形 유능하다. 재능있다. 능란하다. 솜씨있다. 일을 잘하다. ¶她很～ | 그녀는 아주 유능하다. ¶～手 | 수완가(手腕家). 걸출(傑出)한 사람. 유능한 사람. ❷ 名 수완가. 민완가(敏腕家).

3【能歌善舞】nénggē shànwǔ 動組 노래도 잘하고 춤도 잘 춘다. 잘 논다.

【能个儿】néng·ger ❶ 名 재능. 기능. ¶没～ | 재능없다. ❷ 形 다재다능하다. 영리하고 민첩하다. ¶这孩子真～，学什么一学就会 | 이 아이는 영리해서 무엇을 배우든지 배우면 곧 익힌다.

【能工巧匠】nénggōng qiǎo jiàng 威 숙련공. 솜씨가 좋은 직공. ¶大韩民国有许多～ | 대한민국에는 숙련공들이 아주 많다.

1【能够】nénggòu 能 …할 수 있다. ❶ 어떤 능력을 구비하고 있거나, 어떤 효과를 얻을 수 있음을 표시. ¶人类～创造工具 | 인류는 도구를 만들 수 있다. ¶他～独立工作了 | 그는 독립해서 사업할 수 있게 되었다. ¶～完成计划 | 계획을 완수 할 수 있다. ❷ 조건상이나 도리상 허가함을 표시함. ¶他病好了，～下床了 | 그는 병이 다 나아서 침대에서 내려와도 된다. ¶明天的晚会，家属也～参加 | 내일 저녁 만찬에는 가족도 참석할 수 있다. 어법 긍정·부정을 중첩할 경우에는「能不能够」를 씀.

【能官能民】néng guān néng mín 威 지도자도 될 수 있고, 일반 대중도 될 수 있다 [「既当官，又当老百姓」(간부도 될 수 있고, 또 대중도 될 수 있다)는 모택동의 말이 성어(成語)화 된 것으로,「能上能下，能官能民」라고도 함] ＝〔能上能下〕

【能耗】nénghào 名 에너지 소비.

【能级】néngjí 名〈物〉에너지 준위(準位). ¶基态～ | 〈原〉기저상태(基底狀態).

【能见度】néngjiàndù 名 ❶ 가시거리(可視距離). ❷ 가시도(可視度).

2【能力】nénglì 名 능력. 역량. ¶我有～担当这项任务 | 나는 이 임무를 맡을 능력이 있다.

3【能量】néngliàng 名 ❶ 수용력. 용량. ¶牵引qiānyǐn～ | 견인력. ¶上升～ | 상승력. ¶他们人数很少，～却很大 | 그들은 수는 적지만, 역량은 크다. ❷〈物〉에너지. ¶～交换 | 〈生〉에너지 대사. ¶～转化定律 | 〈物〉에너지 전환의 법칙.

【能耐】ⓐ néngnài 動 인내하다. 감내하다. ¶～劳苦 | 노고를 감내하다.
ⓑ néng·nai 名 ◻ 기능. 능력. 수완. ¶有～的人 | 솜씨가 있는 사람. ¶～强 | 기량이 뛰어나다. ¶这个人～不小 | 이 사람은 정말 수완이 많다. ¶他真有～，果然把这台机器修好了 | 그는 정말 능력있어, 과연 이 기계를 완전히 수리해냈다 ＝〔能为〕→〔本事〕

【能…能…】néng…néng… …에 능하고 또 …에 능하다. ¶能攻能守 | 공수에 모두 능하다. ¶能进能退 | 진퇴에 모두 능하다.

【能屈能伸】néng qū néng shēn 威 신축 자재(伸縮自在)하다. ❶ 환경에 잘 순응하다〔적응하다〕. ¶大丈夫～ | 대장부는 굽힐 때 굽히고 펼 때 펼 수 있어야 한다. ❷ 貶 기골이 없이 악의(惡意)에 굴복하는 사람.

【能人】néngrén 名 재능 있는 사람. 재사(才士). ¶～背后有～ | 諺 뛰는 놈 위에 나는 놈 있다.

【能上能下】néng shàng néng xià ⇒〔能官能民〕

【能事】néngshì 書 名 숙련된 일. 자신 있는 일. 장기. 수완. 어법 대개「极(竭)尽……之能事」이나「以……为能事」의 격식으로 사용됨. ¶李白的诗极尽变化之～ | 이백의 시에는 변화에 강한 장기가 잘 발휘되어 있다. ¶尽其～，但是丝毫没有效果 | 능력을 다했지만, 조금도 효과가 없었다. ¶那些坏蛋以祸huò国殃yāng民为～ | 그 나쁜 놈들은 백성들을 못살게 구는 것이 장기이다.

4【能手(儿)】néngshǒu(r) 名 명인. 명수. 재주꾼.

능수. ¶现在, 全村的人都已成为种田的～ | 이제는, 온 마을 사람들이 모두 이미 농사일의 명수가 되었습니다. ¶请个～来帮忙 | 능수능란한 사람을 청해 와 거들게 하다 =〔硬yìng手(儿)〕→〔好hǎo手(儿)〕

【能说】néngshuō 形 구변(口辯)이 좋다. 말솜씨가 좋다. ¶～话 | 말솜씨가 좋다. 말재주가 있다.

【能说会道】néng shuō huì dào ⇒〔能说善道〕.

【能说善道】néng shuō shàn dào 成 구변〔언변〕이 좋다. 입심이 좋다. 말솜씨가 매우 좋다 =〔能说会道〕〔能言惯道〕〔能言善辩〕〔能言善语〕

【能算】néngsuàn 動 ❶…라고 할 수 있다. …에 넣을 수가 있다. …에 꼽을 수 있다. ¶他～个能手 | 그는 역시 재주꾼이라 할 수 있다. ❷ 산술(算術)에 능숙하다.

【能为】néngwéi 名 方 솜씨. 수완. 재능. ¶有什么～! | 무슨 수완이 있다고! ¶尽听他说嘴, 今儿倒看看他有多大～ | 항상 그가 허풍떠는 것을 듣고만 있었지만 오늘은 그가 솜씨가 얼마나 있는지 보아야겠다 =〔能耐·nai〕

【能文会武】néng wén huì wǔ 成 ❶ 문무(文武)를 겸비하다. ❷ 학문도 있고, 실천력도 있다. ❸ 사상적으로도 튼튼하고, 전문적인 지식도 깊다. ❹ 정신 노동도 육체 노동도 모두 잘하다 ‖ =〔能文能武〕

【能文能武】néng wén néng wǔ ⇒〔能文会武〕

【能言善辩】néng yán shàn biàn ⇒〔能说善道〕

【能言善语】néng yán shàn yǔ ⇒〔能说善道〕

2【能源】néngyuán 名〈物〉에너지원(源). ¶～危机wēijī | 에너지 위기.

【能愿动词】néngyuàn dòngcí 名〈言〉능원동사〔「能」「可以」「会」「要」「想」등 가능·바램·요구·의지 등을 나타내는 일종의 조동사. 항상 동사의 앞에 위치하며, 중첩(重疊)할 수 없고, 접미어를 붙이지 못하며, 목적어를 갖지 않는 특성이 있음〕

【能者多劳】néng zhě duō láo 成 褒 유능한 사람일수록 더 많은 일을 한다 ¶～, 这几项工作你来做吧 | 능력있는 사람이 더 일을 해야하는 법이니 몇 가지 일은 당신이 좀 해주시지요.

ng´ 兀´

【唔】ng´ ☞ 唔 wú Ⓑ

1【嗯】ng´ (又 n´) ·ng˘ (又 n˘) ng` (又 n`) (대답할 응/은)

Ⓐ ng´ (又 n´) 嘆 응? 〔의문의 뜻을 나타냄〕 ¶～? 你说什么? | 응? 뭐라고? =〔唔ng´②〕

Ⓑ ng˘ (又 n˘) 嘆 엉! 흥! 〔의외·불만·반대의 뜻을 나타냄〕 ¶～! 你怎么还没去? | 엉! 너 어째서 아직 가지 않았니? =〔唔ng˘〕

Ⓒ ng` (又 n`) 嘆 예! 응! 〔승낙의 뜻을 나타냄〕 ¶他～了一声, 就跑过去了 | 그는 한마디 대답을 하고는, 곧 달려 갔다.

ng˘ 兀˘

1【嗯】ng˘ ☞ 嗯 ng´ Ⓑ

ng` 兀`

1【嗯】ng` ☞ 嗯 ng´ Ⓒ

nī ㄋㄧ

【妮】nī 계집아이 니, 종 니
⇒〔妮子〕

【妮子】nī·zi 名 ❶ 方 여자 아이. 계집애. 소녀. ¶这～真野! | 이 계집아이는 정말 제멋대로구나! =〔妮儿〕→〔妞niū〕 ❷ 하녀 =〔妮婢〕

ní ㄋㄧ´

4【尼】ní 중 니, 가까울 니
❶〈佛〉여승(女僧). 비구니 =〔尼姑〕〔尼僧〕 ❷ 음역어에 쓰임. ¶～德兰↓

【尼安得特人】Ní'āndétè Rén 名 外〈考古〉네안데르탈(Neanderthal)인 =〔内安得塔尔〕

【尼泊尔】Níbó'ěr 名 外〈地〉네팔(Nepal)〔인도 북부와 티벳사이의 히말라야산맥 중의 왕국. 수도는 「加德满都」(카트만두;Kathmandu)〕=〔泥婆(罗)〕〔廓Kuò尔喀〕

【尼布楚】Níbùchǔ 名 外〈地〉네르친스크(Nerchinsk)〔시베리아 남부에 있는 도시〕

【尼采】Nícǎi 名 外〈人〉니체(Nietzsche,1844～1900)〔독일의 철학자〕

【尼德兰】Nídélán 名 外〈地〉네덜란드→〔荷Hé兰〕

【尼格罗种】Nígéluó Zhǒng 名 外 니그로(negro). 흑색인종 =〔黑种〕

【尼姑】nígū 名 여승. 비구니. ¶她想当～ | 그녀는 여승이 되려고 한다 =〔姑子〕

【尼古丁】nígǔdīng ⇒〔烟碱yānjiǎn〕

【尼古丁酸】nígǔdīng suān ⇒〔烟酸〕

【尼赫鲁】Níhèlǔ 名 外〈人〉네루(Jawāharlal Nehru, 1889～1964)〔인도의 초대수상〕

【尼加拉瓜】Níjiālāguā 名 外〈地〉니카라과(Nicaragua)〔중앙아메리카의 공화국. 수도는 「马那瓜」(마나과;Managua)〕

【尼科西亚】Níkēxīyà 名 外〈地〉니코시아(Nicosia)〔「塞Sài浦路斯」(키프로스;kypros)의 수도〕

【尼克松】Níkèsōng 名 外〈人〉닉슨(R.M.Nixon, 1913～)〔미국의 제37대 대통령〕

【尼隆】nílóng ⇒〔尼龙〕

4【尼龙】nílóng 名 外 나일론(nylon). ¶～的鱼网 | 나일론으로 된 고기잡이 그물 =〔尼隆〕〔俗 玻璃bōli②〕〔锦jǐn纶丝〕〔乃龙〕〔耐nài纶〕〔耐罗〕

【尼龙(女)袜】nílóng(nǚ) 名 (부인용) 스타킹. 나일론 양말 =〔玻璃bōlí(丝)袜〕

【尼罗河】Níluóhé 名 外〈地〉나일(Nile)강

【尼日尔】Nírì'ěr 名 外〈地〉니제르(Niger)〔아프리카 서북부의 공화국. 수도는「尼亚美」(니아메이;Niamey)〕

【尼日利亚】Nírìlìyà 名 外〈地〉나이지리아(Nigeria)〔아프리카 서북부의 공화국. 수도는「拉各斯」(라고스;Lagos)〕

【尼斯】nísī 名 外〈化〉니스. 와니스.

【尼亚美】Níyàměi 名 外〈地〉니아메이(Niamey) [「尼日尔」(니제르;Niger)의 수도]

【尼亚加拉瀑布】Níyàjiālā Pùbù 名 外〈地〉나이애가라(Niagara) 폭포.

1【呢】ní ·ne 어조사 니

Ⓐní (～子) 名〈紡〉나사(羅紗) [모직물의 일종] ¶华达～ | 개버딘. 세루. 목세루. ¶线～ | 면직나사. ¶平光～ | 우스팃. ¶巴勒bālè～ | 포라.

Ⓑ·ne ❶ 의문의 어기를 나타냄. 어법 ⓐ「谁」「怎么」「什么」「哪」등의 의문사가 쓰인 의문문에 사용함. ¶你问谁～? | 누구에게 묻니? ¶我怎么一点儿也不知道～? | 내가 어떻게 조금도 몰랐지? ¶他到哪儿去了～? | 그는 어디에 갔었지? ⓑ 하나의 명사나 명사구(名詞詞組) 뒤에 쓰여,「在哪儿」(어디에)·「…怎么样」(…은 어떻게)의 의미를 나타냄. ¶我的帽mào子～? | 내 모자는 (어디에 있지)? ¶老高～? 好多人都在等他 | 고씨는 어디 있지? 많은 사람들이 기다리고 있는데. ¶后来～? | 그 뒤에 어떻게 되었지? ¶我明天回上海, 你～? | 나는 내일 상해로 돌아가는데, 너는 어떻게 하지? ⓒ 선택식 의문문(選擇問句)에 사용함. ¶明天是你去～, 还是我去～? | 내일은 네가 가니, 아니면 내가 가니? ¶这样说对不对～? | 이렇게 말하는 것이 옳니, 옳지 않니? ⓓ「哪里」「怎么」「何必」등과 자주 호응하여, 반어문(反問句)에 쓰임. ¶没有平地, 哪里会有高山～? | 평지가 없다면 어떻게 높은 산이 있을 수 있겠니? ¶我怎么不记得～? | 내가 어떻게 기억할 수 없겠니? ❷ 서술문(敍述句)에 쓰여 약간의 과장과 확인·강조를 함. 어법「可＋形＋呢」「才＋動＋呢」「还＋動＋呢」의 형태로 쓰임. ¶今天可冷～ | 오늘 참으로 춥습니다. ¶老师, 北京才好～ | 선생님, 북경이야말로 좋지요. ¶他还会做诗～ | 그는 또 시도 쓸 줄 안다고요. ❸ 서술문(敍述句)에 쓰여 어떠한 상태가 지속되고 있음을 나타냄. 어법 보통 동사 앞에「正」「正在」「在(那里)」가 있거나 동사 뒤에「着」를 쓴 경우가 많음. ¶他睡觉～ | 그는 자고 있다. ¶他们在那里说着话～ | 그들은 저기에서 이야기하고 있다. ¶外边下着雨～ | 밖에는 비가 오고 있다. ❹ 문(句子)의 잠시 멈추는 곳에 쓰임. 어법 ⓐ 주어의 다음에 쓰여「…로 말하자면」「…에 이르러서는」의 의미를 나타내며, 주로 열거하거나 대비시킬 때 사용함. ¶老马～, 喜欢篮球, 小张～, 喜欢足球, 我～, 就喜欢打羽毛球 | 마군은 농구를 좋아하고, 장군은 축구를 좋아하고, 나로 말하자면 배드민턴 치기를 좋아한다. ⓑ 조건·가정을 나타내는 절(小句)에 쓰임. ¶你要是非走不可～, 我也不留你 | 네가 가지 않을 수 없다면, 나도 너를 붙들지는 않겠다. ¶这件事, 办～, 就得办好, 不办～, 索suǒ性搁gē下来 | 이 일을 하려면, 반드시 잘 해내고, 안하려거든 아예 그만 두어라. ⓒ 기타 끊어서 말할 수 있는 곳에 붙임. ¶其实～, 他不来也好 | 사실은 말이지, 그가 오지 않아도 좋다. ¶明天～, 我又要出门 | 내일, 난 또 외출한다. ❺ 가끔 의문조사나 추측을 나타내는 조사와 결합하여 쓰임. ¶你带着表～吗? | 너 시계를 가지고 있니? ＝[呐·ne] 어법「吗」와「呢」의 의문문에서의 차이 ⇒[吗·ma]

【呢料(儿)】níliào(r) 名 ❶ 모직물. ¶工业用～ | 공업용 모직물. ¶这种～不适合做洋装 | 이런 모직물은 양장을 만들기에 적합하지 않다 ❷ 나사지(羅紗紙).

【呢喃】nínán ❶ 擬 지지배배 [제비가 우짖는 소리] ¶春风吹来, 燕子～ | 봄바람이 불어오니 제비가 지지배배 우짖는다. ❷ 動 작은 소리로 속삭이다→[喃]

【呢绒】níróng 名〈紡〉모직물의 총칭 [「精纺毛织物」(소모직물)와 「粗纺毛织物」(방모직물) 두 가지로 나뉨] ＝[绒呢]

【呢绒线】níróngxiàn ⇒[毛máo线]

【呢子】ní·zi 名 나사(羅紗).

【坭】ní 진흙 니

❶ 진흙. 진흙과 같은 상태인 것. ¶红毛～＝[水泥] | 시멘트 ＝[泥②] ❷ 주물사(鑄物砂) ＝[泥沙⑤] ❸ 지명에 쓰이는 글자. ¶白～ | 백니. 광동성(廣東省)에 있는 지명.

【怩】ní 부끄러워할 니

書 動 부끄러워하다 ＝[忸niǔ怩]

【怩色】nísè 書 名 부끄러워하는 기색.

2【泥】ní nì 진흙 니

Ⓐní ❶ 名 진흙 ＝[淖nào] ❷ 진흙같이 생긴 것. ¶水～ | 시멘트. ¶蒜～白菜 | 짓찧은 마늘과 배추를 주재료로 하여 만든 요리 ＝[坭①] ❸ 진흙으로 만든 것. ❹ 때 ＝[油泥][泥垢gòu] ❺ (본래의 성질이 없어지고) 진흙처럼 되다. ¶～醉↓ ❻ 動 (진흙·먼지 따위가 묻어) 더러워지다. ¶裤子～了 | 바지가 더러워졌다.

Ⓑnì ❶ 動 (진흙 상태의 것으로) 바르다. ❷ 動 고집하다. ¶～成法 | 기존 방식을 고집하다 ＝[拘jū泥] ❸ 動 꾸물거리다. ¶他仍～着不肯走 | 그는 아직도 꾸물거리며 떠나려 하지 않는다. ❹ 動 탐닉하다. 빠지다. ¶～酒 | 술에 탐닉하다. ❺ (～子) 名 퍼티(putty).

Ⓐní

【泥巴】níbā 名 方 진흙. ¶小孩子都爱玩～ | 꼬마들은 모두 진흙장난 하기를 좋아한다.

【泥刀】nídāo 名 (미장이가 쓰는) 흙손 ¶用～砌墙qìqiáng | 흙손으로 담을 쌓다 ＝[泥镘][泥掌][瓦wǎ刀]

【泥肥】níféi 名〈農〉(비료로 쓰이는) 진흙. ¶冬天多积～ | 겨울에 비료로 쓸 진흙을 많이 쌓아 놓다.

【泥工】nígōng 名 方 ❶ 미장이의 일 ¶干～ | 미장일을 하다 ＝[泥水活] ❷ 미장공. 미장이 ¶他二哥是～ | 그의 둘째 형은 미장공이다 ＝[泥水匠]

【泥垢】nígòu 名 때. 오물. ¶满脸～ | 얼굴이 온통 때다.

【泥浆】níjiāng 名 이수(泥水). 진흙탕(물).

【泥金】níjīn 名 이금. 금가루.

【泥坑】níkēng 名 수렁. 진창구덩이. ¶别把人往～里推 | 사람을 수렁으로 밀지말라. ¶陷xiàn在

～里 | 수렁에 빠지다 =〔泥潭tán〕

【泥疗】níliáo 名〈漢醫〉가열한 진흙을 국부(局部)에 붙여 치료함. 중국의 민간 요법 감탕찜질.

【泥煤】níméi ⇒〔泥炭〕

【泥淖】nínào 名 진창(구덩이). 늪. 수렁.

【泥泞】nínìng ❶ 名 진창. ¶陷入～ | 진창에 빠지다. ❷ 形 질퍽거리다. 질퍽거려 걷기 어렵다. ¶雨后道路～ | 비가 온 뒤라서 길이 질퍽거린다.

【泥牛入海】ní niú rù hǎi 成 진흙소 바다에 들어간 격. 한 번 가면 다시는 돌아오지 않다. 함흥차사. ¶他一去之后，就如～，毫无音讯xùn | 그는 한 번 가더니 함흥차사와 같이 아무런 소식이 없다.

【泥盆纪】Nípénjì 名〈地質〉데번(Devon)기.

【泥盆系】Nípénxì 名〈地質〉데번계.

【泥菩萨过河】nípú·sà guòhé 歇 진흙으로 만든 보살이 강을 건너다. 제 자신도 보전하기 어렵다 [뒤에「自身难保」를 이어 쓸 수 있음]

【泥鳅】ní·qiū 名〈魚貝〉미꾸라지. ¶老姜吧，滑得像～ | 강씨는 말이지 빤들거리는 것이 마치 미꾸라지같다.

【泥人(儿)】nírén(r) 名 토우(土偶). 흙인형. ¶彩塑cǎisù～ | 채색한 토우. ¶～还有土性儿 | 諺 지렁이도 밟으면 꿈틀한다 =〔泥偶〕→〔木mù偶①〕

【泥沙】níshā 名 ❶ 진흙과 모래. ❷ 喻 남의 밑에 깔려 있는 것. ❸ 喻 시시한 존재. 하찮은 물건. ❹〈地〉침적토(沉積土). ❺ 주물사(鑄物砂) =〔坭②〕‖ =〔泥砂〕→〔泥心〕

【泥沙俱下】ní shā jù xià 成 흙과 모래가 같이 떠내려 오다. 喻 좋은 것과 나쁜 것이 함께 섞여 있다 [뒤에「鱼龙混杂」와 함께 쓰임] ¶各种人都参加，未免～，鱼龙混杂 | 별별사람이 모두 참가하였으니, 각종 사람이 섞여 있을 수 밖에 없다.

【泥砂】níshā ⇒〔泥沙〕

【泥石流】níshíliú 名 흙과 모래와 돌 따위가 섞인 물사태 ¶山区shānqū发生了～ | 산지역에 물사태가 났다.

【泥水】níshuǐ 名 ❶ 흙탕물. ¶上面挂满了～ | 위에 흙탕물이 가득 덮여 있다. ❷ 반죽하여 이긴 벽토(壁土).

【泥水活】níshuǐhuó 名 미장이의 일〔작업〕. ¶他干的是～ | 그가 하는 것은 미장이의 일이다 =〔泥工①〕〔瓦wǎ工①〕

【泥水匠】níshuǐjiàng 名 미장이 ¶他想当～ | 그는 미장이가 되려고 한다 =〔泥工②〕〔泥匠〕〔泥瓦匠〕〔瓦工②〕〔瓦匠〕〔瓦作〕

【泥水选种】ní shuǐ xuǎnzhǒng 名組〈農〉진흙물로 종자를 고르는 방법.

【泥塑】nísù 名 動 흙인형(을 빚다).

【泥塑木雕】ní sù mù diāo ⇒〔木雕泥塑〕

【泥胎】nítāi 名 (겉에 칠을 하기 전의) 토우(土偶). 흙인형. ¶塑造～ | 흙인형을 만들다.

【泥胎儿】nítāir 名 아직 굽지 않은 도기(陶器).

【泥潭】nítán ⇒〔泥坑kēng〕

【泥炭】nítàn 名〈鑛〉토탄(土炭) =〔泥煤〕

【泥塘】nítáng 名 늪. 소택지. 수렁. ¶他沿着～走过 | 그는 늪을 따라 지나갔다.

[3]【泥土】nítǔ 名 ❶ 흙. 토양(土壤). ¶春天的原野散发着～的芳香 | 봄의 들판은 향기로운 흙내를 풍기고 있다. ❷ 점토. 진흙. ¶在～里抓zhuā泥鳅 | 진흙 속에서 미꾸라지를 잡다.

【泥腿(子)】nítuǐ(·zi) 名 ❶ 貶 촌놈. 농민에 대한 비칭(卑稱) ¶我们都是些～出身的，哪能一眨眼就会? | 우리는 모두 촌놈 출신인데 어찌 눈 깜박할 새에 할 수 있나? =〔泥巴子〕❷ 흙투성이발.

【泥瓦匠】níwǎjiàng ⇒〔泥水匠〕

【泥丸】níwán 名 작은 진흙알.

【泥心】níxīn 名〈機〉코어(core). 심형(心型) =〔泥芯〕〔坭心〕〔砂心〕

【泥沼】nízhǎo 名 수렁. 늪.

【泥砖】nízhuān 名 흙벽돌.

【泥足巨人】nízú jùrén 名組 喻 보기에는 아주 강한 것 같으나 실제로는 아주 허약한 세력 또는 사물. 허수아비. ¶美国也不过是～ | 미국도 보기에는 강한 것 같으나 실제로는 허약한 나라에 불과하다.

【泥醉】nízuì 動 곤드레만드레 취하다. 몸을 가눌 수 없을 정도로 취하다.

Ⓑnì

【泥古】nìgǔ 書 動 옛〔낡은〕 것에 얽매이다〔집착하다〕. ¶～不化 | 成 옛 것에 얽매여서 시대의 흐름에 순종하지 못하다〔변통할 줄 모르다〕. ¶不可不师古，不可过～ | 옛 것을 따르지 않을 수 없지만 지나치게 옛 것에 얽매여서는 안된다.

【泥守】nìshǒu ❶ 動 구애되다. 구속받다. 고집하다. ❷ 形 융통성없다. 고집스럽다.

【泥于】nìyú (…에) 구애되다〔얽매이다〕. (…을) 고집하다. ¶～风水 | 풍수에 얽매이다. ¶～成说 | 기존의 설에 구애되다.

【铌(鈮)】ní (니오브 니)

名〈化〉화학 원소 명. 니오브(Nb ; niob) [「钶kē」는 옛 이름]

【铌铁矿】nítiěkuàng 名〈鑛〉컬럼브석(columbite石).

【倪】ní 끝 예

❶ 끝. 가장자리. ¶端duān～ | 단서→〔头绪①〕❷ 代 方 나. 우리들. ❸ 書 形 연약하다. 가냘프다. ❹ (Ní) 名 성(姓).

【猊】ní 사자 예

❶ ⇒〔猊糖〕❷ ⇒〔狻suān猊〕〔猊座〕

【猊糖】nítáng 名〈食〉사자(獅子) 모양의 사탕.

【猊座】nízuò 名 ❶〈佛〉예좌 [부처가 앉는 자리] ❷〈天〉사자(獅子) 자리 ‖ =〔狮shī子座〕

【霓】ní 무지개 예

❶ 名 무지개 →〔虹hóng〕 ❷ 名 채운(彩雲). ❸ 채색하다. ¶～旌 | 오색 깃털로 장식한 깃발. ❹ ⇒〔霓虹〕

【霓虹】níhóng 名 外 네온. ¶～光管 | 네온 사인관 =〔氖nǎi〕

【霓虹灯】níhóngdēng 名 外 네온사인 =〔氖nǎi(光)灯〕〔年红灯〕→〔氖〕

【鲵(鯢)】ní 도롱뇽 예

名〈動〉❶ 도롱뇽 =〔鲵鱼〕❷ 書 암코래. ¶鲸jīng～ | 喻 악인. 죄인.

【鲵鱼】níyú 名〈動〉도롱뇽 =〔海狗鱼〕〔山椒鱼〕

【麑】ní 사슴새끼 예, 사자 예 名〈動〉❶ 새끼 사슴 =〔麑鹿〕❷ 사자의 다른 이름 =〔狻猊〕

【麑裘】níqiú 名 새끼 사슴 가죽으로 만든 갖옷.

nǐ ㄋㄧˇ

1【你】nǐ 너 니 代 ❶ 너. 자네. 당신 [특별히 여성을 지칭할 때는「妳」라고 쓰기도 함] ¶～在哪儿工作 | 넌 어디에서 근무하느냐? ¶我好像见过～ | 나는 너를 만난 적이 있는 것 같다. ❷ 당신의. 자네의. 너의. 어법「的」를「你」다음에 붙이지 않고 소속을 나타내는 경우는 다음과 같음. ⓐ 친지나 친숙한 관계에 있는 사람의 명칭 앞. ¶～姐姐 | 너의 누나〔언니〕. ¶～同学 | 너의 급우. ⓑ「家」「家里」「这里」「那里」및 방위사(方位詞) 앞. ¶～家里有几口人 | 너의 집에는 몇 식구가 있니? ¶～这里有昨天的报纸吗? | 너 이곳에 어제의 신문이 있니? ⓒ「这〔那〕+數+量」앞. ¶～那三本书我明天还你 | 너의 그 세권의 책은 내일 돌려주마. ❸ 당신들의. 너희들의. 어법 공장·회사·기관·학교 등 상대방 단체를 나타내는 단음절 명사 앞에 쓰임. 서면어에 쓰이며, 구어에서는「你们」이라고 함. ¶～方 | 귀측. ¶～校 | 당신의 학교. ¶～报 | 귀사의 신문. ❹ 사람. 누구 [막연히 사람을 가리킴. 때로는 자기를 나타내기도 함] ¶～有钱就好办了 | 누구든 돈만 있으면 처리하기 쉽지. ¶这件事真叫～哭笑不得 | 이 일 때문에 정말 이러지도 저러지도 못하겠다. ¶这个人不喜欢讲话, ～问他十句, 他才答～一句 | 이 사람은 말하기를 싫어한다. 열 마디 물어 보아야 겨우 한마디 대답한다.

【你好】nǐhǎo 套 안녕. 안녕하십니까 [이 때 대답 역시「你好」로 함]

【你看】nǐkàn ❶ 보라. 보시오. ¶～, 玩具给弄坏了 | 봐라, 장난감이 망가졌지않니 ❷ 생각하다. ¶～怎么样? | 너는 어떻게 생각하느냐? ❸ 정말 …하지 않는가. ¶～多么好啊! | 얼마나 좋소!

【你来我往】nǐ lái wǒ wǎng 成 서로 내왕하며 교제하다. ¶这两个人～, 十分亲密～ | 이 두사람은 서로 왕래가 있는 사이로 아주 친밀하다.

【你老】nǐlǎo 代 敬 어르신. 당신. 귀하 [「老」는 어른이나 손윗사람에 대한 존칭] ¶大概～早就听说过我国煤矿méikuàng的富藏吧 | 아마도 어르신께서도 우리 나라의 석탄 매장량이 엄청나다라는 벌써 들으셨겠지요.

1【你们】nǐ·men 代 너희들. 당신들. 자네들. ¶～二位 | 당신네 두 분. ¶～诸位 | 여러분들→〔你笃〕〔您nín〕

【你死我活】nǐ sǐ wǒ huó 成 결사적으로. 목숨을 걸고. ¶拼pīn个～ | 목숨을 걸고 싸우다. ¶这是一场～的搏斗bódòu | 이것은 생사가 걸린 격투이다.

【你我】nǐwǒ 名組 너와 나. 서로. ¶我们是自己人, 不分～ | 우리는 막역한 사이니 너나 구분짓지 않는다.

【你一言我一语】nǐyīyán wǒyīyǔ 謬 이 사람이 한마디 하고 저 사람이 한마디 하다. 저마다 한마디씩 말하다. ¶大家伙儿～, 让他下不来台了 | 모두들 저마다 한마디씩 말해서 그를 단상에서 내려올 수 없게 하였다 =〔来lái言去语①〕

【你追我赶】nǐ zhuī wǒ gǎn 成 (선의의 경쟁에서) 앞서거니 뒤서거니 하다. ¶～提前一个半月完成了造田的任务 | 서로 앞서거니 뒤서거니 하면서 한 달 반이나 예정보다 앞당겨 밭을 만드는 일을 완성했다.

【祢】nǐ ☞ 祢 Mí Ⓑ

4【拟(擬)〈儗〉】nǐ 헤아릴 의 動 ❶ 추측하다. 헤아리다. ¶～议↓ ❷ 계획하다. 초고(草稿)를 만들다. ¶～了一个计划草案 | 계획 초안을 하나 만들었다. ❸ 비교하다. 견주다. ¶比～ | 비교하다. ¶～于不伦↓ ❹ 예정하다. …하려고 생각하다. ¶～于九月前往上海 | 9월에 상해에 갈 예정이다→〔打dǎ算〕〔准备〕❺ 모방하다. ¶～态↓

4【拟定】nǐdìng ❶ ⇒〔拟订〕❷ 動 추측하여 단정하다. ¶我们～是他所为 | 우리는 그의 소행이라고 추측한다.

【拟订】nǐdìng 動 초안(草案)을 세우다. 입안(立案)하다. ¶～了一个方案 | 방안을 기안했다. ¶计划～好了, 还须进一步修改 | 계획을 초안되었으니 더 심층적으로 수정해야 한다 =〔拟定①〕

【拟稿(儿)】nǐ/gǎo(r) 動 초고(草稿)를 작성하다 [대개 공문을 가리킴] ¶李校长亲自～呈chéng报上级 | 이총장이 친히 초고를 작성하여 상급기관에 보고했다 =〔打稿(儿, 子)〕

【拟古】nǐgǔ ❶ 動 의고하다. 옛 것을 모방하다. ¶他常～作诗 | 그는 늘 옛 것을 모방하여 시를 짓는다. ❷ 名 옛 것을 모방한 풍격이나 형식. ¶～之作 | 의고 작품.

【拟人】nǐrén ❶ 動 의인하다. ❷ 名 의인화.

【拟人法】nǐrénfǎ 名〈言〉의인법.

【拟态】nǐtài 名〈生〉의태. 미메시스.

【拟议】nǐyì ❶ 名 動 예견(豫見)(하다). ¶事实证明了他的～是完全正确的 | 그가 정말 정확하게 예견했다는 것이 사실로 입증되었다. ❷ 動 입안(立案)하다. 기초(起草)하다. 초안을 작성하다. 제안하다. ¶少组一致通过了他所～的意见书 | 소위원회는 만장일치로 그가 입안한 계획서을 통과시켰다.

【拟于不伦】nǐ yú bù lún 成 비교가 안되는 데에다 〔얼토당토않게〕 견주다. ¶这个比方～, 很不合适 | 이것은 예컨데 얼토당토않게 견주는 격으로 아주 적절하지 않다.

【拟欲】nǐyù 書 動 …하려 하다. …할 작정이다. ¶～晋京 | 상경할 작정이다. ¶～面商 | 만나서 의논할 생각이다.

【拟作】nǐzuò ❶ 名 動 모작(模作)(하다) ¶此乃～ | 이것은 모작이다→〔复fù制〕❷ 動 …할 생각이다. ¶～归计 | 귀향할 생각이다.

【旎】nǐ 깃발펄펄날 니 ❶ ⇒〔旖yǐ旎〕❷ ⇒〔旎旎〕

N

【旎旎】nǐnǐ ㊟㊍ 온화하고 그윽하다.

nì ㄋㄧˋ

【伲】nì (우리 니)
㊜㊊ 우리들＝〔我们〕〔소주(蘇州) 상해(上海) 지역의 방언〕

【泥】nì ☞ 泥 ní Ⓑ

【昵〈暱〉】nì 친할 닐/니
㊟㊑ 친하다. 다정하다. ¶亲～｜다정하다. ¶～称｜애칭. ¶～交｜친하게 교제하다. ¶～笑不止｜친절한 웃음을 멈추지 않다《金瓶梅》

【昵爱】nì'ài ㊟㊍ 친애(親愛)하다. 매우 사랑하다＝〔爱昵〕〔亲昵〕〔亲热〕

4【逆】nì 거스를 역, 미리 역
❶㊍ 거꾸로 하다. 역행하다. 반대로 하다. ¶～流↓ ¶～着风走｜바람을 거슬러 가다. ¶倒行～施｜㊏ 시대의 흐름에 역행하다. ¶～水行舟↓ ❷㊍ 거스르다. 거역하다. 불순하다. 저촉하다. ¶～时代潮流cháoliú而行动｜시대의 조류에 거슬러 행동하다. ¶忤wǔ～｜불효하다⇔〔顺〕 ❸ 반역하다. 반역자. ¶～产↓ ❹ 미리. 사전에. ¶～料↓ ¶～测｜예측하다.

【逆差】nìchā ㊔〈貿〉수입 초과. 무역 수지의 적자. ¶对外贸易的～和外汇huì收支的赤chì字大大增加｜대외 무역의 역조(逆潮)와 외국환 수지의 적자가 크게 증가한다→〔顺差〕

【逆产】nìchǎn ❶㊔㊍〈醫〉도산(倒産)(하다)＝〔倒dào产〕〔倒生〕→〔难nán产〕〔胎tāi位〕 ❷㊔ 반역자〔역적〕의 재산. ¶没收～｜반역자의 재산을 몰수하다.

【逆党】nìdǎng ㊔ 반역〔역적〕의 무리. 역도(逆徒). 역당. 모반자. ¶铲除chǎnchú～｜역적의 무리를 뿌리뽑다.

【逆定理】nìdìnglǐ ㊔〈數〉〈論〉역정리.

【逆耳】nì'ěr ㊟㊍ 귀에 거슬리다. ¶忠言～, 利于行｜㊏ 충언은 귀에 거슬리지만 행동거지에 도움이 된다.

【逆反应】nìfǎnyìng ㊔〈化〉역반응.

【逆匪】nìfěi ㊔ 반도(叛徒). 역도(逆徒). ¶剿灭jiǎomiè～｜반도들을 토벌하다.

【逆风】nìfēng ❶㊔ 역풍. 맞바람. ¶～飞行｜역풍 비행. ❷(nì/fēng) ㊍ 역풍하다. 바람을 안고〔무릅쓰고〕가다. ¶～行舟｜바람을 안고 항해하다 ‖＝〔顶dǐng风〕

【逆光】nìguāng ㊔〈物〉역광(선). ¶～拍摄＝〔逆光照〕｜역광 촬영. ¶～相｜역광 사진.

【逆函数】nìhánshù ㊔〈數〉역함수.

【逆境】nìjìng ㊔ 역경. ¶处于～｜역경에 처하다. ¶从～奋fèn起｜역경에서 분기하다.

【逆来顺受】nì lái shùn shòu ㊏(열악한 환경 혹은 무례함 속에서) 온갖 수모를 다 참고 견디어 내다. ¶她惯于～｜그녀는 수모를 참고 견디는데 익숙해져 있다.

【逆料】nìliào ㊍ 예측하다. 예견하다. 예상하다. ¶事态的发展不难～｜사태의 발전을 예측하기 어렵지 않다＝〔逆睹dǔ〕〔逆计〕

【逆鳞】nìlín ㊔㊗ 천자의 노여움 [용의 아래턱에 거꾸로 돋은 비늘이 있어, 건드리면 용이 크게 노한다는 전설로부터, 천자를 용에 비겨 이름]

4【逆流】nìliú ❶㊔㊍ 역류(하다). ❷㊔ 반동적인 조류(潮流). ¶反击这种～｜이러한 반동적인 조류를 반격하다.

【逆水】nì/shuǐ ㊍ 역류(逆流)하다. 흐르는 물을 거스르다→〔顺水〕

【逆水行舟】nì shuǐ xíng zhōu ㊏ 물살을 거슬러 배를 모는 격. 역행하다. ¶学习像～, 不进则退｜배움이란 마치 물을 거슬러 배를 젓는 것과 같아, 앞으로 나아가지 않으면 퇴보한다.

【逆说】nìshuō ㊔ ❶ 역설. 패러독스. ❷ 이론(異論). 이설(異說).

【逆温层】nìwēncéng ㊔〈氣〉(기온) 역온층.

【逆行】nìxíng ❶㊍ 역행하다. ¶单行道, 车辆不得～｜일방 통행로에서는 차량이 역행해서는 안된다. ❷㊍ 역류(逆流)하다. ❸㊔〈天〉역행 운동.

【逆运】nìyùn ㊔ 불행(을 향함). 액운. 불운. ¶他跟人诉说他的～｜그는 다른 사람에게 그의 불운을 이야기했다.

【逆贼】nìzéi ㊔ 역적. 반역자. ¶讨伐tǎofá～｜역적을 토벌하다.

【逆种】nìzhǒng ㊔ 불효자. 불효 자식. ¶你这个～｜너 이 불효자식!

【逆转】nìzhuǎn ㊍ ❶ 역전하다. 국면이 뒤바뀌다. ❷(형세가) 악화되다.

【逆子】nìzǐ ㊔ 불효자. 불효한 자식.

【匿】nì 숨을 닉
㊍ 숨다. 숨기다. 감추다. 도피하다. ¶～迹↓ ¶隐～｜숨다. 숨기다.

【匿伏】nìfú ㊍ 잠복하다. 숨다. ¶他一定～在近处｜그는 분명히 근처에 숨었을 것이다.

【匿迹】nìjì ㊟㊍ 행방을〔자취를〕감추다. ¶～销xiāo声｜소리없이 자취를 감추다.

【匿名】nìmíng ㊍ 이름을 숨기다. ¶～上书｜익명으로 글을 올리다.

【匿名信】nìmíngxìn ㊔ 익명의 편지＝〔白bái头信〕〔黑hēi信①〕〔无wú头书〕〔无头信〕〔隐yǐn名信〕〔㊟ 隐章〕

【匿影藏形】nì yǐng cáng xíng ㊏ 종적을 감추고, 진상을 숨기다. 행적을 감추다. ¶他最近一直～, 闭门谢客｜그는 최근에 줄곧 숨어 지내며 밖과 왕래를 끊었다.

【睨】nì 노려볼 예
㊟㊍ 흘겨보다. 쏘아보다. 노려보다. ¶～视｜흘겨보다. ¶注zhù目～之｜눈길을 모아 그를 쏘아보다→〔睥pì睨〕

【溺】nì niào 빠질 닉

Ⓐnì ❶(물에) 빠지다. 익사하다. ¶～毙bì｜물에 빠져 죽다. ❷(어떤 일에) 빠지다. 미혹되다. 도(度)를 지나다. ¶～于酒｜술에 빠지다. ¶～信｜맹신하다.

Ⓑniào「尿」와 통용⇒〔尿niào〕

【溺爱】nì'ài ㊍ 익애하다. 지나치게 귀여워하다.

¶～孩子不好 | 애를 너무 귀여워하면 좋지 않다 =〔腻爱〕

【溺鬼】nìguǐ 名 익사자(의 귀신). ¶传说这河中有～ | 전설에 의하면 이 강에는 익사자의 유령이 있다고 한다.

【溺水】nìshuǐ 動 물에 빠지다. ¶～身亡 | 물에 빠져 죽다. ¶抢救qiǎngjiù～的儿童 | 물에 빠진 아이를 급히 구조하다

【溺死】nìsǐ 動 익사하다. ¶～了一个女婴 | 한 여자아이가 빠져 죽었다 =〔淹yān死〕

【腻(膩)】nì 기름 이 ❶ 形 (음식물이) 기름지다. ¶这猪肉太油～了 | 이 돼지고기는 너무 기름지다. ❷ 形 물리다. 싫증나다. 진저리나다. 어법 주로 단음절 동사의 보어로 쓰임. ¶玩～了 | 너무 놀아서〔노는데〕싫증나다. ¶吃～了 | (너무 먹어) 물렸다. ❸ 形 달라붙다. 끈적끈적하다. 진득진득하다. 喻 귀찮게 달라붙다. ¶出了汗身上很～ | 땀이 나서 몸이 끈적끈적하다. ¶这油搌布zhǎnbù怎么这样～? | 이 기름걸레는 어찌 이리도 끈적거리지? ¶小孩子～人 | 아이가 귀찮게 달라붙다. ❹ 動 너무 기름져서 물리게 하다. 어법 대개「人」이 목적어로 옴. ¶肉肥得～人 | 고기가 너무 기름져 물리게 한다. ❺ 때. ¶尘chén～ | 먼지나 때. ❻ 섬세하다. 세밀하다. ¶细～ | 세밀하다.

【腻爱】nì'ài ⇒〔溺nì爱〕

【腻虫】nì·chóng 名 俗〈蟲〉진드기 =〔蚜yá虫〕

【腻得慌】nì·de·huang 動組 매우 싫증나다. 심중이 괴롭다. ¶这种生活真叫人～ | 이런 생활은 정말 싫증나게 만드는군.

【腻烦】nì·fan 動 ㊀ ❶ 싫증나다. 물리다. 질리다. 진저리 나다. ¶老吃这一种菜你不觉得～吗? | 늘 이 한 가지 음식만 먹고도 싫증나지 않는가? →〔厌yàn烦〕 ❷ 혐오하다. 미워하다. ¶我最～说谎huǎng的人 | 나는 거짓말하는 사람을 가장 싫어한다.

【腻腻烦烦】nìnìfánfán 狀 몹시 싫어하다.

【腻人】nì/rén 動組 ❶ (기름끼가 많아) 먹기 어렵게 하다. 먹기 싫다. ¶吃这么肥的肉真～ | 이렇게 기름진 고기는 정말 먹기 싫다. ❷ (말이 너무 없거나, 너무 많아) 사람을 피곤하게 하다. 진절머리나게 하다. ¶他老重复那几句话, 真～ | 그는 그 말을 자꾸만 반복해, 정말 성가시다. ❸ 애먹이다. 보채다. ¶这孩子有点发烧, 老～ | 이 애는 열만 좀 나면, 늘 보챈다.

【腻透了】nìtòu·le 狀 매우 질려 버렸다. 아주 싫어졌다. ¶这种日子我早～ | 이런 나날은 나는 일찌기 질렸다.

【腻子】nì·zi 名 (귀찮도록) 끈질긴 사람.

niān ㄋㄧㄢ

【拈】niān niǎn 집을 점, 집을 념, 꼴 념

Ⓐ niān 動 (손가락으로) 집다. 따다. 쓰다듬다. ¶～着瓦碴chá画下去 | 기와조각으로 그려나가다. ¶～花 | 꽃을 따다. ¶～须xū↓ ¶～出一块糖 | 사탕을 하나 집어내다 →〔捏niē①〕

Ⓑ niǎn「捻」과 같음 ⇒〔捻niǎn①〕

【拈花惹草】niān huā rě cǎo 國 꽃을 꺾고 풀을 건드리다. 여자를 농락하다. 여색을 찾아 다니다. 화류계에서 놀다. ¶他生性轻薄, 最喜～ | 그는 타고난 성질이 경박하고 여색을 아주 밝힌다 =〔惹草拈花〕〔惹草招风〕〔折zhé花攀柳〕→〔寻xún花问柳〕

【拈花微笑】niān huā wēi xiào 國 염화 미소. 이심전심(以心傳心).

【拈阄(儿)】niān/jiū(r) 動 제비(를) 뽑다. 추첨하다 =〔抽签chōuqiān(儿)②〕

【拈弄】niānnòng 動 가지고 놀다. 완롱(玩弄)하다. ¶她手中～着花枝 | 그녀는 손에 꽃 가지를 가지고 놀고 있다.

【拈轻怕重】niān qīng pà zhòng 國 쉬운 일만 골라 하고 힘든 일은 회피하다. 어려움〔곤란〕을 두려워하다.

【拈香】niānxiāng 動 ❶ 분향하다. ¶到庙miào里～ | 절에 가서 분향하다. ❷ 轉 (절·묘당 따위에) 참배하다.

【拈须】niānxū 動 수염을 만지다〔꼬다〕. ¶老头儿～赞zàn个不停 | 영감은 수염을 매만지며 찬탄을 금치 못한다.

【拈一把汗】niān yībǎ hàn 動組 손에 땀을 쥐다. 마음을 졸이다 =〔捏niē一把汗〕

【粘】niān ☞ 粘 zhān

【黏】niān ☞ 黏 zhān

【蔫】niān 시들 언 ❶ 動 ㊀ (식물·과일이) 시들다. 마르다. 어법 일반적으로 문말에 조사「了」가 옴. ¶菜～了 | 야채가 시들다. ¶花～了 | 꽃이 시들다. ¶稻秧dàoyāng都～了 | 볏모가 모두 시들었다. ¶葡萄放了几天, ～了 | 포도를 며칠 두었더니 시들어버렸다 →〔萎wěi〕 ❷ 形 (사람이) 기운이 없다. 풀죽다. 의기소침하다. ¶他这几天很～ | 그는 요며칠 기운이 없다. ¶听到落榜luòbǎng的消息, 他就～了 | 낙방의 소식을 듣고, 그는 풀이 죽었다.

【蔫巴巴】niānbābā 狀 시들하다. 기운이 없다. ¶几天没下雨, 禾苗hémiáo～的, 没有生气shēngqì | 여러날 비가 오지 않아, 싹이 시들어 생기가 없다.

【蔫巴劲儿】niānbājìnr ❶ 狀 맥없다. 힘없다. 활력이 없다. 굼뜨다. ¶他说话做事都～的 | 그는 말할 때나 일할 때나 늘 굼뜨고 활력이 없다. ❷ 副 方 말없이. 소리없이. 살금살금. ¶谁也没听见, 他～地就进来了 | 아무도 듣지 못하게 그는 살금 살금 들어왔다 =〔蔫不溜(的)〕〔蔫不悄儿(的)〕〔蔫不声〕

【蔫巴】niān·ba ❶ 動 시들다. 쭈그러들다. ¶庄稼zhuāngjià给霜shuāng打～了 | 농작물이 서리를 맞아 시들어 버렸다. ❷ 形 시들시들〔쭈글쭈글〕하다.

【蔫不出溜儿】niān·buchūliūr ⇒〔蔫出溜儿〕

【蔫不悄儿】niān·buqiǎor ⇒〔蔫巴劲儿②〕

【蔫不声】niān·bushēng⇒〔蔫巴劲儿②〕
【蔫出溜儿】niānchūliūr 副 살짝〔말없이〕 빠져 나가다. ¶他怎么～地走了呢｜그는 어째서 살짝 빠져 나간 것일까. ¶两个人～地走了｜둘은 살짝 달아나 버렸다＝〔蔫不出溜儿〕〔蔫蔫(儿)(的)①〕→〔悄不声儿〕
【蔫蔫(儿)】niānniān(r) ❶⇒〔蔫出溜儿〕 ❷ 副 말이 없다. 의기소침하다. 조용하다. ¶他什么话都没说，～地就走了｜그는 아무말도 하지 않고 조용히 가버렸다. ¶他感到没脸见人，成天～儿的｜그는 사람을 대할 면목이 없어 하루종일 의기소침해 있다.
【蔫儿】niānr 形 기력이 없다. 나른하다. ¶昨天一宿没睡觉shuìjiào, 今天就～啦!｜어젯밤에 한잠도 못 잤기 때문에 오늘은 몸이 아주 나른하다!
【蔫人】niān·ren 名 무기력한 사람. 느려빠진 사람. 내향적인 사람. 대범하지 못한 사람. ¶他爹是个出名的～｜그 애 아버지는 느려빠진 사람으로 유명하다. ¶～出豹bào子｜느려빠진 사람 중에도 견실한 사람은 있다.
【蔫头蔫脑】niāntóu niānnǎo 貶 ❶몹시 의기소침하다. 소금물에 절인 배추꼴이다. ¶他总是～的｜그는 늘 의기소침해 있다. ❷굼뜨고 꾸물거리다.

nián ㄋㄧㄢˊ

1【年〈秊〉】nián 해 년
❶ 名 해. 년. ¶一～有十二个月｜일년은 열두 달이다. ¶工作已满三～｜일한 지 삼년이 다 되었다. 어법「年」은 준양사(準量詞)이므로 앞에 양사(量詞)를 쓰지 않고 직접 수사(數詞)를 씀. ❷ 名 정월. 새해. 설. ¶过～｜설을 쇠다. ❸ 시대. 시기. ¶光绪～间｜광서 년간. ¶近～｜근년. ❹ 名 연령. 나이. ¶～老｜연로하다. ¶～已六旬xún｜나이가 이미 예순이 되었다. ❺ 생애중 어떤 연령의 기간. ¶青～｜청년. ¶老～｜노년. ❻ (1년 농사의) 수확. 결실. ¶丰fēng～｜풍년. ¶歉qiàn～｜흉년. ❼ (Nián) 名 성(姓).
【年辈】niánbèi 名 연령과 세대.
【年表】niánbiǎo 名 연표. ¶大事～｜대사건 연표.
【年菜】niáncài 名 설음식.
【年辰】nián·chen 名 해. 세월. ¶这是好些～以前的事了｜이것은 오래 전의 일이다.
【年成】nián·cheng 名 수확. 작황. ¶今年～不坏｜올해 작황이 그런대로 괜찮은 편이다＝〔年头(儿)④〕
【年齿】niánchǐ 書 名 나이. 연령.
【年初】niánchū 名 연초. ¶去年～｜지난해 초.
2【年代】niándài 名 ❶ 연대. 시기. 시대. ¶现在是信息的～｜지금은 정보 시대이다. ❷ 한 세기 중의 10년. ¶90～｜90년대. ¶二十世纪九十～｜20세기 90년대.
【年底】niándǐ 名 세밑. 세모. 연말. ¶到～才能发奖jiǎng金｜연말이 되어야 보너스가 나온다.〔根儿底下〕〔書 年尾〕〔書 岁杪suìmiǎo〕
【年弟】niándì 名 謙 동년배 사이에서 자기를 겸손하게 일컫는 말→〔同年〕
4【年度】niándù 名 연도. ¶会计～｜회계 연도.
【年度计划】niándù jìhuà 名組 연간 계획. 당면한 계획.
【年饭】niánfàn 名 섣달 그믐날 밤, 일가족이 단란하게 모여서 먹는 음식.
【年份】niánfèn 名 ❶ 해. 연도. ¶1990～里｜1990년도 안에. ¶兄弟俩在同一～参加工作｜형제 둘은 같은 해에 작업에 참가했다. ❷ (경과한) 햇수. 연한. ¶这件衣服的～可长啦｜이 옷은 햇수로 꽤 오래되었다. ❸ 연령. ❹ 수확. 작황. ❺ 정월 보너스〔상여금〕‖＝〔年分fèn〕
【年富力强】nián fù lì qiáng 威 젊고 혈기 왕성(旺盛)하다. 젊고 능력있다. ¶提拔tíbá～的人当干部｜젊고 능력있는 사람을 뽑아 간부로 삼다＝〔年轻力壮〕〔年少力强〕
【年高】niángāo 形 나이가 많다. 고령이다. ¶～望重｜노인은 명망이 크다. ¶有志不在～｜기개는 나이가 많음에 있지 아니하다.
【年高德劭】nián gāo dé shào 威 연세가 많고 덕망(德望)이 높다. ¶金教授～｜김교수는 연세도 높고 덕망도 있다＝〔年高有德〕
【年糕】niángāo 名〈食〉(중국식) 설 떡.
【年庚】niángēng 名 ❶ 사주(四柱). ❷ 나이. ¶今年贵～?｜올해 연세가 얼마나 되십니까?
【年关】niánguān 名 세밑. 세모. 연말. ¶～将近, 债主zhàizhǔ登门｜세밑이 가까와지니, 빚쟁이가 찾아온다.
【年光】niánguāng 書 名 ❶ 광음. 세월. 연령. ¶大好～蹉跎cuōtuó过｜천금같은 세월을 헛되이 보내다＝〔年华〕 ❷ (농작물의) 수확. 작황＝〔年成〕〔年景(儿)①〕
【年号】niánhào 名 연호.
【年华】niánhuá⇒〔年光①〕
【年画】niánhuà 名 세화. 설날 실내에 붙이는 그림＝〔彩画②〕→〔春联(儿)〕
【年会】niánhuì 名 연차 총회. 연례 회의. ¶文学理论～在釜山举行｜문학이론 연례회의가 부산에서 개최된다.
【年货】niánhuò 名 설에 쓰이는 (음식·기구·장식품 따위의) 일체의 물건. ¶快过年了, 家家都忙着办～了｜새해가 다가오자 집집마다 설맞이 준비가 한창이다〕
1【年级】niánjí 名 학년. ¶你是几～?｜너는 몇 학년이냐? ¶他是初中一～｜그는 중학교 일학년이다.
1【年纪】niánjì 名 연령. 나이. 어법「年纪」는 주로 사람에게만 쓰며,「年龄」과는 달리「老」·「轻」등과 어울려 쓰이고「上」의 목적어 쓰여져「나이가 들다·나이를 먹다」로 사용될 수 있음. ¶他～多大呀?｜그는 나이가 얼마나 되나?→〔岁数(儿)〕
【年假】niánjià 名 ❶ 설 명절 휴가. ¶～准备到国外玩｜설 휴가에는 외국에 나가 놀 예정이다＝〔年节假期〕 ❷ 겨울 방학＝〔寒hán假〕
【年间】niánjiān 名 연간. 시기. ¶明朝洪武～｜명대(明代) 홍무 연간.
【年检】niánjiǎn 名 연 1회의 (자동차) 정기 검사.
【年鉴】niánjiàn 名 연감. ¶教育～｜교육연감.

【年节】niánjié 名 ❶ 설 전후의 연말 연시의 시기. ¶每逢～才放假 | 매년 연말연시가 되어야 휴가를 난다. ❷ 설 명절. ❸ 일년 동안의 경축일

【年景(儿)】niánjǐng(r) 名 ❶ 작황. 수확. ¶今年～较好 | 금년 작황은 비교적 좋은 편이다 =〔年成〕❷ 설(맞이) 분위기. 연말 연시의 풍경. ¶家乡的～真热闹 | 고향의 설 풍경은 정말 떠들썩하다. ❸ 일년 경기. 연중 경기. ¶这～谁肯帮谁的忙呢 | 이런 경기에 누가 누구를 도울우 하겠는가.

【年酒】niánjiǔ 名 세주(歲酒). 신년 축하주. ¶摆bǎi～ | 신년 축하주를 내다.

【年考】niánkǎo 名 학년말 시험.

【年来】niánlái 名 ❶ 연래. 일년 이래. ❷ 근년 이래.

【年利】niánlì 名〈經〉연리 =〔年息〕→〔利率〕

【年历】niánlì 名 ❶ (한 장으로 된) 일년 달력. ❷ 轉 달력 →〔日历〕〔月历〕

2【年龄】niánlíng 名 (사람이나 식물 등의) 연령. 나이. ¶他到了参军的～ | 그는 군에 갈 연령이 되었다. ¶他～大 | 그는 나이가 많다.

【年轮】niánlún 名 나이테. 연륜.

【年迈】niánmài 形 연로하다. 나이가 많다. ¶～力衰shuāi | 연로하여 정력(精力)이 쇠퇴하다.

【年貌】niánmào 名 ❶ 연모. 연령과 용모. 나이와 모습. ¶这个人的～和服装，我记得很清楚 | 이 사람의 나이와 용모 그리고 복장을 나는 뚜렷하게 기억한다. ❷ 나이에 어울리는 모습.

【年年(儿)】niánnián(r) 名 매년. ¶～是这样的 | 해마다 이러하다.

【年谱】niánpǔ 名 연보.

2【年青】niánqīng 形 젊다. 어법 「年青」은 이십대 안쪽의 한창인 때를 가르키며 「활기」의 의미로 쓰일 수 있으나, 「年轻」은 나이의 제한을 받지 않고 「활기」라는 뜻으로 사용되지 않음. ¶古老的城市变得～了 | 오래된 도시가 활기가 살아났다 ⇒〔年轻〕

1【年轻】niánqīng 形 ❶ 젊다(주로 10대 20대를 가리킴). ¶这位小姐～得很 | 이 아가씨는 아주 젊다. ¶～的人 | 젊은 사람. ¶～的一代 | 젊은 세대. ❷ 늙어보이지 않다. ¶尽管他已是五十出头的人了，可是看上还很～ | 그는 이미 50이 막 넘은 사람이지만 보기에는 아직 젊다. ¶他今年才50岁，比我们还～ | 그는 올해 50살 밖에 되지 않았으니 우리에 비해 아직 젊다. ❸ 사물이 만들어진 지 얼마안되다. ¶这是一门～的学科 | 이것은 생긴 지 얼마되지 않은 학문 분야이다 =〔年青〕

【年深日久】nián shēn rì jiǔ 成 오랜 세월이 흐르다. 오랜 시일이 지나다. ¶这已经是～的事情了 | 이것은 벌써 오래전의 일이다 =〔年陈日久〕〔年多日久〕〔年久月深〕〔年深岁久〕

【年深岁久】nián shēn suì jiǔ ⇒〔年深日久〕

【年事】niánshì 書 名 ❶ 연령. 나이. ¶～已高 | 나이가 이미 많다 =〔年纪〕❷ 연령과 이력. ¶～最长 | 연령이나 이력이 제일 많다. 제일 고참이다.

【年岁】niánsuì 名 ❶ 연령. ¶他已上了～ | 그는 이미 나이를 먹었다 =〔年纪〕❷ 연대. 시대. ¶因为～久远，人们都忘记了这件事情 | 오랜 세월이 지났기 때문에, 사람들은 모두 이 일을 잊어버렸다 =〔年代①〕

4【年头(儿)】niántóu(r) 名 ❶ 해. 년. 햇수. ¶我进厂已经三个～了 | 나는 공장에 들어온 지 벌써 3년이 되었다 =〔年份②〕❷ 여러 해. 오랜 기간. 어법 주로 「有」의 목적어로 쓰임. ¶编写这本书，有～了 | 이 책을 편찬한 지 여러 해가 되었다 =〔年时shí①〕❸ 시대. 세월. 세상. ¶这～呀，没知识可不行 | 요즘 세상에는 지식이 없어서는 진짜 통하지 않는다. ❹ 수확. 작황. ¶今年～真好 | 금년 작황이 아주 좋다 =〔年成〕❺ 연초.

【年息】niánxī ⇒〔年利〕

【年下】niánxià 名 口 (음력) 연초. 새해 [흔히 음력 설에서 대보름 사이의 기간을 말함] ¶大～的，别做活了 | 설명절 기간인데 일 따위는 집어치워라. ¶～一定来玩儿 | 연초에는 꼭 놀러 와라.

【年夜】niányè 名 (음력) 섣달 그믐날 밤. 제야. ¶～饭 | 제야에 먹는 음식 =〔年宵xiāo〕〔除夕〕

【年幼】niányòu 形 연소(年少)하다. 어리다. ¶她的孩子们还～ | 그녀의 자식들은 아직 어리다. ¶你还～，哪能懂这个? | 너는 아직 어리니 어찌 이것을 이해하겠느냐?

【年月】nián·yue 名 ❶ 口 시대. ¶～不同 | 시대가 다르다. ❷ 세월. 세상. ¶许多～ | 오랜 세월.

【年长】niánzhǎng ❶ 名 形 연장자(이다). 손위(이다). ¶～的人 | 연장자. ¶这位客人比他～些 | 이 손님은 그보다 연장자이다. ❷ 動 나이를 먹다.

【年终】niánzhōng 名 연말. 세모. ¶～一次算总账 | 연말에 한번 총결산을 하다.

【年资】niánzī 名 ❶ 연령과 경력. 연령 자격. ❷ 근속 연수. ¶他是～较高的医生 | 그는 비교적 경력이 높은〔많은〕의사이다.

【年尊】niánzūn 形 연로(年老)하다. 나이가 많다. ¶～辈长 | 나이가 많고 연배가 높다.

【粘】 nián ☞ 粘 zhān B

【鲇(鮎)】 nián 메기 점

⇒〔鲇鱼〕=〔鲶〕

【鲇巴郎】niánbāláng ⇒〔鲇鱼〕

【鲇鱼】niányú 名〈魚貝〉메기 [큰 것은 「怀huái子」라고 부름] =〔鲇巴郎〕〔胡hú子鱼〕

【黏】 nián ☞ 黏 zhān B

【鲶(鯰)】 nián 메기 념

「鲇」과 같음 ⇒〔鲇nián〕

niǎn ㄋㄧㄢˇ

【拈】 niǎn ☞ 拈 niān B

4【捻】 niǎn 비틀 념, 꼴 념

❶ 動 (손가락으로) 비비다. 비틀다. (새끼 따위를) 꼬다. ¶把绳shéng子～紧一点 | 끈을 좀더 매 꼬아라. ¶～胡hú子 | 수염을 비비다 =〔拈niǎn〕〔撚niǎn〕❷ (～儿, ～子) 名 (종이·천 따위를) 꼬아 만든 것. ¶纸～儿 | 종이 노끈. ❸ 動 近 쫓아내다. ¶～他出门 | 그를 문밖으로 쫓아내다 =〔撵①〕❹ 「罱」와 통용 ⇒〔罱lǎn〕

【捻度】niǎndù 名〈紡〉실을 꼰 횟수를 나타내는

단위.

【捻军】Niǎnjūn 名〈史〉염군 [청대 가경년간(嘉慶年間, 1852～1868)에 일어났던 농민 폭동군] ¶～一直打到河南 | 염군이 곧장 하남까지 쳐내려왔다 =〔捻匪〕〔捻子③〕

【捻捻转儿】niǎn·nianzhuànr 名❶손팽이. ❷옛날, 쌍륙(雙六)을 할 때, 주사위 대신에 쓰이는 네모의 말. ¶捻～ | 쌍륙을 놀다 ‖ =〔拈拈卷儿〕〔年年转儿〕→〔陀螺tuóluó(儿)〕

【捻子】niǎn·zi ❶名지승(紙繩). ❷名지승처럼 생긴 것. ¶药～ | (상처난 데 넣는) 약심지. (화약·폭죽의) 도화선 =〔捻儿〕❸⇒〔捻军〕

【辇(輦)】niǎn 손수레 련 書❶名고대의 손수레. ❷名황제가 타는 수레 =〔凤车〕〔凤辇〕❸動(수레를) 끌다. 수레에 태우다. 싣다.

【辇毂下】niǎngǔxià ⇒〔辇下〕

【辇下】niǎnxià 書名수도. 황성(皇城) =〔辇毂下〕

4【撵(攆)】niǎn 쫓을 련 動❶쫓아내다. 쫓아버리다. ¶把他们～出去 | 그들을 쫓아내다 =〔捻③〕❷方따라잡다. 뒤쫓아가다. ¶我怎么也～不上他 | 나는 어떻게 하더라도 그를 따라 잡을 수 없다. ¶赶快去～他 | 서둘러 그를 뒤쫓아가라.

【撵跑】niǎnpǎo ⇒〔撵走〕

【撵逐】niǎnzhú ⇒〔撵走〕

【撵走】niǎnzǒu 動쫓아내다. ¶被房主～ | 집주인에게 쫓겨나다. ¶没事情, 净jìng看热闹的都给～! | 일 없이 그저 구경만 하는 자는 모두 쫓아내라! ¶走进一个小偷儿来, 被我～了 | 좀도둑이 하나 걸어 들어왔는데 나한테 쫓겨났다 =〔撵跑〕〔撵逐〕

【辗】niǎn ☞ 辗 zhǎn ⓑ

【碾】niǎn 매 년, 빻을 년 ❶名롤러(roller). ¶汽～(子) | (도로 포장용 등의) 증기 롤러. ❷名돌절구. 연자매. ❸動(연자매·절구 따위로) 빻다. 찧다. 가루를 내다. ¶～米↓ ¶～谷子 | 곡식을 빻다. ❹動(롤러로) 지면을 평평하게 하다. ¶把地～平 | 지면을 평평하게 하다 ‖ =〔辗niǎn〕

【碾坊】niǎnfáng 名연자(맷)간. (연자)방앗간. 정미소. ¶我家以前开～ | 전에 우리 집에서 방앗간을 했다 =〔碾房〕

【碾磙子】niǎngǔn·zi 名연자돌. 연자방아돌 [연자방아에 있어서 곡식을 찧는 부분인 원기둥꼴의 돌] =〔碾砣tuó〕→〔碾子①〕

【碾机】niǎnjī 名정미기. 제분기.

【碾米】niǎn/mǐ 動쌀을 찧다. 정미하다. ¶～机 =〔擦cā米机〕|〈機〉정미기 →〔碾坊〕

【碾米厂】niǎnmǐchǎng 名정미소.

【碾盘】niǎnpán 名연자방아의 받침돌 =〔碾底〕→〔碾子①〕

【碾平】niǎnpíng 動롤러로 평평하게 하다. ¶汽碾子把石子路都～了 | 증기 롤러로 자갈 길을 모두 평평하게 하였다.

【碾碎】niǎnsuì 動(절구에 넣어) 빻아서 부수다. 롤러로 갈아 부수다. ¶把石子～ | 돌을 빻아서 부수다.

【碾砣】niǎntuó ⇒〔碾磙子〕

【碾子】niǎn·zi 名❶연자매. 연자방아 [「碾盘」과 「碾磙子」로 이루어져 있음] ❷롤러(roller). 물건을 빻거나 지면을 평평하게 하는 기구의 총칭.

niàn ㄋㄧㄢˋ

【廿〈卄〉】niàn 이십 념/입 數「二十」(20) [「三十」(30)을 「卅sà」, 「四十」(40)을 「卌xì」라고 함] ¶～日 | 20일 =〔念niàn⑤〕

1【念〈唸3, 4〉】niàn 생각 념 ❶動생각하다. 그리워하다. 마음에 두다. 어법「着」나「过」·「起」와 함께 쓰임. ¶母亲常～着远方的儿子 | 어머니는 늘 멀리 있는 자식을 그리워한다. ¶经常～起故乡的好友 | 늘 고향의 친구를 생각한다. ❷생각. 염두. ¶杂～ | 잡념. ❸動(소리내어) 읽다. ¶～课文 | 본문을 읽다. ¶请跟着我～ | 나를 따라서 읽으세요. ❹動공부하다. ¶～过大学 | 대학에서 수학했다. ¶我～理科 | 나는 이과를 공부하고 있다. ❺數「二十」(20). 스물 [발음이「廿niàn」과 같으므로 이렇게 쓰기도 함] ¶本月～六日 | 이달 26일 =〔廿niàn〕❻(Niàn) 名성(姓).

【念白】niànbái ❶名〈演映〉대사. ❷(niàn/bái) 動대사를 말하다 ‖ =〔道白〕〔说白〕❸動글자를 잘못 읽다. ¶他～了几个字了 | 그는 몇 글자를 잘못 읽었다.

【念道】niàn·dao 動(소리내어) 읽다. ¶把刚听来的词儿重复地学着～ | 조금 전에 들은 말을 거듭 흉내내어 읽다.

【念法】niànfǎ 名독법. 읽는 법. ¶这个字怎么个～? | 이 글자는 어떻게 읽는가?

【念佛】niàn/fó ❶動〈佛〉염불하다. ¶吃斋zhāi～ | 정진 결재하여 염불하다. ¶祖母正在喃nán喃地～ | 할머니께서는 지금 웅얼웅얼하며 염불하고 계신다. ❷動〈佛〉독경하다. ❸嘆고마와라! 부처님이시여! [아주 고마울 때 하는 말]

【念记】niànjì 動늘 걱정하다. 염려하다. ¶她～着出远门儿的孩子, 心中很不安 | 그녀는 멀리 떠난 아들이 항상 염려되어, 마음이 불안하다 =〔惦diàn记〕

【念经】niàn/jīng 動❶〈佛〉독경하다 ¶天天～, 朝朝吃素 | 매일 독경하고, 채식하다. ¶好像和尚在～的一样 | 마치 중이 독경하는 것과 같다 ❷농담이나 풍자적인 말을 되풀이하여 말하다.

【念旧】niànjiù ❶動옛정을 잊지 않다. 옛친구를 생각하다. 어법 목적어를 갖지 않음. ¶老王能～, 对过去的同学总是那么热情 | 그는 옛정을 잘 간직하고 있으니 과거의 학우들에게 항상 그렇게 다정하지. ¶您难道不～了吗? | 당신은 설마 옛정을 잊은 것은 아니겠지요? ❷副옛정을 생각하여 ‖ =〔感旧〕

【念念不忘】niàn niàn bù wàng 成늘〔자나깨나〕생각하며 잊지 않다. 마음에 새겨 잊지 않다. ¶他～过去的好日子 | 그는 예전의 좋았던 나날들

을 잊지 못한다.

【念念有词】niàn niàn yǒu cí 成 ❶ 신불(神佛) 앞에서 작은소리로 주문을 외거나 기도를 하다. ❷ 중얼〔웅얼〕거리다. ¶他一边儿干活儿, 一边儿～ | 그는일을 하면서 중얼거린다.

3【念书】niàn/shū 動 ❶ (소리내어) 책을 읽다. 독서하다. ¶她大声地～ | 그녀는 큰 소리로 책을 읽는다. ❷ 공부〔면학〕하다. ¶我们都在学校～ | 우리는 모두 학교에서 공부하고 있다.

4【念头】niànt ou 名 생각. 마음. 의사 [「主意」(의견)와 달리, 별로 정리되지 않은 막연한 생각을 말함] ¶起坏的～ | 나쁜 생각이 일어나다. ¶心中只有一个～ | 마음 속에 오로지 한 생각 뿐이다. ¶转～ | 생각을 바꾸다 =〔动念②〕

【念物】niànwù 名 기념품. 기념으로 남길 만한 물건. ¶这几本画, 都送给你做～吧 | 이 책들을 모두 기념으로 너에게 주겠다.

【念心儿】niàn·xinr 名 方 ❶ 기념품. ¶这个给你作个～ | 이것은 기념품으로 너에게 주는 것이다. ❷ (죽은 자의) 기념품. 유품. 유물. ¶我这病怕不能好了, 你拿着这个作个～吧 | 나의 이 병은 아마도 나을 수 없을테니까, 너는 이것을 기념물로 가져라 ‖ =〔念相儿〕〔念想儿〕〔念信儿〕

【念信儿】niàn·xinr ⇒〔念心儿〕

【念珠(儿)】niànzhū (r) 名 염주. ¶手捻着～ | 손으로 염주를 돌리다 =〔百八牟尼〕〔百八丸〕〔数珠(儿)〕〔诵珠儿〕

【埝】niàn 제방 념
名 (흙으로 쌓은) 작은 둑〔제방〕. ¶打～ | 둑을 쌓다. ¶堤～ | 제방.

niáng ㄋㄧㄤˊ

1【娘〈孃〉】niáng 계집 낭/랑
❶ 名 方 어머니. ¶爹～ | 부모→〔妈〕〔母〕 ❷ 처녀. 젊은 여자. ¶渔～ | 고기잡이 처녀. ¶姑～ | 처녀. ¶新～ | 신부. ❸ 한 세대 위이거나 나이 많은 부인. ¶大～ | 큰어머니. 어머니 [어머니 연배를 부르는 말] ¶老大～ | 할머니. ❹ ⇒〔娘娘〕

【娘家】niángjiā 名 친정. ¶回～ | 친정에 가다.

【娘舅】niángjiù 名 方 외삼촌 =〔母mǔ舅〕

【娘们儿】niáng·menr 名 北 여자. 부인. 여편네 ¶这几个臭～ | 이 구역질나는 여편네들→〔娘儿们〕

【娘娘】niáng·niang 名 ❶ (자식을 점지해 주는) 여신의 이름. 삼신 할머니. ¶子孙～ | 자식을 점지해 주는 여신. ¶痘疹dòuzhěn～ =〔班疹娘娘〕| 손님〔천연두〕 막이 여신. ❷ 方 고모 =〔姑母〕 ❸ 俗 황후. 귀비. ¶老～ =〔太后娘娘〕| 황태후. ¶正宫～ | 황후. ❹ 方 선녀. ¶王母～ | 서왕모. ❺ 方 어머니.

【娘娘腔】niáng·niangqiāng 名 암사내. 언행이 여자 같음. 여성다운 것 ¶我最看不惯他的～ | 나는 그의 여자같은 언행이 가장 보기 싫다→〔婆婆妈妈(儿)④〕

【娘儿】niángr 名 口 어머니와 아들·어머니와 딸 등 손위의 여자와 손아래 남녀의 합칭 [사람 수에 따라「娘儿俩liǎ」「娘儿仨sā」따위로 말함] ¶～三个合计了半天, 才想出一个好主意来 | 세 모자가 함께 한참 동안 궁리한 끝에,비로소 좋은 생각을 해냈다 =〔口 娘儿们①〕

【娘儿俩】niángrliǎ 名 ❶ 두 모자〔모녀〕. ¶～都去仁川了 | 두 모자 모두 인천으로 갔다. ❷ 한 사람의 손위 여자와 한 사람의 손아래 남자 또는 여자의 합칭 [친밀한 어기를 내포함]

【娘儿们】niángr·men ❶ ⇒〔娘儿〕 ❷ 名 貶 方 계집 [경멸의 뜻을 가지고 있으며 단수로도 쓰임] ¶你这～再多嘴zuǐ, 我可揍扁zòubiǎn了 | 너 이 계집애 한번 더 주둥이를 놀리면 후려갈겨 버리겠다. ❸ 名 方 마누라. 처.

【娘胎】niángt āi 名 모태. ¶不是一出了～就瞎的 | 태어나면서부터 장님은 아니였다.

【娘子】niáng·zǐ 名 ❶ 方 아내. ❷ 近 처녀 또는 중년 부인의 존칭. ¶小～长得有几分姿色 | 아가씨가 용모가 꽤 괜찮다.

【娘子军】niáng·zǐjūn 名 ❶〈史〉당대(唐代) 고조(高祖)의 딸인 평양(平陽) 공주가 이끌고 고조의 천하 평정을 도운 군대. ❷ 여자 군대. ❸ 轉 부녀자의 무리 또는 단체.

4【酿】niáng ☞ 酿 niàng B

niàng ㄋㄧㄤˋ

4【酿(釀)】niàng niáng 빚을 양
A niàng ❶ 動 (술·간장 따위를) 양조하다. ¶～酒 | 술을 빚다. ❷ 動 (꿀벌이) 꿀을 만들다. ¶蜜蜂mìfēng会～蜜 | 꿀벌은 꿀을 만들 수 있다. ❸ 動 점차 조성〔형성〕하다. 빚어내다. ¶小错不改, 就会～成大错 | 작은 잘못을 고치지 않으면 큰 잘못으로 키우게 된다. ❹ 名 술. ¶佳～ | 좋은 술.

B niáng ⇒〔酒jiǔ酿〕

【酿成】niàngchéng 動組 점차 형성하다. 점차 조성되다. 빚어 내다. ¶～事端 | 사단을 빚어내다. ¶～坏习惯 | 점차 나쁜 습관을 형성하다.

【酿母(菌)】niàngmǔ (jūn) 名〈植〉효모균 =〔酵母菌〕

niǎo ㄋㄧㄠˇ

2【鸟(鳥)】niǎo diǎo 새 조
A niǎo (～儿) 名〈鳥〉새. ¶一只～ | 새 한 마리.
B diǎo 名 ❶ 남자 생식기. 음경(陰莖) 〔俗 鸡巴〕 ❷ 罵 좆 [산동(山東) 방언이나 옛 소설에서 많이 쓰임] ¶撮cuō～ =〔鸟汉〕| 좆같은 놈. ¶我们听听他～话 | 우리 그의 좆같은 말을 들어보자.

A niǎo

【鸟铳】niǎochòng 名 조총. 새총. ¶他用双筒～打鸟 | 그는 쌍발 엽총으로 새를 잡는다 =〔鸟枪〕

【鸟蛋】niǎodàn 名 새알.

【鸟害】niǎohài 名 농작물〔농산품〕에 새가 입히는 피해. ¶防止～ | 조류 피해를 방지하다.

【鸟尽弓藏】niǎo jìn gōng cáng 成 새를 다 잡으면 활은 창고에 두어진다. 필요할 때는 소중히 쓰다가 소용없게 되면 없애 버리다. ¶你不能～, 过

河拆桥chāiqiáo | 너 새를 다 잡았다고 활을 없애지 말고, 강을 건넜다고 다리를 철거해서는 안된다 =〔飞fēi鸟尽良弓藏〕

【鸟瞰】niǎokàn 動 ❶ 조감하다. 굽어보다. 높은 곳에서 내려다 보다. ¶～图 | 조감도. ¶在山上～, 长江就像白色的带子 | 산 위에 올라 두루 굽어보니 장강이 마치 흰색의 띠같다. ❷ 개관(概觀)하다. ¶世界大势之～ | 세계 대세의 개관.

【鸟类】niǎolèi 名 조류. 새 강(綱). ¶～学 | 조류학.

【鸟枪】niǎoqiāng 名 ❶ 조총(鳥銃). 엽총. ❷ 공기총 =〔气qì枪〕

【鸟枪换炮】niǎo qiāng huàn pào 成 엽총을 대포로 바꾸다. 喻 정황이나 조건이 크게 호전되다. ¶南先生现在是～, 研究室中配pèi了两套最新电脑 | 남선생은 최근 상황이 아주 호전되었다. 연구실에 최신 컴퓨터 두 세트를 설치했다.

【鸟王】niǎowáng 名 봉황새.

【鸟窝】niǎowō 名 새둥지. 새의 보금자리. 새집. ¶掏tāo～ | 새둥지를 털다.

【鸟语】niǎoyǔ 名 ❶ 새소리. 새의 지저귐. ❷ 오랑캐의 말.

【鸟语花香】niǎo yǔ huā xiāng 成 만화방초 우거지고 뭇새들이 지저귀다. 아름다운 봄 경치를 형용. ¶桃红柳绿, ～ | 도화는 붉고, 버들은 푸르고, 새들이 지저귀고, 꽃은 향기롭다. 아름다운 봄 경치 =〔花香鸟语〕

【鸟嘴】niǎozuǐ 名 새의 부리.

Ⓑ diǎo

【鸟气】diǎoqì 名 罵 분노. 화. ¶俺不出这口～誓不甘心 | 나는 앙갚음을 하지 않고는 화를 삭이지 못하겠다.

N

【鸟儿锒铛】diǎorlángdāng 俗 무책임하다. 불성실하다. 건들건들하다 →〔吊diào儿郎当〕

【茑(蔦)】 niǎo 담쟁이 조

名〈植〉❶ 담쟁이 덩굴. ❷ 뽕나무겨우살이 [줄기와 잎은 약재로 쓰임] =〔桑sāng寄生〕

【茑萝】niǎoluó 名 ❶〈植〉담쟁이덩굴. ❷ 轉 친척 [서로 기대며 산다는 것에 비유되어 나온 말]

【袅(裊)〈嫋褭嬝〉】 niǎo 간드러질 뇨

形 가늘고 부드럽다. 하늘하늘하다. ¶～娜↓

【袅袅】niǎoniǎo 狀 ❶ 연기·냄새 따위가 모락모락 오르다. ¶炊烟chuīyān～ | 밥 짓는 연기가 모락모락 피어오르다. ❷ 가늘고 부드러운 것이 나부끼다. ¶垂杨chuíyáng～ | 수양버들이 나부끼다. ❸ 소리가 가늘고 길게 이어지다. ¶余音～ | 여음이 끊이지 않고 가늘게 이어지다.

【袅袅婷婷】niǎoniǎot íngt íng 書 狀 (여자의 걸음걸이가) 자늑자늑하다. 날씬하고 가볍다. ¶这姑娘长得～, 十分秀气 | 저 처녀는 모습이 아주 날씬하고 청초하다.

【袅娜】niǎonuó 書 狀 ❶ (나무나 풀이) 가늘고 부드럽다. ¶春风吹着～的柳丝 | 봄바람이 가느다란 버드나무 가지에 불고 있다. ❷ (여자의 몸매가) 날씬하고 아름답다 ‖ =〔袅婷〕

【袅绕】niǎorào 書 狀 (소리가) 길고 가늘다. ¶歌声～ | 노랫 소리가 가늘게 이어져 끊이지 않다. ¶琴声～ | 거문고 소리가 은은하다.

【袅婷】niǎot íng ⇒〔袅娜〕

【嬲】 niǎo 희롱할 뇨

書 動 ❶ 희롱하다.집적거리다. ❷ 억지로…하다. 못살게〔성가시게〕굴다. ¶～着斗蟋蟀xīshuài | 억지로 귀뚜라미를 싸우게 하다. 강제로 시키다.

【嬲恼】niǎonǎo 動 집적거리다. 성가시게 굴다. 괴롭히다.

【嬲谑】niǎoxuè 動 집적거리다. 희롱하다. 성가시게 하다.

niào ㄋㄧㄠˋ

4【尿】 niào suī 오줌 뇨

Ⓐ niào 名 動 소변(을 보다). 오줌(을 누다). ¶撒sā～ | 소변을 보다. ¶小孩儿的裤子～湿了 | 아이의 바지가 오줌을 싸서 젖었다 =〔溺niào〕

Ⓑ suī ❶ 名 소변. 오줌. ¶小孩儿又尿niào了一泡～ | 어린애가 또 오줌을 쌌다. ❷ 動 기가 죽다. 무서워하다. ¶鬼看见他就～了 | 귀신이라도 그를 본다면 무서워진다.

Ⓐ niào

【尿布】niàobù 名 기저귀. ¶拿～垫diàn起来 | 기저귀를 채우다 =〔方 尿片(子)〕

【尿床】niào/chuáng 動 (침대에) 오줌을 싸다. 야뇨(夜尿)하다. ¶他儿子有经常～的习惯 | 그의 아이는 늘 오줌싸는 버릇이 있다 =〔尿炕kàng〕

【尿道】niàodào 名〈生理〉요도. ¶～栓shuān | 요도좌약. ¶～炎yán | 요도염.

【尿垫子】niàodiàn·zi 名 ❶ 기저귀 커버. ❷ 어린애의 오줌을 받는 방석 모양의 깔개. ¶床上铺pū着～ | 침대 위에는 오줌 받는 깔개가 깔려 있다.

【尿毒症】niàodú zhèng 名〈醫〉요독증.

【尿肥】niàoféi 名 오줌 거름. 비료로 쓰는 요줌.

【尿缸】niàogāng 名 요강.

【尿壶】niàohú 名 요강. ¶我要拧nǐng下你的脑袋当～ | 너의 머리통을 비틀어 요강으로 삼겠다 =〔夜壶〕

【尿结】niàojié 名〈醫〉요결석. 요로 결석.

【尿盆(儿)】niàopén (r) 名 (여자용) 요강 =〔夜盆儿〕〔关防盆儿〕

【尿频】niàopín 名〈醫〉빈뇨증. 삭뇨증(數尿症).

【尿水】niàoshuǐ 名 오줌. 소변.

【尿素】niàosù 名〈化〉요소.

Ⓑ suī

【尿脬】suī·pāo 名〈生理〉방광 =〔膀pāng胱〕〔尿泡〕

【脲】 niào 요소 뇨

名〈化〉요소(尿素) =〔尿素〕

【脲醛塑料】niàoquán sùliào 名組〈化〉요소 합성수지(尿素合成樹脂).

【脲酯】ni à ozhǐ 名〈化〉우 레 탄 (urethan; 독) =〔外 乌拉坦〕

【溺】 niào ☞ 溺 nì Ⓑ

niē ㄋ丨ㄝ

3【捏】niē 집을 날, 꾸밀 날
動❶(손가락으로) 집다. ¶把米里虫chóng子～出来｜쌀 속의 벌레를 집어내다→〔拈niān〕❷(손으로) 빚다. ¶～饺子｜만두를 빚다. ❸쥐다. 잡다. ¶～着鼻子走过去｜코를 움켜쥐고 지나가다. ¶～紧拳quán头｜주먹을 꽉 쥐다. ¶～住她的胳膊gē·bo｜그녀의 팔을 꽉 잡다.❹누르다. 짚다. ¶～眼儿｜(피리 따위의) 구멍을 짚다. ❺날조하다. 조작하다. 꾸며내다. ¶～造↓ ¶～好活局子｜계책을 꾸미다.

【捏词】niēcí 動 날조하다. 무고하다. ¶他完全是～诬告wūgào｜그는 완전히 무고하였다. ¶他善于～煽动shāndòng别人闹事｜그는 잘 거짓을 날조하여 다른 사람이 난리를 피도록 선동한다.

【捏词告人】niēcí gàorén 動組 무고(誣告)하다.

【捏汗】niē/hàn 動 손에 땀을 쥐다. 조마조마하다. ¶看着却令人捏把汗｜보고 있자니 도리어 손에 땀을 쥐게 한다. ¶看热闹儿的人都捏了一把汗｜구경꾼들은 모두 손에 땀을 쥐었다. ¶捏着一把汗, 直害怕｜손에 땀을 쥐고서, 줄곧 두려워하다.

【捏合】niēhé 動❶긁어 모으다. 한데 모으다. ¶把这些零碎língsuì～到一块儿也不少呢｜이런 부스러기들을 한군데에 모으면 적지는 않겠군. ¶他俩的感情已经破裂, 硬要～到一起是不可能的｜그 둘의 감정이 이미 깨졌는데 억지로 한 데 붙이는 것은 불가능하다. ❷近 임시 변통하다. 날조(捏造)하다. ¶胡乱～了一个罪名, 将他捉拿zhuōná进去｜멋대로 죄명을 하나 날조하여 그를 잡아넣었다.

【捏肌】niējī ⇒〔捏积〕

【捏积】niējī ❶名〈漢醫〉손으로 누르거나 주물러서 체를 내리는 의술. ❷動 체를 내리게 하다. ¶她常给小孩～｜그녀는 늘 애한테 손으로 체를 내리게 한다＝〔捏肌〕

【捏两把汗】niē liǎng bǎ hàn ⇒〔捏一把汗〕

【捏一把汗】niē yī bǎ hàn 動組 (걱정이 되어) 손에 땀을 쥐다. ¶杂技演员表演走钢丝gāngsī, 观众都替他～｜곡예사가 줄타기 묘기를 하자, 온 관중들이 그 때문에 손에 땀을 쥐었다. ¶看着他往悬崖xuányá上爬, 大家都～｜그가 벼랑으로 오르는 것을 보며, 사람들은 모두 손에 땀을 쥐었다＝〔捏两把汗〕〔捏着把汗〕〔拈niān一把汗〕

4【捏造】niēzào 動 날조하다. ¶～谎言huǎngyán｜거짓말을 날조하다. ¶～事实｜사실을 날조하다. ¶这是他～出来的假话｜이것이 그가 날조한 거짓말이다.

【捏着把汗】niē·zhe bǎ hàn ⇒〔捏一把汗〕

【捏着鼻子】niē·zhe bí·zi 動組❶코를 쥐다. ¶～说话｜코를 쥐고 얘기하다. ❷喩 마지못해 하다. 억지로 참다. ¶这件事, 他真是～给你办的｜이 일은, 그가 마지못해 너에게 해준 것이다. ¶心里不愿意, 也得～吃｜마음이 내키지 않더라도 참고 먹어야 한다＝〔捏着头皮〕

【捏着头皮】niē·zhe tóupí ⇒〔捏着鼻子②〕

【捏住】niēzhù 動組 꽉 잡다. ¶～不放｜꽉 잡고 놓지를 않다. ¶阿Q两只手都～了自己的辫根｜阿Q는 양손으로 자기의 변발 밑을 꽉 잡았다《魯迅·阿Q正傳》

niè ㄋ丨ㄝˋ

【乜】Niè ☞ 乜 miē B

【陧〈隉〉】niè 위태할 얼
⇒〔杌wù陧〕

【涅】niè 검은물들일 녈
書❶名 흑색의 염료로 쓰는 명반석(明礬石). ❷動 검게 물들이다. ¶～齿｜이를 검게 물들이다. ❸形 불투명하다. ¶～白↓ ❹(Niè) 名〈地〉열수(涅水) [산서성(山西省)·하남성(河南省)에 있는 강이름]

【涅白】nièbái 名 불투명한 백색.

【涅盘】nièpán 名動外〈佛〉열반(하다).

【臬】niè 과녁 얼, 해시계 얼
書名❶표적. 과녁. ❷옛날, 해 그림자를 재는 측량대 ❸표준. 법도 ¶奉fèng为圭～｜표준으로 삼아 받들다. ❹문지방. ❺끝. 한계. ¶其深不测, 其广无～｜그 깊이는 잴 수 없고, 그 넓이는 끝이 없다. ❻청대(清代) 지방관인 안찰사의 다른 이름.

【臬法】nièfǎ 書名 법규.

【臬限】nièxiàn 書名 범위. 한도(限度).

【镍(鎳)】niè (니켈 니)
名〈化〉화학 원소명. 니켈(Ni; niccolum).

【镍钢】niègāng 名〈化〉니켈강. ¶运来了一批～｜니켈강이 한 무더기가 운반되어 왔다.

【镍铬钢】niègègāng 名〈化〉니켈 크롬강＝〔铬镍钢〕

【镍铬合金】niègè héjīn 名組〈化〉니켈 합금.

【聂(聶)】niè 소곤거릴 섭
❶書動(귀에 대고) 속삭이다＝〔嗫①〕❷(Niè) 名 성(姓).

【聂伯河】Nièbóhé 名外〈地〉다뉴브(Danube)강.

【嗫(囁)】niè 소곤거릴 섭
書動❶속삭이다. 소곤거리다＝〔聂①〕❷입을 다물다. 우물거리다.

【嗫嚅】nièrú 書狀 말을 꺼내지 못하고 우물거리다. ¶她～了半天, 也说不出一句话｜그녀는 한참을 우물거렸으나 한 마디도 꺼내지 못했다.

【镊(鑷)】niè 족집게 섭
❶名 족집게. 핀세트. ¶～子↓ ❷動 족집게〔핀세트〕로 뽑다〔꺼내다〕. ¶把瓶子的酒精jiǔjīng棉球miánqiú～出来｜병 속의 알콜 묻힌 솜덩이를 핀세트로 꺼내다. ❸名 머리핀.

【镊毛】nièmáo 動 털을 뽑다.

【镊子】niè·zi 名 핀세트. 족집게. ¶用～夹jiā东西｜집게로 물건을 집다.

【颞(顳)】niè 관자놀이 섭
⇒〔颞骨〕〔颞颥〕

【颞骨】niègǔ 名〈生理〉관자놀이뼈.

【颞颥】nièrú 名〈生理〉관자놀이.

【蹑(躡)】niè 밟을 섭
動❶(발끝으로)살금살금 걷

다. ¶偷tōu偷～到他身边｜그의 곁으로 살금살금 걸어갔다 ❷뒤쫓아 따르다. 미행하다. ¶～踪↓ ❸㊥밟다. 디디다. ¶～足其间｜발을 들여놓다. 참가하다.

【蹑悄悄】nièqiāoqiāo 狀살금살금 걷다. ¶他～地走过来｜그는 살금살금 걸어왔다. ¶为了不惊动母亲, 她～地拉开门闩shuān｜어머니를 놀라게 하지 않기 위해 그녀는 조심스럽게 문빗장을 열었다.

【蹑手蹑脚】niè shǒu niè jiǎo 威발 소리를 죽여 조용히 걷다. ¶～走到窗户下偷听屋里说话｜창문 아래로 살금살금 다가가서 집안에서 하는 얘기를 엿듣다.

【蹑踪】nièzōng ㊥動미행하다. 뒤를 밟다. ¶～间谍jiāndié｜간첩의 뒤를 밟다＝[蹑后]

【孽〈孼〉】niè 서자 얼
名❶서자(庶子). ❷요괴. 요물. ¶妖～｜요물. ❸악인(惡因). 화근. 죄악. ¶造～｜(장래에 응보를 받을)죄를 짓다. ❹불효.

【孽根】nièɡēn 名❶화근. 죄악의 근원. ¶留下～｜화근을 남기다. ¶～未除｜화근이 아직 없어지지 아니하다. ❷비루한 근성. 졸렬한 본성.

【孽根祸胎】niè ɡēn huò tāi 威재앙의 근원. 죄악의 원인.

【孽海】nièhǎi 名악[범죄]의 세계. 많은 죄업(罪業). 살아 지은 죄. ¶～无边｜죄악의 세계는 끝이 없다.

【孽障】nièzhànɡ 名❶〈佛〉업장(業障). 인과응보. ¶出这样的败家子儿真是～｜이런 집을 망하게 할 놈이 나오다니, 참으로 업장이로구나. ❷罵못된 놈. 속썩이는 놈.

【孽种】nièzhǒnɡ 名❶사생아. 서자. ❷화근(禍根). ❸罵천벌을 받을 놈. 불초한 자식. ¶你这个～｜네 이놈 천벌을 받아 마땅한 놈 ❹종. 악인. 악질분자.

【蘖〈櫱〉】niè 움 얼
名❶(나무 그루터기에서 돋아나는) 새싹[움]. ¶萌～｜움이 돋다. ❷곁가지. ¶分～｜〈農〉분얼하다.

【啮(嚙)〈齧囓〉】niè 깨물 설
㊥動(쥐·토끼 따위가) 갉아먹다. 쏠다. 물다. 轉먹다. ¶虫咬鼠～｜벌레 먹고 쥐가 쏠다. ¶他吃饱了, 还要强qiǎnɡ～｜그는 배가 부른데도 또 무리하게 먹으려 한다.

【啮齿动物】nièchǐ dònɡwù 名組〈動〉설치류 동물.

【啮合】nièhé 動❶(이를) 악물다. ❷(톱니바퀴를) 맞물리게 하다. ¶两个齿轮～在一起, 不停地转动着｜두 개의 톱니바퀴가 같이 맞물려 끊임없이 돌고 있다. ¶这个小齿轮和另外两个齿轮相～｜이 작은 톱니바퀴는 다른 두 개의 톱니 바퀴와 서로 맞물린다.

nín ㄋㄧㄣˊ

【恁】nín ☞ 恁 nèn Ⓑ

1【您】nín 님 닌, 너 닌
代당신. 선생님. 어법「你」의 경칭(敬稱). 복수(複數)의 경우는「您」다음에 수량사(數量詞)를 씀. 문장에서는 간혹「您们」으로 쓰기도 하나 구어(口語)로는 통용하지 않음. ¶老师, ～早!｜선생님 안녕하십니까!(아침 인사) ¶～二位｜두 분께서는→[你nǐ]

nínɡ ㄋㄧㄥˊ

3【宁(寧)】nínɡ nìnɡ 편안할 녕

Ⓐnínɡ❶편안하다. 평온하다. 안녕하다. ¶～日↓＝[甯nínɡ①] ❷(Nínɡ) 名〈地〉「南京」(남경)의 다른 이름. ❸(Nínɡ) 名簡〈地〉「宁夏回族自治区」(영하 회족 자치구). ❹(Nínɡ) 名성(姓).

Ⓑnìnɡ❶副차라리(…하는 것이 낫다). 오히려(…할지언정). ¶～死不屈↓ ❷㊥副어찌(…이겠는가). 설마(…하겠는가). ¶～不知乎?｜어찌 모르겠는가?

Ⓐnínɡ

【宁绸】nínɡchóu 名남경 주단 [남경(南京)·진강(鎭江)·항주(杭州) 등지에서 생산됨]

【宁靖】nínɡjìnɡ ㊥形(질서가) 안정되다. 평정되다. ¶这一带一向～｜이 일대는 줄곧 질서가 잡혀왔다.

4【宁静】nínɡjìnɡ ㊥形(환경·마음 따위가) 편안하다. 조용하다. 평온하다. ¶游人散后, 湖上十分～｜유흥객이 흩어진 후, 호수는 매우 조용했다.

【宁日】nínɡrì 名편안한 나날. 평화로운 세월.

【宁帖】nínɡtiē 形(마음이) 편안하다. 평온하다＝[宁贴]

【宁贴】nínɡtiē ⇒[宁帖]

Ⓑnìnɡ

3【宁可】nìnɡkě 連차라리 (…하는 것이 낫다). 오히려 (…할 지언정). 어법ⓐ 대개 앞에「与其」가 오거나 뒤에「也不」「也要」가 오며, 두 가지 사실 가운데서「宁可」로 더 나은 사실을 이끌어 냄. 때로는「…的好」를 문말에 붙여 한 가지 사실만을 말하기도 함. ¶与其坐飞机, ～坐船｜비행기를 타는 것보다 차라리 배를 타는 것이 낫다. ¶我～自己多做一些, 也不愿意把工作推给别人｜내가 차라리 더 일을 할 지언정 일을 남에게 미루고 싶지는 않다. ¶他～自己吃点亏, 也不叫亏了人｜그는 자기가 조금 손해볼지언정, 남을 손해보게 하지는 않는다. ¶～不睡觉, 也要把这篇文章写好｜잠을 자지 못할 지언정 이 글은 다 써야겠다. ¶我看～小心一点的好｜내가 보기에는 좀 조심하는 것이 좋겠다. ⓑ「宁肯」과「宁愿」은「宁可」와 같은 뜻이나, 사람의 의지에 의해「차라리 …하겠다」는 뜻에만 쓰임. ¶我们宁肯[愿]毁掉huǐdiào这份材料, 也不能让敌人拿去｜우리들은 차라리 이 자료들을 없앨지언정, 적들이 가져 가게 할 수는 없다. ¶宁肯[愿]长年无敌情(×) ¶宁可长年无敌情, 不可一日不防备fánɡbèi｜일년 내내 적의 동정이 없는 것이 하루도 방비하지 않을 수 없는 것 보다 낫다＝[宁肯][宁愿][宁自①][任可][认可②][耐可①][尽可][情愿③]

【宁可清贫，不可浊富】nìngkě qīngpín, bùkě zhuófù ⇒〔浊富不如清贫〕

【宁可玉碎，不能瓦全】nìngkě yù suì, bùnéngwǎ quán ⇒〔宁为玉碎，不为瓦全〕

4【宁肯】nìngkěn ⇒〔宁可〕

【宁缺毋滥】nìngquē wú làn 成 부족할지언정 함부로〔편한대로〕 수를 채우지 않다. ¶招收研究生要严格把关，～ | 대학원생 모집을 엄격히 해야한다, 부족하다고 대충 수를 채우지 않겠다.

【宁死不屈】nìngsǐ bù qū 成 죽을지언정 굽히지〔굴복하지〕 않는다. 죽는 한이 있어도 굴복하지 않는다. ¶他是个～的好汉 | 그는 죽음에도 굴복하지 않는 대장부다.

【宁停三分，不抢一秒】nìng tíng sānfēn, bù qiǎng yīmiǎo 成 3분을 정차할지언정 1초를 다투지는 맙시다 [운전사에 대한 표어]＝〔宁慢三分莫争一秒〕

【宁为鸡口，不为牛后】nìng wéi jī kǒu, bù wéi niú hòu 成 닭 대가리는 될지언정 소 꼬리는 되지 않겠다. 용의 꼬리보다 닭의 부리가 낫다. ¶他～，乐意在小公司供职gōngzhí | 그는 소 꼬리보다는 닭 대가리가 되려고 흔쾌히 작은 회사에서 근무를 한다＝〔宁为蝇yíng头，不为马尾〕〔鸡口牛后〕

【宁为蝇头，不为马尾〕】nìng wéi yíng tóu, bù wéi mǎ wěi ⇒〔宁为鸡口，不为牛后〕

【宁为玉碎，不为瓦全〕】nìng wéi yù suì, bù wéi wǎ quán 成 옥이 되어 부서질지언정, 질그릇으로 되어 보전되지는 않겠다. 정의를 위하여 희생될지언정, 비열하게 살지는 않겠다＝〔宁可玉碎，不能瓦全〕

4【宁愿】nìngyuàn ⇒〔宁可〕

【宁走一步远，不走一步险】nìng zǒu yībù yuǎn, bù zǒu yībù xiǎn 諺 조금 돌아갈지라도, 위험한 길은 결코 가지 않는다. 먼 길이 결국 가까운 길이다. ¶他一向抱着～的信条 | 그는 여태 돌아가더라도 위험한 길은 가지 않겠다는 신조를 갖고 있다.

【咛(嚀)】níng 말많이할 녕

⇒〔叮dīng咛〕

3【拧(擰)】níng nǐng nìng 비틀 녕, 짤 녕

Ⓐ níng 動 ❶ 짜다. ¶～手巾 | 수건을 짜다→〔扭niǔ〕 ❷ 꼬다. ¶～成绳shéng子 | 꼬아서 새끼를 만들다＝〔捻niǎn〕 ❸ 꼬집다. ¶～了他一把 | 그를 한번 꼬집었다. ¶～得他直叫 | 하도 꼬집어서 그는 계속 (아프다고) 소리쳐댔다.

Ⓑ nǐng 動 ❶ (비)틀다. (안 혹은 밖으로) 돌리다. ¶～螺丝钉luósīdīng | 나사못을 틀어 박다(빼다). ¶～墨mò水瓶盖儿 | 잉크병 마개를 비틀어 열다. ❷ 이기다. 이길 수 있다. ¶胳臂gēbei～不过大腿 | 팔은 넙적다리를 이길 수 없다. 강자에게는 어쩔 수 없다. ❸ 틀리다. 잘못하다. 실수하다. ¶说～了 | 말을 잘못했다. ¶弄～了 | 잘못 만졌다. ❹ (말·행동이나 사이가)어긋나다. (상호)모순되다. ¶他们俩有点儿～了 | 그들 두 사람 사이가 조금 어긋났다.

Ⓒ nìng 形 方 (성미가) 고집스럽다. 까다롭다. 비꼬이다. ¶他的脾气可真～ | 그의 성깔은 대단히 고집스럽다. ¶我跟他～上了 | 나는 그에게 끝까지 고집을 부렸다.

Ⓐ níng

【拧鼻子】níngbí·zi 動組 ❶ 코를 싸잡다 [싫다는 뜻을 나타내는 동작] ¶他见了算盘～ | 그는 주판을 보고 코를 싸쥐었다. ❷ 코를 비틀다.

【拧成一股绳】níngchéng yī gǔ shéng 動組 하나로 단합하다. 굳게 뭉치다. ¶上下～，共同奋斗fèndoù | 위 아래 모두 뭉쳐 분투노력하다. ¶全国～ | 전국이 한 덩어리로 뭉치다.

【拧成一体】níngchéng yītǐ 動組 하나로 뭉치다. ¶和群众～ | 대중과 하나로 뭉치다.

【拧干】nínggān 動 짜서 물기를 없애다. 꽉 짜다. ¶～了再擦呀，抹mā布不要这么水淋lín淋的 | 꽉 짜서 닦아라, 걸레가 이렇게 물기가 축축하면 안 된다.

【拧紧】níngjǐn 動 꽉 조이다. 꽉 짜다＝〔咬紧②〕

Ⓑ nǐng

【拧脖子】nǐngbó·zi 動組 고개를 꼬다. 얼굴을 돌려 상대하지 않다.

【拧断】nǐngduàn 動 비틀어 끊다.

【拧坏】nǐnghuài 動 비틀어 부수다. 비틀어 깨뜨리다. ¶～了电门了 | 스위치를 비틀어 부수었다.

【拧紧】nǐngjǐn 動 바짝 돌리다. 꽉 죄다. ¶～瓶盖儿 | 병 마개를 꽉 막다. ¶～水龙头 | 수도꼭지를 꽉 들어막다.

【拧开】nǐngkāi 動 비틀어 열다. 돌려 열다. ¶～锁suǒ进去 | 자물쇠를 비틀어 열고 안으로 들어가다. ¶～电门 | 스위치를 넣다. ¶把水龙头～了 | 수도 꼭지를 비틀어 열었다. ¶他把瓶塞～了 | 그는 병마개를 열었다.

【拧儿】nǐngr 名 ❶ 의견 충돌. 의견 차이. ¶闹～ | 사이가 틀어지다. ¶他们俩有点儿～ | 그들 둘은 좀 의견차가 있다. ❷ (순서·방향이) 틀림. (일이) 엇갈림〔어긋남〕 ‖＝〔拧子〕

【拧子】nǐng·zi ⇒〔拧儿〕

Ⓒ nìng

【拧脾气】nìngpí·qi 名 비뚤어진 성격. 고집이 센 성격. 편협한 성격. 괴벽한 성격. ¶他是天生的～ | 그는 타고난 비뚤어진 성격의 소유자이다.

【拧性】nìngxìng 名 편협하고 비뚤어진 성격. 엇나가는 성질. ¶他就这么～，叫他往东，他偏往西 | 저 녀석은 정말 성격이 비뚤어져 있어, 동으로 가라 하면 기어코 서로 간다. ¶他天生一副～ | 그는 천성적으로 성격이 삐뚤어졌다＝〔倭性〕

【狞(獰)】níng 모질 녕

形 흉악하다. 사납다. 징그럽다. 가증스럽다. ¶狰zhēng～ | 흉악하다. ¶～恶 | 모질고 사납다.

【狞笑】níngxiào 名 動 독살스러운 웃음(을 띠다). 흉물스러운〔징그러운〕 웃음(을 짓다). 섬뜩한〔잔인한〕 웃음(을 짓다). ¶那奸人面露着～ | 그 악질은 얼굴에 잔인한 웃음을 띠고 있다.

4【柠(檸)】níng 영몽 영

⇒〔柠檬〕

【柠檬】níngméng 名 外〈植〉레몬. ¶~糖táng | 레몬 사탕. ¶~汁zhī | 레몬 쥬스 =〔黎lí檬〕
【柠檬桉】níngméng'ān 名〈植〉레몬 유칼리 나무 =〔方 留香久〕
【柠檬黄】níngménghuáng 名〈色〉레몬색.
【柠檬素】níngméngsù 名〈化〉비타민P =〔维wéi生素P〕
【柠檬酸】níngméngsuān 名〈化〉레몬산. 구연산 =〔枸橼jǔyuán酸〕

【聍(聹)】níng 귀에지 녕
⇒〔耵dīng聍〕

【甯】níng 편안할 녕, 성 녕
❶「宁」과 같음⇒〔宁níng①〕❷ (Níng) 名 성(姓).

3【凝】níng 얼 응, 엉길 응
動 ❶ 응결되다. 엉기다. ¶~冻↓ ¶河水~成冰了 | 강물이 얼어 붙었다. ❷ (주의를) 집중하다. 골몰하다. ¶~思 | 골똘히 생각하다. ¶~视↓
【凝冻】níngdòng 書 動 응결〔응고〕하다. 얼어붙다. ¶河水~ | 강물이 얼어붙다.
4【凝固】nínggù 動 응고하다. 굳어지다. ¶蛋dàn白质遇热会~ | 단백질은 열을 받으면 굳어진다.
【凝固点】nínggùdiǎn 名〈物〉응고점. ¶~太高 | 응고점이 너무 높다.
【凝寒】nínghán 書 形 몹시 춥다.
【凝华】nínghuá 名 動〈物〉승화(하다).
【凝灰岩】nínghuīyán 名〈地質〉응회암.
【凝集】níngjí 動 (액체나 기체 따위가) 응집하다. ¶~素 | 응집소.
4【凝结】níngjié 動 응결하다〔되다〕. ¶~不开 | 응결되어 풀리지 않다. ¶池chí面上~了薄薄的一层冰 | 연못 위에는 아주 얇은 얼음이 한 층 얼어 붙어 있다. ¶~力 | 응결력.
【凝聚】níngjù 動 응집하다. 맺히다. ¶荷hé叶上~着晶莹jīngyíng的露珠 | 연잎에 맑고 투명한 이슬 방울이 맺혔다. ¶其中~了多少人的智慧 | 그 중에 많은 사람들의 지혜가 응집하였다.
【凝聚力】níngjùlì ⇒〔内nèi聚力〕
【凝练】nínglian 形 (문장 등이) 간결〔간명〕하다.
【凝眸】níngmóu 書 動 응시〔주시〕하다. 눈여겨보다. ¶~远望 | 먼 곳을 응시하다.
【凝神】níngshén 動 정신을 집중〔통일〕하다. 깊이 생각하다. ¶~深思 | 심사숙고하다. ¶~一志 | 國 마음을 오로지 하나로 집중하다. ¶~静听 | 정신을 가다듬고 차분히 듣다. ¶~思索 | 깊은 사색에 잠기다.
4【凝视】níngshì 書 動 주목〔응시〕하다. 눈여겨 보다. 뚫어지게 바라보다. 어법「凝视」의 대상은 주로 구체적이지만「注视」의 대상은 추상적인 것일 수 도 있음. 또「凝视」는 일반적으로 긴 시간을 요하나「注视」는 그 시간이 길 수도 있고 짧을 수도 있음. ¶他~前方, 半天不说话儿 | 그는 전방을 주시하며 한참 동안 말을 하지 않는다. ¶她对我~了一会, 便笑了起来 | 그녀는 나를 한참 동안 뚫어지게 바라보더니 이윽고 웃기 시작했다.
【凝望】níngwàng 動 응시〔주시〕하다. 눈여겨 보다. ¶眼睛~着前方 | 두 눈으로 전방을 주시하다. ¶~远山 | 먼산을 응시하다.
【凝血酶】níngxuèméi 名〈生理〉응혈 효소. 트롬빈(thrombin;독).
【凝脂】níngzhī 書 名 ❶ 응고된 기름. ❷ 喻 (기름덩이같이) 희고 매끄러운 피부. ¶肤如~ | 피부가 희고 매끄럽다.
【凝滞】níngzhì 動 정체되다. 굳어지다. 움직이지 않다. ¶~不通 | (혈액 순환 따위가) 막혀서 통하지 않다.
【凝重】níngzhòng 形 ❶ 단정하다. 장중하다. ¶雍容yōngróng~ | 점잖고 단정하다. ¶神态~ | 태도가 단정하다. ❷ (음성이) 진실하고 듬직하다. 중후하다. ¶~深沉的乐曲 | 중후하고 낮은 악곡. ¶他的声音~有力 | 그의 목소리는 낮으면서도 힘있다. ❸ (정도가) 깊다. 농후하다. 짙다. ¶天色~漆qī黑 | 하늘이 칠흙같이 어둡다.

nǐng ㄋㄧㄥˇ

3【拧】nǐng ☞ 拧 níng Ⓑ

nìng ㄋㄧㄥˋ

3【宁】nìng ☞ 宁 níng Ⓑ

3【拧】nìng ☞ 拧 níng Ⓒ

【泞(濘)】nìng 진창 녕
書 ❶ 名 진창. 진흙탕 =〔泥ní泞〕❷ 形 질다. 질퍽질퍽하다. ¶路上很~ | 길이 질퍽질퍽하다.

【佞】nìng 재주있을 녕
❶ 形 말재주가 있다. 재지(才智)가 있다. ¶~口 | 말주변이 있다. ¶不~ | ⓐ 재간이 별로 없다. ⓑ 謙 저. 나. ❷ 形 아첨하다. 알랑거리다. ¶奸~ | 간사하여 아첨을 잘하다. ¶~人↓ ❸ 書 名 재능.
【佞臣】nìngchén 名 간신(姦臣). ¶铲chǎn出~ | 간신배를 뿌리뽑다.
【佞人】nìngrén 名 알랑쇠. 입에 발린 말을 잘하는 아첨꾼. ¶排斥páichì~ | 아첨꾼을 배척하다.
【佞笑】nìngxiào ❶ 名 간교한 웃음. ❷ 動 간사하게 웃다. 아첨하며 웃다. ¶她~了几声 | 그녀는 간사하게 몇 번 웃었다.

niū ㄋㄧㄡ

【妞】niū 계집아이 뉴
(~儿) 名 口 方 계집아이.
【妞妞】niūniū 名 方 계집아이. 딸아이. ¶把~抱过来 | 계집아이를 (받아) 안다《紅樓夢》=〔妞儿〕〔妞子〕→〔女孩子〕
【妞儿】niūr ⇒〔妞妞〕
【妞子】niū·zi ⇒〔妞儿〕

niú ㄋㄧㄡˊ

1【牛】niú 소 우
❶名〈動〉소. ¶黄~ | 황소. ¶奶~ | 젖소. ¶公~ | 숫소. ¶母~ | 암소. ❷고집이 세다. 완고하다. ¶~气↓ ¶~脾气↓ ❸形 거만하다. 자존심이 강하다. ¶你~个什么? | 무슨 거만을 피우느냐? ❹俗 허풍치다. 허풍을 떨다. ¶吹~ | 허풍을 떨다. ¶他又~起来了 | 그는 또 허풍을 떨기 시작했다. ❺動 언쟁하다. ¶这两口子~上了 | 이 부부는 언쟁이 벌어졌다. ❻名〈天〉견우성(牽牛星). 28수(宿)의 하나. ❼名 簡「牛顿」(뉴튼)의 약칭. ❽(Niú) 名 성(姓).

【牛百叶】niúbǎiyè 名 처녑. 천엽(千葉). 백엽(百葉). ¶凉拌~ | 처녑 무침.

【牛鼻子】niúbí·zi 名 ❶소의 코. ¶牵qiān牛要牵~ | 소를 끌려면 코를 끌어야 한다. ❷도사(道士)를 비웃는 말. ¶似这臭chòu~秃tū和尚 | 이 역겨운 땡중놈아. ❸喩 관건. 급소.

【牛鼻子老道】niúbí·zi lǎodào 諺 喩 낯가죽이 두꺼운 놈. 산전수전을 다 겪은, 경험이 많고 교활한 사람. ¶我不愿理~ | 나는 이런 낯가죽이 두꺼운 놈은 상대하기 싫어.

【牛脖子】niúbó·zi ⇒〔牛脾pí气〕

【牛吃稻草鸭吃谷】niú chī dàocǎo yā chī gǔ 諺 소는 볏짚을 먹고 오리는 곡식을 먹는다. 사람 팔자는 정해져 있는 법이다. ¶这叫作~, 全靠各人头上福 | 이걸 갖고 소는 볏짚을 먹고 오리는 곡식을 먹는다고 하는 게지, 모든 것이 자기 복에 달려있지.

【牛刀小试】niú dāo xiǎo shì 成 훌륭한 솜씨를 조금 시험해보다. ¶我这回是~, 略试锋艺fēngyì而已 | 내 이번에는 솜씨를 조금만 시험해본 것에 불과해.

【牛痘】niúdòu 名〈醫〉❶우두. 소의 급성 전염성 질환. ❷마마꽃. 종두(種痘). ¶种~ | 종두하다 =〔痘②〕

【牛犊】niúdú 名 송아지. ¶初chū生~不怕虎hǔ | 갓난 송아지 범 무서운 줄 모른다 =〔牛犊子〕〔書 童牛〕

【牛顿】Niúdùn ❶名 外〈人〉뉴튼(Issac Newton, 1642~1727). ¶~力学 | 뉴튼 역학. ¶~冷却定律 | 뉴튼의 냉각 법칙. ¶~流体 | 뉴튼 유체 =〔奈端Nàiduān〕 ❷(niúdùn) 量〈物〉뉴튼(newton) [질량 1kg의 물체에 작용하여 매초마다 1m의 가속도를 만드는 힘. 1뉴우튼은 10만다인, 기호 N]

【牛耳】niú'ěr 名 쇠귀. 轉 주도권 ¶这回是谁执~? | 이번에는 누가 주도권을 잡지?

【牛肺疫】niúfèiyì 名 우폐역. 폐역.

【牛倌(儿)】niúguān(r) 名 소 사육사. 소를 먹이는 사람. ¶他爷爷当过~ | 그의 할아버지는 소 사육사를 한 적이 있다.

【牛鬼蛇神】niú guǐ shé shén 成 소 머리를 가진 도깨비와 뱀 몸뚱이를 가진 귀신. 마귀와 요귀. 잡귀신. 사회상의 온갖 잡배. 온갖 악인(惡人). ¶横扫~ | 온갖 잡배들을 소탕하다.

【牛黄】niúhuáng 名〈漢醫〉우황.

【牛角尖(儿)】niújiǎojiān(r) 名 喩 연구할 가치가 없는 사소한 문제. 해결할 수 없는 문제. ¶他就爱钻zuān~ | 그는 사소한 문제에만 깊이 파고들길 좋아한다.

【牛劲】niújìn 名 ❶喩 대단한 힘. 큰 힘. ¶花了不小~ | 큰 힘을 썼다. ¶使~拉 | 엄청난 힘으로 잡아당기다. ¶他有一股~ | 그는 대단한 힘을 갖고 있다. ❷완고함. 고집. ¶犯~ | 고집을 피우다.

【牛郎】niúláng 名 ❶목동. 소치는 소년. ❷〈天〉「牵牛星」(견우성)의 다른 이름 =〔牛郎星〕

【牛郎星】niúlángxīng ⇒〔牛郎②〕

【牛朗织女】niúlángzhīnǚ 名組 ❶〈天〉견우성과 직녀성. ❷견우와 직녀 [고대 신화 중의 인물] 喩 (직장 등의 관계로) 장기간 떨어져 사는 부부.

【牛马】niúmǎ 名 마소. ¶给儿女做~ | 자녀를 위하여 마소가 되다〔마소같이 일하다〕.

【牛虻】niúméng 名〈蟲〉등에.

1【牛奶】niúnǎi 名 우유. ¶干~ | 분유. ¶凝浓níngnóng~ | 연유. ¶挤jǐ~的 | 우유 짜는 사람. ¶~糖 | 밀크 캐러멜. ¶~糕gāo |〈食〉우유과자. ¶~场 | 낙농장. ¶~麦粥 =〔燕yàn麦片粥〕 |〈食〉오트 밀 =〔牛乳〕

【牛奶布丁】niúnǎi bùdīng ⇒〔布丁〕

【牛腩】niúnǎn 名 方 소의 갈비나 배의 연한 고기(요리).

【牛扒】niúpá 名〈食〉비프스테이크(beefsteak).

【牛排】niúpái 名 두껍고 큼직큼직하게 자른 쇠고기(요리).

【牛棚】niúpéng 名 ❶외양간. ❷문화 대혁명(文化大革命) 시기에 비판의 대상이 되었던 사람들이 연금되었던 장소 [정규의 형무소는 아니며, 한촌(寒村)의 외양간 건물이 임시 감금 장소로 쓰였음] ¶她被关进了~ | 그녀는 외양간에 갇혔다.

【牛皮】niúpí 名 ❶쇠가죽. ❷喩 부드러우면서도 질긴 것. ❸허풍. ¶吹~ | 허풍을 치다. ¶~大王 | 허풍장이. ❹시세에 변동이 없는 것 [금융용어] ¶K金~ | 금시세는 변동이 없음.

【牛皮菜】niúpícài 名 方 근대. 부단초 =〔叶甜菜〕

【牛皮癣】niúpíxuǎn 名〈醫〉마른 버짐. 건선(乾癬). ¶他长了~ | 그는 마른 버짐이 폈다.

【牛皮纸】niúpízhǐ 名 크라프트지 [포장지 등으로 이용됨] =〔赤chì鸡皮纸〕

【牛脾气】niúpí·qi 名 고집 불통. 황소 고집. 완고한 성미. ¶犯fàn~ =〔发牛脾气〕| 고집을 부리다. ¶他这个人有一股~ | 저 사람은 황소 고집이 있어. ¶他的~一上来, 你就是十匹马也拉不回来 | 그의 고집이 나오기 시작하면 말 열 마리로도 되돌릴 수 없다.

【牛气】niú·qi ❶名 方 허풍. 허세. 거만한 태도. ¶我看你说话有点儿~ | 내가 보기에 네 말에는 허풍이 좀 섞였다. ¶好大~! | 대단한 허풍인데! ¶他要什么~? 只不过是一个班长罢了 | 그가 무슨 허세를 부리려는 거지? 겨우 일개 반장에 불과한 주제에. ❷形 거만하다. ❸形 완고하다. 고집이 세다. ❹動 허풍을 떨다.

【牛肉】niúròu 名 쇠고기. ¶~干儿 |〈食〉양념으

로 조리하여 말린 쇠고기. ¶～面 | 〈食〉 쇠고기를 넣고 끓인 국수. ¶～扒pá | 〈食〉 비프 스테이크. ¶～脯fǔ | 쇠고기 포.

【牛溲马勃】niú sōu mǎ bó 成 우수마발. ❶ 하찮은 물건. ❷ 하찮은 것도 쓸모가 있다. 개똥도 약에 쓴다. ¶～, 细微之物皆有妙用 | 하찮은 물건이라도 제 쓰임새가 다 있다.

【牛蹄】niútí 名 쇠발굽 [아교의 원료가 됨]

【牛头刨(床)】niútóubào(chuáng) 名 〈機〉 형삭반(形削盤)＝〔小刨床〕

【牛头不对马脸】niútóu bùduì mǎliǎn 諺 (의견이나 말이) 앞뒤가 맞지 않다. 뚱딴지같은 소리를 하다. 동문서답하다＝〔牛头不对马嘴〕〔驴唇lúchún不对马嘴〕

【牛头不对马嘴】niútóu bùduì mǎzuǐ ⇒〔牛头不对马脸〕

【牛头马面】Niútóu Mǎmiàn 成 (염라 대왕의 두 나졸인) 우두 귀신과 마두 귀신. 喩 흉악한 사람. 흉측한 몰골 예＝〔牛首马面〕

【牛腿】niútuǐ 名 〈建〉 담이나 기둥의 측면 등에서 펼쳐 나와 버팀목 혹은 기타의 부재로 사용되는 받침대.

【牛蛙】niúwā 名 〈動〉 식용 개구리. ¶他靠饲养～致zhì富 | 그는 식용 개구리를 사육하여 돈을 벌었다.

【牛性】niúxìng ⇒〔牛脾气〕

【牛饮】niúyǐn 動 (술이나 물 등을) 소처럼 마시다. 정신없이 마셔대다. ¶他渴kě极了, 捧pěng着水瓢shuǐpiáo～起来 | 그는 극도로 목이 말라서, 물바가지를 받쳐들고 소처럼 정신없이 마셔댔다.

【牛蝇】niúyíng 名 〈蟲〉 쇠파리.

【牛仔裤】niúzǎikù 名 外 진즈(jeans). 진즈 바지. 청바지.

【牛仔片】niúzǎipiàn 名 外 카우보이 영화. 서부 영화.

【牛仔衫】niúzǎishān 名 카우보이샤쓰(cowboy shirt).

【牛崽(子)】niúzǎi(·zi) 名 송아지. ¶～裤 | 진즈 바지.

niǔ ㄋㄧㄡˇ

【忸】 niǔ 부끄러워할 뉴
❶ ⇒〔忸别〕〔忸怩〕 ❷「狃」와 같음⇒〔狃niǔ〕

【忸别】niǔbiè 動 토라지다. 비틀어지다. 비뚤어지다. 꽁하다.

【忸怩】niǔní 形 ❶ 언짢다. 떳떳하지 못하다. ❷ 부끄럽다. 수줍다. 우물쭈물하다. 쭈뼛쭈뼛하다. ¶～作态 | 부끄러운 태도를 취하다. ¶她～了一会儿才开口 | 그녀는 한동안 쭈뼛쭈뼛하다가 말문을 열었다.

2【扭】 niǔ 비틀 뉴, 흔들 뉴
動 ❶ 비틀다. 비틀어 끊다. ¶～他的胳膊 | 그의 팔을 비틀다. ¶把树枝子～断 | 나무가지를 비틀어 꺾다→〔拧①〕 ❷ (얼굴 따위를) 돌리다. ¶～过脸来 | 얼굴을 돌리다. 돌아다 보다. ¶～过头来向后看 | 머리를 돌려 뒤를 돌아 보다. ¶～转身子 | 몸을 돌리다. ❸ 몸을 흔들며 걷다. 흐느적거리며 걷다. ¶～了两步 | 흐느적거리며 두 걸음 걸었다. ¶快点儿走吧, 别～啦 | 빨리 좀 걸어라, 흐느적거리지 말고. ❹ 삐다. 접질리다. ¶～了筋jīn | 접질렸다. ¶～了腰 | 허리를 삐었다. ¶脚～了一下 | 발을 한번 삐었다. ❺ (정세를) 전환시키다. 돌려세우다. ¶～转局面 | 정세를 전환시키다. ❻ 俗 맞잡다. 부둥켜 잡다. 잡아 끌다. ¶～打↓ ¶两人～在一起 | 두사람 같이 맞잡고 있다. ¶～着小偷去派出所 | 좀도둑을 잡아 끌고 파출소로 갔다＝〔揪jiū〕 ❼ (모내기 노래 따위를 부르며) 춤추다. ¶～秧yāng歌 | 모내기 춤을 추다.

【扭不过】niǔ ·bu guò 動組 ❶ 비틀어 구부릴 수 없다. ❷ 喩 거역[반대]할 수 없다. 꺾지 못하다. ¶谁也～他 | 아무도 그를 꺾지 못한다. ¶～理去 | 도리는 거스를 수 없다. ¶胳臂～大腿去 | 諺 힘 앞에는 굴복하게 마련이다＝〔小腿扭不过大腿去〕

【扭打】niǔdǎ 動 맞붙다. 서로 움켜잡고 싸우다. 맞잡고 싸우다. ¶他俩～在一起, 拉也拉不开 | 그들 둘은 엉켜붙어, 뗄래야 뗄 수도 없다. ¶不让他们再～下去 | 그들이 또 맞붙어 싸우지 않게 해라.

【扭搭】niǔ·da 動 回 (걸을 때) 몸을 좌우로 흔들다. 어깨를 흔들다. 흔들흔들하다. 흔들거리다. ¶她扭扭搭搭着走了 | 그녀는 몸을 흔들며 걸었다＝〔扭达〕

【扭刀】niǔdāo 名 드라이버. 렌치(wrench). 마개뽑이.

【扭动】niǔdòng 動 몸을 좌우로 흔들다. 요동치다. ¶她走起路来～着腰肢yāozhī | 그녀는 걷기 시작하면 허리가 흔들린다. ¶渔yú人从水里提出鱼叉chā来, 叉尖上一尾鱼～着 | 어부가 물에서 고기를 꺼내 꽂자, 꽂힌 고기는 요동을 친다.

【扭断】niǔduàn 動 비틀어 끊다[자르다]. ¶贼zéi～锁suǒ开的门 | 도둑이 자물쇠를 비틀어 끊고 문을 연 것이다. ¶可别～他的手 | 그의 손을 비틀어 꺾지 말라.

【扭股儿糖】niǔgǔrtáng 名 ❶ 꽈배기엿(가래). ❷ 喩 (어린아이 따위가) 응석 부리는 것. 어리광을 부리며 달라붙는 것. ¶你别那么～似地纠缠jiūchán | 꽈배기엿처럼 찰싹 달라붙어 귀찮게 굴지말라. ❸ 喩 일이 뒤얽혀 해결하기 어려운 것. ❹ 비뚤어진 성격의 사람. ❺ 喩 찰거머리. 남에게 들러붙어 귀찮게 하는 사람.

【扭结】niǔ/jié 動 ❶ (실 따위가) 엉키다. ¶带子～了 | 끈이 엉켰다. ¶这么多绳子～在一起, 怎么理得清 | 이렇게 많은 끈들이 한데 엉켰으니 어떻게 가지런히 할 수 있겠나. ❷ 맞잡고[부둥켜 잡고] 서로 때리다＝〔揪jiū打〕〔拗niù结〕

【扭劲】niǔjìn ❶ 名 비뚤어진 성격. ❷ (niǔ/jìn) 動 성격이 비뚤어지다. 마음이 앵돌아지다.

【扭开】niǔkāi 動 비틀어 열다. ¶把自来水龙头～ | 수도꼭지를 비틀어 열다.

【扭亏为盈】niǔkuī wéiyíng 動組 손실을 만회하고 이익이 되게 하다. ¶企业要想办法～ | 기업

에서 방법을 강구하여 손실을 만회하고 이익이 증대시키려 한다.

【扭亏增盈】niǔkuī zēngyíng 動組 손실을 만회하고 이익을 증대시키다.

【扭力】niǔlì 名〈物〉비틀림 힘(twisting force).

【扭力天平】niǔlì tiānpíng 名組〈物〉비틀림 저울.

【扭脸】niǔ/liǎn 動 (거절·노여움의 표시로) 얼굴을 돌리다. ¶扭过脸来 | 얼굴을 돌려 오다. 마음을 두다. ¶扭过脸去 | 외면하다. 반대의 태도를 보이다 =〔转脸〕

【扭脸儿】niǔliǎnr 副 方 깜빡. 무심결에. 약간 부주의하여. ¶刚才我要做什么来着, ~就忘了 | 방금 내가 무엇을 하려고 했는지, 깜빡 잊어버리고 말았다.

【扭捏】niǔ·nie 動 ❶ (몸을) 흔들며 걷다. 살랑살랑 걷다. ¶那位太太穿着漂亮piào·liang的衣裳yī·sang~着出去了 | 그 부인은 옷을 곱게 차려입고 살랑살랑거리며 (뽐을 내며) 걸어 나갔다. ❷ 머뭇머뭇하다. 꾸물꾸물하다. 우물쭈물하다. 수줍어하다. 망설이다. ¶她~了大半天, 才说出一句话来 | 그녀는 한참 동안을 망설이다가 비로소 한 마디 꺼냈다. ¶有话快说, 别~了 | 할 말이 있으면 빨리 해라, 그리 우물쭈물하지 말고 =〔拿捏ná②〕

【扭曲】niǔqū 動 비틀리다. 꼬이다. 반전되다. ¶地震zhèn发生后, 房屋倒塌dǎotā, 铁路tiělù~ | 지진이 발생한 후에, 집은 무너지고, 철로는 비틀어졌다. ¶被~的历史恢复huīfù了本来面目 | 반전〔왜곡〕된 역사는 본래의 모습으로 회복되었다. ¶这个孤儿的性格被~了 | 이 고아의 성격은 비뚤어졌다.

【扭伤】niǔshāng 動 (발목 따위를) 삐다. 접질리다. ¶~手腕wàn | 손목을 삐다.

【扭折】niǔshé 動 비틀어 꺾다. ¶小孩的手~了 | 아이의 손이 접질려졌다.

【扭送】niǔsòng 動 범인을 잡아서 사법기관에 송치(送置)하여 처리하다. ¶将窃贼qièzéi~警局 | 도적을 잡아 경찰서에 송치하다.

【扭头(儿)】niǔ/tóu(r) 動 ❶ 머리를 돌리다. ¶~不顾 | 외면하고 돌아보지 않다. ¶他扭过头去, 不理人家 | 그는 머리를 돌리고 다른 사람들을 외면했다. ❷ 몸을 돌리다. 돌아서다. ¶大妈二话没说, ~就走 | 큰어머니는 두 말도 않고, 돌아서 가버렸다. ¶~别脚bièjiǎo =〔扭头别膀bièbǎng〕| 威 즉시 머리를 가로 젓다. 좀처럼 승낙하지 않다.

【扭腰】niǔ/yāo 動 ❶ 허리를 삐다. ❷ 허리를 흔들다.

³【扭转】niǔzhuǎn ❶ 動 (몸 따위를) 돌리다. ¶脖子受风了, 头~不过来 | 목에 바람을 맞아 머리를 돌릴 수 없다. ¶把瓶盖~开来 | 병마개를 돌려서 열다. ❷ 動 돌려세우다. 방향을 바로 잡다〔시정하다〕. 전변〔전환〕시키다. ¶往往能够~选举的形势 | 종종 선거의 형세를 전환시킬 수가 있다. ¶~乾坤qiánkūn | 威 천하를 좌지우지하며 세상을 바로잡다. ¶妄图wàngtú~历史车轮 | 역사의 수레바퀴를 돌리려고 허황되게 꿈꾸다. ❸ 名 비틀림. 꼬임. 반전.

【扭转形变】niǔzhuǎn xíngbiàn 名組〈物〉비틀림. 변형

【狃】niǔ 익을 뉴

動 습관에 얽매이다. 습관이 되다. 익숙해지다. 어법 대개 「于」로 전치사구를 구성함. ¶~于习俗 | 습속에 얽매이다. ¶~于成见 | 선입견에 사로잡히다 =〔忸②〕

4【纽(紐)】niǔ 끈 뉴, 매듭 뉴

❶ 名 기물(器物)의 손잡이. ¶印yìn~ | 도장 손잡이. ¶秤chèng~ | 저울 손잡이. ❷ (~子) 名 단추. ¶衣~ | 옷의 단추. ¶脖bó~ | 목단추. ❸ 단추와 비슷한 모양의 것. ¶电~ | 스위치 ‖ =〔钮②〕 ❹ 연결되다. 관련되다. ¶~带↓ ❺ 名 簡〈言〉「声纽」(성뉴) [성모(聲母)의 다른 이름] ❻ (수박 등의) 갓 맺은 열매. ❼ (Niǔ) 名 성(姓).

【纽带】niǔdài 名 ❶ 유대. 연결체. ¶~作用 | 연결작용. ¶合作社是联结工农生产有力的~ | 협동조합은 공업과 농업 생산을 연결하는 유력한 연결체다. ¶孩子是联结父母感情的~ | 아이는 부모 사이의 정을 연결지워주는 연결체이다. ¶友谊的~ | 우정의 유대. ❷ 허리띠. 허리끈.

【纽耳】niǔ'ěr 名 단추 구멍.

【纽钩】niǔgōu 名 후크(hook). 호크(hock).

【纽结】niǔjié 名 ❶ 方 매듭. 단추구멍. ¶系xì好袍páo子上的~ | (중국식) 두루마기의 매듭을 매다. ❷ 喻 (사물 모순의 긴요한) 매듭〔고리〕. ¶把多年来的矛盾máodùn~解开 | 여러해 동안 쌓인 모순의 매듭을 풀다〔해결하다〕.

【纽孔】niǔkǒng ⇒〔纽口〕

【纽口】niǔkǒu 名 단추 구멍 =〔纽孔〕

⁴【纽扣(儿)】niǔkòu(r) 名 (양복·셔츠·중국 옷 등의) 단추의 총칭. ¶钉dìng~ | 단추를 달다. ¶扣上~ | 단추를 채우다. ¶掉了一颗~ | 단추 하나를 떨어뜨렸다 =〔纽子①〕〔钮扣(儿)〕〔钮子〕→〔扣子〕

【纽襻(儿)】niǔpàn(r) 名 중국 옷의 단추 구멍 대용(代用)으로 쓰는 고리 [천을 따서 단추를 걸게 만든 단추구멍] =〔纽袢(儿)〕〔扣襻〕

【纽子】niǔ·zi 名 ❶ ⇒〔纽扣(儿)〕 ❷ 名 (도구에 달려 있는) 손잡이 끈. ¶秤~ | 저울대의 손잡이 끈. ¶印~ | 인끈.

4【钮(鈕)】niǔ 꼭지 뉴, 손잡이 뉴

❶ 名 도장 위에 새긴 조각 [고대에 이것으로 관인(官印)의 등급을 표시했음] ¶虎~ | 호랑이 조각 도장. ¶狮~ | 사자 조각 도장. ❷ 「纽」와 같음 ⇒〔纽niǔ①②③〕 ❸ (Niǔ) 名 성(姓).

niù ㄋㄧㄡˋ

【拗】niù ǎo ào 꺾을 요

Ⓐ niù 形 고집스럽다. 완고하다. 고분고분하지 않다. 고집불통이다. ¶脾气很~ | 성질이 매우 고집불통이다. ¶人~损财, 牛~损力 | 諺 사람이 고집스러우면 재물을 손해보고 소가 고집스러우면 힘을 손해본다.

Ⓑ ǎo 動 方 구부려서 꺾다. 부러뜨리다. ¶～花｜꽃을 꺾다.
Ⓒ ào 書 ❶ 形 순조롭지 않다. 딱딱하다. 어색하다. ¶～口↓ ¶～声｜方 알아듣기 힘든 말소리. ❷ 動 억누르다. 억제하다. ¶～怒｜화를 억누르다.
Ⓐ niù
【拗不过】niù ·bu guò 動組 고집을 꺾을 수 없다. 거역할 수 없다. ¶我实在～他，只好答应他的要求｜나는 정말 그의 고집을 꺾을 수 없어 하는 수 없이 그의 요구를 들어주기로 했다. ¶他这个人脾气犟jiàng，你可～他｜그 사람은 성미가 고집스러워 넌 결코 그를 꺾을 수 없다 ⇔〔拗得过〕
【拗劲(儿)】niù/jìn(r) ❶ 動 성질이 비뚤어지다. ¶他就是爱～｜그는 잘도 삐친다. ¶你拗什么劲呢｜너는 뭐가 그렇게 틀어졌느냐. ❷ (niùjìn(r)) 名 고집이 센 성질. 괴팍한 성질. 비뚤어진 성격. ¶他有股子～，别人不干的话他干｜그는 괴팍한 성질이 있어, 다른 사람이 (감히) 하지 못하는 말도 그는 한다.
Ⓒ ào
【拗口】àokǒu 形 혀가 잘 돌아가지 않다. 말하기가〔발음하기가〕 까다롭다. ¶这些词儿太～了｜이 단어들은 너무 발음하기 나쁘다. ¶这段文章念起来十分～｜이 글은 읽기가 매우 까다롭다.
【拗口令】àokǒulìng ⇒〔绕rào口令〕

nóng ㄋㄨㄥˊ

1【农(農)】nóng 농사 농
❶ 名 농업. 농사. 농작. ¶～民｜농민. ¶务～｜농업에 종사하다. ¶～忙↓ ❷ 농민. ¶贫～｜빈농. ¶中～｜중농. ¶佃diàn～｜소작농. ¶菜～｜야채 농가. ❸ (Nóng) 名 성(姓).
【农产】nóngchǎn 名 ❶ 농업생산. ¶～区｜농업생산지역. ❷ 농산품. 농산물. ¶这里有丰富的～｜이곳에는 풍부한 농산물이 있다〔생산된다〕.
4【农产品】nóngchǎnpǐn 名 농산물. ¶～收购价格｜농산물 수매 가격 =〔农产物〕 ¶～加工｜농산물 가공.
【农产物】nóngchǎnwù ⇒〔农产品〕
3【农场】nóngchǎng 名 농장. ¶集体～｜집단 농장. ¶国营～｜국영 농장. ¶合作～｜협동 농장.
1【农村】nóngcūn 名 농촌. ¶～集市｜농촌의 정기 시장. ¶～人民公社｜농촌 인민 공사.
【农夫】nóngfū 書 名 농부. 농군. ¶～耕gēng田｜농부가 농사일을 하다 =〔农人〕
【农妇】nóngfù 名 농촌 아낙네. 농가의 부녀. ¶～锄chú地｜농촌 아낙네가 호미로 김을 매다.
【农工】nónggōng 名 ❶ 농업과 공업. ❷ 농민과 노동자. ❸ 고용되어 농사에 종사하는 사람. 머슴. ❹ 簡「农业工人」의 약칭.
4【农户】nónghù 名 농가.
【农会】nónghuì 名 簡「农民协会」의 약칭.
【农活(儿)】nónghuó(r) 名 농사일 =〔农家活儿〕〔俗 活茬儿〕
【农机】nóngjī 名 농업〔농사〕 기계. ¶～厂｜농업기계 공장. ¶～修造厂｜농업 기계 수리 제조 공장 =〔农业机器〕
【农技】nóngjì 名 簡「农业技术」(농업기술)의 약칭. ¶～站｜농업 기술 지도소.
【农家】nóngjiā 名 ❶ 농가. 농부. ¶老康是～子弟｜강씨는 농부의 아들이다. ❷ (Nóngjiā) 농가[중국 춘추시대의 제자 백가(諸子百家)의 하나]
【农家肥料】nóngjiāféiliào 名組〈農〉농가 지급비료 [분뇨·퇴비·녹비·구비(廐肥)·초목회(草木灰) 따위의 유기질 비료]→〔化肥〕
3【农具】nóngjù 名 농기구. ¶修理～｜농기구를 수리하다.
【农垦】nóngkěn 名 농업개간. 농토개간. ¶～事业｜농업 개간사업. ¶参加～｜농업개간사업에 참여하다.
【农历】nónglì 名 ❶ 음력 =〔阴历〕〔旧历〕〔夏历〕 ❷ 농사력(農事曆)
【农林】nónglín 名 농업과 임업.
【农忙(季节)】nóngmáng(jìjié) 名 농번기. ¶～期间，他们都下乡帮工｜농번기에 그들은 모두 고향으로 내려가 일손을 돕는다.
3【农贸市场】nóngmào shìchǎng 名組 簡「农副产品贸易市场」의 약칭 [사회주의 체제하의 농민들이 자영지(自營地)에서 생산한 잉여생산물을 직거래하는 교역 시장. 흔히「自由市场」이라고도 함]
1【农民】nóngmín 名 농민.
【农民协会】nóngmín xiéhuì 名組 제1차 국공내전 시기에 중국 공산당 지도하에 생긴 농민조직 =〔簡 农会〕〔簡 农协〕
【农奴】nóngnú 名 농노. ¶～主｜(농노의) 영주. 농노주.
【农舍】nóngshè 名 농민들이 사는 집〔가옥〕. 농가. ¶一排～｜줄지어 있는 농가.
【农时】nóngshí 名 농사철. 농기(農期). ¶不误wù～ =〔不违农时〕｜농기를 어기지 않다. ¶～不等人，人误地一时，地误人一年哪｜농기는 사람을 기다리지 않으니, 사람이 한 시기를 놓치면, 땅은 사람에게 1년의 손실을 가져다 준다.
【农事】nóngshì 名 농사. ¶～繁忙｜농사일이 바쁘다.
3【农田】nóngtián 名 농경지. 농토. ¶～水利建设｜농지 수리 시설 건설. ¶～基本建设｜농지 기본 건설.
【农闲(季节)】nóngxián(jìjié) 名 농한기. ¶利用～学习普通话｜농한기를 이용하여 중국 표준말을 배우다.
【农协】nóngxié 名 簡「农民协会」의 약칭.
【农械】nóngxiè 名 簡 ❶ 농기계. ❷ 농약 살포기.
【农学】nóngxué 名 농학. ¶～家｜농학자.
【农谚】nóngyàn 名 ❶ 농업에 관한 속담·격언. ¶～中有许多哲理｜농업에 관한 속담 중에는 이치가 많이 담겨있다. ❷ 농민들 사이에 전해지고 있는 속담.
3【农药】nóngyào 名 농약. ¶～污染｜농약 오염.
1【农业】nóngyè 名 농업. ¶～地质学｜농업 지질학. ¶～人口｜농업 인구. ¶～生物学｜농업 생물학. ¶～土壤学｜농업(응용) 토양학. ¶～气

象学｜농업 기상학. ¶～机械化｜농업 기계화. ¶～生产合作社｜농업 생산 협동 조합.

【农业税】nóngyèshuì 名組 농업세. ¶征收～｜농업세를 징수하다.

【农艺】nóngyì 名 농예. 영농기술. ¶学习～｜영농을 배우다. ¶～师｜영농〔농업〕기술자.

3【农作物】nóngzuòwù 名 농작물. ¶种植～｜농작물을 재배하다＝〔簡 作物〕

【依(儂)】nóng 나 농 ❶ 書 代 나 [옛날 시문(詩文)에 보이는 제1인칭 대사] ¶汝意怀～不｜그대는 나를 생각하시는가? ❷ 書 名 사람 [고악부(古樂府)에 보임] ¶九里新～还｜구리에 새 사람이 돌아왔도다. ❸ 代 奧 당신. 그대 [상해(上海)일대의 방언] ❹ 名〈民〉농족 ¶～族｜농족. 장족(壯族)의 한 갈래. ❺ (Nóng) 名 성(姓).

【依特利】nóngtèlì 名 外 롯데리아(Lotteria) [외식 산업체 이름]＝〔乐天利〕

【哝(噥)】nóng 수근거릴 농 ⇒〔哝哝〕〔嘟dū哝〕〔唧lāng哝〕

【哝哝】nóng·nong 動 ❶ 작은 소리로 말하다. 중얼중얼하다. ¶你～什么?｜너는 무얼 중얼거리고 있느냐? ❷ 江 참다. 어쩔 수 없이 승락하다.

2【浓(濃)】nóng 질을 농 形 ❶ (농도가) 진하다. 짙다. 농후하다. ¶这杯茶太～｜이 차 한 잔은 너무 농도가 진하다. ¶～云｜짙은 구름. ¶酒味～｜술맛이 진하다 ⇔〔淡①〕 ❷ (정도가) 깊다. 두텁다. ¶他对昆曲的兴趣很～｜그는 곤곡에 대해 흥미가 아주 많다.

【浓茶】nóngchá 名 농차. 진한 차.

【浓淡】nóngdàn 名 농담. 짙음과 엷음. ¶这幅画儿的色彩～不匀｜이 그림은 색채 농담이 고르지 못하다. ¶调tiáo好茶的～｜차맛의 농담을 조절하다. ¶这壶茶的～如何?｜이 주전자의 차 맛은 어떠냐?

4【浓度】nóngdù 名〈化〉농도. ¶当量～｜당량 농도.

4【浓厚】nónghòu 形 ❶ (공기·안개 따위가) 밀도가 크다. 짙다. ¶山雾～｜산안개가 짙다. ❷ (색채·의식·분위기 따위가) 농후하다. 강렬하다. ¶学习气氛qìfēn很～｜학습 분위기가 아주 농후하다. ¶～的民间色彩｜짙은 민간 색채. ❸ (흥미·관심 따위가) 크다. 강하다. ¶孩子们对打乒乓pīngpāng球兴趣都很～｜아이들은 모두 탁구에 대해 큰 흥미를 갖고 있다.

【浓丽】nónglì 形 농염하고 화려하다. ¶鲜红～的花朵｜선홍색의 농염한 꽃. ¶色彩～｜색채가 농염하다.

【浓烈】nóngliè 形 ❶ (냄새 따위가) 농후하다. 강렬하다. 자극적이다. ¶香气～｜향기가 자극적이다. ¶～的色彩｜강렬한 색채. ❷ (감정 따위가) 격하다. 강하다. 짙다.

【浓眉】nóngméi 名 짙은 눈썹. ¶～大眼｜成 짙은 눈썹과 부리부리한 눈. 늠름한 용모. ¶这孩子～, 非常神气｜이 아이는 짙은 눈썹에 부리부리한 눈으로 아주 생기가 있다.

【浓密】nóngmì 貺 (나뭇잎·안개·두발·수염 따위가) 농밀하다. 조밀(稠密)하다. 빽빽하다. ¶～的枝叶｜빽빽한 나뭇잎.

【浓缩】nóngsuō 名 動 농축(하다). ¶把文章再～一下｜그 문장을 다시 한번 더 압축해라. ¶～物｜농축물. ¶～铀yóu｜농축 우라늄.

【浓香】nóngxiāng ❶ 貺 (향기가) 진하다. ¶～的茅台酒｜향기가 진한 마오타이 술. ❷ 名 농후한(진한) 향기. ¶～袭xí人｜진한 향기가 엄습하다〔파고들다〕

【浓艳】nóngyàn 貺 (색이) 농염(濃艶)하다. 화려하다. ¶色彩～｜색채가 농염하다.

【浓郁】nóngyù 形 (향기가) 짙다. 강하다. ¶菊花发出～的香味｜국화가 짙은 향기를 풍기다.

【浓云】nóngyún 名 짙은 구름. 검은 구름.

【浓重】nóngzhòng 形 (연기·냄새·색채 등이) 농후하다. 짙다. ¶山谷中的雾wù越发～了｜산골짜기의 안개가 갈수록 짙어졌다.

【脓(膿)】nóng 고름 농 名 고름. 농액(膿液). ¶化～＝〔酿脓〕〔灌guàn脓〕｜화농하다. ¶挤jǐ～｜고름을 짜다.

【脓包】nóngbāo 名 ❶ 고름집. ❷ 喻 罵 쓸모없는 놈. 똥주머니＝〔脓团〕 ❸ 喻 오래된 악폐(惡弊).

【脓疱病】nóngpàobìng 名〈醫〉농포진(膿疱疹)＝〔黄水疮〕

【脓水】nóngshuǐ 名 고름. 농액(膿液). ¶直淌zhítǎng～｜고름이 계속 흘러내리다＝〔脓汁〕

【脓团】nóngtuán ⇒〔脓包②〕

【脓血】nóngxuè 名 농혈. 피고름. ¶排出～｜피고름을 빼내다.

【脓肿】nóngzhǒng 名〈醫〉농양(膿瘍). ¶结核jiéhé性～｜결핵성 농양. ¶肝～｜간 농양.

【秾(穠)】nóng 무성할 농 書 形 초목이 무성하다. ¶夭yāo桃～李｜무성한 복숭아와 오얏.

nòng ㄋㄨㄥˋ

2【弄〈挵A〉】nòng lòng 희롱할 롱

A nòng 動 ❶ 하다. 만들다. 어법 여러 동사의 뜻을 대표함. 본래의 동사를 사용하지 않고「弄」으로 대신하는 것은 그 동작의 구체적인 설명이 불필요하거나 곤란한 경우, 그리고 중점이 동작·행위에 없고 그 결과에 있는 경우에 많이 사용됨. ¶～车｜차를 수리하다. ¶～饭吃｜밥을 해 먹다. ¶你看把这里～成什么样子了｜이곳을 어떤 꼴로 만들어 놨는지 봐라. ¶不要多～菜!｜음식을 너무 많이 하지 마세요! ¶这活儿我做不好, 请你帮我～～｜나는 이 일을 잘 할 수 없으니 당신이 나를 도와서 좀 해 주시오＝〔搞〕〔做〕 ❷ …한 결과를 낳다. …하게 하다. 어법「弄得」의 형태로 대개 좋지 않은 방면에 쓰임. ¶这孩子把衣服～得这么脏zāng｜이 아이는 옷을 이렇게 더럽혔다. ¶～得家破人亡｜집은 파산하고 사람은 죽을 지경에 이르다. ❸ (어떻게든) 얻다. 구하다. 장만하다. 손에 넣다. 어법 뒤에 항상「數＋量＋名」의 형태가 붙음. ¶我～来了一辆新车｜

내가 새차를 가져왔다. ¶去～点水来｜가서 물을 좀 구해와라. ❹농간을 부리다. …한 수단을 부리다. ¶～手段｜수단을 부리다. ❺가지고 놀다. 만지다. 장난하다. ¶不要～火!｜불장난하지 마라. ¶小孩儿爱～橡皮泥(沙土)｜아이들은 고무찰흙(모래)을 잘 갖고 논다.
Ⓑ lòng ⓧnòng) ❶量 곡(曲) [곡조(曲調)를 세는 데 쓰임] ¶一～曲子｜한 곡(조). ❷名 方 작은 거리. 소로. 골목길. ¶～堂↓ →〔巷xiàng〕
Ⓐ nòng
【弄不好】nòng ·bu hǎo 動組 잘하지 못하다. 멋지게 못하다.
【弄不清】nòng ·bu qīng 動組 분명히 하지 못하다. 분간하지 못하다. 구별할 수 없다. ¶～谁是谁非｜누가 옳고 누가 그른지 분간할 수 없다 ⇔〔弄得清〕
【弄不转】nòng ·bu zhuàn 動組 손을 쓸 수 없다. 어찌하지 못하다. ¶修理电视我还弄得转, 修理电脑我就～了｜텔레비젼 수리는 그런대로 하겠지만, 콤퓨터 수리는 어떻게 해 볼 도리가 없다 =〔弄不来〕⇔〔弄得转〕
【弄菜】nòng/cài 動 요리를 만들다.
【弄潮】nòngcháo 書 ❶動 粵 해수욕하다. ❷名 수영을 잘하는 사람. ❸名 파도타기. 수영 경기. 보트 경주. ❹(nòng/cháo) 動 파도를 타다. 파도타기를 하다. ¶～的好手｜파도타기 능수. ❺動 물을 두려워하지 않다. ¶～儿｜수영하는 소년. 목선을 운항하는 사람.
【弄臣】nòngchén 名 제왕과 허물없이 친한 신하.
【弄出来】nòng ·chū ·lái 動組 저지르다. 나오게 만들다. ¶弄出怪事来｜기괴한 사건을 일으키다. ¶把耳屎～｜귀지를 파내다.
【弄错】nòngcuò 動 실수하다. 잘못하다. 잘못 알다. ¶对不起, 我～了｜미안하다. 내가 잘못 알았다.
【弄淡】nòngdàn 動 묽게 하다. ¶这道菜太咸xián, 请把味道～一点｜이 음식은 너무 짜니 맛을 좀 싱겁게 해 주세요.
【弄倒】nòngdǎo 動 뒤집다. 뒤엎다. ¶把墨水瓶～｜잉크병을 엎다.
【弄到】nòng·dao ❶⇒〔弄得〕❷動 손에 넣다. ¶～了三万块钱了｜3만원을 손안에 넣었다.
【弄到手】nòng·dao shǒu 動組 손에 넣다. ¶想要的邮票好不容易才～｜갖고 싶던 우표를 가까스로 손에 넣었다.
【弄得】nòng·de 動 …하게 하다〔되다〕. ¶～越发不可收拾｜더 더욱 수습치 못하게 되다 =〔弄到〕→〔弄③〕
【弄丢】nòngdiū 動 분실하다. 잃어 버리다. ¶我把钱包～了｜나는 돈지갑을 잃어 버렸다 =〔打丢〕
【弄懂】nòngdǒng 動 알게 하다. 이해하게 하다. ¶把意思～就行了｜그 뜻만 이해하면 돼.
【弄鬼】nòng/guǐ 動 方 ❶흉계를 꾸미다. 농간을 부리다. ¶她喜欢装zhuāng神～｜그녀는 농간 부리기를 좋아한다. ❷기묘한 짓을 하다 ‖ =〔弄神〕〔捣dǎo鬼〕
【弄鬼弄神】nòng guǐ nòng shén 成 흉계를 꾸미다. 농간을 부리다 =〔弄神弄鬼〕
【弄好】nòng/hǎo 動 ❶완성하다. 잘 마무르다. ¶没半天～｜반나절도 안됐는데 일을 다 처리했다. ¶我早就把饭～了｜나는 벌써 밥을 다해 놓았다. ¶计划～了没有｜계획은 다 짰느냐? ❷수리하다. ¶把自行车～｜자전거를 수리하다.
【弄坏】nònghuài 動 ❶(일을) 망치다. 실패하다. ❷망가뜨리다. 못쓰게 하다. ¶把电视～了｜텔레비젼을 망쳐 놓았다. ¶谁把我的表～了?｜누가 내 시계를 망가뜨렸어?
【弄假成真】nòng jiǎ chéng zhēn 成 장난삼아 한 것이 사실로 되다. 농담이 진담되다. ¶我的病却是～｜내 병이야말로 농담이 진담된 경우이다.
【弄巧成拙】nòng qiǎo chéng zhuō 成 잘 하려고 한 일이 오히려 일을 그르치다. 재주를 부리다가 망신당하다. ¶这事儿最后竟～｜이 일은 마지막에 가서 오히려 일을 그르치게 되었다.
【弄权】nòng/quán 動 권력을 악용하다. 월권행위를 하다. ¶宦huàn官～｜환관이 월권행위를 하다. ¶奸jiān人～｜간신배가 권력을 휘두르다.
【弄神弄鬼】nòng shén nòng guǐ ⇒〔弄鬼弄神〕
【弄通】nòngtōng 動 능통하게 되다. 정통하게 되다. ¶要下苦工夫, 才能～一种外语｜열심히 노력해야만 외국어에 능통할 수 있다.
【弄瓦】nòngwǎ 書 動 계집아이를 낳다 [「瓦」는 실패(실감개)의 뜻.「瓦Ⓐ③」] ¶又～了｜또 계집아이를 낳았다.
【弄瓦之喜】nòng wǎ zhī xǐ 成 딸을 출산한 기쁨〔경사〕.
4【弄虚作假】nòng xū zuò jiǎ 成 허풍을 떨다. 속임수를 쓰다. 기만술(책)을 쓰다. ¶以次豆充好豆, ～｜저질의 콩을 고급 콩인 양하여 속임수를 쓴다. ¶反对～, 以次充好｜속임수를 써서 나쁜 것을 좋은 것인양 하는 것을 반대하다.
【弄糟】nòngzāo 動 실패하다. 실수하다. 그르치다. 망치다. ¶事情全都～了｜모든 일이 망쳐졌다.
【弄璋】nòngzhāng 書 動 아들을 낳다.
【弄璋之喜】nòng zhāng zhī xǐ 成 득남의 기쁨. 아들을 낳은 경사.
Ⓑ lòng
【弄堂】lòng·táng 名 方 작은 골목. 뒷골목 [북경의「胡hú同」에 해당하는 막다른 골목] ¶小孩在～里玩儿｜아이가 골목에서 논다. ¶～口｜골목 어귀 =〔弄唐〕

nòu ㄋㄡˋ

【耨〈鎒〉】**nòu 괭이 누, 김맬 누**
書 ❶動 제초(除草)하다. 김을 매다 =〔耨草〕❷名 호미 괭이 따위의 제초(除草)용 농구.

nú ㄋㄨˊ

3【奴】**nú 종 노, 놈 노**
❶名 노예. 종. ¶家～｜종 ⇔〔主〕❷名 近 謙 저. 젊은 여성의 자칭(自稱). ❸尾 남을 천대하여 부르는 말. ¶守钱～｜수전노. ¶卖国～｜매국노. ❹노예처럼 부리다. ¶～役↓
【奴婢】núbì 名 ❶노비. ¶官～｜국가 소유의 노

비. ❷ 환관이 황제나 왕비 앞에서 자신을 낮추어 부르는 말. ¶～不敢自作主张, 请大人吩咐fēnfù | 제가 감히 저의 주장을 할 수 없사오니 대인께서 분부를 내리십시오.

【奴才】nú·cai 名 ❶ 노비. 노예. ❷ (남의 나쁜 일을 도와주는) 비굴한 놈. 앞잡이. ¶这些该死的～! | 이 죽어 마땅한 앞잡이놈들!

【奴家】nújiā 名 近 나. 저 [옛날, 젊은 여자의 자칭] ＝〔奴②〕

3【奴隶】núlì 名 노예. ¶～起义 | 노예 반란.

【奴仆】núpú 名 노복. 종. 노예.

【奴相】núxiàng 名 喩 비굴한 태도〔모습〕. ¶他今天却～十足地说 | 그가 오늘은 비굴하기 짝이 없는 태도로 말했다 ＝〔奴才相〕

4【奴役】núyì ❶ 動 노예를 부리다. 노예화하다. ¶～他国 | 남의 나라를 노예화하다. ¶反抗帝国主义的～和压迫 | 제국주의의 노예화와 압박에 항거하다. ❷ 名 노역(奴役) ‖ ＝〔書 奴使〕

【孥】 nú 처자 노, 종 노
書 名 ❶ 자식. ❷ 아내와 자식 ＝〔妻qī孥〕 ❸ 종. 노비 ＝〔帑nú〕

【孥戮】núlù 書 動 죄가 자손에게까지 미쳐 살해당하다.

【帑】 nú ☞ 帑 tǎng B

【驽(駑)】 nú 둔할 노
書 ❶ 名 둔한 말. ❷ 形 喩 무능하다. 우둔하다.

【驽钝】núdùn 書 形 우둔하다. 둔하다. ¶我天生～, 请您多指教 | 저는 천성이 우둔하니 많이 가르쳐주십시오.

【驽马十驾】nú mǎ shí jià 成 능력이 모자란 사람도 꾸준히 힘쓰면, 훌륭한 성과를 거둘 수 있다. ¶～, 只要坚持努力, 一定能有所作为 | 능력이 모자란 사람도 꾸준히 노력하면 되는 법이니 계속 열심히하기만 하면 반드시 성과가 있을 것이다.

nǔ ㄋㄨˇ

1【努〈拟₃〉】 nǔ 힘쓸 노
❶ 힘쓰다. 노력하다. ¶～力↓ ❷ 動 (너무 무리하게 힘을 써서) 몸을 상하다. ¶搬石头～着了, 直吐血 | 돌을 나르는 데 너무 무리해서 자꾸 피를 토했다. ❸ 動 돌출하다. 내밀다. ¶～着眼睛 | 눈이 튀어 나왔다. ¶～着嘴 | 입을 삐죽 내밀다. ❹ 名 한자 필획의 하나 [아래로 내려 긋는 필획을「努」라고 함]

【努库阿洛法】Nǔkù'āluòfǎ 名 外〈地〉누쿠알로파(Nukualofa) [「汤加」(통가;Tonga)의 수도]

1【努力】nǔ/lì ❶ 形 열심히 하다. 노력하다. 힘쓰다. ¶他学习很～ | 그는 공부를 아주 열심히 한다. ❷ (nǔlì) 名 노력. ¶尽jìn最大～ | 최대의 노력을 다하다.

【努美阿】Nǔměiā 名 外〈地〉누에마(Noumea) [「新喀里尼亚」(프랑스령 뉴칼레도니아섬;New Caledonia)의 수도]

【努瓦克肖特】Nǔwàkèxiāotè 名 外〈地〉누악쇼트(Nouakchott) [「毛里塔尼亚」(모리타니;Mauritnie)의 수도]

【努责】nǔzé 動〈醫〉(대변을 보거나 분만 시에) 복부(腹部)에 힘을 주다.

【努嘴(儿)】nǔ/zuǐ(r) 動 ❶ 입짓으로 신호하다. ¶她直～让他别再往下说 | 그녀가 계속 입짓을 해서 그가 더 이상 계속 얘기하지 못하게 했다. ❷ 화가 나서 입을 삐죽거리다.

【弩】 nǔ 쇠뇌 노
名 석궁(石弓). 쇠뇌 [병기의 일종으로, 여러 개의 화살이나 돌을 잇따라 쏘게 된 큰 활] ¶强～ | 강한 쇠뇌 ＝〔弩弓(子)〕

【弩弓(子)】nǔgōng(·zi) 名 쇠뇌. 석궁(石弓).

【弩箭】nǔjiàn 名 석궁 발사에 사용되는 화살. ¶放出～ | 석궁 화살을 쏘다. ¶像～地跑了 | 쏜살같이 달아났다.

【胬】 nǔ 군살 노
⇒〔胬肉〕

【胬肉】nǔròu 名〈漢醫〉결막에 생긴 군살.

【胬肉攀睛】nǔròu pānjīng 名組〈漢醫〉익상편(翼狀片). 결막에 생긴 군살이 각막을 덮은 것 [「胬」는「努」로도 씀] ＝〔努肉攀睛〕

nù ㄋㄨˋ

2【怒】 nù 성낼 노, 기세 노
❶ 動 성내다. 분노하다. ¶大～ | 크게 성내다. ¶发～ | 노하다. 성내다. ¶恼nǎo～ | 성내다. ❷ 喩 기세가 매우 왕성하다. ¶百花～放 | 온갖 꽃이 어우러져 피다. ❸ 名〈民〉노족. 중국 소수 민족의 하나. ¶～族↓

【怒臂】nùbì 書 動 팔뚝을 걷어부치고 화를 내다.

【怒不可遏】nù bù kě è 成 분노를 억제할 수 없다. ¶我～, 大骂了几声 | 나는 격분을 참지 못하고 큰소리로 욕을 몇 마디 했다 ＝〔怒不可忍〕

【怒不可忍】nù bù kě rěn ⇒〔怒不可遏〕

【怒潮】nùcháo 名 노도(怒濤). 喩 세찬 기세. ¶掀xiān起罢bà工～ | 파업의 기세가 거세게 일어나다.

【怒叱】nùchì 動 분노하여 엄하게 꾸짖다. 호되게 욕하다.

【怒斥】nùchì 動 성나서 비난하다. 화를 내며 꾸짖다〔질책하다〕. ¶～叛徒pàntú | 반도를 호되게 질책하다.

【怒冲冲】nùchōngchōng 貺 노기등등하다. 노발대발하다.

【怒发冲冠】nù fà chōng guān 成 화가 머리끝까지 치밀어오르다. 노기충천하다. 노발대발하다 ＝〔冲冠〕

【怒放】nùfàng 動 (꽃이) 활짝 피다. 만발하다. ¶春天, 桃花, 杏花争相～ | 봄이면 도화·행화가 다투어 만개한다.

【怒忿忿】nùfènfèn 貺 잔뜩 성을 내다.

【怒号】nùháo 動 노호하다. 울부짖다 [주로 바람을 형용할 때 씀] ¶北风～ | 북풍이 울부짖다.

【怒喝】nùhè 動 분노하여 고함치다. ¶～一声 | 분노하여 고래고래 고함치다.

4【怒吼】nùhǒu ❶ 動 포효(咆哮)하다. 노호하다. ❷ 名 노성(怒聲). 노호.

4【怒火】nùhuǒ 名 불길 같은 분노. 격한 노여움. ¶压住心里的～ | 마음 속의 분노를 억누르다

【怒骂】nùmà 動 (분노하여) 욕하다. ¶嬉笑～ | 웃음과 욕설. ¶大声～ | 큰소리로 욕하다.

【怒目】nùmù 動 눈을 부라리다. 눈에 노기를 띠다. ¶～张眉 =〔怒目横眉〕| 눈을 부라리고 눈썹을 치켜 올리다.

【怒目瞪眼】nùmù dèngyǎn 成 노하여 눈을 부라리며 쏘아보다.

【怒目而视】nù mù ér shì 成 눈총을 주다. 성난 눈으로 보다.

【怒气】nùqì 名 노기. ¶～冲冠 =〔怒气冲天〕〔怒气冲冲〕| 노기 충천하다. ¶他的～消xiāo了 | 그의 노기가 가라앉았다.

【怒容】nùróng 名 노한 표정. 노기. ¶他一脸～ | 그의 얼굴은 노기가 가득하다 =〔怒色〕

【怒色】nùsè ⇒〔怒容〕

【怒视】nùshì 動 매섭게 쏘아보다. 성이 나서 노려보다. ¶～敌人 | 적을 노려보다.

【怒形于色】nù xíng yú sè 成 얼굴에 노기를 띠다. 노기등등하다. ¶一听此话, 他马上～ | 이 말을 듣자마자 그는 곧 얼굴에 노기를 띠었다.

【怒族】Nùzú 名〈民〉노족 [운남성(雲南省) 서북부 버마와의 접경지역에 사는 중국 소수 민족의 하나. 예전에는「怒子」또는「潞子」라 하였음]

nǚ ㄋㄩˇ

1【女】 nǚ nü rǔ 계집 녀, 너 여

Ⓐnǚ ❶ (～子) 名 여성. 여자. ¶男～平等 | 남녀평등. ¶～工↓ ⇔〔男nán①〕❷ 名 딸. ¶儿～ | 아들과 딸. ❸ 名 미혼여성 [결혼한 여성은「妇」라고 함] ❹ (일부 동물의) 암컷. ¶～猫 =〔母猫〕| 암코양이. ❺ 작고 어린 것을 가리킴. ¶～桑↓ ❻ 名〈天〉이십 팔 수(二十八宿)의 하나.

Ⓑnǜ 書 動 여자이게 하다. 시집보내다.

Ⓒrǔ 書 代 너. 당신 =〔汝rǔ①〕

【女伴】nǚbàn 名 ❶ 동행하는 여성. ❷ 처(妻).

【女扮男装】nǚ bàn nánzhuāng 動組 남장하다. 남자로 분장하다. ¶花木兰～, 替父从军 | 화목란은 남자로 분장하고 아버지를 대신해서 종군했다 ⇔〔男扮女装〕

【女宾】nǚbīn 名 여자 손님. ¶～请坐这边儿 | 여자 손님은 이쪽으로 앉아주세요.

【女车】nǚchē 名 여자용 자전거.

【女大十八变】nǚ dà shíbā biàn 諺 여자는 성장할 때까지 여러 번 모습이 바뀐다. ¶真是～, 越变越好看 | 정말 여자는 성장할 때까지 많이 변하는데, 변할수록 예쁘다.

【女低音】nǚdīyīn 名〈音〉알토. 여성의 저음.

1【女儿】nǚ'ér 名 ❶ 딸. ¶大～ | 맏딸. ¶二～ | 둘째 딸. ❷ 미혼녀.

【女儿红】nǚ'érhóng 名〈食〉술이름

【女方】nǚfāng 名 (흔히, 혼사에, 있어서) 신부 쪽. 여자 쪽. ¶他愿意到～家落户luòhù | 그는 신부집에 들어가 살려고 한다 ⇔〔男方〕

【女高音】nǚgāoyīn 名〈音〉소프라노. ¶～歌唱家 | 소프라노 가수.

【女工】nǚgōng 名 ❶ 여자 노동자. 여공. ¶～工资低于男工 | 여직공의 월급은 남자 직공보다 적다. ❷ (바느질·자수 등의) 여자의 일. 또는 여자들이 만들어낸 물건 =〔女红gōng〕〔女功〕

【女红】nǚgōng ⇒〔女工②〕

【女功】nǚgōng ⇒〔女工②〕

【女孩儿】nǚháir 名 ❶ 여자 아이. 소녀. ¶爱美是～的天性 | 아름다움을 좋아하는 것은 소녀들의 천성이다. ❷ 딸. ¶我有一个～ | 나는 딸이 한 명 있다 ‖ =〔女孩子〕⇔〔男孩儿〕→〔闺女②〕〔姑娘 ⓑ ②〕〔女花(儿)〕

【女孩子】nǚhái·zi ⇒〔女孩儿〕

【女家(儿)】nǚjiā(r) 名 (결혼에서) 신부 쪽. 색시집 =〔書 坤kūn宅〕⇔〔男家(儿)〕〔干宅〕

【女将】nǚjiàng 名 ❶ 여걸. 여장부. 여장군. ❷ 여자 배우. 여자 재능꾼.

【女杰】nǚjié 名 여걸. ¶秋瑾Qiūjǐn乃绍兴～ | 추근은 소흥의 여걸이다.

【女界】nǚjiè 名 ❶ 부녀자의 총칭. ¶电影院的座位, 现在不分男界～ | 영화관의 좌석은 현재 남녀의 자리를 구분하지 않는다. ❷ 부녀 사회. 여성계. ¶她是当地～的领导人物 | 그녀는 그곳 부녀 사회의 지도적인 인물이다.

【女眷】nǚjuàn 書 名 가족 중의 부녀자. 여자권속. ¶他还带了几个～ | 그는 여자권속을 몇 명 데리고 있기까지 하다.

【女角(儿)】nǚjué(r) 名〈演映〉❶ 여우(女優). 여자 배우 =〔坤角儿〕❷ 여자역을 하는 남자 배우.

【女科】nǚkē 名〈醫〉부인과.

【女客】nǚkè 名 여자 손님.

【女篮】nǚlán 名 簡〈體〉「女子篮球」(여자 농구)의 약칭.

【女郎】nǚláng 書 名 ❶ 소녀. ❷ 젊은 여성. ¶摩登módēng～ | 모던 여성. 현대적인 여성. ❸ 남자와 같은 재능과 학식을 갖추고 있는 여자.

【女流】nǚliú 名 貶 아녀자. 부녀자. 여자. ¶～之辈 | 아녀자들.

【女排】nǚpái 名 簡〈體〉「女子排球」(여자 배구)의 약칭.

【女朋友】nǚpéng·you 名 여자 친구. 애인. ¶他交了几个～ | 그는 여자 친구를 몇 명 사귀었다 ⇔〔男朋友〕

【女仆】nǚpú 名 여복. 하녀. 여종. ¶她在上海当～ | 그녀는 상해에서 하녀일을 하고 있다.

【女权】nǚquán 名 여권. 여성의 권리. ¶尊重zūnzhòng～ | 여성의 권리를 존중하다.

2【女人】ⓐnǚrén 名 여자. 여인. ¶～善变 | 여자는 변신에 능하다.

ⓑnǚ·ren 名 ⓪ 처. 마누라. 아내. ¶应该有一个～ | 응당 마누라가 있어야 한다《鲁迅·阿Q正傳》=〔俗 老婆①〕⇔〔男人〕→〔妻〕

【女色】nǚsè 名 여색. ¶好hào～ | 여색을 밝히다 =〔書 妃pèi色〕

【女僧】nǚsēng 名 여승. 비구니.

【女神】nǚshén 名 여신 =〔女灵〕

【女生】nǚshēng 名 여학생. ¶我们学校～比男生

多｜우리 학교는 여학생이 남학생보다 많다. ¶兼收jiānshōu～｜여학생도 입학을 허가하다. ¶～宿舍｜여학생 기숙사 =〔女学生〕

【女声】nǚshēng 名〈音〉여성. 성악의 여자 성부(聲部). ¶～合唱｜여성 합창.

【女史】nǚshǐ 名 ❶ 여사 [옛날, 후궁을 섬기어 기록과 문서를 맡아 보던 여관(女官)] ❷ 敬 여사. 학덕이 높은 부인. ❸〈天〉별 이름.

2【女士】nǚshì 名 ❶ 학식 있는 여자. 숙녀. ¶各位～和先生们｜신사 숙녀 여러분. ¶～优先｜숙녀우선. ❷ 敬 부인. 여사.

【女娲】Nǚwā 名 ❶〈神〉여와씨. 신화 속의 여제(女帝)이름. ❷〈地〉태행산(太行山)의 다른 이름.

【女玩家】nǚwánjiā 名 台 여자 바람둥이. 플레이 걸 →〔花花公子〕

【女王】nǚwáng 名 여왕.

【女巫】nǚwū 名 무당 =〔巫婆〕〔神婆(子)〕

【女戏子】nǚxì·zi ⇒〔坤kūn角儿〕

【女相】nǚxiàng 形 남자의 태도나 모습이 여자 같음. ¶他长得有点～, 说话还有点腼腆miǎntiǎn｜그는 생긴것이 여자같고, 말할때 수줍음을 타기까지 한다.

4【女性】nǚxìng 名 ❶ 여성 [성(性)적으로 남성과 상대적인 말] ❷ 여성. 여자. ¶新～｜신여성. ¶这种工作不适于～｜이런 일은 여성에게 적합하지 않다.

【女婿】nǚ·xu 名 ❶ 사위. ¶～家｜사위의 집. ¶你招了一个好～｜당신은 좋은 사위를 보았군요. ¶父亲瞎了眼睛, 选了这样的人做～｜아버지가 눈이 멀었지, 이런 사람을 골라 사위로 삼다니 =〔書 女夫〕〔書 女倩〕〔書 半子〕〔書 东床〕〔書 东坦〕〔書 馆甥〕❷ 口 남편 ‖ =〔门mén婿〕〔子婿①〕

【女演员】nǚyǎnyuán 名 여자 배우〔연기자〕=〔女伶〕

【女阴】nǚyīn 名 여자의 음부 =〔阴沟②〕

【女优】nǚyōu 名〈演映〉(옛날의) 여자 배우 =〔坤kūn角儿〕

【女招待】nǚzhāodài 名 여급. 여자 접대원. 작부(酌婦). 접대부. ¶她在酒楼当～｜그녀는 술집에서 접대부를 하고 있다.

【女真】Nǚzhēn 名〈史〉여진족 =〔女真族〕

【女中】nǚzhōng 名 여자 중학교.

【女中音】nǚzhōngyīn 名〈音〉메조소프라노(mezzo soprano).

【女中丈夫】nǚzhōng zhàngfū 成 여장부. 여걸 =〔女丈夫〕〔巾帼jīnguāi英雄〕

【女主角】nǚzhǔjué 名〈演映〉주연 여배우 ⇔〔男nán主角〕

【女主人】nǚzhǔ·ren 名 敬 주부. 안주인. ¶这位～真能干!｜이 주부는 정말 능력있다! ¶～太苛刻kēkè～｜안주인이 너무 가혹하다.

【女装】nǚzhuāng 名 ❶ 여자의 복장〔옷〕. ¶～短衫｜블라우스. ❷ 여자의 옷차림. 여장. ¶男扮～｜남자가 여장으로 분장하다 ‖ ⇔〔男装〕

3【女子】nǚzǐ 名 여자. ¶～单〔双〕打｜여자 단〔복〕식. ¶～团体赛｜여자 단체 시합. ¶一位年轻的～｜젊은 여자 한명.

【钕(釹)】nǚ (네오디뮴 녀) 名〈化〉화학 원소 명. 네오디뮴(Nd ; neodymium).

nǜ ㄋㄩˋ

【女】nǜ ☞ 女 nǚ Ⓑ

【恧】nǜ 부끄러워할 뉵 書 動 부끄러워하다 =〔愧kuì恧〕

【恧缩】nǜsuō 書 形 부끄럽고 황송하다.

【衄〈衂〉】nǜ 질 뉵, 코피 뉵 書 動 ❶ 싸움에서 패하다. ¶败～｜싸움에 지다. ❷ 코피가 나다. 轉 출혈하다. ¶鼻～｜코피(가 나다) =〔衄血〕

nuǎn ㄋㄨㄢˇ

1【暖〈煖〉】nuǎn 따뜻할 난 ❶ 形 따뜻하다. 온화(溫和)하다. ¶天～了, 不用生炉lú子了｜날씨가 따뜻해졌으니, 화로를 피울 필요가 없다 ⇔〔凉liáng①〕→〔温wēn①〕❷ 動 따뜻하게 하다. 데우다. ¶～酒｜술을 데우다.

【暖饱】nuǎnbǎo 書 動 따뜻하게 입고 배불리 먹다. 호의호식하다.

【暖风扇】nuǎnfēngshàn 名 대형 드라이어. 물건을 말리기 위하여 뜨거운 바람을 보내는 선풍기. ¶开动～｜대형 드라이어를 가동하다 →〔吹chuī风机〕

【暖锋】nuǎnfēng 名〈氣〉온난 전선 =〔暖锋面〕〔暖空气前锋〕

【暖管】nuǎnguǎn 名 라디에이터(radiator). 방열기.

【暖烘烘】nuǎnhōnghōng 貺 따뜻하다. 훈훈하다. 따끈따끈하다. ¶～的南风轻轻地吹着｜따뜻한 남풍이 살랑살랑 분다 =〔暖呼呼〕

【暖呼呼】nuǎnhūhū 貺 훈훈하다. 따뜻하다. ¶身体～｜몸이 따뜻하다 =〔暖烘烘〕

【暖壶】nuǎnhú ❶ ⇒〔暖水壶〕❷ 名 보온 커버를 씌운 수통. ❸ 名 뜨거운 물을 넣은 후, 이불 속에 놓아 따뜻하게 하는 난방 용구.

【暖化】nuǎnhuà 動 ❶ 따뜻하게 하다. ❷ 따뜻해지다. ¶土地正～｜대지는 바야흐로 따뜻해지고 있다.

1【暖和】nuǎn·huo ❶ 形 따뜻하다. ¶春天天气很～｜봄에는 날씨가 따뜻하다. ¶这屋子向阳, 很～｜이 집은 남향이라서 아주 따뜻하다. ❷ 動 따뜻하게 하다. 몸을 녹이다. 불을 쬐다. ¶屋内有火, 快进来～～吧｜집안에 불이 있으니 빨리 들어와 몸을 좀 녹여라 ‖ =〔暖活〕

【暖炕】nuǎnkàng ❶ 名 온돌. ¶给～生了火｜온돌에 불을 지펴라 =〔火huǒ炕〕〔温炕〕❷ (nuǎn/kàng) 動 온돌을 따뜻하게 하다.

【暖帘】nuǎnlián 名 추위를 막기 위하여 천으로 만들거나 또는 솜을 넣어 창이나 출입문에 걸어두는 겨울용 발·커튼 =〔棉mián帘(子)〕〔门帘〕

【暖流】nuǎnliú 名 ❶〈地質〉난류 ⇔〔寒hán流〕❷ 동정심. 이해심.

【暖瓶】nuǎnpíng ⇒〔暖水壶〕

【暖汽】nuǎnqì ⇒〔暖气①〕
²【暖气】nuǎnqì 名 ❶ 方 스팀. (난방용) 증기. ¶晚上才供应～ | 저녁이 되야 난방을 가동한다. ¶打开～ | 스팀을 넣다. ¶～设备 | 스팀〔난방〕설비. ¶～片 =〔暖气包〕| 方 라디에이터 =〔暖汽〕〔方 水汀〕❷ 증기 난방 장치. ❸ 따뜻한 기체. 온도.
【暖气管(儿,子)】nuǎnqìguǎn(r·zi) 名 스팀파이프.
【暖气炉】nuǎnqìlú 名 스팀 보일러 =〔暖气片炉〕〔气炉〕
【暖气团】nuǎnqìtuán 名〈氣〉온난 기단(氣團). ¶一股gǔ～正在南下 | 온난기단 하나가 남쪽으로 내려오고 있다.
【暖融融】nuǎnróngróng 書 貶 온난하다. 포근하고 따뜻하다. ¶阳光～地照着里院 | 안뜰에 햇볕이 따스하게 쪼이고 있다. ¶暖气驱走qūzǒu了寒气, 整个房间～的 | 스팀이 한기를 몰아내니 온 방안은 따뜻해졌다 =〔暖溶溶(的)〕〔暖烘烘(的)〕
【暖水袋】nuǎnshuǐdài 名 보온 주머니. 뜨거운 물을 넣을 수 있게 만든 고무 주머니.
【暖水壶】nuǎnshuǐhú 名 보온병.
【暖袖】nuǎnxiù 名 토시.

nüè ㄋㄩㄝˋ

【疟(瘧)】nüè yào 학질 학

Ⓐ nüè 名〈醫〉학질. 말라리아 =〔疟疾jí〕〔疟病〕〔〈漢醫〉温wēn疟〕〔寒热病①〕〔方 冷热病①〕〔方 脾pí寒〕→〔寒hán疟〕
Ⓑ yào「疟子」에 나타나는 이독음(異讀音)→〔疟子〕
Ⓐ nüè
【疟涤平】nüèdípíng ⇒〔阿ā的平〕
【疟疾】nüè·ji 名〈醫〉학질. 말라리아. ¶得了～ | 학질에 걸리다. ¶恶性～ | 악성 말라리아 =〔方 脾寒〕〔俗 疟子yào·zi〕
【疟蚊】nüèwén 名〈蟲〉학질 모기. 말라리아 모기 =〔疟疾蚊〕〔疟媒蚊〕〔按蚊〕〔虐蚊〕
【疟原虫】nüèyuánchóng ⇒〔疟虫〕
Ⓑ yào
【疟子】yào·zi ⇒〔疟疾〕

【虐】nüè 해롭게할 학, 재앙 학

❶ 形 잔인하다. 참혹하다 =〔暴bào虐〕¶暴虐的～ | 포악한 행동. ¶酷kù～ | 몹시 잔악하다. ❷ 動 학대하다. 괴롭히다. ¶～民 | 백성을 괴롭히다. ❸ 書 名 재앙. 재해.
【虐待】nüèdài 動 학대하다. ¶不许～妇女 | 아녀자를 학대해서는 안된다.
【虐待狂】nüèdàikuáng 名〈心〉사디슴(sadisme; 프). ¶她丈夫是个～ | 그녀의 남편은 사디스터이다 =〔虐淫症〕〔舍德主义〕
【虐杀】nüèshā 動 학살하다. ¶～无辜wúgū | 무고한 사람을 학살하다.
【虐政】nüèzhèng 名 학정. 가혹한 정치.

nuó ㄋㄨㄛˊ

【娜】nuó nà 아리따울 나, 휘청휘청할 나

Ⓐ nuó ❶ 갸날프다. 부드럽다. ❷ 아름답다→〔婀ē娜〕〔袅niǎo娜〕
Ⓑ nà 주로 여자 인명(人名)의 음역에 쓰임. ¶安～ | 안나(Anna).
【娜拉】Nàlā 名 外〈人〉노라(Nora) [「易卜生」(입센)의 희곡「玩偶之家」(인형의 집)의 주인공]

4 ## 【挪】nuó 옮길 나

動 ❶ 옮기다. 운반하다. 어법「挪」는 일반적으로 물체의 단거리 이동을 말하고,「搬」는 먼거리 이동에 까지 사용될 수 있음. ¶把椅子～一～ | 의자를 좀 옮겨 놓다. ¶～地方 | 장소를 옮기다→〔搬bān①〕〔迁qiān①〕❷ 융통하다. 유용하다. ¶～用↓
【挪步】nuó/bù 動 발걸음을 옮기다. ¶像钉dìng在地上似的, 不肯～ | 마치 땅에 박혀 있는 것 같이 걸음을 옮기려 하지 않는다. ¶累lèi得～都不成 | 너무나 피곤해서 발걸음을 옮기는 것조차 안된다.
【挪不动】nuó ·bu dòng 動組 (무거워서) 옮길 수 없다.
【挪不开】nuó ·bu kāi 動組 제거할 수 없다. 치울 수 없다. 옮길 수 없다.
【挪蹭】nuócèng 動 口 느릿느릿 걷다. ¶他累得腿都抬tái不起来了, 一步步地往家里～ | 그는 다리도 들어올리지 못할 정도로 지쳐서, 한발한발 집으로 느릿느릿 걸어갔다.
【挪动】nuó·dong 動 (위치를) 옮기다. 이동하다. ¶他艰难jiānnán地～着脚步 | 그는 어렵게 발걸음을 옮긴다. ¶把书架～到那边去 | 책장을 저쪽으로 옮겨라. ¶扫地时桌椅要～～ | 바닥을 쓸 때는 탁자 의자를 좀 옮겨라.
【挪借】nuójiè 動 ❶ 다른 비목(費目)으로 차용하다. 돌려쓰다. 유용하다. ¶向邻近～一些粮食liángshí | 이웃에 양식을 조금 빌리다. ❷ 잠시 남의 돈을 빌리다.
【挪开】nuó·kai 動 옮기다. 이동하다. 치우다. 비키다. ¶要过车了, 把那里的东西～吧 | 차가 지나가려고 하니 그쪽에 있는 물건을 치우시오. ¶快把石头～吧 | 빨리 돌을 치워라.
【挪威】Nuówēi 名 外〈地〉노르웨이(Norway)[스칸디나비아 반도 서부의 왕국. 수도는「奥Ào斯陆」(오슬로;Oslo)]
【挪窝(儿,子)】nuó/wō(r·zi) 動 方 자리〔장소〕를 옮기다. 이사하다. ¶我也想～ | 나도 자리를 옮기려 한다.
【挪用】nuóyòng 動 ❶ 돌려쓰다. 전용(轉用)하다. ¶不要购买农药的钱～ | 농약을 살 돈을 다른 곳에 돌려쓰지 말라. ¶专款专用, 不得～ | 특정 비목(費目)은 지정된 곳에 써야지, 전용해서는 안된다 =〔流用〕❷ 貶 사사로이 공금을 유용(流用)하다. ¶不准随便～公款 | 공금을 마음대로 유용할 수 없다.

【难】nuó ☞ 难 nán Ⓒ

【傩(儺)】nuó 구나 나

❶ 書 名 구나(驅儺). ❷ 動 잡귀신을 쫓다. ¶～神↓ =〔难nuó②〕

【傩神】nuóshén ❶動 역귀(疫鬼)를 쫓다. ❷名 역귀를 쫓는 신.

nuò ㄋㄨㄛˋ

【诺(諾)】 nuò 승낙할 낙
❶動 허락하다. 쾌히 승낙하다. ¶允yǔn～ | 승낙하다. 윤허하다. ¶许xǔ～ | 허락하다. ¶～言↓ ❷嘆 예. 응. 그래 [대답하는 소리. 동의를 나타냄] ¶～～连声 | 연이어 예예 하고 대답하다.

【诺贝尔奖金】Nuòbèi'ěr jiǎngjīn 名組外 노벨상. ¶～受领人 | 노벨상 수상자.

【诺尔】nuò'ěr ⇒〔淖nào尔〕

【诺福克岛】Nuòfúkèdǎo 名外〈地〉오스트레일리아령 노퍽섬(Norfolk Island) [남태평양상의 오스트레일리아령 섬. 수도는 「金斯敦」(킹스턴; Kingston)]

【诺曼人】Nuòmànrén 名外 노르만(Norman) 인.

【诺言】nuòyán 書名 승낙의 말. 언약(言約). ¶履lǚ行～ | 언약을 이행하다. ¶不轻下～ | 가벼이 언약을 하지 않다.

【喏】 nuò ☞ 喏 rě B

【锘(鍩)】 nuò (노벨륨 낙)
名〈化〉화학 원소 명. 노벨륨(No ; nobelium).

【搦〈搙〉】 nuò 잡을 닉
書動 ❶ 쥐다. 잡다. 들다. ¶～管 | 붓을 잡다. ❷ 도발하다. 일으키다. ¶～战↓

【搦战】nuòzhàn 動近 도전하다. 싸움을 걸다.

【懦】 nuò 나약할 유, 겁장이 나
形 연약〔나약〕하다. 무능하다. 겁내다. ¶～怯qiè | 겁이 많다 =〔儒rú③〕

【懦夫】nuòfū 名 겁장이. 비겁하고 무능한 남자. ¶不做～, 要做强者 | 겁장이가 되지 말고 강자가 되라 =〔怯qiè夫〕

【懦弱】nuòruò 形 (주로 사람의 성격이나 의지가) 나약하다. 패기가 없고 무기력하다. 어법 「懦弱」은 비교적 의미가 강하며, 사용 범위가 좁고, 역량도 없고 용기도 없는 것에 중점이 있고, 「软ruǎn弱」는 역량이 없는 것에 촛점이 있으며, 사람의 신체나 식물 등에도 사용될 수 있음. ¶这个人太～了 | 이 사람은 너무 나약하다. ¶他生性～ | 그는 타고난 성품이 나약하다. ¶他改变了～的性格 | 그는 나약한 성격을 고쳤다.

【糯〈稬〉】 nuò 찰벼 나
❶名〈植〉찰벼. 찹쌀.

【糯稻】nuòdào 名〈植〉찰벼. ¶种植～ | 찰벼를 재배하다.

【糯米】nuòmǐ 名 찹쌀 =〔江米〕

O

ō ㄛ

【呵】 ō ☞ 呵 hē Ⓒ

【喔】 ō ☞ 喔 wō Ⓑ

3**【噢】** ō ㊀ ōu) yǔ 한숨쉴 욱, 가여이여길 우

Ⓐ ō 嘆 아! 어! 오! [이해·납득의 의미를 나타냄] ¶ ~, 是了! | 아! 그렇다! ¶ ~! 原来是这么安装ānzhuāng的 | 아! 알고보니 이렇게 장치하는 것이었군 →〔喔ō〕

Ⓑ yǔ ⇒〔噢咻〕

【噢咻】 yǔxǔ 書 擬 아이구. 끙끙 [아파서 앓는 소리]

ó ㄛˊ

3**【哦】** ó ǒ ò é 읊조릴 아, 노래 아

Ⓐ ó 嘆 어! 아! 어머! [놀라움·감탄 등을 표시하는 감탄사] ¶ ~, 你也来啦! 어머! 너도 왔어! ¶ ~哟! 这么多 | 이렇게 많아!

Ⓑ ǒ 嘆 어! 아니! [반신반의·놀라움 등을 나타내는 감탄사] ¶ ~! 会有这样的事 | 아니! 이런 일이 있을 수 있다니. ¶ ~! 真的是她 | 어! 정말 그녀란 말이야.

Ⓒ ò 嘆 아! 오! [납득·동의를 나타냄] ¶ ~, 我明白了 | 아, 알았어. ¶ ~, 我想起来了 | 아! 생각났다.

Ⓓ é 書 動 (낮은 소리로) 읊조리다. ¶ 吟yín~ | 읊조리다.

ǒ ㄛˇ

【哦】 ǒ ☞ 哦 ó Ⓑ

ò ㄛˋ

3**【哦】** ò ☞ 哦 ó Ⓒ

ōu ㄡ

【区】 ōu ☞ 区 qū Ⓑ

【讴(謳)】 ōu 노래할 구, 노래 구
❶ 動 노래하다. ¶ ~歌gē ↓ ❷ 名 민요. ¶ 吴wú~ | 소주(蘇州)지방의 민요 ‖ =〔欧ōu④〕

【讴歌】 ōugē 書 動 노래하다. ¶ ~伟wěi大的祖国zǔguó | 위대한 조국을 노래하다.

【沤】 ōu ☞ 沤 òu Ⓑ

【欧(歐)】 ōu 구라파 구, 토할 구
❶ 名 外 (Ōu) 유럽. ¶ ~风 | 유럽풍. ❷ 名 外 〈物〉 오옴(ohm) [전기 저항의 단위] =〔欧姆mǔ②〕 ❸ (~子) 名 方 술잔. ❹ 「讴」「殴」와 통용 ⇒〔讴ōu〕 ❺ (Ōu) 名 성(姓)

【欧安会】 Ōu'ānhuì 簡 「欧洲安全会议Ōuzhōu ānquánhuìyì」(유럽 안보 회의)의 약칭.

【欧尔】 ōu'ěr 量 外 〈錢〉 외레(스웨덴 öre)[스웨덴·덴마크·노르웨이 등의 통화 단위. 1외레는 100분의 1크로나(krona)]

【欧化】 ōuhuà ❶ 名 유럽화. ❷ 動 유럽화하다. ¶ ~的句子 | (서구 문법에 영향을 받은) 서양식 문장.

【欧几里得】 Ōujīlǐdé 名 外 〈人〉 유클리드(Euclid) [기원 전3세기 경의 그리스 수학자]

【欧雷西亚】 Ōuléixīyà ⇒〔欧亚大陆〕

【欧椋鸟】 ōuliángniǎo 名 〈鳥〉 찌르레기.

【欧林比克】 Ōulínbǐkè ⇒〔奥林匹克运动会Àolínpǐkèyùndònghuì〕

【欧罗巴】 Ōuluóbā 名 〈地〉 구라파. 유럽 ⇒〔欧洲zhōu〕

【欧罗巴人种】 Ōuluóbā rénzhǒng 名組 外 유럽 인종 =〔白种báizhǒng〕

【欧美】 Ōu Měi 名 〈地〉 구미. 유럽과 아메리카. ¶ 出访fǎng~国家 | 구미 국가를 순방하다. ¶ ~文明 | 구미 문명.

【欧姆】 ōumǔ 名 外 ❶ 〈人〉 옴(Ohm, Gēorg Simon, 1787~1854) 독일의 물리학자. ❷ (ōumǔ) 〈物〉 옴(ohm) 전기 저항의 실용 단위. ¶ 兆zhào~ | 메그옴(megohm) =〔簡 欧〕

【欧欧】 ōu'ōu 擬 구구구. 꾸꾸꾸[닭 울음소리] =〔喔wō喔〕

【欧佩克】 Ōupèikè 名 外 석유 수출국 기구(OPEC)

【欧氏管】 ōushìguǎn 名 〈生理〉 에우스타키관(Eustachi管) =〔耳咽管ěryānguǎn〕

【欧体】 Ōu tǐ 名 당대(唐代) 구양순(歐陽詢)과 그의 아들 구양통(歐陽通)의 필체. ¶ 他擅长shàncháng~ | 그는 구양순체를 잘 쓴다.

【欧西】 Ōuxī 名 유럽. ¶ 他去过~各国 | 그는 유럽 각국을 가보았다.

【欧亚大陆】 Ōu Yà dàlù 名組 外 〈地〉 유라시아(Eurasia) 대륙 =〔外 欧雷西亚Ōuléixīyà〕

【欧阳】 Ōuyáng 名 복성(複姓)

【欧洲】 Ōuzhōu 名 外 유럽주. 구(라파)주. ¶ ~共同体gòngtóngtǐ | 유럽 공동체(E.C.) ¶ ~经济jīngjì共同体 | 유럽 경제 공동체(E.E.C.) ¶ ~美元 | 유로달러(Eurodollar) =〔欧罗巴Ōuluóbā〕

4**【殴(毆)】** ōu 칠 구
動 치다. 때리다. ¶ 痛tòng~ | 몹시 때리다 =〔欧ōu④〕

4**【殴打】** ōudǎ 動 구타하다. 때리다. ¶ 互相hùxiāng~ | 서로 구타하다. ¶ 被人bèirén~ | 남에게 구타당하다.

【瓯(甌)】 ōu 사발 구
名 ❶ (~子) 작은 사발. ❷ 方 (속이 깊은) 사발. 잔. ¶ 茶~ | 찻잔. ¶ 酒~ | 술잔. ❸ (Ōu) 〈地〉 절강성(浙江省) 온주부(溫州府)의 다른 이름.

【瓯绣】 ōuxiù 名 절강성(浙江省) 온주(溫州)지방에서 생산되는 자수.

【瓯子】 ōu·zi 名 ❶ 方 (손잡이가 없는) 잔. ❷ 지분

(脂粉)을 담아 두는 작은 잔.

【鸥(鷗)】ōu 갈매기 구
名〈鳥〉갈매기(의 총칭) ¶海hǎi～ | 바다 갈매기 =〔鸥鸟ōuniǎo〕

ǒu ㄡˇ

4【呕(嘔)】ǒu ōu 게울 구, 기뻐할 후
Ⓐ ǒu 動 토하다. 게우다. ¶～吐↓
Ⓑ ōu「怄」와 같음 ⇒〔方 怄òu〕
Ⓐ ǒu
【呕出心血】ǒu chū xīn xuè ⇒〔呕尽心血〕
【呕尽心血】ǒu jìn xīn xuè 成 심혈을 기울이다. 온 정성을 다 쏟다 =〔呕出心血〕〔呕心〕〔呕心沥lì血〕
【呕气】ǒuqì ❶ 名 구역질. 메스꺼움. ❷ 動 구역질 나다.
4【呕吐】ǒutù ❶ 動 토하다. 구토하다. ¶我为晕船yùnchuán一路～ | 나는 배 멀미로 가는 도중 내내 토했다. ❷ 名 구토. ¶～毒气dúqì | 구토 독가스.
【呕心】ǒu/xīn ⇒〔呕尽心血ǒujìnxīnxuè〕
【呕心沥血】ǒu xīn lì xuè ⇒〔呕尽心血〕
【呕血】ǒu/xuè ❶ 動 피를 토하다. ¶病得bìng·de竟jìng连日～ | 병으로 연일 피를 토했다. ❷ (ǒuxuè) 名 각혈.

3【偶】ǒu 짝수 우, 짝 우, 만날 우
❶ 名 (흙·나무 따위로 만든) 인형. ¶木～ | 목우. 나무 인형. ¶～像xiàng | 우상. ❷ 짝수. 짝. ¶奇jī～ | 홀수와 짝수 =〔耦ǒu②〕⇔〔奇jī①〕 ❸ 名 배우자. 반려자. 짝을 이루는 것. ¶佳jiā～ | 좋은 배우자. ¶选择xuǎnzé良～ | 좋은 배우자를 고르다 =〔耦ǒu②〕 ❹ 副 우연히. 때마침. 공교롭게. ¶中途zhōngtú～遇yù | 도중에 우연히 만나다. ❺ (Ǒu) 名 성(姓)
【偶氮基】ǒudànjī 名〈化〉아조기(azo基)
【偶氮染料】ǒudàn rǎnliào 名組〈化〉아조 염료.
3【偶尔】ǒu'ěr ❶ 副 가끔. 간혹. 이따금. ¶～去玩儿 | 이따금 놀러 가다. ¶我们～见面 | 우리는 간혹 만난다. 어법「偶然」과는 달리 완전히 부사로만 쓰이며, 술어나 관형어(定語)로는 쓰이지 않음→〔经常jīngcháng〕 ❷ 形 우발적인. 우연히 생긴. ¶～的事 | 우발적인 일. 우연히 발생한 사건.
【偶发】ǒufā 動 우연히 발생나다. ¶～事件 | 사건이 우연히 발생하다.
【偶函数】ǒuhánshù 名〈數〉짝함수. 우함수.
【偶合】ǒuhé ❶ 動 우연히 맞다. 우연히 일치하다. ¶这两件事～ | 이 두 일은 우연히 일치한다. ❷ 名 우연한 일치. 암합. ¶他们在这一点上见解一致jiànjiěyīzhì完全是～ | 그들이 이 점에 있어서 의견이 일치한 것은 완전히 우연의 일치이다.
3【偶然】ǒurán ❶ 形 우연한. 우연스럽다. ¶～现象xiànxiàng | 우연한 현상. ¶事情的发生也很～ | 일이 일어난 것도 우연스러웠다. ¶这样好的成绩chéngjì, 绝jué不是～的 | 이렇게 좋은 성적은 결코 우연한 것이 아니다. 어법「偶然」이 술어로 쓰일 경우에는 정도 부사(程度副詞)와 함께 쓰이거나「是偶然的」의 형식으로 써야 함. ❷ 形 우연히. 뜻밖에. ¶在路上～遇见yùjiàn一个老朋友 | 길에서 우연히 옛 친구를 만났다. ¶～在报纸bàozhǐ上看见了他的新闻 | 신문에서 우연히 그에 관한 뉴스를 보았다.
【偶然性】ǒuránxìng 名 우연성 ⇔〔必bì然性〕
【偶人】ǒurén 名 (흙이나 나무 따위로 만든) 인형.
【偶数】ǒushù 名〈數〉짝수. 우수. ¶～页yè | 〈印出〉짝수 페이지 ⇔〔奇jī数〕
【偶蹄目】ǒutímù 名〈動〉우제목. ¶牛是～动物dòngwù | 소는 우제목(짝수 발굽을 가진 동물)에 속하는 동물이다.
【偶像】ǒuxiàng 名 우상. ❶ (금속·목석(木石) 등으로 만든)불상(佛像) ❷ 喩 미신 등의 대상물. ¶要打破dǎpò～崇拜chóngbài | 우상숭배를 타파해야 한다. ¶～化 | 우상화.
【偶一为之】ǒu yī wéi zhī 成 우연히 한 번 해보다. 우연히 한 번 있은 일. ¶我也是～ | 나도 우연히 한 번 해 본 것이다.

【耦】ǒu 나란히갈 우
❶ 書 動 두 사람이 나란히 밭을 갈다. ❷「偶」와 같음 ⇒〔偶ǒu② ③〕 ❸ (Ǒu) 名 성(姓)
【耦合】ǒuhé 名〈電氣〉결합. ¶～电路diànlù | 결합 회로. ¶机械jīxiè～ | 기계적 결합.

【藕〈蕅〉】ǒu 연뿌리 우
名〈植〉연근(蓮根) 연뿌리. ¶～花 | 연꽃.
【藕断丝不断】ǒu duàn sī bù duàn ⇒〔藕断丝连〕
【藕断丝连】ǒu duàn sī lián 成 연뿌리는 끊어져도 그 안의 실은 계속 이어지다. 관계가 끊어진 듯 하나 여전히 연결되고 있다(흔히 남녀간의 애정을 말함) 미련을 두다. 인연을 끊지 않다. ¶她虽然suīrán出嫁jià了, 但仍跟旧情人jiùqíngrén～ | 그녀는 시집갔지만, 여전히 옛 연인에 대한 미련이 남아 있다. ¶该果断的时候也得děi果断, 不能总是～ | 과감하게 끊어야 할 때에는 과감하게 끊어야지 늘 미련이 남아 인연이 계속되어서는 안된다 =〔藕断丝不断〕〔莲断丝牵qiān〕〔藕丝不断〕
【藕粉】ǒufěn 名 ❶ 연뿌리(에서 추출한) 전분. ¶冲chōng～吃 | (뜨거운 물에 연뿌리 전분을 풀어)연뿌리 죽을 먹다 =〔莲lián粉〕 ❷ 갈분(葛粉)
【藕荷(色)】ǒuhé(sè) 名〈色〉붉은빛을 띤 엷은 자색. ¶她穿chuān着～的裙子qúnzi | 그녀는 붉은빛을 띤 엷은 자색치마를 입고 있다.
【藕灰】ǒuhuī ⇒〔藕色sè〕
【藕节(儿, 子)】ǒujié(r, ·zi) 名 (지혈제로 쓰이는) 연뿌리의 마디
【藕色】ǒusè 名〈色〉담회홍색(淡灰红色) ¶～的上衣 | 담회홍색의 상의 =〔藕灰huī〕

òu ㄡˋ

4【呕】òu ☞ 呕 ǒu Ⓑ

【怄(慪)】òu 화낼 구
動 方 화내다. 놀려 화나게 하다. ¶别再～她了 | 더 이상 그녀를 놀리지 마라 =〔呕ōu〕
【怄气】òu/qì 動 ❶ 화내다. 언짢아 하다. ¶不要

跟孩子～ | 어린아이이게 화내지 마라. ¶怄òu了一肚子dǔzi气 | 잔뜩 화가 치밀었다. ❷고의로 다투다. ❸화나게 하다. 언짢게 하다. ¶怄人生气 | 화나게 하다. ¶怄她的气 | 그녀를 화나게 하다. ¶他又跟哥哥～了 | 그가 또 형을 화나게 했다.

【沤(漚)】 òu ōu 담글 구

Ⓐòu ❶動 (물에)담그다. 담가두어 변하다. ¶～麻má | 삼을 물에 담그다. ❷動 축축하다. 흠뻑 젖다. ¶汗hàn～难受nánshòu | 땀이 흠뻑 젖어 견디기 어렵다. ❸썩이다. ¶～粪fèn | 인분을 푹 썩이다. ❹形 (시간을) 끌다. 늦추다. ¶～三天不要紧 | 한 사흘 늦어도 괜찮다.

Ⓑōu 名 물거품. 수포. ¶浮fú～ | 물거품.

【沤肥】òu/féi ❶動 퇴비를 만들다. ¶在农闲季节nóngxiánjìjié～ | 농한기에는 퇴비를 만든다. ❷(òuféi) 名 퇴비 =〔窖肥yáoféi〕

3 **【噢】** òu ☞ 噢 ō

P

pā

3【趴】pā 엎드릴 파
動❶ 엎드리다. ¶～在地下 | 땅에 엎드리다. ¶～下 | 엎드리다. ❷(몸을 앞으로 기울여) 대다. 기대다. ¶他正～在桌子上画图 | 그는 지금 책상에 기대어 그림을 그리고 있다.

【趴架】pā/jià 動俗❶무너지다. 붕괴하다. 쓰러지다. ❷喩(사업에서)실패하다. 일이 엉망으로 되다.

【趴窝】pā/wō 動❶ 알을 품다. ¶母鸡mǔjī～ | 어미닭이 알을 품다 ＝〔抱窝bàowō〕 ❷(건강이) 망가지다. 못쓰게 되다. ❸(기계가 고장이 나서) 작동하지 않다. 못쓰게 되다.

【趴下】pā·xia 動❶ 엎드리다. 몸을 구부리다. ¶他～就睡shuì | 그는 엎드린 채로 잔다. ❷양손을 땅에 대고 고꾸라지다. ¶她累lèi～了 | 그녀는 지쳐 쓰러졌다. ¶脚一滑jiǎoyīhuá, 就～了 | 발이 쭉 미끄러져, 앞으로 고꾸라졌다.

【啪】pā 부딪치는 소리 파
(～儿) 擬 짝짝. 땅땅. 딱딱 [박수소리나 총소리 또는 물건이 부딪쳐 나는 소리] ¶～～儿声枪响qiāngxiǎng | 땅땅하는 몇 발의 총성.

【啪嚓】pāchā 擬 탁. 쨍그랑 [물건이 땅에 떨어지면서 나는 소리] ¶～一声, 碗wǎn掉diào在地上碎suì了 | 쨍그랑하고 사발이 땅에 떨어지면서 깨졌다.

【啪嗒】pādā 擬 탁. 툭.[물건이 부딪치거나 떨어지면서 나는 소리] ¶～一下儿掉diào下来了 | 탁하는 소리와 함께 떨어졌다.

【啪喇】pālā ⇒〔啪啦·la〕

【啪啦】pā·la 擬❶ 탁. 쨍그랑 [물건이 떨어져 깨지는 소리] ❷퍽퍽. 툭툭. 철그럭 [도자기 등이 금이 간 뒤에 나는 탁한 소리] ¶破瓷碗pòcíwǎn一敲qiāo～～地响xiǎng | 깨진 사발을 한 번 두드리자 마자 철그럭하며 울렸다 ‖ ＝〔啪喇pālǎ〕

【派】pā ☞ 派 pài B

【葩】pā 꽃 파
❶書名 꽃. ¶奇qí～异草yìcǎo | 진귀한 꽃과 풀. ❷ ⇒〔葩经pājīng〕

【葩经】Pājīng 書名 시경(詩經)의 다른 이름.

pá ㄆㄚˊ

4【扒】pá ☞ 扒 bā B

【杷】pá·pa bà 갈퀴 파, 비파나무 파
A pá ❶ ⇒〔耙子〕 ❷書動 손으로 흙을 긁다. ¶～土 | 흙을 후벼 파다. ❸(Pá) 名 성(姓)
B ·pa ⇒〔枇杷pí·pa〕
C bà 書名 손잡이. 자루.

【杷子】pá·zi ⇒〔耙pá子〕

1【爬】pá 긁을 파, 잡을 파
動❶ 기다. ¶苍蝇cāngyíng～过的东西 | 파리가 앉았던 음식. ¶蛇shé正往洞里dònglǐ～ | 뱀이 구멍속으로 기어 들어가고 있다. ¶这孩子会～了 | 이 아이는 길 줄 안다. ❷(…에) 기어오르다. ¶～树shù | 나무에 기어 오르다. ¶～山↓ ¶向上～ | 위를 향해 기어오르다. 향상〔출세〕하려고 한다. ❸(덩굴 등이 담벽에 붙어) 뻗어 나가다. ¶墙qiáng上～满了藤蔓téngmàn | 담에 담쟁이 덩굴이 가득 뻗어 있다.

【爬虫】páchóng 名〈動〉파충류. ¶他像一个小～一样,紧跟jǐngēn在老师的后面 | 그는 작은 파충류처럼 선생님 뒤를 바짝 붙어 따라간다.

【爬竿】págān ❶名 장대에 올라 가서 하는 갖가지 곡예. ❷(pá/gān) 動 장대에 기어 오르다.

【爬高(儿)】pá/gāo(r) 動❶ 높은 곳에 기어 오르다. ¶～留神liúshén摔shuāi着 | 높은 곳에 오를 때는 떨어지지 않도록 주의해라. ❷(비행기가) 높이 날아 오르다.

【爬格子】págé·zi 動組喩 창작활동에 종사하다. ¶他每天晚上～ | 그는 매일 저녁 창작활동을 한다.

【爬犁】pá·li 名北 썰매. ¶坐～玩wán儿 | 썰매를 타고 놀다 ＝〔雪犁xuělí〕

【爬坡】pápō 動喩❶ 더 높은 목표를 향해 매진하다. ¶不断地～, 向上奋fèn进 | 부단히 더 높은 목표를 향해 매진하다. ❷사상을 검사하고 인식을 제고시키다.

【爬山】pá shān ❶ 등산(登山)하다. 산에 오르다. ¶以前我也爱～ | 예전에는 저도 등산을 좋아했습니다. ¶我明天去～ | 나는 내일 등산을 한다. ¶～电车diànchē | 케이블카. ❷(páshān) 名 등산.

【爬梳】páshū 動 긁기도 하고 빗질도 하다. 喩 분란(紛亂)한 사물을 정리하다. 정돈하다. ¶～史实, 得出一点可信的结论jiélùn | 역사적 사실을 정리하여 믿을 만한 결론을 얻어내다 ＝〔爬栉pázhì〕

【爬下】pá·xia 動❶ 엎드리다. ¶～地上 | 땅에 엎드리다. ❷굴복하다. 지다. ¶多么棒bàng的小伙xiǎohuǒ也得～ | 아무리 튼튼한 젊은이라 해도 반드시 굴복하게 될 것이다.

【爬行】páxíng 動❶ 기어가다. 기다. ❷喩(낡은 틀에 얽매여) 느릿느릿 일을 하다. ¶～思想sīxiǎng | 낡은 것을 고집하면서 굼뜨게 나가려는 사상.

【爬行主义】páxíng zhǔyì 名 파행 주의. 뒤 떨어진 사고 방식. 다른 사람의 수법을 모방하는 행동 규범.

【爬泳】páyǒng 名〈體〉(수영의) 자유형. ¶他擅长shànchǎng～ | 그는 자유형을 잘 한다.

【钯(鈀)】pá bǎ 쇠스랑 파
A pá 「耙」와 같음 ⇒〔耙pá〕
B bǎ 名〈化〉화학 원소 명. 팔라듐(Pd ; palladium) [백금속(白金屬) 원소의 하나]

【钯子】pá·zi 名〈農〉갈퀴. 고무래. 소시랑. 써레 →〔耙子pázi〕

【耙】pá ☞ 耙 bà B

【琶】pá·pa 비파 파

P

Ⓐpá ⇒〔琶音〕〔琵pí琶〕
Ⓑ·pa⇒〔琵pí琶〕
【琶音】páyīn 名〈擭〉아르페지오(arpeggio;이) 펼침화음.

【篙】pá 갈퀴 파
⇒〔篙子〕

【篙子】pá·zi 名(대나무로 된) 갈퀴 =〔爬子pázi〕〔書 杷pá子〕→〔耙pá子〕

pà ㄆㄚˋ

【帕〈帊1,2〉】pà 배띠 파, 머리띠 말
❶名 수건. ¶手～ =〔手绢juàn(儿)〕| 손수건. ❷名(옛날의) 머리띠·배띠. ❸음역어에 쓰임. ¶～米尔高原mǐěrgāoyuán |〈地〉파미르고원.
【帕果帕果】Pàguǒ Pàguǒ 名外〈地〉파고파고(Pago Pago) [「东萨摩亚Dōngsàmóyà」(미국령 동사모아;Eastern Samoa)]
【帕拉马里博】Pàlāmǎlǐbó 名外〈地〉파라마리보(Paramaribo) [「苏里南Sūlǐnán」(수리남;Surinam)의 수도]
【帕米尔高原】Pàmǐ'ěr gāoyuán 名組外〈地〉파미르 고원.
【帕皮提】Pàpítí 名外〈地〉파피티(Papeete) [「法属波利尼西亚Fǎshǔbōlìníxīyà」(프랑스령 폴리네시아;French Polynesia)의 수도]
【帕斯卡】Pàsīkǎ 量外〈物〉파스칼(Pascal) =〔簡 帕Pà〕

1【怕】pà 두려워할 파
動❶두려워하다. ¶～甚么?|무엇을 두려워하느냐? ¶她最～爹|그녀는 아버지를 제일 무서워 한다. ¶老鼠lǎoshǔ～猫māo|쥐는 고양이를 무서워한다. ¶不～任何rènhé困难kùnnán|어떠한 어려움도 두려워 하지 않다. ❷걱정하다. 염려하다. ¶～他太累, 所以叫人去帮忙bāngmáng|그가 너무 피로할까봐 사람을 보내 돕게 했다. ❸(…에) 약하다. (…을) 참아내지 못하다. ¶他很～冷|그는 추위를 잘 탄다. ¶这块表biǎo不～水|이 시계는 방수가 된다. ❹아마 …일 것이다. ¶事情～不那麼简单|아마 일이 그렇게 간단하지는 않을 게다. 어법 술어 앞에「我怕」「怕」의 형태로 삽입어처럼 쓰임. ¶他～不来了|그는 아마 오지 않을 것이다. ¶这么大的雨, 我～他来不了|이렇게 큰 비가 오니 그는 올 수 없을 것 같다.
【怕苦】pà/kǔ 動 고생을 두려워하다. ¶一不～, 二不怕死|고생도 죽음도 두려워하지 않는다.
【怕冷】pàlěng 動 추위를 타다.
【怕人】pà/rén ❶動 사람을 무서워하다. ¶孩子刚到这儿, 有点儿～|아이가 여기에 막 왔기 때문에 사람을 무서워하는 편이다. ❷(pàrén) 形 무섭다. ¶～的事|무서운 사건. ¶这场面太～了|이 장면은 너무 무섭다.
【怕生】pàshēng 動 낯가림하다. ¶这孩子倒不～|이 아이는 의외로 낯가림을 안한다 =〔认rèn生〕
【怕事】pà/shì 形 일거리를 만들기 싫어하다. 번거로운 일을 싫어하다. ¶～鬼guǐ|무사 안일주의자. ¶他很～|그는 일 만들기를 아주 싫어한다.
【怕是】pà·shi 副 아마. 혹시. 대략 어법 부사로만 사용되어 추측·추정을 나타냄. ¶这麽大的雨,～他不会来了|이렇게 비가 많이 오는데 아마 그는 오지 않을 것이다. ¶～要下雪|혹시 눈이 올지도 모른다.
【怕水】pà/shuǐ ❶動 물을 무서워하다. ¶～不能学游泳yǒuyǒng|물을 무서워하면 수영을 배울 수 없다. ❷(pàshuǐ) 形 물에 약하다. ¶不～|방수(防水)이다. 물에 강하다.
【怕死】pàsǐ 動❶너무 무섭다. 몹시 두렵다. ¶真～人了|정말 무섭다. ❷(pà/sǐ) 죽음을 두려워하다. 죽기 싫다. ¶革命gémìng不～, ～不革命|혁명은 죽음을 두려워하지 않고, 죽음을 두려워하면 혁명을 하지 못한다.
【怕羞】pà/xiū 動 수줍음을 타다. 부끄러워하다. ¶女孩子生来比较bǐjiào～|여자 아이는 원래부터 비교적 수줍음을 타는 편이다. ¶大声儿说, 别～|큰 소리로 말해라, 부끄러워하지 말고.
【怕脏】pà/zāng ❶動 더러워지는 것을 두려워하다. ❷(pàzāng) 形 때를 잘 타다. 쉬 더러워지다.

·pa ㄆㄚ˙

【杷】·pa ☞ 杷 pá Ⓑ

【琶】·pa ☞ 琶 pá Ⓑ

pāi ㄆㄞ

1【拍】pāi 칠 박, 박자 박
❶動(손으로 가볍게) 치다. ¶～球qiú|공을 치다. ¶～掉diào身上的灰尘huīchén|몸에 묻은 먼지를 털다. ❷動(사진을) 찍다. 촬영하다. ¶～照片zhàopiàn|사진을 찍다. ¶～了两张|사진 두 장을 찍었다. ¶～电影diànyǐng|영화를 촬영하다. ❸動(전보 등을) 치다. 보내다. ¶～了一份电报diànbào|한 통의 전보를 쳤다. ❹動俗 아첨하다. ¶吹吹chuī～～|아첨하다. ❺動(말로) 협박하다. 위협하다. ¶他要是不听, 可以～他一顿dùn|만약 그가 말을 듣지 않으면 한 번 협박해도 된다. ❻動(파도·날개짓을) 치다. ¶大浪～岸|큰 파도가 해안을 치다. ¶～翅膀chìbǎng|날개를 치다. ❼動(책상 등을) 치다. ¶～定|(경매에서) 낙찰되다. ¶～定人|낙찰자. ❽(～儿, ～子) 名 채. 치는 도구. ¶蝇yíng～儿|파리채. ¶乒乓pīngpāng球～|탁구 라켓. ¶球～子|라켓(racket) ❾(～子) 名轉〈音〉박자. ¶这首shǒu歌gē是几～的?|이 노래는 몇 분의 몇 박입니까? ¶合～|박자에 맞다. ¶节jié～|음악의 박자. ❿(Pāi) 名 성(姓).
【拍岸】pāiàn 動(물결·파도가) 기슭을 때리다. ¶惊涛jīngtāo～|거센 파도가 강기슭을 때리다.
【拍案】pāi/àn 動(분노·감탄·칭송 등으로 인해) 탁자를 치다. ¶～而起, 怒声nùshēng责问zéwèn|탁자를 치고 일어나 분노에 가득찬 목소리로 문책하다. ¶～大骂mà|탁자를 치며 크게 욕하

다. ¶～惊奇jīngqí | 成 기발(奇拔)함을 보고 탁자를 치며 놀라다. 박안경기. 명말(明末) 능몽초(凌濛初Língméngchū) 편저(編著)의 구어 소설집.

【拍案叫绝】pāi àn jiào jué 成 탁자를 치며 절묘함에 감탄하다. ¶他看了这篇文章后～ | 그는 이 글을 본 후 탁자를 치며 찬탄했다.

【拍板】pāi/bǎn ❶ 動 박자를 맞추다. ¶你唱, 我来～ | 너는 노래를 부르고, 나는 박자를 맞추어 주겠다. ❷ 動 (경매에서 흥정이 성사되어) 목판을 두드리다. ¶～成交 | 成 거래가 성사되다. 정치적 결탁을 하다. ❸ 動 喻 책임자가 결정을 내리다. ¶这事儿得děi由系主任来～ | 이 일은 학과장이 결정을 내려야 한다. ❹ (pāibǎn) 名 〈音〉박자판 [나무나 대조각 등으로 박자를 맞추어 치는 도구] =〔鼓gǔ板〕〔歌gē板〕〔简jiǎn板〕

【拍嚓】pāichā 擬 찍[물건이 쪼개지거나 갈라질 때 나는 소리] ¶就听见～一声, 木箱子被踹chuài成碎片suìpiàn了 | 찍하는 소리가 들리더니, 나무 상자가 산산조각으로 부서졌다.

【拍打】pāi·da 動 가볍게 치다. 털다. 때리다. ¶～鞋xié | 구두를 마주 쳐서 먼지를 털다. ¶～身上的雪 | 몸에 붙은 눈을 털다. ¶波浪～着船舷chuánxián | 파도가 뱃전을 때린다.

【拍当】pāidàng 名 外 콤비. ¶最佳～ | 명콤비.

【拍发】pāifā 動 (전보를) 치다. 보내다. ¶～消息 | 전보로 소식을 보내다. ¶～急电jídiàn | 지급 전보를 치다.

【拍马屁】pāi mǎpì 動組 ⓓ 아첨하다. 비위를 맞추다. ¶他老～讨好tǎohǎo上司 | 그는 늘 아첨하여 상사의 환심을 사려고 한다 =〔拍马〕〔捧pěng屁〕〔粵 托大脚tuōdàjiǎo〕

【拍卖】pāimài 動 ❶ 경매하다. 박매하다. ¶～家产jiāchǎn | 재산을 경매하다. ¶～行háng | 경매점 →〔拍板pāibǎn②〕 ❷ 할인 판매하다. 바겐세일하다. ¶大～ | 대 바겐 세일을 하다. 대 바겐 세일.

【拍脑袋】pāi nǎo·dai 動組 ❶ 俗 머리를 쓰다. 지혜를 짜다. ❷ 골치를 썩이다. ❸ 喻 일을 함에 단지 주관적 상상에 의거해서 하다. ¶这些数据shùjù都是他～想出来的, 根本不可靠kào | 이 자료는 모두 그의 주관적인 상상에 의해서 생각해낸 것이므로 근본적으로 믿을수가 없다 ‖ =〔拍脑瓜guā〕〔拍脑门mén〕

3【拍摄】pāishè 動 사진을 찍다. 촬영하다. ¶～一张照片 | 사진을 한 장 찍다. ¶～电影diànyǐng | 영화를 촬영하다. ¶在～外景wàijǐng | 로케이션을 하다. 로케이션.

【拍手】pāi/shǒu 動 ❶ 손뼉을 치다. 박수치다. ¶～叫好 | 成 박수치며 환호하다. 갈채를 보내다. ¶～称快chēngkuài | 成 박수치며 쾌재를 부르다 =〔拍掌zhǎng〕〔拍巴bā掌(儿)〕〔鼓掌gǔzhǎng〕 ❷ 박자를 맞추어 손뼉을 치다.

【拍掌】pāi/zhǎng ⇒〔拍手①〕

4【拍照】pāi/zhào 動 사진을 찍다. 촬영하다. ¶他给我～ | 그는 내 사진을 찍어 주었다. ¶军事重地jūnshìzhòngdì, 不准zhǔn～ | 이곳은 중요군사지역이므로 사진촬영을 금합니다 =〔拍像xiàng〕〔照相zhàoxiàng〕

【拍纸簿】pāizhǐbù 名 ㊎ (낱장으로 뗄 수 있는)종이철. 파일(file)노트 [「拍pāi」는 영어「pad」의 음역어(音譯語)] =〔杂记簿zájìbù〕

3【拍子】pāi·zi 名 ❶ 채. 라케트. ¶桌球zhuōqiú～ | 탁구 라케트. ¶苍蝇cāngyíng～ | 파리채. ❷ 〈音〉박자. ¶按àn～唱歌chànggē | 박자에 맞추어 노래를 부르다. ¶打～ | 박자를 맞추다. ¶不合～ | 박자가 맞지 않다.

pái ㄆㄞˊ

【俳】pái 익살 배

書 名 ❶ 익살. 해학. ❷ 골계희(滑稽戲), 잡극(雜劇) ❸ (골계희의) 배우.

【俳句】páijù 名 하이꾸 [17자를 1수(首)로 하는 일본의 단시(短時)] ¶写了一首～ | 하이꾸 한 수를 지었다.

【俳谐】páixié 書 名 익살. 재담. ¶～文 | 풍자 문장. 익살스러운 문장 =〔俳谑páixuè〕

【俳优】páiyōu 名 광대. 골계희·잡극을 연출하던 사람 →〔演员yǎnyuán〕

4【徘】pái 노닐 배

⇒〔徘徊〕

4【徘徊】páihuái 動 ❶ 왔다 갔다 하다. 배회하다. ¶他在这里～了很久 | 그는 이곳에서 한참을 배회했다. ❷ 轉 결단을 내리지 못하고 망설이다. 주저하다. ¶～观望guānwàng =〔徘徊瞻顾zhāngù〕〔左右徘徊〕 | 망설이다. 결단을 못내리고 주저하다. ¶～歧路qílù | 成 갈림길에서 우물쭈물하다. 거취(去就)를 정하지 못하고 주저하다. ❸ 〈經〉물가가 변동하다 ‖ =〔俳佪〕〔俳回huí〕〔低dī徊〕〔低dī回〕

1【排】pái pǎi 밀칠 배, 늘어설 배, 줄 배

Ⓐ pái ❶ 動 (줄을)서다. 배열하다. ¶～队买票duìmǎipiào | 줄을 서서 표를 사다. ¶把桌子～成一行 | 탁자를 한 줄로 배열하다. ❷ 動 〈演映〉무대연습을 하다. 리허설하다. ¶彩cǎi～ | 예행연습(하다) 시연(試演)(하다) 리허설(하다) ❸ 動 밀다. ¶～门而出 | 문을 밀고 나가다. ❹ 動 내보내다. 밀어내다. 배제하다. ¶～除 | 배제하다. ¶把水～出去 | 물을 배수하다. ❺ 動 (남의 결점 등을) 들추어 내어 비난하다. ¶～缝子féngzi | 남의 결점을 들추어 내다. ❻ 名 (배열한) 열. 줄. ¶我坐在前～ | 나는 앞줄에 앉아 있다. ❼ 名 〈軍〉소대(小隊) ¶～长 | 소대장 →〔军②〕〔连⑨〕〔旅④〕〔棚⑧〕〔团⑥〕〔营④〕 ❽ (～子) 名 허례. 허식. ❾ 名 外 〈食〉파이(pie) =〔派⑪〕〔批⑩〕 ¶苹果píngguǒ～ | 애플 파이 =〔派⑪〕 ❿ 名 뗏목 ⓫ 量 열. 줄 어법 열·줄처럼 생긴 모양의 물건을 세는 데 쓰이는 양사. ¶一～子弹 | 한 줄의 탄환.

Ⓑ pǎi ⇒〔排子车〕

Ⓐ pái

【排班】pái/bān 動 ❶ 순서를 정하다. 순서에 따라 배열하다. ¶～进场jìnchǎng | 순서를 정하여

입장하다. ❷ 학년이나 학급을 나누다.

【排版】pái/bǎn 〈印出〉❶ 動 조판하다. 식자(植字)하다. ❷ 動 편집하다. 편집하여 배열하다. ❸ (páibǎn) 名 조판. 식자. ¶机器jīqì～ | 기계 식자. ¶照相zhàoxiàng～ | 사진 식자. ❹ (páibǎn) 名 편집 배열 =〔排板bǎn〕〔整zhěng版②〕

【排比】páibǐ ❶ 動 순서에 따라 배열하다. ❷ 動 대구법(對句法)을 쓰다. ❸ 名 대구법.

【排兵布阵】páibīng bùzhèn 動組 군대를 배치하고 진을 치다. ¶他马上～,准备zhǔnbèi大干gàn一场 | 그는 곧바로 군대를 배치하고 진을 쳐서 한바탕의 일전을 준비했다.

【排场】pái·chǎng ❶ 名 겉치레. 규모. ¶那个人作事很讲究～ | 저 사람은 일을 함에 있어서 겉치레를 많이 따진다. ¶那家铺子的～大 | 저 가게는 규모가 크다. ❷ 動 겉치레를 하다. 겉치장을 하다. ¶～阔气kuòqì | 威 겉치레를 하여 사치스럽게 하다. ❸ 名 近 신분. ¶量liáng妾身qièshēn则是个妓女jìnǚ～ | 생각컨대, 저는 기녀의 신분입니다《關漢卿·謝天香劇》

³【排斥】páichì 動 배척하다. ¶带同种电荷diànhé的物体互相～ | 같은 전하를 띤 물체는 서로 밀어낸다. ¶～异己yìjǐ | 자기와 사상이 다르거나 자기 집단에 속하지 않은 사람을 배척하다.

⁴【排除】páichú 動 (장애를)배제하다. 없애다. 제거하다. ¶～障碍zhàngài | 장애를 제거하다. ¶～私心杂念sīxīnzániàn | 사심과 잡념을 없애다. ¶～故障gùzhàng | 고장을 수리하다. ¶～积水jīshuǐ | 고인물을 빼내다.

【排挡】páidǎng 名 〈機〉기어(gear) ¶换huàn～ | 기어를 일단으로 바꾸다 =〔簡 挡〕

⁴【排队】pái/duì 動 줄을 서다. 열을 짓다. ¶～买票mǎipiào | 줄을 서서 표를 사다. ¶～前进qiánjìn | 줄지어 앞으로 나아가다 =〔摆队bǎiduì〕

【排筏】páifá 名 뗏목. ¶乘chéng～顺流shùnliú而下 | 뗏목을 타고 물을 따라 내려가다.

【排放】páifàng 動 ❶ 순서대로 놓다. 정리하여 두다. ¶供桌上～着香炉xiānglú, 蜡烛làzhú和供品 | 젯상에 향로, 양초와 젯물을 순서대로 놓다. ❷ (폐기·폐수를)방출하다. 배출하다. ¶～污水wūshuǐ | 오수를 방출하다. ❸ (동물이) 배란(排卵)하다.

【排风扇】páifēngshàn 名 환풍기.

【排骨】páigǔ 名 ❶ (소·돼지)갈비. ¶～饭fàn | 갈비밥[튀긴 갈비를 위에 얹은 음식] ❷ 俗 마른 사람. 갈비씨.

【排灌】páiguàn 名 배수(排水)와 관개(灌漑) ¶～设备shèbèi | 배수 관개 시설. ¶～工程gōngchéng | 배수관개사업. ¶～网wǎng | 배수·관개망. ¶～站zhàn | 배수·관개 펌프장. ¶～发动机fādòngjī | 배수·관개용 모터(motor)

【排行】páiháng ❶ 名 형제·자매의 서열 [보통, 형제는 형제끼리만 자매는 자매끼리만의 순서를 말하는데, 이것을 「小排行」이라 하고, 대가족에서 형제·자매·종형제 자매를 모두 포함한 순서를 「大排行」이라 함] ¶您～第几?당신은 몇 째입니까? ¶我～第一 =〔我行大〕〔我排大〕〔我在大〕| 나는 장남〔장녀〕입니다. ❷ 書 動 줄지어 정렬하다.

【排行榜】páihángbǎng 名 (가요 등의)인기 순위표. (책·레코드 등의) 판매량 순위표. ¶流行歌曲～ | 유행가인기순위표

⁴【排挤】páijǐ ❶ 動 밀어 제치다. 내쫓다. 배척하다. ¶他～对手 | 그는 상대를 밀어 제쳤다. ¶企图借此～他国 | 이것을 빌어 타국을 배척하려 하다. ❷ 名 배척. ¶鲁迅Lǔxùn受到学校内反动势力的～,便愤然离开líkāi厦门Xiàmén到了广州 | 노신은 학교내 반동세력의 배척을 받고는 분연히 하문을 떠나 광주로 갔다.

【排解】páijiě ❶ 動 중재하다. 화해시키다. ¶～纠纷jiūfēn | 분규를 중재하다 =〔排介〕→〔打圆场dǎyuánchǎng〕 ❷ ⇒〔排遣páiqiǎn①〕

【排句】páijù 名 대구(對句)

【排涝】pái/lào 動 (침수된 논의) 물을 빼다.

【排雷】pái/léi 動 〈軍〉지뢰나 수뢰를 제거하다. ¶派pài工兵gōngbīng来～ | 공병을 파견하여 지뢰를 제거하다.

【排练】páiliàn ⇒〔排演〕

³【排列】páiliè ❶ 動 배열하다. ¶按字母次序～ | 자모의 순서에 따라 배열하다. ¶～成行háng | 열을 지어 배열하다. ❷ 名 〈數〉순열.

【排卵】páiluǎn 名 〈生理〉배란. ¶～期 | 배란기.

【排名】páimíng 動 (순서에 따라)이름을 올리다. ¶男子团体赛tuántǐsài结果, 中国～第三 | 남자단체시합의 결과, 중국은 제3위에 이름이 올라 있다.

【排难解忧】páinànjiěyōu 動 어려움이나 곤란한 문제를 해결하다. ¶她乐意lèyì为邻里línlǐ～ | 그녀는 기꺼이 나서서 동네의 어려움을 해결해 준다 =〔排难解愁chóu〕〔排忧解愁〕〔排忧解难〕〔解难排忧〕

【排气】pái/qì ❶ 動 (공기·기체를)내보내다. ❷ (páiqì) 名 배기. ¶～阀fá | 배기밸브. ¶～管guǎn | 배기관. ¶～泵bèng | 배기 펌프. ❸ (páiqì) 名 폐기. 배기 가스 =〔方 乏汽fáqì〕〔方 乏气〕〔废fèi气〕〔江 回气〕

【排气(风)扇】páiqì(fēng)shàn 名 환풍기.

【排遣】páiqiǎn 動 ❶ 기분 전환을 하다. 스스로 위안하며 근심을 풀다. ¶听听音乐, ～一下心中的烦闷fánmèn! | 음악을 들으면서 심사를 푸세요! =〔排解〕〔消遣〕 ❷ (일을) 해치우다. (문제를) 해결하다.

【排枪】páiqiāng ❶ 名 일제 사격. ¶放～ | 일제 사격을 하다. ❷ 動 일제히 사격을 하다.

¹【排球】páiqiú 名 〈體〉❶ 배구. ¶打～ =〔排排球〕| 배구를 하다 =〔队duì球〕 ❷ 배구 공.

【排山倒海】pái shān dǎo hǎi 威 산을 밀어내고 바다를 뒤집다. 기세가 대단하다. ¶一阵暴风bàofēng～似sì地卷juǎn了过来 | 폭풍이 한바탕 대단한 기세로 휘몰아쳐 왔다. ¶以～之势 | 대단한 기세로.

【排水】pái/shuǐ ❶ 動 물을 빼내다. ¶排污水 | 오수를 빼내다. ❷ (páishuǐ) 名 배수. ¶～量liàng | 배수량. ¶～不畅chàng | 배수 상태가 나쁘

다. ¶~管道guǎndào | 배수로. ¶~系统xìtǒng | 배수 계통. ¶搞gǎo~ | 배수하다. ¶~沟渠gōuqú | 배수구.

【排他性】páitāxìng 图 배타성. ¶具有jùyǒu~ | 배타성을 가지고 있다. ¶~集团jítuán | 배타적 집단.

【排头】páitóu 图 ❶ 맨 앞에 선 사람. ¶~兵 | 선두주자. 선두[대열의 선두에 선 병사] 轉(조직의)선두에 서서 견인차 역할을 하는 사람. 기준. ¶向~看齐kànqí | 우로 나란히. ❷ 吳 야단. 꾸중. ¶吃~ | 야단을 맞다. 꾸지람을 듣다.

【排外】páiwài 動 배척하다. ¶实行~政策zhèngcè | 배외정책을 펴다. ¶~主义zhǔyì | 배타주의. ¶~性 | 배타성.

【排尾】páiwěi 图 행렬(行列)의 끝 혹은 그 사람. ¶站zhàn在~ | 줄의 맨 끝에 서다.

【排污】páiwū 動 ❶ 오염물을 배출하다. ❷ 오염물을 제거하다. ¶大力~ | 열심히 오염물을 제거하다.

【排戏】pái/xì ❶ 動 무대 연습을 하다. 리허설을 하다. ¶这出戏zhèchūxì排了两个月 | 이 연극은 두 달 동안 무대 연습을 하였다. ❷ (páixì) 图 무대연습. 리허설.

【排泄】páixiè 動 ❶ 흘려 내보내다. ¶~污物wūwù | 오물을 흘려 보내다. ❷ 〈生〉 배설하다. ¶~器官qìguān | 배설 기관.

【排序】páixù ❶ 图 〈電算〉 소트(sort) 분류. 소팅(sorting) ❷ 動 〈電算〉 (어떤 기준에 의해)순서대로 배열하다. ¶按英文字母~ | 영어 알파벳순에 의해 배열하다(소팅하다)

【排揎】pái·xuan 動 ❶ 方 꾸짖다. ¶他已经认错rèncuò了, 你别再~他了 | 그가 이미 잘못을 시인했으니, 그만 꾸짖어라. ❷ 近 덤벼들다. 반항하다.

【排演】páiyǎn ❶ 图 무대 연습. 리허설. ¶剧本jùběn编写biānxiě和~ | 각본의 창작과 리허설 ❷ 動 리허설하다. ¶~第三场 | 3장을 리허설하다. ¶歌舞团gēwǔtuán正在~节目jiémù | 가무단은 지금 프로그램을 리허설하고 있다 =〔排练páiliàn〕

【排印】páiyìn ❶ 图 조판인쇄(組版印刷) ❷ 動 조판하여 인쇄하다. ¶这本书是铅字qiānzì~的 | 이 책은 활자로 인쇄한 것이다.

【排月儿】páiyuèr 图 한자부수의 육달월(月) 변.

4【排长】páizhǎng 图 〈軍〉 소대장.

【排中律】páizhōnglǜ 图 〈論〉 배중률. ¶违反wéifǎn了~ | 배중률에 어긋나다.

【排字】pái/zì 動 식자(植字)하다. ¶排错的字 | 오식(誤識)된 글자. ¶~工人 | 식자공. ¶~手托shǒutuō | 식자용 스틱(stick) ¶~架jià | 식자대〔식자틀〕 ¶~板bǎn | 식자판. ¶~机jī | 식자기. ¶~车间 | 식자실.

B pǎi

【排子车】pǎi·zichē 图 두세 사람이 끄는 큰 손수레. ¶拉lā~ | 손수레를 끌다 =〔板bǎn(子)车〕〔大板车〕〔地牛〕〔地排子车〕

2【牌】 pái 패 패, 간판 패, 방패 패

❶ (~儿, ~子) 图 패(牌) 간판. (번호)판. ¶门~ | 문패. ¶路lù~ | 도로 표시판. ❷ (~儿, ~子) 图 상표. ¶冒mào~ | 가짜상표. 상표를 도용하다. ¶总统zǒngtǒng~香烟xiāngyān | 총통표 담배. ¶你要甚么~ | 무슨 상표의 물품을 원하느냐? ❸ 图 (마작·트럼프·화투등의) 오락 용품. ¶纸zhǐ~ | 화투·트럼프 등에 쓰이는 카드. ¶麻将májiàng~ | 마작패. ¶扑克pūkè~ | 트럼프. ¶打~ | 마작·트럼프 등을 하다. ❹ (~子) 图「词cí」(사)·「曲qǔ」(곡)의 곡조. ¶词~ | 사패. ¶曲~ | 곡패. ❺ 图 轉 면목. ¶摘zhāi你的~子 =〔摔shuāi你的牌子〕 | 너의 체면을 잃게 하겠다. ❻ 图 메달. ¶金~ | 금메달. ¶银~ | 은메달. ❼ 图 방패. ¶挡箭dǎngjiàn~ | 화살을 막는 방패. ❽ 시각. 때. ¶未~时分 | 미시(未時)경. ❾ 위패. ¶灵líng~ | 위패. ❿ 옛날, 공문서의 일종. ¶信~ | 옛날, 군중(軍中)에서 비밀 명령을 전하던 문서. 옛날, 관리가 지방을 순시할 때 휴대하던 신분증.

【牌榜】páibǎng 图 포고문. 고시(告示) 게시판 =〔牌示shì〕

【牌匾】páibiǎn 图 ❶ 편액(扁額) ¶金字~ | 금박으로 만든 액자. ❷ 간판. ¶~行háng | 간판장이.

【牌匾儿】páibiǎnr 图 俗 명예. ¶要是弄得nòng·de不好, 砸zá了~才不合算呢 | 만일 잘 못 처리하여 명예가 손상된다면, 애쓴 보람이 없잖아.

【牌号(儿)】páihào(r) 图 ❶ 상표 →〔商标shāngbiāo〕 ❷ 상호 =〔字号zì·hao①〕

【牌价】páijià 图 ❶ 정찰 가격. 표시가격. ¶~不公道 | 표시가격이 공평하지 못하다. ❷ 시세. 시장가격. ¶外汇wàihuì~ | 외환시세. ¶原油yuányóu~ | 원유 시세.

【牌楼】pái·lou 图 ❶ (차양이 있고, 둘 또는 네 개의 기둥이 있는) 옛날 장식용의 건축물. ❷ (현재는, 목재를 이용하여 만든) 경축용 아치.

【牌示】páishì ⇒〔牌榜páibǎng〕

【牌位(儿)】páiwèi(r) 图 신주. 위패. ¶祖宗zǔzōng的~ | 조상의 신주. 조상의 위패 =〔位牌〕

【牌运】páiyùn ⇒〔手shǒu气(儿)〕

【牌照】páizhào 图 ❶ 옛날의 영업 허가증(營業許可證) 감찰(鑑札) ❷ 운전 면허증. ¶提示~ | 운전면허증을 제시하다. ‖ →〔执照zhízhào(儿)〕

3【牌子】pái·zi 图 ❶ 팻말. 간판. ¶挂guà着~ | 간판을 걸다. ¶存车cúnchē~ | (자전거 주차용의) 팻말. ❷ 상표. ¶老~ | 유명상표. 잘 알려진 상표. ❸ 곡조. ¶后来弹tán一个大调dàdiào, 也不知道叫甚么~? | 뒤에 대조 하나를 탔는데, 무슨 곡조인지는 모르겠다.

【牌子曲(儿)】pái·ziqǔ(r) 图 〈音〉 속곡(俗曲) 민간가곡. 속요(俗謠) →〔曲牌qǔpái(子)〕〔小调xiǎodiào(儿)〕

pǎi ㄆㄞˇ

【迫】 pǎi ☞ 迫 pò B

1【排】 pǎi ☞ 排 pái B

P

pài ㄆㄞˋ

【哌】 pài (음역자 파)
⇒〔哌嗪〕

【哌嗪】pàiqín 名〈化〉피페라진(piperazine) ＝〔对二氮己环duìèrdànjǐhuán〕

1**【派】** pài pā 갈라질 파, 갈래 파

Ⓐ pài ❶ 動 파견하다. ¶～兵｜파병하다. ¶已经～了两个人｜이미 두 사람을 파견하였다. ¶～代表团dàibiǎotuán出席大会｜대표단을 파견하여 대회에 출석시키다. ❷ 動 (일을 나누어) 맡기다. (임무·일 등을) 담당시키다. 분담시키다. 임명하다. ¶分～｜분담시키다. ¶上司～了委员wěiyuán｜상사가 위원을 임명하다. ❸ 動 억지로 떠맡기다. 할당하다. 분배하다. ¶～报bào｜신문을 배부하다. 신문을 (억지로) 강매하다. ¶～定工作｜일을 할당하다. ¶摊tān～｜고르게 분배하다. ¶苛kē～乡民｜마을 사람들에게 세금을 가혹하게 부과하다. ❹ 動 (남의 잘못을) 가려내다. 지적하다. 꾸짖다. 어법「派」+「不是」의 형태로만 쓰임. ¶现在又～我的不是了｜지금 또 나의 잘못을 책망했다. ¶爱～人家的不是｜남의 잘못을 책망하기 좋아하다. ❺ 動 (기풍이) 당당하다. 호방하다. ❻ 尾 파. 분파. 파별. ¶学xué～｜학파. ¶宗～｜종파. ¶右～｜우파. ¶浪漫làngmàn～｜낭만파. ❼ 尾 기풍(氣風) 스타일(style) 태도. ¶气～｜기풍. ¶官僚guānliáo～｜관료적인 태도. ❽ 量 파별·유파(流派) 등에 사용함. ¶两～学者｜두파의 학자들. ❾ 量 경치·기상·말·소리 등에 사용함. 어법 수사는「一」만 사용함. ¶好一～北国风光｜얼마나 아름다운 북방의 경치인가. ¶一～新气象qìxiàng｜온통 새로운 기상. ¶一～胡言乱语húyánluànyǔ｜한바탕 헛소리. ❿ 書 名 강의 지류(支流) ⓫ 名 外 台〈食〉파이(pie) ＝〔排pái⑨〕〔批pī⑩〕 ⓬ ⇒〔派别〕〔派头〕

Ⓑ pā ⇒〔派司〕

Ⓐ pài

4【派别】pàibié 名 (학술·종교·정당 등의) 파별. 파별(派別) 유파. ¶不分～,一律平等yīlǜpíngděng｜파별을 나누지 않고 일률적으로 평등하게 한다. ¶～斗争dòuzhēng｜파별 투쟁.

【派兵】pàibīng 動 파병하다. 군대를 파견하다. ¶美国～来韩国参战cānzhàn｜미국은 군대를 파견하여 한국전에 참전시켰다.

【派不是】pài bù·shi 動組 남의 잘못을 나무라다. 남을 욕하다. ¶他自己不认错,还派别人的不是｜그는 자기 잘못은 인정하지 않고 도리어 남의 잘못을 나무란다.

【派差】pài/chāi 動 ❶ 관리를 (임명하여) 파견하다. ¶出～｜공무로 출장하다. ❷ 일을 나누어 맡기다. 할당(割當)하다.

4【派出所】pàichūsuǒ 名 簡「公安局派出所」(공안국 파출소)의 약칭.

【派对】pàiduì 名 外 파티(party)[주로 홍콩에서 사용함] ＝〔舞会wǔhuì〕〔午会wǔhuì〕

【派饭】pàifàn ❶ 名 일시적으로 머무르는 간부에게 농가에서 제공하는 식사. ❷ (pài/fàn) 動 식사를 배당하다. ¶向群众qúnzhòng～｜군중에게 식사를 배당하다.

【派活(儿)】pài huó(r) 動 일을 할당하다. 분담하여〔나누어〕일하다. ¶他很会～｜그는 일을 아주 잘 분담시킨다. ¶队长正派着活儿呢!대장은 지금 일을 분담시키고 있는 중이다.

【派款】pài/kuǎn 動 분담금(分担金)을 할당하다. ¶向各村gècūn～｜각 시골로 분담금을 할당하다.

【派力司】pàilìsī 名 外〈紡〉팰리스(palace) ＝〔派力斯呢pàilìsīní〕

4【派遣】pàiqiǎn 動 파견하다. ¶～大使dàshǐ｜대사를 파견하다. ¶～代表团dàibiǎotuán｜대표단을 파견하다.

【派人】pàirén 動 사람을 보내다. 파견하다. 심부름꾼을 보내다. ¶～送去｜사람을 보내다.

【派生】pàishēng 動 파생하다. 생겨나다. ¶由总公司zǒnggōngsī～出许多分公词｜본사에서 많은 지사들이 생겨난다. ¶由此～出来的问题wèntí｜이로부터 파생된 문제.

【派生词】pàishēngcí 名 파생어.

【派头(儿)】pàitóu(r) 名 貶 위엄. 기세. 위신. ¶他很有～｜그는 아주 위엄이 있다. ¶阔kuò～｜부자인 체하는 기세. ¶～大｜기세등등하다.

【派系】pàixì 名 파벌(派閥) ¶～斗争dòuzhēng｜파벌투쟁. ¶～纠纷jiūfēn｜파벌싸움. ¶不讲～｜파벌을 문제삼지 않다.

【派员】pàiyuán 動 (조직원이나 임원을) 파견하다. ¶～取回qǔhuí｜사람을 파견하여 회수하다.

Ⓑ pā

【派司】pā·si 名 外 方 패스(pass) 출입증. 통행증. ¶你有～吗?｜당신 통행증 있습니까?

【蒎】 pài (피넨 파)
⇒〔蒎烯〕

【蒎烯】pàixī 名〈化〉피넨(pinen;독) [테르펜유(terpene油)의 주성분을 이루는 유기화합물의 한 가지. 합성장뇌. 인공향료의 원료]

【湃】 pài 물결소리 배
⇒〔滂pāng湃〕〔澎péng湃〕

pān ㄆㄢ

【扳】 pān ☞ 扳 bān Ⓑ

【番】 pān ☞ 番 fān Ⓑ

【潘】 pān 뜨물 번, 뜨물 반
名 ❶ 쌀뜨물. ❷ (Pān) 성(姓)

【潘朵拉】Pānduǒlā 名 外 판도라(Pandora)

3**【攀】** pān 잡고오를 반
動 ❶ (무엇을 잡고 위로) 기어오르다. ¶～着绳子往上爬｜줄을 잡고 위로 기어 오르다. ¶～树shù｜나무에 기어오르다. ¶ ❷ (지위가 높은 사람과) 친척관계를 맺다. 관계를 맺다. ¶～亲戚qīnqī｜지위과 높은 사람과 친척관계를 맺다. ¶高～｜자기보다 신분이 높은 사람과 교제하거나 인척 관계를 맺다. ¶～龙附凤lóngf-

ūfèng↓ ❸연류시키다. 끌어들이다. 말려들게 하다. ¶你不要～扯chě别人｜너는 다른 사람을 연루시키지 마라. ❹꼭 붙잡다. 달라붙다. ¶～住车辕chēyuán｜수레의 채를 꼭 붙잡다 ‖ ＝〔扳pān〕

【攀比】pānbǐ 動 사례를 인용〔인증〕하여 비교하다. ¶小孩子喜欢互相～｜어린아이는 서로 비교하기를 좋아한다.

【攀扯】pānchě 動 ❶의뢰하다. ¶我们不便去～｜우리들이 부탁하러 가기는 좀 뭣하다. ❷연루시키다. 끌어들이다. ¶那个人很讲义气yìqì, 不会随便suíbiàn～人｜그 사람은 의리를 매우 중요하게 생각하므로 함부로 남을 연루시키지는 않을 것이다.

3【攀登】pāndēng 動 (무엇을 붙잡고) 기어 오르다. 등반하다. ¶～山崖shānyá｜절벽을 기어오르다. ¶～科学高峰kēxuégāofēng｜과학의 최고봉에 오르다. ¶～世界最高峰｜세계 최고봉에 등반하다 ＝〔攀爬pānpá〕

【攀附】pānfù 動 ❶(어떤 것에 의지하여) 기어 오르다. ¶藤蔓téngwàn～树木｜덩굴이 나무에 기어 오르다. ❷아부로써 승진이나 부를 구하다. 빌붙다. ¶他一心～权贵quánguì｜그는 오직 권좌에 빌붙고자만 한다 ＝〔攀高附势pāngāofùshì〕

【攀话(儿)】pānhuà(r) 動 이야기를 걸다. 친근하게 대화하다. ¶我同他～了几句｜나는 그에게 얘기를 몇 마디 걸었다. ¶他很随和suíhé, 谁都喜欢跟他～｜그는 매우 상냥해서 누구든지 모두 그와 이야기 하기를 좋아한다 ＝〔攀谈tán〕

【攀龙附凤】pān lóng fù fèng 成 ❶권세 있는 사람에게 아첨하여 달라붙다. ❷명철한 군주에게 복종하여 공을 세우다. ❸제자(弟子)가 성현(聖賢)을 따라 덕업(德業)을 성취하다 ‖ ＝〔攀鳞pānlín〕〔攀龙鳞lónglín〕

【攀亲】pān/qīn 動 ❶친척 또는 친밀한 관계를 이용하여 더욱 친해지려 하다. 친척 관계를 연줄로 이용하다. ¶因为甲jiǎ的情况qíngkuàng好起来了, 乙yǐ极力地jílìdì想跟甲～｜갑의 사정이 좋아지게 되자, 을은 애써 갑과 친해지려 하다. ❷(지위가 높은 사람과) 친척관계를 맺다 ＝〔攀高亲〕 ❸方 약혼하다.

【攀亲道故】pān qīn dào gù 成 ❶오랜 친분 관계가 있다. ¶他们俩liǎ初次见面, 就～地谈起来了｜그들 둘은 처음 만났는데도, 옛부터 친한 사이처럼 이야기하기 시작했다. ❷(권세나 지위가 높은 사람과) 친척이나 연고 관계를 맺다. ❸연줄로 삼기 위해 많은 사람과 관계를 맺다.

【攀谈】pāntán ⇒〔攀话(儿)〕

【攀援】pānyuán ⇒〔攀缘①②〕

【攀缘】pānyuán ❶動 (무엇을 잡고) 기어오르다. ¶～而上｜잡고 기어오르다. ❷動 喩 (권세가나 부자에게 빌붙어) 출세하다. ¶他刻意kèyì～有钱人家｜그는 부자에게 빌붙어 출세하려고 한다. ‖ ＝〔攀援yuán〕 ❸名〈佛〉반연.

【攀缘茎】pānyuánjīng 名 (등나무·오이·포도와 같은 식물의) 덩굴줄기.

【攀折】pānzhé 動 (위로부터 아래로) 잡아당겨 꺾다. ¶禁止jìnzhǐ～树枝shùzhī｜나무가지를 꺾지 마시오. ¶请勿qǐngwù～花木｜꽃이나 나무를 꺾지 마시오.

pán ㄆㄢˊ

【爿】pán ⊗ bàn) qiáng **조각 반, 반쪽나무 장**

Ⓐpán ❶名 널쪽. 반쪽나무. 장작. ¶柴chái～｜장작. ❷量 뙈기. 배미〔전답을 세는 단위〕¶一～田｜밭 한 뙈기. ❸量 개. 채〔상점·공장을 세는 단위〕¶一～水果店shuǐguǒdiàn｜과일 상점 한 채.

Ⓑqiáng 書 名 나무를 두 조각으로 나눌 때의 왼쪽 조각.

2【胖】pán ☞ 胖 pàng Ⓑ

1【般】pán ☞ 般 bān Ⓑ

2【盘(盤)〈槃₁〉】pán **쟁반 반, 대야 반**

❶書 名 고대(古代)의 대야. ❷(～儿, ～子) 名 큰 접시. 쟁반. ¶六寸～｜(직경이)여섯치인 접시. ¶茶～儿｜찻쟁반. ❸(～儿) 名 쟁반 모양을 닮은 넓적한 물건. ¶磨mó～｜맷돌. ¶棋qí～｜바둑판. ❹(～儿, ～子) 名 시장 시세. ¶平～儿｜보합(保合)시세. ❺動 빙빙돌다. 둘둘감다. 구부리다. ¶鸽子gēzi在天空打着～儿｜비둘기가 하늘에서 빙빙 돌고 있다. ¶把绳子shéngzi～起来｜새끼줄을 둘둘 감다. ¶～着腿tuǐ儿坐｜책상 다리를 하고 앉다. ❻動 (온돌·부뚜막 등을) 놓다. 쌓다. ¶只用了一天的时间就把炕kàng～起来了｜하루만에 구들장을 놓았다. ❼動 전반적인 조사를 하다. 자세히 검사하다. ¶一年～一次账zhàng｜1년에 한 번씩 전반적인 장부검사를 한다. ❽動 (공장·상점을) 양도하다. ¶受～｜상점을 양도 받다. ❾動 나르다. 운반하다. ¶由仓库cāngkù往外～东西｜창고에서 물건을 운반해 내다. ❿量 키가 낮고 무거운 것·접시에 담긴 것·둘둘 감긴 것 또는 장기나 바둑의 횟수를 세는 단위. ¶五～蚊香｜모기향 다섯 개. ¶一～机器jīqì｜기계 한 대. ¶一～菜cài｜요리 한 접시. ¶一～电线diànxiàn｜둘둘 감은 전선 한 두루마리. ¶下一～棋qí｜바둑을 한 판 두다→〔场chǎng⑥〕〔局jú⑨〕 ⓫(Pán) 名 성(姓)

【盘剥】pánbō ❶動 착취하다. ¶资本家zīběnjiā～劳动láodòng人民｜자본가가 노동자를 착취하다. ¶重利zhònglì～｜고리(高利)로 착취하다. ❷名 착취. 수탈.

【盘查】pánchá 動 (철저히,자세히) 조사하다. 취조하다. 단속하다. ¶严格yángé～｜엄격하게 취조하다. ¶～可疑的人｜혐의자를 자세히 조사하다. ¶～行人｜길가는 사람을 단속하다 ＝〔盘察chá〕

【盘缠】ⓐpánchán 動 휘감다.
ⓑpán·chan 名 口 여비. ¶缺少quēshǎo～｜여비가 부족하다 ＝〔方 盘川chuān〕〔盘费fèi〕〔盘脚jiǎo〕〔盘资zī〕〔川费〕〔川资〕〔旅费lǚfèi〕

【盘秤】pánchèng 名 접시 저울.
【盘川】pánchuān ⇒〔盘缠 b〕
【盘存】páncún ❶ 名〈商〉재고 조사. ¶～清单qīngdān | 재고품 목록. ¶～数额shùé | 재고 조사 수량 ❷ 動〈商〉재고 조사를 하다→〔盘货pánhuò〕
【盘错】páncuò ⇒〔盘根错节〕
【盘道】pándào 名 ❶ 구불구불한 길. 에돌이길 =〔盘路lù〕❷ 불교 신도들이 불교 교리에 대해 이야기를 주고받는 것.
【盘点】pándiǎn 動 (재고를 전반적으로) 조사하다. ¶～存货cúnhuò | 재고를 조사하다.
【盘店】pándiàn ❶ 名 (가게의 물건 일체에 대한) 양도. ❷ 動 가게의 상품·가구 등 일체를 몽땅 남에게 양도하다. ¶每月～一次 | 매달 한번씩 가게를 양도한다 =〔盘让ràng〕
【盘费】pánfèi ⇒〔盘缠 b〕
【盘杠子】pán gàng·zi 動 철봉을 하다→〔杠子gàngzi②〕
【盘根错节】pán gēn cuò jié 成 나무 뿌리가 휘감기고 줄기가 엉키다. ¶那个案件ànjiàn的来龙去脉láilóngqùmài,～,一时不易摸清 | 그 안건의 맥락은 복잡하게 얽혀 있어서 한번에 이해하기가 어렵다. ❶ 일이 복잡하여 해결하기 곤란하다. ❷ 구세력의 뿌리가 깊어 제거하기 어렵다 ‖ =〔簡 盘错〕〔根盘节错〕
【盘亘】pángèn 書 動 서로 잇닿아 있다. ¶山岭shānlǐng～交错jiāocuò | 산봉우리가 서로 복잡하게 얽혀 이어져 있다.
【盘古】Pángǔ 名〈神〉반고.[중국 고대신화에 나오는 천지를 개벽한 인물] ¶自从～开天地 | 반고가 천지를 개벽한 이래.
【盘谷】Pángǔ 名〈地〉❶ 반곡[하남성(河南省) 제원현(濟源縣) 북쪽에 있는 지명] ❷ 방콕(Bangkok) 태국(泰國)의 수도 =〔曼màn谷〕❸ (pángǔ) 수레바퀴 모양처럼 구불구불한 골짜기.
【盘桓】pánhuán 動 ❶ 書 머물다. ¶～終日zhōngrì | 하루종일 머물다. ❷ 書 배회하다. ¶在门口～的人,可要小心他,怕pà是贼zéi的引线yǐnxiàn | 문 앞에서 배회하는 사람은 도둑의 끄나불일지도 모르니 조심해야 한다. ❸ 함께 있다. 함께 놀다. ¶我们在杭州hángzhōu～了几天,游览yóulǎn了各处名胜míngshèng | 우리는 항주에서 몇 일 같이 있으면서 여러 명승지를 유람했다. ❹ 구부러지다. 빙빙 둘려 감다. ¶～髻jì | 틀어 얹은 머리.
【盘货】pán/huò 動 재고를 조사하다. 물품을 조사하다. ¶今日～,停止营业tíngzhǐyíngyè | 오늘은 재고조사로 인하여 휴업합니다. ¶～日 | 재고 조사일→〔盘存páncún〕
【盘结】pánjié 動 뒤얽히다. ¶森林里粗藤cūténg～ | 삼림 속에 굵은 덩굴이 뒤얽혀 있다 =〔蟠结pánjié〕
【盘诘】pánjié ⇒〔盘问〕
【盘究】pánjiū 動 자세히 따지다. 추궁하다.
【盘踞】pánjù 動 불법으로 점령하다. 점령하여 차지하다. 둥지를 틀고 앉다. 할거하다. 도사리다. ¶一些重要的关隘guānài仍然被敌人～着 | 중요한 요새는 여전히 적에게 점령당한 채로 있다. ¶～在山上的土匪tǔfěi | 산에서 할거하고 있는 도적. ¶我军一举歼灭jiānmiè了～海岛hǎidǎo的敌人 | 아군은 섬을 점령하고 있던 적을 일거에 섬멸했다 =〔盘据jù〕〔蟠据pánjù〕〔蟠踞pánjù〕
【盘库】pán/kù 動 재고 조사를 하다. 회계 검사를 하다.
【盘马弯弓】pán mǎ wān gōng 成 말을 타고 빙빙 돌며 활을 당겨 쏘는 자세를 취하다. ❶ 위협하는 자세만 취하고 행동하지 않다. ¶他的～,想先把人唬住hǔzhù | 그의 위협적인 자세는 먼저 사람을 꼼짝못하게 하려는 것이다. ¶～故不发 | 위협만 하고 일부러 행동하지는 않다. ❷ 빙빙 둘려서. 비꼬아. 일부러.
【盘尼西林】pánníxīlín 名 外 페니실린(penicillin) =〔青霉素qīngméisù〕
【盘弄】pánnòng 動 ❶ 만지다. 만지작거리다. 가지고 놀다. ¶他在那里边说话边～算盘子suànpánzi | 그는 거기서 한편으로는 말을하면서 한편으로는 주판을 두드리고 있다. ¶～琴弦qínxián | 거문고줄을 매만지다. ❷ 괴롭히다. 놀리다. 곤란하게 하다. ¶李先生被他彻夜chèyè～,衰惫shuāibèi了 | 이선생은 밤새도록 그에게 괴롭힘을 당하여 피곤했다. ❸ 사주하다. 부추기다. 꾀다.
【盘曲】pánqū ❶ 書 動 휘돌다. 빙빙 돌다. 사리다. ¶山脚下shānjiǎoxià小河～ | 산 밑을 작은 강이 감돌아 흐른다. ❷ 形 구불구불하다 ‖ =〔盘屈qū〕〔蟠曲pánqū〕〔蟠屈pánqū〕
【盘儿】pánr 名 ❶ 쟁반. ❷ 俗 얼굴. 용모. ¶她听了那些话,烧shāo～了 | 그녀는 그 말을 듣고 얼굴을 붉혔다.
【盘绕】pánrào 動 휘감다. 둘둘 감다. 둘러 싸다. 감돌다. ¶长长的藤葛ténggé～着枯老kūlǎo的树身 | 길고 긴 덩굴이 고목을 둘둘 감고 있다. ¶山路崎岖qíqū,～而上 | 산길이 가파르게 구불구불 감돌며 위로 뻗어 있다 =〔盘络pánluò〕〔蟠绕pánrào〕
【盘跚】pánshān ⇒〔蹒pán跚〕
【盘石】pánshí ⇒〔磐pán石〕
【盘算】pán·suan ❶ 動 주판을 놓다. 계산하다. 계획하다. 눈어림하다. ¶您心里怎样～呢? 당신은 마음 속으로 어떻게 작정하고 있습니까? ❷ 動 속이다. ¶～别人 | 남을 속이다. ❸ 名 속셈. 예상. 작정. ¶～落空了 | 예상이 빗나갔다.
【盘梯】pántī 名 나선형 계단.
【盘腿】pán/tuǐ ❶ 動 책상다리를 하다. ¶韩国人常～而坐 | 한국사람은 항상 책상다리를 하고 앉는다. ¶～坐 =〔打dǎ盘坐〕| 책상다리를 하고 앉다 =〔書 盘膝xī〕 ❷ (pántuǐ) 名 아이들이 한 쪽 다리를 걸고 앙감질하며 도는 놀이.
【盘陀】pántuó 書 形 ❶ 울퉁불퉁하다. ❷ 구불구불하다. ¶～路 | 구불구불한 길.
【盘问】pánwèn 動 끝까지 따지며 묻다. 추궁하다. 심문(尋問)하다. 캐묻다. ¶～举动jǔdòng可疑yí的人 | 거동이 수상한 자를 심문하다. ¶警察jǐ-

ngchá截住jiézhù了这个年轻人进行～ | 경찰이 이 젊은이의 길을 막고 심문했다 =〔盘诘jié〕〔盘询xún〕

【盘膝】pánxī ⇒〔盘腿①〕

【盘香】pánxiāng 名 모기향[소용돌이 모양으로 만들어진 것]→〔蚊wén香〕

4【盘旋】pánxuán 動 ❶ 빙빙 돌다. 선회하다. ¶雄鹰xióngyīng在空中～ | 매가 하늘에서 빙빙 돌다. ¶飞机～侦察zhēnchá | 비행기가 선회하며 정찰하다. ¶这件事在我脑子里～了好久 | 이 일은 내 머리 속에서 한참을 맴돌았다. ❷ (일정한 범위에서) 왔다갔다 하다. 서성거리다. 머물다. ¶她在花丛cóng中～子半天,饱赏bǎoshǎng浓郁nóngyù的春意 | 그녀는 꽃밭에서 한참동안 왔다갔다 하면서 진한 봄의 정취를 만끽했다. ‖ =〔般pán旋〕

【盘运】pányùn 動 운송하다. 운반하다. ¶～货物huòwù | 화물을 운송하다.

【盘帐】pán/zhàng 動 장부를 조사하다. 재고 조사를 하다.

2【盘子】pán·zi 名 ❶ 쟁반. ¶买了几个～ | 쟁반 몇 개를 사다. ❷ (옛날의) 매매가격. 시장 가격. ❸ 팁(tip) 기생에게 주는 행하(行下)

【盘坐】pánzuò 動 책상다리를 하고 앉다. ¶他～着吃饭 | 그는 책상다리를 하고 앉아 밥을 먹는다.

【磐】pán 너럭바위 반 名 반석. 큰 돌. 너럭바위. ¶坚jiān如～石 | 반석처럼 견고하다.

【磐石】pánshí 名 반석. 喻 아주 안정되어 있음. 아주 튼튼함. ¶安如～石 | 반석처럼 안정되어 있다 =〔盘pán石〕

【蟠】pán 서릴 반 書 動 ❶ 서리다. 도사리다. ¶龙～虎踞jù | 成 용이 서리고 있고 호랑이가 도사리고 앉아 있다. 지세(地勢)가 매우 험하다→〔蜷quán①〕 ❷ 휘돌다. 구불구불하다.

【蟠曲】pánqū ⇒〔盘pán曲〕

【蟠屈】pánqū ⇒〔盘pán曲〕

【虽绕】pánrào ⇒〔盘pán绕〕

【蟠桃】pántáo 名 ❶ 〈植〉 감복숭아나무 =〔扁缸biǎngāng儿桃〕〔方 扁桃③〕 ❷ (신화 속의) 선도(仙桃)

【蹒(蹣)】pán 비틀거릴 반 ⇒〔蹒跚〕

【蹒跚】pánshān 貶 비틀거리다. 비틀비틀. ¶他～地走了几步jǐbù | 그는 비틀거리며 몇 발짝 걸었다 =〔盘跚pánshān〕〔盘珊shān〕

pàn ㄆㄢˋ

2【判】pàn 가를 판, 판단 판 ❶ 動 판단하다. 판정하다. ¶～错cuò了 | 잘못 판단하다. ¶～断duàn↓ ❷ 動 판결하다. ¶～处徒刑túxíng | 징역을 선고하다. ¶审shěn～ | 심의하여 판결하다. ❸ 확실하다. 분명하다. 명백하다. ¶新旧社会xīnjiùshèhuì～然不同 | 신·구 사회는 확실하게(분명하게) 다르다. ❹ 평가하다. 평정(評定)하다. ¶～卷子juànzi | 시험 답안을 채점하다. ¶批pī～ | 비판하다. ❺ 書 動 헤어지다. ¶～袂mèi以来, 倏忽shūhū一年矣yǐ | 札 헤어진 지 벌써 1년이 되었습니다. ❻ 書 動 재상이 백성을 다스리는 일을 맡다. 대관(大官)이 딴 관직을 겸섭(兼攝)하다.

【判案】pàn'àn 動 판결을 내리다. 사건을 판결하다. ¶判错了案子 | 사건을 잘못 판결하다. ¶李法官善于～ | 이판사는 사건을 판결하는데 뛰어나다.

【判别】pànbié 動 판별하다. ¶～是非shìfēi | 시비를 가리다. ¶～式 | 〈數〉 판별식 =〔判辨pànbiàn〕

4【判处】pànchǔ 動 형을 선고하다. 판결을 내리다. ¶～死刑sǐxíng | 사형 선고를 하다→〔判决pànjué〕〔处分chǔfēn〕

【判词】pàncí 名 〈法〉 판결문(判決文)→〔判决〕

4【判定】pàndìng 動 판정하다. ¶～真假zhēnjiǎ | 진위를 판정하다.

4【判断】pànduàn ❶ 名 〈論〉 판단[형식 논리학에서는「命题」라고 함] ¶～句 | 〈言〉 판단문 [사물의 함의(涵義)를 해석하거나,사물의 이동(異同)을 판단하는 문장. 예를 들면「孔子是圣人」과 같은 문장을 말함] ❷ 名 판단. 판정. ¶下～ | 판단을 내리다. ¶正确的～来源于周密zhōumì的调查diàochá研究 | 정확한 판단은 주도면밀한 조사와 연구에서 나온다. ¶～词 | 〈言〉 계사(繫辭) 판단사. ❸ 動 판단하다. 판정하다. ¶～是非shìfēi | 시비를 판단하다. ¶～情况qíngkuàng | 상황을 판단하다. ¶～得很正确zhèngquè | 아주 정확하게 판단하다. ❹ 名 〈法〉 재판 ❺ 動 〈法〉 재판하다. ¶这官司如何～才行?이 소송은 어떻게 재판해야 좋은가?

【判官】pànguān 名 ❶ 판관 [당송(唐宋)시대에 절도사(节度使)나 관찰사(观察使)의 공무를 도와서 처리하던 관리] ❷ (미신·전설 속의) 염라대왕 수하(手下)의「生死簿shēngsǐbù」를 관장하는 명관(冥官).

4【判决】pànjué ❶ 名 판결. ¶～书 | 〈法〉 판결문. ¶～主文 | 〈法〉 판결 주문. ❷ 動 〈法〉 판결을 내리다. ¶～有罪 | 유죄 판결을 하다.

【判决书】pànjuéshū 名 〈法〉 판결문. ¶宣读xuāndú了～ | 판결문을 읽었다.

【判例】pànlì 名 〈法〉 판례. ¶国际法guójìfǎ～ | 국제법 판례.

【判明】pànmíng 動 판명하다. 밝혀내다. ¶～真相zhēnxiàng | 진상을 판명하다. ¶～责任zérèn | 책임을 밝혀내다.

【判然】pànrán 副 확연히. 분명하게. ¶～不同 | 확연히 다르다.

【判若鸿沟】pàn ruò hóng gōu 成 홍구(鴻溝)를 경계로 뚜렷이 나누어지다. 한계선이 분명하다. 뚜렷이 구별되다.

【判若两人】pàn ruò liǎng rén 成 전혀 딴사람 같다. ¶他态度tàidù突变tūbiàn前后～ | 태도가 돌변한 후 그는 전혀 딴사람 같다.

【判若天渊】pàn ruò tiān yuān 成 하늘과 땅차이. 천양지차(天壤之差) 소양지간(霄壤之間) =〔判若

P

霄壤pànruòxiāorǎng]〔判若云泥pànruòyúnní〕
【判罪】pàn/zuì 動 형을 선고[언도]하다. ¶从严cóngyán～ | 엄격하게 판결을 내리다.

【泮】pàn 녹을 반, 나누일 판
❶ 書 動 분산(分散)하다. 분해하다. 녹다. ¶冰bīng～ | 얼음이 녹다. 喩 봄날. ❷「畔」과 통용⇒〔畔②〕 ❸ 書 名 고대 학교에 있는 연못. 轉 학교. ¶～池chí↓ ¶～宫↓ ❹ (Pàn) 名 성(姓)
【泮池】pànchí 書 名 옛날 학교나 묘(廟)에 있는 연못.
【泮宫】pàngōng 名 옛날의 학교[청대(清代)에「秀才xiùcái」가 부현(府縣)의 학교에 입학하여「生员shēngyuán」이 되는 것을「进学」또는「入泮」이라 하였음]

4【叛】pàn 배반할 반
動 배반하다. 반역하다. ¶背bèi～ | 배반하다. ¶招降纳zhāoxiángnà～ | 成 투항자나 적의 배신자를 받아 들이다. ¶～国分子 | 매국분자.
4【叛变】pànbiàn ❶ 名 배신. 배반. ❷ 名 반란. 반란 사건. ¶～分fèn子 | 반란 분자. ❸ 動 배신하다. 배반하다. ¶～投敌tóudí | 배신하여 적에 투항하다.
【叛离】pànlí 動 저버리다. 배반하다. ¶～了祖国zǔguó | 조국을 저버리다 =〔离叛lípàn〕
【叛乱】pànluàn ❶ 名 반란. ¶发动武装wǔzhuāng～ | 무장반란을 일으키다. ¶镇压zhènyā反革命～ | 반혁명적인 반란을 진압하다. ¶煽动shāndòng～ | 반란을 선동하다 ❷ 動 반란을 일으키다.
【叛卖】pànmài ❶ 動 배반하고 팔아먹다. ¶～祖国zǔguó | 조국을 팔아 먹다. ❷ 名 반역. ¶～活动huódòng | 반역 활동.
【叛逆】pànnì ❶ 動 반역하다. ¶举起～的旗帜qízhì了 | 반역의 기치를 높이 들다. ¶～行为 | 반역행위. ¶～分fèn子 | 반역자. ❷ 名 반역자. 역적(逆賊) ¶封建礼教fēngjiànlǐjiào的～ | 봉건 예교의 반역자.
【叛逃】pàntáo 動 배반하고 도망하다. ¶他最后不得不～了 | 그는 끝에 가서는 하는 수 없이 배반하고 도망갔다 =〔書 叛亡pànwáng〕
4【叛徒】pàntú 名 반역의 무리. 반역자. 역적. ¶打倒dǎdǎo～ | 반역자를 타도하다.
【叛亡】pànwáng ⇒〔叛逃〕
【叛贼】pànzéi 名 역적. ¶他是最恶劣èliè的～ | 그는 가장 악렬한 역적이다.

3【畔〈坢〉】pàn 두둑 반
❶ 名 두둑. 밭[논]두렁. ❷ 名 (강·호수·도로의) 가. 부근. ¶湖hú～ | 호반. 호숫가. ¶河～ | 강가. ¶路lù～ | 길가. ¶身～ | 신변 =〔泮pàn②〕 ❸ 書 動 배반하다. 어기다. ¶～约↓ =〔叛pàn〕
【畔边】pànbiān 名 근처. 부근.
【畔约】pànyuē 書 動 약속을 어기다.

【袢】pàn ⓧ fán) 여름옷 번
❶ 書 名 여름철에 입는 흰색의 내의(內衣) ❷「襻」과 같음⇒〔襻pàn〕

【拚】pàn pīn 버릴 반/번, 손뼉칠 변/번
Ⓐ pàn 動 아낌없이 버리다. 서슴없이 버리다. ¶～财cái | 재물을 서슴없이 버리다.
Ⓑ pīn「拼」과 같음⇒〔拼pīn①③〕
【拚命】pàn/mìng 動 方 목숨을 내걸다. 목숨을 아끼지 않다. ¶他～地反对fǎnduì我 | 그는 목숨을 내걸고 나를 반대한다 =〔拼pīn命〕

2【盼】pàn 곁눈질할 반, 눈 반
❶ 動 바라다. 고대하다. 희망하다. ¶～解放jiěfàng | 해방을 바라다. ¶盼家里人来信,一直～到现在 | 집에서 편지가 오기를 지금까지 줄 곧 고대하고 있다. ¶切qiè～ | 간절히 바라다. ❷ 動 보다. 어법 일반적으로 성어(成語)에서만 쓰임. ¶左顾gù右～ | 좌우를 돌아보다. ❸ 名 가능성. 가망. 희망. ¶有了～儿了 =〔有了盼头(儿)了〕| 가망이 있다.
【盼儿】pànr ⇒〔盼头(儿)〕
【盼头(儿)】pàn·tou(r) 名 희망. 바램. 가망. 가능성. ¶这可有了～ | 이번에는 정말 가망〔희망〕이 있다. 어법 동사는「有」만 쓰임 =〔盼儿〕
2【盼望】pànwàng 動 ❶ 간절히 바라다. 간절히 고대하다. 희망하다. ¶这事我们全家～了好几年了 | 이 일은 우리집 모두가 몇 년 동안 간절히 고대해온 것이다. ¶～见一面 | 한번 만나기를 바라다. ¶～回音 | 답장을 바라다→〔希xī望①〕 ❷ 걱정하다. 근심하다. ¶怕母亲要～了 | 어머니가 걱정하실까 염려하다.
【盼星星盼月亮】pàn xīng·xing pàn yuè·liang 俗 간절히 바라다. 학수 고대하다. ¶我～, 终于盼到这一天 | 나는 오늘이 있기를 간절히 바래왔다.

【襻】pàn 옷고름 반
❶ (～儿) 名 (헝겊으로 만든)단추고리. ¶纽niǔ～儿 | (중국 옷의 헝겊으로 만든) 단추고리. ❷ (～儿) 단추고리와 비슷한 물건. ¶鞋xié～儿 | 헝겊신의 끈을 거는 고리. ❸ 動 (끈이나 실로)얽어 매다. 휘감다. ¶用绳shéng子～上 | 끈으로 동여 매다. ¶～上几针 | 몇 바늘 사뜨다 =〔袢pàn②〕

pāng ㄆㄤ

2【乓】pāng 물건부딪치는소리 병/방
❶ 擬 팡. 핑 [총소리·문을 닫는 소리·물건이 깨지는 소리] ¶门～地一声关guān上了 | 문이 꽝하는 소리를 내며 닫혔다. ❷ ⇒〔乒乓pīngpāng〕

【滂〈雱霶霧〉】pāng 물세찰 방, 〈눈많이내릴 방〉⇒〔滂湃〕〔滂沱〕
【滂湃】pāngpài 狀 물살이 세차다. 수세(水勢)가 대단하다.
【滂沱】pāngtuó 狀 ❶ (비가 물을 퍼붓듯) 억수로 내리다. ¶大雨～ | 큰 비가 억수로 쏟아지다. ❷ 轉 눈물을 펑펑 흘리다. ¶涕泗tìsì～ | 成 비오듯 눈물을 펑펑 흘리다.

【膀】pāng ☞ 膀 bǎng Ⓓ

【磅】pāng ☞ 磅 bàng Ⓒ

páng ㄆㄤˊ

【彷】páng☞ 彷 fǎng Ⓑ

1【旁】páng 곁 방, 다를 방 ❶名 곁. 옆. 가 어법 명사 뒤에 붙어 쓰이는 방위사(方位詞)임. ¶车～ | 자동차 옆. ¶马路两～ | 길 양 옆. ¶身～ | 신변(身邊)→〔侧cè①〕〔边〕❷形 옆의. 곁의. ¶～门 | 옆 문. ¶～院yuàn | 옆의 정원. ❸形 다른. 딴. 별개의. 어법「人」을 제외하고는「的」를 붙여 명사 앞에 둔. ¶他没说～的话 | 그는 다른 말은 하지 않았다. ¶这是你的意见, ～人对这件事怎么看?이것은 너의 의견이고, 다른 사람은 이 일에 대해 어떻게 보지? ¶～的问题都解决了吗?다른 문제는 모두 해결되었느냐?→〔别bié②〕❹(～儿) 名 한자의 편방(偏旁)부수. ¶立人～儿 | 사람인 변. ¶提手tíshǒu～ | 손 수(手) 변. ¶木字～一个土字 | 나무목 변에 흙 토(土)가 있는 글자. 어법「旁」과「旁边」⇒〔旁边〕

【旁白】pángbái 名〈演映〉❶ 방백. ¶说了几句～ | 몇마디 방백을 했다. ❷ 해설. 나레이션.

1【旁边(儿)】pángbiān(r) 名 곁. 옆. 측면. 부근. 근처. ¶笔筒～摆bǎi着一只闹钟nàozhōng | 필통 옆에 자명종을 놓다. ¶站在～笑 | 옆에 서서 웃고 있다. 어법「旁」과「旁边」은 같은 의미이지만 용법상 다름. ⓐ「旁边」은 자유형으로 쓰이나「旁」은 그러하지 않음. ¶旁是我国代表(×) ¶旁边是我国代表 | 옆은 우리나라 대표이다. ⓑ 명사 뒤에 쓰일 때「旁边」은「的」를 쓸 수 있으나,「旁」은 그러하지 않음. ¶池塘chítáng的旁(×) ¶池塘的旁边 | 못의 가. ⓒ「旁边」다음엔「的」를 붙일 수 있으나「旁」은 그러하지 않음. ¶旁边的房间 | 옆에 있는 방. ¶旁的房间 | 다른 방. ¶旁的门 | 다른 문. ¶旁那人(×) ¶旁边的那个人 | 옆에 있는 그 사람 =〔一旁〕〔近 一壁厢bìxiāng③〕

【旁岔儿】pángchàr 名 方 ❶ 옆길. 샛길. ❷ 喻 주제에서 벗어난 말. ¶话说到～去了 | 말이 주제에서 벗어났다 ‖ =〔旁道儿〕

【旁出】pángchū ❶ 動 옆에서 생겨나오다. 파생(派生)하다. ¶横枝héngzhī～ | 가지가 옆으로 나오다. ¶问题～ | 문제가 파생하다. ❷ 名 옆에서 나온 것. 방계(傍系) 출신.

【旁观】pángguān 動 방관하다. 옆에서 가만히 보고만 있다. ¶微笑wēixiào地～着 | 미소를 지으며 가만히 바라보고 있다. ¶他一直采取cǎiqǔ～的态度tàidù | 그는 계속 방관적인 태도를 취한다. ¶袖xiù手～ | 成 팔짱을 끼고 보고만 있다. 수수방관하다. ¶～者 | 방관자.

【旁观者清】páng guān zhě qīng 成 옆에서 보는 사람이 사물을 더 냉정히 바르게 본다. ¶～, 当局者迷 =〔当局者迷, 旁观者清〕| 방관자가 당사자보다 더 사물을 바르게 본다.

【旁皇】pánghuáng ⇒〔徬páng徨〕

【旁及】pángjí 動 ❶ 곁들여 하다. 같이 다루다. 아울러 취급하다. ¶河教授专攻zhuāngōng文字学, ～考古学 | 하교수는 문자학이 전공이지만 고고학도 곁들여 다룬다. ❷ 같이 말려들다. 연루되다. ¶这次刑事案件xíngshìànjiàn～者达二十人之多 | 이번 형사사건에 연루된 자는 20여명에 달한다.

【旁门(儿)】pángmén(r) ⇒〔便biàn门〕

【旁门左道】páng mén zuǒ dào 成 (종교·학술의) 정통이 아닌 길. 이단적(異端的)인 길. 사도(邪道) ¶朴先生的学问全是些～ | 박선생의 학문은 모두 정통이 아닌 이단적인 것이다 =〔左道旁门〕

【旁敲侧击】páng qiāo cè jī 成 빙빙 돌려 말하다. 말을 에두르다. ¶对我有意见,就明明白白地说嘛,何必～呢? | 나에게 의견이 있으면 명확하게 말하시지 왜 말을 빙빙 돌리십니까? ¶有话直说, 别～ | 할 말이 있으면 솔직히 말하고, 빙빙 돌려서 말하지 마시오.

【旁切圆】pángqiēyuán 名〈數〉방접원(傍接圓)

【旁儿】pángr 名 (한자의) 변(邊) ¶水～ | 물수변. ¶提手～ | 손수변.

【旁人】pángrén 名 옆 사람. 딴 사람. 제3자. ¶不要惊动jīngdòng～ | 제3자를 놀라게 하지 마시오. ¶～不得而知 | 제3자는 알 수 없다.

【旁若无人】páng ruò wú rén 成 옆에 아무도 없는 것처럼 제멋대로 행동하다. 방약무인하다. ¶他～地大声唱歌chànggē | 그는 옆에 아무도 없는듯이 큰 소리로 노래를 불렀다.

【旁听】pángtīng 動 ❶ 방청하다. ¶我想～河老师的课 | 나는 하선생님의 수업을 방청할 생각이다. ¶～席xí | 방청석. ¶～证zhèng | 방청권. ❷ 청강하다. ¶～生 | 청강생.

【旁骛】pángwù 書 動 다른 일에까지 신경을 쓰다 [힘을 쓰다] 전심전력하지 않다. ¶驰chí心～ | 成 다른 일에 마음을 쏟다. 전심전력하지 않다.

【旁系】pángxì 名 방계. ¶～亲属qīnshǔ | 방계 친척. ¶～公司gōngsī | 방계 회사 =〔旁支zhī(儿)〕

【旁压力】pángyālì 名〈物〉측압력 =〔侧cè压力〕

【旁征博引】páng zhēng bó yǐn 成 많은 자료를 널리 인용하여 증명하다. ¶他写那篇论文,～,论据lùnjù充足chōngzú | 그가 쓴 논문은 널리 자료를 인용하여 증명하고 있어서 이론적인 근거가 충분하다.

【旁证】pángzhèng 名 ❶ 방증(傍證) ¶南先生出来作一个～ | 남선생님이 나와서 방증을 한다. ❷〈體〉선심(線審) ¶～旗qí | 선심이 사용하는 기.

【旁支(儿)】pángzhī(r) ⇒〔旁系〕

【徬】páng 배회할 방 ⇒〔徬徨〕

【徬徨】pánghuáng 動 배회하다. 방황하다. 망설이다. ¶他有心事,～了一阵子zhènzi | 그는 심사가 생겨 한동안 방황했다. ¶～歧途qítú | 기로에서 방황하다 =〔彷páng徨〕〔旁páng皇〕

【膀】páng☞ 膀 bǎng Ⓑ

【磅】páng☞ 磅 bàng Ⓑ

P

【螃】páng 방게 방
名〈魚貝〉방게.

【螃蜞】pángqí 名〈魚貝〉방게.

【螃蟹】pángxiè 名〈魚貝〉게. ¶我最爱吃～｜나는 게를 가장 즐겨 먹는다. ¶～盖儿gàir｜게딱지 =〔簡蟹〕

【鳑(鰟)】páng 방어 방
⇒〔鳑鲏〕

【鳑鲏】pángpí 名〈魚貝〉납줄개. ¶～很腥xīng｜납줄개는 비린내가 많이 난다.

4【庞(龐)】páng 클 방, 어지러울 방
❶특별히 크다. 아주 크다. 방대하다. ¶～然大物rándàwù↓ ❷난잡하다. ¶～杂zá↓ ❸얼굴 모양. 용모. ¶脸liǎn～像xiàng他母亲｜얼굴이 그의 어머니를 닮았다. ❹(Páng) 名 성(姓)

【庞错】pángcuò ⇒〔庞杂zá〕

4【庞大】pángdà 形 (형체·조직·수량이) 아주 크다. 방대하다. 거대하다 [주로 쓸 데 없이 큰 것을 가리킴] ¶我们今天的工作,就是消灭xiāomiè这～的山头｜오늘 우리의 작업은 이 거대한 산을 없애는 것이다. ¶恐龙kǒnglóng有着十分～的躯体qūtǐ｜공룡은 아주 거대한 몸집을 갖고 있다. ¶机构jīgòu～｜기구가 방대하다.

【庞克】pángkè 名 外 펑크족(punk族)

【庞然大物】pángrán dàwù 成 아주 방대한 것. 아주 거대한 것 [쓸 데 없이 큰 것을 가리킴. 주로 겉으로는 대단히 거대하게 보이지만 내실(內實)은 없는 것을 가리킴] ¶帝国主义dìguózhǔyì看起来是个～, 其实是纸老虎zhǐlǎohǔ｜제국주의는 보기에는 거대한 것 같으나, 사실은 종이 호랑이에 불과하다.

【庞杂】pángzá 形 잡다[번잡]하다. 난잡하고 무질서하다. ¶议论yìlùn～｜의론이 잡다하다 =〔庞错cuò〕

【逄】Páng 성 방
名 성(姓)

pǎng ㄆㄤˇ

【膀】pǎng ☞ 膀 bǎng Ⓔ

【耪】pǎng 밭갈 방
動 (쟁기나 가래로) 밭을 일구다. 갈다. ¶～地dì｜땅을 일구다. ¶～过一遍biàn了｜밭을 한 차례 갈았다.

【耪地】pǎngdì 動 땅[논밭]을 갈다. 땅을 일구다. ¶庄稼要想长得好总得～汉儿手勤｜농작물을 잘 자라게 하려면 밭가는 사람의 일손이 부지런해야 한다.

pàng ㄆㄤˋ

2【胖〈胖〉】pàng pán 뚱뚱할 반, 클 반

Ⓐpàng ❶形 뚱뚱하다. 살찌다 ⇔〔瘦shòu〕 ¶长得太～了｜너무 살이 쪘다. ¶金先生最近变～了｜김선생은 근래에 뚱뚱해졌다. ❷⇒〔胖子pàngzi〕

Ⓑpán 書 形 편안하다. ¶心广体xīnguǎngtǐ～｜成 마음이 넓으며 몸이 편안하다. 喻 걱정이 없고 몸이 편안하다.

【胖大海】pàngdàhǎi 名〈植〉벽오동과(科)에 속하는 고목(高木) =〔安南子ānnánzi〕〔大洞果dàdòngguǒ〕〔膨大海péngdàhǎi〕

【胖墩儿】pàngdūnr 名 口 뚱뚱이. 뚱뚱보 [주로 어린이를 지칭할 때 사용함] ¶康kāng老师的儿子是个～｜강선생님의 아이는 뚱뚱보이다.

【胖乎乎】pànghūhū 狀 통통하다. 뚱뚱하다 [주로 어린이에게 사용함] ¶这小孩儿长得白生生,～的,真逗dòu人爱｜이 아이는 하얀 피부에 살이 통통하게 쪄서 사람들의 귀여움을 많이 받는다 [정말 귀엽다] ¶这个小孩的脸蛋liǎndàn～的｜이 어린 아이의 볼은 통통하다 =〔胖呼呼hūhū〕

【胖头鱼】pàngtóuyú 名〈魚貝〉❶俗 화련어 =〔鳙yōng鱼〕❷문절망둑.

4【胖子】pàng·zi 名 뚱뚱보. 뚱뚱이. ¶～也不是一口吃的｜諺 뚱뚱한 사람이 한 입 먹어서 그렇게 된 것은 아니다. 무슨 일이든 하루아침[단번]에 이루어지는 것은 아니다.

pāo ㄆㄠ

3【抛】pāo 버릴 포, 던질 포
❶動 (내)던지다. ¶为了探测洞的深浅,他捡了一块石头向里边～去｜그는 동굴의 깊이를 알아보기 위해 돌을 하나 주워 안으로 던져 넣었다. ¶～球qiú｜공을 던지다→〔撇piē〕〔扔rēng①〕 ❷動 버리다. 내버려두다. 방치하다. ¶别把果皮～在地上!｜과일 껍질을 길에 함부로 버리지 마세요! ¶他～下妻子儿女,独自走了｜그는 아내와 아이들을 내버려 두고 혼자 떠났다. ❸헐값에 팔다. 투매(投賣)하다. ¶～股票gǔpiào｜주식을 투매하다. ¶～售shòu↓

【抛费】pāofèi 動 方 허비하다. 낭비하다. ¶～了许多粮食liángshí｜많은 양식을 낭비하다. ¶～光阴guāngyīn｜시간을 허비하다.

【抛光】pāoguāng 動〈工〉광택을 내다. ¶摩擦mócā～｜마찰을 하여 광택을 내다. ¶～剂jì｜광택제. ¶～纸zhǐ｜연마지(硏磨紙) =〔擦cā光②〕

【抛海】pāo·hai 形 京 ❶풍부하다. 많이 있다. ¶东西～,所以吃着放心｜음식은 많으니 마음놓고 드세요. ❷헤프다. 너그럽다. 인색하지 않다. ¶这个人花钱可～了｜이 사람은 돈 씀씀이가 너무 헤프다.

【抛荒】pāo/huāng 動 ❶(땅을 황무지로) 내버려 두다→〔荒废huāngfèi①〕❷게을리 하다. 소홀히 하다. ¶～了功课gōngkè｜숙제을 소홀히 했다

【抛开】pāo·kāi 動 내버리다. 던져버리다. ¶～了妻子儿女,一个人去修行xiūxíng｜처자를 버려두고 혼자 수행하러 갔다. ¶～话头huàtóu｜이야기를 중단하다 =〔撇piē开〕

【抛锚】pāo/máo 動 ❶닻을 내리다 =〔撇piē锚〕〔下锚〕❷轉 (고장으로 중간에서) 멈추다. 멎다. ¶谁知车子在路上～了!｜차가 길에서 멈출줄 누가 알았겠는가! ❸喻 方 (어떤 원인으로) 중단되다. 중지되다. ¶工程gōngchéng搞gǎo了半

截jié儿就～了 | 공사가 반쯤 진행되다 그만 중단되었다.

【抛妻别子】pāoqī biézǐ 動組 처자식을 내버려 두고 떠나다. ¶他～,独自来汉城Hànchéng | 그는 처자식을 두고 혼자 서울에 왔다.

4【抛弃】pāoqì 動 ❶ 버리다. 던져 버리다. ¶～恶习èxí | 악습을 버리다. ¶被朋友～ | 친구에게 버림을 당하다. ¶请勿随便suíbiàn～污物wūwù | 오물을 함부로 버리지 마시오 ＝〔抛舍〕 ❷ 〈法〉(권리를) 포기하다.

【抛却】pāoquè 動 던져 버리다. ¶～旧包袱jiùbāofú | 해묵은 부담을 던져 버리다.

【抛售】pāoshòu 動 ❶ (대량으로)싸게 팔다. 덤핑하다. 투매(投賣)하다. ¶为了清理冬货,各商店在～ | 겨울상품을 정리하기 위해 상점마다 물건을 싸게 팔고 있다→〔倾销qīngxiāo〕 ❷ (상품을 대량으로) 내놓다. 방출하다. ¶直接由国外输入shūrù货物,然后将货物huòwù随时suíshí在国内市场～ | 직접 국외로부터 물품을 수입하여, 수시로 국내 시장에 방출하다.

【抛头露面】pāo tóu lù miàn 威 ❶ (부녀자가) 사람들 앞에 얼굴을 드러내다 [옛날에는 부녀자가 여러 사람들에게 얼굴을 드러내는 것을 좋지 않은 것으로 여겼음] ¶女人不该老是～ | 여자는 사람들앞에 얼굴을 드러내어서는 안된다. ❷ 쓸데 없이 모습을 나타내다 [좋지 않은 뜻으로 쓰임] ❸ 뻔뻔하다. 염치 불구하다. ¶～地和您借钱jièqián来了 | 염치 불구하고 돈을 꾸러 왔습니다 ‖ ＝〔露面抛头〕

【抛物线】pāowùxiàn 名〈數〉포물선 ＝〔撇piē物线〕

【抛在脑后】pāo·zai nǎohòu 動組 까맣게 잊어버리다. ¶一心贪玩把学习～ | 노는데만 정신이 팔려 공부하는 것을 까맣게 잊어 버렸다.

【抛掷】pāozhì 書 動 ❶ (내)던지다. ¶～手留弹shǒuliúdàn | 수류탄을 던지다. ❷ 내버려두다. 방치하다.

【抛砖引玉】pāo zhuān yǐn yù 威 벽돌을 던져서 구슬을 끌어들이다. 졸렬하고 성숙되지 않은 의견으로 다른 사람의 고견을 끌어 내다. 새우로 잉어를 낚다. ¶我的话不过是～ | 내가 이렇게 말하는 것은 여러분의 고견의 듣고싶어서이다 ＝〔撇piē砖引玉〕

【泡】 pāo ☞ 泡 pào B

【脬】 pāo 오줌통 포

❶ 名〈生理〉방광(膀胱) ¶尿niào～ ＝〔尿泡pāo〕 | 방광. ❷ 量 대소변의 횟수를 세는 단위 ＝〔泡pāo⑤〕

páo ㄆㄠˊ

4【刨〈鉋B鑤B〉】 páo bào 깎을 포

A páo 動 ❶ 캐다. 파다. ¶～花生 | 땅콩을 캐다. ¶～坑kēng | 구덩이를 파다. ❷ 俗 빼다. 공제하다. ¶十五天～去五天, 剩下几天呢? | 15일에서 5일을 제하면 몇일 남느냐? ¶～去税金shuìjīn, 只收到一千块钱 | 세금을 공제하고 겨우 천원을 받았다.

B bào ❶ (～子) 名〈機〉대패. ¶～刃rèn | 대패날. ¶平～ | 평삭반(平削盤) ¶牛头niútóu～ | 형삭반(形削盤) 세이퍼(shaper) ❷ 動 깎다. 대패질하다. ¶这旧板子bǎnzi太厚hòu,要～去一层 | 이 낡은 판자는 너무 두꺼우므로 한 겹 깎아내야 한다.

A páo

【刨除】páochú 動 (깎아)없애다. 제하여 버리다. ¶～祸根huògēn | 화근을 없애다.

【刨根】páo/gēn ❶ 動 뿌리를 캐다. ❷⇒〔刨根儿〕

【刨根儿】páo/gēnr 動 喩 (끝까지 하나하나) 캐묻다.철저하게 따지다. ¶他老喜欢～盘问pánwèn | 그는 항상 꼬치꼬치 캐묻기를 좋아한다 ＝〔刨根páogēn②〕

【刨根儿问底儿】páogēnr wèndǐr 動組 喩 꼬치꼬치 캐묻다. (하나하나 철저히) 따지다. ¶请您不要再～, 我甚么也不晓得xiǎodé | 더 이상 캐묻지 마세요,저는 아무것도 모릅니다 ＝〔刨根究jiū底〕〔抠kōu根(儿)问底(儿)〕〔扒bā根儿问底儿〕〔打破砂锅dǎpòshāguō问到底〕〔说话带镘头shuōhuàdàijuétóu〕

B bào

【刨冰】bàobīng ❶ 名 얼음빙수. ¶买了一些～ | 빙수를 조금 샀다. ❷ (bào bīng) 얼음을 깎다.

【刨车】bàochē ⇒〔刨bào床①〕

【刨床】bàochuáng 名〈機〉❶ 평삭반(平削盤) ¶单柱dānzhù～ | 오픈 사이드(open－side) 평삭반. ¶板边bǎnbiān～ ＝〔刨边机bàobiānjī〕 | 에지(edge) 평삭반. ¶牛头～ | 형삭반(形削盤) ＝〔刨车bàochē〕〔俗 大刨床dàbàochuáng〕 ❷ 대팻집.

【刨刀】bàodāo 名〈機〉❶ 평삭 바이트(bite) ❷ 대패날 ＝〔刨铁bàotiě〕〔刨刃bàorèn儿〕〔刨刃(子)〕

【刨工】bàogōng 名 ❶ 평삭반으로 평면을 깎는 일. ❷ 평삭반으로 평면을 깎는 일을 하는 직공.

【刨花(儿,子)】bàohuā(r,·zi) 名 ❶ 대팻밥. ¶用～生火取暖nuǎn | 대팻밥으로 불을 지펴 따뜻하게하다. ❷ 느릅나무의 대팻밥.

【刨花板】bàohuābǎn 名〈建〉❶ 베니어판.❷ 방음·단열 보드(防音·斷熱board)

【刨子】bào·zi 名 대패. ¶这块硬木板yìngmùbǎn, 该用这～刨刨páo | 이 단단한 널빤지는 이 대패로 깎아야 한다 ＝〔方 推刨tuībào〕

【咆】 páo 으르릉거릴 포

動 으르릉거리다. 포효하다. 울부짖다.

【咆哮】páoxiào 動 ❶ 포효하다. 울부짖다. 노후(怒吼)하다. ¶老虎在山上～ | 호랑이가 산에서 울부짖다. ¶枪声qiāngshēng一响xiǎng,老虎的～声立刻听不见了 | 총소리가 나자마자 호랑이의 포효하는 소리는 들리지 않았다. ❷ 喩 (물이나 바람이) 거세게 소리를 내다. 노호(怒號)하다. (사람이 몹시 화가 나서) 울부짖다. ¶黄河在～ | 황하가 노호(怒號)하다. ¶～如雷rúléi | 천둥같이 화내며 부르짖다. ❸ 강건하다고 자만

하다. ¶～者不必勇yǒng | 강건하다고 자만하는 자라고 해서 반드시 용감한 것은 아니다.

【庖】páo 부엌 포
書名❶부엌. 주방. ¶～厨chú↓ ❷요리사. ¶～丁dīng↓ ¶名～ | 유명한 요리사 →〔厨chú〕

【庖厨】páochú 書名주방. 부엌 =〔厨房chúfáng〕

【庖代】páodài 書動다른 사람을 대신하여 일을 하다 =〔代庖〕

【庖丁】páodīng 書名요리사. 주방장 =〔庖人①〕

【狍〈麅〉】páo 노루 포
⇒〔狍子〕

【狍子】páo·zi 名〈動〉노루의 일종. ¶我们打算dǎsuàn明天上山打～ | 우리들은 내일 산으로 노루잡으러 갈 작정이다→〔獐zhāng〕

【炮】páo ☞ 炮 pào Ⓒ

3【袍】páo 솜옷 포, 웃옷 포
名❶(～儿, ～子) 두루마기. 크고 헐렁한 중국식 긴 옷. ¶旗qí～ | (부녀자들이 주로 입는 중국식의) 긴 옷. ¶棉mián～ | 솜을 넣은 긴 옷. ❷크고 헐렁헐렁한 긴 옷. ¶道～ | 도사(道士)가 입는 긴 옷. 도포.

【袍哥】páogē 名옛날, 서남(西南) 각 성(省)에 있었던 민간 비밀 결사조직 또는 그 구성원.

【袍笏登场】páo hù dēng chǎng 成조복(朝服)을 입고 홀(笏)을 들고 등장하다. 관직에 오르다 [풍자적인 의미를 지님]

【袍泽】páozé 書名轉(군대의) 전우(戰友) 동료 [「袍」는 겉에 입는 옷이고,「泽」는 속에 입는 옷으로 후에 군대의 동료라는 뜻으로 의미가 전성됨《詩經·秦風·無衣》에 나옴]

【袍子】páo·zi 名긴 옷 [소매가 길고 발목까지 내려오는 원피스와 비슷한 중국 고유의 의상]

【跑】páo ☞ 跑 pǎo Ⓑ

P

【匏〈瓟〉】páo 박 호, 병 호
❶⇒〔匏瓜〕 ❷名〈音〉팔음(八音)의 하나→〔八音〕

【匏瓜】páoguā 名❶〈植〉박. ❷박의 열매 →〔葫芦húlú①〕

pǎo ㄆㄠˇ

1【跑】pǎo páo 달릴 포

Ⓐpǎo 動❶달리다. 뛰다. ¶～马 | 말을 타고 달리다. ¶～百米 | 백 미터를 달리다. 백 미터 달리기를 하다. ❷달아나다. 도망가다. ¶监狱里jiānyùlǐ～了两个犯人fànrén | 감옥에서 범인 둘이 달아났다. ¶吓xià～ | 놀라 달아나다. ❸새다. ¶～电diàn =〔走电〕| 누전되다. ¶～油yóu | 기름이 새다. ❹(물체가 원래의 위치에서) 이탈하다. 벗어나다. ¶纸张叫风给刮guā～了 | 종이가 바람에 날려갔다. ❺方걷다. 가다. ¶～路 | 길을 걷다. ❻(어떤 일을 위해서) 분주히 뛰어 다니다. ¶～新闻xīnwén | 뉴스를 취재하러 분주히 다니다. ¶～码头↓ ¶这么多地方一个人怎么～得过来呢? | 이렇게 많은 곳을 혼자서 어떻게 다 돌아다니겠는가? ❼(액체나 기체가) 증발〔휘발〕되어 없어지다. ¶汽油qìyóu都～了 | 휘발유가 다 날아갔다.

Ⓑpáo ❶動(동물이 발로) 땅〔흙〕을 헤집다〔파다〕 ¶～槽cáo | 가축이 구유밑을 발로 헤집다. ❷지명에 쓰이는 글자. ¶虎～泉 | 호포천 [항주(杭州)에 있는 샘의 이름]

【跑表】pǎobiǎo 名〈體〉스톱 워치(stop watch) ¶用～测cè一下跑百米的成绩chéngjì | 스톱워치로 백미터 달리기 기록을 재다 =〔停tíng表〕〔马mǎ表〕

1【跑步】pǎobù ❶名구보(驅步) ¶早上～,对身体健康有好处 | 아침구보는 건강에 좋다. ❷(pǎo/bù) 動구보를 하다. ¶已经来不及了,不要～ | 이미 늦었으니 뛰지 마세요. ❸名〈體〉(승마 경기에서의) 구보(驅步)

【跑车】pǎo/chē ❶動사갱(斜坑)에서 광차(鑛車)가 미끄러지(는 사고가 발생하)다. ❷動口 열차 승무원이 기차에서 일하다. ❸(pǎochē) 名경주용 자동차. ¶她也买了一辆liàng～ | 그녀도 경주용 자동차 한대를 샀다.[「平车」(보통 자동차)의 대(對)가 되는 말] =〔赛sài车③〕 ❹(pǎochē) 名목재 운반용 차량.

【跑单帮】pǎo dānbāng 動組봇짐 장사하다. ¶他喜欢～ | 그는 봇짐장사하기를 좋아한다. ¶～的 | 봇짐 장사. 轉밀수꾼. 밀수업자.

4【跑道】pǎodào 名❶공항 활주로(滑走路) ❷〈體〉(경주용의) 트랙(track) ¶煤渣méizhā～ | 석탄재를 깔아 굳힌 트랙(cinder track) ¶塑料sùliào～ | 플라스틱 트랙. ❸(～儿)⇒〔跑腿儿〕

【跑电】pǎo/diàn 動전기가 나가다. ¶昨天晚上突然tūrán～了 | 어제 저녁에 갑자기 전기가 나갔다 =〔漏lòu电〕〔走zǒu电〕

【跑肚(子)】pǎo/dù(zi) 動俗설사하다 =〔走肚(子)〕〔腹泻fùxiè〕

【跑反】pǎo/fǎn 動方피난을 가다. 피난하다. ¶韩战hánzhàn期间,很多人～了 | 6·25전쟁때 많은 사람이 피난을 갔다 =〔逃táo反〕

【跑旱船】pǎohànchuán 名일종의 민간(民間) 무용 [배타는 시늉을 하며 추는 춤. 일부 지역에서는「采莲船cǎiliánchuán」이라고도 부름] =〔采莲船liánchuán(儿)〕

【跑江湖】pǎo jiānghú 動組(곡예사·점장이·관상가들이 생계를 유지하기 위하여) 여기저기 떠돌아다니다.

【跑街】pǎojiē ⇒〔跑外〕

【跑警报】pǎo jǐngbào 動組경보를 듣고 대피하다.

【跑开】pǎokāi 動❶빨리 자리를 떠다. ¶他一看情况qíngkuàng不妙miào,就赶紧gǎnjǐn～ | 그는 상황이 좋지않음을 보고 급히 그 자리를 피했다. ❷도망치다.

【跑垒】pǎolěi 名〈體〉(야구의) 주루(走壘) ¶～员yuán | 주자(走者) ¶～员指导区zhǐdǎoqū | 러너 코치 복스(runner coach box)

【跑龙套(的)】pǎo lóngtào(de) 名組❶연극에서 기(旗)를 든 의장병(儀仗兵) 역 [용(龍)의 무늬

가 있는 의상을 입고, 주로 대장(大將) 옆에 붙어 뛰어 다니는 역을 함] =〔打旗dǎqí儿的〕❷轉 (자질구레한 역을 맡는)단역배우. 말단.하급자. ¶我不过是个～的｜나는 단역배우에 불과하다.

【跑马】pǎo/mǎ ❶動 말을 타다. 말을 타고 달리다. ¶～观花guānhuā =〔走马看山zǒumǎkànshān〕｜대충 보다. ❷(pǎomǎ) 名 경마. ¶～场｜경마장 =〔赛sài马②〕 ❸動 말을 교미시키다. ❹動俗 유정(遺精)하다.

【跑马卖解】pǎo mǎ mài xiè 威 곡마(曲馬)를 하며 살아가다 =〔跑马解〕〔跑解马〕

【跑码头】pǎo mǎ·tou 動組 (나루터나 부두를 끼고 있는 지역을 다니며) 장사하다. ¶他是～的, 能骗piàn得了他吗?｜그는 떠돌이 장사꾼인데 그를 속일수 있을까?

【跑买卖】pǎo mǎi·mai 動組 떠돌며 장사하다. ¶我也想去～｜나도 떠돌이 장사를 하러 가고 싶다 =〔跑生意shēngyì〕

【跑面】pǎomiàn 動 (간부가 생산현장에서 직접 일을 하면서) 실태를 조사하다. ¶他明天去～｜그는 내일 실태조사를 하러 간다.

【跑跑颠颠】pǎopǎodiāndiān 貺 바쁘게 뛰어다니다. ¶她在学术讨论会上～的, 热心rèxīn为参加者服务fúwù｜그녀는 학술토론회에서 분주히 뛰어다니며 열심히 참가자를 위해 봉사한다→〔东奔西走〕

【跑跑跳跳】pǎopǎotiàotiào 貺 활발하게 뛰어다니다.

【跑气】pǎoqì 動 (기체·증기 등이) 새다〔빠지다〕 ¶这辆车骑qí了一会儿就～了｜이 차는 탄지 얼마되지도 않아 (타이어) 공기가 샌다.

【跑前跑后】pǎoqián pǎohòu 動組 여기저기 뛰어다니며 시중들다. ¶他～摆bǎi了一桌子饭菜fàncài｜그는 여기저기 분주하게 다니며 한 테이블의 음식을 준비했다.

【跑圈】pǎoquān 動〈體〉트랙(track)을 달리다.

【跑墒】pǎo/shāng 動〈農〉(논·밭갈이를 하지 않아)수분이 없어지다 =〔走zǒu墒〕

【跑生意】pǎo shēng·yi ⇒〔跑买卖〕

【跑堂儿的】pǎotángr·de 名組 (음식점의) 급사. 웨이터 [지금은 「服务员fúwùyuán」이라 부름] ¶他的弟弟是一个～｜그의 동생은 웨이터이다 =〔堂倌tángguān(儿)〕

【跑腿】pǎo/tuǐ 動 뛰어다니다. ¶他不怕～受累｜그는 뛰어다녀서 피곤한 것 쯤은 겁내지 않는다.

【跑腿儿】pǎo/tuǐr 動 ⓓ 빨리빨리 일하다. (분주히) 심부름하다. ¶我有点事儿,您替我～｜제가 일이 좀 있어 그러니 제 대신 심부름해주세요 =〔跑道③〕

【跑外】pǎowài 動 (회사나 상점의) 밖에서 업무를 보다. 외근하다. ¶～的｜외근 사원 =〔方 跑街jiē①〕

【跑鞋】pǎoxié 名〈體〉스파이크 슈즈(spike shoes) 러닝 슈즈(runnig shoes) ¶他穿着～参加比赛bǐsài了｜그는 스파이크 슈즈를 신고 경기에 참가했다→〔球qiú鞋〕〔钉dīng鞋 ⓐ②〕

【跑圆场】pǎo yuánchǎng 動組〈演映〉빠른 걸음으로 무대를 빙빙 돌다.[바삐 가는 것을 나타내는 동작] =〔走zǒu圆场〕

【跑辙】pǎo/zhé 動 方 궤도에서 벗어나다. 탈선하다. 喻 주제에서 벗어나다. ¶他一说话儿总是～｜그는 얘기만 하면 항상 주제를 벗어난다.

pào ㄆㄠˋ

3【泡】pào pāo 거품 포, 성할 포

Ⓐ pào ❶(～儿) 名 거품. ¶水～｜물거품. ¶～沫mò｜포말. ¶肥皂féizào～儿｜비누 거품. ¶冒mào～｜거품이 일다. ❷名 물집. ¶手上打了～｜손에 물집이 생겼다. ¶挑tiǎo～｜물집을 터뜨리다 =〔疱pào②〕 ❸ 거품처럼 생긴 것. ¶灯dēng～儿 =〔电diàn灯泡儿〕｜전구. ❹動 액체〔물〕에 담그다. ¶～人参酒｜인삼주를 담그다. ¶把衣服～上｜옷을 물에 담그다. ¶～茶｜차를 타다. ¶你是在甜tián水里～大的｜너는 온실 속에서 자란 것이다. ❺動 (고의로 시간을) 허비하며 보내다. 질질 끌다. 빈둥거리다. (특별한 일도 없이)죽치다. ¶别瞎xiā～了,快把工作做完!｜빈둥거리지 말고 어서 일을 끝내라! ¶在茶馆儿里～了半天｜찻집에서 반나절이나 틀어 박혀 있었다. ❻動 귀찮게 굴다. 성화를 부리다. ¶他跟我～上了｜그는 나에게 귀찮게 굴었다. ❼動 (어떤 일을) 끝내다. 해결하다. 결말짓다. ¶这件事我～不开｜나는 이 일을 처리하지 못하겠다. ❽動 보내다. 생활하다. ¶作买卖～了半辈子bànbèizi｜장사를 하며 반평생을 보냈다. ❾量 옛날, 은화(銀貨) 72원을 「一泡」라 했음. ❿量 方 번. 차례[「一泡」의 형태로 「一起」「一阵(儿)」의 뜻으로 쓰임]

Ⓑ pāo ❶(～儿) 부풀어서 말랑말랑한 것. ¶豆dòu～儿｜말랑말랑한 두부. ¶眼yǎn～｜눈꺼풀. ❷名 方 작은 호수[주로 지명에 쓰임] ¶月亮yuèliàng～｜월량포. 길림성(吉林省)에 있는 호수. ❸名 俗 남성의 생식기. ❹形 方 부드럽다. 말랑말랑하다. 폭신폭신하다. 푸석푸석하다. 단단하지 않다. ¶～线xiàn｜부드러운 줄. ¶这块木材发～｜이 목재는 단단하지 못하다. ❺量 대소변의 횟수를 셀 때 명사 앞에 붙어 쓰이는 단위. ¶撒sā了一～尿niào｜오줌을 한 번 누었다 =〔脬pāo②〕

Ⓐ pào

【泡病号(儿)】pào bìnghào(r) 動組 병을 핑계로 결근하다. 꾀병하다.

【泡菜】pàocài 名〈食〉김치. ¶她爱吃～｜그녀는 김치를 즐겨 먹는다.

【泡茶】pào chá 動組 차를 타다. 차를 우려내다. ¶我的朋友很会～｜내 친구는 차를 잘 탄다 =〔沏qī茶〕

【泡饭】pào/fàn ❶動 (국이나 물에) 밥을 말다. ¶小孩子喜欢～吃｜아이는 밥을 물에 말아 먹기를 좋아한다. ❷(pàofàn) 名 ㉤ 국밥. 물에 만 밥.

【泡沸石】pàofèishí 名〈鑛〉불석(沸石) 제올라이트(zeolite) =〔泡滚gǔn石〕〔沸fèi石〕

【泡蘑菇】pào mó·gu ❶(고의로) 시간을 질질 끌

P

다. ❷ (일부러) 치근덕거리다. 귀찮게 하다. 성가시게 하다. ¶他跟我～ | 그는 나를 성가시게 한다. ❸ 轉 성교(性交)하다.

4【泡沫】pàomò 名 포말. (물)거품. ¶啤酒píjiǔ～ | 맥주 거품.

【泡沫玻璃】pàomò bō·li 名組 거품 유리. 기포 유리.

【泡沫混凝土】pàomò hùnníngtǔ 名組 폼 콘크리트(foam concrete)

【泡沫剂】pàomòjì 名 기포제.

【泡沫塑料】pàomò sùliào 名組 폼 플라스틱(foam plastic) ¶～的包装盒bāozhuānghé | 폼 플라스틱으로 만든 포장그릇.

【泡沫橡胶】pàomò xiàngjiāo 名組 폼 러버(foam rubber) 거품 고무.

【泡汤】pào/tāng 動 ❶ 方 수포로 돌아가다. ¶这回他的计划jìhuà又～ | 이번에도 그의 계획은 또 수포로 돌아갔다. ❷ (밥을) 국에 말다. ❸ 喩 늑장을 부리다. ¶实行责任制zérènzhì后, ～的吃不开了 | 책임제가 실행된 후로 늑장을 부리는 사람은 환영을 받지 못한다.

【泡漩】pàoxuán 名 소용돌이.

【泡影】pàoyǐng 名 喩 물거품. 허사. ¶美好的希望xīwàng成为～了 | 아름다운[좋은] 꿈이 물거품이 되었다.

【泡子】ⓐ pào·zi 名 ❶ 口 전구. ❷ 方 (연)못. ⓑ pāo·zi 名 方 작은 호수 [지명에 쓰임]

Ⓑ pāo

【泡桐】pāotóng 名〈植〉오동나무. ¶门外种zhòng着几棵kē～ | 문밖에 오동나무 몇 주를 심다 =〔白桐báitóng〕

【泡子】pāo·zi ☞〔泡子〕pào·zi ⓑ

2【炮〈砲礮〉】pào bāo páo 대포 포, 통째로구울 포

Ⓐ pào ❶ 名〈軍〉대포. 포. ¶打～ | 대포를 쏘다. ¶放～ | 대포를 쏘다. ¶快～ =〔连珠liánzhū炮〕〔速射sùshè炮〕| 속사포. ¶野战yězhàn～ | 야포. ¶追击pòjī～ | 박격포. ¶火箭huǒjiàn～ | 로케트포. ❷ 폭죽. ¶鞭biān～ | 폭죽. ❸ 다이너마이트. ¶打眼放～ | 구멍을 뚫고 발파하다. ❹ 名 (장기(將棋) 말의 하나) 포 [중국식 장기에서는 차(車)처럼 직진하나 말을 먹을 때는 말 하나를 뛰어 넘어야만 먹을 수 있음]

Ⓑ bāo 動 ❶ (불에) 쬐어 말리다. ¶把湿衣服shīyīfú搁gē在热炕rèkàng上～干gān | 젖은 옷을 뜨거운 온돌 위에 올려 말리다. ❷ (강한 불에 빨리 휘저어) 볶다. ¶～牛羊肉片 | 얇게 쓴 쇠고기 양고기를 볶다. ¶～羊肉 | 〈食〉양고기 볶음.

Ⓒ páo 動〈漢藥〉(한약을 달이는 방법의 하나로) 생약(生藥)을 뜨거운 가마에 넣어 볶고 그것을 누르스름하게 눌이다. ¶～制中药zhìzhōngyào | 한약을 눌여 만들다. ¶～姜jiāng | 구워서 만든 생강.

Ⓐ pào

【炮兵】pàobīng 名〈軍〉포병. ¶～部队bùduì | 포병부대. ¶～连 | 포병 중대. ¶～阵地zhèndì | 포병 진지.

【炮铳】pào·chong 名 方 ❶ 폭죽 =〔爆竹bàozhú〕❷ 喩 화를 잘 내는 사람.

【炮打灯(儿)】pàodǎdēng(r) 名 方 불꽃 폭죽 [판지(板紙) 등로 만든 대롱에 화약을 넣은 것으로, 터뜨리면 소리와 함께 찬란한 불꽃을 발산함] =〔爆bào打灯(儿)〕

3【炮弹】pàodàn 名〈軍〉포탄 [때로는 탄두(彈頭)를 가리킴] ¶～向我们这边儿落下来 | 포탄이 우리쪽으로 떨어졌다. ¶～壳qiào | 포탄의 약협(藥莢) =〔口 炮子儿①〕

【炮灰】pàohuī 名 ❶ 대포의 재. ❷ 喩 총알받이. 희생물. ¶我可不愿充当chōngdāng～ | 나는 총알받이가 되고싶지 않다.

4【炮火】pàohuǒ 名 포화. ¶～支援zhīyuán | 포화 지원.

【炮击】pàojī ❶ 名 포격. ¶停止tíngzhǐ～ | 포격을 중지하다. ❷ 動 포격하다.

【炮舰】pàojiàn 名〈軍〉포함(砲艦)

【炮楼】pàolóu 名〈軍〉포루. ¶炸毁zhàhuǐ了一个～ | 포루를 폭파하여 없애다.

【炮钎】pàoqiān 名 (착암·발파 작업에 사용되는) 긴 쇠막대 =〔钎子qiānzi〕

【炮塔】pàotǎ 名〈軍〉포탑.

【炮台】pàotái 名〈軍〉포대.

【炮艇】pàotǐng 名〈軍〉(주로 연안 경비를 담당하는) 경비정. 작은 군함. ¶用～护卫hùwèi | 군함으로 호위하다 =〔护卫艇〕

【炮筒子】pàotǒng·zi 名 ❶ 포신. ❷ 喩 불뚱이. 불같은 성미. ¶我就是这么个～,说话不妥当tuǒdàng的地方,请多原谅yuánliàng | 저는 이렇게 불같은 성미이니 말하는 데 타당치 않은 점이 있다면 양해를 바랍니다. ❸ 喩 옆에서 거들며 기세를 올리는 사람. 가세〔합세〕하는 사람. ¶让许多人出场做为他的～ | 수많은 사람을 내세워 그의 편에 가세하게 했다. ❹ 喩 솔직 담백한 사람.

【炮位】pàowèi 名〈軍〉포의 위치.

【炮眼】pàoyǎn 名 ❶〈軍〉포안(砲眼) ❷ 발파구(發破口)

【炮衣】pàoyī 名 대포를 덮는 덮개.

【炮仗】pào·zhang ⇒〔爆bào竹〕

【炮子儿】pàozǐr ❶ ⇒〔炮弹dàn〕❷ 名 총알.

Ⓒ páo

【炮格】páogé 名 구리 기둥에 기름을 바르고 그 아래 숯불을 피워 위를 걷게 하여 탄불 속으로 떨어뜨리는 고대(古代)의 형벌 =〔炮烙〕

【炮炼】páoliàn 動〈漢藥〉열을 가해 한약 원료의 수분과 잡물질(雜物質)을 제거하다.

【炮烙】páoluò 舊 páogé) ⇒〔炮格〕

【炮制】páozhì 動 ❶ 한약을 정제(精製)하다 =〔炮炙páozhì〕〔修治〕❷ 貶 만들어 내다. 꾸며내다. 조작하다. ¶他～一篇文章了 | 그는 한편의 문장을 조작했다.

【疱〈皰₁〉】pào 여드름 포, 마마 포

❶ 名 여드름 =〔面疱〕〔粉刺fěncì〕〔酒刺jiǔcì〕❷ 名 물집 =〔泡pào②〕❸ 名〈醫〉천연두(天然痘) =〔疱疮chuāng〕

【疱疮】pàochuāng 名〈醫〉천연두(天然痘) =〔痘疮dòuchuāng〕

【疱疹】pàozhěn 名〈醫〉❶ 포진. 헤르페스. ¶带状dàizhuàng～ | 대상 포진. ❷ (마마의) 꽃. (수두·천연두 등의) 발진(發疹)

pēi ㄆㄟ

【呸】pēi 나무랄 배
嘆 체. 피. 흥 어법 혐오·경멸·질책을 표시할 때 쓰이는 감탄사. ¶～! 胡说八道húshuōbādào! 체! 헛소리하고 있군. ¶～! 我不能干那种损人利己sǔnrénlìjǐ的事 | 흥! 나는 그런 얌체 짓은 할 수 없다.

【胚〈肧〉】pēi 아이밸 배, 시초 배
名 ❶ 〈生〉배(胚) 배아(胚芽) [생물의 발생과정 중 초기의 상태] ❷ (～子) 名 씨앗. 종자. ❸ (～子) 반제품 [대충 윤곽만 갖춰진 미완성의 것] ❹ 書 動 임신하다. ❺ 書 名 임신 1개월째.

【胚层】pēicéng 名〈生〉배엽(胚葉) ¶内～ | 내배엽. ¶外～ | 외배엽. ¶中～ | 중배엽 =〔胚叶yè〕

【胚根】pēigēn 名〈植〉어린 뿌리. 유근(幼根)

【胚盘】pēipán 名〈生〉배반. 알눈. 얼씨.

【胚乳】pēirǔ 名〈植〉배유. 배젖.

【胚胎】pēitāi ❶ 名〈生〉배태. ¶～学 =〔发生学〕 | 발생학. ❷ 動〈生〉배태하다. ❸ 名 (수태 후 얼마 안된) 태아. ¶把～取下来 | 태아를 낙태시키다. ❸ 名 喻 (사물의) 시초. (일의) 발단.

【胚芽】pēiyá 名 ❶ 〈植〉눈. 배아. ¶损坏sǔnhuài了～,就不行 | 식물의 눈을 상하게 하면 안된다. ❷ 喻 갓 생긴 사물. 싹. 발단. ¶矛盾máodùn的～ | 모순의 발단.

【胚叶】pēiyè ⇒〔胚层〕

【胚轴】pēizhóu 名〈植〉배축.

【胚珠】pēizhū 名〈植〉배주. 밑씨.

【胚子】pēi·zi 名 ❶ 씨앗. 종자. ¶好～ | 좋은 종자. ❷ 轉 罵 종자 [사람의 뿌리를 일컫는 말] ¶坏～ | 못된 종자. 나쁜 놈. ❸ 반제품 [윤곽만을 갖춘 미완성품] ❹ 㫖 누에알.

【醅】pēi 빚을 배, 막걸리 배
書 ❶ 動 술을 빚다. ❷ 名 탁주(濁酒) 거르지 않은 술.

péi ㄆㄟˊ

【坏】péi ☞ 坏 huài ② Ⓐ

3【培】péi 북돋울 배, 언덕 부
❶ 動 (식물의 뿌리·제방 등의 토대를 보호하기 위해) 북을 주다. 흙으로 덮다. 북돋다. ¶～土↓ ❷ 動 배양하다. (인재를) 기르다. ¶～干 | 간부를 양성하다. ❸ 書 名 집의 뒷담.

【培根】Péigēn 名 外〈人〉베이컨(Francis Bacon, 1561～1626) [영국의 정치가·철학자. 근대 과학적 방법과 경험론의 선구자]

【培土】péitǔ 動組 흙을 북돋다.

【培修】péixiū 動 (제방 등을) 튼튼하게 수리〔보강〕하다. ¶～堤坝dībà | 제방을 흙으로 북돋다.

4【培训】péixùn 動 (기술자·전문 간부 등을) 훈련·양성하다. ¶～干部gànbù | 간부를 훈련시키다. ¶～班 | 훈련반.

3【培养】péiyǎng 動 ❶ 〈生〉배양하다. (알맞은 조건을 주어)기르다. 번식시키다. ¶～细菌xìjūn | 세균을 배양하다. ❷ 양성하다. 키우다. 배양하다. ¶学校要注意～学生的思维sīwéi能力,自学能力,表达biǎodá能力,创造chuàngzào能力 | 학교는 학생들의 사유능력,자습능력,표현능력,창조능력을 배양하는 데 주의를 기울여야 한다. ¶～干部gànbù | 간부를 양성하다.

【培养基】péiyǎngjī 名〈化〉배양기.

3【培育】péiyù 動 ❶ 기르다. 재배하다. 양성하다. ¶～树苗shùmiáo | 묘목을 기르다. ¶～人才 | 인재를 양성하다. ❷ (사람이나 우의 등을) 기르다. ¶～两国的友谊yǒuyì | 양국의 우의를 돈독히 하다.

【培植】péizhí ❶ 動 (식물을) 기르다. 재배하다. 가꾸다. ¶～人参rénshēn | 인삼을 재배하다 =〔培种〕 ❷ 動 (인재를) 양성하다. (생각이나 세력을) 키우다. 기르다. ¶～自由主义思想 | 자유주의 사상을 기르다. ❸ 名 재배. 육성.

【培种】péizhòng ⇒〔培植①〕

2【陪】péi 모실 배, 도울 배
動 ❶ 모시다. 동반하다. ¶～老师吃饭 | 선생님을 모시고 식사하다. ¶失～ | (먼저 자리를 떠날 때) 먼저 실례하겠습니다. ¶～外宾参观工厂gōngchǎng | 외빈을 모시고 공장을 참관하다. ❷ 용서를 빌다. 사과하다. ¶～不是↓ =〔赔péi③〕 ❸ 곁에서 도와주다. 시중들다. ¶～病人 | 환자를 시중들다.

【陪伴】péibàn 動 수행하다. 동행하다. ¶～他 | 그를 수행하다.

【陪绑】péibǎng 動 ❶ 사형수와 함께 범인들을 사형장으로 끌어내다 [사형 집행을 보게 하여, 본보기로 징계하거나 자백을 받기 위함] ❷ 轉 고통을 함께 하다. 물귀신같이 끌어들이다. ¶我是来～的 | 고통을 함께 하려고 왔습니다.

【陪不是】péi bù·shi ⇒〔赔péi不是〕

【陪衬】péichèn ❶ 動 곁들여 돋보이게 하다. 두드러지게 하다. 곁들이다 =〔配衬pèichèn〕 ❷ 名 안받침. 돋보이게 하는 데 곁들여지는 물건〔장식〕 ❸ 名 (요리 등의) 곁들인 음식.

【陪吊】péidiào ❶ 名 상주를 대신하여 조문객을 접대하는 사람. ❷ 動 상주를 대신하여 조문객 접대하다.

【陪都】péidū 名 제 2의 수도. 임시수도. ¶抗战kàngzhàn期间,重庆Chóngqìng是～ | 항전시기에는 중경이 제2의 수도였다 =〔陪京〕→〔行xíng都〕

【陪房】péi·fang 名 시집갈 때 따라가는 몸종→〔陪嫁jià〕

【陪祭】péijì 名 제주(祭主)를 도와 제사를 올리는 사람.

【陪嫁】péijià ❶ 名 方 (시집갈 때 딸려보내는) 혼수품. 몸종. ❷ 動 方 (시집갈 때 혼수품이나 몸종을) 딸려 보내다. ¶～丫头yātóu =〔陪房丫头〕 | 신부에 딸려서 보내는 몸종 =〔赔péi嫁〕

【陪酒】péijiǔ 動 (손님이나 웃사람을 모시고) 술

을 마시다.
【陪客】ⓐpéi/kè 動 손님을 모시다. 손님을 접대하다. ¶他在客厅里～呢 | 그는 거실에서 손님을 접대하고 있다.
ⓑpéi·ke 名 배빈(陪賓)주빈(主賓)외에 같이 온 손님. ¶我不过是～而已 | 저는 배빈일뿐입니다.
【陪奁】péilián 書 名 혼수품 ＝〔嫁妆jiàzhuāng〕
【陪练】péiliàn 名〈體〉운동연습을 전문적으로 도와주는 사람 ＝〔陪打dǎ〕
【陪审】péishěn〈法〉❶ 名 배심. ❷ 動 배심하다. 배심원이 재판에 참가하다. ¶～官 | 배석 판사. ¶～员 | 배심원.
【陪审制】péishěnzhì 名〈法〉배심원 제도. ¶美国采用cǎiyòng～ | 미국은 배심원제도를 채용하고있다.
【陪送】ⓐpéisòng 動 전송하다. 바래다 주다. ¶他亲自～我回上海 | 내가 상하이로 돌아가는데 그가 친히 전송해주었다.
ⓑpéi·song ⓓ ❶ 動 (시집보낼 때 혼수품이나 몸종을) 딸려 보내다. ¶～了她一对箱子 | 한 쌍의 (혼수) 상자를 딸려 그녀를 시집보냈다. ❷ 名 혼수(婚需)
3【陪同】péitóng 動 모시다. 수행하다. ¶～陈市长前往参观 | 진시장을 모시고 참관하다.
【陪席】péixí 動 배석하다. ¶～推事tuīshì |〈法〉배석 판사 ＝〔陪位〕
【陪音】péiyīn ⇒〔泛fàn音〕
【陪葬】péizàng ❶ 名 순장. ¶～品 | 부장품. 순장품. ❷ 動 함께 묻다. 순장하다. ¶用动物～ | 동물을 순장하다 ＝〔殉葬xùnzàng〕❷ 名 動 (고대에, 신하나 처첩의 영구를 황제나 남편의 무덤근처에) 같이 매장하는 일〔매장하다〕
【陪住】péizhù 動 같이 묵다. (같이 묵으면서) 돌보아 주다.
【陪坐】péizuò 動 옆에 같이 앉다. ¶～奶奶nǎi谈天 | 할머니 옆에 앉아 말동무가 되어주다.

P

2【赔(賠)】 péi 물어줄 배
動 ❶ 물어주다. 배상하다. 변상하다. ¶～他一块玻璃bōlí | 그에게 유리 한 장을 변상하다. ❷ 손해보다. 밑지다. ¶～本生意 | 밑지는 장사. ¶五千元都～光了 | 오천원 모두 손해 봤다 ⇔〔赚zhuàn〕❸ 사과하다. ¶～礼↓ ¶～不是↓ ＝〔陪②〕
【赔本(儿)】péi/běn(r) 動 손해를 보다. 밑지다. ¶这回他又～了 | 그는 이번에도 밑졌다. ¶～的买卖 | 밑지는 장사 ＝〔赔钱qián①〕〔方 赔帐zhàng②〕〔亏kuī本(儿)〕
【赔不起】péi ·bu qǐ ❶ 배상할 능력이 없다. ¶他家里穷, 这贵重东西～ | 그는 집이 가난하여, 이 귀중한 것을 배상할 능력이 없다. ❷ (여자가) 혼수를 장만할 돈이 없다 ‖ ⇔〔赔得起〕
【赔不是】péi bù·shi 動組 잘못을 사죄하다. 잘못을 사과하다. ¶给他赔个不是 | 그에게 잘못을 사죄해라 ＝〔陪péi不是〕〔陪罪zuì〕
3【赔偿】péicháng ❶ 名 배상. 변상. ❷ 動 배상하다. 변상하다. ¶照价zhàojià～ | 가격대로 배상하다. ¶～费fèi | 배상금.
【赔垫】péidiàn 動 ❶ 대신 변상하다. 대신 물어주다. ¶钱数太大, 我可～不起 | 돈의 액수가 너무 많아, 나는 대신 변상해줄 수가 없다. ❷ 일시적으로 손해를 보면서 돈을 채워넣다.
【赔话】péi/huà 動 미안하다는 말을 표시하다. 유감의 뜻을 표하다. 사과하다. ¶给他～ | 그에게 사과하다 ＝〔陪péi话〕
4【赔款】péi/kuǎn ❶ 動 배상하다. 변상하다. ¶损坏sǔnhuài公物, 以～处chǔ分 | 공공 기물을 훼손하면 배상 처분한다. ❷ (péikuǎn) 名 배상금.
【赔了夫人又折兵】péi·le fū·ren yòu zhé bīng 諺 부인을 잃고 병사마저 잃다. 이리저리 손해보다. 이중으로 손해보다.
【赔累】péilěi 動 ❶ 적자에 빚까지 지다. ¶营业清淡qīngdàn, ～不堪kān | 영업이 부진하여 손실을 감당할 수 없다. ❷ 다른 사람의 손실로 자신도 손해를 보다.
【赔礼】péi/lǐ ⇒〔赔罪〕
【赔钱】péi/qián ❶ ⇒〔赔本(儿)〕 ❷ 動 돈으로 보상하다.
【赔钱货】péiqiánhuò 名 ❶ 밑지는 상품. ❷ 轉 여아(女兒) 딸 [옛날 여자는 돈을 벌 수 없을 뿐더러 또 출가(出嫁) 때는 많은 비용이 들어 이같이 말함] ¶老王又生了一个～ | 왕씨는 또 딸을 낳았다→〔弄瓦nòngwǎ〕
【赔小心】péi xiǎoxīn 動組 겸손하고 온화한 태도로 상대방의 화를 가라앉히다. ¶你总得去～, 不然恐怕他要怪下来 | 가서 꼭 근신하는 태도를 보여야해, 그렇지 않으면 그가 나무랄지도 모르니까 ＝〔陪小心〕
【赔笑】péi/xiào 動 웃는 낯으로 대하다. ¶他一直跟我～ | 그는 줄곧 내게 웃는 얼굴로 대한다 ＝〔赔笑脸liǎn〕
【赔帐】péi/zhàng ❶ 動 (자신의 과실로 생긴 손실이나 금전상의 손실을) 변상하다. ❷ ⇒〔赔本(儿)〕
【赔赚】péizhuàn 名 손익. ¶顾gù不了～ | 손익을 돌볼 겨를이 없다.
【赔罪】péi/zuì 動 사죄하다. 사과하다. ¶赶快给他赔个罪吧 | 빨리 그에게 사죄하시오 ＝〔赔持chí〕〔赔礼lǐ〕〔方 赔情〕〔赔释shì〕〔陪péi持〕〔陪礼〕〔陪罪〕〔伏fú礼〕

【锫(錇)】 péi (버클륨 배)
名〈化〉화학 원소 명. 버클륨 (Bk ; berkelium) [인공방사선 원소]

【裴】 péi 옷치렁치렁할 배
❶ 書 狀 옷이 치런치런하다. ❷ (Péi) 名 성(姓)

pèi ㄆㄟˋ

【妃】 pèi ☞ 妃fēi Ⓑ

3【佩】 pèi 노리개 패, 찰 패
❶ 動 (몸에) 차다. ¶～带↓ ❷ 감복하다. ¶钦qīn～ | 경복(敬服)하다. ❸ (옛날, 허리띠에 차고 다니던) 장식품. ¶玉～ | 옥패 ＝〔珮pèi〕

【佩带】pèidài ❶動(가슴·어깨·허리·손목에) 달다[차다] ¶～一朵康乃馨kāngnǎixīn｜카네이션 한 송이를 달다. ❷(～儿) 名장식물. 치레감. 액세서리. ❸(～儿) 名喩장식뿐인 쓸모 없는 존재. ¶她不过是个～, 干不了甚么｜그녀는 장식물에 지나지 않아, 아무 일도 할 줄 모른다.

3【佩服】pèi·fú 動감복하다. 탄복하다. 감탄하다. ¶人人都～他勇敢yǒnggǎn｜사람들은 모두 그의 용감함에 탄복한다 ＝[拜服bàifú]

【佩剑】pèijiàn ❶名(허리에 찬 긴) 칼. 패검 ❷動긴 칼을 허리에 차다. ❸名〈體〉사브르(sabre; 프)[펜싱 경기에 쓰는 검의 하나. 또는 그 검을 가지고 행하는 경기의 한 종목]

【佩兰】pèilán ❶名〈植〉향 등골나물 ＝[兰草cǎo①][水香][香草花] ❷名〈植〉등골나물. ❸⇒[罗luó勒①] ❹⇒[蕙huì①]

【佩玉】pèiyù ❶名(허리띠에 장식한) 패옥. ❷(pèi yù) 구슬을 차다.

【珮】pèi 패물 패
「佩」와 같음⇒[佩pèi③]

【帔】pèi 배자 피, 치마 피
書名배자 [각종 무늬를 수놓아 어깨에 걸치던 고대 여인의 쇼올]

【帔裙】pèiqún 名끝을 다른 천으로 바이어스 처리를 한 고대의 치마.

4【沛】pèi 늪 패, 성할 패
❶書貌물이 세차게 내리다. ¶～然降雨｜빗줄기가 세차게 내리다. ❷물과 풀이 있는 곳. ¶～泽↓ ❹⇒[颠diān沛]

【沛然】pèirán 書貌❶(비가) 세차게 내리다. ¶大雨～｜비가 세차게 내리다. ❷성대하다. 성대하다.

【沛泽】pèizé 書名❶초목(草木)이 무성한 수택(水澤) ❷큰 은혜.

【霈】pèi 비쏟아질 패, 흐를 패
書❶名큰 비. ¶甘gān～ ＝[甘霖gānlín]｜단비. ❷形비가 퍼붓다. ¶云油雨～｜구름이 넓게 퍼져 비가 좍좍 내리다. ❸名轉(임금의) 은택(恩澤)

2【配】pèi 짝지을 배, 나눌 배, 귀양보낼 배
❶動짝짓다. 결혼하다. ¶婚hūn～｜결혼하다. ¶继jì～｜후처가 되다. ❷動(가축을) 교배시키다. ¶～马｜말을 교배시키다. ¶～猪zhū｜돼지를 교배시키다. ¶～种↓ ❸動(적당한 기준으로) 배합하다. ¶搭dā～｜배합하다. ¶～药↓ ❹動(계획적으로) 분배[배치]하다. ¶～备bèi人力｜계획적으로 인력을 배치하다. ❺動(부족한 물품을) 맞추다. 보충하다. ¶～零件｜부품을 맞추다. ¶～套↓ ❻動받쳐주다. ¶红花～绿叶｜붉은 꽃에 녹색 잎을 안받침하다. ❼動유형(流刑)에 처하다 ＝[发配fāpèi] ❽能…할 자격이 있다. …할 수 있다. 어법「配」가 조동사로 쓰일 때 주어는 항상 사람에 한정되며, 주어가 사물일 때는「能」을 씀. 주로 반어문(反問句)이나 부정문에 나타남. ¶这些碎布儿只配补补衣服(×) ¶这些碎布儿只能补补衣服｜이 헝겊 쪼가리는 옷을 깁는 데만 쓸 수 있겠다. ¶他～说这样的话吗?그가 이런 말할 자격이 있는가? ¶我～当主角吗?내가 주연을 맡을 자격이 있단 말인가?

4【配备】pèibèi ❶動(인력 등을 수요에 따라) 분배하다. 배비(配备)하다. ¶～了自动武器｜자동무기를 분배배치하다. ¶～拖拉机tuōlājī｜트랙터를 나누어 주다. ❷動(병력·무기 등을) 배치하다. ¶按地形～兵力｜지형에 따라 병력을 배치하다. ❸名(잘 갖추어진) 설비. 장치. 장비. ¶现代化的～｜현대화된 설비.

【配不上】pèi ·bu shàng 動組❶어울리지 않다. 맞지 않다. ¶她总～我这么一个男人｜그녀는 나 같은 남자에게는 도무지 어울리지 않는다. ❷(자격이나 능력이 없어) 어울리지 않다. ❸맞출 수 없다. ¶机件jījiàn～｜기계 부속품을 맞출 수 없다 ‖ ⇔[配得上]

【配餐】pèicān 名배합(配合)(된) 요리 [그대로 요리만 하면 먹을 수 있도록 한 요리에 필요한 각종 식품[재료]들을 적당하게 배합하여 담아 놓은 것] ¶又送来了～｜또 배합된 찬을 가져왔다.

【配成】pèichéng 動짝짓다. 짜 맞추다. 조립하다. ¶把他俩～一对｜그 둘을 짝지어주다. ¶～一套｜한 세트로 짜 맞추다.

【配搭】pèidā 動알맞게 배합하다. 알맞게 배치하다. ¶不但主角儿好, 就是其余的角儿, 都～的很整齐｜주역뿐만 아니라 그 밖의 역도 모두 배역이 잘 됐다.

【配搭儿】pèi·dar 名부속물. 종속물. 장식품. 액세서리 같은 것[존재] ¶没甚么用, 就是～｜별 쓸모가 없는 단지 장식물일 따름이다.

【配电盘】pèidiànpán 名〈電氣〉배전반. 스위치보오드(switch board) ＝[配电板bǎn][开关kāiguān板]

【配殿】pèidiàn 名(궁전이나 사원의 정전(正殿)의 좌우에 세워진) 편전(偏殿) 곁채 ＝[偏piān殿]

【配对(儿)】pèi/duì(r) ❶動짝을 맞추다. 한 쌍으로 만들다. ¶这两只鞋子不～儿｜이 신발은 짝이 맞지 않다. ❷動方교미시키다. ❸(pèiduì(r)) 名짝이 되는 것.

【配额】pèi é 名❶배당액. 할당액. ¶进口纺织品fǎngzhīpǐn的～｜수입방직품의 할당액. ¶外汇wàihuì～｜외화 할당액. ❷(인구 억제 정책의 일환으로 직장등에 할당된)출산 할당수. 산아 허가수.

【配发】pèifā 動배급하다. ¶同时～辞典｜사전도 같이 배급하다. ¶每人～一套工作服｜매 사람에게 작업복 한 벌을 배급하다.

4【配方】pèi/fāng ❶動〈數〉불완전 제곱식을 완전 제곱식으로 만들다. ❷動처방에 맞추어 약을 짓다. ❸(pèifāng) 名약품의 처방. ❹(pèifāng) 名(화학·금속 제품의) 배합 방법 [통칭「方子」라 함]

【配房】pèifáng 名곁채. 사랑채 ＝[厢xiāng房]

2【配合】ⓐpèihé ❶動서로 합하다. 협동하다. 협력하다. ¶～行动｜공동행동. ¶～作战｜합동작전. ❷動〈機〉감합(嵌合)하다. 맞물리다. 간극을 조정하다. ❸動맞추다. 배합하다. ¶～眼

镜yǎnjìng的度数dùshù | 안경 도수를 맞추다. ¶～饲料sìliào | 〈牧〉 배합 사료. ❹ 動 같이 보조를 맞추다. ❺ 名 〈機〉 감합(嵌合) 기계의 부품이 서로 잘 맞물림. ❻ 名 조화. 협력. 협동. ¶取得了他们的～ | 그들의 협력을 얻었다.

ⓑ pèi·he ❶ 形 어울리다. 조화되다. 딱 맞다. ¶小俩口～ | 두 사람은 잘 어울린다. ❷ 名 조화. ❸ 名 〈演映〉 앙상블(ensemble;프)

【配给】 pèijǐ ⇒〔配售①〕

【配件】 pèijiàn 名 ❶ 부품. 부속품. ¶买了一些～ | 부품을 좀 샀다. ❷ (～儿) 파손된 후에 다시 해넣은 부품 →〔部件〕〔构gòu件〕〔机jī件(儿)〕〔零líng件〕

【配接器】 pèijiēqì 名 〈電算〉 어댑터(adapter)

【配角(儿)】 pèijué(r) ❶ 名 〈演映〉 (연극·영화의) 조연(助演) 보조역. ¶当dāng～ | 조연을 맡다 →〔戏子〕〔主角(儿)〕 ❷ 名 喻 보조적인 역할을 하는 인물. ❸ 名 콤비. 공연자(共演者) ❹ (pèi/jué(r)) 動 공연(共演)하다. 콤비를 이루다 =〔配脚jiǎo(儿)〕

【配料】 pèi/liào ❶ (pèiliào) 名 조미료. ❷ (pèiliào) 名 배합 원료. ❸ 動 재료를 배합하다.

【配尼西林】 pèiníxīlín 名 外 페니실린(penicillin) =〔外 盘尼西林〕〔青霉素〕

4【配偶】 pèi'ǒu 名 〈法〉 배우자. 배필 =〔書 配匹pǐ〕〔書 配俪lì〕〔書 媲pì偶〕

【配齐】 pèiqí 動 완비하다. (기계 부품을) 완전히 맞추다.

【配色】 pèi/sè 又 pèi/shǎi) ❶ 動 색깔을 배합하다. ❷ (pèisè 又 pèishǎi)) 名 배색. ¶～配得好 | 배색이 잘 돼 있다.

【配售】 pèishòu 動 ❶ 배급 판매하다. ¶～商店 | 배급품을 파는 상점. 배급점 =〔配给〕 ❷ (잘 팔리지 않는 물건을 잘 팔리는 물건에) 끼워서 팔다. 세트로 팔다.

【配糖物】 pèitángwù 名 〈化〉 배당체(配糖體)글루코사이드(glucoside) =〔配糖体〕〔甙dài〕

4【配套】 pèi/tào 動 ❶ (관계 있는 사물을 조합(組合)하여) 하나의 세트(set)로 만들다. 조립하다. 짜 맞추다. ¶～工程gōngchéng | 콘베이어 시스템. ¶～器材qìcái | 조립용 부품. ❷ 부설(附設)하다. ¶～设备shèbèi | 부대설비.

【配套成龙】 pèitào chénglóng 成 (기계·설비·종목 등을) 짜 맞추어 하나의 체계로 완성하다. 조립 완성하다. ¶大小机器,～,提高tígāo了生产效率xiàolǜ | 크고 작은 기기들이 조립되어 생산효율을 높이다 =〔成龙配套〕

【配伍】 pèiwǔ 動 〈藥〉 (두 가지 이상의) 약을 서로 섞어 사용하다. 여러 종류의 약을 같이 쓰다. ¶～禁忌jìnjì | 배합 금기.

【配戏】 pèi/xì 動 조연으로서 공연(共演)하다.

【配药】 pèi/yào ❶ 動 약을 짓다. 약을 조제하다. ❷ (pèiyào) 名 병원내의 약국 →〔抓zhuā药〕

【配音】 pèi/yīn ❶ 動 (외국 영화나 텔레비젼 등에) 음악·대사를 넣다. 더빙(dubbing)하다. ¶给外国电影diànyǐng～ | 외국 영화에 더빙하다. ❷ (pèiyīn) 名 애프터리코딩(after recording) 더빙(dubbing) ¶～机 | 더빙기. ¶影片yǐngpiàn～公司gōngsī | 영화녹음회사. ¶～导演dǎoyǎn | 녹음 연출. ¶～复制fùzhì | (영화나 테이프 등의) 더빙. ¶～工作 | 녹음 작업. ¶～棚péng | 더빙실.

【配有】 pèiyǒu 動 배치되어 있다. ¶餐厅cāntīng里～卫生员wèishēngyuán | 식당에 위생원이 배치되어 있다.

【配乐】 pèi/yuè 動 배경음악을 넣다. ¶给他的诗～ | 그의 시에 배경음악을 넣다.

【配制】 pèizhì 動 (안료·약제 등을) 배합하여 만들다. 조제하다. ¶～了一副fù中药zhōngyào | 한 첩의 한약을 짓다.

【配置】 pèizhì 動 배치하다. ¶～了新式武器 | 신식무기를 배치하다. ¶～兵力 | 병력을 배치하다.

【配种】 pèi/zhǒng 動 교미(交尾)시키다. 교배시키다. ¶人工réngōng～ | 인공 수정. ¶～站zhàn | 교배장 →〔人工授精shòujīng〕

【配子】 pèizǐ 名 〈生〉 배우자(配偶子)

【辔(轡)】 pèi 고삐 비

名 고삐. ¶按～徐xú行 | 고삐를 잡고 천천히 가다.

【辔头】 pèitóu 名 말 고삐와 재갈.

pēn ㄆㄣ

2【喷(噴)】 pēn pèn 꾸짖을 분, 뿜을 분, 재채기할 분

Ⓐ pēn 動 ❶ 분출하다. 내뿜다. ¶火山～火 | 화산이 불을 내뿜다. ¶～泉↓ ❷ (물을) 뿌리다. ¶拿喷壶pēnhú～水 | 물뿌리개로 물을 뿌리다.

Ⓑ pèn ❶ 動 (향기가) 코를 찌르다. ¶～香 | 향기가 진동하다. ¶～鼻 | 코를 찌르다. ❷ (～儿) 名 ⓞ (야채·과일·물고기 등이 시장에) 한창 나오는 철. ¶西瓜xīguā～儿 | 수박철. ❸ (～儿) 量 ⓞ 개화(開花) 결실·성숙. 수확의 횟수를 세는 데 쓰임. ¶二～棉花miánhua | 두번째 수확한 면화.

Ⓐ pēn

【喷薄】 pēnbó 書 狀 (물이나 해가) 힘차게 솟아오르다. ¶～欲出的一轮红日 | 기운차게 솟아 오르는 붉은 태양.

【喷出】 pēnchū ❶ 名 분출. ❷ 名 돌출. ❸ 動 내뿜다. 분출하다. ¶～火焰huǒyàn | 화염을 내뿜다. ❹ 돌출하다.

【喷出岩】 pēnchūyán 名 〈地質〉 분출암.

【喷灯】 pēndēng 名 토치 램프(torch lamp) =〔吹chuī灯④〕

【喷发】 pēnfā 動 (화산이 용암을) 내뿜다. 분출하다. ¶火山～ | 화산이 용암을 분출하다.

【喷饭】 pēnfàn 動 (밥먹다가 웃어) 입속에 있는 밥을 내뿜다. 매우 우습다. ¶他的话令人～ | 그의 말은 아주 우습다.

【喷粪】 pēn/fèn 動 나오는 대로 지껄이다. 함부로 말하다. ¶你满嘴喷的啥粪shá fèn | 너 무슨 말을 함부로 지껄이는 거냐 =〔满嘴mǎnzuǐ喷粪〕〔满嘴胡说〕→〔嚼蛆jiáoqū〕

【喷管】 pēnguǎn 名 노즐(nozzle) ¶喷气管pēnqì-

guǎn | 에어(air) 노즐. ¶阻气zǔqì～ | 초크(chōke) 노즐.
【喷灌】pēnguàn 名 분무식 관개(灌溉)
【喷壶】pēnhú 名 물뿌리개 =〔㊁喷桶tǒng〕
【喷火】pēnhuǒ 動 불을 뿜다. 분화하다. ¶～山 | 분화산.
【喷火器】pēnhuǒqì 名 화염 방사기 =〔火焰yàn喷射shè器〕
【喷溅】pēnjiàn 動 (액체 등이 압력을 받아) 사방으로 뿌려지다. 사출(射出)되다.
【喷漆】pēn/qī ❶ 動 래커(lacquer)로 분무하여 칠하다. ❷ (pēnqī) 名 분무용 래커. ¶～胶jiāo | 래커 고무. ¶～枪qiāng | 페인트 분무기. 스프레이 건(spray gun)
【喷气】pēnqì 動 ❶ 숨을 내쉬다. ❷ 공기〔기체〕를 내뿜다.
【喷气发动机】pēnqì fādòngjī 名組 제트 엔진(jet engine) =〔喷气式发动机〕
【喷气式飞机】pēnqìshìfēijī 名組 제트기 [문화대혁명 당시 행해진, 비판 대상자의 상반신을 구부리게 하고 두 사람이 옆에서 손으로 목덜미를 누르고 팔을 뒤로 들어올리는 사형(私刑)의 일종] ¶他陪着走资派挨斗āidòu, 坐了几回～ | 그는 주자파와 함께 비판을 당하고, 몇 번이나 제트기를 탔다 =〔喷射(式飞)机〕→〔火箭飞机huǒjiànfēijī〕〔直升zhíshēng(飞)机jī〕
【喷枪】pēnqiāng 名 분무기. ¶用～喷漆pēnqī | 래커로 칠하다.
【喷泉】pēnquán 名 분천 =〔飞fēi泉②〕
【喷洒】pēnsǎ 動 (분무기로) 살포하다. 뿌리다. ¶～农药nóngyào | 농약을 살포하다.
【喷散】pēnsàn 動 (향기를) 내뿜다. 발산하다.
4【喷射】pēnshè 動 분사하다. ¶～火焰huǒyàn | 불꽃을 내뿜다 =〔喷放fàng〕
【喷水】pēn/shuǐ ❶ 動 내뿜다. (물뿌리개로) 물을 뿌리다→〔洒sǎ水〕 ❷ (pēnshuǐ) 名 분수. ¶～泵bèng | 물 분사 펌프. ¶～池chí | 분수(지) ¶～井jǐng | 분천.
【喷嚏】pēntì 名 재채기. ¶打～ | 재채기를 하다 =〔嚏tì喷〕
【喷桶】pēntǒng ⇒〔喷壶〕
【喷头】pēntóu 名 (샤워기·스프링클러·분무기의) 분사 꼭지 =〔莲蓬头liánpéngtóu〕
【喷涂】pēntú ❶ 名 뿜어 칠하기. ❷ 動 도료를 뿜어 칠하다.
【喷吐】pēntǔ 動 (빛·불·공기를) 내뿜다. 분사하다. ¶烟囱cōng～烟雾yānwù | 굴뚝에서 연기를 내뿜다.
【喷雾】pēnwù 動 분무하다. 기체로 뿜어내다.
【喷雾嘴】pēnwùzuǐ 名 노즐(nozzle) =〔喷嘴(儿)〕
【喷泻】pēnxiè 動 (액체가) 분출하여 흘러〔쏟아져〕 나오다. ¶火山～出岩浆yánjiāng | 화산이 마그마를 뿜어 내리다.
【喷涌】pēnyǒng 動 (액체가) 뿜어 나오다〔내뿜다〕 ¶泉水quánshuǐ～ | 온천수가 밖으로 뿜어 나오다.
【喷云吐雾】pēn yún tǔ wù 成 ❶ (아편·담배) 연기를 자욱하게 내뿜다. ❷ (굴뚝·연통 등이) 자욱한〔짙은〕 연기를 내뿜다.
【喷嘴(儿)】pēnzuǐ(r) ⇒〔喷雾wù嘴〕
B pèn
【喷香】pènxiāng ❶ 狀 향기가 코를 찌르다. 향기가 진동하다. ¶满园的花儿～ | 정원 가득 꽃향기가 진동한다. ❷ 名 진한 향기. 코를 찌르는 향기.

pén ㄆㄣˊ

2【盆】pén 동이 분
❶ (～儿, ～子) 名 대야. 사발. 버치 등. ¶花～儿 | 화분. ¶澡zǎo～ | 욕조. ❷ 書 名 옛날의 곡식 분량을 되는 데 쓴 그릇[6「斗」4「升」의 용량] ❸ 書 動 물에 잠기게 하다. ❹ 動 京 (귀뚜라미 등을) 그릇에 넣어 기르다. ¶把蟋蟀xīshuài～过几个月 | 귀뚜라미를 그릇에 담아 몇 달 길렀다.
3【盆地】péndì 名 〈地質〉 분지. ¶四川sìchuān～ | 사천분지
【盆花】pénhuā 名 화분에 심은 꽃. ¶栽培zāipéi～ | 분재하다.
【盆景(儿)】pénjǐng(r) 名 ❶ 분재. ❷ 조화나 주옥(珠玉)으로 만든 나무·꽃 등을 꽂아놓은 화분[옛날에는「些xiē子景」이라 했음]
【盆盆罐罐(儿)】pén pén guàn guàn(r) 名組 (가정의) 일상 가구 집기. ¶他家～倒不少 | 그의 집에는 일상 가구집기가 많다.
【盆腔】pénqiāng 名 〈生理〉 골반강(骨盤腔) ¶～炎yán | 골반내염.
【盆汤】péntāng 名 (욕조를 설치한) 일인용 욕실. ¶他爱洗～ | 그는 일인용 욕조에서 목욕하길 좋아한다 =〔盆池〕〔盆堂〕〔盆塘〕
【盆浴】pényù 名 (물을 가득 채운 욕조에 몸을 담구고 씻는) 목욕(방식) ¶南先生不喜欢～ | 남선생은 욕조식 목욕을 좋아하지 않는다.
【盆栽】pénzāi ❶ 名 분재. ❷ 動 분재하다.
【盆子】pén·zi 名 ⓪ 대야. 화분.

【湓】pén 용솟음할 분, 물이름 분
❶ 書 動 (물이) 용솟음치다. ¶～溢yì↓ ¶～涌yǒng↓ ❷ (Pén) 名 〈地〉 분수(湓水) [강서성(江西省)에 있는 강 이름.「龙开河Lóngkāihé」라고도 함]
【湓溢】pényì 書 動 (물이) 범람하다 =〔盆pén溢〕
【湓涌】pényǒng 書 動 (물이) 용솟음쳐 흐르다.

pèn ㄆㄣˋ

2【喷】pèn ☞ 喷 pēn B

pēng ㄆㄥ

【怦】pēng 두근거릴 평
擬 쿵쿵. 두근두근. ¶阿Q的心～～的跳了 | 아큐의 심장이 쿵쿵 뛰었다《阿Q正傳》
【抨】pēng 탄핵할 평
書 ❶ 動 활줄 소리가 울리다. ❷ 動 轉 활을 쏘다. ❸ 動 탄핵하다. 힐책하다. ¶～击jī↓

【抨击】pēngjī 動 힐책하다. 비난하다. 규탄하다. ¶～了敌人的谬论miùlùn | 적의 해괴한 논리를 비난하다.

【抨弹】pēngtán 動 탄핵하다.

【砰〈砰〉】pēng 돌구르는소리 팽 擬 쾅. 쿵 [물건이 바닥에 떨어지거나 부딪쳐 나는 소리] ¶～的一声, 木板mùbǎn倒dǎo下来了 | 쾅 소리를 내고 판자가 넘어졌다. ¶～～两声枪响qiāngxiǎng | 탕탕하고 두 발의 총성이 울리다.

【砰砰】pēngpēng 擬 펑펑. 둥둥. 탕탕. 쿵쿵 [북소리·총소리·문 두드리는 소리 등]

4【烹】pēng 삶을 팽, 요리 팽 動 ❶ 삶다. 조리하다. ¶～饪rèn↓ ❷ 볶다 [먼저 끓는 기름에 살짝 볶다가 양념을 넣고 재빨리 휘저어 볶아내는 요리법] ¶～对虾duìxiā | 〈食〉왕새우 볶음. ❸ 위협하다. 협박하다. ¶把他～走了 | 그를 위협해서 달아나게 하였다.

【烹茶】pēng/chá 動 차를 끓이다 =〔烹茗míng〕→〔沏qī茶〕

4【烹饪】pēngrèn ❶ 動 조리하다. 요리하다. ¶擅长shàncháng～ | 요리를 잘하다. ❷ 名 요리. 조리. ¶～法 | 요리법 =〔烹调〕

4【烹调】pēngtiáo ⇒〔烹饪rèn〕

【嘭】pēng 대포소리 팽 擬 쾅. 쿵. 탕 [대포·북이 울리는 소리 혹은 문을 가볍게 두드리는 소리]

【澎】pēng péng 물부딪칠 팽

Ⓐ pēng ❶ 動 물이 튀다. ¶～了一身水 | 온몸에 물이 튀었다. ❷ 큰 물결이 서로 맞부딪쳐 솟구치다 =〔澎湃pài〕

Ⓑ péng 지명에 쓰이는 글자. ¶～湖列岛↓

Ⓐ pēng

【澎湃】péngpài 書 形 ❶ 큰 물결이 서로 맞부딪쳐 솟구치다. ¶～的波涛bōtāo | 맞부딪쳐 솟구치는 파도. ❷ 喻 (기세나 사조 등이) 들끓다. 끓어 넘치다. ¶热情rèqíng～的诗篇shīpiān | 열정이 넘치는 시편.

Ⓑ péng

【澎湖】Pénghú 名 〈地〉 팽호. 열도 중에서 가장 큰 섬 →〔澎湖列岛lièdǎo〕

【澎湖列岛】Pénghú Lièdǎo 名組 〈地〉 팽호 열도 [대만과 복건성(福建省) 사이에 있는 64개 섬의 총칭]

péng ㄆㄥˊ

1【朋】péng 벗 붕, 떼 붕 ❶ 名 친구. 벗. ¶有～自远方来 | 친구가 먼 곳에서 오다. ¶～友↓ ❷ 書 動 결당(結黨)하다. ❸ 書 動 비교하다. ¶硕shuò大无～ | 成 비할바 없이 크다. ❹ 量 화폐로 사용한 조개껍질을 세는 단위 [2개 또는 5개를 「一朋」이라 했음]

【朋辈】péngbèi 書 名 동년배. 같은 또래 =〔朋侪chái〕〔朋俦chóu〕

【朋比为奸】péng bǐ wéi jiān 成 떼를 지어 나쁜 짓을 하다.

【朋党】péngdǎng 名 붕당. 파당.

1【朋友】péng·you 名 ❶ 벗. 친구. ¶他是我要好的～ | 그는 나와 제일 친한 친구이다. ¶交～ | 벗을 사귀다. ¶老～ | 오랜 친구. ¶酒肉～ | 술친구. ¶～门槛ménjiàn七品官 | 諺 친한 사이에도 담은 쌓으랬다. 친한 사이에도 예의가 있어야 한다 =〔友朋〕 ❷ 애인. 연인. ¶男〔女〕～ | (연인으로서의) 남자〔여자〕 친구. 애인 [보통의 남자〔여자〕 친구는 「男〔女〕的朋友」라고 함] ❸ 자기편. 아군. ¶谁是敌人, 谁是～? | 누가 적이고 누가 아군인가?

【堋】péng 묻을 붕, 보 붕 書 名 ❶ 분수제(分水堤) [춘추전국시대에 이빙(李冰)이 창안한 관개용(灌漑用)의 둑] ❷ 흙을 높이 쌓아 과녁을 걸어 놓는 곳.

3【棚】péng 시렁 붕, 누각 붕 ❶ (～儿, ～子) 名 천막. 차일. ¶天～ | 천막. ¶搭dā～ | 차양을 걸쳐 만들다. ❷ (～子) 名 바라크(baraque) 우리. ¶牲口shēngkǒu～ | 가축의 우리. ❸ 動 살짝 덮다. ¶～上 | 살짝 덮다. ❹ 量 경사(慶事)나 상사(喪事) 등의 횟수를 세는 양사. ¶一～白事 | 한 번의 장례식. ❺ 名 動 지주(支柱)(를 세우다) ¶～窑yáo | 탄광에 기둥을 세우다. ❻ 動 (갈대발 등로) 지붕을 이다. ¶～顶dǐng | 지붕을 이다. ❼ ⇒〔顶棚〕 ❽ 名 〈軍〉 (군대에서 병사 14명으로 구성된) 분대 →〔班bān②〕〔军jūn②〕〔连lián⑨〕〔旅lǚ④〕〔团tuán⑥〕〔营yíng④〕

【棚车】péngchē 名 유개차. ¶坐～进城了 | 유개차를 타고 시로 들어섰다 =〔篷péng车①〕

【棚户】pénghù 名 方 판자집. 판자집세대. 오막살이집. ¶住在这一带的～大多是苏北人 | 이 일대에 사는 판자집 세대의 대부분은 소북사람들이다. ¶～区 | 판자촌.

【棚圈】péngjuàn 名 우리. 축사(畜舍) ¶利用～养猪yǎngzhū | 우리에서 돼지를 기르다.

【棚子】péng·zi 名 口 막. 우리. 바라크(barracks) ¶草cǎo～ | 떳집. ¶马～ | 마구간.

【硼】péng 돌소리 평, 붕사 붕 ❶ 書 擬 펑. 쿵 [돌이 부딪쳐 나는 소리] ¶～磕kē | 돌이 부딪쳐 나는 소리. ¶～隐yǐn | 둥둥(북소리) ❷ 名 〈化〉 화학 원소 명. 붕소(B ; borum) [「怖bù」는 옛 이름]

【硼玻璃】péngbō·li 名 붕소. 규산염유리.

【硼钢】pénggāng 名 붕소강.

【硼砂】péngshā 名 〈化〉 붕사. ¶净jìng～ | 정제붕사. ¶～玻璃bōlí | 붕사 유리 =〔蓬péng砂〕〔四硼酸二钠sìpéngsuānèrnà〕〔〈汉药〉月石②〕

【硼酸】péngsuān 名 〈化〉 붕산. ¶～软膏ruǎngāo | 붕산연고. ¶～盐yán | 붕산염.

【鹏(鵬)】péng 붕새 붕 書 名 붕새 [한 번에 구만리를 난다는 전설상의 큰 새] =〔鹏鸟niǎo〕

【鹏程万里】péng chéng wàn lǐ 成 앞길이 원대하다. 장래가 유망하다. 앞으로 크게 성공하다.

【彭】Péng 땅이름 팽
名❶〈地〉팽현(彭縣) [사천성(四川省)에 있는 현 이름] ❷성(姓)
【彭聃】Péng Dān 名〈人〉팽조(彭祖)와 노담(老聃) [장수(長壽)한 사람]
【彭铿】Péngkēng ❶名〈人〉팽조(彭祖)[700여 살까지 장수했다는 전설상의 인물] ❷(péngkēng) 擬 징징. 둥둥 [징·북소리 등]
【澎】péng ☞ 澎pēng Ⓑ
3【膨】péng 부를 팽
動 용적이나 수량이 증가하다. 부풀다. 팽창하다. ¶~胀zhàng↓ ¶~脝hēng↓
【膨大】péngdà 動 (체적·부피가) 부풀어 커지다. 팽창하다. ¶浸jìn入水中后会~ | 물에 잠긴 후에는 부풀것이다.
【膨大海】péngdàhǎi ⇒〔胖pàng大海〕
【膨脝】pénghēng 貺 ❶書 배가 불룩하다. ❷方 물체가 커서 다루기 힘들다. 너무 커서 거추장스럽다 ‖ =〔彭亨pénghēng〕
【膨化】pénghuà 動 팽창시키다 [(곡물 등에) 열·압력을 가해 팽창시키는 것을 말함] ¶~米 | 팽창미.
【膨体纱】péngtǐshā 名〈紡〉벌키 얀(bulky yarn)
3【膨胀】péngzhàng 動 ❶〈物〉팽창하다. ¶体积tǐjī~ | 체적이 팽창하다. ¶~计 | 〈物〉팽창계→〔体膨胀〕〔线膨胀〕 ❷팽창하다. (부풀어) 오르다. ¶通货tōnghuò~ | 통화 팽창. 인플레이션.
【膨胀系数】péngzhàng xìshù 名〈物〉팽창계수.
【蟛〈蟚〉】péng 방게 방/팽
名〈魚貝〉방게 =〔螃páng〕
【蟚蜞】péngqí 名〈魚貝〉방게 =〔红蟹〕〔螃páng蜞〕〔彭蜞〕〔鹦yīng哥儿嘴〕
【搒】péng bàng 매질할 방, 배저을 방
Ⓐpéng 書 動 (막대기 등로) 때리다. 매질하다 =〔榜bàng②〕
Ⓑbàng 書 動 노를 젓다 =〔榜bàng①〕
3【蓬】péng 쑥 봉, 흐트러질 봉
❶名〈植〉쑥 =〔飞蓬①〕 ❷名 轉 문란하다. 흐트러지다. ¶~头散发tóusànfà | 머리가 흐트러져 산발하다. ❸量 무더기. 덩어리 [가지나 잎이 무성한 화초를 세는데 쓰임] ¶一~竹子 | 대나무 숲 한 무더기. ❹(Péng) 名 성(姓)
【蓬荜生辉】péngbì shēnghuī 威 가난하고 천한 사람의 집에 영광스러운 일이 생기다 [손님이 오거나 서화같은 것을 받았을 때 감사의 뜻을 나타내는 겸손의 말] ¶今天蒙méng您光临guānglín, ~了 | 오늘 왕림해 주시니 참으로 영광입니다 =〔蓬屋生辉〕〔蓬荜增zēng辉〕
3【蓬勃】péngbó 貺 왕성하다. 활기차다. ¶~开展kāizhǎn | 왕성하게 전개되다. ¶朝气~ | 생기발랄하다. ¶生气~ | 생기 발랄하다.
【蓬蒿】pénghāo 名 方 ❶〈植〉쑥갓 =〔茼蒿tónghāo(菜)〕 ❷「飞蓬fēipéng」(쑥)과 「蒿子」(다북쑥) 轉 초원(草原) 황야.
【蓬莱】Pénglái 名 ❶봉래산(신선이 산다는 전설상의 산) =〔蓬岛péngdǎo〕〔蓬壶pénghú〕 ❷〈地〉산동성(山東省)에 있는 현(縣) 이름. ❸(pénglái) 簡「蓬蒿草莱pénghāocǎolái」(쑥·명아주 등의 잡초의 약칭)
【蓬乱】péngluàn 形 (풀·머리카락이) 어지럽게 헝클어지다.
【蓬门荜户】péngmén bìhù 威 쑥대나 싸리로 만든 문. 가난한 집. 누추한 집.
【蓬蓬】péngpéng 貺 ❶(초목·수염·머리털 등이) 헝클어지다. ❷(기세가) 왕성하다.
【蓬飘萍转】péng piāo píng zhuǎn 威 쑥이 바람에 날리고 부평초가 물에 흐르다. 정처없이 이리저리 떠돌아 다니다 =〔蓬转péngzhuǎn〕
【蓬茸】péngróng 書 形 무성하다. 우거지다. ¶蓬蓬茸茸的杂草zácǎo | 무성한 잡초.
【蓬散】péng·san 動 (풀잎·머리털 등이) 흩날리다. 흩어지다. ¶朋友~ | 친구들이 뿔뿔이 흩어지다.
【蓬生麻中】péng shēng má zhōng 威 삼밭 속의 쑥은 곧게 자란다. 좋은 환경에 처하면 좋아지게 된다. ¶~不扶自直fúzìzhí | 삼밭의 쑥은 받침대를 대지 않아도 삼처럼 곧게 자란다.
【蓬松】péngsōng 形 (풀·나뭇잎·머리털·모직물의 털이) 흐트러지다. 덥수룩하다. ¶~的头发tóufà | 헝클어진 머리털.
【蓬头垢面】péng tóu gòu miàn 威 흐트러진 머리털과 때가 낀 얼굴. 용모가 단정치 못하고 생활이 빈곤하다. . ¶她现在怎么弄得~的? | 그녀는 왜 저렇게 흐트러진 머리털과 때가 낀 얼굴을 하고 있느냐?
【篷】péng 뜸 봉, 거룻배 봉
名❶(~儿)(배·차 등의) 뜸. 덮개 [바람을 막기 위해 대나무·갈대·범포(帆布)등으로 만들어 씌우는 덮개] ¶船~ | 배의 뜸. ¶把~撑chēng起来 | 덮개를 펴다. ❷배의 돛. ¶扯chě起~来 | 돛을 올리다. ❸書 轉 배.
【篷布】péngbù 名 타르를 칠한 방수포(防水布) ¶用~把货物盖上 | 방수포로 화물을 덮다.
【篷车】péngchē 名 ❶유개화(물)차. ¶用~运西瓜xīguā | 유개차로 수박을 운반하다 =〔棚péng车〕→〔平píng板(儿)车②〕 ❷옛날, 포장을 덮은 마차. ❸차개(車蓋)를 붙였다 떼었다 할 수 있는 자동차→〔轿jiào车〕
【篷风】péngfēng 名 돛에 부(딪히)는 바람. ¶半~ | 돛에 비스듬히 부는 바람.

pěng ㄆㄥˇ

2【捧】pěng 받들 봉
❶動 받들다. (양손으로) 받쳐들다. 움켜들다. ¶~读↓ ¶~着桃子táozǐ | 복숭아를 양손으로 받쳐 들다. ¶用手~水喝 | 손으로 물을 떠서 마시다. ❷動 아첨하다. 치켜 세우다. ¶把我~得太高了 | 너무 과찮의 말씀입니다. ¶用好话~他 | 좋은 말로 그를 치켜 세우다. ❸動 성원하다. 후원하다. ¶多谢诸位zhūwèi~我 | 여러분의 성원에 감사합니다. ❹量 움큼 어법 명사 앞에 붙어서 두 손으로 움켜 뜰 수 있는 것을 세

는데 쓰이는 양사. ¶一~花生 | 한 웅큼의 땅콩. ¶一~枣儿zǎoér | 대추 한 웅큼.

【捧场】pěng/chǎng 動 ❶ (무대의 배우에게) 박수 갈채를 보내다. 轉 성원하다. 기세를 돋우어 주다. ¶请您给我~ | 저를 성원해 주십시오. ❷ 치켜 세우다. 칭찬하다. 두둔하다. ¶~架弄事jiànòngshì =〔捧场架势pěngchǎngjiàshì〕| 과장하여 치켜 올리다. 과대하게 선전하다.

【捧读】pěngdú 動 札 敬 (편지·문장을) 봉독하다. 받들어 읽다. 삼가 읽다. ¶~华翰huáhàn | 귀하의 서한을 봉독했습니다.

【捧腹】pěngfù 動 배를 잡고 웃다. ¶~大笑 | 배를 잡고 크게 웃다. ¶令人~ | 배를 움켜쥐고 웃게 하다. 너무 우습다 =〔捧肚dù〕

【捧哏(儿)】pěng/gén(r) ❶ 動 만담(중국에서는 相声xiàngshēng이라 함)에서 보조역이 주역을 도와 관중을 웃기다. ❷ (pěnggén(r)) 名 둘이서 하는 재담(才談)의 보조역. ¶我是~的, 你是逗dòu哏儿的 | 저는 보조역이고 당신이 주역입니다.

【捧哄】pěnghǒng 動 치켜 세우다. 비행기를 태우다. ¶把我~得太高了 | 너무 과찬의 말씀이십니다.

【捧角儿的】pěngjuér·de 名組 열성 팬. ¶他一直是~ | 그는 연극의 열성팬이다.

pèng ㄆㄥˋ

1【碰〈碰掽踫〉】pèng 부딪힐 병/팽 動 ❶ 부딪치다. ¶头~在门上 | 머리가 문에 부딪치다. ¶~破了玻璃bōlí | 유리를 부딪쳐 깨다. ¶~壁↓ ¶~杯↓ ❷ (우연히) 마주치다. ¶在路上~见了她 | 길에서 우연히 그녀와 마주치다. ¶~上了好机会 | 우연히 좋은 기회를 만났다. ❸ (승산은 없으나) 부딪쳐보다. 시도해 보다. (운을) 시험해 보다. ¶我去~一下看, 说不定康老师还在研究室 | 강선생님께서 아직 연구실에 계실지 모르지만 내가 한 번 가 보겠다. ❹ 건드리다. 집적거리다. ¶谁敢~他一根毫毛háomáo | 누가 감히 그의 털끝 하나를 건드려? ❺ 俗 어깨를 나란히 하다. …에 미치다. ¶谁也不~他 | 누구도 그에 미치지 못하다. ❻ 야기하다. 불러 일으키다. ¶~出烦事来 | 귀찮은 일을 야기하다. ❼ (상황이나 형세 를) 서로 교환하다. ❽ 끝이다. 스톱 [「麻雀」(마작) 용어로 자신에게 같은 패(牌)가 둘 있을 경우, 다른 사람이 이와 같은 패를 내면 순서에 관계 없이 「碰!」이라고 말하면서 판을 끝내는 것] ❾ 배우가 무대에서 대사나 연기를 실수하다. ¶成龙~了两句 | 성룡은 (대사) 두 마디를 실수했다.

【碰杯】pèng/bēi 動 (건배할 때) 잔을 서로 부딪치다. ¶来来!, 碰~吧!자! 건배하세!

【碰壁】pèng/bì 動 벽에 부딪치다. 퇴짜맞다. ¶他的野心yěxīn, 已经碰了壁 | 그의 야심은 이미 벽에 부딪쳤다.

【碰瓷儿】pèngcír ❶ 名 도자기 등과 같이 깨지기 쉬운 물건을 고의로 사람과 부딪쳐 깨지게 하여 손해배상을 받아내는 사기술의 일종. ❷ (pèng/cír) 動 轉 고의로 시비를 걸다. 생트집을 잡다. ¶你别~, 我不怕你 | 괜한 트집 잡지 마시오, 난 하나도 겁 안나니.

3【碰钉子】pèng dīng·zi 名組 喩 난관에 부딪히다. 지장이 생기다. ¶这回又碰了硬yìng钉子 | 이번에도 거두절미 당했다. ¶碰了软ruǎn钉子 | 완곡한 거절을 당했다 =〔撞钉子zhuàngdīngzǐ〕

【碰簧锁】pènghuángsuǒ 名 용수철 자물쇠. ¶门上换了新的~ | 새로운 용수철 자물쇠로 바꾸었다 =〔碰锁①〕〔弹tán簧锁〕

【碰机会】pèng jī·hui 動組 기회를 만나다. ¶我的朋友~当上了经理 | 내 친구는 좋은 기회가 만나 지배인이 되었다.

2【碰见】pèng/·jiàn 動 우연히 만나다. 뜻밖에 만나다. ¶今天我没~他 | 오늘은 그를 만나지 못했다→〔遇yù见〕〔撞zhuàng见〕

【碰劲儿】pèng/jìnr 方 ❶ 動 우연히 들어 맞다. ❷ 副 轉 운좋게. 요행수로. 우연히. ¶~打中了一枪qiāng | 우연히 한 방 맞혔다 =〔碰巧qiǎo劲儿〕 ❸ (pèngjìnr) 名 요행. 요행수. ¶~也许有 | 요행수가 있을 수도 있다.

【碰磕】pèngkē 動 (쿵하고) 부딪치다. ¶出门时不小心碰了一跤jiāo, ~脑袋nǎodài了 | 외출할 때 조심하지 않아 넘어져서 머리를 부딪쳤다.

【碰面】pèng/miàn 動 만나다. 대면하다. ¶我们约定yuēdìng明天在这里~吧 | 내일 여기서 만나기로 합시다.

【碰命儿】pèng/mìngr 動 ❶ 운에 맡기다. ¶凭píng各人的运气yùnqì~ | 각자의 운에 맡기다. ❷ 모험하다.

【碰碰车】pèngpèngchē 名 (어린이 놀이터에 있는 서로 부딪치며 즐기는) 놀이용 차. ¶小孩儿爱坐~ | 어린아이는 놀이용 차를 타고 놀기를 좋아한다.

【碰巧(儿)】pèngqiǎo(r) ❶ 動 마침 좋은 기회가 닿다. 마침 잘 되어 가다. ❷ 副 轉 때마침. 공교롭게. 운좋게. ¶我正想找你, ~你来了 | 찾아 가려던 참이었는데 때마침 잘 왔군요.

【碰锁】pèngsuǒ ❶ ⇒〔碰簧锁〕 ❷ 動 마침 문에 잠겨있다.공교롭게 없을 때 방문하다. ¶我昨天找你~了 | 어제 찾아갔었는데 문이 잠겨 있더라. ‖ =〔撞zhuàng锁〕〔撞锁头〕

【碰头】pèng/tóu ❶ 動 충돌하다. 머리를 부딪치다. ¶火车~ | 기차가 충돌하다. ❷ 動 만나다. 얼굴을 대하다. ¶约好在公园gōngyuán~ | 공원에서 만나기로 약속이 되어 있다. ¶决定下次~的时间 | 다음에 만날 시간을 정하다. ¶他们没有一天不~ | 그들은 하루도 만나지 않는 날이 없다. ❸ (pèngtóu) 名〈機〉공작물을 고정시키거나, 회전시키는 걸쇠 =〔挡头dǎngtóu〕〔方 靠山③〕〔停制tíngzhì〕

【碰头会】pèngtóuhuì 名 면담. (정보 교환을 위한) 간단한 모임. ¶在釜山大学开个~,交换意见 | 부산대학에서 간단한 모임을 갖고 의견을 교환하다.

【碰运气】pèng yùn·qi 動組 ❶ 운에 맡기다. 운에 맡기고 해보다. ¶买张奖券jiǎngquàn, 碰~ | 복

권을 사서 운수를 시험해 보다. ❷운수 나름이다. ¶赚钱zhuànqián不赚钱, 那就碰他运气了 | 돈을 버느냐 못 버느냐는 곧 그의 운수 나름이다. ❸운을 만나다. 행운이 돌아오다. ¶过奖过奖guòjiǎng,我考上大学只是~而已 | 과찮의 말씀이십니다.제가 대학에 합격한 것은 단지 운이 따랐을 뿐입니다 =〔碰时气shíqì〕

【碰撞】pèngzhuàng ❶動 충돌하다. 부딪치다. ¶队员的争球激烈jīliè,屡次lǚcì~ | 대원들이 공을 격렬하게 다투어 자주 부딪친다. ¶在浓雾nóngwù中货轮huòlún~了渔船yúchuán | 짙은 안개 속에서 화물선이 어선과 충돌했다. ❷名〈物〉충돌. 충격. ¶核hé~ | 핵충돌. ¶~试验shìyàn | 충격 시험. ¶~负载fùzài | 충격 하중. ❸動(남의 비위를) 거슬리다. 화나게 하다.

pī ㄆㄧ

【丕】pī 클 비
書❶形 크다. ¶~变biàn↓ ❷動 받들다. 따르다. ¶~天之大律lǜ | 우주의 대법칙을 따르다.

【丕变】pībiàn 書❶動 크게 변화하다. ¶风气~ | 기풍(氣風)이 크게 변하다. ❷名 대변화. 큰 변고.

【丕绩】pījì 書名 대공(大功) 큰 공적.

【丕业】pīyè 書名 대업(大業) 제업(帝業)

【坏】pī ☞ 坏 huài ② B

4【坯】pī 날기와 배
名❶(~子)(벽돌·도자기·기와 등의) 아직 굽지 않은 것. 날기와. ¶砖zhuān~ | 아직 굽지 않은 벽돌. ❷흙벽돌. ¶土~墙qiáng | 흙벽돌 담장. ¶打dǎ~ | 흙벽돌을 만들다. ❸(~儿, ~子) ㊄반제품. ¶酱jiàng~子 | 발효 전의 된장. ¶线xiàn~子 | 꼬기 전의 면사. ❹(~儿) 벽돌집의 벽면(壁面) ¶外~儿 | 벽의 바깥면. ¶里~儿 | 안벽. ❺(~儿, ~子)(용광로·주형·프레스 기계 등에서 꺼낸) 미가공된 강철덩이. ¶钢gāng~ | 용광로에서 꺼낸 대로의 강괴(鋼塊) =〔坏pī〕

【坯布】pībù 名(무늬새김·염색 등의) 아직 가공을 거치지 않은 천. ¶院子里晾liàng了一些~ | 뜰에 천을 말리다.

【坯料】pīliào 名 미가공품. 반제품 =〔㊗荒huāng料〕〔毛坯máopī〕〔胚pēi料〕

【坯胎】pītāi 名(어떤 기물의) 원형. 바탕. ¶搪瓷tángcí的金属jīnshǔ~ | 법랑(을 입히기 전)의 금속 원형.

【邳】Pī ⓧPéi) 땅이름 비
名❶〈地〉강소성(江蘇省)에 있는 현(縣) 이름. ❷성(姓)

1【批】pī 칠 비, 깎을 비
❶動 손바닥으로 때리다. ¶~颊jiá | 손바닥으로 뺨을 치다. ❷動(상급기관에서 하급기관으로) 가부(可否)를 대답하다. 결재〔허가〕하다. 비준하다. ¶~文件 | 공문을 비준하다. 공문을 결재하다. ¶~示↓ ❸動 비판하다. 비평하다. ¶~判↓ ¶~修 | 수정주의를 비판하다. ❹대량 도매(하다)〔상품의 매매(賣買)에 사용됨〕¶~发↓ ¶~购 | 상품을 대량구매하다. ❺書動 깎아내다. 배제하다. ❻動 나누다. 분할하다. ¶把房子~开卖 | 가옥을 분할해서 팔다. ❼量(사람의) 일단. (물건의) 무더기〔전체를 몇 개로 나눈 그 일부분을 세는데 쓰임〕¶一~人 | 일단의 사람. ¶收买了一~货 | 한 무더기의 물건을 샀다. ❽名(하급관청의 신청에 대해) 결재〔허가〕한 공문서. ❾名㊀면(棉)·마(麻) 등의 잦기 전의 섬유. ¶麻~儿 | 마섬유. ❿名㊕〈食〉파이(pie)〔광동어에 의한 음역〕¶朱古力~ | ㊕〈食〉초콜렛 파이 =〔派⑪〕〔排⑨〕

【批驳】pībó ❶動(서면으로 하급 기관·다른 사람의 의견이나 요구를) 비판하다. 기각시키다. 부결하다 =〔驳批〕〔批斥chì〕 ❷動 반박하다. 반론하다. ¶严词yáncí~对方的观点guāndiǎn | 상대의 관점을 신랄하게 반박하다. ❸名 반박. 반론. ¶做具体jùtǐ的~ | 구체적인 반박을 하다.

【批臭】pīchòu 動(부정적인 면을 모두 폭로하여) 철저하게〔호되게〕비판하다. 비판하여 남 앞에 나서지 못하게 하다. ¶把这种谬论miùlùn~ | 이런 엉터리 논리를 비판하다→〔批倒dǎo〕

【批倒】pīdǎo 動 호되게 비판하다. ¶~敌论 | 상대방 이론을 호되게 비판하다→〔批臭chòu〕

【批点】pīdiǎn 動❶(시문(詩文) 등을) 비평을 가하고 권점(圈點)을 붙이다. ¶他爱~古书 | 그는 고서에 점을 달고 비평하면서 읽기를 좋아한다. ❷시문을 고치하다. (결점 등을) 지적하다.

【批斗】pīdòu 名動簡(공개 집회 등에서) 비판·투쟁(하다) ¶~右派分子 | 우익분자를 비판투쟁하다 =〔批判斗争〕

4【批发】pīfā ❶名 도매. ¶~价格 =〔批价〕| 도매 가격. ¶~部 | 도매부. ¶~处 | 도매점. ¶~站zhàn | 도매로 파는곳 =〔趸dǔn卖〕〔趸批〕〔趸售shòu〕⇔〔零líng售①〕 ❷動 도매로 팔다. ❸動(공문서를) 비준하여 발송하다. ¶那份电报diànbào是由市长~的 | 그 전보는 시장이 비준하여 발송한 것이다.

4【批复】pīfù ❶動札(하급 기관에서 온 공문에 대해) 회답하다. ❷名札(상급기관으로부터의) 회신. 회답. ¶仍未获huò上级机构~ | 아직 상급기관으로부터의 회답을 받지 못했다→〔批转〕

4【批改】pīgǎi ❶動(문장·숙제 등을) 평어(評語)와 함께 고쳐주다. 채점하다. ¶老师~了我的报告 | 선생님께서 나의 숙제를 고쳐 주셨다. ¶~作业 | 숙제를 검사하다. ¶~卷子 | 답안을 채점하다. ❷名 비평 첨삭 ‖ =〔评píng改〕

【批吭捣虚】pī háng dǎo xū 成 적의 급소를 잡고 틈〔헛점〕을 타서 들어가다. 적의 요충지나 빈틈을 공격하다. 喻 급소. 정곡. 중요한 부분.

【批假】pī/jià 動 휴가를 허가하다. ¶不晓得学校当局为甚么不~ | 학교당국에서 왜 휴가를 허가하지 않는지 알수가 없다.

【批件】pījiàn 名(송인·허가 신청에 관한 상부의) 회답 문서. ¶下达~ | 회답분서를 내려주다[하달하다]

【批量】pīliàng 名 ❶ 구입량. 주문량. ❷ 대량. ¶ ～生产 | 대량 생산.

²【批判】pīpàn ❶ 名 비판. ¶ 进行了有力的～ | 힘있는 비판을 하다. ❷ 動 비판하다. ¶ ～修正主义 xiūzhèngzhǔyì | 수정주의를 비판하다. ¶ ～帝国主义 | 제국주의를 비판하다.

【批判地】pīpàn·de 副 비판적으로. ¶ ～接收 | 비판적으로 접수하다. ¶ ～继承一切传统的文化 | 모든 전통문화를 비판적으로 계승하다.

¹【批评】pīpíng ❶ 動 비평하다. ¶ 不要～人家 | 다른 사람을 비평하지 마세요. ❷ 動 (주로 결점이나 잘못에 대해) 의견을 제시하다. 꾸짖다. 주의를 주다. ¶ ～缺点quēdiǎn和错误cuòwù | 결점과 잘못을 꾸짖다. ❸ 書 動 평가하다. 칭찬하다. ❹ 名 비판. 비평. 꾸지람. 어법 「批评」은 인민 내부의 모순에,「批判」은 주로 적대(敵對) 모순에 쓰임.

⁴【批示】pīshì ❶ 動 (상급 기관이 하급 기관에 대해 서면으로) 의견을 표시하다. ¶ 上级下达了～ | 상급기관에서 공문서를 내려 보냈다. ❷ 名 (상급기관이 하급기관에 의견을 표시하여 하달한) 공문서.

【批条(儿)】pītiáo(r) 名 ❶ 부전(附箋) ❷ (비공식적인) 지시 메모〔쪽지〕

【批语】pīyǔ 名 ❶ (문장에 대한) 평어(評語) =〔评píng语〕❷ (공문으로 내린) 지시.

【批阅】pīyuè 動 (공문 등을) 읽고 지시하다. ¶ ～文件 | 공문을 읽고 지시하다.

【批注】pīzhù ❶ 動 평어(評語)와 주해(注解)를 달다. ¶ ～古诗文 | 고시문에 평어와 주해를 달다. ❷ 名 평어(評語)와 주해(註解)

【批转】pīzhuǎn 札 ❶ 動 名 (하급기관의 공문서를 결재후에 다시 관계기관으로) 전송하다. 전달하다. 하달하다. ❷ 動 공문서의 전송 또는 회람을 인가하다 ❸ 名 전송. 전달→〔批复fù〕

²【批准】pī/zhǔn ❶ 動 비준하다. (하급기관의 요구·건의를) 허가하다. ¶ ～申办shēnbàn亚运会. yàyùnhuì | 아시아경기대회 개최신청을 허가하다. ¶ ～条约tiáoyuē | 조약을 비준하다. ❷ (pīzhǔn) 名 허가. 승인. 시인. ¶ 得到～ | 허가를 얻다. ❸ (pīzhǔn) 名〈法〉비준(ratification)

【纰(紕)】pī pí 잘못 비, 선두를 비

Ⓐ pī ❶ 書 名 불찰(不察) 잘못. 과실. 실수. 오류. ¶ ～漏lòu↓ ❷ 動 (천·실 등이) 풀리다. 너덜너덜해지다. ¶ 线～了 | 실이 풀리다.

Ⓑ pí 書 ❶ (모자·옷·깃발의) 테두리. 레이스. ❷ 動 (모자·옷·깃발등에) 선을 두르다. 테를 두르다. 레이스를 치다.

【纰漏】pīlòu 名 불찰(不察) 잘못. 실수. 과실. ¶ 是我的大～ | 저의 커다란 불찰(不察)입니다 =〔披pī漏〕

【纰缪】pīmiù 書 名 오류. ¶ 他的文章～连连 | 그의 문장은 오류 투성이이다 =〔错cuò误〕

【砒】pī 비소 비

❶ 名〈化〉「砷」(비소; As)의 옛 이름→〔砷shēn〕❷ ⇒〔砒霜shuāng〕

【砒霜】pīshuāng 名〈藥〉비상. ¶ 暗àn下～ | 비상을 몰래 넣다 =〔白砒〕〔方 红矾hóngfán〕〔红砒〕

2【披】pī 헤칠 피, 열 피, 펼 피

動 ❶ (어깨에) 걸치다. ¶ ～着外衣 | 외투를 걸치다. ¶ 把衣服～在肩jiān上 | 옷을 어깨에 걸치다 =〔被bèi③〕❷ (대나무 등이) 쪼개지다. 갈라지다. ¶ 竹竿zhúgān～了 | 대나무가 쪼개졌다. ¶ 指甲zhǐjiǎ～了 | 손톱이 갈라졌다 =〔劈pī②〕❸ (머리카락 등이) 헝클어지다. 흐트러뜨리다. ¶ ～着头发tóufà | 머리를 흐트러뜨리다. ❹ (책을) 펼치다. ¶ ～卷juàn | 책을 펼치다. ¶ ～览lǎn↓ ❺ (옷자락 등을) 열다. 헤치다. ¶ ～襟jīn↓ →〔被pī〕

【披发左衽】pī fà zuǒ rèn 成 머리를 풀어 늘어뜨리고 옷깃을 왼쪽으로 여민 북방 소수 민족의 차림새.

【披风】pīfēng 名 옛날, 부녀자들이 입던 외투.(지금의「斗篷dǒupéng」(망토)와 비슷함.)

【披拂】pīfú 書 動 ❶ (바람에) 하늘거리다. 나부끼다. ¶ 枝叶zhīyè～ | 가지와 나뭇잎이 나부끼다. ❷ 부추기다.

【披肝沥胆】pī gān lì dǎn 成 ❶ 마음을 터놓고 대하다. 심중을 피력하다. ¶ 他们两人～地谈了整天 | 그들 둘은 하루종일 마음을 터놓고 이야기했다. ❷ 충성을 다하다 ‖ =〔披肝露胆〕

【披肝露胆】pī gān lù dǎn ⇒〔披肝沥胆〕

【披挂】pīguà ❶ 動 近 무장하다. 갑옷을 입다. ¶ ～上阵 | 무장하고 진지로 나가다. ❷ 名 近 (착용한) 갑옷. ❸ 動 몸에 걸치다. 장식하다.

【披红】pīhóng 動 (축하·표창의 뜻으로) 붉은 비단을 몸에 걸치다.

【披甲】pī/jiǎ 動 갑옷을 입다. ¶ ～持枪chíqiāng | 成 갑옷을 입고 창을 들다.

【披肩】pījiān 名 ❶ 부인의 예복용 어깨걸이. ❷ 부인용 쇼올(shawl) =〔围wéi巾〕❸ 부인용 조끼.

【披坚执锐】pī jiān zhí ruì 成 무장하다 =〔被bèi坚执锐〕

【披襟】pījīn 書 動 ❶ 흉금(胸襟)을 털어놓다. 진심을 보이다. ❷ 정성껏 대하다.

【披荆斩棘】pī jīng zhǎn jí 成 가시덤불을 헤치고 나가다. ❶ 난관을 극복하다. ❷ 어려움을 극복하고 창업하다 [새로운 사업을 시작할 때는 많은 난관을 극복해야 함을 일컬음]

【披览】pīlǎn 書 動 (책을) 펼치다. 펼쳐보다. ¶ ～古书 | 고서를 펼쳐 읽다 =〔披读dú〕〔披阅yuè〕

【披沥】pīlì 書 動 피력하다. ¶ ～陈辞chéncí | 마음에 있는 말을 털어놓다→〔披肝沥胆pīgānlìdǎn〕

【披露】pīlù 動 ❶ 발표하다. 공표하다. ¶ 那个消息已在报上～了 | 그 소식은 이미 신문에 났다. ❷ (마음을) 드러내다. ¶ 用朴素pǔsù的语言～了真情 | 소박한 말로 진심을 표시했다(드러냈다)

【披麻带孝】pī má dài xiào 成 부모의 상(喪)을 입다. ¶ 他正～, 不宜出门 | 그는 지금 상중이어서 외출하기가 어렵겠습니다 =〔披麻〕

【披毛犀】pīmáoxī 名〈考古〉제4기에 출현했던 지금의 코뿔소와 비슷한 동물 =〔毛犀〕

【披靡】pīmǐ 書 動 ❶ (바람에 초목이) 쓸리다〔쓰

러지다〕❷轉 풍미하다. ¶～海内 | 전중국을 풍미하다. ❸喩 패하여 흩어지다. ¶望风wàngfēng～ | 成(적이 이동할 때) 먼지가 이는 것만 보고도 전의(戰意)를 잃고 흩어져 도망가다.

【披散】pī·san 動 머리를 풀어 헤치다.

【披沙拣金】pī shā jiǎn jīn 成 모래를 헤쳐 금을 줍다. (많은 것 중에서 좋은 것을) 고르다. ¶要～,选择精华jīnghuá | 고르고 골라서 정수를 선택해라 ＝〔排沙简金páishājiǎnjīn〕

【披头散发】pī tóu sàn fà 머리를 풀어 헤치다.〔＝披发〕

【披星戴月】pī xīng dài yuè 成 달을 이고 별을 지고 가다. 밤길을 재촉하다. (별 보고 나갔다 달 보고 들어 올 정도로) 부지런히 일하다. ¶他们～,辛苦工作 | 그들은 새벽부터 밤 늦게까지 열심히 일한다 ＝〔戴月披星〕

【披阅】pīyuè ⇒〔披览〕

【披针形】pīzhēnxíng 名〈植〉바소꼴. 피침형

【铍(鈹)】pī pí 바늘 피, 칼 피, (베릴륨 피)

Ⓐ pī 書 名 ❶ (침술용의) 큰 바늘 →〔披针形pīzhēxíng〕❷ 무기로 쓰는 칼.

Ⓑ pí 名〈化〉화학 원소 명. 베릴륨(Be; beryllium)

1 **【被】** pī ☞ 被 bèi Ⓑ

2 **【辟】** pī ☞ 辟 bì ②Ⓐ

4 **【劈】** pī pǐ 뻐갤 벽, 천둥 벽

Ⓐ pī ❶ 動 (칼·도끼 등로) 쪼개다. ¶～木头mùtóu | 나무를 패다. ¶～成两半 | 두 부분으로 쪼개다. ❷ 動 갈라지다. 틈이 생기다. ¶这块木头好～ | 이 나무는 잘 갈라진다. ¶指甲zhǐjiǎ～了 | 손톱이 갈라지다 ＝〔披pī②〕❸ 動 벼락맞다. ¶神木被雷～倒了 | 아주 큰 고목이 벼락맞아 쓰러졌다. ❹ 動 (머리·얼굴·가슴 등을) 정면으로 향하다. 바로 마주 향하다. ¶大浪朝我们～面打来 | 큰 파도가 우리 정면으로 향해 오다. ¶大雨～头浇jiāo下来 | 큰 비가 바로 머리 위에서 퍼붓다. ❺ 名 쐐기 ＝〔尖jiān劈〕〔橛jué子〕〔楔xiē子〕 ❻ 擬 광. 퍽. 팍. 펑 [폭발물이 터지는 소리] ❼ 動 北 동사 뒤에 보어(補語)로 쓰여 정도가 심함을 나타냄. ¶把他喜欢～了 | 그는 너무 기뻐 어찌할 바를 몰랐다. 그를 아주 기쁘게 해주었다.

Ⓑ pǐ 動 ❶ (손으로) 떼어버리다. 벗기다. ¶～麻 | 삼 껍질을 벗기다. ¶～青菜的叶子 | 야채의 잎을 따다 ＝〔擗pǐ①〕❷ 가르다. 나누다. ¶把苹果～成两份儿 | 사과를 두 몫으로 나누다. ❸ 발을 옆으로 벌리다. ❹ 발가락·손가락을 너무 벌려 근육이나 뼈를 다치다.

Ⓐ pī

【劈波斩浪】pībō zhǎnlàng 파도를 헤치며 나아가다.

【劈刺】pīcì〈軍〉❶ 名 검술. 총검술. ¶～训练xùnliàn | 총검술 훈련. ❷ 動 총검으로 찌르다.

【劈刀】pīdāo 名 ❶ (등이) 두꺼운 칼. ❷〈軍〉군도술(軍刀術)

【劈风斩浪】pī fēng zhǎn làng 成 바람을 헤치고 파도를 가르다. 喩 온갖 어려움과 장애를 물리치다.

【劈开】ⓐ pīkāi 動 ❶ 쪼개다. 가르다. ¶～小山,修筑xiūzhù公路 | 작은 산을 갈라 도로를 내다. ❷〈鑛〉광물이 결을 따라 쪼개지다.

Ⓑ pǐ·kāi 動 ❶ (손으로) 쪼개다〔나누다, 가르다〕 ¶把竹片儿对半～ | 대나무 조각을 반으로 쪼개다. ❷ (허벅다리를) 벌리다. ¶～腿tuǐ | 다리를 벌리다.

【劈口】pī/kǒu ❶ 形 급하게 입을 열어 말하는 것을 형용함. ❷ 副 轉 급작스레. 급히. ¶见我进来,～就说完蛋wándàn了 | 내가 들어서자 마자 큰 일났다고 말했다.

【劈里啪啦】pī·lipālā 擬 ❶ 탁탁. 탕탕. 짝짝 [폭죽·권총·박수·비 등의 연속적인 소리] ¶鞭炮biānpào～地响xiǎng | 폭죽이 탁탁 소리를 내며 터지다. ❷ 부쩍부쩍 [기운찬 혹은 세찬 모양] ❸ 착착 [어떤 일이 막힘없이 순서대로 진행되어 가는 모양] ‖ ＝〔劈利lì啪啦〕〔噼利啪啦pīlìpālā〕

【劈脸】pī/liǎn ❶ 動 정면으로 향하다. 얼굴을 향하다. ¶我～给他一个耳光 | 그의 얼굴을 한 대 날렸다. ❷ 副 轉 정면으로 [갑자기 얼굴을 향하여 어떤 동작이 가해지는 경우에 쓰임] ¶～撞zhuàng着了他 | 그와 정면으로 부딪쳤다 ‖ ＝〔劈面〕

【劈面】pī/miàn ⇒〔劈脸〕

【劈啪】pīpā 擬 짝짝. 탕탕. 탁탁 [총·박수·폭죽 등이 갑자기 터지는 소리] ＝〔噼pī啪〕

【劈山】pī/shān 動 산을 허물다. ¶～修筑xiūzhù高速公路 | 산을 허물어 고속도로를 만들다. ¶～填tián海 | 산을 허물어 바다를 메우다.

【劈手】pīshǒu ❶ 動 손을 재빠르게 움직이다. 손을 날쌔게 움직이다. ❷ 副 轉 날쌔게. 날래게. 재빠르게. ¶她～夺duó过我的报纸 | 그녀는 날쌔게 내 신문을 빼앗아 갔다.

【劈头】pī/tóu ❶ 動 머리를 향하다. 정면으로 향하다. 轉 바로 정면으로. ¶～地打几下 | 바로 정면으로 몇 대 갈기다. ❷ (pītóu) 名 첫머리. 맨 처음. ¶她一见我, ～一句就是吃饭 | 그녀는 나를 보자마자, 첫마디가 밥 먹자는 것이었다. ❸ (pītóu) 名 속임. 사기. ¶打～ | 사기를 치다. 속이다.

【劈头盖脸】pī tóu gài liǎn 成 정면으로. ¶～地骂mà了一顿dùn | 면전에 대고 욕을 했다 ＝〔劈头盖脑pītóugàinǎo〕

【劈胸】pīxiōng 動 가슴을 향하다. 轉 가슴을 향하여. ¶～揪住jiūzhù | 가슴을 잡고 덤벼들다.

Ⓑ pǐ

【劈叉】pǐchà 名 (체조나 무술에서) 두 다리를 일직선으로 크게 벌려 땅에 대는 동작. ¶摔shuāi个～ | 넘어져 다리가 쫙 벌어지다 ＝〔劈岔pīchà〕

【劈柴】pǐ·chai 名 땔나무. 장작. ¶劈pī～ ＝〔劈木柴pǐmùchái〕| 장작을 패다.

【劈帐】pǐzhàng 動 수입과 노동량의 비율에 따라 수입금을 나누다. ¶事成之后再四六～ | 일이 다 끝난 다음에 4대 6으로 수입금을 나누다.

【噼】pī 터지는소리 벽/피

⇒〔噼里啪啦〕

【噼里啪啦】pī·lipālā ⇒〔劈pī里啪啦〕

P

【噼啪】pīpā ⇒〔劈pī啪〕

【霹】pī 천둥 벽
⇒〔霹雳〕

【霹雷】pīléi ⇒〔霹雳〕

【霹雳】pīlì 名 ❶ 벼락. 벽력 =〔霆tíng〕 ❷ 喻 뜻밖의 사건. ¶晴qíng天～ | 成 청천 벽력. 맑은 하늘에 날벼락 ‖ =〔霹雷pīléi〕〔劈pī雷〕

【霹雳舞】pīlìwǔ 名〈舞〉블랙댄스(Black dance)［미국의 흑인들 사이에서 유행한 일종의 민속춤. 「黑人舞hēirénwǔ」(흑인춤) 혹은 「倒立舞dǎolìwǔ」(물구나무 춤)이라고도 함］=〔黑人舞〕〔倒立舞〕

pí ㄆㄧˊ

2【皮】pí 가죽 피, 겉 피
❶ 名 (생물체의) 가죽. 피부. 껍질. ¶虎hǔ～ | 호랑이가죽. ¶树shù～ | 나무껍질. ❷ 名 가죽. ¶～靴xuē | 가죽 구두. ¶～箱xiāng | 가죽 트렁크. ❸ (～儿) 名 겉 포장. ¶包bāo～儿 | 보자기. ¶封fēng～儿 | 봉투→〔包⑯〕 ❹ (～儿) 名 얇고 평평한 것. ¶铁tiě～ | 얇은 철판. ¶铅qiān～ | 아연박판. ❺ (～儿) 名 겉. 표면. ¶地～ | 지면. ¶水～儿 | 수면. ❻ 形 질기다. 진덕진덕하다. ¶～糖táng↓ ❼ 形 (마른 음식이) 눅눅해지다. ¶饼bǐng～ | 떡이 눅눅해지다. ❽ 形 장난이 심하다. 까불다. ¶这孩子真～ | 이 아이는 정말 장난이 심하다. ❾ 形 단단하다. 튼튼하다. 강하다. ¶病～了 | 고질병이 되었다. ¶锻练duànliàn得～多了 | 단련해서 아주 많이 튼튼해졌다. ❿ 形 (벌 등을 여러번 받아) 무감각해지다. 대수롭게 여기지 않다. ¶他老挨克āikè, 都～了 | 그는 항상 혼이 났기 때문에 (이제는) 무감각해졌다. ⓫ 名 簡 고무［「橡皮xiàngpí」의 약칭］ ⓬ (Pí) 名 성(姓)

【皮板(儿, 子)】píbǎn(rzi) 名 (털이 다 닳아 없어진) 모피. 모피의 가죽부분. ¶毛儿都掉了, 竟剩jìngshèng了～了 | 털이 모두 닳아 떨어지고 결국 가죽만 남았다.

【皮包(儿)】píbāo(r) 名 ❶ 가죽 가방. ¶公司发了一个～给我 | 회사에서 나에게 가죽가방을 제공했다. ❷ 가방.

【皮包公司】píbāo gōngsī 名組 外 유령 회사. ¶河先生开了一个～ | 하선생은 유령회사를 차렸다［「皮包」는 「paper」의 음역］

【皮包骨(头)】pí bāo gǔ(tou) 成 피골이 상접하다. ¶瘦shòu得～ | 여위어 피골이 상접하다.

【皮包儿】píbāor 名 가죽 지갑.

【皮尺】píchǐ 名 「卷juǎn尺」(권척)의 다른 이름.

4【皮带】pídài 名〈機〉❶ 피대의 통칭(通稱) ¶～运输机yùnshūjī | 벨트 컨베이어. ¶～传动chuándòng | 벨트 전동 =〔传动(皮)带〕〔轮带②〕 ❷ 가죽띠. 가죽 혁대. ❸ 벨트 컨베이어의 벨트.

【皮带轮】pídàilún 名 피대 바퀴.

【皮蛋】pídàn 名 ❶〈食〉피단. 송화단(松花蛋)［중국 음식 이름］=〔变蛋biàndàn〕〔彩蛋cǎidàn①〕〔松花(蛋)〕 ❷ 개구장이. 장난꾸러기. ❸ 罵 파렴치한 놈.

【皮筏(子)】pífá(zi) 名 (소·양 등의 가죽으로 만든) 뗏목. ¶乘～顺流而下 | 뗏목을 타고 물길을 따라 내려가다.

2【皮肤】pífū 名 피부. ¶～针zhēn | 소아침. ¶～病bìng =〔皮病〕 | 피부병. ¶～科kē | 피부과. ¶～真菌病zhēnjūnbìng | 피부 진균병.

【皮傅】pífù 書 動 천박한 지식이나 식견으로 견강부회(牽强附會)하다.

4【皮革】pígé 名 피혁. 가죽. ¶～制品zhìpǐn | 가죽제품.

【皮辊花】pígǔnhuā ⇒〔白花báihuā②〕

【皮憨肉厚】píhān ròuhòu 成 감각이 무디고 살이 두텁다. ¶打小孩儿总得打～的地方儿 | 아이를 때릴 때는 반드시 살이 많고 감각이 무딘 부분을 때려야 한다.

【皮猴儿】píhóur 名 후드(hood) 달린 외투. ¶他穿chuān着一件～ | 그는 후드 달린 외투를 입고 있다.

【皮花】píhuā 名 조면(繰棉)=〔皮棉〕

【皮黄】píhuáng 名 중국 전통극의 곡조로 「西皮xīpí」와 「二黄èrhuáng」을 일컫는 말 =〔皮簧〕

【皮货】píhuò 名 가죽 제품. ¶～商shāng | 피혁상. ¶～店diàn =〔皮行háng〕 | 모피점.

【皮夹克】píjiākè 名 外 가죽 잠바. ¶最近流行穿～ | 가죽잠바 입는 것이 최근에 유행이다.

【皮夹子】píjiā·zi 名 가죽 지갑. ¶在动物园丢了红色hóngsè～ | 동물원에서 빨간색 가죽지갑을 잃어버렸다 =〔皮夹儿〕

【皮匠】pí·jiang 名 ❶ 피혁공. ❷ 구두장이.

【皮筋(儿)】píjīn(r) 名 口 고무줄. ¶跳tiào～ | 고무줄 넘기를 하다 =〔猴hóu皮筋(儿)〕〔橡xiàng皮筋(儿)②〕

【皮开肉绽】pí kāi ròu zhàn 成 피부가 찢기고 살이 터지다. ¶被打得～ | 얻어 맞아서 피부가 찢기고 터지다 =〔皮开肉破pò〕

【皮拉】pí·la 形 ❶ (남의 질책·지적·책망 등에) 좌우되지 않다. 개의하지 않다. 대수롭지 않게 여기다. 완고하다. 고집이 세다. 뿌리가 깊다. ¶那小孩子挺tǐng～的, 谁劝说他, 他都不在乎 | 그 애는 매우 고집이 세어 누가 설득해도 말을 들으려고 하지 않는다. ❷ 낯이 두껍다. 뻔뻔스럽다. ❸ 方 단단하다. 튼튼하다. ¶小孩儿皮皮拉拉 | 아이가 아주 튼튼하다. ❹ 익숙하다. 이골이 나다. 버릇되다. ¶病了这么些日子, ～下去了 | 나는 이토록 오랫동안 병을 앓아서 이골이 났다 ‖ =〔皮辣là〕

【皮赖】pílài ❶ 形 파렴치하다. 염치를 모르다. 후안무치하다. ❷ 名 파렴치. 후안무치. ¶他原来是～人, 不要理他 | 그는 원래 철면피이니, 상관하지마라. ❸ 動 철면피한 행동을 하다. 생떼를 쓰다. ¶要shuǎ钱输了不许～ | 도박에서 돈을 잃더라도 생떼를 써서는 안된다.

【被里阳秋】pí lǐ yáng qiū 成 마음속으로만 하는 비평. 은연중의 비평. ¶他的话～,暗含杀机shājī | 그의 말은 은연중의 비평이라 살기를 담고 있다 =〔皮里春秋〕

【皮脸】píliǎn 方 ❶ 形 심하게 까불다. 장난끼가 심

하다 =〔顽皮wánpí〕❷形 낯짝이 두껍다. 뻔뻔스럽다. ❸名 철면피. ¶他是～ | 그는 철면피이다. ❹(pí/liǎn) 動(「皮着脸」으로 쓰이며) 뻔뻔스런 얼굴〔모습〕을 하다.

【皮脸儿】píliǎnr 名 중국신의 코에 대는 가죽.

【皮毛】pímáo 名 ❶ 모피. ❷ 喻 피상적인 것. 껍데기. ¶略知～ | 겉으로만 대충 안다. ❸ 喻 외모. 겉모습. ¶变了～了 | 겉모습이 변했다. 어법 「很」「太」등의 부사를 수반하여 술어로도 쓰임. ¶你讲得太～了 | 너는 너무 피상적으로 말한다.

【皮帽(儿,子)】pímào(r zi) 名 털모자. ¶三块瓦kuǎiwǎ～ | 앞과 좌우에 털가죽이 달려있는 털모자.

【皮面】pímiàn 名 ❶ 표면(表面) 껍질. 표피(表皮) ❷ 외모. 체면. 겉모습. 얼굴.

【皮囊】pínáng 名 ❶ 가죽부대. ❷ 貶(사람이나 동물의) 몸뚱이. ¶臭chòu～ | 더러운 놈 ‖ =〔皮袋pídài〕

【皮球】píqiú 名 고무공. ¶～的性子 | 轉 침착하지 못한 성격(의 사람)

【皮儿】pír 名 ❶ 포장. 물건을 싸는 것. ¶连～多少钱? 겉포장까지 합쳐서 얼마입니까? ❷ 외피(外皮) 겉껍질.

【皮儿两张】pír liǎngzhāng 俗 죽다. ¶快要～了 | 곧 죽을 것 같다.

【皮肉】píròu 名 ❶ 가죽과 살. 신체. 육체. ¶～之苦 | 육체적인 고통. ❷ 喻 매음. ¶～生涯shēngyá | 매춘 생활.

【皮实】pí·shi 形 ❶ 튼튼하다. ¶吴先生～ | 오선생은 정말 튼튼하다. ❷(기물이) 튼튼하다. 견고하다. 단단하다. ¶这种盘子很～摔不破shuāibùpò | 이런 접시는 견고하여 떨어뜨려도 깨지지 않는다.

【皮糖】pítáng 名〈食〉(전분에 설탕·엿 등을 넣어 만든 누가 종류의) 설탕과자 [대체로 질기며 가락으로 된 것이 많음] ¶买了一些～ | 설탕과자를 좀 샀다 =〔牛niú皮糖〕〔香xiāng皮糖〕

【皮特克恩岛】Pítèkè'ēndǎo 名 外〈地〉영령 피트 케언섬(Pitcairn Island) [수도는「亚当斯敦Yàdāngsīdūn」(아담스타운; Adamstown)]

【皮桶子】pítǒng·zi 名 털가죽 안감 =〔皮桶儿〕〔皮筒tǒng(子)〕〔皮统tǒng子〕〔皮筒儿〕〔簡 桶子②〕〔统子〕〔筒子〕

【皮下】píxià 名〈生理〉피하. ¶～组织zǔzhī | 피하 조직. ¶～注射zhùshè | 근육주사.피하주사.

【皮线】píxiàn 名〈電氣〉피복선.

【皮相】píxiàng ❶ 形 피상적이다. ¶～之谈 | 成 피상적인 말. ❷ 名 피상적인 것. 외면적인 현상.

【皮硝】píxiāo ⇒〔朴pò硝〕

【皮炎】píyán 名〈醫〉피부염.

【皮衣】píyī 名 털옷. 가죽옷 =〔書 裘qiú〕

【皮影戏】píyǐngxì 名〈演映〉(그림자를 이용하여 하는) 희극 [하북성(河北省) 난현(灤縣Luánxiàn)의「驴皮影Lǘpíyǐng(儿)」은「滦luán州戏」라고도 하며 서북(西北)지방의「牛niú皮影」과 더불어 유명함] =〔影戏①〕〔影子戏〕

【皮张】pízhāng 名(피혁 제품의 원료가 되는) 모피류.

【皮掌(儿)】pízhǎng(r) 名(구두의) 가죽창. ¶打～ | (구두에) 가죽창을 대다.

【皮着脸】pí·zhe liǎn 動組 파렴치하다. 뻔뻔스럽다. ¶郑先生～要这要那的 | 정선생은 뻔뻔스럽게도 이거 달라 저거 달라 한다.

【皮疹】pízhěn 名〈醫〉피부습진.

【皮之不存, 毛将焉附】pí zhī bù cún, máo jiāng yān fù 成 가죽이 없어지면, 털은 어디에 붙일까. 가죽없이 털이 나랴. 기초가 없으면 사물은 존재할 수 없다 [「焉附」는 원래「安傅」라 썼음]

【皮脂】pízhī 名〈生理〉피지. ¶～腺xiàn | 피지선

【皮纸】pízhǐ 名 ❶ 피지. ❷(송아지·새끼양 가죽의) 고급 피지 ‖ =〔棉dū皮纸〕

【皮质】pízhì 名〈生理〉❶ 피질. ❷ 簡「大脑皮层」(대뇌피질)의 다른 이름.

【皮子】pí·zi 名 ❶ 표지(表紙) 표피(表皮) ¶书～ | 책표지. ❷ 피혁이나 모피. ❸ 과일의 껍질.

【陂】pí ☞ 陂 bēi B

【铍】pí ☞ 铍 pī B

2【疲】pí 고달플 피

❶ 形 피곤하다. ¶筋jīn～力尽lìjìn | 기진맥진하다 =〔罢pí〕❷ 動〈商〉시세가 떨어지다(하락하다) ¶行háng市～了 | 시세가 하락하다.

4【疲惫】píbèi 形 ❶ 완전히 지치다. 피로하여 녹초가 되다. ¶～不堪kān | 피로가 극에 달하다. ❷ 지치게 만들다. ¶～对手duìshǒu | 상대를 지치게 만들다.

【疲敝】píbì 形 궁핍(窮乏)하다. ¶人民～ | 백성이 궁핍하다 =〔罢敝píbì〕

4【疲乏】pífá ❶ 形 피로하다. 피곤하다. ¶昨天熬夜áoyè,我太～ | 나는 어제 밤샘을 해서 너무 피곤하다. ❷ 名 피로. 피곤. ¶感到～ | 피로를 느끼다.

【疲竭】píjié 書 動(정력이) 모조리 소모되다. ¶精力～ | 정력이 모조리 소모되다.

3【疲倦】píjuàn 動 ❶ 지치다. ¶同错误思想应该作不～的斗争dòuzhēng | 잘못된 사상과는 꾸준한 투쟁을 해야 한다. ❷ 나른해지다. ¶因为天热tiānrè身子～ | 날이 더워 몸이 나른해지다.

2【疲劳】píláo ❶ 形 지치다. 피로해지다. ¶身心～ | 심신이 피로하다. ¶不顾gù～, 为人作事 | 피곤을 마다하지 않고 다른 사람을 위해 일한다. ❷ 名〈生理〉피로. ¶听觉～ | 청각 피로. ¶肌肉jīròu～ | 근육 피로. ❸ 名〈物〉피로. ¶金属jīnshǔ～ | 금속피로. ¶弹性tánxìng～ | 탄성 피로. ¶磁性cíxìng～ | 자성 피로. ¶～极限jíxiàn | 내구한계(耐久限界) ¶～试验shìyàn | 피로 시험(fatigue test)

【疲软】píruǎn ❶ 形 피로하여 기운이 없다. 몸이 나른하고 마음이 내키지 않다. ¶两腿liǎngtuǐ～ | 두 다리가 기운없이 풀리다. ❷ 形 시세가 떨어지다 ‖ =〔罢pí软〕

【疲塌】pí·ta 動 ❶ 이완(弛緩)되다. 열의가 식다.

느슨해지다. ¶作事～的时候要小心 | 일은 느슨해질때 조심해야한다. ❷느긋하게〔느추면서〕 질질 끌다 ‖ =〔疲沓tà〕

【疲于奔命】pí yú bēn mìng 成 명령을 받고 분주히 다니느라고 지치다. 바빠서 숨돌릴 새도 없다.

【鲏(鮍)】pí 납줄개 비
⇒〔鳑páng鲏〕

【纰】pí ☞ 纰 pī B

【芘】pí ☞ 芘 bì B

【枇】pí 비파나무 비
⇒〔枇杷〕

【枇杷】pí·pá 名 ❶〈植〉비파나무. ❷비파.

【毗〈毘〉】pí 도울 비
書 動 ❶(장소·토지가) 닿다. 인접하다. ❷돕다. 보조(補助)하다.

【毗连】pílián 動 인접하다. ¶～地区dìqū | 인접지구. 인접지역. ¶～的港口gǎngkǒu | 인접한 항구 =〔毗邻lín〕

【毗邻】pílín ⇒〔毗连〕

【蚍】pí 왕개미 비
⇒〔蚍蜉〕

【蚍蜉】pífú 名〈蟲〉왕개미 =〔蟞蜉biēfú〕〔马蚍蜉mǎpífú〕

【琵】pí 비파 비
⇒〔琵琶〕

【琵琶】pí·pá 名〈音〉비파 [중국 현악기의 일종]

【琵琶骨】pí·pagǔ 名 方〈生理〉견갑골 =〔裙胛骨qúnjiǎgǔ〕

【琵琶鸭子】pí·pa yā·zi 名組〈食〉「腊鸭làyā」의 배를 갈라 납작하게 압착시킨 것.

3【罢】pí ☞ 罢 bà C

【罴(羆)】pí 말곰 비
名〈動〉큰 곰 =〔罴熊〕〔人熊〕〔棕zōng熊〕

1【啤】pí (맥주 비)
음역어에 쓰임. ¶～酒↓

1【啤酒】píjiǔ 名 外〈食〉맥주. ¶台湾táiwān～ | 대만맥주. ¶生～ | 생맥주. ¶黑hēi～ | 흑맥주. ¶～厂chǎng | 맥주 공장 =〔皮pí酒〕〔麦mài酒〕

【啤酒花】píjiǔhuā 名 ❶〈植〉홉(hop) ❷홉의 열매 ‖ =〔外 忽布hūbù〕〔蛇麻shémá〕〔酒花〕

【啤乐】pílè 名 外〈食〉맥주 콜라 비어콜라(beer cola) [맥주와 콜라를 합성한 음료]

【埤】pí pì 더할 비

A pí 書 動 부가하다. 증가하다. ¶～益yì | 보익(補益)하다.

B pì ⇒〔埤倪〕

【埤倪】pìní 書 名 성가퀴. 성 위에 낮게 쌓은 담 =〔陴pí〕

【郫】pí 고을이름 비
名〈地〉비현(陴縣) [사천성(四川省)에 있는 현이름]

【陴】pí 성가퀴 비
書 名 성가퀴 =〔女(儿)墙①〕〔埤倪pìnì〕

2【脾】pí 지라 비
❶名〈生理〉비장(脾臟) ❷ ⇒〔脾气〕

【脾寒】píhán 名 方 학질(瘧疾) ¶得了dé·le～ | 학질에 걸리다.

2【脾气】pí·qi 名 ❶성격. 기질. ¶坏huài～ | 나쁜 성격. ¶左zuǒ～ | 비뚤어진 기질〔성질〕 ¶直筒子～ | 시원한〔솔직한〕 성격. ❷성깔. 화를 잘 내는 성질. ¶闹nào～ =〔发脾气fāpíqì〕 | 짜증내다. 화내다. ¶李先生有～ | 이선생은 성깔이 있다 ‖ =〔方 脾性〕〔气性〕〔气质①〕

【脾胃】píwèi 名 ❶〈生理〉비장과 위. ¶～虚弱xūruò =〔脾虚〕 | 위가 약하고 빈혈과 복부팽대·설사 등이 있는 증상. ❷喻 비위. ¶他的话不合我的～ =〔不对脾气〕 | 그의 말은 내 비위에 맞지 않는다 =〔脾味wèi〕

【脾性】píxìng 名 方 성질. 기질. 성격. ¶金先生～很好 | 김선생은 성격이 참 좋다.

【脾脏】pízàng 名〈生理〉비장. ¶他的～有问题 | 그는 비장에 이상이 있다.

【裨】pí ☞ 裨 bì B

【蜱】pí 진드기 비, 사마귀알 비
名〈蟲〉진드기 =〔壁bì虱①〕

【蜱蛸】píxiāo 名〈蟲〉버마재비의 알 =〔螵蛸〕

【鼙】pí 마상고 비
⇒〔鼙鼓〕

【鼙鼓】pígǔ 書 名 (군대에서 사용하던) 작은 북.

【貔〈豼〉】pí 맹수이름 비
⇒〔貔貅〕

【貔虎】píhǔ 名 喻 용맹한 장사(將士)나 군대.

【貔貅】píxiū 名 ❶고서(古書)에 나오는 맹수의 이름. ❷喻 용맹한 군대.

【貔子】pí·zi 名 方 족제비 =〔黄鼠狼huángshǔláng〕

pǐ

2【匹】pǐ 필 필
❶動 필적하다. ¶～敌dí | 필적하다. ¶世无其～ | 세상에 필적할 만한 것이 없다. ❷形 평범하다. 대단치 못하다. ¶～夫fū～妇fù↓ ❸量 필(匹) [말·노새 등을 세는데 쓰임] ¶四～马 | 네필의 말. 어법 양사(量詞)가 다른 낱말과 결합하여 수량구(數量詞組)를 만들어 문장성분으로 활용됨. ¶一～一～地数shǔ清楚qīng·chu | 한 필 한 필 자세하게 세다. ❹量 필(匹) [포(布)·비단 등의 필목을 세는데 쓰임] ¶二～红布 | 붉은 포목 두 필 =〔疋pǐ〕

【匹查饼】pǐchábǐng 名 外 피자 파이(pizzapie) =〔皮pí扎〕

【匹俦】pǐchóu 書 名 ❶(좋은) 동반자. 반려(伴侶) 배우자. ❷같은 무리. 동류(同類) 동료.

【匹敌】pǐdí ❶動 필적하다. 잘 어울리다. ¶双方实力shuāngfāngshílì～ | 쌍방의 실력이 필적할 만하다. 쌍방의 실력이 대등하다. ❷名 호적수(好敵手)

【匹夫】pǐfū那 名 ❶ 필부. 평범한 사람. 소시민(小市民) ❷ 近 학식과 지혜가 없는 사람.
【匹夫匹妇】pǐ fū pǐ fù 國 서민(庶民) 평범한 사람.
【匹夫有责】pǐ fū yǒu zé 國 국가대사(國家大事)는 모든 사람에게 책임이 있다. ¶天正兴亡xīngwáng,～ | 나라의 흥망은 모두에게 책임이 있다.
【匹夫之勇】pǐ fū zhī yǒng 國 필부의 용기. 꾀는 없고 혈기만 있는 용기. ¶他也只是有～,缺少谋略móulüè | 그는 용감하기만 하지 꾀가 없다.
【匹拉米董】pǐlāmǐdǒng ⇒[氨基比林ānjībǐlín]
【匹马单枪】pǐ mǎ dān qiāng ⇒[单枪匹马dānqiāngpǐmǎ]
【匹配】pǐpèi ❶ 書 動 결혼하다. 배필이 되다. ¶姜先生在母校～良缘liángyuán了 | 강선생님은 모교에서 결혼했다. ❷ 名 動 〈電氣〉 정합(整合)(하다) ¶阻抗zǔkàng～ | 저항 정합. ¶～调试tiáoshì | 정합 조정 시험. ¶～数据shùjù | 정합 데이터. ¶～变压器biànyāqì | 정합 변압기.
【匹头】pǐ·tou 名 方 피륙. 옷감. 천.

【庀】pǐ 갖출 비, 다스릴 비
書 動 ❶ 갖추다. 준비하다. ¶鸠工jiūgōng～材cái | 직공을 모으고 재료를 준비하다. ❷ 다스리다. ¶夜～其家事 | 밤에 집안일을 다스리다.

【疋】pǐ shū 필 필, 발 소
Ⓐ pǐ 「匹」와 같음 ⇒[匹④]
Ⓑ shū 書 名 발. 다리.

【圮】pǐ 무너질 비
書 動 무너지다. 허물어지다.
【圮毁】pǐhuǐ 書 動 훼멸하다. 무너지다. 허물어지다 =[毁圮]
【圮绝】pǐjué 書 動 끊어지다. 두절되다. 단절되다.

【仳】pǐ 떠날 비, 못생긴여자 비
❶ 書 動 떠나다. 갈라지다. 이별하다. ❷ 못생긴 여자[=仳催pǐtuī]
【仳离】pǐlí 書 ❶ 名 이혼. ¶宣告xuāngào夫妻fūqī～ | 부부의 이혼을 선고하다. ❷ 動 이혼하다 [특히 부인이 쫓겨나는 경우를 말함]

【吡】pǐ ☞ 吡 bǐ Ⓒ

2【否】pǐ ☞ 否 fǒu Ⓑ

【痞】pǐ 뱃속결릴 비
名 ❶ 〈漢醫〉 만성 비장 비대증(慢性脾臟肥大症) ¶～块↓ ❷ (～子) 무뢰한. 불량배. 악당. 건달. ¶地～流氓 | 지방의 악당.
【痞块】pǐkuài 名 〈漢醫〉 ❶ (비장 비대증으로 생긴) 배 안의 굳은 덩어리. ❷ 비장 비대증. 비괴증(痞塊症) =[大肚子痞][脾肿pízhǒng] ‖ =[痞积pǐjī]
【痞里痞气】pǐ·li pǐ qì 狀 方 건들건들하다.[품행이 방정하지 못함을 형용하는 말] ¶这小伙子是～的 | 이 애는 건들건들하다.
【痞子】pǐ·zi 名 악한. 부랑자. 악당. 깡패. 건달. ¶别理这个小～ | 이 보잘것 없는 건달은 신경쓰지마라 =[痞棍gùn][恶棍ègùn][流氓liúmáng①②]

【嚭】pǐ 클 비
❶ 書 形 크다. 기뻐하다. ❷ 인명에 쓰이는 글자.

4【劈】pǐ ☞ 劈 pī Ⓑ

【擗】pǐ 가슴칠 벽, 딸 벽
動 ❶ 꺾다. 따다. 쪼개다. ¶～棒子bàngzi | 옥수수를 따다 =[劈pǐ①] ❷ 書 (놀라거나 애통해서) 가슴을 치다.
【擗涌】pǐyǒng 書 動 (애통해서) 가슴을 치며 동동구르다.

【癖】pǐ 버릇 벽
名 ❶ 좋지 않은 기호(嗜好) 나쁜 버릇[습성] 중독. ¶酒～ | 알콜 중독. ❷ 〈漢醫〉 적병(積病) 적취(積聚)
【癖好】pǐhào 名 좋아하는 버릇. 기호. 취미 =[俗 癖嗜shì]
【癖性】pǐxìng 名 ❶ 습성. 기호. ❷ 나쁜 버릇. 좋지 않은 성벽. 변태성. ¶发～ | 나쁜 버릇이 나오다.

pì ㄆㄧˋ

3【屁】pì 방귀 비
❶ 名 〈生理〉 방귀. ¶放fàng～ | 방귀를 뀌다. ¶放溜liū～ =[放呆dāi屁] | 소리내지 않고 방귀를 뀌다. ❷ 喩 (방귀처럼) 하찮다. 쓸모없다. ¶～事 | 하찮은 일. ¶～也不懂 | 아무것도 모른다. ❸ ⇒[屁股]
【屁大】pìdà 狀 喩 하찮다. 보잘것 없다. 사소하다. 소용없다. ¶～的事 | 하찮은[대단찮은] 일.
3【屁股】pì·gu 名 ❶ 口 엉덩이. 둔부. ¶拍拍～就走了 | 아무 말없이 떠나다. ¶～沟gōu儿 | 궁둥이의 갈라진 틈. ¶移yí～ | 궁둥이를 옮기다. 지금까지의 생활 태도를 바꾸다. ❷ (뒤)꽁무니. ¶跟着人家～后头走 | ⓐ 남의 뒤꽁무니를 따라가다. ⓑ 남의 흉내를 내다. 아무 생각없이 덩달아 행동하다. 부화뇌동하다. ❸ 둔부. 꽁무니. ¶胡蜂húfēng的～上有刺cì | 말벌의 꽁무니에는 침이 있다. ❹ 꽁다리. ¶香烟xiāngyān～ =[香烟头儿] | 담배 꽁초.
【屁股蹲儿】pì·gudūnr 名組 엉덩방아. ¶闹nào了个～ =[摔shuāi了个屁股蹲儿] | 엉덩방아를 찧었다 =[方 屁股坐子]
【屁股冒烟儿】pì·gu màoyānr 俗 喩 (관용 승용차를 타고 다니는) 고급 간부. ¶他的爸爸是～的部长 | 그의 아버지는 관용 승용차를 타고 다니는 장관이다 =[屁股后边冒烟]
【屁滚尿流】pì gǔn niào liú 國 (놀라서) 방귀가 나오고 오줌을 싸다. 너무 놀라 어쩔 줄을 모르다. 놀라서 혼비백산하다. ¶他吓得xià·de～的 | 그는 너무 놀라서 어쩔 줄을 몰랐다 =[尿流屁滚niàoliúpìgǔn]
【屁话】pìhuà 名 헛소리. 쓸데없는 소리. 개소리. ¶你说什么～? | 무슨 쓸데 없는 소리 하는거냐?
【屁也不懂】pì yě bùdǒng 俗 쥐뿔도 모르다. 아무것도 모르다. ¶他这个人～ | 그는 쥐뿔도 모른다.

【淠】Pì 물이름 비
名 〈地〉 비하(淠河) [안휘성(安徽省)에

P

있는 강]

【埤】pì ☞ 埤pí Ⓑ

【睥】pì ㊀bì) 흘겨볼 비
㊕㊐ 흘겨보다. 스쳐보다.

【睥睨】pìnì ㊕㊐ 멸시하다. 업신여기다 깔보다 ‖ ＝〔俾倪〕〔辟倪〕

2【辟】pì ☞ 辟bì ② Ⓑ

4【僻】pì 후미질 벽
㊎❶ 후미지다. 외지다. 궁벽하다. ¶～巷xiàng | 후미진 골목. ¶穷乡qióngxiāng～壤rǎng | 산간벽지. 궁벽한 마을. ❷(길·도로·글자 등이) 생소하다. 보기 드물다. ¶～字 | 잘 쓰이지 않는 보기 드문 글자. ¶生～ | 생소하다. ¶冷lěng～ | ⓐ 인적이 드물고 쓸쓸하다. ⓑ (글자가) 보기 드물다. ❸(성격이) 괴벽하다. 괴팍하다. ¶怪guài～ | 괴벽하다. ¶孤gū～ | 괴팍하다.

【僻静】pìjìng ㊇bèijìng) ㊎ 으슥하다. 외지고 조용하다. ¶小路的尽头,有一个～的山村 | 작은 길이 끝난 곳에 외지고 조용한 산촌이 있다. ¶～的地方 | 외진고 조용한 곳. ¶找了一个～的地儿 | 외지고 조용한 곳을 찾았다 ＝〔背bèi静〕

【僻陋】pìlòu ❶㊎ 후미지다. 외지고 황량하다. 궁벽하다. ❷㊔ 궁벽한 곳. ❸㊔ 풍속이 저속한 곳.

【僻壤】pìrǎng ㊕㊔ 외진 곳. 벽촌. 산간 벽지. ¶身处～,心怀天下 | 몸은 비록 외진 곳에 있지만 마음은 천하를 품고있다 ＝〔僻乡xiāng〕

【僻远】pìyuǎn ㊎ 외지고 요원한.

【澼】pì 표백할 벽
⇒〔洴píng澼〕

【甓】pì 벽돌 벽, 기와 벽
㊕㊔❶ 벽돌. ¶陶侃kǎn运～ | 진(晋)나라의 도간(陶侃)이 매일 아침 벽돌 100개를 집밖으로, 저녁에는 그것을 집안으로 날라서 몸이 둔해지는 것을 막았다는 고사(故事) ❷ 기와.

3【譬】pì 비유할 비
㊔ 비유. 예. 보기. ¶取qǔ～ | 예를 들다. ¶设shè～ | 비유하다.

3【譬如】pìrú ❶㊐ 예를 들다. ¶～说 | 예를 들어 말하면 ＝〔比方bǐfāng③〕 ❷㊖ 만일. 만약. 가령. ¶～是坏思想huàisīxiǎng, 那就不必学 | 만약 나쁜 사상이라면 그것은 배울 필요가 없다 ＝〔㊕譬若ruò〕〔比方②〕

【譬喻】pìyù ❶㊔ 비유. 예. ¶打了一个～ | 하나의 비유를 들다. ❷㊐ 예를 들다 ‖ ＝〔比喻bǐyù〕

【媲】pì 견줄 비
㊕㊐❶ 어깨를 나란히 하여 견주다. 비견(比肩)하다. ¶～美↓ ❷ 짝지어 주다. 결혼시키다.

【媲美】pìměi ㊐ 아름다움을 겨루다. 필적하다. ¶台湾táiwān的小人国可以～荷兰hélán的小人国 | 대만의 소인국은 네덜란드의 소인국과 견줄만하다 ＝〔比美bǐměi〕

piān ㄆㄧㄢˋ

【片】piān ☞ 片piàn Ⓑ

【扁】piān ☞ 扁biǎn Ⓑ

2【偏】piān 치우칠 편
❶㊎ 치우치다. 쏠리다. 어법 ⓐ 직접 명사를 수식함. ¶～心↓ ¶～见↓ ⓑ 앞 뒤에 다른 성분을 동반하고 술어(謂語)나 보어(補語)로 쓰임. ¶太阳已经～西了 | 태양이 이미 서쪽으로 기울었다. ¶你的看法未免太～ | 너의 견해는 지나치게 편향적임을 면할 수 없다. ⓒ「偏于」의 형태로 한 쪽으로 치중되어 있음을 나타냄. ¶他们～于教学, 我们～于理论研究 | 그들은 교학에 치우쳐 있고 우리는 이론의 연구에 치중하고 있다. ⓓ 동사의 뒤에 보어로 쓰임. ¶镜框jìngkuàng挂guà～了 | 거울을 기울게 걸었다. ¶笔划bǐhuà写～了 | 필획을 기울게 그었다. ❷㊗ 기필코. 기어코. 일부러. 꼭. 어법 고의(故意)나 외부적 조건 혹은 객관 사실과 서로 상반됨을 나타내는데,「倒」「反」「却」등 보다 어기가 강하며, 항상「要」「不」와 함께 쓰임. ¶要他去,他～不去 | 그더러 가라고 했더니 그는 기필고 가지 않는다. ¶不让ràng我去, 我～去 | 나를 못가게 하지만, 난 기필코 가겠다. ¶事情没成, 你怎么～说成了呢 | 일이 완수되지 않았는데, 넌 어떻게 (일이) 끝났다고 하느냐? ❸㊗ 마침. 공교롭게. 뜻밖에 어법 기대했던 것과 상반될 경우에 많이 쓰임. ¶好容易盼pàn他回来了, ～又生起病来了 | 모처럼 그가 돌아오길 바랬는데 공교롭게도 또 병이 났다. ❹㊘㊙ …조차. …마저도. ¶～这也不答应 | 이것 조차도 허락하지 않는다. ❺㊐㊙ 먼저 …하다 [먼저 실례를 하였거나 먼저 실례하겠다고 예의상 하는 말] ¶我～过了, 请用 | 저는 먼저 실례했으니(먼저 식사를 했으니) 드십시오.

【偏爱】piān'ài ❶㊔ 편애. ¶父亲对小弟弟的～,引起妹妹的不满 | 남동생에 대한 아버지의 편애가 여동생의 불만을 일어켰다. ❷㊐ 편애하다. 어느 한 쪽만 좋아하다. ¶他是一个～乡土文学的读者 | 그는 향토문학만 좋아하는 독자이다. ¶他太～小儿子了 | 그는 애를 너무 편애했다→〔偏疼téng〕〔偏心②〕

【偏安】piān'ān ㊐ (중원을 잃고) 일부 지방에 안주하다. ¶南宋小朝廷cháotíng～江南 | 남송 조정은 강남에 안주했다.

【偏才】piāncái ㊔❶ 잔재주. ❷ 잔재주꾼. ¶他是一个～ | 그는 잔재주가 많은 사람이다. ❸ 어떤 특별한 방면에서의 재주〔재능〕

4【偏差】piānchā ㊔❶ 편차. 오차. ¶～减jiǎn为一毫米háomǐ | 편차가 1밀리미터로 줄다. ❷(일에 있어서 지나치거나 모자라는) 오류. 편향. ¶纠正jiūzhèng执行政策zhíxíngzhèngcè中的～ | 정책 집행중의 잘못을 고치다. ¶工作上出了些～ | 일에 약간의 오류가 발생하였다. ❸ 말썽. ¶闹nào出～ | 말썽을 일으키다.

【偏陈】piānchén ㊔㊚〈化〉벤진(benzine)

【偏方】piānfāng ㊔❶ 벽지(僻地) 외진 곳. ❷(～儿)〈漢醫〉민간 요법상의 약방(藥方) ¶给他开了一个～ | 그에게 처방을 해주다.

【偏房】piānfáng 名 첩(妾) ¶又添tiān了～ | 또 첩을 들였다 =〔妾qiè①〕
【偏癈】piānfèi ❶ 動 한 쪽을 버리다. 한 쪽을 소홀히 하다. ¶工作与学习, 二者不可～ | 일과 공부는 어느 한 쪽도 소홀히 해서는 안 된다. ❷ 形 (신체적으로) 불구이다. ¶他生来两腿tuǐ～ | 그는 나면서부터 두 다리가 불구이다.
【偏锋】piānfēng 名 ❶ 붓 끝이 한쪽으로 치우치는 운필(運筆)의 일종→〔中锋②〕 ❷ 書 (문장·대화 등의) 에두름. ¶他总是从正面发言, 不喜欢～话 | 그는 늘 정면으로 말하지, 에두르는 말은 좋아하지 않는다.
【偏光】piānguāng ⇒〔偏振piānzhèn光〕
【偏光镜】piānguāngjìng 名〈物〉편광경.
【偏护】piānhù 動 (한 쪽을) 편들다. 역성들다.
【偏激】piānjī 形 과격하다. 극단적이다. ¶他这个人比较～ | 그는 좀 과격하다. ¶意见～ | 의견이 극단적이다.
4【偏见】piānjiàn 名 편견. ¶他对那位小姐有些～ | 그는 그 여자에게 편견이 있다 =〔書 僻pì见〕
【偏口鱼】piānkǒuyú ⇒〔比bǐ目鱼〕
【偏枯】piānkū ❶ 名〈漢醫〉반신불수 =〔偏风②〕〔半身不遂suì〕〔偏瘫tān〕 ❷ 動 (발전·분배 등이) 불균형하다. 불공평하다.
【偏劳】piānláo ❶ 回 套 수고하다 [남에게 도움을 청하거나 자신을 도와준데 대해 감사를 표시할 때 쓰는 용법] ¶这一次又～您了 | 이번에 또 수고를 끼쳐 죄송합니다. ¶谢谢你,多～了 | 감사합니다. 너무 많은 폐를 끼쳤습니다. ❷ 動 (여러 사람의 일을 혼자 또는 몇 사람이 대신) 고생하다. 수고하다. ¶这事只好～你们两位了 | 이 일은 하는 수 없이 자네 둘이 고생해야겠네.
【偏离】piānlí 動 벗어나다. 일탈하다. ¶船～了航线hángxiàn | 배가 항로를 벗어났다.
【偏流】piānliú 名〈電氣〉바이어스(bias) 전류.
【偏旁(儿)】piānpáng(r) 名 (한자의) 편방. 변방(邊旁)
【偏裨】piānpí ⇒〔裨将〕
4【偏僻】piānpì 形 ❶ 후미지다. 외지다. 궁벽하다. ¶地点～ | 장소가 외지다. ¶～的山区 | 궁벽한 산골. ❷ (성격이) 편벽되다.
3【偏偏(儿)】piānpiān(r) 副 ❶ 기어코. 굳이. 꼭 [일부러 객관적 요구나 상황에 상반되게 행동함을 표시할 때 주로 쓰임] ¶我们劝quàn他不要那样nàyàng做, 可他～不听 | 우리들은 그에게 그렇게 하지 말라고 권했지만 그는 기어코 듣지 않았다. ❷ 마침. 공교롭게. 뜻밖에 [기대에 어긋날 경우에 주로 사용하는 표현임] ¶他来找我,～我出差了 | 그가 나를 찾아 왔는데 마침 나는 출장을 떠나고 없었다. ¶好不容易有机会出去玩玩, ～又赶上下大雨 | 겨우 기회를 얻어 놀러나갔는데, 공교롭게도 큰비를 만났다 =〔偏巧qiǎo①〕 ‖ =〔方 偏生〕 ❸ 유달리. 유독. 하필이면. ¶干吗～问他? | 왜 유독 그에게만 물어보느냐? ¶别人都来了, ～小李没到 | 다른 사람은 다 왔는데 유독 이군만 안 왔다.
【偏颇】piānpō 書 形 편파적이다. 불공평하다. ¶他的观点太～了 | 그의 관점은 너무 편파적이다.
【偏巧】piānqiǎo ❶ ⇒〔偏偏(儿)②〕 ❷ 副 때마침. ¶我找他两次,～都不在家 | 그를 두 번이나 찾아갔으나 공교롭게도 두 번다 집에 없었다. ¶正找您, ～您来了 | 찾았는데 때마침 오셨군요 ‖ =〔偏凑巧piāncòuqiǎo〕
【偏衫】piānshān 名〈佛〉편삼→〔袈裟jiāsuō〕
【偏生】piānshēng ⇒〔偏偏(儿)① ②〕
【偏师】piānshī 名 ❶ (옛날, 주력 부대의) 좌우익. ❷ 예비 부대. ¶两翼liǎngyì的～担任dānrèn助攻zhùgōng | 양쪽의 예비부대는 지원공격을 맡는다.
【偏食】piānshí ❶ 名 편식. ❷ 名〈天〉부분식(部分蝕) ¶日～ | 부분 일식. ¶月～ | 부분 월식 =〔半蚀bànshí〕 ❸ 動 편식하다. ¶～肉类食品ròulèishípǐn | 육류만 편식한다. ❹ 動 어느 한쪽만 중시하다. 한가지만 하다.
【偏室】piānshì 名 첩 =〔妾qiè①〕
【偏私】piānsī 動 사적인 정에 치우치다. 두둔하다.
【偏苏油】piānsūyóu 名〈化〉벤졸(benzol) 벤젠(benzene)
【偏袒】piāntǎn 動 ❶ (힘을 내기 위해) 한쪽 어깨를 드러내다. ❷ 轉 한쪽 편만 두둔하다. 한쪽 편을 들다. ¶～亲友 | 친구 편을 들다.
【偏疼】piānténg 動 回 (아랫 사람 중 일부를) 편애(偏愛)하다. ¶难怪nánguài大人都～他, 他实在是个可爱的孩子 | 사실 그 아이는 너무 사랑스런 아이어서 어른들이 모두 그 아이만 좋아하는 것도 이상할 것이 없다→〔偏爱ài〕
【偏题】piāntí 名 까다롭고 생소한 시험 문제. ¶这次考试有～ | 이번 시험에는 까다로운 문제가 있었다.
【偏听】piāntīng 動 한쪽 말만 듣다. ¶～一面之词 | 한쪽의 말만을 듣다.
【偏听偏信】piān tīng piān xìn 成 한쪽 말만 곧이 듣고 믿다. 한쪽만을 중용(重用)하다.
【偏头痛】piāntóutòng 名〈醫〉편두통 =〔偏脑疼〕〔俗 边biān头风〕
【偏西】piānxī 動 ❶ 서쪽으로 기울다. ¶太阳tàiyáng～ | 태양이 서쪽으로 기울다. ❷ 서쪽에 치우치다. ¶西北～ | 서북에서 다소 서쪽에 치우치다.
4【偏向】piānxiàng ❶ 名 편향. (부정확한) 경향 [주로 정책이 한편으로 치우치는 것을 가리킴] ¶反对单纯追求zhuīqiú数量的～ | 단수히 수량만을 추구하는 경향을 반대한다. ¶重理论,轻实践shíjiàn的～是与马克思主义的学风相违背wéibèi的 | 이론은 중시하고 실천을 경시하는 경향은 마르크스주의의 학풍에 반하는 것이다. ¶纠正jiūzhèng～ | 편향을 바로잡다. ❷ 名 비호. 역성. ❸ 動 두둔하다. 역성들다. 비호하다. ¶不管你～谁, 都是偏心 | 네가 누구를 역성들든 모두 편애이다.
【偏斜】piānxié 貶 비뚤어지다. 일그러지다. 기울다. ¶他的鼻子和眼都有些～ | 그의 코와 눈은 모두 약간 비뚤어졌다.
【偏心】piānxīn ❶ 名 편견. ❷ 名 편애. ¶她对老么lǎoyāo有点儿～ | 그녀는 막내에 대해 다소 편애하는 마음이 있다→〔偏爱ài〕 ❸ 形 마음이 편벽되다. 편파적이다. ¶他丝毫sīháo不～ | 그

는 전혀 편벽되지 않다. ❹名〈物〉편심.
【偏心轮】piānxīnlún 名〈機〉편심륜.
【偏心眼儿】piānxīnyǎnr 名組 口 편견. 편파적 마음. ¶他就是～,不公平 | 그는 편파적이며 공평하지 못하다.
【偏压】piānyā 名〈電氣〉바이어스(bias) 전압.
【偏于】piānyú 書 …에 치우치다. ¶～保守bǎoshǒu的意见 | 보수 쪽에 기운 의견.
【偏远】piānyuǎn 形 외지다. ¶地处～乡村 | 외진 곳에 있는 시골. ¶～地区 | 외진 곳. ¶～的山沟gōu | 외진 산골.
【偏振光】piānzhènguāng 名〈物〉편광(偏光) ¶～镜jìng | 편광경. ¶～显微镜xiǎnwēijìng | 편광 현미경 =〔偏光〕
【偏正词组】piānzhèngcízǔ 名組〈言〉수식(어)구 [성분과 성분의 결합이 대등하지 않고 수식관계나 한정관계로 이루어진 절이나 구. 예컨대 「红花」「慢走」「洗干净」등을 말함]
【偏重】piānzhòng 動 편중하다. ¶学习只～记忆jìyì而忽略hūlüè理解是不行的 | 학습을 하면서 기억만 중시하고 이해를 소홀히서는 안된다 =〔書偏倚yǐ〕⇔〔并bìng重〕
【偏转】piānzhuǎn 名〈物〉편향(偏向) ¶～系统 | 편향 시스템 =〔偏倾qīng〕
【偏坠】piānzhuì 名〈漢醫〉음낭(陰囊)의 한쪽이 부어 처지는 병.

【犏】piān 편우 편
⇒〔犏牛〕
【犏牛】piānniú 名〈動〉황소와 야크의 잡종.

1【篇】piān 책 편
❶名 수미(首尾)가 다 갖추어진 문장. 완결〔완성〕된 문장. ¶～章段落zhāngduànluò | 문장 단락《荀子·勸學篇》❷名 (장·절·편 등으로 나눈 문장에서의) 편. ¶这本书共分五～而成 | 이 책은 모두 5편으로 되어 있다. ❸(～儿, ～子) 名 글이 쓰여 있거나 인쇄되어 있는 낱장의 종이. ¶歌～儿 | (한장의) 악보. ❹(～儿) 量 편 [명사 앞에서 문학작품의 단위를 표시하는 양사] ¶两～作品 | 두 편의 작품. ¶一～文章 | 한 편의 문장. ❺量 장 [쓰거나 인쇄된 종이를 세는 단위. 「一篇」은 2페이지에 해당함] ¶三～儿纸 | 세장의 종이→〔页yè②〕
【篇幅】piān·fú 名 ❶ 편폭. 길이. ¶这篇评论pínglùn的～只有一千来字 | 이 평론의 편폭은 겨우 천여 자밖에 안 된다. ❷(책·신문 등의) 지면. ¶～有限,希望文章写得短些 | 지면이 제한되어 있으므로 글을 좀 짧게 써 주시기 바랍니다 ‖ =〔编biān幅〕
【篇目】piānmù 名 ❶(서적이나 시 등의) 편명(篇名) ¶把～抄chāo下来 | ❷ 책의 차례〔목차〕
【篇页】piānyè 名 (추상적인 의미의) 페이지.
【篇章】piānzhāng 名 ❶ 편장. 문장. ¶～结构jiégòu | 문장 구조. ❷(추상적인 의미의) 장. ¶揭jiē开了两国关系史上的新～ | 양국 관계사의 새로운 장을 열었다.
【篇子】piān·zi ❶名 口 (쓰거나 인쇄한) 한 장의 종이. ❷量 말에 대한 양사. ¶说了一大～的话 | 긴 말을 하였다.

【褊】piān ☞ 褊 biǎn Ⓑ

【翩】piān 훌쩍날 편
書 動 아주 빨리 날다.
【翩翻】piānfān ⇒〔翩翩①〕
【翩翩】piānpiān 貶 ❶ 훨훨〔펄펄〕날다. 경쾌하게 춤추다. 나풀나풀 날다. ¶蝴蝶húdié～飞舞fēiwǔ | 나비가 나풀나풀 춤추다 =〔翩翻fān〕❷(행동이나 태도가) 풍류스럽다. 멋스럽다. 소탈하다. 시원스럽다 [주로 젊은 남자를 가리킴] ¶～少年shàonián | 풍류스러운 젊은이. ¶风度fēngdù～ | 풍채가 멋스럽다. ❸(행동이) 민첩하다. 재빠르다. ❹(기쁨에) 싱글벙글하다. ¶～自喜zìxǐ | 싱글벙글 기뻐하다.
【翩然】piānrán 書 貶 (동작이) 경쾌하다. 재빠르다. ¶～飞舞fēiwǔ | 경쾌하게 춤추다 =〔翩跹piānxiān〕
【翩跹】piānxiān ⇒〔翩然〕

pián ㄆㄧㄢˊ

1【便】pián ☞ 便 biàn Ⓑ

【缏】pián ☞ 缏 biàn Ⓑ

【骈(駢)】pián 나란히할 변
❶ 書 動 두 필의 말을 나란히 하다. ¶～驰chí | 두마리 말이 질주하다. ❷쌍을 이루다. 짝을 맞추다. 병렬시키다. ¶～俪lì↓
【骈句】piánjù 書 名 대구(對句) ¶他擅长shàncháng写～ | 그는 대구를 잘 짓는다.
【骈俪】piánlì 名 ❶ 문장의 대우법(對偶法) 대구법. ¶他精通jīngtōng～ | 그는 문장의 대구법에 정통하다. ❷ 변려문.
【骈体】piántǐ 名 변체 [4자 및 6자의 대구와 음률의 조화 및 화려한 수식을 요하는 문체] ¶我很欣赏xīnshǎng～ | 나는 변체문 감상을 좋아한다 →〔散体〕
【骈阗】piántián 書 ❶ 動 모으다. ❷ 形 수가 많다 ‖ =〔骈填tián〕〔骈田tián〕
【骈文】piánwén 名 사륙 변려문.

【胼〈跰〉】pián 못박힐 변
⇒〔胼胝〕
【胼手胝足】pián shǒu zhī zú 成 손발에 못이 박히다. (손발에 못이 박히도록) 열심히 일하다. ¶世界上没有～的劳动者láodòngzhě, 就不会有人类的一切文明 | 세계에서 열심히 일하는 노동자가 없었다면, 인류의 모든 문명은 있을 수 없었을 것이다.
【胼胝】piánzhī 名 (손발에 생기는) 굳은 살. 못.
【胼胝体】piánzhītǐ 名〈生理〉뇌량(腦梁)

【徧】pián ☞ 徧 biǎn Ⓒ

【蹁】pián 비틀거릴 편
書 貶 비틀거리다.
【蹁跹】piānxiān 貶 ❶ 비틀거리다. ❷ 書 훨훨 춤추다.

piǎn ㄆㄧㄢˇ

【谝(諞)】piǎn 말잘할 편 動 方 득의양양하다. 과시하다. 뽐내다. 자만하다. ¶～能néng | 재능을 뽐내다.
【谝阔】piǎnkuò 動 돈자랑하다. 부자티를 내다.
【谝示】piǎnshì 動 과시하다. 잘난체하다. 뽐내다.
【谝子】piǎn·zi 名 허풍선이. 과시하는 사람.

piàn ㄆㄧㄢˋ

1【片】piànpiān 조각 편, 꽃잎 편
Ⓐpiàn ❶量(～儿) 조각 [평평하고 얇은 형태의 물건에 쓰임] ¶一～瓦 | 기와 한 조각. ¶两～药 | 약 두 개→〔锭dìng④〕 ❷量 일대의 [지면·수면 등의 면적이나 차지한 범위가 비교적 넓은 사물에 쓰임] ¶一～草地 | 일대의 초원. ¶一～树林 | 일대의 수풀. ¶一～房屋 | 부근 일대의 주택. ❸量 풍경. 분위기. 소리. 말·마음등에 쓰임. 어법 수사는「一」만 쓰며, 명사 앞에 항상 수식어가 있음. ¶一～欢乐huānlè的歌声gēshēng | 한 바탕의 기뻐하는 노래소리. ¶一～胡言 | 한 바탕의 허튼 소리. ¶一～丹心dānxīn | 일편단심. ¶一～丰收景象fēngshōujǐngxiàng | 일대의 풍작을 이룬 광경. ❹(～儿) 名 조각. 편 [평평하고 얇은 것을 나타냄] ¶布～儿 | 천 조각. ¶玻璃bōlí～儿 | 유리 조각. ¶明信～儿 | 우편엽서. ¶名～ ＝〔片子〕| 명함. ¶卡～ | 카드. ❺비닐 수지등으로 얇게 만든 것을 나타냄. ¶胶jiāo～ ＝〔胶卷jiāojuǎn(儿)〕〔软片ruǎnpiàn〕| 필름. ¶彩色cǎisè～ | 컬러 필름. ¶唱chàng～ | 음반. 레코드. ❻名 면적 등이 나누어진 단위를 나타냄. ¶分～传达chuándá | 지역별로 나누어 전달하다. ❼動 京 얇게 자르다. 얇게 벗기다. 저미다. 깎다. ¶～肉片儿 | 고기를 얇게 저미다. ¶～果子guǒzi | 과일의 껍질을 벗기다→〔切qiē〕〔削xiāo〕 ❽단편적. 부분적. ¶～面 | 단편적.
Ⓑpiān「相xiàng片儿」(사진)「像xiàng片儿」(사진)「电影片儿」(영화 필름)「唱chàng片儿」(음반·레코드)「画huà片儿」(그림엽서. 카드)「片儿」(얇은 조각)「片子」(영화용 필름) 등에 나타나는 이독음(異讀音)
Ⓐpiàn
【片段】piànduàn ❶名 토막. 단편. 부분 [역사·문학작품·생활·경력 등의 한 부분을 말함] ¶历史长河中的一个～ | 역사의 한 부분. ❷⇒〔片断①〕
【片断】piànduàn ❶⇒〔片段〕 ❷形 단편적이다. 자질구레하다. 불완전하다. ¶～经验jīngyàn | 단편적인 경험.
【片剂】piànjì 名〈藥〉정제(錠劑) ¶服用fúyòng～比较方便bǐjiàofāngbiàn | 정제를 복용하는 것이 비교적 편하다.
【片假名】piànjiǎmíng 名 일본어의 가다까나.
4【片刻】piànkè 名副 잠깐. 잠시. ¶请你稍等～,我马上就来 | 곧 올테니 잠깐만 기다리세요. ¶人们呆dāi了～ | 사람들은 잠시 멍청해졌다 ＝〔書 片霎shà〕〔方 片晌shǎng〕〔片时〕〔些xiē时〕
【片麻岩】piànmáyán 名〈地質〉편마암 ＝〔层céng流〕
2【片面】piànmiàn ❶名 편면. 단편. 한쪽. 일방. ¶很～的看法 | 단편적인 견해. ❷形 편면적이다. 일방적이다. 단편적이다 ‖→〔一面①〕〔全面〕
【片儿】ⓐpiànr 名 (얇은 물건의) 조각. 부분. ¶纸zhǐ～ | 종이 조각.
ⓑpiānr 名 얇고 납작한 것. 작은 종이 조각처럼 생긴 것 [「相片儿」「唱片儿」등에 쓰임]
【片儿会】piànrhuì 名 지구별 임시 회의.
【片儿汤】piànrtāng 名〈食〉수제비. ¶上了一碗wǎn～ | 수제비 한 그릇을 내오다.
【片霎】piànshà ⇒〔片刻〕
【片瓦无存】piàn wǎ wú cún 成 기와 조각 하나도 남지 않다. 잿더미로 변하다. 완전히 파괴되다. ¶他家因为一场大火,结果～ | 그의 집은 화재로 인하여 잿더미가 되었다.
【片言】piànyán 書名 몇 마디 간단한 말. ¶～可决jué | 몇 마디 말로 해결할 수 있다.
【片言折狱】piàn yán zhé yù 成 몇마디로 간단하게 판결을 내리다. ¶他精通jīngtōng法理,可以～ | 그는 법리에 정통하여 몇마디 말로 판결을 내릴 수 있다.
【片言只语】piàn yán zhī yǔ 成 한 두 마디의 말. ¶留下了～,不足为证 | 간단한 말 몇 마디 남긴 걸로는 증명할 수 없다 ＝〔只言片语zhīyánpiànyǔ〕
【片岩】piànyán 名〈地質〉편암.
【片艳纸】piànyànzhǐ 名 편면광택지(片面光澤紙)
【片纸只字】piàn zhǐ zhī zì 成 짤막한 글. (간단한) 단편적인 말과 글 ＝〔片言只字〕
【片子】ⓐpiàn·zi 名 ❶조각. ¶铁tiě～ | 쇳조각. ❷명함 ＝〔名míng片〕 ❸돼지의 반 마리의 고기 [좌우 대칭의 어느 한쪽을 말함]
ⓑpiān·zi 名 ❶영화용 필름. ❷영화. ¶韩国～ | 한국 영화. ❸레코드. 음반. 유성기판.
Ⓑpiān
【片儿】piānr ☞〔片儿〕piànr ⓑ
【片子】piān·zi ☞〔片子〕piàn·zi ⓑ

2【骗(騙)〈䮁₃〉】piàn 속일 편, 뛰어오를 편
動 ❶속이다. 기만하다. ¶～人 | 남을 속이다. ¶被bèi～ | 사기 당하다. ❷속여 빼앗다. 사취(詐取)하다. ¶～钱qián↓ ¶诓kuāng～ | 편취(騙取)하다. 사취하다. ¶被他～去十万块钱 | 그에게 10만원을 사기당했다. ❸한 발을 들어 뛰어오르다. 말에 올라 타다. ¶一～腿儿上了车 | 훌쩍 뛰어 차에 올라탔다.
【骗婚】piànhūn ❶名 사기 결혼. ¶谨防jǐnfáng～ | 사기결혼을 조심(방지)해야 한다. ❷動 사기결혼을 하다.
【骗局】piànjú 名 속임수. 기만책. 수작. ¶设下shèxià～ | 속임수를 쓰다.
【骗钱】piàn qián 動 돈[금전]을 사취하다.
【骗取】piànqǔ 動 사취하다. ¶～钱财qiáncái | 돈과 재물을 사취하다.
【骗人】piàn rén 動 남을 속이다. 기만하다. ¶～! | 거짓말!

【骗术】piànshù 名 사기술. 기만책. ¶施行shīxíng～ | 기만책을 쓰다.
【骗腿儿】piàn/tuǐr 動 方 다리를 옆으로 들며 뛰어 오르다.
【骗子】piàn·zi 名 사기꾼 =〔方 骗子手〕
【骗嘴】piàn/zuǐ 動 ❶ 무전 취식하다. 속임수로 음식물을 빼앗아 먹다. ❷ 맛을 속이다. ¶用糖精tángjīng做的点心是～的 | 사카린을 써서 제조한 과자는 (사람의) 입맛을 속이는 것이다.

piāo ㄆㄧㄠ

【剽〈慓〉】piāo ⓧpiào) 겁박할 표, 빠를 표 動 ❶ 탈취하다. 약탈하다. ¶～掠lüè | 약탈하다. ❷ (동작 등이) 민첩하다. 날쌔다. 재빠르다. ¶～悍hàn↓
【剽悍】piāohàn 書 形 날쌔고 용맹하다. ¶北方人比较～ | 북방사람은 비교적 빈첩하고 용맹하다.
【剽窃】piāoqiè ❶ 名 표절. 도작(盜作) 도용. ¶～是犯智慧财产权zhìhuìcáichǎnquán的 | 표절은 지적소유권에 저촉되는 것이다. ❷ 動 표절하다. 도용하다 =〔剽取〕〔剽袭xí〕
【剽取】piāoqǔ ⇒〔剽窃qiè〕

1【漂】piāo piǎo piào 떠다닐 표, 빨래할 표
Ⓐ piāo ❶ 動 떠다니다. 표류하다. 떠돌다. ¶红叶hóngyè在水上～着 | 단풍잎이 물 위에 떠다니고 있다. =〔飘piāo④〕 ❷ 動 유랑하다→〔漂泊piāobó〕 ❸ 形 경박하다. 경망스럽다. ¶这个人作事太～ | 이 사람은 일하는 것이 너무 경망스럽다.
Ⓑ piǎo 動 ❶ 표백하다. ¶～白 | 표백하다. ❷ 물로 헹구다. 물에 일다. ¶用水～一～ | 물로 좀 헹구시오.
Ⓒ piào ❶ 動 方 (일·회계 등을) 망치다. 허사가 되다. 틀리다. 허탕치다. ¶我临时有事, 我不能跟您一起吃饭,把您～了, 真对不起 | 나에게 갑자기 일이 생겨 같이 식사를 할 수 없게 되었습니다.허탕치게 하여 정말 미안합니다 =〔落空〕〔票④〕 ❷ ⇒〔漂亮〕
Ⓐ piāo
【漂泊】piāobó 動 표박하다. 유랑하다. 방황하다. 떠돌아 다니다. ¶～异国的生活 | 타국을 떠도는 생활 =〔漂游yóuⓐ〕〔飘泊piāobó〕
【漂浮】piāofú 動 ❶ 떠다니다. 떠돌다. 둥둥 뜨다. ¶海上～着几只小船 | 바다위에 조각배 몇 척이 둥둥 떠있다 ❷ 喻 빈둥거리다. (일·사업 등을) 겉날리다 ‖ =〔飘piāo浮〕
【漂流】piāoliú 動 ❶ 표류하다. 물결따라 흐르다. ¶一只小船在水面上～ | 한 척의 작은 배가 표류하다. ❷ 방황하다. 유랑하다. 방랑하다. 떠돌아 다니다. ¶～他乡tāxiāng | 타향을 떠돌아 다니다 ‖ =〔飘piāo流〕
【漂瓶】piāopíng 名 바다에 띄워서 해류의 방향과 속도를 측정하는 병. ¶～图tú | 「漂瓶」에 의한 해류 측정을 기초로 하여 만든 해류도(海流圖)
【漂萍无定】piāo píng wú dìng 成 부평초처럼 정처없이 떠돌아 다니다. ¶他一生客居他乡,～ | 그는 일생동안 정처없이 객지를 떠돌아 다니며 살았다.
【漂儿】piāor 名 方 낚시찌 =〔浮子fúzǐ〕〔鱼漂yúpiāo〕
【漂移】piāoyí ❶ 動 떠다니다. 표류하다. ¶大陆～ | 〈地質〉대륙 이동. ❷ 名 〈電子〉드리프트(drift) 현상. ¶～晶体管jīngtǐguǎn | 드리프트 트랜지스터.
【漂游】ⓐ piāoyóu ⇒〔漂泊bó〕
ⓑ piāo·you 動 (물위에서) 가볍게 움직이다〔부동(浮动)하다〕
【漂游四海】piāo yóu sì hǎi 成 정처 없이 온 세상을 떠돌아 다니다.
Ⓑ piǎo
【漂白】piǎobái ❶ 名 표백. 헹굼. ¶～布bù | 표백한〔헹군〕 천. ¶～机jī표백기(bleaching machine) ❷ 動 표백하다. 헹구다.
【漂白粉】piǎobáifěn 名 표백분. ¶用～洗衣服 | 표백분으로 옷을 씻다 =〔漂粉fěn〕
【漂染】piǎorǎn 動 표백염색을 하다. ¶～布料bùliào | 옷감을 표백염색하다.
【漂洗】piǎoxǐ 動 ❶ (표백하여) 세탁하다. ¶～场chǎng | 세탁소 또는 표백하는 곳. ❷ 물에 헹구다. 물로 씻어내다.
Ⓒ piào
1【漂亮】piào·liang 形 ❶ (용모·의복·색채 등이) 예쁘다. 아름답다. 보기좋다. ¶我的学妹长得很～ | 내 후배는 너무 예쁘다. ❷ (일처리·행동·말 등이) 뛰어나다. 훌륭하다. 멋지다. 각별하다. ¶球打得～ | 공을 멋있게 잘 친다. ¶事情办得～ | 일을 뛰어나게 잘 처리하다. ❸ (일의 처리·말·행동 등이) 시원하다. 깔끔하다. ¶漂漂亮亮干脆gāncuì一句话, 请你说个价儿, 要多少钱? 시원스레 한 마디로 잘라 말해서, 얼마를 원하는지 값을 말해보시오.
【漂亮话】piào·lianghuà 名組 ❶ 허울 좋은 말. 사탕발림 말. 겉발림 말. ¶～谁不会说呢? | 허울 좋은 말도 누구라도 못하겠는가? ❷ 소리가 잘 들리는 말.

【缥(縹)】piāo piǎo 옥색 표, 휘날릴 표
Ⓐ piāo ⇒〔缥缈〕
Ⓑ piǎo 書 名 ❶ 〈色〉청백색. 엷은 남색. 옥색 [현재는 「月yuè白」라고 함] ❷ 청백색〔옥색〕의 견직물.
Ⓐ piāo
【缥缈】piāomiǎo 書 形 ❶ 어렴풋하다. 가물가물하다. 희미하다. ¶这是虚无xūwú～的故事 | 이것은 아주 가물가물한 이야기이다. ¶云烟yúnyān～ | 成 경치가 멀고 어렴풋하다. ❷ 소리가 연하고 길게 이끌리다. ‖ =〔缥眇miǎo〕〔飘邈piāomiǎo〕〔飘渺miǎo〕〔飘眇miǎo〕〔瞟piǎo邈〕
Ⓑ piǎo
【缥色】piǎosè 名 〈色〉 엷은 남색. 옥색 =〔漂色〕

2【飘(飄)〈飃〉】piāo 나부낄 표 動 ❶ 나부끼다. 펄럭이다. ¶～摇yáo↓ ❷ 轉 홀적 오고 가다. ¶～来

~去 | 홀연히 왔다 갔다 한다. ❸(눈이나 낙엽 등이) 흩날리다. 날아 떨어지다. ¶~在天空 | 하늘에서 흩날리다. ¶雪花xuěhuā~ | 눈송이가 흩날리다. ¶~起了炊烟chuīyān | 밥짓는 연기가 피어 오르다. ❹떠다니다. 떠돌다. ¶白云~~ | 흰 구름이 두둥실 떠돌다 =〔漂piāo①〕

【飘泊】piāobó ⇒〔漂泊piāobó〕

【飘带(儿)】piāo·dai(r) 名(옷·모자·깃발에 다는) 댕기. 리본. 띠. 술.

【飘荡】piāodàng ❶動 떠다니다. 나부끼다. 펄럭이다. ¶小船随波suíbō~ | 작은 배가 물결을 따라 둥둥 떠다니다. ❷動 정처없이 떠돌다. 유랑하다. ‖ =〔漂piāo荡〕

【飘动】piāodòng 動 펄럭이다. 나풀거리다. 흔들거리다. ¶彩带cǎidài~ | 오색테이프가 펄럭이다.

【飘拂】piāofú 動 가볍게 휘날리다. ¶薄云báoyún~ | 엷은 구름이 가볍게 날리고 있다.

【飘浮】piāofú ⇒〔漂piāo浮〕

【飘忽】piāohū ❶動(바람·구름이 가볍게 천천히) 흐르다. ❷動 흔들리다. 요동하다. ¶~不定 | 고정되지 않고 흔들거리다. ❸形 변덕스럽다. ¶恨他太~ | 그가 변덕스러운 것이 한스럽다 ‖ =〔暴忽bàohū〕

【飘零】piāolíng 動❶(잎이) 우수수 떨어지다. ¶黄叶huángyè~ | 노란 잎이 우수수 떨어지다. ❷喻 영락(零落)하다. 몰락하다. ¶英雄yīngxióng一去,大树~ | 영웅이 죽으니,큰나무도 죽는다 ‖ =〔飘沦lún〕〔飘蓬péng①〕〔漂piāo零〕〔漂沦piāolún〕

【飘流】piāoliú ⇒〔漂piāo流〕

【飘落】piāoluò 動 날려 떨어지다. ¶雪花xuěhuā~ | 눈송이가 날아 떨어지다 =〔飘降piāojiàng〕

【飘渺】piāomiǎo ⇒〔缥眇piāomiǎo〕

【飘蓬】piāopéng ❶⇒〔飘零〕 ❷動(바람에 어지러이) 날리다. 喻 유랑하다. 의지할 데 없이 떠도다. ¶~南北 | 남북을 정처없이 떠돌다.

【飘飘】piāopiāo 狀❶(바람이) 산들산들 불다. (바람에) 펄럭이다. 팔랑팔랑 떠돌다. ¶红旗hóngqí~ | 빨간 기가 펄럭이다. ¶春风~ | 봄바람이 산들산들 불어오다. ❷轉(마음이) 상쾌하다. 경쾌하다. ¶~意远yìyuǎn | 마음이 경쾌하고 뜻이 멀다 ‖ =〔漂漂〕

【飘飘然】piāopiāorán 狀 貶(기뻐서) 우쭐거리다. 득의양양하다. ¶夸kuā了他几句, 他就~了 | 그를 몇 마디 칭찬해주자 그는 곧 기뻐서 우쭐거렸다.

【飘球】piāoqiú 名〈體〉(배구와 같은 구기 종목에서 공을 높이 쳐서 큰 활 모양을 그리며 날아가게 하는) 서브.

【飘然】piāorán 狀❶둥실둥실 떠가다. 나풀거리다. ¶而去~ | 표연히 가다. ❷정처없이 떠돌아다니다. 표연히 떠돌다 ‖ =〔漂然piāorán〕

【飘洒】ⓐpiāosǎ 動 휘날리다. 흩날리다. 나부끼다. ¶天空~着雪花 | 하늘에 눈송이가 흩날리고 있다.

ⓑpiāo·sa 形(자태 등이) 시원시원하다. 자연스럽다. 활달하고 깨끗하다. 상쾌하다. ¶他写的字很~ | 그가 쓴 글씨는 시원시원하다.

【飘散】ⓐpiāosàn 動❶날아 흩어지다. 흩날리다. 분산되다 =〔飘逸②〕 ❷(향기를) 풍기다. ¶~香气xiāngqì | 향기를 풍기다.

ⓑpiāo·san 動(머리를) 풀어헤치다.

【飘舞】piāowǔ 動(바람에) 하늘거리다. 한들한들 춤추다. 나부끼다. ¶雪花~ | 눈꽃이 나부끼다. ¶柳条liǔtiáo迎风yíngfēng~ | 버드나무가지가 바람에 한들한들 춤춘다.

³【飘扬】piāoyáng 動(바람에) 펄럭이다. 휘날리다. ¶五星红旗迎风yíngfēng~ | 오성기가 바람에 펄럭이다 =〔飘飏piāoyáng〕

【飘摇】piāoyáo 動 흩날리다. 나부끼다. 하늘거리다. 한들거리다. ¶风雨~ | 비바람이 나부끼다. ¶烟云缭绕liáorào, ~上升 | 연기가 감돌면서 하늘하늘 피어 오르고 있다.

【飘曳】piāoyè 動 흔들리다. 흔들거리다. ¶柔软róuruǎn的柳枝liǔzhī在微风wēifēng中~ | 유연한 버드나무 가지가 실바람에 흔들리다.

【飘移】piāoyí 動 흘러 이동하다. 움직이다. 떠다니다.

【飘逸】piāoyì ❶書形 표일하다. 뛰어나다. ¶神采shéncǎi~ | 풍채가 뛰어나다 =〔飘举piāojǔ〕 ❷⇒〔飘散 ⓐ①〕

【飘溢】piāoyì 動 흩날리다. 넘쳐 흐르다. 가득 풍기다. ¶~着浓厚的梅花香 짙은 매화 향기가 가득 풍기다 =〔飘漾yàng〕

【飘悠】piāo·you 動 유유히 떠다니다. 표표히 흩날리다. ¶小船在水里慢慢地mànmàndì~着 | 작은 배가 물위를 유유히 떠다니고 있다.

【薸】piāo 개구리밥 표

書名〈植〉方 개구리 밥. 부평초.

【螵】piāo 사마귀알 표

⇒〔螵蛸〕

【螵蛸】piāoxiāo 名 버마재비의 알집.

piáo ㄆㄧㄠˊ

【朴】Piáo ☞ 朴 pō ⑴ Ⓒ

【嫖】piáo 기생놀이 표

動 기생놀이하다. 기생집에 드나들다. 기녀(妓女)와 놀다. ¶~婊子biǎozi↓ ¶~客↓

【嫖婊子】piáo/biǎo·zi 動 기녀와 놀다. 기생집에 드나들다. ¶他最喜欢~ | 그는 기생집에 드나드는 것을 제일 좋아한다 =〔婊妓biǎojì〕

【嫖娼】piáochāng 動 창기와 놀다. 윤락행위를 하다. ¶禁止jìnzhǐ~ | 윤락행위를 금지하다. ¶~宿妓sùjì | 유곽에서 창기와 노는 데 빠지다.

【嫖妓】piáojì ⇒〔嫖婊子〕

【嫖客】piáokè 名 오입장이. 기루(妓樓)의 유객. ¶她很会讨~的好 | 그녀는 손님(기루의 유객)의 기분을 잘 맞춰준다 =〔嫖徒〕

【瓢】piáo 바가지 표

❶(~儿) 名 바가지. 표주박. 쪽박. ¶水~ | 물바가지. ¶饭fàn~ | (표주박으로 만든) 밥주걱. ¶大海架不住~舀yǎo | 諺 아무리 큰 바

다라도 표주박으로 계속 퍼내면 언젠가는 마른다. 티끌모아 태산이다→〔葫hú芦①〕〔匏páo①〕〔舀yǎo②〕 ❷ (～儿) 喻 사람의 머리. ¶开了～了 | 머리가 깨졌다. ❸ 量 바가지. 어법 물의 양을 나타낼 때 명사 앞에 붙어 쓰이는 양사. ¶他一声没出, 喝hē了～水, 走了出去 | 그는 한 마디도 하지 않고 물을 한 바가지 마시고서는 나가 버렸다《老舍·駱駝祥子》

【瓢虫】piáochóng 名〈蟲〉무당벌레 ＝〔艾瓢ài piáo儿〕〔方 红娘hóngniáng(子)〕

【瓢泼大雨】piáopō dàyǔ 成 喻 억수같이 쏟아지는 비. ¶下着～ | 비가 억수같이 쏟아지다→〔倾qīng盆〕

【瓢儿菜】piáor cài 名〈植〉중국의 남경(南京) 지방에서 나는 배추. ¶买了一些～ | 배추를 좀 사다 ＝〔塌tā棵菜〕

piǎo ㄆㄧㄠˇ

【莩】piǎo ☞ 莩 fú B

【殍】piǎo 주려죽을 표
❶ 주려죽다. 굶어 죽다. ¶饿è～ | 굶어 죽다. ❷ 굶어 죽은 사람. ¶野有饿è～ | 들판에는 굶어 죽은 사람이 있다《鹽鐵論·水旱》‖＝〔莩piáo〕

1【漂】piǎo ☞ 漂 piāo B

【缥】piǎo ☞ 缥 piāo B

【瞟】piǎo 흐릴 표
動 곁눈질하여 보다. 힐끔 보다. ¶～了他一眼 | 그를 한 번 힐끔 보았다. ¶他一面说话, 一面用眼～老李 | 그는 이야기하면서 이선생을 곁눈질하여 보았다.

【瞟眇】piǎomiǎo 狀 희미하다. 어렴풋하다. 흐릿하다 ＝〔缥piāo缈〕

piào ㄆㄧㄠˋ

1【票】piào 쪽지 표, 훌쩍날릴 표
❶ 名 표. 인쇄되어 있거나 글로 쓰여져 있는 증표 [표·증명서·유가증권 등] ¶电影～卖光了 | 영화표가 다 팔렸다. ¶车～ | 차표. ¶股gǔ～ | 주식(株式) ¶选xuǎn～ | 투표용지. ¶邮yóu～ | 우표. ¶期～ | 약속 어음. ¶支～ | 수표. ❷ (～子, ～儿) 名 지폐. ¶零líng～儿 | 소액지폐. ¶钱qián～ ＝〔钞chāo票〕 | 지폐. ❸ (～儿) 名 소환장(召喚狀) 인질. ¶绑bǎng～的 ＝〔绑匪fěi〕〔票匪〕 | 유괴범. 납치범. ¶撕sī～ | 인질을 죽이다. ¶赎shú～ | 몸값을 주고 인질을 빼내다. ❹ 動 (약속이나 일이) 무효가 되다. 허사가 되다. 그만두다 ＝〔漂piào①〕〔吹chuī⑥〕 ❺ 量 方 건(件) 번. 몫 [상행위(商行爲)에 주로 쓰임] ¶一～生意 | 한 건의 거래. ¶一～货huò | 한 몫의 상품. ¶今天做成了一～买卖 | 오늘 한 건의 거래가 성사되었다. ❻ 옛날의 비전문 연극인들의 연극. ¶玩wán～ | 아마추어(amateur) 연극을 하다.

【票额】piàoé 名 ❶ 액면 금액. ¶～太大,使用起来不方便 | 액면금액이 너무 커서 사용하기가 불편하다. ❷ (표·입장권 등의) 매수. ¶全部～只剩shèng下八张 | 표의 전체 매수에서 겨우 여덟 장이 남았다.

【票房(儿)】piàofáng(r) 名 ❶ 口 (극장·역의) 매표소→〔售shòu票处〕 ❷ 옛날, 「票友(儿)」(연극배우)들이 모여 연습하던 곳.

【票匪】piàofěi 名 인질범. 유괴범. ¶公安局逮住dǎizhù了几个～ | 공안국에서는 인질범 몇 명을 잡았다 ＝〔绑bǎng票(儿)的〕

【票根】piàogēn 名 (어음·수표 등의) 한 쪽 부분. (입장권·차표·비행기표 등의) 한 쪽을 떼어 주고 남은 다른 한 쪽 ＝〔票底dǐ(子)〕

【票号】piàohào 名 (옛날에 사설로 운영되던) 개인 금융 기관의 일종 ＝〔票庄piàozhuāng〕→〔钱庄qiánzhuāng〕

【票夹子】piàojiā·zi 名 지갑. 돈지갑. ¶钱都放在～里 | 돈을 모두 지갑에 두다→〔皮pí夹儿〕

【票据】piàojù 名 ❶ 어음. 수표. 증권. 유가증권. ¶清洁qīngjié～ | 신용어음. ¶应付yīngfù～ | 지급어음. ¶应收yīngshōu～ | 수취어음. ¶拒付jùfù～ | 부도어음. ¶空头kōngtóu～ 공어음. 융통어음. ¶外汇wàihuì～ | 외국환어음. ¶见票即付jiànpiàojífù～ ＝〔即票〕 | 일람출급어음. ¶见票后定期付jiànpiàohòudìngqīfù～ | 일람후 정기 출급어음. ¶～交换jiāohuàn | 어음 교환. ¶～交易所jiāoyìsuǒ | 어음 교환소. ¶～经纪人jīngjìrén | 어음·증권 등의 중개인→〔支票〕 ❷ (운송 화물의) 영수증. 인수증.

【票面】piàomiàn 名 액면. ¶～上的数字被涂改túgǎi过 | 액면상의 숫자를 누가 (지워) 고쳤다.

【票选】piàoxuǎn ❶ 動 투표로 뽑다. ❷ 名 투표로 하는 선거.

【票友(儿)】piàoyǒu(r) 名 (직업적으로가 아닌 여가로 하는) 아마추어 배우. ¶昆曲kūnqǔ～ | 곤곡의 배우. ¶～彩排cǎipái | 아마추어 배우가 시연하다 ＝〔玩wán(儿)票的〕→〔科kē班(儿)〕〔清客qīngkè③〕

【票证】piàozhèng 名 배급 증표. ¶收好～ | 배급 증표를 받다.

【票庄】piàozhuāng ⇒〔票号hào〕

【票子】piào·zi 名 ❶ 지폐. ❷ 소환장.

【剽】piào ☞ 剽 piāo

【嘌】piào 빠를 표 (푸린 표)
❶ 書 形 빠르다. ❷ ⇒〔嘌唱〕〔嘌呤〕

【嘌呤】piàolìng 名〈化〉푸린(purin) ¶三羟基sānqiǎngjī～ | 트리히드록시(trihydroxy) 요산.

【漂】piào ☞ 漂 piāo C

【骠】piào ☞ 骠 biāo B

piē ㄆㄧㄝ

【氕】piē (프로튬 별)
名〈化〉화학 원소 명. 프로튬(1H ; proti-

um) [수소의 동위원소]→〔氢qīng〕

4【撇】piē piě 버릴 별, 삐침 별

Ⓐpiē 動❶버리다. 내버려두다. 방치하다. ¶～开↓ ¶把别的事都～在一旁｜다른 일을 한 쪽에 방치해 두다. ¶对犯错误cuòwù的朋友要帮助bāngzhù, 不能～下不管｜잘못을 저지른 친구를 도와주어야지 그냥 내버려 두면 안된다. ¶～了他一天了｜그를 하루종일 내버려 뒀다. ¶死后～下一儿一女｜1남1녀를 남겨 놓고 죽었다. ❷(액체의 표면에서 기름이나 거품 등을) 떠내다. 건져 내다. ¶～沫mò子｜거품을 걷어내다. 이익을 가로채다. ¶～油↓ ❸어떤 어조[말투]로 말하다. ¶～京腔jīngqiāng｜북경어를 쓰다.

Ⓑpiě ❶動 던지다. 내던지다. ¶～球qiú｜공을 던지다. ¶把手榴弹shǒuliúdàn向敌人～出去｜수류탄을 적에게 던지다. ❷動 잊어버리다. 잊어먹다. ¶把早晨说的事～到脑袋nǎodài后头去了｜아침에 얘기했던 일을 잊어버렸다. ❸動 입을 삐죽하다. ¶把嘴zuǐ一～｜입을 삐죽하다. ❹(～儿) 名 한자(漢字) 필획의「丿」(삐침) ¶横héng～｜가로「丿」(삐침) ❺量「丿」형으로 생긴 물건을 세는 단위 [주로 눈썹이나 수염] ¶两～儿漆黑qīhēi的眉毛méimáo｜아주 검은 팔자 눈썹. ¶两～胡子húzi｜팔자 수염.

Ⓐpiē

【撇开】piē/·kāi 動 접어두다. 그냥 넘기다. 던져버리다. 버려두고 돌보지 않다. ¶～这个问题｜이 문제는 그냥 넘어가자. 이 문제는 접어두자. ¶先～这一点不论｜이 점은 잠시 논하지 않기로 합시다 =〔抛pāo开〕

【撇弃】piēqì ⇒〔撇下①〕

【撇脱】piētuō ❶形 方 간단명료하다. 간단하고 편리하다. ¶～的说明｜간단명료하게 설명(하다) ¶办事要办得bàn·de～｜일은 간단하고 편리하게 처리해야 한다. ❷形 方 소탈하다. 시원스럽다. 구속을 받지 않다. ¶那个人很～, 小事总不放在心上｜그 사람은 소탈하여, 사소한 일은 좀처럼 마음에 두지 않는다. ❸書 名 (화법(畵法)에 있어서) 붓놀림이 막힘이 없고 경쾌한 것.

【撇下】piē·xia 動❶떼어놓다. 방치하다. 돌보지 않다. 버려두다. 내팽개치다. ¶他～老妻和孩子, 一个人跑到汉城｜그는 마누라와 아이를 남겨두고 홀로 서울로 갔다 =〔撇掉piēdiào〕〔撇弃qì〕❷轉 유족을 남기고 죽다. ¶他把妻子qīzi～走了｜그는 처자를 남겨둔 채 세상을 떠났다.

【撇油(儿)】piē/yóu(r) 動❶기름을 걷어내다. 기름을 떠내다. ¶用勺子sháozi～｜국자로 기름을 걷어내다. ❷轉 중간에서 이익을 챙기다. 실속(잇속)을 차리다.

【撇子】piē·zi ⓧpiě·zi) 名 俗 뺨. ¶打他一～｜그의 뺨을 한 대 치다.

Ⓑpiě

【撇嘴】piě/zuǐ 動❶(경멸·불신·불쾌감 등을 표시할 때) 입을 삐죽거리다. 깔보다. 얕보다. ¶一听这话儿,他直～｜이말을 듣자마자 그는 입을 삐죽거렸다. ¶～摇头yáotóu｜입을 삐죽거리며 고개를 가로 젓다. ❷울상이 되다. 입을 실쭉거리다. ¶小孩儿～要哭｜어린 아이가 입을 실쭉거리며 울려고 하다.

4【瞥】piē 언뜻볼 별

動 얼핏보다. 힐끗보다. 언뜻보다. ¶故宫gùgōng一～｜고궁 일별(一瞥) ¶～了他一眼｜그를 한 번 힐끗 쳐다보다.

【瞥见】piējiàn 動 힐끗 보다. 언뜻 보다. ¶他一眼～了我｜그는 나를 한 번 힐끗 쳐다봤다 =〔瞥视〕

piě ㄆㄧㄝˇ

【苤】piě 양배추 별

⇒〔苤蓝〕

【苤蓝】piě·lan 舊piě·la) 名❶〈植〉구경(球茎) 양배추. ❷구경 양배추의 줄기 ‖ =〔球茎甘蓝qiújīnggānlán〕〔苤兰〕

4【撇】piě ☞ 撇piē Ⓑ

pīn ㄆㄧㄣ

2【拚】pīn ☞ 拚 pàn Ⓑ

【姘】pīn 남녀몰래붙을 병

動 야합하다. 부부가 아닌 남녀가 같이 살다. ¶～居jū↓ ¶～夫fū↓

【姘夫】pīnfū 名 정부(情夫) 내연(內緣)의 남편. ¶她有一个～｜그녀는 정부가 있다.

【姘居】pīnjū 動 (정식 결혼을 하지 않고) 동거하다. ¶他们～了好几年｜그들은 여러해 동안 동거했다.

【姘头】pīn·tou 名 정부(情夫·情婦) 사통한 남녀. ¶搭dā～ =〔㊀轧gá姘头〕｜남녀가 서로 사통(私通)하다. 밀통(密通)하다 =〔拼头pīntóu〕

2【拼】pīn 붙일 병/평

動❶하나로 합치다. 맞붙이다. 짜맞추다. 연접하다. ¶～图案tú'àn｜도안을 짜맞추다. ¶～音↓ ¶把两块木版～起来｜나무 판자 두 쪽을 맞붙이다 =〔拚〕❷끌어 모으다. 긁어 모으다. ¶东～西凑còu｜여기 저기서 긁어 모으다. ❸필사적이 되다. 목숨을 걸다. ¶～到底｜끝까지 하다. ¶～体力tǐlì｜온 힘(체력)을 다하다. ¶～命↓ ¶～火｜정면 대결하다. ¶～出死命来干gàn｜목숨을 걸고 하다 =〔拚pīn〕❹돌보지 않다. 상관하지 않다. ¶我～着她一场责备zébèi, 好减除jiǎnchú我些痛苦tòngkǔ｜내가 그녀에게 한 차례 야단맞는 것 쯤은 상관하지 않겠다. 내 고통이 조금이라도 가벼워진다면《謝冰心·寄小讀者》❺견디다. 버티다. ¶身子～不起这样的累活儿lèihuór｜이렇게 힘든 일은 몸이 견딜 수 없다.

【拼版】pīn/bǎn ❶動〈印出〉조판하다. 판을 짜다. ❷(pīnbǎn) 名 (신문 등의) 큰 조판. ¶～台tái｜정판대(整版臺)

4【拼搏】pīnbó 動 필사적으로 싸우다. 목숨을 걸고 쟁취〔쟁탈〕하다. ¶努力nǔlì～,勇夺yǒngduó冠军guànjūn｜필사적으로 노력하여 1등을 하다.

【拼刺】pīncì ❶動 총검술으로 싸우다. 총검술 훈

련을 하다. ¶和敌人～ | 적과 총검으로 싸우다. ❷⇒〔拼刺刀②〕

【拼刺刀】pīncìdāo ❶名 총검. ❷(pīn cìdāo) 백병전을 하다. 육박전을 하다 =〔拼刺②〕

【拼凑】pīn/còu 動 모으다. 끌어 모으다. 규합하다. ¶把这些材料～成一篇论文 | 이 자료들을 모아 논문을 만들다.

【拼接】pīnjiē 動 이어 맞추다. 모아 맞추다. ¶把几块木板mùbǎn～在一起 | 널판지 몇 조각을 이어 맞추다.

【拼劲儿】pīnjìnr 名 열정. 열의. 의욕. ¶他有一股子gǔzi～ | 그는 열정이 있다.

[2]【拼命】pīn/mìng 動 ❶ 목숨을 걸다. 목숨을 내던지다. ¶～厮杀sīshā | 목숨을 걸고 서로 죽이다 =〔破pò命〕 ❷喩 필사적으로 하다. 적극적으로 하다. ¶～地劳动着 | 필사적으로 노동(일)을 하고 있다. ¶～干活儿 | 필사적으로 일을 하다. ¶～工作 | 온 힘을 다해 일하다. ¶～也拼不过他 | 필사적으로 해도 그를 당해낼 수 없다. ❸(인체 기관·기계 등이) 활발하게 활동하다. 활발하게 움직이다. ¶唾液腺tuòyìxiàn～活动了起来 | 침샘이 왕성하게 활동하기 시작했다 ‖ =〔并骨②〕〔并bìng命〕〔对duì命〕〔豁huō命〕

【拼盘(儿)】pīnpán(r) 名 여러 종류의 「凉菜liángcài」를 한 접시에 담은 요리. ¶上了三个～ | 세 접시의 요리를 내왔다.

【拼抢】pīnqiǎng 動〈體〉(구기경기에서) 사력을 다하여 뺏다. ¶双方～激烈jīliè | 쌍방이 격렬히 공을 다투다.

【拼杀】pīnshā 動 목숨을 걸고 싸우다.

【拼死(儿)】pīnsǐ(r) 動 죽음을 무릅쓰다. 목숨을 걸다. ¶他～的抵抗dǐkàng | 그는 목숨을 걸고 저항한다.

【拼死拼活】pīn sǐ pīn huó 成 ❶ 필사적으로 투쟁하다〔몸부림치다〕 죽을둥 살둥 하다. ¶～干 | 죽을둥 살둥 일하다. ❷ 온 정력〔힘〕을 다하다〔쏟다〕 ¶他整天～地干 | 그는 진종일 온 힘을 다해 일하다.

【拼写】pīnxiě 動「拼音字母」로 표기하다. ¶照汉语拼音方案～汉字 | 한자 병음 방안에 따라 한자를 표기하다.

【拼音】pīnyīn 動 ❶ 음소(音素)를 결합하여 한 음절로 만들다. ❷ 표음 문자(表音文字)로 표기하다.

【拼音文字】pīnyīn wénzì 名組 표음 문자(表音文字) ¶汉字hànzì不是～ | 한자는 표음문자가 아니다.

【拼音字母】pīnyīn zìmǔ 名組〈言〉❶ 표음(表音) 문자. ❷「汉语拼音方案」에서 채택된 26개의 로마자.

【拼争】pīnzhēng 動 사력을 다해 빼앗다.

【拼装】pīnzhuāng 動 한데 모아〔이어〕 조립하다〔맞추다, 설치하다〕

【拼缀】pīnzhuì 動 ❶ 잇다. 연결하다. ❷ 조합하다. 결합하다. 모으다.

pín ㄆㄧㄣˊ

3【贫(貧)】pín 가난할 빈, 모자랄 빈 形 ❶ 가난하다. 빈궁하다. ¶～民↓ ⇔〔富fù①〕→〔穷qióng①〕 ❷ 부족하다. 결핍되다. ¶～血症xuèzhèng | 빈혈증. ¶知识zhīshí～乏fá | 지식이 빈약하다. ❸ 말이 많다. 수다를 떨다. ¶她的嘴太～ | 그녀는 너무 수다스럽다 =〔频②〕 ❹ 인색하다. 쩨쩨하다. ¶～气↓ ❺方 상스럽다. ¶嘴zuǐ～ | 말하는 것이 품위가 없다.

【贫病交加】pín bìng jiāo jiā 成 빈곤과 질병이 연이어 닥쳐오다.

【贫道】píndào 名謙 빈승 (중이나 도사(道士)가 자기자신을 낮추어 일컫는 말) ¶～从五台山来 | 빈승은 오대산에서 왔습니다.

[4]【贫乏】pínfá ❶形 빈궁하다. 가난하다. ¶他家境jiājìng～ | 그는 집이 가난하다 =〔書 贫薄pínbó〕 ❷形 부족하다. 빈약하다. 결핍되다. ¶生活经验jīngyàn～ | 생활 경험이 부족하다. ¶语言～ | 말이 따분하다〔단조롭다〕 ❸名 빈궁. 가난. 부족. 결핍.

【贫骨头】píngǔ·tou 名方 ❶ 옹졸한 인간. 인색한〔근성이 천한〕 인간. ❷ 수다장이.

【贫寒】pínhán 形 빈한하다. 빈곤하다. 곤궁하다. 가난하다. ¶他出身～,靠努力当上了大官 | 그는 출신이 빈한하지만 노력하여 높은 벼슬에 올랐다. ¶他是个～人 | 그는 가난한 사람이다.

【贫化】pínhuà〈鑛〉❶動(채취한 광물 속에) 유용 광물의 함유량이 낮아지다. ❷名 유용 광물의 함유량이 낮은 것.

【贫话】pínhuà 名 쩨쩨한 이야기. 인색한 말.

【贫瘠】pínjí 書形 척박하다. 메마르다. ¶土地tǔdì～ | 땅이 척박하다. ¶～的土壤tǔrǎng | 메마른 토양.

【贫贱】pínjiàn ❶書形 빈천하다. 가난하고 지위가 낮다. ¶～之交 | 成 빈천했을 때의 교유(交遊) ¶～不移 | 成 빈천해도 뜻을 바꾸지 않다. ❷名謙 가난한 사람.(가난한 사람이 스스로를 일컫는 겸양의 말.)

【贫劲儿】pínjìnr 名 ❶ 말이 많은 모습. 수다스런 모습. ❷ 속된 티. 궁상 맞은 태도.

【贫居闹市无人问】pínjū nàoshì wú rén wèn 諺 집이 빈한하면 번화한 거리에 살아도, 찾아오는 이가 없다. ¶～, 富在深山有远亲 | 諺 집이 빈한하면 번화한 거리에 살아도 찾아오는 사람이 없고, 집이 부유하면 깊은 산속에 살아도 먼 친척이 찾아온다.

[3]【贫苦】pínkǔ ⇒〔贫穷qióng〕

【贫矿】pínkuàng 名〈鑛〉빈광(貧鑛) ¶抛弃pāoqì～ | 빈광을 버리다.

[4]【贫困】pínkùn ⇒〔贫穷qióng〕

[4]【贫民】pínmín 名 빈민. ¶城市chéngshì～ | 도시 빈민.

【贫农】pínnóng 名 빈농. ¶他出身～ | 그는 빈농 출신이다.

【贫气】pín·qi 形 ❶(행동·태도가) 쩨쩨하다. 인색하다. 옹졸하다. ¶这孩子太～ | 이 아이는 너무 쩨쩨(옹졸)하다. ❷ 수다스럽다. 귀찮다. 장황

하다 ‖ =〔贫相xiàng②〕〔贫厌yàn〕

2【贫穷】pínqióng ❶名 빈곤. 곤궁. ❷形 빈곤하다. 곤궁하다. ¶生活shēnghuó～ | 생활이 빈곤하다. ¶摆脱bǎituō了～ | 빈곤에서 벗어났다 =〔贫苦〕〔贫困〕

【贫弱】pínruò 形 (국가·민족이) 빈약하다. 가난하고 약하다. ¶他是一个～书生 | 그는 가난(빈약)한 서생이다.

【贫僧】pínsēng 名 謙 빈승(貧僧)(중이 자신을 낮추어 일컫는 말) =〔贫衲nà〕

【贫下中农】pínxiàzhōngnóng 名組 하층빈농과 하층중농.

【贫相】pínxiàng ❶名 궁하게 생긴 몰골. 궁상. ❷ ⇒〔贫气〕

【贫血】pínxuè 名 빈혈. ¶～症 | 빈혈증. ¶脑nǎo～ | 뇌빈혈. ¶再生障碍性zhàngàixìng～ | 재생 불능성 빈혈.

【贫油】pínyóu ❶名 빈유(貧油) ¶～国 | 빈유국. ❷動 석유 자원이 부족하다.

【贫嘴】pínzuǐ ❶名 당치 않은 말을 자꾸 함. ¶耍shuǎ～ | 당치 않은 말을 자꾸하다. 억지부리다. ❷形 수다스럽다. ¶你也太～了 | 너도 너무 수다스럽다.

【贫嘴薄舌】pín zuǐ bó shé 成 말이 많고 경박하다. 수다스럽고 경박하다.

【嫔(嬪)】pín 아내 빈, 궁녀 빈

書名 ❶敬 부인(에 대한 미칭(美稱)). ❷ 임금의 첩. ¶妃fēi～ | 비빈(妃嬪) 황제의 정실과 소실. ❸ 고대 궁중의 여관(女官) =〔嫔嫱qiáng〕

【嫔嫱】pínqiáng 名 빈장 [고대 궁중(宮中) 여관(女官)]

4【频(頻)】pín 자주 빈

❶副 자주. 누차(屢次) 여러 번. ¶他好学hàoxué,～来问询wènxún | 그는 배우기를 좋아하여 자주 질문을 한다. ¶～～点头diǎntóu | 여러 번 고개를 끄덕이다. ❷形 말이 많다. 장황하다. ¶做事太～ | 하는 일이 너무 장황하다(번거롭다) =〔贫③〕 ❸名 〈物〉 주파수(周波數) ¶音～ | 가청(可聽) 주파수. ¶～率lǜ↓ ❹「颦」과 같음 ⇒〔颦pín〕 ❺書形 급박하다 절박하다. ¶国步斯sī～ | 국운이 급박하다《詩經·大雅·桑柔》

【频传】pínchuán 動 자주 전해오다. 자꾸 들려오다 [주로 좋은 소식을 가리킴] ¶捷报jiébào～ | 승리의 소식이 자꾸 전해지다. ¶喜讯xǐxùn～ | 희소식이 연이어 전해오다.

【频带】píndài 名 〈物〉 주파수대(帶)

【频道】píndào 名 〈電氣〉 채널. ¶调tiáo～ | 채널을 맞추다. ¶一～ | TV의 제 일 채널.

4【频繁】pínfán 形 빈번하다. 잦다. ¶～地接触jiēchù | 빈번히 접촉하다. ¶两国人民之间交往～ | 두 나라 국민 사이의 왕래가 빈번하다 =〔频烦fán〕

4【频率】pínlǜ 名 ❶ 주파수. ¶～表biǎo | 주파수표. ¶～计jì | 주파수계 =〔周zhōu率〕 ❷ 빈도(頻度)

【频频】pínpín ⇒〔频数 ⓑ ②〕

【频仍】pínréng ❶書動貶 잦다. 빈발(頻發)하다. ¶战事～ | 전쟁이 빈발하다. ❷副 빈번히. 자주. 여러 차례.

【频数】ⓐ pínshù 名 (통계의) 도수(度數) ⓑ pínshuò ❶書形 횟수가 많고 연속되다. ❷副 자주. 빈번히. 여러 번. ¶～招手zhāoshǒu | 자꾸 손짓하다 =〔書 频频〕

【颦(顰)〈嚬〉】pín 찡그릴 빈

書動 눈살을 찌푸리다. ¶一～一笑xiào | 눈살을 찌푸렸다 웃다 하다 =〔频pín④〕

【颦蹙】píncù 書動 눈살을 찌푸리다. 상을 찡그리다. 불쾌한 표정을 짓다. 못마땅한 얼굴을 하다 =〔颦眉méi〕〔频蹙cù〕

【颦眉】pínméi ⇒〔颦蹙〕

pǐn ㄆㄧㄣˇ

2【品】pǐn 가지 품, 품수 품

❶ 물품. ¶舶来bólái～ | 박래품(舶來品) ¶日用～ | 일용품(일용품) ¶战利zhànlì～ | 전리품. ¶非卖fēimài～ | 비매품. ¶赠zèng～ | 증정품. ¶商shāng～ | 상품. ❷ (물건의) 등급. ¶上～ | 상등품. ¶下～ | 하등품. ❸書名 옛날, 과거의 등급. ¶一～ | 일품. ¶九～ | 구품 =〔品级jí①〕〔品秩zhì〕 ❹ 종류. ¶多样～种 | 다양한 품종. ❺ 인품. 품위. ¶酒～ | 술버릇. ¶人～ | 인품. ❻ 작품. ¶妙miào～ | 절묘한 작품. ¶神shén～ | 신의 경지에 이른 작품. ❼書動 품평(品評)하다. 轉 음미하다. 맛보다. ¶～一～从家乡jiāxiāng带来的高粱酒gāoliángjiǔ | 고향에서 가져온 고량주를 맛보다. ¶～人是非 | 사람에 대해 옳고 그름을 평하다. ¶～茶↓ ❽書動 (관악기, 주로 소(簫)를) 불다. ¶～竹弹丝zhútánsī↓ ❾名 簡 〈度〉「品脱pǐntuō」(파인트;pint)의 약칭. ❿書形 많다. ¶～物 | 여러가지 물건 ⓫ (Pǐn) 名 성(姓)

【品茶】pǐn/chá 動 차의 맛을 보다. 차의 맛을 즐기다. ¶他很会～ | 그는 차의 맛을 볼 줄 안다 =〔品茗míng〕

4【品尝】pǐncháng 書動 맛보다. 시식(試食)하다. 자세히 식별하다. ¶～食品shípǐn | 음식을 맛보다. ¶～鉴定jiàndìng | 시식해서 감정을 하다.

3【品德】pǐndé 名 인품과 덕성(德性) ¶～高尚gāoshàng | 인품과 덕성이 높다.

【品第】pǐndì ❶書動 우열을 가리다. 우열을 평정(評定)하다. ❷書名 등급. 지위.

【品定】pǐndìng 動 품평(品評)하다. 평가하다.

【品格】pǐngé 名 ❶ 성품. 품행. ¶他学问好,～也好 | 그는 학문도 뛰어나고 성품도 좋다. ❷ (문학이나 예술 작품의) 풍격.

【品红】pǐnhóng 名 ❶ 〈色〉 담홍색. ❷ 〈染〉 당홍(唐紅)

【品级】pǐnjí 名 ❶ 옛날, 관리의 등급. ❷ (물품의) 등급.

【品节】pǐnjié 名 ❶ 품행(品行)과 절조(節操) ❷書 품급(品級)과 제한(制限)

P

【品酒】pǐn/jiǔ 動❶술을 맛보다. ❷술을 음미하면서 천천히 마시다.
【品蓝】pǐnlán 名〈色〉남자색(藍紫色)
【品类】pǐnlèi 書名종류. 품종.
【品绿】pǐnlǜ 名〈色〉짙은 녹색.
【品貌】pǐnmào 名❶용모. ¶～俊俏jùnqiào | 용모가 빼어나다. ❷인품과 용모. ¶～兼优yōu | 인품과 용모가 모두 뛰어나다.
【品名】pǐnmíng 名품명.
【品目】pǐnmù 名품목. ¶～繁多 | 품목이 많다.
【品评】pǐnpíng 動품평하다. ¶～是非 | 옳고 그름을 가리다 ＝〔品议yì〕
【品题】pǐntí 書❶動(인물·작품 등을) 논평하다. ❷名부류(部類)의 제목.
【品头论足】pǐn tóu lùn zú 成할 일 없는 사람들이 멋대로 부녀자의 용모를 평가하다. 아무렇게나 평가하다. 사소한 잘못을 들추어 내다. ¶他们最爱对新来者～ | 그들은 새로 온 사람에 대해 이러쿵 저러쿵 아무렇게나 평가하기를 좋아하다 ＝〔品头品足〕〔品头评píng足〕〔评头论足〕〔评头品足〕
【品位】pǐnwèi 名❶품위. 품격과 지위. ❷〈鑛〉품위. ❸書관품(官品)의 지위(地位) ¶～很高 | 관품의 지위가 아주 높다.
【品味】pǐnwèi ❶動맛보다. ¶这是我亲手调制tiáozhì的, 请大家～ | 이것은 제가 직접 만든 것이니, 모두들 맛보시기 바랍니다. ❷書名요리.
[4]【品行】pǐnxíng 名품행. 몸가짐. ¶～端方duānfāng ＝〔品行端正zhèng〕| 품행이 방정하다.
【品性】pǐnxìng 名품성. ¶老师对我们每个同学的～都十分了解 | 선생님께서는 우리 학생들 개개인의 품성을 아주 잘 알고 계신다.
【品学】pǐnxué 名품행과 학문. ¶～兼优jiānyōu | 품행과 학문이 모두 뛰어나다.
【品月】pǐnyuè 名〈色〉엷은 남색 ＝〔浅蓝色qiǎnlánsè〕
【品藻】pǐnzǎo 書動(인물을) 품평하다.
[3]【品质】pǐnzhì 名❶품성. 소질. 인품. ¶他那崇高chónggāo的～,永远yǒngyuǎn是我们学习的榜样bǎngyàng | 그의 그런 고상은 품성은 우리가 배워야(본받아야) 할 영원한 모범(본보기)이다. ❷품질. ¶～优良yōuliáng | 품질이 우수하다.
[2]【品种】pǐnzhǒng 名❶〈生〉품종. ¶优良yōuliáng～ | 우량품종. ¶改良gǎiliáng～ | 품종을 개량하다. ❷품종. 물품의 종류 ＝〔品色〕
【品竹弹丝】pǐn zhú tán sī 成관악기를 불고 현악기를 뜯다〔켜다〕악기를 연주하다.

【榀】pǐn 집뼈대 품
量집뼈대. 골조 [가옥의 뼈대 구조를 세는 양사] ¶一～房架fángjià | 집 한 채의 뼈대 구조.

pìn ㄆㄧㄣˋ

【牝】pìn 암컷 빈
❶동물의 암컷. (일부 식물의) 암나무. ¶～牡mǔ | 암수. ¶～牛 | 암소 ⇔〔牡mǔ〕→〔母mǔ③〕〔女nǚ④〕❷書名자물쇠의 열쇠구멍. ❸書名계곡. 골짜기.
【牝鸡司晨】pìn jī sī chén 成암탉이 새벽을 알리다. 여자가 권력을 가지다. 부인이 좌지우지 하다 ＝〔雌cí鸡报晓〕

4【聘】pìn 찾을 빙, 부를 빙
動❶부르다. 초빙하다. ¶～教授jiàoshòu | 교수를 초빙하다→〔请qǐng②〕〔延yán③〕〔邀yāo①〕❷口시집가다. ¶出～ | 출가하다. ❸書정부를 대표하여 우방(友邦)을 방문하다. ¶报bào～ | 답방(答訪) ¶～使往来 | 국사(國使)가 왕래하다→〔聘问pìnwèn〕
【聘金】pìnjīn 名(약혼때 신랑측에서 신부측으로 보내는) 지참금. 또는 금품. ¶下厚重hòuzhòng的～ | 많은 금품을 보내다 ＝〔聘银yín〕→〔彩cǎi礼〕
【聘礼】pìnlǐ 名❶(사람을 초청할 때 경의를 표하는 의미로 주는) 예물. ❷(신랑집에서 신부집에 보내는) 예물 ‖ ＝〔聘物wù〕❸제후(諸侯)가 대부(大夫)를 다른 나라에 문안 보내는 예(禮) ❹(Pìnlǐ)〈書〉의례(儀禮)의 편명(篇名)
[4]【聘请】pìnqǐng 動초빙하다. ¶拟nǐ～一位教授 | 교수님 한분을 초청하기로 하다. ¶～专家zhuānjiā | 전문가를 초빙하다→〔邀yāo请〕
[4]【聘任】pìnrèn 動초빙하여 임용하다. 초빙하여 직무를 맡기다. ¶～校长一职 | 교장자리를 초빙하여 임용하다＝〔聘用〕
【聘书】pìnshū 名초빙장. 초청장.
【聘问】pìnwèn 書動사절을 보내다. 정부를 대표하여 우방을 방문하다.
[4]【聘用】pìnyòng ⇒〔聘任〕

pīng ㄆㄧㄥ

2【乒】pīng 물건부딪치는소리 병
❶擬물건이 서로 부딪치거나, 불꽃이 터지거나 튀는 소리. ¶～的一声枪响qiāngxiǎng | 탕하고 총소리가 났다. ❷탁구. ¶～乓球↓
【乒乓】pīngpāng ❶擬빵빵. 투닥투닥 [서로 부딪치는 소리] ¶鞭炮biānpào乒乒乓乓地响 | 폭죽이 빵빵하고 소리를 내며 터지다. ❷⇒〔乒乓球①〕
[2]【乒乓球】pīngpāngqiú 名❶탁구. 핑퐁. ¶打～ | 탁구를 치다. ¶～具jù | 탁구 용구(用具) ¶～拍pāi ＝〔乒乓板bǎn〕| 탁구 라케트. ¶～台 | 탁구대 ＝〔乒乓②〕❷탁구공.
【乒坛】pīngtán 名탁구계. ¶～新星xīnxīng | 탁구계의 새별.

【俜】pīng 고독할 병
⇒〔伶líng俜〕

【娉】pīng 예쁠 병
⇒〔娉婷〕
【娉婷】pīngtíng 書❶狀(자태가) 아름답다. ¶～美女 | 아름다운 미녀. ❷名미녀.

píng ㄆㄧㄥˊ

1【平】píng 편할 평, 고를 평
❶形평평〔평탄〕하다. 반반하다. ¶～坦tǎn的马路mǎlù | 평탄한 신작로. ¶把纸鋪zhǐ-

pù～了｜종이를 판판하게 폈다. ❷形 평온하다. 잠잠하다. ¶风～浪静làngjìng｜바람이 자고 물결이 잠잠하다. ¶心～气和｜成 마음이 평온하고 온화하다. ❸形方 값이 싸다. ¶价钱很～｜값이 싸다. ❹形 같은 정도이다. 수준이 같다. 같은 높이로 되다. ¶打成十二～｜12대 12 타이스코어가 되었다. ¶十五比十五～, 成了刁士diāoshì｜15대 15로 듀스가 되었다. ¶水涨zhǎng得～了河岸héàn｜물이 강둑까지 불었다. ¶～记录jìlù｜세계 타이 기록. ¶～槽↓ ¶～列↓ ❺動 평평하게 하다. ¶～了三亩mǔ地｜3묘의 땅을 평평하게 골랐다. ¶熨yùn～｜다림질하여 반반하게 하다. ❻動 평정하다. 진압하다. ¶～乱↓ ❼動 (노기를) 억누르다. ¶把气～下去!｜노여움을 가라 앉히시오. ❽形 균등하다. 공평하다. ¶持～之论｜공평한 이론. ❾形 보통의. 일반적인. ¶～时↓ ¶～淡↓ ¶～～无奇｜평범하여 보통과 다를바가 없다. ❿名簡 평성(平聲) [중국어의 사성(四聲)의 하나] ¶～仄↓ ¶～上去入↓→[平声] ⓫ 저울. ¶过～｜저울로 달다. ⓬(Píng) 名簡〈地〉「北平」(북평)의 약칭 [「北京」을 국민당 정부에서 부르는 말] ⓭(Píng) 名 성(姓)

²【平安】píng'ān 形 평안하다. ¶四季jì～｜내내 평안하다. ¶～无事｜威 평안 무사하다. ¶祝您一路～｜여행중 편안하시기를 바랍니다.

【平白】píngbái 副 이유없이. 공연히. 까닭없이. 뻔하게 알면서. ¶～无故｜아무 이유없이. ¶～挨āi一顿骂dùnmà｜까닭없이 한바탕 욕을 먹다 =[凭白píngbái]

【平板】píngbǎn ❶形 평범하다. 단조롭다. ¶故事～｜이야기가 단조롭고 평범하다. ¶～无奇｜특이한 것이 없이 평범하다. ❷形 평평하다. ❸名 용해된「铁tiě水」(쇳물)를 부어 넣어 주물(鑄物)을 주조하는 주형(鑄型) ❹名〈機〉정반(定盤)

【平板(儿)车】píngbǎn(r)chē ❶名 (화물을 실어 나르는) 리어카식 삼륜차. ¶拉lā～｜삼륜차를 끌다 =[平板三轮lún][江 黄鱼车huángyúchē] ❷名 트레일러(trailer) 부수차.

【平板仪】píngbǎnyí 名 평판 측량기.

【平版】píngbǎn 名〈印出〉평판 [오프세트인쇄]

【平辈(儿)】píngbèi(r) 名 ❶ (가족이나 친척 사이의) 같은 항렬이나 같은 연배의 사람. ¶～之间也要互相尊重zūnzhòng｜동년배간에도 서로 존중해야 한다. ❷ (선후배 관계에서) 동배.

【平步登天】píng bù dēng tiān 威 ❶ 단번에 높은 지위에 오르다. ❷ 단번에 높은 수준에 이르다. ¶物价～地涨zhǎng起来了｜물가가 급격하게 오르기 시작했다. ❸ 과거(科擧)에 합격하다. 벼슬길에 나아가다 ‖ =[平步登云yún][平步青云qīngyún][平地登天]

【平步青云】píng bù qīng yún ⇒[平步登天]

【平槽】píng/cáo 動 ❶ 수위가 둑의 높이까지 이르다. ¶雨下得平了槽｜강물이 둑 높이까지 찰 정도로 비가 많이 내렸다. ❷ 그릇에 물이 찰랑찰랑하다. ¶放～水｜물을 그릇에 찰랑거리도록 가득 채우다.

【平产】píngchǎn ❶名 평년작. ¶能保个～｜평년작을 유지할 수 있다. ❷名 순산. ❸動 순산하다 =[安ān产][顺shùn产]

²【平常】píngcháng ❶名 평소. 평시. ¶这个词儿～很少用｜이 낱말은 평소에는 거의 쓰이지 않는다 =[平日②][平素sù] ❷形 보통이다. 수수하다. 일반적이다. 뛰어나지 않다. ¶成绩chéngjì～｜성적은 보통이다.

【平畴】píngchóu 書名 평지. 평평한 논밭. ¶～万里wànlǐ｜만리평야.

【平川(地)】píngchuān(dì) 名 ❶ 평야. 평원. ¶～旷野kuàngyě｜평원과 광야. ❷ 도로가 평탄한 것. ¶～大道｜평탄한 대로.

【平淡】píngdàn 形 평범하다. 단조롭다. 무미 건조하다. 수수하다. ¶这种生活太～｜이런 생활은 너무 단조롭다. ¶～无味｜무미 건조하다.

²【平等】píngděng ❶名 평등. 대등. ¶～互利hùlì｜호혜 평등. ¶～原则yuánzé｜평등 원칙. ¶～待遇dàiyù｜평등 대우. ¶～互惠hùhuì｜호혜평등.

【平籴】píngdí 動 옛날, 정부가 풍년에 곡물을 매입 보관하였다가 흉년에 방출하다.

【平地】píng/dì ❶動 땅을 평평하게 고르다. ¶～机jī｜그레이더(grader) ❷(píngdì) 名 평지 =[方平阳] ❸(píngdì) 名 아무 것도 없는 곳.

【平地登天】píng dì dēng tiān ⇒[平步登天]

【平地风波】píng dì fēng bō 威 ❶ 뜻밖의 재난. 날벼락. ¶直是～,他被人诬陷wūxiàn了｜정말 뜻밖의 날벼락이다. 그가 사람들에게 모함을 당하다니. ❷ 평지 풍파를 일으키다.

【平地木】píngdìmù ⇒[紫zǐ金牛]

【平调】píngdiào ❶名 하북지방 전통 희곡의 하나. ❷名 정상 상태. 보통 상황. ❸動 (개인 혹은 기관·단체의 자금 등을) 무상으로 조달하여 사용하다.

【平定】píngdìng ❶形 (마음 등이) 차분하게 가라앉다. 차분하다. 평온하다. ¶他的情绪qíngxù现在才～下来｜그의 기분이 지금에야 가라앉았다. ❷動 (반란 등을) 평정하다. 진압하다. ¶～暴乱bàoluàn｜난을 평정하다.

【平动】píngdòng 名〈物〉등속도 운동 =[平移píngyí②]

³【平凡】píngfán 形 평범하다. ¶～的生活shēnghuó｜평범한 생활 =[平平凡凡]

【平反】píngfǎn 動 ❶ 오류를 바로잡다. 정정하다. ¶错了就要～｜틀렸으면 바로 정정해야 한다. ❷ 잘못 판결한 것을 시정하다. 억울한 누명을 벗겨주다. 명예를 회복시켜 주다. ¶～昭雪zhāoxuě｜누명을 벗겨 주다. ¶～判词pàncí｜(항소·상고심에서) 판결을 기각하다. ❸ 반란을 평정하다.

【平泛】píngfàn 形 (문장등이) 평범하다. (절실함이 없이) 무미건조하다.

²【平方】píngfāng 名〈數〉〈度〉제곱. 평방. ¶～米｜평방미터. ¶～根｜제곱근. ¶～公里｜평방킬로미터.

【平房】píngfáng 名 ❶ 단층집→[楼房lóufáng] ❷方 평지붕인 집 =[平台②]

【平分】píngfēn ❶動簡〈經〉「平均分配」(평등하게 나누다, 균분하다)의 약칭. 똑같이 나누다. ¶～兵力｜병력을 똑같이 나누다. ¶～土地｜토지를 고르게 분배하다. ❷名〈體〉듀스. ¶经过几次～之后, 他赢得yíngdé一局｜몇번의 듀스 끝에, 그는 한 세트를 따냈다. ❸名動중간 가리마(를 타다)

【平分秋色】píng fēn qiū sè 成 똑같이 나누(어 가지)다. 각각 절반씩 나누어 가지다. ¶兄弟两人～｜형제 둘이 똑같이 나누어 가지다.

【平愤】píng/fèn 動노여움을 가라앉히다. ¶为民～｜백성의 노여움을 가라앉게 해주다.

【平服】píngfú 動가라앉다. 진정되다. 승복하다. 납득하다. ¶他的愤怒fènnù已～｜그의 노기는 이미 가라앉았다.

【平复】píng·fu 動❶(질병이나 상처가) 회복되다. 아물다. ¶伤口～了｜상처가 아물었다. ❷평온한 상태로 돌아오다. ¶风浪fēnglàng渐jiàn渐地～了｜풍랑이 점차 가라앉았다.

【平光】píngguāng 形❶도수 없는. ❷반들반들하다. 미끈하다. ¶～清漆qīngqī｜연마 와니스.

【平巷】pínghàng 名〈鑛〉수평 갱도(水平坑道) 보통 갱도.

【平和】pínghé ❶形(성격이나 언행이) 온화하다. ¶情绪～｜성격이 온화하다. ¶～语气｜온화한 말씨. ❷形(약성(藥性)이) 부드럽다. ¶这种药药性～｜이런 종류의 약은 약성이 부드럽다. ❸動方(분쟁 등이) 멈추다. 정지하다.

[3]【平衡】pínghéng ❶名평형. 균형. ¶保持～｜평형을 유지하다. ❷名〈物〉평형. ❸動평형되게 하다. 균형있게 하다. ¶～收支shōuzhī｜수지를 균형있게 하다. ❹形평형하다. 균형이 맞다. ¶供需gōngxū大致～｜공급과 수요가 대체로 일치하다. ¶产销chǎnxiāo～｜생산과 판매가 균형이 맞다.

【平衡觉】pínghéngjué 名평형 감각.

【平衡木】pínghéngmù 名〈體〉❶평균대. ❷평균대 운동.

【平滑】pínghuá 形평평하고 미끄럽다. 매끈매끈하다.

【平滑肌】pínghuájī 名〈生理〉평활근(平滑筋) ＝〔平滑筋jīn〕

【平话】pínghuà 名송대(宋代)에 민간에 성행하던 구두 문학(口頭文學)의 일종으로, 「讲」(이야기)과 「唱」(노래)이 서로 엇섞여 있었으나, 점차 「讲」이 주가 됨《三國志平話》《五代史平話》등이 대표적임 ＝〔评话①〕

【平缓】pínghuǎn 形❶(땅이) 평탄하다. ¶地势dìshì～｜지세가 평탄하다. ❷(마음이나 말씨 등이) 온화하다. ¶语气yǔqì～｜말투가 온화하다.

【平级】píngjí ❶名동급. 같은 등급. ¶～的官员｜동급 관리. ❷動동급〔같은 등급〕으로 하다.

【平假名】píngjiǎmíng 名평가명. 히라가나(ひらかな)〔일본 문자의 하나〕

【平价】píngjià ❶動물가를 안정시키다. ❷名적정가격. 공정 가격. 보통 가격. ¶～出售chūshòu｜공정한 가격에 팔다. ❸名方싼 값. ❹名한 나라의 본위 화폐가 정한 함금량(含金量) 또는 두 금본위 혹은 은본위 국가 사이의 본위 화폐의 법정(法定) 함금량이나 함은량의 비교 가치.

【平角】píngjiǎo 名〈數〉평각.

【平金】píngjīn 名❶넓고 평평하게 늘인 금박(金箔) ❷꽃무늬 수〔금은 색실로 수 놓은 것〕＝〔并bìng金〕〔压yā金线〕

【平靖】píngjìng ❶動평정(平定)하다. ¶～叛乱pànluàn｜반란을 평정하다. ❷形(사회가) 평온하다.

[2]【平静】píngjìng 形❶(상황·환경 등이) 평온하다. 평정하다. ¶～的海面hǎimiàn｜잔잔한 해면. ❷(태도·감정 등이) 조용하다. 고요하다. 차분하다. ¶心里很不～｜마음이 몹시 뒤숭숭했다.

【平局】píngjú 名무승부. 동점. ¶比赛bǐsài最后打成～｜경기는 결국 동점으로 끝났다 ＝〔和hé局①②〕

【平剧】píngjù 名〈演映〉「京剧jīngjù」(경극)의 다른 이름.

[2]【平均】píngjūn ❶形평균하다. 균등히 하다. 고르게 하다. ¶～发展fāzhǎn｜균등히 발전하다. ❷名形균등. 평균. 균등한. 평균의. 평균적인. ¶～成绩chéngjì｜평균성적. ¶～速度sùdù｜평균 속도. ¶～寿命shòumìng｜평균 수명 ‖ ＝〔均平〕

【平均利润】píngjūn lìrùn 名〈經〉평균 이윤

【平均律】píngjūnlǜ 名〈音〉평균율. ¶十二～｜12 평균율 음계.

【平均数】píngjūnshù 名〈數〉평균.

【平均主义】píngjūn zhǔyì 名절대 평등 주의. ¶反对fǎnduì～｜절대 평등주의를 반대하다.

【平空】píngkōng ❶名공중. 허공. ❷⇒〔凭píng空〕

【平列】píngliè ❶動병렬하다. 나란히 배열하다. 동일시하다. ¶不能把这些因素yīnsù～起来分析｜이러한 인소를 동일시해서 분석해서는 안된다. ❷名같은 급. 동급.

【平流】píngliú 名〈天〉이류(移流) 수평류(水平流)

【平炉】pínglú 名평로 ＝〔马丁炉〕〔西门子马丁炉〕

【平乱】píng/luàn ⇒〔平叛〕

【平米】píngmǐ 名簡〈度〉「平方米」 평방 미터(meter)의 약칭.

[4]【平面(儿)】píngmiàn(r) 名평면. ¶～三角法sānjiǎofǎ｜평면삼각법.

【平面波】píngmiànbō 名〈物〉평면파.

【平面几何】píngmiàn jǐhé 名組〈數〉평면 기하(학)

【平面镜】píngmiànjìng 名〈物〉평면 거울.

【平面图】píngmiàntú 名평면도. ¶画huà了一张～｜평면도를 한 장 그렸다.

[4]【平民】píngmín 名평민. 일반인. 일반 대중. ¶炸死zhàsǐ了许多～｜많은 일반인을 죽이다.

【平明】píngmíng 書名❶새벽. ❷공명 정대

【平年】píngnián 名❶평년 ⇔〔闰rùn年〕 ❷수확이 평년작인 해.

【平叛】píngpàn 動반란을〔난리를〕 평정하다 ＝〔平乱〕

【平平】píngpíng ❶形보통이다. 평범하다. ¶～无奇wúqí｜평범하여 보통과 다른 데가 없다. ¶

成绩chéngjì～ | 성적이 보통이다. ❷形 안정되어 평온 무사하다. 평온하며 잘 다스려지고 있다. ¶王道～ | 나라가 잘 다스려져 평안하다. ❸動 가라앉히다. ¶～口气儿 | 말투를 가라앉히다.

【平平当当】píngpíng dāngdāng 狀 일의 진행이 순조롭다.

【平平(儿)】píngpíng(r) 狀 (많지도 적지도 않고) 꼭 알맞는. ¶～一斤 | 꼭 한 근.

【平铺直叙】píng pū zhí xù 成 ❶ (화려한 수식을 가하지 않고 글을) 진술하게 쓰다. ¶这篇文章～,缺少波澜起伏bōlánqǐfú | 이 문장은 너무 단조롭고 진술하며,기복이 부족하다. ❷ 글이 두드러지지 못하고 평범하다 ‖ ＝〔平直②〕

【平起平坐】píng qǐ píng zuò 成 똑같이 대하다. 지위나 권력이 동등하다. ¶师生之间可不能～ | 선생과 학생을 동등한 자격으로 대할 수 없다.

【平权】píngquán ❶名 평등권. ¶男女～ | 남녀 평등권. ❷動 권리를 동등히 하다.

[4]【平日】píngrì ❶名 (국경일·공휴일과 구별하여) 평일. ❷⇒〔平常①〕

【平绒】píngróng 名〈紡〉무명 벨벳(velvet) 면빌로도.

【平上去入】píng shǎng qù rù 名組 고대 중국어에서 평성(平聲)·상성(上聲)·거성(去聲)·입성(入聲)의 사성(四聲)→〔四声〕〔声调②〕

【平射】píngshè 名〈軍〉평사. ¶～炮pào | 평사포.

【平伸】píngshēn 動 평평하게 뻗다. 곧게펴다. ¶两腿liǎngtuǐ～的动作 | 두다리를 쭉 뻗는 동작.

【平身】píngshēn 動 (절을 하고 나서) 몸을 일으켜 꼿꼿이 서다. ¶免礼miǎnlǐ～ | 예의를 갖출 필요없이 바로 앉아라.

【平生】píngshēng 名 ❶ 평생. 일생. ❷ 평소. 종래. 여태까지.

【平声】píngshēng 名〈言〉평성 [고대 중국어에서 사성(四聲)의 하나로 현대 중국어에서 「阳平」(제2성)과 「阴平」(제1성)으로 나뉨]→〔四声〕〔仄zè声〕

[2]【平时】píngshí 名 평소. 보통때. 여느때. 평상시. ¶～不烧香shāoxiāng, 急时抱佛脚fójiǎo | 成 평소에는 불공을 드리지도 않고, 급할 때는 부처 다리에 매달린다. 급할 때 하느님 찾는다.

【平实】ⓐpíngshí 形 소박하다. 수수하다. ¶内容～ | 내용이 소박하고 수수하다.
ⓑpíng·shi⇒〔平坦〕

【平视】píngshì 動 정시(正視)하다. 똑바로 앞을 보다. ¶立正时两眼要～ | 차렷 자세에서는 두 눈을 똑바로 하고 앞을 보아야 한다 ＝〔衡héng视〕

【平手(儿)】píngshǒu(r) ⇒〔和hé局① ②〕

【平水】píngshuǐ 名 평수위. 평상시 바다나 강의 수위(水位)

【平水期】píngshuǐqī 名 강물 등이 정상 수위(正常水位)인 시기. ¶～很安全 | 평시에는 아주 안전하다 ＝〔中水期〕

【平顺】píngshùn 形 순탄하다. 순조롭다. ¶没想到工作进展得这么～!일이 이렇게 순조롭게 진전될 줄 몰랐다.

【平素】píngsù⇒〔平常①〕

【平仄】píngzè 名 평성과 측성 [고대 중국어 발음에서 평성·상성·거성·입성의 4성중 평성을 「平」이라 하고, 상·거·입성은 「仄zè」이라 하였으며, 작시법(作诗法)에서는 측성을 「仄声」이라고도 했음]

【平台】píngtái 名 ❶ 건조대. 테라스 ＝〔晒shài台①〕 ❷⇒〔平房②〕 ❸ 콘베이어. ❹〈体〉평균대. ❺〈化〉플랫폼(platform) ❻ 북경(北京)의 자금성(紫禁城) 안에 있는 고대(高台)의 명칭 [명대(明代)에 황제가 군신을 접견하던 곳]

[4]【平坦】píngtǎn 形 평탄하다. ¶～的大道 | 평탄한 대로. ¶地势～ | 지세가 평탄하다 ＝〔方 平实·shi〕

【平坦坦】píngtǎntǎn 狀 평평하다. 반반하다. ¶～的耕地gēngdì | 평평한 경지.

【平躺】píngtǎng 動 ❶ (세워져 있는 것을) 뉘다. ❷ 반듯이 눕다.

【平添】píngtiān 動 저절로 증가하다. 자연히 오르다〔더하다, 늘리다〕 ¶中山公园给周围居民～了许多乐趣lèqù | 중산공원은 주위의 주민들에게 많은 즐거움을 더해준다.

【平粜】píngtiào 動 옛날, 쌀 가격 조절을 위해 정부가 비축미를 방출하여 판매하다.

【平头】píngtóu ❶名 상고머리. ¶留liú～ ＝〔剃tì平头〕 | 상고머리로 깎다 ＝〔平顶头〕 ❷形 나머지가 없는. 끝수〔우수리〕가 없는 [숫자앞에 사용하여 우수리가 없는 일정 단위의 수를 표시함]→〔平头数〕 ❸形 머리가 평평한. ❹形 보통의. 평범한. ¶～百姓bǎixìng | 평범한 백성. ❺(píng/tóu) 動 우열이 없다. ¶他们平了头了 | 그들은 엇비슷하게 되었다. ❻名 팔병(八病)의 하나 [5언시(五言詩)의 제1자와 제6자, 제2자와 제7자에 같은 성(聲)의 글자를 쓰는 것]→〔八病〕

【平头数】píngtóushù 名 方 10·100·1000·10000 등 우수리가 없는 정수(整數)

【平头正脸(儿的)】píng tóu zhèng liǎn(rde) 狀 용모가 단정하다. 얼굴을 정면으로 향하다. ¶这小伙子huǒzi～的,很讨tǎo人喜欢xǐhuān | 이 아이는 용모가 단정하여 사람들의 사랑을 받는다.

【平妥】píngtuǒ 形 타당하고 적절하다. ¶用词yòngcí～ | 단어 사용이 매우 적절하다.

【平纹】píngwén 名〈紡〉평직(平織) ¶～织物zhīwù | 평직물.

[4]【平稳】píngwěn 形 평온하다. 안정되어 있다. 편안하다. 부드럽다. ¶这车开得又快又～ | 이 차는 빨리 달리면서도 안정되어 있다. ¶机器jīqì运转yùnzhuǎn～ | 기계가 부드럽게 작동하다.

【平西】píngxī 動 해가 서쪽으로 기울다. 해가 지다. ¶太阳～ | 해가 서산으로 넘어가다.

【平昔】píngxī 名 지난날. 평(상)시. 원래.평소. 본래.

【平息】píngxī 動 ❶ 평정하다. 진압하다. 수습하다. ¶～叛乱pànluàn | 반란을 평정하다. ❷ 평정되다. 가라앉다. 수습되다. 원상대로 돌아가다. ¶暴动bàodòng～了 | 폭동이 평정되었다.

【平心而论】píng xīn ér lùn 成 마음을 가라 앉히고 논하다. 솔직하게 말하다. 공평한 마음으로 논하다. 허심 탄회하게 논하다. ¶～, 这篇论文还

算不错｜냉정히 말해서, 이 논문은 그런대로 괜찮은 편이다.

【平心静气】píng xīn jìng qì 成 마음을 가라앉히고 감정에 사로잡히지 않다. 침착하다. ¶遇事要～｜일을 당하면 감정에 사로잡히지 말고 침착해야한다 ＝〔虚气平心〕

【平信】píngxìn 名 簡 (등기 우편이나 항공 우편 등에 대하여) 보통 우편. 보통 편지. ¶寄jì～｜보통 우편으로 부치다 ＝〔平常信(件)〕→〔平邮yóu〕

[3]【平行】píngxíng ❶ 區 (지위나 등급이) 대등한. 동등한. 동급의. ¶～机关jīguān｜동급의 관청. ¶～(公)文｜동급 관청 사이의 공문서. ❷ 名 〈數〉 평행. ❸ 動 병행하다. 동시에 행하다.

【平行(垫)铁】píngxíng(diàn) 名 물건을 만들 때, 재료의 밑에 까는 받침으로 쓰는 장방형(長方形)의 철괴(鐵塊)

【平行四边形】píngxíng sìbiānxíng 名 〈數〉 평행사변형 ＝〔平行方形〕

【平行线】píngxíngxiàn 名 평행선 ＝〔并行线〕

【平行作业】píngxíng zuòyè 名組 동시 작업. 병행작업. ¶进行jìnxíng～｜동시작업을 진행하다.

【平衍】píngyǎn 書 形 평평하고 넓다. 평평하게 펼쳐져 있다. ¶土地～, 一望无际yīwàngwújì｜땅이 평탄하게 펼쳐져 끝이 없다.

【平野】píngyě 名 평야. 벌. 벌판. ¶～漠漠mò｜평야가 끝없이 아득하다→〔平川(地)①〕

【平一】píngyī 書 動 난리를 평정하여 통일하다. ¶～海内｜천하를 통일하다.

【平移】píngyí 名 ❶ 〈物〉 병진(並進) ¶～运动yùndòng｜병진 운동. ❷ ⇒〔平动〕

【平抑】píngyì 動 (물가 등을) 안정시키다. ¶～物价wùjià｜물가를 안정시키다.

【平易】píngyì 形 ❶ (성격이나 태도가) 겸손하고 온화하다. ¶康教授一向～可亲｜강교수님은 늘 겸손하고 온화하여 사귀기 쉽다. ❷ (문장이) 평이하다. 알기 쉽다. 손쉽다 ＝〔浅近qiǎnjìn〕

【平易近人】píng yì jìn rén 成 ❶ 태도가 겸손하고 온화하여 가까이 하기가 쉽다. 붙임성이 좋다. ¶那位小姐一向～｜그 아가씨는 붙임성이 좋다. ❷ (문장 등이) 평이하여 쉽게 이해되다.

【平议】píngyì ❶ 書 名 動 공평한 의논(을 하다) ❷ 名 절충론.

【平庸】píngyōng 形 평범하다. 예사롭다. ¶这个人太～了｜이 사람은 아주 평범하다.

【平邮】píngyóu 名 보통 우편→〔平信〕

【平鱼】píngyú 名 〈魚貝〉 병어 ＝〔鲳chāng鱼〕

[2]【平原】píngyuán 名 평원.

【平原督邮】píng yuán dū yóu 成 맛없는 술 또는 탁주의 은어.

【平月】píngyuè 名 (윤달이 아닌) 평년의 2월→〔闰rùn月〕

【平允】píngyǔn 書 形 공평하고 타당하다. ¶立论～｜이론이 공평하고 타당하다.

【平仄】píngzè 名 평측→〔平仳〕〔四声〕

【平展】píngzhǎn ❶ 形 (토지가) 넓게 펼쳐져 있다. 가없이 넓다. ¶土地～｜토지가 넓게 펼쳐져 있다. ❷ (주름·구김살 등을) 바르게 펴다. ¶她脸上的皱纹zhòuwén～了不少｜그녀 얼굴의 주름살이 많이 펴졌다.

[4]【平整】píngzhěng ❶ 動 (땅이나 물건 등을) 평평하게 고르다. ❷ 形 평평하다.

【平正】píng·zheng 形 ❶ 공평 무사하다. ❷ 평평하고 반듯하다. ¶道路～｜길이 평탄하고 반듯하다.

【平直】píngzhí ❶ 形 평평하고 곧다. ❷ ⇒〔平铺直尧〕 ❸ 書 形 정직하다.

【平治】píngzhì ❶ 名 태평. ❷ 形 태평스럽다. ❸ 動 평정하여 다스리다.

【平装】píngzhuāng 名 ❶ (서적의) 보통 장정. 페이퍼백(paper－back) ¶～的词典比较便宜｜평장본 사전이 비교적 싸다→〔精jīng装①〕 ❷ 평소의 복장. 평복.

【平足】píngzú 名 평발 ＝〔扁biǎn平足〕

[1]【评(評)】 píng 품평할 평

動 ❶ 판정하다. 평가하다. 우열을 정하다. 가려내다. ¶～薪xīn↓ ¶你来～～谁说得对｜누구 말이 맞는지 네가 가려내 보아라. ¶～选模范mófàn｜모범자를 평가하여 선정하다. ❷ 평론하다. 비평하다. ❸ 名 평론. 비평. ¶获得好～｜호평을 얻다. ¶书～｜서평.

[4]【评比】píngbǐ 動 비교하여 평가하다. ¶～学习成绩chéngjì｜학습성적을 비교하여 평가하다.

【评点】píngdiǎn 動 (시·문장등을) 비평하고 점을 찍다〔옛날, 책을 점을 찍어가면서 읽고 또 자신의 견해를 피력하는 등의 작업을 일컬음.〕 ¶～小说｜名 평점소설. 動 소설을 비평하고 점을 찍다.

[4]【评定】píngdìng 動 평정하다. ¶～食品shípǐn的等级děngjí｜식품의 등급을 평정하다.

【评断】píngduàn 動 비평하여 판단하다. 가려내다. ¶～是非曲直shìfēiqūzhí｜시비곡직을 가리다.

【评分(儿)】píng/fēn(r) 動 ❶ 평점(評點)을 매기다. 점수를 매기다. ¶～考卷kǎojuàn｜시험지를 채점하다. ❷ 일의 능률을 판정하여 보수를 정하다. ❸ (píngfēn) 평균 점수. 평점. ¶她以最优的～, 获得学士学位｜그녀는 가장 우수한 평점으로 학사학위를 획득했다.

【评工】píng/gōng 動 일(작업)을 평가하다 [인민공사에서 노동량이나 성적을 평정하는 것을 말함] ¶～记分｜근무 평정(을 하여 성적을 기록하다)

【评功】píng/gōng 動 공적을 평가하다. ¶～授奖shòujiǎng大会｜공적을 평가하여 상을 주는 대회.

[4]【评估】pínggū 書 動 (가치·가격을) 평가하다. ¶～这幅fú画儿的价值｜이 그림의 가치를 평가하다 ＝〔估评〕

【评话】pínghuà ❶ ⇒〔平话〕 ❷ ⇒〔评书〕

【评级】píng/jí 動 등급을 평가하여 매기다. ¶对产品进行～｜생산품의 등급을 매기다.

[3]【评价】píngjià ❶ 名 평가. ❷ 動 평가하다. ¶～古董gǔdǒng｜골동품을 평가하다. ¶～历史人物｜역사인물을 평가하다. ¶高度～｜높게 평가하다. 칭찬하다.

【评奖】píng/jiǎng 動 심사하여 표창하다. ¶定期

dìngqī～ | 정기적으로 심사하여 표창하다.
【评介】píngjiè ❶ 名 비평 소개. ¶新书～ | 신서 비평 소개. ❷ 動 비평소개하다. ¶～文学作品zuòpǐn | 문학작품을 비평소개하다.
【评剧】píngjù ❶ 名 평극 [화북(華北)·동북(東北) 등지에서 유행하던 지방극(地方劇)의 하나로, 초기에는 「蹦bèng蹦儿戏」「落lào子」라고도 불렀음] =〔评戏xì〕 ❷ 動 연극을 평하다.
【评理(儿)】píng/lǐ(r) 動 시비를 가리다. 어느 쪽이 옳은가를 밝히다. ¶谁是谁非, 由大家～ | 누가 옳고 그른가를 여러분이 밝혀주세요.
3【评论】pínglùn ❶ 動 평론하다. 비평하다. ¶～好坏hǎohuài | 좋고 나쁨을 평론하다. ❷ 動 세평(世評)하다. 이러쿵 저러쿵 말하다. ¶我刚才听到群众qúnzhòng～说… | 나는 방금 군중들이 …라고 이러쿵 저러쿵 말하는 것을 들었다. ❸ 名 평론. 논평. 논설. ¶～家 | 평론가. ¶～员yuán | (뉴스 등의) 해설자. 논설 위원.
【评脉】píngmài 書 動 진맥하다. 진찰하다.
【评判】píngpàn ❶ 名 판정. 심사. 심판. ¶～员yuán | 심판원. ❷ 動 판정하다. 심사하다. (운동 경기에서) 심판을 보다. ¶～胜负shèngfù | 승부를 판정하다. ¶～优劣yōuliè | 우열을 판정하다. ¶～公允gōngyǔn | 판정이 공평 타당하다.
4【评审】píngshěn 動 의논·심사하다. 평가·심의하다. ¶～硕士学位论文 | 석사학위 논문을 심의하다.
【评书】píngshū 名 민간 문예의 한 가지로, 쥘부채·손수건·딱딱이 등의 도구를 사용해 가며 그 지방의 사투리로 고사(古史) 등의 장편의 이야기를 창(唱)없이 하는 것 =〔评词píngcí〕〔评话pínghuà②〕
【评述】píngshù 名 논평과 서술. ¶对这一理论进行～ | 이 이론에 대해 논평과 서술을 하다 =〔评叙xù〕
【评说】píngshuō ❶ 名 평론. 평가. ❷ 動 평론하다. 평가하다. ¶～是非 | 시비를 평가하다.
【评弹】píngtán 名 ❶ 민간 문예의 한 가지로, 「评话pínghuà」와 「弹词táncí」를 결합한 형식. 강소(江蘇)·절강(浙江) 일대에서 유행했으며, 강(講)도 하고 창(唱)도 함. ❷ 「评话」와 「弹词」의 합칭(合稱)
【评头品足】píng tóu pǐn zú 成 두발이나 발의 모양을 따지다. 이러쿵저러쿵 함부로 비평하다. ¶不要对新生事物～ | 새로운 사물에 대해 (너무 성급하게) 이러쿵 저러쿵 비평하지 마세요 =〔评头论足〕〔品头论足〕
【评委】píngwěi 名 簡 「评选委员会委员」(평선위원회위원)의 약칭.
【评薪】píng/xīn 動 급료를 평정하다. 봉급을 의논하여 결정하다.
4【评选】píngxuǎn 動 심사하여 뽑다. 선정하다. ¶影片yǐngpiàn～ | 영화제.
【评议】píngyì 動 평의하다. 서로 의견을 교환하여 의논하다. ¶根据每人工作的实际情况shíjìqíngkuàng进行～,决定薪水xīnshuǐ | 각자의 작업의 실제 상황을 근거로 평가하여 월급을 결정하다.
【评语】píngyǔ 名 평어. 비평하는 말. ¶写～ | 평어를 쓰다 =〔批pī语①〕
【评阅】píngyuè 動 (답안·보고서 등을) 검토하고 평가하다. ¶～试卷shìjuàn | 시험 답안을 검토하여 평가하다.
【评骘】píngzhì 書 動 평정하다. ¶～书画 | 글과 그림을 평정하다.
【评注】píngzhù ❶ 名 비평과 주해(註解) 평론과 주석. ❷ 動 평론과 주석을 달다. ¶～史记shǐjì | 사기에 평론과 주석을 달다.
【评传】píngzhuàn 名 평전. 논평을 겸한 전기(傳記) ¶陈贻焮Chényíxìn先生写了三卷本的《杜甫Dùfǔ～》| 진이흔선생은 《두보평전》세 권을 썼다.

【坪】 píng 들 평

❶ (～子) 名 평지 [주로 산악지대의 토지] ¶草～ | 잔디밭. ❷ 지명에 쓰이는 글자. ¶武家wǔjiā～ | 무가평 [산서성(山西省) 석양현(昔陽縣)에 있는 지명] ❸ 量 평 [면적 단위. 3.3057㎡. 36「平方市尺」]

【苹】 1 píng 쑥 평

❶ 名 〈植〉 흰 쑥의 일종. ❷ 「萍」과 같음 ⇒〔萍píng①③〕

1【苹(蘋)】 2 píng 사과 평/빈

⇒〔苹果〕
1【苹果】píngguǒ 名 〈植〉 사과(나무) ¶～酱jiàng | 사과 잼(jam) ¶～酒jiǔ | 사과술. ¶～园yuán | 사과 과수원.
【苹果绿】píngguǒlǜ 名 ❶ 푸른 사과 빛깔과 같은 담록색(淡綠色) 연두색. ¶～的上衣 | 담록색의 상의 ❷ 옛날 청자기(青磁器)의 한 가지 [푸른 사과 빛깔을 띠고 있음]
【苹果酥】píngguǒsū 名 〈食〉 애플파이(apple pie) =〔苹果排pái〕

【枰】 píng 판 평

書 名 ❶ 바둑판. 장기판. ❷ 바둑. 장기→〔棋qí〕

4【萍〈蓱〉】 píng 개구리밥 평

❶ 名 〈植〉 개구리밥. ¶浮fú～ | 부평초 =〔苹②〕=〔水萍〕❷ 名 〈植〉 마름. ❸ 부평초 같은. 喻 정착할 곳을 찾지 못하다. ¶～寄无定jìwúdìng | 정처없이 여기저기 떠돌아다니다 =〔苹②〕
4【萍水相逢】píng shuǐ xiāng féng 成 (모르던 사람을) 우연히 만나다. 우연히 알게 되다.
【萍踪】píngzōng 書 動 정처없이 이러저리 떠돌아다니다. 정처없다.

【鲆(鮃)】 píng 넙치 평

名 〈魚貝〉 넙치류의 총칭. ¶牙yá～ | 넙치→〔比目鱼bǐmùyú〕

【冯】 píng ☞ 冯 Féng B

3【凭(憑)〈凴〉】 píng 기댈 빙, 의거할 빙, 증거 빙

❶ 動 (몸을 …에) 기대다. ¶～窗沉思chuāngchénsī | 창에 기대어 깊은 생각을 하다. ❷ 動 …에

의존하다. …에 달렸다. ¶工作办bàn得好不好, 全~大家的力量 | 일을 잘하느냐 못하느냐는 모두 여러분의 역량에 달려 있습니다. ❸ 介 …에 의거하다. …에 근거하다. …에 의존하다. ¶~他说 | 그가 말하는 바에 의하면. ¶~良心说 | 양심적으로 말하면. ❹ 連 설사 …라 할지라도. 아무리 …하여도. 어법 항상「总」「也」「都」등과 대응하여 쓰임. ¶~你怎么努力, 总做不完 | 네가 아무리 노력할지라도, 못 해낸다. ¶~你跑到哪儿, 我都一定会找你 | 네가 어디로 간다 하더라도, 나는 반드시 너를 찾아내겠다→〔不论〕❺ 連 적어도 …인데. …인 이상. …을 위해서도. ¶你太笨bèn了, ~我作侦探zhēntàn的, 肯把你放了走?어리석은 놈 같으니라구! 내가 탐정인데 너를 도망가도록 내버려 둘 것 같애? ¶我~着这些听音乐的观众guānzhòng, 也不能误卯wùmǎo | 난 이들 음악을 듣는 관중을 위해서도 늦을 수 없다.

【凭单】píngdān ❶ 名 증명서. 전표. 인환증(引換證) 증서. ¶取货~ | 물품 수령 증서. ¶存款~ | 예금 증서. ❷ (píng/dān) 動 증명서에 의거하다. ¶~提款tíkuǎn | 증명서에 의거하여 현금을 인출하다.

【凭吊】píngdiào 動 (유적(遺跡)이나 분묘(墳墓) 앞에서) 고인(故人)이나 옛 일을 추모하다. 위령제를 거행하다. ¶~先烈xiānliè | 선열을 추모하다.

【凭几托腮】píngjī tuōsāi 成 책상에 기대어 손으로 턱을 괴다. 사색하다. 깊은 사색에 잠기다. ¶他~,陷xiàn于沉思chénsī | 그는 책상에 턱을 괴고 깊은 사색에 잠기다.

【凭借】píngjiè 動 …에 의(지)하다. …를 통하다. …을 기반으로 하다. 빙자하다. 구실로 삼다. ¶~自己的力量 | 자신의 역량을 의지하다. ¶人类的思维sīwéi是~语言来进行jìnxíng的 | 인류의 사유는 언어를 통해 이루어지는 것이다 =〔凭陵②〕

【凭据】píngjù 名 증거. 근거. 증거물. ¶缺少quēshǎo~ | 증거가 부족하다.

【凭靠】píngkào 動 의지하다. 기대다. 의존하다. ¶农民们~着双手shuāngshǒu, 运输yùnshū弹药dànyào | 농민들은 두 손으로써 탄약을 운반한다 =〔凭仗zhàng〕

【凭空】píngkōng 副 근거없이. 터무니없이. 까닭없이. ¶~杜撰dùzhuàn | 成 근거도 없이 무책임하게 글을 쓰다. ¶~造谣zàoyáo | 아무런 근거도 없이 뜬소문을 만들어 퍼뜨리다 =〔平空kōng②〕

【凭口说】píngkǒushuō 動組 입에서 나오는대로 지껄이다. 되는대로 지껄이다.

【凭栏】píng/lán 動 난간에 기대다. ¶~远眺yuǎntiào | 난간에 기대어 멀리 바라보다 =〔凭阑lán〕

【凭票】píng/piào 動〈商〉수표·증권 등을 근거로 삼다. 계산서에 의거하다. ¶~进场jìnchǎng | 표를 사서 입장하다. 초대권 등으로 입장하다. ¶~即付票据jífùpiàojù =〔即票〕| 일람 출급 어음.

【凭条(儿)】píngtiáo(r) ❶ 名 증거 문서. (증거가 될) 글쪽지. ¶收好~ | 증거문서를 받다. ❷ (píng/tiáo(r)) 動 문서를 증거로 하다. ¶~付款fùkuǎn | 문서에 의해 돈을 지불하다.

【凭眺】píngtiào 書 動 높은 곳에서 멀리 바라보다 [주로 풍경을 감상하는 것을 나타냄] ¶~远景yuǎnjǐng | 멀리 풍경을 바라보다.

【凭险】píngxiǎn 書 動 요새에 의거하다. 험요한 곳을 거점으로 삼다. ¶~抵抗dǐkàng来敌 | 요새를 거점으로 하여 오는 적을 막다.

【凭信】píngxìn 動 믿다. 신임하다. ¶不足~ | 믿을 수 없다.

【凭依】píngyī ❶ 動 의지하다. 의거하다. ❷ 名 근거.

【凭倚】píngyǐ 動 (몸을) 기대다. ¶那位小姐~在池塘chítáng的扶栏fúlán上欣赏xīnshǎng美好的风景fēngjǐng | 그녀는 연못의 난간에 기대어 아름다운 풍경을 감상하고 있다.

【凭仗】píngzhàng ⇒〔凭靠〕

【凭照】píngzhào 名 증명서. 면허증. 자격증. ¶提示tíshì~ | 증명서를 제시하세요.

【凭证】píngzhèng 名 ❶ 증거. 증빙. ❷ 증명서. ¶缴税jiǎoshuì~ | 납세 증명서 =〔证明书〕

【泍】 píng 표백할 병

⇒〔泍澼〕

【泍澼】píngpì 書 動 (면·견사 등을) 물에 헹구다.

4【屏〈屛〉】 píng bǐng 병풍 병, 물리칠 병

Ⓐ píng ❶ 名 병풍. ¶书shū~ | 그림 병풍 =〔屏风〕❷ (~兒) 족자. ¶四扇shàn~儿 | 네 폭짜리 족자 =〔屏条(儿)〕❸ 덮어서 막다. 가리다. ¶~蔽bì | 덮어서 가리다.

Ⓑ bǐng 動 ❶ 배제하다. 제거하다. ¶~之远方 | 멀리 물리치다. ¶~弃↓ →〔摒bǐng①〕❷ 숨을 죽이다. (호흡을) 억제하다. ¶~着呼吸hūxī | 호흡을 억제하다. ❸ 書 은퇴하다. 숨어서 살다. ¶~居 | 은퇴하여 한적한 곳에 살다.

Ⓐ píng

【屏蔽】píngbì ❶ 動 (병풍처럼) 둘러서 막다. 가리다. ¶~后园的北边 | 뒤뜰의 북쪽편을 가리다. ❷⇒〔屏障①〕❸ 名〈電氣〉차폐(遮蔽) ¶~电缆diànlǎn | 차폐 케이블. ¶~天线tiānxiàn | 차폐 안테나.

【屏风】píngfēng 名 병풍. ¶围wéi~ | 병풍을치다.

【屏极】píngjí 名〈電氣〉플레이트(plate) (진공관의) 양극(陽極) ¶~电路diànlù | 플레이트 회로 →〔电子管〕

【屏面】píngmiàn ❶ 動 얼굴을 가리다. ❷ 名 轉 부채.

【屏幕】píngmù 名 스크린. 영사막. ¶电视diànshì~ | 텔레비젼 화면.

【屏条(儿)】píngtiáo(r) 名 (세로의 길이가 4폭 또는 8폭의) 족자. 주련(柱聯)

4【屏障】píngzhàng 書 ❶ 名 병풍처럼 둘러쳐진 장벽. 보호벽 [주로 산봉우리나 섬 등을 가리킴] ¶燕山Yānshān是北京的天然~ | 연산은 북경의 천연의 보호벽이다 =〔屏蔽②〕❷ 動 가려서 막다. 막아서 지키다. ¶~后园的北边 | 뒤뜰의 북쪽편을 가려서 막다. ❸ 名 장지문. 간막이.

Ⓑ bǐng

【屏除】bǐngchú 書 動 배제(排除)하다. 제거하다. ¶~恶俗èsú | 좋지 않은 풍속을 없애다.

【屏绝】bǐngjué 書 動 ❶ 교제를 끊다. ❷ 나쁜 버

릇을 끊다. ¶～烟酒yānjiǔ | 술·담배를 끊다.
【屏气】bǐng/qì ⇒〔屏声静息〕
【屏弃】bǐngqì 書動 버리다. 배척하다. 방축(放逐)하다. ¶～忠良zhōngliáng,重用zhòngyòng奸臣jiānchén | 충신을 배척하고 간신을 중용하다 =〔屏逐zhú〕
【屏声静息】bǐng shēng jìng xī 威 숨을 죽이고 조용히 있다. ¶他～,专心听讲tīngjiǎng | 그는 조용히 숨을 죽이고 열심히 강의를 듣는다 =〔屏息①〕〔屏气〕〔屏声息气〕
【屏息】bǐngxī ❶ ⇒〔屏声静息〕 ❷〈佛〉없애다. 제거하다.

【帡】píng 장막 병
⇒〔帡幪〕
【帡幪】píngméng 書名 장막 [옆으로 덮는 것을「帡」, 위를 덮는 것을「幪méng」이라 함]

1【瓶〈缾〉】píng 병 병
❶(～儿, 子) 名 병. ¶花～儿 | 꽃병. ¶～胆dǎn↓→〔棒bǎng子⑤〕 ❷量 병에 채워진 것. 채우는 것을 세는 양사. ¶两～绍兴酒shàoxīngjiǔ | 소흥주 두 병. ¶一～油 | 기름 한 병.
【瓶胆(儿)】píngdǎn(r) 名 보온병의 속병. ¶～坏huài了,所以这个暖瓶nuǎnpíng不保温bǎowēn了 | 보온병의 속병이 깨져 이 보온병은 보온이 되지 않는다→〔保bǎo温瓶〕
【瓶颈】píngjǐng 名 ❶ 병목. ❷喻 가장 좁은 곳. 가장 좁은 길목. ¶这条路常塞车sāichē, 因为前面有～地带dìdài | 이 길은 항상 차가 막히는데 앞에 병목지역이 있기 때문이다.
【瓶塞(儿)】píngsāi(r) 名 병마개.
【瓶装】píngzhuāng ❶區 병에 담은 것. 병에 넣은것. ¶～啤酒píjiǔ | 병 맥주. ❷動 병에 담다.
2【瓶子】píng·zi 名 병. ¶开～ | 병을 따다.

pō ㄆㄛ

2【朴】 ① pō pò Piáo 台 Pǔ) 나무껍질 박
Ⓐ pō ⇒〔朴刀〕
Ⓑ pò ⇒〔朴硝〕 ❷ ⇒〔厚朴〕
Ⓒ Piáo 台 Pǔ) 名 성(姓)
【朴刀】pōdāo 名 칼. 장검 [날이 좁고 길며 자루가 짧은 옛날 무기] ¶手持shǒuchí～ | 손에 칼을 쥐다.
【朴硝】pòxiāo 名〈化〉〈漢醫〉박초 [가죽을 이기거나 이뇨제로 쓰임] =〔⊡皮pí硝〕

2【朴(樸)】 ② pǔ 순박할 박, 통나무 박
❶ 소박하다. 꾸밈이 없다. ¶～实无华wúhuá | 소박하고 꾸밈이 없다. ¶诚chéng～ | 성실하고 소박하다. ❷書名 가공하지 않은 목재.
【朴厚】pǔhòu 形 소박하고 정이 도탑다. ¶心地～ | 마음씨가 소박하고 정이 도탑다 =〔書朴茂〕
【朴陋】pǔlòu 書形 소박하다. 꾸밈이 없다. ¶文辞wéncí～ | 글이 꾸밈이 없고 소박하다.
4【朴实】pǔshí 形 ❶ 소박하다. 검소하다. 꾸밈이 없다. ¶他的作品～地描述着中国人的生活 | 그의 작품은 중국인의 생활을 아주 소박하게 묘사하고 있다. ¶赵树理Zhàoshùlǐ的作品文风～ | 조수리의 문장풍격은 질박하다. ❷ 성실하다. 성실한. ¶～的工作作风 | 성실한 작업 태도.
2【朴素】pǔsù 形 ❶ (색깔·모양 등이) 소박하다. 화려하지 않다. ¶这篇散文sǎnwén～ | 이 산문은 소박하다. ¶他的诗～而感情真挚gǎnqíngzhēnzhì | 그의 시는 질박하면서도 감정이 진솔하다. ❷ (생활이) 검소하다. ¶他的生活shēnghuó十分～ | 그의 생활은 아주 소박하다. ❸ 꾸밈이 없다. 소박하다. ¶～的言语yányǔ | 꾸밈없는 말. ❹ 막 발생한. (발달의) 초기 상태의.
【朴学】pǔxué 名 ❶ 박실한 학문. ❷ 청대(清代)의 고증학(考證學) 박학(樸學) ¶发扬fāyáng～传统chuántǒng | 박학전통을 발양하다.
【朴直】pǔzhí 形 진솔하다. 꾸민 데가 없고 솔직하다. ¶文笔wénbǐ～ | 문장이 꾸밈없이 진솔하다.
【朴质】pǔzhì 書形 질박하다. 소박하다. 꾸민 데가 없다. 수수하다. ¶她十分～ | 그녀는 아주 수수하다. ¶～不华 | 소(질)박하고 화려하지 않다.

【钋(釙)】pō (폴로늄 복)
名〈化〉화학 원소 명. 폴로늄 (Po ; polonium) [방사성 금속 원소]

2【坡】pō 비탈 파
❶(～儿, ～子) 名 비탈(진 곳) 언덕. ¶山～ | 산비탈. ¶上～儿 | 오르막길. ¶下～儿 | 내리막길. ❷形 경사지다. 비스듬하다. ¶很～的山路, 爬起来很吃力 | 경사가 많은 산길은 오를 때 아주 힘이 든다.
【坡道】pōdào 名 고갯길. ¶这～太陡dǒu | 이 고갯길은 아주 가파르다.
【坡地】pōdì 名 ❶ 산비탈의 경사진 밭. ¶～梯tī田化 | 경사면 밭의 계단식화. ❷ 계단식 논밭 ‖ =〔坡田〕
【坡度】pōdù 名 경사도(傾斜度) 구배(勾配) ¶这一段路有一定的～ | 이 길은 좀 경사져 있다 =→〔斜xié度〕
【坡田】pōtián ⇒〔坡地〕
【坡纸】pōzhǐ 名 싱가포르 지폐 [「坡」는「新加坡Xīnjiāpō」(싱가포르)의 약칭]

【陂】pō ☞ 陂 bēi Ⓒ

4【颇(頗)】pō 치우칠 파, 자못 파
❶書形 치우치다. 편파적이다. ¶偏piān～ | 편파적이다. ❷(又 台 pǒ) 書副 꽤. 상당히. 대단히. ¶～有味道 | 상당히 맛이 있다. ❸ (Pō) 名 성(姓)
【颇多】pōduō 狀 상당히 많다. ¶感触gǎnchù～ | 느낌이 많다.
【颇为】pōwéi 書副 상당히. 꽤. 매우. ¶～满足mǎnzú | 상당히 만족하다. ¶～重要 | 대단히 중요하다.
【颇有】pōyǒu 書動 흔히 있다. 적지 않다. 상당히 많이 있다. ¶～道理dàolǐ | 상당한 일리가 있다. ¶～价值jiàzhí | 상당히 가치가 있다.

【泺】pō ☞ 泺 luò Ⓑ

【泊】pō ☞ 泊 bó Ⓑ

2【泼(潑)〈醱₄〉】pō 뿌릴 발 ❶動(힘을 들여) 물을 뿌리다. ¶～点水免得尘土chéntǔ飞扬｜먼지가 일지 않게 물을 좀 뿌리시오. ❷形무지 막지하다. 야만스럽다. 도리를 분간 못하다. ¶撒sǎ～｜무지막지하게 굴다. ¶～才｜건달꾼. ❸形方기백이 있다. 활발하다. 억척스럽다. ¶他做攻课gōngkè很～｜그는 숙제를 억척스럽게 한다. ❹動(술을) 양조하다. ¶～醅↓

【泼妇】pōfù 名무지막지한 여자. 거센 여자. ¶他老婆lǎopó是一个～｜그의 마누라는 무지막지한 여자이다.

【泼剌】pōlà ❶擬펄떡. 팔딱 [물고기가 물에서 뛰는 소리] ＝〔拨bō刺〕〔跋bá刺〕 ❷⇒〔泼辣〕 ❸形발랄하다. 생기가 있다. 활기있다. ¶文章写得很～｜문장을 아주 활력있게 쓰다. ¶精悍jīnghàn～的文章｜세련되고 활기있는 문장.

【泼辣】pō·la 形❶무지막지하다. 성질이 사납다. 악랄하다. 심술궂다. ¶～手段shǒuduàn｜악랄한 수단. ¶～货huò｜무지막지한 놈. 악바리. ❷결단력이 있다. (일하는 데) 박력이 있다. 용감하다. 억척스럽다. ¶他做事很～｜그는 일하는 것이 박력이 있다. ¶大胆dàdǎn～｜대담하고 결단력이 있다. ❸근면하다. ❹능력이 있다. 수완이 있다. 어법 현대어에서는 주로 ①②의 의미로 쓰임 ‖ ＝〔泼剌pōlà②〕

【泼冷水】pō lěngshuǐ 動組 찬물을 끼얹다. ¶别给他们～了｜그들에게 찬물을 끼얹지 마라. 喻 흥(열정)을 깨다 ＝〔浇jiāo冷水〕

【泼墨】pōmò 名〈美〉발묵 [산수화 기법중의 하나]

【泼醅】pō/pēi 書動 술을 양조하다.

【泼皮】pō·pí ❶名무뢰한. 부랑자. 건달. ❷形횡포하다. 무뢰하다. ¶这个人太～｜이 사람은 너무 무뢰하다.

【泼洒】ⓐpōsǎ 動(물을) 뿌리다 ＝〔泼撒pōsǎ〕 ⓑpō·sǎ 形方대범하다. 거리낌이 없다. 거침없다. 시원시원하다. ¶他为人很～｜그는 사람됨이 아주 대범하다.

【泼天】pōtiān 狀近대단히 크다. 대단히 많다. 굉장하다. 엄청나다. ¶～大祸dàhuò｜엄청난 재난. ¶～大胆dàdǎn｜굉장히 대담하다.

pó ㄆㄛˊ

3【婆】pó 할미 파 名❶늙은 여자. 노파. 할머니. ¶老太～ ＝〔老婆婆〕｜敬할머님. ❷轉시어머니. ¶公～｜시아버지와 시어머니. ¶～媳xí｜시어머니와 며느리. ❸轉조모 또는 동배의 부인. ¶外～｜외할머니. ¶姑gū～｜시고모. ❹어떤 직업을 가진 여자를 가리킴. ¶收生shōusheng～｜조산원. ¶媒méi～儿｜중매장이. 매파.

【婆家】pó·jia 名시가. 시집. 시댁. ¶她～人口太多｜그녀의 시댁 식구는 많다 ＝〔婆婆家〕

【婆罗门】Póluómén 名外브라만(Brahman) ＝〔波Bō罗门〕

【婆罗洲】Póluózhōu 名外〈地〉보르네오(Borneo)

【婆娘】póniáng 名方❶(넓은 의미로) 기혼(既婚)의 젊은 여인. ❷아내. ❸罵년 [여자에 대한 욕] ¶那个～太凶了｜저 년은 너무 흉악하다. ¶臭chòu～｜더러운 년. ‖ ＝〔婆姨póyí〕

4【婆婆】pó·po 名❶시어머니. ¶她～是妇联fùlián主任｜그녀의 시어머니는 부녀회의 주임이다 ＝〔婆妈〕〔婆母〕→〔姑gū⑤〕 ❷方조모(祖母) 외조모. ❸지도기관 혹은 지도간부.

【婆婆妈妈】pó·po māmā 狀❶할머니 처럼 꾸물대다. ¶你快一点走吧, 别这么～的了｜좀 빨리 가자. 그렇게 꾸물대지 말고. ❷쓸데없는 말을 이러쿵저러쿵하다. 궁얼거리다. ¶～真够罗嗦luōsuō的!｜이러쿵 저러쿵 정말 말 많구만! ❸마음이 여리다. ¶她就是这么～的, 动不动就掉眼泪diàoyǎnlèi｜그녀는 이토록 마음이 여려 툭하면 눈물을 떨군다. ❹남자답지 못하다. 계집애 같다. ¶这么大一个男子汉何必～的呢｜남아 대장부가 계집애 같기는. ❺쓸데없이 근심하다 ‖ ＝〔婆婆娘娘〕〔婆婆慢慢màn〕

【婆娑】pósuō 書形(천천히) 돌다. 흔들리다. 빙빙 돌다. ¶树影～｜나무 그림자가 흔들리다.

【婆媳】póxí 名시어머니와 며느리. ¶家里只剩下shèngxià～两个｜집에는 시어머니와 며느리 두사람만 남아 있다.

【婆姨】póyí ⇒〔婆娘niáng〕

【鄱】pó 고을이름 파 지명에 쓰이는 글자. ¶～阳｜파양 [강서성(江西省)에 있는 현이름. 지금은 「波Bō阳」으로 씀]

【皤】pó 흴 파 書形❶(노인의 머리나 얼굴색이) 희다. 새하얗다. ¶～然一叟sǒu｜백발이 성성한 노인. ❷(배가) 크다. 불룩하다.

【皤然】pórán 書狀❶희다. 새하얗다. ¶白发báifà～｜머리가 새하얗다. 백발이 성성하다. ❷배가 불룩하고 크다. ¶～大腹fù｜불룩한 큰 배.

【繁】pó ☞ 繁 fán Ⓑ

pǒ ㄆㄛˇ

【叵〈尀〉】pǒ 어려울 파 書能…할 수 없다. …하기 어렵다 [「不可」의 합음(合音)] ¶心怀～｜威마음속을 헤아릴 수 없다.

【叵测】pǒcè 書形貶헤아릴 수 없다. 추측할 수 없다. ¶人心～｜威인심을 헤아릴 수 없다.

【笸】pǒ 소쿠리 파 ⇒〔笸篮〕〔笸箩〕

【笸篮】pǒlán 名버드나무·대나무 등으로 만든 바구니.

【笸箩】pǒ·luo 名소쿠리 [대·버드나무 가지로 엮어 만든 원형·장방형의 바구니] ¶～浅qiǎn儿｜얕은 소쿠리. ¶针线～｜반짇고리.

【钷(鉕)】pǒ (프로메튬 파) 名〈化〉화학 원소 명. 프로메튬(Pm ; promethium) [방사성 금속 원소]

4【颇】pǒ ☞ 颇 pō

pò ㄆㄛˋ

【朴】pò ☞ 朴 pō ① Ⓑ

2【迫】pò pǎi 핍박할 박, 닥칠 박

Ⓐpò ❶動 억누르다. 강제하다. 핍박하다. 억압하다. ¶压yā～ | 압박하다. ¶被～逃走táozǒu | 도망을 강요당하다. 억압하여 도망가게 하다. ¶饥寒jīhán交～ | 成 굶주림과 추위에 시달리다. ❷動 접근하다. 임박하다. 가까와 오다. ¶～进↓ ❸形 (사태가) 절박하다. 급하다. ¶～切需要 | 절박하게 요구하다. ¶从容不～ | 成 태연자약하다.

Ⓑpǎi ⇒〔迫击炮〕

Ⓐpò

【迫不得已】pò bù dé yǐ 成 절박하여 어쩔 수 없다. 부득이. 마지못해. ¶～说谎shuōhuǎng了 | 어쩔 수 없이 거짓말을 했다 ＝〔迫于不得已〕

【迫不及待】pò bù jí dài 成 사태가 절박하여 기다릴〔우물쭈물할〕 여유가 없다. 한시도 지체할 수 없다. ¶～地跳tiào下了 | 지체없이 뛰어 내렸다.

3【迫害】pòhài ❶名 박해. ❷動 박해하다 [주로 정치적인 것을 가리킴] ¶～忠臣zhōngchén | 충신을 박해하다.

【迫近】pòjìn 動 임박하다. 박두하다. 접근하다. 다가오다. ¶～年底niándǐ | 연말이 다가오다. ¶考试kǎoshì～了 | 시험이 임박했다 ＝〔在即〕

【迫临】pòlín 書動 다가오다. 임박하다. ¶敌军dí-jūn～城下 | 적군이 성아래까지 다가오다.

2【迫切】pòqiè 形 절실하다. 절박하다. ¶他说得很～ | 그는 아주 절박하게 말한다. ¶～的要求yāoqiú | 절실한 요구.

4【迫使】pòshǐ 動 무리하게 …시키다. 강제하다. 강요하다. …하지 않을 수 없게 하다. ¶～对方处于守势shǒushì | 상대방을 수세에 처하게 만들다.

【迫于】pòyú 書動 …에 쫓기어. …때문에 할 수 없이. …에 강요되어. ¶～形势, 他改变了以前一直坚持jiānchí的反对态度fǎnduìtàidù | 형세에 못이겨 그는 이전에 줄곧 견지하던 반대태도를 바꿨다.

【迫在眉睫】pò zài méi jié 成 아주 가까이 다가오다. 눈앞에 임박하다. 대단히 긴박하다. ¶敌人的进攻jìngōng已是～了 | 적의 공격이 이미 눈앞에 임박했다.

Ⓑpǎi

【迫击炮】pǎijīpào 名〈軍〉박격포. ¶～弹dàn | 박격포탄.

【珀】pò 호박 박
⇒〔琥hǔ珀〕

【粕】pò 지게미 박
書名 (곡물, 특히 쌀의) 찌끼. 지게미. ¶大豆dàdòu～ | 콩깻묵. ¶糟zāo～ | 쓸데없는 찌끼 ＝〔魄pò④〕

4【魄】pò bó tuò 넋 백, 찌끼 박

Ⓐpò ❶名 혼(백) 넋. 정신 [형체(形體)에 붙어 있는 넋을「魄pò」이라 하고, 형체에서 떨어진 넋을「魂hún」이라 함]→〔魂hún〕¶丢魂落～ | (놀라움·공포 등으로) 넋이 빠지다. ❷名 정신. 정력. 기력. ¶气～ | 기백. ¶体～ | 신체와 정력. 몸과 마음. ❸書名 상현이나 하현 때의 희미한 달 빛. ❹「粕pò」와 같음 ⇒〔粕pò〕

Ⓑbó ⇒〔落luò魄〕〔旁páng魄〕

Ⓒtuò ⇒〔落luò魄〕

【魄力】pò·lì 名 패기. 기백. 박력. 끈기.투지. ¶康老师办事bànshì很有～ | 강선생님께서 하시는 일은 아주 박력있다.

1【破】pò 깨질 파

❶動 깨지다. 닳다. 망가지다. 구멍이 나다. 찢어지다. 상처가 나다. 어법 완전했던 물건이 손상됨을 나타내며, 동사 뒤에 보어(補語)로도 자주 쓰임. ¶拖鞋tuōxié～了 | 슬리퍼가 닳았다. ¶玻璃bōlí～了 | 유리가 깨졌다. ¶袜子wàzi～了一个洞 | 양말에 구멍이 났다. ¶衣服yī·fu穿～了 | 옷이 입어서 다 닳았다. ¶嘴都说～了 | (말을 많이 하여) 입이 다 찢어졌다. ¶手～了 | 손에 상처가 났다. ❷動 쪼개다. 가르다. ¶～个西瓜吃 | 수박을 쪼개어 먹다. ¶把那块板子～开 | 그 판자를 쪼개다. ❸動 큰 돈을 헐어 잔돈으로 바꾸다. 어법 뒤에 보어「开」나「成」이 붙음. ¶把这张一百块钱的票子～开好找钱zhǎoqián | 이 백원짜리 지폐를 거스르기 좋게 잔돈으로 바꾸어 주시오. ¶十块钱～成两个五块的 | 십원 짜리를 오원짜리로 바꾸다. ❹動 (규정·습관·관념·제도 등을) 타파하다. 파기하다. 깨다. ¶不～不立 | 낡은 것을 타파하지 않고는 새로운 것을 세울 수 없다. ¶～～戒, 喝点酒hēdiǎnjiǔ | 금기를 깨고 술을 마시다. ¶～记录jìlù | 기록을 깨다. ❺動 (적을) 쳐부수다. 격파하다. 무찌르다. ¶大～敌军díjūn | 적군을 크게 무찌르다. ❻動 써버리다. 낭비하다. 소비하다. ¶～钱 | 돈을 쓰다. ¶～费 | 돈을 쓰다. 손해를 끼치다. ¶～钱买电视diànshì | 돈을 다 털어 텔레비젼을 사다. ❼動 아끼지 않다. 돌보지 않다. ¶～工夫↓ ¶～着性命去救人 | 목숨을 돌보지 않고 사람을 구하다. ❽動 진상을 밝히다. 명백하게 하다. ¶～案àn↓ ¶～密码mìmǎ | 비밀번호를 밝혀내다. ❾形 낡은. 망가진. 닳아 빠진. ¶～衣服 | 낡은 옷. ¶～手表shǒubiǎo | 망가진 시계. ❿形 나쁜. 시시한. 하찮은. ¶谁爱看这个～电影diànyǐng | 누가 이 형편없는 영화를 보느냐? ¶我就讨厌tǎoyàn他张～嘴 | 나는 그의 고약한 주둥이를 혐오한다.

【破案】pò/àn 動 형사 사건을 해결하다. 범인을 잡다. ¶要抓紧zhuājǐn时间～ | 빠른 시간안에 사건을 해결해야 한다.

【破败】pòbài 形 ❶무너지다. 퇴락하다. ¶合欢山héhuānshān的寺庙sìmiào已经～不堪kān | 허환산의 절은 이미 형편없이 퇴락했다. ❷실

패하다. 파탄하다.

【破冰船】pòbīngchuán 名 쇄빙선(碎冰船) ¶～在前面开道｜쇄빙선이 앞에서 길을 열다.

【破财】pò/cái ❶動 (뜻밖의) 손해를 보다.[병이 들거나 도둑을 맞은 경우 등 운이 나쁘다는 의미를 포함하고 있음] ¶丢了钞票哪能找回来, 只好以～自慰｜잃어버린 돈을 어디서 찾는단 말인가 손해본 셈치고 위안을 삼을 수 밖에. ❷⇒〔破费①〕

3【破产】pò/chǎn ❶動〈法〉파산〔도산〕하다. ❷動 파산하다. ¶产业chǎnyè工人的前身多半是～的农民｜산업 노동자의 전신은 대부분 파산한 농민이다. ❸動貶 들통나다. 탄로나다. 파탄하다 [일이 실패한 것을 말함] ¶谎言huǎngyán～了｜거짓말이 들통나다. ❹(pòchǎn) 名 파산. 파탄. 도산. ¶银行yínháng～｜은행 파산.

【破钞】pò/chāo ❶動 (초대·선물·원조·기부 등으로) 돈을 쓰다 [주로 남이 자신을 위해 돈을 쓴 것에 대해 감사함을 나타내는 말]→〔破费pòfèi②〕 ❷⇒〔破费①〕

4【破除】pòchú 動 타파하다. 배제하다. ¶～迷信míxìn｜미신을 타파하다 =〔除破〕

【破船还有三根钉】pòchuán háiyǒu sāngēndīng 諺 배는 파선해도 세 개의 못이 있다. 부자는 망해도 삼 년 간다. 썩어도 준치다 =〔破船还有三千钉〕

【破船偏遇顶头风】pòchuán piān yù dǐng tóu fēng 諺 파선한 배가 공교롭게 맞바람을 만나다. 엎친 데 덮치다. 설상 가상(이다) =〔破船偏遇piānyù打头风〕〔破船偏遭连阴雨yīnyǔ〕

【破船偏遭连阴雨】pòchuán piān zāo liányīnyǔ ⇒〔破船偏遇顶头风〕

【破读】pòdú ❶動 파독하다. 다른 음으로 읽다. ❷名 파독. [같은 글자이나 의미가 서로 다름으로 인하여 두 가지 이상의 독음(讀音)이 있을 경우, 습관상 가장 일반적인 독음 이외의 독음. 예를 들면「喜好」의「好」를「hào」로 읽는 것]

【破费】pòfèi 動 ❶(남에게) 금전상의 손해〔폐〕를 끼치다. ¶又叫您～了｜또 당신에게 신세를 졌습니다 =〔破财pòcái②〕〔破钞chāo②〕 ❷돈을 쓰다. 시간을 들이다. ¶不要多～, 吃顿dùn便饭就行了｜비용을 너무 들이지 마십시오. 보통 먹는대로 먹으면 됩니다→〔破钞①〕〔破钱〕

【破釜沉舟】pò fǔ chén zhōu 威 전장(戰場)으로 나갈 때, 밥솥을 부수고, 배를 침몰시키다. 결사의 각오로 출전하다. 불퇴전의 각오로 일에 임하다. ¶我要～,干到底dàodǐ｜나는 결사의 각오로 끝까지 해 낼것이다→〔破罐guàn破摔shuāi〕

【破格】pògé ❶形 파격적이다. 예외적이다. ¶～录用lùyòng =〔破格任用〕｜특별채용. ¶～晋升jìnshēng｜파격적인 승진. ❷(pò/gé) 動 전례를 깨다. 규약을 깨뜨리다.

【破罐破摔】pò guàn pò shuāi 威 결점이나 잘못을 고치지 않고 멋대로 내버려 두어, 오히려 더욱 나쁜 방향으로 발전하게 하다. 자포자기하다. ¶他抱bào着～的思想｜그는 자포자기의 생각을 갖고 있다→〔破釜沉舟〕

2【破坏】pòhuài ❶動 (건축물 등을) 파괴하다. ¶～旧建筑物jiùjiànzhùwù｜낡은 건축물을 파괴하다. ❷動 (추상적인 것을) 훼손하다. 손해를 입히다. ¶～名誉míngyù｜명예를 훼손하다. ❸動 (사회 제도·풍속·습관 등을) 타파하다. 변혁시키다. ¶～旧世界jiùshìjiè, 建设新世界｜낡은 세상을 타파하고 새로운 세상을 건설하다. ❹動 (조약·규칙·규약 등을) 위반하다〔깨다〕 ¶～协定xiédìng｜협정을 위반하다. ❺動 (물체의 조직이나 구조를) 파괴하다. ¶～党dǎng的组织zǔzhī｜당의 조직을 파괴하다. ❻名 파괴. ¶～分子｜파괴 분자.

【破货】pòhuò 名 ❶흠 있는 물건. ❷⇒〔破鞋②〕

4【破获】pòhuò 動 (비밀 조직의) 범죄자를 적발하여 체포하다. ¶迅速～了一起抢劫案qiǎngjié-àn｜신속하게 살인사건을 해결했다.

【破击】pòjī 動 파괴하다. 습격하다.

【破击战】pòjīzhàn 名〈軍〉(적의 통신 시설·기계 설비·거점·통신시설 등을 파괴하기 위한) 전투. 포격전 =〔破袭战pòxízhàn〕

【破戒】pò/jiè ❶動 파계하다. 계율을 깨뜨리다. ❷動 (끊었던 술·담배를) 다시 시작하다. ¶～抽烟chōuyān｜담배를 다시 피우기 시작하다. ❸(pòjiè) 名 파계.

【破镜重圆】pò jìng chóng yuán 威 헤어진 부부가 다시 결합하다. ¶他们夫妻俩liǎ终于～｜그들 부부는 결국 다시 결합했다.

4【破旧】pòjiù ❶形 낡고 오래되다. 오래되어 허름하다. ¶～的衣服｜낡은 옷. ¶～的家具jiājù｜낡은 가구. ❷(pò/jiù) 動 낡은 것을 내버리다〔타파하다〕

【破旧立新】pò jiù lì xīn 威 (사상·문화·풍습의) 낡은 것을 타파하고 새로운 것을 세우다. ¶～, 移风易俗yífēngyìsú｜낡은 것을 타파하고 새로운 것을 세워, 풍속을 바꾸다.

【破句】pòjù 動 잘못 띄어 읽다. 구두점을 틀리게 찍다.

【破开】pò/kāi 動 자르다. (큰 돈을) 헐다. (벽·담 등을) 헐다. ¶这么大的钞票chāopiào破不开｜이렇게 큰 지폐는 잔돈으로 바꿀 수 없다 =〔打dǎ破(儿)〕→〔换钱huànqián①〕

【破口(儿)】pò/kǒu(r) ❶動 상처가 나다. 흠이 생기다. ¶手上破了个口儿｜손에 상처가 났다. ❷(pòkǒur) 動 악담〔욕설〕을 퍼붓다. ¶～大骂dàmà｜악담을 퍼부우며 심하게 욕하다. ❸(pòkǒur) 名 터진〔찢어진〕 곳〔흠〕 깨진 곳〔흠〕

3【破烂】pòlàn ❶形 해져 너덜너덜하다. 낡아 빠지다. 남루하다. ¶～货huò｜폐품. ¶～不堪kān｜아주 남루하다. ❷(～儿) 名 回 쓰레기. 폐품. 넝마. 轉 (추상적인 뜻으로) 가치가 없는 것. ¶捡jiǎn～｜넝마를 줍다. ¶收～｜폐품을 거두다.

【破例】pò/lì 動 전례를 깨뜨리다. ¶学校～分给他一个三室一厅｜학교에서는 전례를 깨고 그

에게 세칸의 방에 한 개의 거실이 딸린 방을 주었다.
【破脸】pò/liǎn 動❶얼굴을 이그러뜨리다. 분노를 얼굴에 나타내다. 체면·입장을 따지지 않고 얼굴을 마주하고 싸우다. ❷염치 불구하다. 체면을 돌보지 않다. ¶破着脸向你请求一次｜염치 불구하고 너에게 한 번 부탁한다.
4【破裂】pòliè 動❶파열되다. 깨져〔터져〕 갈라지다. ¶果皮guǒpí～｜과일 껍질이 갈라지다. ❷(사이가) 틀어지다. 결렬하다. ¶感情gǎnqíng～｜감정이 틀어지다.
【破裂摩擦音】pòliè mócāyīn 名組〈言〉파찰음. 터짐갈이소리.「塞sè擦音」의 옛 이름.
【破裂音】pòlièyīn 名〈言〉파열음. 터짐소리.「塞sè音」(파열음)의 옛 이름.
【破落】pòluò 動(재산이나 지위 등이) 몰락하다. 영락하다. ¶～的地主家庭jiātíng｜몰락한 지주 가정.
【破落户(儿)】pòluòhù(r) 名❶몰락한 집안(의 자녀) ¶谁家姑娘gū·niang肯给我这～｜누구네 집에서 나와 같은 몰락한 집안의 자식에게 딸을 주려고 하겠는가! ❷무뢰한. 불량배.
【破谜(儿)】pò/mèi(r) ⊗pò/mí(r)) 動❶⊡수수께끼를 풀다 =〔猜谜儿①〕❷㊄수수께끼를 내다. ¶我破个谜mí儿您猜一猜｜제가 수수께끼를 하나 낼 테니 맞춰 보세요.
【破门】pòmén 動❶문을 부수다. ¶～而入｜문을 부수고 들어가다. ❷〈宗〉파문하다. ❸(pò/mén)〈體〉골인〔득점〕이 되다 =〔破网wǎng〕
【破灭】pòmiè 動파멸하다. 깨지다. ¶希望xīwàng～了｜희망이 깨졌다.
【破伤风】pòshāngfēng 名〈醫〉파상풍. ¶要防止～｜파상풍을 방지해야 한다.
【破身】pò/shēn 動처녀성을 잃다. ¶她十五岁那年被一个富商～｜그는 열 다섯 살에 한 부자 상인에게 처녀성을 잃었다.
【破说】pòshuō 動㊄❶자세〔상세〕하게 설명하다. ¶掰bāi开揉碎róusuì地róusuìdì给他～了｜그에게 알아 듣도록 세세하게 설명했다. ❷분명하게〔노골적으로〕 말하다.
4【破碎】pòsuì 動자잘하게〔산산이〕 부서지다. 산산조각내다. 분쇄하다. ¶我的心都～｜내 마음이 모두 산산조각났다. ¶～的玻璃bōlí｜산산조각이 난 유리.
【破损】pòsǔn ❶名파손. ¶小心玻璃, 以防～｜유리가 파손되지 않도록 조심해라 ❷動파손하다. 파손되다.
【破题】pòtí 名❶「八股文」(팔고문)의 제 일단 [한 두 구절로써 제목의 중요한 부분을 밝힘] →〔八股文①〕❷시문 작법상에 있어서 첫머리에 제목의 요지를 드러내어 설명한 부분. ¶作文第一步是～｜작문의 첫 단계는 파제이다.
【破题儿第一遭】pò tír dì yī zāo 俗喻난생 처음이다. 처음으로 하다. ¶登台演戏dēngtáiyǎnxì我还是～｜무대에 올라 공연하는 것은 나는 그야말로 처음이다.
【破体字】pòtǐzì 名옛날,「正体」(정자)에 맞지 않는 속자(俗字) =〔破体书〕
【破涕为笑】pò tì wéi xiào 成울다가 웃다. 슬픔이 기쁨으로 바뀌다.
【破天荒】pòtiānhuāng 名喻파천황. 미증유.전대 미문.
【破土】pò/tǔ 動❶(건축·토목 공사를 위해) 첫삽을 뜨다. ¶大楼终于～动工｜드디어 첫삽을 뜨고 빌딩의 건축을 시작하다. ❷봄에 경작을 위해 땅을 갈고 씨를 뿌리다.
【破瓦寒窑】pòwǎ hányáo 成낡고 초라한 숙박소〔체재지〕구차한〔가난한〕 살림.
【破五(儿)】pòwǔ(r) 名음력 정월 초닷새 [정초의 5일 동안은 밥을 짓는 것과 부녀자들의 외출을 금기했으며, 일반 상점에서도 주로 이날 이후부터 영업을 시작했음]
【破相】pò/xiàng 動(상처로 인하여) 얼굴 모양이 변하다. 모습이 바뀌다.
【破晓】pòxiǎo ❶動날이 새다. 동이 트다. ¶天将～｜곧 날이 샐것이다. ❷動어떤 시기가 다가오다. ¶春～｜봄이 다가오다. ❸動(의문이나 불명확한 것을) 분명하게 해두다. ❹名동틀녘. 새벽녘.
【破鞋】pòxié 名❶해진 신. ❷喻음탕한 여자. 갈보. 화냥년. 매춘부 =〔破货huò②〕❸喻쓸모없는 놈 ‖ =〔破鞋烂袜lànwà〕
【破颜】pòyán 動웃다. 웃음 짓다. ¶～一笑｜한번 씽끗 웃다.
【破译】pòyì 動(탈취한 암호·난수표등을) 간파하여 번역하다. ¶～了密码mìmǎ｜암호를 풀다.
【破约】pò/yuē 動약속을 어기다. 약속을 깨뜨리다.
【破绽】pò·zhàn ❶名(옷 솔기의) 터진 자리. 喻(말이나 일을 할 때 드러난) 결점〔헛점〕¶看出～｜결점을 찾아내다. ¶～百出｜결점투성이다. ❷名틈. 기회. ¶露lòu出了～｜틈을 보이다. ❸動(실밥이) 풀리다. ❹動(헛점〔결점〕이) 드러나다.
【破折号】pòzhéhào 名말바꿈표 [「标点符号biāodiǎnfúhào」(문장 부호)의 하나인「——」]

·po ㄆㄛ·

【桲】·po 도리깨 발
⇒〔榅wēn桲〕

pōu ㄆㄡ

3【剖】pōu 가를 부
動❶쪼개다. 절개하다. ¶解jiě～｜해부하다. ¶～面↓ ❷분석하다. ¶～析↓
【剖白】pōubái 動변명하다. 해명하다. 밝히다. ¶自找zìzhǎo～｜해명하다.
【剖腹】pōu/fù 動배를 가르다. 할복하다. ¶～自杀zìshā｜할복자살하다.
【剖腹产】pōufùchǎn 名〈醫〉제왕 절개(帝王切開) ¶～术shù｜제왕 절개 수술.
【剖解】pōujiě ❶名분석. 해명. ¶～细密xìmì｜분석이 세밀하다. ❷動(자세히) 분석하다. 낱낱이 해명하다. ¶～问题的实质shízhì｜문제의 실질적인 부분을 분석하다.

【剖面】pōumiàn 名 절단면. 단면. ¶纵zòng～ | 종단면 =〔断面〕〔切qiē面①〕〔截jié面〕〔截口〕
【剖面图】pōumiàntú 名 단면도.
【剖析】pōuxī ❶ 名 분석. 구분. ❷ 動 분석하다. 구분하다. ¶～文章 | 문장을 분석하다.

póu ㄆㄡˊ

【掊】póu ☞ 掊 pǒu Ⓑ

【裒】póu 모을 부, 모일 부, 줄 부
書 動 ❶ (한데) 모으〔이〕다. ¶～然成集 | 한데 모아 한권의 책을 만들다. ❷ 덜어내다. 줄이다. ¶～多益寡 | 成 많은 것을 덜어내어 적은 것을 보충하다.
【裒辑】póují 書 動 (자료를 모아) 편집하다. ¶此书系xì从类书lèishū中～而成 | 이 책은 유서(類書)에서 자료를 모아 이루어진 것이다.

pǒu ㄆㄡˇ

【掊】pǒu póu 거둘 부
Ⓐ pǒu 書 動 ❶ 치다. 때리다. ❷ 쪼개다.
Ⓑ póu 書 動 ❶ (많은) 세금을 거두어 들이다. 수탈하다. ❷ 파다.
【掊击】pǒujī 動 공격하다. 배격하다. ¶尖锐jiānruì地～敌论 | 상대의 논리를 예리하게 공격하다.

pū ㄆㄨ

【仆】① pū 넘어질 부
動 넘어지다. 엎어지다. ¶前～后继hòujì | 成 앞사람이 넘어지면 뒷사람이 또 전진한다.
【仆倒】pūdǎo 動 넘어지다. 거꾸러지다. 엎어지다. ¶～在地 | 땅 바닥에 엎어지다.

4【仆(僕)】② pú 종 복
❶ 名 종. 하인. ¶～人 | 종. ❷ 代 謙 저. 소인 [남자가 자기자신을 낮추어 부를 때 쓰는 말] ❸ ⇒〔仆仆〕
【仆从】púcóng 名 ❶ 사내종. 종복(從僕) ¶国王后边儿跟着一群qún～ | 국왕 뒤에는 여러 하인들이 따라다닌다. ❷ 喩 추종하는 집단. 혹은 그 사람. ¶～国家 | 종속국.
【仆妇】púfù 名 나이 많은 하녀.
【仆仆】púpú 書 貺 ❶ 여행길에 매우 지치다. ¶风尘fēngchén～ =〔仆仆道途dàotú〕〔仆仆风尘〕| 成 세상일에 허덕거리며 바삐 뛰어다니다. ❷ 번거롭고 너저분하다.
4【仆人】púrén 名 하인. 고용인. ¶～不能跟主人平起平坐 | 하인은 주인과 같이 동등한 자격으로 대할 수 없다 =〔仆役púyì〕

【扑】① pū 칠 복, 매 복
書 ❶ 名 채찍. 매. ❷ 動 때리다.
【扑作教刑】pū zuò jiào xíng 成 매로 때려 가르치는 수단.

2【扑(撲)】② pū 칠 박, 종아리채 복
動 ❶ 뛰어들다. 돌진하다. ¶孩子看见妈妈, 一头～到怀里 | 아이는 어머니를 보자, 갑자기 품안에 뛰어들었다. ❷ 잡다. ¶～蝇yíng | 파리를 쳐서잡다. ❸ (가볍게) 털다. 치다. ¶～打衣服上的土 | 옷에 묻은 흙을 털다. ¶鹦鹉yīngwǔ在架上～着翅膀chìbǎng | 앵무새가 홰에 앉아 날개를 치고 있다 =〔拍①〕 ❹ (향기가 코를) 찌르다. (바람 등이 얼굴을) 스치다. ¶香气～鼻bí | 향기가 코를 찌르다. ¶和风～面 | 따뜻한 바람이 얼굴을 스치다. ❺ (일·사업 등에) 모든 정력을 다 바치다. 매진하다. 몰두하다. 완전히 의지하다. ¶张校长一生～在教育事业上 | 장교장은 일생을 교육에 바쳤다. ¶这位美人一心一意～上我了 | 이 미인은 완전히 나에게 빠졌다. ❻ 方 엎드리다. ¶～在桌上看报 | 책상에 엎드려 신문을 보다. ❼ (분을) 바르다. ¶～粉↓
【扑鼻】pūbí 動 (냄새가) 코를 찌르다. 진동하다. (향기가) 짙다. ¶臭气chòuqì～ | 악취가 코를 찌르다.
【扑哧(儿)】pūchī(r) 擬 ❶ 키드득. 키득 키득 [웃음 소리를 형용한 의성어] ¶不由得～笑出声来 | 자기도 모르게 키드득 웃음이 나왔다. ❷ 픽. 피. 쐭 [공기가 빠지는 소리] ¶～一声, 皮球撒了气 | 픽 하고 공의 바람이 빠졌다. ❸ 쫘르르. 쫙 [물이 뿜어져 나오거나 넘쳐나는 소리] ¶浴池yùchí里的水～地涌yǒng出来了 | 욕조의 물이 쫘르르 넘쳐흘렀다 ‖ =〔扑嗤chī(儿)〕〔噗pū哧(儿)〕〔噗嗤(儿)〕
【扑打】pūdǎ 動 ❶ 세게 내려치다. ¶～苍蝇cāngyíng | 파리를 내려쳐 잡다. ❷ 털다. 치다. ¶～身上的雪花 | 몸에 붙은 눈을 툭툭 털다.
【扑灯蛾(子)】pūdēngé(·zi) 名 ❶ 口〈蟲〉곡식좀나방. 쌀좀나비 =〔谷蛾〕 ❷ 부나비.(불에 뛰어드는 여름철 곤충 일종) =〔飞fēi蛾〕
【扑蹬】pū·deng 動 ❶ 푸덕이다. 푸드덕거리다. 파닥파닥하다. 허우적거리다. ¶那只鸡在地上～了几下就不动了 | 그 닭은 땅에서 몇 번 푸드덕거리다가 하다가 곧 움직이지 않았다. ❷ 轉 무턱대고 덤비다. 엄벙덤벙하다. 허둥지둥하다. 되는대로 하다. ¶～了半天一点结果也没有 | 한 동안 허둥지둥 덤벼 보았으나 아무 결과도 얻지 못했다.
【扑跌】pūdiē ❶ 動 (무술할 때) 서로 치고 받다. ❷ 動 넘어지다. 엎어지다. 자빠지다. ¶他脚下一绊bàn, ～在地上 | 그는 발이 걸려 땅에 엎어졌다. ❸ 名 (무술할 때 서로 치고 받는) 동작.
【扑粉】pūfěn ❶ 名 (화장용) 백분. ❷ 名 땀띠분. 탤컴 파우더. ¶再给孩子来一点～ | 아이에게 땀띠분을 다시 발라주다 =〔爽shuǎng身粉〕 ❸ (pū/fěn) 動 분을 바르다. ¶扑上点儿～ | 분을 좀 바르다.
【扑虎儿】pūhǔr 名 方 엎어질 때 두 손으로 땅을 짚는 동작. ¶摔shuāi了一个～ | 두 손으로 땅을 짚으며 엎어졌다.
【扑火】pū/huǒ 動 ❶ 불을 두드려서 끄다. ❷ 불에 달려들다. 불속으로 뛰어들다. ¶飞蛾fēié～ | 부나비가 불을 향해 달려들다.
【扑击】pūjī 動 ❶ 돌진하며 공격하다. ❷ 치다. 때리다. ¶浪涛làngtāo～着岸边ànbiān的礁石jiāoshí | 파도가 기슭의 암초를 치고 있다.

【扑救】pūjiù 動 불을 끄고 인명과 재산을 구하다.진압하다. ¶～森林火灾huǒzāi | 산불을 진압하다 =〔扑灭miè②〕

4【扑克(牌)】pūkè(pái) 名 外 ❶ 카드. 트럼프. ¶玩wán～ | 카드놀이를 하다. ¶打～ | 카드놀이〔트럼프〕를 하다. ❷ 포커(poker) [트럼프 놀이의 일종]

【扑空】pū/kōng 動 허탕치다. 헛걸음하다. 헛일하다. ¶这回他又～了 | 이번에도 그는 허탕쳤다.

【扑拉】pū·la ❶ 動 方 구하다. 찾다. 탐색하다. ¶～个事儿 | 일감을 찾다. ❷ 動 (날개를) 파닥이다. 푸드덕거리다. 펴다. ❸ 動 흩어지다. ❹ 動 가볍게 치다〔때리다〕 ❺ 貶 (눈물 등이) 떨어지다. ¶眼泪yǎnlèi～往下掉diào | 눈물이 뚝뚝 아래로 떨어지다. ❻ ⇒〔料liào理〕

【扑棱】ⓐ pūlēng 擬 푸드덕. 파드닥. 파닥파닥 [날개짓 소리] ¶～一声, 飞fēi起一只麻雀máquè | 푸드덕 소리를 내며 참새 한 마리가 날아올랐다 =〔扑愣lèng〕

ⓑ pū·leng 動 ❶ 날개를 치다. 파닥파닥 날개짓하다. 푸드덕거리다. ¶～翅膀chìbǎng | 푸드덕 날개짓하다 =〔方 扑扇shàn〕 ❷ 활짝 패다. 쫙 펼치다. ¶穗子suìzi～开像一把小伞xiǎosǎn | 이삭이 활짝 패서 작은 우산 같다. ❸ 흩어지다.

【扑愣】pūlèng ⇒〔扑棱 ⓐ〕

【扑愣愣】pūlènglèng 擬 푸드덕. 파드닥 [새가 날개짓 하는 소리] ¶两只喜鹊xǐquè～飞起来 | 까치 두 마리가 푸드덕 하고 날아 올랐다.

【扑脸(儿)】pū/liǎn(r) ⇒〔扑面〕

【扑满】pūmǎn 名 벙어리(저금통) =〔回 闷葫芦罐mènhúlúguàn儿①〕

【扑面】pū/miàn 動 얼굴에 확 스쳐오다. 얼굴을 덮어 오다. ¶香气～而来 | 향기가 얼굴에 스쳐오다 =〔回 扑脸(儿)〕

4【扑灭】pū/miè ❶ 動 박멸하다. 잡아 없애다. ¶～蚊蝇wényíng | 모기와 파리를 박멸하다. ❷ ⇒〔扑救〕

【扑扇】pū·shan ⇒〔扑棱 ⓑ①〕

【扑闪】pū·shan 動 깜박거리다. ¶他～着一双大眼睛yǎnjīng | 그는 커다란 두 눈을 깜박거리고 있다.

【扑食】pūshí 動 먹이를 잡다.

【扑朔迷离】pū shuò mí lí 成 겉모양으로 암수를 구별하기 어렵다. 복잡하게 뒤섞여 분명히 구별할 수 없다 =〔迷离扑朔〕

【扑簌簌】pūsùsù 貶 눈물을 뚝뚝 떨구다. 주르르 흘리다. ¶两眼～地掉下眼泪yǎnlèi来 | 두 눈에서 눈물이 뚝뚝 떨어졌다.

【扑腾】ⓐ pūténg 擬 ❶ 쿵. 꽈당 [물건이 떨어지는 소리를 형용함] ¶他～一声, 从墙上qiángshàng跳下来 | 그는 쿵하고 담에서 뛰어내렸다. ❷ 뽀드득 뽀드득 [물건이 마찰하여 나는 소리] ¶～～踏tà着雪地往前走 | 뽀드득 뽀드득 눈을 밟으며 앞으로 나아가다.

ⓑ pū·teng 動 ❶ (수영할 때) 다리로 물을 풍덩풍덩 차다 =〔打扑腾〕 ❷ (심장이) 펄쩍펄쩍 뛰다. 쿵쿵거리다. 두근거리다. ¶他吓xià得心直～ | 그는 놀라서 가슴이 쿵쿵 뛰었다 =〔噗腾〕 ❸ (새·물고기 등이) 푸드덕거리다. 파닥파닥하다. ¶鱼在网里直～ | 고기가 그물 속에서 계속 푸드덕거리다. ❹ 方 (활기차게) 일하다. ¶这个人挺tǐng能～ | 이 사람은 정말 일을 잘한다. ❺ 돈을 펑펑 쓰다. 물쓰듯하다. 헤프게 쓰다. ¶他把钱全～完了 | 그는 돈을 마구 다 써버렸다→〔扑蹬〕

【扑通】pūtōng 擬 풍덩. 쿵. 꽈당. 똑똑 [물에 무거운 물건이 떨어지는 소리를 형용함] ¶～一声, 跳tiào进水里 | 풍덩 소리를 내며 물속에 뛰어들었다 =〔噗pū通〕

2【铺(鋪)〈舖B〉】pū pù 펼 포,가게 포

Ⓐ pū ❶ 動 깔다. 펴다. 펼치다. ¶～席子 | 돗자리를 깔다. ¶运动已经全面～开 | 운동은 이미 전면적으로 펼쳐졌다. ❷ 量 方「炕」(온돌)·「床」(침대) 등을 세는 데 쓰임. ¶一～炕kàng | 온돌 하나.

Ⓑ pù 名 ❶ (～儿, ～子) 가게. 상점. ¶杂货záhuò～ | 잡화점. ❷ (나무) 침상. 침대. ¶临时línshí搭dā～ | 임시로 침상을 꾸리다. ❸ (옛날) 역참.

Ⓐ pū

【铺陈】ⓐ pūchén ❶ 書 動 자세히 진술하다. ¶～来历láilì | 내력을 자세히 진술하다. ❷ 動 깔다. 벌여놓다. 배열하다. ¶～席位xíwèi | 좌석을 배열하다 =〔铺排pái①〕 ❸ 名 方 (침대에 쓰이는) 침구.

ⓑ pū·chen ⇒〔铺衬chèn〕

【铺衬】pū·chen 名 조각난 천. 헝겊. ¶找点～垫diàn鞋底xiédǐ | 헝겊 조각을 찾아 신바닥을 받치다. ¶～精jīng | 완전히 누더기가 된 의류 =〔铺陈 ⓑ〕

【铺床】pū/chuáng 動 이불을 깔다.잠자리를 펴다. ¶她每晚还要给孩子～ | 그녀는 아직도 매일 밤마다 아이의 이불을 깔아준다.

【铺地】pū/dì 動 땅을 뒤덮다. 땅에 온통 깔리다. ¶用木地板～ | 나무판자를 땅에 깔다.

【铺垫】pūdiàn ❶ (～儿) 名 (침대 바로 위에 까는) 침구. ❷ 動 펼쳐서 깔다. ¶褥子rùzi下面～一层稻草dàocǎo | 요 밑에 볏짚을 한 층 펼쳐 깔다. ❸ 動 (말·이야기 등의) 복선(伏線)을 깔다. 밑바탕을 만들다. ❹ (～儿) 名 복선. 밑바탕. ¶这故事～部分太多, 应该砍掉kǎndiào一半 | 이 이야기는 복선 부분이 너무 많아서, 절반을 잘라내야 한다.

【铺盖】ⓐ pūgài 動 펼쳐서 덮다. ¶把草木灰～在苗床miáochuáng上 | 나무·풀의 재를 못자리에 평평하게 펼쳐서 덮다.

ⓑ pū·gai 名 俗 요와 이불. ¶打卷～就走 | 이불을 개고(말고) 나가다 [중국인은 이부자리를 개지 않고 말아 둠] 轉 해고 당하여 주인집을 나가다. 슬그머니 달아나다→〔铺盖卷儿〕

【铺盖卷儿】pū·gaijuǎnr 名組 (둘둘 만) 이불 보따리.

【铺轨】pū/guǐ 動 철길의 선로를 놓다. 철궤(鐵

軌)를 깔다. ¶～机｜선로 부설기.
【铺开】pū·kāi 動 깔아 펼치다. 넓게 깔다. ¶～摊子tānzi做生意｜노점을 펼쳐 장사를 하다.
【铺炕】pū/kàng 動 (온돌)방에 침구를 깔다.
【铺路】pū/lù 動 ❶ 도로를 포장하다. ¶人们都正在～｜사람들이 지금 길을 포장하고 있다. ❷ 轉 (어떤 일을 성사시키기 위한) 길을 내다〔트다〕 길을 마련하다. ¶他希望xīwàng为wèi进一步谈判tánpàn～｜그는 진일보한 담판을 위해 길이 트이기를 바라고 있다.
【铺路石】pūlùshí 名 喻 희생양.
【铺满】pūmǎn 動 전면(全面)에 깔다. 가득히 깔다. ¶晒场shàichǎng上～了稻草dàocǎo｜마당에 볏짚을 가득히 깔다.
【铺排】pūpái 動 ❶ ⇒〔铺陈ⓐ②〕 ❷ 方 喻 화려하게 차리다. 과장하다. ❸ 배치하다. 정돈하다. ¶所有的事都～得停停当当｜모든 일이 다 잘 정리되어 있다.
【铺平】pūpíng 動 ❶ (도로·지면위에 펼쳐 있거나 쌓인 물건등을) 고르게 펴 평평하게 하다. ¶雨停下了以后,居民都出来～路面了｜비가 그친 후 주민들이 모두 나와 길(노면)을 평평하게 했다. ❷ 길을 터놓다. ¶～了社会主义改造的道路｜사회주의 개조의 길을 터 놓았다. ❸ 펴서 평평하게 하다. 편편하게 펴다. ¶把弄皱nòngzhòu的床单chuángdān～｜구겨진 침대 시트를 펴서 편편하게 하다.
【铺砌】pūqì 動 〈土〉 (돌·벽돌 등을 평평하게) 깔다. ¶～方砖zhuān｜네모난 타일을 깔다.
【铺上】pū·shang 動 깔다. ¶路面～了一层细沙xìshā｜길에 모래를 한층 깔다.
【铺设】pūshè 動 깔다. 부설하다. ¶～双轨shuāngguǐ｜(철로를) 복선으로 깔다. ¶～铁路tiělù｜철로를 깔다. ¶～友谊之路｜우의의 길어 터다.
【铺摊】pū·tan 動 方 펼쳐 놓다. ¶他～开纸, 准备zhǔnbèi写字｜그는 종이를 평평하게 펼쳐놓고, 글자를 쓸 준비를 하고 있다.
【铺天盖地】pū tiān gài dì 成 천지(天地)를 뒤덮다. 기세의 맹렬함을 형용하는 말. ¶暴风雪bàofēngxuě～而来｜눈보라가 천지를 뒤덮듯이 몰아쳤다.
【铺位】ⓐ pū/wèi 動 ❶ 자리를 깔다. ❷ (기선·기차의) 침대를 놓다.
ⓑ pùwèi 名 (기선·기차·여관등의) 잠자리. ¶一间宿舍共有八个～｜한칸의 숙사에는 총 8개의 잠자리가 있다.
【铺叙】pūxù 書 動 상세히 밝히다. 자세히 서술하다. ¶～事情的经过｜일의 경과(과정)를 상세히 밝히다. ¶～事实｜사실을 상세히 서술하다.
【铺展】pūzhǎn 動 ❶ 깔아 펼치다. 넓게 깔다. ¶～不开｜(장소가 비좁아) 넓게 깔 수가 없다. ❷ 배치하다. 진열하다. ❸ 일을 준비하다.
【铺张】pūzhāng 動 ❶ 지나치게 꾸미다. 겉치장에 지나치게 신경을 쓰다. 겉치레하다. ¶反对fǎnduì～浪费làngfèi｜허세를 부리며 낭비하는 것을 반대하다. ❷ 과장하다. ❸ 펼쳐놓다. 진열하다 ‖→〔铺排pūpái〕
【铺张扬厉】pū zhāng yáng lì 成 ❶ 지나치게 겉치레하여 드러내다. ❷ 잔뜩 칭찬을 늘어 놓다.
Ⓑ pù
【铺板】pùbǎn 名 ❶ (침대용) 판자. ❷ (상점의) 판자문.
【铺保】pùbǎo ❶ 名 상점 명의의 보증(인) ❷ 動 (사람 이름 명의가 아닌) 상점 명의로 보증을 서다.
【铺底】pùdǐ 名 ❶ (상점·작업장에서 사용하던) 여러 가지 도구. ❷ (옛날) 점포의 권리금. 임대권 →〔押租yāzū〕
【铺户】pùhù 名 점포. 점포 =〔方 铺家〕
【铺家】pù·jia ⇒〔铺户〕
【铺面】pùmiàn 名 점포 앞(쪽) ¶这小店儿～太小｜이 작은 상점은 앞쪽이 너무 좁다.
【铺面房】pùmiànfáng 名 길가에 바로 붙은 점포. 길가에 있어 점포로 쓸 수 있는 방.
【铺位】pùwèi ☞〔铺位〕pū/wèi ⓑ
【铺子】pù·zi 名 점포. 상점. 가게 [개인이 운영하는 작은 점포를 말함] ¶开了一个杂货záhuò～｜잡화상점을 열다.

【噗】 pū 뿜는소리 복
擬 ❶ 푸. 후. 훅 [입에서 내뿜는 소리를 나타냄] ¶～的一声把灯吹灭了｜훅하고 단숨에 등불을 불어 껐다. ❷ 휙 [빠른 동작을 나타냄] ¶小猫xiǎomāo～地跳tiào上床来｜새끼 고양이가 침대 위로 휙 뛰어 올라오다.
【噗哧(儿)】pūchī(r) ⇒〔扑pū哧(儿)〕
【噗嗤(儿)】pūchī(r) ⇒〔扑pū哧(儿)〕
【噗噜噜】pū·lu·lu 擬 주루룩. 뚝뚝 [빗물·눈물이 떨어지는 소리] =〔噗碌碌lù〕

pú ㄆㄨˊ

【匍】 pú 기어갈 포
⇒〔匍匐〕
【匍匐】púfú 動 ❶ 기(어가)다. 배밀이하다. ¶～在地｜땅을 기다. ¶～前进｜기어서 나아가다. 포복하여 나아가다. ❷ 땅바닥으로 뻗다. ¶有些植物zhíwù的茎jīng～在地面上｜어떤 식물의 줄기는 땅바닥으로 뻗는다 ‖ =〔匍伏fú〕〔匍服〕〔蒲pú伏〕〔蒲服〕
【匍匐茎】púfújīng 名 〈植〉 포복경. 뛰엄줄기.

【莆】 pú 부들 포
❶「蒲」와 같음⇒〔蒲②〕 ❷ 지명에 쓰이는 글자. ¶～田县tiánxiàn｜포전현.(복건성(福建省) 소속의 현(縣)이름. ❸ ⇒〔莆仙戏púxiānxì〕 ❹ (Pú) 名 성(姓)
【莆仙戏】Púxiānxì 名 복건성(福建省)의 선유현(仙游縣)·포전현(莆田縣) 지역의 지방극 [송원(宋元)시대의 남극(南劇) 등의 영향을 받아 명초(明初)에 형성된 것으로「兴化戏xīnghuāxì」라고도 함]

【脯】 pú ☞ 脯 fǔ Ⓑ

3【葡】 pú 포도나무 포
⇒〔葡萄〕

【葡国】púguó ⇒〔葡萄牙〕
【葡糖】pútáng ⇒〔葡萄糖〕
3【葡萄】pú·táo 名〈植〉포도. 포도나무. ¶～酒jiǔ｜포도주. ¶～干gān(儿)｜건포도. ¶～园yuán｜포도밭. ¶～色sè｜포도빛. ¶～架jià｜포도나무 시렁. ¶一嘟噜dūlū～ =〔一挂guà葡萄〕〔一串chuàn葡萄〕｜포도 한 송이. ¶～蔓wàn子 =〔葡萄藤téng〕｜포도 덩굴. ¶～拌bàn豆腐dòufǔ｜두부를 포도에 무치다. 말을 장황히 늘어놓다 =〔蒲pú桃〕〔蒲pú陶〕〔蒲萄〕
【葡萄灰】pú·táohuī 名〈色〉붉은 빛이 도는 회색. ¶～的上衣｜포도빛이 도는 회색의 상의
4【葡萄糖】pú·táotáng 名〈化〉포도당. ¶服用fúyòng～｜포도당을 복용하다. ¶～酸钙suāngài｜글루콘산 칼슘 =〔簡 葡糖〕〔萄糖〕
【葡萄牙】Pú·táoyá 名 外〈地〉포르투갈(Portugal) [수도는 「里斯本Lǐsīběn」(리스본;Lisbon)] =〔葡国〕
【葡萄柚】pú·táoyòu 名〈植〉자몽 [과일이름]

【蒲】pú 부들 포

❶ ⇒〔香xiāng蒲〕 ❷(～子) 名〈植〉창포 =〔莆pú①〕 ❸ ⇒〔蒲柳liǔ①〕 ❹(Pú) 名〈地〉포주(蒲州) [지금의 산서성(山西省)의 영제현(永濟縣) 서쪽에 있던 부(府)의 이름] ❺(Pú) 名 성(姓)
【蒲棒(儿)】púbàng(r) 名 口 부들의 이삭.
【蒲包(儿)】púbāo(r) 名 ❶부들로 엮어 만든 꾸러미 [과일·과자 등을 포장하는 데 사용됨] ❷轉 부들 꾸러미에 넣은 선물 ‖ =〔蒲草包〕 ❸굼벵이.
【蒲草】púcǎo 名〈植〉❶부들. 향포. ❷「麦mài(门)冬」(맥문동)의 다른 이름.
【蒲垫(儿, 子)】púdiàn(r·zi) 名 부들 방석. 부들 깔개 [신불(神佛)에 예배할 때 무릎을 꿇는데 사용됨] ¶坐在～上念经niànjīng｜부들방석에 앉아 경을 읽다 =〔蒲墩dūn儿〕
【蒲墩儿】púdūnr ⇒〔蒲垫(儿,子)〕
【蒲公英】púgōngyīng 名〈植〉민들레. 포공영 =〔凫fú公英〕〔俗 孛孛丁bóbódīng〕〔俗 狗乳草gǒurǔcǎo〕〔黄花地丁huánghuādìdīng〕〔俗 耳瘢草ěrbāncǎo〕〔金盏子jīnzhǎnzǐ〕
【蒲剑】pújiàn 名 창포의 검 [단오날 문 앞에 걸어서 액신(厄神)을 물리치는 액땜용으로 쓰이는 창포의 잎. 그 모양이 검과 비슷한 데서 나온 이름임]→〔蒲龙〕
【蒲节】Pú Jié 名 단오절 =〔端午Duānwǔ(节)〕
【蒲剧】pújù 名 산서성(山西省)의 지방극 =〔蒲州梆子púzhōubāngzǐ〕〔南路nánlù梆子〕〔乱弹luàndàn〕
【蒲葵】púkuí 名〈植〉빈랑나무 =〔扇叶葵shànyèkuí〕〔葵树kuíshù〕
【蒲兰地】púlándì ⇒〔白兰地báilándì(酒)〕
【蒲柳】púliǔ 名 ❶〈植〉갯버들. ¶～之姿zī｜갯버들처럼 유연한 자태 =〔蒲杨púyáng〕〔青qīng杨〕〔俗 水杨①〕 ❷喩 허약한 체질.
【蒲龙】púlóng 名 창포로 만든 용 [단오절에 창포로 용을 만드러 추녀 끝에 꽂음]
【蒲茸】púróng 名〈植〉부들의 암꽃. 부들 솜털 [베갯속으로 쓰임] =〔蒲绒róng〕
【蒲扇(儿)】púshàn(r) ❶名 부들 부채. ¶打着～｜부들 부채를 펼치다. ❷⇒〔芭蕉扇bājiāoshàn〕
【蒲式耳】púshì'ěr 量 外 부셸(bushel) [야드 파운드법에서 곡물이나 과실 등의 양을 다는데 쓰이는 단위]→〔加仑jiālún〕
【蒲桃】pú·táo ❶名〈植〉들레나무. ❷⇒〔葡萄pútáo〕
【蒲团】pútuán 名 (좌선(座禪)·불사(佛事) 때에 깔고 앉는) 부들 방석. ¶跪guì在～上念经niànjīng｜부들방석에 무릎을 굻고 염불을 하다 =〔蒲垫diàn(子)〕

【菩】pú 보리 보, 보살 보

⇒〔菩萨〕〔菩提〕
【菩萨】pú·sà 名 ❶〈佛〉簡 보살 [「菩提萨埵pútísàduǒ」의 약칭] ¶求～保佑bǎoyòu｜보살님이 보호해주시기를 기원하다. ¶泥ní～过江, 自身难保｜歇 진흙으로 만든 보살이 강을 건너는 것처럼, 자기자신의 몸도도 보호하기기 어렵다. 남을 구해주기는 커녕 자신자신도 돌보기 힘들다. ❷부처나 신(神) ❸轉 자비심이 많은 사람. ¶～心肠xīncháng｜부처같은 마음씨. 자비로운 마음씨.
【菩提】pútí 名〈佛〉보리(bodhi;범) 정각(正覺) ¶～心｜불과(佛果)를 얻을 수 있도록 기원하는 마음.
【菩提树】pútíshù 名〈植〉보리수 =〔宾钵罗bīnbōluó〕〔毕钵罗bìbōluó〕〔道树dàoshù〕〔思维树sīwéishù〕

【幞】pú ☞ 幞 fú

【镤(鏷)】pú (프로탁티늄 복) 무쇠 복

名 ❶〈化〉화학 원소 명. 프로탁티늄(Pa;protactinium) [방사성 원소의 하나] ❷書 무쇠.

【璞】pú 옥덩이 박

書 名 옥덩이. 옥돌. 가공하지 않은 옥.
【璞玉浑金】pú yù hún jīn 成 아직 가공하지 않은 옥과 금. ❶꾸미지 않은 자연 그대로의 아름다움. ❷소박한 성품 ‖ =〔浑金璞玉húnjīnpúyù〕

【濮】Pú 물이름 복

名 ❶〈地〉복현(濮縣) [산동성(山東省)에 있는 현(縣) 이름] ❷성(姓)
【濮阳】Púyáng 名〈地〉복양. 하남성(河南省)에 있는 현 이름.

pǔ ㄆㄨˇ

2【朴】pǔ ☞ 朴 pō ②

【圃】pǔ 남새밭 포

名 (꽃·채소·과일 등을 심는) 남새밭. 밭. ¶菜cài～｜채소밭. ¶苗miáo～｜못자리. ¶花～｜꽃밭.
【圃地】pǔdì ⇒〔苗miáo圃〕

【埔】pǔ bù 땅이름 포

Ⓐpǔ 지명에 쓰이는 글자. ¶黄Huáng～ | 광동성(廣東省)에 있는 지명. ¶～里lǐ | 대만성(臺灣省)에 있는 지명.

Ⓑbù 지명에 쓰이는 글자. ¶大～ | 광동성(廣東省)에 있는 현(縣)이름.

【浦】pǔ 개 포
❶書名 물가. 강가. 강어귀. ❷書名 큰 강으로 흐르는 수로(水路) ❸지명에 쓰이는 글자. ¶瞰Gǎn～ | 절강성(浙江省)에 있는 지명. ❹(Pǔ) 名 성(姓)

【浦契尼】Pǔqìní 名外〈人〉푸치니(Giacomo puccini, 1858～1924) [이탈리아의 오페라 작곡가] =〔普西尼Pǔxīní〕

【溥】pǔ 넓을 부
❶넓다. 크다. ¶～满mǎn | 널리 가득 차다. ¶为利甚shèn～ | 이익을 크게 얻다 ❷(Pǔ) 名 성(姓)

【溥被】pǔbèi 書動 두루 혜택을 입다. 널리 은전을 받다.

【溥博】pǔbó 書形 두루 넓다. 광대하다.

【溥原】pǔyuán 書名 광대한 평원. 넓은 평원.

2【普】pǔ 넓을 보
❶널리. 보편적(으로) 전체적(으로) 일반적(으로) 전면적(으로) ¶～天下 | 전세계적으로. ¶～选↓ ¶～查↓ ❷⇒〔普米族pǔmǐzú〕 ❸(Pǔ) 名 성(姓)

2【普遍】pǔbiàn 形 보편적이다. 널리 퍼져 있다. ¶这个问题wèntí很～ | 이 문제는 아주 보편적인 것이다. ¶～规律guīlǜ | 일반법칙. ¶～化 | 보편화. ¶～性 | 보편성. ¶～真理 | 보편적 진리. ¶～现象xiànxiàng | 보편적 현상. ¶～行háng市 | 일반적으로 통용되는 시세.

4【普查】pǔchá ❶名 일제 조사. 전면적인 조사. ¶人口～ | 인구센서스. ¶～工作 | 전면 조사 업무 ❷動 전체적으로 조사하다. 일제히 조사하다. 전면적으로 조사하다. =〔全体调查quántǐdiàochá〕

【普度众生】pǔ dù zhòng shēng 威〈佛〉중생을 제도(濟度)하다.

【普洱茶】pǔ'ěrchá 名 보이차 [중국 운남성(雲南省) 보이산(普洱山)에서 생산되는 차]

【普法】pǔfǎ 動 법률지식을 보급하다. ¶我们最近才看到了～的必要性 | 우리는 최근에서야 법률지식 보급의 필요성을 알게 되었다.

3【普及】pǔjí 動 ❶(널리) 보급하다. 널리 퍼지(게 하)다. ¶～到民众mínzhòng中去 | 민중에게까지 보급하다. ¶～文化科学知识wénhuàkēxuézhīshí | 문화과학지식을 널리 보급하다. ¶～全国quánguó | 전국으로 퍼지다. ❷널리 퍼뜨리다. 보편화시키다. 대중화시키다. ¶～中等教育zhōngděngjiàoyù | 중등교육을 보편화시키다. ¶～性刊物kānwù | 보급을 위한 간행물.

【普及本】pǔjíběn 名 (출판물의) 보급판.

【普降】pǔjiàng 動 (눈·비가) 널리 내리다. ¶华南huánán～大雨 | 화남지역에는 큰 비가 내린다. ¶～端雪duānxuě | 널리 서설이 내린다.

【普拉亚】Pǔlāyà 名外〈地〉프라이아(Praia) [「佛得角Fódéjiǎo」(카보베르데;Cape Verde, Cabo Verde)의 수도]

【普利茅斯】Pǔlìmáosī 名外〈地〉플리머스(Plymouth) [「蒙特塞拉特岛Méngtèsāilātèdǎo」(영령 몬트세라트섬;Montserrat Island)의 수도]

【普鲁卡因】pǔlǔkǎyīn 名外〈藥〉프로카인(procaine) =〔普加因pǔjiāyīn〕

【普罗】pǔluó 名 ❶外 簡「普罗列塔利亚Pǔliètǎlìyà」(프롤레타리아)의 약칭. ¶～作家 | 프롤레타리아 작가. ❷⇒〔氆氇pǔlu〕

【普罗列塔利亚(特)】pǔluólièťǎlìyà(tè) 名外 프롤레타리아(prolétariat;프) =〔簡普罗pǔluó①〕⇔〔布尔乔亚bùěrqiáoyà(齐)〕→〔无产阶级wúchǎnjiējí〕〔工人gōngrén阶级〕〔阶级〕

【普米族】Pǔmǐzú 名外〈民〉보미족 [중국 소수 민족의 하나로 운남성(雲南省) 서북부 지역의 영승현(永勝縣)·난평현(蘭坪縣) 일대에 거주함]

【普什图语】Pǔshítúyǔ 名外〈言〉파슈토어(Pashto 語) 푸슈투어(Pushtu 語) [파탄(Pathan)족의 언어로 아프가니스탄 등지에서 사용됨]

【普世】pǔshì 書名 세상. ¶～语法 | 일반어법.

【普特】pǔtè 量外〈度〉푸드(pud;러) [러시아의 옛날 중량 단위. 1푸드는 16.38kg]

【普天】pǔtiān 書名 하늘.

【普天同庆】pǔ tiān tóng qìng 威 온 세상 사람이 다 같이 경축하다. ¶喜讯xǐxùn传来chuánlái～ | 기쁜 소식이 전해져와 모든 사람이 함께 경축한다.

2【普通】pǔtōng 形 보통이다. 보통의. 일반적(이다) ¶～心理学xīnlǐxué | 일반심리학. ¶～常识chángshí | 일반 상식 [흔히 마르크스·레닌주의에 대한 기초적인 지식을 말함] ¶～电报diànbào | 보통 전보.

3【普通话】pǔtōnghuà 名 현대 중국어의 표준어 [현대 북경어음(北京語音)을 표준음으로 삼고, 북방 방언을 기초 어휘로 삼아 현대백화(白話)에 의한 저작(著作)을 문법적 규범(文法的規範)으로 하는 한민족(漢民族)의 공통어] ¶推广～ | 중국표준어를 널리 보급시행하다→〔官guān话①〕

【普通名词】pǔtōngmíngcí 名〈言〉보통 명사 =〔公共gōnggòng名词〕〔簡公名〕

【普通商用语言】pǔtōng shāngyòng yǔyán 名組〈電算〉코볼(COBOL)

【普希金】Pǔxījīn 名外〈人〉푸시킨(Pushkin, Alekasnder Sergeevich 1799～1837) [러시아의 시인·소설가] =〔普式庚shìgēng〕

【普先生】pǔxiān·sheng 名 박식한 사람. ¶欢迎huānyíng～ | 박식한 사람을 환영하다.

【普选】pǔxuǎn 名 ❶보통 선거. ¶实行shíxíng全国～ | 전국 보통선거를 실시하다. ¶～权quán | 보통선거권 =〔普通选举〕 ❷총선거→

〔大选〕
【普照】pǔzhào ㊐動 널리 비추다. 두루 두루 베풀어지다. ¶阳光～大地dàdì | 양광이 대지에 내리 쬐다. ¶佛光fóguāng～ | 부처의 은혜가 두루 두루 베풀어지다.

4【谱(譜)】pǔ 계도 보, 악보 보
❶名사람이나 사물을 계통별로 분류하여 만든 표. ¶食shí～ | 식단. 메뉴. ¶家jiā～ | 가보. ❷名(지도나 연습을 시킬때 사용하는) 견본. ¶乐yuè～ | 악보. ¶画huà～ | 화보. ¶棋qí～ | 기보. ❸(～儿) 名 기준. 표준. 계산. 계획. ¶心理没个～ | 마음속에 (어떤) 계획이 서 있지 않다. ❹動 곡을 붙이다. 작곡하다. ¶把诗词～成歌曲 | 시사에 곡을 붙였다. ¶这首歌是谁～的曲? | 이 노래는 누가 작곡한 곡이냐?
【谱表】pǔbiǎo 名〈音〉오선지(五線紙)
【谱牒】pǔdié ㊐名 족보. 가보(家譜) ＝〔谱第dì〕〔谱籍jí〕〔谱录pǔlù〕
【谱号】pǔhào 名〈音〉음자리표. ¶高音～ | 높은음자리표. ¶低音～ | 낮은음자리표.
4【谱曲】pǔ/qǔ 動 (가사에) 곡을 붙이다. ¶赵元任先生为《叫我如何不想她》～ | 조원임선생께서 《어찌 그녀를 사모하지 않으리》에 곡을 붙였다.
【谱系】pǔxì 名❶가계(家系) 세계(世系) ¶～不清qīng | 가계가 명확하지 않다. ❷〈生〉종(species)의 변화의 계통.
【谱写】pǔxiě 動❶짓다. 작곡하다. 창작하다. ¶～乐曲yuèqǔ | 곡을 짓다. ¶这支zhī曲子是在解放战争初期jiěfàngzhànzhēngchūqī～的 | 이 곡은 해방전쟁초기에 작곡된 것이다. ❷轉 새로운 장을 열다. 아로새기다. 짓다. ¶～灿烂cànlàn的新篇章 | 찬란한 새 장을 열다.
【谱子】pǔ·zi 名❶〈音〉악보. ❷대체적인 표준.

【氆】pǔ 모포 보
⇒〔氆氇〕
【氆氇】pǔ·lu 名 야크(yak) 털로 짠 검은색·다갈색의 모포(毛布) [옷옷·깔개·텐트 등을 만드는 티베트의 모포] ＝〔普罗②〕

【镨(鐠)】pǔ (프라세오디뮴 보)
名〈化〉화학 원소 명. 프라세오디뮴(Pr;praseodymium) [금속 원소의 하나]

【蹼】pǔ 물갈퀴 복
(～儿) 名(물새·양서류·파충류의) 물갈퀴.
【蹼板】pǔbǎn 名(보트 용의) 노 ＝〔桨jiǎng叶〕
【蹼趾】pǔzhǐ 名(개구리·오리 등의) 물갈퀴.
【蹼足】pǔzú 名 물갈퀴가 달린 발.

pù ㄆㄨˋ

【堡】pù ☞ 堡 bǎo Ⓒ

2【铺】pù ☞ 铺 pū Ⓑ

【暴】pù ☞ 暴 bào Ⓑ

4【瀑】pùbào 폭포 폭, 소나기 포
Ⓐ pù ⇒〔瀑布〕
Ⓑ bào ❶소나기. 폭풍우. ¶观音guānyīn～ | 강서(江西) 절강(浙江) 일대에 6월에 오는 폭풍우. ❷㊐貶 물이 솟구치다. ¶龙池lóngchí～～ | 용지에 물이 솟다. ❸(Bào) 名〈地〉포하(瀑河) [하북성(河北省)에 있는 강이름]
4【瀑布】pùbù 名 폭포. ¶一条～从天而降 | 한 줄기의 폭포가 위(하늘)에서 떨어지다.

【曝】pùbào 쬘 폭
Ⓐ pù ㊐動 햇볕에 쬐다. ¶一～十寒hán | 成 하루는 햇볕을 쪼이고 열흘은 식히다. 하다 말다 하다→〔晒shài②〕
Ⓑ bào ⇒〔曝光〕
Ⓐ pù
【曝日】pùrì ㊐動 뜨거운 햇볕을 쪼이다.
【曝尸】pùshī ㊐動 시체를 효시(梟示)하다. ¶～三日 | 시체를 3일간 효시하다.
Ⓑ bào
【曝光】bào/guāng 動❶〈撮〉노출하다. ¶～不足 | 노출 부족. ¶～过度guòdù | 노출과다. ¶～表 | 노출계(露出計) ¶～宽容度kuānróngdù | 노출 관용도 ＝〔露lòu光〕〔暴bào光〕 ❷드러나다. ¶政治丑闻zhèngzhìchǒuwén～了 | 정치추문이 드러나다.

Q

qī ㄑㄧ

1【七】qī 일곱 칠
❶ 數 7. 일곱. ¶~个人 | 일곱 사람. ❷ 名〈文〉칠체(七體) [부(賦)의 일종으로 초사(楚辭)의 「七谏」에서 시작된 문체(文體)] ❸ 名 俗 칠재(七齋) [사람이 죽은 후 매 이레째 마다 제사를 올려, 49일(七七齋)만에 끝마치므로 「七」라 부름] ¶做~ | 칠재를 지내다. ¶头~ | 초재(初齋). ¶二~ | 이재. ❹ 書 名 옛날, 도박에서 기적이 일어남 [「七」과 「奇」가 같은 음인데서 온 말] 어법 ⓐ 「七」뒤에 제4성(第四聲)이나 제4성에서 변한 경성이 오면 제2성(第二聲)으로 발음됨. ¶七月qíyuè ¶七个qí·ge ⓑ 단독으로 쓰인 경우 「guāi」라고 발음하기도 함.

【七…八…】qī…bā… 이리 저리. 여기 저기. 온통. 어법 명사 또는 동사를 넣어 많거나 어지러운 것을 표시함. ¶七病八痛 | 온통 병을 앓다→〔七颠diān八倒dǎo〕〔七手shǒu八脚jiǎo〕

【七宝】qībǎo 名 ❶ 칠보 [「金」·「银」·「玻璃bō·li」(유리)·「砗磲chēqú」(거거)·「玛瑙mǎnǎo」(마노)·「琥珀hǔpò」(호박)·「珊瑚shānhú」(산호)] ❷ 일곱 자료를 써서 만든 물건. ¶~饭fàn | 〈食〉일곱 가지 재료로 만든 밥.

【七步成诗】qī bù chéng shī 成 일곱 발자국 걷는 사이에 시를 짓다. 시재 또는 생각하는 것이 민첩하다 [위(魏) 문제(文帝) 조비(曹丕)가 동생 조식(曹植)을 제거할 목적으로 일곱 걸음을 걷는 동안 시를 짓지 못하면 처형하겠다고 명령했는데, 조식이 즉시 「七步诗」한 수를 지었다는 고사(故事)에서 유래한 말] ¶他有~之才 | 그는 생각하는 것이 민첩한 재주가 있다 =〔七步之才〕→〔斗粟尺布dǒusùchǐbù〕

【七步之才】qī bù zhī cái ⇒〔七步成诗〕

【七缠八缠】qī chán bā chán 動組 자드락거리다. 치근덕거리다.

【七长八短】qī cháng bā duǎn 成 ❶ 길고 짧고 하여 고르지 않다. 가지런하지 못하다. 들쭉날쭉하다. ¶~的几个孩子 | 키가 크고 작은 몇 명의 어린이. ❷ 선악을 구분하기 어렵다. 얼기설기 뒤얽혀 수습이 힘들다.

【七凑八凑】qī còu bā còu 動組 이것 저것 끌어모으다. 여기 저기서 긁어모으다. ¶他们~合成一篇文章 | 그들은 이것 저것 끌어 모아 한편의 문장을 만들었다.

【七大姑八大姨】qī dàgū bā dàyí 俗 수많은 친척과 친구. ¶这些~, 我可不敢得罪dézuì | 이렇게 수많은 친척과 친구들에게 나는 감히 미움 사는 짓을 할 수 없다.

【七颠八倒】qī diān bā dǎo 成 뒤범벅이다. 뒤죽박죽이 되다. 엉망진창이다. ¶他说总是那么~的 | 그의 말은 언제나 저렇게 뒤죽박죽이다.

【七高八低】qī gāo bā dī 成 울퉁불퉁하다. 울룩불룩하다. ¶这山路~的, 很难走nánzǒu | 이 산길은 울퉁불퉁하여 걷기가 아주 힘들다.

【七个不依, 八个不饶】qī·ge bùyī, bā·gebùráo 俗 아랑곳 하지 않다. 들은 척 만 척 하다. 아무리 달래도 듣지 않다. ¶他一向~, ~, 很难对付duìfù | 그는 늘 아랑곳 하지 않아 대하기가 힘들다 =〔七个不依, 八个不答应〕

【七级浮屠】qījí fútú 名〈佛〉칠층탑(七層塔)→〔浮图fútú③〕

【七极管】qījíguǎn 名〈電氣〉칠극관.

【七绝】qījué ⇒〔七言绝句〕

【七老八十】qī lǎo bā shí 成 7·80세. 고령(高齡). ¶别去麻烦máfán这些~的人 | 이렇게 고령인 사람을 귀찮게 하지 마세요 =〔七十八老〕

【七零八落】qī líng bā luò 成 지리멸렬(支離滅裂)하다. 이리저리 흩어지다. 산산조각나다. ¶院子里的花被雨浇得jiāodé~的 | 뜰의 꽃이 비에 맞아 이리 저리 흩어졌다 =〔七零八散qīlíngbāsǎn〕

【七零八碎】qī líng bā suì 成 산산조각나다. 난잡하다. ¶~的材料cáiliào | 난잡한 재료

【七律】qīlǜ ⇒〔七言律诗〕

【七排】qīpái ⇒〔七言排律〕

【七拼八凑】qī pīn bā còu 成 이리저리 끌어모으다. (마구) 긁어모으다. ¶~地各处gèchù去借钱jièqián | 여기저기 돌아다니며 돈을 빌리다.

【七巧板】qīqiǎobǎn 名 칠교판. 칠교도(七巧圖). ¶小孩爱拼pīn~ | 어린 아이는 칠교판 짜맞추기를 좋아한다 =〔七巧图〕〔智慧zhìhuì板〕

【七窍】qīqiào 名 (눈·귀·코·입의 구멍을 모두 합한) 일곱개의 구멍 =〔七孔〕〔上shàng窍〕→〔孔kǒng穴〕

【七窍生烟】qī qiào shēng yān 成 (귀·눈·입·코의 일곱 구멍에서 불이 뿜어 나오듯이) 몹시 화가 나다. 잔뜩 성이 나다. 노발대발하다. ¶他气得~ | 그는 잔뜩 성이 나 있다.

【七擒七纵】qī qín qī zòng 名 칠종칠금. =〔七纵七擒〕

【七情六欲】qī qíng liù yù 成 모든 욕망(欲望)과 감정(感情). ¶人人都有~ | 사람은 모두 욕망과 감정을 갖고있다.

【七色板】qīsèbǎn 名〈物〉프리즘(prism).

【七上八下】qī shàng bā xià 成 (마음이) 혼란스럽다. 안절부절하다. (가슴이) 두근두근하다. ¶心里~ | 가슴이 두근거리다 =〔七上八落〕

【七十二变】qīshíèr biàn 成 변화무상한 전술. 온갖형태의 변신 [《서유기(西游記)》의 손오공(孫悟空)이 72종의 변신술을 자유자재로 부린데서 나온 말임] ¶你就是会~, 我也能识破shípò | 네가 온간 변신을 할 수 있다해도 나도 다 꿰뚫어 볼 수 있다.

【七十二行】qīshíèr háng 농(農)·공(工)·상(商)의 모든 업종. ¶~, 行行出状元zhuàngyuán | 각 분야에서 우수한 일꾼들이 나오다.

【七手八脚】qī shǒu bā jiǎo 成 ❶ 몹시 바쁘다. ❷ 아무 일에나 손을 대다.

【七死八活】qī sǐ bā huó 成 거의 죽을 지경에 이르다. 숨이 막 끊어질 듯하다. 죽음에 임박하다. 打得~ | 초죽음이 되도록 때리다. 죽음이 되다.

빈사상태에 처하다.
【七夕】qīxī 名 칠석 =〔七巧〕〔七 月 七〕〔女nǚ节〕〔乞qǐ巧节〕〔巧qiǎo节〕〔巧日〕〔巧夕〕
【七弦琴】qīxiánqín 名〈擾〉칠현금. ¶弹奏tánzòu～ | 칠현금을 타다 =〔七丝qīsī〕〔古琴gǔqín〕
【七言】qīyán ⇒〔七言诗〕
【七言绝句】qīyán juéjù 名〈文〉칠언 절구=〔簡 七绝〕
【七言律诗】qīyán lǜshī 名〈文〉칠언 율시 =〔簡 七律〕
【七言排律】qīyán páilǜ 名〈文〉칠언 배율 =〔簡 七排〕
【七言诗】qīyánshī 名 칠언시 [칠언 고시(七言古詩)·칠언 율시(七言律詩)·칠언 절구(七言絶句)가 이에 포함됨] ¶他善作～ | 그는 칠언시를 잘 짓는다 =〔七言〕
【七叶树】qīyèshù 名〈植〉칠엽수. ¶院里种着～ | 뜰에 칠엽수를 심다.
【七一】Qī Yī 名 중국 공산당 창당 기념일 [1921년 7월 1일 상해(上海)에서 제 1차 전국 대표 대회를 열고 공산당의 성립(成立)을 선포함]
【七音】qīyīn 名 칠음. ❶〈言〉음운학(音韻學)에서 순음(脣音)·설음(舌音)·아음(牙音)·치음(齒音)·후음(喉音)·반설음(半舌音)·반치음(半齒音)의 일곱 종류의 발음. ❷〈音〉음률의 근거가 되는 궁(宮)·상(商)·각(角)·치(徵)·우(羽)·변궁(變宮)·변치(變徵)의 일곱 음으로 악보에는 합(合)·사(四)·일(一)·상(上)·척(尺)·오(五)·범(凡)으로 표시됨. ¶精通jīngtōng～ | 칠음에 정통하다 =〔七声〕
4【七嘴八舌】qī zuǐ bā shé 成 수다스럽다. 여러 사람이 떠들석하게 이야기하다. ¶～地说 | 수다스럽게 이야기하다 =〔七张八嘴〕

4【沏】qī qū qiè 물빨리흐를 절

Ⓐ qī 動 (뜨거운 물로 차 등을) 타다. 풀다. ¶用开水把糖táng～开 | 뜨거운 물에 설탕을 풀다. ¶～茶chá↓
Ⓑ qū 動 타고 있는 물건에 물을 뿌려 불을 끄다. ¶把香火儿～了 | 향을 물로 껐다.
Ⓒ qiè 書 形 큰 물결이 서로 부딪치는 모양. ¶激势相～ | 격앙된 세력이 서로 부딪치다.
【沏茶】qīchá 動 차를 타다. 차를 우리다. ¶快给客人～ | 빨리 손님에게 차를 타 드리세요 =〔泡pào茶〕

4【柒】qī 일곱 칠, 옻나무 칠

❶ 動 칠. 일곱. 「七」의 갖은자 [서류(書類) 등의 금액 기재를 할 때 많이 씀] ❷ 書 名 옻나무.

2【妻】qī qì 아내 처

Ⓐ qī (～子) 名 처. 아내 =〔書 嫡配dípèi〕〔書 嫡妻〕〔書 嫡室〕〔妇②〕〔書 寡妻guǎqī〕〔头房妻tóufángqī〕〔書 细君 xìjūn〕〔書 正房 zhèngfáng〕〔書 正妻〕〔書 正室〕¶夫～ | 부부. ¶未婚wèihūn～ | 약혼녀 →〔爱人 ⓑ〕〔大太太dàtàitài〕〔俗 老婆pó〕〔内人〕〔女人nǚ·ren〕〔贱内 jiànnèi〕〔方 屋里人wūlǐrén①〕〔書 乡里xiānglǐ②〕
Ⓑ qì 書 動 시집보내다. ¶以女～之 | 딸을 시집보내다.
【妻儿老小】qī ér lǎo xiǎo 成 (부모·처자 등) 가족 전부.
【妻舅】qījiù 名 처남.
【妻室】qīshì 名 처. 아내.
【妻小】qīxiǎo 名 近 아내와 자식.
2【妻子】ⓐ qīzǐ 名 아내와 자식. ¶～离散lísǎn | 아내와 자식이 뿔뿔이 흩어지다.
ⓑ qī·zi 名 처. 아내.

4【凄〈淒$_{1,2}$悽$_3$〉】qī 찰 처, 쓸쓸할 처

形 ❶ 싸늘하다. 싸늘하다. ¶～风苦雨↓ ❷ 처량하다. 쓸쓸하다. ¶～凉↓ ¶～清↓ ❸ 슬프다. 처참하다. ¶～惨↓ ¶～切↓
4【凄惨】qīcǎn 形 처참하다. 처량하고 비참하다. 참혹하다. ¶死得很～ | 아주 처량하고 비참하게 죽다. ¶他晚境wǎnjìng～ | 그는 만년이 아주 처참했다. ¶～的景象jǐngxiàng | 처참한 광경 =〔書 凄楚qīchǔ①〕
【凄恻】qīcè 書 形 슬프다. 비통(悲痛)하다. 측은하다. ¶内心～难当nándāng | 마음이 비통하여 감당하기 힘들다.
【凄楚】qīchǔ ❶ ⇒〔凄惨〕 ❷ 書 形 슬프고 괴롭다.
【凄怆】qīchuàng 書 形 슬프다. 비통하다. 비참하다.
【凄风苦雨】qī fēng kǔ yǔ 成 ❶ 찬 바람과 궂은 비. 몹시 나쁜 날씨. ❷ 찬 바람과 궂은 비로 인하여 일어나는 괴로운 마음 [주로 나그네의 쓸쓸한 심정을 일컬음] ❸ 비참한 생활 상태 ‖ =〔苦雨凄风〕
【凄苦】qīkǔ 形 비참하고 고통스럽다. ¶他一生～ | 그는 일생동안 비참하고 고통스러웠다. ¶～的生活 | 비참하고 고통스런 생활.
【凄厉】qīlì 書 形 (사람이나 동물의 울음소리 또는 바람소리가) 처량〔처참〕하고 날카롭다. 스산하다. ¶风声fēngshēng～ | 바람 소리가 처량하고 날카롭다.
4【凄凉】qīliáng 形 ❶ 처량하다. 쓸쓸하다. ¶过着～的生活 | 처량한 생활을 하고 있다. ❷ (얼굴·모양이) 슬프고 애처롭다. ¶～的神情shénqíng | 애처로운 표정. ¶～的景象jǐngxiàng | 슬프고 애처로운 모습 ‖ =〔凄迷qīmí②〕
【凄迷】qīmí ❶ 書 形 (경치가) 처량하고 흐릿하다. 쓸쓸하다. ¶夜色yèsè～ | 밤의 경색이 처량하고 흐릿하다. ❷ ⇒〔凄凉〕 ❸ 書 形 슬프다. 서글프다.
【凄切】qīqiè 書 形 (소리가) 처절하다. 처량하고 슬프다. 처참하다. ¶寒蝉hánchán～ | 쓰르라미 소리가 구슬프다.
【凄清】qīqīng 書 形 ❶ 쓸쓸하다. 처량하다. ¶琴声qínshēng～ | 가야금 소리가 처량하다. ¶度过～岁月suìyuè | 쓸쓸한 세월을 보내다. ❷ 약간 차다. 싸늘하다. ¶～的月光yuèguāng | 싸늘한 달빛.
【凄然】qīrán 書 形 ❶ 슬프다. ¶说到伤心之处, 她不禁～泪lèi下 | 괴로운 부분을 이야기 할 때에

그녀는 슬픔을 참지 못하고 눈물을 흘렸다. ❷쓸쓸하다. 처량하다. 비참하다. ¶～收场shōuchǎng | 비참한 말로(末路).

【萋】qī 우거질 처
⇒〔萋萋〕

【萋萋】qīqī 書 貺 (풀이) 우거지다. 무성하다. ¶芳草fāngcǎo～ | 방초가 무성하다.

【栖(棲)】①qī 깃들일 서, 살 서
動❶(새가) 나무에 앉다. (동물이) 깃들이. 서식하다. ¶麻雀máquè～在檐下yánxià | 참새는 처마밑에 서식한다. ¶水陆shuǐlù两～动物dòngwù | 양서류 동물. ❷(사람이) 머물다. 살다. 거주하다. ¶～身之处 | 몸을 의탁할 곳. ❸다가가다. 접근하다. 다가 붙다. ¶～在他身旁shēnpáng坐下 | 그의 곁에 다가앉다. ❹書名 상(床). 침상(寢床).

【栖遑】qīhuáng 書形 안절부절하다. 황급하다. 당황하다.

【栖身】qīshēn 書 動 (잠시) 거주하다. 머물다. ¶无处～ | 잠시 머물 곳이 없다 =〔栖止zhǐ〕

【栖宿】qīsù ⇒〔栖息xī〕

【栖息】qīxī 書 動❶(동물이) 서식하다. 깃들이다. 머물다. ¶许多水鸟shuǐniǎo在岛上～ | 많은 물새들이 섬에서 서식하다. ❷살다. 거주하다. 기숙하다 ‖ =〔栖宿qīsù〕

【栖止】qīzhǐ ⇒〔栖身shēn〕

【栖】②xī 살 서
⇒〔栖栖〕

【栖栖】xīxī 書 貺 바쁘고 불안하다. 허둥대다.

【桤(榿)】qī 나무이름 기
名〈植〉오리나무. ¶～林 | 오리나무숲.

【桤木】qīmù 名〈植〉오리나무.

1【期】qī ⊗ 台 qí) jī 때 기, 돌 기

Ⓐqī ❶名 정해진 날자. 기일(期日). 기한(期限). ¶到dào～ | 기일이 되었다. ¶过guò～ | 기한이 지나다. ¶如～完成wánchéng | 기일대로 완성하다. ❷名 기간(期間). 동안. ¶定三个月为一～ | 3개월을 1기로 정하다. ¶学～ | 학기. ¶假jià～ | 휴가 기간. ❸動(시일을) 약속하다. 정하다. ¶不～而遇yù | 우연히 만나다. ❹動 기대하다. 바라다. 기다리다. ¶～待↓ ¶～望↓ ❺量 기 [일정기간을 구분하는 사물에 쓰임] ¶咱们zán·men是同一～毕业bìyè的 | 우리들은 졸업 동기이다.

Ⓑjī ❶書名 1년 또는 1개월. ¶～月↓ ¶～年↓ ❷일년상 [1년동안 상복(喪服)을 입는 것] ¶～服↓

Ⓐqī

4【期待】qīdài ❶名 기대. ¶不辜gū父母的～ | 부모님의 기대를 저버리지 않다 ❷動 기대하다. ¶～来年的收获shōuhuò | 내년의 수확을 기대하다. ¶这正是我们～的那封信 | 이것이 바로 우리들이 기대하던 그 편지이다 =〔期切〕→〔期望〕〔希望〕

【期单】qīdān ⇒〔期票〕

【期货】qīhuò 名〈經〉선물(先物). ¶～价格jiàgé | 선물 가격. ¶～交易jiāoyì | 선물 거래 =〔长chǎng货〕→〔现xiàn货〕

【期冀】qījì ⇒〔期望wàng〕

2【期间】qījiān 名 기간. ¶农忙nóngmáng～ | 농번기.

4【期刊】qīkān 名 정기 간행물. ¶～室 | 정기 간행물실. ¶～阅览室yuèlǎnshì | 정기 간행물 열람실 →〔杂志〕

【期考】qīkǎo ⇒〔期末考试〕

【期满】qīmǎn 動 만기가 되다. 기한이〔임기가〕만료되다. ¶借书jièshū～ | 도서 대출기간이 만료되다. ¶服刑fúxíng～ | 복역 형기가 만료되다 =〔屆满qūmǎn〕

【期末考试】qīmò kǎoshì 名 학기말 고사. 기말 시험 =〔簡 期考〕〔期终考(试)〕

【期盼】qīpàn 動 기대하다. 고대하다. 간절히 바라다. 희망하다. ¶～孩子将来有出息chūxī | 아이가 장래에 훌륭하게 되길 바라다

【期票】qīpiào 名〈經〉약속 어음. ¶承兑chéngduì～ | 인수 어음. ¶～贴现tiēxiàn | 어음 할인 =〔期单qīdān〕→〔汇票huìpiào〕〔票据piàojù①〕

【期期艾艾】qī qī ài ài 成 더듬 더듬하다. 말을 더듬다. ¶～说不出话来 | 더듬더듬하며 말을 하지 못하다.

【期求】qīqiú 動(도움 등을) 바라다. 기대하다. ¶～谅解liàngjiě | 양해를 바라다.

4【期望】qīwàng ❶名 기대. ¶对学生的～很高 | 학생들에 대한 기대가 아주 크다. ¶辜负gūfù父母的～ | 부모님의 기대를 저버리다. ❷動(앞날에 대해) 기대하다. ¶她～着中国民族解放的成功chénggōng | 그녀는 중국민족해방의 성공을 기대하고 있다 =〔期许qīxǔ〕〔書 期冀qījì〕→〔期待qīdài〕

4【期限】qīxiàn 名 기한. 예정된 시한(時限). ¶～很短hěnduǎn | 기한이 매우 짧다.

【期许】qīxǔ ⇒〔期望wàng〕

【期于】qīyú 動組 …에 목적이 있다. …을 바라다. ¶大家都动手dòngshǒu, ～早日完成wánchéng任务rèn·wu | 사람들이 모두 달라붙어 하는 것은 하루바삐 임무를 완성하려는 데 있다.

Ⓑjī

【期服】jīfú 名 기년복(朞年服). 일 년 동안 상복을 입는 것.

【期年】jīnián 名 일주년. ¶一别～, 不知兄近况如何 | 헤어진지도 벌써 일년이 되었군요. 형님의 근황은 어떠신지요? =〔基年〕

【期月】jīyuè 書名❶일 년. ❷일개월 ‖ =〔基jī月〕

2【欺】qī 속일 기
動❶속이다. 사기치다. ¶自～～人 | 자기를 기만하고 남을 속이다. ¶童叟sǒu无～ | 成 노인이나 어린이를 속이지 않습니다 [옛날 상점 앞에 붙여 선전하던 문구] ❷업신여기다. 무시하다. ¶～人太甚rèntàishèn | 남을 아주 무시하다. ❸능욕(凌辱)하다. 모욕하다. 괴롭히다. ¶仗势zhàngshì～人 | 成 권세를 믿고 남을 괴롭히다.

3【欺负】qī·fu 動 모욕하다. 괴롭히다. 업신여기다.

¶她被～得哭了起来 | 그녀는 모욕을 당하여 울었다. ¶太～人了 | 사람을 너무 업신여겼다. ¶不要～小弟弟 | 어린 동생을 괴롭히지 마라 =〔欺凌líng〕〔凌藉〕

【欺行霸市】 qīháng bàshì 成 권세로 같은 업종을 억누르고 시장을 독점하다.

【欺哄】 qīhǒng 動 거짓말로 속이다. ¶你别～我了, 我本来就不明白 | 나는 본래 잘 알지 못하니, 나를 속이지 말라 =〔欺诳kuáng〕

【欺凌】 qīlíng ⇒〔欺负fù〕

【欺瞒】 qīmán 動 속이다. 기만하다. ¶不许～家长jiāzhǎng | 가장을 속여서는 안된다 =〔欺骗qīpiàn〕

【欺蒙】 qīméng ⇒〔欺骗piàn〕

2**【欺骗】** qīpiàn 動 기만하다. 속이다. ¶～自己而且～别人 | 자기도 속이고 다른 사람도 속이다. ¶～世界舆论yúlùn | 세계의 여론을 속이다 =〔欺瞒〕〔欺蒙méng〕〔書 欺罔wǎng〕

【欺人】 qī/rén 動 남을 속이다〔깔보다〕 ¶～之谈tán | 成 남을 속이는〔깔보는〕 말. 멀쩡한 거짓말.

【欺人太甚】 qī rén tài shèn 成 남을 너무 업신 여기다. ¶你不要～ | 남을 너무 업신 여기지 마라.

【欺辱】 qīrǔ 動 능욕하다. 모욕을 주다. 업신여기다. ¶受～ | 능욕을 당하다.

【欺软怕硬】 qī ruǎn pà yìng 成 약한 자를 업신여기고 강한 자를 두려워하다 =〔欺弱怕强〕〔欺善怕恶〕

【欺弱怕强】 qī ruò pà qiáng ⇒〔欺软怕硬〕

【欺善怕恶】 qī shàn pà è ⇒〔欺软怕硬〕

【欺生】 qīshēng 動 ❶ 낯 선 사람을 속이다(업신여기다.). ¶你初次chūcì买东西, 留点儿神liúdiǎnérshén, 这地方的人可～了 | 네가 처음으로 물건을 살 때는 주의하세요, 이 곳 사람들은 낯선 사람을 곧 잘 속입니다. ❷ (말·노새 등의) 가축이 낯을 가리다. ¶这匹马～, 你要小心点儿 | 이 말은 낯을 가리니 조심하세요

【欺世盗名】 qī shì dào míng 成 세상(사람들)을 속여 명예를 훔치다. ¶我没干过～的事儿 | 나는 세상 사람들을 속여 명예를 훔친 적이 없습니다.

【欺罔】 qīwǎng ⇒〔欺骗〕

【欺侮】 qīwǔ 動 업신여기고 모욕하다. ¶我永远也忘不了那些受人～的岁月 | 나는 업신여김과 모욕을 당한 그 세월을 영원히 잊을 수가 없다. ¶不准～孩子 | 어린 아이를 업신여기고 모욕해서는 안 됩니다.

【欺压】 qīyā ❶ 動 (권세를 믿고) 모욕하며 억압하다. ¶～百姓bǎixìng | 백성들을 억압하다. ❷ 名 억압. 압박. 어법 주어나 「관형어 혹은 受」「遭受zāoshòu」의 목적어로 사용됨. ¶百姓遭受zāoshòu～ | 백성들이 억압을 받다.

【欺诈】 qīzhà 動 속이다. ¶～取胜 | 속임수를 써서 승리하다.

【魌〈䫏〉】 qī 방상시 기, 못날 기

❶ 名 고대(古代) 역병(疫病)을 물리칠 때 쓰는 탈. ❷ 轉 극히 추하게 생긴 사람.

2 ## 【戚〈慼$_2$慽$_2$鏚$_3$〉】 qī 친할 척, 슬퍼할 척, 도끼 척

❶ 친척. ¶亲～ | 친척. ¶～友↓ ❷ 書 形 슬퍼하다. 근심하다. 걱정하다. ¶休～相关 | 기쁨과 슬픔도 함께 하다. 관계가 밀접해서 이해(利害)가 일치함. ¶～容 | 우수의 얼굴. ❸ 書 名 도끼 비슷한 옛날의 무기. ❹ (Qī) 名 성(姓).

【戚戚】 qīqī 書 狀 꿈틀대다. 벌벌 떨다. 동하다. ¶～然心有动也 | 마음이 깊이 동하다.

【戚友】 qīyǒu 名 친척과 친구.

【嘁】 qī 소곤소곤할 척

⇒〔嘁哩喀喳〕〔嘁嘁喳喳〕

【嘁哩喀喳】 qī·likāchā 擬 (말하는 것이나 일하는 것이) 시원스럽다. 시원시원하다. ¶他～砍kǎn了不少白菜báicài | 그는 많은 배추를 시원시원하게 잘랐다.

【嘁嘁喳喳】 qīqīchāchā 擬 소곤소곤. 재잘재잘. ¶～地说私话sīhuà | 소곤소곤 비밀 이야기를 하다.

【溪】 qī ☞ 溪 xī

【蹊】 qī ☞ 蹊 xī B

3 ## 【漆】 qī 옻나무 칠, 검을 칠

❶ 名〈植〉옻나무. ❷ 名 옻칠. ❸ 페인트등 도료(塗料)의 총칭. ¶洋yáng～ | 니스. ¶油yóu～ | 페인트. ❹ 動 (옻·페인트를) 칠하다. ¶把大门～成红色的 | 대문을 붉은색으로 칠했다. ¶用洋漆～一～ | 니스로 좀 칠하세요. ❺ 形 검다. 까맣다. 어둡다. ¶～黑的头发tóufa | 새까만 머리. ❻ (Qī) 名 성(姓). ❼ 복성(複姓) 중의 한 자(字). ¶～雕diāo↓

【漆包线】 qībāoxiàn 名〈電氣〉에나멜선 =〔漆皮线qīpíxiàn〕

【漆布】 qībù 名 ❶ (탁상보·책꺼풀에 쓰이는) 유포(油布). ❷ 리놀륨(linoleum) ‖ =〔油yóu漆布〕

【漆雕】 Qīdiāo 名 복성(複姓).

【漆工】 qīgōng 名 ❶ 옻칠 또는 페인트칠. ¶他会干gàn～ | 그는 옻칠(페인트칠)을 할 수 있다. ❷ 페인트공 =〔漆匠jiàng〕

4**【漆黑】** qīhēi 狀 칠흑같다. 칠흑같이 컴컴하다. 아주 검다. ¶洞子里dòngzǐlǐ～～的, 什么shén·me也看不见 | 동굴안은 칠흑같이 어두워 아무것도 보이지 않았다. ¶～的夜yè | 칠흑같은 밤.

【漆黑黑】 qīhēihēi 狀 시커멓다. 캄캄하다. 까맣다.

【漆黑一团】 qī hēi yī tuán 成 깜깜하다. 시커멓다. ¶深夜, 树林里～, 伸手shēnshǒu不见五指wǔzhǐ | 깊은 밤이라 숲속은 아주 깜깜해 지척도 분간할 수 없었다 =〔一团漆黑〕

【漆画】 qīhuà 名〈美〉옻칠로 그린 그림.

【漆匠】 qī·jiang ⇒〔漆工②〕

【漆皮(儿)】 qīpí(r) 名 ❶ 옻칠을 입힌 모조피. 에나멜 칠피. ¶～包bāo | 옻칠을 입힌 모조피로 만든 가방. ¶～鞋xié | 에나멜 가죽구두. ❷ 칠기(漆器) 등의 표피

【漆片】 qīpiàn 名 셸락. =〔虫胶chóngjiāo片〕

【漆器】 qīqì 名 칠기. ¶这个小店专营zhuānyíng～ | 이 작은 점포에서는 칠기를 전문적으로 취급한다 =〔漆货qīhuò〕

【漆树】 qīshù 名〈植〉옻나무. ¶后院有两棵liǎngkē～ | 후원에는 옻나무 두 그루가 있다.

【漆髹】qīxiū 動 옻칠하다. ¶门窗ménchuāng～一新 | 문과 창문에 새롭게 옻칠을 하다.
【漆油】qīyóu 名 ❶ 식물성 납(蠟). 목랍(木蠟)＝〔树蜡〕 ❷ 래커. 페인트.

【缉】qī ☞ 缉 jī Ⓑ

【踦】qī ☞ 踦 yǐ Ⓑ

qí ㄑㄧˊ

【亓】Qí 성 기
❶ (Qí) 名 성(姓). ❷ 복성(複姓) 중의 한 자(字). ¶～官↓
【亓官】Qíguān 名 복성(複姓).

1【齐(齊)】qí zhāi zī jì 가지런할 제, 옷자락 자
Ⓐ qí ❶ 形 가지런하다. 정연하다. ¶队伍duìwǔ排pái得很～ | 대오가 아주 정연하게 배열되었다. ¶庄稼zhuāngjià长得很～ | 곡식이 아주 골고루 자랐다. ❷ 形 (높이나 길이가) 같다. 고르다. ¶长短chángduǎn不～ | 길이가 같지 않다. ❸ 動 (같은 정도에) 도달하다. 다다르다. ¶水涨得～了岸àn | 물이 불어서 기슭까지 올라왔다. ❹ 動 동등하다. 맞먹다. 일치하다. ¶～名↓ ¶心～ | 마음이 일치하다. ❺ 副 다같이. 동시에. 일제히. ¶一～走 | 일제히 가다. ¶并驾bìngjià～驱qū | 成 나란히 말을 몰다. 난형난제다→〔一齐〕 ❻ 動 같이하다. 맞추다. ¶～着根儿剪断jiǎnduàn | 뿌리를 맞춰 자르다. ¶～着边儿画一道线 | 가장자리를 맞추어 줄을 긋다. ❼ 動 정돈하다. 정리하다. ¶～队 | 대오를 정열하다. ¶～稿↓ ❽ 形 완비되다. 갖춰지다 어법 흔히 보어로 많이 쓰임. ¶材料cáiliào都预备yùbèi～了 | 재료가 모두 갖춰졌다. ¶客人都来～了 | 손님들이 모두 다 오셨다. ❾ (Qí) 名 〈史〉 ⓐ 제(齊)나라 [주대(周代) 나라이름] ⓑ 남제(南齊)→〔南Nán齐〕 ⓒ 북제(北齊)→〔北Běi齐〕 ⓓ 당말(唐末) 농민 반란을 일으켰던 황소(黃巢)가 세운 나라이름. ❿ (Qí) 名 〈地〉 산동성(山東省)의 다른 이름→〔鲁Lǔ④〕 ⓫ (Qí) 名 성(姓).
Ⓑ zhāi 고문(古文)에서「斋」와 통용⇒〔斋zhāi〕
Ⓒ zī ❶ 書 名 옷자락. ¶摄shè～升堂 | 옷자락을 걷어 올리고 본체에 오르다《論語》 ❷ 상복(喪服). ¶～衰 | 자최[약간 굵은 삼베로 만든 상복] ¶～疏↓
Ⓓ jì ❶ 書 名 조미료. ❷ 고문(古文)에서 「剂」와 통용⇒〔剂jì〕 ❸ 書 名 합금(合金). ¶汞gǒng～＝〔汞合金〕 | 아말감.
【齐备】qíbèi 動 (모두) 갖추다. 구비하다. ¶货色huòsè～ | 갖가지 물건이 다 갖추어져 있다. ¶行装zhuāng～, 马上出发chūfā | 행장이 다 준비되면 곧 출발하겠다＝〔齐全qíquán〕
【齐步】qí/bù 動 발을 맞추다. ¶～走! | 〈軍〉 앞으로 가! 발맞추어 가!
【齐唱】qíchàng ❶ 名 제창. ❷ 動 〈音〉 제창하다. ¶～国歌guógē | 국가를 제창하다.
【齐齿呼】qíchǐhū 名 〈言〉「四呼」의 하나 [중국어의 운모(韻母)가 「i」이거나 또는 「i」로 시작되는 발음의 총칭. 발음할 때 이빨이 가지런하게 됨. 예를 들면「必bì」「先xiān」등]＝〔齐齿②〕→〔四呼〕
【齐楚】qíchǔ ❶ 形 단정하다. 가지런하다. ¶衣冠yīguàn～ | 차림새가 단정하다. 의관이 단정하다＝〔齐整zhěng①〕 ❷ (Qí Chǔ) 名 〈史〉 제(齊)나라와 초(楚)나라. ¶他游说yóushuì于～之间 | 그는 제나라와 초나라에서 유세를 했다.
【齐稿】qígǎo 動 원고를 정리하다. ¶今天下午～ | 오늘 오후에는 원고를 정리한다.
【齐集】qíjí 動 모두 모이다. ¶亚洲Yàzhōu的朋友～在北京 | 아시아의 친구들이 모두 북경에 모이다.
【齐截】qí·jie 形 方 ❶ 가지런하다. 정연하다. ¶字写得～ | 글씨를 가지런하게 썼다. ❷ 완전하다. 빠짐없다. ¶东西都预备yùbèi～了 | 물건을 모두 빠짐없이 갖추었다 ‖＝〔齐结〕→〔整齐〕
【齐名】qímíng 動 다 같이 유명하다. ¶林语堂Línyǔtáng跟梁实秋Liángshíqiū～ | 임어당과 양실추는 똑같이 유명하다. ¶香港Xiānggǎng是与狮子城Shīzǐchéng～的 | 홍콩은 싱가포르와 똑 같이 유명하다.
【齐全】qíquán ⇒〔齐备bèi〕
【齐声】qí/shēng 副 일제히 소리를 내다. ¶～叫他jiàotā | 일제히 소리를 내어 그를 부르다. ¶～唱歌chànggē | 일제히 노래하다.
【齐双双的】qíshuāngshuāng·de 狀 둘씩 둘씩 짝을 지어. 쌍쌍이.
【齐头并进】qítóu bìngjìn 成 머리〔어깨〕를 나란히 하고 나아가다. 轉 ❶ 우열을 가릴 수 없다. 백중하다. ❷ 함께 추진하다. 한꺼번에 하다. ¶这几项工作要～ | 이 몇가지 일은 한꺼번에 추진해야 한다.
【齐心】qí/xīn 動 마음을 같이 하다. 뜻을 합치다. ¶全国上下～抗日kàngrì | 전 국민이 마음을 합쳐 일본에 항거했다＝〔齐心合意héyì〕〔同tóng心①〕
【齐心协力】qíxīn xiélì 成 뜻을 같이하여 협력하다. 함께 노력하다. ¶大家要～提高生产率 | 여러분이 다 같이 노력하여 생산성을 제고시켜야 합니다.
【齐整】qízhěng ❶ ⇒〔齐楚chǔ①〕 ❷ 形 (생김생김이) 단정하다. 반듯하다. ¶这个人长zhǎng得很～ | 이 사람은 인물이 반듯하게 생겼다.
Ⓒ zī
【齐棹】zīcuī 書 名 자최 [굵은 삼베로 만든 상복(喪服). 오복(五服)의 하나]→〔五服〕
【齐疏】zīshū 書 名 자소 [굵은 삼베로 만든 상복(喪服)]

【荠】qí ☞ 荠 jì Ⓑ

【脐(臍)】qí 배꼽 제
名 ❶ 〈生理〉 배꼽. ¶肚dù～儿 | 배꼽. ❷ 게의 배딱지. ¶尖jiān～ | 수케(의 배딱지). ¶团tuán～ | 암케(의 배딱지). ❸ 〈植〉 식물의 배주(胚珠). ❹ 우렁이 껍데기 입구의 얇은 딱지.
【脐带(儿, 子)】qídài(r·zi) 名 〈生理〉 탯줄. ¶剪jiǎn～ | 탯줄을 자르다.
【脐风】qífēng 名 〈醫〉 신생아 파상풍(破傷風)＝

〔七日风〕〔四六风〕

【蛴(蠐)】qí 굼벵이 제
⇒〔蛴螬〕

【蛴螬】qícáo 名〈蟲〉지충. 풍뎅이의 유충 =〔方地蚕dìcán②〕〔方核桃虫hétáochóng〕〔方切qiē根虫①〕〔土蚕①〕

【圻】qí yín 서울지경 기, 지경 은

A qí 書 名 (땅의) 경계. ¶疆jiāng～ | 국경.
B yín「垠」과 통용 ⇒〔垠yín〕

【祈】qí 빌 기
❶ 動 (복을) 빌다. 기도하다. ❷ 動 바라다. ¶务～指示zhǐshì | 지시를 바랍니다. ¶敬～指导zhǐdǎo | 지도하여 주시기 바랍니다. ❸ (Qí) 名 성(姓).

【祈祷】qídǎo ❶ 名 기도. ¶～是一种宗教仪式zōngjiàoyíshì | 기도는 일종의 종교의식이다. ❷ 動 기도하다. 빌다. ¶为你向上帝～, 愿你幸福地度过晚年 | 너가 행복하게 만년을 보낼 수 있도록 하느님께 빌다 =〔祈念niàn〕

【祈念】qíniàn ⇒〔祈祷〕

【祈请】qíqǐng 動 간청하다. 간절히 바라다. ¶～指正zhǐzhèng | 가르침을 간절히 바랍니다.

【祈求】qíqiú 動 바라다. 간청하다. 간구하다. ¶～菩萨保佑púsàbǎoyòu | 보살님께서 보우해 주시기를 기원하다. ¶我们不能～别人赐予cìyǔ我们幸福xìngfú | 우리는 다른 사람이 우리에게 행복을 가져다 주리라고 바라서는 안된다. ¶～您原谅yuánliàng | 양해하여 주시기를 바랍니다.

【祈使句】qíshǐjù 名〈言〉명령문 =〔命令句〕

【祈示旁】qíshìpáng 名 한자 부수의 보일시(示, 礻)변.

【祈望】qíwàng 動 바라다. 희망하다. 기대하다. ¶～光临guānglín指导zhǐdǎo | 왕림하셔서 지도하여 주시기를 바랍니다 =〔祈愿〕〔盼pàn望①〕

【祈愿】qíyuàn ❶ ⇒〔祈望〕 ❷ 名 희망. 바람.

【颀(頎)】qí 헌걸찰 기
書 形 키가 크다. 늘씬하다. ¶～长 |

【颀长】書 形 키가 크다. 후리후리하다. 훤칠하다. 늘씬하다.

【蕲(蘄)】qí 바랄 기, 왜당귀 근
❶ 희구(希求)하다 =〔祈qí②〕 ❷ 名〈植〉왜당귀 [미나리과의 다년초. 약용] ❸ (Qí) 名〈地〉기주(蘄州) [옛 주명(州名). 지금의 호북성(湖北省) 기춘현(蘄春縣) 일대] ❹ (Qí) 名 성(姓).

【蕲求】qíqiú 書 動 기구(祈求)하다.

【蕲蛇】qíshé ⇒〔白bái花蛇〕

【岐】qí 산이름 기
❶ 지명에 쓰이는 글자. ¶～山 | 기산. 섬서성(陝西省)에 있는 현(縣) 이름. ❷「歧」와 같음 ⇒〔歧qí〕 ❸ (Qí) 名 성(姓).

【岐周】Qízhōu 名〈史〉서주(西周) [서주는 기산(岐山)에서 건국했기 때문에 이렇게 부름]

【枝】qí ☞ 枝 zhī B

4【歧】qí 갈림길 기
❶ 書 名 갈림길. ¶～路lù↓ ❷ 形 갈라지다. 일치하지 않다. ¶心无他～ | 마음에 다른 뜻이 없다. ¶临lín～之酒jiǔ | 송별의 술 ‖ =〔岐qí②〕〔枝qí②〕

【歧出】qíchū 動 뒤범벅이 되다. (내용의) 앞뒤가 일치하지 않다. ¶此文用语前后～ | 이 문장의 용어는 앞뒤가 맞지 않다 =〔歧出不合〕

【歧路】qílù 名 ❶ 갈림길 =〔岔chà道(儿)①〕 ❷ 잘못된 길. ¶在～上徘徊páihuái | 잘못된 길에서 배회하다. ¶误入wùrù～ | 잘못된 길로 들어서다 ‖ =〔歧旁qípáng〕〔歧途qítú〕

4【歧视】qíshì ❶ 名 경시. ¶民族mínzú～ | 민족차별. ❷ 動 경시하다. 차별 대우하다. ¶～私生子sīshēngzǐ | 사생아를 경시하다.

【歧途】qítú ⇒〔歧路〕

【歧异】qíyì 書 動 다르다. 일치하지 않다. ¶见解jiànjiě～ | 견해가 서로 다르다.

【歧义】qíyì 名 (말·글의) 다른 뜻. 여러가지로 해석이 가능한 것. ¶产生了～ | 다른 뜻이 생기다.

【芪】qí 단너삼 기
⇒〔黄huáng芪〕

1【其】qí jī 그 기, 어조사 기

A qí ❶ 書 代 그. 그들. ¶促～早日实现 | 그를 재촉하여 조기에 달성하다. ¶不能任～自流 | 그를 제멋대로 하게 내버려둘 수 없다. ¶各得～所 | 각자 그들의 자리를 얻다. ¶人尽～才, 物尽～用 | 사람은 그의 재능을 다하고 물건은 그의 쓰임을 다한다. ❷ 書 代 그것. 그러한 것. ¶不厌～烦 | 그렇게 번잡함을 싫어하지 않다. ¶本无～事 | 본래 그런 일이 없다. ❸ 書 助 어찌 어법 반문을 표시함. ¶君～忘之乎? | 그대는 어찌 그것을 잊을 수 있소?→〔岂qǐ〕 ❹ 書 助 (마땅히) …해야 한다 어법 명령을 표시함. ¶子～勉miǎn之 | 자네는 노력해야 한다. ¶汝～速往 | 너는 빨리 가야 한다→〔应yīng当〕 ❺ 書 助 혹시. 아마 [추측을 표시] ¶知我者～天乎 | 나를 아는 건 아마 하늘일 것이다→〔或huò者〕 ❻ 書 助 장차〔앞으로〕…하려 하다. ¶将～如何 | 장차 어찌하려 하는가. ¶百废～兴 | 내버려두었던 많은 일을 다시 일으키려 하다→〔将jiāng要〕 ❼ 書 助 도대체. ¶～奈nài我何 | 도대체 나를 어떻게 하려는 건가. ❽ 尾 특정 부사에 쓰임 어법 어기(語氣)를 강하게 하는 데 쓰이며, 주로「유달리」「지극히」「더우기」등의 뜻을 지닌 부사 뒤에 붙음. ¶极jí～ | 지극히. ¶如～ | 만일 어법「如果」보다 어감이 강함. ¶尤～伟大wěidà | 특히 위대하다.

B jī 助 어법 문(句子)의 끝에 놓여져 의문의 어기(語氣)를 표시함. ¶夜如何～, 夜未央 | 밤이 어떻게 되었느냐. 아직 밝지 않았네《詩經·小雅·庭燎》

2【其次】qícì 名 ❶ 다음(차례). 그다음. ❷ 부차적인 위치. 이차적인 위치.

【其后】qíhòu 名 그 후(에). 그 뒤(에). ¶～又去过一次 | 그 후에 또 한 번 갔다.

【其或】qíhuò 副 혹은. 혹시. ¶～有其人 | 혹시 그런 사람이 있는 지도 몰라.

Q

4【其间】qíjiān 名❶그사이. ❷그 기간. 어느 일정 기간.

【其乐无穷】qí lè wú qióng 成 즐거움이 끝이 없다. 무한히 즐겁다.

3【其实】qíshí 副 사실은. 실제로는. 기실은. ¶这个问题从表面上看似乎sìhū很难, ～并不难 | 이 문제는 겉으로 보기에는 매우 어려운 것 같지만 실제는 그리 어렵지 않다.

2【其它】qítā ⇒〔其他〕

2【其他】qítā 名 기타. 그 외. ¶他只知读书, 不知～ | 그는 독서만 할 줄 알았지 그 외에는 아무 것도 모른다 =〔其它〕

【其味无穷】qí wèi wú qióng 成 무한히 깊은 의미가 있다. 의미가 끝이 없다.

2【其余】qíyú 名 나머지. 그 외. 남은 것. ¶除我之外, ～全是女生 | 나 외에는 모두가 여학생이다.

2【其中】qízhōng 名 그 중. 그 안. 그 속. =〔其内〕

4【淇】Qí 물이름 기
名〈地〉❶ 기하(淇河) [하남성(河南省) 임현(林縣)에서 발원하여 위하(衛河)로 흘러들어감] ❷ 기현(淇縣) [하남성(河南省)에 있는 현이름. 기하라는 강이름에서 유래함]

【萁】qí 콩대 기
書 名 콩대. 콩깍지. ¶豆dòu～ | 콩대. ¶煮豆燃zhǔdòurán～ | 콩대를 태워 콩을 삶다.

1【期】qí ☞ 期 qī

3【棋〈棊碁〉】qí 바둑 기, 말 기
名❶ 장기. 바둑. ¶下～ | 장기[바둑]을 두다. ¶象xiàng～ | 중국장기. ❷ (장기·바둑 등의) 수. ¶一步bù～ | (장기나 바둑의) 한 수.

【棋逢对手】qí féng duì shǒu 成 호적수(好敵手)를 만나다 [「将遇良才jiàngyùliángcái」와 같이 쓰임] =〔棋逢敌手díshǒu〕

【棋高一着】qígāo yīzhāo 한 수 위다. 한 수 높다. ¶我爸爸比我～ | 아버지는 나보다 한 수 위다.

【棋局】qíjú ❶ ⇒〔棋盘qípán〕 ❷ 名 장기나 바둑의 대국 형세.

【棋路】qílù 名 바둑의 수(手). 바둑 두는 방법〔방도〕 ¶～高明gāomíng | 바둑 수가 뛰어나다.

【棋迷】qímí 名 바둑〔장기〕광.

【棋盘】qípán 名 바둑판 =〔棋局jú①〕〔書 棋枰〕

【棋谱】qípǔ 名 기보. ¶熟读～ | 기보를 숙독하다.

【棋手】qíshǒu 名❶ 바둑이나 장기를 두는 사람. ❷ 국수. 바둑이나 장기 솜씨가 뛰어난 사람 =〔棋师〕

【棋子(儿)】qízǐ(r) 名❶ 바둑돌〔장기짝〕 ¶摆bǎi～ | 바둑돌을 놓다. ❷〈食〉「饽bō饽」(찐빵)의 일종.

【琪】qí 옥 기
書❶ 名 아름다운 옥. ❷ 形 진귀하다. ¶～花 | 진기한 꽃.

【祺】qí 복 기, 편안할 기
❶ 書 形 상서롭다. 길하다. ❷ 札 편지끝에 상대방의 행복을 비는 뜻으로 첨가되는 말 [스승에 대하여는「教祺jiàoqí」, 상인에 대해서는「财祺cáiqí」「财安」, 학자·문인에 대해서는「撰祺zhuànqí」「文安」등으로 상대방의 신분·직업 여하에 따라 표현이 달라짐] ¶并颂台bìngsòngtái～ =〔并候安祺〕| 아울러 귀하의 건강과 행복을 축원합니다. ¶便询旅～ | 당신의 건강과 행복을 빕니다 [여행중의 사람에 대해 사용]→〔安ān⑩〕

【祺祥】qíxiáng ❶ 書 形 상서롭다. ❷ (Qíxiáng) 名 기상 [청조(清朝)의 목종의 처음 연호(年號). 후에 동치(同治)로 바뀜]

【綦】qí 초록빛 기, 들메끈 기
❶ 書 名〈色〉검푸른 색. ¶～巾↓ ❷ 書 副 극히. 매우. ¶希望xīwàng～切qiè | 희망이 매우 간절하다. ❸ (Qí) 名〈地〉기강(綦江) [사천성(四川省)에 있는 강 이름] ❹ (Qí) 名 성(姓). ❺ 복성(複姓) 중의 한 자(字). ¶～连↓ ¶～毋↓

【綦巾】qíjīn 名 옛날, 처녀가 허리에 두르는 검푸른 색깔의 수건.

【綦连】Qílián 名 복성(複姓).

【綦毋】Qímǔ 名 복성(複姓).

【蜞】qí 방게 기
⇒〔蟛péng蜞〕

2【旗〈旂₁〉】qí 기 기, 표 기
❶ (～子) 名 기(旗). ¶升～ | 기를 게양하다. ¶挂guà～ | 기를 게양하다. ¶降jiàng～ | 기를 내리다. ¶挂半guàbàn～ | 조기(弔旗)를 달다. ❷ 名 팔기(八旗) [특히 만족(滿族)에 속하는 팔기를 가리킴] ¶～人 | 팔기인→〔八旗〕 ❸ 팔기(八旗)가 주둔했던 곳 [현재는 지명으로 사용함] ¶正黄～ |〈地〉정황기. 내몽골 자치구(內蒙古自治區) 오란찰시(烏蘭察市)맹동남부(盟東南部)에 있음. ❹ 名 내몽골 자치구(內蒙古自治區)의 행정구역의 한 단위. 현(縣)에 상당함→〔盟méng③〕 ❺ 名 표지(標識). 기호.

【旗杆】qígān 名 깃대. ¶木头～ | 나무 깃대 =〔旗竿〕

【旗鼓相当】qí gǔ xiāng dāng 成 세력이 대등하다. 대등한 형세이다. 막상막하이다. ¶这两个足球队zúqiúduì～ | 이 두 축구팀은 실력이 막상막하이다.

4【旗号】qíhào 名❶ 수기 신호. ❷ 기. 깃발. ❸ 喻 명의. 명목. ¶你别打着我的～去 | 나의 명의를 사용해서는 안 된다.

【旗舰】qíjiàn 名 기함. 사령관이 탄 군함.

【旗开得胜】qí kāi dé shèng 成 싸우자마자 승리로 끝내다. 첫 전투에서 승리하다. 시작하자마자 좋은 성적을 얻다. ¶韩国队hánguóduì～, 荣获rónghuò冠军guànjūn | 한국팀은 시작하자 마자 좋은 성적을 얻어 영광스럽게 우승을 차지했다.

3【旗袍(儿)】qípáo(r) 名 중국 여성의 전통옷 [원피스 모양으로 (치마)옆이 터졌으며 옷깃이 높고 빳빳함] ¶她穿着蓝色lánsè的～ | 그녀는 남색의 중국 여성의 전통옷을 입고 있다.

【旗手】qíshǒu 名 기수. ¶他是改革gǎigé的～ | 그는 개혁의 기수이다.

【旗鱼】qíyú 名〈魚貝〉돛새치.

3【旗帜】qízhì 名❶ 깃발 =〔旗子qízi〕 ❷ 모범. ❸

喩 기치. 호소력있게 주장할 만한 어떤 사상·학술 또는 정치 역량(政治力量). ¶～鲜明xiānmíng | 정치적 태도가 분명하다 ‖ =〔旗章zhāng〕〔旗志zhì〕
【旗装】qízhuāng 名 만주족(滿洲族)의 여인복장.
2【旗子】qí·zi ⇒〔旗帜①〕

【骐(騏)】qí 검푸른말 기, 준마 기
書 名 ❶ 검푸른색의 말. ❷ 준마(駿馬). ❸〈色〉검푸른 색.
【骐骥】qíjì 書 名 천리마. 준마(駿馬). ¶～奔腾bēnténg | 천리마가 날쌔게 달리다.

【麒】qí 기린 기
❶ ⇒〔麒麟〕❷ (Qí) 名 성(姓).
【麒麟】qílín 名 (전설상의 동물) 기린 [수컷을「麒qí」라 하고 암컷을「麟lín」이라 함] =〔簡 麟lín〕→〔长脖鹿chángbólù〕
【麒麟菜】qílíncài 名〈植〉암자색(暗紫色) 홍조류(紅藻類)의 일종.

2**【奇】qí jī 기이할 기, 짝 기, 심히 기**
Ⓐ qí ❶ 形 기이하다. 신기하다. 특별하다. ¶～事shì↓ ¶～迹jì↓ ❷ 形 轉 기발하다. 의외이다. ¶出～制胜zhìshèng | 成 불의의 습격이나 기이한 책략으로 승리하다. ¶忽发hūfā～想 | 갑자기 기발한 생각을 해내다. ¶～兵↓ ❸ 形 이상하게 여기다. 기괴하다. ¶不足为zúwéi～ | 이상할 것이 없다. ¶警jǐng～ | 놀랍고도 이상하다. ❹ 形 수가 얼마 안 되다. ¶～货可居huòkějū↓ ❺ 副 매우. 몹시. ¶～痒难忍xiǎngnánrěn | 몹시 가려워 견디기 어렵다. ¶～痛tòng | 몹시 아프다. ¶～重↓ ❻ (Qí) 名 성(姓).
Ⓑ jī ❶ 名 홀수→〔偶ǒu②〕 ❷ 書 名 우수리. 나머지. ¶三十有～ | 30여 남짓 =〔畸jī②〕 ❸ 書 形 불운하다. ¶数～ | 불운을 당하다.
Ⓐ qí
【奇变】qíbiàn 名 기변. 뜻밖의 변화〔난리〕 ¶发生fāshēng了～ | 뜻밖의 기변이 발생했다.
【奇兵】qíbīng 名 기병. 적을 기습하는 군대. ¶～从天而降cóngtiānérjiàng | 기병이 갑자기 기습해 왔다.
【奇才】qícái 名 ❶ 기재. 뛰어난 재능. ❷ 재주와 지혜가 뛰어난 사람 ‖ =〔奇材cái〕
【奇耻大辱】qí chǐ dà rǔ 成 크나큰 치욕〔수치〕 ¶忘不了那些～ | 그러한 크나큰 치욕을 잊을 수 없다.
【奇点】qídiǎn 名〈數〉특이점.
【奇功】qígōng 名 특별한 공로. 기이(奇異)한 공로. 특별한 공적. ¶屡建lǚjiàn～ | 여러 차례 특별한 공적을 세우다.
2【奇怪】qíguài ❶ 形 기괴하다. 괴상하다. ¶～的事 | 괴상한 일 =〔奇异〕 ❷ 形 이상하다. ¶真～, 他怎么还没来? | 정말 이상한데, 그가 왜 아직 오지 않지? ❸ 動 의아해하다. 이상히 여기다. ¶如果你早一点儿告诉我的话, 我也就不～了 | 만일 네가 조금만 일찍 내게 알려 주었더라면 나 역시 의아해하지 않았을 것이다.
【奇观】qíguān 名 기이한 풍경〔현상〕 喩 훌륭한 광경〔경치〕 ¶我从来没见过这种～ | 나는 이렇게 훌륭한 광경을 지금까지 본 적이 없다.
【奇寒】qíhán 名 대단한 추위. 보기 드문 추위 =〔奇冷〕
4【奇花异草】qíhuā 名 기화. 기이한 꽃. 진귀한 꽃과 풀.
【奇货可居】qí huò kě jū 成 진기한 물건은 사 두었다가 때를 기다리면 큰 이익을 볼 수 있다. 轉 좋은 기회.
3【奇迹】qíjì 名 기적. ¶产生chǎnshēng了～ | 기적이 생겼다.
【奇景】qíjǐng 名 기이한〔훌륭한〕 경치. ¶共赏gòngshǎng～ | 기이한 경치를 함께 감상하다.
【奇窘】qíjiǒng 形 (입장이) 몹시 난처하다.
【奇崛】qíjué 書 形 ❶ (문장이) 기발하게 특출나다. ¶文笔wénbǐ～ | 문필이 특출하다. ❷ (산이) 험하고 변화가 많다.
【奇绝】qíjué 書 形 비할데 없이 기묘하다. 아주 기이하다 =〔妙miào极〕
【奇崛】qíjué 書 ❶ 名 거짓. 허위. ❷ 形 기이하고 다채롭다. 기묘하고 다양하다〔변덕스럽다〕
4【奇妙】qímiào 形 기묘하다. 신기하다. ¶此话～无比 | 이 말은 기묘하기 이를 데 없다.
【奇南香】qínánxiāng 名 침향.=〔沉chén香〕
【奇葩】qípā 書 名 진기한 꽃. 기이하고 아름다운 꽃. ¶～异草cǎo | 진기한 꽃과 풀.
【奇篇】qípiān 名 특이한 문장. ¶写出如此～ | 이렇게 특이한 문장을 쓰다.
【奇巧】qíqiǎo 形 ❶ (공예품 등이) 정교하다. 교묘하다. ¶做得很～ | 매우 정교하게 만들었다 =〔巧妙qiǎomiào〕 ❷ 저렴하다. ¶价钱jiàqián～ | 가격이 저렴하다.
【奇缺】qíquē 形 매우 결핍하다. ¶水源shuǐyuán～ | 수원이 매우 부족하다.
【奇人】qírén 名 괴짜.
【奇事】qíshì 名 기이한 일.
【奇思妙想】qísī miàoxiǎng 名組 기묘한 생각. 기묘한 착상(着想). 뛰어난 생각. ¶他有～ | 그는 뛰어난 생각을 갖고 있다.
【奇谈】qítán 名 진기한 이야기. 기이한 견해. ¶海外hǎiwài～ | 외국의 기담. ¶～怪论 | 이상야릇한 논설〔논조〕
4【奇特】qítè 形 ❶ 기묘하고 특별나다. 기괴하다. ¶～的景象jǐngxiàng | 기묘한 광경. ❷ 기특하다. 특출하다.
【奇文共赏】qí wén gòng shǎng 成 기묘한〔훌륭한〕 문장을 같이 감상하다 [황당하고 잘못된 문장을 발표하여 여러 사람들이 보고 비판하게 한다는 뜻으로 흔히 쓰임]
【奇闻】qíwén 名 진기한 이야기. 놀라운 소문.
【奇袭】qíxí ❶ 名 기습. ❷ 動 기습하다. ¶～南京Nánjīng | 남경을 기습하다→〔偷tōu袭〕
【奇效】qíxiào 名 뛰어난〔기이한〕 효능. ¶收到shōudào～ | 큰 효과를 거두다.
【奇形怪状】qí xíng guài zhuàng 成 이상야릇한 형상. 괴상망측한 모양. ¶～的钟乳石zhōngrǔshí | 이상 야릇한 모양의 종유석 =〔奇形异状〕

Q

【奇勋】qíxūn ㊢名 뛰어난 공. 뛰어난 공훈. ¶荣立rónglì～ | 뛰어난 공훈을 세우다.

【奇异】qíyì ❶⇒〔奇怪guài①〕 ❷動 기이해하다. 신기해하다. 이상해하다. ¶～的眼光yǎnguāng | 신기해하는 눈빛.

【奇遇】qíyù 名 뜻밖의 만남 어법 좋은 일에 주로 많이 씀. ¶一生中最难忘zuìnánwàng的～ | 일생중에서 가장 잊지 못할 만남→〔巧遇qiǎoyù〕

【奇珍异宝】qí zhēn yì bǎo 國 귀중한 보배 =〔奇珍尝宝〕

【奇志】qízhì 名 장한 포부. 고상한 뜻.

【奇重】qízhòng 形 (중량·중상·죄 등이) 대단히 무겁다. 엄중하다. ¶罪状zuìzhuàng～ | 죄상이 매우 엄중하다.

【奇装异服】qí zhuāng yì fú 國 기이한 복장. 색다른 차림새. 기괴한 복장 어법 주로 나쁜 뜻으로 쓰임. ¶反对fǎnduì孩子háizǐ穿～ | 아이들이 기괴한 차림을 하는 것을 반대한다.

Ⓑ jī

【奇零】jīlíng ㊢形 우수리. 단수(端數) =〔奇零数〕〔畸jī零〕

【奇数】jīshù 名〈數〉홀수. 기수 =〔单dān数〕⇔〔偶ǒu数〕

【奇蹄目】jītímù 名〈動〉기제류.

【埼〈碕₁〉】qí 갑 기, 물가 기, 솟을 기 ㊢名 곡안(曲岸). 구불구불한 강기슭 =〔崎②〕

【崎】qí 험할 기, 갑 기 ❶⇒〔崎岖〕 ❷「埼」와 같음⇒〔埼qí①〕

【崎岖】qíqū 形 ❶ (산길이) 울퉁불퉁하다. 험하다. 평탄하지 않다. ¶～山路 | 험한 산길 =〔踦岖〕 ❷ 기구하다. 험난하다. ¶前途qiántú～ | 전도가 험난하다 =〔踦岖qīqū〕

1【骑(騎)】qí 말탈 기, 기병 기 ❶動 (말·자전거 등을) 타다. ¶～马 | 말을 타다. ¶～自行车 | 자전거를 타다 →〔坐zuò②〕 ❷轉 양편에 걸쳐 있다. ¶～墙↓ ¶～缝féng(儿)↓ ❸(舊 jì) 名 기병(騎兵). 말 탄 사람. ¶车～ | 병거(兵車)와 기마(騎馬). ❹名 타는 말. 사람이 타는 동물. ¶坐zuò～ | 말을 타다. ❺名 책이나 신문의 페이지와 페이지 사이의 경계선.

【骑兵】qíbīng 名 기병. 기마병. ¶苏联Sūlián～大败dàbài日本关东军 | 소련 기병은 일본 관동군에게 대패시켰다 =〔马mǎ兵〕

【骑车】qí/chē 動 자전거를 타다. ¶他～上班去了 | 자전거를 타고 출근했다.

【骑缝(儿)】qífèng(r) 名 (계약서·영수증·증명서 등의 도장을 찍는 부분인) 이음매〔절취선〕

【骑鹤上杨州】qí hè shàng yáng zhōu 國 학을 타고 양주로 가다. 실현 불가능한 망상(妄想). 허황된 생각.

【骑虎难下】qí hǔ nán xià 國 호랑이를 타고 있어 내리기가 힘들다. 이러지도 저러지도 못하는 딱한 처지. 호미난방(虎尾難放). ¶我现在是～, 进退两难 | 그는 지금 이러지도 저러지도 못하는 진퇴양난에 처해 있다 =〔骑虎之势〕〔骑上老虎〕

【骑虎之势】qí hǔ zhī shì ⇒〔骑虎难下〕

【骑楼】qílóu 名 方〈建〉(빌딩의 밖으로 튀어나온) 베란다.

【骑驴扛口袋】qílǘ kánɡ kǒudài 歇 당나귀를 타고도 짐을 여전히 등에 지고 있다. 어리석은〔바보같은〕짓을 하다. 우둔한 짓을 하다 [뒤에「这份儿好心肠是白搭zhèfènérhǎoxīnchánɡshìbáidā」가 이어지기도 함]

【骑马蹲裆】qímǎ dūndānɡ 動組 喻 엉거주춤하다. ¶他来了一个～式shì | 그는 엉거주춤한 자세로 왔다.

【骑马找马】qí mǎ zhǎo mǎ 國 말 타고 있으면서 말을 찾다. ❶ 현상을 유지하면서 더욱나은 것을 찾다. 원래 것은 다치지 않게 하면서 또 다른 기회를 노리다. ❷ 자기가 갖고 있는 것을 망각하고 다른 곳에서 찾다. 업은 아이 삼년 찾는다 ‖ =〔骐驴觅驴qílǘmìlǘ〕〔骐驴找zhǎo驴〕〔马上找马〕

【骑墙】qíqiánɡ 動 형세를 관망하다. 애매한 태도를 취하다. 기회주의적 태도를 취하다. ¶～汉hàn | 기회주의자. ¶～派pài | 기회주의파. ¶～主义 | 기회주의 =〔骑两头马〕〔骑门两不绝〕

【骑师】qíshī 名 기수. 말 타는 사람. ¶冠军guànjūn～ | 우승한 기수.

【骑术】qíshù 名 승마술(乘馬術). 마술(馬術). ¶他精通jīnɡtōnɡ～ | 그는 마장마술에 정통하다.

【骑着脖子拉屎】qí·zhe bó·zi lāshǐ 諺 남의 목말을 타고 똥을 누다. 남을 몹시 업신여기다.

【骑着毛驴看唱本】qí·zhe máolǘ kàn chànɡběn 歇 당나귀를 타고서 노래책을 보다. 지금은 알 수 없지만 언젠가는 알게 될테니 두고 보자 [뒤에「走着瞧」(걸어가면서 보다)가 이어지기도 함] =〔骑驴的瞧帐本儿〕〔骑毛驴(儿)念唱本〕

【琦】qí 옥 기, 기이할 기 ㊢ ❶名 아름다운 옥. ❷形 진기(珍奇)하다 =〔琦珍〕

【琦玮】qíwěi ㊢形 과장하다. 과대(誇大)하다 =〔奇伟②〕

【琦行】qíxínɡ ㊢名 과장된 행동. 과시적 언동.

【祁】qí 성할 기 ❶㊢形 성대하다. 대단하다. 굉장하다. ¶～寒↓ ❷(Qí) 名〈地〉ⓐ 안휘성(安徽省) 기문현(祁門縣)을 가리킴. ⓑ 호남성(湖南省) 기양현(祁陽縣)을 가리킴. ❸(Qí) 名 성(姓).

【祁寒】qíhán ❶形 매우 춥다. ❷名 혹한.

【祁红】qíhónɡ 名 안휘성(安徽省) 기문현(祁門縣)에서 나는 홍차(紅茶).

【祁剧】qíjù 名〈演映〉기극 [호남성(湖南省) 기양현(祁陽縣) 등지에서 유행한 중국 전통극의 하나]

【俟】qí ☞ 俟 sì Ⓑ

【耆】qí shì 늙을 기, 늙은이 기 ❶㊢名 60세 이상의 노인. 연로하고 경험이 많은 사람. ¶～老↓ ❷㊢形 세다. 강하다. ¶不懦nuò不～ | 약하지도 강하지도 않다. ❹㊢動 싫어하다. 혐오하다.

【耆老】qílǎo ㊢名 노인.

【耆那教】Qínàjiào 名 外〈宗〉지나교. 자이나(Jaina)교 [인도의 한 종파(宗派)]

【鳍(鰭)】qí 지느러미 기
名 지느러미. ¶胸xiōng～ | 가슴 지느러미. ¶尾wěi～ | 꼬리 지느러미.

【鬐】qí 갈기 기
書 名 말갈기 =〔马鬣liè〕〔马鬃zōng〕

【畦】qí 두둑 휴, 쉰이랑 휴
❶ 書 名 두둑. 두렁. ❷ 名 뙈기 [논밭의 한 구획] ¶～田↓ ❸ 量 뙈기 [전지(田地)의 구획을 세는 단위] ¶种一～菠菜bōcài | 시금치를 한 뙈기 심다.

【畦灌】qíguàn 名〈農〉계단식 관개법(灌漑法). ¶小白菜xiǎobáicài宜于用～ | 작은 배추는 계단식 관개법을 사용하기에 알맞다.

【畦田】qítián 名 뙈기 밭. 주위에 도랑을 파서 물을 저장·공급할 수 있는 논〔밭〕

qǐ ㄑㄧˇ

4【乞】qǐ qì 빌 걸, 거지 걸, 줄 걸

A qǐ ❶ 動 구걸하다. 구하다. 바라다. ¶摇尾yáowěi～怜lián | 成 꼬리치며 남에게 아첨하여 동정을 구하다. ¶～恕shù | 용서를 빌다. ❷ (Qǐ) 名 성(姓).

B qì 書 動 주다. ¶时时～酒钱jiǔqián | 때때로 술값을 주다.

【乞哀告怜】qǐ āi gào lián 成 동정을 구하다. 애걸복걸 동정을 구하다. ¶他受了委屈wěiqū就向同事们～ | 그는 억울함을 당하여 동료들에게 동정을 구했다.

【乞丐】qǐgài 名 거지. 비렁뱅이. 걸인 =〔書 乞食②〕〔乞子〕〔告花子〕〔花子〕〔叫花子〕〔叫化子〕〔老花子〕〔讨tǎo饭的〕〔要饭的yàofàn·de〕

【乞假】qǐjià 書 動 휴가를 신청하다. ¶向上级shàngjí～ | 상사에게 휴가를 신청하다 =〔取告qǔgào〕→〔请qǐng假〕

【乞力马扎罗山】Qǐlìmǎzhāluóshān 名 外〈地〉킬리만자로(Kilimanjaro)산.

【乞怜】qǐlián 動 동정을 구하다. 애걸하다. ¶向主子～ | 주인에게 아첨하여 동정을 구하다.

【乞灵】qǐlíng 書 動 ❶ 신불(神佛)에게 도움을 청하다. (허황한 것에) 매달리다. ❷ 남의 힘을 빌어 자기 속을 채우다.

【乞免】qǐmiǎn 書 動 용서를 빌다. 사죄하다. ¶向老师lǎoshī～ | 선생님께 용서를 빌다.

【乞命】qǐmìng 動 살려 달라고 애원하다. 목숨을 빌다.

【乞巧】qǐqiǎo 名 칠석날 밤에 부녀자들이 직녀성에게 슬기와 지혜를 기구하던 민간 풍속. ¶～节jié | 칠월 칠석날.

4【乞求】qǐqiú 動 구걸하다. 애걸하다. 비라리치다. 비럭질하다. ¶～和平 | 평화를 구걸하다.

【乞求于】qǐqiúyú 動 …에게서 도움을 구하다. ¶民主mínzhǔ靠kào人民去争取zhēngqǔ, 而不能～统治者tǒngzhìzhě | 민주라는 것은 인민들에 의해서 쟁취되는 것이지 통치자에게서 얻을 수는 없다.

【乞食】qǐshí ❶ 書 動 걸식하다. ¶日间街坊jiēfāng～, 夜间古庙栖身gǔmiàoqīshēn | 낮에는 길에서 걸식하고 밤에는 낡은 절에서 살다. ❷⇒〔乞丐qǐgài〕

【乞讨】qǐtǎo 動 (돈·밥 등을) 구걸하다. 비라리치다. 비럭질하다. ¶沿街yánjiē～ | 길에서 구걸하다. ¶～度日dùrì | 구걸로 살아가다.

【乞降】qǐxiáng 動 투항〔항복〕을 받아줄 것을 빌다〔요청하다〕 ¶向朝廷cháotíng～ | 조정에 항복을 받아줄 것을 요청하다.

【乞援】qǐyuán 動 원조를 바라다. 원조를 요청하다. ¶向外国wàiguó～ | 외국에 원조를 요청하다.

【乞子】qǐ·zi ⇒〔乞丐〕

2【企】qǐ 㫐 qì) 발돋움할 기, 도모할 기
❶ 動 발돋움하고 보다. 轉 간절히 바라다. ¶～盼 | 바라다. ¶延颈yánjǐng～踵zhǒng | 成 목을 길게 빼고 발돋움하여 바라보다. 간절히 바라다. ¶～望↓ ❷ 기도(企圖)하다. 계획하다. ¶～图↓ ❸ (Qǐ) 名 성(姓).

【企鹅】qǐ'é 名〈鳥〉펭귄(penguin). ¶一只～ | 펭귄 한 마리.

【企画】qǐhuà 動 (일을) 기획하다. 계획하다. 꾸미다. ¶此事要认真rènzhēn～ | 이 일은 신중하고 진지하게 계획해야 한다.

【企及】qǐjí 書 動 뜻을 이루기를 바라다. ¶年内～先进水平xiānjìnshuǐpíng | 연내에 선진 수준에 달하기를 바라다.

【企口板】qǐkǒubǎn 名〈建〉은촉 붙임을 하기 위해 한 쪽 널빤지는「凸」형(形)으로, 다른 한 쪽 널빤지는「凹」형으로 만든 두 널빤지.

【企慕】qǐmù 動 앙모하다. =〔仰慕yǎngmù〕

【企盼】qǐpàn ⇒〔企望wàng〕

【企求】qǐqiú 動 구하다. 기대하다. ¶无所～ | 바라는 바가 없다. ¶他一心只想把工作搞好, 自己并不～甚么 | 그는 오직 일을 잘 처리하려고 할 뿐이지 자기자신이 무엇을 바라는 것은 결코 아니다.

2【企图】qǐtú ❶ 名 기도. ¶他终于放弃fàngqì了这个～ | 그는 결국 이 기도를 포기했다. ❷ 動 기도하다. ¶敌军díjūn～逃跑táopǎo, 没有成功 | 적군은 도망하려고 기도했지만 성공하지 못했다.

【企望】qǐwàng 動 간절히 바라다. 기대하다. 희망하다. ¶这是我们多年所～的 | 이것은 우리들이 여러 해 동안 바라던 바이다 =〔企踵zhǒng〕〔企盼〕

2【企业】qǐyè 名 기업. ¶～盈利yínglì | 기업이익. ¶～资金zījīn | 기업자금. ¶～管理guǎnlǐ | 기업 관리. ¶～家jiā | 기업가.

【企足而待】qǐ zú ér dài 成 발돋움하여 기다리다. 몹시 기다리다. 가까운 장래에 실현될 가능성이 있다. ¶我们早zǎo就～你的来到 | 우리는 일찌기 네가 오기만을 기다리고 있었다.

【屺】qǐ 민둥산 기
書 名 민둥산. 풀이 없는 산.

4【岂(豈)】qǐ kǎi 어찌 기, 개가 개

A qǐ 書 副 ❶ 설마 …는 아니겠지. ¶～有意乎? | 설마 그런 생각을 하고 있지는 않겠지? =〔难道nǎndào〕 ❷어찌〔어떻게〕 …한 일이 있겠는가. 그래 …이란 말인가. ¶～有此理↓ =〔哪里〕〔如何〕〔怎么〕

Ⓑ kǎi 「恺」와 같음 ⇒〔恺kǎi①〕

4【岂不】qǐbù 動組 (…이) 아닌가? 어법 문장 끝에 「吗」를 동반하고, 반어(反語)의 뜻을 지님. ¶～可笑kěxiào | 어찌 우습지 않겠는가?

【岂不是】qǐbù·shi 動組 어찌 …이 아니겠는가? ¶我们都去，～更好? | 우리 모두 같이 가는 게 더 좋지 않을까? ¶这～一举两得? | 이것이 어찌 일거양득이 아니겠는가?

【岂但】qǐdàn 連 書 비단 …뿐만 아니라. ¶～你我不知道， 恐怕kǒngpà连自己也不清楚呢! | 비단 너와 나만 모르는 게 아니라 아마 자기 자신도 잘 모를것이다 =〔岂只qǐzhǐ〕

【岂非】qǐfēi 書 動組 어찌 …이 아니겠는가? ¶～怪事guàishì | 어찌 괴상한 일이 아니겠는가?

【岂敢】qǐgǎn 動組 ❶어찌 감히 ……하겠습니까? ¶～怠慢dàimàn? | 어찌 감히 태만할 수 있겠습니까? ❷套 천만의 말씀입니다. 아닙니다. ¶～，您先吃吧 | 아닙니다, 당신이 먼저 드십시오.

【岂能】qǐnéng 動組 어찌 …할 수 있겠습니까? ¶我～接受jiēshòu这种条件tiáojiàn? | 제가 어찌 이런 조건을 받아 들일 수 있겠습니까?

4【岂有此理】qǐ yǒu cǐ lǐ 動組 成 어찌 이럴 수가 있단 말인가? [이치에 맞지 않는 이야기 또는 일에 대하여 불만을 나타내는 말임] ¶这真是～的事 | 이것은 정말 당치 않은 일이다.

【岂知】qǐzhī 動組 書 어찌 알았으랴? 생각해 본일도 없다. ¶～是他来 | 그가 올 줄 어찌 알았으랴. 뜻밖에 그가 왔다.

【岂止】qǐzhǐ 動組 書 어찌 …에 그치겠는가? 어찌 …뿐이겠는가? ¶反对fǎnduì的～一百人? | 반대하는 사람이 어찌 백명뿐이겠는가? ¶～他一个人，全部没来 | 어찌 그 한 사람 뿐이겠니. 전체가 다 안왔다.

【芑】qǐ 차조 기, 상치 기
名 ❶〈植〉「地黄dìhuáng」(지황)의 다른 이름. ❷〈植〉상치. ❸백량미(白粱米)의 열매. ❹〈化〉시클로헥사디엔(cyclohexadien) =〔环己间二烯xī〕

【杞】qǐ 소태나무 기
❶名〈植〉냇버들 =〔杞柳〕 ❷名〈植〉소태나무. ❸⇒〔枸gǒu杞〕 ❹(Q-ǐ) 名〈史〉주대(周代)의 나라이름 [지금의 하남성(河南省) 기현(杞縣)에 있었음] ❺(Qǐ) 名 성(姓).

【杞柳】qǐliǔ 名〈植〉냇버들.

【杞人忧天】Qǐ rén yōu tiān 成 기우. 쓸데없는 걱정. 불필요한 걱정. ¶你这不是～，自找烦恼fánnǎo吗? | 이것은 쓸데 없는 걱정으로 걱정거리를 스스로 만들어 내는 것 아닌가? =〔簡 杞忧qǐyōu〕

【杞忧】Qǐyōu ⇒〔杞人忧天〕

2【启(啓)】qǐ 열 계, 여쭐 계
❶動 열다. ¶～门 | 문을 열다. ¶～封↓ ❷轉 깨우쳐 주다. 계몽하다. 계발하다. ¶～发fā↓ ❸시작하다. ¶～程↓ ❹書 動 진술하다. 여쭈다. ¶敬～者 | 삼가 아뢰니다. ¶～者↓ ❺名 편지. 서신 =〔书启〕〔书信〕 ❻(Qǐ) 名 성(姓).

4【启程】qǐchéng ⇒〔起qǐ程〕

【启齿】qǐchǐ ❶⇒〔启唇〕 ❷書 動 웃다. ¶不便～ | 마음대로 웃을 수가 없다.

【启唇】qǐchún 動 입을 열다. =〔启口〕

【启迪】qǐdí 書 名 動 깨우침. 깨우치다. ¶在这些话里发现fāxiàn了新的～ | 이 말 속에서 새로운 깨우침을 발견하다→〔启发qǐfā〕

【启碇】qǐ/dìng ⇒〔起qǐ碇〕

【启动】qǐdòng 動 ❶(기계·설비 등을) 작동을 시작하다. 시동하다. 시동을 걸다. ¶～继电器 | 시동 계전기 . ¶～器 | 시동기. ❷놀라게 하다. 놀래다 =〔惊jīng动〕

2【启发】qǐfā ❶名 계발. 계몽. ❷動 계발하다. 계몽하다. ¶～积极性jījíxìng | 적극성을 계발하다. ¶受了很大的～ | 많은 깨우침을 받았다.

【启封】qǐ/fēng 動 ❶書 편지를 개봉하다 =〔启信〕→〔开kāi封①〕 ❷봉인(封印)을 뜯다. 차압딱지를 떼다→〔封条〕

【启蒙】qǐméng ❶名 계몽. ❷動 계몽하다. ¶～教育jiàoyù | 계몽교육. ¶～思想sīxiǎng | 계몽사상. ¶～运动yùndòng | 계몽 운동 =〔开kāi蒙②〕〔破pò蒙〕

【启明(星)】qǐmíng(xīng) 名〈天〉금성(金星). 태백성(太白星〕=〔金星①〕〔太白星〕〔长庚chánggēng〕

4【启示】qǐshì ❶名 계시. 시사. ¶上帝shàngdì的～ | 하느님의 계시. ❷動 계시하다. 시사하다. ¶～了前進的方向 | 나아가야 할 방향을 계시하다.

4【启事】qǐshì ❶名 고시(告示). 공고. ¶我看到了报上的～ | 나는 신문지상의 공고를 보았다. ¶征稿zhēnggǎo～ | 원고 모집 공고. ¶招领zhāolǐng～ | 유실물 수령 공고 =〔启告〕 ❷書 動 알리다. ¶登在报端，向大家～ | 신문에 실어 사람들에게 널리 알리다→〔公告①〕〔通tōng告①〕

【启衅】qǐxìn 動 ❶전쟁을 도발하다〔일으키다〕 ¶两次世界大战都是德国Déguó军国主义首先～的 | 두 번의 세계대전은 모두 독일의 군국주의가 먼저 도발한 것이다. ❷(행동·불화 등을) 도발하다. 선동하다 ‖ =〔起qǐ衅〕

【启用】qǐyòng 動 (기관의 도장 등을) 쓰기 시작하다. ¶～库有物资kùyǒuwùzī | 창고의 물자를 쓰기 시작하다.

【启运】qǐyùn ⇒〔起qǐ运〕

【启者】qǐzhě 名 札 알리고자 하는 바(는…) [동년배나 손아랫 사람에게 보내는 편지 첫머리에 씀. 손윗 사람일 경우에는 「敬启者」로 씀]

1【起】qǐ 일어설 기, 일어날 기
❶動 일어나다. 일어서다. ¶都九点了，你还不～? | 이미 9시인데 아직도 일어나지 않느냐? ¶～立致敬zhìjìng | 기립하여 경례하다. ❷動 본래의 장소에서 떠나다. 이동하다. ¶～身↓ ¶请你～开点儿 | 좀 비켜주시오. ¶货物huòwù已经～运yùn | 화물은 이미 운송되어 갔다. ❸動 (아래에서 위로) 올라가다. ¶飞机fēijī～到半空 | 비행기가 공중으로 떠 올라가다. ¶这个风

筝fēngzhēng不爱～｜이 연은 잘 올라가지 않는다. ❹動(물집·종기·사마귀 등이) 생기다. 나다. ¶天热tiānrè, 小孩子爱～痱fèi子｜날씨가 더워 아이들에게 땀띠가 잘 난다. ¶身上～疙瘩gēdá｜몸에 종기가 생겼다 =〔长出〕❺動뽑다. 떼다. 빼다. 끌어 내리다. 캐내다. ¶把钉子dīngzǐ～下来｜못을 뽑아 내다. ¶这件衣服得～油｜이 옷은 기름 얼룩을 빼야만 한다. ❻動발생하다. 발휘하다. 일어나다. 생기다. ¶～风了｜바람이 일어나다. ¶这病怎么～的｜이 병은 어떻게 생긴 것이냐? ❼動기안하다. 초안하다. ¶你先～个草稿cǎogǎo｜네가 먼저 초고를 쓰라. ❽動(건물을) 세우다. 짓다. ¶平地～高楼｜평지에 빌딩을 짓다. ¶他们家新～了三间房｜그의 집은 새로 세 칸을 늘였다. ❾動(수속을 끝내고) 받다. 영수하다. ¶～护照hùzhào｜여권을 받다. ¶～了个行李票｜수하물 표를 받다. ❿動시작하다. 어법「从〔由, 自, 打〕… 起」의 형태로 쓰임. ¶从今天～戒烟jièyān｜오늘부터 금연을 시작한다. ¶本条例自公布之日～实行｜본 조례는 공포일로부터 시행된다. ⓫(/·qǐ) 動동사 뒤에 보어(補語)로 쓰여, 여러가지 의미를 나타냄. 어법ⓐ 동작이 아래에서 위로 행해짐을 나타냄. ¶拿～武器wǔqì｜무기를 집어 들다. ¶举～红旗hóngqí｜홍기를 들다. ⓑ 어떤 동작이 일어나다. 출현하다. 나타나다. 발생하다. ¶会场里响～了一片掌声zhǎngshēng｜회의장에서 한 바탕의 박수소리가 울렸다. ¶乐队奏zòu～了国歌guógē｜악단은 국가를 연주하였다. ⓒ 어떤 동작이 시작됨을「从〔由, 自, 打〕」과 결합되어 나타냄. ¶这事从哪儿谈～呢?｜이 일은 어디에서부터 이야기를 시작할까? ¶队伍由这儿排pái～｜대오는 여기에서 부터 정렬을 시작한다. ⓓ「说」「谈」「沟」「问」「提」「回忆」등의 소수 동사 뒤에 쓰여「…에 대해」란 뜻으로 쓰임. ¶他来信问～你｜그는 편지를 보내 너에 대해 물었다. ¶他没有提～这件事｜그들은 이 일에 대해 언급하지 않았다. ⓔ 어떤 동작을 끝냄을 나타냄. ¶收～你那一套吧｜너의 그 수법을 그만 두어라. ⓕ「得〔不〕」를 사이에 넣어 가능〔불가능〕을 나타냄. ¶买得～｜살 수 있다. ¶受不～｜당해 낼 수 없다. 견딜 수 없다. ⓬介⑤…로부터 [시간이나 장소를 나타내는 말 앞에 놓여 기점(起點)이나 경과지점을 나타냄] ¶你～哪儿来｜넌 어디에서 오느냐? ¶有一个人～窗户外面走过去｜창밖으로 어떤 사람이 지나갔다→〔从cóng〕〔打dǎ④〕〔解jiě⑨〕〔由yóu①〕〔自zì④〕⓭量차례. 번. 건 [횟수나 건수를 나타냄] ¶喜报xǐbào一天有好几～｜희소식이 하루에 여러번 있었다. ¶不是一～两～了｜한두 번이 아니다. ⓮量떼. 무리. 번. ¶来了一～客人｜한 떼의 손님이 왔다. ¶分两～出发｜두 번에 나누어 출발하다.

【起岸】qǐ'àn 動(배에서 육지로) 짐을 부리다. ¶这批货物pīhuòwù明天～｜이 화물은 내일 육지로 부린다.

【起霸】qǐ/bà 動〈演映〉중국 전통극에서 무장(武將)으로 분장한 배우가 출진(出陣)하기 전에 투구를 바로 쓰고 갑옷을 추스리는 등의 동작을 하다.

【起爆】qǐbào 動(도화선에 점화하거나 또는 점화 스위치를 눌러) 폭발물을 폭파시키다. ¶这座桥qiáo要马上～, 以阻止zǔzhǐ敌人向前推进tuījìn｜이 다리는 지금 당장 폭파시켜 적이 밀고 오지 못하게 할 것이다.

【起笔】qǐ/bǐ ❶動기필(起筆)하다. ¶～的时候要顿一顿dùn｜기필을 할 때는 좀 멈추어야 한다. ❷(qǐbǐ) 名검자법(檢字法)에 있어, 한 글자의 첫 획.

【起兵】qǐbīng 動군대를 일으키다. 출병(出兵)하다. ¶～抗敌kàngdí｜출병하여 적에 대항하다 →〔起义qǐyì②〕

【起步】qǐbù 動❶⑤앞으로 나아가다. 가기 시작하다. ¶～走!｜앞으로 갓! ¶车子～了｜차가 가기 시작했다. ❷착수하다. ¶我们的事业刚刚gāng～｜우리들 사업은 막 시작되었다.

【起不到】qǐ·bu dào 動組 일으키지 못하다. 작용하지 못하다. ¶他的研究yánjiū～任何改善大家生活的作用｜그의 연구는 여러 사람들의 생활을 개선시키는 아무런 작용도 하지 못한다.

【起不来】qǐ ·bu lái 動組❶(자리나 잠자리에서) 일어날 수가 없다. ❷설 수가 없다. ❸출세할 수 없다.

4【起草】qǐ/cǎo 動기초하다. 초안을 잡다. ¶～宣言xuānyán｜선언문을 기초하다. ¶～人｜기초자.

【起场】qǐ/cháng 動(탈곡하여 마당에 말린 곡물을) 걷다. 거두어 들이다. ¶下午开始kāishǐ～｜오후에 곡물을 거두어 들인다.

【起承转合】qǐ chéng zhuǎn hé 名기승전결 [시(詩) 작법상의 용어] =〔起承转结〕

【起程】qǐchéng 書動출발하다. 떠나다. ¶一大早～｜날이 밝자 출발하다 =〔起行〕〔登程dēngchéng〕〔启程〕〔启行〕→〔动dòng身〕

3【起初】qǐchū 副최초에. 처음. ¶～他一个字也不认识, 现在已经能看报写信了｜처음에 그는 글자를 전혀 몰랐는데 지금은 이미 신문도 보고 편지도 쓸 수 있다.

1【起床】qǐ/chuáng 動기상하다. ¶准时zhǔnshí～｜정시에 기상하다. ¶～号hào｜기상 나팔.

4【起点】qǐdiǎn 名❶기점. ¶他的～不高, 但进步很快｜그의 시작은 (수준이) 그리 높지 않았으나 아주 빠르게 진보했다. ❷〈體〉스타트 라인(start line).

【起电】qǐdiàn 名動〈物〉전기를 일으키다. 전기를 발생시키다. ¶摩擦mócā～｜마찰하여 전기를 일으키다.

【起电盘】qǐdiànpán 名〈物〉정전(靜電) 유도를 통하여 전기를 모으는 장치. 전기 쟁반.

【起吊】qǐdiào 動(기중기로 물건을) 달아 올리다. ¶这批货物pīhuòwù可以马上～｜이 화물은 곧바로 달아 올릴 수 있다.

【起碇】qǐ/dìng 動닻을 올리다. 출범(出帆)하다. ¶正在～｜지금 막 닻을 올리고 있다 =〔拔锚bámáo〕〔启qǐ碇〕

3【起飞】qǐfēi 動❶(비행기가) 이륙하다. ¶飞机在十一点四十分～｜비행기는 11시 40분에 이륙

한다. ❷ 喩 (사업·경제 등이) 급성장하기 시작하다. ¶韩国经济jīngjì～很快 | 한국경제는 아주 빠르게 성장했다.

4【起伏】qǐfú ❶ 名 기복. ❷ 動 기복이 있다. ¶～的群山qúnshān | 기복이 심한 산.

【起根(儿)】qǐgēn(r) ❶ ⇒〔起头(儿)①〕 ❷ 副 ⓞ 애초부터. 근본적으로. ¶他～就没有相信他的话 | 나는 애초부터 그의 말을 믿지 않았다.

【起更】qǐgēng ❶ ⇒〔初chū更〕 ❷ (qǐ/gēng) 動 (그 날의) 첫번째 야경을 돌다. ❸ (～天) (qǐgēng(tiān))

【起锅】qǐ/guō 動 ❶ 냄비를 불에서 내려 놓다. ❷ 냄비에서 요리한 것을 꺼내다. ❸ (냄비에) 끓이기 시작하다. ¶用水～ | (냄비에) 물을 넣고 끓이기 시작하다.

【起旱】qǐ/hàn 動 (주로 걸어서) 육로(陸路)로 가다. ¶坐船zuòchuán, ～都危险wēixiǎn | 배로 가나 육로로 가나 다 위험하다. ¶～走 | 육로로 가다.

【起航】qǐháng 動 출항하다.＝〔启qǐ航〕

4【起哄】qǐ/hòng ❶ 動 떠들다. 소란을 피우다. ¶你们别在这儿乱luàn～ | 너희들은 이곳에서 함부로 떠들지 마라. ❷ (여러 사람이 한 두 사람을) 희롱하다. 놀리다. ¶老王快订婚dìnghūn了, 咱们找他起起哄去 | 왕군(王君)이 이제 곧 약혼할 모양이니, 우리 그 녀석을 찾아가 놀려 주자.

【起火】ⓐ qǐ/huǒ 動 ❶ 불을 지펴 밥을 짓다. ¶自己～生活 | 자취 생활을 하다. ❷ 불이 나다. 화재가 발생하다. ¶大楼～了 | 큰 건물에 불이 났다. ¶～原因yuányīn | 화재의 원인 ❸ 方 성을 내다. 화를 내다. ¶你别～, 听我慢慢地对对你说! | 성급하게 화만 내지 말고 내가 천천히 말해 줄테니 들어봐라!

【起急】qǐjí 動 方 초초해 하다. 안절부절 못하다. ¶他躺tǎng了十天, 越躺着越～ | 그는 10일 동안 누워 있었는데 누워 있으면 누워 있을수록 초초해졌다.

【起家】qǐ/jiā ❶ 動 집안을 일으키다. 가세를 번창하게 하다. ¶白手báishǒu～ | 맨손으로 집안을 일으켰다. ❷ (qǐjiā) 名 출신(出身). ¶他在湖南húnán～ | 그는 호남성 출신이다→〔出身③〕

【起驾】qǐjià 動 (황제가) 출발하시다. 떠나시다 [농담·우스게 소리로도 많이 사용됨] ¶皇上明日～, 巡行xúnxíng江南 | 황제 폐하는 내일 강남을 순행하러 떠나신다.

【起见】qǐjiàn 書 助 …의 견지에서. …의 목적으로. …하기 위하여 [반드시「为wèi…起见」의 형식으로 사용됨] ¶为安全ānquán～, 不要和司机sījī交谈 | 안전을 위해서 운전사와 얘기하지 마세요

【起讲】qǐjiǎng 名 팔고문(八股文)의 제삼고(第三股). 논의가 시작되는 대목[부분]

【起解】qǐjiè ⇒〔押yā送①〕

4【起劲(儿)】qǐjìn(r) 動 기운이 나다. 흥(興)이 나다. 열심이다. ¶读书dúshū要读得很～ | 독서는 아주 몰입하여 해야 한다. ¶大家干得很～ | 모두가 매우 신바람나게 일한다.

【起居】qǐjū 書 名 일상 생활. ¶～不便bùbiàn | 일상생활이 불편하다. ¶～有恒héng | 규칙적으로 일상 생활을 하다.

【起圈】qǐ/juàn 動 가축 우리를 치우다. 가축 우리에서 거름을 쳐내다 ＝〔清qīng栏〕〔出chū圈〕→〔圈juàn①〕

【起开】qǐ·kai 動 ❶ 方 피하다. 비키다. ¶请你～点, 让我过去 | 내가 지나가게 좀 비켜 주세요. ¶～～, 门来了! | 차가 오니 비켜주세요 ❷ 열다. ¶把这瓶盖子pínggàizǐ～ | 이 병마개를 열어라.

【起课】qǐ/kè 動 점치다.＝〔占zhān课〕

1【起来】ⓐ qǐ/·lái 動 ❶ 일어서다. 일어나 앉다. ¶大家～吧! | 여러분 일어나세요! ¶你～, 让老太太坐下 | 너 일어나, 노부인을 앉게 해. ❷ (잠자리에서) 일어나다. ¶一～就洗脸xǐliǎn | 일어나자 마자 세수를 하다. ❸ 봉기(蜂起)하다. ¶群众运动qúnzhòngyùndòng已经～了 | 군중 운동이 이미 크게 봉기했다. ❹ 떠오르다. ¶飞机fēijī～了 | 비행기가 떠올랐다.

ⓑ /·qǐ/·lái 어법 동사나 형용사 뒤에 방향보어로 쓰임 ❶ 동작이 위로 향함을 나타냄. ¶把孩子抱bào～ | 어린애를 안아 올리다. ❷ 동작이나 상황이 시작되고 또한 계속됨을 나타냄. ¶天气渐渐jiàn暖和nuǎnhuó～ | 날씨가 점점 따뜻해지기 시작하다. ❸ 동작이 완성되거나 목표가 달성됨을 나타냄. ¶想～了, 这是鲁迅Lǔxùn的话 | 생각났다, 이것은 노신의 말이다. ❹ 인상(印象)이나 견해를 나타냄. ¶看～要下雨 | 보아하니 비가 올 것 같다. 어법「起来」「下去」의 차이⇒〔下xià去〕

【起雷】qǐ/léi 動 (지뢰(地雷)나 수뢰(水雷)를) 제거하다. ¶派pài工兵～ | 공병을 보내 지뢰를 제거하다 ＝〔扫sǎo雷〕

【起立】qǐlì 動 일어서다. 일어섯 [주로 구령(口令)으로 쓰임] ¶～, 敬礼jìnglǐ! | 차려(일어섯) 경례! ¶全体quántǐ～ | 전체가 기립하다. ¶～致敬zhìjìng | 기립하여 경의를 표하다.

【起灵】qǐ/líng 動 (묘지로 옮기기 위하여) 영구(靈柩)를 내가다. 출관(出棺)하다. ¶～下葬zàng | 영구를 묘지로 옮겨 묻다→〔出堂chūtáng〕

【起落】qǐluò ❶ 名 오르락 내리락함. 상승과 하강. ❷ 動 오르락 내리락하다. 상승하고 하강하다. ¶物价～不定 | 물가가 오르락내리락 일정하지 않다→〔升shēng降〕

4【起码】qǐmǎ 形 최저 한도(로, 의). 최소한의. ¶我这次出差, ～要一个月 | 나의 이번 출장은 최소한 한 달은 걸린다. ¶～的生活条件shēnghuótiáojiàn | 최저 한도의 조건.

【起毛(头)】qǐmáo(tóu) 動 ❶ (종이·천 등이) 보풀이 일다. ¶纸张zhǐzhāng～ | 종이가 보풀이 일다. ¶这件衣料yīliào, 有点儿～头了 | 이 옷감은 보풀이 조금 일어났다. ❷ (두려움으로) 소름이 끼치다. 머리카락이 쭈뼛하다. ¶直～ | 머리카락이 쭈뼛해지면서 소름이 오싹 끼치다.

【起锚】qǐ/máo ⇒〔拔bá锚〕

【起名(儿, 子)】qǐ/míng(r·zi) 動 이름을 짓다. 명명(命名)하다. ¶给孩子起个名儿 | 어린아이에게 이름을 지어 주다 ＝〔起名字〕

【起跑】qǐpǎo ❶ 名 〈體〉 (육상 경기에서) 스타트.

출발. ¶练liàn～ | 출발연습을 하다. ¶～集合线jíhéxiàn | 출발선. ¶～信号xìnhào | 출발신호. ¶～线xiàn | 스타트 라인(start line). ❷動〈體〉(육상 경기에서) 스타트(start)하다. ¶枪声qiāngshēng一响立即～ | 총소리가 울리면 바로 출발해라.

【起泡(儿)】qǐ/pào(r) ❶動名(거품이) 일다. 생기다. ¶这块肥皂féizào～起得多 | 이 비누는 거품이 많이 일어난다. ¶～剂jì | 기포제 ❷(qǐpào(r)) 名喻 비누 [목욕탕에서 은어로 쓰이는 말] ❸動 물집이 생기다. ¶手上起了泡 | 손에 물집이 생겼다 =〔起疱pào(儿)〕

【起讫】qǐqì 名 시작과 끝. 처음과 마지막. ¶～不明 | 처음과 끝이 명확하지 않다 =〔起止〕

【起色】qǐsè 名 ❶ 좋아지는 기미. 호전되는 기색. ¶病情bìngqíng还是没有～ | 병이 아직 호전되는 기미가 없다. ❷ 활기를 띠는 것. 경기가 좋아지는 것. ¶生产上也有点儿～ | 생산 활기를 좀 띠다. ¶任何生意都没有～ | 어떤 장사도 활기가 없다.

[4]【起身】qǐ/shēn ❶⇒〔动dòng身〕 ¶我决定在下月初～去上海 | 나는 다음 달 초에 상해로 가기로 결정했다. ❷動(잠자리에서) 일어나다. ¶每天几点钟～? | 매일 아침 몇시에 일어나십니까? ❸動 자리에서 일어서다. ¶三人同～请教qǐngjiào | 세 사람이 함께 일어나 가르침을 청하다.

【起事】qǐ/shì 動 ❶ 일을 일으키다. 거사하다. ¶决定下月～ | 다음 달에 거사를 하기로 결정하다.

【起誓】qǐ/shì 動 맹세하다. 서약하다. ¶现在站在你面前～ | 지금 당장 네 앞에서 맹세할께. ¶这东西不是我偷tōu的, 我敢～ | 맹세컨데 이 물건은 내가 훔친 것이 아닙니다 =〔方 赌dǔ启〕〔赌誓〕〔发誓〕

【起首】qǐshǒu ⇒〔开端kāiduān〕

【起死回生】qǐ sǐ huí shēng 威 기사회생하다. ¶在名医míngyī的治疗zhìliáo下, 他终于～ | 명의의 치료를 받고 그는 마침내 기사회생했다.

【起粟】qǐsù ❶名 소름. ¶他觉得冷了, 皮肤pífū有些～ | 그는 추워서 피부에 소름이 좀 돋았다《鲁迅·阿Q正傳》❷動方 소름이 돋다. ¶浑hún身～ | 온 몸에 소름이 돋다.

[4]【起诉】qǐsù 動〈法〉기소하다. ¶检察官jiǎncháguān～ | 검찰이 기소하다. ¶～权quán | 기소권. ¶～书shū | 기소장. ¶～人 | 기소인.

【起跳】qǐtiào ❶名〈體〉(넓이뛰기·높이뛰기 등을 할 때의) 도약. 뛰어 오름. ¶～板bǎn | 도약판. ¶～线xiàn | 도약선. ❷ 뛰어 오르다. 도약하다 =〔跳运(儿)〕→〔跳水〕

【起头(儿)】qǐtóu(r) ❶名副 처음(에). 최초(로). ¶～他答应来的, 后来因为有别的事不能来了 | 처음에 그가 온다고 했다가 뒤에 다른 일이 생겨서 오지 못했다 =〔起手儿〕〔起先〕〔初根(儿)①〕〔初起〕 ❷(qǐ/tóu(r)) 動 시작하다. 개시하다. ¶这事情shìqíng是谁起的头儿? | 이 일은 누가 처음에 시작한 것입니까? ¶先从我这儿～ | 우선 나부터 시작합시다.

【起先】qǐxiān ⇒〔起头(儿)①〕

【起小儿】qǐxiǎor 副方 어린 시절부터. 어려서부터. ¶他～身体shēntǐ就很结实jiēshí | 그는 어릴 때부터 몸이 아주 건강하였다.

【起薪】qǐxīn 動 선금. 착수금.

【起兴】ⓐqǐxīng 動 번성해지다.

ⓑqǐxìng 動(외부 사물에 대하여) 흥미를 불러일으키다. ¶我看书正看得～的时候, 忽然来了一位客人 | 막 책의 흥미를 느끼고 읽고 있을 때 갑자기 손님이 왔다.

【起行】qǐxíng ⇒〔起程chéng〕

【起锈】qǐ/xiù 動 녹슬다→〔长zhǎng锈〕

【起眼(儿)】qǐyǎn(r) 動 쳐다보다. 남의 눈을 끌다. 볼품이 좋다. 어법 부정문에 많이 쓰임. ¶～一看大家都是党员dǎngyuán | 눈을 들고 쳐다보니 모두가 당원이다. ¶她长得不～ | 그녀는 볼품없이 생겼다.

【起夜】qǐ/yè 動 밤에 대소변을 보러 일어나다. ¶他昨晚zuówǎn～着了凉zháo·liáng | 그는 어제 밤에 소변을 보러갔다가 감기에 걸렸다.

【起疑】qǐ/yí 動 의심이 일다. 의심이 생기다. 의심을 일으키다. ¶一听此话, 他不禁bùjìn～ | 이 말을 듣고 그는 의심이 생겼다.

【起意】qǐ/yì ❶動(마음이) 동하다. 생각이 일다. 생각이 떠오르다 어법 주로 나쁜 의미로 사용됨. ¶见财jiàncái～ | 威 견물생심. ❷(qǐyì) 名 착상. 고안. 속셈. ¶当初的～倒不坏huài | 애초의 착상은 오히려 나쁘지 않았다.

[3]【起义】qǐyì ❶名 봉기(蜂起). 의거(義擧). ❷動 봉기하다. 의거를 일으키다. ¶农民nóngmín～ | 농민들이 봉기하다→〔举jǔ义〕 ❸名 집필(執筆)의 요점(要點) =〔发fā凡〕

【起因】qǐyīn 名 원인. 기인(起因) ¶事情的～是由于误会wùhuì | 일의 원인은 오해로 말미암은 것이다 ⇒〔原yuán因〕

【起用】qǐyòng 動 ❶(면직된 또는 퇴직한 사람을) 기용하다. 재등용하다. ¶～前清旧官qiánqīngjiùguān | 청대의 옛 관리를 재등용하다. ❷ 기용하다. 발탁하여 임용하다. ¶～新秀xīnxiù | 신예를 기용하다.

[3]【起源】qǐyuán ❶名 기원. ¶生命的～ | 생명의 기원 =〔起原〕❷動 기원하다. ¶这个习惯xíguàn～于北方 | 이 습관은 북방에서 나온 것이다.

【起运】qǐyùn 動 출하(出荷)하다. 발송(發送)하다 [외국으로 보낼 때 주로 사용함] ¶由于码头mǎtóu罢工bàgōng, 一时不能～ | 부두에서 태업을 하는 바람에 한꺼번에 발송할 수 없습니다. ¶～地点dìdiǎn | 발송지점. ¶～站zhàn | 시발역 =〔启qǐ运〕〔装出①〕→〔装zhuāng运〕

【起早】qǐ/zǎo 動 아침 일찍 일어나다. ¶～赶路gǎnlù | 아침 일찍 일어나서 길을 떠나다.

【起早贪黑】qǐ zǎo tān hēi 威 새벽에 일어나고 밤늦게 자다. 정신 없이 바쁘게 일하다. ¶他～地干gàn, 赚zhuàn了不少钱qián | 그는 정신없이 일하여 많은 돈을 벌었다.

【起重船】qǐzhòngchuán 名 기중기선(craneship) =〔浮吊fúdiào〕

【起重机】qǐzhòngjī 名〈機〉기중기. 크레인(cran-

e) =〔举重器〕〔吊diào车〕〔吊机〕〔老吊diāo〕→〔倦扬机juànyángjī〕〔滑huá车〕

【起子】qǐ·zi ❶ 名 병따개 =〔开瓶刀kāipíngdāo〕 ❷ 名 方 나사 돌리개. 드라이버(driver). ¶螺丝luósī～ | 드라이버 =〔改锥gǎizhuī〕 ❸ 名 方 베이킹 파우더(baking powder) =〔发(酵jiào)粉fěn〕〔焙bèi粉〕 ❹ 量 조(組). 무리. ¶一～客人 | 한 무리의 손님들.

【起作用】qǐ zuòyòng 動組 작용을 하다. 효과를 미치다. ¶这药喝了半天以后才～ | 이 약은 먹고 한나절이 지나야 효과가 나타난다.

【绮(綺)】qǐ 비단 기
❶ 書 名 무늬있는 비단의 일종. ❷ (생각·말 등이) 아름답고 훌륭한 모양. ¶～情↓ ¶～语↓ ❸ (Qǐ) 名 성(姓).

【绮丽】qǐlì 書 形 아름답다. 곱다. ¶景色jǐngsè～ | 경치가 아름답다.

【绮靡】qǐmǐ 書 形 ❶ 화려하다. 화미(華美)하다. ❷ 喩 문사(文詞)가 곱다. ¶辞藻cízǎo～ | 문장이 화려하고 곱다.

【绮情】qǐqíng 書 名 아름다운 생각 =〔绮思sī〕

【绮语】qǐyǔ 書 名 ❶ 아름답게 꾸민 문장. ❷ 염정적(艷情的)인 문구. ❸〈佛〉진실을 감추고 거짓으로 꾸민 말.

【綮】qǐ ☞ 綮 qìng B

【稽】qǐ ☞ 稽 jī B

qì ㄑㄧˋ

【乞】qì ☞ 乞 qǐ B

【讫(訖)】qì 마칠 글, 이를 흘
書 ❶ 動 끝나다. 완료하다. ¶期中考试考～了 | 중간고사를 마쳤다. ¶付fù～ | 지불이 끝나다. ¶收～ | 인수를 끝내다. ❷ 動 …에 미치다. …에 이르다. ¶～今 | 지금에 이르기까지. ❸ 名 끝. 종결. ¶起～ | 시작과 끝.

【讫了】qìliǎo 動 완결되다. 종결하다 =〔完wán结〕

【汔】qì 거의 흘
書 ❶ 動 (물이) 마르다. 고갈되다. ❷ 副 거의. 대체로.

【迄】qì 이를 흘
書 ❶ 動 (시간이) …에 (이르기)까지. …까지. ¶～今↓ =〔㊀ 到〕 ❷ 副 마침내. 끝내. 줄곧. ¶～未实现shíxiàn | 끝내 실현되지 않았다 ‖ =〔忔qì〕

【迄今】qìjīn 副 지금까지. 지금에 이르기까지. ¶～无音信yīnxìn | 지금까지 소식이 없다.

【迄至】qìzhì 副 …에 이르기까지. ¶～现在 | 현재에 이르기까지.

1【气(氣)】qì 공기 기, 숨 기, 기운 기
❶ 名 기체. 가스. ¶氧yǎng～ | 산소. ¶煤méi～ | (석탄)가스. ¶毒dú～ | 유독 가스. ❷ 名 공기. ¶～压↓ ¶打～ | 공기를 넣다. ❸ (～儿) 名 숨. 호흡. ¶上～不接下～ | 몹시 헐떡이다. ¶没～儿了 | ⓐ 숨을 거두다. 죽다. ⓑ (불이) 꺼지다. ❹ (～儿) 名 내. 냄새. ¶香xiāng～ | 향기. ¶臭chòu～ | 더러운 냄새. ❺ (인간의) 정신 상태. 기운. 원기. ¶勇～百倍 | 용기 백배하다. ¶生～ | 생기. ❻ 名 기품. 습성. 태도. ¶习xí～ | 습성. 기풍. ¶官guān～ | 관료주의 습성. ¶孩子～ | 애티. ❼ 名 動 화(내다). 화(나게 하다). 약(올리다). ¶他生～了 | 그는 화를 내었다. ¶他～得直哆嗦duōsuō | 그는 화가 나서 부들부들 떨었다. ¶拿话～人 | 말로써 사람 약을 올리다. ❽ 名 학대. 천대. 억압. ¶受他的～ | 그에게 학대를 받다. ❾ 名〈漢醫〉인체기관의 기능을 정상적으로 발휘하는 힘. 원기. ¶～血 | 혈기. ¶元～ | 원기. ❿ 名〈漢醫〉어떤 종류의 증상을 이르는 말. ¶湿shī～ | 습진증. ¶脚jiǎo～ | ⓐ 각기병. ⓑ 무좀. ⓫ 量 차례. 바탕. ¶胡说húshuō一～ | 한 바탕 헛소리를 하다. ¶打了一～ | 한 차례 때렸다.

【气昂昂】qì'áng'áng 狀 기세 당당하다. 기세 드높다. ¶他那雄赳赳xióngjiūjiū～的军人仪表yíbiǎo, 使人感到钦佩qīnpèi | 그의 씩씩하고 기세당당한 군인의 모습은 사람들로 하여금 탄복하게 한다.

【气包子】qìbāo·zi 名 ㊀ 喩 불뚱이. 성을 잘 내는 사람. ¶她是个大～, 整天zhěngtiān鼓着嘴gǔ·zhezuǐ | 그녀는 아주 불뚱이라 하루종일 입을 씰룩거린다.

【气泵】qìbèng 名 공기 펌프 =〔气筒tǒng(子)〕〔风泵〕

【气不忿儿】qì bù fènr 狀組 시샘하다. 질투하다. ¶他瞧qiáo你得了便宜piányí, 他有点儿～ | 그는 네가 이득을 보게된 것을 보고서는 좀 질투가 났다.

【气不过】qì ·bu guò 狀組 화가 치밀어 참을 수 없다. ¶大家实在～, 七嘴八舌地qīzuǐbāshédì向售票员shòupiàoyuán开了火 | 사람들이 정말 화가 나서 견딜 수 없어서 매표원에게 소란을 피우며 항의를 했다.

【气冲冲】qìchōngchōng 狀 노발 대발하다. 노기 충전하다. ¶他～地先跑正楼去了 | 그는 몹시 화를 내며 먼저 아래층으로 뛰어내려 갔다 =〔气忿忿(儿, 的)〕〔气哼哼hēng〕〔气横横héng〕〔气哄哄hōng〕〔气呼呼hū〕〔气愤愤fèn〕〔气狠狠hěn〕

【气冲斗牛】qì chōng dǒu niú 成 ❶ 기세가 충천하다. 기세가 하늘을 찌를 듯하다. ¶～的气概qìgài | 하늘을 찌를 듯한 기개 [「斗牛」는 북두성과 견우성. 즉 하늘을 의미함] =〔气冲霄xiāo汉〕 ❷ 노기 충천하다 =〔气冲斗牛〕

【气冲霄汉】qì chōng xiāo hàn ⇒〔气冲斗牛dǒuniú①〕

4【气喘】qìchuǎn ❶ 動 숨이 차다. 숨이 가쁘다. 헐떡거리다 =〔喘气(儿)①〕 ❷ 名〈醫〉천식. ¶～病 | 천식 =〔痰tán喘〕〔俗 痰火病〕〔喘息〕〔哮xiào喘〕〔簡 喘〕

【气喘吁吁】qìchuǎn xū·xu 狀 숨이 가빠서 식식거리는 모양. ¶他跑得～的 | 그는 숨이 가쁘게 달렸다.

【气锤】qìchuí 名 공기 망치. 공기 해머 =〔空气锤kōngqìchuí〕

【气粗】qìcū 形 ❶ 우락부락하다. 성질이 거칠다. ❷ 거만하다. 콧대가 세다. ¶你才参加几天劳动láodòng, 说话就这么～ | 너는 겨우 몇 일 일하고서 이렇게 큰 소리 치느냐. ¶财大cáidà～ | 재력이 많아지면 목소리가 커지고 꺼리낌이 없어진다. ❸ (침착하지 못하고) 덤벙거리다. 경솔하다. ❹ 노염 잘 타다. 화를 잘 내다.

【气垫船】qìdiànchuán 名 호버크라프트(hovercraft). 에어 카(air car). ¶他坐过～ | 그는 에어 카를 타 봤다 =〔水shuǐ翼(飞)船〕

【气动】qìdòng 區 압축 공기로 작동하는. ¶～钻zuàn | 공기 송곳. 에어 드릴. ¶～起重机qǐzhòngjī | 공기 압축 기중기. ¶～千斤顶qiānjīndǐng | 에어 잭(air jack). ¶～仪表yíbiǎo | 공기 동력식 계기.

【气度】qìdù ⇒〔气概gài〕

【气短】qìduǎn ❶ ⇒〔气急②〕 ❷ 動 실망하다. 기가 죽다〔꺾이다〕 의기 소침하다. ¶失败并没有使他～ | 그는 결코 실패로 기죽지 않았다.

3【气氛】qìfēn 名 분위기. ¶会议的～十分热烈rèliè | 회의의 분위기는 아주 뜨거웠다. ¶战争zhànzhēng～ | 전쟁 분위기〔열〕

3【气愤】qìfèn ⇒〔气恼nǎo〕

【气腹】qìfù 名〈醫〉❶ 배에 가스가 차는 증상. ❷ 簡「人工气腹」(인공 기복)의 약칭.

3【气概】qìgài 名 기개. ¶～豪迈háomài | 기개가 호탕하다. ¶英雄yīngxióng～ | 영웅적 기개 =〔書 气宇yǔ〕〔書 气度〕

【气割】qìgē 名〈金〉가스 절단. ¶～刀 | 가스절단기 =〔氧yǎng气切割〕

【气根】qìgēn 名〈植〉기근. 공기뿌리 =〔气生根〕

4【气功】qìgōng 名 기공. 단전 호흡(丹田呼吸). ¶他每天晚上练liàn～ | 그는 매일 저녁 기공을 연마한다. ¶～疗法liáofǎ |〈漢醫〉기공요법 =〔气工〕

【气臌】qìgǔ 名〈漢醫〉장만(腸滿) =〔气膨pēng〕〔臌qǔ胀〕

【气管】qìguǎn 名 ❶ 에어 튜브. 공기 타이어. ❷〈生理〉기관. ¶～切开术qiēkāishù | 기관지 절개수술 =〔方 气嗓sǎng〕

【气管炎】qìguǎnyán 名 ❶〈醫〉기관지염. ¶他最近zuìjìn得了～ | 그는 최근에 기관지염에 걸렸다. ❷ 喩 공처가. 엄처 시하 [「妻qī管严」의 음을 빌어 만든 말]

【气贯长虹】qì guàn cháng hóng 成 기세가 하늘의 무지개를 꿰뚫을 만큼 드높다〔성대하다〕 =〔气如白虹〕

【气锅】qìguō 名 오지신선로. ¶用～蒸鸭 | 오지신선로로 오리를 찌다.

【气焊(接)】qìhàn(jiē) 名 가스 용접. 산소 용접. ¶～机jī | 산소 용접기 =〔气接〕〔氧炔yǎngquē焊接〕→〔电焊diànhàn〕

2【气候】qìhòu 名 ❶〈氣〉기후. ¶～变化biànhuà | 기후변화. ¶～带dài | 기후대. ¶～学 | 기후학. ¶大陆性dàlùxìng～ | 대륙성 기후. ❷ 轉 동향. 정세. ¶政治zhèngzhì～ | 정세. ❸ 喩 성과. 결과. ❹ (오랜 세월을 거친 뒤에 얻어진) 역량. 능력. ❺ 기후. 기절(氣節) [기(氣)는 15일, 후(候)는 5일로 1년은 24기, 72후임]

【气呼呼】qìhūhū ⇒〔气冲冲chōng〕

【气化】qìhuà ❶ 名〈物〉기화(氣化). ¶～燃料rānliào | 기화연료. ¶～器qì =〔化油器〕〔汽化器〕| 기화기. ¶～热rè | 기화열. 증발열 ❷ 動〈物〉기화(氣化)하다 =〔汽化〕 ❸ 動〈漢醫〉인체 내의 기의 작용이 바뀌다. ❹ 動〈漢醫〉삼초(三焦)의 기가 바뀌다.

【气话】qìhuà 名 ❶ 성을 내면서 하는 말. ❷ 사람을 성나게 하는 말. 기분 나쁘게 하는 말. ¶我不该说这种～ | 이런 기분 나쁘게 하는 말은 안 해야 되는데.

【气急】qìjí 動 ❶ 조급해 하다. 조급히 굴다. ❷ (산소 부족·긴장으로 숨을) 숨이 가빠지다. 헐떡이다. 숨이 차다. ¶～地跑上楼来 | 숨을 헐떡이며 윗층으로 뛰어 올라 왔다. ¶他从外边wàibiān跑进来, ～得说不出话来 | 그는 밖에서 뛰어들어 오느라 숨이 차서 말을 하지 못한다 =〔气短duǎn①〕〔气促cù〕

【气急败坏】qì jí bài huài 成 (노하거나 다급하여) 정신을 못차리다. 몹시 허둥대다. ¶他～地说, 你等着瞧děng·zheqiáo | 그는 화가 나서 어쩔 줄 몰라하며 두고 보자고 했다. ¶看他一副fù～的样子! | 저 사람 화를 내며 몹시 허둥대는 꼴 좀 보세요!

【气节】qìjié 名 ❶ 절기 =〔节气〕 ❷ 절개. 절조(節操). 지조. 기개. 기골(氣骨). ¶革命gémìng～ | 혁명의 기개.

【气孔】qìkǒng 名 ❶〈植〉숨구멍. 기공. ❷〈金〉주물(鑄物)의 기포. 공기집 =〔气泡qìpào②〕〔气眼〕 ❸ (건물·방·모자 등의) 공기가 통하는 구멍. 통풍구 =〔气眼yǎn〕 ❹ ⇒〔气门③〕

【气浪】qìlàng 名 (눈사태·폭발등에 의한) 맹렬한 기류. 공기의 흐름. ¶～逼人bīrén | 맹렬한 기류가 엄습해오다.

4【气力】qìlì 名 ❶ 기력. 힘. 체력. ¶～很大 | 기력이 아주 세다. ¶用尽yòngjìn～ | 온 힘을 다 쓰다 =〔力气lìqì〕 ❷ 노고. 애. 노력. 정력. ❸ 方 숨을 내쉬는 힘.

【气量】qìliàng 名 ❶ 기량(器量). 덕량(德量)과 재능. ❷ 도량. 포용력. ¶他的～不大 | 그는 도량이 크지 못하다 =〔器qì量〕 ❸ 기체의 양. ¶～计jì | 가스 미터.

4【气流】qìliú 名 ❶〈氣〉기류. 기체의 흐름. 공기의 흐름. ❷ 숨.

【气楼】qìlóu 名 (창고 등의) 꼭대기에 낸 공기창.

【气轮】qìlún 名〈機〉터빈. ¶～机jī | 가스 터빈.

【气脉】qìmài 名 ❶ 기맥. 기혈(氣血)과 맥박. ¶无～ | 생기가 없다. ❷ 분위기. 낌새.

【气煤】qìméi 名 가스용 석탄.

【气门】qìmén ❶ 名 통풍구(通風口). 배기구(排氣口). 공기구멍 ❷ 名〈機〉밸브. 판(瓣) =〔阀fá门〕 ❸ 名〈生理〉(벌레의) 숨구멍. 기공(氣孔) =〔气孔④〕 ❹ 名〈漢醫〉땀구멍. ❺ ⇒〔气门心(儿)①〕

【气门心(儿)】qìménxīn(r) 名 ❶ 타이어의 공기

를 넣는 주입구 부분의 고무 밸브 =〔气门⑤〕 ❷ 밸브의 고무관(管).

【气囊】qìnáng 名 ❶〈生理〉조류의 기낭. 공기 주머니. ❷기구(氣球)의 기낭. 수소주머니.

【气恼】qìnǎo 形 화내다. 성내다. 분노하다. 분개하다. 어법 주로 문어체(書面語)에서 많이 쓰임. ¶十分~ | 아주 분개하다. ¶令人~ | 사람을 화나게 하다. ¶她~得连饭也吃不下了 | 그녀는 너무 화가 나서 밥이 넘어 가지 않았다 =〔气忿qìfèn〕〔气愤qìfèn〕〔生气〕

【气馁】qìněi 動 기가 죽다. 용기를 잃다. 풀이 죽다. ¶真正有思想的人是从来不会~的 | 정말로 생각이 있는 사람은 늘 기죽지 않는다. ¶胜利shènglì了不要骄傲jiāo'ào, 失败shībài了不要~ | 승리했다고 해서 교만하지 말고 실패해도 용기를 잃지 말라 =〔气萎wēi〕

【气派】qìpài ❶ 名 패기. 기백. 어법 문어체(書面語)에서 주로 좋은 의미로 많이 쓰임. ¶他人虽小, 而~很大 | 그는 체구는 작지만 기백이 아주 대단하다. ¶大有~ | 아주 패기가 있다. ❷ 名 풍채. 기상(氣象). 기풍(氣風). ¶他~很大方 | 그는 풍채가 점잖다. ❸ 名 관록(貫祿). 위엄. ¶~不够gòu | 관록이 부족하다. ❹ 形 (기풍이) 호방하다. (풍채가) 당당하다. 패기 만만하다. 관록〔위엄〕이 있다. 기품있다. ¶那幢zhuàng白色的高大的楼房lóufáng, 很~地耸立sǒnglì在山坡上 | 흰색의 높은 건물이 산 위에 위풍당당하게 우뚝 서 있다.

【气泡】qìpào ❶ 名 기포. 거품. ¶冒zhímào出来~ | 거품이 보글보글 올라오다. ❷ ⇒〔气孔qìkǒng②〕

4【气魄】qìpò 名 ❶ 기백. 패기. 어법 나쁜 뜻으로 주로 쓰이는 문어체(書面語). 수량구조(數量詞組)의 수식을 받지 않으며 「大」「小」「有」「没有」등과 같이 쓰임. ¶~很大 | 패기가 대단하다. ¶宏大hóngdà的~ | 대단한 기백. ¶有青年人的激情jīqíng和~ | 청년의 열정과 기백이 있다. ❷ 기세. 형세. 힘. 세력. 어법 나쁜 뜻으로 많이 쓰이며 수량구(數量詞組)의 수식을 받지 않음. 「雄伟xióngwěi」「宏伟hóngwěi」「宏大」「有」「没有」와 같은 단어와 같이 쓰임. ¶长江, 你像一条巨龙jùlóng, 以宏大的~滚滚gǔngǔn东去 | 양자강이 거대한 한 마리의 용처럼 아주 거대한 기세로 동쪽으로 흘러 내려간다. ¶南京长江大桥的~十分雄伟xióngwěi | 남경 장강대교의 장관〔기백〕이 아주 웅장하다. ¶革命gémìng~ | 혁명의 기세.

【气枪】qìqiāng 名 ❶ 공기총. ¶玩具wánjù~ | 장난감 공기총 =〔风fēng枪〕 ❷ 공기 송곳. 에어드릴.

4【气球】qìqiú 名 ❶ 기구. 애드벌룬. ¶广告guǎnggào~ | 광고용 에드벌룬 =〔轻qīng气球〕 ❷ (~儿) (고무)풍선. ¶放~ | 풍선을 띄우다 =〔气球儿〕

【气人】qì/rén ❶ 動 성나게 하다. 부아를 돋우다. ❷ (qìrén) 形 기분 나쁘다. 불쾌하다. 짜증스럽다. ¶你也太~了 | 너 정말 사람 짜증나게 하는구나.

【气嗓】qìsǎng ⇒〔气管②〕

【气色】qìsè 名 기색. 안색. 얼굴빛. 혈색. ¶他最近zuìjìn~不错cuò | 그는 요즈음 혈색이 좋다. ¶~不好 | 기색이 좋지 않다.

【气盛】qìshèng 形 ❶ 성미가 괄괄하다. 성급하다. ¶他年轻~, 说话容易伤人shāngrén | 그는 젊고 성미가 괄괄하여 다른 사람에게 상처를 주는 말을 많이 한다. ❷ 기세가 성대하다〔높다〕

4【气势】qìshì 名 ❶ 기세. 기개(氣概). 역량. 어법 「磅礴pángbó」「雄伟xióngwěi」「汹汹xiōng」과 주로 같이 쓰임. ¶他的沉着chénzhuó和威严wēiyán的~使人震慑zhènshè, 没有人敢认真用兵器bīngqì碰pèng他一下 | 그의 침착하고 위엄있는 기개가 사람들로 하여금 두려워하게 하여 어느 누구도 감히 병기로 그를 건드리지 못했다. ¶助长zhùzhǎng~ | 기세를 조장하다. ❷ 형세. ¶~不对duì | 형세가 나쁘다.

【气势汹汹】qì shì xiōng xiōng 成 기세가 등등하다. 기백이 있다. 기세가 사납다. 노기 등등하다. ¶讲话jiǎnghuà~, 未必wèibì就是言之有理 | 말하는 것이 기세 등등하다고 해서 꼭 이치에 맞는 것은 아니다. ¶他装出zhuāngchū一副~的样子 | 그는 기세 등등한 모양을 지었다.

【气数】qì·shu ⇒〔气运〕

【气死】qì/sǐ 動 ❶ 분사(憤死)하다. 분에 못이겨 죽다. ¶情愿qíngyuàn气个死, 不愿打官司dǎguānsī | 차라리 화가 나서 죽을지언정 소송하는 것은 원하지 않는다. ❷ 너무 화가 나다. 미치도록 화가 치밀다. 성이 나서 죽을 지경이다. 울화통이 터지다. ¶真~人 | 정말 울화통 터지게 하는군.

【气态】qìtài 名 ❶〈物〉기체 상태. 기화상태. ¶~烃tīng | 기체 상태의 탄화수소. ¶~物质wùzhì | 기체물질. ❷ 書 기개.

3【气体】qìtǐ 名 ❶〈物〉기체. 가스. ¶有毒yǒudú~ | 유독 가스. ¶~燃料ránliào | 기체 연료. ❷ 기력. 기분. 심신.

【气田】qìtián 名 천연가스가 나오는 곳.

【气筒】qìtǒng ❶ 名 (타이어에 공기를 넣는) 공기 펌프. ❷ ⇒〔汽缸qìgāng〕

【气头】qìtóu 名 분노. 화. 노여움 어법 「在~上」으로 많이 사용됨. ¶他正在~上, 有话huà也听tīng不进去 | 그는 지금 한창 화가 나 있는 중이라 말을 해도 귀에 들어가지 않는다.

【气团】qìtuán 名〈氣〉기단. 기괴(氣塊).

3【气味】qìwèi 名 ❶ (~儿) 냄새. 내. ¶海风吹来, 带着腥咸xīngxián的~ | 바다 바람이 불어 오니 비린내와 소금기의 짠 냄새가 난다. ¶~好闻hǎowén | 냄새가 (맡기) 좋다. ❷ 喻 성미. 기질. 기풍(氣風) 어법 주로 부정적인 의미로 많이 쓰임. 「相投xiāngtóu」와 같이 쓰임. ¶他俩~相投, 简直是一对难兄难弟 | 그들 둘은 의기투합이 잘 되어 (형제처럼 잘 어울리는) 짝이다. ¶有沙文主义Shāwénzhǔyì~ | 쇼비니즘 성향이 있다. ❸ 書 광경. 정상(情狀). ❹〈漢醫〉기미. 약의 성질과 효능을 판단하는 기준 [약의 「寒hán」「热rè」「温wēn」「凉liáng」 성분을 「气qì」라 하고 「辛xīn」「酸suān」「甘gān」「苦kǔ」 성분을 「味wèi」라고 함]

【气味相投】qì wèi xiāng tóu 成 貶 의기 투합하다. 마음이 맞다. 의기 투합하여 한패가 되다. ¶他们俩是酒肉朋友，～，常聚jù在一起 | 그 두 사람은 술친구라 의기 투합하여 늘 같이 다닌다.
2【气温】qìwēn 名〈氣〉기온. ¶～正在回升huíshēng | 기온이 다시 올라가고 있다.
4【气息】qìxī 名 ❶ 숨. 호흡. 숨결. ¶～微弱wēiruò | 호흡이 약하다. ¶屏bǐng着～ | 숨을 죽이다. ❷ 냄새. 향기. 어법「一阵」「一种」「一丝」등의 수량수의 수식을 받음. ¶一阵zhèn芬芳fēnfāng的～从花丛huācóng中吹过来 | 향긋한 꽃 향기가 불어오다. ❸ 숨결. 기운. 기백. 정신 어법 주로 추상적인 사물에 쓰임. ¶感到春天的～ | 봄의 기운을 느끼다.
【气息奄奄】qì xī yān yān ⊗ qì xī yǎn yǎn) 成 숨이 곧 끊어지려 하다. ¶他老人家已经～了 | 그 어르신은 이미 목숨이 간들간들하다.
2【气象】qìxiàng 名 ❶〈氣〉기상. 날씨. 일기. 천상(天象). ¶～警报jǐngbào | 기상경보. ¶～火箭huǒjiàn | 기상 관측용 로케트. ¶～报告bàogào | 기상보고. ¶～预报yùbào | 기상 예보. ¶～卫星wèixīng | 기상 위성. ¶～观测guāncè | 기상 관측. ¶～雷达léidá | 기상 레이다. ¶～台tái | 기상대. ¶～站zhàn | 기상 관측소. ❷〈氣〉기상학. ❸ 기상. 타고난 성정. 기개(氣槪). 기질. 의기(意氣). ❹ 주위의 상황. 양상. 사태. ¶一片新～ | 새로운 양상. ¶出现了许多新～ | 새로운 양상이 많이 생겼다.
【气象万千】qì xiàng wàn qiān 成 (경치·사물의) 기상이 웅장 화려하고 변화가 많다. 장관(壯觀)이다. ¶釜山市～，日新月异 | 부산시는 하루가 다르게 웅장하고 화려하게 바뀐다.
【气悻悻】qìxìngxìng 貶 잔뜩 골이 나다. 화가 치밀어 씩씩대다.
【气性】qì·xing 名 ❶ 성격. 성질. 성미. ¶谁知道他是怎么个zěnme·ge～ | 그의 성미가 어떤지 어찌 알리요? ❷ 꽁한 성격. ¶这孩子～大 | 이 애는 매우 꽁하다.
【气胸】qìxiōng 名〈醫〉❶ 기흉. ¶～疗法liáofǎ | 기흉요법. ❷ 簡「人工气胸」(인공 기흉)의 약칭.
【气咻咻】qìxiūxiū ⇒〔气吁吁〕
【气吁吁】qìxūxū 貶 숨을 헐떡거리다. 또는 그 모양. ¶他急急忙忙地跑进pǎojìn屋子，～地报告bàogào了这个消息xiāoxī | 그는 황급히 방으로 뛰어 들어와서는 숨을 헐떡거리며 이 소식을 전했다 =〔气咻咻〕
【气虚】qìxū ❶ 名〈漢醫〉원기 허약. 신체 허약. 쇠약. ❷ 形 쇠약하다. 신체가 허약하다. 약골이다. ¶他最近zuìjìn变得～了 | 그는 요즘 몸이 허약해졌다.
【气旋】qìxuán 名 회오리 바람. 선풍(旋風).
3【气压】qìyā 名 기압. ¶高gāo～ | 고기압. ¶低dī～ | 저기압. ¶～表biǎo =〔气压计qìyājì〕 | 기압계.
【气眼】qìyǎn ⇒〔气孔qìkǒng③〕
【气焰】qìyàn 名 喩 기염. 위세. 대단한 기세. ¶打击dǎjī敌人的嚣张xiāozhāng～ | 적의 방자하게 날뛰는 위세를 꺾다.
【气宇轩昂】qì yǔ xuān áng 成 기개와 도량이 비범하다. ¶他长得zhǎng·de～，十分英武yīngwǔ | 그는 기개와 도량이 비범하며 아주 영민하고 용맹스럽다 =〔器qì宇轩昂〕
【气运】qìyùn 名 운수. 운명. 팔자. ¶这都是～领lǐng的 | 이것은 모두 운명이다 =〔气数〕〔命数①〕〔命运〕〔运数〕〔运气①〕
【气韵】qìyùn 名 (글씨·그림·글 등의) 기품(氣品). 의경(意境). 기운. ¶～生动shēngdòng | 기품이 생동감이 있다.
【气质】qìzhì 名 ❶ 기질. 성미. 성질. 성격. ¶墨西哥人Mòxīgērén具有的各种～，在这里都可以看到 | 멕시코인들이 지니고 있는 각종의 기질은 이곳에서도 볼 수 있다. ¶他的～太坏tàihuài | 그는 성질이 고약하다 =〔脾pí气〕 ❷ 자질. 풍격. 기개. ¶诗人shīrén～ | 시인의 자질(시인의 기질) ❸ (하고자 하는) 마음가짐.
【气壮】qìzhuàng 貶 기세가 웅장하다. 기세가 드높다. ¶～山河shānhé | 成 높은 산, 큰 강처럼 기세가 웅장하다. ¶～如牛rúniú | 成 소처럼 뚝심이 강하다. 기세가 대단하다.
【气字头(儿)】qì·zitóu(r) 名 한자 부수의 기운기밑(气).

1【汽】qì 김 기 ❶ 名 증기. 김 [특히 수증기를 가리킴] ¶～都走了 | 김이 모두 나갔다. ¶～船chuán↓ ❷ 가스(gas). 가솔린(gasoline). 가솔린으로 작동하는 기계. ¶～车↓ ¶～化↓ ¶～油↓ ¶～艇tǐng↓ ❸ 보일러. ¶～房fáng | 보일러실 ❹ 실린더. 피스톤. ¶～缸gāng↓
1【汽车】qìchē 名 자동차. ¶～保险bǎoxiǎn | 자동차 보험. ¶长途chángtú～ | 장거리 운행 버스. 시외버스. ¶公共gōnggòng～ | 버스. ¶私人sīrén～ | 자가용차. ¶小～ | 승용차. ¶运货yùnhuò～ =〔载重汽车〕 | 화물 자동차. 짐차. 트럭. ¶～修配厂xiūpèichǎng | 자동차 정비 공장. ¶～钥匙yàochí | 자동차 열쇠. ¶～方向盘fāngxiàngpán | 자동차의 핸들. ¶～房 =〔汽车间〕〔汽车库〕 | 차고. ¶～(工)厂 =〔汽车制造厂〕 | 자동차 공장. ¶～(轮)胎tāi | 자동차의 타이어. ¶～司机sījī | 자동차 운전수. ¶～旅馆lǚguǎn | 모텔. ¶～屁pì | 자동차의 배기 가스. ¶～站zhàn =〔汽车牌号〕 | 정류소. ¶～号牌hàopái =〔汽车牌号〕 | 자동차의 번호판. ¶～城chéng | 자동차 공장 지역.
3【汽船】qìchuán ❶ 名 기선. 발동선 →〔轮船〕 ❷ ⇒〔汽艇〕 ‖ =〔方 电船〕
【汽锤】qìchuí 名〈機〉스팀 해머(steam hammer). 증기 망치 =〔蒸zhēng汽锤〕
【汽灯】qìdēng 名 가스등(gas lamp) =〔气qì灯〕
【汽笛】qìdí 名 (기차·기선의) 기적. ¶～长鸣一声chángmíngyīshēng | 기적이 길게 울다.
【汽缸】qìgāng 名〈機〉실린더. ¶～盖gài =〔汽缸头qìgāngtóu〕 | (자동차의) 실린더 헤드(head). ¶～出水门 | 실린더 밸브(valve). ¶～体tǐ =〔油缸体〕 | (자동차의) 실린더 블록(block). ¶～油

| 실린더유 =〔汽筒〕〔气缸qìgāng〕〔气筒②〕

【汽化】qìhuà ❶ 名〈物〉기화. ¶～作用 | 기화 작용 =〔气化〕 ❷ 動〈物〉기화하다 →〔沸腾fèiténg〕〔蒸zhēng发〕

【汽化器】qìhuàqì 名 ❶〈機〉기화기. 카뷰레터(carburetor) =〔江 化油器〕〔北 油yóu壶子〕 ❷〈化〉증발기.

【汽化热】qìhuàrè 名〈化〉기화열. 액체가 기화할 때 외부로부터 흡수하는 열량.

【汽机】qìjī 名 簡〈機〉❶「蒸zhēng汽机」(증기 기관)의 약칭. ❷「汽轮机」(증기 터빈(turbine))의 약칭.

【汽酒】qìjiǔ 名 탄산 가스를 함유한 발포성 과일주. ¶小孩爱喝～ | 어린 아이는 (발포성) 과일주를 좋아한다.

【汽轮(机)】qìlún(jī) 名 증기 터빈(steam turbine). ¶～发电机fādiànjī | 증기 터빈식 발전기 =〔蒸zhēng汽涡轮(机)〕〔簡 汽机qìjī②〕→〔涡wō轮(机)〕

【汽门】qìmén 名〈機〉증기 개폐기. 스팀 밸브(steam valve). ¶～管guǎn | 시팀 밸브관 →〔阀fá门〕

【汽碾(子)】qìniǎn(·zi) 名〈機〉(길 표면 등을 평평하게 고르기 위하여 사용하는) 증기 롤러(roller) =〔压yā路机〕

1【汽水(儿)】qìshuǐ(r) 名 사이다(cider). ¶柠檬níngméng～ | 레모네이드. ¶橘子júzǐ～ | 오렌지에이드. ¶姜jiāng～ | 진저 에일. 진저 비어→〔荷hé兰水〕〔苏打水sūdǎshuǐ〕〔碳酸水tànsuānshuǐ〕

【汽艇】qìtǐng 名 모터보트(motorboat). ¶乘chéng～游湖yóuhú | 모터보트를 타고 호수를 유람하다 =〔汽船②〕〔摩托船mótuōchuán〕

2【汽油】qìyóu 名 휘발유. 가솔린(gasoline). ¶节省jiéshěng～ | 휘발유 절약하다. ¶凝固nínggù～ | 네이팜(napalm). 가솔린의 젤리화제. ¶～弹dàn |〈軍〉네이팜 폭탄. ¶～泵bèng | 가솔린 펌프. ¶～储槽chǔcáo =〔汽油库〕〔汽油箱qìyóuxiāng〕| 가솔린 탱크. ¶～精jīng | 에틸 액 =〔气油〕〔方 电油〕〔外 戤gài司林〕〔挥发油①〕→〔石shí油〕

【汽油机】qìyóujī 名 가솔린 엔진[기관] ¶～车 | 가솔린 기관차 =〔汽油发动机〕〔汽油引擎qíng〕〔汽油汽机〕〔粵 电diàn油机〕

【忾】qì ☞ 忾 kài Ⓒ

2【企】qì ☞ 企 qǐ

2【弃(棄)】qì 버릴 기
動 ❶ (내)버리다. 포기하다. ¶～置不顾zhìbúgù↓ ¶舍shě～ | 버리다. ¶～之可惜kěxī | 버리기에는 아깝다. 버리기를 아까워하다. ❷ 書 잊어버리다. ¶其庸yōng可～乎? | 그가 어찌 잊을 수 있으리요?

【弃暗投明】qì àn tóu míng 成 어둠을 버리고 광명으로 나아가다. 악인이 바른 길로 돌아서다. ¶他终于zhōngyú～, 向政府zhèngfǔ自首 | 그는 마침내 올바른 길로 돌아서서 정부에 자수했다.

【弃妇】qìfù 書 ❶ 動 아내를 버리다. ❷ 名 (남편에게) 버림받은 부인. ¶～的哀怨āiyuàn | 버림받은 부인의 애원 ‖ =〔弃妻qìqī〕

【弃甲曳兵】qì jiǎ yè bīng 成 갑옷을 버리고 병기(兵器)를 질질 끌며 패주(敗走)하다. ¶敌人dírén～而逃táo | 적은 갑옷을 버리고 병기를 질질 끌며 패주했다.

【弃绝】qìjué 動 ❶ 포기하다. 버리다. ¶～武力 | 무력을 포기하다. ❷ 절교하다. 교제를 끊다. ¶～朋友 | 친구와 절교하다.

【弃农经商】qìnóng jīngshāng 動組 농사를 그만두고 장사를 하다[1960년대 초의 중국 농촌상황을 일컫던 말] ¶不少人～ | 많은 사람이 농사를 그만두고 장사를 했다.

【弃取】qìqǔ 動 취사(取捨)하다. 취사선택하다. ¶不易búyì～ | 취사선택하기가 쉽지 않다.

【弃权】qì/quán ❶ 動 기권하다. 권리를 포기하다. ¶他～了 | 그는 기권했다. ❷ (qìquán) 名 기권.

【弃世】qìshì 書 動 ❶ 敬 돌아가시다. 서거(逝去)하다. ¶先父～多年, 止有老母在堂 | 아버님은 여러 해 전에 돌아가시고 어머님만 계십니다 =〔倾qīng世〕 ❷ 세상을 버리다. 세속을 떠나다. 세속에서 벗어나다. ¶～则无累 | 세속을 벗어나면 번거로움이 없다.

【弃养】qìyǎng 書 動 婉 (부모를) 여의다. ¶父母～时, 他年才五岁 | 부모님께서 돌아가셨을 때 그는 겨우 다섯 살이었다.

【弃婴】qìyīng ❶ 書 名 버린 아이. ¶他收养shōuyǎng了一个～ | 그는 버려진 아이를 데려다 키웠다. ❷ 動 아이를 내버리다.

【弃置】qìzhì 動 방치하다. 내버려 두다. ¶他住在别人～的一所房子中 | 그는 다른 사람이 방치해 둔 집에서 산다.

【弃置不顾】qì zhì bù gù 成 내버려 두고 돌보지 않다 =〔弃之不顾〕

2【妻】qì ☞ 妻 qī Ⓑ

4【泣】qì 울 읍, 눈물 읍
書 ❶ 動 (작은 소리로) 울다. 흐느끼다. ¶暗àn～ | 남몰래 흐느끼다. ¶涕tì～ | 눈물을 흘리며 흐느끼다. ❷ 名 눈물. ¶饮yǐn～ | 눈물을 삼키다. ¶～下如雨 | 비오듯 눈물을 흘리다.

【泣不成声】qì bù chéng shēng 成 ❶ 흐느끼다. 흐느껴 울어 말소리가 나오지 않다. ❷ 소리 없이 흐느끼다. 소리 죽여 울다. ¶一听噩耗èhào, 她马上～ | 흉보를 듣자마자 그녀는 바로 흐느껴 울었다.

【泣诉】qìsù 書 動 읍소하다. 눈물로 하소연하다. ¶她向我～她的苦楚kǔchǔ | 그녀의 고초를 울며 나에게 하소연했다.

【泣血椎心】qì xuè zhuī xīn 成 피눈물을 흘리며 가슴을 치다. 몹시 비통해하다. ¶他～, 苦心kǔxīn写作 | 그는 몹시 비통해 하며 괴로운 마음으로 글을 썼다.

【亟】qì ☞ 亟 jí Ⓑ

【契〈栔A〉】qì xiè qiè 계약서 계, 새길 결, 부족이름 글, 사람이름 설

Ⓐ qì ❶ 名 계약서. 증서. 문서. ¶卖mài～ | 양도증서. ¶地dì～ | 땅문서. ¶红hóng～ | 등기를 끝낸 부동산 매매 계약서. ❷ 轉 뜻이 통하다. 마음이 통하다. ¶默mò～ | 말없이 서로 마음이 통하다. ¶相xiāng～ | 뜻이 서로 맞다. ❸ 書 動 (칼로) 새기다. ❹ 書 名 (칼로) 새긴 글자 [주로 갑골문자] ¶书～ | 고대에 나무·대나무·갑골 등에 새긴 글자. ❺ ⇒〔契丹〕 ❻ 복성(複姓)중의 한 자(字). ¶～苾bì↓

Ⓑ Xiè 名〈人〉설. 상조(商朝)의 시조(始祖) [순(舜) 임금의 신하]

Ⓒ qiè ❶ ⇒〔契契〕 ❷「锲」와 통용 ⇒〔锲qiè〕

Ⓐ qì

【契苾】Qìbì 名 ❶〈民〉계필 [신강(新疆Xīnjiāng)의 언지현(焉支縣Yānzhīxiàn) 서북(西北)쪽 일대에 거주하는 종족 이름] ❷ 복성(複姓).

【契丹】Qìdān 名〈民〉거란.

【契合】qìhé 書 動 ❶ 의기 투합하다. 친밀해지다. ¶情投qíngtóu～ | 마음과 뜻이 서로 맞다. 의기 투합하다. ❷ 부합하다. 일치하다.

【契机】qìjī 書 名 계기. 동기. ¶抓住zhuāzhù～ | 계기를 잡다.

【契据】qìjù 名 계약서. 계약증서. 차용증(서). 영수증(서) =〔契券quàn〕〔契书〕〔契文〕〔契纸zhǐ〕

【契友】qìyǒu 書 名 뜻이 맞는 친구. 의기가 투합하는 친구. ¶结为jiéwéi～ | 의기가 투합하는 친구가 되다.

【契约】qìyuē ❶ 動 계약하다. ❷ ⇒〔合同hétóng〕 ¶～合同 | 계약. 계약서. ¶临时línshí～ | 가계약.

【契纸】qìzhǐ ⇒〔契据qìjù〕

Ⓒ qiè

【契契】qièqiè 書 狀 근심하다. 두려워하다. 괴로워하다.

4【砌】qì qiè 섬돌 체

Ⓐ qì ❶ 動 (벽돌·돌 등을) 쌓다. 쌓아 올리다. ¶～墙qiáng↓ ¶～炕kàng | 구들을 놓다. ❷ 名 섬돌. 계단. ¶彫栏玉diāolányù～ | 조각을 한 난간과 옥층계. 喩 호화로운 저택.

Ⓑ qiè ⇒〔砌末(子)〕

Ⓐ qì

【砌墙】qìqiáng 動 (돌·벽돌 등으로) 담을 쌓다 =〔累墙lěiqiáng〕

Ⓑ qiè

【砌末(子)】qièmò(·zi) 名〈演映〉(중국 전통극에서) 무대 위의 간단한 배경 및 특별히 제작된 소품 =〔切马(子)〕〔切末(子)〕→〔把bǎ子④〕

【葺】qì 일 즙

書 動 ❶ (지붕을) 이다. 이엉을 하다. ❷ 가옥을 수리하다. ¶修xiū～ | 집을 수리하다. ❸ 겹치다. 거듭되다. ¶～鳞lín | 겹쳐져 있는 고기 비늘.

【葺补】qìbǔ 書 動 (집을) 수리하다. 보수를 하다.

【葺屋】qìwū 書 動 ❶ 지붕을 이다. ❷ 名 초가집.

【缉】qì ☞ 缉 jī

【槭】qì 단풍나무 척

❶ 名 단풍나무. ¶～树shù↓ ❷ 단풍나무 잎같이 생긴 나무. ¶～叶草yècǎo↓ ¶～莓méi↓

【槭树】qìshù 名〈植〉단풍나무.

【槭叶草】qìyècǎo 名〈植〉부처손

【槭叶莓】qìyèměi 名〈植〉나무딸기 =〔悬钩子〕

1【器】qì 그릇 기

❶ 그릇. ¶容róng～ | 용기. ¶瓷cí～ | 자기. ❷ (신체의) 기관. ¶消化xiāohuà～ | 소화기관. ¶生殖shēngzhí～ | 생식기. ❸ 名 도량. 재능. ¶大～晚成wǎnchéng | 대기 만성. ¶～量liàng | 도량. ¶小～ | 도량이 좁다. ❹ 書 動 중시하다. 존경하다. ¶人皆jiē～之 | 모두들 존경한다. ¶～重zhòng↓

3【器材】qìcái 名 ❶ 기재. 기자재(器資材). 기구. ¶无线电wúxiàndiàn～ | 무선전신 기자재. ¶铁路tiělù～ | 철도 기자재. ❷ 書 인재.

3【器官】qìguān 名 (생물의) 기관. ¶生殖shēngzhí～ | 생식기관.

【器观】qìguān 書 名 (사람의) 외관. 용모 =〔器宇〕→〔仪yí表〕

【器件】qìjiàn 名 (기계·기구의) 주요 부품. 부속품. ¶～损坏sǔnhuài了可以重配chóngpèi | 부속품이 망가지면 다시 맞출 수 있습니다.

【器敬】qìjìng ⇒〔器重〕

4【器具】qìjù ⇒〔器物wù〕

【器量】qìliàng 名 도량 =〔气量②〕〔度量②〕〔肚量②〕

【器皿】qìmǐn 書 名 그릇. 식기. ¶陈放药水chénfàngyàoshuǐ的～ | 약을 담아 두는 그릇

【器物】qìwù 名 기물. 기구. 각종 용구(用具)의 총칭 =〔器具jù〕

4【器械】qìxiè 名 ❶ 기계. 기구(器具). ¶医疗yīliáo～ | 의료 기구. ¶～体操tǐcāo | 기계 체조. ❷ 무기(武器).

【器宇】qìyǔ ⇒〔器观guān〕

【器乐】qìyuè 名〈音〉기악. ¶～曲qǔ | 기악곡→〔声乐〕

【器重】qìzhòng 動 (주로 윗사람이 아랫사람을, 상급기관이 하급기관을) 중시하다. 신임하다. 어법 정도부사의 수식을 받을 수 있음. 목적어나 보어와 함께 쓰여 술어가 되며 목적어로도 사용됨. ¶他很～年轻人 | 그는 젊은 사람을 아주 중시한다. ¶老师对他～得不得了 | 선생님은 그를 아주 중시한다. ¶受领导lǐngdǎo的～ | 영도자의 중시를 받다. 영도자의 신임을 얻다 =〔器敬qìjìng〕

【憩】qì 쉴 게

書 動 쉬다. ¶少～ | 잠깐 쉬다. ¶同作同tóngzuòtóng～ | 함께 일하고 함께 쉬다 =〔愒qì〕→〔休息xiū·xi〕

【憩息】qìxī 書 動 쉬다. 휴식하다.

【碛(磧)】qì 모래벌판 적

書 名 ❶ 모래톱. 모래 밭. ❷ 사막. ¶沙shā～ | 사막.

【碛卤】qìlǔ 名 소금기 있는 모래땅. 불모지.

qiā ㄑㄧㄚ

【袷】qiā jiá 겹옷 겹, 옷깃 겹

Ⓐ qiā ⇒〔袷袢qiāpàn〕

Ⓑ jiá「夹」와 같음 ⇒〔夹jiá〕

【袷袢】qiāpàn 名 (위구르족·타지크족들이 입는) 긴 옷.

4【掐】qiā 할퀼 겹, 딸 겹 ❶動 누르다. 꼬집다. 비틀다. ¶～脖子bózǐ↓ ¶～指甲印子zhǐjiǎyìnzǐ | 손톱자국을 내다→〔卡qiá②〕 ❷動 (비틀어) 꺾다. 끊다. ¶把豆芽菜dòuyácài的须子xūzǐ～一～! | 콩나물 꼬리를 따 주십시오. ¶～花 | 꽃을 꺾다. ¶～电线diànxiàn | 전선을 끊다. ❸動 움켜쥐다. ¶一把～住 | 한 줌 움켜쥐다. ❹動 (손가락을) 꼽다. ¶～着指头算suàn | 손가락을 꼽으며 계산하다. ❺動 方 (껴)안다 [섬서(陝西)·산서(山西)·하남(河南) 지방의 방언] ¶～孩子 | 아이를 안다. ❻量 方 웅큼. 줌. ¶一小～韭菜jiǔcài | 부추 한 웅큼.

【掐巴】qiā·ba 動 方 ❶ 움켜쥐다. ❷喩 속박하다. 억압하다. 학대하다. ¶他太～人了 | 그는 사람을 너무 억압한다.

【掐脖子】qiā bó·zi 動組 목을 누르다. 목을 조르다. 轉 꼼짝 못하게 하다. 움직일 수 없게 하다.

【掐断】qiāduàn 動 끊다. 잘라 내다. 베어 내다. ¶～了电线diànxiàn | 전선을 잘라 내다. ¶～水源shuǐyuán | 단수하다. 급수(給水)를 중단하다.

【掐尖儿】qiā/jiānr ❶⇒〔打尖dǎjiān〕 ❷動 중간에서 이익을 가로채다. 중간 착취를 하다. ¶小心别人掐你的尖儿 | 중간에서 다른 사람이 이익을 챙기는 것을 조심하세요 ‖ =〔掐尖子〕

【掐诀】qiājué 動 (중·도사가) 결인(結印)하다. 결수(結手)하다. ¶～念咒niànzhòu | 결인하여 주문을 외우다.

【掐弄】qiānòng ❶⇒〔掐算〕 ❷動 절약하다. 아끼다. 절용하다. 어법 대부분「～着」의 형식으로 쓰임. ¶～着用 | 아껴 쓰다.

【掐死】qiāsǐ 動 목졸라 죽이다. 교살하다. 눌러 죽이다. ¶他～了一个哨兵shàobīng | 그는 초병을 목졸라 죽였다. ¶猫māo被狗gǒu～了 | 고양이가 개에게 목이 눌려 죽었다.

【掐算】qiāsuàn 動 손꼽아 헤아리다. 손꼽아 계산하다 [육갑(六甲)을 짚을 때 손가락 마디를 세는 방식을 말함] ¶一～, 觉得这买卖mǎimài赚不了zhuànbùliǎo多少钱 | 계산해 보니 이 번 장사는 얼마 벌지 못했다 =〔掐弄nòng①〕

【掐头去尾】qiā tóu qù wěi 威 거두절미하다. 불필요한 부분을 제거하다. ¶～简明地jiǎnmíngdì说 | 거두절미하고 간단명료하게 말하다.

【掐指一算】qiāzhǐ yīsuàn 動組 ❶ 손을 꼽아가며 헤아리다. ❷轉 헤아려 짐작하다. 예상하다. 예측하다. ¶他～, 发觉不值得这么干 | 그는 생각해보니 이렇게 할 필요가 없음을 알았다.

【掐子】qiā·zi 量 단. 움큼. 묶음. 다발. ¶卖mài一～菠菜bōcài | 시금치 한 단을 팔다.

【葜】qiā 청미래 계

⇒〔菝bá葜〕

qiǎ ㄑㄧㄚˇ

1【卡】qiǎ kǎ 지킬 잡, (음역자 가)

Ⓐ qiǎ ❶動 口 걸리다. 끼(이)다. ¶鱼刺yúcì～～在嗓子sǎngzǐ里 | 생선가시가 목에 걸리다. ❷動 누르다. 죄다. ¶～脖子bózǐ↓ →〔掐qiā①〕 ❸(～子) 名 핀. 클립. 물건을 끼우는 도구. ¶发fà～ =〔发夹〕| 머리핀. ❹書 名 옛날의 관문(關門). 검문소. ¶关guān～ | 검문소.

Ⓑ kǎ ❶動 (사람·물건을) 억제하다. 억류하다. 눌러두다. ¶材料科cáiliàokē～住了水泥shuǐní不发 | 자재과에서 시멘트를 잡고 내어주지 않다. ❷ 외국어「ka」음의 음역자로 씀. ¶～车chē | 트럭. ¶～片piàn | 카드. ¶资料zīliào～ | 자료카드. ❸名 簡「卡路里kǎlùlǐ」(칼로리)의 약칭.

Ⓐ qiǎ

【卡脖子】qiǎ bó·zi 動組 두 손으로 목을 조르다. 喩 치명상을 가하다. 꼼짝못하게 하다. ¶～旱hàn | (이삭이 팰 무렵의) 치명적인 가뭄.

【卡尺】qiǎchǐ 名〈機〉노기스.

【卡箍】qiǎgū ⇒〔卡子①〕

【卡具】qiǎjù ⇒〔夹jiā具〕

【卡壳】qiǎ/ké 動 ❶ (총알이) 불발되다. ¶子弹zǐdàn～了 | 총알이 불발되었다. ❷喩 일이 막히다. 어려움을 당해 중지되다. ¶工作到一半就～了 | 일이 중간에서 막히다.

【卡住】ⓐ qiǎzhù 動 꽉 막히다〔끼이다〕걸리다. ⓑ kǎzhù 動 (지출 등을) 억제하다. 동결하다. ¶～了资金 | 자금을 동결하다.

【卡子】qiǎ·zi ❶名 물건을 끼는 도구. 집게. 핀. 클립. ¶头发tóufà～ | 머리핀 =〔卡箍qiǎgū〕→〔夹子①〕 ❷名〈機〉(시계의) 탈진기(脫進機)

Ⓑ kǎ

【卡巴胂】kǎbāshèn 名 外〈化〉〈藥〉칼바존(carbarsone) =〔对脲基苯胂酸duìniàojīběnshènsuān〕

【卡奔达】kǎbēndá 名 外〈地〉카빈다(Cabinda) [아프리카에 위치한 나라. 수도는「卡奔达Kǎbēndá」(카빈다:Cabinda)]

【卡宾枪】kǎbīnqiāng 名〈軍〉카빈(carbine)총.

【卡车】kǎchē 名 트럭(truck). ¶一辆liàng～ | 한 대의 트럭 =〔货车huòchē〕〔运货汽车yùnhuòqìchē〕

【卡尺】kǎchǐ ❶名〈機〉노기스. 슬라이드 캘리퍼스(slide calipers). ¶用～测cè一下 | 슬라이드 캘리퍼스로 재 보세요 =〔游标卡尺yóubiāokǎchǐ〕 ❷⇒〔卡钳qián〕

【卡规】kǎguī 名〈機〉스냅 게이지(snap gauge) →〔界限量规jièxiànliángguī〕

【卡介(菌)苗】kǎjiè(jūn) 名〈醫〉비시지(B.C.G.). 결핵 예방 접종약. ¶接种jiēzhǒng～ | B.C.G. 접종을 하다 =〔卡介疫苗kǎjièyìmiáo〕〔结jié核疫苗〕

【卡拉OK】kǎlā'ōukě 名 外 俗 台 가라오케 [일본의「空orchestra」의 중국식 표기]=〔卡拉OK〕⇒〔卡拉欧K〕

【卡拉欧K】kǎlā'ōukě =〔卡拉OK〕⇒〔卡拉欧K〕

【卡剌特】kǎlàtè 量 外〈度〉❶ 캐럿(carat) [보석

의 무게 단위] ❷ 캐럿(carat) [금의 순도] ¶24～ | 24금. 순금 =〔外 开金〕‖ =〔外 开勒〕〔外 开拉特〕〔外 开剌特〕

【卡路里】kǎlùlǐ 名 外 〈物〉 칼로리(Cal) [열량의 단위] ¶多少duōshǎo～热量rèliàng? | 몇 칼로리의 열량이냐? =〔簡 卡〕〔卡热kǎrè〕〔加jiā路里〕

【卡那霉素】kǎnàméisù 名 外 〈藥〉 카나마이신(kanamycin).

【卡片】kǎpiàn ❶ 名 카드(card). ¶资料zīliào～ | 자료 카드. ¶～索引suǒyǐn | 카드 색인. ¶圣诞shèngdàn～ =〔冬dōng卡〕| 크리스마스 카드. ¶贺hè年～ | 연하장. ¶目录mùlù～ | 목록 카드. ¶图书túshū～ | 도서 카드. ¶～穿孔机chuānkǒngjī | 키 펀치(key punch). ¶～柜guì | 카드 케이스(card case). ¶做～ | 카드를 작성하다. ¶抄chāo～ | 카드를 초록하다. ❷⇒〔名片(儿)〕

【卡钳】kǎqián 名 〈機〉 캘리퍼스(callipers). ¶内～ | 인터널(internal) 캘리퍼스. ¶外～ | 엑스터널(external) 캘리퍼스. ¶内外～ | 콤비네이션(combination) 캘리퍼스 =〔卡尺②〕

【卡萨布兰卡】Kǎsàbùlánkǎ 名 外 〈地〉 카사블랑카(Casablanca).

【卡什米尔】Kǎshímǐ'ěr 名 外 〈地〉 캐시미르(kashmir). ¶～山羊 | 캐시미르 산(產)산양(山羊) =〔卡什密阿〕〔克Kè什米尔〕

【卡式磁带】kǎshìcídài 名 〈電算〉 카세트형 자기테이프.

【卡斯特里】Kǎsītèlǐ 名 外 〈地〉 캐스트리스(Castries) [「庙卢西亚岛Miàolúxīyàdǎo」(세인트루시아;St. Lucia)의 수도]

【卡塔尔】Kǎtǎ'ěr 名 外 〈地〉 카타르(Qatar) [페르시아만에 면한 토후국. 수도는 「多哈Duōhā」(도하:Doha)] ¶～人 | 카타르인.

【卡特】Kǎtè 名 外 〈人〉 지미 카터(J.E.Carter, 1924～)[미국의 제39대 대통령]

【卡特尔】kǎtè'ěr 名 外 〈經〉 카르텔(cartel). 기업연합. ¶～组织zǔzhī | 카르텔 조직. ¶～协定xiédìng | 카르텔 협정 =〔卡德尔kǎdé'ěr〕〔卡忒尔kǎtè'ěr〕〔加迭尔 jiādié'ěr〕〔加特尔 jiātè'ěr〕〔企业联合qǐyèliánhé〕

【卡通】kǎtōng 名 外 카툰(cartoon). ❶ 만화 영화. 동화(動畵). ¶他十分爱看～ | 그는 만화 영화를 아주 좋아한다=〔卡通片piàn〕〔卡通影片〕〔动dòng画片〕 ❷ (풍자) 만화 =〔漫画〕

【卡宴】Kǎyàn 名 〈地〉 카옌(Cayenne) [「圭亚那Guīyànà」(프랑스령 기아나;Guiana)의 수도]

qià ㄑㄧㄚˋ

3【恰】qià 꼭 흡
❶ 形 꼭 맞다. ¶我来的～巧, 火车快要开走 | 기차가 막 떠나려는데 정말 때맞춰 잘 왔다. ❷ 副 마침. 알맞게. 바로. 꼭 어법 구어(口語)에서는 「恰好」를 쓰고 「恰」는 서면어(書面語)에 씀. ¶～到好处dàohǎochù↓ ¶～合时宜héshíyí | 시의에 꼭 맞다.

3【恰当】qià·dàng 形 알맞다. 적합하다. 타당하다. 적절〔적당, 합당〕하다. ¶语气yǔqì不～ | 어기가 적절치 못하다. ¶用得很～ | 적당하게 쓰였다. ¶～地表达biǎodá了我们的心情xīnqíng | 우리들의 마음을 적절하게 표현했다 =〔洽当qiàdàng〕〔切当qièdàng〕〔切洽qièqià〕

4【恰到好处】qià dào hǎo chù 威 아주 적절하다. 꼭 알맞다. 꼭 들어맞다. 지극히 적당하다. ¶他把事情处理chǔlǐ得～ | 그는 일을 꼭 알맞게 처리했다.

3【恰好】qiàhǎo ❶ 副 때마침. 바로. 마침. 마침 잘. ¶～这时候, 李先生进来了 | 마침 이 때 이씨가 들어왔다. ¶～我这儿有一本词典 | 때마침 저에게 사전이 한 권 있습니다. ❷ 形 적당하다. 알맞다. ¶他来得～ | 그는 때에 맞게 잘 왔다. ¶你做得～ | 너는 알맞게 (잘) 했다.

3【恰恰】qiàqià ❶ 副 때마침. 꼭. 바로. 마침. ¶～相反xiāngfǎn | 꼭 서로 반대가 된다 =〔正正zhèng〕 ❷ 擬 짹짹. 꾀꼴꾀꼴 [새가 우는 소리] ❸ 名 外 〈舞〉 차차차(ChāChāCha).

4【恰巧】qiàqiǎo 副 ❶ 때마침. 공교롭게도. 어법 동사나 형용사 앞에서 부사어로 쓰임. 위치는 주어 앞이나 뒤에 옴. 보어로 쓰이지는 못함. ¶你来得恰巧(x) 你来得恰好(○). ¶～他来了 | 공교롭게도 그가 왔다. ❷ 운좋게. ¶～遇yù见他了 | 운 좋게 그를 만났다 ‖ =〔刚巧gāngqiǎo〕〔巧值qiǎozhí〕→〔凑còu巧〕

【恰如】qiàrú 動 近 꼭 …와 같다. 흡사 …과 같다. 바로…와 같다. ¶晚霞wǎnxiá～一幅fú图画túhuà | 저녁놀은 마치 한 폭의 그림과도 같다 =〔恰便似〕〔恰似〕〔恰像〕〔正如〕〔正似〕→〔好像〕〔正好像〕

4【恰如其分】qià rú qí fèn 威 정도에 알맞다. 꼭 적합하다. ¶他描写miáoxiě得～ | 그는 아주 적합하게 묘사했다.

【恰似】qiàsì ⇒〔恰如〕

4【洽】qià 화목할 흡
❶ 動 화목하다. ¶感情gǎnqíng融róng～ | 마음이 융합하다. ¶不～于心 | 뜻에 맞지 않다. ❷ 動 상담하다. 협의하다. 문의하다. ¶接jiē～ | 협의하다. ¶亲自往～ | 친히 가서 교섭하다. ❸ 副 두루. 많이. 광범위하게. ¶博学bóxué～闻wén | 威 박학다문(博學多聞). 박학다식(博學多識).

【洽商】qiàshāng 動 상의하다. 협의하다. 상담하다. ¶～有关事宜shìyí | 관련업무를 협의하다 =〔接洽jiēqià①〕

4【洽谈】qiàtán ❶ 名 교섭. 상담. 협의 ❷ 動 교섭하다. 협의하다. 상담하다. ¶当面dāngmiàn～业务yèwù | 직접 그 자리에서 업무를 상의하다. ¶～生意shēngyì | 사업을 교섭하다.

【髂】qià 허리뼈 가
⇒〔髂骨〕

【髂骨】qiàgǔ 名 〈生理〉 장골(腸骨) =〔肠cháng骨〕

qiān ㄑㄧㄢ

1【千】1 qiān 일천 천
❶ 數 천. 1, 000. ❷ 形 喩 매우 많다

[「百」나「万」과 함께 쓰여 매우 많다는 뜻을 표시함] ¶～方百计↓ ❸數킬로(kilo) [각종 단위를 나타내는 말 앞에 쓰여, 그것의 천 배를 나타냄] ¶～瓦wǎ(特)↓ ❹副제발. 절대로. 결코 [「千万①」의 약칭] ¶～祈勿却wùquè | 제발 승낙해 주십시오. ❺⇒〔秋qiū千〕 ❻(Qiān) 名성(姓).

【千百万】qiānbǎiwàn 數수천 수백만. ¶～群众qúnzhòng | 수천 수백만 군중.

【千变万化】qiān biàn wàn huà 成변화가 많다. 끊임없이 변화하다. 변화 무쌍하다. 어법 술어로 쓰이기도 하며「的」와 함께 쓰여 관형어(定語)가 됨. 구체적인 사물을 표현할 때도 쓰이고 추상적인 사물을 묘사할 때도 쓰임. 자연현상을 묘사할 때도 쓰이지만 사회현상을 묘사할 때도 쓰임. ¶～的现代服装fúzhuāng | 변화가 많은 현대복장. ¶现在的市场shìchǎng～ | 지금의 시장은 끊임없이 변화한다.

【千兵易得, 一将难求】qiānbīng yìdé, yījiàng nánqiú 諺천의 군졸은 쉽게 구할 수 있지만 한 명의 장군은 얻기 힘들다. 군졸은 얼마든지 얻을 수 있지만, 장군이 될만한 사람은 한 사람도 구하기 어렵다. 좋은 인재를 구하기는 매우 어렵다. ¶～, 像这样的好领导lǐngdǎo到哪儿去找? | 군졸은 얼마든지 얻을 수 있지만 장군이 될만한 사람은 구하기 힘든 법이니 이렇게 훌륭한 지도자를 어디에서 구한단 말인가?＝〔千军易得, 一将难求〕

【千不该万不该】qiān bù gāi wàn bù gāi 成절대로 안된다. 절대로 그래서는 안된다. ¶我～, 就是不该去汉城Hànchéng | 절대로 그래서는, 서울에 가서는 안된다.

【千层底(儿)】qiāncéngdǐ(r) 名여러 겹의 천을 굵은 삼실로 만든 신창.

【千差万别】qiān chā wàn bié 成천차만별이다. 천차 만별. ¶人的性格xìnggé～ | 사람의 성격은 천차만별이다.

【千疮百孔】qiān chuāng bǎi kǒng 成상처 투성이. 만신창이. 빈틈 투성이. ¶我国经济jīngjì陷入xiànrù～的境地jìngdì | 우리나라의 경제는 엉망진창의 지경으로 빠져들었다＝〔百孔千疮〕

【千锤百炼】qiān chuí bǎi liàn 成수 천 수 백번 강철을 두들기며 연마하여 불순물을 제거하다. ❶많은 투쟁과 시련을 겪다. ¶我们有经过～的队伍duìwǔ | 우리에게는 많은 경험을 갖춘 사람들이 있다. ¶在斗争dòuzhēng中～地成长chéngzhǎng | 투쟁속에서 많은 시련을 겪으면서 성장하다. ❷세련되다. 단련되다. ¶生铁shēngtiě经过～, 才能成为一块好钢 | 무쇠는 단련을 거쳐야만 좋은 쇠가 될 수 있다. ❸(시문(詩文) 등을) 여러 차례 세밀하게 수정(修正)하다. ¶书中所收的名言, 都是些～的句子 | 책에서 수록한 명언은 모두 여러 차례 수정을 거친 세련된 문장이다.

【千错万错】qiān cuò wàn cuò 成잘못 투성이. 실수 투성이. ¶～错在自己粗心cūxīn | 잘못 투성이인 이 모든 잘못은 제가 부주의한 탓입니다.

【千刀万剐】qiān dāo wàn guǎ 成갈래갈래 자르다. 갈기갈기 찢(어 죽이)다. ¶～把他弄死了 | 그를 갈기갈기 찢어 죽였다.

【千叮咛万吩咐】qiāndīng·níng wànfēn·fu 俗천번 만번 간곡하게 부탁하다. 거듭거듭 부탁하다. 천번 만번 간절히 분부하다. ¶他把一自己的事儿～地都交代jiāodài清楚qīng·chu了 | 그는 자신의 일을 천번 만번 간곡하게 부탁하였다.

【千恩万谢】qiān ēn wàn xiè 成천번 만번 감사하다. 천만번 사례하다. 아주 감사하다. ¶～地致谢zhìxiè | 거듭거듭 감사를 드리다.

【千儿八百】qiān·er bābǎi 口數천(千)이나 그 보다 적은 수. 팔구백 내지 천 정도→〔万儿wàn·er八千〕

³【千方百计】qiān fāng bǎi jì 成천방백계. 온갖 방법·계략(計略)(을 다하다). ¶要～克服kèfú困难kùnnán | 모든 수단과 방법을 다해서 난관을 극복해야 한다＝〔百计(千方)〕〔多方百计〕

【千分表】qiānfēnbiǎo 名〈機〉다이얼 게이지(dial gauge). 다이얼 인디케이터(dial indicator)＝〔丝表sībiǎo〕〔㊀考表kǎobiǎo〕〔㊀校jiào表〕→〔百分表bǎifēnbiǎo〕

【千分尺】qiānfēnchǐ 名〈機〉마이크로미터. 측미계＝〔千分仪yí〕〔百分尺〕〔测微表cèwēibiǎo〕〔测微计cèwēijì〕〔分厘表fēnlíbiǎo〕〔分厘卡fēnlíkǎ〕

【千分号】qiānfēnhào 名〈數〉천분율을 표시하는 부호(「‰」).

【千分仪】qiānfēnyí ⇒〔千分尺〕

【千夫】qiānfū 書名많은 사람(들). 대중.

【千夫所指】qiān fū suǒ zhǐ 成많은 사람들의 지탄의 대상이 되다. ¶他是一个～的祸首huòshǒu | 그는 많은 사람들의 지탄의 대상이 되고 있는 원흉이다.

【千古】qiāngǔ 書❶名천고. 아주 오랜 옛날. 태고. ❷副영원히. ¶～不易＝〔千古不磨mó〕〔千古不朽xiǔ〕| 영원히 변하지 않는다→〔千秋qiānqiū①〕 ❸名영원한 이별 [죽은 사람을 애도하는 말로 주로 화환 등에 씀] ¶一朝zhāo成～ | 하루 아침에 영원한 이별을 하다.

【千呼万唤】qiān hū wàn huàn 成❶자꾸만 재촉하다. ¶～, 她才出来唱了一支 | 여러번 재촉해서야 그녀는 비로소 노래를 한 곡조 불렀다. ❷일이 좀처럼 이루어지지 않다. 일이 잘 성취되지 않다. ¶那件事, ～好容易hǎoróngyì才实现shíxiàn了 | 그 일은 좀처럼 잘 되지 않다가 어렵게 어렵게 실현되어졌다＝〔千叫万唤〕

【千家万户】qiānjiā wànhù 많은 집들. ¶喜讯传到了～ | 기쁜 소식이 여러 집으로 퍼졌다.

【千娇百媚】qiān jiāo bǎi mèi 成(여자의) 용모·자태가 매우 아름답다. ¶那个女人～, 多迷人mírén啊! | 저 여자는 자태가 너무 아름다워, 매우 사람을 매혹시키는구나! ＝〔千娇百态tài〕〔百媚千娇〕

【千斤】ⓐ qiānjīn ❶數量천근. 매우 무거운 것. 아주 무거운 책임. ❷形매우 무겁다. ¶～重担zhòngdàn | 천근이나 되는 무거운 짐. 매우 무거운 책임.

ⓑ qiān·jin ❶⇒〔千斤顶〕 ❷名〈機〉(톱니바퀴의 역회전을 막는) 톱니 멈추개.

【千斤顶】qiānjīndǐng 名〈機〉잭(jack)＝〔千斤·

jin ①]〔千斤扳子bānzǐ〕〔顶重器dǐngzhòngqì〕〔外杰克jiékè〕〔江压弗杀yāfúshā〕〔扛重机器kángzhòngjīqì〕

【千金】qiānjīn 名❶ 천금. 큰 돈. ¶～难买nánmǎi一片心 | 諺 천금으로도 조그마한 남의 마음을 사기는 어렵다. ❷敬(옛날) 따님. 영애 [남의 딸에 대한 높임말] ¶他家有两个～ | 그 댁에는 따님이 둘 있다 =〔千金小姐〕〔令爱lìng'ài〕〔令千金〕→〔小xiǎo姐〕

[4]【千军万马】qiān jūn wàn mǎ 成 천군 만마. 기세가 충천하다. 싸움이 격렬하다. ¶～齐上阵shàngzhèn | 천군만마가 일제히 싸움터로 나가다.

【千军易得, 一将难求】qiānjūn yìdé, yījiàng nánqiú ⇒〔千兵易得, 一将难求〕

【千钧一发】qiān jūn yī fà ⇒〔一发千钧〕

【千卡(路里)】qiānkǎ(lùlǐ) 量 킬로칼로리(kcal) →〔卡kǎ路里〕

[3]【千克】qiānkè ⇒〔公斤gōngjīn〕

【千里鹅毛】qiān lǐ é máo 成 천리 밖의 아주 먼 곳에서 보내온 거위의 털. 선물은 비록 보잘 것 없으나, 그 정의(情意)는 두텁다. ¶他～, 一片深情shēnqíng | 그가 보내온 선물은 비록 보잘 것 없으나 정의는 두텁다 =〔千里送鹅毛〕〔千里送鹅毛, 礼轻lǐqīng情意重qíngyìzhòng〕

【千里光】qiānlǐguāng 名〈植〉유기노초(劉寄奴草) =〔刘liú寄奴①〕

【千里马】qiānlǐmǎ 名❶ 천리마. 하루에 천리를 달리는 말. ¶～还得děi(有)千里人(骑qí) | 諺 천리마도 다룰 줄 아는 사람이 있어야 한다. 보물도 알아볼 줄 아는 제 사람을 만나야 제대로 빛이 난다. ❷轉 우수한 젊은이. 영특한 젊은이. 재능이 뛰어난 사람. ‖ =〔書千里驹qiānlǐjū〕〔千里足qiānlǐzú〕

【千里送鹅毛】qiān lǐ sòng é máo ⇒〔千里鹅毛〕

【千里迢迢】qiān lǐ tiáo tiáo 成 어법 부사어(狀語)로 쓰일 때는 일반적으로「地」를 붙이지 않고 관형어(定語)로 쓰일 때는「的」와 함께 쓰임. ❶ 길·노정(路程)이 아주 멀다. ¶这～的路程lùchéng, 何日才能赶到gǎndào? | 이렇게 먼 노정을 언제나 도착할까? ¶他～不辞cí辛苦xīnkǔ而来 | 그는 아주 멀리서, 어려움과 괴로움을 무릅쓰고 왔다. ❷ 불원 천리(不遠千里)하다. ¶～从北京Běijīng来到汉城Hànchéng | 불원 천리하고 북경에서 서울까지 왔다.

【千里眼】qiānlǐyǎn ❶名 천리안. ❷名喩 식견(識見)이 높은 사람. 시력(視力)이 뛰어나 아주 멀리까지 볼 수 있는 사람. ¶他是～, 能知道远在汉城的事儿 | 그는 식견이 높은 사람이라 멀리 서울에서 생긴일 까지 다 안다→〔顺风耳shùnfēng'ěr①〕❸⇒〔望远镜wàngyuǎnjìng〕

【千里之堤, 溃于蚁穴】qiān lǐ zhī dī, kuì yú yǐ xué 成 천리에 달하는 큰 제방도 개미 구멍 하나로 인해 무너진다. 조그만 일이라도 홀시하면, 더 큰 문제가 발생한다 =〔千里长堤, 溃于蚁穴〕

【千里之行, 始于足下】qiān lǐ zhī xíng, shǐ yú zú xià 成 천리길도 한 걸음부터 시작된다. 어떤 일의 성공은 모두 작은 일로부터 이루어지는 것이다. ¶～, 大学问就得从做小学问开始 | 천리길도 한 걸음부터라고 큰 학문도 작은 학문에서부터 시작된다.

【千粒重】qiānlìzhòng 名 종자 천 알의 무게 [곡식의 여문 정도를 나타내는 단위로, 농작물의 품질과 생산량을 판단하는 기준이 되며, 무게가 많이 나갈수록 곡식이 잘 여물었음을 나타냄]

【千虑一得】qiān lǜ yī dé 成(어리석은 사람이라도) 많은 생각속에도 간혹 쓸 만한 것이 있다 [주로 의견을 표시할 때, 자기를 겸양하는 말로 쓰임] =〔千虑之一得〕〔一得之愚yú〕〔愚者千虑, 必有一得〕→〔千虑一失〕

【千虑一失】qiān lǜ yī shī 成(현명한 사람이라도) 많은 생각 속에서도 간혹 실수가 있을 수 있다. 여러 가지로 생각해도 생각이 미치지 못한 데가 있다. 원숭이도 나무에서 떨어질 날이 있다. ¶您老人家是～偶有失误ǒuyǒushīwù | 댁의 아버님께서도 간혹 실수를 하십니다 =〔智zhì者千虑, 必有一失〕〔千虑一得〕

【千米】qiānmǐ 量 킬로미터(km). ¶～赛跑sàipǎo =〔一千公尺赛跑〕| 천미터 달리기 =〔公里gōnglǐ〕

【千眠】qiānmián ⇒〔芊qiān绵〕

【千难万险】qiān nán wàn xiǎn 成 천난 만고(千難萬苦). 천고 만난(千苦萬難). ¶历尽lìjìn了～, 终于zhōngyú到达了山顶 | 천신만고 끝에 마침내 산 정상에 도달했다.

【千欧】qiān'ōu 量簡 킬로옴(kΩ) =〔千欧姆〕

【千篇一律】qiān piān yī lǜ 成(모두 똑같은 가락으로) 조금도 변화가 없다. (문장 등이) 천편 일률적이다. ¶这些短篇小说～, 缺乏quēfá新意 | 이 단편소설들은 천편일률적이며 새로운 내용이 결핍되어 있다.

【千奇百怪】qiān qí bǎi guài 成 아주 기괴하다. 매우 괴상하다. 각양 각색의 기괴한 모양. ¶～的动物dòngwù | 각양 각색의 기괴한 동물들 =〔千奇万怪〕

【千千】qiānqiān ❶狀 수가 매우 많다. 수천. 수백만. ¶～万万的灾民无家可归 | 수천 수만의 이재민들은 돌아갈 집이 없다 =〔千千万万〕❷⇒〔芊qiān芊〕

【千千万万】qiān·qian wànwàn ⇒〔千千①〕

【千秋】qiānqiū 名❶ 천추. 천년(千年). 천년이라는 긴 세월. ¶～功罪gōngzuì | 成 오랜 세월 동안의 공적과 죄 =〔千岁qiānsuì①〕→〔千载〕〔千古②〕❷敬(상대방 또는 남의) 생신. ¶老伯大人的～ | 큰아버님의 생신.

【千秋万代】qiān qiū wàn dài 成 천추 만대. 오랜 세월동안. 후손 만대에 이르기까지의 긴 시간〔세월〕¶被人们～地传颂chuánsòng着 | 사람들에 의해서 오래 오래 읽혀지다 =〔千秋万世〕

【千人一面, 万口一腔】qiānrén yīmiàn, wànkǒu yīqiāng 천 사람이 같은 얼굴을 하고, 만 사람이 같은 말을 하다 [문학 작품의 등장인물이 천편일률적임을 일컫는 말] ¶这报纸bàozhǐ上的文章是～ | 이 신문의 문장은 천편일률적이다.

【千日红】qiānrìhóng 名〈植〉천일홍. 천일초

【千山万水】qiān shān wàn shuǐ 成 천산 만수. ❶ 수없이 많은 산과 강. ¶远隔yuǎngé～的地方｜산을 넘고 물 건너 아주 멀리 떨어진 곳. ¶～的锦绣山河jǐnxiùshānhé｜많은 산과 강이 있는 금수 강산. ❷ 멀고 험한 길〔노정〕‖＝〔万山千水〕〔万水千山〕

【千丝万缕】qiān sī wàn lǚ 成 (천갈래 만갈래의 실처럼) 아주 복잡하게 얽혀 있다. 관계가 밀접하다. ¶～的情丝qíngsī｜복잡하게 얽혀 있는 애정관계 ＝〔千索万绪qiānsuǒwànxù〕

【千岁】qiānsuì ❶ ⇒〔千秋①〕 ❷ ⇒〔千岁爷yé〕

【千穗谷】qiānsuìgǔ 名〈植〉일년생 초본 식물. 줄기는 크며 잎은 달걀형이며 씨는 흰색으로 줄기와 잎은 사료로 쓰임.

【千头万绪】qiān tóu wàn xù 成 (사물·사정이) 매우 뒤얽혀 있다. 얼기설기 뒤엉키다. ¶这儿的工作～｜이곳의 작업은 복잡하게 뒤얽혀 있다 ＝〔千端万绪qiānduānwànxù〕〔千条万绪qiāntiáowànxù〕→〔千丝万缕qiānsīwànlǚ〕

4【千瓦(特)】qiānwǎ(tè) 量〈物〉킬로와트(KW) ＝〔外基罗瓦 jīluówǎ(特)〕〔外启罗瓦 qǐluówǎ(特)〕

2【千万】qiānwàn ❶ 副 부디. 제발. 절대로. 아무쪼록 꼭 어법 조동사(能願動詞)「要」혹은 부정사(不定詞)「别」「不」등과 연용되어 부정이나 긍정의 어기를 강화함. 주로 재삼 부탁할 때 쓰는 말임. ¶～不可忘记wàngjì!｜절대로 잊어서는 안된다. ¶请您～不要说｜제발 말하지 말아 주십시오. ❷ 數 천만. ¶该省人口约三～｜이 성의 인구는 약 삼천만이다. ¶该国人口有五～｜이 나라의 인구는 오천만이다. ❸ 形 喻 수가 많다.

【千…万…】qiān… wàn… ❶ 매우 많은 것을 표시할 때 쓰임. ¶千军万马qiānjūnwànmǎ｜천군만마. ¶千差万别qiānchāwànbié｜천차 만별(이다). ❷ 강조(强調)의 뜻을 나타냄. ¶千真万确qiānzhēnwànquè｜틀림없이 진실이다.

【千辛万苦】qiān xīn wàn kǔ 成 천신 만고. 온갖 노고(勞苦). ¶经过～而完成了｜천신만고 끝에 완성했다. 천신만고를 다 겪고 완성했다 ＝〔千难万难 b〕

【千言万语】qiān yán wàn yǔ 成 매우 많은 말. ¶～不知从何说起｜할 말이 너무 많아 어디서부터 얘기 해야 할 지 모르겠다.

【千载难逢】qiān zǎi nán féng 成 천년동안 한 번 올까 말까하는 기회. 천재일우(千載一遇). 좀처럼 얻기 힘든 좋은 기회. ¶韩国遇上了～的发展经济fāzhǎnjīngjì的好时机｜한국은 천년에 한 번 올까 말까하는 경제발전의 호기를 맞았다 ＝〔千载一时〕〔千载一遇〕

【千载一时】qiān zǎi yī shí ⇒〔千载难逢féng〕

【千张(儿)】qiān·zhang(r) 名 ❶ 압축시켜 얇게 한 마른 두부(조각)→〔豆腐dòufǔ〕 ❷「灶王爷zàowángyé」(조왕신)를 하늘로 올려 보내는 노란색 종이 사다리. 지방에 따라서는 종이 수레나 말(馬)을 불태우기도 함 ＝〔千章(儿)〕〔千张纸〕〔上天梯tī〕

【千真万确】qiān zhēn wàn què 成 아주 확실하다. 정말 틀림없다. ¶他的话儿～, 不容置疑zhìyí｜그의 말은 아주 확실하므로 의심할 필요가 없다. ¶～的真理zhēnlǐ｜아주 확실한 진리.

【千周】qiānzhōu 量〈物〉킬로사이클(kc). ¶频率pínlǜ6210～｜주파수(周波數) 6210킬로사이클.

【千做万做, 蚀本生意不做】qiān zuò wàn zuò, shí běn shēng·yi bù zuò 諺 무슨 일이든 밑지는 장사는 하지 않는다. 무엇이든 하지만 손해 보는 장사는 하지 않는다 [상인들 사이의 금언임] ¶～, 做甚么事大概dàgài都想得到某种利益lìyì吧｜밑지고 하는 장사는 없다고 무슨 일을 하든 어떤 이익을 생각할거야.

【千(韆)】 2 qiān 그네 천

⇒〔秋千qiūqiān〕

【仟】 qiān 일천 천

數「千」(천)의 갖은자 [서류(書類)의 금액 기재 등에 주로 쓰임] ＝〔阡qiān③〕

【仟伯】qiānbó ❶ 書 名 천(千)이나 백(百). 백이나 천이나 되는 돈 ＝〔千百〕 ❷ ⇒〔阡陌〕

【仟眠】qiānmián ⇒〔芊绵qiānmián〕

【仟仟】qiānmián ⇒〔芊芊qiānqiān〕

【阡】 qiān 길 천

❶ 書 名 (남북으로 난) 논밭 사이의 두둑길. ¶～陌mò↓ ❷ 書 名 묘지로 통하는 길. ❸「仟」과 같음 ⇒〔仟qiān①〕 ❹「芊」과 같음 ⇒〔芊qiān〕

【阡表】qiānbiǎo ⇒〔墓mù碑〕

【阡眠】qiānmián ⇒〔芊qiān绵〕

【阡陌】qiānmò 書 名 (가로 세로로 난) 논밭 길. ¶～纵横zònghéng｜논밭 길이 가로 세로로 길게 뻗어있다 ＝〔仟伯②〕

【阡阡】qiānqiān ⇒〔芊qiān芊〕

【扦】 qiān 꽂을 천

❶ 動 方 꽂다. ¶把花儿～在瓶子píngzǐ里｜꽃을 병에 꽂다. ❷ 名 꼬챙이. ¶火～｜부지깽이. ¶竹～｜꼬챙이. ❸ ⇒〔扦手〕 ❹ 名 권법(拳法)의 하나 [느슨하게 쥔 주먹으로 상대방의 상부(上部)를 때림]

【扦插】qiānchā ❶ 名 꺾꽂이. ¶～繁殖法fánzhífǎ｜꺾꽂이 번식법. ❷ 動 꺾꽂이하다.

【扦手】qiānshǒu 名 (옛날의) 세관원 ＝〔扦子手〕〔签qiān子手②〕

【扦子】qiān·zi 名 ❶ (대)나무·쇠 등으로 만든 꼬챙이 ＝〔扦儿①〕 ❷ (옛날, 세관원이 포장된 쌀이나 기타의 곡물을 검사하는 데 사용한) 끝이 뾰족한 꼬챙이 ＝〔签筒qiāntǒng②〕

【芊】 qiān 우거질 천

書 形 (초목이) 무성하다. ¶郁郁yù～～｜(초목이) 매우 무성하다 ＝〔阡qiān④〕

【芊眠】qiānmián ⇒〔芊绵〕

【芊绵】qiānmián 書 形 초목이 무성하다. 왕성하다. 우거지다 ＝〔芊眠〕〔千眠〕〔阡眠〕

【芊芊】qiānqiān 書 貺 초목이 무성하다. 왕성하다 ＝〔芊蔚〕〔千千②〕〔仟仟〕〔阡阡〕

【芊蔚】qiānwèi ⇒〔芊芊〕

4【迁(遷)】 qiān 옮길 천

動 ❶ 옮기다. 이전하다. 이사

하다. ¶邻居已经～走三年了 | 이웃사람이 이사간 지 벌써 3년이 되었다. ¶退休以后, 他把户口～回老家去了 | 퇴직한 후 그는 고향으로 호적을 옮겼다. ¶～到另一处去 | 다른 곳으로 이사하다 →〔搬bān①〕〔挪nuó①〕 ❷ 변화하다. 변천하다. ¶事过境shìguòjìng～ | 成 사정이나 환경이 바뀌다. ❸ 옛날, 관직이 오르거나 내리다. 직위가 변하다. ¶左～ | 좌천하다. ¶超chāo～ | 등급을 뛰어 넘어 진급하다.

【迁都】qiān/dū 動 천도하다. ¶南宋Nánsòng～杭州Hángzhōu | 남송은 항주로 도읍지를 옮겼다.

【迁飞】qiānfēi 動 (조류·곤충 등이 원래 살던 곳에서) 다른 곳으로 무리지어 날아 가다. ¶候鸟hòuniǎo～ | 철새가 다른 곳으로 날아가다.

【迁家】qiān/jiā 書 動 이사하다. 집을 옮기다. ¶不得不～到江西 | 강서로 이사를 하지 않을 수가 없었다.

【迁就】qiānjiù ❶ 動 옮겨가다. 벗어나다. 빗나가다. ❷ 動 끌려가다. 끌리다. 얽매이다. 구애받다. ¶～孩子 | 아이에게 얽매이다. ❸ 動 (무원칙적으로) 타협하다. 원칙없이 어울리다. 양보하다. 영합하다. (다른 사람이 바라는 대로) 따라하다. 순종하다. ¶你～他, 实际上是害了他 | 그가 바라는 대로 따라하는 것은 실제로 그를 망치는 것이다. ¶～别人biérén | 다른 사람에게 양보하다. ¶～态度tàidù | 타협적인 태도. ❹ ⇒〔俯fǔ就〕 ‖ =〔牵qiān就〕

【迁居】qiānjū 書 動 거처를 옮기다. 이사하다. ¶～学校附近xuéxiàofùjìn | 학교부근으로 거처를 옮기다 =〔迁屋wū〕〔移居yíjū〕

【迁离】qiānlí 動 떠나가다. 옮겨가다. ¶～故土gùtǔ | 고향을 떠나가다.

【迁流】qiānliú 書 動 (시간이) 흐르다. ¶岁月suìyuè～ | 세월이 흐르다.

【迁怒】qiānnù 動 화를 (다른 사람에게) 옮기다. 아무에게나 분풀이하다. ¶～于孩子 | 아이에게 분풀이하다 =〔移yí怒〕

【迁徙】qiānxǐ ⇒〔迁移yí①〕

【迁延】qiānyán 動 (시간을) 끌다. 지연시키다. ¶～时日shírì | 시일을 지연시키다 =〔拖拉tuōlā①〕→〔拖延tuōyán〕

【迁移】qiānyí 動 ❶ 옮기다. 이사하다. 이전하다. ¶～户口hùkǒu | 호적을 옮기다 =〔迁徙qiānxǐ〕 ❷ 시세(時世)가 변하다.

【迁移性】qiānyíxìng 名〈生〉(동물의) 천이성. 이동성. 서식지를 옮기는 성질.

【钎(釬)】qiān 정 천
名〈機〉정. 드릴 로드(drill rod).

【钎子】qiān·zi 名〈鑛〉(착암용(鑿巖用)의) 정 =〔炮pào钎〕→〔风钻〕

【岍】Qiān 산이름 견
名 견산(岍山) [섬서성(陝西省)에 있는 산 이름]

【汧】qiān 못 견, 물이름 견
지명에 쓰이는 글자. ¶～阳yáng | 섬서성(陝西省)에 있는 현(縣) 이름. 지금은「千阳qiānyáng」이라 씀.

【佥(僉)】qiān 모두 첨
❶ 書 副 전부. 모두. ¶～无异议yìyì | 모두 이의가 없다. ❷「签」과 같음 ⇒〔签qiān〕

【佥谋】qiānmóu 書 動 대중이 협의하다. 여럿이 계획을 꾸미다. ¶～已定 | 중의가 이미 정해졌다 =〔佥议〕

【佥议】qiānyì ⇒〔佥谋〕

2【签(簽)】① qiān 이름둘 첨
❶ 動 (서류·증서 등에) 서명하다. 사인하다. ¶我已经～过两次了 | 나는 이미 두 번 서명했다. ¶请你～个字!(请你签名!) | 서명해 주십시오! ❷ 動 (간단명료하게) 적다. 쓰다. ¶我在那上面～了几点意见yìjiàn | 나는 그 위에 몇 가지 의견을 적었다. ❸ 書 名 옛날, 관청에서 발급한 범인의 체포 증서 ‖ =〔佥qiān②〕

【签呈(儿)】qiānchéng(r) 名 옛날, 상급 기관에 보고할 때 사용하던 간단한 문서. ¶向刑部Xíngbù递dì～ | 형부에 문서를 송부하다.

【签到】qiān/dào 動 (출근부·출석부에 출근이나 출석을 했다는) 서명을 하다. ¶开会前请先～ | 개회하기 전에 먼저 서명을 해 주세요. ¶～簿bù | 출근부 =〔画huà到〕

2【签订】qiāndìng 動 (조약·협정·계약을) 조인하다. (서명하여) 체결하다. ¶～合约héyuē | 계약서에 서명을 하다. 계약을 맺다. ¶～条约tiáoyuē | 조약을 체결하다.

4【签发】qiānfā 動 서명하여 발급하다. 서명하여 발송하다. ¶～护照hùzhào | 여권을 서명 발급하다. ¶～出口许可证chūkǒuxǔkězhèng | 수출허가증을 발급하다.

4【签名】qiān/míng 動 서명하다. ¶～盖印gàiyìn | 서명날인하다. ¶来宾～簿bù | 방명록 →〔签字zì〕〔记名jìmíng〕

【签收】qiānshōu 動 (공문서·편지 등을 받은 후에 영수증에) 받았다는 것을 서명하다. 수령의 표시로 날인하다. ¶挂号信guàhàoxìn须由收件人shōujiànrén～ | 등기 편지는 반드시 수취인이 받았다는 서명을 해야 한다.

4【签署】qiānshǔ ❶ ⇒〔签字zì〕 ❷ ⇒〔签证zhèng①〕

【签押】qiānyā 動 (옛날, 보증서 등에) 서명·수결(手決)하다 =〔佥押qiānyā〕

4【签证】qiānzhèng ❶ 動 사증(査證)하다. (여권·여행 증명서에 서명하여) 출입국을 허가하다 =〔签署shǔ②〕 ❷ 名 비자. 사증(査證). ¶入境rùjìng～ =〔入口签证〕 | 입국 비자. ¶过境guòjìng～ | 통과 비자. ¶互免hùmiǎn～ | 상호 비자 면제. ❸ 動 (계약서 등에) 서명하다. (어음 등에) 배서하다.

【签注】qiānzhù 動 ❶ 주해를 하다. 주석을 달다. ❷ (증명서 등에) 의견이나 그와 관련된 사실을 써넣다. ¶～收到时间 | 수령한 시간을 기입하다.

4【签字】qiān/zì 動 서명하다. 조인하다. ¶～者zhě | 서명인. ¶～国guó | 조인국 =〔签署qiānshǔ①〕〔佥署qiānshǔ〕

【签(籤)】② qiān 제비 첨
❶ (～儿, ～子) 名 제비 [기호·

Q

문자 등을 써 넣은 대오리·나뭇조각·종이쪽지 등. 점(點)·도박 등에 사용함] ¶抽chōu～儿 | 제비를 뽑다. ❷ (～儿) 名 표지(標識)로 사용하는 가늘고 긴 종이쪽지. ¶书～儿 | 책갈피.서 표. ¶标biāo～儿 | (상품에 붙이는) 카드. 라벨. ❸ (～儿, ～子) 名 나무·대나무 등으로 만든 끝이 뾰족한 작은 꼬챙이. ¶牙～儿 | 이쑤시개. ❹ 動 성기게 꿰매다. 호다. 시치다. ¶把衣领yīlǐng先～上 | 옷깃을 먼저 시치다.

【签诗】qiānshī 名 (시구로 표시된) 길흉을 적은 제비. 첨사(籤辭). ¶善解shànjiě～ | 첨사를 잘 풀어내다 ＝[签语qiānyǔ]

【签条】qiāntiáo 名 ❶ 쪽지. ❷ (점을 치는) 제비.

【签语】qiānyǔ ⇒[签诗qiānshī]

【签子】qiān·zi 名 ❶ 선장본(線裝本)의 표지에 써서 붙인 쪽지→[书签shūqiān(儿)] ❷ 선장본의 책장 사이에 책명 등을 써서 늘어뜨린 쪽지. ❸ (대)나무·뼈 등을 깎아 점을 새긴 도박용구＝[扦儿②] ❹ 제비. ¶抽chōu～ | 제비를 뽑다. ❺ 꼬챙이. (대)나무·쇠·뿔 등으로 만든 가늘고 끝이 뾰족한 물건 ‖ ＝[签儿qiān'ér]

1【铅(鉛)〈鈆〉】qiān yán 납 연

Ⓐ qiān 名 ❶ 〈化〉 화학 원소명. 납(Pb ; plumbum). ❷ 簡 「黑hēi铅」(흑연)의 약칭→[石shí墨]

Ⓑ yán 지명에 쓰이는 글자. ¶～山县 | 연산현 [강서성(江西省)에 있는 현 이름]

【铅版】qiānbǎn 名 〈印出〉 연판＝[铅板qiānbǎn②]

1【铅笔】qiānbǐ 名 연필. ¶用～写字 | 연필로 글을 쓰다. ¶活动huódòng～ ＝[活心铅笔huóxīnqiānbǐ] | 샤프 펜슬(sharp pencil). ¶～头儿 | 몽당연필. ¶～套tào | 연필 뚜껑. 연필 캡(cap). ¶圆杆儿yuángānér～ | 둥근 연필. ¶大棱léng～ | 육각 연필. ¶～盒hé | 필통. ¶五色wǔsè～ | 색연필.

【铅笔画】qiānbǐhuà 名 〈美〉 연필화. ¶她擅长shànchǎng～ | 그녀는 연필화를 잘 그린다.

【铅玻璃】qiānbo·li 名 〈化〉 납유리(lead glass) ＝[火石huǒshí玻璃]

【铅垂线】qiānchuíxiàn 名 〈數〉 연직선(鉛直線) →[铅直qiānzhí][垂chuí直]

【铅丹】qiāndān 名 〈化〉 연단. 사삼 산화연(四三酸化鉛, Pb3O4) ＝[铅红][铅黄][㊥ 光明丹][红丹(粉)][㊀ 红铅粉][黄丹][四氧化三铅]→[密mì陀僧]

【铅粉】qiānfěn ❶ ⇒[铅白] ❷ 名 (옛날, 부녀자의 화장에 사용되었던) 연백분(鉛白粉). ❸ ⇒[石墨shímò①]

【铅球】qiānqiú 名 〈體〉 ❶ 포환(砲丸). ¶掷zhì～ | 포환던지기를 하다. ¶推tuī～ | 투포환(投砲丸) ＝[铁球①] ❷ 투포환 경기.

【铅条】qiāntiáo 名 ❶ 연필[샤프펜슬]의 심＝[铅笔心(儿)][铅芯xīn] ❷ 〈印出〉 인테르(interline). 슬러그(slug). ❸ 굵은 철사. ❹ 납막대기.

【铅印】qiānyìn ❶ 名 활판(活版) 인쇄. ¶采用cǎiyòng～的方式出版chūbǎn | 활판인쇄의 방식을 사용하여 출판하다. ¶～本 | 활판본. 활자본 ❷ 動 활판(活版) 인쇄하다→[石印shíyìn][油印yóuyìn]

【铅直】qiānzhí 名 수직. ¶～线xiàn | 연직선. 수직선→[垂直chuízhí]

【铅中毒】qiānzhòngdú 名 〈醫〉 납중독.

【铅字】qiānzì 名 〈印出〉 활자. ¶～铜模mú | (납)활자 모형(母型). ¶～盒hé | 활자 케이스. ¶～字号zìhào | 활자 호수＝[铅戳chuō子]→[活huó字]

【悭(慳)】qiān 아낄 간

書 形 ❶ 인색하다. ¶～吝lìn↓ ❷ 모자라다. 결핍하다. ¶缘yuán～一面 | 전혀 인연이 없다.

【悭吝】qiānlìn 形 인색하다. ¶她十分～ | 그녀는 너무 인색하다＝[吝啬sè]

2【牵(牽)】qiān 끌 견

❶ 動 (잡아) 끌다. ¶～着一头牛 | 소 한마리를 끌다. ❷ 動 연루되다. ¶我不愿捏niē～在里头lǐtou | 난 한 통속으로 말려들기 싫다. ¶～连↓ ❸ 動 의복의 소맷부리나 단 등을 접어 넣고 감치다. ¶把衣服yīfú～起来 | 옷을 감치다→[缭liáo②] ❹ 구속하다. ¶～制zhì↓ ❺ (Qiān) 名 성(姓).

【牵缠】qiānchán 動 (끈질기게) 엉겨 붙다. 진대붙이다. 끈덕지게 따라붙다. ¶不要～到与你无关的纠纷jiūfēn中去! | 너와 상관없는 싸움에 말려들지 않도록 해라. ¶他老～我无法脱身tuōshēn | 그가 늘 끈덕지게 따라붙어서 나는 몸을 빼낼 수가 없다＝[牵绊bàn]

【牵肠挂肚】qiān cháng guà dù 成 늘 마음에 걸리다. 마음을 놓지 못하다. ¶孩子的病总让她～ | 아이의 병으로 그녀는 늘 마음을 놓지 못한다＝[牵肠割gē肚][牵肠挂肺guàfèi]

4【牵扯】qiānchě ❶ 動 연루되다. 연관되다. ¶别把我～进去 | 나를 연루시키지 마세요. ¶这事～很多人 | 이 일은 사람들이 연관되어 있다. ❷ 動 견제하다. ❸ 名 골칫거리. 서로 뒤엉킨 복잡한 관계.

【牵掣】qiānchè ❶ 動 구애받다. 영향을 미치다. ¶抓住zhuāzhù主要问题, 不要被枝节zhījié问题～住! | 주요한 문제를 잘 파악하여 지엽적인 문제로 지장을 받지 않도록 하라! ¶互相hùxiāng～ | 서로 영향을 미치다. ❷ ⇒[牵制qiānzhì]

【牵动】qiāndòng 動 (일부분의 변화가 다른 부분에) 영향을 미치다. ¶一人～万人心 | 일파만파로 한 사람이 많은 사람에게 영향을 미치다. ¶～全局quánjú | 전체적인 국면에 영향을 미치다.

【牵挂】qiānguà ❶ 名 걱정. 근심. 어법 동사 「没有」「无」의 목적어로 쓰임. ¶我个一无～ | 나 개인적으로는 전혀 걱정이 없다. ¶没有～ | 걱정이 없다. ❷ 動 마음을 놓지 못하다. 걱정하다. 근심하다. 어법 정도부사(程度副詞)의 수식을 받을 수 있음. 동태조사(動態助詞) 「着」와 같이 쓰임. ¶我跟妈妈～着他 | 나와 어머니는 그를 걱정하고 있다. ¶爸爸妈妈嘱咐zhǔfù他在外边要好好工作, 家里的事不用～! | 아버지 어머니는 그에게 외지에 가서 열심히 일하고 집안 일은 걱정하지 말라고 당부를 했다＝[牵念qiānniàn][牵心][挂念guàniàn][牵肠挂肚]

【牵就】qiānjiù ⇒〔迁qiān就〕
【牵累】qiānlěi 動❶ 얽매이다. ¶家务jiāwù～ | 집안일에 얽매이다. ❷누〔폐〕를 끼치다. ¶好汉hǎohàn做事好汉当, 何必～别人呢? | 대장부 할 일은 대장부가 책임지지 하필 남에게 폐를 끼치겠는가? =〔纤qiàn连〕→〔牵连〕〔牵涉qiānshè〕〔连lián累〕
【牵连】qiānlián ❶ 動 연루되다. 말려들다. 관련되다. ¶决不能把与本案无关的人～进去 | 본 사건과 관련없는 사람을 절대로 연루시켜서는 안된다. ❷ 名 연루. 말려듦. 어법「受」「有」등 동사의 목적어로 쓰임. ¶连他爸也受到了～ | 그의 아버지까지도 연루되어 있다. ‖ =〔牵及〕〔纤连〕 ❸ 動 方 돌보아 주다. 보살피다. ¶请你多～吧! | 많이 보살펴 주십시오!
【牵念】qiānniàn ⇒〔牵挂guà〕
【牵牛】qiānniú 名 ❶〈植〉견우화. 나팔꽃 =〔牵牛花〕〔狗耳草gǒu'ěrcǎo〕〔喇叭花lǎbāhuā(儿)〕〔勤娘子qínniángzǐ〕 ❷〈天〉견우성. ¶～织女zhīnǚ | 견우 직녀. 喩 떨어져 생활하는 부부 =〔牵牛星qiānniúxīng〕〔牛郎niúláng②〕
【牵牛星】qiānniúxīng ⇒〔牵牛②〕
【牵强】qiānqiǎng ❶ 形 억지로 갖다 붙이다. ¶你怎么～地说, 那也行不通 | 네가 아무리 억지를 부리며 말해도 그것은 안된다. ❷ 形 (무리하게 끌어다 맞추어) 억지스럽다. ¶这种说法实在～得很, 本人不敢苟同gǒutóng | 이런 견해는 너무 억지여서 나는 맞장구를 칠 수 없다. ¶这话太～ | 이 말은 너무 억지이다. ❸ 名 억지. ¶你对问题的分析恐怕kǒngpà有些～ | 너의 문제분석은 좀 억지가 있는 것 같다.
【牵强附会】qiān qiǎng fù huì 成 견강 부회하다. 아무 상관없는 일을 억지로 끌어다 붙이다. (조건에) 억지로 맞추려 하다〔갖다 붙이다〕 ¶这种解释jiěshì太～ | 이런 해석은 너무 억지로 끌어다 맞춘 것이다.
【牵涉】qiānshè 動 파급되다. 영향을 미치다. ¶～到别的问题上 | 다른 문제에까지 관련된다. ¶～到很多人 | 많은 사람에게 영향을 미치다. 많은 사람이 연루되다 →〔牵累〕〔波及bōjí〕〔连累〕
【牵丝扳藤】qiān sī bān téng 成 일이 뒤얽혀 분명하지 않다. 일이 얽히고 설켜 그리 간단치 않다.
【牵线】qiān/xiàn ❶ 動 (꼭두각시놀음에서) 끄나풀을 조종하다. ❷ 動 喩 (배후에서) 조종하다. 거간하다. 줄을 놓다. ¶他不好直接zhíjiē跟你开口, 托tuō我来牵个线 | 그는 직접 네게 입을 열기가 어려워 내게 줄을 놓아 달라고 부탁했다. ❸ (qiānxiàn) 名 배후 조종. 거간. ¶～人 | 배후 조종자. 막후 거간꾼.
【牵线搭桥】qiān xiàn dā qiáo 動組 喩 쌍방이 어떤 관계를 맺도록 줄을 놓고 다리를 놓아주다. 쌍방이 어떤 관계를 맺도록 도와주다. ¶给厂家chǎngjiā和销售商xiāoshòushāng～, 建立产销关系chǎnxiāoguānxì | 공장측과 판매상이 연대관계를 맺도록 하여 생산판매관계를 형성하도록 해주다 =〔搭dā桥牵线〕〔拉线搭桥〕
【牵一发而动全身】qiān yī fà ér dòng quán shēn 成 머리털 한 오라기를 당겨 온몸을 움직이게 하다. 사소한 일도 전체에 영향을 미칠 수 있다. ¶这可是～的举动jǔdòng | 이것은 정말 전체에 영향을 미칠수 있는 행동이다.
4【牵引】qiānyǐn 動 (기계·가축 등이 차량·수레 등을) 끌다. 견인하다. ¶骆驼luòtuó～的大车 | 낙타가 끄는 짐수레.
【牵引力】qiānyǐnlì 名〈物〉견인력. 차량(車輛)을 움직이는 원동력(原動力)이 되는 끌어 당기는 힘 →〔拉lā力②〕〔张zhāng力〕
4【牵制】qiānzhì ❶ 名 견제. ❷ 動 견제하다 [주로 군사 부문에 쓰임] ¶～了敌人的右翼yòuyì | 적의 오른쪽 날개를 견제하다. ¶受～ | 견제를 받다. ¶～行动xíngdòng | 견제 행동. ¶～性攻击xìnggōngjī | 견제성 공격 =〔牵掣qiānchè②〕

【嵌】qiān ☞ 嵌 qiàn

3【谦(謙)〈嗛〉】qiān 겸손할 겸

形 겸손하다. 겸허하다. ¶您太～ | 너무 겸손해 하십니다. ¶满招损zhāosǔn, ～受益shòuyì | 成 자만은 손해를 초래하고, 겸손은 이로움을 얻는다.
【谦卑】qiānbēi 形 겸손하게 자기자신을 낮추다 [후배가 선배에 대해 사용함] ¶态度tàidù很～ | 태도가 아주 겸손하다. ¶～退让tuìràng | 成 자기를 낮추고 사양하다.
【谦辞】qiāncí ❶ 名 겸양어. 겸손한 말 [「过奖guòjiǎng」「不敢当bùgǎndāng」등] ¶他很会用～ | 그는 겸손한 말을 아주 잘 한다 =〔谦词qiāncí〕 ❷ ⇒〔谦谢qiānxiè〕
【谦恭】qiāngōng 形 겸손하고 공손하다. 겸허하고 예절바르다. ¶～的语气yǔqì | 공손하고 예의바른 말씨. ¶～退让tuìràng | 成 겸손하게 예의를 갖추어 사양하다.
【谦和】qiānhé 形 겸허하며 온화하다. ¶为人wéirén～ | 사람됨이 겸허하며 온화하다 =〔谦蔼ǎi〕
【谦谦君子】qiān qiān jūn zǐ 成 ❶ 행동이 겸손하고 단정한 사람. ¶果然guǒrán是个～ | 정말로 겸손하고 단정한 사람이다. ❷ 諷 사이비 인격자〔군자〕
【谦让】qiānràng 動 겸손하게 사양하다. 겸양하다. 어법 술어로 쓰이며 보어는 올 수 있지만 목적어를 동반할 수는 없음. ¶～地说 | 겸손하게 사양하며 말하다. ¶客人kèrén互相～了 | 손님들은 서로 겸손하게 사양했다. ¶～自制zìzhì | 자기를 낮추고 자제하다.
【谦谢】qiānxiè ❶ 動 겸손하게 사양하다.
3【谦虚】qiānxū ❶ 形 겸허하다. 겸손하다. ¶他～得很 | 그는 아주 겸허하다. ¶成绩越大, 越要～谨慎jǐnshèn | 업적이 좋으면 좋을수록 더 겸허하고 근신해야 한다. ¶对待duìdài人得～些! | 사람을 대할 때는 겸손해야 한다 ⇔〔骄傲jiāoào①〕 ❷ 動 겸손의 말을 하다. ¶他～了一番fān, 终zhōng于答应了我的请求qǐngqiú | 그는 겸손의 말을 하다가 끝내 나의 요구에 응하였다.
4【谦逊】qiānxùn ❶ 形 겸손하다. ¶他为人～, 待人彬彬bīn有礼, 从不居功自傲zìào | 그는 사람됨

이 겸손하며 사람을 예절바르게 대하며 자신의 공을 내세우며 교만하지 않다 =〔谦巽xùn〕 ❷動 남에게 양보하다. ¶两位先生~了半天 | 두 분 선생은 한동안 서로에게 양보하였다.

【愆〈諐〉】 qiān 허물 건, 어그러질 건 書 ❶名 허물. 과실. 잘못. ¶罪zuì~ | 잘못. ¶以赎shú前~ | 지난 잘못을 씻다. ❷動 (시기를) 놓치다. 어기다. ¶~期qī↓

【愆期】 qiānqī 書動 (약속의) 기일(期日)을 어기다. ¶~负约fùyuē | 기일을 어겨 약속을 위반하다.

【骞(騫)】 qiān 이지러질 건, 들 건 ❶動 높이 오르다. ¶~腾téng | 약진하다. ❷動 손해보다. ¶~污wū | 해를 입고 욕을 보다. ❸「搴」과 같음 ⇒〔搴qiān①〕

【骞举】 qiānjǔ 動 높이 날다. 뛰어 오르다.

【骞骞】 qiānqiān 貺 훨훨 날다. 날뛰다.

【搴】 qiān 뺄 건, 뽑을 건 ❶書動 빼앗다. 빼내다. ¶斩将zhǎnjiàng~旗qí | 적장을 죽이고 기를 빼앗다 =〔骞qiān③〕 ❷「褰」과 같음 ⇒〔褰qiān〕

【褰】 qiān 걷을 건 書動 걷다. 걷어 올리다. 말아 올리다. ¶~裳涉水chángshèshuǐ | 옷자락을 걷어 올리고 물을 건너다 =〔搴qiān②〕

【锓】 qiān ☞ 锓 qǐn

qián ㄑㄧㄢˊ

1【前】 qián 앞 전 ❶名 (공간적으로) 앞. 정면. 전면. ¶大家要向~看 | 여러분 모두 앞을 보세요. ¶天安门~ | 천안문 앞. ❷名 (시간적으로) 이전. 종전. 과거. ¶不久~, 他很高兴地告诉gàosù我, 已经找到zhǎodào工作了 | 얼마전에 그는 일을 구했다고 기뻐하며 나에게 말했다. ¶~天↓ ¶~功尽弃gōngjìnqì↓ ❸名 앞날. 미래. ¶~程chéng↓ ¶往~看, 不要往后看 | 미래를 봐라, 과거를 보지 말고. ❹頭 (순서적으로) 앞 [수사 앞에 쓰여 순서를 나타냄] ¶~排↓ ¶~五名 | 앞의 5사람 ‖ ⇔〔后〕 어법 「第」「头」「前」이 수량사 앞에 쓰일 때의 차이 ⇒〔第dì〕 ❺動 앞으로 나아가다. ¶勇往直~ | 용감히 곧바로 나아가다. ¶如果你愿意的话也可以~去参观 | 네가 원한다면 가서 참관할 수도 있다. ¶畏缩wèisuō不~ | 위축되어 나아가지 못하다. ❻頭 이전의. 그전의 [기구(機構) 등의 바뀌기 전의 명칭 등을 가리킴] ¶~政务院zhèngwùyuàn | 이전의 정무원. ❼頭 (어떤 사물이나 일이) 발생하기 전(의). 일어나기 전(의). ¶~科学kēxué | 과학이 생기기 이전. ¶~资本主义zīběnzhǔyì | 자본주의가 생기기 이전.

【前半晌(儿)】 qiánbànshǎng(r) ⇒〔前半天tiān(儿)〕

【前半生】 qiánbànshēng 名 인생의 전반부. ¶他的~忙于创业chuàngyè | 그는 인생의 전반부는 창업하는 데 바빴다 =〔前半辈子〕

【前半天(儿)】 qiánbàntiān(r) 名 오전 =〔方 前半晌shǎng(儿)〕〔方 前晌(儿)〕〔上半天(儿)〕

【前半宿(儿)】 qiánbànxiǔ(r) ⇒〔前半夜(儿)〕

【前半夜(儿)】 qiánbànyè(r) 名 전반야. 저녁 열두시 이전까지의 시간. 초저녁부터 밤중까지의 시간. ¶~一直下着大雨 | 초저녁부터 밤중까지 계속 비가 내리고 있다 =〔前半宿(儿)〕〔上半夜(儿)〕

4【前辈】 qiánbèi 名 선배(先輩). 연장자(年長者). ¶~种树zhòngshù, 后学乘凉chéngliáng | 선배들이 좋은 기틀을 세워 후배들이 복을 누리다. ¶老~ | 대선배 ⇔〔后辈〕〔晚wǎn辈①〕→〔上shàng辈(儿)〕〔先xiān辈〕〔长zhǎng辈〕

【前臂】 qiánbì 名〈生理〉팔뚝 =〔前膊bó〕〔下膊〕

1【前边(儿)】 qiánbiān(r) 名 (시간·공간적으로) 앞(쪽). ¶这是~讲过的 | 이것은 앞에서 말한 것입니다. ¶~来了一个人 | 앞에 한 사람이 왔다. 어법 「前边」은 단음절로 쓰이지 않는 처소사(處所詞) 뒤나 단음절 낱말(詞) 앞에는 붙일 수 없음. ¶窗前边(×). ¶窗前 | 창문 앞. ¶树前边 =〔树前〕 | 나무 앞. ¶前边楼(×). ¶前边大楼 | 앞의 빌딩 →〔后hòu边(儿)〕

【前不巴村, 后不着店】 qián bù bā cūn, hòu bù zhāo diàn ⇒〔前不着村, 后不着店〕

【前不见古人, 后不见来者】 qián bù jiàn gǔ rén, hòu bù jiàn lái zhě 成 ❶ 전무 후무(前無後無)하다. 공전 절후(空前絶後)하다. ❷貶 천재 또는 비범한 인간이 스스로를 일컫는 경우에 씀. ❸ 우주와 내가 합일함을 느끼다.

【前不久】 qiánbùjiǔ 副 얼마전에. 요전〔일전〕에. ¶这是~的事 | 이것은 얼마 전의 일이다.

【前不着村, 后不着店】 qián bù zhāo cūn, hòu bù zhāo diàn 成 앞을 보아도 마을이 없고, 뒤돌아 보아도 머무를 곳이 없다. 마을의 인적이 드물어 아무것도 보이지 않음. ¶这地方~, 还是离开这儿吧 | 이곳은 인적이 드문 곳이니 여기를 떠나는 것이 좋겠습니다 =〔前不巴村, 后不着店〕

【前朝】 qián cháo 文名 전조. 전대의 왕조.

【前车之覆, 后车之鉴】 qián chē zhī fù, hòu chē zhī jiàn ⇒〔前车之鉴〕

【前车之鉴】 qián chē zhī jiàn 成 앞수레가 뒤집히는 것을 보고 뒷수레가 교훈으로 삼다. 앞사람의 실패를 교훈으로 삼다 =〔挞车之戒tàchēzhījiè〕〔挞车当戒〕〔前车可鉴〕〔前车之挞, 后车之鉴〕〔前车挞后车戒〕〔车鉴〕

【前尘】 qiánchén 書名 ❶〈佛〉전진. ❷ (이미) 지난 일. 지나간 일. ¶回首huíshǒu~ | 지난 일을 돌이켜 보다.

4【前程】 qiánchéng 名 ❶ 전도(前途). ¶~万里wànlǐ =〔前程远大yuǎndà〕〔鹏程万里péngchéngwànlǐ〕〔前程似锦sìjǐn〕 | 成 앞날이 양양하다. 전도가 양양(洋洋)하다. ❷ (선비나 관리들이 추구한) 공명 또는 관직. ¶十年苦读kǔdú奔bēn~ | 십년동안 힘들게 공부하여 관직에 나아가다.

【前仇】 qiánchóu 書名 옛날의 원한. ¶不记jì~ | 이전의 원한을 기억하지 않다.

【前此】 qiáncǐ 書 이에 앞서. 이 전에. 먼저. ¶~他曾去过杭州Hángzhōu | 이전에 그는 항주에 가본 적이 있다.

【前导】qiándǎo ❶⇒〔前驱qū〕 ❷動 (앞에서) 인도하다. 선도(先導)하다. 안내하다. ¶～车 | 선도차.

【前敌】qiándí ❶⇒〔前锋fēng①〕 ❷⇒〔前方②〕

【前度刘郎】qiándù liúláng 成 한 번 떠났다가 다시 돌아온 사람.

【前额】qián'é 名 이마 =〔额头étóu〕〔脑门子nǎoménzǐ〕〔天门盖tiānméngài〕→〔后脑勺子hòunǎosháozǐ〕

[3]【前方】qiánfāng 名 ❶ 앞. 앞쪽. ¶注视zhùshì着～ | 전방을 주시하다. ❷〈軍〉 전방. 전선. ¶开赴fù～ | 전선으로 출동하다. ¶～指挥部zhǐhuībù | 전방지휘소. ¶～部队bùduì | 전방 부대 =〔前敌dí②〕〔前线xiàn〕⇔〔后hòu方②〕

【前锋】qiánfēng 名 ❶ 선봉(先鋒). 선봉 부대 =〔前敌dí①〕〔先xiān锋〕 ❷〈體〉 (구기(球技) 경기의) 전위(前衛). 포워드(forward). ¶右yòu～ | (축구에서) 라이트 이너(right inner). ¶左zuǒ～ | (축구에서) 레프트 이너(left inner).

【前夫】qiánfū 名 전 남편. ¶她跟～有两个孩子 | 그녀는 전남편과의 사이에 아이가 둘 있다.

[4]【前赴后继】qián fù hòu jì 成 앞 사람은 용감히 돌진하고, 뒷 사람은 받쳐주다. 희생을 무릅쓰고 용감하게 전진하다.

【前功尽弃】qián gōng jìn qì 成 이전의 노력이 모두 헛수고가 되다. 지금까지의 고생이 수포(水泡)로 돌아가다. 공든 탑이 무너지다. 헛수고로 되다. ¶你这样做只能～ | 너가 이렇게 하면 지금까지의 일이 헛수고로 돌아갈 뿐이다 =〔弃井qìjǐng〕

【前恭后倨】qián gōng hòu jù 成 처음에는 공손하다가 나중에는 거만한 태도로 변하다 ⇔〔前倨后恭〕

【前汉】Qián Hàn ⇒〔西Xī汉〕

[3]【前后】qiánhòu 名 ❶ (시간상으로) 전후. 경. 쯤. ¶国庆节guóqìngjié～ | 국경일 전후. ❷ (시간적으로) 처음부터 끝까지. 전기간(全期間). 전후 합해서. ¶他从出国到回国, ～一共十七年 | 그는 출국해서부터 귀국할 때까지 기간은 전후 합해서 모두 17년이다. ❸ 앞과 뒤.

【前…后…】qián…hòu… ❶ 사물 또는 행위가 시간적·공간적으로 앞서고 뒤서는 것을 나타냄. ¶前街后巷qiánjiēhòuxiàng | 앞거리 뒷골목. ¶前因后果qiányīnhòuguǒ | 원인과 결과 ❷ 동작이 앞뒤로 향하는 것을 나타냄. ¶前俯后仰qiánfǔhòuyǎng | 몸을 앞뒤로 크게 흔들다.

【前后脚儿】qiánhòujiǎor 口 서로 전후하여. 거의 동시에. ¶我俩人～进来了 | 우리 두 사람은 거의 동시에 들어왔습니다→〔前脚qiánjiǎo(儿)〕

【前呼后拥】qián hū hòu yōng 成 (높은 사람이 행차할 때) 앞에서 소리쳐 길을 열면서 뒤를 옹위(擁衛)하다. (권세자(權勢者)의 행차 때) 수행인이 많아 위세가 대단함을 나타내는 말. 위세가 대단하게 무리를 지어 오는 것을 나타내는 말. ¶部长bùzhǎng在～下来到会场 | 장관은 수행인들의 호위를 받으면서 회의장에 도착했다 =〔前护后拥qiánhùhòuyōng〕

【前脚(儿)】qiánjiǎo(r) 名 ❶ (걸음 걸을 때의) 앞발. ¶我～一滑huá, 差点儿摔倒shuāidǎo | 나는 앞발이 미끄러져 넘어질 뻔 했다. ❷ (한 발) 먼저 [뒤에「后脚」와 같이 써 시간적으로「서로 전후하여」의 뜻을 나타냄] ¶我～进大门, 他后脚hòujiǎo就赶到gǎndào了 | 내가 문을 들어서자 그도 막 도착했다.

【前襟】qiánjīn 名 (상의(上衣)·두루마기 등의) 앞섶 =〔前身③〕⇔〔后hòu襟〕

【前紧后松】qiánjǐnhòusōng 成 처음에는 조이다가 나중에는 늦추다. 처음에는 긴장했다가 나중에는 해이해지다.

[2]【前进】qiánjìn ❶ 名 전진. ❷ 動 전진하다. ¶战船zhànchuán～在波涛bōtāo中 | 전함이 파도속에서 전진하다. ¶迎着困难kùnnán～, 这也是我们青年成长的必经之路 | 어려움을 무릅쓰고 전진하는 것 이것이 우리 청년들이 자라면서 반드시 거쳐야 할 길이다. ¶不断bùduàn～ | 끊임없이 전진하다.

[4]【前景】qiánjǐng 名 ❶ 전경. ❷ 전망(展望). 전도. 장래. ¶～很好 | 전망이 아주 좋다.→〔远景yuǎnjǐng〕

【前臼齿】qiánjiùchǐ 名〈生理〉 전구치. 앞어금니.

【前倨后恭】qián jù hòu gōng 成 처음에는 거만한 태도로 나오다가, 나중에는 공손하게 되다 ⇔〔前恭后倨〕

【前来】qiánlái ❶ 動 다가오다. 저쪽으로부터 오다. ¶～上海 | 상해로 오다→〔前往①〕 ❷ 書 札 이전에 …이 왔다 [옛날, 공문서에 쓰던 상투어]

【前例】qiánlì 名 선례. 전례. ¶按àn～办理bànlǐ | 선례에 따라 처리하다.

[4]【前列】qiánliè 名 전열. 앞의 줄. 喩 (일이나 사업 등에 있어서의) 선두(先頭). ¶在世界～ | 세계의 선두에 서다.

【前列腺】qiánlièxiàn 名〈生理〉 전립선(前立腺). ¶～炎yán | 전립선염. ¶～肥féi大 | 전립선 비대증.

[2]【前面(儿)】qián·mian(r) 名 ❶ (공간·장소 등의) 앞. 전면. ¶房子～有一条小河 | 집 앞에 작은 내가 있다. ❷ (시간·순서 등의) 앞(부분). 먼저(부분). ¶这个问题我～已讲过了 | 이 문제는 내가 앞에서 이미 말했다. ¶～所提到tídào的 | 앞에서 제기한. 앞에서 언급한. ‖ =〔前头〕

【前脑】qiánnǎo 名〈生理〉 전뇌.

[2]【前年】qiánnián 名 재작년. ¶～他去过广州Guǎngzhōu | 그는 재작년에 광주에 갔었었다 =〔書 前岁suì〕→〔今jīn年〕

【前怕狼, 后怕虎】qián pà láng, hòu pà hǔ 사람이 소심하여 이것저것 우려하다. 쓸데없는 걱정을 하다. ¶这件事应该大胆dàdǎn干gàn, 不能～ | 이일은 대담하게 처리해야지 소심하게 이것 저것 우려해서는 안 된다. ¶要老是～的, 甚么也干不了 | 늘 이것저것 걱정하다가는 아무 일도 해낼 수 없다 =〔前怕龙, 后怕虎〕

【前排】qiánpái 名 ❶ 앞줄. ❷ 극장 일층 정면의 앞자리. ❸〈體〉 (배구에서의) 전위(前衛) ‖ ⇔〔后排hòupái〕

【前仆后继】qián pū hòu jì 成 앞사람이 넘어지면

Q

뒷사람이 그 뒤를 잇다.(전쟁터 등에서) 희생을 무릅쓰고 용감히 전진하다. ¶战士们～地英勇杀敌 | 전사들은 용감하게 앞을 다투어 전진하며 적을 무찔렀다 =〔前仆后起〕

【前仆后起】qián pū hòu qǐ ⇒〔前仆后继〕

【前妻】qiánqī 名 전처 =〔前房fáng〕〔前室shì〕

[4]【前期】qiánqī 名 전기. ¶～滚结帐目gǔnjiézhàngmù | 전기 이월.

【前愆】qiánqiān 書 名 이전의 과오. 이전(以前)에 지은 죄.

【前前后后】qián·qianhòuhòu 名組 앞뒤 전부 (합해서). ¶事情的～ | 일의 자초지종→〔前呼后拥〕

【前秦】Qián Qín 名〈史〉전진(351～394) [진대(晋代) 오호십육국(五胡十六國)의 하나] =〔苻秦Fúqín〕

【前清】QiánQīng 名 청대(清代). 청조(清朝). ¶～遗臣yíchén | 청대의 신하

【前趋】qiánqū 書 動 선도(先導)하다. 선구(先驅)하다.

【前驱】qiánqū ❶ 名 선구자. 선도하는 사람. ❷ 動 (앞에서 말을 타고) 선도하다.

【前儿(个)】qiánr(·ge) ⇒〔前天〕

[4]【前人】qiánrén 名 ❶ 옛사람. 이전 사람. 선인(先人). ¶～种zhǒng树, 后人乘凉chéngliáng =〔前人栽树zāishù, 后人乘凉〕〔前人开路后人行〕〔前人种菜后人收〕〔前人掘井juéjǐng后人吃水〕| 諺 앞〔이전〕사람의 덕택으로 뒷〔후세〕사람이 이익을 보다〔얻다〕❷ 윗문장(文章)에서 말한 바 있는 사람.

【前任】qiánrèn 名 전임(자). ¶～部长bùzhǎng | 전임 부장〔장관〕→〔曾céng任①〕〔现任xiànrèn〕〔原任yuánrèn〕

【前日】qiánrì ⇒〔前天〕

【前晌(儿)】qiánshǎng(r) ⇒〔前半天(儿)〕

【前哨】qiánshào 名〈軍〉❶ 전초. ¶～据点jùdiǎn | 전초거점. ¶～战zhàn | 전초전(前哨戰). ❷ 최전선.

【前身】qiánshēn ❶ 名〈佛〉전신. ❷ 名 轉 (조직·명칭에서 현재의 기초가 되는) 전신. ¶中国社会科学院shèhuìkēxuéyuàn的～是中国科学院哲学社会科学学部 | 중국사회과학원의 전신은 중국과학학부원철학사회과학학부이다. ❸ ⇒〔前襟jīn〕

【前生】qiánshēng ⇒〔前世shì①〕

【前世】qiánshì ❶ 名〈佛〉전세. 전생(前生). ¶～因缘yīnyuán | 전생의 인연. ¶～冤家yuānjiā | 전생에서부터의 원한(관계). (부부간의) 전생에서부터 끊을래야 끊을 수 없는 악연 =〔前生shēng〕❷ ⇒〔前朝cháo〕

【前事不忘, 后事之师】qián shì bù wàng, hòu shì zhī shī 諺 이전의 경험을 잊지 않으면 후의 교훈이 된다. 이전의 교훈을 잊지 않으면 훗날의 귀감이 된다 =〔前事不忘, 后事地归〕

【前思后想】qián sī hòu xiǎng 成 곰곰히 생각하다. 심사숙고하다. ¶他～, 还是决定juédìng去汉城Hànchéng | 그는 심사숙고한 끝에 그래도 서울에 가기로 했다.

【前所未闻】qián suǒ wèi wén 成 전대 미문(前代未聞). ¶～的奇迹qíjì | 전대 미문의 기적.

[4]【前所未有】qián suǒ wèi yǒu 成 미증유(未曾有)의. 공전(空前)의. ¶这是～的事情 | 이것은 미증유의 일이다 =〔前古未有〕

【前台】qiántái 名 ❶ 무대 [「后hòu台①」(무대 뒤·분장실 등)에 대해서 하는 말] ❷ 무대의 앞 부분. ❸ 喩 貶 공개된 곳〔장소〕¶～处理chǔlǐ | 공개적으로 처리하다. ‖ =〔前场〕

[4]【前提】qiántí 名 ❶ 선결 조건. 전제 조건. ¶～不清 | 전제 조건이 명확하지 않다. ❷〈論〉전제.

[2]【前天】qiántiān 名 그저께. ¶～晚上我拜访bàifǎng了张老师 | 그저께 밤에 나는 장선생님을 방문했다 =〔俗 前儿(个)〕〔⃝文 前日〕

【前庭】qiántíng 名 ❶〈生理〉전정. ¶～功能gōngnéng | 전정기관의 기능. ❷ 앞뜰.

[3]【前头】qián·tou ⇒〔前面miàn(儿)〕

[2]【前途】qiántú 名 ❶ 전도. 앞길. 전망. ¶～光明guāngmíng | 전도가 밝다. ❷ 札 상대방 =〔先途tú〕‖ =〔前路lù〕

[4]【前往】qiánwǎng ❶ 動 나아가다. 가다. 향하여 가다. ¶～上海Shànghǎi | 상해로 가다 =〔前赴qiánfù〕→〔前来①〕❷ 名 이전(以前).

【前卫】qiánwèi 名 ❶〈軍〉전위대. ¶担任dānrèn～任务rènwù | 전위대의 임무를 맡다. ❷〈體〉(축구 등의) 하프백(half back).

【前无古人】qián wú gǔ rén 成 지금까지 그 누구도 해본 적이 없다. 공전(空前)의. ¶这是～的事业shìyè | 이것은 지금까지 그 누구도 해본 적이 없는 사업이다.

【前夕】qiánxī 名 ❶ 전날 밤. ❷ 喩 전야. ¶国庆节guóqìngjié的～ | 국경일 전야 ‖〔前夜yè①〕

【前贤】qiánxián 書 名 선현(先賢). 고대의 현인(賢人) =〔前烈liè③〕〔前修xiū〕〔書 前哲zhé〕〔前彦yàn〕

【前嫌】qiánxián 書 名 ❶ 옛날의 원한. 과거의 악감정. ¶不计jì～ | 예전의 악감정은 없다. ❷ 예전의 혐의(嫌疑).

[4]【前线】qiánxiàn ⇒〔前方②〕

【前项】qiánxiàng 名 전항. ❶〈法〉법률 조문(條文)의 앞에 적혀 있는 항목. ❷〈數〉둘 이상의 항 가운데 앞의 항.

【前心贴后背上】qiánxīn tiē hòubèi·shang 俗 심장이 등에 달라 붙다. 轉 (몹시 배가 고파) 뱃가죽이 등에 붙다. ¶她饿得è·de～ | 그녀는 뱃가죽이 등에 붙을 정도로 너무 배가 고팠다.

【前沿】qiányán 名〈軍〉진지(陣地)의 최전방. ¶～阵地zhèndì | 최전방 진지. ¶～学科xuékē | 최첨단 학과

【前仰后合】qián yǎng hòu hé 成 (졸 때 웃을 때 혹은 술에 취했을 때) 몸을 앞뒤로 (크게) 흔들다. ¶孩子们乐得lè·de～ | 아이들은 너무 기뻐서 어쩔 줄을 몰랐다 =〔前仰后翻qiányǎnghòufān〕〔前俯后合〕〔前俯后仰〕

【前夜】qiányè ❶ ⇒〔前夕〕¶革命gémìng的～ | 혁명 전야 ❷ 書 名 어젯밤.

【前因后果】qián yīn hòu guǒ 成 (일의) 원인과 결과. 자초지종. ¶我向她讲了～, 她也就答应了

｜내가 그녀에게 자초지종을 얘기하니 그녀도 그렇게 하겠다고 대답했다.

【前元音】qiányuányīn [名]〈言〉전설모음. 앞모음 [중국어의 모음 중「i·ü·e」와 같이, 발음할 때에 혀의 위치를 앞으로 내어 경구개(硬口蓋)와의 사이에서 소리를 내는 모음]→〔元音〕

【前站】qiánzhàn [名]❶숙영(宿營)·주둔(駐屯) 등의 예정지(預定地). ❷행군이나 단체가 먼 길을 떠날 때 먼저 가서 숙영·주둔 등을 준비하는 선발대→〔打dǎ前站〕❸이미 지나온 전 정거장. 전 숙박지.

【前兆】qiánzhào [名]전조. 징조. ¶这是吉祥jíxiáng的～｜이것은 길조(좋은 징조)이다.

【前者】qiánzhě [名]❶전자. 앞의 것⇔〔后hòu者〕❷[札]요전날. 지난번. 일전. ¶我～是你们府上的教师jiàoshī, 我要见见你们的上司shàngsī!｜예전에 이 댁의 교사인데 여러분의 상사를 뵙고자 합니다.

【前肢】qiánzhī [名]전지. (곤충 또는 사지(四肢)가 있는 척추 동물 등의) 앞발.

【前置词】qiánzhìcí [名]〈言〉전치사.

【前缀】qiánzhuì ⇒〔词cí头〕

【前奏】qiánzòu ❶[名]〈音〉전주(곡)＝〔前奏曲②〕❷서막. ¶革命gémìng的～｜혁명의 서막

【前奏曲】qiánzòuqǔ [名]❶〈音〉전주곡. 서곡. ❷[喩]어떠한 일이 본격화하기 전에 첫 계제로서의 암시를 주는 일＝〔前奏②〕‖＝〔序曲xùqǔ〕

【钤(鈐)】qián 비녀장 검, 자물쇠 검, 찍을 검

❶(書)[名]도장. ❷(書)[動]도장을 찍다. 날인(捺印)하다. ¶～印＝〔钤章qiánzhāng〕〔钤盖gài〕｜도장을 찍다. ❸(書)[名]수레의 비녀장. ❹(書)[名]자물쇠. ¶～锁suǒ｜자물쇠. ❺(Qián) [名]〈地〉검현(鈐縣) [섬서성에 있는 현(縣) 이름]

【钤记】qiánjì [名]관청의 하급관리의 도장→〔印yìn信〕

【黔】qián 검을 검

❶(書)[名]〈色〉검은 색. 검푸른 색. ❷(Qián) [名]〈地〉귀주성(貴州省)의 별칭. ❸(Qián) [名]성(姓). ❹복성(複姓) 중의 한 자(字). ¶～娄lóu↓

【黔剧】qiánjù [名]〈演映〉귀주성(貴州省)의 지방극.

【黔黎】qiánlí ⇒〔黔首〕

【黔娄】Qiánlóu [名]복성(複姓).

【黔驴技穷】qián lú jì qióng [成]쥐꼬리만한 재간마저 바닥이 나다.

【黔驴之技】qián lǘ zhī jì [成]쥐꼬리만한 재주. 보잘 것 없는 꾀. 하찮은 재주. ¶他这两下儿不过是～｜그의 이 솜씨는 하찮은 재주에 불과하다→〔黔驴技穷〕

【黔首】qiánshǒu (書)[名]백성 [관을 쓰지 않아 검은 머리를 드러내고 있다는 뜻]＝〔(書)黔黎qiánlí〕→〔黎民límín〕

【荨】qián ☞ 荨 xún

1【钱(錢)】qián 돈 전

❶[名]동전. ¶一个～｜동전 하나. ¶～串chuàn(儿)↓ ❷[名]화폐. 돈. 금전. ¶银～｜은화. ¶一块～｜1원. ❸[名]값. 대금. 비용. ¶车～＝〔车费〕｜차비. ¶饭fàn～｜식대. 밥값. ¶房fáng～＝〔房租fángzū〕｜집세. 방세. ❹(～儿) 동전 같은 모양의 물건. ¶榆yú～｜느릅나무의 열매. ¶纸zhǐ～｜지전. 지폐. ❺[量]〈度〉돈 [중량의 단위. 1「两」(량)의 10분의 1. 10「厘」(리)가 1「钱」] ❻(Qián) [名]성(姓).

【钱包(儿)】qiánbāo(r) [名]돈지갑. 돈주머니. ¶忘了带～｜돈지갑을 잊고 안 가져왔다.

【钱币】qiánbì [名]돈. 화폐 [주로 동전 등과 같은 금속화폐를 가리킴]＝〔货huò币〕

【钱财】qiáncái [名]금전. 재화. ¶贪图tāntú～｜재화(금전)를 탐내다.

【钱钞】qiánchāo [名]❶동전과 지폐. ❷돈.

【钱串(儿)】qiánchuàn(r) [名]돈꿰미. 엽전을 꿰는 끈＝〔钱贯qiánguàn〕

【钱串子】qiánchuàn·zi [名]❶돈꿰미. 엽전을 꿰는 끈. ❷[轉]구두쇠. 수전노. 깍정이＝〔守财奴shǒucáinú〕〔钱串子脑袋nǎodài〕 ❸〈蟲〉그리마＝〔钱龙〕〔蚰蜒yóutíng①〕 ❹⇒〔海hǎi龙②〕

【钱到公事办】qián dào gōngshì bàn [諺]돈을 쓰지 않으면 관청을 상대로 하는 일은 잘 되지 않는다 [보통「火到猪头烂」에 이어져 쓰임]

【钱短】qiánduǎn [販]돈이 모자라다. 살림이 어렵다. ¶我眼下yǎnxià～｜나는 지금 돈이 모자란다.

【钱谷】qiángǔ [名]❶화폐와 곡물. ❷조세. 세금. ❸청대(清代)에 지방 관청에서 재정을 담당하던 일〔사람〕 ¶～师爷shīyé｜(청대) 관청의 재정 담당관＝〔钱粮qiánliáng④〕

【钱紧】qiánjǐn [形]살림이 매우 궁색하다. 돈에 쪼들리다.

【钱可通神】qián kě tōng shén [諺]돈만 있으면 귀신도 부릴 수 있다. 황금 만능. ¶～, 不送钱可办不成事儿｜돈만 있으면 귀신도 부릴 수 있다더니 돈을 내밀지 않으니 아무 일도 되지 않는구나＝〔钱可使鬼〕〔钱能通神〕〔有钱能使鬼推磨tuīmó〕

【钱窟窿】qiánkū·long [名]돈구멍. ¶他很会钻zuàn～｜그는 꽤 돈벌이를 잘 한다.

【钱粮】qiánliáng ❶[名]지조(地租). 지세(地稅). ¶纳nà～｜지세를 내다. ❷[名]청대(清代)의 봉급〔봉록〕 ¶关guān～｜봉록을 받다. ❸[名](신불(神佛)에 제사지낼 때 쓰는)「千qiān张」「黄huáng钱(儿)」「元yuán宝」등을 말함. ❹⇒〔钱谷③〕

【钱癖】qiánpǐ (書)[名]전벽. 유달리 금전에 집착하는 성벽.

【钱票】qiánpiào [名]전표. (옛날)「钱铺qiánpù」「钱庄qiánzhuāng」과 같은 곳에서 발행한 동전 대용의 지폐.

【钱儿癣】qiánr xuǎn ⇒〔钱癣〕

【钱癣】qiánxuǎn [名]〈醫〉백선(白癬)＝〔钱儿癣〕〔圈quān癣〕〔体tǐ癣〕

【钱眼】qiányǎn [名]동전(의 사각) 구멍.

【钱庄】qiánzhuāng [名]전장. 옛날, 개인이 운영하던 금융 기관. 금융업 점포 [환전을 본업으로 하면서 은행 일을 겸한 개인 금융기관] ¶去～存钱cúnqián｜전장에 가서 예금을 하다.

4【钳(鉗)〈拑3, 4〉】qián 젓가락 겸, 칼 겸, 다물 겸
❶(~子) 名〈機〉집게. 뻰찌. ¶老虎~ | 바이스(vise). 뻰찌. ¶~形攻击gōngjī | 집게형 공격. 협공 =〔箝qián〕 ❷名 칼 [옛날 형틀의 하나] =〔箝qián〕 ❸動 (집게로) 집다 =〔拑qián〕 ❹動 구속하다. 제한하다. 속박하다. ¶~制zhì↓ ¶~口↓ =〔拑qián〕 ❺ 복성(複姓) 중의 한 자(字). ¶~耳↓

【钳耳】Qián'ěr 名 복성(複姓).

【钳工】qiángōng 名〈機〉❶ (주로 수공구를 사용하여 하는) 기계 조립 작업. 기계 공작. ¶精于jīngyú~ | 기계 조립에 뛰어나다. ❷ 기계 조립공. 기계 조립을 하는 공인. ¶他父亲是~ | 그의 아버지는 기계 조립을 하는 공인이다 =〔钳床工qiánchuánggōng(人)〕→〔机工jīgōng②〕

【钳口】qiánkǒu 動 ❶ 입을 다물고 말하지 않다. ¶~无言wúyán | 침묵을 지키다. ❷ (협박·위협하여) 입을 막다. 말을 못하게 하다.

【钳口结舌】qián kǒu jié shé 成 입을 다물고 혀를 붙들어 두다. 침묵하다. 감히 말하지 못하(게 하)다. ¶在这种高压统治gāoyātǒngzhì之下, 人民~, 不敢谈论国事 | 이런 압박통치하에서는 백성들이 침묵을 지키며 감히 국사에 대해서 말하지 않는다.

【钳台】qiántái 名㊁ 작업대공작대→〔㊀案àn子③〕

【钳制】qiánzhì 動 견제하다. 억압하다. 탄압하다. 제한하다. ¶派兵pàibīng~敌人的主力 | 군대를 파견하여 적의 주력군을 견제하다. ¶~言论自由 | 언론의 자유를 억압하다→〔管束guǎnshù〕

4【钳子】qián·zi 名 ❶ 집게. 뻰찌. 쪽집게. ❷㊄ 귀걸이 =〔耳环ěrhuán〕 ❸〈醫〉핀세트.

【箝】qián 끼울 겸, 재갈먹일 겸
「钳」과 같음 ⇒〔钳qián①②〕

【虔】qián 삼갈 건, 빼앗을 건
❶書 動 =하다. ¶~诚chéng↓ ¶信心甚shèn~ | 믿음이 매우 경건하다. ¶~叩福安kòufú'ān =〔虔申颂祝qiánshēnsòngzhù〕| 札 삼가 하례를 올립니다. ❷書 動 강탈하다. 빼앗다. ¶~婆pó↓ ❸ (Qián) 名 성(姓).

【虔诚】qiánchéng ❶形 경건하고 정성스럽다 [종교·신앙에 많이 쓰임] ¶他十分~ | 그는 아주 경건하다. ¶~祈祷qídǎo | 경건하게 기도하다 =〔虔心〕〔虔信qiánxìn〕 ❷ 불교 신자가 절에서 서로 나누는 인사말.

【虔敬】qiánjìng 形 경건하다. ¶~的态度tàidù | 경건한 태도 =〔恭gōng敬〕

【虔婆】qiánpó 名 ❶近 기원(妓院)의 여주인. 기생 어미 =〔鸨bǎo母〕 ❷轉 罵 못된 년. 도둑년. 몹쓸 할망구 [주로 나이든 여자에게 쓰임] =〔贼zéi婆〕 ❸ (옛날) 무당.

【乾】qián 하늘 건
주의 여기의 「乾」은 「干」으로 간화(簡化)하지 않음⇒〔干gān〕 ❶名 팔괘(八卦)의 하나→〔八卦〕 ❷名〈地〉건현(乾縣) [섬서성(陝西省)에 있는 현이름] ❸名 하늘. ¶~象xiàng↓ ❹ ⇒〔乾坤kūn〕 ❺ 남성에 속한 일→〔乾造zào〕〔乾宅〕

B qián

【乾德】qiándé 書 名 천자(天子)의 덕.

【乾坤】qiánkūn 名 ❶ 건괘와 곤괘 [역경(易經)의 괘(卦) 이름] ❷轉 음양(陰陽)·천지(天地)·남녀(男女)·부부(夫婦)·일월(日月) 등의 뜻으로 쓰임. ¶扭转niǔzhuǎn~ | 천하의 대세를 일변시키다.

【乾坤一掷】qián kūn yī zhì 成 건곤일척. 운명과 흥망을 걸고 마지막 성패를 겨루다→〔孤gū注一掷〕

【乾隆】Qiánlóng 名 청(清) 고종(高宗)의 연호(1736~1795). ¶~皇帝huángdì下江南 | 건륭황제가 강남으로 내려가다.

【乾清宫】Qiánqīnggōng 名〈地〉건청궁 [북경(北京)의 자금성(紫禁城) 건청문(乾清門) 안에 있는 궁 이름]

【乾图】qiántú 名 천상. 천체(天體)의 형상 =〔乾象〕〔天象①〕

【乾象】qiánxiàng ⇒〔乾图〕

【乾造】qiánzào 名 ❶ 남녀의 궁합을 점치는 경우의 남자쪽의 팔자(八字). ❷ 옛날, 혼인 중의 남자쪽.

【乾宅】qiánzhái 書 名 (혼인 중의) 신랑집(쪽) =〔男家(儿)〕⇔〔女家(儿)〕

【乾竺】Qiánzhú ⇒〔天竺〕

【揵】qián 어깨에멜 건
動 ㊄ (어깨에) 메다. ¶~着行李xínglǐ | 짐을 메고 가다.

【揵客】qiánkè 名 ㊄ 중매인(仲買人). 브로커(broker) ¶充当chōngdāng~ | 중매인이 되다. ¶政治zhèngzhì~ | 정치 브로커 =〔经jīng纪(人)①〕

【犍】qián ☞ 犍 jiān B

4【潜】qián 무자맥질할 잠, 숨을 잠
❶動 잠수하다. ¶他的潜水能力很强, 一次可以~二三十米远 | 그의 잠수 능력은 아주 뛰어나서 한 번에 이삼십미터를 잠수할 수 있다. ¶~水↓ ❷動 잠복하다. 표면에 드러나지 않다. ¶~在力量↓ ¶~伏fú↓ ❸副 살짝. 몰래. 비밀리에. 살그머니. ¶~逃táo↓ ¶蹑niè足~踪zōng | 成 살그머니 자취를 감추다. ❹ (Qián) 名 성(姓).

【潜藏】qiáncáng ⇒〔潜伏fú〕

4【潜伏】qiánfú 動 잠복하다. 깊이 숨다. 깊이 숨기다. ¶我们在这里~到明天凌晨, 再发起进攻 | 우리는 이곳에서 내일 새벽까지 잠복해 있다가 다시 공격한다. ¶在宫廷内部看似平静píngjìng, 但却~着危机wēijī | 궁정내부는 평화롭고 조용한 것 같지만 위기를 내포하고 있다. ¶~在深山里 | 깊은 산속에 숨다. ¶~哨shào | 잠복 초소. ¶~期 | 잠복기 =〔潜藏〕〔書 潜匿〕

【潜科学】qiánkēxué 名 잠재과학. 맹아(萌芽)중인 과학. ¶有许多学科还处于~的状态zhuàngtài | 많은 학과가 아직도 독립되지 못하고 잠재적인 상태로 있다.

4【潜力】qiánlì 名 잠재(능)력. 숨은 힘. 저력(底力). ¶美国是我国玩具wánjù出口的主要市场之一, ~还大得很 | 미국은 우리나라의 완구수출의

주요시장중 하나로 잠재력은 아주 크다. ¶发挥fāhuī～ | 잠재력을 발휘하다.

【潜流】qiánliú 名 ❶〈地〉복류(伏流)·저류(底流). ❷ 喻 마음속 깊은 곳에 숨어 있는 감정(感情). ¶一股感情gǔgǎnqíng的～在涌动yǒngdòng | 마음 깊은 곳에 있던 감정이 북받쳐 오르다.

【潜能】qiánnéng 名 ❶ 잠재 능력. 가능성. ¶人们各自的～不同 | 사람마다 잠재능력이 다르다. ¶充分chōngfēn发挥fāhuī～ | 잠재능력을 충분히 발휘하다. ¶挖掘wājué～ | 잠재능력을 찾아내다. ❷ 잠재 에너지.

【潜热】qiánrè 名〈物〉잠열. ¶～单位dānwèi | 잠열단위

【潜入】qiánrù 動 ❶ 잠입하다. 숨어들다. ¶～地下dìxià | 지하로 잠입하다. ¶～的特务tèwù | 특수 잠입 임무 ❷ (물속에) 들어가다. ¶据报告jùbàogào, 敌潜水艇qiánshuǐtǐng已～水中 | 보고에 의하면 적 잠수정은 이미 물 속으로 들어갔다고 한다.

【潜水】qiánshuǐ ❶ 動 잠수하다. ¶～夫fū | 잠수부. ¶～艇tǐng =〔潜艇qiántǐng〕| 잠수정. ¶～服fú | 잠수복. ¶～吸气管xīqìguǎn | 슈노르헬(Schnorchel ; 독). 잠수 호흡관. ❷ 名〈地質〉지하수.

【潜台词】qiántáicí 名 ❶〈演映〉대사 속에 내포되어 있거나 또는 대사로는 완전히 표현해 낼 수 없는 언외(言外)의 의미. 입으로 말하지 않고 관중에게 스스로 이해시키는 대사. ❷ 喻 숨은 뜻. 언외(言外)의 말(뜻). 암시적인 말. ¶他的话中有许多xǔduō～ | 그의 말 속에는 많은 암시가 담겨 있다.

【潜逃】qiántáo 書 動 (죄인 등이) 몰래 도망가다. ¶负债fùzhài～ | 빚을 지고 몰래 도망가다. ¶携款xiékuǎn～ | 돈을 가지고 몰래 도망가다.

【潜艇】qiántǐng 名 잠수함. ¶～部队bùduì | 잠수함 부대. ¶～导弹dǎodàn | 잠수함용 유도탄. ¶核hé～ | 핵 잠수함 =〔潜水艇qiánshuǐtǐng〕

【潜望镜】qiánwàngjìng 名 잠망경.

【潜心】qiánxīn 書 動 잠심하다. 몰입하다. 몰두하다. 마음을 집중시키다. 전심(專心)하다. ¶他～于声韵学shēngyùnxué | 그는 성운학에 몰두하고 있다. ¶～从事研究 | 마음을 집중시켜 연구에 종사하다→〔专心zhuānxīn〕

【潜行】qiánxíng 動 ❶ 잠행하다. 몰래 가다. 숨어서 가다. ❷ 물 속을 잠기어 (나아)가다. ¶潜水艇qiánshuǐtǐng可以在海底hǎidǐ～ | 잠수정은 바다 밑을 다닐 수 있다. ¶～水中 | 수중을 잠수하여 나아가다.

【潜移默化】qián yí mò huà 成 모르는 사이에 감화(感化)하다. 은연중에 감화(感化)되다. ¶～, 他也受了不少影响 | 은연중에 감화를 받아 그도 적잖은 영향을 받았다.

【潜意识】qiányìshí 名〈心〉잠재 의식. ¶在～中, 性是一种动力dònglì | 잠재의식 속에서 성은 동력의 일종이다 =〔下意识xiàyìshí〕

【潜泳】qiányǒng 名〈體〉잠영. 잠수영법.

【潜在】qiánzài 區 잠재적(인). 어법 단독으로는 술어로 쓰이지 못하고 관형어(定語)로만 쓰임. 술어로 사용될 때는「是……的」의 구조속에서만 쓰임. ¶这种影响yǐngxiǎng是～的 | 이런 영향은 잠재적인 것이다. ¶～劳动力láodònglì | 잠재 노동력. ¶～反应fǎnyìng | 잠재반응. ¶～力量lìliàng | 잠재력. ¶～意识yìshí | 잠재 의식. ¶～意识复合体yìshífùhétǐ | (정신 분석의) 콤플렉스.

【潜滋暗长】qián zī àn zhǎng 成 모르는 사이에 일이 커지다. 부지불식간에 싹이 트다. 알지 못하는 사이에 발생하다. ¶坏思想huàisīxiǎng～ | 나쁜 생각이 부지불식간에 싹트다.

【潜踪】qiánzōng 動 貶 종적(踪跡)을 감추다. ¶盗贼dàozéi～了 | 도둑이 종적을 감추었다.

qiǎn ㄑㄧㄢˇ

【肷】qiǎn 허구리 겸
名 (짐승의) 허구리 [갈비 아래 빈부분] ¶～窝wō | 뒷다리 사이. ¶狐hú～ | 여우의 갈비 부분 가죽.

1【浅(淺)】qiǎn jiān 얕을 천

Ⓐ qiǎn ❶ 形 얕다. ¶这条河zhètiáohé很～ | 이 강은 매우 얕다⇔〔深shēn①〕❷ 形 (장소·길 등의 폭이나 길이가) 좁다. 짧다. ¶这个院子太～ | 이 뜰은 매우 좁다. ❸ 形 (시일이) 짧다. 오래되지 않다. ¶相处的日子还～ | 사귄 지 아직 오래되지 않다. ¶年代～ | 연대가 짧다. ❹ 形 쉽다. ¶～易↓ ¶这些读物dúwù内容～, 容易懂róngyìdǒng | 이러한 책들은 내용이 평이하여 이해하기 쉽다⇔〔深②〕❺ 形 정도가 낮다〔약하다〕부족하다. ¶功夫gōngfū～ | 공부가 부족하다. ¶害人hàirén不～ | 남에게 큰 해를 끼쳤다. ❻ 形 (감정이나 교분이) 두텁지 않다. 얕다. ¶交情jiāoqíng～ | 교분이 두텁지 않다. ❼ 形 (가죽의 털이나 풀의 길이가) 짧다. ¶这块皮子毛茸máoróng～ | 이 모피는 털이 짧다. ❽ 形 (색깔이) 엳다. 연하다. ¶～红↓ ¶这幅画fúhuà用～墨染云烟mòrǎnyúnyān | 이 그림은 옅은 먹으로 구름과 안개를 그렸다. ❾ (～儿, ～子) 名 운두가 얕고 둥글게 생긴 그릇. 쟁반. 접시. ¶竹～儿 | 대 쟁반.

Ⓑ jiān ⇒〔浅浅〕

Ⓐ qiǎn

【浅白】qiǎnbái 形 ❶ 쉽고 통속적이다. 평이하고 통속적이다. ¶这篇文章语言～内容却很深长 | 이 글은 말은 쉽고 통속적이나 내용은 매우 심오하다. ❷ 평이〔간명〕하고 명확〔분명〕하다. ¶这道理dàolǐ很～ | 이 이치는 아주 평이하고 명확하다. ¶～字眼zìyǎn | 평이하고 명백한 글자〔어휘〕

【浅薄】qiǎnbó 形 (지식·경험·수양이 부족하여) 천박하다. 어법 학문·지식·수양을 형용할 때 쓰는 말. 나쁜 뜻으로 많이 쓰임. ¶这个女人太～无知wúzhī | 이 여자는 아주 천박하고 무지하다. ¶他为人～, 大家都不愿与他交往 | 그는 사람됨이 천박하여 사람들이 그와 왕래하기를 원치 않는다. ¶他的历史知识lìshǐzhīshí很～ | 그의 역

사에 대한 지식은 매우 빈약하다.
【浅尝】qiǎncháng 動 (지식·문제 등을) 깊이 연구하지 않다. 겉핥기 식으로 하다. ¶～辄止zhézhǐ | 成 조금 해보고 그만두다. 깊이 파고들지 않다. 수박 겉핥기 식으로 연구하다.
【浅成岩】qiǎnchéngyán 名〈地〉반심성암(半深成岩).
【浅淡】qiǎndàn 狀 (색상이) 엷다. (감정이) 깊지 않다. ¶～的红色hóngsè |〈色〉엷은 홍색.
【浅红(色)】qiǎnhóng(sè) 名〈色〉담홍색 =〔淡红〕→〔粉fěn红〕
【浅见】qiǎnjiàn 書 名 소견. 천박한〔얕은〕생각〔식견〕¶依yī我的～, 还是这么办bàn吧 | 저의 천박한 생각으로는 아무래도 이렇게 하는 게 좋겠습니다. ¶～寡闻guǎwén | 견해가 얕고 견문이 좁다.
【浅近】qiǎnjìn 形 평이하다. 알기 쉽다. ¶这本书内容～, 适合shìhé中学生阅读yuèdú | 이 책은 내용이 평이하고 알기 쉬워 중학생이 읽기에 적합하다. ¶～易懂yìdǒng | 평이하여 알기 쉽다 =〔浅易〕〔平易②〕⇔〔深奥shēnào〕
【浅陋】qiǎnlòu 形 (식견이) 얕고 좁다. 천박하고 비루하다. ¶思想上十分～ | 생각이 아주 천박하고 비루하다. ¶学识xuéshí～ | 학식이 천박하고 비루하다.
【浅露】qiǎnlù 形 (말·글귀가) 완곡하지 않고 함축성이 없다. 천박하여 비어지다〔깊이가 없다〕¶词意cíyì～ | 말뜻이 간단하여 깊이가 없다.
【浅儿】qiǎnr ⇒〔浅子qiǎnzǐ〕
【浅说】qiǎnshuō 書 名 상식. 쉽고 평이한 설명〔서명(書名)이나 글의 제목으로 많이 쓰임〕¶无线电wúxiàndiàn～ | 라디오 상식. ¶农业nóngyè～ | 농업에 관한 쉽고 평이한 설명.
【浅滩】qiǎntān 名 여울. 얕은 물목. (바다·호수·강물 등의) 얕은 곳.
【浅显】qiǎnxiǎn 形 (자구나 내용이) 간명하여 이해하기 쉽다. 평이하다. ¶写得～易懂yìdǒng | 평이하며 이해하기 쉽게 쓰다. ¶～的道理dàolǐ | 평이한 이치〔도리〕=〔浅豁qiǎnhuò〕〔浅明〕〔浅易〕
【浅易】qiǎnyì ⇒〔浅显xiǎn〕
【浅斟低唱】qiǎn zhēn dī chàng 成 한가로이 술잔을 기울이면서 낮은 소리로 노래를 읊조리다. ¶两个人～ | 두 사람은 한가로이 술잔을 기울이면서 낮은 소리로 노래를 읊조린다.
【浅子】qiǎn·zi 名 운두가 얕고 둥글게 생긴 그릇〔쟁반〕=〔浅儿〕
B jiān
【浅浅】jiānjiān 書 狀 물이 빠르게 흐르다. 또는 그 모양 =〔溅溅jiànjiān〕

4【谴(譴)】qiǎn 꾸짖을 견
動 꾸짖다. 질책하다. 비난하다. ¶严yán～其过guò | 잘못을 엄하게 꾸짖다.
4【谴责】qiǎnzé 動 견책하다. 꾸짖다. 질책하다. 비난〔규탄〕하다. 어법 일반적으로 동태조사(動態助詞)「了」「过」와는 함께 쓰이지만「着」는 일반적으로 쓰이지 않음. ¶愤怒地fènnùdì～了法西斯主义fǎxīsīzhǔyì | 격분하며 파시즘을 규탄하다. ¶～敌人的暴行bàoxíng | 적의 폭행을 비난하다. ¶遭到zāodào世界舆论yúlùn的强烈qiánglìè～ | 세계여론의 강력한 비난을 받다 =〔書 诮qiào让〕〔责备zébèi〕
【谴责小说】qiǎnzéxiǎoshuō 名 견책소설 〔청말(清末)의 암울한 사회상을 풍자한 소설(小說)〕

4【遣】qiǎn 보낼 견
動 ❶ 파견하다. 보내다. ¶～人探听tàntīng | 사람을 보내 알아 보다. ¶特tè～ | 특파하다. ¶调兵diàobīng～将jiàng | 군대를 이동시키다. ❷ 書 쫓아내다. 방축(放逐)하다. ❸ 발산하다. 풀다. 달래다. ¶消xiāo～ | 소일하다. 기분을 전환하다. ¶～闷mèn↓
【遣词】qiǎncí 動 낱말을 고르다〔선택하다〕어휘〔단어〕를 운용〔활용〕하다. ¶～造句zàojù | 낱말을 골라 문장을 만들다.
【遣返】qiǎnfǎn 動 돌려보내다. 송환하다. ¶～战返zhànfǎn | 전쟁포로를 송환하다 =〔遣归guī〕〔遣回huí〕
【遣闷(儿)】qiǎn/mèn(r) 動 우울한 기분을 개운하게 풀다. 갑갑증을 풀다 =〔遣开〕〔書 遣情〕〔解jiě闷(儿)〕
【遣散】qiǎnsàn 動 ❶ (기관·단체·군대 등의 조직을) 해산시키다. 해고하다. ¶～一大堆人duīrén | 많은 사람을 해산시키다. ❷ (포로를) 돌려 보내다. 해산하여 귀환〔귀향〕시키다. ¶～所俘fú敌军的二个连 | 포로로 잡힌 2개 중대를 돌려 보내다.
【遣送】qiǎnsòng 動 (거류 조건에 부합하지 않는 사람을) 송환하다. 돌려보내다. ¶把tuō他～回原籍yuánjí | 그를 원적지로 돌려보내다. ¶～出境chūjìng | 국외로 추방하다.

【缱(繾)】qiǎn 곡진할 견
⇒〔缱绻qiǎnquǎn〕
【缱绻】qiǎnquǎn 書 形 정이 깊이 들어 헤어지기 힘들어 하다. 헤어지기 아쉬워 연연하다. ¶～之情qíng | 서로 헤어지기 어려운 정.

qiàn ㄑㄧㄢˋ

2【欠】qiàn 하품 흠, 모자랄 흠, 빚 흠
❶ 動 빚지다. ¶我～他十块钱kuàiqián | 나는 그에게 10원 빚지고 있다. ❷ 形 부족하다. 모자라다. ¶说话～考虑kǎolǜ | 말하는데 생각이 부족하다. ¶～努力nǔlì | 노력이 부족하다. ❸ 動 발돋움하다. 몸을 위로 뻗다. ¶～脚(儿)↓ =〔踮diǎn〕❹ 名 하품. ¶打呵dǎhē～ | 하품하다. ❺ 能 俗 당연히 …해야 한다. …할 필요가 있다. ¶看这小孩儿, ～打 | 이 녀석 좀 봐라, 맞아야겠구나. ❻ 俗 남이 싫어하는 짓이나 말을 고의로 하다. ¶嘴zuǐ～ | 빈정거리다. ¶手～ | 일부러 물건을 만지작거려 파손하다.
【欠安】qiàn'ān 動 敬 몸이 편찮다. 몸이 불편하다. ¶父亲fùqīn这几天身体shēntǐ～ | 아버지께서 요 며칠 몸이 편찮으시다.
【欠产】qiàn/chǎn ❶ 動 규정 생산량에 미달하다. ¶农业nóngyè～ | 농업생산량이 모자라다. ❷ (qiànchǎn) 名 생산량 미달.
【欠费】qiànfèi ❶ 名 (우편료 등의) 비용 부족. 요금

부족. ❷動 비용이 부족하다. 요금이 부족하다. ¶不准bùzhǔn～ | 비용이 부족해서는 안된다.

【欠火】qiànhuǒ 形 덜 익다 [충분히 찌거나 굽지 않은 경우를 말함] ¶这一屉tì馒头mántou～ | 이 찜통의 만두는 덜 쪄졌다.

【欠佳】qiànjiā 貶 좋지 않다. 불량이다. ¶品质pǐnzhì～ | 품질이 좋지 않다.

【欠脚(儿)】qiàn/jiǎo(r) 動 발돋움하다. ¶欠着脚儿看 | 발돋움하고 보다.

【欠缴】qiànjiǎo 動 미납하다. 체납하다. ¶～税金shuìjīn | 세금을 미납하다.

【欠款】qiàn/kuǎn ❶動 돈을 빚지다. ¶～一千, 已还六百, 尚～四百 | 천원을 빚지고 있었는데 6백원을 갚고 아직 4백원을 빚지고 있다. ❷(qiànkuǎn) 名 빚진 돈. 부채. ¶这笔bǐ～下月还清huánqīng | 이 부채는 다음달에 갚겠습니다 =〔欠项qiànxiàng〕

【欠情(儿)】qiàn/qíng(r) 動 (남에게) 은혜를 (입고 아직) 갚지 못하다. 은혜〔신세〕를 지다. ¶咱俩谁也不欠谁的情 | 우리 두사람은 누구도 (다른) 누구에게 신세를 지지 않는다.

【欠缺】qiànquē 書 ❶名 부족. 결함. ❷形 부족하다. 결함이 있다. ¶他在历史lìshǐ知识方面很～ | 그는 역사지식이 많이 부족하다. ¶没有甚么～ | 아무런 부족함이 없다.

【欠少】qiànshǎo ⇒〔缺quē少〕

【欠身(儿)】qiàn/shēn(r) 動 몸을 앞으로 약간 구부리(며 일어나려는 자세를 취하)다. ¶～打个招呼zhāohū | 몸을 조금 구부리며 일어나 인사를 하다.

【欠伸】qiànshēn 動 기지개를 켜며 하품하다. ¶接连jiēlián着打了几个～ | 연속적으로 몇번 기지개를 켜며 하품을 하다 =〔呵hē欠〕

【欠收】qiànshōu ❶名 흉년. 흉작. ❷動 흉년〔흉작〕이다. ¶～年 | 흉년. ¶去年天旱hàn, 稻子dàozi～ | 작년은 가물어서 벼농사가 흉작이었다.

【欠妥】qiàntuǒ 動 타당하지 못하다. 적절하지 않다. 알맞지 않다. ¶有～之处chù | 적절치 못한 부분이 있다. ¶这事～ | 이 일은 타당하지 않다.

【欠薪】qiàn/xīn ❶動 급료를〔봉급을〕 체불하다. ¶～三个月了 | 3개월분 임금을 체불했다. ❷(qiànxīn) 名 체불 급료〔봉급〕 밀린 임금 ‖ =〔欠饷xiǎng〕

【欠债】qiànzhài ❶名 부채(負債). 빚. ¶他连过去的～也无法偿还chánghuán | 그는 옛날에 진 빚조차 상환할 방법이 없다. ¶～累累 | 빚이 쌓여 있다 =〔负债①〕 ❷(qiàn/zhài) 動 빚지다. 돈을 빌리다.

【欠帐】qiàn/zhàng ❶動 외상으로 하다. ¶恕shù不～ | 죄송하지만 외상은 하지 않습니다. ❷(qiànzhàng) 名 외상(대금). 빚(돈).

【欠资】qiànzī 名 (우편물의) 요금 부족. 미납. ¶～信xìn | 미납〔요금 부족〕 편지.

【欠揍】qiànzòu 動 (얻어)맞고 싶어하다. ¶大清早找碴儿zhǎochár吵架chǎojià, 你～哇! | 이른 아침부터 남의 흠을 잡아 말다툼을 하는 것을 보니, 한 대 맞고 싶은 모양이구나!

【芡】qiàn 가시연 감

名 ❶〈植〉가시연 =〔鸡头〕〔方老鸡头〕〔乌头②〕→〔芡实(米)〕 ❷(풀처럼 만든) 전분. 녹말. ¶勾gōu～ | 전분을 풀어 넣어 걸쭉하게 하다. ¶～粉fěn↓

【芡粉】qiànfěn 名 ❶가시연밥 가루. ❷(요리에 쓰는) 전분. 녹말가루.

【芡实(米)】qiànshí(mǐ) 名 가시연의 열매. 가시연밥 =〔鸡jī头米〕〔雁yàn头〕

4【嵌】qiàn 舊 qiān kàn 새겨넣을 감, 산골짜기 감

Ⓐ qiàn ❶動 사이에 박아 넣다. 새겨 넣다. 붙이다. ¶～着磁砖cízhuān | 타일을 붙이다. ¶～着象牙雕的花 | 상아로 조각한 꽃이 박혀 있다. ¶～石↓ ❷名 조각조각 이어 합친 모피(毛皮). 모피(毛皮)를 이어 합친 것. ¶狐hú～ | 조각을 이어 만든 여우 모피. ❸書形 입을 벌린 듯한 바위 모양.

Ⓑ kàn 지명에 쓰이는 글자. ¶赤～ | 적감. 대만(臺灣)에 있는 지명.

【嵌花】qiànhuā 名 아플리케(appliqué;프). ¶～手镯shǒuzhuó | 아플리케 팔찌

【嵌金】qiàn jīn ❶ 금을 박아 넣다. 금으로 상감하다. ❷(qiànjīn) 名 금상감.

【嵌入】qiànrù 動 끼워〔새겨〕 넣다. 상감하다. ¶把铜丝tóngsī～画中huàzhōng | 구리 철사를 그림속에 상감해 넣다.

【嵌石】qiànshí 名〈美〉옻칠을 한 바탕에, 여러가지 색돌이나 색유리를 끼워 넣어 모양을 내는 미술 공예.

【纤(縴)】qiàn ☞ 纤 xiān ②

【茜〈蒨A〉】qiàn xī 꼭두서니 천

Ⓐ qiàn 名 ❶〈植〉꼭두서니 [꼭두서니과에 딸린 여러해살이의 덩굴풀로 뿌리는 물감 원료와 진통제로 쓰며, 어린 잎은 먹음] ❷〈色〉(꼭두서니를 원료로 하여 만든) 빨간색. ❸(Qiàn) 성(姓).

Ⓑ xī 인명에 쓰이는 글자 [주로 외국 여성 이름의 음역자(音譯字)로 쓰이며, 「qiàn」이라고도 읽음]

【茜草】qiàncǎo 名〈植〉꼭두서니.

【倩】qiàn qìng 남자의미칭 천, 사위 청

Ⓐ qiàn 書 ❶形 아름답다. 예쁘다. ¶～装zhuāng | 아름다운 복장. ❷形 입가에 웃음을 머금은 모양. ¶巧笑qiǎoxiào～兮xī | 생긋 웃는 미소의 사랑스러움이여《詩經·衛頌》❸名 남자에 대한 미칭(美稱).

Ⓑ qìng 書 ❶動 남에게 부탁하다. ¶～人代笔 | 대필을 부탁하다. ❷名 사위. ¶婿～ | 조카 사위.

【倩女离魂】Qiànnǚ líhún 名〈書〉천녀이혼 [원(元) 정광조(鄭光祖)가 지은 잡극(雜劇)의 하나]

【倩倩】qiànqiàn 書貶 아름답다. 수려하다. 훤하다.

【倩妆】qiànzhuāng 書名 미장. 아름다운 단장.

【箐】qiàn ☞ 箐 jīng Ⓑ

【慊】qiàn qiè 앙심먹을 겸, 족할 협

Ⓐ qiàn ㊕ 形 불만스럽다. 한스럽다.
Ⓑ qiè ㊕ 形 만족하다. ¶不～ | 만족하지 못하다.
【慊慊】qiànqiàn ㊕ 狀 한스럽다. 불만스럽다. 한이 맺히다.

2【歉】qiàn 흉년들 겸, 탐할 감
形 ❶ 미안하게 생각하다. 유감이다. ¶～意yì | 죄송한 마음. 유감의 뜻. ¶抱bào～ | 미안해하다. ❷ 수확이 좋지 않다. 작황이 나쁘다. ¶以丰补yǐfēngbǔ～ | 풍작으로 흉작을 보충하다.
【歉疚】qiànjiù 形 양심에 걸리다. 마음에 걸리다. 마음에 걸리다〔거리끼다〕꺼림칙하다. ¶内心感到十分～ | 아주 마음에 걸리다. ¶～的心情xīnqíng | (실수로 인한) 꺼림칙한 마음 =〔欠疚qiànjiù〕〔疚歉jiùqiàn〕
【歉收】qiànshōu ❶ 名 흉작. ❷ 動 흉년이 들다. ¶因遭天灾tiānzāi而～ | 천재를 만나 흉년이 들다 ⇔〔丰fēng收〕
【歉岁】qiànsuì 名 흉년 =〔歉年 qiànnián〕〔败bài岁〕〔饥jī岁〕〔欠岁qiànsuì〕〔㊕凶xiōng岁〕⇔〔穰ráng年〕→〔荒huāng年〕
3【歉意】qiànyì 名 유감의 뜻. 유감스러운 마음. ¶深表shēnbiǎo～ | 깊은 유감의 뜻을 표시하다. ¶深致shēnzhì～ | 깊은 유감의 뜻을 보내다→〔道歉〕

【堑(塹)】qiàn 해자 참, 팔 참
名 ❶ 해자(垓字). ¶天～ | 천연의 해자. ❷ 참호. ¶～壕háo↓ ❸ 喩 실패. 좌절. ¶吃一～, 长zhǎng一智 | 한번 좌절하면 그 만큼 교훈을 얻는다.
【堑壕】qiànháo 名〈軍〉참호. ¶～战zhàn | 참호전.

【椠(槧)】qiàn 분판 참, 편지 첨
㊕ 名 ❶ 목찰(木札). 글자를 새기기 위한 판 [글자를 새긴 것은「牍dú」이라 함] ❷ 판본(版本). ¶宋～ | 송판본.
【椠本】qiànběn 名 판본(板本) =〔板本①〕

qiāng ㄑㄧㄤ

【呛(嗆)】qiāng qiàng 사레들 창
Ⓐ qiāng 動 ❶ (음식·물 등이) 기관(氣管)에 들어가 기침을 하다. 사레 들리다. ¶喝茶吃～了 | 차를 마시다 사레들렸다 =〔吃呛〕❷ (사레가 들어 밖으로) 내뿜다. ¶由鼻子往外～血 | 코에서 피가 쏟아지다. ❸ 方 기침을 하다 =〔咳嗽hāisòu〕
Ⓑ qiàng ❶ 動 (자극성 기체가 호흡 기관으로 들어가) 코를 찌르다. 숨이 막히다. ¶油烟～人 | 기름 연기로 숨이 막히다. ¶辣椒味～得难过 | 고추의 매운내가 코를 질러 고통스럽다. ❷「戗」과 통용 ⇒〔戗qiàng②〕
Ⓐ qiāng
【呛人】ⓐ qiāng/rén 動 숨이 막힐 듯이 몹시 기침하다〔콜록거리다〕사레들리다.
ⓑ qiàng/rén 動 (냄새·향기가) 코를 찌르다〔자극하다〕¶烟味儿真～ | 담배 냄새가 정말 코를 찌른다.
Ⓑ qiàng
【呛人】qiàng/rén ☞〔呛人〕qiāng/rén ⓑ

【抢】qiāng ☞ 抢 qiǎng Ⓑ

2【枪(槍)〈鎗〉】qiāng 창 창
❶ 名 창. ¶一把bǎ～ | 창 한 자루. ❷ 名 총. ¶一支〔枝〕～ | 총 한 자루. ¶步bù～ | 보병총. ❸ 名 轉 무장세력. ¶～杆gān(子)↓ ❹ 성능이나 형태가 총과 비슷한 기구. ¶焊hàn～ | 용접 토치. ❺ 名 아편(阿片)을 빠는 담뱃대 =〔烟枪〕❻ ㊕ 動 대리 응시하다. 대역을 쓰다.〔打枪dǎqiāng②〕
4【枪毙】qiāngbì ❶ 名 총살. ❷ 動 총살하다. 총살되다. ¶～了一个杀人犯shārénfàn | 살인범 한 명을 총살하다 =〔㊀枪崩qiāngbēng〕❷ 動 喩 (원고 등이) 몰서(沒書)되다. ¶这部电影diànyǐng被～了 | 이 영화는 몰서되었다.
【枪刺(子)】qiāngcì(·zi) 名 총검 =〔枪头刀qiāngtóudāo〕
【枪弹】qiāngdàn 名 총탄. 총알. 탄알. ¶冒着mào·zhe～给战士zhànshì送水 | 총탄을 무릅쓰고 전사에게 물을 갖다 주다 =〔俗枪鱼子qiāngyúzǐ〕〔㊀枪子(儿)〕〔枪子子〕〔俗子弹zǐdàn〕
【枪法】qiāngfǎ 名 ❶ 사격술. ❷ (옛날의) 창술(槍術). ¶他～纯熟chúnshú | 그는 창술에 숙달되어 있다.
【枪杆】qiānggān 名 ❶ (～儿, ～子) 총자루. ❷ (～子) 총신(銃身). 轉 무기. 무장력. 군비.
【枪击】qiāngjī 動 총으로 쏘다. 저격하다. 총격하다. ¶～战zhàn | 총격전. ¶～事件shìjiàn | 저격 사건.
【枪决】qiāngjué ❶ 動 총살(형을 집행)하다. ¶～了罪犯zuìfàn | 죄수를 총살하다. ❷ 名 총살→〔枪毙qiāngbì〕
【枪口(儿)】qiāngkǒu(r) 名 총구. 총부리. ¶～帽mào | 총구 덮개. 총구멍 마개.
【枪林弹雨】qiāng lín dàn yǔ 成 총칼이 숲을 이루고 탄알이 빗발치듯 쏟아지다. 포연 탄우(砲煙彈雨). 치열한 전투. 격전. ¶他在～屡lǚ立战功zhàngōng | 그는 치열한 전투에서 여러번 전공을 세웠다.
【枪杀】qiāngshā 動 총살하다. ¶前几个月报上还登过军人～工人的消息xiāoxī | 몇 달 전 신문에 군인이 노동자를 총살했다는 소식이 실렸다.
【枪伤】qiāngshāng 名 ❶ 총상(銃傷). ❷ 창으로 입은 상처.
【枪声】qiāngshēng 名 총성. 총소리. ¶～四起sìqǐ | 총소리가 사방에서 들리다.
【枪手】ⓐ qiāngshǒu 名 ❶ (옛날의) 창을 든 병사(兵士). ❷ 사수(射手). 사격수. ¶神shén～ | 명사수.
ⓑ qiāng·shou 名 (옛날, 과거 시험의) 대리 응시자→〔枪替qiāngtì〕〔打枪dǎqiāng②〕
【枪替】qiāngtì 動 대리 응시하다. 대리로 시험을 치르다 =〔枪冒qiāngmào〕〔打枪dǎqiāng②〕→〔枪手ⓑ〕〔冒mào名〕
【枪乌贼】qiāngwūzéi 名〈魚貝〉섬꼴뚜기.
【枪械】qiāngxiè 名 총기·무기의 총칭. ¶收缴jiǎo～ | 총기를 접수하다. 무장을 해제하다.

【枪眼】qiāngyǎn 名 ❶ 총안(銃眼). ❷(～儿) 총알 구멍. 총알이 관통한 구멍. ¶墙上qiángshàng满是～ | 온 벽이 총알 구멍이다.
【枪支】qiāngzhī 名 총. 무기. ¶～弹药dànyào | 총알. 무기와 탄약 ＝〔枪枝〕〔枪弹qiāngdàn〕
【枪子(儿)】qiāngzǐ(r) 名 口 총알. 총탄. 탄

【戗(戧)】 qiāng qiàng 거스를 창
A qiāng 動 ❶ 거스르다. ¶～风↓ ¶～辙儿zhér走 | 규정된 교통로를 위반하여 가다 ＝〔抢qiāng②〕 ❷(의견이) 충돌하다. 결렬되다. ¶两人说～了, 吵shā起来 | 두 사람은 말이 엇갈려 다투었다.
B qiàng ❶ 動 方 지탱하다. 버팀목을 대다. ¶～柱zhù↓ ¶用把椅子～在背后bèihòu | 의자로 등을 버티다. ❷ 動 (억지로) 견디다. 심하다. ¶这个天气够它～的 | 이런 날씨는 정말이지 견디기 힘들다. ¶忙得够mángdégòu～ | 지독히 바쁘다 ＝〔呛qiàng②〕〔炝qiàng③〕 ❸ 名 動 (기구(器具) 등에) 도금(하다). ¶～金↓
A qiāng
【戗风】qiāngfēng ⇒〔顶dǐng风②〕
B qiàng
【戗棍儿】qiànggùnr ⇒〔戗柱〕
【戗金】qiàngjīn ❶ 名 금도금. ❷ 動 금도금하다.
【戗木】qiàngmù ⇒〔戗柱〕
【戗柱】qiàngzhù 名 버팀목. 버팀대. 지주(支柱) ＝〔戗棍儿qiànggùnér〕〔戗木qiàngmù〕

【玱(瑲)】 qiāng 옥소리 창
書 擬 딸랑딸랑 [옥기(玉器)가 스치면서 나는 소리]
【玱玱】qiāqiāng 書 擬 딸랑딸랑. 차랑차랑.

【跄】 qiāng ☞ 跄 qiàng B

【羌】 Qiāng 오랑캐 강
❶ 名〈民〉강족(羌族) ❷ 名〈民〉서강족(西羌族) [오호(五胡)의 하나] ❸(qiāng) 助 발어사(發語詞) [초사(楚辭)에 의미없이 문(句)의 머리에 쓰임] ❹ 名 성(姓).
【羌户】Qiānghù 名 貶 강족(羌族) 사람 [옛날 강족(羌族) 사람에 대한 멸칭(蔑稱)] ＝〔羌民〕
【羌活】qiānghuó 名〈植〉〈漢醫〉강활.
【羌族】Qiāngzú 名〈民〉강족 [사천성(四川省) 서북부 일대에 거주하는 중국 소수 민족의 하나]

【蜣】 qiāng 쇠똥구리 강
⇒〔蜣螂〕
【蜣螂】qiāngláng 名〈蟲〉말똥구리. 쇠똥구리 ＝〔俗 粪爬牛fènpániú〕〔牛屎虫niúshǐchóng〕〔俗 屎甲虫shǐjiǎchóng〕〔方 屎壳郎〕〔方 屎蚵螂shǐkēláng〕〔屎蜣螂〕〔推车虫〕〔推车客〕〔推丸tuīwán〕

【戕】 qiāng 죽일 장, 상할 장
書 動 죽이다. 살해하다. 해치다. ¶自～ | 자살하다.
【戕害】qiānghài 動 해치다. 손상하다. ¶～心灵xīnlíng | 정신을 해치다. ¶～身心的健康jiànkāng | 심신의 건강을 해치다.
【戕身殒命】qiāngshēn yǔnmìng 書 건강을 해치고 목숨을 잃다. ¶吸食鸦片, 适足以～ | 아편을 마시는 것은 반드시 건강을 해치고 목숨을 잃는다.
【戕贼】qiāngzéi 書 動 손상시키다. 해치다. ¶～身体shēntǐ | 몸을 손상시키다.

【将】 qiāng ☞ 将 jiāng C

【锵(鏘)】 qiāng 울리는소리 장
擬 쟁쟁. 댕댕. 딩딩 [금속·옥 등이 부딪치는 소리. 타악기·현악기 등의 소리] ¶锣声luóshēng～～ | 징 소리가 댕댕거리다.

3 **【腔】** qiāng 빈속 강, 가락 강
❶(～子) 名 동물의 신체 내부에 비어 있는 부분. ¶鼻～ | 비강. ¶腹～ | 복강. ❷(～子) 名 轉 기물(器物)의 공간부분. ¶炉～儿 | 화로·용광로·보일러 등의 내부. ❸(～子) 名 목이 없는 동체(胴體). ❹(～儿) 名 음악의 곡조. 가락. ¶唱～儿 | 노래 곡조 ＝〔腔调(儿)〕→〔花腔〕 ❺(～儿) 名 轉 말투. 어조(語調). ¶京jīng～ | 북경 말씨. ¶山东shāndōng～ | 산동 말씨. ❻(～儿) 名 말. ¶开～ | 말하다. ¶答～ | 답하다. ❼ 量 近 마리 [도살한 양(羊)을 세는 데 쓰임] ¶一～羊 | 도살한 양 한 마리.
【腔肠动物】qiāngcháng dòngwù 名〈動〉강장동물. ¶水螅xī和水母都是～ | 히드라와 해파리는 모두 강장동물이다.
【腔调(儿)】qiāngdiào(r) 名 ❶〈演映〉강조 [중국 희곡(戲曲)에서 계통을 이루는 곡조(曲調)로 지방에 따라 「西皮xīpí」「二黄èrhuáng」 등의 강조가 있음] ❷ 말투. 어조(語調). ¶他说话的～让人恶心ěxīn | 그의 말투는 혐오감을 일어킨다 ＝〔腔口qiāngkǒu〕 ❸〈音〉가락. 곡조(曲調).
【腔骨】qiānggǔ 名 方 (식용(食用)으로 공급되는 돼지·소 등의) 척추골. ¶今天燉dùn～吃 | 오늘은 소 뼈를 고아 먹는다.
【腔子】qiāng·zi 名 ❶〈生理〉흉강(胸腔). ❷(동물의) 머리가 없는 사체(死體).

【锖(錆)】 qiāng 녹빛 창
⇒〔锖色〕
【锖色】qiāngsè 名〈色〉녹빛 [광물(礦物)이 산화되어 그 표면에 나타나는 색깔]

【镪(鏹)】 qiāng qiǎng 돈꿰미 강
A qiāng ⇒〔镪水〕
B qiǎng 名 돈꿰미. ¶白～ | 은전 꿰미.
【镪水】qiāngshuǐ 名 俗〈化〉강산(强酸) →〔强qiáng酸〕

qiáng ㄑㄧㄤˊ

【爿】 qiáng ☞ 爿 pán B

2 **【强〈彊〉】** qiáng qiǎng jiàng 강할 강, 억지로 강
A qiáng ❶ 形 강하다. 힘이 세다. 어법 「较」「很」「最」「更」「极」등 정도부사(程度副詞)의 수식을 받음. ¶身～力壮lìzhuàng | 신체가 강하고 힘이 세다. ¶富fù～ | 부강하다 ⇔〔弱ruò①〕 ❷ 形 轉 남짓하다. 남음이 있다 [분수나 소수 뒤에 쓰여

약간 더 많음을 나타냄] ¶已经超过百分之五～ | 5% 남짓 이미 초과했다. ¶四分之一～ | 4분의 1강(强) ⇔〔弱ruò④〕→〔多duō④〕❸形 의지가 강하다. 정도가 높다. ¶他的工作责任心很～ | 그는 일에 대한 책임감이 강하다. ¶党性dǎngxìng很～ | 당에 대한 충성심이 매우 높다. ❹形 (보다) 낫다. 우수하다. 좋다 어법 비교의 의미로 많이 쓰이며 개사(介詞)「比」와 함께 전목구조(介賓結構)로 쓰임. ¶他各方面的条件都比我～ | 그는 모든 면에서 조건이 나보다 낫다. ¶他游得比我～ | 그는 나보다 수영을 더 잘한다. ❺動〈漢醫〉응고되다. 굳어지다. ¶舌～不能言 | 혀가 굳어서 말을 할 수 없다. ❻動 강요〔강박〕하다. ¶～索财物 | 금전·물품을 강요하다. ❼ 억지로. 강제로. ¶～制↓ ¶～渡↓ ❽ (Qiáng) 名 성(姓).

Ⓑ qiǎng 動 강제로 하다. 무리하게 하다. 억지로 하다. ¶～笑xiào | 억지로 웃다. ¶～人所难nán↓ =〔勉强miǎnqiáng〕

Ⓒ jiàng 形 고집스럽다. 의지를 굽히지 않다. ¶她脾气píqì太～ | 그녀는 성격이 아주 고집스럽다. ¶～嘴zuǐ(儿)↓ =〔犟jiàng〕〔倔jué强〕〔崛jué强〕

Ⓐ qiáng

【强暴】qiángbào ❶形 난폭하다. 포악하다. ¶～的行为 | 사납고 포악한 행위. ❷名 사납고 포악한 세력〔사람〕 ¶不畏búwèi～ | 사납고 포악한 세력을 두려워 하지 않다.

【强辩】ⓐ qiángbiàn 名 강변(强辯). 강력한 변론(辯論). 유력한 변론(辯論) =〔善辩shànbiàn〕

ⓑ qiǎngbiàn 動 강변(强辯)하다. 생떼를 쓰다. 끝까지 우겨대다. ¶他惯于guànyú～ | 그는 늘 우겨댄다.

【强打精神】qiángdǎ jīng·shen 動組 정신을 진작시키다. 정신을 고무(鼓舞)하다〔가다듬다〕. 분발하다. ¶病得这么利害, 还～做事 | 병이 이렇게 심한데도 여전히 분발하여 일을 하다.

2【强大】qiángdà 形 강대하다. ¶科学技术kēxuéjìshù是推动tuīdòng社会发展shèhuìfāzhǎn的～力量 | 과학기술은 사회발전을 추진시키는 강력한 힘이다. ¶我国的国防力量guófánglìliàng越来越yuè～ | 우리나라의 국방력이 나날이 강대해지다. ¶敌人并不～ | 적은 결코 강대하지 않다. ¶～的国家guójiā | 강대한 국가.

2【强盗】qiángdào 名 강도. ¶～头子tóuzǐ | 강도두목 =〔近强徒tú〕〔近强人②〕〔俗打拢子的dǎlǒngzǐ·de〕

【强敌】qiángdí 名 강적. ¶打击dǎjī～ | 강적을 물리치다.

2【强调】qiángdiào 動 강조하다. 어법 목적어나 보어와 같이 쓰여 술어가 됨. 목적어로 비명사성(非名詞性) 낱말이 올 수도 있음. ¶遵纪守法问题, 请你在会上再～一下 | 회의석상에서 준법문제를 다시 강조해 주시기 바랍니다. ¶～这一点 | 이 점을 강조하다. ¶～自力更生 | 자력 갱생을 강조하다.

2【强度】qiángdù 名 ❶〈物〉강도. ¶音响yīnxiǎng～ | 음향 강도. ❷ 물체의 저항력.

【强渡】qiángdù 動〈軍〉강행 도하(强行渡河)하다. ¶～黄河Huánghé | 황하를 강행 도하하다.

【强队】qiángduì 名 강팀. 센 팀. ¶跟～决赛juésài | 강팀과 결승전 경기를 하다.

【强攻】qiánggōng 動 강공하다. 강습(强襲)하다. ¶～敌人阵地zhèndì | 적의 진지를 강공하다 =〔强袭qiángxí〕

【强固】qiánggù 形 강하고 견고하다. ¶～的工事 | 견고한 공사.

【强国】qiángguó 名 강(대)국. ¶不怕pà～的讹诈ézhà | 강대국의 위협을 두려워 하지 않다.

【强悍】qiánghàn 形 용맹스럽다. 사납다. ¶～的骑兵qíbīng | 용맹스러운 기병.

【强横】qiánghèng 形 횡포하다. 오만 무례하다. ¶瞧qiáo他那副～的样子, 你劝他也没有用 | 그의 저 오만 무례한 모양을 봐라. 그를 설득해도 소용이 없을 게다. ¶他十分～ | 그는 아주 오만무례하다 =〔强梁liáng〕

4【强化】qiánghuà 動 강화하다. ¶～国家机器guójiājīqì | 국가 기구를 강화하다.

【强击机】qiángjījī 名〈軍〉공격기.

【强记】ⓐ qiángjì 書 形 기억력이 좋다. 기억력이 뛰어나다 =〔热记rèjì〕

ⓑ qiǎngjì 動 애써 기억하다. 억지로 외우다. ¶为考试kǎoshì而～的东西不易巩固gǒnggù | 시험 때문에 억지로 외운 것은 오래가기 어렵다.

【强加】qiángjiā 動 (의견·방법 등을 받아들이도록 남에게) 강압(强壓)하다. 강요하다. 어법 목적어나 보어를 동반한 술어로 많이 쓰임. 「的」앞에서 관형어(定語) 역할을 함. 주로 나쁜 뜻으로 많이 쓰임. ¶不要～于人 | 남에게 강요하지 말아라. ¶怎能随便给别人～上各种罪名呢? | 어떻게 다른 사람에게 각종의 죄명을 강압적으로 씌울수 있을까? ¶这不过是给我～的一条罪名zuìmíng罢了bà·le | 이것은 강압적으로 나에게 씌운 죄명에 불과할 뿐이다.

【强奸】qiángjiān 動 ❶ 강간하다. ❷ 짓밟다. 유린하다. ¶～民意mínyì | 민의를 짓밟다.

【强碱】qiángjiǎn 名〈化〉강알칼리. 강염기(强鹽基).

【强健】qiángjiàn ⇒〔强壮zhuàng〕

【强劲】qiángjìng 形 강(력)하다. 세차다. ¶～的势头shìtóu | 강력한 세력

【强力】qiánglì 名 ❶ 강력. 강한 힘. ❷ 물체가 외부 힘에 저항하는 능력〔힘〕

【强力霉素】qiánglìméisù 名〈藥〉독시사이클린(doxycycline).

2【强烈】qiángliè 形 ❶ 강렬하다. ¶主观色彩sècǎi十分～ | 주관적인 색채가 아주 강하다. ¶～的欲望yùwàng | 강렬한 욕망. ¶小说发表以后, 立即引起了文坛wéntán的～反响fǎnxiǎng | 소설 발표이후에 즉각적으로 문단의 강렬한 반향을 불러 일으켰다. ¶～要求 | 강렬하게 요구하다. ❷ 선명(鮮明)하다. 뚜렷하다. ¶～的对比duìbǐ | 선명한 대조.

【强令】qiánglìng ❶名 강제 명령. ❷動 강제로 명령하다. ¶～拆除chāichú违章建筑wéizhāngjiànzhù | 무허가 건물을 철거하도록 강제 명령하다.

【强弩之末】qiángnǔ zhī mò 成 喩 쇠퇴 몰락의 처지. 힘이 다 빠진 상태. ¶你也不必怕pà他, 这也不过是～ | 너는 그를 두려워할 필요가 없다. 이것도 힘이 다 빠져 최후로 발버둥치는 것에 지나지 않는다.

【强权】qiángquán 名 강권. 권력. ¶～终于向正义zhèngyì低头dītóu | 권력은 결국 정의 앞에 무릎을 꿇었다. ¶～政治zhèngzhì | 강권 정치. 권력 정치.

【强人】qiángrén ❶ 名 강한 사람. ¶女～ | 여걸. 여장부 →〔强中自有强中手〕 ❷ ⇒〔强盗dào〕

【强弱】qiángruò 名 강약. 세기. ¶～悬殊xuánshū | 강약의 차이가 크다.

[4]【强盛】qiángshèng 形 강대하고 번성하다. 강성하다 [주로 국가의 강성함을 가리킴] ¶一个民族要～, 就必须提高tígāo全民族的科学文化水平 | 한 민족이 강성하려면 반드시 전 민족의 과학 문화 수준을 향상시켜야 한다. ¶我们的国家一天天地～起来 | 우리나라가 하루 하루 강성해졌다. ¶影响国家民族的～ | 국가와 민족의 강성함에 영향을 미치다. ¶国力～ | 국력이 강성하다.

【强手】qiángshǒu 名 ❶ 강한 수단. ❷ 강한 적수. 힘겨운 상대. ❸ 수준이 높고 능력이 강한 사람.

【强似】qiángsì 書 (…보다) 낫다. (…을) 초과〔상회〕하다. ¶今年的秋收qiūshōu～去年 | 금년의 추수는 작년보다 낫다. ¶进攻jìngōng～退守tuìshǒu | 공격이 방어보다 낫다 =〔强如qiángrú〕〔强煞qiángshà〕〔强于〕

【强酸】qiángsuān 名〈化〉강산 =〔俗 镪qiāng水〕⇔〔弱酸ruòsuān〕

【强项】qiángxiàng ❶ 書 形 (남에게 굴복하지 않고) 강직하다. ❷ 名〈體〉(실력이) 강한 운동종목.

【强心剂】qiángxīnjì 名〈藥〉강심제.

【强行】qiángxíng 動 강행하다. ¶～军jūn | 강행군.

【强凶霸道】qiáng xiōng bà dào ⇒〔横héng行霸道〕

【强压】qiángyā 動 강압하다. ¶～怒火nùhuǒ | 노기를 억누르다.

【强硬】qiángyìng 形 ❶ 강경하다. ¶对方的态度tàidù～得很, 听不进我们的意见 | 상대방의 태도가 너무 강경하여 우리들의 의견을 들어주지 않는다. ¶～路线lùxiàn | 강경 노선. ¶～派pài | 강경파. ❷ 강(력)하다. ¶提出～抗议kàngyì | 강력한 항의를 하다. ¶他是一个不可轻视qīngshì的～对手 | 그는 얕볼수 없는 강(력)한 상대이다.

【强有力】qiángyǒulì 狀 ❶ 강력하다. 유력하다. 힘세다. ¶～的人 | (의지가) 강한 사람. ❷ 권세가 강대하다.

【强占】qiángzhàn 動 강점하다. ¶～土地tǔdì | 토지를 강점하다.

【强者】qiángzhě 名 강자. 강한 사람. ¶真正的～不是要压倒yādǎo一切, 而是不被一切压倒 | 진정한 강자는 모든 것을 압도하려 하지 않고 어떤 것에도 압도되지 않는다. ¶在激烈jīliè的角逐jiǎozhú与竞争jìngzhēng中, 她成了～ | 격렬한 각축과 경쟁 속에서 그는 강자가 되었다. ¶时代～ | 시대의 강자.

【强直】qiángzhí 名〈醫〉(근육·관절 등의) 강직(强直). 경직.

[4]【强制】qiángzhì ❶ 名 강제. 강압. ¶受他国～ | 다른 나라의 강압을 받다. ¶～处分chǔfēn | 강제처분. ¶～保险bǎoxiǎn | 강제 보험. ¶～劳动láodòng | 강제 노동. ❷ 動 강제하다. 강압하다. ¶～实施shíshī | 강제적으로 실시하다. 강압하여 실시하다. ¶不可～他 | 그를 강압적으로 해서는 안된다. ¶～执行zhíxíng | 강제 집행하다.

【强中自有强中手】qiángzhōng zì yǒu qiángzhōngshǒu 諺 강한 자 위에 더 강한 자가 있다. 뛰는 놈 위에 나는 놈 있다 =〔一尺的蝎xiē子碰见丈八的蜈蚣wúgōng〕

【强壮】qiángzhuàng 形 강건하다. 건장하다. ¶由于坚持jiānchí体育锻炼duànliàn, 他的身体越来越～了 | 지속적으로 체육을 통하여 단련을 해왔기 때문에 그의 몸은 갈수록 건장해졌다. ¶他变得十分～ | 그는 아주 강건해졌다. ¶～的小伙子 | 건장한 젊은이 =〔强健qiángjiàn〕

【强壮剂】qiángzhuàngjì 名 강장제 =〔补剂bǔjì〕

Ⓑ qiǎng

【强逼】qiǎngbī ⇒〔强迫pò〕

【强辩】qiǎngbiàn ☞〔强辩〕qiángbiàn ⓑ

【强词夺理】qiǎng cí duó lǐ 成 이치에 맞지 않는 말로 억지를 쓰다. 맞지 않는 말로 억지를 부리다. 생떼(거리)를 쓰다. ¶他一向～, 自以为是 | 그는 늘 사리에 맞지 않는 말을 하며 자기가 옳다고 우긴다 =〔抢qiǎng词夺理〕

【强记】qiǎngjì ☞〔强记〕qiángjì ⓑ

【强留】qiǎngliú 動 억지로 만류하다. 억지로 붙들다. ¶～他在家吃饭 | 집에서 식사를 하고 가라고 억지로 그를 붙들다.

【强派】qiǎngpài 動 ❶ 강요하다. 억지로 시키다. ¶～他们担任dānrèn这个职务zhíwù | 그들에게 억지로 이 일을 맡기다. ❷ (물건을) 억지로 떠맡기다. ¶～报纸bàozhǐ | 신문을 강매하다. ❸ 무리하게 파견하다.

[3]【强迫】qiǎngpò 動 강박하다. 강요하다. 핍박하다. 강제로 시키다. ¶～服从fúcóng | 복종하도록 강요하다. ¶～他脱离tuōlí关系guān·xi | 관계를 끊도록 그에게 강요하다 =〔强逼bī〕

【强求】qiǎngqiú 動 강요하다. 무리하게 요구하다. ¶这事由你作主, 妈不～你 | 네 일은 네가 알아서 하는 것이니 이 엄마는 강요하지 않겠다. ¶～让步ràngbù | 양보를 강요하다.

【强人所难】qiǎng rén suǒ nán 成 어려운 일 또는 하기 싫은 일을 남에게 억지로 강요하다. ¶他不会唱戏chàngxì, 你偏要他唱, 这不是～吗? | 그는 희곡을 부를 줄 모르는데 계속 해보라고 하는 것은 좀 심하지 않습니까?

【强忍】qiǎngrěn 動 억지로 참다. ¶他～着愁苦chóukǔ, 也笑一下回答说 | 그는 근심을 애써 숨기고서 웃는 얼굴로 대답했다.

【强使】qiǎngshǐ 動 억지로 …하게 하다〔시키다〕 ¶～服从fúcóng | 억지로 복종시키다.

【强颜欢笑】qiǎng yán huān xiào 動組 成 억지로 즐겁고 기쁜 듯한 얼굴을 하고 웃다. 쓴 웃음을

짓다. ¶她为了生活, ～, 接待jiēdài嫖客piáokè | 그녀는 먹고 살기 위해서 억지로 웃음을 지으며 손님을 접대했다 =〔强颜为笑〕

Ⓒ jiàng

【强劲儿】jiàng/jìnr ❶動 고집하다. 생떼쓰다. ❷(jiàngjìnr) 名 생고집. 생떼. ¶他有一股gǔ～ | 그는 고집이 세다.

【强嘴(儿)】jiàng/zuǐ(r) 動 ❶ 말대꾸하다. 말대답하다 =〔顶嘴dǐngzuǐ〕 ❷ 자기 주장을 고집하다. 강변하다. ¶强了半天嘴bàntiānzuǐ | 한참 동안 강변하였다 ‖ =〔犟嘴jiàngzuǐ〕

1【墙(墻)〈牆〉】qiáng 담 장 名 ❶ 벽. 담. ¶一堵dǔ～ | 담장 하나. ¶砖zhuān～ | 벽돌 담벽. ❷(～子) 격벽(隔壁). 기물(器物)에서 담 모양의 것. 칸막이 구실을 하는 부분→〔风墙〕 ❸(～子) 과실(果實)·종자(種子)의 속껍질. ¶核桃hétáo～子 | 호도 껍질 속의 격피.

【墙报】qiángbào 名 벽신문. ¶～牌pái | 벽신문 게시판 =〔壁报bìbào〕→〔大字报〕

3【墙壁】qiángbì 名 ❶ 벽. ¶白色的～ | 흰색의 벽 ❷(벽돌로 쌓은) 담. 담장 =〔書 墙垣yuán〕

【墙倒屋塌】qiáng dǎo wū tā 成 담도 무너지고 집도 부서지다. 형편없이 부서지다. ¶把这个小村庄cūnzhuāng弄得～ | 이 작은 마을을 형편없이 부서버렸다.

【墙倒众人推】qiáng dǎo zhòngrén tuī 諺 무너지는 담을 여러 사람이 다시 달려들어 밀다. 곤란에 처한 사람에게 뭇사람이 달려들어 더 어렵게 하다. 불난 집에 부채질하다.

【墙根(儿)】qiánggēn(r) 名 ❶ 담〔벽〕의 밑. ¶挖wā～ | 담의 밑을 파다. 轉 근본을 파헤치다 =〔墙根(儿)底〕 ❷ 성벽의 부근.

【墙脚】qiángjiǎo 名 ❶ 담·벽의 토대(土臺). ❷ 喩 기초. 기반. 토대. ¶挖wā～ | 기반을 무너뜨리다 ‖ =〔墙基qiángjī〕

【墙裙】qiángqún 名〈建〉징두리 벽판 =〔护壁hùbì〕

【墙头】qiángtóu 名 ❶(～儿) 담·벽의 꼭대기 또는 윗부분 [「墙顶儿」보다 범위가 넓음] ❷ 方 낮고 짧은 담장.

【墙头草】qiángtóucǎo 名 ❶ 담꼭대기에 난 풀. ❷ 喩 줏대가 없는 사람. 주견이 없는 사람. 기회주의자.

【墙头草, 两边倒】qiángtóucǎo, liǎngbiān dǎo 歇 담 꼭대기의 풀이 양쪽으로 휘어지다〔기울어지다〕 양다리를 걸치다. 줏대가 없이 이러저리 뒤흔들리다. ¶他是～, ～ | 그는 양다리 걸치고 있다 =〔墙头草, 两面倒〕〔墙头草, 随风倒suífēngdǎo〕〔墙头草, 风吹四面倒〕〔墙上一蔸草dōucǎo, 风吹两边倒〕

【墙头诗】qiángtóushī ⇒〔街jiē头诗〕

【墙有缝, 壁有耳】qiáng yǒu fèng, bì yǒu ěr 諺 담에 눈이 있고, 벽에 귀가 있다. 낮말은 새가 듣고 밤말은 쥐가 듣는다. ¶要注意zhùyì～ | 담에도 눈이 있고 벽에도 귀가 있으니 말조심 하세요 =〔隔墙有耳〕

【嫱(嬙)】qiáng 궁녀 장 書 名 고대 궁정(宮廷)의 여관(女官). 궁녀.

【嫱媛】qiángyuán 書 名 궁빈(宮嬪).

【蔷(薔)】qiáng sè 장미 장, 물여뀌 색

Ⓐ qiáng ⇒〔蔷薇〕

Ⓑ sè 書 名〈食〉물여뀌 =〔蓼liǎo①〕〔水蓼〕

【蔷薇】qiángwēi 名〈植〉장미. ¶～花开 | 장미꽃이 피다. ¶多花～ =〔野蔷薇yěqiángwēi〕| 들장미 =〔方 离娘草líniángcǎo〕〔俗 玫瑰méiguī〕〔書 媚mèi客〕

【樯(檣)〈艢〉】qiáng 돛대 장 書 名 돛대. ¶帆fān～林立 | 돛대가 수풀처럼 일어서다.

qiǎng ㄑㄧㄤˇ

2【抢(搶)】qiǎng qiāng 빼앗을 창, 부딪칠 창

Ⓐ qiǎng 動 ❶ 빼앗다. 강탈하다. 약탈하다. ¶～了一张票 | 표 한 장을 강탈하다. ¶～东西 | 물건을 빼앗다. ¶他把我的皮包píbāo～走了 | 그는 나의 가방을 빼앗아갔다. ¶一件～案àn | 한 건의 강탈 사건. ❷ 앞을 다투어 …하다. ¶～着报名 | 앞다투어 등록하다. ¶～先 | 선두다툼을 하다. 앞서려고 싸우다. ¶～步上前 | 앞다투어 나아가다. ❸ 닦다. 벗겨내다. ¶～锅底 | 솥 밑을 닦아내다. ¶锅底guōdǐ有锅巴guōbā, ～一～再洗 | 가마솥 밑에 눌은 밥이 있으니, 좀 닦아내고 씻어라. ❹(칼·가위 등을) 갈다. ¶～菜刀càidāo | 식칼을 갈다. ❺(물체의 표면·피부 등이) 벗겨지다. 벗기다. ¶手心～掉了一块皮 | 손의 피부가 벗겨지다. ¶～树皮shùpí | 나무껍질을 벗기다. ❻ 급히 서둘러 하다. ¶～收～种 | 서둘러 수확하고 서둘러 파종하다.

Ⓑ qiāng ❶ 書 動 (강하게) 부딪치다. 닿다. ¶呼天～地 =〔抢地吁yù天〕〔抢地呼天〕| 成 대성 통곡하다. ❷「戗」과 같음 ⇒〔戗qiāng①〕

Ⓐ qiǎng

【抢白】qiǎngbái 動 ❶(면전에서) 풍자하다. 책망〔타박〕하다. 꾸짖다. ¶当面～了几句 | 면전에서 몇 마디 타박을 주다. ¶吃～ | 타박을 당하다. ❷ 말대꾸하다. 반박하다.

【抢步】qiǎngbù 動 발걸음을 재촉하다. 급히 가다. ¶他～上前 | 그는 발걸음을 재촉하여 앞으로 나아갔다.

【抢渡】qiǎngdù 動〈軍〉(시간을 다투어) 빨리 건너다. 신속하게 도하하다. ¶～长江Chángjiāng | 신속하게 양자강을 건너다.

【抢夺】qiǎngduó 動 빼앗다. 강탈하다. ¶～市场shìchǎng | 시장을 탈취하다. ¶～胜利果实shènglìguǒshí | 승리의 결실을 강탈하다.

【抢匪】qiǎngfěi 名 강도. 비적. ¶消灭xiāomiè～ | 비적을 소탕하다 =〔老抢儿qiǎng'ér〕

【抢购】qiǎnggòu 動 앞을 다투어 사다. ¶～粮食liángshí | 식량을 앞 다투어 사다. ¶～石油shíyóu | 석유를 앞다투어 사다 =〔粵 炒chǎo买①〕〔扯chě购〕〔争zhēng买〕

【抢光】qiǎngguāng 動 모조리 빼앗다. 하나도 남

김없이 빼앗다. ¶家里的东西我们都～了 | 집안의 물건을 우리는 모조리 빼앗겼다. 집안의 물건을 우리는 하나도 남김없이 빼앗았다.

4【抢劫】qiǎngjié 動 (재물을) 빼앗다. 약탈하다. 강탈하다. 강도질하다. ¶～路人lùrén | 행인을 강탈하다. ¶～案àn＝〔抢案qiǎngàn〕| 강도 사건.

4【抢救】qiǎngjiù 動 (긴급하고 위험한 상황에서) 급히 구조하다. 어법 목적어·보어와 함께 술어로 쓰임. 관형어(定語)·목적어로 쓰이기도 함. ¶～伤人shāngrén | 부상자를 구조하다. ¶把受灾群眾～了出来 | 재난을 당한 군중을 빨리 구조해내다. ¶～人员在黑暗中全力～旅客 | 구조대원들은 어두움속에서 전력으로 여행객을 구조했다. ¶经～, 她脱离tuōlí了危险wēixiǎn | 그녀는 즉각적인 구조를 통해 위험을 벗어났다→〔抢修qiǎngxiū〕

【抢路】qiǎnglù 動 다투어 길을 가다. 길을 서두르다.

【抢掠】qiǎnglüè 動 (재물을) 약탈하다. 강탈하다＝〔暴bào掠〕

【抢前】qiǎngqián 動 ❶ (공간적으로) 앞을 다투다. 앞으로 다투어 나오다. ¶他在后头不敢～ | 그는 뒷쪽에 있으면서 감히 앞으로 나아가려 하지 않는다. ❷ 앞당기다. ¶工期～了一个月 | 공사기간이 한 달 앞당겨졌다→〔抢先(儿)〕〔争先〕

【抢亲】qiǎng/qīn 動 (도적 등과 같은 사람이 부녀자를 약탈하여) 강제로 혼인하다.

【抢球】qiǎngqiú 〈體〉❶ 動 (축구와 같은 구기 종목에서) 공을 다투다. 공을 빼앗다. ❷ 名 (농구에서) 헬드 볼(held ball)＝〔争球zhēngqiú①〕

【抢墒】qiǎngshāng 動 (땅이 습기가 많을 때) 서둘러 파종하다. 빨리 빨리 씨앗을 뿌리다→〔墒〕

【抢收】qiǎngshōu 動 (다 익은 농작물이 피해를 받지 않도록) 서둘러 수확하다. 급히 거두어들이다. ¶～麦子màizǐ | 보리를 서둘러 수확하다.

【抢手】qiǎngshǒu 形 方 잘 팔리다. 환영을 받다. ¶这种西装xīzhuāng在市面shìmiàn上很～ | 이 양복은 시장에서 잘 나가는 옷입니다.

【抢先(儿)】qiǎng/xiān(r) 動 (시간적으로) 앞을 다투다. ¶～购买gòumǎi | 앞을 다투어 사다＝〔抢头qiǎngtóu〕→〔抢前〕〔争zhēng先〕

【抢险】qiǎngxiǎn 動 긴급 구조하다. 응급 조치하다. ¶～队duì | 구조대.

【抢修】qiǎngxiū 動 ❶ 서둘러 건설하다. 시간을 다투어 건설하다. ¶～公路 | 도로를 급히 건설하다. ¶～铁路tiělù | 철도를 서둘러 건설하다. ❷ 응급 수리를 하다. 급히 수리하다. ¶～河堤 | 강둑을 급히 보수하다→〔抢救qiǎngjiù〕

【抢运】qiǎngyùn 動 시간을 다투어 옮기다. 급히 나르다. ¶～物资wùzī | 물자를 급히 나르다.

【抢占】qiǎngzhàn 動 ❶ 앞을 다투어 점령하다. ¶～据点jùdiǎn | 앞을 다투어 거점을 점령하다. ❷ 불법으로 점유하다. 탈취 점거하다. ¶外国兵～了我们的地方 | 외국군사가 우리 땅을 점거했다. ¶～财产cáichǎn | 재산을 불법으로 점유하다.

【抢种】qiǎngzhòng 動 (때에 맞추어) 서둘러 파종하다.

【抢走】qiǎngzǒu 動 강탈하여 도망가다. 빼앗아가다. ¶～钱袋qiándài | 돈주머니를 강탈해가다.

【抢嘴】qiǎngzuǐ 動 ❶ 方 앞다투어 말하다. ¶按次序cìxù发言, 谁也别～! | 순서대로 말을 하고, 누구라도 앞다투어 발언하지 말아! ❷ 앞다투어 먹다. 빼앗아 먹다. ¶赶走这只～的鸡jī! | (먹이를) 빼앗아 먹는 이 닭을 쫓아 버려라! ❸ 남의 말을 가로채다. 말참견하다.

Ⓑ qiāng

【抢辙儿】qiāngzhér 動 거스르다. 위반하다＝〔戗辙儿〕

【羟(羥)】qiǎng (수산기 강) 名 〈化〉 수산기(水酸基). 히드록실기. ¶～丁酮tóng | 아세톤(acetone)

【羟基】qiǎngjī 名 〈化〉 수산기. 히드록실기＝〔氢氧基qīngrǎngjī〕

【强】qiǎng ☞ 强 qiáng Ⓑ

【襁〈繦〉】qiǎng 띠 강, 포대기 강 書 名 (아이를 업는) 띠. 포대기. 강보(襁褓).

【襁褓】qiǎngbǎo 書 名 강보. 포대기. ¶在～中 | 아직 젖먹이 아이이다.

【镪】qiǎng ☞ 镪 qiāng Ⓑ

qiàng ㄑㄧㄤˋ

【呛】qiàng ☞ 呛 qiāng Ⓑ

【戗】qiàng ☞ 戗 qiāng Ⓑ

【炝(熗)】qiàng 데칠 창, 삶을 창 ❶ 名 야채·조개류·새우 등을 뜨거운 물에 살짝 데친 다음, 간장·식초 등을 넣고 무치는 요리법. ¶～芹qín菜 | 〈食〉 미나리 무침. ❷ 動 (고기·야채 등을) 기름에 살짝 볶은 다음 양념과 물을 넣고 삶다. ❸「戗」와 같음⇒〔戗qiàng②〕

【跄(蹌)〈蹡〉】qiàng qiāng 비틀거릴 창, 춤출 창

Ⓐ qiàng ⇒〔跄踉〕

Ⓑ qiāng ⇒〔跄跄〕

【跄踉】qiàngliàng 動 (걸음이) 비틀거리다. 비트적거리다. ¶他～了几步 | 그는 몇 걸음 비틀거렸다＝〔踉跄〕

【跄跄】qiāngqiāng 書 狀 조심스럽게 걷다. 사뿐사뿐 걷다.

【锖】qiàng ☞ 锖 qiāng Ⓑ

qiāo ㄑㄧㄠ

【悄】qiāo ☞ 悄 qiǎo Ⓑ

【硗(磽)〈墝〉】qiāo 메마를 교 書 形 (땅이) 메마르다. 척박하다. ¶地有肥féi～ | 땅에는 기름진 곳과 메마른 곳이 있다.

【硗薄】qiāobó 書 形 ❶ (토지가) 메마르다. 척박하다. ¶～之地 | 메마른 땅＝〔硗瘠qiāojí〕〔硗确

qiāoquè〕❷ (인정이) 메마르다. ¶人情越来越～了 | 인정이 갈수록 메말라 간다.

【硗瘠】qiāojí ⇒〔硗薄báo①〕

【硗确】qiāoquè ⇒〔硗薄báo①〕

【跷(蹺)】qiāo 들 교
❶動 (손가락을) 세우다. (다리를) 들다. ¶～着大拇指dàmǔzhǐ | 엄지손가락을 세우다. ❷動 발돋움하다. ¶许多人～起脚qǐjiǎo, 争着看墙报qiángbào | 많은 사람들이 발돋움해가며 앞 다투어 벽보를 보고 있다. ❸ ⇒〔高跷gāoqiāo〕❹ ⇒〔跷蹊qī〕❺名 중국 전통극에서 배우가 전족(纏足)한 여자로 분장할 때 발에 끼는 소품.

【跷脚】qiāo/jiǎo ❶動 발돋움하다. ¶～看大字报 | 발돋움하여 대자보를 보다. ❷ (qiāo jiǎo) 名 절름발이. ¶他爸爸是个～ | 그의 아버지는 절름발이이다.

【跷课】qiāo/kè 動俗台 결석하다. 수업을 빼먹다. 땡땡이 치다.

【跷蹊】qiāo·qi ❶形 괴이하다. 괴상하다. 이상하다. 수상쩍다. ¶这事件很～ | 이 사건은 아주 괴상하다. ❷名 수상〔이상〕한 점. 곡절. 연유. ¶一定要探明其中的～ | 그 속의 수상한 점을 반드시 밝혀 내겠다. ‖ =〔蹊qī跷〕

【跷跷板】qiāoqiāobǎn 名 시소 =〔翘qiào翘板〕〔压板儿yābǎnér〕

【雀】qiāo ☞ 雀 què Ⓒ

4【锹(鍬)〈鍫〉】qiāo 가래 초
名 삽. 가래. ¶铁tiě～ | 삽. ¶挖wā一～深 | 삽 하나 깊이로 파다 →〔铲chǎn〕〔锨xiān〕

【劁】qiāo 불깔 초
動 (가축을) 거세하다. 불까다. ¶～羊 | 양을 거세하다. 거세한 양 →〔骟shàn〕〔阉yān〕

2【敲】qiāo 두드릴 고
動 ❶ 치다. 두드리다. 때리다. ¶～门↓ ¶～锣luó↓ ❷口 속이다. 사기치다. (금품을) 속여 빼앗다. ¶他～了一包烟 | 그는 담배 한 갑을 사취했다. ¶给～去五块钱 | 5원을 사취당했다. ¶～竹杠zhúgāng↓ ¶不敢想这个傻shǎ子是～人的 | 이 멍청이가 사람을 속이리라고는 생각지도 못했다. ❸ 사리(事理)를 연구하다. 깊이 생각하다. ¶～定↓ →〔推敲tuīqiāo〕

【敲边鼓(儿)】qiāo biāngǔ(r) 動組 (옆에서) 두둔하다. 부추기다. 선동하다. 역성〔편을〕 들다. ¶有人～, 他更生气了 | 어떤 사람이 옆에서 부추겨서 그는 더욱 화를 냈다 =〔敲边儿〕〔敲锣边儿〕〔打边鼓〕〔煽小蒲扇儿 shānxiǎopúshànér〕〔说小话〕

【敲打】qiāo·da 動 ❶ 치다. 두드리다. ¶～锣鼓luógǔ | 징과 북을 치다 =〔敲击qiāojī〕❷方 (말로) 약을 올리다. 부아를 돋우다. ¶用冷语lěngyǔ～ | 비꼬는 말로써 약을 올리다. ❸京 알아 듣게 말하다. 일깨워 주다. ¶二流子游手好hào闲惯xiánguàn了, 总得勤～才能改造过来 | 쓸모 없는 놈팽이들은 빈들빈들 노는 데 푹 젖어 있어서, 하나 하나 잘 일깨워 주어야 버릇을 고칠 수 있다.

【敲定】qiāodìng 動 ❶ 최종적으로 결정하다. 검토하여 결론을 내다. ¶～航空协定问题 | 항공 협정 문제에 대해 검토하고 결론을 내다. ❷俗 결혼 약속을 하다.

【敲杆】qiāogǎn 動俗台 당구치다 =〔打撞zhuàng球〕→〔打网子〕

【敲骨吸髓】qiāo gǔ xī suǐ 成 골수를 짜내다. 피땀을 짜내다. 고혈을 짜내다. ¶资本家zīběnjiā～, 残酷cánkù剥削bōxiāo工人 | 자본가는 잔혹하게도 노동자의 피땀을 짜내서 갈취했다.

【敲击】qiāojī ⇒〔敲打dǎ①〕

【敲锣】qiāo/luó 動 징을 치다 =〔打锣dǎluó〕

【敲锣打鼓】qiāoluó dǎgǔ 動組 징을 치고 북을 울리다. 야단법석을 떨다. ¶村民们～欢迎县长来临 | 마을 사람들은 징을 치고 북을 울리며 현장의 왕림을 환영했다. ¶～地热闹rènào极了 | 야단법석을 떨며 매우 흥청거렸다 =〔敲锣击jī鼓〕

【敲门】qiāo mén ❶ 문을 두드리다. 노크하다. ❷ 방문하다 ‖ =〔打门dǎmén〕〔拍门pāimén〕

【敲门砖】qiāoménzhuān 名喻 출세 수단. 입신양명의 수단. ¶参加科举考试kējǔkǎoshì是走上仕途shìtú的～ | 과거시험은 벼슬길로 나가는 발판이다. ¶把读书当成～ | 학문을 출세의 수단으로 삼다.

【敲响】qiāoxiǎng 動 두드려 울리다〔소리를 내다〕 ¶～丧钟sāngzhōng | 조종(弔鐘)을 울리다. 사망〔멸망〕에 이르다.

【敲诈】qiāozhà 動 (남의 재물을) 사기〔공갈〕쳐서 빼앗다〔갈취하다〕 협잡하다. ¶～钱财 | 사기〔공갈〕쳐서 금품을 갈취하다.

【敲竹杠】qiāo zhúgàng 動組 남의 약점을 이용하여 바가지를 씌우다〔재물을 뜯어내다〕 ¶我常遭zāo到他～ | 나는 늘 그에게 속아 바가지를 쓴다 =〔敲钉锤dīngchuí〕

【缲(繰)〈繑�醡A幧A帩A〉】qiāo sāo zǎo 공그를 교/조, 켤 소, 〈머리띠 초〉

Ⓐ qiāo ❶動 (바느질에서) 공그르다. ¶～边儿 | 가장자리를 공그르다. ❷名 옛날, 남자들의 머리띠. 두건.

Ⓑ sāo 「缫」와 같음 ⇒〔缫sāo〕

Ⓒ zǎo 「缫」와 같음 ⇒〔缫zǎo〕

【橇】qiāo 썰매 취/교
名 ❶ 썰매 [옛날, 진흙 위를 갈 때 사용하던 탈 것]

qiáo ㄑㄧㄠˊ

4【乔(喬)】qiáo 높을 교
❶書形 높다. ¶～木 | 키 큰 나무. ¶～岳yuè | 높은 산. ❷書動 분장하다. 변장하다. 속이다. ¶～装打扮zhuāngdǎbàn | 변장·분장하다. ❸書形 못되다. 교활하다 [원명(元明)소설·희곡 등에 자주 나오는 욕] ¶不晓事xiǎoshì的～男女 | 사리를 분별하지 못하는 못된 것들. ❹ (Qiáo) 名 성(姓).

【乔戈里谬】Qiágēlǐ fēng 名外 〈地〉 케 이 투 봉

(K2峰).
【乔木】qiáomù 名〈植〉교목. ¶深山出～ | 깊은 산에서 교목이 생산되다→〔灌guàn木〕
【乔其纱】qiáoqíshā 名外〈紡〉조젯(georgette). 깔깔이. ¶～衬衫chènshān | 조젯 샤쓰 =〔透明绉纱tòumíngzhòushā〕
【乔迁】qiáoqiān 動敬 더 좋은 곳으로 이사하다. ¶恭贺gōnghè～之喜xǐ | 이사를 축하드립니다 =〔迁乔qiānqiáo〕→〔搬家①〕
【乔治敦】Qiáo zhìdūn 名外〈地〉조지타운(Georgetown) [「圭亚那Guīyànà」(가이아나;Guyana)의 수도이며, 드마라라(Demerara)강 하구에 위치한 항구도시]
4【乔装】qiáozhuāng ❶動 변장하다. 가장하다. ¶～改扮gǎibàn | 변장하다. ❷名 변장. 가장. ¶做了一番fān～ | 변장을 하다. ‖ =〔乔妆zhuāng〕

3【侨(僑)】qiáo 우거할 교
❶動 외국에서 살다. ¶～居于外国的韩国人 | 외국에 거주하는 한국인. ❷名 해외 거주자. 교민. ¶外wài～ | 외국인 거류민. ¶华huá～ | 해외 거주 중국인. ❸ (Qiáo) 名 성(姓).
4【侨胞】qiáobāo 名 교포. 해외 동포. ¶欢迎huānyíng～回国定居 | 해외 동포가 귀국하여 정착하는 것을 환영하다. 역이민하는 것을 환영하다.
【侨汇】qiáohuì 名 교포로부터의 송금(해 온 돈).
【侨居】qiáojū 動 타향에 거주하다. 외국에서 살다. ¶他～韩国二十年了 | 그는 한국에서 20년간 거류했다 =〔侨寓qiáoyù〕
【侨眷】qiáojuàn 名 해외동포의 본국 거주 가족〔친족〕 ¶优待yōudài～ | 해외동포의 본국 거주 가족을 우대하다=〔侨属qiáoshǔ〕
【侨民】qiáomín 名 ❶ 해외 동포. 교민. ¶保护bǎohù～ | 교민을 보호하다. ❷ 본국 거주 외국인.
【侨属】qiáoshǔ ⇒〔侨眷juàn〕
【侨务】qiáowù 名 해외 교민에 관한 사무. ¶～局 | 교민 사무국. ¶～委员会 | 교민 사무위원회.
【侨乡】qiáoxiāng 名 귀국 교포나 교포의 본국 거주 가족이 많이 있는 지역. ¶在～设立专门的小学校 | 교구에 전문적인 소학교를 설립하다 =〔侨区〕
【侨资】qiáozī 名 해외 동포가 본국에 투자한 자금. ¶引进～ | 해외 동포의 자금을 끌어들이다.

【峤】qiáo ☞ 峤 jiào B

【荞(蕎)〈荍〉】qiáo 메밀 교
名〈植〉메밀=〔荞麦〕
【荞麦】qiáomài 名〈植〉메밀 =〔乔麦〕〔花麦〕〔甜荞麦〕
【荞麦面】qiáomàimiàn 名〈食〉메밀 국수.

1【桥(橋)】qiáo 다리 교
名❶ 다리. 교량. ¶一座～ | 다리 하나. ¶铁tiě～ | 철교. ¶石～ | 돌다리. ❷〈體〉(텀블링의) 브리지(bridge). ❸ (Qiáo) 성(姓).
【桥洞(儿)】qiáodòng(r) ⇒〔桥孔kǒng〕
【桥墩】qiáodūn 名 교각(橋脚) [다리의 하부 구조를 이루는 부분] =〔桥根gēn(儿)〕
【桥根(儿)】qiáogēn(r) ⇒〔桥墩〕
【桥涵】qiáohán 名「桥梁qiáoliáng①」(교량) 과 「涵洞hándòng」(배수로).
【桥基】qiáojī 名 교각(橋脚). ¶修筑xiūzhù～ | 교각을 수축하다.
【桥孔】qiáokǒng 名 교각(橋脚) 사이의 아치형으로 된 구멍〔공간〕=〔口桥洞dòng(儿)〕〔桥空〕〔桥眼〕
2【桥梁】qiáoliáng 名 ❶〈土〉교량. ¶保护bǎohù～ | 교량을 보호하다. ❷喻 매개. 다리. ¶起～作用zuòyòng | 중간 매개 역할을 하다. 다리 역할을 하다.
【桥牌】qiáopái 名 (카드 놀이의) 브리지(bridge). ¶打～ | 브리지를 하다.
【桥头】qiáotóu 名 다리 근처 =〔桥堍tù〕
【桥头堡】qiáotóubǎo 名 ❶〈軍〉교두보. ❷ 교탑(橋塔). ❸ 교두보. 거점(據點). 발판. ¶大学成了民主运动mínzhǔyùndòng的～ | 대학이 민주화 운동의 교두보가 되었다.
【桥堍】qiáotù ⇒〔桥头〕

【硚(礄)】qiáo 땅이름 교
지명에 쓰이는 글자. ¶～头 | 교두 [사천성(四川省)에 있는 지명]

【鞒(鞽)】qiáo 안장턱 교
書名 말 안장의 턱.

【谯(譙)】qiáo qiào 문루 초, 꾸짖을 초
A qiáo 名 ❶ 성문(城門) 위의 망루(望樓). ❷ (Qiáo) 성(姓).
B qiào 動 비난하다. 꾸짖다. 책망하다 =〔诮qiào〕
【谯楼】qiáolóu 書名 문루(門樓). 고루(鼓樓) =〔谯橹〕〔谯门①〕
【谯橹】qiáolǔ ⇒〔谯楼〕
【谯门】qiáomén ❶ ⇒〔谯楼〕 ❷書名 초루(譙樓)의 문.

【憔〈顦癄〉】qiáo 파리할 초
⇒〔憔悴〕〔憔虑〕
【憔悴】qiáocuì 形 ❶ (얼굴이나 몸이) 초췌하다. 파리하다. 핼쑥하다. 어법 술어로 사용되며 보어와 함께 쓰이기도 함. 일반적으로 사람을 묘사할 때 사용하며 사물을 표현할 때는 의인법을 이용하여 표현함. ¶他面容～ | 그는 얼굴이 초췌하다. ❷ (식물 등이) 시들시들하다. ¶刮guā了一夜的秋风qiūfēng, 花木都显得～了 | 하루 저녁의 가을 바람에 꽃과 나무가 시들시들해졌다 ‖ =〔蕉萃jiāocuì〕
【憔虑】qiáolǜ 書動 애태우며 생각하다. 노심초사하다. ¶～异常 | 매우 초조하다.

【蕉】qiáo ☞ 蕉 jiāo B

【樵】qiáo 땔나무 초
❶名方 땔나무. ¶采cǎi～ | 땔나무를 하다→〔柴chái①〕〔柴火cháihuǒ〕 ❷動 나무를 하다. ¶～夫↓ ❸名 나무꾼. ¶渔yú～ | 어부와 나무꾼.
【樵夫】qiáofū 書名 나무꾼. ¶向～问路 | 나무꾼에게 길을 묻다 =〔樵户hù〕〔樵客kè〕〔樵子〕
【樵户】qiáohù ⇒〔樵夫〕
【樵客】qiáokè ⇒〔樵夫〕

【樵子】qiáozǐ ⇒〔樵夫〕

2【瞧】qiáo 볼 초

動口 ❶ 보다. 구경하다. (시험)해 보다. ¶等着～｜두고 보자. ❷ (병을) 진찰하다. ¶请大夫dàifū～病｜의사를 불러 진찰받다. ❸ 방문하다. ¶他～亲戚去了｜그는 친척을 방문하러 갔다.

【瞧扁】qiáobiǎn 動 京 깔보다. 경멸시하다. ¶千万不可把人～了!｜절대로 사람을 깔보지 마세요!

【瞧不起】qiáo ·bu qǐ ⇒〔看kàn不起〕

【瞧不上(眼儿)】qiáo ·bu shàng (yǎnr) ⇒〔看kàn不上(眼)〕

【瞧得起】qiáo ·de qǐ ⇒〔看kàn得起〕

【瞧得上】qiáo ·de shàng ⇒〔看kàn得上〕

【瞧见】qiáo/·jiàn ⇒〔看kàn见〕

【瞧上】qiáo·shang ⇒〔看kàn上〕

【瞧香(头)的】qiáoxiāng(tóu) 名 方 무당. 무녀. 박수. ¶他奶奶nǎinǎi是～｜그의 할머니는 무당이다.

3【翘(翹)】qiáo qiào 발돋움할 교, 들 교

Ⓐ qiáo ❶ 動 (머리나 발을) 들다. 발돋움하다. ¶～脚jiǎo｜발돋움하다. ¶～足而观zúérguān｜발돋움하여 보다. ❷ 動 (건조해져서) 뒤틀리다. 휘어지다. ¶木板子～棱léng了｜널판지가 휘어졌다→〔翘棱·leng〕 ❸ 動 (곧추) 세우다. ¶～起小指xiǎozhǐ｜새끼손가락을 세우다. ¶～着尾巴wěibā｜꼬리를 세우고 있다. ❹ 形 뛰어나다. 걸출하다. ¶～才↓ ❺ 書 名 인재. ¶邦家bāngjiā之～｜한 나라의 인재. ❻ 名 새 꼬리의 긴 깃털. ❼ 名 옛날 부인들의 깃털 머리 장식.

Ⓑ qiào 動 (한쪽이 위로) 들리다. 휘다. ¶往上～｜위로 쳐들리다.

Ⓐ qiáo

【翘才】qiáocái 名 걸출한〔뛰어난〕 인물. 걸물(傑物).

【翘楚】qiáochǔ 書 名 잡목(雜木) 중에서 특출한 나무. 喻 특출한〔탁월한〕 인재. ¶他是本乡běnxiāng～｜그는 이 마을의 출중한 인재이다. ¶军中～｜군인 중 뛰어난 인물 =〔翘秀qiáoxiù〕

【翘棱】qiáo·leng 動 方 구부러지다. 휘어지다. 뒤틀리다. 구부러들다. 우그러들다. ¶木板子晒得shài·de都～了｜나무 판자가 햇빛에 쬐여 모두 휘어져 버렸다.

【翘企】qiáoqǐ 書 動 札 간절히 기대하다. 학수고대하다. ¶不胜shèng～｜간절히 바라다.

【翘首】qiáoshǒu 書 動 머리를 들다. ¶～盼望pànwàng｜학수고대하다. 喻 우러러보다. ¶～瞻仰zhānyǎng｜머리를 들고 바라다 보다.

Ⓑ qiào

【翘辫子】qiào biàn ·zi 江 俗 貶 죽다. 뒈지다 [조소·해학적인 어감을 지님] ¶袁世凯YuánShìkǎi刚刚登上皇帝的宝座bǎozuò才八十二天就～了｜원세개는 황제의 자리에 오르자마자 82일 만에 죽었다.

【翘舌音】qiàoshéyīn 名〈言〉권설음(捲舌音) [현대 중국어에서의 「zh」「ch」「sh」「r」]

【翘尾巴】qiào wěi·ba 動組 꼬리를 쳐들다. 잘난체하고 뽐내다. 기고 만장하다. ¶在功劳gōngláo面前可不能～啊!｜공로가 있다고 해서 기고만장해서는 안된다.

qiǎo ㄑㄧㄠˇ

2【巧】qiǎo 재주 교, 공교할 교

❶ 書 名 기교. 재주. ¶大～若拙zhuō｜國 큰 재주는 서투른 것과 같다. 진짜 좋은 재주는 서투르게 보인다《老子Lǎozǐ》 ¶技jì～｜기교. ❷ 形 (생각이) 기묘하다. (기술이나 재주가) 뛰어나다. 고명(高明)하다. ¶心灵手xīnlíngshǒu～｜영리하고 손재주가 있다. ¶人物动作设计比较～｜인물동작의 설계가 비교적 뛰어나다. ¶嘴zuǐ～｜말솜씨가 있다. ❸ 形 공교롭다. 꼭맞다. ¶来得真～｜때마침 잘왔다. ❹ 形 (말이) 허위적이다. 알맹이가 없다. ¶花言～语｜듣기 좋게 꾸민 허위적 말. 달콤한 거짓말 =〔寸cùn③〕

【巧夺天工】qiǎo duó tiān gōng 國 인공적인 것이 천연적인 것보다 낫다. 기술이 아주 훌륭하다. 기교가 아주 뛰어나다. ¶这尊雕像zūndiāoxiàng～, 美妙měimiào无比｜이 조각상은 잘 만들어져 그 아름다움과 오묘함이 극치에 달한다.

【巧格力】qiǎogélì ⇒〔巧克力〕

【巧古力】qiǎogǔlì ⇒〔巧克力〕

【巧合】qiǎohé ❶ 名 우연의 일치. ¶这只是～而已｜이것은 우연의 일치일 뿐이다. ¶偶然ǒurán的～｜우연의 일치. ❷ 動 교묘하게〔우연히〕 일치하다. ¶太～了, 你要的东西正是我要转让zhuǎnràng的｜우연의 일치 치고는 너무 신기하구나! 네가 원하는 물건이 바로 내가 양도하고 싶은 것이다.

【巧活(儿)】qiǎohuó(r) 名 ❶ 잔손이 많이 간 수예품. ❷ 돈벌이가 되는 일.

【巧计】qiǎojì 名 묘책. 교묘한 계략. 기묘한 책략. ¶施shī～｜묘책을 쓰다.

【巧劲儿】qiǎojìnr 名 方 ❶ 교묘한〔훌륭한〕 수법〔솜씨〕 ¶你瞧这～｜저 훌륭한 솜씨 좀 보세요. ❷ 우연한 일. 공교로운 일.

【巧克力】qiǎokèlì 名 外 초콜릿(chocolate). ¶酒心jiǔxīn～｜(술을 넣은) 초콜릿. ¶～饼干bǐnggān｜초콜릿 쿠키. ¶～蛋糕dàngāo｜초콜릿 케이크. ¶～三德sāndé =〔巧克力新地xīndì〕｜초콜릿 선디(sundae). ¶～冰淇淋bīngqílín｜초콜릿 아이스크림. ¶奶油nǎiyóu～｜크림 초콜릿. ¶～花生米huāshēngmǐ｜땅콩 초콜릿 =〔巧克力糖qiǎokèlìtáng〕〔巧格力qiǎogélì〕〔巧古力〕〔查chá古律(糖)〕〔查古列〕〔甘豆饼gāndòubǐng〕〔朱zhū古力(糖)〕〔朱古律〕〔朱口力〕〔诸zhū古力〕

【巧克力糖】qiǎokèlìtáng ⇒〔巧克力〕

【巧立名目】qiǎo lì míng mù 國 교묘하게 명목을 만들다. 교묘하게 구실을 붙이다. ¶他们～, 收取好处hǎochù｜교묘하게 구실을 만들어 좋은 것만 골라 챙기다.

2【巧妙】qiǎomiào 形 교묘하다. ¶蜘蛛zhīzhū结网jiéwǎng的技能非常～, 使人惊异jīngyì｜거미가 거미줄을 치는 기능은 아주 교묘하여 사람들로 하여금 경탄하게 한다. ¶～的办法bànfǎ｜교묘한 방법. ¶～地处理这一问题｜이 문제를 교묘하게 처리했다 =〔奇巧qíqiǎo①〕

【巧取豪夺】qiǎo qǔ háo duó 成(재물·권리 등을) 교묘한 수단이나 힘으로 빼앗다 =〔巧偷豪夺〕
【巧上加巧】qiǎo shàng jiā qiǎo 成 ❶ 뛰어난 더욱 뛰어나게 하다. 훌륭한 것을 더욱 훌륭하게 하다. ❷ 연구에 연구를 거듭하다. ❸ 뜻밖의 행운. 정말 좋은 기회.
【巧舌如簧】qiǎo shé rú huáng 成 말주변이 좋다. 그럴 듯하게 꾸며대다. ¶他～, 用好话骗取piànqǔ领导信任 | 그는 말주변이 좋아서 교묘한 말로 영도자의 신임을 가로챘다 =〔巧言如簧〕
【巧事】qiǎoshì 名 공교로운 일. ¶这般bān～ | 이런 공교로운 일
【巧手】qiǎoshǒu 名 ❶ 솜씨〔재주〕 있는 손. ❷ 훌륭한 솜씨. ❸ 솜씨가 뛰어난 사람. 숙련자. 명인(名人). ¶这个厂chǎng工人里有些～ | 이 공장의 노동자 중에는 숙련자가 몇 있다.
【巧言】qiǎoyán 名 교언. 교묘하게 꾸며 대는 말. ¶～不如直道 | 교언은 직언만 못하다=〔巧语〕→〔花言巧语〕
【巧言令色】qiǎo yán lìng sè 成(남의 환심을 사려는) 교묘한 말과 보기 좋게 꾸미는 얼굴빛.
【巧语】qiǎoyǔ ⇒〔巧言〕
【巧遇】qiǎoyù ❶ 名 좋은 기회. ❷ 名 우연한 기회. ❸ 名 우연한 만남. ❹ 動 우연히 만나다. ¶他在车站chēzhàn～老同学 | 그는 역에서 우연히 옛 동창을 만났다.

2【悄】qiǎo qiāo 고요할 초
Ⓐ qiǎo 形 ❶ 고요하다. 조용하다. 소리가 낮다. 은밀하다. ¶～默mò声儿地说话 | 조용히 이야기하다. ¶低声～语 | 낮은 소리로 소근거리다. ❷ 書 근심스럽다. 우울하다.
Ⓑ qiāo 形「悄悄」에 나타나는 이독음(異讀音)⇒〔悄悄〕〔悄悄话〕
Ⓐ qiǎo
【悄不声儿】qiǎo·bushēngr 狀 ❶ 낮은 소리로 말하는 모양. ¶～地说 | 소곤소곤 말하다. ❷ 아무 소리도 나지 않는 모양. ¶车～地过去了 | 차가 소리없이 지나갔다 ‖ =〔悄默声儿〕〔悄莫声儿〕〔方 悄没声儿〕〔悄声儿〕〔悄不言声〕
【悄没声儿】qiǎo·moshēngr ⇒〔悄不声儿〕
2【悄悄】qiǎoqiǎo 形 ❶ 書 근심스럽다. 또는 그 모양. ¶忧心yōuxīn～ | 마음 속에 근심이 가득하다. ❷ ⓧ qiāoqiāo) 조용〔고요〕하다. 은밀하다. ¶～移步yíbù | 가만가만 걸음을 옮기다. ¶～事 | 은밀한 일.
【悄然】qiǎorán 狀 ❶ 근심스럽다. 또는 모양. ¶～落泪luòlèi | 시름에 겨워 눈물을 흘리다. ❷ 조용하다. 고요하다. 또는 그모양. ¶～离去líqù | 아무 말 없이 떠나가다. ¶～死去了 | 조용히 죽어갔다. ¶～无声 =〔悄然无语qiǎoránwúyǔ〕| 쥐 죽은 듯이 조용하다.
Ⓑ qiāo
2【悄悄】qiāoqiāo ⇒〔悄qiǎo悄②〕
【悄悄话】qiāo·qiaohuà 名 나지막하게 속삭이는 말. 은밀한 이야기. 허물 없는 말. ¶他俩说～呢 | 그들 둘은 나지말하게 이야기를 나누었다.

【雀】qiǎo ☞ 雀 què Ⓑ

【愀】qiǎo 근심할 초
書 形(근심·공포로) 안색이 변하다. ¶～然↓
【愀然】qiǎorán 書 狀 정색(正色)하는 모양. (걱정이 되거나 두려워) 얼굴빛이 변하다. ¶～变色biànsè | 두려움으로 얼굴빛이 변하다. ¶～作色 | 낯색이 달라지다.

qiào ㄑㄧㄠˋ

3【壳(殼)】qiào ké 껍질 각
Ⓐ qiào (～儿, ～子) 名 껍질. 껍데기. ¶躯qū～ | 신체. ¶甲jiǎ～ | 갑각. ¶地～ | 지각.
Ⓑ ké (～儿) 名 口 껍데기. ¶贝bèi～ | 조개 껍질. ¶子弹zǐdàn～儿 | 탄피.
Ⓐ qiào
【壳菜】qiàocài 名〈魚貝〉홍합(살) =〔贻贝yíbèi〕
【壳斗】qiàodǒu 名(밤송이 같은) 덧껍데기.
【壳质】qiàozhì 名〈生〉갑각질. 키틴질(chītin質) =〔几jī丁质〕
Ⓑ ké
【壳郎猪】ké·langzhū ⇒〔架jià子猪〕
【壳囊】kénáng 名 작은 돼지.
【壳子】ké·zi 名(물건의) 껍데기. 케이스. ¶充～ | 轉 상당한 인물인 것처럼 행세하다.

3【俏】qiào 예쁠 초, 닮을 초
❶ 形 예쁘다. 멋있다. 아름답다. 맵시있다. ¶打扮dǎbàn得真～ | 정말 맵시있게 단장하였다. ❷ 動(상품이) 시세나다. 잘 팔리다. ¶～的事 | 쉽게 돈벌이가 되는 일. ❸ 書 動 비슷하다. 닮다. ¶～如↓ ❹ 動 方(양념류를) 넣다. ¶～点儿酱油jiàngyóu | 간장을 약간 넣다.
【俏丽】qiàolì 形 예쁘다. 멋지고 아름답다. 맵시있다. 수려하다. 곱다. ¶～的小媳妇 | 맵시있고 수려한 새색시
【俏皮】qiào·pi ❶ 形(용모나 옷차림이) 예쁘다〔멋지다〕 ¶她长得挺tǐng～ | 그녀는 아주 예쁘게 생겼다. ¶～的姑娘gūniáng | 예쁜 아가씨. ❷ 形(행동 등이) 세련되고 매력있다. 활기가 있다. 말에 유머가 있다. ¶这两句就～得很 | 이 두 문장은 아주 유머스럽다. ❸ 動(신랄한 말로 남을) 비꼬다. 비웃다. 풍자하다. 익살부리다. ¶～他几句 | 그를 몇마디 말로 비꼬아주다.
【俏皮话(儿)】qiào·pihuà(r) 名 ❶ 경박한말. ❷ 풍자하는〔빈정대는〕 말. ¶她的～特别多 | 그녀는 빈정대는 말을 많이 한다. ❸ 농담하는 말. 우스갯소리. ❹〈言〉헐후어 =〔歇xiē后语〕
【俏如】qiàorú 書 動 마치 …와 같다. ¶心头～千刀搅qiāndāojiǎo | 마음 속이 마치 천 갈래로 찢어지는 것 같다《董解元·西廂記諸宮調》=〔俏似sì〕
【俏生意】qiàoshēng·yi 名 수지가 맞는 일. 이익이 많은 장사.
【俏式】qiào·shi 形 方 아름답다. 멋지다. 맵시있다. 스마트하다. ¶打扮dǎbàn得挺tǐng～ | 치장을 아주 맵시있게 하다 =〔俏时shí〕

【诮(誚)】qiào 꾸짖을 초
書 動 책망하다. 비난하다. ¶当面～责zé | 면전에서 책망하다 =〔谯qiào〕
【诮呵】qiào·hē 動 꾸짖다. 질책하다 =〔谴qiǎn呵〕
【诮让】qiàoràng ⇒〔谴qiǎn责〕
【诮责】qiàozé 書 動 질책하다. ¶当面～ | 면전에서 질책하다 =〔责诮〕

【峭】qiào 가파를 초
❶ 形 가파르다. 산이 높고 험하다. ¶陡dǒu～ | (지세가) 험준하다. ¶山坡pō很～ | 산비탈이 매우 가파르다. ❷ 形 엄격하다. 엄하다. ¶性情xìngqíng～直 | 성격이 엄하고 곧다.
【峭拔】qiàobá 書 形 ❶ (산이) 높고 험하다. ¶山势shānshì～ | 산세가 험준하다. ❷ (필체·문장이) 웅장하다. 힘있다. ¶笔锋bǐfēng～ | 필치가 힘이 있다.
【峭壁】qiàobì 名 절벽. 낭떠러지. 벼랑. ¶～的高度大约有三四米 | 절벽의 높이가 대략 삼 사 미터쯤 된다. ¶攀登pāndēng～ | 절벽을 타고 오르다. ¶面对悬崖xuányá～, 他束手无策shùshǒuwúcè | 단애(절벽)을 만나자 그는 속수무책이 되었다.

【鞘】qiào shāo 칼집 초
Ⓐ qiào (～儿, ～子) 書 名 칼집. ¶刀～ =〔剑jiàn鞘〕| 칼집.
Ⓑ shāo ❶ ⇒〔鞭biān鞘(儿)〕 ❷ 지명에 쓰이는 글자. ¶乌～岭 | 오초령 [감숙성(甘肅省)에 있는 지명]
【鞘翅】qiàochì 名〈蟲〉(갑충류의) 시초. 겉날개 =〔翅鞘〕
【鞘翅目】qiàochìmù 名〈蟲〉딱정벌레목.
【鞘子】qiào·zi 名 칼집.

【窍(竅)】qiào 구멍 규
名 ❶ 구멍. ¶七～ | 귀·눈·코·입의 일곱 구멍. ❷ 喻 (일의) 관건. 요점. 요령. 비결. ¶诀jué～ | 비결. ¶一～(儿)不通 | 전혀 통하지 않다. 전혀 요령을 모르다.
【窍坎】qiàokǎn ⇒〔窍门(儿)〕
【窍门(儿)】qiàomén(r) 名 비결. 요령. 요점. ¶干甚么事儿都有～ | 무슨 일을 하던지 요령이 있다. ¶找～ | 비결을 찾다 =〔窍坎kǎn〕〔窍儿〕〔诀jué窍(儿)〕
【窍儿】qiàor ⇒〔窍门(儿)〕

【翘】qiào ☞ 翘 qiáo Ⓑ

【谯】qiào ☞ 谯 qiáo Ⓑ

【撬】qiào 들 효
動 ❶ (몽둥이·칼·송곳 등으로) 비틀어 열다. 지레질하다. ¶把门～开 | 문을 비틀어 열다. ❷ 거세(去勢)하다. ¶～猪zhū | 돼지를 거세하다. 거세된 돼지. ❸ 俗 (요리를 맛있고 보기좋게 하기 위해 야채를) 곁들이다. ¶汤里～上点儿青菜qīngcài | 국에 야채를 약간 곁들이다.
【撬棒】qiàobàng ⇒〔撬棍gùn〕
【撬杆】qiàogǎn ⇒〔撬棍gùn〕
【撬杠】qiàogàng ⇒〔撬棍gùn〕
【撬棍】qiàogùn 名 지레. 쇠지렛대. 크로바(crowbar) =〔撬棒〕〔撬杆〕〔撬杠〕〔俗 千斤杠〕
【撬门】qiàomén 動 문을 비틀어〔우격다짐으로〕 열다. ¶防止盗贼fángzhǐdàozéi～ | 도둑이 몰래 문을 열고 들어오지 못하도록 장치를 하여 예방하다.

qiē ㄑㄧㄝ

1【切】qiē qiè 벨 절, 절박할 절, 반절 절, 온통 체
Ⓐ qiē 動 ❶ 베다. 자르다. ¶～断duàn敌军退路díjūntuìlù | 적군의 퇴로를 가로막아 차단하다. ❷ 〈數〉접하다. 두 선이나 면이 한 점에서 만나다. ¶两圆相liǎngyuánxiāng～ | 두 원이 서로 접하다.
Ⓑ qiè ❶ 動 맞물리다. 부합되다. 어울리다. 적절하다. ¶这是一种不～实际shíjì的幻想huànxiǎng | 이것은 실제와 맞지 않는 환상이다. ¶咬牙yǎoyá～齿chǐ | 이를 악물다. 이를 갈다. ¶文章不～题 | 글이 제목과 부합되지 않다. ❷ 친근하다. 친절하다. ¶态度tàidù亲qīn～ | 태도가 친절하다. ❸ 形 간절하다. 절실하다. 절박하다. ¶求学的热情rèqíng很～ | 학문의 열정이 간절하다. ¶恳kěn～ | 간절하다 =〔恻cè②〕 ❹ 副 결코. 제발. ¶～～不可骄傲jiāoào | 절대로 교만해서는 안된다. ¶～不可放松警惕jǐngtì | 결코 경각심을 늦추어서는 안된다. ¶～勿挂念guàniàn | 제발 걱정하지 마십시오. ❺ ⇒〔一切yīqiè〕 ❻ ⇒〔反切fǎnqiè〕 ❼ ⇒〔切脉qièmài〕
Ⓐ qiē
【切边】qiēbiān ❶ 名 가장자리 절단. ❷ 動〈機〉가장자리 절단을 하다. ¶～钢板gāngbǎn | 철판의 가장자리를 절단하다.
【切变】qiēbiàn 名 전단 응력(剪斷應力). ¶～角jiǎo | 전단각 =〔剪切形变jiǎnqiēxíngbiàn〕
【切除】qiēchú ❶ 名 절제. ❷ 動〈醫〉(외과 수술에서의) 절제하다. ¶做了乳房rǔfáng～手术shǒushù | 유방 절제수술을 하다.
【切磋】qiēcuō 動 喻 서로 연구 토론하다. ¶～医术yīshù | 의술을 연구 토론하다 =〔磋切〕
【切磋研磨】qiē cuō yán mó ⇒〔切磋琢磨〕
【切磋琢磨】qiē cuō zhuó mó 成 절차 탁마하다. 갈고 닦다. 연마하다 =〔切磋研磨qiēcuōyánmó〕
【切刀】qiēdāo 名 ❶ 바이트(bite). 커터(cutter). ❷ 北 평평한 공작물을 절단하는 데 쓰이는 공구로서 날 부분의 폭이 넓은 것 ‖ =〔割gē断刀〕
【切点】qiēdiǎn 名〈數〉접점(接點).
【切断】qiēduàn 動 끊다. 절단하다. 차단하다. ¶～了敌人的退路tuìlù | 적의 퇴로를 차단하다. ¶～电源diànyuán | 전원을 끊다.
【切割】qiēgē 動 절단하다 [공작기계나 산소 아세틸렌 불꽃을 이용하여 절단함을 일컫는 말] ¶用乙炔yǐquē～钢板gāngbǎn | 아세틸렌 불꽃으로 철판을 절단하다 =〔割切gēqiē〕
【切根虫】qiēgēnchóng ❶ ⇒〔蛴螬qícáo〕 ❷ ⇒〔地老虎dìlǎohǔ〕
【切口】ⓐ qiēkǒu 名 ❶ 책의 머리·배·밑 3면의 자

른 자리〔가장자리〕 ❷책 가장자리의 여백(餘白) =〔外白边wàibáibiān〕
ⓑ qièkǒu 名 은어(隱語). 결말→〔暗àn语〕〔黑hēi话〕〔行háng话〕〔暗àn话〕
【切块】qiēkuài 動 (음식물을) 토막토막 자르다.
【切面】qiēmiàn 名 ❶ 단면. 절단면 =〔剖pōu面〕 ❷〈數〉접평면(接平面).
【切面】qiēmiàn 名〈食〉칼국수. ¶她爱吃àichī～ | 그녀는 칼국수를 즐겨 먹는다 =〔小刀儿面xiǎodāoérmiàn〕
【切片】qiē/piàn ❶ 動 (물체를 편으로) 얇게 자르다. ❷ (qiēpiàn) 名〈醫〉절편 [조직의 일부를 현미경 검사를 위해 얇게 자른 것] ❸ (qiēpiàn) 名〈電算〉칩(chip).
【切线】qiēxiàn 名〈數〉접선(接線).
【切削】qiēxiāo ❶ 名 절삭. 커팅(cutting). ¶～机床jīchuáng | 선반. ¶～工具gōngjù | 절삭공구. ¶～油yóu | 절삭유. ¶～机jī | 절삭기. ❷ 動〈工〉절삭하다. 커팅(cutting)하다.
【切屑】qiēxiè 名〈工〉(금속을 절삭할 때 나오는 부스러기 또는 조각과 같은) 절삭밥.
Ⓑ qiè
【切齿】qièchǐ ❶ 名〈生理〉앞니. 문치. 전치 =〔切牙qièyá〕〔门齿ménchǐ〕 ❷ 動 이를 갈다. 매우 증오하다 =〔咬牙切齿yǎoyáqièchǐ〕
【切齿痛恨】qiè chǐ tòng hèn 成 이를 갈며 증오하다. 통분하다. ¶他～这种行径xíngjìng | 그는 이런 행동에 대해 이를 갈며 증오한다.
【切齿痛心】qiè chǐ tòng xīn ⇒〔切齿腐心〕
【切当】qièdàng 形 적절하다. ¶用语yòngyǔ～ | 용어가 적절하다. ¶用词yòngcí～ | 어휘의 구사가 적절하다 =〔恰qià当〕
【切肤之痛】qiè fū zhī tòng 成 살을 에는 아픔. 자신이 겪은 아픔. 절실한 고통. 뼈에 사무치는 고통. ¶受～ | 살을 에는 듯한 고통을 받다.
【切骨】qiègǔ 動 ❶ (분함이나 원한이) 뼈에 사무치다. 골수에 사무치다. ¶不知他为何～恨hèn你 | 그가 왜 그렇게 너를 미워하는 지 모르겠다. ❷ (추위 등이) 뼈에 스미다. ¶今夜寒风hánfēng～ | 오늘 밤은 찬바람이 뼛속까지 스민다.
【切骨之仇】qiè gǔ zhī chóu 成 골수에 사무치는 원한. ¶他对日本人怀有～ | 그는 일본인에 대해 골수에 사무치는 원한을 갖고 있다.
【切合】qièhé 動 적합하다. 알맞다. 부합되다. ¶～实际shíjì | 실제에 부합되다. ¶～时宜shíyí | 시대적 요구에 부합되다→〔符fú合〕
【切忌】qièjì 動 절대 삼가하다. 극력 피하다. 극력 삼가하다. ¶你要～烟酒yānjiǔ! | 술과 담배를 절대 삼가하시오! ¶～熬夜áoyè! | 밤샘을 절대 삼가하시오! ¶～骄傲jiāoào! | 절대로 교만을 삼가하라!
【切记】qièjì 動 단단히 기억하다. 반드시 기억하다. 아로 새기다. ¶～不要相信! | 믿어서는 안된다는 것을 단단히 기억해 두어라. ¶你要～着 | 잘 기억해 두어라.
【切近】qièjìn 形 ❶ (아주) 가깝다. ¶远大的事业shìyè要从～处做起 | 원대한 사업도 가까운 일로부터 시작해야 한다. ❷ (상황이) 근사하다. 비슷하다. (진실·실제에) 가깝다. ¶这种解释jiěshì比较～原作的意境 | 이런 해석은 비교적 원작의 의미에 가깝다. ¶这话说得～情理qínglǐ | 이 말은 비교적 사리에 맞는다 ‖ =〔贴tiē近〕
【切口】qièkǒu ☞〔切口〕qiēkǒu ⓑ
【切脉】qiè/mài 動〈漢醫〉맥을 짚다. 진맥하다. ¶请医qǐngyī～ | 의사에게 진맥을 부탁하다 =〔脉诊màizhěn〕〔诊脉〕〔指脉zhǐmài〕
【切莫】qièmò 副組 書 결코 …하지 마라. 절대로 …하지 마라. ¶～犹豫yóuyù | 결코 주저하지 마라 =〔切勿qièwù〕
【切末(子)】qiè·mo(·zi) 名〈演映〉(중국 전통극에서) 무대 위의 간단한 배경과특별히 제작된 소품 =〔切马qièmǎ(子)〕〔砌末qièmò(子)〕
【切切】qièqiè 狀 ❶ 절실하다. 간곡하다 [서신이나 포고문 등의 말미에 간곡히 당부할 때 쓰는 말] ¶～莫忘mòwàng | 부디 잊지 마십시오. ❷ 절절하다. 매우 간절하다. ¶～而哀érāi | 애절하게 슬퍼하다. ❸ 擬 소곤소곤 [작은 소리로 말할 때의 모습을 형용] =〔窃窃qiè①〕 ❹ 분명하다. 확실하다 =〔窃窃qiè②〕 ❺ 구슬프다. 애닯다. ¶小弦～如私语sīyǔ | 가는 현의 구슬픈 가락이 속삭이는 듯하다.
【切身】qièshēn ❶ 形 절실하다. 자신과 밀접한 관계가 있다. ¶～利害lì·hai | 밀접한 이해관계에 있다. ¶～地了解liǎojiě | 절실하게 이해하다 =〔切己〕 ❷ 副 스스로. 몸소. 친히. ¶～经历jīnglì | 몸소 경험하다 =〔亲身qīnshēn〕
³【切实】qièshí 形 ❶ 확실하다. 적절하다. 실제에 부합하다. ¶应该作点～的调查研究工作 | 실제에 부합하는 조사연구작업을 해야 한다. ¶～有力的话 | 절실하고 힘있는 말. ¶～可行的办法bànfǎ | 적절하고 실행할 수 있는 방법. ❷ 착실〔진실, 성실〕하다. ¶～苦干的人 | 착실하고 힘들게 일하는 사람. ¶～地慰劳wèiláo | 진심으로 위로하다.
【切题】qiètí 動 (글이) 제목에 들어맞다. (주제와) 부합되다. ¶话不～ | 말이 주제와 맞지 않다. ¶这篇文章非常～ | 이 글은 제목에 잘 들어맞는다.
【切望】qièwàng 動 간절히 바라다. 학수고대하다. 간절히 기대하다. ¶～诸位zhūwèi成功chénggōng | 여러분이 성공하시기를 빕니다. ¶～您一路平安 | 여행 중 편안하시기를 간절히 바랍니다 =〔書 切盼qièpàn〕
【切要】qièyào 形 절실하고 요긴하다. 절실하고 긴요하다. ¶十分～的问题 | 아주 절실한 문제. ¶～的知识 | 긴요한(중요한) 지식
【切音】qièyīn 名〈言〉반절(反切)로 음을 표기하는 것 또는 그 음 =〔切韵yùn①〕〔切脚jiǎo〕→〔反切fǎnqiè〕
【切韵】qièyùn ❶ ⇒〔切音qièyīn〕 ❷ (Qièyùn) 名〈書〉절운 [수(隋)의 육법언(陸法言Lùfǎyán)이 저술한 음운서]
【切中】qièzhòng 動 (병폐에) 적중하다. (병폐 등을) 정통으로 찌르다. ¶他的文章～时弊shíbì | 그의 문장은 시대적 병폐를 정통으로 찌르고 있다.

qié ㄑㄧㄝˊ

【伽】 qié jiā gā 절 가

Ⓐ qié ⇒〔伽蓝〕〔伽罗〕〔伽南(香)〕
Ⓑ jiā ⇒〔伽利略〕
Ⓒ gā 음역어에 쓰임. ¶～马↓

Ⓐ qié

【伽蓝】 qiélán 名 簡〈佛〉불사(佛寺). 절 [「僧伽蓝摩sēngqiélánmó」(samghâ·rāma; 범)의 약칭]

【伽罗】 qiéluó 名〈植〉침향＝〔沉chén香〕

【伽南香】 qiénánxiāng 名〈植〉침향＝〔沉香 chénxiāng〕

Ⓑ jiā

【伽利略】 Jiālìlüè 名 外〈人〉갈릴레이(Galileo Galilei, 1564～1642) [이탈리아의 천문학자·물리학자]

Ⓒ gā

【伽马】 gāmǎ 名 音譯 감마(gamma; 그) [그리스어 알파벳의 제3자모]

【伽马射线】 gāmǎshèxiàn 名 外〈物〉감마선＝〔丙种bǐngzhǒng射线〕

4【茄】 qié jiā 가지 가, 연줄기 가

Ⓐ qié (～子) 名〈植〉가지.
Ⓑ jiā 음역어에 쓰임. ¶～克↓ ¶雪xuě～ | 시거(cigar).

Ⓐ qié

【茄汁】 qiézhī 名 토마토 소스＝〔番茄汁fānqiézhī〕

4【茄子】 qié·zi 名 ❶〈植〉가지＝〔粵 矮瓜 ǎiguā〕〔落苏luòsū〕 ❷ 京 자지. 좆 [농담으로 맹세할 때에 쓰이는 말] ¶我要是骗piàn你, 我是～ | 만일 너를 속인다면 나는 좆같은 놈이다.

Ⓑ jiā

【茄克】 jiākè 名 外 재킷(jacket). ¶他冬天总是穿一件黄色的～ | 그는 겨울에는 항상 황색 재킷을 입는다＝〔夹jiá克〕〔绒线衫róngxiànshān〕

qiě ㄑㄧㄝˇ

1【且】 qiě jū 또 차, 어조사 저

Ⓐ qiě ❶ 書 連 하물며. ¶此路本甚坎坷kǎnkě, ～当大雨之后, 必不可行矣 | 이 길은 본시 걸어다니기 어려웠는데, 하물며 큰 비가 온 뒤이니 필시 통행할 수 없을 것이다＝〔 口 况且kuàngqiě〕〔 口 而且érqiě〕 ❷ 書 連 또한. 더우기. 그위에. ¶既高～大 | 높고도 크다＝〔 口 并且bìngqiě〕 ❸ 書 連 …조차(도). …인데도 불구하고. ¶死～不辞cí | 죽음조차도 불사하다＝〔 口 尚且shàngqiě〕 ❹ 副 잠깐. 잠시. ¶暂～ | 잠시. ¶你～等一下 | 잠시 기다려 주십시오. ❺ 副 京 오래. 오랫동안. ¶买一双帆yīshuāngfān布鞋bùxié～穿呢 | 운동화 한 켤레를 사서 오래 신고 있다. ❻ 副 京 대단히. 아주. ¶北京离上海～远着的呢 | 북경은 상해에서 대단히 멀다. ❼ 副 (「且…且…」의 형태로 쓰여) …하면서 …하다. ¶～走～说 | 걸으면서 이야기하다. ❽ 書 副 바야흐로 (…하려하다). ¶日～入 | 해가 지려 한다. ❾ 書 副 대개. 대략. ¶来者～千人 | 온 사람은 대략 천 명 가량이다. ❿ (Qiě) 名 성(姓).

Ⓑ jū 書 助 문장 끝에 쓰여 어기(語氣)를 강조함. ¶匪fěi我思～ | 나를 생각하지 않는구나《詩經》＝〔 口 啊·a〕

【且等】 qiěděng 잠깐〔잠시〕 기다리다. ¶此事～来年再说 | 이 일은 내년에 다시 얘기합시다. ¶～他来再定规dìngguī | 잠시 그가 오기를 기다렸다 다시 결정하자.

【且看】 qiěkàn 近 套 다음을 보기로 하자. 또 다음을 보자 [화본소설(話本小說)·장회소설(章回小說) 등에서의 자주 사용되는 상투어임] ¶要知端底duāndǐ, ～下回分解 | 상세한 것을 알고 싶으시면, 다음 회에 설명하겠으므로 보아 주시기를 바랍니다《紅樓夢Hónglóumèng》

【且慢】 qiěmàn 副 ❶ 近 잠깐 기다려라. 서두르지 마라 [명령이나 권유하는 말투] ¶～高兴gāoxìng | 너무 일찍 기뻐하지 마라. ❷ 서두르지 않고. 천천히. 유유히. ¶这事～去做, 咱们zán·men再想一个痛快tòngkuài的法子吧 | 이 일은 천천히 하기로 하고 우리 통쾌한 방법을 좀 더 생각해 보자.

【且…且…】 qiě…qiě 連 …하면서 …하다. ¶～且战zhàn且退tuì | 싸우면서 퇴각하다. ¶且谈tán且吃chī | 이야기하면서 먹다.

【且说】 qiěshuō 近 그런데. 각설하고. 한편 [구소설(舊小說)속의 발어사(發語詞)] ¶～湘云住了两日便要回去 | 그런데 상운은 이틀을 머무르더니 곧 돌아가려고 했다《紅樓夢》＝〔却说〕

【且住】 qiězhù 近 잠깐 기다리다. 당분간 그만두다. ¶在这儿～几天再说 | 이 쯤해서 몇 일 더 있다가 다시 얘기합시다. ¶～为佳jiā | 당분간 그만두는 것이 좋다.

qiè ㄑㄧㄝˋ

【切】 qiè ☞ 切 qiē Ⓑ

【沏】 qiè ☞ 沏 qī Ⓒ

【砌】 qiè ☞ 砌 qì Ⓑ

【妾】 qiè 첩 첩

名 ❶ 첩. 작은 마누라＝〔 書 别房biéfáng②〕〔 書 别室shì〕〔 書 侧cè房②〕〔 書 侧室②〕〔 書 宠chǒng③〕〔二房②〕〔 書 副配fùpèi〕〔 書 副室〕〔 書 姬jī③〕〔 書 偏piān房〕〔 書 偏室〕〔 書 如君〕〔 書 少房〕〔 書 少妾〕〔庶shù室〕〔 書 外室〕〔 書 下妻qī〕〔 書 小妇fù〕〔 書 小妻〕〔 俗 小老婆pó〕〔袖香xiùxiāng③〕 ¶纳nà～ | 첩을 들이다. ❷ 謙 소녀. 소첩. 이 천한 몸 [옛날, 여자가 자기 자신을 낮추어 이르던 말]

【妾妇】 qièfù 名 謙 비천한 부인 [아녀자의 겸칭]

【妾人】 qièrén ⇒〔妾身〕

【妾身】 qièshēn 名 謙 천첩 [아녀자의 겸칭]＝〔妾人〕

【唼】 qiè ☞ 唼 shà Ⓑ

4【怯】qiè 겁낼 겁
❶形 겁내다. 비겁하다. 겁이 많다. ¶胆dǎn～ | 겁이 많다. ❷形 무서워하다. ¶畏wèi～ | 무서워하다. ❸名貶 옛날, 북경(北京) 사람들이 북방 각 성(省)의 사투리를 낮추어 이르던 말. ¶他说话有点儿～ | 그의 말에는 사투리가 약간 섞여 있다. ❹名㊉ 촌티. ¶露了～了 | 촌티를 냈다→〔侉kuǎ②〕

【怯场】qiè/chǎng 動 (무대 또는 많은 사람 앞에서 당황·긴장 또는 겁이나서) 주눅들다〔얼다〕 ¶她刚上台就～了 | 그녀가 막 무대에 올라갔을 때는 주눅이 들어 있었다 ＝〔怯阵qièzhèn②〕

【怯懦】qiènuò ⇒〔怯弱ruò①〕

【怯弱】qièruò 書形 ❶ 겁이 많아 나약하다. ¶他生性～ | 그는 타고난 성품이 겁이 많고 나약하다 ＝〔書怯懦〕 ❷ (신체가) 약하다. 가냘프다.

【怯生】qièshēng 動㊉ 낯선 사람을 겁내다〔어색해하다〕 낯가리다. ¶这孩子还有点儿～ | 이 애는 아직도 낯가림을 한다.

【怯生生】qièshēngshēng 狀 ❶ (신체가) 허약하다. 가냘프다. ¶面黄肌瘦miànhuángjīshòu～ | 얼굴은 누렇게 뜨고 몸은 야위어 허약하게 보인다. ❷ 쭈뼛쭈뼛하다 [소심하거나 수줍어하는 모양 또는 겁에 질린 모양] ¶她在上司面前总是～的 | 상사 앞에서는 그녀는 늘 쭈뼛쭈뼛한다. ¶他～地看我一眼 | 그는 쭈뼛거리며 나를 힐끗 보았다.

【怯声怯气】qièshēng qièqì 狀 말투가 어줍다〔쭈뼛쭈뼛하다〕 ¶她～地问了一声 | 그녀는 어줍게 질문을 했다. ¶他说话～的 | 그는 하는 말투가 부자연스럽고 어줍다.

【怯阵】qiè/zhèn ❶動 싸움에 직면해서 겁을 먹다. 겁에 질리다. ¶他一进考场就～了 | 그는 시험장에 들어가자 마자 겁에 질렸다. ❷⇒〔怯场chǎng〕

【郄】Qiè 성 극
名 성(姓)

4【窃(竊)】qiè 훔칠 절
❶動 훔치다. ¶～物而逃wùértáo | 물건을 훔쳐 달아나다. ❷名 도둑. ¶鼠shǔ～ | 좀도둑. ❸副 남몰래. 살짝. 슬그머니. ¶～看机密文件jīmìwénjiàn | 남몰래 기밀 문서를 보다. ❹書代謙 저(의 의견). ¶～以为应再计虑jìlǜ | 저는 다시 고려해야 한다고 생각합니다.

【窃案】qiè'àn 名 도난 사건. 절도 사건. ¶昨晚发生了一起～ | 어제 저녁에 절도사건이 한 건 발생했다.

【窃匪】qièfěi 名 도적. ¶逮住dǎizhù了两个～ | 도적 두명을 잡았다.

【窃钩窃国】qiè gōu qiè guó 成 띠고리를 훔친 자는 사형당하고, 대권(大權)을 훔친자는 오히려 제후가 된다 [옛 법률 허위와 불합리를 풍자하는 말]

【窃国】qièguó 動 국가의 정권을 찬탈하다. ¶～大盗袁世凯 | 국가 권력을 찬탈한 대도 원세계

【窃据】qièjù 書動 (반역과 같은) 정당하지 못한 방법으로 (토지 또는 직위를) 차지하다. ¶～高位 | 높은 자리를 차지하다. ¶～了重要职务zhòngyàozhíwù | 중요한 직무를 차지했다.

【窃窃】qièqiè 書狀 ❶ 소곤소곤 속삭이는 작은 소리. ¶人们开始骚动sāodòng了, 开始～ | 사람들은 수군거리며 동요하기 시작했다. ¶～私语sīyǔ | 소곤소곤 속삭이다. 귓속말로 속삭이다 ＝〔切切③〕 ❷ 분명〔확실〕하다. ¶～然知之 | 분명히 알다 《莊子Zhuāngzǐ·齊物論Qíwùlùn》＝〔切切④〕

4【窃取】qièqǔ 動 절취하다. 훔치다 [추상적인 것을 절취할 때 쓰임] ¶～名誉míngyù | 명예를 절취하다. ¶～职位zhíwèi | 직위를 절취하다.

4【窃听】qiètīng 動 엿듣다. 도청하다. ¶～他人的谈话 | 다른 사람의 말을 엿듣다. ¶～器 | 도청기. 도청장치.

【窃位】qièwèi ❶⇒〔尸shī位素餐〕 ❷動 벼슬자리를 훔치다.

【窃笑】qièxiào 動 몰래 웃다. 뒤에서 비웃다. ¶许多人不由得～起来 | 사람들은 낄낄거리며 웃지 않을 수 없었다. ¶掩yǎn着嘴巴zuǐbā～ | 입을 가리고 낄낄 웃다.

【窃贼】qièzéi 名 도둑. 도적 ＝〔窃盗qièdào〕〔小偷儿xiǎotōuér〕

【契】qiè ☞ 契 qì Ⓒ

【挈】qiè 끌 설, 끊을 계
動 ❶ (손에) 들다. 쥐다. ¶提纲tígāng～领lǐng | 成 그물 벼리를 잡고 옷깃을 거머쥐다. 요점을 간명(簡明)하게 제시하다. ❷ 이끌다. 인솔하다. 거느리다. ¶扶老fúlǎo～幼yòu ＝〔扶老携xié幼〕 | 成 늙은이를 부축하고 어린이의 손을 이끌고 가다. 온 가족을 거느리고 가다→〔带dài⑭〕〔领lǐng④〕

【挈带】qièdài 動 ❶ 손에 들다. 휴대하다. ❷ 인솔하다. 거느리다. ¶～家眷jiājuàn而来 | 가족을 데리고 오다.

【挈眷】qièjuàn 動 온가족을 동반(同伴)하다. ¶他～留洋liúyáng | 그는 온 가족을 데리고 외국 여행을 갔다.

【挈领】qièlǐng 動 ❶ 강령(綱領)을 내걸다. ❷ 요점을 집어서 말하다. 요령을 잡다→〔提纲tígāng挈领〕〔提要tíyào〕

【锲(鍥)】qiè 새길 계
書動 ❶ 새기다. 조각하다. ❷ 끊다. 절단하다 ‖ ＝〔契qiè②〕

【锲薄】qièbó⇒〔刻kè薄〕

【锲而不舍】qiè ér bù shě 成 새기다가 중도에 그만두지 않는다. 인내심을 갖고 끝까지 일을 계속해내다. 한 번 마음만 먹으면 끝까지 해낸다. ¶要～地追求zhuīqiú真理zhēnlǐ | 인내심을 갖고 끝까지 진리를 추구해야 한다.

【惬(愜)】qiè 만족할 협
書動 만족하다. 흐뭇하다. ¶深shēn～人心 | 사람의 마음을 흐뭇하게 하다.

【惬当】qièdàng 書形 알맞다. 적절하다. 적당하다. 적합하다. ¶这个词用得很～ | 이 단어는 아주 적절하게 사용했다.

【惬怀】qièhuái 書動 흐뭇하다. 흡족하다. 만족하다. 개운하다. ¶真是～之见 | 아주 마음에 드는

견해이다. ¶我看了两遍liǎngbiàn, 犹yóu不～ | 내가 두어번 보았지만, 역시 마음에 들지 않는다 =〔惬情qièqíng〕〔惬心qièxīn〕〔惬意qièyì〕
【惬情】qièqíng ⇒〔惬怀〕
【惬心】qièxīn ⇒〔惬怀huái〕
【惬意】qièyì ⇒〔惬怀huái〕
【箧(篋)】qiè 상자 협 書名 작은 상자. ¶藤téng～ | 등나무 상자. ¶行～ | (여행시 가지고 다니는) 작은 상자.
【趄】qiè ☞ 趄 jū B
【慊】qiè ☞ 慊 qiàn B

qīn ㄑㄧㄣ

2【侵】qīn 침노할 침 ❶動 침입하다. 침노하다. 침범하다. ¶～害hài | 침해하다. ¶入～ | 침입하다. ❷ 가까와지다. 다가오다. ¶～晨chén↓
【侵彻力】qīnchèlì 名 탄두(彈頭)의 관통력. ¶这种子弹zǐdàn的～很大 | 이런 탄의 관통력은 아주 크다.
【侵晨】qīnchén 名 동틀 무렵. 새벽. ¶他～就进城去了 | 그는 동틀 무렵에 시내로 들어갔다 =〔侵晓qīnxiǎo〕〔侵早〕〔凌líng晨〕〔拂fú晓〕〔 ⓔ 清qīng早(儿)〕
【侵夺】qīnduó 動 침략하여 빼앗다. 침탈하다. (세력을 이용하여 남의 재물을 함부로) 빼앗다.
3【侵犯】qīnfàn 動 침범하다. ¶人民的权利quánlì不容～ | 백성들의 권리는 침해해서는 안된다. ¶～他国tāguó | 다른 나라를 침범하다. ¶～人权rénquán | 인권을 침해(침범)하다.
4【侵害】qīnhài 動 침해하다. ¶彻底chèdǐ消灭xiāomiè害虫hàichóng, 以免miǎn～农作物nóngzuòwù | 해충을 철저히 소멸시켜 농작물 침해를 방지하다. ¶～权利quánlì的行为 | 권리를 침해하는 해위 =〔侵残qīncán〕
【侵凌】qīnlíng 動 침해하여 욕보이다. ¶我们要富强fùqiáng起来, 不能再受人～ | 우리는 부강해져서 다시는 다른 사람의 능욕을 받지 않아야 한다 =〔侵陆〕
2【侵略】qīnlüè 動 침략하다. 침범하여 약탈하다. ¶～我国的领土 | 우리나라의 영토를 침략하다. ¶～下去 | (계속) 침략해 나가다. ¶～过几次 | 몇 번 침략을 했다. ¶弱小民族常常被～ | 약소민족은 늘 침략을 당한다. ¶我们反对fǎnduì～战争zhànzhēng | 우리는 침략전쟁을 반대한다. ¶～本性běnxìng | 침략적 본성. ¶～国 | 침략국. ¶～者 | 침략자. ¶～军 | 침략군. ¶～野心yěxīn | 침략적 야심. ¶～主义 | 침략주의. ¶～政策zhèngcè | 침략 정책.
【侵权行为】qīnquán xíngwéi 名 월권 행위(越權行爲). ¶严禁yánjìn～ | 월권행위를 엄금하다.
【侵扰】qīnrǎo 動 침입하여 소란을 피우다. 침범하여 소요(騷擾)를 일으키다. ¶～边境biānjìng | 변경을 침입하여 소란을 피우다.
【侵入】qīnrù ❶名 침입. ¶不容他们的～ | 그들의 침입을 용납할 수 없다. ❷動 침입하다. ¶寒气hánqì又从袖管xiùguǎn里～她们的身上 | 한기가 소매를 통하여 그녀들의 몸으로 다시 들어왔다. ¶～领海lǐnghǎi | 영해에 침입하다.
4【侵蚀】qīnshí 名動 ❶ 침입(하다). ¶病菌bìngjūn～人体 | 병균이 인체에 침입하다. ❷〈地〉침식(浸蝕)(하다). ¶这座古建筑jiànzhù有些地方已经被～了 | 이 옛 건축물의 어떤 부분은 이미 침식되었다. ¶～土 | 침식토. ❸(권리·영토·재물 등을) 잠식(하다). 침삭(하다). ¶～公款gōngkuǎn | 공금을 잠식하다=〔侵削qīnxiāo〕‖=〔侵食shí〕
【侵吞】qīntūn 動 ❶(재물·토지를) 착복하다. 횡령하다. 점유하다. ¶～公款gōngkuǎn | 공금을 착복하다. ❷ 병탄(幷吞)하다. 침략하다. ¶～别国领土 | 다른 나라의 영토를 병탄하다.
【侵袭】qīnxí ❶名 침입. 습격. ¶语言的阻碍zǔài和疾病jíbìng的～ | 언어장애와 질병의 엄습. ❷動 침입 습격하다. 침입하다. ¶敌人～了这个边远的山村 | 적이 이 외딴 산촌에 쳐들어 왔다. ¶早晨zǎochén的寒流hánliú～着他的身体 | 아침의 차가운 공기가 그의 몸으로 파고 들었다. ¶台风táifēng～沿海地区 | 태풍이 연해 지역에 들이닥치다.
【侵渔】qīnyú 書動 침탈하다. 착취하다. ¶～百姓 | 백성을 착취하다.
【侵越】qīnyuè 動 (영토·권한을) 침범하다. ¶～他国领土 | 다른 나라의 영토를 침범하다.
4【侵占】qīnzhàn 動 ❶(불법으로 타인의 재물이나 성과를) 점유하다. 침해하다. ¶～公共财产 | 공공재산을점유하다. ¶～公有土地gōngyǒutǔdì | 공유지를 점유하다. ¶不能～科技人员的科研成果 | 과학기술자의 과학연구 성과를 침해해서는 안된다. ❷(침략으로 영토를) 점거하다. ¶我边防部队一举收复了被～的我国领土 | 우리나라의 변방부대는 일거에 침략당했던 우리 영토를 수복했다. ‖ =〔侵冒qīnmào〕
【骎(駸)】qīn 달릴 침, 빠를 침 ⇒〔骎骎〕
【骎骎】qīnqīn 書形 ❶ 말이 빨리 달리는 모양을 형용한 말. ¶骏足jùnzú～ | 준마의 발이 빠르다. ❷轉 사물의 진행이 빠른 모양. ¶～数年矣yǐ | 순식간에 수년이 지나갔다.
【衾】qīn 이불 금 書名 ❶ 이불. ¶～枕zhěn | 이불과 베개 ❷ 수의(壽衣). ¶衣～棺椁guānguǒ | 수의와 관 =〔衾单dān〕
【衾被】qīnbèi 書名 이불.
【衾影无惭】qīn yǐng wú cán 成 이불 속에서도 부끄러울 것이 없다. 떳떳하다. 아주 정직하다.
4【钦(欽)】qīn 공경할 흠 ❶書動 공경하다. 존경하다. 존중하다. ¶英勇yīngyǒng可～ | 영명함이 존경스럽다. ¶～佩pèi↓ ❷書名敬 황제가 직접 하거나 직접 관여한 일. ¶～定↓ ❸(Qīn) 名 성(姓).
【钦差】qīnchāi ❶動 흠차하다. 황제를 대리하는

관리를 파견하다 =〔钦派qīnpài〕 ❷名흠차 [청대(清代)에 특정한 중대 사건을 처리하기 위해 황제를 대리하여 파견된 관리]→〔钦差大臣qīnchāidàchén①〕〔钦差官员〕 ❸⇒〔钦差大臣②〕 ❹名轉貶전권을 위임받아 하부에 파견된 상급 간부.

【钦差大臣】qīnchāi dàchén 名組 ❶흠차대신. 고위직의 흠차→〔钦差②〕 ❷사신(使臣). ¶他是从中央来的～ | 그는 중앙에서 내려온 사신이다 =〔钦差③〕

【钦迟】qīnchí 動札 우러러보다. 흠모하다 =〔钦伫qīnzhù〕

【钦定】qīndìng 動 ❶흠정하다. 황제의 명으로 만들다 [저술에 대해 많이 씀] ¶～四库全书 | 흠정 사고전서. ❷轉반동 세력이 신성 불가침한 것으로 정하다.

【钦敬】qīnjìng 動 흠복하다. 경복(敬服)하다. 경모하다. 흠모하다. ¶他很～有学问的人 | 그는 학문이 있는 사람을 경모한다 =〔钦服qīnfú〕〔钦挹qīnyì〕

4【钦佩】qīnpèi ⇒〔敬佩jìngpèi〕

【钦仰】qīnyǎng 書動 흠앙하다. 우러러 사모(思慕)하다. ¶我～这位教授jiàoshòu | 나는 이 교수님을 아주 흠모합니다 =〔钦佩景仰qīnpèijǐngyǎng〕

【嵚(嶔)】qīn 우뚝솟을 금

⇒〔嵚嵚〕

【嵚嵚】qīnqīn 書貶 산이 높다. 우뚝 솟다.

1【亲(親)】qīn qìng 친할 친, 어버이 친

Ⓐqīn ❶부모. 어버이. ¶父～ | 부친. ¶双shuāng～ | 양친. ❷육친의. 직계의. ¶是我的～爸爸 | 나의 친아버지이다. ¶～兄弟 | 친형제. ❸친족. 친척. 인척. ¶沾zhān～带故dàigù | 威친척 또는 친구 관계가 있다→〔六亲〕 ❹名혼인. ¶成～ =〔结亲jiéqīn〕 | 결혼하다→〔求婚qiúhūn〕 ❺신부(新婦). ¶娶qǔ～ | 아내를 맞다. ❻친하다. 사이 좋다→〔疏shū④〕 ¶兄弟相～ | 형제간에 사이가 좋다. ❼動 입맞추다. ¶他～了～孩子的小脸蛋xiǎoliǎndàn | 그는 아이의 귀여운 볼에 입을 맞추었다. ❽친히. 몸소. 스스로. ¶百忙中bǎimángzhōng抽chōu出时间～临现场 | 바쁜가운데서도 시간을 내어 몸소 현장에 도착하다. ¶～自↓

Ⓑqìng ⇒〔亲家〕

Ⓐqīn

3【亲爱】qīn'ài 貶 친애하는. 사랑하는. 어법 술어로 쓰이지 않으며 정도부사(程度副詞)의 수식을 받지 않음. ¶～的祖国zǔguó | 친애하는 조국. ¶～的乡亲父老xiāngqīnfùlǎo | 친애하는 동민 여러분. ¶～的朋友 | 사랑하는 친구.

4【亲笔】qīnbǐ 名 친필. ¶看得出不是他～写的 | 그가 친필로 쓴 것이 아님을 알 수 있다. ¶～签名qiānmíng | 친필 서명. ¶～批语pīyǔ | 친필 결재. ¶～信 | 친서.

【亲兵】qīnbīng 名 호위병. 근위병. ¶开玩笑kāiwánxiào说他是爷爷yé·ye的～ | 그는 할아버지의 호위병이라고 농담으로 이야기했다 =〔亲军qūn〕

【亲不亲故乡人】qīn bùqīn gùxiāngrén 諺 친한 사람이건 친하지 않은 사람인건 고향 사람은 그리운 것이다.

【亲代】qīndài 名 부모대(代). 어미대(代) →〔子代zǐdài〕

【亲丁】qīndīng ⇒〔亲属qīnshǔ〕

【亲夫】qīnfū 名 자기(의) 남편.

【亲赴】qīnfù 動 친히 (현장에) 나가다. 스스로〔몸소〕가다. ¶总统zǒngtǒng～火灾现场huǒzāixiànchǎng | 총통(대통령)이 직접 화재 현장으로 가다.

【亲贵】qīnguì 書名 임금의 친척이나 측근자

【亲和力】qīnhélì 名〈化〉친화력 =〔亲力〕〔化合力〕

【亲家】ⓐqīnjiā 名 친척.

ⓑqìng·jia 名 ❶인척(姻戚). ❷사돈댁. 사돈어른. ❸인척끼리 상대 가족을 부를 때 사용하는 호칭.

【亲近】qīnjìn ❶形 가깝다. 친근하다. 친밀하다. ¶他俩很～ | 그들 둘은 아주 친근하다. ¶～的邻居línjū | 친근한 이웃. 이웃사촌. ❷動 친밀하게 사귀다. 친해지다. 친교를 맺다. ¶以后可以多～～ | 앞으로 친해지기를 바랍니다.

【亲眷】qīnjuàn ❶⇒〔亲戚qīnqī〕 ❷⇒〔眷属juànshǔ〕

【亲口】qīnkǒu ❶名 자신의 입. ❷副 자기의 입으로. (말할 때에) 친히. 스스로. ¶这是老师～告诉我的, 没错 | 이것은 선생님이 직접 나에게 알려 준 것이라 틀림없다.

【亲历】qīnlì ❶書動 몸소 경험하다. 직접 겪다. ¶他～了五四运动 | 그는 5·4운동을 몸소 겪었다. ❷名 자신의 경력.

【亲临】qīnlín 書動 친히 (현장에) 나오다. 직접 참가하다. 몸소 참석하다. ¶～前线qiánxiàn | 직접 전선으로 나오다 =〔亲莅lì〕

【亲聆】qīnlíng 動札 (가르침을) 삼가〔공손히〕 듣다. 배청(拜聽)하다. ¶～雅教yǎjiào | 훌륭한 가르침을 삼가 들었습니다.

4【亲密】qīnmì 形 친밀하다. 사이가 좋다. 어법 술어로 쓰이며 보어와 함께 쓰이기도 함. 관형어(定語)나 부사어(狀語)로 쓰이기도 함. 「亲亲密密」형식으로 중첩함. ¶弟兄们很～ | 형제들은 아주 사이가 좋다. ¶～合作 | 사이좋게 합작하다. ¶他们～地生活在一起 | 그들은 사이좋게 같이 생활한다. ¶他俩～得很 | 그들 둘은 아주 친밀하다. ¶～的战友 | 사이가 좋은 전우. ¶～关系 | 친밀한 관계

【亲密无间】qīnmì wújiān 威 매우 친밀하여 거리감이 없다. 허물없이 친밀하다. ¶师生之间～ | 선생과 학생 사이가 매우 친밀하여 거리감이 없다.

【亲昵】qīnnì 形 허물없다. 사이좋다. 친하고 매우 정답다. ¶爸爸～地抚摸fǔmō小弟弟的头 | 아버지는 친하고 정답게 동생의 머리를 만졌다→〔亲热〕〔亲腻qīnnì〕

【亲腻】qīnnì ⇒〔亲昵〕

【亲娘】ⓐqīnniáng 名 친어머니. 생모 =〔亲妈妈〕〔亲母(亲)〕〔亲生母亲〕

ⓑqìngniáng 名 사돈댁. 안사돈. 형제·자매의 배

우자의 어머니 =〔姻伯母〕
【亲朋】qīn péng [名] ❶ 친척과 친구 =〔亲戚朋友〕 ❷ 친한 벗. 친한 친구 =〔亲友〕
【亲朋故友】qīn péng gù yǒu [成] ❶ 친한 친구와 옛친구. ❷ 연고자. ¶～谁也不能特殊tèshū | 연고자라 할지라도 어느 누구도 특별히 대우할 수 없다.
[2]【亲戚】qīn·qī [名] 친척. ¶～远来香xiāng, 街坊jiēfāng高打墙 | [諺] 친척은 멀리 떨어져 있는 것이 좋고, 이웃 간에는 담을 높이 쌓아 올려 두는 것이 좋다 =〔亲眷juàn①〕〔[方] 亲串chuàn〕→〔本家〕〔亲属qīnshǔ〕
【亲启】qīnqǐ ⇒〔亲拆chāi〕
【亲切】qīnqiè ❶ [形] 친절하다. 다정하다. 친밀하다. 밀접하다. [어법] 일반적으로 술어로 쓰이며 보어와 함께 쓰이기도 함. 관형어(定語)와 부사어(狀語)로 쓰이기도 함. 보어가 될 때는 「得」과 함께 쓰임. ¶老师对我们十分～ | 선생님은 우리들에게 아주 친절하다. ¶～的目光 | 다정한 눈빛. ¶他～地招呼我 | 그가 다정하게 나에게 손짓을 하며 부른다. ¶～的话 | 다정한 말. ❷ [名] 친함. 친근감. [어법] 「觉得」「感到」등의 목적어로 쓰이기도 함. ¶你的笑使人感到甜蜜tiánmì和～ | 너의 웃음은 사람들이 달콤함과 친근감을 느끼게 한다.
[3]【亲热】qīnrè [形] 친밀하다. 친절하다. 다정하다. 화목하다. [어법] 술어로 자주 쓰이며 목적어와 보어를 동반하기도 함. ¶他们俩很～ | 그들 둘은 매우 다정하다. ¶小孙子真会～人 | 손자는 사람에게 아주 친밀하게 대할줄 안다. ¶他们俩怎么也～不起来 | 그들 둘은 아무리 해도 친해지지 않는다. ¶显出十分～的样子 | 아주 다정한 모습을 보이다. ¶～地招呼zhāohū我 | 다정하게 나에게 손짓하며 인사하다. ¶感到～ | 친밀감을 느끼다. ¶想跟她～ | 그녀와 친밀해지고 싶다 →〔亲昵nì〕〔昵爱〕〔亲腻qīnnì〕
[3]【亲人】qīnrén [名] ❶ 직계 친속 또는 배우자. 가까운 친척. 육친. ¶他家里除了母亲以外, 没有别的～ | 그의 집에는 어머니 외에는 다른 친속이 없다. ❷ [喩] 관계가 깊거나 다정한 사람.
【亲任】qīnrèn [動] 신임하다. (마음으로 부터) 신용하다 =〔亲信xìn①〕
【亲如手足】qīn rú shǒu zú [成] 형제처럼 정답다 =〔亲如兄弟〕
【亲善】qīnshàn ❶ [形] 사이좋다. 우호적이다. ❷ [名] 친선. 우호적인 관계. ¶中韩～ | 중국과 한국의 친선.
【亲上加亲】qīn·shang jiā qīn [成] 친척끼리 겹사돈을 맺다 =〔亲上做亲〕
[4]【亲身】qīnshēn [副] 친히. 스스로. 몸소. ¶～体验到tǐyàndào | 몸소 체험하다. ¶这些都是我～经历jīnglì的事 | 이것들은 모두 내가 몸소 겪은 일이다→〔亲自〕
[4]【亲生】qīnshēng [動] ❶ 자신이 낳다. ¶～子女 | 친자식. ❷ 자식을 낳다.
【亲事】qīn·shi [名] 혼인. 혼사(婚事). ¶儿女～ | 자녀의 혼사 =〔婚事hūnshì〕
[4]【亲手(儿)】qīnshǒu(r) [副] 손수. 자기손으로. 직접. ¶～去做 | 손수 하다. ¶～交付jiāofù | 손수 건네주다. ¶～自造zìzào | 손수 만들다.
【亲疏】qīnshū [名] 친근함과 소원(疏遠)함. 가까움과 멈.
【亲属】qīnshǔ [名] 친족. 친척 =〔亲丁dīng〕〔亲族zú〕→〔亲戚qī〕〔家属shǔ〕
【亲随】qīnsuí ❶ [名] (옛날의) 몸종. 측근자. ❷ [動] 가까이 따라가다. ¶我曾～总统zǒngtǒng出访韩国 | 나는 총통을 측근에서 뫼시고 한국을 방문했다.
【亲痛仇快】qīn tòng chóu kuài [成] 자기편을 슬프게 하고 적을 기쁘게 하다. 자기편을 가슴아프게 하고 적을 돕는 행동을 하다. ¶切莫干出～的事儿 | 적을 이롭게 하고 우리편을 손해보게 하는 일은 말라=〔亲者痛, 仇者快〕
【亲王】qīnwáng [名] ❶ 친왕. ❷ 청대(清代)의 최상급의 작위.
【亲吻】qīnwěn [動] 입맞추다. 키스하다→〔亲嘴qīnzuǐ(儿)①〕
【亲信】qīnxìn ❶ ⇒〔亲任rèn〕 ❷ [名] 측근자. ¶～人士 | 측근자. ¶他派～去探听tàntīng情况qíngkuàng | 그는 측근을 보내 정황을 알아보도록 했다 =〔亲故qīngù〕 ❸ [名][貶] 심복. 부하.
[3]【亲眼】qīnyǎn [副] 제 눈으로. 직접. ¶是～看到的 | 제 눈으로 직접 본것이다. ¶～看到惨剧cǎnjù | 직접 참사를 목격하다 =〔[書] 亲目〕→〔亲自〕
【亲迎】qīnyíng ❶ [名] 친영. 신부맞이 [신랑이 신부집에 가서 신부를 맞는 의식] ❷ [動] 친히 나가서 맞이하다. ¶总理zǒnglǐ～他进jìn门 | 문으로 들어오는 그를 총리께서 친히 나아가서 맞이하였다.
[4]【亲友】qīnyǒu ⇒〔亲朋〕
【亲征】qīnzhēng [書][動] 왕이 친히 출정하다. ¶御驾yùjià～ | 왕이 친히 출정하다.
【亲政】qīnzhèng [書][動] (어려서 왕위에 오른) 임금이 (성년이 되어) 몸소 정사를 보다.
[2]【亲自】qīnzì [副] 몸소. 친히. 직접. ¶～动手dòngshǒu | 친히 착수하다→〔自己 [a]〕
【亲族】qīnzú ⇒〔亲属shǔ〕
【亲嘴(儿)】qīn/zuǐ(r) ❶ [動] 입맞추다. 키스하다 =〔接吻jiēwěn〕 ❷ (qīnzuǐ(r)) [名] 입맞춤. 키스. ❸ (qīnzuǐ(r)) [名][副] 자기의 입(으로).

[B] qìng
【亲家】qìng·jia ☞〔亲家〕qīnjiā [b]
【亲家公】qìng·jiagōng [名] 사돈 어른. 바깥 사돈. ¶他的～是大官儿 | 그의 바깥 사돈은 고위 공직자이다 =〔亲家爹〕〔亲家老儿〕〔亲家老爷〕〔亲翁〕
【亲家老儿】qìng·jialǎor ⇒〔亲家公〕
【亲家老爷】qìng·jia lǎo·ye ⇒〔亲家公〕
【亲家妈】qìng·jiamā ⇒〔亲家母〕
【亲家母】qìng·jiamǔ [名] 사돈댁. 안사돈 =〔亲家妈mā〕〔亲家娘niáng〕
【亲家娘】qìng·jianiáng ⇒〔亲家母〕
【亲娘】qìngniáng ☞〔亲娘〕qīnniáng [b]
【亲翁】qìngwēng ⇒〔亲家公〕

qín ㄑㄧㄣˊ

4【芹〈靳〉】qín 미나리 근 ❶名〈植〉미나리. ❷書名謙 변변치 않은 것 [남에게 물건을 선사할 때 쓰는 말] ¶～敬jìng=〔芹献qínxiàn〕〔献芹〕| 변변치 않은 것이지만 성의로 올립니다.

4【芹菜】qíncài 名〈植〉❶ 미나리. ¶～炒肉丝chǎoròusī | 미나리에 고기를 넣어 볶은 중국요리의 일종→〔水芹(菜)〕 ❷ 셀러리(celery) =〔本芹〕〔旱芹(菜)〕〔西洋菜〕〔洋芹(菜)〕〔药芹菜〕

【芩】qín 풀이름 금 ❶名〈植〉「芦苇lúwěi」(갈대)의 옛 이름. ❷ ⇒〔黄huáng芩〕

【矜】qín ☞ 矜 jīn Ⓒ

3【琴〈琹〉】qín 거문고 금 名❶〈音〉금(琴) [당악(唐樂) 현악기의 한가지. 거문고와 비슷하고 줄이 5현(弦)이었으나 뒤에 7현(弦)이 됨] ❷ 풍금·피아노·가야금 등의 악기의 총칭. ¶风fēng～ | 풍금. ¶钢gāng～ | 피아노. ¶小提xiǎotí～ | 바이올린. ¶口～ | 하모니카. ¶胡hú～ | 호금. ❸ (Qín) 성(姓).

【琴键】qínjiàn 名 (피아노·오르간 등의) 건반.

【琴鸟】qínniǎo 名〈鳥〉금조 =〔琴尾鸟wěiniǎo〕

【琴棋书画】qín qí shū huà 惯 거문고·바둑·글씨 쓰기와 그림 그리기 [문인(文人)의 고상한 도락(道樂)] ¶他～无所不能 | 그는 거문고면 거문고 바둑이면 바둑 글씨면 글씨 그림이면 그림 못 하는 것이 없다.

【琴瑟】qínsè 名 ❶ 거문고와 비파. ❷轉 부부의 화목한 정. 내외간의 금실. ¶～和鸣hémíng =〔琴瑟调和qínsètiáohé〕〔琴瑟甚笃〕〔琴瑟相和〕| 부부 사이가 대단히 화목하다.

【琴师】qínshī 名 (「京劇jīngjù」등의 연극에서) 현악기 반주자. ¶他是天桥Tiānqiáo一带有名的～ | 그는 천교 일대의 유명한 현악기 반주자이다.

【琴书】qínshū 名 금서 [고사(故事)를 강창(講唱)할 때 양금(洋琴)을 반주로 사용하는 민간 예능의 일종]

【秦】Qín 진나라 진 名❶〈史〉진(秦) [주대(周代)의 제후국(諸候國)의 하나였으나 진시황(秦始皇)이 중국 천하를 통일하고 진(秦)나라를 세움(B.C. 221～206)] ❷〈地〉섬서성(陝西省)의 다른 이름. ❸ 성(姓).

【秦吉了】qínjíliǎo 名〈鳥〉구관조(九官鳥) =〔吉了鸟jíliǎoniǎo〕〔情急了qíngjíliǎo〕〔八哥bāgē(儿)〕〔鹩liáo哥〕

【秦椒】qínjiāo 名〈植〉진교. 오독도기 =〔秦害qínhài〕〔大叶龙胆dàyèlóngdǎn〕

【秦椒】qínjiāo ❶名〈植〉개산초나무 =〔竹zhú叶椒〕❷ ⇒〔花huā椒〕❸ ⇒〔辣là椒〕

【秦镜高悬】Qín jìng gāo xuán 惯 진경을 높이 걸어 능히 선악(善惡)을 바로 잡는다. 죄를 다스림이 공명하여 그릇됨이 없다 =〔明镜高悬míngjìnggāoxuán〕

【秦腔】qínqiāng 名〈演映〉❶ 중국 서북(西北) 지방에 유행하는 지방극 [섬서(陝西)·감숙(甘肅) 일대의 민가(民歌)가 발전한 것으로 「梆子腔」의 일종임] ❷ 중국 북방(北方) 「梆子腔bāngzǐqiāng」의 총칭(總稱). ¶他会唱～ | 그는 방자강을 창으로 부를 수 있다.

【秦始皇】Qín shǐhuáng 名〈人〉진시황 =〔始皇〕

【秦篆】qínzhuàn ⇒〔小xiǎo篆〕

【嗪】qín (음역자 진) 음역어에 쓰임 [환식(環式) 질소화합물 이름의 접미사(後綴)로 쓰임] ¶嗒dā～ =〔邻二氮苯línèrdànběn〕| 피라다진. ¶吡bǐ～ | 피리딘. ¶哌pài～ | 피페라진.

【溱】qín ☞ 溱 zhēn Ⓑ

【蓁】qín ☞ 蓁 zhēn Ⓑ

【螓】qín 씽씽매미 진 名〈蟲〉매미 [고서상(古書上)에 나오는 매미의 일종]

【螓首】qínshǒu 名 ❶ 메미 같이 네모진 넓은 이마. ❷喻 미인(美人)의 이마.

【螓首蛾眉】qín shǒu é méi 惯 반듯한 이마에 반달같은 눈썹 =〔蛾眉螓首〕

4【禽】qín 짐승 금, 날짐승 금 ❶名 날짐승 [조류(鳥類)의 총칭] ¶家～ | 가금. ¶水～ =〔水鸟〕| 물새. ¶仙xiān～ | 학의 다른 이름. ❷「擒」과 통용 ⇒〔擒qín〕❸ (Qín) 名 성(姓).

【禽兽】qínshòu 名 ❶ 금수. 짐승. ❷喻 금수 같은 사람. 짐승 같은 사람. ¶～不如 | 짐승 보다 못하다. ¶～行为 | 짐승 같은 행위.

【噙】qín 머금을 금 動 (입에) 머금다. 머물다. 물다. ¶嘴zuǐ里～着一块糖kuàitáng | 입에 사탕을 하나 물고 있다. ¶眼眶yǎnkuàng里～着眼泪yǎnlèi | 눈에 눈물을 글썽이고 있다.

【噙化】qínhuà 動〈漢醫〉(입안에서) 머금어 녹이다.

【擒】qín 사로잡을 금 動 사로잡다. 붙잡다. 생포하다. ¶～拿ná =〔擒获qínhuò〕〔擒捉zhuō〕| 붙잡다. ¶～贼zéi先～王 | 諺 적을 잡으려면 먼저 두목을 잡아라. 일을 하는데는 반드시 그 관건을 파악하고 그 근원부터 해결해 나가야 한다 =〔禽qín②〕

【擒获】qínhuò ⇒〔擒拿〕

【擒拿】qínná 動 사로잡다. 체포하다. ¶～罪犯zuìfàn | 범인을 체포하다 =〔擒获huò〕〔擒捉zhuō〕

【檎】qín 능금나무 금 ⇒〔林lín檎〕

【覃】qín ☞ 覃 tán Ⓑ

3【勤〈懃4〉】qín 부지런할 근, 은근할 근 ❶形 부지런하다. 근면하다. 어법 술어와 부사어(狀語)로 쓰임. 「得」과 함께 쓰여 보어가 되기도 함. ¶～读dú | 열심히 읽다. ¶～学xué | 학문에 힘쓰다. ¶走得～ | 열심히 걷다. ¶人～地不懒lǎn | 사람이 부지런하면 땅은 게으르지 않다. 부지런한 농사꾼에게는 나쁜

땅이 없다 =〔廑qín〕⇔〔懒lǎn①〕〔惰duò〕❷形 잦다. 빈번하다. 자주…하다. ¶～洗澡xǐzǎo | 자주 목욕하다. ¶～提意见tíyìjiàn | 자주 의견을 말하다. ❸名 근무. ¶内～ | 내근. ¶外～ | 외근. ¶出～ | 출근. ❹形 정성스럽다. 친절하다. ¶殷yīn～ | 은근하다 =〔廑qín〕❺(Qín) 名 성(姓).

4【勤奋】qínfèn 形 근면하다. 꾸준하다. 어법 주로 술어로 쓰이며 보어를 동반하기도 함.「的」를 동반한 관형어(定語)나 부사어(狀語)로 쓰이기도 하며 명사로 활용되기도 함. ¶她～好学hàoxué | 그녀는 부지런하며 배우기를 좋아한다. ¶从小就～得很 | 어려서부터 아주 부지런하다. ¶他是一个～好学的青年 | 그는 부지런하고 배우기를 좋아하는 청년이다. ¶学习～ | 학습에 열심이다. ¶～努力nǔlì | 부지런히 노력하다. ¶对搞科学gǎokēxué的人说来, ～就是成功之母 | 과학에 종사하는 사람으로 말하자면 근면함이 성공의 어머니이다 =〔方 勤力lì〕〔勤勉qínmiǎn〕

4【勤工俭学】qín gōng jiǎn xué 威 일하면서 배우다. 고학하다. ¶他早年曾去法国～ | 그는 왕년에 프랑스에 가서 고학을 했다.

4【勤俭】qínjiǎn 形 근검하다. 부지런하고 알뜰하다. 어법 주로 술어로 쓰임.「的」과 함께 쓰여 관형어(定語)가 되기도 하며 명사로 활용되어 그에 상응하는 문장성분이 되기도 함. ¶中国的农民十分～ | 중국의 농민은 아주 근검하다. ¶韩国人民有着～节约jiéyuē的优良传统yōuliángchuántǒng | 한국사람들은 근검절약의 좋은 전통을 갖고 있다. ¶中国人民的美德之一就是～ | 중국사람들의 미덕의 하나는 근검이다. ¶他是个～ | 그는 근검한 사람이다. ¶～持家chíjiā | 근면하고 알뜰하게 집안 살림을 꾸리다.

【勤谨】qín·jin 形 方 근면하다. 부지런하다. ¶他入社rùshè以后, 越发越～了 | 그는 입사한 이후로 갈수록 근면해졌다.

4【勤恳】qínkěn 形 근면하고 성실하다. ¶勤勤恳恳地为人民服务fúwù | 근면하고 성실하게 국민을 위해 봉사하다. ¶为人wéirén～ | 사람됨이 근면 성실하다. ¶～地劳动láodòng | 성실히 일하다.

【勤苦】qínkǔ 形 부지런히 힘쓰다. 각고 면려(刻苦勉勵)하다. ¶经过了一番～的练习liànxí | 열심히 그리고 힘들게 연습을 했다.

【勤快】qín·kuai 形 口 부지런하다. 근면하다. ¶老李非常～, 总是一大早就起来打扫dǎsǎo院子yuànzǐ | 이씨는 대단히 부지런해서 언제나 새벽에 일어나 마당을 쓴다.

3【勤劳】qínláo 形 부지런히 일하다. 근로하다. 근면하다. 어법 술어로 쓰이며 보어를 동반하기도 함.「的」과 함께 쓰여 관형어(定語)가 되기도 하며 전치사구(介賓詞組)를 형성하여 부사어(狀語)가 되기도 함. 명사로 활용되어 이에 상응하는 문장성분이 됨. ¶中国人民非常～ | 중국 사람들은 아주 부지런하다. ¶母亲～惯了, 在家里老是闲不住 | 어머니는 부지런히 일하는 것에 익숙이 되어 집에 있어도 가만히 있지를 못한다. ¶韩国民族是～勇敢yǒnggǎn的民族 | 한국민족은 부지런하고 용감한 민족이다. ¶中国的农民一向以～著称 | 중국 농민은 줄곧 부지런하기로 유명하다. ¶～远比黄金huángjīn可贵 | 부지런함은 황금보다 훨씬 귀하다. ¶一生～ | 평생을 부지런히 일하다 =〔書 勤劬qú〕⇔〔懒惰lǎnduò〕

【勤勉】qínmiǎn ⇒〔勤奋fèn〕

【勤娘子】qínniáng·zi 名 俗〈植〉나팔꽃 =〔牵qiān牛花〕

【勤王】qínwáng 書 動 ❶ 왕실(王室)을 위하여 충성을 다하다. 근왕하다. ¶～之师 | 근왕병. ❷ (곤란에 처했을 때) 병력(兵力)으로 왕실을 구원하다.

【勤务】qínwù ❶ 名 근무. ❷ 動 근무하다. ❸ 名〈軍〉(경리·위생·법무 등의) 비전투 업무. ¶～部队bùduì | 근무부대. ¶～兵 | 비전투원.

【勤务员】qínwùyuán 名 ❶ 부대나 정부 기관의 잡역부. ❷ 공복. 심부름꾼. ¶干部要做人民的～ | 간부는 인민의 공복이 되어야 한다.

【勤于】qínyú 書 形 (…에) 부지런하다. 부지런히 (…을) 하다. ¶～实践shíjiàn | 실행에 옮기는데 힘쓰다. ¶～动脑筋dòngnǎojīn | 부지런히 머리를 쓰다.

【勤杂】qínzá 名 잡무. 허드렛일. 잡일. ¶～人员 =〔勤杂工〕| (학교·회사의) 심부름꾼. 소사(小使). 고용인. 인부. 잡역부. 허드레꾼. 막노동자.

【廑〈廑〉】qín jǐn 부지런할 근, 겨우 근

Ⓐ qín「勤」의 고자(古字) ⇒〔勤①④〕

Ⓑ jǐn 書 ❶ 名 작은 집. ❷ 形 염려하다. 그리워하다. ¶～念↓ ❸「仅」과 통용 ⇒〔仅jǐn〕

【廑念】jǐnniàn 札 매우 그립다. 몹시 생각나다 =〔廑注zhù〕

【廑注】jǐnzhù ⇒〔廑念〕

qǐn ㄑㄧㄣˇ

【锓(鋟)】qǐn ⓧ qiān) 새길 침

書 動 (금속을) 조각하다. 새기다. ¶～版bǎn | 판을 조각하다.

【寝(寢)〈寑〉】qǐn 잘 침

❶ 動 자다. ¶废fèi～忘食wàngshí | 威 침식을 잊다. ❷ 名 침실. ¶就jiù～ =〔入寝rùqǐn〕| 취침하다. ❸ 名 제왕의 묘. ¶陵líng～ | 왕릉. ❹ 書 動 끝나다. 중지하다. 그치다. ¶此事已～ | 이일은 이미 중지되었다. ❺ 形 (용모가) 흉하다. 못생기다. ¶貌mào～ | 용모가 흉하다.

【寝车】qǐnchē 名 침대차. ¶在～休息xiūxī | 침대차에서 휴식을 취하다 =〔卧wò车①〕

【寝宫】qǐngōng 名 ❶ (왕·왕후가 거처하는) 궁전. 궁침(宮寢). 대궐. ❷ 왕릉에서 관을 놓는 곳〔방〕

【寝具】qǐnjù 名 침구. ¶修理xiūlǐ～ | 침구를 수리하다.

【寝食】qǐnshí 名 침식. ¶～不安 | 威 생활이 안정되지 못하다. 마음이 불안하다. ¶～俱废jùfèi | 威 침식을 잊다 =〔寝馈kuì〕

【寝室】qǐnshì 書 名 침실. ¶在～里安装ānzhuāng

空调kōngtiáo | 침실에 에어콘을 달다 =〔卧室〕

qìn ㄑㄧㄣˋ

【沁】qìn 밸 심, 물이름 심
❶動 (향기나 액체 등이) 배어 들다. 스며들다. 스며나오다. 침투하다. ¶额上éshàng～出了汗珠hànzhū | 이마에 땀방울이 스며 나왔다. ❷動方 머리를 숙이다. 머리를 떨구다. ¶～着头 | 머리를 숙이고 있다. ❸動方 물속에 넣다. 담그다. ❹(Qìn) 名〈地〉심하(沁河). 심수(沁水) [산서성(山西省) 심원현(沁源縣)에서 흘러 내리는 황하 하류의 지류]

【沁人肺腑】qìn rén fèi fǔ ⇒〔沁人心脾xīnpí〕

【沁人心腑】qìn rén xīn fǔ ⇒〔沁人心脾xīnpí〕

【沁人心脾】qìn rén xīn pí 國 (노래·글 등이) 가슴 속에 파고 들다. 마음 속 깊이 감동을 주다. ¶～的话语 | 마음 속 깊이 감동을 주는 말=〔沁人肺腑fèifǔ〕〔沁人心腑〕

【沁润】qìnrùn 動 (향기·액체 등이) 스며들다. 배어 들다. ¶～心田的芳香fāngxiāng | 마음속에 배어 든 방향 =〔渗入shènrù〕

【吣〈唚〉】qìn 토할 침, 욕할 침
動 ❶ (개나 고양이가) 토하다. ¶猫māo吃完就～了 | 고양이가 다 먹고서는 곧바로 토했다. ❷回 함부로 욕하다. 마구 욕질하다. ¶满嘴胡mǎnzuǐhú～ | 하는 말이 온통 욕설이다.

【揿(撳)〈搇〉】qìn 누를 흠
動方 ❶ (손으로) 누르다. ¶～电铃diànlíng | 벨을 누르다. ¶一只手～住了敌人的脖子bózǐ | 한 손으로 적의 목을 꽉 누르다. ❷ 머리를 숙이다. 머리를 떨구다. 낮추다. ¶～着头走 | 머리를 숙이고 걷다. ¶身子往下～ | 몸을 앞으로 수그리다.

【揿纽】qìnniǔ ⇒〔揿钮〕

【揿钮】qìnniǔ 名 똑딱단추. 스냅(snap) 단추 =〔揿纽niǔ〕〔摁扣儿ènkòuér〕〔子母扣儿zǐmǔkòuér〕

qīng ㄑㄧㄥ

1【青】qīng 푸른빛 청
❶名〈色〉파란색. 청색. 푸른색 남색. ¶～山绿水shānlǜshuǐ | 푸른산 푸른 물. ¶～天 | 파란 하늘. ❷ 검푸른색. 흑청색 [의복·두발 따위의 색을 나타내는데 쓰임] ¶～布 | 검은 천. ¶～线xiàn | 검은 실. ❸ ⇒〔青儿〕 ❹名 푸른 풀 또는 풋곡식. ¶踏tà～ | 봄의 들놀이. ¶看～ | 풋곡식을 지키다. ¶～黄不接 | 보리고개. 춘궁기. ❺ (나이가) 젊다. ¶～年 | 청년. ❻ (Qīng) 名簡〈地〉청해성(青海省)의 약칭. ❼ (Qīng) 名 성(姓). ❽ 복성(複姓)중의 한 자(字). ¶～史shǐ↓

【青帮】Qīng Bāng 名〈史〉청방 [청말(青末)에 대운하(大運河)에 의하여 남쪽에서 북경 방면으로 양미(糧米) 수송을 하던 공인(工人)들이 항해의 위해(危害) 방지를 위해 조직한 비밀 결사단체] =〔清帮〕

【青棒】qīngbàng 名 ❶〈體〉청소년 야구. ¶世界～比赛bǐsài | 세계 청소년 야구대회 ❷〈魚貝〉청어(青魚).

3【青菜】qīngcài 名 ❶ 야채. 남새. ❷ 박초이(pakchoi) =〔小白菜xiǎobáicài〕

【青草】qīngcǎo 名 푸른 풀. 싱싱한 풀. ¶用～喂wèi羊 | 싱싱한 풀을 양에게 먹이다.

【青虫】qīngchóng 名〈蟲〉❶ 배추흰나비의 다른 이름→〔螟蛉mínglíng〕 ❷俗 나비 종류의 애벌레.

【青出于蓝】qīng chū yú lán 國 쪽에서 나온 푸른 물감이 쪽보다 더 푸르다. 제자가 스승보다 더 낫다. ¶～而胜于蓝, 她终于zhōngyú超过chāoguò了康老师 | 제자가 스승보다 더 낫다는 말처럼 그녀는 마침내 강선생님을 능가했다.

3【青春】qīngchūn 名 청춘. ¶～年华niánhuá | 청춘시기. ¶～期 | 청춘기. 사춘기. ¶～啊, 永远是美好的 | 청춘은 언제나 아름다운 것이다. ¶她的身上充满了～的活力 | 그녀의 몸은 청춘의 활력으로 충만해 있다. ¶恢复huīfù了～ | 청춘을 회복했다. ¶把～献给xiàngěi祖国 | 청춘을 조국에 바치다.

【青春(美丽)豆】qīngchūn (měilì)dòu 名俗 여드름 =〔壮疙瘩zhuànggēdá〕〔粉刺fěncì〕〔痤疮cuóchuāng〕

【青瓷】qīngcí 名〈工〉청자. 청도(青陶). 청사기(青沙器)

【青葱】qīngcōng ❶ 貺 (풀·나무 등이) 짙푸르다. ¶～的草地cǎodì | 푸른 초지(草地). ¶～的树林shùlín | 짙푸른 수풀. ❷名〈植〉파.

【青翠】qīngcuì 形 새파랗다. 푸르다. 어법 술어, 관형어(定語) 및 「得」을 동반한 보어로 쓰임. 「山」「草」「树木」등과 같은 명사와 함께 어울려 쓰이기도 함. 「格外」「特别」「更加」등과 같은 정도부사(程度副詞)의 수식을 받기도 함. ¶春天来了, 山上一片～ | 봄이 오자 산이 온통 푸르다. ¶山坡上, 到处～是竹林 | 산기슭은 전체가 모두 푸른 대나무 숲이다. ¶雨后, 垂柳chuíliǔ显得格外géwài～ | 비온 뒤 수양버들은 유달리 새파랗다.

【青黛】qīngdài 名 ❶ (쪽으로 만든) 검푸른 물감〔도료〕 ❷ (눈썹을 그리는) 푸른 먹 =〔靛diàn花〕

【青豆】qīngdòu 名〈植〉❶ 청대콩. 푸른콩 =〔绿lǜ大豆〕 ❷ 청완두. 그린 피스 =〔青豌豆qīngwāndòu〕

【青蚨】qīngfú 名 ❶〈蟲〉청부. 파랑강충이 =〔青凫fú〕 ❷書喻 돈(錢)의 다른 이름.

【青刚】qīng gāng 名〈植〉떡갈나무 =〔青冈栎gānglì〕〔青冈gāng〕〔青纲gāng〕〔槲栎húlì〕

【青工】qīnggōng 名 근로 청소년. ¶做好教育jiàoyù～的工作 | 근로 청소년 교육사업을 잘 해나가야 한다.

【青光眼】qīngguāngyǎn 名〈醫〉녹내장(綠內障) =〔青光瞎眼qīngguāngxiāyǎn〕〔青盲qīngmáng②〕

【青果(儿)】qīngguǒ(r) 名方〈植〉감람 =〔橄榄gǎnlǎn①〕

【青海】Qīnghǎi 名〈地〉❶ 청해 [청해성(青海省) 북동부에 있는 중국 최대의 함수호(咸水湖)] ❷ 청해성(青海省).

【青蒿】qīnghāo 名〈植〉개사철쑥 =〔香蒿〕

【青红皂白】qīng hóng zào bái 國 흑백. 시비곡직.

옳고 그른것. 사건의 진상. ¶不问～ | 다짜고짜로. 시비를 가리지 않다.

【青黄不接】qīnghuángbù jiē 成❶묵은 곡식은 다 떨어지고 햇곡식은 아직 나지 않은 시기. 곤궁한 때. 봄과 가을의 사이. 겨울과 봄의 사이. 喻보릿고개. 춘궁기. ❷인력·재력·물자 등의 공백 상태. ¶现在科技人才kējìréncái有～的趋势qūshì | 지금은 과학 기술 인재가 부족한 추세에 있다 ‖ =〔新陈不接xīnchénbùjiē〕

【青灰】qīnghuī 名❶흑청색의 석회. ❷진한 잿빛.

【青椒】qīngjiāo 名〈植〉피망. 서양고추 =〔柿子椒shìzǐjiāo〕

【青筋】qīngjīn 名 핏줄. 핏대.

【青筋暴露】qīngjīn bàolù ❶몸이 몹시 여위어 푸른 힘줄이 드러나다. ¶他瘦得shòudé～ | 그는 너무 여위어 푸른 힘줄이 드러난다. ❷몹시 화가 나서 핏대가 서다.

【青稞(麦)】qīngkē(mài) 名〈植〉쌀보리. 청과맥. 나맥 =〔稞麦kēmài〕〔元麦yuánmài①〕〔裸麦luǒmài〕

【青睐】qīnglài 動(기쁠 때 두 눈을) 똑바로(하고) 쳐다보다. 喻중시하다. 선호하다. 어법「受到」「得到」「获得」「博得」등의 목적어로 많이 쓰임. ¶受到青年读者的～ | 청년 독자들의 중시를 받다. ¶巴西Bāxī足球艺术zúqiúyìshù深受各国足球人士的～ | 브라질의 축구 기술은 각국 축구계 인사들의 주목을 많이 받고 있다. ¶大学生～服务行业fúwùhángyè | 대학생은 서비스직을 선호(중시)한다 =〔青眼〕

【青莲色】qīngliánsè 名〈色〉연한 자색. ¶～的上衣 | 연한 자색의 상의

【青龙】qīnglóng 名❶청룡. 태세신(太歲神)을 상징한 짐승. 창룡(蒼龍) =〔苍龙〕 ❷〈天〉동쪽의 일곱 별인 각(角)·항(亢)·저(氐)·방(房)·심(心)·미(尾)·기(箕)의 총칭. ❸동쪽 하늘을 맡은 태세신(太歲神)의 다른 이름. ❹俗음모(陰毛)가 없는 남자.

【青楼】qīnglóu 書名❶기생집. 기루(妓樓). 기관(妓館). 유곽. 청루. ¶她～卖笑màixiào, 备尝人间的辛酸xīnsuān | 그녀는 기루에서 웃음을 팔며 세상의 온갖 고초를 다 겪고 있다 =〔妓院jìyuàn〕 ❷귀족의 집.

【青绿】qīnglǜ 名〈色〉짙은 풀빛. 청록색 =〔青碧bì①〕〔深绿〕

【青麻】qīngmá 名〈植〉어저귀. 백마(白麻)

【青盲】qīngmáng ❶名〈醫〉녹색 색맹(色盲). ❷⇒〔青光眼qīngguāngyǎn〕 ❸名〈醫〉청맹과니. 당달 봉사 =〔青盲白瞎qīngmángbáixiā〕〔青睁眼qīngzhēngyǎn〕〔清qīng睁眼〕

【青梅】qīngméi 名〈植〉푸른 매실→〔青丝sī①〕

【青梅竹马】qīng méi zhú mǎ 成❶남녀 아이들이 천진난만하게 소꿉장난하다. ❷소꿉동무. 죽마고우. ¶他俩从小～ | 그들 둘은 소꿉친구이다. ❸소꿉장난하던 어린 시절.

【青霉素】qīngméisù 名〈藥〉페니실린(penicillin). ¶油制yóuzhì～ | 유성(油性) 페니실린. ¶油制～普鲁卡因pǔlǔkǎyīn注射液 | 유성(油性) 프로카인 페니실린 주사액. ¶～糖锭tángdìng | 페니실린 알약. ¶～软膏ruǎngāo | 페니실린 연고 =〔外盘尼西林pánníxīlín〕〔外配pèi尼西林〕〔西xī林〕

【青面獠牙】qīng miàn liáo yá 成시퍼런 얼굴로 이를 드러내다[험상궂은 얼굴의 형용]

【青苗】qīngmiáo 名덜 익은 농작물. 풋곡식

【青目】qīngmù ⇒〔青眼〕

[1]【青年】qīngnián 名청년. 젊은이. 어법「们」을 붙여 다수(多數)를 표시하기도 함. ¶～是使历史加速向更美好的世界前进的力量 | 청년은 역사를 더 좋은 세계로 더 빠른 속도로 나아가게 하는 힘이다. ¶他们寄jì希望xīwàng于～ | 그들은 청년들에게 희망을 걸고 있다. ¶对～寄予jìyú了很大的希望 | 청년들에게 아주 큰 희망을 걸고 있다. ¶～人 | 청년. ¶～节 | 청년의 날. ¶～时代 | 청년 시대. ¶～运动 | 청년운동. ¶～组织 | 청년조직. ¶～妇女fùnǚ =〔女青年〕 | 젊은 여성.

【青年节】Qīngnián jié 名❶세계 청년의 날[1940년 8월, 소련·폴란드·루마니아 등의 청년 대표가 매년 8월14일～28일을 세계 청년절로 정함] =〔世shì界青年节〕 ❷5·4 청년절 [중국의 5·4 운동이 청년 학생이 중심이 된 운동이었던 관계로 5월 4일을 청년절로 정함]

【青年团】qīngniántuán 名중국 공산주의 청년단[중국 공산당의 만 14세 이상 만 18세 이하의 청년 조직]⇒〔中国共产主义青年团〕

【青鸟】qīngniǎo 名❶파랑새. 청조. ❷〈書〉파랑새 [벨기에의 마테를링크(Maeterlinck, Maurice)가 지은 동화극] ❸書소식을 전하는 사자(使者) 또는 편지 [파랑새가 서왕모(西王母)에게 소식을 전해주던 새라는 고대 전설에서 유래함] ¶～传书chuánshū | 사자가 편지를 전하다.

【青皮】qīngpí 名❶方무뢰한. 부랑자. 건달 =〔青饼子qīngbǐngzǐ〕〔青皮光棍qīngpíguānggùn〕〔青皮流氓liúmáng〕〔无赖wúlài〕〔混混儿hùnhùnér〕 ❷괴팍한 놈. 건방진 자식. ❸〈植〉청피목(青皮木). 물푸레나무 =〔青肌jī〕 ❹〈漢醫〉청(귤)피. 청귤의 껍질. ❺〈魚貝〉밴댕어 =〔青鳞鱼qīnglínyú〕

【青萍】qīngpíng 名❶〈植〉좀개구리밥. ¶～漂浮piāofú | 좀개구리밥이 떠다니다. ❷청평 [월왕(越王) 구천(句踐)의 칼 이름] ❸(Qīngpíng) 복성(複姓).

【青青】qīngqīng 形❶푸릇푸릇하다. ¶只要春风吹到的地方, 到处是～的野草 | 봄 바람이 부는 곳이면 어디나 파릇파릇한 들풀이 있다. ❷나이가 젊다. ¶年纪niánjì～ | 나이가 젊다. ❸書머리카락이 검다.

【青儿】qīngr 名❶푸른 풀. ¶放～ | 방목(放牧)하다. ❷들판. ❸농작물. ❹계란의 흰자위 =〔鸡蛋青儿jīdànqīngér〕〔鸡蛋清儿〕

【青纱帐】qīngshāzhàng 名푸른 장막. 수수나 옥수수 등의 곡식이 무성하여 몸을 숨기기 좋은 곳. ¶他们在～里长大的 | 그들은 푸른 장막에서 자랐다 =〔青纱障zhàng〕

【青山】qīngshān 名❶청산. 청봉(青峰). ¶～遮不住, 毕竟东流去 | 成청산도 흐르는 물을 막을 수 없으니 결국에는 동쪽으로 흘러간다. 어떠한 세력도 사회 발전의 필연적인 법칙을〔추세를〕

변화시킬 수 없다. ❷書 묘지(墓地).

【青山绿水】qīngshān lǜshuǐ 成 청산녹수. 경치가 아름답다. 산수가 수려하다. 아름다운 곳. ¶神州大地, ～, 一片风光 | 신주대지는 산수가 아름다워 수려한 풍경을 하고 있다.

【青少年】qīngshàonián 名 청소년. ¶注意zhùyì对～的教育 | 청소년 교육을 중시하다.

【青石】qīngshí 名 ❶〈鑛〉(비석으로 사용하는) 푸른 빛깔을 띤 응회암(凝灰岩). ❷유리.

【青史】qīngshǐ 名 ❶書 청사(青史). 역사. 사서. ¶名传chuán～ =〔青史留名〕〔永垂chuí青史〕| 청사에 이름을 남기다. 이름이 역사에 전해지다. ❷(Qīngshǐ) 복성(複姓).

【青丝】qīngsī 名 ❶푸른 매화나무 열매를 실처럼 잘게 썬 것 [과자나 요리 위에 뿌려서 식욕을 돋구는 데 쓰임] →〔红hóng丝③〕❷書 여자의 머리카락. 검은 머리칼 =〔青丝黑发〕

【青饲料】qīngsìliào 名〈農〉녹사료. 풋먹이

【青蒜】qīngsuàn 名〈植〉풋 마 늘 =〔蒜 苗 miáo(儿)②〕

【青苔】qīngtái 名〈植〉청태. 푸른 이끼. 푸른 곰팡이. ¶饼干bǐnggān上长着点儿～ | 과자에 푸른 곰팡이가 끼였다 =〔水衣〕

【青檀】qīngtán 名〈植〉단향목(檀香木) =〔檀tán①〕

【青天】qīngtiān 名 ❶푸른 하늘. ¶望着无云的～ | 구름 한 점 없는 푸른 하늘을 바라보다. ❷喩 청렴한 관리. ❸喩 사람의 청명(清明)함.

【青天白日】qīngtiān báirì 名組 書 ❶광명(光明). 청명(清明). ❷구름 한 점 없는 맑은 날씨. ❸대낮 [강조의 뜻이 내포됨] ❹명백한 일. ❺청렴〔고결〕한 품격. ❻청천 백일. 중국 국민당(國民黨)의 상징. ¶～旗qí | 중국 국민당의 당기. ¶～满地红旗 | 청천 백일 만지 홍기. 중화민국의 국기.

【青天大老爷】qīngtiān dàlǎoyé 名 近 喩 결백하고 공정한 재판관〔관리〕 ¶盼望pànwàng这任县官是～ | 이번에 부임한 현관은 결백하고 공정한 관리이기를 바란다.

【青天霹雳】qīngtiān pīlì 成 書 맑은 하늘에 날벼락. 뜻밖에 일어난 사변이나 타격. ¶这消息xiāoxī简直jiǎnzhí是～ | 이 소식은 맑은 하늘에 날벼락과 같은 것이다.

【青铜】qīngtóng 名 ❶〈化〉청동. 브론즈. ¶～器qì | 청동기. ¶～时代 =〔青铜器时代〕〔铜器时代〕| 청동기 시대. ¶～管guǎn |〈機〉청동관. ❷書 거울.

3【青蛙】qīngwā 名〈動〉(청)개구리. ¶～声声 | 개구리 소리가 요란하다 =〔俗 田鸡tiánjī〕〔金线蛙jīnxiànwā〕

【青虾】qīngxiā 名〈魚貝〉얼룩새우 =〔沼zhǎo虾〕

【青葙】qīngxiāng 名〈植〉청상. 개맨드라미 =〔野鸡冠yějīguàn(花)〕→〔决jué明〕

【青眼】qīngyǎn 名 사랑이 어린 눈길. 호감. 특별한 주목. 호의. ¶以～相待dài | 친밀하게 대하다 =〔青睐qīnglài〕〔青目〕〔書 青盼qīngpàn〕⇔〔白眼báiyǎn②〕→〔垂青chuíqīng〕

【青杨】qīngyáng 名〈植〉갯버들 =〔水shuǐ杨〕

【青衣】qīngyī 名 ❶검은 빛깔의 옷. 평상복. 수수한 옷. ¶～小帽xiǎomào | 평상시의 옷차림 =〔青衫qīngshān〕❷옛날, 천한 사람의 옷. ❸喩 계집종. ❹書 봄옷. ❺중국의 구극(舊劇)에서 양가(良家)의 규수나 정숙한 부인 역(役) =〔青衫〕〔青衫子〕〔衫子②〕〔青衣旦dàn〕❻〈魚貝〉만새기.

【青鼬】qīngyòu 名〈動〉날담비 =〔黄猺yáo〕

【青鱼】qīngyú 名〈魚貝〉❶민물 청어 =〔青条tiáo鱼〕〔青 棒 bàng〕〔鲭qīng③〕〔铜青〕〔乌青〕〔乌鲭〕〔黑鲩huàn〕❷고등어 =〔鲐巴鱼táibāyú〕❸강청어.

【青云】qīngyún 名 ❶높은 공중. 고공. ❷書 높은 직위〔벼슬〕고위 고관. ¶他一心想～ | 그는 오로지 높은 직위에 오를 생각만 하고 있다. ¶平步píngbù～ | 成 단번에 높은 자리에 오르다〔출세하다〕❸書 덕망 높은〔고결한〕사람. ❹喩 은일(隱逸).

【青云直上】qīng yún zhí shàng 成 입신 출세하다. 관운(官運)이 좋아서 곧장 높은 자리에 오르다.

【青云志】qīngyúnzhì 名 ❶입신 출세의 대망. 청운의 꿈. 출세욕. ¶常怀～ | 늘 입신 출세의 뜻을 품고 있다. ❷속된 세상에서 벗어나 은거하고자 하는 뜻. 고결한 염원.

【青肿】qīngzhǒng 動 멍이 들고 붓다. ¶摔shuāi得～了 | 넘어져 멍들고 부었다.

【青州从事】qīng zhōu cóng shì 成 좋은 술을 일컫는 은어.

【青贮】qīngzhù 動〈農〉생목초를 사일로(silo)에 가득 채워 발효시켜 저장하다. ¶～(饲sì)料liào | 엔실리지. 매장 사료. ¶～室 =〔青贮塔〕〔筒tǒng仓〕| 사일로.

【青砖】qīngzhuān 名〈建〉내화(耐火) 벽돌. 불벽돌.

【青壮】qīngzhuàng ❶形 푸르고 힘〔기운〕차다. ¶水稻shuǐdào～起来了 | 벼가 푸르고 힘차게 자라기 시작하다. ❷⇒〔青壮年〕

【青壮年】qīngzhuàngnián 名 (15세부터 45세에 이르는) 청장년. ¶村里的～都下地了 | 마을의 청장년들은 모두 논밭으로 일하러 나갔다 =〔青壮②〕

【青紫】qīngzǐ 名 ❶〈色〉청자색(青紫色). ¶～的裤子kùzǐ | 청자색의 바지 ❷공경(公卿)과 같은 높은 벼슬 [한대(漢代) 공후(公侯)의 인수(印綬)는 자색, 구경(九卿)의 인수는 청색인 데서 나옴] ❸〈醫〉청색병(青色病). 청색증 =〔发绀fāgàn〕

【圊】qīng 뒷간 청

書 名 변소. 뒷간. ¶～溷hùn↓ ¶～肥féi↓ =〔厕所cìsuǒ〕

【圊肥】qīngféi 名 方 두엄. 퇴비(堆肥) =〔厩jiù肥〕〔圈juàn肥〕

【圊溷】qīnghùn 書 名 뒷간. 변소.

1【清】qīng 맑을 청

❶形 맑다. 깨끗하다. ¶～洁jié | 청결하다. ¶溪水很～, 连水底的鱼也看得清清楚楚 | 개울물이 아주 맑아서 바닥의 고기도 아주 분명하게 보인다. ¶水～见底 | 물이 맑아서 바닥이 보인다 ⇔〔浊zhuó〕❷形 단순하다. ¶～唱chàng↓ ¶～茶chá↓ ❸形 조용하다. ¶～夜↓ ¶冷lěng～｜쓸쓸하다. ❹形 분명하다. 명백하다. 뚜렷하다. 어법「看」「说」「讲」「问」「听」「弄」등의 단음절 동사 뒤에서 보어(補語)로 쓰임. ¶说不～｜분명하게 말하지 못하다. ¶问～底细dǐxì｜내막을 분명하게 묻다. ❺形 남아있지 않다. 말끔하다. ¶把帐zhàng还huán～了｜빚을 다 갚았다. ❻形 청렴하다. 결백하다. ¶～官｜청렴한 관리. ❼動 청산하다. 결산하다. ¶～帐zhàng↓ ¶去年的帐已经～了｜작년의 장부는 이미 결산했다→〔清理qīnglǐ〕〔清算qīngsuàn〕 ❽動 점검하다. 검사하다. ¶～东西｜물건을 점검하다. ¶～一～行李xíngli的件数｜짐의 갯수를 점검해 보다. ❾動 제거하다. 청소하다. ¶～道dào↓. ¶把坏分子huàifēnzǐ都～出去了｜불순분자를 모두 제거해 버렸다. ❿名〈史〉청 [중국 최후의 왕조. 누르하치가 여진족을 정벌하고 처음에는 「후금(后金Hòujīn)」이라 하였으나 태종이 1636년에 청(清)으로 개칭함. 1911년 신해혁명(辛亥革命)으로 무너지고 중화민국(中華民國)이 성립됨(1616－1912)] ⓫(Qīng) 名 성(姓). ⓬복성(複姓) 중의 한 자(字). ¶～尹yǐn↓

【清白】qīngbái 形 ❶ 청렴결백하다. 청백하다. 깨끗하다. 결백하다. ¶父亲一生～｜아버지의 일생은 청렴결백하다. ¶清清白白做人｜청렴결백하게 살아가다. ¶为人wéirén～｜사람됨이 청백하다. ¶她是一个历史～的人｜그녀는 깨끗한 사람이다. ❷ 方 분명하다. 명백하다. 똑똑하다. ¶他说了半天也没把问题说～｜그는 한참동안 이야기를 했으나, 문제를 분명하게 말하지 못했다. ¶他极力想把事情说～｜그는 일을 분명하게 이야기하려고 아주 애쓰고 있다.

【清仓】qīngcāng 書 動 창고를 정리하다. ¶本店～大甩卖shuǎimài｜점포정리로 대특매를 하다.

【清册】qīngcè 名 등기 대장. 장부. ¶土地tǔdì～｜토지대장. ¶器材qìcái～｜기자재 장부.

【清茶】qīngchá 名 ❶ 녹차(綠茶). ❷ 謙 (손님 접대에 내놓는) 간단한 차. ¶～候教hòujiào ＝〔清茶恭候qīngchágōnghòu〕｜札 (편지·초대장 등에 자주 쓰이는 말로) 약소(略少)하게 차 한 잔 준비했으니 왕림해 주시기 바랍니다.

[4]【清查】qīngchá 動 낱낱이 조사하다. 자세히 검사하다. ¶～库存物资kùcúnwùzī｜창고 물자를 자세히 조사하다.

【清场】ⓐqīng/cháng 動 타작할 마당을 청소하다. ⓑqīng/chǎng 動 (강연·공연 등을 할 때) 장내를 정리〔정돈〕하다.

【清偿】qīngcháng 動 빚을 청산하다. ¶～外债wàizhài｜외채를 상환하다. ¶～债务zhàiwù｜채무를 상환하다.

【清唱】qīngchàng〈演映〉❶名 (경극(京劇)에서 반주없이 하는) 노래. ❷ (경극(京劇)에서 반주없이 하는) 노래하다 ＝〔坐zuò唱〕

【清唱剧】qīngchàngjù 名〈音〉오라토리오.

【清朝】ⓐqīngcháo 名 ❶ 깨끗한 조정. ❷ (Qīngcháo) 청대(清代). 청(清) 왕조. ⓑqīngzhāo ⇒〔清晨qīngchén〕

【清炒】qīngchǎo 動 한 가지 재료만을 기름에 볶다. ¶～虾仁儿xiārénr｜〈食〉새우살볶음.

【清澈】qīngchè 形 (하늘이나 물이 혹은 비유의 뜻으로 사람의 눈이나 심령이) 맑다. 깨끗하다. 투명하다. 어법 술어로 쓰이며 보어(補語)를 동반하기도 함. 관형어(定語)로 쓰이기도 함. ¶山下溪水～见底jiàndǐ｜산 아래의 개울물이 맑아서 밑바닥이 보인다. ¶他的心～透明tòumíng｜그의 마음이 맑고 투명하다. ¶他有一对敏锐mǐnruì而～的眼睛yǎnjīng｜그는 예민하고도 맑은 눈을 가지고 있다. ¶他爱得那样～和无私｜그는 아주 투명하며 사심없이 그렇게 사랑하고 있다 ＝〔清彻qīngchè〕→〔清亮qīngliàng①〕

[3]【清晨】qīngchén 名 새벽녘. 동틀 무렵. 이른 아침. ¶～早起zǎoqǐ｜새벽녘에 일찍 일어나다＝〔清晓qīngxiǎo〕〔清朝qīngzhāo ⓑ〕→〔清早zǎo(儿)〕

【清澄】qīngchéng 形 (물·하늘이) 맑다. 투명하다. ¶～的蓝天lántiān｜맑은 푸른 하늘.

[3]【清除】qīngchú 動 어법 술어로 쓰이며 목적어나 보어와 같이 많이 쓰임. 목적어로는 구체적인 사물이 오기도 하고 추상적인 사물이 오기도 함. ❶ 깨끗이 제거하다. 완전히 없애다. ¶～隐患yǐnhuàn｜숨겨진 우환을 없애다. ¶～积弊jībì｜적폐를 일소하다. ¶早就该～了｜일찌기 제거했어야 하는건데. ❷ 청소하다. 정리하다. 쓸다. ¶～垃圾lājī｜쓰레기를 청소하다. ¶～路上的积雪jīxuě｜길에 쌓인 눈을 청소하다. ¶～得干干净净｜아주 깨끗이 청소하다.

[1]【清楚】qīng·chu ❶形 분명하다. 명백하다. 명확하다. 뚜렷하다. ¶他虽然70高龄, 思路还～得很｜그는 70 고령임에도 불구하고 생각하는 것이 아주 뚜렷하다. ¶情况已经很～了｜상황이 벌써 명백해졌다. ¶口音～｜발음이 분명하다. ¶他还～地记得童年tóngnián时代的生活情景qíngjǐng｜그는 아직도 어린 시절의 생활정경을 뚜렷이 기억하고 있다. ¶他～地意识yìshí到, 不改革gǎigé是不行的｜그는 개혁을 하지 않으면 안된다는 것을 분명히 인식했다＝〔方 清利qīnglì〕 ❷形 명석하다. 맑다. ¶头脑tóunǎo～｜두뇌가 명석하다. ❸形 깔끔하다. 깨끗하다. 정결하다. 정연하다. ¶房间整理zhěnglǐ得很～｜방안이 아주 깨끗하게 정리되어 있다. ❹動 이해하다. 알다. ¶他还不～这回事｜그는 이 일을 여전히 이해하지 못하고 있다. ¶这件事的经过他很～｜이 사건의 경과를 그는 잘 이해하고 있다.

【清醇】qīngchún 形 (냄새·맛 등이) 맑고 그윽한 맛이 있다. 깊은〔감칠〕맛이 있다. ¶酒味jiǔwèi～可口｜술이 맑고 그윽한 맛이 있어 먹을 만하다.

【清脆】qīngcuì 形 (목소리·발음 등이) 낭랑〔쟁쟁〕하다. 맑고 깨끗하다. ¶～, 响亮xiǎngliàng的回答huídá｜맑고 시원한 대답. ¶她的歌声gēshēng～动人｜그녀의 노랫소리는 맑고 낭랑하여 사람을 감동시킨다.

【清单】qīngdān ❶ (～儿, ～子) 名 명세서. 목록. ¶旅客lǚkè～｜여객 명부. ¶结算jiésuàn～｜결산 명세서. ❷⇒〔发fā货单〕

【清淡】qīngdàn 形 ❶ (맛·색깔·감정 등이) 담백하다. 산뜻하다. 연하다. 담담하다. ¶这杯茶太～了 | 이 차는 너무 연하다. ¶味道wèidào～ | 맛이 담백하다. ❷ 불경기이다. 한산하다. 시세가 없다. ¶生意做得～一些 | 장사가 잘 안되다. ¶生意shēngyì～ | 장사가 잘 안 되다.

【清党】qīngdǎng ❶ 名 당내 숙청. ❷ (qīng/dǎng) 動 당내의 불순 분자를 제거하다. ¶定期～ | 정기적으로 당내 숙청을 하다.

【清道】qīngdào 動 ❶ 도로를 청소하다. ❷ 청도하다.

【清道夫】qīngdàofū 名 도로〔거리〕청소부.

【清点】qīngdiǎn 動 철저하게 점검하다. 하나하나 조사하다. ¶～铺子pùzi里的货品huòpǐn | 상점의 품목을 자세히 점검하다.

【清炖】qīngdùn 動 (국에 간장을 넣지 않고) 고다. 푹 삶다. ¶～鸡jī | 〈食〉푹 곤 닭.

【清风】qīngfēng 書 名 ❶ 맑고 신선한 바람. ¶～徐来xúlái | 신선한 바람이 살랑살랑 불어오다. ¶～明月 | 國 청풍명월 =〔清飙biāo〕 ❷ 喩 동전 한 푼 없는 형편〔신세〕 ¶两袖liǎngxiù～ | 한 푼도 없다.

【清福】qīngfú 名 깨끗한 복. 유유자적하는 행복. ¶享xiǎng～ | 유유자적하는 복록을 누리다.

【清高】qīnggāo 形 ❶ 청렴하고 고상하다. ¶他很～ | 그는 아주 청렴하고 고상하다. ❷ 깨끗하고 높다 ‖ =〔書 清峻qīngjùn〕

【清稿】qīnggǎo ❶ 動 청서(清書)하다. ❷ 名 정리된 원고.

【清官】qīngguān ❶ 名 청렴하고 공정한 관리. ¶～难断nánduàn家务事 | 諺 청렴한 관리라 하더라도 집안일을 잘 처리하기는 어렵다. ¶～无后wúhòu, 清水无鱼 | 諺 청렴한 관리는 물려주는 것이 없고, 맑은 물에는 물고기가 살지 않는다. ❷ 名 지위만 높고 실권이 없는 관리.

【清规】qīngguī 名 〈佛〉(불교에서 말하는 스님이 지켜야 할)계율.

【清规戒律】qīng guī jiè lǜ 國 불교나 도교의 계율. 사람을 속박하는 번잡하고 불합리한 규율〔제도〕 ¶打破dǎpò这些～ | 이런 불합리한 규율을 타파하다 =〔清规律例〕

【清锅(儿)冷灶】qīngguō(r) (저택·식당 등이) 쓸쓸하다. 스산하다. 영락하다. 쇠락하다. ¶他回到家里一看, ～的, 一个人也没有 | 그가 집안에 돌아와서 보니, 적막한 것이 한 사람도 없었다.

【清寒】qīnghán 形 ❶ 매우 가난하다. 청빈하다. ¶家境jiājìng～ | 사는 형편이 매우 가난하다→〔清贫qīngpín〕 ❷ 맑고 차다. ¶月色yuèsè～ | 달빛이 맑고 차다.

【清还】qīnghuán ⇒〔还清〕

【清辉】qīnghuī 名 맑은 빛. 밝은 빛 [주로 달빛·햇빛을 가리킴]=〔清晖huī〕

【清火败毒】qīnghuǒ bàidú 動組 열을 내리고 독을 빼다 =〔清瘟wēn解毒〕

【清剿】qīngjiǎo 動 말끔히 없애다. 소탕하다. 숙청하다. ¶～土匪tǔfěi | 비적들을 소탕하다.

【清教徒】Qīngjiàotú 名 〈宗〉청교도. ¶他是一个～ | 그는 청교도이다.

3【清洁】qīngjié 形 청결하다. 깨끗하다. 어법 술어로 쓰이며 보어를 동반하기도 함. 「得」과 함께 쓰여 보어가 되기도 하며 목적어로 쓰이기도 함. ¶街道jiēdào很～ | 길이 아주 깨끗하다. ¶她的家里～得很 | 그녀의 집은 아주 청결하다. ¶注意zhùyì保持bǎochí～ | 청결을 유지하도록 신경을 쓰다. ¶～的校园xiàoyuán | 깨끗한 교정. ¶～工(人) | 청소부. ¶～箱xiāng | 쓰레기통→〔廉洁liánjié〕

【清净】qīngjìng 形 ❶ 청정하다. 깨끗하다. 결백하다. 텅비다. 한산하다. ¶孩子们走了, 家里才～下来 | 아이들이 가고 나서야 집이 조용해졌다. ¶深夜, 街上十分～ | 깊은 밤이라 길이 아주 한산하다. ¶心里～的人 | 마음이 결백한 사람. ❷ 꺼리낌 없다. 홀가분하다. 편안하다. ¶我太累了, 需要～ | 나는 너무 피곤하여 좀 편하게 해야 겠다. ¶耳根ěrgēn～ | 모든 일에 근심·걱정이 없다 =〔清静qīngjìng②〕

【清静】qīngjìng ❶ 形 조용하다. 고요하다. 어법 술어로 많이 쓰이고 술어로 쓰일 때는 보어를 동반하기도 함. 목적어·관형어(定語)로 쓰이기도 하며 전치사구(介賓詞組)를 만들어 부사어(狀語)가 되기도 함. ¶四周非常～ | 사방이 아주 조용하다. ¶花园里～得听不到一点声音 | 꽃밭은 전혀 소리가 들리지 않을 정도로 고요하다. ¶我感到了太～了 | 나는 너무 고요함을 느꼈다. ¶街上～得可怕 | 길이 소름이 끼칠 정도로 한산하다. ¶地方很～ | 장소가 매우 조용하다 =〔方 清利qīnglì〕 ❷ ⇒〔清净qīngjìng②〕

【清酒】qīngjiǔ 名 ❶ 맑은 술. ¶喝hē了一杯～ | 청주 한 잔을 마시다. ❷ 고대 제사용의 오래 묵은 술.

【清客】qīngkè 名 ❶ (옛날) 문객(門客). 식객(食客). ¶豪门háomén～ | 권세있는 가문의 문객 =〔门客ménkè〕 ❷ 〈植〉매화의 다른 이름. ❸ 〈演映〉아마추어〔비전문적〕 배우의 다른 이름. ¶～串戏chuànxì | 아마추어 배우가 하는 연극 =〔清客串(儿)〕〔票piào友(儿)〕

【清苦】qīngkǔ 形 청빈하다. 가난하고 결백하다. ¶～的家境jiājìng | 가난한 가정 형편. ¶生活～ | 생활이 청빈하다 =〔清贫qīngpín〕

【清栏】qīnglán 動 方 가축우리를 치다 =〔起圈qǐquān〕

【清朗】qīnglǎng 形 ❶ 맑고 시원하다. 청명하다. ¶月色yuèsè～ | 달빛이 아주 청명하다. ¶～的月夜 | 맑고 시원한 달밤. ❷ 낭랑하다. 명료하다. 똑똑하다. 분명하다. ¶～的声音shēngyīn | 낭랑한 목소리.

【清冷】qīnglěng ❶ ⇒〔清凉qīngliáng〕 ¶～的晚秋wǎnqiū | 청량한 늦가을. ❷ 形 적막하다. 쓸쓸하다. 썰렁하다. ¶后半夜, 小巷深处～得令人害怕hàipà | 깊은 밤 작은 골목 으슥한 곳은 무서울 정도로 적막하다. ¶夜已深了, 街上十分～ | 벌써 밤이 깊어, 거리가 퍽 썰렁하다 ‖ =〔冷清〕

4【清理】qīnglǐ 動 ❶ 깨끗이 정리하다. 철저하게 처리하다. 어법 목적어나 보어를 동반한 술어로 쓰임. 목적어는 주로 구체적인 사물이며 추상적인 사물이 쓰임. 보어는 결과, 추향, 정도, 시간, 수

량 등을 표시함. 중첩식은 ABAB식임. 「得」과 함께 관형어(定語)로 쓰임. ¶～房间 | 방을 정리하다. ¶把家里的书～了一遍 | 집의 책을 한 번 정리했다. ¶～干净gānjìng | 깨끗이 정리하다. ¶事故现场已经～完毕 | 사고현장 정리를 이미 완료하다. ¶～过的东西请放在一边 | 정리한 물건은 한 쪽에 두세요. ¶赶快gǎnkuài把东西～～ | 빨리 물건을 정리하세요. ¶～书架shūjià | 책꽂이를 깨끗이 정리하다. ❷ 깨끗이 청산하다. ¶～债务zhàiwù | 빚을 깨끗이 청산하다.

【清廉】qīnglián ❶ 名 청렴. ❷ 形 청렴하다. ¶为官wéiguān～ | 청렴하게 벼슬을 하다. ¶～的官吏guānlì | 청렴한 관리→〔贪污tānwū〕

【清凉】qīngliáng 形 상쾌하다. 청량하다. 시원하다. 서늘하다. ¶山上十分～ | 산 위는 아주 서늘하다. ¶秋天, 河水～起来 | 가을에 강물이 시원해졌다. ¶大热天喝碗凉茶liángchá, 立刻感到～, 爽快shuǎngkuài | 아주 더운날 시원한 차를 마시면 바로 시원함과 상쾌함을 느낄 수 있다. ¶～汽水qìshuǐ | 시원한 사이다 =〔清冷①〕〔清冽qīngliè〕〔凉爽liángshuǎng〕

【清凉油】qīngliángyóu 名〈藥〉연고의 일종→〔万金油wànjīnyóu①〕

【清亮】qīng·liang 形 � 어법 술어나 「的」과 함께 쓰여 관형어(定語)가 되기도 하며 「得」과 함께 쓰여 보어(補語)로 쓰이기도 함. ❶ (물이) 맑고 깨끗하다. 투명하다. ¶她的嗓音sǎngyīn～动人 | 그녀의 목소리는 맑고 고와서 사람을 감동시킨다. ¶在阳光的照耀下, 河水分外～ | 햇빛이 비치자 강물이 아주 투명하다. ¶～的眼睛 | 투명한 눈동자. ¶水里也有一个～的天 | 물 곳에도 맑고 투명한 하늘이 있다. ❷ 시원하다. 상쾌하다. ¶看看水, 眼也～ | 물을 보니, 눈도 시원해지는 듯 하다.

【清冽】qīngliè ⇒〔清凉liáng〕

【清凌凌】qīnglīnglīng 狀 맑은 물에 물결이 이는 모양 =〔清冷冷lěng〕

【清明】qīngmíng ❶ 形 (정치가) 맑고 깨끗하다〔밝다〕=〔澄chéng明〕❷ 形 (정신이) 맑다〔똑똑하다〕¶神志shénzhì～ | 정신이 밝다. ❸ 形 (날씨 등이) 청명하다. 맑고 밝다. ¶月色yuèsè～ | 달빛이 맑고 깨끗하다. ❹ 名 청명 [24절기의 하나] ¶～时节雨纷纷fēn | 청명에는 비가 많다. ¶～节 =〔俗 踏青日〕| 청명.

【清明菜】qīngmíngcài 名〈植〉떡쑥 =〔鼠曲草shǔqūcǎo〕

【清贫】qīngpín 形 청빈하다. 가난해도 결백하다. ¶出身～ | 출신이 청빈하다. ¶～自守zìshǒu | 곤궁하나 자신의 절개〔분수〕를 지키다. ¶～, 朴素的生活 | 청빈하고 소박한 생활. ¶他的一生过得很～ | 그는 일생을 아주 청빈하게 보냈다 =〔清苦qīngkǔ〕→〔清寒qīnghán①〕

【清平】qīngpíng 形 평화롭다. 태평하다. ¶～世界 | 태평한 세상.

【清漆】qīngqī 名 (와)니스. ¶透明tòumíng～ | 투명 와니스 =〔洋漆〕

【清秋】qīngqiū 名 가을철. 맑은〔깊은〕가을철. ¶～时节shíjié | 가을철

【清癯】qīngqú ⇒〔清瘦shòu〕

【清泉】qīngquán 名 맑고 찬 샘(물).

【清热】qīngrè 動〈漢醫〉내열(內熱)을 내리다. (열을) 제거하다. ¶此药可以～ | 이 약은 내열을 내릴 수 있다. 이 약을 해열을 시킬 수 있다.

【清润】qīngrùn 形 ❶ 낭랑하고 매끄럽다. 윤택하다. ¶～的歌喉gēhóu | 낭랑하고 매끄러운 목청. ❷ 청량하고 촉촉하다. 상쾌〔시원〕하고 습윤하다. ¶春雨初晴chūqíng, 空气十分～ | 봄비가 막 개여 공기가 아주 청량하다. ❸ 밝고 윤기있다. 반짝거리며 반지르르하다. ¶光泽guāngzé～ | 광택이 맑고 윤기있다.

【清扫】qīngsǎo 動 청소하다. 깨끗이 치우다. 말끔히 제거하다. 일소하다. ¶～教室jiàoshì | 교실을 말끔히 청소하다. ¶～房间 | 방을 말끔이히 청소하다.

【清瘦】qīngshòu 形 婉 수척하다. 야위어 파리하다. ¶～的脸庞liǎnpáng | 파리한 얼굴. ¶他比从前～得多了 | 그는 전에 비해 많이 수척해졌다 =〔書 清减qīngjiǎn〕〔書 婉 清癯qīngqú〕→〔发福fāfú〕

【清爽】qīngshuǎng 形 ❶ 시원하다. 맑고 상쾌하다. ¶晚风吹来, 十分～ | 밤바람이 불어와 매우 상쾌하다. ❷ (몸·마음이) 가뿐하다. 홀가분하다. 유쾌하다. ¶任务rènwù完成了, 心里很～ | 임무를 완성하고 나니, 마음이 매우 홀가분하다. ❸ 方 정결〔말끔, 깨끗〕하다. ❹ 方 명백〔분명〕하다. 뚜렷〔똑똑〕하다. ¶把话讲～ | 말을 분명하게 하다.

【清水】qīngshuǐ 名 ❶ 맑고 깨끗한 물. ¶～明镜míngjìng | 깨끗한 물과 맑은 거울. 깨끗한 마음. ❷ 순수함. 깨끗함. ¶～瓦房wǎfáng | 순전히 벽돌로 지은 집.

【清算】qīngsuàn ❶ 철저하게 계산하다. 청산하다. ¶～帐目zhàngmù | 계좌를 청산하다 =〔清帐qīngzhàng①〕❷ 動 뿌리뽑다. 숙청하다. ¶～罪行 | 죄악을 뿌리뽑다. ¶～恶霸地主èbàdìzhǔ的罪恶zuìè | 악독한 지주의 죄악을 철저히 뿌리뽑다 =〔肃清sùqīng①〕

【清谈】qīngtán 名 ❶ 청담(清談). 공리공담(空理空談) [위진(魏晋)시대에 선비들이 노장(老莊) 철학을 숭상하여 속세를 떠나 청담(清談)을 일삼은 것에서 유래된 말임] ¶不尚búshàng～ | 청담을 숭상하지 않다. ¶～不能解决jiějué问题 | 공리공담으로는 문제를 해결할 수 없다 =〔清言qīngyán〕❷ 敬 말씀. 고견.

【清汤】qīngtāng 名 ❶ 건더기가 없는 멀건 국물. ¶～鸡jī | 〈食〉닭백숙 =〔高汤gāotāng②〕 ❷ 콧물.

【清通】qīngtōng 形 (문장이) 매끈하고 문맥이 잘 통하다. ¶文章wénzhāng写得很～ | 문장을 아주 매끈하게 썼다 =〔清顺〕

[3]【清晰】qīngxī 形 또렷하다. 뚜렷하다. 똑똑하다. 분명하다. 명쾌하다. 명석하다. 어법 술어로 사용되며 뒤에 보어가 오기도 함. 보어가 될 때는 「得」이 오기도 함. 「的」과 함께 관형어(定語),

「地」와 함께 부사어(狀語)로 쓰이기도 함. ¶他的思路很～ | 그의 생각은 아주 분명하고 뛰어나다. ¶声音～ | 소리가 또렷하다. ¶孙中山先生思想发展的轨迹guǐjì在他脑海nǎohǎi里渐渐jiàn～起来 | 손중산 선생의 사상발전의 과정이 그의 뇌리에서 점점 뚜렷해져 왔다. ¶～的印象yìnxiàng | 뚜렷한 인상. ¶～的语调yǔdiào | 분명한 어조. ¶老师讲得很～ | 선생님은 아주 명쾌하게 말했다. ¶过去的事又～地浮现fúxiàn出来 | 과거의 일이 다시 또렷이 떠오르다. ¶字迹zìjì～娟秀juānxiù | 필적이 뚜렷하고 수려하다. ¶她发音～ | 그녀는 발음이 똑똑하다. ¶头脑tóunǎo～ | 두뇌가 명석하다.

【清洗】qīngxǐ 動 ❶ 깨끗하게 씻다. 깨끗이 닦다. ¶～炊具chuījù | 취사도구를 깨끗하게 씻다. ❷ (불순분자를) 제거하다. 숙청하다. ¶～反革命分子fǎngémìngfēnzǐ | 반혁명분자를 깨끗이 제거하다 →〔清除qīngchú①〕 ❸ (오명이나 굴욕을) 씻다. 벗다.

【清闲】qīngxián 形 (사람들의 간섭이 없어서 혹은 하는 일 없어서) 한가하다. 조용하고 한적하다. 어법 술어로 쓰이며 보어가 오기도 함. 관형어(定語)로 쓰이기도 하며 「地」와 함께 부사어(狀語)가 되기도 함. 「感到」「觉得」「怕」등과 같은 동사의 목적어로 쓰이기도 함. ¶这段时间～得很 | 요즈음은 아주 한가하다. ¶生活很～ | 생활이 한가하다. ¶过着～的日子 | 한가한 나날을 보내고 있다. ¶老教授在校园xiàoyuán里～地散步sànbù | 노교수는 교정에서 한가하게 산보하고 있다. ¶退休tuìxiū以后, 他才感到～自在了 | 그는 퇴직후에야 한가하고 자유로움을 느꼈다. ¶孤独gūdú的老人觉得太～寂寞jìmò了 | 고독한 노인은 한적함과 적막함을 느꼈다.

【清香】qīngxiāng ❶ 名 맑은 향기. 상쾌한 향기. ¶不到寺门, 远远就闻见一股细细的～ | 사찰 문에 도달하기도 전에 멀리서 나는 은은한 맑은 향기를 맡았다 =〔清芬qīngfēn〕→〔清馨qīngxīn〕 ❷ 形 맑고 향기롭다. ¶荷叶粥héyèzhōu十分～ | 연잎죽이 아주 맑고 향기롭다. ¶荷花带有一种～的味道wèidào | 연잎은 맑은 향기를 지니고 있다.

4【清新】qīngxīn 形 맑고 신선하다. 청신하다. 맑고 새롭다. 참신하다. ¶文章的语言很～ | 문장의 내용이 아주 참신하다. ¶刚下过雨, 空气～ | 막비가 온 뒤라서, 공기가 맑고 신선하다. ¶～的空气 | 맑고 신선한 공기. ¶空气变得特别～ | 공기가 아주 청신하게 바뀌다. ¶这篇文章让人感到很～ | 이 문장은 아주 참신하게 느껴진다.

【清馨】qīngxīn 書 名 좋은 향기. 향긋한 냄새. ¶一片～ | 향긋한 냄새 →〔清香qīngxiāng〕

3【清醒】qīngxǐng ❶ 形 (머릿속이) 맑고 깨끗하다. 분명하다. 뚜렷하다. ¶脑子～得很 | 머리가 아주 맑고 깨끗하다. ¶早晨起来, 头脑特别～ | 아침에 일어나면 머리가 한층 맑고 깨끗하다. ¶保持bǎochí～的头脑tóunǎo | 맑고 깨끗한 두뇌를 유지하다. ❷ 動 의식을 회복하다. 정신을 차리다. 깨어나다. ¶睡了一觉, 他才～过来 | 한 잠을 자고 나자 머리가 맑아졌다. ¶病人已经～过来 | 환자는 이미 의식을 회복했다.

【清秀】qīngxiù 形 청수(清秀)하다. 용모가 맑고 빼어나다. 뛰어나게 아름답다. 빼어나게 아름답다. ¶她虽已年近半百, 看上去还相当～ | 그녀는 이미 반백이 지났지만 여전히 용모가 맑고 빼어나다. ¶山水～ | 산수가 빼어나게 아름답다. ¶字迹zìjì～ | 필적(筆跡)이 빼어나게 아름답다. ¶面貌miànmào～ | 용모가 뛰어나게 아름답다. ¶她相貌长得十分～ | 그녀의 용모는 아주 청수(清秀)하다 =〔清俊jùn〕〔清妍yán〕

【清雅】qīngyǎ 形 청아하다. 맑고 우아하다. ¶词句cíjù～ | 문구가 청아하다.

【清样】qīngyàng 名〈印出〉❶ 교료지(校了紙). 교료 게라. 오케이(O.K.) 교정쇄. ❷ 교료지에서 최종적으로 찍어낸 대조지(對照紙)

【清夜】qīngyè 名 고요한 밤.

【清一色】qīngyīsè ❶ 名 마작(麻雀)에서 동일한 종류의 패(牌)로 구성된 것. ❷ 名 喩 동일〔단일〕한 한 가지. 순수한 한 종류. ¶运动员～地穿chuān着红色运动服yùndòngfú | 운동 선수들은 한결같이 붉은 색의 운동복을 입고 있다. ❸ 動 획일화하다.

【清议】qīngyì 書 名 (명사들의) 정치에 관한 논의 또는 정치인에 대한 논평.

【清音】qīngyīn 名 ❶ 사천성(四川省) 지방에서 유행하던 민간예술의 일종 [비파·이호(二胡) 등으로 반주함] ❷ 결혼·장례식 때에 연주하는 취주악. ❸〈言〉무성음.

【清尹】Qīngyǐn 名 복성(複姓).

【清莹】qīngyíng 形 맑고 반짝거리다. 투명하고 빛나다. ¶～的湖水húshuǐ | 투명하게 빛나는 호수(물).

【清幽】qīngyōu 形 (풍경이) 수려하고 그윽하다. 맑고 은은하다. ¶月光yuèguāng～ | 달빛이 수려하고 그윽하다.

【清油】qīngyóu 名 方 (「豆dòu油」「菜càiyóu」「茶chá油」등의) 식물성 식용유의 총칭 =〔素油sùyóu〕

【清越】qīngyuè 書 形 ❶ 청월하다. 소리가 맑고 가락이 높다. ¶～的歌声 | 맑고 드높은 노랫소리 =〔清扬yáng〕 ❷ (용모·풍채가) 말쑥하고 깨끗하다. 말끔하고 비범하다. ¶风采～ | 풍채가 말쑥하고 뛰어나다.

【清运】qīngyùn 動 깨끗이 정리하여 운반하다. ¶～垃圾lājī | 쓰레기를 깨끗이 치우다.

4【清早(儿)】qīngzǎo(r) 名 口 이른 아침. 새벽. ¶你大～干甚么去啊? | 너는 무슨 일로 이른 아침부터 어딜 가느냐? =〔清早起〕

【清湛】qīngzhàn 書 狀 맑고 깨끗하다. ¶～的蓝天lántiān | 맑고 깨끗한 푸른 하늘.

【清丈】qīngzhàng 動 (토지를) 정밀하게 재다. 자세히 측량하다. ¶～地亩 | 토지를 측량하다.

【清帐】qīng/zhàng ❶ 動 장부를 정리하다. 결산하다. ¶他们每月～一次 | 그들은 매월 한 차례 장부를 정리한다 =〔清数〕〔清算suàn①〕 ❷ 動 (빚·외상 등을) 청산하다. 다 갚다 =〔清债zhài〕 ❸ (qīngzhàng) 名 정리〔결산〕된 장부.

【清真】Qīngzhēn 名 ❶〈宗〉이슬람교. 회교. ❷

(qīngzhēn) 순결.

【清真教】Qīngzhēnjiào 名〈宗〉회교. 이슬람교 =〔回(回)教〕〔外伊斯兰教yīsīlánjiào〕

4【清真寺】qīngzhēnsì 名 이슬람교 사원 =〔礼拜寺lǐbàisì〕

【清蒸】qīngzhēng 動 (조미료를 넣지 않고 그냥) 찌다. ¶~全鸭quányā | 〈食〉집오리 통찜.

4【蜻】qīng 잠자리 청 ⇒〔蜻蛉〕〔蜻蜓〕

4【蜻蜓】qīngtíng 名〈蟲〉왕잠자리. 잠자리 [잠자리목 왕잠자리과에 속함] =〔俗蚂螂mā·lang〕〔俗老流利liúlì〕〔俗老琉璃liúlí〕〔桑根sānggēn〕〔書青亭qīngtíng〕

【蜻蜓点水】qīng tíng diǎn shuǐ 成 잠자리가 수면을 건드리곤 날아오르다. 일의 깊이가 없이 겉치레만 하다. ¶我~式地看了一遍biàn | 나는 겉핥기식으로 대충 한 번 봤다. ¶做调查工作不能~, 要深入实际 | 조사 작업은 겉만 핥아서는 안되며, 사실에 깊이 파고들어야 한다.

【鲭(鯖)】qīng zhēng 청어 청

Ⓐ qīng 名〈魚貝〉❶ 고등어과의 어류. ❷ 고등어 =〔鲐巴鱼táibāyú〕❸ 민물청어 =〔青鱼qīngyú①〕

Ⓑ zhēng 書 名〈食〉생선과 고기를 섞은 요리

4【氢(氫)】qīng 수소 경 名〈化〉화학 원소 명. 수소 (H;hydrogen) =〔俗轻气qīngqì〕→〔核子武器hézǐwǔqì〕〔原子炸弹yuánzǐzhàdàn〕

【氢弹】qīngdàn 名〈化〉수소 폭탄. ¶~爆炸bàozhà成功 | 수소 폭탄이 성공적으로 폭발하다 =〔氢炸弹qīngzhàdàn〕〔轻气炸弹〕〔热rè核武器〕

【氢氟酸】qīngfúsuān 名〈化〉불화 수소산(弗化水素酸) →〔氟化氢fúhuàqīng〕

【氢氯酸】qīnglǜsuān ⇒〔盐yán酸〕

【氢气】qīngqì 名〈化〉수소. ¶~球 | 수소 기구 (氣球) =〔口轻气qīngqì〕

【氢氧】qīngyǎng 名〈化〉산수소(酸水素). ¶~吹管chuīguǎn | 산수소 취관. ¶~焰yàn | 산수소염. 산수소 불꽃.

1【轻(輕)】qīng 가벼울 경 ❶ 形 가볍다. ¶身~如燕yàn | 제비처럼 몸이 가볍다. ¶这个笼子lóngzǐ看来挺tǐng~ | 이 바구니는 아주 가볍게 보인다. ¶油比水~ | 기름은 물보다 가볍다 ⇔〔重zhòng①〕❷ 形 정도가 얕다. 수월하다. 경미하다. ¶~伤员shāngyuán | 경상자. ¶工作很~ | 일이 매우 수월하다. ¶农作物nóngzuòwù受害shòuhài较~ | 농작물 피해가 비교적 경미하다. ❸ 形 나이가 어리다. 수량이 적다. ¶年纪niánjì~~ | 나이가 어리다. ❹ 形 경쾌하다. ¶~音乐↓ →〔轻松qīngsōng〕❺ 形 중요하지 않다. ¶外祖父对钱财qiáncái看得很~ | 외할아버지는 돈과 재물에 대해서는 아주 중요하지 않게 생각한다. ¶在这个问题上, 他的责任zérèn要~得多 | 이 문제에 있어서 그의 책임은 아주 가볍다. ❻ 副 (힘을 들이지 않고) 살짝. 살그머니. 가볍게. ¶姑娘们gūniángmén~提着长裙chángqún, 走了出来 | 아가씨들이 긴 치마를 살짝 들고 걸어 나왔다. ¶~~推tuī了他一下 | 가볍게 그를 밀쳤다. ❼ 形 경솔하다. ¶~率shuài↓ ❽ 形 간편하다. 간단하다. ¶~装zhuāng↓ ❾ ⇒〔轻气qīngqì〕

4【轻便】qīngbiàn 形 ❶ (제작·사용 등이) 간편하다. 편리하다. ¶~铁道tiědào =〔轻便铁路tiělù〕| 경편 철도. ¶~摩托车mótuōchē | 스쿠터 (scooter). ❷ 수월하다. 용이하다. ¶~工作 | 쉬운 일.

【轻便式】qīngbiànshì 區 휴대용. 휴대식. ¶~收音机shōuyīnjī | 휴대용 라디오 카세트 =〔手提式shǒutíshì〕

【轻薄】qīngbó ❶ 形 경박하다. 경솔하다 [여성에 대해 많이 사용하는 표현임] ¶~的作风zuòfēng | 경박한 태도. ¶态度tàidù~ | 태도가 경박하다 ⇔〔敦厚dūnhòu〕→〔轻浮fú〕〔轻飘piāo〕❷ 動 존중하지 않다. 업신여기다. 경멸하다. ¶~他们的老师 | 그들의 선생님을 존경하지 않는다. ❸ 動 (여성을) 모욕하다. 놀리다. 욕을 뵈다. ¶她被流氓liúmáng~了一顿dùn | 그녀는 불량배에게 희롱을 당했다.

【轻车熟路】qīng chē shú lù 成 가볍고 빠른 수레로 낯익은 길을 달리다. 익숙하여 쉽다. 숙련되어 수월하다. ¶干这活儿对他来说是~ | 그에게 있어서 이 일은 익숙하여 수월하다 =〔轻车熟道dào〕〔驾轻就熟jiàqīngjiùshú〕

【轻唇音】qīngchúnyīn 名〈言〉순치음(脣齒音). 순경음(脣輕音). 치순음(齒脣音) [아래 입술과 윗니 사이에서 나는 소리] →〔唇音〕〔重zhòng唇音〕

【轻敌】qīngdí 書 動 적을 얕잡아 보다. ¶切不可~ | 절대로 적을 얕잡아 보아서는 안된다. ¶~者必败bài | 적을 얕잡아 보는 자는 반드시 패한다.

【轻读】qīngdú 動 가볍게 읽다. 가볍게 발음하다. ¶这个字在这个地方儿, 应该yīnggāi~ | 이 글자는 이 곳에서는 가볍게 발음해야 한다 =〔轻念niàn〕→〔轻声〕〔重zhòng读〕

【轻而易举】qīng ér yì jǔ 成 가벼워서 들기 쉽다. 아주 가볍다. 아주 쉽다. 매우 수월하다. 일을 아주 쉽게 처리할 수 있다. ¶事情解决jiějué得这么顺利shùnlì, 又这么~ | 일이 이렇게 순조롭게 그리고 쉽게 해결되었다. ¶他~地夺取duóqǔ了本次比赛bǐsài的冠军guànjūn | 그는 이번 경기에서 아주 가볍게 우승을 차지했다.

【轻粉】qīngfěn 名 口〈化〉염화 제일 수은. 감홍 =〔甘汞gānggǒng〕

【轻风】qīngfēng 名 ❶ 경풍. 산들바람. ¶~扑面pūmiàn | 산들바람이 얼굴에 와서 닿다 =〔微风wēifēng〕❷〈氣〉남실바람.

【轻浮】qīngfú 形 경망스럽다. 방정맞다. 경박하다 [나쁜 뜻으로 많이 쓰임] ¶这个人~得很 | 이 사람은 아주 경박하다. ¶举止jǔzhǐ~ | 행동거지가 경망스럽다. ¶他表现得十分~傲慢àomàn | 그는 아주 경박하고 오만하다. ¶~的言语 | 경박한 언어. ¶~的女人 | 경망스런 여인. ¶~的举动jǔdòng | 경박한 거동 =〔轻佻tiāo〕〔轻脱tuō〕〔轻俏qiào〕⇔〔稳重wěnzhòng〕→〔轻薄qīngbó①〕

【轻歌曼舞】qīng gē màn wǔ 成 경쾌한 노래와 우아한 춤 =〔清歌妙舞qīnggēmiàowǔ〕

[4]【轻工业】qīnggōngyè 名 경공업 =〔轻工〕→〔重zhòng工业〕

【轻寒】qīnghán 書 形 조금 춥다. (날씨가) 쌀쌀하다 =〔微寒wēihán〕

【轻活(儿)】qīnghuó(r) 名 가벼운 일. 수월한 일. ¶老年人可以干一些～ | 노인들은 수월한 일은 할 수가 있다.

【轻机关枪】qīngjīguānqiāng 介組 경기관총 =〔轻机枪〕

【轻贱】qīngjiàn ❶ 形 비천하다 =〔卑bēi贱〕 ❷ 動 깔보다. 업신여기다. ¶切莫～他人 | 절대로 다른 사람을 업신여기지 마세요.

【轻捷】qīngjié 形 가볍고 빠르다. 경쾌하다. 날쌔다. 날래다. 날렵하다. 재빠르다. ¶我心里感到无比的轻松qīngsōng, 愉快yúkuài, 脚步也似乎分外地～ | 나는 마음속으로 비교할 수 없는 기쁨과 홀가분함을 느껴 발걸음도 아주 가볍고 경쾌해지는 것 같았다. ¶那小姑娘gūniáng～得野燕yěyàn一般 | 그 어린 아가씨는 제비처럼 날쌨다. ¶～的脚步jiǎobù | 날렵한 발걸음.

【轻金属】qīngjīnshǔ 名〈化〉경금속.

【轻举妄动】qīng jǔ wàng dòng 成 경거 망동하다. ¶千万别～ | 절대로 경거망동하지 마세요.

【轻口薄舌】qīng kǒu bó shé 成 말이 신랄하고 각박하다. 매몰차다 =〔轻嘴zuǐ薄舌〕

[4]【轻快】qīngkuài 形 ❶ (동작이) 경쾌하다. 가뿐하다. ¶脚步jiǎobù～ | 발걸음이 경쾌하다. ¶那小燕子飞得真～ | 그 작은 제비는 정말 경쾌하게 날았다. ¶他～地往家里走 | 그는 경쾌하게 집으로 걸어 갔다. ❷ (마음이) 경쾌하다. 홀가분하고 유쾌하다. ¶高考结束jiéshù后, 我感到从未有过的～ | 대학입시가 끝난 후 나는 예전에 느껴보지 못한 홀가분함을 느꼈다. ¶～的曲调qǔdiào | 경쾌한 곡조. ❸ 간편하다. 용이하다→〔轻便〕 ❹ (값이) 싸다. 적당하다. ¶算～点儿吧! | 좀 싸게 해요!

【轻狂】qīngkuáng 形 극히 경망스럽다. 매우 방정맞다. ¶这人太～了 | 이 사람은 너무 경망스럽다.

【轻量级】qīngliàngjí 名〈體〉경량급. 라이트급. ¶～选手xuǎnshǒu | 경량급 선수→〔体重分级tǐzhòngfēnjí〕

【轻慢】qīngmàn 動 경시하다. 업신여기다. 얕보다. ¶谁敢～他呢 | 누가 감히 그를 얕잡아 보겠는가?→〔敬重〕

【轻描淡写】qīng miáo dàn xiě 成 그림을 그릴 때 옅은 색으로 가볍게 그리는 것을 의미함. ❶ (공들이지 않고) 대충 묘사하다. (중요한 부분을) 대충 서술하다. ¶这部小说有的细节过于～ | 이 소설의 어떤 세부 부분은 너무 대충 서술되어 있다. ❷ (중요한 문제를) 슬그머니 넘어가다. (말 등을) 얼렁뚱땅하다. ¶他的检查～, 很不深刻 | 그의 검사는 대충하여서 깊이가 없다. ¶要认真rènzhēn检查jiǎnchá自己的错误cuòwù, 不要～ | 자신의 과오를 진지하게 검토해야지, 어물쩡 넘어가면 안 된다.

【轻藐】qīngmiǎo ⇒〔轻蔑miè〕

【轻蔑】qīngmiè 動 경멸하다. 경시하다. 멸시하다. ¶他～别人, 其实他也没有多大的本事 | 그는 다른 사람을 경멸하는데 사실은 그도 그렇게 큰 능력은 없다. ¶我对杂文并不～ | 잡문에 대해서 나는 결코 경시하지 않는다. ¶她～地瞥piē了他一眼 | 그녀는 멸시하며 그를 한 번 쳐다 보았다. ¶受着～, 排斥páichì | 멸시와 배척을 받다. ¶～的口气 | 경멸하는 말투 =〔 書 轻藐qīngmiǎo〕〔蔑视mièshì〕

【轻诺寡信】qīng nuò guǎ xìn 成 쉽게 승락하고 잘 지키지 않다. ¶大丈夫dàzhàngfū不该gāi～ | 사내 대장부는 쉽게 승락하고 잘 지키지 않는 행동을 해서는 안된다.

【轻飘】qīngpiāo 形 ❶ 가볍게 날리다. ¶～的柳絮liǔxù | 가볍게 날리는 버들개지. ❷ 가볍다. 진중하지 않다. ¶那个人说话太～, 不可信 | 그사람은 말하는 것이 너무 가벼워서 믿을 수 없다.

【轻飘飘】qīngpiāopiāo 狀 ❶ 하늘하늘하다. 간들간들하다. ¶垂柳chuíliǔ～地摆动bǎidòng | 늘어진 수양버들이 하늘하늘 흔들리다 =〔轻悠悠〕 ❷ (마음·동작 등이) 경쾌하다. 가뿐하다. ¶她高兴地走着, 脚底下～的 | 그녀가 즐겁게 걷는 발걸음도 경쾌하다. ❸ 휘청휘청하다. ¶他病刚好, 走起路来～的 | 그는 병이 막 나아서 걷는 데 휘청휘청한다. ❹ 덜렁덜렁하다.

【轻骑】qīngqí 名 ❶ 경비병 =〔轻骑兵〕 ❷ 원동기가 부착된 자전거. 모페드(mōped). 모터 바이시클(motor bicycle) =〔机动脚踏两用车〕〔机踏两用车〕

【轻气】qīngqì 名 白〈化〉수소(水素) =〔氢气〕

【轻巧】qīng·qiǎo 形 ❶ 가볍고 정교하다. 깜찍하다. ¶这小车真～ | 이 승용차는 참 깜찍하다. ❷ 능란하다. 날렵하다. 솜씨가 좋다. ¶他操纵cāozòng机器jīqì, 就像船夫划huá小船一样～ | 그는 기계를 조종하는 것이 마치 사공이 배를 젓는 것처럼 능란하다. ❸ 간단하다. 수월하다. ¶你说得倒～ | 너는 말을 참 수월하게도 한다.

【轻裘肥马】qīng qiú féi mǎ 成 가벼운 갖옷과 살진 말. 喻 호사스런 차림. 부유한 생활 =〔轻肥qīngféi〕〔肥马轻裘qiú〕〔裘马qiúmǎ〕

【轻取】qīngqǔ 動 쉽게 이기다. 가볍게 제압하다. 낙승(樂勝)하다. ¶～客队kèduì | 상대팀을 쉽게 이기다.

【轻饶】qīngráo 動 간단히 용서하다. 쉽게 용서하다. 가볍게 봐주다. ¶你爸知道你做了这种事, 他不会～你的 | 너가 이런 일을 한 것을 너의 아버지가 안다면 가볍게 용서해 주지는 않을 것이다.

【轻柔】qīngróu 形 가볍고 부드럽다. 유연하다. ¶晨风chénfēng是那么凉爽liángshuǎng, ～ | 새벽 바람은 그렇게 상쾌하고 부드러웠다. ¶她的话说得那般～ | 그녀는 그렇게 부드럽게 말을 한다. ¶妈妈～地抚摸fǔmō着我的脸liǎn | 어머니는 부드럽게 내 얼굴을 쓰다듬었다. ¶～的枝条zhītiáo | 유연한 가지 =〔轻软qīngruǎn〕

【轻伤】qīngshāng 名 ❶ 경상(輕傷). 가벼운 상처. ¶受了～ | 경상을 입다. ❷ 경상자. 경상환자 =

〔轻伤号〕〔轻伤员〕

【轻生】qīngshēng 動 자신의 생명을 가벼이 여기다 [주로 자살을 뜻함] ¶男子汉何故hégù～?｜남아 대장부가 어찌 자신의 생명을 가벼이 여기리요? ¶～自尽zìjìn =〔轻生短见〕｜자살하다 =〔書 轻身qīngshēn〕

【轻声】qīngshēng ❶ 名〈言〉경성 [중국어에서 일정한 소리의 높낮이가 없이 짧고 약하게 내는 성조(聲調)]→〔声调shēngdiào〕〔四声sìshēng〕 ❷ 名 작은 소리. 가는 소리 어법 부사적으로 쓰이는 경우가 많음. ¶～低语dīyǔ｜작은 소리로 낮추어 말하다. ❸ (qīng/shēng) 動 소리를 낮추다〔. 소리를 줄이다. ¶轻点声吧!｜좀 소리를 작게 해라.

【轻省】qīng·sheng 形 方 ❶ 수월하다. 가뿐하다. 홀가분하다. ¶活儿很～｜일이 아주 수월하다 →〔轻闲qīngxián〕 ❷ (무게가) 가볍다. ¶这个箱子挺tǐng～｜이 상자는 매우 가볍다.

【轻世傲物】qīng shì ào wù 成 사람됨이 거만하여 세속을 멸시하다. ¶他自恃shì有才cái, ～｜그는 자기자신이 재능이 있다고 믿어 거만스럽게 세속을 멸시하다.

3【轻视】qīngshì 動 경시하다. 얕보다. 소홀이 하다. ¶不能～粮食生产liángshíshēngchǎn｜식량생산을 소홀히 해서는 안된다. ¶他由于没有本事, 常常受～｜그는 능력이 없어서 늘 경시당한다〔무시를 당한다〕 ¶～对方duìfāng是失败shībài的原因yuányīn｜상대방을 경시한 것이 실패의 요인이다. ¶你别～了他｜그를 경시하지 말라 =〔轻看〕

【轻手轻脚】qīng shǒu qīng jiǎo 成 살금살금 행동하다. ¶他像灵巧língqiǎo的小猫, ～地爬pá上了树｜그는 날렵한 고양이처럼 가볍게 나무를 탔다 =〔轻手蹑niè脚〕

【轻率】qīngshuài 形 경솔하다. 경박하다. 부주의하다. ¶说话～｜말하는 것이 경솔하다. ¶她处事chǔshì～得很｜그녀는 일을 너무 경솔하게 처리한다. ¶～地下结论jiélùn｜경솔하게 결론을 내리다. ¶这样处理太～了｜이런 식의 처리는 너무 경솔했다. ¶～的行动xíngdòng｜경솔한 행동. ¶话一出口, 我就后悔hòuhuǐ自己的～｜말을 입 밖으로 내뱉자 마자 나는 나의 경솔함을 후회했다 =〔轻忽qīnghū〕⇔〔谨慎jǐnshèn〕

2【轻松】qīngsōng 形 ❶ (일 등이) 수월하다. 가볍다. ¶～活儿｜수월한 일. ❷ (기분이) 홀가분하다. 가뿐하다. ¶心里才～了｜마음이 비로소 홀가분해지다. ¶～愉快｜가뿐하고 유쾌하다.

【轻佻】qīngtiāo ⇒〔轻浮fú〕

4【轻微】qīngwēi 形 경미하다. ¶脚步声～得几乎jīhū听不出来｜거의 들을 수 없을 정도로 발걸음 소리가 작았다(경미했다). ¶他的嘴唇zuǐchún～地颤动chàndòng着｜그의 입술이 가볍게 떨리고 있다. ¶～的刺戟cìjǐ｜경미한 자극. ¶～的头痛tóutòng｜가벼운 두통. ¶～的缺点quēdiǎn｜경미한 결점.

【轻武器】qīngwǔqì 名 경화기(輕火器). 소화기(小火器). ¶身背bēi～｜등에 경화기를 지다.

【轻侮】qīngwǔ 動 경멸하다. 업신여기다. ¶弱小民族是不可～的｜약소민족을 업신여겨서는 안된다.

【轻闲】qīngxián 形 한가하다. 한가롭다. ¶这件事快达到目的, 往后就～了｜이 일은 곧 목적을 달성하므로, 앞으로 한가할 것이다.

【轻心】qīngxīn 動 가볍게 여기다. 데면데면하다. 세심하지 못하다. ¶掉以diàoyǐ～｜대수롭지 않게 여기다. ¶不可掉以～｜소홀히 해서는 안 된다.

【轻信】qīngxìn 動 경신하다. 경솔하게 믿다. ¶不要～谣言yáoyán｜소문을 경솔하게 믿지 말라. ¶她～他人的闲话xiánhuà｜그녀는 다른 사람이 하는 말을 너무 경솔하게 믿는다.

【轻型】qīngxíng 區 경량형의. 소형(小型)의. ¶～载重汽车zàizhòngqìchē｜소형 화물 자동차. ¶～飞机fēijī｜경비행기 →〔重型zhòngxíng〕

【轻扬】qīngyáng 動 가볍게 날리다. ¶柳枝liǔzhī～｜버드나무가 가볍게 날리다 =〔轻飏yáng〕

3【轻易】qīng·yì ❶ 副 수월하게. 간단하게. 가볍게. ¶轻轻易易地占领我们的地方｜아주 쉽게 우리 지역을 점령했다. ¶～地上了当｜너무 쉽게 속았다. ¶胜利不是～得到的｜승리는 쉽게 얻어지는 것이 아니다. ❷ 副 함부로. 쉽사리. 좀체. ¶不～地谈个人的事｜함부로 개인의 일을 말하지 않는다. ¶不要～地下结论｜함부로 결론을 내리지 말라. ❸ 形 간단하다. 수월하다. ¶赢得～｜쉽게 이겼다. ¶把问题看得太～了｜문제를 너무 가볍게 보았다 ‖ =〔轻不容易〕〔轻容易〕

【轻音乐】qīngyīnyuè 名〈音〉경음악.

【轻盈】qīngyíng 形 ❶ (여성의 몸매와 동작이) 유연하다. 나긋나긋하다. ¶舞姿wǔzī～｜춤추는 자태가 유연하다. ¶她的自由体操动作tǐcāodòngzuò～优美yōuměi｜그녀의 마루운동 동작은 유연하고 아름답다. ❷ 경쾌하다. 가뿐하다. ¶～的笑语xiàoyǔ｜가벼운 우스갯 소리.

【轻油】qīngyóu 名〈化〉경유 [가스 경유와 석탄 경유의 병칭임] ¶～槽车cáochē｜경유 유조차 →〔石油shíyóu〕

【轻于】qīngyú 書 動 ❶ …에 경솔하다. 경솔하게 …하다. ¶～前进｜경솔하게 전진하다. ❷ …보다 가볍다. ¶～鸿毛hóngmáo｜成 기러기 털보다 가볍다. (죽음이) 가치가 없다.

【轻元素】qīngyuánsù 名〈化〉원자량(原子量)이 비교적 적은 원소.

【轻重】qīngzhòng 名 ❶ 중량. 무게. ❷ (일·병 등의) 경중. 가볍고 무거움. 중요함과 중요하지 않음. 시급함과 시급하지 않음. ¶大夫根据gēnjù病情bìngqíng～来决定juédìng病人要不要住院｜의사는 병세의 경중에 따라 환자가 입원해야 하는지의 여부를 결정한다. ❸ (말을 하거나 일을 할 때의) 적당한 정도. 절도. 분별. ¶这个人说话不知～｜이 사람은 말을 함에 있어서 분별이 없다.

【轻重倒置】qīng zhòng dào zhì 成 일의 경중이 전도(轉倒)되다. ¶要先做要紧yàojǐn的, 不可～｜급한 일부터 해야지 일의 경중이 전도되어서는 안된다.

【轻重缓急】qīng zhòng huǎn jí 成 일에 있어서 중

요함과 중요하지 않음. 시급함과 시급하지 않음. ¶做事应该分清fēnqīng～ | 일을 함에 있어서는 경중완급을 구별해야 한다.

【轻装】qīngzhuāng 名 ❶ 경장. 간편한 행장〔복장〕 어법 부사적 의미로 쓰일 경우가 많음. ¶放下包袱bāofú, ～前进 | 짐을 내려 놓고 간편한 복장으로 나아가다. ¶～就道jiùdào | 간편한 행장으로 여행하다. ❷ 간편한 장비(裝備). ¶～部队bùduì | 경장비 부대.

【轻装简从】qīng zhuāng jiǎn cóng 威 행장을 간편히 하고 수행원을 줄이다. (지위가 높은 사람이) 행차를 간소하게 하다 =〔轻车简从〕

【卿】qīng 벼슬 경, 아주머니 경
名 ❶ 경(卿). 고급 관직명칭. ¶三公九～ | 삼공구경. ❷ 경(卿). 그대 [임금이 신하를 부르거나, 부부 혹은 친구 사이에 서로 친근하게 부르는 칭호] ❸ (Qīng) 성(姓).

【卿卿】qīngqīng 名 ❶ 부부간에 사용하는 애칭(愛稱). ❷ 諷 사람들 사이의 허물없는 호칭.

【卿卿我我】qīng qīng wǒ wǒ 威 남녀간의 사이가 매우 좋은 모양. 아주 다정한 모양. ¶～地谈了半天 | 오랫동안 다정하게 이야기를 나누었다.

3【倾(傾)】qīng 기울 경, 기울일 경
動 ❶ 기울다. 경사지다. ¶向左～ | 왼쪽으로 기울다. ¶向前～ | 앞으로 기울다. ❷ (마음이 한쪽으로) 기울다. 쏠리다. 치우치다. ¶左zuǒ～ | 좌경. ❸ (그릇 등을 뒤집거나 기울이거나 하여) 기울이다. 쏟아내다. 집중하다. ¶～全力把工作做好 | 전력을 다해 일을 해내다. ❹ 무너지다. 쓰러지다. ¶大厦dàxià将～ | 큰 빌딩이 무너지려고 하다. ❺ 경복(敬服)하다. 흠모하다. ¶～心↓

【倾侧】qīngcè ❶ 名 경사. ¶这座古楼由于地震dìzhèn的影响yǐngxiǎng, 已经有些～了 | 이 낡은 건물은 지진으로 인해 상당히 기울어졌다. ❷ 動 경사지다 =〔倾斜qīngxié〕

【倾巢】qīngcháo 動 (적군이나 비적이) 병력을 총동원하다. ¶～出动chūdòng | 총출동하다. ¶敌军～来犯fàn | 적군이 병력을 총동원하여 침범하다.

【倾城】qīngchéng ❶ 名 전 성. 온 성. ¶～而出, 迎接yíngjiē贵宾guìbīn | 모든 성에서 나와 귀빈을 영접하다. ❷ ⇒〔倾城倾国qīngchéngqīngguó〕

【倾城倾国】qīng chéng qīng guó 威 경국(傾國)의 미인. 절세의 미인. ¶她生来就是～的美貌 | 그녀는 타고난 절세의 미녀이다 =〔倾城②〕〔倾城之貌〕〔倾城美人〕〔倾城之美人〕〔倾国之色〕〔倾城之色〕

【倾倒】ⓐ qīngdǎo 動 ❶ 넘어지다. 무너지다. ¶树木～ | 나무가 넘어졌다. ¶城垣chéngyuán～ | 성벽이 무너지다. ¶这座楼房年久失修, 有～的危险wēixiǎn | 이 층집은 여러해 동안 수리를 하지 않아 넘어질 위험이 있다. ❷ 탄복하다. 매혹되다. ¶为那天下罕见hǎnjiàn的奇景所jǐngsuǒ～ | 세상에서 보기 드문 신비한 경치에 매료되다. ¶听众完全～于他的高论远见 | 듣는 이들이 그의 고론과 안목에 완전히 매료되었다. ❸ 경모하다. 흠모하다. ¶使人～ | 사람으로 하여금 흠모하게 하다.

ⓑ qīngdào 書 動 (속에 있는 것을) 남김없이 쏟아 버리다. (마음에 있는 말을) 빠짐없이 말하다. ¶此处请勿～垃圾lājī | 이곳에는 쓰레기를 버리지 마십시오. ¶～秽huì水 | 구정물을 버리다. ¶他把心里的话通通～了出来 | 그는 마음에 있는 말을 모두 토로했다 =〔倾卸qīngxiè〕

【倾动】qīngdòng 動 사람을 감동시키다. ¶喜讯xǐxùn传来, ～一时 | 좋은 소식이 들려와 한 때 사람들을 감동시켰다.

【倾耳】qīng'ěr 動 귀를 기울이다. 주의깊게 듣다. 경청하다. ¶～细听xìtīng | 귀를 기울여 자세히 듣다 =〔書 倾听〕

【倾覆】qīngfù 動 ❶ (물체가) 쓰러지다. 넘어지다. ¶轰hōng的一声高大的建筑物jiànzhùwù～而倒 | 쿵하는 소리와 함께 커다란 건물이 무너졌다. ❷ 뒤집어 엎다. 전복시키다. ¶～陷溺nì | 사람을 위험에 빠지게 하다.

【倾家荡产】qīng jiā dàng chǎn 動 가산(家產)을 탕진하다. ¶这官司guānsī叫他～了 | 이 소송으로 그는 재산을 탕진했다 =〔倾家竭jié产〕〔倾家〕

【倾角】qīngjiǎo ❶ 名〈數〉경각. ❷ 名〈地〉경사(각) ‖ =〔倾斜角〕❸〈物〉복각(伏角). 경각(傾角) ⇒〔磁倾角cíqīngjiǎo〕❹ 名〈數〉내려본 각. 부각(俯角).

【倾慕】qīngmù 動 경모하다. 애모(愛慕)하다. ¶他很～高小姐 | 그는 고양을 매우 경모하고 있다. ¶他们互相～已久 | 그들은 서로 애모한 지가 매우 오래되었다.

【倾盆】qīngpén 狀 그릇을 엎은 것 같다. 억수 같다. ¶昨天下了一场～大雨 | 어제 큰 비가 억수같이 내렸다 →〔瓢泼piáopō大雨〕

【倾诉】qīngsù ⇒〔倾吐tǔ〕

【倾谈】qīngtán 動 숨김없이 이야기하고 토로하다. ¶长时间地chángshíjiāndì～ | 장시간 숨김없이 이야기하고 토로하다.

4【倾听】qīngtīng 動 귀를 기울이다. 주의깊게 듣다. 경청하다 =〔倾耳ěr〕

【倾吐】qīngtǔ 動 토로(吐露)하다. 숨김없이 말하다. 털어 놓고 말하다. ¶向她～了爱慕àimù之情 | 그녀에게 애모의 정을 토로하다. ¶～苦水kǔshuǐ | 괴로움을 털어 놓다 =〔倾诉qīngsù〕

【倾箱倒箧】qīng xiāng dào qiè 書 威 ❶ 가진 것을 남김없이 다 내어 놓다. 극진히 환대(歡待)하다. ❷ 샅샅이 뒤지다. 물품(物品)을 뒤집어 가며 조사하다. ‖ =〔倾筐kuāng倒箧〕〔翻箱倾箧fānxiāngqīngqiè〕

3【倾向】qīngxiàng ❶ 動 경도되다. 편들다. 마음이 쏠리다. ¶两种意见, 我～后一种 | 두 가지 의견 중에서 나는 후자 쪽이다. ¶他现在～我们的意见 | 그는 지금 우리 의견 쪽으로 기울어지고 있다. ¶把这种办法详细讨论过以后, 李主任～于接受 | 이 방법을 상세히 토론한 이후 이주임은 (그 방법을) 받아들이는 쪽으로 기울었다. ❷ 名 경향. 추세. ¶对不良～要大胆dàdǎn批评pīpíng | 좋지 않은 경향에 대해서는 대담하게 비평해야

한다. ¶出现了不好的~｜좋지 않은 경향이 나타나다. ¶政治zhèngzhì~｜정치적인 경향.

【倾向性】qīngxiàngxìng 名 경향(성). 성향. ¶~文学wénxué｜경향 문학.

【倾销】qīngxiāo ❶〈經〉名 덤핑(dumping). ¶~政策zhèngcè｜덤핑 정책 ❷動〈經〉덤핑(dumping)하다. 투매(投賣)하다. ¶~出口｜덤핑으로 수출하다 =〔外 屯并túnbìng〕〔外 探拼tànpīn〕〔外 探并 tànbìng〕〔外 单评 dānpíng〕→〔抛售pāoshòu①〕

4【倾斜】qīngxié ❶動 경사지다. 기울어지다. ¶~了15度｜15도 기울어졌다. ¶车体~｜차체가 기울어지다. ¶~的房屋fángwū｜기울어진 집. ❷名 경사. 비탈. 물매. ¶这栋大楼有点~｜이 건물은 약간 기울어져 있다. ¶~度｜경사도 ‖ =〔倾侧qīngcè〕

【倾斜角】qīngxiéjiǎo ⇒〔倾角①②〕

【倾泻】qīngxiè 動 쏟아 붓다. 쏟다. 퍼붓다. 흘러내리다. ¶洪水hóngshuǐ从山下~下来｜큰 물이 산에서 쏟아져 내려오다. ¶瀑布~下来｜폭포가 쏟아지다.

【倾心】qīng/xīn 動 ❶ 마음을 기울(이)다. 마음에 꼭 들다. 애모하다. ¶一见~｜첫눈에 반하다 =〔向往xiàngwǎng①〕❷ 마음 속을 털어 놓다. 성심을 다하다. ¶~吐胆tǔdǎn｜마음 속의 생각을 모조리 털어 놓다.

【倾轧】qīngyà 動 서로 배척하다. 알력을 일으키다. ¶他们彼此bǐcǐ~不已｜그들은 서로 끊임없이 배척하고 있다→〔排挤páijǐ〕

【倾注】qīngzhù 動 경주하다. ❶ (낮은 곳으로) 쏟아져 들어가다. ¶一股泉水quánshuǐ~到深潭shēntán里｜샘물이 깊은 못으로 들어가다. ❷ (정력이나 마음 등을) 기울이다. 쏟다. ¶他为教育事业~了毕生精力｜그는 교육사업을 위해서 필생의 정력을 쏟았다. ¶她把全部的爱~到孩子们身上｜그녀는 모든 사랑을 아이들에게 쏟았다. ¶~心血xīnxuè｜심혈을 기울이다.

【倾座】qīngzuò 書 動 좌중을 사로잡다. 좌중이 모두 감동되다.

qíng ㄑㄧㄥˊ

1【情】qíng 뜻 정, 인정 정
❶名 정 [감정·애정·증오·유쾌·불쾌·공포 등의 감정상태] ¶热rè~｜열정. ¶温wēn~｜온정. ¶骨肉之~｜혈육의 정. ❷名 애정. 사랑. ¶谈tán~说爱shuōài｜사랑을 속삭이다. ❸名 정실(情實). 인정. 마음. ¶求~｜인정에 매달리다. ¶说shuō~｜남을 대신해 너그러이 용서를 빌다. ❹名 상황. 사정. ¶病bìng~｜병세. ¶行háng~｜시장형편. ❺名 정욕(情慾). 성욕(性欲). ¶春chūn~｜춘정. ¶发~期｜발정기. ❻名 우의. 호의(好意). ¶交~｜우정. ❼書 名 진실. 실제. ¶~伪wěi↓ ❽書 副 명백히. 분명히. ¶~知↓

【情爱】qíng'ài 名 애정.

3【情报】qíngbào 名 정보. ¶盗去dàoqù了~｜정보를 훔쳐갔다. ¶~机关jīguān｜정보기관. ¶~系统xìtǒng｜정보계통. ¶~员｜정보원. 첩보원.

【情不自禁】qíng bù zì jìn 威 감정을 억제할 수 없다. 절로. 자신도 모르게. 절로. ¶他~地涌yǒng出了热泪rèlèi｜그는 자기도 모르게 뜨거운 눈물을 흘렸다.

【情操】qíngcāo 名 정조(情操). 정서. 지조. ¶一个人有了崇高的伟大的思想，还一定要有高尚的~｜숭고하고 위대한 사상이 있으면 고상한 정조도(情操) 지녀야 한다. ¶~教育jiàoyù｜정서 교육.

【情长纸短】qíng cháng zhǐ duǎn 威 札 할 말은 많으나 이만 줄이겠습니다. 할 말은 한이 없으나 이만 그칩니다 =〔纸短情长〕

【情场】qíngchǎng 名 (남녀 간의) 애정 관계. 애정세계. ¶~如战场zhànchǎng｜사랑의 세계는 전쟁터와 같다 =〔情海qínghǎi①〕

【情敌】qíngdí 名 연적(戀敵). ¶他决意juéyì跟~斗争dòuzhēng｜그는 연적과 싸우기로 결심했다.

【情调】qíngdiào 名 정서. 격조(格調). 기분. 분위기. 무드(mood). ¶东方~｜동양적인 분위기. ¶异国yìguó~｜이국 분위기. 이국정취. ¶浪漫主义làngmànzhǔyì的生活~｜낭만주의적인 생활 분위기.

【情窦】qíngdòu 名 정욕. 성욕.

【情窦初开】qíng dòu chū kāi 威 사춘기가 되다. (처녀가) 사랑에 눈뜨기 시작하다 =〔俗 开窍qiào儿〕

【情分】qíng·fen 名 정분. 정리(情理). 인정. ¶朋友~｜우정. ¶兄弟xiōngdì~｜우애.

【情夫】qíngfū 名 정부(情夫). 샛서방. ¶她有两个~｜그녀는 정부가 둘 있다.

【情妇】qíngfù 名 정부(情婦). 몰래 사통(私通)하며 지내는 여자.

4【情感】qínggǎn 名 정감. 감정. 느낌. ¶她把复杂fùzá的~暂时压yā了下去｜그녀는 복잡한 감정을 잠시나마 억눌렀다. ¶细腻xìnì的~｜섬세한 감정.

【情歌】qínggē 名 연가(戀歌). 사랑의 노래

【情海】qínghǎi ❶ ⇒〔情场qíngchǎng〕 ❷名 (아주) 깊은 애정.

【情话】qínghuà 名 ❶ 밀어. 정담(情談). ❷ 진심어린 말.

【情怀】qínghuái 名 심사. 기분. 감흥. 감정. 심경(心境). ¶少女shàonǚ~总是诗｜소녀의 심경은 시적이다 =〔心绪xīnxù〕

【情急】qíngjí 形 마음이 초조하다. 마음이 조급하다. 발끈하다. 초조해지다. 노하다. ¶他一听这个消息xiāoxī~就大骂mà起来了｜그는 이 소식을 듣자마자 발끈하여 큰 소리로 나무라기 시작하였다.

4【情节】qíngjié 名 사건의 내용과 경위. (작품의) 줄거리. 내용. 구성. 사정. 상황. ¶~生动shēngdòng｜작품의 내용이 생동적이다. ¶故事gùshì~｜이야기의 줄거리.

2【情景】qíngjǐng 名 정경. 광경. 장면. ¶看日出的~｜일출광경을 보다. ¶兴奋热烈xìngfènrèliè的~｜매우 흥분된 장면.

【情景交融】qíng jǐng jiāo róng 成 문학작품에서 경치와 감정묘사가〔표현이〕잘 어우러지다〔조화를 이루다〕

【情境】qíngjìng 名 정경(情景). 광경. 처지. 상황. ¶悲惨bēicǎn的～ | 비참한 광경.

[1]【情况】qíngkuàng 名 ❶ 정황. 상황. 형편. ¶～万分wànfēn危急wēijí | 상황이 아주 위급하다. ¶家中～ | 집안 형편. ❷ 군사상의 변화. ¶前线qiánxiàn有甚么～ | 전선은 어떤 상황인가? ¶报告连长, 有～ | 중대장님 (보고드립니다) 상황이 발생했습니다. ‖ ＝〔情形qíngxíng〕

【情郎】qíngláng 書 名 사랑하는 남자. 정든 남자 →〔情人(儿)〕

[4]【情理】qínglǐ 書 名 정리. 사리. 도리. ¶你这说的不合乎～ | 너의 말은 도리에 맞지 않는다 →〔道理dàolǐ〕

【情理难容】qíng lǐ nán róng 成 인정상으로나 도리상으로나 용납할 수 없다. ¶他这样做～ | 그가 이렇게 하는 것을 인정상으로나 도리상으로나 용납할 수 없다.

【情侣】qínglǚ 名 사랑하는 사람. 애인. 연인. ¶成为～ | 연인사이가 되다. ¶一双～ | 한 쌍의 연인.

【情面】qíngmiàn 名 안면. 정실 관계. 체면. 속 사정. ¶不能不顾gù～ | 정실관계를 돌아보지 않을 수 없다. ¶打破dǎpò～ | 정실을 타파하다.

【情趣】qíngqù 名 ❶ 흥취. 정취. ¶这首诗写得很有～ | 이 시는 매우 흥취있게 썼다 ＝〔情韵yùn〕 ❷ 취미. 흥미. 취향 ‖ ＝〔情致qíngzhì〕→〔兴趣〕

【情人(儿)】qíngrén(r) 名 ❶ 애인. 연인. ❷ 정부(情夫). 정부(情婦). ¶她的～背叛bèipàn了她 | 그녀의 정부는 그녀를 배반했다.

【情人眼里出西施】qíngrén yǎn·li chū xīshī 諺 사랑하는 사람의 눈에는 (못생겨도) 서시(西施)로 보인다. 사랑하면 마마자국도 보조개로 보인다.

【情事】qíngshì 名 〈法〉사실. 현상. 사건. 일. 실제의 상황. ¶他一看～不好, 拨腿bōtuǐ就跑 | 그는 상황이 좋지 않음을 알고 발을 빼고 도망갔다. ¶确有那种～ | 확실히 그러한 일이 있다.

【情势】qíngshì 書 名 정세. 사태. 상태. ¶～危急wēijí | 정세가 위급하다.

【情书】qíngshū 名 연애 편지. 연서(戀書). 연문(戀文). 사랑의 편지. ¶写～ | 사랑의 편지를 쓰다 ＝〔情信qíngxìn〕

【情恕理遣】qíng shù lǐ qiǎn 成 사람을 대하는 것은 온후하고 도타우며, 일을 처리하는 것은 이치에 맞다.

【情思】qíngsī 名 정. 정조(情操). 심사(心思). 감정. 애정. 생각. 심정. ¶～万千wànqiān | 심사가 아주 복잡하다.

【情愫】qíngsù 書 名 ❶ 본심. 진심. 진정. ❷ 감정. 정감. ¶朝夕zhāoxī相处, 增加zēngjiā了他们之间的～ | 아침 저녁으로 함께 지내더니 그들 사이의 감정이 도타워졌다. ‖ ＝〔情素qíngsù〕

【情随事迁】qíng suí shì qiān 成 사정이 바뀌면 마음도 따라 변한다. 형세에 따라 인정도 변한다. 환경에 따라 감정도 변한다.

【情态】qíngtài 名 ❶ 심경(心境). 마음가짐. 기분. ❷ 모양. 형편. 꼴. ❸ 표정과 태도. 정태.

【情同手足】qíng tóng shǒu zú ⇒〔情如手足〕

【情同水火】qíng tóng shuǐ huǒ 成 ❶ 물과 불처럼 성격이 서로 맞지 않다. 물과 불같이 성질이 서로 융합되지 않는다. 서로 상극이다 →〔水乳交融shuǐrǔjiāoróng〕 ❷ 급박한 모양.

【情投意合】qíng tóu yì hé 成 의기 투합(意氣投合)하다. 감정이 서로 통하고 의견이 일치하다. ¶他们俩～, 十分相得 | 그들 둘은 서로 의기투합하여 아주 사이좋게 지낸다.

【情网】qíngwǎng 名 貶 사랑의 늪. 사랑의 올가미. ¶坠入zhuìrù～ | 사랑의 늪에 빠지다.

【情伪】qíngwěi ❶ 名 진실과 거짓. ❷ ⇒〔情弊qíngbì〕

【情味】qíngwèi 名 ❶ 재미. 정취. 멋. ❷ 의미. 뜻. 취지.

[2]【情形】qíng·xing 名 일의 상황〔형세〕정황(情況). 형편. ¶当时的～, 我还记得很清楚 | 당시의 상황을 나는 아직도 아주 또렷하게 기억하고 있다. ¶他介绍jièshào了在大学读书时的～ | 그는 대학시절의 상황을 소개했다. 兩地～大不相同 | 두 곳의 상황이 크게 다르다 ＝〔情况qíngkuàng〕

[2]【情绪】qíng·xù 名 ❶ 정서. 기분. 마음가짐. 패기. 사기. 의욕. ¶良好的～有益健康, 良好的～也有助记忆 | 좋은 정서는 건강에 유익하고 양호한 정서는 기억하는 데 도움이 된다. ¶那个孩子～不稳定wěndìng | 저 아이는 정서 불안정이다. ❷ 불쾌한 감정. 우울. 의기 소침. ¶闹～ | 불평을 터뜨리다.

【情义】qíngyì 名 ❶ 인정과 의리. ¶～重于泰山Tàishān | 인정과 의리는 태산보다 무겁다. ❷ 우정.

【情谊】qíngyì 名 정의. 우정. ¶兄弟xiōngdì～ | 형제의 정 →〔交情jiāoqíng〕

【情由】qíngyóu 名 사정. 사연. 사건의 내용. 내막. ¶不问～ | 사연을 묻지 않다.

【情有可原】qíng yǒu kě yuán 成 용서할 만한 점이 있다. 정상을 참작할 만하다. ¶她这样做～ | 그녀의 이런 행동은 받아 줄 만하다.

【情欲】qíngyù 名 ❶ 욕망. ❷ 성욕. 정욕.

【情愿】qíngyuàn ❶ 書 能 간절히 바라다. 진심으로 원하다. 달게 받다 어법 보통「不愿」과 반대의 의미로 쓰임. ¶～受罚shòufá | 벌을 달게 받다 ＝〔方 情甘qínggān〕 ❷ ⇒〔宁nìng可〕

【情知】qíngzhī 書 動 확실하게 알다. ¶～要发生变化biànhuà | 변화가 생길 것이라는 것을 확실히 알다 ＝〔明知míngzhī〕

【情致】qíngzhì ⇒〔情趣qíngqù〕

【情种】qíngzhǒng 名 정이 많은 사람. 감정이 풍부한 사람. 다정 다감한 사람. ¶他是天生的～ | 그는 천성적으로 다정다감한 사람이다.

【情状】qíngzhuàng 名 상황. 정황. 정세. 실정. ¶了解当时的～ | 당시의 정황을 이해하다.

1【晴】qíng 갤 청

形 (날씨가) 맑다. 개(이)다. 화창하다. 쾌청하다. ¶～天↓ ¶雨过天～ | 비가 그치고 하늘이 개다 ⇔〔阴yīn②〕

【晴好】qínghǎo 貶 맑고〔쾌청하고〕아름답다〔좋다〕

¶天气～ | 날씨가 맑고 좋다 =〔晴美qīngměi〕

【晴和】qínghé 形 (날씨가) 맑고 따스하다. 화창하다. ¶她只要看见～的天气, 就觉得高兴gāoxìng | 그녀는 화창한 날씨만 보면 기분이 좋아진다. ¶天气～ | 날씨가 화창하다.

【晴空】qíngkōng 名 맑게 개인 하늘.

4【晴朗】qínglǎng 書 形 구름 한점 없이 쾌청하다. 맑다. 말끔히 개이다. ¶天气～ | 날씨가 쾌청하다. ¶～的早晨zǎochén | 맑은 아침 =〔晴明〕〔書 晴霁qíngjì〕

3【晴天】qíngtiān 名 맑게 (개인) 하늘. ¶今天～ | 오늘은 맑은 날씨이다.

【晴天霹雳】qíng tiān pī lì 成 맑은 하늘의 날벼락. 마른 하늘의 날벼락. 청천 벽력. 갑자기 일어난 뜻밖의 재난. ¶这坏消息xiāoxī如～, 把她打蒙dǎméng了 | 청천벽력 같은 이 나쁜 소식이 그녀를 멍하게 만들었다 =〔青天霹雳〕

【氰】qíng (시안 청)
名〈化〉시안(cyan;독)[시안화물(cyan化物)을 적열(赤熱)할 때 생기는 기체]=〔青qīng气〕

【氰化汞】qínghuàgǒng 名〈化〉시안화 수은

【氰化钾】qínghuàjiǎ 名〈化〉청산 가리(青酸加里) =〔俗 山奶(钾)〕〔俗 山奈钾〕〔白山埃〕

【擎】qíng 들 경
❶ 動 들다. 떠받들다. 받아 들이다. 꾹 참다. ¶众zhòng～易举yìjǔ | 成 여러 사람이 들면 쉽게 들어 올릴 수 있다→〔举jǔ①〕 ❷ ⇒〔引擎yǐnqíng〕

【擎天巨柱】qíng tiān jù zhù ⇒〔擎天柱〕

【擎天柱】qíngtiānzhù 名 ❶ (중국의 전설에서) 하늘을 떠받들고 있다는 기둥. ❷ 喻 중책을 맡은 사람. 중요한 지위 위치. ¶他是本公司的～ | 그는 우리 회사의 중책을 짊어진 사람이다 =〔擎天巨柱〕

【檠〈橄〉】qíng 도지개 경
書 ❶ 名 촛대. 등잔걸이. ❷ 名 도지개 [틈이 가거나 뒤틀린 활을 바로 잡는 틀] ❸ 名 발달린 대접. ❹ 動 (도지개로 활을) 바로 잡다.

【黥〈剠〉】qíng 자자 경
書 名 ❶ 옛날, 얼굴에 입묵(入墨)하는 형벌. ¶～刑↓ =〔黥面〕〔黥首〕〔黥字〕→〔刺cì字〕〔墨mò刑〕 ❷ 입묵(入墨).

【黥刑】qíngxíng 名 (옛날의) 묵형(墨刑).

qǐng ㄑㄧㄥˇ

【苘〈檾蘔〉】qǐng ⓧ qiǒng) 어저귀 경
名〈植〉어저귀. 백마(白麻)

【苘麻】qǐngmá 名〈植〉어저귀. 백마(白麻) =〔青麻qīngmá〕

3【顷(頃)】qǐng 백이랑 경, 잠깐 경
❶ 量 논밭의 면적 단위 [1「顷」은 100「亩mǔ」] ❷ 書 名 경각(頃刻). 잠시. 잠깐. ¶有～ | 잠시 시간이 지나다 =〔少顷shǎoqǐng〕 ❸ 書 名 무렵. 경(頃). ¶光绪Guāngxù二十年～ | 광서 20년 무렵. ❹ 書 副 방금. 막. ¶～接来信 | 방금 서한을 받았다.

【顷刻】qǐngkè 書 名 잠깐 사이. 순식간에. 눈깜짝할 사이. ¶～之间, 踪影全无zōngyǐngquánwú | 순식간에 아무 흔적없이 사라지다. ¶～瓦解wǎjiě | 순식간에 무너지다.

【庼(廎)】qǐng 작은마루 경
書 名 작은 마루.

1【请(請)】qǐng 청할 청, 청컨대 청
❶ 動 청구하다. 원하다. 부탁하다. ¶声～ | (이유를 밝히고) 신청하다. ¶～假jià↓ ❷ 動 초부르다. 빙하다. 초청하다. ¶催cuī～ | 약속된 시간에 꼭 오라고 초청을 강조하다. →〔聘pìn①〕〔延yán③〕〔邀yāo①〕 ❸ 動 초대하다. (손님을) 대접하다. 한턱내다. ¶我～你 | 내가 한턱 낸다. ¶～客↓ ❹ 動 (불상(佛像)·선향(線香)·양초 등을) 보시의 행위로 사다. ¶～香蜡xiānglà | 향과 초를 사다 =〔请供qǐnggōng〕 ❺ 動 敬 …하십시오. …하시지요 [경의(敬意)나 간청의 뜻을 나타냄] ¶您～这边儿坐! | 이쪽으로 앉으십시오. ¶～坐～坐 | 앉으세요. ¶～～ | 하세요. ❻ 動 (받쳐) 들다. 가슴에 안다. ¶～着一尊佛像fóxiàng回去 | 불상 하나를 들고 돌아갔다. ❼ 書 動 묻다. 문안 드리다. ¶顺～日安 | 끝으로 편안하시길 문안 드립니다. ❽ 書 動 알현하다.

【请安】qǐng/ān ❶ 動 문안 인사를 드리다. 안부를 묻다. 문안을 드리다. 인사하다. ¶向老奶奶～ | 할머니께 인사드리다. ❷ 오른쪽 무릎을 굽혀서 인사를 하다 ⇒〔打dǎ千(儿)〕

【请便】qǐng/biàn 套 편한 대로 하시오. 마음대로 하시오. 아무쪼록 좋으실 대로 하십시오. ¶你执意zhíyì要走, 那就～吧 | 꼭 가시겠다면 좋으실 대로 하십시오.

【请春客】qǐng chūnkè 動組 (옛 풍속으로) 음력설 뒤에 친척·친구·이웃 등을 초대하여 대접하던 일.

【请到】qǐngdào 動 모시게 되다. 초청에 응해 와 주다. ¶我们～了五位贵宾guìbīn | 우리는 귀빈을 다섯분 모셨다.

【请调】qǐng diào (직원이) 전근을 청하다. 전근원을 내다. ¶～报告bàogào | 전근원.

【请功】qǐnggōng 動 논공 행상(論功行賞)을 주청(奏請)하다. 공로에 대한 표창을 내신(內申)하다. ¶向上级～要赏 | 상급기관에 표창을 내신하다.

1【请假】qǐng/jià 動 휴가를 신청하다. 휴가를 받다. 말미를 청하다. (결근·조퇴·외출 등의) 허가를 받다. ¶因病～一天 | 병 때문에 하루의 휴가를 청하다. ¶～条tiáo | 휴가원. 결석계. 결근계 =〔告假gàojià〕→〔放假fàngjià〕〔乞假qǐjià〕〔缺勤quēqín〕

4【请柬】qǐngjiǎn ⇒〔请帖tiě〕

【请见】qǐngjiàn 動 면회를 청하다. ¶门口来了一位客人～ | 입구에 손님이 와서 면회를 청하고 있습니다→〔请谒qǐngyè〕〔求见qiújiàn〕

3【请教】qǐng/jiào 動 가르침을 받다. 지도를 바라다. 가르침을 청하다. 물어보다. ¶～老师 | 선생님께 가르침을 청하다. ¶向老师～ | 선생님께 가르침을 청하다. ¶我～您一个问题 | 한 가지

가르침을 청하겠습니다. ¶～的问题还多, 我明天再来 | 아직 여쭈어야 할 문제가 많으므로 내일 다시 오겠습니다→〔请问〕〔承chéng教〕

【请君莫奏前朝曲】qǐng jūn mò zòu qián cháo qǔ 國 전대 왕조의 곡을 연주하는 일일랑 그만두어라. 낡은 관습 등을 끄집어내어 떠들어대는 일을 그만두어라.

【请君入瓮】qǐng jūn rù wèng 國 자신이 정한 법〔규칙〕에 자신이 걸려들다. 제 도끼에 제 발등 찍히다. 제가 놓은 덫에 치이다 =〔请凡入瓮〕→〔将计就计jiàngjìjiùjì〕〔自作自受〕

2【请客】qǐng/kè 動 ❶ 손님을 초대하다. ¶请他的客 | 그를 손님으로 초대하다. ❷ 한턱 내다. ¶今天我～ | 오늘은 내가 한턱 내지→〔请(儿)〕〔作东(儿)〕

【请命】qǐng/mìng ❶ 動 (남을 대신하여) 살려달라고 빌다. ❷⇒〔请示shì〕

2【请求】qǐngqiú ❶ 動 청구하다. 부탁하다. 바라다. 요구하다. ¶我是为了～您一件事情来的 | 저는 당신에게 하나 부탁드릴 일이 있어서 왔습니다. ❷ 名 청구. 요구. 부탁→〔恳kěn求〕〔乞qǐ求〕

【请赏】qǐng/shǎng 動 상을 주도록 내신하다. 상을 줄 것을 요청하다. ¶立了功就回朝廷cháotíng～ | 공을 세우고 조정으로 가서 상을 주도록 청하다.

【请神】qǐng/shén 動 신(神)을 내리게 하다

3【请示】qǐng/shì 動 지시를 바라다. (상급 기관에) 물어 보다. 하명(下命)을 청하다. ¶～上级一些问题 | 상급기관에 몇 가지 문제를 물어보다. ¶事前～, 事后报告bàogào | 사전에 지시를 청하고, 사후에 보고하다 =〔请命②〕

4【请帖】qǐngtiě 名 초대장. 초청장. ¶发～ | 초대장을 띄우다 =〔请客片(儿)〕〔書 请柬qǐngjiǎn〕

【请托】qǐngtuō 動 부탁하다. 청하다. 청탁하다→〔托人情tuōrénqíng〕

1【请问】qǐngwèn 套 잠깐 여쭙겠습니다. 말 좀 물어 봅시다. ¶～故宫博物院Gùgōngbówùyuàn怎么走? | 말씀 좀 묻겠습니다. 고궁박물관을 어떻게 갑니까?→〔请教qǐngjiào〕

【请勿】qǐngwù 套 …하지 마시오. ¶～入内 | 안으로 들어가지 마십시오. ¶～动手dòngshǒu | 손을 대지 마시오.

【请降】qǐng/xiáng 動 (적이) 투항을 요청하다. 항복을 청하다. ¶向朝廷cháotíng～ | 조정에 항복을 청하다.

【请谒】qǐngyè 書 動 (윗사람에게) 면회를 청하다. ¶门外有人～ | 문 밖에서 어떤 사람이 뵙기를 청하다.→〔请见qǐngjiàn〕

【请缨】qǐngyīng 書 動 군대에 나갈 것을 자원하다. 종군(從軍)을 지원하다. ¶投笔tóubǐ～ | 國 펜을 던지고 군대에 나가다→〔参cān军〕

【请援】qǐngyuán 動 원조(援助)를 청하다. ¶前线部队qiánxiànbùduì紧急jǐnjí～ | 전선의 부대가 긴급 원조를 청하다.

4【请愿】qǐng/yuàn ❶ 動 청원하다. ¶～书shū | 청원서. 탄원서. ❷ (qǐngyuàn) 名 청원.

【请战】qǐngzhàn 動 ❶ 도전(挑戰)하다. 싸움을 청하다. ¶～书 | 도전장. ❷ (상급기관에) 전쟁에 참가하는 것을 허락해 주도록 청(구)하다.

【请旨】qǐngzhǐ 書 動 칙명(勅命)을 주청(奏請)하다.

【请罪】qǐng/zuì 動 ❶ 죄를 고백하고 처분을 바라다→〔负荆fùjīng〕〔自首zìshǒu〕 ❷ 용서를 빌다. 사죄하다. 사과하다. ¶向老师～ | 선생님께 용서를 빌다→〔赔péi罪〕

【请坐】qǐngzuò 套 어서 앉으십시오. 앉으세요. ¶您先～ | 먼저 앉으십시오.

【謦】 qǐng 기침 경
⇒〔謦欬〕

【謦欬】qǐngkài 書 名 ❶ 기침. ❷ 담소(談笑). 이야기와 웃음. 농. ¶亲承qīnchéng～ | 書 담소를 주고 받다.

qìng ㄑㄧㄥˋ

2【庆(慶)】 qìng 경사 경, 하례할 경
❶ 動 경축하다. 경하(慶賀)하다. ¶～祝五一节 | 5·1절을 경축하다. ¶～功大会 | 공로를 축하하는 대회. ❷ 名 경사. 축하. ¶校xiào～ | 개교 기념일. ¶国～节 | 국경일. ❸ (Qìng) 名 성(姓).

【庆大霉素】qìngdàméisù 名 外 〈藥〉 젠타마이신 (gentamycine).

【庆典】qìngdiǎn 名 축전. 경축식. 축하 의식. ¶～十分隆重lóngzhòng | 축하 의식이 아주 성대하다. ¶盛大shèngdà～ | 성대한 축전.

【庆父不死, 鲁难未已】Qìng fǔ bù sǐ, Lǔ nànwèi yǐ 國 난리를 일으키는 우두머리를 없애지 않으면 국가가 평안〔안녕〕을 얻을 수 없다.

【庆功】qìng/gōng 動 공로를 축하하다. 성공을 경축하다. ¶～(大)会 | (공로를 축하하는완성) 경축시가. 축하회. 공로 축하회. 낙성식.

4【庆贺】qìnghè ⇒〔庆祝zhù〕

【庆历】Qìnglì 名 경력. 송대(宋代) 인종(仁宗)의 연호(1041～1048).

【庆幸】qìngxìng 形 ❶ 경사스럽다. ¶这是值得大家～的事情 | 이는 모두가 축하할 만한 일이다. ❷ 다행스럽다. 기쁘다. ¶欣闻xīnwén贵体安康ānkāng, 甚为shènwéi～ | 귀체 안강하시다는 소식에 대단히 기쁩니다.

2【庆祝】qìngzhù 動 경축하다. ¶～建校jiànxiào八十週年 | 개교 80주년을 경축하다. ¶～大会 | 경축 대회. 축하 모임 =〔庆贺qìnghè〕〔庆赏qìngshǎng〕〔拜祝bàizhù〕

【亲】 qìng ☞ 亲 qīn B

【倩】 qìng ☞ 倩 qiàn B

【箐】 qìng ☞ 箐jīng B

【綮〈棨B〉】 qìng qǐ 힘줄붙은곳 경, 창집 계

A qìng 書 名 뼈와 근육이 접합하는 곳. ¶肯kěn～ | 轉 요점.

B qǐ 書 名 표신 [옛날, 나무로 만든 통행증]

【綮戟】qǐjǐ 名 옛날 고관의 행차 때 쓰던 의장용 창.

【磬】qìng 경쇠 경, 다할 경
❶名〈音〉경쇠 [옥이나 돌로 만든 타악기의 일종] ❷名〈佛〉동발(銅鉢) [근행할 때 치는 구리로 만든 방울] =〔浮石fúshí③〕 ❸「罄」과 통용 ⇒〔罄qìng①〕

【罄】qìng 빌 경, 다 경
書❶動 다하다. 텅 비다. 없어지다. ¶告gào～ | 몽땅 써 버리다. ¶售shòu～ | 매진되다 =〔磬qìng③〕 ❷ ⇒〔罄身(儿)〕

【罄竭】qìngjié ⇒〔罄尽qìngjìn〕

【罄尽】qìngjìn 書動 다 써버리다. 완전히 없어지다. 탕진하다. ¶他大病一场, 积蓄jīxù～ | 그는 큰 병이 나서 모은 돈을 다 써 버렸다 =〔罄竭qìngjié〕〔罄净qìngjìng〕〔罄匮qìngkuì〕〔尽罄〕

【罄净】qìngjìng ⇒〔罄尽〕

【罄匮】qìngkuì ⇒〔罄尽〕

【罄囊】qìngnáng 書動 지갑을 비우다. 전 재산을 털다.

【罄其所有】qìng qí suǒ yǒu 成 가지고 있는 것을 다 써버리다. ¶他～, 买酒求醉 | 그는 술 마시면서 가지고 있는 것을 다 써버렸다.

【罄身(儿)】qìng shēn(r) 名 近(가진 것이 아무것도 없는) 맨몸. 알몸. ¶叫他～出去 | 그를 맨몸(옷만 입힌 채로)으로 내쫓다.

【罄竹难书】qìng zhú nán shū 成 (죄상이 많아서) 필설(筆舌)로 다 표현할 수 없다. ¶他的罪行～ | 그가 저지른 죄는 (너무나도 많아) 글로 다 적을 수 없다.

qiōng ㄑㄩㄥˉ

【苘】qiōng ☞ 苘 xiōng

qióng ㄑㄩㄥˊ

【邛〈卭〉】qióng 언덕 공, 오랑캐 공
❶書名 언덕. ❷名〈民〉공족(邛族) [사천성(四川省) 서창(西昌)에 거주하는 소수민족] ❸ 지명에 쓰이는 글자. ¶～崃山láishān | 공래산. 사천성(四川省)에 있는 산 이름. ❹ (Qióng) 名 성(姓).

【邛杖】qióngzhàng 名 공래 지팡이 [사천성(四川省) 공래(邛崃)에서 나는 대나무로 만듦]

【筇】qióng 대이름 공, 지팡이 공
名〈植〉공래 대나무 [사천성(四川省) 공래(邛峡)에서 나는 대나무]

【筇竹】qióngzhú 名 지팡이를 만드는 대나무.

2【穷(窮)】qióng 궁구할 궁, 다할 궁
❶形 가난하다. (빈)궁하다. ¶贫pín～ | 빈궁하다 ⇔〔阔kuò③〕〔富fù〕→〔贫pín①〕 ❷副 궁극적으로. 지극히. 극히. 극단적으로. ¶～凶极恶xiōngjíè ↓ ¶～奢极欲shējíyù ↓ ❸動 끝나다. 막다르다. 어찌할 수 없다. ¶无～无尽wújìn | 무궁무진하다. 끝이 없다. ¶日暮途rìmùtú～ | 날은 저물고 갈 길은 막히다. 어찌할 방도가 없다. ❹書 깊이 연구하다. 아주 깊이 탐구하다. 끝까지 추구하다. ¶～物之理wùzhīlǐ | 사물의 이치를 규명하다. ❺副 쓸데 없이. 공연히. ¶～跑pǎo了一天 | 하루 종일 쓸데없이 돌아 다녔다.

【穷棒子(骨)】qióngbàng·zi(gǔ) 名 ❶ 罵 가난뱅이. 빈털터리. ❷ 가난하지만 기개가〔진취성이〕 있는 사람.

【穷兵黩武】qióng bīng dú wǔ 成 무력을 남용하다. 호전적이다. 전쟁을 일삼다. ¶帝国主义dìguózhǔyì～, 四处出兵 | 제국주의는 호전적이어서 사방으로 군대를 보내어 전쟁을 일삼았다.

【穷愁】qióngchóu 形 곤궁하여 근심하다. ¶生活～ | 생활이 아주 곤궁하다.

【穷措大】qióngcuòdà 名 喩 가난한 서생(書生). 몰락한 생원 =〔穷醋大qióngcùdà〕

【穷冬】qióngdōng 書名 몹시 추운 겨울. 엄동. ¶～烈风lièfēng, 呼呼逼人hūhūbīrén | 엄동의 세찬 바람이 윙윙 불어 닥치다.

【穷乏】qióngfá 形 궁핍하다. ¶生活～ | 생활이 궁핍하다 =〔穷困qióngkùn〕

【穷哥们】qiónggē·men 名 가난한 친구들〔녀석들〕 ¶几个～合计闯chuǎng关东Guāndōng | 여러 가난한 친구들이 (힘을) 합쳐서 타향에서 생계를 이어가다 =〔穷哥儿们〕

【穷根究底】qióng gēn jiū dǐ 成 사물의 근본을 궁구하다. 기초를 캐다. 근본을 규명하다.

【穷骨头】qiónggǔ·tou 名 罵 ❶ 가난뱅이. 빈털터리 →〔穷鬼qióngguǐ②〕 ❷ 구두쇠. 노랑이.

【穷光蛋】qióngguāngdàn 名 口 罵 빈털터리. 알거지 =〔穷孙qióngsūn〕〔穷秧子yāngzǐ〕

【穷鬼】qióngguǐ 名 ❶ 가난을 가져온다는 신(神). ❷ 罵 가난뱅이. ¶你这个～还想买汽车qìchē | 너 같은 가난뱅이가 차를 살 생각을 하다니→〔穷骨头gǔtóu①〕

【穷汉】qiónghàn 名 가난뱅이. 가난한 사나이. ¶～市 | 빈민가의 노점 시장 =〔穷哈拉子hālāzǐ〕〔穷儿〕〔穷小子〕→〔阔kuò老〕

【穷极无聊】qióng jí wú liáo 成 ❶ 매우 곤궁하여 의지할 데가 없다. ❷ 할 일이 없어 몹시 따분하다. 매우 무료하다.

【穷竭】qióngjié 書動 다하다. 다 쓰다. ¶～心力 | 온갖 마음과 힘을 다 쓰다. ¶～心计xīnjì | 온갖 계책을 다 쓰다.

【穷尽】qióngjìn ❶名 끝 =〔尽头jìntóu〕 ❷動 다하다. 다 없어지다. ¶他～计谋jìmóu, 结果仍以失败告终gàozhōng | 그는 온갖 계략을 다 썼지만 결국 결과적으로는 실패했다.

【穷开心】qióngkāixīn ❶名 가난 속의 즐거움. 소박한 즐거움. 조그마한 위안. ❷名 자포자기하여 노는 것. 마냥 즐기는 것. ❸動組 괴로움 속에서 위안을 찾다. 억지로 마음을 달래다. ¶阔kuò倒是说不上, 到这儿来逛guàng也不过是～罢咧 | 사치라고는 말할 수 없어. 이곳에 와 노니는 것은 조그마한 위안을 찾으려는 데 불과할 뿐이야. ❹動 자포 자기하여 놀다. 마냥 즐기다. 나중 일을 생각 않고 놀다. ¶他连饭都快吃不上哪, 还去跳舞tiàowǔ, 简直是～哪 | 그는 밥조차 먹을 수 없게 되는데도 춤추러 가다니 정말 될대로 되라는 식으로 노는구나 ‖ =〔穷欢乐qiónghuānlè〕

【穷寇】qióngkòu 名 궁지에 몰린 적. ¶追～｜궁지에 몰린 적을 쫓다.

4【穷苦】qióngkǔ 書 形 가난하고 고생스럽다. 곤궁하다. ¶过～的日子｜곤궁한 생활을 하다.

【穷匮】qióngkuì 書 形 부족하다. 모자라다. ¶家境jiājìng日趋rìqū～｜가정 형편이 날이 갈수록 못해지다.

【穷困】qióngkùn 書 形 곤궁하다. 빈곤하다. 빈궁하다. 구차하다. ¶百姓～｜백성들이 곤궁하다 ＝〔穷乏qióngfá〕

【穷忙】qióngmáng ❶ 賦 (가난하여) 먹고 살아가기 바쁘다. ❷ 動 생활에 쫓기어 분주히 돌아다니다. ¶这事儿害得我～了好几天｜이 일로 나는여러 날 동안 분주하게 돌아다녔다. ❸ 賦 하는 일 없이 바쁘다. 쓸데없이 바쁘다. ❹ 動 허둥지둥 쓸데없이 바빠하다→〔无wú事忙〕〔瞎xiā忙〕

【穷年累月】qióng nián lěi yuè 成 해와 달을 거듭하다. 오랜 세월이 계속되다. 긴 세월. ¶他～地读书,做问学｜그는 긴 세월 동안 책을 읽고 학문을 했다.

【穷期】qióngqī 名 끝나는 시기. 끝이 나는 때. ¶战争zhànzhēng正未有～｜전쟁이 끝이 없다.

3【穷人】qióngrén 名 가난한 사람. ¶～最爱闹àinào革命gémìng｜가난한 사람은 혁명을 가장 잘 일으킨다.

【穷山恶水】qióng shān è shuǐ 成 ❶ 매우 열악한 조건이다. 자연조건이 열악하다. ❷ 척박한 땅. 불모지. 황량한 경치.

【穷奢极侈】qióng shē jí chǐ 成 사치하고 탐욕스럽다. ¶过～的生活shēnghuó｜부화방탕한 생활을 하다 ＝〔穷奢极欲qióngshējíyù〕

【穷奢极欲】qióng shē jí yù 成 사치하고 탐욕스럽다. 부화방탕하다. 사치가 극도에 달하다. ¶过～的生活｜부화방탕한 생활을 하다 ＝〔穷奢极侈〕

【穷书生】qióngshūshēng 名 가난한 서생. ¶他是一个身无分文shēnwúfēnwén的～｜그는 아무것도 없는 가난한 서생이다.

【穷酸】qióngsuān 形 貶 궁상스럽다. 초라하고 꾀죄죄하다. 고리타분하다. ¶这个秀才xiùcái太～了｜이 서생은 너무 고리타분하다.

【穷途】qióngtú 名 막다른 길. 막다른 골목. 출로가 없는 길. 喩 곤경. 곤궁한 처지. ¶～人｜곤경에 처한 사람. 실의에 빠진 사람.

【穷途潦倒】qióng tú liǎo dǎo 成 갈 길이 없어 매우 실의(失意)에 빠지다. 곤궁한 처지에 빠져 의기소침하다.

【穷途末路】qióng tú mò lù 成 궁지에 빠지다. 막다른 골목에 처하다. ¶前有江水,后有追兵,项羽Xiàngyǔ面临～,遂拨剑自刎bōjiànzìwěn｜앞으로는 강이고 뒤로는 적이 쫓아오자 항우는 궁지에 빠져 결국 칼을 뽑아 자결을 했다.

【穷乡僻壤】qióng xiāng pì rǎng 成 궁벽한 곳(벽촌). 산간 벽지. 두메 산골. ¶过去的～现在成了烟囱林立yāncōnglínlì的工业城市｜옛날의 산간벽지가 지금은 굴뚝이 즐비하게 늘어선 공업도시로 변했다.

【穷巷】qióngxiàng 名 누항(陋巷). ¶身居～,心怀天下｜비록 몸은 누추한 곳에서 살지만 마음에는 천하를 품고 있다.(뜻은 원대하다.) ＝〔陋lòu巷〕

【穷相】qióngxiàng 名 궁상. 빈상(貧相). 비참한〔불쌍한〕모습. ¶我的故乡再不是从前我所熟悉shúxī的那个～了｜나의 고향은 이전에 내가 익숙해 있던 그런 비참한 모습이 아니다.

【穷形尽相】qióng xíng jìn xiàng 成 ❶ (사물의 묘사가) 섬세하고 생동감있다. ❷ 추태가 다 드러나다.

【穷凶极恶】qióng xiōng jí 'è 成 극악 무도(極惡無道)하다. 포악무도하다. ¶他们～地剥削bōxiāo穷人｜그들은 극악무도하게 가난한 사람들을 착취했다. ¶～的敌人dírén｜극악 무도한 적.

【穷秀才】qióng xiù·cai 가난한 수재. 가난한 인텔리.

【穷于】qióngyú 書 動 (…에) 궁하다. ¶～应付yìngfù｜대응할 방법이 없다.

【穷原竟委】qióng yuán jìng wěi 成 일의 자초지종을 밝혀내다. 사물의 시말(始末)을 규명하다. 진상을 규명하다 ＝〔穷源竟委qióngyuánjìngwěi〕

【穷源溯流】qióng yuán sù liú 成 사물의 근원을 캐고들다. 끝까지 파고 들다.

【穷则思变】qióng zé sī biàn 成 궁하면 변혁할 생각을 한다. 궁하면 살 궁리를 한다. ¶～,只有身处逆境nìjìng才能催人奋发fènfā｜궁하면 통한다고 역경에 처하면 더 분발을 하게 된다.

【穷追】qióngzhuī 動 ❶ 끝까지 쫓아가다. 힘을 다해 (뒤)쫓다. ¶～不舍bùshě｜끝까지 쫓아가다. ❷ 극력 추적하다. 캐다. 따지다.

【穹】qióng 하늘 궁

書 ❶ 名 하늘. 창공. ❷ 중앙이 높고 주위가 처진 것. ¶～庐lú↓ ❸ 形 깊다. ¶～谷gǔ↓ ❹ ⇒〔穹隆qiónglóng〕

【穹苍】qióngcāng 書 名 궁창(穹蒼). 창공. 창천(蒼天). ¶高高～｜높고 푸른 창공 ＝〔穹冥qióngmíng〕〔苍穹cāngqióng〕〔穹盖gài〕〔穹圆yuán〕

【穹谷】qiónggǔ 書 名 깊은 골짜기.

【穹隆】qiónglóng 書 ❶ 名 궁륭형(穹窿形). 중앙이 높고 주위가 차츰 낮아지는 모양. 하늘의 형상. ❷ 名 둥근 천장. 돔(dome). ¶～构造gòuzào｜〈地質〉돔 구조. ❸ 名 아치형. ❹ 名 높고 활처럼 구부러진 형상. ❺ 形 성한 모양. ❻ 形 바위가 언덕처럼 솟아있는 모양 ‖ ＝〔穹窿qiónglóng〕

【穹庐】qiónglú 名 파오〔유목 민족이 거주하던 둥근 장막〔텐트〕모양의 집〕¶遍野biànyě～｜온 들에 펼쳐져 있는 파오 ＝〔百bǎi子帐〕

【藭(藭)】qióng 궁궁이 궁

⇒〔芎xiōng藭〕

【茕(煢)】qióng 외로울 경

書 ❶ 形 (형제도 없이) 외롭다. 고독하다. ¶～独↓ ❷ 動 새가 선회하며 급히 날다.

【茕独】qióngdú 文 形 외롭다. 의지할 곳이 없다.

【茕茕】qióngqióng 書 賦 (의지할 곳 없이) 외롭게. 또는 외로운 모양.

【茕茕孑立】qióng qióng jié lì 成 혈혈단신. 외로운 신세. ¶～,形影相吊｜외롭고 의지할 데 없어, 스스로 자기 자신을 위안〔위로〕하다.

【琼(瓊)】 qióng 옥 경
名❶書 아름다운 옥(玉) [지금의「玛瑙mǎnǎo」(마노)를 가리킴] 轉 아름다운 것. 훌륭한 것. ❷(Qióng) 〈地〉簡 해남성(海南省)

【琼浆】 qióngjiāng 書名喻 미주(美酒) =〔琼浆玉液qióngjiāngyùyè〕〔玉液琼浆〕

【琼胶】 qióngjiāo ⇒〔琼脂〕

【琼剧】 qióngjù 名〈演映〉광동성(廣東省) 해남도(海南島)의 지방극 [「潮剧cháojù」「闽南梨园戏mǐnnánlíyuánxì」에 그 지방의 가요 곡조를 가미하여 발전함] =〔海南戏hǎinánxì〕〔土戏tǔxì③〕

【琼楼玉宇】 qióng lóu yù yǔ 成 달나라의 궁전. 으리으리한 호화 주택. ¶皇帝住的是~, 喝的是琼浆玉液qióngjiāngyùyè | 황제가 사는 곳은 으리으리한 화화주택이고 마시는 것은 미주이다.

【琼瑶】 qióngyáo 書名❶ 미옥(美玉). 아름다운 옥. ❷喻 다른 사람이 답례로 한 예물이나 편지 혹은 시문(詩文).

【琼英】 qióngyīng ❶ ⇒〔琼莹qióngyíng〕 ❷書名〈植〉매화(梅花)의 다른 이름.

【琼莹】 qióngyíng 文名 옥처럼 아름다운 돌.

【琼脂】 qióngzhī 名 한천. ¶培养~ | 한천을 배양하다 =〔琼胶〕〔石花胶〕〔洋菜〕〔洋粉〕

【蛩】 qióng 메뚜기 공
名〈蟲〉❶「蝗huáng(虫)」(누리·황충)의 옛 이름. ❷「蟋蟀xīshuài」(귀뚜라미의)의 옛 이름.

【跫】 qióng 발자국소리 공
書擬 쿵쿵. 터벅터벅. 뚜벅뚜벅 [발걸음소리]

【跫然】 qióngrán 書擬 뚜벅뚜벅 [발걸음소리] ¶足音~然 | 터벅터벅 발소리가 나다.

【銎】 qióng 도끼구멍 공
書名 도끼자루 구멍.

qiǒng ㄑㄩㄥˇ

【苘】 qiǒng ☞ 苘 qǐng

qiū ㄑㄧㄡ

3**【丘〈坵₅〉】** qiū 언덕 구, 무덤 구
❶名 언덕. 구릉. ¶沙shā~ | 사구. ¶土~ | 흙언덕 =〔邱qiū①〕 ❷名 묘. 무덤. ¶坟fén~子 | 무덤. ❸動 벽돌을 쌓아 관을 임시로 묻다. 가매장 하다. ¶~在义地yìdì | 공동묘지에 가매장하다. ❹(Qiū) 名 공자(孔子)의 이름. ❺量 (논) 배미 [논두렁으로 구획되어 경계지어진 논 하나하나를 세는데 쓰임] ¶一~田 | 논 한 배미. ❻(Qiū) 名 성(姓).

【丘八】 qiūbā 名貶 병사(兵士). 병졸 [「兵」자를 파자(破字)하면「丘」와「八」가 되는 데서 이르는 말] ¶他当过三年~ | 그는 3년간의 병사생활을 했다 =〔丘八爷qiūbāyé〕

【丘吉尔】 Qiū jí'ěr 名外〈人〉처어칠 (Winston Leonard Spencer Churchill, 1847~1965) [전 영국수상, 보수당의 당수]

3**【丘陵】** qiūlíng 書名 언덕. 구릉. ¶~地 | 구릉지. ¶~地带dìdài | 구릉 지대 =〔書丘垄lǒng〕〔冈陵gānglíng〕

【丘墓】 qiūmù 書名 무덤. 묘(墓) =〔書丘垄〕

【丘脑】 qiūnǎo 名〈生理〉시상(視床). 시구(視丘)

【丘疹】 qiūzhěn 名〈醫〉구진.

【邱】 qiū 언덕 구
❶「丘」와 같음 ⇒〔丘qiū①〕 ❷(Qiū) 名〈地〉구현(邱縣) [하북성(河北省)에 위치한 현(縣)의 한 지명] ❸(Qiū) 名 성(姓).

【蚯】 qiū 지렁이 구
⇒〔蚯蚓〕

【蚯蚓】 qiūyǐn 名〈動〉지렁이 =〔地龙dìlóng〕〔歌女gēnǚ②〕〔書鸣砌míngqì〕〔曲蟮qūruì〕〔蛐蟮qūshàn〕〔蛐蟺tán〕

1**【秋〈秌龝〉】** ① qiū 가을 추
❶名 가을. ¶深shēn~ | 늦가을. ❷名 농작물이 익을 시기. 결실(結實)의 시기. ¶麦mài~ | 보리의 수확기. ❸名 해. 년(年). ¶千~万岁 | 천년만년. ❹書名 (어떤) 시기. 때 [주로 좋지 않은 때를 가리킴] ¶危急存亡wēijícúnwáng之~ | 생사존망의 위기에 처한 시기. ❺ ⇒〔秋千〕 ❻(Qiū) 名 성(姓).

【秋波】 qiūbō 書名喻 추파. 요염한 눈길. ¶暗送ànsòng~ | 몰래 추파를 보내다→〔秋水qiūshuǐ②〕

【秋播】 qiūbō 名〈農〉추파. 가을 파종(播種). ¶抓紧zhuājǐn~ | 가을 파종시기를 놓치지 않다.

【秋菜】 qiūcài 名 (무·배추등의) 가을채소(류). ¶多种duōzhǒng~ | 여러 종류의 가을 채소

【秋地】 qiūdì 名 가을에 파종(播種)하는 밭.

【秋分】 qiūfēn 名 추분. 24절기의 하나. ¶~点 | 추분점.

【秋风】 qiūfēng 名 추풍. 가을 바람. ¶~爽爽shuǎng | 가을 바람이 시원하다→〔打秋风〕

【秋风扫落叶】 qiū fēng sǎo luò yè 成 가을 바람이 낙엽을 쓸어버리다. 강력한 힘으로 부패하고 쇠퇴한 세력을 일소하다. 가을 바람 낙엽 쓸듯.

【秋高气爽】 qiū gāo qì shuǎng 成 가을은 하늘이 높고 공기가 상쾌하다. ¶北京的十月, ~, 景色宜人 | 북경의 10월은 하늘이 높고 공기가 맑으며 경치도 아주 아름답다.

【秋耕】 qiūgēng 名〈農〉추경. 가을갈이.

【秋海棠】 qiūhǎitáng 名〈植〉추해당. 베고니아 =〔断肠花duànchánghuā〕〔相思草xiāngsīcǎo〕

【秋毫】 qiūháo 書名 추호. 가을철에 털갈이를 하여 새로 돋아나는 짐승의 가는 털. 喻 극히 적음. ¶明察míngchá~ | 成 털끝만한 것까지도 똑똑히 알아내다→〔丝sī毫〕

【秋毫无犯】 qiū háo wú fàn 成 추호도 침해하지 않다 [군기(軍紀)가 엄하거나 사람됨이 청렴 결백한 것을 가리킴] ¶部队bùduì入城, ~ | 부대가 마을로 진입하고서도 조금도 피해를 주지 않았다.

【秋后的蚂蚱】 qiūhòu·de mà·zha 歇 늦가을 메뚜기. 죽을 날이 그리 멀지 않았다 [뒤에「没几天蹦达bèngdá了」가 연결되어지기도 함]

【秋后算帐】 qiū hòu suàn zhàng 成 추수 후 결산

을 하다. 일이 이미 끝난 뒤에 다시 겨루어 보려 하다 어법 주로 부정사와 함께 쓰임. ¶你们对人的缺点quēdiǎn, 要及时指出来, 不要搞gǎo～ | 사람들의 결점에 대해서 그 때 그 때 지적해 주어야지 미루면 안된다.

3【秋季】qiūjì 名 가을철. ¶到了～ | 가을철이 되었다.

【秋景】qiūjǐng 名 ❶ 가을 경치. ¶～凄凉qīliáng | 가을 경치가 처량하다. ❷ 가을의 작황(作況).

【秋空】qiūkōng 名 가을 하늘.

【秋老虎】qiūlǎohǔ 名 초가을의 무더위. 잔서(殘暑) =〔秋热qiūrè〕

【秋凉(儿)】qiūliáng(r) 名 ❶ 가을의 서늘하고 상쾌한 기운〔날씨〕 ¶抬头táitóu望了望～的天空 | 머리를 들어 서늘하고 상쾌한 가을 하늘을 보다. ❷〈蟲〉쓰르라미 =〔寒hán蝉①〕 ❸ 음력 8월의 다른 이름.

【秋粮】qiūliáng 名 ❶ 가을 식량. ❷ 가을(에 수확한) 곡식.

【秋令】qiūlìng 名 ❶ 가을(철). ¶时入～ | 가을철로 접어들다. ❷ 가을 날씨.

【秋千】qiūqiān ⇒〔秋千qiūqiān〕

【秋色】qiūsè 書 名 ❶ 가을 경치. ¶～使人愁chóu | 가을 날씨로 시름에 젖다. ❷ 가을빛

【秋扇见捐】qiū shàn jiàn juān 成 가을이 되면 부채는 한 쪽에 버려지게 된다. 여자가 남편에게 버림받다. 여자가 소박을 당하다.

【秋试】qiūshì ⇒〔乡xiāng试〕

4【秋收】qiūshōu 名 ❶ 추수. ¶忙着回去准备zhǔnbèi～ | 바삐 돌아가서 추수를 준비하다. ❷ 가을철에 수확한 농작물 ‖ =〔秋成〕→〔秋事〕〔收秋〕

【秋熟】qiūshú ❶ 名 가을의 결실. ❷ 動 가을에 익다〔숙성하다〕 ¶～作物 | 가을 숙성 작물.

【秋霜】qiūshuāng 書 名 ❶ 가을 찬 서리. ❷ 喩 당당한 위세. 엄한 형벌. 굳은 절개. ¶怒如nùrú～ | 노함이 추상과 같다. 매우 노하다. ¶～烈liè日 | 가을의 찬서리와 여름의 강렬한 햇빛. 형벌이나 위세 등이 몹시 엄함. ❸ 喩 희끗희끗한 백발(白髮).

【秋水】qiūshuǐ 書 名 ❶ 가을의 강이나 호수의 맑은 물. ❷ 喩 (여자의) 맑은 눈매. ¶望穿wàngchuān～ | 고운 눈매를 뚫어지게 바라보다. ¶～无尘wúchén | 티없이 맑은 아이의 눈. 천진 난만한 모습 →〔秋波qiūbō〕 ❸ 喩 맑고 깨끗한 얼굴빛. ❹ 喩 시퍼렇게 날이 선 칼. ❺ (Qiūshuǐ) 추수〔장자(莊子)의 편명(篇名)〕

【秋水伊人】qiū shuǐ yī rén 成 님을 그리워 하다. 벗을 그리워 하다.

1【秋天(儿)】qiū·tiān(r) ❶ 名 가을(철) =〔秋见天儿〕〔方 秋景天儿〕〔書 秋日〕 ❷ ⇒〔秋空〕

【秋行夏令】qiūxíng xiàlìng 成 가을에 여름의 정령(政令)을 공포하다. 시대에 뒤떨어진 정치를〔일을〕하다.

【秋汛】qiūxùn 名 입추(立秋)에서 상강(霜降)사이에 강물이 불어나는 것. 가을철의 큰 물.

【秋夜】qiūyè 名 가을밤. ¶～如岁rúsuì | 가을 밤이 길다.

【秋意】qiūyì 名 가을다운 멋〔기분〕 ¶～渐浓jiànnóng | 가을이 점점 깊어가다. ¶有点儿～了 | 가을 기분이 약간 난다.

【秋游】qiūyóu 名 가을 나들이〔일반적으로 단체 나들이를 가리킴〕 ¶准备zhǔnbèi参加～ | 가을 나들이 갈 준비를 하다.

【秋雨】qiūyǔ 名 가을비. ¶一场～一场寒 | 諺 가을비가 한 차례 내릴 때마다 그만큼 추워진다.

【秋月春风】qiū yuè chūn fēng 成 가을의 밝은 달과 (따뜻한) 봄바람. ❶ 아름다운 경치. ❷ 호시절.

【秋征】qiūzhēng 名 추수 뒤 정부가 농민으로부터 농업세를 현물로 징수하는 것 →〔公粮gōngliáng〕

【秋庄稼】qiūzhuāng·jia 名 가을 농작물. 가을 곡식.

【秋(鞦)】 ② qiū 밀치 추

❶ ⇒〔秋千qiūqiān〕 ❷ 名 (소·말 등의) 껑거리 끈. 밀치끈.

【秋千】qiūqiān 名 그네. ¶打～ =〔荡dàng秋千〕 | 그네 뛰다. ¶～架jià | 밑신개. ¶～戏xì =〔半仙戲bànxiānxì〕 | 그네 뛰기 =〔秋千〕

【湫】 qiū jiǎo 못웅덩이 추

Ⓐ qiū ❶ 書 名 늪. 못. 웅덩이. ❷ 지명에 쓰이는 글자. ¶大龙Dàlóng～ | 절강성(浙江省) 안탕산(雁蕩山)에 있는 폭포 이름.

Ⓑ jiǎo 書 形 (지세(地勢)가) 움푹하고 좁다. ¶～隘ài↓

【湫隘】jiǎoài 書 形 (지세가) 낮고 좁다.

【萩】 qiū 쑥 추

書 名 〈植〉고서(古書)에 나오는 쑥의 일종.

【楸】 qiū 개오동나무 추

名 〈植〉❶ (개오동나무의) 다른 이름. ❷ 예덕나무.

【鳅(鰍)〈鰌〉】 qiū 미꾸라지 추

名 〈魚貝〉미꾸라지. ¶泥ní～ =〔鳛xí鳅〕 | 미꾸라지.

【鹙(鶖)】 qiū 무수리 추

名 〈鳥〉무수리. 독추(禿鶖)〔고서(古書)에 나오는 물새의 하나로 머리에 털이 없으며, 성질은 사납고, 뱀을 즐겨 먹음〕

【龟】 qiū ☞ 龟 guī Ⓒ

qiú ㄑㄧㄡˊ

【仇】 qiú ☞ 仇 chóu Ⓑ

【犰】 qiú 짐승이름 구

⇒〔犰狳〕

【犰狳】qiúyú 名 〈動〉아르마딜로(armadillo).

【鼽】 qiú 코막힐 구

書 ❶ 動 코가 막히다. ❷ 名 광대뼈 =〔颧quán〕

【鼽鼻】qiúbí 動 코가 막히다.

【囚】 qiú 가둘 수

❶ 名 죄수. 수형자. 수인. ¶死～ | 사형수. ¶罪zuì～ | 죄수. ❷ 動 가두다. 구금하다. ¶被～在监狱jiānyù里 | 감옥에 갇혀 있다.

【囚车】qiúchē 名 죄수 호송차.

【囚犯】qiúfàn 名 죄수. 수인. 수감된 죄인. ¶押送yāsòng～ | 죄수를 압송하다.

【囚羁】qiújī 書 動 가두다. 구금하다. 유폐시키다. ¶～狱中yùzhōng | 감옥에 가두다.

【囚禁】qiújìn 動 감옥에 가두다. 수감하다. ¶被～在秦城监狱Qínchéngjiānyù | 진성감옥에 갇히다 =〔囚困qiúkùn〕〔書 囚系qiúxì〕〔拘守jūshǒu〕

【囚困】qiúkùn ⇒〔囚禁jìn〕

【囚牢】qiúláo 名 감옥. 교도소. 형무소. ¶他们窒居zhìjū在家里就好像坐着～ | 그들은 집에 감금되어 있어서 마치 감옥살이 하는 것과 같다 =〔牢狱láoyù〕

【囚笼】qiúlóng 名 ❶ (옛날 수레에 설치한) 죄수 압송용 나무 우리. ❷ 감옥. 교도소 =〔牢狱láoyù〕

【囚首狗面】qiú shǒu gǒu miàn ⇒〔囚首垢面〕

【囚首垢面】qiú shǒu gòu miàn 威 몸가짐이 지저분하다. 옷차림이 더럽다. 몰골이 말이 아니다. 죄수같은 몰골 =〔囚首狗面〕〔乱首垢面〕

【囚徒】qiútú 名 죄수. 수인 어법 「囚犯qiúfàn」에 대해 복수적인 의미를 지님. ¶身为～, 还想甚么呢? | 죄수의 몸으로 무슨 생각을 하겠는가?

【囚系】qiúxì ⇒〔囚禁〕

【囚衣】qiúyī 名 죄수복.

【泅】qiú 헤엄칠 수
動 헤엄치다. ¶～水而过 | 헤엄쳐 건너다.

【泅渡】qiúdù 動 헤엄쳐 건너다. ¶武装wǔzhuāng～ | 무장한 채로 헤엄쳐 건너다.

【虬〈虯〉】qiú 규룡 규
名 규룡 [상상속의 동물로 뿔이 난 작은 용. 뿔이 없는 것은 「螭chī」라고 함]→〔螭chī〕〔蛟jiāo〕

【虬龙】qiúlóng 名 규룡.

【虬髯】qiúrán 書 名 곱슬곱슬한 수염. [특히 구레나룻을 지칭함]

【虬须】qiúxū 書 名 곱슬곱슬한 턱수염.

1【求】qiú 구할 구
❶ 動 (…을) 구하다. 추구하다. ¶～知识 | 지식을 추구하다. ¶～学问xuéwèn | 학문을 탐구하다. ¶～～这道题的答案dáàn | 이 문제의 답안을 구하다. ¶不～名 | 명예를 구하지 않다. ¶精益jīngyì～精jīng | 정교하면 할수록 더욱 정교함을 추구하다. 끝없이 개선하다. ❷ 動 (간)청하다. 부탁하다. ¶我～～您 | 부탁합니다. ¶～您帮bāng我做一件事! | 좀 거들어 주셨으면 합니다. ¶开口～人 | 입을 열어 남에게 부탁하다. ❸ 動 희망하다. 바라다. ¶不～有功gōng, 但～无过 | 공이 있기를 바라지 않고 다만 허물이 없기를 바랄 뿐이다. ❹ 名 수요. 요구. ¶处理好供～关系 | 수요와 공급관계를 잘 처리하다. ¶供不应～ | 공급이 수요와 일치하지 않다. ❺ (Qiú) 名 성(姓).

【求爱】qiú/ài 動 구애하다. ¶他大胆地dàdǎndì向李小姐～ | 그는 대담하게 이양에게 구애를 했다.

【求成】qiúchéng ❶ 書 動 성공을 바라다. ¶他一向急于～ | 그는 늘 성공하기를 바라는 데 급급해 한다. ❷ ⇒〔求和qiúhé①〕

4【求得】qiúdé 動 구하(여 얻)다. 요구가 실현되다. ¶好容易～解决jiějué | 가까스로 해결이 되었다.

【求告】qiúgào 動 (도와주거나 용서해 주기를) 간절히 바라다. ¶苦苦kǔkǔ～ | 애원하다.

【求过于供】qiú guò yú gōng 威 수요가 공급을 초과하다. 수요 과다. ¶现在工程人才～ | 현재 공사 인원의 수요가 공급을 초과하고 있다.

【求和】qiú/hé 動 ❶ 화해를 청하다. 강화를 청하다. ¶割地gēdì～ | 땅을 떼어 주며 강화를 청하다《戰國策Zhànguócè·趙策Zhàocè》=〔書 求成②〕 ❷ (시합에서) 비기기 위하여 애쓰다.

【求婚】qiú/hūn 動 구혼하다. 청혼하다. ¶他向赵小姐～ | 그는 조양에게 청혼을 했다

【求见】qiújiàn 動 (아랫사람이 웃사람을) 뵙기를 청하다. 면회를 신청하다. ¶他～校长xiàozhǎng | 그는 교장선생님을 뵙기를 청했다.

【求教】qiújiào 動 가르침을 간청하다. ¶不懂的事要向别人～ | 모르는 것은 다른 사람에게 물어 가르침을 받아야 한다.

【求借】qiújiè 動 (돈이나 물건을) 꾸어달라고 부탁하다. 꾸어달라고 청하다. ¶厚hòu着脸皮liǎnpí找亲戚朋友～钱 | 염치없이 친척과 친구에게 돈을 꾸어달라고 청하다.

【求救】qiújiù 動 구원을 요청하다. 구조를 청하다. ¶～信号xìnhào | 조난신호. ¶～无门 | 구조를 요청할 길이 없다.

【求靠】qiúkào 動 方 남에게 생활을 의탁하고자 하다. ¶勿去～人家 | 다른 사람에게 의탁하려고 하지 마라.

【求偶】qiú'ǒu 動 배우자를 구하다. ¶他～心切xīnqiè | 그는 절실하게 배우자를 구한다.

【求乞】qiúqǐ ⇒〔化缘huàyuán〕

【求签】qiú/qiān 動 (신불(神佛) 앞에서) 제비를 뽑아 길흉을 점치다. ¶～问卜bǔ | 제비를 뽑아 길흉을 점치다.

【求亲告友】qiúqīn gàoyǒu 動組 친척·친구에게 간절히 부탁하다. 다급하여 여기저기 신신 부탁하다 =〔求亲靠友qiúqīnkàoyǒu〕→〔求爷爷告奶奶qiúyéyégàonǎinǎi〕

【求情】qiú/qíng 動 사정하다. 인정에 호소하다. 인정에 매달리다. ¶他向我～来了 | 그는 나에게 사정을 했다. ¶～告饶gàoráo | 인정에 호소하며 용서를 바라다 =〔求人情〕〔恳情kěnqíng〕

【求取】qiúqǔ 動 (추)구하다. 원하다. ¶～功名gōngmíng | 공명을 추구하다.

【求全】qiúquán 動 ❶ 완벽을 추구하다. 완전 무결을 추구하다. ¶～思想sīxiǎng | 貶 모두 완벽하게 행하려는 생각. ❷ 생명의 안전을 구하다. ¶苟延gǒuyán～ | 구차하게 생명의 안전을 구하다 →〔苟延残喘gǒuyáncánchuǎn〕 ❸ 일을 성사시키려고 하다. 일이 성사되기를 바라다. ¶委曲wěiqǔ～ | 자기의 뜻을 굽히면서 일을 성사시키려고 한다.

【求全责备】qiú quán zé bèi 威 다른 사람에게 심하게 요구하다. 완전무결하기를 바라다. ¶对年轻人不能～ | 젊은이에게서 완전무결을 바랄 수는 없다.

【求饶】qiú/ráo 動 용서를 빌다. 용서를 구하다. ¶他向我跪guì地～ | 그는 나에게 무릎을 꿇고 용

서를 구한다 =〔告饶gàoráo〕

【求人】qiú/rén 動 남에게 부탁하다. 남에게 요구하다. ¶～不如求己 | 남에게 부탁하는 것보다 자기가 직접 하는 것이 낫다.

【求荣】qiúróng 動 (개인의) 영달을 구하다. 영예를 구하다. ¶卖国màiguó～ | 나라를 팔아 영달을 구하다.

【求神】qiú/shén 動 (귀)신에게 빌다. ¶～许愿xǔyuàn | 신에게 소원을 이루어 달라고 빌다 =〔求仙qiúxiān〕

【求神拜佛】qiúshén bàifó 成 신불에게 빌다. 신령이나 부처에게 매달리다. ¶我～才弄到这一批药材pīyàocái | 나는 신불에게 빌어서 이 약재를 구했다.

【求生】qiúshēng 動 ❶ 살길을 강구하다. 생활 방도를 모색하다. 활로를 강구하다. ¶很多人忙于mángyú～ | 많은 사람들이 생활에 쫓기고 있다. ❷ 살려고 (노력)하다. ¶～不得 | 살래야 살 수 없다. 죽음을 면치 못하다.

【求胜】qiúshèng 動 이기려고 애쓰다. 승리를 얻으려고 노력하다. ¶～心切xīnqiè | 이기려는 마음이 급급하다.

【求实】qiúshí 動 실제적인 것을 추구하다. 현실적인 것을 추구하다. ¶不拘外表jūwàibiǎo, 重在～ | 외양에 얽매이지 않고 실제를 중시하다.

【求售】qiúshòu 動 매출(賣出)을 모색하다. 팔 방법을 강구하다. ¶他们急于～ | 그들은 판매에 급급해 한다.

【求索】qiúsuǒ 動 ❶ 추구하다. 구하여 찾다. 탐색하다. ¶～新的路子 | 새 방법을 탐색하다. ❷ 독촉하다. 요구하다.

【求天】qiú/tiān 動 하늘에 기원하다. ¶这事儿～也没用 | 이 일은 하늘에 기원한다해도 소용없다.

【求同存异】qiú tóng cún yì 成 (의견 등의) 같은 점은 취하고 다른 점은 보류하다. ¶夫妻fūqī之间要～, 增加zēngjiā共识 | 부부간에는 공통wja은 취하고 차이점은 보류하여 공통적인 생각을 키워가야한다 =〔求大同, 存小异〕

【求贤若渴】qiú xián ruò kě 成 목이 마른 사람이 물을 찾듯 인재를 구하다. 애써 인재를 찾다. ¶～, 不记旧恨jiùhèn | 옛날의 원한을 따지지 않고 애써 인재를 구하다.

【求学】qiú/xué 動 ❶ 학교에서 공부하다. ❷ 학문을 탐구하다. ¶他一人北上běishàng～ | 그는 단신으로 상경하여 학문을 탐구하다.

【求爷爷告奶奶】qiú yé·ye gào nǎi·nai 口 여기저기 닥치는 대로 부탁하다. 이곳 저곳에 애걸하다. 만사를 남에게 의뢰하다. ¶为这点儿小事, 也要到处dàochù～? | 이런 사소한 일도 사방으로 남에게 부탁해야만 하니? →〔求亲告友〕

【求雨】qiú/yǔ 動 비 오기를 빌다. ¶祭神jìshén～ | 신에게 기우제를 지내며 비 오기를 빌다 =〔祈雨qíyǔ〕

【求援】qiúyuán ❶ 動 원조를 청하다. ¶向友军～ | 우군에게 원조를 구하다. ❷ 名 구원. 구조 =〔求助qiúzhù〕

【求战】qiúzhàn 名 ❶ 싸움을 청하다. 싸우려고 하다. ¶～不得 | 싸워볼 수 없다. 싸워 보지 못하다. ❷ 전투〔싸움〕에 참가하기를 바라다. ¶～心切 | 전투에 참가하기를 간절히 바라다.

【求证】qiúzhèng 動 증거를 찾다. 증명하기를 요구하다.

【求之不得】qiú zhī bù dé 成 구하려고 해도 얻을 수 없다. ❶ 그렇게 되기를 갈망하다. ❷ 귀하다. 희귀하다. ¶他还说这是～的机会jīhuì | 그는 이것은아주 귀한 기회라고 말했다.

【求知】qiúzhī 動 지식을 탐구하다. ¶喜欢xǐhuān～ | 지식을 탐구하길 좋아하다. ¶热忱于rèchényú～ | 지식탐구에 열심이다. ¶～精神jīngshén | 지식 탐구 정신.

【求知欲】qiúzhīyù 名 지식욕. 향학열. 알려는 욕망. ¶～很旺盛wàngshèng | 지식욕이 아주 왕성하다.

【求助】qiúzhù ⇒〔救援jiùyuán〕

【俅】qiú 공순할 구

❶ 書 形 공손하다. ¶～～↓ ❷ (Qiú) 名 구족(俅族) [중국 소수 민족 「独龙族Dúlóngzú」의 옛 이름]

【俅俅】qiúqiú 書 狀 공손하다. 고분고분하다.

1【球】qiú 둥근물체 구

名 ❶ 공. 볼. ¶足～ | 축구공. ¶乒乓pīngpāng～儿 | 탁구공. ❷〈數〉구 [원형의 입체물] ❸ 구형 또는 이와 비슷한 것. ¶气qì～ | 고무 풍선. ¶～茎jīng↓ ❹〈體〉구기운동. ¶看～去 | 구기운동을 보러 가다. ¶～迷mí↓ ❺ 지구. 천체. ¶全～ | 전세계.

【球操】qiúcāo 名〈體〉(리듬 체조의) 볼(ball) 연기.

2【球场】qiúchǎng 名 (야구·농구·축구 등의 구기를 하는) 구장. ¶排páiㅤ球～ | 배구장. ¶棒bàng球～ | 야구장.

【球胆】qiúdǎn 名 (농구·배구·축구공 등의) 내피. 튜브(tube)

4【球队】qiúduì 名〈體〉구기 운동의 단체. 팀. ¶排pái～ | 배구팀. ¶棒bàng～ | 야구팀. ¶足～ | 축구팀.

【球果】qiúguǒ 名〈植〉구과.

【球籍】qiújí 名 지구의 적(籍). ¶开除你的～ | 너를 지구상에서 없애버리겠다.

【球茎】qiújīng 名〈植〉(식물의) 구근. 구상(球狀)의 지하경(地下莖). 알뿌리 =〔球根gēn〕

【球茎甘蓝】qiújīng gānlán 名組〈植〉구경(球莖) 양배추 =〔苤蓝piě·lan〕

【球菌】qiújūn 名〈微〉구균.

【球类】qiúlèi 名〈體〉구기(球技). 구기류(球技類). ¶他酷爱kùài～运动yùndòng | 그는 구기종목을 아주 좋아한다.

【球路】qiúlù 名 공을 찰 때의 작전. 공을 칠 때의 책략〔방법〕 ¶不摸mō对方的～, 连连失误shīwù | 상대방의 작전을 탐지 하지 못하여 계속해서 실수하다.

【球门】qiúmén 名〈體〉(럭비·축구 등의) 골(goal). ¶～柱zhù | 골 포스트. 골 양쪽의 기둥.

4【球迷】qiúmí 名 (야구·축구 등의) 구기광(球技狂). ¶他们父子都是～ | 그들 부자는 구기광이

다. ¶棒bàng～ | 야구광. ¶乒乓pīngpāng～ | 탁구광.

【球面】qiúmiàn 名〈數〉구면. 구(球)의 표면. ¶～几何学jǐhéxué | 구면기하학

【球面镜】qiúmiànjìng 名〈物〉구면경.

【球磨机】qiúmójī 名〈機〉볼 밀(ball mill).

【球墨铸铁】qiúmò zhùtiě 名〈金〉연성 주철(延性鑄鐵) =〔㊗球铁qiútiě〕〔球状石墨铸铁〕

【球拍(子)】qiúpāi(·zi) 名〈體〉라케트(raquette; 프). ¶网wǎng～ | 테니스 라케트. ¶乒乓pīngpāng～ | 탁구 라케트. ¶羽毛yǔmáo～ | 배드민턴 라케트. ¶～套 | 라케트 집.

【球球蛋蛋】qiú·qiudàndàn 狀 변변치 못하다. 대단치 않다. 제 구실을 하지 못하다. ¶这个小孩子长得～的 | 그는 변변치 못하게 자랐다. ¶一屋子七长八短, ～的 | 한 방에 여러 사람이 모여 있지만, 어느 누구 할 것 없이 모두가 어중이떠중이들이다.

【球儿】qiúr 名❶작은 공. ❷구슬.

【球赛】qiúsài 名〈體〉구기(球技) 시합. ¶参加cānjiā～ | 구기 시합에 참가하다.

【球坛】qiútán 名 구기 운동계. 구단. 구기 부문. ¶～盛会shènghuì | 구기 운동계의 성대한 모임. ¶～新手xīnshǒu | 신인 선수.

【球体】qiútǐ 名〈數〉구체.

【球网】qiúwǎng 名〈體〉(테니스·탁구 등의) 네트(net).

【球鞋】qiúxié 名 운동화 →〔钉鞋xié②〕〔跑鞋pǎoxié〕〔鞋〕

【球心】qiúxīn 名〈數〉구심. 구의 중심.

【球形】qiúxíng 名 구형. 구상(球狀). ¶～屋顶wūdǐng | 구형의 옥상

【球艺】qiúyì 名 (구기의) 공을 다루는 기교〔재주, 기술〕 ¶～精湛jīngzhàn | 공을 다루는 기술이 아주 정교하다 =〔球技qiújì〕

【逑】qiú 짝 구
書 名 배필. 짝. ¶窈窕yǎotiǎo淑女, 君子好～ | 요조 숙녀는 군자의 좋은 배필이다《詩經·國風》

【赇(賕)】qiú 뇌물 구
書 名 뇌물. 수뢰.

【裘】qiú 갖옷 구
名❶書 갖옷. 모피로 만든 옷. ¶轻～肥马 | 가벼운 갖옷에 살찐 말. 喩 부귀한 사람의 호화로운 생활 모습. ❷(Qiú) 성(姓).

【裘弊金尽】qiú bì jīn jìn 成 갖옷은 헤어지고 돈도 다 떨어지다. 몹시 궁핍해지다. 아주 가난하다. 가난하기 이를데 없다.

【銶(鍬)】qiú 끌 구
名 끌[나무에 구멍을 파는 공구]

【酋】qiú 우두머리 추
❶名 (부족의) 우두머리. 추장. 轉 (도적이나 침략자의) 두목. ¶贼zéi～ | 도적의 두목. ¶匪fěi～ | 비적의 두목. ❷書 名 오래된 좋은 술. 발효된 좋은 술. ❸書 動 술이 잘 익다. 발효가 잘 되다.

【酋长】qiúzhǎng 名 추장. 수령. 촌장.

【遒】qiú 다할 주
書❶形 힘이 있다. 강건하다. ¶～劲jìn ❷動 다하다. ¶岁忽忽suìhūhū而～尽兮jìnxī | 총총히 한해가 저물다.

【遒健】qiújiàn ⇒〔遒劲〕

【遒劲】qiújìng 書 形 강건(强健)하다. 힘이 있다. ¶风骨fēnggǔ～ | 풍골이 아주 강건하다. ¶笔力bǐlì～ | 필세(筆勢)가 힘이 있다 =〔遒健qiújiàn〕

【遒练】qiúliàn 書 形 세련되고 강건하다. 노련하고 힘있다.

【蝤】qiú yóu jiū 나무굼벵이추, 꽃게 유

Ⓐ qiú ⇒〔蝤蛴〕

Ⓑ yóu ⇒〔蝤蛑〕

Ⓒ jiū 「蝤yóu」의 문어음(文語音).

【蝤蛴】qiúqí 名❶〈蟲〉하늘소의 유충(幼蟲). 나무굼벵이. ❷喩 희고 깨끗한 미인의 목. ¶领如lǐngrú～ | 목이 희고 깨끗하다.

【蝤蛑】yóumóu 名〈魚貝〉꽃게 =〔㊗海螃蟹hǎipángxiè〕〔梭suō子蟹〕

【巯(巰)】qiú (수황기 규)
名〈化〉메르캅토(mercapto)기. 수황기(水黃基) [「氫qīng」(수소)와 「硫liú」(유황)의 합성자]

qiǔ ㄑㄧㄡˇ

【糗】qiǔ 건량 구
❶名 말린 양식. 건량(乾糧) =〔㊀干粮gānliáng〕 ❷(～子) 名 (밥·가루 등의) 뭉친 덩어리. ¶酱jiàng～子 | 메주 덩이. ❸動 方 (밥·면 등이) 덩어리지다. 굳어지다. ¶白饭báifàn已经～了 | 밥이 이미 굳어버렸다. ❹動 方 (밥·면 등이) 풀어지다. 흐리다. ¶这面条miàntiáo煮zhǔ出来好半天, 已经～了 | 이 국수는 삶아낸지 오래되어서 이미 풀어졌다. ❺動 뭉근한 불에 오래 삶다. ¶～熟shú | 약한 불로 익히다. ❻動 (집·방 등에) 틀어 박히다. ¶你别光～着, 出去活动活动 | 너 방에만 틀어 박혀 있지 말고 나가서 운동이나 좀 해라.

【糗疙瘩儿】qiǔgē·dar 形 비뚤어지고 심술궂다. 괴벽하다. 꼬이다. ¶他本来是～的, 长大了就变成明朗活泼 | 그는 원래는 괴벽한 성미였는데 자라면서 쾌활하게 되었다.

【糗粮】qiǔliáng 名 말린 밥. 건반(乾飯). 건량.

qū ㄑㄩ

2【区(區)】qū ōu 나눌 구, 지경 구, 숨길 우

Ⓐ qū ❶動 나누다. 구분하다. ¶～为两类 | 두 부류로 구분하다. ❷名 지역. 지대. ¶工业gōngyè～ | 공업지대. ¶山～ | 산악 지역. ❸名 구. 구역[행정구획 단위] ¶自治～ | 자치구.

Ⓑ ōu 名 성(姓).

2【区别】qūbié ❶動 구별하다. 식별하다. 어법 목적어 혹은 보어를 동반한 술어로 많이 쓰임. 목적어는 비명사성사어(非名詞性詞語)가 오기도 함. ¶～是非善恶 | 시비 선악을 구별하다. ¶我们终

于～清楚qīngchǔ了这些植物zhíwù的种类zhǒnglèi | 우리는 마침내 이런 식물의 종류를 명확히 구별해냈다. ¶我怎么～不出来? | 내가 어떻게 구별해내지 못했지? ¶思维sīwéi是人类～于动物dòngwù的标志biāozhì | 사유는 동물과 구별시켜주는 인류의 표지이다. ❷名 구별. 차이. 상이. 다름. ¶两姐妹外表上的～不大, 但她们的性格却很不一样 | 두 자매의 외모상의 차이는 크지 않지만 성격은 오히려 아주 다르다. ¶在这一点上, 两者没有什么～ | 이 점에 있어서 둘은 별 차이가 없다→〔分fēn别②③〕

【区别词】qū·biecí 名〈言〉구문법(舊文法) 용어로서 상태를 나타내는 말 어법 형용사·부사를 가리킴

4【区分】qūfēn ❶名 구분. ❷動 구분하다. ¶严格yángé～两类不同性质的矛盾máodùn | 두 가지 다른 성질의 모순을 엄격히 구분하다 =〔区别qūbié〕→〔划huà分〕

【区划】qūhuà ❶名 구획. 구분. ¶行政xíngzhèng～ | 행정 구획. ❷動 구획하다. 구분하다. ¶～田界tiánjiè | 논·밭의 경계를 구획하다 =〔分区划开〕

【区间】qūjiān 名 구간. 일정한 지점 사이. ¶这～列车lièchē要行驶xíngshǐ三十分钟 | 이 구간은 열차가 30분만에 운행한다.

【区区】qūqū 書 ❶狀 보잘 것 없다. 작다. 사소하다. 시시하다. 얼마되지 않다. ¶～之数, 不必计较jìjiào | 사소한 수는 따질 필요없다. ❷狀 가지각색이다. 구구(區區)하다. ¶众论zhònglùn～ | 중론이 구구하다. 중론이 분분하다. ❸狀 득의(得意)하다. 의기 양양하다. ¶～焉yān相乐也 | 의기 양양하여 서로 즐기다. ❹名 謙 저. 소인 [자칭(自稱)] ¶～微意wēiyì | 저의 작은 성의. 저의 조그마한 정성. ❺名 사랑. 애정. 정성. ❻形 마음이 울적하다.

3【区域】qūyù 名 ❶ 구역. 지구(地區). ¶～自治 | 구역 자치. ❷〈體〉지역. 존(zone). ¶～防守fángshǒu | 지역 방어. 존 디펜스.

【岖】 qū 가파를 구

⇒〔崎qí岖〕

4【驱(驅)〈駈敺〉】 qū 몰 구

動 ❶ (가축 등을) 몰다. ¶～马 | 말을 몰다. ❷ (빨리) 달리다. ¶长～直入 | 먼 길을 달려와서 단숨에 쳐들어오다. ¶并驾齐bìngjiàqí～ | 함께 빨리 달리다. ❸ 몰아내다. 쫓아내다. ¶～逐zhú敌人 | 적을 물리치다. ¶～除chú↓

【驱策】qūcè 書 動 ❶ 몰아내다. 휘몰다. ❷ 사역(使役)하다. 혹사하다. 부리다 =〔驱驾jià〕→〔驱使shǐ〕

【驱车】qūchē 動 차를 몰다. 운전하다. 타다. ¶～前往qiánwǎng | 차를 몰고 가다.

【驱虫】qū/chóng 動 기생충을 구제하다. 기생충을 없애다. 구충하다.

【驱虫剂】qūchóngjì ⇒〔驱虫药yào〕

【驱除】qūchú 動 구제하다. 몰아내어 없애다. 쫓아내다. 제거하다. ¶～敌人 | 적을 쫓아내다. ¶～障碍zhàngài | 장애를 제거하다.

【驱动】qūdòng ⇒〔传chuán动〕

【驱动器】qūdòngqì 名〈電算〉드라이브(drīve).

【驱赶】qūgǎn 動 ❶ 내몰아 쫓다. 쫓(아 버리)다. 내몰다. ❷ 재촉하다. 몰아세우다.

【驱迫】qūpò 動 구박하다. 몹시 부리다. 못견디게 혹사시키다. 핍박(逼迫)하다. ¶～百姓 | 백성을 핍박하다.

【驱遣】qūqiǎn ❶ ⇒〔驱使shǐ①〕 ❷ 書 動 멀리 쫓아버리다. 몰아내다. ❸ 動 없애버리다. 떨쳐 버리다. ¶～别情biéqíng | 이별의 감정을 떨쳐 버리다. ❹ 動 보내다. 파견하다.

【驱散】qūsàn 動 ❶ 쫓아 흩어지게 하다. 몰아내다. ¶～丧气sàngqì | 재수가 없는 기운을 몰아내다. ❷ 없애(주)다. 퇴치하다. 제거하다. 청소하다. 해소하다. ¶习习的晚风～了一天的闷热mēnrè | 솔솔 부는 저녁 바람이 하루의 더위를 없애주다.

【驱使】qūshǐ 動 ❶ 마구 부리다. 마음대로 시키다. 혹사하다. ¶奴隶主把奴隶当作牛马任意～ | 노예주는 노예를 마소로 취급하여 마구 마음대로 부린다 =〔驱遣qiǎn①〕 ❷ 부추기다. 마음이 동하다. 몰아세우다. ¶为好奇心hàoqíxīn所～ | 호기심에 사로잡히다.

【驱邪】qūxié 動 (부적(符籍) 등으로) 악마를 쫓아내다. ¶烧香shāoxiāng～ | 향을 피워 악마를 쫓아내다.

4【驱逐】qūzhú 動 축출하다. 구축하다. 몰아내다. 쫓아내다. ¶他被～出学校 | 그는 학교에서 축출 당했다. ¶～间谍jiàndié | 간첩을 몰아내다. ¶～出境chūjìng | 국외로 추방하다. ¶～侵略者qīnlüèzhě | 침략자를 쫓아내다.

【驱逐机】qūzhújī 名〈軍〉전투기 =〔歼击机jiānjījī〕〔战斗机zhàndòujī〕

【驱逐舰】qūzhújiàn 名〈軍〉구축함.

【驱逐令】qūzhúlìng 名 추방령. ¶下了一道～ | 추방령을 내리다.

【躯(軀)】 qū 몸 구

❶名 신체. 몸. ¶为国捐sǔn～ | 국가를 위해 몸을 바치다. ❷量 구. 좌 어법 조각물·시체 등에 쓰이는 양사의 일종. ¶佛象fóxiàng一～ | 불상 한 좌(座).

【躯干】qūgàn 名 ❶〈生理〉몸통. 몸뚱이. 동체(胴體) =〔胴dòng①〕 ❷ 몸. 신체(身體) =〔書 躯体qūtǐ〕 ❸ 轉 사물의 주요 부분.

【躯壳】qūqiào 書 名 (정신에 대한) 육체. ¶只剩下一个～ | 육체만 남다.

【躯体】qūtǐ ⇒〔躯干qūgàn②〕

3【曲】 1 qū qǔ 굽을 곡

A qū ❶動 굽다. 구부러지다. ¶～线xiàn↓ ¶弯腰wānyāo～背bèi | 구부러진 허리와 등 ⇔〔直①〕 ❷形 공정하지 않다. 불합리하다. 부당하다. ¶分清qīng是非～直 | 시비곡직을 분명히 가리다. ¶理lǐ～ | 이치에 맞지 않다. 사리에 어긋나다. ❸動 구부리다. ¶～肱而枕gōngérzhěn | 팔을 구부려 베다. ❹名 굽이. ¶河～ | 강굽이. ¶

山～ | 산굽이. ❺名 궁벽한 곳. ¶乡xiāng～ | 궁벽한 시골. ❻(Qū) 名 성(姓).

Ⓑ qǔ 名 ❶ (～儿, ～子) 노래. 가곡. ¶唱chàng～儿 | 노래를 부르다. ¶小～儿 | 소품곡. ❷ 곡. 멜로디. ¶这首歌是他作的～ | 이 노래는 그가 작곡한 것이다. ❸〈文〉곡 [송(宋)·금대(金代)에 나타나 원대(元代)에 가장 성행했던 시문(詩文)의 한 형식. 보통「元曲yuánqǔ」이라 하며 또「词余cíyú」라고도 함]

Ⓐ qū

【曲笔】qūbǐ ❶ 書 動 (사관이 이해 관계 때문에) 곡필하다. ❷ 書 動 (일부러) 주제를 벗어나 서술하다. ¶作者故意～, 先写他动气, 然后点出本题 | 작가가 고의적으로 주제를 벗어나 서술하여, 먼저 그의 분노를 묘사하고 나서 주제를 조금 밝혔다. ❸ 書 動 왜곡된 판결을 내리다. ❹ 名 (고의로) 주제를 떠나 서술하는 방법.

【曲别针】qūbiézhēn ⇒〔别bié针(儿)〕

【曲柄】qūbǐng 名〈機〉크랭크(crank). ¶～轴zhóu | 크랭크축. 크랭크샤프트(crankshaft) =〔曲拐guǎi〕

【曲尺】qūchǐ 名 곱자. 곡척 =〔矩jǔ尺〕〔角尺jiǎo〕

【曲从】qūcóng 書 動 굴종하다. 자기의 뜻을 굽혀 상대방의 의견을 따르다. ¶要坚持jiānchí原则, 不可～他人 | 원칙을 견지해야지 다른 사람에게 굴종해서는 안된다.

【曲古霉素】qūgǔméisù 名〈藥〉트리코마이신(trichomycin).

【曲棍球】qūgùnqiú 名〈體〉❶ 필드 하키(field hockey). ❷ 필드 하키 볼(ball).

【曲解】qūjiě 動 곡해하다. 오해하다. 잘못 이해하다. ¶他故意gùyì～诗意shīyì | 그는 고의로 시의 뜻을 틀리게 해석했다. ¶你～了他的意思 | 당신은 그의 의사를 곡해했다.

【曲尽其妙】qū jìn qí miào 成 미묘한 부분을 남김없이 자세히 묘사하다. 표현 기교가 뛰어나다. 기예(技藝)가 매우 숙련되다.

【曲颈甑】qūjǐngzèng 名〈化〉레토르트(retort). 증류기 =〔蒸zhēng馏甑〕

【曲里拐弯(儿)】qū·li guǎiwān(r) 狀 口 구불구불하다. ¶有话直说, 不要～ | 할 말 있으면 솔직하게 말하고, 복잡하게 돌려서 말하지 말라 =〔曲流拐弯儿〕〔曲曲弯弯〕〔弯弯曲曲〕

【曲率】qūlǜ 名〈數〉곡률.

【曲面】qūmiàn 名〈數〉곡면.

【曲曲弯弯】qūqūwānwān ⇒〔曲里拐弯(儿)〕

【曲蟮】qū·shàn 名 口〈動〉지렁이 =〔蚯qiū蚓〕〔蛐qū蟮〕

【曲射炮】qūshèpào 名〈軍〉곡사포.

【曲突徙薪】qū tū xǐ xīn 成 굴뚝을 고치고 장작을 안전한 곳에 옮기다. 재난을〔화재를〕미연에 방지하다.

[4]【曲线】qūxiàn 名〈數〉곡선. ¶～运动yùndòng |〈物〉곡선 운동.

【曲学阿世】qū xué ē shì 成 진리에 어긋나는 학문으로 세상 사람들의 환심을 사려 하다.

【曲意逢迎】qū yì féng yíng 成 자기의 뜻을 굽혀서 남에게 아첨하다. ¶他～上司shàngsī | 그는 상사에게 자기의 뜻을 굽혀서 아첨한다 =〔曲捏承欢qūniēchénghuān〕

[3]【曲折】qūzhé ❶ 形 굽다. 꼬불꼬불하다. 구불구불하다. ¶～的小路 | 구불구불 굽이진 작은 길. ❷ 形 복잡하다. 곡절이 많다. ¶～生动shēngdòng | 변화가 많고 생동적이다. ❸ 名 곡절. 복잡하게 얽힌 사정. 자세한 내용. ¶迂回yūhuí～ | 우여 곡절.

【曲直】qūzhí 書 名 곡직. 시비(是非). 선악. ¶分清是非～ | 시비 곡직을 분명히 구별하다→〔是shì非①〕

【曲轴】qūzhóu 名〈機〉크랭크축. 크랭크샤프트(crankshaft). ¶～箱xiāng | (내연 기관의) 크랭크실(室) =〔曲拐轴guǎizhóu〕〔机jī轴①〕

Ⓑ qǔ

【曲调】qǔdiào 名 곡조. 가락. ¶～高雅gāoyǎ | 곡조가 고상하고 우아하다.

【曲高和寡】qǔ gāo hè guǎ 成 곡조가 고상하여 따라 부르는 사람이 적다. ❶ 재주가 있으면서도 기회를 만나지 못하다 =〔知音难得zhīyīnnándé〕❷ 너무 고상하여 대중의 인기〔이해〕를 얻지 못하다 ‖ =〔其曲弥高, 其和弥寡míguǎ〕→〔怀才huáicái不遇yù〕

【曲剧】qǔjù 名 ❶ 중화인민공화국 성립 후「曲艺qǔyì」에서 발전된 새로운 형태의 희곡 [「北京曲剧」「河南曲剧」「安徽曲子戏」등이 있음] ❷ 북경곡극(北京曲劇).

【曲牌(子)】qǔpái(·zi) 名 곡패. 곡조의 각종 명칭 [중국 전통극은 가곡 형식으로 되어 있는데 그 곡의 하나 하나의 명칭을「曲牌qǔpái」라고 함]

【曲谱】qǔpǔ 名 ❶〈書〉곡(曲)마다 음률(音律)을 상세히 분석·고증한 책 [청대(清代) 왕혁청(王奕清) 등이 편찬한《曲譜qǔpǔ》가 있음] ❷ 희곡(戲曲)의 악보(樂譜).

【曲艺】qǔyì 名 민간에 유행되는 지방색이 농후한 각종 설창 문예(說唱文藝)의 총칭 [「弹词táncí」「大鼓dàgǔ」「相声xiàngshēng」「快板儿kuàibǎnér」등이 있음] ¶他精于jīngyú～ | 그는 곡예에 뛰어나다.

【曲终人散】qǔ zhōng rén sàn 成 곡이 끝나고 사람들이 흩어지다. 일이 일단락되어 조용해지다. ¶这事儿虽然热闹rènào了一阵yīzhèn, 但最后～, 不了了之 | 이 일은 한 때 홍성했지만 결국에는 일단락 되면서 흐지부지 되었다.

【曲子】qǔ·zi 名 ❶ 곡(曲). ❷ 가곡. 노래. 가락 =〔曲儿〕〔曲qǔ①〕

【曲(麯)〈粬〉】 ② qū 누룩 국

❶ (～子) 名 누룩 =〔麴qū①〕 ❷ (Qū) 名 성(姓).

【曲尘】qūchén 名 누룩 곰팡이.

【曲菌】qūjùn ⇒〔曲霉méi〕

【曲霉】qūméi 名 누룩곰팡이 =〔曲菌〕

【曲子】qū·zi 名 누룩. 곡자.

【蛐】 qū 귀뚜라미 곡, 지렁이 곡

⇒〔蛐蛐儿〕

【蛐蛐儿】qū·qur 名 方〈蟲〉귀뚜라미 =〔趋趋〕

〔蟋xī蟀〕

【祛】qū 떨 거
書動 제거하다. 물리치다. 구축(驅逐)하다. ¶～散疼痛 | 통증을 없애다. ¶～煞shà | 사기(邪氣)를 물리치다 =〔祛qū②〕

【祛除】qūchú 動 (질병·의혹·악마)를 제거하다. 떨어 없애다. 없애 버리다. ¶～病痛 | 병의 통증을 없애다. ¶～疑虑 | 의심스러운 생각을 떨쳐 버리다.

【祛风】qūfēng 動〈漢醫〉(중)풍을 없애다. 풍을 제거하다.

【祛痰】qūtán 動 거담하다. ¶～剂 | 거담제

【袪】qū 소매 거
❶ 書 名 소맷부리. 소매. ❷「袪」와 통용 ⇒〔祛qū〕

【洳】qū ☞ 洳 qī B

3【屈】qū 굽을 굴
❶ 動 구부리다. 굽히다. ¶～指算来 | 손꼽아 세다 =〔诎qū③〕⇔〔伸shēn①〕 ❷ 動 굴복하다. 굴복시키다. ¶宁死níngsǐ不～ | 죽을지언정 굴복하지 않다. ¶威武wēiwǔ不能～ | 위엄과 무력으로 굴복시킬 수 없다 =〔诎②〕 ❸ 名 動 억울(하다). ¶叫～ | 억울함을 호소하다. ¶心～命不～ | 成 속으로는 억울하지만 그것이 자기 운명이라고 생각하다→〔冤yuān①〕 ❹ 形 불합리하다. 도리〔이치〕에 맞지 않다. ¶理～词穷cíqióng | 成 도리에 어긋나서 말이 막히다. ❺ (Qū) 名 성(姓).

【屈才】qū/cái 動 (낮은 직책이나 지위에 있어서) 재능을 다 발휘하지 못하다. 자기의 재능에 어울리지 않는 하찮은 일을 하다. 재능을 꺾다. ¶从前她有点觉得初中毕业当售货员shòuhuòyuán未免～ | 전에 그녀는 중학교를 졸업한 사람이 판매원이 되는 것은 아무래도 재능을 꺾는 것이라고 생각하였다 =〔屈材cái〕

【屈从】qūcóng ⇒〔屈服fú〕

【屈打成招】qū dǎ chéng zhāo 成 무고한 사람을 심하게 고문을 하여 억지로 죄를 인정하게 하다. ¶他架不住刑罚xíngfá, 终于zhōngyú～ | 그는 형벌을 견디다 못해 결국 억지 자백을 했다.

4【屈服】qūfú 動 굴복하다. ¶决不向武力～ | 결코 무력에 굴복하지 않다. ¶～于敌人 | 적에게 굴복하다 =〔屈从〕〔屈伏〕

【屈高就下】qū gāo jiù xià 成 직위가 높은 사람이 신분을 낮추어 아래 사람과 거래하다.

【屈光度】qūguāngdù 名〈物〉디옵터(diopter).

【屈侯】Qūhóu 名 복성(複姓).

【屈驾】qūjià 書 動 敬 왕림해 주시기 바랍니다 [옛날, 남을 초청할 때 쓰는 말] ¶恳望kěnwàng您老～来临láilín | 왕림하여 주시기를 간절히 바랍니다→〔光guāng临〕

【屈节】qūjié 動 절개를 굽히다. 절조(節操)를 지키지 못하다.

【屈就】qūjiù ⇒〔俯fǔ就〕

【屈居】qūjū 動 억울하게 (낮은 지위에) 머무르다. ¶他～副校长一职 | 그는 억울하게 부교장직에 머물고 있다. ¶～亚军yàjūn | 억울하게 그 위에 머물다.

【屈挠】qūnáo 書 動 ❶ 굽히고 흔들리다. 굴복하다. ❷ 두려워 기가 죽다. 기가 꺾이다.

【屈曲】qūqū ❶ 名 굴곡. ❷ 形 구부리다. 굽히다. 굴곡하다. ¶～着身体 | 몸을 구부리다.

【屈戌儿】qū·qur 名 (문·창문·궤짝 등의) 고리. 손잡이 어법「儿化」되지 않았을 때는「qūxū」로 발음함 =〔屈膝xī②〕〔屈戌qūxū〕

【屈辱】qūrǔ ❶ 名 굴욕. 모욕. ❷ 動 굴욕을 당하다. 모욕을 받다. ¶受人家的～ | 남에게 모욕을 당하다.

【屈死】qūsǐ 動 무고한 죄로 죽다. 억울하게 죽다. ¶～不告状gàozhuàng, 饿死èsǐ不做贼 | 諺 억울하게 죽더라도 고소는 하지 않고, 굶어 죽더라도 도둑질은 하지 않다. ¶～鬼 | 원귀.

【屈突】Qūtū 名 복성(複姓).

【屈枉】qū·wang ⇒〔冤枉yuānwǎng②〕

【屈膝】qūxī ❶ 書 動 무릎을 꿇다. 喻 굴복하다. ¶～投降tóuxiáng | 비굴하게 투항하다. ❷ ⇒〔屈戌儿qūqūēr〕

【屈戌】qūxū ⇒〔屈戌儿qū·qur〕

【屈折语】qūzhéyǔ 名〈言〉굴절어.

【屈指】qūzhǐ 動 손가락을 꼽다. 손가락을 꼽아 세다. ¶～已经八年啦 | 손가락을 꼽아 보니 벌써 8년이 되었다 =〔屈指而算〕〔屈指算计〕〔屈指算来〕〔屈指头zhǐ·tou算〕〔屈指(一)算〕

【屈指可数】qū zhǐ kě shǔ 成 손꼽아 헤아릴 수 있다. 몇 안된다. 얼마 안된다. ¶他来过几次, ～ | 그가 몇 번 왔지만 손꼽아 헤아릴 정도로 몇 번 안된다.

【屈尊】qūzūn 動 套 ❶ 몸을 낮추어서 …하다. 억지로 참고…하다. ¶他～做了买卖人 | 그는 신분을 낮추어 장사꾼이 되었다→〔俯fǔ就〕 ❷ 敬 상대방이 참고 …해 주시다. 참고 견디다. ¶要是找不着房子, 在这儿～几天住吧 | 만약 집을 구할 수 없으면, 며칠 여기서 참고 머무르십시오 ‖ =〔亵xiè尊〕

【诎(詘)】qū 굽을 굴, 떨어뜨릴 출
❶ 書 動 단축하다. 줄이다. ❷ 書 動 굴복하다. 굴복시키다 =〔屈qū②〕 ❸ 書 動 구부리다. 굽히다 =〔屈①〕 ¶笔划诘bǐhuàjié～ | 필체가 꼬불꼬불하다. ❹ (Qū) 名 성(姓).

【诎伸】qūshēn 動 신축하다. 굴신하다. 늘어났다 줄었다 하다.

【蛆】qū 구더기 저
名 ❶〈蟲〉구더기. ❷ 轉 참소. 밀고. 고자질. ¶不知谁来在老爷跟前作～ | 누가 영감님 앞에 밀고 했는지 모르겠다.

【蛆虫】qūchóng 名〈蟲〉구더기. 喻 나쁜 일만 하는 비열한 사람. ¶他是一条专门坏人的～ | 그는 나쁜 일만 일삼는 비열한 인간이다.

4【趋(趨)〈趍〉】qū cù 추창할 추, 재촉할 촉
A qū ❶ 動 빨리 가다. ¶～而迎之 | 빨리 가서 맞이하다. ❷ 動 쏠리다. 향하다. ¶大势dàshì所～ | 대세의 흐름. ¶意见～于一致 | 의견이 일치해

가다. ❸動(거위·뱀 등이)목을 길게 빼고 사람을 물다.

Ⓑ cù「促」와 통용⇒〔促cù〕

【趋附】qūfù ⇒〔趋炎附势qūyánfùshì〕

【趋光性】qūguāngxìng 名〈生〉추광성 =〔慕光性mùguāngxìng〕

【趋时】qūshí 書動 유행을 따르다. 시대의 흐름을 따르다. 시세(時勢)에 순응하다. ¶他惯于guàny-ú～ | 그는 유행을 따르는데 습관이 되어있다.

4【趋势】qūshì ❶名 추세. 경향. ¶新～ | 신경향. ¶时代发展的～ | 시대 발전의 추세 =〔趋向qūxiàng②〕 ❷書動 시세에 순응하다. ❸⇒〔趋炎附势qūyánfùshì〕

4【趋向】qūxiàng ❶動 …으로 기울어지다. …하는 경향이 있다. ¶日益～好转hǎozhuǎn | 날로 호전되는 경향이 있다. ❷⇒〔趋势qūshì①〕

【趋炎附势】qū yán fù shì 成 권세에 빌붙다. 권세가에게 아부하며 좇다. ¶他是一个～的小人 | 그는 권세에 빌붙어 아부하는 소인배이다 =〔簡趋附〕〔簡趋势③〕〔趋炎附热〕〔阿ē附〕

【趋于】qūyú 書動 ❶ …으로 향하다. ❷ …으로 기울어지다. ¶病情bìngqíng～稳定wěndìng | 병세가 안정이 되었다.

【趋之若鹜】qū zhī ruò wù 成 집오리처럼 떼를 지어 뛰어가다. 떼를 지어 모여들다. 옳지 않은 일에 달려들다. ¶现代对于金钱个个都～ | 현대에는 돈이라 하면 너 나 없이 달려든다.

【觑】 qū ☞ 觑 qù Ⓑ

【黢】 qū ⊗ qū) 검을 준
❶書名〈色〉검은 색. ¶～黑的头发tóufà | 새까만 머리카락. ❷形 어둡다. 캄캄하다. ¶屋子里黑～～的甚么也看不见 | 방안이 캄캄해서 아무 것도 보이지 않는다.

【黢黑】qūhēi 狀 새까맣다. 캄캄하다.

【麹】 qū 누룩 국
❶「曲」과 같음⇒〔曲qū❷①〕 ❷(Qū) 名 성(姓).

qú ㄑㄩˊ

【劬】 qú 힘들일 구
書形 고생하다. 수고하다.

【劬劳】qúláo 書動 고생하다.

【朐〈軥2〉】 qú 포 구, 멍에 구
❶書名 포(脯)의 구부러진 부분. 구부러진 포(脯) ❷ 멍에.

【鸲(鴝)〈鸜〉】 qú 구욕새 구
❶名〈鳥〉지빠귀. 구욕새. ❷⇒〔鸲鹆qúyù〕

【鸲鹆】qúyù 名〈鳥〉구관조(九官鳥) =〔八哥(儿)〕

2【渠】 qú 도랑 거, 그 거
❶名(용)수로. 도랑. ¶水到～成 | 成 물이 흐르는 곳에 도랑이 생긴다. 조건만 마련되면 일은 자연히 이루어 진다. ❷書形 크다. ¶～帅shuài =〔渠魁qúkuí〕〔渠率qúshuài〕 | (도적의) 두목. 수령. ❸代 方 그(사람). ¶不知～为何人 | 그가 어떤 사람인지 모른다. ❹(Qú) 名 성(姓).

【渠辈】qúbèi 書代 그들. 그. 다른 사람.

3【渠道】qúdào 名 ❶(관개) 수로. ¶筑zhù～ | 수로를 만들다. ❷ 방법. 경로. 루트(route). ¶互相联系liánxì的～ | 상호 연락 루트.

【渠略】qúlüè 書名〈蟲〉하루살이. 부유(蜉蝣) =〔蜉fú蝣〕

【蕖】 qú 부거 거
⇒〔芙fú蕖〕

【磲】 qú 옥돌 거
⇒〔砗chē磲〕

【璩】 qú 옥고리 거
❶書名 옥고리. ❷(Qú) 名 성(姓)

【蘧】 qú 귀리 거, 양양할 거
❶⇒〔蘧麦mài〕〔蘧蘧〕〔蘧然〕 ❷(Qú) 名 성(姓).

【蘧麦】qúmài 名〈植〉귀리 =〔瞿qú麦②〕〔燕yàn麦〕

【蘧蘧】qúqú 書狀 의기 양양하다. 왕성하다.

【蘧然】qúrán 書狀 기쁨을 감추지 못하다. 놀라와하다. ¶～而逝shì | 반색을 하며 나아 갔다.

【瞿】 qú jù 놀랄 구

Ⓐ qú ❶⇒〔瞿麦〕 ❷ 지명에 쓰이는 글자. ¶～塘峡 | 구당협. 사천성(四川省)에 있는 양자강(揚子江) 삼협(三峡)의 하나. ❸(Qú) 名 성(姓).

Ⓑ jù 書動 놀라서 보다. 두려워서 주위를 둘러 보다.

【瞿麦】qúmài ❶名〈植〉술패랭이꽃. ❷⇒〔蘧qú麦〕

【瞿然】jùrán 狀 깜짝 놀라다. 기겁하다.

【氍】 qú 담요 구
⇒〔氍毹〕

【氍毹】qúshū 書名 ❶ 모직 융단 [공연장의 바닥에 깔았음] ❷轉 무대(舞臺).

【癯〈臞〉】 qú 야윌 구
書形 마르다. 여위다. ¶清～ | 수척하다. 여위어 파리하다.

【衢】 qú 거리 구
名 사방으로 통하는 큰 길. ¶通tōng～ | 사통 팔달의 큰 길.

【衢道】qúdào 書名 갈림 길 =〔衢路②〕〔衢涂tú〕→〔歧qí路〕

【衢路】qúlù ❶書名 사통 팔달의 큰 길. ❷⇒〔衢道〕

【衢涂】qútú ⇒〔衢道〕

【蠼〈蠷〉】 qú jué 집게벌레 구, 큰원숭이 각

Ⓐ qú ⇒〔蠼螋〕

Ⓑ jué 書名 큰 원숭이. 어미 원숭이.

【蠼螋】qúsōu 名〈蟲〉집게벌레 =〔俗搜sōu夹子〕

qǔ ㄑㄩˇ

【曲】 qǔ ☞ 曲 qū ① Ⓑ

【苣】 qǔ ☞ 苣 jù Ⓑ

1【取】 qǔ 취할 취, 장가들 취
❶動 가지다. 찾다. 받다. ¶～衣服yīfu来 | 옷을 가지러 오다. ¶～照片zhàopiàn | 사

진을 찾다. ¶到银行yínháng～款kuǎn｜은행에 가서 돈을 찾다. ¶～行李xínglǐ｜짐을 찾다. ❷ 動 고르다. 선발하다. ¶录lù～｜채용하다. ¶考～四名｜4명을 시험으로 뽑다. ❸ 動 얻다. 손에 넣다. 받아 들이다. ¶败中～胜shèng｜지는 싸움에 승리를 거두다. ¶听～报告bàogào｜보고를 청취하다. ❹ 일정한 근거나 조건에 따라 행하다. ¶～决jué↓ ❺ 書 動 부르다. 불러 들이다. ¶后哲宗登基dēngjī, ～学士回朝｜후에 철종 황제가 즉위해서 학사를 조정으로 불러 들였다. ❻「娶」와 통용 ⇒〔娶qǔ〕 ❼ 書 介 近 …의 방향〔거리〕에 있다. ¶此间～县有三十里｜이 곳은 현으로부터 30리 떨어져 있다.

【取保】qǔ/bǎo 動 보증을 받다. 보증인을 세우다. ¶～释放shìfàng＝〔取保开释〕｜보석하다.

【取材】qǔ/cái 動 취재하다. 제재를 고르다. 소재를 고르다. ¶这本小说～于农民的生活｜이 소설은 농민들의 생활에서 소재를 취했다.

【取长补短】qǔ cháng bǔ duǎn 成 장점을 취하여 단점을 보충하다. ¶他们～, 互相学习xuéxí｜그들은 장단점을 서로 보완하여 서로를 통해 배운다＝〔采cǎi长补短〕

【取偿】qǔcháng 書 名 배상(賠償)을 요구하다. 배상시키다. ¶～于保人｜보증인에게 변상시키다.

4【取代】qǔdài ❶ ⇒〔取而代之〕 ❷ 名〈化〉치환(置換). ¶～反应fǎnyìng｜치환 반응. ❸ 動〈化〉치환(置換)하다.

【取道】qǔdào 書 動 거쳐가다. 경유하다. ¶～釜山｜부산을 경유하다→〔经jīng过①〕

1【取得】qǔdé 動 취득하다. 얻(어 내)다. 획득하다. 쟁취하다. ¶～同意｜동의를 얻어내다. ¶～谅解liàngjiě｜양해를 얻다. ¶这样的好成绩, 我只～过一次｜이런 좋은 성적을 나는 한 번 밖에 얻지 못했다. ¶～经验jīngyàn｜경험을 얻다. ¶～胜利shènglì｜승리를 쟁취하다.

【取灯儿】qǔdēngr 名 方 성냥. ¶换huàn～的｜고물장수＝〔火柴huǒchái〕

【取缔】qǔdì 書 ❶ 名 취체. 단속. 금지. ¶～的原则｜단속의 원칙. ¶～范围fànwéi｜단속범위. ❷ 動 취체하다. 단속하다. 금지하다. ¶～非法刊物｜불법간행물을 단속하다. ¶～非法行为｜불법행위를 단속하다.

【取而代之】qǔ ér dài zhī 成 남의 지위를 빼앗아 대신 들어서다＝〔取代qǔdài①〕

【取法】qǔfǎ 書 動 본받다. 본뜨다. 본보기로 하다. ¶～欧美ōuměi｜구미의 방식을 본뜨다＝〔效法xiàofǎ〕

【取回】qǔhuí 動 ❶ 되찾다. ¶把送给朋友的照片zhàopiàn～来｜친구에게 준 사진을 되찾아 오다. ❷ 가지고 돌아가다. 도로 가져오다.

【取活】qǔ/huó 動 (일거리를) 떠맡다. ¶她去工厂～去了｜그는 일거리를 떠맡으러 공장엘 갔다.

【取火】qǔ/huǒ 動 (원시적 방법으로) 불씨를 얻다. 불을 붙이다. ¶～镜jìng｜(태양으로부터) 불을 얻는 렌즈.

【取给】qǔjǐ 書 動 공급받다. 공급되다 어법 주로 뒤에「于」를 수반함. ¶所需资金zījīn主要～于企业qǐyè内部的积累jīlěi｜필요한 자금은 주로 기업 내의 축적된 곳에서 공급된다.

【取经】qǔ/jīng 動 ❶ 불경을 구해오다. ¶唐僧tángsēng去西天～｜당나라 승려가 서쪽 나라로 가서 불경을 구해오다. ❷ 喩 남의 경험을 배워오다〔흡수하다〕 ¶～学艺xuéyì｜경험을 받아들여 기술을 배우다.

【取精用弘】qǔ jīng yòng hóng 成 정화(精華)를 받아들여 널리 응용하다. 풍부한 자료로부터 정화를 취하다＝〔取精用宏hóng〕

【取景】qǔ/jǐng 動 (촬영이나 스케치할 때) 경물(景物)을 고르다. 배경을 고르다.

【取决】qǔjué 書 動 (어떤 조건에 따라) 결정하다. 결정되다. 달려있다. 어법 항상 보어를 동반하여 술어 역할을 함. 보어는 보통「于」로 된 전치사구(介賓詞組)임. ¶成绩的大小～于我们努力的程度｜성적의 좋고 나쁨은 우리의 노력 여하〔정도〕에 달려있다. ¶国家的发展～于青年｜국가의 발전은 청년들에게 달려있다.

【取款】qǔ/kuǎn ⇒〔取钱qián〕

【取乐(儿)】qǔlè(r) 動 향락하다. 즐기다. 재미를 보다. 심심풀이하다. ¶旧社会里有一部分人置姨太太～｜옛날 사회에서 일부의 사람들은 첩을 두고 향락을 취했다.

【取名】qǔ/míng 動 ❶ 명성을 얻다. 이름을 떨치다＝〔書 取称〕 ❷ 이름을 짓다. ¶为孩子～｜아이를 위해 이름을 짓다＝〔命名mìngmíng〕〔起名(儿, 子)〕→〔定名〕

【取暖】qǔnuǎn 動 온기를 받다. 따뜻하게 하다. ¶～费用fèiyòng｜난방비. ¶～设备shèbèi｜난방설비→〔烤火kǎohuǒ〕〔抗寒kànghán〕

【取票】qǔpiào 名 인환증(引換證). ¶～领货lǐnghuò｜인환증으로 물건을 수령하다→〔取条儿qǔtiáoér〕

【取齐(儿)】qǔqí(r) 動 ❶ (수량·깊이·높이를) 같게 맞추다. 같게 하다. 표준으로 삼다. ¶先把两张纸～了再裁cái｜우선 두 장의 종이를 가지런하게 한 뒤에 자르다→〔看kàn齐②〕 ❷ 모이다. 집합하다. ¶下午三时我们在门口～, 一块儿出发｜오후 3시에 입구에서 모여 함께 출발하자.

【取其精华, 去其糟粕】qǔ qí jīnghuá, qù qí zāopò 成 정수를 취하고, 찌꺼기를 버리다. ¶对待duìdài传统文化, 要～｜전통문화를 대함에 있어서는 정수를 취하고 찌꺼기를 버려야 한다.

【取钱】qǔ/qián 動 (은행에서) 돈을 찾다＝〔提款tíkuǎn〕〔取款〕〔拿ná钱①〕

【取巧】qǔ/qiǎo 動 교활한 수단을 쓰다. 교활하게 행동하다. 요령있게 하다. 불법적으로 이익을 얻다. ¶投机tóujī～｜成 기회를 이용하여 부당한 이익을 얻다＝〔方 偷tōu巧〕→〔占便宜zhànpiányí①〕

【取舍】qǔshě ❶ 名 취사 선택. ¶难于nányú～｜취사선택하기 어렵다. ❷ 動 취사 선택하다. ¶决定juédìng～｜버릴 것인지 보류할 것인지를 결정하다＝〔去取qùqǔ〕

【取胜】qǔshèng ⇒〔获huò胜〕

2【取消】qǔxiāo 動 취소하다. 없애다. 제거하다. ¶这次会议临时～了｜이번 회의는 잠시 취소되었

다. ¶这项规定guīdìng～得太晚了 | 이 규정은 너무 늦게 취소되었다. ¶他已被～了会员资格zīgé | 그는 이미 회원자격이 취소되었다 =〔取销qǔxiāo〕

【取笑(儿)】qǔxiào(r) 動 ❶ 농담을 하다. 희롱하다. 놀리다. ¶不要拿人～ | 사람을 놀리지 말라. ❷ 조롱당하다. 남의 웃음거리가 되다. ¶被人～ | 남의 웃음거리가 되다. ¶遭到zāodào别人～ | 다른 사람의 웃음거리가 되다. ¶受到～ | 비웃음을 받다.

【取信】qǔxìn 動 신임을 얻다. 신용을 얻다. 신뢰를 받다. ¶他在～于总统zǒngtǒng | 그는 대통령에게 신임을 받고 있다.

【取样】qǔyàng 動 (검사하기 위하여) 견본을 뽑다. ¶～检查jiǎnchá | 샘플 검사. 추출 검사 =〔抽样chōuyàng〕

【取悦】qǔyuè 動 (남의) 환심을 사다. 영합하다. 비위를 맞추다. ¶～于人 | 남의 환심을 사다 =〔書 取容qǔróng〕

【取证】qǔzhèng 動 증거를 취하다. 증거를 찾다. 증거를 얻다. ¶到现场～ | 현장으로 가서 증거를 찾다.

【取之不尽】qǔ zhī bù jìn 威 아무리 써도 없어지지 않는다. 무진장이다. 대단히 풍부하다. ¶这儿的泉水是～的 | 이곳의 물은 무진장 풍부하다 =〔取之无禁wújìn〕

3【娶】qǔ 장가들 취

動 장가들다. 아내를 얻다. 장가 가다. ¶～妻qī | 아내를 얻다. ¶～在苏州Sūzhōu | 장가는 소주에서 [소주(蘇州)에는 미인이 많아 장가를 가려면 소주(蘇州)로 가라는 뜻임] ¶明媒正～ | 威 중매인을 내세워 정식으로 장가가다 =〔取⑥〕⇔〔嫁jià①〕

【娶亲】qǔ/qīn ❶ ⇒〔娶媳妇儿〕 ❷ 動 (신랑측이 가마를 준비하여 신부집으로 가서) 신부를 맞이하다.

【娶媳妇儿】qǔ xí·fur 動組 장가들다. 아내를 얻다. ¶你什么时候～? | 언제 장가들 것인가 =〔娶亲qǔqīn①〕

【龋(齲)】qǔ 충치 우

⇒〔龋齿〕

【龋齿】qǔchǐ 名 충치(蟲齒). 삭은 이. ¶这孩子有几颗kē～ | 이 애는 충치가 몇 개 있다 =〔蛀齿zhùchǐ〕〔俗 虫牙〕〔俗 虫吃牙chóngchīyá〕

qù ㄑㄩˋ

1【去】qù 갈 거

❶ 動 가다. ¶昨天已经～了三个人 | 어제 이미 세 사람이 갔다 ⇔〔来〕 ❷ 動 보내다. ¶我给他～过两封信 | 나는 그에게 두 통의 편지를 보냈다. ¶我们只～了一个代表 | 우리는 대표 한 사람만 보냈다. ❸ 動 없애다. 제거하다. ¶～了皮再吃 | 껍질을 까고 먹어라. ¶劳动能～百病 | 노동은 만병을 없앤다. ¶八～五, 剩下三 | 8에서 5를 없애면 3이 남는다. ❹ 動 떠나다. ¶～世shì ↓ ¶今天～了三个人 | 오늘 세사람이 떠났다. ❺ 動 놓치다. 잃어 버리다. ¶大势已～ | 대세는 이미 놓쳤다. ❻ 動 (시간·공간적으로) …만큼 떨어져 있다. …만큼 거리가 있다. ¶两地相～四十里 | 두 곳은 서로 40리 떨어져 있다. ¶～今五个世纪 | 지금으로부터 5세기 전. ❼ 動 …해 보다. 어법 다른 동사의 앞에 쓰여 어떤 일을 하겠다는 어기를 강하게 하지만「去」가 없어도 뜻의 변화는 없음. ¶这件事我～办bàn吧 | 이 일은 내가 하지. ¶你们～研究研究 | 너희들이 연구해 보아라. ¶你～打水, 我来生炉子lúzǐ | 너는 물을 길어라, 나는 난로를 피우겠다. ❽ 動 …하러 가다. 어법 ⓐ 동목구조(動賓結構)의 목적어(賓語) 뒤에 쓰여 가는 목적을 나타내도록 함. ¶他看电影～ | 그는 영화를 보러 간다. ¶回家吃饭～了 | 밥 먹으로 집으로 돌아 갔다. ⓑ 하나의 동사 앞과 뒤에 동시에 쓰일 수도 있음. ¶他～听报告～了 | 그는 보고를 들으려 갔다. ❾ 動 …로(서) …(하다). 어법 동사와 동사 혹은 개사와 동사 및 개사·동사구조 사이에 쓰여, 앞의 동사는 뒷 동사의 방법·방향·의도를 나타내고 뒷 동사는 앞 동사의 목적임을 나타냄. ¶提了一桶水～浇花jiāohuā | 한 통의 물을 길어 꽃에 뿌리다. ¶要从主要方面～检查jiǎnchá | 중요한 곳에서부터 검사해야 한다. ❿ (시간적으로) 과거의. 이전의. ¶～年 ↓ ¶～日苦多 | 지난 날에는 어려움이 많았다. ⓫ 動 方 매우·대단히. 어법「大」「多」「远」등의 형용사 뒤에 사용하며, 뒤에「了」를 붙임. ¶他到过的地方多了～了 | 그가 가본 곳은 굉장히 많다. ¶这座楼可大了～了 | 이 빌딩은 매우 크구나. ⓬ 動〈演映〉배역을 맡다. …역을 하다. ¶在这齣戏中, 他～支部书记 | 이 연극에서 그는 지부의 서기역을 맡았다. ¶赵小平～贵妃 | 조소평이 양귀비역을 맡았다→〔扮①〕 ⓭ 名 簡〈言〉거성(去聲). ¶平上～入 | 평상거입. ⓮ (·qu) 동사 뒤에 방향보어(趨向補語)로 쓰임. 어법 ⓐ 동사의 동작이 화자(話者)로 부터 멀어짐을 나타냄. ¶上～ | 올라가다. ¶进～ | 들어 가다. ¶他从我这儿借jiè了几本书～ | 그는 나에게서 몇 권의 책을 빌려 갔다. ⓑ 동사의 동작이 원래의 위치에서 멀어짐을 나타냄. ¶那一年, 他父母都相继死～ | 그 해에 그의 부모가 연이어 돌아 가셨다. ¶疾病jíbìng夺duó～了他的生命 | 질병이 그의 생명을 앗아 갔다. ⓒ …해 버리다. 써버리다. 소모하다 [완성과 소실의 의미를 나타냄. 동사는「用」「占」「吃」「花」등에 국한됨] ¶已经用～了五千斤水泥 | 이미 오천근의 시멘트를 소모하였다. ⓓ …하게 하다. …하는 대로 두다 [「让」「随」등과 호응하여 사용됨] ¶随他说～ | 그가 말하고 싶은 대로 하게 하다. ¶让他玩～ | 그가 놀고 싶은 대로 놀게 하다. ⓔ 아마…로 보건대 [「看」「听」등의 뒤에 쓰여 추측이나 어떤 방면에 착안함을 나타냄] ¶他看～还是一个不到二十岁的青年 | 그는 아마 아직 20살이 안된 청년일 것이다. ¶这声音听～像是有人走动 | 이 소리를 들어 보니 누군가가 걷고 있는 것 같다.

【去病】qù/bìng 動 병을 없애다. 병마를 물리치다. ¶坚持jiānchí锻炼duànliàn能～ | 꾸준히 단련시키면 병을 물리칠 수 있다. ¶常喝矿泉水kuàngquánshuǐ能去胃病 | 광천수를 늘 마시면 위장병을 없앨 수 있다.

【去臭】qù/chòu 動 냄새를 없애다. 탈취(脫臭)하다. ¶利用lìyòng药物yàowù～ | 약물을 이용하여 냄새를 없애다.

【去除】qùchú 動 제거하다. 떼버리다. ¶～杂质zázhì | 불순물을 제거하다. ¶～五分之一 | 5분의 1을 떼버리다

【去处】qùchù 名 ❶ 행선지. 행방. ¶不知～ | 행방을 모르다. ❷ 장소. 곳. ¶此地本是个避暑bìshǔ最好的～ | 이곳은 본래 피서하기 가장 좋은 곳이었다. ❸ 점(點). 일. ¶这又是习惯不同的～ | 이것 또한 습관이 같지 않은 점이다.

【去粗取精】qù cū qǔ jīng 成 찌꺼기를 버리고 정수(精髓)를 취하다. 나쁜 것은 버리고 좋은 것을 취하다.

【去根(儿)】qù gēn(r) 뿌리뽑다. 근절하다. ¶除草chúcǎo必须～ | 잡초를 제거할 때는 반드시 완전히 뿌리까지 뽑아 없애야 한다. ¶去不了根 | 근절할 수 없다.

【去国】qùguó 動 조국을 떠나다. ¶他已～多年 | 그는 출국한 지 여러해 되었다→〔出国〕

【去火】qù/huǒ 動 ❶〈漢醫〉체내의 열을 내리게 하다. 해열시키다. ¶喝绿豆汤lǜdòutāng可以～ | 녹두탕을 마시면 열을 내리게 할 수 있다＝〔败火〕→〔上火②〕 ❷ 喩 근본 원인을 제거하다.

【去疾】Qùjí 名 복성(複姓).

【去就】qùjiù 書 名 거취 [직(職)을 맡느냐 그만두느냐의 여부] ¶～难定nándìng | 거취를 정하기가 어렵다. ¶事情shìqíng我给你找好了, ～全凭píng你 | 일은 내가 너를 위해 찾아 두었으니, 거취여부는 완전히 너에게 달려 있다.

【去路】qùlù 名 가는 길. 진로(進路). ¶挡住dǎngzhù～ | 진로를 차단하다.

【去你的】qùnǐ·de 口 ❶ 저리 가거라. 그만둬. 입 닥쳐! [귀찮을 때나 간섭 받고 싶지 않을 때에 씀] ¶～! 人家有正经事儿, 你还要跟我叨唠dāoláo! | 이젠 그만 둬! 남들은 진지한 일이 있어 그러는데 넌 나한테 무슨 잔소리만 늘어 놓느냐! ❷ 마음대로 해라!→〔去他的〕

1【去年】qùnián 名 작년. 지난해. ¶～十二月 | 작년 12월＝〔書 去岁〕〔江 旧年③〕〔書 昔岁xīsuì〕→〔今年〕

【去其糟粕】qù qí zāo pò 成 찌꺼기를 제거하다. 쓸모없는 것을 내버리다. ¶读古书要～, 吸收xīshōu有益的东西 | 고서를 읽을 때는 찌꺼기는 제거하고 유익한 것만 받아 들여야 한다.

【去声】qùshēng ❶ 名〈言〉거성. ⓐ 고대 중국어의 평성(平聲)·상성(上聲)·거성(去聲)·입성(入聲) 중의 제3성. ⓑ 현대 중국어의 상평(上平)·하평(下平)·상성(上聲)·거성(去聲) 중의 제4성→〔四声〕 ❷ 書 動 명성(名聲)을 버리다.

4【去世】qùshì 動 세상을 떠나다. 사망하다. ¶他爷爷yéyé～了 | 그의 할아버지께서 돌아가셨다＝〔过去了〕〔过世guòshì①〕〔故去〕〔故世〕〔作古〕〔書 即世jíshì〕〔書 就世jiùshì〕〔書 逝世shìshì〕→〔弃养qìyǎng〕〔下世①〕〔辞世císhì〕〔过仙xiān〕〔归guī天〕

【去势】qù/shì ❶ 動 (생식기를) 거세하다. ¶～的猪zhū长zhǎng得快 | 거세한 돼지는 빨리 자란다＝〔割势gēshì〕 ❷ (qùshì) 名 (일·동작 등의) 끝날 때의 세력. 가는 기세. ¶来头大, ～小 | 밀려 올 때의 기세는 대단하더니, 갈 때의 기세는 약하다.

【去岁】qùsuì ⇒〔去年〕

【去他的】qùtā·de 口 상관치 말고 가게 내버려 둬라. 좋을 대로 해라. 그가 하는 대로 내버려 둬라 [제3자에 대해서 쓰는 말]→〔去你的〕

【去伪存真】qù wěi cún zhēn 成 가짜를 버리고 진짜를 남기다. 진위(眞僞)를 가려내다. ¶对待duìdài史料要～, 严加鉴别jiànbié | 사료를 다룸에 있어서는 엄격히 진짜와 가짜를 가려내야 한다.

【去芜存菁】qù wú cún jīng 成 불순(不純)한것을 제거하고 정화(精華)만을 남겨 놓다. 나쁜 것은 버리고 순수하고 좋은 것만을 보존하다.

【去向】qùxiàng 名 행방. ¶要搞清gǎoqīng他的～ | 그의 행방을 찾아야 한다. ¶～不明 | 행방불명.

【去信】qù xìn 動組 ❶ 편지를 보내다. ¶我给他去了一封信 | 나는 그에게 편지 한통을 보냈다. ❷ (qùxìn) 名 발송(發送)한 편지→〔来信〕

【去雄】qùxióng 名 動〈植〉제웅(除雄)하다＝〔除雄chúxióng〕

【去职】qù/zhí 動 일자리를 떠나다. 퇴직(退職)하다. 사임하다. ¶他～以来, 一直住在釜山 | 그는 퇴직한 이후로 계속 부산에서 살고 있다＝〔書 去任〕→〔辞职cízhí〕〔离职lízhí〕〔罢官bàguān〕

2【趣】qù cù 뜻 취, 재촉할 촉

Ⓐ qù (～儿) 名 ❶ 취미. 흥미. 재미. ¶自找没～ | 成 스스로 재미없는 행동을 사서하다. ❷ 의향. 취향. ¶志zhì～ | 지향(志向). 뜻. ¶旨zhǐ～ | 취지.

Ⓑ cù 書 ❶ 動 독촉하다. 재촉하다. ❷ 副 속히. 급히. ¶～治行装zhìxíngzhuāng | 급히 행장을 챙기다 ‖＝〔促cù〕

【趣话(儿)】qùhuà(r) 名 ❶ 재미있는 말. 우스운 말. 흥미있는 이야기. ¶他留下了不少～ | 그는 재미있는 말을 많이 남겨 놓았다. ❷ 농담 ‖＝〔書 趣语qùyǔ〕

【趣儿】qùr 名 흥미. 재미.

【趣事】qùshì 名 재미있는 일. 우스운 일. ¶谈谈旅游lǚyóu～ | 여행에서 재미 있었던 일에 대해 얘기를 나누다.

3【趣味】qùwèi 名 ❶ 흥취. 흥미. 재미. ¶～无穷wúqióng | 흥미가 무궁무진하다＝〔兴xìng趣①〕 ❷ 기호(嗜好). 취미. 관심. 의향.

【趣闻】qùwén 名 재미 있는 소식. 우스운 이야기. 진담(珍談). ¶收集shōují了不少～ | 적잖은 재미 있는 이야기를 수집했다.

【趣向】qùxiàng 書 名 지향(志向). 취향. 의향.

【阒(闃)】qù 고요할 격

書 形 고요하다. 조용하다. ¶～无一人 | 고요하여 인기척 하나 없다.

【阒然】qùrán 書 貺 인기척 하나 없이 고요하다.

¶四野sìyě～ | 사방 들판이 고요하다.

【觑(覷)〈覰〉】qù qū 엿볼 저

Ⓐ qù 書 動 ❶ 보다. ¶小～ | 얕보다. ¶面面相～ | 얼굴을 서로 마주 보다. ❷ 엿보다. 살피다. ¶～步bù↓

Ⓑ qū 動 ⓞ 눈을 가늘게 뜨고 자세히 보다. 실눈을 하다. ¶～着眼看 | 눈을 가늘게 뜨고 보다.

Ⓐ qù

【觑步】qùbù 書 動 여기저기 살펴보면서 걸어가다. 조심조심 살피면서 걸어가다.

Ⓑ qū

【觑合】qū·he ⇒〔觑糊〕

【觑糊】qū·hu 動 눈을 가늘게 뜨다. ¶～着眼睛看个不休 | 눈을 가늘게 뜨고 줄곧 보다 =〔觑合〕

【黢】qù ☞ 黢 qū

·qu ㄑㄩ˙

【戌】·qu ☞. ¶ xū Ⓑ

quān ㄑㄩㄢ

【悛】quān 고칠 전

書 動 회개하다. 잘못을 고치다. 잘못을 뉘우치다. ¶怙hù恶不～ | 잘못을 하고도 뉘우치지 않다.

2【圈】quān juān juàn 동그라미 권, 우리 권, 바리 권

Ⓐ quān ❶ (～儿) 名 원. 동그라미. ¶这个～太大了 | 이 동그라미는 너무 크다. ¶大家围成一个～, 坐在草坪上 | 모두들 동그랗게 잔디밭에 둘러 앉았다. ¶画huà一个～儿 | 원을 하나 그리다. ❷ (～儿) 名 고리. 환. ¶铁tiě～ | 쇠고리. ❸ 名 범위. 권. ¶～内 | 범위내. ¶这话说得出～儿了 | 이 말은 범위를 벗어났다. ¶射击shèjī～ | 사격권. ❹ (～子) 名 轉 올가미. 술책. ❺ 動 동그라미를 치다. 원을 그리다. ¶看书时, 他总是把重要的词句～起来 | 그는 책을 볼 때 늘 중요한 낱말에 동그라미를 친다. ¶～个红圈hóngquān作记号jìhào | 붉은 원을 그려 표식하다. ¶～选xuǎn↓ →〔叉chā②〕〔钩gōu②〕 ❻ 動 (주위를) 둘러싸다. 테를 두르다. 포위하다. ¶～地↓ ¶打一道墙qiáng把这块地～起来 | 담을 쌓아 이 땅을 둘러싸다. ❼ 動 속이다. ¶你叫他给～了 | 너는 그에게 속아 넘어갔어. ❽ 動 (토지·땅 등을) 점유하다. ¶～占↓ ❾ 量 바퀴. ¶沿着湖边húbiān跑了一～ | 호숫가를 따라 한 바퀴 뛰었다. ❿ 量 마작의 한 승부. ¶打四～ | 한 판을 하다.

Ⓑ juān 動 ❶ (가축을) 가두다. ¶把这只狗gǒu先～起来 | 이 개를 우선 가두어라. ❷ ⓞ 구금하다. 감금하다. ¶把你～上三个月 | 너를 3개월 구금에 처한다. ❸ 가득차다. ¶屋子里～住了气味qìwèi | 방안에 냄새가 가득찼다.

Ⓒ juàn 名 ❶ 가축의 우리. ¶马～ =〔马棚péng〕| 마굿간. ¶羊～ =〔羊栏yánglán〕| 양의 우리. ¶猪zhū～ | 축사. ❷ (Juàn) 성(姓).

Ⓐ quān

【圈操】quāncāo 名〈體〉(리듬 체조의) 후프(hoop) 연기. ¶～比赛bǐsài | 후프 경기

【圈地】quān/dì ❶ 動 ⓐ 토지를 사서 줄을 치다. 경계를 정하다. ⓑ 토지를 점거하다. ❷ (quāndì) 名 청대(清代)의 공신들이 소유하던 영지.

【圈点】quān/diǎn ❶ 動 (고서 등에)방점을 찍다. 권점을 찍다. ❷ (quāndiǎn) 名 권점. 방점 ‖ =〔圈圈点点〕

【圈定】quāndìng 動 (인선(人選)·범위등을) 원을 그리는 방식으로 (확)정하다. 인선하다. ¶上级已经～厂长chǎngzhǎng人选 | 위에서는 이미 공장장의 인선을 확정했다.

【圈进】quānjìn 動 침입하다. 침범하다. (부정하게) 수중에 넣다. 점유하다. ¶～隔壁gébì儿的空地 | 이웃의 공지를 집어 먹다.

【圈拢】quān·long 動 方 ❶ 단결하다. 모이다. ❷ 관계를 맺다. 교제하다. ¶他善于～身边的人 | 그는 주위 사람들과 잘 어울린다. ❸ 지키다. 보호하다.

【圈儿】ⓐ quānr 名 ❶ 원. 동그라미. ¶随手画huà了一个～ | 손 가는 대로 원을 하나 그렸다. ❷ 名 둘레. 범위. 권. ❸ ⇒〔圈套tào(儿)〕

ⓑ juànr 名 주위를 울타리로 둘러싼 토지. ¶城～儿 | 성곽.

4【圈套(儿)】quāntào(r) 名 올가미. 책략. 함정. 음모. 술책. 꾀. ¶投下tóuxià～ | 올가미를 던지다. ¶上他的～ | 그의 올가미에 걸리다 =〔圈儿ⓐ③〕〔圈儿活〕〔圈子 ⓐ③〕→〔上shàng当〕

【圈选】quānxuǎn 動 동그라미를 쳐서 고르다.

【圈椅】quānyǐ 名 팔걸이가 붙은 둥근 의자 =〔罗luó圈椅〕

【圈阅】quānyuè 動 (읽어) 심사하다.

【圈占】quānzhàn 動 경계선을 그어 점거하다.

3【圈子】ⓐ quān·zi ❶ 名 원. 동그라미. 둘레. 둥근 모양의 것. ¶说话不要绕rào～ | 말을 할 때 빙빙 둘러서 말하지 말라. ❷ 名 범위. 테두리. ¶他的生活～很小 | 그의 생활 범위는 매우 작다. ❸ ⇒〔圈套quāntào(儿)〕

Ⓑ juān

【圈槛】juānjiàn 名 동물 우리.

Ⓒ juàn

【圈肥】juànféi 名 쇠두엄. 외양간 두엄. ¶多积duōjī～ | 외양간 두엄을 많이 쌓다 =〔厩jiù肥〕〔方 圊qīng肥〕

quán ㄑㄩㄢˊ

3【权(權)】quán 권세 권, 저울추 권

❶ 名 권력. 권한. 권리. ¶有～处理chǔlǐ | 처리할 권한이 있다. ¶掌握zhǎngwò大～ | 대권을 장악하다. ¶以～压人yārén | 권력으로 사람을 억압하다. ¶人～ | 인권. ¶选举xuǎnjǔ～ | 선거권. ¶发言～ | 발언권. ❷ 書 名 저울추 =〔锤chuí子〕 ❸ 書 動 무게를 달다. ¶～其轻重qīngzhòng | 무게를 달다. ¶～衡héng↓ ❹ 名 유리한 형세〔조건〕 ¶制空～ | 제공권. ¶主动～ | 주동권. ❺ 書 動 임기응변하다.

변통하다. ¶～变biàn↓ ¶通～达变dábiàn | 成 임기응변하다. ❻ 書 副 잠시. 당분간. ¶～且↓ ¶死马～当活马医 | 諺 죽은 말을 잠시 산 말로 생각하고 치료하다. 최악의 경우에도 좌절하지 않고 최선을 다하다. 절망적인 상태에서도 최선을 다하다. ❼ 書 名 광대뼈 =〔颧quán〕 ❽ (Quán) 名 성(姓).

【权便】quánbiàn ⇒〔权宜〕

【权变】quánbiàn 書 動 임기 응변하다. ¶善于～ | 임기응변에 뛰어나다 =〔通tōng权达变〕〔随机应变suíjīyìngbiàn〕

【权柄】quánbǐng 名 권병. 권력. ¶掌握zhǎngwò～ | 권력을 장악하다 =〔权衡quánhéng③〕→〔权力quánlì〕

【权臣】quánchén 書 名 권신(權臣). 권세를 잡은 신하. ¶～用事 | 권신이 멋대로 좌지 우지하다.

【权当】quándàng 動 임시로 충당하다. ¶把卧车wòchē～临时旅馆línshílǚguǎn | (열차의) 침대차를 임시 여관으로 충당하다.

【权贵】quánguì 書 名 집권자. 권세있고 지위높은 사람. ¶不要～低头dītóu | 권세있고 지위높은 사람이라고 해서 굴복해서는 안된다 =〔权右yòu〕〔权要yào〕

【权衡】quánhéng ❶ 書 名 저울. ❷ 動 무게를 달다. 가늠하다. 평가하다. ¶～轻重qīngzhòng | 成 무게를 가늠해 보다. 중요한 것과 덜중요한 것을 분별하다. ❸ 名 권력 =〔权柄〕

3【权力】quánlì 名 ❶ 권력. ¶他的～很大 | 그의 권력은 아주 크다. ¶～机构 | 권력기구. ¶国家～机关 | 국가권력 기관. ❷ 권한→〔权柄bǐng〕

3【权利】quánlì 名〈法〉권리. ¶受教育的～ | 교육을 받을 권리→〔义务yìwù①〕

【权量】quánliáng 書 動 비교하다. 저울질하다. ¶～利害 | 이해를 비교하다.

【权略】quánlüè ⇒〔权谋quánmóu〕

【权门】quánmén ❶ ⇒〔权家①〕 ❷ 名 권신(權臣).

【权谋】quánmóu 名 권모 술수. 임기응변의 기지. 책략. 술책. ¶颇多pōduō～ | 권모술수가 많다 =〔权略quánlüè〕〔書 权术quánshù〕〔書 权数〕

【权能】quánnéng 名 권능. 권세와 능력.

【权且】quánqiě 書 副 잠시. 우선. 당분간. 임시로. ¶～如此办理bànlǐ | 우선 이렇게 처리하다 =〔暂zàn且〕〔姑且gūqiě〕

【权时】quánshí 書 副 잠시. 일시. 잠깐동안 =〔暂时zànshí〕

【权势】quánshì 名 권세. ¶～极盛jíshèng | 권세가 아주 높다.

【权术】quánshù ⇒〔权谋móu〕

【权数】quánshù ⇒〔权谋móu〕

4【权威】quánwēi ❶ 名 권위(權威). ¶这位学者很有～ | 이 학자는 아주 권위가 있다. ❷ 形 권위적이다. ¶这种说法很～ | 이런 표현법은 아주 권위적이다. ¶～著作zhùzuò | 권위 있는 저작. ❸ 名 권위자. 권위가 있는 물건. ¶他是医学界yīxuéjiè的～ | 그는 의학계의 권위자이다.

4【权限】quánxiàn 名 권한.

【权宜】quányí 書 動 일시적으로 조치하다. 임기응변으로 처리하다. 변통(變通)하다. ¶～之计 | 成 임시 변통의 계책. 일시적인 조치 =〔权便quánbiàn〕

4【权益】quányì 名 권익. 권리와 이익. ¶劳láo工～ | 노동자의 권익.

【权舆】quányú 書 ❶ 名 動 맹아(하다). 싹(이 트다). ¶百草～ | 온갖 풀이 싹트다 =〔萌芽méngyá①〕 ❷ 名 喩 (사물의) 시작. 시초.

【权欲】quányù 名 권세욕. ¶～熏心xūnxīn | 成 권세욕으로 양심이 흐려지다.

【权责】quánzé 名 권한과 책임. 권력과 책임. ¶分清～ | 권한과 책임을 분명히 나누다.

【权诈】quánzhà 形 약빠르고 능청맞다. 간사(奸詐)하다 =〔奸诈jiānzhà〕

1【全】**quán 온전할 전, 온통 전** ❶ 形 완전하다. 완비되어 있다. ¶这次收集的资料比较～ | 이번에 수집한 자료는 비교적 완전하다. ¶百货公司bǎihuògōngsī的货很～ | 백화점에는 상품이 다 갖춰져 있다. ¶智勇双zhìyǒngshuāng～ | 지혜와 용맹을 다 갖추다. ❷ 形 전체의. 전부의. 모든. ¶～世界 | 전 세계. ¶集中～力 | 모든 힘을 집중하다. ❸ 形 완전 무결하게 하다. 보전하다. 유지하다. ¶两～其美 | 양쪽 다 좋게 하다. ¶苟～性命 | 잠시 생명을 보전하다. ¶～面子 | 체면을 유지하다. ❹ 副 전부. 모두. 완전히. ¶学生们～来了 | 학생들이 전부 다 왔다. ¶他讲的话我～记下来了 | 그가 한 말을 나는 전부 기록했다. ❺ (Quán) 名 성(姓).

【全般】quánbān 名 形 전반(적인). ¶～工作 | 전반적인 일.

【全豹】quánbào 名 喩 전모(全貌). 전체의상황. ¶未窥wèikuī～ | 전모를 보지 못하다 =〔全貌quánmào〕

【全本(儿)】quánběn(r) ❶ 名 전편. 전체. (연극의) 전편(全篇) 공연. ¶～西游记Xīyóujì | 서유기의 전편(全篇) 상연극 =〔全挂子quánguàzǐ〕〔全套儿〕〔全本戏〕〔本戏běnxì〕 ❷ 名 완본(完本). 결손이 없는 판본이나 책. ¶李教授研究过～《玉篇》| 이교수님은 완본《玉篇》을 연구했다 ⇒〔足zú本〕

1【全部】quánbù ❶ 名 전부. ¶消灭xiāomiè了～ | 전부를 소멸시켰다. ❷ 形 전부의. ¶不惜倾注～精力 | 모든 정력을 아끼지 않고 쏟다. ¶～情况qíngkuàng就这样 | 전체 상황이 이렇다. ❸ 副 전부. 다. ¶问题已经～解决jiějué | 문제를 이미 다 해결했다→〔全体tǐ①〕〔部分bùfēn〕

【全才】quáncái ❶ 名 만능인(萬能人). 모든 면에 뛰어난 사람. ¶文武～ | 문무를 두루 겸비한 사람 =〔全材〕〔全器〕 ❷ 名 만능. 전능(全能). ❸ 形 만능의. ¶～的人 | 만능인→〔全能quánnéng〕

【全场】quánchǎng 名 ❶ 전체 관객. 만장(滿場)의 관객. ¶～欢声雷动huānshēngléidòng | 전 관객의환호성이 우뢰와 같이 울려 퍼졌다. ❷〈體〉경기장 전체. 올 코트(all court). ¶～紧逼jǐnbī | 올 코트 프레싱(all court pressing).

【全称】quánchēng 名 (간화(簡化)하기전의) 완전한 명칭. 정식 명칭. 온전한 명칭. ¶全大协的

～是全国大学生代表者协议会 |「전대협」의 정식 명칭은「전국 대학생 대표자 협의회」이다.

【全程】quánchéng 名 전체의 노정(路程). 전코스. ¶她带伤跑完了～ | 그녀는 부상을 입고서도 전코스를 완주했다. ¶自行车比赛bǐsài～一百二十公里 | 사이클 경기의 전코스는 120 킬로미터이다 =〔全部路程〕

【全等】quánděng 名〈數〉합동(合同). ¶～形xíng | 합동형.

[4]【全都】quándōu 副 모두. 전부. ¶明天的大会～预备yùbèi好了 | 내일의 대회는 전부 준비가 되었다.

【全反射】quánfǎnshè 名〈物〉전반사.

【全份(儿)】quánfèn(r) 形 전부의. 세트의. ¶～茶点chádiǎn | 다과 세트. ¶～表册biǎocè | 장부 한 벌.

【全副】quánfù 形 한 벌의. 전부의. 전부 갖춘. ¶～精力jīnglì | 모든 정력. ¶～桌椅zhuōyǐ | 책걸상 한 벌 =〔全挂子quánguàz①〕〔全付quánfù〕

【全国】quánguó 名 전국. ¶～人口普查pǔchá | 전국 인구 센서스.

【全乎(儿)】quán·hu(r) ⇒〔齐备qíbèi〕

[4]【全会】quánhuì 名 簡「全体会议」(전체 회의)의 약칭.

【全活】quánhuó ❶ 書 動 생명을 보전하다. 생명을 구하다. ❷ 動 생활을 보장하다. ❸ 名 (여러 부문으로 나누어져 있는) 업무의 전부〔전과정〕［예컨대, 이발관의 조발·세발·면도·기름 바르기 등의 전 과정을 말함］

[4]【全集】quánjí 名 전집. ¶他买了《朱熹Zhūxī～》| 그는《朱熹全集》을 샀다. ¶鲁迅Lǔxùn～ |〈書〉노신 전집.

【全家福】quánjiāfú 名 方 ❶ 가족 사진 =〔合家欢héjiāhuān〕¶他们照了一张～ | 그들은 가족 사진을 찍었다. ❷〈食〉요리의 일종［고기완자·「鸡蛋饺jīdànjiǎo」(달걀 지단을 만두처럼 만든 것)·닭고기·녹두·국수·배추 등을 넣은 잡탕］

【全歼】quánjiān 動 전멸하다. 섬멸하다. ¶～残敌cándí | 잔적을 섬멸하다.

【全景】quánjǐng 名 전경. 파노라마. ¶西湖Xīhú～ | 서호의 전경. ¶～宽银幕电影kuānyínmùdiànyǐng | 시네파노라믹(cinepanoramic).

[3]【全局】quánjú 名 전체의 국면(局面). 전체의 판국. 대세(大勢). ¶掌握zhǎngwò～ | 대세를 장악하다. ¶影响yǐngxiǎng～ | 대세에 영향을 주다.

【全剧】quánjù 名 전편(全篇) 상연 연극.

【全军】quánjūn 名 ❶ 전군. 전체 군대 =〔全甲quánjiǎ〕❷ 書 動 군대의 실력을 보전하다.

【全开】quánkāi 名 전지(全紙). 전판(全判). ¶～的宣传画xuānchuánhuà | 전지 포스터.

【全靠】quánkào 動 모두 …에게 의지하다. 전부 …에게 기대다. ¶他～着您帮忙bāngmáng | 그는 완전히 당신의 도움에 의지하고 있다.

【全劳动力】quánláodònglì 名 ❶ (주로 농사일에 있어서) 한 사람 몫을 충분히 해낼 수 있는 사람 =〔全劳力〕❷ 전노동력.

[4]【全力】quánlì 名 온 힘. 전력. 모든 힘. 혼신(渾身)의 힘. ¶竭尽jiéjìn～ | 혼신의 힘을 다하다.

[4]【全力以赴】quán lì yǐ fù 成 전력을 다하여 달려가다. 최선을 다하다. 온 힘을 다해서 하다. 전력투구하다. ¶大家～, 投入劳动láodòng | 여러 사람들이 온 힘을 다해서 노동에 달려 들었다.

【全录】quánlù 名 外 台 제록스(xerox). 전자복사하다→〔影印yǐngyìn〕

【全貌】quánmào ⇒〔全豹bào〕

[2]【全面】quánmiàn ❶ 名 전면. ¶～情况qíngkuàng | 전체상황. ¶～性 | 전면적. ❷ 形 총체적이다. 전면적이다. 전반적이다. ¶你的看法很～ | 너의 견해는 아주 전반적이다. ¶总结zǒngjié得很～ | 전체적으로 총결을 내리다. ¶～地看问题 | 총체적으로 문제를 살피다. 전면적으로 문제를 보다.

[4]【全民】quánmín 名 전국민. ¶～皆兵jiēbīng | 국민개병.

【全能】quánnéng 形〈體〉만능의. ¶～运动yùndòng=〔混合hùnhé运动〕| 5종 경기·10종 경기 등의 혼성 경기. ¶十项～运动 | 10종 경기→〔全才quáncái〕

【全年】quánnián 名 만 1년간. ¶～收入 | 연간 수입. ¶～雨量yǔliàng | 연간 강우량.

【全盘(儿)】quánpán(r) 名 전체. 전부. 전면. 어법 부사어(狀語)나 관형어(定語)로 쓰이기도 하며 주어나 목적어가 되기도 함. ¶～考虑kǎolǜ | 전반적으로 고려하다. ¶～否定fǒudìng | 전면적으로 부정하다. ¶～情况 | 전반적인 상황. ¶掌握zhǎngwò～ | 전체를 장악하다. ¶考虑kǎolǜ～ | 전체를 고려하다.

【全票】quánpiào 名 일반표. ¶买了两张～ | 일반표 두 장을 샀다. ¶～通过tōngguò | 일반표로 통과하다→〔半票bànpiào〕

【全勤】quánqín ❶ 名 개근. 전근. ¶～奖jiǎng=〔考勤奖kǎoqínjiǎng〕| 개근상. ❷ 形 개근이다. 전근하다.

【全球】quánqiú 名 전세계. 전지구. ¶名震míngzhèn～ | 成 이름을 전세계에 떨치다. ¶～战争zhànzhēng | 세계 대전 =〔环huán球②〕

【全权】quánquán 名 전권. ¶特命tèmìng～大使 | 특명 전권 대사. ¶～代表 | 전권 위원.

【全然】quánrán 副 전연. 전혀. 도무지. ¶～不晓xiǎo | 전혀 모르다.

【全日制】quánrìzhì 區 전일제. ¶～教育 | 전일제 교육. ¶～学校 | 전일제 학교.

【全色】quánsè 區 전정색(全整色)의. 전색의. ¶～胶片jiāopiàn=〔全色胶卷jiāojuǎn〕〔全色片〕| 전정색 필름. 팬크로 필름(panchro film).

【全身】quánshēn ❶ 名 전신. 온몸. ¶～像xiàng | 전신상. ¶～照片zhàopiàn | 전신 사진 =〔全体quántǐ②〕❷ 書 動 몸을 온전히 하다. 몸을 보전하다 =〔全躯quánqū〕❸ 名 단체·사물의 전부. ❹ 名〈印出〉전각(全角).

【全神贯注】quán shén guàn zhù 成 온 정신을 집중하다. 모든 주의력을 집중하다. 혼신(渾身)의 힘을 기울이다. ¶马教授～着电脑上显示的图象和数字 | 마교수는 컴퓨터에 나타난 그림과 글자에 온 정신을 기울이고 있다. ¶他～在自己的科

学实验上｜그는 자신의 과학실험에 혼신의 힘을 기울이고 있다. ¶他正～地研究yánjiū电脑diànnǎo呢｜그는 지금 혼신의 힘을 기울여서 컴퓨터를 연구하고 있다. ¶他～地看着小说｜그는 온 정신을 집중하여 소설을 보고 있다.

【全盛】quánshèng 圖 전성하다. 한창 왕성하다. ¶唐朝Tángcháo是律诗的～时期｜당대는 율시의 전성기이다.

【全食】quánshí 名〈天〉개기식(皆旣蝕). ¶日～｜개기일식. ¶月～｜개기월식 =〔全蚀quánshí〕

【全蚀】quánshí ⇒〔全食〕

【全始全终】quán shǐ quán zhōng 成 시종일관하다. 초지일관하다. 시종여일하다.

【全世界】quánshìjiè 名 전세계.

【全数】quánshù 名 전부. 전액. 총수(總數) =〔悉xī数〕

【全速】quánsù 名 전속. 전속력. ¶～前进｜전속력으로 나아가다.

【全套】quántào 名圖 한 벌(의). 한 세트(의). 한 질(의). ¶～衣服yīfú｜옷 한 벌. ¶～课本kèběn｜교과서 한 세트〔질〕

1【全体】quántǐ ❶ 名 전체. ¶～人民｜전체 국민. ¶～出席chūxí｜전원 출석. ¶～会议huìyì｜전체 회의→〔全部〕 ❷ ⇒〔全身①〕

【全天候】quántiānhòu 形 전천후의. ¶～飞机fēijī｜전천후기. ¶～公路gōnglù｜전천후 도로.

【全托】quántuō ❶ 名 전탁(全託) ❷ 動 전탁(全託)하다 [탁아소에 아이를 월요일 아침부터 토요일 저녁까지 밤에도 맡기는 것] ¶～托儿所tuōérsuǒ｜전탁 탁아소→〔日rì托〕

【全武行】quánwǔháng ❶ 名 (희곡에서) 규모가 큰 격투. ❷ ⇒〔打群架dǎqúnjià〕

【全息缩微存储机】quánxī suōwēi cúnchǔjī 名〈電算〉홀로그래픽 메모리(holographic memory).

【全息照相】quánxī zhàoxiàng 名 홀로그램(hologram). ¶～术shù｜홀로그래피. ¶激光jīguāng～｜레이져 홀로그램.

【全席】quánxí 名 온갖 요리가 다 나오는 연회석. ¶满汉mǎnhàn～｜온갖 만주식 요리와 중국식 요리가 다 나오는 연회석 =〔全桌quánzhuō〕

【全线】quánxiàn 名 ❶ 온 전선(戰線). 모든 전선(戰線). ¶～进攻jìngōng｜전 전선에 걸친 공격. ❷ (철도 등의) 전선. 전 노선. ¶～通车tōngchē｜(철도의) 전선 개통.

4【全心全意】quán xīn quán yì 成 성심성의(誠心誠意). 전심전력. ¶～地照顾zhàogù他们｜전심전력으로 그들을 돌보다. ¶他～地做学问｜그는 전심전력으로 학문을 한다.

【全休】quánxiū ❶ 名 전휴. ❷ 動 전휴하다. ¶医嘱zhǔ～两周｜의사는 이주일간 푹 쉬라고 당부했다.

【全音】quányīn 名〈音〉온음. ¶～符fú｜온음표→〔半音bànyīn〕

【全愈】quányù ⇒〔痊quán愈〕

【全员】quányuán 名 전 직원. 모든 직공. 전 구성(인)원.

【全知全能】quán zhī quán néng 成 전지 전능 =〔全智zhì全能〕

【诠(詮)】quán 설명할 전 書 ❶ 動 설명하다. 해석하다. ¶～释shì↓ ❷ 名 진상. 진리. 사물의 도리. ¶真～｜진리. ❸ ⇒〔诠次quáncì〕

【诠次】quáncì 書 ❶ 動 차례를 정하다. 배열하다. ❷ 名 차례. 순서. 짜임새. 갈피.

【诠释】quánshì 書 ❶ 名 설명. 해석. ❷ 動 설명하다. 해석하다. ¶～古诗文｜고시문을 해석하다.

【荃】quán 향초 전 ❶ 名 고서(古書)에 나오는 향초(香草). ❷ 札 套 옛날, 서간문(書簡文)에서 상대방에 대한 경어로 쓰임. ¶～察chá =〔荃鉴jiàn〕〔荃照zhào〕｜양찰(諒察) 하시옵소서. ❸ 名 가리. 통발 =〔筌quán〕

【辁(輇)】quán 수레 전 書 ❶ 名 살이 없는 수레바퀴. ❷ 形 (학식이나 생각 등이) 천박(淺薄)하다. 빈약하다. ¶～才｜얕은 재주.

【痊】quán 나을 전 ⇒〔痊可〕〔痊愈〕

【痊可】quánkě ⇒〔痊愈yù〕

【痊愈】quányù 動 병이 낫다. 완쾌하다. ¶他已经～了｜그는 이미 완전히 완쾌되었다 =〔痊可〕〔書 全愈〕

【铨(銓)】quán 저울질할 전 書 動 ❶ 선발하다. 뽑다. ❷ 저울질하다. ¶～衡héng↓

【铨衡】quánhéng 書 ❶ 名 저울. ❷ 動 저울에 달다. 무게를 달다. ❸ 動 喻 인재를 저울질하여 뽑다.

【铨叙】quánxù 書 動 관원의 재능을 살펴서 관직에 임명하다. 관리를 선임하다.

【筌】quán 통발 전 名 통발. 가리 [물고기를 잡는 기구] ¶得鱼忘déyúwàng～｜成 고기를 잡은 뒤에 가리를 잊어버리다. 성공하고 난 뒤에는 근본을 잊어버리다 =〔荃quán③〕

【醛】quán (알데히드 전) 名〈化〉알데히드(aldehyde) =〔外 阿勒弟海特āqíndìhǎitè〕〔外 亚yà尔迭海特〕 ¶～基jī｜알데히드기를 가진 유기화합물의 총칭. ¶甲jiǎ～ =〔蚁醛yǐquán〕｜포름알데히드. ¶醋cù～ =〔乙醛〕｜아크릴 알데히드(arcylaldehyde).

【醛酸】quánsuān 名〈化〉알데히드산(aldehyde酸).

【醛酯】quánzhǐ 名〈化〉알데히드 에스테르(aldehyde ester).

【卷】quán ☞ 卷 juàn Ⓑ

【惓】quán 정성스러울 권, 삼갈 권 ⇒〔惓惓〕

【惓惓】quánquán 書 形 곡진〔간절〕하다 =〔拳拳quánquán〕

【蜷】quán 굽을 권 動 ❶ 벌레가 꿈틀꿈틀 기다→〔蟠pán①〕 ❷ 몸을 구부리다. 웅크리다. ¶花猫～作一团睡觉｜얼룩 고양이가 몸을 웅크리고 자고 있다 ‖ =〔踡quán〕

【蜷伏】quánfú 書 動 몸을 웅크리다〔움츠리다, 구부

리다, 사리다〕 ¶～着睡觉 | 몸을 웅크리고 자다.

【蜷局】quánjú ㊀動 구부리다. 웅크리다. 오므라들다. 구부리고 펴지 않다. ¶两腿～ | 두 다리를 웅크리다 ＝〔蜷曲〕〔卷局〕〔曲局〕〔拳局quánjú〕

【蜷曲】quánqū ⇒〔蜷局〕

【蜷缩】quánsuō ㊀動 둥글게 오그라들다. 오므라들다. ¶小虫子～成一个小球儿 | 조그만 벌레가 작은 공같이 몸을 오므리다.

【踡】quán 굽을 권

「蜷」과 같음 ⇒〔蜷quán〕

【鬈】quán 고울 권, 곱슬머리 권

㊀形 ❶ 머리털이 곱슬곱슬하다. ¶～发fà | 고수머리. ❷ 머리털이 곱고 아름답다.

【鬈曲】quánqū 形 곱슬곱슬하다. ¶～羊毛 | 곱슬곱슬한 양모.

4 ## 【泉】quán 샘 천

❶ 名 샘. 샘물. ¶温wēn～ | 온천. ¶活huó～ | 물이 솟아나오는 샘. ¶死sǐ～ | 물이 마른 샘. ❷ ㊀ 화폐. ¶～币bì↓ ❸ (Quán) 名 성(姓).

【泉币】quánbì ㊀名 (옛날의) 돈. 화폐.

【泉脉】quánmài 名 천맥. 샘물 줄기. ¶～旺盛wàngshèng | 샘물 줄기가 세차다.

【泉水】quánshuǐ 名 샘물. ¶清冽qīngliè的～ | 맑고 찬 샘물

【泉台】quántái ❶ ㊀名 분묘. 무덤. ❷ ㊀名 춘추(春秋)시대 노(魯)나라 장공(莊公)이 쌓았다는 대(臺)의 이름. ❸ ⇒〔黄huáng泉〕

【泉下】quánxià ⇒〔黄huáng泉〕

【泉眼】quányǎn 名 샘구멍. 샘물이 솟는 구멍. ¶发现了一个～ | 샘구멍을 하나 발견했다.

【泉源】quányuán 名 ❶ 천원. 샘의 근원. 원천. ❷ (어떤 사물의) 원천. 근원. ¶智慧的～ | 지혜의 원천 ‖ ＝〔泉头〕

3 ## 【拳】quán 주먹 권

❶ 名 주먹. ¶双手握shuāngshǒuwò～ | 두 주먹을 쥐다. ❷ ㊀名 힘. ¶无～无勇yǒng | 힘도 용기도 없다. ❸ 名 권술. 권법. ¶练liàn～ | 권법을 연마하다. ¶太极tàijí～ | 태극권. ❹ 動 구부리다. 오그리다. ¶～起腿来 | 다리를 구부리다. ¶老大娘～着腿坐在炕kàng上 | 할머니가 온돌 위에 다리를 구부리고 앉아있다. ❺ 量 대〔주먹으로 치는 동작을 세는 것〕 ¶打了一～ | (주먹으로)한 대 치다. ❻ 名 손가락으로 술먹이기 내기 하는 동작〔「划拳huáquán」을 말함〕 ¶～高量雅 | 「划拳」도 잘하고 주량도 세다. 잘 놀고 잘 마신다 →〔划huá拳〕 ❼ ㊀形 충성스럽다.

【拳棒】quánbàng 名 무술. 무예. ¶使一手好～ | 무예가 출중하다 ＝〔拳脚quánjiǎo〕

【拳不离手, 曲不离口】quán bù lí shǒu, qǔ bù lí kǒu 諺 쉴새 없이 수련하여 숙달되도록 노력하다. 꾸준히 연마하다. 부지런히 배우다. ¶～, 学外语要常练才能学会 | 외국어를 배울 때는 항상 연습을 하여 숙달이 되도록 꾸준히 노력하여야만 배울 수 있다.

【拳打脚踢】quán dǎ jiǎo tī 成 발로 차고 주먹으로 치다. ⓐ 가차없이 마구 때리다. ⓑ 눈코 뜰새 없이 보내다. ¶他们对囚犯qiúfàn～, 十分不人道 | 그들은 죄수에 대해 발로 차고 주먹으로 때리면서 아주 비인도적으로 대했다 ＝〔拳足交加〕〔拳脚交加〕

【拳法】quánfǎ ⇒〔拳术quánshù〕

【拳击】quánjī 名 ❶ 〈體〉 권투. 복싱. ¶～家 ＝〔拳击运动员〕〔拳击手〕〔拳手〕 | 권투 선수. ❷ 動 주먹으로 치다.

【拳脚】quánjiǎo ⇒〔拳棒〕

【拳谱】quánpǔ 名 권술〔권법〕의 도감(圖鑑). ¶精读jīngdú～ | 권술의 도감을 정독하다.

【拳曲】quánqū 形 굽다. 곱슬곱슬하다. 구불구불하다. ¶～的头发tóufà | 곱슬머리.

【拳拳】quánquán ㊀ 貺 충성스럽다. 간절하다. ¶～服膺yīng | 成 늘 마음에 새겨두다〔간직하다〕 ＝〔卷卷quán〕〔惓惓quán〕

【拳师】quánshī 名 권술〔권법〕을 하는 사람.

【拳手】quánshǒu 名 권투 선수 ＝〔拳击手〕

【拳术】quánshù 名 권술. 권법. 무술 ＝〔拳法〕〔拳架〕

【拳坛】quántán 名 권술계(拳術界). 권투계.

3【拳头】quán·tou 名 ❶ 주먹. ¶拿～打 | 주먹으로 때리다. ¶～里攥zuàn着两把指甲zhǐjiǎ | 歇 주먹 안에 손톱을 쥐고 있다. 빈털터리다. 무일푼이다. ❷ (가위 바위 보에서의) 바위 ＝〔石shí头②〕

【拳头产品】quán·tou chǎnpǐn 名 경쟁에서 이길 수 있는 제품. 결정타〔히트〕가 될만한 상품〔제품〕 ¶这种皮鞋是大康公司的～ | 이 구두는 대강회사의 유명제품이다 ＝〔拳头商品〕

【拳王】quánwáng 名 (권투의) 챔피언. ¶～阿里Ālǐ到韩国访问 | 권투의 황제 알리가 한국을 방문하다.

【颧(顴)】quán 광대뼈 관

名 〈生理〉 광대뼈. 관골(顴骨). ¶～骨↓ ¶～骨高杀夫不用刀 | 광대뼈가 튀어나온 여자는 칼을 쓰지 않고도 남편을 죽인다 ＝〔权quán⑦〕〔執qiú②〕

【颧骨】quán·gǔ 名 광대뼈. ¶～突起tūqǐ | 광대뼈가 툭 튀어 나오다 ＝〔权骨quángǔ〕

quǎn ㄑㄩㄢˇ

4 ## 【犬】quǎn 개 견

㊀名 ❶ 〈動〉 개 ＝〔狗gǒu①〕 ¶猎liè～ | 사냥개. ¶丧家之～ | 상가집 개. ❷ 謙 옛날, 자기 자식을 낮춰서 일컫는 말. ¶～子↓

【犬齿】quǎnchǐ 名 〈生理〉 견치. 송곳니 ＝〔犬牙①〕〔尖jiān牙〕→〔牙yá①〕

【犬马】quǎnmǎ ❶ 名 개와 말. ❷ ㊀ 代 謙 신(臣). 소인〔신하가 임금을 대할 때 자기를 낮추어 이르는 말〕 ¶～之心 | 신하가 충성을 다하여 몸을 바치려는 마음.

【犬马之劳】quǎn mǎ zhī láo 成 견마지로. 남〔상전〕을 위하여 충성을 다하다. 있는 힘을 다하다. ¶我愿效xiào～ | 나는 있는 힘을 다하려고 한다.

【犬儒】Quǎnrú 名 ❶ 견유 학파(犬儒學派)에 속하는 학자. ¶～主义 | 견유주의. 시니시즘(cynicism). ❷ (quǎnrú) 轉 냉소적인 사람.

【犬守夜, 鸡司晨】quǎn shǒu yè, jī sī chén 諺 개

는 밤을 지키고 닭은 새벽을 알린다. 사람은 모두 각각 자기 장점을 가지고 있다.

【犬牙】quǎnyá ❶ ⇒〔犬齿quǎnchǐ〕 ❷ 名〈植〉 짚신나물. ❸ 名 개의 이빨.

【犬牙交错】quǎn yá jiāo cuò 成 ❶ 경계선이 개의 이빨처럼 들쑥날쑥하다. ❷ 국면이 뒤엉키어 복잡다단하다. 역량이 서로 어긋맞다〔비슷하다〕 =〔犬牙相错quǎnyáxiāngcuò〕〔犬牙相制〕

【犬子】quǎnzǐ 書 名 謙 우식(愚息) [자기 자식을 낮추어 일컫는 말] =〔豚tún儿〕〔豚犬túnquǎn〕

【畎〈甽〉】quǎn 밭도랑 견 書 名 ❶ 밭도랑. ❷ 농원(農園). 시골.

【畎亩】quǎnmǔ 書 名 ❶ 밭. ❷ 시골 ‖ =〔田tián间①〕

【绻(綣)】quǎn 굽을 권 ⇒〔缱qiǎn绻〕

quàn ㄑㄩㄢˋ

2【劝(勸)】quàn 권할 권 動 ❶ 권하다. 설득하다. 권고하다. 충고하다. ¶～导dǎo↓ ¶～善shàn↓ ¶～他不要喝酒hējiǔ | 그에게 술을 마시지 마라고 충고하다. ¶～不醒xǐng | 충고해도 깨닫지 않다. ❷ 격려하다. 장려하다. ¶～勉miǎn↓ ¶～学xué | 학문을 장려하다.

【劝导】quàndǎo 動 타일러 이끌다. 권유하다. 설득하다. ¶～民众mínzhòng | 민중을 설득하다. ¶耐心nàixīn～ | 인내로써 설득하다 =〔劝诱quànyòu〕

3【劝告】quàngào ❶ 名 권고. 충고. ¶听从tīngcóng朋友的～ | 친구의 권고를 듣다. ❷ 動 권고하다. 충고하다. ¶医生～他休息 | 의사는 그에게 휴식을 취하도록 권고했다.

【劝和】quànhé ❶ 動 화해시키다. 중재하다. 싸움을 말리다. ¶～吵架chǎojià的双方 | 싸우는 쌍방을 화해시키다 =〔劝解quànjiě②〕 ❷ 名 중재. 화해.

【劝化】quànhuà ❶ 動 (선을 행하도록) 교화하다. ❷ ⇒〔化缘huàyuán〕

【劝架】quàn/jià 動 싸움을 말리다. 화해시키다. ¶他很会～ | 그는 아주 싸움을 잘 말린다 =〔拉lā架〕

【劝驾】quàn/jià 動 나오도록 권유하다. 내방(來訪)을 권하다. 출마(出馬)를 권하다. ¶我们面子不够请不到, 还是您去～吧 | 우리 처지로서는 청할 수 없으니 당신이 가서 오도록 권유해주시오.

【劝解】quànjiě ❶ 動 권유하다. 타이르다. 달래다. 위로하다. ¶大家～了半天, 她才消气xiāoqì了 | 모두가 한나절을 달래서야 그녀는 겨우 화를 풀었다. ❷ ⇒〔劝和①〕

【劝戒】quànjiè 動 권계하다. 경계하도록 타이르다.

【劝进】quànjìn 書 動 (옛날 신하가) 왕위에 오르도록 권하다.

【劝酒】quàn/jiǔ 動 술을 권하다 =〔敬jìng酒〕→〔酬酢chóuzuò①〕

【劝勉】quànmiǎn 動 권면하다. 장려하다. 격려하다. ¶互相～ | 서로 권면하다.

【劝募】quànmù 動 (기부금 등의) 모금을 장려하다.

【劝善】quànshàn 動 권선하다. ¶～惩恶chéngè | 成 권선징악.

4【劝说】quànshuō 動 (달래어)타이르다. 설득하다. 충고하다. 권고하다. 권유하다. ¶我～他回家休息xiūxī | 나는 그에게 집에 가서 쉬도록 권유했다.

【劝慰】quànwèi 動 위로하다. 달래다. ¶～死难者sǐnànzhě的家属jiāshǔ | 희생자 유가족을 위로하다.

【劝降】quàn/xiáng 動 항복을 권고하다. 투항을 권유하다.

【劝诱】quànyòu ⇒〔劝导dǎo〕

【劝谕】quànyù 書 動 (아랫사람에게) 권유하다. 완곡하게 권고하다. 타이르다. ¶痛骂tòngmà来～朋友 | 통렬히 꾸짖어 친구를 권고하다.

【劝止】quànzhǐ ⇒〔劝阻〕

4【劝阻】quànzǔ 動 충고하여 그만두게 하다. 그만두게 말리다. ¶～吸烟 | 담배를 끊으라고 충고하다 =〔劝止〕

4【券】quàn xuàn 엄쪽 권

Ⓐ quàn 名 ❶ 권(券). 표. 증권. ¶会费huìfèi～ | 회비 납부증. ¶入场rùchǎng～ | 입장권. ¶公债gōngzhài～ | 공채 증권. ❷ 지폐. ¶人民～ =〔人民币rénmínbì〕 | 인민권〔중국 인민 은행권〕 →〔币bì〕 ❸ 계약서. ¶借jiè～ =〔借单〕 | 차용증서.

Ⓑ xuàn 名〈建〉 아치형. 궁륭형. ¶拱gǒng～ | 아치형.

【券额】quàn'é 名〈經〉 액면(額面).

【券据】quànjù 名 증권. 증빙 문건 =〔券契〕

【券契】quànqì ⇒〔券据〕

【圈】quàn ☞ 圈 quān Ⓑ

quē ㄑㄩㄝ

【炔】quē Guì (아세틸렌 결)

Ⓐ quē 名〈化〉 아세틸렌계 탄화수소. ¶乙yǐ～ =〔电石气〕 | 아세틸렌. ¶乙～基 | 에틸기.

Ⓑ Guì 名 성(姓).

2【缺】quē 모자랄 결, 이지러질 결 ❶ 動 부족하다. 모자라다. ¶甚么也不～了 | 아무것도 부족하지 않다. ¶～力气 | 힘이 모자라다 =〔短②〕〔quē阙①〕 ❷ 動 불완전하다. 갖추어져 있지 않다. 빠지다. ¶～口↓ ¶刀刃儿～了一个口儿 | 칼날에 이가 한군데 빠졌다. ¶这本书～两页 | 이 책은 두 페이지가 빠져있다. ❸ 動 비우다. ¶此字暂zàn～ | 이 글자는 잠시 비운다. ❹ 名 (관직의) 공석(空席). 결원(缺員). ¶出～ | 결원이 생기다. ¶补bǔ～ | 결원을 메우다. ❺ 形 簡 「缺德quēdé」(부도덕하다, 비열하다)의 약칭. ¶你叫我白跑一趟tàng, 真～ | 너 나에게 헛걸음 치게 하다니, 정말 고약하구만→〔缺德quēdé〕

【缺本】quēběn ❶ 動 본전을 잃다. 밑지다.손해를

보다 =〔亏kuī本〕❷ 名 결본. 궐본(闕本).

【缺笔】quē/bǐ 動 글자를 쓸 때 자획을 생략하여 쓰다. 자획이 빠지다. ¶这个字缺着一笔呢 | 이 글자는 한 획이 빠져 있다.

【缺不了】quē ·bu liǎo 動組 ❶ 없어서는 안된다. 빠져서는 안된다. ¶米是一天也～的 | 쌀은 하루라도 없어서는 안된다. ❷ 부족하지 않다 ‖ ⇔〔缺得了quēdéliǎo〕

【缺德】quē/dé 形 罵 부덕(不德)하다. 부도덕(不道德)하다. 몰인정하다. 비열하다. 악랄하다. ¶这样做太～了 | 이렇게 하는 것은 너무 부도덕한 것이다. ¶不要做～的事情 | 부도덕한 일을 하지 말라. ¶～话 | 발칙한 말.

【缺德鬼】quēdéguǐ 名 罵 돼먹지 못한 놈. 비열한 놈. 발칙한 놈. ¶你这个～! | 이 비열한 놈!

2【缺点】quēdiǎn 名 ❶ 결점. 부족한 점. 단점. ¶指出～ | 결점을 지적하다 =〔短处duǎnchù〕⇔〔优点yōudiǎn〕 ❷ 유감. ¶有花无酒算是有点儿～了 | 꽃은 있어도 술이 없으니 다소 유감이다.

【缺额】quē'é ❶ 名 부족액(不足額). 결원(缺員). 부족 수량(不足數量). ¶填补tiánbǔ～ | 부족액을 채워 넣다. ❷ 動 정원에 모자라다. 정액(定額)에 모자라다.

2【缺乏】quēfá 動 결핍되다. 모자라다. ¶～经验jīngyàn | 경험이 부족하다.

【缺憾】quēhàn 名 유감스러운 점. 불충분한 점. ¶这篇文章条理通畅tōngchàng, 唯一的～是错字太多 | 이 문장은 조리가 정연하나, 단 하나 유감스러운 점은 틀린 글자가 너무 많다는 것이다.

【缺货】quē/huò ❶ 動 품절(品切)되다. 물건이 모자라다. ¶商店里shāngdiànlǐ文具wénjù～ | 상점에 문구가 모자라다. ❷ (quēhuò) 名 부족한 상품. 부족한 물품.

【缺斤短两】quējīnduǎnliǎng ⇒〔短斤缺两〕

【缺斤少两】quējīnshǎoliǎng ⇒〔短斤缺两〕

【缺刻】quēkè 名〈植〉결각. ¶～叶yè | 결각엽. 새긴잎.

【缺课】quē/kè 動 결석하다. 수업에빠지다. 강의에 빠지다. ¶因病～三天 | 병 때문에 사흘간 결석하다.

4【缺口】quēkǒu ❶ (～儿) 名 (파손되어) 이지러진 부분. 갈라진 틈. (그릇 등의) 이빠진 곳. 결함 =〔缺齿儿quēchǐér〕 ❷ 名 돌파구. 구멍. 결함. 빈틈. ¶打开一个～ | 돌파구를 열다. ¶敌军的阵线zhènxiàn暴露了～ | 적군의 전선에 구멍이 생겼다 →〔豁huō口(儿)〕 ❸ (quē/kǒu) 動 먹을 것이 모자라다. 배가 곯다. ¶缺了口, 身子骨儿就吃亏chīkuī | 배가 곯으면 몸이 축난다 =〔缺嘴zuǐ②〕

【缺粮】quē/liáng ❶ 動 식량이 모자라다. ¶～断草duàncǎo | 成 ⓐ 군량(軍糧)과 말 먹이가 모자라다. ⓑ 식량과 땔감이 모자라다. ❷ (quēliáng) 名 식량 부족. ¶～队duì | 인민공사(人民公社)에서 식량을 자급 자족할 수 없어서 다른 데서 식량공급을 받는 생산대. ¶～户 | 식량 부족 농가. ¶～区 | 식량 부족 지구.

【缺漏】quēlòu ❶ 名 결루. 결함. ¶弥缝míféng～ | 결루를 미봉하다. ❷ 動 빠져서 모자라다. 결루하다 ‖ =〔阙漏quēlòu〕

【缺略】quēlüè 書 動 결여되다. 결핍되다. 빠지거나 생략되다. ¶多有～ | 많이 생략되어 있다 =〔阙略quēlüè〕

【缺门(儿)】quēmén(r) ❶ 名 공백 부문(部門). 빈자리. ¶填补tiánbǔ工业中的一个～ | 공업 중의 공백 부문을 메우다. ❷ 形 부당하다. 무엄하다. 부덕하다. ¶这个办法实在～ | 이 방법은 실로 부당하다.

【缺苗】quē miáo 모가 군데군데 빠져 있다. 모가 고르지 않다.

【缺奶】quēnǎi 動 젖이 모자라다.

【缺钱】quēqián 動 돈이 모자라다. ¶～花 | 용돈이 모자라다.

【缺欠】quēqiàn ❶ ⇒〔缺陷xiàn〕 ❷ ⇒〔缺少〕

【缺勤】quē/qín 動 결근하다. ¶～率shuài | 결근율 →〔请qǐng假〕

2【缺少】quēshǎo 動 (사람이나 물건의 수량이) 모자라다. 결핍되다. ¶～了新鲜空气 | 신선한 공기가 부족하다. ¶～人手 | 일손이 모자라다. ¶不可～的条件tiáojiàn | (필수) 불가결한 조건 =〔缺短quēduǎn〕〔缺站quēzhàn〕〔短duǎn少〕〔站少〕

【缺位】quēwèi ❶ 名 공석(空席). 결원. ¶会场中有不少～ | 회의장에 많은 공석이 생기다. ❷ (quē/wèi) 動 공석이 되다.

4【缺席】quē/xí ❶ 動 결석하다. ¶因事～ | 일 때문에 결석하다. ❷ (quēxí) 名 결석(자). ¶～判决pànjué | 결석 판결.

4【缺陷】quēxiàn 名 결함. 결점. 흠. 허물. ¶生理～ | 신체적 결함 =〔缺站①〕〔書 缺玷diàn〕〔缺失〕

【缺心少肺】quē xīn shǎo fèi 成 인정머리가 없다. 의리가 없다. 양심이 없다. ¶这孩子是～的 | 이 아이는 인정머리가 없다.

【缺心眼儿】quēxīnyǎnr ❶ 狀組 멍청하다. (사람이) 좀 모자라다. 머리가 아둔하다. 분별을 못하다. ¶他有点儿～ | 그는 사람이 좀 모자란다. ❷ 名 좀 모자란 사람. 분별력이 없는 사람. ¶他是个～ | 그는 분별력이 없는 사람이다.

【缺页】quēyè 名 낙장(落張). ¶～书 | 낙장본.

【缺医少药】quē yī shǎo yào 成 의사와 약품이 부족하다. ¶这地方～ | 이곳은 의사와 약품이 부족하다.

【缺支(儿)】quēzhī(r) 名 한자 부수의 등글월문(攴).

【缺嘴】quēzuǐ ❶ (～儿) ⇒〔唇chún裂〕 ❷ 動 方 먹을 것이 모자라다. 입맛을 다시다. 얌냠하다. ¶这个孩子～, 看见甚么都要吃 | 이 아이는 얌냠하면서 보는 것마다 먹으려 한다.

【阙(闕)】 quē què 대궐문 궐

Ⓐ quē ❶「缺」의 고체자(古體字) ⇒〔缺quē①〕 ❷ 書 名 과실. 잘못. ❸ (Quē) 名 성(姓).

Ⓑ què 名 ❶ 궁문(宮門) 앞의 좌우 양측에 있는 망루(望樓). ❷ 轉 궁궐. ¶宫～ | 궁궐. ¶伏fú～ | 대궐앞에 부복하다. ❸ 묘의 바깥쪽에 세운 비석 [좌우 두 개가 있는데 죽은 사람의 성명·관직을 새김] ❹ (Què) 성(姓).

Ⓐ quē

【阙如】quērú 書動 결여되다. ¶尚付shàngfù～ | 아직도 결여된 채로 있다 =〔缺如〕

【阙疑】quēyí 書動 의문스러운 것을 당분간 보류하여 두다. ¶暂付zhànfù～ | 의문스러운 것을 잠시 보류하여 두다.

Ⓑ què

【阙门】quèmén 名 ❶ 書 궁정(宮廷). 대궐. ❷ (Quèmén) 복성(複姓).

qué ㄑㄩㄝˊ

4【瘸】qué 다리절 궐
動口 다리를 절다. 절름거리다. ¶～着走 | 절름거리며 걷다. ¶～腿不能走远路 | 다리를 절면서는 먼 길을 갈 수 없다→〔残cán废〕〔拐guǎi子〕

【瘸搭瘸搭】qué·da qué·da 狀 절룩절룩. 절뚝절뚝. ¶～地走 | 절뚝거리며 걷다.

【瘸驴配破磨】quélǘ pèi pòmò 諺 절름발이 당나귀에는 깨어진 맷돌이 제격이다. 흠 있는 것은 흠 있는 것끼리 잘 어울린다. 짚신도 제날이 좋다.

【瘸腿】quétuǐ ❶ 動 다리를 절다. ❷ 名 절름발이.

【瘸子】qué·zi 名口 절름발이.

què ㄑㄩㄝˋ

2【却〈卻〉】què 물러날 각, 도리어 각
❶ 副 도리어. 오히려. 반대로 [「倒」「可」보다는 어감이 약함] ¶这个道理大家都明白, 他～不知道 | 이 도리는 모두가 다 아는데 그는 오히려 모른다. ❷ 副 뜻밖에. 의외로. ¶再细数一次, 不想～差了两张 | 다시 한 번 자세히 세어보니 뜻밖에도 두 장이 모자랐다→〔竟jìng①〕 ❸ 副 …이기는 하지만 어법 「虽然」과 호응하여 쓰이는데, 「但是」「可是」의 용법과 거의 같지만 주어 앞에 오지는 않음. ¶春天到了, ～还有点冷 | 봄은 왔지만 아직 조금 춥다. ¶他虽然身子不大好, ～爱喝酒 | 그는 몸이 그리 좋은 편은 아니지만 술마시길 좋아한다. ❹ 副 …하고 나서. 다시 [구소설(舊小說)에 잘 쓰임] ¶等到天晚, ～做区处 | 날이 어두워지고 나서 처치하자. ¶明日～往 | 내일 다시 가라. ❺ 副 어찌…이겠는가. ¶等他们内里先乱了, 再去攻打, ～不是好? | 그들 내부에 혼란이 일어난 다음에 다시 공격하는 것이 어찌 좋지 않겠는가? ❻ 副 도대체. 결국. ¶这位～是谁 | 이분은 도대체 누구십니까? ❼ 副 …하긴 하지만. …이기는 …이다 어법 같은 동사나 형용사의 중간에 놓여 양보의 뜻을 나타냄. ¶好～好, 可是价钱jiàqián很贵 | 좋기는 좋은데 (하지만) 가격이 너무 비싸다. ❽ 副 …보다 …하다 어법 형용사 뒤에 놓여 비교급을 만들고, 동사뒤에 놓여 수동의 뜻을 나타냄. ¶谁道泰山高, 下～鲁连节 | 태산이 높다하나 노련의 절조보다는 낮다《李白詩》 ❾ 副 역시. ¶重到故乡交旧少, 凄凉, ～恐他乡胜故乡 | 다시 고향에 가보니 옛친구도 적고 쓸쓸하니, 역시 타향이 고향보다 나은가보다《陸游詞》 ❿ 副 바로. ¶归路非关北, 行舟～向西 | 돌아가는 길은 관북이 아니고, 가는 배는 서쪽으로 향하다《杜甫詩》 ⓫ 動 물러서다. 후퇴하다. 뒷걸음치다. ¶退～ | 퇴각하다. ¶望而～步 | 보면서 뒷걸음치다. ⓬ 書動 물리치다. 물러나게 하다. ¶～敌 | 적을 물리치다. ⓭ 書動 거절하다. 사절하다. ¶推tuī～ | 거절하다. ¶～之不恭 | 거절하면 실례가 된다. ⓮ 尾 …해 버리다. 없어지다 어법 동사의 뒤에 붙어 강조함. ¶忘～ | 잊어버리다. ¶失～信心 | 믿음을 잃어버리다.

【却病】quèbìng 書動 병을 물리치다. ¶常做运动可以使人～延年 | 항상 운동을 하면 병을 물리치고 장수할 수 있다 =〔祛qū病〕

【却步】quèbù 動 (두렵거나 싫어서) 뒷걸음질치다. 퇴각하다. 뒤로 물러서다. ¶望而～ | 보고 뒤로 물러서다 =〔書却走〕

【却不道】què ·bù dào 動組 ❶ ⇒〔想xiǎng不到〕 ❷ …라고 흔히 말하지 않는가? 흔히 이렇게 말한다. 실로. ¶～一马不鞴bèi两鞍 | 말 하나에 두 개의 안장을 올려놓지 못한다고들 말하지 않는가? =〔真是〕〔口岂qǐ不常说〕

【却说】quèshuō 近 각설하고. 그런데 [장회체(章回體) 소설에서 말머리를 바꾸어 말할 때 쓰는 발어사(發語辭)] =〔且qiě说〕

【却之不恭, 受之有愧】què zhī bù gōng, shòu zhī yǒu kuì 成 (다른 사람의 선물·요청 등을) 거절하자니 실례같고, 받자니 쑥스럽다. ¶～, 我该怎么办呢? | 거절하자니 실례같고 받자니 쑥스러워 어떻게 하면 좋을까?

【悫(愨)】què 성실할 각
書形 성실하다.

1【确(確)〈碻塙〉】què 단단할 확, 확실할 확
❶ 形 진실하다. 확실하다. ¶正～ | 정확하다. ¶千真万～ | 아주 정확하다. ❷ 形 견고하다. 확고하다. ¶～保↓ ¶～信↓ ❸ 副 확실히. 매우 어법 「确是」로 쓰임. ¶她～是进步很快 | 그녀는 확실히 진보가 빠르다. ¶～青的苞米叶子 | 매우 푸른 옥수수 잎.

4【确保】quèbǎo 動 ❶ 확보하다. ¶～安全生产 | 안전 생산을 확보하다. ❷ 확실히 보증하다. ¶～质量zhìliàng | 품질을 확실히 보증하다.

【确当】quèdàng 形 정확하다. 적당하다. 적절하다. ¶用词～ | 어휘사용이 적절하다.

2【确定】quèdìng ❶ 動 확정하다. 확실히 하다. 확인하다. ¶～地点dìdiǎn | 장소를 확정하다. ❷ 形 확정적이다. 명확하다. 확고하다. ¶他的语气很～, 不容他人怀疑 | 그의 말투가 너무 확고하여 다른 사람이 의심하지 않는다. ¶～的人数 | 확정된 인원.

【确定不移】què dìng bù yí 成 확고 부동하다. ¶～的结论 | 확고 부동한 결론.

【确乎】què·hū 書副 확실히. ¶这办法～有效 | 이 방법은 확실히 효과가 있다 =〔口确实〕〔口确是〕〔口确确乎〕〔确然〕〔实在〕

4【确立】quèlì 動 확립하다. ¶～地位dìwèi | 지위를 확립하다. ¶～世界观shìjièguān | 세계관을 확립하다.

【确论】quèlùn 名 합당한 논조. 적절한 언론. 정확한 언론. ¶这是～, 不必怀疑huáiyí | 이것은 정확한 이야기가 회의할 필요가 없다.
【确期】quèqī 名 확실한 기일. ¶～以后宣布xuānbù | 확실한 기일은 후에 발표하다.
4【确切】quèqiè 形 확실하며 적절하다. ¶这篇文章用词十分～ | 이 문장의 단어 사용은 아주 적절하다. ¶～证据zhèngjù | 확실한 증거.
4【确认】quèrèn ❶ 動 확인하다. ¶提前三天～所订的机票 | 3일 전에 예약한 비행기표를 확인하다. ¶参加会议的各国～了这些原则 | 회의에 참가한 각국은 이러한 원칙을 확인했다. ❷ 名〈法〉확인.
1【确实】quèshí ❶ 形 확실하다. ¶情况～ | 상황이 확실하다. ¶～的消息xiāoxī | 확실한 소식. ¶了解得很～ | 확실하게 이해하다. ❶ 副 확실히. 정말로. ¶～如此 | 확실히 그러하다.
【确是】què·shi ⇒〔确乎hū〕
【确守】quèshǒu 動 굳게 지키다. ¶～信义xìnyì | 신의를 굳게 지키다.
4【确信】quèxìn ❶ 名 확신. ❷ 動 확신하다. ¶～以为真 | 진실이라고 확신한다. ❸ 名 정확한 소식.
【确诊】quèzhěn 動 (최종적으로 …라고) 진단하다. 확정 진단하다.
【确证】quèzhèng ❶ 名 확실한 증거. 확증 ＝〔明证míngzhèng〕〔确据quèjù〕 ❷ 動 확실하게 증명하다.
【确知】quèzhī 動 확실하게 알다. ¶情形如何, 无法～ | 상황이 어떠한지 확실하게 알 방도가 없다.
4【确凿】quèzuò 動 너무 확실하다. ¶证据zhèngjù～ | 증거가 너무 확실하다.

4【雀】 què qiǎo qiāo 참새 작

Ⓐ què ❶ 名〈鳥〉참새 ＝〔家雀qiǎo儿〕〔麻雀qiǎo儿〕〔老家子〕〔老家贼zéi〕 ¶麻má～ | 참새. ❷ 마작. ¶麻～ | 마작. ¶打麻～ ＝〔打麻将dǎmájiàng〕 | 마작을 하다. ❸ 名〈鳥〉작은 새. ¶养yǎng～怡情yíqíng | 작은 새를 기르며 즐기다.
Ⓑ qiǎo ❶「雀què」의 속음(俗音). ❷ ⇨〔雀盲眼quèmángyǎn〕
Ⓒ qiāo ⇨〔雀子〕
Ⓐ què
【雀斑】quèbān 名 주근깨. ¶李小姐脸上有一些～ | 이양은 얼굴에 주근깨가 좀 있다 ＝〔雀qiǎo子ⓑ〕
【雀麦】quèmài 名〈植〉작맥. 귀리 ＝〔野麦yěmài〕
【雀盲】quèmáng ⓧ qiǎománg) 名〈醫〉야 맹 증(夜盲症) ＝〔雀qiǎo盲眼〕
【雀盲症】quèmángzhèng 名〈醫〉야맹증 ＝〔雀qiǎo盲眼〕
【雀目障】quèmùzhāng ⇒〔雀qiǎo盲眼〕
【雀鹰】quèyīng 名〈鳥〉매 ＝〔鹞子〕〔鹞鹰〕〔老(鹞)鹰〕〔㊗摩mó鹰〕
【雀跃】quèyuè 書 動 기뻐서(참새처럼) 깡충깡충 뛰다. ¶一听此话, 他不禁～ | 그는 이 말을 듣자마자 기뻐서 깡충깡충 뛰었다. ¶欢欣～ | 成 기뻐 날뛰다. 펄쩍 뛰면서 좋아하다.
Ⓑ qiǎo
【雀盲】qiǎománg ⓧ quèmáng) ⇒〔雀盲眼〕
【雀盲眼】qiǎo·mangyǎn 名 方 야 맹 증 ＝〔方 雀盲〕〔雀蒙〕〔雀朦眼méngyǎn〕〔雀迷mí眼〕〔書 雀目障mùzhàng〕〔夜盲〕
【雀蒙】qiǎo·meng ⇒〔雀盲眼〕
【雀朦眼】qiǎo·mengyǎn ⇒〔雀盲眼〕
【雀迷眼】qiǎo·miyǎn ⇒〔雀盲眼〕
【雀子】ⓐ qiǎo·zi 名 남자의 생식기. 음경(陰莖). ⓑ qiāo·zi ⇒〔雀què斑〕
Ⓒ qiāo
【雀子】qiāo·zi ☞〔雀子〕qiǎo·zi ⓑ

【阕(闋)】 què 끝날 결, 쉴 결, 빌 결
❶ 書 動 종식하다. 끝나다. ¶乐～ | 음악이 끝나다. 문을 닫다. ❷ 書 形 공허하다. 헛되다. ❸ 量 곡. 수. ⓐ 가곡(歌曲)을 세는 양사. ¶歌数～ | 몇 곡을 부르다. ⓑ「词cí④」를 세는 양사 ＝〔首shǒu⑥〕 ¶一～词 | 사 한 수. ❹ 名〈文〉결〔두 단락으로 나누어진「词」의 첫째 단락을「上阕」, 두번째 단락을「下阕」이라 함〕

【阙】 què ☞ 阙 quē Ⓑ

4【榷〈搉5, 6, 7〉】 què 도거리할 각, 외나무다리 교
書 ❶ 動 세금을 걷다. 징세(徵稅)하다. ¶～盐yán↓ ❷ 名 전매. ¶官～ | 정부전매. ❸ 動 이익을 독점하다. 전매하다. ¶～茶↓ ❹ 名 외나무다리. ❺ 動 상담하다. 의논하다. ❻ 動 치다. 때리다. ❼ 動 인용하여 말하다. ¶扬～古今 | 고금의 예를 인용하여 말하다 ＝〔扬榷〕
【榷茶】quèchá 書 動 ❶ 차(茶)에 세금을 매기다. ❷ 차를 전매하다.
【榷盐】quèyán 書 動 ❶ 염세(鹽稅)를 징수하다. ❷ 소금을 전매하다.

4【鹊(鵲)】 què 까치 작
名〈鳥〉까치 ＝〔喜鹊xǐquè〕
【鹊起】quèqǐ 書 動 ❶ 시세(時勢)를 타서 분기(奮起)하다. 기회를 보아서 일어나다. ❷ 喻 명성이 전파되다. 널리 퍼지다. ¶声誉shēngyù～ | 명망이 널리 퍼지다.
【鹊桥】quèqiáo 名 (전설상의) 오작교(烏鵲橋). ¶～相会 | 喻 부부 또는 연인이 오랫동안 헤어져 있다가 만나다.

qūn ㄑㄩㄣ

【囷】 qūn 곳집 균
書 名 원형의 미창(米倉).

【逡】 qūn 머뭇거릴 준
書 動 주저하다. 물러나다. 머뭇거리다. 후퇴하다.
【逡巡】qūnxún 書 動 머뭇거리다. 주저하다. (나아가지 못하고) 뒤로 멈칫멈칫 물러나다. 우물쭈물하다. ¶～不前 | 우물쭈물하며 나아가지 않다 ＝〔逡循〕〔迁逡〕
【逡循】qūnxún ⇒〔逡巡〕

qún ㄑㄩㄣˊ

2【裙】 qún 치마 군
❶ (～儿, ～子) 名 치마. 스커트. ¶连

衣～ | 원피스. ¶百折zhé～ | 주름치마. ❷ 치마와 비슷한 모양. ¶围wéi～ | 앞치마. ¶油yóu～ | 요리할 때 목에 거는 앞치마.

【裙布荆钗】qúnbù jīng chāi 書 무명 치마와 가시나무 비녀. 喩 부인의 수수한 옷이나 머리장식.

【裙钗】qúnchāi 書 名 ❶ 치마와 비녀. ❷ 부녀자. ¶～之流 | 부녀자 무리.

【裙带】qúndài ❶ 名 치마끈. ❷ 名 貶 喩 처가집의 덕을 보고 있는 남자. ❸ ⇒〔裙带菜qúndàicài〕

【裙带菜】qúndàicài 名〈植〉미역 =〔 簡 裙带qúndài③〕〔嫩nèn海带〕→〔昆kūn布〕

【裙带关系】qúndài guān·xi 名組 규벌(閨閥) 관계. 사돈 친척 관계. 처가의 세력을 중심으로 결성된 파벌 관계. ¶通过～, 进入领导阶层jiēcéng | 사돈 친척관계를 통하여 영도계층에 들어가다.

【裙裤】qúnkù 名 치마 바지. ¶此店专卖～ | 이 상점에서는 전문적으로 치마 바지만을 판다.

【裙褶】qúnzhě 名 치마의 주름.

2【裙子】qún·zi 名 치마. 스커트. ¶花～ | 꽃 문늬를 수놓은 스커트.

2【群〈羣〉】qún 무리 군, 많을 군 ❶ 名 무리. 떼. ¶三五成～ | 삼삼오오 무리를 이루다. ¶一大～人 | 큰 떼를 지은 사람들. ❷ 군중. 대중. ¶舍己shějǐ为～ | 대중을 위하여 자신을 희생하다. ❸ 무리를 이루다. ¶～居↓ ❹ 量 무리 [무리를 이룬 사람 또는 물건을 세는 양사] ¶一～孩子 | 한 무리의 아이들. ¶一～羊 | 한 떼의 양→〔麇qún〕

【群策群力】qún cè qún lì 成 뭇사람이 지혜를 모으고 힘을 합치다.

3【群岛】qúndǎo 名〈地〉군도.

【群雕】qúndiāo 名 여러사람이 조각하여 만든 조소(雕塑).

【群而不党】qún ér bù dǎng 成 두루 사귀고 파벌을 만들지 않는다.

【群芳】qúnfāng 名 군방. ❶ 뭇 (향기로운) 꽃. ¶～谱pǔ | 개화의 순서에 따라 꽃에 관하여 기재한 책. ❷ 轉 많은 미녀. ¶～竞艳jìngyàn | 成 뭇 꽃들이〔미녀가〕아름다움을 다투다 ‖ =〔群花〕

【群分类聚】qún fēn lèi jù 成 다른 것은 흩어지고 같은 것은 모이다→〔分门别类〕

【群婚】qúnhūn 名 군혼. 집단혼(集團婚). 단체혼(團體婚). ¶那个部落至今仍是流行～ | 그 부락은 아직도 군혼이 성행하고 있다.

【群架】qúnjià 名 패싸움. ¶打～ | 패싸움을 벌이다.

【群居】qúnjū 動 군거하다. 떼〔무리〕지어 살다. ¶～动物dòngwù | 군서(群棲) 동물.

【群龙无首】qún lóng wú shǒu 成 뭇 용에 우두머리가 없다. 무장지졸(無將之卒).

【群落】qúnluò 名〈植〉군락. 떼판. ¶～交错区 | 군락 전이대(轉移帶).

【群氓】qúnmáng 書 名 貶 뭇 백성. 우매한 백성. 민초(民草) [옛날, 통치 계급이 일반 백성을 낮추어 부른 말]

【群魔乱舞】qún mó luàn wǔ 成 마귀떼가 어지러이 춤을 추다. 악당들이 마구 날뛰다.

【群起】qúnqǐ 動 군기하다. 많은 사람이 함께 일어나다. ¶～响应xiǎngyìng | 뭇 사람이 함께 호응하다.

【群起而攻之】qún qǐ ér gōng zhī 成 뭇 사람이 함께 들고 일어나 공격〔반대〕하다. ¶对不良分孙, 大家要～ | 불량분자에 대해서는 여러분들이 모두 함께 들고 일어나 공격해야 합니다.

【群青】qúnqīng 名〈染〉군청 =〔佛青〕〔佛(头)青〕

【群轻折轴】qún qīng zhé zhóu 成 가벼운 것도 많이 쌓이면 수레의 굴대를 부러뜨린다. 조그마한 나쁜 일이라도 내버려두면 심각한 결과를 초래한다.

【群情】qúnqíng 書 名 대중의 감정. 민의(民意). ¶～激桿jīgǎn | 대중의 감정이 격앙되다 =〔群心〕

【群山】qúnshān 名 군산. 많은 산. 뭇 산. ¶～巍巍wēi | 뭇 산이 아주 높이 솟아 있다.

4【群体】qúntǐ 名 ❶〈生〉군체. 무리몸. ❷〈化〉복합체(複合體). ¶维生素B2～ | 비타민B2 복합체. ❸ 단체(團體)의 옛 이름.

【群威群胆】qún wēi qún dǎn 成 뭇사람이 힘과 용기를 발휘하다.

【群雄】qúnxióng 名 군웅. ¶～割据gējù | 군웅할거.

【群言堂】qúnyántáng 名 (지도자가) 여론에 귀를 기울여 수렴하는 민주적 태도〔행위〕

【群蚁附膻】qún yǐ fù shān 成 貶 뭇 개미가 노린내를 맡고 몰려 든다. 뭇사람이 이익에만 쏠리다. 사리를 위해 모여 들다.

【群英会】qúnyīnghuì 名 경험 등을 토론·교환하기 위한 각 분야의 뛰어난 사람들의 모임. ¶开了一个～ | 군영회를 열다.

2【群众】qúnzhòng 名 ❶ 군중. 민중. 대중. ¶～心理 | 군중 심리. ❷ 비공산당원. 일반 대중. 비당원. 간부가 아닌 자. 어법「群众」은 개개인을 의미할 때도 있음.

【群众关系】qúnzhòng guānxì 名 대인 관계. 군중〔대중〕과의 관계. ¶搞好～ | 대인관계를 잘 해야 한다.

【群众路线】qúnzhòng lùxiàn 名組〈政〉군중노선 [무산계급 정당이 당과 대중의 관계를 처리하는 근본적인 태도 및 영도 방법] ¶要走～ | 군중노선으로 가야 한다.

【麇】qún ☞ 麇 jūn Ⓑ

【麕】qún 떼질 균 「麇」과 통용 ⇒〔麇qún〕

R

rán ㄖㄢˊ

【蚺〈蚦〉】rán 이무기 염 ⇒〔蚺蛇〕

【蚺蛇】ránshé 图〈動〉염사. 이무기 =〔蟒mǎng蛇〕〔髯rán蛇〕

【髯】rán 구레나룻 염 图❶구레나룻 [귀밑에서 턱까지 난 수염] ❷轉 수염. ¶白发苍～ | 흰 머리카락에 희끗희끗한 수염→〔胡hú〕

【髯口(儿)】rán·kou(r) 图〈演映〉배우가 붙이는 긴 수염 [경극(京劇)에서「须生」「老生」등 각색(脚色)들이 붙이는 수염]

【髯蛇】ránshé ⇒〔蚺rán蛇〕

1【然】rán 그럴 연 ❶書動 옳다. 그렇다. ¶不以为～ | 그렇다고 여기지 않다. ¶大谬miù不～ | 成 완전히 옳지 않다. ❷書形 이와 같다. 그와 같다. ¶未必尽～ | 반드시 다 그러하지는 않다. ¶到处皆～ | 어디에서나 다 이와 같다. ❸書尾 부사(副詞)나 형용사(形容詞)의 뒤에 쓰여 모양이나 상태를 나타냄. ¶偶～ | 우연히. ¶悚sǒng～ | 송연히. ❹書連 그러나. 그런데. ¶他虽年老, ～身体很强健 | 그는 비록 늙었지만, 몸은 매우 강건하다 =〔然而〕 ❺「燃」과 통용⇒〔燃rán〕 ❻(Rán) 图 성(姓).

2【然而】rán'ér 連 그러나. 그런데. 그렇지만. ¶他虽然失败了好几次, ～并不灰心 | 그는 비록 여러 차례 실패했지만, 결코 실망하지 않는다→〔可是①〕〔但是①〕

【然否】ránfǒu 書動組 그런지 그렇지 않은지. ¶不知～ | 그런지 그렇지 않은지를 모르다 =〔回是不是〕

1【然后】ránhòu 連 연후에. 그러한 후에. 그리고 나서. ¶学～知不足 | 배우고 나서야 부족함을 안다《禮記》=〔然始shǐ〕

【然诺】ránnuò 書名動 허락(하다). 승낙(하다). ¶不负fù～ | 승낙한 것을 어기지 않다 =〔允yǔn诺〕〔答dá应②〕

【然始】ránshǐ ⇒〔然后〕

【然则】ránzé 書連 그러면. 그렇다면. 그러한 즉. ¶此说甚有科学根据, ～前次试验之失败, 必有其他原因 | 이 설은 매우 과학적인 근거가 있는데, 그렇다면 지난 번 실험의 실패에는 반드시 다른 원인이 있다.

2【燃】rán 탈 연, 사를 연 ❶動 타다. 연소하다. ¶自～ | 자연 연소하다. ¶可～性的矿物 | 가연성 광물. ❷動 불을 붙이다. 점화(點火)하다. ¶～起一堆篝gōu火 | 모닥에 불을 붙이다. ¶把柴～着zháo了 | 땔나무에 점화했다. ¶～香 | 향을 피우다. ¶～放花炮 | 축포를 쏘아 올리다 ‖ =〔然⑤〕

【燃点】rándiǎn ❶動 점화하다. 불을 켜다. ¶～灯火 | 등불을 켜다. ❷图〈化〉발화점(發火點) ¶～太高 | 발화점이 매우 높다 =〔发火点〕〔着zháo火点〕

【燃放】ránfàng 書動 (폭죽 등에) 불을 붙여 터뜨리다. 불꽃을 쏘아 올리다. ¶～花炮 | 화포를 쏘아 올리다. ¶～爆bào竹 | 폭죽에 불을 붙여 터뜨리다.

3【燃料】ránliào 图 연료. ¶固体～ | 고체 연료. ¶液体～ | 액체 연료. ¶气体～ | 기체 연료. ¶～比 | 연료비. ¶～电池 | 연료 전지. ¶～管道 | 연료 통로. ¶～库 | 연료 저장고. ¶～气 | 연료 가스.

【燃眉之急】rán méi zhī jí 成 초미지급(焦眉之急). 아주 급한 일. ¶此不过解～ | 이는 아주 급한 일을 해결하는데 불과하다 =〔焦眉之急〕

【燃气】ránqì 图 가스. ¶～灶具zàojù | 가스 주방 기구.

2【燃烧】ránshāo 图動 연소(하다). ¶干柴容易～ | 마른 장작은 쉽게 탄다. ¶～剂jì | 연소제. ¶～瓶 | 화염병. ¶～器 | 버너. 연소기. ¶～室 | 연소실. ¶～性能 | 연소 성능.

【燃烧弹】ránshāodàn 图〈軍〉소이탄 =〔烧夷yí弹〕〔纵zòng火弹〕

rǎn ㄖㄢˇ

【冉】rǎn 늘어질 염, 갈 염 ❶ ⇒〔冉冉〕 ❷(Rǎn) 图 성(姓).

【冉冉】rǎnrǎn 書貌 ❶(털·나뭇가지 등이) 부드럽게 아래로 드리운 모양. 하늘거리는 모양. ¶垂杨～ | 수양버들이 하늘거리다. ❷천천히 움직여 나아가는 모양. ¶白云～ | 흰 구름이 천천히 떠간다.

【苒】rǎn 성할 염, 천연할 염

【苒苒】rǎnrǎn 書貌 ❶초목이 무성한 모양. ¶草木～ | 풀과 나무가 무성하다. ❷가볍고 부드러운 모양. ❸시간이 점점 흘러가는 모양.

【苒荏】rǎnrěn 書動 세월이〔시간이〕 점차 지나가다〔흘러가다〕. ¶光阴～, 眼看就三年了 | 세월이 점차 흘러서 벌써 3년이 되었다 =〔荏苒〕

【苒弱】rǎnruò 形❶한들한들 드리운 모양. ¶花条～ | 꽃 가지가 한들한들 드리우다. ❷춤추는 모양.

2【染】rǎn 물들일 염, 옮을 염 ❶動 물들(이)다. ¶墨水容易～手 | 잉크는 쉽게 손에 묻는다. ¶印～ | 날염하다. ¶～布 | 천에 물들이다. 물들인 천. ❷動 (병에) 감염〔전염〕되다. ¶～上了痢疾lìjí | 이질에 감염되었다. ¶传～ | 전염하다. ❸動 악습에 물들다. 중독되다. ¶～上了恶习 | 악습에 물들다. ¶～上烟瘾yǐn | 아편에 중독되다. ❹名轉 간통(姦通). ¶她和赌棍dǔgùn有～ | 그녀는 노름꾼과 간통한 사이다.

【染病】rǎn/bìng 動 병에 걸리다. ¶身染重病 | 중병에 걸리다. ¶他在途中～ | 그가 도중에 병에 걸리다→〔得dé病〕

【染坊】rǎn·fáng 图 염색집. 염색소. ¶他家开了一个～ | 그의 집은 염색소를 열었다 =〔染房〕〔染户〕

【染缸】rǎngāng 名 ❶ 염색용 항아리〔독〕. ¶～里出不了白布 | 염색용 항아리 속에서 흰 천이 나올 수 없다. ❷ 喩 사람의 사상에 대해 악영향을 주는 장소 또는 환경. ¶社会像一个大～ | 사회가 마치 나쁜 물들이는 큰 항아리와 같다.

3【染料】rǎnliào 名 염료. ¶活性～ | 활성 염료. ¶安尼林～ ＝〔煤膏染料〕| 아닐린 염료.

【染色】rǎn/sè ❶ 動 염색하다. 물들이다. ❷ 動 (세균 관찰을 쉽게하기 위해) 세균체를 염색하다. ❸ (rǎnsè) 名〈生〉염색.

【染色体】rǎnsètǐ 名〈生〉염색체.

【染液】rǎnyè 名 염료액(染料液). 매염액(媒染液).

【染指】rǎnzhǐ 動 喩 ❶ 부당한 이익을 취하다. 부정당한 물건을 남몰래 가지다. ❷ (욕망에 끌려) 손대다. ¶我不想～此事 | 나는 이 일에 손대려하지 않는다. ¶～投机 | 투기에 손대다.

rāng ㄖㄤ

【嚷】rāng ☞ 嚷 rǎng Ⓑ

ráng ㄖㄤˊ

【勷】ráng xiāng 달릴 양, 바쁠 양
Ⓐ ráng ⇒〔劻kuāng勷〕
Ⓑ xiāng「襄」과 통용 ⇒〔襄xiāng①〕

【蘘】ráng 양하 양
⇒〔蘘荷〕

【蘘荷】ránghé 名〈植〉양하.

【瓤】ráng 박속 양
❶ (～儿, ～子) 名 (오이·수박·귤 등의) 과육(果肉). ¶西瓜～儿 | 수박의 속. ¶黑子红～儿的西瓜 | 까만 씨에 속이 빨간 수박. ¶核桃～ | 호도속. ❷ (～儿, ～子) 名 轉 껍질에 싸여 있는 물건의 속. 내부. ¶表～儿 | 시계의 속. ❸ (～儿) 名 (일의) 내막. 속사정. ¶～儿里的事有谁知道 | 내막을 누가 알 수 있으리오. ❹ 名 (떡·만두·과자 등의) 소. ¶这饺子是肉～的 | 이 만두는 고기소를 넣어 만든 것이다. ❺ 形 方 나쁘다. 약하다. 부드럽다. ¶病后身体～ | 병을 앓은 뒤여서 몸이 약하다. ¶身子真不～儿 | 몸이 매우 튼튼하다 ‖ ＝〔穰ráng③〕

【瓤口儿】ráng·kour 名 俗 참외·수박 등 박과 과실의 맛. ¶这西瓜～好, 特甜 | 이 수박은 맛이 좋으며, 매우 달다.

【禳】ráng 물리칠 양
⇒〔禳灾〕

【禳祸】ránghuò 動 액막이를 하다 ＝〔禳灾〕

【禳解】rángjiě 書 動 (재앙을 없애 달라고) 빌다. 액막이 하다. ¶你莫不是撞zhuàng着什么神道, 替你请个尼僧来～～罢? | 네가 무슨 망령에 씌지는 않았는지, 여승을 청해 액막이를 해 줄까? 《儒林外史》

【禳灾】rángzāi ⇒〔禳祸huò〕

【穰】ráng 짚 양, 넉넉할 양
❶ (～儿) 名 方 (벼·보리 등의) 줄기. 짚. ❷ 書 形 넉넉하다. 풍성하다. 많다. ¶人稠chóu物～ | 사람이 많고 물산이 풍부하다. ¶丰～ | 풍작이다. ¶居民浩hào～ | 주민이 대단히 많다 ＝〔壤rǎng④〕 ❸「瓤」과 통용 ⇒〔瓤ráng〕 ❹ (Ráng) 名 성(姓).

【穰穰】rángráng 書 貺 ❶ 오곡(五穀)이 풍작을 이뤄 그득찬 모양. ¶～满家 | 곡물이 집안에 가득하다. ❷ 사람이 많아 혼잡한 모양.

❶ 書 名 허리띠. ❷ 書 名 말의 배에 걸쳐 조르는 끈. ❸「攘」과 통용 ⇒〔攘rǎng⑦〕

rǎng ㄖㄤˇ

2【嚷】rǎng rāng 소리지를 양
Ⓐ rǎng 動 ❶ 큰 소리로 부르다. 고함치다. ¶别～了! | 고함치지 마라. ¶大～大叫 | 큰 소리로 외치다. ❷ 俗 말다툼하다. ¶跟朋友～了一通 | 친구와 한차례 말다툼했다. ❸ 왁자지껄 떠들다. ¶～醒了孩子 | 떠들어 아이의 잠을 깨웠다. ❹ 方 꾸짖다. 책망하다. ¶你不要这样, 妈妈会～我 | 너 이러지 마라, 어머니가 나를 나무라실 것이다.
Ⓑ rāng ⇒〔嚷嚷〕

Ⓐ rǎng

【嚷好(儿)】rǎnghǎo(r) 動 갈채를 보내다. 큰 소리로 칭찬하다. ¶观众使劲儿shǐjìnr～ | 관중들이 힘껏 갈채를 보내다 ＝〔叫好(儿)〕

【嚷骂】rǎngmà 動 큰 소리로 욕하다. ¶不能在这儿～ | 여기서 큰 소리로 욕할 수 없다.

【嚷闹】rǎngnào 動 시끄럽게 떠들다. 소란을 피우다. ¶不准在校园里～ | 교내에서 시끄럽게 떠들어서는 안된다.

Ⓑ rāng

【嚷嚷】rāng·rang 動 口 ❶ (큰 소리로) 떠들다. 웅성거리다. ¶谁在那儿～? | 누가 거기서 큰 소리로 떠드니? ❷ 널리 알리다〔퍼뜨리다〕. ¶这件事, 你可别～ | 이 일은 네가 퍼뜨려서는 안된다.

3【壤】rǎng 고운흙 양, 땅 양
❶ 名 토양. 부드럽고 덩이지지 않은 흙. ¶沃wò～ | 기름진 토양. ❷ 名 땅. ¶天～ | 하늘과 땅. ❸ 名 지구(地區). 지역. ¶接～ | 접경지역. 경계를 접하다. ❹「穰」과 통용 ⇒〔穰ráng②〕 ❺ (Rǎng) 名 성(姓). ❻ 복성(複姓) 중의 한 자(字). ¶～驷↓

【壤壤】rǎngrǎng ⇒〔攘rǎng攘〕

【壤驷】Rǎngsì 名 복성(複姓).

【壤土】rǎngtǔ 名 농경에 알맞은 토양.

【攘〈纕₇〉】rǎng 물리칠 양, 걷을 양
動 ❶ 書 빼앗다. 횡령하다. ¶～夺 | 탈취하다. ❷ 書 밀어내다. 배척하다. ¶～外 | 외세를 몰아내다. ¶～除↓ ❸ 낭비하다. 탕진하다. ¶把父亲的遗产全都～ | 아버지의 유산을 몽땅 탕진했다. ¶～钱 | 돈을 낭비하다. ❹ (불어서) 날리다. 흩어버리다. ¶前人～沙迷后人眼 | 앞 사람이 모래를 날려 뒷 사람 눈을 미혹시키다. 앞 사람의 나쁜 행실이 뒷 사람에게 해를 끼치다. ❺ 京 밀어 넣다. 轉 잔뜩 먹다. ¶嘴zuǐ里说吃不下了, 还一个劲jìn儿地往里～ | 말로는

더 이상 먹지 못하겠다고 하면서 자꾸 입에다 퍼 넣고 있다. ❻書 혼란되다. 어지럽히다. ¶天下~~｜천하가 매우 어지러워지다. ❼書 소매를 걷어 올리다. ¶~臂↓

【攘臂】rǎngbì 書動 ❶(화나거나 흥분하여) 팔소매를 걷어 올리다. ¶~高呼｜팔소매를 걷어 올리고 큰 소리로 부르다. ❷喻 분기(奮起)하다 ¶~奋起, 成立义军｜소매를 걷어 올리고 분연히 일어나, 의병을 조직하다. ‖=〔攘袂〕〔攘袖〕

【攘除】rǎngchú 書動 배제하다. 제거하다. ¶~奸邪｜간사한 것을 배제하다.

【攘夺】rǎngduó 書動 탈취하다. 빼앗다. ¶~权利｜권리를 빼앗다.

【攘攘】rǎngrǎng 貺 어수선하다. 혼란스럽다. 무질서하다. ¶天下~｜천하가 어수선하다 =〔壤rǎng壤〕

【攘攘】rǎngrǎng ⇒〔壤rǎng壤〕

ràng ㄖㄤˋ

1【让(讓)〈譲〉】ràng 사양할 양 ❶動 양보하다. 사양하다. ¶你就~他这一次吧｜네가 이번에는 양보해라. ¶不~不~ =〔别让别让〕｜套 사양하지 마세요. ¶~两个子儿｜(바둑에서) 두 점을 접고 두다. ¶~了你一个车｜(장기에서) 차(車)를 떼고 두다. ❷動 피하다. 비키다. ¶~出一条路来｜길을 비켜주다. ¶车来了, 大家~一~｜차가 지나갑니다, 다들 비키시오. ❸動 …을 권하다. 안내하다. ¶~茶↓ ¶~座↓ ❹動 넘겨주다. 양도하다. 맡기다. ¶这本书你打算~人吗?｜이 책을 남에게 넘길 작정이냐? ¶你能不能~间屋子给我?｜나에게 방 한 칸 양보할 수 없겠니? ❺動 (값이나 조건을) 깎아 주다. 감해 주다. ¶~价↓ ¶你能~多少钱?｜얼마나 깎아 주겠소? ❻動 …에게 …하게 하다. …하도록 시키다. ¶~我仔细想一想｜나에게 자세히 생각하도록 해 주시오. ¶来晚了, ~您久等了｜늦었군요. 오래 기다리게 했군요→〔把〕〔叫⑩〕〔令③〕〔使④〕 ❼介 …에게 (…당하다)［동작의 행위자를 끌어들임］ ¶行李~雨给淋lín了｜짐이 비에 젖었다. ¶窗户~大风吹坏了｜창문이 바람에 부서졌다. 어법「让」「被」「叫」의 차이점⇒〔叫jiào〕

4【让步】ràng/bù ❶動 양보하다. ¶不向无理要求~｜무리한 요구에 양보하지 않다. ❷(ràngbù) 名 양보. ¶准备作出某些必要的~｜어떤 필요한 양보를 할 준비를 하다. ¶不作无原则的~｜무원칙적인 양보는 하지 않는다.

【让菜】ràngcài 動 주인이 자기 젓가락으로 요리를 집어 손님의 접시에 덜어 주는 것. ¶她向客人~｜그녀는 손님에게 젓가락으로 요리를 집어 접시에 덜어 준다.

【让茶】ràngchá 動 (손님에게) 차를 권하다.

【让道(儿)】ràngdào(r) 動 길을 양보하다〔비켜주다〕=〔让路(儿)〕

【让给】rànggěi 動 (…에게) 넘겨 주다. 양도하다. ¶把帝位~了禹｜제위를 우에게 넘겨주었다.

【让价(儿)】ràng/jià(r) ❶動 값을 깎아 주다. 에누리해주다. ¶他不肯~, 所以不能成交｜그가 값을 깎아주지 않아, 거래가 성립되지 않는다. ❷(ràngjià(r)) 名 에누리한 가격.

【让酒】ràngjiǔ 動 술을 권하다.

【让开】ràngkāi 動 길을 내주다〔비키다〕. 물러서다. ¶~道路｜도로를 비켜주다. ¶~! =〔闪shǎn开!〕｜물러서!

【让梨】rànglí 成 윗사람에게 양보하는 겸손한 태도［후한(後漢)의 공융(孔融)이 형들과 배를 먹을 때 언제나 작은 것을 취했다는 고사(故事)에서 나온 말］

【让路】ràng/lù ⇒〔让道(儿)〕

【让人】ràngrén 動 ❶남에게 넘겨주다. ¶得理不~｜이치를 얻어 남에게 넘겨줄수 없다. ❷남에게 …시키다〔하게 하다〕. ¶~受苦｜남에게 괴로움을 주다.

【让位】ràng/wèi 動 ❶지위〔직위〕를 물려주다. ❷자리를〔좌석을〕 양보하다. ❸바뀌다. 자리를 내주다. ¶困难的局面~于顺利的局面｜어려운 상황이 순탄한 상황으로 바뀌다.

【让贤】ràng/xián 動 직위를 재능이 있는 사람에게 내주다〔양보하다〕. ¶多次~｜여러차례 직위를 재능 있는 사람에게 양보하다.

【让枣推梨】ràng zǎo tuī lí 成 대추와 배를 서로 권하고 사양하다. 우정이나 우애가 두텁다 =〔推梨让枣〕

【让座(儿)】ràng/zuò(r) 動 ❶좌석을 양보하다. ¶汽车上青年人都给老年人~｜차안에서 젊은이들이 다들 노인들에게 좌석을 양보하다. ❷(손님에게) 자리깸 권하다.

ráo ㄖㄠˊ

【娆(嬈)】ráo rǎo 번거로울 뇨, 아리따울 요

Ⓐráo ⇒〔娇jiāo娆〕〔妖yāo娆〕

Ⓑrǎo 書動 폐를 끼치다. 번거롭게 하다. ¶除荷解~｜가혹함과 번거로움을 없애다.

【荛(蕘)】ráo 땔나무 요, 나뭇군 요 ❶書名 땔나무. ¶刍chú~｜꼴을 베고 나무를 하다. 나무꾼. ❷名〈植〉「芜菁」(순무)의 옛 이름.

【荛花】ráohuā 名〈植〉산닥나무.

【荛竖】ráoshù ⇒〔荛子〕

【荛子】ráozǐ 書名 초동(草童). 나무꾼 =〔荛竖〕

3【饶(饒)】ráo 넉넉할 요, 용서할 요 ❶形 풍부〔풍족〕하다. 많다. ¶~有风趣↓ ¶丰~ =〔富饶〕｜풍요하다. ❷動 용서하다. 관용하다. ¶~他这一回吧｜그를 이번에는 용서합시다. ❸動 더하다. 첨가하다. ¶买一打dá, ~一个｜한 타스를 사면 한 개는 덤으로 준다. ¶~头↓ ❹動 연루시키다. 관련되다. ¶有两人去就行了, 不要把他也~在里头｜둘이서 가면 되니, 그 사람까지 함께 관련시키지 마라. ❺動 재잘거리다. 지껄이다. ¶~不得假话｜거짓말을 재잘거릴 수 없다. ❻連方 비록 …한다 하더라도. 설사 …하더라도. ¶这孩子, ~怎么说他也不听｜이 아이는 무슨 말을 한다해도 듣

지 않는다. ¶～这么检查还有漏洞呢 | 이렇게 검사해도 여전히 실수가 있다 =〔尽jǐn管〕 ❼ (Ráo) 名 성(姓).

【饶命】ráo/mìng 動 목숨을 살려 주다. ¶求您饶了我的命吧 | 당신께 제발 제 목숨만 살려줄 것을 청합니다. ¶打得孩子连声叫～ | 아이가 연거푸 목숨을 살려 달라고 소리지르도록 때리다.

【饶人】ráo/rén 動 ❶ 남을 용서〔관용〕하다. ❷ 남에게 양보하다. ¶得～处, 且～ | 양보할 수 있는 만큼 양보하다. ¶得理不～ | 이치를 얻어 남에게 양보할 수 없다.

【饶舌】ráoshé 形 말이 많다 =〔多嘴〕

【饶赦】ráoshè 名 動 (죄 등을) 용서(하다). 사면(하다). ¶～对手 | 상대를 용서하다.

【饶世界】ráoshìjiè ⇒〔饶市街〕

【饶市街】ráoshì·jie 名 京 도처. 온 세상. ¶～找不到弟弟 | 어디에서도 동생을 찾을 수 없다 =〔饶街上〕〔饶世界〕〔满市街〕

【饶恕】ráoshù 動 용서하다. 처벌을 면해 주다. ¶请～我这一回吧! | 이번 한 번만 저를 용서해 주세요!

【饶头】ráo·tou 名 口 덤. 경품. ¶这盒火柴huǒchái是刚才在商店买烟的～ | 이 성냥은 방금 가게에서 담배를 살 때 받은 경품이다.

【饶有风趣】ráo yǒu fēngqù 成 정취가 넘쳐나다. 유머 감각이 풍부하다. ¶他说起话来～ | 그가 말을 하면 정취가 넘쳐 흐른다.

【饶着】ráo·zhe 狀 …한 주제에.…하면서도. 게다가. ¶他～不给办, 倒跟我打开了官腔 | 그는 아무것도 해주지 못하면서 오히려 내게 관료적인 말투로 지껄여댔다. ¶～请人吃饭, 还落个话把儿 | 남에게 식사 대접을 하고서도 오히려 웃음거리가 되었다.

【桡(橈)】ráo náo 노 요, 휠 뇨, 약할 뇨

Ⓐ ráo 書 名 배의 노. 轉 배. ¶停tíng～ | 배를 멈추다 →〔桨jiǎng〕

Ⓑ náo 書 ❶ 名 굽은 나무. ❷ 形 굽다. 휘다. ¶～骨↓ ❸ 形 꺾이다. 부서지다. ❹ 形 약하다. ¶～凶 | 약해지다. ❺ 動 흔들다. 어지럽히다. ¶～法 | 법을 어기다.

【桡动脉】náodòngmài 名〈生理〉요골(橈骨) 동맥.

【桡骨】náogǔ 名〈生理〉요골. 노뼈.

rǎo ㄖㄠˇ

2【扰(擾)】rǎo 어지러울 요

❶ 動 어지럽히다. 교란하다. ¶～乱秩序 | 질서를 어지럽히다. ❷ 動 (음식 대접을 받아 상대방에게) 폐를 끼치다. 신세지다. ¶我～了他一顿饭 | 나는 식사 한끼를 그에게 대접 받았다. ¶叨tāo～, 叨～ | 폐를 끼쳤습니다. ¶有～, 有～ | 잘 먹었습니다. ¶打～ | 폐를 끼치다. ¶厚～ | 아주 잘 먹었습니다. ¶奉～ | 잘 먹겠습니다.

【扰动】rǎodòng 名 動 소동(을 일으키다). 소요(를 일으키다). ¶～及于全国 | 동란이 전국에 파급되었다. ¶出现了～ | 소요가 일어났다.

4【扰乱】rǎoluàn 動 어지럽히다. 교란하다. 방해하다. ¶～市场 | 시장을 교란하다. ¶～秩序 | 질서를 어지럽히다.

【扰攘】rǎorǎng 書 動 소란스럽게 하다. 소동을 일으키다. ¶干戈～ | 전쟁으로 소동이 일어나다.

【扰扰】rǎorǎo 書 狀 복잡하고 어지러운 모양. 소란한 모양. ¶街市～ | 시가가 복잡하고 어지럽다.

【娆】rǎo ☞ 娆 ráo Ⓑ

rào ㄖㄠˋ

2【绕(繞)〈遶$_{2,3}$〉】rào 감길 요, 두를 요

動 ❶ 감(기)다. 휘감(기)다. 얽(히)다. ¶～线 | 실을 감다. ¶～着一条围巾wéijīn | 목도리를 두르고 있다. ❷ (주위를) 빙빙 돌다. 감돌다. ¶鸟～着树飞 | 새가 나무 주위를 빙빙 돌며 날다. ❸ (멀리) 돌아가다. 우회하다. 에워가다. ¶此处修路, 车辆～行 | 이곳은 도로 수리를 하여 차가 우회한다. ¶～到敌人后 | 적의 후방으로 에돌아갔다. ❹ 轉 (머리가) 혼란해지다. 얼떨떨하게 되다. (문제·사건 등이) 뒤얽히다. ¶叫他给～在里头了 | 그 사람 때문에 머리속이 복잡해졌다. ¶这句话一下子把他～住了 | 이 말이 단번에 그를 정신없게 만들었다. ❺ 量 타래 [감긴 실을 세는 데 쓰임] ¶一～线 | 한 타래의 실.

【绕脖子】rào bó·zi 動組 方 ❶ 에둘러 말하다. 넌지시 말하다. ¶绕着脖子骂人 | 넌지시 다른 사람을 욕하다 =〔绕圈(儿, 子) ②〕〔绕弯儿②〕〔绕弯子〕 ❷ (말이나 일 등이) 애매하다. 갈피를 잡을 수 없다. 난해하다. 까다롭다. ¶这问题真～ | 이 문제는 정말 갈피를 잡을 수 없다. ❸ 술수를 부리다.

【绕不开(扣儿)】rào·bukāi (kòur) 動組 (복잡하게 뒤엉켜) 이해할 수 없다.

【绕道(儿)】rào/dào(r) 動 길을 (빙빙) 돌다. 우회하다. 에돌다. ¶他～来到我家 | 그는 길을 빙빙 돌아 우리 집에 왔다. ¶见困难～走 | 곤란에 부닥쳐 돌아서 가다 =〔绕路〕

【绕脚】ràojiǎo ❶ 動 길을 돌다. ¶这条路～, 可是安全 | 이 길은 먼 데로 돌아가지만 안전하다. ❷ 形 京 성가시다. 귀찮다.

【绕开】ràokāi 動 돌아서 피하다. ¶～麻烦问题 | 성가신 문제를 피해가다. ¶他～我的问话, 又说了半天 | 그는 나의 묻는 말을 피해가면서, 또 한나절이나 얘길했다.

【绕口】ràokǒu ⇒〔绕嘴〕

【绕口令(儿)】ràokǒulìng(r) 名 ❶ 잰말놀이 [발음하기 어려운 말을 빨리 외우는 놀이] ¶他会说～ | 그는 잰말놀이를 할 줄 안다. ❷ 轉 빙빙 돌려서 하는 말. ¶我不懂得你这～啊 | 나는 네가 이렇게 빙빙 돌려서 하는 말을 이해할 수 없다 ‖ =〔拗ào口令〕〔急jí口令〕

【绕梁三日】rào liáng sān rì 成 노래소리가 높고 낭랑하여〔우렁차서〕 그 싸고도는 여음이 오래도록 남아있음을 형용하는 말. ¶歌声美妙, ～ | 노

R

래소리가 아름다워, 여음이 오래토록 남아있다.
【绕路】rào/lù ⇒〔绕道〕
【绕圈(儿, 子)】rào/quān(r·zi) ❶動 길을 빙빙 돌아가다. ¶人地生疏, 难免~走冤枉路 | 낯선 곳인지라 빙빙 돌면서 헛걸음을 하게 되는 것도 어쩔 수 없는 노릇이다. ❷⇒〔绕脖子①〕
【绕射】ràoshè 名動〈物〉회절(하다) =〔衍yǎn射〕
【绕世界】ràoshì·jie 名組 이르는 곳마다. 도처에. 온 세상에. ¶这是个倏密, 可别~嚷去 | 이는 비밀이니 아무데서나 떠들어대지 마라 →〔饶ráo市街〕
【绕手】ràoshǒu 形京 (일 등이) 처리하기 어렵다〔까다롭다〕. ¶这件事真有点儿~ | 이 일은 정말 처리하기가 조금 까다롭다.
【绕腾】rào·teng 動京 (말·행동 등이 단도직입적이지 않고) 빙빙 돌리다〔에돌리다〕. ¶这事可把我~苦了 | 이 일은 정말 나를 빙빙 돌려 힘들게 한다.
【绕弯儿】rào/wānr ❶動方 산보하다. ¶他刚吃完饭, 在院子里~ | 그는 막 식사를 하고 정원을 산보하고 있다. ❷⇒〔绕脖子①〕
【绕弯子】rào/wān·zi ⇒〔绕脖子①〕
【绕线】ràoxiàn ❶動 실을 감다. ¶~板 | 실감개. ¶~管 | 보빈(bobbin). ❷名〈電算〉와이어 랩(wire wrap).
【绕行】ràoxíng 書動 ❶길을 돌아서 가다. ¶车辆~! | 차량은 돌아가시오! ❷둘레를 돌아서 가다. ¶~湖边一周 | 호숫가를 한바퀴 돌아서 가다.
【绕远儿】rào/yuǎnr ❶動 멀리 돌(아서 가)다. 멀리 에돌다. 우회하다. ¶我宁可~也不翻山 | 나는 차라리 멀리 돌아서 갈지언정 산을 오르지는 않겠다. ❷(ràoyuǎnr) 形 (길이) 구불구불하고 멀다. ¶这条路很好走, 可就是~ | 이 길이 걷기에는 편하지만, 구불구불 멀다.
【绕住】ràozhù 動 ❶휘감다. 얽매다. ❷轉 정신이 얼떨떨해지다. 갈피를 잡을 수 없게 되다. ¶不知怎么的, 我被他说得~了 | 어찌된 영문인지 모르지만 나는 그의 말에 정신이 얼떨떨해졌다.
【绕组】ràozǔ 名〈電氣〉코일 =〔线xiàn包〕〔线卷〕
【绕嘴】ràozuǐ 動 (발음하기 어려워) 혀가 잘 돌아가지 않다. ¶这话说起来~ | 이 말은 발음하자니 혀가 잘 돌아가지 않는다 =〔绕口〕

rě ㄖㄜˇ

3【若】rě ☞ 若 ruò Ⓑ

【喏】rě nuò 인사할 야, 대답할 야

Ⓐrě 書嘆 아뢰오. 예 [옛날, 웃사람에게 인사할 때 경의를 표하는 소리] ¶唱~ |「아뢰오」하고 외치다. 읍(揖)을 하다.
Ⓑnuò 嘆 ❶方 자. 이〔저〕봐. 여보시오 [상대방에게 말을 걸거나 주의를 환기시키는 데 쓰임] ¶~, 这不就是电话局吗! | 여보시오! 여기가 전화국이 아니오! ¶~, 这不是你要的那本书吗 | 자, 이것이 당신이 요구하던 그 책이 아니요. ❷書 예 [인사할 때 공손히 대답하는 소리로, 소설·희곡에 잘 쓰이는 말] ¶~~连声 | 연거푸 예예하고 대답하다 =〔诺nuò〕

2【惹】rě 이끌 야

動 ❶(어떤 결과나 사태를) 일으키다. 야기하다. ¶~出事来 | 사건을 일으키다. ¶~是生非 | 말썽을 일으키다. ❷(상대의) 감정을 건드리다. ¶别~他 | 그의 감정을 건드리지 마라. ¶这孩子脾气大, 不好~ | 이 아이는 성을 잘 내니 건드릴 수 없다. ❸(말·행동이) 어떤 반응을 불러 일으키다. ¶~人注意 | 다른 사람의 주의를 끌다. ¶一句话把大家~得哈哈大笑 | 말 한 마디가 모두를 하하 하고 크게 웃게 했다.
【惹不得】rě·bu dé 動組 건드릴 수 없다. ¶万万~他 | 절대 그를 건드리면 안된다.
【惹不起】rě·bu qǐ 動組 ❶(힘이 세거나 세력이 커서) 건드릴 수 없다. 상대를 할 수 없다. ¶这个人不讲理, 谁也~ | 이 사람은 억지를 써서 아무도 상대할 수 없다. ❷(일을) 일으킬 수 없다.
【惹得】rě·de 動 야기시키다. 불러 일으키다. ¶因为他这一句话, ~大家都谈论起来了 | 그의 이 한 마디로 인해 사람들이 모두 수근거리기 시작했다.
【惹得起】rě·de qǐ 動組 건드릴 수 있다. 어법 주로 반문에 쓰임. ¶他有靠山, 你~吗? | 그는 배후가 있는데, 네가 건드릴 수 있겠니? ⇔〔惹不起〕
【惹翻】rěfān 動 노하게 하다. 기분을 상하게 하다. ¶工作没作好, 把他~了 | 일을 다 마치지 않아 그를 기분상하게 하였다. ¶别~了, 这对谁都无益 | 기분을 상하게 하지 마라, 이는 누구에게도 도움이 되지 않는다.
【惹火】rě/huǒ 動 ❶불을 당기다. 인화하다. ¶这些~的东西, 快搬远点儿 | 이런 인화성 물건은 빨리 멀리 옮기시오. ❷성나게 하다. ¶大概这几句话把他~了 | 아마도 이 몇마디 말이 그를 성나게 한 것 같다.
【惹火烧身】rě huǒ shāo shēn 成 스스로 고난이나 재난을 불러 들이다. ¶别干这种~的事儿 | 이런 스스로 고난을 부르는 일은 하지 마라 =〔引yǐn火烧身〕
【惹祸】rě/huò 動 화를 초래하다〔일으키다〕.
【惹急】rějí 動 ❶상대의 기분을 초조하게 만들다. ❷(남을) 건드려 화나게 하다.
【惹娄子】rělóu·zi 動組 소동〔귀찮은 일〕을 일으키다. 화를 일으키다.
【惹乱儿】rě luànr ⇒〔惹乱子〕
【惹乱子】rě luàn·zi 動組 소동을 일으키다. 화를 불러 일으키다. ¶这孩子老~ | 이 아이는 언제나 화를 불러 일으킨다 =〔惹乱儿〕
【惹恼】rě/nǎo ⇒〔惹怒〕
【惹怒】rěnù 動 노하게〔성나게〕 하다. ¶我就为这件小事~了他 | 나는 바로 이 사소한 일로 그를 화나게 했다 =〔惹恼nǎo〕
【惹起】rěqǐ 動 일으키다. 야기하다 →〔引起〕
【惹气】rě/qì 動 성나게 하다. 약을 올리다. ¶不值得为这点事情~ | 이런 일로 약오를 것 없다.

【惹事】rě/shì 動 일을 저지르다. 문제를 일으키다. ¶别出去~! | 나가서 일을 저지르지 마라! =〔招zhāo事〕

【惹是生非】rě shì shēng fēi 成 말썽을 일으키다. 시비를 일으키다.

【惹眼】rě/yǎn 動 方 시선을 끌다. 눈에 뜨이다.

rè ㄖㄜˋ

1【热(熱)】rè 열 열, 더울 열 ❶ 名 〈物〉 열. ¶潜~ | 잠열. ¶汽化~ | 기화열. ❷ 名 (몸의) 열. 신열. ¶发~ | 열이 나다. ¶退~ | 열이 내리다. ❸ 形 덥다. 뜨겁다. ¶天~ | 날씨가 덥다. ¶趁~打铁 | 成 쇠는 달았을 때 때려야 한다 ⇔〔冷①〕 ❹ 動 데우다. 덥히다. ¶把菜~一~ | 음식을 좀 덥히다. ¶弄nòng~ | 뜨겁게 하다. ❺ 形 정이 깊다. 친밀하다. 열렬하다. ¶亲~ | 친밀하다. ¶两个人处得很~ | 두 사람은 매우 친밀하게 지낸다. ❻ 形 인기가 있다. 환영받다. ¶~门(儿) ↓ ❼ 形 매우 잘 아는. 매우 익숙한. ¶~土 ↓ ❽ 名 열기. 유행. ¶在中国也兴起了算盘suànpán~ | 중국에서도 주산붐이 일었다. ¶足球~ | 축구 붐. ❾ 動 몹시 탐내다〔부러워하다〕. ¶眼~ | 탐내다. 부러워하다.

2【热爱】rè'ài 動 열애하다. 열렬히 사랑하다. ¶~工作 | 일에 매우 애착을 가지다.

【热病】rèbìng 名 〈漢醫〉 열병.

【热肠】rècháng 名 形 열정(적이다). 열성(적이다). 열의(가 있다). 친절(하다). ¶古道~ | 인정이 두텁고 정의감이 강하다. ¶~的同学 | 열성적인 급우.

4【热潮】rècháo 名 열기. (최)고조. 붐(boom). ¶救国~ | 구국의 열기.

【热忱】rèchén ❶ 名 열의. 열정. 열성. 정열. ¶满怀救国~ | 구국의 열정에 불타다. ❷ 形 열성적이다. 열정적이다. 열렬하고 진지하다. ¶他待人~ | 그는 사람을 열렬하고 진지하게 대한다.

【热诚】rèchéng 名 形 열성(적이다). 정열〔열정〕(적이다). ¶~欢迎 | 열정적으로 환영하다.

【热处理】rèchǔlǐ 名 〈工〉 열처리 →〔淬cuì火〕〔正zhèng常化②〕

3【热带】rèdài 名 〈地〉 열대 =〔回归带〕

【热带鱼】rèdàiyú 名 〈魚貝〉 열대어. ¶他家养了几条~ | 그의 집은 열대어 몇 마리를 길렀다.

【热得快】rèdékuài ⇒〔电diàn热杯〕

【热点】rèdiǎn 名 ❶ 사람들의 관심이 집중되는 지역 혹은 문제. ❷ (국제 정치·군사의) 첨예적 모순이 대립되고 있는 곳.

【热电】rèdiàn 名 〈物〉 열전기.

【热电厂】rèdiànchǎng 名 전력 공급을 하며, 또 주변 지역에 스팀 등의 열을 대량으로 공급하는 하는 화력발전소의 일종 =〔热电站zhàn〕

【热电偶】rèdiàn'ǒu 名 〈物〉 열전쌍(熱電雙). 열전지(熱電池). 열전대(熱電對).

【热电效应】rèdiàn xiàoyìng 名組 〈物〉 열전 효과. 제벡(seebeck) 효과.

【热定型】rèdìngxíng 名 〈紡〉 합성 섬유의 가소성(可塑性)을 이용, 고온 처리하여 섬유의 수축과 구김을 방지해 줌.

【热毒】rèdú ❶ 動 (햇볕이) 따갑게 내리쬐다. ¶~的太阳 | 작열하는 태양. ❷ 名 〈漢醫〉 열독. 발열성 병독 또는 이로 인해 생기는 병. ❸ 名 〈漢醫〉 화상(火傷) 뒤에 생기는 감염증. ❹ 名 〈漢醫〉 땀띠로 인한 종기.

【热度】rèdù 名 ❶ 열(의 정도). ¶物体燃烧ránshāo需要一定的~ | 물체의 연소에는 일정한 열이 필요하다 ¶~不够 | 열이 부족하다 →〔温wēn度〕 ❷ 口 신열. 정상보다 높은 체온. ¶打了一针, ~已经退了点儿 | 주사를 한 대 놓았더니 신열이 이미 다소 내렸다. ❸ 열의(熱意). 따뜻함. 친밀함.

【热风】rèfēng 名 열풍. ¶阵阵~ | 간간이 열풍이 분다.

【热敷】rèfū 名 動 〈醫〉 온습포(溫濕布)(하다). ¶~疗法 | 온습포 치료법 =〔热罨yǎn〕

【热功当量】règōng dāngliàng 名組 〈物〉 열의 일당량.

【热狗】règǒu 名 外 핫도그(hot dog) =〔红肠面包〕〔腊肠面包〕

【热固性】règùxìng 名 〈物〉 열경화성.

【热锅上(的)蚂蚁】rè guō·shàng(·de) mǎ yǐ 成 뜨거운 가마 속의 개미(처럼 갈팡질팡하며 허둥대다). ¶她急得如~ | 그녀가 뜨거운 가마 속의 개미처럼 급해하다.

【热合】rèhé 動 플라스틱·고무 등의 재료를 가열한 후 찐득찐득하게 뭉쳐 놓다.

【热核】rèhé 名 〈原〉 열(원자)핵. ¶~爆炸bàozhà | 열(원자)핵 폭발. ¶~弹头 | 열원자핵 탄두. ¶~(子)武器 | 열핵 병기.

【热核反应】rèhé fǎnyìng 名組 〈原〉 열핵 (융합) 반응 =〔聚变反应〕

【热烘烘】rèhōnghōng 狀 ❶ 후끈후끈〔화끈화끈〕하다. ¶炉火很旺wàng, 屋子里~的 | 난로불이 활활하여, 방안이 후끈후끈하다. ❷ 轉 (세력이) 왕성하다.

【热乎乎】rèhūhū 狀 (날씨·음식·대인 관계 등이) 뜨겁다. 뜨끈뜨끈하다 =〔热呼呼〕〔热忽忽〕→〔热乎〕

【热乎】rè·hu ❶ 形 (음식물 등이) 따뜻하다. 따끈따끈하다. ¶菜~着哪, 正好吃 | 음식이 따뜻하여 먹기에 꼭 알맞다. ❷ 形 사이가 좋다. 친밀하다. ¶他们俩那个~劲! | 그들 두 사람의 그 친밀함이란! ❸ 動 덥히다. 데우다. ¶把菜~一下 | 요리를 좀 데워라 ‖ =〔热呼〕〔热忽〕

【热呼呼】rèhūhū ⇒〔热乎乎〕

【热呼】rè·hu ⇒〔热乎〕

【热忽忽】rèhūhū ⇒〔热乎乎〕

【热忽】rè·hu ⇒〔热乎〕

【热化】rèhuà 名 〈物〉 화력 발전소에서 전기 에너지와 열에너지를 함께 생산해 내는 방식의 일종.

【热火】rè·huo ❶ 形 열렬〔맹렬〕하다. 열기에 차다. ¶广场锣鼓喧天, 场面可~啦 | 광장에는 징소리·북소리가 요란하여 장면이 정말 열기차다. ❷ ⇒〔热和〕

R

【热火朝天】rè huǒ cháo tiān 成(집회·행사 등이) 열기에 차다. 기세 드높다. (일하는 것이) 대단한 열의가 있다. 의기 충천하다. ¶大家～地工作着 | 모두들 대단한 열의로써 일을 한다.

【热货】rèhuò ⇒〔热门货〕

【热和】rè·huo 形 口 ❶ (물건의 온도가) 뜨끈뜨끈하다. 뜨뜻하다. ¶锅guō里的粥zhōu还挺～ | 솥 안의 죽은 아직도 매우 뜨끈뜨끈하다. ❷ 정답다. 친절하다. 온화하다. 따뜻하다. ¶他见人总是～ | 그는 언제나 정답게 사람을 대한다. ❸ 사이가 좋다. 친(밀)하다. ¶他们俩近来很～ | 그들 둘은 요즘 매우 친밀하다 ‖ ＝〔热火②〕

【热机】rèjī 名〈物〉열기관 ＝〔热力发动机〕

【热寂】rèjì 名〈物〉열역학 법칙에 따라 이루어지는 열평형의 최종 상태. 즉 모든 열과정의 정지 상태. ¶这世界将来会发生～ | 이 세계는 장차 열평형의 최종 상태가 발생할 것이다.

【热加工】rèjiāgōng 名〈工〉열간 가공〔처리〕→〔冷加工〕

【热劲儿】rèjìnr 名 ❶ 열. 더위. ❷ 열중하고 있는 상태. ¶过了～再说吧! | 열이 식은 뒤 다시 얘기하자! ❸ 뜨거운 정감. 열렬한 감정.

【热扩散】rèkuòsàn 名〈物〉열확산.

【热剌剌】rèlàlà ⇒〔热辣辣〕

【热辣辣】rèlàlà 又 rèlālā 貶 화끈하다. 얼얼하다. ¶太阳晒shài得人～的 | 햇빛이 따갑게 내리쬐다 ＝〔热剌剌〕

【热浪】rèlàng 名 ❶ 서기(暑氣). 열기. 무더위. ¶～逼人 | 무더위가 사람을 핍박하다. ¶～未退 | 열기가 아직 다 가시지 않았다. ❷〈物〉열파.

【热泪】rèlèi 名 (기쁨·감격 등이 심할 경우에 흐르는) 뜨거운 눈물. ¶直掉～ | 뜨거운 눈물을 계속 흘리다. ¶～盈眶yíngkuàng | 뜨거운 눈물이 눈에 그렁그렁하다.

【热力】rèlì 名 ❶〈物〉열에너지. ❷ 온도.

【热力发动机】rèlì fādòngjī ⇒〔热机〕

【热力学】rèlìxué 名〈物〉열역학.

【热恋】rèliàn 動 열애하다. 정열적으로 사랑하다. ¶两个人经过～结了婚 | 두 사람은 열애 끝에 결혼하였다.

[3]【热量】rèliàng 名〈物〉열량. ¶～单位 | 열량의 단위. 칼로리(calorie). ¶～计 ＝〔量热器〕〔卡计〕| 열량계 →〔卡kǎ路里〕

[2]【热烈】rèliè 形 열렬하다. ¶他们受到～的欢迎 | 그들이 열렬한 환영을 받다.

【热裂化法】rèlièhuàfǎ 名組〈化〉열분해법.

【热流】rèliú 名 ❶〈物〉열류. ❷ (격동되고 흥분된 감정의) 뜨거운〔따뜻한〕흐름. ¶感到一股～传遍全身 | 한줄기의 따뜻한 흐름이 온몸에 퍼지는 것을 느끼다.

【热门(儿)】rèmén(r) 名形 인기있는 것. 유행하는 것. 잘 팔리는 것. (시험 등에서) 경쟁율이 높은 것. ¶赶～ | 유행을 좇다. ¶～学科 | 인기(있는) 학과 ⇔〔冷门(儿)②〕

【热门货】rèménhuò 名 인기 상품. ¶这是～, 大批进一点儿也不要紧 | 이것은 인기 상품이니, 많이 사들여도 좋습니다 ＝〔热货〕

【热门消息】rèmén xiāo·xi 名組 핫 뉴스. 세상을 떠들썩하게 하는 뉴스.

【热敏电阻】rèmǐn diànzǔ 名組〈電氣〉더미스터(thermistor).

【热敏性】rèmǐnxìng 名〈電子〉반도체의 전기 전도율이 외부 온도의 변화에 따라 민감하게 반응하는 특성.

[2]【热闹】rè·nao ❶ 形 번화하다. 흥성흥성하다. 벅적벅적하다. 왁자지껄하다. ¶广场上人山人海, 十分～ | 광장은 인산인해를 이루어 매우 왁자지껄하다. ❷ 動 (신나게) 떠들썩거리다. 흥청거리(게 하)다. 떠들썩하게 놀다. ¶到了节日大家～～吧! | 명절이 되면 다들 떠들석하게 놉시다! ❸ (～儿) 名 번화한 장면. (연극 등의) 오락〔여흥〕. 구경거리. 흥청거림. 떠들썩함. ¶看～ | 구경을 하다 ‖ ＝〔方 闹热〕

【热能】rènéng 名〈物〉❶ 열에너지. ¶在地球内部的深处储藏chǔcáng有大量的～ | 지구 내부의 깊은 곳에 많은 열에너지가 저장돼 있다. ❷ 열량. ¶增加～ | 열량을 증가시키다.

【热气】rèqì 名 ❶ 열기. 더운 기운. 김. ¶壶hú里开始～了 | 주전자에 김이 나기 시작했다. ¶～上冒 | 더운 기운이 위로 뿜어 나오다. ¶～腾腾的菜 | 김이 무럭무럭 나는 요리. ❷ 열기. 열의. 열성. ¶人多议论多, ～高 | 사람이 많으면 의론이 많아, 열기가 높다. ❸ 따뜻함. 온기. ¶身上还有一丝～ | 몸에 아직 약간의 온기가 있다.

【热气腾腾】rè qì tēng tēng 成 ❶ (뜨거운) 김이 무럭무럭 나는 모양. ¶～的馒头 | 김이 무럭무럭 나는 만두. ❷ 열기〔열의〕에 찬 모양. 열기가 오르는 모양. ¶～的学习场面 | 열기가 가득한 학습 현장.

【热切】rèqiè 形 열렬하(고 간절하)다. ¶～的愿望 | 열렬하고 간절한 바람.

[1]【热情】rèqíng ❶ 名 열정. 의욕. 열의. 정열. ¶～不足 | 열의가 부족하다. ❷ 形 열정적이다. 친절하다. 마음이 따뜻하다. 정이 두텁다. ¶他对我很～ | 그는 나에 대해 매우 친절하다.

【热容量】rèróngliàng 名〈物〉열용량.

【热身】rèshēn 動 오픈 게임에 참가하다. ¶先～, 后决赛 | 먼저 오픈 게임에 참가하고, 나중에 결승전을 하다 →〔热身赛〕

【热身赛】rèshēnsài 名 오픈 게임(open game)〔정식시합 이전에 치루어지는 적응게임·친선경기·초청경기·연습경기 등〕¶进行～ | 오픈 게임을 하다.

【热水】rèshuǐ 名 더운〔뜨거운〕물. ¶免费供应gōngyīng～ | 더운 물을 무료로 제공하다 →〔开kāi水〕

【热水袋】rèshuǐdài 名 더운물 주머니.

[2]【热(水)瓶】rè(shuǐ)píng 名 俗 보온병 ＝〔热水壶〕〔暖(水)瓶〕

【热水器】rèshuǐqì 名 온수기(溫水器).

【热塑性】rèsùxìng 名〈化〉열가소성.

【热腾腾】rètēngtēng 貶 후끈후끈하다. 따끈따끈하다. 김이 무럭무럭 나다. ¶～的馒头 | 따끈따끈한 만두. ¶太阳落了山, 地上还是～的 | 해는

산을 넘어가도, 땅은 여전히 후끈후끈하다.

【热天(儿)】rètiān(r) 名 열천. 염천. 몹시 더운 날씨. 무더운 날 ¶大～的, 你去城什么? | 무더운 날에, 너는 서울에 가서 뭐하니? =〔暑shǔ天〕

【热土】rètǔ 名 오래 살아서 정감이 깊은 땅. 고향. ¶故乡～=〔老家热土〕〔生地热土〕| 태어난 고향. ¶～难离 | 정든 땅은 떠나기 어렵다. ¶我就爱这一片～ | 나는 이 정든 땅을 사랑한다.

【热望】rèwàng 名動 열망(하다). ¶他们～老师出席 | 그들이 선생님의 출석을 열망하다.

【热线】rèxiàn 名 ❶〈物〉열선. 적외선 =〔红外线〕❷ 外 핫 라인(hot line). ❸ 인기 있는 관광 루트(route).

【热孝】rèxiào 名 조부모·부모·남편 등의 상(喪)(혹은 그때 입는 상복). ¶～在身 | 친상을 당하다.

²【热心】rèxīn 形 ❶ 열심이다. 열성적이다. 열의가 있다. 적극적이다. ¶他～给大家办事 | 그는 사람들에게 열심히 일을 처리해 준다. ❷ 친절〔온화〕하다. 마음이 따뜻하다. ¶他待人真～ | 그는 사람을 참 친절하게 대한다.

【热心肠(儿)】rèxīncháng(r) 口 ❶ 名 따뜻한〔뜨거운〕마음(씨). 열성. 열의. ❷ 形 (마음이) 따뜻하고 친절하다. 열성적이다. ¶他是～ | 그는 마음이 따뜻하고 친절하다.

【热学】rèxué 名〈物〉열학.

【热血】rèxuè 名 열혈. 더운〔끓는〕피. 喩 열정. 정열. ¶～沸腾fèiténg | 더운 피가〔열정이〕끓어오르다.

【热罨】rèyǎn ⇒〔热敷fū〕

【热药】rèyào 名〈藥〉열성(熱性)의 약. 더운 약〔부자(附子)·육계(肉桂) 등〕→〔凉药〕

【热饮】rèyǐn 名 (차나 커피 등의) 뜨거운 음료. ¶提供～ | 뜨거운 음료를 제공하다. ¶～部 | 뜨거운 음료를 파는 매점 ⇔〔冷饮〕

【热应力】rèyìnglì 名〈物〉열응력.

【热源】rèyuán 名〈物〉열원.

【热战】rèzhàn 名 열전. ¶～结束了 | 열전이 끝났다 ⇔〔冷战〕

【热障】rèzhàng 名〈物〉열의 벽.

【热症】rèzhèng 名〈漢醫〉열증. 열병. ¶得了～ | 열병에 걸렸다.

【热中】rèzhōng 動 ❶ (지위나 이익을) 간절히 바라다. 열을 올리다. 열중하다. ¶～名利 | 명예와 이익에 열을 올리다. ❷ 몰두하다. 열중하다. ¶～于念书 | 공부에 열중하다 ‖ =〔热衷zhōng〕

【热中子】rèzhōngzǐ 名〈物〉열중성자.

【热衷】rèzhōng ⇒〔热中zhōng〕

【热作】rèzuō 名〈工〉열간 가공 ⇔〔冷lěng作①〕

rén ㄖㄣˊ

1【人】**rén 사람 인, 남 인**

名 ❶ 사람. 인간. ¶男～ | 남자. ¶女～ | 여자. ¶客～ | 손님. ❷ 성인. 어른. ¶长大成～ | 자라서 어른이 되다. ❸ (일반의 막연한) 사람. 중인(衆人). ¶～手一册 | 사람마다 책 한권씩을 가지다. ¶～都希望和平 | 사람들은 모두 평화를 희망한다. ❹ 타인. 다른 사람. ¶～云亦云↓ ¶做工作不让～ | 작업하는 데 있어서는 남에게 뒤지지 않는다. ❺ 어떤 특정한 부류의 사람. ¶工～ | 노동자. ¶军～ | 군인. ¶主～ | 주인. ❻ (사람의) 품성. 인격. 사람됨. 轉 체면. 명예. ¶他～很好 | 그는 품성이 매우 좋다. ¶他～老实 | 그는 사람됨이 진실하다. ¶丢～ | 체면을 잃다. ❼ (사람의) 의식. 몸. 건강. ¶我今天～不大舒服shūfú | 나는 오늘 몸이 별로 좋지 않다. ¶送到医院～已经昏迷过去了 | 병원에 갔을 때 의식이 이미 혼미해졌었다. ❽ 일손. 인재. ¶缺～ | 일손이 모라자다. ¶～真不好找 | 인재는 정말 찾기 어렵다. ❾ 부하. 아랫사람. ¶他们是谁的～? | 그들은 누구의 부하인가? ❿ (불특정) 사람의 심리·기분. 어법 감각·심리 변화를 나타내는 동사 뒤에 쓰임. ¶吓xià～ | 깜짝 놀라게 하다. ¶气～ | 화가 나다. ⓫ (Rén) 성(姓).

【人本主义】rénběn zhǔyì 名〈哲〉인본주의 ¶他鼓吹～ | 그가 인본주의를 고취하다 =〔人文主义〕

【人比人, 气死人】rén bǐ rén, qì·si rén 諺 남과 비교하면 화가 난다. 나은 사람을 보고 살지말고 못한 사람을 보고 살아라.

【人不得外财不富】rén bùdé wàicái bùfù 諺 사람은 뜻밖의 수입〔특별한 부수입〕이 없으면 부자가 될 수 없다.

【人不可貌相】rén bùkě màoxiàng 諺 사람은 겉모습만 보고 판단해서는 안된다 [뒤에 「海不可斗量」(바닷물은 말로 될 수 없다)가 이어지기도 함] ¶～, 他矮矮的个儿, 但本事很大 | 사람은 겉만 보고 판단해서는 안된다. 그는 키가 작지만, 재능이 매우 뛰어나다.

【人不亏地, 地不亏人】rén bù kuī dì, dì bù kuī rén 諺 부지런한 농사꾼에게는 나쁜 땅이 없다. 토지는 공을 들인 만큼 그 보답을 한다 =〔人勤地不懒〕

【人不人, 鬼不鬼】rén bù rén, guǐ bù guǐ 國 사람도 아니고 귀신도 아니다. 사람같지도 않다. 돼먹지 못하다. ¶把他宣传得～ | 그를 돼먹지 못하다고 선전하다.

【人不为己, 天诛地灭】rén bù wèi jǐ, tiān zhū dì miè 諺 사람이 자기 자신을 위하지 않으면, 하느님과 염라 대왕이 그를 멸망시킨다 [이기주의자들의 자기 변명]

【人不知, 鬼不觉】rén bù zhī, guǐ bù jué 國 사람도 귀신도 다 모르다. 쥐도 새도 모르다. ¶他～, ～地回到了韩国 | 그는 쥐로 새도 모르게 한국으로 돌아왔다.

²【人才】réncái 名 ❶ 인재. ¶～招聘zhāopìn广告 | 인재를 초빙하는 광고. ¶吸引～ | 인재를 모집하다. ¶～济济jǐ | 國 인재가 많다. ❷ 口 아름답고 단정한 모습. 인품(人品). 풍도(風度). ¶有几分～ | 다소간의 풍도가 있다 ‖ =〔人材〕

【人财两空】rén cái liǎng kōng 國 몸〔사람〕도 재산도 다 없어지다〔잃다〕. 집안이 몰락하다 =〔人财两失〕

【人潮】rénchǎo 名 인파(人波). ¶～涌yǒng动 | 인파가 출렁거리다.

【人称】rénchēng 名〈言〉인칭. ¶~代词 | 인칭대명사. ¶第一~ | 1인칭.

【人次】réncì 量 연인원(延人員). ¶一百个~ | 연인원 100명. 어법 뒤에 명사를 둘 수 없음.

【人大】Réndà 名 簡〈政〉「全国人民代表大会」(전국 인민 대표 대회)의 약칭.

【人道】réndào ❶ ⇒〔人行道〕 ❷ 名 인도. 사람으로서 지켜야 할 도리. ¶不讲~ | 사람이 지켜야 할 도리를 신경쓰지 않다. ❸ 形 (주로 부사를 동반하여) 인도적이다. ¶你们太不~了! | 너희들은 너무나 인도적이지 못하다! ❹ 書 名 인간사(人間事). 사람됨의 길. ❺ 名〈佛〉인간 세계. ❻ 名 성교 [주로 능력면에 대하여 부정형으로 쓰임] ¶不能~ | 성교 불능.

4【人道主义】réndào zhǔyì 名 인도주의. ¶实行~ | 인도주의를 실행하다.

【人的名儿, 树的影儿】rén·demíngr, shù·deyǐngr 諺 사람의 명성은 나무 그림자와 같아서 곧으면 곧게 굽으면 굽은대로 나타나는 법이다. 사람에게는 좋든 나쁘든 평판이 따르기 마련이다 =〔人有名, 树有影〕

【人地生疏】rén dì shēng shū 成 사람과 땅이 모두 낯설다. 산설고 물설다 ¶我一人来到中国, ~, 生活很不便 | 나 혼자서 중국에 왔는데, 산설고 물설어, 생활이 매우 불편하다 =〔人地两生〕〔人生地疏〕

【人丁】réndīng 名 ❶ (옛날) 성년자(成年者). ❷ 書 인구. ¶~兴旺 | 인구가 흥성하다.

【人定胜天】rén dìng shèng tiān 成 사람의 노력은 대자연을 이긴다. 운명은 인력으로 극복할 수 있다.

【人多好办事】rénduō hǎobànshì 諺 일손이 많으면 일을 하기 쉽다.

【人多口杂】rén duō kǒu zá ⇒〔人多嘴杂〕

【人多势众】rén duō shì zhòng 成 사람이 많으면 세력도 크다. 사람도 많고 세력도 크다.

【人多嘴杂】rén duō zuǐ zá 成 ❶ 사람이 많으면 의견도 구구하다. ❷ 사람이 많으면 비밀이 새나가기 쉽다 ¶~, 难免有不同的议论 | 사람이 많으면 의견도 구구하여, 시비가 있게 됨은 피하기 힘들다. ‖ =〔人多口杂〕

【人犯】rénfàn 名 (옛날) 피고〔범인〕 또는 사건 관련자. ¶把那些~都带上来 | 그 죄인들을 모두 데려오시오.

【人贩子】rénfàn·zi 名 인신 매매 상인(人身賣買商人) ¶逮住了几个妇女的~ | 부녀자 인신 매매범 몇 명을 체포했다 =〔人牙子〕

【人防】rénfáng 名 簡「人民防空」(인민에 대한 방공)의 약칭.

【人非木石, 孰能无情】rén fēi mù shí, shú néng wú qíng 成 사람이 목석이 아닌데, 그 누가 감정이 없겠는가?

【人非圣贤, 孰能无过】rén fēi shèng xián, shú néng wú guò 成 사람이 태어나면서 부터 성현은 아닐진대 그 누가 허물이 없겠는가? 일반인의 실수는 불가피한 것이다.

【人份】rénfèn 量 사람 몫 어법 복합 양사(量詞)로서, 한 사람이 필요한 양은「一份」이며, 매 사람당 필요한 총량은「人份」임. ¶麻疹mázhěn疫苗yìmiáo五万~ | 홍역 백신 5만 명 분.

【人逢喜事精神爽】rén féng xǐshì jīng·shen shuǎng 諺 사람은 기쁜 일을 만나면 정신이 상쾌해진다. ¶~, 闷上心来瞌睡多 | 諺 사람은 기쁜 일을 만나면 정신이 상쾌해지고, 고민거리가 생기면 조는 일이 많아진다. ¶~, 月到中秋分外明 | 諺 사람은 기쁜 일을 만나면 정신이 상쾌해지고, 달은 중추절이 되면 유난히 밝다.

【人夫】rénfū 名 (옛날) 인부. 잡부.

【人浮于事】rén fú yú shì 成 일(자리)에 비해 사람이 많다〔남다〕. 사람은 많고 일은 적다. ¶这些工作单位本来就~ | 이들 업무 기관들은 본시 일에 비해 사람이 너무 많다.

4【人格(儿)】réngé(r) 名 인격. 인품. 품격. ¶~高尚 | 인품이 고상하다.

【人格化】réngéhuà 名 動 인격화(하다). 의인화(擬人化)(하다).

2【人工】réngōng ❶ 區 인공의. 인위적인. ¶~冰场 | 인공 스케이트장. ¶~岛 | 인공으로 만든 섬. ¶~呼吸 | 인공호흡 ⇔〔自然 ⓐ①〕〔天然〕 ❷ 名 인력(으로 하는 일). 수공업적인 일. ¶这种活儿全靠~ | 이런 종류의 일은 전적으로 사람의 손으로 한다. ❸ 名 한 사람의 1일분 작업 단위. 하루품. 일손. 노력. ¶修这所房子须要多少~? | 이 집을 수리하는 데 품이 얼마나 들겠니? ❹ 名 품삯. 공임(工賃). ¶~低廉 | 품삯이 싸다.

【人工湖】réngōnghú 名 인공 호수. ¶开挖了一个~ | 인공 호수를 하나 팠다.

【人工降雨】réngōng jiàngyǔ 名組〈氣〉인공강우.

【人工流产】réngōng liúchǎn 名〈醫〉인공유산 ¶他太太做了~ | 그의 부인은 인공유산을 했다 =〔簡 人流③〕〔堕胎〕〔打胎〕

【人工免疫】réngōng miǎnyì 名組〈醫〉인공면역 ⇔〔天然免疫〕

【人工气腹】réngōng qìfù 名組〈醫〉인공기복 =〔簡 气腹〕

【人工气胸】réngōng qìxiōng 名組〈醫〉인공기흉 =〔簡 气胸〕

【人工授精】réngōng shòujīng 名組〈生〉인공수정.

【人工智慧】réngōng zhìhuì 名組〈電算〉인공 지능. ¶从事~研究 | 인공 지능 연구에 종사하다 =〔人工智能〕

【人工智能】réngōng zhìnéng ⇒〔人工智慧〕

【人公里】réngōnglǐ 量 인킬로(人kilo) [운수업에서 승객 운송량을 계산하는 복합 양사. 승객 한 사람을 1킬로미터 운송하는 것을「一人公里」라 함]

【人过青春无少年】rén guò qīngchūn wú shàonián 諺 젊음은 한번 가면 두번 다시 오지 않는다.

【人海】rénhǎi 名 ❶ 인해. 수많은 사람. ¶人山~ | 인산인해. ¶~战术 | 인해 전술. ❷ 喩 인생. ¶~浮沉 | 인생의 곡절.

【人海里】rénhǎilǐ 量 인해리 [여객 수송량을 계산하는 복합 양사(量詞). 여객 한사람을 1해리(海

R

里) 운송하는 것을「一人海里」라고 함]

【人豪】rénháo ⇒〔人杰〕

【人和】rénhé 書名 인화. 사람들간의 화합. ¶地利不如～｜成 지형적인 이로움은 사람들간의 화합만 못하다《孟子》

【人话】rénhuà 名 사람다운 말. 말 같은 말. 이치에 맞는 말 [보통 비꼬거나 비난할 때 많이 씀] ¶你怎么不说～?｜너는 어떻게 사람다운 말을 하지 않니?

【人欢马叫】rén huān mǎ jiào 成 ❶ 사람과 가축이 바삐 움직여 논밭에 활기가 있다. ¶田野里～, 机声隆隆lóng｜들에는 일하는 사람과 가축이 바삐 움직이고, 기계 소리가 요란히 울리고 있다. ❷ 사람과 말의 왕래가 빈번하다. 사람들의 출입이 잦다.

【人寰】rénhuán ⇒〔人间①〕

【人祸】rénhuò 名 인재(人災). 사람에 의한 재난. 전화(戰禍). ¶天灾～｜천재와 인재.

【人迹】rénjì 名 인적. 사람의 발자취. ¶不见一丝～｜사람의 발자취가 전혀 보이지 않다. ¶～罕至的地区｜사람의 발자취가 드문 지역.

【人际】rénjì 區 사람과 사람사이의. ¶～关系｜인간관계. ¶～交往｜사람 사이의 왕래.

[2]【人家】ⓐ rénjiā 名 ❶ (～儿)인가. (사람이 사는) 집. ¶这个村子有九十户～｜이 마을에는 구십 가구의 집이 있다. ❷ 書 남의 집. ❸ (～儿)집안. 가문. 가정. ¶清白～｜청렴결백한 집안. ❹ (～儿)여자의 장래 시댁. 정해둔 남자. 신랑감. ¶她已经有了～了｜그녀는 이미 신랑감이 있다. ❺ 近 처(妻).

ⓑ rén·jia ❶ 代 남. 다른 사람. ¶～的事你不用管｜남의 일에 네가 상관하지 말아라. ❷ 그 사람. 그. 어법 어떤 한 사람 또는 사람들을 지칭하는 것으로,「他」와 의미가 비슷함.「人家」뒤에 동격어로 인명이 올 수 있음. ¶你把东西快给～送回去吧!｜너는 물건을 빨리 그에게 돌려 보내라! ¶～学生们都很聪明｜그 학생들은 다들 매우 총명하다. ¶～王科长｜그 유과장. ❸ 나. 사람. 어법 상대방에 대하여 말하는 사람 본인을 가리켜 말하는 것으로, 친밀감이나 유머적인 의미를 포함하고 있음. 동시에 자신을 포함하여 어떤 사람을 에둘러서 지칭하는 경우에도 쓰임. ¶你说想去看电影, ～把票买来了, 你又不去了?｜네가 영화 보러 가고 싶다고 해서 내가 표를 사오니까 네가 또 안가겠다고? ❹ …라고 하는 것. 들. 몸. 신분. 어법 사람을 표시하는 명사의 뒤에 붙어서 신분을 나타냄. ¶姑娘～哪儿能这样子?｜아가씨의 몸으로 어찌 이럴수가 있니? ¶妇道～｜부인네(된 처지). ¶女～｜아낙네(의 몸). ¶女孩儿～｜계집아이(의 주제).

[3]【人间】rénjiān 名 ❶ (인간)세상. 속세. (인간) 사회. ¶～味｜인간미. ¶～的败类｜인간 쓰레기. ¶换了～｜세상이 바뀌었다＝〔書 人寰〕 ❷ 書 교제. 사교(社交).

【人杰】rénjié 書名 인걸. 호걸. 걸출한 인물. ¶～地灵｜成 걸출한 인물이 나면, 그 지방도 유명해진다. 인물은 영검한 땅에서 난다＝〔人豪〕

【人尽其才】rén jìn qí cái 成 사람마다 자기의 재능을 충분히 발휘하다.

[4]【人均】rénjūn 名 簡「每人平均」(1인당 평균)의 약칭 ¶～收入一万美元｜1인당 평균 수입이 만 달러이다＝〔人平〕

【人客】rénkè 名 粤 손님 [막연히 다수의 손님을 가리켜 말함] ¶他们家来的往的～很多, 今天大概有什么举动吧｜그들 집에 내왕하는 손님이 많은데, 오늘 아마 무슨 행사가 있나 보다.

[2]【人口】rénkǒu 名 ❶ 인구. ¶～增长｜인구 증가. ¶～密度｜인구 밀도. ❷ (～儿)식구. 가족수. ¶普查pǔchá～｜인구를 일제 조사하다. ¶～多, 挣钱少｜식구는 많고 수입은 적다. ¶～税＝〔人头税〕｜인두세. ❸ 인신(人身). ¶～贩子｜인신 매매 상인. ¶败卖～｜인신 매매하다. ❹ 書 사람의 입. ¶脍炙kuàizhì～｜인구에 회자되다.

【人困马乏】rén kùn mǎ fá 成 사람과 말이 몹시 (다) 지치다. 기진 맥진하다. ¶赶了一天路, ～的｜왼종일 말을 몰았더니, 사람과 말이 몹시 지쳤다.

【人来疯】rén·láifēng 名 (어린 아이가) 손님이 오면 장난이 더 심해지거나 떼를 쓰는 것. ¶孩子们都有～的习惯｜아이들은 다들 손님이 오면 떼를 쓰는 습관이 있다. ¶你这孩子又犯了～了｜너, 손님이 오니까 또 떼를 쓰는구나＝〔人来风〕

【人来人往】rén lái rén wǎng 成 사람이 (끊임없이) 왕래하다〔오가다〕. ¶就是不摆bǎi酒席不办事儿, 也得有些～｜술좌석을 마련하지 않고 일을 벌리지 않아도, 사람의 왕래가 어느 정도 있게 마련이다.

【人老珠黄】rén lǎo zhū huáng ⇒〔人老珠黄不值钱〕

【人老珠黄不值钱】rén lǎo zhū huáng bù zhí qián 諺 사람은〔여자는〕늙어지면 쓸모가 없어지고 구슬은 누렇게 퇴색하면 가치가 없어진다＝〔成 人老珠黄〕

[2]【人类】rénlèi 名 인류. ¶～学｜인류학. ¶～起源｜인류의 기원. ¶造福～｜인류를 행복하게 하다.

[3]【人力】rénlì 名 인력. ¶非～所及｜인력이 미치는 바가 아니다. ¶集中～·物力搞gǎo建设｜인력과 물력을 집중하여 건설하다.

【人力车】rénlìchē 名 ❶ 인력거. ¶～夫｜인력거꾼＝〔洋车〕 ❷ 사람이 밀거나 끄는 차〔수레〕

【人流】rénliú 名 ❶ 사람의 물결. 인파. ¶高峰～｜러시 아워(rush hour) 인파. ¶滚滚gǔn～｜밀려오는 인파. ❷ 簡「人口流量」(인구 유동량)의 약칭. ❸ 簡「人工流产」(인공 유산)의 약칭.

【人伦】rénlún 書名 인륜. ¶注重～关系｜인륜 관계을 중시하다.

【人马】rénmǎ 名 ❶ 인마. ⓐ 병마. 군대. ¶全部～安然渡过了江｜전 군대가 무사히 강을 건넜다. ⓑ 사람과 말. 마부와 말. ¶～已齐｜사람과 말은 이미 준비되었다. ⓒ 길을 가는〔떠나는〕사람과 말. ¶～平安｜인마가 다같이 무사하다. ❷ (유능한) 일꾼. 인원. 요원. ¶我们编辑部的～比较整齐｜우리 편집부의 요원들은 비교적 잘 갖추어져 있다.

[1]【人们】rén·men 名 사람들. ¶草原上的～｜초원

R

위의 사람들.

【人面兽心】rén miàn shòu xīn 成 얼굴은 사람이나 마음은 짐승과 같다. 사람의 탈을 쓴 짐승.

【人面桃花】rén miàn táo huā 成 한 번 떠난 애모하는 사람을 다시 만나지 못하다 [「人面不知何处去, 桃花依旧笑春风」에서 온 말]

1【人民】rénmín 名 인민.

2【人民币】rénmínbì 名〈錢〉인민폐. 중국의 법정 화폐 [「圓yuán」을 기본 단위로 하며 보통 「元」으로 씀. 「一元」은 「十角」, 「一角」는 「十分」에 상당함] ¶把~换成美元 | 인민폐를 달러로 바꾸다 =〔人民票〕〔人民券〕

【人民代表大会】rénmín dàibiǎo dàhuì 名組〈政〉인민 대표 대회.

【人民法院】rénmín fǎyuàn 名組〈法〉인민 법원 [중국의 사법 기관으로, 「最高人民法院」「地方各级人民法院」「专门人民法院」등이 있으며, 4급(級) 2심(審)제도를 채택하고 있음] ¶把这事儿告到~ | 이 일을 인민 법원에 고발하다.

【人民服】rénmínfú 名 인민복 =〔中山服〕〔中山装〕

【人民公社】rénmín gōngshè 名組 인민공사 [중화국의 농촌조직] ¶解散~ | 인민 공사를 해산하다.

【人民检察院】rénmín jiǎncháyuàn 名組〈法〉중화국의 국가 검찰 기관 [「最高人民检察院」「地方各级人民检察院」「专门人民检察院」으로 나눔]

【人民解放军】Rénmín Jiěfàngjūn 名組〈軍〉중국 인민 해방군 =〔中国人民解放军〕〔解放军〕

【人民警察】rénmín jǐngchá 名組 중국의 경찰. ¶~保护人民 | 경찰은 백성을 보호한다 =〔簡 民警〕

【人民内部矛盾】rénmín nèibù máodùn 名組 인민 내부 모순 [사회주의 혁명과 건설에 찬동·옹호·참가하는 계급·계층·집단 사이의 모순을 일컬음] ¶正确处理~ | 인민 내부 모순을 정확히 처리하다.

【人民票】rénmínpiào ⇒〔人民币〕

【人民券】rénmínquàn ⇒〔人民币〕

【人民日报】Rénmín Rìbào 名組 인민 일보 [인민일보사 발행의 중국 공산당 중앙 위원회의 기관지로, 중국 전역 및 세계 120여 국가에서 구독하는 권위있는 일간 신문]

【人民团体】rénmín tuántǐ 名組 (당이나 정부에 소속되지 않은) 민간 단체.

【人民性】rénmínxìng 名 인민 대중성 [일반대중의 생활·사상·감정·희망 등을 반영하는 문학 예술 작품의 성격] ¶杜甫的作品具有~ | 두보의 작품은 대중성을 지니고있다.

【人民战争】rénmín zhànzhēng 名組 ❶ 인민전쟁. ❷ 喩 대규모의 군중 운동.

【人民政府】rénmín zhèngfǔ 名組 인민 정부 [중앙과 지방의 각급 인민 대표 대회의 집행 기관과 국가 행정 기관의 통칭]

【人命】rénmìng 名 인명. 사람의 목숨. ¶~案àn(子) | 살인사건. ¶~官司 | 살인 소송. ¶~关天 | 成 인명이 관계된 사건은 매우 중대하다. 사람의 목숨이란 매우 귀중하다.

【人莫予毒】rén mò yú dú 成 나를 해칠 수 있는 사람은 아무도 없다. 어느 누구도〔아무것도〕무섭지 않다〔안중에 없다〕.

【人模狗样(儿)】rén·mo gǒuyàng(r) 俗 方 ❶ 어린 아이가 되바라지다. ¶你看这才几岁呀, 就这么~的了! | 겨우 몇 살 되지도 않은게 이렇게 되바라진 것 좀 봐라! ❷ 어울리지〔격에 맞지〕않는 짓을 하다. ¶你也~充起老爷来了! | 네 따위가 격에 맞지 않게도 주인인 체 하다니!

【人腻子】rénnì·zi 名 俗 ❶ 독립심이 없고 남에게 빌붙어 먹는 놈. ❷ (장소나 자신의 처지를 가리지 않고 남에게 폐를 끼치는) 성가신 존재. (제구실 못하는) 말썽꾸러기.

【人年】rénnián 量 복합 양사(量詞)로서 한사람의 일년간 작업량을 표시하는 단위 [예를 들어, 세 사람의 일년간 작업량은 「三人年」이며, 한사람의 삼년간 작업량도 「三人年」이라 함]

【人怕出名, 猪怕肥】rén pà chūmíng, zhū pà féi 諺 사람은 (화의 근원이 되기 때문에) 이름이 나는 것을 두려워하며, 돼지는 (도살되기 때문에) 살찌는 것을 두려워한다. ❶ 모난돌이 정 맞는다. ❷ 이름이 나는 것을 싫어하다. 창조성(創造性)이 없어서 변혁을 싫어하다 ‖ =〔人怕出名, 猪怕壮〕

【人怕伤心, 树怕剥皮】rén pà shāng xīn, shù pà bāo pí 諺 사람에게는 슬픔이 두렵고 나무는 껍질을 벗기는 것이 두렵다. 슬픔은 몸에 해롭다. ¶~, ~, 你做的事太伤人心了! | 사람은 슬픔이 두렵고, 나무는 껍질 벗기는 것이 두려운데, 네가 한 일은 너무 사람의 마음을 슬프게 했어!

【人品】rénpǐn 名 ❶ 인품. 인격. ¶她~很好 | 그녀는 인품이 대우 훌륭하다. ❷ 口 사람의 풍채·외관.

【人气】rénqì 名 ❶ 인간다움. 인간미. ¶他连一点~也没有 | 그는 약간의 인간미조차도 없다. ❷ 인심. 기분.

【人勤地不懒】rén qín dì bù lǎn ⇒〔人不亏地, 地不亏人〕

4【人情】rénqíng 名 ❶ 인정. 사람의 상정. ❷ (~儿) 정실(情實). 안면. 개인적인 정. 연고(緣故). ¶托tuō~ | 안면으로 일을 부탁하다. ¶~货huò | 罵 정실에 의해 채용된 놈. ❸ 은혜. 정의(情誼). 호의. 선심. ¶空头~ | 겉치레의 호의·친절. ❹ 경조(慶吊) 때의 인사나 선물. ¶行~ =〔赶人情〕| 경조 때에 인사를 하러 가다. ❺ 예물.

【人情大似债】rén qíng dà sì zhài 成 빚 보다도 인정이 더 중요하다. 교제는 끊을 수가 없는 것이다.

【人情冷暖】rén qíng lěng nuǎn 成 세상 인심이란 세력을 잃었을 때에는 냉담하고 득세했을 때에는 다정하다. 세상 인심에는 변화가 많다. ¶熟知~ | 세상 인심에는 변화가 많음을 잘 알아야한다.

【人情世故】rén qíng shì gù 成 처세술. 세상물정. ¶不懂~ | 인정 세태를 모른다.

4【人权】rénquán 名 인권. ¶尊重~ | 인권 존중.

3【人群】rénqún 名 ❶ (~儿) 사람의 무리. 군중. ¶往~里扎zhā | 군중 속으로 파고 들다. ❷ 書

인류.

【人儿】rénr 名 ❶사람. ¶心上～｜마음 속의 사람. ❷사람의 모양. 인형. ¶捏niē了一个泥～｜진흙 인형을 빚다. ❸사람됨. 인품. 몸가짐. 품격. ¶他～很不错｜그는 사람(됨)이 대단히 괜찮다.❹첩.¶买个～｜(돈으로) 첩을 사다. ❺기생과 단골 손님간의 칭호. ¶她的～是个阔kuò人｜그녀의 단골 손님은 부자이다.

【人人(儿)】rénrén(r) 名 ❶매사람. 사람마다. 누구나. 각자. ¶～有脸, 树树有皮｜諺 사람마다 얼굴이 있고 나무마다 껍질이 있다. 체면은 누구나 다 중요하게 여기는 것이다. ❷書 (친한 의미의) 그 사람〔분〕. ¶归倚碧纱窗, 说与～道｜푸른 비단 드리운 창가에 기대어 그 사람에게 말하다.

【人日】rénrì 名 ❶음력 정월 7일 =〔書 人胜节〕 ❷작업 일수 =〔工日〕

【人山人海】rén shān rén hǎi 成 인산인해. 아주 많이 모인 사람의 무리. ¶体育场内, 观众～｜운동장에 관중들이 인산인해를 이루다.

【人善被人欺, 马善被人骑】rén shàn bèi rén qī, mǎ shàn bèi rén qí 諺 사람이 착하면 남에게 속고, 말이 온순하면 사람이 타게 마련이다. 호인은 남에게 속기 쉽다.

【人上有人, 天上有天】rén·shang yǒurén, tiān·shang yǒutiān 諺 사람 위에 사람이 있고 하늘 위에 하늘이 있다. 뛰는 놈 위에 나는 놈이 있다. ¶～, 你别以为就是你一个人儿高｜뛰는 놈 위에 나는 놈이 있는 법이니 너는 혼자서 잘났다고 생각하지 마라 =〔人外有人, 山外有山〕〔人外有人, 天外有天〕

[4]【人身】rénshēn 名 ❶사람의 생명·건강·행동·명예 등. ❷〈佛〉사람의 모습. ¶投生～｜사람의 모습으로 다시 태어나다. ❸書 인품. ¶～亦不恶｜인품 또한 나쁘지 않다.

【人身保险】rénshēn bǎoxiǎn 名組 생명·상해보험. ¶参加～｜생명보험에 가입하다.

【人身攻击】rénshēn gōngjī 名組 인신 공격. ¶反对进行～｜반대로 인신 공격을 하다.

【人身事故】rénshēn shìgù 名組 산업재해(産業災膠).

【人身自由】rénshēn zìyóu 名組 신체의 자유. 인신의 자유. ¶保障bǎozhàng～｜신체의 자유를 보장하다.

[4]【人参】rénshēn 名〈植〉인삼. ¶朝鲜～ =〔高丽参〕｜고려 인삼. ¶～茶｜인삼차. ¶～酒｜인삼주 =〔人衔〕〔北 棒bàng槌〕〔血xuě参〕

[4]【人生】rénshēng 名 인생. ¶～观｜인생관. ¶～七十古来稀｜成 사람이 칠십까지 사는 것은 예로부터 드물다.

【人生地疏】rén shēng dì shū ⇒〔人地生疏〕

【人生在世, 吃穿二字】rén shēng zài shì, chī chuān èr zì 諺 세상을 사는 데는 먹는 것과 입는 것이 제일이다.

【人声】rénshēng 名 (사람의) 소리. 음성. 말소리. ¶周围静无～｜주위가 고요하여 사람 소리가 없다. ¶～鼎沸dǐngfèi｜成 사람소리가 들끓다.

【人师】rénshī 名 사람의 사표〔스승, 모범〕. ¶这个人好为～｜이 사람은 사람들의 좋은 모범이다.

[3]【人士】rénshì 名 인사. ¶知名～｜저명 인사. ¶艺术界～｜예술계 인사. ¶地方～｜지방 인사.

【人氏】rénshì 名 近 ❶(본적·출신지를 가리킬 때의) 사람. ¶当地～｜본토박이. ¶哪里～?｜어디 사람이요? ❷성씨(姓氏).

【人世】rénshì 名 인간 세상. 이 세상. ¶不在～｜이미 세상을 뜨다 =〔人世间〕

[4]【人事】rénshì 名 ❶인간사(人間事). ❷인사 관계. ¶～处｜인사처. ¶～科｜인사과(課). ¶～司｜인사부. ¶～调动｜인사이동. ¶～安挑｜인사배치. ¶～制度｜인사제도. ¶～关系｜인사관계. ¶～材料｜인사 자료. ¶～档案dàngàn｜인사 서류. ❸세상 물정. ¶孩子太小, 还不懂～｜아이가 너무 어려, 아직 세상 물정을 모른다. ❹인력으로 할 수 있는 일. ¶尽～以听天命｜成 인력으로 할 수 있는 일을 다하고서 천명을 기다리다. ❺사람의 의식의 대상. ¶他昏迷过去, ～不知｜그가 정신이 혼미해져 인사 불성이 되다. ❻方 선물. 예물. ¶置办～｜선물을 구입하다. ❼방사(房事). 성교. ¶不能～｜성교 불능 →〔人道⑥〕 ❽〈法〉(사람의 신분이나 능력에 관한 사항인) 인사. ¶～诉讼程序｜인사소송(절차).

【人是铁, 饭是钢】rén shì tiě, fàn shì gāng 諺 사람이 무쇠라면 밥은 강철이다. 먹어야 힘이 난다. 사람은 밥을 먹어야 일을 해낼 수 있다. ¶快吃吧, ～, ～, 一顿不吃饿得慌huāng｜빨리 먹어, 사람은 먹어야 일을 할 수 있어, 한 끼라도 안먹으면 배고파서 안돼.

【人是衣裳, 马是鞍】rén shì yī·shang, mǎ shì ān 諺 사람은 옷이, 말은 안장이 좋아야 한다. 옷이 날개다.

【人手】rénshǒu 名 ❶(～儿)일손. 일하는 사람. ¶增加～｜일손을 증가하다. ¶～不足 =〔人手缺〕｜일손이 모자라다. ❷사람의 손. ¶～所造的｜사람의 손으로 만든 것. ❸멤버(member). 일원(一員). ❹(～儿)처(妻).

【人寿年丰】rén shòu nián fēng 成 사람마다 장수하고 해마다 풍년이다. 살기좋은 세상. ¶地肥水足, ～｜땅이 비옥하고 물은 풍족하여 사람마다 장수하고 해마다 풍년이다.

【人随王法草随风】rén suí wángfǎ cǎo suí fēng 諺 사람은 법을 따르고, 풀은 바람을 따른다.

【人所共知】rén suǒ gōng zhī 成 (사람들이) 주지하다시피 [보통 문장의 첫머리에 놓임] ¶这是～的事实｜이것은 사람들이 다 아는 사실이다.

【人梯(子)】réntī(·zi) 名 사람 사다리. 喻 타인의 성공을 위해 자신을 희생하는 사람.

[3]【人体】réntǐ 名 인체. ¶～模型móxíng｜인체 모형. ¶～生理学｜인체 생리학.

【人同此心, 心同此理】rén tóng cǐ xīn, xīn tóng cǐ lǐ 成 사람들의 느낌과 생각이 대개 같다. 사람마다 다 한 마음이다.

【人头】réntóu 名 ❶사람의 머리. ❷사람 수. ¶按～分｜사람 수에 따라 나누다. ❸사람의 얼굴. 사람의 모습. ❹吳 사람. 인간. ❺(～儿)사람과

의 관계. ¶~熟｜많은 사람을 알다. ❻(~儿) 方인물. 인품. 인격. 품격. ¶~儿次｜인품이 모자라다. ¶凭píng他那~谁也不相信｜그의 그런 인격으로는 아무도 믿지 않는다. ❼(~儿)능력. 자격. 지위. ¶~不济｜능력이 모자라다.

【人外有人, 天外有天】rén wài yǒu rén, tiān wài yǒu tiān ⇒〔人上有人, 天上有天〕

【人往高处走】rén wǎng gāochù zǒu 諺사람은 높은 곳으로 간다. 사람은 언제나 향상하려 한다 [뒤에 「鸟往高处飞」나 「水往低处流」가 이어지기도 함] ¶~, 我也要向上奋进｜사람이 언제나 높은 곳으로 가려하듯, 나도 위를 향해 매진하려 한다.

【人望】rénwàng 名 인망. ¶他在这一带颇有~｜그는 이 일대에서 자못 인망이 있다 =〔众望〕

【人微言轻】rén wēi yán qīng 成 지위가 낮으면 그 의견〔말〕도 경시된다.

[4]【人为】rénwéi 動❶書 인위. 사람이 하는 일. ¶事在~｜일이란〔일의 성공여부는〕사람이 하기에 달려 있다. ❷인위적 [주로 여의치 않은 일에 쓰임] ¶~的障碍zhàngài｜인위적 장애.

【人为刀俎, 我为鱼肉】rén wéi dāo zǔ, wǒ wéi yú ròu 成 남은 칼과 도마요, 나는 고기이다. 도마에 오른 고기. 어찌할 수 없는 운명에 처하다.

【人味(儿)】rénwèi(r) 名❶ 인간미. 인격. ¶没有~｜인간미가 없다. ❷사는 보람. 인생의 맛〔즐거움〕. ¶享受一下~｜인생의 즐거움을 누리다.

【人文】rénwén 名 인문. 인류의 문화(현상). ¶~日新｜인류의 문화가 나날이 새로와진다. ¶~科学｜인문 과학.

【人文主义】rénwén zhǔyì 名 인문주의. 휴머니즘(humanism) ¶崇尚~｜휴머니즘을 숭상하다 =〔人本主义〕

【人无千日好, 花无百日红】rén wú qiānrì hǎo, huā wú bǎirì hóng 諺사람은 천일동안 좋을 수만 없고, 꽃은 백일동안 붉게 피어 있을 수만 없다. 달도 차면 기운다. 만사에 성쇠가 있다.

【人五人六(儿)】rénwǔ rénliù(r) 俗京 일부러 티를 내다. 잘난 체하다. 우쭐거리다. ¶人要别人抬举, 自己~的有什么意思?｜사람이란 남이 떠받들어 주어야지 스스로 잘난 체하면 무슨 의미가 있니? ¶你别~的!｜너 잘난체 하지 마! =〔装模作样〕

[2]【人物】ⓐrénwù 名❶ 인물. ¶英雄~｜영웅적인 인물. ¶危险~｜위험 인물. ❷문학·예술 작품에서의 인물. ¶典型~｜전형적인 인물. ¶~塑造sùzào｜인물 묘사. ❸사람과 물건. ¶~富庶｜인구가 많고 물자가 풍부하다. ❹〈美〉(동양화의) 인물화.

ⓑrén·wu 名❶ 대단한 인물. 대 인물. ¶他是个~｜그는 대단한 인물이다. ❷(주로 남자의) 외관이나 모양. 풍채. ¶~轩昂｜풍채가 당당하다.

【人物字号】rén·wùzì·hao 名組❶ 지위와 명망. 인물과 평판. ¶凭他的~, 他不能跟一个拉车的一般见识｜그의 지위와 명망으로 보아, 일개 인력거꾼과 같은 식견일 수 없다. ❷(이름이 알려진) 인물. 큰 인물. ¶这儿的东家也是个~｜여기의 주인 역시 유명한 인물이다.

【人像】rénxiàng 名〈美〉초상(肖像). 인체(人體) 또는 용모를 묘사한 그림이나 조각.

[3]【人心】rénxīn 名❶사람의 마음. 인심. 민심. ¶~大变｜成 인심이 크게 변하였다. ¶~隔肚皮, 虎心隔毛羽 =〔人心隔肚皮, 知人知面不知心〕｜諺 열 길 물속은 알아도 한 길 사람의 속은 모른다. ¶~不同如其面｜諺 사람들의 마음이 각각 다른 것은 얼굴이 각각 다른 것과 같다. ❷인간다운 마음(씨). 인정(人情). 양심. ¶他要有~, 才怪呢!｜그에게 양심이 있다면 이상한 일이지! ❸감사의 뜻〔마음〕. 촌지(寸志). 사례. ¶聊表~｜작으나마 감사의 뜻을 표하다.

【人心不古】rén xīn bù gǔ 成 인심이 옛날같지 않다. ¶这年头~, 世风日下｜요즈음 인심이 옛날같지 않고, 세상 풍정이 나날이 나빠진다.

【人心果】rénxīnguǒ 名〈植〉사포딜라(sapodilla). 또는 그 열매.

【人行道】rénxíngdào 名 인도. 보도(步道) ¶行人请走~｜행인은 인도를 이용해 주십시오 =〔人道①〕〔便道③〕〔便路④〕→〔车道〕

[4]【人性】ⓐrénxìng 名(기타의 동물과는 다른) 인성. 인간의 본성. ¶~论｜인성론.

ⓑrén·xing 名 인간성. 개성. 성질. 성격. (사람의 정상적인) 감정이나 이성. 인간미. ¶不通~｜감정이 통하지 않다. ¶不够~｜인간미가 없다.

【人熊】rénxióng 名 口〈動〉큰곰 =〔棕熊〕〔黑pí(熊)〕〔马熊〕

【人选】rénxuǎn 名 인선. 선출된 사람. ¶物色适当~｜적당한 사람을 물색하다.

【人烟】rényān 名 밥짓는 연기. 喻 인가(人家). ¶~稀少｜인가가 드물다.

【人言可畏】rén yán kě wèi 成 소문은 무서운 것이다. 여론의 힘은 무섭다. ¶~啊, 所以要谨言慎行｜소문은 무서운 것이어서, 말과 행동을 삼가야 한다.

【人仰马翻】rén yǎng mǎ fān 成❶ 수라장이 되다. 매우 혼란하다. ❷전쟁에 참패하다. 격전을 치른 후의 모양 ‖ =〔马仰人翻〕

【人样】ⓐrényàng(~儿) 名❶ 인간다움. ¶他们要求过~的生活｜그들은 인간다운 생활을 요구하고 있다. ❷사람의 꼴. 사람의 모습〔모양〕. ¶逃难的都不成~了｜피난민들은 모두 사람의 꼴이 아니었다. ❸장래성이 있는 사람.

ⓑrén·yang 名 俗 예절. 예의. ¶把小孩子惯得一点~都没有｜아이를 응석받이로 키워 조금도 예의가 없다.

【人妖】rényāo 名❶ 도깨비. 요괴. ❷轉 도깨비같이 분장한 사람. ❸轉 남녀추니. 반음양 =〔阴阳人〕❹轉 사람의 도리를 지키지 않는 사람 ‖ =〔人变〕

【人以群分】rén yǐ qún fēn 成 사람이란 (품행·기호 등이) 같은 무리끼리 모이는 법이다. 끼리끼리 모이다. 유유상종(類類相從) [항상 「物以类聚」와 연용(連用)됨]

【人影(儿)】rényǐng(r) 名 사람의 그림자. 사람의 모습이나 자취. ¶好几天不见老金的~了｜며칠

동안 김씨의 모습을 보지 못했다.

【人有错手, 马有失蹄】rén yǒu cuò shǒu, mǎ yǒu shī tí 成 사람도 실수할 때가 있고, 말도 실족할 때가 있다. 원숭이도 나무에서 떨어질 때가 있다.

【人有旦夕祸福】rén yǒu dànxī huòfú 諺 인생의 화복은 헤아릴 수 없다. 사람의 일은 예측하기 어렵다 [「天有不测之风云, 人有旦夕之祸福」에서 온 말]

【人有脸, 树有皮】rén yǒu liǎn, shù yǒu pí 諺 사람에게는 얼굴이 있고 나무에게는 껍질이 있다. 사람은 누구나 체면〔수치심〕이 있다.

【人有千算不如老天爷一算】rén yǒu qiānsuàn bùrú lǎotiānyé yīsuàn 諺 사람이 제아무리 지혜를 짜내도 하늘의 한 가지 계책에도 미치지 못한다. 악인(惡人)이 아무리 재주를 피워도 하늘의 응보를 면할 수 없다.

【人鱼】rényú 名〈動〉❶ 도롱뇽 =〔大鲵〕❷ 俗 듀공(dugong). 인어 =〔儒rú艮〕

2【人员】rényuán 名 ❶ 인원. ¶～配备pèibèi | 인원 배치. ❷ 요원. ¶政府机关工作～ =〔公务人员〕| 공무원. ❸ 성원. 멤버.

【人猿】rényuán 名 유인원(類人猿).

【人缘(儿)】rényuán(r) 名 ❶ 남과의 관계 [주로 좋은 관계] ❷ (사람의 용모·기분·성격 등에 있어서의) 좋은 인상. 붙임성. 인기. ¶有～ =〔人缘好〕| 붙임성이 있다〔좋다〕

【人云亦云】rén yún yì yún 成 남이 말하는대로 자기도 따라 말하다. 부화뇌동하다. ¶别～的 | 부화뇌동하지 마라.

【人赃】rénzāng 名 범인과 장물. ¶～俱获 | 범인을 체포하고 장물도 압수하다.

2【人造】rénzào 區 인조의. 인공의. ¶～宝石 | 인조 보석. ¶～花 | 조화. ¶～雨 | 인공 강우. ¶～偏光板 | 폴라로이드(polaroid). ¶～细丝xìsī | 인조 면사. ¶～磁铁cítiě | 인조 자석. ¶～海 | 인공 호수 ⇔〔天然〕→〔人工〕〔自然〕

【人造地球卫星】rénzào dìqiú wèixīng ⇒〔人造卫星〕

【人造黄油】rénzào huángyóu 名組 마아가린 =〔人造白脱〕〔人造奶油〕〔代黄油〕〔假奶油〕〔外 麦琪淋〕

【人造(胶)革】rénzào (jiāo)gé 名組 인조 가죽〔피혁〕=〔胶革〕

【人造毛】rénzàomáo 名〈紡〉인조 털 [인조 섬유의 한 가지]→〔人造纤维xiānwéi〕

【人造棉】rénzàomián 名 인조 면화. 인조 솜

【人造石油】rénzào shíyóu 名組 인조 석유.

【人造丝】rénzàosī 名〈紡〉인견사(人絹絲). 인조 견사. 레이온(rayon;프) =〔人丝〕〔外 雷léi虹〕〔俗 麻丝①〕

【人造卫星】rénzào wèixīng 名組 인공위성. ¶～上天了 | 인공 위성이 하늘에 올랐다 =〔人造地球卫星〕

【人造纤维】rénzào xiānwéi 名組 인조 섬유 [그 형태와 용도에 따라「人造丝」「人造棉」「人造毛」의 세 종류가 있음]

【人造橡胶】rénzào xiàngjiāo 名組 인조 고무 =〔合成橡胶〕〔含hán硫橡皮〕〔假jiǎ橡胶〕

【人证】rénzhèng 名〈法〉인증. 인적 증거. ¶～, 物证俱在, 你还想赖lài吗? | 인적 증거와 물적 증거가 모두 있는데, 너는 아직도 발뺌하려고 하느냐? →〔见证〕〔物证〕

【人之常情】rén zhī cháng qíng 成 인지상정. 사람이면 누구나 다 갖고 있는 감정. ¶喜怒哀乐乃是～ | 희노애락은 인지상정이다.

4【人质】rénzhì 名 인질.

【人中】rénzhōng 名〈生理〉인중 =〔立人①〕

【人种】rénzhǒng 名 인종. ¶有色～ | 유색 인종. ¶～学 | 인종학 →〔白种〕〔黄种〕〔黑种〕〔棕(色)种〕〔红种〕

【人子】rénzǐ 名 사람의 아들〔자식〕. ¶尽～的本分 | 자식의 본분을 다하다.

【人字边(儿)】rénzìbiān(r) 名 한자 부수의 사람 인(亻)변 =〔单dān立人(儿)〕

【人自为战】rén zì wéi zhàn 成 사람들은 모두 각자의 방법을 가지고 있다. 누구나 다 자기 살길을 자신이 찾는다.

4【仁】rén 어질 인

❶ 形 어질다. 자애롭다. 인자하다. 착하다. ¶～心 | 어진 마음. ¶残暴不～ | 잔혹하며 자애롭지 못하다. ¶～政↓ ¶～人↓ ❷ 名 같이 일하는 사람 [옛날,「人」(사람)과 통용] ¶同～ | 동인. 동업자. ❸ 名 인 [유가의 사상체계의 핵심] ❹ (～儿) 名 과실씨의 속살. ¶杏xìng～儿 | 아먼드(almond)의 속살. ¶花生～ | 땅콩알. ❺ (～儿) 名 (조개·게 등의) 겁데기 속에 든 연한 것. 살. ¶虾xiā～儿 | 새우살. ❻ 動 감각이 있다. 민감하다. ¶麻木不～ | 成 마비되어 감각이 없다. ❼ (Rén) 名 성(姓).

【仁爱】rén'ài ❶ 名 인애. ❷ 形 어질다. 자애롭다. ¶～之心 | 자애로운 마음.

4【仁慈】réncí 名 形 인자(하다). ¶～的老人 | 인자하신 노인.

【仁弟】réndì 書 名 ❶ 敬 어진 동생. 인제 [나이 어린 친구를 높여 부르는 말] ❷ 어진 제자 [스승이 제자를 부르는 말. 주로 편지에 씀] =〔仁棣dì〕

【仁果】rénguǒ 名〈植〉❶ 인과 [호두·잣·은행처럼 열매의 씨가 굳은 껍질로 되어 있는 과실] ❷ 方 땅콩 =〔落花生〕

【仁厚】rénhòu 書 形 어질고 너그럽다. 인후하다. ¶十分～的长者 | 대단히 어질고 너그러우신 윗사람.

【仁人】rénrén 名 어진 사람. ¶～君子 | 덕행이 높은 사람. 남을 잘 돕는 사람. ¶～志士 | 어질고 뜻있는 선비.

【仁兄】rénxiōng 名 札 인형 [친구끼리 부르는 말로 좀 경멸하거나 경원하는 기분으로 쓰일 때가 있음] ¶请～指教 | 인형께 가르침을 부탁드립니다.

【仁义】ⓐ rényì 名 인의. ¶～道德 | 인의와 도덕. ⓑ rén·yi 形 方 얌전하다. 온순하다. 인정이 있다. ¶这个小孩儿很～, 不淘气táoqì | 이 애는 매우 얌전해서 장난도 심하지 않다.

【仁者见仁, 智者见智】rén zhě jiàn rén, zhì zhě jiàn zhì 成 어진 사람은 그것을 어질다고 보고, 지혜로운 사람은 그것을 지혜로운 것으로 본다. 같은 사물이라도 사람에 따라 견해가 다르다. 각기 자기 견해를 가지다. ¶～, ～, 大家可以有不同的见解 | 어진 사람은 어질다고 보고, 지혜로운 사람은 지혜로운 것으로 보게 되니, 모두들 다른 견해를 지닐 수 있는 것이다.

【仁者乐山, 智者乐水】rén zhě yào shān, zhì zhě yào shuǐ 成 어진 사람은 (마음이 안정불변이므로 변동없는) 산을 좋아하고, 지혜로운 사람은 (마음이 항상 움직이므로 흐르는) 물을 좋아한다.

【仁政】rénzhèng 名 어진 정치. 관대한 정치적 조치. ¶施行～ | 어진 정치를 시행하다.

【仁至义尽】rén zhì yì jìn 成 남에게 인의(仁義)를 다하여 최대한의 도움을 주다. 모든 성의를 다하다.

【壬】rén 아홉째천간 임
❶ 名 임. 천간(天干)의 아홉째 →〔干支〕 ❷ 名 (배열순서의) 아홉째. ❸ 書 形 간사하다. 간악하다. ¶～人 | 간악한 사람. ❹ 書 形 크다. ¶有～有林 | 성대하도다《詩經·小雅》 ❺ ⇒〔六壬要〕〔小六壬〕 ❻ (Rén) 名 성(姓).

【壬二酸】rén'èrsuān 名 〈化〉 아젤라인산.

1【任】Rén ☞ 任 rèn B

rěn ㄖㄣˇ

2【忍】rěn 참을 인
動 ❶ 참다. 견디다. ¶～着一肚子的眼泪 | 가슴에 가득한 눈물을 참다. ¶～得一时之气, 免得百日之忧 | 諺 일시의 화를 참으면 백날의 근심을 면할 수 있다. ❷ 잔인하다. 모질게〔차마〕…하다. ¶～得下手 | 모질게 손을 대다. ¶～心胺理 | 잔학해서 천리(天理)를 돌보지 않다. ¶不～得做… | 차마 …할 수 없다. ❸ 京 잠깐 졸다. ¶～个小觉 | 잠시 졸다. ¶太疲倦píjuàn了, 坐着～了一会儿 | 대단히 피곤하여 앉아 잠시 졸았다.

3【忍不住】rěn ·bu zhù 動組 참을〔견딜〕 수 없다. 참지〔억제하지〕 못하다. …하지 않을 수 없다. ¶他痒yǎng得几乎～了 | 그는 가려워서 거의 견딜 수가 없었다. ¶她～哭了起来 | 그녀는 참지 못하고 울기 시작했다.

【忍冬】rěndōng 名 〈植〉 ❶ 인동 덩굴 〔꽃을「金银花」또는「忍冬花」라고 라며, 덩굴을「金银藤」「忍冬藤」「银花藤」이라 함〕＝〔鹭lù蚶藤〕〔通灵草〕〔鸳yuān鸯藤〕 ❷ 맥문동＝〔麦门冬①〕〔忍凌〕

【忍饥挨饿】rěn jī ái è 成 굶주림을 참다. 굶주림에 시달리다. ¶我～, 度过了艰难的童年 | 나는 굶주림에 시다리며, 어린 시절을 지내왔다.

【忍俊不禁】rěn jùn bù jīn 成 웃음을 참을 수 없다. 웃지 않을 수 없다. ¶这位先生最会逗趣, 只要一张嘴就招得大家～ | 이 사람은 재미나는 얘기를 아주 잘해서 말만 꺼냈다 하면 다들 웃지 않을 수 없게 한다.

3【忍耐】rěnnài 動 인내(하다). ¶在中国的生活需要～ | 중국에서의 생활은 인내를 필요로 한다. ¶～性 | 인내성. ¶痒yǎng得～不住 | 가려워서 참을 수 없다＝〔近 忍奈nài〕

【忍气】rěn/qì 動 노기를〔분을〕 꾹 참다. ¶～吞tūn声 | 成 울분을 참으면서 감히 말을 하지 못하다.

【忍让】rěnràng ❶ 動 참고 양보〔사양〕하다. ¶要多～他人 | 다른 사람에게 많이 참고 양보하려 하다. ¶～求全 | 참고 양보하며 타결을 구하다. ❷ 名 양보. 인내.

【忍辱】rěnrǔ 動 치욕〔굴욕〕을 참다. ¶～报冤 | 치욕을 꾹 참아가며 원한을 갚다. ¶～负重 | 成 치욕을 참아가며 중대한 책임을 지다. 큰 일을 위해 치욕을 참다.

3【忍受】rěnshòu 動 견디어내다. 참다. 이겨내다. ¶无法～ | 참을 수가 없다. ¶～屈辱qūrǔ | 굴욕을 참다.

【忍无可忍】rěn wú kě rěn 成 더는 참을 수 없다. 참을래야 참을 수 없다. ¶我～跟他吵了一架 | 나는 더는 참을 수가 없어, 그와 한바탕 다투었다.

【忍心】rěn/xīn ❶ 動 냉정하게〔무자비하게〕…하다. 모진 마음을 먹고 …하다. ¶他不～拒绝我们的要求 | 그가 우리들의 요구를 차마 냉정하게 거절하지 못하다. ❷ (rěnxīn) 形 박정하다. 잔혹하다. 무자비하다. ¶～胺理 | 잔혹하여 천리(天理)를 해치다.

【荏】rěn 들깨 임
❶ ⇒〔荏胡麻〕 ❷ ⇒〔荏苒〕 ❸ 書 諺 연약하다. ¶色厉内～ | 成 겉은 강한 것 같지만 속은 약하다.

【荏胡麻】rěnhúmá 名 〈植〉 들깨＝〔俗 白苏(子)〕

【荏苒】rěnrǎn 書 動 (세월이) 덧없이 흐르다. ¶光阴～, 转瞬已是五年 | 세월이 덧없이 흘러 잠깐동안에 벌써 5년이 되었다.

【荏弱】rěnruò 書 形 연약하다.

【稔】rěn 여물 임
書 ❶ 動 (농작물이) 익다. 여물다. ¶丰～之年 | 풍성한 수확을 이룬 해. 풍년. ¶一年两～ | 이모작. ❷ 動 알다. 깨닫다. ¶接读来函, 借～近状 | 札 편지를 받고서야 당신의 근황을 알았습니다. ❸ 動 (오래) 쌓이다. 누적되다. ¶恶积衅xìn～ | 고약한 일이 쌓이고 겹치다. ❹ 形 (서로) 잘 알고 있다. 숙지하다. ¶素～ | 본디 잘 알다. ¶相～ | 서로 알다. ❺ 名 해. 년(年). ¶已至五～ | 이미 5년이 되었다.

【稔谷】rěngǔ 書 名 여문 곡식. 익은 곡식.

【稔色】rěnsè 書 名 喩 미인. ¶一个～寰中无二 | 절세의 미인. 다시 없는 미인.

【稔知】rěnzhī 書 動 숙지하다. 잘 알다. ¶～其为人 | 그 사람됨을 잘 알다＝〔稔悉xī〕

rèn ㄖㄣˋ

4【刃〈刄〉】rèn 칼날 인
❶ (～儿, ～子) 名 (칼의) 날. ¶刀～ | 칼날. ¶这把刀没有～ | 이 칼은 날이 서지 않았다. ❷ 書 名 칼. 날붙이. ¶手持利～ | 손에 날카로운 칼을 들다. ❸ 動 칼로 (베어) 죽이다. ¶手～奸贼 | 손으로 간사한 적을 칼로 베

어 죽이다.
【刃具】rènjù [名]〈工〉절삭 공구 =〔刀dāo具〕
【刃口(儿)】rènkǒu(r) [名]칼날. ¶这把已经开了～了 | 이 칼은 이미 칼날을 갈았다.

【仞】 rèn 길 인
❶[量]〈度〉길. 고대의 길이 단위 [1「仞」은 8자 혹은 7자에 해당함] ¶万～高峰gāofēng | [喻]매우 높은 산 =〔轫rèn③〕 ❷[書][動]깊이를 재다. ¶度厚薄hòubáo, ～沟洫gōuxù | 두께를 재고 수로(水路)의 깊이를 측량하다《左傳》

【纫(紉)】 rèn 실꿸 인
[動]❶실을 꿰다. 바늘귀에 실을 꿰다. ¶眼花了, ～不上针 | 눈이 침침해서 바늘귀에 실을 꿸 수 없다. ¶～针 =〔认针〕〔穿针〕| 바늘귀에 실을 꿰다. ❷(바늘로) 꿰매다. 바느질하다. ¶缝féng～ | 바느질하다. ❸[書]묶다. 잇다. 엮다. ¶～秋兰以为佩pèi | 추란을 묶어 허리에 차다《楚辭》❹[札](마음속으로) 탄복하다. 감복하다. ¶至～高谊gāoyì | 두터운 우정에 깊이 감복하다.
【纫佩】rènpèi [動][札]깊이 탄복〔감복〕하다. ¶仁兄的才学, 甚为小弟～ | 인형의 재주와 학문이 동생을 깊히 탄복하게 합니다.

【轫(軔)】 rèn 바퀴굄목 인
❶[名](바퀴가 구르지 못하도록 괴는) 바퀴굄목. ¶发～ | 바퀴굄목을 풀어 차를 움직이다. [喻]첫발을 내디디다. 일을 시작하다. ¶轮～ =〔轮掣chè〕| 차륜 브레이크. ❷[書][動]제동하다. 저지하다. ❸「仞」과 통용⇒〔仞rèn①〕

4 **【韧(韌)〈靭〉】** rèn 질길 인
[形](탄력성·신축성이 있어) 부드럽고 질기다. 강하다. ¶坚～ | 단단하고 질기다. 강인하다. ¶～度 | 질긴 정도→〔脆cuì〕
【韧带】rèndài [名]〈生理〉인대. ¶～拉伤了 | 인대가 끊어졌다.
【韧皮】rènpí [名]〈植〉인피. ¶～部 | 인피부. ¶～纤维xiānwéi | 인피 섬유.
【韧性】rènxìng [名]❶〈物〉인성. ❷강인성. 근성. ¶他很有～ | 그는 대단한 근성을 지니고 있다. ¶～精神 | 강인한 정신.

1 **【认(認)】** rèn 알 인
[動]❶인식하다. 분간하다. 식별하다. ¶～不出 | 알아내지 못하다. ¶我知道他, 可就是不～得 | 나는 그의 이름은 알고 있으나 아는 사이는 아니다. ¶他的字真难～ | 그의 글씨는 정말 알아보기 어렵다. ❷(남과) 새로운 관계를 맺다. ¶～了一门亲 | 친척관계를 맺다. ¶～老师 | 스승으로 모시다. ❸인정하다. 동의하다. 승인하다. ¶否～ | 부인하다. ¶公～ | 공인하다. ¶～错 | 잘못을 인정하다. ❹(어쩔 수 없이) 인정하다. 감수(甘受)하다. 달게 받다. ¶吃多大亏我都～了 | 많은 손해를 보드라도 내가 모두 감수하겠다. ¶你不用管, 这事我～了 | 자네 상관하지 말게. 이 일은 내가 감수하겠네. ❺(가치를) 인정하다. 중시하다. ¶他不～交情 | 그는 우정을 중시하지 않는다. ❻떠맡다. 부담하다. ¶车费一概自～ | 차비는 일률적으로 각자 부담으로 한다.
【认本家】rèn běnjiā [動組]한집안〔동성 동본의 친척〕임을 서로 인정하다.
【认辨】rènbiàn [動]분별〔식별〕하다. ¶仔细～ | 자세하게 식별하다 =〔辨认〕
【认出】rènchū [動]분별하다. 식별하다. ¶我～是他 | 내가 그를 식별해내다.
【认错】rèn/cuò [動]❶(～儿) 잘못을 인정하다. 사죄하다. ¶只要～就行了 | 단지 잘못을 인정하기만 하면 된다 =〔认不是〕❷(rèncuò) 잘못 보다. ¶你～了人了 | 네가 사람을 잘못 보았다.
【认打】rèndǎ [動]매맞을 각오를 하다. 매맞아도 할 수 없다고 단념하다. ¶你要输了, 是～是认罚? | 네가 지게되면 매맞겠니, 아니면 벌을 받겠니?
【认得】rèn·de [動](주로 사람·길·글자 등을) 알다. ¶这个字, 我不～ | 이 글자를 나는 모른다. ¶他～县长哩 | 그는 현장을 안다.
【认定】rèndìng ❶[動]굳게 믿다〔생각하다〕. 주장하다. 인정하다. ¶马克思主义者～, 矛盾存在于一切事物的发展过程中 | 마르크스주의자들은 모순이 모든 사물의 발전 과정 가운데 존재하고 있다고 굳게 믿고 있다. ❷[動]확정하다. ¶既然～了目标, 就要坚持不懈xiè地干下去 | 목표를 확정한 이상 해이되지 않고 꾸준히 일해야 한다. ❸[名]〈法〉인정.
【认罚】rèn/fá [動]군말〔이의〕 없이 처벌을 받다. 벌을 달게 받다. ¶情愿～ | 진심으로 벌을 받기를 원합니다.
【认付】rènfù ❶[動](어음 등을) 사들이다. 매도(賣渡)하다. ❷[名][動]지급 승낙(支給承諾)(을 하다). ¶～支票 | 지급 승낙이 된 어음. ❸[名][動]어음 인수(引受)(하다). ¶～拒绝jùjué | 어음 인수 거절.
【认购】rèngòu [動](공채 등을) 떠맡아 책임을 지기로 하고 사들이다. 구입 신청을 하다. ¶～公债 | 공채 구입 신청을 하다.
【认股】rèn/gǔ [動]주식(株式)에 가입하다. 주식 청약(株式請約)하다. ¶～书 | 주식 청약서. ¶～人 | 주식 인수인. ¶～保证金 | 주식 청약 보증금.
【认脚(儿)鞋】rènjiǎo(r)xié [名](발에 맞추어 만들어서) 좌우짝을 바꿔 신을 수 없게 된 신발. ¶小孩儿会走了就该穿～了 | 아이가 걸을 수 있게 되면, 좌우짝을 바꿔 신을 수 없는 신발을 신겨야 한다.
【认捐】rèn/juān [動]❶세금 징수를 인가하다. ❷기부할 것을 수락하다. ¶大家踊跃yǒngyuè～ | 사람들이 다투어 기부할 것을 수락하다. ¶已有很多商店～了很多日用品 | 이미 많은 상점들이 수많은 일용품을 기부하기로 수락했다.
【认可】rènkě ❶[名][動]승낙(하다). 인가(하다). 허가(하다). 허락(하다). ¶得到领导的～ | 지도자의 허락을 받다 =〔许可〕❷[副]오히려 (…하는 편이 낫다). 달게 (…하다) =〔宁可〕
【认领】rènlǐng [動]확인하고 인수하다. 찾아가다. ¶～失物 | 분실물을 확인하고 인수하다. ¶请失

R

主前来～ | 분실자는 앞으로 와서 찾아가십시오.

【认门】rèn/mén 動 ❶ 시집가다. ❷ 데릴사위로 들어가다.

【认命】rèn/mìng 動 운명이라고 단념하다. ¶事已至此, 只好～吧! | 일이 이미 여기에 이르렀으니, 그저 운명이라고 단념할 수 밖에 없다.

【认赔】rèn/péi 動 변상할 것을 승인하다. 배상을 인정하다. ¶我们认了多少赔款? | 우리는 얼마의 배상을 승인했니?

【认亲】rèn/qīn 動 ❶ (옛날) 혼인한 두 집의 일가 친척이 처음으로 얼굴을 대면하다. ❷ 선을 보다. ¶小金今天去～ | 김군은 오늘 선을 보러 간다. ❸ 친척관계를 맺다.

【认清】rènqīng 動 똑똑히 알다. 확실히 이해〔인식〕하다. ¶～形势 | 정세를 확실히 인식하다.

【认人(儿)】rènrén(r) ❶ 動 사람을 알아보다. 사람의 얼굴·목소리 등을 분별해내다 [주로 갓난애를 가리킴] ¶这孩子才三个多月, 就开始～了 | 이 아이는 삼개월정도 되자 비로소 사람을 알아보기 시작했다. ❷ ⇒〔认生〕

【认生】rènshēng 動 낯가리다. 낯가림하다. ¶这小孩儿不～ | 이 아이는 낯가림을 하지 않는다 ＝〔㊄认人(儿)②〕〔怕pà生〕

【认识】rèn·shi ❶ 動 알다. 인식하다. ¶我们十年前就～了 | 우리는 십여 년 전부터 서로 아는 사이다. ¶你～老张吗? | 너 장씨를 아니? ❷ 名〈心〉인식. ¶～论 | 〈哲〉인식론. ¶～能力 | 인식 능력. ¶感性～ | 감정적인 인식. ¶～模糊 | 인식이 모호하다.

【认输】rèn/shū 動 패배를〔졌음을〕 인정하다. 무릎을 꿇다. 항복하다. ¶他到了liǎo儿不肯～ | 그는 끝판에 가서도 패배를 인정하려 하지 않는다. ¶你快～吧! | 너 빨리 패배를 인정해! ＝〔伏fú输〕〔服fú输〕

【认同】rèntóng 名 動〈心〉동일시(同一視)(하다). ¶～传统文化 | 전통 문화를 동일시하다.

【认头】rèntóu 動 마지못해〔어쩔 수 없이〕 인정하다. 어쩔 수 없이…하다. 체념하다. 단념하다. ¶～作个车夫的老婆 | 어쩔 수 없이 인력거꾼의 아내가 되다.

【认为】rènwéi ❶ 動 여기다. 생각하다. 보다. 인정하다. ¶大家～这个建议是可行的 | 모두다 이 건의가 실행할 만하다고 생각한다. ❷ 名 생각. 이해. 의견. 견해. ¶那种～真特别 | 그런 견해는 정말 특이하다. 어법 「认为」와 「以为」의 차이 ⇒〔以为〕

【认帐】rèn/zhàng 動 ❶ 부채(負債)를〔빚을〕 인정하다. ❷ 喻 (자신이 한 말이나 일을) 인정하다. 잘못을 시인하다. 어법 주로 부정문(否定文)에 쓰임. ¶昨天自己说的话, 怎么不～? | 어제 자신이 한 말을 어찌해서 인정하지 않는가?

【认真】rèn/zhēn ❶ 動 곧이 듣다. 정말로 여기다. 진담으로 받아들이다. ¶我说着玩儿的, 他就～了 | 나는 농담으로 말했는데, 그가 진담으로 받아들였다 ＝〔㊀叫jiào真(儿)〕〔㊀较jiào真(儿)①〕〔㊁顶dǐng真〕 ❷ (rènzhēn) 形 진지〔진실〕하다. 성실〔착실〕하다. ¶应当～听别人的话 | 다른 사람의 말을 진지하게 들어야 한다 ＝〔较真(儿)②〕 ❸ (rènzhēn) 副 정말로. 모조리. 깡그리. ¶集会的自由～剥夺了 | 집회의 자유가 모조리 박탈되었다.

【认证】rènzhèng 名 動〈法〉인증(하다). ¶～文书 | 문서를 인증하다.

【认知】rènzhī 名 動〈法〉인지(하다).

【认罪】rèn/zuì 動 죄를 인정하다. 자백하다. ¶低头～ | 머리 숙여 죄를 인정하다. ¶快坦白tǎnbái～吧! | 빨리 솔직하게 자백해!

3【任】rèn Rén 맡길 임, 일 임

Ⓐ rèn ❶ 動 …을 맡다. 담당하다. …에 임하다. ¶曾～校长 | 일찌기 교장〔총장〕직을 맡았다. ¶～职已五年 | 직무를 맡은 지 이미 5년이다. ¶被～为外事处长 | 외사처장에 임명되다. ¶～为代表 | 대표에 임명되다. ❷ 動 감내하다. 견디다. 감당하다. 이겨내다. 받아들이다. ¶病不～行 | 병으로 걸을 수 없다. ❸ 動 되는 대로 맡겨 두다. 그냥 내버려 두다. 마음대로 하게 하다. ¶～他做 | 그가 하는 대로 내버려 두다. ¶～人出入 | 사람이 드나들도록 내버려 두다. ¶听之～之 | 말하는대로 내버려 두다 →〔任凭píng〕 ❹ 連 …을 물론하고. …든지. …할 [구어(口語)에서는 「任凭」을 많이 씀] 어법 「任凭」「无论」「不管」의 비교 ⇒〔任凭〕 ¶～他怎么表白, 我们也不信 | 그가 어떻게 결백을 주장하더라도, 우리도 믿지 않는다. ¶～哪儿都不去 | 어디든지 가지 않는다. ❺ 連 설사 …하더라도. 가령 …이라 해도 [「任凭」과 같음. 주어 앞에 쓰임] ¶～他跑到天涯海角, 我们也要找到他 | 설사 그가 하늘 끝 바다 끝까지 도망간다 해도, 우리들은 그를 찾고 말 것이다. 어법 「任凭」과 「即使」의 차이 ⇒〔任凭〕 ❻ 量 번. 차례 [직무를 맡은 회수를 나타냄] ¶他是第五～部长 | 그는 제5대 장관이다. ¶过去几～校长 | 과거 몇 대(代)의 교장〔총장〕. ¶做过两～部长 | 두 차례 장관을 지냈다. ❼ 名 직무. 임무. ¶就～ | 취임하다. ¶上～ | 부임하다. ¶身负重～ | 중요한 임무를 몸소 떠맡다. ¶前～ | 전임(자).

Ⓑ Rén 名 ❶〈地〉임현(任縣) [하북성(河北省)에 있는 현 이름] ❷ 성(姓).

【任便】rèn/biàn 動 제 뜻대로 맡기다. 편리한대로 하게 하다. ¶你来不来～ | 오든 안오든, 네 마음대로 해라.

【任从】rèncóng ⇒〔任凭①〕

1【任何】rènhé 代 어떠한(…라도) 어법 흔히 「都」와 호응하여 쓰임. ¶没有～理由拒绝这个建议 | 어떤 이유로도 이 제안을 거절할 수 없다.

【任教】rèn/jiào 動 교육을 담당하다. 교편을 잡다. 교직을 맡다.

【任可】rènkě ⇒〔宁nìng可〕

【任课】rèn/kè 動 수업이나 강의를 담당하다. ¶～教师 | 강의를 담당하는 교사.

【任劳任怨】rèn láo rèn yuàn 成 노고를 마다하지 않고 원망을 두려워하지 않다. ¶她一向～ | 그녀는 언제나 노고를 마다 않고 원망을 두려워하

지 않다 =〔认劳认怨〕
【任满】rènmǎn 動 임기가 차다〔끝나다〕.
【任免】rènmiǎn 名動 임면(하다). ¶国务院依照法律的规定～行政人员 | 국무원은 법률 규정에 의거해 공무원을 임면한다.
4【任命】rènmìng ❶ 名動 임명(하다). ¶～状 | 임명장. ¶～他为校长 | 그를 교장에 임명하다. ❷ 書動 운명에 맡기다.
【任凭】rènpíng ❶ 動 자유에 맡기다. 마음대로 하게 하다. ¶去还是不去, ～你自己 | 가든지 말든지 네 마음대로 해라 =〔任从〕〔任随suí〕 ❷ 連 …을 막론하고. …든지. …할. ¶～你是谁, 都不应该违反制度 | 네가 누구든지간에, 제도를 위반해서는 안된다. 어법 「任凭」 다음에는 일반적으로 선택을 나타내는 병렬성분(并列成分)을 쓰지 않으나, 「无论」「不管」은 그러하지 않음. ¶任凭投弹还是射击(×) ¶无论〔不管〕投弹还是射击, 他们班的成绩都是优秀 | 수류탄 던지기나 사격에서나 할 것 없이, 그들 반의 성적은 모두 우수하다→〔不管〕〔无论〕 ❸ 連 …일지라도. …하여도. …하더라도 어법 주로 「也」와 호응함 ¶～什么困难也阻挡zǔdǎng不住我们 | 어떠한 어려움도 우리를 가로막지 못한다. 어법 ⓐ「任凭」다음에 나오는 조건은 극단적인 것에 한하나, 「即使」 다음에는 제한이 없음. ¶任凭条件还不够好(×) ¶即使条件还不够好, 我们也要想办法完成任务 | 설사 조건이 충분히 좋지 않다하더라도, 우리들은 어떻게 해서라도 임무를 완성해야 한다. ⓑ 「即使」 다음에는 전치사구(介詞詞組)가 올 수 있으나, 「任凭」 다음에는 올 수 없음. ¶任凭在艰苦的战争年代(×) ¶即使在艰苦的战争年代, 他们也保持着革命乐观主义精神 | 설사 어려운 전쟁시대에 처해 있다하더라도, 그들은 혁명에 대한 낙관적인 태도를 지니고 있다.
【任凭风浪起, 稳坐钓鱼船】rènpíng fēnglàngqǐ, wěnzuò diàoyúchuán 諺 풍랑이 일어나도 침착하게 낚싯배를 타고 있다. 아무리 큰 변화가 일어나도 태연자약하다. 어떠한 반대나 압력에도 불구하고 자신의 입장을 고수하다.
【任期】rènqī 名 임기. ¶～将满 | 임기가 거의 차다.
【任其】rènqí 動 (…에) 맡기다. 그대로 내버려두다. 방임하다. ¶～泛滥fànlàn | 범람하도록 내버려두다.
【任其自流】rèn qí zì liú 成 제멋대로 버려두다. 마음대로 하도록 내버려두다.
【任其自然】rèn qí zì rán 成 되어가는대로 내맡기다〔내버려두다〕. ¶事已至此, 只好～了 | 일이 이미 이에 이르렀으니, 그저 되어가는대로 내버려둘 수 밖에 없다.
【任情】rènqíng 動 제멋대로〔마음대로〕 하다. 마음껏하다. ¶他们～玩乐 | 그들은 마음껏 노닐다. ¶他曾经～发挥他的文学才能 | 그는 일찌기 그의 문학재능을 마음껏 발휘하였다. →〔尽jìn情〕〔纵zòng情〕
【任人摆布】rèn rén bǎi bù 成 남의 마음대로 좌지우지되다. ¶我不愿为了一点儿小钱而～ | 나는 약간의 돈을 위해 남에 의해 좌지우지되기를 바라지 않는다.
【任人唯亲】rèn rén wéi qīn 成 능력에는 관계없이, 자신에게 가까운 사람만 임용하다.
【任人唯贤】rèn rén wéi xián 成 자신과의 관계에 상관없이, 인격과 능력을 갖춘 사람만 임용하다.
2【任务】rèn·wu 名 임무. 책무(責務). ¶政治～ | 정치적 임무. ¶完成～ | 임무를 완성하다.
3【任性】rènxìng 動 ❶ 제멋대로 하다. 제마음대로 하다. 마음내키는 대로 하다. ¶不可～ | 제멋대로 행동해서는 안된다. ¶这孩子太～了 | 이 아이는 정말 제멋대로 이다. ❷ 書 타고난 성질대로 맡겨두다.
【任性子】rènxìng·zi 名組 제멋대로 구는 사람. 방자한 사람.
3【任意】rènyì ❶ 副動 제멋대로(하다). 임의대로(하다). ¶～行动 | 제멋대로 행동하다. ❷ 名形 임의(의). ¶～三角形 | 임의의 삼각형. ¶～球 | 프리 드로(free throw). 프리킥(free kick).
【任用】rènyòng 名動 임용(하다). ¶～非人 | 그 일에 적합하지 않은 사람을 임용하다. ¶～贤人 | 현명한 사람을 임용하다.
【任着性儿】rèn·zhexìngr 제멋대로. 마음 내키는 대로→〔任性〕
【任职】rèn/zhí 動 직무를 맡다. 재직하다. ¶～对外贸易部 | 대외무역부에 재직하다.
【任重道远】rèn zhòng dào yuǎn 成 맡은 바 책임은 무겁고 갈 길은 아직도 멀다.

【妊〈姙〉】 rèn 애밸 임

⇒〔妊娠〕
【妊妇】rènfù 名 임부. 임신부. ¶～忌服此药 | 임산부는 이 약의 복용을 금한다.
【妊娠】rènshēn 名動 임신(하다). ¶～期 | 임신기 =〔怀孕〕

【纴(紝)〈絍〉】 rèn 짤 임

書 ❶ 名 베짜는 실. ❷ 動 베를 짜다.

4【饪(飪)】 rèn 익힐 임

書動 요리하다. 음식을 만들다. ¶烹pēng～ | 조리(하다).

【衽〈袵〉】 rèn 옷섶 임

❶ 書名 옷깃. 옷섶. ❷ 書名 소매. ❸ ⇒〔衽席〕 ❹ ⇒〔裣liǎn衽〕
【衽席】rènxí 書名 ❶ 잠자리. 침석. ¶～之爱 | 이부자리 사랑. ❷ 轉 안락한 자리〔곳〕. ¶登斯民于～之上 | 이 백성을 안락하게 해주다.

【葚】 rèn ☞ 葚 shèn Ⓑ

rēng ㄖㄥ

2【扔】 rēng 던질 잉

動 ❶ 던지다. ¶～球 | 공을 던지다. ❷ 내버리다. 내던지다. 포기하다. ¶把这些破烂东西～了吧 | 이 쓰레기들은 내버려라. ¶他把英文～在一边儿了 | 그는 영어를 포기했다. ❸ 轉 지껄이다. ¶想一句～一句 | 생각한 대로 지껄이다. ❹ 轉 앞서다. 먼저 죽다. ¶我的小孩子儿已经～了俩了 | 내 자식이 벌써 둘이나 죽었다. ❺ 轉 떠

나다. 멀어지다. ¶～了三十奔四十｜서른을 지나 마흔이 되어가다.

【扔掉】rēngdiào 動 던져 버리다. 내버리다. ¶～这个包袱bāofu｜이 보자기를 내버리다.

【扔开】rēng·kāi 動 내버리다. 그만두다. 중지하다. ¶她～家务不管｜그녀는 집안 일을 내버려둔 채 관계하지 않다.

【扔下】rēngxià 動 ❶ 내버리다. 내던지다. ¶敌人～武器逃跑了｜적은 무기를 내던지고 도망갔다. ❷ 뒤에 남겨 두다. 손놓다. 방치하다. 내버려두다. ¶～我没人管｜나를 내버려두고 아무도 돌보아 주지 않다. ¶别～孩子｜아이를 내버려두지 마라.

réng ㄖㄥˊ

2【仍】réng 인할 잉, 자주 잉
❶ 副 아직도. 여전히. ¶～在考虑之中｜아직도 고려중이다. ¶病～不见好｜병이 여전히 낫지 않았다＝〔仍然〕❷ 副 거듭. 다시. 또. ¶报纸看完后, ～放回原处｜신문을 다 본 후에, 다시 제자리에 갖다 두어라. ❸ 빈번하다. ¶频～｜잦다. 빈번하다.

3【仍旧】réngjiù ❶ 動 옛 것을 따르다. 이전대로 따르다. 원래대로 따르다. ¶修订版体例～｜수정판의 체제는 옛 것을 그대로 따랐다. ❷ 副 변함없이. 여전히. ¶他虽然遇到许多困难, 可是意志～那样坚强｜그는 비록 많은 어려움에 부닥쳤지만, 의지는 여전히 그렇게 강하다.

2【仍然】réngrán 副 변함없이. 여전히. 아직도. 원래대로. ¶他把信看完, ～装在信封里｜그는 편지를 다 보고나서, 원래대로 봉투에 집어넣었다. ¶他～想去北京｜그는 아직도 북경에 가려고 한다.

【仍是】réngshì 副 여전히. ¶那孩子～不听｜그 아이는 여전히 말을 듣지 않는다. ¶他～一天吃两顿饭也不觉得饿è｜그는 여전히 하루에 두끼 식사를 하는데도 배고픔을 느끼지 못한다.

【仍须】réngxū 書 여전히 …해야 한다. ¶～如此｜여전히 이와같이 해야 한다. ¶目标还没成功, 同学们～努力｜목표가 아직 성공하지 못했으니, 급우들은 여전히 노력해야 한다.

【仍在】réngzài 書 副 아직도 …중이다. 아직도 …하고 있다. ¶政府当局～考虑中｜정부 당국은 아직도 고려중이다.

R

rì ㄖˋ

【入】rì ☞ 入 rù Ⓑ

1【日】rì 해 일, 날 일, 나날 일
❶ 名 해. 태양. ¶旭～东升｜아침해가 동쪽에서 떠오르다. ❷ 名 낮. ¶夜以继～｜밤낮으로 계속하다 ⇔〔夜①〕❸ 名 하루. 날. 轉 (특정한) 날. 일. ¶改～再谈｜다른 날 다시 이야기하자. ¶纪念～｜기념일. ❹ 名 때. 시기. 철. ¶往～｜예전. ¶春～｜봄철. ❺ 名 매일. 나날이. ¶生产～有增加｜생산이 나날이 증가하다. ❻ 動 罵 京 「간음하다」의 뜻으로 욕에 쓰임. ¶～他亲娘的!｜제 에미하고 붙을 놈! ❼ ⇒〔日弄nòng〕〔日塌tā〕❽ (Rì) 名 簡 〈地〉「日本」(일본)의 약칭. ¶韩～两国｜한일 양국.

【日安】rì'ān 札 안녕히 계십시오 [편지의 끝에 붙이는 인사말] ¶恭祝～｜안녕히 지내시길 바랍니다＝〔日佳〕〔日祺〕〔日祉〕→〔安⑩〕

【日班】rìbān 名 낮교대. 주간반. ¶暂zàn时让他作～｜잠시 그에게 주간반을 맡게 하였다＝〔白班〕

【日斑】rìbān 名 〈天〉 태양 흑점(太陽黑點)＝〔太阳黑子〕

3【日报】rìbào 名 조간 신문. ¶他主编韩国～｜그가 한국일보를 편집한다→〔晚报〕

【日本】Rìběn 名 〈地〉 일본(Japan) [수도는 「东京」(도쿄;Tokyo)]＝〔东洋②〕〔扶fú桑②〕〔倭wō〕

【日币】rìbì 名 일본 화폐. 일본돈→〔日钞〕〔日元〕

【日薄西山】rì bó xī shān 成 서산에 지는 해. 서산낙일(西山落日). ❶ 죽어가다. ❷ 세력 등이 기울어져 멸망하게 된 판국에 놓이다. ¶他爹八十多了, 已经～了｜그의 할아버지는 팔십이 넘어, 이미 서산에 지는 해가 되었다. ‖＝〔日落西山〕

【日不暇给】rì bù xiá jǐ 成 온종일 눈코 뜰 사이 없이 바쁘다.

2【日常】rìcháng 區 일상의. 일상적인. ¶～用语｜일상 용어.

【日场】rìchǎng 名 ❶ (연극·영화 등의) 주간 공연〔상연〕. ❷ (운동 경기 등의) 주간시합 ‖ ⇔〔晚场〕〔夜场〕

【日钞】rìchāo 名 일본 지폐→〔日币〕

2【日程】rìchéng 名 일정. ¶～安排ānpái｜일정을 안배하다. ¶～表＝〔日程历〕｜일정표.

【日出】rìchū 名 動 일출(하다). ¶～而作, 日入而息｜해뜨면 일하고, 해지면 휴식한다.

【日戳】rìchuō 名 일부인(日附印). ¶邮局～｜우체국 소인.

【日珥】rì'ěr 名 〈天〉 홍염(紅焰). 프로미넌스(prominence)

【日工】rìgōng 名 ❶ 낮일. 주간 작업. ❷ 날품. ❸ 날품팔이꾼.

4【日光】rìguāng 名 햇빛. 일광. ¶～太毒了｜햇빛이 매우 강렬하다＝〔阳光〕

【日光灯】rìguāngdēng 名 형광등. ¶～起动器｜형광등 점등관. ¶～镇流器｜형광등 안정기＝〔荧yíng光灯〕

【日光浴】rìguāngyù 名 일광욕. ¶作～｜일광욕을 하다→〔晒shài太阳〕

【日晷(仪)】rìguǐ(yí) 名 해시계＝〔日表biǎo〕〔日圭guī〕〔日规guī〕

【日后】rìhòu 名 훗날. 장래. 뒷날. 나중. ¶这东西～可能用得着｜이 물건은 훗날에 쓸모 있을 것이다.

【日环食】rìhuánshí 名 〈天〉 금환 일식(金還日蝕)＝〔环食〕→〔日食〕

【日货】rìhuò 名 일본제 상품. ¶抵制dǐzhì～｜일본 상품을 배척하다.

【日积月累】rì jī yuè lěi 成 ❶ 오랫동안 축적하다. ❷ 시간이 흐를수록. ¶～, 終于成为博学之士｜

시간이 흘러, 마침내 박학한 선비가 되다.

[2]【日记】rìjì 名 일기. 일지. ¶工作～ | 작업 일지. ¶写～ | 일기를 쓰다.

【日记本(儿)】rìjìběn(r) 名 일기장.

【日记帐】rìjìzhàng 名〈經〉일기장. 일기책 [부기에서 거래의 내용을 발생 순서대로 기입하는 장부] =〔日记簿〕〔日清簿〕〔序时簿〕〔序时帐〕〔原始记录簿〕

【日间】rìjiān 名 ❶ 낮. 대낮 =〔日里〕〔白天〕 ❷ 근래. 요즈음.

【日见】rìjiàn 動 나날이 …을 보이다. 하루 하루 …해지다. ¶～衰败shuāibài | 나날이 쇠퇴해지다.

【日渐】rìjiàn 副 나날이. 차츰차츰. ¶～进步了 | 나날이 발전하였다.

【日脚】rìjiǎo ❶ ⇒〔日子②〕 ❷ ⇒〔日子④〕 ❸ 書 名 구름 사이로 비쳐 나오는 달빛.

【日久见人心】rì jiǔ jiàn rénxīn 諺 사람은 지내보아야 안다.

【日久天长】rì jiǔ tiān cháng 成 오랜 세월이 흐르다. ¶～你就明白了 | 오랜 세월이 흐르면 (언젠가) 너는 알게 될 것이다 =〔日长岁久〕〔日久年深〕

【日就月将】rì jiù yuè jiāng 成 나날이 진보 발전하다. 일취월장하다 =〔月将日就〕

【日居月诸】rì jū yuè zhū 成 해와 달. 세월 =〔居诸〕

【日寇】rìkòu 名 貶 일본 침략자. ¶消灭xiāomiè～ | 일본 침략자를 섬멸하다.

【日来】rìlái 요즘. 요사이. 요 며칠동안.

【日理万机】rì lǐ wàn jī 成 매일 온갖 정사(政事)를 처리하다. ¶校长xiàozhǎng～, 很辛苦xīnkǔ | 교장은 매일 온갖 일을 처리하며 매우 수고가 많다.

【日历】rìlì 名 일력 →〔年历〕

【日冕】rìmiǎn 名〈天〉백광(白光). 코로나(corona) =〔日华〕〔光圈②〕〔太阳白光〕

【日暮途穷】rì mù tú qióng 成 날은 저물고 갈길은 막히다. ❶ 힘도 꾀도 다하다. 궁지에 빠지다. ¶他～, 只得投靠朋友 | 그가 궁지에 빠지자, 할 수 없이 친구에 의탁한다. ❷ 죽음이 다가오다. ‖ =〔日暮途远〕

【日内】rìnèi 書 名 수일 내. 며칠 안. ¶～将给以答复 | 며칠안에 회답을 하겠다.

【日内瓦】Rìnèiwǎ 名 外〈地〉제네바(Gēneva). ¶～条约tiáoyuē =〔红十字条约〕| 제네바 조약.

【日偏食】rìpiānshí 名〈天〉부분 일식 →〔日食〕

[2]【日期】rìqī 名 (특정한) 날짜. 기간. ¶开会～ | 회의 일자 →〔日子①〕

【日前】rìqián 名 일전. 며칠 전.

【日趋】rìqū 副 날로. 나날이. ¶市场～繁荣fánróng | 시장이 나날이 번창하다 →〔日臻zhēn〕

【日全食】rìquánshí 名〈天〉개기 일식 →〔日食〕

【日上三竿】rì shàng sān gān 成 해가 세 발이나 떴다. 해가 벌써 높이 뜨다 =〔日高三竿〕

【日射病】rìshèbìng 名〈醫〉일사병 →〔热射病〕〔中zhòng暑〕

【日射角】rìshèjiǎo 名〈物〉입사각(入射角).

【日升月恒】rì shēng yuè héng 成 떠오르는 해 같고 점점 둥글어지는 달 같다. (어떤 사물이) 한창 흥성하게 되어가고 있다. 날이 갈수록 융성 발전하다 [축하의 말로 많이 쓰임]

【日食】rìshí 名 動〈天〉일식(하다). ¶观看～ | 일식을 관찰하다 =〔日蚀shí〕→〔日环huán食〕〔日偏piān食〕〔日全食〕〔食相〕

【日蚀】rìshí ⇒〔日食〕

【日头】rì·tou 名 方 해. 태양. ¶～冒嘴儿 | 햇님이 얼굴을 드러내다 =〔太阳①〕

【日托】rìtuō 名 주간 탁아(託兒) [탁아소에 낮 동안 아이를 맡기는 것] ¶～托儿所 | 주간 탁아소.

【日伪】rìwěi 名 貶 일본 침략시기의 일본과 위만주국을 말함. ¶～时期 | 일본이 위만주국을 조작하던 시기.

【日文】Rìwén 名〈言〉일본어 =〔書 日语〕〔日本话〕

【日夕】rìxī 書 名 ❶ 밤낮. 주야. ❷ 황혼.

【日新月异】rì xīn yuè yì 成 나날이 새로와지다〔달라지다〕. 발전이 매우 빠르다. ¶北京市的面貌miànmào～ | 북경시의 면모가 나날이 새로와지다.

[3]【日夜】rìyè 名 副 밤낮(으로). 주야(로). ¶～三班轮流生产 | 주야의 3교대로 계속 생산하다. ¶不分～地干活 | 밤낮을 가리지 않고 일을 하다.

【日夜商店】rìyè shāngdiàn 名組 24시간 상점 =〔通宵商店〕

【日以继夜】rì yǐ jì yè 成 밤낮으로 계속하다. ¶～读书做研究 | 밤낮으로 계속하여 독서하며 연구를 하다 =〔夜以继日〕

[3]【日益】rìyì 副 날로. ¶生活～改善 | 생활이 날로 개선되다.

[3]【日用】rìyòng ❶ 區 일용의. ¶～花费 | 일용 잡비. ¶～家伙huǒ | 일용 도구. ❷ 名 생활비. ¶～帐zhàng | 가계부.

[2]【日用品】rìyòngpǐn 名 일용품.

[1]【日语】Rìyǔ ⇒〔日文〕

[2]【日元】rìyuán 名〈錢〉엔 [일본의 본위 화폐] =〔日圓〕

【日月】rìyuè 名 ❶ 해와 달 →〔乾qián坤〕 ❷ 喻 왕과 왕비. ❸ 喻 성철(聖哲). ❹ (～儿) 俗 시절. 시대. ¶太平的～ | 태평한 시절. ❺ (～儿) 俗 생활. 형편. ¶以前的～可真不好过啊! | 그전의 생활은 참으로 지내기가 어려웠어!

【日月经天, 江河行地】rì yuè jīng tiān, jiāng hé xíng dì 成 해와 달이 하늘을 지나고 강물이 늘 대지를 흐르듯이 영구 불변하다.

【日月如梭】rì yuè rú suō 成 해와 달이 베틀의 북 드나들듯 한다. 세월이 쏜살같이 흐르다. ¶～, 半年的时间一晃huǎng儿就过去了 | 세월이 쏜살같이 흘러, 반년의 시간이 순식간에 지나가 버렸다.

【日月星辰】rì yuè xīng chén 成 일월 성신. 해와 달과 별.

【日晕】rìyùn 名〈天〉햇무리 =〔日戴dài〕

【日照】rìzhào 名 일조. ¶～计 | 일조계. ¶～时间 | 일조 시간.

R

【日臻】rìzhēn 書動 날로 …되다. ¶~完善｜날로 완전해지다→〔日趋qū〕
【日志】rìzhì 名 일지. ¶航海~｜항해 일지.
【日中】rìzhōng 書名 ❶ 정오. 한낮. ❷ 일중. 춘분. ❸ (Rì Zhōng) 簡 일본과 중국.
1【日子】rì·zi 名 ❶ 날. 날짜. ¶明天是她结婚的~｜내일은 그녀가 결혼하는 날이다→〔日期〕❷ 날수. 날짜. 시일. ¶~已经不多了｜시일이 이미 많지 않다＝〔方 日脚jiǎo②〕❸ 시간. 세월. ¶~过得真快｜세월이 정말 빨리 지나가다. ❹ 생활. 형편. 처지. ¶近来我家的~很不好过｜요즈음 우리집 형편이 퍽이나 힘들다＝〔方 日脚③〕

róng ㄖㄨㄥˊ

【戎】róng 군사 융, 클 융
❶ 書名 무기. 병기. 轉 군사. 군대. ¶~马↓ ¶投笔从~｜붓을 던지고 종군하다. ❷ 書形 크다. ❸ (Róng) 名〈民〉융족 [고대 중국의 서쪽 이민족]＝〔西xī戎〕❹ (Róng) 名 성(姓).
【戎行】róngh※ng 書名 군대. ¶久历~｜오래토록 군대에서 복무하다.
【戎马】róngmǎ 書名 ❶ 군마(軍馬). ❷ 轉 군사(軍事). 종군(從軍). 군무. ¶~倥偬kǒngzǒng｜國 군무가 다망하다.
【戎事】róngshì 書名 군사(軍事). ¶~繁忙｜군사가 번거롭고 바쁘다.
【戎首】róngshǒu 書名 ❶ 전쟁 도발자. ❷ 선동자. 주동자. ¶甘gān为~｜기꺼이 주동자가 되다.
【戎装】róngzhuāng 書名 군장.
【狨】róng 원숭이이름 융
名〈動〉명주 원숭이.
4【绒(絨)〈羢毧〉】róng 융 융
名 ❶ 융모. 솜털. ¶鸭yā~｜오리 솜털. ¶驼tuó~｜낙타털. ❷ 표면에 융모가 있는 직물. ¶丝~｜벨벳. ¶灯心~｜코르덴. ❸ (~儿) 자수용의 가는 실. ¶红绿~儿｜빨강·초록의 자수용 색실＝〔茸róng④〕❹ 섬유의 가는 실. ¶棉~很长｜면사가 아주 길다. ❺ 가는 털실. ¶毛~｜가는 털실.
【绒布】róngbù 名〈紡〉면(綿) 플란넬. ¶~窗帘lián｜면 플란넬 커튼.
【绒花】rónghuā 名 ❶〈植〉자귀나무 꽃. ❷ (~儿) 비로드로 만든 꽃·새·글자같은 것.
【绒裤】róngkù 名 보온 메리야스 (속)바지. ¶小孩子穿着~｜어린 아이가 보온 메리야스 속바지를 입고 있다＝〔方 卫wèi生裤〕→〔棉mián毛裤〕
【绒毛】róngmáo 名 ❶〈生理〉융모. 융털돌기. ❷ 동물의 솜털. ‖＝〔茸róng毛〕❸〈紡〉보풀.
【绒绳(儿)】róngshéng(r) 名 方 털실＝〔绒头绳(儿)②〕〔绒线②〕〔毛线〕
【绒头绳(儿)】róngtóushéng(r) ❶ 名 머리띠. 머리동이. ❷ ⇒〔绒绳(儿)〕
【绒线】róngxiàn ❶ 名 수실 ❷ ⇒〔绒绳(儿)〕‖＝〔茸róng线〕
【绒衣】róngyī 名 보온 메리야스 상의. 동내의(冬內衣) 윗벌. ¶~裤｜메리야스 상하의. ¶他爱穿~｜그는 보온 메리야스 입기를 좋아한다＝〔方 卫wèi生衣〕→〔棉mián毛衫〕
【肜】róng 제사이름 융
書名 융제 [제를 올린 다음날 올리는 고대 제사의 하나]
【茸】róng 녹용 용, 잔털 용
❶ 書名 풀의 어린 새싹. ¶庭草滋新~｜정원의 풀이 새싹이 나다《李白》❷ 形 (풀 등이) 가늘고 부드럽다. 야들야들하다. ¶春草纤~｜봄풀이 야들야들하다. ❸ 名 簡「鹿茸」(녹용)의 약칭. ¶参~｜인삼과 녹용. ❹「绒」과 통용⇒〔绒róng③〕❺ ⇒〔蒲pú茸〕
【茸毛】róngmáo 名 융모. 솜털.
2【荣(榮)】róng 성할 영, 영화 영
❶ 動 (초목이) 무성하다. ¶春~冬枯｜봄에는 무성하게 자라다가 겨울에는 시들어 마르다. ❷ 形 번영하다. 흥성하다. ¶繁~｜번영하다. ❸ 形 영광(스럽다). 영예(롭다). ¶~获第一名｜영광스럽게 1등을 하다. ¶以助人为~｜돕는 것을 자랑으로 여기다. ¶光~｜영광(스럽다)⇔〔辱rǔ①〕❹ (Róng) 名〈地〉영현(榮縣) [사천성(四川省)에 있는 현 이름] ❺ (Róng) 名 성(姓).
【荣归】róngguī 動 영광스럽게 돌아오다. 금의 환향(錦衣還鄕)하다 ¶~故乡｜고향으로 영광스럽게 돌아오다＝〔荣旋xuán〕
【荣华】rónghuá ❶ 動 초목에 꽃이 피다. ❷ 名 喩 영화. ❸ 名〈漢醫〉혈기가 왕성해서 얼굴에 윤기가 도는 것.
【荣华富贵】rónghuá fù guì 威 부귀(와) 영화. ¶享受了~｜부귀와 영화를 누렸다.
【荣军】róngjūn ⇒〔荣誉yù军人〕
【荣辱】róngrǔ 書名 영욕. 영예와 치욕. ¶不计~｜영예와 치욕을 도모하지 않다＝〔荣耻chǐ〕
【荣升】róngshēng 書動 영전하다. ¶他~局长｜그가 국장으로 영전하다.
【荣退】róngtuì 動 영광스럽게〔명예롭게〕퇴직하다. ¶欢送老院长~｜원장님의 명예로운 퇴직을 환송하다.
3【荣幸】róngxìng 形 (매우) 영광스럽다. ¶曷hé胜~｜札 이 이상의 영광이 없다.
【荣耀】róngyào ❶ 名 영예. 영광. ¶他感到十分~｜그는 대단한 영광을 느꼈다. ❷ 形 영광스럽다 ‖＝〔光荣〕
【荣膺】róngyīng 書動 영광스럽게(도) …이 되다. ¶~司令部的要职｜영광스럽게도 사령부의 요직에 임명되다.
4【荣誉】róngyù 名 영예. 명예. ¶~称号chēnghào｜명예 칭호. ¶~市民｜명예 시민.
【荣誉感】róngyùgǎn 名 명예심. 긍지. ¶没有~｜긍지가 없다.
【荣誉军人】róngyù jūnrén 名組 상이 군인＝〔簡 荣军〕
【嵘(嶸)】róng 가파를 영
⇒〔峥zhēng嵘〕
【蝾(蠑)】róng 영원 영
⇒〔蝾螈〕
【蝾螈】róngyuán 名〈動〉영원. 도롱뇽류(類)의

총칭 =〔荣原〕

1【容】róng 받아들일 용 ❶ 動 수용하다. 받아들이다. 포함하다. ¶这屋子能~三十人 | 이 방은 30명을 수용할 수 있다. ❷ 動 허락하다. 여유를 주다. ¶详情~后再告 | 자세한 사정은 다음에 말하도록 해 주십시오. ¶不~分说 | 변명하는 것을 허용하지 않다. ❸ 動 너그럽게 대하다. 용서하다. ¶~他这一次 | 이번 한 차례 그를 용서하다. ¶大量~人 | 도량이 커서 사람을 너그러이 대하다. ❹ 名 용모. 자태. ¶姿~ | 용모. ❺ 名 표정. 기색. ¶笑~ | 웃는 얼굴. ¶愁~ | 근심스러운 얼굴. ❻ 名 喩 모양. 상태. 상황. ¶市~ | 거리의 모습. ¶军~ | 군대의 상황. ❼ (Róng) 名 성(姓).

【容不得】róng·bu dé ⇒〔容不下〕

【容不下】róng·bu xià 動組 ❶ 용납할〔받아들일〕수 없다. ¶~情 | 용서할 수 없다. ❷ 수용할 수 없다. ¶~这许多人 | 이렇게 많은 사람을 수용할 수 없다 ‖ =〔容不得〕⇔〔容得下〕

【容得下】róng·de xià 動組 ❶ 받아들일 수 있다. 용서할 수 있다. ¶心里~别人 | 마음 속으로 남을 받아들일 수 있다. ❷ 수용할 수 있다. ¶就这书架~这么些书吗? | 이 책꽂이에 이렇게 많은 책을 꽂을 수 있니? ‖ ⇔〔容不下〕

【容电器】róngdiànqì 名〈電氣〉축전기. 콘덴서(condenser) =〔电容器〕

【容光】róngguāng 書 名 ❶ 용모. 풍채 =〔容华①〕 ❷ 喩 아주 작은 틈.

【容光焕发】róng guāng huàn fā 成 얼굴에 윤이 나고 혈색이 좋다. 얼굴이 환하고 혈기왕성하다. ¶老金这几天~ | 김씨는 요 며칠간 얼굴에 윤이 나고 혈색이 좋다.

【容后】rónghòu 書 動 ❶ 후일을 기다리다. ¶~再商议 | 훗날 다시 상의합시다. ❷ 뒷날로 미루다.

【容缓】rónghuǎn 動 늦추다. 연기하다. 유예하다. ¶刻不~ | 조금도 유예할 수 없다.

【容或】rónghuò 書 副 혹시. 아마. 어쩌면(…일지도 모른다). ¶这篇文章是根据回忆写的, 与事实~有出入 | 이 문장은 회고에 의거해 쓴 것이어서, 사실과 어쩌면 어긋나는 점이 있을지 모른다 =〔容许②〕〔或许〕

4【容积】róngjī 名 용적. 체적. ¶~吨dūn | 용적톤.

4【容量】róngliàng 名 용량. ¶电~ | 전기 용량.

【容貌】róngmào 書 名 용모. 모습. 생김새. ¶她~姣jiāo好 | 그녀의 용모가 아름답다 =〔容象〕〔容颜〕〔相貌〕

4【容纳】róngnà 動 ❶ 수용하다. 넣다. ¶~不开 | 다 넣을 수 없다. ¶~不下 | 다 들일 수 없다. ¶~不住 | 다 넣지 못하다. ❷ 받아들이다. 포용하다.

3【容器】róngqì 名 용기. 그릇. ¶买了一些~回来 | 그릇을 몇 개 사서 돌아왔다.

【容情】róngqíng 動 너그럽게 봐주다. 용서하다. 어법 주로 부정문에 쓰임. ¶我们对坏人坏事是决不~的 | 우리는 나쁜 사람과 나쁜 일에 대해선 결단코 너그럽게 봐주지 않는다.

【容让】róngràng 動 양보하다. 관용하다. 용인하다. ¶你是他的哥哥, 要~他一些 | 너는 그의 형이니까 그에게 다소 양보해야 한다.

【容人】róngrén 動 사람을 받아들이다. 포용하다. ¶别不~ | 사람을 포용하지 않아서는 안된다. ¶~之量 | 사람을 받아들이는 도량.

4【容忍】róngrěn 動 참고 용서하다〔견디다〕. 용인하다. ¶已经到了不可~的地步 | 이미 참기 어려운 지경에까지 이르렀다.

【容身】róng/shēn 動 몸을 두다. 몸을 의탁하다. ¶无~之地 | 몸을 의탁할 곳이 없다.

【容受】róngshòu 動 받아들이다. 용납〔수용, 용인〕하다. ¶再也不能~这种待遇了 | 더 이상 이러한 대우를 받아들일 수 없다.

3【容许】róngxǔ ❶ 書 動 허용하다. 허가하다. ¶原则问题决不~让步 | 원칙 문제는 결코 양보를 허용할 수 없다. ❷ ⇒〔容或〕

【容颜】róngyán ⇒〔容貌mào〕

1【容易】róngyì ❶ 形 용이하다. 쉽다. ¶写简化字比繁体字~得多 | 간체자 쓰기는 정자에 비해 매우 쉽다. ¶说起来~做起来难 | 말하기는 쉬워도 행하기는 어렵다. ❷ (할 가능성이 많다는 뜻에서) 하기 쉽다. 하기 일쑤다. 어법 뒤에 동사가 직접 오는 경우가 많음. ¶他~生病 | 그는 병에 잘 걸린다.

【容止】róngzhǐ 書 名 언행. 용모와 행동(거지). ¶高小姐~端庄 |

3【溶】róng 녹을 용 ❶ 動 녹다. 용해되다. ¶樟脑zhāngnǎo~于酒精而不~于水 | 장뇌는 알콜에는 용해되나 물에는 용해되지 않는다. ❷ ⇒〔溶溶〕

【溶洞】róngdòng 名〈地質〉종유동(鍾乳洞) ¶遊览yóulǎn了两个~ | 종유동 두군데를 유람하였다.

4【溶化】rónghuà 動 용해〔융해〕되다. 녹다 [고체 등이 물에서 녹거나 얼음·눈 등이 녹아서 물이 되는 것을 일컬음] ¶盐yán在水里很快就~ | 소금은 물에서 빨리 용해된다. ¶雪已开始~ | 눈이 벌써 녹기 시작한다 =〔融róng化〕〔融解〕

【溶剂】róngjì 名〈化〉용제 →〔溶媒méi〕

【溶胶】róngjiāo 名〈化〉졸(sol;독). 교질 용액.

4【溶解】róngjiě 名 動〈化〉용해(하다). ¶~度 | 용해도. ¶~热 | 용해열.

【溶菌素】róngjūnsù 名〈醫〉용균소 =〔溶菌酶〕

【溶媒】róngméi 名〈化〉용매 →〔溶剂jì〕

【溶溶】róngróng 書 狀 ❶ 넘실넘실. 콸콸. 둥실둥실 [물이 세차게 혹은 넘실거리며 흐르거나 구름이 떠가는 모양] ¶白云~ | 흰구름이 둥실둥실 떠간다. ❷ 넓은 모양. ¶心~其不可量兮 | 마음이 넓어 헤아릴 수 없다《楚辭·嘆慾》 ❸ 교교한 모양. 휘영청한 모양. ¶月色~ | 달빛이 휘영청하다.

3【溶液】róngyè 名〈化〉용액 =〔容体〕

【溶质】róngzhì 名〈化〉용질. 용해질 →〔溶媒〕

【蓉】róng 부용 용 ❶ ⇒〔芙fú蓉〕 ❷ 名 方 콩이나 과실을 이

R

겨서 반죽한 것 [월병(月餠)·만두 등의 속에 넣음] ¶豆~ | 콩소. ❸ (Róng) 名 〈地〉 사천성(四川省) 성도(成都)의 다른 이름.

【榕】róng 용나무 용
名 ❶ 〈植〉 용나무. 좁은잎모람. ¶~厦shà | 용나무가 무성한 숲. ¶~须xū | 용나무의 늘어진 기근(氣根) =〔榕树〕 ❷ (Róng) 〈地〉 복건성(福建省) 복주(福州)의 다른 이름. ¶~城 =〔榕海〕 | 복주. ¶~腔qiāng | 복주 사투리. ❸ (Róng) 〈地〉 용강(榕江) [귀주성(貴州省)에 있는 강 이름]

4【熔】róng 녹을 용
動 (열을 가하여 금속·광물 등을) 녹이다. ¶~炉↓ =〔镕③〕

【熔点】róngdiǎn 名 〈物〉 용해점. ¶冰的~是摄氏0度 | 얼음의 용해점은 섭씨 0도이다.

【熔断】róngduàn 動 녹아 끊어지다. 녹여 끊다. ¶~器 | 두꺼비집.

【熔化】rónghuà 名 動 〈化〉 용해(하다). 용해(하다) [열을 가하여 금속·광물 등이 녹는 현상을 말함] ¶纯铁加热到摄氏1,535度就~ | 순철은 섭씨 1,535도로 가열되면 용해한다 =〔熔解〕〔熔融〕→〔溶化〕

【熔接】róngjiē 名 動 용접(하다) =〔焊hàn接〕

【熔解】róngjiě ⇒〔熔化〕

【熔炼】róngliàn 動 금속을 정련(精煉)하다. ¶把矿石跟焦炭jiāotǎn一起放在高炉里~ | 광석을 코크스와 같이 용광로에 넣어 정련하다 =〔熔冶yě〕

【熔炉】rónglú 名 ❶ 용광로. ❷ 喩 사상이나 품성을 단련하는 환경. ¶革命的~ | 혁명의 용광로.

【熔融】róngróng ⇒〔熔化〕

【熔丝】róngsī 名 〈電氣〉 퓨즈(fuse) =〔保险丝〕

【熔岩】róngyán 名 〈地質〉 용암. ¶~流 | 용암류.

【熔冶】róngyě ⇒〔熔炼〕

【熔铸】róngzhù 動 주조하다. ¶~生铁 | 무쇠를 주조하다. ¶~工 | 제련공 =〔铸造〕

【镕(鎔)】róng 거푸집 용, 녹일 용
❶ 名 창류(槍類)의 병기(兵器). ❷ 名 거푸집. 주형(鑄型). ❸ 「熔」과 통용 ⇒〔熔róng〕

4【融】róng 녹을 용
❶ 動 녹다. ¶太阳一晒, 雪就~了 | 햇볕이 내리 쬐자 눈은 곧바로 녹아버렸다. ❷ 動 융합하다. 조화되다. 화합하다. ¶水乳交~ | 물과 젖이 섞이듯 조화되다. ¶~洽qià↓ ¶~会↓ ❸ 動 유통하다. 융통하다. ¶品质咸~ | 만물이 모두 유통되다. ¶金~ | 금융. ❹ (Róng) 名 〈地〉 융현(融縣) [광서성(廣西省)에 있는 현 이름] ❺ (Róng) 名 성(姓).

【融合】rónghé 動 융합하다. 마음을 탁 터놓다. ¶~无间 | 마음을 터놓아 격의가 없다 =〔融和〕

【融和】rónghé ⇒〔融合〕

4【融化】rónghuà 動 (얼음·눈 등이) 녹다. 융해되다. ¶湖上的冰已经~了 | 호수 위의 얼음이 이미 녹아버렸다 =〔融解〕〔溶róng化〕

【融会】rónghuì 動 융합하다. ¶~古今 | 고금을 융합하다.

【融会贯通】róng huì guàn tōng 成 여러 가지 도리(道理)와 사리에 통달하다〔정통하다〕. ¶掌握zhǎngwò知识要~ | 지식에 정통하려면 도리에 통달해야 한다 =〔融贯〕

【融汇】rónghuì 書 動 융합하다. 녹아 합쳐지다. ¶~于一体 | 녹아서 하나로 되다.

【融解】róngjiě ⇒〔融化〕

4【融洽】róngqià 形 사이가 좋다. 조화롭다. 융화하다. ¶夫妇间的感情不~ | 부부 사이의 감정이 융화되지 못하다.

【融融】róngróng 書 貶 ❶ 평화스럽게 즐기는 모양. 화목하고 즐겁다. 화기 애애하다. ¶大家欢聚一堂, 其乐~ | 모두 한 자리에 모이니, 기쁘기 한이 없다. ❷ 온화한 모양. ¶春光~ | 봄빛이 온화하다.

【融通】róngtōng 動 융통하다. ¶~中外学理 | 중국과 외국 학문의 이치를 융통하다.

【融资】róngzī 名 動 〈經〉 융자(하다).

rǒng ㄖㄨㄥˇ

【冗】rǒng 쓸데없을 용
書 ❶ 形 쓸데없다. ¶~员↓ ¶~词赘句↓ ❷ 形 번잡하다. 번거롭다. ¶~杂↓ ❸ 名 바쁜 일. ¶拨bō~参加 | 바쁜 중에도 참가해 주시다. ❹ 動 俗 기다리다. ¶~一~儿 | 잠깐 기다리다.

【冗笔】rǒngbǐ 名 ❶ (문장의) 쓸데없이 긴 글귀. 군더더기 문장. ¶去除~ | 군더더기 문장을 제거하다. ❷ (그림의) 필요없는 가필.

【冗长】rǒngcháng 形 (문장·강연 등이) 쓸데없이 길다. 지루〔장황〕하다. ¶~的讲话 | 지루한 강연.

【冗词赘句】rǒng cí zhuì jù 成 쓸데없이 길고 장황한 말〔문장〕.

【冗官】rǒngguān 書 名 불필요한 벼슬아치. 쓸모없는 관리. ¶削除~ | 쓸모없는 관리를 없애버리다.

【冗员】rǒngyuán 名 쓸데없는 인원. 남아도는 인원. ¶减少~ | 쓸데없는 인원을 줄이다.

【冗杂】rǒngzá 形 (일·문장 등이) 번잡하다. 번거롭다. ¶他的文章写得太~ | 그의 문장은 너무 번잡하다 =〔書 冗繁fán〕

【茸】rǒng ☞ 茸 róng Ⓑ

róu ㄖㄡˊ

3【柔】róu 부드러울 유
❶ 形 부드럽다. 부드럽게 하다. ¶~枝嫩nèn叶 | 부드러운 가지와 부드러운 잎. ¶~麻 ⇔〔刚⑤〕 ❷ 形 연약하다. 여리다. ¶性情~弱 | 성격이 여리다. ❸ 形 온화하다. 유화(柔和)하다. ¶性情温~ | 성격이 온화하다. ¶~风细雨 | 成 부드러운 바람과 가랑비. ❹ (Róu) 名 성(姓).

【柔板】róubǎn 名 〈音〉 아다지오.

【柔肠】róucháng 書 名 동정하는 마음씨. 부드러운 마음. 어진 마음. ¶她有百般~ | 그녀는 여러 가지로 어진 마음씨를 지녔다.

【柔道】róudào 名 〈體〉 유도.

4【柔和】róu·hé 形 ❶ 연하고 부드럽다. ¶声音～ | 목소리가 부드럽다. ❷ 맛이 순하다. ¶啤酒顶～ | 맥주가 아주 순하다.

【柔滑】róuhuá 形 유연하며 매끄럽다〔반들반들하다〕.

【柔化】róuhuà 動 부드럽게 되다. 온순해지다.

【柔静】róujìng 形 부드럽고 조용〔평안〕하다. ¶～的气雰 | 부드럽고 조용한 분위기.

【柔美】róuměi 形 유미하다. 부드럽게 조화되며 우미하다. ¶音色～ | 음색이 유미하다.

【柔媚】róumèi 書 形 ❶ 부드러우면서 아름답다. ¶～的晚霞xiá | 아름다운 저녁놀. ❷ (여자가) 부드럽고 매력적이다〔아리땁다〕.

【柔绵】róumián 形 부드럽고 촉감이 좋다. 연하고 폭신폭신하다.

【柔嫩】róunèn 形 부드럽다. 연하다. 여리다. ¶～的幼苗miáo | 연한 싹.

【柔情】róuqíng 書 名 부드러운〔정다운〕 마음씨. 살뜰한 심정. ¶～媚骨 | 생글생글 웃음지으며 정답게 알랑거리다.

【柔韧】róurèn 書 形 부드러우면서도 강인하다. ¶～的腰肢 | 부드럽고도 강인한 허리 부분.

3【柔软】róuruǎn 形 유연하다. 부드럽고 연하다. ¶～的毛皮 | 부드러운 모피.

【柔软体操】róuruǎn tǐcāo 名組 〈體〉 유연 체조.

【柔润】róurùn 形 부드럽고 빛나다〔윤기있다〕. ¶肌肤jīfū～ | 근육과 피부가 부드럽고 윤기 있다.

【柔弱】róuruò 形 유약하다. 연약하다. ¶身体～ | 몸이 연약하다.

【柔声】róushēng 書 名 부드러운 소리.

【柔术】róushù 名 〈體〉 유도(기술).

【柔顺】róushùn 形 유순하다. 온유하다. ¶他天性～ | 그는 천성이 온순하다. ¶她性情～ | 그녀는 성격이 온유하다.

【柔荑花序】róutí huāxù 名組 〈植〉 유제화서.

【柔心弱骨】róu xīn ruò gǔ 成 성질이 부드럽다〔온순하다〕.

【柔性】róuxìng 名 유연성.

3【揉】róu 주무를 유

動 ❶ 주무르다. 비비다. ¶扭niǔ了筋, ～就好了 | 힘줄이 당길 때에는 주무르면 된다. ¶不要～眼睛 | 눈을 비비지 마라. ❷ (손으로) 빚다. 반죽하다. ¶把泥～成小球 | 진흙을 동그랗게 빚다. ¶～面 | 밀가루를 반죽하다. ❸ ⇒〔揉杂〕

【揉搓】róu·cuo 動 ❶ (손으로) 주무르다. 문지르다. 비벼 구기다. ¶用手背～着眼皮 | 손등으로 눈꺼풀을 비비다. ❷ 方 놀리다. 괴롭히다. 들볶다. 못살게 굴다 →〔揉磨〕

【揉和】róuhuó 動 반죽하다. 빚다. 이기다. ¶～了面做面包 | 밀가루를 반죽하여 빵을 만들다 =〔揉合〕

【揉磨】róu·mo 動 方 놀리다. 못살게 굴다. 괴롭히다. ¶把人～得起急 | 남을 못살게 굴어 화나게 하다 →〔揉搓②〕

【揉眼】róuyǎn 動 눈을 비비다. ¶～细看 | 눈을 비비고 자세히 보다.

【揉杂】róuzá 書 形 난잡하다. 복잡하다. 어지럽다. 뒤섞여 있다. ¶皆粲然成章, 不相～ | 다들 아름다운 문장이어서, 서로 어지러이 뒤섞여 있지 않다《世說新語》

【糅】róu 섞을 유

動 섞(이)다. 혼합되다. ¶～杂难分 | 섞여 있어서 나누기 어렵다. ¶～杂不纯 | 섞이어서 순수하지 않다.

【糅合】róuhé 動 (잘 섞이지 않는 것을) 섞다. 혼합하다. ¶这栋楼房～了中外建筑的优点 | 이 빌딩은 중국과 외국 건축의 장점을 혼합했다.

【蹂】róu 밟을 유

動 (발로) 짓밟다.

【蹂躏】róulìn 動 유린하다. (폭력을 사용하여) 짓밟다. 침해하다. ¶～民众的人权 | 민중의 인권을 침해하다.

【鞣】róu 가죽 유, 무두질할 유

❶ 名 무두질한 가죽. ❷ 動 (가죽을) 무두질하다. ¶这皮子～得不够熟 | 이 가죽은 충분하게 무두질하지 않았다.

【鞣料】róuliào 名 유피제(鞣皮劑). 가죽을 무두질하는 약품 =〔鞣剂jì〕

【鞣皮(子)】róupí(·zi) ❶ 名 무두질한 가죽. 유피(鞣皮). ❷ (róu pí(·zi)) 가죽을 무두질하다.

【鞣酸】róusuān 名 〈化〉 타닌(Tannin;독)산 =〔单宁酸〕〔丹宁酸〕

ròu ㄖㄡˋ

1【肉】ròu 살 육, 고기 육

❶ 名 고기. ¶猪zhū～ | 돼지고기. ¶牛～ | 쇠고기. ❷ 名 근육. 살. 몸〔신체〕. ¶肌～ | 근육. ¶身体胖pàng了, 又长～了 | 몸이 뚱뚱한데 살이 또 쪘다. ¶由我身上掉下来的～ | 내 뱃속에서 나온 아이《老舍·龍鬚狗》 ❸ 名 과육(果肉) [과실의 살] ¶桂guì圆～ =〔龙眼肉〕 | 용안의 과육. ¶冬瓜～厚 | 동과는 과육이 두껍다. ❹ 形 方 사각거리지 않다. 씹는 맛이 없다. ¶～瓤儿西瓜 | 속이 사각거리지 않는 수박 ⇔〔脆cuì②〕 ❺ 形 京 느릿느릿하다. 굼뜨다. 꾸물거리다. ¶～脾气 | 꾸물거리는 성질. ¶这个人太～, 我不喜欢 | 이 사람은 너무 꾸물거려서, 나는 좋아하지 않는다. ¶做事真～ | 일하는 게 정말 굼뜨다.

【肉包铁】ròubāotiě 名 俗 台 오토바이.

【肉包子】ròubāo·zi 名 〈食〉 고기 만두. ¶～打狗 | 歇 고기만두로 개를 때리다. 함흥차사다. 소식이 전혀 없다 [뒤에 「有去无回」나 「一去不回」가 이어지기도 함] =〔肉包儿〕

【肉饼】ròubǐng 名 ❶ 〈食〉 저민 돼지고기를 소로 넣은 전병(煎餅). ¶今天做几张～吃吧 | 오늘 전병을 몇개 만들어 먹자. ❷ 〈食〉 햄버그 스테이크. 또는 그와 비슷한 음식물. ❸ 눌려서 납작해진 덩어리. ¶他家的小狗, 被一辆大卡车辗成～了 | 그 집 강아지는 큰 트럭에 치어 납작해졌다 =〔肉酱〕

【肉搏】ròubó 動 (맨손이나 칼 등으로) 육박전을 하다. ¶战士们扔掉rēngdiào刺刀跟敌人～ | 병사들이 대검을 버리고 적과 육박전을 하다 =〔肉

R

薄]〔搏斗〕
【肉搏战】ròubózhàn 名 백병전. 육박전 ¶双方展开了～ | 서로가 백병전을 전개했다 =〔白刃战〕
【肉畜】ròuchù 名 식용(食用)으로 쓰이는 가축. ¶多饲sì养词一些～ | 약간의 식용 가축을 더 사육하다.
【肉刺】ròucì 名 ❶ (피부의) 거스러미. ❷ (마음의) 아픔. ¶大感～ | 대단히 마음의 아픔을 느끼다.
【肉苁蓉】ròucōngróng 名〈植〉육종용.
【肉得慌】ròu ·de huāng 狀組 동작이 매우 굼뜨다. 매우 느릿느릿하다. 꾸물꾸물하다. ¶这小子～ | 이 녀석은 동작이 매우 굼뜨다.
【肉丁(儿)】ròudīng(r) 名 ❶ (네모나게 잘게 썬) 고기. ¶～炸zhá酱 | 네모나게 잘게 썬 고기와 중국 된장을 기름으로 볶은 것으로 국수에 비벼서 먹음 =〔肉钉(儿)〕 ❷ 종양(腫瘍). 종기 =〔肉疔dīng〕
【肉豆蔻】ròudòukòu 名〈植〉❶ 육두구. ❷ 육두구의 열매나 씨 ‖ =〔肉果〕
【肉嘟嘟】ròudūdū 狀 디룩디룩 살찌다. 통통하다. 쭝뚱하다. ¶小孩儿长得～的, 非常可爱 | 어린애가 통통하게 생긴 것이 아주 귀엽다.
【肉墩墩】ròudūndūn 狀 살찌고 튼튼하다. 단단하게 살찌다 =〔肉敦敦〕
【肉脯(儿)】ròufǔ(r) 名 ❶〈食〉육포. 양념을 발라 말린 고기. ¶猪～ | 돼지고기 육포. ¶牛～ | 쇠고기 육포 =〔肉干(儿)〕 ❷ 諷 뚱뚱보.
【肉感】ròugǎn 形 육감적이다. ¶那个小姐很～ | 저 아가씨는 매우 육감적이다.
【肉冠】ròuguān 名 (새의) 볏.
【肉桂】ròuguì 名〈植〉계수나무 =〔木桂〕〔牡mǔ桂〕〔桂〕
【肉果】ròuguǒ ⇒〔肉豆蔻〕
【肉红】ròuhóng 名 ❶〈色〉핑크색. ❷〈漢醫〉박태기나무 껍질 =〔紫荆皮〕
【肉呼呼】ròuhūhū 狀 피둥피둥하다 [아주 뚱뚱한 것을 형용하는 말] ¶这孩子～的 | 이 아이는 피둥피둥하다 =〔肉乎乎〕
【肉酱】ròujiàng 名 잘게 다져 저민 고기. 喩 심한 부상. ¶压成了～ | 눌려서 아주 납작해졌다 =〔肉饼③〕
【肉紧】ròujǐn 動 몸이 오싹해지다. 긴장되다. ¶这种恐怖片看得令人～ | 이런 공포 영화는 사람을 오싹하게 한다. 행동이 굼뜨다. 느릿느릿하여 동작이 둔한 모양. ¶要是老这么～的, 这事多晚才能做完呢? | 만약 늘 이렇게 꾸물거리면 이 일이 언제나 끝나겠는가?
【肉瘤(子)】ròuliú(·zi) 名〈醫〉혹.
【肉麻】ròumá 形 오싹해지다. 소름이 끼치다. 진저리 나다. 징그럽다. 메스껍다. 낯간지럽다. ¶他的话太～了 | 그의 말은 정말 소름끼쳤다. ¶～地吹捧他是令人尊敬zūnjìng的人物 | 그는 남에게 존경받을만한 인물이라고 낯간지럽게 치켜세웠다.
【肉糜】ròumí 名 方 잘게 썬 고기.
【肉末(儿)】ròumò(r) 名〈食〉잘게 다진 고기. 고기를 잘게 다져 볶은 식품.
【肉排】ròupái 名 스테이크(steak). ¶炸几块～吃 | 스테이크를 몇 덩이 튀겨서 먹다.
【肉皮】ròupí 名 (요리에 쓰이는) 돼지고기의 껍질.
【肉皮儿】ròupír 名 方 사람의 피부. 살가죽. ¶小孩儿的～很细 | 아이들의 피부는 매우 부드럽다 =〔肉皮子〕
【肉票(儿)】ròupiào(r) 名 ❶ (옛날, 비적이나 유괴범에게 끌려간) 인질. ¶把～撕sī了 =〔撕sī票(儿)〕 | 인질을 죽여 버리다. ❷ 고기를 구입할 수 있는 배급표.
【肉鳍】ròuqí 名 오징어 등의 연체 동물의 지느러미 모양의 부분. 살지느러미.
【肉儿】ròur 名 ❶ (뼈와 상대적인 뜻으로) 살. ❷ 살붙이. 귀여운 자식.
【肉色】ròusè 名〈色〉살색. ¶～袜wà子 | 살색 양말.
【肉身(子)】ròushēn(·zi) 名〈佛〉육신. 육체.
【肉食】ⓐ ròushí 區 육식(하다). ¶～动物 | 육식 동물.
ⓑ ròu·shi 名 육류식품(肉類食品). 육제품(肉製品). ¶～店 | 육류식품을 파는 상점.
【肉松】ròusōng 名〈食〉소·돼지·생선 등의 살코기를 말려 잘게 찢거나 부수어 간장·향료 등으로 조미한 식품.
【肉穗花序】ròusuì huāxù 名組〈植〉육수 화서.
【肉疼】ròuténg 動 ❶ 마음〔가슴〕 아파하다. ❷ 대단히 아까워하다. 몹시 아끼다. ❸ 몹시 귀여워하다 ‖ =〔㊂ 肉痛〕
【肉体】ròutǐ 名 사람의 육체. ¶～凡胎 | 俗 속된 인간. 속물. ¶～关系 | 육체 관계 →〔肉眼凡胎〕
【肉跳】ròutiào 動 (무서워) 살이 떨리다. 놀라서 살이 부르르 떨리다. ¶这个消息令人～ | 이 소식은 사람을 살떨리게 한다.
【肉痛】ròutòng ⇒〔肉疼〕
【肉头】ⓐ ròutóu 形 나약하고 무능하다. 멍청하다. 소극적이다. 시원시원하지 않다. 굼뜨다. (사람이 줏대없이) 좋기만 하다. ¶～汉 | 무능한 사람.
ⓑ ròu·tou 形 方 토실토실하고 부드럽다. 말랑말랑하다. 포동포동하다. ¶～的手 | 통통한 손.
【肉刑】ròuxíng 名 육형. 옛날의 체형(體刑) [「墨mò刑」(이마에 글을 새기는 형벌), 「劓yì刑」(코를 베는 형벌), 「宫gōng刑」(거세하는 형벌) 등이 있음] ¶施行shīxíng～ | 육형을 시행하다 =〔肉辟bì〕
【肉眼】ròuyǎn 名 ❶ 육안. 맨눈. ¶～看不见细菌 | 육안으로는 세균이 보이지 않는다. ❷ 喩 평범〔비속〕한 안목. 식견이 없는 안목. ¶～不识泰山 | 成 눈 뜬 장님이어서 위인을 몰라보다 [남을 잘 모르고 실례를 하거나 죄를 지었을 때 사죄하는 말]
【肉眼凡胎】ròuyǎn fántāi 成 범속(凡俗)한 사람. 평범한 사람. ¶大家都是～, 没什么特别的高明之处 | 모두가 다 평범한 사람이어서, 특별히 고명한 점이 없다 =〔肉眼愚氏〕
【肉用】ròuyòng 區 식용(의). 식용용(의). ¶～鸡 | 식용 닭. ¶～牛 | 식용 소.

【肉欲】ròuyù 名 贬 성욕(性慾). 육욕. ¶～很盛 | 성욕이 매우 왕성하다.
【肉月旁】ròuyuèpáng ⇒〔肉月儿〕
【肉月儿】ròuyuer 名 한자부수의 육달월(⺼)변 =〔肉月旁〕〔排月(儿)〕
【肉中刺】ròuzhōngcì 名 喻 눈엣가시 [주로「眼中钉」과 같이 쓰임] ¶他把我看成了～ | 그는 나를 눈엣가시로 본다.
【肉赘】ròuzhuì 名 사마귀. 육종 ‖ =〔疣yóu〕〔瘊hóu子②〕

rú ㄖㄨˊ

1【如】rú 같을 여, 좇을 여
❶ 動 …와 같다. …와 비슷하다. ¶坚强～钢 | 굳기가 강철과 같다. ¶整旧～新 | 國 옛 것을 정리하여 새 것처럼 만들다→〔像xiàng③〕 ❷ 動 미치다. 필적하다. 따라가다. 어법 부정문에만 쓰이며 득실이나 우열·상하를 비교함. ¶我不～他 | 나는 그에 미치지 못한다. ¶过牛马不～的生活 | 소나 말에도 미치지 못하는 생활. ❸ 動 예를 들면. …이다. 예컨대 …이다. ¶唐朝有很多大诗人, ～李白·杜甫·白居易等 | 당대(唐代)에는 대 시인들이 매우 많은데, 예를 들면 이백·두보·백거이 등이다. ❹ 連 만약. 만일. ¶～不能来, 请先通知 | 만약 못 올 때에는 미리 알려주세요. ¶～不及早准备, 恐临时措手不及 | 만약 일찍 준비해 놓지 않으면 그때에 이르러서는 미처 손을 보지 못할 것이다. ❺ 動 …에 따르다. …과 같게 하다. …대로 하다. ¶～愿↓ ¶～期完成 | 기한대로 완성하다 =〔做照〕 ❻ 動 …보다 …하다. 어법 형용사의 뒤에 놓여 비교하는데 쓰임. ¶光景一年强～一年 | 살림이 해마다 늘어가다. ❼ ⇒〔真zhēn如〕 ❽ (Rú) 名 성(姓).
【如臂使指】rú bì shǐ zhǐ 國 자기의 손발을 놀리듯 하다. 마음대로 사람을 부리다. ¶他领导三军～ | 그는 삼군을 자기의 손발 놀리듯이 이끈다.
【如出一辙】rú chū yī zhé 國 (여러 사람의 언행·일 등이) 매우 비슷하다. 꼭 같다. 판에 박은 듯하다. ¶这跟以前的辨法～ | 이는 이전의 방법과 매우 비슷하다.
【如椽之笔】rú chuán zhī bǐ 國 무게가 있는 훌륭한 문장.
3【如此】rúcǐ 書 代 이와 같다. 이러하다. ¶～勇敢 | 이와같이 용감하다 =〔如斯〕
【如此而已】rúcǐ éryǐ 國 이와〔그와, 저와〕 같을 뿐이다. ¶～, 岂有他哉! | 이와 같을 뿐, 어찌 다른 것이 있겠는가!
【如次】rúcì 動 아래와 같다. 다음과 같다. ¶其理由～ | 그 이유는 다음과 같다 =〔書 如下〕
【如弟】rúdì 書 名 의동생 =〔义弟〕
【如堕五里雾中】rú duò wǔ lǐ wù zhōng 國 오리무중에 빠져 있는 것 같다. (일이나 방향 등에) 갈피를 잡을 수 없다. ¶一听此话, 我～ | 이 말을 듣자 나는 갈피를 잡을 수 없다.
【如法炮制】rú fǎ páo zhì 國 정해진 처방대로 약을 조제하다. 관례〔규정〕대로 처리하다. 원형대로 하다. 그 모양 그대로 하다 ¶他～, 也写了一篇杂文 | 그는 그 모양 그대로 하여, 또 한 편의 잡문을 썼다 =〔如法泡制〕
【如故】rúgù 書 動 ❶ 전과〔원래와〕 같다. ¶依然～ | 여전하다 =〔如旧〕 ❷ 오래 사귄 것같다. 구면 같다. ¶一见～ | 國 처음 만났지만 마치 오래 사귄 친구같다.
2【如果】rúguǒ 連 만일. 만약. ¶～他不答应, 我便有法子 | 만약 그가 승낙하지 않으면, 내게도 방법이 있다. 어법 ⓐ「如果」의 위치는 보통 문두(文頭)이나, 주어 뒤에 놓일 수도 있음. ⓑ 뒤에「那么」「则」「就」「便」등을 두어 서로 호응하게 하며, 이때「如果」는 생략할 수 있음. ⓒ「如果」가 있는 문미(文尾)에「…的话」를 둘 수 있음. ¶～来得及的话, 我想先去一趟青岛 | 만약 시간이 있다면, 먼저 청도에 한번 가겠다 =〔若果〕〔書 假如〕〔書 假使〕〔書 倘若〕→〔如其〕
2【如何】rúhé 書 代 ❶ 어떻게. 어떤. 어떻게 하면. ¶不知～是好 | 어떻게 해야 좋을지 모르겠다 =〔何如①〕〔怎样〕 ❷ 어떠냐. 어떠한가. ¶近况～? | 근황은 어떠한가? =〔怎么样〕 ❸ 왜. 어째서.
【如虎添翼】rú hǔ tiān yì 國 범이 날개를 얻은 격이다. 喻 힘·세력이 더 강해졌거나 흉폭해지다.
【如花似锦】rú huā sì jǐn 國 꽃과 같고 비단과 같다. 꽃과 비단같이 아름답다.
【如簧之舌】rú huáng zhī shé 喻 교언(巧言). 교묘한 말. ¶他们对一些应考生鼓其～, 指出他们未必有资格录取 | 그들은 몇몇 수험생에게 교묘한 말로 그들이 반드시 채용될 자격이 있지는 않다고 지적하였다.
【如火如荼】rú huǒ rú tú 國 불이 활활 타오르는 것 같고, 띠꽃이 흐드러진 것 같다. 기세가 왕성〔맹렬〕하다. 기세등등하다. ¶韩国的民主运动～ | 한국 민주운동의 기세가 맹렬하다 =〔如荼如火〕
【如获至宝】rú huò zhì bǎo 國 진귀한 보물을 얻은 것 같다. ¶他买到这部画册, ～地把它收藏起来 | 그는 이 화집을 사자, 진귀한 보물을 얻은 것처럼 그것을 수장했다.
【如饥似渴】rú jī sì kě 國 배고프고 목마른 것 같다. 갈망하다. 절실하게 요구하다. ¶学习先进技术的愿望～ | 선진 기술을 배우려는 바램은 매우 절실하다 =〔如饥如渴〕
【如箭在弦】rú jiàn zài xián 國 화살을 시위에 메겼다. 모든 준비가 다 되었다. 돌이킬 수 없는 상황이다. ¶～不得不发 | 화살을 메겼으니 쏠 수 밖에 없다. 이제는 돌이킬 수 없는 상황이다 =〔箭在弦上〕
【如胶似漆】rú jiāo sì qī 國 아교풀 같이 딱 붙어서 떨어지지 않다. 남녀간의 사랑이 깊어서 가를 수 없다 ¶他俩～, 天天都泡在一起 | 그들 둘은 아교풀 같이 붙어서, 매일 함께 생활한다 =〔似漆如胶〕
2【如今】rújīn 名 (비교적 먼 과거에 대비하여) 지금. 이제. 현금(現今). 오늘날 [「现在」는 극히 짧은 시간을 가리키는 동시에 상당히 긴 시간도 가리키지만,「如今」은 상당히 긴 시간을 가리킬 경우에만 쓰임] ¶～咱们农村也有了自己的大学生 | 이제 우리 농촌에도 대학생이 있다→〔现在〕

【如来(佛)】Rúlái(fó) 名〈佛〉여래 [부처의 열가지 칭호 중의 하나]

【如狼牧羊】rú láng mù yáng 成 늑대가 양을 기르는 격이다. 탐관오리가 백성을 착취하다. ¶让他当市长就～ | 그에게 시장을 맡기는 것은 늑대가 양을 기르는 격이다.

【如雷贯耳】rú léi guàn ěr 成 우레 소리가 귀에 들려 오는 것 같다. 명성이 자자하다. 대단히 유명하다. ¶久闻大名, ～ | 자자한 명성은 오래전부터 들었습니다.

【如临大敌】rú lín dà dí 成 강한 적과 맞닥뜨리고 있는 것 같다. 삼엄하게 경비하다. 지나치게 긴장하다.

【如临深渊】rú lín shēn yuān 成 깊은 연못가에 다다른 듯하다. ❶ 대단히 위험한 상황이다. ❷ 일을 매우 조심스럽고 신중하게 처리하다 ‖ =〔如履薄冰〕〔如临深薄〕〔深薄〕〔深渊薄冰〕〔深渊履薄〕

【如履薄冰】rú lǚ bó bīng ⇒〔如临深渊〕

【如芒在背】rú máng zài bèi 成 뾰족한 것으로 어깨를 찌르는 것 같다. 바늘 방석에 앉다. 좌불안석이다 =〔芒刺cì在背〕

【如梦初醒】rú mèng chū xǐng 成 막 꿈에서 깨어난 것 같다. 애매모호하거나 잘못된 인식으로부터 막 깨닫다. ¶他才～感到非常惭愧cánkuì | 그는 비로소 막 꿈에서 깨어난 듯 매우 부끄러움을 느꼈다.

【如鸟兽散】rú niǎo shòu sàn 成 貶 놀란 새와 짐승들이 뿔뿔이 흩어지듯 하다. (집단·단체 등이) 무질서하게 뿔뿔이 흩어지다. ¶他们吓得各奔东西, ～ | 그들이 놀라 각기 동서로 달아나며 무질서하게 뿔뿔이 흩어지다.

【如期】rúqī 副 기한대로. 예정대로. 기일 내에. ¶会议将～召开 | 회의는 예정대로 소집될 것이다.

【如其】rúqí 連 만일. 어법 어감이 「如果」보다 강함. ¶～不成, 再想办法 | 만일 안 되면, 다시 방법을 생각해 보자 =〔若其〕→〔如果〕

【如泣如诉】rú qì rú sù 成 흐느껴 우는 것 같기도 하고 하소연하고 있는 것 같기도 하다. 소리가 처량하고 구슬프다. ¶歌声～, 十分哀婉 | 노래 소리가 흐느끼는 것 같기도 하고 하소연하는 것 같기도 하여, 대단히 애절하고도 곡진하다.

【如日方升】rú rì fāng shēng 成 방금 솟아오르는 해와 같다. 원대하고 발전적인 앞날이 있다.

【如日中天】rú rì zhōng tiān 成 해가 중천에 떠 있는 것 같다. 매우 발전〔홍성〕하여 전성기이다.

【如入无人之境】rú rù wú rén zhī jìng 成 무인지경에 들어가듯 하다. 아무 저항도 받지 않고 거침없이 쳐들어가다.

【如若】rúruò 連 만일. 만약. 어법 「要是」보다 문어적인 표현임. ¶～不信, 请拭目以待 | 만약 믿지 못하겠으면 눈닦고 똑똑히 봐.

【如丧考妣】rú sàng kǎo bǐ 成 貶 제 아비 어미 죽은 듯이 슬퍼하고 안달하다. ¶他伤心得～ | 그는 제 아비 어미 죽은 듯이 상심해하다.

【如上】rúshàng 書 動 위와 같다. 이상과 같다. ¶～所记 | 위에서 기술한 바와 같다 ⇔〔如下〕

【如实】rúshí 副 사실과 같다. 여실하다 어법 흔히 부사적인 용법으로 쓰임. ¶～地证明 | 여실히 증명하다.

【如释重负】rú shì zhòng fù 成 무거운 짐을 벗어 버린 것 같다. 몸과 마음이 홀가분하다〔가뿐하다〕. ¶他～地松了一口气 | 그는 홀가분하게 한숨 돌렸다.

【如数家珍】rú shǔ jiā zhēn 成 자기집의 보물을 헤아리는 것 같다. 속속들이 알고 있어 막힘이 없다. 손금 보듯 환히 꿰뚫고 있다. ¶说起学校的事儿, 他～ | 학교의 일을 얘기하자면, 그는 손금 보듯 환히 꿰뚫고 있다.

【如数(儿)】rúshù(r) 副 숫자〔액수〕 대로. 전부. ¶～归还 | 숫자대로 전부 돌려주다.

【如斯】rúsī ⇒〔如此〕

【如汤沃雪】rú tāng wò xuě 成 눈에 끓는 물 붓기다. 매우 쉽사리 해결하다 =〔如汤泼雪〕

[3]【如同】rútóng 動 마치 …와 같다. 흡사 …이다. 어법 주로 「一样」「一般」과 호응함. ¶这个问题, ～其他问题一样 | 이 문제는 다른 문제와 마찬가지다 =〔如像〕

【如晤】rúwù 札 動 만나 뵌 듯 하다. 앞. 전상서 [마치 상대방을 만나뵙고 말하는 것 같다는 뜻으로 편지의 앞머리에 쓰이는 말] ¶康先生～ | 강선생님 전상서 =〔如面〕

[3]【如下】rúxià ⇒〔如次〕

【如像】rúxiàng ⇒〔如同〕

【如兄】rúxiōng 書 名 의형(義兄) =〔义兄〕

【如许】rúxǔ 書 ❶ 이와 같다. ¶泉水清～ | 샘물이 이처럼 맑다. ❷ 形 상당수의. 꽤 많은. ¶枉费～工力 | 꽤 많은 공력을 허비하다.

【如蚁附膻】rú yǐ fù shān 成 진덧물에 개미모여들 듯 하다. 돈과 권세있는 자에게 빌붙다. 이익을 좇아 모리배가 들끓다.

[4]【如意】rú/yì 動 뜻〔생각〕대로 되다. 마음에 들다. ¶如他的意 | 그의 뜻대로 되다. ¶称chèn心～ | 마음에 꼭 들다.

【如意算盘】rú yì suàn pán 成 뜻대로 되기만을 바라는 심산. 자체 타산. 독장수셈. ¶最好不要打～ | 독장수셈을 하지 않는 것이 제일 좋다.

【如影随形】rú yǐng suí xíng 成 그림자 따라 다니듯 하다. 관계가 매우 밀접하다. ¶他们俩～, 天天在一块儿玩儿 | 그들 둘은 관계가 매우 밀접하여, 매일같이 함께 논다.

【如鱼得水】rú yú dé shuǐ 成 고기가 물을 만난 것 같다. ❶ 마음 맞는 사람을 얻다. ❷ 자신에게 매우 적합한 환경을 얻다.

【如愿】rúyuàn 動 원하는 대로 되다. ¶她终于～了 | 그녀는 결국 원하는 대로 되었다.

【如愿以偿】rú yuàn yǐ cháng 成 희망이 이루어지다. 소원 성취하다.

【如约】rúyuē 副 약속대로. 기약한대로. ¶～赴席 | 약속대로 연회에 참석하다.

【如字】rúzì 名 중국어 주음 방법의 하나. 어법 한 글자에 두 가지 이상의 발음이 있을 때, 가장 통상적인 발음으로 읽는 것을 말함. 즉 「美好」의 「好」를 3성(三聲)으로 읽는 예와 같은 것.

【如醉如迷】rú zuì rú mí 成 취한 듯 홀린 듯 하다.

¶他～地朝墙那边看着 | 그는 흘긘듯이 담쪽을 향해 쳐다보고 있다.

【如坐针毡】rú zuò zhēn zhān 成 바늘 방석에 앉은 것 같다. 불안하여 잠시도 마음을 놓지 못하다. ¶一见老师来他家, 他马上～ | 선생님께서 그의 집으로 오시는 것을 보곤, 그는 곧바로 불안하여 잠시도 마음을 놓지 못한다.

【茹】rú 먹을 여
❶ 動 먹다. ¶～素 | 채식(菜食)하다. ❷ 動 견디다. 참다. 인내하다. ¶含辛～苦 ＝〔茹苦含辛〕| 고생을 참고 견디다. ❸ 書 動 헤아리다. 재다. ¶不可以～ | 헤아릴 수 없다. ❹ 書 動 부드럽다. 연하다. ¶柔～而寡新 | 우유부단하다《韓非子·亡征》❺ 書 名 채소의 총칭. ¶白露之～ | 백로 무렵의 소채. ❻ (Rú) 名 성(姓).

【茹苦含辛】rú kǔ hán xīn 成 고통이나 어려움을 참고 견디다. ¶父母～, 把我们弟兄四人抚养成人 | 부모님께서는 고통과 어려움을 참고 견디시어, 우리 형제 네명을 성인으로 기르셨다 ＝〔含辛茹苦〕

【茹毛饮血】rú máo yǐn xuè 成 새·짐승 등을 털도 뽑지 않고 피도 씻지 않고 먹다. 원시인 같은 비참한 생활을 하다.

【铷(鉫)】rú (루비듐 여)
名〈化〉화학원소명. 루비듐(Rb;Rubidium)

【儒】rú 선비 유, 유교 유
❶ 名 유학(자). ¶大～ | 대 유학자. ¶～术↓ →〔儒家〕〔儒教〕❷ 名 옛날, 독서인(讀書人)을 지칭함. 학자. ¶腐～ | 부패한 학자. ¶通～박식한 학자. ❸ 書 形 나약하다. 연약하다. ¶性～缓不断 | 성격이 우유부단하다《北史·王憲傳》＝〔懦nuò〕❹ ⇒〔侏zhū儒〕

【儒典】rúdiǎn 名 유서(儒書). 유교(儒教)의 전적(典籍). ¶熟读～ | 유교의 전적을 숙독하다. ¶潜qián心～ | 유서 연구에 몰두하다.

【儒风】rúfēng 名 유학자다운 기풍〔풍모〕. ¶他颇有～ | 그는 자못 유학자다운 풍모가 있다.

【儒艮】rúgèn 名〈動〉듀공(dugong). 인어 ＝〔俗 人鱼②〕

【儒家】Rújiā 名 ❶ 유가. ¶～思想 | 유가 사상. ❷ (rújiā) 유학자 ＝〔儒者〕‖＝〔儒门〕

【儒将】rújiàng 名 선비의 풍모를 지닌 무장(武將). ¶具有～风度 | 선비같은 무장의 풍모를 겸비하다.

【儒教】Rújiào 名 유교 [남북조(南北朝)시대 이후로「儒家」를「儒教」라고 일컫기 시작하여「佛教」「道教」와 병칭되었음]

【儒巾】rújīn 名 유건.

【儒经】rújīng 名 유학 경전. 유서(儒書).

【儒林】rúlín 名 유림. 학술계.

【儒门】Rúmén ⇒〔儒家〕

【儒生】rúshēng 名 ❶ 유생. ❷ 학자(學者) ‖＝〔儒士〕

【儒释道】Rú Shì Dào 名組 유교·불교·도교.

【儒术】rúshù 名 유술. 유가의 학술.

【儒学】rúxué 名 ❶ 유학. ❷ 옛날, 부(府)·주(州)·현(縣)에 있었던 교관(教官).

【儒雅】rúyǎ 書 形 학문이 깊고 태도가 의젓하다. ¶他十分～ | 그는 대단히 학문이 깊고 태도가 의젓하다.

【儒医】rúyī 名 옛날, 학자 출신의 한의사(漢醫師).

【嚅】rú 선웃음칠 유, 말머뭇거릴 유

【嚅嚅】rúrú 貺 말을 떠듬거리는 모양. ¶他～地说着 | 그는 떠듬거리면서 말을 하고 있다.

【孺】rú 젖먹이 유, 사모할 유
❶ 書 名 어린 아이. ¶妇～ | 여성과 어린 아이. ❷ ⇒〔孺人〕❸ 書 動 그리다. 사모하다. ¶～慕↓

【孺慕】rúmù 書 動 (아이가 부모를 그리워하듯이) 깊고 진지하게 앙모〔경애〕하다.

【孺人】rúrén 書 名 ❶ 유인. ⓐ 고대(古代)에 대부(大夫)의 아내. ⓑ 명청(明清)시대에 7품 관원의 어머니나 아내. ❷ 轉 부인(婦人)의 존칭(尊稱).

【孺子】rúzǐ 書 名 ❶ 어린이. 아이. ❷ (자식을 낳은) 첩(妾). ❸ 적장자(嫡長子).

【孺子可教】rú zǐ kě jiào 成 젊은이가 발전성이 있어 재능을 전수해줄 만하다.

【孺子牛】rú zǐ niú 成 ❶ 아이들이 놀이〔유희〕할 때 끌고가는 어른으로 분장시킨 소. ❷ 기꺼이〔진심으로〕인민들을 위해 봉사하기를 원하는 사람.

【濡】rú 젖을 유, 물이름 란
❶ 書 動 젖다. 적시다. 스며들다. ¶沾～ | 젖다. ¶耳～目染 | 成 항상 보고 들어 습관이 되다. ❷ 書 動 지체하다. 머무르다. ¶～滞 | 체류하다. ❸ ⇒〔濡忍〕❹ 名〈地〉유수(濡水) [하북성(河北省) 정현(定縣)의 기하(祁河) 일대. 혹은 하북성 이현(易縣)의 북이수(北易水)]

【濡染】rúrǎn 動 ❶ 물들다. 물들이다. ¶他～了中国的习气 | 그는 중국 풍습에 물들었다. ❷ 스며들다. 적시다. 축축해지다.

【濡湿】rúshī 動 축축하게 젖다. 적시다.

【薷】rú 향유 유
⇒〔香xiāng薷〕

【缧】rú ☞ 缧 xū

【襦】rú 속옷 유
書 名 ❶ 짧은 저고리. ¶～裤 | 저고리와 바지. ❷ (어린이의) 턱받이. ❸ 얇은 비단 ＝〔缧xū〕

【蠕〈蝡〉】rú 舊 ruǎn) 꿈틀거릴 연
❶ (벌레 등이) 꿈틀거리는 모양. ¶胎儿～～而动 | 태아가 꿈틀꿈틀 움직이다. ¶～动↓ ❷ ⇒〔蠕蠕②〕

【蠕动】rúdòng 動 연동 운동을 하다. 꿈틀거리다. ¶小肠是经常在～着的 | 작은창자는 항상 연동운동을 하고 있다. ¶一条小虫在地上～ | 작은 곤충 한 마리가 땅에서 꿈틀거리고 있다.

【蠕蠕】rúrú ❶ 貺 꿈틀거리는 모양. ❷ (Rúrú) 名〈民〉연연 [북적(北狄)의 하나로서,「柔然」으로 쓰던 것을 위 태조(魏太祖)가 이렇게 바꾸어 씀]

【蠕形动物】rúxíng dòngwù 名組〈動〉연형 동물.

【颥(顬)】rú 관자놀이 유
⇒〔颞niè颥〕

R

rǔ ㄖㄨˇ

1【女】rǔ ☞ 女 nǚ Ⓒ

【汝】rǔ 너 여, 물이름 여
❶ 書 代 너. ¶～辈↓ ¶～父 | 너의 아버지 =〔女rǔ〕→〔尔ěr①〕 ❷ (Rǔ) 名〈地〉여수[하남성(河南省)에 있는 강 이름] =〔汝水〕〔汝河〕 ❸ (Rǔ) 名 성(姓).

【汝辈】rǔbèi 書 代 너희들[아랫 사람에게 쓰는 말] ¶愿～效之 | 너희들이 그것을 본받기 바란다 =〔汝曹cáo〕〔汝等〕

【汝曹】rǔcáo ⇒〔汝辈〕

【汝等】rǔděng ⇒〔汝辈〕

4【乳】rǔ 젖 유, 젖먹일 유
❶ 名 젖. ¶～房 | 유방. ¶代～粉 | 대용 분유. ¶～牛↓ =〔奶汁zhī〕 ❷ 젖과 같은 것. ⓐ 젖과 같은 즙. ¶豆～ | 두유. ⓑ 젖꼭지 모양으로 생긴 것. ¶钟～石 | 종유석. ❸ 갓 태어난. 어린. ¶～燕↓ ❹ 書 動 젖을 먹이다. ¶亲身～儿 | 몸소 아이에게 젖을 먹이다→〔奶① ② ③〕 ❺ 書 動 (아이를) 낳아 기르다. 생식하다 =〔孳zī乳①〕

【乳媪】rǔ'ǎo ⇒〔乳母〕

【乳白】rǔbái 名〈色〉유백색. ¶～灯泡pào | 유백색 전구.

【乳白玻璃】rǔbái bō·lí 名組 젖빛 유리 =〔乳色玻璃〕〔玻璃瓷cí〕

【乳白色】rǔbáisè 名〈色〉젖빛. 유백색. ¶～的长裙 | 유백색의 긴치마.

【乳钵】rǔbō 名 유발. 막자 사발 =〔研yán钵〕

【乳齿】rǔchǐ 名〈生理〉유치. 젖니. 배냇니 =〔乳牙yá〕〔奶nǎi牙〕〔暂zàn齿〕

【乳褡】rǔdā ⇒〔乳罩zhào〕

【乳蛾】rǔ'é 名〈醫〉편도선염 =〔喉hóu蛾〕

【乳儿】rǔ'ér 名 유아. 젖먹이.

【乳房】rǔfáng 名 ❶〈生理〉유방. ¶～炎 | 유방염 =〔乳盘pán〕〔俗 奶nǎi膀子〕 ❷ 俗 은행 나무 줄기에 생기는 혹.

【乳粉】rǔfěn 名 분유 =〔奶nǎi粉〕

【乳峰】rǔfēng 名 여자의 툭 튀어나온 유방.

【乳腐】rǔfǔ 名 方〈食〉유부 [두부를 발효시켜 소금에 절인 식품] =〔豆腐乳〕〔酱jiàng豆腐〕

【乳化】rǔhuà 名 動〈化〉유화(하다). ¶～食品 | 식품을 유화하다.

【乳剂】rǔjì 名〈化〉유제. ¶全色～ | 〈撮〉전색유제. ¶～层 | 감광막(感光膜).

【乳胶】rǔjiāo ❶ ⇒〔乳浊液〕 ❷ 名〈化〉라텍스(latex). ¶～漆qī | 라텍스 칠.

【乳酪】rǔlào 名〈食〉❶ 버터(butter) =〔黄huáng油①〕 ❷ 유락. 치즈(cheese) =〔奶nǎi酪〕

【乳糜】rǔmí 名 ❶ 유락(乳酪). ❷〈生理〉유미. ¶～管 | 유미관. ¶～尿niào | 유미뇨.

【乳名(儿)】rǔmíng(r) 名 유명. 아명(兒名) ¶他～阿毛 | 그의 아명은 아모이다 =〔奶名(儿)〕〔小名(儿)〕

【乳母】rǔmǔ 名 유모 =〔乳媪ǎo〕〔俗 奶妈(儿)〕〔方 乳娘〕〔乳妪yù〕

【乳娘】rǔniáng ⇒〔乳母〕

【乳牛】rǔniú 名 젖소. ¶～场 | 낙농장 =〔奶牛〕

【乳品】rǔpǐn 名 유제품(乳製品). ¶他爱吃～ | 그는 유제품을 즐겨 먹는다. ¶～厂 | 유제품 공장.

【乳酸】rǔsuān 名〈化〉유산. 젖산. ¶～钙gài | 유산 칼슘→〔酸奶〕

【乳糖】rǔtáng 名〈化〉유당. ¶水解～ | 갈락토스(galactose) =〔奶nǎi糖〕

【乳头】rǔtóu 名〈生理〉❶ 유두. 젖꼭지. ¶～炎 | 유두염 =〔俗 奶头(儿)〕 ❷ 유두 모양의 돌기. ¶视神经～ | 시신경 유두. ¶～状瘤 | 유두종(乳頭腫).

【乳腺】rǔxiàn 名〈生理〉유선. 젖샘. ¶～癌 | 유암. ¶～炎 =〔奶疮〕 | 유선염.

【乳香】rǔxiāng 名 ❶〈植〉유향수(乳香樹). ❷ 유향. 유향수지(乳香樹脂) [약용·향료로 쓰임] =〔乳香树胶〕〔马mǎ尾香〕〔熏xūn陆香〕〔洋乳香〕

【乳臭】rǔxiù ❶ 名 유취. 젖내. 젖비린내. ¶～小儿 | 풋나기. 애송이. ❷ 形 젖내가 나다. 아직 유치하다 ‖ =〔乳气〕

【乳臭未干】rǔ xiù wèi gān 成 젖내가 아직 가시지 않았다. 젖비린내 나다. ¶～的黄毛丫头 | 아직 젖비린내 나는 계집애 =〔口尚乳臭〕

【乳牙】rǔyá ⇒〔乳齿chǐ〕

【乳燕】rǔyàn 名 ❶ 새끼 제비. ❷ 새끼를 갓낳은 어미 제비.

【乳罩】rǔzhào 名 브래지어(brassiere) ¶这年代, 女人想扔掉rēngdiào～, 男人想扯chě下领带lǐngdài | 요즘 시대는, 여자들은 브래지어를 버리려 하고, 남자들은 넥타이를 끌러버리려 한다 =〔乳褡dā〕〔奶nǎi罩〕〔胸xiōng罩〕

【乳汁】rǔzhī 名 젖 =〔乳水〕〔乳浆jiāng〕〔俗 奶〕

【乳浊液】rǔzhuóyè 名〈化〉유제. 유탁액 =〔乳化液〕〔乳胶①〕〔乳胶液〕〔乳状液〕

3【辱】rǔ 욕보일 욕
❶ 名 수치. 치욕. ¶受～ | 치욕을 당하다. ¶奇耻大～ | 커다란 치욕 ⇔〔荣róng③〕 ❷ 모욕하다. 창피를 주다. 더럽히다. ¶丧权～国 | 주권을 잃고 나라를 욕되게 하다. ¶折～ | 수치를 주다. ¶～命↓ ¶～没↓ ❸ 書 動 謙 황송[죄송]하게도 …하다 [상대방의 호의를 못난 내가 받아 오히려 욕되게 하였다는 뜻] ¶～承指教 | 황송하게도 가르침을 받다. ¶～临 | 송구하게도 왕림하시다.

【辱骂】rǔmà 動 욕설을 퍼부어 창피를 주다. 욕설을 퍼부어대다. ¶不许～他人 | 다른 사람에게 욕설을 퍼부어서는 안된다. ¶～和恐吓决不是战斗 | 욕하고 협박하는 것은 결코 전투가 아니다.

【辱命】rǔ/mìng 動 ❶ 명령이나 부탁을 욕되게 하다[완수하지 못하다]. 사명을 어기다. ¶幸不～ | 다행히도 명령을 욕되게 하지는 않았습니다. ❷ 하명(下命)을 삼가 받들다.

【辱没】rǔmò ❶ 動 더럽히다. 모욕하다. 부끄럽게 하다. 창피를 주다. ¶谁敢～了你 | 누가 감히 너를 모욕하였니? ¶不能～了教授的称号 | 교수의

호칭를 부끄럽게 할 수는 없다. ❷形 수치스럽다. 부끄럽다. ❸動 재능을 묻어 버리게 하다. ¶他有那样儿的学问, 做这样儿的小事情真是～了他 | 그가 저 정도의 학식이 있음에도, 이렇게 작은 일을 하고 있으니 정말 그의 재능을 묻어버리는 것이다.

rù ㄖㄨˋ

2【入】rù rì 들 입, 들어갈 입, 입성 입

Ⓐ rù ❶動 (밖에서 안으로) 들어가다. 들어오다. ¶病从口～ | 병은 입으로 들어온다. ¶流～ | 흘러 들어가다. ¶日～ | 날이 저물다 ⇔〔出chū①〕→〔进jìn②〕 ❷動 (조직·단체 등에) 들어가다〔가담하다〕. ¶～大学 | 대학에 들어가다. ¶～团↓ ¶～伍↓ ❸動 합치하다. 맞다. ¶不～情理 | 정리에 맞지 않다. ¶～时↓ ❹動 (시기가) 되다. ¶眼看着～冬了 | 이제 곧 겨울이 된다. ❺動 넣다. 수납하다. ¶～棺 | 입관하다. ❻名 수입. 입금. ¶岁～ | 세입. ¶量～为出 | 수입을 생각하고 지출을 하다. ❼名 簡〈言〉입성(入聲). ¶平上去～ | 평상거입 →〔入声〕

Ⓑ rì 動 俗 (남자의 입장에서) 성교하다. 씹하다. 박다. ¶高声叫骂～娘撮cuō鸟diǎo | 네미 붙을 좆같은 놈이라고 큰 소리로 욕지거리를 하다《水滸傳》→〔肏cào〕

【入不敷出】rù bù fū chū 成 수입이 지출을 따르지 못하다. 수입보다 지출이 많다. ¶我工资微薄, 每月～ | 나는 월급이 적어, 매월 수입이 지출을 따르지 못한다. ¶～的生活 | 수입보다 지출이 많은 생활.

【入仓】rùcāng ❶名 입고(入庫). ❷(rù/cāng) 動 입고하다. 선창(船倉)에 넣다. ¶粮食要晒shài干才能～ | 곡물은 햇볕에 말려야 창고에 넣을 수 있다.

【入厂】rù/chǎng 動 공장에 들어가다〔취직하다〕 ¶新工人～ | 신입 노동자가 공장에 들어가다 ⇔〔离厂〕

【入场】rù/chǎng 動 입장하다. ¶运动员～ | 운동선수가 입장하다.

【入场券】rùchǎngquàn 名 입장권. 출전티켓

【入超】rùchāo 名〈貿〉수입 초과 ＝〔贸易逆差〕⇔〔出超〕

【入朝】rùcháo 書 動 조정에 들어가다. 벼슬에 오르다.

【入春】rù/chūn 動 봄에 들어서다. 봄이 되다. ¶～以来, 天气渐暖 | 봄에 들어선 이래로 날씨가 점차 따뜻해진다.

【入党】rù/dǎng 動 입당하다. ¶～升官 | 입당하여 출세하다.

【入地无门】rùdì wúmén 成 땅속으로 들어가려 해도 문이 없다. 달아날 길이 없다. 활로(活路)가 보이지 않다 →〔上shàng天无路〕

【入定】rùdìng 動〈佛〉입정하다 ＝〔安禅〕

【入冬】rù/dōng 動 겨울에 들어서다. 겨울이 되다 ＝〔上shàng冬②〕

【入肚】rùdù 動 ❶ 뱃속에 넣다. 喻 마시다. 먹다. ¶把一盘饺子都给～了 | 만두 한 접시를 모두 먹어 치웠다. ¶三杯～, 话也就多了 | 석 잔을 마시자, 말도 많아졌다. ❷ 소화하다. 喻 이해하다. ¶读书不～是没用的 | 책을 읽어도 이해하지 못하면 쓸모가 없다.

【入耳】rù'ěr ❶形 듣기 좋다. 들을 만하다. ¶不～之言 | 듣기 거북한 말. 귀에 거슬리는 말. ❷動 귀에 들어오다. 들리다. ¶不堪～ | 귀에 담을 수 없다. ❸名〈蟲〉그리마.

【入犯】rùfàn 動 (적군이) 국경을 침범하다. ¶敌人～边境 | 적이 변경을 침범하다.

【入伏】rù/fú 動 복날로 들어서다. 복날이 시작되다. ¶～以来, 常有阵雨 | 복날로 들어선 이래로, 자주 소나기가 내린다.

【入港】rù/gǎng 動 ❶ 近 서로 마음이 맞다. 대화가 통하다. 좋은 고비〔가경〕에 이르다. ¶两人越谈越～ | 두 사람은 대화를 하면 할수록 더욱 마음이 맞았다. ❷ 입항하다. ¶船已经～了 | 배가 벌써 입항했다.

【入彀】rù/gòu 動 ❶ 어떤 세력 범위 안에 들어가다. 남의 수하에 들어가다. 올가미〔낚시〕에 걸리다. 농락당하다. ¶天下英雄, 入吾彀中矣 | 천하의 영웅들이 내 수하에 들어오는구나. ❷ 일정한 격식이나 요구에 맞다〔부합하다〕. ❸ 마음에 맞다〔들다〕. ❹ 과거에 합격하다. ❺ 넋을 잃다. 반하다. ¶听得～ | (음악이나 노래소리를) 듣고 넋을 잃다.

【入股(儿)】rù/gǔ(r) 動 주식(株式)에 가입하다. 주주(株主)가 되다. ¶自愿～ | 주주가 되기를 스스로 원하다.

【入骨】rùgǔ 動 ❶ 轉 뼈에 사무치다. ¶恨之～ | 뼈에 사무치도록 증오하다. ❷ 뼈에 이르다. ¶贼zéi咬一口, ～三分 | 도적이 한 입 물면, 뼛속으로 세 푼이나 들어간다. 喻 나쁜 놈에게 찍히면 된통 당한다. ❸〈佛〉유골을 탑(塔)에 모시다 →〔入塔tǎ〕

【入关】rù/guān 書 動 산해관(山海關) 안으로 들어가다. (동북으로부터) 중국 관내에 들어가다. ¶他率军队～ | 그가 군대를 이끌고 산해관 안으로 들어가다.

【入国问禁】rù guó wèn jìn 成 다른 나라에 들어가면, 먼저 그 곳의 금령(禁令)을 물어 보다. 그 고장에 가면 그 고장 풍속을 따라야 한다. ¶要～, 入乡随俗 | 다른 나라에 가면 그 곳의 금령을 물어봐야 하고, 다른 마을에 가면 그 곳 풍속을 따라야만 한다 ＝〔入境问禁〕〔入境问俗〕〔入乡问忌〕〔入乡问俗〕〔入乡随乡〕〔随乡入乡〕

【入黑】rùhēi 形 밤이 되다. 날이 어두워지다.

【入画】rùhuà 動 그림에 담다［경치의 아름다움을 형용할 때 씀］¶桂林山水甲天下, 处处都可以～ | 계림의 산수는 천하 제일이어서 모든 곳이 다 그림에 담을 만하다 ＝〔上shàng画儿〕

【入会】rù/huì 動 입회하다. 모임에 가입하다. ¶先交会费才能～ | 먼저 회비를 납부해야 모임에 가입할 수 있다.

【入伙】rù/huǒ 動 ❶ 패거리에 (끼어) 들다. 도적의 무리에 들(어가)다. ¶～分脏zāng | 패거리

R

에 들어 장물을 나누다. ❷ (기관·학교 등에서 집단적으로 경영하는 식당의) 단체〔공동〕 식사에 가입하다〔들다〕.

【入籍】rù/jí 動〈法〉❶ 입적하다. 호적 대장에 등록하다. ❷ 다른 국적을 취득하다.

【入教】rù/jiào 動 (기독교·이슬람교 등에) 입교하다. 종교를 믿기 시작하다. ¶他想～ | 그가 입교하려 하다.

【入京】rùjīng 動 서울에 들어가다. ¶～当官 | 서울에 가서 관리가 되다.

4【入境】rù/jìng 動 입국하다. ¶～签证qiānzhèng | 입국 사증(査證) ⇔〔出境①〕

【入境问禁】rù jìng wèn jìn ⇒〔入国问禁〕

【入境问俗】rù jìng wèn sú ⇒〔入国问禁〕

【入静】rùjìng 名動〈宗〉입정(하다) [도가(道家)에서 홀로 가만히 앉아 일체의 잡념을 없애고 무사무려(無思無慮)의 경지에 이르는 수련법의 하나]

【入局】rù/jú 動 ❶ 연회석에 들어가다. ❷ 노름판·내기 등에 가담하다〔끼어들다〕.

4【入口】rù/kǒu ❶ 動 입으로 들어가다. ¶难于～ | (맛이) 역겹다. ❷ 動 입항하다. ¶～船期预告 | 입항 선박 예고 =〔进口①〕⇔〔出口②〕 ❸ 動 수입하다. ¶～量 | 수입량 =〔进口②〕⇔〔出口③〕→〔输入①〕 ❹ (rùkǒu) 名 입구. ¶车站～ | 정거장 입구.

【入扣(儿)】rùkòu(r) 動 넋을 잃다. 열중하다. 정신이 팔리다. ¶他看这本杂志zázhì看得～ | 그는 이 잡지를 보는 데 열중하여 정신이 없다. ¶丝丝～ | 成 딱 들어맞다. 잘 짜이다 →〔入彀gòu⑤〕

【入寇】rùkòu 書 動 침입하다.

【入款】rùkuǎn 書 名 수입(收入). 입금(入金). ¶～数目 | 수입 금액 =〔入项〕

【入理】rùlǐ 形 이치〔도리〕에 맞다. ¶他的话很～ | 그의 말은 매우 이치에 맞다.

【入殓】rù/liàn 動 납관하다. 입관하다 =〔含hán殓〕

【入列】rùliè 動〈軍〉(대열에서 벗어나거나 지각한 병사가) 대열에 들어가다.

【入流】rùliú 動 ❶ 書 시대의 흐름에 부합되다. ¶他是个不～的电影演员 | 그는 시대의 흐름에 부합되지 않는 영화 배우이다. ❷ 옛날, 9품(九品) 이상의 벼슬에 오르다. ¶未～ | 아직 9품에는 오르지 못했다. ❸ 경지에 이르다. ❹ 등급에 들다.

【入垄】rùlǒng 動 方 (얘기를 나누다가) 의기가 투합하다. 서로 마음이 맞다. 대화가 통하다.

【入梅】rùméi 動 매우기(梅雨期)에 들다. 장마철에 들다 =〔入霉〕

【入门】rù/mén ❶ (～儿) 動 입문하다. 기초를 터득하다. 문하생이 되다. ¶～既不难, 深造也是办得到的 | 기초 터득이 이미 어렵지 않으면, 깊이 연구하는 것도 해낼 수 있다. ❷ 動 문을 들어가다. ❸ (rùmén) 名 입문 [주로 책이름에 쓰임] ¶政治学～ | 정치학 입문.

【入梦】rù/mèng 動 ❶ 잠들다. ❷ 꿈에 누군가가 나타나다.

【入迷】rù/mí 動 매혹되다. 정신이 팔리다. …광(狂)이 되다. 반하다. ¶他们的精采jīngcǎi表演使观众看得入了迷 | 그들의 멋진 연기는 관중을 반하게했다.

【入魔】rù/mó 動 ❶ 홀딱 반하다. 푹 빠지다. 홀리다. ¶买马票买得～了 | 경마에 푹 빠졌다. ❷ 사도(邪道)에 빠지다.

【入木三分】rù mù sān fēn 成 ❶ 필력(筆力)이 강하다〔웅건하다〕. 견해·의론(議論)이 날카롭다. ¶他的分析fēnxī真是～ | 그의 분석은 정말 예리하다. ❷ 책에 실리다. ¶～, 虽骂亦荣 | 책에 실리면 비록 욕먹더라도 역시 영광이다.

【入目】rùmù 動 보다. ¶肉麻表演biǎoyǎn不堪～ | 에로틱한 연기는 차마 볼 수 없다.

【入泮】rùpàn 動 옛날, 부(付)·현(縣)의 학교인 반궁(泮宮)에 들어가 생원(生員)이 되다 =〔入庠〕〔入学③〕

4【入侵】rùqīn 動 침입하다. ¶防止敌人～ | 적의 침입을 방지하다. ¶外国文化～ | 외국 문화가 침입하다.

【入情入理】rù qíng rù lǐ 成 이치〔정리〕에 맞다. ¶他的话讲得～, 听的人无不点头赞许 | 그의 말은 이치에 맞아, 듣는 사람이 머리를 끄덕이며 찬동하지 않는 사람이 없다.

【入射点】rùshèdiǎn 名〈物〉입사점.

【入射角】rùshèjiǎo 名〈物〉입사각.

【入射线】rùshèxiàn 名〈物〉입사 광선.

【入神(儿)】rù/shén(r) ❶ 動 마음을 뺏기다. 넋을 잃다. 정신이 팔리다. 골똘하다. ¶看入了神(儿) | 보고 넋을 잃었다. ❷ (rùshén(r)) 形 (기술 등이) 입신의 경지에 들다. 절묘하다. 매우 뛰어나다. ¶这幅画画得很～ | 이 그림은 입신의 경지에 달해 있다.

【入声】rùshēng 名〈言〉입성 [운미(韻尾;끝소리)가 「－t」「－p」「－k」이던 음절]

【入时】rùshí 書 動 (복장 등이) 유행에 맞다. 시류(時流)에 맞다. 모던(modern)하다. ¶衣着～ | 옷을 유행에 맞게 입다. ¶这种衣服很～ | 이런 옷은 매우 유행에 맞다.

【入世】rù/shì 動 사회에 뛰어들다. ¶～不深 | 사회에 뛰어든지 얼마 되지 않다. 세상 물정을 잘 모르다.

【入室】rù/shì 動 ❶ 방에 들어가다. ❷ 喩 (학문이) 심오한 경지에 이르다. ¶学到～的时候儿 | 심오한 경지에 이를 때까지 공부하다.

【入室弟子】rùshì dìzǐ 名組 스승의 집에 들어가 배우는 제자. 학문이 심오한 경지에 이른 제자. ¶我是朱先生的～ | 나는 주선생님의 입실제자이다.

4【入手】rùshǒu 動 ❶ 착수하다. 손을 대다. 개시하다. ¶音乐教育应当yīngdāng从儿童értóng时代～ | 음악 교육은 마땅히 어릴 시절부터 시작해야 한다 →〔下手〕 ❷ 입수하다. 손에 넣다 =〔到手〕

【入水】rù/shuǐ 動 물에 들어가다. ¶～匠 | 잠수부 =〔下水④〕

【入睡】rù/shuì 動 잠들다. ¶辗转zhǎnzhuǎn不能～ | 뒤척이며 잠들지 못하다 =〔入寐mèi〕→〔睡着zháo〕

【入塔】rùtǎ 動〈佛〉죽은 승려의 유골이나 유체를 탑(塔)에 모시다→〔入骨gǔ③〕
【入土】rù/tǔ 動 ❶ 매장하다. 轉 죽다. ¶～为安｜成 죽어 안장되다. ❷ 땅속에서 동면(冬眠)하다.
【入团】rù/tuán 動 ❶ 입단하다. ❷「中国共产主义青年团」(중국 공산주의 청년단)에 입단하다.
【入托】rùtuō 動 ❶ (어린 아이를) 탁아소에 넣다. ¶孩子～了｜아이를 탁아소에 맡겼다. ❷ 위탁하다.
【入微】rùwēi 動 매우 치밀하거나 깊은 경지〔정도〕에 이르다. ¶体贴～｜成 세심한데까지 살뜰히 돌보다.
【入闱】rù/wéi 書 動 과거를 치를 때, 응시자나 감독자가 시험장에 들어가다.
【入味(儿)】rùwèi(r) 形 ❶ 맛있다. 입맛에 맞다. ¶菜做得很～｜요리가 매우 맛있게 만들어졌다. ❷ 재미있다. ¶这出戏我们越看越～｜이 연극은 우리가 보면 볼수록 재미있다.
【入伍】rù/wǔ 動 입영(入營)하다. 입대하다. ¶大哥今天～｜큰형이 오늘 입대한다.
【入席】rù/xí ❶ 動 (집회나 의식 등에서) 착석하다. ¶请各位～｜여러분 착석해 주십시오 =〔就席〕❷ ⇒〔入座〕
【入夏】rù/xià 動 여름이 되다. 여름에 들어서다.
【入乡随乡】rù xiāng suí xiāng ⇒〔入国问禁〕
【入乡问俗】rù xiāng wèn sú ⇒〔入国问禁〕
【入绪】rùxù 動 (일의) 두서가 잡히다. ¶这项工作刚刚～｜이 일은 막 두서가 잡혔다
【入选】rù/xuǎn 動 입선하다. 뽑히다. 당선되다. ¶他已～为本年十大杰出青年之一｜그는 이미 올해 10대 걸출한 청년의 한 사람으로 뽑혔다.
【入学】rù/xué ❶ 動 입학하다. ¶～考试｜입학시험. ❷ 취학하다. ¶～年龄｜취학 연령. ❸ 動 ⇒〔入泮pàn〕
【入眼】rù/yǎn ❶ 動 눈에 들다. (보고) 마음에 들다. ¶看不～｜보고 마음에 들지 않다. ❷ (rùyǎn) 形 볼품 있다.
【入药】rù/yào 動〈漢醫〉약으로 쓰다. ¶白芷根可～｜구리때 뿌리는 약으로 쓸 수 있다.
【入夜】rùyè 動 밤이 되다. ¶～, 工地上灯火通明｜밤이 되자, 공사장에 불빛이 환하다.
【入狱】rù/yù 動 수감(收監)되다. 감옥에 들어가다. ¶～以来, 身体欠佳qiànjiā｜수감된 이래로 몸이 좋지 않다.
【入院】rù/yuàn 動 ❶ 입원하다. ¶办～手续｜입원 수속을 밟다 =〔住院〕⇔〔出chū院〕❷〈佛〉(출가하여) 절에 들어가다. ❸「学院」(단과 대학)에 입학하다. ❹ 병원(건물)에 들어가다.
【入帐】rù/zhàng 動 기장(記帳)하다. 장부에 올리다. ¶货款huòkuǎn已经～｜상품 대금은 이미 장부에 올렸다 =〔入册〕
【入主出奴】rù zhǔ chū nú 成 하나의 주의·주장을 맹신(盲信)하여 다른 주의·주장을 배척〔무시〕하다. 선입관에 사로잡혀 자기 의견만 옳다 하고 남의 의견을 무시하다〔「入者主之, 出者奴之」의 약칭〕
【入赘】rùzhuì 動 데릴사위가 되다. ¶～之婿xù｜데릴사위 →〔招女婿〕
【入座】rù/zuò 動 자리〔연석〕에 앉다〔들다〕. ¶按票上的号码～｜표의 번호대로 자리에 앉다.

【洳】rù 습한땅 여
❶ ⇒〔沮jù洳〕❷ (Rù) 名〈地〉여하(洳河)〔북경시(北京市) 평곡현(平谷縣) 석성산(石城山)에서 나와 구하(泃河)로 흘러 들어가는 강〕

【溽】rù 젖을 욕, 질을 욕
書 形 ❶ 축축하다. 누지다. ¶林无不～｜숲은 습하지 않은 곳이 없다. ¶～暑↓ ❷ 짙다. 농후하다. ¶其饮食不～｜그 음식 맛이 진하지 않다.
【溽暑】rùshǔ 名 무더위. ¶时入～｜무더운 시기로 접어들다 =〔溽蒸zhēng〕
【溽蒸】rùzhēng ⇒〔溽暑〕

【蓐】rù 깔개 욕
書 名 ❶ 멍석. 깔개. 자리. ❷ 轉 산모의 침상. ¶坐～｜몸을 풀다. ¶产～｜산욕(産褥).
【蓐疮】rùchuāng 名〈醫〉욕창 =〔褥疮〕
【蓐妇】rùfù ⇒〔蓐母〕
【蓐母】rùmǔ 名 산파(産婆). 조산원 =〔蓐妇〕

【缛(縟)】rù 채색 욕, 번다할 욕
❶ 書 名 화려한 채색〔무늬〕. ❷ 書 形 轉 번잡하다. 성가시다. ¶～礼↓ ❸「褥」와 통용 ⇒〔褥〕
【缛礼】rùlǐ 書 名 번거롭고 귀찮은 의식이나 예절.

【褥】rù 요 욕
(～子) 名 요. ¶被～｜이불과 요. ¶坐～ =〔坐墊〕｜방석 =〔缛rù③〕
【褥疮】rùchuāng 名〈醫〉욕창 =〔蓐rù疮〕
【褥单(儿, 子)】rùdān(r·zi) 名 침대 시트(sheet) =〔被bèi单(儿)〕〔被单子〕
【褥垫(子)】rùdiàn(·zi) 名 ❶ 방석. ❷ 시트(sheet) 자리. ¶司机席～｜운전석 시트.
【褥套】rùtào 名 ❶ 方 요를 만드는 솜. ❷ 휴대용 이불보. ❸ 이불 커버. ¶时常更换～｜자주 이불 커버를 바꾸다.
【褥子】rù·zi 名 요 =〔茵yīn褥〕

ruǎn ㄖㄨㄢˇ

【阮】ruǎn 나라이름 완, 악기이름 완
名 ❶ 簡〈擾〉「阮咸」(완함)의 약칭→〔阮咸②〕❷ (Ruǎn)〈地〉완〔주문왕(周文王)에게 멸망된 나라이름. 지금의 감숙성(甘肅省) 경천현(涇川縣) 동남쪽에 있었음〕❸ (Ruǎn) 名 성(姓).
【阮囊羞涩】ruǎn náng xiū sè 成 주머니 사정이 말이 아니다. 주머니가 텅 비었다. ¶因为～, 所以不能出游｜주머니가 텅비어서, 놀러 나갈 수 없다 =〔羞xiū涩②〕
【阮咸】Ruǎnxián 名 ❶〈人〉완함〔자(字)는 중용(仲容). 삼국(三國)시대 위(魏)나라 죽림 칠현(竹林七賢)의 한 사람〕❷ (ruǎnxián)〈音〉완함〔완함이 만들었다는「月琴」과 비슷한 악기.「阮」이라고도 함〕

【朊】ruǎn (알부민 완)
名〈化〉알부민(Albumin). ¶血红～ =〔

R

血红蛋白〕| 헤모글로빈.

【朊酶】ruǎnméi 名〈化〉프로테아제(protease;독). 단백질의 분해 효소.

2【软(軟)〈輭耎〉】ruǎn부드러울 연 ❶形부드럽다. ¶柔～ | 유연하다. ¶柳条很～ | 버들가지는 매우 부드럽다⇔〔硬yìng①〕 ❷形 연약하다. 나약하다. ¶欺qī～怕硬yìng | 연약한 것을 업신여기고 강한 것을 두려워하다. ❸形 轉 (마음이) 무르다. 여리다. 온건하다. ¶心～ | 마음이 여리다. ¶耳朵～ | 귀가 여리다. ¶话说得很～ | 말하는 것이 매우 부드럽다. ❹形 힘이 없다. ¶两腿发～ | 두 다리가 나른하다. ❺形 질이 나쁘다. 보잘것 없다. ¶货色～ | 품질이 보잘것 없다. ¶工夫～ | 솜씨가 변변치 못하다. ❻(Ruǎn) 名 성(姓).

【软包】ruǎnbāo 名 나약한 놈. 무기력한 자. ¶他是一个十足的～ | 그는 대단히 나약한 놈이다.

【软笔】ruǎnbǐ 名 브러시펜(brush pen) [펜촉이 섬유질로 된 펜] ¶惯用～ | 브러시펜을 상용하다.

【软币】ruǎnbì 名 ❶ 지폐 =〔纸币〕 ❷ 태환불능 통화(兌換不能通貨) [자유로이 외화(外貨) 및 금(金)으로 교환할 수 없는 통화] ❸ 국제 금융 시장에서 약세(弱勢) 통화〔화폐〕=〔疲软的货币〕‖ =〔软货币〕〔软通货〕

【软玻璃】ruǎnbō·lí 名 소다 석회 유리 =〔钠nà钙玻璃〕

【软不吃, 硬不吃】ruǎn bùchī, yìngbùchī ⇒〔软硬不吃〕

【软不叮当】ruǎnbùdīngdāng 貶 부드럽다. 연하다. ¶这块布料～的, 穿着一定舒服 | 이 옷감은 연하여, 입으면 틀림없이 편할 것이다.

【软柴】ruǎnchái 名 (짚·풀 등의) 부드러운 땔감. 검불. ¶～捆kǔn得住硬柴 | 諺 검불로 장작을 묶을 수 있다. 약한 것이 강한 것을 이긴다.

【软尺】ruǎnchǐ 名 줄자 =〔卷尺〕

【软床】ruǎnchuáng 名 ❶ 즈크(doek;네)로 만든 들것. 야전 침대. ¶我睡不惯～ | 나는 야전 침대에서 자는게 익숙하지 않다. ❷ 스프링식 침대.

【软磁碟】ruǎncídié 名〈電算〉플로피 디스크(floppy disk). ¶～控制器 | 플로피 디스크 콘트롤러(controller). ¶～作业系统 | 플로피 디스크 오퍼레이팅 시스템(operating system).

【软磁盘】ruǎncípán 名〈電算〉(컴퓨터의) 플로피 디스크(floppy disk). 디스켓(diskette).

【软搭拉】ruǎndā·la 貶 축 늘어지다. ¶～冷了四肢 | 사지가 축 싸늘하게 늘어졌다 =〔软答剌〕

【软答剌】ruǎndá·la ⇒〔软搭拉〕

【软蛋】ruǎndàn 名 ❶ 껍데기가 아직 굳지 않은 알. ❷ 喻 方 약골. 겁쟁이. 나약한 사람. ¶看你吓xià成这个样子, 真是个～ | 너 이렇게 놀라는 꼴을 보니, 정말 겁쟁이로구나 =〔方 软蛋蛋·dan〕〔软货〕→〔软骨头〕

【软刀子】ruǎn dāo·zi 俗 喻 음험하게 사람을 슬그머니 살해하는〔해치는〕 방법〔수단〕. 서서히 애먹여〔괴롭혀〕 죽이는 것. ¶他这种做法是～ | 그의 이런 방법은 음험하게 사람을 해치는 것이다.

【软底儿】ruǎndǐr 名 가문·출신이 비천한 사람, 또는 미천한 출신.

【软垫】ruǎndiàn 名 패킹(packing) =〔垫⑦〕

【软钉子】ruǎndīng·zi 喻 완곡한 거절이나 지적(指摘). ¶我找他谈话, 没想到竟碰了个～ | 그를 찾아가서 이야기했는데, 뜻밖에도 완곡하게 거절당했다.

【软缎】ruǎnduàn 名〈紡〉자수(刺繡)의 재료나 장식품에 쓰이는 공단(貢緞)

【软腭】ruǎn'è 名〈生理〉연구개(軟口蓋) →〔硬yìng腭〕〔颌hé〕

【软耳刀(儿)】ruǎn'ěrdāo(r) 名 한자 부수의 병부절(卩)변 =〔耳刀(儿)①〕

【软耳朵】ruǎn'ěr·duo 名 ❶ 한자 부수의 우부방(阝)변. ❷ 주관없이 남의 말을 잘 믿는 사람. ¶楚懷王是个～的人 | 초나라 회왕은 주관없이 남의 말을 잘 믿는 사람이다.

【软风】ruǎnfēng 名 ❶ 산들바람. 미풍(微風) ❷〈氣〉연풍 [초속 1.5미터~3.5미터로 부는 풍력 1의 바람]

【软膏】ruǎngāo 名〈藥〉연고. ¶硼酸～ | 붕산 연고. ¶汞gǒng～ =〔蓝色软膏〕| 수은 연고.

【软工夫】ruǎngōng·fu 名 유연한 방법. (끈기있는) 지능적 방법. ¶施展～ | (상대에게) 지능적인 방법을 쓰다 =〔软功〕〔软功夫〕

【软功】ruǎngōng ⇒〔软工夫〕

【软骨】ruǎngǔ 名〈生理〉연골 =〔脆cuì骨〕

【软骨病】ruǎngǔbìng 名〈醫〉❶ 골연화증(骨軟化症). ❷ 구루병. 곱사병 =〔佝gōu偻病〕

【软骨头】ruǎngǔ·tou 名 줏대가 없는 사람. 무골충. ¶他是个～, 敌人稍一威胁wēixié, 就投降tóujiàng了 | 그는 줏대가 없는 사람이어서, 적의 약간의 위협에 곧바로 투항해 버렸다→〔软蛋②〕

【软骨鱼】ruǎngǔyú 名〈魚貝〉연골 어류 =〔软骨鱼纲〕〔软骨鱼类〕

【软管】ruǎnguǎn 名 ❶ 튜브(tube) =〔内nèi(车)胎〕 ❷ 호스(hose) =〔橡xiàng皮管〕

【软乎】ruǎnhū 形 부드럽다. 물렁물렁하다. 뭉실뭉실하다. ¶用小棍gùn儿捅tǒng, 里面好像有个～的东西 | 작은 막대기로 찔러보니, 속에 물렁물렁한 것이 있는 것 같다 =〔软和〕

【软乎乎】ruǎnhūhū 貶 보들보들하다. 약하고 부드럽다. ¶地毯～的 | 융단이 보들보들하다 =〔软忽hū忽〕〔软糊hú糊〕

【软忽忽】ruǎnhūhū ⇒〔软乎乎〕

【软糊糊】ruǎnhūhū ⇒〔软乎乎〕

【软化】ruǎnhuà ❶ 名 연화. ¶骨质～症 |〈醫〉골질연화증. ❷ 動 부드러워지다. 무르게 되다. 연해지다. 부드럽게 하다. ¶使硬水～ | 경수를 부드럽게하다. ❸ 動 누그러지다. 수그러지다. ¶态度逐渐～ | 태도가 점점 누그러지다. ❹ 動 부드러운 수단〔유화 정책〕으로 굴복시키다. ¶敌人的高压和～政策都失败shībài了 | 적의 강압 정책과 유화 정책이 모두 실패했다. ❺ 名 무두질.

【软话(儿)】ruǎnhuà(r) 名 온순한〔상냥한〕 말. 부드러운 말. 조용한 말. 온화한 말 [대개 사죄·

위로·사과의 뜻을 나타내는 말]＝〔软和话儿〕〔書软言〕〔软语〕

【软和】ruǎn·huo 形 口 ❶ 부드럽다. 연하다. ¶～的羊毛 | 부드러운 양모. ❷ (성질·말이) 부드럽다. 온화하다.

4【软件】ruǎnjiàn 名〈電算〉소프트웨어(software). ¶开发汉字～ | 한자 소프트웨어를 개발하다. ¶～工程gōngchéng | 소프트웨어 공학＝〔台软体〕〔软设备〕→〔硬件〕

【软脚蟹】ruǎnjiǎoxiè 名 喻 무능한 사람. 쓸모없는 인간. ¶他是～ | 그는 무능한 사람이다.

【软禁】ruǎnjìn 名 動 연금(하다). ¶把他～起来 | 그를 연금시키다＝〔软监(禁)〕

【软拷贝】ruǎnkǎobèi 名〈電算〉소프트 카피(soft copy).

【软科学】ruǎnkēxué 名 소프트 사이언스(soft science) [사회·경제·정치현상 등의 문제를 해결하는 과학기술] ¶行政管理是一门～ | 행정관리는 하나의 종합적인 과학기술이다.

【软锰矿】ruǎnměngkuàng 名〈鑛〉연망간광

【软绵绵】ruǎnmiánmián 賦 ❶ 부드럽다. 폭신폭신하다. 보들보들하다. ¶～的枕头 | 폭신폭신한 베개. ❷ 허약하다. 약하다. ¶病虽好了, 身子还是～的 | 비록 병은 좋아져도, 몸은 여전히 허약하다.

【软磨(儿)】ruǎnmó(r) 動 京 조르다. 자꾸 요구〔부탁〕하다. ¶他父母本来不答应dāyīng的, 支不住他～, 到了儿许可了 | 그의 부모는 원래 승낙하지 않았는데, 조르는 바람에 마침내 허락했다＝〔软缠chán〕

【软木】ruǎnmù 名 ❶〈植〉코르크 나무. ❷ 코르크(kork;독) ¶～纸 | 코르크 종이. ¶～帽 | 코르크로 만든 헬멧＝〔软硬木〕〔栓皮〕

【软木塞(儿)】ruǎnmùsāi(r) 名 코르크 마개＝〔软皮塞(儿)〕〔粵水松枳〕

【软片】ruǎnpiàn 名 ❶ 필름(film)＝〔胶jiāo片〕❷ 수를 놓은 탁자보나 커튼.

【软骗硬逼】ruǎn piàn yìng bī 威 속임수와 협박의 방법을 다 쓰다. 교묘히 속이기도 하고 으르기도 하다.

【软铅】ruǎnqiān 名〈電氣〉퓨즈.

【软求】ruǎnqiú 動 부드럽게〔조용하게, 온순하게〕요구하다. ¶他向母亲～, 母亲最后同意他退婚tuìhūn | 그가 어머니께 조용히 요구하자, 어머니가 끝내 그의 파혼에 동의했다.

【软任务】ruǎnrènwù 名 가벼운 임무. 부드러운 작업. 시간을 다투지 않는 임무. 중요하지 않는 작업.

3【软弱】ruǎnruò 形 연약하다. 가냘프다. ¶～无能 | 연약하고, 무능하다.

【软设备】ruǎnshèbèi ⇒〔软件〕

【软声】ruǎnshēng 名 ❶ 부드러운 목소리. ❷ (본성을 숨긴) 간사한 목소리. 비위를 맞추는 목소리.

【软绳】ruǎnshéng 名 줄타기. ¶踩cǎi～ | 줄타기를 하다.

【软食】ruǎnshí 名 연식. ¶我胃不好, 只能吃～ | 나는 위장이 좋지 않아, 단지 부드러운 음식만 먹을 수 있다.

【软手腕】ruǎn shǒuwàn 名 지능적이고 능수 능란한 수법〔수완〕. ¶他很会用～ | 그는 지능적인 수법을 잘 쓴다.

【软水】ruǎnshuǐ 名〈化〉연수. ¶用～洗衣服省肥皂féizào | 연수를 사용해 세탁하여 비누를 절약하다 ⇔〔硬水〕

【软说】ruǎnshuō 動 부드럽게 말하다. 조용히 말하다.

【软糖】ruǎntáng 名 ❶ 젤리(jelly). ❷ 무른 사탕.

【软梯】ruǎntī 名 口 줄사닥다리. 줄사다리.

【软体】ruǎntǐ ⇒〔软件〕

【软体动物】ruǎntǐ dòngwù 名組〈動〉연체 동물. ¶～学 | 연체 동물학.

【软卧】ruǎnwò 名 (열차의) 일등 (연석) 침대 ¶乘～去广州 | 일등 침대칸을 타고 광주에 가다＝〔软席卧铺〕

【软卧车】ruǎnwòchē 名 침대차. 특등차.

【软五花】ruǎnwǔ·hua 名 (돼지) 삼겹살＝〔奶脯〕

【软席】ruǎnxí 名〈交〉열차의 상등석(上等席). 폭신폭신한 시트로 되어있는 좌석. ¶～车厢xiāng | 상등석 차간.

【软席车】ruǎnxíchē 名〈交〉일등 객차 [중국 열차의 좌석은 부드러운 시트로 되어 뒤로 젖혀지는「软座」와, 딱딱한 시트에 젖혀지지 않는「硬座」의 두 종류가 있음]＝〔软座车〕

【软性】ruǎnxìng 名 연성.

【软性饮料】ruǎnxìng yǐnliào 名組 청량음료(soft drink).

【软一套硬一套】ruǎn yī tào yìng yī tào 俗 강경과 온건 두 방법(을 쓰다). ¶他～, 把部下们都治服了 | 그는 강경과 온건의 두 방법을 써서, 부하들을 모두 굴복시켰다.

【软硬不吃】ruǎn yìng bùchī 威 얼러도 안 듣고 때려도 안 듣다. 아무 수단도 방법도 통하지 않다. 어찌 할 도리가 없다. ¶这个人～真是彆扭bièniù | 이 사람은 정말 어쩔 도리가 없는 괴팍한 놈이다＝〔软不吃硬不吃〕〔横不吃竖不吃〕〔哈不吃顺不吃〕〔强顺不吃〕

【软硬兼施】ruǎn yìng jiān shī 威 貶 강온 양책(强穩兩策)을 함께 쓰다. ¶他～, 终于当上了校长 | 그는 강온 양책을 함께 써서, 결국 총장이 되었다＝〔软硬并施〕

【软硬木】ruǎnyìngmù ⇒〔软木②〕

【软玉】ruǎnyù 名 ❶〈鑛〉연옥. ❷「豆dòu腐」의 다른 이름.

【软枣(儿)】ruǎnzǎo(r) 名〈植〉고욤 나무＝〔黑枣(儿)①〕〔君迁子〕

【软脂】ruǎnzhī 名〈化〉팔미틴(palmitin;독)

【软脂酸】ruǎnzhīsuān 名〈化〉팔미트산＝〔棕zōng榈酸〕

【软着陆】ruǎnzhuólù 名 動〈航〉연착륙(하다)

【软座】ruǎnzuò 名〈交〉(열차의) 폭신한 좌석＝〔软席〕

【软座车】ruǎnzuòchē ⇒〔软席车〕

【蠕】ruǎn ☞ 蠕 rú

ruí ㄖㄨㄟˊ

【蕤】ruí 꽃 유, 늘어질 유
❶書貶(꽃이나 잎이) 축 늘어지다. ❷書名늘어진 장식 [관(冠)이나 기(旗)에 주로 있음] ❸ ⇒〔葳wēi蕤〕 ❹ ⇒〔蕤核〕

【蕤宾】ruíbīn 名❶〈音〉십이율(十二律)의 하나. ❷음력 5월의 별칭(別稱).

【蕤核】ruíhé 名〈植〉두릅나무.

ruǐ ㄖㄨㄟˇ

【蕊〈蕋蘂橤繠〉】ruǐ 꽃술 예
❶名〈植〉꽃술. ¶雌～ | 암술. ¶雄～ | 수술. ❷書名꽃봉오리. ¶嫩nèn～ | 어린 꽃봉오리. ❸書形초목이 무성한 모양.

【蕊宫】ruǐgōng 名〈宗〉도교(道教)의 사원

ruì ㄖㄨㄟˋ

【汭】ruì 물구비 예
❶書名물줄기가 만나거나 굽어진 곳 =〔芮②〕 ❷(Ruì) 名〈地〉예수(汭水) [강서성(江西省)과 감숙성(甘肅省)을 흐르는 강 이름]

【芮】ruì 물가 예, 방패끈 예
❶書名방패끈 [방패의 뒤에 다는 끈] ❷「汭」와 통용⇒〔汭①〕 ❸書名솜. 거친 솜. ❹書形풀이 뾰죽 작게 난 모양. ¶～～↓ ❺(Ruí) 名〈史〉예나라 [주문황(周文王) 때 건립된 제후국. BC 640에 진(秦)에 의해 멸망] ❻(Ruí) 名성(姓).

【芮芮】ruìruì 書貶풀이 뾰죽하게 작게 난 모양.

【枘】ruì 장부 예
名장부. ¶方～圆凿záo | 네모난 장부와 둥근 구멍. 서로 맞지 않다. 서로 어울리지 않다.

【枘凿】ruìzáo 書動서로 어울리지〔맞지〕 않다. 서로 모순되다. ¶前后两说, 自相～ | 앞뒤의 말이 서로 모순되다 =〔凿枘②〕

【蚋〈蜹〉】ruì 모기 예
名〈蟲〉깔따구. 파리매.

4【瑞】ruì 상서 서, 홀 서
❶書名길상(吉祥). 길조(吉兆). ¶祥～ | 좋은 징조. ❷名옛날, 천자가 제후를 봉할 때 주는 옥기(玉器). ❸形상서롭다. 좋다. ¶～雪↓ ❹ ⇒〔瑞典〕 ❺(Ruì) 名성(姓).

【瑞典】Ruìdiǎn 名外〈地〉스웨덴(Sweden) [스칸디나비아(Scandinavia) 반도의 왕국. 수도는 「斯德哥尔摩」(스톡홀름;stochholm)] =〔瑞国〕

【瑞气】ruìqì 書名서기. 길조(吉兆). ¶大雪纷飞, 都是皇家～ | 큰 눈이 흩날리니, 모두 황실의 길조이다.

【瑞签】ruìqiān 名상서로운 말을 써놓은 종이쪽지 [주로 빨간 종이에 쓰며,「春节」(설) 때에 붙임]

【瑞士】Ruìshì 名外〈地〉스위스(Switzerland)[유럽 동부의 공화국. 수도는「伯尔尼」(베른;Bern)] ¶～联邦 | 스위스 연방.

【瑞香】ruìxiāng 名〈植〉서향.

4【瑞雪】ruìxuě 名❶서설. 상서로운 눈. 때맞추어 내리는 눈. ¶全国普pǔ降jiàng～ | 전국에 서설이 널리 내리다. ¶～兆zhào丰年 | 諺서설은 풍년의 전조다. ❷〈漢藥〉과루근(瓜蔞根)의 다른 이름.

2【锐(鋭)】ruì 날카로울 예, 날랠 예
❶形(도검의 날이) 날카롭다. ¶其锋甚～ | 그 칼끝은 매우 날카롭다 =〔尖锐①〕⇔〔钝dùn①〕→〔快kuài③〕〔利lì③〕 ❷감각이 예민하다. 날카롭다. ¶敏～ | 예민하다. ❸급격하다. 민첩하다. ¶～减↓ ❹강하다. 정예하다. ¶精～部队 | 정예부대. ❺(마음을) 단단히 차리다. (의지를) 굳히다. ¶～意↓ ❻名예기(鋭氣). ¶养精蓄～ | 기력을 기르고 예기를 쌓다.

【锐减】ruìjiǎn 書動(시장 가격이) 급락(急落)하다. 격감하다 =〔锐降〕〔锐落〕

【锐降】ruìjiàng⇒〔锐减〕

【锐角】ruìjiǎo 名〈數〉예각. ¶～三角形 | 예각삼각형 =〔凸tū角〕→〔钝角〕

4【锐利】ruìlì 形❶(칼날 등이) 예리하다. 날카롭다. ¶～的匕首 | 날카로운 비수. ❷(눈빛이나 말·문장 등이) 날카롭다. ¶言辞～ | 언사가 날카롭다. ¶～的笔锋bǐfēng | 날카로운 필봉.

【锐落】ruìluò ⇒〔锐减〕

【锐敏】ruìmǐn 書形(감각이) 예민하다. (눈빛이) 날카롭다. ¶～的嗅觉 | 예민한 후각.

【锐气】ruìqì 名예기. ¶～大挫 | 예기가 크게 꺾이다. ¶他很有～ | 그는 대단히 예기를 지니고 있다.

【锐意】ruìyì 書❶名예의. 단단히 차리는 마음. ❷動마음을 단단히 차리다〔굳게 먹다〕. ¶～改革gǎigé | 마음을 굳게 먹고 개혁하다. ¶～求进 | 마음을 단단히 먹고 발전을 도모하다 ‖ =〔锐志〕

【锐志】ruìzhì⇒〔锐意〕

【睿〈叡〉】ruì 밝을 예, 슬기로울 예
書形지혜롭다. 총명하다. 시야가 넓다. ¶～才↓

【睿才】ruìcái 書名뛰어난 인재.

【睿知】ruìzhī⇒〔睿智〕

【睿智】ruìzhì ❶書形예지롭다. 지혜롭다. ¶他十分～ | 그는 대단히 지혜롭다. ❷名〈哲〉예지 ‖ =〔睿知〕

rún ㄖㄨㄣˊ

【瞤(瞤)】rún 눈깜짝거릴 순
書動(눈까풀이나 근육에) 경련을 일으키다. 쥐가 나다. ¶目～ | 눈까풀이 깜짝이다.

rùn ㄖㄨㄣˋ

【闰(閏)】rùn 윤 윤, 윤달들 윤
❶名윤(閏). ¶～年↓ ¶～月↓ ❷ ⇒〔闰统〕 ❸書名形여분(의). 나머지(의). ¶～指 =〔枝qí指〕 | 지지. 육손이의 덧붙은 손가락.

【闰年】rùnnián 名윤년 ⇔〔平年①〕

【闰日】rùnrì 名윤일. 2월 29일.

【闰月】rùnyuè 名 윤달.

3【润(潤)】rùn 젖을 윤, 윤택할 윤 ❶動 축이다. ¶～～嗓子 | 목을 축이다. ¶浸～ | 침윤하다. ❷動 습기차다. 촉촉하다. ¶土～苔青 | 땅이 습기가 차 이끼가 파랗게 끼다. ¶空气湿～ | 공기가 눅눅하다 =〔滋zī润①〕 ❸動 (문장 등을 고쳐) 다듬다. 윤색하다. ¶～色↓ ❹形 윤택이 나다. 매끈매끈하고 윤이 나다. ¶墨色很～ | 먹의 색깔이 매우 윤이 난다. ¶～泽↓ ❺名 이익. 이윤. ¶分～ | 이익을 나누다. ¶先～后墨 | 집필료를 먼저 받고 글을 쓰다. ¶利～ | 이윤.

【润笔】rùnbǐ 名 ❶ 윤필료. 휘호료(揮毫料) [옛날, 시문(詩文)이나 서화(書畵)의 보수로 주던 돈] =〔润毫〕〔润资〕 ❷書 원고료(原稿料). ¶稿费是现代语, 古人称稿费为～ | 「稿费」(원고료)는 현대어이며, 옛날 사람들은 「稿费」를 「润笔」라고 했다.

【润发油】rùnfàyóu 名 머릿기름. 헤어 크림.

【润格】rùngé 名 옛날, 윤필료(潤筆料)의 표준 =〔润例〕

【润滑】rùnhuá 動 기름을 쳐 매끄럽게 하다. ¶用油脂～轴承zhóuchéng | 유지로 베아링을 매끄럽게 하다.

【润滑油】rùnhuáyóu 名 윤활유 =〔滑(机)油〕〔滑油〕→〔石油〕

【润滑脂】rùnhuázhī 名 그리스(grease).

【润例】rùnlì ⇒〔润格〕

【润面霜】rùnmiànshuāng 名 나리싱 크림(nourishing cream). 모이스처 라이징(moisturizing) 크림.

【润色】rùnsè 動 (문장을) 다듬다. 윤색하다. ¶这篇文章需要～一下 | 이 문장은 한차례 다듬어야 한다. ¶他很会～ | 그는 문장을 잘 다듬는다 =〔润饰shì〕

【润饰】rùnshì ⇒〔润色〕

【润手霜】rùnshǒushuāng 名 핸드 크림 =〔防裂膏〕

【润丝】rùnsī 名 外 린스(rinse).

【润泽】rùnzé ❶形 윤기있다. 윤택하다. ¶这匹马全身～有光 | 이 말은 온 몸이 윤기가 흘러 광택이 난다. ¶雨后的荷花更加～可爱 | 비내린 뒤의 연꽃이 더욱 윤기를 더해 사랑스럽다. ❷動 적시다. 축이다. ¶用油～轮轴 | 기름으로 차축을 적시다.

【润资】rùnzī ⇒〔润笔①〕

ruò ㄖㄨㄛˋ

3【若】ruò rě 만일 약, 반야 야

Ⓐruò ❶書 連 만약〔가령〕 …이라면. 만일. ¶～不早做准备, 一定要误事 | 만일 빨리 준비하지 않는다면 반드시 일을 그르치게 된다 =〔回要〕 ❷書 動 …과 같다. …듯하다. ¶～有～无↓ ¶欣喜～狂 | 미친듯이 기뻐하다 =〔如〕〔好像〕 ❸書 代 너. 당신. =〔汝rǔ〕 ❹書 連 …및. 혹은. ¶其子～孙皆得其传授 | 그 아들 및 손자는 다 그 전수를 받았다. ❺ ⇒〔若干〕〔若何〕 ❻ 복성(複姓) 중의 한 자(字). ¶～敖↓ ¶～干③↓

Ⓑrě ⇒〔般bō若〕

【若敖】Ruò'áo 名 복성(複姓).

【若不然】ruòbùrán 書 連 만일 그렇지 않으면. ¶～我得去 | 만일 그렇지 않다면 내가 가야겠다 ¶我当时不在学校, ～早就当上校长了 | 내가 그때 학교에 없어서이지, 만일 그렇지 않았다면 일찌기 총장이 되었을 것이다→〔要不①〕

【若不是】ruòbù·shi 連 만일 …이 아니면. ¶～老王来我就去了 | 만일 왕씨가 오지 않으면 내가 간다. ¶～老金跟我是朋友, 我就走了 | 만일 김씨와 내가 친구가 아니면, 나는 일찌기 떠났다.

【若虫】ruòchóng 名〈蟲〉약충 [불완전 변태를 하는 곤충의 유충(幼蟲)]

【若非】ruòfēi 書 連 만일 …하지 않다면. 만약 …이 아니라면. ¶～亲身经历, 岂知其中甘苦 | 만일 직접 체험하지 않는다면 어찌 그 고락(苦樂)을 알겠는가.

【若夫】ruòfú 書 助 ❶…에 대하여는. …과 같은 것은 어법 문장의 첫머리에서 발어사(發語詞)로 쓰임. ❷그런데 [말을 다른 방면으로 바꿀 때 쓰는 전어사(轉語詞)] ¶待文王而兴都凡民也, ～豪杰之士虽无文王犹兴 | 문왕의 감화를 받아서야 분발하는 사람은 평범한 사람이다. 그런데 호걸지사는 문왕의 감화가 없다 하더라도 오히려 스스로가 분발한다《孟子·盡心》

3【若干】ruògān ❶書 數 量 약간. 어느 정도. 조금. ¶～地区 | 몇몇 구역들. ¶买了钢笔～ | 만년필을 몇개 샀다. ❷代 얼마. 어법 수량을 묻거나 부정량(不定量)을 가리키는 데 쓰임. ¶共得～? | 모두 얼마냐? ❸(Ruògān) 名 복성(複姓).

【若个】ruògè 代 近 ❶이것. 저것. ❷약간.

【若果】ruòguǒ ⇒〔如rú果〕

【若何】ruòhé 書 代 ❶어떠한가. ¶结果～, 还不得而知 | 결과가 어떠한지 아직은 알 수 없다. ❷어떤. ¶并无～寓意焉 | 결코 어떤 다른 뜻이 담긴 것은 아니다.

【若即若离】ruò jí ruò lí 威 가까이 있는 것 같기도 하고, 떨어져 있는 것 같기도 하다. 내용이 부합하는 듯 하면서도, 부합하지 않음을 형용함. ¶～的态度 | 이도 저도 아닌 (미적지근한) 태도. ¶他俩一向～ | 그들 둘은 언제나 가까이 있는 듯하면서도 떨어져 있는 듯하다.

【若明若暗】ruò míng ruò àn 威 밝은 것 같기도 하고, 어두운 것 같기도 하다. 문제나 상황이 확실치 않음을 비유. ¶他们的矛盾～ | 그들의 모순은 확실치 않다.

【若其】ruòqí ⇒〔如rú其〕

【若是】ruòshì ❶連 만약 …한다면〔라면〕. ¶老金～不来, 咱们就找他去 | 만약 김씨가 오지 않는다면, 우리가 그를 찾으러 가자 =〔要是〕 ❷書 이와 같이. 이처럼. ¶～其甚与? | 이처럼 심합니까?《孟子》=〔如此〕

【若无其事】ruò wú qí shì 威 아무 일도 없었던 것처럼 시치미를 떼다. 무관심한 표정을 짓다. 태연스럽다. ¶他竟～地走开了 | 그는 결국 시치미를

R

떼고 떠났다. ¶～地霸占别人的地位 | 남의 지위를 태연스럽게 차지하다.

【若要】ruòyào 書 連 만일 …이 필요하면. 만일 …하려면. ¶你～来, 先给我打一个电话 | 만일 네가 올려면, 먼저 나에게 전화를 해 줘.

【若要好, 大做小】ruò yàohǎo, dà zuòxiǎo 諺 남들과 잘 지내려면 겸손이 제일이다.

【若要人不知, 除非己莫为】ruò yào rén bù zhī, chú fēi jǐ mò wéi 諺 남이 모르게 하려면 스스로 일을 저지르지 말라. 자기가 저지른 일은 속일 수 없다.

【若隐若现】ruò yǐn ruò xiàn 成 보였다 안보였다 하다. 보일락말락하다. ¶一点灯火, ～地在那里闪动着 | 한 점 등불이 보일락말락하며 저기서 깜박이고 있다.

【若有若无】ruò yǒu ruò wú 成 있는 것도 같고 없는 것도 같다. 확실하지가 않다.

【若有所失】ruò yǒu suǒ shī 成 무엇을 잃어 버린 것처럼 심란하다. ¶他～, 心里乱糟糟的 | 그는 무엇을 잃어버린 것처럼, 마음이 어지러이 혼잡스럽다.

【若有所思】ruò yǒu suǒ sī 成 어떤 생각에 잠긴 듯 하다. ¶老张～地停住了脚步 | 장씨가 어떤 생각에 잠긴 듯 발걸음을 멈추었다.

【若有所悟】ruò yǒu suǒ wù 成 무엇인가 깨달은 듯하다. 무엇인가 알아차린 듯하다. ¶小李～地问 | 이군이 무엇인가 깨달은 듯 물었다.

【偌】ruò 이 약, 저 약

副 近 이렇게〔이러한〕. 저렇게〔저러한〕. ¶你～远到这里来 | 너는 이렇게 멀리 여기까지 왔구나. ¶～多 | 이〔저〕렇게 많다.

【偌大】ruòdà 近 貶 이렇게 크다. 그렇게 크다. ¶～的地方 | 이렇게 큰 곳.

【婼】ruò chuò 땅이름 약, 거칠 작

Ⓐ ruò 지명에 쓰이는 글자. ¶～羌 | 약강. 신강성(新疆省)에 있는 현이름. 지금은 「若羌」으로 씀.
Ⓑ chuò ❶ 書 動 순종하지 않다. 거역하다. ❷ (Chuò) 名 성(姓).

【箬〈篛〉】ruò 대이름 약

名〈植〉얼룩조릿대 [대나무의 일종으로 잎이 넓음] ＝〔箬竹〕

【箬笠】ruòlì ⇒〔箬帽〕

【箬帽】ruòmào 名 (대로 만든) 삿갓. ¶蓑衣～ | 도롱이와 삿갓 ＝〔箬笠lì〕

【箬竹】ruòzhú 名〈植〉얼룩조릿대.

2【弱】ruò 약할 약

❶ 形 약하다. 허약하다. ¶体～多病 | 몸이 약해서 병에 걸리기 쉽다. ¶软ruǎn～ | 연약하다 ⇔〔强①〕 ❷ 形 (나이가) 어리다. 젊다. ¶老～ | 늙고 나약하다. 늙은이와 어린이. ❸ 動 뒤떨어지다. …만 못하다. …에 약하다. ¶他的本领～于那些人 | 그의 능력은 그들에 비해 뒤떨어진다. ❹ 形 轉 …에 모자라다. 빠듯하다. …약. ¶二分之一～ | 2분의 1약. ¶百分之五～ | 5퍼센트 약 ⇔〔强②〕 ❺ 書 動 잃다. 죽다. ¶优秀的政治家又～了一个 | 뛰어난 정치가가 또 한사람 죽었다.

【弱不禁风】ruò bù jīn fēng 成 몸이 약해 바람이 불어도 쓰러질 것 같다. ¶她是一个～的娇小姐 | 그녀는 바람에도 쓰러질 것 같은 아리따운 아가씨이다.

4【弱点】ruòdiǎn 名 약점. ¶克服～ | 약점을 극복하다.

【弱冠】ruòguàn 書 名 약관. 남자 20세 안팎의 나이 [옛날, 남자가 20세가 되면 관례(冠禮)를 치러 성년이 되었음을 나타냈음] ¶二十岁曰～ | 20세를 약관이라 한다《禮記》

【弱碱】ruòjiǎn 名〈化〉약염기(弱鹽基).

【弱肉强食】ruò ròu qiáng shí 成 약육 강식. ¶中国也是一个～地方 | 중국 역시 약육 강식의 지방이다.

【弱视】ruòshì ❶ 名〈醫〉약시. ❷ 形 시력이 약하다. ❸ 動 업신여기다.

【弱酸】ruòsuān 名〈化〉약산 →〔强qiáng酸〕

【弱小】ruòxiǎo 形 약소하다. ¶～国家 | 약소 국가. ¶～民族 | 약소 민족.

【爇(焫)〈焫〉】ruò 사를 열/설

書 動 사르다. 불 붙이다. 점화하다. ¶～烛zhú | 촛불을 켜다. ¶石棉能入火不～ | 석면은 불속에 넣어도 타지 않는다.

【蒻】ruò 구약나물 약

❶ 名 구약 나물 [「香蒲」(부들)의 어린 싹. 엮어서 자리를 만듦] ❷ 書 名 (어린 부들로 짠) 깔개. ¶～度 | 부들깔개. ❸ ⇒〔蒟jǔ蒻〕

S

sā ㄙㄚ

【仨】sā 세개 삼
數 量 口 셋. 세개. 어법「三」과「个」나 기타 양사(量詞)의 합체자이므로 뒤에「个」또는 다른 양사가 올 수 없음. ¶～人｜세 사람. ¶～月｜3개월. ¶连吃了～｜잇달아 3개를 먹었다 =〔三个〕

【仨鼻子眼儿, 多出一口气】sā bí·zi yǎnr, duō chū yīkǒu qì 俗 지나치게 참견하다. ¶我们的事, 不用你管, 别在这里～!｜우리 일은 네가 관여할 필요없으니 너무 참견하지 마라!

2【撒】sā sǎ 놓을 살

Ⓐ sā ❶ 動 풀어〔놓아〕주다. 개방하다. ¶～手↓ ¶把小鸟niǎo～在院子里｜작은 새를 정원에 놓아주었다. ❷ 動 방출하다. 뿌리다. 갈기다. ¶～气↓ ¶飞机上～下来一些传单｜비행기에서 약간의 전단을 뿌려졌다. ¶～尿↓ ❸ 動 貶 마음껏…할대로 하다. 제멋대로 하다. 표면에 드러내다. ¶～酒疯↓ ¶这种赖皮～不得｜이렇게 뻔뻔스럽게 굴어서는 안된다. ❹ ⇒〔撒拉族〕 ❺ (Sā) 名 성(姓).

Ⓑ sǎ 動 ❶ (과립 형태의 것을) 뿌리다. 치다. 살포하다. ¶～种｜씨를 뿌리다. ¶～了一层白糖｜백설탕을 한겹 쳤다. ❷ 엎지르다. 흘리다. ¶别～了汤｜국을 흘리지 마라. ¶把～在路上的豆子dòuzi捡jiǎn起来｜길에 흘린 콩을 줍다 =〔洒sǎ②〕

Ⓐ sā

【撒村】sācūn 動 야비한 말을 하다. 상스러운 말을 하다. ¶不许在校园里～!｜학교 교정에서 상스러운 말을 해서는 안된다. ¶～骂街màjiē｜成 거리낌 없이 상스러운 말로 욕지거리하다.

【撒旦】sādàn 名 外 악마. 사탄(satan). ¶你这个～!｜너 이 사탄같은 놈! =〔撒但〕

【撒颠鱼】sādiānyú ⇒〔撒丁鱼〕

【撒刁】sā/diāo 動 꾀를 부리고 생떼를 쓰다. 못된 짓을 하다. 난폭하게 굴다. ¶那个小孩儿又～了｜저 아이가 또 못되게 노는구나 =〔放刁diāo〕

【撒丁鱼】sādīngyú 名 外 〈魚貝〉 정어리(sardine) =〔撒颠diān鱼〕〔沙瑙鱼〕〔沙shā丁鱼〕〔沙汀鱼〕〔鳁wēn鱼〕

【撒哈拉沙漠】Sāhālā Shāmò 名組 外 〈地〉 사하라 사막.

【撒欢(儿)】sā/huānr 動 方 즐거이 뛰놀다. 마음껏 뛰놀다. ¶孩子在院子里～呢｜아이들이 뜰에서 신나게 뛰어놀고 있다.

4【撒谎】sā/huǎng 動 口 거짓말을 하다. 허튼소리를 하다. ¶当面～｜면전에서 거짓말 하다. ¶不要～｜거짓말 하지마 =〔扯chě空〕〔扯谎〕〔掉谎〕〔掉谜〕〔调diào谎〕〔说谎〕

【撒奸】sā/jiān 動 교활하게 굴다. 간사하게 굴다. ¶又～了｜또 간사하게 구는군.

【撒娇(儿)】sā/jiāo(r) 動 애교 부리다. 응석부리다. 어리광을 피우다. ¶这小孩老在奶奶跟前～｜이 아이는 늘 할머니 곁에서 응석부린다. ¶她从没撒过娇｜그녀는 여태 애교를 부린 적이 없다 =〔发嗲〕

【撒脚】sā/jiǎo 動 ❶ 달아나다. 줄행랑을 놓다 →〔撒开腿〕〔撒腿〕 ❷ 전족(纏足)을 풀다 =〔放足〕

【撒酒疯(儿)】sā jiǔfēng(r) 動組 술주정하다. 주사를 부리다. ¶大喝大吃倒不要紧, 可千万别～｜마음껏 먹고 마시는 것은 상관없지만, 절대로 술주정은 마라 =〔撒酒风(儿)〕〔发fā酒疯(儿)〕

【撒开腿】sā·kāi tuǐ 動組 (큰 걸음으로) 도망치다 →〔撒脚①〕〔撒腿〕

【撒拉族】Sālāzú 名 外 〈民〉 살라족 [청해성(青海省) 순화(循化) 살라족 자치현에 살고 있는 소수 민족. 종교는 회교임] =〔簡 撒回〕〔撒拉回〕〔撒拉尔〕〔撒喇尔〕

【撒赖】sā/lài 動 ❶ 멋대로 행동하다. 억지를 부리다. 생떼를 쓰다. ¶你又～了｜너 또 생떼를 쓰는구나. ❷ 책임을 회피하다. 터무니없이 부인하다 ‖ =〔撒无赖〕

【撒马尔罕】Sāmǎ'ěrhǎn 名 外 〈地〉 사마르칸드(Samarkand) [우즈벡(Uzbek) 공화국 동부의 아무다리아(Amu Darya)강 지류에 있는 도시]

【撒蒙鱼】sāméngyú 名 外 〈魚貝〉 연어(salmon). ¶咸xián～｜자반연어 =〔鲑guī鱼〕〔萨sà门鱼〕〔三文鱼〕〔沙shā门鱼〕

【撒尼族】Sānízú 名 外 〈民〉 살니족 [운남(雲南)·티베트 등지에 분포한 소수민족]

【撒尿】sā/niào 動 口 오줌을 누다. ¶不要随地suídì～｜아무데나 소변을 보지 마시오 =〔撒溺〕

【撒溺】sāniào ⇒〔撒尿〕

【撒泼】sāpō 動 울며불며 생떼〔억지〕를 부리다. ¶她爱在大街上～｜그녀는 큰길에서 잘 생떼를 부린다 =〔翻波〕

【撒气】sā/qì 動 ❶ (타이어·공 따위의) 공기가 새다〔빠지다〕. ¶自行车轮胎lúntāi～了｜자전거 바퀴가 바람이 빠졌다. ¶这个球撒光了气｜이 공은 바람이 완전히 빠졌다. ❷ 울분을 토하다. 화풀이를 하다. 어법 대개「拿」와 결합된 부사어와 함께 쓰임. ¶你别拿我～嘛｜나한테 화풀이 하지 마. ¶妈妈拿孩子撒了一顿气｜어머니는 아이한테 한바탕 화풀이를 했다 =〔撒火〕

【撒切尔】Sāqiè'ěr 名 外 〈人〉 대처(Margaret H. Thatcher, 1925～) [영국 최초의 여(女) 수상]

【撒手(儿)】sā/shǒu(r) 動 ❶ (손을) 놓다. 늦추다. 놓아 주다. ¶他从梯子tīzi上～跳下来｜그는 사다리에서 손을 놓고 뛰어내려왔다. ¶你拿稳, 我～了｜내가 손을 놓을테니 잘 잡으시오. ❷ 손을 떼다. ¶～不管｜손을 떼고 상관하지 않다. ¶你～了, 叫我怎么收拾shōushi这残局cánjú｜네가 손을 떼면 나보고 이 막판을 어떻게 수습하라고 그러느냐.

【撒手锏】sāshǒujiǎn 名 (불시에) 표창을 던지는 수법. 喻 중요한 순간에 가장 자신있는 수단을 쓰다 =〔杀手锏〕

【撒腿】sā/tuǐ 動 내빼다. 달아나다. ¶他吓得～就

跑 | 그는 놀란 나머지 걸음아 나 살려라하고 내뺐다→〔撒开腿〕〔撒脚①〕
【撒无赖】sā wúlài ⇒〔撒赖〕
【撒西米】sāxīmǐ 名 外 台 생선회 =〔生鱼片〕
【撒鸭子】sā yā·zi 動組 台 쏜살같이 달리다〔달아나다〕. ¶一～就没影儿啦 | 흔적도 없이 달아나 버렸네 =〔撒丫子〕〔撒开腿〕
【撒野】sāyě 動 거칠게 굴다. 행패를 부리다. 멋대로 하다. ¶你想在这儿～还是怎么的? | 너 여기서 행패를 부릴꺼냐 아니면 어쩔꺼냐?
【撒呓症】sā yì·zheng ⇒〔撒呓挣〕
【撒呓怔】sā yì·zheng ⇒〔撒呓挣〕
【撒呓挣】sā yì·zheng 動組 ⓞ 잠꼬대를 하다. 轉 헛소리하다. ¶你怎么又撒起呓挣来了? | 어찌 또 헛소리를 하기 시작하느냐? =〔撒夜仗〕〔撒呓怔〕〔撒呓症〕〔打dǎ呓怔〕
【撒呓症】sā yì·zheng ⇒〔撒呓挣〕
【撒嘴】sā zuǐ ❶ 물었던 입을 놓다. ¶咬yǎo住了不～ | 꽉 물고 놓지 않다. ❷ 욕지거리를 그만두다. 말다툼을 그만두다. ¶谁也不肯～ | 아무도 지려하지 않는다.
Ⓑ sǎ
【撒播】sǎbō 動 〈農〉 파종하다. 씨앗을 (고루) 뿌리다. ¶～机 | 파종기.
【撒肥】sǎ/féi 動 비료를 뿌리다. 시비하다. ¶～机 | 시비기.
【撒施】sǎshī 動 〈農〉 (고루) 뿌리다. ¶～农药nóngyào | 농약을 뿌리다.
【撒种】sǎ/zhǒng 動 파종하다. 씨를 뿌리다. ¶及时～ | 제때에 파종하다 =〔播bō种〕

sǎ ㄙㄚˇ

【洒】 ① sǎ xǐ cuǐ xiǎn 뿌릴 쇄, 씻을 세, 험할 최, 엄숙할 선
Ⓐ sǎ ⇒〔洒家〕
Ⓑ xǐ ❶ 「洗」와 통용 ⇒〔洗xǐ〕 ❷ 書 狀 놀라와 하다. 감탄하다. 찬탄하다.
Ⓒ cuǐ 書 狀 높고 크다. 웅대하다.
Ⓓ xiǎn 書 狀 엄숙하다. 벌벌떨다.
【洒家】sǎjiā 代 近 나. 저. 우리 [송원(宋元)시대의 방언. 《水滸傳》에 보임] ¶快给～来一碗酒 | 빨리 술 한 사발 주시오.

2【洒(灑)】 ② sǎ 뿌릴 쇄
❶ 動 (물 따위를) 뿌리다. ¶扫地sǎodì前先～些水 | 청소하기 전에 먼저 물을 좀 뿌리다→〔撩②〕 ❷ 動 (용기 속의 것을) 쏟다. (뿌려서) 흩뜨리다. 흘리다. ¶把～在地上的橘子捡jiǎn起来 | 땅에 흩어져 있는 귤을 줍다 =〔撒sǎ②〕 ❸ (Sǎ) 名 성(姓).
【洒尔佛散】sǎ'ěr fósǎn 名 外 〈藥〉 살바르산(salvarsan;독). 육공육호(六〇六號).
【洒狗血】sǎ gǒuxiě 〈演映〉 연극 줄거리와는 상관없는 쓸 데 없는 연기를 하다. 헛짓을 하다.
【洒泪】sǎlèi 動 눈물을 흘리다. ¶～分别 | 눈물을 흘리며 이별하다. ¶弟兄～而别 | 형제는 눈물을 흘리며 헤어졌다.
【洒利(尔)汞】sǎlì(ěr)gǒng 名 外 〈化〉 살리실산 수은 =〔汞gǒng撒利〕
【洒落】sǎluò ❶ 動 흩어져 떨어지다. ¶一串chuàn串汗珠hànzhū～在地上 | 땀방울이 줄줄 땅에 떨어지다. ❷ 形 소탈하다. 시원스럽다. ¶风神fēngshén～ | 풍채가 시원스럽다 =〔洒脱①〕 ❸ 動 냉정하게〔매정하게〕 대하다. 푸대접하다. ¶又有贾母王夫人都在这里, 不敢gǎn～宝玉 | 또한 가모나 왕부인이 여기에 있으니 보옥을 매정하게 대할 수도 없다《紅樓夢》 ❹ 書 形 스산하고 쓸쓸하다.
【洒扫】sǎsǎo 動 물을 뿌리고 쓸다. 청소하다. ¶大家一起～教室 | 모두 함께 물을 뿌리고 교실을 청소하다.
【洒水】sǎshuǐ 動 물을 뿌리다.
【洒水车】sǎshuǐchē 名 살수차 =〔撒水车〕〔灌guàn路水车〕
【洒水器】sǎshuǐqì 名 살수기(撒水器). 스프링클러(sprinkler).
【洒脱】sǎ·tuō ❶ 形 (말 또는 행동이) 소탈하다. 시원스럽다. 거리낌이 없다. 자연스럽다. ¶～人儿 | 소탈한 사람. ¶他一向很～ | 그는 본래 아주 소탈하다. ❷ 動 (구속에서) 빠져나오다. 벗어나다.

2【撒】 sǎ ☞ 撒 sā Ⓑ

sà ㄙㄚˋ

【卅】 sà 서른 삽
數 「三十」(30)의 합음자(合音字). ¶张先生今年～三岁suì了 | 장선생은 올해 서른 세 살이 되었다 =〔三十〕

【脎】 sà (오사존 살)
名 〈化〉 오사존(osazone) [유기화합물의 일종] =〔糖táng二脎〕

【飒(颯)】 sà 바람소리 삽
❶ 擬 솨솨 ¶秋风～～ | 가을 바람이 솨하고 불다. ❷ ⇒〔飒爽〕
【飒然】sàrán 書 狀 바람이 소리를 내다. ¶有风～而至 | 바람이 휙 불어오다.
【飒飒】sàsà 擬 솨솨. 쏴쏴 [바람·비소리] ¶柳树迎风～地响xiǎng | 버드나무가 바람에 쏴쏴 소리를 내다.
【飒爽】sàshuǎng 書 形 ❶ 용감하고 늠름하다〔시원스럽다〕. ¶～英姿yīngzī | 용감하고 늠름한 것이 영웅의 자태다. ❷ (바람이) 시원하고 상쾌하다.

【萨(薩)】 sà 보살 살
❶ 음역어에 쓰임. ¶～尔瓦多↓ ¶～满教↓ ❷ ⇒〔菩pú萨〕 ❸ (Sà) 名 성(姓).
【萨达特】Sàdátè 名 外 〈人〉 사다트(Mohamed Anwar el Sadat, 1918～1981) [이집트 대통령 겸 민족민주당 총재]
【萨尔瓦多】Sà'ěrwǎduō 名 外 〈地〉 엘살바도르(El Salvador) [중앙아메리카의 공화국. 수도는 「圣萨尔瓦多」(산살바도르;San Salvador)]
【萨噶达娃节】Sàgádáwá Jié 名 外 티베트 족의

석가 탄생 기념일.
【萨克管】sàkèguǎn 名外〈音〉색소폰(saxophone). ¶中音～ | 앨토 색스(alto sax). ¶次中音～ | 테너 색스(tenor sax) ¶吹奏chuīzòu～ | 색소폰을 불다 =〔沙克斯〕〔萨克斯管〕
【萨哈罗夫】Sàhāluōfū 名外〈人〉사하로프(Andrei D. Sakharov, 1921～) [러시아의 핵물리학자. 「수소폭탄의 아버지」라 불림. 반체제 인사]
【萨克(斯)号】sàkè(sī)hào 名外〈音〉색스혼(saxhorn).
【萨拉热窝】Sàlārèwō 名外〈地〉사라예보(Sarajevo) [유고슬라비아(Yugoslavia) 중부의 고도(古都)]
【萨满教】Sàmǎnjiào 名外〈宗〉샤머니즘(shamanism)
【萨曼】Sàmàn 名外〈史〉사만(Saman) 왕조(874～999) [중앙 아시아에 있었던 옛 왕조]
【萨门鱼】sàményú 名外〈魚貝〉연어 =〔撒蒙sāméng鱼〕
【萨摩亚】Sàmóyà 名外〈地〉사모아(Samoa).
【萨那】Sànà 名外〈地〉사나(Sana) [「也门」(예멘 아랍공화국; Yemen Arab Republic)의 수도]
【萨其马】sàqímǎ 名京〈食〉중국 동북지방의 튀김 과자 =〔萨齐玛〕〔萨齐马〕〔萨骑马〕〔刹其马〕〔沙其马〕
【萨齐玛】sàqímǎ ⇒〔萨其马〕
【萨特】Sàtè 名外〈人〉사르트르(Jean Paul Sartre) [프랑스의 실존주의 철학자]

·sa ㄙㄚ·

【挲】·sa ☞ 挲 suō B

sāi ㄙㄞ

【思】sāi ☞ 思 sī B

4【腮〈顋〉】sāi 뺨 시
❶名뺨(의 아래 귀밑 부분). ¶鼓gǔ起～帮子 | 뺨을 볼록하게 하다 =〔腮颊〕〔俗腮帮子〕❷「鳃」와 통용 ⇒〔鳃sāi〕
【腮巴(子)】sāi·ba(·zi) 名方볼. 뺨.
【腮帮子】sāibāng·zi 名口뺨. 볼. ¶他托tuō着～想事儿呢 | 그는 턱을 괴고 궁리하고 있다.
【腮红】sāihóng 名볼터치 [화장품의 일종]
【腮颊】sāijiá 名뺨. 볼. ¶她的～涨zhàng得通红 | 그녀의 뺨은 상기되어 빨개졌다.
【腮脚】sāijiǎo 名갑각류의 턱다리 =〔颚è脚〕→〔步脚〕
【腮托】sāituō 名〈音〉(바이올린·비올라 등의) 턱받침.
【腮腺】sāixiàn 名〈生理〉이하선(耳下腺) →〔唾tuò液腺〕
【腮腺炎】sāixiànyán 名〈醫〉이하선염(耳下腺炎).
【腮须】sāixū 名〈蟲〉더듬이. 촉각.
【鳃(鰓)】sāi 아가미 새
名(어류의) 아가미 =〔腮②〕〔俗腮际〕
【鳃弓】sāigōng ⇒〔鳃骨〕
【鳃骨】sāigǔ 名물고기의 아감뼈 =〔鳃弓〕

3【塞〈搴揌〉】sāi sài sè 막을 색, 변방 새, 〈움직일 시, 가릴 시〉
A sāi ❶動막다. 틀어막다. ¶把窟窿kūlong～住 | 구멍을 틀어막다. ❷動(가득) 쳐넣다. 밀어넣다. 쑤셔넣다. ¶～了一嘴水饺 | 물만두를 한 입 (가득) 쑤셔넣었다. ¶把这些东西～进去 | 이 물건들을 쑤셔넣어라. ❸動마개를 하다. ¶把瓶子～严 | 병에 단단히 마개를 하다. ❹名(～儿, ～子) 마개. 뚜껑. ¶瓶～儿 | 병마개. ¶软木ruǎnmù～ | 코르크 마개.
B sài ❶(변경 지대의) 요지. 요새. ¶要～ | 요새. ❷書名(주로 북방의) 국경.
C sè 뜻은 「塞sāi」와 같고 성어(成語)나 몇몇 합성어에 나타나는 이독음(異讀音).
A sāi
【塞班】Sāibān 名外〈地〉사이판(Saipan) [북태평양 마리아나제도 중의 섬]
【塞车】sāichē 名方교통 체증. ¶这里交通特别拥挤yōngjǐ, 每天都出现～ | 여기는 교통이 특히 혼잡하여 매일 체증현상이 일어난다. ¶我因为～, 所以迟到chídào了 | 차가 막혀서 지각했다.
【塞尺】sāichǐ ⇒〔厚hòu薄规〕
【塞带油】sāidàiyóu 名〈機〉브레이크 오일(brake oil) =〔煞车油〕
【塞带闸】sāidàizhá 名〈機〉밴드 브레이크(band brake).
【塞狗洞】sāigǒudòng 動組몰래 뇌물을 쓰다 =〔填黑窟窿〕
【塞咕】sāi·gu 動마구 쑤셔〔채워〕넣다 =〔入咕〕
【塞规】sāiguī 名〈機〉플러그 게이지 →〔界限jièxiàn量规〕
【塞进】sāijìn 動쑤셔 넣다. 밀어넣다. ¶把杂志～衣袋dài里 | 잡지를 호주머니에 쑤셔넣다.
【塞满】sāimǎn 動가득 채우다. ¶院子里～了看热闹的人 | 마당에 구경꾼이 가득 찼다. ¶书包里～了书 | 책가방에 책이 가득하다.
【塞门】sāimén 名〈機〉코크 =〔旋塞〕
【塞内加树胶】Sāinèijiā shùjiāo ⇒〔阿Ā拉伯胶〕
【塞头儿】sāitóur 名(병)마개.
【塞牙】sāi/yá ❶動이(치아)에 끼이다. ¶这个肉丝儿～ | 이 채를 친 고기는 이에 끼인다. ¶肥féi的太腻nì, 瘦shòu的～ | 비계는 너무 느끼하고 살코기는 이에 끼인다. 매사에 타박〔트집〕이 많다. ❷喩따로 숨은 뜻이 있다. 참뜻이 깊이 숨어 있다. ¶你真是会说话的, 句句塞人牙 | 너는 정말 말을 잘하는구나, 한 마디 한 마디 마다 깊은 뜻이 숨어 있어.
【塞药】sāiyào ❶名〈藥〉좌약(坐藥). ❷(sāi yào) 좌약을 넣다 ‖ =〔栓shuān剂〕
【塞住】sāi·zhù 動틀어 막다. 밀폐하다. ¶这下水道被游泥～了 | 이 하수도는 퇴적된 진흙에 틀어 막혔다.
【塞子】sāi·zi 名마개. ¶瓶～ | 병마개. ¶木头～ | 나무 마개 =〔塞④〕
B sài

【塞得港】Sàidégǎng 名 外〈地〉포트 사이드(port Said) [수에즈 운하 하구에 있는 이집트의 항구도시]
【塞尔维亚克罗地亚语】Sài'ěr wéiyà Kèluódìyà yǔ 名 外〈言〉세르보크로아트어(Servo Croat語) [유고슬라비아에서 쓰이는 슬라브계의 언어]
【塞拉利昂】Sàilālì'áng 名 外〈地〉시에라리온(Sierra Leone) [아프리카 서부의 공화국. 수도는「弗Fú里敦」(프리타운;Freetown).
【塞门德】sàiméndé 名 外 시멘트 =〔水门汀〕
【塞内加尔】Sàinèijiā'ěr 名 外〈地〉세네갈(Senegal) [아프리카 서부에 있는 공화국. 수도는「达Dá喀尔」(다카르;Darkar)]
【塞浦路斯】Sàipǔlùsī 名 外〈地〉키프로스(Kypros) [터어키 남단 지중해에 있는 섬 또는 그 공화국. 수도는「尼Ní科西亚」(니코시아;Nicosia)]
【塞舌尔】Sàishé'ěr 名 外〈地〉세이셸(Seychelles;프) [아프리카 마다가스카르섬 북방에 있는 90여 개의 섬으로 구성된 섬나라. 수도는「维多利亚」(빅토리아;Victoria)]
【塞外】sàiwài 名 변새 밖. 국경 밖. ¶～秋色 | 변방의 가을 분위기 =〔边外〕
【塞翁失马】sài wēng shī mǎ 成 새옹지마. 인생의 길흉화복은 무상(無常)하여 예측할 수 없다. ¶你这次落选luòxuǎn是～, 安知非福呢 | 너 이번에 낙선한 것은 새옹지마이다, 복인지 아닌지 어찌 알겠느냐?
C sè
【塞擦音】sècāyīn 名〈言〉파찰음(破擦音) [음성학 용어로 중국어 표준어의「c」「z」「j」「q」「zh」「ch」따위의 발음] =〔塞擦声〕〔破裂摩擦音〕
【塞音】sèyīn 名〈言〉파열음(破裂音) [음성학 용어로 중국어 표준어의「b」「p」「d」「t」「g」「k」따위의 발음] =〔塞声〕〔爆发音〕〔破裂音〕
【塞责】sèzé 書 動 일을 대강대강 무성의[불성실]하게 끝마치다. ¶敷衍fūyǎn～ | 책임진 일을 대강대강 해넘기다.

【噻】sāi (음역자 새)
음역어에 쓰임. ¶～吩↓ ¶～唑↓
【噻吩】sāifēn 名 外〈化〉티오펜(thiophene) =〔硫茂〕
【噻唑】sāizuò 名 外〈化〉티아졸(thiazole)

sài ㄙㄞˋ

3【塞】sài ☞ 塞 sāi B

2【赛(賽)】sài 굿 새
❶ 名 動 시합(하다) 경쟁(하다). ¶他们比了一次～ | 그들은 한 번 겨루어 보았다. ¶～跑↓ ¶竞jìng～ | 경쟁하다. ¶足球～ | 축구 시합. ¶比～ | 시합하다. ❷ 動 (…보다) 우수하다. 낫다. 轉 필적하다. 비길만 하다. ¶这一班学生的成绩一个～一个 | 학급 학생들의 성적은 누구나 할것없이 다 우수하다. ¶饭后一支烟, ～过活神仙 | 식후에 담배 한대 피우는 즐거움은 살아있는 신선이 되는 것보다 낫다. ❸ 書 動 신의 가호에 감사하여 제사를 올리다. ❹ (Sài) 名 성(姓).
【赛场】sàichǎng 名 경기 장소[지점]. ¶～上一片欢腾huānténg | 경기장은 온통 열광의 도가니다.
【赛车】sài chē ❶ 動組 자전거·오토바이·자동차 등으로 경기하다. ❷ (sàichē) 名 자전거[오토바이, 자동차] 경기. ❸ (sàichē) 名 경기용 자전거. 사이클 =〔跑车〕
【赛程】sàichéng 名 ❶ 경기일정. ¶～已经过半 | 경기가 이미 중반전이다. ❷ 경기코스
【赛船】sàichuán ❶ 名 보트 레이스. 보트 경주. 경조(競漕). ❷ (sài chuán) 보트 경주를 하다. ¶赛了一次船 | 한 차례 보트 경주를 했다.
【赛狗】sài gǒu ❶ 動組 경견(競犬)하다. 개 경주를 시키다. ❷ (sàigǒu) 名 경견.
【赛力散】sàilìsǎn 名 外〈化〉유로피언 세레산(European ceresan).
【赛璐玢(纸)】sàilùfēn(zhǐ) 名 外 셀로판 (지) =〔玻璃纸①〕〔透明纸〕〔粤 威化纸①〕〔外 纤络纺〕
【赛璐珞】sàilùluò 名 外 셀룰로이드(celluloid) =〔教象牙〕〔充象牙〕〔假象牙〕〔人造象牙〕〔俗 化学②〕
【赛璐珞片】sàilùluòpiàn ⇒〔胶jiāo片〕
【赛马】sài/mǎ ❶ 動 경마 (경기를) 하다. ❷ (sàimǎ) 名 경마. ¶～场 =〔赛马厅〕| 경마장 ‖ =〔跑马〕
【赛牡丹】sàimǔdān 名〈植〉개양귀비 =〔虞美人①〕
【赛跑】sàipǎo ❶ 名 (달리기) 경주. ¶一百米～ | 100m 경주. ¶接力～ | 릴레이 경주. ¶短距离～ | 단거리 경주. ¶越野～ | 크로스컨트리 레이스(cross－country race). ¶马拉松～ | 마라톤 경기. ❷ (sài/pǎo) 경주하다.
【赛跑表】sàipǎobiǎo 名 스톱 워치(stop watch) =〔停表〕
【赛球】sàiqiú ❶ 名 구기 시합. ❷ (sài qiú) 動 구기 시합을 하다. ¶赛篮lán球 | 농구 시합을 하다.
【赛拳】sài/quán ❶ 動 권투 시합을 하다. ❷ (sàiquán) 名 권투.
【赛社】sàishè ⇒〔赛神〕
【赛神】sàishén 名 옛날, 농촌에서 추수가 끝난 뒤 술과 음식을 장만하여 신(神)에게 제사 지내던 일 =〔赛社〕
【赛诗会】sàishīhuì 名 시회(詩會). 시백일장. ¶举办jǔbàn～ | 시백일장을 주최하다.
【赛事】sàishì 名 경기상황. ¶今天韩国队的～很顺利 | 오늘 한국팀의 경기상황은 순조롭다.
【赛艇】sàitǐng〈體〉❶ 名 조정(漕艇). ❷ 名 시합용의 작은 배[보트]. ❸ (sài tǐng) 조정 경기를 하다.
【赛因斯】sàiyīnsī 名 外 사이언스(science). ¶我不懂dǒng什么～ | 무슨 사이언스가 하는 것은 잘 모르겠다 =〔赛先生〕→〔科学〕
【赛音】sàiyīn 名 外〈數〉(삼각 함수의) 사인(sin) =〔赛因〕
【赛珍珠】Sàizhēnzhū 名〈人〉펄벅(Pearl S.Buck, 1892～1973) [미국 여류 소설가]

sān ㄙㄢ

1【三】sān 석 삼
數❶ 3. 셋. ❷轉 여러번. 재삼. 거듭. ¶ ~思而行 | 재삼 숙고해서 행하다. ¶ ~思一言 | 여러 번 생각해서 말하다.

【三八】sānbā 貶❶名 여성 [三八婦女節에서 온 말] ¶ ~先进工作者 | 여성 선진 근로자.→〔三八妇女节〕 ❷名 칠뜨기. 수다쟁이. 팔푼이. ❸形 칠칠치 못하다. 수다스럽다. ¶ 她太~ | 저 여자는 너무 칠칠치 못하다.

【三八妇女节】Sānbā Fùnǚ Jié 名組 국제 여성의 날 =〔三八节〕〔国际妇女节〕

【三八节】Sānbā Jié ⇒〔三八妇女节〕

【三八式干部】sānbāshì gànbù 名組 俗 삼팔식 간부 [항일 전쟁(抗日戰爭) 초기인 1938년에 혁명에 참가한 간부를 일컫는 말]

【三八线】sānbāxiàn 名 삼팔선.

【三八制】sānbāzhì 名 삼팔제 [하루를 8시간 작업, 8시간 휴식, 8시간 오락〔교양〕에 충당하는 제도]

【三八主义】sānbā zhǔyì 名「三八制」를 주장하는 주의→〔三八制〕

【三百六十行】sānbǎiliùshí háng 名組 喩 각종 직업의 총칭. ¶ ~, 行行(儿)出状元zhuàngyuán | 諺 각종 직업에 모두 대가〔전문가〕가 있다 =〔三十六行〕

【三拜九叩】sānbài jiǔkòu⇒〔三跪guì九叩〕

【三班倒】sānbāndǎo 名 (공장 따위에서의) 삼교대. ¶ 这个工厂一天~地开工 | 이 공장은 하루 삼교대로 조업한다.

【三班儿倒】sānbānr dǎo 名 (공장 따위에서의) 일일 삼교대제 =〔三班制〕

【三班制】sānbānzhì ⇒〔三班儿倒〕

【三板】sānbǎn 名 삼판(선) =〔舢板〕

【三瓣儿嘴】sānbànr zuǐ 名 언청이 =〔唇裂〕

【三包】sānbāo 名 상품의「包修,包退,包换」(수리·반품·교환보증)의 세 가지 애프터 서비스. ¶ 实行~ | 수리 반품 교환보증의 세가지 애프터 서비스를 실시하다 =〔三保〕

【三胞胎】sānbāotāi 名 세쌍둥이.

【三保】sānbǎo ⇒〔三包①〕

【三宝】sānbǎo 名❶ 세 가지 보물. 세 가지 귀중한 것. ¶ 东北有~: 人蔘·灵芝língzhī和鹿茸lùróng | 동북에는 인삼, 영지 그리고 녹용 등 세 가지 보물이 난다. ❷ 노동·기술·사상. ❸ 총노선(總路線)·대약진(大躍進)·인민 공사(人民公社). ❹〈農〉멜대·망태기·곡괭이. ❺〈工〉공기(空氣)·지면(地面)·수중(水中)에서 취한 것. ❻〈佛〉삼보 [불(佛)·법(法)·승(僧)] ❼ (도가(道家)에서 이르는) 귀·입·눈.

【三宝垄】Sānbǎolǒng 名 外〈地〉사마랑(Semarang) [인도네시아의 자바(Java)섬 중앙부 자바해(海)에 면한 항구 도시] =〔垄川〕〔萨马伦〕〔三宝隆〕

【三边形】sānbiānxíng ⇒〔三角形〕

【三鞭酒】sānbiānjiǔ 名 外 샴페인(champagne) =〔三便酒〕〔三宾酒〕〔香宾酒〕

【三不管(儿)】sānbùguǎn(r) 名❶ (의식주조차 무관심한) 게으름장이. ❷ 아무도 관할하지 않는 일이나 장소〔토지〕. ¶ 这是一个~的地区 | 여기는 아무도 관할하지 않는 지역이다. ❸ (미취학 아동에 대하여) 교육면에서 나타나는 방임주의의 세가지 현상. 즉 학교·사회·가정 등 모든 곳에서 돌보지 않는 것을 말함.

【三不政策】Sānbù zhèngcè 名組 삼불정책 [대만의 중국본토에 대한「不谈判」(불협상)·「不接触」(불접촉)·「不妥协」(불타협)의 세가지 정책]

【三步两步】sānbù liǎngbù 名組❶ 빠른 걸음으로 걷다. ¶ 他~, 赶回了家 | 그는 부랴부랴 집으로 돌아갔다 =〔三步并作两步〕 ❷ 가깝다. ¶ ~就到 | 몇 걸음이면 도착한다 ‖ =〔三步五步〕

【三步五步】sānbù wǔbù ⇒〔三步两步〕

【三叉】sānchā 名❶ 세 갈래. ¶ 这棵树的树枝shùzhī是~的 | 이 나무의 가지는 세 갈래이다. ¶ ~路 | 세 갈래 길. ❷ 트라이던트(Trident) [비행기 이름]

【三叉神经】sānchā shénjīng 名組〈生理〉삼차신경. ¶ ~受了伤害shānghài | 삼차 신경에 손상을 입었다.

【三茬】sānchá ⇒〔三熟〕

【三长两短】sān cháng liǎng duǎn 成 婉 뜻밖의 재난이나 변고. 어법 특히 사람의 죽음을 가리킴. 대개 가설에 많이 사용됨. ¶ 万一有个~可了不得 | 만일 뜻하지 않은 변고가 생긴다면 정말 큰 일이다. ¶ 你不听我劝, 若有个~, 不要怨我 | 내 충고를 듣지 않다가 만일 변고라도 생기면 나를 원망하지 마라.

【三朝元老】sāncháo yuánlǎo 名組❶ 書 삼대(三代)의 황제에 중용된 대신(大臣). ❷ 轉 여러 개의 정권에 연속해서 충성한〔복무한〕관리. ❸ 轉 (어떤 부문에) 오래 재임〔재직〕한 사람. ¶ 他是这个厂的~ | 그는 이 공장에서 제일 오래 근무한 사람이다.

【三重唱】sānchóngchàng 名〈音〉삼중창.

【三重奏】sānchóngzòu 名〈音〉삼중주.

【三次方程式】sāncì fāngchéngshì 名組〈數〉삼차방정식.

【三寸不烂之舌】sān cùn bù làn zhī shé 成 능수능란한 구변〔말재주〕. ¶ 他凭着píngzhe~, 竟说动了厂长 | 그는 능수능란한 말재주로 결국 공장장을 설득했다.

【三寸金莲】sāncùn jīnlián 名組 喩 옛날, 여자의 전족(纏足)한 작은 발. ¶ 她奶奶有一双~ | 그녀 할머니의 발은 전족한 작은 발이다.

【三达鞋】sāndáxié 名 外 샌들(sandal) =〔凉liáng鞋〕〔木mù板鞋〕

【三大差别】sān dà chābié 名組 3대 차이. 3대 격차 [공업과 농업, 도시와 농촌, 정신 노동과 육체 노동의 격차] ¶ 缩小suōxiǎo~ | 삼대 차이를 줄이다 =〔三大差异〕

【三大差异】sān dà chāyì ⇒〔三大差别〕

【三大火炉】sāndà huǒlú 名 삼대 화로 [여름 날씨가 화로에 비유될 만큼 더운 양자강(揚子江) 연

S

안의 남경(南京)·무한(武漢)·중경(重慶)을 가리킴] ¶听说南京是~之一，是吧 | 듣자니 남경은 삼대 화로의 하나라면서요.

【三大件】sāndàjiàn 名 세 가지 면세 물품 [중국이 대만인의 대륙 친척 방문 때 면세조치해 주는 세 가지 물건. 즉 「电视机」「录影机」「录音机」「电冰箱」「洗衣机」「照相机」「摩托车」「计算机」 중의 세 가지]

【三大运动】sāndà yùndòng 名組 3대 운동 [중국 건국 초기에 벌였던 「抗美援朝」(미국에 대항하며 북조선〔북한〕을 돕는다)·「土地改革」(토지개혁)·「镇压反革命」(반혁명 세력의 진압)의 대규모 운동]

【三代】sāndài 名 ❶ 조부(祖父)대에서 손자(孫子)대까지. ¶~同堂 | 삼대가 함께 살다. ¶祖孙~都是军人 | 조부에서 손자까지 삼대가 모두 군인이다 =〔三辈子〕 ❷ (Sān Dài) 하(夏)·상(商)〔은(殷)〕·주(周)의 세 왕조 =〔三后〕

【三等边形】sānděngbiānxíng 名組〈數〉정삼각형.

【三点式】sān diǎn shì ⇒〔三点式游泳装〕

【三点式游泳装】sān diǎn shì yóu yǒng zhuāng 名組 비키니 수영복 =〔外 比基尼〕〔三点裤〕

【三点水(儿)】sāndiǎnshuǐ(r) 名 한자 부수의 삼수(氵)변.

【三叠纪】sāndiéjì 名〈地質〉삼첩기 [중생대의 첫 번째 시기]

【三定包工】sāndìng bāogōng 名組 「定量」(일정한 양)·「定质」(일정한 질)·「定时」(일정한 시간)의 세 가지를 포함시켜 청부하는 일.

【三定政策】sāndìng zhèngcè 名組 1955년 식량 사정이 악화되자 이를 개선하기 위하여 1955년 봄에 채택한 정책. 「三定」이란 「定产」(생산량 고정)·「定购」(매입량 고정)·「定售」(배급량 고정)을 말함.

【三度空间】sāndù kōngjiān 名組〈哲〉3차원 공간.

【三段论(法)】sānduànlùn(fǎ) 名〈論〉삼단 논법. ¶根据~进行推理tuīlǐ | 삼단 논법에 근거하여 추리를 진행하다 =〔三段论式〕

【三法司】sānfǎsī 名 명청(明鳴) 시대의 「刑部」「都察院」「大理寺」를 말함.

【三番两次】sān fān liǎng cì ⇒〔三番五次〕

【三番四复】sān fān sì fù ❶ ⇒〔三番两次〕 ❷ 威 늘 변하다.

4【三番五次】sān fān wǔ cì 威 누차. 거듭 거듭. 여러 번. ¶打退了敌人~的进攻 | 거듭되는 적의 공격을 물리쳤다. ¶我~跟你说，你偏不听 | 내가 몇 번을 너에게 말했는데 너는 기어코 듣지 않는구나. ¶他~写信来要求 | 그는 거듭 편지를 보내 요구한다 =〔三番两次〕〔两次三番〕〔三番四复①〕〔再三再四〕〔三回五次〕

【三方】sānfāng 圖 3자 간의. ¶~条约tiáoyuē | 3국 조약. ¶~会谈 | 3자 회담.

【三房客】sānfángkè 名 세든 사람으로부터 집을 빌린 사람.

【三废】sānfèi 名 공업 생산 과정에서 생기는 「废水」(폐수)·「废气」(폐기 가스)·「废渣zhā」(폐기물)의 세 가지. ¶从~中回收和提取大量有用物质 | 폐기물에서 대량의 유용한 물질을 회수하고 얻어내다.

【三分人材，七分打扮】sānfēn réncái, qīfēn dǎbàn 諺 세푼 밖에 안되는〔볼품 없는〕 인물도 옷을 잘 입으면 돋보인다. 옷이 날개다 =〔三分人材，十分打扮〕

【三分钟热度】Sānfēnzhōngrèdù 俗 작심삼일. 어떤 계획이 금방 세워졌다가 금방 흐지부지됨. ¶他干什么都只有~ | 그는 무슨 일을 해도 다 작심삼일이다.

【三坟五典】sānfén wǔdiǎn 威〈書〉삼분오전 [「三坟」은 삼황(三皇), 「五典」은 오제(五帝)에 관한 책] ¶熟读shúdú~ | 삼분오전을 숙독하다.

【三伏】sānfú 名 ❶ 삼복. ¶~天 | 삼복의 기간〔더위〕 ¶夏练~，冬练三九 | 여름에는 삼복에 더위를 단련하고 겨울에는 삼구(동지후 추운 기간)에 추위를 단련한다 =〔暑shǔ伏〕 ❷ 말복(末伏) =〔下xià伏〕〔末mò伏〕

【三副】sānfù 名 삼등 항해사.

【三纲】sāngāng 名 삼강 [군위신강(君爲臣綱)·부위자강(父爲子綱)·부위부강(夫爲婦綱)의 유교의 세 가지 도덕 덕목]

【三纲五常】sāngāng wǔcháng 威 (유교 도덕의 기본이 되는) 삼강과 오상 [오상은 인(仁)·의(義)·예(禮)·지(智)·신(信)을 가리킴] ¶遵守zūnshǒu~ | 삼강과 오상을 준수하다→〔三纲〕

【三个臭皮匠，赛过诸葛亮】sān·ge chòupíjiàng, sàiguò Zhūgě Liàng 諺 신기료 장수 셋이면 제갈량보다 낫다. 보잘 것 없는 사람도 세 사람만 모이면 제갈량의 지혜가 나온다 =〔三个臭皮匠，抵得一个诸葛亮〕〔三个笨皮匠，合成一个诸葛亮〕〔三个臭皮匠，凑个诸葛亮〕

【三个妇女一台戏】sān·ge fùnǚ yī tái xì 諺 貶 세 여자가 한 무대에서 하는 연극. ❶ 여자 셋만 모이면 종지가 논다. ❷ 여자가 셋이면 한 사람 몫이다.

【三更半夜】sān gēng bàn yè 威 심야. 한밤중. 야밤삼경 =〔三更四点〕

【三姑六婆】sān gū liù pó 威 여러 가지 천한 직업에 종사하는 부녀자들 [「三姑」는 「尼姑」(여승)·「道姑」(여자 도사)·「卦姑」(점장이), 「六婆」는 「牙yá婆」(인신 매매를 하는 여인)·「媒méi婆」(매파)·「师婆」(여자 무당)·「虔qián婆」(기생어미)·「药婆」(병을 치료하는 여인)·「稳wěn婆」(산파)]《陶宗儀·輟耕錄》

【三顾茅庐】sān gù máo lú 威 삼고 초려(三顧草廬). 예를 극진히 하여 초빙하다. 간절히 거듭 요청하다. ¶他~，请出了这个大能人 | 그가 여러 차례 거듭 요청하여 이 대수완가를 초빙했다.

【三拐(儿)】sānguǎi(r) 名 한자 부수의 개미허리(巛) =〔曲川(儿)〕

【三管轮】sānguǎnlún 名 (선박의) 3등 기관사

【三光】sānguāng 名 ❶ 書 해·달·별. ❷ 논밭 바닥을 잘 갈아 일으키는 「铲chǎn光」, 잡초를 태워 버리는 「烧shāo光」, 옆 도랑을 말끔히 치우는 「扫sǎo光」의 합칭. ¶实行残酷cánkù的~政策 | 잔혹한 삼광 정책을 실시하다.

【三跪九叩】sānguì jiǔkòu 成 두 무릎을 꿇고 머리가 세 번 땅에 닿도록 하는 절을 세 번 반복하다. 지극한 공경의 예(禮)를 하다. 애걸복걸하다. 애원하다 =〔三拜九叩〕

【三国】Sān Guó 名〈史〉촉한(蜀漢)(221～263)·위(魏)(220～265)·오(吳)(222～280)의 세 나라. ¶～鼎立dǐnglì | 삼국이 정립되다.

【三寒四温】sān hán sì wēn 成 삼한 사온.

【三合板】sānhébǎn 名 (삼중으로 된) 합판. ¶～的桌面 | 합판으로 된 탁자 =〔胶合板〕

【三合吃】sānhéchī 名 外〈食〉샌드위치(sandwich).

【三合(儿)房】sānhé(r)fáng 名「ㄷ」자 모양의 집 =〔三合院儿〕

【三合土】sānhétǔ 名 석회·모래·진흙을 물에 섞어 만든 건축 재료. ¶～的地基dìjī | 삼합토로 된 지반 =〔三和huǒ土〕

【三呼万岁】sān hū wàn suì 成 만세(萬歲)삼창(三唱)하다. 송축(頌祝)하다.

【三花脸(儿)】sānhuāliǎn(r) 名 (중국의 전통극에서) 어릿광대로 분장한 배우. 어릿광대역 =〔三花面〕

【三化螟(虫)】sānhuàmíng(chóng) 名〈農〉삼화명충.

【三皇】Sān Huáng 名〈史〉삼황 [중국 고대 전설상의 세 임금. 복희씨(伏羲氏)·신농씨(神農氏)·황제(黃帝) 또는 천황(天皇)·지황(地皇)·인황(人皇)]

【三和土】sānhuòtǔ ⇒〔三合土〕

【三机式立体电影】sānjīshìlìtǐ diànyǐng 名組〈演映〉시네라마(cinerama) =〔三机式新艺电影〕

【三击不中】sānjībùzhòng 名組〈體〉(야구의)삼진 =〔三空棒〕

【三级跳远】sānjí tiàoyuǎn 名〈體〉삼단뛰기 [「单足dānzú跳」(홉)·「跨步kuàbù跳」(스텝)·「跳跃yuè」(점프)의 셋]

【三极管】sānjíguǎn 名〈電氣〉삼극(진공)관. ¶半导体～ =〔晶体三极管〕| 트랜지스터(transistor).

【三季稻】sānjìdào 名 벼의 삼모작(三毛作). ¶这儿适宜shìyí种zhòng～ | 여기는 삼모작에 적합하다.

【三夹板】sānjiābǎn ⇒〔胶jiāo合板〕

【三家村】sānjiācūn 名 ❶ 인구가 적고 궁벽한 마을. 한촌(寒村) ❷ (Sānjiācūn) 등척(鄧拓)·오함(吳晗)·요말사(廖沫沙) 등 정치적 비판집단.

【三缄其口】sān jiān qí kǒu 成 입을 다물다. 입을 다물고 말을 삼가다. ¶这少女只得～, 直到他们进入一辆汽车, 准备离去为止 | 이 소녀는 그들이 자동차를 타고 떠나려 할 때까지 입을 꽉 다물고 있을 수 밖에 없었다.

【三件套】sānjiàntào 名 드리 피스(three piece).

【三匠】sānjiàng 名「木匠」(목공)·「铁匠」(대장장이)·「泥匠」(미장이)을 일컬음.

【三椒】sānjiāo 名「辣椒」(고추)·「花椒」(산초)·「胡椒」(후추)를 일컬음.

【三焦】sānjiāo 名〈漢醫〉삼초 [위(胃)의 윗 부분을「上焦」, 중간 부분을「中焦」, 방광의 윗부분을「下焦」라 함]

⁴【三角】sānjiǎo 名 ❶ 簡〈數〉삼각(법). ❷ (～儿) 삼각형. 세모꼴. 삼각형으로 된 것. ❸ 담배갑을 접어 만든 딱지. ¶打～ | 딱지를 치(며 놀)다.

【三角板】sānjiǎobǎn 名 삼각자. 삼각 정규. ¶用～画图 | 삼각자를 이용해서 그림을 그리다 =〔三角规〕〔三角尺〕

【三角表】sānjiǎobiǎo 名〈數〉삼각표. 삼각 함수표.

【三角尺】sānjiǎochǐ ⇒〔三角板〕

【三角法】sānjiǎofǎ ⇒〔三角学〕

【三角钢】sānjiǎogāng ⇒〔三角铁①〕

【三角港】sānjiǎogǎng 名〈地〉삼각 하구(河口) [해면(海面)의 상승 또는 육지의 하강 현상으로 생긴 V자형의 하구]

【三角刮刀】sānjiǎo guādāo 名〈機〉삼각 스크레이퍼(scraper)

【三角关系】sānjiǎo guān·xì 名組 ❶ (남녀의) 삼각 관계. ¶他们之间是一种复杂fùzá的～ | 그들 사이는 복잡한 일종의 삼각 관계이다. ❷ 미국·중국·소련의 삼각 관계.

【三角规】sānjiǎoguī ⇒〔三角板〕

【三角函数】sānjiǎo hánshù 名組〈數〉삼각 함수.

【三角镜】sānjiǎojìng 名〈物〉프리즘(prism) =〔棱léng镜〕

【三角裤(衩)】sānjiǎokù(chǎ) 名組 삼각 팬티 =〔三角内裤〕

【三角恋爱】sānjiǎo liàn'ài 名組 세 사람의 남녀 사이의 연애 관계.

【三角贸易】sānjiǎo màoyì 名組〈經〉삼각 무역

【三角内裤】sānjiǎo nèikù ⇒〔三角裤(衩)〕

【三角皮带】sānjiǎo pídài 名組〈機〉브이(V)형 벨트(belt).

【三角术】sānjiǎoshù ⇒〔三角学〕

【三角铁】sānjiǎotiě ❶ 名〈工〉산형철(山型鐵). L형강(L型鋼) =〔三角钢〕〔角钢〕 ❷ ⇒〔角jiǎo铁①〕 ❸ 名〈音〉트라이앵글.

【三角头(儿)】sānjiǎotóu(r) 名組 한자 부수의 마늘모(厶) =〔私sī字(儿)〕

【三角形】sānjiǎoxíng 名〈數〉삼각형 =〔三边形〕〔俗 三角(儿)〕

【三角学】sānjiǎoxué 名〈數〉삼각법. 삼각학 =〔三角法〕〔三角术〕

【三角洲】sānjiǎozhōu 名〈地質〉삼각주.

【三脚凳(儿)】sānjiǎodèng(r) 名 세다리 걸상.

【三脚蛤蟆】sānjiǎo há·ma 俗 (달에 산다는) 세다리를 가진 두꺼비. ¶～没处chù寻xún | 喻 어디에서도 찾을 수가 없다. 아무데도 없다. ¶～没见过, 两条腿的小伙子遍地是 | 세 다리 두꺼비는 본 적이 없고 두 다리의 젊은이는 도처에 많다.

【三脚架】sānjiǎojià 名 삼각가. 삼발이 =〔三脚台〕

【三脚两步】sānjiǎo liǎngbù 成 ❶ 급한 걸음. 빠른 걸음. ❷ 몇 발자국. 몇 걸음. 두세 걸음 [가까운 것을 나타냄] ‖ →〔三步两步〕

【三脚猫】sānjiǎomāo 俗 喻 ❶ 겉만 번지르르할 뿐 실속이 없는 물건〔사물〕. ❷ (각종 기예(技藝)에서) 피상적인 것만을 조금 아는 사람.

S

【三教九流】sān jiào jiǔ liú 成❶「三教」와 유(儒)·도(道)·음양(陰陽)·법(法)·명(名)·묵(墨)·종횡(縱橫)·잡(雜)·농(農)의 구가(九家). ❷喩 (종교나 학술계에서) 각종 유파(流派). ¶～, 无所不晓xiǎo | 온갖 종교·학술 분야에 모르는 것이 없다. ❸貶 온갖〔각종〕 직업(의 사람). 온갖 종류의 사람 ‖ ＝〔九流三教〕

【三节】sānjié 名「端午(节)」「中秋(节)」「年节」의 세 명절. 삼대 명절. ¶讲究过～ | 단오절, 추석, 설날 3대 명절 쇠는 것을 중시하다.

【三进三出】sān jìn sān chū 成 몇 번이고 반복하여 끝〔한〕이 없다. ¶骂mà起来～ | 꾸짖기 시작하면 한이 없다.

【三九】sānjiǔ 名❶ (9일을 「一九」로 하여) 세번째되는 「九」(19일에서 27일). 동지(冬至)후 가장 추울때 ＝〔三九天〕 ❷簡「三公九卿」(3공9경)의 약칭. ❸부추나물로 만든 세 가지 반찬. 喩 청빈(清貧).

【三句(话)不离本行】sān jù (huà) bù lí běnháng 諺 사람은 누구나 세 마디만 꺼내도〔조금만 이야기해도〕 자기 직업상의 이야기를 꺼내기 마련이다. ¶他～, 谈着谈着就论起语言学来了 | 그는 직업은 못 속인다고 이야기를 나누다가 곧 언어학을 논하기 시작했다.

【三聚氰胺】sānjùqíng'àn 名〈化〉멜라민(melamine). ¶～树脂 | 멜라민 수지 ＝〔外 蜜胺〕

【三军】sānjūn 名❶육군·해군·공군. ❷군대. 전군(全軍). ❸주대(周代)의 제도에서 대제후(大諸侯)가 거느리는 군대.

【三K党】Sānkèidǎng 名 백의단(白衣團). 큐클럭스클랜(ku klux klan). K.K.K. ¶他是～党徒dǎngtú | 그는 백의단 단원이다.

【三框栏(儿)】sānkuànglán(r) 名 한자 부수의 터진입구(匚) ＝〔半框廊〕

【三棱镜】sānléngjìng 名〈物〉프리즘(prism). 삼릉경. ¶用～折射zhéshè阳光 | 프리즘을 이용해서 햇빛을 굴절하다 ＝〔棱镜〕

【三连音符】sānlián yīnfú 名組〈音〉셋잇단음표.

【三联单】sānliándān 名❶석 장이 한 조로 되어 있는 전표나 증서 [두 장은 쌍방이 각각 한 장씩 가지며 한 장은 증거로 남겨둠] ¶填写tiánxiě～ | 석장 묶음 전표를 기입하다. ❷(예전에 화물을 구입하여 수출할 때의) 세관통과증 ‖ ＝〔三联串票〕

【三六九等】sān liù jiǔ děng 成 여러층. 여러등급. 갖가지 구별. 갖가지 차등(差等). ¶人分～ | 사람도 여러 층으로 나누어져 있다. ¶什么货色都有～, 好的当然卖高价 | 어떤 물건이든 여러 등급이 있어서 좋은 것은 당연히 비싸게 판다 ＝〔三等九格〕

【三轮车】sānlúnchē 名 (자전거식의) 삼륜차. ¶登dēng～ | 삼륜차를 타다. ¶三轮脚踏车 | 삼륜자전거. ¶三轮摩托车 ＝〔三轮机动车〕| 모터가 달린 삼륜차 ＝〔俗 三轮儿〕

【三轮儿】sānlúnr ⇒〔三轮车〕

【三昧】sānmèi 名❶〈佛〉삼매. 삼매경. ❷오의(奧義). 결요(訣要). ¶深得其中的～ | 그 속의 오의를 깊이 터득하다.

【三民主义】sānmín zhǔyì 名〈政〉삼민주의 [손문(孫文)이 제창한 민족(民族)·민권(民權)·민생(民生)의 세 주의의 총칭] ¶推行～ | 삼민주의를 추진하다.

【三明治】sānmíngzhì 名 外〈食〉샌드위치(sandwich) ¶小孩爱吃～ | 아이들은 샌드위치를 잘 먹는다 ＝〔三文治〕〔三味治〕

【三明治人】sānmíngzhì rén 名組 外 샌드위치 맨(sandwich man) ＝〔夹jiā心广告人〕〔创chuàng牌子②〕

【三拇指】sān·muzhǐ 名 方 가운뎃손가락. 중지. ¶他用～在地图上戳chuō戳点diǎn点地对我说了几句 | 그는 중지로 지도를 여기 저기 가리키면서 나에게 몇 마디 했다 ＝〔中zhōng指〕

【三撇(儿)】sān piě(r) 名 한자 부수의 삐친석삼(彡)변.

【三七】sānqī 名❶〈植〉삼칠초 ＝〔田七〕〔金不换③〕〔方 山漆②〕 ❷삼칠일 [사람이 죽은 후 스무하루째 날로 성묘를 가서 향과 종이돈을 태우며 제를 올림]

【三七二十一】sān qī èr·shiyī 喩 자세한 사정. 곡절. 자초지종. ¶他不问～, 就干起来了 | 그는 자초지종을 아랑곳하지 않고 바로 시작했다.

【三亲六故】sān qīn liù gù 成 친척과 친지. ¶还要去拜访bàifǎng～ | 여러 친척과 친지들에게도 찾아가 뵈어야 한다 ＝〔三亲四友〕

【三请】sānqǐng 動 여러 번 초청하다〔부르다〕. ¶～不到 | 成 여러 번 불렀지만 오지 않다.

【三秋】sānqiū ❶書 名 가을의 석달. ❷書 名 음력 구월. ❸書 名 세 해의 가을. 3년. ¶一日不见, 如隔～ | 하루를 못보니 3년을 떨어진 듯하다. ❹名 喩 긴 세월.

【三拳两脚】sān quán liǎng jiǎo 成 때리고 차고하다. 주먹질 발길질하다. ¶～把他打死了 | 주먹질 발길질하여 그를 때려 죽였다. ¶你这身板哪, 架得住他～ | 너 이 몸집은 말이지, 그의 주먹질 발길질도 견딜 수 있어.

【三人行, 必有我师】sān rén xíng, bì yǒu wǒ shī 成 세 사람이 길을 가면 반드시 나의 스승이 있다. 자신과 딴 두 사람이 함께 일을 할 때에는 선악간(善惡間)에 반드시 배울 만한 점〔사람〕이 있다.

【三三两两】sān sān liǎng liǎng 成 둘씩 셋씩. 삼삼오오(三三五五). ¶下班后工人们～地走回家去 | 퇴근 후 노동자들은 삼삼오오로 걸어서 집에 돌아간다. ¶人们在～地议论着那件事 | 사람들은 몇명씩 짝을 지어 그 일을 의논하고 있다.

【三三五五】sān sān wǔ wǔ 成 삼삼오오.

【三色版】sānsèbǎn 名〈印出〉삼색판.

【三生有幸】sān shēng yǒu xìng 成 삼생의 행운. 참으로 크나큰 행운. ¶能够做老师的研究生真是～ | 선생님 밑에서 공부하는 대학원생이 될 수 있다면 정말 크나큰 행운입니다.

【三牲】sānshēng 書 名 세 가지 희생(犧牲) [옛날, 제사에 제물로 바치는 소·돼지·양] ＝〔三设儿〕

【三十六计】sān·shíliù jì 名組 삼십육계. 여러가

지〔많은〕계책(計策).

【三十六计, 走为上计】sān·shí liù jì, zǒu wéi shàng jì 諺 별 방법이 없을 땐 도망가는 것이 최고다. ¶～, 我还是离开这儿的好 | 삼십육계가 상책이라고 역시 여기를 벗어나는 것이 좋겠다 =〔三十六着, 走为上着〕〔三十六策, 走为上策〕→〔溜liū之大吉〕

【三熟】sānshú 名〈農〉삼모작. ¶珠江三角洲是富饶fùráo肥沃féiwò的平原, 一年～ | 주강의 삼각주는 매우 비옥한 평원으로 일년에 삼모작을 한다 =〔三茬chá〕→〔三季稻〕

【三熟制】sānshúzhì 名〈農〉삼모작 =〔三熟〕

【三思】sānsī 動 喩 여러번 거듭 생각하다. 심사 숙고하다. ¶这件事你要～, 不可鲁莽lǔmǎng | 이 일은 심사 숙고해야 된다. 경솔해서는 안된다. ¶～而行 | 國 여러 번 거듭 생각한〔심사 숙고한〕다음에 실행하다. ¶做事需要～而行, 不要不加考虑, 随便决定 | 일을 하려면 여러 번 생각한 후에 행해야 하며, 생각해 보지도 않고 편한대로 결정해서는 안된다. ¶切记qièjì要～而后行 | 모든 일을 여러 번 생각한 다음 실행해야 한다는 것을 명심해라.

【…三…四】…sān…sì ❶ 성어(成語)를 만들어 일이 난잡하거나 문란함을 나타냄. ¶颠diān三倒dǎo四 | 뒤죽박죽이 되다. ¶丢diū三落là四 | 이것저것 잘 잊어버리다. ❷ 성어(成語)를 만들어 중복의 뜻을 나타냄. ¶推三阻zǔ四 | 이런저런 핑계를 대어 거절하다.

【三岁看大, 八岁看老】sānsuì kàn dà, bāsuì kàn lǎo 諺 될성부른 나무는 떡잎부터 알아 본다. ¶～, 你小子打从小就不正经 | 열매 맺을 나무는 꽃 필 때부터 알아본다고 너 이 녀석은 어려서부터 성실하지 못했어 =〔三岁定八十, 八岁定終身〕〔三岁知八十〕

【三孙子】sānsūn·zi 名 ❶ 貶 치사한 녀석. 비천한 놈. ¶谁骗piàn人谁就是～ | 누구든 사기치는 사람은 치사한 녀석이다. ❷ 사람들 앞에서 지나치게 자신을 낮추는 사람.

【三天打鱼, 两天晒网】sān tiān dǎ yú, liǎng tiān shài wǎng 國 사흘간 고기를 잡고 이틀간 그물을 말리다. 공부나 일을 인내심을 가지고 꾸준히 하지 못하다. 하다 말다 하다 =〔三天打鱼, 两日晒网〕

【三天两头儿】sān tiān liǎng tóur 口 사흘이 멀다하고. 빈번하게. 뻔질나게. 자주. ¶他～地来找你干什么? | 그는 사흘이 멀다하고 너를 찾아와 뭘 하는거냐? ¶她～回娘家 | 그녀는 사흘이 멀다하고 친정집에 간다 =〔三日两头〕

【三头对案】sān tóu duì àn 國 두 당사자와 중개인을 합한 삼자가 대면하여 진상을 밝히다. 서로 만나 사건을 해명하다. ¶这回要～, 非弄清事情真相不可 | 이번에는 삼자가 대면해서 일의 진상을 분명히 하지 않으면 안된다.

【三头六臂】sān tóu liù bì 國 삼두 육비. 머리 세 개와 여섯 개의 팔을 가진 신통력(초능력)이 있는 사람. 대단한 힘〔재간, 능력〕. ¶纵然犯罪分子有～, 也不能逃脱táotuō法律的制裁zhìcái | 설사 범죄자가 대단한 능력을 갖고 있다해도 법률의 제재를 벗어날 수 없다. ¶我没长zhǎng～, 哪能忙得过来呢? | 나는 초인(超人)이 아니니 어디 돌볼 겨를이 있겠느냐? =〔三头八臂〕

【三维空间】sānwéi kōngjiān 名組 삼차원(三次元) 공간. ¶他的想像力已经打破了～ | 그의 상상력은 이미 삼차원 공간을 무너뜨렸다 =〔三度空间〕

【三位一体】sān wèi yī tǐ 國 삼위 일체. ❶〈佛〉부처는 법신(法身)·응신(應身)·보신(報身)의 삼위(三位)로 구분되나 본래는 일체라는 뜻임. ❷〈宗〉기독교에서 성부(聖父)·성자(聖子)·성신(聖神)의 삼위(三位)를 한 몸으로 보는 교의(教義).

【三味治】sānwèizhì ⇒〔三明治〕

【三温暖】sānwēnnuǎn 名 外 台 사우나(sauna) =〔蒸气浴〕〔桑sāng拿浴〕

【三文鱼】sānwényú ⇒〔撒sā蒙鱼〕

【三文治】sānwénzhì ⇒〔三明治〕

【三卧人儿】sānwò rénr 名組 한자 부수의 개미허리(巛).

【三…五…】sān…wǔ… ❶ 성어나 성어형식을 취하여 수량·회수(回數)의 많음을 표시함. ¶三番五次 | 재삼 재사(再三再四). 여러번. ¶三令五申 | 여러 번 경고하다. ❷ 많지 않은 대체적인 수효를 표시함. ¶三年五載 | 수년(數年). 몇 해.

【三五成群】sān wǔ chéng qún 國 삼삼 오오 무리를 이루다. ¶学生们～地在校园里喝酒·唱歌 | 학생들이 삼삼 오오 교정에서 술을 마시고 노래를 부른다.

【三下两下】sān xià liǎng xià 國 일을 별로 힘들이지 않고 대강대강 해내다. ¶这点事要是放在他的身上, ～就毛máo毛草cǎo草地弄完了 | 이러한 일은 그에게 맡기면 힘들이지 않고 대강대강 해낼 것이다.

【三下五除二】sān xià wǔ chú èr 國 ❶ 주산에서 셋을 더하는 가감법의 하나. 셋을 더하려면 위쪽 5의 알을 내리고 아래 알 두개를 빼게 되는 것이므로 이렇게 말함. 轉 일이나 동작이 민첩하다〔재빠르다〕. ¶他一来, ～, 事情很快处理完毕 | 그가 한번 하기만 하면 동작이 아주 신속하기 때문에 일이 아주 빨리 처리가 다 된다. ¶他～, 把半锅饭吃下去了 | 그는 몇 번 척척하더니 밥을 반 솥이나 먹어버렸다. ❷ 중개인이 웃돈〔구전〕을 미리 떼어 먹다.

【三夏】sānxià 名 ❶〈農〉「夏收」(여름걷이)·「夏种」(여름 파종)·「夏管」(수확물 관리) 등 여름의 세 가지 농사일. ❷ 書 음력으로 여름의 세 달. ❸ 書 음력 유월 =〔季夏〕❹ 書 세 해의 여름. 喩 삼년.

【三仙】sānxiān ⇒〔三鲜〕

【三鲜】sānxiān 名 삼선 〔해삼·새우·죽순·버섯·닭고기 등의 신선한 재료〕¶～汤tāng | 삼선탕. ¶～水饺shuǐjiǎo | 삼선물만두. ¶～炒饭chǎofàn | 삼선볶음밥 =〔三仙〕

【三弦(儿)】sānxián(r) 名〈音〉삼현금. ¶她会弹tán～ | 그녀는 삼현금을 탈 수 있다 =〔弦子〕

S

→〔大鼓(书)〕
【三硝基甲苯】sānxiāojī jiǎběn 名組〈化〉트리니트로톨루엔(T·N·T) =〔褐hè色炸药〕〔外梯tī恩梯〕〔黄色炸药〕
【三心二意】sān xīn èr yì 成 마음 속으로 이리저리 망설이다. 딴 마음을 품다. 우유 부단하다. ¶别～了, 就这样办吧 | 망설이지 말고, 이렇게 합시다. ¶像你这样～的, 永远成不了大事 | 너같이 이렇게 우유 부단해 가지고는 영원히 큰일을 못 해낼 것이다 =〔三心两意〕
【三言两语】sān yán liǎng yǔ 成 두세 마디 말. 몇 마디 말. ¶他们～就打起架来了 | 그들은 몇 마디 말도 안하고 바로 싸우기 시작하였다. ¶这个故事～说不完的 | 이 이야기는 두세 마디로는 다 말할 수 없다.
【三叶草】sānyècǎo 名〈植〉토끼풀. 클로버(clover) =〔白bái三叶〕
【三一律】sānyīlǜ 名〈演映〉삼일치의 법칙 [시간·장소·줄거리의 일치] ¶打破～, 开拓kāituò新戏路 | 시간 장소 줄거리의 삼일치 법칙을 타파하고 새로운 희극의 길을 개척하다.
【三月】sānyuè 名 3월.
【三灾八难】sān zāi bā nàn 成 병고나 재난이 많음. ¶历经lìjīng～ | 수많은 재난을 겪다.
【三战】sānzhàn 名 화생방전.
【三战两胜】sān zhàn liǎng shèng 名組〈體〉삼판 양승.
【三朝】sānzhāo 名 ❶ 결혼 후 세째 날. ❷ 출생 후 세째 날. ¶过～ | 출생 후 세째 날이 지나다 =〔洗xǐ三〕 ❸ 사후(死後) 세째날. ❹ 정월 초하루 혹은 그 아침. ❺ 삼일. ❻ 書 초사흘날 아침.
【三只手】sānzhīshǒu 名 方 소매치기. ¶再穷qióng也不能当～ | 이 보다 더 가난해지더라도 소매치기가 되어서는 안된다 =〔扒pá手〕
【三锥子扎不出血来】sān zhuī·zi zhā·buchū xiě·lai 俗 ❶ 송곳 세 개로 찔러도 피 한방울 안나온다. ❷ 轉 동작이 몹시 느리고 굼뜨다. ¶他是一个～的闷汉mēnhàn | 그는 동작이 아주 느리고 굼뜬 사람이다.
【三字经】Sānzìjīng 名 ❶〈書〉삼자경 [세 글자로 된 단어를 모아 엮은 초학자용 한자학습교재] ¶教孩子读～ | 아이에게 삼자경을 가르치다(읽게 하다). ❷ 후세, 삼자경의 형식을 본뜬 서적. ❸ (sānzìjīng) 㘝 세 글자로 된 남을 욕하는 말.

S

4【叁】sān 석 삼
數「三」(삼. 셋)의 갖은자 [증서류(證書類)의 금액 기재 따위에 쓰임]

1【参】sān ☞ 参 cān D

【毵(毿)】sān 털길 삼
⇒〔毵毵〕
【毵毵】sānsān 貺 털이나 나뭇가지 따위가 가늘고 길다. ¶～下垂chuí | 밑으로 축 늘어져 있다. ¶杨柳yángliǔ～ | 버드나무 가지가 길게 늘어져 있다.

sǎn ㄙㄢˇ

2【伞(傘)】sǎn 우산 산
❶ 名 우〔양〕산. ¶雨～ | 우산. ¶阳yáng～ =〔凉liáng伞〕〔旱hàn伞〕 | 양산. ¶一把～ | 우산 한 자루. ❷ 우산처럼 생긴 것. ¶降落jiàngluò～ | 낙하산. ¶灯～ | 전등갓. ¶跳～ | 낙하산으로 내리다. ❸ (Sǎn) 名 성(姓).
【伞兵】sǎnbīng 名〈軍〉낙하산병. ¶用～偷袭tōuxí敌营díyíng | 낙하산부대로 적의 진영을 침투하다. ¶抗kàng～ | 낙하산 저격병 =〔空kōng降兵〕
【伞房花序】sǎnfáng huāxù 名組〈植〉산방 화서(繖sǎo房花序) [꽃자루의 길이가 아래에 달리는 것일수록 길어져서 꽃이 거의 평면으로 가지런하게 핌] ¶山里红树的花序是～ | 산사나무의 꽃차례는 산방화서이다.
【伞降】sǎnjiàng 動 낙하산으로 낙하하다. ¶～训练 | 낙하훈련.
【伞条】sǎntiáo 名 우산살.
【伞形花序】sǎnxíng huāxù 名組〈植〉산형 화서(繖形花序) [꽃대의 끝에 여러 꽃자루가 방사상으로 나와 그 끝에 꽃이 하나씩 피는 꽃차례] ¶葱·韭菜的花序是～ | 파와 부추의 꽃차례는 산형화서이다.
【伞形科】sǎnxíngkē 名〈植〉미나리과.
【伞子】sǎn·zi 名 方 우산.

1【散】sǎn sàn 헤어질 산
A sǎn ❶ 動 풀어지다. 해체되다. 분해되다. 느슨해지다. ¶行李没打好, 都～了 | 짐을 잘 꾸리지 않아서 모두 풀어져 버렸다. ¶绳子shéngzi～了 | 새끼가 풀어졌다. ¶椅子～了 | 의자가 분해되었다. ¶～架↓ ¶～装↓ ❷ 名 簡 가루약. ¶丸～ | 환약(丸藥)과 산약(散藥). ❸ (Sǎn) 名 성(姓).
B sàn 動 ❶ 흩어지다. 분산하다. ¶云彩yúncǎi～了, 天快晴了 | 구름이 흩어졌으니 날이 곧 개일 것이다. ¶会还没有～ | 회의는 아직 끝나지 않았다. ❷ (흩)뿌리다. 나누어 주다. ¶发～ | 발산하다. ¶～传单 | 전단을 뿌리다. ❸ 털어버리다. 없애다. 제거하다. ¶～心↓ ¶～闷↓ ❹ 方 해고하다. ¶随便～工人 | 마음대로 노동자를 해고하다. ❺ 중지하다. 못쓰게 되다〔하다〕. ¶明天的约会儿去不了, ～了吧 | 내일 만나기로 한 약속에는 갈 수 없으니 취소하자. ¶他的事情～了 | 그의 일은 허사가 됐다.
A sǎn
【散板】sǎn/bǎn ❶ ⇒〔散架(sǎn/jià)〕 ❷ (sǎnbǎn) 名 경극(京劇)에서의 곡조의 절박(節拍)형식의 하나. ¶二黄～ | 이황산판.
【散兵】a sǎnbīng 名〈軍〉❶ 정식으로 편입되지 않은 임시병. ❷ 도망쳐서 뿔뿔이 흩어진 군사. 패잔병. ❸ 산개(散開)한 군인.
b sànbīng 名〈軍〉해산된〔제대한〕군인.
【散兵线】sǎnbīngxiàn 名〈軍〉산병선 [적전(敵前)에서 부대를 밀집시키지 않고, 적당한 간격으로 산개시킨 전투선. ¶布下了～ | 산병선을 배

치하다.

【散工】ⓐ sǎngōng 名 ❶ 임시공(臨時工) =〔短duǎn土(儿)〕〔临时工(人)〕 ❷ 임시로 직업. 아르바이트(Arbeit;독).

ⓑ sàn/gōng 動 ❶ 직공을 해고하다. ❷ 일을 끝내다. 공장이 파하다.

【散光】ⓐ sǎnguāng 名 ❶〈物〉산광 =〔漫màn射光〕 ❷ 俗 난시. ¶～眼镜 | 난시용 안경. ¶右眼～ | 오른쪽 눈이 난시다 =〔乱视〕

ⓑ sànguāng 名〈天〉태양의 흑점.

【散剂】sǎnjì ⇒〔散药〕

【散架(子)】sǎn/jià(·zi) 動 ❶ (어떤 틀이나 조직이) 허물어지다. 무너지다. 해체되다. ¶工厂～了我们怎么办? | 공장이 해체되면 우리들은 어떻게 하나? ❷ 사지(四肢)가 풀리다. 지쳐버리다. 녹초가 되다. ¶今天走得像散了架了 | 오늘은 걸어서 녹초가 되었다 ‖ =〔散板〕

【散居】sǎnjū 動 흩어져 살다. 각자 거주하다. ¶村民～在山坡shānpō | 마을 주민이 산언덕배기에 흩어져 살다. ¶～职工 | 관사·사택 등에 흩어져 거주하는 직원·노동자.

【散乱】sǎnluàn 形 산란한. 어지러운. ¶头发～ | 머리칼이 헝클어져 있다.

【散落】ⓐ sǎnluò 形 퍼석퍼석하다. 끈기가 없다

ⓑ sànluò 動 ❶ 흩어져 떨어지다. ¶花瓣huābàn～了一地 | 꽃잎이 땅에 온통 흩어져 떨어졌다. ❷ 흩어지다. ¶草原上～着数不清的牛羊 | 초원에 셀 수 없이 많은 소와 양이 흩어져 있다. ❸ 흩어져 없어지다. 산산조각나다. ¶惜其事迹～ | 그 사적이 흩어져 없어진 것을 애석해 하다.

【散漫】sǎnmàn 形 ❶ 제멋대로이다. 방만(放漫)하다. ¶自由～ | 자유 방만(放漫)하다. ¶生活～ | 생활이 제멋대로이다. ¶他很聪明, 就是～了一点儿 | 그는 아주 총명하지만 좀 산만한 게 흠이다. ❷ 흩어져 있다. 산만하다. ¶～无组织的状态 | 산만하고 조직이 없는 상태.

【散曲】sǎnqǔ 名 산곡 [원(元)·명(明)·청(清)시대에 유행한 「宾白」(대사)가 없는 곡으로 내용은 서정(抒情)이 주를 이루며 소령(小令)과 산투(散套) 두 종류가 있음]

【散散落落】sǎnsǎnluòluò 狀 끈기가 없다. 퍼석퍼석하다. ¶这粥里的米粒～的 | 이 죽의 쌀알은 끈기가 없다. ¶这饭蒸zhēng得～的, 一粒儿是一粒儿 | 이 밥은 너무 퍼서퍼석하게 쪄져서 밥알이 끈기라곤 없다.

【散射】sǎnshè 名〈物〉❶ (빛의) 난반사. ❷ (빛의) 산란. ❸ (음파의) 난반사 =〔乱luàn反射〕

【散套】sǎntào 名 산투 [산곡(散曲)의 일종]

【散特宁】sǎntèníng 名 外〈藥〉산토닌 [강력한 회충 구제약(驅除藥) =〔外 山道年〕

【散体】sǎntǐ 名 산문체. ¶他擅shàn写～ | 그는 산문체를 잘 쓴다.

³【散文】sǎnwén 名 ❶ 산문 =〔平píng文〕 ❷ 시가(詩歌)·희곡(戲曲)·소설(小說) 이외의 문학 작품.

【散心】ⓐ sǎn/xīn 動 마음이 멀어지다. ¶我们全班的学生决不会跟你散了心 | 우리 반 학생 모두는 결코 너와 마음이 멀어지지 않을 것이다.

ⓑ sàn/xīn 動 기분을 풀다. 기분 전환을 하다. ¶到公园里去, 散散心 | 공원으로 가서 기분 전환 좀 하자.

【散学】ⓐ sǎnxué ❶ 動 정식으로 교사에게 배우지 않고 불규칙적으로 배우다. ¶我这个中国话是～的 | 나의 이 중국어는 정식으로 배운 것이 아니다. ❷ 動 들어서 알다. 들은 풍월로 알다. ❸ 名 옛날의 사숙(私塾).

ⓑ sàn/xué 動 ❶ 학교를 파하다〔마치다〕. ❷ 방학하다 ‖ =〔放学〕

【散药】sǎnyào 名〈藥〉산약(散藥). 가루약. 산제(山劑) =〔散剂〕〔药面(儿, 子)〕

【散页】sǎnyè 區 한 장 한 장씩 되어 있는 종이. ¶～式笔记本 | 루스 리프(loose leaf)식 노트→〔活huó页〕

【散装】sǎnzhuāng ❶ 區 포장하지 않거나 병에 넣지 않고 파는 것. ¶～洗衣粉 | 덜어서 파는 가루비누. ¶～出售shòu | 낱개로 덜어서 팔다. ❷ 動 포장하지 않고 담다〔싣다〕. 산적(散積)하다. ¶不加包装, ～于船舶chuánbó上 | 포장하지 않고 선박에 산적하다.

【散坐】sǎnzuò 動 ❶ (자리 순서 따위에) 구애 받지 않고 마음대로 앉다. ❷ (연회에서 식사가 끝나고) 자리를 옮기다.

【散座(儿)】sǎnzuò(r) 名 ❶ (극장 따위의) 보통석. 일반석. 자유석. ¶～的票卖光了 | 일반석 표는 다 팔렸다→〔包bāo厢〕 ❷ 식당 등의 넓은 홀에 있는 좌석→〔雅yǎ座(儿)〕 ❸ (단골이 아닌) 뜨내기 손님.

Ⓑ sàn

【散班】sàn/bān ❶ 動 극단(劇團)을 해산하다. 단체가 분산하다. ❷ 動 팀(team)을 해체하다.

【散包】sàn/bāo ⊗ sǎn/bāo) 動 ❶ 적량(適量)을 포장하여 팔다. ❷ 포장(혹은 그 물건)이 (풀어져) 흩어지다〔흐트러지다〕.

【散兵】sànbīng ☞〔散兵〕sǎnbīng ⓑ

【散播】sànbō 動 흩뿌리다. 퍼뜨리다. ¶～谣言yáoyán | 헛소문을 퍼뜨리다. ¶～流言蜚fēi语 | 유언비어를 퍼뜨리다.

³【散布】sànbù 動 흩어지다. 흩뜨리다. 뿌리다. ¶～传单chuándān | 전단을 뿌리다. ¶～杀虫粉shāchóngfěn | 살충제를 뿌리다.

¹【散步】sàn/bù 動 산보하다. ¶晚饭后在公园里散散步 | 저녁을 먹은 뒤 공원에서 산보하다.

【散场】sàn/chǎng 動 (연극이나 영화 또는 모임 따위가) 끝나다. ¶电影快～了 | 영화가 곧 끝나간다.

【散队】sàn/duì 動 ❶ 대열을 해산하다. ❷ 해산! [구령의 하나]

⁴【散发】sànfā 動 ❶ 뿌리다. 나누어주다. 배포하다. ¶～会议文件 | 회의 자료를 나누어 주다. ¶把印刷品yìnshuāpǐn向群众～ | 인쇄물을 군중에게 배포하다. ❷ 발산하다. 내뿜다. ¶花儿～着清香 | 꽃이 맑은 향기를 발산하고 있다.

【散发】sàn/fà 動 ❶ 산발하다. 머리를 풀어 헤치다. ¶披pī头～ | 머리를 풀어헤치다. ❷ 書 관(冠)을 벗다. 轉 은거하다.

S

【散放】sànfàng 動 ❶ 나누어 주다. ¶～钱 | 돈을 나누어 주다. ❷ 내뿜다. 발산하다. ¶～香气 | 향기를 발산하다.
【散工】sàn/gōng ☞〔散工〕sǎngōng ⓑ
【散光】sànguāng ☞〔散光〕sǎnguāng ⓑ
【散会】sàn/huì ❶ 動 산회하다. ¶一直到中午才～ | 정오가 되어서야 비로소 산회했다. ❷ (sànhuì) 名 산회. ¶宣布xuānbù～ | 산회를 선포하다.
【散伙】sàn/huǒ 動 (회사·상점·단체·조합 따위를) 해산하다. ¶打完了一个足球季便散了伙 | 축구 시즌을 끝내고 팀을 해산하였다. ¶这个俱乐部不久也～了 | 이 클럽은 얼마 안있어 해산한다 =〔散哄〕〔散火〕
【散开】sànkāi 動 ❶ 분산하다. 무질서하다. 흩어지다. ¶云彩～了 | 구름이 흩어졌다. ¶请大家～, 不要围观wéiguān | 여러분 구경말고 흩어지세요. ¶看热闹的群众～了 | 떠들썩하던 구경꾼들이 흩어졌다. ❷〈軍〉산개하다. ❸ (체조의) 대형으로 벌려! [구령의 하나로 쓰임]
【散乱】sànluàn 形 산란하다. 흩어져 있다. ¶精神～ | 정신이 산란하다. ¶看到一些散散乱乱的学生 | 흩어져 있는 학생들을 보았다. ¶桌上的书一片～ | 테이블 위에 책이 어지럽게 흩어져 있다 =〔扑pū落⑥〕
【散落】sànluò ☞〔散落〕sǎnluò ⓑ
【散闷(儿)】sàn/mèn(r) 動 언짢은(혹은 답답한) 기분을 풀다. ¶到树林中～去了 | 기분을 풀려고 숲으로 갔다 =〔解闷(儿)〕
【散热】sàn/rè 動 열을 내리다. 열이 발산되다. ¶～剂jì | 해열제.
【散热器】sànrèqì 名 (자동차의) 라디에이터(radiator). 방열기 =〔放热器〕〔俗 水箱②〕
【散失】sànshī 動 ❶ 흩어져 없어지다. 산실되다. ¶由于保管不善, 好多资料～了 | 보관을 잘하지 못해 많은 자료가 없어졌다. ¶他终于找到了～多年的亲人 | 그는 결국 오랫동안 흩어졌던 친지들을 찾았다. ¶有些古籍早已～ | 어떤 고서들은 이미 오래전에 산실되었다. ❷ (수분 따위가) 없어지다. 증발하다. ¶水分～得很快 | 수분이 아주 빨리 증발하다. ¶这些橘子水分已～, 不好吃了 | 이 귤들은 수분이 이미 날라가버려서 맛없게 되었다.
【散水】sànshuǐ ❶ 名〈建〉빗물에 의한 지반(地盤)의 파괴를 막기 위해 건축물 주위에 벽돌이나 콘크리트로 만들어 둔 보호층 [빗물이 좀 떨어진 곳에서 지하로 흡수되게 하는 작용을 함] ❷ (sàn/shuǐ) 動 喩 흩어지다. 사라지다. 도망치다. ¶这十多个大汉闹事后～ | 이 십여명의 사내들은 일을 저지르고 사라지듯 도망쳤다.
【散亡】sànwáng 動 (책 따위가) 분산 유실되다. ¶一些杂志～了 | 잡지 몇 권이 분실되었다.
【散席】sàn/xí 動 자리를 파하다. 잔치가 끝나다. ¶酒宴jiǔyàn～了 | 주연이 끝났다.
【散戏】sàn/xì 動 연극이 끝나다. 공연이 끝나다. ¶等～后一起回家 | 공연이 끝나면 같이 집에 돌아가자 =〔散台〕

【散心】sàn/xīn ☞〔散心〕sǎnxīn ⓑ
【散学】sàn/xué ☞〔散学〕sǎnxué ⓑ

【馓(饊)】sǎn 꽈배기 산
⇒〔馓子〕
【馓子】sǎn·zi 名 方 꽈배기.

【糁】sǎn ☞ 糁 shēn Ⓑ

sàn ㄙㄢˋ

1 【散】sàn ☞ 散 sǎn Ⓑ

sāng ㄙㄤ

3 【丧(喪)】sāng sàng 잃을 상
Ⓐ sāng 名 상(喪). 죽은 사람에 관한 일. ¶治zhì～ | 상을 치르다. ¶报～ | 부고하다. 사망을 알리다.
Ⓑ sàng ❶ 動 (목숨·입장·양심 따위를) 잃다. 상실하다. ¶～命↓ ¶～尽天良↓ ❷ 形 俗 운이 나쁘다. ¶今天真～, 谁也找不着 | 오늘은 운이 억세게 나쁘군, 누구도 찾을 수 없네.
Ⓐ sāng
【丧车】sāngchē 名 영구차.
【丧服】sāngfú 名 상복.
【丧家】ⓐ sāngjiā 名 상가. 초상집. ¶见着～得说两句吊慰diàowèi话 | 상가 사람을 만나면 몇 마디 위로의 말을 해야 한다.
ⓑ sàngjiā 動 파산하다. ¶这件事可真不小, 闹得他～败产bàichǎn | 이 사건이 정말 대단해서 결국 그를 파산하게 만들었다.
【丧假】sāngjià 名 초상휴가. ¶他告～回家了 | 그는 초상휴가를 내고 집에 돌아갔다.
【丧居】sāngjū ❶ 名 動 거상 중의 생활(을 하다). ¶～家中, 日以读书为消遣xiāoqiǎn | 거상 중에는 집안에서 종일 독서로써 소일한다. ❷ 名 거상 중인 곳. ¶～南京云南路11号 | 거상 중인 곳은 남경시 운남로 11호이다.
【丧礼】sānglǐ 名 상례. 장례식. ¶举行～ | 장례식을 치르다.
【丧乱】sāngluàn 書 名 상란. 사망·재난·재앙 따위. ¶他家里有～, 不好去打搅dǎjiǎo | 그의 집에는 초상이 났으니, 가서 폐를 끼치기가 죄송하다.
【丧门神】sāngmén shén 名 초상에 관련된 것을 관리하는 흉신(凶神). 喩 불행을 가져다 주는 사람 =〔丧门星〕
【丧器】sāngqì 名 장기. 상구. ¶大夫说不行了, 叫杠房gāngfáng把～送来吧 | 의사가 안되겠다고 했으니 장의사에게 장기를 보내오도록 해라 =〔丧具〕
【丧事】sāngshì 名 장례. 장의 ¶办～ | 장례를 치르다. ¶听说他家里有～, 明天我得给帮忙去 | 그의 집에 장례가 있다고 하니 내일 내가 도와 주러 가야겠다.
【丧葬】sāngzàng 名 動 상장(을 치르다). 상례와 장례(를 치르다). ¶～费用 | 장례비. ¶死了三天还未～ | 죽은 지 삼일이 되었으나 아직 장례

를 치르지 않았다.

【丧钟】sāngzhōng 名 (교회에서) 장례식 때 치는 종. 조종(弔鐘). 轉 사망. 종말. 멸망. ¶打~ | 조종을 치다. ¶殖民zhímín主义的~敲响qiāoxiǎng了 | 식민주의의 종말을 알리는 조종이 울렸다.

【丧种】sāngzhǒng ⇒〔丧主〕

【丧主】sāngzhǔ 名 상주. 맏상제 =〔俗 丧种〕

B sàng

【丧胆】sàng/dǎn 動 간담이 서늘해지다. 혼나다. ¶闻风~ | 소문을 들으니 간담이 서늘해지다.

【丧地辱国】sàng dì rǔ guó 成 영토를 잃고 국위를 실추시키다. ¶清政府签订qiāndìng了不少~的条约 | 청정부는 영토도 잃고 국위도 실추시키는 조약을 적지 않이 체결했다.

【丧魂落魄】sàng hún luò pò 成 몹시 두려워하다. 혼비 백산하다. ¶这几天她总是~的 | 요며칠 그녀는 몹시 놀라 어찌할 바를 모르고 있다 =〔丧魂失魄〕

【丧家之犬】sàng jiā zhī quǎn 成 상가집의 개. 의지할 곳 없는 불쌍한 신세. 우두머리를 잃은 졸개. ¶惶huáng惶如~ | 당황하는것이 마치 상가집 개 같다. ¶光棍儿像个~, 没有着落儿zhuólàor | 독신자는 상가집 개와 같아 의지할 곳이 없다 =〔丧家狗〕〔丧家之狗〕

【丧尽天良】sàng jìn tiān liáng 成 양심을 모두 잃어버리다. 잔학무도함이 극에 도달하다. ¶他偷偷地报复, 害死了他们的一家, 真是~ | 그는 몰/래 보복을 가해 그들 일가족을 살해했으니, 정말 잔학무도함이 그지없다 =〔丧尽良心〕

【丧门神】sàngménshén 名 액병(厄病)의 신. 가난의 신.

【丧门星】sàngménxīng 名 罵 불길한 놈. 재수없는 놈. ¶把这个~赶出去 | 이 재수없는 놈을 쫓아내라.

【丧命】sàng/mìng 動 (갑작스런 병이나 사고로) 죽다. 목숨을 잃다. ¶人人都劝他别为了钱而~ | 사람들은 모두 돈 때문에 목숨을 잃지 말도록 그에게 충고하였다 =〔丧生〕

【丧偶】sàng'ǒu 書 動 배우자를(짝을) 잃다. ¶他因~回老家去了 | 그는 처를 잃었기 때문에 고향으로 돌아갔다.

【丧气】a sàng/qì 動 의기 소침하다. ¶灰心huīxīn~ | 成 실망하여 풀이 죽다. ¶垂chuí头~ | 成 기가 죽어 고개를 푹 떨구다. ¶实验失败了, 他就灰了心, 丧了气 | 실험이 실패하자 그는 실망하여 풀이 죽었다. ¶失败了也别~, 重新chóngxīn再做就行了 | 실패했다고 기죽지 마라, 다시 하면 된다.

b sàng·qi 形 ㊀ ❶ 재수가 나쁘다. 불길하다. ¶人正~的时候, 连黄金到了身边都还会飞走 | 재수가 정말 없을 때는 금덩이가 가까이 왔다가도 날아가 버리는 수가 있다. ¶一出门儿就被骂了一顿, 今天太~ | 문을 나서자마자 욕을 한바탕 먹었으니, 오늘은 너무 재수가 나쁘다. ❷ 기운이 없다. 경기가 나쁘다.

【丧气话】sàngqì·hua 名 불길한 이야기. 재수없는 이야기. ¶过年的时候, 得图个吉利jílì, 千万别说~ | 설을 쇨 때는 길하고 좋은 것을 바라는 법이라서 절대로 불길한 말을 해서는 안된다.

【丧权辱国】sàng quán rǔ guó 成 주권(主權)을 상실하여 국가를 욕되게 하다. 주권을 상실하여 국위가 떨어지다. ¶~的条约 | 주권을 상실한 치욕스러운 조약.

【丧身】sàng/shēn 動 몸을 망치다. 목숨을 잃다. ¶~赌窟dǔkū | 도박장에서 몸을 망치다. 도박으로 몸을 망치다. ¶因财~ | 재물 때문에 몸을 망치다.

【丧生】sàng/shēng ⇒〔丧命〕

3【丧失】sàngshī 動 상실하다. 잃다. 어법 「丧失」은 주로 추상적인 사물과 토지 등에 쓰이고 그 의미가 강하나, 「丢失」는 대개 구체적인 사물에 쓰이며 그 의미가 약함. ¶~信心xìnxīn | 자신을 잃다. ¶~时机 | 시기를 놓치다. ¶当时, 他的勇气完全~了 | 당시에 그는 용기를 완전히 상실했다. ¶~会员资格 | 회원 자격을 상실하다.

【丧亡】sàngwáng 動 (천재·전란 따위로) 목숨을 잃다. ¶这一次天灾tiānzāi, 人兽rénshòu可真~了不少 | 이번 천재로 사람이나 짐승 할 것 없이 정말 적지 않게 목숨을 잃었다.

【丧心】sàng/xīn 動 양심을 잃다. 판단력이 없어지다. 이성을 잃다.

【丧心病狂】sàng xīn bìng kuáng 成 이성을 잃고 미쳐 날뛰다. ¶~地进行破坏活动 | 미친듯이 잔인하게 파괴 행위를 하다. ¶他们~地迫害pòhài民主人士 | 그들은 미쳐 날뛰듯이 민주 인사를 박해한다.

4【桑】sāng 뽕나무 상

名 ❶〈植〉뽕나무. ❷ (Sāng) 성(姓).

【桑白皮】sāngbáipí 名 簡〈漢醫〉뽕나무 뿌리의 속껍질. 상(근)백피 [수종(水腫)·기침 따위에 약효가 있음] =〔桑根白皮〕

【桑蚕】sāngcán 名〈蟲〉누에. ¶~丝sī | 잠사. 누에 고치에서 켜낸 실 =〔家蚕〕

【桑寄生】sāngjìshēng 名〈植〉뽕나무겨우살이 =〔蔦niǎo〕〔桑上寄生〕

【桑拿浴】Sāngnáyù 名組 外 사우나(Sauna) ¶~室 | 사우나탕. ¶淋lín~ | 사우나를 하다 →〔三温暖〕

【桑皮纸】sāngpízhǐ 名 뽕나무 껍질을 원료로 한 질긴 종이.

【桑葚】sāngshèn 名 오디. 뽕나무의 열매. ¶紫红zǐhóng的~ | 자홍색의 오디 =〔㊀ 桑葚rènr〕〔桑椹shèn〕

【桑椹】sāngshèn ⇒〔桑葚shèn〕

4【桑树】sāngshù 名〈植〉뽕나무.

【桑田】sāngtián 名 뽕밭. ¶~变成海了, 人哪能不老呢! | 뽕밭이 바다로 변할 정도이니, 사람이 어찌 늙지 않을 수 있을까! ¶~碧海bìhǎi | 상전 벽해 →〔沧海桑田〕

【桑象虫】sāngxiàngchóng 名〈蟲〉뽕나무 해충의 한 가지.

【桑叶】sāngyè 名 뽕잎.

【桑榆】sāngyú 書 名 ❶ 해가 지는 곳. 喻 저녁. 서쪽. ¶失之东隅, 收之~ | 동쪽에서 잃어버리고

S

서쪽에서 찾다. ❷ 만년(晩年).

【桑榆暮景】sāng yú mù jǐng 成 저녁 해가 서쪽의 뽕나무와 느릅나무 위에 걸려 있다. ❶ 해질 무렵. 황혼. ❷ 서쪽. ❸ 노년. 만년. 늘그막. ¶人到了～, 还贪图tāntú什么呢? | 다 늙어 가지고 무슨 욕심을 부리느냐?

【桑梓】sāngzǐ 書 名 향리. 고향. ¶～情殷 | 고향을 그리는 정이 두텁다. ¶衣锦yījǐn返fǎn～ | 금의환향하다.

sǎng ㄙㄤˇ

2【嗓】sǎng 목구멍 상 名 ❶ (～子) 목(구멍). ❷ (～儿) 목소리. 목청. ¶哑yǎ～儿 | 쉰 목소리. 쉰 듯한 목소리.

【嗓门(儿)】sǎngmén(r) 名 목(구멍). 轉 목소리. 목청. ¶大～ | 큰 목소리. ¶粗cū～ | 굵은 목소리.

【嗓音】sǎngyīn 名 ❶ 목소리. 목청. ¶～洪亮hóngliàng | 목소리가 우렁차다. ¶～沙哑shāyǎ | 목이 쉬다. 쉰 목소리다. ¶他某一次受凉失去～以后, 就一直用沙哑的声音讲话 | 그는 언젠가 감기로 제목소리가 안나온 후로 계속 쉰 목소리로 말을 한다. ❷〈電子〉잡음. 소음.

2【嗓子】sǎng·zi 名 ❶ 목(구멍). ¶～疼téng | 목(구멍)이 아프다. ¶～冒mào烟儿 | 목구멍에서 연기가 나오다. 喩 목이 칼칼하다. ¶害hài了～了 | 목을 상하게 했다. ¶润rùn润～ | 목을 축이다. ❷ 목소리. 목청. ¶～好 | 목청이 좋다. ¶沙～ =〔哑嗓子〕| 쉰 목소리. ¶左～ | 좋지 않은 음성(을 가진 사람). ¶假～ | 가성. 꾸민 목소리. ¶放开～唱 | 목청껏 노래하다 ‖ →〔喉hóu咙〕

【嗓子眼(儿)】sǎng·ziyǎn(r) 名 목구멍. ¶心跳到～里 | 가슴이 몹시 두근거리다.

【搡】sǎng 밀 상 버틸 상 動 方 ❶ (힘껏) 밀다. 콱 밀치다. ¶推推～～ =〔连推带搡〕| 밀치락 달치락하다. ¶把他～了个跟头 | 그를 밀어 넘어뜨렸다 →〔推tuī〕❷ 받치다. 버티다. 받침대〔버팀목〕를 대다. ¶架子要倒dǎo, ～上一根柱子zhùzi | 선반이 넘어지려 하면 받침대를 대어 받쳐라 →〔撑chēng①〕〔支zhī①〕

【磉】sǎng 주춧돌 상 書 名 주춧돌.

【颡(顙)】sǎng 이마 상 書 名 이마. ¶广～ | 넓은 이마 →〔脑nǎo门子〕〔额〕

sàng ㄙㄤˋ

3【丧】sàng ☞ 丧 sāng Ⓑ

sāo ㄙㄠ

【搔】sāo 긁을 소 ❶ 動 (손톱으로) 긁다. ¶头皮快～破了, 别再～了 | 하도 긁어서 머리가죽이 다 뚫어지겠다 이제 좀 그만 긁어라. ¶～到痒yǎng处 =〔～着痒处〕| 바로 가려운 데를 긁다. 喩 요점을 말하다 →〔挠náo③〕❷「骚」와 통용 ⇒〔骚①〕

【搔首弄姿】sāo shǒu nòng zī 成 (여자가) 교태를 부리며 아양떨다. ¶她～, 勾引gōuyǐn异性 | 그녀는 갖은 아양을 떨어서 남자를 호린다 =〔搔头弄姿〕

【搔首抓腮】sāo shǒu zhuā sāi 成 잠시 생각이 잘 나질 않거나 의심하다. ¶他做不出算术题, 急得～的 | 그는 산술문제를 풀지 못해 다급해져서 머리를 긁었다가 볼을 만졌다가 한다 =〔搔头摸耳〕〔抓耳挠腮〕

【搔头摸耳】sāo tóu mō ěr 成 잠시 생각이 나질 않아 초조해하다. ¶他情急之下, ～地不知如何是好 | 그는 일이 다급해지자 초조해하며 어찌해야 좋을지 몰랐다 =〔搔首抓腮〕

【搔头弄姿】sāo tóu nòng zī ⇒〔搔首弄姿〕

【搔痒】sāo/yǎng 動 가려운 데를 긁다. ¶隔靴géxuē～ | 成 신을 신고 발바닥 긁기. 성에 차지 않다. ¶老虎头上～ | 喩 매우 위험한 짓을 하다.

3【骚(騷)】sāo 떠들 소 ❶ 形 罵 (특히 여자의 행동이) 저질이다. 음란하다. ¶风～ | (여자의 행실이) 경망스럽다. ¶～话↓ ❷ 名 簡 굴원(屈原)의「离骚」(이소). ¶～体↓ ❸ 轉 시문(詩文). ¶～人↓ ❹ 轉 마음속에 울적한 것. 불평. 근심. ¶牢láo～ | 불평. ❺「臊」와 통용 ⇒〔臊sāo〕❻ 區 方 (가축의) 수컷. ¶～马↓ ❼ 소란〔소동〕을 피우다. ¶～乱↓ =〔搔②〕

【骚包】sāobāo 名 俗 台 색기(色氣)가 있는 사람. ¶她真是一个大～ | 그녀는 정말 음탕한 여자다.

【骚婊子】sāobiǎo·zi ⇒〔骚货〕

【骚动】sāodòng 動 소동을 일으나다. 무질서해지다. 술렁거리다. **어법** 일반적으로 목적어를 갖지 않음.「引起」의 목적어로 쓰일 수 있음. ¶一阵枪响, 人群顿时～起来 | 총성이 한차례 나자, 군중들이 갑자기 동요하기 시작했다. ¶因为这个问题全国都～起来了 | 이 문제 때문에 전국이 술렁이기 시작했다. ¶他的演说引起会场一阵～ | 그의 연설로 회장은 한차례 소동이 일어났다.

【骚话】sāohuà 名 음란한 말.

【骚货】sāohuò 名 罵 음란한 계집. 화냥년. 창녀. ¶这个～又做这种丢diū人的事了 | 이런 화냥년이 또 망신시키는 짓거리를 했군 =〔骚婊子〕

【骚搅】sāojiǎo ⇒〔骚扰〕

【骚客】sāokè 書 名 시인. ¶～云聚yúnjù | 시인이 운집하다 =〔骚人〕

【骚乱】sāoluàn ❶ 動 소동이 일어나 혼란해지다. ❷ 名 소란. ¶发生～ | 소란이 발생하다.

【骚马】sāomǎ 名 수말.

【骚扰】sāorǎo ❶ 動 교란하다. 소란을 피우다. ¶敌人常到这一带来～ | 적이 늘 이 일대에 와서 교란하곤 한다. ¶～社会秩序zhìxù的企图qìtú | 사회 질서를 교란시키려는 기도. ❷ 書 形 소란하다. ¶中外～ | 나라 안팎이 소란하다. ❸ 動 폐를 끼치다. ¶我再也不好意思去～她了 | 나는 미안해서 더이상 그녀에게 폐를 끼치지 못하겠다 ¶我一来就～您 | 저는 오기만 하면 늘 폐만 끼칩니다 ‖ =〔搔扰〕〔骚搅〕

【骚人】sāorén 書 名 시인. ¶～多愁绪chóuxù |

시인은 애상이 많다 ＝〔骚客〕
【骚人墨客】sāo rén mò kè 成 시인 묵객. 풍아(風雅)한 문사(文士).
【骚体】sāotǐ 名 소체 [중국 고전 문학 운문 체제의 일종]

【艘】 sāo ☞ 艘 sōu

【缫】 sāo ☞ 缫 qiāo B

【臊】 sāo sào 비린내 소, 부끄러울 소

A sāo 形 지리다. 노리다. 비리다. ¶腥xīng～ | 비린내. 노린내. ¶马尿mǎniào～多难闻 | 말 오줌은 아주 지려서 냄새가 고약하다 ＝〔骚⑤〕
B sào ❶ 動 부끄러워하다. ¶害～ | 부끄러워하다. ¶～得脸liǎn通红tònghóng | 부끄러워 얼굴이 새빨게지다. ❷ 動 부끄럽게 하다. 창피를 주다. ¶你别～人了! | 남에게 창피를 주지마라! ❸ ⇒〔臊子〕
A sāo
【臊臭】sāochòu 形 노리다. 비리다. 지리다
【臊气】ⓐ sāo·qì 名 비린내. 지린내. ¶难闻的～ | 맡기 어려운 지린내(비린내).
ⓑ sàoqì 形 方 운수 나쁘다. 재수없다→〔倒霉dǎoméi〕
【臊味(儿)】sāowèi(r) 名 ❶ (동물의) 노린내. ❷ 지린내.
B sào
【臊气】sàoqì ☞ 〔臊气〕sāo·qì ⓑ
【臊心】sàoxīn 動 부끄럽게 여기다〔생각하다〕.
【臊子】sào·zi 名 方 고기를 잘게 썬〔다진〕 것. 잘게 다진 고기 소. ¶要十斤精肉, 切做～ | 살코기 10근을 썰어 잘게 다져 주시오《水滸傳》¶～面 | 〈食〉잘게 다진 고기를 넣은 국수.

【缲(繅)】 sāo zǎo 켤 소, 옷받침 조

A sāo 動 (고치에서) 실을 뽑다. ¶～车↓ ¶～丝厂 | 제사공장(製絲工場) ＝〔缫sāo〕
B zǎo 書 名 ❶ (왕관 앞에 늘어뜨리던) 구슬을 꿴 오색의 비단실. ❷ 옥으로 만든 채색 받침대 ‖ ＝〔缫zǎo〕
【缲车】sāochē 名 물레.
【缲茧】sāojiǎn 動 고치를 켜 실을 뽑다.
【缲丝】sāo/sī 動 고치에서 실을 뽑다.

sǎo ㄙㄠˇ

2【扫(掃)】 sǎo sào 쓸 소

A sǎo ❶ 動 쓸다. 소제하다. ¶～地 | 바닥을 쓸다. ¶把房间～一～ | 방을 좀 청소해라. ¶打～ | 청소하다. ❷ 動 제거하다. 일소(一掃)하다. ¶～雷↓ ¶一～而空＝〔一扫而光〕| 成 일소하다. ❸ 動 아주 빨리 좌우로 움직이다. ¶～射↓ ¶用眼睛一～ | 눈으로 휙 훑어보다. ❹ ⇒〔扫数〕
B sào ❶ 名 빗자루 ＝〔扫扫〕❷ 빗자루 같이 생긴 것.
A sǎo
【扫边(儿)】sǎobiān(r) 名 〈演映〉단역(端役) 보조역 배우. ¶～老生 | 극중 보조적인 늙은 남자역 ＝〔扫边角儿〕
【扫边角儿】sǎobiānjuér ⇒〔扫边(儿)〕
4【扫除】sǎochú ❶ 動 청소하다. ¶室内室外要天天～ | 실내외는 매일 청소해야 한다. ❷ 動 쓸어버리다. 제거하다. 없애다. 퇴치하다. ¶～障碍zhàngài | 장애를 제거하다. ¶～一切弊端bìduān | 모든 폐단을 없애다. ¶～文盲wénmáng | 문맹을 없애다. ❸ 動 숙청하다. ❹ 名 청소. ‖ 어법「清除」는「扫除」보다 의미가 강하여「완전히(깨끗이) 쓸어 없애다」의 의미로 쓰이나,「문맹·빈곤」등과는 어울리지 못함.
【扫荡】sǎodàng 動 소탕하다. 쓸어 없애다. ¶～匪徒fěitú | 비적을 소탕하다. ¶只要是恶习, 都应当～ | 악습이라면, 모두 쓸어 없애야 한다.
【扫地】sǎo/dì 動 ❶ 땅을 쓸다. 청소하다. ❷ 轉 (명예·신용 따위가) 땅에 떨어지다. 없어지게 되다. ¶名声～ | 명성이 실추되다. ¶信用～ | 신용이 바닥에 떨어지다. ¶～以尽 ＝〔扫地荡尽〕| (면목·위신 따위가) 여지없이 땅에 떨어지다.
【扫房】sǎo/fáng ❶ 動 집안을 쓸다〔청소하다〕. ❷ (sǎofáng) 名 (집안의) 대청소 ‖ ＝〔扫舍〕
【扫坟】sǎo/fén ⇒〔扫墓〕
【扫开】sǎokāi 動 쓸어 치우다. ¶把地上的垃圾～ | 땅 위의 쓰레기를 쓸어 치우다.
【扫雷】sǎo/léi 動 〈軍〉지뢰(地雷)나 수뢰(水雷)를 제거하다. ¶派pài工兵来～ | 공병을 파견해서 지뢰를 제거하다. ¶～艇 | 소해정(掃海艇).
【扫盲】sǎo/máng 動 문맹(文盲)을 퇴치하다. ¶给村民～ | 마을 주민들에게 문맹을 없애주다. ¶～班 | 문맹 퇴치 반〔학급〕. ¶～率lǜ | 문맹율.
【扫盲运动】sǎománg yùndòng ⇒〔识shí字运动〕
【扫描】sǎomiáo 〈電氣〉❶ 名 주사(走査). 스캐닝(scanning). ¶行～ | 주사하다. ¶～线 | 주사선. ❷ 動 주사하다.
【扫描器】sǎomiáoqì 名 〈電算〉스캐너(Scānner).
【扫灭】sǎomiè 動 소탕하다. 일소하다. ¶一举～残敌cándí | 잔적을 일거에 소탕하다.
【扫墓】sǎo/mù 動 성묘하다. ¶清明～ | 청명절에 성묘하다 ＝〔扫坟fén〕
【扫平】sǎopíng 動 소탕하여 평정하다. ¶～叛乱pànluàn | 반란을 소탕하여 평정하다.
【扫射】sǎoshè 動 〈軍〉소사하다. ¶向敌人～ | 적을 향해 소사하다.
【扫视】sǎoshì 動 힐끗 휙 둘러보다. 휘둘러보다. ¶～了一圈 | 한바퀴 휙 둘러보았다.
【扫数】sǎoshù 名 전부. 전액. 모두. ¶～还huán清 | 전액 모두 갚아 버리다. ¶～人库 | 숫자대로 몽땅 입고시키다.
【扫榻】sǎo/tà 書 動 잠자리의 먼지를 털다. 喻 손님을 환영하다. ¶～以待 | 成 침상의 먼지를 털고 손님을 맞다. 만반의 준비를 갖추어 놓고 손님을 환영하다.
【扫堂腿】sǎotángtuǐ 名 (씨름에서) 걸이.
【扫听】sǎo·ting 動 方 물어보다. (여기 저기) 탐

문하다. (간접적으로) 알아보다. ¶货比三家, 别净信一个人的话, 还是四下里再～～ | 물건은 여러 군데 비교해야 좋은 법이니, 한 사람의 말만 믿지 말고, 여러 군데 더 알아보는 것이 좋다. ¶派人出去～看看 | 사람을 보내 좀 알아보다.

【扫尾】sǎo/wěi 動 끝맺다. 결말짓다. 뒷처리를 하다. 마무리하다. ¶～工作 | 마무리 작업. ¶这项工作还需要扫扫尾 | 이 일은 결말을 낼 필요가 있다.

【扫兴】sǎo/xìng 形 흥이 깨지다. 흥취가 사라지다. ¶～的事 | 흥이 깨지는 일. ¶真叫人～! | 정말 흥을 깨는군! ¶这回太～了 | 이번엔 정말 썰렁하군. ¶～而归 | 흥이 깨져 돌아가다 =〔扫气〕→〔败兴①〕

【扫眼】sǎo/yǎn 動 휘둘러보다. 힐끗 훑어보다. 눈을 흘겨보다. ¶扫了一眼 | 힐끗 휘둘러보다.

B sào

【扫把】sàobǎ 名 方 비. 빗자루. ¶用～把地扫干净了 | 빗자루로 바닥을 쓸어서 깨끗해졌다.

【扫帚】sào·zhou ❶ 名 비. 빗자루. 마당비 [「笤tiáo帚」보다 큼] ❷ ⇒〔地dì肤〕.

【扫帚菜】sào·zhoucài 名〈植〉대싸리 =〔地dì肤〕

【扫(帚)星】sào(·zhou) 名 ❶ 혜성 =〔彗huì星〕 ❷ 喩 罵 재수 나쁜 놈.

2【嫂】sǎo 형수 수

❶ (～子) 名 형수. ¶兄～ | 형수. ¶表～ | 고종 또는 이종 사촌 형수. ¶大～ | 맏형수. 형님 뻘 되는 지인(知人)의 부인. ❷ 名 (나이가 그리 많지 않은) 아주머니 ❸ 친구의 부인에 대한 존칭. ¶～夫人↓

【嫂夫人】sǎofū·ren 名 친구의 부인을 존경하여 부르는 말. ¶～近来可好? | 부인은 요즘 안녕하신가? =〔令嫂〕

【嫂嫂】sǎo·sao 名 方 형수. 아주머니 =〔嫂子〕

2【嫂子】sǎo·zi 名 口 형수. 아주머니. ¶二～ | 둘째 형수. ¶堂房～ | 사촌 형수.

sào ㄙㄠˋ

2【扫】sào ☞ 扫 sǎo B

【埽】sào 둑 소

名 ❶ (제방의 호안용(護岸用)으로 쓰는) 원주형의 나뭇가지·수수깡·돌 따위의 묶음. ❷ 앞의 것을 사용하여 만든 둑〔제방〕, 또는 보강(補强)부분.

【梢】sào ☞ 梢 shāo B

【瘙】sào 옴 소

書 名〈漢醫〉옴. 개창(疥瘡).

【瘙痒】sàoyǎng 形 (피부가) 가렵다.

【臊】sào ☞ 臊 sāo B

sè ㄙㄜˋ

2【色】sè shǎi 색 색

A sè 名 ❶ 색. 색깔. ¶黄～ =〔黄颜色〕| 황색. ¶五～ | 다섯 가지 색. 여러 가지 색. ¶要上一点～ | 색깔을 좀 칠해라. ❷ 안색(顔色). ¶脸～ | 안색. ¶喜形于～ | 기쁨이 얼굴에 나타나다. ❸ 모양. 정경. 경치. ¶行～匆cōng匆 | 행색이 매우 조급해 보이다. ¶景jǐng～ | 경치. ❹ 종류. ¶各～用品 | 각종 용품. ❺ 품질. 순도(純度). ¶成～ | (금·은 등의) 순도. ¶足～纹银 | 규정 순도를 지닌 은괴(銀塊). ❻ 성욕. 색욕. ¶～情↓ ¶酒不醉人,人自醉,～不迷人,人自迷 | 諺 술이 사람을 취하게 하는 것이 아니라 사람이 스스로 취하고, 색이 사람을 미혹하는 것이 아니라 사람이 스스로 미혹되는 것이다. 모두 자기 탓이다. ❼ 여자의 아름다운 용모. ¶姿～ | 여자의 아름다운 자태.

B shǎi ❶「색(깔)」「빛(깔)」의 뜻일 때의 구두음(口頭音). ¶落～儿 =〔掉diào色儿〕| 색이 바래다. ¶这块布的～儿很好看 | 이 천의 빛깔은 아주 곱다. ❷ (～子) 名 주사위.

A sè

3【色彩】sècǎi 名 ❶ 색채. ¶～鲜明xiānmíng | 색이 선명하다. ❷ 喩 경향. 편향. ¶思想～ | 사상의 경향. ¶地方～ | 지방색. 향토색. ¶他的谈话政治～太浓厚了 | 그의 말은 정치 색채가 너무 농후하다.

【色层谱】sècéngpǔ 名〈物〉색층표(chromatogram).

【色差】sèchā 名 ❶〈物〉색수차(色收差) =〔色收差〕〔色象差〕 ❷〈紡〉빛깔에 진 얼룩.

【色带】sèdài 名 타자기용 리본. ¶换一根～吧 | 타자기용 리본을 하나 갈아라 =〔墨带〕

【色胆】sèdǎn 名 색욕(色慾)의 대담함. ¶～包天 | 색욕이 하늘을 덮을 정도로 많고 대담하다.

【色调】sèdiào 名 ❶ 색조. ❷ 喩 문예 작품 속의 사상이나 감정의 색채. ¶～明快 | 색조가 명쾌하다.

【色光】sèguāng 名 색을 띤 빛.

【色鬼】sèguǐ 名 貶 색정광(色情狂). ¶那个老～, 都六十六七了, 还和姑娘勾gōu勾搭搭 | 저 늙은 색마는 벌써 예순 예닐곱이나 먹었는데 아직도 아가씨랑 시시덕거린다 =〔色迷〕〔花疯〕

【色觉】sèjué 名 색각.

【色拉】sèlā 名 外 샐러드 =〔沙拉(子)〕

【色狼】sèláng 名 색마(色魔) =〔淫棍yíngùn〕〔俗 猪哥〕

【色厉内荏】sè lì nèi rěn 成 외모는 다부지지만 마음은 무르다. 겉으로는 강한 것 같지만 실제로는 나약하다.

【色盲】sèmáng 名〈醫〉색맹. ¶他是～, 不能学化学 | 그는 색맹이라 화학을 배울 수 없다 =〔色瞎xiā〕

【色目人】sèmùrén 名 색목인. 원대(元代) 서역(西域) 여러 나라와 서하(西夏) 사람들에 대한 총칭 →〔汉人〕

【色谱】sèpǔ 名 색표준(色標準). 색보.

【色情】sèqíng 名 색정. ¶～文学 | 색정 문학. ¶～狂 | 색정광.

【色弱】sèruò 名〈醫〉색약.

【色散】sèsàn 名〈物〉❶분광(分光) 현상. ❷크로마토그래피에 의한 색의 분산.
【色收差】sèshōuchā ⇒〔色差①〕
【色素】sèsù 名 색소. ¶～沉淀 | 색소가 침전되다.
【色象差】sèxiàngchā ⇒〔色差①〕
【色釉】sèyòu 名 색이 있는 유약(釉藥).
【色欲】sèyù 名 색욕. 성욕(性慾).
【色泽】sèzé 名 빛깔과 광택. ¶～鲜明 | 빛깔과 광택이 선명하다.
B shǎi
【色子】shǎi·zi 名 주사위. ¶掷zhì～ | 주사위를 던지다 =〔骰tóu子〕

【铯(銫)】sè (세슘 색)
名〈化〉화학 원소 명. 세슘(Cs ;cesium).

【圾】sè ☞ 圾 jī

【啬(嗇)】sè 탐낼 색, 아낄 색
❶書 名 아끼다. 인색하다. ¶～于财 | 재물에 인색하다. ¶吝lìn～ | 인색하다. ❷「穑」와 통용 ⇒〔穑sè〕
【啬刻】sè·ke 形 方 인색하다. ¶那个人～得很 | 저 사람은 아주 인색하다 =〔吝啬〕
【啬刻子】sèkè·zi 名 方 구두쇠. 노랑이 =〔啬壳子〕〔啬克子〕〔吝啬鬼〕
【啬帐】sèzhàng 動 빚을 갚지 않고 질질 끌다. 채무를 약속대로 상환하지 않다. ¶他这么～, 下回没人肯借给他了 | 그 사람이 채무를 질질 끌고 있으니, 다음에는 돈을 빌려줄 사람이 아무도 없을 것이다 =〔涩帐〕→〔呆帐〕

【蔷】sè ☞ 蔷 qiáng B

【穑】sè 거둘 색
書 動 수확하다. (농작물을) 거둬들이다. ¶～事 | 농사. ¶～夫 | 농부. ¶稼jià～ | 파종과 수확. 轉 농사. 농작 =〔啬sè②〕

3【塞】sè ☞ 塞 sāi C

【涩(澀)〈澁〉】sè 껄끄러울 삽, 떫을 삽
形 ❶(맛이) 떫다. ¶～味 | 떫은 맛. ¶这柿子很～ | 이 감은 아주 떫다. ❷매끄럽지 않다. 빡빡하다. ¶这胰子yízi很～ | 이 비누는 잘 풀리지 않는다. ¶轮轴发～, 该上点油了 | 회전축이 매끄럽지 않아서 기름을 좀 쳐야겠다. ❸(문장이) 유창하지 않다. 난해하다. ¶文句艰jiān～ | 문구가 난해하다. ¶晦huì～ | 문장이 어려워 뜻을 알기 힘들다. ❹막히다. 답답하다. 지체하다. ¶～滞↓
【涩剌剌】sèlālā 貺 몹시 떫다. ¶～的, 吃它做什么? | 지독하게 떫은데, 그런 것을 먹어 어쩌자는 거냐? ¶这柿子shìzi～的真难吃 | 이 감은 아주 떫은 것이 정말 맛이 없다 =〔涩拉拉〕
【涩缩】sèsuō 動 움츠러들다 =〔瑟缩〕
【涩滞】sèzhì 形 ❶막히다. 지체하다. ❷생기〔활기〕가 없다.

【瑟】sè 큰거문고 슬
❶名〈音〉「琴」(금)과 비슷한 고대현악기(弦樂器)［현재는 25현(弦)과 16현(弦)이 있음］❷ ⇒〔瑟瑟〕〔瑟缩〕
【瑟瑟】sèsè ❶擬 솔솔［바람 따위가 가볍게 부는 소리］¶秋风～ | 가을바람이 솔솔 불다. ❷貺 떨리다. 떨다. ¶～发抖fādǒu | 벌벌 떨다.
【瑟缩】sèsuō 書 動 (추위나 두려움으로) 움츠러들다 =〔涩缩〕

sēn ㄙㄣ

2【森】sēn 나무빽들어설 삼
❶名 숲. 삼림. ¶～林 | 삼림. ❷書 貺 빽빽이 들어서 있다. 많이 있다. ¶～罗万象 | 삼라만상. 온갖 사물 현상. ¶楼台～耸sǒng | 고루(高樓)가 빽빽이 우뚝 솟아 있다. ❸書 貺 침침하다. 어둡고 무시무시하다. ¶阴～ | 음산하다. 어둡고 으스스하다.
2【森林】sēnlín 名 삼림. ¶～火灾 | 삼림 화재. ¶只见树木不见～ | 威 나무만 보고 숲은 보지 않는다. 일부분에 사로 잡혀 전반적인 판단을 하지 못하다.
【森然】sēnrán 書 貺 ❶빽빽하게 늘어서다. ¶～布列 | 빽빽하게 줄을 짓다. ❷으슥하다. 무시무시하다. ¶～可怖kěbù | 무시무시하다. ❸삼엄하다. (표정이) 냉혹하다. ¶～的面孔 | 냉혹한 얼굴.
【森森】sēnsēn 貺 ❶나무가 무성하다. 나무가 우거지다. ¶绿lǜ～ | 푸르게 무성하다. ¶青～的瘦竹shòuzhú | 푸르고 무성한 세죽. ¶树影～ | 나무 그림자가 우중충하다. ❷매우 차갑다. ¶冷～ | 몹시 차갑다. ❸음산하다. ¶阴yīn～ | 으슥하다. ¶～鬼气 | 음산하여 귀신이 나올 듯하다.
【森严】sēnyán 形 삼엄하다. 엄중하다. ¶纪律jìlǜ～ | 규율이 매우 엄하다. ¶充满～的气氛qìfēn | 삼엄한 분위기가 가득하다.

sēng ㄙㄥ

【僧】sēng 중 승
名 ❶〈佛〉승려. 중 ［「僧伽」(승가;samgha;범)의 약칭］¶～衣 | 승복. 가사. ❷(Sēng) 성(姓).
【僧道】sēngdào 名 승려와 도사.
【僧道无缘】sēngdào wúyuán 威 승려나 도사와의 왕래를 일체 단절함. ¶他们俩是～ | 그들은 승려나 도사와의 왕래를 끊고 산다.
【僧侣】sēnglǚ 名 승려.
【僧侣主义】sēnglǚzhǔyì 名 신앙주의.
【僧尼】sēngní 名 승려와 여승.
【僧俗】sēngsú 名 ❶승려와 속인. ❷승족(僧族). ¶西藏Xīzàng～人众 | 티베트에는 승적에 들어있는 사람이 많다.
【僧徒】sēngtú 名 승도. 중에 대한 총칭. 중들의 무리. ¶～以慈悲cíbēi为怀wéihuái | 승도는 자비에 뜻을 둔다 =〔和尚héshàng〕

shā ㄕㄚ

2【杀(殺)】shā shài 죽일 살

Ⓐ shā ❶ 動 죽이다. ¶～人 | 사람을 죽이다. ¶刺cì～ | 찔러 죽이다. ¶～猪宰羊↓ ❷ 動 싸우다. ¶～出重围 | 겹겹으로 싸인 포위망을 싸워서 뚫고 나가다. ❸ 動 누그러뜨리다. 누그러지다. ¶～暑气 | 더위를 누그러뜨리다. ¶风势稍～ | 바람이 좀 누그러지다 =〔煞shā③〕 ❹ 動 方 따갑다. 쓰리다. ¶肥皂féizào水～眼睛 | 비눗물이 들어가 눈이 따갑다. ¶这药上在疮口chuāngkǒu上～得慌 | 이 약은 상처 위에 바르면 몹시 따갑다 =〔煞shā③〕 ❺ 動 매듭짓다. 결말을 짓다. 끝맺다. ❻ 動 …해 죽겠다. 어법 동사의 뒤에 보어로 쓰여, 정도가 심함을 표시함. ¶气～ | 화나 죽겠다. ¶笑～人 | 우스워 죽겠다 =〔煞shā③〕 ❼ 動 조르다. 졸라매다. 동여매다. ¶～一～腰带 | 허리띠를 졸라매다. ¶～紧 | 꽉 졸라 매다 =〔煞shā②〕 ❽ 動 方 자르다. ¶～西瓜 | 수박을 자르다. ¶～头 | 머리를 베다. ❾ 動 제동을 걸다. 그치게 하다. ¶～好了车 | 차를 세웠다. ¶急忙地把车～住, 好容易没碰pèng上了 | 급하게 차를 세우는 바람에 가까스로 부딪히지 않았다 =〔煞shā③〕〔刹shā〕 ❿ 動 돌진하다. 돌격하다. ¶～上疆场 | 전쟁터에 돌진하다. ¶～! | 돌격! ⓫ 動 方 죽다. ¶饿～ | 굶어죽다. ⓬ 形 처절하다. 끔찍하다. ¶这场斗, 真是个地动山摇, 好～也 | 이번 싸움은 정말이지 산과 땅을 뒤흔든 것으로 너무 처참했다.

Ⓑ shài 書 動 쇠퇴하다. 줄어들다. ¶隆lóng～ | 성쇠(盛衰).

【杀车】shā/chē ❶ ⇒〔刹shā车〕 ❷ ⇒〔煞shā车①〕

【杀虫剂】shāchóngjì 名 살충제 =〔杀虫药〕

【杀虫药】shāchóngyào ⇒〔杀虫剂〕

【杀敌】shādí 動 적을 무찌르다. ¶～本领 | 적을 무찌르는 기술. ¶努力～ | 힘을 다해 적을 무찌르다.

【杀伐】shāfá ❶ 動 살해하다. 살륙하다. ¶互相～ | 서로를 죽이다. ❷ 動 전쟁〔전투〕하다. ❸ 動 혼내주다. 응징하다. ❹ 名 결단성.

【杀风景】shāfēngjǐng ❶ 名 形 살풍경(스럽다). ¶这个建筑jiànzhù太～了 | 이 건축물은 너무 살풍경스럽다. ❷ 動 흥을 깨다 ‖ =〔煞shā风景〕

4【杀害】shāhài 動 살해하다. ¶～无辜wúgū百姓 | 무고한 백성을 살해하다.

【杀回马枪】shā huímǎqiāng 俗 (추격군에게) 뒤돌아 공격을 가하다.

【杀机】shājī 名 살의(殺意). ¶动～ | 살의를 일으키다. ¶充满～ | 살기가 가득하다.

【杀鸡给猴子看】shājī gěi hóu·zi kàn ⇒〔杀鸡吓猴〕

【杀鸡取卵】shā jī qǔ luǎn 成 닭을 잡아 달걀을 얻다. 눈앞의 이득에 눈이 어두워 더 큰 이익을 해치다 =〔杀鸡取蛋〕〔杀鸡求蛋〕

【杀鸡吓猴】shā jī xià hóu 成 일벌백계(一罰百戒). ¶他这样做是～, 我不怕 | 그가 이렇게 하는 것은 일벌백계이므로 나는 두렵지 않다 =〔杀鸡骇猴〕〔杀鸡儆猴〕〔杀鸡给猴子看〕〔杀狗给猴子看〕

【杀鸡焉用牛刀】shā jī yān yòng niú dāo 成 닭 잡는 데 소 잡는 칼을 쓰랴. 작은 일에 큰 인물이 나설 필요가 없다 =〔割鸡焉用牛刀〕

【杀价】shā/jià 動 값을 깎다. ¶买东西的时候, 不一定要～ | 물건을 살땐 값을 꼭 깍아야만 하는 것은 아니다. ¶杀价杀得太厉害 | 값을 너무 지독하게 깎다.

【杀菌】shā/jūn 動 살균하다. ¶这药可以～ | 이 약으로 살균할 수 있다.

【杀菌剂】shājūnjì 名 살균제 =〔消毒剂〕

【杀开】shākāi 動 싸워 열다. ¶～一条血路 | 혈로를 열다.

【杀戮】shālù 動 살육하다. ¶惨遭cǎnzāo～ | 처참하게 살육 당하다.

【杀气】shā/qì 動 ❶ 화풀이하다. 분을 풀다. ¶不该拿别人～ | 다른 사람에게 화풀이를 해서는 안된다. ❷ 화를 억누르다. 감정을 억제하다. ¶杀着气不言语 | 화를 누르고 말을 않다. ❸ (shāqì) 名 살기. 살벌한 기세. ¶～腾téng腾 | 살기 등등하다.

【杀青】shāqīng ❶ 名 살청 [필기를 할 수 있도록 대나무를 불에 쬐어 수분을 없애는 공정] ❷ 動 轉 (저서를) 탈고하다. (영화를) 촬영 완료하다. ¶原稿已全部～ | 원고는 이미 모두 탈고했다→〔汗hàn青③〕 ❸ 名 (찻잎의 색깔 유지와 연화(軟化)를 위해 고온을 가하는) 녹차 가공 공정의 하나.

【杀球】shā/qiú 名 動 〈體〉 (탁구 등의) 드라이브(를 걸다). ¶大力～ | 힘을 크게 써서 드라이브를 걸다.

【杀人不见血】shā rén bù jiàn xiě 成 (수단이) 음험하고 악랄하게 사람을 해치다. 감쪽같이 죽이다. ¶～的软刀子 | 음험 독랄하게 사람을 해치는 수법〔짓〕.

【杀人不眨眼】shā rén bù zhǎ yǎn 成 사람을 죽여도 눈 하나 깜빡 않다. 대단히 잔인하다. ¶他是个～的刽子手guìzishǒu | 그는 사람을 죽여도 눈 하나 깜빡하지 않는 망나니다.

【杀人偿命, 欠债还钱】shārén chángmìng, qiànzhài huánqián 諺 사람을 죽이면 (자신의) 목숨으로 보상하고, 빚을 지면 돈으로 갚아야 한다. 나쁜 짓은 반드시 책임을 져야 한다.

【杀人如麻】shā rén rú má 成 사람을 삼대 베듯 죽이다. 수도 없이 사람을 죽이다. ¶这个匪首～, 罪恶累lěi累 | 저 비적의 괴수는 사람을 삼대 베듯 수도 없이 사람을 죽였으니 그 죄가 산더미 같다.

【杀人盈野】shā rén yíng yě 成 사람을 죽여 그 시체가 들에 가득차다.

【杀人越货】shā rén yuè huò 成 사람을 죽이고 물건을 뺏다. 살인 강도를 하다.

【杀伤】shāshāng 動 살상하다. ¶～力 | 살상력. ¶～弹 | 살상탄. ¶～大量敌人 | 적을 대량 살상하다.

【杀身成仁】shā shēn chéng rén 成 살신 성인. 정의를〔이상을〕 위해 목숨을 바치다.

【杀身之祸】shā shēn zhī huò 成 목숨을 잃을 정도의 재앙. ¶招zhāo来了～ | 목숨을 잃을 재앙을 불러 왔다.

【杀生】shāshēng 動 살생하다.
【杀手】shāshǒu 名 ❶ 흉악범. 살인자. ❷ 喩 킬러(killer).
【杀死】shāsǐ 動 (목을 베어) 죽이다.
【杀头】shā/tóu 動 목을 베다 =〔砍kǎn脑袋〕
【杀退】shātuì 動 싸워 물리치다. 격퇴하다. ¶ ~来敌 | 오는 적을 격퇴하다.
【杀一儆百】shā yī jǐng bǎi 成 일벌백계(一罰百戒) =〔杀一警百〕〔以一儆百〕〔以一警百〕〔一罚百戒〕
【杀猪宰羊】shā zhū zǎi yáng 成 돼지를 잡고 양을 잡다. 잔치를 마련하다. ¶ ~过新年 | 돼지 잡고 양 잡아서 설을 쇠다 =〔杀鸡宰鹅〕

4【刹】shā ☞ 刹 chà Ⓑ

【铩(鎩)】shā 창 쇄, 자를 살
❶ 名〈化〉「钐shān」(사마륨)의 옛 이름. ❷ 書 動 상하다. 다치다. ¶ ~羽↓ ❸ 名 고대의 긴 창.
【铩羽】shāyǔ 書 動 날개를 다치다. 喩 실의에 빠지다. ¶ ~之鸟 | 喩 실의에 빠진 사람.

2【沙】shā shà 모래 사, 일 사
Ⓐ shā ❶ (~子) 名 모래. ¶ 防~林 | 방사림. ¶ 飞~走石 | (바람에) 모래가 날고 돌이 구르다 =〔砂〕 ❷ 모래알처럼 생긴것. ¶ 豆~ | 콩소. ¶ ~糖 | 굵은 설탕. ❸ 形 (잘 익어서) 속이 사박사박하다. ¶ ~瓤ráng西瓜 | 속이 잘 익어서 사박사박한 수박. ❹ 動 (목소리가) 쉬다. 낭랑하지 않다. ¶ ~音 | 잡음. 쉰 목소리. ¶ 嗓sǎng子有点儿~ | 목소리가 약간 쉬었다. ❺ ⇒〔沙族〕 ❻ ⇒〔沙皇〕 ❼ (Shā) 名 성(姓). ❽ 복성(複姓) 중의 한 자(字).
Ⓑ shà 動 方 (체로) 치다. (키로) 까부르다. ¶ 把小米里的沙子~一~ | 좁쌀안에 섞여있는 모래를 체로 치다 =〔唼shà③〕
【沙包】shābāo 名 ❶ 작은 산 모양의 모래더미. ❷ 모래 주머니. ¶ 用~堵dǔ缺口quēkǒu | 갈라진 틈을 모래 주머니로 메우다 =〔沙袋〕 ❸ 초벌구이한 도자기.
【沙煲】shābāo 名 粵 뚝배기. 질남비.
【沙布】shābù 名 사포 =〔标biāo(白)布〕
【沙场】shāchǎng 名 ❶ 사장. 모래 벌판. 모래톱. ❷ 喩 싸움터. 전쟁터.
【沙尘】shāchén 名 모래〔흙〕 먼지. ¶ ~飞扬fēiyáng | 흙먼지가 흩날리다.
【沙虫】shāchóng 名〈動〉별벌레. ¶ ~成灾 | 별벌레가 재해가 되다 =〔星虫〕
【沙船】shāchuán 名 대형 정크(junk) [연해나 하천에서 사람이나 화물을 실어 나르는 데 쓰는 바닥이 평평한 배] ¶ 苏州河里往来的~很多 | 소주는 강을 왕래하는 정크가 많다.
【沙袋】shādài 名 모래 주머니. ¶ 用~垒lěi工事 | 모래 주머니로 참호를 쌓다 =〔沙包②〕〔沙囊〕
【沙丁鱼】shādīngyú 名 外〈魚貝〉정어리(sārdine) =〔沙甸鱼〕〔沙汀鱼〕〔撒sā丁鱼〕〔鲳chāng〕
【沙俄】Shā'é 名 外〈史〉제정 러시아. ¶ ~屡次lǚcì入侵中国 | 제정 러시아가 수차례 중국을 침입했다 =〔帝俄〕
2【沙发】shāfā 名 外 소파. ¶ 躺tǎng在~上看电视 | 소파에 누워서 TV를 본다 =〔娑发〕→〔安乐椅〕
【沙肝儿】shāgānr 名 方 (요리에 쓰이는) 소·양·돼지의 비장(脾臟)
【沙锅(儿, 子)】shāguō(r·zi) 名 뚝배기. 질그릇. ¶ 抱~ | 깡통 차다. 거지가 되다. ¶ 打破~, 璺wèn(=问)到底 | 歇 질그릇을 깨면 금이 바닥까지 난다. 끝까지 캐묻다〔추궁하다〕.
【沙(锅)浅儿】shā(guō) qiǎnr 名 (밑이 좀 얕은) 뚝배기. 질남비.
【沙果(儿)】shāguǒ(r) 名 능금 =〔花红①〕
【沙獾】shāhuān 名〈動〉오소리 =〔猪獾〕
【沙荒】shāhuāng 名 ❶ 사막과 황무지. ❷ 모래 황무지.
【沙鸡】shājī 名〈鳥〉메추라기 =〔突厥tūjué雀què(儿)〕
【沙金】shājīn 名 사금.
【沙坑】shākēng 名 ❶ (아이들의 놀이터로 만든) 모래판. 모래밭. ❷〈體〉(도약 경기에서) 착지하는 모래판. 피트. ¶ 落在~里 | 모래판에 떨어지다.
【沙拉(子)】shālā(·zi) 名 外〈食〉샐러드(salad). ¶ 番茄fānqié~ | 토마토 샐러드. ¶ 青菜~ | 야채 샐러드. ¶ 土豆~ | 감자 샐러드. ¶ ~酱jiàng | 마요네즈 =〔沙辣(子)〕〔沙律〕〔色拉〕
【沙拉油】shālāyóu 名 샐러드유.
【沙梨】shālí 名〈植〉돌배나무.
【沙里淘金】shā lǐ táo jīn 成 모래 속에서 금을 캐다. ¶ 他~, 从大量资料中找出有用的信息xìnxī | 그는 모래 속에서 금을 캤다. 수많은 자료 속에서 유용한 정보를 찾아냈던 것이다.
【沙力息酸】shālìxīsuān 名 外〈化〉살리실산 =〔水杨酸〕
【沙砾】shālì 名 모래와 자갈. 사력.
【沙龙】shālóng 名 ❶ 外 살롱(salon). ¶ ~文学 | 〈文〉살롱문학. 귀족문학 =〔沙笼〕〔纱龙〕〔纱笼①〕〔萨琅〕 ❷ 이동성 모래언덕.
【沙漏】shālòu ❶ 名 모래 시계. ❷ ⇒〔沙滤器〕
【沙门】shāmén 名〈佛〉사문. 승려 =〔桑门〕
【沙门氏菌】shāménshìjūn 名 外〈醫〉살모네라(salmonella; 라)균.
【沙门鱼】shāményú 名 外〈魚貝〉연어(salmon) =〔撒蒙鱼〕
【沙弥】shāmí 名〈佛〉사미(승).
2【沙漠】shāmò 名 사막. ¶ 塔克拉玛干~ | 外 타클라마칸 사막 =〔沙幕〕
【沙盘】shāpán 名 모래로 만든 지형 모형. ¶ 将军在~前谋划móuhuà | 장군은 모래로 만든 지형 앞에서 계획을 세우다.
【沙浅儿】shāqiǎnr 名 얕은 뚝배기.
【沙丘】shāqiū 名 ❶ 사구. 모래 언덕. ❷ (Shāqiū)〈地〉사구 [하북성 평향현(平鄕縣) 동북방에 있는 지명]
【沙瓤(儿)】shāráng(r) 賦 잘 익어 속이 사각사각하고 맛이 있다. ¶ 这西瓜是~的 | 이 수박은 잘 익어 사각거린다.

【沙沙】shāshā 擬 ❶ 사박사박 ¶走在河滩hétān上，脚下～地响xiǎng | 모래톱을 걸으니, 발밑에서 사박사박 소리가 난다. ❷ 솨솨 ¶风吹树叶～响 | 바람이 부니 나뭇잎이 솨솨 소리를 낸다. ¶春雨～ | 봄비가 솨솨거린다.
【沙参】shāshēn 名〈植〉사삼(沙蔘). 더덕 =〔俗钓钟草①〕〔虎须②〕〔铃儿草〕〔南沙参〕〔羊婆奶〕
【沙司】shāsī 名 外 소스(sauce). ¶番茄fānqié～ | 토마토 소스. ¶奶油～ | 크림 소스 =〔外沙士〕〔外少司〕〔调味汁〕〔辣酱油〕
4【沙滩】shātān 名 사주(砂洲). 모래톱. 백사장. ¶在～上晒shài太阳 | 백사장에서 햇볕을 쬐다. ¶海云台的～上有许多年轻人 | 해운대 백사장에 젊은이들이 많다.
【沙特阿拉伯】Shātè Ālābó 名 外〈地〉사우디아라비아(Saudi Arabia)[아라비아 반도의 회교 왕국. 수도는 「利雅得」(리야드;Riyadh)] =〔骚提阿拉伯〕
【沙田】shātián 名 ❶ 모래가 많이 섞인 밭. ❷ 건조지대에서 흙 속의 수분을 유지하기 위하여 크고 작은 돌멩이를 깔아 놓은 밭 [감숙성·신강성 등지에 많음]
4【沙土】shātǔ 名 모래흙. ¶在～中种植花生 | 모래흙에 땅콩을 심다.
【沙文主义】shāwén zhǔyì 名 外 쇼비니슴(chauvinisme ; 프). 배타적 애국주의. ¶反对大国～ | 강대국들의 쇼비니슴을 반대한다.
【沙哑】shāyǎ 形 목이 잠기다〔쉬다〕. ¶嗓音～ =〔喉咙沙哑〕| 목이 잠기다.
【沙眼】shāyǎn 名〈醫〉트라코마(trachoma) =〔砂眼②〕
【沙鱼】shāyú 名〈魚貝〉상어 =〔鲨鱼〕
【沙枣】shāzǎo 名〈植〉사막보리수나무. ¶采一些～来吃 | 사막보리수나무 열매를 몇 개 따서 먹다 =〔桂香柳guìxiāngliǔ〕〔香柳〕〔银柳〕
【沙洲】shāzhōu 名〈地質〉사주. ¶～上长着芦苇lúwěi | 사주에 갈대가 자라나 있다 =〔沙滩〕
【沙柱】shāzhù 名 사주. 모래기둥.
2【沙子】shā·zi 名 ❶ 모래. ❷ 모래 같은 물건. ¶铁tiě～ | (산탄 따위에 내장된) 작은 쇠알갱이.
【沙钻(鱼)】shāzuàn(yú) 名〈魚貝〉❶ 까나리 =〔玉筋yùjīn鱼〕❷ 보리멸.
【沙嘴】shāzuǐ 名〈地質〉사취. 모래부리 =〔沙提〕

3【纱(紗)】shā 깁 사
名 ❶ 방적용의 가는 실. ¶～厂 | 방직 공장. ¶纺fǎng～ | 방적하다. ❷ 가볍고 가는 실로 짠 천. ¶羽～ | 면과 모를 혼합하여 짠 얇은 방직물. ¶麻～ | 마사. ¶乔其～ | 조젯(georgette). 깔깔이. ❸ 성글게 짠 천. ¶～布↓ ¶铁～ | 철사망. ¶窗～ | 창사.
【纱包(软)线】shābāo(ruǎn) 名組〈電氣〉면피복선. ¶双～ | 이중으로 면을 감은 전기줄. ¶买了一圈儿～ | 면피복선 한 묶음을 샀다.
【纱布】shābù 名 ❶ 가제(Gaze;독) ❷ 면사와 면포.
【纱橱】shāchú 名 (파리나 쥐가 못 들어가도록) 방충망을 친 찬장.
【纱窗(儿)】shāchuāng(r) 名 사창(紗窗). 방충망을 단 창문. ¶房间的墙壁上安着～ | 방 벽에 사창을 냈다 =〔凉窗(儿)〕
【纱灯】shādēng 名 사등롱(紗燈籠). 청사초롱
【纱锭】shādìng 名〈紡〉물레의 가락. 방추 =〔纺锤(儿)〕〔纺锭〕〔锭子〕
【纱巾】shājīn 名 사(紗)로 된 스카프나 머리 수건.
【纱龙】shālóng ⇒〔沙shā龙①〕
【纱笼】shālóng ❶ ⇒〔沙龙①〕 ❷ 名 外 사롱(sarong)[동남 아시아 일대의 사람들이 입는 치마]
【纱帽】shāmào 名 사모. 오사모(烏紗帽) =〔乌纱帽〕
【纱罩(儿)】shāzhào(r) 名 ❶ (음식물 따위에 덮는) 방충망으로 된 덮개. ❷ (가스등·휘발유 등의) 맨틀(mantle).

4【砂】shā 모래 사
(～子) 名 모래 [「砂」는 주로 공업용어로 많이 쓰임] =〔沙①〕
【砂泵】shābèng 名〈機〉모래를 빨아 올리는 준설용 펌프.
【砂浆】shājiāng 名〈建〉모르타르(mortar). ¶石灰～ | 석회 모르타르. ¶水泥～ | 시멘트 모르타르 =〔灰huī浆②〕〔灰泥〕〔沙浆〕〔害浆〕
【砂轮(儿)】shālún(r) 名 회전 숫돌. ¶～飞转 | 회전 숫돌이 빨리 돌다 =〔磨轮〕
【砂仁(儿)】shārén(r) 名〈漢醫〉사인. 축사밀(縮砂密)의 씨 [소화제·이뇨제 등으로 쓰임] =〔沙仁〕
【砂糖】shātáng 名 사탕. 굵은 설탕. ¶给我两斤～ | 굵은설탕 두 근 주세요 =〔沙糖〕
【砂心】shāxīn 名〈工〉모래 주형의 심(心) =〔泥心〕
【砂型】shāxíng 名〈工〉사형. 모래 주형(鑄型) =〔砂模〕〔铸zhù模〕
【砂岩】shāyán 名〈地質〉사암(석).
【砂眼】shāyǎn 名 ❶〈金〉(주물 따위의) 기포. 공기집. ❷〈醫〉트라코마 =〔沙眼〕
【砂纸】shāzhǐ 名 샌드페이퍼. 사지. 사포. ¶用～擦cā | 샌드페이퍼로 문지르다 =〔刚gāng砂纸〕〔鑪lú纸〕
【砂质岩】shāzhìyán 名〈地質〉사질암.

【莎】shā ☞ 莎 suō B

【痧】shā 마진 사
❶ 名〈漢醫〉콜레라·일사병·곽란(霍亂)·장염(腸炎) 따위의 급성병. ¶吊脚～ =〔瘪螺biěluó痧〕〔绞肠痧〕〔子午痧〕〔霍huò乱〕| 콜레라. ❷ 名 콜레라와 비슷한 심하게 토하는 증상. ¶发～ | 심하게 토하는 증상을 일으키다. ❸ (～子) 名 方 홍역. 마진. ¶出～子 | 홍역에 걸리다. ¶～神娘娘 | 홍역할머니〔귀신〕=〔麻má疹〕❹ ⇒〔喉hóu痧〕
【痧子】shā·zi 名 方〈醫〉홍역 =〔麻疹〕

【裟】shā 가사 사
⇒〔袈jiā裟〕

【鲨(鯊)】shā 모래무지 사, 상어 사
名〈魚貝〉❶ 모래무지 =〔吹沙〕〔鮀tuó〕〔虾xiā虎(鱼)〕❷ 상어 =〔鲨鱼〕〔沙

鱼〕〔海沙鱼〕〔俗 海中恶霸〕〔俗 海里老虎〕
【鲨翅】shāchì 名 상어 지느러미 =〔鱼翅〕
【鲨鱼】shāyú 名〈魚貝〉상어. ¶这一带有～, 所以不能游泳yóuyǒng | 이 일대는 상어가 있으니 수영을 할 수 없다.

【杉】shā shān 삼목 삼

Ⓐ shā「shān」의 구두음(口頭音). 주로「杉木」「杉篙」는「shā」로 읽음.
Ⓑ shān 名〈植〉삼나무. 삼목(杉木).
【杉篙】shāgāo 名 ❶ 삼나무 장대. 삼목 통나무. ❷ 喩 키다리.
【杉木】shāmù 名 삼목 나무. 삼나무 목재. ¶笔直bǐzhí的～ | 아주 곧게 자란 삼목 나무.

【煞】shā ☞ 煞 shà Ⓑ

shá ㄕㄚˊ

4 【啥〈倽〉】shá 무엇 사
代 方 무엇. 무슨. 어느. ¶～人家 | 누구. ¶到～地方去? | 어느곳에 가느냐? ¶有～说～ | 할 말이 있으면 해라. ¶你干～ | 너 뭐하니 =〔什么〕→〔煞shà④〕
【啥个】shá·ge 代 方 무엇. 어느 것. ¶你喜欢～ | 너는 어느 것을 좋아하느냐?
【啥拉的】shálā·de 名組 方 등등. 같은 것. 따위 =〔什么的〕

shǎ ㄕㄚˇ

2 【傻〈儍〉】shǎ 어리석을 사
❶ 形 어리석다. 미련하다. ¶～话↓ ¶你真～, 他这点意思都听不出来 | 너 정말 멍청하구나, 그의 이 정도 뜻도 알아 듣지 못하다니. ¶装疯zhuāngfēng卖～ | 일부러 멍청한척 하다. 미친 척하다. ❷ 形 고지식하다. 융통성이 없다. ¶～干 | 고지식하게 하다. ¶你别太～了, 孩子们的婚事由他们自己作主吧 | 당신 너무 그리 고지식하게 굴지마세오. 애들의 혼사는 애들이 스스로 알아서 하게 하세요. ❸ 形 멍하다. 멍해지다. ¶吓xià～了 | 놀라서 멍해졌다. ❹ (～子) 名 멍청이. 바보.
【傻巴愣噔】shǎ·balèngdēng ⇒〔傻不愣登〕
【傻不济济】shǎ·bu·ji·ji 貶 멍하다. 멍멍하다.
【傻不愣登】shǎ·bulèngdēng 貶 멍청하다. ¶这小子～的 | 이 녀석은 정말 멍청하군 =〔傻巴愣噔〕
【傻大哥】shǎdàgē 名 바보. 멍청이. ¶他是一个～ | 그는 멍청이다.
【傻蛋】shǎdàn 名 바보. 멍청이. 머저리. ¶你这个～, 竟干出这等蠢事chǔnshì | 너 이 바보 멍청이, 결국 이런 어리석은 일을 만들다니.
【傻等】shǎděng 動 바보처럼 기다리다. 소득없이 기다리다. 허탕치다. ¶别叫我～着 | 나를 바람맞히지 말라.
【傻干】shǎgàn 動 고지식하게 하다. 기계적으로 하다.
【傻瓜】shǎguā 名 바보. 멍텅구리 ¶他真是个～ | 그는 정말 바보다. ¶别当人是～! | 사람 바보 취급하지마! =〔傻大瓜〕〔笨瓜〕
【傻瓜照相机】shǎguāzhàoxiàngjī 名組 자동(조절) 카메라.
【傻孩子】shǎhái·zi 名組 ❶ 바보 자식. 바보같은 애. ❷ 轉 (애칭으로) 요놈. 이 바보. ¶～, 别说这种话了 | 이 바보야 그런 말 말아라.
【傻呵呵】shǎhēhē 貶 (태도가) 어리숙하다. 멍하다. ¶别看他～的, 心里可有数 | 그를 어리숙하다고 보지 마라, 그도 다 속셈이 있단다.
【傻乎乎】shǎhūhū 貶 (태도가) 멍청하다. 맹하다. 바보같다.
【傻话】shǎhuà 名 바보 같은 이야기. 멍청한〔넋빠진〕소리. ¶别说～啦! | 멍청한 소리 마!
【傻劲(儿)】shǎjìn(r) 名 ❶ 어리숙함. 바보스러움. ¶看你那～, 这么大的人了, 做事说话还跟孩子似的! | 너 그 바보짓 좀 봐라, 이렇게 다 큰 사람이 일 하는 것이나 말하는 게 아직도 아이같으니 말이다! ❷ 뚝심. 고지식함. ¶不能光靠kào～干活 | 뚝심만 믿고 일을 해서는 안된다.
【傻老爷们儿】shǎlǎoyé·menr 名組 (농담조로) 바보〔고지식한〕나으리 =〔傻老爷儿们〕
【傻老爷儿们】shǎlǎoyér·men ⇒〔傻老爷们儿〕
【傻乐】shǎlè 動 方 바보처럼 웃다 =〔傻笑〕
【傻里傻气】shǎ·li shǎqì 貶 어리숙하다. 어벙하다. ¶他说话有点儿～的 | 그는 말하는 것이 조금 어벙하다.
【傻气】shǎ·qi ❶ 名 어리숙함. 바보스러움. ¶冒mào～ | 바보스럽게 굴다. ❷ 形 어리숙하다. 어리어리하다. 어벙하다. ¶他太～了 | 그는 너무 바보스럽다.
【傻事】shǎshì 名 바보같은 짓. ¶今后, 我决不会再干这种～了 | 지금부터는 결코 다시는 이런 바보같은 짓을 하지 않겠다.
【傻小子】shǎxiǎo·zi 名組 ❶ 바보 자식. ❷ 바보놈. 얼간이. ❸ 바보 친구. 바보 젊은이〔젊은이를 농조로 부르는 말〕→〔傻丫头〕
【傻笑】shǎxiào 動 바보스레 웃다. 실없이 웃다. ¶别～了 | =〔方 傻乐〕
【傻丫头】shǎyā·tou 名組 바보 아가씨. ¶～, 你还在哭 | 이 바보 아가씨야, 아직도 울고 있니→〔傻小子〕
【傻眼】shǎ/yǎn 動 (당혹하여) 눈이 둥그래지다. 표정이 멍해지다. 안색이 변하다. ¶他一看考题就～了 | 그는 시험 문제를 보자 눈이 휘둥그래졌다.
4 【傻子】shǎ·zi 名 바보. 천치. ¶他以为别人全是～ | 그는 다른 사람은 다 바보라고 여긴다 =〔呆子dāizi〕

shà ㄕㄚˋ

2 【沙】shà ☞ 沙 shā Ⓑ

【唼】shà 쪼아먹을 삽, 헐뜯을 첩

動 ❶ 마시다. 빨다. ¶～血↓ =〔歃shà〕 ❷ 方 (벌레가) 갉아먹다. ¶这棵死树根被蚂蚁mǎyǐ～ | 이 죽은 나무의 뿌리가 개미에게 갉아먹혔다. ❸ 方 체로 치다. 걸러내다. ¶用筛子shāizi

把这小米里的沙子～一～ | 이 좁쌀 속의 모래를 채로 쳐내어라 =〔沙shā〕 ❹ 方 (작은 구멍으로부터) 공기가 빠지다〔새다〕. ¶ ～气↓

【唼气】shàqì 動 (타이어에) 공기가〔바람이〕 새다. ¶车胎慢慢～了 | 바퀴에서 천천히 공기가 빠졌다.

【唼血】shàxuè ⇒〔歃shà血〕

【唼喋】shàzhá 書 擬 삭삭 [물고기 떼나 물새 떼가 먹이를 먹는 소리] ¶鱼儿～吃水草 | 물고기가 수초를 삭삭 먹는다.

【霎】shà 가랑비 삽, 잠시 삽
❶ 名 소나기. ❷ 名 轉 순식간. 짧은 시간. ¶一～(儿) | 잠깐. ¶过了一～ | 잠시 후에. ❸ 擬 쏴쏴 [바람이나 물소리] ¶～～↓

【霎霎】shàshà 擬 쏴쏴[비·바람 소리] ¶雨声～ | 비내리는 소리가 쏴쏴하다.

【霎时】shàshí ⇒〔霎时间〕

【霎时间】shàshíjiān 副 삽시간. 순식간. 잠깐 사이. 곧. ¶一声音巨响jùxiǎng, ～空中出现了千万朵duǒ美丽的火花 | 커다란 소리가 나더니, 순식간에 하늘에 수많은 아름다운 불꽃이 나타났다 =〔霎时〕〔煞shà时〕

4【厦〈廈〉】shà xià 처마 하, 큰집 하

Ⓐ shà 名 ❶ 큰 건물. ¶高楼大～ | 고층 빌딩. ❷ 方 처마. 차양. ¶前廊láng后～ | 남쪽 복도와 북쪽 차양.

Ⓑ Xià ⇒〔厦门〕

【厦门】Xiàmén 名〈地〉하문. 아모이(Amoy) [복건성 동남의 항구도시]

【嗄】shà ☞ 嗄 á Ⓑ

【歃〈唼〉】shà 마실 삽
書 動 마시다. 빨다. ¶～血↓ =〔唼shà①〕

【歃血】shàxuè 動 삽혈하다 [옛날, 회맹(會盟)할 때 가축을 죽여 그 피를 입술에 묻혀 굳은 마음을 표시하던 의식] ¶～为盟wéiméng | 喩 굳게 맹세하다 =〔唼血〕

【煞】shà shā 죽일 살, 매우 쇄

Ⓐ shà ❶ 副 매우. 극히. ¶～费苦心 | 몹시 고심하다. 심혈을 기울이다 ❷ 名 악령. 흉신(凶神). 사기(邪氣). ¶关～ | 액(厄). ¶他今年是个关～年 | 그는 올해가 액년이다. ❸ 動 (동사 뒤에 보어로 쓰여) 완전히〔빈틈없이〕…하다. ¶把这条通路封～ | 이 통로를 빈틈없이 봉쇄하다. ❹ 代 무엇. 무슨. 어떤. ¶有～事? | 무슨 일인가?→〔啥shá〕

Ⓑ shā ❶ 動 결말을 짓다. 매듭짓다. ¶～帐↓ =〔杀⑤〕〔收煞〕 ❷ 動 조이다. 붙들어 매다. 동여매다. ¶～在车上 | 차에 동여매다. ¶把腰带～一～ | 허리띠를 졸라 매다 =〔杀⑥〕 ❸「杀」와 같음 ⇒〔杀shā③④⑧⑫〕

Ⓐ shà

【煞白】shàbái 狀 (놀람·분노·질병 등으로) 얼굴에 핏기가 가시다. 창백하다. 새파랗다. 해쓱하다. ¶脸色忽然hūrán～ | 갑자기 얼굴이 새파랗게 질리다.

【煞费】shàfèi 動 힘을〔애를〕 많이 쓰다. ¶这事很难办, ～苦心 | 이 일은 아주 하기 어려워 몹시 애를 쓴다.

【煞费工夫】shàfèi gōng·fu ❶ 몹시 고생스럽거나 시간이 걸리다. ¶干这事真是～ | 이 일은 정말 고생스럽다. ❷ 몹시 귀찮다. 몹시 까다롭다.

【煞费苦心】shàfèi kǔxīn 威 대단히 고심하다. 심혈을 기울이다. ¶他～地完成了这篇文章 | 그는 심혈을 기울여 이 글을 완성하였다.

【煞气】ⓐ shàqì ❶ 名 살기(殺氣). ¶～腾téng腾 | 살기 등등하다. ❷ 名 흉악한 인상〔기색〕. 독살스러운 기색. ¶满脸～ | 독살스러운 기색이 얼굴에 가득하다. ❸ 動 공기가 새다. ¶车带～了 | 타이어에서 공기가 새어 나갔다.

ⓑ shā/qì 動 ❶ 화풀이 하다. 분을 풀다 =〔煞性子〕 ❷ 물기를 제거하다.

【煞有介事】shà yǒu jiè shì 俗 貶 마치 그런 일이 있는 듯하다. 그럴듯하게. ¶你别～了! | 너 마치 그런 일이 있었던 것 처럼 그러지마!

【煞札子白】shàzhā·zibái 狀 (안색이) 창백하다. (얼굴이) 새파랗다. ¶他吓xià得脸～ | 그는 놀라서 얼굴이 새파랗게 되었다.

Ⓑ shā

【煞笔】shā/bǐ ❶ 動 (글 따위에서) 붓을 놓다. 끝맺다. ¶就此～ | 여기에서 붓을 놓다(끝맺다). ❷ (shābǐ) 名 맺음말. 끝맺음 ‖ =〔煞脚〕

【煞车】shā/chē 動 ❶ 차에 제동을 걸다. ¶马上～ | 바로 브레이크를 걸다 ⇒〔刹shā车〕 ❷ 차에 실은 짐을 동여매다 =〔江 杀车②〕

【煞车距离】shāchē jùlí 名組 (자동차의) 제동 거리 =〔刹车距离〕

【煞车油】shāchēyóu 名 브레이크액.

【煞风景】shāfēngjǐng ⇒〔杀shā风景〕

【煞气】shā/qì ☞〔煞气〕shàqì ⓑ

【煞尾】shā/wěi ❶ 動 마무리 짓다. 끝맺다. ¶事情不多了, 马上就可以～ | 일이 얼마 남지 않았으니 곧 마무리 지을 수 있다. ❷ (shāwěi) 名 결말. 대단원. ❸ (shāwěi) 名「北曲」의「套数」중 마지막 곡(曲) →〔套tào数〕 ‖ =〔杀尾〕

【煞帐】shā/zhàng 動 장부를 마감하다. 결산하다 =〔杀帐〕

【煞住】shāzhù 動 ❶ 멈추다. 중지하다. ¶～引擎yǐnqíng | 엔진을 멈추다. ¶他突然回到我这儿, ～了脚 | 그는 갑자기 내게로 돌아와 발걸음을 멈추었다. ❷ 轉 진척되지 않다. 중지〔중단〕되다. ¶台上的戏也～了 | 무대의 연극도 중지되었다.

·sha ㄕㄚ·

【挲】·sha ☞ 挲 suō Ⓒ

shāi ㄕㄞ

4【筛(篩)】shāi 체 사, 칠 사
❶ (～子) 名 체. 어레미 =〔筛箩〕〔箩头〕〔箩筛〕 ❷ 動 체로 치다. ¶～米 |

쌀을 체로 치다. ¶～煤méi | 석탄을 체로 골라내다→〔罗luó③〕 ❸動 술을 데우다. ¶把酒～一～再喝 | 술을 좀 데워서 마시다. ❹動 (술을) 따르다. 그릇에 퍼담다. ¶～酒↓ ❺動 方 (징·꽹과리 따위를) 울리다. 두드리다→〔筛锣①〕

【筛骨】shāigǔ 名 〈生理〉 사골.

【筛管】shāiguǎn 名 〈植〉 사관. 체관.

【筛酒】shāi jiǔ ❶ 술을 데우다. ❷ 술을 따르다〔붓다〕.

【筛糠】shāi/kāng 動 ❶ 겨를 체로 치다. ❷ 口 몸을 떨다. ¶吓得直～ | 놀라서 부들부들 떨다. ¶他满身～ | 그는 온 몸을 부르르 떤다.

【筛箩】shāiluó 名 체. 어레미.

【筛锣】shāi/luó 動 ❶ 方 징을 치다. ¶筛了三下锣 | (징을 세 번 쳐서) 3시를 알렸다 =〔打锣〕 ❷ 말을 퍼뜨리다.

【筛选】shāixuǎn 動 ❶ 체로 쳐서 고르다. ¶～良种 | 우량종자을 체로 고르다. ¶～机 | 사별기〔체질하는 기계〕=〔筛分〕 ❷ 선별하다. ¶～写作材料 | 작문 재료를 선별하다.

4【筛子】shāi·zi 名 체. ¶粗cū～ | 어레미. 도드미.

shǎi ㄕㄞˇ

1【色】shǎi ☞ 色 sè Ⓑ

shài ㄕㄞˋ

2【杀】shài ☞ 杀 shā Ⓑ

2【晒(曬)】shài 쬘 쇄

動 ❶ 햇볕이 쨍쨍 내리쬐다. ¶～得迷糊míhú | 햇빛을 쬐어 현기증이 나다. ¶禾苗hémiáo都～焦jiāo了 | 모가 햇볕에 쬐어 모두 말라 버렸다. ❷ 햇볕에 말리다〔쬐다〕. ¶～衣服 | 옷을 말리다. ¶大日头地里别～着, 怕病了 | 제일 뜨거울 때 마당에서 햇볕을 쬐지 마라, 병 날라. ¶～太阳↓ =〔晾liàng③〕→〔曝pù〕 ❸ (사진을) 인화하다. ¶～蓝图lántú | 청사진을 뜨다. ¶洗, ～, 放 | 현상·인화·확대.D.P.E =〔印yìn③〕〔晒印〕

【晒场】shàichǎng 名 곡식을 말리는 곳. ¶～满是玉米棒子 | 곡식을 말리는 땅에는 온통 옥수수가 널려 있다 =〔晒坪②〕

【晒垡】shàifá 〈農〉 ❶ 名 갈아 엎은 땅의 햇볕쬐기. ❷ 動 갈아 엎은 땅을 햇볕에 쬐다.

【晒干】shàigān 動 ❶ 햇볕에 말리다. ¶～了西瓜皮再用油炒, 很好吃的一道中国菜 | 수박 속껍질을 말려서 기름에 볶으면 맛있는 중국 요리가 된다→〔阴干〕 ❷ (～儿)(shài·gānr) 喩 사람을 말리다. 괜히 고생시키다. ¶主人对他照顾得挺周到, 从来没使他晒过干儿 | 주인은 그를 이것저것 아주 잘 돌봐주었으며 여태 그를 괜히 고생시킨 적이 없다.

【晒黑】shàihēi 動 볕에 타다. 볕에 타서 꺼멓게 되다. ¶～了的脸 | 햇볕에 그을린 얼굴. ¶晒不黑的皮肤pífū | 검게 타지 않는 피부.

【晒暖儿】shàinuǎnr 動 方 햇볕을 쬐다. 일광욕하다. ¶冬天～好舒服 | 겨울에 햇볕을 쬐면 정말 편안하다 =〔晒太阳〕

【晒棚】shàipéng 名 일광건조대 =〔晒台①〕

【晒台】shàitái 名 (옥상의) 일광건조대 =〔晒棚〕〔方 露台③〕〔平台①〕〔凉台〕〔阳台〕

【晒太阳】shài tài·yang 動組 햇볕을 쬐다. 일광욕하다. ¶在沙滩上～ | 모래톱 위에서 일광욕을 하다 =〔晒日阳儿〕〔晒阳儿〕〔晒阳光〕〔方 晒暖(儿)〕〔俗 晒老爷儿〕

【晒图】shài/tú ❶ 動 청사진을 뜨다. 감광(感光)시키다. ❷ (shàitú) 名 감광한 사진.

【晒图纸】shàitúzhǐ 名 청사진지. 감광지. ¶买几张～回来 | 감광지를 몇 장 사서 돌아오다.

【晒烟】shài yān ❶ 動 (햇볕에) 담배잎을 말리다. ❷ (shàiyān) 名 말린〔마른〕 잎담배.

【晒盐】shài yán 動 (바닷물을 증발시켜서) 소금을 만들다. 제염하다.

【晒衣竿】shàiyīgān 名 옷을 말리는〔너는〕 장대 =〔晒衣竹〕

shān ㄕㄢ

1【山】shān 메 산

❶ 名 산. ¶一座～ | 산 하나. ¶～高水深 | 산은 높고 물은 깊다. ❷ 산과 비슷한 모양의 것. ¶冰～ | 빙산. ¶人～人海 | 인산 인해. ❸ 名 轉 누에의 섶. ¶蚕cán上～了 | 누에가 섶에 올랐다. ❹ 집의 양측의 벽. ¶房～ | 집의 양옆 벽. ❺ (Shān) 名 성(姓).

【山坳】shān'ào 名 ❶ 산지(山地)의 평지. ❷ 콜(col;프). 안부(鞍部).

【山包】shānbāo 名 ❶ 方 작은 산. ❷ 산의 융기된 곳. ❸ 北 산.

【山崩】shānbēng 名 산사태.

【山崩地裂】shān bēng dì liè 成 산이 무너지고 땅이 갈라지다. 큰변화가 일어나다. ¶听到～的一声巨响 | 산이 무너지고 땅이 갈라지는 듯한 굉음을 들었다.

【山苍子】shāncāngzǐ ⇒〔山鸡椒①〕

【山茶】shānchá 名 〈植〉 동백나무. ¶～花开 | 동백 꽃이 피다 =〔茶花〕

【山城】shānchéng 名 ❶ 산간 도시. ¶釜山市是一座～ | 부산시는 산간 도시이다. ❷ (Shān chéng) 〈地〉 중경(重慶)의 다른 이름.

【山川】shānchuān 書 名 ❶ 산과 내. ❷ 산하. 강산.

【山村】shāncūn 名 산촌. 산간마을. ¶隐居yǐnjū～ | 산간 마을에 은거하다.

【山大王】shāndàiwáng 名 산적의 두목→〔大dà王〕

【山丹】shāndān 名 ❶ 〈植〉 산단(山丹) =〔川强瞿〕〔连珠③〕 ❷ 산단의 인경(鱗莖). ❸ (Shāndān) 〈地〉 감숙성(甘肅省)에 있는 현의 이름.

【山道年】shāndàonián 名 外 〈藥〉 산토닌(santonin) =〔外 山杜年〕〔外 珊笃宁〕〔外 散sǎn特宁〕〔驱蛔素②〕

3【山地】shāndì 名 ❶ 산지. ❷ 산에 있는 농업용지 ‖ =〔山场(地)〕

【山顶洞人】Shāndǐng Dòngrén 名組 〈考古〉 산

정동인 [1933년에 하북성 방산현(房山縣) 주구점(周口店)에서 발견된 약 18,000년전의 화석인류(化石人類)]→〔北Běi京猿人〕

【山东梆子】Shāndōng bāng·zi 名組 산동 대부분 지역과 하북(河北)·하남(河南)의 일부에서 유행하던 「梆子腔」의 일종. ¶他会唱~｜그는 산동방자를 부를 수 있다.

【山洞】shāndòng ❶ 名 산굴. ¶~里藏着不少金银财宝｜산굴에 금은보화를 많이 숨겨 놓았다. ❷⇒〔涵hán洞〕

【山豆根】shāndòugēn 名〈植〉산두근.

【山阿】shān'ē 名 산굽이.

[3]【山蜂】shānfēng 名〈蟲〉산벌.

【山旮旯儿】shāngālár 名組 方 두메 산골.

[4]【山冈】shāngāng 名 산등성이. 언덕.

【山岗子】shāngǎng·zi 名 높지 않은 산. 작은 산. 언덕.

【山高水长】shān gāo shuǐ cháng 成 산처럼 높고, 흐르는 물처럼 끊임이 없다. 인품의 고결함이 매우 높아 오랫동안 추앙되다. 은덕·우의가 깊다. ¶先生之风, ~｜선생의 높은 덕과 풍채는 오랫동안 전하여져 추앙되고 있다.

【山高水低】shān gāo shuǐ dī 成 뜻밖의 재난. 의외의 사고. 喩 죽음. ¶万一有个~, …｜만일 생명에 관계되는 일이 있으면, ….

【山歌】shāngē 名 ❶ 남방(南方)의 농촌 혹은 산촌에서 유행하던 노동민요. ❷ 민간의 속곡(俗曲)의 일종 [28자 4구로 되어 있음] ❸ (Shāngē) 〈書〉명대(明代)의 풍몽룡(馮夢龍)이 편찬한 책이름.

【山根】shāngēn 名 ❶ (~儿) 回 산기슭. ❷ 뒷덜미의 속칭. ❸ 관상가가 말하는 콧마루와 두 눈썹 사이.

[3]【山沟】shāngōu 名 ❶ 산 속의 개울. ❷ 산골짜기. ❸ 깊은 산 속 ‖ =〔方 山沟沟〕

【山谷】shāngǔ 名 산골짜기. ¶声音在~中回响｜소리가 산골짜기에서 메아리치다.

【山国】shānguó 名 산이 많은 나라 혹은 지방

[4]【山河】shānhé 名 산과 강. 강산. 산천. 喩 국가. 국토. 강역(疆域). ¶故国~｜고국 산천. ¶大好~｜아름다운 조국. ¶锦绣~｜금수강산 =〔河山〕

【山和山不相遇】shān hé shān bù xiāng yù 諺 (뒤에 「人跟人总相逢」이 이어짐) 산과 산은 서로 만날 수 없으나, 사람과 사람은 언젠간 서로 만난다. ¶~, 我跟你还是能遇上的｜사람은 언젠가 서로 만나는 법이니 나와 너는 그래도 만날 수 있을 것이다.

【山核桃】shānhé·tao 名〈植〉❶ 히코리(hickory) [북미산 호도 나무] ❷ 히코리의 열매 ‖ =〔小胡桃〕

【山洪】shānhóng 名 산의 홍수. 산 물사태. ¶发~｜산 물사태가 나다. ¶~节制｜산악 하류 조절.

【山花】shānhuā 名 산에 피는 꽃. 야생화.

【山回路转】shān huí lù zhuǎn 成 산세가 험해 길이 꾸불꾸불 산을 감돌고 있음.

【山火】shānhuǒ 名 산불. ¶发生了~｜산불이 일어났다. ¶扑救pūjiù~｜산불을 끄고 인명과 재산을 구하다.

【山货】shānhuò 名 ❶ 산간지대 산물. 산에서 나는 물건. ❷ 가정용 세간·일용품 [빗자루·장대·밧줄·오지 그릇 등] ¶~铺｜잡화점 →〔杂货①〕

【山积】shānjī 貶 산적하다. 산더미처럼 쌓이다. ¶垃圾lājī~｜쓰레기가 산더미처럼 쌓이다.

【山鸡】shānjī 名 方〈鳥〉꿩 =〔野鸡①〕

【山鸡椒】shānjījiāo 名 ❶〈植〉쿠베바(cubeba) =〔山苍子〕〔木姜子〕❷〈藥〉녹나무과의 쿠베바를 사용한 치마 약품(治痲藥品) =〔華澄茄②〕

【山脊】shānjǐ 名 산척. 산등성마루 =〔山梁〕

【山涧】shānjiàn 名 ❶ 계곡을 흐르는 물. 개울. ❷ 산골짜기.

[4]【山脚】shānjiǎo 名 산기슭. ¶在~下休息｜산기슭에서 쉬다.

【山轿】shānjiào 名 산길에 사용되는 가마 =〔山兜〕〔扒山虎(儿)①〕

【山居】shānjū 名 動 ❶ 산거(하다). ¶常年~, 不知世事有变｜늘 산에서 사노라니 세상 일이 어떻게 변했는 지를 모르겠다. ❷ 轉 은거(하다).

【山口】shānkǒu 名 ❶ 산을 오르는 입구. ❷ 연이어진 산봉우리 사이의 낮은 곳. ❸ 현악기의 위 끝 줄을 거는 곳.

【山岚】shānlán 書 名 산속의 구름안개.

【山里红】shān·lihóng⇒〔山查zhā①②〕

【山林】shānlín 名 ❶ 산림. ¶~地区｜산림 지구. ❷ 書 은자(隱者)가 사는 곳.

[4]【山岭】shānlǐng 名 ❶ 산봉우리. ❷ 연봉(連峰).

【山路】shānlù 名 산로. 산길. ¶走~很累｜산길을 걷는 것은 힘들다.

【山麓】shānlù 名 산록. 산기슭. ¶~丘陵qiūlíng｜산기슭의 구릉 =〔山脚〕

【山麻雀】shānmáquè 名〈鳥〉멧새.

[2]【山脉】shānmài 名 산맥. ¶太白~｜태백산맥 =〔俗 地脊〕

【山毛榉】shānmáojǔ 名〈植〉너도밤나무 =〔水青冈〕

【山毛榆】shānmáoyú 名〈植〉느릅나무.

【山莓】shānméi 名〈植〉수리딸기 =〔悬钩子①〕

【山门】shānmén 名 ❶ 산문. 절의 대문. ❷ 불교.

【山盟海誓】shān méng hǎi shì ⇒〔海誓山盟〕

【山民】shānmín 名 산민. ❶ 산지 거주민. ❷ 轉 산에 은거하고 있는 사람의 자칭.

【山明水秀】shān míng shuǐ xiù ⇒〔山清水绿〕〔山清水秀〕〔水秀山明〕

【山姆大叔】shānmǔ dàshū 名組 外 엉클 샘(Uncle Sam) [미국 정부 또는 미국 사람에 대한 희칭(戲稱)] =〔山姆叔叔〕〔山姆叔〕

【山奈】shānnài ❶ 名〈植〉생강과의 다년생 숙근초(宿根草) =〔三奈〕〔三赖〕 ❷ 名〈化〉시안화물(cyanide) =〔氰qíng化物〕〔山萘〕❸⇒〔氰qíng化钠〕

【山南海北】shān nán hǎi běi 成 ❶ 산의 남쪽과 바다 북쪽. 아득히 멀리 떨어져 있는 곳. ❷ 방방곡곡. ❸ 喩 주제없이 마구 지껄여 대다. ¶两个人~地说了半天｜두 사람은 주제없이 한참을 지껄여 댔다.

S

【山鸟】shānniǎo 名 ❶ 俗〈鳥〉산갈가마귀 ⇒〔俗 山老公〕 ❷ 書 산새.

【山炮】shānpào 名〈軍〉산포. ¶用～轰hōng｜산포로 폭격하다 =〔过山炮〕

【山坡(儿, 子)】shānpō(r·zi) 名 산비탈. ¶在～上种树zhòngshù｜산비탈에 나무를 심다 →〔斜坡(儿)〕

【山墙】shānqiáng 名「人」자형 지붕 양측면의 높은 벽 =〔房山〕〔山花②〕〔金字墙〕

【山清水秀】shān qīng shuǐ xiù 成 산 좋고 물 맑다. 산수의 풍경이 아름답다 =〔山明水秀〕

【山穷水尽】shān qióng shuǐ jìn 成 이러지도 저러지도 못하게 되다. 더 이상 빠져 나갈 곳이 없다. ¶他们～, 只得向官军投降tóuxiáng｜그들은 더 이상 빠져나갈 곳이 없으니 관군에 투항할 수 밖에 없다.

[2]【山区】shānqū 名 산간 지대. 산악 지구.

【山泉】shānquán 名 산속의 샘.

【山雀】shānquè 名〈鳥〉곤줄박이.

【山鹊】shānquè 名〈鳥〉피리새.

【山上无老虎, 猴子称大王】shān·shang wú lǎohǔ, hóu·zi chēng dàwáng 諺 호랑이 없는 산에서는 원숭이가 왕이라고 한다.

【山神庙】shānshénmiào 名 산신당(山神堂). 산(제)당.

[4]【山水】shānshuǐ 名 ❶ 산에서 흘러내리는 물. ❷ 산과 물. 轉 경치. 풍경. ¶桂林～甲天下｜계림의 경치는 천하 제일이다. ❸〈美〉산수화. ¶他告诉我, 有幅文征明的～, 好得很｜그가 말하기를 문징명의 산수화가 한 폭 있는데 아주 좋다고 한다.

【山水画】shānshuǐhuà 名〈美〉산수화. ¶画一幅～｜산수화를 한 폭 그리다.

【山桃】shāntáo 名〈植〉❶ 소귀나무. ❷ 소귀나무의 과실.

【山跳子】shāntiào·zi 名〈動〉산토끼.

【山桐子】shāntóngzǐ 名〈植〉의나무 =〔椅yī〕

[4]【山头】shāntóu 名 ❶ 方 산. ❷ 산꼭대기. 산봉우리 =〔山顶(儿)〕 ❸ 산채를 만들어 놓은 산머리. 喻 파벌. 분파. ¶拉～｜당파를 형성하다.

【山头主义】shāntóu zhǔyì 名 파벌주의. ¶反对～｜파벌주의를 반대하다.

【山外青山楼外楼】shān wài qīng shān lóu wài lóu 成 산 밖에 청산이 있고 누각 밖에 또 누각이 있다. 뛰는 놈 위에 나는 놈이 있다.

【山外有山】shān wài yǒu shān 成 뛰는 놈위에 나는 놈 있다. ¶～, 强中自有强中手｜뛰는 놈 위에 뛰는 놈이 있는 법이니 센 놈 중에 더 센 놈이 있기 마련이다.

【山窝】shānwō 名 외진 산간지역 =〔山窝窝〕

【山坞】shānwù 名 사면이 높고 중앙이 낮은 산지 =〔山坳ào〕

【山西梆子】shānxī bāng·zi ⇒〔晋jìn剧〕

【山喜鹊】shānxǐquè 名〈鳥〉메까치.

【山系】shānxì 名〈地質〉산계.

【山峡】shānxiá 名 산골짜기.

【山险】shānxiǎn 名 산세가 험준한 곳.

【山乡】shānxiāng 名 산촌. ¶～办起了小学｜산촌에 소학교를 열었다.

【山响】shānxiǎng ❶ 動(소리가) 크게 울리다. ¶他大笑起来, 笑得～｜그는 크게 웃기 시작했는데 웃음 소리가 아주 컸다. ❷ 書 名(산 속의) 메아리.

【山向(儿)】shānxiàng(r) 名(풍수지리에서의) 묘의 방향.

【山魈】shānxiāo 名 ❶〈動〉만드릴(mandrill). ❷ 전설 속에 나오는 다리가 하나인 요괴.

【山崖】shānyá 名 산애. 낭떠러지. 벼랑. 절벽. ¶～上有一条tiáo索道suǒdào｜산벼랑 위에 삭도가 있다.

【山羊】shānyáng ❶ 名〈動〉염소. ¶～胡子húzi｜염소 수염. ¶～绒róng｜캐시미어 =〔野yě羊〕 ❷ 名〈體〉(미식 축구에서) 공을 가지고 적진으로 뛰어드는 것.

[4]【山腰】shānyāo 名 산허리. ¶在半～上, 有一座凉亭｜산허리쯤에 정자가 하나 있다.

【山药】shān·yao 名〈植〉참마. 마 =〔山蓣yù〕

【山药蛋】shān·yaodàn 名 方 감자. 轉 촌뜨기. 얼간이. 멍청이.

【山阴道上】shān yīn dào shàng 成 산천 경치가 너무 좋아 이루 다 소개할 수 없다. 접대하기에 바빠 겨를이 없다. ¶～, 应接yīngjiē不暇xiá｜접대하기에 눈코 뜰 사이가 없다.

【山樱桃】shānyīng·tao 名〈植〉❶ 산앵두나무. ❷ 산앵두 ‖ =〔山豆子〕

【山雨欲来风满楼】shān yǔ yù lái fēngmǎn lóu 成 사건이나 전쟁이 일어나기 직전의 살벌한 분위기 또는 그 조짐.

【山芋】shānyù 名 方 고구마. ¶烘hōng～吃｜고구마를 구워 먹다 =〔甘薯gānshǔ〕

【山蓣】shānyù ⇒〔山药〕

【山岳】shānyuè 名 ❶ 산악. ¶～地区｜산악 지구. ❷ 書 喻 중대한 것. ¶功名重～｜공명이 산보다도 중하다.

【山晕】shānyùn 名〈醫〉고산병(高山病). ¶他有～的毛病｜그는 고산병이라는 고질이 있다 =〔高山反应〕

【山查】shānzhā 名 ❶〈植〉산사나무. ❷ 산사자. 아가위. 산사나무의 열매 =〔方 红果儿〕 ‖ =〔山楂(子)〕 ❸〈食〉산사나무의 열매로 만든 식품 →〔糖葫芦(儿)〕

【山樝(子)】shānzhā(·zi) ⇒〔山查①②〕

【山寨】shānzhài 名 ❶ 산채(山砦). 산에 돌·목책을 둘러 친 진터. ❷ 산적들의 소굴. ❸ 방어용 울타리가 있는 산간 마을.

【山珍海味】shān zhēn hǎi wèi 成 산해진미. ¶他天天吃～｜그는 매일 산해진미를 먹는다 =〔山珍海错〕〔海错山珍〕

【山栀(子)】shānzhī(·zi) 名〈植〉치자나무.

【山茱萸】shānzhūyú 名〈植〉❶ 산수유나무 =〔俗 肉枣〕 ❷ 산수유나무 열매.

【山庄】shānzhuāng 名 ❶ 산장. 별장. ¶避暑bìshǔ～｜여름 별장. ❷ 산촌(山村).

【山字头】shānzìtóu 名 한자 부수의 메산(山).

S

【山子】shān·zi 名 方 (정원에 만들어 놓은) 인공산 =〔山子石儿〕〔假山〕

【山嘴(儿)】shānzuǐ(r) 名〈地〉❶ 메부리. 산부리. ❷ 갑(岬). 곶.

【舢】shān 삼판 산
⇒〔舢板〕

【舢板】shānbǎn 名 삼판. 삼판선. 샘팬(sāmpan). ¶他划着～上岸了 | 그는 삼판선을 저어 상륙했다 =〔舢舨〕〔三板〕

【舢舨】shānbǎn ⇒〔舢板〕

3【删】shān 깎을 산
動 문자나 문구를 삭제하다. ¶～掉不必要的部分 | 불필요한 부분을 삭제해 버리다.

【删除】shānchú 動 삭제하다. 지우다. 빼다 ¶～冗句rǒngjù | 쓸데없는 문장을 삭제하다.

【删掉】shāndiào 動 지우다. 삭제하다. 빼버리다. ¶修正或～ | 수정 또는 삭제하다.

【删定】shāndìng 動 불필요한 자구나 문장을 지우고 고치다. ¶～论文 | 논문을 수정하다.

【删订】shāndìng 動 삭제 정정하다.

【删繁就简】shān fán jiù jiǎn 成 번잡한 곳을 삭제하여 간단하게 하다.

【删改】shāngǎi 動 (문장 등을) 고치다. 고쳐 다듬다. 첨삭하다.

【删减】shānjiǎn 動 (글자를) 빼고 줄이다. 덜다. ¶～赘疣zhuìyóu | 군더더기를 빼버리다.

【删节】shānjié 動 줄이다. 빼버리다. ¶～本 | 요약본. ¶文章太长, 可做适当～ | 문장이 너무 길어 적당히 줄여야 겠다.

【删节号】shānjiéhào 名〈言〉생략 기호「…」. 줄임표 =〔省略号〕→〔标点符号〕

【删略】shānlüè 動 (문장을) 삭제 생략하다. ¶～一些章节 | 몇몇 장절을 삭제 생략하다.

【删秋】shānqiū ⇒〔芟shān秋〕

【删去】shānqù 動 삭제하다. 빼버리다. 없애버리다. ¶请把这个字～ | 이 글자를 삭제해 주세요.

【删汰】shāntài 書 動 (문장의 군더더기를) 삭제하다. ¶原文过繁, 必须～ | 원문이 지나치게 번다하여 군더더기를 삭제해야 한다. ¶教材中可以～掉一些次要的章节 | 교재 중에서 그다지 덜 중요한 장절들을 삭제해도 된다.

【删削】shānxuē 動 (문장을) 삭제하여 간결하게 하다. ¶～重复 | 중복된 것을 삭제하다.

S

【姗】shān 헐뜯을 산
❶ 書 動 비방〔비난〕하다. 헐뜯다. ¶～笑↓ ❷ ⇒〔姗姗〕

【姗姗】shānshān 貺 살랑살랑 걷다. 천천히 걷다. ¶～地走 | 살랑살랑 걷다.

【姗姗来迟】shānshān lái chí 成 천천히 걷다. 轉 늦게 오다. ¶只有他们俩～, 等得大家很着急 | 그들 둘만 늘 늦어 기다리자니 모두들 조바심이 났다.

【姗笑】shānxiào 動 비웃다 =〔讪shàn笑〕

【栅】shān ☞ 栅 zhà Ⓑ

4【珊】shān 산호 산, 패옥소리 산
❶ ⇒〔珊瑚〕〔珊珊〕 ❷ 음역어에 쓰임. ¶～笃宁↓

【珊笃宁】shāndǔníng 名 外〈藥〉산토닌 =〔外山道年〕

4【珊瑚】shānhú 名 산호.

【珊瑚虫】shānhúchóng 名〈動〉산호충(珊瑚蟲).

【珊瑚岛】shānhúdǎo 名 산호섬.

【跚】shān 머뭇거릴 산
⇒〔蹒pán跚〕

【杉】shān ☞ 杉 shā Ⓑ

2【衫】shān 적삼 삼, 옷 삼
名 (～儿, ～子) ❶ 홑 웃옷. 적삼. ¶长～ | 장삼 →〔袄ǎo〕 ❷ 셔츠. 내의. ¶衬chèn～ | 와이셔츠. ¶棉毛～ | 메리야스 내의.

【衫裤】shānkù ❶ 名 셔츠와 팬츠. ❷ ⇒〔衣yī裳〕

【衫子】shān·zi ❶ 名 고대의 부인복. ❷ ⇒〔青qīng衣⑤〕

【钐(釤)〈鐥〉】shān shàn 낫 삼

Ⓐ shān 名〈化〉화학 원소명. 사마륨(Sm ; samarium).

Ⓑ shàn 方 ❶ 名 자루가 긴 큰 낫. ¶～刀↓ ❷ 動 (큰 낫으로) 베다. ¶～草 | 풀을 베다.

【钐刀】shàndāo ⇒〔钐镰〕

【钐镰】shànlián 名 벌낫 =〔钐刀〕

【芟】shān 벨 삼, 낫 삼
書 動 ❶ (풀을) 베다. ¶～除↓ ¶～秋↓ ❷ 삭제하다. 제거하다 =〔删〕

【芟除】shānchú 動 ❶ (풀을) 베다. ¶～杂草 | 잡초를 베다. ❷ 삭제하다. 없애다. ¶文辞繁冗, ～未尽 | 문사가 번잡한데 제대로 삭제가 되지 않았다.

【芟秋】shān/qiū 動 입추(立秋)가 지난 뒤 김 매고 북을 돋우어 작물의 수확을 좋게 하다 =〔删秋〕

【芟夷】shānyí 書 動 ❶ (풀을) 베다. 없애다. ❷ (어떤 세력을) 제거하다. 소멸시키다. 난적(亂賊)을 평정하다. ¶～暴乱 | 폭동을 진압하다 ‖ =〔芟荑〕

【苫】shān ☞ 苫 shàn Ⓑ

2【扇】shān ☞ 扇 shàn Ⓑ

【煽】shān 일 선, 부채질할 선
動 ❶ 부채질하다 =〔扇shān①〕 ❷ 선동하다. 부추기다 =〔扇shān③〕

【煽动】shāndòng 動 선동하다. ¶～群众闹事 | 군중을 선동하여 일을 벌리다. ¶她的话语都是富有～力的 | 그녀의 말은 아주 선동력이 있다. ¶他～了工潮 | 그가 노동쟁의를 선동했다 =〔扇shān动②〕

【煽惑】shānhuò 動 (나쁜 일을 하도록) 충동하여 유혹하다. 부추겨 꾀다. ¶～民众 | 민중을 부추켜 꾀다 =〔扇shān惑〕〔煽诱〕

【煽诱】shānyòu ⇒〔煽惑〕

【埏】shān ☞ 埏 yán Ⓑ

【潸〈潸〉】shān 눈물흐를 산, 비올 산 書 狀 눈물을 흘리다. 하염없다. ¶～然↓

【潸然】shānrán 書 狀 눈물을 흘리다. ¶～泪下lèixià＝〔潸然出涕tì〕〔涕下潸然〕| 눈물을 줄줄 흘리다.

【潸潸】shānshān 書 狀 ❶ 하염없이 눈물을 흐르다. ¶热泪～ | 뜨거운 눈물이 하염없이 흐르다＝〔潸然〕❷ 비가 계속 내리다.

【膻〈羶羴〉】shān 노린내 산 ❶ 名 (양고기의) 노린내. ¶～气＝〔膻味儿〕| 노린내. ❷ 形 노리다. ¶牛肉不～ | 소고기는 노리지 않다.

【膻腥】shānxīng 書 名 노린내. 비린내.

shǎn ㄕㄢˇ

2【闪(閃)】shǎn 엿볼 섬, 번득일 섬 ❶ 動 몸을 피하다. 재빨리 비키다. ¶～开↓ ¶他连忙～到路边 | 그는 급히 길가로 몸을 피했다. ¶大家～开了一条路, 让他先出去 | 모두들 몸을 비켜 길을 내서 그가 먼저 나가게 하였다＝〔躲duǒ闪〕❷ 動 (몸이) 흔들거리다. 비틀거리다. ¶她脚下一滑huá, ～了～, 跌diē下水去 | 그녀는 발이 미끄러져 비틀거리다 넘어져 물에 빠졌다. ❸ 動 (몸의) 힘줄이 당기다. 삐다. ¶我的腰给～了 | 나는 허리를 삐었다. ❹ 動 갑자기 나타나다. 번뜩이다. (생각이) 갑자기 떠오르다. ¶山后～出一条小路来 | 산 뒤에 갑자기 작은 길 하나가 나타났다. ¶～念↓ ❺ 名 번개. ¶打～ | 번개치다＝〔闪电〕❻ 動 빛이 번쩍이다. ¶灯光一～ | 등불이 번쩍이다. ❼ (Shǎn) 名 성(姓).

【闪避】shǎnbì 動 재빨리 피하다. 날쌔게 비키다. ¶不及～, 竟挨ái了他一拳quán | 잽싸게 피하질 못해 결국 그에게 주먹으로 한 대 맞았다＝〔闪开〕

3【闪电】shǎndiàn ❶ 名 번개. ¶～娘娘 | 번개의 신(神). ❷ (shǎn/diàn) 動 번개가 번쩍하다. ¶～战术 | 전격 작전 ‖→〔雷电〕❸ 形 喩 매우 빠르다. 신속하다.

【闪电战】shǎndiànzhàn 名〈軍〉전격전(電擊戰). ¶德军用～攻下波兰Bōlán | 독일군은 전격전으로 폴란드를 공격해 내려갔다＝〔闪击战〕〔电击战〕

【闪动】shǎndòng 動 번쩍이다. 번뜩이다.

【闪躲】shǎnduǒ 動 (재빨리) 몸을 비키다. 몸을 피하다. ¶不用～ | 몸을 피할 필요 없다.

【闪光】shǎnguāng ❶ 名 섬광. 번갯불. ¶流星变成一道～, 划破黑夜的长空 | 유성이 한줄기의 섬광으로 변하여, 캄캄한 밤하늘을 갈랐다. ❷ (shǎn/guāng) 動 번쩍이다. 번뜩이다. ¶几盏zhǎn电石灯星星子似地在黑暗的街中～ | 몇 개의 카바이드불이 별처럼 어두운 거리에서 반짝이고 있다.

【闪光灯】shǎnguāngdēng 名 섬광등. 플래시(램프). ¶这儿很亮, 不用～ | 여기는 밝아서 플래시가 필요없다.

【闪击】shǎnjī 動 전격(電擊)하다. ¶～战术 | 전격 전술.

【闪击战】shǎnjīzhàn ⇒〔闪电战〕

【闪开】shǎn·kāi 動 비키다. 피하다. ¶车子来了, 快～! | 차가 온다. 빨리 비켜라!＝〔闪避〕〔闪身①〕

1【闪亮】shǎnliàng 動 번쩍이다. (갑자기) 환해지다〔밝아지다〕. ¶灯光～ | 불빛이 반짝이다.

【闪念】shǎnniàn 名 번뜩 떠오른 생각. ¶脑中出现了～ | 머리에 생각이 번떡 떠올랐다.

【闪闪】shǎnshǎn 狀 (빛이) 번쩍번쩍하다. 번쩍거리다. ¶～发光 | 번쩍번쩍 빛나다. ¶电灯～ | 전기불이 번쩍이다.

【闪射】shǎnshè 動 빛을 방사하다. 빛을 뿌리다.

【闪身(儿)】shǎn/shēn(r) 動 ❶ 몸을 비키다〔피하다〕＝〔闪开〕❷ 몸을 모로 세우다. ¶～进门 | 몸을 모로 세우고 문을 들어가다. ¶你～让他过去 | 너 몸을 모로 해서 그가 지나가게 해라.

【闪失】shǎnshī 名 ❶ 의외의 손실. 뜻밖의 실수. 불의의 사고. 어법 대개「有」나「出」의 목적어로 사용됨. ¶多加小心, 免得有～ | 예상치 못한 일이 나지 않도록 더욱 주의하라. ¶路上不要有什么～才好 | 길에서는 어떤 불의의 사고도 나지 않는 것이 좋다. ❷ 분쟁. 내분. 옥신각신.

【闪石】shǎnshí 名〈鑛〉각섬석(角閃石)

3【闪烁】shǎnshuò ❶ 動 반짝이다. 깜박이다. ¶远处～着点点灯火 | 멀리서 조그마한 등불들이 깜박이고 있다. ¶繁星～着 | 뭇 별들이 반짝이고 있다＝〔闪耀〕❷ 動 貶 어물어물하다. 얼버무리다. ¶～其词 | 成 말을 얼버무리다〔둘러대다〕. ¶这个人说话闪闪烁烁, 让人听了着急 | 이 사람은 말을 일부러 어물어물하여 듣자니 사람을 아주 조급하게 만든다. ❸ 動 (태도를) 애매하게 하다. ❹ 動 보이다 말다 하다. ¶～往来 | 드문드문 왕래하다. ❺ 名〈電氣〉신틸레이션(scintillation).

【闪烁其辞】shǎn shuò qí cí 成 말을 얼버무리다. ¶她～, 不肯明说 | 그녀는 말을 얼버무리며 말을 분명히 하려고 하지 않는다＝〔闪烁其词〕

【闪现】shǎnxiàn 動 갑자기 나타나다. ¶许多幻影huànyǐng～在他的头脑中 | 많은 환상이 그의 머리 속에 언뜻 나타났다. ¶她的心里～出一线希望 | 그녀의 마음 속에서 한 가닥 희망이 갑자기 생겼다.

4【闪耀】shǎnyào 動 반짝이며 빛나다. 눈부시게 하다. 어법「闪耀」는 주로「빛이 강렬해서 눈이 부시게 하다」의 의미로 쓰임.「闪烁」과 달리「말을 얼버무리다」로는 사용될 수 없으며 중첩할 수 없음. ¶星光～ | 별빛이 반짝이다. ¶～着金光 | 금빛이 반짝이다＝〔闪烁②〕

【闪族】Shǎnzú 名 外〈民〉셈족(Sem族)＝〔闪米特人〕〔塞姆族〕→〔雅Yǎ利安族〕

【陕(陝)】Shǎn 땅이름 섬 名 ❶ 簡〈地〉섬서성(陕西省)의 약칭. ¶～甘宁 | 섬서성·감숙성(甘肅省)·영하성(寧夏省)의 3성. ❷〈地〉섬현(陕縣)［하남성(河南省)에 있는 현이름］❸ 성(姓).

【陕北三宝】shǎnběi sānbǎo 名 섬북 삼보. 양모·식염·감초.

【陕西】Shǎnxī 名〈地〉섬서성.

【陕西梆子】shǎnxī bāng·zi 名組〈演映〉섬서 지방의 극(劇)

【掺】shǎn ☞ 掺 chān C

shàn ㄕㄢˋ

【讪(訕)】shàn 헐뜯을 산
書❶動 비웃다. 헐뜯다. 비방하다 =〔讪笑〕❷形 난처하다. 겸연쩍다. ¶脸上发～ | 얼굴에 겸연쩍은 기색을 보이다.

【讪脸】shàn/liǎn 動❶ 뻔뻔스런 얼굴을 하다. ¶再不许你和他～ | 너 그에게 다시는 뻔뻔스럽게 굴지 마라. ❷方 (아이가 어른 앞에서) 넉살(을) 부리다. 히쭉히쭉거리다.

【讪讪地】shànshàn·de 副 멋적은 듯. 무안한 듯. 어색한 듯. ¶她～红了脸 | 그녀는 겸연쩍은 듯 얼굴을 붉혔다 =〔讪不搭地〕

【讪笑】shànxiào 動❶ 비웃다. ¶他～了几声, 走开了 | 그는 몇 번 비웃고는 가버렸다 =〔姗笑〕❷ 억지 웃음을 짓다.

【汕】shàn 오구 산, 뜰 산
❶書名 통발. ❷⇒〔汕汕〕❸ 지명에 쓰이는 글자. ¶～头 | 산두. 광동성(廣東省)에 있는 개항장(開港場).

【汕汕】shànshàn 書狀 물고기가 물에서 노닐다.

【疝】shàn 산증 산
⇒〔疝气〕

【疝气】shànqì 名〈醫〉❶ 헤르니아(hernia). 탈장(脫腸) =〔小肠串气〕〔外 赫hè尔尼亚〕❷ 산통(疝痛). 산병(疝病) ‖ =〔小肠气〕〔小肠疝〕〔小肠疝气〕

【苫】shàn shān 거적 점, 섬 섬

A shàn 動 (가마니·천 따위로) 덮다. 싸다. ¶～布↓ ¶把货堆～好 | 짐더미를 잘 덮다.

B shān 書名 (풀로 만든) 깔개. 거적. ¶寝qǐn～枕zhěn块 | 거적 위에서 자고 흙덩이를 베개로 삼다 [옛날, 부모상을 당할 때의 예절] 喩 부모의 상을 입다 =〔草苫子〕

【苫背】shàn/bèi 動 지붕에 새벽을 바르다 [마른 풀·가마니·거적·멍석 따위로 지붕을 덮고 석회나 진흙을 바르는 것]

【苫布】shànbù 名 비나 서리를 맞지 않게 덮어 씌우는 천〔방수포〕. ¶用～盖住粮堆 | 양곡더미를 방수포로 씌우다.

S

【钐】shàn ☞ 钐 shān B

【单】Shàn ☞ 单 dān C

【掸】Shàn ☞ 掸 dǎn B

【禅】shàn ☞ 禅 chán B

【剡】shàn ☞ 剡 yǎn B

2【扇】shàn shān 부채 선, 문짝 선

A shàn ❶ (～子) 名 부채. ¶一把～ | 부채 하나. ¶团～ | 둥근부채. ¶折～ | 접부채. 접선. ¶扇shān～ | 부채로 부채질 하다. ¶电(风)～ | 선풍기. ¶秋后～ | 입추 뒤의 부채. 쓸모없게 된 물건. 버림 받은 처. ❷名 문짝. ¶隔gé～ | 한 개의 방을 둘로 나눌 때 쓰는 장지 =〔门扇(子)〕❸量 ⓐ 짝. 틀. 폭. 장 [문·창문 따위의 얇은 것을 세는 양사] ¶两～门 | 두 짝 문. ¶八～屏风 | 여덟 폭 병풍. ⓑ 짝 [맷돌의 위 아래 돌을 세는 양사] ¶下～磨 | 맷돌의 아래짝 돌. ❹「骟」과 통용⇒〔骟shàn〕

B shān 動❶ 부채질하다 =〔搧①〕〔煽①〕 ¶用扇子～ | 부채로 부채질하다. ❷ 손바닥으로 때리다. ¶～一个耳光子 | 따귀를 한대 때리다. ❸ 선동하다. 부추기다 =〔煽②〕

A shàn

【扇贝】shànbèi 名〈魚貝〉가리비 =〔海扇〕

【扇车(子)】shànchē(·zi) 名 풍구 =〔风车(儿)①〕

【扇骨子】shàngǔ·zi 名 부채살. ¶象牙的～ | 상아로 된 부채살 =〔扇股子〕

【扇面(儿, 子)】shànmiàn(r·zi) 名 부채의 면(面). ¶～上画着一个仕女shìnǚ | 부채 면에 미녀가 그려져 있다→〔扇骨子〕

3【扇子】shàn·zi 名 부채. ¶扇shān～ =〔搧shān扇子〕〔打扇子〕| 부채질하다. ¶～铺 | 부채를 파는 가게.

B shān

【扇动】shāndòng 動❶ (부채질 하듯) 부치다. 흔들다. ¶～翅膀chìbǎng | 나래치다. ❷ 선동하다. 부추기다. 꼬드기다. ¶～暴乱 | 폭동을 선동하다. ¶～群众的情绪 | 군중의 감정을 부채질하다 =〔煽动〕

【扇区】shānqū 名〈電算〉섹터(sector).

【骟(騸)】shàn 불깔 선
動❶ (가축을) 거세하다. ¶～过的山羊 | 거세한 염소 =〔扇shàn④〕→〔阉yān①〕〔劁qiāo〕〔犍qiào②〕 ❷ 접목(接木)하다. ¶～树 | 접목하다.

【骟马】shànmǎ ❶書名 거세한 말. ❷動 말을 거세하다 ‖ =〔扇shàn马〕〔阉马〕

2【善】shàn 착할 선
❶形 착하다. 어질다. 선량하다. ¶这个人心很～, 富有同情心 | 이 사람은 마음이 착하고 동정심이 많다⇔〔恶è②〕❷形 쉽게 …하다. 잘 …하다. 어법 주로 부사어로 쓰임. ¶我最～忘, 请你及时提醒tíxǐng我 | 나는 너무 잘 잊어먹으니 제때에 나를 일깨워주세요. ¶此人～变, 他的话不可信 | 그는 쉽게 변하기 때문에 그의 말은 믿을 수 없다. ❸形 잘. 부디. 어법 주로 동사 앞에서 부사어로 쓰임. ¶～为说辞 | 잘 변명하다. ¶～自保重 | 부디 몸조심하십시오. ❹動 잘하다. 능숙하다. ¶李老师～画花鸟 | 이선생님은 화조도를 잘 그리신다. ¶他～于唱歌 | 그는 노래를 잘한다. ¶～辞令 | 말을 잘하다. ❺ 좋은 일. 선행. ¶劝～规过 | 선을 권장하고 잘못을 바로잡다⇔〔恶è①〕❻ 좋다. 훌륭하다. ¶～策 |

훌륭한 계책. ❼사이좋다. 친하다. 화목하다. ¶相～ | 서로 친하다. ¶友～ | 사이가 좋다. ❽잘 해내다. 다 해내다. ¶～始～終↓ ❾잘 알고 있다. 익숙하다. ¶面～ | 낯이 익다. ❿(Shàn) 名 성(姓).

【善罢甘休】shàn bà gān xiū 成 일을 잘 수습하다. 그대로 일없이 지내다 [주로 부정에 쓰임] ¶决不肯～ | 절대로 그대로는 물러서지 않는다.

【善报】shànbào 名〈佛〉좋은 과보(果報). 선과(善果). ¶做好事会有～的 | 좋은 일을 하면 좋은 과보가 있을 것이다 =〔善果〕

【善本】shànběn 名 선본 [학술·예술적 가치가 뛰어난(희귀한) 판본] ¶～书 | 선본서〔귀중한 책〕. ¶～目录 | 선본(서(書))목록. ¶珍藏zhēncáng～ | 선본을 잘 보관하다 =〔善书②〕

【善变】shànbiàn 書 形 잘 변하다. 변하기 쉽다.

【善处】shànchǔ 書 動 선처하다. 잘 처리하다. ¶这些事你要加以～ | 이 일은 네가 좀 잘 처리해야 되겠다.

【善感】shàngǎn 形 다감(多感)하다. 감정이 예민하다.

【善根】shàngēn 名〈佛〉선근. 선을 행하고자 하는 마음. ¶人有天生的～ | 사람은 타고난 선근이 있다.

【善果】shànguǒ ⇒〔善报〕

【善后】shànhòu ❶動 뒷처리〔사후처리〕를 잘하다. ¶研究如何～ | 어떻게 뒷처리를 잘 할 것인가를 연구하다. ❷名 뒷수습. 뒷감당. ¶～对策 | 사후 대책.

【善举】shànjǔ 書 名 자선행위. 자선 사업.

【善类】shànlèi 書 名 선량한〔착한〕 사람 [주로 부정문에 쓰임] ¶这个女子决非～ | 저 여자는 결코 착한 사람이 아니다.

4【善良】shànliáng 形 선량하다. 착하다. 어질다. ¶又温和又～的人 | 마음씨가 따뜻하고 선량한 사람. ¶～愿望 | 선의의 희망. ¶心地～ | 마음씨가 선량하다 =〔良善〕

【善邻】shànlín 書 ❶動 이웃 혹은 이웃 나라와 사이좋게 지내다. ❷名 선린. ¶～政策zhèngcè | 선린정책.

【善男善女】shàn nán shàn nǚ ⇒〔善男信女〕

【善男信女】shàn nán xìn nǚ 成〈佛〉선남선녀. ¶欺骗qīpiàn～ | 선남선녀를 속이다 =〔善男善女〕〔善信〕

【善人】shànrén 書 名 ❶착한 사람. ¶他不是一个～ | 그는 착한 사람이 아니다. ❷자애로운 사람. 자애심이 많은 사람.

【善善恶恶】shàn shàn wù è 成 ❶선한 것을 좋아하고 악한 것을 싫어하다. 좋고 나쁜 것을 분명히 하다. ❷선한 것은 상주고 악한 것은 징계하다.

【善始善终】shàn shǐ shàn zhōng 成 처음부터 끝까지 한결같이 잘하다. ¶做事要～ | 일을 하려면 처음부터 끝까지 잘해야 한다.

【善事】shànshì 名 자선 사업. 자선 행위. ¶广行～ | 자선 사업을 널리 행하다.

【善心】shànxīn ❶名 선심. ¶发～ | 선심을 쓰다. ❷形 인정이 많다. 동정심이 많다. ¶他很～ | 그는 인정이 많다.

【善行】shànxíng 書 名 선행.

【善言】shànyán 名 ❶좋은 말. 착한 말. ¶～相劝 | 좋은 말로 권하다. ❷듣기 좋은 말. ¶以～辞谢 | 듣기 좋은 말로 사양하다.

【善意】shànyì 名 선의. 호의. 좋은 뜻. ¶～帮助 | 선의로 도와주다. ¶是～还是恶意èyì? | 선의냐 악의냐?

【善有善报, 恶有恶报】shàn yǒu shànbào, è yǒu èbào 諺 착한 일을 하면 좋은 결과가 있고, 나쁜 일을 하면 반드시 나쁜 결과가 있다. 죄는 지은 대로 가고 덕(德)은 닦은 대로 간다 =〔善有善报, 恶有恶报, 不是不报, 时辰未到〕〔恶有恶报〕

2【善於】shànyú 動 …에 능숙하다. …를 잘하다. 어법「善於」는 어떤 일을 할 수 있고 또 잘하는 것을 강조하는 반면,「擅长shàncháng」은 어떤 방면에 재능이 특출함을 강조함.「善於」의 사용범위가 넓음. ¶～处世 | 처세에 능하다. ¶～学习 | 요령있게 공부하다. ¶他很～辞令 | 그는 말을 잘한다. 구변이 좋다.

【善哉】shànzāi 書 嘆 좋다! 좋구나! 옳다! ¶～, ～, 如汝所言 | 옳다, 옳다, 네 말이 옳다《法華經》

【善战】shànzhàn 形 싸움에 능하다. 싸움을 잘하다. ¶英勇～ | 용맹하게 싸움을 잘하다. ¶这支部队很～ | 이 부대는 싸움에 능하다.

【善终】shànzhōng 動 ❶書 천수(天壽)를 다하다. ¶不得～ | 천수를 다하지 못하다 =〔好hǎo死〕〔善死〕 ❷유종의 미를 거두다→〔善始善终〕 ❸書 남의 죽음에 애도의 정을 다하다.

【鄯】 shàn 나라이름 선

지명에 쓰이는 글자. ¶～善↓

【鄯善】Shànshàn 名 ❶〈史〉선선국 [한대(漢代) 서역(西域) 제국(諸國)의 하나] ❷〈地〉신강(新疆) 위구르 자치구에 있는 현(縣).

【缮(繕)】 shàn 기울 선

動 ❶(그림·글 따위를) 베끼다. 필사하다. ¶～录 | 베껴서 기록하다. ¶～发公文 | 공문을 필사하여 발송하다. ❷수리하다. 보수하다. ¶修～ | 수리하다.

【缮本】shànběn 名 등본. 사본.

【缮发】shànfā 動 정서(淨書)해서 발급〔발송〕하다.

【缮写】shànxiě 動 정서(淨書)하다. 베껴쓰다. 필사하다. ¶～文书 | 문서를 필사하다.

【膳〈饍〉】 shàn 찬 선

書 名 밥. 식사. ¶早～ | 아침식사. ¶晚～ | 저녁식사. ¶用～ | 밥을 먹다. 식사를 하다.

【膳费】shànfèi 名 식비. 밥값. ¶由父母提供～ | 부모가 식비를 제공하다→〔饭钱〕

【膳食】shànshí 名 식사. 음식. ¶流质～ | 유동식(流動食). ¶半流质～ | 반유동식.

【膳宿】shànsù 名 식사와 숙박. ¶～费 | 숙식비. ¶～俱备 | 숙식 완비. ¶～自理 | 식사와 숙박을 스스로 해결하다.

【蟮〈蟺〉】 shàn 지렁이 선

名〈動〉지렁이 =〔蛐qū蟮〕〔蚯蚓qiūyǐn〕

S

【鳝(鱔)〈鱓〉】shàn 두렁허리 선 名〈魚貝〉두렁허리＝〔鳝鱼〕〔俗 黄鳝〕〔鳣鱼〕

【嬗】shàn 바뀔 선
書 動 ❶ 바뀌다. 변천하다. ¶～变↓ ¶由此可见百余年来递dì～之迹jì | 여기에서 백여년동안 차례차례 변화해 온 흔적을 볼 수 있다. ❷「禅」과 통용 ⇒〔禅shàn①〕

【嬗变】shànbiàn ❶ 書 名 動 변천(하다). 추이(하다). ❷ 名〈物〉변환. ¶自然～ | 자연 변환. ¶感生～ | 유도 변환. ¶明其～ | 그 변환(과정·내용 등)을 밝히다＝〔演变〕

【嬗替】shàntì 動 변화교체되다. 변천하여 바뀌다. ¶不断～ | 끊임없이 변화 교체되다. ¶自行～ | 스스로 변화 교체되다.

4【擅】shàn 멋대로 천
❶ 副 動 제멋대로 (하다). 독단적으로 (행동하다). ¶～自处理 | 독단적으로 처리하다. ¶～离职守↓ ❷ 動 잘하다. 뛰어나다. 능숙하다. ¶～长物理 | 물리에 뛰어나다. ¶不～言谈 | 말솜씨가 뛰어나지 못하다.

4【擅长】shànchǎng ❶ 動 (어느 한 기능에) 능숙하다. 뛰어나다. ¶～于写毛笔 | 붓글씨에 뛰어나다. ¶～于外国语 | 외국어를 잘하다. ❷ 名 장기(長技). 재간. ¶他的～在于带球 | 그의 장기는 공을 잘 모는데 있다 ‖＝〔善长〕

【擅场】shànchǎng 書 動 걸출하다. 압도적으로 우세하다. ¶技艺～ | 기예가 압도적으로 걸출하다.

【擅离职守】shàn lí zhí shǒu 成 제멋대로 직무를 이탈하다. ¶不可～ | 마음대로 일자리를 떠나서는 안된다.

4【擅自】shànzì 副 제멋대로. 독단적으로. ¶～作出结论 | 제멋대로 결론을 내리다. ¶不得～改变议事日程 | 의사 일정을 제멋대로 바꾸어서는 안된다.

【擅自为谋】shàn zì wéi móu 成 제멋대로 하다. ¶他竟～ | 그는 결국 제멋대로 했다.

【擅作】shànzuò 動 제멋대로 하다. ¶～主张 | 제멋대로 주장하다.

【鳣】shàn ☞ 鳣 zhān B

【赡(贍)】shàn 넉넉할 섬
❶ 부양하다. ¶顾gù～ | 돌보다. 보살피다. ¶～养 | 부양하다. ❷ 書 形 풍부하다. 충분하다. ¶力不～也 | 힘이 충분하지 못하다.

【赡养】shànyǎng 動 부양하다. 먹여살리다. ¶～父母 | 부모를 봉양하다.

shāng 尸尢

2【伤(傷)】shāng 다칠 상
❶ 名 상처. ¶他的～不重 | 그의 상처는 심하지 않다. ¶自行车受了～ | 자전거가 망가졌다. ❷ 動 상하다. 다치다. 해롭게 하다. ¶～了脚 | 다리를 다치다. ¶他的话～了我的心 | 그의 말은 나의 마음을 상하게 했다. ¶烟酒～身体 | 담배와 술은 몸에 해롭다. ❸ 動 (정도가 지나쳐) 견딜 수 없다. 어법「挑」「吃」등 소수의 동사 뒤에 보어로 쓰임. ¶饭吃得太多了, 吃～了 | 밥을 너무 많이 먹어 견디기 힘들 정도다. ¶～食↓ ❹ 動 방해하다. 지장을 주다. 어법 대개 고정어구에 쓰임. ¶无～大体 | 전반적으로는 지장이 없다. ❺ 슬퍼하다. ¶～悲 | 슬퍼하다.

【伤兵】shāngbīng 名 부상병. ¶看护～ | 부상병을 간호하다.

【伤病员】shāngbìngyuán 名〈軍〉병들거나 부상당한 인원. ¶照顾～ | 병들거나 부상당한 병사를 돌보다.

【伤残】shāngcán 動 ❶ 상처를 입어 불구가 되다. (물건이) 손상을 입어 결함이 생기다. ¶～人 | 신체 장애자. ❷ 상해를 가하다. ¶～人命 | 살해하다.

【伤悼】shāngdào 動 애도하다. ¶～亡友 | 죽은 친구를 애도하다＝〔伤痛〕

【伤风】shāng/fēng ❶ 動 감기에 걸리다. 감기를 앓다. ¶有点儿～ | 감기 기운이 좀 있다＝〔俗 着zháo凉〕→〔凉着〕❷ (shāngfēng) 名〈漢醫〉(가벼운) 감기 ‖＝〔感冒〕

【伤风败俗】shāng fēng bài sú 成 풍속을 문란하게 하다. ¶这种黄色杂志真有点儿～ | 이런 포르노 잡지는 실로 풍속을 문란하게 하는 면이 있다.

【伤感】shānggǎn ❶ 名 슬픔. 비애. ❷ 形 슬퍼하다. 비애에 잠기다. ¶她很～ | 그녀는 아주 슬퍼하고 있다. ¶～地低着头 | 비애에 잠겨 고개를 떨구고 있다. ¶感情脆弱cuìruò的人容易～ | 감정에 약한 사람이 잘 슬퍼한다.

【伤感情】shāng gǎnqíng 動組 감정을 상하다. ¶这件事真让人～ | 이 일은 정말 사람의 감정을 상하게 한다.

【伤骨】shāng/gǔ 動 ❶ 뼈를 상하다〔다치다〕. ❷ 일에 지장이 생기다 [보통「伤筋」에 이어 씀] ¶买辆车子, 又不伤筋, 又不～ | 차를 한대 산다 해도 일에 별로 지장이 생기지는 않는다.

3【伤害】shānghài 動 상해하다. 손상시키다. 상하다. 해치다. ¶～人命 | 생명을 해치다. ¶～自尊心 | 자존심을 상하게 하다＝〔害伤〕

【伤寒】shānghán 名 ❶〈醫〉(장)티푸스. ¶～杆菌gānjùn | 티푸스균. ¶～菌苗 | 장티푸스 왁친. ¶斑疹～＝〔发疹窒扶斯〕| 발진티푸스＝〔肠伤寒〕〔肠热症〕〔肠窒扶斯〕〔窒扶斯〕❷〈漢醫〉상한.

【伤号】shānghào 名 (번호표가 달린) 부상자. 부상병.

【伤耗】shāng·hao 名 動 소모(되다). 손실(을 보다). 축(나다). ¶精神～ | 정신적 소모.

【伤和气】shānghé·qi 動組 감정을 상하(게 하)다. 불쾌하게 되다. ¶大家可别～ | 모두들 감정을 상하게 해서는 안된다.

4【伤痕】shānghén 名 상흔. 상처 자국. (물건의) 흠집. ¶他身上～累lěi累 | 그의 몸에는 상처자국이 많다.

【伤酒】shāng/jiǔ 動 술을 너무 마셔 몸을 상하다. ¶三天～吃不下饭 | 삼일 동안 술병으로 밥을 먹지 못했다.

3【伤口(儿)】shāngkǒu(r) 名 상처. ¶包扎bāozh-

ā～ | 상처를 싸매다.
【伤面子】shāngmiàn·zi 動組 체면을 잃다[상하다]. 면목없게 되다. ¶别伤了他的面子 | 그의 체면을 너무 상하게 하지 마라.
【伤命】shāng/mìng ⇒[伤生]
3【伤脑筋】shāngnǎojīn 動組 골머리[골치]를 앓다. 애를 먹다. 골치 아프다. ¶你不必为这件事～ | 너는 이 일 때문에 골치를 앓을 필요없다. ¶碰到这种问题，真是～ | 이런 문제에 부닥치면 정말 골치가 아프다.
【伤气】shāng/qì 動 ❶ 書 기력을 잃다. 의기소침해지다. ❷〈漢醫〉원기를 잃다.
【伤热】shāng/rè 動 (채소·과일 따위가) 열을 받아[더위로] 상하다.
【伤人】shāng/rén 動 ❶ 남을 다치게 하다. ❷ 남의 기분을 상하게 하다. ❸ 남에게 나쁜 짓을 하다.
【伤神】shāng/shén ❶ 動 (지나치게) 정신을 소모하다. 너무 신경을 쓰다. ¶生气～ | 화를 내면 원기를 상한다. ¶看那么小的字，即费时又～ | 그렇게 작은 글자를 보니, 시간도 걸리고 신경도 쓰인다. ❷ ⇒[伤心]
【伤生】shāng/shēng 動 생명을 해치다. ¶他在火灾中不幸～ | 그는 화재로 불행히 목숨을 잃었다. ¶～害命 | 成 생명을 해치다 ＝[伤命]
【伤食】shāng/shí 名〈漢醫〉식상(食傷). 과식 소화불량증. 체증.
【伤逝】shāngshì 書 動 죽은 사람을 애도하다.
【伤势】shāngshì 名 다친 상태. 부상 정도[상태]. ¶～严重yánzhòng | 부상이 심함. ¶检查了～ | 부상 상태를 검사했다.
【伤天害理】shāng tiān hài lǐ 成 천리(天理)를 위배하다. 사람으로서 못할 짓을 하다. ¶他干出了这等～的事儿 | 그는 이런 천리에 위배되는 일을 하고야 말았다.
【伤亡】shāngwáng ❶ 動 사상(死傷)하다. ¶施工中要避免～事故 | 공사중에 사상 사고를 피해야 한다. ¶敌军～了不少人 | 적군은 많은 사상자를 냈다. ❷ 名 사상자. ¶敌军～惨重cǎnzhòng | 적군은 사상이 막심하다. ¶～报告 |〈軍〉사상자 보고. ¶～甚众 | 사상자가 매우 많다.
2【伤心】shāng/xīn 形 상심하다. 슬퍼하다. 마음 아파하다. ¶他为这件事～透了 | 그는 이 일 때문에 아주 가슴 아파한다. ¶～落泪 | 상심하여 눈물을 흘리다. ¶别为这事～ | 이 일로 마음 아파하지 말라. ¶她～失去爱人 | 그녀는 남편을 잃어 마음 아파한다. ¶叫人伤透了心 | 정말 사람 마음 아프게 한다 ＝[伤怀][伤情②][伤神②]
【伤心惨目】shāng xīn cǎn mù 成 너무 비참하여 차마 눈뜨고 볼 수 없다. 끔찍스럽다.
4【伤员】shāngyuán 名 (주로 군대의) 부상자

【殇(殤)】shāng 일찍죽을 상
書 動 젊어서 죽다. 요절하다. ¶幼yòu子早～ | 어린 아들이 어려서 죽었다.

【觞(觴)】shāng 잔 상
書 名 술잔. ¶称～ | 술잔을 들다.
【觞咏】shāngyǒng 書 動 술을 들며 시(詩)를 읊다. 음영(飮詠)하다.

【汤】shāng ☞ 汤 tāng B

1【商】shāng 헤아릴 상
❶ 動 상의하다. 의논하다. 상담하다. ¶有要事相～ | 상의할 중요한 일이 있다. ¶协xié～ | 협상하다. ❷ 名 장사. 상업. ¶经～ | 장사를 하다. ¶通～ | 통상하다. ❸ 名 장수. 상인. ¶布～ | 포목상. ¶～旅 | 행상인. ❹ 名〈數〉몫. ¶九被三除的～是三 | 9 나누기 3의 몫은 3이다. ❺ 名〈音〉상(商) [옛날, 궁(宮)·상(商)·각(角)·치(徵)·우(羽) 5음계의 하나] ❻ (Shāng) 名〈史〉상·은(殷) [기원전 1711년에서 기원전 1066년까지 이어진 중국 고대의 왕조명] ＝[殷] ❼「二十八宿」(28수)의 하나인 「心宿」(심수). ❽ (Shāng) 名 성(姓).
4【商标】shāngbiāo 名 상표. ¶注册zhùcè～ | 등록상표. ¶查对～ | 상표를 대조 조사하다 →[牌pái号(儿)①]
【商埠】shāngbù 名 ❶ (옛날) 외국과의 통상항구[도시]. 개항장(開港場). ❷ 상업 도시.
2【商场】shāngchǎng 名 ❶ 시장. 상가. 아케이드. ¶这个个体户～什么商品都有 | 이 개인상점 상가에는 모든 물건이 다 있다. ❷ 백화점. ¶他在(百货)～工作 | 그는 백화점에서 일한다 ＝[百货商场] ❸ 시장 상황. 상황(商況). ¶调查～ | 시장(상황)을 조사하다. ❹ 상업계. ¶他在～中打滚dǎgǔn | 그는 상업계에서 굴러먹었다.
【商船】shāngchuán 名 상선 ＝[商轮]
1【商店】shāngdiàn 名 상점. ¶日夜～ ＝[通宵商店] | (24시간 영업하는) 편의점 →[铺pù子]
【商定】shāngdìng 動 상의(토의)하여 결정하다. ¶～计划 | 계획을 상의하여 결정하다. ¶～付款fùkuǎn日期 | 지불 일시를 토의하여 결정하다 ＝[商订]
【商订】shāngdìng ⇒[商定]
【商兑】shāngduì 書 動 상의하다. 의논하다. 협의하다 ＝[商酌zhuó]
【商队】shāngduì 名 대상(隊商). 캐러밴(caravan). ¶～向西北出发 | 대상이 서북지역을 향해 출발하다.
【商贩】shāngfàn 名 상인. 장사꾼.
【商港】shānggǎng 名 통상항. 무역항. 상업도시.
【商行】shāngháng 名 (규모가 비교적 큰) 상점. 상사(商社). ¶贸易màoyì～ | 무역 상사. ¶大～ | 대상점.
【商会】shānghuì 名 ❶ 상인 단체. 상업 회의소. 상업 연합회. ❷ (중세의) 상인 길드 ＝[商会组织][商业公会]
【商计】shāngjì 動 상의하다. 의논하다. 협의하다. ¶～国是 | 국가의 기본 방침을 상의하다.
【商检】shāngjiǎn 名 簡「商品检险」(상품검사)의 약칭. ¶～局 | 상품검사국. ¶～工作 | 상품 검사 작업.
【商界】shāngjiè 名 상업계. 실업계. ¶～多风波 | 상업계는 세파가 거세다.
【商科】shāngkē 名 상과. ¶～大学 | 상과 대학.
【商籁体】shānglàitǐ 名 外〈文〉소네트(sonnet;

S

프).

[2]【商量】shāng·liáng 動 상의하다. 의논하다. 상담하다. 어법「商量」는 그 대상이 일이나 문제 등 비교적 넓은데,「商榷」는 일반적으로 학술 문제에 국한하여 사용됨. ¶跟他～一件事情 | 그와 한가지 일을 의논하다. ¶没有～的余地 | 상의할 여지가 없다.

【商旅】shānglǚ 名 ❶ 행상. 도부 장수. 도부꾼. 여상(旅商). ❷ 상인과 여객(旅客).

[2]【商品】shāngpǐn 名 ❶〈經〉상품. ¶～交换 | 상품 교환. ¶～生产 | 상품 생산. ¶～输出 | 상품 수출. ¶～经济 | 상품 경제. ¶～流转＝[商品流通] | 상품 유통. ¶～券 | 상품권. ¶～陈列馆 | 상품 진열관. ¶～采购 | 상품구매. ❷ (시장에서 판매되는) 물품.

【商品房】shāngpǐnfáng ⇒[商品住宅]

【商品肥料】shāngpǐn féiliào 名組〈農〉(콩깻묵·골분(骨粉)·화학 비료 따위의) 상품(화 된) 비료. ¶购买gòumǎi～ | 비료를 구매하다.

【商品粮】shāngpǐnliáng 名 상품(화) 식량. ¶出售chūshòu～ | 상품화 된 식량을 팔다＝[商品粮食]

【商品住宅】shāngpǐn zhùzhái 名組 상품으로 파는 주택. (상업적인) 분양 주택＝[商品房]

【商情】shāngqíng 名 (옛날) 시장 상황.

【商丘】Shāngqiū 名 복성(複姓).

[4]【商榷】shāngquè 動 협의 검토하다. 토의하다. 의견을 교환하다. 상론하다. ¶值得～ | 협의 검토할 만하다. ¶此问题有待于进一步～, 不能冒然下结论 | 이 문제는 진일보한 협의 검토를 요하므로 경솔하게 결론을 내려서는 안된다＝[商略②]

[3]【商人】shāngrén 名 상인. 장사꾼. 장수.

【商谈】shāngtán 動 (구두로) 상담하다. 협의하다. 의논하다. ¶～贸易协定 | 무역 협정을 협의하다. ¶就文化交流问题进行～ | 문화 교류 문제에 대해 토론하다. ¶经过友好～, 双方同意签订qiāndìng本合同 | 우호적인 협의를 거쳐 쌍방은 본 계약을 체결함에 동의한다.

[4]【商讨】shāngtǎo 動 토의하다. 협의하다. ¶～对策 | 대책을 논의하다. ¶会议～了两国的经济合作问题 | 회의에서 양국의 경제 협력 문제에 대해 토의하였다.

【商务】shāngwù 名 상무. 상업상의 용무[사무]. ¶～参赞cānzàn | 상무 참사관. ¶～代表 | 상무 대표. ¶～机构jīgòu | 통상 기구. 상무 기구. ¶～专员 | (대·공사관의) 상무관.

[2]【商业】shāngyè 名 상업. ¶～部门 | 상업 부문. ¶～机构 | 상업 기구. ¶～区 | 상업 지역. ¶～银行 | 상업은행. ¶～信贷 | 상업 신용 대부.

[4]【商议】shāngyì 動 상의하다. 토의하다. 협의하다. 상담하다. ¶会前他们～并通过了大会议程 | 회의에 앞서 그들은 대회의 의사 일정을 토의하고 통과시켰다. ¶李太太剪jiǎn了发, 并没和丈夫～ | 이씨 아주머니는 머리를 잘랐는데 남편과 상의도 하지 않았었다.

【商约】shāngyuē 名〈法〉❶ 簡「通商条约」(통상 조약)의 약칭. ❷ 상업상의 계약.

【商战】shāngzhàn 名 ❶ (15～18C에 일어났던 포르투갈·스페인·영국·프랑스 등의 식민지 확보를 위한) 상업전쟁＝[商业战争] ❷ 무역전쟁. ¶日美～ | 일본과 미국의 무역 전쟁.

【商酌】shāngzhuó 書 動 협의하다. 상담하다. 토의하다. 협의 검토하다. ¶认真～, 妥善处置 | 진지하게 토의하고 타당하게 조치하다. ¶～以后再办 | 협의한 뒤에 처리하다.

【墒】shāng 땅물기 상
名〈農〉(식물의 발아에 적당한) 토양의 습도. ¶保～ | 땅의 습도를 보존하다. ¶抢qiǎng～ | 습기있는 동안에 밭을 경작하다. ¶跑pǎo～ | (토양의) 수분이 없어지다.

【墒情】shāngqíng 名 토양의 습도 상태.

【熵】shāng 열기 상
名〈物〉엔트로피(entropy) [열역학상의 추상적인 상태량]

shǎng ㄕㄤˇ

1【上】shǎng ☞ 上 shàng Ⓑ

【垧】shǎng 땅넓이 상
量 토지 면적의 단위 [기준은 지방에 따라 다름.「市用制」에서는 10묘(畝)를「一垧」이라 하고, 동북의 여러 지방에서는 15묘, 서북 지방에서는 3묘 혹은 5묘를 각각「一垧」으로 함] ¶新～ | 미터법의「公顷」(헥타르)을 말함＝[晌④]

4【晌】shǎng 대낮 상
名 ❶ (～儿) (반)나절. 낮의 어느 동안. ¶工作了半～ | 반나절 일했다. ¶前半～儿 | 오전 반나절. ¶晚半～儿 | 저녁 반나절. ❷ 方 한낮. 정오. ¶～午↓ ❸ (～儿) 잠시. 한동안. ¶停了半～ | 잠시 멈추었다. ¶半～无言 | 한동안 말이 없다. ❹「垧」과 통용⇒[垧shǎng]

【晌饭】shǎngfàn 名 方 ❶ 점심. 점심밥. ¶吃～ | 점심을 먹다＝[晌午饭][午饭] ❷ 새참[새밥].

【晌觉】shǎngjiào 名 方 낮잠. 오수(午睡). ¶睡～ | 낮잠을 자다.

[4]【晌午】shǎng·wu (京 shǎng·huo) 名 口 정오. 점심때. 한낮. ¶～饭 | 점심. ¶～觉＝[晌觉] | 낮잠. ¶～歪＝[晌歪] | 정오에서 2시 사이. ¶小～＝[头晌午] | 오전 10시·11시경＝[正午][中午][俗 晌半天]

4【赏(賞)】shǎng 칭찬할 상
❶ 動 상을 주다. 상품을 주다. ¶这件好事是他做的, 不害～我, 要～他 | 이 좋은 일은 그가 한 것이니 저에게 상을 주셔서는 안되고 그에게 상을 주세요. ¶～给他一匹马 | 그에게 말 한 필을 상으로 주다. ❷ 動 관상(觀賞)하다. 완상하다. 감상하다. ¶请他去～牡丹 | 그에게 모란꽃을 보러가자고 청하다. ¶～月 | 달구경하다. ❸ 상. 상품. ¶悬xuán～ | 상을 걸다. 현상하다. ¶领～ | 상품을 받다. ❹ 칭찬하다. ¶赞～ | 극구 칭찬하다. ❺ 動 敬 …해 주십시오 [남에게 부탁할 때 공손을 나타내는 말] ¶～光

↓ ¶～脸↓ ❻ (Shǎng) 名 성(姓).

【赏赐】shǎngcì ❶ 動 하사하다. 상을 주다. ¶把那条狗～给他 | 이 개 한 마리를 그에게 상으로 주다. ❷ 名 하사품. 은상(恩賞). ¶得到很多～ | 많은 하사품을 받다.

【赏罚】shǎngfá 名 상벌. ¶～分明 | 상벌이 분명하다. ¶～严明 | 상벌이 엄격하고 분명하다. ¶～无章 | 상벌에 일정한 원칙이 없다.

【赏封(儿)】shǎngfēng(r) 名 (옛날) 금일봉(金一封). ¶快去领～吧 | 빨리 가서 금일봉을 받아라 =〔红封儿〕

【赏格】shǎnggé 名 현상(懸賞). 현상금. ¶寻xún人～ | 사람을 찾는 현상.

【赏给】shǎng·gei 動 상으로 주다. 轉 (내려)주시다. ¶您先～我一封信 | 미리 나에게 편지하여 주십시오

【赏光】shǎng/guāng 動 套 ❶ 왕림해〔참석해〕주십시오. ¶请您务必～ | 아무쪼록 꼭 왕림해 주십시오. ❷ 체면을 보아 주십시오 ‖ =〔赐光〕

【赏号】shǎng·hao 名 方 (옛날) 개개인에게 상으로 주는 물건이나 돈.

【赏花】shǎnghuā 動 꽃놀이를〔꽃구경을〕 하다. ¶～饮酒 | 꽃구경을 하며 술을 마시다.

【赏鉴】shǎngjiàn 書 動 (예술품을) 감상하다. 감상 평가하다. ¶～名画 | 명화를 감상하다.

【赏金】shǎngjīn 名 상금. ¶我不贪这一点儿～ | 나는 이 얼마 안되는 상금을 탐내지 않는다.

【赏脸】shǎng/liǎn 動 套 (자신의 요구나 선물 등을) 받아 주십시오. ¶送上拙作zhuōzuò一本, 请您～收下 | 저의 졸작 한 권을 보내오니 받아주시기 바랍니다. ¶请您务必～光临 | 아무쪼록 꼭 왕림해주시기 바랍니다.

【赏钱】ⓐ shǎng qián 動 돈〔상금〕을 주다. ⓑ shǎng·qian 名 행하(行下). 상금. 상으로 주는 돈. 팁(tip).

【赏识】shǎngshí 動 (재능이나 가치를) 알아주다. 중시하다. 눈에 들다. 찬양하다. 감상하다. ¶～人材 | 인재를 알아주다. ¶～名画 | 명화를 감상하다.

【赏玩】shǎngwán 動 (경치·예술품 따위를) 감상하다. 완상하다. 즐기다. ¶～山景 | 산경치를 감상하다. ¶～古董 | 골동품을 완상하다.

【赏心悦目】shǎng xīn yuè mù 成 눈과 마음을 즐겁게 하다. 아름다운 정경을 감상하며 마음을 즐겁게 하다.

【赏阅】shǎngyuè 動 (시문 따위를) 읽고 즐기다. 감상하며 읽다. ¶～名家诗作 | 명가의 시작품을 읽으며 감상하다.

shàng ㄕㄤˋ

1【上】shàng shǎng 웃 상

Ⓐ shàng Ⅰ 名 ❶ 위. 어법 ⓐ 단독으로 쓰임. ¶～有天堂, 下有苏杭 | 위로는 천당이 있고 아래로는 소주(蘇州)·항주(杭州)가 있다. ¶～有父母, 下有儿女 | 위로는 부모가 있고, 아래로는 자식이 있다. ⓑ「介＋上」의 형태로 쓰임. ¶朝～看 | 위로 보다. ¶向～拉 | 위로 당기다. ❷ (·shang) …의 위에. …표면에. …안에. …방면에. …때에. 어법「名＋上」의 형태로 쓰여 여러가지 의미를 나타냄. 이때 대개 경성으로 읽음. ⓐ 물체의 꼭대기나 표면을 나타냄. ¶山～ | 산 위에. ¶脸～ | 얼굴에. ¶门～ | 문 위에. ⓑ 범위를 나타냄. 간혹「里」(속에, 안에)의 뜻을 나타냄. ¶书～ | 책에. ¶报～ | 신문에. ¶课堂～的秩序zhìxù一直很好 | 교실 안의 질서는 줄곧 양호하였다. ⓒ 방면(方面)을 나타냄. ¶他在音韵研究～下了很大功夫 | 그는 음운연구에 많은 노력을 기울였다. ¶要真正从思想～解决问题, 不能只停留在口头上 | 진정 사상적으로 문제를 해결하려 한다면, 구호에만 그쳐서는 안된다. ⓓ 연령을 나타내는 말 뒤에 쓰여「…的时候」(…때에)와 같은 뜻으로 쓰임. ¶我十七岁～来到了北京 | 나는 17살에 북경에 왔다. ¶他五岁～死了父亲 | 그는 5세 때에 아버지를 여의었다. ❸ 위의. 윗부분의〔명사 앞에 형용사처럼 쓰여, 장소를 나타냄〕 ¶～游 | 상류(上流). ¶～一层 | 위의 한 층. ❹ 앞의. 먼저의. 지난(번)의〔일부의 명사 앞에 형용사처럼 쓰여, 시간이나 순서가 먼저임을 나타내며, 중복하여 사용하여 한 번 더 앞선 것임을 나타냄〕 ¶～半个月 | 전 반월(前半月). ¶～半年 | 상반년. ¶～星期二 | 지난 화요일. ¶～星期天我在家, ～～星期天不在家 | 지난 일요일에는 집에 있었으나 지지난 일요일에는 집에 없었다. ¶～一次 | 지난 번. ¶～～一次 | 지지난 번. ❺ 상등의. 상급의. 상위의〔등급이나 질이 우수함을 나타내며 형태소(詞素)로 쓰임〕 ¶～将↓ ¶～校↓ ¶～级↓ ¶～等↓ ❻ 書 황제. 임금. 상(上). ¶～谕↓ ❼ 轉 존귀한. ¶～座↓ ¶～宾↓ ❽ 轉 우측(右側). 손님 좌석〔우측이 상석(上席)인데서 나온 말〕 ¶请他坐在～手 | 그를 우측에 앉게 하시지요 ‖ ⇔〔下〕 ❾ 중국 음악의 첫번째 음계.「简谱」의「1」에 해당함→〔工尺〕 Ⅱ 動 ❶ 오르다. ¶～山 | 산에 오르다. ¶～车 | 차에 오르다. ¶车到锺路又～了几个人 | 차가 종로에 이르자 또 몇 명이 탔다. ❷ (앞으로) 가다. 나아가다. ¶～学校 | 학교에 가다. ¶～南京 | 남경에 가다. ¶你～哪儿? | 너 어디에 가니? ¶～厕所 | 화장실에 가다. ❸ 더하다. 보태다. 보충하다. ¶今天～了不少货 | 오늘 많은 상품을 들여놓았다. ¶给水箱～水 | 물탱크에 물을 채우다〔더 넣다〕. ❹ 등장하다. 나오다. 출장하다. 나가다. ¶这一场球, 我们五个先～ | 이 경기에 우리 다섯명이 먼저 출장한다. ¶三号下, 五号～ | 3번 퇴장, 5번 출장. ¶～电视 | 텔레비전에 출연하다. ❺ (어떤 부품 따위를 물건에) 달다. 꽂다. 끼우다. 부착하다. 장치하다. ¶窗户都～了玻璃 | 창문에 모두 유리를 끼웠다. ¶这个零件应该～在这里 | 이 부품은 마땅이 이곳에 부착해야된다. ❻ 칠하다. 치다. 바르다. ¶～漆 | 칠을 하다. ¶这台机器该～油了 | 이 기계는 기름을 쳐야겠다. ¶～颜色 | 색을 칠하다. ❼ 게재하다. 등재하다. 기입하다. 싣다. 올리다. 기재하다. ¶～帐↓ ¶他的名字～了榜bǎng了 | 그의 이름이 방

S

에 올랐다. ¶老张的文章~不了报 | 장씨의 글은 신문에 실릴 수 없다. ❽ (나사나 태엽을) 감다. 틀다. 돌리다. 죄다. ¶~螺丝luósī | 나사를 돌리다. ¶闹钟已经~过了 | 자명종 태엽을 이미 감았다. ¶这表~了弦没有? | 이 시계 밥을 주었느냐? ❾ (정해진 시간이 되어) 어떤 활동을 하다. ¶~班↓ ¶~了两堂课 | 수업을 두 시간 하였다. ¶她的女儿在~大学 | 그녀의 큰 딸은 대학에 다니고 있다. ❿ (일정한 정도·수량에) 이르다. 달하다. ¶不~几天, 花就开了 | 며칠 안되어서 꽃이 피었다. ¶人数已~了一万 | 사람 수가 이미 만 명에 이르렀다. ¶~了年纪 | 나이가 들었다. ¶成千~万 | 國 수천 수만에 달하다. ⓫ (요리 따위를) 올려 놓다. 내놓다. ¶~了很多菜 | 여러 요리를 내었다. ⓬ (비료 따위를) 주다. ¶~饲料 | 사료를 주다. ⓭ 빠지다. 걸리다. 걸려들다. 넘어가다. ¶~圈套儿quāntàor | 올가미에 걸리다. ¶~当↓ ⓮ 書 札 바치다. 드리다. 올리다. 증정하다. ¶谨~ | 札 삼가 올립니다. ¶~书↓ ⓯ 몸에 걸치다. 입다. ¶刚~身儿的衣裳 | 방금 입은 옷. ¶刚~脚儿的鞋 | 방금 신은 구두. ⓰ 方 …로. …에 [전치사(介詞)처럼 쓰여 방향을 나타냄] ¶你~哪里去? | 너 어디에 가느냐? ⓱ 마음을 쓰다. 열중하다. ¶~心念书 | 마음을 들여 책을 읽다. ¶~眼瞧qiáo | 잘 보다. ⓲ 거슬러 올라가다. ¶~水船 | (흐름을) 거슬러 올라가는 배. ¶~行车 | 상행 열차. ⓳ (·shàng) 동사 뒤에 보어로 쓰여, 여러가지 의미를 나타냄. 어법 ⓐ 높은 곳으로 향함을 나타냄. 「上来」「上去」와 뜻이 같으나 말하는 사람이 있는 위치와는 관계 없음. 뒤에 장소를 나타내는 목적어(賓語)가 와야 함. ¶汽车顺着公路开~山了 | 자동차가 도로를 따라 산으로 올라갔다. ¶一口气跑~三楼 | 한 숨에 3층으로 달려 올라 갔다. ¶把行李搬~车吧 | 짐을 차에 실으시오. ⓑ 동작이 일정한 정도에 이르게 됨을 나타냄. 「動+上+數+量」의 형태로 쓰이며, 「上」을 생략하여도 의미에는 변화가 없음. 일부의 형용사도 이와 같은 용법이 있음. ¶这回我要在北京多住~几个月 | 이번에는 북경에서 몇개월 더 살 작정이다. ¶没说~几句话车就开了 | 몇 마디 하지 않았는데도 차는 출발하였다. ¶最近失眠, 每天只能睡~三四个小时 | 최근엔 불면증이라서 매일 서너 시간만 잔다. ⓒ 동작·행위가 (대상물에 미치기) 시작하여 지속됨을 나타냄. ¶爱~了自己的工作 | 자기의 일을 좋아하게 되었다. ¶这时候才注意~他 | 이제서야 나는 그에게 주의하게 되었다. ¶刚回家又看~了书 | 방금 집에 돌아와서는 또 책을 보기 시작하였다. ⓓ 뒤떨어진 것이 앞에 나섬을 나타냄. ¶他还没赶~他们班最好的学生 | 그는 아직도 자기네 반에서 가장 우수한 학생을 따라잡지 못하였다. ¶他们已经走了一个小时了, 咱们追不~了 | 그들이 떠난지 벌써 한시간이나 되었으니, 우리는 그들을 따라잡을 수 없을 것이다. ⓔ 사물이 일정한 위치에 도달했음을 나타냄. ¶把窗户关~ | 창문을 닫아라. ¶把大衣穿~, 帽子戴~ | 외투를 입고 모자를 써라. ¶写~你的名字吧 | 네 이름을 써 넣어라. ⓕ 목적의 실현이나 가능을 나타냄. ¶他一定会考~大学的 | 그는 꼭 대학 입시에 합격할 것이다. ¶他要读书, 读~了 | 그는 공부하고 싶어하더니 공부하게 되었다. ⓖ 갖추어져 있음을 나타냄. ¶他沏qī~一杯茶, 点~一支烟, 坐下来看报 | 그는 차를 한 잔 타고 담배에 불을 붙이고는 앉아서 신문을 보았다. ¶把西瓜冰~了吗? | 수박을 얼음에 채워 놓았소?

Ⓑ shǎng 名 簡 〈言〉 상성(上聲)→[上声]

Ⓐ shàng

【上岸】shàng/àn 動 ❶ 기슭에 오르다. 상륙하다. ¶妇女和孩子先~ | 부녀자와 아이가 먼저 상륙하다 =[上陆] ❷ 배를 뭍에 대다 ‖→[登陆]

【上百】shàngbǎi 數 백 이상(되다). 백 이상(이다). ¶~米厚的冰雪 | 100미터가 넘는 두터운 빙설. ¶~间房屋 | 백 간이 넘는 집.

[2]【上班】shàng/bān 動 ❶ 출근하다. 근무하다. ¶星期天不~ | 일요일에는 근무하지 않는다. ¶我们公司早上八点钟~ | 우리 회사는 아침 8시에 출근한다. ¶~时间 | 근무시간 =[出工]⇔[下xià班①] ❷ 당번 근무를 하다. ❸ 면전에서 야단치다.

【上班族】shàngbānzú 名 출근족·월급쟁이·샐러리맨(salary man).

【上半】shàngbàn 名 〈言〉 (중국어 발음의) 반삼성(半三聲).

【上半场】shàngbànchǎng 名 (운동 경기의) 전반전. ¶~比分多少? | 전반전 스코어는 어떻게 되었습니까? ¶我打~, 你打下半场 | 내가 전반전을 뛸테니 너는 후반전을 뛰어라 ⇔[下半场]

【上半年】shàngbànnián 名 일년의 상반기 [전반기]. ¶~的物价比较平稳 | 전반기의 물가는 비교적 안정되었다.

【上半晌(儿)】shàngbànshǎng(r) ⇒[上半天]

【上半身】shàngbànshēn 名 상반신. ¶照~相 | 상반신 사진을 찍다.

【上半时】shàngbànshí 名 (일정한 시간의) 전반시간.

【上半天(儿)】shàngbàntiān(r) 名 오전. 상오 =[前qián半天(儿)][俗 上半晌(儿)][方 头tóu半晌][方 头半天(儿)][方 头晌(儿)][俗 早半晌(儿)][早半天(儿)]

【上半夜(儿)】shàngbànyè(r) 名 초저녁부터 자정까지의 이른 밤 =[前半夜(儿)]

【上绑】shàngbǎng 動 꽉꽉 묶다. 결박하다

【上榜】shàng/bǎng 動 (게시판에) 게시하다. ¶都~了, 你怎么不知道? | 게시까지 했는데 넌 어찌 모르고 있니?

[4]【上报】shàng/bào 動 ❶ 신문에 나다[실리다]. ¶他的消息昨天~了 | 그의 소식이 어제 신문에 실렸다→[刊kān登] ❷ (shàngbào) 상부에 보고하다. ¶年终决算要及时填表~ | 연말 결산은 제때에 작성하여 상부에 보고하여야 한다.

【上辈(儿)】shàngbèi(r) 名 ❶ 조상. 선조 =[祖先][祖辈(儿)①] ❷ 한 항렬 위의 세대.

【上辈子】shàngbèi·zi 名 ❶ 선조. 조상. ¶我们~

S

从山西迁到这个地方了 | 우리 선조는 산서성에서 이 곳으로 옮겨왔다. ❷〈佛〉전세(前世). 전생(前生) =〔上一辈子〕

【上臂】shàngbì 名〈生理〉위팔. 상박. 상완(上腕).

1【上边(儿)】shàng·bian(r) 名 ❶ 위. 위쪽. ¶那把椅子~有什么东西? | 그 의자 위에는 무엇이 있느냐? ❷(순서의) 앞. 위. ¶~列举的事实 | 위〔앞〕에 열거한 사실. ❸(물체의) 겉(면). 표면. 밖. ¶这张餐桌~的画很好看 | 이 식탁의 그림이 아주 보기 좋다. ❹상부. 상급. ¶~来了命令 | 상부에서 명령이 왔다.

【上膘】shàng/biāo 動(가축 따위가) 살오르다. 살찌다. 살붙다. ¶吃饱了, 不是玩, 就是睡觉, 当然~ | 밥 먹고 좀 놀지도 않고 그냥 자니 당연히 살이 찌게 마련이다 =〔长zhǎng膘〕→〔掉diào膘〕

【上宾】shàngbīn 名 ❶書 상빈. 상객. 귀한 손님 =〔上客〕 ❷書 제왕의 죽음. ❸(도교에서 말하는) 비승(飛昇). 비상(飛翔).

【上膊】shàngbó 名〈生理〉상박. ¶~骨 | 상박골. ¶~筋 | 상박근.

【上不得】shàng·bu·de 動組 올라갈 수 없다. 올라가서는 안된다. (떳떳이) 나설 수 없다. ¶这里危险wēixiǎn, ~ | 여기는 위험하니 올라가서는 안된다. ¶~台面 | 세상에 떳떳하게 나설만한 자격이 없다. ¶十多年前, 他家还~ | 10여 년전에 그의 집안은 아직 세상에 떳떳이 나설 수가 없었다.

【上不得下不得】shàng·bu·de xià·bu·de 成 올라갈 수도, 내려갈 수도 없다. 이러지도 저러지도 못하다. 진퇴 양난에 빠지다 =〔上不上下不下②〕

【上不了台】shàng·bu liǎo tái 動組 남앞에 나서지 못하다. 나설 처지가 못되다. ¶他这模样múyàng~ | 그의 이런 용모로는 남 앞에 나서질 못한다 =〔上不来台〕

【上不上】shàng·bu shàng 動組 끼울〔붙일〕 수가 없다. 맞출〔설치할〕 수가 없다. ¶这窗户怎么~啊? | 이 창문은 어째서 끼워 넣을 수 없지?

【上不上下不下】shàng·bu shàng xià·bu xià 俗 ❶喩 이도저도 아니다. ❷⇒〔上不得下不得〕

【上菜】shàng/cài ❶動 요리를 (식탁에) 올리다. ¶要~吗? | 음식을 내올까요? ¶等会儿~ | 조금 있다가 요리를 올리다. ❷(shàngcài) 名 (최)고급요리.

【上苍】shàngcāng 書 名 ❶ 푸른 하늘. 창공. ❷상제(上帝). ¶祈求qíqiú~保佑bǎoyòu | 하느님의 보우를 기원하다.

【上操】shàng/cāo 動 ❶ 훈련하다. ¶民兵们天天清早去~ | 민병들은 매일 새벽에 훈련하러 나간다. ❷ 체조하다. 체조하러 나가다.

【上册】shàng/cè ❶動 등기하다. 등록하다 ❷(shàngcè) 名(책의) 상권.

【上策】shàngcè 名 상책. 최상의 방책. 가장 좋은 대책. ¶三十六策走为~ | 諺 삼십육계 줄행랑이 상책이다 =〔上计〕〔上着zhāo〕→〔下策〕〔高招〕

4【上层】shàngcéng 名 상층. 상부. 상급. ¶~分子 | 상층 계층의 사람들. 수뇌부. ¶~社会 | 상층 사회. 상류 사회. ¶~领导 | 상부의 지도(자). ¶精简~, 加强下层 | 상층을 정예화하고 하층을 강화하다.

【上层建筑】shàngcéng jiànzhù 名組〈哲〉상부구조.

【上场】ⓐ shàng/cháng 動(수확한 곡물을) 탈곡장으로 옮기다. ¶庄稼zhuāngjià还没~ | 농작물을 아직 탈곡장으로 옮기지 않았다.

ⓑ shàng/chǎng 動 ❶〈演映〉(배우가) 등장하다. 출연하다. ❷〈體〉(선수가) 출장하다. ¶双方运动员都已经~ | 양측의 선수들이 모두 이미 경기장에 나왔다. ❸(옛날, 과거 시험에 수험생이) 입장하다.

【上场白】shàngchǎngbái 名〈演映〉(개막에 앞서 등장인물·극의 내용등을 소개한) 서막글.

【上场昏】shàngchǎnghūn 動組 막상 일에 닥쳐서는 당황해서 깜박 잊어버리거나 당황해 하다.

【上场门(儿)】shàngchǎngmén(r) 名〈演映〉배우들이 등장하는 무대의 오른쪽문.

【上车】shàng chē 차를 타다. ¶上火车 | 기차를 타다 ⇔〔下xià车①〕

【上乘】shàngchéng 名 ❶〈佛〉상승. 대승(大乘). ❷최상(最上). 상등(上等). ¶~之作 | 최상의 작품. ❸4두마차.

【上称】shàng/chèng 動 저울에 달다. ¶把这包米~吧 | 이 쌀자루를 저울에 달아라→〔过磅bàng〕

【上船】shàng chuán 배를 타다. 승선(乘船)하다. ¶上轮船 | 기선을 타다.

【上床】shàng/chuáng 動 ❶ 침대에 오르다. ¶~睡觉 | 침대에 올라가 자다. ❷ 다 죽어가는 환자를 장의사에서 빌어온 침상에 옮겨 눕히다. ¶他们认识不到一个小时就~了 | 그들은 한 시간 뒤면 죽게되리라는 것을 인식하지 못한다.

【上唇】shàngchún 名〈生理〉상순. 윗입술 =〔上嘴唇〕

【上蔟】shàng/cù 動 누에가 (고치를 만들기 위해) 섶에 오르다 =〔上山②〕

【上窜下跳】shàng cuàn xià tiào 成 ❶(동물이) 사방을〔도처를〕 돌아다니다. ❷貶 나쁜 놈들이 사방을〔도처를〕 돌아다니며 나쁜 짓을 하다. ¶他们~, 蛊惑gǔhuò人心 | 그들은 도처를 돌아다니며 사람을 미혹시키고 있다.

【上达】shàngdá 書 動 ❶ 상달하다. 상부에 알리다〔반영하다〕. ¶下意~ | 하의 상달하다. ❷札(상대방에) 아뢰다. 알리다. ¶飞函hán~ | 서면으로 말씀드립니다. ❸학문이나 기술 따위가 발달하다.

【上代】shàngdài 名 ❶ 웃대. 조상. 선조. ❷상고시대. 아주 오랜 옛날 ‖ =〔上世〕

【上党梆子】Shàngdǎng bāng·zi 名組〈演映〉산서성(山西省) 동남부 지역에서 유행했던 지방극.

2【上当】shàng/dàng 動 속다. 꾐에 빠지다. 속임수에 걸리다. ¶这次得小心, 别再上他的当! | 이번에는 조심해서 다시는 그에게 속지 않도록 해라! ¶~学乖 | 諺 한번 속고 나면 영리해진다 =〔上档〕

【上当受骗】shàngdàngshòupiàn 動組 기만당하

S

다. 꾀임술에 넘어가다.

【上刀山, 下火海】shàng dāoshān, xià huǒhǎi 諺 칼산을 오르고 불바다에 뛰어들다. 아무것도 두려워하지 않다. ¶就是~, 我也要去中国一趟 | 칼산에 오르고 불바다에 뛰어 들지 뭐, 나도 중국에 한번 갔다 올꺼야.

4【上等】shàngděng 區 상등의. 고급의. 최고의. ¶~货 | 상등품. ¶~货 | 상품(上品). ¶~料子 | 최고급 옷감.

【上等兵】shàngděngbīng 名〈軍〉상등병.

【上低音号】shàngdīyīnhào 名組〈音〉바리톤(baritone). 차저음(次低音).

3【上帝】shàngdì 名 ❶ 하느님. 상천(上天). (옥황)상제 =〔上皇③〕〔天帝〕 ❷〈宗〉(기독교의) 하나님. 여호와. 성부(聖父). 천주. ❸ 고대(古代)의 제왕.

【上第】shàngdì 書 名 상등(上等). 우등(優等). ¶名列~ | 우등을 하다.

【上吊】shàng/diào 動 목을 매달(아 죽)다. ¶~而死 | 목매달아 죽다.

【上调】ⓐ shàngdiào 動 ❶ 상급기관으로 옮겨가 일을 하다. ❷ (물자 등을) 상급기관에서 조달하여 쓰다.

ⓑ shàngtiáo 動 (가격이) 오르다. (가격을) 올리다.

【上冻】shàng/dòng 動 (강이나 땅이) 얼다. ¶上大冻 | 꽁꽁얼다. ¶离~不到一个月 | 얼기 시작하려면 한달이 채 남지 않았다.

【上端】shàngduān 名 상단. 위쪽끝. ¶旗杆qígān的~ | 깃대의 상단.

【上腭】shàng'è ⇒〔上颚①〕

【上颚】shàng'è 名 ❶〈生理〉상악. 위턱 =〔上颔hàn〕〔上腭〕 ❷〈動〉상악 =〔上腮〕

【上颚骨】shàng'ègǔ 名〈生理〉상악골 =〔上颔骨〕〔上牙床骨〕〔大颚〕‖ →〔颚〕〔颔〕

【上方】shàngfāng 書 名 ❶ 천상(天上) =〔天上〕 ❷ 지세(地勢)가 가장 높은 곳. ❸ 양기(陽氣)가 생기는 곳 [북쪽, 동쪽] ❹ 천자(天子)가 사용하는 물건을 관장하던 관서(官署) =〔尚方〕 ❺ (Shàngfāng) 복성(複姓).

【上方宝剑】shàngfāng bǎojiàn 威 황제가 사용하던 보검 =〔尚方宝剑〕

【上房】shàngfáng ❶ 名 원채. 안채. 큰채 =〔正房①〕 ❷ (shàng/fáng) 動 지붕에 오르다.

【上坟】shàng/fén 動 성묘하다. 묘소에 참배하다 =〔上墓〕〔上冢〕→〔扫墓〕

【上粪】shàng/fèn 動 (작물에) 인분을 주다. ¶多~, 多打粮 | 인분을 많이 주어야 곡식을 많이 거둔다.

【上风】shàngfēng 名 ❶ 바람이 불어오는 쪽. ¶烟气从~刮guā过来 | 연기가 바람이 불어오는 쪽에서 날려 오다. ❷ 喩 우세. 우위. 유리한 위치. ¶占~ | 우세를 차지하다.

【上峰】shàngfēng 名 옛날, 상관(上官). 상사(上司). ¶呈报chéngbào~ | 상관에게 보고하다. ¶奉~指示 | 상관의 지시를 받들다.

【上告】shànggào ❶ 名 動〈法〉상고(하다). ¶不服可以~ | 불복하면 상고할 수 있다. ❷ 動 상부에 보고하다.

【上工】shàng/gōng ❶ 動 (노동자가) 출근하다. 작업을 시작하다. ¶~钟 | 시업(始業)을 알리는 종. ¶早~, 晚收工 | 작업을 일찍 시작하고 늦게 마치다 ⇔〔下工①〕 ❷ 動 고용인이 고용주의 집에 가서 첫날 일을 시작하다. ¶他~了好几天啦! | 그는 일을 시작한 지 여러 날이 되었다! ❸ (shànggōng) 書 名 기술이 뛰어난 사람 [특히 의술이 뛰어난 의사를 지칭]

【上供】shàng/gòng 動 ❶ 옛날, 제물을 바치다. 제상을 차리다. ❷ 상납하다.

【上钩】shàng/gōu 動 ❶ 낚시 바늘에 걸리다. ❷ 轉 올가미에 걸리다. 함정에 빠지다. ¶他们~了 | 그들은 올가미에 걸렸다 ‖ =〔上钓〕

【上古】shànggǔ 名〈史〉상고(시대). ¶王教授研究过~汉语 | 왕교수는 고대 한어를 연구한 적이 있다.

【上官】shàngguān 名 ❶ 상관. 상급관리. ❷ (Shàngguān) 복성(複姓).

【上轨道】shàng guǐdào 動組 喩 (일이) 궤도에 오르다. ¶工作开始~ | 일이 궤도에 오르기 시작했다. ¶生产shēngchǎn已~ | 생산은 이미 궤도에 올랐다.

【上好】shànghǎo 狀 (품질이) 최상의. 최고의. 최고급의. ¶~的茶叶 | 최상의 찻잎. ¶~烟叶 | 최상의 잎담배.

【上颔】shànghé 名〈生理〉위턱 =〔上颚①〕

【上颔骨】shànghégǔ ⇒〔上颚骨〕

【上呼吸道】shànghūxīdào 名組〈生理〉상부 호흡기 [콧구멍·목구멍·기관(氣管) 따위] ¶她患了~感染gǎnrǎn | 그녀는 상부 호흡기가 감염되었다.

【上画儿】shànghuàr 動 그림에 담다. ¶亭前的风景都~了 | 정자 앞의 풍경은 모두 그림에 담았다 =〔入画〕

【上火】shàng/huǒ ❶ 動〈漢醫〉상초열(上焦熱)이 나다. ¶他的眼睛红红的, 一定是上了火 | 그는 눈이 벌겋게 된 것이 틀림없이 상초열이 올랐을 것이다. ❷ (shànghuǒ) 名 상초열. ¶~下寒 | 상초열과 (손발의) 냉증 =〔上焦热〕→〔去火①〕 ❸ (~儿) 動 方 성내다. 화내다. ¶他遇到不称心chēngxīn的事, 就会~ | 그는 마음에 들지 않는 일에 부닥치면 잘 화를 낸다. ¶你上什么火? 有话好好说 | 너 무슨 화를 내느냐? 할 말이 있으면 좋게 말해라 →〔生气①〕

2【上级】shàngjí 名 상급(기관). 상급자. 상사(上司). ¶~机关 | 상급 기관. ¶~组织zǔzhī | 상급 조직. ¶报告~ | 상급 기관에 보고하다.

【上计】shàngjì 名 상책(上策). 가장 좋은 계책 =〔上策〕

【上家】shàng/jiā 動 집으로 (돌아)가다. ¶三四天没~ | 사나흘 집에 가지 못했다.

【上家(儿)】shàngjiā(r) 名 (도박이나 술좌석 따위에서) 자신의 위쪽〔앞쪽〕에 앉은 사람. ¶~的牌运比我好 | 앞에 앉아 있는 사람의 패운이 나보다 낫다 =〔上肩儿〕〔上手①ⓑ〕

【上尖儿】shàng/jiānr 動 口 고봉(高捧)으로 담

다. ¶饭盛chéng得～ | 밥을 고봉으로 담다.

【上肩儿】shàngjiānr ⇒〔上家(儿)〕

【上睑】shàngjiǎn 名〈生理〉윗눈꺼풀 =〔俗上眼皮(儿)〕

【上江】Shàngjiāng 名〈地〉❶장강(長江)의 상류(上流) 지역. ❷주강(珠江)의 지류인 서강(西江)의 다른 이름.

【上浆】shàng/jiāng 動(옷에) 풀먹이다.

【上将】shàngjiàng 名❶〈軍〉상장 [대장과 중장 사이의 계급] ❷〈天〉별이름.

4【上交】shàngjiāo 動❶높은 사람과 교제하다. ¶我可不敢～您 | 저는 감히 당신같은 높은 분과 교제하지 못합니다. ❷윗사람에게 넘기다〔주다〕. 상납(上納)하다. ¶多余器材应该～ | 여분의 기재는 상납해야 한다.

【上缴】shàngjiǎo 動 납입하다. 상납하다. ¶～款项kuǎnxiàng | 납입금. ¶～国库 | 국고에 상납하다. ¶～利润lìrùn | 이윤을 상납하다.

【上街】shàng/jiē 動 거리〔길〕로 나가다. ¶～买东西 | 장보러 가다. ¶上了一趟街 | 한번 시내에 갔다오다.

【上界】shàngjiè 名 천상계(天上界).

【上紧】shàngjǐn 動 方 서두르다. 박차를 가하다. (더욱) 힘을 내다. ¶麦子都熟了, 得～割gē啦 | 밀이 다 여물었으니 서둘러 베어야겠다.

【上劲(儿)】shàng/jìn(r) 形❶신이 나다. ❷힘이 나다. ¶越干越～儿 | 하면 할수록 더욱 흥미가 생기다.

4【上进】shàng/jìn 動❶향상하다. 진보하다. ¶你要努力～ | 네가 열심히 매진해야 된다. ¶力求～ | 힘써 향상을 꾀하다. ¶～心 | 향상심. ❷상급학교에 진학하다.

【上京】shàng/jīng 書❶動 상경하다. ¶～求名 | 이름을 떨치려 상경하다. ¶～赶考 | 상경하여 과거 시험을 보다. ❷(shàngjīng)名 수도(首都). ❸(Shàngjīng) 名(이민족에 대해) 중국(中國).

【上炕】shàng/kàng 動 자리에 들다. ¶他～就睡 | 그는 자리에 들기만 하면 바로 잔다.

1【上课】shàng/kè 動 수업하다. ¶上会话课 | 회화 수업을 하다. ¶不上课 | 수업을 하지 않다. ¶开始～ | 수업시작하다 =〔方 上堂①〕⇔〔下课〕

4【上空】shàngkōng ❶名 상공. 하늘. ¶飞机在天安门～飞过 | 비행기가 천안문 상공을 날아 지나간다. ❷動 상반신(上半身)을 드러내다.

【上口】shàngkǒu 動❶(시문(詩文) 따위가) 입에 익어 거침없이〔술술〕나오다. ¶琅琅～ | 낭랑하게 글을 잘 읽어 내려가다. ❷(시문 따위가 매끄럽게 쓰여져) 읽기〔읊기〕가 좋다. ¶这首诗不易～ | 이 시는 읊기가 쉽지 않다. ¶用口语写出来的文章一定比较～ | 구어로 쓰여진 문장은 비교적 읽기 좋을 것임에 틀림없다. ❸입에 맞다. ¶这个菜太咸xián了, 叫人怎么～ | 이 요리는 너무 짠데, 어찌 입에 맞을 수 있겠는가.

【上口字】shàngkǒuzì 名〈演映〉경극(京劇)에서 북경음(北京音)으로 읽지 않고 전통적인 독법(讀法)으로 읽는 글자.

【上款(儿)】shàngkuǎn(r) 名(편지·선물·그림 등을 선사할 때 그 위에 쓰는) 상대방의 이름이나 호칭→〔下款(儿)〕

1【上来】ⓐ shànglái ❶名動 시작(하다). 처음(하다). ¶一～就有劲 | 시작했다 하면, 곧 힘이 난다. ❷書動 지금까지 말한 것을 총괄하다.

ⓑ shàng/·lái 動❶(위로) 올라오다. ¶～坐 | 올라와서 앉아라. ¶～休息 | 올라와서 쉬어라. ❷(시골에서 도시로) 올라오다. ❸흥분하다.

ⓒ ·shàng/·lái 動❶(동사의 뒤에 쓰여) 동작이 아래에서 위로 그리고 멀리서 가까이로 행해지는 것을 나타냄. ¶跑～ | 뛰어 올라 오다. ¶爬上来 | 기어 올라오다. ❷(동사 뒤에 쓰여) 동작이 성취·완성에 가까워지는 것을 나타냄. ¶这个问题你不一定答得～ | 이 문제는 네가 반드시 답을 할 수 있는 것은 아니다. ¶念了几遍就背～ | 몇 번 읽기만 하면 외운다. ❸方 형용사의 뒤에 쓰여 정도(程度)가 더해짐을 나타냄. ¶天色黑～了 | 날이 어두워졌다. ¶病好～了 | 병이 나아져 갔다.

【上联(儿)】shànglián(r) 名 대련(對聯)의 전련(前聯). ¶我出～, 你对下联 | 내가 전련을 읊을 테니 네가 후련을 맞추어 읊어라.

【上脸】shàng/liǎn 動❶술기가 얼굴에 오르다. ¶一喝酒就～ | 술을 마시기만 하면 술기가 얼굴에 오른다. ¶真会喝的人不～, 越喝脸儿越白 | 술을 정말 잘 마시는 사람은 얼굴에 술기가 오르지 않고, 마실수록 얼굴이 하얘진다. ❷득의 양양한 기색을 하다 =〔上头上脸〕

【上梁不正, 下梁歪】shàngliáng bùzhèng, xiàliáng wāi 諺 마룻대가 바르지 않으면 아래들보가 비뚤어진다. 윗물이 맑아야 아랫물이 맑다. ¶这叫～, 他爹不正经, 这孩子也不正经 | 이것을 가지고 윗물이 맑아야 아랫 물이 맑다고 하는 것이지. 그의 아버지가 바르지 못하니까 이 아이도 바르지 못한 것이야 =〔上梁不正, 底梁歪〕

【上列】shàngliè ❶形 위에〔앞에서〕열거한. 상기(上記)의. 전술(前述)한. ¶～同学的考试成绩都在九十分以上 | 위에 열거한 학생들의 시험 성적은 모두 90점 이상이다 =〔上开〕❷書名 고관(高官). ❸書名 윗자리. 상석(上席).

【上流】shàngliú ❶名(강의) 상류. ❷狀 상류(계층)의. ¶～人 | 상류의 사람. ¶～社会 | 상류 사회.

【上楼梯吃甘蔗】shànglóutī chī gān·zhe 歇 계단을 올라 가면서 사탕수수를 먹다. ¶～, 步步高步步甜 | 점점 나아지고 향상하다.

【上路】shàng/lù 動❶여정(旅程)에 오르다. 출발하다. ¶已准备妥当tuǒdāng, 咱们～吧 | 이미 모두 준비되었으니, 우리 출발합시다. ❷깨닫다. 파악하다. ¶说了半天也都不～ | 한참 이야기해도 알아 듣지 못하다.

【上落】shàng·luo ❶動 타인의 결점을 비난하다. 비판하다. ❷名 차이. ¶～蛮大 | 차이가 꽤 크다. ❸動京 친한 사람의 결점을 들어 그 사람을 빗대어 비난하다. ¶你老人家就～我起来 | 당신 어르신께서는 저와 친한 사람의 결점을 들어 저

S

를 빗대어 비난하시는군요.

【上马】shàng/mǎ 動 ❶ 말에 오르다. 轉 사업이나 공정을 시작하다. ¶三峡工程, 马上要～了 | 장강 삼협 공정이 곧 시작된다. ¶有些项目xiàngmù今年可能上不了马 | 몇 항목은 금년에 아마도 시작할 수 없을 것이다. ❷ 부임하다. ¶他一～, 就发动群众 | 그는 부임하자마자 군중을 동원하였다.

【上门(儿)】shàng/mén(r) 動 ❶ 방문하다. 찾아가다. ¶～拜谒bàiyè | 찾아가 뵙다. ¶没有上过他家门 | 그의 집을 방문한 적이 없다. ❷ 문을 닫다. 문을 닫아 걸다〔잠그다〕. ¶他每晚必亲自～ | 그는 매일 밤 반드시 몸소 문을 닫아건다. ¶国营商店每天五点钟就～ | 국영 상점은 매일 5시면 문을 닫는다. ❸ 方 데릴사위로 들어가다.

2【上面(儿)】shàng·mian(r) 名 ❶ (위치가) 위. 위쪽. ¶小河～跨着一座石桥 | 작은 강 위에 돌다리가 하나 걸쳐져 있다. ¶桌子～ | 책상 위. ❷ (순서가) 위. 앞. ¶～所举的列子 | 앞에서 열거한 예. ¶～说的话, 不要重提了 | 앞에 한 말은 반복해서 제기하지 말라. ❸ (물체의) 표면〔겉면〕. ¶墙～贴着标语 | 벽에 표어가 붙어 있다. ❹ 방면. 면. 분야. ¶他在音乐～造诣zàoyì很深 | 그는 음악 방면에 조예가 깊다. ❺ 상부(上部). 상사(上司). 상급(上級). ¶～指示 | 상부의 지시. ¶～派来的监试官 | 상부에서 파견한 시험감독관. ❻ (가족의) 윗대.

【上年】shàngnián 名 ❶ 작년. ¶～的积累jīlěi | 전년도의 적립금. ❷ 書 풍년(豐年).

【上年纪(儿)】shàng nián·ji(r) 나이를 먹다. ¶我～了, 比不得你们年轻人 | 나는 나이를 먹었으니 너희 젊은이들과 비교해서는 안된다.

【上盘】shàngpán 名 ❶〈鑛〉상반. ❷〈經〉전장(前場)의 거래 가격.

【上皮组织】shàngpí zǔzhī 名組〈生理〉상피 조직.

【上品】shàngpǐn 名 區 상(등)품(의). ¶茅苔máotái是酒中～ | 마오타이는 술 중에서 상품이다.

【上平】shàngpíng 名 ❶〈言〉상평성(上平聲). 제1성. ❷ 서신(書信)에서 존장(尊長)에 대하여 경사(敬詞)를 쓸 때에 줄을 바꾸어 앞 줄과 평행하게 쓰는 것.

【上坡路】shàngpōlù 名 ❶ 오르막길. ¶倾斜度大的～ | 경사도가 큰 오르막길. ❷ 喩 번영〔발전〕으로 나아가는 길. ¶他在学术上正在走～ | 그의 학문은 계속 발전되고 있다.

【上气不接下气】shàngqì bù jiē xiàqì 俗 숨이 (몹시) 차다. ¶跑得～ | 급히 달려서 숨이 차다. ¶他跑过来～地说 | 그가 달려와서 숨을 헐떡거리면서 말한다.

【上千上万】shàng qiān shàng wàn 成 수천 수만. 수량이 아주 많음. ¶～的示威群众 | 수천 수만의 시위군중 ＝〔成千上万〕〔成千成万〕

1【上去】ⓐ shàng/·qù 動 올라가다. ¶登着梯子～ | 사다리를 타고 올라가다. ¶楼太高, 我们上不去 | 건물이 너무 높아서 우리는 올라 갈 수 없다. ⓑ ·shàng/·qù (동사의 뒤에 보어로 쓰여) 낮은 곳에서 높은 곳으로 그리고 가까운 곳에서 먼 곳으로 또는 주체(主體)에서 대상(對象)으로 옮아가는 것을 나타냄. ¶走～ | 걸어 올라가다. ¶把车子推～ | 차를 밀어 올리다. ¶赶忙迎～ | 서둘러 맞이하다. ¶把所有的力量都使～了 | 모든 힘을 다 기울였다.

【上人】ⓐ shàng/rén ❶ 動 사람을 태우다. ¶先把行李装上再～ | 우선 짐을 싣고서 사람을 태워라. ❷ (shàngrén) 名 敬〈佛〉스님. ❸ 名 나이가 어린 사람이 연장자를 일컫던 말. ❹ (shàng/rén) 動 하인을 고용하다. ¶上几个人才好呢? | 몇 명을 고용해야 좋지? ⓑ shàng·ren 名 方 ❶ 부모. ❷ 조부모.

【上人儿】shàng/rénr 動 方 고객이 계속 오다.

4【上任】shàng/rèn ❶ 動 부임〔취임〕하다. ¶走马～ | 급히 임지로 부임하다. ¶新任部长～ | 신임 장관이 부임하다. ❷ (shàngrèn) 名 전임자(前任者).

【上色】ⓐ shàngsè 書 ❶ 區 상등(의). 고급(의). ¶～绿茶 | 고급 녹차. ¶～好酒 | 고급 술. ¶～徒弟 | 훌륭한 제자. ❷ 名 좋은 빛깔. ❸ 名 喩 미녀. ⓑ shàng/shǎi 動 ❶ (그림·공예품 따위에) 색칠하다. 착색하다. ¶地图的轮廓lúnkuò已经画好, 还没～ | 지도의 윤곽은 다 그렸는데 아직 색칠을 하지 않았다. ❷ 남보다 뛰어나다. 두각을 나타내다. ¶偏疼piānténg的不～ | 편애받는 사람은 남보다 뛰어날 수 없다.

【上山下乡】shàngshān xiàxiāng 動組 기관의 간부나 청년 지식인들이 지방으로 내려가(노동자·농민과 함께 노동하)다. ¶知识青年～, 接受贫下中农再教育 | 젊은 지식인들이 지방으로 내려가 빈농과 하층 중농 재교육을 받다.

【上上】shàngshàng 區 ❶ 제일의. 최고의. 최상의. ¶～等 | 최고품. ¶～策 | 최선책. ❷ 지지난. 전전번. ¶～月 | 지지난달. ¶～星期 ＝〔上上礼拜〕| 지지난 주 ⇔〔下下〕

【上上下下】shàngshàng xiàxià 動組 名組 ❶ 위아래 사람 모두. ¶～都很齐心qíxīn | 모든 사람이 다 한마음 한뜻이 되다. ❷ 갑자기 올라갔다 내려갔다 하다. ❸ 위에서부터 밑에까지. 머리부터 발끝까지.

【上身】shàng/shēn 動 새 옷을 처음 입다. ¶这件蓝褂子, 今儿刚～ | 이 남색 중국식 웃저고리를 오늘 처음 입는다.

【上身(儿)】shàngshēn(r) 名 ❶ (신체의) 상반신. ¶他～只穿了一件运动衫 | 그는 상반신에 운동복 하나만을 입었다. ❷ 상의. 윗저고리. ¶她穿着白～, 花裙子qúnzi | 그녀는 흰 웃옷에 알록달록한 치마를 입고 있다.

3【上升】shàngshēng 動 ❶ 상승하다. 올라가다. ¶国旗徐徐～ | 국기가 서서히 올라 가다. ¶水位～得很快 | 수위가 아주 빨리 올라간다. ❷ (등급·정도·수량 따위가) 올라가다. 향상하다. 증가하다. ¶今年夏季的平均温度比较去年～了一度多 | 올 여름의 평균 온도는 작년보다 일도가 높아졌다. ¶生产大幅度～ | 생산이 큰폭으로 상승하다. ¶使经验～为理论 | 경험을 이론으로 끌어올리다. ¶～气流 | 상승 기류.

S

【上声】shàngshēng ⓧ shǎngshēng) 名〈言〉❶ 상성. 고대 중국어의 4성(平上去入聲) 가운데 제2성. ❷ 현대 중국어의 제3성 ‖ =〔赏声〕→〔四声〕

【上士】shàngshì 名 ❶〈軍〉상사. ❷ 書 현사(賢士). ❸ 중화민국 초기 문관(文官) 서열의 하나.

【上市】shàngshì 動 ❶ 시중에 나오다. 출하되다. ¶柿子shì·zi还没~ | 감은 아직 시장에 나오지 않았다. ¶六月里西红柿大量~ | 유월 동안 토마토가 대량으로 출하된다. ❷ 시장에 가다. ¶他一早~还没回来 | 그는 벌써 시장에 갔는데 아직 돌아오지 않았다.

【上手】shàngshǒu ❶ 名 ⓐ 윗 자리. 상석. 상좌. ¶请坐~! | 상석에 앉으시지요! =〔上手儿①〕〔上首〕⇔〔下手②〕 ⓑ ⇒〔上家(儿)〕 ❷ 動 ⓐ 시작하다. 착수하다. ¶今天一~就进行得很顺利 | 오늘은 시작하자마자 아주 순조롭게 진행되었다. ⓑ 손에 걸리다. 계략에 빠지다. 추한 관계를 맺다.

【上首】shàngshǒu 名 상석(上席). 상좌(上座). ¶大哥坐在~ | 형님은 상석에 앉아있다 =〔上手①ⓐ〕

【上书】shàng/shū 動 ❶ (옛날 선생이) 책을 가르치다. ¶给人家~ | 남에게 책을 가르치다. ❷ 웃사람에게 글을 올리다. 상서하다. ¶他~中央, 力主改革 | 그는 중앙에 글을 올려 개혁을 힘주어 주장하였다.

3【上述】shàngshù 名 動 상술(하다). ¶~各条, 望切实执行 | 상술한 각 조항은 반드시 집행하기 바랍니다.

【上水】[a] shàng/shuǐ ❶ 動 ⓐ (기차나 기선 등의 발동기에) 물을 넣다. ⓑ 농작물에 물을 주다. 관수(灌水)하다. ❷ (shàngshuǐ) ⓐ 名 상류(上游). ⓑ 書 名 존귀한 사람. 권세가(權勢家). ⓒ 動 물의 흐름을 거슬러 올라가다.

[b] shàng·shui 名 方 (식용 가축의) 내장.

【上水道】shàngshuǐdào 名 상수도. ¶~堵了 | 상수도가 막혔다.

【上税】shàng/shuì 動 세금을 부과하다. ¶~单 | 과세 통지. ¶这批货~了没有? | 이 한무더기 물품들은 세금을 냈습니까? =〔纳nà税〕

【上司】shàng·si 名 ❶ 상사. 상관(上官). 상급. ¶顶头~ | 직속 상관. ❷ (일반적으로) 높으신 분.

4【上诉】shàngsù 名 動〈法〉상소(하다). ¶~驳回bóhuí | 상소 기각. ¶不服判决pànjué, 可以提出~ | 판결에 불복하면 상소를 제기할 수 있다. ¶~人 | 상소인. ¶~权 | 상소권. ¶~法院 | 상소 법원. ¶~期限 | 공소 기한.

【上溯】shàngsù 動 ❶ 물을 거슬러 올라가다. ¶沿江~ | 강을 따라 거슬러 올라가다. ❷ (연대 따위를) 거슬러 올라가다. ¶~时代 | 시대를 거슬러 올라가다. ¶~到公元前一世纪 | 기원전 1 세기로 거슬러 올라가다.

【上算】shàngsuàn 形 ❶ 채산이 맞다. 수지가 맞다. ¶烧煤气比烧煤~ | 석탄을 때는 것보다 가스를 때는 것이 더 채산이 맞는다 =〔合帐〕〔合算〕 ❷ 속셈대로 되다.

【上岁数(儿)】shàng suì·shu(r) 口 나이를 먹다 =〔上年纪(儿)〕

【上锁】shàng/suǒ 動 자물쇠를 채우다. ¶出门要~ | 외출할 때는 자물쇠를 채워야 한다.

4【上台】shàng/tái ❶ 動 무대〔연단〕에 오르다. 출연하다. ¶~表演 | 무대에 올라 연기를 하다. ¶~讲话 | 연단에 올라 연설하다. ¶~报告 | 강단에 올라가서 보고하다. ¶~容易, 下台难 | 무대에 올라가기는 쉬워도 내려오는 것은 어렵다. 일을 착수하는 것은 쉽지만 수습하는 것은 어렵다. ❷ 動 관직에 나아가다. 정권을 잡다. ¶这次政府改组, 王先生要~了 | 이번 정부가 개각을 하게 되어, 왕선생이 관직에 나아가게 되었다. ❸ (shàngtái) 名 俗 상사·상관의 별칭.

【上台面】shàng/táimiàn 動組 세상에 얼굴을 내놓다. 상당한 지위를 차지하다.

【上堂】shàng/táng ❶ ⇒〔上课〕 ❷ (shàngtáng) 名 먼저번〔앞〕의 수업 =〔上节课〕

【上膛】shàng/táng ❶ 動 (탄알이나 포탄을) 장탄하다. ¶子弹上了膛 | 장탄했다. ❷ (shàngtáng)

【上体】shàngtǐ 書 名 상체(上體). 상반신 =〔上身(儿)①〕

【上天】shàngtiān ❶ 名 조물주. 하느님. 하늘. ¶~保佑bǎoyòu下民 | 하늘은 백성을 돌보아 준다. ¶~不负苦心人 | 하늘은 스스로 돕는 자를 돕는다. ❷ 名 하늘. 천공(天空). ❸ 名 주재자. 하느님. ¶~有眼 | 하느님이 보신다. 하느님은 다 알고 계신다. ❹ (shàng/tiān) 動 하늘로 올라가다. ¶人造卫星wèixīng~ | 인공 위성이 하늘로 올라가다. ❺ 動 轉 오만하게 굴다. ¶识了字越要~了 | 글자를 배우더니 더욱 기어오를려고 한다. ❻ 動 승천하다. 죽다.

【上天无路, 入地无门】shàng tiān wú lù, rù dì wú mén 成 하늘로 솟을 수도 없고, 땅으로 꺼질 수도 없다. 막다른 곳까지 몰려 도망할 수가 없다. ¶敌军~, 只好向我军投降tóuxiáng | 적은 더 이상 어찌할 수가 없어 아군에게 투항할 수 밖에 없다.

【上调】shàngtiáo ⇒〔上调〕shàngdiào [b]

3【上头】[a] shàng/tóu ❶ 動 (옛날, 여자가 시집갈 때) 머리를 얹다. ❷ 動 (옛날, 남자가 성년이 되어) 갓을 쓰다. ❸ (shàngtóu) 書 名 시작. 처음. ¶~数年之间 | 처음 몇 년 동안.

[b] shàng·tou 名 ❶ 위. 윗쪽. ¶放在桌子~ | 테이블 위에 놓다. ¶屋顶~ | 지붕 위쪽. ¶他~有人, 所以做事担子特别大 | 그는 위에 아는 사람이 있어서 일 하는데 유달리 대담하다 =〔上面(儿)①〕 ❷ 물체의 표면. ¶墙~挂着一幅画 | 벽에 그림이 한 폭 걸려 있다 =〔上面(儿)③〕 ❸ 방면. 분야. ¶他们的误会就出在这~ | 그들의 오해는 이 부분에서 비롯되었다 =〔上面(儿)④〕 ❹ 상급(上級). 상부(上部). ¶~指示 | 상부의 지시. ❺ 이상(以上). ¶把~的事说了一遍 | 지금까지의 일을 한차례 이야기했다.

【上头上脸】shàngtóu shàngliǎn ⇒〔上脸②〕

【上吐下泻】shàngtù xiàxiè 動組 토하고 설사하

다. ¶他今天～, 被送到医院了 | 그는 오늘 토하고 설사까지 해서 병원으로 실려갔다.

【上万】shàngwàn ❶数 만 이상. ❷(shàng/wàn) 動 만이 넘다. ¶～的观众 | 만 명이 넘는 관중. ¶上千～ | 成 그 수가 수천 수만에 달하다. 수가 매우 많다.

【上尉】shàngwèi 名〈軍〉상위 [「中尉」와 「大尉」의 중간 계급] ¶他哥是～ | 그의 형은 상위이다.

【上文(儿)】shàngwén(r) 名 윗글. 앞의 문장. ¶～所说的 | 윗글에서 말한 바. ¶见～ | 윗글을 보시오.

【上沃尔特】Shàngwò'ěrtè 名 外〈地〉오트볼타 공화국(The Haute Volta) [남아프리카 서부의 공화국. 수도는 「瓦加杜古」(와가두구;Ouagadougou). 지금은 「布吉那法索」(부르키나파소)로 변함]→〔布吉那法索〕

1【上午】shàngwǔ 名 오전. ¶他～也有约会 | 그는 오전에도 약속이 있다 =〔上半天(儿)〕〔前半晌(儿)〕〔前半天(儿)〕〔午前〕

【上西天】shàng xītiān 動組 극락세계로 가다. 죽다. ¶他爷爷～了 | 그의 할아버지는 돌아가셨다.

3【上下】shàngxià ❶名 위와 아래. 상하. (지위가) 높은 사람과 낮은 사람. ¶～一条tiáo心 | 상하가 모두 한 마음이다. ¶～齐心 | 상하가 마음을 합하다. ¶全校上上下下没有一个人不说他好 | 전교의 위 아래 사람 모두 그가 좋다고 말하지 않는 사람이 없다. ❷名 상하. 위에서 아래까지. ¶我～打量dǎliàng着这位客人 | 나는 이 손님을 위에서부터 아래까지 가늠해 보았다. ¶这根木头～一样粗cū | 이 나무토막은 아래 위가 똑같이 굵다. ❸名 (정도가) 높고 낮음. 좋고 나쁨. ¶不相～ | 서로 우열이 없다. ¶难分nánfēn～ | 우열을 가리기 어렵다. ¶～高低 | 成 상하 우열. ❹名 (수량사의 뒤에 쓰여) 안팎. 내외. 쯤. 가량. ¶这个人约五十～ | 이 사람은 대략 50세 전후이다. ¶一千斤～ | 1천근 내외. ¶百人～ | 인원수가 백 명 쯤. 어법 「上下」는 연령(年齡)을 나타내는 데 주로 쓰이고 시간·거리 등을 나타내는 데는 쓸 수 없음. 「左右」는 이러한 제한이 없음. ¶九点上下(×) ¶九点左右 | 9시 전후. ¶一百米上下(×) ¶一百米左右 | 백 미터 정도. ❺動 오르내리다. ¶～很方便 | 오르내리기가 매우 편리하다.

【上下班】shàngxiàbān 名動 출퇴근(하다).

【上下文(儿)】shàngxiàwén(r) 名 문장의 앞뒤(관계). 앞뒤 문장. 문맥. ¶看～就明白了 | 앞뒤 문장을 보면 바로 알 수 있다. ¶按～看, 这个词用错了 | 문맥으로 볼때 이 단어는 잘못 사용되었다.

【上弦】shàng/xián ❶動 (시계 따위의) 태엽을 감다. ¶这表该～了 | 이 시계는 태엽을 감아야 한다. ¶自动～ | 자동 태엽. ❷(shàngxián) 名〈天〉(달의) 상현. 초생달. ¶～月 | 상현달→〔下弦〕

【上限】shàngxiàn 名 상한(선). ¶奖金jiǎngjīn的～是一千元 | 상여금의 상한선은 천원이다 ⇔〔下xià限〕

【上线】shàng/xiàn 動 원칙적 입장에 서서 보다〔검토하다〕

【上香】shàng/xiāng 動 분향하다. 향불을 피우다. ¶～奠diàn酒 | 향을 피우고 술을 올리다. ¶到庙miào里～ | 절에 가서 분향하다.

【上相】shàngxiàng ❶動 사진에 찍히다. ❷形 사진에 잘 나오다. 사진을 잘 받다. ¶他很～ | 그는 사진을 잘 받는다.

【上校】shàngxiào 名〈軍〉상교 [대령과 중령의 중간계급]

【上鞋】shàng/xié 動 ❶ 신을 신다 =〔穿鞋〕❷ 신바닥을 신운두에 붙여 한데 꿰매다 =〔绱shàng鞋〕〔尚鞋〕

【上心】shàng/xīn 形 方 마음을 쓰다. 정신을 차리다. 주의하다. 전심하다. ¶学习不～ | 공부에 전념하지 않다. ¶你去办这桩zhuāng事情一定要～啊! | 너 이 일을 할 때는 꼭 정신 바짝 차려야 돼!

【上星期】shàngxīngqī 名 지난 주. 전 주일. ¶～天 =〔上星期日〕| 지난 주 일요일 =〔上礼拜〕

【上刑】shàng/xíng ❶動 (형구를 씌워) 고문(拷問)하다. ¶一～, 他就什么都招了 | 고문하자마자 그는 모두 불었다. ❷動 처형하다. ❸(shàngxíng) 書 名 중형(重刑).

【上行】shàngxíng 動 ❶(기차가) 상행하다. ¶～列车 | 상행 열차. ❷(배가) 상류로 올라가다〔올라오다〕=〔上水②ⓒ〕❸(공문을 상급 기관에) 올려보내다. ¶～公文 | 상급기관에 보내는 공문.

【上行下效】shàng xíng xià xiào 成 貶 윗사람이 하는 대로 아랫 사람이 본받다. 윗물이 맑아야 아랫물이 맑다. ¶你的儿子不学好, 跟你当父亲的有关, ～嘛! | 너의 아들이 공부를 잘 못하는 것은 바로 아버지인 당신과 관련이 있어. 윗물이 맑아야 아랫물이 맑은 법이잖아!

【上旋】shàngxuán 名 外〈體〉(테니스·탁구 따위의) 톱 스핀(top spin).

1【上学】shàng/xué 動 ❶ 등교하다. ¶你几点～? | 몇시에 등교하니? ❷(초등학교에) 입학하다. ¶这孩子～了没有? | 이 아이는 초등학교에 입학했습니까?

【上学期】shàngxuéqī 名 지난 학기.

3【上旬】shàngxún 名 상순 =〔書 上浣huàn〕

【上压力】shàngyālì 名〈物〉(부력따위의) 위로 향하는 압력.

【上眼皮(儿)】shàngyǎnpí(r) 名 俗 윗눈꺼풀 =〔上睑〕→〔眼皮①〕

【上演】shàngyǎn 動 상연하다. 공연하다. 상영하다. 흥행하다. ¶～中国电影 | 중국 영화를 상영하다. ¶准备在明天～내일에 상연할 예정이다.

【上演税】shàngyǎnshuì 名 (극작가의) 저작권료. 공연료.

【上药】shàng yào 動組 약을 바르다〔넣다, 붙이다〕. ¶给他～吧 | 그에게 약을 발라 줘라. ¶上膏药gāoyào | 고약을 붙이다. ¶上眼药 | 안약을 넣다.

【上夜】shàng/yè 書 動 ❶ 숙직하다. 당직하다. ¶今晚由他～ | 오늘 밤은 그가 숙직이다. ❷ 야간

S

작업을 하러 나가다.
【上一号】shàng yīhào 俗 화장실〔변소〕에 가다.
²【上衣】shàngyī 名 ❶ 상의. 웃옷. 윗도리. ¶ ~的颜色不宜bùyí太深 | 웃옷의 색깔이 너무 짙은 것은 좋지 않다. ❷ 書 겉옷.
【上议院】shàngyìyuàn 名〈政〉상원 =〔上院〕
【上瘾】shàng/yǐn 動 버릇이 되다. 중독되다. ¶ 喝茶都喝上了瘾, 一天不喝就难受 | 차 마시는 것이 버릇이 되어 하루도 마시지 않으면 괴롭다. ¶ 他抽烟上了瘾 | 그는 담배에 중독되었다.
【上映】shàngyìng 動 (영화를) 상영하다. ¶ 近来常有新片~ | 요즘은 자주 새 영화가 상영된다.
【上油】shàng/yóu 動 ❶ 기름을 붓다〔바르다, 넣다〕. ❷ 페인트를 칠하다.
³【上游】shàngyóu 名 ❶ (강의)상류(上流) =〔上流①〕 ❷ 앞선 목표나 수준. 맨앞자리. 轉 상위(의 사람·성적). ¶ ~太辛苦 | 상위 그룹(에 있는 것)은 너무 힘들다.
【上有老, 下有小】shàng yǒu lǎo, xià yǒu xiǎo 國 위로는 부양하는 노인과 아래로는 어린 아이가 있다. 집에 부양 가족이 많다. ¶ 我~, 只得努力多挣钱zhèngqián | 나는 집에 부양 가족이 많아서 열심히 더 돈을 벌어야 한다.
【上谕】shàngyù 名 조서(詔書). 조칙(詔勅)
【上月】shàngyuè 名 지난 달 =〔書 前月〕
【上贼船】shàng zéichuán 動組 도적의 배를 타다. 올가미에 걸리다. 함정에 빠지다. ¶ 我误~, 不得抽身chōushēn | 나는 함정에 잘못 빠져 몸을 뺄 수가 없다.
⁴【上涨】shàngzhǎng 動 ❶ (물가가) 오르다. ¶ 学费~ | 학비가 오르다. ❷ 물이 붇다. ¶ 河水~ | 강물이 붇다.
【上帐】shàng/zhàng 動 장부에 기입하다. ¶ 刚收到的款子已经~了 | 방금 받은 돈을 이미 장부에 올렸다 =〔登帐〕〔写帐〕
【上阵】shàng/zhèn 動 출전하다. 싸움터로 나가다. 전투에 나서다. ¶ 今晚比赛谁~? | 오늘 저녁 시합은 누가 출전하지? ¶ 这一仗由三连~, 一连和二连助攻 | 이번 전투에는 삼중대가 공격하고 일중대와 이중대는 협공한다 =〔書 出阵①〕
【上肢】shàngzhī 名〈生理〉상지. 팔. ¶ ~受伤了 | 팔에 부상을 입었다.
【上中农】shàngzhōngnóng 名 상층(上層)의〔부유한〕중농 =〔富裕中农〕→〔中农〕〔富农〕
【上装】shàng/zhuāng ❶ 動 배우가 분장하다 ❷ 動 새색시가 (시집가는 날) 화장하다. ❸ (shàngzhuāng) 名 方 상의. 웃옷. 저고리. ¶ 一件蓝色的~ | 파란색 상의 =〔上衣①〕
【上座】shàngzuò ❶ 名 상좌. 윗자리. ¶ 爷爷坐在~ | 할아버지는 상석에 앉아 있다. ❷ 名〈佛〉상좌승. 지위가 높은 중. ❸ 名〈佛〉주지 다음가는 지위.
【上座儿】shàng/zuòr 動 (극장·음식점 등에) 손님이 오다. ¶ 戏院里相当宽敞kuānchǎng, ~不到六成 | 극장이 상당히 넓어서 관중이 60%도 안된다. ¶ ~率lǜ | 입장율.
B shǎng

【上声】shǎngshēng 名 ❶ 고대 중국어 성조의 상성. ❷ 현대 중국어 성조의 제3성에 해당함 ‖ =〔赏声〕

3【尚】shàng 숭상할 상
❶ 書 副 꽤. 대체적으로 …한 편이다. 어법 긍정적이면서 완곡한 어감이며, 뒤에 주로 단음절 능원동사나 형용사가 옴. ¶ ~能改悔 | 그래도 잘못을 후회하고 고칠 수 있겠다. ¶ 表现~好 | 표현이 꽤 좋은 편이다. ❷ 書 副 아직. ¶ ~未到期 | 아직 기일이 되지 않다. ¶ 年岁~少 | 나이가 아직 어리다. ❸ 숭상하다. 중시하다. ¶ 崇文~武 | 문무를 숭상하다. ¶ 为时所~ | 당대에 중히 여기는 바가 되다. ❹ (Shàng) 名 성(姓).
【尚辟安】shàngbì'ān 名 外 챔피언(champion).
【尚且】shàngqiě ❶ 連 …조차…한데 하물며 어법 일반적으로 「尚且」 앞에는 「连」, 뒤에는 「都」「更」 등으로 호응시킨다. ¶ 他的笔记连他自己~看不清楚, 别人当然更看不清楚了 | 그의 노트는 자기 자신도 잘 못알아보는데 하물며 다른 사람이야 당연히 더 알아보기 어렵다. ¶ 年纪大的人~学外语, 我们这些年轻人当然更应该学了 | 나이 많은 사람도 외국어를 배우는데 하물며 우리 이 젊은이들이야 당연히 배워야지. ¶ 他连在长江里游泳~都不怕, 更何况在这小河里游 | 그는 장강에서 수영하는 것도 겁내지 않는데 하물며 이런 작은 시내물에서 수영하는 것쯤이야. ❷ 連 …뿐만 아니라. 또한. 더구나. 게다가. ¶ 不单丑陋chǒulòu, ~小气 | 용모가 추할 뿐만 아니라 사람 또한 쩨쩨하다. ❸ 副 여전히. 아직. 의연히. ¶ 躯壳qūké毁灭huǐmiè了, 精神~存在 | 육신은 망가졌어도, 정신만은 의연히 남아있다.
【尚书】Shàngshū 名 ❶〈書〉상서. 서경(書經) =〔书经〕 ❷ (shàngshū) 상서. 고대(古代)의 관직명.
【尚未】shàngwèi 書 副 아직…하지 않다. ¶ 工作~开展 | 작업이 아직 시작되지 않다.
【尚武】shàngwǔ 動 무(예)를 숭상하다. ¶ ~精神 | 상무 정신.
【尚希】shàngxī 札 (더욱) 바라다. ¶ ~时赐教导 | 기회가 닿는 대로 지도하여 주시고 이끌어 주시기 바랍니다.

【绱(緔)〈鞝〉】shàng 신기울 상
⇒〔绱鞋〕
【绱鞋】shàng/xié 動 신바닥을 깁다. 신바닥을 붙여 꿰매다 =〔上鞋②〕〔尚鞋〕

·shang ㄕㄤ˙

4【裳】·shang ☞ 裳 cháng B

shāo ㄕㄠ

1【烧(燒)】shāo 태울 소
❶ 動 태우다. 타다. 불사르다. 연소하다. ¶ ~煤 | 석탄을 태우다. ¶ 信已经~了 | 편지는 이미 태웠다. ¶ 那片森林一连~了四五天 | 그 삼림은 4·5일이나 연이어 탔다. ❷ 動

가열하다. 끓이다. 어법 가열하여 물체가 변하게 하거나 어떤 형체를 갖추게 함을 나타냄. ⓐ 목적어(賓語)가 가열하는 대상임. ¶～水｜물을 끓이다. ¶～肉｜고기를 삶다. ¶～饭｜밥을 짓다. ⓑ 목적어가 결과를 나타냄. ¶～火｜불을 지피다. ¶～砖zhuān｜벽돌을 굽다. ¶我～过石灰｜나는 석회를 구워 본 적이 있다. ⓒ 목적어가 장소를 나타냄. ¶～炕kàng｜아궁이에 불을 때다. ¶～炉子lúzi｜난로에 불을 지피다. ¶他～了几年锅炉, 有些经验｜밥솥에 몇년간 불을 지펴 얼마간의 경험이 있다. ❸ 動 (조리법의 하나) 먼저 기름에 튀긴 다음 육수를 넣고 다시 볶거나 약한 불에 오래 조리하는 것. 혹은 삶은 다음 기름에 튀기는 것. 혹은 육수에 넣고 끓이는 것. ¶～茄子qiézi｜가지를 볶다.〈食〉가지 볶음. ¶～羊肉｜〈食〉익힌 양고기를 기름에 볶은 요리. ❹ 動 열이 나다. (몸·얼굴 등이) 화끈거리다. 달아오르다. ¶孩子连～了两天｜아이가 이틀동안 열이 났다. ¶现在还～着呢｜지금도 열이 나고 있다. ¶脸～得红了｜얼굴이 빨갛게 달아올랐다. ❺ 名 발열. 고온. 열. 고열. 이상체온. ¶这孩子发～了｜이 아이는 열이 난다. ¶昨天发了一天高～｜어제 하루 고열이 났다. ¶现在～还没退tuì｜지금까지 열이 내리지 않았다. ❻ 動 (비료를 너무 주어) 식물이 시들어 죽다. ¶这几棵苗全～了｜이 몇 그루의 묘목이 모두 과도한 비료로 인해 시들어 죽었다. ¶上的肥料太多, 把根儿都～坏了｜비료를 너무 많이 주어 뿌리가 모두 시들어 죽었다.

【烧包(儿)】shāobāo(r) ❶ 名 뻐기는 사람. 우쭐대는 사람. ❷ 名 허영심이 많은 사람. 돈 씀씀이가 헤픈 사람. ❸ 動 京 낭비하다. 헛되이〔헤프게〕쓰다.

【烧杯】shāobēi 名〈化〉화학 실험용 유리컵. 비커(beaker). ¶～里装着水｜비커에 물이 담겨 있다→〔烧瓶〕

4【烧饼】shāo·bing 名〈食〉소병. 전병. ¶葱油～｜파와 다른 야채를 넣어 부친 전병＝〔方 大饼②〕→〔火烧·shao〕

【烧菜】shāo/cài 動 지지거나 볶거나 하여 요리를 만들다.

【烧柴】shāo/chái ❶ 動 땔나무를 때다. 장작을 때다. ❷ (shāochái) 名 땔나무. ¶砍kǎn一些～回来｜땔나무를 조금 패서 돌아오다.

【烧饭】shāo/fàn 動 方 밥을 짓다. ¶烧早饭｜아침 밥을 짓다. ¶自己不会～, 怪锅不好｜밥 지을 줄 모른다 하지 않고 솥 나쁜 것만 탓한다. 喩 서투른 무당이 장구만 나무란다.

【烧高香】shāo gāoxiāng 俗 좋은 향을 피우다. 간절히 기구하다. 轉 축복과 감사를 표시하다. ¶我们队里有这么个能干的好队长, 可真～了｜우리 팀에 이렇게 능력있는 팀장이 있으니 정말 감사해야 한다.

【烧光】shāoguāng 動 모두 타〔태워〕버리다→〔三光政策〕

【烧化】shāohuà 動 ❶ 태우다＝〔化纸〕→〔纸zhǐ钱(儿)〕❷ (시체를) 화장하다. ¶～遗体｜유해를 화장하다. ❸ 불로 녹이다.

【烧荒】shāo/huāng 動 ❶ 화전(火田)을 일구기 위해 불을 지르다. ¶放一把火～｜불을 놓아 화전을 일구다. ❷ 적이 방목(放牧)을 못하도록 들에 불을 지르다.

4【烧毁】shāohuǐ 動 불태워 없애다. 소각하다. ¶～文件｜서류를 불살라 버리다.

【烧火】shāo/huǒ 動 ❶ (밥을 짓기 위해) 불을 피우다〔지피다〕. ¶～做饭｜불을 피워 밥을 짓다. ¶～棍gùn｜부지깽이. ❷ 불태우다. ¶那些报纸都～了｜그 신문들을 모두 태웠다.

【烧结】shāojié 動〈化〉소결하다＝〔粉末冶金〕

【烧酒】shāojiǔ 名 소주. 백주(白酒). ¶杜松dùsōng～｜진(gin)＝〔白酒〕〔方 烧刀子〕〔烧刀〕〔白干儿〕

【烧炕】shāo/kàng 動 온돌에 불을 때다.

【烧烤】shāokǎo ❶ 動 (고기 따위를) 불에 굽다. ❷ 名 불고기. ¶韩国～｜한국식 불고기.

【烧蓝】shāolán 動 철강제 기물(器物) 표면에 유약을 발라 가열하여 얇은 층의 산화막을 만들다＝〔发蓝②〕

【烧料】shāoliào 名 (규산염을 함유하고 있는 암석 분말과 소다를 혼합하여 안료를 칠하고 가열하여 냉각시켜 만든) 유리질 재료. ¶～罩儿zhàor｜「烧料」로 만든 전등 갓＝〔料子④〕

【烧卖】shāo·mài 名〈食〉(얇은 피(皮)에 소를 넣고 찐) 만두의 일종. ¶这儿的～很可口｜여기 만두는 아주 입에 붙는다＝〔俗 烧麦〕〔書 稍麦〕

【烧瓶】shāopíng 名〈化〉플라스크. ¶平底～｜평저 플라스크＝〔长颈瓶〕→〔烧杯〕

【烧伤】shāoshāng 名 動〈醫〉화상(을 입다). ¶三度～｜3도 화상. ¶大面积～｜화상을 크게 입다＝〔火伤〕→〔烧灼①〕

【烧透】shāotòu 動 ❶ (속까지 익도록) 충분히 굽다. ¶猪肉zhūròu要～才好吃｜돼지고기는 바싹 구워야 맛있다. ❷ (불이) 충분히 피다. ¶煤还没～｜석탄은 아직 다 피지 않았다.

【烧香】shāo/xiāng 動 ❶ 향을 피우다. ❷ 향(香)을 피워 치성을 드리다. ¶～还huán愿｜향을 피워 소원 성취를 빌다. ¶～失了火｜喩 모처럼 애를 쓴 일이 오히려 화가〔재앙이〕되다. ¶平时不～, 急时抱佛脚｜諺 평소에는 정성을 드리지 않다가 급해지면 도와달라고 부처 다리를 끌어안는다＝〔炷zhù香〕

【烧心】shāo/xīn ❶ 動〈醫〉가슴앓이를 하다. ❷ (shāoxīn) 名〈醫〉가슴앓이. 위〔속〕쓰림병. ❸ (～儿) 動 애태우다. 애타게 걱정하다. ¶我有一件～的事｜나는 애가 타는 일이 하나 있다.

【烧心壶】shāoxīnhú 名 方 차 주전자. 차 탕관.

【烧夷弹】shāoyídàn 名〈軍〉소이탄. ¶敌军扔rēng下了大量的～｜적군이 소이탄을 대량으로 투척했다＝〔燃烧弹〕

【烧纸】ⓐ shāo/zhǐ 動 (신령 앞에서) 소지를 올리다. 소지하다→〔烧化〕

ⓑ shāo·zhǐ 名 소지. 지전(紙錢).

【烧灼】shāozhuó 動 ❶ 불에 데다. 화상을 입다. ¶离火远一点儿, 免得～｜불에서 좀 떨어져라,

불에 데이지 말고. →〔烧伤〕❷(쇠붙이 따위를) 달구어 붙이다. ❸인두질하다. ¶用烙铁làotiě～｜인두질을 하다.

4【捎】shāo shào 털 소, 뿌릴 소

Ⓐ shāo 動 ❶ 인편에 전하다. ¶～一封信去｜편지를 인편에 전하다. ¶我给你～来了几本书｜오는 길에 너에게 보내는 책을 몇 권 가져 왔다→〔寄②〕❷연루되다. 파급되다. ¶这件事, 连他都～上了｜이 일이 그에게 까지 파급되었다.

Ⓑ shào 動 京 ❶ 뒷걸음치다. 물러서다. ¶大伙儿往后～一～, 让条道儿｜여러분 좀 뒤로 물러나 길을 좀 비켜주세요. ❷색이 바래다. ¶这布～色shǎi不色?｜이 천은 색이 바랩니까? ❸(비 따위가) 들이치다. ¶雨点～进来｜빗방울이 들이치다. ❹(물을) 뿌리다. ¶～院子｜마당에 물을 뿌리다.

Ⓐ shāo

【捎带】shāodài 動 하는 김에 …하다〔해 주다〕[흔히「着」가 붙어 부사적 용법으로 쓰임] ¶你到书店去～着给我买一本小说, 行不行?｜서점에 가는 김에 나에게 소설 한 권 사다 주지 않겠니? ＝〔捎搭〕

【捎带脚儿】shāodàijiǎor 副 方 가는 걸음에. 하는 김에. ¶你要的东西我～就买来了｜네가 필요로 하는 물건을 내가 가는 길에 사왔다→〔顺便〕

【捎话(儿)】shāo huà(r) 전언(傳言)하다. 소식을〔안부를〕전하다. ¶母亲托人～来了｜어머니께서 인편에 소식을 전해왔다.

【捎脚(儿)】shāo/jiǎo(r) 動 차가 가는 김에 싣고 가다. ¶回去是空车, 捎个脚儿吧!｜돌아 갈 때는 빈 차니까 함께 좀 싣고 가자!

【捎信儿】shāo/xìnr 動 소식을 전하다. 통지를 하다. ¶你顺便替我给王老师捎个信儿｜가는 걸음에 왕선생님께 나의 안부를〔소식을〕좀 전해다오.

Ⓑ shào

【捎马子】shàomǎ·zi 名 方 말전대.

【捎色】shào/shǎi 動 퇴색하다. 색이 바래다. ¶这衣服～了｜이 옷은 색이 바랬다 ＝〔退色〕

4【梢】shāo sào 막대기 소, 나무끝 초

Ⓐ shāo 名 ❶(～儿) (가늘고 긴 물건의) 끝부분. 말단. ¶树～｜나뭇가지의 끝. ¶鞭～｜채찍끝. ❷마감. 끝. 결과. ¶春～｜늦은 봄. ¶没有下～｜결과〔성과〕가 없다. ❸ 方 키작은 나무. 관목. ❹「艄shāo」와 같음 ⇒〔艄〕

Ⓑ sào ⇒〔梢度〕

Ⓐ shāo

【梢公】shāogōng ⇒〔艄shāo公〕

【梢头】shāotóu 名 ❶ 나뭇가지 끝. ❷어귀. 말단. 끝. ¶赶到市镇～｜읍내 어귀에 당도했다.

Ⓑ sào

【梢度】sàodù 名〈物〉테이퍼도(taper度)→〔锥zhuī度〕

2【稍】shāo shào 점점 초

Ⓐ shāo 副 ❶ 약간. 조금. 좀. ¶这件衣服～大一点｜이 옷은 좀 크다. ¶道路～远｜길이 좀 멀다. ¶价钱～贵｜값이 좀 비싸다. ❷잠시. 잠깐. ¶请～等一会儿｜잠깐 기다려 주세요. ¶我想～休息｜잠깐 쉬고 싶다. 어법 ⓐ 구어(口語)에서는「稍稍」「稍微」의 형식으로 많이 쓰임. ⓑ 주로 단음절 동사나 형용사를 수식하며 시간이 짧거나 정도가 낮음을 나타냄. ¶我看这个苹果～好一点｜내가 보기에 이 사과가 좀 좋아보인다. ⓒ「稍」는 일부의 단음절 방위사(方位詞) 앞에 쓰임. ¶～前｜조금 앞에. ¶～右｜조금 오른쪽.

Ⓑ shào ⇒〔稍息〕

Ⓐ shāo

【稍稍】shāoshāo 副 ❶ 조금. 좀. 약간. ¶～吃了一点儿｜조금 먹었다. ❷잠시. 잠깐. ¶～活动一下｜잠깐 몸을 좀 움직이다. ❸차차. 점점. 차츰차츰. ¶大家～离去了｜모두들 차차 떠나갔다‖＝〔稍微〕

【稍胜一筹】shāo shèng yī chóu 成 남보다 조금 낫다. 다른 것보다 좀 낫다. ¶你比你哥～｜너는 너 형보다 조금 낫다 ＝〔略胜一筹〕

【稍事】shāoshì ❶名 작은 일. 사소한 일. ❷副 잠시. 잠깐. 어법 뒤에 2음절어가 옴. ¶～休息｜잠깐 쉬다. ¶这个礼堂～整修, 即可启用qǐyòng｜이 강당은 잠시 수리만 하면 곧바로 사용할 수 있다.

2【稍微】shāowēi 副 조금. 약간. 다소. 좀. ¶～好一点｜좀 좋다. ¶～等一会儿｜조금 기다리다 ＝〔稍为〕〔稍稍〕〔少微〕 어법「一点儿」「一会儿」등과 같이 분량이 적거나 시간적으로 짧음을 나타내는 말을 동반함.

【稍许】shāoxǔ 副 약간. 조금. ¶～寄几个钱家去｜집에 돈을 좀 부치다. ¶待病情～好转再铜手术｜병세가 좀 나아지기를 기다려 수술을 하다.

【稍纵即逝】shāo zòng jí shì 成 (시간이나 기회가) 조금만 늦추어도 가버리다. ¶时间～, 我们必须分秒必争｜시간은 한 번 가면 그만이니 우리는 반드시 분초를 다투어야 한다.

Ⓑ shào

【稍息】shàoxī 動〈軍〉(열중) 쉬어! ＝〔少shǎo息②〕→〔立正②〕

【筲】shāo 대그릇 소

名 옛날, 1말 2되 들이의 (대·나무 따위로 만든) 용기. ¶水～｜물통. ¶斗～｜喩 (사람의) 도량이 좁다.

【筲箕】shāojī 名 (쌀·채소등을 씻는데 쓰는) 키처럼 생긴 대소쿠리.

【艄】shāo 고물 소

名 ❶ 선미(船尾). 고물. ¶船～｜고물. ❷(배의) 키. ¶掌～｜키를 잡다 ＝〔梢④〕

【艄公】shāogōng 名 키잡이. 조타수. 뱃사공.

【蛸】shāo ☞ 蛸 xiāo Ⓑ

【鞘】shāo ☞ 鞘 qiào Ⓑ

sháo ㄕㄠˊ

2【勺】sháo shùo 구기 작

Ⓐ sháo ❶ (～儿, ～子) 名 국자. (밥)주걱. ¶铁～ | 쇠로 된 국자. ¶饭～ | 밥주걱 =〔杓sháo〕 ❷ 名〈度〉작(勺) [중국의 옛날 용량 단위.「升shēng」의 100분의 1,「合gě」의 10분의 1임] ❸ 動 손바닥으로 치다〔때리다〕. ¶～他两三个耳光 | 그의 따귀를 두서너 번 쳤다.
Ⓑ shuò「勺sháo」의 문어음(文語音).
【勺柄】sháobǐng 名 국자 자루.
【勺儿】sháor ⇒〔勺子〕
【勺状软骨】sháozhuàngruǎngǔ 名組〈生理〉후두연골.
[2]【勺子】sháo·zi 名 ❶ (좀 큰) 국자. ❷ 俗〈生理〉후두부. ¶脑～ | 후두부 ‖ =〔勺儿〕

【芍】 sháo shùo 갈대이삭 조

Ⓐ sháo ⇒〔芍药〕
Ⓑ shùo「芍sháo」의 문어음(文語音).
【芍药】sháo·yao 名〈植〉작약.

【杓】 sháo biāo 구기 작, 북두자루 표

Ⓐ sháo「勺」와 같음 ⇒〔勺①〕
Ⓑ biāo 名 북두칠성의 자루에 해당하는 세 개의 별을 말함.

【苕】 sháo ☞ 苕 tiáo Ⓑ

【韶】 sháo 풍류이름 소

❶ 아름답다. ¶聪明～秀 | 총명하고 아름답다. ❷ (Sháo) 名 성(姓).
【韶光】sháoguāng 書 名 ❶ 아름다운 봄 경치. ❷ 喩 꽃다운 젊은 시절. ¶～易逝 | 좋은 시절은 쉽게 간다. ❸ 轉 세월 ‖ =〔韶华〕
【韶华】sháohuá ⇒〔韶光〕
【韶秀】sháoxiù 書 形 (용모가) 아름답다. 수려하다. 아리땁다. ¶她长得聪明～ | 그녀는 총명하고 아리땁게 생겼다.

shǎo ㄕㄠˇ

1 【少】 shǎo shào 적을 소, 젊을 소

Ⓐ shǎo ❶ 形 적다. 어법 ⓐ「少」단독으로 명사를 직접 수식할 수 없으며, 명사를 수식할 때는「很少」의 형태로 함.「少数」「少量」은 그 자체가 하나의 낱말임. ¶少人(×) ¶少的人(×) ¶很少人 | 적은 사람. ⓑ 술어나 보어(補語)로 쓰임. ¶去的人很～ | 가는 사람이 적다. ¶～得不能再～了 | 다시 더 적을 수 없을 정도로 적다. ¶你呀, 说得多, 做得～ | 너는 말은 많고 하는 것은 적다. ¶病刚好, ～活动 | 병이 막 나았으니 활동을 적게해라. ❷ 形 부족하다. 모자라다. 결핍되다. 빠지다. 어법 ⓐ 동사 앞에 쓰임. ¶～吃了一碗饭 | 밥 한 그릇을 덜 먹었다. ¶这个字～写了一笔 | 이 글자는 한 획을 빠뜨리고 썼다. ⓑ 동사 뒤에 보어로 쓰임. ¶这种药吃～了不见效 | 이 약은 덜 먹으면 효과가 나타나지 않는다. ¶今天穿～了, 有点冷 | 오늘 적게 입었더니 좀 춥다. ⓒ 뒤에 수량사(數量詞)를 동반하여 부족한 정도를 나타냄. ¶这本书～了两页 | 이 책은 두 페이지가 부족하다. ¶他管帐管得好, 从来没～过一分钱 | 그는 장부를 잘 다루어서 지금까지 1전도 부족한 적이 없다 ‖ =〔多〕 ❸ 形 그만…하다. 적게…하다. 더이상…하지 않다. 작작…하다. 어법 동사를 수식하여「…를 삼가하라」란 뜻의 명령문으로 쓰임. ¶～说废话fèihuà | 쓸 데 없는 말 그만 해라. ¶～花钱, 多办事 | 돈은 그만 쓰고 일을 많이 해라. ❹ 動 빌다. 빚지다. 빚이 있다. ¶～他一百块钱 | 그에게 100원을 빌다. ¶一分钱也不～你的 | 한푼도 너에게 빚진 것이 없다. ❺ 動 잃다. 없어지다. 분실하다. ¶我房里的东西～了几件 | 내 방안의 물건이 몇가지 없어졌다. ¶打开提包一看, ～了一件毛衣 | 가방을 열어보니 털옷 한 개가 없라. ❻ 動 에누리하다. 값을 깎다. ¶～点价钱 | 값을 조금 깎다. ¶价钱再不能～了 | 값은 더 이상 깎을 수 없다.
Ⓑ shào ❶ 形 젊다. 어리다. ¶年～ | 나이가 어리다. ¶～年男女 | 소년 소녀 ⇔〔老〕〔大〕 ❷ 名 젊은이. ¶男女老～ | 남녀 노소. ❸ 名 도령. 도련님. ¶阔kuò～ | 부자집 도령. ¶大～ | 도련님. ¶恶～ | 불량한 자식. 불량 소년. ❹ 군대의 계급 단위. ¶～校↓ ¶～将↓ ❺ (Shào) 名 성(姓).
Ⓐ shǎo
【少安毋躁】shǎo ān wú zào 成 조급히 굴지 말고 좀 참고 기다려라. ¶你先坐一会儿, ～, 我去替你按排一下 | 너 우선 좀 앉아 있어라, 너무 그리 조급히 굴지 말고. 내가 가서 너 대신에 처리해볼께 =〔稍安勿躁〕〔少安勿躁〕
【少不得】shǎo·bu dé 動組 ❶ 빼 놓을 수 없다. 없어서는 안된다. ¶这东西是～的 | 이 물건은 없어서는 안되는 것이다. ❷ …하지 않을 수 없다. ¶他病得这样, ～也要问问 | 그가 그렇게 앓고 있다면 가서 문병하지 않을 수 없다.
【少不了】shǎo ·bu liǎo 動組 ❶ 없어서는 안된다. 빼놓을 수 없다. ¶吃饭～泡菜pàocài | 밥 먹는데 김치가 없어서는 안된다. ¶办这事儿当然～你 | 이 일을 하는 데 당연히 너를 빼놓을 수 없다. ❷ …하지 않을 수 없다. ¶～安排什么款待他 | 무엇인가 준비하여 그를 대접해야만 한다. ❸ 줄어들게 하지 않다. 적게 하지 않다. ¶该你的钱, 将来还你, 一个子儿也～ | 너에게 빚진 돈은 장차 돌려 주겠다. 한푼도 적게 하지 않을 것이다. ❹ 적지 않다. 꽤 많다. ¶困难看来～ | 곤란이 적지 않아 보인다 어법 반의어는「少得了」인데, 주로 반어·의문 따위에 쓰임.
【少待】shǎodài 書 動 잠시 기다리다. ¶～片刻 | 잠시 기다리다 =〔少等〕
【少而精】shǎo ér jīng 形組 적으나마 실속이 있다. ¶论文要～, 不能多而滥 | 논문은 적으나마 실속이 있어야지 쓸데없이 양만 많아서는 안된다.
【少管闲事】shǎo guǎn xián shì 成 쓸데 없는 일에 참견하지 않다.
【少会】shǎohuì ⇒〔少见②〕
【少见】shǎojiàn ❶ 形 보기 드물다. 진귀하다. ¶这种装饰品很～ | 이런 장식물은 대단히 희귀하다. ¶这是～的情形 | 이것은 보기드문 상황이다. ❷ 套 오랫동안 만나지 못하다. ¶～～! | 정

말 오래간만입니다! =〔少会〕 ❸ 書 形 견문이 좁다. ¶寡闻guǎwén～ | 견문이 좁다.

【少见多怪】 shǎo jiàn duō guài 成 견문이 좁아 모든 것이 신기해 보이다. 세상 일에 어둡다. ¶你别～ | 놀랄 것 없다. ¶也许是我～ | 아마도 내가 견문이 좁은 탓일 것이다 =〔少所见, 多所怪〕

【少来】 shǎolái 動 ❶ 적게 오다. 오지 않다. ¶我们以后～吧 | 이제부터는 왕래를 삼가합시다. ❷ 그만두다. 걷어치우다. ¶你～这一套 | 이런 상투적인 수법은 좀 그만해라. ¶这样的事, 以后～点儿 | 이런일은 이후부터 좀 그만하시오. ❸ 적게 사용하다. ¶这种辣椒很辣, ～一些 | 이런 고추는 매우니 좀 적게 넣어라.

【少礼】 shǎolǐ 套 ❶ 예의을 갖추지 못하다. 예절에 밝지 못하다. 실례하다. ¶上次令堂七十大寿, 我也～, 没得去拜寿 | 전번 어머님의 칠순 생신에도 예의을 갖추지 못하고 축하드리러 가지 못하였습니다 =〔短礼〕 ❷ 편히 하십시오. 예의를 차릴 필요가 없습니다.

[4]【少量】 shǎoliàng 名 소량. ¶服用～的药水 | 소량의 약물을 복용하다.

【少陪】 shǎopéi 套 먼저 자리를 떠야겠습니다. 실례하겠습니다. ¶～～! | 죄송합니다만 먼저 실례하겠습니다 =〔失陪〕

【少时】 ⓐ shǎoshí 書 名 副 잠시〔잠깐〕(후에). ¶～就告诉你 | 잠시 후에 너에게 알려 주겠다 =〔書 小刻〕〔小选〕〔小焉〕→〔片piàn刻〕

ⓑ shàoshí 名 젊을 때. 어릴 때.

【少数】 shǎoshù 名 소수. 적은 수. ¶～服从多数 | 소수는 다수에 복종한다. ¶～学生不认真 | 소수의 학생이 열심히 하지 않는다.

[4]【少数民族】 shǎoshù mínzú 名組 소수 민족. ¶中国有55个～ | 중국에는 55개 소수민족이 있다.

【少说】 shǎoshuō ❶ 動 말을 삼가다〔적게 하다〕. ¶～废话! | 쓸데 없는 말 작작 하시오! ¶～为佳 | 말을 하지 않는 것이 좋다. ❷ 副 적게 말해도. 적게 봐도 [보통「也」가 뒤에 온다] ¶～也得三天 | 적게 잡아도 삼일은 걸린다.

【少算】 shǎosuàn 動 셈을 좀 덜하다. 값을 깎다. ¶～点儿吧 | 값을 조금 깎읍시다.

【少许】 shǎoxǔ 書 數 量 소량. 얼마간. 약간. ¶放盐～ | 소금을 조금만 넣다. ¶～的钱 | 얼마 안 되는돈.

【少有】 shǎoyǒu 形 드물다. 별로 없다. 희귀하다. ¶真是～的事情 | 참으로 드문 일이다. ¶这种天气在蔚山是很～的 | 이런 날씨는 울산에선 아주 드문 날씨다.

Ⓑ shào

【少白头】 shàobáitóu ❶ 名 젊은 나이에 머리가 센 사람. ¶我是～ | 나는 젊은 나이에 머리가 일찍 센 사람이다. ❷ 名 새치.

【少不更事】 shào bù gēng shì 成 나이가 어려 경험이 적다 [세상 물정을 모르다] =〔少不经事〕

【少妇】 shàofù 名 ❶ 젊은 부인〔여자〕. ❷ 젊은 아내 =〔少媳妇儿〕

【少将】 shàojiàng 名 〈軍〉 소장→〔军衔〕

【少林拳】 shàolínquán 名 〈體〉 소림파 권법. ¶他打了一通tòng～ | 그는 소림권을 한 차례 했다.

【少林寺】 Shàolínsì 名 소림사. ¶哪位是～的方丈? | 어느 분이 소림사의 방장이시냐?→〔太tài极拳〕

【少奶奶】 shàonǎi·nai 名 ❶ 아씨 [젊은 주인의 아내를 높여 부르는 말] ❷ 며느님 =〔少太太〕

【少男】 shàonán 名 소년. ¶～少女 | 소년소녀.

[2]【少年】 shàonián 名 ❶ 소년기. ¶～时代 | 소년 시절. ¶～人 | 소년. ❷ 소년. ¶～易老学难成 | 成 소년은 늙기 쉽고 배움은 이루기 어렵다.

【少年老成】 shào nián lǎo chéng 成 ❶ 나이는 어리지만 어른스럽다. ¶他～, 办事精明极了 | 그는 나이는 어리지만 어른스러워 일 하는 것이 대단히 민첩하다. ❷ 젊은이가 늙은이 같이 패기가 없다.

【少年先锋队】 shàonián xiānfēngduì 名組 소년 선봉대 =〔少先队〕

[3]【少女】 shàonǚ 名 소녀. ¶哪个～不怀春huáichūn | 어떤 소녀가 이성을 그리지 않겠는가.

【少尉】 shàowèi 名 〈軍〉 소위→〔军衔〕

[3]【少先队】 shàoxiānduì ⇒〔少年先锋队〕

【少相】 shào·xiang 動 方 ❶ 젊어 보이다. ¶他年近五十, 看起来倒挺～的 | 그는 나이가 50에 가깝지만 아주 젊어 보인다. ¶你看她多～啊! | 봐라, 그 여자분이 얼마나 젊게 보이는지! ❷ 젊어 보이게 하다 ‖ =〔少像〕〔少兴〕〔小形〕

【少像】 shào·xiang ⇒〔少相·xiang〕

【少小】 shàoxiǎo 書 名 어린 시절. 어린이. ¶～爱文词 | 어려서부터 시문(詩文)을 좋아하였다. ¶～离家老大回 | 어려서 집을 떠나 나이 들어서 돌아-오다.

【少校】 shàoxiào 名 〈軍〉 소령→〔军衔〕

【少爷】 shào·ye 名 ❶ 도련님. 도령. 젊은 나으리 [옛날, 하인들이 주인 아들부르던 호칭]→〔老爷〕 ❷ 아드님. 자제. 영식(令息). ¶张大哥的～ | 장 형님의 자제분.

【少正】 Shàozhèng 名 복성(複姓).

【少壮】 shàozhuàng ❶ 形 젊고 힘차다. 젊고 원기가 왕성하다. ¶～派 | 소장파. ¶～不努力, 老大徒伤悲 | 成 젊었을 때 노력않고, 늙고난 후 한탄해 본들 무슨 소용 있으랴. ❷ 書 名 장정(壯丁). ¶征发zhēngfā城内～, 去修河堤 | 성안의 장정들을 징발하여 제방 건설 공사에 보내다.

shào ㄕㄠˋ

1【少】 shào ☞ 少 shǎo Ⓑ

【召】 Shào ☞ 召 zhào Ⓑ

【劭】 shào 권할 소

書 ❶ 動 격려하다. 장려하다. ¶先帝～农 | 선제께서 농업을 장려하셨다. ❷ 形 높고 훌륭하다. ¶～美↓

【劭美】 shàoměi 形 (덕행이) 높고 아름답다.

【卲】 shào 덕높을 소

書 形 (재능이나 덕이) 높고 훌륭하다. ¶年高德～ | 나이가 많고 덕이 높다 =〔劭②〕

【邵】shào 땅이름 소
❶[名]〈地〉소 [하남성(河南省) 제원현(濟源縣) 서쪽의 옛 지명(地名). 춘추(春秋) 시대 진(晋)의 요충지였음] ❷지명에 쓰이는 글자. ¶～伯bó湖 |〈地〉소백호 [강소성 강도현(江都縣)의 북쪽에 있음] ¶～阳yáng市 |〈地〉소양시 [호남성 자수(資水) 상류에 있음] ❸(Shào) [名] 성(姓).

1【绍(紹)】shào 이을 소
❶[動] 이어받다. 계승하다. ¶～先烈之精神 | 선열의 정신을 이어받다. ❷[動] 소개하다. 매개하다. ¶～介↓ ❸(Shào) [名][簡]〈地〉절강성(浙江省) 소흥현(紹興縣)의 약칭. ❹(Shào) [名] 성(姓).

【绍介】shàojiè (書)[動] 소개하다. ¶～这儿的情况 | 여기 상황을 소개하다 =〔佋介〕→〔介绍〕

【绍剧】shàojù [名] 절강성 소흥(紹興) 일대에서 유행한 지방극 =〔绍兴乱弹〕〔绍兴大班〕

【绍兴酒】shàoxīngjiǔ [名] 소흥주 [절강성(浙江省) 소흥 지방 특산의 명주] ¶他爱喝～ | 그는 소흥주를 좋아한다.

3【哨】shào 파수병 초, 수다스러울 소
❶[名]〈軍〉보초. 초병. ¶放～ | 보초서다. 보초를 세우다. ❷[名](～儿, ～子) 호루라기. 휘파람. ¶吹～儿 | 호루라기를〔휘파람을〕 불다. ❸[動](새가) 지저귀다. ¶这只鸟～得很好听 | 이 새의 지저귀는 소리는 매우 듣기 좋다. ❹[動](사람이) 조잘거리다. 수다를 떨다. ¶他～了半天才回去了 | 그는 한참 동안 조잘거리다 돌아갔다.

3【哨兵】shàobīng [名] 초병. 보초병. ¶流动～ |〈軍〉동초.

【哨卡】shàoqiǎ [名] 변경(邊境)이나 요도(要道)에 설치되어 있는 초소. ¶设～盘问pánwèn行人 | 변경 초소를 설치하고 지나가는 사람들을 검문하다.

【哨儿】shàor ⇒〔哨子〕

【哨所】shàosuǒ [名] 초소. ¶前沿～ | 전방 초소.

【哨子】shào·zi [名] ❶호루라기. ¶吹～ =〔打哨子〕| 호루라기를 불다. ¶吹口～ | 휘파람을 불다. ¶～一响, 大家便自动排好队 | 호루라기 소리가 나자 모두들 자동적으로 줄을 섰다. ❷(기차 따위의) 기적. ¶～响了 | 기적을 울렸다 ‖ =〔哨儿〕

4【捎】shào ☞ 捎 shāo [B]

2【稍】shào ☞ 稍 shāo [B]

【潲】shào 비뿌릴 소
❶[動](비가 바람에 날려) 비스듬히 내리다. 옆으로 들이치다. ¶快关窗户, 别让雨点～进来! | 빨리 창문을 닫아라, 빗방울이 들이칠라! ❷[動](方) 물을 뿌리다〔주다〕. ¶往马路上～些水 | 큰 길에 물을 좀 뿌리다. ¶往菜上～水 | 채소에 물을 주다. ❸[名](方) 쌀뜨물·야채 따위를 끓인 사료. ¶猪～ | 돼지 사료.

【潲水】shàoshuǐ [名](方) 쌀·야채·그릇 따위를 씻고 난 물. 구정물 =〔泔gān水②〕

【潲桶】shàotǒng [名](方) 쌀뜨물을 받는 통 =〔泔水桶〕

shē ㄕㄜ

【猞】shē 사리 사
⇒〔猞猁〕

【猞猁】shēlì [名]〈動〉스라소니 =〔猞猁狲〕〔失利孙〕〔天鼠〕

【猞猁狲】shēlìsūn ⇒〔猞猁〕

4【奢】shē 사치할 사
❶사치하다. 낭비하다. ¶～侈↓ ¶穷～极欲 | [成] 사치와 욕망이 극에 이르다. ❷과분하다. 지나치다. ¶～望↓ ¶所望不～ | 바라는 것이 지나친 게 아니다. ❸(Shē) [名] 성(姓).

4【奢侈】shēchǐ [形] 사치하다. ¶～品 | 사치품. ¶他虽然很有钱, 生活却并不～ | 그는 아주 부자이지만 생활은 의외로 사치스럽지 않다 =〔侈奢〕

【奢华】shēhuá [形] 사치스럽고 화려하다. ¶过着～糜烂mílàn的生活 | 사치하고 부패한 생활을 보내고 있다.

【奢靡】shēmí (書)[形] 사치스럽게 낭비하다. ¶生活～ | 생활이 사치스럽다.

【奢谈】shētán (書)[動] 시끄럽게 떠들다. ¶别～什么社会主义了 | 무슨 사회 주의 운운하며 떠들지 말라.

【奢望】shēwàng (書)[名] 지나친 욕망. ¶生活不应有～ | 생활에 지나친 욕망이 있어서는 안된다.

【赊(賒)】shē 외상거래할 사
[動] 외상으로 사다〔팔다〕. ¶现钱不～ | 현금 매매, 외상 사절. ¶一概不～ | 외상 일체 사절. ¶～了一斤盐 | 소금을 한 근 외상했다.

【赊购】shēgòu [動] 외상으로 구입하다. ¶～缝纫机féngrènjī | 재봉틀을 외상으로 구입하다. ¶店小本薄, 恕shù不～ | 가게가 작고 자본도 적기에 외상 구매를 할 수 없으니 양해바랍니다.

【赊卖】shēmài [動] 외상 매매하다. ¶～价格 | 외상 가격 =〔赊销〕

【赊欠】shēqiàn [動] 외상 매매하다. ¶～免言 | 외상 사절.

【赊销】shēxiāo ⇒〔赊卖〕

【赊帐】shē/zhàng ❶[動] 외상으로 팔다〔사다〕. ¶现金买卖, 概不～ | 현금 거래, 외상 사절. ¶这是～买来的 | 이것은 외상으로 사온 것이다. ❷(shēzhàng) [名] 외상의 장부 기재. 외상 계산서.

【畲】shē 밭태울 사, 종족이름 사
❶(書)[動] 밭에 있는 풀을 태우다. 화전(火田)을 일구다 =〔畬shē〕 ❷ ⇒〔畲族〕

【畲族】Shēzú [名]〈民〉사족 [중국 소수 민족의 하나. 주로 복건(福建)·절강(浙江)·강서(江西)·광동(廣東) 지방에 분포함]

shé ㄕㄜˊ

2【舌】shé 혀 설
❶(～头) [名] 혀. ¶～不利落 | 혀가 잘 돌아가지 않다. ❷혀 모양의 물건. ¶帽～ | 모자챙. ❸방울이나 목탁속에 있는 추. ¶铃líng～ |

방울추.

【舌根音】shégēnyīn 名〈言〉설근음. 혀뿌리 소리[현대 중국어에서 g·k·h의 음]＝〔舌面后音〕

【舌耕】shégēng 書動 학생을 가르쳐 생활을 꾸려가다. ¶以～为业 | 교원 생활을 하다.

【舌簧喇叭】shéhuánglǎ·ba⇒〔舌簧式扬声器〕

【舌簧式扬声器】shéhuángshì yángshēngqì 名組〈電子〉마그네틱 스피커(magnetic speaker)＝〔电磁式扬声器〕〔舌簧喇叭〕

【舌尖音】shéjiānyīn 名〈言〉설첨음. 혀끝 소리[현대 중국어에서 z·c·s·d·t·n·l·zh·ch·sh·r의 음이 해당되며 이를 다시 세분하면 z·c·s는「舌尖前音」, d·t·n·l는「舌尖中音」, zh·ch·sh·r는「舌尖后音」임]

【舌剑唇枪】shé jiàn chún qiāng 成 칼같은 혀에 창같은 입술. 말이 비수처럼 날카롭다. ¶他们～, 争斗了一番 | 그들은 비수같은 말로 한참을 싸웠다＝〔唇枪舌剑〕

【舌面后音】shémiànhòuyīn⇒〔舌根音〕

【舌面前音】shémiànqiányīn 名組〈言〉설면전음[현대 중국어에서 j·q·x의 음]

【舌上音】shéshàngyīn 名〈言〉설면음(舌面音).

【舌鳎】shétǎ 名〈魚貝〉참서대.

【舌苔】shétāi 名〈醫〉설태. ¶～发白 | 설태가(병 때문에) 희어지다＝〔舌胎〕

【舌胎】shétāi⇒〔舌苔〕

2【舌头】shé·tou 名 ❶ 혀. ¶大～ | ⓐ 큰 혀 ⓑ 혀가 크다. 喩 혀가 잘 돌아 가지 않다. ¶短～ | 짧은 혀. ¶吐tǔ～＝〔伸shēn舌头〕| 혀를 내밀다. ¶～根子 | 설근. ¶～尖儿 | 혀끝. ¶～不利落 | 혀가 잘 돌아 가지 않는다. ❷ 적의 정보를 캐기 위하여 생포해 온 적. ¶侦察员zhēncháyuán又抓zhuā来了一个～ | 정찰대원이 정보를 얻기 위한 적을 또 한 명 붙잡아 왔다.

【舌下神经】shéxià shénjīng 名組〈生理〉설하신경

【舌下腺】shéxiàxiàn 名〈生理〉설하선.

【舌咽神经】shéyān shénjīng 名組〈生理〉설인신경. 제9뇌신경.

【舌炎】shéyán 名〈醫〉설염. ¶他得了～ | 그는 설염에 걸렸다.

【舌音】shéyīn 名〈言〉설음. 혓소리.

【舌蝇】shéyíng 名〈蟲〉체체파리. ¶～蚁集yǐjí | 체체파리가 개미떼처럼 모여들다＝〔萃萃蝇〕

【舌战】shézhàn ❶ 名 설전. 논전(論戰). ¶一场～ | 한바탕의 치열한 설전. ❷ 動 결론하다. 논전하다. ¶双方进行～ | 쌍방이 설전을 벌이다.

【舌状花】shézhuànghuā 名〈植〉설상화. 혀꽃.

【佘】Shé 성 사
名 성(姓).

2【折】shé ☞ 折 zhé ① B

3【甚】shé ☞ 甚 shén

【阇】shé ☞ 阇 dū B

2【蛇】shé yí 뱀 사

A shé 名〈動〉뱀. ¶一条～ | 뱀 한마리. ¶蝮fù～ | 살무사.

B yí 形 轉 (뱀처럼) 구불구불하다. ¶委wěi～ | 구불구불하다.

【蛇根草】shégēncǎo⇒〔萝芙luófú木〕

【蛇麻(草)】shémá(cǎo) 名〈植〉홉(hop)＝〔忽布(花)〕〔啤酒píjiǔ花〕〔酒花〕

【蛇莓】shéméi 名〈植〉뱀딸기. ¶～不能吃 | 뱀딸기는 먹지 못한다＝〔地莓〕

【蛇蜕】shétuì 名〈漢醫〉뱀허물. ¶～可以入药 | 뱀허물은 약으로 쓴다＝〔蛇退〕

【蛇纹石】shéwénshí 名〈鑛〉사문석＝〔温石〕

【蛇蝎】shéxiē 名 ❶ 뱀과 전갈. ❷ 喩 악독한 사람. 독살스러운 놈. ¶毒如～ | 사갈처럼 악독하다. ¶～之心 | 악독한 마음. ¶他是～心肠xīncháng | 그는 마음이 아주 악독한 놈이다.

【蛇行】shéxíng 動 ❶ 뱀처럼 기어가다. 갈짓자 걸음으로〔지그재그로〕나아가다. ¶～而进 | 뱀처럼 지그재그로 나아가다. ❷ 포복 전진하다.

【蛇足】shézú 名 喩 사족. 군더더기. ¶这一段实为～ | 이 단락은 정말 군더더기이다→〔画蛇添足〕

【揲】shé dié 맥짚을 설

A shé 書動 ❶ 옛날, 톱풀로 점을 볼 때 톱풀을 세어 몇 묶음으로 나누다. ❷ 일정한 수를 단위로 하여 갯수를 세다. ¶～之以四 | 4개를 한 단위로 세다. ❸ (맥을) 짚다.

B dié 書動 접다. 개다.

shě ㄕㄜˇ

1【舍(捨)】① shě 버릴 사

動 ❶ 버리다. 포기하다. 내버리다. 개의하지 않다. ¶～身为wèi国 | 몸을 바쳐 나라를 위하다. ¶四～五入 | 사사오입(하다). 반올림(하다). ❷ 희사하다. 기부하다. ¶施～ | 보시하다. 희사하다. ¶～药 | 시약(施藥)하다.

【舍本从末】shě běn cóngmò⇒〔舍本逐末〕

【舍本求末】shě běn qiú mò⇒〔舍本逐末〕

【舍本逐末】shěběn zhúmò 成 중요한〔근본적인〕것을 버리고 지엽적인 것을 좇다〔추구하다〕. 본말을 전도하다. ¶只求qiú形式xíngshì, 不顾gù内容, 就是～ | 형식만을 추구하고 내용을 살피지 않는 것은 본말을 전도하는 것이다＝〔舍本从末〕〔舍本求末〕

3【舍不得】shě ·bu ·de 動組 ❶ 아깝다. ¶～给他 | 그에게 주기 아깝다. ¶～花一分钱 | 돈 한 푼도 쓰기가 아깝다. ¶她～孩子, 所以没有离开 | 그녀는 아이와 헤어지기 섭섭하여 떠나지 않았다. ❷ 아쉽다. 섭섭하다. 서운하다. ¶～分手 | 헤어지기 섭섭하다. ¶～离开学校 | 학교를 떠나는 것이 섭섭하다. ¶我们～你走了 | 너를 떠나보내는 것이 서운하다. ¶孩子要去当兵, 妈妈非常～ | 아이가 군대에 가게 되자 어머니는 매우 서운했다.

3【舍得】shě·de 動 아깝지않다. 아쉬워 하지 않다. 미련을 두지 않다. ¶你～把这幅画送给他吗? |

이 그림을 그에게 기꺼이 주겠느냐? ¶～花钱 | 기꺼이 돈을 쓰다. ¶～下工夫 | 노력을 아끼지 않다. 어법 부정은「舍不得」이며,「不舍得」는 남방어(南方語)임.

【舍短取长】shě duǎn qǔ cháng 成 나쁜 점은 버리고 좋은 점은 취하다.

【舍己为公】shě jǐ wèi gōng 成 공익을 위하여 자신을 희생하다. ¶他一心～ | 그는 한마음 한뜻으로 공익을 위해 자신을 희생하였다.

【舍己为人】shě jǐ wèi rén 成 남을 위해 자기의 이익을 버리다. ¶他一向～ | 그는 줄곧 남을 위하여 자기 몸을 바쳤다.

【舍劲(儿)】shě/jìn(r) 動 힘을 쏟다. 열심히 하다. ¶只要你～干一干, 这件事一定办得好 | 네가 열심히만 하면 이 일은 꼭 잘 될 수 있을 것이다.

【舍近就远】shě jìn jiù yuǎn 成 가까운 것을 버리고 먼 것을 구하다. 가까이 두고 멀리에서 찾다.

【舍车保帅】shějū bǎoshuài 成 (장기에서) 장(將)을 살리기 위해 차(車)를 버리다. 喩 대(大)를 위해 소(小)를 희생하다. ¶这样做是为了～ | 이렇게 하는 것은 대를 위한 것이다.

【舍命】shě/mìng 動 ❶ 목숨을 버리다. ¶～不舍财 | 諺 목숨은 버려도 돈은 버리지 않는다. 목숨보다 돈. ❷ 필사적이다. 목숨을 걸다. ¶舍着命斗 | 목숨을 걸고 싸우다.

【舍弃】shěqì 動 버리다. 포기하다. 빼버리다. 내버리다. ¶能～一切 | 모든 것을 포기할 수 있다. ¶～个人的幸福 | 개인의 행복을 포기하다.

【舍身】shě/shēn 動 ❶〈佛〉사신(捨身)하다. ❷ 자신을 희생하다. 몸〔목숨〕을 바치다. ¶～为国 | 成 몸을 바쳐 나라를 위하다. ❸ 전력을 다하다. 목숨을 걸다. 필사적이다. ¶舍着身儿 | 목숨을 걸고 싸우다.

【舍生取义】shě shēng qǔ yì 成 정의를 위해 목숨을 바치다.

【舍生忘死】shě shēng wàng sǐ 成 생명을 돌보지 않다. ¶他～地为祖国效劳xiàoláo | 그는 죽음도 두려워하지 않고 조국을 위해서 진력하다 =〔舍死忘生〕

【舍我其谁】shě wǒ qí shéi 成 나 아니면〔이외에〕또 누가 있겠는가? ¶大有～的气概 | 내가 아니면 안된다는 기개가 대단하다.

1【舍】② shè 집 사

❶ 名 집. 가옥. 건물. ¶校～ | 교사. ¶宿～ | 기숙사. ¶旅～ | 여관. ¶敝bì～ | 저의 집. ❷ 名 (가축의) 우리. 축사. ¶牛～ | 우사. ¶猪～ | 돼지 우리. ❸ 頭 謙 주로 친척중에서 자기보다 항렬이 낮거나 나이가 어린 사람을 남에게 지칭할 때 쓰는 말 [연장자일 경우에는「家」를 붙임] ¶～侄↓ ¶～弟↓ ❹ (Shè) 名 성(姓).

【舍弟】shèdì 名 謙 저의 동생.

【舍间】shèjiān ⇒〔舍下〕

【舍利】shèlì 名〈佛〉사리. ¶～塔 | 사리탑 =〔舍利子①〕

【舍妹】shèmèi 名 謙 저의 누이 동생. ¶～欲南行求学, 望兄请关照 | 저의 누이 동생이 공부를 위해 남쪽으로 내려가려고 하니 많은 보살핌을 바랍니다 =〔小妹〕〔小妹妹③〕

【舍亲】shèqīn 名 謙 저의 친척.

【舍下】shèxià 名 謙 (누추한) 저희〔우리〕집. ¶欢迎君来～一聚jù | 저희 집 모임에 오신 것을 환영합니다 =〔書 舍间〕〔書 敝户〕〔敝舍〕〔書 敝寓〕〔書 小舍〕〔書 小寓〕→〔草舍①〕〔府上〕

【舍侄】shèzhí 名 謙 저의 조카. ¶～女 | 저의 조카딸.

shè ㄕㄜˋ

2【叶】Shè ☞ 叶 yè

1【设(設)】shè 베풀 설

❶ 動 세우다. 설치하다. 배치하다. 두다. 차리다. ¶～个座位 | 좌석을 하나 배치하다. ¶本店之下～分店 | 본점 밑에 분점을 개설하다. ❷ 動 가정하다. 가설(假說)하다. ¶～长方形的宽是X米 | 직사각형의 폭을 X미터로 가정한다. ❸ 書 連 만일. 만약. 가령. ¶～有不测cè | 만약 뜻밖의 일이 있다면. ¶～有困难, 当助一臂bì之力 | 만일 곤란한 일이 있다면 조금이나마 돕겠다. ❹ 계획하다. 기획하다. 강구하다. ¶～计↓ ¶～法↓ ¶～想↓

2【设备】shè·bèi ❶ 動 갖추다. 설비하다. ¶～完善 | 설비가 완전하다. ¶～不错 | 설비가 매우 좋다. ❷ 名 설비. 시설. ¶全套～ | 모두 갖추어진 시설 ¶～利用率 | 설비 이용률. ¶电气～ | 전기 시설. ¶自来水～ | 상수도 시설. ❸ 名 動 사전 준비(를 하다). ¶做事得有一番～才行 | 일을 함에 항상 사전준비가 있어야 된다.

3【设法】shèfǎ 動 방법을 세우다. 방도를 찾다. 대책을 강구하다. ¶～克服困难 | 방법을 세워 곤란을 극복하다. ¶我们正在～解决冰箱漏水lòushuǐ的问题 | 우리는 냉장고에서 물이 새는 문제를 해결하려는 중이다.

【设防】shèfáng 動 방어 시설을 (배치)하다. ¶～地带 | 방어 지대. 요새화 지대. ¶我军对敌军处处～ | 아군은 적군에 대해서 곳곳에 방어 시설을 해두었다.

【设伏】shèfú 書 動 (군대를) 매복시키다. 복병을 배치하다.

【设或】shèhuò 書 連 설혹. 가령. 만일. 만약. ¶～他不来, 就没有问题 | 설혹 그가 오지 않는다 하더라도 문제없다 =〔假如jiǎrú〕〔设若〕

2【设计】shèjì ❶ 名 動 설계(하다). 디자인(하다). ¶建筑～ | 건축 설계. ¶～一座厂房 | 공장 건물을 설계하다. ¶封面～ | 표지 디자인. ¶广告～ | 상업 디자인. ❷ 名 動 계획(하다). 구상(하다). ¶课程～ | 교과 과정 계획. ❸ 名 動 (문예 작품 따위에서 장면 등을) 설정(하다). ¶～了引人入胜的情节 | 흥미 진진한 줄거리를 설정했다. ❹ (shè/jì) 動 계책을 꾸미다. 흉계를 꾸미다. ¶～陷害xiànhài | 모해하려 흉계를 꾸미다.

4【设立】shèlì 動 세우다. 설립하다. 설치하다. 어법「设立」은 조직이나 기구를 세우는 데 주로 쓰이나,「建立」은 구체적인 사물 뿐 아니라「우정」·「위신」·「공헌」등 추상적인 사물에도 쓰임.

¶～学校｜학교를 세우다. ¶那所研究中心～在大邱｜그 연구센터는 대구에 설립되어 있다. ¶～委员会｜위원회를 설치하다.

【设如】shèrú ⇒〔设若〕

【设若】shèruò 書 連 만일. 만약＝〔设或〕〔设如〕

【设色】shèsè 名 動 색칠(하다). 채색(하다). ¶布局新颖xīnyǐng, ～柔和róuhé｜구도가 참신하고 채색이 부드럽다.

【设身处地】shè shēn chǔ dì 成 입장을 바꾸어 생각하다. ¶你要～地为别人想一想｜너는 입장을 바꾸어서 다른 사람을 위해서 생각을 좀 해봐야 한다.

4【设施】shèshī 名 ❶ 시설. 설비. ¶防洪～｜홍수 방지 시설. ¶医疗～｜의료 시설. ¶集体福利～｜종합복리 시설. ❷ 시책.

3【设想】shèxiǎng 動 ❶ 상상하다. 가상하다. ¶不堪～｜상상조차 할 수 없다. ¶这样～是合乎逻辑的｜이렇게 가상하는 것은 논리에 맞다. ¶从来没有实现过的～｜여태 한번도 실현된 적이 없는 구상. ❷ 구상하다. 착상하다. ¶初步～｜초보적 구상. ¶～过几个方案｜몇 가지 방안을 구상한 적이 있다. ❸ 배려하다. 고려하다. ¶要多为群众～｜더욱더 대중을 배려해야 한다.

【设宴】shè/yàn 動 주연을 베풀다〔벌이다〕. ¶～招待来宾｜주연을 베풀어 내빈을 접대하다.

【设有】shèyǒu 動 …에 시설이〔설비가〕 갖추어져 있다. ¶屋里～暖房装置｜집안에 난방 장치가 갖추어져 있다.

【设在】shè·zai 動 …에 시설〔마련〕되다. ¶学生服务中心～校内｜학생회관이 교내에 갖추어져 있다.

4【设置】shèzhì ❶ 動 설치하다. 안배하다. ¶～专门机构｜전문 기구를 설치하다. ¶～了三门选修课｜세 과목의 선택 과목을 안배하였다＝〔设立〕〔按排〕 ❷ 動 장치하다. 설치하다. ¶教室里～了收音机和扩音器｜교실에 라디오와 스피커를 설치〔장치〕했다. ❸ 動 설정하다. ¶先确定主题再～一种人物｜먼저 주제를 정한 다음 한 인물을 설정하다. ❹ 名〈電算〉세트업(Setup).

【库(厙)】 shè 마을 사

名 ❶ (方) 마을. 동네 [주로 마을의 이름에 쓰임] ❷ (Shè) 성(姓).

1【社】 shè 땅귀신 사, 단체 사

❶ 조직체. 단체. 조합. ¶通讯～｜통신사. ¶报～｜신문사. ¶结～｜조합을 만들다. ❷ 書 名 토지의 신. 토지신에 지내는 제사. ¶～稷↓ ¶春～｜봄에 토지신에게 지내는 제사. ❸ 名 簡「合作社」(합작사)나 「人民公社」(인민공사)의 약칭→〔人rén民公社〕 ❹ (Shè) 名 성(姓).

【社办】shèbàn 動 인민공사가 경영하다. ¶～工厂｜인민공사 경영 공장.

【社队】shèduì 名 인민 공사와 생산대(대) ¶～企业｜인민 공사와 생산대대가 경영하는 기업. ¶～联办｜인민 공사와 생산대대의 공동경영. ¶～脱产干部｜인민 공사와 생산대대의 (생산에 종사하지 않는) 상근 간부.

1【社会】shèhuì 名 사회. ¶资本主义～｜자본주의 사회. ¶共产主义～｜공산주의 사회. ¶～人士｜유명 인사.

【社会保险】shèhuì bǎoxiǎn 名組 사회 보험. ¶推广tuīguǎng～｜사회 보험을 널리 보급하다.

【社会存在】shèhuì cúnzài 名組 사회적 존재. ¶～决定社会意识｜사회적 존재는 사회 의식을 결정한다.

【社会地位】shèhuì dìwèi 名組 사회적 지위.

【社会调查】shèhuì diàochá 名組 사회 조사. ¶进行～｜사회 조사를 진행하다.

【社会分工】shèhuì fēngōng 名組 사회적 분업

【社会风气】shèhuì fēngqì 名組 사회 풍조.

【社会工程】shèhuì gōngchéng 名組 사회 공학(社會工學).

【社会工作】shèhuì gōngzuò 名組 사회 봉사.

【社会关系】shèhuì guān·xi 名組 ❶ (개인의) 인간 관계. ❷ 사회 관계.

【社会活动】shèhuì huó·dong 名組 사회 활동. ¶参加各种～｜각종 사회 활동에 참가하다.

【社会教育】shèhuì jiàoyù 名組〈教〉사회 교육.

【社会科学】shèhuì kēxué 名組 사회 과학.

【社会青年】shèhuì qīngnián 名組 무직(無職) 청년 [대약진 운동의 실패로 생긴, 중·고등학교를 졸업하였으나 진학도 취직도 못한 젊은이]

【社会效果】shèhuì xiàoguǒ 名組 사회적 영향〔효과〕. ¶追求zhuīqiú～｜사회적 효과를 추구하다＝〔社会功能〕

【社会形态】shèhuì xíngtài 名組 사회 형태.

【社会学】shèhuìxué 名 사회학. ¶～家｜사회학자.

【社会意识】shèhuì yìshí 名組 사회 의식.

【社会制度】shèhuì zhìdù 名組 사회 제도. ¶选择合理的～｜합리적인 사회 제도를 선택하다.

3【社会主义】shèhuì zhǔyì 名組 사회 주의.

【社会总产值】shèhuì zǒngchǎnzhí 名組〈經〉사회총생산고. 사회적 총생산물. ¶～逐年zhúnián上升shēng｜사회총생산고가 해마다 상승하다＝〔社会总产品〕

【社会总供给】shèhuì zǒnggōngjǐ 名組〈理〉사회 총공급 [사회가 제공할 수 있는 총 생산자료와 생활자료]→〔社会总需求〕

【社会总需求】shèhuìzǒngxūqiú 名組〈理〉사회총수요→〔社会总供给〕

【社火】shèhuǒ 名 (「獅舞」(사자춤) 따위와 같은) 집단으로 하는 명절놀이.

【社祭】shèjì 名 지신제(地神祭). ¶举行～｜지신제를 거행하다→〔春社〕

【社稷】shèjì 名 ❶ 지신(地神)과 곡신(穀神). ❷ 轉 사직. 조정. 국가.

【社交】shèjiāo 名 사교. ¶～场所｜사교 장소

【社教】shèjiào 名 簡「社会主义教育运动」(사회주의 교육 운동)의 약칭.

3【社论】shèlùn 名 사설. ¶发表～｜사설을 발표하다＝〔社评〕〔社说〕

【社评】shèpíng 名「社论」(사설)의 옛 이름.

【社团】shètuán 名 ❶ (노동조합·학생회 따위의) 결사 단체. ❷ 길드(guild). ❸ 동아리. 서클(cir-

cle). ¶参加～书法 | 서예 동아리에 들다.
【社戏】shèxì 名 지신 연극 [지신제(地神祭) 때 하던 전통극]
【社学】shèxué 名 명청(明清) 시대, 「乡」(향)·「镇」(진)에 세운 학교.
4【社员】shèyuán 名 ❶ 사원. 조직원. 구성원. ❷ 인민 공사·합작사의 구성원. ¶～大会 | 조합원 총회.

1【舍】shè ☞ 舍 shě ②

2【射】shè 쏠 사
動 ❶ (활·총 등을) 쏘다. 발사하다. ¶发～ | 발사하다. ¶善～的人能～天上的飞鸟 | 활을 잘 쏘는 사람은 하늘의 새도 맞힐 수 있다. ❷ (액체를) 내뿜다. 분사하다. ¶注zhù～ | 주사(하다). ¶喷pēn～ | 분사(하다). ¶管子坏了, ～了他一身的水 | 파이프가 망가져서 그는 온 몸에 물을 뒤집어 썼다. ❸ (빛·열·전파 따위를) 방사(放射)하다. 내보내다. ¶反～ | 반사하다. ¶日光从窗外～进来 | 햇빛이 창안으로 내리비친다. ❹ 回 수수께끼·퀴즈 등의 답을 맞히다. 답은 …이다. ¶麻屋子, 红帐子, 里头住着白胖子pàngzi? ～花生 | 마대로 지은 집에 붉은 커튼을 치고 하얀 뚱뚱이가 사는 것은? 답은 땅콩→〔猜cāi①〕 ❺ 암시하다. 은근히 가리키다. ¶暗～ | 암시하다. ¶影～ | 빗대어 말하다.
【射程】shèchéng 名 〈軍〉 사거리. ¶有效～ | 유효 사거리. ¶不在～之内 | 사거리 밖에 있다.
【射电天文学】shèdiàn tiānwénxué 名組 〈天〉 전파 천문학. ¶她专攻～ | 그녀는 전파 천문학을 전공한다.
【射干】shègān 名 〈植〉 사간. 범부채의 뿌리.
3【射击】shèjī ❶ 名 動 사격(하다). ¶向敌人～ | 적을 향해 사격하다. ¶～手 | 사격수. ¶～场 | 사격장. ❷ 名 〈體〉 사격 경기.
【射箭】shè/jiàn ❶ 動 활을 쏘다. ❷ (shèjiàn) 名 〈體〉 양궁. 궁도. ¶～比赛 | 양궁 시합.
【射精】shèjīng 名 動 〈生理〉 사정(하다).
【射猎】shèliè 名 動 사냥(하다) =〔打猎〕
【射流】shèliú 名 (가는 구멍으로) 뿜어져 나오는 유체(流體). ¶～喷口pēnkǒu | 유체 노즐.
【射门】shèmén ❶ 名 〈體〉 (구기경기의) 슛 ¶超手～ | (핸드볼의) 점프슛. ¶小角度～ | 사이드슛. ❷ (shè/mén) 動 슛하다. ¶及时～ | 제때에 슛을 하다.
【射人先射马】shè rén xiān shè mǎ 諺 사람을 쏘려면 먼저 말을 쏘아라. 요충지를 먼저 치다 [흔히 「擒qín贼zéi先擒王」과 이어서 씀]
【射石饮羽】shè shí yǐn yǔ 成 화살을 바위에 쏘아 화살깃까지 박히다. 무예가 매우 뛰어나다. ¶他～, 力大无比 | 그는 무예가 아주 뛰어나며 그 힘도 견줄 자가 없을 정도로 세다.
【射线】shèxiàn 名 ❶ 〈物〉 방사선. ¶甲种～ | 알파선(線). ❷ 〈數〉 사선. ❸ 〈軍〉 사선.
【射影】shèyǐng 名 ❶ 〈數〉 사영. 투영. ❷ 〈動〉 (고서에 나오는) 물여우의 다른 이름 =〔射工〕〔蜮yù〕

【麝】shè 사향노루 사
名 ❶ 〈動〉 사향노루 =〔香xiāng獐(子)〕 ❷ 사향(麝香).
【麝牛】shèniú 名 〈動〉 사향소.
【麝鼩】shèqú 名 〈動〉 사향뒤쥐 =〔麝香鼠〕
【麝鼠】shèshǔ 名 〈動〉 사향쥐.
【麝香】shèxiāng 名 사향. ¶采集～ | 사향을 채집하다 =〔麝②〕→〔香獐(子)〕

3【涉】shè 건널 섭
❶ 물을 건너다. ¶～江 | 강을 건너다. ¶跋bá山～水 | 산을 넘고 물을 건너다. ❷ 겪다. 경험하다. ¶～世不深 | 세상 경험이 많지 않다. ❸ 관련되다. 관계하다. ¶～及↓ ¶牵qiān～ | 관련되다. 파급되다. ¶这件事牵qiān～到很多方面 | 이 일은 여러 방면으로 관련되다. ¶此事与你无～ | 이 일은 너와 무관하다.
【涉笔】shèbǐ 書 動 집필하다. 붓을 들다 =〔动笔〕
【涉笔成趣】shè bǐ chéng qù 成 붓을 잡으면 좋은 글이 되다. 붓을 대면 좋은 그림이 되다. ¶他～, 很会写文章 | 그는 붓만 잡으면 좋은 글이 될 정도로 정말 글을 잘 쓴다.
4【涉及】shèjí 動 ❶ 언급하다. 미치다. ¶他在报告中～到几个问题 | 그는 보고에서 몇 가지 문제를 언급하였다. ❷ 미치다. 관련되다. ¶～生命的问题 | 생명에 관련된 문제.
【涉猎】shèliè 動 喻 대충대충 훑어보다. 섭렵하다. ¶有的书必须精读, 有的只要稍加～即可 | 어떤 책은 반드시 정독해야 하지만, 어떤 것은 대충 훑어보기만 해도 된다. ¶他～甚广, 学问很大 | 그는 섭렵한 바가 넓어서 학문이 훌륭하다.
【涉禽(类)】shèqín(lèi) 名 〈鳥〉 (왜가리/따오기 등과 같은) 섭금류 =〔涉水鸟〕
4【涉外】shèwài 區 섭외의. 외교에 관련되는. ¶～问题 | 섭외 문제. ¶～案件 | 외국(인)과 관련되는 사건.
【涉嫌】shèxián 書 動 혐의를 받다. ¶他～走私zǒusī毒品 | 그가 마약을 밀수한 혐의를 받다.
【涉足】shèzú 書 動 (어떤 환경이나 생활 속에) 발을 들여 놓다. ¶他对文学也有所～ | 그는 문학에도 발을 들여놓은 바가 있다.

【赦】shè 놓아줄 사
❶ 動 사면하다. 용서하다. ¶～罪↓ ¶特～ | 특사하다. ❷ (Shè) 名 성(姓).
【赦免】shèmiǎn 動 사면하다. 방면하다. ¶不许～战犯 | 전범은 사면해서는 안된다 =〔赦宥〕→〔大赦〕
【赦宥】shèyòu ⇒〔赦免〕
【赦罪】shèzuì 動 죄를 용서하다. ¶请求政府～ | 정부의 사면을 청구하다.

【慑(懾)〈慴讋〉】shè 舊 zhé) 두려워할 섭 書 動 두려워하다. 겁내다. 두렵게 하다. ¶～服↓ ¶威wēi～ | 무력으로 상대방을 위협하다. ¶～息 | 두려워 숨을 죽이다.
【慑服】shèfú 書 動 ❶ 굴복하다. 두려워서 순종하다. ¶～在大自然的脚下 | 대자연의 발 아래 굴복하다. ❷ 겁을 주어 굴복시키다.

【慑于】shèyú 書 動 (…에) 겁을 먹다. 두려움을 느끼다. ¶～敌人的声势 | 적의 기세에 겁을 먹다.

3【摄(攝)】shè 당길 섭 動 ❶ 섭취하다. 흡수하다. ¶～取养分 | 양분을 섭취하다. ❷ 사진을 찍다. 촬영하다. ¶～制↓ ¶合～一影 | 함께 사진을 찍다. ❸ 보양(保養)하다. 양생(養生)하다. ¶～生 | 섭생하다. ¶惟望珍～ | 札 아무쪼록 건강에 유의하시길 바랍니다. ❹ 대리하다. 대신하다. 대행하다. ¶～政 | 섭정하다. ¶～行 | 대행하다.

【摄魂】shèhún 動 죽은 사람의 넋을 부르다. ¶～之笔 | 영혼을 부르는 글솜씨.

【摄理】shèlǐ ❶ 書 動 대리하다. ¶～总统 | 총통을 대리하다 =〔代理〕 ❷ 名 〈宗〉 신의 섭리.

【摄谱仪】shèpǔyí 名 〈物〉 분광 사진기.

【摄取】shèqǔ 動 ❶ 섭취하다. 흡수하다. ¶～食物 | 음식물을 섭취하다. ¶～氧气yǎngqì | 산소를 흡입하다. ¶～养分 | 양분을 흡수하다. ❷ (사진·영화의 장면을) 찍다. ¶～几个镜头 | 몇 장면을 찍다. ¶～到一个动人的场面 | 감동적인 장면을 하나 찍었다.

【摄生】shèshēng 書 動 섭생하다. ¶善于～ | 섭생을 잘 하다.

【摄食】shèshí 動 (주로 동물 따위가) 먹이를 먹다.

3【摄氏】shèshì 名 섭씨. ¶今天～零下十三度 | 오늘은 섭씨 영하 13도이다 ⇔〔华huá氏〕

【摄氏温度计】shèshì wēndùjì 名組 섭씨 온도계 =〔摄氏寒暑表〕〔摄氏温标〕〔摄氏表〕

【摄卫】shèwèi 動 몸을 보양하다. ¶他颇pō善于～ | 그는 몸 보양을 매우 잘한다 =〔摄生〕〔摄养〕

【摄像机】shèxiàngjī 名 〈撮〉 픽업 카메라. ¶电视～ | 텔레비전 카메라.

【摄行】shèxíng 書 動 (직무를) 대행하다. ¶～总理 | 총리의 직무를 대신하다.

3【摄影】shèyǐng ❶ 名 動 촬영(하다). ¶～留念 | 기념 사진을 찍다. ¶馆内文物, 不得～ | 전시관내의 문물은 촬영할 수 없다. ¶红外～ | 적외선 촬영. ¶～场 | 촬영장. ¶～棚péng | 스튜디오. ¶～展览 | 사진 전시. ❷ 動 (영화를) 촬영하다. ¶全景～ | 전경 촬영.

【摄影机】shèyǐngjī ❶ ⇒〔照zhào相机〕 ❷ 名 簡「电影摄影机」(영화촬영기)의 약칭. ¶立体～ | 입체 촬영기.

【摄影记者】shèyǐng jìzhě 名組 사진 기자. 카메라맨.

【摄影角度】shèyǐng jiǎodù 名組 카메라 앵글.

【摄政】shèzhèng 名 動 섭정(하다). ¶～王 | 섭정왕. ¶太后代子～ | 태후가 아들을 대신하여 섭정하다.

【摄制】shèzhì 動 (영화를) 촬영 제작하다. ¶本片由中央电影制片厂～ | 이 영화는 중앙 영화 제작소가 제작한 것이다. ¶～组 | 촬영반.

【滠(灄)】Shè 물이름 섭 名 〈地〉 섭수(灄水) [호북성(湖北省)에 있는 강이름]

【歙】shè ☞ 歙 xī B

shéi ㄕㄟˊ

1【谁(誰)】shéi ⊗ shuí) 누구 수 代 ❶ 누구. ¶刚才～来找我了? | 방금 누가 나를 찾아오지 않았느냐? ¶你找～? | 누구를 찾느냐? 어법 ⓐ「谁」는 단수와 복수로 모두 쓰이지만「谁们」을 써서 복수를 표시하는 방언도 있음. ⓑ「谁人」은「谁」의 뜻과 같음. ¶谁人不知 | 누가 모르느냐. ⓒ「哪个」(어느 것)와 구별하지만, 방언에서는 구별하지 않는 경우도 있음. ⓓ「谁」를 쓰지 않고「什么人」·「啥人」으로 쓰는 방언도 있음. ❷ 누가. 누구나 [반어(反語)의 용법으로 쓰임] ¶～不说他好 | 누가 그를 좋다고 말하지 않겠는가. 누구나 그를 좋다고 말한다. 어법 반어문 중에「谁知道」는 어떤 때는「不料」(의외로. 뜻밖에 생각지도 않게)의 뜻으로 쓰임. ¶我本是跟他开玩笑, 谁知道他竟当真了 | 나는 본래 그에게 농담을 한 것인데 그는 의외로 진짜로 알았다. ❸ 아무. 누구 [불특정인을 나타냄] ¶在院子里你没看见～吗? | 정원에서 누굴 만나지 않았니? ¶今天没有～给你打电话 | 오늘 너에게 아무도 전화하지 않았다 =〔某人〕 ❹ 누구. 아무개 [임의의 어떤 사람을 가리킴] 어법 ⓐ「也」「都」의 앞이나「不论」「无论」「不管」 뒤에 쓰여 말하는 범위내에서는 예외가 없음을 나타냄. ¶～也不知道他哪儿去了 | 그가 어디 갔는지 아무도 모른다. ¶不论〔无论, 不管〕～都得遵守zūnshǒu制度 | 누구를 막론하고 모두 다 규정을 준수해야 한다. ⓑ 주절(主句)과 종속절(從句)의 양쪽에 각각 쓰여 동일인을 가리킴. 어떤때는 두번째의「谁」를「他」로 고쳐 쓸 수 있음. ¶～想好了～回答我的问题 | 누가 생각을 다 했으면 내 질문에 대답하시오. ¶大家看～合适, 就选他当代表 | 여러분들이 적당하다고 보는 사람을 대표로 선출하겠습니다. ⓒ 주어와 목적어의 양쪽에 쓰여 양쪽이 다른 사람이면서 피차 마찬가지임을 나타냄. 주로 부정문에 많이 쓰임. ¶他们俩～也不比～差 | 그들 둘은 누구도 (다른) 누구보다 부족하지 않다. ¶他们俩～也说不服～ | 그들 둘은 어느 누구도 다른 한 사람을 설득할 수 없다.

【谁是谁非】shéi shì shéi fēi 成 누가 옳고 누가 그른가. ¶～自然有个水落石出了 | 누가 옳고 그른가는 자연히 드러나는 법이다.

【谁谁】shéishéi 代 누구누구 [이름을 구체적으로 밝히지 않을 때 씀] ¶乡亲们传说着～立了大功, ～当了英雄 | 고향 사람들이 누구누구는 큰 공을 세웠고, 누구누구는 영웅이 되었다고 말하고 있다.

【谁想】shéi xiǎng 動組 누가 (…라고) 생각하겠는가. ¶～他们竟会这样做 | 누가 그들이 이렇게 하리라고 생각이나 했겠는가.

【谁想到】shéi xiǎngdào 動組 (…라고는) 아무도 생각지 못하다. ¶～他会输了 | 아무도 그가 지리라고는 생각지 못했다 =〔谁承望〕

【谁知(道)】shéi zhī(·dao) 動組 ❶ (…을) 누가 알겠는가. ¶～今天会下雨 | 오늘 비가 오리라고 누가 알았겠는가. ❷ 뜻밖에도. 의외로.

shēn ㄕㄣ

【诜(詵)】 shēn 많을 선 ⇒〔诜诜〕

【诜诜】 shēnshēn ⇒〔莘shēn莘〕

3**【申】** shēn 아홉째지지 신, 이야기할 신 ❶名 십이지(十二支)의 아홉번째→〔干gān支〕 ❷ 신시(申時) [오후 3시부터 5시까지] ❸ 옛날의 방위로 서남(西南)을 뜻함. ❹書動 진술하다. 설명하다. 말하다. ¶～明理由 | 이유를 설명하다. ¶三令五～ | 成 여러번 명령하고 훈계하다. ¶重～前意 | 앞서 말한 의미를 중복하여 설명하다. ❺書動 펴다. 펼치다. ¶屈qū而不～ | 구부러져서 펴지지 않다 =〔伸①〕 ❻名 簡〈地〉「上海」(상해)의 簡稱. ❼(Shēn) 名 성(姓). ❽ 복성(複姓)자 중의 한 자(字). ¶～叔↓ ¶～屠↓

【申办】 shēnbàn 動 설립신청을 하다. ¶积极～亚运会 | 아시안 게임 주최를 적극적으로 신청하다.

4【申报】 shēnbào ❶動(서면(書面)으로) 상급 기관이나 관련 기관에 보고하다 [주로 법령문서(法令文書)에 쓰임] ¶～单 | 신고서. 신고용지. ¶上星期～失业的人数有50多万人 | 지난 주에 실업을 신고한 사람은 50여만 명이다. ❷動(세관에) 신고하다. ❸名 신고. 보고. ❹(shēn bào) 신고서를 내다. 서면으로 보고하다.

【申辩】 shēnbiàn 名動 해명(하다). 변명(하다). ¶希望有机会～ | 해명할 기회가 있기를 희망한다. ¶允许yǔnxǔ～ | 해명〔변명〕을 허락하다. ¶被告有权～ | 피고는 (자신을) 변호할 권리가 있다.

【申斥】 shēnchì ❶動 꾸짖다. 질책하다. 경고하여 타이르다. ¶严厉～淘气的孩子 | 장난꾸러기 아이를 엄하게 타이르다. ❷名 질책. 책망. 타이름. ¶挨ái了一顿～ | 한바탕 꾸지람을 들었다 ‖ =〔申饬②〕〔申叱〕〔斥责〕

【申饬】 shēnchì ❶書動 경고하다. 훈계하다. ¶严厉～部下 | 부하를 엄하게 훈계하다 =〔申敕〕〔申诫①〕 ❷⇒〔申斥〕

【申令】 shēnlìng 動 명령을 내리다. ¶～全国 | 전국에 명령을 내리다.

【申明】 shēnmíng ❶書動 정중하게 설명하다〔밝히다〕. 표명하다. 공표하다. ¶～理由 | 이유를 밝히다. ¶～态度 | 태도를 표명하다. ¶～立场 | 입장을 정중히 밝히다. ❷名 공표. 표명. 해명.

3【申请】 shēnqǐng 名動 신청(하다). ¶～书 | 신청서. ¶～入党 | 입당을 신청하다. ¶～入境签证 | 입국 비자를 신청하다. ¶～调动工作 | 전직(轉職)을 신청하다. ¶入学～到明天为止了 | 입학 신청은 내일까지 마감이다.

【申时】 shēnshí 名 신시 [오후 3시부터 5시 사이] ¶～动身 | 신시에 출발하다.

【申叔】 Shēnshū 名 복성(複姓).

4【申述】 shēnshù 名動(상세히) 설명(하다). 진술(하다). ¶～理由 | 이유를 설명하다. ¶～来意 | 오게 된 뜻을 이야기하다. ¶做进一步的～ | 진일보한 진술을 하다 =〔申说〕

【申说】 shēnshuō 書動(이유를) 자세하게 설명하다. ¶～理由 | 이유를 자세하게 설명하다 =〔申述〕

【申诉】 shēnsù 名動 ❶(소속 기관이나 상급기관에) 제소(提訴)(하다). ¶向上级提出～ | 상급기관에 제소하다. ❷〈法〉상고(上告)(하다). ¶不服判决, 依法向法院提出～ | 판결에 불복하여 법에 근거하여 법원에 상고하다. ❸ 호소(하다). ¶这个冤枉yuānwǎng到哪儿去～? | 이 억울함을 어디 가서 호소할까? ¶他向领导～了自己所受的冤屈yuānqū | 그는 최고책임자에게 자신이 받은 억울함을 호소했다 ‖ =〔伸诉〕

【申讨】 shēntǎo 名動 성토(하다). 탄핵(하다). ¶做～ | 성토하다.

【申屠】 Shēntú 名 복성(複姓).

【申谢】 shēnxiè 書動 사의(謝意)를 표하다. ¶当面～ | 직접 대하고 사의를 표하다.

【申雪】 shēnxuě 動 억울함을 씻다 =〔伸雪〕

【申言】 shēnyán 動 표명하다. 공언하다.

【申冤】 shēn/yuān 動 ❶ 억울함을 씻다. ¶～吐气tǔqì | 成 억울함을 씻고 화를 풀다 =〔伸冤〕 ❷ 자기의 억울함을 호소하다. 하소연하다.

2**【伸】** shēn 펼 신, 기지개켤 신 動 ❶ 펴다. 내밀다. 내뻗다. ¶～手去拿书 | 손을 뻗어 책을 집었다. ¶～腰yāo↓ =〔申⑤〕 ❷ 해명하다. 하소연하다. ¶～冤yuān↓ =〔申④〕

【伸长】 shēncháng 動 길게 뻗다. ¶这条公路一直～到雪岳山 | 이 도로는 설악산까지 쭉 뻗어 있다.

【伸畅】 shēnchàng 形 ❶(돈씀씀이가) 인색하지 않다. 후하다. ¶他很～ | 그는 아주 후하다. ❷ 시원시원하다.

【伸懒腰】 shēn lǎnyāo 기지개를 켜다. ¶他伸了一个懒腰 | 그는 기지개를 한번 폈다→〔打舒展〕

4【伸手】 shēn/shǒu 動 ❶ 손을 뻗다. 손을 내밀다. ¶她～揉róu了揉眼睛 | 그녀는 손을 뻗어 눈을 좀 비볐다. ❷喻(달라고) 손을 내밀다. ¶向政府～ | 정부에 (도와달라고) 손을 내밀다→〔伸手(大)将军〕 ❸貶(여력이 있어 새 방면으로) 손을 뻗다〔뻗치다〕. ¶他对于这个行业也要～ | 그는 이 업종에도 손을 뻗치려 한다. ❹ 손을 대다. 착수하다. 시작하다. ¶～就办 | 일을 하기 시작하다. ❺ 원조하다. 도와주다. ¶不能见人有难不～ | 남이 어려움에 처한 것을 보고 도와주지 않을 수 없다.

【伸手不见掌】 shēnshǒu bùjiàn zhǎng 諺 손을 내밀어 손바닥이 보이지 않을 정도로 안개가 짙거나 어둡다 =〔伸手不见五指〕

【伸手派】 shēnshǒupài 名 도움을 달라고 손만 내미는 사람. ¶他是个～, 天天过来要我帮忙 | 그는 남의 도움만 바라는 사람이라서 매일 와서 나에게 도움을 바란다 ⇔〔动手派〕

【伸缩】 shēnsuō ❶動 늘었다 줄었다 하다. 신축하다. ¶～自如 | 신축이 자유 자재이다. ¶有的照相机的镜头能够前后～ | 어떤 사진기의 렌즈는 전후 신축이 가능하다. ❷ 융통성이 있다. ¶一点儿都不允许yǔnxǔ～ | 조금도 융통을 허락

하지 않다. ❸ 名 신축성. ¶～性 | 신축성. ¶自动～ | 자동 신축.

【伸腿】shēn/tuǐ 動 ❶ 발을 뻗다〔뻗치다〕. ❷ 轉 貶 끼어 들다. 관여하다. 발을 들여놓다. ¶不能到处乱～ | 아무데나 함부로 발을 들여놓아선는 안된다. ¶要往那里头～ | 그 속에 발을 들여놓으려 하다. ❸ (～儿) 口 뻗다. 죽다 [익살스런 말] ¶～瞪眼dèngyǎn | 죽다.

【伸雪】shēnxuě ⇒〔申雪〕

【伸腰(儿)】shēn/yāo(r) 動 ❶ 허리를 쭉 펴다. 몸을 곧게 펴다→〔伸懒腰〕 ❷ 喻 뜻을 얻다. 신세를 고치다. ¶不想今日咱们也～了! | 오늘 우리가 신세를 고치게 되리라고는 생각치 못했어! =〔翻身〕

【伸冤】shēn/yuān ⇒〔申冤①〕

4【伸展】shēnzhǎn 動 뻗다. 늘이다. 펼치다. 펴다. ¶草原一直～到远远的天边 | 초원이 먼 하늘까지 쭉 뻗어 있다. ¶公路向远处～ | 도로가 먼 곳까지 쭉 뻗어 있다.

【伸张】shēnzhāng 動 진작하다. 활짝 펴다. 늘이다. ¶～正义 | 정의를 진작하다. ¶～正气, 打击歪风wāifēng | 옳은 기풍을 진작시키고, 나쁜 기풍을 타도하다.

4【呻】shēn 끙끙거릴 신, 읊조릴 신
⇒〔呻呼〕〔呻唤〕〔呻吟〕

【呻呼】shēnhū 書 動 (아파서) 끙끙거리다. 신음하다 =〔呻唤〕

【呻唤】shēnhuàn ⇒〔呻呼〕

4【呻吟】shēnyín ❶ 名 動 신음(하다). ¶～声 | 신음 소리. ¶病人在床上～ | 환자가 침대에서 신음하다. ¶她开始在低声dīshēng～ | 그녀는 낮게 신음 소리를 내기 시작했다. ¶无病～ | 成 아프지도 않으면서 신음 소리를 내다. 문예 작품이 진실한 감정 없이 감상조로 흐르다. ❷ 動 음영(吟詠)하다.

4【绅(紳)】shēn 큰띠 신, 벼슬아치 신
名 ❶ 옛날, 사대부가 의식 때 허리에 두르던 띠. ❷ 轉 퇴직 관료. 지방 명사(名士). ¶土豪tǔháo劣liè～ | 토호열신 =〔乡绅〕

【绅耆】shēnqí 書 名 명사와 장로(長老). ¶请地方～作证 | 지방의 인사나 어르신에게 증인을 부탁하다.

4【绅士】shēnshì 名 ❶ (옛날, 지방의) 유력 인사. 명사(名士). 세도가. ¶～风度 | 지방 세도가의 기풍 =〔绅衿〕〔绅襟〕 ❷ 신사. ¶一位胖pàng～ | 뚱뚱한 신사 한 분.

【绅士协定】shēnshì xiédìng 名組 〈外〉 신사 협정 =〔君子协定〕

【砷】shēn 비소 신
名 〈化〉 화학 원소 명. 비소(As ; arsenium) [「砒pī」는 옛이름]→〔雌cí黄①〕〔胂shèn〕

【砷化镓激光器】shēnhuàjiā jīguāngqì 名組 갈륨 비소 레이저(gallium 砒素 laser).

【砷化三氢】shēnhuà sānqīng 名組 〈化〉 비화 수소(砒化水素).

【砷黄铁鑛】shēnhuáng tiěkuàng 名組 〈鑛〉 황비철광. 독사(毒砂) =〔毒砂〕

1【身】shēn 몸 신, 나라이름 견
❶ (～子) 名 몸. 신체. ¶转过～ | 몸을 돌리다. ¶他翻了翻～又睡着了 | 그는 잠시 몸을 뒤척이더니 곧 잠이 들었다. ❷ 名 轉 생명. ¶舍～ | 생명을 버리다. ❸ 名 轉 물체의 중요 부분. ¶船～ | 선체. ¶车～ | 차체. ❹ (～子) 태아. 임신. ¶有了～子 | 임신하다. ❺ 名 품격(品格). 수양. ¶修～ | 수신하다. ¶立～处世 | 입신 출세. ❻ 書 名 代 자기 스스로. 자신. ¶以～作则 | 成 스스로 모범이 되다. ❼ 名 신분. 지위. ❽ (～儿) 量 벌 [의복을 세는 양사] ¶穿了一～儿新衣服 | 새 옷 한 벌을 입었다→〔件jiàn①〕〔套tào〕

【身板(儿)】shēnbǎn(r) 名 北 ❶ 몸. 몸집. 체격. ¶他～儿挺结实 | 그는 체격이 매우 건장하다. ¶很硬朗yìnglǎng的～ | 아주 건장한 체격. ❷ 轉 건강 상태. 체력.

2【身边】shēnbiān 名 ❶ 신변. 몸 주변. ¶年老多病的人～需要有人照料 | 나이가 많고 병이 잦은 사람은 돌보아 줄 사람이 곁에 있어야 한다. ¶～没人 | 주변에 사람이 없다. ❷ 몸. ¶他很用功, ～总是带着书本 | 그는 공부에 아주 열심이라서 몸에 늘 책을 가지고 있다 =〔身上②〕

【身不由己】shēn bù yóu jǐ 成 몸이 자기 마음대로 되지 않다. 자기 마음대로 하지 못하다. ¶车子突然一停, 他～地向前一扑pū | 차가 갑자기 멈추자, 그는 엉겁결에 앞으로 넘어졌다. ¶上司非要我这样做, 我～, 只好服从 | 상사가 나더러 이렇게 하지 않으면 안된다고 하니 어쩔 수 없이 복종할 수 밖에 없다. ¶事到如今, 他已经～了 | 일이 이 지경에 이르렀으니 그는 이미 자기 마음대로 하지 못할 처지가 되었다 =〔身不由主〕

【身不由主】shēn bù yóu zhǔ ⇒〔身不由己〕

3【身材】shēncái 名 ❶ 체격. 몸집. ¶～高大 | 체격이 크다. ❷ 몸매. 몸가짐. ¶金小姐～真苗条 | 미스 김은 몸매가 정말 날씬하다 ‖ =〔身裁〕〔身框(儿)〕

【身裁】shēncái ⇒〔身材〕

【身长】shēncháng 名 ❶ 신장(身長). ¶～一米六五以上的女子才能当空姐 | 신장이 일미터 육십오가 되는 여자만 스튜어디스가 될 수 있다 =〔身量(儿)〕 ❷ (웃옷의) 기장.

【身段】shēnduàn 名 ❶ (여성의) 몸매. 자태. ¶她～长zhǎng得好 | 그 여자는 몸매가 좋다. ❷ (연극 배우 또는 무용가의) 몸놀림. 몸동작. ¶扮相好, ～也好 | (연극에서) 분장도 좋고 동작도 좋다.

【身法】shēnfǎ 名 (주로 무술이나 운동에서의) 동작술. 몸놀림의 기술. ¶～不凡 | 몸놀림이 범상하지 않다→〔身手〕

3【身分】shēn·fen 名 ❶ 지위. 신분 ¶以学生的～参加了这个比赛 | 학생의 신분으로 이 시합에 참가했다. ❷ 품위. 체면. ¶有失～ | 품위를 잃다. ❸ 俗 티. 틀. 잘난 체하는 모양. ¶长子的～ | 어른 티. ❹ (～儿) 方 물건의 품질 ‖ =〔身份〕

【身分证】shēn·fenzhèng 名 신분증. ¶请把～拿出来给我看看 | 신분증을 꺼내서 저에게 좀 보여 주세요.

[3]【身份】shēn·fen ⇒〔身分〕

【身高】shēngāo 名 신장. 키. ¶我~一百七十五公分 | 내 키는 175센티이다.

【身故】shēngù 動 죽다. 사망하다. ¶因病~ | 병으로 죽다. ¶他不幸~ | 그는 불행히 죽었다.

【身后】shēnhòu 名 ❶ 사후(死後). ¶~世界 | 사후세계. ¶~不保留骨灰gǔhuī | 죽은 뒤에 화장한 재도 남기지 않는다. ❷ 몸의 뒤.

【身怀六甲】shēn huái liù jiǎ 成 임신하다. 아이를 배다. ¶他~, 行动不便 | 그녀는 임신 중이라서 행동이 자유스럽지 못하다.

【身家】shēnjiā 名 ❶ 본인과 그 가족. 일가(一家). ¶保住~性命 | 일가족의 생명을 보존하다. ❷ (옛날) 신원(身元). 가문. 출신. ¶她~清白 | 그녀는 출신이 깨끗하다.

【身价】shēnjià 名 ❶ 사회적 지위나 신분. ¶~一下子就抬高了 | 신분이 일시에 높아졌다. ¶他的~非凡fēifán | 그의 신분은 비범하다. ❷ (옛날, 인신 매매의) 몸값. ❸ 보석금(保釋金).

【身教】shēnjiào 動 몸소〔친히〕 행동으로 가르치다. ¶~胜于言教 | 행동으로 가르치는 것이 말로 가르치는 것보다 낫다.

【身经百战】shēn jīng bǎi zhàn 成 많은 전쟁과 어려움을 겪다. ¶~的老战士 | 백전 노장. ¶我爷爷~, 屡lǚ建功勳gōngxūn | 우리 할아버지께선 수많은 전쟁을 겪었고 공로도 수차례 세우셨다.

【身历】shēnlì 動 체험하다. 몸소 겪다. ¶~其境 | 그 처지를 몸소 체험하다.

【身量(儿)】shēn·liang(r) 名 口 신장. ¶她~不高 | 그녀의 키는 크지 않다. ¶宽kuān肩膀jiānbǎng, 大~ | 넓은 어깨, 큰 키. ¶量liáng一量~ | 키를 재 보다.

【身临其境】shēn lín qí jìng 成 그 장소에 직접 가다. 그 입장에 서다. ¶描写逼真bīzhēn, 令人觉得~ | 묘사가 사실같아 마치 그 곳에 가 본 것 같게 느껴진다.

【身强力壮】shēn qiáng lì zhuàng 成 신체가 건장하고 힘이 있다. ¶希望~多福fú多寿shòu! | 건강히 다복 장수하시기 바랍니다! ¶来了几个~的小伙子 | 건장한 젊은이 몇 명이 왔다 =〔身强力健〕

【身躯】shēnqū 名 몸집. 체구 ¶健壮jiànzhuàng的~ | 건강한 몸집. ¶~高大 | 몸집이 크다 =〔体躯〕→〔身本〕〔身材〕

【身儿】shēnr ❶ 名 신체. ¶这件衣服很合~ | 이 의복은 몸에 잘 맞는다. ❷ 量 벌. 착 [의복을 세는 단위] ¶一~新装 | 새옷 한 벌.

【身上】shēn·shang 名 ❶ 몸. ¶~穿一件灰色制服 | 회색 제복을 입고 있다. ¶我~没带枪 | 나는 총을 지니고 있지 않다 =〔身边②〕 ❷ (생리적인) 몸. ¶~不快 | 몸이 불편하다. ❸ (사명·책임 따위를 지닌 주체로서의) 몸. ¶责任在你~ | 책임은 너에게 있다.

【身世】shēnshì 名 ❶ 신세. ¶悲惨bēicǎn~ | 비참한 신세. ¶~凄凉qīliáng | 신세가 처량하다. ❷ 경력. ¶和他的~有关 | 그의 경력과도 관계된다. ¶~不明 | 경력이 확실치 않다.

【身手】shēnshǒu 名 俗 솜씨. 수완. 재능. ¶大显~ | 한껏 솜씨를 발휘하다. ¶好~ | 훌륭한 솜씨 =〔本领〕〔技艺〕

【身首异处】shēn shǒu yì chù 成 참수되다. 목이 잘리다. ¶他贪婪tānlán成性, 结果落得~ | 그는 탐욕이 몸에 배인 나머지 결국 목이 잘리게 되었다.

[1]【身体】shēntǐ 名 ❶ 신체. 몸. ¶保持~平衡pínghéng | 몸의 평형을 유지하다. ¶检查~ | 신체를 검사하다. ¶锻炼~ | 몸을 단련하다. ❷ 건강. ¶注意~ | 건강에 주의하다. ¶最近~好吗? | 요즘 건강은 좋은가?

【身体力行】shēn tǐ lì xíng 成 몸소 체험하고 힘써 실천하다.

【身体素质】shēntǐ sùzhì 名 (운동·노동·생활 속에서 보인) 신체적 소질. ¶他~很好 | 그는 신체적 소질이 뛰어나다.

【身条儿】shēn tiáor 名 체구. 키. ¶瘦shōu瘦的~ | 비쩍마른 체구.

【身亡】shēnwáng 書 動 사망하다. 죽다. ¶他不幸~ | 그는 불행히 사망하였다.

【身无长物】shēn wú cháng wù ⓐ shēn wú zhàng wù) 成 집이 매우 가난하다. 서발 장대 거칠 것 없다 =〔别无长物〕

【身先士卒】shēn xiān shì zú 成 앞장서서 이끌다.

【身心】shēnxīn 名 심신(心身). 몸과 마음. ¶~健康 | 심신이 모두 건강하다.

【身影】shēnyǐng 名 ❶ 그림자. ¶一个高大的~ | 커다란 그림자. ❷ 형체. 모습.

【身孕】shēnyùn 名 임신한 상황. 어법 대개「(没)有」의 목적어로 쓰임. ¶有了五个月的~ | 임신 5개월이다.

【身在曹营, 心在汉(室)】shēn zài cáo yíng, xīn zài hàn (shì) 成 몸(관우)은 비록 조조의 진영에 있지만 마음은 한나라(조국)에 있다. 적진(역경)에서도 절개를 굽히지 않다.

【身在福中不知福】shēn zài fú zhōng bù zhī fú 成 늘 복을 누리기에 그 복을 알지 못하다. ¶有些大学生~ | 어떤 대학생들은 복을 누리고 있으면서도 그 복을 알지 못한다.

【身正不怕影儿斜】shēn zhèng bù pà yǐngr xié 成 몸이 바르면 그 그림자가 기울어질까 걱정할 필요가 없다. 자신이 정당하면 남의 오해를 두려워할 필요가 없다. ¶我~ | 나는 내가 옳다고 생각하는데 누가 뭐라고 해도 겁나지 않는다.

【身重】shēnzhòng 名〈漢醫〉몸이 무거워 활동에 불편을 느끼는 증상.

[3]【身子】shēn·zi 名 口 ❶ 신체. 몸. ¶~不大舒服 | 몸이 좀 불편하다. ¶光着~ | 벌거벗고 있다. ❷ 임신한 상황. ¶她已经有了六七个月的~ | 그녀는 이미 임신 6·7개월이다 =〔身孕〕 ❸ 구역. 지역.

【身子板(儿)】shēn·zibǎn(r) ⇒〔身子骨儿〕

【身子骨儿】shēn·zigǔr 名 方 체격. 몸. 기골. ¶~结实 | 몸이 튼튼하다. ¶~软弱 | 몸이 연약하다 =〔身子股(儿)〕〔身子板(儿)〕

B yuán

【身毒】Yuándú 名〈地〉인도 [고대 인도를 일컫

던 말] =〔中毒〕→〔天Tiānzhú竺〕

1【参】shēn ☞ 参 cān Ⓑ

【娠】shēn 애밸 신
㊕動 태아가 모체에서 움직이다. 轉 임신하다. ¶妊rèn～ | 임신하다.

【莘】shēn xīn 많을 신, 땅이름 신, 족두리풀 신

Ⓐ shēn ❶ ⇒〔莘莘〕 ❷ (Shēn) 名〈史〉신 [산동성(山東省) 조현(曹縣)의 서북쪽에 있던 고국명(古國名)] ❸ (Shēn) 名 성(姓).

Ⓑ xīn 名〈植〉세신(細辛). 족두리 풀.

【莘莘】shēnshēn ㊕ 貶 (군중·무리가) 많다. 우글우글하다. ¶～学子 | 많은 학생.

1【深】shēn 깊을 심, 깊이 심
❶ 形 깊다. ¶那条河很～ | 그 강은 매우 깊다. ¶～耕↓ ⇔〔浅qiǎn①〕 ❷ 形 심오하다. 어렵다. ¶由浅入～ | 얕은 경지에서 심오한 데까지 들어가다 ⇔〔浅④〕 ❸ 形 정도가 깊다. 두텁다. ¶～谈 | 정도 깊은 이야기를 하다. ¶影响很～ | 영향이 매우 크다. ❹ 形 (관계·교제 따위가) 깊다. 두텁다. ¶交情很～ | 정분이 매우 깊다. ❺ 形 시간이 오래 되다. ¶～秋↓ ¶夜已～了 | 밤이 벌써 깊었다. ❻ 形 (색깔 따위가) 짙다. ¶～红↓ ❻ 副 매우. 대단히. 어법 일반적으로 단음절 동사 앞에 옴. ¶～受感动 | 매우 감동을 받다. ❼ (Shēn) 名〈地〉심현(深縣) [하북성(河北省)에 있는 현 이름]

4【深奥】shēn'ào 形 (학문·이론 등이) 심오하다. ¶～的哲理 | 심오한 철리. ¶这本书义理～ | 이 책은 뜻이 심오하다.

【深闭固拒】shēn bì gù jù 成 한사코 거부하다(받아들이지 않다). 완고하게 버티다.

【深不可测】shēn bù kě cè 成 깊이를 헤아릴 수 없다. ¶他的话～ | 그의 말은 심오하여 그 깊이를 알 수 없다.

【深藏】shēncáng 動 깊이 감추(어 두)다. 깊이 숨(기)다. ¶这些事他～在心里几十年了 | 이런 일들은 그 마음에 깊이 담아둔지 이미 수십년이 되었다.

【深层】shēncéng 名 심층. 깊은층. ¶～结构 | 〈言〉심층구조(deep structure).

【深查】shēnchá ㊕ 動 깊이 조사하다.

【深长】shēncháng 形 (의미 따위가) 심장하다. 매우 깊다. ¶意味～ | 의미 심장하다. ¶用意～ | 품고 있는 뜻이 깊다.

4【深沉】shēnchén ❶ 形 (정도가) 깊다. ¶暮mù色～ | 황혼이 짙다. ¶陷入xiànrù～的思索中 | 깊은 사색 속에 빠지다. ¶～的哀悼 | 심심한 애도. ❷ 形 (소리가) 낮고 둔탁하다. ¶他躺下不久就发出了～的鼾声hānshēng | 그는 누운지 얼마 되지 않아서 바로 나지막히 코고는 소리가 났다. ❸ 形 (생각이나 감정이) 잘 드러나지 않다. ¶～的微笑 | 의미심장한 미소. ¶这个人很～, 不容易捉摸zhuōmō | 이 사람은 과묵하여 속을 짐작하기가 쉽지 않다.

【深成岩】shēnchéngyán 名〈鑛〉심성암.

【深仇大恨】shēn chóu dà hèn 成 철천지한. 깊은 원한과 증오. ¶他对日寇rìkòu有～ | 그는 일본 놈들에 대해 철천지한이 맺혀있다.

4【深处】shēnchù 名 깊숙한 곳. 심층.

【深得民心】shēndé mínxīn 動組 크게 인심을 얻다. ¶这项措施cuòshī～ | 이 조치는 대중들의 열렬한 지지를 받았다.

3【深度】shēndù 名 ❶ 심도. 깊이. ¶测量cèliáng河水的～ | 강물의 깊이를 측량하다. ¶更加～ | 심도를 더하다. ❷ (일이나 인식의) 깊이 정도. ¶他的发言缺乏quēfá～ | 그의 발언은 깊이가 결여되어 있다. ¶理解的～ | 이해 정도.

【深感】shēngǎn 動 깊이 느끼다. ¶～荣幸róngxìng | 대단한 영광으로 생각합니다. ¶～遗憾yíhàn | 매우 유감으로 생각합니다.

【深更半夜】shēn gēng bàn yè 成 심야. 한밤중. 깊은 밤 =〔半夜三更〕〔隆更半夜〕

【深耕】shēngēng 名 動 심경(하다).

【深耕细作】shēn gēng xì zuò 成 깊이 갈고 정성껏 가꾸다.

【深宫】shēngōng ㊕ 名 깊숙한 궁전.

【深沟高垒】shēn gōu gāo lěi 成 깊은 도랑과 높은 보루. 견고한 방어시설.

【深广】shēnguǎng 形 깊고 넓다. ¶影响～ | 영향이 깊고 넓다. ¶见识～ | 식견이 깊고 넓다.

【深闺】shēnguī ㊕ 名 규방. 안방. ¶她身处～, 不知外事儿 | 그녀는 안방에만 있어 바깥 일을 모른다.

【深红】shēnhóng 名〈色〉심홍색. 진홍색.

【深红色】shēnhóngsè 名〈色〉진홍색.

2【深厚】shēnhòu 形 ❶ (감정이) 깊고 두텁다. ¶～的友谊yǒuyì | 깊은 우정. ¶交情～ | 정분이 두텁다. ❷ (기초가) 단단하다. 튼튼하다. ¶～的基础 | 단단한 기초.

【深呼吸】shēnhūxī 名 動 심호흡(하다). ¶做一口～ | 심호흡을 한번 하다.

4【深化】shēnhuà 名 動 심화(하다). ¶～改革 | 개혁을 심화하다. ¶矛盾更～了 | 모순이 더욱 심화되었다.

【深黄】shēnhuáng 名 形〈色〉심황색(의).

【深静】shēnjìng 形 밤이 깊어 고요하다. ¶夜深人静的时候 | 밤이 깊어 인적이 없을 때.

【深究】shēnjiū 動 깊이 따지다. 철저히 규명하다. ¶～原因 | 원인을 철저히 규명하다. ¶这些生活小事, 无须～ | 이러한 일상생활의 사소한 일은 깊이 따질 필요없다.

【深居简出】shēn jū jiǎn chū 成 집에만 틀어 박혀 좀처럼 외출하지 않다. ¶这位老人一向～ | 이 노인은 지금까지 바깥과의 접촉이 별로 없다.

2【深刻】shēnkè 形 ❶ 깊이가 있다. 깊다. ¶内容～ | 내용이 깊다. ¶说理很～ | 이치를 말하는 것이 아주 확실하다. ❷ (감정·도리 등이) 깊다. ¶印象～ | 인상이 깊다. ¶～的体会 | 깊은 체득.

【深空】shēnkōng 名〈天〉(태양계 밖의) 대우주(大宇宙). (대기권 밖의) 우주 공간. ¶火箭射向～ | 로케트를 우주로 쏘다 =〔外层空间〕

【深恐】shēnkǒng 形 …할까(매우) 두렵다.

【深了不是, 浅了不是】shēn·le bùshì, qiǎn·le bùshì 俗 깊어도 안되고, 얕아도 안된다. 喻 (하는 방법이) 지나쳐도 안되고, 부족해도 안된다. 아주 잘 처리하기가 어렵다. ¶后娘管孩子, ～ | 계모가 아이를 다루는 것은 지나쳐도 안되고 모자라도 안된다.

【深谋远虑】shēn móu yuǎn lǜ 成 깊고 멀리 생각하다. ¶他一向～, 不会出错的 | 그는 늘 생각이 깊어서 잘못을 저지르지 않는다.

4【深浅】shēnqiǎn 名 ❶ (～儿) 심도. 깊이. ¶河水的～ | 강물의 깊이. ❷ 喻 분별. 분수. 정도. ¶说话也要有～ | 말에도 분수가 있다. ❸ (색의) 명암. 짙고 연한 것. ¶颜色～不同 | 색의 명암이 다르다.

4【深切】shēnqiè 形 ❶ (정이) 깊다. ¶感情非常～ | 정이 대단히 두텁다. ¶表示～的感谢 | 깊은 감사의 마음을 표시하다. ❷ (사물에 대한 인식이나 이해 등이) 깊다. 분명하다. ¶～地认识了这个真理 | 이 진리를 깊이 이해하였다. ¶有了比较～的体会 | 비교적 분명한 이해를 하였다.

4【深情】shēnqíng 名 깊은〔두터운〕정. 깊은 감정. ¶眼光里含着～ | 눈빛에 정을 가득 담고 있다. ¶～地注视着他的脸 | 그의 얼굴을 정답게 주시하고 있다. ¶～厚谊＝〔深情厚意〕| 成 깊고 두터운 정의(情誼).

【深秋】shēnqiū 名 늦가을. 만추(晩秋). ¶我最喜欢～的雪岳山 | 나는 늦가을의 설악산을 가장 좋아한다.

2【深入】shēnrù ❶ 動 깊이 들어가다. 깊이 파고들다. ¶～生活～实际 | 생활과 현실 세계에 깊이 파고들다. ¶～到群众之中 | 대중 속으로 깊이 파고 들다. ¶～基层 | 기층을 깊이 파고들다. ❷ 形 철저하다. 깊다. ¶～了解 | 깊이 이해하다. ¶分析得很～ | 분석이 매우 철저하다.

【深入浅出】shēn rù qiǎn chū 成 심오한 내용을 알기 쉽게 표현하다〔말하다〕. ¶他的话～, 很启发人 | 그의 말은 심오한 것도 쉽게 표현해서 사람을 많이 일깨워준다.

【深山】shēnshān 名 심산. 깊은 산.

【深山老林】shēnshān lǎolín ⇒〔深山密林〕

【深山密林】shēnshān mìlín 成 깊은 산과 무성한 숲. ¶他爷爷常年在～里打猎dǎliè | 그의 할아버지는 일년내내 깊은 산속에서 사냥을 하신다＝〔深山老林〕

【深深】shēnshēn 狀 매우 깊다.

【深受感动】shēnshòu gǎndòng 動組 깊이 감동되다. 깊은 감동을 받다. ¶听到这个故事, 我～ | 이 이야기를 듣고 나는 깊은 감동을 받았다.

【深水】shēnshuǐ 名 깊은 물. 물 속 깊은 곳. ¶～港 | 수심이 깊은 항만. ¶～码头 | 수심이 깊은 부두.

【深水炸弹】shēnshuǐ zhàdàn 名組 ❶ 〈軍〉 폭뢰(爆雷). ❷ 台 폭탄주 [맥주에 양주잔을 넣어 마시는 술]

【深思】shēnsī ❶ 動 깊이 생각하다. ¶～熟虑 | 심사 숙고하다. ¶好hào学～ | 열심히 배우고 깊이 생각하다. ❷ 名 깊은 생각.

【深邃】shēnsuì 書 形 ❶ 깊다. ¶～的山谷 | 깊은 산골짜기. ¶～的眼睛 | 움푹 들어간 눈. ❷ 심오하다. ¶哲理～ | 철리가 심오하다.

【深谈】shēntán 動 깊이 있게 토론하다〔얘기를 나누다〕. ¶我还来不及跟她～ | 나는 아직 미처 그녀와 깊은 얘기를 못 나누었다.

【深通】shēntōng 書 動 정통하다. ¶～汉语 | 중국어에 정통하다.

【深透】shēntòu 形 깊이 파고들다. 철저하다. ¶理解得很～ | 매우 철저히 이해하고 있다.

【深望】shēnwàng 動 간절히 바라다.

【深为】shēnwéi 副 매우. ¶～不满 | 매우 불만이다.

【深味】shēnwèi ❶ 動 깊이 맛보다. 자세히 음미하다. ¶我正～这人间的悲哀 | 나는 이 세상의 비애를 깊이 맛보고 있는 중이다. ❷ 名 깊은〔심장한〕의미.

【深文周纳】shēn wén zhōu nà 成 억지로 죄명을 들씌우다. 없는 죄를 들씌우다. ¶他们～, 罗织luózhī罪名, 欲置人于死地 | 그들은 없는 죄를 씌우고 죄명을 꾸며 사람을 사지로 몰아 넣을려고 한다.

【深恶痛绝】shēn wù tòng jué 成 극도로 미워하다. ¶我们对这个杀人不眨眼的前总统, 早已～了 | 우리들은 눈하나 깜박하지 않고 사람을 죽이는 이런 전직 대통령을 벌써부터 극도로 증오했다.

【深巷】shēnxiàng 書 名 깊숙한 골목.

4【深信】shēnxìn 動 깊이 믿다. 굳게 믿다. ¶～不疑 | 믿어 의심치 않다. ¶我～他是好人 | 나는 그가 좋은 사람이라고 굳게 믿는다.

【深省】shēnxǐng 書 動 깊이 반성하다. 깊이 생각하다. ¶发人～ | 사람을 깊이 반성하게 하다＝〔深醒〕

3【深夜】shēnyè 名 심야. 깊은 밤. ¶回到家里的时候, 已经是～一点 了 | 집에 돌아왔을 때는 이미 한 시가 다 된 깊은 밤이었다. ¶工作到～＝〔深更半夜〕| 심야까지 일하다 →〔半夜〕

【深一步, 浅一步】shēn yī bù, qiǎn yī bù 俗 喻 길이 울퉁불퉁하다. 걷기 어렵다. ¶这条道儿～真不好走 | 이 길은 울퉁불퉁해서 정말 걷기 나쁘다. ¶～地奔bēn着 | 뒤뚱뒤뚱 달아나다＝〔深一脚, 浅一脚〕〔高一步, 低一步〕〔高一脚, 低一脚〕

【深意】shēnyì 名 깊은 의미〔뜻〕. ¶你还不明白他话中的～ | 너는 아직도 그의 말 속에 담긴 깊은 뜻을 이해하지 못하느냐.

【深渊】shēnyuān 名 ❶ 심연. 깊은 못〔물〕. ¶万丈～ | 깊디 깊은 못. ❷ 喻 위험한 지경 →〔如临深渊〕

4【深远】shēnyuǎn 形 (영향·의의 등이) 깊고 크다. 심각하고 거대하다. ¶～的影响 | 심각하고 거대한 영향. ¶具有～的历史意义 | 깊은 역사적 의의를 지니고 있다.

【深造】shēnzào 書 ❶ 動 깊이 연구하다〔파고들다〕. ¶～求精 | 成 깊이 연구하여 정밀한 경지에 이르다. ¶出国～ | 외국에 나가 더 깊이 연구하다. ❷ 名 깊은 연구〔조예〕.

【深宅大院】shēn zhái dà yuàn 成 ❶ 깊숙히 자리잡고 있는 광대한 저택. ❷ 현실 사회와 유리되어

있는 곳. 喻 대학. 상아탑.

【深湛】shēnzhàn 形 심오하다. 깊다. ¶～的著作｜심오한 저작. ¶功夫～｜조예가 깊다.

【深圳】Shēnzhèn 名〈地〉심수 [광동성에 있는 도시명. 1980년에 경제특구(特區)로 지정됨]

【深知】shēnzhī 書 動 깊이 알다. 충분히 알다. ¶我～做到这一点很不容易｜나는 여기까지 하는 것이 정말 쉽지 않다는 것을 충분히 알고 있다.

【深挚】shēnzhì 書 形 깊고 진지하다. 깊고 두텁다. ¶友情～｜우정이 두텁다. ¶他～的言语, 使我终生难忘｜그의 진지한 말들을 나는 평생 잊기 어렵다.

4【深重】shēnzhòng 形 매우 심하다. 대단하다. ¶灾难zāinán～的祖国｜재난이 심각한 조국.

【糝(糁)〈糝〉】shēn sǎn 쌀알 삼

A shēn (～儿) 名 ❶ 쌀알. ❷ 곡물 따위를 잘게 간 것. ¶玉米～儿｜잘게 간 옥수수.

B sǎn ❶ 名 方 밥알. ❷ 動 (가루를) 뿌리다. ¶一层金粉, ～了整个通道｜한 겹의 금가루를 온 통로에 뿌렸다.

shén ㄕㄣˊ

1【什】shén ⓧ shé) shí 세간 집, 열 십

A shén 주의「甚」의 대용자(代用字)로 씀. 특히「什么」에서 그러함 =〔甚shén〕代 무엇. 무슨. ¶～事?｜무슨 일이냐? ¶有～说～｜있는대로 그대로 말하라. ¶哪有～要紧?｜어디에 무슨 대수로운 것 있느냐?→〔什么〕

B shí ❶ 書 數 10. 열 [주로 분수나 배수에 쓰임] ¶～一｜10분의 1. ¶～六｜10분의 6. 轉 과반수. ❷ 轉 가지각색의. 여러가지의 ¶家～｜가정의 잡다한 것. 가재도구. ¶～锦↓ ¶～器↓ ❸ 名 십 [고대의 10명으로 짜여진 군대의 편제 단위. 혹은 10가(家)로 구성된 호적의 단위]

A shén

1【什么】shén·me ❶ 代 무엇. 어떤. 무슨. 어법 단독으로 쓰여 사물을 묻거나 명사 앞에 형용사처럼 쓰여 사람이나 사물을 물음. ¶你在看～｜너는 무엇을 보고 있느냐? ¶～是你的理想?｜무엇이 너의 이상이냐? ¶～叫民主主义?｜무엇을 민주주의라 하느냐? ¶～人?｜어떤 사람이냐? ¶～颜色?｜무슨 색이냐? ¶～时候?｜언제냐? ¶～地方?｜어느 곳이냐? ❷ 아무 것(이나). 무엇(이나). 무엇(이든지). 아무런 [확정적이 아닌 사물을 나타냄] ¶我饿了, 想吃点儿～｜나는 배가 고파서 무얼 좀 먹어야겠다. ¶没有～困难｜아무런 곤란도 없다. ❸ 무엇이든지. 무엇이나. 아무 것도. 그 어떤 것이나. 어법 ⓐ「也」「都」앞에 쓰여 말하는 범위 내에 예외가 없음을 나타냄. 이때「什么＋也」의 형태는 반드시 동사 앞에 와야 함. ¶只要认真学,～都能学会｜열심히 배우기만 하면, 무엇이든지 배워 할 수 있게 된다. ¶他～也不怕｜그는 아무것도 두려워하지 않는다. ⓑ 두 개의「什么」가 앞 뒤에서 호응할 경우, 후자(後者)는 전자(前者)의 내용을 가리킴. ¶想～说～｜어떤 것을 원하면 그것을 말해라. 무엇이든 원하는 것을 말해라. ¶要吃～就吃～｜아무거나 먹고 싶은 것을 먹어라. ❹ 뭐. 무엇이. 뭐라고 [불만이나 놀람을 나타냄] ¶～! 已经九点了, 车还没有开!｜뭐야! 벌써 9시가 되었는데 차가 아직 출발하지 않았다고! ¶这是～鞋! 一只大一只小的!｜무슨 신이 이래! 한 짝은 크고, 한 짝은 작고! ❺ 왜. 무얼. 어법 ⓐ 질책이나 비난을 나타내며, 원인을 따져 물음.「怎么」보다는 뜻이 강함. ¶你笑～｜뭘 웃어? 왜 웃어? ¶你说呀! 装zhuāng～哑巴yǎbā?｜말해! 무슨 벙어리 시늉이냐? ⓑ「有＋什么」의 형태로 쓰여, 그렇게 말하는 일·상태·성질 따위가 없음을 나타냄. ¶有～难办?｜뭐가 하기 어려우냐? ¶有～要紧?｜뭐가 그리 중요하냐? ⓒ「没有＋什么」의 형태로 쓰여,「조금도…아니다」의 의미를 나타냄. ¶没有～, 不用客气｜조금도 (관계할 것) 없다. 사양할 필요없다. ❻ 무슨. 뭐(라고) [상대방의 말에 동의하지 않음을 나타냄] ¶～头疼! 全是藉口jièkǒu｜무슨 두통이야! 다 핑계지. ¶～晒一天? 晒三天也晒不干｜뭐, 하루만 말린다고? 3일을 말려도 마르지 않아! ❼ …와. …요. …며 [몇 개의 열거되는 성분 앞에 쓰여 모두 열거할 수 없음을 나타냄] ¶～自由·平等, 不过是为了他自己｜무슨 자유니 평등이니 하는 것도 모두 그 자신을 위한 것일 뿐이다. ¶～花儿呀草呀, 种了一院子｜꽃이니 풀이니 한 마당 가득 심었다. ❽ 생각이 나지 않거나 불확실한 것을 나타냄. ¶那里有叫～白兔báitù的小孩子｜그곳에 뭐 흰토끼인가 하는 아이가 있다. ❾「名＋不＋名」의 형태 앞에 쓰여, 경시(輕視)·무관심의 어기를 강하게 함. ¶～钱不钱那倒不在乎!｜돈이고 뭐고 난 전혀 관심없어. ¶～圣人不圣人, 我不关心｜성인이고 나발이고 난 관심이 없어 =〔什么〕

2【什么的】shén·me·de 名組 …등등〔따위〕[하나 혹은 몇 개의 병렬 성분 뒤에 쓰임] ¶他就喜欢看小说～｜그는 소설 따위를 읽기 좋아한다 =〔甚么的〕

【…什么似的】…shén·me·shì·de 名組 완전히. 참으로. 몹시. ¶累得～｜몹시 지쳤다. ¶相信得～｜완전히 믿는 것 같다 =〔…甚么似的〕

【什么样】shén·meyàng 代 어떠한. ¶你要买～的词典?｜너는 어떠한 사전을 샀느냐? ¶他～的事都能干得出来｜그는 어떠한 일이라도 해낼 수 있다 =〔甚么样〕〔那个样②〕

B shí

【什镑】shíbàng 名〈錢〉호주 파운드 [호주의 옛 통화 단위]

【什不闲(儿)】shíbùxián(r) 名 (징·북·심벌즈 따위를 한 사람이 반주하면서 노래하는 설창(說唱)의 한 가지 =〔十不闲(儿)〕

【什件儿】shíjiànr ⓧ shíjiǎnr) 名 ❶ 京 (장롱·칼 따위에 붙이는) 금속 장식물. ¶黄铜～｜황동 장식물. ❷ (닭·오리 따위의) 내장. ¶炒～｜닭(오리)의 내장을 볶다 =〔事件儿〕〔事件③〕〔饰件〕

【什锦】shíjǐn ❶ 名 여러가지 원료로 만들었거나 여러 종류를 모아둔 식품. ¶荤hūn～｜〈食〉여

러 가지 고기를 주재료로 하여 만든 음식. ¶素～ | 〈食〉여러 가지 야채로만 만든 요리. ❷ 圖 여러가지 원료로 만든. 모듬의. ¶～粥zhōu | 여러 가지 원료로 만든 죽 =〔十锦〕

【什器】shíqì ⇒〔什物〕

【什物】shíwù 名 일상 집기. 일상 가구. 집기 =〔什器〕

3【甚】shén ⓧ shé) shèn 무엇 심, 심할 심

Ⓐ shén 주의 「甚」은 「什」으로 대용(代用)함. 특히 「什么」에서 그러함 ⇒〔什shén〕

Ⓑ shèn ❶ 副 매우. 몹시. ¶进步～快 | 진보가 매우 빠르다. ❷ 書 形 심하다. 지나치다. ¶他说得未免过～ | 그의 말은 지나치다고 하지 않을 수 없다. ¶欺人太～ | 成 사람을 멸시하는 것이 너무 심하다. ❸ 書 形 …보다 낫다. 더하다. 초과하다. ¶无～于此 | 이것보다 나은것은 없다. ¶日～一日 | 나날이 더해지다. ❹ 代 方 무엇. 무슨. ¶姓～名谁? | 이름이 무엇이냐? ¶要它作～? | 그걸 해서 무엇하느냐?

Ⓐ shén

【甚么】shén·me ⇒〔什么〕

【甚么似的】shén·me·shì·de ⇒〔什么似的〕

【甚么样】shén·meyàng ⇒〔什么样〕

Ⓑ shèn

【甚而(至于)】shèn'ér(zhìyú) ⇒〔甚至(于)〕

【甚或】shènhuò ⇒〔甚至(于)〕

【甚为】shènwéi 副 매우. 심히. ¶～特殊 | 매우 특수하다. ¶～亲密 | 매우 친하다.

【甚嚣尘上】shèn xiāo chén shàng 成 여론이 시끄럽거나 의론이 분분하다.

3【甚至(于)】shènzhì(yú) ❶ 副 심지어. …까지도. …조차도. …마저. ¶他们贡献出所有的精力, ～宝贵的生命 | 그들은 모든 정력을 다 바쳤다. 심지어 귀중한 생명까지도. ¶他激动得～流下了眼泪 | 그는 너무 감격하여 눈물까지 흘렸다. ❷ 數 …까지도. ¶这样的道理～连三岁的小孩子也知道 | 이 이치는 세살 먹은 어린아이까지도 안다. ❸ 連 더우기. 더 나아가서는. ¶不但是诓骗kuāngpiàn人, ～明火劫路他都敢做 | 남을 속일 뿐만 아니라 심지어는 날강도질까지도 그는 한다 =〔甚而(至于)〕〔書 甚或〕

1【神】shén 귀신 신, 정기 신

❶ 名 신. 귀신. 신령. ¶无～论 | 무신론. ¶不信～ | 신을 믿지 않다. ❷ (～儿) 名 안색. 표정. ¶你瞧她这个～儿 | 그녀의 저 표정 좀 보아라. ¶～情↓ ❸ 名 사고력. 주의력. 마음. 정력. ¶留～ | 주의하다. ¶劳～ | 마음을 쓰다. ¶费～ | 정력을 쏟다. ❹ 名 생기. 활기. ¶说话带～ | 말하는 데 생기가 있다. ¶今天怎么没～儿啦? | 오늘은 어떻게 생기가 하나도 없냐? ❺ 形 方 영리하다. 총명하다. ¶你瞧! 这孩子真～ | 봐라! 이 아이는 정말 영리하다. ❻ 기묘하다. 신비롭다. 특출나다. ¶～效↓ ¶～通↓ ¶～力↓ ¶～医↓ ❼ (Shén) 名 성(姓).

【神笔】shénbǐ 名 명필. 글씨를 매우 잘 쓰는 사람.

【神不守舍】shén bù shǒu shè 成 마음이 진정되지 않다. 공포에 떨다. ¶这几天她总是～的 | 요며칠 동안 그녀는 늘 마음이 진정되지 않았다.

【神不知, 鬼不觉】shén bù zhī, guǐ bù jué 成 아무도 모르게. 감쪽같이. ¶他～地来到釜山 | 그는 아무도 모르게 부산에 왔다 =〔人不知, 鬼不觉〕

【神采】shēncǎi 名 안색. 기색. 정기. 풍채. 기력. ¶眼睛里充满了兴奋xīngfèn的～ | 눈에 흥분한 기색이 완연했다.

【神采奕奕】shēn cǎi yì yì 成 기력이 왕성하다. 늠름하다. 원기왕성하다. ¶老校长～地登上讲台 | 노교장이 늠름하게 강단에 올랐다.

【神差鬼使】shén chāi guǐ shǐ 成 귀신이 조화를 부리다. 귀신이 곡할 노릇이다 =〔鬼使神差〕〔神谋魔道〕

【神出鬼没】shén chū guǐ mò 成 신출 귀몰하다. ¶他总～, 踪影zōngyǐng无定 | 그는 늘 신출귀몰하여 종적이 묘연하다 =〔神出鬼入〕

【神出鬼入】shén chū guǐ rù ⇒〔神出鬼没〕

【神道】ⓐ shéndào 名 ❶ 영묘한 도리. 신의 도리. 귀신의 조화. ❷ 口 신(神). 귀신. ¶我说这～最灵 | 내 말은 이 신이 가장 영험하다는 거야 =〔神①〕❸ 묘소로 가는 길.

ⓑ shén·dao 形 俗 方 ❶ (아이가) 생기 발랄하고 팔팔하다. ¶这孩子真～ | 이 아이는 정말로 생기 발랄하다. ❷ (말이) 예사롭지 않다. 색다르다. 기이하다.

【神道碑】shéndàobēi 名 신도비, 또는 신도비의 비문.

【神道设教】shén dào shè jiào 成 귀신〔미신〕을 믿는 것을 이용하여 백성들을 우롱하다.

【神父】shénfù 名 〈宗〉 신부 =〔神甫〕

【神甫】shén·fu ⇒〔神父〕

【神工鬼斧】shén gōng guǐ fǔ 成 (건축·조각 등의) 기교가 뛰어나게 훌륭하다. 입신(入神)의 기예 =〔鬼斧神工〕〔神画鬼刻〕

【神功】shéngōng 名 ❶ 신의 공적. 영묘한 공적. ❷ 喩 뛰어난 공로. ❸ (Shéngōng) 신공 [당대(當代) 무후(武後)의 연호(A.D. 697)]

【神怪】shénguài ❶ 名 신선과 요괴. 喩 황당 무계한 일〔것〕. ¶～小说 | 신괴 소설. ❷ 形 기괴하다. 불가사의하다.

【神汉】shénhàn 名 박수. 남자 무당. ¶他是一个～ | 그는 박수 무당이다.

【神乎其神】shén hū qí shén 成 불가사의하다. 아주 신기하다〔기묘하다〕. ¶别把事儿说得～的! | (그) 일을 너무 불가사의하게 말하지 말라!

3【神化】shénhuà ❶ 動 신격화하다. ¶故事中的人物都已～ | 이야기 속의 인물은 모두 이미 신격화되었다. ❷ 名 예측할 수 없는 변화.

【神话】shénhuà 名 ❶ 신화. ¶～故事 | 신화고사. ¶～剧 | 신화극. ¶～小说 | 신화소설. ❷ 황당무계한 말.

【神画鬼刻】shén huà guǐ kè ⇒〔神工鬼斧〕

【神魂】shénhún 名 (주로 비정상적인) 정신. 의지. 기분. 마음. ¶～不定 | 成 마음이 진정되지 않다. ¶定一定～ | 기분을 좀 가라 앉히시오. ¶～失散 | 혼이 나가다. 얼이 빠지다.

【神机妙算】shén jī miào suàn [成] 신묘한 지략과 기묘한 계책.

【神交】shénjiāo ❶ [名] 마음이 맞고 서로 잘 아는 벗. ❷ [名] 정신적인 교제. ❸ [書] [動] (만나 보지도 않았지만) 의기가 투합하다. 흉금을 터놓고 사귀다. ¶我跟她~已久, 只是未及会面 | 나와 그녀는 마음을 터놓고 사귄 지 이미 오래지만 아직 만나지는 못했다.

2【神经】shénjīng [名] 〈生理〉 신경. ¶脑~ | 뇌신경. ¶交感~ | 교감 신경. ¶感觉~ | 감각 신경. ¶~毒气 | 신경 가스. ¶~外科 | 신경 외과. ¶~战 | 신경전. ¶~错乱 | 정신 착란. ¶~末梢mòshāo | 말초 신경. ¶~衰弱shuāiruò | 신경 쇠약. ¶~痛 | 신경통. ¶~纤维xiānwéi | 신경 섬유. ¶~中枢zhōngshū | 신경중추.

【神经病】shénjīngbìng [名] ❶ 신경질환. 정신병. ❷ [俗] 정신병(자). ¶这家伙有点~ | 이 녀석은 좀 돌았어. ¶你才~啊! | 너야말로 미쳤다!

【神经过敏】shénjing guòmǐn [名] [動組] 신경 과민(이다). ¶她一向~ | 그녀는 줄곧 신경과민이다.

【神经系统】shénjīng xìtǒng [名組] 〈生理〉 신경 계통 =〔神经系〕

【神经细胞】shénjīng xìbāo [名] 신경 세포.

【神经性皮炎】shénjīngxìngpíyán [名組] 신경성 피부염.

【神经质】shénjīngzhì [名] 신경질.

【神龛】shénkān [名] 감실(龕室). 신불을 모시는 작은 방.

【神力】shénlì [名] 신력. 초인적인 힘. ¶不借助~, 谁也过不了这一关 | 신의 힘을 빌리지 않고는 누구도 이 관문을 넘지 못한다.

【神聊】shénliáo [動] [俗] 이것저것 마구 지껄이다. 잡담을 늘어놓다. ¶他们俩南海北地~起来 | 가들 둘은 이것저것 잡담을 늘어 놓기 시작했다. ¶得了, 别~了 | 됐네, 그만 지껄이라구.

【神灵】shénlíng ❶ [名] 신령. 신의 총칭. ❷ [書] [形] 신기하다.

【神龙见首不见尾】shénlóng jiàn shǒu bù jiàn wěi [諺] [喩] 나타났다가 바로 사라지다. ¶他照了一个面儿就走了, 实在是~ | 그는 잠깐 얼굴을 비치고는 가버렸다. 정말 언제 나타났는가 싶으면 벌써 사라지곤 한다.

【神眉鬼道】shén méi guǐ dào ⇒〔神神道道〕

3【神秘】shénmì [名] [形] 신비(하다). ¶~人物 | 신비한 인물. ¶~主义 | 신비주의.

【神妙】shénmiào [形] 신묘하다. 기묘하다. ¶笔法~ | 필법이 신묘하다. ¶~的医术 | 신묘한 의술. ¶~莫测 | [成] 신묘하여 종잡을 수 없다.

【神庙】shénmiào [名] 신묘. ¶到~去烧香shāoxiāng | 신묘에 가서 분향하다.

【神明】shénmíng ❶ [名] 천지신명. 신의 총칭. ¶拜~ | 신을 예배하다. ¶奉若~ | [成] 신처럼 받들다. ❷ [名] (사람의) 정신(상태). ¶内疚nèijiù~ | 마음에 부끄럽다. ¶~不衰 | 정신적으로 쇠하지 않다. ❸ [形] 신명하다.

【神女】shénnǚ [名] ❶ 여신. ❷ [曰] 신부. ¶~仙郎 | 신랑 신부. ❸ [俗] (옛날) 창기(娼妓). 기녀(妓女). 기생. ❹ 〈鳥〉 까치.

【神品】shénpǐn [名] (책·그림 등의) 신품. 아주 뛰어난 작품. 일품(逸品).

【神婆(子)】shénpó(·zi) [名] [方] 무당. 무녀. ¶她是一个弄鬼的~ | 그 여자는 농간을 잘 부리는 무당이다.

4【神奇】shénqí [形] 신기하다. 신비롭고 기이하다. 기이하고 이상하다. ¶~的效果xiàoguǒ | 신비한 효과.

3【神气】shén·qì ❶ [名] 표정. 기분. 기분 상태. 기색. 안색. ¶~很严肃yánsù | 표정이 매우 엄숙하다. ¶看他的~就可猜cāi到他的实验shíyàn成功了 | 그의 표정을 보니 그의 실험이 성공했다는 것을 알아맞출 수 있겠다 =〔神情(儿)〕 ❷ [形] 의기 양양하다. 득의 만만하다. 우쭐대다. ¶你别那么~ | 너 너무 그리 우쭐대지 마라. ¶~没有了 | 풀이 죽었다. ❸ [名] 일의 상황. 정황. ❹ [形] 기운이 있다. 생기가 있다. 원기 왕성하다. ¶他模样móyàng儿很~ | 그의 모습은 매우 활기차다. ¶那些孩子个个都很~ | 저 아이들은 하나하나 모두 생기가 있다. ❺ [形] 훌륭하다. 멋지다. 보기 좋다. ¶多么~ | 얼마나 보기 좋으냐!

【神气活现】shén qì huó xiàn [成] 신바람이 나다. 원기 왕성하다. 대단히 뛰어나다.

【神枪手】shénqiāngshǒu [名] 명사수(名射手).

3【神情(儿)】shénqíng(r) [名] 안색. 표정. 기색. ¶他~一变, 羡慕xiànmù地看看我 | 그는 표정이 일변하더니 부러운 듯이 나를 지켜 보았다. ¶脸上露出愉快的~ | 얼굴에 유쾌한 표정이 떠올랐다.

【神曲】shénqū [名] 〈漢醫〉 신곡. 신국(神麴).

【神权】shénquán [名] ❶ 신의 권력. ❷ 〈政〉 신권. ¶反对~统治 | 신권 통치를 반대하다.

【神儿】shénr [名] ❷ (주로 비웃는 뜻으로) 표정. 태도. 모양. 꼴. ¶你看他那~, 就不像发财的人 | 저 사람 꼴을 좀 봐, 부자같지는 않아. ❷ 내용. 알맹이. 정신. ¶没~了 | 알맹이가 없어지다.

【神人】shénrén [書] [名] ❶ 〈宗〉 (도교의) 득도한 도사. ❷ 신과 인간. ❸ 풍채가 비범한 사람. ❹ 귀신 같은 사람 [물정에 정통한 사람]

4【神色】shénsè [名] 얼굴빛. 기색. 표정. ¶~自若 | 표정이 태연 자약하다. ¶~不好, 一定有心事 | 안색이 좋지 않은 걸로 보아 틀림없이 걱정거리가 있을 거야. ¶吓得~慌张 | 놀라서 아주 당황한 기색이다. ¶~不对 | 안색이 나쁘다.

【神神道道】shén·shen dào·dao [成] ❶ 이상하다. 괴이하다. ❷ 득의하다. 만만하다 ‖ =〔神眉鬼道(儿)〕

3【神圣】shénshèng [形] 신성하다. 성스럽다. ¶~的任务 | 신성한 임무. ¶~的使命 | 성스러운 사명.

【神思】shénsī [名] ❶ 정신과 마음. ❷ 정신. 마음. 기분. ¶~不定 | 마음이 안정되지 않다. ¶自从失恋以后, 她一直~恍惚huǎnghū | 실연한 이후로 그녀는 늘 멍하니 지내고 있다.

【神似】shénsì [貶] 꼭같다. 아주 비슷하다. 흡사하다. ¶他画的虫鸟, 栩xǔ栩如生, 十分~ | 그가 그린 조충도는 살아 있는 것 같이 생동적이고 정말 흡사하다.

【神速】shénsù 形 매우 신속하다. 재빠르다. ¶～地做出｜매우 신속하게 만들어 내다.
【神算】shénsuàn 名 ❶ 정확한 추측. ❷ 신묘한 계책. 영묘한 책략.
4【神态】shéntài 名 표정과 태도. 기색. 자태. ¶～端庄duānzhuāng｜자태가 안정하고 장중하다. ¶～悠闲yōuxián｜자태가 유유하다.
【神通】shéntōng ❶ 名〈佛〉신통력. ❷ 名 신통한 솜씨. ¶大显～｜크게 신통력〔재간〕을 발휘하다. ❸ 書 形 신통하다. ❹ 書 動 깊이 깨닫다.
【神通广大】shén tōng guǎng dà 成 재간〔신통력〕이 굉장하다. ¶老王～, 一定能弄回钱来的｜왕씨는 재간이 대단하여 반드시 돈을 찾아올 것이다.
【神童】shéntóng 名 신동.
【神头鬼脸】shén tóu guǐ liǎn 成 기괴한 몰골〔모습〕. 귀신같은 꼴. 꼴불견 =〔神头鬼面〕
【神往】shénwǎng 動 마음이 쏠리다. 마음이 이끌리다. 동경(憧憬)하다. ¶令人～的西湖景色jǐngsè｜마음을 끄는 서호의 풍경.
【神威】shénwēi 名 ❶ 신과 같은 위력. ❷ 신의 위력. ¶大显dàxiǎn～｜신위를 크게 떨치다.
【神位】shénwèi ⇒〔神主〕
【神巫】shénwū 名 무당.
【神武】shénwǔ 書 ❶ 名 대단히 뛰어난 무용(武勇). ❷ 形 (왕이나 장상(將相)등이) 영명하고 위풍당당하다.
【神物】shénnwù 書 名 ❶ 진기한 물건. 보기 드문 물건. ❷ 신선(神仙).
【神悟】shénwù 書 ❶ 名 빠른 이해력. ¶有～｜빨리 이해하다. ❷ 動 (재)빨리 이해하다.
4【神仙】shén·xiān 名 ❶ 신선. 선인(仙人). ❷ 喩 예견이나 통찰력이 뛰어난 사람. ❸ 喩 유유자적하게 걱정없이 생활하는 사람. ❹ 천지신명(天地神明).
【神像】shénxiàng 名 ❶ 신상. 불상(佛像). ❷ 유상(遺像). 죽은 사람의 초상〔사진〕‖=〔聘pìn相②〕
【神效】shénxiào 名 신기한 효험. 신통한 효력. ¶见～｜특효를 보다.
【神学】shénxué 名〈宗〉신학. ¶研究～｜신학을 연구하다.
【神医】shényī 名 신의(神醫). 명의.
【神异】shényì ❶ 名 신괴. 요괴. ❷ 形 신기하다. 괴이하다. ¶表情～｜표정이 괴이하다. ¶～动物｜상상속의 동물.
【神勇】shényǒng ❶ 形 대단히 용맹하다〔용감하다〕. 용감무쌍하다. ❷ 名 초인적인 용기.
【神游】shényóu 書 動 (상상속이나 꿈속에서) 혼만 가서 노닐다. ¶～故国｜꿈속에서 고국에 돌아가 노닐다.
【神宇】shényǔ 書 名 ❶ 기색과 풍채. ❷ (Shényǔ) 중국(中國).
【神韵】shényùn 書 名 ❶ 신운. (문장이나 글씨·그림 등의) 기품. 신비롭고 고상한 운치. ¶他不过淡淡几笔, 却把这幅山水点染diǎnrǎn得很有～｜그는 단지 가볍게 몇번 붓질을 했을 뿐인데도, 이 산수화는 신운이 감돈다. ❷ (사람의) 정신적 풍모. 기품.
【神职人员】shénzhí rényuán 名組 성직자. ¶他是～, 不能结婚｜그는 성직자라서 결혼을 할 수 없다.
【神志】shénzhì 名 지각과 의식. 정신. 의식. ¶～清明｜정신이 똑똑하다. ¶～不清｜정신이 흐리멍덩하다. ¶～昏迷｜의식이 혼미하다.
【神智】shénzhì 名 ❶ 정신과 지혜. ❷ 書 탁월한〔뛰어난〕지혜.
【神州】Shénzhōu 書 名 ❶ (옛날) 중국. ¶～大地｜중국 대륙. ❷ (shénzhōu) 송대(宋代)에 경기(京畿)를 일컫던 말. ❸ (shénzhōu) 신선(聘仙)이 사는 곳.
【神主】shénzhǔ 名 신주. 위패(位牌). 위판 =〔神主牌〕〔神坐〕〔神位〕〔神牌〕〔木主〕〔版位〕

shěn ㄕㄣˇ

【沈】Shěn 성 심
주의 ⓐ「沈」은「沉」의 본자(本字)로 같이 쓰였으나,「沉chén」은 동사로 쓰고,「沈shěn」은 성(姓)에 씀 ⇒〔沉chén〕 ⓑ 중국에서는「渖阳」등의 지명을「沈阳」으로 쓰기로 함 ⇒〔渖shěn〕 名 성(姓).
【沈山铁路】Shěn Shān Tiělù 名〈地〉심산 철도〔심양(瀋陽)에서 산해관(山海關)을 잇는 철도〕=〔渖山铁路〕
【沈阳】Shěnyáng 名〈地〉심양(瀋陽). 옛날의 봉천(奉天) =〔渖阳〕

3【审(審)】shěn 살필 심
❶ 形 상세하다. 세밀하다. ¶～慎↓ ❷ 動 轉 자세히 조사하다. 심사하다. 분석하다. ¶这份稿子～完了｜이 원고는 심사가 끝났다. ❸ 動 조사심문하다. 심리하다. ¶～犯人｜범인을 심문하다. ❹ 書 動 알다. ¶未～其详｜상세한 것을 알지 못하다 =〔谉〕〔谂shěn①〕 ❺ 書 副 과연. 확실히. ¶～如其言｜과연 그 말과 같다. ❻ (Shěn) 名 성(姓).
【审案】shěn'àn 動 (사건을) 심리〔심의〕하다. ¶法官正在～｜법관이 심리를 하는 중이다. ¶严格～制度｜제도를 엄격히 심의하다.
3【审查】shěnchá 動 심사하다. 심의하다. 검열하다 ¶这些提案由你～｜이 제안들은 네가 심사해라. ¶这份计划校长已～了一遍｜이 계획은 총장이 이미 한차례 심사하였다. ¶这些书要好好～～｜이 책들은 충분히 심사해보아야 한다.
【审察】shěnchá ❶ 動 자세히 살펴보다. 구체적으로 관찰하다. ¶～了作案现场｜범행 현장을 자세히 살펴보았다. ❷ ⇒〔审查〕 ❸ 名 심찰.
【审处】shěnchǔ ❶ 動 심판하여 처리하다. 재판하여 처리하다. ¶送法院～｜법원에 보내 처리하다. ❷ 動 심사 처리하다. ¶报请上级机关～｜상급 기관에 상신하여 심사 처리하다. ❸ 名 심리〔심사〕처리.
【审订】shěndìng 動 심의 수정〔심사 정정〕하다. ¶这本教材要重新～｜이 교재는 다시 새롭게 심의 수정해야 한다.

4【审定】shěndìng 動 심사하여 결정하다. ¶～施工方案 | 시공 계획을 심사 결정하다.

【审读】shěndú 動 읽고 심사하다. ¶把决议送主任～ | 결의문을 주임에게 보내 읽고 심사하게 하다 =〔审阅〕

【审改】shěngǎi ❶ 動 심사하여 고치다. ¶～文稿 wéngǎo | 원고를 심사하여 고치다. ❷ 名 심사 개정.

【审稿】shěn/gǎo 動 원고를 심사하다. ¶经过三次～才能录用lùyòng | 세 차례나 원고 심사를 거쳐야 비로소 임용될 수 있다.

【审核】shěnhé 動 심의하다. 심사하여 결정하다. ¶～经费 | 경비를 심의하다. ¶～预算 | 예산을 심의하다.

【审计】shěnjì 名 動 회계 심사(를 하다). ¶～部 | 회계 심사국.

4【审理】shěnlǐ 名 動 〈法〉 심리(하다). 심사 처리(하다). ¶～案件 | 사건을 심리하다.

4【审美】shěnměi 名 심미. ¶～能力 | 심미 능력. ¶～教育 | 미학교육.

【审美观】shěnměiguān 名 심미관.

4【审判】shěnpàn 名 動 〈法〉 심판(하다). 심리(하다). 재판(하다). ¶～官 =〔裁cái判员〕| 판사. ¶～费 | 재판 비용.

【审判员】shěnpànyuán 名 ❶ 판사. ❷ (운동 경기의) 심판. 주심.

4【审批】shěnpī 動 심사하여 허가〔비준〕하다. ¶由主管部门～ | 주관 부서에서 심사하여 허가하다.

【审慎】shěnshèn 書 形 세밀하고 신중하다. ¶～地考虑 | 매우 세밀하고 신중하게 고려하다. ¶～从事 | 세밀하고 신중하게 일하다.

【审时度势】shěn shí duó shì 成 시기와 형세를 판단하다. 시세(時勢)를 잘 살피다. ¶他历来～, 不会出差错的 | 그는 지금까지 시세를 잘 판단해 와서 잘못을 하는 일이 없다.

【审视】shěnshì 書 動 자세히(살펴) 보다. ¶他又来～了一番 | 그는 한번 더 자세히 살펴보았다.

【审问】shěnwèn ⇒〔审讯〕

4【审讯】shěnxùn 名 動 〈法〉 취조(하다). 심문(하다). ¶公开～ | 공개 심문하다. ¶～本人 | 본인을 심문하다. ¶对他日日夜夜～了一个月 | 그를 한달 동안 낮과 밤을 가리지 않고 취조했다. ¶～室 | 취조실 =〔审问〕〔讯问①〕

4【审议】shěnyì 名 動 심의(하다). 심사(하다). ¶由代表们～宪法的草案 | 대표들이 헌법의 초안을 심의하다. ¶对这个提案～了一番 | 이 제안에 대해 한차례 심의하였다.

【审音】shěnyīn 動 발음을 심사하다. ¶～表 | 발음 심사표.

【审阅】shěnyuè ❶ 動 (서류·원고 따위를) 자세히 검토하다. 심사하다. ❷ 動 (상급자·기관이 문서 따위를) 검토하다. ¶此讲话记录未经本人～ | 이 강연 기록은 아직 본인의 검토를 거치지 않았다. ¶～稿件 | 원고를 교열하다. ❸ 名 교열. 서류 심사. ¶做～ | 교열하다.

【谉(讅)】shěn 깨달을 심
書 動 札 알다. ¶～悉 | 상세하게 알다 =〔审④〕〔谂①〕

3【婶(嬸)】shěn 숙모 심
名 ❶ (～儿, ～子) 숙모. 작은어머니 =〔方 婶婶〕〔婶母〕〔方 婶娘〕〔婶儿妈〕〔方 阿婶〕 ❷ 동서 [남편의 동생의 처] ❸ 아주머니 [어머니와 같은 동년배의 부인 또는 젊은 남의 부인을 높여 부르는 말] ¶大～儿 | 아주머니. ¶张大～儿 | 장씨 아주머니.

【婶母】shěnmǔ 書 名 숙모. 작은어머니 =〔婶娘〕〔婶儿妈〕

【婶娘】shěnniáng 名 方 숙모 =〔婶母〕

【婶婆】shěnpó 名 남편의 숙모. 시숙모.

【婶婶】shěn·shen 名 ❶ 方 숙모. 작은어머니. ❷ 형수가 제수를 칭하는 말. ❸ 나이든 부인에 대한 존칭.

3【婶子】shěn·zi 名 숙모. 작은 어머니.

【渖(瀋)】shěn 즙 심, 물이름 심
주의 이전 지명(地名)의 「渖」은 「沈」으로 씀 ⇒〔沈Shěn〕 名 ❶ 書 즙. 물. ¶墨～ | 먹물. ¶汗hàn出如～ | 뚝뚝 떨어질 정도로 땀이 나다.

【渖山铁路】Shěn Shān Tiělù ⇒〔沈山shěn铁路〕

【渖阳】Shěnyáng ⇒〔沈shěn阳〕

【哂】shěn 웃을 신
書 動 ❶ 미소짓다. 살짝 웃다. ¶微～不语 | 미소를 지을 뿐 말하지 않다. ¶望乞～纳是幸 | 札 (보잘 것 없지만) 웃고 받아 주시면 다행이겠습니다. ❷ 비웃다. 조소하다. ¶～笑↓

【哂纳】shěnnà 套 (선물을) 웃고 받아 주십시오. ¶区区薄礼, 恭请～ | 변변치 않은 선물이지만 웃고 받아주십시오 =〔哂收〕→〔笑xiào纳〕

【哂笑】shěnxiào 動 ❶ 비웃다. 조소하다. ❷ 미소짓다. ¶～不语 | 미소만 짓고 말을 하지 않는다.

【矧】shěn 하물며 신
書 副 하물며. 더구나. ¶十日犹嫌其迟, ～一月乎 | 열흘조차도 더디다고 탓하는 판에, 하물며 한달이라니!

【谂(諗)】shěn 간할 심
書 動 ❶ 札 상세히 알다 =〔审④〕〔谉〕 ❷ 권고하다. 충고하다.

【谂知】shěnzhī 動 상세하게 잘 알다.

【谂熟】shěnshú 動 익히 잘 알다.

shèn ㄕㄣˋ

【抻】shèn ☞ 抻 chēn

【胂】shèn (아르신 신)
名 〈化〉 아르신(arsine) [유기화합물의 일종]→〔砷shēn〕

4【肾(腎)】shèn 콩팥 신
名 ❶ 〈生理〉 콩팥. 신장 =〔肾脏〕〔俗 腰子〕 ❷ 생식 기능. ¶补bǔ～ | 정력을 보하다.

【肾结核】shènjiéhé 名 〈醫〉 신장〔콩팥〕 결핵. ¶他得了～ | 그는 신장에 결석이 생겼다.

【肾囊】shènnáng 名 〈漢醫〉 음낭 =〔阴囊〕

【肾上腺】shènshàngxiàn 名 〈生理〉 부신(副腎).

콩팥웃샘 =〔肾上体〕
【肾上腺素】shènshàngxiànsù 名〈生理〉아드레날린. 에피네프린 =〔副fù肾素〕〔副肾碱〕
4【肾炎】shènyán 名〈醫〉신(장)염.
【肾盂】shènyú 名〈生理〉신우. 콩팥 잔받이
【肾盂炎】shènyúyán 名〈醫〉신우염.
【肾脏】shènzàng 名〈生理〉신장. 콩팥. ¶他～出了问题 | 그는 신장에 문제가 생겼다 =〔俗 腰子〕〔内肾〕

3【甚】shèn ☞ 甚 shén B

【葚】shèn rèn 오디 심
A shèn 名 오디. 뽕나무의 열매 =〔椹shèn〕〔桑shāng葚〕
B rèn 「shèn」의 문어음(文語音).

【椹】shèn ☞ 椹 zhēn B

【蜃】shèn 대합조개 신
名〈魚貝〉무명조개. 대합(大蛤) =〔蛤蜊gélí〕
【蜃景】shènjǐng 名 신기루 현상. ¶～忽然又一下子消逝xiāoshì了 | 신기루 현상이 갑자기 단번에 없어졌다.

3【慎】shèn 삼갈 신
❶ 形 조심하다. 신중히 하다. ¶谨言～行 | 언행을 조심하다. ¶办事要～重 | 일은 신중하게 처리해야 한다. ❷ 形 두려워하다. 오싹하다. ¶发～ | 소름이 끼치다. ¶真～得慌 | 정말 소름이 오싹 돋다 =〔瘆shèn〕〔渗③〕 ❸ 書 副 절대로. 반드시. 정말로. 어법 「勿」「毋」「无」 등의 부정사와 함께 쓰임. ¶此墙危险, ～勿靠近 | 이 담장은 위험하니 절대로 접근하지 마시오. ❹ (Shèn) 名 성(姓).
【慎思】shènsī 動 신중히 생각하다. ¶～熟虑shúlǜ | 심사 숙고하다. ¶遇事要～ | 일이 생기면 신중하게 생각해야 한다.
【慎终追远】shèn zhōng zhuī yuǎn 成 ❶ 부모의 장례에 온갖 정성을 다하다 ❷ 일을 끝까지 신중하게 하다. ¶他能～, 所以终是能成功 | 그는 일처리가 끝까지 신중할 수 있기 때문에 늘 성공할 수 있다 ‖ =〔谨终追远〕
3【慎重】shènzhòng ❶ 形 신중하다. ¶～处理 | 신중히 처리하다. ¶态度～ | 태도가 신중하다. ¶～考虑 | 신중하게 고려하다. ❷ 形 엄숙하다. ¶特别～地表示 | 특별히 엄숙하게 표명하다. ❸ 動 신중히 하다. ¶为～起见, 请再计算一下 | 신중을 기하기 위해 다시 한 번 계산해 보시오.

4【渗(滲)】shèn 밸 삼
❶ 動 (액체가) 스며들다. 배어들다. ¶水～到土里去了 | 물이 흙 속에 스며들어 갔다. ¶汗～透了衣服 | 땀이 옷에 흠뻑 배어들었다. ❷ 動 새다. (조금씩) 흘러나오다. ¶雨水由房顶～下来 | 빗물이 지붕으로부터 새어들어 온다. ❸ 形 (무서워) 오싹해지다. ¶半夜里谈鬼怪～得慌的 | 한밤중에 기괴한 이야기를 하면 무서워 오싹해진다 =〔瘆shèn〕〔慎②〕
【渗沟】shèngōu 名 (물이 스며들도록 만든) 배수구. 하수구. 수채. ¶～堵dǔ了, 水往外溢yì | 배수구가 막혀서 물이 바깥으로 넘친다.
【渗坑】shènkēng 名 하수도 구멍. 수채 구멍 =〔渗井〕
【渗漏】shènlòu 動 ❶ (물이) 새다. 배다. 누수. ❷ (기밀 등이) 누설되다. ❸ 침식되다. 침습되다. ❹ 名 누수. 침식. ¶防止～ | 누수 방지. ¶～作用 | 침식 작용.
【渗入】shènrù 動 ❶ (액체가) 스며들다. 배다. ❷ 喩 貶 (어떤 세력이) 침투하다. ¶几个特务～学生会了 | 특수 공작원 몇 명이 학생회에 침투하였다.
【渗水】shèn shuǐ ❶ 물이 스며 들다. ¶不～的雨衣 | 방수 우의. ❷ 물이 새다.
4【渗透】shèntòu 動 ❶ 〈物〉삼투하다. ¶～压 | 삼투압. ¶～作用 | 삼투 작용. ❷ 침투하다. 스며들다. ¶雨水～了泥土 | 빗물이 진흙에 스며들었다. ❸ 喩 (주로 추상적인 사물이) 침투하다. ¶～战术 | 침투 전술. ¶文化～ | 문화적 침투.

【瘆(瘮)】shèn 무서울 삼
形 무서워 하다. 소름 끼치다. ¶～得慌 | 몹시 무서워하다 =〔渗③〕〔慎②〕

shēng ㄕㄥ

2【升〈昇4,5陞5〉】shēng 되 승, 오를 승
❶ 量 〈度〉리터(litre) [리터를 「公升」이라 하고 「市制」의 「升」(되)과 구별하였으나 지금은 「升」을 리터로 통일시킴] ¶一～酒 | 술 1리터. ¶公～ | 리터의 옛 이름. ¶千～ | 킬로리터. ¶毫háo～ | 밀리리터 =〔外 立突〕→〔公制〕 ❷ 量 〈度〉되. 승 [「市升」의 통칭] ¶十～是一斗 | 열 되는 한 말이다→〔市shì(用)制〕 ❸ (～子) 名 되. 됫박. ¶用～子量大米 | 되로 쌀을 되다. ❹ 動 오르다. (높이) 올리다. ¶～旗↓ ¶上～ | 상승하다. ¶太阳～ | 태양이 뜨다. ❺ 動 (등급이) 오르다. 올라가다. 승진하다. ¶～级↓
【升班】shēng/bān 動 口 (학생이) 진급하다. ¶成绩太差的不能～ | 성적이 너무 형편없는 학생은 진급을 할 수 없다 =〔升级①〕
【升等】shēngděng 動 관등〔등급〕이 올라가다. 진급하다. ¶～审查 | 진급 심사.
【升格】shēng/gé ❶ 動 승격하다. ¶他～为大使 | 그는 대사로 승격되었다. ❷ (shēnggé) 名 승격. ¶他的～我昨天才知道了 | 그의 승격을 나는 어제서야 비로소 알았다.
【升汞】shēnggǒng 名 〈化〉승홍. 염화 제2수은($HgCl2$) =〔二氯化èrlǜhuà汞〕〔氯化(高)汞〕〔猛měng汞〕
【升官】shēngguān 動 ❶ 관직〔벼슬〕이 오르다〔높아지다〕. ¶他一心想～发财 | 그는 오직 진급하고 횡재를 하는 생각 뿐이다. ❷ 출세하다.
【升华】shēnghuá 名 動 ❶ 〈物〉승화(하다). ¶～作用 | 승화 작용. ❷ 喩 사물이 더 한층 높은 단계로 높여짐〔높여지다〕. ¶艺术不就是现实生活, 而是现实生活～的结果 | 예술은 현실 생활 그 자

체가 아니라 현실 생활이 승화된 결과이다. ¶他的思想又～了一次 | 그의 생각은 또 한번 승화되었다.

【升火】shēng/huǒ 動 불을 때다〔지피다〕. ¶～做饭 | 불을 지펴 밥을 짓다→〔点火①〕〔举火②〕〔烧火①〕〔生火①〕

【升级】shēng/jí ❶ 動 승급하다. 승진하다. ¶升了一级 | 한급 올랐다. ❷ 動 사물의 규모가 확대되거나, (전쟁 등) 사태의 심각성이 심화되다. ¶战争在不断～ | 전쟁이 끊임없이 확대되어 가다. ¶谈判的紧张程度又升了级 | 담판의 긴장 정도가 더욱 심화되었다. ❸ 動 품질이 향상되다. ¶搞好产品的～换代 | 제품의 품질과 품종을 개량하다. ❹ (shēngjí) 名 진급. 승급.

【升降】shēngjiàng 名 승강. 오르고 내림. ¶～不定 | 오르고 내림이 일정하지 않다→〔起落〕

【升降舵】shēngjiàngduò 動〈航〉승강타. 승강키.

【升降机】shēngjiàngjī 名 승강기. 엘리베이터(elevator)＝〔电梯①〕

【升降梯】shēngjiàngtī 名 에스컬레이터(escalator). 자동(식)계단＝〔电动扶梯〕

【升结肠】shēngjiécháng 名〈生理〉상행 결장.

【升空】shēngkōng 動 하늘로 날아오르다. ¶火箭～ | 로케트가 하늘로 날아 오르다.

【升幂】shēngmì 名〈數〉승멱. 오름차.

【升平】shēngpíng ❶ 書 形 승평〔태평〕하다. ¶～盛世 | 태평 성세. ❷ (Shēngpíng) 名 승평. 진(晋) 목제(穆帝)의 연호(357～361).

【升旗】shēng/qí 動 기를 올리다. ¶早晨～晚上降jiàng旗 | 아침에 기를 올리고 저녁에 내린다. ¶～典礼＝〔升旗仪式〕| (국기) 게양식.

【升迁】shēngqiān 動 영전하다. 높은 지위로 오르다. ¶他因为会拍pāi马屁mǎpì, 所以不断～ | 그는 아첨을 잘 하기 때문에 부단히 영전하였다＝〔升转〕

【升任】shēngrèn 動 승진〔승직〕하다. ¶～ | 部長 | 장관으로 승진했다.

【升水】shēngshuǐ 名〈商〉(어음이나 화폐를 교환할 때의) 할증금. 웃돈. 프리미엄(premium)＝〔加水〕

【升堂】shēngtáng 動 관리가 관청에 나가 일을 보다. 喩 학문이나 기예가 높은 경지에 이르다.

【升堂入室】shēng táng rù shì 成 학문·기예 따위가 점점 높은 수준까지 이르다. ¶他的学已经～了 | 그의 학문은 이미 높은 수준에 올랐다＝〔登堂入室〕

【升腾】shēngténg 動 ❶ (화염·기체 따위가) 솟아오르다. 피어오르다. ¶火焰huǒyàn不断地向上～着 | 화염이 끊임없이 위로 솟아오르고 있다. ¶山谷里～起一朵朵白烟 | 산골자기에서 하얀 안개가 모락모락 피어오른다. ❷ (사업 따위가) 발전하다. 번창하다.

【升天】shēng/tiān 動 ❶ 승천하다. 하늘에 오르다. ❷ 喩 죽다. ¶他爱人～之后, 他还做梦 | 그의 부인이 죽은 이후로도 그는 (부인에 관한) 꿈을 꾸곤 한다.

4【升学】shēng/xué 動 진학하다. ¶～率 | 진학률. ¶～考试 | 입학 시험. ¶断了～的念头 | 진학하고자 하는 생각을 그만두었다.

【升帐】shēngzhàng 動 近 ❶ 원수(元帥)가 장막에 참모들을 모아 회의하거나 명령을 내리다. ❷ 군무를 처리하다.

【升值】shēngzhí 名 動〈經〉평가 절상(하다) ¶日久不断～ | 날이 갈수록 부단히 평가 절상되다→〔贬biǎn值〕

1【生】shēng 날 생

❶ 動 낳다. 출생하다. ¶～孩子(蛋dàn) | 아이(알)를 낳다. ¶你是哪年～的? | 너는 몇 년생이냐? ¶他～在蔚山 | 그는 울산에서 태어났다. ❷ 動 생기다. 자라나다. 성장하다. ¶麦子～芽yá | 보리에서 싹이 트다. ¶这孩子～得非常强壮 | 이 아이는 생김새가 매우 건장하다. ❸ 動 발생하다. 야기되다. ¶～病↓ ¶～效↓ ¶注意～事 | 사고가 나지 않도록 주의하다. ❹ 動 살다. 생존하다. ¶～死攸关↓ ⇔〔死〕 ❺ 名 轉 ⓐ 생계. 생활. ¶谋móu～ | 생계를 도모하다. ¶营yíng～ | 생계를 꾸리다. ⓑ 생명. 목숨. ¶舍～取义 | 정의를 위하여 목숨을 돌보지 않다. ¶丧～ | 목숨을 잃다. ⓒ 생물. 생명이 있는 것. ¶众～ | 중생. ⓓ 생애. 일생. ¶毕～ | 필생. ¶一～ | 일생. ¶余～ | 여생. ❻ 動 (불을) 피우다. 때다. ¶～炉子↓ ❼ 形 (불에 익히지 않았거나 덜 익어) 설다. 날것이다. 생것이다. ¶～饭 | 설익은 밥. ¶～肉↓ ¶～鱼片↓ ❽ 形 (과일 따위가) 덜 익다. ¶～柿子 | 덜 익은 감. ¶这西瓜是～的 | 이 수박은 덜 익은 것이다. ❾ 形 낯설다. 생소하다. ¶陌mò～ | 낯설다. ¶认～ | 낯 가리다. ❿ 形 미숙하다. 서투르다. ¶～手↓ ⓫ 形 가공하지 않은. 정제하지 않은. ¶～铁↓ ⓬ 副 억지로. 무리하게. 강경히. ¶～拉硬拽↓ ¶～说 | 강경히 주장하다. ⓭ 副 매우. 몹시 [정도가 심함을 나타냄] ¶～怕↓ ¶～疼 | 매우 아프다. ⓮ 尾 ⓐ 배우는 사람. 학생. ¶学～ | 학생. ¶招～ | 학생 모집. ⓑ (옛날의) 독서하는 사람. ¶书～ | 서생. 선비. ⓒ (지식·기술을 직업으로 하는) 사람을 나타내는 명사 뒤에 붙음. ¶医～ | 의사. ⓯ 名〈演映〉옛 중국 전통극에서 남자 배역. ¶小～ | 젊은 남자역. ⓰ (Shēng) 성(姓).

【生搬硬套】shēng bān yìng tào 成 남의 것을 그대로 베끼다. ¶不能～外国的经验 | 외국의 경험을 그대로 모방해서는 안된다.

【生拌】shēngbàn 動 날것을 무치다〔버무리다〕. ¶～黄瓜片儿 | 썰어 둔 오이를 버무리다.

【生变】shēng/biàn 動 변고가 생기다. 사고가 일어나다. ¶唯恐～ | 오로지 변고가 생길까 두렵다.

3【生病】shēng/bìng 動 병이 생기다. 병에 걸리다. ¶他～了 | 그는 병이 났다＝〔受病〕

【生不逢辰】shēng bù féng chén 成 태어난 이후로 좋은 때를 만나지 못하다. ¶我小时候是在战乱中度过的, 真是～ | 나는 어린 시절을 전란 속에서 보냈다, 정말이지 좋은 때를 만나지 못했어＝〔生不逢时〕

【生财有道】shēngcái yǒudào 成 집안을 일으키거나 재산을 모으는 재주가 많다. ¶他～, 一年下

来收入上万元 | 그는 재산을 모으는 재주가 많아서 일년 내에 수만원을 벌었다.

【生菜】shēngcài 名 ❶ 俗〈植〉상치. ¶烤肉少不了～ | 불고기에는 상치가 없어서는 안된다. ❷ 생채

【生产】shēngchǎn ❶ 名 動 생산(하다). ¶这种产品我们没有～过 | 이러한 생산품은 우리는 생산한 적이 없다. ¶～出来一批新型汽车 | 대량의 신형 자동자를 생산해 내다. ¶从事商品～ | 상품생산에 종사하다 =〔出产②〕 ❷ 動 출산하다. 아이를 낳다. ¶他妻子快～了 | 그의 처는 곧 해산한다.

【生产方式】shēngchǎn fāngshì 名組 생산양식. 생산방식.

【生产费用】shēngchǎnfèiyòng 名組 생산비용.

【生产关系】shēngchǎn guānxì 名組〈經〉생산관계. ¶改善～ | 생산관계를 개선하다.

【生产过剩】shēngchǎn guòshèng 名組〈經〉과잉생산. ¶防止～ | 과잉생산을 방지하다. ¶～危机 | 과잉생산(으로 인한) 공황.

4【生产力】shēngchǎnlì 名〈經〉생산력. ¶发展～ | 생산력을 향상시키다. ¶～配置pèizhì | 생산력 배치.

【生产量】shēngchǎnliàng 名〈經〉생산량.

4【生产率】shēngchǎnlǜ 名〈經〉(노동) 생산성

【生产能力】shēngchǎn nénglì 名組〈經〉생산능력. ¶提高～ | 생산능력을 제고하다.

【生产(体)操】shēngchǎn (tǐ)cāo 名組 생산 체조.

【生产线】shēngchǎnxiàn 名組〈工〉생산 라인.

【生产资料】shēngchǎn zīliào 名組〈經〉생산수단 =〔生产手段〕

【生辰】shēngchén 書 名 생신. 생일.

【生辰八字】shēngchén bāzì 名組 사주 팔자. 轉 분수. 운수. ¶小王忘了～ | 왕군은 제 분수를 잊었다 →〔庚帖〕

【生成】shēngchéng ❶ 動 생성되다. 생기다. ¶酸碱suānjiǎn中和～盐和水 | 산과 알칼리가 중화되어 소금과 물이 생긴다. ¶～转换语法 | 〈言〉변형생성문법. ❷ ⇒〔生就〕 ❸ 動 낳고 기르다. ¶报～之德 | 낳고 기른 덕에 보답하다.

【生吃】shēngchī 動 날것으로 먹다. ¶～会拉肚子 | 날 것으로 먹으면 배탈난다.

【生齿】shēngchǐ 書 名 인구. 식구. ¶～日繁 | 인구가 날로 늘어나다.

1【生词】shēngcí 名 새 낱말. 새 단어. ¶记～ | 새 낱말을 적다(외우다).

【生凑】shēngcòu 動 억지로 긁어모으다. ¶这些乌合之众～成一个连 | 이런 오합지졸이 억지로 모여 일개 중대가 되다.

3【生存】shēngcún 名 動 생존(하다). ¶没有水, 人和动植物都无法～ | 물이 없으면 사람과 동식물 모두 생존할 수 없다.

【生存斗争】shēngcún dòuzhēng 名組 생존 경쟁. ¶展开激烈jīliè的～ | 격렬한 생존 경쟁을 벌이다 =〔生存竞争〕

【生存竞争】shēngcún jìngzhēng ⇒〔生存斗争〕

【生旦净末丑】shēng dàn jìngmò chǒu 名組〈演映〉중국 전통극의 배역(配役) [「生」은 남자 주인공, 「旦」은 여자역, 「净」은 악역(惡役), 「末」는 단역(端役), 「丑」는 광대역을 말함]

2【生动】shēngdòng 形 생동적이다. 생기발랄하다. 생생하다. ¶～地证明 | 생생하게 증명한다. ¶～的语言 | 생동적인 언어. ¶他很～地描写他自己所经过的一些事情 | 그는 아주 생생하게 자신이 겪어온 일들을 묘사하였다.

【生动活泼】shēngdònghuópō 形組 생기발랄하다.

【生动事例】shēngdòngshìlì 名組 살아있는 실례. 생생한 사실.

【生儿育女】shēng ér yù nǚ 成 아들 딸을 낳아 기르다. ¶～是成年男女的社会责任 | 자식을 낳아 기르는 것은 성인 남녀의 사회적 책임이다.

【生而知之】shēng ér zhī zhī 成 나면서부터 알다. ¶只有学而知之, 没有～ | 배워서 아는 사람은 있어도, 나면서부터 아는 사람은 없다.

【生发油】shēngfàyóu 名 헤어 토닉(hair tonic).

【生发】shēng·fa 動 ❶ 일어나다. 생기다. 발생하다. ¶～很多利息 | 많은 이자가 생기다. ❷ 발전하다. 나아지다. ¶他的文笔比以前更加～起来 | 그의 글은 이전보다 훨씬 좋아지고 있다.

【生番】shēngfān 名 ❶ 미개인. 야만인. ❷ 喻 성질이나 행동이 거친 사람.

【生分】shēng·fen 形 ❶ (감정이) 소원하다. 냉담하다. 서먹서먹하다. ¶好久没来往, 显着～了 | 오랫동안 왕래가 없어 사이가 아주 소원해졌다. ¶你这样称呼他, 就显得有点～了 | 네가 이렇게 그를 부르니 좀 서먹서먹한 것 같다. ❷ 익숙하지 않다. 생소하다.

【生俘】shēngfú ❶ 名 포로. ❷ 動 생포하다. 사로잡다. ¶～了几个日军士兵 | 일본군 병사를 몇명 생포하였다 ‖ =〔生捕〕

【生根】shēng/gēn 動 ❶ 뿌리가 나다. 뿌리를 내리다〔박다〕. ¶生出了不少根 | 뿌리가 많이 나다. ❷ 喻 확고한 기초를 세우다. ¶他在农村生了根 | 그는 농촌에서 뿌리를 내렸다. ¶～开花 | 成 뿌리를 내려 꽃을 피우다. 기초를 닦아서 결실을 맺다.

【生光】shēngguāng 名〈天〉생광 →〔食相〕

【生花妙笔】shēnghuāmiàobǐ 成 뛰어난 글재주. 아름다운 필치 =〔生花之笔〕

【生花之笔】shēnghuā zhī bǐ ⇒〔生花笔〕〔生花妙笔〕

【生还】shēnghuán 動 생환하다. 살아서 돌아오다. ¶去越南战争的几十个美军士兵无一～ | 월남 전쟁에 나갔던 수십명의 미군 사병이 살아서 돌아온 사람이 하나도 없다.

【生荒】shēnghuāng 名 전혀 개간되지 않은 땅〔토지〕. 처녀지 =〔生地③〕〔生荒地〕

1【生活】shēnghuó ❶ 名 動 생활(하다). ¶日常～ | 일상 생활. ¶跟学生～在一起 | 학생들과 함께 생활하다. ¶我们在一起～了三年之久 | 우리는 삼년이나 같이 생활하였다. ❷ 動 생존하다. ¶脱离了社会就不能～下去 | 사회를 떠나서는 살아갈 수 없다. ❸ 名 생계. 살림. 생활 수준. ¶人民的～不断提高 | 국민의 생활 수준이 끊임없이 향

상되다. ❹ 名 方 (공업·농업·수공업 따위의) 일. 작업. ¶做～ | 일을 하다. ¶最近～不忙 | 요즘은 일이 바쁘지 않다.

【生活空间】shēnghuókōngjiān 名組 생활공간. ¶拓展tuòzhǎn～ | 생활공간을 넓히다.

【生活圈子】shēnghuóquàn·zi 名組 생활권.

【生活水平】shēnghuóshuǐpíng 名組 생활수준. ¶～有所提高 | 생활수준이 향상된 바가 있다.

【生活条件】shēnghuótiáojiàn 名組 생활조건. ¶改善～ | 생활조건을 개선하다.

【生活资料】shēnghuó zīliào 名組 생활 필수품. ¶供应各种～ | 각종 생활 필수품을 공급하다 =〔消费资料〕

【生火】shēng/huǒ ❶ 動 불을 피우다〔지피다〕. ¶～煮zhǔ饭 | 불을 피워 밥을 짓다. ¶～取暖 | 불을 지펴서 따뜻하게 하다 =〔弄火①〕→〔点火①〕〔烧shāo火〕〔升火〕 ❷ (shēnghuǒ) 名 (기선의) 화부(火夫).

4【生机】shēngjī 名 ❶ 생존의 기회. 삶의 희망〔길〕. ¶一线～ | 한 가닥 삶의 희망〔길〕. ❷ 생기. 활기. ¶春风吹过, 大地上充满了～ | 봄바람이 불어 대지에 활기가 넘쳐흘렀다.

【生计】shēngjì 名 생계. ¶家庭～ | 가정의 생계. ¶谋móu～ | 생계를 도모하다 =〔生活③〕

【生姜】shēngjiāng 名 ⓓ 〈植〉 생강. ¶～茶 | 생강차.

【生救】shēngjiù 動 簡 스스로 생산을 늘려 어려움을 극복하다 =〔生产自救〕

【生就】shēngjiù 動 (용모나 성격 등이) 타고나다. 선천적으로 가지고 나다. ¶他～一张能说会道的嘴 | 그는 나면서부터 말을 아주 잘하는 입을 가졌다. 그는 타고난 달변가이다. ¶～一双斗鸡眼 | 태어나면서부터 눈이 싸움닭 눈이었다 =〔生成②〕

【生角】shēngjué 名 〈演映〉 중국 전통극에서 남자로 분장한 배역.

【生客】shēngkè 名 낯선 손님. 초면의 손님. ¶酒店里来了几个～ | 주점에 낯선 손님이 몇 명 왔다 ⇔〔熟客〕

【生恐】shēngkǒng 書 副 (…할까봐) 몹시 걱정하다〔두려워 하다〕. ¶～赶不上车 | 차를 놓칠까봐 몹시 걱정하다. ¶～他不来 | 그가 오지 않을까 걱정이다 =〔生怕①〕

【生圹】shēngkuàng 名 살아 있을 때 미리 준비해 놓은 무덤. 수실(壽室) =〔寿穴〕

【生拉硬拽】shēng lā yìng zhuài 成 ❶ 억지로 잡아 끌다. 강제로 복종시키다. ❷ 억지로 끌어다 맞추다. 견강 부회하다. ¶把两个不同时代的历史人物～在一起 | 서로 다른 두 시대의 역사적인 인물을 억지로 한 데에 끌어다 맞추었다 ‖ =〔生拉硬扯〕〔生拖死拽〕

【生来】shēnglái ❶ 副 태어난 이후로 줄곧. 어릴 때부터. ¶～就结实 | 태어날 때부터 (몸이) 튼튼했다. ❷ 區 타고난. 천성의. ¶～的性情, 不容易改 | 천성적인 성질은 쉽게 고쳐지지 않는다. ❸ 動 무리하게〔강제로.억지로〕 …하다 =〔愣lèng来〕〔硬yìng来〕

【生老病死】shēng lǎo bìng sǐ 成 생로병사.

【生冷】shēnglěng 名 날음식과 찬음식. ¶忌jì～ | 날음식과 찬음식을 꺼리다.

【生离死别】shēng lí sǐ bié 成 생이별과 사별. 다시 만나기 어려운 이별. ¶一生中～经历得多了, 人也就麻木了 | 일생중 이러 저러한 이별을 많이 겪으면 무감감해지기도 한다.

3【生理】shēnglǐ ❶ 名 생리. ¶～变化 | 생리적 변화. ¶～价值 | 생리적 가치. ¶～机能 | 생리적 기능. ¶～特性 | 생리적 특성. ¶～特点 | 생리적 특징. ❷ 名 近 살아갈 방도. ¶料无～ | 아마 살아갈 방도가 없을 것이다. ❸ 名 近 장사. ¶不惯～ | 장사에 익숙하지 않다. ❹ 名 動 생활(하다). ¶不肯本分～ | 분수에 맞게 살려고 하지 않다.

【生理氯化钠溶液】shēnglǐ lǜhuànà róngyè ⇒〔生理(食)盐水〕

【生理(食)盐水】shēnglǐ(shí) 名組 〈化〉 생리식염수 =〔生理氯化钠溶液〕

【生理学】shēnglǐxué 名 생리학.

【生力军】shēnglìjūn 名 ❶ 신예(新銳)부대. ¶派出～ | 신예 부대를 내보내다. ❷ 어떤 일에 새로 가입하여 활력을 불어넣는 인원.

【生灵】shēnglíng 書 名 ❶ 백성. ❷ 생명.

【生龙活虎】shēng lóng huó hǔ 成 ❶ 원기 왕성하다. 씩씩하고 발랄하다. ¶操场上, 同学们正～地参加各种体育活动 | 운동장에는 학우들이 원기 왕성하게 각종 체육활동을 하고 있는 중이다. ❷ 활력이 넘치는 사람. ¶这些小伙子干起活来个个如～一般 | 이 젊은이들은 하나하나가 모두 일을 하는 데 활력이 넘치는 사람들이다.

【生炉子】shēng lú·zi 動組 난로에 불을 지피다.

【生路】shēnglù 名 ❶ 살길. 살아나갈 방도. 활로. ¶谋～ | 살길을 찾다. ¶越想越无～ | 생각하면 생각할수록 활로가 없다. ❷ 낯선 길 =〔生道〕

2【生命】shēngmìng ❶ 名 생명. ¶为了保卫祖国, 他不惜牺牲～ | 조국을 지키기 위해서라면 그는 생명을 희생하는 것도 아까워하지 않는다. ¶冒着～危险 | 생명의 위험을 무릅쓰다. ¶～保险 =〔人寿保险〕〔寿险〕 | 생명 보험. ¶政治～ | 정치 생명 →〔性命〕 ❷ 形 (예술 작품이) 살아 있는 것 같다. 생동감 있다. ¶这是一幅有～的人物画 | 이것은 살아 숨쉬는 듯한 한 폭의 인물화이다 ‖ 어법 「生命」은 모든 사물에 두루 사용될 수 있으며 「정치·예술」 등에서 비유의미로 사용될 수 있으나, 「性命」은 사람이나 동물의 생명으로만 사용되고 비유 용법은 없음.

4【生命力】shēngmìnglì 名 생명력. ¶～很旺盛wàngshèng | 생명력이 아주 왕성하다.

【生命现象】shēngmìng xiànxiàng 名組 생명현상. ¶探讨tàntǎo～ | 생명 현상을 탐구하다.

4【生怕】shēngpà ❶ 動 …할까봐 몹시 두려워 하다. ¶～被人发现 | 발각될까봐 몹시 두려워하다 어법 「生怕」는 구어에 주로 사용되며 그 의미가 「生恐」보다 약함. ❷ 副 아마 (…일 것이다). ¶～咱急中有失 | 아마 급히 서둘면 실수가 있을 것이다.

【生啤酒】shēngpíjiǔ 名 〈食〉 생맥주 =〔鲜啤酒〕

【生僻】shēngpì 形 생소하다. 보기 드물다. 낯설다. 흔하지 않다. ¶～的术语｜생소한 술어＝〔冷僻②〕

【生平】shēngpíng 名 ❶ 생애. 평생. 일생. ¶～事迹｜평생의 행적. ¶他的～不详xiáng｜그의 생애는 분명치 않다. ❷ 평소.

【生漆】shēngqī 名 생칠＝〔大漆〕

[2]【生气】shēng/qì ❶ 動 화내다. 성내다. ¶别～｜화내지마라. ¶他还在生你的气｜그는 아직도 너 때문에 화를 내고 있다. ❷ (shēngqì) 名 생기. 생명력. 활력. ¶～活泼｜생기가 발랄하다.

[4]【生前】shēngqián 名 생전. 살아있는 동안. ¶这是父亲～用的钢笔｜아버지가 생전에 쓰시던 만년필이다.

【生擒】shēngqín 動 (적·도적 따위를) 생포하다. ¶～敌人｜적을 생포하다.

【生趣】shēngqù 名 생활의 재미. 삶의 흥취. ¶～盎然ángrán｜삶의 흥취가 넘쳐 흐르다. ¶生了小孩儿, 家庭里添了不少～｜아이가 생기니 집안에 즐거움이 적지 않이 더해졌다.

[4]【生人】shēng/rén ❶ 動 (사람이) 출생하다. 태어나다. ❷ (shēngrén) 名 낯선 사람. 초면의 사람→〔熟人〕

[1]【生日】shēng·rì 名 생일. 생신. ¶～卡kǎ｜생일카드. ¶祝您～快乐!｜생신을 축하드립니다! ¶1989年12月1一日是他的～｜1989년 12월 1일은 그의 생일이다＝〔書 寿辰〕

【生肉】shēngròu 名 날고기. 생고기.

【生色】shēngsè 動 (자리를) 빛내다. 빛을 더하다. ¶文娱节目为今天的联欢会～不少｜문예 오락 프로그램이 오늘의 친목회를 더욱 빛냈다.

【生涩】shēngsè 形 (말·문장 따위가) 서툴다. 어색하다. ¶言词～｜말이 어색하다.

【生杀大权】shēng shā dà quán 成 사람을 마음대로 죽이고 살리는 권한. ¶～在他的手里｜살리고 죽이는 권한은 그의 손안에 있다.

【生杀予夺】shēng shā yǔ duó 成 생살 여탈. (마음대로) 살리고 죽이며, 주고 빼앗는 권한. ¶哪有对人～的大权｜사람을 죽이고 살리며 주고 빼앗는 그런 대권이 어디 있겠는가?

【生身】shēngshēn ❶ 形 부모에게서 난. ¶～娘｜친어머니. 생모. ¶～父母｜(낳아준) 친부모. ❷ 名 〈佛〉 부처나 보살이 중생을 제도하기 위하여 부모에 의탁하여 태생하는 육신.

【生生不息】shēng shēng bù xī 成 꼬리를 물고 일어나다＝〔生生不已〕

【生生不已】shēng shēng bù yǐ ⇒〔生生不息〕

【生石膏】shēngshígāo ⇒〔石膏〕

【生石灰】shēngshíhuī 名 〈化〉 생석회＝〔石灰〕

【生世】shēngshì 動 세상에 태어나다.

【生事】shēng/shì ❶ 動 일을 야기시키다. 사건을 만들다. 말썽을 일으키다. ¶别无故～｜이유없이 일을 만들지 말라. ¶造谣zàoyáo～｜유언비어를 날조하고 말썽을 일으키다＝〔生端〕〔滋事生端〕 ❷ (shēngshì) 書 名 생계.

【生势】shēngshì 名 (식물이) 생장하는 추세.

【生手(儿)】shēngshǒu(r) 名 풋나기. 미숙련자. ¶这些青年人刚进厂, 都是～｜이 젊은이들은 막 공장에 들어왔기 때문에 모두 미숙련자이다.

[4]【生疏】shēngshū 形 ❶ 낯설다. 생소하다. ¶我对这门学科很～｜나는 이 과목에 대해 아주 생소하다. ¶这名字有些～, 一时想不起是谁｜이 이름은 좀 생소하여 잠시 누구인지 생각이 나질 않다. ❷ 관계가 소원하다. 친하지 않다. 정이 없다. 서먹서먹하다. ¶两家来往很少, 关系很～｜두 집안은 왕래가 아주 적어 관계가 소원하다. ¶分别多年, 有些～了｜여러 해 헤어져 있었더니 좀 서먹서먹하다. ❸ 오랫동안 하지 않아 잘 되지 않다. 어색하다. ¶几年没打算盘, 今天打起来有点～了｜몇 년 동안 수판을 놓지 않았는데 오늘 해 보려니 좀 어색하다. ‖ 어법「生疏」는 이전에 관계가 있던 것에도 쓰이며, 사람·장소 뿐 아니라 업무에 대해서도 쓰이나,「陌生mòshēng」은 일반적으로 이전에는 관계가 없던 것에 주로 사용되고, 그 대상이 사람과 장소에 국한되며,「관계나 감정상 소원한」뜻은 없음.

【生水】shēngshuǐ 名 생수. 냉수. 끓이지 않은 물. ¶在中国不能喝～｜중국에서는 끓이지 않은 물은 먹을 수 없다.

【生丝】shēngsī 名 〈紡〉 생사.

【生死】shēngsǐ 名 생사. 삶과 죽음. ¶～与共＝〔生死相依〕｜생사를 함께 하다.

【生死存亡】shēng sǐ cún wáng 成 생사존망. 삶과 죽음. ¶～的关头｜생사존망의 갈림길.

【生死关头】shēngsǐ guāntóu 名組 생사〔삶과 죽음〕의 고비.

【生死肉骨】shēng sǐ ròu gǔ 成 죽은 것을 되살리고 뼈에 살이 나게하다. 죽은 사람을 되살리다. 크나큰 은혜를 입다.

【生死攸关】shēng sǐ yōu guān 成 생사 존망에 관계되다. ¶～的迫切pòqiè问题｜사활이 걸린 절박한 문제.

【生死之交】shēng sǐ zhī jiāo 成 생사를 같이하는 벗〔우정〕. 벗을 위하여 목숨도 바칠 수 있는 사이. ¶我跟他是～｜나와 그는 생사를 같이하는 친구사이다.

[4]【生态】shēngtài 名 〈生〉 생태.

【生态平衡】shēngtàipínghéng 名組 생태(계의) 균형. ¶注意保持～｜생태계의 균형을 유지시키는 데 유의하다.

【生态学】shēngtàixué 名 생태학.

【生铁】shēngtiě 名 생철. 무쇠. ¶～铸zhù的脑壳nǎoké｜쇠대가리＝〔铸铁〕

【生吞】shēngtūn 動 날 것을 그대로(통째로) 삼키다.

【生吞活剥】shēng tūn huó bō 成 貶 날 것을 그대로 삼키고 산 채로 껍질을 벗기다. 다른 사람의 이론·경험·방법 등을 그대로 모방하다. ¶学习外国的经验不能～, 要根据我国的情况, 吸取有用的东西｜외국의 경험을 배우는 데 그대로 모방해서는 안되고, 자국의 상황에 따라 유용한 것을 흡수해야 한다. ¶～的知识｜자기화시키지 못한 지식＝〔活剥生吞〕

[2]【生物】shēngwù 名 생물. ¶月球上有没有～?｜

달에는 생물이 있는가?
【生物电流】shēngwù diànliú 名組〈生〉생물 전기.
【生物防治】shēngwù fángzhì 名組 생물적 방제(防除) =〔生物防除〕
【生物工程】shēngwùgōngchéng 名組 생체 공학(生體工學) =〔生物工艺学〕〔生物技术〕
【生物工艺学】shēngwù gōngyìxué ⇒〔生物工程〕
【生物技术】shēngwù jìshù ⇒〔生物工程〕
【生物计算机】shēngwù jìsuànjī 名組 바이오컴퓨터(biocomputer). ¶研制～ | 바이오컴퓨터를 연구 제작하다.
【生物碱】shēngwùjiǎn 名〈化〉알칼로이드(alkaloid) =〔赝yàn碱〕
【生物圈】shēng wù quán 名〈生〉생물권 [생물이 활동할 수 있는 범위]
【生物武器】shēngwù wǔqì 名組〈軍〉생물학 병기(兵器). 세균 병기 =〔细菌武器〕
【生物学】shēngwùxué 名 생물학.
【生物制品】shēngwù zhìpǐn 名組 생물학적 제제(生物學的製劑) =〔生物制剂〕
【生物钟】shēngwùzhōng 名〈生〉생물의 생명활동의 주기적 리듬.
【生息】shēng/xī ❶ 動 이자가 붙다. 이자를 놓다. ¶钱别放在家里, 存在银行里既保险, 又可以～ | 돈은 집안에 두지 마라, 은행에 저축하면 안전하기도 하고 이자도 붙는다. ❷ (shēngxī) 書 動 생활〔생존〕하다. ¶祖祖辈辈在这块土地上～ | 조상 대대로 이 땅 위에서 생활해왔다. ❸ (shengxi) 書 動 (인구가) 늘다. 번식하다. ❹ (shēngxī) 書 動 성장하다〔시키다〕. 신장하다 ¶～力量 | 힘을 신장시키다.
【生相】shēngxiàng ❶ 名 용모. 얼굴 모습. ❷ ⇒〔生肖xiào〕
【生(橡)胶】shēng(xiàng) 名 생고무 =〔生橡皮〕
【生橡皮】shēngxiàngpí ⇒〔生(橡)胶〕
【生肖】shēngxiào 名 (12지지(地支)의 동물로 표시하는) 사람의 띠. ¶他～属羊 | 그는 양띠이다 =〔属相xiàng〕〔生相②〕
4【生效】shēng/xiào 動 효력이 발생하다. 효과를 내다. ¶～期 | 유효기간. ¶签字qiānzì后立即～ | 서명(조인) 후에 즉시 효력이 발생한다. ¶自通过之日起～ | 통과된 날부터 효력을 발생한다.
【生性】ⓐ shēngxìng 名 천성. 타고난 성품. ¶～好静hàojìng | 천성적으로 조용한 것을 좋아하다. ¶～活泼 | 타고난 성격이 발랄하다. ¶～古怪gǔguài | 천성적으로 괴팍하다. ¶～固执gùzhí | 천성적으로 고집불통이다. ¶各人有各人的～, 勉强不得 | 사람마다 저마다의 천성이 있으니 억지로 해서는 안된다.
ⓑ shēng·xing 形 俗 성격이 거칠다. 조야(粗野)하다. ¶他为人有点儿～, 不大能和人相处 | 그는 사람됨이 좀 거칠어 다른 사람들과 잘 어울리지 못한다.
【生锈】shēng xiù 動 녹이 슬다. ¶不～ | 녹이 슬지 않다. ¶经常擦油, 以免～ | 늘 기름칠을 하여 녹스는 것을 막다 =〔上锈〕
【生涯】shēngyá 名 ❶ 생활. 생애. 일생. ¶教书～ | 교편 생활. ¶创作～ | 창작 생활. ❷ 轉 직업. 장사.
【生养】shēngyǎng 動 口 (아이를) 낳다. 낳아 기르다. ¶～孩子 | 아이를 낳아 키우다.
【生药】shēngyào 名〈藥〉생약. ¶～铺pù | 생약(을 파는 약)방.
【生业】shēngyè 名 생업. 직업. ¶各安～ | 각자 생업에 안주하다.
【生疑】shēng/yí 動 의심나다. 의심을 품다. ¶一听这话儿, 我马上～ | 이 말을 듣자마자 의심이 났다.
2【生意】ⓐ shēngyì 名 생기. 활기. 원기. ¶春天来了, 田野里充满chōngmǎn了～ | 봄이 오니 들판에 생기가 가득하다.
ⓑ shēng·yi 名 장사. 영업. ¶他做什么～? | 그는 무슨 장사를 하니? ¶～兴隆 | 장사가 번창하다. ¶最近～做得怎么样? | 요즘은 장사가 어떤가?
【生意经】shēng·yijīng 名 ❶ 장사의 방법〔요령, 비결〕. 노하우(know－how). ¶这是这家商店的～ | 이것이 이 상점의 장사 비결이다. ❷ 俗 ㊀ 있을 법한 일. 그럴 법한 방법. 타당한 일. ¶不是～ =〔不是事〕〔不是办法〕 | 타당하지 않다. 좋지 않다.
【生意人】shēng·yirén 名 ❶ 장사꾼. ¶～讲的是一个「利」字 | 장사꾼이 중시하는 것은 「利(이익)」한 글자이다. ❷ 예인(藝人). 광대.
【生硬】shēngyìng 形 ❶ (글이나 동작이) 생경하다. 서투르다. 어색하다. ¶文章念起来太～ | 글이 읽기에 너무 어색하다. ¶一个外国人用～的汉语跟我说话 | 어떤 외국인이 서툰 중국어로 나에게 말을 한다. ❷ 貶 (태도가) 거칠다. 딱딱하다. ¶～的态度 | 거친 태도. ¶你的作风太～了 | 너의 태도는 너무 거칠다.
【生油】shēngyóu 名 ❶ (열처리 하지 않은) 생기름. ❷ 方 땅콩기름 →〔花生〕
【生于】shēngyú 動 …에(서) 태어나다. ¶～韩国 | 한국에서 태어나다. ¶他～1949年 | 그는 1949년에 태어났다.
【生鱼片(儿)】shēngyúpiàn(r) 名 생선회. ¶中国人不大喜欢吃～ | 중국인들은 생선회를 그다지 즐겨 먹지 않는다.
4【生育】shēngyù ❶ 動 출산하다. 낳아 기르다. ❷ 名 생육. 출산. ¶计划～ | 가족계획.
【生育节制】shēngyù jiézhì 名組 산아 제한. 가족계획 =〔节育〕
【生员】shēngyuán 名 생원 [과거의 소과(小科)에 합격한 사람]
【生造】shēngzào 動 (어휘 따위를) 제멋대로〔억지로〕만들다. ¶～词 | 제멋대로 만든 말.
2【生长】shēngzhǎng 動 생장하다. 성장하다. 나서 자라다. 어법 대개 목적어·보어나 동태조사를 동반함. ¶这里～着耐寒作物 | 여기는 내한 작물이 자라고 있다. ¶这棵树已～了20多年 | 이 나무는 자란 지 이미 20여년이 되었다. ¶他～在北京 | 그는 북경에서 태어나서 성장하였다.
【生长点】shēngzhǎngdiǎn 名〈植〉생장점.
【生长激素】shēngzhǎng jīsù 名組〈生理〉성장

호르몬 =〔激长素〕
【生长期】shēngzhǎngqī 名 성장기. 생육기간. ¶缩短suōduǎn小麦的～ | 밀의 생육기간을 단축하다.
4【生殖】shēngzhí 名 動 〈生〉생식(하다). ¶无性～ | 무성생식. ¶有性～ | 유성 생식. ¶～细胞 | 생식세포.
【生殖洄游】shēngzhí huíyǒu 名組 〈生〉산란(產卵) 회유.
【生殖器】shēngzhíqì 名 〈生理〉생식기.
【生殖腺】shēngzhíxiàn 名 〈生理〉생식선.
【生猪】shēngzhū 名 ❶ 산 돼지. ¶出售chūshòu～ | 산 돼지를 팔다. ❷ 씨돼지. 종돈(種豚).
【生字】shēngzì 名 새로 나온 글자. 생소한 글자. ¶抄写chāoxiě～ | 새로 나온 글자를 베껴쓰다. ¶～表 | 새 낱말 모음표.

【胜】①shēng 펩타이드 생
名 〈化〉펩타이드(peptide). [유기화합의 일종] =〔肽tài〕

1【胜(勝)】②shèng 이길 승
❶ 動 승리하다. (남을) 물리치다. 어법 대개 목적어와 보어를 동반하며,「败bài」에 상대되는 말임. ¶我们～了 | 우리가 이겼다. ¶国家队～了大邱队 | 국가 대표팀이 대구팀을 이겼다. ¶～过两回 | 두 번 이기다 ⇔〔败〕〔负⑧〕 ❷ 動 낫다. 우월하다. 어법 단독으로 술어가 되지 못하고, 주로「于」「过」「似」따위와 복합하여 쓰이며, 뒤에 목적어를 동반함. ¶他的技术jìshù～过我 | 그의 기술은 나보다 낫다. ¶身教～于言教 | 말로 가르치는 것보다 몸으로 가르치는 것이 낫다. ❸ (경물·경치 따위가) 아름답다. 훌륭하다. ¶名～ | 명승지. ¶江山之～ | 자연 경치가 아름다운 곳. ❹ (舊 shēng) 書 動 능히 감당하다. ¶～任rèn↓ ❺ 書 動 다하다. ¶不可～数shù | 이루 다 헤아릴 수 없다. ❻ 名 옛날, 여인의 머리장식. ¶金～ | 금제 머리장식. ❼ (Shèng) 名 성(姓).
【胜败】shèngbài 名 승패. 승부. ¶不分～ | 승패가 나지 않다. ¶～(乃)兵家bīngjiā常事chángshì =〔胜败乃兵家之常〕| 諺 승패는 병가의 상사다 =〔胜负〕
【胜朝】shèngcháo 書 名 전조(前朝). 이전의 왕조. ¶～遗老 | 전(前) 왕조의 유신(遺臣) =〔胜国〕
【胜春】shèngchūn 名 〈植〉월계화 =〔月季(花)〕
【胜地】shèngdì 名 명승지. ¶避暑bìshǔ～ | 좋은 피서지 =〔胜所〕
【胜负】shèngfù 名 승부. 승패. ¶比赛的～是暂时的, 友谊是永久的 | 시합의 승패는 잠시지만 우정은 영원한 것이다. ¶～兵家之常事 | 이기고 짐은 병가의 상사이다 =〔胜败〕
【胜国】shèngguó ⇒〔胜朝〕
【胜过】shèng·guo 動 …보다 낫다〔우수하다〕. ¶一见～百闻 | 백문이 불여일견이다. ¶精力～年轻人 | 정력이 젊은이보다 낫다. ¶他的成绩～你 | 그의 성적은 너보다 낫다 =〔强于〕〔超于〕〔胜于〕〔胜似〕
【胜迹】shèngjì 名 명승 고적. ¶名山～ | 명산 고적.
【胜境】shèngjìng 書 名 경치가 좋은 곳. 명승지.
1【胜利】shènglì ❶ 名 動 승리(하다). ¶取得～ | 승리를 거두다. ¶获得～ | 승리를 거두다. ¶～的信心 | 승리의 자신감. ¶～者 | 승리자 ⇔〔失败〕 ❷ 動 일이나 사업이 예상한 목표에 도달하다. 기대한 성과를 거두다. ¶大会～闭幕 | 대회는 성공리에 폐막되었다. ¶我们取得了伟大的～ | 우리는 위대한 승리를 거두었다. ‖ 어법「胜利」는「革命·斗争·战争·建设」등에 주로 쓰이나,「成功」은 대소사에 모두 쓰일 수 있음.「成功」은「这一仗, 战术运用得很～」처럼 보어로 사용될 수 있지만,「胜利」는 보어가 될 수 없음.
【胜券】shèngquàn 名 승리에 대한 확신〔자신감〕. ¶稳操wěncāo～ | 승산이 있다 =〔稳操左券〕
【胜任】shèngrèn 動 (맡은 직책·임무 따위를) 능히 감당하다. ¶能～这个工作 | 이 일을 감당할 수 있다.
【胜似】shèngsì ⇒〔胜过〕
【胜诉】shèngsù 名 動 〈法〉승소(하다). ¶结果现代集团～ | 결과적으로 현대 그룹이 승소하였다 ⇔〔败诉〕
【胜言】shèngyán 動 말할 수 있다. 말할 기력이 있다. ¶不可～ =〔苦不胜言〕| (괴로와서) 일일이 말할 수 없다.
【胜友】shèngyǒu 書 名 훌륭한 벗. 좋은 친구.
【胜于】shèngyú 書 形 …보다 낫다〔좋다〕=〔胜过〕
【胜仗】shèngzhàng 名 승전(勝戰). ¶打～ | 전쟁에 이기다.

2【牲】shēng 희생 생, 가축 생
名 ❶ 가축. 집짐승. ¶～口↓ ❷ 희생. 산제물 [연회나 제사지낼 때 바치는 소·양·돼지 따위의 짐승]
4【牲畜】shēngchù 名 가축. 집짐승. ¶饲养sìyǎng～ | 가축을 기르다. ¶～家禽 | 가축과 가금. ¶～配种 | 가축의 교배. ¶～车 | 마소등 가축이 끄는 수레 =〔牲口①〕〔家畜〕
【牲粉】shēngfěn 名 〈化〉동물 전분. 글리코겐 =〔糖原〕
4【牲口】shēng·kou 名 ❶ 가축〔집짐승〕의 총칭. ¶野～ | 길들여지지 않은 가축. 轉 덜렁이. ¶～棚péng | 축사(畜舍). 외양간. ¶～圈quān | 가축 우리. ¶～料 | 가축 사료 =〔生口②〕〔牲畜〕〔方 头口〕 ❷ 닭의 다른 이름. ¶酱jiàng～ | 〈食〉닭고기 장조림.

【笙】shēng 생황 생
名 〈音〉생황 =〔笙簧〕
【笙歌】shēnggē 書 ❶ 動 생황(笙簧) 반주에 맞추어 노래하다. 轉 악기를 타며 노래하다. ❷ 名 생황 반주에 맞추어 부르는 노래.
【笙簧】shēnghuáng 名 〈音〉생황. 생황의 혀〔리드(reed)〕.

【甥】shēng 생질 생
名 ❶ 생질. ¶外～(儿) | ⓐ 생질. 누이의 아들. ⓑ 方 외손자. ¶外～女(儿) | ⓐ 생질녀. 누이의 딸. ⓑ 方 외손녀. ❷ (～儿) 저. 제 [외숙·외숙모에 대한 자칭] →〔侄zhí〕
【甥女】shēngnǚ 名 외조카딸.

1【声(聲)】shēng 소리 성 ❶(~儿) 名 소리. 목소리. ¶大~说话 | 큰 소리로 말하다. ¶~如洪钟 | 말소리가 큰 종소리 같다. ❷量 번. 마디 [소리를 나타내는 횟수를 나타냄] ¶喊hǎn了两~, 没有人答应 | 두서너 마디 외쳤으나 아무도 대답이 없다. ❸성모. ¶~母↓ ❹성조. ¶~调↓ ❺(알릴 목적으로) 말하다. 선언하다. 소리를 내다. ¶~讨↓ ¶~张↓ ❻명예. 명성. ¶~望↓

【声辩】shēngbiàn 動 변명하다. 변해(辯解)하다. ¶他公开~自己无罪 | 그가 자신이 무죄라고 공개적으로 변호하다.

【声波】shēngbō 名〈物〉음파(音波). ¶~频律pínlǜ | 음파 주파수 [「声浪①」은 옛 이름] =〔音波〕

【声部】shēngbù 名〈音〉성부. ¶女高音~ | 소프라노. ¶男低音~ | 베이스.

【声称】shēngchēng 動 공언하다. (소리높여) 주장하다. ¶她~是别人指使她这么干的 | 그녀는 다른 사람이 이렇게 하도록 시켜서 한 일이라고 공개적으로 언명하였다 =〔声言〕

【声带】shēngdài 名 ❶〈生理〉성대. 목청. ❷〈演映〉사운드 트랙(sound track) [필름 가장자리의 녹음대(帶)]

1【声调】shēngdiào 名 ❶(~儿) 말투. 어조. 목소리. 톤(tone). ¶~激昂jī'áng | 어조가 격앙되다. ¶~低沉 | 목소리가 가라앉다. ❷〈言〉성조. ¶~语言 | 성조언어 =〔字调〕→〔四声〕 ❸(시문의) 음률. ❹〈音〉박자. 장단. 리듬. ¶胡琴的~甚低 | 호금의 가락이 매우 나지막하다.

【声东击西】shēng dōng jī xī 成 동쪽에서 소리를 내고 서쪽을 치다. 이쪽을 치는 척하고 저쪽을 치다. ¶他惯用~的战术 | 그는 성동격서 전술을 잘 쓴다 =〔指东打西〕〔指东击西〕

【声符】shēngfú 名 ❶〈音〉소리표. 음부. ❷〈言〉성부 [형성자에서 소리를 나타내는 부분. 예를 들면「清」에서는「青」을 가리킴] ⇔〔意符〕

【声价】shēngjià 名 명성. 평판. ¶~百倍 | 명성이 매우 높다. ¶提高~ | 성가를 높이다.

【声控】shēngkòng 名 음성으로 제어하다. ¶这里的喷泉pēnquán为~ | 이곳의 분수는 음성에 의해 조절된다.

【声口】shēngkǒu 名 方 발음. 어조. ¶听他的~, 不是老外 | 그의 발음을 들으니 외국인은 아니다.

【声浪】shēnglàng 名 ❶〈物〉음파(音波)의 옛 이름 =〔声波〕 ❷군중〔많은 사람들〕의 목소리. ¶抗议的~ | 항의의 함성. ¶人多~高 | 사람이 많으면 소리도 높다. ❸세평(世評). 평판. 소문. ❹풍조(風潮).

【声泪俱下】shēng lèi jù xià 成 말을 이어가면서 눈물을 흘리다. 매우 비통해하다. ¶慷慨kāngkǎi陈词~ | 격한 어조로 말을 늘어놓으며 매우 비통하게 통곡하였다. ¶他感动得~ | 그는 감동하여 소리내어 울었다.

【声门】shēngmén 名〈生理〉성문.

【声名】shēngmíng 書 名 성명. 명성. 평판. ¶~远震 | 명성이 멀리까지 울려 퍼지다 ¶~狼藉lángjí | 成 평판이 매우 나쁘다. 위신이 땅바닥에 떨어지다 =〔名声(儿)〕

3【声明】shēngmíng ❶名 動 성명(하다). ¶发表~ | 성명을 발표하다. ¶联合~ | 공동 성명. ¶~永远不使用核武器 | 핵무기를 영원히 사용하지 않겠다고 성명하다. ❷名 성명서. ❸名〈佛〉성명(Sabdavidyā; 범). 음운·문법·훈고(訓詁)의 학문.

【声母】shēngmǔ 名〈言〉성모 [중국어의 음절구조는「声母」「韵母」「声调」의 3부분으로 나뉘는데, 글자의 첫 머리에 오는 음(initial)을「声母」라 함. 첫소리가「元音」(모음)인 경우는「零声母」라 함]→〔韵yùn母〕

【声纳】shēngnà 名 外〈物〉〈軍〉소나(SONAR). (수중) 초음파 탐지기.

【声旁】shēngpáng 名〈言〉(한자의 형성자에서) 음을 나타내는 부분 =〔声符②〕〔音符〕

【声频】shēngpín 名〈物〉음향 주파수〔진동수〕. 가청 주파수. ¶~系统 | (컴퓨터의) 오디오 시스템(audio system).

【声谱】shēngpǔ 名〈物〉음향〔소리〕 스펙트럼. ¶作~分析 | 음향 분석을 하다. ¶~仪 | 음향 분석기.

【声气】shēngqì 名 ❶소식. 정보. ¶互通~ | 서로 소식이 통하다. ¶好久不通~了 | 오랫동안 소식이 서로 오가지 않았다 =〔声息②〕 ❷方 말투. 목소리. 음성. ¶小声小气地说话 | 나지막한 소리로 말하다. ❸의기. 마음. 뜻. 기맥. ¶~相投 | 의기 서로 투합하다.

【声请】shēngqǐng 書 動 (이유를 밝히고) 신청하다. 청원하다. ¶他~入会 | 그는 입회를 신청했다.

【声色】shēngsè 名 ❶말소리와 얼굴 빛. ¶不动~ | 목소리나 낯빛이 변하지 않다. 언행이 태연하다. ❷書 성색. 가무와 여색. ¶贪恋~ | 가무와 여색을 탐하다.

【声色俱厉】shēng sè jù lì 成 말과 표정이 몹시 엄하다〔사납다〕. ¶他们~地批评持不同政见者 | 그들은 냉엄한 표정과 말투로 정견을 달리하는 사람을 비판하였다.

【声色犬马】shēng sè quǎn mǎ 成 가무와 여색, 개 기르기와 말 타기 등 음탕하고 소비적인 옛 귀족들의 생활.

4【声势】shēngshì 名 성세. 위력과 기세. ¶这次活动, 搞得很有~ | 이번 활동은 잘 진행되어 위력이 있었다. ¶~浩大 | 기세가 드높다.

【声嘶力竭】shēng sī lì jié 成 목도 쉬고 힘〔맥〕도 다 빠지다. 기진맥진하다. ¶奔走呼号, ~ | 분주히 다니며 고함을 질러대서 목도 쉬고 힘도 다 빠졌다 =〔力竭声嘶〕

【声速】shēngsù 名〈物〉음속. ¶超~ | 초음속 =〔音速〕

【声讨】shēngtǎo 動 성토하다. 규탄하다. ¶~美军的罪行 | 미군의 죄행을 규탄하다. ¶~文 | 규탄(결의)문. ¶~集会 | 성토 대회.

【声望】shēngwàng 名 성망. 명성과 인망. ¶很有~ | 명성이 대단하다.

【声威】shēngwēi 書 名 명성과 위엄. ¶~大震 | 명성과 위엄을 크게 떨치다 =〔威声〕

【声纹】shēngwén 名 성문. ¶～鉴定｜성문감정.
【声息】shēngxī ❶ 名 소리. 기척 [대부분 부정문에 쓰임] ¶没有一点～｜아무런 기척도 없다. ❷ ⇒〔声气①〕
【声响】shēngxiǎng 名 소리. 음향. ¶发动机发出巨大的～｜발동기가 거대한 소리를 낸다 =〔声音(儿)〕
【声学】shēngxué 名〈物〉음향학(音響學). ¶～语音学｜〈言〉음향음성학. ¶建筑～｜건축 음향학. ¶几何～｜기하 음향학 =〔音学①〕
【声言】shēngyán 動 표명하다. 공언하다. 언명하다. ¶～要上诉｜고소하겠다고 언명하다.
【声扬】shēngyáng 動 소문을 내다. 크게 떠들(어대)다. ¶那件事你不要～｜그 일을 남에게 소문 내서는 안된다.
1【声音(儿)】shēngyīn(r) 名 성음. 소리. 음성. 목소리. ¶没有～｜소리가 없다. ¶银铃yínlíng般的～｜은방울같은 소리.
【声音耦合器】shēngyīn ǒuhéqì 名組 (컴퓨터의) 음향 커플러(音響coupler).
【声音应答装置】shēngyīn yìngdá zhuāngzhì 名組 (컴퓨터의) 음성 응답 장치.
4【声誉】shēngyù 名 성예. 명성과 명예. ¶王律师～卓著zhuózhù, 你可以完全信赖xìnlài他｜왕 변호사는 명성이 드높으니, 완전히 그를 믿어도 될 것이다.
【声誉鹊起】shēng yù què qǐ 威 명성이 급속도로 올라감. ¶他发表这篇论文以后～｜그는 이 논문을 발표한 이후에 명성이 급속도로 올라갔다.
【声援】shēngyuán 名 動 성원(하다). ¶～绝食抗议日本政府的学生｜일본 정부에 대해 단식 항의하는 학생들을 성원하다.
【声乐】shēngyuè 名〈音〉성악.
【声韵学】shēngyùnxué 名〈言〉성운학. 음운학 =〔音韵学〕
【声张】shēngzhāng 動 ❶ (소문 따위를) 널리 퍼뜨리다 [대부분 부정문에 쓰임] ¶可千万别～｜절대 퍼뜨려서는 안된다. ¶先别～｜미리 소문을 내지는 말아라. ¶～出去对谁都不利｜소문이 나면 누구에게든 불리하다. ❷ 소리를 내다. 큰소리로 외치다. ¶别～｜소리를 내지 말아라.
【声震八方】shēng zhèn bā fāng 威 명성이 사방에 울려 퍼지다. ¶他现在是～, 名利双收｜그는 지금 명성이 사방에 울려 퍼져 명예와 부를 다 거두고 있다.

shéng ㄕㄥˊ

【渑】shéng ☞ 渑 miǎn B

2【绳(繩)】shéng 노 승
❶ (～儿, ～子) 名 끈. 줄. 새끼. ¶草～｜새끼. ¶钢丝～｜와이어 로프(wire rope). ❷ 書 名 먹줄. ¶～墨↓ ❸ 書 動 바로잡다. 통제하다. ¶～以纪律｜규율을 바로잡다. ❹ (Shéng) 名 성(姓).
【绳锯木断】shéng jù mù duàn 威 작은 힘이라도 끊임없이 노력하면 성공할 수 있다.
【绳捆索绑】shéng kǔn suǒ bǎng 威 포승으로 꼼짝 못하게 묶다. 포박하다.
【绳墨】shéngmò 名 ❶ 먹줄. ❷ 喻 규범. 법도(法度). ¶不中～｜법도에 어긋나다. ¶不拘jū～｜법도에 구애받지 않다.
【绳索】shéngsuǒ 名 밧줄. 새끼. ¶用～捆绑kǔnbǎng犯人｜밧줄로 범인을 묶다.
【绳梯】shéngtī 名 줄사닥다리. ¶从～上爬进五楼阳台｜줄사닥다리로 오층 베란다에 올라갔다 =〔软梯〕〔俗 蜈蚣wúgōng梯〕
2【绳子】shéng·zi 名 새끼. 밧줄. 노끈. ¶打～새끼를 꼬다. ¶拧níng成～｜(여러 가닥의 줄을) 꼬아서 밧줄을 만들다. ¶一根〔条〕～｜밧줄 한 가닥. ¶单股儿～｜외가닥 밧줄 =〔绳儿〕

shěng ㄕㄥˇ

1【省】shěng xǐng 살필 성, 덜 생
A shěng ❶ 名 성 [중국의 최상급 지방 행정 단위] ¶中国有23个～｜중국에는 23개 성이 있다 →〔县〕〔乡②〕 ❷ 名 簡 성(省) 정부의 소재지인 「省会」(성도)의 약칭. ¶明天去～开会｜내일 성도(省都)에 회의를 하러 간다. ❸ 動 아끼다. 절약하다. ¶～吃俭用↓ ¶～了不少钱｜적지 않은 돈을 아꼈다 ⇔〔费①〕 ❹ 動 빼다. 감하다. 생략하다. ¶技术革新后, ～了一道工序｜기술 혁신 후에 한 공정을 줄였다. ¶这两个字不能～｜이 두 글자는 생략할 수 없다. ❺ 動 간략하게 하다. ¶～称｜약칭하다. ❻ 名 轉 준말. ¶佛是佛陀之～｜「佛」는「佛陀」의 준말이다.
B xǐng 動 ❶ 반성하다. ¶反～｜반성하다. ¶吾日三～吾身｜威 나는 하루에 여러번 나 자신을 반성한다. ❷ 자각하다. 깨닫다. ¶发人深～｜威 남에게 깊은 자각을 촉구하다. 깊이 깨닫게 하다. ❸ (부모나 웃사람의) 안부를 묻다. 찾아가 뵙다. ¶回家～亲｜집에 돌아가 부모님께 안부를 여쭙다. ¶～视↓
A shěng
【省便】shěngbiàn 形 일이 적고 간편하다. ¶求学没有～之法｜학문을 하는 데는 쉽고 간편한 방법이 없다. ¶这个方法极为～｜이 방법은 대단히 간편하고 쉽다.
【省城】shěngchéng ⇒〔省会huì〕
【省吃俭用】shěng chī jiǎn yòng 威 아껴 먹고 아껴 쓰다. 절약해서 생활하다.
3【省得】shěng·de 連 …하지 않도록. 어법 주로 뒷절 문두에 쓰임. ¶把东西带齐, ～再跑｜물건을 다 챙겨라, 또 왔다가지 않게. ¶把水龙头开小一点, ～浪费làngfèi｜수도꼭지를 조금만 틀어라 낭비하지 않게.
【省份】shěngfèn 名 성(省). ¶海南岛是中国的一个～｜해남도는 중국의 한 성이다.
【省工减料】shěnggōng jiǎnliào 動組 인건비를 줄이고 재료를 절감하다→〔偷tōu工减料〕
4【省会】ⓐ shěnghuì 名 성도(省都). 「省政府」(성정부) 소재지. ¶广东省～广州市｜광동성 성도 광주시 =〔省城〕〔省垣〕

ⓑ xǐnghuì 動 알리다. 깨우치다.
【省俭】shěngjiǎn 動 方 절약하다. 아껴쓰다.
【省界】shěngjiè 名 성(省)의 경계.
【省劲】shěng/jìn ❶ 動 힘을〔수고를〕 덜다. 품을 덜다. ❷ (shěngjìn) 形 (힘이 들지 않아) 수월하다. 수고롭지 않다. ¶这样做很～ | 이렇게 하면 아주 수월하다.
【省力】shěng/lì ❶ 動 힘을 덜다. ¶这种耕作方法～不少 | 이러한 경작 방법은 힘이 아주 적게 든다. ❷ (shěnglì) 形 (힘을 덜게 되어) 수월하다. 수고롭지 않다.
【省料】shěng/liào 動 재료를 아끼다. 재료를 적게 들이다.
4【省略】shěnglüè 名 動 생략(하다). ¶这一段文字可以～ | 이 한 단락은 생략할 수 있다.
【省略号】shěnglüèhào 名 줄임표. 생략표 「…」 ＝〔略号〕〔删节号〕→〔标点符号〕
【省钱】shěng/qián ❶ 動 돈을 절약하다〔아끼다〕. ❷ (shěngqián) 形 돈이 절약되다. 경제적이다. ¶坐轮船比坐飞机～ | 배를 타는 것이 비행기를 타는 것보다 경제적이다 ‖ ⇔〔费钱〕
【省区】shěngqū 名 (행정 단위로서의) 성(省).
【省去】shěngqù 動 ❶ 절약하다. ¶～一大批开销 | 많은 지출을 줄이다. ❷ 생략하다. 덜다. 제거하다. ¶这个字可以～ | 이 글자는 생략할 수 있다 ‖ ＝〔書 省却〕
【省却】shěng·què ⇒〔省去〕
【省时】shěng/shí ❶ 動 시간을 절약하다〔덜다〕. ❷ (shěngshí) 形 시간이 덜 걸리다〔들다〕 ‖ ⇔〔费时〕
【省事】ⓐ shěng/shì ❶ 動 수고를〔품을〕 덜다. ¶这样做可以省许多事 | 이렇게 하면 많은 품을 덜 수 있다. ❷ (shěngshì) 形 수고가 덜하다. 간단하다. 헐하다. ¶孩子稍大就～点 | 아이가 조금 크면 수고를 좀 던다. ¶有了洗衣机, 洗衣服很～ | 세탁기가 있어서 옷 세탁하는 것이 아주 간편하다 ‖ ⇔〔费事〕
ⓑ xǐngshì ❶ 일을 잘 알다. ❷ 남의 마음을 재빨리 파악하여 잘 대처하다.
【省委】shěngwěi 名 簡 (중국 공산당의) 「省委员会」(성 위원회)의 약칭.
【省心】shěng/xīn 動 걱정〔근심〕을 덜다. 시름을 놓다. ¶这可以～了 | 이제는 안심이 된다. ¶这孩子可不～ | 이 아이는 정말 걱정을 안할 수 없다.
【省油(的)灯】shěngyóu(·de)dēng 名組 ❶ 기름이 덜 드는 등(燈). ❷ 喻 신경이 덜 쓰이는 사람 [대부분 부정문에 사용됨] ¶这傢伙jiāhuǒ真令人淘神táoshén, 不是个～ | 이놈은 정말 사람 걱정하게 만든다. 마음 놓을 수 없는 놈이야.
3【省长】shěngzhǎng 名 성장(省長). 「省政府」의 우두머리.
【省政府】shěngzhèngfǔ 名組 성(省)정부. 성의 최고 행정 기관.
Ⓑ xǐng
【省察】xǐngchá 名 動 성찰(하다). 반성(하다). ¶～自己的过错 | 자기의 잘못을 반성하다.
【省会】xǐnghuì ☞〔省会〕shěnghuì ⓑ
【省墓】xǐngmù 書 動 성묘하다. ¶回故乡～ | 고향에 돌아가 성묘하다.
【省亲】xǐngqīn 動 ❶ 귀성(歸省)(하여 부모를 문안)하다. ❷ 친척을 찾아보다 ‖ ＝〔看亲①〕
【省事】xǐngshì ☞〔省事〕shěngshì ⓑ
【省视】xǐngshì 書 動 ❶ 방문하다. 문안하다. ¶董事长亲自～住院治疗的工员 | 이사장은 몸소 입원 치료중인 직공들을 문병했다 ＝〔看望〕〔探望〕 ❷ 자세히 보다. 살펴보다.
【省悟】xǐngwù 動 각성하다. 깨닫다. ¶等他～过来, 为时已晚 | 그가 깨닫을 때까지 기다리기에는 이미 때가 늦었다 ＝〔省觉〕

【眚】shěng 흐릴 생
書 名 ❶ 〈醫〉 백태 [눈병의 한 가지] ❷ 재화(災禍). 재난. ¶夫谁无疾～ | 누구에겐들 병고와 재난이 없겠소. ❸ 잘못. 과오. 실수. ¶不以一～掩yǎn大德 | 부분적 과오를 가지고 큰 공적을 말살할 수 없다.
【眚灾】shěngzāi 書 名 과실(過失)과 재난. 환난.

shèng ㄕㄥˋ

3【圣(聖)】shèng 성인 성
❶ 名 성인. ¶～贤↓ ❷ 名 학문·기술 방면에 특히 뛰어난 사람. ¶诗～杜甫DùFǔ | 시성 두보. ¶～手↓ ❸ 頭 〈宗〉 종교의 개조(開祖)에 관한 사물을 나타내는 말이나 종교를 믿는 사람들이 숭배하는 사물의 앞에 붙여 존경을 나타냄. ¶～诞节↓ ¶～经 | 성경. ❹ 名 옛날, 천자〔임금〕에 대한 존칭. ¶～上↓ ¶～旨↓ ❺ 形 성스럽다. 신성하다. ¶神shén～ | 신성하다.
【圣保罗】Shèngbǎoluó 名 外 〈地〉 ❶ 사웅 파울루(Sao Paulo) [브라질 최대의 도시] ＝〔圣宝路〕 ❷ 세인트폴(St. Paul) [미국 미네소타 주의 주도(州都)]
【圣餐】shèngcān 名 〈宗〉 성찬(식).
【圣但尼】Shèngdànní 名 外 〈地〉 생드니(saint Denis) [「留尼汪岛」(레위니옹;Réunion)의 수도]
【圣诞】shèngdàn 名 ❶ (옛날) 공자(孔子)의 탄생일을 이르던 말. ❷ 예수의 탄생일. 성탄절. ¶～老爷 | 산타 클로스. ¶～树 | 크리스마스 트리. ¶～礼物 | 크리스마스 선물.
3【圣诞节】Shèngdàn Jié 名 크리스마스. 성탄절 ＝〔外 克利史马史〕〔耶稣yēsū圣诞节〕〔洋冬至〕→〔耶诞〕
【圣诞卡(片)】shèngdàn kǎ(piàn) 名 〈地〉 크리스마스 카드. ¶给老师寄～ | 선생님에게 크리스마스 카드를 부치다 ＝〔冬dōng卡〕
【圣地】shèngdì 名 ❶ 〈宗〉 성지. ❷ 성지. 성역(聖域). ¶革命的～ | 혁명의 성지.
【圣地亚哥】shèngdìyàgē 名 外 〈地〉 산티아고(Santiago) [「智利」(칠레;Chile)의 수도]
【圣多美】Shèng duōměi 名 外 〈地〉 상투메(São Tomé) [「圣多美和普林西比」(상투메 프린시페;São Tomé and principe)의 수도]
【圣多美和普林西比】Shèngduōměi hé Pǔlínxībǐ 名 外 〈地〉 상투메 프린시페(São Tomé Principe) [아프리카 기니만 동남부의 민주공화국 상

투메섬과 프린시페섬으로 구성. 1975년 포르투갈로부터 독립. 수도는 「圣多美」(상투메;São Tomé)]

【圣多明各】Shèng Duōmínggè 名外〈地〉산토도밍고(Santo Domingo) [「多米尼加共和国」(도미니카공화국;The Dominican Republic)의 수도]

【圣多斯】Shèngduōsī 名外〈地〉상투스(Santos) [브라질 남동부의 항구 도시]

【圣弗兰西斯科】Shèngfúlánxīsīkē 名外〈地〉샌프란시스코(San Francisco) =〔旧金山〕〔桑港〕〔三藩市〕

【圣赫勒拿(岛)】Shènghèlènā(dǎo) 名外〈地〉세인트헬레나(Saint Helena) 섬.

【圣赫勒拿岛和阿森松岛】Shènghèlènádǎo hé Āsēnsōngdǎo 名外〈地〉세인트헬레나섬, 아센션섬(St. Helena, Ascension Island, etc) [세인트헬레나섬은 대서양 남부의 아프리카 서해안에 있는 영국령섬으로 나폴레옹(Napoleon I)이 유형에 처해진 곳. 아센션섬은 남대서양에 있는 영국령섬으로 수도는 「詹姆斯敦」(제임즈타운;Jamestown)]

【圣胡安】Shènghú'ān 名外〈地〉산후안(San Juan) [「波多黎各岛」(미국령푸에르토리코;Puerto Rico)의 수도]

【圣洁】shèngjié 書形 성결하다. 거룩하고 깨끗하다. ¶这是一个～的殿堂diàntáng | 여기는 거룩한 전당이다.

【圣经】shèngjīng 名〈書〉❶〈宗〉성경. 성서(聖書). ¶他每天读～ | 그는 매일 성경을 읽는다. ❷書 성인이 지은 책.

【圣克里斯托弗】Shèngkèlǐsītuōfú 名〈地〉세인트크리스토퍼네비스(St. Christopher and Nevis) [수도는 「巴斯特尔」(바스테르;Basseterre)]

【圣卢西亚岛】Shènglúxīyàdǎo 名外〈地〉세인트루시아(St. Lucia) [서인도 제도의 윈드워드(Windward) 제도 중 최대의 섬. 구영령 식민지. 수도는 「卡斯特里」(캐스트리스;Castris)]

【圣路易】Shènglùyì 名外〈地〉세인트루이스(Saint Louis) [미국 중부의 도시]

【圣马力诺】Shèngmǎlìnuò 名外〈地〉산마리노(San Marino) [이탈리아 중동부에 있는 공화국. 유럽 최고의 소독립국. 수도는 「圣马力诺」(산마리노;San Marino)] =〔圣马利诺〕

【圣马利诺】Shèngmǎlìnuò ⇒〔圣马力诺〕

【圣庙】shèngmiào 名 공자묘. 문묘(文廟). 공자를 모신 사당(祠堂).

【圣明】shèngmíng ❶書形 (천자가) 현명하다. 비범하고 총명하다. 사리에 밝다. ❷名 임금. 천자(天子). ❸形 현명하다. 도리에 밝다. ¶～的人 | 사리에 밝은 사람.

【圣皮埃尔岛和密克隆岛】Shèngpíāiěrdǎohé Mìkèlóngdǎo 名外〈地〉프랑스령 생피에르미클롱제도(St. Pierre and Miquelon Islands) [수도는 「圣皮埃尔」(생피에르;St. Pierre)]

【圣乔治】shèngqiáozhì 名外〈地〉세인트조지즈(St. Georgés) [「格林纳达」(그레나다;Grenada)의 수도]

【圣人】shèngrén 名❶성인. ¶～也有三分错 | 國성인도 약간의 잘못은 있다. ¶你小人家不懂的～的道理! | 너같은 소인배가 성인의 도리를 알까! ❷書 공자(孔子). ❸書 천자. 임금. ❹書 청주(淸酒) [탁한 술은 「贤人」이라고 함] ❺〈佛〉성자(聖者).

【圣萨尔瓦多】shèngsà'ěrwǎduō 名外〈地〉산살바도르(San Salvador) [중앙 아메리카 「萨尔瓦多」(엘살바도르;El Salvador)의 수도] =〔省shěng萨尔瓦多〕

【圣上】shèngshàng 名書敬 성상. 성왕.

【圣世】shèngshì 書名 성세. 성대(聖代). ¶～出贤人 | 성세에 현인이 난다.

【圣手】shèngshǒu 名 명수. 명인. 능수. ¶网球～ | 테니스의 명수. ¶儿科～ | 소아과의 명의.

【圣水】shèngshuǐ 名❶절간에서 복(福)을 내리고, 귀신을 쫓고, 병을 치료한다고 하면서 뿌려주는 물. ❷〈宗〉성수 [성례(聖禮)에 쓰기 위해 축성(祝聖)한 물]

【圣文森特和格林纳丁斯】Shèngwénsēntèhé Gélínnàdīngsī 名外〈地〉세인트 빈센트 그레나딘(St. Vincent and the Grenadines) [수도는 「金斯敦」(킹스타운;Kingstown)]

【圣贤】shèngxián 名❶성현. 성인과 현인. ¶他一心只读～书 | 그는 한마음 한뜻으로 성현의 책을 읽는다. ¶人非～, 孰能无过? | 사람들은 성현이 아닌데, 누군들 잘못이 없을 수 있겠는가? ❷신불(神佛). ¶拜了～ | 신불에 예배하였다.

【圣药】shèngyào 名 성약. 특효약.

【圣约翰】Shèngyuēhàn 名外〈地〉세인트존즈(St. John's) [「安题瓜和巴布达」(앤티가 바부다;Antigua and Barbuda)의 수도]

【圣约瑟】Shèngyuēsè 名外〈地〉산호세(San José) [「哥斯达黎加」(코스타리카;Costa Rica)의 수도]

【圣旨】shèngzhǐ 名❶임금의 뜻〔명령〕. 성지. ¶假传～ | 성지를 거짓으로 전하다. ❷喩貶 거역할 수 없는 분부. 상대방의 명령. ¶上司的每句话, 对他来说, 犹如～ | 상사의 모든 말이 그에게 있어서는 마치 성지처럼 거역할 수 없는 분부와 같다.

【圣主】shèngzhǔ 名❶〈佛〉부처. ❷성왕. 성군(聖君). ¶百姓盼pàn～出现 | 백성들은 성군의 출현을 고대한다.

1【胜】shèng ☞ 胜 shēng ②

2【乘】shèng ☞ 乘 chéng Ⓑ

1【剩】shèng 남을 잉

❶動 남다. 어법 술어로 쓰일 경우에는 항상 「剩了」「剩下」의 형태를 취함. ¶我从没～过饭 | 나는 밥을 남긴 적이 없다. ¶教室里只～两个学生在学习 | 교실에는 단지 두 학생만이 남아 공부하고 있다. ¶大家都回去了, 只～下他一个人 | 모두 다 돌아가고, 그이만 혼자 남았다. ¶全拿去吧, 别～下 | 남기지 말고 모두 가져 가거

라. ¶他还~了五毛钱 | 그에게는 아직 50전이 남아있다. ❷動 …만 하다. …만 남다. 어법 일부의 동사를 목적어(賓語)로 가지고 「剩」앞에 「只」「净」「就」 등의 부사를 쓰며 문(句子)의 끝에 「了」를 씀. ¶到了山顶, 只~喘气chuǎnqì了 | 산 꼭대기에 도착하자 숨이 차서 헐떡거리기만 하였다.

【剩磁】shèngcí 名〈物〉잔자성(殘磁性). 남은 자성.

【剩饭】shèngfàn 名(먹다) 남은 밥. 식은 밥. ¶他吃了半碗~ | 그는 식은 밥을 반 그릇 먹었다.

【剩货】shènghuò 名 ❶ 팔다 남은 물건. 찌꺼기. ❷ 轉(시집 못간) 노처녀. ¶谁要娶qǔ那样儿的姑娘, ~嘛! | 누가 저런 처녀를 데려 가려 하겠는가, 노처녀잖아! ❸ 喩 쓸모없는 사람.

【剩钱】shèngqián 名 잔금. 잉여금. 거스름돈. ¶他用~买了一把尺子chǐzi | 그는 거스름돈으로 자를 하나 샀다.

【剩水】shèngshuǐ 名 쓰고 남은 물. ¶那是人家的~ | 저것은 남이 쓰고 남은 물이다.

【剩水残山】shèng shuǐ cán shān ⇒〔残山剩水〕

【剩下】shèng/·xia ❶ 動 남다. ¶~了一批钱 | 돈이 한 뭉치 남았다. ¶没剩下什么钱 | 돈이 얼마 남지 않았다. ❷ 名 나머지.

3【剩余】shèngyú 動 남다. ¶缸里还~一些米 | 독안에 쌀이 아직 조금 남았다. ¶苹果分光了, 没有~ | 사과는 몽땅 나누워주어서 남은 것이 없다.

【剩余产品】shèngyú chǎnpǐn 名組〈經〉잉여 생산물 =〔剩余生产品〕→〔必要产品〕

【剩余价值】shèngyú jiàzhí 名組〈經〉잉여 가치. ¶~法则 | 〈經〉잉여가치 법칙. ¶~律 | 〈經〉잉여가치률.

【剩余劳动】shèngyú láodòng 名組〈經〉잉여 노동. ¶~时间 | 잉여 노동시간.

【嵊】Shèng 땅이름 승
名〈地〉승현(嵊縣) [절강성(浙江省)에 있는 현이름]

【晟】shèng ⓧ chéng) 밝을 성
書 形 ❶ 밝다. 환하다. 광명하다. ❷ 왕성하다. 흥성하다.

3【盛】shèng chéng 성할 성

Ⓐ shèng ❶ 形 흥성하다. 번성하다. ¶太平~世 | 태평하고 흥성한 세상. 태평성세. ¶桃花~开 | 복사꽃이 활짝 피다. ❷ 形 강렬하다. 왕성하다. ¶火势很~ | 화력이 매우 강렬하다. ¶年轻气~ | 젊고 원기 왕성하다. ❸ 성대하다. ¶~宴↓ ❹ (감정이) 깊고 두텁다. ¶~意↓ ❺ 성행하다. ¶~传chuán | 유행하다. ❻ 크다. 대단하다. (정도가) 심하다. ¶~赞↓ ¶~夸 | 심하게 과장하다. ❼ (Shèng) 名 성(姓).

Ⓑ chéng 動 ❶ (용기에) 담다. ¶~饭↓ ❷ 넣다. 수용하다. ¶这个箱子太小, ~不了这么多东西 | 이 상자는 너무 작아서, 이렇게 많은 물건을 다 넣을 수 없다.

Ⓐ shèng

4【盛产】shèngchǎn 動 많이 나다〔생산되다〕. ¶~时期 | 많이 나는 시기. ¶中国~铁矿tiěkuàng | 중국에는 철광이 많이 생산된다. ¶杭州~丝绸sīchóu | 항주에는 비단이 많이 생산된다.

4【盛大】shèngdà 區 성대한. ¶举行了~的欢迎会 | 성대한 환영회를 거행했다. ¶~的典礼 | 성대한 기념식.

【盛典】shèngdiǎn 名 성대한 의식. ¶举行~ | 성대한 의식을 거행하다.

【盛服】shèngfú 書 名 성장(盛裝). 훌륭한 옷차림. ¶~先生 | 喩 유학자(儒學者).

【盛会】shènghuì 名 성회. 성대한 모임. ¶举行~欢迎南先生回国 | 성대한 모임을 열어 남선생의 귀국을 환영하다.

【盛极一时】shèng jí yī shí 成 일시에〔한동안〕 크게 유행하다 =〔盛行一时〕

【盛季】shèngjì 名 성수기.

【盛举】shèngjǔ 名 성대한 행사. 커다란 사업.

4【盛开】shèngkāi 動 (꽃이) 만발하다. 활짝 피다. ¶桃花~的时候 | 복숭아 꽃이 만발할 때.

【盛况】shèngkuàng 名 성황. 성대한 분위기. ¶~空前 | 이전에 없었던 성황.

【盛名】shèngmíng 書 名 훌륭한 명성(名聲). ¶~难副 =〔盛名之下, 其实难副〕 | 成 명성은 대단한데 실제는 그렇지 못하다 =〔盛誉〕

【盛年】shèngnián 書 名 장년(壯年). ¶他正当~, 精力旺盛wàngshèng | 그는 지금 장년이라 정력이 왕성하다.

【盛怒】shèngnù 書 狀 격노(激怒)하다.

【盛气凌人】shèng qì líng rén 成 오만한 기세로 거들먹거리다. 매우 거만스럽다. ¶他一向~, 自以为是 | 그는 줄곧 오만한 기세로 사람을 능멸하며 자기가 옳다고 한다.

4【盛情】shèngqíng 名 두터운 정. 친절. ¶~厚意 | 두터운 정의. ¶~难却 | 두터운 정을 잊을 수 없습니다 =〔盛意〕

【盛世】shèngshì 名 태평 성세. ¶太平~ | 태평 성세.

【盛事】shèngshì 名 성대한 일〔사업〕.

【盛暑】shèngshǔ 名 한더위. 삼복 더위.

【盛衰荣辱】shèng shuāi róng rǔ 成 성쇠와 영욕. 喩 사물의 변화.

【盛夏】shèngxià 名 성하. 한 여름 [음력 6월]

4【盛行】shèngxíng 動 성행하다.

【盛宴】shèngyàn 名 성연. 성대한 연회 =〔盛筵〕

【盛意】shèngyì 書 名 두터운 정. 두터운 마음. ¶~难却 | 두터운 정을 잊을 수 없다 =〔盛谊〕〔盛情〕

【盛誉】shèngyù 名 성대한 영예(榮譽) =〔盛名〕

【盛赞】shèngzàn 動 크게 칭찬〔칭송〕하다. ¶中外游客~西湖山水之美 | 중외 여행자들은 서호의 자연 풍광이 아름답다고 대단히 찬미한다.

【盛装】shèngzhuāng 名 성장. 화려한 옷차림. ¶节日~ | 명절의 화려한 옷차림.

Ⓑ chéng

【盛不下】chéng·bu xià 動組 (물건 따위를) 다 담을 수가 없다.

【盛不住话】chéng ·bu zhù huà 動組 말을 담아두지 못하다. 입이 빠르다〔싸다〕. ¶他心里~ | 그는 말을 마음 속에 담아두질 못한다.

【盛饭】chéng/fàn 動 밥을 담다.
【盛器】chéngqì 名 용기(容器). ¶举办~展览 | 용기 전시회를 개최하다.

shī 尸

4【尸〈屍₁〉】shī 주검 시, 시동 시 ❶名 주검. 송장. 시체. ¶死~ | 주검. ¶男~ | 남자 주검. ¶验yàn~ | 검시(하다) =〔尸〕 ❷書名 시동(尸童) [옛날, 제사지낼 때 죽은 사람 대신 제사를 받는 사람] 轉 신주(神主). ❸(Shī) 名 성(姓).
【尸骨】shīgǔ 名 백골. 유골. 해골. ¶~无存 | 유골도 남아있지 않다 =〔尸骸〕
【尸棺】shīguān 名 시체를 넣은 관.
【尸骸】shīhái ⇒〔尸骨〕
【尸蜡】shīlà 名 시랍. 납화(蠟化)한 시체.
【尸身】shīshēn ⇒〔尸体〕
【尸首(儿)】shī·shou(r) ⇒〔尸体〕
【尸素】shīsù ⇒〔尸位素餐〕
4【尸体】shītǐ 名 시신. 시체 =〔尸身〕〔尸首(儿)〕
【尸陀林】shītuólín 名〈佛〉시체를 버리는 숲. 한림 =〔寒林②〕
【尸位】shīwèi ⇒〔尸位素餐〕
【尸位素餐】shī wèi sù cān 書 成 벼슬아치가 하는 일 없이, 자리만 차지하고 국록을 받아먹다. ¶你们当官的可不能~ | 당신들 벼슬하는 사람들은 자리만 차지하고 국록을 받아먹어서는 안된다 =〔尸素〕〔尸位〕〔窃位①〕〔窃位素餐〕→〔素餐④〕

2【失】shī 잃을 실 動 ❶ 잃다. 놓치다. ¶~物↓ ¶坐~良机liángjī | 앉아서 좋은 기회를 놓치다 ⇔〔得①〕 ❷ 제어하지 못하다. ¶~笑↓ ❸ 잘못. 실수. ¶过~ | 과실. ¶~足↓ ❹ 정상에서 벗어나다. ¶~态↓ ¶~神↓ ❺ 목적을 이루지 못하다. ¶~望↓ ¶~意↓ ❻ 어기다. 배반하다. ¶~约↓ ¶~信↓
2【失败】shībài 動 ❶ 패배하다. ¶逆历史潮流而动的人必定~ | 역사의 조류에 거슬러 행동하는 사람은 반드시 패배한다. ¶这场球赛, 大田队~了 | 이번 구기시합에서는 대전팀이 졌다 ⇔〔胜利①〕 ❷ 실패하다. ¶这次试验~了 | 이번 실험은 실패했다. ¶这次试验很~ | 이번 실험은 아주 실패다. ¶~是成功之母 | 실패는 성공의 어머니 ⇔〔成功〕
【失策】shīcè 名 動 실책(하다). 오산(하다). ¶这样重要的事让孩子去干, 完全~ | 이렇게 중요한 일을 아이를 시켰으니 완전히 잘못되었다. ¶在工作中, 我有过一些~ | 작업 중에 나는 다소 실책이 있었다 =〔失算〕〔失计〕
【失常】shīcháng 形 비정상적이다. 정상적인 상태가 아니다. ¶精神~ | 정신 이상. ¶近来他的举动很~ | 요즘 그의 거동이 아주 이상하다.
【失宠】shī/chǒng 動 貶 총애를 잃다. ¶这回她真的~了 | 이번에 그녀는 정말 총애를 잃었다.
【失出】shīchū 名〈法〉(형을 감해주거나 면해주는) 그릇된 법적 조치.
【失传】shīchuán 動 실전하다. ¶这首曲谱早已~了 | 이곡의 악보는 일찌기 실전되었다.
【失聪】shīcōng 動 청각을 잃다. 귀가 멀다. ¶双耳~ | 두 귀 모두 청각을 잃었다.
【失措】shīcuò 動 어찌할 바를 모르다. 갈팡질팡하다. 어법 대개 고정어구 속에서 사용됨. ¶茫然mángrán~ | 망연자실 하다. ¶仓惶cānghuáng~ | 당황하여 어찌할 바를 모르다.
【失单】shīdān 名 분실〔도난〕 신고서. 도난 물품 명세서 =〔丢diū单〕
【失当】shīdàng 形 적합〔타당〕하지 않다. ¶处理~ | 처리가 타당하지 않다.
【失盗】shī/dào ⇒〔失窃〕
【失道寡助】shī dào guǎ zhù 成 도를 잃고나면 돕는 이가 적다. 대의(大義)를 잃으면 옹호하는 이가 없게 된다 [주로「得道多助」와 함께 씀]
【失地】shīdì ❶ 動 국토를 잃다. ❷ 名 잃어버린 국토. 빼앗긴 땅. ¶收复~ | 빼앗긴 땅을 도로 찾아오다.
3【失掉】shīdiào ❶ 잃어버리다. ¶~理智 | 이성을 잃다. ¶~了依靠 | 의지할 곳을 잃었다 ⇒〔失去〕 ❷ 動 놓치다. 늦추다. ¶~过两次考试的机会 | 두번이나 시험볼 기회를 놓쳤다. ¶不能~警惕jǐngtì | 경계를 늦추어서는 안된다.
【失和】shīhé 動 사이가 나빠지다. ¶师兄弟~, 见面也不打招呼zhāohū | 선후배 사이가 나빠져서 얼굴을 봐도 인사도 하지 않는다.
【失欢】shī/huān 動 환심을 잃다. ¶他在领导面前已经~ | 그는 책임자에게서 이미 환심을 잃었다. ¶~于父母 | 그는 부모에게서 환심을 잃었다.
【失悔】shīhuǐ 形 후회하다. ¶他万分~ | 그는 아주 후회했다 =〔后悔〕
【失魂】shīhún 動 혼나다. 혼이 빠지다. ¶吓得~ | 혼이 빠지도록 놀라다 =〔掉diào魂(儿)〕
【失魂落魄】shī hún luò pò 成 넋을 잃다. 혼비백산하다. ¶他吓得~, 语无伦次lúncì | 그는 하도 놀라서 넋을 잃고 말도 제대로 되지 않았다. ¶这两天他一直~似的, 肯定又出了什么事 | 요며칠 그가 줄곧 넋이 빠져 있는데 틀림없이 또 무슨 일이 벌어진거야 =〔失魂丧魄〕〔亡魂失魄〕
【失火】shī/huǒ ❶動 실화하다. 불을 내다. ¶~人 | 불을 낸 사람. ❷(shīhuǒ) 名 실화 =〔走水〕
【失机】shījī ❶ 動 시기〔기회〕를 놓치다. ❷ 動 득점할 기회를 놓치다. ❸ 名〈體〉아웃(out).
【失计】shījì 名 動 실책(失策)(하다) =〔失策〕
【失记】shījì 書 動 잊다. 잊어버리다. ¶年远~ | 세월이 오래되어 잊어버리다.
【失检】shījiǎn 動 ❶ 점검을〔검사를〕 소홀히 하다. ❷(말과 행동에) 신중을 기하지 않다〔주의하지 않다〕. ¶言语~ | 말이 경솔하다.
【失脚】shī/jiǎo 動 실족하다. 발을 헛디디다. ¶~跌倒diēdǎo | 발을 헛디뎌 넘어지다 =〔失足①〕
【失节】shī/jié 書 動 ❶ 절개를 잃다. ¶他在敌人面前没有失过节, 但在金钱面前却被打败了 | 그는 적앞에서도 절개를 저버린 적이 없었는데 돈앞에서는 지고 말았다. ❷ 정조를 잃다. ¶这个女人失过节 | 이 여자는 정조를 잃었다.
【失禁】shījìn 動 실금하다. ¶大小便~ | 대소변

을 가누지 못하다. ¶小便～是一种疾病 | 소변을 가누지 못하는 것은 일종의 병이다.
어쩔 바를 모르다. 깜짝 놀라 의아해하다. ¶没有什么事, 用不着～ | 별일 아니니 놀랄 것 없다.
【失敬】shījìng 動 套 실례하다. 결례하다. (미처) 예의를 갖추지 못하다. ¶原来是张先生? ～～! | 장선생님 아니십니까? 미처 몰라 뵈었습니다! ¶这次没能亲自上车站接你, ～了 | 이번에 직접 역에 마중하러 가지 못해서 죄송합니다.
【失控】shīkòng 動 제어〔통제〕하지 못하다. 다루지 못하다.
【失口】shī/kǒu 動 ❶ 실언하다. ¶君子不～于人 | 군자는 남에게 실언하지 않는다 ＝〔失辞〕〔失言 ⓐ①〕 ❷ 엉겁결에 말하다. ¶～喊冤 | 엉겁결에 억울함을 하소연하다.
【失礼】shīlǐ 動 실례하다. 예의에 벗어나다. ¶他的行为太～了 | 그의 행동은 너무 예의가 없다. ¶这次对诸位招待不周, ～了, 请多多谅 | 이번에 여러분을 제대로 접대을 하지 못해 결례가 많았으니 너그럽게 용서하십시요.
【失利】shī/lì 書 動 ❶ 이익을 잃다. 불리하게 되다. ❷ (전쟁·경기 따위에서) 패(배)하다. 지다. ¶在比赛中失了利 | 시합에서 졌다.
【失恋】shī/liàn ❶ 動 실연하다. ¶她没有～ | 그녀는 실연하지 않았다. ❷ (shīliàn) 名 실연.
【失灵】shīlíng 動 ❶ (기계 따위가) 고장나다. 작동하지 않다. ¶发动机～ | 발동기가 고장나다. ¶听觉～ | 청력을 잃다. ❷ 영험(靈驗)〔효력〕을 잃다. ¶控制kòngzhì通货膨胀péngzhàng的政策已经～了 | 통화팽창 억제정책은 이미 효력을 상실했다. ❸ (탄환 따위가) 불발되다.
【失落】shīluò 動 잃(어 버리)다. 분실하다. ¶不慎～了工作证 | 조심하지 않아 신분증을 분실했다. ¶教室里～了一支铅笔 | 교실에서 연필 한 자루를 잃어버렸다.
【失迷】shīmí 動 (길을 잃고) 헤매다. 방향을 잃다. ¶～的小孩子 | 미아. 길잃은 아이. ¶～路途 | 길을 잘못 잡아 헤매다. ¶夜间行路容易～方向 | 밤길에서는 방향을 잃기 쉽다.
【失密】shī/mì 動 비밀이 새다. 비밀을 누설하다.
3【失眠】shī/mián ❶ 動 잠을 이루지 못하다. ¶他常常～ | 그는 늘 잠을 잘 이루지 못한다. ¶他已～好几夜了 | 그는 이미 여러 날 동안 잠을 이루지 못했다. ❷ (shīmián) 名〈醫〉불면(증). ¶患～ | 불면증에 걸리다. ¶～症 | 불면증.
【失明】shī/míng 動 실명하다. 눈이 멀다. ¶双目～ | 두눈이 실명되다 ＝〔失目〕
【失目】shīmù ⇒〔失明〕
【失陪】shīpéi 動 套 먼저 실례하겠읍니다 [먼저 자리를 떠야할 때 하는 인사말] ¶你俩多坐一会儿, 我有事, ～了 | 두분께선 더 좀 앉아계시지요, 저는 일이 있어 먼저 실례하겠읍니다.
【失窃】shīqiè 動 도난 당하다. 도둑 맞다.
2【失去】shīqù 動 잃다. 잃어 버리다. ¶～知觉 | 지각을 잃다. ¶～效力 | 효력을 잃다. ¶～信心 | 믿음을 잃다. ¶～机会 | 기회를 잃다 ＝〔失掉〕〔書 失却〕
【失却】shīquè ⇒〔失去〕
【失散】shīsàn 動 변고를 만나 흩어지다〔이산되다〕. ¶和他的同伴～了 | 그의 동행자와 흩어졌다. ¶他家～的孩子找回来了 | 그의 집에 흩어졌던 아이들을 모두 찾아왔다.
【失色】shīsè 動 ❶ 본래의 색을 잃어 버리다. ❷ (놀라거나 두려워서) 얼굴 빛이 변하다. ¶大惊jīng～ | 대경 실색하다. ❸ 본래 모습을 잃다. ¶君子不～于人 | 군자는 남들 앞에서도 본래 모습을 잃지 않는다.
【失闪】shī·shan 名 불의의 착오나 위험. 뜻밖의 사고. ¶倘tǎng有～, 谁来负责fùzé? | 뜻밖에 사고라도 생기면, 누가 책임을 질 것인가? ¶你放心, 不会有任何～ | 안심해라, 어떤 불의의 사고도 생기지 않을 것이다.
【失身】shī/shēn 書 動 ❶ 여자가 정조를 잃다. ¶她十八岁时～于人 | 그녀는 18세 때 정조를 잃었다. ❷ 몸에 위해(危害)를 입다.
【失神】shīshén 動 ❶ 부주의하다. 방심하다. 소홀히 하다. ¶一～就会出废品 | 방심하면 곧 불량품이 나올 수 있다. ❷ 정신을 잃다. 정신이 나가다. 실신하다. ¶～状态 | 실신 상태. ¶～的眼睛 | 넋이 나간 눈.
【失慎】shīshèn 動 ❶ 주의하지 않다. 소홀히 하다. 신중을 기하지 않다. ¶行动～ | 행동이 가볍다. ❷ 書 실화(失火)하다. ¶邻居línjū～, 连他的房子都烧掉了 | 이웃집에서 불이 나서 그의 집도 다 타버렸다 ＝〔失火〕
【失声】shīshēng 動 ❶ 자기도 모르게 소리를 내다〔지르다〕. ¶她不觉～笑了起来 | 그녀는 엉겁결에 소리 내어 웃기 시작하였다. ❷ (너무 비통한 나머지) 목이 메이다. ¶痛哭～ | 하도 울어서 목소리가 나오지 않다.
【失时】shī/shí 書 動 시기〔기회〕를 놓치다. ¶不能～ | 때를 놓쳐서는 안된다.
【失实】shīshí 動 사실과 다르다. 신빙성을 잃다. ¶传闻～ | 소문은 사실과 다르다. 뜬소문이다.
4【失事】shī/shì 動 ❶ 사고가 일어나다. 사고를 일으키다. ¶～信号 | 사고〔구조〕 신호〔S.O.S.〕. ¶交通～ | 교통 사고. ¶飞机～ | 비행기 사고. ❷ 書 일을 그르치다.
【失势】shī/shì 動 권세(權勢)를 잃다. 세력을 잃다. ¶他现在～了 | 그는 지금 세력을 잃었다.
【失守】shīshǒu 動 ❶ (진지·도시 따위가) 함락되다. 점령되다. ¶无名高地昨天～ | 무명의 고지가 어제 함락되었다 ＝〔弃qì守〕 ❷ 書 지키지 못하다. 본분을 다하지 못하다. 정조를 잃다. ❸ 書 직무를 소홀히 하다.
【失速】shīsù 名 動〈航〉실속(하다). 속도를 잃다. ¶飞机～ | 비행기가 속도를 잃었다.
【失算】shīsuàn 動 오산하다. 잘못 계산하다. ¶一开始就这样做是～的 | 처음부터 이렇게 하는 것은 계산 착오다.
【失所】shīsuǒ 書 動 의지할 곳을 잃다. ¶流离～ | 의지할 곳을 잃고 유랑하다.
【失态】shītài 動 (말이나 행동거지가) 예의를 잃다. 추태를 부리다. ¶酒后～ | 술을 마신 후 추

태를 부리다. ¶在这种场合,她竟如此轻佻qīngtiāo,太～ | 이런 경우에 그녀가 의외로 이렇게 방정맞게 굴다니 정말 추태다.

【失调】shītiáo 動 ❶ 평형〔균형〕을 잃다. 균형이 맞지 않다. ¶供求～ | 공급 수요의 평형을 잃다. ¶雨水～ | 이상 강우(降雨). ❷ (음식·약·잠 등을 몸에 맞게) 잘 조절하지 못하다. 조리를 잘못하다. ¶产后～ | 출산 후에 몸조리를 잘못하다. ❸ 名 실조. 조화를 잃음. ¶营养～ | 영양 실조.

²【失望】shīwàng 形 ❶ 희망을 잃다. 자신을 잃다. ¶失败了多次,但他从没有～过 | 그는 여러 차례 실패했지만 한번도 희망을 잃은 적이 없다. ¶他对实验完全～了 | 그는 실험에 대해 완전히 자신을 잃었다. ❷ 실망하다. 낙담하다. ¶感到～ | 낙담하다. ¶～而归 | 낙담하고 돌아가다. ¶你别太～, 困难是可以克服的 | 너 너무 낙심하지 마라, 역경은 극복될 수 있다.

【失物】shīwù ❶ 名 유실물. 잃어 버린 물건. ¶寻找xúnzhǎo～ | 유실물을 찾다. ¶～招领处 | 유실물 취급소. ❷ 動 물건을 잃(어버리)다〔분실하다〕. ¶～不管 | 물건을 잃어버려도 책임을 질 수 없음.

⁴【失误】shīwù 動 名 실책을 범하다. 실수를 하다. ¶一时～ | 잠시 한때 실수하다. ¶做工作当然难免～, 但常常～就不行了 | 일을 하는 데 당연히 실수가 없기는 어렵겠지만 늘 실수를 해서는 안된다. ¶这球漏接,是游击手的～ | 이 볼을 못받은 것은 유격수의 실책이다. ¶～过多 | 실수가 너무 많다.

⁴【失效】shī/xiào 動 ❶ 〈法〉 실효가 되다. ¶已～的法令 | 실효된 법령. ❷ 효력을 잃다〔상실하다〕. ¶此药经过多年, 已经～ | 이 약은 여러 해가 지나서 이미 약효가 없어졌다. ¶把～了的药品卖给群众是犯罪行为 | 약효가 없어진 약을 군중들에게 파는 것은 범죄행위이다. ¶没有失过效 | 효력을 잃지 않았다.

【失效保险】shīxiào bǎoxiǎn 名組 〈電算〉 페일 세이프(fail safe). 이중(二重)안전 장치.

【失笑】shīxiào 動 실소하다. 자기도 모르게 웃음을 터뜨리다. ¶他不禁哑然yǎrán～ | 그는 자신도 모르게 웃음을 터뜨리지 않을 수 없었다.

【失信】shī/xìn 動 약속을 어기다〔저버리다〕. 신용을 잃다. ¶无论如何, 我不能～ | 어찌하옇든 나는 약속을 저버릴 수 없다. ¶就这么办, 明天一早你把车子给送来, 不要～! | 그럼 이렇게 하자. 내일 일찍 차를 보내와라. 약속을 어기지 말고! ¶不可～于人 | 남에게 신용을 잃어서는 안된다.

【失修】shīxiū 動 수리를 하지 않다. 수리를 등한히 하다. ¶由于年久～, 这座楼房已不能住人了 | 오랫동안 수리를 하지 않아서 이 이층집은 이미 사람이 거처할 수 없게 되었다.

⁴【失学】shī/xué 動 배움의 기회를 잃다. 학업을 중단하다. ¶帮助～的孩子 | 배움의 기회를 잃은 아이를 도와주다.

【失血】shīxuè 動 (대량 출혈로 인하여) 체내의 혈액이 감소되다. ¶～过多 | 피를 너무 많이 흘렸다.

【失言】shī/yán ❶ ⇒〔失口〕 ❷ 動 허락〔응답〕을 취소하다. ❸ (shīyán) 名 실언.

²【失业】shī/yè 動 직업을 잃다. 실업하다. ¶～工人 | 실업 노동자 ¶～者 | 실업자.

【失宜】shīyí 書 動 타당하지 않다. 부적당하다. ¶处置chǔzhì～ | 부적당하게 처리하다.

【失意】shī/yì 動 뜻을 이루지 못하다. 뜻대로 되지 않다. ¶当时作家政治上～, 对现实不满 | 당시 작가는 정치에 뜻을 이루지 못하고 현실에 불만이었다.

【失音】shīyīn 〈醫〉 ❶ 動 (후두·성대의 발병으로) 발성 장애가 생기다. ❷ 名 실성증(失聲症).

【失迎】shīyíng 套 (부재로 말미암아) 마중나가지 못해 죄송합니다.

⁴【失约】shī/yuē 動 약속을 어기다. 위약하다.

【失着】shī/zhāo ❶ 動 실책하다. (바둑·장기에서) 수를 잘못 쓰다. 실수하다. ¶这一次是我～了 | 이번은 내가 실책했다. ¶他任校长以来, 处理各种事情, 可以说没有失过着 | 그가 교장(총장)을 맡은 이후로 각종 일 처리에서 실책이 없었다고 할 수 있다. ❷ (shīzhāo) 名 실책.

【失真】shī/zhēn 動 ❶ (소리·형상·말의 내용 따위가) 진상(眞相)과 어긋나다. 사실과 부합되지 않다. ❷ 〈通〉 (라디오·전화 소리 따위를) 변조하다. ¶频率pínlǜ～ =〔调频〕〔频率调制〕 | 주파수변조 =〔畸变〕

【失之东隅, 收之桑榆】shī zhī dōng yú, shōu zhī sāng yú 成 한때 기회를 잃어 실패했지만 다른 기회에 만회하다. 실패 끝에 성공하다 [「东隅」는 동쪽〔아침〕을 「桑榆」는 서쪽〔저녁〕을 가리킴]

【失之毫厘, 谬以千里】shī zhī háo lí, miù yǐ qiān lǐ 成 조그마한 실수가 큰 잘못을 저지르게 되다 =〔失之毫厘, 差以千里〕〔毫厘千里〕

【失之交臂】shī zhī jiāo bì 成 눈앞의 좋은 기회를 놓치다. ¶这是一个难得的机会, 岂可～? | 이것은 얻기 어려운 기회이니, 어찌 눈앞의 좋은 기회를 놓칠소냐 =〔交臂失之〕

【失职】shīzhí ❶ 名 직무상의 과실. ❷ (shī/zhí) 動 직책을〔직무를〕 다하지 못하다. ¶这次是老王～ | 이번에는 왕씨가 직무를 제대로 이행하지 못했다.

【失重】shī/zhòng 動 〈物〉 무중력 상태가 되다

【失主】shīzhǔ 名 ❶ 물건을 잃어버린 사람. 분실자. ¶交还了～ | 분실자에게 돌려주었다. ¶寻找xúnzhǎo～ | 분실자를 찾다. ❷ 유괴·사기·절도 사건의 피해자→〔事shì主①〕

⁴【失踪】shī/zōng 動 실종되다. 행방불명되다. ¶伤亡之外, 尚有多人～ | 사상자 외에도 많은 사람이 실종되었다. ¶当天晚上他就～了 | 당일 저녁에 그가 행방불명되었다.

【失足】shī/zú 動 ❶ 실족(失足)하다. 발을 헛디디다. ¶～落水 | 발을 헛디뎌 물에 빠지다 =〔失脚〕 ❷ 喩 실수하다. 큰 과오를 범하다. 그릇된 길로 들다. 타락하다. ¶一～成千古恨 | 한번 실수가 천고의 한이 된다. ¶～青年 | 비행(非行) 소년.

1【师(師)】shī 스승 사

❶ 名 스승. 선생. ¶拜为～ |

스승으로 모시다. ¶能者为～|능력 있는 사람을 스승으로 삼다. ¶～生↓ ❷尾 전문적인 지식이나 기술을 가진 사람. ¶厨chú～|요리사. ¶会计kuàijì～|회계사. ❸尾〈佛〉승려에 대한 존칭. ¶法～|법사. ❹사제(師弟) 관계로 인하여 생긴 관계. ¶～兄↓ ¶～母↓ ❺본. 모범. ¶～表↓ ❻名 군대. ¶正义之～|정의의 군대. ¶出～|출병하다. ❼名〈軍〉사단 [군대의 편성 단위]「团」(연대)의 한 단계 위임. ❽名 사괘(師卦). 64괘의 하나. ❾(Shī) 名 성(姓).

【师表】shībiǎo 書 名 사표. 모범. ¶为人～|成 남의 모범이 되다. ¶万世～|成 만세의 사표＝〔师模〕

【师伯】shībó ⇒〔师大爷〕

【师承】shīchéng ❶名 사승. 사전(師傳). 스승으로부터 이어받는 계통. ¶旧时学习各种手艺都很讲究～|옛날 각종 수공예를 배우는 데는 모두 사승 계통을 매우 중시했다. ❷動 이어받다. 전승(傳承)하다. 스승에게서 전수(傳授) 받다. ¶他广泛地～名家,然后发展个性,创造了一种丰腴厚重的书体|그는 널리 명가를 본받은 연후에 개성을 발전시켜 넉넉하고 중후한 서체를 만들어냈다.

【师出无名】shī chū wú míng 成 정당한 이유없이 군대를 출동시키다. 정의롭지 못한 전쟁을 하다. 정당한 이유없이 행동하다＝〔兵出无名〕

【师出有名】shī chū yǒu míng 成 ❶군대를 출동시키려면 명분이 필요하다. ❷정당한 명분으로 출병하다. ¶这一回我们是～,一定能成功|이번에 우리는 정당한 명분으로 나서는 것이기 때문에 반드시 성공할 수 있다.

【师传】shīchuán 書 動 스승에게서 전수 받다.

【师大爷】shīdà·ye 名 ❶스승의 형. ❷스승의「师兄」(사형)‖＝〔师伯〕

【师道尊严】shīdào zūnyán 成 스승의 존엄.

【师弟】shīdì 名 ❶스승과 제자. 사제. 사생(師生). ❷동문(同門) 후배. ❸자기보다 나이 어린 스승의 아들. ❹자기보다 나이어린 아버지의 제자.

【师法】shīfǎ 書 ❶動 본받다. 본보기로 하여 배우다. 모범으로 삼다. ¶～古人|옛 사람을 본보기로 삼다. ¶值得zhídé～的地方颇多|본보기로 삼을 만한 데가 꽤 많다. ¶齐白石的花卉,从风格上看,是～八大山人的|제백석의 화훼화는 풍격상으로 볼 때 팔대산인을 본받았다. ❷名 스승에게서 전수 받은 학문이나 기술. ¶不失～|전수받은 것을 잃지 않다. ❸名 군대 지휘법.

[3]【师范】shīfàn 名 ❶簡 사범.「师范学校」(사범학교)의 약칭. ¶～大学|사범 대학. ¶高等～学校|고등 사범 학교. ❷書 사표(師表). 모범. 본보기. ¶为世～|세상의 사표가 되다. ❸書 교사. 선생.

【师父】shī·fu ❶⇒〔师傅①〕 ❷⇒〔师傅②〕 ❸名 敬 사부 [스님이나 도사를 높여 부르는 말]

[1]【师傅】shī·fu 名 ❶(학문·기예 따위의) 스승. 사부. 사장(師匠). 사범(師範). ¶～带徒弟|스승이 도제를 데리고 필요한 지식이나 기능을 전수하다＝〔师父①〕 ❷敬 그 일에 숙달한 사람. 숙련공. ¶厨chú～|요리사. ¶木匠～|도편수. ¶裁缝cáiféng～|재봉사＝〔师父②〕 ❸임금의 스승 [태사(太師)·태부(太傅) 따위를 가리킴] ❹敬 승니(僧尼). ❺선생 [남에 대한 경칭으로, 성·직함 밑에 붙임] ¶陈～|진선생.

【师哥】shīgē 名 동문(同門)선배＝〔师兄①〕

【师公】shīgōng 名 ❶스승의 스승. 선생의 선생＝〔师爷(爷)〕 ❷박수. 남자 무당.

【师古】shīgǔ 書 動 옛날 것을 본받다〔배우다〕.

【师姐】shījiě 名 ❶자기보다 나이 많은, 스승의 딸. ❷동문(同門) 여자 선배→〔师兄〕〔师妹〕

【师妹】shīmèi 名 ❶자기보다 나이 어린, 스승의 딸. ❷동문(同門) 여자 후배.

【师门】shīmén 名 ❶선생님 댁(의 문). ¶我最早进入～|내가 가장 일찍 스승의 문하로 들어갔다. ❷스승(의 가르침).

【师母】shīmǔ 名 사모님＝〔师娘①〕

【师娘】shīniáng 名 ❶口 사모님＝〔师母〕 ❷무당. 무녀＝〔巫女〕

【师生】shīshēng 名 스승과 제자. 사제(師弟). ¶～关系|스승과 제자 관계. ¶～员工|(학교의) 교사·학생·직원·노동자.

【师事】shīshì 書 動 사사하다. 선생으로 섬기다. 스승으로 받들다. ¶他～王力先生|그는 왕력 선생에게 사사를 받았다.

【师叔】shīshū 名 ❶스승의 동생. ❷사숙. 스승의「师弟」.

【师徒】shītú 名 ❶스승과 제자. 사장(師匠)과 학도(學徒). 사제. ❷書 사졸(士卒). 병사.

【师团】shītuán 名〈軍〉사단.

【师心自是】shī xīn zì shì 成 자기의 의견만 고집하거나 자기만 옳다고 여기다. ¶凡事切不可～|모든 일은 결코 자기 의견만 옳다고 고집해서는 안된다＝〔师心自任〕

【师兄】shīxiōng 名 ❶동문(同門) 선배＝〔师哥〕 ❷자기보다 나이 많은 스승의 아들. ❸자기보다 나이 많은 부친의 제자.

【师兄弟(儿)】shīxiōng·di(r) 名 ❶한 스승 문하에서 배운 선·후배. ¶这件事让他们～去作吧|이 일은 그 제자들이 하도록 합시다. ❷동문. ¶咱们～里没有那么坏的|우리 제자들 중에는 그렇게 나쁜 사람은 없다.

【师训】shīxùn 名 스승의 가르침. ¶我们要牢记láojì「实事求是」的～|우리는「실사구시」하라는 스승의 가르침을 명심해야 한다.

【师爷(爷)】shīyé(·ye) 名 ❶스승의 부친. ❷스승의 스승＝〔师公①〕

【师友】shīyǒu 名 ❶스승으로 삼을 만한 벗. ❷스승과 벗. ❸사우. 임금을 가르치고 보좌하였던 관직.

[4]【师长】shīzhǎng 名 ❶敬 사장 [스승과 나이 많은 어른에 대한 존칭] ¶尊敬zūnjìng～|스승과 윗어른을 존경하다. ❷〈軍〉사단장(師團長).

【师直为壮】shī zhí wéi zhuàng 成 정의를 위하여 싸우는 군대는 사기가 드높다.

【师资】shīzī 名 ❶교사. ¶培养péiyǎng～|교사를 양성하다. ❷簡「教师资格」(교사 자격)의 약

칭. ❸스승으로 섬길만한 사람. 轉본받을 만한 사람. ❹교사의 자질. ¶提高～ | 교사의 자질을 높이다.

【师尊】shīzūn 書名 스승. 선생님. ¶弟子请～明示 | 저(제자)는 스승님께서 명시해 주시길 바랍니다.

2【狮(獅)】shī 사자 사

(～子) 名〈動〉사자.

【狮身人面像】shīshēn rénmiànxiàng 名 스핑크스 ＝〔外斯芬克斯〕

【狮头鹅】shītóu'é 名〈鳥〉사자머리게사니.

2【狮子】shī·zi 名〈動〉사자.

【狮子城】Shī·zichéng 名〈地〉싱가포르의 다른 이름 ＝〔新Xīn加坡〕

【狮子狗】shī·zigǒu ⇒〔哈hǎ巴狗〕

【狮子吼】shī·zihǒu 書名 ❶사자후. 사자의 포효. ❷喻〈佛〉부처님의 한번 설법에 뭇 악마가 굴복 귀의함 ＝〔师子吼〕

【狮子会】shī·zihuì 名 簡「国际狮子会」(국제라이온즈 클럽)의 약칭.

【狮(子)舞】shī(·zi)wǔ 名〈舞〉사자춤. ¶耍shuǎ～ | 사자춤을 추다.

2【诗(詩)】shī 시 시

名❶〈文〉시. ¶一首～ | 시 한 수. ¶叙事～ | 서사시. ❷簡〈書〉「诗经」(시경)의 약칭.

【诗才】shīcái 名 시재. 시를 짓는 재주. ¶这孩子有三分～ | 이 아이는 시재가 꽤 있다.

【诗草】shīcǎo 名 시고(詩稿).

【诗风】shīfēng 名 시풍. 시의 기풍. ¶开一代～ | 한 시대의 시풍을 열다.

4【诗歌】shīgē 名 시. 시가. ¶～朗诵lǎngsòng | 시를 낭송하다. ¶作～ | 시를 짓다.

【诗话】shīhuà 名 시화. ❶시의 내용·체재·시인 등에 대한 평론의 일화를 모아 엮은 책. ❷중국 고대 문학 형식의 하나. ¶沧浪诗话 | 《창랑시화》

【诗集】shījí 名 시집. ¶他打算编一本～ | 그는 시집을 한 권 내려고 한다.

【诗笺】Shījiān 名❶〈書〉시전. ❷(shījiān) 시를 쓰는 종이.

【诗经】Shījīng 名〈書〉시경 [오경(五經)의 하나. 중국 최고(最古)의 시집]

【诗句】shījù 名 시구. 시(가) 작품. ¶～秀丽, 意境深远 | 시구가 수려하고 의경이 심원하다.

【诗剧】shījù 名〈演映〉시극 [운문으로 쓰여진 희곡]

【诗派】shīpài 名 시파. 시인의 파벌. 시체의 유파. ¶开创kāichuàng一个新的～ | 새로운 시파 한 가지를 열다.

【诗篇】shīpiān 名❶시(詩) [시(詩)의 총칭] ¶这些～写得很动人 | 이 시들은 감동적으로 쓰여졌다. ❷喻 생동적이고 의의가 있는 이야기·문장 따위. ¶英雄的～ | 영웅적 서사시.

【诗情画意】shī qíng huà yì 成 시적인 정취와 그림 같은 경지. (풍경 따위가) 시나 그림처럼 아름답다.

【诗趣】shīqù 名 시취. 시흥(詩興). 시적 취미. ¶富于～ | 시흥이 풍부하다.

4【诗人】shīrén 名 시인 ＝〔诗家〕

【诗圣】shīshèng 名 시성. ❶고금을 통틀어 가장 뛰어난 시인. ❷두보(杜甫)를 이르는 말 ‖→〔诗仙〕

【诗史】shīshǐ 名❶시사 [시가 발전의 역사] ❷시대의 면모를 보여주는 역사적 의의를 지닌 시.

【诗思】shīsī 名 시사. 시상(詩想). 시적 감흥.

【诗体】shītǐ 名 시체(詩體).

【诗坛】shītán 名 시단. ¶～领袖lǐngxiù | 시단의 우두머리.

【诗文】shīwén 名 시문. 시와 산문. ¶他年轻时写过不少～ | 그는 젊었을 때 적지 않은 시문을 쓴 적이 있다.

【诗仙】shīxiān 名 시선. ❶선풍(仙風)이 있는 천재적인〔뛰어난〕시인. ❷이백(李白)을 이르는 말 ‖→〔诗圣〕

【诗兴】shīxìng 名 시흥. 시적 정서〔감흥〕. ¶～大发 | 시흥이 크게 일어나다.

【诗眼】shīyǎn 名❶시안. 시적 안목. ❷시안. 구중안(句中眼). 시의 잘되고 못됨을 결정짓는 중요한 글자. 시구의 요점적인 글자 [오언은 세째 자, 칠언은 다섯째 자임]

【诗意】shīyì 名❶시(詩)의 의미. ❷시적 정취. 시적인 맛. 시정(詩情). ¶充满～的文章 | 시정이 가득 넘치는 문장. ¶他的散文富有～ | 그의 산문은 시정이 풍부하다.

【诗友】shīyǒu 名 시우. ¶结交了一帮～ | 한 무리의 시우들과 친교를 맺다.

【诗余】shīyú 名 시여. 사(詞)의 다른 이름 [사(詞)가 시에서 발전하여 이루어진 것이라 하여 이렇게 부름]

【诗云子曰】shī yún zǐ yuē 成 시경(詩經)에서 말하고 공자(孔子)가 말하다. 고인(古人)의 진부한 도학자(道學者) 적인 말투〔문구〕를 쓰다. ¶他说的话都是～那一类的 | 그가 하는 말은 모두 시경이 어쩌고 공자가 어쩌고 하는 그런 식이다 ＝〔子曰诗云〕

【诗韵】shīyùn 名❶시운. 시의 압운(押韻). ❷시를 짓는 데 참고하는 운서.

【诗章】shīzhāng 名 시(詩). 시편(詩篇).

【诗作】shīzuò 名 시(가) 작품. ¶他早年的～比较清丽, 晚年的～很涩sè | 그의 시 작품은 젊을 때의 것은 비교적 청려했으나 만년의 것은 아주 난삽하다.

【虱〈蝨〉】shī 이 슬

名(～子) 〈蟲〉이 ＝〔半风子〕〔琵pí琶虫〕

【虱处裈中】shī chǔ kūn zhōng 成 속옷 속에 숨어 있는 이. 견식이 좁다. 우물안의 개구리.

【虱卵】shīluǎn 名〈蟲〉서캐.

【虱子】shī·zi 名〈蟲〉이. ¶老猴子hóuzi给小猴子捉zhuō～ | 늙은 원숭이가 어린 원숭이 이를 잡아 준다 ＝〔半风子〕〔琵琶虫〕

【鳀(鯴)】shī 고기진드기 시

名〈蟲〉물고기 진드기.

2【施】shī 베풀 시
❶ 시행하다. 실시하다. ¶～工↓ ¶～事↓ ❷(은혜 따위를) 베풀다. ¶～礼↓ ¶～诊↓ ❸(재물을) 희사하다. ¶布～ | 보시하다. ❹ 動(물체 위에) 뿌리다. ¶～肥↓ ¶～药 | 약을 치다. ❺(계략 따위를) 행하다. (재능·솜씨를) 발휘하다. ¶～展↓ ¶无计可～ | 어찌할 방도가 없다. ❻(Shī) 名 성(姓).

【施逞】shīchěng⇒〔施展〕

【施放】shīfàng 動 ❶ 발사하다. 쏘다. 치다. 뿌리다. ¶～烟幕yānmù | 연막을 치다. ¶～催泪cuīlèi瓦斯弹wǎsīdàn | 최루탄을 쏘다. ¶～烟幕yānmù | 연막을 치다. ❷ 베풀다. 나누어 주다.

4【施肥】shī/féi 動(식물에) 비료를 주다. ¶及时～ | 제때에 비료를 주다.

2【施工】shī/gōng ❶ 動 시공하다. 공사를 하다. ¶工人们正在加紧～ | 노동자들이 시공에 박차를 가하고 있다. ¶施了几天工, 又停下来了 | 며칠 공사를 하다가 또 중단되었다. ❷(shīgōng) 名 시공. ¶～工地 | 시공 현장. ¶设计和～ | 설계와 시공.

4【施加】shījiā 動(압력·영향 따위를) 주다. 가하다. ¶～压力 | 압력을 가하다. ¶～影响 | 영향을 주다.

【施礼】shī/lǐ 動 예를 행하다. 절하다. ¶他忙上前～ | 그는 급히 앞으로 나아가 예를 차렸다.

【施密特】shīmìtè 名 外〈人〉헬무트 슈미트(Helmut Schmidt, 1918～) [독일의 총리 겸 사회민주당 부주석을 역임]

【施舍】shīshě ❶ 名 시사. 희사. 은덕을 베품. ¶不接受无礼的～ | 무례한 희사를 받지 않다. ❷ 動 은덕을 베풀다. 희사하다. 시주하다.

【施事】shīshì 名〈言〉문장에서, 동작이나 변화를 일으키는 주체. ¶句子的主语大都是～ | 문장의 주어는 대부분 동작의 주체가 된다→〔受shòu事〕

4【施行】shīxíng 動 ❶(법령·제도 등을) 시행하다. 집행하다. 실시하다. ¶本条例明天起～ | 이 조례는 내일부터 시행된다. ❷(의료행위 등을) 행하다. 실행하다. ¶～急救 | 응급치료를 하다. ¶～了两次手术 | 두 차례 수술을 했다. ‖ 어법 「施行」은 주로 큰일에 쓰이는 반면「实行」은 대소사 모든 경우에 쓰일 수 있지만,「수술 등의 의료행위」에는 사용되지 못함.

【施用】shīyòng 動 시용하다. 사용하다. ¶～药物 | 약물을 쓰다. ¶～化肥 | 화학 비료를 쓰다.

【施与】shīyǔ 動(재물·은혜 따위를) 베풀어 주다. ¶慷慨kāngkǎi～ | 아낌없이 베풀다.

【施斋】shī/zhāi 動(중에게) 시주하다. 보시하다.

4【施展】shīzhǎn 動(재능·수완 따위를) 발휘하다. 나타내다. 보이다. 펼치다. ¶这下可以～～你的本领了 | 이번에는 너의 능력을 좀 발휘해봐라. ¶才华得以～ | 재주를 발휘하다. ¶他的本领还没有充分地～出来 | 그의 능력이 아직 충분히 발휘되지 않았다 =〔施逞〕〔書 施为①〕

【施诊】shī/zhěn 動(가난한 이에게) 시료(施療)하다. 무료로 치료해 주다. ¶他常去乡下～ | 그는 늘 시골로 가서 무료로 치료해 준다 =〔施医〕

【施政】shīzhèng 名 動 시정(하다). ¶～方针 | 시정 방침. ¶～纲领 | 시정 강령.

【施主】shīzhǔ 名〈佛〉시주.

2【湿(濕)】shī 축축할 습
❶ 形 축축하다. 물기가 있다. 젖어 있다. ¶～度↓ ¶地皮很～ | 지면이 매우 축축하다. ¶全身～透了 | 전신이 흠뻑 젖었다 ⇔〔干①〕 ❷ 動 적시다. ¶雨伞太小, ～了大半片袖子xiùzi | 우산이 너무 작아서 소매를 반도 넘게 적셨다. ¶稻草dàocǎo要～一下才能搓cuō绳shéng | 볏짚은 좀 적셔야 새끼를 꼴 수 있다. ❸ 名〈漢醫〉습기. 육기(六氣)의 한가지:

4【湿度】shīdù 名 습도. ¶～调节tiáojié | 습도 조절. ¶～高 | 습도가 높다 =〔潮度〕

【湿呼呼】shīhūhū 狀 흠뻑 젖다. ¶快拿给他件干衣服, ～地穿着多不好受! | 빨리 그에게 마른 옷 한 벌을 갖다주어라, 흠뻑 젖은 것을 그대로 입고 있으니 얼마나 괴롭겠어! =〔湿乎乎〕

【湿淋淋】shīlínlín ⊗ shīlīnlīn) 狀 흠뻑 젖어 물방울이 다 떨어질 정도이다. ¶给雨淋得～ | 비에 아주 흠뻑 젖었다. ¶全身～的, 像掉进水里一样 | 온 몸이 흠뻑 젖은 것이 마치 물 속에 빠진 것 같다.

【湿气】shīqì 名 ❶ 습기. ¶～大 | 습기가 많다. ❷〈漢醫〉습진·무좀 따위의 피부병에 대한 총칭.

4【湿润】shīrùn ❶ 形(토양·공기 따위가) 습윤하다. 축축하다. ¶这块地比较～ | 이 땅덩이는 비교적 습윤한 편이다. ¶～的空气 | 촉촉한 공기. ¶两眼～了 | 두 눈이 글썽그린다. ❷ 動 축축하게 하다. 윤택하게 하다. ¶大家吃点西瓜, ～一下喉咙好说话 | 모두 수박을 좀 먹고 목을 좀 축축하게 하면 말하기 좋지요.

【湿透】shītòu 狀 흠뻑〔푹〕젖다〔적시다〕. ¶汗水～了他的衣服 | 땀이 그의 옷을 흠뻑 적셨다.

【湿疹】shīzhěn 名〈漢醫〉습진. ¶她得了～ | 그녀는 습진이 걸렸다.

【嘘】shī ☞ 嘘 xū Ⓑ

【酾(釃)】shī ⊗ shāi) 거를 시/소
書 動 ❶(술을) 거르다. ❷(술을) 따르다. 붓다. ❸ 물꼬를 트다〔내다〕.

【蓍】shī 시초 시
名〈植〉톱풀. 가새풀. 시초 [옛날에는 줄기로 점을 쳤음] ¶无待～龟 | 成 점을 쳐 볼 필요가 없다. 의심할 것 없다.

【蓍草】shīcǎo 名〈植〉톱풀. 가새풀 =〔羽衣草〕〔俗 锯齿草〕〔俗 蚰蜒草〕

shí 尸ˊ

1【十】shí 열 십
❶ 數 열. 10. ¶几～个 | 수십 개. ¶第～课 | 제10과. ❷ 形 轉 완전하다. 절정에 달하다. ¶～全～美↓ ¶～足↓ ❸ 形 轉 많은. ¶～目所视↓ ¶～死莫赎mòshú | 成 여러번 죽어도 속죄할 수 없다.

【十八般武艺】shíbābān wǔyì 名組 ❶ 십팔반 무

예. ❷ 喻 여러가지 기능〔재주〕. ¶他会～｜그는 재주가 아주 많다.

【十八层地狱】shíbācéng dìyù 名組〈佛〉십팔층 지옥 [가장 고통스런 최하층의 지옥] ¶就是把我打入～也情愿｜십팔층 지옥에 쳐넣는다 하더라도 하겠다 ＝〔十八重地狱〕

【十八重地狱】shíbāchóng dìyù ⇒〔十八层地狱〕

【十八罗汉】shíbā luóhàn 名組〈佛〉십팔 나한

【十八子】shíbāzǐ 名 오얏. 자두 [「李」자를 풀면 「十八子」가 됨]

【十不闲(儿)】shíbùxián(r) ⇒〔什shí不闲(儿)〕

【十步芳草】shí bù fāng cǎo 成 喻 곳곳에 인재가 있음.

【十步九回头】shí bù jiǔ huí tóu 成 열 걸음에 아홉 번 돌아 보다. 이별하기 아쉬워 하다. ¶她～, 恋liàn恋不舍地离开líkāi了娘niáng家｜그녀는 아쉬움에 열 걸음에 아홉 번은 돌아보며 친정을 떠났다.

【十滴(痧)水】shídī(shā) shuǐ 名〈藥〉장뇌 박하유 따위의 방향성(芳香性) 물질을 함유한 물약의 하나. ¶他中暑shǔ了, 给他喝一点儿～｜그가 더위를 먹었으니「十滴(痧)水」물약을 좀 먹여라→〔痧药水〕

【十冬腊月】shídōng làyuè 名組 음력 시월·동지달·섣달. 喻 한겨울.

【十恶不赦】shí è bù shè 成 십악(十惡)은 용서할 수 없다. 죄가 너무 커서 용서할 수 없다. ¶他是一个～的歹徒dǎitú｜그는 죄가 너무 커서 용서할 수 없는 흉악범이다.

【十二分】shí'èrfēn 名 副 대단히. 매우 어법 [「十分」보다 느낌이 더욱 강함. ¶这件事对我们来说～重要｜이 일은 우리들에게는 매우 중요하다. ¶他心里～不乐意｜그는 아주 불쾌했다.

【十二进制】shí'èr jìn zhì 名組〈數〉십이진법.

【十二生肖】shí'èr shēngxiào ⇒〔属shǔ相ⓑ〕

【十二指肠】shí'èrzhǐcháng 名組〈生理〉십이지장. ¶～虫｜십이지장충. ¶～溃疡kuìyáng｜십이지장 궤양.

【十番(儿)】shífān(r) ⇒〔十番乐yuè〕

【十番(锣luó)鼓gǔ】shífānluógǔ ⇒〔十番乐yuè〕

【十番乐】shífānyuè 名〈音〉적(笛)·관(管)·소(簫)·현(弦)·제금(提琴)·운라(雲鑼)·탕라(湯鑼)·목어(木魚)·단판(檀板)·대고(大鼓) 등 10가지 악기의 합주 ＝〔簡 十番(儿)〕〔十番(锣)鼓〕

【十方】shífāng 名〈佛〉십방 [동·서·남·북·동남·서남·동북·서북·상·하를 가리킴] ¶～常住｜(승려가) 사방으로 탁발을 다니다.

1【十分】shífēn 副 십분. 매우. 대단히. 충분히. ¶必须～注意这个问题｜반드시 이 문제에 대해 충분히 유의해야 된다. ¶不～好｜대단히좋지는 않다. ¶天气～热｜날씨가 대단히 덥다. ¶听了此话, 她～不悦yuè｜이 말을 듣고는 그녀는 매우 불쾌했다.

【十个手指头不能一般儿齐】shí·ge shǒuzhǐ·tou bùnéng yībānr qí ⇒〔十个手指头有长短〕

【十个手指头有长短】shí·ge shǒuzhǐ·tou yǒu chángduǎn 諺 열 손가락에도 길고 짧은 것이 있다. 사람의 능력에는 각각 차이가 있다. 같은 형제라도 각기 다르다 ＝〔十个手指头, 伸出有长短〕〔十个手指头不能一般儿齐〕〔十个指头没有一般儿齐〕〔娘生九种〕

【十个指头没有一般儿齐】shí·ge zhǐ·tou méi yǒu yībānr qí ⇒〔十个手指头有长短〕

【十国】Shíguó 名〈史〉십국 [오대(五代)시대에 할거했던 오(吳)·남당(南唐)·민(閩)·전촉(前蜀)·후촉(後蜀)·남한(南漢)·북한(北漢)·오월(吳越)·초(楚)·형남(荊南) 등의 10국]→〔五代〕

【十佳】shíjiā 名〈體〉(운동 선수의) 베스트 텐(best ten).

【十家】shíjiā 名 십가 [유가(儒家)·도가(道家)·음양가(陰陽家)·법가(法家)·명가(名家)·묵가(墨家)·종횡가(縱橫家)·잡가(雜家)·농가(農家)·소설가(小說家) 등의 열 개 학파]

【十锦】shíjǐn ⇒〔什shí锦〕

【十进码】shíjìn mǎ 名〈電算〉10진 코드(code).

【十进数】shíjìnshù 名〈數〉10진수.

【十进位】shíjìnwèi ⇒〔十进制〕

【十进制】shíjìnzhì 名〈數〉십진법. ¶世界各国大都采用～｜세계 각국에서 대부분 십진법을 채용하고 있다 ＝〔十进位〕〔十进位制〕

【十里洋场】shílǐ yángchǎng 名組 넓은 외국인 거류지. ¶他以前在～混得很红｜그는 이전에 외국인 거류지에서 잘 굴러 먹었었다.

【十六分音符】shíliùfēn yīnfú 名組〈音〉16분 음표.

【十六进数】shíliùjìnshù 名組〈數〉16진수.

【十六进制】shíliùjìnzhì 名組〈數〉16진법.

【十六开】shíliùkāi 名〈印出〉(종이의) 16절(折)→〔开kāiⅡ①〕

【十六开本】shíliù kāiběn 名組〈印出〉4·6배판.

【十媒九谎】shí méi jiǔhuǎng 諺 중매장이 열중에 아홉은 거짓말장이. ¶～, 媒人嘴里都是美女佳男｜중매장이는 거의 거짓말장이라서 말만하면 미녀요 미남이라고 한다.

【十目十手】shí mù shí shǒu ⇒〔十目所视, 十手所指〕

【十目所视】shí mù suǒ shì 成 여러 사람이 보고 있는 바다. 세상 사람을 속일 수 없다.

【十目所视, 十手所指】shí mù suǒ shì, shí shǒu suǒ zhǐ 成 열 사람이 보고 열 사람이 손가락질하다. ¶他是一个～的恶徒｜그는 누구나 다 손가락질하는 악질범이다 ＝〔十目十手〕

【十拿八稳】shí ná bā wěn ⇒〔十拿九稳〕

【十拿九稳】shí ná jiǔ wěn 成 손에 넣은 것이나 마찬가지로 확실하다. 십중팔구는 가망이 있다. ¶这事交他办～能成功｜이 일을 그에게 하라고 주면 십중팔구는 성공할 수 있다 ＝〔十拿九准〕〔十拿八稳〕

【十年寒窗】shí nián hán chuāng 成 십년 공부. 오랜 세월을 학문에 힘쓰다 ＝〔十年窗下〕〔十年读书〕〔十载寒窗〕

【十年九不遇】shí nián jiǔ bù yù 成 수년동안 좀처럼 만나기 어렵다. 매우 보기 드물다. 전례가 없다. ¶今年这么大的雨量, 真是～｜금년의 이렇게 많은 강우량은 정말 수년동안 보기 드문 것

이다.

【十年磨一剑】shínián mó yījiàn 成 喩 십년 동안 검 하나를 갈다. 한 가지 일에만 깊이 파고 들다〔전념하다〕. ¶他～, 写出这么一篇优秀yōuxiù的论文 | 그는 수년동안 한 가지 일에 전념하여 이렇게 훌륭한 논문을 써냈다.

【十年树木, 百年树人】shí nián shù mù, bǎi nián shù rén 成 나무를 기르는 데는 십 년이 필요하고 인재를 육성하는 데는 백 년이 필요하다.

【十全其美】shí quán qí měi ⇒〔十全十美〕

4【十全十美】shí quán shí měi 成 완전무결하여 나무랄 데가 없다. ¶什么事都不会是～的 | 무슨 일이든지 완전 무결이란 있을 수 없다 =〔十全其美〕〔全美〕

【十三经】Shísān Jīng 名〈書〉십삼경. ¶他研究过～的语法问题 | 그는 십삼경의 어법 문제를 연구하였다→〔经书〕

【十室九空】shí shì jiǔ kōng 成 열 집에 아홉집은 텅 비다. 전란이나 재해 등으로 인하여 집들이 텅 비다. ¶这儿发生了瘟疫wēnyì, 所以现在～, 大部分人都搬走了 | 여기에 급성 전염병이 발생하여 지금은 집들이 텅 비었고 대부분의 사람들은 모두 이사가버렸다.

【十霜】shíshuāng 名 喩 10년.

【十四行诗】shísìhángshī 名 십사행시. 소네트(sonnet) =〔外 商籁体〕

【十万八千里】shí wàn bā qiān lǐ 俗 매우 먼 거리. 매우 큰 차이. ¶离正题还差～呢 | 주제로부터 거리가 매우 멀다

【十万火急】shí wàn huǒ jí 成 매우 화급하다〔긴급하다〕[보통 공문서(公文書)·전보 따위에 쓰임] ¶打了～的电报 | 지급 전보를 치다.

【十位】shíwèi 名〈數〉십 자리. ¶～数儿 | 십자리 수.

【十五个吊桶打水】shíwǔ·ge diàotǒng dǎ shuǐ 歇 가슴이 두근거리다. ¶心中像～七上八下的 | 가슴이 방망이질하듯 몹시 두근거리다.

【十样锦】shíyàngjǐn 名 ❶〈植〉색비름 =〔雁来红〕❷ 색비름 꽃. ❸ 喩 여러가지. 가지각색. ❹ 喩 마음이 잘 변하는 사람. ❺ 촉(蜀)에서 나는 열 가지 비단. ❻ 잔·접시·공기 따위가 10개 한 벌로 각각 색채나 그림이 다른 도자기.

【十月革命】Shíyuè Gémìng 名組〈史〉10월 혁명. ¶～给中国送来了马克思主义 | 10월 혁명이 중국에 막스 주의를 들여왔다.

【十指连心】shí zhǐ lián xīn 成 열 손가락이 마음에 이어져 있다 [열 손가락 중 어느 한 손가락이라도 아프면 마음 속까지 그 통증을 느낀다는 뜻으로, 어떤 사람 혹은 사물과의 아주 긴밀한 관계를 비유] ¶～, 他受伤害, 我也心疼 | 열 손가락이 마음에 이어져 있듯 그가 다치면 내 마음도 아프다.

【十字车】shízìchē 名 粵 구급차.

【十字花科】shízìhuākē 名〈植〉십자화과.

【十字架】shízìjià 名〈宗〉십자가.

【十字街(头)】shízì jiē(tóu) 名組 ❶ 십자로. 네거리. ❷ 喩 분기점. 갈림길. ¶她正徘徊páihuái在人生的～ | 그녀는 지금 인생의 갈림길에서 배회하고 있다. ❸ 喩 현실 사회〔생활〕.

【十字军】Shízìjūn 名〈史〉십자군.

【十字路口(儿)】shízì lùkǒu(r) 名組 ❶ 십자로(의 모퉁이). 네거리. 사거리. ❷ 喩 (중대한 문제의) 기로(岐路). 갈림길. ¶在人生的～彷徨pánghuáng的青年需要别人指点方向 | 인생의 갈림길에서 방황하는 젊은이들에겐 방향을 가리켜 주는 사람이 필요하다.

4【十足】shízú 貶 ❶ 함유율이 높다. 품질이 좋다. ¶这是成色～的金子 | 이것은 함량이 아주 높은 금이다. 순금이다. ❷ (자신·이유·원기 등이) 충분하다. 넘치다. ¶～的理由 | 충분한 이유. ¶信心～ | 자신이 만만하다. ¶干劲儿～ | 투지〔열의〕가 충만하다. ¶他是个傲气àoqì～的家伙 | 그는 오만함이 넘치는 녀석이다.

1【什】shí ☞ shén B

2【石】shí dàn 돌 석, 섬 석

A shí ❶ 名 (～头)돌. ¶花冈～ | 화강석. ¶岩～ | 암석. ¶石灰～ | 석회석. ❷ 돌에 새긴 것. 석각(石刻). ¶金～ | 금석[글자가 새겨진 돌이나 쇠붙이] ❸ 약용광물. ¶药～ | 약석. ❹ 名〈音〉돌로 만든 악기. 「八音」의 하나→〔八音〕❺ (Shí) 名 성(姓).

B dàn 量 섬. 석 [주로 곡식이나 액체 따위 용량을 나타내는 단위] ¶一～是十斗dǒu | 한섬은 열말이다. ¶二千～ | 이천석.

【石板】shíbǎn 名 ❶〈建〉석판. ¶～瓦wǎ | 슬레이트. ❷ (옛날 문구의 일종인) 석반(石盤). 석판→〔石笔〕

【石版】shíbǎn 名〈印出〉석판. ¶～书籍 | 석판으로 인쇄한 서적→〔石印〕

【石笔】shíbǐ 名 석필. ¶～石 | 석필석→〔石板②〕

【石壁】shíbì 名 석벽.

【石鳖】shíbiē 名〈魚貝〉딱지조개.

【石槽】shícáo 名 돌구유.

【石菖蒲】shíchāngpú 名〈植〉석창포.

【石沉大海】shí chén dà hǎi 成 돌이 큰 바다에 가라앉다. 감감 무소식이다. 찾을 방법이 없다. ¶她一去之后就～, 毫无音讯 | 그녀가 가버린 뒤 함흥차사처럼 아무런 소식이 없다. ¶打听了多少日子, 依然～ | 꽤 여러 날 동안 알아 보았지만, 여전히 아무 소식이 없다. ¶找了几天, 都无结果, 那条项链竟似～一般 | 며칠을 찾았으나 매번 찾지 못해 그 목걸이는 결국 바다에 빠진 돌처럼 찾을 방법이 없다.

【石城】shíchéng 名 돌(로 쌓은) 성. 喩 매우 견고한 것.

【石础】shíchǔ 名 돌로 된 기초.

【石担】shídàn 名〈體〉돌로 만든 역기.

【石刀柏】shídāobǎi ⇒〔石勺柏〕

【石刁柏】shídiāobǎi 名〈植〉아스파라거스(asparagus) [보통 「芦笋」이라 함] =〔方 龙须菜②〕〔石刀柏〕

【石雕】shídiāo 名〈美〉석조.

【石碓】shíduì 名 돌로 된 디딜방아.
【石墩】shídūn 名 초석(礎石)이나 좌석으로 쓰이는 평평한 돌. 받침돌.
【石方】shífāng 名 ❶ 돌 입방미터 [석재(石材)를 채굴·매립·운반할 때의 체적 단위] ¶三～ | 돌 3입방미터. ❷ 簡「石方工程」(석재(石材)를 다루는 작업)의 약칭. ¶一天要完成几十个～ | 하루에 수십 개 석재 작업을 마쳐야 한다.
【石舫】shífǎng 名 (정원등에 설치한) 돌로 만든 배모양의 구조물.
【石敢当】shígǎndāng ⇒〔泰tài山石〕
【石膏】shígāo 名〈鑛〉석고 =〔石羔〕〔生石膏〕
【石膏像】shígāoxiàng 名 석고상.
【石工】shígōng 名 ❶ 돌 가공. 돌을 깎아 조각하는 일. ❷ 석공 =〔石匠〕
【石拱桥】shígǒngqiáo 名 아치형 돌다리. ¶北京有许多～ | 북경에는 아치형 돌다리가 많다.
【石鼓文】Shígǔwén 名 석고문.
【石桂】shíguì 名〈植〉붓순나무 =〔莽草〕
【石桂鱼】shíguìyú 名〈魚介〉쏘가리 =〔鳜guì鱼〕
【石磙】shígǔn ⇒〔碌碡liù·zhóu〕
【石果】shíguǒ ⇒〔核hé果〕
【石荷叶】shíhéyè ⇒〔虎hǔ耳草〕
【石斛】shíhú 名〈植〉석곡. 석골풀 =〔杜兰②〕〔木斛①〕〔金钗花〕
【石花菜】shíhuācài 名〈植〉우뭇가사리.
【石化作用】shíhuà zuòyòng 名組〈地質〉석화작용.
4【石灰】shíhuī 名〈化〉석회. ❶ 생석회 =〔生石灰〕〔煅石灰〕〔活石灰〕〔俗 白灰〕〔氧化钙〕 ❷ 소석회 =〔俗 大白〕〔氢qīng氧化钙〕〔熟石灰〕〔消石灰〕→〔石灰岩〕
【石灰石】shíhuīshí 名〈鑛〉석회석 =〔石灰岩〕
【石灰岩】shíhuīyán 名〈鑛〉석회암. 석회석. ¶这山上大都是～ | 이 산은 거의 석회암으로 되어 있다 =〔石灰石〕〔灰石〕→〔石灰〕
【石灰质】shíhuīzhì 名 석회질.
【石匠】shí·jiang 名 석장. 석공 =〔石工②〕
【石蜐】shíjié 名〈動〉거북다리 [갑각류의 하나] =〔龟guī足〕
【石经】shíjīng 名 석경 [돌에 새긴 경전] ¶考释～文字 | 석경 문자를 고석하다.
【石拒】shíjù 名〈動〉문어 =〔章鱼〕
【石决明】shíjuémíng 名〈漢醫〉석결명 [약용으로 쓰는 전복 껍데기] =〔鲍鱼壳〕
【石坎】shíkǎn 名 ❶ (홍수를 막기 위해) 돌로 쌓은 제방. ❷ 돌산에 만든 계단.
【石刻】shíkè 名 석각. ¶～经文 | 석각 경문.
【石窟】shíkū 名 석굴. ¶敦煌～ | 돈황 석굴.
【石块】shíkuài 名 석괴. 돌덩이. 돌덩어리.
【石砬子】shílá·zi 名 方 뾰족하게 솟은 거대한 암석. 돌바위. ¶他躲在～后面 | 그는 돌바위 뒤에 숨어 있다 =〔石头砬子〕
【石蜡】shílà 名〈化〉파라핀(paraffin). ¶～纸 | 파라핀지 =〔地蜡〕〔洋蜡〕〔外 巴拉宾〕〔外 巴拉芬〕〔外 巴拉粉〕
【石蜡烃】shílàtīng 名〈化〉파라핀 =〔烷烃〕
【石蜡油】shílàyóu 名 파라핀유 =〔液状石蜡〕
【石栗】shílì 名〈植〉쿠쿠이나무.
【石砾】shílì 名 자갈 =〔砾石〕
【石料】shíliào 名 석재(石材). ¶盖亭子的～准备好了 | 정자를 지을 석재를 다 준비했다.
【石林】shílín 名 지표(地表)에 빽빽하게 들어선 탑 모양의 석회암.
【石榴】shí·liu 名〈植〉석류(나무). ¶～红 | 석류처럼 붉은 색 =〔丹若〕〔安石榴〕
【石榴石】shíliúshí 名〈鑛〉석류석 =〔石榴子石〕
【石龙子】shílóngzǐ 名〈動〉도마뱀 =〔石龙①〕〔蜥蜴xīyì〕
【石绿】shílǜ 名〈鑛〉석록. 「孔雀石」(공작석)의 다른 이름 =〔俗 绿青〕
【石棉】shímián 名〈鑛〉석면. ¶生产～的防火瓦 | 석면으로 된 방화 기와를 생산하다 =〔石绒〕〔矿棉〕〔俗 不灰木〕〔俗 鸡毛绒〕〔龙骨垅〕
【石抹】Shímǒ 名 복성(複姓).
【石墨】shímò 名〈礦〉❶ 석묵. 흑연. ¶～膏 | 흑연 그리스(grease) =〔黑铅(粉)〕〔铅粉③〕〔铅笔粉〕〔笔铅〕 ❷「煤」(석탄)의 다른 이름.
【石楠】shínán 名〈植〉석남 =〔石南〕〔鬼目②〕〔扇骨木〕
【石女】shínǚ 名 돌계집. 석녀. ¶他娶qǔ了一个～, 所以十分苦恼kǔnǎo | 그는 석녀에게 장가들어서 아주 고민이다 =〔石妇〕〔实女〕
【石破天惊】shí pò tiān jīng 成 (문장 따위가) 너무 뛰어나 사람을 놀라게〔경탄케〕하다.
【石器】shíqì 名〈考古〉석기. ¶出土了大量的～ | 대량의 석기가 출토되었다.
【石器时代】shíqì shídài 名組〈史〉석기 시대.
【石青】shíqīng 名〈鑛〉(그림의 안료로 쓰는) 남동광(藍銅鑛) =〔扁青〕
【石绒】shíróng ⇒〔石棉〕
【石乳】shírǔ 名 종유석 =〔钟zhōng乳石〕
【石蕊】shíruǐ 名 ❶〈植〉리트머스 이끼 =〔云茶〕 ❷〈化〉리트머스(litmus).
【石蕊试纸】shíruǐ shìzhǐ 名〈化〉리트머스(litmus) 시험지. ¶用～测试酸碱suānjiǎn性 | 리트머스 시험지로 산성 알칼리성을 측정하다.
【石首鱼】shíshǒuyú 名〈魚貝〉조기 과에 속하는 물고기의 통칭.
【石松】shísōng 名〈植〉석송. ¶～子 | 석송자. 석송의 포자(胞子).
【石蒜】shísuàn 名〈植〉석산 =〔老鸦蒜〕〔水麻②〕〔蒜头草〕
【石笋】shísǔn 名〈地質〉석순.
【石锁】shísuǒ 名 돌로 자물쇠같이 만든 운동 기구의 일종.
【石炭】shítàn 名〈鑛〉「煤」(석탄)의 옛 이름.
【石炭纪】Shítànjì 名〈地質〉석탄기.
【石炭酸】shítànsuān 名〈化〉석탄산.
【石炭系】Shítànxì 名〈地質〉석탄계.
2【石头】shí·tou 名 ❶ 돌. ¶扔rēng～ | 돌을 던지다 =〔石子b〕 ❷ (가위 바위 보에서의) 바위 =〔拳头②〕 ❸ 喩 농민을 핍박하는 악덕 지주. ❹ 喩 의문. 문제. 걱정거리. ¶心里好像一块～落了

地｜마음 속에 걱정거리가 하나 없어진 것 같다.

【石印】shíyìn [名]〈印出〉석판 인쇄. ¶～石｜석판석. ¶～本｜석판본. ¶～纸｜석판 전사지→〔铅印〕〔油印〕

【石英】shíyīng [名]〈鑛〉석영. ¶～玻璃｜석영유리.

【石英钟】shíyīngzhōng [名] 수정(水晶) 시계.

[2]【石油】shíyóu [名] 원유. 석유. ¶出口～｜석유를 수출하다. ¶～产品｜석유 제품 =〔液体马金〕→〔油①〕

【石油化学】shíyóu huàxué [名組] 석유 화학. ¶～产品｜석유 화학 제품.

【石油精】shíyóujīng [名]〈化〉벤진(benzine). 석유 벤진 =〔石油醚②〕〔轻油精〕〔㊕奔散油〕〔㊕本晶〕〔㊕扁陈〕〔㊕扁苏油〕〔㊕遍苏油〕→〔汽油〕

【石油醚】shíyóumí ❶ [名] 석유 에테르. ❷⇒〔石油精〕

【石油气】shíyóuqì [名] 석유 가스(gas). ¶输送～的管道｜석유 가스를 수송하는 파이프 라인. ¶液yè化～｜액화 석유 가스. 엘피지(LPG).

【石油输出国组织】Shíyóu Shūchūguó Zǔzhī [名組] 석유 수출국 기구(OPEC).

【石油脂】shíyóuzhī [名]〈化〉와셀린 =〔㊕凡士林〕

【石钟乳】shízhōngrǔ [名]〈鑛〉석종유. 종유석. 돌고드름. ¶形状奇异的～｜생김새가 기이한 석종유 =〔锺乳石〕

【石竹】shízhú [名]〈植〉석죽. 패랭이꽃.

【石柱】shízhù ❶ [名]〈鑛〉석회주(石灰柱). ¶乳白色～｜유백색의 석회주. ❷ [名] 돌기둥.

【炻】shí 오지그릇 석

⇒〔炻器〕

【炻器】shíqì [名] 오지(그릇).

[1]【时(時)】shí 때 시

❶ [名] 시간. 시각. ¶计～｜시간을 계산하다. ¶历lì～二十分锺｜시간이 20분을 경과하다. ¶准～上班｜제시간에 출근하다. ❷ [名] 때. 시기. 시대 [비교적 긴 기간을 가리킴] ¶唐～｜당대. ¶盛极一～｜[成] 한때 대성황을 이루다. ¶现～｜현대. 현재. ❸ [名] 계절. 철. ¶四～｜사계절. ¶农～｜농사철 ❹ [名] 일정한 때 ¶平～｜평상시. ¶当～｜당시. 그때. ¶战～｜전시. ❺ [名] 시각의 단위. ⓐ 하루를 12지(十二支)에 의해 구분한 옛날의 시각. ¶卯～｜묘시. 오전 5시에서 오전 7시까지. ⓑ 하루를 24시간으로 구분한 현재의 시각. ¶上午七～｜오전 7시. ❻ [名] 기회. 시기(時機). 알맞은 때. ¶失～｜기회를 놓치다. ¶待～而动｜(알맞은) 시기를 기다려 행동하다. ❼ [名][形][轉] 현재(의). 현대(의). 당시(의). ¶～价｜시가. ¶～新↓ ❽ [副][轉] 늘. 항상. 자주. ¶～有出现｜자주 나타난다. ¶～～发生困难｜늘 곤란한 일이 생기다. ❾ [副][轉] 때로. 이따금. [어법] ⓐ「时… 时…」의 형태로 주로 쓰이고「时而… 时而…」과 같은 뜻임. ⓑ「时… 时…」는 뒤에 보통 단음절어가 오지만「时而… 时而…」뒤에는 제한이 없음. ¶～断～续｜끊어졌다. 이어졌다 하다. ¶天气～阴～晴｜날씨가 흐렸다 개었다한다. ❿ [名]〈言〉시제(時制). 시칭(時稱) [동사의 과거·현재·미래 따위의 구별] ¶过去～｜과거시제. ⓫ (Shí) [名] 성(姓).

【时弊】shíbì [書][名] 시폐. 시대적 병폐〔폐단〕. ¶这篇杂文切中qièzhòng～｜이 잡문은 시대적인 폐단을 정확하게 지적했다 =〔时病①〕

【时变】shíbiàn [名] ❶ 시대의 변천. 시국의 추이. ❷ 계절의 변화.

【时不我待】shí bù wǒ dài [成] 시간은 나를 기다리지 않는다. ¶～, 我们必须努力学习才是｜시간은 사람을 기다려주지 않는 법이기에 우리는 열심히 공부해야 한다 =〔时不待人〕

【时不再来】shí bù zài lái [成] 흘러간 시간은 되돌아오지 않는다. ¶～机不可失｜시간은 돌아오지 않으니 기회를 놓쳐서는 안된다.

【时差】shíchā [名]〈地〉시차. ¶不适应～｜시차에 적응하지 못하다.

[3]【时常】shícháng [副] 늘. 항상. 자주 =〔时不常地〕〔时时〕

【时辰】shí·chen [名] ❶ (옛날의) 시간의 단위 [하루를 12「时辰」으로 나누었으며, 1「时辰」은 지금의 2시간에 해당함] ¶等了足有一个～｜기다린지 족히 두 시간은 되었다. ❷ 시각. 때. ¶千万不要错过好～｜제발 좋은 때를 헛되이 보내지 마라. ¶～未到｜아직 때가 되지 않았다.

[2]【时代】shídài [名] ❶ (역사상의) 시대. ¶新石器～｜신석기 시대. ¶明清～｜명청대. ¶五四～｜오사(운동)시대. ¶划～｜시대를 구분하다. ❷ (일생 중의 한) 시기. 시절. ¶壮年～｜장년 시기. ¶儿童～｜어린 시절. ❸ 당시. 현대. 시대. 당대의 흐름. ¶跟不上～｜시대를 따라 가지 못하다. ¶～的要求｜시대적 요구. ¶落后于～｜시대에 뒤떨어지다.

【时代精神】shídài jīngshén [名組] 시대 정신. ¶反映fǎnyìng出～｜시대적 정신을 반영해 내다.

【时点】shídiǎn [名] 시점 [어떤 한 시각] ¶表示～的词语｜시점을 표시하는 단어.

【时调】shídiào [名] ❶ 유행 가요 =〔时曲〕 ❷ [書] 당시의 논조.

[4]【时而】shí'ér [副] ❶ 때때로. 때로는. 이따금 ¶蔚蓝色wèilánsè的天空中, ～飘piāo过几片薄薄的白云｜쪽빛 하늘에 이따금씩 엷은 구름이 몇 조각 흘러가곤 하였다. ❷ 때로는 …하고, 때로는…하다. ¶这几天～晴天, ～下雨｜요즈음은 날씨가 개였다가 비가 왔다가 한다.

【时分】shífèn [名] 무렵. 때. 녘. 철. 시절. ¶正午～｜정오 때. ¶黄昏～｜황혼 무렵. ¶掌灯～｜어두워질 무렵. 불 켤 무렵.

【时乖命蹇】shí guāi mìng jiǎn [成] 때도 좋지 않고 운도 나쁘다. 팔자가 사납다. ¶他～, 屡试不中｜그는 운이 사나워 여러 차례 시험을 봤는데도 합격하지 못했다 =〔时乖运蹇〕

[4]【时光】shíguāng [名] ❶ 시간. 세월. ¶～过得真快｜시간이 정말 빨리 흐른다. ¶浪费làngfèi～｜시간을 낭비하다. ❷ 시기. 때. 시절. ¶大好～｜좋은 시절. ¶我年轻的～还没有电视机｜내가 젊었을 때는 아직 텔레비전이 없었다. ❸ 생활. 생계. 살림. ¶现在我们的～比以前好过多了｜지금의 우리들 생활은 전보다 훨씬 나아졌다. ¶～一

天比一天好过丨

【时过境迁】shí guò jìng qiān 成 시간이 지남에 따라 상황이 변하다. ¶如今已经～, 他也不再想了丨지금 이미 시간이 흘러 상황이 변했기 때문에 그도 더 이상 생각하지 않게 되었다.

[1]【时候(儿)】shí·hou(r) 名 ❶ 시간. 동안. ¶用了多少～?丨어느 정도 시간이 걸렸느냐? =〔时间②〕 ❷ 때. 시각. ¶什么～丨언제. ¶去年这～丨작년 이맘때. ¶～不早了, 该回去了丨시간이 늦었으니 돌아가야겠다. ¶现在是一天中最热的～丨지금이 하루 중 가장 더울 때다. ¶还不到～丨아직 때가 되지 않았다. ¶工作的～注意力要集中丨일을 할 때는 주의력을 집중해야 한다 =〔时间③〕 어법「时候」는 시점,「时间」은 시간의 단위를 가리킴 ‖ =〔时会儿〕

【时花】shíhuā 名 ❶ 철따라 피는 꽃. ❷ 유행의 양상〔형태〕.

【时化】shíhuà 名〈化〉시효 경화(時效硬化) =〔时效处理〕

【时货】shíhuò 書 名 일용품. 생활 필수품. ¶经售jīngshòu～丨일용품을 위탁 판매하다.

[3]【时机】shíjī 名 (기대하거나 좋은) 시기. 기회. ¶有利～丨유리한 기회. ¶不失～地开拓kāituò国外市场丨시기를 놓치지 않고 국외의 시장을 개척하다. ¶掌握～丨시기를 잡다. ¶错过～丨좋은 기회를 놓쳐 버리다. ¶～不可失丨시기를 놓쳐서는 안된다.

【时价】shíjià 名 시가. 시세. ¶调整tiáozhěng～丨시세를 조정하다.

[1]【时间】shíjiān 名 ❶ 시간. ¶浪费～丨시간을 낭비하다. ¶由于～的关系, 来不及多讲了丨시간 관계상 더 이야기할 수 없겠다. ¶～紧, 任务重丨시간은 촉박하고 임무는 중하다. ❷ 어떤 시각과 시각의 사이. 시간. 동안. ¶休息～丨휴식시간. ¶下午都是工作的～丨오후는 내내 작업하는 시간이다. ❸ 시각. ¶现在的～是晚上九点十五分丨지금 시각은 3시 15분입니다. ❹ 틈. 여가. 시간. ¶今天有～吗?丨오늘 시간이 있습니까? ¶有～过来玩丨시간 있으면 놀러 와라.

【时间词】shíjiāncí 名〈言〉시간사 [시간을 나타내는 명사 예를 들면,「过去」「现在」「将来」「早晨」「星期日」따위]

【时间性】shíjiānxìng 名 시간성. 시간적 제약. ¶新闻有很强的～丨뉴스는 시간적인 제약이 매우 강하다.

[3]【时节】shíjié 名 ❶ 계절. 철. 절기. 시절. ¶清明～丨청명절 무렵. ¶农忙～丨농번기. ❷ 때. ¶还记得在故乡～丨고향에 있던 때를 아직도 기억하고 있다. ¶结婚那～她才十九岁丨결혼하던 때 그녀는 겨우 19살이었다.

【时紧时松】shíjǐn shísōng 動組 때로는 꽉 조였다가 때로는 느슨하게 풀리다. ¶银根～丨금융자금이 때로는 빠듯하다가 때로는 풀렸다가 한다.

【时局】shíjú 名 시국. ¶～骤变zhòubiàn丨시국이 급변하다.

[2]【时刻】shíkè ❶ 名 시각. 시간. ¶严守～丨시간을 엄수하다. ¶～表丨시간표. ❷ 副 시시각각. 늘. 언제나. 항상 ¶～注意丨항상 주의하다. ¶～不忘丨한시도 잊지 않다.

【时空】shíkōng 名 시간과 공간. ¶打破～的局限丨시공의 한계를 깨뜨리다. ¶～观丨시공관념.

【时来运转】shí lái yùn zhuǎn 成 때가 되어 좋은 운이 돌아오다〔트이다〕. ¶～, 诸事如愿丨때가 되어 운수가 트여, 매사가 뜻대로 되다.

【时令】ⓐ shílìng 名 절기. 계절. 철. ¶～已交夏至, 白天开始缩短suōduǎn丨절기가 이미 하지로 접어들어 낮이 짧아지기 시작했다.

ⓑ shí·ling ⇒〔时令病〕

【时令病】shílìngbìng 名〈漢醫〉시령. 시환(時患). 계절병. ¶闹nào～丨시환에 걸리다 =〔方 时令 shí·ling〕

【时令风】shílìngfēng 名 계절풍. 철바람 =〔季风〕

[4]【时髦】shímáo ❶ 名 유행. ¶做事不要赶～丨일하는 데 유행을 좇아서는 안된다. ❷ 形 유행을 따르다. 현대적이다. ¶她打扮dǎbàn得很～丨그녀는 치장을 한 것이 아주 현대적이다. ¶～女郎丨현대 여성.

【时评】shípíng 名 시평. 시사평론.

[2]【时期】shíqī 名 시기. 특정한〔정해진〕때. ¶困难～丨곤란한 시기. ¶抗日战争～丨항일전쟁 시기.

【时起时伏】shí qǐ shí fú 成 때로 고조되고 때로 가라앉다. 기복이 되풀이되다. ¶这种斗争～, 是波浪式的丨이런 투쟁은 기복이 되풀이 되어 파상적인 것이다.

【时气】ⓐ shíqì 書 名 사계절의 기후.

ⓑ shí·qi 名 方 ❶ 시운(時運) [특히 일시적 행운을 가리킴] ¶近来～背bèi丨근래는 운이 나쁘다. ¶～好丨운이 좋다. ❷〈漢醫〉시환(時患) =〔时气病〕

【时区】shíqū 名〈天〉표준 시각대(時刻帶) =〔标准时区〕

【时人】shírén 名 ❶ 近 그 당시의 사람. 당대의 사람 =〔时流②〕 ❷ 옛날, 한 시기에 사회에서 가장 활동적인 사람. 한창때의 사람.

【时日】shírì 書 名 ❶ 기간. 시일. 일시. ¶拖延tuōyán～丨시일을 끌다. ❷ 비교적 긴 시간. ¶工程巨大, 颇费～丨공사가 대단히 커서 꽤 긴 시간이 소요된다.

【时尚】shíshàng 名 당시의 풍조. 시대적 풍모. ¶不合～丨시대 풍조와 맞지 않다 =〔时好〕

[3]【时时】shíshí 副 항상. 언제나. 늘. 시각마다. ¶他～小心丨그는 언제나 조심한다. ¶～处处丨언제 어디서나 =〔常常(儿)〕

【时式】shíshì 區 (주로 복장에 대해) 신식의. 현대풍의. 유행에 맞는. ¶～名鞋丨신식 구두 =〔时样(儿)〕

[4]【时事】shíshì 名 시사. ¶～述评丨시사평론 ¶关心～丨시사에 관심을 갖다.

【时势】shíshì 名 시세. 시대의 추세. ¶～造英雄丨諺 시대가 영웅을 만든다.

【时俗】shísú 名 당시의 (유행하던) 습속〔풍속〕.

【时态助词】shítài zhùcí 名組〈言〉동태 조사 [시간 및 상태를 나타내는「着」「了」「过」따위의 조사.「动态助词」라고도 함]

【时务】shíwù 名 ❶ 시무. 당면한 중요 업무나 정세. ¶你这个人真不识～ | 너는 정말 당면한 업무를 인식하지 못하는구나. ❷ 철따라 하는 농사.
【时下】shíxià 名 지금. 현재. ¶他～忙不过来 | 그는 요즘 바빠서 틈을 낼 수 없다 =〔现下〕
【时鲜】shíxiān 書 名 철따라 나는 신선한 채소·과일 따위. ¶爱尝～ | 제철 과일을 즐겨 먹다 =〔时食〕
【时鲜货】shíxiānhuò 名 철따라 나는 신선한 식품.
【时贤】shíxián 書 名 당시의 덕망이 높은 사람.
【时限】shíxiàn 名 시한. 기한. ¶大楼的建筑～就要到了, 得加紧施工 | 빌딩의 공기가 다 되어가니 공사에 박차를 가해야 한다.
【时效】shíxiào 名 ❶〈法〉시효. ❷〈化〉시효.
【时效处理】shíxiào chǔlǐ ⇒〔时化huà〕
【时新】shíxīn 形 (어느 한 시기의) 가장 유행하다. 최신식이다. ¶这种式样现在很～ | 이런 스타일은 현재 가장 최신식이다.
【时兴】shíxīng 動 유행하다. ¶今年～红裙子 | 올해는 붉은 치마가 유행한다. ¶这种式样～了一阵子 | 이런 스타일이 한동안 유행했다.
【时行】shíxíng 書 動 ❶ 때를 기다려 행하다. ❷ 때때로〔가끔〕하다. ¶大雨～ | 큰비가 때때로 오다. ❸ (한때) 유행하다. ¶～过一阵子 | 한동안 유행한 적이 있다.
【时序】shíxù 書 名 시서. 계절의 순서. 철의 바뀜. ¶～更替gēngtì | 계절의 순서가 바뀌어지다.
【时样(儿)】shíyàng(r) 名 유행하는 스타일(style). ¶按着～做 | 유행하는 스타일로 만들다 =〔时式〕
【时宜】shíyí 書 名 시의. 시기 적절. ¶不合～ | 시의에 맞지 않다.
【时疫】shíyì 書 名 시역. 유행병. 돌림병 =〔时疾〕〔时症〕.
【时有所闻】shí yǒu suǒ wén 成 때때로〔종종〕듣다. ¶这样的消息xiāoxi～ | 이런 소식은 종종 듣는다.
【时运】shíyùn 書 名 시운. 그때의 운수. ¶～不济 | 운이 따르지 않다. ¶～多艰 | 시운이 다난하다. ¶～之变化 | 시운의 변화 =〔时会①〕
【时针】shízhēn 名 ❶ 시계 바늘. ¶顺～方向 | 시계 바늘 방향(으로). ❷ 시침 =〔短针〕→〔分fēn针〕〔刻kè针〕
【时政】shízhèng 書 ❶ 名 시정. 당시의 정치 상황. ¶关心～ | 시정에 관심을 갖다. ❷ 動 때를 따라 정치를 하다.
【时钟】shízhōng 名 시계의 구칭(舊稱). ¶～敲qiāo了三下儿 | 시계가 세 번 종을 쳤다.
4【时装】shízhuāng 名 ❶ 유행복. 유행 의상. 뉴패션(new fashion). ¶～表演大会 | 패션 쇼(fashion show). ¶～设计师 | 패션 디자이너(designer). ¶～模特儿 | 패션 모델(model). ❷ 그 당시의 복장 ‖ =〔时妆〕

【埘(塒)】shí 홰 시
書 名 옛날 담을 뚫어만든 닭장.

【莳】shí ☞ 莳 shì B

【鲥(鰣)】shí 준치 시
名〈魚貝〉준치 →〔鲥鱼〕
【鲥鱼】shíyú 名〈魚貝〉준치. 전어(箭魚). 준어(俊魚). 진어(眞魚) =〔三来〕〔时鱼〕

1【识(識)】shí zhì 알 식, 표할 지

A shí ❶ 動 알다. 식별하다. ¶～货↓ ¶有眼不～泰山 | 諺 눈이 있으면서도 태산을 분간하지 못하다. 미처 알지 못하다. ❷ 지식. 견식. ¶常～ | 상식. ¶学～ | 학식. ¶见～ | 견식. ¶远见卓～ | 대단히 넓고 훌륭한 식견.
B zhì 書 ❶ 動 기억하다. ¶博闻强～ | 成 지식이 풍부하고 기억력이 좋다. ❷ 名 표지(標識). 기호(記號). ¶款～ | 낙관(落款). 관지(款識).
【识辨】shíbiàn 動 식별하다. ¶提高～能力 | 식별 능력을 높이다.
4【识别】shíbié 動 식별하다. 가려내다. ¶～真伪 | 진위를 가려내다. ¶是不是冒牌货, 你要好好～ | 가짜 제품인지 잘 가려봐라.
【识大体】shí dàtǐ 動組 전체〔대세〕를 알다. 일의 근간을 알(고 있)다. ¶我们一定要～, 顾大局 =〔识大体, 看大局〕| 우리는 반드시 일의 대세를 알고서 큰 국면에 주의를 기울여야 한다.
【识货】shí/huò ❶ 動 물품이 좋고 나쁨을 감별하다. ¶不怕不～, 就怕货比货 | 비교해보면 좋고 나쁜 것을 가려낼 수 있다. ❷ 形 물건을 볼 줄 안다. 안목이 있다. ¶他很～ | 그는 아주 안목이 있다.
【识见】shíjiàn 書 名 식견. 견식. ¶颇有～ | 식견이 꽤 있다 =〔见识②〕
【识荆】shíjīng 書 動 敬 (평소에 흠모하던 사람을) 처음으로 만나다. 처음으로 알게 되다 =〔识韩〕
【识破】shípò 動 간파하다. 꿰뚫어 보다. ¶他用心何在, 我还没有～ | 그의 의도가 어디 있는지 나는 아직도 간파하지 못했다. ¶～骗局piànjú | 속임수를 꿰뚫어 보다. ¶～他的诡计guǐjì | 그의 모략을 간파하다.
【识趣(儿)】shíqù(r) 動 貶 약삭빠르게 굴다. ¶他要～早就知难而退了 | 그가 약았다면 일찌감치 어렵다는 것을 알고 물러났을 것이다.
【识时务】shí shíwù 動組 시대적 요구나 정세를 알다. ¶他不～ | 그는 시대적 요구를 알지 못한다.
【识时务者为俊杰】shí shíwùzhě wéi jùnjié 諺 시대적 요구를 알 수 있는 자는 걸출한 인물이다.
【识水】shí/shuǐ 動 물을 잘 알다. 수영을 잘 하다. ¶南方人大都～ | 남방인들은 대개 수영을 잘 한다 =〔识水性〕
【识文断字】shí wén duàn zì 成 글을 보고 그 의미를 알수 있다. 지식이 있다.
【识相】shíxiàng 動 方 분별있게 굴다. 눈치를 보아 행동하다. 약삭빠르게 굴다. ¶～地说 | 분별있게 말하다. ¶你别不～ | 너 눈치없이 굴지마라.
【识羞】shíxiū 動 부끄러움을 알다 어법 보통 부정문에 쓰임. ¶怎么不～呢? | 어찌 부끄러운 줄을 모르니?
【识字】shí zì 動組 글자를 알다〔해독하다〕. ¶～教育 | 식자교육.

1【实(實)〈寔〉】shí 열매 실 ❶[形]속이 완전히 차있다. 빈틈없다. 옹골차다. ¶包裹~得很, 不能再塞东西了 | 보따리가 빈틈없이 차서 더 물건을 집어넣을 수 없다. ¶把窟窿kūlong填~了 | 구멍을 완전히 메웠다. ❷[形]진실하다. 성실하다. ¶他的心眼儿一向很~ | 그의 마음은 여태까지 아주 진실하다⇔〔虚xū④〕 ❸실제. 사실. ¶~况 ↓ ¶名~相符 | 명실상부. ❹씨앗. 과실. ¶子~ | 씨앗. ¶果~ | 과일. ¶结~ | 열매를 맺다.

【实报实销】shíbào shíxiāo [動組]실제 지출에 근거하여 청산〔지급〕하다. ¶出差chūchāi费用~ | 출장 경비는 실비로 지급된다.

【实不相瞒】shí bù xiāngmán [成]속이지 않고 사실대로 말하다. 솔직히 말하다. ¶~, 我眼下穷得很 | 솔직히 말하면 나는 지금 아주 가난하다.

【实词】shící [名]〈言〉실사→〔虚词①〕

【实打实】shídǎshí [狀]확실하다. 착실하다. ¶~地说吧 | 확실하게 말해라. ¶他干活~ | 그는 일하는 것이 착실하다.

【实地】shídì [副]❶현지(현장)에서. ¶~考察 | 현지 조사하다. ¶~试验 | 현장에서 시험하다. ¶~解决 | 그 자리에서 해결하다. ❷실지로. 실제로. ¶~去做 | 실제로 하다. ¶别看这种产品广告宣传讲得好听, ~用起来不怎么样 | 이런 상품은 광고선전에선 그럴듯하게 말하지만 실제로 사용해보면 별로이다.

【实干】shígàn [動]착실하게 일하다. ¶~, 苦干, 巧干 | 착실하게 일하고, 열심히 일하며, 재치있게 일하다. ¶~精神 | 실천 정신.

【实根】shígēn [名]〈數〉실근.

3【实话】shíhuà [名]실화. 진실한 말. 참말. ¶说~ | 진실(사실)을 말하다.

【实话实说】shí huà shí shuō [成]사실을 사실대로 말하다. ¶我~吧, 你儿子不认真, 成绩很差 | 있는 그대로 말하지. 네 아들은 공부를 열심히 하지 않아서 성적이 형편없다.

4【实惠】shíhuì ❶[名]실리(實利). 실(제의) 이익. ¶得到不少~ | 적지 않은 실리를 얻다. ❷[形]실속이 있다. 실용적이다. 실질적이다. ¶买这套家具, 既经济, 又~ | 이 가구 세트를 사면 경제적이고 실용적이다.

【实绩】shíjī [名]실적. 성과. ¶希望你做出新的~ | 새로운 성과를 내기 바란다.

2【实际】shíjì ❶[名]실제. ¶~收入 | 실수입. ¶不看~, 专讲理想 | 실제는 보지 않고 이상만 중시하다. ¶一切从~出发 | 모든 것은 실제로부터 출발한다. ¶理论联系~ | 이론은 실제와 결부되어 있다. ¶~家 | 실무가. 실제가. ¶~行动 | 구체적 행동. 실제 행동. ❷[形]실제로 있는. 구체적인. [어법] 일반적으로 관형어나 부사어로만 쓰임. ¶~困难 | 실제적인 곤란. ¶~情况 | 구체적인 상황. ❸[形]사실(현실)에 부합되는. 현실적인. [어법] 주로 관형어나 보어로 쓰임. ¶他们的计划是最~的 | 그들의 계획이 가장 현실적이다. ¶话讲得很~ | 말을 아주 사실적으로 잘 한다.

【实际工资】shíjì gōngzī [名組]〈經〉실질 임금. ¶他的~不下两百万韩币 | 그의 실질 임금은 한국돈 200만원 아래가 아니다→〔名义工资〕

【实价】shíjià [名]〈商〉❶펌오퍼(firm offer). ¶报~ | 펌오퍼하다. ❷실가. 실제가격 =〔净价①〕‖ =〔实盘〕

1【实践】shíjiàn [名][動]실천(하다). 이행(하다). ¶~出真知 | 진정한 지식은 실천에서 온다. ¶~诺言nuòyán | 약속을 이행하다. ¶一个理论经过一番~才能证明其是否正确 | 하나의 이론은 한차례 실천을 거쳐야 그것이 정확한 것인지 증명될 수 있다.

【实据】shíjù [名]실제의〔확실한〕 증거. 실증(實證). ¶真凭píng~ | [成]움직일 수 없는 (확실한) 증거.

3【实况】shíkuàng [名]실황. 실제 상황. ¶~报导 | 실황 보도. ¶~转播 | 실황 중계 방송. ¶本台到时将现场直播大会~ | 본 방송국에서 정시에 현장에서 대회 실황을 직접 중계할 예정이다.

4【实力】shílì [名]실력. 힘. ¶~雄厚xiónghòu | 실력이 강하다. ¶凭~竞争jìngzhēng | 실력으로 경쟁하다.

【实例】shílì [名]실례. 실제의 예. ¶举~说明 | 실례를 들어 설명하다.

【实落】shí·luò(shí·lou) ❶[動]남의 호의를 그대로 받다. ¶您太不~了 | 당신은 지나치게 사양하십니다. ❷[形]확실하다. 틀림없다. ❸[形][京]성실하다. 충실하다. ¶他是个~人 | 그는 성실한 사람이다. ❹[形][京]튼튼하다. 견고하다. ¶做得很~ | 매우 튼튼하게 만들다. ❺[動](마음이) 안정되다.

【实情】shíqíng [名]실정. 실제 사정. ¶把~全都说出来 | 실정을 모두 털어놓다. ¶已经看透~打定主意 | 이미 실정을 간파하고 생각(구상)을 정했다. ¶~话 | 거짓이 없는 말 =〔确情〕

【实情实理】shí qíng shí lǐ [成]실제의 상황과 도리.

【实权】shíquán [名]실권. ¶掌握~ | 실권을 장악하다. ¶他名义上是副总裁, 但没有~ | 그는 명의상으론 부총재이지만 실권은 없다 =〔实际权力〕

3【实施】shíshī [名][動]실시(하다). ¶~法令 | 법령을 실시하다.

【实时处理】shíshí chǔlǐ [名組](콤퓨터의) 즉시처리(卽時處理).

【实实在在】shíshí zàizài [副]실로. 확실히. 참으로. 정말.

2【实事求是】shí shì qiú shì [成]실사 구시. 사실에 토대하여 진리를 탐구하다. ¶认识问题和处理问题都必须~ | 문제를 인식하고 처리하는 것은 반드시 사실을 토대로 진실을 구해야 한다. ¶做什么事情都应该~ | 어떤 일을 하든지간에 모두 실사구시해야 한다.

【实事儿】shíshìr [名]실제 일. ¶少说空话, 多办~ | 빈말은 그만 하고 실제 일을 많이 해라.

【实收】shíshōu [名]❶실수(입). ❷[書]청대(清代)에 관고(官庫)에서 은량(銀兩)을 받고 발급한 영수증.

【实数】shíshù [名]❶〈數〉실수. ❷실제의 숫자. ¶开会的人有多少, 报个~来 | 회의에 참가한 사

람이 몇인지 실제 숫자를 보고하라.

【实说】shíshuō 動 사실대로〔솔직히〕 말하다. ¶有话~吧 | 할 말이 있으면 솔직히 말해라.

4【实体】shítǐ 名〈哲〉실체. ¶经济~ | 경제실체 ¶政治~ | 정치실체.

4【实物】shíwù 名 ❶ 실물. ¶~幻灯机 | 실물 환등기. ¶~教学 | 실물 교수(를 하다). ❷ 현물. ¶~配售 | 현물로 배급 판매하다. ¶~征收zhēngshōu | 현물로 징수하다.

【实物地租】shí wù dìzū 名組〈經〉현물지대. 생산물지대.

【实物交易】shíwù jiāoyì 名組〈經〉물물 교환. 바터(barter) 무역 =〔以货易货〕

3【实习】shíxí 動 실습하다. 견습하다. 어법 목적어를 취하지 않음. ¶到工地上去~ | 작업 현장에 가서 실습하다. ¶~到五月底 | 오월말까지 실습하다 =〔见习〕

1【实现】shíxiàn 動 실현하다. 달성하다. 어법「实现」은 주로「理想·愿望·计划·诺言·方案」등과 어울리고,「达到」는「目的·目标·水平·境界」등과 어울림. ¶他的愿望终于~了 | 그의 희망이 결국 이루워졌다. ¶~目标 | 목표를 실현하다. ¶~远大的理想 | 원대한 이상을 실현하다. ¶这个计划恐怕~不了 | 이 계획은 아마도 실현될 수가 없을 것이다.

【实线】shíxiàn 名 실선→〔虚线①〕

【实像】shíxiàng 名〈物〉실상.

【实销】shíxiāo 名〈商〉실제 판매.

【实效】shíxiào 名 실효. 실제의 효과. ¶讲究~ | 실효를 중시하다.

【实心】shíxīn ❶ 名 실심. 진심. 성심 성의. 성실한 마음. ¶你是个~的好人 | 당신은 진실한 사람이다. ¶以~行实事 | 書 진심으로 진실한 일을 행하다. ¶~实力 =〔实心实意〕| 성심 성의. ¶~任事 | 성심 성의로 일을 맡아 하다. ❷ (~儿) 形 속이 꽉 차다. 옹골지다. 통것이다. ¶~球 | 메디신 볼(medicine ball).

【实心眼(儿)】shíxīnyǎn(r) ❶ 形 고지식하다. ¶你怎么这么~呀 | 너 어찌 이렇게 고지식하냐. ❷ 形 성실하다. 정직하다. ❸ 名 고지식한 사람.

2【实行】shíxíng 動 실행하다. ¶~计划生育 | 가족 계획을 실행하다.

【实性人】shíxìngrén 名 진실한 사람. ¶他可是个~ | 그는 정말 진실한 사람이다.

【实学(儿)】shíxué(r) 名 실학. 견실한 학문. 실속 있는 학문.

2【实验】shíyàn ❶ 動 실험하다. ¶~了三次 | 세 번 실험했다. ¶~一种新方法 | 새로운 방법을 실험하다. ❷ 名 실험. ¶化学~ | 화학 실험. ¶做~ | 실험하다. ¶~剧院 | 실험 극장. ¶~室 | 실험실.

【实业】shíyè 名 ❶ 실업[상공업을 가리킴] ¶~家 | 실업가. ¶~界 | 실업계. ¶从事~ | 실업에 종사하다. ❷〈佛〉선악의 업(業)이 진실로 고업(苦業)의 과(果)를 얻는 일.

【实意(儿)】shíyì(r) 名 진심. 본심. ¶并不是~说的 | 결코 진심으로 한 말이 아니다.

2【实用】shíyòng ❶ 動 실제로 쓰다〔사용하다〕. ¶这次出差chūchāi~人民币200元 | 이번 출장에서 인민폐 200원을 썼다. ❷ 形 실용적이다. ¶这种篮子编得又好看又~ | 이 대바구니는 잘 짜여져 보기도 좋고 실용적이다. ¶虽不美观, 却很~ | 비록 아름답지는 않으나 매우 실용적이다. ¶~文 =〔应用文〕| 실용문. ⓐ〈哲〉실용주의. 프래그머티즘(pragmatism). ⓑ 현실주의. 실제주의. ¶~美术 | 실용미술.

【实用程序】shíyòng chéngxù 名組 (콤퓨터의) 유틸리티 프로그램(utility program).

【实有】shíyǒu 動 실제(로) 있다. ¶~战斗兵力 | 실제 전투병력.

2【实在】ⓐ shízài ❶ 形 실재하다. 사실이다. 허구가 아니다. ¶~的本事 | 실재의 능력. ¶这是~的情形 | 이것은 실제 상황이다. ❷ 形 (사람의 마음이나 언행이) 진실〔참〕되다. 거짓이 없다. ¶他这番话说得很~ | 그의 이번 말은 진정이다. ❸ 副 확실히. 진정. 참으로. 정말. ¶~好看 | 정말 보기좋다. ¶~不想去 | 정말 가고 싶지 않다. ❹ 副 사실상. 실은. 기실. ¶他说听懂了, 可是一问三不知, ~并没有听懂 | 그는 알아들었다고 하지만 아무거나 하나 물어보면 모두 모른다고만 하니 사실은 알아듣지 못한 것이다.

ⓑ shí·zai 形 ❶ 方 성실〔착실〕하다. 꼼꼼하다. ¶工作做得很~ | 일을 매우 착실하게 하다 =〔诚实〕❷ 俗 충분하다. 단단하다. 든든하다. 견고하다. ¶吃~点儿 | 든든히 먹어두어라. ¶做得很~ | 매우 단단하게 만들어졌다. ❸ (맛있고 양많고 값이) 싸다. 저렴하다. ¶那家的菜价很~ | 저 집의 요리값은 매우 싸다.

【实在论】shízàilùn 名〈哲〉실재론. ¶他专门研究~ | 그는 실재론을 전문적으로 연구한다 =〔实念论〕

【实则】shízé 書 副 사실상. 실은.

【实战】shízhàn 名 실전. ¶~经验 | 실전 경험.

【实症】shízhèng 名〈漢醫〉(병에 걸렸을 때의) 고열·어혈(瘀血)·변비 따위의 병상.

【实证】shízhèng 名 실증. ¶~哲学 |〈哲〉실증철학. ¶~主义 |〈哲〉실증주의.

【实支】shízhī ❶ 動 실제로 지출하다. ¶~数目 | 실제 지출 금액. ❷ 名 실제 지출.

【实职】shízhí 名 실직. 실무를 맡은 관리 =〔实官〕〔实任〕

【实至名归】shí zhì míng guī 成 명실 상부하게 되다. ¶他现在是~ | 그는 이제 명실 상부하게 되었다.

3【实质】shízhì 名 실질. 본질. ¶~上 | 실질상. 본질적으로.

【实字】shízì 名〈言〉실자→〔虚字〕

【实足】shízú 形 실제로 (수)량이 충분하다〔넉넉하다〕. ¶~一百人 | 백 명은 충분히 된다.

1【食】shí sì yì 먹을 식, 밥 사, 사람이름 이

Ⓐ shí ❶ 書 動 먹다. ¶牛是~草的动物 | 소는 초식 동물이다. ¶应多~蔬菜shūcài | 채소를 많이 먹어야 한다. ¶废寝fèiqǐn忘~ | 成 침식을 잊다

→〔吃chī①〕 ❷書動…을 바탕으로 살아가다. ¶自~其力｜成자기 자신의 힘으로 살아가다. ❸名음식. ¶主~｜주식. ¶零~｜간식. ❹(~儿) 名(동물의) 먹이. 사료(飼料). ¶猪在吃~儿｜돼지가 사료를 먹고 있다. ¶打~｜먹이를 찾아 다니다. ❺식료품. 조미료. ¶~品↓ ¶~油↓ ❻名〈天〉식(蝕). ¶日~｜일식. ¶月~｜월식 =〔蚀③〕→〔食相〕 ❼(Shí) 名성(姓).

Ⓑsì 書動 먹이다. 키우다. ¶以食shí~之｜먹을 것을 주다→〔饲sì〕

Ⓒyì 인명에 쓰이는 글자. ¶郦lì~其｜역이기 [한대(漢代)사람]

【食变星】shíbiànxīng 名〈天〉식변 광성(食變光星) =〔食双星〕

【食不甘味】shí bù gān wèi 成(마음이 편하지 않아) 먹어도 맛이 없다. ¶他苦苦思索, ~, 终于找到了答案｜그는 고심에 고심을 거듭하느라 먹어도 맛을 모를 정도였는데 결국 답을 찾아냈다.

【食不沾唇】shí bù zhān chún 成(병으로) 음식이 넘어 가지 않다.

【食草动物】shícǎo dòngwù 名組 초식 동물. ¶兔子tùzi是~｜토끼는 초식동물이다→〔食肉动物〕

【食道】shídào ⇒〔食管〕

【食腐动物】shífǔ dòngwù 名組〈植〉부생(腐生) 식물

【食古不化】shí gǔ bù huà 成 옛것에 얽매이다. 옛것을 배우고도 현실에 적용 하지 못하다. ¶~的人｜옛것에 얽매인 사람. ¶要古为今用, 不可~｜옛 것을 현실에 적용해야지 옛것에만 얽매여서는 안된다.

【食管】shíguǎn 名〈生理〉식관. 식도. ¶~癌ái｜식도암. ¶~炎yán｜식도염 =〔食道①〕〔俗食嗓〕

【食火鸡】shíhuǒjī 名〈鳥〉화식조(火食鳥) =〔火鸡③〕

【食积】shíjī 名〈漢醫〉식적. 체적(滯積). 식체.

【食忌】shíjì 名 단식(斷食). 금식(禁食)

【食既】shíjì 名〈天〉식기. 개기식(皆旣食)의 제2 접촉→〔食相〕

【食客】shíkè 名❶식객. ¶孟尝君养了不少有名的~｜맹상군은 유명한 식객을 여럿 두었다 =〔门客〕❷음식점의 고객.

【食粮】shíliáng 名 식량. 어법「食粮」은 서면어에 주로 쓰이고 비유의미로 쓸 수 있으나,「粮食」은 구어에도 쓰이고 비유의미로는 사용되지 않음. ¶~供应｜식량 공급. ¶书籍是人类的精神~｜책은 사람의 마음의 양식이다.

【食量】shíliàng 名 식량. 식사량. ¶他人虽小, 但~不小｜그는 사람은 작지만 식사량은 작지 않다 =〔饭量(儿)〕

2【食品】shípǐn 名 식품. ¶罐头~｜통조림 식품. ¶~公司｜식품 회사. ¶~商店｜식품점. ¶~加工｜식품 가공.

【食谱】shípǔ 名❶요리책. ❷식단(食單). ¶一周zhōu~｜일주일의 식단→〔菜单(儿, 子)〕‖=〔菜谱〕

【食亲财黑】shí qīn cái hēi 成 사리 사욕에 어두워 부당한 이득을 좋아하다.

【食肉动物】shíròu dòngwù 名組 육식 동물. ¶老虎是~｜호랑이는 육식동물이다.

【食肉寝皮】shí ròu qǐn pí 成 그 고기를 먹고 그 가죽을 깔고 자다. ¶对他人们恨不得~｜그에 대해서 사람들은 그의 살점을 씹고 가죽을 벗겨 깔고 자지 못하는 것을 한스러워한다.

【食少事烦】shí shǎo shì fán 成 먹는 분량은 적은데 하는 일은 많다. 몸은 약하고 일은 힘들다.

【食甚】shíshèn 名〈天〉식심→〔食相〕

1【食堂】shítáng 名❶구내 식당. ¶学校~的饭菜比较便宜｜학교 구내식당의 음식이 비교적 싸다 =〔饭厅〕❷식당. 음식점 =〔饭馆〕

【食糖】shítáng 名 설탕→〔白糖〕〔红糖〕

【食无求饱】shí wú qiú bǎo 成 먹음에 배부름을 구하지 않다. 뜻을 세운 사람은 먹는 것 따위에 괘념치 않는다 =〔食不求饱〕

2【食物】shíwù 名 음식물. ¶容易消化的~｜소화하기 쉬운 음식물.

【食物中毒】shíwù zhòngdú 名組〈醫〉식중독.

【食相】shíxiàng 名〈天〉태양〔달〕의 모습·위치 따위로 분류할 일식〔월식〕의 진행 단계.

【食心虫】shíxīnchóng 名〈蟲〉(배속애기잎말이나방 따위의) 심식충(心食蟲).

【食性】shíxìng 名 식성.

【食言】shíyán 動 식언하다. ¶大丈夫不可~｜대장부는 식언해서는 안된다.

【食言而肥】shí yán ér féi 成 식언으로 배를 불리다. 자신의 이득·편의를 위하여 약속한 것을 이행하지 않다.

【食盐】shíyán 名 식염 =〔白盐〕→〔盐①〕

【食蚁兽】shíyǐshòu 名〈動〉개미핥기.

4【食用】shíyòng ❶動 식용하다. ❷區 식용의. ¶~油｜식용유. ¶~植物｜식용 식물. ❸名 생활비. ¶每月的~｜매달의 생활비.

【食油】shíyóu 名 식유. 식용유 =〔食用油〕

【食玉炊桂】shí yù chuī guì 成 옥을 먹고 계수나무를 때다. 물가가 매우 비싸다〔오르다〕.

4【食欲】shíyù 名 식욕. ¶~旺盛wàngshèng｜식욕이 왕성하다. ¶~不振zhèn｜식욕 부진. ¶增进~｜식욕을 증진하다.

【食指】shízhǐ 名❶식지. 집게손가락 =〔口二拇指(头)〕❷書喩 식구 수. ¶~众多｜(부담이 될 만큼) 식구 수가 많다.

【食茱萸】shízhūyú 名〈植〉식수유. 머귀나무.

【食字旁】shízìpáng 名 한자 부수의 밥식(食) 변.

3【蚀(蝕)】shí 먹을 식
❶書動 벌레 먹다. (약품이) 해를 입히다. 침식하다. ¶侵qīn~｜침식하다. ¶腐fǔ~｜부식하다. ¶锈能~铁｜녹은 쇠를 부식시킨다. ❷動 손해보다. 손상하다. ¶这一次~得太多｜이번에 손해를 너무 많이 보았다. ¶~本↓ ❸名〈天〉식(蝕). ¶日~｜일식 =〔食⑥〕

【蚀本】shí/běn 動 본전을 축내다〔밑지다〕. 적자보다. ¶~生意｜밑지는 장사. ¶这趟生意他~了｜이번 장사에는 그가 손해를 보았다 =〔亏kuī本〕

【蚀刻】shíkè 名動〈印出〉식각(하다). 부각(腐刻)(하다).

1【拾】shí 주울 습, 오를 섭, 열 십
❶動 줍다. 모으다. ¶～了一支笔｜연필 한 자루를 주웠다. ¶～金不昧↓→〔回 拣jiǎn〕 ❷ 정리하다. 거두다. 수습하다. ¶～掇↓ ❸ 數(증서류 따위의 금액을 기재하는 데 쓰이는)「十」(십) →〔大写②〕

【拾掇】shí·duo 動 ❶ 수습하다. 정리하다. ¶～衣服｜옷을 정리하다. ¶把桌子～～｜탁자를 좀 정리해라. ❷ 수선〔수리〕하다. ¶空调kōngtiáo～好了｜에어컨은 다 수리하였다. ❸ 回 혼내주다. 벌주다. ¶非～他不可｜저놈을 혼내주지 않으면 안되겠다.

【拾荒】shíhuāng 動 (생활이 빈곤하여) 넝마를 줍다. ¶他大清早～去｜그는 이른 새벽에 넝마를 주으러 간다.

【拾级而登】shí jí ér dēng 成 한 층 한 층 오르다. ¶冒雨～｜비를 맞으며 한 층 한 층 올라가다.

【拾金不昧】shí jīn bù mèi 成 재물을 주워도 자기가 가지지 않다. ¶他～, 把钱包还给失主｜그는 돈가방을 주었지만 자기가 가지지 않고 주인에게 돌려주었다.

【拾零】shílíng ❶ 動 자질구레한 기사·자료 따위를 모으다. ❷ 名 轉 토막 기사. 뒷이야기. 여담 [표제(標題)에 많이 사용함]

【拾取】shíqǔ 動 ❶ 줍다. ¶专门～别人的牙慧, 哪里谈得上什么创作呢｜전문적으로 남의 견해만 주워왔으니 무슨 창작이라고 말할 수 있겠는가. ¶～不到什么好的东西｜어떤 좋은 것도 주울 수 없다. ❷ (전압 등을) 끌어 올리다. ¶～电压｜전압을 끌어 올리다.

【拾人牙慧】shí rén yá huì 成 남의 주장·말 따위를 도용하다. ¶他惯于自铸zhù新语, 从不～｜그는 자기가 스스로 새말을 만들어왔지 여태 남의 말을 도용한 적은 없다.

【拾遗】shíyí 動 ❶ 떨어뜨린 물건을 줍다〔주워 가지다〕. 점유 이탈물을 횡령하다. ¶夜不闭户, 道不～｜成 밤에는 문도 닫지 않고 길에 떨어진 물건도 줍지 않는다. 좋은 세상. ❷ 빠진 글을 보충하다. ¶～补阙bǔquē｜누락된 것을 보충하다. 보완하다. 증보하다.

【拾音器】shíyīnqì 名〈物〉픽업(pickup) =〔唱头〕〔电唱头〕

【湜】shí 맑을 식
⇒〔湜湜〕

【湜湜】shíshí 書 狀 물이 아주 맑고 깨끗하다.

shǐ ㄕˇ

1【史】shǐ 사관 사, 사기 사
名 ❶ 역사. ¶有～以来｜유사 이래. ¶中国～｜중국 역사. ¶～无前例｜역사상 전례가 없다 =〔历史①〕 ❷ 사관(史官) [옛날, 역사 기재를 맡은 관리] ¶左～｜좌사. ¶右～｜우사. ❸ (Shǐ) 성(姓).

【史册】shǐcè 名 역사서. 역사책. ¶名垂～｜이름을 사서(史書)에 남기다. ¶他的事迹将载入～｜그의 행적은 역사책에 기록될 것이다 =〔史策〕

【史抄】shǐchāo 名 사략(史略). 약사(略史) =〔史钞〕

【史钞】shǐchāo ⇒〔史抄〕

【史官】shǐguān 名 사관. 고대에 역사의 기록을 맡은 관리.

【史观】shǐguān 名 사관. 역사를 보는 관점.

【史馆】shǐguǎn 名 사관. 옛날의 국사 편찬기구.

【史话】shǐhuà 名 사화. 역사 이야기.

【史籍】shǐjí 名 사적. 역사책 =〔史书〕

【史记】shǐjì ❶ (Shǐjì) 名〈書〉사기. ❷ ⇒〔史书①〕

【史迹】shǐjì 名 사적. 역사 유적. ¶收集～｜사적을 수집하다.

4【史料】shǐliào 名 사료. 역사 연구의 자료. ¶研究～｜사료를 연구하다.

【史论】shǐlùn 名 역사 평론서.

【史评】shǐpíng 名 ❶ 역사(에 대한) 평론. ❷ 사서(史書)에 대한 논평.

【史前】shǐqián 區 유사(有史)이전의. 선사(先史)시대의. ¶～考古学｜선사 고고학. ¶～学｜선사학(先史學).

【史乘】shǐshèng 書 名 사서(史書). 역사책.

【史诗】shǐshī 名 서사시(叙事詩).

【史实】shǐshí 名 역사적 사실. ¶有～根据｜역사적 사실에 근거하다.

【史书】shǐshū 名 ❶ 역사서. 역사에 관한 책 =〔史籍〕〔史册〕〔史记②〕 ❷ 사관(史官)이 쓰는 자체(字體), 곧 예서(隷書).

【史无前例】shǐ wú qián lì 成 역사상 전례가 없다. ¶～的大革命开始了｜역사상 전례가 없는 대혁명이 시작되었다.

【史学】shǐxué 名 사학. 역사학. ¶～家｜사학가.

【史传】shǐzhuàn 名 역사와 전기(傳記).

1【使】shǐ 부릴 사, 하여금 사
❶ 動 쓰다. 사용하다. 소모하다. ¶我的词典正～着呢｜내 사전은 지금 사용하고 있는 중이다. ¶把力气～在关键guānjiàn的地方｜힘을 관건이 되는 곳에 쓰다. ¶～拖拉机耕种gēngzhòng｜트랙터를 사용하여 경작하다. ¶～坏↓ ❷ 動 …에게 …하도록 하다. 어법 반드시 겸어(兼語)가 있어야 됨. ¶～大家满意｜모두들 만족하게 하다. ¶虚心～人进步, 骄傲jiāoào～人落后｜겸손은 사람을 진보하게 하고, 교만은 사람을 낙후되게 한다. ¶打开窗户～空气流通｜창문을 열어서 공기가 통하게 하다→〔叫jiào⑩〕〔令lìng③〕〔让ràng⑥〕 ❸ 사절. 외교관. ¶大～｜대사. ¶专～｜특사.〕 ❹ 가령. 만일. ¶假～｜…이라고 하여도. ¶纵zòng～｜가령 …이라도.

【使不得】shǐ·bu·de 動組 ❶ 쓸 수 없다. 못쓰게 되다. ¶情况变了, 老办法～了｜상황이 변했기 때문에 낡은 방법은 쓸 수가 없게 되었다. ¶这枝笔～了, 笔尖都秃tū了｜이 붓은 못쓰게 되었다. 붓끝이 다 모지라졌다. ❷ 써서는 안된다. 바람직하지 않다. ¶病还没好, 去上班可～｜병이 다 낫지 않았으니 출근하는 것은 좋지 않다.

【使不了】shǐ·buliǎo 動組 ❶ 다 쓸 수 없다. ¶～这么许多｜이렇게 많은 걸 다 쓸 수는 없다. ❷ ⇒〔使不上〕

【使不上】shǐ·bushàng 動組 쓸 수 없다. 사용할

수 없다. 쓸 방법이 없다. 할 수 없다. ¶想尽方法却都～ | 온갖 방법을 다 생각해보았으나 맞게 쓸 수가 없다 =〔使不了②〕⇔〔使得上〕

【使臣】shǐchén 名 ❶ (외교) 사신. ¶派～去求和 | 사신을 파견하여 화평을 구하다. ❷ 송대(宋代)때 범인 체포를 맡았던 무관(武官).

【使出】shǐchū 動 (힘·지력 따위를) 발휘하다. 쓰다. ¶～最后一点力气 | 마지막 남은 힘을 다하다.

3【使得】shǐ·de ❶ ⓐ 動 사용할 수 있다. ¶这录音器～使不得? | 이 녹음기는 쓸 수 있느냐? ⓑ 形 통하다. 좋다. 알맞다. ¶这办法倒～ | 이 방법이 오히려 통한다. ¶没人照顾孩子, 那可使不得 | 아이를 돌볼 사람이 없다니 그게 될 말인가? ❷ 動 (의도·계획·사물 따위가) …한 결과를 낳다. …하게 하다. 어법 목적어로 절을 취함.「由于…, 使得…」의 경우에는「使得」앞에는 주어가 오지 않음. ¶紧张的工作～他更加消瘦xiāoshòu了 | 긴장된 작업 때문에 그가 더욱 수척해졌다. ¶由于气候突然变化, ～班机起航时间推迟了三个小时 | 갑작스런 기후 변화로 정기 항공편의 이륙 시간이 세 시간 지연되었다.

【使得上】shǐ·de shàng 動組 (실제로) 쓸 수 있다. 이용할 수 있다. 적용할 수 있다. ¶这个法子可以～ | 이 방법은 써볼 수 있다 ⇔〔使不上〕

【使馆】shǐguǎn 名 대사관 또는 영사관. 공관. ¶下午我去～办事儿 | 오후에 일 보러 대사관에 간다 =〔書使署〕

【使坏】shǐ/huài 動 口 ❶ 흉계를 꾸미다. 교활한 수단을 부리다. 남을 모해하다. ¶这老鬼经常～ | 이 늙다리는 항상 남을 모해한다. ¶怎能给他～呢 | 어떻게 그를 모해할 수 있느냐. ❷ 고장내다. 못쓰게 만들다. ¶他把那个机器～了 | 그가 저 기계를 고장냈다.

【使唤】shǐ·huan 動 ❶ (남을) 부리다. 심부름시키다. ¶这个人不好～ | 이사람은 심부름 시키기 좋지 않다. ¶～他做一件事 | 그에게 한가지 일을 하도록 시키다. ❷ 口 (도구·가축·따위를) 부리다. 다루다. ¶～这种工具比较省力 | 이런 도구를 쓰면 비교적 힘이 덜 든다. ¶～黄牛拉车 | 황소가 수레를 끌게 하다.

4【使节】shǐjié 名 사절. ¶外交～ | 외교 사절

3【使劲(儿)】shǐ/jìn(r) 動 힘을 쓰다. ¶～拉 | 힘껏 잡아 당기다. ¶别～了 | 너무 힘 주지마.

【使君子】shǐjūnzǐ 名〈植〉사군자 [만생(蔓生) 상록수의 일종] =〔留求子〕

4【使命】shǐmìng 名 사명. ¶历史～ | 역사적 사명. ¶完成～ | 사명을 완수하다.

【使奴唤婢】shǐnú huànbì 動組 하인을 부리다. 몸종을 부리다.

【使女】shǐnǚ 書 名 하녀. 몸종. ¶身边有几个～ | 주변에 몸종이 몇 명 있다.

【使皮气】shǐ pí·qi ⇒〔使脾气〕

【使脾气】shǐ pí·qi 動組 신경질내다. 화내다. ¶她爱～ | 그녀는 신경질을 잘 낸다 =〔发脾气〕〔使皮气〕〔闹脾气①〕

【使钱】shǐ/qián ❶ 돈을 쓰다. ❷ 교제비를 쓰다.

【使然】shǐrán 書 動 그렇게 되게하다. …시키다. ¶这是国际情势～ | 이것은 국제 정세로 인한 것이다.

【使徒】shǐtú 名〈宗〉사도.

【使心眼儿】shǐ xīnyǎnr 動組 계략을 쓰다. 수단을 부리다. (나쁜 방면으로) 머리를 굴리다. ¶他打小就会～ | 그는 어렸을 적부터 머리를 잘 굴렸다.

【使性(子)】shǐ/xìng(·zi) 動 성을 내다. 성질을 부리다. ¶干什么事都不能～ | 무슨 일을 하더라도 성질을 부려서는 안된다 =〔使性儿〕〔使性气〕

【使羊将狼】shǐ yáng jiàng láng 成 양에게 이리를 부리게 하다. 통솔 능력이 모자라다.

【使役】shǐyì 書 動 (소·말 따위를) 부리다.

1【使用】shǐyòng 名 動 사용(하다). ¶这种教具已在许多学校广泛～ | 이런 교구는 이미 많은 학교에서 사용하고 있다. ¶资金～得不当 | 자금이 부당하게 사용되었다.

【使用价值】shǐyòng jiàzhí 名組〈經〉사용 가치.

【使着儿】shǐ/zhāor 動 수를 쓰다. 수단을 부리다. ¶他～把钱骗到了手 | 그는 수를 써서 그 돈을 사기쳐 손에 넣었다 =〔使招儿〕

【使者】shǐzhě 書 名 사절(使節). ¶绿衣～ =〔邮差〕| 우편 배달부의 다른 이름.

【使之】shǐzhī 書 動組 …하게 하다. …하도록 하다 [「之」는 실제로 아무 것도 가리키지 않는 경우가 대부분임] ¶总结经验, 肯定成绩, 克服缺点, ～更好地成长 | 경험한 바를 총결산하여, 이룬 바를 긍정하고, 결점은 극복함으로써 더욱 훌륭하게 성장하도록 하다.

3【驶(駛)】shǐ 달릴 사, 빠를 사

動 ❶ 書 (차·배 등 교통수단이) 빨리 달리다. 질주(疾走)하다. 어법 일반적으로 목적어를 취하지 않고 부사어나 보어를 동반함. ¶火车急速地～向前方 | 기차가 매우 빠르게 앞으로 달려가다. ❷ 운전하다. 조종하다. ¶～船 | 배를 몰다. ¶驾jià～ | 운전하다. ¶行～ | 운항하다.

【驶向】shǐxiàng 動 (배 따위를) …로 향하(게 하)다. ¶～上海 | 상해로 항로를 잡다.

【矢】shǐ 살 시, 맹세할 시

❶ 名 살. 화살. ¶弓～ | 활과 화살 =〔箭jiàn①〕 ❷ 名 똥. 대변. ¶遗～ | 대변을 보다 =〔屎①〕 ❸ 書 動 맹세하다. 굳게 지키다. ¶～以天日 | 태양을 걸고 맹세하다. ¶～口否认↓

【矢车菊】shǐchējú 名〈植〉센토레아.

【矢口】shǐkǒu 書 動 ❶ 맹세하다. 서언(誓言)하다. ❷ 자기 주장을 견지하다〔굳게 지키다〕.

【矢口否认】shǐ kǒu fǒu rèn 成 맹세코 부인하다. ¶事后他竟～ | 일이 난 후에 그는 의외로 완강히 부인한다.

【矢量】shǐliàng 名〈數〉〈物〉벡터(vector).

【矢石】shǐshí 名 (고대에 무기로 쓰였던) 화살과 돌. ¶～如雨 | 화살과 돌이 비오듯 쏟아지다.

【矢志】shǐzhì 書 動 뜻을 세우다. 포부를 가지다. ¶～于科学 | 과학에 뜻을 두다.

【矢志不移】shǐ zhì bù yí 成 의지가 굳다. 의지〔절개〕를 굽히지 않다. ¶我要～地推动政治民主

化｜우리는 뜻을 굽히지 말고 정치민주화를 추진해야 한다.

【弛】shǐ ☞ 弛 chí

【豖】shǐ 돼지 시
書名돼지. 성돈(成豚) [「豚tún」은 작은 돼지를 말함]＝〔猪zhū〕〔豨xī〕

【豖膏】shǐgāo 書名돼지의 지방. 돼지 비계.

【豖喙】shǐhuì 書名돼지 주둥이처럼 삐죽 나온 입. 喩욕심이 많을 상(相). ¶虎目而～｜퉁방울 같은 눈에 삐죽나온 입.

【豖突】shǐtū 書動돼지처럼 무모하게 돌진하다. 앞뒤 가리지 않고 행동하다.

【豖猪】shǐzhū 書名멧돼지. 산돼지.

1【始】shǐ 처음 시, 비로소 시
❶名시초. 시작. 최초. ¶～终↓ ¶有～有终｜시종일관하다. 유종의 미를 거두다⇔〔终zhōng①〕
❷副겨우. 비로소. ¶不断进取，～能有所成就｜끊임없이 적극적으로 일을 해야 비로소 이룰 수 있다→〔才〕 ❸書動시작하다. ¶不知～于何时｜언제 시작되었는지 모르다. ¶自今日～｜금일부터 시작하다. ❹(Shǐ) 名성(姓).

【始创】shǐchuàng 動처음으로 시작하다. 창시되다. ¶乒乓球运动～于十九世纪末｜탁구는 19C 말에 창시되었다.

【始料不及】shǐ liào bù jí 成(일의 추이를) 처음에는 예상치 못하다. ¶这是他～的｜이것은 그가 당초에는 예상치 못했던 일이다.

【始乱终弃】shǐ luàn zhōng qì 成(여자를) 농락하고는 버리다. 이용한 후에 버리다.

【始末】shǐmò 名(일의) 시말. 처음과 끝. (사건의) 전말. 경과. ¶了解事件的～｜사건의 전말을 이해하다. ¶～缘由＝〔始末根由〕｜일의 순서. 일의 경위 ＝〔始终①〕

【始业】shǐyè 動시업하다. 학업을 시작하다. ¶春季～｜봄학기제. ¶秋季～｜가을학기제.

2【始终】shǐzhōng ❶名시종. 시말. 처음과 끝. ¶把这种精神贯穿～｜이러한 정신을 처음부터 끝까지 관철하다 ＝〔始末〕 ❷副처음부터 한결같이. 언제나. 결국. 끝내. 늘. ¶～坚持自己的主张｜자기의 주장을 끝까지 견지하다. ¶他～没来｜그는 결국 오지 않았다. 어법「始终」과「一直」의 차이. ⓐ「一直」뒤의 동사는 시간을 나타내는 말을 보어로 가질 수 있으나「始终」은 그러하지 않음. ¶大雪始终下了三天(×) ¶大雪一直下了三天｜큰 눈이 연이어 3일간 왔다. ⓑ「一直」는 미래의 동작에도 쓸 수 있으나「始终」은 주로 과거와 현재의 동작에 주로 쓰임. ¶我打算在这儿始终住下去(×) ¶我打算在这儿一直住下去｜나는 이곳에 계속 살 예정이다.

【始终不懈】shǐ zhōng bù xiè 成언제나 해이함이 없다. 계속 꾸준하다. ¶～地提前完成了生产计划｜언제나 꾸준히 노력하여 생산 계획을 앞당겨 완수하였다.

【始终不渝】shǐ zhōng bù yú 成한결같다. 변함없다. 시종 여일(始終如一). 시종 일관(始終一貫). ¶～地坚持原则｜한결같이 원칙을 견지하다.

【始祖】shǐzǔ 名시조. 개조(開祖). 비조(鼻祖). ¶这庙的～已不可考｜이 절의 시조는 이미 알아 볼 수가 없다.

【始祖马】shǐzǔmǎ 名〈動〉에오히푸스(eohippus).

【始祖鸟】shǐzǔniǎo 名〈鳥〉시조새.

【始作俑者】shǐ zuò yǒng zhě 成처음으로 순장(殉葬)에 쓰이는 나무 인형을 고안한 사람. 악례(惡例)를 창시한 사람. ¶他是这种坏风气的～｜그가 이런 나쁜 풍조를 창시한 놈이다.

4【屎】shǐ 똥 시
名❶똥. 대변. ¶拉lā～｜똥을 누다. ¶马～｜말똥→〔粪fèn①〕 ❷轉눈·귀의 분비물. ¶眼～｜눈곱. ¶耳～｜귀지. ❸罵方똥같은 놈. 쓸모없는 놈. ¶～包↓ ¶～蛋↓

【屎包】shǐbāo 名罵식충이. 먹보. 밥벌레.

【屎蛋】shǐdàn 名罵개똥같은 자식.

【屎蚵郎】shǐ·keláng 名方〈蟲〉말똥구리. 쇠똥구리 ＝〔蜣qiāng郎〕〔屎蚵郎〕

【屎壳郎】shǐ·kelàng 名方〈蟲〉말똥구리. 쇠똥구리 ＝〔蜣郎〕〔屎蚵郎〕

shì ㄕˋ

2【士】shì 선비 사
❶名옛날, 공경대부(公卿大夫)와 서민의 중간에 있는 계층. 지식인. 독서인. 선비. ¶～农工商｜사농공상＝〔绅shēn士〕 ❷名미혼 남자에 대한 미칭(美稱). ¶～女↓ ❸名(군대의) 하사관 계급. ¶上～｜상사. ¶下～｜하사→〔军衔〕 ❹사람에 대한 미칭. ¶壮～｜장사. ¶女～｜여사. ❺尾어떤 전문적인 기술·자격을 갖춘 사람. ¶医～｜의사. ¶飞行～｜비행사. ❻병사. 군인. ¶～兵↓ ❼(Shì) 名(姓). ❽복성(複姓) 중의 한 자(字). ¶～孙↓

3【士兵】shìbīng 名〈軍〉사병. 병사. ¶不想当将军的～不是好～｜장군이 되려고 하지 않는 병사는 좋은 병사가 아니다.

【士大夫】shìdàfū 書名❶사대부. ❷옛날, 군대의 장교. ❸사족(士族). 문벌이 좋은 집안. 선비 집안. ¶他出身于～家族｜그는 선비 집안 출신이다＝〔士族〕

【士担】shìdān 名外스탬프. 우표 ＝〔邮票〕

【士麦拿】Shìmàiná 名外〈地〉스미르나(Smyrna) [터키의 에게해(Aege海)에 면한 항만 도시]＝〔士麦拿〕〔伊斯米尔〕〔伊士麦〕〔伊兹密尔〕

【士敏土】shìmǐntǔ 名外시멘트(cement)＝〔水泥〕〔江水门汀〕

【士女】shìnǚ 書名❶고대(古代), 처녀 총각. 신사 숙녀. ❷미인도. ¶～图｜미인도＝〔仕女②〕

【士气】shìqì 名사기. ¶～旺盛wàngshèng｜사기가 왕성하다. ¶鼓舞gǔwǔ～｜사기를 고무 시키다.

【士人】shìrén 書名❶선비. 지식인. ❷남자. ❸백성.

【士绅】shìshēn 書名❶지방의 재산가나 권력가. ❷신사 ‖＝〔绅士〕

【士孙】Shìsūn 名 복성(複姓).
【士为知己者死】shì wèi zhī jǐ zhě sǐ 成 선비는 자기를 알아 주는 사람을 위해 죽는다. ¶～, 既然您赏识shǎngshí我, 兄弟xiōngdi一定卖命干 | 선비는 자기를 알아주는 사람을 위해 죽는다고 하는데 당신께서 저를 알아주시니 저는 목숨을 다해 하겠습니다.
【士卒】shìzú 書 名 병사. 사졸. ¶身先～ | 成 스스로 병사의 선두에 서다.

【仕】shì 벼슬할 사, 살필 사
書 動 임관(任官)하다. 벼슬을 하다. ¶終身不～ | 평생 벼슬을 하지 않다 ＝[出任]
【仕宦】shìhuàn 書 動 벼슬을 하다. 관리가 되다. ¶～行台 | 벼슬아치 숙소. ¶～之家＝[仕宦人家] | 벼슬아치 가문.
【仕进】shìjìn 書 動 벼슬길에 들어서다. ¶力求～ | 힘써 벼슬길을 구하다.
【仕女】shìnǚ 名 ❶ 궁녀(宮女). ❷〈美〉(동양화에서의) 미인도(美人圖)＝[士女②] ❸ 신사 숙녀 [옛날, 미혼 남녀를 가리키는 말임]
【仕途】shìtú 書 名 벼슬길. 관도(官途). ¶～坎坷kǎnkě, 沉浮不定 | 벼슬길이 어렵고 부침이 심하다＝[仕路]

3【氏】shì zhī 씨 씨, 나라이름 지
Ⓐ shì 名 ❶ 성(姓). 씨 ¶康～ | 강씨. ¶张～ | 장씨. ❷ 기혼 여성의 친가(親家) 성씨 뒤에 붙여 쓰는 칭호 [친가 성씨 앞에는 남편의 성이 옴] ¶张李～ | 장이씨. ❸ 제왕·귀족 등에 붙이던 칭호 [지금은 명사(名士)·전문가 등을 부르는데 쓰임] ¶神农～ | 신농씨. ¶顾～ | 고씨 [고염무(顧炎武)] ❹ 고대(古代) 세습 관명(官名)에 붙이던 칭호. ¶太史～ | 태사씨. ¶职zhí方～ | 직방씨. ❺ 敬 성이나 이름에 붙여 상대를 높임. ¶张三～ | 장삼씨. ❻ 書 친족 호칭 뒤에 붙여 자신의 친족임을 나타냄. ¶舅～ | 나의 외삼촌. ¶母～ | 우리 어머니. ❼ (Shì) 성(姓).
Ⓑ zhī ⇒[阏yān氏][月氏]
【氏谱】shìpǔ 名 족보(族譜).
【氏族】shìzú 名 씨족. ¶～制度 | 씨족 제도. ¶～社会 | 씨족 공동체. ¶～公社 | 씨족 공동 사회. ¶～言 | 〈言〉씨족어.

【舐】shì 핥을 시
書 動 ❶ 핥다. ❷ 喩 아첨하다. ¶老牛～犊dú | 어미소가 송아지를 핥다. 喩 자식을 지극히 사랑하다→[舔tiǎn]
【舐犊】shìdú 動 (어미소가) 송아지를 핥아주다. 喩 자식을 지극히 사랑하다. ¶～情深 | 사랑이 지극하고 정이 깊다.
【舐痔吮痈】shì zhì shǔn yōng 成 치질을 핥고 악창(惡瘡)을 빨다. 지독히 아첨하다. ¶他不惜～, 巴结bājiē权贵 | 그는 치질을 핥고 악창을 빠는 것을 마다않고 권세와 부귀에 아첨한다.

1【世】shì 인간 세
❶ 名 (역사적으로 구분된) 시대. ¶近～ | 근세. 근대. ¶当～ | 당대. ❷ 名 평생. 생애. ¶人生一～ | 사람의 한평생. ❸ 名 세계. 우주. 세상. ¶～上↓ ¶公之于～ | 세상에 공표하다. ❹ 대대로 전해오는. ¶～交↓ ¶～仇↓ ❺ 量 대. 세 [부자(父子)의 상속(相續)을 세는 말] ¶第九～孙 | 9대손. ❺ 대대로 사귐이 있는. ¶～兄↓ ❻ (Shì) 名 성(姓).
【世仇】shìchóu 書 名 대대로 내려오는 원한. ¶他们两家有～ | 그들 두 집안에는 대대로 내려오는 원한이 있다.
【世传】shìchuán ❶ 動 세전하다. 대대로 전하다 [전하여 내려오다]. ¶～秘方 | 가전(家傳) 비방. ❷ 名 대대로 전해 내려오는 것.
4【世代】shìdài 名 ❶ 세대. 연대(年代). ❷ 대대. 여러 대. ¶～书香 | 喩 대대로 내려오는 학자 집안. ¶～相传 | 대대로 전하다. ¶他家世世代代务农 | 그의 집안은 대대로 농업에 종사하고 있다.
【世代交替】shìdài jiāotì 動組〈生〉세대가 교체되다. ¶～, 推陈出新 | 세대가 바뀌어지니 옛 것이 가고 새 것이 나오다＝[世代交番]
【世道】shìdào 名 세상살이. 세상 형편. 사회 상황 [양상]. ¶～衰微shuāiwēi | 成 세도가 쇠미하다. ¶好～ | 좋은 세상. ¶这是什么～? | 무슨 세상살이가 이러하냐? ¶不满意～ | 세태에 불만을 갖다.
【世风】shìfēng 書 名 세상의 기풍. 사회풍조. ¶社会动乱, 教育荒废huāngfèi, ～日下 | 사회가 어지럽고 교육이 황폐화되니 세상의 기풍이 날로 나빠져 간다. ¶～好转 | 세상의 기풍이 좋아지다.
【世故】ⓐ shìgù 名 세상사. 속세의 일. 세상 물정. ¶这人很知～ | 이 사람은 대단히 세상 물정에 밝다. ¶老于～ | 세상 물정에 밝다. ¶人情～ | 인정세태.
ⓑ shì·gu 形 처세술에 능하다. 요령이 있다. ¶他很～ | 그는 처세술이 능하다.
2【世纪】shìjì 名 ❶ 세기. ¶二十～ | 20세기. ¶～的大人物 | 세기적 대인물→[年代②] ❷ 轉 시대. 연대.
【世纪末】shìjìmò 名 ❶ 세기말 [(유럽의) 19세기 말엽] ❷ 한 세기의 끝. ¶15～叶 | 15세기 말엽. ❸ (사회가) 몰락·퇴폐해 가는 단계. 말세기. ¶～的现象 | 세기말적 현상.
【世家】shìjiā 名 ❶ 세가. 명문. 이름 있는 가문. ¶～子弟 | 명문자제. ¶他虽是个～, 累代清官, 家无余积 | 그는 비록 명문 집안이지만 누대에 걸친 청백리에 남아있는 재산이 거의 없다＝[世门] ❷ 세가. 사기(史記)속의 제후에 관한 전기→[本纪][列传]
【世间】shìjiān 名 세간. 세상.
【世交】shìjiāo 名 ❶ 전대부터 교분이 있는 사람 또는 집안. ¶我们两家是～ | 우리 두 집안은 대대로 교분이 있는 집안이다. ❷ 2대(代)이상의 교분. ¶我们是～ | 우리 사이는 아버지 대부터 이어 온 교분입니다 ‖＝[世谊][世好hǎo]
1【世界】ⓐ shìjiè 名 ❶ 세계. 세상. ¶面向～ | 세계를 향하다. ¶～各族人民 | 세계 각 종족 사람. ¶～记录 | 세계 기록. ❷〈佛〉우주(宇宙). ¶大千～ | 대천. 세계. ¶极乐～ | 극락 세계. ❸ 사

회의 형세·풍기(風氣). ¶现在的~, 已经不允许帝国主义者为所欲为了 | 지금 세상은 이미 제국주의자들이 하고 싶은 대로 하게 허락하지 않는다. ❹ 영역. 활동 범위. ¶内心~ | 내심의 세계. ¶主观~ | 주관의 세계. ¶动物~ | 동물 세계. ¶儿童~ | 아동의 세계.

ⓑ shì·jie 名 각지. 각처(各處). 곳곳. ¶一~ =〔满世界〕| 곳곳. 어디나. ¶满~跑 | 각지를 쏘다니다. ¶弄了一~水 | 온통 물바다로 만들었다.

【世界报】Shìjièbào 名〈新放〉르 몽드(Le Monde) [1944년 파리에서 창간된 프랑스의 유력 신문]

【世界船舶等级协会】Shìjiè Chuánbó Děngjí Xiéhuì 名組 로이드 선급 협회.

【世界大学生运动大会】Shìjiè Dàxuéshēng Yùndòng Dàhuì 名組 유니버시아드(Universiade). 국제 학생 체육 대회.

【世界大战】shìjiè dàzhàn 名組 세계 대전. ¶第一次~ | 제1차 세계 대전. ¶发生第二次~ | 제2차 세계 대전이 발발하다.

【世界工会联合会】Shìjiè Gōnghuì Liánhéhuì 名組 세계 노동 조합 연맹(W.F.T.U.).

4【世界观】shìjièguān 名〈哲〉세계관 =〔宇宙观〕

【世界时】shìjièshí 名 세계시. 그리니지시=〔外格林威治时间〕

【世界市场】shìjiè shìchǎng 名組〈經〉세계 시장. 국제 시장. ¶结成共同的~ | 국제 공동 시장을 결성하다.

【世界卫生组织】Shìjiè Wèishēng Zǔzhī 名組 세계 보건 기구(W.H.O).

【世界小姐】shìjiè xiǎo·jie 名組 미스 유니버스(Miss Universe) =〔世姐〕

【世界语】shìjièyǔ 名〈言〉에스페란토(Esperanto) =〔爱世语〕

【世界运动(大)会】Shìjiè Yùndòng(Dà)huì 名組 올림픽 대회(Olympic Games) =〔外奥林匹克运动会〕

【世局】shìjú 名 세계 정세. 세상의 판국. ¶~不稳 | 세계 정세가 안정되지 않다.

【世面】shìmiàn 名 세상 형편. 세상 물정. 사회 상황. ¶没见过~ | 세상 물정을 모르다. ¶经风雨, 见~ | 시련을 겪어 세상 물정을 알다.

【世情】shìqíng 名 세정. 사회 상황. 세상 물정. ¶不晓xiǎo~ | 세상 물정을 모르다.

【世人】shìrén 名 세인. 세상 사람. ¶干出这等事儿, 会让~耻笑chīxiào的 | 이러한 일을 저지르면 세인들의 멸시와 비웃음을 살 것이다.

【世亲】shìqīn 名 대대로 이어져 오는 친척관계. ¶他们是~ | 그들은 대대로 친척관계이다.

【世上】shìshàng 名 세상. ¶~人 | 세상 사람. ¶~无难事, 只怕有心人=〔世上无难事, 只怕心不专〕〔世上无难事, 只要肯登攀〕| 諺 마음만 먹으면 세상에 못할 일이 없다→〔天下①〕

【世事】shìshì 名 세(상)사. 세상일. ¶不问~ | 세상사를 상관하지 않다. ¶谈论~ | 세상사를 얘기하다.

【世俗】shìsú 名 ❶ 세속. 세상의 풍속. ¶~之见 | 일반적인 견해. ¶~剧 | 통속극. ¶~纯厚 | 세속이 순박하다. ❷ 세상 사람.

【世态炎凉】shì tài yán liáng 成 염량세태. 권세가 있을 때는 아부하고, 몰락하면 푸대접하는 세상 인심. ¶~, 人心难料啊! | 염량세태이니 인심을 알기 어렵도다!

【世外桃源】shì wài táo yuán 成 ❶ 무릉도원. 도원경. 도원향. 유토피아→〔桃源①〕 ❷ 喩 은둔처. 은거하는 곳.

【世袭】shìxí 動 세습하다. 대대로 전하다. ¶爵位juéwèi可以~, 聪明才智却无法~ | 벼슬자리는 세습할 수 있어도, 총기와 지혜는 세습할 수 없다. ¶~制度 | 세습 제도. ¶~的特权 | 대대로 전해오는 특권.

【世系】shìxì 名 세계. 대대의 계통 =〔世统〕

【世兄】shìxiōng 名 ❶ 친구의 아이들에 대한 호칭. ¶大~ | 댁의 큰아드님. ¶~们都多大了? | 아드님들은 모두 몇 살이나 되었읍니까? ❷ 스승의 아들 또는 아버지의 제자에 대한 호칭.

【世医】shìyī 名 대대로 의업에 종사하는 한의(漢醫) 또는 그 집. ¶他家是~, 有许多秘方 | 그의 집안은 대대로 내려오는 한의 집안이라서 비방을 많이 갖고 있다.

【世运(大)会】Shìyùn (Dà)huì ⇒〔奥ào林匹克运动会〕

【世子】shìzǐ 名 세자. 천자·제후의 적자(嫡子).

【世族】shìzú 名 세족. 대대로 벼슬을 한 집안. ¶他出身~, 官至宰相zǎixiàng | 그는 권문세가 출신인데다 벼슬이 재상에 까지 이르렀다.

【世尊】Shìzūn 名 敬〈佛〉세존. 석가 세존 =〔释shì尊〕

【贳(貰)】shì 외상으로살 세

書 動 ❶ 세내다. 빌려주다. ¶~器店↓ ❷ 외상으로 사다. ¶~酒↓ ❸ (죄를) 용서하다. 사면하다. ¶~赦↓

【贳酒】shìjiǔ 動 외상으로 술을 받다.

【贳器店】shìqìdiàn 名 (관혼상제용의) 그릇을 세주는 가게.

【贳赦】shìshè 動 죄를 용서하다.

1 ## 【市】shì 저자 시

❶ 名 시장. 저자. ¶夜~ | 야시장. ¶上~ | (물건이) 시장에 나오다. ¶前~ | (증권 거래소 등에서) 전장(前場). ❷ 名 시 [행정 구획의 하나] ¶北京~ | 북경시. ¶~长 | 시장. ❸ 名 도시. 도회. ¶~容↓ ¶大城~ | 대도시. ❹ 頭 도량형(度量衡)의 「市制」앞에 붙임. ¶~尺↓ ¶~分↓ ¶~斤↓ ❺ (Shì) 名 성(姓).

【市布】shìbù 名〈紡〉가공하지 않은 면직물의 일종. 옥양목.

【市廛】shìchán 書 名 시가(市街). 상가(商街).

2【市场】shìchǎng 名 ❶ 시장. ¶釜山国际~ | 부산 국제시장. ¶海外~ | 해외 시장. ¶农贸~ | 농수산물 시장. ¶~价格 | 시장 가격. ¶销售xiāoshòu~ | 판매시장. ¶推广~ | 시장을 확장하다→〔商场①〕 ❷ 喩 사상이나 사물이 통하는 장소. 받아들여질 여지. ¶全盘西化的论调已经没有~了 | 완전히 서구화된 논조는 이미 받아들여

질 여지가 없다.

【市秤】shìchèng 名「市制」로 표시된 저울. ¶这地方都用~计量 | 이 지방은 시칭으로 양을 잰다.

【市尺】shìchǐ 量〈度〉자. 척(尺) [1「市尺」는 10「市寸」으로 1/3「米」(미터)에 해당]

【市寸】shìcùn 量〈度〉치. 촌(寸) [1「市寸」은 1/10척(尺)으로 1/3「分米」(데시미터)에 해당]

【市撮】shìcuō 量〈度〉「市制」의 용량 단위 [통칭「撮」라고 하며, 1「市撮」는 1「毫升」(밀리미터)에 해당]

【市石】shìdàn 量〈度〉한 섬 [1「市石」은 10「市斗」(말)로 1「百升」(헥토리터)에 해당]

【市担】shìdàn 量〈度〉「市制」의 무게 단위 [통칭「担」이라고 하며 1「市担」은 100「市斤」으로 1/2「公担」(퀸틀)에 해당]

【市电】shìdiàn 名 ❶ 도시 가정용 전기. ❷ 시내 전차.

【市斗】shìdǒu 量〈度〉말 [1「市斗」는 10「市升」(되)으로 1「十升」(데카리터)에 해당]

【市房】shìfáng 名 方 가게방. 점방. ¶想租~开一个铺子 | 가게방을 빌려 점포를 하나 내려고 한다→[铺pù面房]

【市分】shìfēn 量〈度〉푼. ❶ 길이 단위 [1「市分」은 10「市厘」로 1/3「厘米」(센티미터)에 해당] ❷ 무게 단위 [1「市分」은 10「市厘」로 1/2「克」(그램)에 해당 구제(舊制)에서는 1「市分」이 1/1600「市斤」이었음] ❸ 면적 단위 [1「市分」은 6「平方市丈」으로 2/3「公亩」(아르)에 해당]

【市合】shìgě 量〈度〉홉 [1「市合」는 10「市勺」로 1「分升」(데시리터)에 해당]

【市毫】shìháo 量〈度〉호(毫). ❶ 길이 단위 [1「市毫」는 10「市丝」로 1/3「丝米」(데시밀리미터)에 해당] ❷ 무게 단위 [1「市毫」는 10「市丝」로 1/2「厘克」(센티그램)에 해당. 구제(舊制)에서는 1「市毫」가 1/160000「市斤」이었음]

【市集】shìjí ❶ 名 장(場). (농촌이나 소도시의) 정기 시장 =[集市] ❷ ⇒[市镇]

【市价】shìjià 名 시가. 시장 가격. ¶以低于~的价钱购进一批东西 | 시가보다도 적은 가격에 한 무더기 물건을 사들이다.

【市郊】shìjiāo 名 교외(郊外). ¶他住在~ | 그는 교외에서 산다.

【市斤】shìjīn 量〈度〉근(斤) [1「市斤」은 10「市两」으로 1/2「公斤」(킬로그램)에 해당. 구제(舊制)에서는 1「市斤」이 16「市两」이었음]

【市井】shìjǐng 書 名 시정. 시가(市街). ¶艺人说唱于~ | 예인이 시정에서 설창을 하다. ¶~小人 | 시정의 속인. ¶~无赖 | 시정의 무뢰한. ¶~之徒 | 시정 잡배.

【市厘】shìlí 量〈度〉리(釐). ❶ 길이 단위 [1「市厘」는 10「市毫」로 1/3「毫米」(밀리미터)에 해당] ❷ 무게 단위 [1「市厘」는 10「市毫」로 1/2「分克」(데시그램)에 해당. 구제(舊制)서는 1「市厘」가 1/16000「市斤」이었음]

【市里】shìlǐ 量〈度〉리(里) [1「市里」는 15「市引」으로 1/2「公里」(킬로미터)에 해당]

【市立】shìlì 名 시립. ¶~学校 | 시립 학교. ¶~医院 | 시립 병원.

【市两】shìliǎng 量〈度〉량(兩) [1「市两」은 10「市钱」으로 1/2「百克」(헥토그램)에 해당. 구제(舊制)에서는 1「市两」이 1/16「市斤」이었음]

【市面(儿)】shìmiàn(r) 名 ❶ 시장 상황. 상황(商況). ¶~繁荣fánróng | 시황이 번창하다. ¶~萧条xiāotiáo | 불경기이다. 시황이 침체되었다. ❷ 길. 시가지. ¶~很混乱hùnluàn | 길이 아주 혼란스럽다.

4【市民】shìmín 名 시민. ¶这儿的~乘车很不方便 | 여기의 시민들은 차 타는 것이 아주 불편하다.

【市亩】shìmǔ 量〈度〉무(畝) [1「市亩」는 10「市分」으로 6.667「公亩」(아르)에 해당]

【市盘】shìpán 名 시세. 시가(時價).

【市钱】shìqián 量〈度〉돈 [1「市钱」은 10「市分」으로 1/2「十克」(데카그램)에 해당. 구제(舊制)에서는 1「市钱」이 1/160「市斤」이었음]

【市顷】shìqǐng 量〈度〉경(頃) [1「市顷」은 100「市亩」로 6 2 3「公顷」(헥타르)에 해당]

【市区】shìqū 名 시가 지역. 시내 지역. ¶~的房租较贵 | 시내 지역은 집세가 비교적 비싸다. ¶~月票 | 시내 정기권(定期券)⇔[郊区]→[城区]

【市容】shìróng 書 名 도시의 모습[면모]. ¶蔚山~比前几年更加美丽了 | 울산시의 면모가 몇년 전보다 한층 아름다와졌다.

【市勺】shìsháo 量〈度〉「市制」의 용량 단위 [통칭「勺」는 10「市撮」로 1「厘升líshēng」(센티리터)에 해당]

【市升】shìshēng 量〈度〉되 [1「市升」은 10「市合」로 1「升」(리터)에 해당]

【市丝】shìsī 量〈度〉사(絲). ❶ 길이 단위 [1「市丝」는 1/3「忽米」(센티밀리미터)에 해당] ❷ 무게 단위 [1「市丝」는 1/10「市毫」로 1/2「毫克」(밀리그램)에 해당. 구제(舊制)에서는 1「市丝」가 1/1600000「市斤」이었음]

【市肆】shìsì 書 名 (시내의) 상점. ¶~林立 | 시내에 상점이 빽빽이 들어서 있다.

【市委】shìwěi 名 簡 (중국 공산당의)「市党委员会」(시당위원회)의 약칭.

3【市长】shìzhǎng 名 시장.

【市丈】shìzhàng 量〈度〉장(丈) [1「市丈」은 10「市尺」로 1/3「十米」(데카미터)에 해당]

【市招】shìzhāo 名 옛날에 상점 문밖에 내걸었던 헝겊으로 만든 간판. ¶~飘荡piāodàng | 헝겊으로 된 상점 간판이 펄럭이다.

【市镇】shìzhèn 名 장거리 마을. 큰마을. 읍. ¶~居民买粮不便 | 큰마을의 주민들은 양식 사기가 불편하다 =[市集②]

【市政】shìzhèng 名 시정. 도시 행정.

【市制】shìzhì 名〈度〉중국의 전통적 도량형 제도에「公制」(미터법)의 요소를 가미하여 1929년에 제정한 도량형 제도 [주요 단위와 미터법과의 관계는 다음과 같음. 길이;1「市尺」=1/3m, 무게;1「市斤」=1/2kg, 용량;1「市升」=1l] =[市用制][俗 一二三制]→[国际公制]

2【柿〈柹〉】shì 감나무 시

名〈植〉❶ 감나무. ❷ 감=[柿子] ❸ ⇒[西红柿]

【柿饼(儿)】shìbǐng(r) 名 곶감 =〔柿饼子〕〔柿干〕〔更饼〕
【柿饼子】shìbǐng·zi ⇒〔柿饼(儿)〕
【柿霜】shìshuāng 名 곶감 거죽에 돋은 하얀 가루. ¶~饼｜〈食〉곶감의 시설(柿雪)을 모아서 만든 과자.
【柿子】shì·zi 名〈植〉❶ 감나무. ❷ 감. ¶西红~ =〔番茄fānqié〕｜토마토.
【柿子椒】shì·zijiāo 名〈植〉피망. ¶红~｜빨간 피망 =〔柿椒〕〔灯笼椒〕〔大(辣)椒〕〔甜(柿)椒〕〔青椒〕〔西班牙辣椒〕〔圆辣椒〕

【铈(鈰)】shì (세륨 시)
名〈化〉화학 원소 명. 세륨(Ce ; cerium).

1【示】shì 보일 시, 땅귀신 시
❶ 動 보이다. 나타내다. 가리키다. 알리다. ¶以目~意｜눈으로 생각을 나타내다. ¶暗~｜암시하다. ¶指~｜지시하다. ¶出图~之｜도면을 꺼내어 보이다. ❷ 名 敬 상대방의 편지에 대한경칭. ¶赐~｜회신을 보내 주시기 바랍니다.
【示波器】shìbōqì 名〈物〉오실로그래프(oscillograph). 기진기(記振器).
4【示范】shìfàn 名 動 모범(을 보이다). 시범(하다). ¶先由老师~, 然后大家跟着做｜먼저 선생님이 직접 시범을 보이고난 연후에 모두들 따라서 하다. ¶~飞行｜시범 비행. ¶~动作｜시범 동작. ¶你给他们~一下｜네가 그들에게 시범을 한번 보여주어라.
【示复】shìfù 動 札 답장을 주시다. ¶恭候~｜삼가 답장을 기다립니다. ¶请即~ =〔杀即示复〕｜곧 회답해 주시기 바랍니다.
【示警】shìjǐng 動 (동작이나 신호로) 위험을 알려 주의하게 하다. 경고하다. 경보를 발하다. ¶拉铃~｜종을 울려 경보를 발하다. ¶举红灯~｜적색 등을 들어 위험을 알리다. ¶朝天开枪~｜하늘을 향해 총을 쏘아서 위험을 알리다.
【示例】shìlì 名 動 예시(하다). ¶~讲解｜예를 들어 설명하다.
【示弱】shìruò 動 상대방에게 자신의 약함을 드러내다. 어법 주로 부정문에 쓰임. ¶不甘~｜자신의 약함을 드러내려고 하지 않다. ¶敌人也不~, 进行了顽抗wánkàng｜적도 약함을 드러내지 않고 완강히 대항했다. ¶这是~的表现｜이것은 자신의 약함을 드러내는 표현이다.
3【示威】shì/wēi 動 상대방에게 위력을 보이다. 시위하다. 데모하다. 어법 목적어를 갖지 않고,「举行·进行·开始」등의 목적어로도 쓰임. ¶游行~｜시위를 하다. ¶~队伍｜시위 대열. ¶河北有~, 抓zhuā去了一些人, 杀了又丢在牢里了｜하북지방에 시위가 있었는데 몇 사람을 잡아가서 죽이거나 감옥에 처넣었다.
【示意】shì/yì 動 (표정·동작·함축적인 말로) 의사를 나타내다. 어법 목적어를 갖지 않고, 주로 다른 동사(구)와 함께 연동구문을 이룸. ¶他向我点头~｜그는 나에게 고개를 끄떡여서 의사를 전한다. ¶挥手~｜손을 흔들어 의사를 표명하다.
4【示意图】shìyìtú 名 설명도. 안내도. 약도. ¶水利工程~｜수리 공사 설명도. ¶人造卫星运行~｜인공 위성 운행 설명도. ¶画了一张交通~给他｜(교통) 약도를 한장 그려서 그에게 주었다.
【示众】shì/zhòng 動 (공개적으로) 대중에게 내보이다. ¶游街~｜조리돌리다. ¶悬首~｜대중에게 효수하여 보이다.
【示踪原子】shìzōng yuánzǐ 名組〈物〉추적 원자(追跡原子). 트레이서 아톰(tracer atom) =〔标记原子〕

2【式】shì 법 식
❶ 尾 (물체 외형의) 모양. 양식. ¶旧~｜구식. ¶新~｜신식. ¶西~｜(서)양식. ❷ 尾 (특정한) 규격. 격식. ¶公文程~｜공문 서식. ¶格~｜격식. ❸ 名 의식. 예식(禮式). 식전. ¶闭幕~｜폐막식. ¶阅兵~｜열병식. ❹ 名 (자연과학의) 식. ¶方程~｜방정식. ¶公~｜공식. ❺ 名〈言〉식. 법 [문법상의 분류의 하나] ¶叙述~｜서술식. ¶命令~｜명령법.
【式微】shìwēi 書 形 (국세·가문 따위가) 쇠미하다. ¶世道~｜세도가 쇠미하다.
4【式样】shìyàng 名 양식. 스타일. ¶设计新的~｜새로운 스타일을 설계하다 =〔花样(儿)①〕
【式子】shì·zi 名 ❶ 형. 자세. ¶他练的这套拳, ~摆得很好｜그가 연습하고 있는 이 권법은 자세가 매우 좋다. ❷〈數〉〈化〉식. 공식. 수식(數式).

1【试(試)】shì 시험할 시
❶ 動 시험삼아 해보다. 시험하다. ¶~用↓ ¶~一~看｜시험해 보다. ❷ 名 시험. ¶笔~｜필기 시험. ¶口~｜구두 시험. ¶~题↓
【试巴】shì·ba 動 俗 시험해 보다. 시험삼아 해보다. ¶你来~~｜네가 한번 시험해 보아라.
【试办】shìbàn 動 시험적으로 (운영)해 보다. ¶~了商品销店｜상품 판매대리점을 시험적으로 운영해 보다.
【试笔】shì/bǐ ❶ 動 붓을 한번 써보다. ¶让他来~｜그에게 붓이 좋은지 어떤지 한번 써보라고 시키다 ❷ 名 시필. 시호. ¶元旦~｜원단 시필.
【试表】shìbiǎo ❶ 名 시험 리스트(list). ❷ (shì/biǎo) 動 체온을 재다.
【试播】shìbō 名 動 시범〔시험〕방송(을 하다).
【试产】shìchǎn 動 시범 생산하다. ¶这个公司今年~自动车｜이 회사에서는 금년에 자동차를 시범 생산한다.
【试场】shìchǎng 名 시험장.
【试车】shì/chē ❶ 動 시운전하다. ❷ (shìchē) 名 시운전용차.
【试穿】shìchuān 動 ❶ 입어 보다. ❷ 가봉하다.
【试点】shì/diǎn ❶ 動 시험적으로 해 보다. ¶先在这个村~, 然后推广｜먼저 이 마을에서 시험적으로 행한 후에 확대하다. ¶已试过点了｜이미 시험적으로 행한 적이 있다. ❷ (shìdiǎn) 名 시험적으로 행하여 보는 곳〔장소〕.
【试飞】shìfēi 名 動 시험 비행(하다). ¶新飞机~成功｜새 비행기를 시험 비행하여 성공하다.
【试工(儿)】shì/gōng(r) ❶ 動 시험적으로 일을 시켜 보다. ¶试三天工儿｜3일 동안 시험적으로

써보다. ¶～期间 | 시험적으로 일을 시켜 보는 기간. ❷(shìgōng(r)) 名 시험적으로 고용된 직공 =〔试手(儿)〕

【试管】shìguǎn 名〈化〉시험관 =〔试验管〕

【试管婴儿】shìguǎn yīng'ér 名組〈醫〉시험관아기

【试航】shìháng 名動 시험 항해(하다). ¶搞gǎo～ | 시항하다. ¶新船～成功 | 새 배를 시험 항해하여 성공하다.

【试剂】shìjì 名〈化〉시제. 시약(試藥). ¶用～测试 | 시약으로 측정하다 =〔试药〕

【试金石】shìjīnshí 名 시금석.

2【试卷(儿, 子)】shìjuàn(r·zi) 名 시험 답안. 시험 문제지.

【试刊】shìkān 動 시험적으로 발행한다.

【试试】shìshì 動組 시험삼아 해보다. ¶你先～再说 | 네가 먼저 시험삼아 해보고 말해라.

【试试看】shì·shi ·kan 動組 시험해 보다. ¶～的态度 | 시험해 보자는 태도. ¶你来～ | 네가 한번 해 봐라.

【试手(儿)】shìshǒu(r) ⇒〔试工(儿)〕

【试探】shì·tan 動 ❶ 탐색하다. 타진하다. 알아보다. ¶他到处～投资的可能性 | 그는 도처에서 투자의 가능성을 탐색하고 있다. ¶～对方的意向 | 상대방의 의향을 타진하다.

【试题】shìtí 名 시험 문제. ¶～太难, 太偏 | 시험 문제가 너무 어렵고 편중되어 있다.

【试投】shìtóu ❶ 名〈體〉시투. ❷ 動 시험삼아 던지다.

【试图】shìtú 動 ❶ 시도하다. ¶～收复 | 수복을 시도하다. ❷(성능 따위를) 시험하다.

【试问】shìwèn 動 ❶ 시험삼아 묻다. 물어 보다. ¶～没有船怎么过江呢? | 배가 없는데 어떻게 강을 건너가지요? =〔借jiè问②〕 ❷ 책문하다. 따지다. 동의하지 않음을 표시하다. 어법 동사구나 주술구를 목적어로 취함. ¶你不调查清楚就乱批评人, ～能服人吗? | 너 정확하게 조사하지도 않고 남을 함부로 비판하다니, 묻겠는데 그래서 사람을 복종시킬 수 있겠느냐? ¶～这样的会有必要召开吗? | 이런 회의를 개최할 필요가 있다고 보느냐? =〔责问〕

【试想】shìxiǎng 動 婉 생각해 보다. ¶～你这样做会有好的结果吗? | 너 생각에는 이렇게 해도 좋은 결과가 나올 수 있겠니?

【试销】shìxiāo 名動 (새 상품을) 시험 판매(하다). ¶～品 | 시매품(試賣品) =〔试售〕

4【试行】shìxíng 動 시험삼아 해보다. 시험적으로 실시하다. ¶～法 | 시행법. ¶～制造 | 시험적으로 만들다. ¶先～, 再推广 | 우선 시험해 본 다음에 보급하다.

2【试验】shìyàn ❶ 動 시험하다. 테스트하다. ¶这种药物能否治病, 要先用动物～ | 이런 약물이 병을 치료할 수 있는 지 먼저 동물로 시험해보아야 한다. ¶～一下这个开关灵不灵 | 이 스위치가 말을 잘 듣는지 한번 시험해보다. ❷ 名 옛날의 시험. ¶国文～不及格 | 국문 시험이 불합격되다.

【试药】shìyào 名〈化〉시약 =〔试剂〕

4【试用】shìyòng 動 (물건·사람을) 시용하다. 시험삼아 써보다. ¶～了半年 | 반년동안 써 보았다. ¶～一种新药 | 새로운 약을 시용하다. ¶你拿去～～再说 | 네가 가지고 가서 좀 시용해본 다음 이야기하자. ¶～品 | 시용품. ¶～期 | 시용 기간. ¶～人员 | 시용 인원.

【试院】shìyuàn 書 名 과거 시험장.

【试纸】shìzhǐ 名〈化〉시험지. ¶石蕊～ | 리트머스 시험지 =〔试验纸〕

4【试制】shìzhì 名動 시험 제작〔생산〕(하다). ¶～自动车 | 자동차를 시제품을 만들다. ¶一种新的播种机～成功了 | 새로운 파종기의 시험 제작에 성공하였다.

【拭】shì 닦을 식

動 닦다. 지우다. ¶～去泪痕lèi | 눈물 자국을 닦아내다. ¶～桌椅 | 책상과 의자를 닦다 →〔擦cā②〕〔抹mǒ②〕

【拭目以待】shì mù yǐ dài 成 눈을 비비며 간절하게 기다리다. 고대하다. ¶情况将会怎样, 人们正～ | 상황이 장차 어떻게 될 지 사람들이 눈을 비비며 간절하게 기다리고 있다 =〔拭目而待〕→〔刮目相看〕

【轼(軾)】shì 수레앞가로나무 식

名 수레 가로목[수레의 앞부분에 기댈 수 있게 만든 횡목]

【弑】shì 죽일 시

書 動 아랫사람이 윗사람을 죽이다. 시해하다 ¶～君 | 임금을 시해하다. ¶～父 | 아버지를 시해하다.

【似】shì ☞ 似 sì Ⓑ

1【事】shì 일 사

❶(～儿) 名 일. 사건. 사태. ¶我有件私～儿马上要办 | 곧 처리해야 될 개인적인 일이 한 건 있다. ¶老王有～请假 | 왕씨는 일이 있어 휴가를 냈다. ❷ 名 일거리. 직업. ¶他现在做什么～ | 그는 현재 무슨 일을 하고있느냐? ❸ 名 관계. 책임. ¶这是我俩之间的纠葛jiūgé, 没有你的～儿 | 이것은 우리 둘 사이의 다툼이니 너와는 상관없다. ¶这件案子里还有他的～呢 | 이 사건에는 그의 책임도 있다. ❹ 名 사고. ¶出～ | 사고가 나다. ¶平安无～ | 아무 일 없이 평안하다. ❺ 書 動 행하다. 종사하다. ¶稍～休息 | 잠시 휴식을 취하다. ¶～生产 | 생산에 종사하다. ❻ 書 動 모시다. 시중들다. ¶善～父母 | 부모를 잘 모시다.

【事半功倍】shì bàn gōng bèi 成 적은 노력으로 많은 효과를 거두다.

【事倍功半】shì bèi gōng bàn 成 많은 노력을 들이고도 성과는 적다. ¶这样做～ | 이렇게 하면 일만 많고 성과는 적게 된다.

【事必躬亲】shì bì gōng qīn 成 어떠한 일이라도 반드시 몸소 행하다. ¶他～, 从不靠秘书代办 | 그는 어떤 일이든지 몸소 행하고 비서가 대리로 처리하게 한 적이 없다.

4【事变】shìbiàn 名 ❶ 사변. 변란(變亂). ¶西安～ | 서안 사변. ❷ 세상 일〔사물〕의 변화. ¶周围的～ | 주위의 사태변화.

【事不关己, 高高挂起】 shì bù guān jǐ, gāo gāo guà qǐ 成 자기와는 관계없다 하여 전혀 무관심하다. 남의 일처럼 여기다.

【事不宜迟】 shì bù yí chí 成 일은 뒤로 미루어서는 안된다. ¶～, 赶紧gǎnjǐn动手 | 일을 미루어서는 안되니 빨리 시작해라.

【事出有因】 shì chū yǒu yīn 成 일이 생기는 데는 그 원인이 있는 법이다.

【事大主义】 shìdàzhǔyì 名 사대주의.

【事到临急】 shì dào lín jí 成 일이 막다른 골목에 다다르다.

【事到如今】 shì dào rú jīn 成 일이 이렇게 되다. 일이 이 지경에 이르다. ¶～, 只得děi给以回击huíjī | 일이 이 지경에 이르렀으니 반격에 나설 수 밖에 없다.

【事端】 shìduān 名 (작업·일상생활·양국관계 등의) 사고나 분규. 어법 「事故」의 경우에는 「분규」의 뜻이 없음. 「事端」은 주로 「挑起·制造·生出」등과 어울림. ¶生出～ | 분규가 생기다. ¶故意挑起～ | 고의로 사고를 일으키다.

【事隔多年】 shì gé duō nián 動組 그 일이 있은 후 오랜 세월이 지나다. ¶～, 我也忘了这码事 | 그 일이 있은 지 오래되어 나도 이 일을 잊었었다.

【事功】 shìgōng 書 名 ❶ 사업과 공적(功積). ❷ 일의 성취. ¶急于～ | 일의 성과에 급급해 있다.

[3]【事故】 shìgù 名 (작업·교통 등의) 의외의 변고나 재해. ¶交通～ | 교통사고. ¶防止发生～ | 사고 발생을 방지하다.

【事关】 shìguān 動 일이 (…에) 관계되다. ¶～全局, ～路线的大事 | 전체 국면 및 노선에 관계되는 큰 일. ¶～紧要 | 成 중대한 일이다.

【事后】 shìhòu 名 사후. ¶～报告 | 사후 보고.

【事后诸葛亮】 shìhòu Zhūgéliàng 俗 喻 소 잃고 외양간 고치기. 사건이 끝나고 나서 대책을 세우다.

【事机】 shìjī 名 ❶ 기밀(機密). 기밀을 지켜야 할 일. ❷ 정세(情勢). ¶～突变 | 정세가 돌변하다. ❸ 사건의 계기(契機).

[3]【事迹】 shìjì 名 사적. ¶先进～ | 선진 사적. ¶～动人 | 사적이 감동적이다. ¶模范～ | 모범 사적. ¶～地 | 사적지. 유적지 ＝〔事跡〕〔事踪〕

【事假】 shìjià 名 사적인 휴가. ¶请～ | 사적인 휴가를 내다.

[2]【事件】 shìjiàn ❶ 名 역사적이고 사회적으로 크게 벌어졌던 일. 사건. ¶这是有重大历史意义的～ | 이것은 중대한 역사적 의의가 있는 사건이다. ❷ 名 일. 사황. ❸ 名 금수(禽獸)의 내장 ⇒〔什shí件儿〕

【事件儿】 shìjiànr 又 shìjiǎnr) ⇒〔什shí件儿〕

【事理】 shìlǐ 名 사리. 일의 도리(道理). ¶明白～ | 사리를 분별하다.

[4]【事例】 shìlì 名 사례. ¶典型～ | 전형적인 사례.

【事略】 shìlüè 名 ❶ 약전(略傳). 간단한 역사. ¶名臣～ | 명신 약전. ❷ 일의 대략〔대강〕.

【事前】 shìqián 名 사전. 일이 일어나기 전. ¶～大家都毫无háowú准备 | 사전에 모두들 전혀 준비를 하지 않았다 ＝〔事先〕

[1]【事情】 shì·qing 名 ❶ 일. 사건. ¶有件～想跟你商量 | 당신과 상의하고 싶은 일이 하나 있다. ¶人家的～ | 남의 일 →〔勾gòu当〕 ❷ 업무. 직무. ¶您的～怎么样? | 당신의 일은 어떻습니까? ❸ 볼일. 용무. ¶你来有什么～? | 너는 무슨 일이 있어 왔느냐? ❹ (관혼상제 따위의) 대사(大事). ❺ 사정. ¶～是这样的 | 사정은 이러하다.

[2]【事实】 shìshí 名 사실. ¶～上 | 사실상. ¶～胜于雄辩xióngbiàn | 사실은 웅변보다 낫다. ¶摆bǎi～, 讲道理 | 사실을 나열하고 도리를 말하다. ¶与～不符fú | 사실과 맞지 않다. ¶既成～ | 기정사실.

【事势】 shìshì 書 名 일의 추세. 형세(形勢). 사태.

[4]【事态】 shìtài 名 사태. 일이 되어가는 상태 [주로 부정적인 일을 가리킴] ¶～严重 | 사태가 심각하다. ¶防止～扩大 | 사태가 확대되는 것을 방지하다. ¶～有所缓和huǎnhé | 사태가 다소 완화되다.

【事无大小】 shì wú dà xiǎo ⇒〔事无巨细〕

【事无巨细】 shì wú jù xì 成 일의 대소를 묻지 않다. ¶他～都要参加主持 | 그는 일의 대소를 가리지 않고 출석하여 회의를 주재하려고 한다 ＝〔事无大小〕

[3]【事务】 shìwù 名 ❶ 사무. ¶～员 | 사무원. ¶～繁忙 | 사무가 매우 바쁘다. ❷ 총무(總務). 서무(庶務). ¶～科 | 총무과.

【事务计算机】 shìwù jìsuànjī 名組 오피스 컴퓨터(office computer) [대만(臺灣)에서는 「小型商用电脑」라고 함]

【事务主义】 shìwù zhǔyì 名 행정실무주의 [사무적인 일만 중요시하는 태도]

[2]【事物】 shìwù 名 사물. ¶新生～ | 새로 생긴 사물.

[2]【事先】 shìxiān 名 사전. ¶～要通知一声儿 | 사전에 한번 알려 주어야 된다 ＝〔事前〕〔预先〕

【事象】 shìxiàng 名 사물의 상황. ¶描写的～生动逼真 | 사물의 묘사가 매우 생동적이다.

[4]【事项】 shìxiàng 名 사항. ¶注意～ | 주의 사항.

[2]【事业】 shìyè 名 ❶ 사업. ¶革命～ | 혁명사업. ¶终身～ | 종신사업. ¶勤俭qínjiǎn办一切～ | 모든 사업을 부지런히 하다. ❷ (비영리적인) 사업. ¶文化教育～ | 문화교육 사업. ¶～机关 | 비영리 사업단체.

【事业心】 shìyèxīn 名 사업에 대한 열의. ¶他很有～ | 그는 사업에 대한 열의가 많다.

【事宜】 shìyí 名 사무(事務). 일 [주로 공문이나 법령 등에 사용됨] ¶商谈两公司合作～ | 두 회사의 합작 사무를 상담하다.

【事已至此】 shì yǐ zhì cǐ 成 일이 이미 이 지경에 이르다. ¶～无法挽回wǎnhuí | 일이 이미 이 지경에 이르렀으니 돌이킬 수가 없다.

【事由】 shìyóu 名 ❶ (～儿) 사유. 일의 까닭. ¶向群众讲明～ | 군중에게 사유를 분명히 설명하다. ❷ 札 공문(公文)의 주요 내용. ❸ (～儿) 京 직업. 일자리. ¶找zhǎo～ | 일자리를 찾다.

【事与心违】 shì yǔ xīn wéi ⇒〔事与愿违〕

【事与愿违】 shì yǔ yuàn wéi 成 일이 희망한 대로 되어지지 않다. 뜻대로 되지 않다. ¶生老病死～ | 인간의 생로병사는 마음대로 할 수 없는 것이

다 =〔事与心违〕
【事在人为】shì zài rén wéi 成 일의 성공 여부는 사람의 노력에 달려 있다. ¶在哪儿做事也是一样，～ | 어디서 일하건 마찬가지다, 성공 여부는 사람 하기에 달려 있다.
【事主】shìzhǔ 名 ❶〈法〉(형사 사건의) 피해(당사)자→〔失主②〕 ❷ 옛날, 혼례·상례 따위를 주관하던 사람.

4【侍】shì 모실 시
❶ 書 動 (곁에서) 시중들다. 섬기다. ¶～亲↓ ¶服～病人 | 환자의 시중을 들다. ❷ 복성(複姓) 중의 한 자(字). ¶～其↓
【侍婢】shìbì ⇒〔侍女〕
【侍从】shìcóng 書 ❶ 名 시종 =〔御者②〕 ❷ 動 왕의 곁에서 시중들다.
【侍奉】shìfèng 書 動 어른을 모시다. 잘 섬기다. ¶～父母 | 부모님을 모시다. ¶～周到 | 잘 모시다. ¶一直～再老人左右 | 줄곧 노인을 곁에서 모시다 ‖ =〔事奉〕
4【侍候】shìhòu 動 시중들다. 보살피다. ¶～父母 | 부모를 잘 모시다. ¶～他一辈子 | 그를 평생 돌보다 =〔服侍〕
【侍护】shìhù 動 돌보다. 시중들고 간호하다
【侍其】Shìjī 名 복성(複姓).
【侍郎】shìláng 名 시랑 [명청(明淸) 시대에 정부 각 부(部)의 부장관(副長官)]
【侍弄】shìnòng 動 方 ❶ 시중들다. 돌보아 주다. ❷ (농작물·논밭을) 가꾸다. ¶～田地 | 밭을 가꾸다. ❸ (짐승·가축을) 먹이다. 기르다. ¶～牲口shēngkǒu | 가축을 돌보다. ¶她正在～鸡鸭 | 그녀는 지금 닭과 오리를 기르고 있다.
【侍女】shìnǚ 書 名 시녀. ¶她身边有不少～ | 그녀 곁에는 시녀가 많다 =〔侍婢〕〔侍儿①〕
【侍妾】shìqiè 名 시첩. 귀인의 시중을 드는 첩.
【侍亲】shìqīn 書 動 부모의 시중을 들다. 부모를 섬기다.
【侍卫】shìwèi 名 動 시위(하다).
【侍应生】shìyìngshēng 名 ❶ 옛날, (나이 어린) 사환. 급사. ❷ (호텔 따위에서의) 보이. 사동 ‖ =〔侍应员〕
【侍者】shìzhě 書 名 시중드는 사람.

【峙】shì ☞ 峙 zhì B

【恃】shì 믿을 시
書 動 의지하다. 기대다. 믿다. ¶有～無恐 | 成 믿을 곳이 있어 두려워하지 않다.
【恃才傲物】shì cái ào wù 成 貶 자기의 재능을 믿고 남을 깔보다〔업신여기다〕. ¶此人～, 目中无人 | 이 사람은 자기 재주를 너무 믿고 안하 무인격으로 남을 깔본다.

1【视(視)】shì 볼 시
動 ❶ 보다. ¶近～眼 | 근시안. ¶～而不见↓ ❷ (자세히) 살피다. 시찰하다. ¶～察↓ ¶巡xún～一周 | 한바퀴 순시하다. ❸ 대우하다. 대하다. 간주하다. ¶轻～ | 경시하다. ¶重～ | 중요시하다. ❹ (사무·일을) 보다. 처리하다. ¶就职～事 | 취임하여 일을 보다.
【视财如命】shì cái rú mìng 成 재물을 목숨처럼 여기다. ¶他这老鬼～ | 그 늙다리는 재물을 목숨같이 여긴다.
【视差】shìchā 名〈物〉〈天〉시차.
【视查】shìchá ⇒〔视察①〕
4【视察】shìchá 動 ❶ 시찰하다. ¶中央领导到农村～ | 중앙의 지도자들이 농촌에 가서 시찰하다. ¶大家都要到下面～～, 别老坐在办公室里 | 모두들 아래에 내려가서 좀 시찰하세요, 사무실에만 늘 앉아있지 말고 =〔视查〕 ❷ 관찰하다. ¶～地形 | 지형을 관찰하다. ¶到现场去～ | 현장에 가서 관찰하다.
【视唱】shìchàng 名〈音〉시창. 보고 부르기
【视点】shìdiǎn 名 시점. ¶从长远的～看 | 긴 안목으로 보다.
【视而不见】shì ér bù jiàn 成 보고도 못본 척하다. ¶对这些不良现象不能～, 听而不闻 | 이런 나쁜 현상에 대해서는 보고도 못본 척하다거나 듣고도 못들은 척해서는 안된다. ¶神魂颠倒～ | 정신이 얼떨떨하여 보고도 알아차리지 못하다.
【视角】shìjiǎo 名 ❶〈生理〉시각. ❷ (카메라의) 앵글.
【视界】shìjiè 名 시계. 시야(視野).
4【视觉】shìjué 名〈生理〉시각. ¶～模糊 | 시각이 흐리다.
4【视力】shìlì 名 시력. ¶～测验 | 시력 검사. ¶～好 | 시력이 좋다. ¶～减退jiǎntuì | 시력이 감퇴하다.
【视力表】shìlìbiǎo 名 시력(검사)표. ¶用～测一下视力 | 시력검사표로 시력을 한번 측정하다 =〔目力表〕
【视盘】shìpán 名 비디오 디스크(video disc). ¶激光～ =〔电视唱片〕| 레이저 디스크.
【视频】shìpín 名〈物〉영상 신호 주파수.
【视频显示】shìpín xiǎnshì 名組 (컴퓨터의) 비디오 디스플레이(video display). ¶～终端 | 비디오 디스플레이 터미널(VDT).
【视如敝屣】shì rú bì xǐ 成 헌 신짝처럼 여기다. 몹시 천대하다. ¶她从小给人当奴仆, 在主人家里被～ | 그녀는 어려서 남의 종살이를 했는데 주인 집에서 헌 신짝처럼 천대받았었다.
【视若草芥】shì ruò cǎo jiè 成 초개〔보잘 것 없는 것〕처럼 여기다. ¶他把老百姓～ | 그는 백성들을 초개처럼 여긴다.
【视若无睹】shì ruò wú dǔ 成 본척만척하다. 전혀 무관심하다. ¶发生了这种事他竟～ | 이런 일이 났는데도 그는 의외로 전혀 무관심하다.
【视神经】shìshénjīng 名〈生理〉시신경.
【视事】shìshì 動 (옛날, 관리가) 일을 보다. 집무하다. ¶照常～ | 평상시대로 집무하다.
【视死如归】shì sǐ rú guī 成 죽는 것을 귀가하는 것 쯤으로 생각하다. 희생을 두려워하지 않다. ¶他们对敌人的屠刀túdāo, 面不改色, ～ | 그들은 적의 학살 앞에서도 얼굴색 하나 변하지 않고 죽음도 두려워하지 않는다.
【视听】shìtīng 名 보고 듣는 것. 시청각. 견문. ¶～教材 | 시청각 교재. ¶混淆hùnxiáo～ | 사람

들의 이목을 혼돈시키다.

【视同儿戏】shì tóng ér xì 成 아이들의 장난으로 여기다. 대수롭지 않게 여기다. ¶婚姻大事, 不可~ | 혼인 대사를 아이들 장난으로 여겨서는 안 된다.

【视同路人】shì tóng lù rén 成 길가는〔낯선〕 사람 보듯 하다. 아무 상관없는 사람처럼 여기다. ¶他们弟兄俩竟~ | 그들 형제 둘은 뜻밖에도 낯선 사람보듯 한다 =〔视同陌路〕

【视同陌路】shì tóng mò lù ⇒〔视同路人〕

【视图】shìtú 名〈機〉투시도(透視圖). ¶前~ | 전면도. ¶侧~ | 측면도.

【视网膜】shìwǎngmó 名〈生理〉망막. ¶~脱离 | 망막 박리(剝離). ¶~炎 | 망막염 =〔网膜②〕

【视为】shìwéi 書 動 …로 보다〔간주하다, 생각하다〕. ¶~当然 | 당연한 것으로 간주하다. ¶~知己 | 진정한 벗으로 생각하다. ¶她把自己的孩子~珍宝 | 그녀는 자기 자식을 보물로 여긴다.

4【视线】shìxiàn 名 시선. 눈길. ¶避开~ | 시선을 피하다. ¶集中~ | 시선을 집중하다. ¶吸引~ | 시선을 끌다.

【视学】shìxué ❶ 名 시학 [옛날, 학무(學務)를 시찰하던 관리] =〔督学〕❷ 動 학교를 시찰하다.

4【视野】shìyě 名 시야. ¶进入~ | 시야에 들어오다. ¶~广阔guǎngkuò | 시야가 넓다.

【视阈】shìyù 名〈生理〉시각역. 시각 자극 강도 한계.

【视紫质】shìzǐzhì 名〈生理〉시홍(視紅). 시홍소(視紅素).

2【势(勢)】shì 세력 세

名 ❶ 세력. 권력. 위력. ¶倚~欺人 | 세력을 믿고 남을 업신여기다. ❷ (사물의) 상태. 형세. 동향. ¶~如破竹 | 파죽지세. 형세가 거칠 것이 없다. ¶~来甚急 | 닥쳐오는 기세가 아주 급박하다. ❸ (자연계의) 현상이나 형상. ¶山~ | 산세. ¶水~汹涌xiōngyǒng | 수세가 세차다. ❹ 동작의 상태. 자태. ¶姿~ | 자세. ¶手~ | 손짓. ❺ (정치·군사 따위의) 정세. 상황. ¶时~ | 시세. 정세. ¶局~ | 정세. 형세. ¶大~所趋 | 대세의 흐름. ¶乘~追击 | 기회를 이용하여 추격하다. ❻〈生理〉사람이나 동물의 고환. ¶去~ | 거세하다.

4【势必】shìbì 副 필연코. 꼭. 반드시. ¶不经常学习新知识, ~要落后 | 새로운 지식을 늘 배우지 않으면 필연코 뒤떨어지게 된다.

【势不可当】shì bù kě dāng 成 세찬 기세를 막아낼 수 없다. ¶蓬勃兴起~ | 세력이 왕성하게 일어나 막아낼 도리가 없다 =〔势不可挡〕

【势不可挡】shì bù kě dǎng ⇒〔势不可当〕

【势不两立】shì bù liǎng lì 成 (쌍방의 원한이 매우 깊어) 양립할 수 없다. 공존할 수 없다. ¶我跟他~, 斗争到底 | 나는 그와 양립할 수 없는 관계라서 끝까지 싸운다.

【势均力敌】shì jūn lì dí 成 힘〔세력〕이 서로 엇비슷하다. ¶双方~ | 쌍방이 백중하다. ¶一场~的比赛 | 백중한 시합.

3【势力】shì·lì 名 세력. ¶他在这一带很有~ | 그는 이 일대에서 세력을 갖고 있다. ¶守旧(进步)~ | 수구(진보) 세력. ¶自发~ | 자생적인 세력.

【势利】shì·li 形 부와 권세를 보고 사람을 대하다. ¶你也别太~了 | 너도 너무 부와 권세에 따르지 말라. ¶没有一个人不~! | 부와 권세에 약하지 않은 사람이 없구나!

【势力眼】shì·liyǎn ⇒〔势利眼〕

【势利狗】shì·ligǒu ⇒〔势利眼②〕

【势利鬼】shì·liguǐ ⇒〔势利眼②〕

【势利小人】shì·li xiǎorén ⇒〔势利眼②〕

【势利眼】shì·liyǎn ❶ 名 권력이나 재물로 사람을 판단하고 대하는 사람. ¶他真是个~, 看不起我们普通人 | 그는 정말 권력이나 재물이 없으면 사람 취급하지 않는 자라서 우리같은 보통 사람은 아주 무시한다. ❷ 形 권력이나 재물로 사람을 판단하고 대하다. ¶你不能这样~ | 너 너무 이렇게 권세나 재물을 밝히지 마라. ¶这个人太~了, 我从来不和他打交道 | 이이는 너무 권세와 재물에 약해서 나는 여태 한번도 그와 사귀지 않았다 =〔势利小人〕〔势利狗gǒu〕〔势利鬼guǐ〕‖ =〔势力眼〕

【势能】shìnéng 名〈物〉위치 에너지 =〔位能〕

【势派(儿)】shì·pai(r) 名 方 ❶ 기개. 패기. 기상. 기풍. ¶他~挺大 | 그는 패기가 대단하다→〔气派〕❷ 형세. 형편. 모양. ¶看这~不大好 | 이 형세를 보니 그다지 좋지 않구나. ❸ 허세. 겉치레.

【势如破竹】shì rú pò zhú 成 파죽지세. ¶~, 所向无敌 | 파죽지세로, 향하는 곳마다 대적할 자가 없다.

【势头(儿)】shìtóu(r) 名 ❶ 口 형세. 정세. 추세. ¶看~不好, 赶快逃走 | 정세가 좋지 않게 보여지자 잽싸게 도망한다. ❷ 위세. 기세. ¶风的~越来越大 | 풍세가 점점 더 강해졌다.

【势焰】shìyàn 名 貶 세력. 위세. ¶~万丈 | 成 대단한 위세를 부리다.

【势在必行】shì zài bì xíng 成 피할 수 없는 추세. ¶物价改革~ | 물가 개혁은 피할 수 없는 추세이다.

【势字】shìzì 名〈言〉형용사 [민국 초기의 문법 용어]

3【饰(飾)】shì 꾸밀 식

❶ 動 꾸미다. 수식하다. 장식하다. 喻 (수식하여) 숨기다. 가리다. ¶油~一新 | 칠하고 장식하여 새롭게 하다. ¶文过~非 | 成 말을 수식하여 실패나 잘못을 덮어가리다. ❷ 名 장식(품). ¶衣~ | 옷과 장신구. ¶首~ | 머리의 장신구. ❸ 動 (…의) 역을 하다. 분장하다. ¶~为诸葛亮 | 제갈량으로 분장하다.

【饰词】shìcí ❶ 名 수식사. ❷ 名 발라 맞추는 말. 구실. 핑계. ¶他又编了不少~ | 그는 또 핑계를 잔뜩 꾸며댔다. ❸ 動 말을 꾸며대어 잘못을 숨기다.

【饰物】shìwù 名 ❶ 장신구. ❷ 장식품. 장식물. ¶帽子上有不少~ | 모자에 장식이 많이 되어 있다.

1【室】shì 집 실, 방 실

❶ 名 방. ¶内~ | 내실. ¶教~ | 교실.

¶办公～｜사무실. ❷图〈天〉실[28수(二八宿)의 하나]→〔二十八宿〕❸기관 단체의 업무단위. ¶人事～｜인사실. ¶企划～｜기획실. ❹(Shì)图성(姓).

【室内】shìnèi 图 실내. ¶～天线｜실내 안테나. ¶～体育馆｜실내 체육관. ¶～游泳池｜실내 수영장.

【室内乐】shìnèiyuè 图〈音〉실내악. ¶欣赏xīnshǎng～｜실내악을 감상하다 =〔室乐〕

【室女】shìnǚ ❶書图 처녀. 미혼녀. ❷⇒〔室女座〕

【室女座】shìnǚzuò 图〈天〉처녀좌. 처녀자리 =〔处女座〕〔室女②〕

【室外】shìwài 图 실외. 옥외. ¶～活动｜옥외 활동. ¶～劳动｜실외 노동. ¶～运动｜옥외 운동.

【室中】shìzhōng 图 ❶書 실내(室內). ❷(Shìzhōng) 복성(複姓).

1【是〈昰〉】shì 옳을 시〈여름 하〉❶動 옳다. 맞다. 정확하다 [「非」의 상대되는 말로 쓰임] ¶你说得很～｜너의 말이 옳다. ¶自以为～｜스스로 옳다고 여기다. ¶他确有不～之处｜그에게 옳지 않는 곳이 확실히 있다. ❷書動 옳다고 여기다. 긍정하다. ¶～古非今↓ ¶深～其言｜그 말이 아주 타당하다고 여기다. ❸動 …이다. 어법「是」는 다음과 같이 일반동사와는 다른 특수한 동사임. ⓐ 일반적으로「不」로 부정하며「没(有)」로 부정하지 않음. 이 때「是」는 경성으로 발음함. ⓑ 일반적으로「了」「着」「过」따위의 동태조사(動態助詞)나 보어를 붙일 수 없음. ⓒ 중첩하여 쓰지 않음. ⓓ「是」가 동사로 쓰인 문(句子)의 의미상의 중점은「是」에 있지 않고「是」의 목적어에 있음. ⓔ 특수한 경우에는「没(有)」로 부정하거나「过」를 붙인 경우도 있으며,「是」가 형용사로 전성(轉成)된 경우에는「了」도 붙임. ¶我从来没～过谁的人｜나는 종래 누구의 사람인 적이 없다. ¶你说的～了｜네가 한 말이 맞았어. ⓕ「是」는 명령형으로 쓸 수 없음. ❹動 …이다. 주어와 목적어가 서로 같거나 같은 종류·속성임을 나타냄. 어법 ⓐ 이러한「是」를「系词」(계사;copula)라고 함→〔系xì词〕¶他最佩服pèi·fú的～你｜그가 가장 존경하는 사람은 당신이다. ¶他～谁?｜그는 누구냐? ¶现在的半斤不～八两｜지금의 반근은 여덟량이 아니다. ⓑ 출신·날씨·연령·수량·연월일(年月日) 등을 말할 때는「是」를 생략하기도 함. ¶他(～)山东人｜그는 산동사람이다. ¶今天(～)星期三｜오늘은 수요일이다. ¶他(～)十岁｜그는 열살이다. ❺動 …이다. …가〔에〕있다. 시간사(時間詞)나 처소사(處所詞)를 주어로 하여 존재를 나타냄. ¶到处～水｜도처에 물이다. ¶明年～大选｜내년에 대선거가 있다. ¶一屋子都～人｜방안 가득 사람이 있다. ❻動 … 것이다. …이다. 어법「是…的」의 형식으로 소속·속성·재료·부류 따위를 나타내거나, 주어에 대한 묘사나 설명을 강하게 함. 이때「是」는 생략하기도 함. ¶这本书～谁的?｜이 책은 누구의 것이냐? ¶这房子～木头的｜이 집은 나무로 만든 것이다. ¶我～教书的｜나는 가르치는 사람이다. ¶这本书～他去年写的｜이 책은 그가 작년에 쓴 것이다. ¶他(～)一定愿意去的｜그는 반드시 가려고 할 것이다. ¶他的手艺(～)很高明的｜그의 솜씨는 아주 뛰어나다. ❼動 …이다. 주어가 목적어의 상황에 속함을 나타냄. ¶他～一片好心｜그는 오로지 선의에서이다. ¶院子里～冬天, 屋子里～春天｜뜰은 겨울이고 방안은 봄이다. ❽動 앞 뒤에 같은 말을 써서 여러가지 의미를 나타냄. ⓐ 두 가지가 서로 다름을 강조함. ¶往年～往年, 今年～今年, 不会年年一个样儿｜지난해는 지난해이고 올해는 올해이다. 매년 같을 수는 없다. ¶这个人言行不一, 说～说, 做～做｜이 사람은 언행이 일치하지 않는다. 말은 말대로 행동은 행동대로이다. ⓑ 각기가 모두 철저함을 나타냄. ¶你想吃什么就有什么, 四川味儿～四川味儿, 广东味儿～广东味儿｜네가 먹고 싶은 것은 무엇이나 있다. 사천요리면 사천요리, 광동요리면 광동요리 무엇이나 있다. ¶这孩子画得好, 画老虎～老虎, 画大象～大象｜이 아이는 잘 그린다. 호랑이를 그리면 호랑이 닮았고 코끼리를 그리면 코끼리이다. ⓒ 사물의 객관성을 강조함. ¶不懂就～不懂, 不要装zhuāng懂｜모르면 모르는 것이지 아는 척하지 마라. ¶事实总～事实, 那是否认不了的｜사실은 결국 사실이다. 그것을 부인할 수는 없다. ⓓ 양보(讓步)의 의미를 나타냄.「虽然」(비록…이라도)의 의미를 지님. ¶亲戚～亲戚, 可是原则不能破坏｜비록 친척이긴 하지만 원칙을 파괴할 수는 없다. ¶东西好～好, 就是价钱太贵｜물건이 좋긴하나 값이 너무 비싸다. ❾動 문(句子)의 머리에 쓰여 주어를 강조함. ¶～谁告诉你的?｜누가 너에게 말했느냐? ¶～我关掉收音机的｜내가 라디오를 껐다. ❿動 명사 앞에 쓰여「凡是」(무릇)의 뜻을 나타냄. ¶～有利于学生的事情他都肯干｜학생들에게 도움이 되는 일이라면, 그는 모두 하려고 한다. ¶～书他就看｜책이라면 그는 다 읽는다. ⓫動 명사 앞에 쓰여 조건이나 요구 등에 부합됨을 나타냄. ¶这场雨下得～时候｜이번 비는 제때에 내렸다. ¶东西摆bǎi得挺～地方｜물건들이 바로 제자리에 놓여져 있다. ¶菜做得～味儿｜요리를 제대로 만들었다. ⓬動 선택·가부(可否)·반문(反問)의 의문문에 쓰임. ¶你～吃饭～吃面条儿?｜너는 밥을 먹겠니 국수를 먹겠니? ¶他不～吃了吗?｜그는 먹지 않았느냐? ¶他～走了不～?｜그는 갔지? ⓭動 원인·목적을 나타냄.「是」뒤에「因为」「由于」「为了」등을 넣을 수 있음. ¶字写成这样, ～(因为)笔不好｜글자가 이렇게 쓰인 것은 붓이 나빠서이다. ¶我肚子dù·zi疼, ～昨晚吃得太多了｜배가 아픈 것은 어제 저녁에 과식을 했기 때문이다. ¶搞成这样, 都～你｜이 지경으로 만든 것은 모두 너 때문이다. ⓮動 확인·강조·긍정을 나타냄.「的确」「实在」의 의미로 쓰이며,「是」를 강하게 발음함. ¶昨天～冷, 一点不假｜어제는 확실히 추웠다. 조금도 틀림이 없다. ¶这本书～好, 你可以看看｜이 책은 정말 괜찮아. 너도 좀 읽어 보아라. ¶他～不知道

| 그가 모르는 것은 사실이야. ⑮ 書 代 이. 이것. ¶如～ | 이와 같이. ¶由～可知 | 이로써 알 수 있다. ¶何畏怯wèiqiè如～! | 어째서 이처럼 두려워 하는가! 어법 문언문(文言文)에서 「唯〔惟〕+名+是+動」의 형태로 쓰여 한 가지 일에 집중함을 강조함. ¶唯利～图 | 오직 이익만을 추구하다. ¶唯命～从 | 오로지 명령만을 좇다. ¶唯你～问 | 오직 네게 책임을 묻는다. ⑯ 尾 접속사(連詞)·부사의 접미사로 쓰임. 경성으로 발음됨. ¶要～ | 만일. ¶可～ | 그러나. ¶倒～ | 오히려. ¶老～ | 늘. 언제나. ¶横～ | 아마. 대체로. ⑰ (Shì) 名 성(姓).

【是不】shì·bu 動組 그렇지요. ¶你们都同意, ～ | 너희들은 모두 동의하지, 그렇지?

【是不是】shì·bushì 動組 ❶ 그러합니까? 그렇지 않습니까? ¶你～学生? | 너는 학생이지? ¶你～忘了带来? | 너는 갖고 오는 걸 잊었던 것이 아니냐?→〔是否〕 ❷ …하는 것이 어떠냐? ¶你～去看一看 | 너 가서 보는 것이 어떠냐?

3【是的】shì·de 그렇다. ¶～, 就是我 | 그렇소, 바로 나요.

【是凡】shìfán 方 무릇. 대체로. 모두. ¶～参加的, 请出来 | 참가하실 분은 모두 나오십시오 =〔凡是①〕

3【是非】shìfēi ❶ 名 시비. 잘잘못. ¶明辨～ | 시비를 명백히 가리다. ¶～问题 | 옳고 그름의 문제. ¶搬弄～ | 쌍방을 부추켜 시비를 일으키다. ¶惹出～ | 시비를 일으키다. ❷ 書 動 시비를 구별하다〔논하다〕. ¶～之心, 人皆有之 | 시비지심은 사람 모두가 가지고 있다.

【是非曲直】shì fēi qū zhí 成 시비 곡직. 사리의 옳고 그름. 시비 선악(是非善惡). ¶一定要辨清～ | 반드시 옳고 그름을 가려내야겠다. ¶不问～ | 불문 곡직하다 =〔是非好歹hǎodǎi〕〔是非皂白zàobái〕

【是非皂白】shì fēi zào bái ⇒〔是非曲直〕

3【是否…】shìfǒu… 動組 …인지 아닌지. ¶他～也来参加? | 그도 참가하러 올 수 있겠지? ¶我不知道他～同意我的意见 | 그가 내 의견에 동의하는 지 여부를 난 모른다. ¶～已检收 | 검수하였는지의 여부. ¶希望研究～可用 | 사용할 수 있는지 없는지 연구하기 바랍니다→〔是不是①〕

【是福不是祸, 是祸躲不过】shì fú bù·shì huò, shì huò duǒ·buguò 諺 복이면 다행이고, 화면 피할 수 없다. 잘되든 안되든 일단 해보다. ¶～, 今儿个就是今儿个啦 | 잘되든 못되든 간에 오늘은 결정난다.

【…是感】…shìgǎn ⇒〔…是荷〕

【是个儿】shì gèr 口 상대가 되다. ¶他哪是你的个儿 | 그가 어떻게 너의 적수가 될 수 있겠니?

【是古非今】shì gǔ fēi jīn 成 옛것이 옳고 지금의 것은 그르다고 여기다. ¶～是复古主义的一种思想表现 | 옛것이 옳고 지금의 것은 그르다는 것은 복고주의의 한 사상표현이다.

【…是荷】…shìhè 札 …하여 주시기 바랍니다. …하여 주시면 감사하겠습니다. ¶即请示知～ | 곧 답장하여 주시면 감사하겠습니다 =〔…是感〕〔…是为至荷〕〔…是为至感〕

【是可忍, 孰不可忍】shìkěrěn, shúbùkěrěn 成 이것을 참을 수 있다면, 무엇을 참을 수 없겠는가? 절대로 용납할 수 없다. ¶～, 你干出这等事情, 大伙儿不会轻饶qīngráo你的 | 이것만은 절대로 용서할 수 없겠다. 네가 이러한 일을 저질렀는데 모두가 쉽게 용서해주지는 않을 것이다.

【…是盼】…shìpàn 札 …해 주시기를 바랍니다. ¶伏请示知～ | 부디 알려 주시기 바랍니다.

【是时候】shì shí·hou 動組 적당한 때다. 마침 좋은 때다. ¶你来得～ | 너 때마침 잘왔다. ¶～了, 该给他一点儿颜色看看 | 마침 좋은 때다. 그에게 본때를 보여주어야겠다.

【是味(儿)】shì wèi(r) 口 ❶ 제맛이다. 입에 맞다. 맛있다. ¶菜做得～ | 요리를 제맛으로 만들었다. ¶唱得很～ | 아주 멋들어지게 노래했다. ❷ 기분이 좋다. 편안하다. 만족하다. ¶他的话我越听越不～ | 그의 말은 들으면 들을수록 거북하다 =〔是(了)劲儿①〕

【…是问】…shìwèn 書 …에게 책임을 묻다. …의 책임이다. ¶倘tǎng有不测, 惟阿Q～ | 만약 무슨 일이 생기면, 모두 아큐의 책임이다《阿Q正傳》

【是样儿】shì yàngr 口 動組 제 모양이다. 모양이 아름답다. ¶这鞋很～ | 이 구두는 아주 맵시 있다. ¶不～ | 볼품 없다. 꼴불견이다→〔像样(儿)〕

1【适(適)】shì 맞을 적 ❶ 形 적합하다. 알맞다. ¶～合↓ ¶他不～于此种工作 | 그는 이런 일에 맞지 않는다. ¶～口↓ ❷ 書 副 마침. ¶～值佳节 | 마침 좋은 계절을 만나다. ❸ 書 副 방금. ¶～从何来? | 방금 어디에서 오느냐? ❹ 形 편안하다. 쾌적하다. 기분이 좋다. ¶舒shū～ | 편안하다. ❺ 書 動 가다. ¶无所～从 | 누구를 따라야 할지 모르다. ❻ 書 動 시집가다. 출가하다. ¶～人 | 시집가다.

【适才】shìcái 副 近 금방. 방금. 막 =〔刚才〕

2【适当】shìdàng 形 적당하다. 적절하다. 알맞다. 어법 「适当」은 「增加·减少·提高·奖励」등과 주로 어울리고, 「恰qià当」은 「适当」보다 그 의미가 더 강하며 「评价·比喻·分析·解释」등과 잘 어울림. ¶选择的时期很～ | 선택한 시기가 아주 적당하다. ¶～的标准 | 적절한 기준. ¶～地处理 | 적절히 처리하다. ¶对策不～ | 대책이 적당하지 않다 =〔恰当〕

【适得其反】shì dé qí fǎn 成 (결과가 바라는 바와) 정반대로 되다. ¶他这样做～, 反而加重了病情 | 그가 이렇게 역효과를 내서 오히려 병세를 가중시켰다. ¶结果是～ | 결과는 정반대로 되었다.

【适度】shìdù 形 (정도가) 적당하다. 적절하다. ¶～的吸烟 | 적당한 (양의) 흡연.

【适逢其会】shì féng qí huì 成 때마침 그 기회〔시기〕를 만나다. ¶我～, 赶上了这空前盛况 | 나는 때마침 좋은 기회를 만나 이 유례없는 호황을 만나게 되었다.

2【适合】shìhé 形 적합하다. 알맞다. ¶条件～的地方 | 조건이 맞는 곳. ¶～自己能力的职业 | 자기 능력에 맞는 직업. ¶～口味 | 구미에 맞다. ¶～

当前的情况 | 오늘날의 상황에 맞다.
【适婚】shìhūn 區 결혼적령기의. ¶～青年 | 결혼적령기의 청년.
【适可而止】shì kě ér zhǐ 成 적당한 정도에서 그만두다. ¶饭不要吃得太饱, ～, 否则对身体不利 | 밥은 너무 배부르게 먹어서는 안된다. 적당한 정도에서 그만해야지 그렇치 않으면 몸에 좋지 않다.
【适口】shìkǒu 書 形 입〔구미〕에 맞다. 맛이 좋다. ¶这几样菜味道都很～ | 이 몇 가지 요리는 모두 맛이 좋다.
【适量】shìliàng ❶ 名 적량. 적당량. ❷ 區 적당량의. ¶喝～的白酒可以防治中风 | 적당량의 백주를 마시면 중풍을 예방할 수 있다.
【适龄】shìlíng 區 적령. 적당한 연령〔나이〕. ¶～儿童 | 학령(學齡) 아동. ¶(入伍rùwǔ)～青年 | 입대(入隊) 연령에 달한 청년.
【适配器】shìpèiqì 名〈機〉어댑터(adapter).
【适时】shìshí 書 形 시기 적절하다. ¶这场雨非常～ | 이번 비는 아주 시기적절하다. ¶～播种bōzhǒng | 적시에 파종하다. ¶～的商品 | 시기적절한 상품.
3【适宜】shìyí 形 적당하다. 적합하다. 적절하다. ¶冷暖～ | 온도가 적당하다.
【适意】shìyì 形 ❶ 마음에 들다. ❷ 쾌적하다. 기분이 좋다. ¶夏天洗冷水澡zǎo, ～极了 | 여름에 냉수로 목욕을 하면 아주 개운하다.
2【适应】shìyìng 動 적응하다. ¶～范围 | 적응 범위. ¶～时代的要求 | 시대적 요구에 부응하다. ¶～新环境 | 새로운 환경에 적응하다.
【适应症】shìyìngzhèng 名〈醫〉적응증.
2【适用】shìyòng ❶ 動 적용하다. ¶这个法则广泛～ | 이 법칙은 광범위하게 적용된다. ❷ 形 사용에 적합하다. 쓰기에 알맞다. ¶～于教书 | 가르치기에 알맞다.
【适於】shìyú 書 動 …에 (알)맞다. …에 적합하다. ¶～搞体育 | 체육을 하기에 알맞다. ¶～放牧 | 방목에 알맞다.
【适者生存】shìzhě shēngcún 動組〈生〉적자생존. ¶～, 劣者淘汰táotài | 조건에 맞는 자는 살아남고 뒤쳐지는 자는 도태된다.
【适值】shìzhí 書 動 때마침 …을 만나다. 때마침 …에 즈음하다. ¶～国庆万民欢乐 | 마침 국경일을 맞아 모두들 기뻐하다.
【适中】shìzhōng 形 꼭 알맞다. 한쪽으로 치우치지 않다. 어법 주로 술어로 쓰임. ¶冷热～ | 온도가 적절하다. ¶大小～ | 크기가 꼭 알맞다. ¶位置不太～ | 위치가 그다지 적절하지 않다. 너무 한곳에 치우쳐져 있다.

【莳(蒔)】shì shí 모종할 시

Ⓐ shì 動 ❶ 方 (볏모를) 옮겨 심다. 이식하다. ¶～秧 =〔分秧〕| 이앙하다. ❷ 書 재배하다. 심다. ¶～花 | 꽃을 재배하다.
Ⓑ shí ⇒〔莳萝〕
【莳萝】shíluó 名 外〈植〉소회향 =〔慈谋勒〕〔小茴香〕

【谥(謚)〈諡〉】shì 시호 시

❶ 名 시호. ¶赐cì～ | 시호를 주다. ❷ 動 시호를 주다. ¶岳飞～武穆mù | 악비에게는 무목이라는 시호가 주어졌다.
【谥号】shìhào 名 시호〔제왕·공경·현인 등의 공덕을 기리어 죽은 뒤에 주는 이름〕

2【释(釋)】shì 풀 석

❶ 動 해석하다. 설명하다. ¶浅～ | 평이한 해석. 알기 쉽게 해석하다. ¶注～ | 해석을 달다. ❷ 動 풀다. 풀리다〔의심·원한 따위〕¶～疑↓ ¶涣huàn然冰～ | 의문이 깨끗이 풀리다. ❸ 動 석방하다. ¶假～ | 가석방하다. ❹ 動 놓다. 떼다. ¶爱不～手 =〔爱不忍释〕| 成 매우 아껴서 손을 떼지 못하다. 잠시도 손에서 놓지 않다. ❺ (Shì) 名 簡〈佛〉「释迦牟尼」(석가모니)의 약칭. 轉 불교. ¶～门 | 불가. 승려. ¶～家 | 불가. 불교도.
【释典】shìdiǎn 名 불경. 불교경전 =〔佛经〕
【释读】shìdú 書 動 고증하고 해석하다. 해독하다. ¶～甲骨卜辞 | 갑골의 복사를 해독하다.
4【释放】shìfàng 動 ❶ 석방하다. ¶从监狱里～出来 | 감옥에서 석방되어 나오다. ¶～了三个悔改表现好的犯人 | 개전(改悛)의 정이 뚜렷한 범인 셋을 석방했다. ❷〈物〉방출하다. ¶原子弹爆炸bàozhà后能～出巨大的能量 | 원자탄이 폭발한 후에는 거대한 에너지가 방출될 수 있다.
【释迦】Shìjiā 名 ❶〈民〉석가족〔인도의 종족 이름〕❷ 簡〈人〉석가모니(釋迦牟尼).
【释迦牟尼】Shìjiāmóuní 名〈人〉석가모니(Sakyamuni ; 범) =〔释迦②〕
【释虑】shìlǜ 動 시름을 놓다. 안심하다.
【释念】shìniàn 書 動 마음을 놓다. 안심하다. ¶请您～ | 札 아무쪼록 마음을 놓으십시오 =〔抒念〕
【释然】shìrán 書 狀 미심쩍은 부분이 확 풀리다. 마음이 확 풀리다. ¶我一听此话, 顿觉～ | 나는 이 말을 듣자마자 순간적으로 미심쩍은 부분이 확 풀리는 느낌이다.
【释手】shìshǒu 書 動 손을 놓다. 손을 떼다. ¶不忍～ | 차마 손을 떼지 못하다.
【释文】shìwén 動 ❶ 문자를 해석하다〔책이름에 잘 쓰임〕¶经典～ |《경전 석문》¶楚辞～ |《초사 석문》❷ 고문자(古文字)를 고증하고 해석하다.
【释疑】shìyí 動 의심을 풀다. 의심이 풀리다
【释义】shìyì 書 ❶ 動 글의 뜻을 해석하다. ¶～正确 | 뜻풀이가 정확하다. ❷ 名 불교의 의의(意義).
【释藏】Shìzàng 名〈佛〉대장경(大藏經). 불교 경전(經典)의 총칭.

3【逝】shì 갈 서

動 ❶ (시간·물 따위가) 지나가다. ¶光阴易～ | 세월은 빨리 지나간다. ❷ 죽다. ¶病～ | 병들어 죽다. ¶忽然长～ | 갑자기 세상을 떠나다.
3【逝世】shìshì 動 서거하다. 세상을 뜨다. ¶～的噩耗èhào | 죽었다는 슬픈 소식 =〔去世〕
【逝水】shìshuǐ 書 名 흘러가는 물. ¶～年华 | 成 흐르는 물과 같은 세월.

4【誓】shì 맹세 서
名動 맹세(하다). 결의(하다). ¶发～ =〔起誓〕| 맹세하다. ¶～死不屈 | 죽어도 굴하지 않다.
【誓词】shìcí 名 맹세하는 말. ¶庄严的～ | 장중한 맹서 =〔誓言〕
【誓师】shìshī 動 (군대가 출정하기 전에) 맹세하다. 轉 선서하다. 결의하다. 맹세하다. ¶～大会 | 궐기 대회.
【誓死】shìsǐ 動 목숨을 걸고 맹세하다. ¶我们要～反对! | 우리는 결사 반대다! ¶～保卫祖国 | 목숨을 걸고 조국을 수호하다.
4【誓言】shìyán 名 맹세할 때 한 말. ¶实现了自己的～ | 자신이 맹세한 말을 실현했다. ¶履行lǚxíng～ | 맹세한 말을 이행하다 =〔誓词〕
【誓愿】shìyuàn 名 서원.
【誓约】shìyuē 名 서약. 맹세. ¶信守～ | 맹세를 지키다.

【嗜】shì 즐길 기
動 즐기다. 좋아하다. 애호하다. ¶～酒成癖 | 술을 즐기다가 버릇이 되었다.
【嗜赌】shìdǔ 動 도박을 좋아하다. ¶他父亲～, 所以家里很穷 | 그의 부친이 도박을 좋아하여 집이 아주 가난하다.
【嗜好】shìhào 名 貶 기호. 도락(道樂). 취미. ¶～误人 | 좋지 않은 취미는 사람을 그르친다.
【嗜痂成癖】shì jiā chéng pǐ ⇒〔嗜痂之癖〕
【嗜痂之癖】shì jiā zhī pǐ 成 기호가 변태적이다. 취향이 괴벽스럽다 =〔嗜痂成癖〕
【嗜欲】shìyù 名 향락에 대한 욕망. ¶不可有太多的～ | 향락에 대한 욕망이 너무 커서는 안된다.

【筮】shì 점 서
名 시초점 [고대 시초(蓍草)를 사용하여 치던 점] ¶卜bǔ～ | 시초점을 치다.
【筮人】shìrén 書 名 점장이.
【筮验】shìyàn 書 名 점에 나타난 징조.

【噬】shì 물 서
動 물다. 씹다. ¶猛虎～狗 | 사나운 범이 개를 물다. ¶吞tūn～ | 씹어 삼키다. 병탄(併呑)하다.
【噬菌体】shìjūntǐ 名 〈植〉 박테리오파지.
【噬脐莫及】shì qí mò jí 成 이미 때가 늦다 [다잡히게 된 사향노루가 사냥꾼에게 안잡히려고 배꼽을 물어뜯으려고 해도 입이 배꼽에 닿지 않아 소용없기 때문에 생긴 말] ¶今日虽悔, ～ | 지금 후회해도 이미 때가 늦었다. ¶这事儿现在想起来是～, 后悔不已 | 이 일은 지금 생각에 후회해도 이미 때가 때가 늦은 것 같다.

【奭】shì 클 석
❶ 書 形 성대하다. 왕성하다. ❷ (Shì) 名 성(姓).

【螫】shì ☞ 螫 zhē

·shi ㄕ·

【匙】·shi ☞ 匙 chí Ⓑ

【殖】·shi ☞ 殖 zhí Ⓑ

shōu ㄕㄡ

1【收】shōu 거둘 수
動 ❶ 받다. 접수하다. 용납하다. 받아들이다. ¶你的信～到了 | 네 편지는 받았다. ¶请～下作为纪念 | 기념으로 받아 두십시오. ¶～件↓ ¶～容↓ →〔接jiē①〕 ❷ 거두다. 거두어 넣다. 간수하다. ¶把冬天的衣服～起来 | 겨울 옷을 거두어 넣다. ¶这是重要文件, 要～好 | 이것은 중요한 서류이니 잘 간수해야 한다. ❸ (감정이나 행동을) 억제하다. 걷잡다. ¶他的心已～不住了 | 그의 마음은 이미 걷잡을 수 없다. ❹ 체포하다. 구금하다. ¶～监↓ ¶～押↓ ❺ 회수하다. 철수하다. ¶已经说出的话, 不能～回来 | 이미 한 말은 거두어 들일 수 없다. ¶～归国有 | 회수하여 국유화하다. ¶～兵↓ ❻ (상처가) 아물다. ¶疮伤chuāngshāng已经～了口儿了 | 종기는 이미 아물었다. ❼ (일을) 끝맺다. 그치다. 그만두다. ¶时间不早了, 今天就～了吧 | 시간이 늦었으니, 오늘은 이만 마치자. ¶～尾↓ ¶～工↓ ❽ 수확하다. ¶快把大豆～回来 | 빨리 콩을 거두어들여라. ¶秋～ | 추수. ¶～庄稼↓
【收笔】shōubǐ ❶ 名 문장의 종결. ❷ 動 붓을 놓다. ¶写到男女主角重逢chóngféng便～了 | 남녀 주인공이 재회하는 데까지 쓰고는 끝을 맺었다.
【收兵】shōubīng 動 ❶ 군대를 철수하다. 전투를 끝내다. 轉 휴전하다. ¶不把敌人消灭, 决不～ | 적을 섬멸하지 않으면, 결코 철수하지 않겠다. ¶鸣金～ | 징을 울려 군사를 철수시키다. ❷ (진행중인 일을) 중지시키다. 종결시키다. ¶不完成任务决不～ | 임무를 완수하지 않으면 결코 중도에서 그만두지 않겠다.
4【收藏】shōucáng 名動 수장품. 수장(하다). 수집·보존(하다). ¶他～了许多古书 | 그는 많은 고서를 소장하고 있다. ¶他有不少～ | 그는 수장품을 많이 갖고 있다.
【收藏家】shōucángjiā 名 수장가. 수집(애호)가.
【收操】shōu/cāo 動 훈련·체조 등을 끝마치다. ¶～号 | 종료 나팔 소리. ¶每天早上八点～ | 매일 아침 여덟시에 아침 운동을 마친다.
【收场】shōu/chǎng ❶ 動 끝마치다. 결말을 짓다. ¶他一插手, 事情就不好～了 | 그가 일단 손을 대면 일은 끝마치기 어려워진다. ¶看他怎样～ | 그가 어떻게 마무리하는지 지켜보자. ❷ 動 수습하다. ❸ (shōuchǎng) 名 끝장. 결말. 말로. 종국. ¶坏事做多了, ～决不会好 | 나쁜 일을 많이 저질렀으니 결말이 결코 좋을 수 없을 것이다.
4【收成】shōu·cheng 名 수확. 작황. ¶今年的～怎么样? | 올해 작황은 어떠한가?
【收到】shōudào 動 받다. 수령하다. 얻다. ¶～来信 | 편지를 받다. ¶他的信还没～ | 그의 편지를 아직 받지 못했다. ¶～良好效果 | 좋은 효과를 얻다.
【收发】shōufā ❶ 名動 수발(受發)(하다). (기관·학교 등에서 공문서 등을) 접수·발송(하다).

¶他在公司里担任～工作 | 그는 회사에서 문서 수발(受發)에 관한 일을 담당하고 있다. ❷名 접수원. ¶老王是我厂的～ | 왕씨는 우리 공장의 접수원이다. ❸名 수발계. ❹名動 (무선전선·전화를) 송수신(하다).

【收方】shōufāng ❶名〈商〉차변(借邊). 차방 = 〔借方〕⇔〔付方〕❷動 토사(土砂) 등을 검수(檢收)하다. ¶～员 | 검수원.

【收房】shōu/fáng 名 옛날, 계집종을 첩으로 삼는 일 →〔收人〕

【收费】shōu/fèi ❶動 비용을 받다. ¶不另～ | 따로 비용을 받지 않는다. ¶～厕所 | 유료 변소. ¶～停车场 | 유료 주차장. ❷(shōufèi) 名 비용. 요금. 납입금. ¶～单 | 비용 명세서. ¶～表 | (택시의) 요금 계산기.

【收风】shōu/fēng 動 (감옥의 죄수들의) 바람쐬는 시간이 끝나다. ¶～了, 囚犯qiúfàn们一个个恋恋不舍地回到牢房 | 바람쐬는 시간이 끝나자 수감자들이 하나씩 아주 아쉬워하며 감방으로 돌아갔다.

【收服】shōufú 書 動 ❶ 퇴치하다. 정벌하다. ¶～土匪 | 토비를 토벌하다. ¶～毒蛇 | 독사를 퇴치하다. ❷ 굴복〔복종〕시키다. 항복을 받다. ¶要想～我们是办不到的 | 우리들을 굴복시키려 해도 해낼 수 없을 것이다 ‖ =〔收伏〕

4【收复】shōufù 動 (잃어버린 땅을) 수복하다. 되찾다. 광복시키다. ¶～失地 | 실지를 수복하다. ¶～城市 | 도시를 탈환하다.

3【收割】shōugē 動 거두어 들이다. 가을걷이하다. ¶～麦子 | 보리를 거두어 들이다.

【收工】shōu/gōng ❶動 그날의 일을 끝내다〔끝마치다〕. ¶时间到了, 该～了 | 시간이 되었다. 일을 끝마칠 시간이다. ¶下午五点半～ | 오후 5시 반에 일을 끝마친다. ¶开工早, ～晚 | 일을 일찍 시작해서 늦게 마치다. ¶早出工, 晚～ | 일찍 일하러 나가서 늦게 마치다 →〔下工①〕❷(shōugōng) 名 일을 끝냄.

【收购】shōugòu ❶動 각지에서 사들이다. 수매하다. (대량으로) 구입하다. ¶～土产品 | 토산품을 사들이다. ¶～粮食 | 곡물을 수매하다. ❷名 구입. 구매. 수매. 조달. ¶～额 | 수매액. ¶～量 | 수매량. ¶～价格 | ⓐ 구입 가격. ⓑ 조달가격. ¶～点 | ⓐ (농촌의) 물산(物産) 수매소. ⓑ (도시의) 폐품 회수소. ¶～站 | ⓐ 구매소. 수매소. ⓑ 조달소.

4【收回】shōu/huí 動 ❶ 거두어 들이다. 회수하다. ¶～贷款dàikuǎn | 대여금을 회수하다. ¶～成本 | 비용을〔원가를〕회수하다. ❷ (의견·제의·명령 따위를) 취소하다. 철회하다. 무효로 하다. ¶～原议 | 원안(原案)을 철회하다〔취소하다〕. ¶～建议 | 건의〔제의〕를 철회하다.

【收回成命】shōuhuí chéngmìng 動組 이미 내린 명령을 철회하다.

【收货】shōuhuò 動 ❶ 상품〔물건〕을 받다. ¶～后请填tián一张收据 | 물건 수령후에 영수증을 한장 적어주시오. ¶～单 | 상품 수취증 →〔发fā货〕❷ 상품〔물품〕을 정돈하다〔치우다〕. ¶～箱 | 컨테이너(container).

2【收获】shōuhuò ❶動 (농작물을) 거두어 들이다. 수확하다. 추수하다. 가을(걷이)하다. ¶～夏季xiàjì作物 | 여름철 작물을 수확하다. ¶春天播种bōzhǒng, 秋天～ | 봄에 파종하고 가을에 수확하다. ❷動 喩 획득하다. ¶～了许多战利品 | 전리품을 획득하다. ❸名 喩 수확. 성과. 소득. 전과(戰果). ¶学习～ | 학습 성과. ¶～不少 | 성과가 크다.

3【收集】shōují 動 모으다. 수집하다. 채집하다. (인재를) 모집하다. 어법「收集」이 모으는 데 중점이 있다면,「搜集」는 일정한 기준으로 찾아서 모으는 데 중점이 있음. ¶学生的意见要经常～ | 학생들의 의견을 항상 수집해야 한다. ¶把纪念邮票～在一起 | 기념우표를 한 곳에 모아두다. ¶要好好～～大家的意见 | 여러 사람들의 의견을 잘 수집해야 한다 =〔采集〕

【收监】shōu/jiān 動 수감하다. 투옥하다. ¶他犯了法被～了 | 그는 죄를 지어 투옥되었다 =〔收狱〕

【收件】shōujiàn ❶動 (소포 등을) 수취하다. 접수하다. ¶～处 | 수취소. ¶～地点 | 수취지점. ❷名 배달 우편물.

【收件人】shōujiànrén 名 수취인. ¶～总付邮费邮件 | 수취인 부담 우편물.

【收缴】shōujiǎo 動 (무기 따위를) 접수하다. 몰수하다. 받아들이다. 거두어 들이다. 노획하다. ¶～敌人的武器 | 적의 무기를 노획하다. ¶～枪械 | 병기를 접수하다.

【收据】shōujù 名 영수증. 인수증. 수취증. ¶开～ | 영수증을 끊다 =〔收单〕〔收票〕→〔收条(儿)①〕〔收执〕〔票据②〕

【收看】shōukàn 動 텔레비전을 시청하다〔보다〕. ¶谢谢～ | 시청해 주셔서 감사합니다. ¶～电视连续剧 | 텔레비젼 연속극을 시청하다 =〔收视〕→〔收听〕

【收口(儿)】shōu/kǒu(r) 動 ❶ (뜨개·광주리 등의 터진 곳을) 결합하다. 흩치다. ❷ (상처·부스럼 따위가) 아물다.

【收揽】shōulǎn 動 ❶ 매수하여 사로잡다. 농락하다. ¶～民心 | 민심을 사다〔얻다〕❷ 俗 정리하여 간수해 두다. 받아서 건사하다. 거두어 넣다. 치우다. ¶总得有个大箱子, 这些零碎物件才有个～ | 아무래도 큰 상자가 있어야 이 자질구레한 물건들이 정리된다. ❸ 긁어 모아서 독점하다. ¶～大权 | 큰 권력을 장악하다.

【收敛】shōuliǎn 動 ❶ 거두다. ¶她的笑容突然～了 | 그녀는 돌연 얼굴에 웃음을거두었다. ❷ (언행을 각별히) 삼가다. 신중하게 하다. 조심하다. 단속하다. ¶行动上～多了 | 행동이 훨씬 신중하게 되었다. ¶言行有所～ | 언행에 삼가는 바가 있다. ❸〈醫〉수렴하다. 수축하다. ❹ 옛날, 세금을 거두어 들이다. 조세를 징수하다. ❺ 옛날, 가을(걷이)하다. 수확하다. ❻〈數〉수렴하다.

【收殓】shōu/liàn 動 입관(入棺)하다. ¶～死者 | 시신을 입관하다 =〔殓尸〕

【收领】shōulǐng 動 수령하다. 받다. ¶请到服务台

～ | 프론터에 가서 받으십시오.

【收留】shōuliú 動 (생활이 곤란한 사람을) 떠맡다. 수용하다. 묵게 하다. 받아들이다. ¶～孤儿 | 고아를 떠맡아 보살펴주다.

【收拢】shōulǒng 動 ❶ 흩어진 것을 한데 모으다. (벼리 등을) 죄다. (그물을) 걷다. ¶你把桌上的书～到一起 | 탁자 위의 흩어져 있는 책들을 한데 모아라. ❷ 매수하여 사로잡다. 끌어모으다. ¶～人心 | 인심을 매수하다.

【收录】shōulù 動 ❶ 뽑다. 받아들이다. 입학시키다. ¶这个学期不～新生 | 이번 학기는 신입생을 뽑지 않는다. ❷ (시문 등을) 수록하다. 싣다. 올리다. ¶短篇小说选中～了他的作品 | 단편소설선 중에 그의 작품이 수록되었다. ❸ (듣고) 기록하다. 써 두다. ¶～新闻广播 | 뉴스 보고를 기록하다.

【收罗】shōuluó 動 (사람이나 사물을) 긁어〔한데〕 모으다. 망라하다. ¶～人材 | 인재를 (긁어) 모으다. ¶材料～得很齐全qíquán | 재료를 망라하다. ¶资料要广泛～ | 자료를 광범위하게 모아야한다. ¶～门徒 | 제자를 모으다.

4【收买】shōumǎi 動 ❶ 수매하다. 사들이다. 구입하다. ¶～旧书 | 고서를 구입하다 =〔收购①〕 ❷ 매수하다. 회유하다. 포섭하다. 길들이다. ¶～人心 | 인심을 사다〔매수하다〕.

【收纳】shōunà 動 수납하다. 받다. 거두다. 받아〔거두어〕 들이다. ¶如数～ | 액수대로 수납하다.

【收盘(儿)】shōupán(r) 〈商〉 ❶ 名 (옛날, 거래소에서의) 입회(入會) 최종 시세. 파장 시세. ¶～价格 | (거래소의) 파장 시세 ❷ 動 (가게)문을 닫다. 장사를 끝내다. 파장하다 =〔收市〕

【收票】shōupiào ⇒〔收据〕

【收齐】shōuqí 動 다 모으다. 다 받아들이다. 전부 받다〔영수하다〕. ¶～货款 | 물품 대금을 전부 받다. ¶水电费～了 | 전기 수도요금은 다 받았다.

【收起】shōuqǐ 動 집어치우다. 그만두다. 중지하다. ¶～你们那一套高调吧 | 당신들의 그런 허황한 이야기는〔탁상공론은〕 집어치워라. ¶～你那套鬼把戏 | 그런 속임수는 집어치워라.

【收讫】shōuqì 書 名 영수필(領收畢) =〔收清〕

【收清】shōuqīng ⇒〔收讫〕

【收秋】shōu/qiū 動 가을(걷이)하다. ¶农夫忙着～ | 농부는 가을걷이하기에 바쁘다 →〔秋收〕

【收球】shōuqiú 名 〈體〉 (테니스·탁구·배구에서의) 리시브(receive) →〔发fā球〕〔接jiē球〕

【收取】shōuqǔ 動 ❶ 받다. 수취하다. ¶～手续费 | 수수료를 받다. ¶如数～ | 액수대로 받다. ❷ 흡수하다.

【收容】shōu·róng 動 수용하다. 받아들이다. ¶～伤员 | 부상자를 수용하다. ¶～难民 | 난민을 수용하다.

2【收入】shōurù ❶ 動 받다. 받아들이다. 수록하다. 포함하다. ¶修订版～了许多新词语 | 수정판에는 새 어휘를 많이 수록하였다. ❷ 名 수입. 소득. ¶财政～ | 재정 수입. ¶国民～在逐步提高 | 국민소득이 점차 올라가고 있다. ¶总～ | 총수입. ¶～和支出 | 수입과 지출. ¶一笔不小的～ | 적지 않은 수입. ¶增加～ | 수입을 늘리다.

【收生】shōushēng 動 (옛날) 아이를 받다. 해산을 돕다. ¶她会～ | 그녀는 아이를 잘 받는다 =〔接生〕

【收生婆】shōushēngpó 名 산파. 조산원. ¶他的名字是～给起的 | 그의 이름은 산파가 지어준 것이다 =〔接生婆〕

【收尸】shōu/shī 動 시신을 수습하다. 사체를 인수하다. ¶你死了也不会有人给你～的 | 너는 죽더라도 너 시신을 거두어줄 사람이 없을 것이다.

【收市】shōu/shì 動 (옛날, 시장·상점 등에서) 거래나 영업을 정지하다. (가게) 문을 닫다. 장사를 끝내다. 파장하다 =〔收盘(儿)②〕〔上板儿〕

1【收拾】shōu·shi 動 ❶ 수습하다. 정돈하다. 정리하다. ¶这个局面很难 | 이 국면은 수습하기 아주 어렵다. ¶架子上的书太乱了, 要～～ | 책꽂이의 책이 너무 어지럽다. 정돈 좀 해야되겠다. ¶房间要好好～ | 방을 잘 정리해라. ¶～停妥tíngtuǒ | 깨끗이 다 정돈하다. ❷ 고치다. 손질하다. 수리〔수선〕하다. ¶房子漏雨lòuyǔ, 要请瓦匠来 | 집에 비가 새니, 기와장이를 불러다 수리해야겠다. ¶～皮鞋 | 구두를 수선하다. ❸ 口 벌을 주다. 혼내 주다. ¶这个家伙交给我去～ | 이 녀석을 손 좀 봐주게 내게 넘겨라 =〔整治②〕 ‖ →〔拾掇shíduō〕 ❹ 口 없애다. 죽이다. 해치우다. ¶敌人全部被我们干净利落地～掉了 | 적들은 모두 우리들에 의해 남김없이 전멸되었다. ❺ 준비하다. 꾸리다. ¶～行李 | 짐을 꾸리다. ¶～要带的东西 | 휴대할 물건을 준비하다. ❻ 돌보다. ¶妈妈～孩子睡下 | 어머니는 아이를 돌봐서 잠들게 했다.

【收束】shōushù 動 ❶ (생각이나 감정을) 정리하다. 가라앉히다. 바로 잡다. ¶把心思～一下 | 마음을 잠시 가라앉히다. ❷ (바둑의) 끝내기를 하다. ❸ (짐 따위를) 꾸리다. 정리하다. 거두다. ¶～行装, 准备出发 | 행장을 꾸려서 출발 준비를 하다. ❹ (문장을) 끝맺다. 마무리하다. ¶文章写长了, 但还～不住 | 문장을 길게 썼으나 아직 마무리를 다 하지 못했다. ¶写到这里, 我的信也该～了 | (편지에서) 그럼 이만 줄이겠습니다. ❺ 검속(檢束)하다. ❻ 〈物〉 수렴(收斂)하다. ¶～透镜 | 수렴 렌즈.

3【收缩】shōusuō ❶ 動 (물체가) 수축하다. 줄어들다. ¶物体遇冷会～ | 물체는 차가워지면 수축된다. ¶～率 | 수축률. ¶～性 | 수축성. ❷ 動 압축하다. 좁히다. 집중시키다. 긴축하다. ¶战线太长, 要适当～ | 전선이 너무 기니 적당하게 축소해야 한다. ¶把分散的力量～起来 | 분산된 역량을 한데 모아라. ❸ 名 〈生理〉 심장 수축. ¶～压 | 수축기압(收縮期壓).

【收摊儿】shōu/tānr 動 노점을 거두다. 喻 하던 일을 거두다. (그날의) 일을 끝마치다. ¶～散伙 | 일을 중지하고 해산하다. ¶每晚十二点～ | 매일 밤 12시에 노점을 거둔다.

【收条(儿)】shōutiáo(r) ❶ 名 영수증. 인수증. ¶给他打了一个～ | 그에게 영수증을 한장 써주었다. ❷ 動 메모 따위를 받다 →〔手条(儿)〕 ‖ =

〔收帖(儿)〕
【收听】shōutīng 動(라디오를) 청취하다〔듣다〕. ¶谢谢~｜청취해 주셔서 감사합니다. ¶~广播｜방송을 듣다. ¶~天气预报｜일기 예보를 듣다→〔收看〕
【收尾】shōu/wěi ❶動끝 마무리를 하다. 마무르다. ¶这项工程目前收不了眉｜이 공사는 지금 끝나질 수 없다. ¶这篇文章写到这里即可~｜이 글은 여기까지 썼으니 마무리해도 된다. ¶秋收快~了｜추수가 곧 끝난다. ❷(shōuwěi) 名(일의) 마지막 단계. 결말. 끝. 마감. 끝장. ¶~工程｜마무리 공사. ¶接进~｜마감 단계에 들어서다→〔结jié尾①〕 ❸(shōuwěi) 名(문장의) 에필로그(epilogue). 문장의 말미. ¶这篇文章的~很好, 余味无穷｜이 글의 말미가 아주 좋아서 뒷맛이 아주 무궁하다.
【收文】shōuwén 名접수한 공문〔서류〕. ¶~薄｜공문(서) 접수 대장.
【收悉】shōuxī 動札(편지를) 배견(拜見)하다. 잘 받아 보다. ¶承寄尊函已~｜귀하의 편지를 배견하였습니다.
【收效】shōu/xiào ❶動효과를 거두다〔보다〕. 성공하다. ¶~显著｜효과가 현저하다. ¶~甚微｜효과가 매우 적다. ❷(shōuxiào) 名효과. ¶有~｜효과가 있다.
【收心】shōu/xīn 動❶마음을 가라앉히다. ¶该~读点书了!｜마음을 가다듬고 공부 좀 해라! ❷마음을 바로 잡다. 마음을 옳게 가지다.
【收押】shōuyā 動가두다. 구금하다. 구류하다. ¶两个盗窃犯dàoqièfàn~在看守所kānshǒusuǒ中｜두 명의 절도범은 구치소에 구금되었다=〔拘留〕〔收系xì〕
【收养】shōuyǎng 動수양하다. 맡아서〔얻어다〕 기르다. ¶~孤儿｜고아를 맡아서 기르다. ¶伯伯就把我~下来了｜백부께서 나를 맡아 길러주셨다.
[4]【收益】shōuyì 名수익·수입. ¶颇有~｜수익이 꽤 있다. ¶这次参观, ~不少｜이번 견학〔참관〕은 이득이 적지 않다. ¶~表=〔损益表〕｜〈商〉손익계산서.
【收音】shōuyīn 動❶소리를 잘 모으다. 음향 효과를 좋게 하다. 소리가 잘 울리다. ¶露天剧场不~｜노천 극장은 소리가 잘 울리지 않는다. ❷수신하다. 청취하다. ¶~网｜수신망. 라디오 청취망. ¶~站｜수신소. ¶~电唱两用机｜라디오그래머폰(radiogramophone). 라디오 겸용의 전축→〔收音机〕 ❸소리를 담다. 녹음〔취입〕하다→〔录lù音〕
[2]【收音机】shōuyīnjī 名라디오(수신기). ¶电唱~｜(전축 겸용의) 라디오. ¶半导体~｜트랜지스터 라디오. ¶超外差式~｜초민감 수신 라디오. ¶全波~｜올 웨이브(all wave) 라디오. ¶便携式~｜휴대용 라디오. ¶落地式~｜탁상용 라디오=〔无线电收音机〕〔方电匣子〕〔无线电②〕→〔收听〕
【收帐】shōu/zhàng 動❶(금전을) 장부에 기재하다. ¶~员｜출납계. ❷(외상값을) 수금하다. 돈을 받아들이다. ¶东家派伙计huǒji出去~｜주인이 점원을 보내 외상값을 수금하다.
[4]【收支】shōuzhī 名수지. 수입과 지출. ¶~平衡｜수입과 지출이 맞아 떨어지다. ¶~平衡表=〔资产负债表〕｜대차대조표.
【收执】shōuzhí ❶動札(증빙서류 등을) 받아서 소지·보관하다. ❷名(정부 기관이 세금 따위를 거두어들일 때 발급하는) 영수증→〔收据〕〔收条(儿)①〕〔票据②〕
【收庄稼】shōu zhuāng·jia 動組작물을 수확하다. 가을(걷이)하다.

shóu ㄕㄡˊ

【熟】shóu ☞ 熟 shú Ⓑ

shǒu ㄕㄡˇ

1【手】shǒu 손 수
❶名손. ¶一只~｜한 손. ¶双~｜양손. ¶握~｜악수하다. 손을 잡다. ¶摆bǎi~｜손을 흔들다. ¶背bèi~｜뒷짐을 지다. ¶揣chuāi~｜팔짱을 끼다. ¶动~｜손을 쓰다. 착수하다. 손보다. 완력을 쓰다. ❷動轉(손에) 잡다. 쥐다. ¶人~一册｜사람들이 책 한 권씩 가지다. ❸頭직접. 친히. 몸소. ¶~书↓ ¶~稿↓ ¶~抄↓ ❹頭간편한. 편리한. ¶~枪↓ ¶~册↓ ❺(~儿) 量재주·기능·능력 따위에 쓰임. ¶他有一~绝招｜그는 묘기를 하나 갖고 있다. ¶他真有两~｜그는 정말 능력이 있다. ❻尾어떤 기술이나 기능을 가진 사람. 어법 ⓐ 명사 뒤에 붙음. ¶拖拉机~｜트랙터 운전수. ¶水~｜선원. ¶神枪~｜명사수. ⓑ 형용사 뒤에 붙어 명사화함. ¶好~｜능수. 잘하는 사람. ¶老~｜숙련된 사람. ¶凶~｜살인범. ⓒ 동사 뒤에 붙어 명사화함. ¶选~｜선수. ¶打~｜타수. ¶射击~｜사격수. ❼⇒〔扶手〕
【手把(儿)】shǒubǎ(r) 名(붙잡거나 들어 올리는 데 쓰는) 손잡이. ¶木头的~｜나무 손잡이=〔手柄〕
【手板】shǒubǎn ❶名方손바닥=〔手掌〕 ❷⇒〔手版①〕
【手板儿】shǒubǎnr 名옛날, 손을 때리는 체벌용(體罰用) 판대기=〔手板子〕〔戒尺〕〔手简③〕
【手板子】shǒubǎn·zi ⇒〔手板儿〕
【手版】shǒubǎn ❶名수판. 홀(笏)=〔手板②〕〔手简②〕 ❷⇒〔手本①〕
【手背】shǒubèi ❶名손등. ¶~和手心｜손등과 손바닥. ❷形(마작 따위를 할 때) 운이 좋지 않다. 손이 나쁘다. 재수가 좋지 않다.
【手本】shǒuběn ❶名명청(明清) 시대, 윗사람을 만날 때 사용하던 자기 소개장 명함=〔手版②〕 ❷⇒〔手册〕
【手笨】shǒubèn 形손재주가 없다. 서투르다. ¶我~, 做不来这细活儿｜나는 손재주가 없어서 이렇게 섬세한 일은 못한다.
【手笔】shǒubǐ 名❶자필의 문장·글씨나 몸소 그린 그림. ¶这幅字像是鲁迅先生的~｜이 한폭의

글은 마치 노신 선생의 자필 같다. ❷글이나 그림에 조예(造詣)가 있는 사람. ¶大～ | 대문필가. ❸ 일하는 품. 돈의 씀씀이

【手臂】shǒubì 名 ❶ 팔뚝 =〔手臂膊〕 ❷ 簡 조수(助手).

【手边(儿)】shǒubiān(r) 名 수중(手中). 손가까이. 주변. ¶～紧 | 주머니 사정이 여의치 않다. ¶～没有钱 | 수중에 돈이 없다→〔手底下〕

[1]【手表】shǒubiǎo 名 손목 시계. ¶～带(儿) | 시계줄.

【手不稳】shǒu bù wěn 動組 方 손버릇이 나쁘다. ¶少叫他进来, 他可～ | 그 사람 좀 못오게 해라. 그는 손버릇이 참 나빠 =〔手粘〕〔手儿粘赘〕〔手不老实〕

【手册】shǒucè 名 ❶ 수첩. ¶教师～ | 교무 수첩. ¶电脑使用～ | 컴퓨터 사용 안내서. ❷ 편람. 총람 ‖ =〔手本②〕

【手长】shǒucháng ❶ 形 손버릇이 나쁘다. ¶他很～, 到处插手 | 그는 손버릇이 아주 나빠서 어디든 끼어든다. ❷ 動 온 데 손을 내밀어 돈〔권력〕을 구하다.

【手抄】shǒuchāo 動 (직접) 손으로 베끼다.

【手车】shǒuchē 名 손수레 =〔手推车〕〔小车(儿, 子)①〕

【手钏】shǒuchuàn 名 方 팔가락지. 팔찌 =〔手镯〕

【手戳(儿)】shǒuchuō(r) 名 口 도장. ¶盖～ | 도장을 찍다 =〔手章〕

【手搭凉棚】shǒu dā liáng péng 動組 한 손으로 햇빛을 가리고 바라보다. ¶他～, 向远处眺望tiàowàng | 그는 손으로 햇빛을 가리고 먼 곳을 바라보다 =〔手打遮阳〕

【手大捂不过天来】shǒu dà wǔ·buguò tiān lái 諺 제아무리 손이 크다해도 하늘은 못 가린다. 아무리 애를 써도 자기 한도를 벗어나지 못한다. ¶～, 你们几个猴娃娃还想跟政府斗 | 손이 아무리 크다해도 하늘은 못가리는 법인데 그래도 너희 몇 명의 개구장이들이 정부를 상대로 싸움을 할 생각이냐 =〔手大遮不过天去〕

【手到病除】shǒu dào bìng chú 成 손이 닿기만 하면 병이 낫다. 의술이 아주 뛰어나다. ¶刘大夫医术高明, ～ | 닥터 유는 의술이 아주 뛰어나 손이 닿기만 하면 병이 나을 정도다.

【手底(下)】shǒudǐ(·xia) ❶ 名 손 아래 부하. 수하(手下). ¶他在我～, 就得听我使唤 | 그는 내 수하에 있으므로 나의 말을 들어야 한다. ❷⇒〔手头(儿)②〕 ❸ 名 수중(의 생활 형편). 신변. ¶～没有钱 | 수중에 돈이 없다. ¶～不方便 | 형편이 여의치 않다 =〔手头(儿)①〕〔手里①〕 ❹ 名 일(하는 방식). ¶～快 | 일 처리가 빠르다. ¶～利落 | 일 처리가 깨끗하다 ‖ =〔手下〕

[4]【手电筒】shǒudiàntǒng 名 회중 (손)전등. ¶开～ | 손 전등을 켜다 =〔手电灯〕〔手电棒〕〔电筒〕〔电棒〕〔手电〕

[2]【手段】shǒuduàn 名 ❶ 수단. 방법. 수법. ¶这只不过是一种～ | 이것은 하나의 수단에 불과하다. ¶不择～ | 수단·방법을 가리지 않다. ¶～通天 =〔手段大如天〕 | 수단이 매우 교묘하다. ¶暗中使用～ | 몰래 수를 쓰다. ❷ 貶 술수. 잔꾀. 잔재주. ¶耍shuǎ～骗piàn人 | 술수를 부려서 사람을 속이다. ¶搞不正当的～ | 정당치 못한 수단을 부리다. ❸ 褒 수완. 솜씨. ¶好～ | 능숙한 솜씨. ¶～不凡 | 솜씨가 비범하다. ¶他很有～ | 그는 꽤 수완이 있다→〔手腕(儿)②〕

[4]【手法(儿)】shǒufǎ(r) 名 ❶ (예술·문학 작품의) 기법(技法). ¶韩国画的传统～ | 한국화의 전통 기법. ¶艺术表现～ | 예술 표현의 기법. ❷ 貶 술수. 수법. ¶他耍shuǎ两面派的～ | 그는 기회주의적인 술수를 부린다. ¶骗piàn人的～ | 사람을 기만하는 수법.

【手风琴】shǒufēngqín 名〈音〉손풍금. 아코디언(accordian). ¶拉～ | 손풍금을 타다→〔风琴〕〔木琴〕

【手缝儿】shǒufèngr 名 손가락 사이. ¶～里漏出来的钱 | 喻 인색한 사람에게서 새어 나온 돈.

【手感】shǒugǎn 名 감촉(感觸). ¶这种衣料的～很好 | 이런 옷감은 감촉이 좋다.

【手高手低】shǒu gāo shǒu dī 成 (물건을 짐작으로 나눌 때) 조금씩 차이가 날 수 있다. 조금씩 차이가 나는 것은 어쩔 수 없다.

【手高眼低】shǒu gāo yǎn dī 成 솜씨는 좋으나 견식(見識)이 부족하다. 일은 잘하나 안목이 없다.

【手稿】shǒugǎo 名 친필 원고. ¶他的～都保存在故乡 | 그의 친필 원고는 모두 고향에 보존되어 있다.

【手工】shǒugōng 名 ❶ 수공. 손 공예(工藝). ¶做～ | 수공으로 하다. ¶～费 | 수공비. ❷ 손일. ¶许多人织毛线衣仍靠～劳动 | 많은 사람들이 털실 옷을 짜는 데 아직도 수공 작업에 의존하다. ¶～操作cāozuò | 손으로 조작하다. ❸ 口 품삯. ¶做件衬衫～多少? | 샤쓰 한 벌 만드는데 품삯이 얼마인가?

【手工业】shǒugōngyè 名 수공업. ¶～的发展 | 수공업의 발전.

【手工艺】shǒugōngyì 名 수공예. ¶～品 | 수공예품

【手鼓】shǒugǔ 名〈音〉❶ 탬버린. ❷ (탬버린을 닮은) 위구르(Uygur) 등 소수 민족의 타악기 =〔外达布〕〔外达卜〕〔小手鼓〕

【手黑】shǒuhēi 形 俗 손버릇이 나쁘다. 수단이 악랄하다. ¶你可得留点儿神, 他～极了 | 너 좀 조심해야되겠다. 그는 손버릇이 고약해.

【手狠】shǒuhěn 形 인색하다. ¶～不肯花钱 | 인색하여 돈을 쓰려 들지 않는다.

【手狠心黑】shǒu hěn xīn hēi 成 수법이 악랄하고 음험하다.

【手急眼快】shǒu jí yǎn kuài ⇒〔手疾眼快〕

【手疾眼快】shǒu jí yǎn kuài 成 일을 하는 데 눈치도 빠르고 동작도 매우 민첩하다. ¶他～, 办事利落 | 그는 동작이 날쌔며 일을 능숙하게 처리한다 =〔手急眼快〕〔眼疾手快〕⇔〔手迟脚慢〕

【手迹】shǒujì 名 필적. 친필로 남긴 그림이나 글씨. ¶这可是他的～ | 이건 아무래도 그의 친필이다 =〔墨迹②〕

【手记】shǒujì ❶ 動 체험을 손수 적다. ❷ 名 수기. ¶写～ | 수기를 쓰다.

【手脚】shǒujiǎo 名 ❶ 손발. 수족. ¶～都没处搁chùgē＝〔～不知放哪好〕| 손발을 둘 곳이 없다. 몸둘 바를 모르다. ❷ 육체 노동. ¶卖～ | 육체 노동으로 살아가다. ❸ 동작. 거동. ¶慌huāng了～ | 허둥대다. ¶～利落 | 동작이 민첩하다. ¶～灵巧 | 동작이 기민하다. ¶～麻利 | 동작이 민활하다. ¶～不干净 | 손버릇이 나쁘다. ❹ 잔손질. ¶费了两番～ | 두 차례 잔손질을 하다. ❺ 貶 方 몰래 부리는 술수. 간계. ¶背后做了～ | 배후에서 술수를 부렸다. ¶从中弄～ | 중간에서 간계를 부리다.

4【手巾】shǒu·jīn 名 ❶ 수건. 타월. ¶～架 | 수건걸이. ¶一条～ | 수건 한 장→〔毛máo巾〕❷ 方 손수건. ¶用～擦眼泪 | 손수건으로 눈물을 닦다＝〔手帕〕〔手绢(儿)〕

【手紧】shǒujǐn 形 ❶ 인색하다. 구두쇠다. 노랭이다. 손작다. ❷ 호주머니 사정이 여의치 않다. ¶他眼下很～ | 그는 요즘 주머니 사정이 여의치 못하다＝〔手头(儿)紧〕

2【手绢(儿)】shǒujuàn(r) 名 손수건. ¶一块～ | 손수건 한 장＝〔手帕〕

【手铐(子)】shǒukào(·zi) 名 수갑. 쇠고랑. ¶戴上～ | 수갑을 채우다＝〔書 手梏gù〕〔俗 手捧pěng子〕

【手快】shǒukuài 形 (일하는) 동작이 재빠르다. 손빠르다. 손재다. ¶眼明～ | 成 눈치가 빠르고 동작이 잽싸다.

【手辣心毒】shǒu là xīn dú 成 마음이 잔혹하고 하는 짓이 지독하다.

【手雷】shǒuléi 名〈軍〉대전차(對戰車) 수류탄. ¶他赶紧扔出一颗～ | 그는 재빠르게 대전차 수류탄을 던졌다.

【手里】shǒu·li 名 ❶ 손. 수중(手中). ¶拿在～ | 수중에 가지고 있다＝〔手头(儿)②〕❷ 호주머니 사정. 재정 상태. ¶～硬yìng | 호주머니 사정이 좋다. ¶～充足 | 호주머니 사정이 넉넉하다. ¶～困＝〔手里紧〕| 호주머니 사정이 어렵다. 경제 사정이 옹색하다.

【手令】shǒulìng 書 ❶ 名 친히 내린 명령. ¶这是团长的～, 你们必须马上执行 | 이것은 연대장이 친히 내린 명령이다. 너희들은 바로 집행해야 된다. ❷ 動 친히 명령을 내리다.

4【手榴弹】shǒuliúdàn 名 ❶〈軍〉수류탄. ¶投掷～ | 수류탄을 던지다＝〔手炮〕❷〈體〉수류탄 투척. 수류탄 던지기.

【手炉】shǒulú 名 주머니 난로. ¶老太太捧pěng着～取暖qǔnuǎn | 할머니가 주머니 난로를 받쳐 들고 손을 녹이다.

【手忙脚乱】shǒu máng jiǎo luàn 成 몹시 바빠서 허둥지둥하다. ¶事情多, 时间紧, 搞得他～ | 일은 많고 시간은 없고해서 그는 다급하여 허둥지둥하였다. ¶一听首长要来检查, 大家～地干开了 | 최고 간부가 검사하러 온다고 하는 소리를 듣자 모두들 허겁지겁 일을 했다＝〔手忙脚慌〕

【手面】shǒumiàn 名 ❶ 方 돈 씀씀이. ¶你～太阔kuò了 | 너는 돈 씀씀이가 너무 헤프다. ❷ (～儿) 수단. 수완. 방법. 책략. ¶他～广, 找他准有办法 | 그는 수완이 좋으니 그를 찾아가면 확실히 방법이 있다.

【手民】shǒumín 書 名 ❶ 조판공(彫版工). 식자공(植字工)＝〔摆字的〕→〔排字〕❷ 목수.

【手模】shǒumó 名 ❶ 지장(指章). 손도장. ¶打～ | 지장을 찍다＝〔拇mǔ印〕❷ 손자국. 지문(指紋) ‖＝〔手印〕

【手帕】shǒupà 名 方 손수건＝〔方 手巾②〕〔京 手绢(儿)〕

【手旗】shǒuqí 名〈軍〉수기. 손기. ¶打～ | 수기를 흔들다.

【手气(儿)】shǒuqì(r) 名 (제비뽑기나 노름 따위의) 운. 운수. 손속. 손덕. ¶～不好＝〔手背②〕| 운이 나쁘다. 손속이 나쁘다＝〔牌运〕

3【手枪】shǒuqiāng 名 권총. 피스톨. ¶无声～ | 무성 권총. ¶～套 | 권총집. ¶打～＝〔络管儿〕| ⓐ 권총을 쏘다. ⓑ 수음하다＝〔短枪②〕〔小枪〕〔拳铳〕

【手巧】shǒu qiǎo 손재주가 좋다. ¶心灵～ | 成 영리하고 손재주가 좋다.

【手勤】shǒuqín 形 부지런하다. 근면하다. ¶这孩儿很～ | 이 아이는 아주 부지런하다.

【手轻】shǒuqīng 形 (손동작이) 부드럽다. 살살하다. ¶～着点儿! | 살짝 손을 대시오!→〔手重zhòng〕

【手球】shǒuqiú 名〈體〉❶ 핸드볼. ❷ 핸드볼공.

【手儿】shǒur 名 ❶ 손. ¶举起～ | 손을 들다. ❷ (어떤 기능이나 성격을 뚜렷이 지니고 있을 때의) 사람. ¶老张那个～, 可真不错 | 장씨 그이는 정말 괜찮아! ❸ 손재주. 기예(技藝). ¶他的～巧 | 그는 손재주가 좋다. ❹ 수단. 책략. ¶他这一～太厉害了 | 그의 이 수법은 너무 대단해. ❺ 수완. 기량. 능력. 본때. ¶我得给他看一～ | 나는 그에게 솜씨〔본때〕를 보여 주어야 하겠다.

【手软】shǒuruǎn 形 차마 손을 대지 못하다. 마음이 여리다. ¶对犯罪分子决不能～ | 범죄자들에 대해서 결코 인정사정 봐주어서는 안된다. ¶你也太～了 | 너도 마음이 너무 여리다.

3【手势】shǒushì 名 손짓. 손시늉. 어법 대개 동사「打·做·用」등의 목적어로 쓰임. ¶我打了个～叫他离开这儿 | 나는 그이더러 여기를 떠나라고 손짓을 했다. ¶～话 | 수화(手話). ¶哑巴用～交谈 | 벙어리는 손짓으로 말을 나눈다＝〔手式〕

【手书】shǒushū ❶ 動 글을 손수 쓰다. ❷ 名 札 귀한(貴翰). 귀함(貴函). 손수 써 주신 편지. ¶顷奉～ | 방금 손수 써 주신 편지를 배독했습니다＝〔手函〕〔手翰〕〔手牍〕〔手札〕〔手示〕〔手教〕

2【手术】shǒushù 名 ❶ 수술. ¶他病情严重, 须要做大～ | 그는 병이 심해 대수술을 해야 한다. ¶动～＝〔施shī手术〕| 수술하다. ¶～刀 | 메스(mes). ¶～室 | 수술실. ¶～台 | 수술대＝〔割术〕→〔开kāi刀③〕❷ 方 (교묘한) 손놀림. 술수. (민첩한) 손놀림.

【手谈】shǒután 書 ❶ 名 바둑·장기의 다른 이름→〔围棋〕❷ 動 바둑·장기 따위를 두다. ¶他俩进行～ | 그 둘은 바둑(장기)를 두기 시작했다.

2【手套(儿)】shǒutào(r) 名 ❶ 장갑. ¶无指～ |

벙어리 장갑. ¶毛～ | 털 장갑. ¶皮～ | 가죽 장갑. ¶戴dài～ | 장갑을 끼다. ❷(야구 따위의) 글러브(golve). ¶棒球～ | 야구 글러브. ¶分指～ | (손가락이 나뉘어져 있는) 글러브 ¶连指～ | (포수가 끼는) 미트(mitt). ¶拳击～ | 권투 글러브.

【手提】shǒutí 區 손에 들다. 휴대하다. ¶～(皮)箱＝〔提箱〕| (소형) 여행용 가방. 슈트케이스(suitcase). ¶～打字机 | 휴대용 타자기. ¶～物品 | 휴대 물품.

【手提包】shǒutíbāo 名 핸드백. 손가방＝〔手袋〕〔俗 手提儿〕〔提包〕

【手提式】shǒutíshì 名區 휴대용(의). ¶～收音机 | 휴대용 라디오. ¶～录音机 | 휴대용 녹음기. ¶～步谈机 | 워키토키＝〔便携式〕〔轻便式〕

【手头(儿)】shǒutóu(r) 名 ❶ 수중. 신변. 몸 가까이. 곁. ¶我～有复习资料 | 나한테 복습할 자료가 있다. ¶～书 | 가까이 두고 보는 책＝〔手底(下)③〕〔手下②〕 ❷ 개인의 주머니 사정. 어법 주어로만 쓰임. ¶～宽裕kuānyù＝〔手头(儿)将〕〔手头(儿)帕〕| 주머니 사정이 좋다. ¶～紧 | 주머니 사정이 어렵다＝〔手底(下)②〕〔手下③〕 ❸ 손재주. 솜씨. ¶～巧 | 손재주가 좋다. ¶～快 | 손이 재빠르다. 일을 명쾌하게 처리하다. ¶猎户～很准 | 사냥꾼의 사격 솜씨가 정확하다. ❹ 돈씀씀이. ¶～大 | 돈 씀씀이가 헤프다. ❺ 힘. ¶～硬 | 힘이 세다. ❻ 形 상용(常用)의 →〔手头字〕

【手头字】shǒutóuzì 名 ❶ 상용자(常用字). ❷ (필기할 때 간단히 쓰는) 약자(略字). 간략자 →〔简体字〕

【手推车】shǒutuīchē 名 손수레. 리어카＝〔小车①〕〔手车〕

【手腕(儿)】shǒuwàn(r) 名 ❶ 貶 수완. 술수. 술책. 계교. 잔꾀. ¶耍shuǎ～ | 술수를 부리다. 잔꾀를 쓰다. ¶这家伙～真狠毒hěndú | 저 녀석은 술수가 정말 지독하다＝〔手段②③〕 ❷ 褒 능력. 재주. ¶她弹琴很有～ | 그녀는 거문고를 타는데 재주가 있다. ¶～不凡 | 재주가 범상치 않다＝〔本事〕

【手腕子】shǒuwàn·zi 名 팔목. 손목. ¶他的～扭niǔ了 | 그는 손목을 삐었다.

【手无寸铁】shǒu wú cùn tiě 成 손에 어떠한 무기도 가지고 있지 않다. 맨주먹. 빈주먹. ¶～的示威群众 | 맨주먹의 시위군중.

【手无缚鸡之力】shǒu wú fù jī zhī lì 成 닭 한마리 붙들어 맬 힘도 없다. 기력이 약하다. ¶他是一个～的秀才 | 그는 닭 한마리 잡을 힘도 없는 서생이다.

【手舞足蹈】shǒu wǔ zú dǎo 成 너무 기뻐서 덩실덩실 춤추다. ¶同学们高兴得～ | 학우들은 기뻐 어쩔줄을 모른다.

【手下】shǒuxià 名 ❶ 수하. 관할하. 통치하. ¶强将～无弱兵 | 강한 장군 수하에 약한 병사는 없다. ¶他在王工程师的～当过技术员 | 그는 왕기사(技師)의 밑에서 기술자로 있었다. ❷ 수중. 곁. ¶那本书此刻不在～ | 그 책은 지금 수중에 있지 않다＝〔手头(儿)①〕 ❸ 주머니 사정. (개인의) 경제 형편. ¶到月底我～就紧了 | 월말이 되면 내 주머니 사정이 어렵게 된다＝〔手头(儿)②〕 ❹ (일에) 손을 쓸〔댈〕 때. 일을 처리할 때. ¶请你～留情 | 사정을 잘 봐 주십시오.

【手下人】shǒuxiàrén 名 ❶ 하수인. ❷ 고용인. 머슴. 하인.

【手相】shǒuxiàng 名 수상. 손금.

【手携手】shǒu xié shǒu 動組 손에 손을 잡다. 일치 단결하다.

【手写】shǒuxiě 動 ❶ 손으로 쓰다. ❷ 손수 쓰다.

【手写体】shǒuxiětǐ 名 필기체 →〔印刷体〕

【手心】shǒuxīn 名 ❶ 손바닥의 중앙〔한 가운데〕. 손바닥. ¶他被老师打～ | 그는 선생님에게 손바닥을 맞았다. ❷ (～儿) 喩 수중(手中). 손아귀. ¶逃不出他的～去 | 그의 손아귀를 벗어날 수 없다. ¶我是在人家～里的人，还能讲话吗? | 나는 남의 손아귀에 잡혀 있는 사람인데 무슨 말을 할 수 있겠나?

[2]【手续】shǒu·xù 名 수속. 절차. ¶办～ | 수속을 밟다. ¶入学的～已经办完了 | 입학 수속은 이미 마쳤다. ¶借款～ | 차관 수속. ¶请先办报名～ | 먼저 신청 수속부터 하세요. ¶注册～ | (학교 따위의) 등록 수속. ¶入境～ | 입국 수속.

【手癣】shǒuxuǎn 名〈醫〉손에 생기는 무좀. 아장풍. 아장선＝〔鹅掌风〕

【手眼】shǒuyǎn 名喩 ❶ 동작. ¶～灵活 | 동작이 기민하다. ❷ 계략. 소행. 짓. 수단. ¶一定是他使用的～ | 틀림없이 그가 한 짓이다. ¶～通天 | 수완이 대단하다. ❸ 세력. ¶～大 | 세력이 크다.

【手痒】shǒuyǎng 形 ❶ 손이 가렵다. ❷ 喩 (…하고 싶어) 손이 근질근질하다. ¶看到别人打乒乓球，他又～难耐了 | 다른 사람이 탁구치는 것을 보니 그는 또 손이 근질근질거려 견딜 수가 없다.

【手摇】shǒuyáo 動 손으로 돌리다〔흔들다, 움직이다〕. ¶～马达 | 수동 모터. ¶～钻zuàn | 핸드드릴(hand drill).

[4]【手艺】shǒu·yì 名 손재간. 솜씨. 수공 기술. ¶～人＝〔耍shuǎ手艺的〕| 수공업자. ¶工匠～ | 장인(匠人)의 솜씨. ¶～高明 | 솜씨가 훌륭하다. ¶学～ | 솜씨를 배우다. ¶学会炒菜做饭的～ | 요리하고 밥 짓는 솜씨를 배워서 익히다.

【手淫】shǒuyín 名 수음. ¶～伤身 | 수음은 몸을 상하게 한다.

【手印(儿)】shǒuyìn(r) ❶ 名 손자국. 손가락 자국. ¶沾zhān上脏zāng～ | 더러운 손가락 자국이 묻다. ❷ ⇒〔拇mǔ印〕

【手语】shǒuyǔ 名 수화(手話). ¶打～ | 수화를 하다＝〔手指语〕〔哑语〕→〔盲máng字〕

【手谕】shǒuyù 書 名 ❶ 상급 기관이나 상관이 친필로 써서 하급 기관에 보내는 편지〔지시〕. ❷ (상관이) 친히 내리는 명령＝〔手令①〕

【手泽】shǒuzé 書 名 선인의 유물 또는 필적. ¶这可是徐悲鸿先生的～啊! | 이건 서비홍 선생의 필적이 아닌가!

【手札】shǒuzhá 書 名 친필 서한＝〔手书②〕

【手掌(儿)】shǒuzhǎng(r) 名 손바닥. ¶～上长

了一个疱pào | 손바닥에 물집이 하나 생겼다 =〔手掌心〕

【手杖】shǒuzhàng 名 지팡이. ¶一根~ | 지팡이 한개. ¶拄zhǔ~ | 지팡이를 짚다.

2【手指】shǒuzhǐ 名 손가락. ¶伸出~ | 손가락을 펴다 =〔手指头〕

【手指头肚儿】shǒuzhǐ·toudùr 名組 口 손가락 끝마디의 지문(指紋)이 있는 부분.

【手纸】shǒuzhǐ 名 俗 (화장실용) 휴지 =〔卫生纸①〕〔俗 方 草纸〕

【手重】shǒuzhòng 形 손이 거칠다. 손힘이 세다. ¶男孩子打架~ | 사내아이들은 싸우는 것이 사납다→〔手轻〕

【手拙】shǒuzhuō 形 손(놀림)이 둔하다. 솜씨가 없다. ¶我~, 写不好字 | 나는 솜씨가 없어 글씨를 잘 못쓴다→〔手巧〕

【手镯】shǒuzhuó 名 ❶ 팔찌 =〔臂环〕〔手圈〕〔方 手钏〕〔条达②〕〔条脱①〕〔跳脱〕〔書 镯钏〕〔镯头〕〔镯子〕 ❷ 수갑 =〔手铐(子)〕

【手足】shǒuzú 名 ❶ 손과 발. 轉 거동. 동작. ¶~并行 | 네 손발로 기어 가다→〔手脚〕 ❷ 喻 형제. ¶~之情 | 형제의 정. ¶情如~ | 우정이 형제와 도 같다. ¶结为异姓的~ | 서로 의형제를 맺다.

【手足无措】shǒu zú wú cuò 成 매우 당황하여 어찌해야 좋을지 모르다. ¶突然接到母亲生病的电报, 搞得我~, 不知如何是好 | 갑자기 어머니께서 병이 나셨다는 전보를 받고 당황하여 어찌해야 좋을지 몰랐다 =〔手足失措〕

2【守】shǒu 지킬 수 ❶ 動 막아 지키다. 수비하다. ¶敌军~得很严 | 적군의 수비가 삼엄하다. ¶坚~阵地 | 진지를 굳게 지키다⇔〔攻①〕 ❷ 動 (약속·규정 따위를) 지키다. 준수하다. ¶~时间 | 시간을 지키다. ¶~信用 | 신용을 지키다. ¶很~纪律 | 규율을 잘 지키다. ❸ 動 지켜보다. 돌보다. 간호하다. ¶~到天亮 | 날이 샐 때까지 간호하다. ¶~着病人 | 환자를 돌보다. ❹ 動 가까이하다. 접근하다. ¶~着炉子旁边烤火 | 난로 옆에 붙어 불을 쬐다 =〔靠kào〕 ❺ 書 名 절조.지조. 절개. ¶有为有~ | 재능도 있고 절개도 있다. ❻ 書 名 벼슬이름. 군(郡)의 수장(首長). ¶郡~ | 군수. ¶太~ | 태수. ❼ (Shǒu) 名 성(姓).

【守备】shǒubèi ❶ 動 수비하다. 방어하다. ¶~部队 | 수비 부대. ¶~和打击 | (야구 경기의) 수비와 타격. ❷ 名 옛날의 무관명(武官名).

【守兵】shǒubīng 名 수비병. 방어병. ¶~弃qì城而逃táo | 수비병이 성을 포기하고 도망가다.

【守财奴】shǒucáinú 名 수전노. 구두쇠. ¶他是个舍命不舍财的~ | 그는 목숨을 버릴지언정 재물을 버리지 않을 구두쇠다 =〔守财虏〕〔守钱虏〕〔守钱奴〕〔看财奴〕〔钱串子②〕〔钱串子脑袋〕〔俗 钱狠子〕〔钱虏〕→〔啬sè刻〕

【守车】shǒuchē 名 (화물 열차 맨끝의) 승무원실.

【守成】shǒuchéng 書 動 (앞사람이) 이미 이룩한 가업〔사업〕을 발전시켜 나가다.

【守敌】shǒudí 名 적의 수비병〔수비군〕. ¶~顽固wángù抵抗dǐkàng | 적의 수비군이 완고하게 저항한다.

4【守法】shǒufǎ 動 법률〔법령〕을 준수하다. ¶奉公~ | 공무를 중히 여기고 법을 지키다.

【守宫】shǒugōng 名〈動〉「壁虎」의 옛 이름. 수궁. 도마뱀붙이 =〔壁虎〕〔蛇医〕

【守寡】shǒu/guǎ 動 과부로 수절을 하다. ¶她~三十年了 | 그녀는 과부로 수절한 지 삼십년이 되었다 =〔居孀jūshuāng〕→〔守节〕〔孀shuāng〕

【守候】shǒuhòu 動 ❶ 기다리다. ¶~着家乡的信息 | 고향 소식을 기다리다. ❷ 간호하다. ¶护士日夜~着伤员 | 간호원은 밤낮으로 부상자를 간호하고 있다.

【守护】shǒuhù 動 지키다. 수호하다. ¶~祖国 | 조국을 수호하다. ¶~神 | 수호신.

【守节】shǒu/jié 動 ❶ 절조(節操)를 지키다. ❷ 정절(貞節)을 지키다. ¶女人要~ | 여자는 정절을 지키야 한다→〔守寡〕

【守旧】shǒujiù ❶ 動 수구(守舊)하다. 구습에 얽매이다. ¶~思想 | 수구사상. ¶~派 | 수구파. 보수파. ❷ 名〈演映〉중국 전통극을 연출할 때, 무대 위에 거는 막(幕).

【守军】shǒujūn 名 수비군. 방위군.

【守口如瓶】shǒu kǒu rú píng 成 입이 무겁다. 비밀을 엄수하다. ¶他一向~ | 그는 여태 비밀을 지켜왔다 =〔缄jiān口如瓶〕

【守灵】shǒu/líng 動 경야(經夜)하다 [장사 지내기 전에 근친지기(近親知己)들이 관(棺) 곁에서 밤을 세워 지키다] =〔守丧〕

【守门】shǒu/mén 動 ❶ 문지기를 하다. 문을 지키다. ¶~的 | 문지기. ❷〈體〉골(goal)을 수비하다. ¶~发球 | 골킥(goal kick).

【守七】shǒuqī 名 動 사람이 죽은후 49제가 될 때까지 7일마다 하는 공양(供養)(을 행하다). ¶他正~, 不宜远行 | 그는 지금 7일 공양 중이니 먼 데 가서는 안된다.

【守丧】shǒu/sāng ⇒〔守灵〕

【守身】shǒu/shēn 書 動 ❶ 자기 몸을 지켜 불의에 빠지지 않게 하다. ❷ 喻 정절(貞節)을 지키다. ¶~如玉 | 成 깨끗하게 정절을 지키다→〔失身〕

【守时(间)】shǒu shí(jiān) 시간을 준수하다. ¶与人约会要~ | 남과의 약속은 시간을 꼭 지켜야 한다.

【守势】shǒushì 名 수세. 방어 태세. ¶采取~ | 수세를 취하다.

【守岁】shǒu/suì 動 ❶ 까치 설날을 쇠다 [섣달 그믐날 밤에 자지 않고 밤을 새워 새해를 맞이하는 것을 말함] ❷ 書 화성(火星)이 세성(歲星)을 범하다.

【守土】shǒutǔ 書 ❶ 動 국토를 방위하다. ¶~有责 | 成 국토 방위의 책임이 있다. ¶~抗战 | 국토수호를 위해 항전하다. ❷ 名 국경을 지키는 병사.

【守望】shǒuwàng 動 파수를 보다. 망보다. ¶~所 | 감시소. ¶~台 | 파수대.

【守望相助】shǒu wàng xiāng zhù 成 (외부의 침입을 방어하기 위해 인접한 마을간에) 서로 감시해 주고 (비상시에는) 상호 협조하여 대처하다.

4【守卫】shǒuwèi ❶ 動 방위(防衛)하다. 수위하다.

¶海防战士警惕地～着祖国的海疆 | 해안 경비병은 경각심을 가지고 조국의 해안을 방위하고 있다. ❷名動〈體〉수비·방어(하다).

【守孝】shǒu/xiào 動 ❶부모의 상(喪)을 입었을 때, 복(服)을 벗기 전까지 오락과 교제를 끊고 애도를 표시하다. ❷부모의 상(喪)을 입다. ¶他正在～ | 그는 지금 부모의 상중에 있다.

【守夜】shǒu/yè 動 ❶야경(夜警)을 하다. ¶～的兵 | 야간 경비병. ¶～犬 | 야경견. 야경을 보는 개. ❷철야하다. ❸경야(經夜)하다 =〔守灵〕

【守业】shǒu/yè 書動 조상 대대로 전해 내려오는 가업(家業)을 지키다. ¶年轻人不要光是～, 而且要勇于创业 | 젊은이는 단지 가업을 잇기만 해서는 안되고 새롭게 시작하는 데 용감해야 한다.

【守一】shǒuyī 書動 한 일에 전념하다 [한 가지 일에 전념·수련하여 통달하는 도가(道家)의 술법(術法)]

【守约】shǒu/yuē 動 ❶약속을 지키다. ¶他一向～ | 그는 늘 약속을 잘 지킨다. ❷書 요소(要所)를 지키다.

【守则】shǒuzé 名 수칙. 지켜야될 규칙. 규정. ¶学生～ | 학생 규칙. ¶遵行～ | 수칙을 준수 이행하다.

【守着】shǒu·zhe 動 ❶함께 지내다〔살다〕. ❷가까이 하다. ¶～饼bǐng挨饿āiè | 諺 눈 앞에 떡을 두고 굶고 있다. 좋은 것을 두고도 제대로 이용할 줄 모르다. ❸俗 (과부가) 수절하다. ❹관리하다. 맡아보다. ¶～家产 | 가산을 돌보다.

【守终】shǒuzhōng 動 마무리를 다하다. 유종의 미를 거두다.

【守株】shǒuzhū ⇒〔守株待兔〕

【守株待兔】shǒu zhū dài tù 成 나무를 지키며 토끼를 기다리다. ❶요행만을 바라다. ❷융통성이 없다. ¶切不可有～的思想 | 절대로 융통성없는 생각을 가져서는 안된다 =〔守株〕〔株守〕

1【首】shǒu 머리 수
❶量 수 [시·노래 따위를 세는 양사] ¶一～诗 | 시 한 수. ¶再来一～歌 | 노래 한 곡 더 해라. ❷머리. ¶～饰shì↓ ❸우두머리. 지도자. 수령. ¶～领↓ ❹轉 제일의. 최고의. ¶～席代表 | 수석 대표. ¶～相 | 수상. ¶～要↓ ❺轉 최초의. 처음으로. 제일 먼저. ¶～创↓ ¶～义↓ ❻자수하다. 고발하다. ¶自～ | 자수하다. ¶出～ | 고발하다. ❼(Shǒu) 名 성(姓).

【首(班)车】shǒu(bān)chē 名 첫차 =〔头班车〕⇔〔末mò(班)车〕

【首倡】shǒuchàng 動 (새로운 것을) 처음으로 제창(提倡)하다. ¶他～用白话文写作 | 그가 백화문으로 글을 쓰는 것을 처음 제창했다 =〔首唱①〕

4【首创】shǒuchuàng 動 창시하다. 처음으로 만들다. ¶～精神 | 창의성. 창조정신. 개척자 정신.

【首次】shǒucì 名 최초. 첫번째. ¶～航行 | 처녀 비행〔항해〕. ¶～放映 | 개봉하다. ¶～访问 | 첫번째 방문 =〔首度〕

【首当其冲】shǒu dāng qí chōng 成 맨 먼저 공격을 받거나 재난을 당하다. ¶物价改革, 粮食部门～ | 물가 개혁은 양식 부문이 첫 공격의 대상이 되었다.

1【首都】shǒudū 名 수도. ¶中国的～是北京 | 중국의 수도는 북경이다.

【首恶】shǒuè 書名 원흉(元兇). 주모자. ¶～者 | 주모자. ¶～必办, 胁从xiécóng者不问 | 成 주모자는 반드시 처벌하지만, 협박에 못이겨 가담한 사람은 그 죄를 묻지 않는다 =〔罪魁〕

【首府】shǒufǔ 名 ❶옛날, 성회(省會)가 있던 부(府). 지금은 대개 자치구(自治區) 또는 자치주(自治州)의 인민 정부 소재지를 가리킴. ❷속국(屬國)과 식민지의 최고 정부 기관의 소재지.

【首富】shǒufù 書名 갑부(甲富). 재벌 =〔首户〕

【首功】shǒugōng 書名 ❶적의 목을 벤 공훈. ❷가장 으뜸가는 공훈〔공적〕. ❸첫 공로.

【首航】shǒuháng 名動 처음 항해〔비행〕(하다). 처녀 취항(하다). ¶～典礼 | 처녀 취항 기념식. ¶～北京 | 처음으로 북경에 취항하다.

【首级】shǒují 書名 수급 [싸움터에서 벤 적군의 머리] ¶斩下～, 回去报功 | 적군의 머리를 베어 돌아와 그 공을 알리다.

【首届】shǒujiè 名 제1회. 제1기. ¶～运动会 | 제1회 운동회. ¶～卒业生 | 제1기 졸업생.

【首肯】shǒukěn 動 수긍하다. ¶只有上级领导～, 我才能去 | 나는 상급 책임자가 수긍해야만 갈 수 있다.

4【首领】shǒulǐng 名 ❶書 머리와 목. ❷喻 수령. 우두머리 →〔头tóu领〕〔头目〕

4【首脑】shǒunǎo 名 수뇌. 영도자. ¶他是语言学界的～人物 | 그는 언어학계의 중요 인물이다. ¶召开各国政府～会议 | 각국 정부 수뇌 회담을 개최하다. ¶～机关 | 최고 기관 =〔首要②〕

【首丘】shǒuqiū 動名 고향을 그리워하다〔하는 마음〕 ¶不胜狐死～之情 | 여우가 죽을 때면 머리를 자기가 살던 굴로 향하듯이 망향(望鄕)의 정(情)을 억누를 수가 없다.

【首屈一指】shǒu qū yī zhǐ 成 첫째로 손꼽다. ¶～的大商埠 | 제일의 상업 도시.

【首任】shǒurèn 動 초임(初任)하다. ¶～教员 | ⓐ 처음으로 교원에 임명되다. ⓑ 초임 교원. ¶～驻中国大使 | 초임 주중국 대사.

【首日封】shǒurìfēng 名 우표를 새로 발행할 때 새 우표를 기념봉투에다 붙이고서 소인을 찍은 봉투. ¶她买了几张～ | 그녀는 새 우표 기념 봉투를 몇 장 샀다.

【首善之区】shǒushàn zhī qū 書 名組 제일 좋은 곳. 수도(首都).

【首饰】shǒu·shi 名 머리의 장식품. 轉 장신구. 악세사리. ¶戴～ =〔带首饰〕| 장신구를 하다. ¶～盒hé | 보석함.

【首途】shǒutú 書動 길을 떠나다. 출발하다. ¶定九日～ | 9일에 출발하기로 정하다 =〔首路〕

【首尾】shǒuwěi ❶名 수미. 처음과 끝. 시말(始末). ¶这次旅行, ～经过了一个多月 | 이번 여행은 처음부터 끝까지 한달이 넘게 걸렸다. ❷名 시종(始終). ¶我的看法是～一贯的 | 나의 견해는 시종 변함이 없다. ❸動 喻 서로 호응하다. ¶～相应 | 앞뒤가 서로 호응하여 돕다. 서로 가락

이 척척 맞다.

【首位】shǒuwèi 名 수위. 제1위. ¶放在～｜수위에 두다.

4【首席】shǒuxí 名 ❶ 상석(上席). 맨 윗자리. ¶坐～｜상석에 앉다. ❷ 수석. ¶～代表｜수석 대표. ¶他任总统的～顾问｜그는 대통령의 수석 고문에 임명되었다.

2【首先】shǒuxiān 副 ❶ 가장 앞서. 무엇보다 먼저. ¶～报名｜맨 먼저 신청하다. ¶在福利上, 他总是～关心别人｜복리에 있어, 그는 언제든지 먼저 다른 사람에게 관심을 기울인다. ¶～发言｜제일 먼저 발언하다. ❷ 첫째로. 먼저. 어법 대개「其次」와 호응함. ¶～是系主任讲话, 其次是学生代表发言｜먼저 학과장의 말이 있고, 그 다음으로 학생대표가 발언하다.

4【首相】shǒuxiàng 名 수상 =〔首揆〕〔内阁总理〕→〔总理〕

4【首要】shǒuyào ❶ 區 가장 중요한. 일급의. ¶～任务｜가장 중요한 임무. ¶～地位｜가장 중요한 지위. ¶～条件｜가장 중요한 조건. ¶～战争罪犯｜일급 전범. ❷ ⇒〔首脑〕

【首义】shǒuyì 書 ❶ 名 動 최초의 봉기(를 일으키다). ¶辛亥～｜신해혁명 때의 최초의 봉기. 곧, 무창(武昌)봉기. ❷ 動 제일 먼저 정의를 좇다.

【首映】shǒuyìng 名 動 개봉 상영(하다). ¶「红樱桃」昨晚在和平电影院～｜「붉은 앵두」가 어제 저녁 평화 극장에서 개봉되었다.

【首展】shǒuzhǎn 動 (상품을) 처음 내놓다.

【首战告捷】shǒu zhàn gào jié 成 ❶ 첫 전투에서 승리하다. ❷〈體〉첫 승리를 거두다. ¶韩国队～, 有望进入决赛｜한국팀은 첫 승리를 거두었기에 결승에 나갈 가망이 있다.

4【首长】shǒuzhǎng 名 최고 지도자. 책임 간부. 지휘관. ¶地方～｜지방 장관. ¶行政～｜행정 수반. ¶团～｜연대의 고급 지도자. ¶中央～｜중앙의 최고 지도자.

【艄】shǒu 이물 수

名 뱃머리. 선수(船首). 이물 =〔口 船首〕〔船头〕⇔〔艉wěi〕

shòu ㄕㄡˋ

3【寿(壽)】shòu 수할 수

❶ 名 나이. 연령. 수명. ¶长～｜장수. ¶您高～｜춘추가 어떻게 되십니까. ❷ 장수(長壽). ¶福～双全｜복도 많고 오래 살다. ¶福如东海, ～比南山 =〔寿山福海〕｜成 동해와 남산에 비할만큼 행복하고 장수하시길 빕니다. ❸ 생일. 생신(生辰). ¶祝～｜생신을 축하하다. ¶～礼↓ →〔生shēng日〕❹ 婉 염습(殮襲)에 쓰려고 생전에 미리 준비해 두는. ¶～衣↓ ¶～木↓ ¶～材↓ ❺ (Shòu) 名 수현(壽縣)〔안휘성(安徽省)에 있는 현이름〕❻ (Shòu) 名 성(姓).

【寿斑】shòubān 名 검버섯. 오지(汚池). ¶王教授头脑上长满了～｜왕교수의 머리에 검버섯이 가득 피었다 =〔老(人)斑〕

【寿比南山】shòu bǐ nán shān 成 남산에 비길만큼 오래 살다. ¶祝您老人家～, 福如天齐｜어르신께서 남산에 비길만큼 오래사시고 하늘에 닿을만큼 복을 누리시길 축원합니다.

【寿材】shòucái 名 생전(生前)에 미리 준비해 두는 관(棺). 轉 관(棺) =〔寿木〕〔寿器〕

【寿辰】shòuchén 書 名 생신(生辰). ¶今天是父亲的～｜오늘은 부친의 생신이다 =〔寿诞〕〔寿日〕→〔生日〕

【寿诞】shòudàn ⇒〔寿辰〕

【寿糕】shòugāo 名 생일 케이크.

【寿光鸡】shòuguāngjī 名〈鳥〉수광계〔산동성 원산의 난육겸용(卵肉兼用)의 우수한 닭 품종〕

【寿酒】shòujiǔ 名 생일 축하술〔주연〕. 생일잔치. ¶吃杯～｜생일 축하술을 마시다.

【寿礼】shòulǐ 名 생일 선물 =〔寿仪〕

【寿眉】shòuméi 名 수미. 노인의 눈썹 중 가장 긴 눈썹 =〔毫háo眉〕〔秀xiù眉〕

【寿面】shòumiàn 名 생일 축하 국수. ¶今天是爷爷的生日, 我必须回家吃～｜오늘은 할아버지 생신이니 꼭 집에 가서 생일 국수를 먹어야 한다.

3【寿命】shòumìng 名 수명. 목숨. 생명. ¶延长～｜수명을 연장시키다. ¶平均～｜평균 수명. ¶机器～｜기계의 수명. ¶你缩短了我十年的～｜네가 내 수명을 십년이나 단축시켰다.

【寿木】shòumù ⇒〔寿材〕

【寿山石】Shòushānshí 名 수산석〔복건성 수산(壽山)에서 나는 미옥(美玉)〕

【寿数】shòu·shu 名 수명. 천수(天壽). 천명(天命). ¶～未尽｜수명이 아직 다하지 않았다. ¶～到了｜천명이 다 되었다 =〔寿算〕〔寿限〕

【寿桃】shòutáo 名 장수를 축원하는 생일 선물인 복숭아 모양의 밀떡이나 신선한 복숭아. ¶他送给爷爷一颗～｜그는 할아버지에게 장수를 비는 복숭아 한 알을 선물했다.

【寿险】shòuxiǎn 名 생명 보험. ¶保～｜생명 보험을 들다 =〔人寿保险〕→〔火huǒ(灾保)险〕〔水shuǐ险〕

【寿星(老儿)】shòu·xīng(lǎor) 名 ❶〈天〉노인성(老人星). 남극 노인성(南極老人星). 喻 장수하는 노인. ❷ 축수를 받는 생일의 주인공 ‖ =〔老寿星〕

【寿穴】shòuxué 名 수혈. 수실(壽室). 생전에 미리 준비해 놓는 묘혈(墓穴) =〔寿堂②〕〔寿域②〕〔寿藏〕

【寿衣(儿)】shòuyī(r) 名 수의. 염습(殮襲)할 때 입히는 옷. ¶此店专营～｜이 가게는 수의를 전문으로 판다.

【寿终正寝】shòu zhōng zhèng qǐn 成 집안에서 천수(天壽)를 다하고 죽다. ¶他已～, 躺在九泉安息呢｜그는 이미 천수를 다하고 구천에 누워 편히 쉬고 있을 것이다

2【受】shòu 받을 수

動 ❶ 받다. 받아들이다. 어법 대개 동사나 주술구가 목적어로 옴. 목적어가「鼓舞·感动·欢迎·教育·启发」등일 때 정도부사「很」이 올 수 있음. ¶～表扬｜칭찬을 받다. ¶我们～老王指挥｜우리는 왕씨의 지휘를 받는다. ¶大家很～

鼓舞 | 모두들 고무를 깊이 받았다. ❷ (손해·고통·재난·불운 따위를) 받다. 입다. 당하다. ¶～压迫yāpò | 압박을 받다. ¶～损失 | 손해를 입다. ¶～人欺负 | 남에게 업신여김을 당하다. ❸ 참다. 견디다. ¶～不了↓ ¶忍～痛苦 | 고통을 참다→〔受冻〕〔受罚〕〔受苦〕 ❹ ㊉ (…하기에) 적합하다. ¶～看↓ ¶～摆 | 비교적 오랜 시간 동안 두어도 괜찮다.

【受病】shòu/bìng 動 점차 병에 걸리다. 병이 생기다. ¶吃不干净的食物会～的 | 불결한 음식을 먹으면 병걸릴 수 있다. ¶你放心, 我身体好, 受不了病 | 안심하라, 나는 몸이 건강하니 병이 생길 수 없어 ＝〔生病〕〔得病〕〔致病〕

【受不了】shòu ·bu liǎo 動組 참을 수 없다. 견딜 수 없다. ¶肚子疼得～ | 배가 아파서 견딜 수 없다. ¶你怎么一点儿苦也～ | 너는 어떻게 대단찮은 고생도 참아내질 못하느냐. ¶那样费钱可～! | 그렇게 돈이 많이 드니 도저히 견딜 수가 없다! ＝〔受不得②〕⇔〔受得了〕

【受不起】shòu ·bu qǐ 動組 감당할 수 없다. 받을 만한 자격이 없다. ¶～您的厚意 | 당신의 후의를 감당할 길이 없습니다.

【受不住】shòu ·bu zhù 動組 견디지 못하다. 지탱할 수 없다. ¶锻炼不够, 当然～挫折cuòzhé | 충분히 단련하지 않았으니 당연히 좌절을 견딜 수 없다 ⇔〔受得住〕

【受潮】shòu/cháo 動 습기차다. 누기차다. ¶屋子老不见太阳, 东西容易～ | 방에 좀처럼 햇볕이 들지 않아서 물건들이 습기가 차기 쉽다. ¶勿使～ | 습기 차게 하지 마시오 ＝〔犯潮〕

【受吃】shòuchī ㊉ 形 맛이 좋다. 구미에 맞다 ＝〔好吃〕

【受宠若惊】shòu chǒngruò jīng 成 과분한 총애와 우대를 받고 놀라면서도 아주 기뻐하다. ¶部长主动跟他握手, 他还真有点儿～呢 | 장관이 먼저 그에게 악수를 청해서 그는 정말 과분한 총애에 놀라면서도 기뻤다 ＝〔被宠若惊〕〔宠辱若惊〕

【受挫】shòucuò 動 좌절당하다. 패하다. ¶他办出国～了 | 그는 출국 수속에서 좌절되었다.

【受到】shòu·dao 動 …을 받다. ¶～不少帮助 | 적지않은 도움을 받다. ¶～很大的影响 | 큰 영향을 받다. ¶～大家的表扬 | 모든 사람의 칭찬을 받다.

【受敌】shòudí 動 적의 공격을 받다. ¶四面～ | 사면으로 공격을 받다.

【受罚】shòu/fá 動 벌을 받다. 처벌을 받다. ¶要是到期完不成, 我请愿～ | 만일 기간까지 완성하지 못한다면 처벌을 달게 받겠다. ＝〔挨罚〕

【受粉】shòufěn 名 動 〈植〉 수분(하다)→〔授粉〕

【受雇】shòugù 動 고용되다. ¶排队páiduì等候～ | 줄을 서서 고용되기를 기다리다. ¶他～于一个韩国公司 | 그는 어느 한국 회사에 고용되었다.

【受害】shòu/hài 動 ❶ 피해를 당하다. 손해를 입다. ¶这次地震, 有五百余人～ | 이번의 지진으로 5백여명이 피해를 입었다. ¶～者 | 피해자. 희생자. ¶～事件 | 피해 사건. ¶～不浅 | 피해가 적지 않다. ¶蝗虫huángchóng～ | 메뚜기 피해. ❷ 살해당하다. ¶他～的那一年才二十一岁 | 살해당한 그 해에 그는 겨우 21세였다.

【受话器】shòuhuàqì 名 수화기 ＝〔耳机(子)①〕〔耳机〕

【受话人】shòuhuàrén 名 전화 수신인. ¶～付费电话 | 수신자 부담 전화. 콜렉트 콜(collect call).

【受惠】shòu/huì 動 수혜를 받다. 은혜를 입다. ¶韩战～最多的是日本人 | 한국 전쟁에서 수혜를 가장 많이 받은 사람은 일본인들이다.

【受贿】shòu/huì 動 뇌물을 받다. 수뢰하다. ¶不吃请不～ | 어떤 향응이나 뇌물도 받지 않다. ¶他受了很多贿 | 그는 많은 뇌물을 받았다 ＝〔纳贿①〕

【受夹板气】shòu jiābǎn qì 動組 양쪽의 학대를 받다. 두쪽의 공격을 받다. ¶这件事我没办成功, 领导和群众都对我有意见, 我现在正受着这夹板气 | 이 일을 성공시키지 못해, 지도층과 민중들 양쪽 모두 나에게 유감이 있어 나는 지금 양쪽 공격을 모두 받고 있는 중이다.

【受奖】shòu/jiǎng 動 표창을 받다. 상을 받다. 장려를 받다. ¶立功～ | 공로를 세워 표창을 받다 ＝〔受赏〕

【受教】shòu/jiào 動 ❶ (남의) 가르침을 받다. ❷ 교육을 받다. ¶在本班～儿童共三十人 | 본학급에서 교육을 받고 있는 아동은 모두 30명이다 ＝〔受教育〕

【受戒】shòu/jiè 動 〈佛〉 수계하다. 중이 되다. ¶他明天起～ | 그는 내일부터 중이 된다.

【受尽】shòujìn 動 실컷 당하다. 지긋지긋하게 겪다. ¶～如此之骂 | 이와같이 욕을 실컷 먹다. ¶～旧社会的苦 | 구사회의 고통을 지긋지긋할 정도로 겪었다.

【受精】shòu/jīng 〈生〉 ❶ 動 수정하다. ¶体内～ | 체내 수정. ¶体外～ | 체외 수정. ¶自体～ | 자체 수정. ❷ (shòujīng) 名 수정.

【受惊】shòu/jīng 動 놀라다. 기겁을 하다. ¶孩子听到响雷, ～了 | 애가 천둥소리를 듣고 놀랐다. ¶受了惊 | 놀랐다 ＝〔吃惊〕〔担惊〕

【受窘】shòu/jiǒng 動 어려운 지경〔궁지〕에 빠지다. 매우 난처하게 되다. ¶出门没带钱, 受了窘了 | 돈을 안 가지고 외출하여 매우 난처했다.

【受苦】shòu/kǔ 動 ❶ 고통을 받다. ¶～受难 | 고난을 겪다→〔吃苦①〕 ❷ ㊉ 농사일을 하다. 밭을 갈다. 힘든 노동을 하다. ¶～人 | ⓐ 농민. 노동자. ⓑ ㊉ 빈농(貧農).

【受累】ⓐ shòu/lěi 動 연루되다. 연좌되다. ¶我做错了事, 让同事也～了 | 내가 일을 잘 못해서 동료도 연루되게 했다. ¶这件事让我受了几十年的累 | 그 일 때문에 나는 수십년 동안 연루되었었다→〔受连累〕

ⓑ shòu/lèi 動 고생을 하다〔시키다〕. 수고를 하다〔끼치다〕. ¶让您受了不少累 | 너무 노고를 끼쳤습니다.

【受理】shòulǐ 動 〈法〉 수리하다. 받아들이다. ¶～申请 | 신청을 접수하다.

【受礼】shòu/lǐ 動 ❶ 선물을 받다. ¶大大方方地

～ | 거리낌없이 선물을 받다. ❷ 경례를 받다.

【受连累】shòu liánlěi 動組 연루되다 =〔俗 背bēi(黑)锅〕

【受凉】shòu/liáng 動 감기에 걸리다. ¶晚上睡眠不要踢tī被, 小心～ | 감기에 걸리지 않도록 밤에 잘 때 이불을 걷어차지 마라 =〔方 受冷〕〔着zháo凉①〕

【受命】shòu/mìng 動 명령이나 임무를 받다. ¶不耻chǐ～ | 남에게 명령받는 것을 부끄러워하지 않는다.

【受难】shòu/nàn 動 재난을 당하다. 고난을 받다. 어려움을 만나다. ¶～者 | 조난자(遭難者). 피해자. 희생자. ¶他也是这个～的民族的一份子 | 그도 이 재난을 당한 민족의 일원이다.

【受骗】shòu/piàn 動 기만당하다. 속임을 당하다. 속다. ¶你们都～了 | 너희들은 모두 속았다. ¶他在上海常常～ | 그는 상해에서 늘 속임을 당했다 =〔被骗〕

【受聘】shòupìn 動 ❶ 초빙〔초청〕을 받다. ❷ 여자가 남자쪽의 빙례(聘禮)를 받아들이다.

【受气】shòu/qì 動 ❶ 모욕을 당하다. 학대를 받다. ¶他们已经受够了你们的气 | 그들은 이미 너희의 모욕을 충분히 받았다. ❷ 분을 참다. ¶～就不是一个好办法 | 분을 참는 것은 좋은 방법이 아니다.

【受气包(儿)】shòuqìbāo(r) 名 喻 천덕꾸러기. 천더기. ¶我倒成了～了 | 내가 도리어 천덕꾸러기가 되었다.

【受穷】shòu/qióng 動 빈곤에 시달리다. 곤궁에 처하다. ¶受半辈子穷 | 반평생을 가난에 시달리다. ¶～受苦 | 成 고난을 받다

【受屈】shòu/qū ⇒〔受委屈〕

【受权】shòu/quán 動 권한을 위임받다. ¶新华社～发表声明 | 신화사가 권한을 위임받아 성명을 발표한다.

【受热】shòu/rè 動 ❶ 열을 받다. ¶～则膨胀péngzhàng | 고온을 받으면 팽창한다. ❷ 더위를 먹다. ¶他路上～了, 有点头痛 | 그는 길에서 더위를 먹어 머리가 좀 아프다 =〔受暑shǔ〕〔中zhòng暑〕 ❸ 혼나다. ¶你们要是不回了, 人们可就受了热了 | 너희들이 만약 돌아 오지 않는다면, 다른 사람들이 혼나게 될 것이다.

【受辱】shòu/rǔ 動 창피를〔모욕을〕 당하다. ¶他不甘gān～, 奋起fènqǐ抗争 | 그는 모욕을 당하고만 있지 않고 분연히 일어나 투쟁하였다.

4【受伤】shòu/shāng 動 ❶ 상처를 입다. 부상을 당하다. ¶受重(轻)伤 | 중(경)상을 입다 =〔负伤〕 ❷ (물체 따위가) 손상을 입다. ¶汽车冲撞chōngzhuàng车箱～了 | 자동차가 충돌하여 차체에 흠이 났다.

【受审】shòu/shěn 動 ❶ 심문(審問)을〔심사를〕 받다. ¶因盗窃dàoqiè而～ | 절도죄로 심문을 받다. ❷ 재판〔심판〕을 받다.

【受事】shòushì 名〈言〉(문법에서) 동작의 지배를 받는 대상 [「我吃饭」에서 「饭」이 「受事」이고, 「我」는 「施事」임. 「那本书出版了」에서 「那本书」은 「受事」이지만 주어가 되는데 이를 「受事主语」라고 함]

【受暑】shòu/shǔ 動 더위를 먹다. ¶几个老人～而亡 | 노인 몇 명이 더위를 먹고 죽었다 =〔中zhòng暑〕

【受胎】shòu/tāi 動 수태하다. ¶～率 | 수태율 =〔受孕〕

【受托】shòu/tuō 動 부탁〔위탁〕을 받다. 의뢰를 받다. ¶他～照顾友人的儿女 | 그는 친구의 자녀를 돌보아 달라는 부탁을 받았다.

【受委屈】shòu wěi·qu 動組 ❶ 누명을 쓰다. ¶我不愿在这儿～ | 나는 여기서 누명을 쓰기 싫다. ❷ 괴로움〔원통함〕을 당하다. ❸ (부당한) 손해를 입다 ‖ =〔受屈〕

【受洗】shòu/xǐ 動〈宗〉세례를 받다→〔洗礼①〕

【受降】shòu/xiáng 動 항복을 받다. 항복을 받아들이다. ¶他代表美国～ | 그는 미국을 대표해서 항복을 받았다.

【受训】shòu/xùn 動 ❶ 훈련을 받다. ¶我们刚受完训, 听的是新思想, 学的是新作风 | 우리는 막 훈련을 마쳤는데 들은 것은 신사상이고 배운 것은 새로운 기풍이었다. ❷ 훈계를 받다.

【受业】shòuyè 書 ❶ 名 (편지글 등에서) 스승에 대한 학생의 자칭(自稱). 제자. ❷ (shòu/yè) 動 수업을 받다. 글을 배우다. ¶～于国画大师齐白石 | 국화의 대가인 제백석에게서 배우다.

【受益】shòuyì 動 이익을 얻다. ¶～很多 | 잇점이 많다.

【受用】ⓐ shòuyòng 動 ❶ 누리다. 향유하다. ❷ 이익을 얻다 =〔得益〕

ⓑ shòu·yong 形 편하다. 안락하다. 기분이 좋다. 어법 대부분 부정문에 쓰임. ¶今天身体有点不～ | 오늘은 몸이 좀 불편하다→〔舒服〕

【受孕】shòu/yùn ⇒〔受胎〕

【受灾】shòu/zāi 動 재해를 입다. ¶～地区 | 피해 지구. ¶～面积 | 피해 면적.

【受之无愧】shòu zhī wú kuì 成 받는 것을 거리낌 없이 여기다. 당연한 것으로 알고 받다.

【受治】shòuzhì ⇒〔受制①〕

【受制】shòu/zhì 動 ❶ 제약을 받다. 억제되다. 속박을 받다. ¶～于人 | 남에게 지배를 받다. ¶～于习惯 | 관습에 얽매이다 =〔受治〕 ❷ 피해를 입다 =〔受害①〕 ❸ 고통을 당하다. 시달리다. 학대받다 =〔受罪①〕

【受阻】shòuzǔ 動 저지를 받다. ¶他想进入会议室却～了 | 그는 회의실로 들어가려고 했으나 저지를 받았다.

【受罪】shòu/zuì 動 ❶ 고생하다. 고난을 받다. 학대받다. 혼〔혼쭐〕나다. 시달리다. ¶要不把这些坏人斗倒, 还得～遭殃zāoyāng | 이런 나쁜 놈들을 물리치지 않는다면 호되게 당할 것이다. ❷ 죄를 입다〔받다〕.

2【授】shòu 줄 수

動 ❶ 주다. 수여(授與)하다. ¶～奖 | 상을 수여하다. ¶～权 | 권한을 부여하다. ❷ 가르치다. 전수하다. ¶～课 | 수업하다. ¶传～技术 | 기술을 전수하다. ¶讲～ | 강의하다.

【授粉】shòu/fěn〈植〉❶ 動 수분하다. 꽃가루받

이하다. ❷ (shòufěn) 名 수분. 꽃가루받이. ¶人工～ | 인공 수분 ‖ →〔传粉〕〔受粉〕

【授奖】shòu/jiǎng 動 상(賞)을 수여하다. ¶由市长～ | 시장이 상을 수여하다. ¶～仪式 ＝〔授奖典礼〕| 시상식.

【授精】shòujīng 名〈生〉수정. 매정(媒精). ¶人工～ | 인공 수정. ¶这是世界上第一只～繁殖fánzhí的大熊猫 | 이것이 세계에서 첫번째로 수정 번식한 펜더곰이다.

【授课】shòu/kè 動 강의를 하다. ¶每天去南京大学～ | 매일 남경대학에 가서 강의를 하다. ¶每周～十六小时 | 매주 열여섯 시간 강의를 한다.

【授命】shòu/mìng 動 ❶ 書 생명을 바치다. ¶临危～ | 위기에 처하여 생명을 바치다. ❷ 명령을 내리다.

【授权】shòu/quán 動 권한을 부여한다. ¶～外交部发表声明 | 외교부에 성명을 발표할 권한을 주다.

【授人以柄】shòu rén yǐ bǐng 成 칼자루를 남에게 주다. 喩 남에게 자기를 해칠 틈을 주다.

【授时】shòushí 動 ❶ 천문대에서 매일 정확한 시간을 알리다. ❷ 옛날, 정부에서 역서(曆書)를 반포하다.

【授首】shòushǒu 書 動 (반역자·도적 따위가) 목을 잘리다. 참수당하다.

【授受】shòushòu 動 수수하다. 주고 받다.

【授衔】shòu/xián 動 (군대의) 계급이나 기타 칭호를 주다. ¶～上将三十名 | 삼십 명을 상장으로 진급시키다.

【授勋】shòuxūn 書 動 훈장·메달을 수여하다. ¶由军委主席亲自～ | 군사위원회 주석이 친히 훈장을 수여하다.

【授意】shòuyì 動 자신의 의도를 남에게 알려주다. (주로 몰래) 자신의 의도대로 하게 시키다. ¶是谁～的意? | 누가 시킨 것인가? ¶这封信是在老王～下写的 | 이 편지는 왕씨의 뜻에 따라 쓰여진 것이다.

4【授予】shòuyǔ 動 (훈장·상장·명예·칭호·학위 따위를) 수여하다. ¶～学位 | 학위를 수여하다 ＝〔授与〕

【绶(綬)】shòu 끈 수
名 비단으로 만든 끈. 리본. ¶印～ | 인수. 도장끈.

【绶带】shòudài 名 ❶ 옛날, 인장을 매는 끈. ❷ 훈장을 매다는 리본 모양의 끈.

【绶带鸟】shòudàiniǎo 名〈鳥〉삼광조 ＝〔练鹊〕

【狩】shòu 사냥 수
❶ 사냥하다 [특히 겨울철 사냥을 가리킴] ❷ ⇒〔巡xún狩〕

【狩腊】shòuliè 動 사냥하다. 수렵하다.

3【售】shòu 팔 수
動 ❶ 팔다. ¶零líng～ | 낱개로 팔다. 소매하다. ¶～票 | 표를 팔다. ¶～了一批货 | 한 무더기의 물건을 팔았다. ❷ 書 (계략을) 쓰다. 부리다. 행하다. ¶其奸不～ | 간계가 뜻대로 되지 않다. ¶以～其奸 | 간사한 꾀를 부리다.

3【售货】shòuhuò ❶ 名 상품. 파는 물건. ❷ 動 상품을 팔다. ¶～机 | 자동 판매기.

【售货员】shòuhuòyuán 名 (상점 등의) 점원. 판매원.

【售价】shòujià 名 판매 가격. ¶～低廉dīlián | 가격이 저렴하다.

【售卖】shòumài 動 판매하다. ¶～条件 | 판매 조건.

【售票】shòupiào 動 표를 팔다. 매표하다.

【售票处】shòupiàochù 名 매표소.

【售票口】shòupiàokǒu 名 매표구.

【售票员】shòupiàoyuán 名 매표원.

【售讫】shòuqì 書 名 매약(賣約)완료. ¶今天照相机已～ | 오늘 카메라는 매약이 이미 완료되었다.

【售罄】shòuqìng 書 動 매진(賣盡)되다. 품절되다.

【售主】shòuzhǔ 名 매주(賣主). 물건을 파는 사람 ＝〔卖主〕

3【兽(獸)】shòu 짐승 수
❶ 名 짐승. ¶野～ | 야수. ¶飞禽qín走～ | 날짐승과 들짐승. 금수. ❷ 形 轉 야만스럽다. 야비하다. ¶人面～心 | 成 얼굴은 사람이지만 마음은 짐승처럼 야만스럽다. ¶～心↓ ¶～行↓

【兽环】shòuhuán 名 동물 머리 모양의 문고리 ＝〔兽镮huán〕

【兽类】shòulèi 名 수류. 짐승(류).

【兽力车】shòulìchē 名 가축의 힘으로 끄는 수레.

【兽王】shòuwáng 名 짐승의 왕. 사자(獅子).

【兽心】shòuxīn 名 喩 흉악한〔짐승같은〕마음. 인도(人道)에서 벗어난 마음.

【兽行】shòuxíng 名 喩 ❶ 흉악하고 파렴치한 행위. ¶严厉谴责qiǎnzé这种～ | 이러한 야만스러운 행위를 엄히 규탄하다. ❷ 인륜(人倫)을 벗어난 행위.

【兽性】shòuxìng 名 수성. 야비한 욕망. 야만성.

【兽医】shòuyī 名 수의(사).

【兽欲】shòuyù 名 수욕. 짐승과 같은 음란한 욕망. ¶他～勃发bófā | 그는 짐승같은 욕심이 넘쳐흐른다.

2【瘦】shòu 파리할 수
形 ❶ 여위다. 마르다. ¶身体很～ | 몸이 아주 여위다. ¶骨～如柴 | 말라서 마른가지처럼 뼈만 앙상하다 ⇔〔胖pàng〕 ❷ (고기에) 기름기가 적다. ¶这块肉太肥, 我要～一些的肉 | 이 고기는 너무 기름지니 기름기가 적은 고기를 주시오 ⇔〔肥féi〕 ❸ (의복이나 신발 따위가) 작다. 꼭 끼다. 좁다. 솔다. ¶这件衣服做得太～了 | 이 옷은 너무 꽉 끼게 만들었다. ¶这双鞋～得不能穿了 | 이 신발은 작아서 신을 수 없다 ⇔〔肥〕 ❹ (땅이) 메마르다. 척박하다. ¶这块田太～ | 이 논은 너무 척박하다. ¶地～就得多施肥 | 땅이 척박하면 비료를 많이 주어야 한다 ⇔〔肥〕

【瘦巴】shòu·ba 狀 매우 여위다. 빼빼 마르다. ¶～脸 | 야윈 얼굴. ¶～得就剩皮包骨了 | 빼빼 말라서 뼈와 가죽만 남은 꼴이 되고 말았다 ＝〔瘦巴巴〕

【瘦长】shòucháng 形 여위고 길다. 호리호리하다. ¶～脸 | 여위고 긴 얼굴. ¶～个儿 ＝〔瘦长条子〕| 꺽다리. ¶～身材 | 호리호리한 신체.

【瘦高挑儿】shòugāotiǎor ⇒〔细xì高挑儿〕

【瘦骨嶙峋】shòugǔ línxún 成 비쩍 마르다. 바싹 골다. ¶他总是～的｜그는 늘 수척하다.

【瘦果】shòuguǒ 名〈植〉수과.

【瘦瘠】shòují 形 ❶ (사람이나 동물이) 수척하다. ¶生了一场病, 十分～｜한 차례 병을 앓고나더니 아주 수척해졌다. ¶～的老牛｜몸집이 마른 늙은 소. ❷ (토지가) 메마르다. ¶把～的荒山改造成富饶fùráo山区｜메마르고 황폐한 산을 풍요한 산간 지대로 바꿔놓다.

【瘦筋巴骨】shòu jīn bā gǔ 成 깡마르다. 비쩍 골다. ¶这孩子怎么～的不长肉｜이 아이는 어째 깡마르고 살이 안 오르지.

【瘦溜】shòu·liu 形 方 여위고 호리호리하다. ¶天生的～个儿, 胖不了｜타고난 말라깽이라서 살이 찌지 않는다.

【瘦煤】shòuméi 名〈鑛〉(코크스로 쓰는) 저열탄.

【瘦肉】shòuròu 名 비계가 없는 살코기. ¶～比肥肉贵｜살코기는 비계살보다 비싸다 =〔精肉〕→〔肥féi肉〕

【瘦弱】shòuruò 形 여위고 허약하다. ¶他身体太～了｜그는 몸이 너무 여위고 허약하다.

【瘦小】shòuxiǎo 形 몸이 여위고 작다. ¶身材～｜몸이 여위고 작다. ¶～的个儿｜여위고 작은 몸집 ⇔〔肥大②〕

【瘦削】shòuxuē 書 形 말라빠지다. 앙상하다. ¶～的面孔｜여위어 뼈만 남은 얼굴.

【瘦子】shòu·zi 名 몹시 여윈 사람 =〔瘦条子〕

shū ㄕㄨ

1【书(書)】shū 글 서

❶ 名 서적. 책. 어법 양사로 「本·册·部·卷·套」등을 씀. ¶这部～共有三册｜이 책은 모두 세 권으로 되어 있다. ¶古～｜고서. ¶念～｜ⓐ 책을 읽다. ⓑ 공부하다. ❷ 書 動 쓰다. 기록하다. ¶～法↓ ¶墙上大～「安静」二字｜벽에「安静」이라는 두글자를 크게 썼다. ❸ 글씨체. ¶草～｜초서. ¶楷～｜해서. ❹ 문서. 서류. ¶保证～｜보증서. ¶说明～｜설명서. ❺ 편지. 서신. ¶家～｜집에서 온 편지. 집에 보내는 편지. ¶情～｜연애편지→〔信xìn⑥〕 ❻ 名 簡〈書〉서경(書經)·상서(尙書)의 약칭. ❼ (Shū) 名 성(姓).

【书案】shū'àn 書 名 ❶ 긴 책상. ¶～上堆着书本｜책상 위에 책이 쌓여져 있다. ❷ 조사결과를 진술하는 문서. ❸ 문서의 초안.

2【书包】shūbāo 名 책가방. ¶搁下～｜책가방을 내려 놓다. ¶背～｜책가방을 메다.

【书包带】shūbāodài 名 책을 들고 다니기 편하게 묶는 끈.

【书报】shūbào 名 서적과 신문. 출판물. ¶～是现代人最普及的精神食粮｜출판물은 현대인에게 가장 널리 보급된 정신적 양식이다. ¶他不读～｜그는 책이나 신문도 읽지 않는다.

【书背】shūbèi =〔书脊〕

3【书本(儿)】shūběn(r) 名 책. 서적의 총칭. ¶请翻开～｜책을 펼치십시오. ¶～知识｜(실천을 통하지 않은) 책 속의 지식.

【书不尽言】shū bù jìn yán 成 ❶ 글로써는 말을 충분히 표현할 수 없다. ❷ 札 서면(書面)으로는 뜻을 다 나타낼 수 없다 [주로, 서신의 끝에 쓰임] ¶～, 容再面洽qià｜서면으로 뜻을 이루 다 말할 수 없으니, 다시 만나서 이야기합시다.

【书册】shūcè ⇒〔书籍〕

【书场】shūchǎng 名 옛날, 사람을 모아 놓고 만담·야담·재담을 들려 주던 장소. ¶进～听书｜서장에 들어가 강담(講談)을 듣다 =〔说书场〕→〔书馆儿〕

【书城】shūchéng 名 ❶ 喩 성처럼 쌓아 올린 많은 책. ❷ 서점.

【书痴】shūchī ⇒〔书呆子〕

【书厨】shūchú 名 ❶ 책장. 책궤. 책상자. ❷ 喩 박학한 사람. ❸ 喩 박학하나 실제에는 우원(迂遠)한 사람 ‖ =〔书橱〕〔书柜〕

【书呆子】shūdāi·zi 名 공부만 알고 세상 일에는 어두운 사람. 책벌레. ¶他是一个～｜그는 세상일에 어두운 책벌레다 =〔书虎子〕〔学呆子〕〔書 书痴〕

【书袋】shūdài 名 ❶ (휴대용의) 책 주머니. ❷ 책가방.

【书丹】shūdān 書 名 ❶ 주필(朱筆)로 비석에 쓴 글자. ❷ 비석문.

【书到用时方恨少】shū dào yòng shí fāng hèn shǎo 諺 책(공부)은 쓸 때가 되어서야 비로소 적은 것을 후회한다. ¶～, 我现在才知道自己学得太少了｜책은 쓸 때가 되서야 적은 것을 후회한다고 나는 지금에서야 공부를 너무 적게 한 것을 알았다.

2【书店】shūdiàn 名 서점 =〔书局①〕〔书铺①〕

【书蠹】shūdù 名 ❶ 좀(벌레) =〔蠹鱼(子)〕 ❷ 轉 책상물림 ‖ =〔书虫(子)〕〔书虱shī〕〔书鱼〕

4【书法】shūfǎ 名 ❶ 서도(書道). 서예의 필법. ❷ 사가(史家)의 기록 필법.

【书坊】shūfāng 名 옛날, 책을 인쇄하고 팔던 곳. ¶到～觅mì旧书｜옛날 책방에서 고서를 찾다.

【书房】shūfáng 名 ❶ 서재(書齋) =〔文房①〕 ❷ 옛날, 가숙(家塾). ❸ 서점.

【书稿】shūgǎo 名 (책의) 원고.

【书馆儿】shūguǎnr 名 方 만담·야담·재담 등을 들려 주는 장소가 마련되어 있는「茶馆」=〔书茶馆〕〔书茶社〕→〔书场〕

【书柜】shūguì 名 책궤. ¶双开门的～｜양쪽으로 문을 여닫는 서궤 =〔书厨〕

【书函】shūhán ❶ ⇒〔书信〕 ❷ ⇒〔书套〕

【书后】shūhòu 名 발(跋). 발문(跋文). 후서(後序). 후기 =〔跋②〕

【书画】shūhuà 名 서화. ¶～展览会｜서화 전시회.

【书荒】shūhuāng 名 서적(書籍) 부족〔기근〕[특히 문화 대혁명 기간 중의 서적에 대한 엄격한 통제에 의해 생긴 서적 부족을 가리킴]

3【书籍】shūjí 名 서적. 책. ¶技术～｜기술 서적. ¶～是人类进步的阶梯｜책은 인류를 진보시키는 수단이다 =〔書 书册〕〔書 书卷〕

【书脊】shūjǐ 名 책의 등 =〔书背〕

[2]【书记】shū·ji 名 ❶ 서기 [공산당·공산 청년단 따위의 주요 책임자] ¶总～ | 총서기. ¶他是政治部的～ | 그는 정치부의 서기이다. ❷ 옛날, 문서의 처리와 초록(抄錄)을 맡은 사람. ❸ 書 서적(書籍). ❹ 書 편지. 상주서(上奏書).

[2]【书架(子)】shūjià(·zi) 名 책꽂이. 서가. ¶铁皮～ | 철제 서가 =〔书槅gé子〕〔书格子〕

【书柬】shūjiǎn ⇒〔书信〕

【书简】shūjiǎn ⇒〔书信〕

【书经】Shūjīng 名〈書〉서경. 상서(尙書) [오경(五經)의 하나]→〔五经〕

【书局】shūjú ❶ ⇒〔书店〕 ❷ 名 옛날, 관청의 서고(書庫). ❸ 名 청대(淸代), 국가에서 강소(江蘇)·절강(浙江)·호북(湖北)·광동(廣東) 등의 성(省)에 설치하여 서적을 간행하던 곳.

【书卷气】shūjuànqì 名 학자 냄새. 학자풍. 학자 타입 =〔方巾气〕

[4]【书刊】shūkān 名 서적과 잡지. 간행물. 출판물. ¶购买gòumǎi～ | 간행물을 구매하다.

【书口】shūkǒu 名 책의 배 [선장본(線裝本)에서는 여기에다 책이름·권수 따위를 표시함]

【书库】shūkù 名 ❶ 서고 =〔书仓〕 ❷ 喩 박학한 사람.

【书录】shūlù 名 책이나 저작의 판본·삽도·평론·원류 등의 각종 자료에 관한 목록.

【书眉】shūméi 名 책장의 윗 가장자리. 책장 상부의 여백.

【书迷】shūmí 名 ❶ 서(적)광. 독서광. ❷「评弹」「评书」등을 듣는것에 빠진 사람.

[4]【书面】shūmiàn 區 서면의. 글로 표현. 어법 주로 관형어나 부사어로 사용됨. ¶～语言 | 서면어. 글말. ¶～报告 | 서면으로 보고 하다. ¶～通知 | 서면으로 통지하다→〔口头〕

【书面语】shūmiànyǔ 名 글말. 서면어→〔口语〕〔文言〕

【书名】shūmíng 名 서명. 책의 이름.

【书名号】shūmínghào 名 서명(書名)·편명(篇名) 따위를 표시하는《 》나〈 〉와 같은 문장부호.

【书名线】shūmíngxiàn 名 물결선 [미서명·편명 따위를 표시하는 물결 모양의 밑줄]

【书目】shūmù 名 서목. 도서목록. ¶参考～ | 참고서목.

【书皮(儿)】shūpí(r) 名 ❶ 책의 표지. ¶～纸板 | 책 표지용의 두꺼운 종이. ❷ 책가위. ¶塑料sùliào～ | 비닐 책가위 ‖ =〔书衣〕

【书评】shūpíng 名 서평. ¶他写了一篇～ | 그는 서평을 한 편 썼다.

【书契】shūqì 書 名 ❶ 서계 [문자 이전의 나무에 새긴 부호] ❷ 갑골문=〔甲骨文〕

【书签(儿)】shūqiān(r) 名 제첨(題簽). 서표(書標) [책갈피나 표지 등에 써서 붙이거나 끼우는 쪽지]

【书生】shūshēng 名 ❶ 서생. 선비. 학자. 지식층. ¶～本色 | 선비 근성. ❷ 세상 물정에 어두운 사람. 샌님. ¶白面～ | 백면 서생. 글만 읽고 세상일에 경험이 없는 사람.

【书生气】shūshēngqì 名 선비 기질. 선비 냄새. 서생 티. ¶～十足 | ⓐ 선비 냄새를 심하게 풍기다. ⓑ 정치성이 없이 일을 너무 단순히 보다.

【书圣】shūshèng 名 喩 서성. 글씨의 대가. 일대의 명필. ¶被尊zūn为一代～ | 일대의 서성으로 추앙받다.

【书市】shūshì 名 임시 서적 전시 판매장.

【书摊(儿, 子)】shūtān(r·zi) 名 책을 파는 노점. ¶星期天, 我常去逛guàng～ | 일요일이면 나는 늘 책 파는 노점을 돌아다닌다.

【书套】shūtào 名 서질. 책갑(冊匣) =〔书函②〕〔书帙〕

【书亭】shūtíng 名 (공공 기관의 근처에 설치되어 있는) 상자 형의 작은 서점. 키오스크(kiosk)식 서점.

【书童(儿)】shūtóng(r) 名 시동(侍童). ¶他的身后站着一个～ | 그의 뒤에 시동이 한명 서 있다 =〔书僮(儿)〕〔安童〕

【书屋】shūwū 名 서재. 글방.

【书物】shūwù 名 서적 문구류. 서적 및 서적과 관계 있는 물품.

[4]【书写】shūxiě 動 (글을) 쓰다. 적다. ¶～自己的姓名 | 자기의 성명을 쓰다. ¶～工具 | 필기구. ¶～标语 | 표어를 쓰다.

[4]【书信】shūxìn 名 편지. 서한. 서신. 서간. ¶～往来 | 서신 왕래. ¶～格式 | 편지투. 편지양식. ¶接jiē到～就放心了 | 편지를 받고 마음을 놓았다 =〔书函①〕〔书翰①〕〔书柬〕〔书简〕〔书启②〕〔書书札〕

【书页】shūyè 名 책의 페이지. 책장.

【书影】shūyǐng 名 책의 판식(板式)과 내용을 부분적으로 보여 주기 위해 만든 인쇄물〔복사〕.

【书院】shūyuàn 名 서원. 옛날의 학교. ¶开办～, 聚徒讲学 | 서원을 세우고 생도를 모아 가르치다.

【书札】shūzhá ⇒〔书信xìn〕

【书斋】shūzhāi 名 서재. ¶这是我的～ | 이것은 나의 서재이다.

【书展】shūzhǎn 名 도서 전시회. ¶举办文艺～ | 문예 도서 전시회를 개최하다.

【书桌(儿)】shūzhuō(r) 名 책상→〔书案àn①〕

【殳】 shū 몽둥이 수

❶ 名 팔모대창 [고대 병기(兵器)의 하나. 죽간(竹竿)으로 만들었는데 끝이 모가 나고 날이 없음] ❷ ⇒〔殳书〕 ❸ (Shū) 名 성(姓).

【殳书】shūshū 名 수서 [진서(秦書) 팔체(八體)의 하나로 주로 병기(兵器)에 새긴 고전(古篆)]

【抒】 shū 떠낼 서, 쏟을 서

動 ❶ 진술하다. 표현하다. 나타내다. ¶各～己见 | 각기 자신의 의견을 진술하다. ❷「纾」와 통용 ⇒〔纾shū①〕

【抒发】shūfā 動 (감정을) 토로하다. 감정을 나타내다. 마음을 들어내 보이다. ¶～心中的悲愤bēifèn | 마음 속의 비분을 토로하다. ¶～感情 | 감정을 토로하다. ¶～革命豪情háoqíng | 혁명의 기상을 나타내다.

【抒情】shūqíng 動 감정을 표현하다. ¶他长于～ | 그는 감정을 잘 표현한다.

【抒情诗】shūqíngshī 名 서정시.

【抒写】shūxiě 書 動 (써서) 표현〔묘사〕하다. 어법「抒写」는 주로 글로 감정을 나타내는 것을 가리키나, 「抒发」은 말로 감정을 표현하는 것까지 의미함. ¶散文可以～感情 | 산문은 감정을 묘사해 낼 수 있다.

【纾(紓)】shū 늘어질 서, 풀 서 書 ❶ 動 없애다. 해제하다. ¶毁家～难 | 집을 희생시켜 어려움을 제거하다 =〔抒②〕 ❷ 動 늦추다. 연기하다. ❸ 形 풍부하다. 넉넉하다.

【纾祸】shūhuò 書 動 우환을 물리치다.

【纾难】shūnàn 書 動 어려움을 제거하다. 환난을 극복하다.

1【舒】shū 펼 서, 조용할 서 ❶ 動 펴다. 늘이다. 풀다. ¶～眉展眼 | 成 이맛살을 펴다.걱정에서 벗어나 마음을 놓다. ¶～了一口气 | 한숨 돌리다. ❷ (Shū) 名 성(姓).

3【舒畅】shūchàng 形 시원〔후련〕하다. 쾌적하다. 어법「舒畅」은 주로 마음이 유쾌한 것을 가리키나 「舒坦」은 심신이나 생활이 편안한 것을 의미함. 즉 「舒畅」은 몸에 대해서는 사용할 수 없음. 「舒坦」은 주로 술어로 쓰이고 관형어로 쓰지 않음. ¶～的心情 | 편안한 마음. ¶这几天, 他精神一直不～ | 요며칠 그는 머리가 줄곧 맑지 않았다. ¶大家玩得～极了 | 모두들 대단히 유쾌하게 놀았다.

1【舒服】shū·fu 形 (몸이나 마음이) 편안하다. 상쾌하다. 쾌적하다. 어법「舒服」는 사람 뿐아니라 사물·환경에 대해서도 사용할 수 있으며 중첩할 수 있으나, 「舒畅」은 사람에 대해서만 사용하고 중첩할 수 없음. ¶睡得很～ | 아주 편안히 잤다. ¶今天可以舒舒服服地睡个好觉了 | 오늘은 아주 편안하게 잘 잘 수 있겠다. ¶这把椅子坐着很～ | 이 의자는 앉기에 매우 편안하다. ¶身体有点儿不～ | 몸이 좀 좋지 않다 =〔舒坦〕→〔得劲(儿)①〕〔受用·yong〕

【舒筋活络】shūjīn huóluò 動組〈漢醫〉근육과 경락(經絡)을 풀다. ¶这种药可以～ | 이 약은 근육과 경락을 잘 푼다.

【舒卷】shūjuǎn 書 動 ❶ (구름이나 연기 따위가) 모이고 흩어지다. ¶白云～ | 흰 구름이 모였다 흩어졌다 한다. ❷ 轉 나아가고 후퇴하다. ¶～自如 | 진퇴가〔움직임이〕자유자재다.

【舒眉】shū/méi 動 근심을 벗다. ¶～展眼zhǎnyǎn | 成 이맛살을 펴다. 근심을 벗다.

【舒散】shūsǎn ❶ 形 한산하다. 한가하다. ¶他辞去官职, 过着～的生活 | 그는 관직을 그만두고, 한가한 생활을 하고 있다. ❷ 動 (근육 따위를) 풀다. 몸을 풀다. (피로·기분 따위를) 해소하다〔풀다〕. ¶我想到月台上去～一下 | 플렛폼에 나가서 몸을 좀 풀어야겠다.

【舒声】shūshēng 名〈言〉고대한어(漢語)의 사성(四聲) 중에서 평(平)·상(上)·거(去) 삼성(三聲)→〔促cù声〕〔平声〕〔四声〕

2【舒适】shūshì 形 쾌적하다. 편안하다. 어법「舒适」는 주로 환경이나 사물에 대해 사용되나, 「舒畅」의 경우에는 사람에 대해서만 사용됨. ¶～的环境 | 쾌적한 환경. ¶这双鞋很～ | 이 신발은 참 편하다. ¶他～地坐在沙发上抽烟 | 그는 편안하게 소파에 앉아 담배를 피우고 있다 =〔伏帖①〕→〔合适〕

【舒坦】shū·tan 形 (심신이나 생활 등이) 편안하다. 여유롭다. ¶日子过得很～ | 지내기가 아주 편안하다. ¶妈妈笑得那样～自然 | 어머니가 그렇게 편안하고 자연스럽게 웃었다⇒〔舒服〕

【舒心(儿)】shūxīn(r) 形 方 마음이 편하다〔푸근하다〕. 태평하다. 한가롭다. ¶不～ | 마음이 언짢다. ¶他觉得很～ | 그는 마음이 아주 편하다 =〔方 舒意〕

4【舒展】shū·zhǎn ❶ 動 펴다. ¶荷叶～着, 发出清香 | 연꽃잎이 활짝 피어 맑은 향기를 내뿜고 있다. ¶脸上的皱纹zhòuwén～了 | 얼굴의 주름살이 활짝 펴졌다. ¶他～了一下身子, 长叹了一口气 | 그는 몸을 한번 펴더니 길게 탄식했다. ❷ 形 (심신이) 편안하다. 쾌적하다. ¶浑身都很～ | 온 몸이 편안하다. ¶活动了一下, 身子感到～多了 | 좀 움직였더니 몸이 훨씬 편안한 것 같다.

【舒张】shūzhāng 名〈生理〉심장 이완〔확장〕.

【枢(樞)】shū 지도리 추 ❶ 名 (문을 여닫는) 지도리. ¶～轴↓ ❷ 중요한 것이나 중심 부분. ¶中～ | 중추. ❸ 名〈天〉북두칠성의 첫째 별. ❹ 名〈植〉느릅나무.

【枢机】shūjī 名 ❶ 書 문지도리와 쇠뇌의 발사 장치. 喻 사물의 관건(關鍵). ❷ 옛날, 봉건 왕조의 중요 직위 또는 기구. ❸〈宗〉추기경(樞機卿).

【枢机主教】shūjī zhǔjiào 名組〈宗〉추기경(樞機卿) =〔红衣主教〕

【枢纽】shūniǔ 名 (사물의) 중요 관건. 요점(要點). 중추. ¶～车站 | 주요역. ¶交通～ | 교통중심지. 교통의 중추. ¶～工程 | 주요 공정.

【枢要】shūyào 書 名 옛날, 중앙 행정 기구.

【枢轴】shūzhóu 書 名 지도리와 수레의 굴대〔축〕. 轉 중추. 중심. 주축.

2【叔】shū 아재비 숙, 세째동포 숙 ❶ 名 숙부. ❷ 名 아저씨 ¶金～ | 김씨 아저씨. ❸ (～子) 名 시동생 =〔小叔子〕 ❹ 名 형제 중의 셋째. ¶伯仲～季 | 맏이, 둘째, 셋째, 넷째. ❺〈化〉제3(급)의. ¶～胺 | 제3아민. ¶～醇↓ ❻ (Shū) 名 성(姓). ❼ 복성(複姓) 중의 한 자(字). ¶～孙↓

【叔伯】shū·bǎi ⊗ shūbó) 名 사촌간 [때로는 육촌간을 가리키기도 함] ¶他们是～弟兄 | 그들은 사촌간이다. ¶～姊妹 | 사촌 자매. ¶～哥哥 | 사촌 형. 종형. ¶～侄女zhínǚ | 종질녀. 당질녀. ¶～叔叔 | 당숙. 오촌 숙부→〔从表兄弟〕〔从堂兄弟〕

【叔醇】shūchún 名〈化〉제3알콜.

【叔父】shū fù 名 ❶ 숙부 =〔叔叔①〕〔江 阿ā叔〕→〔伯bó父①〕 ❷ 書 고대에 천자가 동성(同姓)의 제후(諸候)를 일컫던 말.

【叔公】shūgōng 名 ❶ 시삼촌. ❷ 方 작은할아버지 =〔叔祖〕

【叔母】shūmǔ 書 名 숙모. 작은어머니→〔婶shěn母〕

【叔婆】shūpó 名 ❶ 시숙모. ❷ 方 작은할머니＝〔叔祖母〕

2【叔叔】shū·shu 名 口 ❶ 숙부. ¶亲～ | 친숙부. ❷ 아저씨. ¶刘～ | 유씨 아저씨. ❸ 시동생＝〔小叔(子)〕

【叔孙】Shūsūn 名 복성(複姓).

【叔祖】shūzǔ 名 작은할아버지＝〔叔翁〕〔方 叔公②〕

【叔祖母】shūzǔmǔ 名 작은할머니.

【淑】shū 착할 숙, 맑을 숙
❶ 形 정숙하다. 착하다. 곱다. ¶～姿 | 정숙한 자세. ¶贤～ | 어질고 정숙하다. ❷ 名 (Shū) 성(姓) ❸ ⇒〔私sī淑〕

【淑静】shūjìng 形 (여자가) 정숙하다. ¶这丫头很～ | 저 여자애는 정숙하다.

【淑女】shūnǚ 名 숙녀. ¶窈窕yǎotiǎo～ | 요조숙녀＝〔書 淑媛〕

【淑善君子】shūshàn jūnzǐ 名組 옛날, 선량하고 덕이 높은 사람. ¶他可是一个～ | 그는 정말 어질고 덕이 높은 군자이다.

【菽】shū 콩 숙
名 〈植〉 콩과식물 및 그 열매의 총칭.

【菽麦】shūmài 名 ❶ 콩과 보리. ❷ 喻 쉽게 구별되는 물건. ¶不辨biàn～ | 成 콩인지 보리인지 구별하지 못하다. 분별력이 없는 사람.

【菽粟】shūsù 書 名 ❶ 콩류와 곡류(穀類). ❷ 轉 양식. 식량. ¶谁能不食～ | 누가 양식을 안 먹을 수 있겠는가?

【姝】shū 예쁠 주, 연약할 주
書 ❶ 名 미녀(美女). ¶彼～ | 그 미인. ❷ 形 아름답다. 곱다. ¶容色～丽 | 용모가 아름답다.

【洙】shū ☞ 洙 Zhū

2【殊】shū 벨 수, 뛰어날 수
書 ❶ 다르다. ¶与原本无～ | 원본과 다를바 없다. ¶～途同归↓ ❷ 특별하다. 뛰어나다. ¶～量 | 비길데 없는 도량. ¶待以～礼 | 특별한 예로써 대우하다. ❸ 끊다. 단절(斷絶)되다. 목숨을 끊다. 죽다. ¶～死↓ ❹ 副 매우. 극히. ¶～佳 | 지극히 좋다. ¶～可嘉尚jiāshàng | 매우 칭찬할 만하다.

【殊不知】shūbùzhī 動組 ❶ 전혀 모르다. ¶有人以为喝酒可以御寒, ～酒力一过, 更觉得冷 | 술을 마시면 추위를 막을 수 있다고 하는데 술기운이 일단 없어지면 더욱 춥게 느껴진다는 것을 전혀 모르고 있다. ❷ 생각지도 않게. 뜻밖에. 의외로. ¶我以为他还在北京, ～上星期他就走了 | 나는 그가 아직도 북경에 있는 줄 알았는데, 뜻밖에도 지난 주에 이미 떠났다.

【殊死】shūsǐ 書 ❶ 動 목숨을 걸다. 죽음을 각오하다. ¶作～的斗争dòuzhēng | 결사적인 투쟁을 하다. ¶～血战到底 | 죽을 각오를 하고 끝까지 혈전을 하다. ❷ 名 참수형(斬首刑). ¶身被pī～ | 참수형을 당하다.

【殊途同归】shū tú tóng guī 成 길은 다르지만 이르는 곳은 같다. ¶大家的方法不同, 但～, 结果是一样的 | 모두의 방법은 다르지만, 길은 달라도 이르는 곳은 같으니 결과는 한가지이다＝〔同归殊途〕

【殊勋】shūxūn 書 名 수훈. ¶屡建lǚjiàn～ | 여러 차례 수훈을 세우다＝〔殊功〕

【倏〈倐儵〉】shū 台 shù) 빠를 숙 〈잿빛 숙〉 書 副 홀연히. 별안간. 어느덧. ¶～忽↓ ¶～已半年 | 어느덧 반년이 되었다.

【倏地】shū·di 副 신속하게. 재빨리. 갑자기. 홱. ¶～转过身来 | 몸을 홱 돌리다.

【倏尔】shū'ěr 書 副 갑자기. 홀연히. ¶～黄烟四起, 声如崩bēng山 | 갑자기 누런 바람이 사방에서 일었는데 그 소리는 마치 산이 무너지는 소리 같았다.

【倏忽】shūhū 副 별안간. 돌연. 갑자기. 어느덧. ¶～不见了 | 갑자기 보이지 않는다. ¶山地气候～变化, 应当随时注意 | 산에서는 기후가 갑자기 변하니 수시로 주의해야 한다. ¶～五年 | 어느덧 5년이 되었다.

3【梳】shū 빗 소, 빗을 소
❶ (～子) 名 빗. ¶木～ | 나무 빗→〔篦bì子①〕〔拢lǒng子①〕 ❷ 動 빗질하다. ¶～头洗脸 | 세수하고 빗질하다. ❸ 動 轉 머리를 땋다. ¶她～着两根粗辫子biànzi | 그녀는 두 갈래로 굵게 머리를 땋았다.

【梳篦】shūbì 名 얼레빗과 참빗.

【梳打】shūdá 名 外 〈化〉 소다(soda)＝〔苏打〕

【梳具】shūjù 名 머리 손질에 쓰이는 화장 도구.

【梳理】shūlǐ 動 ❶ 〈紡〉 소면(梳綿)을 하다. ❷ 빗질하다. ¶～头发 | 머리를 빗다.

【梳棉】shūmián 名 〈紡〉 소면. ¶～机 | 소면기. ¶～机轨道 | 소면기 궤도.

【梳头】shū/tóu 動 머리를 빗다. ¶每天给孩子～ | 매일 아이에게 머리를 빗겨주다.

【梳洗】shūxǐ 動 머리를 빗고 세수하다. 몸치장을 하다. ¶～用具 | 세면 도구.

【梳妆】shūzhuāng 動 화장하다. ¶～室 | 화장실. ¶～打扮 | 몸치장하다.

3【梳子】shū·zi 名 빗.

4【疏〈疎〉】shū 트일 소, 나눌 소
❶ 動 (막힌 것을) 통하게 하다. 소통하다. ¶～导水渠 | 도랑을 터서 통하게 하다. ❷ 動 분산시키다. 소개(疏開)하다. ¶～散↓ ¶～财仗义↓ ❸ 形 성기다. 희박하다. ¶～林 | 나무가 듬성듬성 있는 숲. ¶～密不均 | 밀도가 고르지 않다⇔〔密①〕 ❹ 形 轉 낯설다. 소원(疏遠)하다. 친하지 않다. ¶生～ | 서먹서먹하다. ¶亲～ | 친하고 소원하다. ❺ 形 轉 소홀하다. 경솔하다. ¶～忽↓ ¶～于防范 | 방비에 소홀하다. ❻ 形 공허하다. 모자라다. ¶才～学浅 | 재능이 빈약하고 학문이 얕다⇔〔密mì①〕 ❼ 形 거칠다. 변변치 않다. ¶～食↓ ❽ 台 shù) 書 名 신하가 임금에게 올리는 상주문(上奏文). ¶上～ | 상소하다. ❾ 台 shù) 고서(古書)에서 「注」

보다 더 상세한 주해(注解). 주석. ¶十三经注～|십삼경주소. ⑩(Shū) 名 성(姓).

【疏财仗义】shū cái zhàngyì 成 재물을 가볍게 여기고 의기(義氣)를 중시하다. ¶～, 救济jiùjì难民|그는 의를 중시하여 난민 구제에 재물을 쓰다 =〔仗义疏财〕

【疏导】shūdǎo 動 ❶ 막힌 물을 터서 통하게 하다. ¶～水渠|도랑을 쳐내다. ❷ 완화하다. 원활히 하다. ¶警察～交通|경찰이 교통을 원활히 한다.

【疏放】shūfàng 書 形 ❶ 구애받지 않고 자유롭다. ¶他生性～|그는 타고난 성격이 구애받음이 없이 자유롭다. ❷ (문장이) 상격(常格)에 구속받지 않다.

4【疏忽】shū·hu 動 소홀히 하다. 부주의하다. 경솔하다. ¶我一时～, 写错了一个字|나는 잠시 부주의하여 글자 한 자를 잘못 썼다.

【疏浚】shūjùn 動 (도랑·샘·강바닥 따위를) 쳐내다. 준설(浚渫)하다.

【疏浚机】shūjùnjī 名〈機〉준설기(浚渫機) =〔挖wā泥机〕

【疏阔】shūkuò 書 形 ❶ 조잡하다. 정밀하지 않다. 우활(迂闊)하다. ❷ 소원(疏遠)하다. ❸ 오랫동안 만나지 아니하다.

【疏懒】shūlǎn 形 게으르다. 태만하다. ¶～成性|태만이 습성이 되다. ¶他平时一向～, 现在习性难改|그는 늘 평소에 게을렀으니 지금은 습성을 고치기 어렵다.

【疏朗】shūlǎng 形 ❶ 산뜻하다. 청명(清明)하다. ¶～的繁星fánxīng|청명한 뭇 별들. ❷ 또렷하다. ¶眉毛méimáo～|또렷한 눈썹.

【疏漏】shūlòu 名 (부주의로 인한) 누락〔빠뜨림〕. ¶～了一个「不」字, 意思完全相反了|「不」자를 한자 빠뜨리면 뜻이 완전히 반대가 된다. ¶这几个字给～了|이 몇 글자를 빠뜨렸다.

【疏落】shūluò 形 드문드문하다. 흩어져 있다. ¶～的晨星|드문드문한 새벽별. ¶山脚下疏疏落落地住着十几户人家|산기슭에 드문드문 열 몇 가구가 살고 있다.

【疏眉细眼】shū méi xì yǎn 成 성긴 눈썹과 가는 눈. ¶他长得～的|그는 눈썹이 성기고 눈이 가늘게 생겼다.

【疏密】shūmì 名 소밀. 밀도(密度). ¶～不均|밀도가 고르지 않다.

【疏散】shūsàn ❶ 形 드문드문하다. 성기다. ¶～的村落|드문드문 있는 촌락. ❷ 動 소개(疏開)하다〔시키다〕. 분산시키다. ¶～人口|인구를 분산시키다. ¶把老人和孩子先～到农村|노인과 아이를 먼저 농촌으로 분산시키다.

【疏失】shūshī ❶ 動 부주의로 실수하다. ❷ 名 부주의로 인한 실수〔실책〕. ¶不准稍有遗漏yílòu～|조금도 누락되거나 부주의로 인한 실수가 있어서는 안 된다. ❸ 動 (바쁜 일에 쫓겨) 소원(疏遠)하게 되다. ¶自从进市后, 彼此就～了|도시로 간 후부터는 서로가 소원하게 되었다《儒林外史》

【疏食】shūshí 書 名 변변하지 않은 음식. 거친 음식 =〔疏粝①〕

【疏松】shūsōng ❶ 形 (토양이나 나무 따위가) 푸석푸석하다. ¶这块地的土质很～, 可以种花生|이 땅덩이의 토질이 아주 푸석푸석하니 땅콩을 심을 수 있겠다. ¶木质～, 不能打家具|나무 질이 푸석푸석하여 가구를 만들 수 없다. ❷ 動 성기게 하다. 푸석푸석하게 하다. ¶老年容易得骨质～病|노년에는 골다공증이 쉽게 걸린다. ¶～土壤|토양을 푸석푸석하게 하다.

【疏通】shūtōng 動 ❶ (물길을) 소통시키다. 물꼬를 트다. ¶～田间排水沟|밭 사이의 배수 도랑을 트다. ❷ 의사를 소통시키다〔조정하다〕. 화해시키다. ❸ 손을 써서 해결하다. ¶～关系|관계를 트다. ¶那件公事延搁了很久, 请人去～了才批下来|그 공무관계의 일은 오랫동안 지연되어 왔었는데, 사람을 내세워 손을 쓰고서야 비로소 인가되었다. ❹ 書 통달(通達)하다.

【疏星淡月】shū xīng dàn yuè 成 별은 드문드문하고 달빛은 어슴푸레하다.

【疏于】shūyú 動 (어떤 일에) 소홀하다. ¶～防守|방어에 소홀하다.

【疏虞】shūyú 書 動 소홀히 하다. 부주의하다. ¶不得有所～|소홀한 바가 있어서는 안된다.

【疏远】shūyuǎn 動 形 소원하(게 되)다. ¶～他|그와 소원하다. ¶她有意～我|그녀는 의도적으로 나와 소원하게 되었다.

2【蔬】shū 푸성귀 소, 성길 소

名 야채. 푸성귀. ¶吃～|소채를 먹다. ¶～菜 =〔青菜〕|채소.

2【蔬菜】shūcài 名 채소. ¶～栽培cáipéi|채소 재배. ¶供应各种～|각종 야채를 공급하다.

【蔬饭】shūfàn 名 ❶ 채소로만 지은 음식. ❷ 轉 조악한 음식. 거친 음식.

【蔬食】shūshí 名 ❶ 채식. 소식. ❷ 轉 조식(組食). 조악한 음식.

1【输(輸)】shū 보낼 수, 질 수

❶ 動 운송하다. 나르다. ¶把原油～往港口|원유를 항구로 수송하다. ¶～油管↓ ¶～电线|송전선. ❷ 動 지다. 패하다. ¶我～了|내가 졌다. ¶他们～了一个球|그들이 한 골을 졌다. ¶决不认～|절대로 패배를 인정하지 않다 ⇔〔赢yíng①〕→〔败bài①〕 ❸ 動 진 댓가로 상대에게 내기로 건 것을 주다. ¶我把这支猎枪lièqiāng～给你|내가 졌으니 이 엽총을 너에게 준다. ¶～家儿↓ ❹ 書 헌납하다. 기부하다. ¶～捐↓ ¶～财助战|재산을 헌납하여 전쟁을 돕다. ¶劝～|기부를 권유하다.

【输财】shūcái 書 動 돈이나 재산을 바치다〔헌납하다〕. ¶～助战|재산을 헌납하여 전쟁을 돕다.

【输诚】shūchéng 書 動 ❶ 성의를 다하다. ¶当面～, 背面笑|면전에서는 성의를 다하는 체하지만 뒷전에서는 비웃는다 =〔输实〕〔输心〕 ❷ 투항하다. ¶敌军望风～|적군이 소문만 듣고 겁을 먹어 투항하다.

4【输出】shūchū ❶ 動 (안에서 밖으로) 내보내다. ¶血液xuèyè是从心脏～的|혈액은 심장에서 내보내진다. ¶这条输油管每天～大量原油|이 송유관에서 매일 대량의 원유를 보낸다. ❷ 名 動

수출(하다). ¶～农产品 | 농산품을 수출하다. ¶～额 | 수출액. ¶～超过 | 수출 초과 =〔出口③〕❸ 名 動〈電算〉출력(하다). 아웃풋(output)(하다). ¶一旦有故障, 机器能及时～信号 | 일단 고장이 나면 기기가 제때에 신호를 내보낼 수 있다. ¶～功率 | 출력. ¶～电子计算机 | 컴퓨터로 출력하다 ‖ ⇔〔输入〕

【输出变压器】shūchū biànyāqì 名組〈電子〉(라디오의) 아웃풋 트랜스(output trans). 출력 변압기.

【输电】shūdiàn 名 動 송전(送電)(하다). ¶高压～线 | 고압 송전선. ¶～网 =〔电网〕| 송전망.

【输家(儿)】shū·jia(r) 名 내기에서 진 사람. ¶～满脸沮丧jǔsàng | 내기에 진 사람은 얼굴에 실망한 빛이 역력하다.

【输将】shūjiāng 書 動 ❶ 수송하다. ❷ 기부하다. 헌금하다. 헌납하다. ¶踊跃yǒngyuè～ | 기꺼이 기부하다.

【输精管】shūjīngguǎn 名〈生理〉(수)정관.

【输捐】shūjuān 動 ❶ 세금을 납부하다. ❷ 기부금〔의연금〕을 내다.

【输理】shū/lǐ 動 도리〔이치〕상 지다〔패하다〕. ¶这个问题是你输理了 | 이 문제는 네가 이치상 졌다.

【输卵管】shūluǎnguǎn 名〈生理〉수란관. 나팔관. ¶～结扎术jiézhāshù |〈醫〉수란관 결찰 수술. ¶～炎 | 수란관염 =〔喇叭管〕

【输钱】shūqián 動 ❶ (내기·도박에서) 돈을 잃다. ¶他这次输了很多钱 | 그는 이번 내기에 돈을 많이 잃었다. ¶他每赌必～ | 그는 도박을 할 때마다 돈을 잃는다. ❷ 書 돈을 보내다.

【输球】shū/qiú 動 (구기 시합에서) 패하다. ¶～以后不气馁qìněi | 구기 시합에서 진 이후에도 기가 죽지 않았다.

4【输入】shūrù 動 ❶ (안으로) 들여 보내다. 들여오다. ¶～新思想 | 신사상을 받아들이다. ❷ (외국에서) 들여오다. 수입하다. ¶从国外～资金 | 국외에서 자금을 들여오다. ¶～限额xiàné | 수입 쿼터(quota). ¶～品 | 수입품 =〔进口②〕❸〈電算〉입력하다. 인풋(input)하다. ¶～法 | 입력방법. ¶～功率 | 입력. ¶把考生成绩～电子计算机 | 수험생의 성적을 컴퓨터에 입력하다 ‖ ⇔〔输出〕

【输入输出设备】shūrù shūchū shèbèi 名組〈電算〉(컴퓨터의) 입출력 장치.

【输入输出通道】shūrù shūchū tōngdào 名組〈電算〉(컴퓨터의) 입출력 채널(channel).

4【输送】shūsòng 名 動 수송(하다). 운송(하다). ¶～物 | 수송물. ¶把大米～到北韩水害地区 | 쌀을 북한 수해 지역으로 운송하다. ¶～新鲜血液 | 신선한 혈액을 공급하다 =〔输运〕〔运送〕

【输血】shū/xuè〈醫〉❶ 動 수혈하다. ¶给伤员～ | 부상자에게 수혈하다. ❷ (shūxuè) 名 수혈.

【输氧】shūyǎng 動〈醫〉산소를 흡입시키다. ¶及时给病人～ | 제때에 환자에게 산소를 흡입시키다.

【输液】shūyè 名 動〈醫〉수액(하다).

【输赢】shūyíng 名 ❶ 승부(勝負). 승패. ¶咱们赌个～ | 우리 승부를 겨뤄 보자. ¶～未分 | 승부가 나지 않다. ❷ 판돈. ¶一夜就有几百万的～ | 하룻저녁 판돈이 수백만원이나 된다.

【输油管】shūyóuguǎn 名 송유관(送油管). ¶铺设pūshè～ | 송유관을 부설하다.

【毹】shū 담요 유

⇒〔氍qú毹〕

【摅(攄)】shū 펼 려, 오를 려

書 動 진술하다. 발표하다. ¶各～己见 | 각자의 의견을 발표하다.

【摅诚】shūchéng 書 動 성의를 표시하다.

【摅怀】shūhuái 書 動 심중의 생각을 털어 놓다.

shú ㄕㄨˊ

【秫】shú 차조 출

名〈植〉(찰) 수수. 차조. 고량(高粱). ¶～米↓ →〔黍shǔ①〕

【秫秸】shújiē 名 수수대. 수수깡. 고량의 줄기 [엮어서 천장이나 방의 간막이 등에 사용하는 경우가 많아「隔gé挡儿」이라고도 함] ¶～留着当dàng柴烧 | 수수대를 모아 두었다가 땔감으로 태우다〔쓰다〕=〔秫秸秆gǎn儿〕〔秫秸棍儿〕〔高粱梃儿gāoliángtǐngr〕

【秫秸秆儿】shújiēgǎnr ⇒〔秫秸〕

【秫秸棍儿】shújiēgùnr ⇒〔秫秸〕

【秫米】shúmǐ 名 수수쌀. ¶用～喂猪wèizhū | 수수쌀로 돼지를 먹이다.

【秫秫】shúshú 名 方 수수쌀.

【孰】shú 누구 숙, 어느 숙

書 代 ❶ 누구. ¶～谓不可 | 누가 안된다고 하는가 =〔谁〕❷ 어느. 어느 것. ¶～取～舍 | 어느 것을 취하고, 어느 것을 버릴 것인가. ❸ 무엇. ¶是可忍, ～不可忍 | 이것을 참을 수 있다면, 무엇을 참을 수 없겠는가 =〔什么〕

【孰若】shúruò 書 動組 어찌 …와 같으랴. 어떻게 견줄 수 있겠는가 =〔孰与〕〔何若〕

【孰与】shúyǔ ⇒〔孰若〕

【孰知】shúzhī 書 動組 누가 알랴. 누가 알 수 있으랴. 누가 알았으랴. 누가 짐작이나 했으랴.

【塾】shú 문옆방 숙, 글방 숙

名 (옛날의) 사설 학교. 서당. 글방. ¶家～ | 가숙. ¶～师↓ →〔私塾〕

【塾师】shúshī 名 훈장(訓長). 서당 선생.

1【熟】shú shóu 익을 숙, 무를 숙

A shú 形 ❶ 動 (음식이) 익다. 삶다. ¶饭～了 | 밥이 다 되었다. ¶～菜↓ ⇔〔生shēng⑥〕❷ 動 익다. 여물다. ¶麦子～了 | 보리가 여물었다. ¶不要吃不～的果子 | 잘 익지 않은 과일은 먹지 마라. ❸ 形 익숙하다. 잘 알다. ¶那个人我不大～ | 그 사람을 잘 알지 못한다. ¶这条路我很～ | 이 길은 내가 잘 안다. ¶耳～ | 귀에 익다. ¶～人↓ ❹ 動 숙련되다. 정통하다. ¶～能生巧↓ ❺ 形 가공·정제한. ¶～皮↓ ¶～药 | 정제한 약. 조제약. ❻ 形 轉 정도가 깊다. 상세하다. 자세하다. ¶深思～虑lǜ | 심사숙고하다. ¶～睡↓ ❼ 動 轉 (익어서) 수확하다. ¶三～稻dào | 1년에 세 번 수확하는 벼.

Ⓑ shóu「熟shú」의 구어음(口語音).
【熟谙】shú'ān 書 動 잘 알다. 숙지(熟知)하다. ¶他对当地情况极为～ | 그는 그 고장의 형편을 아주 잘 알고 있다. ¶～个中内情 | 속사정을 잘 알다 =〔熟悉〕
【熟菜】shúcài 名 삶은 요리→〔生菜②〕
【熟道(儿)】shúdào(r) =〔熟路〕
【熟地】shúdì 名 ❶ 다년간 경작한 땅. ❷〈漢藥〉숙지황(熟地黃)=〔熟地黄〕❸ 낯익은 고장. 잘 아는 고장.
【熟化】shúhuà 動〈農〉(땅을) 개량하다. 일구다.
【熟荒】shúhuāng 名〈農〉❶ 개간한 뒤에 황폐해진 토지. 묵은 땅. 묵정밭 =〔熟荒地〕❷ 경작지와 황무지.
【熟记】shújì 動 암기하다. 잘 기억하다. ¶～唐诗三百首 | 당시 삼백수를 암기하다→〔记jì住〕
【熟客】shúkè 名 낯익은 손님. 단골 손님. ¶店里来了几个～ | 가게에 단골 손님이 몇 분 오셨다→〔生客〕
【熟脸儿】shúliǎnr 名 낯익은 사이. 친한 사이. ¶我和他有个～ | 나는 그와 친분이 있다.
²【熟练】shúliàn 形 숙련되어 있다. 능숙하다. ¶～工人 | 숙련공. ¶～地操纵cāozòng机器 | 노련하게 기계를 조종하다. ¶我的中文还不～ | 내 중국어는 아직 미숙하다 =〔熟劲〕
【熟路】shúlù 名 늘 다녀서 잘 알고 있는 길 =〔熟道(儿)〕
【熟能生巧】shú néng shēng qiǎo 成 숙련되어 손에 익다. 능숙하다. ¶勤学苦练～, 不下功夫是不行的 | 부지런히 배우고 힘써 연습해야 능숙해지는 법이지, 노력하지 않고서는 안 된다. ¶～, 越做越好 | 숙련되면 기술이 생기는 법이라, 일을 할수록 더 잘하게 된다.
【熟年】shúnián 名 풍년.
【熟皮】shúpí 名 무두질한 가죽. 유피 =〔鞣皮〕
【熟人(儿)】shúrén(r) 名 ❶ 잘 알고 있는 사람. ❷ 단골 손님→〔生人(儿)〕
【熟稔】shúrěn 書 形 잘 알고 있다.
【熟石膏】shúshígāo 名 구운 석고. 소석고(燒石膏).
【熟石灰】shúshíhuī 名〈化〉소석회(消石灰)
【熟食】shúshí ❶ 動 익혀 먹다→〔生食〕❷ 名 요리를 해놓은〔당장 먹을 수 있게 만들어진〕식품.
【熟视无睹】shú shì wú dǔ 成 보고도 못본 척하다. 본체만체하다.
【熟识】shú·shi 動 숙지(熟知)하다. 잘 알다. ¶我们是～的朋友 | 우리는 잘 아는 친구(사이)다.
【熟手(儿)】shúshǒu(r) 名 숙련자. 능숙한 사람. 숙달한 사람 =〔老手(儿)〕→〔生手(儿)〕
【熟睡】shúshuì 動 숙면하다. 푹 자다. 달게자다. ¶昨晚～了一觉, 全歇过来了 | 어젯밤엔 잠을 잘 자서 피로가 싹 가셨다 =〔書 熟眠〕
【熟烫】shú·tang 形 俗 (과일·야채 따위가 쓸리거나 열을 받아) 신선한 빛깔〔맛〕이 가다. ¶～味儿 | 상한 냄새.
【熟铁】shú tiě 名 연철(鍊鐵) =〔锻铁〕〔软铁〕→〔生铁〕
【熟土】shútǔ 名 ❶〈農〉양토질의 땅. 기름진 땅. ❷ 오래 살아서 낯익은 곳.
²【熟悉】shú·xī 動 잘 알고 있다. 충분히 알다. 상세히 알다. ¶这个学生的情况我～ | 이 학생의 상황은 내가 충분히 파악하고 있다. ¶我跟这个人不太～ | 나는 이 사람을 그다지 잘 알지 못한다. ¶这儿是我很～的地方 | 이 곳은 내가 아주 잘 아는 곳이다. ¶你先～～这里的环境 | 너는 우선 이곳의 환경을 좀 숙지해라 =〔熟谙〕
【熟习】shúxí 動 숙달되다. 숙련되다. ¶～业务 | 업무에 숙달되다. ¶他很～果树栽培zāipéi知识 | 그는 과수 재배 지식에 대단히 숙련되어 있다.
【熟语】shúyǔ 名〈言〉숙어. 관용어. ¶他善于运用～ | 그는 관용어를 잘 사용한다.
【熟知】shúzhī 動 숙지하다. 익히 알다. 어법「熟知」는 주로 사람이나 구체적인 사물에 대해 상용되는 서면어이고 중첩을 할 수 없으나,「熟悉」는 그 의미가「熟知」보다 가볍지만 그 쓰임이 넓고 중첩할 수 있음. ¶我不～这里的风俗习惯 | 나는 이곳의 풍속 습관을 잘 모른다. ¶我们俩共事多年, 彼此都很～ | 우리는 수년동안 같이 일을 했기 때문에 서로 아주 잘 알고 있다. ¶他是我非常～的朋友 | 그는 내가 대단히 잘 알고 있는 친구이다.
【熟字】shúzì 名 이미 알고 있는 글자→〔生字〕

【赎(贖)】shú 바꿀 속

動 ❶ (금품을 내고) 저당물을 도로 찾다. ¶把东西～回来 | 저당품을 도로 찾아 오다. ❷ (재물로) 죄를 면하다. 속죄하다. ¶立功～罪 | 공을 세워서 속죄하다. ❸ 近 사다. ¶～一帖药来 | 약 한 첩을 사오다.
【赎出】shúchū 動 저당물을 되찾다. ¶从当铺dàngpù～了大衣 | 전당포에서 저당잡힌 외투를 되찾았다 =〔赎出质物〕〔赎回〕〔赎取〕〔取赎〕
【赎当】shú/dàng 動 저당물을 되찾다. ¶他去当铺～了 | 그는 전당포에 가서 저당물을 되찾았다 ⇔〔当dàng当〕
【赎回】shúhuí ⇒〔赎出〕
【赎金】shújīn 名 ❶ (저당물을 찾기 위해) 물어줄 돈. (인질의) 몸값. ❷ 배상금. 상금(賞金) ‖ =〔赎价〕〔赎款〕〔赔款〕〔赔偿费〕
【赎买】shúmǎi 動 (사회주의 국가에서, 토지 따위의 생산 수단을) 유상 몰수하다. ¶～政策 | 유상몰수 정책.
【赎身】shú/shēn 動 (옛날, 노비·기생 등이) 몸값을 지불하고 자유를 얻다. ¶十三娘用积蓄jīxù～ | 십삼랑이 저축한 돈으로 몸값을 지불하고 자유를 얻었다.
【赎罪】shú/zuì 動 속죄하다. ¶他用一种～的心情, 迎接着未来的时日 | 그는 일종의 속죄하는 마음으로 앞으로의 날들을 맞아들였다.

shǔ ㄕㄨˇ

【黍】shǔ 기장 서

❶ 名〈植〉기장→〔秫shú〕❷ ⇒〔玉yù蜀黍〕❸ ⇒〔蜀shǔ黍〕
【黍尺】shǔchǐ 名 서척 [고대의 길이 단위로 기장 알맹이를 100개 늘어놓은 길이]

【黍子】shǔ·zi 名〈植〉기장.

2【暑】shǔ 더위 서
形 덥다. 轉 더위. ¶中zhòng～ | 더위를 먹다. ¶～假↓ ¶溽rù～ | 푹푹 찌는 더위.

【暑安】shǔ'ān 札 ¶敬颂～ | 무더운 날씨에 편안하시기를 빕니다 [편지의 끝맺는 말로 사용함]

²【暑假】shǔjià 名 여름 방학. 여름 휴가. ¶放～ | 여름 방학을 하다. ¶～作业 | 여름 방학 숙제 →〔寒假〕

【暑期】shǔqī 名 ❶ 하기(夏期). 하계(夏季). ¶～进修班 | 하기 연수반. ❷ 여름 방학〔휴가〕 기간.

【暑期学校】shǔqī xuéxiào 名組 여름 학교. 섬머스쿨(summer school).

【暑气】shǔqì 名 더위. ¶受～ | 더위 먹다. ¶～逼bī人 | 더위가 사람을 못살게 군다.

【暑热】shǔrè 書 ❶ 名 찌는 듯한 여름의 더위. ❷ 形 덥다.

【暑天】shǔtiān 名 몹시 더운 날씨〔날〕. ¶～喝冰水,真凉快 | 더운 날 얼음 물을 마시니 진짜 시원하다 =〔热天〕

【暑瘟】shǔwēn 名〈漢醫〉여름철 유행성 뇌염의 일종.

3【署】shǔ 맡을 서
❶ 名 관공서. 관청 [공무를 집행하는 곳] ¶公～ | 관공서. ❷ (인원의) 배치. ¶部～ | 배치(하다). ❸ 서명하다. 기명하다. ¶签qiān～ | 서명하다. ❹ (직무를) 임시 대행하다. ¶～理↓

【署理】shǔlǐ 動 대행〔대리〕하다. ¶～人 | 서리. 직무 대행자 =〔署办〕〔署任〕〔署事〕

【署名】shǔ/míng ❶ 動 서명하다. ¶请在这儿～吧 | 여기에 서명하십시오. ❷ (shǔmíng) 名 서명. 기명. ¶这条子没有～, 不知是谁写的 | 이 쪽지에는 서명이 없어서, 누가 쓴 것인지 모르겠다 ‖ =〔签名〕

4【薯〈藷〉】shǔ 고구마 서
❶ 名〈植〉고구마·감자류의 총칭. ¶甘gān～ =〔京 白薯〕〔红薯〕〔方 番薯〕〔北 地瓜〕| 고구마. ¶马铃mǎlíng～ =〔土豆(儿)〕| 감자. ❷ ⇒〔薯莨〕

【薯莨】shǔliáng 名〈植〉서랑 [마과에 속하는 다년생 초본 식물] ¶～膏gāo | 서랑의 엑스(extract) →〔拷kǎo绸〕

【薯莨绸】shǔliángchóu ⇒〔拷kǎo绸〕

【薯蓣】sh ǔ yù 名〈植〉마 =〔薯芋〕〔簡 蓣〕〔山药〕〔玉延〕

【曙】shǔ 새벽 서
書 名 새벽. 해뜰 무렵. 轉 밝음. 광명. ¶～光↓ ¶天方～ | 날이 막 밝았다.

【曙光】shǔguāng 名 서광. ❶ 동틀 때의 빛. ¶黎明的～ | 여명의 서광. ❷ 喻 어떤 일이 뜻대로 될 가능성. 희망의 빛. ¶胜利的～ | 승리의 서광. ¶这个事实的告白便是解决纠纷jiūfēn的～ | 이 사실의 고백이 분쟁을 해결하는 서광이다.

【曙色】shǔsè 書 名 새벽 하늘빛. ¶从窗口透进了灰白的～ | 창문으로 회백색의 새벽빛이 비쳤다.

【蜀】Shǔ 나라이름 촉
名 ❶〈史〉촉.촉한(蜀漢). 주대(周代)의 나라이름 [지금의 사천성(四川省) 성도(成都) 일대에 있었음] ¶～汉↓ ❷ 簡〈地〉「四川省」(사천성)의 다른 이름.

【蜀汉】Shǔ Hàn 名〈史〉촉한 [삼국(三國)의 하나. 도읍은 성도(成都). 221～263]

【蜀锦】shǔjǐn 名 사천성에서 나는 채색 비단.

【数葵】shǔkuí 名〈植〉접시꽃. 촉규 =〔戎葵〕

【蜀犬吠日】shǔ quǎn fèi rì 成 촉(蜀) 땅의 개가 해를 보고 짖다. 식견이 좁아 대수롭지 않은 일을 보고도 신기하게 여기다. ¶他们是～, 少见多怪 | 그들은 견문이 좁아 모든 것을 신기해 한다.

【蜀黍】shǔshǔ ⇒〔高粱gāoliáng〕

【蜀绣】shǔxiù 名 사천성 특산의 수예품.

4【属(屬)】shǔ zhǔ 무리 속, 이을 촉
Ⓐ shǔ ❶ (한) 가족. ¶家～ | 가족. ¶军～ | 군인의 가족. ❷ 같은 부류〔종류〕. ¶金～ | 금속. ❸ 관할(管轄) 관계에 있는 것. ¶直～ | 직속(하다). ¶附～ | 부속(하다). ❹ 名〈生〉속 [생물분류 단위의 하나로 「科」(과)보다 낮고, 「种」(종)보다는 높음] ❺ 動 (귀)속하다. 담당하다. ¶～于人文科学 | 인문과학에 속하다. ¶足球金牌～谁, 目前尚难肯定 | 축구 우승패가 누구에게 돌아갈지 지금은 아직 확답하기 어렵다. ¶～谁管? | 누구 담당인가? ❻ 書 動 …이다. ¶实～万幸 | 실로 천만 다행이다. ¶情况～实 | 실정에 맞는 사실이다. ❼ 動 (간지(干支)로 나이를 나타낼 때) …띠이다. …년생이다. ¶我是～牛的 | 나는 소띠이다.
Ⓑ zhǔ 書 動 ❶ 잇다. 연접하다. ¶前后相～ | 앞뒤가 서로 이어지다. ❷ 주의를 집중하다. 기대를 걸다. ¶～目 | 주목하다. ¶～望↓ ❸ 시(詩)나 문장을 짓다. ¶～文↓ ❹「嘱zhǔ」와 통용 ⇒〔嘱zhǔ〕

Ⓐ shǔ

【属地】shǔdì 名 속지. 식민지. ¶从前印度是英国的～ | 인도는 영국의 식민지였다.

【属国】shǔguó 名 속국. 종속국. ¶我们国家决不是哪国的～ | 우리나라는 어느 나라의 속국도 아니다 =〔属邦〕

【属螃蟹的】shǔpáng·xie·de 名組 喻 억지를 부리는 사람. 난폭한 사람. ¶～横行霸道bàdào | 도리에 벗어나 마구 억지를 부리는 사람. ¶他小子是～, 不要跟他费口舌 | 그 녀석은 억지꾼이야, 그와 입아프게 긴 말하지마.

【属实】shǔshí 書 動 사실과 일치하다. 사실이다. ¶调查～ | 조사한 결과 사실과 일치하다.

【属相】ⓐ shǔ/xiàng 動 …띠다. ¶你属什么相? | 너는 무슨 띠니?
ⓑ shǔ·xiang 京 shú·xiang) 名 口 띠 ¶他们俩～不合 | 그들 두 사람은 띠가 서로 맞지 않다 =〔生肖〕〔十二生肖〕〔十二肖〕〔十二属(相)〕

【属性】shǔxìng 名 속성. ¶运动是物质的～ | 운동은 물질의 속성이다. ¶这两种事物的～不同 | 이 두 사물의 속성은 같지 않다.

²【属于…】shǔyú… …(의 범위)에 속하다. ¶这些书～我 | 이 책들은 내 것이다. ¶胜利永远～

我们｜승리는 영원히 우리의 것이다. ¶她是～另一个环境的｜그녀는 다른 환경에 속한 사람이다. ¶这个公司～谁领导?｜이 회사는 누가 책임지고 관리하게 되어 있느냐?

【属员】shǔyuán 名 하급 관리. 속관. 속리. ¶派几个～来帮忙｜하급 관리를 몇 명 파견하여 도와주다＝〔属吏〕〔属僚〕

B zhǔ

【属望】zhǔwàng 書 動 기대나 희망을 걸다. 바라다. ¶我～你能成功｜네가 성공하기를 바란다＝〔属意〕〔瞩zhǔ望①〕

【属文】zhǔwén 書 動 글을 짓다. 문장을 연결하다.

【属意】zhǔyì ⇒〔属望〕

【属垣有耳】zhǔ yuán yǒu ěr 成 벽에 귀가 붙어 있다. 엿듣는 사람이 있다. ¶小点儿声, 以防～｜엿듣는 사람이 있을지 모르니까 소리를 좀 낮추어라.

1【数】shǔ ☞ 数 shù B

4【鼠】shǔ 쥐 서
名〈動〉쥐. ¶大家～｜시궁 쥐＝〔俗老鼠〕〔北耗hào子〕

【鼠辈】shǔbèi 書 名 罵 쥐새끼 같은 놈들. 소인배들. ¶～, 还不快下马投降?｜쥐새끼같은 놈들, 그래도 빨리 말에서 내려 항복하지 않느냐?＝〔鼠子①〕

【鼠疮】shǔchuāng 名〈漢醫〉나력(瘰癧). 임파선에 생기는 만성 종창.

【鼠窜】shǔcuàn 動 (쥐처럼) 부리나케 내빼다. 허둥지둥 도망하다. ¶抱头～而去｜머리를 감싸쥐고 허둥지둥 도망치다.

【鼠胆】shǔdǎn 喻 ❶ 形 소심하다. 겁이 많다. ❷ 名 겁쟁이.

【鼠肚鸡肠】shǔ dù jī cháng 成 도량이 좁다＝〔小肚鸡腹〕

【鼠害】shǔhài 名 쥐(에 의한 농작물) 피해.

【鼠目寸光】shǔ mù cùn guāng 成 식견이〔시야가〕좁다.

【鼠窃】sh ǔ qiè 書 名 좀 도 둑＝〔鼠贼〕〔小窃〕〔口 小偷tōu(儿)〕

【鼠曲草】shǔqūcǎo 名〈植〉떡쑥＝〔清明菜〕〔茸母〕〔香茅④〕

【鼠瘟】shǔwēn ⇒〔鼠疫〕

【鼠蹊】shǔxī 名〈生理〉샅. 서혜. 고간(股間)＝〔腹股沟〕

【鼠疫】shǔyì 名〈醫〉흑사병. 페스트. ¶防治～｜흑사병을 예방 치료하다＝〔鼠瘟〕〔核hé疫〕〔核子瘟〕〔黑死病〕

shù ㄕㄨˋ

1【术(術)】1 shù 꾀 술
名 ❶ 기술. 기교. ¶艺～｜예술. ¶美～｜미술. ¶技～｜기술. ❷ 수단. 방법. ¶防御之～｜방어 수단. ¶战～｜전술.

【术科】shùkē 名 실기 과목→〔学科③〕

【术语】shùyǔ 名 전문 용어. ¶语法～｜어법 용어. ¶医学～｜의학 용어.

【术】2 zhú 삽주 출
「朮」과 통용 ⇒〔朮zhú〕

【沭】Shù 물이름 술
名〈地〉술하(沭河) [산동성(山東省)에서 발원하여 강소성(江蘇省)으로 흘러 들어가는 강]

2【述】shù 말할 술
動 ❶ 말하다. 설명하다. 진술하다. ¶口～｜말하다. 구술하다. ¶略～经过｜경과를 대충 설명하다. ❷ (Shù) 名 성(姓)

【述评】shùpíng 動 논평하다. 해설하다. ¶做～｜논평하다. ¶以上是今天的时事～｜이상은 오늘의 시사 해설이었습니다.

【述说】shùshuō 動 진술〔설명〕하다. 말하다. ¶请详加～｜상세히 설명해 주십시오.

【述语】shùyǔ 名〈言〉술어＝〔谓语〕

【述职】shù/zhí 動 (돌아와) 중요〔소관〕업무를 보고하다. ¶大使回国～｜대사가 귀국하여 업무 보고를 하다. ¶诸侯向天子～｜제후가 천자에게 소관 업무를 보고하다.

【戍】shù 지킬 수
書 動 (병력으로) 지키다. 수호하다. ¶卫wèi～｜보위하다.

【戍边】shùbiān 書 動 변경〔국경〕을 지키다. ¶～的将士｜변경을 지키는 군인.

【戍守】shùshǒu 書 名 動 수비(하다). 수호(하다). ¶～边疆｜변경을 지키다.

3【束】shù 묶을 속
❶ 動 묶다. 동이다. ¶～发↓ ¶以带～腰｜띠로 허리를 동이다. ❷ 量 묶음. 다발. ¶一～菊花｜국화 한 묶음. ❸ 動 속박하다. 제한하다. ¶拘～｜구속하다. ¶～身自爱｜자중자애하다. ❹ 名〈物〉빔(beam). ¶电子～｜전자빔. ❺ (Shù) 名 성(姓).

【束发】shùfà 書 動 ❶ 머리를 묶다〔땋다〕. ❷ 轉 옛날, 배울 나이가 되어 머리를 묶다〔땋다〕. 배움을 시작하다. ¶～理学｜머리를 땋고 글공부를 하다＝〔束发修学〕

3【束缚】shùfù 動 속박하다. 제한하다. ¶～手脚｜손발을 얽어매다. ¶～年轻人的思想｜젊은이들의 생각을 속박하다. ¶打破dǎpò～｜속박을 타파하다.

【束射】shùshè 名〈電子〉빔(beam).

【束射管】shùshèguǎn 名〈電子〉빔관(beam管). 빔 진공관.

【束身】shùshēn 書 動 ❶ 몸가짐을 자제하다. 자중하다. ¶～修行｜자중하며 수양하다. ❷ 자기를 묶다. 자박(自縛)하다. ¶～请罪｜자박하여 벌를 청하다 ‖＝〔束躬〕

【束手】shùshǒu 動 ❶ 손을 묶다〔묶이다〕. ❷ 喻 꼼짝할 수 없다. 속수무책이다.

【束手待毙】shù shǒu dài bì 成 꼼짝 못하고 죽음을 기다리다. ¶我们不能～啊!｜우리는 속수무책으로 죽음만 기다릴 수는 없다.

【束手就擒】shù shǒu jiù qín 成 꼼짝 못하고 붙들리다.

【束手束脚】shù shǒu shù jiǎo 成 손발이 다 묶이

다. 꼼짝할 수 없다.

【束手无策】shù shǒu wú cè 成 속수무책이다. 어쩔 도리가 없다. ¶他们面临这种困难, ～ | 그들은 이러한 곤란에 직면해서 속수무책이다. ¶在旅途中把钱丢了, 弄得～ | 여행 도중에 돈을 잃어버려서 어쩔 도리가 없는 지경으로 되었다 =〔束手无措〕

【束手无措】shù shǒu wú cuò ⇒〔束手无策〕

【束脩】shùxiū 書 名 ❶ 말린 고기〔포(脯)〕묶음. ❷ 轉 옛날, 스승께 드리던 예물 [지금은 개인 교수에게 주는 사례금〔보수〕을 가리키기도 함] =〔束金〕〔束仪〕

【束腰】shùyāo ❶ 動 허리를 꽉 졸라매다. ❷ 名 허리띠. 요대(腰帶).

【束之高阁】shù zhī gāo gé 成 물건을 묶어서 높은 시렁 위에 올려놓다. 방치해 둔 채 사용하지 않다. ¶结果, 我的这个提案被他们～ | 결과적으로 우리의 이 제안은 그들에 의해 방치되었다.

【束装】shùzhuāng 書 動 여장을 꾸리다. 길 떠날 채비를 하다. ¶～就道 | 여장을 꾸려 길을 떠나다. ¶～待发 | 채비를 하고 출발을 기다리다.

4【竖(竪)〈豎〉】shù 세울 수 ❶ 形 수직인. 세로의. ¶～的是电线杆, 横的是电线 | 세로는 전신주이고, 가로는 전선이다. ¶画了一条～线 | 세로 줄을 하나 그었다. ¶过去汉字都～排 | 과거 한자는 모두 세로로 배열한다. ❷ 動 (똑바로) 세우다. 직립하다. ¶把棍子～起来 | 막대기를 세우다. ¶老王的眉毛一～, 脸上又泛起了红色 | 왕씨의 눈썹이 치켜세워지고 얼굴도 온통 빨개졌다. ¶～着写 | 세워서 쓰다. 세로로 쓰다. ❸ (～儿) 名 한자의 위에서 아래로 내린 세로획(「丨」). ¶「十」字是一横一～ | 「十」자는 가로획 하나와 세로획 하나로 되어 있다.

【竖井】shùjǐng 名〈鑛〉수직갱. 곧은 바닥 =〔立井〕

【竖立】shùlì 書 動 (수직으로) 서다〔세우다〕. 어법「竖立」은 구체적인 사물에 대해서만 쓰이나, 「树立」은 추상적인 사물이 생기거나 형성됨을 의미함. 「竖立」의 목적어로 주로 존현목적어나 장소목적어가 옴. ¶路旁～着电线杆 | 길옆에 전신주가 서 있다. ¶电视塔～在市中心 | 텔레비전 타워가 시 중심에 세워져 있다.

【竖起】shùqǐ 動 세우다. ¶～大拇指 | (찬성의 뜻으로) 엄지 손가락을 세우다. ¶他吓xià得寒毛都～了 | 그는 하도 놀라서 털이 다 곤두섰다. ¶～大衣领子走 | 외투의 깃을 세우고 걷다 =〔竖立〕

【竖琴】shùqín 名〈音〉하프. 수금.

【竖蜻蜓】shù qīngtíng ⇒〔拿ná大顶〕

【竖写】shùxiě ❶ 動 세로로 쓰다. ¶我不会～ | 나는 세로로는 못쓴다. ❷ 名 세로 쓰기. 종서(縱書).

【竖直】shùzhí 動 수직으로 하다. ¶～了身子 | 몸을 수직으로 세웠다.

【竖子】shùzǐ 書 名 ❶ 나이어린 종. 동복(童僕). ❷ 罵 풋나기. 잔챙이. ¶～! 快滚gǔn吧 | 이 풋나기야! 빨리 꺼져 →〔小儿ér③〕 ❸ 아동. 아이.

【俞】shù ☞ 俞 yú C

【腧】shù 경혈 수 名〈漢醫〉경혈(經穴). ¶肺～ | 폐의 경혈 =〔俞shù〕→〔经络〕

【腧穴】shùxué 名 경혈(經穴).

1【树(樹)】shù 나무 수 ❶ 名 나무. ¶一棵kē～ | 나무 한 그루. ¶种zhòng～ | 나무를 심다. ¶十年～木, 百年～人 | 십년을 내다보고 나무를 심고 백년을 내다보고 사람을 기른다. ❷ 動 심다. 재배하다. 喻 양성하다. ¶～木 | 나무를 재배하다. ❸ 動 세우다. 수립하다. ¶～了一块碑 | 비석을 하나 세웠다. ¶威信老～不起来 | 위신이 통 서질 않는다. ❹ (Shù) 名 성(姓).

【树碑】shùbēi 動 비(碑)를 세우다 =〔立碑〕

【树碑立传】shù bēi lì zhuàn 成 ❶ 덕망이 있거나 공로가 있는 사람의 생애와 사적을 비석에 새기거나 전기로 써서 칭송하다. ❷ 어떤 과정을 거쳐 개인의 위신과 권위를 높이다.

【树串儿】shùchuànr 名 方〈鳥〉솔새.

【树丛】shùcóng 名 나무숲. 총림. ¶小孩躲在～中 | 어린 아이가 나무숲 속에 숨어 있다.

【树大招风】shù dà zhāo fēng 成 나무가 크면 바람도 세다. 명성이 높을수록 다른 사람의 질투와 공격도 많다. ¶～, 您名声大, 所来麻烦你的人也多 | 나무가 크면 바람도 센 법이니, 당신은 명성이 높아서 당신을 번거롭게 하는 사람도 많이 오는 것입니다 =〔官大有险, 树大招风〕

【树倒猢狲散】shù dǎo húsūn sàn 諺 나무가 넘어지면 원숭이도 흩어진다. 우두머리가 망하면 따르던 사람들도 뿔뿔이 흩어진다.

【树敌】shùdí 動 적을 만들다. ¶我们此时不宜～太多 | 우리들은 이 때에 너무 적을 많이 만들어서는 안 된다.

【树墩(子)】shùdūn(·zi) 名 나무 그루터기 =〔树茬chá(子)〕

【树蜂】shùfēng 名〈蟲〉나무벌.

4【树干】shùgàn 名 나무 줄기 =〔树梃〕〔树身〕

【树高千丈, 叶落归根】shù gāo qiānzhàng, yè luò guī gēn 諺 나무의 높이가 천 길이나 되어도, 그 잎사귀는 떨어져서 뿌리로 돌아간다. 사람은 아무리 먼 타향에 있을지라도 결국은 고향에 되돌아오게 된다. ¶～, 我晚年一定要回祖国 | 나무가 천 길이나 높아도 낙엽은 그 뿌리로 돌아가듯 나도 만년에는 반드시 조국으로 돌아갈 것이다 =〔树高万丈, 叶落归根〕

【树高万丈, 叶落归根】shù gāo wànzhàng, yè luò guī gēn ⇒〔树高千丈, 叶落归根〕

【树根(儿, 子)】shùgēn(r·zi) 名 나무 뿌리.

【树挂】shùguà 名 (나뭇가지에 얼어 붙은) 성에. 수빙(樹氷). 상고대 =〔树嫁〕〔树稼〕〔树介〕〔雾凇wùsōng〕

【树冠】shùguān 名 수관. 나무갓. ¶～直径二十公尺 | 수관의 직경이 20m이다.

【树行子】shùháng·zi 名 줄지어 심은 나무 =〔树趟子〕

【树嫁】shùjià ⇒〔树挂〕

【树稼】shùjià ⇒〔树挂〕

【树胶】shùjiāo 名 ❶ 나무의 진. ❷ 고무.
【树懒】shùlǎn 名〈動〉나무늘보.
3【树立】shùlì 動 세우다. 수립하다. 확립하다. 어법 주로 추상적이고 좋은 사물에 대해 사용됨. ¶威信要靠自己的言行来～ | 위신은 자신의 언행으로 세워야 한다. ¶～了光辉guānghuī的榜样bǎngyàng | 훌륭한 본보기를 세웠다. ¶～典型 | 전형을 확립하다. ¶～志向 | 뜻을 세우다.
【树凉儿】shùliángr ⇒〔树阴(凉儿)〕
2【树林(儿, 子)】shùlín(r·zi) 名 수풀. 숲. ¶他在～里面歇凉呢 | 그는 숲에서 더위를 식히고 있는 중이다. ¶～里放风筝fēngzhēng | 숲 속에서 연을 날리다. 喻 일이 뒤엉키다.
【树莓】shùméi 名〈植〉복분자딸기. 수리딸기
【树苗】shùmiáo 名 묘목. ¶植树节每人种一株～ | 식목일에는 사람마다 묘목 한 그루씩 심는다.
3【树木】shùmù ❶ 名 나무. 어법 총칭명사이므로 개체수량사를 붙이지 못함. ¶一棵～(X) ¶一棵树 | 나무 한 그루. ¶一片～ | 한 구역의 나무. ¶好多～ | 많은 나무. ¶保护～ | 나무를 보호하다. ❷ 書 動 나무를 심다.
【树梢(儿)】shùshāo(r) 名 수초. 나무 초리. 나뭇가지 끝 =〔树末〕〔树杪〕
【树身】shùshēn 名 나무 줄기. ¶这树的～有一丈高 | 이 나무의 줄기는 한 장(3.33미터)이나 된다 ⇒〔树杆〕
【树蛙】shùwā 名〈動〉산청개구리 =〔飞蛙〕
【树阴(凉儿)】shùyīn(liángr) 名 나무 그늘. ¶他们躲到～下去了 | 그들은 나무 그늘로 가서 숨었다 =〔树荫〕〔树凉儿〕
【树荫】shùyìn ⇒〔树阴(凉儿)〕
【树欲静而风不止】shù yù jìng ér fēng bù zhǐ 成 나무는 가만있고 싶어해도 바람이 그치지 않는다. 주변 환경이 가만 두지 않는다. ¶～, 记者们追到家长来采访cǎifǎng了 | 나무는 가만있으려해도 바람이 그치질 않는다고, 기자들이 학부모를 좇아와 취재를 하였다.
【树脂】shùzhī 名 수지. ¶～酸suān | 수지산. ¶～油 | 수지유. ¶～光泽guāngzé | 수지 광택.
【树种】shùzhǒng 名 ❶ 수종. 수목〔나무〕의 종류. ¶针叶zhēnyè～ | 침엽수. ¶阔kuò叶～ | 활엽수. ❷ 수목의 종자. ¶采集cǎijí～ | 수목의 종자를 채집하다. ¶改良gǎiliáng～ | 수목의 종자를 개량하다.

【倏】 shù ☞ 倏 shū

【恕】 shù 용서할 서

❶ 動 관대하게 봐주다. 용서하다. ¶～过他这一次吧 | 이번에는 그를 봐 주어라. ¶饶ráo～ | 용서하다. ❷ 양해〔용서〕를 바라다. ¶～不奉陪fèngpéi | 모시지 못함을 용서하십시오. ¶～不招待zhāodài | 일일이 접대하지 못하니 양해바랍니다 [셀프서비스]
【恕不…】shùbù… 札 …하지 않는 것을 용서하십시오. ¶～另简 | 따로 편지〔통지〕하지 못함을 양해하여 주십시오. ¶～远送 | 멀리까지 전송하지 못함을 용서하십시오.
【恕罪】shù/zuì ❶ 動 죄를 용서하다. ¶敬请老兄～ | 노형께서 저의 허물을 용서하십시오. ❷ 套 실례했습니다.

【庶】 shù 많을 서

書 ❶ 副 대체로. 거의. ¶～乎可行 | 대체로 그만하면 될 수 있다. ❷ (수가) 많다. ¶～官 | 백관(百官). ¶富～ | 인구가 많고 부유하다. ❸ 백성.평민. ¶众～ | 백성.만민. ❹ 서출(庶出)의. 첩(妾) 소생의. ¶～子↓ ¶～母↓ ¶～出↓ ⇔〔嫡dí①〕
【庶出】shùchū 名 첩의 자식〔소생〕.
【庶乎】shùhū ⇒〔庶几乎〕
【庶几】shùjī ❶ 書 動 …를 바라다. ❷ ⇒〔庶几乎〕 ❸ 形 어지간하다. 괜찮다. 근사하다. ❹ 書 名 당대의 뛰어난 인재. 현인(賢人). ¶凡在～之流无不造门 | 그 당시의 이름난 인재들로서 찾아오지 않은 사람이 없었다.
【庶几乎】shùjīhū 書 連 …해야(라야) …할 것이다 [상술한 상황하에서만 어떤 결과를 피할 수 있든가 희망이 실현된다는 것을 표시함] 대체로 …(할 것이다). ¶必须有一笔帐, 以便清查, ～两不含糊hánhú | 외상이 꽤 있을텐데 확실히 살펴봐야 서로 모호하지 않을 것이다. ¶～可行 | 대체로 그만하면 될 수 있을 것이다 =〔庶几②〕〔庶乎〕
【庶民】shùmín 書 名 서민. 평민. 백성 =〔庶黎〕〔庶民〕〔庶众〕→〔老百姓〕
【庶母】shùmǔ 名 서모. 아버지의 첩.
【庶务】shùwù 書 名 ❶ 서무. ¶～科 | 서무과. ¶～主任 | 서무 주임 =〔庶事〕 ❷ 서무 직원. ¶他是我们学校的～ | 그는 우리 학교 서무 직원이다.
【庶子】shùzǐ 名 서자. 첩의 자식. 얼자(孽子)→〔嫡子①〕

【疏】 shù ☞ 疏 shū

2【数(數)】 shù shǔ shuò 셈 수, 자주 삭, 촘촘할 촉

Ⓐ shù ❶ (～儿) 名 수. ¶年～ | 햇수. ¶岁～ | 나이. ❷ 名〈數〉수. ¶自然～ | 자연수. ¶虚～ | 허수. ❸ 名〈言〉수 [문법의 단수·복수] ¶单～ | 단수. ¶复～ | 복수. ❹ 名 轉 (一儿) 속셈. 어림. 책략. ¶你需要多少钱, 心里该有个～儿 | 네가 얼마 필요하다면 마음 속으로 어림은 있어야지. ¶心中有～ | 속셈이 있다. ❺ 名 운명. 천명. ¶在～难逃 | 운명에서 벗어날 수 없다. ❻ 數 몇. 여러. 수. ¶～十年 | 수십년. ¶～人 | 몇 명. ¶～次 | 여러번. ❼ 名 기예.기능.급수 [바둑·점복 등을 가리킴]
Ⓑ shǔ 動 ❶ 세다. 하나 하나 계산하다. ¶～数目 | 수를 세다. ¶你～一～一共有多少 | 모두 얼마나 있는지 세어 보아라. ❷ 손꼽(히)다. 두드러진 축에 들다. ¶全班～他的功课好 | 반 전체에서 그의 성적이 좋은 편이다. ❸ (죄상을) 늘어놓다. 책망하다. ¶～其罪 | 죄를 열거하여 책망하다.
Ⓒ shuò 副 누차. 여러번. ¶言之～～ | 누차 말하다.
Ⓐ shù
【数词】shùcí 名〈言〉수사. ¶序～ | 서수사. ¶基～ | 기수사.

4【数额】shù'é 名 일정한 수. 정액(定額). 액수. ¶超出～ | 정액을 초과하다. ¶规定～ | 규정된 수.

3【数据】shùjù 名 데이터(data). 통계 수치. ¶～准确 | 수치가 정확하다. ¶～传输 | 데이터 전송. ¶～库 | ⓐ 데이터 뱅크(bank). ⓑ 데이터 베이스(base). ¶～通信 | 데이터 통신. ¶原始～ | 기본 데이터.

【数控】shùkòng 名〈機〉수치 제어(數値制御). ¶总体～ | 총괄 수치 제어. ¶～机床＝〔数控母机〕| 엔시(N.C.) 공작기계.

【数理逻辑】shùlǐ luójí 名〈論〉수리 논리학 ＝〔符号逻辑〕

2【数量】shùliàng 名 수량. 양. ¶～和质量并重 | 양과 질 둘다 중요시하다.

【数量词】shùliàngcí 名〈言〉수량사.

【数列】shùliè 名〈數〉수열. ¶等比～ | 등비수열. ¶等差～ | 등차수열. ¶无限～ | 무한수열.

【数列机】shùlièjī 名 (컴퓨터의) 어레이 프로세서 (array processor).

【数论】shùlùn 名〈數〉수론.

【数码(儿)】shùmǎ(r) ⇒〔数字〕

3【数目】shùmù 名 수. 숫자. 수량. 금액. ¶～在十万上下 | 액수는 10만 내외다. ¶把～告诉我 | 숫자를 알려달라.

【数目字】shùmùzì ⇒〔数字〕

【数儿】shùr 名 ❶ 수(數). ❷ 속셈. 심산(心算). 속다짐. 짐작. 예견. 예상. ¶这件事我从没做过, 心里一点～也没有 | 이 일은 전혀 한 적이 없어서 조금도 짐작이 가지 않는다. ¶问问近日情形, 自然就有了～了 | 요즘 상황을 물어 보면, 자연 대강 짐작은 간다. ¶哑yǎ吧吃扁食, 肚子里有～ | 諺 말은 하지 않아도 다 속셈이 있다.

【数位】shùwèi 名〈數〉수의 위치.

1【数学】shùxué 名 수학. ¶～公式 | 수학 공식. ¶～归纳法 | 수학적 귀납법. ¶～家 | 수학자. ¶～期望值 | 수학적 기대치.

【数元组】shùyuánzǔ 名〈電算〉바이트(byte). ¶～机器 | 바이트 머신(machine). ¶～操纵＝〔数元组处理〕| 바이트처리. ¶～模态 | 바이트 모드(mode).

【数值】shùzhí 名〈數〉수치. ¶～预报 | 수치 예보. ¶～微分 | 수치 미분.

【数制】shùzhì 名〈數〉(2진법·8진법·10진법 등과 같이) 수를 기록하는 법칙. ¶采用的～是十进制 | 채용한 수 기록법은 십진법이다.

【数轴】shùzhóu 名〈數〉수의 축.

【数珠(儿)】shùzhū(r) 京 sùzhū(r)) 名〈佛〉염주 ＝〔百八牟尼〕〔百八丸〕〔念珠(儿)〕〔盘诵珠儿〕〔诵珠儿〕

【数字】shùzì ❶ 名 숫자. ¶阿拉伯～ | 아라비아 숫자. ¶天文～ | 천문학적 숫자. ¶汉字的～有大小写之分 | 한자의 숫자는 쓰는데 있어 갖은자와 보통자 구분이 있다. ❷ 名 수량. ¶这批货～太大, 我们要不了 | 이 물건들은 수량이 너무 많아서 우리는 청구할 수 없다. ❸ 名 形 디지탈형(의). ¶～手表 | 디지탈 손목시계. ¶～计算机＝〔数位计算机〕| 디지탈 계산기. ¶～控制kòngzhì | 숫자 제어. ¶～通信 | 숫자 통신 ‖＝〔数目字〕〔数码(儿)〕

Ⓑ shǔ

【数不清】shǔ·bu qīng 動組 (너무 많아서) 다 셀 수 없다. ¶来参观的人多得～ | 참관하러 온 사람이 너무 많아서 다 셀 수가 없다 ⇔〔数得清〕

【数不胜数】shǔ bù shèng shǔ 動組 셀 수 없을 정도로 많다. ¶这儿的景点～ | 여기에서 구경할 만한 곳은 셀 수 없을 정도로 많다.

【数不着】shǔ·bu zháo 動組 …축에 들지 않다. 손꼽히지 못하다. ¶～你 | 罵 너 따위는 축에도 못 든다. ¶在我们班里可～我 | 나는 우리 반에서 손꼽히지도 못한다 ＝〔数不上〕⇔〔数得着〕

【数道】shǔdào ⇒〔数落〕

【数叨】shǔ·dao ⇒〔数落〕

【数得着】shǔ·de zháo 動組 …축에 들다. 손꼽히다. 저명〔유명〕하다 ＝〔数得上〕

【数典忘祖】shǔ diǎn wàng zǔ 成 전장 제도만 열거하고 자기 선조의 직분을 잊다. 자기 본래의 상황이나 사물의 근본을 망각하다. ¶他们～, 不知道自己的老祖宗了 | 그들은 자신들의 근본을 망각하여 자기 조상들도 모른다.

【数伏】shǔ/fú ❶ 動 삼복 더위가 시작되다. 삼복철로 접어 들다. ❷ (shǔfú) 名 복날.

【数九】shǔjiǔ 名 동지 다음날로부터 9일째가 시작되다 [이때부터 혹한이 시작된다고 함] ¶～寒天 | 한겨울. 엄동설한 ＝〔交九〕

【数来宝】shǔláibǎo 名 운문(韻文)에 선율 없이 리듬만 넣어 부르는「快kuài板」계통의 노래.

【数唠】shǔ·lao ⇒〔数落〕

【数落】shǔ·luo 動 口 ❶ 잘못을 열거하며 꾸짖다(책망하다). ¶我被他～了几句 | 나는 그에게 몇 마디 야단맞았다. ❷ 쉬지 않고 말하다. 수다스럽게 늘어놓다. ¶他提起村里的新鲜事就～个没完 | 그는 마을의 새소식을 꺼내기 시작하면 끝없이 수다를 떤다 ‖＝〔方 数道〕〔方 数叨〕〔数唠〕〔数说〕

【数说】shǔshuō ⇒〔数落〕

【数一数二】shǔ yī shǔ èr 成 첫번째나 두번째로 손꼽히다. ¶他是韩国～的中文电脑专家 | 그는 한국에서 손꼽히는 중문 콤퓨터 전문가이다.

【数以万计】shǔ yǐ wàn jì 成 수만을 헤아리다. ¶～的学生参加了游行 | 수만을 헤아리는 학생이 시위에 참가했다.

Ⓒ shuò

【数见不鲜】shuò jiàn bù xiān 成 늘 보아서 신기하지 않다. 흔히 보다. ¶在城市里, 汽车伤人, 是～的 | 도시에서 자동차 사고로 사람이 다치는 것은 늘상 있는 일이라 대수롭지않게 여긴다 ＝〔屡见不鲜〕

【数位】shuòwèi 區〈電算〉디지털(digital) 방식. ¶～计算机 | 디지털 계산기. ¶～积体电路 | 디지틀 IC.

【墅】 shù 농막 서

❶ 書 名 농막(農幕). 별장. ❷ ⇨〔别墅〕

【漱】 shù 양치질할 수

動 ❶ 양치질하다. 입을 가시다. ¶用药水

～ | 물약으로 양치질하다. ❷ 헹구다. ¶～涤dí | 헹구다.

【漱口】shù/kǒu 動 양치질하다. 입을 가시다. ¶用盐水～ | 소금물로 양치질하다. ¶～剂 | 양치질 약. 구강 세척제. ¶一天漱三次口 | 하루에 세 번 양치질하다. ¶喝啤酒～ | 맥주로 입가심하다.

【漱口杯】shùkǒubēi 名 양치질용 컵.

【漱液】shùyè 名 입을 헹구는 약물.

【澍】shù 적실 주

❶ 書 名 단비. 때마침 오는비. 자우(慈雨) =〔回及jí时雨〕❷ 書 動 (비에) 젖다. 촉촉히 젖다. 轉 은혜를 입다.

【澍濡】shùrú 書 動 은혜를 입다. 혜택을 받다.

shuā ㄕㄨㄚ

2【刷】shuā shuà 닦을 쇄

Ⓐ shuā ❶ (～儿, ～子) 名 솔. 브러시. ¶牙～ | 칫솔. ¶一把～子 | 솔 한 자루. ¶鞋～ | 구두솔. ❷ 動 솔로 닦다. 솔질하다. ¶～牙↓ ¶～鞋 | 구두를 솔질하다. ¶～帽子 | 모자를 솔로 털다. ¶把衣服～干净 | 옷을 솔로 깨끗하게 털다. ❸ 動 (솔 따위로) 칠하다. 바르다. ¶～上一层油漆 | 페인트를 한 겹 칠하다. ❹ 動 回 제거하다. 도태하다. 쫓아내다. ¶～去坏份子 | 불량 분자를 제거하다. ❺ 인쇄하다. ¶印～ =〔刷印〕| 인쇄하다. ❻ 擬 쏴. 휙 [빠르게 스치는 소리] ¶～～地下起雨来了 | 쏴아 쏴아 비가 내리기 시작했다.

Ⓑ shuà ⇒〔刷白〕

Ⓐ shuā

【刷把(儿)】shuābǎ(r) 名 솔의 손잡이.

【刷白】ⓐ shuābái 動 희게 칠하다. 회칠하다

ⓑ shuàbái 形 方 ❶ 파르스름하다. ❷ 새파래지다. ¶～听这话, 他的脸liǎn就变得～ | 이 말을 듣자 그의 얼굴은 창백해졌다.

【刷锅】shuā guō 솥을 닦다. ¶每天做饭～, 忙得不亦乐乎 | 매일 밥 짓고 솥 닦느라 바쁜 것도 또 다른 즐거움이다.

【刷拉】shuālā 擬 ❶ 좌르르. 사박사박. ¶脚下砂土～地响 | 발밑 모래에서 사박사박 소리가 난다. ❷ 솨솨. 쏴아쏴아. ¶刷拉拉的大雨 | 쏴쏴 내리는 큰 비. ❸ 푸드득. 포르르. ¶～一声, 飞起一只鸟来 | 푸드득 하고 새 한마리가 날아 올랐다 ‖ =〔刷拉拉〕

【刷了】shuā·le 動 方 ❶ (시험에) 떨어지다. ¶今年高考他被～ | 금년도 대학입시에서 그는 미끌어졌다. ❷ (시합에) 지다. 패하다. ¶仁川队被～下来了 | 인천팀이 시합에서 졌다. ❸ 해고시키다. 사절하다. ¶王宅的事, 他早就～ | 왕씨네 일은 그가 벌써 사절했다.

【刷亮】shuāliàng 朕 대단히 밝다. 환하다. ¶灯光～ | 불빛이 매우 밝다.

【刷刷】shuāshuā 擬 줄줄. 졸졸. 사각사각. 와삭와삭. ¶～写 | 줄줄 글을 쓰다. ¶～地眼泪往下掉 | 줄줄 눈물이 아래로 흘러내렸다.

【刷洗】shuāxǐ 動 ❶ (솔로) 씻어내다. 가시다. ¶她把鞋子放在水里～ | 그녀는 신발을 물에 넣고 솔로 씻는다. ¶这顶帽子～～还能戴 | 이 모자는 솔로 좀 닦으면 아직 쓸 수 있다. ❷ 轉 전부 긁어모으다. 각종 방법으로 약탈하다.

【刷下来】shuā·xià·lái 動組 ❶ 파면하다. 그만두게 하다. ¶他为什么把你～了? | 그는 왜 너를 파면했느냐? ❷ 퇴학시키다. ❸ (시험이나 경선에서) 떨어지다.

【刷新】shuā/xīn 動 ❶ 쇄신하다. 혁신하다. 새롭게 하다. ¶～人心 | 인심을 쇄신하다. ¶这爿pán店虽然～了几次门面, 但服务态度改进不大 | 이 가게는 비록 몇 번 새단장을 했지만 써비스 태도는 별로 좋아지지 않았다. ❷ (기록 따위를) 갱신하다. ¶他～了男子举重的全国记录 | 그는 남자역도에서 전국 기록을 갱신했다.

【刷牙】shuā yá ❶ 이를 닦다. ¶～洗脸 | 이를 닦고, 세수하다. ❷ (shuāyá)(～子) 名 京 칫솔 =〔牙刷〕→〔牙粉〕〔牙膏〕

3【刷子】shuā·zi 名 솔. 귀얄. ¶拿～刷一刷 | 솔질하다. ¶漆～ | 구둣솔. ¶牙～ | 칫솔. ¶衣～ | 옷솔. ¶电～ | 전기솔.

Ⓑ shuà

【刷白】shuàbái ☞〔刷白〕shuābái ⓑ

【唰】shuā 스치는노래 쇄

擬 쏴. 씨익 [빠르게 스치는 소리] ¶风刮guā得高粱叶子～～地响 | 수수 잎사귀가 쏴쏴하고 소리를 내도록 바람이 분다 =〔刷shu⑥〕

shuǎ ㄕㄨㄚˇ

3【耍】shuǎ 희롱할 사/솨

❶ 動 方 놀다. 장난하다. ¶～一会儿去! | 잠시 놀러 가자! ❷ 動 가지고 놀다. 조종하다. 마음대로 다루다. 휘두르다. ¶～刀↓ ¶～猴(儿)↓ ¶～傀kuǐ儡↓ ¶～花招↓ ❸ 動 (재능·수단 따위를) 발휘하다. 나타내다. 보이다 [주로 나쁜 의미를 내포함] ¶～两面派 | 이중적인 행동을 하다. ¶～手腕↓ ¶～威风↓ ❹ 動 도박하다. ¶～钱～输了 | 도박하여 돈을 잃었다. ¶那个人好hào～ | 저 사람은 도박을 좋아한다 →〔赌dǔ①〕❺ (Shuǎ) 名 성(姓).

【耍把戏】shuǎ bǎxì 動組 ❶ 요술을 부리다. 잡기(雜技)를 부리다. ❷ 喩 속임수를 쓰다. 꿍꿍이 수작을 부리다. ¶你又～了不是? | 너 또 속임수를 썼지?

【耍把】shuǎ·ba 動 方 휘두르다. 흔들다 =〔耍巴〕

【耍笔杆(儿)】shuǎ bǐgǎn(r) 動組 貶 붓대나 놀리다. 펜대나 놀리다. ¶光会～的人 | 펜대만 놀릴 줄 아는 사람. ¶他一辈子～, 不会干农活 | 그는 평생 붓대나 놀렸기에 농사 일은 할 줄 모른다.

【耍刀】shuǎ/dāo 動 ❶ 칼부림하다. 칼을 휘두르다. ¶耍起刀来了 | 칼부림을 시작했다. ❷ 칼싸움놀이를 하다.

【耍猴(儿, 子)】shuǎhóu(r·zi) 動組 ❶ 원숭이를 시켜 재주를 부리게 하다. ❷ 엉터리 짓을 하다. ¶你别净jìng这么～, 好好儿干吧 | 이렇게 엉터리 짓만 하지 말고, 잘 해라. ❸ 喩 조롱〔희롱〕하다.

【耍花腔(儿)】shuǎ huāqiāng(r) 動組 그럴싸한

말로 사기를 치다.

【耍花招(儿)】shuǎ huāzhāo(r) [動組] ❶ 교묘한 기예〔솜씨〕를 부리다. ❷ 교활한 계략을 쓰다. 속임수를 쓰다. ¶我明明说的是实话, 他却认为我在～ | 나는 분명히 사실을 말했는데도 그는 오히려 내가 속임수를 쓰고 있다고 여긴다 ‖＝〔耍花枪〕〔耍花着(儿)〕〔耍花样(儿)〕〔搞花样〕

【耍滑】shuǎhuá [動] 수단을 부려 자기는 힘을 덜 들이거나 책임을 피하다. ¶他给自己人办事还～, 可恶kěwù极了 | 그는 한 식구(동료)의 일을 해줄 때에도 약은 수를 쓰는 몹시 괘씸한 놈이다. ¶他很会～, 你要小心点儿 | 그는 약은 수를 잘 쓰니 좀 조심해야 된다＝〔耍滑头〕

【耍欢】shuǎhuān [動] [方] 장난하다. 까불다. 재롱부리다＝〔耍洋欢〕

【耍尖头】shuǎ jiān ·tou [動組] 별로 중요하지 않은 일에 힘을 쏟다〔낭비하다〕.

【耍奸】shuǎjiān ❶ [動] 교활한 수단을 부리다. ¶防止对手～ | 상대방이 교활한 수단을 부리지 못하도록 하다. ❷ [名] 교활.

【耍傀儡】shuǎ kuǐlěi [動組] ❶ 인형을 조종하다. ¶～的 | 인형을 놀리는 사람. ❷ 인형극.

【耍赖】shuǎ/lài [動] ❶ 생떼를 쓰다. 억지를 부리다. ¶这儿不是～的地儿 | 여기는 억지를 부리는 곳이 아니다. ❷ 짓궂은 짓을 하다. 행패를 부리다＝〔耍无赖〕 ❸ 시치미 떼다. ¶他又耍起赖来了 | 그는 또 시치미를 떼기 시작했다.

【耍懒】shuǎlǎn [動] 게으름 피우다. 꾀 부리다. 빈둥거리다. ¶干活的时候不许～ | 일을 할 때는 빈둥거려서는 안된다＝〔偷懒〕

【耍流氓】shuǎ liúmáng [動組] ❶ 건달처럼 빈둥거리다. 건달같은 짓을 하다. ❷ 여자에게 지분거리다. ❸ 뻔뻔스럽게 굴다. ❹ 비열한 방법으로 괴롭히다.

【耍弄】shuǎnòng [動] 우롱하다. 가지고 놀다. ¶他想xiǎng～我呢, 可不能上当shàngdāng | 그가 우리를 가지고 놀려고 하고 있으니 결코 당해서는 안된다.

【耍脾气】shuǎ pí·qi [動組] 성질을 부리다. 짜증내다. ¶你怎么耍小孩子脾气? | 너는 어떻게 아이들같이 성질을 부리느냐? ¶在单位工作可不能～啊 | 직장에서 근무할 때는 성질을 부려서는 안된다.

【耍贫嘴】shuǎ pínzuǐ [動組] [方] 수다 떨다. 쓸데없는 애기를 지껄여대다. ¶你怎么老～? | 너는 어떻게 늘 쓸데없는 애기만 지껄여대느냐? ＝〔耍频嘴〕

【耍钱】shuǎ/qián [動] [方] 도박〔노름〕을 하다. ¶～鬼 | 도박꾼. 노름꾼.

【耍狮子】shuǎ/shī ·zi [動組] 사자춤을 추다. ¶乡里比赛～ | 시골 마을에서 사자춤 잘 추기 시합을 한다.

【耍手腕(儿)】shuǎ shǒuwàn(r) [動組] 부정한 수단을 쓰다＝〔耍手段〕

【耍态度】shuǎ tài·du [動組] ❶ 뽐내다. 거만하게 굴다. ❷ 화(를) 내다. 분노하다. ¶有话好好说, 不能～ | 할 말이 있으면 좋게 말해야지 화를 내서는 안된다. ¶耍什么态度 | 무슨 신경질이니?

【耍威风】shuǎ wēifēng [動組] 뽐내다. 위세를 과시하다〔부정적 의미로 쓰임〕 ¶不允许yǔnxǔ在下属面前～ | 부하 면전에서 위세를 과시해서는 안된다＝〔摆bǎi架子〕〔逞chěng威风〕

【耍无赖】shuǎ wúlài ⇒〔耍赖②〕

【耍笑】shuǎxiào [動] ❶ 제멋대로 웃고 떠들다. ¶会议上不能互相～ | 회의에서는 서로 웃고 떠들어 대서는 안된다. ❷ (남을) 웃음거리로 삼다. 우롱하다. ¶他从来不～人 | 그는 이제껏 남을 웃음거리로 삼지 않았다＝〔耍戏〕

【耍心眼儿】shuǎ xīnyǎnr [動組] (개인의 이익을 위해) 잔꾀를 부리다. 얕은 꾀를 피우다. ¶你很会～ | 너 정말 잔꾀를 잘 부리는구나.

【耍熊】shuǎxióng [動] ❶ 건방지게 굴다. 거드름피우다. ¶你少～ | 건방지게 굴지마. ❷ 게으름을 피우다. 빈둥거리다.

【耍嘴皮子】shuǎ zuǐpí·zi [動] ❶ 말재주를 부리다〔부정적인 의미로 사용됨〕 ❷ 말만하고 하지는 않다⇒〔耍嘴〕

shuà ㄕㄨㄚˋ

2【刷】 shuà ☞ 刷 shuā [B]

shuāi ㄕㄨㄞ

3【衰】 shuāi cuī 쇠할 쇠, 줄 최

[A] shuāi [動] 쇠약하다. 쇠하다. ¶年老力～ | 늙어 힘이 쇠약해지다. ¶风势渐～ | 바람이 점차 약해지다.

[B] cuī ⇒〔等děng衰〕

【衰败】shuāibài [動] 쇠패하다. 쇠미(衰微)해지다. ¶精神～ | 정신이 쇠미해지다.

【衰惫】shuāibèi [書] [形] 쇠약하고 무기력하다. ¶身体～ | 몸이 쇠약하고 무기력하다.

【衰敝】shuāibì [動] 쇠약〔쇠미(衰微)〕해지다. ¶国力～ | 국력이 쇠미해지다. ¶精力～ | 정력이 감퇴되다.

【衰变】shuāibiàn [動] 〈物〉 붕괴하다. ¶量子～ | 양자 붕괴＝〔蜕变②〕

【衰竭】shuāijié [動] (질병으로) 기력이 쇠약해지다. ¶全身～ | 전신이 쇠약해지다. ¶精力～ | 정력이 감퇴되다.

4【衰老】shuāilǎo [形] 노쇠하다. ¶父亲明显～了许多 | 아버지께서 현저히 노쇠해지셨다.

【衰落】shuāiluò [動] 쇠락하다. 쇠해지다. 쇠미(衰微)해지다.

3【衰弱】shuāiruò ❶ [形] (신체가) 쇠약하다. [어법] 「衰弱」은 주로 「精力·身体·神经·力量」등과 어울리고, 「虚弱」은 주로 「体质·势力·实力」등과 어울림. 「衰弱」은 형용사·동사 용법이 다 있지만, 「虚弱」은 형용사 용법만 있음. ¶神经～ | 신경 쇠약. ¶他的身体十分～ | 그의 몸은 대단히 쇠약하다. ❷ [動] (세력이) 쇠약해지다. ¶家庭～了 | 가세가 기울었다.

【衰替】shuāitì [書] [動] 쇠하다. 쇠미해 지다. ¶往昔

的锐气～了｜왕년의 총기가 쇠미해졌다.

【衰颓】shuāituí 動 (신체나 정신 등이) 쇠약해지다. 퇴폐하다. ¶他病后精神日渐～｜그는 병이 난 후로 정신이 나날이 쇠약해졌다.

4【衰退】shuāituì 動 ❶ (신체·정신·의지·능력 따위가) 쇠퇴하다. 감퇴하다. ¶年老了, 记忆力也～了｜늙으니 기억력도 감퇴었다. ¶我体力～了｜나는 체력이 떨어졌다. ❷ (정치·경제 상황이) 쇠퇴하다. ¶经济～｜경제가 쇠퇴하다.

【衰亡】shuāiwáng 動 쇠망하다. 멸망하다. ¶走上～的道路｜멸망의 길로 나아가다.

【衰微】shuāiwēi 書 動 (국가나 민족 따위가) 쇠퇴하다. 쇠미하다.

【衰歇】shuāixiē 書 動 쇠진하다.

【衰朽】shuāixiǔ 書 動 쇠후하다. 쇠락하다. 쇠로하다. ¶～的王朝｜쇠락한 왕조.

2【摔〈踤₁〉】shuāi 버릴 솔 ❶ 動 자빠지다. 넘어지다. ¶看着孩子, 别叫他～倒｜아이가 넘어지지 않도록 잘 보아라 =〔踤shuāi〕 ❷ 動 떨어지다. ¶上树要小心! 别～下来!｜나무에 올라갈 때 조심해라! 떨어질라! ❸ 動 떨어뜨려 부수다〔깨뜨리다〕. ¶把花盆～了｜화분을 떨어뜨려 깨뜨렸다. ❹ 動 내던지다. 내동댕이 치다. ¶把帽子往床上～｜모자를 침대 위에 내던지다. ❺ 動 (손에 잡고) 털다. ¶～打｜탁탁 털다. ❻ ⇒〔摔交〕

【摔打】shuāi·da 動 ❶ (손에 쥐고 부딪쳐서 탁탁) 털다. ¶～衣服｜옷을 탁탁 털다 =〔摔⑤〕 ❷ 喻 세파(世波)에 시달리다. 시련을 겪다. 경험을 쌓다. ¶他在社会上～了几年, 成熟了｜그는 사회에서 몇 년 동안 세파를 겪고나서 성숙해졌다→〔抡lūn得出来〕‖=〔摔搭〕

【摔倒】shuāidǎo 動 ❶ 자빠지다. 엎어져 넘어지다. ¶脚下一滑就～了｜발 밑이 미끌하여 바로 자빠졌다. ❷ 내동댕이치다.

【摔跟头】shuāi gēn·tou 動組 ❶ 곤두박질하다. 엎어지다. 푹 쓰러지다 =〔摔筋斗〕 ❷ 실패하다. 좌절하다. ¶干工作不要怕～, 跌倒了爬起来就是了｜사업에서 실패를 두려워 말아라, 넘어지더라도 일어서면 된다. ¶～以后要找原因才成｜실패한 후에는 원인을 찾아야 된다. ❸〈演映〉재주넘다. 공중제비하다.

【摔交】shuāi/jiāo ❶ 動 씨름〔레슬링〕하다 =〔掼跤guànjiāo〕 ❷ 動 자빠지다. 넘어지다. ¶路太滑huá, 一不小心就要～｜길이 몹시 미끄러워 잘못하면 넘어진다. ❸ (shuāijiāo) 名 씨름. 레슬링. ¶蒙古～｜몽골 씨름. ¶国际～ =〔洋式摔交〕｜레슬링 ‖=〔摔跤〕

【摔牌】shuāi/pái 動 喻 명예를 실추〔훼손〕시키다. ¶你这不是存心想摔我的牌儿吗?｜너 일부러 계속 내 체면을 깎으려고 하는 것 아니냐?

【摔破】shuāipò 動 내던져서 부수다. ¶风～了门｜문이 바람에 쓰러져 부서졌다. ¶他～了一个花盆儿huāpénr｜그는 화분 하나를 던져서 부셨다.

【摔手】shuāishǒu 動 손을 뿌리치다. 손을 떼다. 관계를 끊다. ¶他～不管｜그는 손을 떼고 상관 않는다. ¶你现在～还来得及｜너 지금이라도 손을 떼면 늦지 않는다.

shuǎi ㄕㄨㄞˇ

2【甩】shuǎi 던질 솔 ❶ 動 흔들다. 휘두르다. 뿌리치다. ¶～胳膊gēbo｜팔을 흔들다. ¶～着尾巴｜꼬리를 흔들고 있다. ¶袖子xiùzi一～就走了｜소매를 뿌리치고 가버렸다. ❷ 動 힘껏 던지다. ¶这孩子把球拍～到墙外去了｜이 아이가 라켓을 담장 밖으로 던졌다. ❸ 動 떼어놓다. 떼버리다. 떨구다. ¶请等一等我, 别把我一个人～在后面｜좀 기다려줘, 나 혼자 뒤에 떼어 놓지 말고. ¶有特务在盯梢dīngshāo, 要想法儿～掉他｜미행하는 스파이가 있어서 그를 따돌려 버리고자 한다. ¶请等一等我, 别把我～在后面｜나를 좀 기다려줘, 뒤에 떨구어 놓지 말고. ❹ 動 말을 내뱉다. ¶～闲话↓ ❺ ⇒〔甩子〕

【甩车】shuǎi/chē 動 기관차에서 차간 등을 떼놓다〔분리하다〕. ¶发现险情后立即～｜위험한 상황을 발견하고는 즉각 차간을 기관차에서 분리시켰다.

【甩开】shuǎi/kāi 動 (힘차게) 뿌리치다. 뿌리쳐 떨치다. 던져버리다. 喻 힘차게 일하다. ¶～两条腿｜힘차게 도약하다. ¶～膀子大搞科学研究工作｜소매를 걷어붙이고 과학 연구에 몰두하다.

【甩开膀子】shuǎi kāi bǎng·zi 動組 모든 힘을 다 빼다. ¶～大干｜온 힘을 바쳐 (정력적으로) 일을 하다.

【甩开腮帮子】shuǎikāi sāibāng·zi 動組 北 마음껏〔실컷〕먹다. ¶～吃了好几个水果｜과일을 여러개 실컷 먹었다.

【甩脸子】shuǎi liǎn·zi 方 動組 불쾌한 얼굴 표정을 지어 보이다. 얼굴을 찡그리다.

【甩卖】shuǎimài 動 (옛날, 상점 등지에서) 투매(投賣)하다. 헐값으로 팔다. ¶清仓大～｜창고 대정리 파격 세일.

【甩手(儿)】shuǎi/shǒu(r) 動 ❶ 손을 앞뒤로 흔들다. ¶每天早晨～, 也是锻炼身体的方法｜매일 새벽에 손을 앞뒤로 흔드는 것도 몸을 단련시키는 방법이다. ❷ (일을) 던져버리고 상관하지 않다. 손을 떼다. 내버려 두다. 어법 주로 뒤에「不干·不管」이 옴. ¶一碰到困难, 他就～不干了｜어려움에 부닥치기만 하면 그는 손을 떼버리고 하지 않는다.

【甩脱】shuǎituō 動 ❶ 벗어 버리다. ¶他一～上衣, 就跑过去了｜그는 웃도리를 벗자마자 뛰어가 버렸다. ❷ (뿌리치듯) 피하다. ¶想办法把这件事～掉吧!｜방법을 강구하여 이 일을 벗어 버려라. ❸ (미행을) 따돌리다. ¶～了跟踪gēnzōng的｜미행하는 자를 따돌렸다.

【甩闲话】shuǎi xiánhuà 動組 ❶ 한담하다. 잡담하다. ❷ 투덜거리다. 푸념하다. 불평하다. ¶你这是对谁～啊?｜너 지금 누구에게 투덜거리는 거냐? =〔甩闲腔〕〔甩咧liē子〕〔摔咧子〕〔摔赞儿〕

【甩袖子】shuǎi xiù·zi 動組 소매를 흔들다. 喻 일을 팽개치다. ¶他一～, 悻xìng悻而去｜그는 일을 팽개치고는 화를 내면서 가버렸다.

shuài ㄕㄨㄞˋ

4【帅】shuài 장수 수, 거느릴 솔
❶名 장수. (군대의) 총사령관. ¶将jiàng～ | 장수. ¶元～ | 원수. ❷名「象xiàng棋」(중국장기)의 붉은 말의 대장(大將) [검은 말의 대장은「将jiàng」이라 함] ❸動 통솔하다. 인솔하다. ¶统～ | 통수하다. 통솔하다 =〔率①〕❹形 ⑤ 보기좋다. 멋지다. 아름답다. ¶打扮得真～呀! | 차림새가 정말 멋이 있다! ¶这部车真～! | 이 차 정말 멋진데! =〔率⑥〕❺(Shuài) 名 성(姓).

【帅哥】shuàigē 名 俗 ⑥ 멋진 남자. 미남자. 젊은 오빠.

2【率】shuài lǜ 거느릴 솔, 율 률

Ⓐ shuài ❶動 거느리다. 인솔하다. ¶～众前往 | 무리를 거느리고 앞으로 나아가다. ¶～队 | 대오를 거느리다→〔带⑧〕❷形 경솔하다. ¶草cǎo～ | 거칠고 경솔하다. ❸書動 따르다. 그대로 하다. ¶～由旧章↓ ❹솔직하다. ¶～直↓ ❺書副 대략. 대체로. 대개. ¶～皆如此 | 대체로 모두 이와 같다. ❻形 보기 좋다. 멋지다 =〔帅shuài④〕

Ⓑ lǜ 名 율. 비율. ¶速～ | 속도. ¶或然～ | 확률. ¶工作效～ | 작업 능률. ¶周～ | 주파수.

【率部】shuàibù 動 부하를 인솔하다. ¶～起义 | 부하를 이끌고 봉기하다.

【率尔】shuài'ěr 書副 ❶갑작스레. 황망히. 갑자기. ❷경솔하게. 소홀하게. ¶不能～对待 | 소홀히 대할 수 없다. ¶～应战 | 경솔하게 싸움에 응하다.

2【率领】shuàilǐng 動 거느리다. 이끌다. 인솔하다. ¶～队伍 | 대오를 거느리다. ¶他～着一个访问团出国了 | 그는 한 방문단을 인솔하고 출국했다 =〔领率〕

【率先】shuàixiān ❶動 앞장서다. 솔선하다. ❷副 제일 먼저. ¶他～跑到了终点 | 그는 제일 먼저 뛰어와 골인 지점에 도달했다.

【率性】shuàixìng ❶書動 뜻에 따라 하다. ¶由于我的～行事,不知吃过多少苦头 | 내키는 대로 일을 했다가 얼마나 고생했는지 모른다. ❷名 천성(天性). ❸副 차라리. 아예. ¶草鞋磨破mópò了,他～赤着chìzhe脚继续走 | 짚신이 닳아져서 그는 아예 맨발로 계속 걸었다.

【率由旧章】shuài yóu jiù zhāng 成 이전의 관례〔규칙〕대로 하다. ¶一切条例～ | 모든 조례는 관례에 따른다.

【率真】shuàizhēn 形 솔직하고 꾸밈이 없다. 솔직담백하다. 정직하다. ¶说话～ | 말이 솔직하다. ¶为人～ | 사람됨이 솔직담백하다. ¶他那～的态度令人钦佩qīnpèi | 그의 그 솔직하고 성실한 태도는 사람으로 하여금 탄복케한다→〔直率〕

【率直】shuàizhí 形 솔직하다. ¶他很～ | 그는 아주 솔직하다.

【蟀】shuài 귀뚜라미 솔
⇒〔蟋xī蟀〕

shuān ㄕㄨㄢ

【闩(閂)】shuān 문빗장 산
名動 (문의) 빗장(을 지르다). ¶这扇门还没有做～ | 이 문짝에는 아직 빗장을 만들어달지 않았다. ¶～上门 | 문에 빗장을 지르다. ¶门～得紧紧的 | 문에 빗장이 단단히 질려져 있다 =〔栓⑤〕

3【拴】shuān 묶을 전
動 ❶(새끼 따위로) 매다. 묶다. ¶把马～在树上 | 말을 나무에 매어두다. ¶～结实 | 단단하게 묶다. ❷俗 구입하다. ¶～了一辆大车 | 큰 짐수레 한 대를 샀다.

【拴马】shuānmǎ 動 말을 매다. 고삐를 매다.

【拴住】shuānzhù 動 붙잡아 매다. ¶～啦, 跑不了 | 붙잡아 매었다, 도망가지 못해. ¶她一心想～丈夫 | 그녀는 남편을 꼭 붙들어 맬 생각 뿐이다.

【栓】shuān 마개 전
名 ❶기물(器物)의 개폐부. 여닫개. ¶消火～ | 소화전. ❷(병 따위의) 마개. ¶瓶～ | 병마개. ❸총의 노리쇠〔격발기〕=〔枪栓〕❹〈藥〉좌약(坐藥) ¶肛gāng门～ | 항문 좌약. ❺「闩」과 통용⇒〔闩shuān〕

【栓剂】shuānjì 名〈藥〉좌제(坐劑). 좌약(坐藥) =〔坐药〕〔塞药〕

【栓皮】shuānpí 名 코르크층. 코르크 =〔软硬木〕〔软木②〕

【栓皮栎】shuānpílì 名〈植〉코르크나무.

【栓塞】shuānsè 名〈醫〉색전증(塞栓症).

【栓子】shuānzǐ 名〈醫〉색전물(塞栓物). 삽입물.

shuàn ㄕㄨㄢˋ

【涮】shuàn 씻을 쇄
動 ❶물로 씻다. 헹구다. 부시다. ¶把衣服～一～ | 옷을 물에 헹구다. ¶～一下瓶子 | 병을 부시다. ❷(얇게 썬 고기를 끓는 물에) 데쳐서 먹다. ¶～锅子↓ ❸俗 (거짓말을 하여) 속이다. ¶别～人 | 남을 속이지 마라.

【涮锅子】shuànguō·zi ⇒〔涮羊肉〕

【涮人】shuànrén 動 京 약속을 어기다. 남을 속이다. ¶他爱～ | 그는 약속을 잘 어긴다.

【涮羊肉】shuànyángròu 名 얇게 저민 양고기를 끓는 물에 살짝 데치듯 익혀서 양념장에 찍어 먹는 음식. ¶今晚我们吃～吧 | 오늘 저녁에 우리 양고기 데쳐 먹자 =〔涮锅子〕

shuāng ㄕㄨㄤ

1【双(雙)】shuāng 쌍 쌍
❶量 쌍. 매. 켤레 [쌍을 이루고 있는 인체기관등에 쓰임] ¶一～筷子kuàizi | 젓가락 한 쌍. ¶一～手 | 양 손. ¶一～鞋 | 신 한 켤레. 어법 ⓐ 같은 모양의 것이 서로 붙어 하나의 물건이 된 것은「双」을 쓸 수 없음. ¶一双裤子(×) ¶一条裤子 | 바지 한 장. ¶一双眼镜(×) ¶一副眼镜 | 안경 한 개. ⓑ「双」은 지체(肢體)·기관(器官)과 무관한 것에는 쓸 수 없으며「对」를 씀. ¶一双金鱼(×) ¶一对金鱼 | 금

고기 한 쌍. ¶一双花瓶(×) ¶一对花瓶 | 화병 두 개. ⓒ「眼睛」「翅膀chìbǎng」은 「双」「对」를 모두 쓸 수 있음. ⓓ「对」는 명사로 쓸 수 있으나 「双」은 쓸 수 없음. ¶这两只手套可以配成一双(×) ¶这两只手套可以配成一对儿 | 이 두 쪽의 장갑은 한 쌍으로 맞출 수 있겠다. ❷形 짝수의. 우수의. ¶~数↓ ¶~号↓ ⇔〔单③〕 ❸形 갑절의. 2배의. ¶~料↓ ¶~份儿↓ ❹形 두. 쌍. 짝. 쌍방의. 양쪽의. ¶~方↓ ¶~手 | 양손. ¶~向交通 | 왕복교통 ⇔〔单①〕 ❺動 둘을 합치다. ¶~着拿 | 둘을 합쳐 동시에 들다. ❻ (Shuāng) 名 성(姓).

【双胞胎】shuāngbāotāi 名 쌍둥이. ¶她生了一对~ | 그녀는 쌍둥이를 낳았다 =〔双生(子)〕

【双边】shuāngbiān 區 쌍무. 양자. 양국. 쌍방. ¶~协定 | 쌍무 협정. ¶~会谈 | 양자 회담. ¶~会议 | 양국 회의. ¶~关系 | 쌍방 관계. ¶~贸易 | 쌍무 무역. ¶~条约 | 쌍무 조약.

【双宾语】shuāngbīnyǔ 名〈言〉이중 목적어. 간접목적어와 직접목적어.

【双程票】shuāngchéngpiào 名 왕복표.

【双重】shuāngchóng 區 (주로 추상적인 사물에 대해) 이중의. 두방면의. ¶起~作用 | 이중 작용을 하다. ¶受~打击 | 이중의 타격을 받다. ¶~任务 | 이중 임무. ¶~标准 | 이중 기준. ¶~国籍guójí | 이중 국적.

【双重国籍】shuāngchóng guójí 名組〈法〉이중 국적. ¶她拥有~ | 그녀는 이중 국적을 갖고 있다.

【双重人格】shuāngchóng réngé 名組〈心〉이중 인격. ¶他具有~ | 그는 이중 인격을 갖고 있다.

【双重系统】shuāngchóng xìtǒng 名組 (컴퓨터의) 듀플렉스 시스템(duplex system).

【双唇音】shuāngchúnyīn 名〈言〉두입술 소리. 양순음(兩唇音) →〔唇齿音〕〔唇音〕

【双打】shuāngdǎ 名〈體〉❶ (체육 경기의) 복식. ¶男女混合~ | 남녀 혼합 복식 →〔单打〕 ❷ (무술 연습에서) 맞겨루기. 대련(對鍊).

²【双方】shuāngfāng 名 쌍방. 양쪽. ¶~都有好处 | 양쪽 모두 좋은 점이 있다. ¶~同意缔交dìjiāo | 쌍방이 수교에 동의하다.

【双份(儿)】shuāngfèn(r) 名 두 몫. 곱빼기. ¶吃~ | 두 사람 몫을 먹다.

【双峰驼】shuāngfēngtuó 名〈動〉쌍봉 낙타.

【双杠】shuānggàng 名〈體〉❶ 평행봉. ❷ 평행봉 체조. ¶~比赛 | 평행봉 체조 시합.

【双钩】shuānggōu 名 ❶ 쌍구. 글자의 테두리만 그어 속은 비게 하는 필법(筆法)〔글자〕. ❷ 옛날, 전족(纏足)한 발.

【双拐】shuāngguǎi 名 목발. 협장(脇杖). ¶架~ | 목발을 짚다. ¶他拄着~来到教室 | 그는 목발을 짚고 교실까지 왔다.

【双关】shuāngguān 動 ❶ (하나의 말이) 두가지 뜻을 가지다. ¶~语 | 쌍관어. ❷ 쌍방에 관계하다.

【双管齐下】shuāng guǎn qí xià 成 두 개의 붓으로 동시에 그리다. 두 가지 일을 동시에 진행하다. ¶我~, 一定要解决这个难题 | 나는 두 가지 방면을 다 시도해서 반드시 이 난제를 해결하겠다 ‖ =〔双笔并下〕

【双轨】shuāngguǐ 名 ❶〈交〉복선 궤도. 복궤. 복선 =〔复线〕〔双线②〕→〔单轨①〕 ❷ 두가지 제도를 병행하는 제도. ¶~学制 | 복식 학제.

【双号】shuānghào 名 짝수 번호. ¶~门 | 짝수 번호의 문〔입구〕⇔〔单号〕

【双簧】shuānghuáng 名〈演映〉한 명은 동작을 맡고 다른 한 명은 뒤에서 대사와 노래를 담당하는 무대예술. 喩 쌍방이 호흡을 맞추어 행동하는 것. ¶唱~ | ⓐ「双簧」연기를 하다. ⓑ 喩 쌍방이 짜고 연극하다.

【双簧管】shuānghuángguǎn 名〈音〉오보에(oboe;이). ¶演奏yǎnzòu~ | 오보에를 연주하다.

【双机系统】shuāngjī xìtǒng 名組 (컴퓨터의) 듀얼 시스템(dual system).

【双季稻】shuāngjìdào 名〈農〉벼의 이모작. ¶南方可以种zhǒng~ | 남방에서는 이모작이 가능하다 =〔双作稻〕→〔连作〕

【双肩】shuāngjiān 名 양어깨. ¶~挑 | 양어깨에 메다. 喩 동시에 두 가지 일을 떠맡다.

【双卡】shuāngkǎ 名〈電算〉이중목적카드(dual card).

【双立人(儿)】shuānglìrén(r) 名 한자 부수의 두인(彳)변 =〔双人旁(儿)〕→〔单立人儿〕

【双料(儿)】shuāngliào(r) 區 원자재를 두 곱으로 들여 만든 것. 喩 특제품. ¶~的笔 | 특제의 붓. ¶他是~间谍jiàndié | 그는 특수 간첩이다. ¶~货 | ⓐ 특제품. ⓑ 악질적인 놈.

【双抢】shuāngqiǎng 名 動〈農〉서둘러 수확하고 서둘러 파종함〔하다〕.

【双亲】shuāngqīn 名 양친. 부모. ¶~在堂 | 成 양친이 아직 건재하다. ¶~在老家吗? | 부모님께서 고향에 계시냐?

【双球菌】shuāngqiújūn 名〈醫〉쌍구균.

【双曲线】shuāngqūxiàn 名〈數〉쌍곡선.

【双全】shuāngquán 形 ❶ 둘다 겸비되어 있다〔갖추어져 있다〕. 어법「很」등의 정도부사의 수식을 받을 수 없고, 주로 술어로 쓰임. ¶智勇~ | 지혜와 용기가 고루 갖추어져 있다. ¶文武~ | 문무를 겸비하다. ¶父母~ | 부모님이 두 분 모두 건재하시다. ¶~其美 =〔两全其美〕 | 양쪽 다 훌륭하다. ❷ 쌍방이 부합되다〔일치되다〕.

【双拳】shuāngquán 名 두 주먹. ¶~敌不过四手 | 한 사람이 여러 사람을 대적할 수 없다. 중과부적이다.

【双人床】shuāngrénchuáng 名 더블베드.

【双人房】shuāngrénfáng 名 2인용실. 더블베드가 있는 방

【双人滑】shuāngrénhuá 名〈體〉페어 스케이팅(pair skating) →〔滑冰〕

【双人旁(儿)】shuāngrénpáng(r) ⇒〔双立人(儿)〕

【双身子】shuāngshēn·zi 名 回 임부(姙婦). ¶~人 | 임신부 →〔孕yùn妇〕

【双生(子)】shuāngshēng(zi) 名 쌍둥이·쌍생아의 통칭. ¶~姊妹 | 쌍둥이 자매 =〔双伴儿〕〔双棒儿〕〔双胞胎〕〔孪luán生(儿)〕

【双声】shuāngshēng 名〈言〉쌍성. 성모(聲母)가 서로 같은 것. ¶~叠韵diéyùn | 쌍성첩운.

【双十节】Shuāngshíjié 名 쌍십절 [신해(辛亥)혁명으로 인한 중화민국 수립 기념일(10월10일)] →〔辛Xīn亥革命〕

【双手】shuāngshǒu 名 양 손. ¶我举~赞成 | 나는 쌍수를 들어 찬성한다. ¶~合十 | 두 손을 마주 모으다. 합장(合掌)하다→〔双拳〕

【双数(儿)】shuāngshù(r) 名 우수(偶數). 짝수. ¶凑còu一个~才吉利 | 짝수를 골라야 길하다 =〔偶ǒu数〕→〔单数〕

【双双】shuāngshuāng 副 쌍쌍으로. 둘씩. 두 사람이 함께. 줄줄이. ¶~到市政府去 | 둘이 같이 시청으로 가다. ¶~齐飞 | 쌍쌍이 날다. ¶~对对 | 쌍쌍이. 둘씩 짝을 지어. ¶眼泪~地落下来 | 눈물이 줄줄이 흘러내리다.

【双淘汰赛】shuāng táotàisài 名組〈體〉패자 부활전 =〔遗找赛〕→〔淘汰赛〕

【双套系统】shuāngtàoxìtǒng 名組〈電算〉듀얼 시스템(dual system).

【双喜】shuāngxǐ 名 이중의 경사. 겹친 경사. ¶~临门 | 경사가 겹치다. ¶老朋友带酒来, 今天是~了 | 옛친구가 술까지 가져 왔으니 오늘은 좋은 일이 겹쳤구나.

【双响(儿)】shuāngxiǎng(r) 名 쌍발 폭죽 [지상에서 폭음을 내고, 공중으로 10~20m 올라가서 다시 한번 더 폭음을 내는 것]

【双向】shuāngxiàng 區〈電算〉쌍방향성의(bīdirectional).

【双向开关】shuāngxiàngkāiguān 名組〈電氣〉이로 스위치(二路switch).

【双星】shuāngxīng 名 ❶〈天〉쌍성. ¶视~ | 안시쌍성(眼視雙星). ¶分光~ | 분광쌍성. ¶蚀~ | 식쌍성. 식변광성(蝕變光星). ❷〈天〉견우성과 직녀성. ❸ 喩 부부.

【双眼皮(儿)】shuāngyǎnpí(r) 名 쌍꺼풀. ¶她是~ | 그녀는 눈이 쌍가풀이다 =〔重chóng眼皮(儿)〕→〔单眼皮(儿)〕

【双氧水】shuāngyǎngshuǐ 名〈化〉과산화수소수. ¶用~消毒xiāodú | 과산화수소수로 소독하다 =〔过guò氧化氢qīng溶液〕

【双翼】shuāngyì 名 양익(兩翼). 두 날개. ¶~包围 | 좌우에서 포위하다. ¶展开~飞翔fēixiáng | 두 날개를 펴고 비상하다.

【双音节】shuāngyīnjié 名〈言〉이음절.

【双音节词】shuāngyīnjiécí 名〈言〉2음절어.

【双引号】shuāngyǐnhào 名 큰따옴표→〔单引号〕

【双元音】shuāngyuányīn 名〈言〉이중 모음. 복모음(複母音) =〔复合元音〕

【双月刊】shuāngyuèkān 名 격월간(隔月刊)

【双职工】shuāngzhígōng 名 맞벌이 부부. ¶你们家是~, 生活不错吧? | 너희 집은 맞벌이를 하니 생활이 괜찮겠지?

【双子叶植物】shuāngzǐyè zhíwù 名組〈植〉쌍자엽 식물. 쌍떡잎 식물.

【双座】shuāngzuò 名 복좌(複座). 2인승. ¶~飞机 | 2인승 비행기. ¶~越野车 | 2인승 지프차.

【泷】shuāng ☞ 泷 lóng Ⓑ

3【霜】shuāng 서리 상
名 ❶ 서리. ¶下~ | 서리가 내리다. ❷ (~儿) 서리 모양의 것. ¶柿~ | 시설(柿雪). ¶盐~ | (다시마 따위의 표면에 붙은) 소금 버캐. ❸ 喩 백색. ¶~发 | 백발. ❹ (백색의) 크림(cream). ¶面~ | 스킨로션. ¶冷~ | 콜드크림(cold cream)

【霜晨】shuāngchén 名 서리 내린 추운 아침. ¶~清寒 | 늦가을(겨울)의 맑고 차가운 아침.

【霜冻】shuāngdòng 名 ❶〈氣〉서리 피해를 일으키는 기후 현상. ❷ 상해(霜害). 서리 피해.

【霜花】shuānghuā 名 ❶ 성에. ¶玻璃上结了~ | 유리에 성에가 끼었다. ❷ 서리 모양의 세공(細工).

【霜降】shuāngjiàng 名 상강 [24절기의 하나]

【霜期】shuāngqī 名〈氣〉❶ 추운 하늘. ❷ 추운 날씨. ❸ 서리가 내리는 시기. ¶无~ | 서리가 내리지 않는 시기. ¶北方~很长 | 북방은 서리내리는 기간이 길다.

【霜天】shuāngtiān 名 ❶ 추운 하늘. ❷ 추운 날씨 [주로 늦가을이나 겨울의 날씨를 말함]

【霜条】shuāngtiáo 名 方 아이스 케이크(icecake) =〔冰棍bīnggùn(儿)〕

【霜叶】shuāngyè 名 상엽. 서리를 맞아 단풍이 든 잎사귀. ¶~红于二月花 | 가을 단풍이 봄 꽃보다고 더 붉다→〔红叶〕

【孀】shuāng 홀어미 상
名 과부. ¶~妇 =〔孤孀〕| 과부. ¶居了~了 | 과부가 되었다 =〔寡妇〕

【孀妇】shuāngfù 書 名 과부 =〔寡妇〕

【孀居】shuāngjū 書 動 과부살이하다.

【骦(驦)】shuāng 말이름 상
⇒〔骕sù骦〕

shuǎng ㄕㄨㄤˇ

4【爽】shuǎng 시원할 상
❶ 形 맑다. 밝다. ¶神清目~ | 기분이 상쾌하고 눈이 맑다. ❷ 形 상쾌하다. 시원하다. ¶秋高气~ | 가을 하늘은 높고 날씨는 상쾌하다. ¶凉~ | 시원하다. ❸ 形 (언행이) 시원스럽다. 솔직하다. 호쾌하다. ¶豪háo~ | 호쾌하다. ¶直~ | 솔직하고 시원스럽다. ❹ 形 (육체나 정신이) 쾌적하다. 편안하다. 개운하다. ¶身体不~ | 몸이 편안하지 않다. ❺ 動 어기다. 틀리다. 어긋나다. ¶毫厘不~ | 조금도 틀리지 않다. ¶屡试不~ | 여러번 시험해봐도 틀림이 없다. ❻ 書 形 멍청하다. 망연하다. ¶~然↓

【爽口】shuǎngkǒu 形 (맛이) 시원하다. 개운하다. 상쾌하다. ¶这个瓜吃着很~ | 이 외는 먹으니 입이 퍽 개운하다.

4【爽快】shuǎng·kuai 形 ❶ 상쾌하다. 개운하다. 후련하다. ¶洗完澡身心~ | 목욕을 하고 나니 심신이 다 개운하다. ¶心里很~ | 마음이 매우 상쾌하다. ❷ 편안하다. ¶听说你身上不~? | 듣자니 네 몸이 편치않다면서? ❸ (태도·성격이)

시원시원하다. 시원스럽다. ¶那个人很～｜그 사람은 매우 시원시원하다. ¶办事～｜일하는 것이 시원시원하다.

【爽朗】shuǎnglǎng 形 ❶ (날씨 따위가) 청량하다. 맑고 시원하다. ¶北京的秋天很～｜북경의 가을은 날씨가 아주 쾌청하다. ¶～的海风｜청량한 바닷바람. ¶深秋的天空异常～｜깊은 가을의 하늘이 유난히 쾌청하다. ❷ 쾌활하다. 명랑하다. 활달하다. ¶～的笑声｜쾌활한 웃음 소리. ¶这人很～, 常有说有笑｜이 사람은 아주 쾌활하여 늘 이야기를 잘 하고 잘 웃는다. ❸ 도량이 크다.

【爽利】shuǎnglì ❶ 形 시원시원하다. 깨끗하다. ¶他办事很～｜그는 일하는 것이 아주 시원시원하다. ¶他做事总是爽爽利利的, 从不拖三拖四｜그는 일 처리가 늘 시원시원해서 여태 질질 끈 적이 없다＝〔爽神①〕 ❷ 副 아예. 차라리. 시원스럽게＝〔爽得〕

【爽气】shuǎngqì ❶ 書 名 시원한 공기〔느낌〕. ❷ 形 方 시원시원하다. 시원스럽다. ¶这个人很～｜이 사람은 아주 시원시원하다.

【爽然】shuǎngrán 書 狀 멍하다. 망연(茫然)하다.

【爽然若失】shuǎng rán ruò shī 成 망연 자실(茫然自失)하다. 멍하니 어찌할 바를 모르다. ¶他脸上有～的神情｜그는 망연자실한 표정이다＝〔爽然自失〕

【爽身粉】shuǎngshēnfěn 名 분말 땀띠약. 탤컴 파우더(talcum powder).

【爽性】shuǎng·xìng 副 아예. 차라리. 깨끗이. 시원스럽게. ¶既然晚了, ～不去吧｜어차피 늦었으니 아예 가지 말자. ¶～再来一次吧｜차라리 한 번 더 오시지요. ¶写信联系又慢又说不清楚, ～派人去面谈吧｜편지 연락은 더디고 또 확실하게 다 말할 수 없으니, 아예 사람을 파견해서 면담하게 하자.

shuí ㄕㄨㄟˊ

1【谁】shuí ☞ 谁 shéi

shuǐ ㄕㄨㄟˇ

1【水】shuǐ 물 수
❶ 名 물. ¶开～｜끓은 물. ¶冷开～｜끓여서 식힌 물. ¶温～｜미지근한 물. ¶打～｜물을 긷다. ❷ 名 강 ¶湘～｜상수. ¶汉～｜한수. ❸ 名 강·호수·바다의 통칭. ¶～陆交通｜수상 및 육상 교통. ¶～旱hàn两路｜수륙양로. ❹ (～儿) 名 즙. 용액. ¶果子～｜과즙. 주스. ¶甘蔗gānzhè的～很甜tián｜사탕수수 즙은 아주 달다. ¶药～｜약물. ¶墨～｜잉크. ❺ 量 번. 물 [(옷을) 씻은〔빨래한〕 횟수] ¶洗三～｜세번 씻다. ¶这衣裳洗几～也不变色｜이 옷은 몇 물 빨아도 변색되지 않는다. ❻ 名 수수료. 차액(差額). 부수입. ¶外～｜부수입. ¶贴～｜할증금. ❼ (Shuǐ) 名 〈民〉 수족(水族) [중국 소수민족의 하나] ❽ (Shuǐ) 名 성(姓).

【水坝】shuǐbà 名 댐. 제방. 둑. ¶修筑xiūzhù～｜댐을 건설하다.

【水泵】shuǐbèng 名 물펌프＝〔抽水机〕→〔泵〕

【水笔】shuǐbǐ 名 ❶ 수필. 모필(毛筆). 수채화용 모필⇔〔干笔〕 ❷ 簡 方「自来水笔」(만년필)의 약칭.

【水边】shuǐbiān 名 물가. ¶～杨柳｜물가의 버드나무＝〔水滨〕〔水畔〕〔水曲〕〔水涯〕

【水表】shuǐbiǎo 名 ❶ 수량계(水量計). 수위계(水位計). ¶～走得很快｜수위계가 빠른 속도로 올라간다. ❷ 수도 미터〔계량기〕.

【水鳖子】shuǐbiē·zi 名 〈動〉「鲎虫hòuchóng」(남생이)의 통칭.

【水滨】shuǐbīn ⇒〔水边〕

【水兵】shuǐbīng 名 수병.

【水波】shuǐbō 名 물결.

【水玻璃】shuǐbō·li 名 〈化〉 물유리＝〔泡pào化碱jiǎn〕〔泡花碱〕〔硅guī酸钠〕

【水彩】shuǐcǎi 名 수채. ¶～画｜수채화.

【水菜】shuǐcài ⇒〔水芹qín(菜)〕

【水槽】shuǐcáo 名 물통. 물 탱크.

【水草】shuǐcǎo 名 ❶ 물과 풀(이 있는 곳). ¶牧民mùmín逐zhú～而居｜유목민은 물과 풀을 따라다니며 산다. ❷ 수초. 물풀.

【水虿】shuǐchài 名 〈蟲〉 수채. 잠자리의 유충＝〔水马②〕

4【水产】shuǐchǎn 名 수산. ¶～品＝〔水产物〕｜수산물. ¶～业｜수산업. ¶～资源｜수산 자원. ¶～供应很充足｜수산물이 충분히 공급된다.

【水菖蒲】shuǐchāngpú 名 〈植〉 창포＝〔菖蒲〕

【水车】shuǐchē 名 ❶ 무자위＝〔水马③〕 ❷ 수차.

【水车前】shuǐchēqián 名 〈植〉 물질경이.

【水沉】shuǐchén ⇒〔沉香xiāng〕

【水成岩】shuǐchéngyán 名 〈鑛〉 수성암＝〔沉chén积岩〕

【水城】shuǐchéng 名 강이나 바다에 접해 있는 도시. ¶～威尼斯｜수상 도시 베니스.

【水程】shuǐchéng 名 ❶ 항행(航行). 항해. ¶一百公里的～｜100킬로미터의 항해. ❷ 뱃길. 항로(航路).

【水池(子)】shuǐchí(·zi) 名 ❶ 못. 저수지＝〔池塘①〕〔池子①〕 ❷ (부엌의) 수채.

【水筹】shuǐchóu 名 옛날, 물을 살 때에 쓰던 대나무로 만든 표. ¶凭～打开水｜물표로 끓은 물을 받다.

【水处理】shuǐchǔlǐ 名 〈化〉 (하수 처리와 같이) 물을 인공적으로 정화(淨化)하는 일.

【水锤】shuǐchuí 名 〈物〉 수격 작용(水擊作用).

【水葱(儿)】shuǐcōng(r) 名 ❶ 〈植〉 큰고랭이. ❷ 方 〈植〉 골풀＝〔灯心草〕〔莞guān①〕 ❸ 喩 튼튼한 자식.

【水到渠成】shuǐ dào qú chéng 成 물이 흐르는 곳에 도랑이 생긴다. 조건이 마련되면 일은 자연히 이루어진다. ¶这件事已～, 很快能成功｜이 일은 이미 조건이 마련되었으니 금방 성공할 수 있겠다.

【水道】shuǐdào 名 ❶ 물길. 수도. ❷ 수로(水路). 뱃길. ¶我估计gūjì上海到天津打～走要两天｜

내 추산으로는 상해에서 천진까지는 뱃길로 이틀 걸린다. ❸(수영경기의) 코스.

2【水稻】shuǐdào 名 논벼. ¶～插秧chāyāng机｜벼 이앙기→〔旱hàn稻〕

【水滴石穿】shuǐ dī shí chuān 成 낙수물이 댓돌을 뚫는다. ¶～, 只要持之以恒héng, 什么事干不成呢?｜낙수물도 댓돌을 뚫는데 지속적으로 하기만 하면 무슨 일인들 이루지 못할까?

【水底】shuǐdǐ 名 수저. 물밑. ¶～电缆｜해저 케이블(海底cable). ¶～电视照相机｜수중 T.V. 카메라. ¶～植物｜수중 식물. ¶～生物｜수중 생물. ¶～动物｜수중 동물.

【水地】shuǐdì 名 ❶ 관개지(灌漑地)＝〔水浇jiāo地〕❷ 논.

4【水电】shuǐdiàn 名 ❶ 수도와 전기. ¶～费｜전기·수도세. ❷ 수력 발전. 수력 전기. ¶～站＝〔水力发展站〕｜(소형) 수력 발전소. ¶～厂｜(대형) 수력 발전소.

【水貂】shuǐdiāo 名〈動〉밍크(mink). ¶他家靠养～致富zhìfù｜그의 집은 밍크를 길러 돈을 크게 벌었다＝〔黄狼②〕

【水痘(儿)】shuǐdòu(r) 名〈醫〉수두. 작은마마＝〔水花③〕

【水碓】shuǐduì 名 물방아.

【水发】shuǐfā 動 ❶ (요리의 재료를) 물에 불려두다. ¶～青豆｜불린 청완두. 그린피스. ¶～玉兰片｜불린 흰 죽순. ❷ 홍수가 나다. 문제가 드러나다.

【水肥】shuǐféi 名〈農〉액체 비료. 액비(液肥).

【水费】shuǐfèi 名 수도 요금. 물값.

【水粉】shuǐfěn 名 ❶ 물분 [화장품의 하나] ❷ 方 물에 담가서 불린 당면.

【水粉画】shuǐfěnhuà 名〈美〉과슈(gouache;프). ¶她擅长shànchánɡ画～｜그녀는 과슈화를 잘 그린다.

3【水分】shuǐfèn 名 ❶ 수분. ¶植物靠它的根从土壤tǔrǎng中吸收xīshōu～｜식물은 뿌리로 토양에서 수분을 흡수한다. ❷ 과대. 과장. ¶这份报告有～｜이 보고는 과장된 것이 있다. ¶他的话中～太多, 要多打掉一些折扣zhékòu｜그의 말 중에는 과장이 너무 많아서 좀 더 많이 깎아내야 겠다 ‖＝〔水份〕

【水份】shuǐfèn ⇒〔水分〕

【水芙蓉】shuǐfúróng 名〈植〉연꽃.

【水浮莲】shuǐfúlián ⇒〔大薸dàpiáo〕

【水缸】shuǐgāng 名 물독. 물항아리.

【水工】shuǐgōng 名 ❶ 簡「水利工程」(수리 공사)의 약칭. ❷ 치수 공사에 종사하는 인부. ❸ 선원(船員).

【水沟】shuǐgōu 名 배수구. 도랑. 하수구. ¶疏通shūtōng～｜도랑을 트다.

【水垢】shuǐgòu 名 물때. ¶除去锅炉guōlú里的～｜보일러 안의 물때를 없애다.

【水鸪鸪】shuǐgūgū 名 ⓓ「鹁bó鸪」(산비둘기)의 통칭(通稱).

【水臌】shuǐgǔ 名〈漢醫〉복수(腹水).

【水怪】shuǐguài 名 물에 사는 괴물. 물귀신

【水罐(儿)】shuǐguàn(r) 名 물동이. ¶～中有不少污垢wūgòu｜물동이 속에 때가 많이 끼어있다.

1【水果】shuǐguǒ 名 과실. 과일. ¶你喜欢吃哪种～?｜너는 어떤 과일을 잘 먹느냐? ¶餐后～｜디저트. 식후에 먹는 과일. ¶～罐头guàntou｜과일 통조림. ¶～软糖ruǎntáng｜과일젤리. ¶～糖｜드롭스.

【水合】shuǐhé 名〈化〉수화(水化)＝〔水化〕

【水合物】shuǐhéwù 名 수화물(水化物)＝〔水化物〕

【水鹤】shuǐhè 名〈機〉기관차 보일러의 급수관(給水管).

【水横枝】shuǐhéngzhī 名 方〈植〉치자나무＝〔栀zhī子(树)〕

【水红】shuǐhóng 名〈色〉수홍색. 회색빛 나는 핑크색.

【水壶】shuǐhú 名 ❶ (물) 주전자＝〔铫diào子〕〔吊子〕❷ 수통(水筒). ¶军用～｜군용 수통. ❸ 조로(jorro;포).

【水葫芦儿】shuǐhú·lur ❶⇒〔水瓢(子)〕❷ 名 옛날, 젊은 여성들이 살쩍을 뺨에 길게 드리우고 기름을 발라 군혀 모양을 내던 머리 치장의 일종. ❹ 봉안연(鳳眼蓮)의 통칭.

【水花】shuǐhuā 名 ❶ 경석(輕石). 속돌. ❷ (～儿) 물보라. 비말(飛沫). ¶～下面不一定有鱼｜물보라 아래에 반드시 물고기가 있는 것은 아니다. ❸ (～儿) 수두(水痘)＝〔水痘(儿)〕❹ (～儿) 물결 모양으로 만든 양피(羊皮) 옷.

【水花生】shuǐhuāshēng 名 俗〈植〉물알데르난테라 [늪·도랑 따위에 자라며 돼지의 사료로 쓰임] ¶种～可以喂猪wèizhū｜물알데르난테라를 심으면 돼지를 사육할 수 있다＝〔空心莲子草〕

【水患】shuǐhuàn 名 수해. 수재. ¶防治～｜수해를 막다＝〔水害〕〔水灾〕

【水火】shuǐhuǒ 名 ❶ 물과 불. ¶～烫伤｜화상(火傷). ❷ 喻 성질이 완전히 상반된 것. 상극(相剋)인 것. ¶为这点小事, 双方何必闹得～不相容｜이렇게 작은 일 때문에 서로 못잡아 먹어 법석을 떠느냐? ❸ 喻 재난. 도탄. ¶拯救zhěngjiù人民于～之中｜인민들을 도탄속에서 구해주다.

【水火无情】shuǐ huǒ wú qíng 成 물과 불은 사정이 없다. ¶～, 所以要教育小孩不要玩火｜물과 불은 인정사정 없으니 아이들이 불 장난을 하지 않도록 교육을 해야 한다.

【水货】shuǐhuò 名 ❶ 덤핑상품. ❷ 밀수품.

【水碱】shuǐjiǎn 名 ❶ 주전자·보일러 따위의 안에 생기는 물때＝〔水锈①〕❷ 양잿물.

【水饺(儿,子)】shuǐjiǎo(r·zi) 名 물만두＝〔煮饺子〕〔北 煮饽bō饽〕→〔饺子〕

【水脚】shuǐjiǎo 名 方 배의 운임＝〔水力②〕〔船脚①〕

【水解】shuǐjiě 名〈化〉가수 분해(加水分解). ¶～作用｜가수 분해 작용. ¶～产物｜가수 분해 생성물. ¶～酶méi｜가수 분해 효소.

【水晶】shuǐjīng 名〈鑛〉수정. ¶～心肝, 玻璃人儿｜喻 매우 총명한 사람＝〔水玉①〕

【水晶宫】shuǐjīnggōng 名 ❶ (신화속의) 수정궁.

❷ 喩 물 속 ‖ =〔水精宫〕

【水晶体】shuǐjīngtǐ 名〈生理〉수정체 =〔晶状体〕

【水景】shuǐjǐng 名 물이 있는 풍경〔경치〕.

【水酒】shuǐjiǔ 名 ❶ 알콜 농도가 낮은 술. ❷ 謙 박주(薄酒). 변변치 못한 술. ¶略备~, 恭候光临 | 변변치 못한 술이나마 준비했사오니, 오셔서 자리를 빛내주시기 바랍니다.

【水坑(儿, 子)】shuǐkēng(r·zi) 名 물웅덩이. ¶臭chòu~ | 썩은 물웅덩이.

【水寇】shuǐkòu 名 해적. 해상 강도. ¶打击~ | 해상 강도를 쳐부수다.

3【水库】shuǐkù 名 저수지. 댐. ¶修建~ | 댐을 건설하다.

【水来伸手, 饭来张口】shuǐ lái shēn shǒu, fàn lái zhāng kǒu ⇒〔饭来开口〕

【水来土掩】shuǐ lái tǔ yǎn 成 물이 밀려오면 흙으로 막다. ¶~, 兵来将挡 | 물이 밀려오면 흙으로 막고 군대가 쳐들어오면 장군을 내세워 막다. 백방으로 방법을 강구하여 막아내다.

【水涝】shuǐlào 動 물에 잠기다. 침수되다. ¶~地 | 침수지. ¶~灾害 | 침수 피해.

【水雷】shuǐléi 名〈軍〉수뢰. 기뢰. ¶~艇 | 기뢰정. ¶敷设fūshè~ | 기뢰를 부설하다.

【水冷】shuǐlěng 區 수냉식의. ¶~式发动机 | 수냉식 발동기. ¶~系统 | 수냉식 계통.

3【水力】shuǐlì ❶ 名 수력. 물의 힘. ¶~发电 | 수력 발전. ¶~发电站 | 수력 발전소. ¶~开采 | 수력 채광. ¶~涡轮wōlún(机) =〔水轮(机)〕 | 수력 터빈. ¶~化 | 물과 관개 따위에 쓸 수 있도록 하다. ¶~机 | 수압 엔진. ❷ ⇒〔水脚〕

3【水利】shuǐlì 名 ❶ 수리. ¶~设施 | 수리시설. ❷ 簡「水利工程」(수리공사)의 약칭.

【水利工程】shuǐlì gōngchéng 名組 수리공사. ¶兴修~ | 수리공사를 하다 =〔簡 水利②〕〔簡 水工①〕

【水利枢纽】shuǐlì shūniǔ 名組 수리 센터 [수리자원의 종합 이용 시설]

【水帘洞】shuǐliándòng 名 서유기(西游記)에 나오는 물이 나오는 동굴. 轉 터널 공사 따위에서 물이 뿜어 올라오는 곳.

【水量】shuǐliàng 名 ❶ 수량. ¶水库的~已超过警戒线 | 댐의 수량이 이미 경계 수위를 넘었다. ❷ 헤엄치는〔수영〕솜씨.

【水疗】shuǐliáo 名〈醫〉수치 요법. ¶采用~治病 | 수치 요법을 써서 병을 치료하다.

【水蓼】shuǐliǎo 名〈植〉여뀌. 수료 =〔辣là蓼〕

【水淋淋】shuǐlínlín 貺 폭 젖다. 물기가 많다. ¶马路两旁的树, 被雨水一浇jiāo, ~的 | 길 양쪽의 나무들이 비를 맞아서 축축하다.

【水灵】shuǐ·ling 形 方 ❶ (과일·야채 따위가) 물이 좋다. ¶这甜瓜很~ | 이 참외는 아주 물이 좋고 맛이 있다. ❷ (형상이나 용모가) 윤기가 흐르고 생기가 있다. 생기 발랄하다. ¶这小姑娘有两只又大又~的眼睛 | 이 소녀는 두 눈이 크고 초롱초롱하다. ‖ =〔水亮〕〔水灵灵(的)〕〔水零〕〔水凌〕〔水凌凌〕

【水流】shuǐliú 名 ❶ 강·하천 등의 총칭. ❷ 수류. 물의 흐름. ¶~湍急tuānjí | 물의 흐름이 급하다.

【水溜】shuǐliù 名 (빗)물받이 =〔檐yán沟〕

【水龙】shuǐlóng ❶ 名〈植〉실매화풀 =〔过塘蛇〕 ❷ 名 소방 펌프. 소화기. ¶~瞄miáo手 | 소방 펌프의 호스의 끝을 조종하는 소방수.

【水龙头】shuǐlóngtóu 名 ❶ 수도 꼭지. ¶开kāi (关guān)~ | 수도 꼭지를 틀다(잠그다). ¶~生锈xiù了 | 수도 꼭지에 녹이 났다. ❷ 소방용 호스의 주둥이.

【水漏】shuǐlòu 名 물시계.

【水陆】shuǐlù 名 ❶ 수륙. 수로와 육로. ¶~交通 | 수륙 교통. ¶~平安 | 도중무사(途中無事). ❷ 산해진미(山海珍味). ¶~兼陈jiānchén | 산해진미를 벌여 놓다.

【水鹿】shuǐlù 名〈動〉수록. 물사슴.

【水路】shuǐlù 名 수로. 해로(海路). ¶从~进城要二个小时 | 수로로 시내에 갈려면 두 시간이 걸린다 →〔陆lù路〕〔旱hàn道(儿)〕

【水绿】shuǐlǜ 名 연록색.

【水轮(机)】shuǐlún(jī) 名〈機〉수력 터빈 =〔水力涡轮(机)〕

【水落】shuǐluò ⇒〔檐yán沟〕

【水落管】shuǐluòguǎn ⇒〔落luò水管〕

【水落石出】shuǐ luò shí chū 成 물이 마르니 돌이 드러나다. 일의 진상이 밝혀지다. ¶这个案子終于~ | 이 사건이 결국 진상이 드러났다. ¶这件事儿一定要查个~ | 이 일은 반드시 조사하여 진상을 밝혀내야 한다.

【水煤气】shuǐméiqì 名〈化〉수성 가스.

【水门(子)】shuǐmén(·zi) 名 ❶ 수문. ❷ 밸브(valve).

【水门汀】shuǐméntīng ⇒〔水泥〕

【水米无交】shuǐ mǐ wú jiāo 成 아무런 주고 받는 관계가 없다. ¶他为官清廉, 跟当地人民~ | 그는 관직에 있으면서 청렴결백하여 그곳 사람들과 경제상의 거래가 일체 없었다 =〔水火无交〕

【水蜜桃】shuǐmìtáo 名〈植〉수밀도.

【水绵】shuǐmián 名〈植〉수면.

【水面(儿)】shuǐmiàn(r) 名 ❶ 수면 =〔水皮儿〕 ❷ 수역(水域)의 면적. ¶我国可以养鱼的~很大 | 우리나라는 양어할 수 있는 수역의 면적이 매우 넓다.

【水磨】ⓐ shuǐmó 動 물을 부어가며 갈다. ¶~砖zhuān的墙qiáng | 물을 부어가며 간 벽돌로 쌓은 담.

ⓑ shuǐmò 名 물방아. 수력 제분기 =〔水打磨〕

【水磨工夫】shuǐ mó gōng fū 成 ❶ 진지한 노력. ¶做学问非得下~不能有好的结果 | 학문은 진지한 노력 없이는 좋은 결과가 있을 수 없다. ❷ 세밀한〔정교한〕솜씨〔재간〕.

【水磨石】shuǐmóshí 名 테랏초(terrazzo;이). 인조대리석. ¶~地面 | 테랏초 바닥.

【水墨画】shuǐmòhuà 名〈美〉수묵화.

【水磨】shuǐmò ☞〔水磨〕shuǐmó ⓑ

【水母】shuǐmǔ 名〈動〉해파리 =〔海蜇hǎizhé〕

【水木两作】shuǐmù liǎngzuō 名 ❶「泥水匠」(미장이)와「木匠」(목수). ❷ 미장이와 목수의 겸업.

【水木清华】shuǐ mù qīnghuá 成 물은 맑고 꽃은 아름답다. (정원의) 경치가 매우 좋다. ¶清华园中～ | 청화원 안은 경치가 아주 좋다.
【水嫩】shuǐnèn 形 ❶ 물기가 있어 부드럽다. ❷ (여자의 피부가) 싱싱하다. 야들야들하다.
【水能载舟, 亦能覆舟】shuǐ néng zài zhōu, yì néng fù zhōu 成 물은 배를 띄우지만, 뒤집을 수도 있다. 한편으로는 이로움을 주지만, 다른 한편으로는 해를 끼칠 수도 있다.
2【水泥】shuǐní 名 시멘트. ¶～厂 | 시멘트 공장. ¶～纸袋 | 시멘트 부대＝〔洋灰〕〔江外水门汀〕〔英门德〕〔粤外水门汀ting〕〔英泥〕〔方红毛泥〕〔外西门土〕〔外泗qiú门汀〕〔外塞门德〕〔粤外士敏土〕
【水碾】shuǐniǎn 名 물레방아.
【水鸟】shuǐniǎo 名 수조. 물새. ¶打了几只～去卖 | 물새를 몇 마리 잡아서 내다 팔다＝〔水禽〕
【水牛】shuǐniú 名〈動〉수우. 물소.
【水牛儿】shuǐniúr ⇒〔蜗wō牛〕
【水暖】shuǐnuǎn 名 ❶ 온수 난방 설비. ❷ 수도와 난방(설비). ¶～供应系统 | 수도 난방 공급 시스템.
【水牌】shuǐpái 名 (상점에서 임시 장부 대용으로 쓰는) 작은 칠판.
【水泡】shuǐpào 名 ❶ 수포. 물거품. ❷〈醫〉물집. 수포(水疱). ¶起了～ | 수포가 생기다.
【水皮儿】shuǐpír 名 方 물의 표면. 수면＝〔水面(儿)〕〔水皮②〕
【水漂(儿)】shuǐpiāo(r) 名 ❶ 물수제비뜨기. ¶打～ | 물수제비 뜨다. ❷ 물거품. ¶十年辛苦一～ | 십년 고생이 물거품이 되다.
【水瓢(子)】shuǐpiáo(·zi) 名 호리병박으로 만든 물바가지＝〔水葫芦儿①〕
1【水平】shuǐpíng 名 ❶ 수평. ¶～爆击 | 수평 폭격. ❷ 수준. ¶他是个好学生, 很有～ | 그는 좋은 학생으로 꽤 수준이 높다. ¶他学术～不高 | 그는 학문적인 수준이 높지 않다. ¶汉语～ | 중국어 실력.
【水平面】shuǐpíngmiàn 名 수평면＝〔地平面〕〔水准面〕
【水平线】shuǐpíngxiàn 名 수평선.
【水平仪】shuǐpíngyí 名〈土〉수준기(水準器)＝〔水准器〕.
【水萍】shuǐpíng 名〈植〉개구리밥. 부평초＝〔浮fú萍(草)〕
【水泼不进, 针插不进】shuǐ pō bù jìn, zhēn chā bù jìn 成 물 샐 틈도 없고 바늘 꽂을 틈도 없다. 조금의 빈 틈도 없이 방어가 견고하다. ¶这地方他们把得很严yán, ～, 谁也没有办法 | 여기는 그들이 굳게 지키고 있어 조금의 빈 틈도 없기 때문에 누구도 어쩔 도리가 없다.
【水枪】shuǐqiāng 名 ❶〈鑛〉수력 채탄기. ❷ (장난감) 물총. ❸ 호스. 호스 물뿌리개. ❹ 구식 소화기 ‖＝〔水铳〕
【水芹(菜)】shuǐqín(cài) 名〈植〉미나리＝〔水菜〕→〔芹菜〕
【水青冈】shuǐqīnggāng ⇒〔山毛榉shānmáojǔ〕
【水清无鱼】shuǐ qīng wú yú 成 물이 너무 맑으면 물고기가 없다. 몸가짐이 너무 엄격하고 결벽하면 사람이 따르지 않는다. ¶～, 人还是宽容kuānróng一点儿为好 | 물이 너무 맑으면 물고기가 없다고 역시 사람은 좀 너그러워야 좋다＝〔水至清则无鱼〕
【水情】shuǐqíng 名 (수위나 유량과 같은) 물의 상황〔형편〕. ¶治水要了解～ | 치수를 하려면 물의 상황을 잘 알아야 한다. ¶勘测kāncè～ | 수위나 유량등의 물의 상황을 살피다.
【水球】shuǐqiú 名〈體〉❶ 수구. ¶～门 | 수구의 골문. ❷ 수구용의 공.
【水曲柳】shuǐqūliǔ 名〈植〉들메나무.
【水渠】shuǐqú 名 용수로(用水路). 큰 물도랑. 인공 수로. ¶修筑～ | 용수로를 건설하다.
【水儿】shuǐr 名 俗 ❶ 물. ❷ 즙. 액. ❸ ⇒〔水头儿〕
【水乳交融】shuǐ rǔ jiāo róng 成 물과 젖처럼 서로 잘 융합되다. ¶他跟这儿的百姓的关系已达到～ | 그와 여기 백성들과의 관계가 이미 서로 마음이 잘 맞는 경지에 이르렀다＝〔水乳相融〕〔水乳相投〕→〔情qíng同水火①〕
【水杉】shuǐshān 名〈植〉수삼나무.
【水上】shuǐshàng 名 區 수상(의). 수중(의) ¶～测音机 | 수중 청음기. ¶～滑翔huáxiáng机 | 수상 글라이더. ¶～飞行 | 수상 비행.
【水上飞机】shuǐshàng fēijī 名組 수상 비행기.
【水上居民】shuǐshàng jūmín 名組 수상 거주민. ¶为～送生活日用品 | 수상 거주민을 위해 일상 용품을 보내다＝〔蛋户〕〔蛋民〕
【水上运动】shuǐshàng yùndòng 名組〈體〉수상 경기. ¶～会 | 수상 경기대회.
【水筲】shuǐshāo 名 물통.
【水蛇】shuǐshé 名〈動〉물뱀.
【水蛇腰】shuǐshéyāo 名 가늘고 구부정한 허리. ¶他长着～ | 그는 허리가 가늘고 구부정하다＝〔水折腰〕〔水势腰〕→〔驼背〕
【水深火热】shuǐ shēn huǒ rè 成 도탄에 빠지다. 심한 고통을 겪다. ¶人民生活在～之中 | 백성들의 생활은 도탄에 빠져 있다＝〔水火③〕
【水生动物】shuǐshēng dòngwù 名組 수생 동물
【水生植物】shuǐshēng zhíwù 名組 수생 식물.
【水师】shuǐshī 名 수군(水軍). ¶～提督tídū | (청대(清代)의) 수군 제독＝〔水军〕
【水虱】shuǐshī 名〈動〉물이.
【水势】shuǐshì 名 물살. 수세. 홍수의 증감(增減). ¶～湍tuān急 | 물살이 세다〔급하다〕. ¶密切注意～ | 홍수의 증감에 각별히 주의하다.
【水手】shuǐshǒu 名 (갑판에서 일하는) 보통 선원. ¶他父亲是～ | 그의 부친은 선원이다→〔水夫②〕
【水刷石】shuǐshuāshí 名〈建〉인조 화강석의 일종＝〔汰tài石子〕
【水塔】shuǐtǎ 名 급수탑. ¶修建～蓄xù水 | 급수탑을 세워 물을 저장하다.
【水獭】shuǐtǎ 名〈動〉수달＝〔水狗①〕〔水猫〕→〔江獭〕
【水苔】shuǐtái 名〈植〉물이끼＝〔陟厘①〕
【水潭】shuǐtán 書 名 소(沼).

【水塘】shuǐtáng 名 연못. 저수지. ¶～养鱼 | 양어장에서 양어하다. ¶到处修建了小型～ | 도처에 작은 연못을 만들어 놓았다.

【水天一色】shuǐtiānyīsè 물과 하늘이 같이 푸른 빛이다. ¶茫茫同庭湖, 远远望去～ | 망망한 동정호를 멀리서 바라보니 호수와 하늘이 하나인 듯 하다.

【水田】shuǐtián 名 논. 수전. 무논→〔旱田〕

【水汀】shuǐtīng 名 外 方 스팀(steam).

【水桶】shuǐtǒng 名 물통. ¶太平～ | 비상용 물통.

【水头】shuǐtóu 名 ❶ 홍수의 최고 수위. 물높이. ❷ (샘솟는) 물의 기세. ¶打了一口～很旺的井 | 펑펑 샘솟는 우물을 하나 팠다. ❸ (물의) 낙차의 통칭 =〔水位差〕〔落差〕

4【水土】shuǐtǔ 名 ❶ (지표의) 수분과 토양. ¶～流失 | 지표의 수분과 토양이 유실되다. ¶森林能保持～ | 삼림은 지표의 수분과 토양을 보존해 준다. ❷ 기후 풍토. ¶初到这里, ～不服 | 이곳에 처음 왔기 때문에 기후 풍토가 맞지 않는다.

【水土流失】shuǐtǔ liúshī 名組 수토 유실. ¶增加植被, 防止～ | 식물 군락을 늘여서 수토 유실을 방지하다.

【水汪汪】shuǐwāngwāng 貶 ❶ (눈망울이) 초롱초롱하다. 촉촉하고 맑다. ¶～的大眼睛 | 초롱초롱하고 큰 눈.

【水网】shuǐwǎng 名 강·호수·지류들이 그물처럼 뒤덮혀 있는 곳.

【水位】shuǐwèi 名 ❶ (강·바다·댐 따위의) 수위. ¶～不断上升 | 수위가 끊임없이 높아진다. ❷ 지하수와 지표 사이의 거리.

【水文】shuǐwén 名 (자연계에서 일어나는) 물의 각종 변화와 운동 현상.

【水文站】shuǐwénzhàn 名 (하천·호수·댐 등지의) 수위나 수온 따위를 점검〔조사〕하는 관측소.

【水螅】shuǐxī 名〈動〉히드라.

【水系】shuǐxì 名〈地〉수계.

【水仙】shuǐxiān 名 수선화. ¶～茶 | 수선화차. ¶～疙瘩gēda | 수선화의 뿌리.

【水险】shuǐxiǎn 名 簡「水灾保险」(해상보험)의 약칭. ¶保了～ | 해상 보험에 들었다. ¶水火险 | 해상 화재 보험→〔寿shòu险〕

【水线】shuǐxiàn 名 ❶ (배의) 흘수선(吃水線). 수선. ❷ 해저 전선(海底電線). ❸ 수영 코스. ❹ 파선(波線).

【水乡】shuǐxiāng 名 수향. 수곽(水廓). 물가의 마을. ¶江南～多鱼米 | 강남은 수향이라 물고기와 쌀이 많이 난다.

【水箱】shuǐxiāng 名 ❶ 수조. 물탱크. ❷ 라디에이터. 냉각 장치.

【水泻】shuǐxiè ⇒〔腹fù泻〕

【水泄不通】shuǐ xiè bù tōng 威 ❶ 물샐틈 없다. 경계가 삼엄하다. ❷ 가득 차 있다. 몹시 붐비다. ¶能容纳成千上万观众的看台上挤得～ | 수많은 관중을 수용할 수 있는 스탠드는 입추의 여지가 없을 정도로 꽉 차있다.

【水榭】shuǐxiè 書 名 물가에 지은 정자. ¶他们在～中对饮 | 그들은 물가의 정자에서 대작하고 있다.

【水星】shuǐxīng 名〈天〉수성.

【水性】shuǐ·xìng 名 ❶ (～儿) 수영의 기술. ¶他的～不错, 能游过长江 | 그는 수영을 잘해서 장강을 헤엄쳐 건널 수 있다. ❷ 강·바다 등 물의 깊이와 유속 등의 특징. ¶熟悉shúxī长江～ | 장강의 특징을 잘 알다. ❸ 貶 여자의 바람기.

【水性杨花】shuǐ xìng yáng huā 威 물의 흐름은 일정치 않고 버드나무는 바람부는 대로 흔들린다. 여자가 지조없이 행동하다. ¶她～, 见异思迁 | 그녀는 지조가 없어 색다른 것만 보면 마음이 쏠린다.

【水袖】shuǐxiù 名 (중국 전통극에서 옷의 소매끝에 붙어 있는) 흰 명주로 만든 긴 덧소매.

【水锈】shuǐxiù 名 ❶ (보일러 등에 끼는) 물때. 더껑이. 관석(罐石) =〔水垢〕〔㊂ 水箔〕〔锅垢〕〔水碱〕 ❷ 물이 담겼던 흔적.

【水选】shuǐxuǎn 名 비중 선광(比重選鑛) [선광(選鑛)의 한 방법]

【水压】shuǐyā 名 수압. ¶～太大 | 수압이 너무 세다.

【水压机】shuǐyājī 名 수압기.

【水烟】shuǐyān 名 ❶ 수연. 물담뱃대로 피우는 살담배. ¶抽～ | 수연을 피우다. ❷ 書 물 위의 안개.

【水烟袋】shuǐyāndài 名 수연통(水煙筒) =〔水烟筒〕〔水烟斗〕

【水杨】shuǐyáng ❶ ⇒〔蒲pú柳①〕 ❷ ⇒〔垂chuí杨柳〕

【水杨酸】shuǐyángsuān 名〈化〉살리실산(salicyl). ¶～铋bì | 살리실산 비스무트. ¶～汞gǒng | 살리실산 수은(mercurie salicylate). ¶～钠nà =〔柳酸钠〕〔杨曹〕 | 살리실산 나트륨. 살리실산 소다(sodium salicylate)

【水舀子】shuǐyǎo·zi 名 국자. 작자(杓子) =〔水杓(子)〕

【水银】shuǐyín 名 수은. ¶～有毒 | 수은은 독이 있다 =〔汞gǒng〕

【水银灯】shuǐyíndēng 名 수은등. ¶～发出强烈的光芒guāngmáng | 수은등이 강렬한 불빛을 내뿜고 있다.

【水印】shuǐyìn 名 ❶ 중국 전통의 목각화 인쇄 [기름을 쓰지 않고 물안료만을 배합하여 만듦] =〔水印木刻〕〔木刻水印〕 ❷ (～儿) ⓐ 제지(製紙) 과정에서 펄프 섬유의 밀도를 바꾸어 명암(明暗)의 무늬를 넣은 도형이나 문자 =〔水纹(儿)②〕 ⓑ 물이 스며들어 마른 후에 남은 흔적. ❸ 方 옛날, 상점의 인감 도장.

【水有源, 树有根】shuǐ yǒu yuán, shù yǒu gēn 諺 물에는 원천이 있고, 나무에는 뿌리가 있다. 일에는 반드시 그 근원이 있다 =〔树有根, 水有源〕〔水从源, 树从根〕〔水有源, 病有根〕

【水域】shuǐyù 名 수역.

4【水源】shuǐyuán 名 수원. ¶～被污染了 | 수원이 오염되었다.

【水月镜花】shuǐyuè jìnghuā 威 ❶ 물에 비친 달과 거울에 비친 꽃. ❷ 喻 진실이 아닌 것.

【水运】shuǐyùn 名 수운. 해운.

4【水灾】shuǐzāi 名 수재. 수해(水害).

【水葬】shuǐzàng 名動 수장(하다).
【水蚤】shuǐzǎo 名〈蟲〉물벼룩 =〔鱼虫(儿)①〕〔金鱼虫〕
【水藻】shuǐzǎo 名 물풀.
【水泽】shuǐzé 名 수택. 못.
【水闸】shuǐzhá 名 수문 =〔水门(子)〕
【水战】shuǐzhàn 名 해전(海戰). 물에서의 전투. ¶展开～ | 해전을 전개하다.
【水涨船高】shuǐ zhǎng chuán gāo 成 물이 불어나면 배도 위로 올라가게 된다. ¶～, 经济发展了, 人民的生活水平也相应得到提高 | 주위 환경의 변화에 따라 그 부대 상황도 변하게 마련이라서 경제가 발전됨에 따라 국민들의 생활 수준도 따라서 높아졌다 =〔水长船高〕
4【水蒸气】shuǐzhēngqì 名 수증기.
「人至察则无徒」로 이어짐]
【水蛭】shuǐzhì 名〈蟲〉거머리 =〔医蛭〕→〔蛭〕〔蚂蟥mǎhuáng〕
【水质】shuǐzhì 名 수질. ¶～污染wūrǎn | 수질 오염.
【水中捞月】shuǐ zhōng lāo yuè 成 물 속의 달을 건지다. 부질없이 헛된 일을 하다. ¶你这样做是～, 不会有什么结果的 | 너 이렇게 하는 것은 헛고생이야, 어떤 결과도 낼 수 없을꺼야 =〔海底捞月①〕〔水中捉月〕〔水底捞月〕
【水肿】shuǐzhǒng 名〈漢醫〉(심장·신장·내분비선질환의) 부종(浮腫).
【水准】shuǐzhǔn 名 ❶ 수평면. ❷ ⇒〔水平②〕
【水准器】shuǐzhǔnqì ⇒〔水准仪〕
【水准仪】shuǐzhǔnyí 名 수준의. 수평기(水平器) =〔水准器〕〔水平仪〕
【水族】Shuǐzú 名 ❶〈民〉수족. 귀주(貴州) 지방에 사는 중국의 소수 민족 =〔水家〕 ❷ (shuǐzú) 수족. 수서(水棲) 동물.

shuì ㄕㄨㄟˋ

1【说】 shuì ☞ 说 shuō Ⓑ

【帨】 shuì 수건 세
書名 고대의 수건. 손수건.
【帨辰】shuìchén 書名 여자의 생일.

3【税】 shuì 구실 세
❶ 名 세금. ¶纳～ | 세금을 내다. 납세하다. ¶营业～ | 영업세. ¶所得～ | 소득세 ❷ 動轉 세금을 내다. ¶这张房契已经～过了 | 이 가옥 등기는 이미 세금이 납부되었다. ❸ (Shuì) 성(姓).
【税单】shuìdān 名 납세 증명서. 납세 증서. ¶填写tiánxiě～ | 납세 증명서를 기입하다.
【税额】shuì'é 名 세액. ¶～太大了 | 세액이 너무 많다.
【税金】shuìjīn 名 세금. ¶收取～ | 세금을 받다.
【税捐】shuìjuān 名 세금 =〔税赋〕〔税课〕
【税率】shuìlǜ 名 세율.
4【税收】shuìshōu 名 세수. 세수입. ¶～政策 | 세수 정책.
【税务】shuìwù 名 세무 →〔海关〕
【税则】shuìzé 名 세칙. 세납 규칙.
【税制】shuìzhì 名 세제. 세금 제도. ¶累进～ | 누진 세제
【税种】shuìzhǒng 名 세종. 세금의 종류. ¶减少jiǎnshǎo～ | 세금의 종류를 줄이다.

1【睡】 shuì 잘 수
動 자다. ¶～着zháo了 | 잠들었다. ¶早～早起身体好 | 일찍 자고 일찍 일어나야 건강에 좋다. ¶床上可以～两个人 | 침대에 두 사람이 잘 수 있다. ¶天热～在地板上 | 날이 더워 마루에서 자다. ¶昨晚～得很香 | 어제 밤에는 아주 달게 잘 잤다. ¶装zhuāng～ | 자는 척하다. ¶沉chén～ =〔死睡〕〔熟睡〕 | 숙면(熟眠).
【睡不着】shuì·bu zháo 動組 잠들 수 없다. 잠들지 못하다. ¶～觉 | 잠을 잘 수 없다. ¶横竖héngshù～, 就出去走走 | 어떻게 해봐도 잠을 잘 수가 없거든 나가서 좀 걸어봐라.
【睡虫儿】shuìchóngr ⇒〔睡虎子〕
【睡大觉】shuì dàjiào 動組 ❶ 늦잠을 자다. ¶不能马放南山～ | 마냥 늦잠을 잘 수 없다. ❷ 깊은 잠에 빠지다. 정체되거나 마비되어 진전이 없다.
【睡袋】shuìdài 名 침낭. ¶鸭绒yāróng～ | 오리털 침낭.
【睡虎子】shuìhǔ·zi 名 잠꾸러기. 잠보 =〔睡虎儿〕〔睡迷〕〔睡虫儿〕〔睡不够②〕
【睡觉】shuì/jiào 動 자다. ¶该～了 | 자야 될 시간이다. ¶睡了一大觉 | 한 잠 실컷 잤다. ¶他十二点才上床～ | 그는 12시가 되어서야 비로소 침대을 올라가 잠을 잔다. ¶睡死觉 =〔睡大觉〕 | 푹 자다. ¶睡长觉 | 죽다. 영면하다.
【睡裤】shuìkù 名 잠옷 바지. ¶穿chuān～不能去公共gōnggòng场所 | 잠옷을 입고 공공 장소에 가서는 안된다.
【睡莲】shuìlián 名〈植〉수련 =〔子zǐ午莲〕
【睡帽】shuìmào 名 나이트 캡. 잠잘 때 쓰는 모자.
【睡梦】shuìmèng 書名 잠. 수면. ¶～中 =〔睡梦里〕 | 수면(꿈) 중에. ¶枪声qiāngshēng把他从～中惊醒jīngxǐng | 총소리가 그를 잠에서 놀라깨게 했다. ¶醒xǐng世人的～ | 세상 사람들을 꿈에서 깨게 하다.
3【睡眠】shuìmián ❶ 名 수면. 잠. ¶～不足 | 수면 부족. ¶增加～ | 수면을 늘리다. ¶孩子需要较长时间的～ | 아이들은 비교적 긴 수면시간을 필요로 한다. ❷ 動 수면 상태에 들어가다. 잠을 자다. ¶他已经一夜没有～了 | 그는 이미 하룻밤을 자지 않았다. ¶成年人通常每天～八小时 | 성인은 보통 매일 8시간 동안 잠을 잔다.
【睡眠疗法】shuìmián liáofǎ 名組〈醫〉수면 요법.
【睡魔】shuìmó 名喩 수마. 지독한 졸음. ¶他中了～了 | 그는 수마에 걸렸다.
【睡袍】shuìpáo 名 잠옷〔파자마〕저고리.
【睡乡】shuìxiāng 名 잠의 세계. 꿈나라. 어법 주로「进入」의 목적어로 쓰임. ¶他上床不久就进入了～ | 그는 침대에 든지 얼마되지 않아서 바로 꿈나라로 갔다.
【睡相】shuìxiàng 名 잠자는〔잠잘 때의〕모습.
【睡眼惺忪】shuì yǎn xīngsōng 成 잠에 취하여 눈

이 가물가물하다〔게슴츠레하다〕. ¶他～地走进教室｜그는 잠에 눈이 게슴츠레하여 교실로 걸어 들어왔다.

【睡衣】shuìyī 名 잠옷 =〔江 困kùn衫〕〔書 寝衣〕

【睡椅】shuìyǐ 名 잘 수 있게 만든 의자. 침대용 소파. 야전 침대 =〔躺tǎng椅〕

【睡意】shuìyì 名 졸음. 잠기. ¶夜深了, ～渐浓nóng｜밤이 깊어지자 점점 졸음이 많이 온다.

【睡着】shuìzháo 動 잠들다. 잠이 들다. ¶他已经～了｜그는 이미 잠이 들었다 =〔書 成眠〕〔入睡〕

shǔn ㄕㄨㄣˇ

【吮】shǔn 빨 연
動 빨다. 빨아 들이다. ¶～乳rǔ｜젖을 빨다.

【吮吸】shǔnxī 動 빨다. 빨아 먹다. ¶～血液｜피를 빨아먹다. ¶～奶汁｜젖을 빨아먹다 =〔吮咂zā〕

【吮咂】shǔnzā ⇒〔吮吸〕

【楯】shǔn ☞ 楯 dùn B

shùn ㄕㄨㄣˋ

2【顺(順)】shùn 순할 순
❶ 介 …를 따라서. …하는 김에. 어법 뒤에 비교적 긴 명사구(名詞詞組)가 올 때는 「顺着」의 형태로 쓰고, 단음절 명사가 올 때는 대개 고정형식임. ¶～着一排红砖大楼走到头, 就是我们学校｜빨간 벽돌 빌딩을 따라서 끝까지 가면 우리 학교가 있다. ¶～河边走｜강변을 따라 걷다. ¶～手关门｜드나드는 김에 문을 닫으시오. ¶～路去看看老刘｜가는 길에 유씨를 만나지요. 어법 「顺」과 「沿」의 차이 ⇒〔沿yán〕 ❷ 動 같은 방향으로 향하다. 거스르지 않다. ¶～流而下｜흐름을 따라 내려가다. ¶～风｜순풍. ¶～水↓ ⇔〔逆nì〕 ❸ 形 조리가 서있다. 질서 정연하다. 순조롭다. ¶这篇文章做得很～｜이 글은 아주 논리 정연하다. ¶风要是～, 船一个钟头就到了｜바람이 순조롭다면 배로 한 시간만 가면 도착한다. ❹ 動 순종하다. 따르다. 어법 「顺着」의 형태로 반드시 목적어(賓語)를 가짐. ¶别什么都～着他｜무엇이든 모두 그에게 순종하지 마라. ¶他不对嘛, 怎么能～着他呢?｜그가 틀렸는데, 어떻게 그를 따를 수 있니? ❺ 動 방향이 같게 하다. 정돈하다. 조리가 서도록 하다. ¶把这些竹竿～一～, 不要横七竖八的｜이 대나무 작대기들을 정돈해라. 이리 저리 헝클어지게 두지말고. ¶书架上的书全乱了, 得～一～｜책꽂이의 책이 모두 어지럽혀졌다, 정리를 해야겠다. ❻ 動 순서를 잡다. 다듬다. 손질하다. ¶这一段文字还得～一～｜글의 이 단락은 다시 손질해야겠다. ¶～一～头发｜머리를 다듬다. ❼ 動 바로잡다. ¶快把小孩子的腿～过来, 别窝wō了｜발이 구부러지지 않게 빨리 아이의 발을 바르게 펴 주시오. ¶你替他说好话, 把事情～一～吧｜당신이 그를 위해 좋은 말을 하여 사태를 바로 잡아 주시오. ❽ 動 맞다. 뜻대로 되다. ¶不～他的意｜그의 뜻에 맞지 않다. ¶辨事不～｜일이 뜻대로 되지 않다. ❾ 動 차례에 따르다.순서대로 하다. ¶遇雨～延｜우천순연(雨天順延). ¶这些号码是一～的｜이것은 일련번호이다. ❿ 動 알맞다. 적합하다. 적당하다. 어법 (대부분) 단음절 명사앞에 붙어 동목구(動賓詞組)를 이룸. ¶这事儿办得不～他的心｜이 일은 그의 마음에 들지 않게 처리되었다. ¶看着～眼｜보기 좋다. ¶吃着很～口｜입에 맞다. ⓫ (Shùn) 名 성(姓).

2【顺便(儿)】shùnbiàn(r) 副 …하는 김에. ¶我可以～带来｜내가 오는 김에 갖고 올 수 있다. ¶我出差, ～回苏州看父母｜내가 출장가는 김에 소주에 들러서 부모님을 뵙겠다 =〔顺带〕〔顺路(儿)①〕〔方 带便〕〔方 搭dā便〕→〔得dé便(儿)〕〔就势(儿)②〕

【顺差】shùnchā 名〈貿〉(무역의) 흑자(黑字). ¶贸易～｜무역흑자.

【顺畅】shùnchàng 形 거침없다. 순조롭다. 막힘이 없다. ¶病人的呼吸渐渐～了｜환자의 호흡이 점점 순조로와졌다.

【顺次】shùncì 副 순서 차례. 순차. ¶～排列páiliè｜차례대로 줄을 서다.

【顺从】shùncóng 動 순종하다. 순순히 따르다. ¶使部下～｜부하를 순종시키다.

【顺带】shùndài 副 …하는 김에. 이 기회에. ¶他～买了一些东西回来｜그는 오는 김에 물건을 조금 사가지고 돌아왔다 =〔顺便(儿)〕

【顺当】shùn·dang 形 口 ❶ 순당하다. 순조롭다. 상태가 좋다. 잘 되어 가다. 지장이 없다. ¶干工作会遇到一些困难, 不可能事事都顺顺当当的｜일을 하다보면 약간의 어려움은 있을 수 있다. 모든 일이 다 순조로울 수는 없다. ¶～话｜순당한 이야기. ¶这件事办得很～｜이 일은 아주 순조롭게 처리되었다. ¶心里不～｜기분이 나쁘다. ❷ 온순하다. 얌전하다. 거역하지 않다.

【顺导】shùndǎo 動 좋은 방향으로 인도하다.

【顺道(儿)】shùndào(r) ❶ 動 도리에 따르다. ❷ ⇒〔顺路(儿)①②〕

【顺丁橡胶】shùndīng xiàngjiāo 名組 부타디엔고무(butadiene rubber).

【顺耳】shùn'ěr 形 (말이) 귀에 거슬리지 않다. 듣기 좋다. 마음에 들다. ¶他爱在领导面前说些～的话｜그는 책임자 앞에서는 듣기 좋은 말을 잘 한다. ¶他的话我听了很～｜그의 말은 들어보니 아주 마음에 든다.

【顺访】shùnfǎng 動 가는 길에 방문하다. 들르다. ¶总统～了法国｜총통이 순방 길에 프랑스도 방문했다.

【顺风】shùnfēng ❶ 動 바람 부는 대로 따르다〔향하다〕. ❷ 名 순풍. ¶今天～, 船走得挺快｜오늘은 순풍을 만나 배가 아주 빨리 달린다 =〔背风②〕→〔顶dǐng风②〕 ❸ 形 운수가 좋다. ¶时运也算走～｜시운이 그래도 좋은 편이다. ¶一路～｜여행길 내내 운수가 좋다.

【顺风耳】shùnfēng'ěr 名 ❶ (옛날 소설에 나오는) 먼 소리를 들을 수 있는 사람. 喩 소식에 정통한〔빠른〕 사람. 소식통. ¶他长着～呢｜그는 아

주 소식에 정통하다→〔千里眼②〕 ❷ 옛날, 동판으로 만든「话筒」(메가폰)→〔话筒③〕

【顺风转舵】shùn fēng zhuǎn duò 成 贬 바람부는 대로 키를 돌리다. 정세의 변화에 따라 태도를 바꾸다. 정세〔기회〕를 보고 행동하다 =〔看风使舵〕〔随风转舵〕

【顺服】shùnfú 動 순종하다. 복종하다 =〔顺从〕

【顺竿儿爬】shùn gānr pá 俗 ❶ 남의 의견에 영합하다. ¶他真能～ | 그는 참으로 남의 비위를 잘 맞춘다. ❷ 부화 뇌동하다. 남의 말에 맞장구치다.

【顺和】shùn·he 形 (말·태도 따위가) 평순(平順)하고 온화하다. ¶她态度～ | 그녀는 태도가 온순하다.

【顺候】shùnhòu 動 札 (끝으로) …하시기 바랍니다. …하시기를 축원합니다 =〔顺请〕→〔顺颂〕

【顺脚】shùnjiǎo ❶ (～儿) 動 (사람·물건에) 편승하다. ❷ (～儿) ⇒〔顺路(儿)① ②〕 ❸ 動 발길 닿는 대로 걷다 =〔顺步〕 ❹ 名 좋은 운수.

【顺口】shùnkǒu ❶ 動 (글이) 매끄럽다. 술술 읽히다. (말이) 술술 나오다. ¶经他这样一改，念起来就特别～了 | 그가 이렇게 고치고나서 읽어 보니 아주 매끄럽게 되었다. ❷ 副 (생각없이) 입에서 나오는 대로 내키는 대로. ¶～胡云 | 입에서 나오는 대로 아무렇게나 말하다. ¶～说出 | 생각없이 입에서 나오는 대로 말하다. ¶～答应 | 내키는 대로 대답하다. ❸ (～儿) 形 方 (음식이) 입에 맞다. 구미에 맞다. 맛이 좋다. ¶这个菜他吃着很～儿 | 이 요리는 그의 구미에 딱 맞다.

【顺口溜】shùnkǒuliū 名 즉흥적인 문구에 가락을 먹여서 노래하는 민간 예술의 한 가지.

【顺理成章】shùn lǐ chéng zhāng 成 (일·문장 따위가) 이치에 맞으면 저절로 잘 되기 마련이다. 문장을 쓰거나 일을 하는 것이 조리있고 분명하다. ¶这显然是～的 | 이것은 대단히 조리가 있다.

[2]【顺利】shùnlì 形 순조롭다. ¶事情进行得很～ | 일이 매우 순조롭게 진행되고 있다. ¶～地召开了年会 | 연회의를 순조롭게 개최하였다.

【顺溜】shùn·liu 形 ❶ 方 조리 있다. 질서 정연하다. 가지런하다. 반듯하다. ¶文章写得很～ | 글을 매우 매끄럽고 조리있게 썼다. ¶把头发梳shū～了 | 머리를 가지런하고 윤기나게 빗었다. ❷ 원활하다. 순조롭다. ¶这几年日子过得很～ | 최근 몇 년 동안 생활이 아주 순조롭다. ❸ 온순하다. 얌전하다. ¶这孩子脾气píqì～ | 이 아이는 성질이 온순하다. ❹ 모습·모양이 보기 좋다 =〔顺眼①②〕

【顺流】shùnliú ❶ 動 흐름을 따르다〔좇다〕. ¶他们乘着小船～ | 그들은 작은 배를 타고 강을 따라 내려간다. ❷ 形 喻 (일이) 거침없다. 잘 진척되다. 장애가 없다. 순조롭다.

【顺路(儿)】shùnlù(r) ❶ 副 가는 길에〔김에〕. 오는 길에〔김에〕. ¶她下班回家，～到商店shāngdiàn买了点东西 | 그녀는 퇴근해서 집에 가는 길에 상점에 들러 물건을 좀 샀다. ¶我是～来拜访bàifǎng的 | 저는 가는 길에 들린 것입니다 =〔顺便(儿)〕 ❷ 名 순탄한 길. 탄탄한 길 ‖ =〔顺道(儿)②〕〔顺脚②〕 ❸ 名 지나는 길. 통하는 길. ¶正好是～ | 마침 지나는 길이다. ❹ 形 (길이) 순탄하다. 걷기도 편하고 돌아가지도 않는다. ¶这条路虽小，可是很～，比走大路近 | 이 길은 비록 좁지만 길이 순탄하며 큰길로 가는 것 보다 가깝다.

【顺民】shùnmín 書 名 ❶ 贬 귀순한 백성. 귀순민. ❷ 천명대로 행동하는 사람. ❸ 양반.

【顺时针方向】shùnshízhēn fāngxiàng 名組 시계 회전 방향.

【顺势】shùn/shì ❶ 動 정세〔추세〕를 따르다〔좇다〕. ¶～转过话题 | 추세를 따라 화제를 바꾸다. ¶～成立了一个俱乐部 | 추세에 따라 클럽을 하나 만들었다. ❷ (shùnshì) 副 제풀에. 제바람에. ¶～倒下 | 제풀에 넘어지다.

[3]【顺手(儿)】shùnshǒu(r) ❶ 形 순조롭다. 순통하다. ¶事情办得相当～ | 일 처리가 매우 순조롭다 =〔顺利〕 ❷ 形 쓰기 편하다. ¶这把菜刀使着～ | 이 식칼은 쓰기 편하다. ¶这把工具用起来不大～ | 이 공구는 쓰기가 그다지 편하지 않다. ❸ 副 차제에. 겸사겸사. 하는 김에〔길에〕. ¶离开教室，请～把灯关上 | 교실에서 나가는 김에 불을 꺼 주시오 =〔就手(儿)①〕〔顺便(儿)〕 ❹ 副 가볍게. 손에 잡히는 대로. ¶他～拿了一个苹果啃kěn了起来 | 그는 사과를 아무거나 하나 집어들고 베어 먹기 시작했다. ¶他一生气，～打坏了 | 그는 화가 나자 닥치는 대로 때려부쉈다. ❺ 名 〈紡〉 오른쪽으로 실을 꼬는 것 ⇔〔反手③〕

【顺手牵羊】shùn shǒu qiān yáng 成 기회를 타서 물건을 슬쩍 가지다. 힘들이지 않고 물건을 손에 넣다. ¶他～把我的一支笔偷走了 | 그는 가는 김에 슬쩍 내 연필 한 자루를 훔쳐갔다.

【顺水】shùn/shuǐ 動 흐름을 따르다. ¶～游泳很省力shěnglì | 물길을 따라 수영을 하면 힘이 덜 든다→〔逆水〕

【顺水人情】shùn shuǐ rén qíng 成 값싼 친절. 엎드린 김에 절하기. ¶这是～，他乐意做 | 이것은 쉽게 베풀 수 있는 친절이므로, 그는 기꺼이 한다.

【顺水推舟】shùn shuǐ tuī zhōu 成 추세에 맞추어 행동하다. ¶他～地说，「我该走了」| 그는 때 맞추어 말했다.「저는 이제 가 봐야겠습니다」=〔顺水推船〕〔顺水行船〕〔顺水行舟〕

【顺顺当当】shùn·shundāngdāng 狀 매우 순조롭다. ¶～毕了业 | 순조롭게 졸업했다.

【顺顺溜溜】shùn·shunliūliū 狀 매우 순조롭다. 순통하다→〔顺溜②〕

【顺说】shùnshuō 動 온화하게〔점잖게〕 말하다. 순순히 말하다. ¶给他～是不行的 | 그에게 온화하게 말해서는 안 된다.

【顺颂】shùnsòng 動 札 아울러 …를 경하드립니다. …하시기를 바라겠습니다. ¶～台安 | 아울러 평안하심을 바랍니다→〔顺候〕

【顺藤摸瓜】shùn téng mō guā 成 덩굴을 더듬어 참외를 따다. 작은 일을 단서로 큰 일에 이르다 =〔顺蔓摸瓜〕

【顺我者昌，逆我者亡】shùn wǒ zhě chāng, nì wǒ zhě wáng 成 나에게 순종하는 자는 창성할 것이고, 거역하는 자는 멸망할 것이다. 전제 군주

가 포악하고 독단적인 전제 정치를 행하다. ¶疯狂地实行～的法西斯政策 | 포악하고 독단적인 파쇼 정책을 미친듯이 실시한다.

【顺心】shùn/xīn 動 뜻대로 되다. 마음대로 되다. ¶诸事～ | 만사가 뜻대로 되다. ¶最近他没有一件事是～的 | 최근 그는 한가지 일도 뜻대로 되는 일이 없다 =〔顺怀〕

4【顺序】ⓐ shùnxù ❶ 名 순서. 차례. ¶按名单上的～排队 | 명단상의 순서에 따라 줄을 서다. ❷ 副 차례차례로. 순서대로. ¶～参观了五个工厂 | 차례로 다섯 공장을 참관했다. ¶～前进 | 순서대로 나아가다.

ⓑ shùn·xu 形 (마음이 편하고) 근심 걱정이 없다 ¶在这儿住着挺～ | 이 곳에서 살고 있으면 매우 편하고 걱정이 없다.

【顺叙】shùnxù 動 시간의 순서에 따라 서술하는 것. ¶采用～的写作手法 | 시간의 순서에 맞게 서술하는 서사 기법을 채용하다.

【顺延】shùnyán 名 動 순연(하다). (기일을) 차례로 늦추다. ¶比赛定于七月九日举行, 遇雨～ | 경기는 7월9일에 거행하기로 정하고 비가 오면 순연하다. ¶会议～到下星期三 | 회의를 다음 주 수요일로 연기하였다.

【顺眼】shùnyǎn ❶ 形 보기 좋다. 아름답다. 모양이 좋다. 어법 주로 술어로 쓰임. ¶模样儿长得～ | 모양이 보기 좋다. 보기에 아름답다. ❷ 形 마음에 들다. ¶怎么看都不～ | 아무리 보아도 눈에 거슬린다 ‖ =〔顺溜④〕 ❸ (shùn/yǎn) 動 (공손하게) 눈을 내리깔다.

【顺应】shùnyìng 名 動 순응〔적응〕(하다). ¶～历史发展潮流 | 역사 발전의 조류에 순응하다.

【顺治】Shùnzhì ❶ 名 청(清) 세조(世祖)의 연호 (1644～1661). ❷ (shùnzhì) 動 평온하게 다스리다.

【顺嘴(儿)】shùnzuǐ(r) ❶ 動 말이 술술 나오다. 유창하게〔부드럽게〕 말하다. ¶说着～ | 말하는 것이 유창하다 =〔顺口①〕 ❷ 動 내키는 대로〔나오는 대로〕 지껄이다. 함부로〔마구〕 말하는 것이 익숙해지다. ❸ 動 얼떨결에〔무심코, 건성으로〕 말하다 =〔顺口②〕 ❹ 形 발음하기 좋다. 말하기 좋다.

【顺嘴儿流】shùnzuǐrliú 動組 말이 술술 유창하게 나오다.

【舜】shùn 순임금 순

名 ❶ (Shùn) 〈人〉 순. 중국전설상의 제왕 이름 =〔虞yú舜〕〔帝dì舜〕 ¶尧yáo,～,禹yǔ,汤 | 요·순·우·탕. ❷ 〈植〉 「木槿」(무궁화)의 옛 이름. ❸ (Shùn) 성(姓).

【舜华】shùnhuā 名 무궁화. ¶颜yán如～ | 얼굴이 무궁화처럼 아름답다 =〔舜英〕〔舜花〕

【舜日尧年】shùn rì yáo nián 成 태평한 세월. 태평천하.

【舜英】shùnyīng ⇒〔舜华〕

【瞬】shùn 눈깜짝거릴 순

動 눈을 깜빡이다. ¶～间 =〔转瞬之间〕 | 눈깜짝할 사이. ¶～将结束 | 순식간에 끝나려 하다. ¶目不暇xiá～ | 成 눈을 깜빡일 여유도 없다.

【瞬间】shùnjiān 書 名 순간. 순식간.

【瞬刻】shùnkè 名 잠깐. 순식간. ¶～不停地转动 | 잠시도 쉬지 않고 돌다.

【瞬时速度】shùnshí sùdù 名組 순간 속도. ¶～不太好测定cèdìng | 순간 속도는 측정하기가 그다지 좋지 않다.

【瞬息】shùnxī 書 名 극히 짧은 동안. 일순. 순식간. ¶～间便消失了 | 순식간에 사라졌다.

【瞬息万变】shùn xī wàn biàn 成 극히 짧은 시간에 많은 변화를 일으키다. ¶高山的天气～ | 높은 산의 날씨는 일순간에도 많은 변화가 생긴다. ¶股票行情～ | 증권 시세는 변화가 아주 빠르다.

【瞬息之间】shùnxī·zhijiān 名組 눈 깜짝할 사이. 순식간.

【瞬眼】shùnyǎn ❶ 動 눈을 깜빡이다. 깜빡거리다. ¶不～地望着 | 눈도 깜짝거리지 않고 쳐다보다. ❷ 副 轉 눈깜빡하는 사이. 순식간. ¶～就过去了 | 눈깜빡하는 사이에 지나갔다.

shuō ㄕㄨㄛ

1【说(説)】shuō shuì yuè 말씀 설, 달랠 세, 기뻐할 열

Ⓐ shuō ❶ 動 말하다. 이야기하다. ¶我已经～过了, 不～了 | 나는 이미 이야기했으니, 말하지 않겠다. ¶正～着你, 你就来了 | 마침 네 얘기를 하고 있는데 네가 왔다. ¶我～走就走 | 나는 간다고 하면 간다. ¶不瞒mán您～ =〔说心里话〕| 사실을 말씀드리면. ❷ 動 꾸짖다. 야단치다. 타이르다. ¶我已经～过他了 | 나는 이미 그를 야단쳤다. ¶您明知道他这么做不对, 也不～～他 | 너는 그가 이렇게 하는게 잘못된 줄 잘 알면서도 그를 타이르지 않았다. ❸ 動 설명하다. 해설하다. ¶～理 | 도리를 설명하다. ¶一～就明白 | 설명하자 곧 알다. ❹ 動 의미하다. …라고 생각하다. 어법 주로 「是」와 연용하며 술어성 어구나 주술구가 목적어로 옴. ¶他这番话是～谁呢? | 그의 이 말은 누구를 의미하느냐. ¶他的意思是～不再派代表参加比赛 | 그의 의견은 더 이상 대표를 파견해서 시합에 참가하도록 하지 않겠다는 것을 의미한다. ¶你～怎么样 | 너는 어떻게 생각하느냐. ❺ 動 …라고 하다 [인용문을 이끔] ¶老师～让我去找你 | 선생님께서 당신을 찾아가 보라고 하셨다. ¶你告诉他就～我不去了 | 나는 안 간다고 그에게 전해다오. ❻ 書 動 중개하다. 소개하다. ¶～婆家 | 결혼을 중매하다. ¶把小英～给你家儿子吧 | 영이를 당신 아들에게 소개시켜 주세요. ❼ (～儿) 名 이론. 학설. 주장. ¶学～ | 학설. ¶著书立～ | 책을 저술하여 주장을 세우다.

Ⓑ shuì 書 動 설득하다. 설복하다. ¶游～ | 유세하다. ¶～客↓

Ⓒ yuè 「悦」의 고체자(古體字) ⇒〔悦yuè①②〕

Ⓐ shuō

【说白】shuōbái 名 〈演映〉 희곡이나 가극에서 창 부분을 제외한 대사 =〔道白〕

【说部】shuōbù 書 名 옛날 소설이나 일화·민간 전설 따위의 작품. ¶属于～的著作, 他收罗了不少

｜설부에 속한 저작들은 그가 적지 않게 수집했다.

【说不出(来), 道不出(来)】shuō ·bu chū(lái), dào ·bu chū(lái) 動組 ❶ 말로 다 표현할 수 없다. ¶她这委屈wěiqū真是~的｜그녀의 억울함은 말로는 이루 다 나타낼 수 없다. ❷ 말주변이 없다. 말솜씨가 없다. ¶看他~, 就知道是个老实人｜그가 말주변이 별로 없는 것을 보면, 그가 순진한 사람이라는 것을 바로 알 수 있다.

【说不得】shuō·bu·de 動組 ❶ 말해서는 안 된다. 말할 것이 아니다. ¶猥亵wěixiè的话, ~｜외설스러운 말은 말해서는 안 된다. ❷ 말로 표현할 수 없다. 차마 말할 수 없을 정도이다. ❸ 方 싫든 좋든 …하다. 어쩔 수 없다. ¶~, 你还要走一趟｜싫든 좋든 네가 한 번 가야겠다.

3【说不定】shuō ·bu dìng 動組 단언하기가 어렵다. …일지도 모른다. ¶~他已经死了｜단언하긴 어렵지만 아마 그는 이미 죽었을 것이다. ¶~要下大雨｜아마 큰 비가 올 것 같다. ¶他~早就回家了｜그는 벌써 집으로 돌아갔는지도 모르겠다.

【说不过】shuō ·bu guò 動組 말로는 당해낼 수 없다. 설복시킬 수 없다. ¶他的嘴厉害, 谁也~他｜그는 입심이 대단해서 누구도 그를 말로 꺾을 수 없다. ¶你总是嘴硬, 我~你!｜너는 늘 말투가 거세서 나는 말로는 너를 당해낼 수가 없구나!

【说不过去】shuō ·bu guò qù 動組 사리〔경우〕에 어긋나다. ¶这样做实在~｜이렇게 하는 것은 정말 말도 되지 않는다 ⇔〔说得过去①〕

【说不来】shuō ·bu lái 動組 ❶ 의견이 맞지않다. 마음이 맞지 않다. ¶他们俩一见面儿就~｜그들 두 사람은 서로가 만나기만 하면 의견이 맞지 않는다. ❷ 말도 안될 정도로 심하다. 말이 아니다. 말할 만한 가치가 없다. ¶他那坏行为实在~｜그의 그 행위는 정말 말이 안될 정도로 나쁘다. ❸ 方 말을 잘 할 줄 모르다. 말주변이 없다.

【说不清】shuō ·bu qīng 動組 ❶ 분명히〔명확히〕말할 수 없다. ¶我~其中的奥妙àomiào｜나는 그 중의 오묘함을 분명히 말하지 못하겠다. ❷ 확실하게는 모른다.

【说不上】shuō ·bu shàng 動組 ❶ …라고 말할 정도는 아니다. ¶这本书~有什么参考价值｜이 책은 참고할 만한 가치가 있다고는 말하기 어렵다. ❷ 말로는 제대로 표현할 수 없다. 잘 알 수 없다. ¶我~来, 给你画个样儿看吧｜말로는 표현할 수 없으니, 모양을 그려서 보여주겠다. ¶也许有, 我可~｜있을지도 모르나, 나로서는 잘 알 수 없다 ⇔〔说得上①〕

【说不通】shuō ·bu tōng 動組 말이 서로 통하지 않다. ¶跟他说了半天, 就是~｜그와 한참을 이야기 했으나 정말 말이 서로 통하지 않았다.

【说不下去】shuō ·bu xiàqù 動組 말을 계속할 수 없다. 말을 더 잇지 못하다. ¶这么失礼的话, 我怎么和人家~｜이러한 결례의 말을 내가 어떻게 남과 계속 할 수 있겠는가 ⇔〔说得下去〕

【说不着】shuō ·bu zháo 動組 ❶ 말할 것이 못된다. 말할 성질의 것이 아니다. 말할 필요가 없다. ¶这些话和我~｜이러한 말은 내게 말할 필요없다. ❷ 말이 통하지 않다. 마음이 서로 맞지 않다.

【说曹操, 曹操就到】shuō Cáocāo, Cáocāo jiù dào 諺 호랑이도 제말하면 온다. ¶~, 刚念起你, 你就进门了｜호랑이도 제말하면 온다고 네 생각을 막 하자니 네가 문으로 들어왔다＝〔说谁, 谁就来〕〔说着曹操, 曹操就到〕〔说着风, 风就来〕〔说着关公, 关公就到〕

【说叉】shuōchà 動 말이 엇갈리다. 말에 오해가 생기다. ¶一句话~, 竟引起一场纠纷jiūfēn｜말 한마디가 엇갈려 결국 한바탕 분쟁이 일어났다.

【说岔】shuōchà 動 ❶ 의견이 엇갈리다. 의견 차이가 생기다. ¶两人~了, 就争了起来｜두 사람은 의견 차이가 나자 곧 다투기 시작했다. ❷ 이야기가 본론에서 벗어나다. 이야기가 옆길로 새다.

【说长道短】shuō cháng dào duǎn 成 이러쿵 저러쿵 시비〔비평〕하다. 남의 흉을 보다＝〔说短论长〕〔说高说低〕〔说好说歹②〕

【说唱】shuōchàng ❶ 名 설창. 강창(講唱). 운문과 산문으로 꾸며져 있는 민간 문예. ¶~文学＝〔讲唱文学〕｜강창 문학. ❷ 動 말하기도 하고 노래하기도 하다.

【说成】shuōchéng 動 …라고 말하다. …라고 간주하다. ¶他们一定要把它~是什么独立运动｜그들은 끝까지 그것을 무슨 독립운동으로 간주하려 하고 있다. ¶把黑~白｜흑을 백이라고 한다→〔看kàn做〕

【说处】shuōchù 名 近 ❶ 할 말. 해야 할 말. ¶我自有~｜나는 나대로 할 말이 있다. ❷ 하소연할 대상. ¶无~｜하소연할 데가 없다.

【说穿】shuōchuān 動 말로 폭로하다. 다 밝히다. ¶他的心事被老王~了｜그의 걱정이 왕씨가 말을 해서 다 드러났다→〔揭jiē穿〕

【说词】shuōcí 名 ❶ 변설(辯舌). ¶善于~｜변설에 능하다. ❷ 구실. 변명. ¶他借着这个当~｜그는 이것을 구실로 삼았다＝〔说辞〕

【说辞】shuō·cí ⇒〔说词②〕

【说错】shuōcuò 動 잘못 말하다. 틀리게 말하다. ¶他慌huāng了把台词都~了｜그는 당황하여 대사를 틀리게 말했다. ¶谁~话谁负责fùzé｜누구든 말을 잘못하는 자가 책임을 진다.

【说大话】shuō dàhuà 動組 허풍을 떨다. 호언장담하다. 큰소리치다. ¶~使小钱儿｜큰소리만 떵떵 치면서 돈 쓰는 데는 인색하다. ¶他爱~｜그는 허풍을 잘 떤다.

【说到】shuōdào 動 언급하다. ¶~这里为止｜여기까지만 말하다＝〔提到〕

【说到做到】shuō dào zuò dào 成 말 한 것은 반드시 실행하다. 약속은 반드시 지키다＝〔说到哪里, 做到哪里〕〔说得到, 做得到〕〔说到作到〕

【说道】ⓐ shuōdào 動 (…라고) 말하다 [다른 사람의 말을 직접화법으로 인용할 때 쓰임] ¶他~:「明天一定来」｜그는 「내일 꼭 오겠다」고 말했다.

ⓑ shuō·dao 方 ❶ 動 말로 표현하다. 말하다. ¶你把刚才跟我讲的在会上~~, 让大家讨论讨论｜네가 방금 나에게 한 말을 회의에서 이야기하여 여러 사람이 토론하게 해라. ❷ 動 의논하다.

상담하다. ¶我跟我妈妈～～再决定 | 어머니와 좀 의논하고 나서 결정하겠다. ❸ 名 일리. 이치. 명목.

【说…道…】shuō…dào… 상대적이거나 비슷한 형용사 및 수사를 사용하여 각종 관용구를 만듦 →〔说长道短〕〔说三道四〕〔说东道西〕

【说得到, 做得到】shuō·dedào, zuò·dedào ⇒〔说到做到〕

【说得过去】shuō·de guòqù 動組 ❶ (이치에 닿아) 말이 통하다. 조리가 서다. 논리적이다. ¶只要在理论上～就可以 | 이론상 말이 되기만 하면 된다 ⇔〔说不过去〕 ❷ 그런대로〔대체로〕괜찮다〔무난하다〕[보통「总」과「总算」에 이어 쓰기도 함] ¶这个法子总～了 | 이 방법은 그런대로 괜찮다.

【说定】shuōdìng 動 ❶ 단언하다. ¶那不能～了 | 그것은 단언할 수 없다. ¶一口～ | 한마디로 단언하다. ❷ (그렇게 하기로) 결정하다. 약속하다. ¶～的口约不能推翻 tuīfān | 언약한 약속은 번복할 수 없다 =〔说下〕

【说东道西】shuō dōng dào xī 成 이것저것 두서 없이 말하다. ¶这女人就爱～的 | 이 여자는 이 말저말 늘어놓기를 잘 한다.

【说动】shuōdòng 動 말로 사람의 마음을 움직이다. ¶厂长被他花言巧语～了 | 공장장은 그의 현란하고 교묘한 말솜씨에 마음이 움직였다.

3【说法】ⓐ shuō/fǎ 動 〈佛〉설법하다. 설교하다. 어법 목적어를 갖지 않음. ¶大师正在～ | 대사께서 설법을 하고 계신다. ¶讲经～ | 불경을 강해하고 설법을 하다.

ⓑ shuō·fa 名 ❶ 표현(법). 논법. 논조. ¶委婉 wěiwǎn的～ | 완곡한 표현법. ¶改换一个～ | 표현을 달리 바꾸다. ¶意思一样, 只不过～不同 | 의미는 같은데 표현법만 같지 않은 것 뿐이다. ❷ 의견. 견해. ¶有很多～ | 여러 가지 견해가 있다. ¶这种～大家都不赞同 zàntóng | 이런 견해는 모두들 찬동하지 않는다.

【说风凉话】shuō fēngliánghuà 動組 方 비꼬다. 빈정대다. 방관자처럼 무책임한 말을 하다. ¶这是咱们大家的事, 谁也别站在一边～ | 이것은 우리 모두의 일이니 누구도 한쪽 구석에 서서 무책임한 말을 하지 말라.

3【说服】shuō/fú ❶ 動 설복하다. 설득하다. 납득시키다. ¶～他听大家的话 | 모두의 말을 듣게끔 그를 설득하다. ¶从此, 我不再小看妇女, 你算把我～了 | 이후로 다시는 여자들을 가벼이 여기지 않겠다. 네가 나를 설복한 셈이다. ¶谁也～不了谁 | 누구도 그 누구를 설복할 수 없다. ❷ (shuōfú) 名 설득.

【说干脆的】shuō gāncuì·de 動組 딱 잘라 말하다. 명백히 말하다. ¶～, 你们都不对 | 딱 잘라 말하자면 너희들 다 옳지 않다.

【说古道今】shuō gǔ dào jīn 成 고금의 일을 이것저것 이야기하다.

【说好话】shuō hǎohuà 動組 ❶ (듣기에) 좋은 말을 하다. ¶他不喜欢～ | 그는 남 듣기 좋은 말은 좀처럼 하지 않는다. ❷ 남을 (추천하면서) 좋게 말하다.

【说合】shuō·he 動 ❶ 중개하다. 중매하다. 말을 건네다. ¶他～了一门亲事 | 그는 중매 한건을 했다. ¶双方矛盾很大, 暂时～不到一块儿 | 쌍방이 서로 알력이 있어 잠시 동안은 말을 건넬 수 없다. ¶～人 | 중개인. ¶给人家～ | 남에게 중개해 주다. ❷ 상의하다. ¶为这件事, 他们在一起～过两次 | 이 일 때문에 그들은 함께 두번 상의한 적이 있다. ❸ 중재하다. 화해시키다. ¶她最会～邻里之间的纠纷 | 그녀가 동네에서 일어나는 분쟁을 가장 잘 중재한다. ¶你去～～, 让他们重新和好 | 네가 가서 좀 화해시켜서 그들 사이가 다시 좋아질 수 있게 해라 =〔说和〕

【说和】shuō·he 動 화해시키다. 중재하다. ¶叫我去～ | 나더러 중재하게 하다. ¶终于把他们～了 | 결국 그들을 화해하게 했다 =〔说合③〕

【说话】shuō/huà ❶ 動 말하다. 이야기하다. ¶这孩子刚学会～ | 이 아이는 막 말을 배웠다. ¶不爱～儿 | 입이 무거운 사람. ¶～不当话 | 한 말에 책임을 지지 않다. ¶～不算话 | 말한 것을 지키지 않다. ❷ 動 (～儿) 잡담하다. 한담하다. ¶她俩常在一起～ | 그녀 둘은 늘 같이 모여 잡담한다. ¶说了半天话儿 | 한참 동안 한담했다. ❸ 動 나무라다. 책망하다. 비난하다. ¶要把事情做好, 否则人家要～了 | 일을 잘해야 된다. 그렇지 않으면 남들이 한마디 할꺼다. ¶没有听人说你什么话 | 너에 대해 누가 책망하는 어떤 소리도 듣지 못했다. ❹ 動 …가 말해 주다. …에 좌우되다. …가 좌우하다. ❺ (shuōhuà) 副 方 말하는 사이에. 곧. 이내. ¶你稍等一等, 我～就来 | 잠시 기다려라, 금방 올테니까. ¶～间 | 이야기하고 있는 동안. ¶～就得 | 곧 하게 된다. ❻ (shuōhuà) 名 方 말. ¶这种～叫人听了不舒服 | 이런 말은 남들이 들으면 기분 나빠 하겠다. ¶他这句～很有道理 | 그의 이 말은 일리가 있다. ❼ (shuōhuà) 名 설화.

4【说谎】shuō/huǎng 動 거짓말하다. ¶～大王 | 거짓말 대장. ¶小孩子不能～ | 어린이는 거짓말해서는 안된다 =〔说谎话〕〔说假话〕〔方 打谎〕

【说教】shuōjiào 動 ❶ 설교하다. ❷ 탁상공론하다. ¶他最不喜欢～ | 그는 탁상공론하는 것을 가장 싫어한다.

【说酒话】shuō jiǔhuà 動組 취중에 말을 하다. ¶今天～说得太多了, 请多原谅 | 오늘 취중에 말을 너무 많이 했군요. 너그럽게 양해해 주세요.

【说开】shuōkāi 動 ❶ 설명하다. 밝히다. 해명하다. ¶我要亲自去～ | 내가 직접 가서 해명하겠다. ¶从头给各位～ | 처음부터 여러분들께 밝히겠습니다. ❷ 분명〔명확〕하게 말해두다. ¶价钱要先～了 | 값을 먼저 분명히 말해두어야 한다. ¶咱们可把话～了 | 이야기를 분명하게 해놓는 것이 좋겠다. ❸ 말이 널리 사용되다〔퍼지다〕. (말이) 통용되다. ¶这个词儿已经～了, 大家也都懂得了 | 이 말은 이미 널리 퍼져서 누구나 다 안다.

【说客】shuōkè ☞〔说客〕shuìkè

【说来】shuōlái 말하자면. 말하고 보면. 말이 났으

니 말이지. ¶总的～ | 총체적으로 말하자면. ¶～都是好朋友 | 말이 났으니 말이지 모두 좋은 친구들이다. ¶～也巧 | 공교롭게도. 때마침.

【说来话长】shuō lái huà cháng 成 말을 하자면 이야기가 길다. ¶这事儿～呢 | 이 일은 말하자니 너무 길어.

【说来说去】shuōlái shuōqù 動組 장황하게 지껄여 대다. 곱씹다. 자꾸 반복해서 말하다.

【说老实话】shuō lǎo·shihuà 動組 진실한 말을 하다. 정직하게 말하다. ¶～, 我没有那么多的本领 | 정직하게 말하자면 나는 그렇게 많은 능력을 갖고 있지 않다.

【说了归齐】shuō·le guīqí 動組 요컨대. 결국. ¶～, 这事儿他也有责任zérèn | 결과적으로 그도 책임이 있다.

【说理】shuō/lǐ 動 ❶ 도리를 설명하다. 이치를 따지다. 시비를 가리다. ¶～斗争 | 이론 투쟁. ¶～的文章 | 도리를 설명하는 문장. ¶这件事的处理有些不公, 我要找他～ | 이 일 처리는 좀 공정하지 못하니 내가 그를 찾아가서 이치를 따져야 겠다. ❷ 도리〔이치〕에 맞다. 도리를 알다. ¶你这个人～不～? | 너같은 사람이 도리를 알겠는가? ¶李明这个人不～, 不要跟他噜嗦 | 이명 이 사람은 도리를 모르니 그와는 길게 이야기하지 말라.

【说溜了嘴】shuōliū·le zuǐ ⇒〔说走zǒu了嘴〕

【说漏】shuōlòu 動 말이 새다. 무심결에 입밖에 내다. ¶他把这事儿～了 | 그는 이 일을 입밖에 내고 말았다.

【说漏嘴】shuōlòu zuǐ 動組 무심결에 입 밖에 내다. 깜빡 잊고 할말을 빠뜨리다.

【说媒】shuō/méi 動 중매를 서다. 중매하다. ¶～的 =〔说媒人〕| 중매인 =〔保媒〕〔做媒〕→〔提亲〕

【说梦】shuō/mèng 動 ❶ 꿈 이야기를 하다. ❷ 꿈같은〔허황된, 종잡을 수 없는〕 이야기를 하다 ‖ =〔说梦话②〕

【说梦话】shuō mènghuà 動組 ❶ 잠꼬대하다. ❷ ⇒〔说梦〕

1【说明】shuōmíng 動 ❶ 설명하다. 해설하다. ¶请你～这是怎么回事 | 이것이 어떻게 된 일인지 설명하시오. ¶加以～ | 설명을 가하다. ¶～迟到的原因 | 지각한 원인을 설명하다. ¶举例～ | 예를 들어 설명하다. ❷ (분명하게) 말하다. 증명하다. 입증하다. ¶事实充分～这种做法是正确的 | 사실이 이런 방법이 정확하다는 것을 충분히 입증해 준다.

【说明书】shuōmíngshū 名 ❶ 설명서. ❷ 시방서(示方書). ❸ (연극이나 영화의) 프로그램.

【说明文】shuōmíngwén 名 설명문. ¶写作～ | 설명문을 쓰다.

【说破】shuōpò 動 숨기고 있는 바를 털어놓다. 숨김없이 말하다. ¶你别瞒着, 要～了 | 숨기지 말고, 털어놓고 이야기해라. ¶一句话～了他的心事 | 한마디의 말로 그의 마음 속을 드러냈다. ¶这戏法要～了就毫无意思 | 이 마술은 말해버리면 아무런 재미가 없게 된다 ‖ =〔道破〕

【说谱儿】shuō pǔr 動組 원칙을 따지다. 이의를 말하다. 의논하다. ¶不能办事, 净是～ | 일은 할 줄 모르면서 원칙만 따지다.

【说起来】shuō ·qǐ ·lái 動組 ❶ 말하기 시작하다. ❷ 이야기해 보면. 말해 보면. ¶～我们还是亲戚 | 말할라치면 우리들은 그래도 친척이다 =〔说来①〕

【说戗】shuōqiāng 動 이야기가 결렬되다. 의견 충돌이 생기다. ¶两个人～了, 打了起来 | 두 사람은 의견이 상충되어 (서로) 싸우기 시작했다.

【说亲】shuō/qīn ⇒〔提tí亲〕

4【说情(儿)】shuō/qíng(r) 動 인정에 호소하다. (남을 대신해서) 사정을 하다. ¶托人～ | 남에게 부탁하여 사정하다. ¶如果有人来～, 你告诉他别来碰pèng钉子dīngzi | 와서 사정 얘기를 하려는 사람이 있으면 네가 그에게 와서 괜히 거절당하지 말라고 전해라 =〔说人情〕〔讲情〕→〔求qiú情〕

【说三道四】shuōsān dàosì 俗 제멋대로 지껄이다. ¶别在这儿～的 | 여기서 이것 저것 마구 말하지 말라 =〔说五道六〕

【说啥】shuōshá 副 方 무슨 말을 하든지 간에. 아무리 해도. 여하튼 ¶～也买不着 | 아무리 해도 살 수 없다. ¶～也不行 | 무슨 말을 해도 안된다.

【说什么】shuōshén·me 動組 무슨 말을 하더라도. 어쨌든 간에. 하여튼. 어찌 하더라도. ¶今天～也要把这本书看完 | 오늘은 어찌 하더라도 이 책을 다 읽어야 한다. ¶他们～也不休息 | 그들은 무슨 말을 하더라도 쉬지 않는다.

【说时迟, 那时快】shuōshí chí, nàshí kuài 成 눈 깜짝할 사이에. 순식간에 일어나다. ¶～, 他一把抓住了快掉下去的小孩 | 눈깜빡할 사이에 그는 막 떨어질려는 아이를 한 줌에 잡았다.

【说说唱唱】shuōshuōchàngchàng ❶ 動組 이야기도 하고 노래도 부르다. ¶孩子们～很快活 | 아이들은 이야기도 하고 노래도 하며 아주 즐거웠다. ❷ 名〈書〉중국 성립 초기에 발간되었던 설창(說唱)문학 잡지.

【说说笑笑】shuō shuō xiàoxiào 動組 이야기로 웃음꽃을 피우다. ¶她们一天到晚～的 | 그녀들은 하루 종일 이야기로 웃음꽃을 피웠다.

【说死】shuōsǐ ❶ 動 딱 잘라 말하다. 단언하다 =〔说住〕→〔说活①〕 ❷ 副 무슨 말을 하더라도. 어떻게 말하던지. ¶～我也不去 | 어떤 말을 하더라도 나는 가지 않겠다.

【说死说活】shuōsǐ shuōhuó 動組 온갖 말을 다 하다. 말이란 말은 다 해보다. ¶～, 他死不赞成 | 온갖 말을 다해 보았지만 그는 죽어도 찬성하지 않았다.

【说头儿】shuō·tour 名 ❶ 이야기할 만한 가치. 말할 맛. 말할 만한 것. ¶没有什么大～ | 무슨 이야기할 만한 큰 가치가 있는 것은 아니다. ❷ 변명할 만한 이유. 변명의 여지〔구실〕. ¶没有～ | 변명의 여지가 없다.

【说完】shuōwán 動 말을 끝내다. 다 말해버리다. ¶该说的都～了 | 할 말은 다 말했다.

【说完了算】shuōwán·le suàn 動組 이야기가 끝

나면 그것으로 그만이다. ¶大家～，不要放在心里｜여러분 이야기가 끝나면 그것으로 그만이니 마음 속에 담아두지 마십시오.

【说闲话】shuō xiánhuà 動組 ❶ 옆에서 비꼬거나 불만을 얘기하다. 뒷공론하다. ¶有意见当面提，别在背后～｜의견이 있으면 앞에서 말해야지, 뒷공론해서는 안 된다. ❷(～儿) 한담하다. 잡담하다. ¶他俩～说了一个上午｜그들 둘은 오전 내내 잡담을 했다.

【说项】shuōxiàng 動 轉 좋게 말하다. 두둔하다. 변호하다. ¶为某人～｜어떤 이를 두둔하다. ¶他们派人～被拒绝｜그들은 사람을 보내서 잘 말해 보았지만 거절 당했다. ¶烦请代为～｜수고스러우시겠지만 대신 잘 말해주십시오.

【说笑】shuōxiào 動 담소하다. 어법 목적어를 갖지 않음. ¶都聚在那里～｜모두들 그 곳에 모여 담소하고 있다. ¶屋子里充满了～声｜방안에는 담소하는 소리가 가득하다.

【说笑话】shuō xiào·hua 動組 ❶ 우스개 소리를 하다. ❷ 농담하다. ¶他很爱～｜그는 농담을 아주 잘 한다.

【说也奇怪】shuō yě qíguài 動組 말하기에도 이상하다. ¶～，他竟长着六根指头｜이상한 일이지만 그는 뜻밖에도 육손이다.

【说也巧】shuō yě qiǎo 動組 공교롭게도. 운좋게도. 때마침. ¶～，我快想出门，他就来了｜공교롭게도 내가 막 문을 나서려는데 그가 왔다.

【说一不二】shuō yī bù èr 成 두말하지 않다. 말한 대로 하다. ¶他最讲信用，是个～的人｜그는 가장 신용을 중시하며 두말하지 않는 사람이다＝〔说一是一〕

【说砸】shuōzá 動 (말·이야기 따위를) 망쳐〔훼방〕놓다.

【说着】shuōzháo 動 ❶ 정곡을 찌르다. 딱 알아맞히다. ¶你真～了｜너는 정말 정곡을 찔렀구나. ❷(호되게) 꾸짖다. 질책하다. ¶真把他～了｜정말 그를 호되게 꾸짖었다.

【说着玩儿】shuō·zhe wánr 動組 농담하다 [주로 「不是～」의 형태로 쓰임] ¶不是～的｜농담이 아니다.

【说真的】shuō zhēn·de 動組 정말이다. 진실을 말하다. ¶～，我不想去｜정말 나는 가고 싶지 않다.

【说真方卖假药】shuō zhēn fāngmài jiǎ yào ⇒〔挂guà羊头卖狗肉〕

【说嘴】shuōzuǐ 動 ❶ 자만하다. 허풍치다＝〔夸kuā嘴〕❷ 方 말다툼하다. 언쟁하다. ¶他爱和人～｜그는 남들과 말다툼을 잘 한다 ‖＝〔近 说口kǒu〕

B shuì

【说客】shuìkè ⊗ shuōkè) 名 ❶ 세객. ❷ 웅변가. 달변가. 설득에 능한 사람. ❸ 중재인. 貶 중재역을 자청하는 사람.

shuò ㄕㄨㄛˋ

【勺】shuò ☞ 勺 sháo B

【妁】shuò 중매 작
⇒〔媒méi妁〕

【芍】shuò ☞ 芍 sháo B

【朔】shuò 초하루 삭, 북녘 삭
名 ❶ 음력 초하루. ¶十二月～｜12월 초하루. ❷〈天〉삭(朔). 합삭(合朔). ❸ 북쪽. ¶～风↓ ❹(Shuò) 名〈地〉삭현(朔縣) [산서성(山西省)에 있는 현이름]

【朔吹】shuòchuī ⇒〔朔风〕

【朔风】shuòfēng 書 名 삭풍. 북풍. 하늬바람＝〔朔吹〕

【朔日】shuòrì 書 名 (음력) 초하루. ¶每月～放假｜매월 초하루에 쉰다＝〔吉日①〕

【朔望】shuòwàng 書 名 삭망. 음력 초하루와 보름날.

【朔望月】shuòwàngyuè 名〈天〉삭망월.

【朔月】shuòyuè 名 ❶ 음력 11월의 다른 이름. ❷〈天〉삭월 초생달＝〔新月②〕

【搠】shuò 찌를 삭
動 近 푹 찌르다. 꽂다. ¶～死sǐ｜찔러 죽이다.

【蒴】shuò 풀이름 삭
⇒〔蒴果〕

【蒴果】shuòguǒ 名〈植〉삭과 [씨가 여물면 터져 나오는 식물] ¶开～｜삭과가 익어 터지다.

【槊〈矟〉】shuò 창 삭
名 긴 창 [고대 병기(兵器)의 일종]

3【烁(爍)】shuò 빛날 삭
狀 빛이 반짝이다. 빛나다. ¶目光～～｜눈빛이 반짝반짝 빛나다＝〔铄③〕

【烁烁】shuòshuò 狀 반짝반짝 빛나다＝〔铄铄〕

【铄(鑠)】shuò 녹일 삭
❶ 書 動 금속을 녹이다. ¶众口～金｜成 군중의 입은 쇠도 녹인다. 여론의 힘은 세다＝〔销铄〕〔熔铄〕❷ 書 動 손상되다. 쇠약해지다. ❸「烁」와 통용 ⇒〔烁shuò〕

【铄石流金】shuò shí liú jīn 成 돌과 쇠가 녹아 흐르다. 불볕 더위이다＝〔流金铄石〕

【铄铄】shuòshuò ⇒〔烁shuò烁〕

【硕(碩)】shuò 클 석
書 形 크다. 현명하다. ¶～划｜웅대한 계획.

【硕大】shuòdà 書 狀 매우 크다. 대단히 크다. ¶～无比的成果chéngguǒ｜비할 수 없을 정도로 큰 성과. 대단한 성과.

【硕大无朋】shuò dà wú péng 成 비할 바 없이 크다. 어마어마하게 크다. ¶整个地球可以想像为一块～的磁石｜지구 전체는 어마어마하게 큰 자석이라고 상상할 수 있다. ¶五指山像一只～的手掌｜오지산은 비할 수 없을 만큼 엄청나게 큰 손바닥같다.

【硕果】shuòguǒ 名 큰 과실(果實). ¶～累lěi累｜큰 열매가 주렁주렁 달리다. 喻 훌륭한 성적. 큰 업적. ¶结～｜喻 좋은 성적을 거두다. ¶在文学研究方面喜结～｜문학 연구 방면에서 아주 좋은

성적을 거두었다.
【硕果仅存】shuò guǒ jǐn cún 成 큰 열매가 겨우 하나 남아 있다. ¶他是音韵学方面～的成功者｜그는 음운학 방면에서 몇 남아있지 않은 성공한 사람이다.
【硕士】shuòshì 名 ❶ 書 현명한〔어진〕 선비. ❷ 석사. ¶小白在南京大学中文系念～班｜백군은 남경대학 중문과에서 석사과정을 다닌다. ¶获得～学位｜석사 학위를 취득하다.

1【数】shuò ☞ 数 shù Ⓒ

sī ㄙ

【厶】sī mǒu 사사 사, 아무 모
Ⓐ sī「私」의 고체자(古體字) ⇒〔私sī〕
Ⓑ mǒu 고서(古書)에서 「某」의 이체자(異體字)로 사용되는 경우가 있음 ⇒〔某mǒu〕

2【私】sī 사사 사, 사사로이할 사
❶ 사적인. 개인적인. 개별적인. ¶～事↓ ⇔〔公〕〔官〕 ❷ 轉 이기적이다. ¶自～｜이기적이다. ¶大公无～｜매우 공정하고 사심이 전혀 없다. ❸ 사유(私有)의. 공공 사업이 아닌. ¶公～合营｜국가와 민간의 공동 경영. ¶～立学校｜사립 학교 ⇔〔公〕〔官〕 ❹ 비밀의. 비합법적인. ¶走～｜밀수하다. ¶～通↓ ¶～生子↓ ❺ 은밀히. 가만히. ¶～语↓ ¶～奔↓
【私奔】sībēn 名 動 사랑의 도피(를 하다). ¶她跟着一个野男人～了｜그녀는 어떤 외간남자(정부)와 바람이 나서 도망갔다.
【私弊】sībì 名 부당한 짓. 꿍꿍이 수작. 비행. ¶屡lǚ作～｜수차례 부당한 짓을 하다.
【私财】sīcái 名 개인 소유 재산. ¶积藏jīcáng～｜축재하다.
【私藏】ⓐ sīcáng 動 ❶ 은닉하다. ¶～军火｜무기를 은닉하다. ❷ 몰래 숨겨 두다. ¶～歹dǎi人｜악인을 숨겨 두다.
ⓑ sīzàng 名 개인 재산. 개인 소장품.
【私产】sīchǎn 名 사유 재산.
【私娼】sīchāng 名 사창. 몰래 매음하는 창기 =〔暗àn娼〕〔私窝子〕⇔〔公娼〕
【私仇】sīchóu 名 개인적인 원한.
【私党】sīdǎng 名 사당. 사적인 종파나 집단.
【私德】sīdé 名 ❶ 개인 도덕. ❷ 개인의 은혜.
【私邸】sīdǐ 名 (고급 관리의) 사저 =〔私宅zhái〕
【私法】sīfǎ 名〈法〉❶ 사법 [민법·상법 등] ¶公法与～｜공법과 사법. ❷ 개인이 정한 법칙.
【私房】ⓐ sīfáng 名 개인(소유) 주택〔가옥〕. ¶盖gài～｜개인주택을 짓다.
ⓑ sī·fang 名 ❶ 옛날, 남모르게 모은 개인재산. ¶积了一些～｜개인 재산을 얼마간 모아두었다 =〔私蓄〕〔梯己〕→〔私房钱〕 ❷ 비밀. 기밀.
【私房钱】sī·fangqián 名 사전. ¶她有不少～｜그녀에게는 몰래 모아둔 돈이 적지 않게 있다 =〔体己钱〕〔压箱底儿(的)钱〕
【私访】sīfǎng 名 動 ❶ 개인적 방문(을 하다). ❷ 미행(微行)(하여 민정을 살피다).
【私愤】sīfèn 名 개인적인 원한〔분노〕. ¶发泄fāxiè～｜개인적 원한을 풀다.
【私话(儿)】sīhuà(r) 名 (다른 사람이 알면 안되는) 사사로운 이야기. ¶咱们说句～, 你可不许告诉别人｜우리 사이에 한 말은 다른 사람에게 이야기해서는 안된다.
【私讳】sīhuì 名 조상을 존경하는 뜻에서 조상의 이름자를 자손들의 이름에 쓰기를 꺼리는 것 =〔家讳〕
【私货】sīhuò 名 ❶ 밀수품. ❷ 금제품(禁製品). ❸ 내력이 불분명한 물건.
【私见】sījiàn 名 ❶ 개인적인 견해. 사견. ❷ 자기 한 사람의 견해. ❸ 자기에게 유리한 생각.
【私交】sījiāo 名 개인적 교제. ¶他俩～甚笃dǔ｜그들 둘의 개인적인 정분이 아주 두텁다.
【私立】sīlì 區 사립(의). ¶～学校｜사립 학교.
【私利】sīlì 名 사리(사욕). 개인적인 이익. ¶讲～｜사리(사욕)를 따지다.
【私买私卖】sīmǎi sīmài 動組 비밀리에 사고 팔다. 암거래를 하다. ¶不得～控购商品｜통제 상품을 암거래해서는 안된다.
【私面(儿)】sīmiàn(r) 名 喩 내밀. 사적인 면. 표면화시키지 않음. ¶两方斗殴dòu'ōu之后, 由～和解了liǎo事｜쌍방이 치고 받고 싸운 후, 은밀히 화해하여 결말을 지었다 ⇔〔官guān面儿②〕
【私囊】sīnáng 名 개인의 호주머니. 사복(私腹). ¶都入了～｜모두 개인의 호주머니 속으로 들어갔다. ¶中饱～｜사복을 채우다 =〔私己②〕
【私拟】sīnǐ 動 남몰래 계획을 세우다. 몰래 초안을 만들다. ¶他～了一份电稿｜그는 몰래 전문의 원고 한 부를 초안했다.
【私念】sīniàn 名 사념. 사사로운 생각 잡념. ¶克制～｜사념을 억누르다.
【私钱】sīqián 名 ❶ 옛날, 민간에서 주조한 화폐. 가짜 화폐. ❷ 사재(私財).
【私情】sīqíng 名 ❶ 사정. 정실(情實). ¶排除páichú～｜사사로운 정을 배제하다. ❷ 편애.
2【私人】sīrén ❶ 名 개인. ¶我的话不代表组职, 只代表～｜내 말은 조직을 대표하지 않고 단지 개인을 대표할 뿐이다. ❷ 區 개인의. 민간의. ¶～企业｜개인 기업 →〔公家〕〔集体〕 ❸ 區 개인과 개인 사이의. 사적인. ¶～关系｜사적 관계. ¶～感情｜사적인 감정. ❹ 名 자기 사람. 친한 사람 →〔自己人〕 ❺ 名 (자기의) 연고자. ¶滥用～｜마구 연고자를 채용하다. ¶不该任用～｜개인적인 연고자를 임용해서는 안된다.
【私商】sīshāng 名 ❶ 개인 상점(또는 그 상인). ¶使农民不受～的中间剥削bāoxiāo｜농〔민이 개인 상인의 중간 착취를 받지 않도록 하다. ❷ 밀수업자. 암거래상.
【私生活】sīshēnghuó 名 사생활. ¶不能打听别人的～｜남의 사생활을 알아볼려고 해서는 안된다.
【私生子】sīshēngzǐ 名 사생아.
【私事】sīshì 名 ❶ 개인의 일. ¶因～请了假｜개인의 일로 휴가를 내다. ❷ 사사로운 일. ¶不要干涉gānshè别人的～｜남의 사사로운 일에 간섭하지 말라.

【私受】sīshòu 動 남몰래 받다.

【私淑】sīshū 書 區 사숙하다. ¶～弟子 | 사숙하는 제자.

【私塾】sīshú 名 글방. 사숙 =〔散学馆〕

【私通】sītōng 動 ❶ 밀통하다. ¶～外国 | 외국과 밀통하다. ❷ 간통하다. ¶她跟人～ | 그는 외간 남자와 간통했다.

【私图】sītú 名 動 貶 (혼자서) 기도(企圖)(하다). 획책(하다). ¶～越境潜逃qiántáo | 국경을 넘어 몰래 도주할 것을 기도하다.

【私窝子】sīwō·zi ⇒〔私娼〕

【私下(里)】sīxià(·li) 副 ❶ 배후에서. 비공개적으로. 몰래. ¶～把东西分光了 | 몰래 물건을 다 나누어 가졌다. ¶～商量了多时 | 비공개적으로 몇 시간동안 상의를 했다 =〔私地〕 ❷ 주관부서를 거치지 않고 사사로이. 사적으로. 비공식으로. ¶～了liǎo结 | 사적으로 해결하다. ¶金经理竟～答应提拔他当科长 | 김사장은 뜻밖에도 개인적으로 그를 과장으로 뽑아주기로 했다.

【私心】sīxīn ❶ 名 사심. 이기심. ¶为了他们的一点～, 我们大家都受累lèi | 그들의 조그만 이기심 때문에 우리 모두가 고생을 했다. ❷ 副 내심〔마음속〕으로. ¶我～非常高兴 | 나는 내심 매우 기뻤다.

【私心眼】sīxīnyǎn ❶ 名 자기 위주의 사고방식. ❷ 形 제멋대로다.

【私信】sīxìn 名 사신. ¶～箱 | 사서함. ¶不能随便看人家的～ | 함부로 남의 사신을 보아서는 안된다 =〔私书〕→〔公gōng函〕

【私刑】sīxíng 名 사형(私刑). 린치(lynch).

【私蓄】sīxù ⇒〔私房 b ①〕

【私学】sīxué 名 사숙(私塾). 글방. ¶兴办～ | 사숙을 일으키다.

4【私营】sīyíng 區 개인 경영하는. ¶～企业 | 개인〔사영〕기업.

3【私有】sīyǒu 區 사유의. ¶～财产 | 사유 재산. ¶～观念 | 사유관념.

4【私有制】sīyǒuzhì 名 사유 재산 제도.

【私语】sīyǔ ❶ 動 (낮은 소리로) 이야기하다. 소곤거리다. 비밀리에 이야기하다. ¶窃qiè窃～ | 남몰래 소곤거리다. ❷ 名 소곤거리는 말. 개인적인 얘기. ¶水声彷佛是小儿女的愉快的～ | 물소리가 어린 아이들이 기분좋게 재잘거리는 소리 같다.

【私欲】sīyù 名 사욕. ¶～膨胀péngzhàng | 사리사욕이 불어나다.

【私怨】sīyuàn 名 개인간의 원한. ¶报～ | (개인) 원한을 갚다.

【私藏】sīzàng ☞〔私藏〕sīcháng b

【私造】sīzào 動 남몰래 만들다. 위조하다. ¶～品 | 위조품. ¶～武器 | 사제 무기.

【私宅】sīzhái ⇒〔私邸dǐ〕

4【私自】sīzì 副 ❶ 남의 힘을 빌어 사사로이. ¶这是公物, 不能～拿走 | 이것은 공공물건이라서 사사로이 가져 가서는 안된다. ❷ 자기의 생각대로. 제멋대로. ¶她～和人订婚了 | 그녀는 제멋대로 약혼했다.

2【司】sī 맡을 사, 벼슬 사 ❶ 書 動 맡아보다. 관장하다. 경영하다. ¶各～其事 | 각기 그 직무를 맡다. ¶～帐↓ ❷ 名 (중앙 관청의) 국(局). 부(部). ¶外交部亚洲～ | 외무부 아주국. ¶礼宾～ | 의전국→〔局(儿)②〕 ❸ (Sī) 名 성(姓). ❹ 복성(複姓) 중의 한 자(字). ¶～城↓ ¶～空②↓

【司城】Sīchéng 名 복성(複姓).

【司词】sīcí 名〈言〉전치사(介詞)의 빈어(賓語) [민국 초기의 문법 용어]

【司铎】sīduó 名 ❶ 書 문화교육사업의 책임자. ❷〈宗〉신부. 선교사의 존칭 =〔神甫〕〔神交〕

4【司法】sīfǎ 名〈法〉사법. ¶～机关的职权 | 사법기관의 직권. ¶～部门 | 사법부(서).

【司号员】sīhàoyuán 名〈軍〉나팔수. ¶～吹冲锋chōngfēng号 | 나팔수가 돌격나팔을 불다.

2【司机】sījī ❶ 名 기관사. 운전사. ¶计程车～ | 택시 운전사. ¶我想当卡车～ | 나는 트럭 운전수가 되고 싶다. ❷ 動 기계를 취급하다〔관리하다〕.

【司空】sīkōng 名 ❶ 사공 [중국 고대의 관명(官名)] ❷ (Sīkōng) 복성(複姓).

【司空见惯】sī kōng jiàn guàn 成 늘상 보아 신기하지 않다. 흔히 있는 일이다. ¶那是～的事情 | 그것은 흔한 일이다 =〔见惯不惊〕

【司寇】sīkòu 名 ❶ 사구 [중국 고대의 관명(官名)] ❷ (Sīkòu) 복성(複姓).

3【司令】sīlìng 名 사령. 사령관. ¶卫戍～ | 위수사령관. ¶警备～ | 경비사령관.

4【司令部】sīlìngbù 名 사령부.

【司令员】sīlìngyuán 名 사령원 [중국 인민 해방군에서 군사 방면의 각종 임무를 주관하는 사람] ¶南京军区～ | 남경 군구의 사령원.

【司炉】sīlú 名 (기차 따위의) 열관리공. 보일러공.

【司马】sīmǎ 名 ❶ 사마 [중국 고대의 관명] =〔大尉②〕 ❷ (Sīmǎ) 복성(複姓).

【司马昭之心, 路人皆知】sīmǎ zhāo zhī xīn, lù rén jiē zhī 成 「司马昭」의 야심은 모든 사람이 다 안다. 야심이 훤히 드러나 누구나 다 안다. ¶他这样做的用意是～ | 그가 이렇게 하는 의도는 너무 빤하여 누구나 다 안다.

【司南】sīnán 名 중국 고대의 나침반 [현대 지남침의 시초]

【司徒】sītú 名 사도. ❶ 옛날의 관명(官名) ❷ (Sītú) 복성(複姓).

【司务长】sīwùzhǎng 名〈軍〉중대(中隊)의 경리 담당관. 경리 장교. ¶他当了两年～ | 그는 경리 장교를 2년 했다.

【司仪】sīyí 名 ❶ 식전(式典)의 진행자. 사회자. ¶他当这次会议的～ | 그는 이번 회의의 사회자이다. ❷ (결혼식의) 주례.

【司帐】sīzhàng ❶ 動 회계하다. ❷ 名 회계원.

2【丝(絲)】sī 실 사 ❶ 名 생사(生絲). ¶人造～ | 인견(사) =〔蚕丝〕 ❷ 名 轉 극히 조금. 약간. ¶脸上没有一～笑容 | 얼굴에 미소 한점 없다. ¶纹～不动 | 成 조금도 움직이지 않다. ❸ (～

儿) 名 실처럼 가느다란 것. ¶铁～ | 철사. ¶萝卜luóbo～儿 | 무채. ❹ 名 轉「螺luó丝」(나사)의 약칭. ❺ 名〈音〉팔음(八音)의 하나→〔丝竹〕〔八音〕 ❻ 量〈度〉「市丝」의 통칭→〔市丝〕 ❼ 量〈度〉단위의 명칭 [10「丝」는 1「毫」, 10「毫」는 1「釐」를 가리킴] ❽ 量〈度〉데시밀리(decimilli). ¶～米 | 데시밀리미터. ¶公～ =〔毫克〕| 밀리그램의 옛 이름.

【丝包(软)线】sībāo(ruǎn) 名〈電氣〉견사(絹絲)를 입힌 코드.

【丝虫病】sīchóngbìng 名〈醫〉필라리아증 =〔㊄粗腿病〕〔㊄流火①〕〔血xuè丝虫病〕

【丝绸】sīchóu 名 견직물의 총칭. ¶苏州盛产～ | 소주에는 비단이 많이 난다.

【丝绸之路】sīchóu zhī lù 名組 실크 로드. 비단길 =〔丝路〕

【丝葱】sīcōng 名〈植〉실파. 세종(細葱).

【丝糕】sīgāo 名〈食〉옥수수 가루·좁쌀 가루 따위를 반죽하여 발효시킨 후 찐 떡의 일종.

【丝瓜】sīguā 名〈植〉수세미외. ¶～炒鸡蛋 | 수세미외와 계란을 함께 볶은 요리. ¶～络 =〔丝瓜筋〕| 수세미외 속의 섬유 =〔天丝瓜〕

【丝光】sīguāng 名〈紡〉실켓(silket) 가공에의한 면직물의 광택. ¶～布 | 실켓 직물. ¶～处理 | 실켓처리〔가공〕. ¶～不褪色tuìsè卡其 | 실켓가공의 색이 바래지 않는 카키색 천.

3【丝毫】sīháo 形 추호도. 조금도 어법 정도부사의 수식을 받지 않고, 단독으로 술어가 될 수 없으며, 주로 부정문에 쓰이고, 주로 추상명사를 수식함. ¶他没有～的个人打算 | 그는 조그만 개인적인 속셈도 없다. ¶～不爽shuǎng | 추호도 어긋남이 없다. ¶拿不出～的证据 | 털끝만한 증거도 댈수 없다. ¶她一气走了十里路, ～不觉得疲劳píláo | 그녀는 화가 나자 십리 길을 걸었지만 조금도 피곤한 줄 몰랐다.

【丝极】sījí 名〈電氣〉필라멘트 =〔灯丝〕

【丝拉】sīlā 狀 ❶ 우물쭈물하다. ❷ 질질 끌다. ❸ 끊이지 않다. ¶肚子dùzi～地疼téng | 배가 계속해서 아프다.

【丝米】sīmǐ 量〈度〉0.1밀리미터.

【丝绵】sīmián 名 풀솜. 명주솜. 설면자(雪綿子). ¶～的夹袄jiáǎo | 명주솜을 넣은 겹저고리 =〔绵子〕

【丝儿】sīr 名 ❶ 실. ❷ 실처럼 가늘고 긴 물건. ¶这肉～切得很匀yún | 이 채 썬 고기는 매우 고르게 썰었다. ¶炒鸡～ | 채 썬 닭고기 볶음 ‖ =〔丝子〕

【丝绒】sīróng 名〈紡〉벨벳. 빌로도. ¶柳条～ | 줄무늬 벨벳. ¶～的窗帘 | 벨벳으로 만든 커튼 =〔天鹅绒〕〔剪绒〕

【丝丝拉拉】sī·si lālā 狀 끊임없이 계속되다. ¶～闹了一个多月的病 | 시름시름 한 달을 넘게 앓았다. ¶雨～地下 | 비가 끊임없이 내린다 =〔拉拉丝丝〕

【丝丝入扣】sī sī rù kòu 成 딱들어 맞다. 잘 짜이다. ¶舞台上演员表演得～ | 무대에서 연기자들이 연기를 딱들어맞게 잘한다.

【丝袜(子)】sīwà(·zi) 名 명주 양말. 비단 버선→〔毛máo袜(子)〕

【丝网】sīwǎng 名〈印出〉실크 스크린(silk screen). ¶～印刷 | 실크 스크린 인쇄. ¶～印刷机 | 실크 스크린 인쇄기. ¶～油墨 | 실크 스크린 인쇄 잉크.

【丝弦】sīxián 名 ❶ 현악기의 줄. ❷ (～儿) 하북 지방의 석가장(石家莊)일대에서 유행했던 전통극의 하나 =〔老调丝弦〕

【丝线】sīxiàn 名〈紡〉❶ 견사. ❷ 견사 재봉실.

【丝织品】sīzhīpǐn 名 ❶ 견직물. ¶出口～ | 견직물을 수출하다 =〔丝织物〕 ❷ 견사 편직물(編織物).

【丝竹】sīzhú 名 ❶ 관현악기. 악기의 총칭. ¶～合奏 | 관현악 합주. ❷ 轉 음악. ¶江南～ | 강남의 음악.

【丝状】sīzhuàng 名 실처럼 가늘고 긴 모양. ¶切成～再炒 | 실처럼 가늘게 썬 다음 볶다.

【丝锥(子)】sīzhuī(·zi) 名〈機〉탭(tap) =〔螺luó纹攻〕

【丝子】sī·zi ⇒〔丝儿〕

【咝(噝)】sī 나는소리 사

擬 피융피융. 타다다. [포탄·총알 등이 날아가는 소리] ¶子弹～～飞过去 | 탄알이 피융피융 날아간다 =〔嘶③〕

1【思】sī sāi 생각할 사, 어조사 사, 수염많을 새

Ⓐ sī ❶ 動 생각하다. 고려하다. ¶～前想后↓ ¶深～ | 깊이 생각하다→〔思想③〕 ❷ 動 그리워하다. 걱정하다. ¶相～ | 서로 그리워하다. ¶～亲 | 부모를 걱정하다. ❸ 名 사상. 생각. ¶文～ | 글에 나타난 생각→〔想xiǎng〕 ❹ (Sī) 名 성(姓).

Ⓑ sāi ⇒〔于思〕

【思辨】sībiàn ❶ 動 생각하여 도리를 가려내다. ¶他善于～ | 그는 사변에 능하다. ❷ 名〈哲〉사변

4【思潮】sīcháo 名 ❶ 사조. 사상의 흐름. ¶文艺～ | 문예 사조. ¶新～滚滚而来 | 새로운 사조가 물밀듯이 들어온다. ❷ 생각. 일련의 상념. 기분. ¶一路上都有人向他欢呼, 打断了他的～ | 길가의 모든 사람들이 그를 환호하여 그의 상념을 끊어 놓았다.

【思忖】sīcǔn 書 動 생각하다. 고려하다. 사고하다. ¶心中～ | 마음속으로 생각하다 =〔思量①〕

【思凡】sīfán 書 動 선인(仙人)〔승려〕이 인간 세상의 생활을 그리워하다. 세속적인 야심이 생기다. ¶他又要～了 | 그는 또 (정권에 대한) 욕망을 보이고 있다.

【思过】sīguò 動 자신〔자기〕의 과오를 반성하다. ¶我决意闭门～ | 나는 문을 걸어 잠그고 자신의 과오를 반성하기로 결심했다.

【思旧】sījiù 動 옛 친구를 그리다〔생각하다〕. 옛날을 회상하다.

3【思考】sīkǎo ❶ 動 사고하다. 깊이 생각하다. 사색하다. 심사숙고하다. ¶独立～ | 홀로〔자주적으로〕 생각하다. ¶他在～老师提出的问题 | 그는 선생님이 낸 문제를 깊이 생각하고 있다. ¶

～事物的本质｜사물의 본질에 대해 깊이 사고하다. ¶怎样写好这篇作文, 你要好好～～｜어떻게 하면 이 작문을 잘 쓸 수 있는지 심사숙고해야 된다. ¶认真地～｜진지하게 생각하다. ¶～问题｜문제를 깊이 생각하다. ❷名 사고. 사색. 사유. ¶～力｜사고력. ¶我们研究时应当加以～｜우리는 연구할 때, 마땅히 사색해야 한다.

【思恋】sīliàn 書動 애타게 그리다. 그리워하다. 사모하다. ¶～故乡｜고향을 애타게 그리다. ¶他很～亲人｜그는 육친를 아주 그리워한다.

【思量】sī·liang 動 ❶ (여러모로) 생각하다. ¶细x-ì细～｜자세히 생각하고 또 생각하다 =〔思忖〕 ❷ 方 그리워하다. 늘 생각하다. ¶大家正～你呢!｜모두들 너를 그리워하고 있어!

【思路】sīlù 名 ❶ 생각의 갈피〔갈래〕. 사고의 방향〔맥락〕. ¶～错乱了｜생각이 헝클어졌다. ¶～开阔｜생각의 폭이 넓다. ¶他正在发言, 别打断他的～｜그는 지금 발언하고 있으니, 그의 사고의 흐름을 끊지 말아. ❷ 글의 구상. 문장의 맥락. ¶你的论文～很好｜너의 논문은 구상이 자주 좋다.

【思虑】sīlǜ 動 사려하다. 숙고하다. ¶他一直在～着这个问题｜그는 줄곧 이 문제를 깊이 생각하고 있다. ¶～得连睡也睡不着了｜생각이 하도 많아 잠도 이룰 수 없다. ¶～周到｜사려가 주도 면밀하다. ¶年岁越大～越深｜나이가 들수록 사려도 더 깊어진다.

【思谋】sīmóu 動 方 이모저모로 생각하다. 고려하다. 계산하다. ¶多方～｜여러모로 고려하다.

【思慕】sīmù 動 사모하다. ¶～师长｜스승을 사모하다.

3【思念】sīniàn 動 그리워하다. ¶～故乡｜고향을 그리워하다. ¶母亲～儿子到了夜不成眠的地步｜어머니가 너무 아들이 그리워 밤에도 잠을 이룰 수가 없게 되었다 =〔想念〕

4【思前想后】sī qián xiǎng hòu 成 지난날을 회상하고 앞날을 여러모로 생각하다. 앞뒤를 생각하다.

【思如涌泉】sī rǔ yǒng quán 成 재사(才思)가 샘솟듯 하다. 喻 문사가 재치있고, 재능이 넘치다.

3【思索】sīsuǒ ❶ 動 사색하다. 깊이 생각하다. ¶～问题｜문제를 깊이 생각하다. ¶用心～｜골똘히 사색하다. ¶她不再去苦～了｜그녀는 이제 더이상 고심하지 않는다. ❷ 名 사색. 생각. ¶扰乱rǎoluàn～｜생각을 혼란시키다. 사색을 방해하다.

3【思维】sīwéi ❶ 名〈哲〉사유(思惟). ¶～方式｜사유 방식. ❷ 動 사유하다. 숙고하다. ¶再三～｜거듭 숙고하다.

【思乡】sī/xiāng 動 고향을 그리워하다. ¶抒发sh-ūfā～之情｜고향을 그리는 정을 토로하다.

1【思想】sīxiǎng ❶ 名 사상. 의식. ¶～认识｜사상적 인식. ¶～感情｜사상과 감정. ¶～僵jiāng化｜사상의 정체. ¶～回潮｜구사상의 부활. ¶～问题｜ⓐ 이데올로기 문제. ⓑ 잘못된 사상에서 오는 문제. ¶～好, 风格高｜사람의 생각이 바르면, 품격도 고상하다. ¶～境界｜사상의 경지. ¶～蜕tuì化｜사상의 변질→〔意yì识〕 ❷ 名 생각. 견해. 마음. ¶～见面｜솔직한〔기탄없는〕 의견의 교환. ¶关于这个问题, 我的～是这样｜이 문제에 관한 나의 견해는 이렇다. ¶～准备｜마음의 준비. ¶他的～是对的｜그의 생각은 옳다 =〔念头〕〔想法〕 ❸ 書動 생각하다. 숙고하다. ¶她～一些关于妇女的问题｜그녀는 여성에 대한 문제들에 대해서 생각한다.

【思想包袱】sīxiǎng bāo·fu 名組 정신적 부담〔고민〕.

【思想家】sīxiǎngjiā 名 사상가. ¶他是一个伟大的～｜그는 위대한 사상가이다.

【思想体系】sīxiǎng tǐxì 名組 ❶ 사상 체계. ¶建立自己的～｜자신의 사상 체계를 세우다. ❷ 의식 형태. 이데올로기(ideology) =〔意识形态〕

【思想性】sīxiǎngxìng 名 사상성. ¶这部作品的～很好｜이 작품은 사상성이 아주 좋다.

4【思绪】sīxù 名 ❶ 생각(의 갈피). 사고(의 실마리). ¶～纷乱fēnluàn｜생각이 갈피를 잡지 못하고 혼란스럽다→〔思路①〕 ❷ 정서(情緒). 기분. ¶～不宁níng｜정서 불안. ‖ 어법 「思绪」는 사유활동에 촛점이 있고, 「情绪」는 심리상태에 촛점이 있으며 「思绪」보다 폭넓게 쓰임.

【思议】sīyì 動 생각하여 헤아리다. ¶不可～｜불가사의하다. ¶难于～｜상상하기도 힘들다.

【缌(緦)】 sī 베 시, 시아 시

書名 가는삼베.

【缌服】sīfú 名 시복 [오복(五服) 중 가장 가벼운 상복(喪服)]

【锶(鍶)】 sī (스트론튬 사)

名〈化〉화학 원소 명. 스트론튬(Sr;strontium).

3【斯】 sī 이 사, 어조사 사

❶ 書 代 이. 이것. 여기. 이곳. ¶～人｜이 사람. ¶～时｜이 때. ¶生于～, 长于～｜이곳에서 태어나 이곳에서 성장하다. ¶以至于～｜이에 이르다 =〔此〕〔是〕 ❷ 書 連 곧. 이에. 그래서. ¶如知其非义～速已矣｜만약 그것이 의롭지 않다고 알면 즉시 그만둔다 =〔则〕〔乃〕 ❸ 書 尾 형용사의 뒤에 붙음 [「然」과 비슷함] ¶王赫～怒｜왕이 화를 버럭 내다. ❹ 음역어에 쓰임. ¶～芬克斯↓ ❺ (Sī) 名 성(姓).

【斯巴达】Sībādá 名 外〈地〉스파르타(Sparta).

【斯大林】Sīdàlín 名 外〈人〉스탈린(Joseph V. Stalin, 1879～1953) [소련의 정치가, 소련 사회주의 건설자]

【斯德哥尔摩】Sīdégē'ěrmó 名 外〈地〉스톡홀름(stochholm) [「瑞典」(스웨덴;Sweden)의 수도]

【斯芬克斯】sīfēnkèsī 名 外 스핑크스(sphinx). ¶这件事仍是一个～谜mí｜이 일은 아직도 스핑크스의 수수께끼이다 =〔斯芬克士〕〔斯芬克司〕〔狮身人面像〕

【斯堪的纳维亚半岛】Sīkāndìnàwéiyà Bàndǎo 名組 外〈地〉스칸디나비아 반도(Scandinavia半島).

【斯拉夫】Sīlāfū 名 外〈民〉슬라브(Slavs)족. ¶～人｜슬라브 민족. ¶～字母｜슬라브 문자.

【斯里巴加湾市】Sīlǐbājiāwānshì 名 外〈地〉반다르세리베가완(Bandar Seri Begawan) [「文莱」

(브루나이;Brunei)의 수도]
【斯里兰卡】Sīlǐlánkǎ 名外〈地〉스리랑카(Sri Lanka) [실론의 공식 국명, 수도는「科伦坡」(콜롬보;Colombo)]
【斯洛凡尼亚】Sīluòfánníyà 名外〈地〉슬로베니아(Slovenia) [「南斯拉夫」(유고슬라비아;Yugoslavia)로부터 1991년 분리 독립한 나라. 수도는「卢布拉那」(류블랴나;Ljubljana)]
【斯诺】Sīnuò 名外〈人〉에드가 스노우(Edgar Snow, 1905～1972) [미국의 작가. 종군 기자. 《중국의 붉은 별》《아시아를 위한 전쟁》으로 유명하며 묘지가 북경대학 구내에 있음]
【斯坦利港】Sītǎnlìgǎng 名外〈地〉스탠리(Stanley) [「福克兰群岛」(포클랜드 제도;Falkland Islands)의 수도]
【斯瓦希里语】Sīwǎxīlǐyǔ 名外 스와힐리어(Swahili語) ＝[斯瓦希利语]
【斯威士兰】Sīwēishìlán 名外〈地〉스와질랜드(Swaziland) [아프리카 동남부에 있는 영국 연방의 입헌 군주국. 수도는「姆Mǔ巴巴纳」(음바바네;Mbabane)]
4【斯文】ⓐ sī·wen 形 ❶ 우아하다. 고상하다. ¶举止～ | 행동거지가 고상하다 ＝[文雅] ❷ 점잖다. ¶风火事儿～不来 | 화급할 때 점잔만 빼고 있을 수 없다. ¶假装jiǎzhuāng～ | 점잔을 빼다. ¶说话～点儿, 别那么大叫大嚷rǎng的! | 말을 좀 점잖게 해라, 너무 그리 큰소리로 떠들어대지 말고.
ⓑ sīwén 書 名 문화(文化). 문화인. 문인(文人). 선비. ¶你不让我住, 还要凌辱língrǔ～ | 당신은 내가 거주하지 못하게 할 뿐더러 학자를 능멸하려고까지 한다.
【斯文扫地】sī wén sǎo dì 成 문화가[문인(文人)이] 존중받지 못하다. 문인이[학자가] 완전히 타락하다. 문화가 완전히 쇠퇴하다. ¶教授吵架实在是～ | 교수란 작자가 싸움질이니 정말 타락했군.

【厮〈廝〉】sī 종 시
❶ 名 近 (사내) 종. 하인. ¶小～ | 아이 종. ❷ 名 罵 놈. 자식 ¶这～ | 이놈. 이 자식. ¶那～ | 저놈. ❸ 副 轉 近 서로. ¶～打↓
【厮打】sīdǎ 動 ❶ 서로 때리며 싸우다. ¶两人在路上～起来了 | 두 사람이 길에서 서로 때리며 싸우기 시작했다. ❷ 마주치다. 맞부딪치다. ¶牙齿捉对儿～ | 이를 마주치며 덜덜 떨다.
【厮混】sīhùn 動 ❶ 농하며 떠들다. 농질하다. ❷ 난잡하게 뒤섞이다. 뒤엉키다. ¶新愁接着旧愁, ～了难分新旧 | 근심이 꼬리에 꼬리를 물고 나와서, 새 근심과 옛 근심을 구별하기 어려울 정도로 뒤엉켜버렸다. ❸ 貶 뒤섞여 지내다[살다]. ¶跟他～在一起 | 그와 함께 뒤섞여 지내다. ¶老王爱跟陪酒小姐～ | 왕씨는 술집 아가씨와 잘 뒤섞여 지낸다. ❹ 임시로 사귀다. ❺ 하는 일 없이 지내다.
【厮杀】sīshā 動 서로 싸우고 죽이다. 싸우다. ¶～声 | 싸움하는 소리. ¶他们在战场上～起来了 | 그들은 전쟁터에서 서로 싸우기 시작했다.
【厮守】sīshǒu 動 서로 의지하다[기대다]. ¶夫妻俩常～在一起 | 부부 둘은 늘 서로 함께 의지하고 산다.

【嘶】sī 울 시
❶ 書 動 (말이) 울다. ¶人喊hǎn马～ | 사람이 고함지르고 말이 울부짖다. ❷ 動 목이 쉬다. ¶声～力竭jié | 成 목은 쉬고 힘은 다했다. ❸「噝」와 같음 ⇒[噝sī]
【嘶哑】sīyǎ 形 목이 쉬다. ¶嗓子sǎngzi～ | 목이 쉬다. ¶～地说 | 쉰 목소리로 말하다.

2【撕】sī 찢을 시
動 ❶ (천·종이 따위를 손으로) 잡아 찢다. 떼다. ¶把书项～破了 | 책장을 잡아 찢다. ¶把布～成两块 | 천을 두 부분으로 찢었다. ❷ 京 (포목·가죽 따위를 찢어서) 사다. ¶～一匹绸子来 | 비단 한 필을 사다.
【撕毁】sīhuǐ 動 ❶ 잡아 찢다. 찢어 버리다. ¶～画稿 | 밑그림을 잡아 찢다. ❷ (계약이나 조약 따위를) 파기하다. ¶～合同 | 계약을 파기하다. ¶～协定 | 협정을 파기하다.
【撕开】sīkāi 動 찢어버리다. 두 갈래로 찢다. ¶～信封 | 편지를 찢다.
【撕烂】sīlàn 動 갈기갈기[산산조각으로] 찢다. ¶他把书～了 | 그는 책을 갈기갈기 찢었다.
【撕洛伐克】Sīluòfákè 名外〈地〉슬로바키아(Slovakia) 공화국 [체코슬로바키아가 1990년 연방 공화국이 되면서 분리된 나라. 수도는「布拉迪斯拉发」(브라티슬라바;Bratislava)]
【撕票(儿)】sī/piào(r) 動 인질을 죽이다. ¶再不交赎金shújīn就要～了 | 몸값을 한번 더 내지 않는다면 인질을 죽이겠다 ＝[扯票(儿)]
【撕破】sīpò 動 찢다. 잡아 찢다. ¶衣服被钉子给～了 | 옷이 못에 걸려 찢어졌다. ¶～了脸 | 喩 큰 창피를 당하다.
【撕破脸】sīpò liǎn 動組 ❶ 감정이 깨어져 공개적으로 싸우다. ❷ 안면몰수하다. ¶～也要把钱要回来 | 안면을 몰수하더라도 돈을 찾아와야 겠다 ＝[抓zhuā破脸]

【澌】sī 다할 시
書 ❶ 動 모두 없어지다. ¶～灭miè | 소멸하다. ❷ 擬 쏴쏴. 주룩주룩 [비오는 소리] ¶～～雨下 | 주룩주룩 비가 내리다.

【蛳(螄)】sī 고둥 사
名〈魚貝〉우렁이·소라 같은 복족류(腹足類) 권패(卷貝)의 총칭 →[螺luó蛳]

【鸶(鷥)】sī 백로 사
⇒[鹭lù鸶]

sǐ ㄙˇ

1【死】sǐ 죽을 사
❶ 動 죽다. 어법 ⓐ 죽은 주체를「死」의 뒤나「把」의 뒤에 둘 수도 있음. ¶他母亲～了 | 그의 어머니는 죽었다. ¶这棵桃树～了 | 이 복숭아 나무는 죽었다. ¶村里～了一条牛 | 마을에 소 한 마리가 죽었다. ¶他七岁就～了父亲 | 그는 일곱 살 때 아버지가 돌아가셨다. ¶她去年把个独生子～了, 非常伤心 | 그는 작년에 외동아들

을 잃고 아주 상심하였다. ⓑ「死于」「死在」의 형태로 죽은 시간이나 장소를 나타냄. ¶生于一九二五年, ～于一九九一年 | 1925년에 태어나 1991년에 죽었다. ¶因病～于北京 | 북경에서 병으로 죽었다. ¶他父亲～在上海 | 그의 아버지는 상해에서 죽었다 ⇔〔活〕〔生④〕 ❷動 (생각·희망·활동 따위를) 그만두다. 사라지다. 버리다. 그치다. ¶快～了这份心呢 | 어서 이런 생각을 버려라. ¶你的这局棋已经～了 | 너의 이 판 바둑은 끝장났다. ¶拉丁语是一种已经～了的语言 | 라틴어는 이미 없어진 언어이다. ❸形 죽은. ¶～人 | 죽은 사람. ¶～狗 | 죽은 개. ❹形 활동하지 않는. 통하지 않는. 발전하지 않는. 작용하지 못하는. ¶～火山 | 사화산. ¶～胡同 | 막다른 골목. ¶这人多～呀 | 이 사람은 몹시 막혔다. ¶～路一条 | 어쩔 수 없는 한 가지 방도. ❺形 어울릴 수 없는. 불구대천의. 철천지의. ¶～敌↓ ¶～对头↓ ❻形 융통성이 없다. 고정되다. 굳다. ¶～心眼儿↓ ¶～盯dīng着我干嘛? | 뭣 때문에 나를 노려보는가? ¶你的脑筋太～了 | 너의 머리는 너무 굳었다. ❼形 필사적으로. 죽을 때까지. ¶～战↓ ¶～守↓ ¶～等↓ ¶～不承认 | 죽어도 승복하지 않다. ¶～不认错 | 죽어도 잘못을 인정하지 않다. ❽動 동사·형용사 뒤에 보어로 쓰여, 여러가지 뜻을 나타냄. ⓐ 죽다. ¶打～ | 때려서 죽였다. ¶病～ | 병사하였다. ⓑ 활동하지 못하다. 바꿀 수 없다. 작용을 잃다. ¶开会的时间要定～ | 개회시간은 확고하게 정해야 한다. ¶把窗子钉dìng～了 | 창문을 못질하여 봉해버렸다. ⓒ 몹시…하다. 굉장히…하다. …해 죽겠다. ¶忙～了 | 바빠 죽을 지경이다. ¶高兴～了 | 몹시 기쁘다. ¶笑～人了 | 우스워 사람 죽겠다. ¶气～我了 | 화나서 죽겠네. 어법 「死」가 보어로 쓰인 경우 두 가지 뜻이 있을 수 있음. ¶这盆花儿干～了 | 이 화분의 꽃은 말라 죽었다. ¶嘴里干～了 | 입이 말라 죽겠다.

【死白】sǐbái 狀 새하얗다. ¶脸色～了 | 얼굴빛이 새하얘졌다.

【死板】sǐbǎn 形 ❶ 생동적이지 못하다. 활기가〔생기가〕 없다. ¶这个人太～, 没有一点青年人的朝气zhāoqì | 이 사람은 너무 활기가 없다, 젊은이의 패기란 조금도 없다. ¶这幅画上的人物太～ | 이 그림의 인물은 너무 생동감이 없다. ❷ 융통성이〔탄력성이〕 없다. 틀에 박히다. 경직되다. ¶做事情不可太～ | 일에 너무 융통성이 없어서는 안된다. ¶～的公式 | 틀에 박힌 공식.

【死不】sǐbù 한사코〔죽어도〕…하지 않다. 기어코 …하려고 하지 않다. ¶～认错 | 한사코 잘못을 인정치 않다. ¶～放手 | 죽어도 손을 놓으려고 하지 않다.

【死不改悔】sǐ bù gǎi huǐ 成 결코 뉘우치고 고치려 하지 않다. ¶他是一个～的老色鬼 | 그는 죽어도 잘못을 뉘우치고 고치려 하지 않는 늙은 색마이다.

【死不了】sǐ ·bu liǎo 動組 ❶ 죽을 수 없다. ❷ 죽을 리 없다. ¶不要紧, 他～ | 걱정마. 그는 죽을 리가 없다.

【死不死, 活不活】sǐ bù sǐ, huó bù huó 成 죽을래야 죽지도 못하고 살래야 살기도 어렵다. 곤경에 빠져 이러지도 저러지도 못하다. 어찌할 바를 모르다 =〔活不活, 死不死〕

【死不要脸】sǐbù yàoliǎn 動組 뻔뻔스럽기 그지없다. 파렴치하기 짝이 없다. ¶你怎么～, 又来讨钱了 | 너 어찌 이리 뻔뻔스럽냐 또 돈 달라고 왔느냐.

【死城】sǐchéng 名 죽음의 도시. ¶成了一座～ | 죽음의 도시로 변했다.

【死吃】sǐchī 動 ❶ 놀고 먹다. 무위도식하다. ¶在外挣zhèng钱虽少, 也比在家中～好得多 | 밖에서 버는 돈이 적기는 하지만 집에서 놀고 먹는 것보다는 훨씬 낫다. ❷ 줄곧 남에게 기대어 살다. ¶～他一口 | 그에게 얻어먹고 살다.

【死打】sǐdǎ 動 ❶ 죽도록 때리다. 사정없이 패다. ❷ 필사적으로 싸우다.

【死党】sǐdǎng 名 ❶ 貶 어떤 사람이나 집단을 위하여 사력을 다하는 도당. ❷ 貶 완고한 보수적 집단. ¶结成～ | 극보수 집단을 결성하다.

【死得其所】sǐ dé qí suǒ 成 가치있게 죽다. ¶要为了大家而死就～了 | 여러 사람을 위해 죽는다면 가치있게 죽는 것이다.

【死等】sǐděng 動 하염없이 그냥 기다리다. 마냥 기다리다. ¶今天在门外～ | 오늘 문 밖에서 마냥 기다렸다. ¶不要在这里～! | 여기서 마냥 기다리지 말자!

【死敌】sǐdí 名 불구대천의 적. 철천지 원수. ¶他是我的～ | 그는 나의 철천지 원수다.

【死地】sǐdì 名 ❶ 사지. 죽음을 피할 수 없는 곳〔경지〕. ¶置之～ | 사지에 몰아 넣다. ❷ (풍수 지리상으로) 불길한 땅〔곳〕.

【死顶】sǐdǐng 動 한사코 맞서다. 끝까지 저항하다〔대항하다〕. ¶他发威fāwēi, 我就～他 | 그가 위세를 부리면 나는 끝까지 대항하겠다.

【死读】sǐdú 動 맹목적으로 마냥 읽다. 덮어 놓고 공부하다 =〔死念〕

【死读书】sǐdúshū 動組 맹목적으로 독서하다. 덮어놓고 공부하다. ¶～, 读死书 | 잘못 공부하다.

【死对头】sǐduì·tou 名 숙적(宿敵). 철천지 원수. ¶这号人跟咱们是～ | 이 패거리와 우리는 철천지 원수다.

【死而复生】sǐ ér fù shēng 成 죽었다가 다시 살아나다.

【死而后已】sǐ ér hòu yǐ 成 죽어서야 그만두다. 죽을 때까지 하다. ¶为了大家的事, 我们一定要鞠躬jūgōng尽瘁jìncuì, ～ | 여러 사람을 위한 일은 우리가 반드시 온 힘을 다해 죽을 때까지 할 것이다.

【死饭】sǐfàn 名 헛밥. 공밥. ¶他只会吃～ | 그는 공밥만 먹을 줄 아는 쓸모없는 인간이다.

【死干】sǐgàn 動 죽어라하고 하다. 맹목적으로 하다. ¶他只会～, 不会巧干 | 그는 미련하게 일할 뿐 요령있게 일할 줄은 모른다.

【死工夫】sǐgōng·fū 名 喩 피나는 노력. ¶多下～ | 피나는 노력을 하다.

【死鬼】sǐguǐ 名 ❶ 귀신. 유령. 도깨비 [주로 욕이나 농담에 쓰임] ¶你这个～刚才跑到哪儿去了?

│야 이 도깨비같은 놈아! 방금 어딜 갔었느냐? ❷ 죽은 사람. 사자(死者).

【死胡同(儿)】sǐhútòng(r) 名京 막다른 골목. ¶钻zuān进~│막다른 골목까지 비집고 들어가다 ＝〔死巷〕

【死话(儿)】sǐhuà(r) 名 ❶ 사어(死語). ❷ 여지가〔신축성이〕 없는 말. ¶你别说~, 总得留个活话儿才好│잘라 말하지 말고 어쨌든 여지가 있는 말을 남겨 두는 것이 좋다.

【死缓】sǐhuǎn 名簡〈法〉사형 집행 유예(死刑執行猶豫) ＝〔判处死刑, 缓期二年执行〕

【死灰】sǐhuī 名 사그라진 재. 불기가 없는 재. ¶心如~│마음이 사그라진 재 같다. 喩 아무 의욕이 없다.

【死灰复燃】sǐ huī fù rán 成 사그라진 재가 다시 타오르다. 되살아나다. ¶不让反对的势力有~的机会│반대세력이 되살아날 기회를 주어서는 안된다.

【死活】sǐhuó ❶ 名 생사(生死) 어법 주로 부정문에 사용함. ¶我与他失散多年, 不知道他的~│그와 헤어져 흩어진 지 수년이 되어 그의 생사를 알지 못한다. ¶不顾~│생사를 가리지 않다. ❷ 副口 한사코. 기어코. 이유불문하고. ¶这件事他~不肯说出来│이 일에 대해 그는 한사코 말하려 하지 않는다. ¶~不走│한사코 가지 않다. ¶~把他拉来│이유불문하고 그를 데려 와야 한다.

【死火山】sǐhuǒshān 名〈地質〉사화산.

【死记】sǐjì ❶ 動 통째로〔무조건〕 외다. ¶就是~也能记住这些公式│통째로 외더라도 이런 공식들은 외울 수 있다. ❷ 名 무조건 외는 암기법. ¶这不是~而是活记了│이런 기억법은 무조건식의 암기법이 아니라, 요령있는 암기법이다.

【死记硬背】sǐ jì yìng bèi 成 이해도 못하면서 기계적으로 억지로 외다. ¶~不是好办法│기계적으로 외우는 것은 좋은 방법이 아니다.

【死寂】sǐjì 書 狀 쥐 죽은 듯이 고요하다. 몹시 고요하다. ¶夜深了, 山谷里一片~│밤이 깊으니 골짜기가 쥐 죽은 듯이 고요하였다.

【死角】sǐjiǎo 名 ❶〈軍〉(사격 따위가 불가능한) 사각. ❷ (영향력이 미치지 못하는) 구석. 사각 지대. ¶彻底搞好环境卫生, 不要留~│환경 위생을 철저히 하여 위생 사각 지대를 남겨두지 말자. ❸ 喩 성적 불량으로 인한 낙오자. ¶消灭xiāomiè~│낙오자를 없애다.

【死结】sǐjié ⇒〔死扣kòu儿〕

【死劲儿】sǐjìnr 口 ❶ 名 필사적인 힘. 죽을 힘. ¶用~来拉│죽을 힘을 다해 끌어당기다. ❷ 副 죽을 힘으로. 일심으로. ¶~跑│죽을 힘으로 달리다. ¶~往下压yā│죽을 힘을 다하여 아래로 누르다. ¶~盯dīng住他│일심으로〔뚫어지게〕 그를 주시하다.

【死绝】sǐjué 動 ❶ 멸종〔멸절〕하다. ¶他家的人都~了│그의 집안 사람들은 모두 죽고 없다. ❷ 막다른 데까지 이르다. 극한에 이르다.

【死抠(儿)】sǐkōu(r) ❶ 形 고집스럽다. 완고하다. ¶这人有点~, 什么事也不好商量│이 사람은 다소 고집스러워서 무슨 일이든 의논하기가 만만치 않다. ❷ 動 전력으로 파고들다. 덮어 놓고 따지다. ❸ 形 인색하다. ¶他一分钱也舍不得花, ~极了│그는 돈 한푼도 쓰기 아까워하며 인색하기 그지없다.

【死口咬定】sǐkǒu yǎodìng 動組 喩 주장을 굽히지 않다. 끝까지 우기다. ¶他~是我拿的│그는 내가 가져 갔다고 끝까지 우긴다.

【死扣儿】sǐkòur 名口 ❶ 옭매듭 ＝〔死纥繨(儿)〕〔死结〕 ❷ 喩 (마음 속의) 응어리. ¶他的心眼儿太小, 什么事都认~│그의 속은 매우 좁아서 무슨 일이든 응어리가 진다 ‖ ＝〔死扣子〕

【死扣子】sǐkòu·zi ⇒〔死扣儿〕

【死拉活拽】sǐ lā huó zhuài 成 무턱대고 잡아 끌다. ¶~地非去不可│무턱대고 잡아 끄는 바람에 가지 않을 수 없게 되다 ＝〔死拉活扯〕〔死拖活拉〕〔死拖活拽〕

【死了张屠夫, 不吃带毛猪】sǐ ·le zhāng tú fū, bù chī dài máo zhū 成 장백정이 죽어 없어도, 털도 안벗긴 돼지는 먹지 않는다. 네가 없어도 할 사람이 있다.

【死里逃生】sǐ lǐ táo shēng 成 사지(死地)에서 살아나오다. ¶他~, 回到了祖国│그는 사지에서 살아나와 조국으로 돌아왔다.

【死理儿】sǐlǐr 名 쓸모없는 이론〔이유〕. 어거지 이론〔이유〕.

【死力】sǐlì ❶ 名 사력. 죽을 힘. ¶出~│사력을 다하다. ❷ 副 죽을 힘으로. 사력을 다하여. ¶~抵抗dǐkàng│사력을 다하여 저항하다.

【死路(儿)】sǐlù(r) 名 ❶ 막다른 길. ❷ 喩 절망의 길. 죽음의 길. ¶每日抽大烟喝大酒, 简直是往~走么!│매일 술 담배를 그리 해대니 정말 죽음의 길로 가고 있군!

【死路一条】sǐlùyītiáo 成 죽음의 길 밖에 없다. ¶这样做只有~│이렇게 하면 죽음 밖에 없다.

【死马当作活马医】sǐmǎ dàngzuò huómǎ yī 諺 죽은 말을 산 말처럼 치료하다. 안될 줄 알면서도 끝까지 최선을 다하다. ¶咱们~, 让家属感到宽慰kuānwèi│가망이 없지만 우리가 끝까지 최선을 다해서 가족들이 그나마 위안이 되게 해주자 ＝〔死马当成活马治〕

【死眉瞪眼】sǐméi dèngyǎn 狀組 京 ❶ 생기가 없다. 맥없다. ¶你~的站在那儿干什么呢?│너는 멍하니 거기 서서 무얼 하느냐?. ❷ 딱딱하다. ¶这馒头怎么蒸zhēng得~的, 一点儿不发势│이 찐빵은 어떻게 쪘길래 딱딱한 것이 조금도 부풀지 않았어.

【死面(儿)】sǐmiàn(r) 名 ❶ 발효시키지는 않고 물에 이겨 놓기만 한 밀가루 반죽. ❷ 喩 운동이나 조류, 풍조 등이 아직 어느 부분에도 영향끼치지 않다.

【死命】sǐmìng ❶ 名 죽을 운명. ¶制其~│운명의 열쇠를 쥐다. ❷ 副 필사적으로. ¶~抵抗dǐkàng│필사적으로 저항하다. ¶~挣扎zhēngzhá│죽을 힘을 다해 버티다. 필사적으로 발버둥치다.

【死难】sǐnàn 動 난(難)으로 죽다〔희생되다〕. ¶救济jiùjì~者家属│재난 희생자 가족을 구제하다. ¶~同胞tóngbāo│난리에 희생된 동포. ¶

～烈士 | 난국에 희생된 열사.

【死脑筋】sǐnǎojīn ❶形 융통성이 없다. 앞뒤가 꽉 막히다. ¶他也太～了 | 그도 너무 융통성이 없다. ❷名 앞뒤가 꽉 막힌 사람.

【死皮赖脸】sǐ pí lài liǎn 成 뻔뻔스럽게 생떼를 쓰다. 몰염치하다. ¶他～地不肯走开 | 그는 뻔뻔스럽게 굴며 가려고 하지 않는다.

【死棋】sǐqí 名 ❶ 죽은 바둑돌〔장기짝〕. 승산이 없는 바둑. ❷轉 실패가 확실한 국면〔사태〕. ¶你这一举动可是一着～啊 | 너 이번 행동은 도리어 악수를 둔 거야.

【死气白赖】sǐ·qi báilài ⇒〔死乞白赖〕

【死气沉沉】sǐ qì chén chén 成 의기소침하다. 활기가 전혀 없다.

【死乞白赖】sǐ·qi báilài 狀組 方 ❶ 끈덕지게〔집요하게〕 달라붙다. 억지를 부리다. 생떼를 쓰다. ¶他～的让我去 | 그는 억지로 나더러 가자고 했다. ¶～地要求 | 집요하게 요구하다. ❷ 끈질기게〔열심히〕 구하다. ¶～地能保个平产 | 끈기있게 일을 하여 평년작을 유지했다 ‖＝〔死乞白咧〕〔死气白赖〕〔死揪掰裂〕〔死求白赖〕

【死钱】sǐqián 名 口 ❶ 활용하지 않는 돈. ❷ 정해진 시간에 받는 고정 액수의 돈.

【死囚】sǐqiú 名 ❶ 사형수. ¶押yā下～牢里监禁了 | 사형수를 감방에 처넣어 감금했다. ❷罵 죽일 놈. 뒈질 놈.

【死球】sǐqiú 名〈體〉데드 볼(dead ball)→〔界jiè外球〕

【死去】sǐ·qu 動 죽다. ¶他不幸也～了 | 그는 불행히도 죽었다.

【死去活来】sǐ qù huó lái 成 (잠시 기절할 정도로) 극도로 슬퍼하거나 아프다. ¶哭得～ | 몹시 슬프게 울다. ¶疼得～ | 심하게 아프다. ¶我被他打得～ | 나는 그에게 죽도록 얻어 맞았다.

【死人】sǐrén ❶名 죽은 사람. ❷名 喻 罵 바보. 천치. 융통성이 없는 사람. 말귀가 어두운 사람. 둔한 사람. ❸名 方 죽일 놈〔년〕〔부부간에 낮추어 부르는 말〕 ❹ (sǐ rén) 사람이 죽다. 죽는 사람이 생기다. ¶人家～了，有什么好看! | 남은 사람이 죽었는데 무슨 구경거리났느냐!

【死伤】sǐshāng 名 사상(자). ¶这次战斗～无数 | 이번 전투에서는 사상자가 수도 없이 많다.

【死神】sǐshén 名 喻 죽음의 신. 염라대왕. ¶他已经听到～的呼唤hūhuàn了 | 그는 이미 염라대왕의 부름을 받았다.

【死尸】sǐshī 名 시체. 주검. 사체. 송장. ¶～漂在海面上 | 시체가 바다 위를 떠다닌다.

【死守】sǐshǒu 動 ❶ 사수하다. ¶～阵地 | 진지를 사수하다. ❷喻 고수〔묵수〕하다. 고집스럽게 변통〔융통〕을 모르고 지키다.

【死水】sǐshuǐ 名 ❶ 괸 물. 갇힌 물. 흐르지 않는 물＝〔止水〕 ❷喻 일단 배속된 직장을 옮길 수 없음 ‖＝〔死水儿①〕

【死睡】sǐshuì 動 喻 깊이 잠들다. 깊은 잠을 자다. 숙면(熟眠)하다. ¶众人都已～ | 모두 깊이 잠들었다.

【死死】sǐsǐ 貶 ❶ 꼼짝하지 않다. 죽은 듯하다. 여전하다. ¶门依然～关着 | 문은 여전히 굳게 닫혀 있다. ¶睡得～ | 죽은 듯이 자다. ❷ 필사적이다. ¶～咬住不放 | 필사적으로 물고 늘어져 놓지 않다. ❸ 한결같다. 맹목적이다.

3【死亡】sǐwáng 動 사망하다. 어법「死亡」은 주로 복음절단어와 어울리고, 목적어를 취하지 않는데,「死」는 단음절 단어와도 어울리고 동사외에도 형용사 용법이 있으며 목적어(존현목적어)를 가질 수 있음. ¶人若离开空气，就要～ | 사람은 공기를 벗어나면 곧 죽게 되어 있다. ¶～边缘biānyuán | 사망 직전. 사경. ¶殖民主义已走向～ | 식민주의는 이미 종말로 다가가고 있다.

【死亡率】sǐwánglǜ 名 사망률. ¶儿童的～逐年下降 | 아동 사망률이 해마다 내려가고 있다.

【死亡线】sǐwángxiàn 名 사망선. ¶在～上挣扎zhēngzhá | 사망선상에서 몸부림치다.

【死无对证】sǐ wú duì zhèng 成 죽은 자는 증언할 수 없다. 사람이 죽으면 증거는 소멸된다. ¶这事儿现在已～了 | 현재 이 일은 이미 증거가 소멸되었다.

【死心】sǐ/xīn 動 단념하다. 희망을 버리다. ¶你死了心吧，丢了的钱再回不来 | 너 단념해라. 잃어버린 돈은 다시 돌아올 수 없다. ¶没成功的希望，死了心 | 성공의 가망성이 없자 희망을 잃었다. ¶不会～ | 희망을 잃지 않다.

【死心塌地】sǐ xīn tā dì 成 한번 정한 생각을 바꾸지 않고. 고집스럽게. 어법 원래는「체념하고 다른 생각을 하지 않다」로 쓰였으나 후에 바뀜. 의미는 중성적이나 자주 부정적인 뜻으로 쓰이기도 함. ¶一直～地研究这个问题 | 줄곧 이 문제를 고집스럽게 연구하다 ‖＝〔死心搭地〕〔死心踏地〕

【死心眼儿】sǐxīnyǎnr ❶形 喻 완고하다. (지나치게) 고지식하다. 융통성이 없다. ¶想开点儿吧，别～ | 좀 털어버려라, 너무 그리 고집부리지 말고. ❷名 고지식한 사람. 융통성이 없는 사람. ¶他是个～，不容易说得通 | 그는 융통성이라곤 조금도 없는 사람이라 말이 쉽게 먹히지 않는다.

【死信】sǐxìn 名 ❶ (주소가 불명하여) 전달과 반송이 불가능한 편지. ¶邮局里有一堆～ | 우체국에 반송된 편지가 한무더기 있다＝〔瞎xiā信〕 ❷ (～儿) 부고. 사망 통지＝〔死讯〕

4【死刑】sǐxíng 名〈法〉사형. ¶判处pànchǔ～ | 사형 판결을 내리다.

【死性】sǐ·xìng ❶形 고집스럽다. 융통성이 없다. ❷形 곧다. 강직하다. ❸ (～子) 名 옹고집. 고집쟁이. 융통성이 없는 사람.

【死讯】sǐxùn ⇒〔死信②〕

【死硬】sǐyìng 形 ❶ (태도가) 강경하다. ¶～态度 | 강경한 태도. ❷ 융통성이 없다. 완고하다. 기지가 없다.

【死硬派】sǐyìngpài 名 (철저한) 강경파. 완고파. ¶他是一个～ | 그는 강경파이다.

【死有余辜】sǐ yǒu yú gū 成 죽어도 죄가 남는다. ¶罪大恶极，～ | 저지른 죄가 너무 커 백번 죽어 마땅하다.

【死于非命】sǐ yú fēi mìng 成 비명(非命)에 죽다.

비명 횡사하다.
【死战】sǐzhàn ❶ 動 사투하다. ¶跟敌人~到底 | 적과 끝까지 사투하다. ❷ 名 사투. 결사전. 필사적인 노동.
【死症】sǐzhèng 名 ❶ 불치병. 죽을 병 =〔绝症〕 ❷ 큰 상처〔타격〕. 치명상. ¶赔péi这么些钱, 可是~ | 이렇게 많은 돈을 손해보면 참으로 큰 타격이다.
【死抓】sǐzhuā 動 ❶ (꽉 틀어) 잡고 놓지 않다. ❷ 한결같이 (일이나 임무에) 몰두하다.
【死拽】ⓐ sǐzhuài 動 죽을 힘을 다하여 잡아 당기다. ¶他~住我不放 | 그는 나를 꼭 잡고 놓아주질 않는다.
ⓑ sǐ·zhuai 形 ❶ 활발하지 않다. ❷ (태도 따위가) 어색하다. 딱딱하다. 원만하지 못하다. (교제 따위가) 서투르다. ❸ 탄력성이 없다. 흐물흐물하다. 흐늘흐늘하다. 물렁물렁하다. ¶这块肉这么~, 怕是不新鲜 | 이 고기가 이렇게 물렁물렁한 것을 보니 싱싱한 것 같지 않다.
【死罪】sǐzuì ❶ 名 죽을 죄. 죽어 마땅한 죄. ¶他有~ | 그는 죽을 죄를 지었다. ❷ 書 죽어 마땅한 죄입니다 [주로「死罪死罪」로 반복해서 씀]
【死做】sǐzuò 動 맹목적으로 일만 하다. ¶他只会~, 不会动脑筋nǎojīn | 그는 맹목적으로 일만 하고 머리를 쓸 줄은 모른다. ¶~祖↓ ❷ 名 해. 년 [은대(殷代)에 쓰임] ¶十有三~ | 13년.

si ㄙˋ

【巳】sì 여섯째지지 사
名 ❶ 사 [십이지(十二支)의 여섯째]→〔干支〕 ❷ (옛날의 시간으로서의) 사시(巳時) [오전9~11시까지] ❸ (옛날의 방위로서) 동남쪽. ❹ (Sì) 성(姓).
【巳时】sìshí 名 사시 [오전 9시에서 11시 사이의 시간] =〔巳刻〕

【祀】sì 제사지낼 사
書 ❶ 動 제사지내다. ¶~神↓
【祀神】sìshén 動 신(령)에게 제사 지내다.
【祀祖】sìzǔ 動 조상에게 제사 지내다.

1【四】sì 넉 사
❶ 數 4. 넷 →〔肆sì⑤〕 ❷ 名〈音〉중국 고유 음악의 음계부호인「工尺」의 두번째 음표 [「简谱」(약보)의 저음인 6(라)에 해당함]→〔工尺〕 ❸ (Sì) 名 성(姓).
【四…八…】sì…bā… 두 개의 뜻이 비슷한 말 앞에 따로 사용하여 그 뜻을 강조함. ¶四面八方 | 사면팔방. ¶四通八达 | 사통팔달.
【四宝】sìbǎo 名 네 가지 보물. ¶文房~ | 문방사우 [「纸·墨·笔·砚」을 말함]
【四边(儿)】sìbiān(r) 名 ❶ 사방. 주위. ¶~儿围着篱笆líbā | 사방이 울타리로 둘러싸여 있다. ❷ (사각형의) 네 변.
【四边形】sìbiānxíng 名 사각형. ¶画了一个方方正正的~ | 아주 반듯한 사각형 하나를 그렸다 =〔四角形〕
【四不像】sìbùxiàng ❶ 狀 이것도 아니고 저것도 아니다. 꼴불견이다. ¶他的头发理得~ | 그는 이발을 했는데 아주 꼴불견이다. ❷ 名 俗〈動〉사불상 =〔麋鹿mílù〕
【四重唱】sìchóngchàng 名〈音〉사중창.
【四重奏】sìchóngzòu 名〈音〉사중주. ¶弦乐~ | 현악 사중주.
3【四处】sìchù 名 사방. 도처. 여러 곳. ¶~八方 | 사방팔방. ¶~都找遍了 | 사방을 두루 찾았다. ¶~都是歌声 | 곳곳이 온통 노래 소리다.
【四川】Sìchuān 名〈地〉사천성. ¶~苗子miáozi | 사천 종자 [사천 사람을 경멸하여 이르던 말]
【四次击球】sìcì jīqiú 名組〈體〉(배구의) 오버타임(overtime).
【四大皆空】sì dà jiē kōng 成〈佛〉세상의 모든 현상은 공허하다. ¶他已经遁入dùnrù佛门, 现在是~了 | 그는 이미 불문에 들어갔는데 지금은 세상의 모든 현상이 공허한 경지가 되었다.
【四大奇书】sìdà qíshū 名組 사대기서 [수호전(水滸傳)·삼국지연의(三國志演義)·서유기(西遊記)·금병매(金瓶梅)의 네 가지 소설 혹은 수호전·삼국지연의·서상기(西廂記)·비파기(琵琶記).
【四叠体】sìdiétǐ 名〈生理〉사첩체. 사구체(四丘體).
【四方】sìfāng 名 ❶ (동서남북의) 사방. 각처. ¶~打听 | 사방으로 알아보다. ¶奔走bēnzǒu~ | 사방으로 뛰어다니다. ¶~响应 | 사방에서 호응하다. ❷ 정방체(正方體). 정방형. ¶~的木头匣子xiázi | 정방형의 나무상자.
【四方步(儿)】sìfāngbù(r) 名 여유있게 크고 천천히 걷는 걸음걸이. 어법 주로「迈mài·踱duó」의 목적어로 쓰임. ¶他迈mài着~, 进入餐厅 | 그는 느긋한 걸음걸이로 식당에 들어갔다. ¶他背着手, 踱起~, 悠闲yōuxián自在 | 그는 뒷짐을 지고 팔자걸음을 걷는데 아주 여유롭고 편안해 보인다.
【四方脸儿】sìfāngliǎnr 名 네모진 얼굴. ¶他~ | 그는 네모난 얼굴이다 =〔四方脸盘儿〕
【四分五裂】sì fēn wǔ liè 成 사분오열되다. 여러 갈래로 갈기갈기 찢기다. ¶~的国家 | 사분오열된 나라. ¶天下~ | 천하가 사분오열되다 =〔五分四裂〕
【四伏】sìfú 動 사방〔도처〕에 잠복해 있다. ¶危机wēijī~ | 위기가 사방에 도사리고 있다.
【四个坏球】sì·ge huàiqiú 名組〈體〉(야구의) 사사구. 포볼(four ball).
【四个现代化】sì·ge xiàndàihuà 名組 농업·공업·국방·과학 기술 네 부문의 현대화. ¶实现~ | 사대 현대화를 실현하다 =〔四化②〕→〔现代化〕
【四顾】sìgù 動 사방을 둘러보다. ¶~无人 | 사방을 둘러보아도 사람이 아무도 없다. ¶~无亲 | 사고무친. ¶荒然~ | 망연자실하여 사방을 둘러보다.
【四海】ⓐ sìhǎi 名 喻 온 천하. 세계. ¶~之内皆兄弟也 | 세계 전체가 모두 형제다. ¶~兄弟 | 사해동포. ¶名扬~ | 이름을 천하에 떨치다.
ⓑ sì·hai 形 ❶ 도량이 넓다. 성격이 호탕하고〔시원스럽고〕 활달하다. ¶为人甚是~ | 사람됨이 매우 도량이 넓다. ❷ 무사 태평하다. 무시근하다.
【四海为家】sì hǎi wéi jiā 成 ❶ 제왕이 온 천하를 지배하다. ❷ 온 천하를 자기 집으로 삼다 [떠돌

아 다니다] ¶他浪迹làngjì天涯tiānyá, ～ | 그는 천하를 떠돌아 다니며 방랑한다.

【四害】sìhài 名 ❶ (공공위생·농업 생산에) 유해한 네 가지의 박멸 대상 생물 [「苍蝇cāngyíng」(파리)·「蚊子wénzi」(모기)·「老鼠lǎoshǔ」(쥐)·「麻雀máquè」(참새) 또는 「臭虫chòuchóng」(빈대)을 가리킴] →[三害][六害][七害][五害] ❷ 왕홍문(王洪文)·장춘교(張春橋)·강청(江青)·요문원(姚文元)의 사인방(四人幇).

【四合房(儿)】sìhéfáng(r) ⇒[四合院(儿)]

【四合儿】sìhér ⇒[四合房(儿)]

【四合院(儿)】sìhéyuàn(r) 名 북경의 전통 주택양식 ＝[四合儿][四合房(儿)]

【四呼】sìhū 名〈言〉사호 [중국어의 운모를 발음시 개구도(開口度)에 따라 분류한 것으로 개구(開口)·제치(齊齒)·합구(合口)·촬구(撮口)호의 네가지]

【四胡】sìhú 名 4줄 호궁(胡弓). 4중행금(깡깡이).

【四化】sìhuà 名 ❶ 1960년 봄부터 전개한 농촌의 기계화·수리화(水利化)·화학 비료화·전기화의 네가지 정책. ❷ 농업·공업·국방·과학기술의 현대화. ¶争取早日实现～! | 사대 현대화 실현을 조기에 이룩하자! ＝[四个现代化] ❸ 조직의 군사화·생활의 집단화·행동의 전투화·관리의 민주화. ❹ 인민공사에서 아동 교육의 그룹(group)화·식사의 식당화·재봉(裁縫)의 기계화·식량가공의 기계화. ❺ 간부의 혁명화·청년화·지식화·전문화.

【四环素】sìhuánsù 名〈藥〉테트라사이클린(tetracycline). ¶服用～ | 테트라사이클린을 복용하다.

4【四季(儿)】sìjì(r) 名 사계. 네 계절. ¶～常青的树木 | 상록수.

【四季豆】sìjìdòu ⇒[菜càI豆]

【四季海棠】sìjì hǎitáng 名組〈植〉사철꽃베고니아.

【四角号码】sìjiǎohàomǎ 名組 사각번호. ¶～字典 | 사각번호자전. ¶～检字法 | 사각번호 검자법.

【四脚儿朝天】sìjiǎor cháo tiān 成 ❶ 뒤로 벌렁 나자빠지다. ¶他摔shuāi了一个～ | 그는 뒤로 벌렁 나자빠졌다. ❷ 바빠서 이리 저리 뛰다.

【四脚蛇】sìjiǎoshé 名〈動〉「蜥蜴xīyì」(도마뱀)의 통칭.

【四近】sìjìn 名 사근. 사방의 가까운 곳.

【四联单】sìliándān 名 넉 장이 한조로 되어 있는 전표나 증서. ¶填写tiánxiě～ | 네장 묶음 전표를 기입하다.

【四两棉花】sìliǎngmián·hua 歇 4냥 정도의 솜. 말도 되지 않는 것. ¶～, 弹tán[谈]不上＝[四两棉花不能弹] | 4냥 정도의 솜은 탈 수가 없다. 말할 가치도 없다.

【四邻】sìlín 名 ❶ 사방의 이웃나라. ❷ 이웃(사람). ¶别闹得～不宁 | 이웃이 불편하게 떠들지 말라. ¶～皆知 | 이웃 사람들은 모두 알고 있다 ＝[四邻八舍]

【四六风】sìliùfēng ⇒[脐qí风]

【四六体】sìliùtǐ 名 사륙체. 변려체(駢儷體) [「骈体」의 일종으로 넉 자 및 여섯 자 위주로 쓰여진 문체]

【四面(儿)】sìmiàn(r) 名 사면. 사방. 주위. 사위. ¶～围住wéizhù | 사방을 둘러싸다. ¶～见光 | 喩 빈틈없다. 나무랄데 없다. ¶～都是白纸 | 사면이 모두가 백지이다.

3【四面八方】sì miàn bā fāng 成 사면팔방. ¶敌军从～涌yǒng出来 | 적군이 사면 팔방에서 쏟아져 나왔다.

【四面楚歌】sì miàn chǔ gē 成 사면초가. ¶陷xiàn于～之中 | 사면초가의 운명에 처하다. ¶他现在是～ | 그는 지금 사면초가에 처해 있다.

【四拇指】sì·muzhǐ 名 方 무명지. 약손가락. 약지 ＝[无名指][四指]

【四旁】sìpáng 名 ❶ (전후·좌우의) 사방. 주위. ¶～绿化 | 환경 녹화. ❷ 「村旁」(마을 주변)·「路旁」(길의 양측)·「水旁」(냇가나 호숫가)·「宅家」(집 근처).

【四平八稳】sì píng bā wěn 成 (언행·일·문장 쓰는 것 등의) 매사가 다 온당하다. 지나치게 보수적이고 평범하다. 적극성·창조성이 결여되다. ¶他办起事来～的 | 그는 일을 하면 너무 무사안일위주이다.

【四人帮】sìrén bāng 名 4인방 [1973년 제10차 전국 대표 대회후 강청(江青)·장춘교(張春橋)·왕홍문(王洪文)·요문원(姚文元)의 네 명이 중앙정치국에서 결성한 정치 집단. 문화 대혁명 기간에 임표(林彪) 집단과 상호 결탁하여 정치활동을 벌였으며, 1976년 모택동 사후에 권력 쟁탈에서 실패하여 모두 사형·무기징역 등의 형을 언도 받았음]

【四散】sìsàn 動 사방으로 흩어지다[도망가다]. 뿔뿔이 흩어지다. ¶～奔逃bēntáo | 뿔뿔이 도망치다.

【四舍五入】sìshě wǔrù 動〈數〉사사오입하다. ¶按～计算零头少数 | 사사오입에 따라 우수리 소수를 계산하다.

【四声】sìshēng 名〈言〉❶ 고대(古代) 한어의 「平声」「上声」「去声」「入声」의 네 가지 성조. ❷ 현대 중국어의 「阳平」「阴平」「上声」「去声」의 네 가지 성조. ❸ (넓은 의미로) 글자의 성조.

【四时】sìshí 名 사계(四季). 춘하추동. ¶～鲜果 | 네 계절의 과일. ¶这地方～不甚分明 | 이 곳은 사계절이 그다지 분명하지 않다.

【四书】Sìshū 名〈書〉사서 [「大学」「中庸」「论lún语」「孟子」의 네 가지 책] ¶熟读～ | 사서를 숙독하다 ＝[四子书]

【四四方方】sìsìfāngfāng 貺 네모 반듯하다. ¶～的一个盒子hézi | 네모 반듯한 상자.

【四体】sìtǐ ❶ 書 名 사지. 두손과 두발. ¶他～不勤qín | 그는 부지런하지 않다. ❷⇒[四体(书)②]

【四体书】sìtǐshū 名 네 가지 서체 [正·草·隸·篆書의 네 가지] ＝[四体②]

【四通八达】sì tōng bā dá 成 사통팔달. 사방팔방으로 통하다 ＝[四通五达]

【四通五达】sì tōng wǔ dá ⇒[四通八达]

【四脱舞】sìtuōwǔ 名 外 스트립 쇼(strip show) ＝[脱衣舞]

【四外】sìwài 名 주위. 근처. ¶～八向 | 각처. 각방면. ¶～全是杂草zácǎo | 근처가 모두 잡초투성이다.

【四围】sìwéi 名 사위. 사주. 주위. 주변. ¶这个村子～都是菜地 | 이 촌락의 주위는 모두 채소밭이다. ¶～都是树木 | 주위가 온통 나무다.

【四下里】sìxià·li 名 사방. 주변. 각처. ¶～一片寂静jìjìng | 사방이 온통 고요하다. ¶～都是伏兵fúbīng | 주위에는 모두 복병이다 =〔四下〕

【四仙桌】sìxiānzhuō 名 네 사람이 앉는 네모진 상.

【四弦琴】sìxiánqín 名〈音〉바이올린 =〔小提琴〕

【四乡】sìxiāng 名 ❶ 도시 주위의 근교. ¶～全是菜园 | 도시 근교는 모두 채소밭이다. ❷ 주변. 동네.

【四言诗】sìyánshī 名 사언시. 한 구(句)가 넉자로 되어 있는 고체시(古体诗). ¶他很会写～ | 그는 사언시를 아주 잘 쓴다.

【四野】sìyě 名 넓은 들판. 사방의 들판. ¶～茫茫, 寂静无声 | 넓은 들판은 망망하고 조용하여 아무 소리 없다. ¶眺望tiàowàng～, 人烟稀少xīshǎo | 사방을 멀리 둘러보아도 인가는 아주 드물다.

【四则】sìzé 名 ❶ 네 가지 규칙. ❷〈数〉더하기·빼기·곱하기·나누기의 네 가지 산법. ¶～运算 | 사칙운산.

4【四肢】sìzhī 名〈生理〉사지. 팔다리. 수족(手足). ¶～有力 | 사지가 멀쩡하다. ¶～发达, 头脑简单 | 罵 신체는 발달되었는데 두뇌는 너무 단순하다 =〔書 指支〕〔書 四维③〕

3【四周】sìzhōu 名 사방. 주위. 둘레. ¶～全是人 | 사람이 빽빽이 둘러 싸고있다 =〔⊡ 四周围〕〔俗 四周遭儿〕

【四周围】sìzhōuwéi ⇒〔四周〕

【四周遭儿】sìzhōuzāor ⇒〔四周〕

【泗】 sì 물이름 사

❶ 書 名 콧물. ¶涕tì～滂沱pāngtuó | 눈물 콧물이 줄줄 흘러내리다. ❷ (Sì) 名〈地〉사현(泗縣) [안휘성(安徽省)에 있음] ❸ 음역어에 쓰임. ¶～门汀↓ ¶～汀↓

【泗门汀】sìméntīng 名 外 시멘트 =〔洋灰〕〔水泥〕

【泗水】Sìshuǐ 名〈地〉❶ 外 수라바야(Surabaya) [자바섬 동북부에 있는 항구 도시] =〔苏Sū腺巴亚〕 ❷ 산동성(山東省)에 있는 강, 또는 현(縣) 이름.

【泗汀】sìtīng 名 外 스팀(steam).

【泗州戏】sìzhōuxì 名 중국 안휘성의 지방극(地方劇) =〔拉魂腔lāhúnqiāng〕

【驷(駟)】 sì 사마 사

名 ❶ 書 사마. 수레 한 채를 끄는 네필의 말, 또는 그 마차. ¶～马高车 | 호화로운 마차. ¶策～ | 사두마차를 몰다. 喻 높은 지위에 오르다. ❷ 말. ¶良～ | 좋은 말. ❸ (Sì) 성(姓).

【驷马】sìmǎ 書 名 사마. 한 수레를 끄는 네 필의 말, 또는 그 수레. ¶一言既出, ～难追zhuī | 일단 말을 해버리면 네 필의 말이 끄는 수레로도 따라 잡을 수 없다.

4【寺】 sì 절 사, 내시 사

名 ❶ 고대의 관청 이름. ¶太常～ | 태상사. 종묘의식을 맡아보는 부서. ❷〈宗〉불교의 사원. 절. 절간. ❸〈宗〉이슬람교의 사원(寺院). ¶清真～ | 모스크(mosque). 이슬람교도의 예배소.

【寺观】sìguàn 名 불교의 사원과 도교(道教)의 도관. ¶～林立 | 사원과 도관이 많이 세워져 있다.

【寺庙】sìmiào ⇒〔寺院〕

【寺院】sìyuàn 名 절. 사원. ¶～里种着银杏yínxìng树 | 사원 안에 은행나무가 심어져 있다 =〔寺庙〕〔庙院〕

【耜】 sì 보습 사

名 보습 [고대 농기구로 「锹qiāo」(삽)와 비슷함]

2【似〈佀〉】 sì shì 같을 사

Ⓐ sì 動 ❶ 닮다. 비슷하다. ¶～是而非↓ ¶面貌相～ | 얼굴이 비슷하다. ❷ (…인) 것 같다. …듯 하다. ¶～应再行研究 | 다시 연구해야 할 것 같다. ¶～睡～不睡 | 자는 것 같기도 하고 자지 않는 것 같기도 하다. ❸ …에 비교하여 더 …하다. ¶生活一天好～一天 | 생활은 날이 갈수록 좋아진다.

Ⓑ shì 「是的」에서 유추되어 「似的」에 나타난 이독음(異讀音) ⇒〔…似的〕

Ⓐ sì

【似懂非懂】sì dǒng fēi dǒng 成 아는 것 같으면서도 실상은 모르다. 아는 듯 모르는 듯하다. ¶他～地点了点头 | 그는 아는 듯 모르는 듯 고개를 끄덕였다. ¶他说了半天, 我还是～ | 그가 한참 동안 말했지만 나는 그래도 잘 모르겠다.

【似而非】sì'érfēi ⇒〔似是而非〕

【似…非…】sì…fēi… …인〔한〕듯도 하고 …아닌〔아니한〕듯도 하다 [「…」의 자리에는 단음(單音)의 동일한 명사·형용사 또는 동사가 반복됨] ¶似笑非笑 | 웃는 듯 마는 듯 하다. ¶似蓝非蓝 | 남색 같기도 하고 아닌 것 같기도 하다. ¶似绸非绸 | 비단 같기도 하고 아닌 것 같기도 하다.

2【似乎】sì·hu 副 마치(…인 것 같다〔듯하다〕). ¶他～是死了心的人 | 그는 아주 희망을 잃은 사람 같다. ¶这种说法～有点道理 | 이런 견해는 일리가 있는 것 같다. ¶～他过来 | 그가 다가오는 것 같다. ¶～有那个可能 | 그런 가능성은 있는 것 같다. ¶～明天要起风 | 내일은 바람이 불 것 같다.

4【似是而非】sì shì ér fēi 成 비슷하긴 하나 실제는 같지 않다. 옳은 것 같지만 옳지 않다. 사이비. ¶这些论点～, 必须认真分辨, 才不至于上当 | 이 논점들은 옳은 것 같지만 사실은 옳지 않은 것이라서 진지하게 분별해봐야 속지 않을 것이다. ¶他凭印象得出了一个～的结论 | 그는 인상에만 근거해서 사이비 결론을 얻어 냈다. ¶实际上是～ | 실제로는 옳은 것 같지만 그렇지 않다 =〔似而非〕

【似听非听】sì tīng fēi tīng 成 듣는 듯하나 듣지 않다. 듣는 둥 마는 둥하다. ¶他坐在下面～地点了点头 | 그는 아래에 앉아서 듣는 둥 마는 둥 고개를 끄덕였다.

4【似笑非笑】sì xiào fēi xiào 成 웃는 것 같지만

사실은 웃는 것이 아니다.
【似信非信】sì xìn fēi xìn 成 반신반의하다. ¶这话儿他～｜이 말은 그가 반신반의한다.
【似醒非醒】sì xǐng fēi xǐng 成 깬 것 같지만 깨지 않았다. ¶他～地睁开zhēngkāi双眼｜그는 깬둥 만 둥 한 두 눈을 떴다.
Ⓑ shì
【…似的】…shì·de 助 비슷하다. …과 같다. 어법 명사·대사·동사 뒤에 옴. ¶初升的太阳像个火球～｜막 떠오르는 태양이 마치 불덩이같다. ¶像雪～那么白｜눈처럼 하얗다. ¶他仿佛fǎngfú喝醉了～｜그는 술에 취한 것 같다 ＝〔…是的〕

【姒】sì 손윗동서 사
名 ❶ 자매 중의 언니. ❷ 손윗 동서. ¶～娣↓ ⇔〔娣①〕→〔妯zhóu娌〕 ❸ 첩(妾)사이에 연소자(年少者)의 연장자에 대한 칭호. ❹ (Sì) 성(姓).
【姒娣】sìdì 書 名 (여자 사이의) 동서(同壻) ＝〔妯娌〕
【姒妇】sìfù 書 名 형님 [손아랫 동서의 손윗 동서에 대한 칭호]

3【伺〈覗〉】sì cì 엿볼 사
Ⓐ sì 動 (기회를) 엿보다. 살피다. 정찰하다. ¶～敌｜적정(敵情)을 살피다. ¶～有便人, 即可送上｜인편이 있으면 즉시 보내드리겠습니다.
Ⓑ cì ⇒〔伺候〕
Ⓐ sì
【伺服】sìfú 名 外〈機〉서보(servo). ¶～传动｜서보 전동 장치. ¶～放大器｜서보 증폭기. ¶～机构｜서보 기구. ¶～控制器｜서보 조절기. ¶～发动机｜서보 모터(motor).
【伺候】ⓐ sìhòu 書 動 (오기를) 기다리다.
ⓑ cì·hou 動 시중을 들다. 거들어주다. 돌보다. ¶我得～老爷子｜나는 할아버지를 모셔야 된다.
【伺机】sìjī 書 動 기회를 엿보다〔노리다〕. ¶～报复｜기회를 엿보아 보복하다. ¶～进攻｜기회를 엿보아 진공하다.
Ⓑ cì
【伺候】cì·hou ☞〔伺候〕sìhòu ⓑ

3【饲(飼)〈飤〉】sì 기를 사
❶ 動 기르다. 치다. 사육하다. ¶～鸡｜닭을 기르다. ¶～蚕｜누에를 치다. ❷ 名 사료. ¶打草储chǔ～｜풀을 베어 사료를 마련하다 ＝〔飤sì〕
4【饲料】sìliào 名 사료. ¶～作物｜사료 작물. ¶猪～｜돼지 사료. ¶～粉碎fěnsuì机｜사료 분쇄기. ¶～加工厂｜사료 가공 공장 ＝〔喂wèi料〕
3【饲养】sìyǎng 動 (가축을) 사육하다. 어법「饲养」은 주로 가축에 대해 쓰이나,「喂wèi养」는 가축뿐 아니라 아이를 양육하는 의미로도 쓰임. ¶这头牛要好好～｜이 소는 잘 사육해야 한다. ¶～员｜사육사. ¶～场｜(가축) 사육장. ¶～动物｜동물을 사육하다. ¶～棚péng｜축사. ¶～牲畜shēngchù家禽jiāqín｜가축과 가금을 치다.
【饲育】sìyù 名 動 사육(하다). ¶做～｜사육하다. ¶～牲口｜가축을 사육하다.

【笥】sì 상자 사
書 名 (밥·의류 따위를 담는 네모난) 대바구니. 대나무 그릇. ¶巾～而藏之｜네모난 대바구니에 넣어 천을 덮어 저장하다. 소중하게 간수하다. ¶～匮囊空｜가난하게 살다.

【嗣】sì 이을 사
書 ❶ 動 잇다. 계승하다. ¶子～其父｜아들이 그의 아버지의 뒤를 잇다. ❷ 名 후계자. 자손. ¶无～｜자손이 없다.
【嗣后】sìhòu 書 副 이후. ¶～, 他又来了一趟｜이후에 그가 한번 더 왔다 갔다.
【嗣位】sìwèi 書 動 왕위를 계승하다. ¶长子～｜장자가 왕위를 계승하다.
【嗣子】sìzǐ 書 名 ❶ 적자(嫡子). 상속자. 후계자. ❷ 양사자(養嗣子). 호주 상속권을 가진 양자. ¶他领养了一个～｜그는 양자를 한 명 입양했다.

【兕】sì 외뿔소 시
名〈動〉외뿔소.
【兕觥】sìgōng 書 名 뿔로 만든 술잔.

【俟】sì qí 기다릴 사
Ⓐ sì ❶ 書 動 기다리다. ¶～候｜기다리다. ¶～机↓ ❷ (Sì) 名 성(姓).
Ⓑ qí 복성(複姓)중의 한 자(字). ¶万mò～｜복성.
【俟机】sìjī 書 動 기회를 기다리다. ¶他们～反扑fǎnpū｜그들은 반격할 기회를 기다린다.

1【食】sì ☞ 食 shí Ⓑ

4【肆】sì 방자할 사
❶ 數「四」의 갖은자→〔四〕〔大写②〕 ❷ 점포. 상점. ¶书～｜서점. ¶酒～｜술집. ❸ 내키는 대로 하다. 방자하게 굴다. ¶放～｜방자하다. ¶～意↓ ¶～无忌惮↓
【肆口大骂】sì kǒu dà mà 成 입에서 나오는 대로 마구 욕설을 퍼붓다. ¶他在会场上～｜그는 회의석상에서 거침없이 욕설을 퍼부었다.
【肆力】sìlì 書 動 있는 힘을 다하다. 진력하다. ¶～农事｜농사에 힘을 다하다. ¶～耕种gēngzhòng｜농사일에 진력하다.
【肆虐】sìnüè 書 動 함부로〔거리낌없이〕 잔학한 짓을 하다. ¶狂风kuángfēng～｜미친듯이 함부로 잔학한 짓을 하다.
【肆扰】sìrǎo 動 멋대로 소란을 피우다.
【肆无忌惮】sì wú jì dàn 成 貶 아무 거리낌이 없이 방자하게 굴다. 제멋대로 굴다. ¶～地攻击｜거리낌없이〔서슴없이〕 공격하다. ¶这家伙～地违法wéifǎ乱纪luànjì, 终于受到了应得的惩罚chéngfá｜이 녀석은 방자하게 아무 거리낌없이 법을 어기고 기강을 문란하게 하더니 결국 응분의 징벌을 받았다.
【肆行】sìxíng 書 動 제멋대로 굴다〔행동하다〕. ¶～无度｜제멋대로 행동하여 거칠 것이 없다. ¶～劫掠quèlüè｜마구 약탈하다.
【肆意】sìyì 副 貶 (제)멋대로. 아무 거리낌없이. ¶～歪曲wāiqū事实｜제멋대로 사실을 왜곡하다. ¶～篡改cuàngǎi｜제멋대로 고치다. ¶～妄

为wàngwéi | 함부로 날뛰다. ¶～杀害无辜wú-gū | 아무 꺼리낌없이 무고한 사람을 살해하다.

·si ㄙ˙

【厕】·si ☞ 厕 cè Ⓑ

sōng ㄙㄨㄥ

【忪】sōng zhōng 침침할 송, 겁낼 종

Ⓐ sōng 書 貶 ❶ 침침하다 =〔惺xīng忪〕 ❷ 헤매다. 헷갈리다. 어리둥절하다.

Ⓑ zhōng 書 貶 겁이나다. 벌벌 떨다 =〔怔zhēng忪〕

2【松】1 sōng 소나무 송

名 ❶ 〈植〉 소나무. ❷ (Sōng) 성(姓).

【松柏】sōngbǎi 名 〈植〉 송백. 소나무와 잣나무. ¶～常青 | 송백은 연중 푸르다. 꿋꿋한 지조.

【松果】sōngguǒ 名 솔방울. ¶摘zhāi～ | 솔방울을 따다.

【松果体】sōngguǒtǐ ⇒〔松果腺〕

【松果腺】sōngguǒxiàn 名 〈生理〉 뇌의 송과선(松果腺) [골윗샘 혹은 솔방울샘이라고도 함] =〔脑上体〕〔松果体〕

【松鹤】sōnghè 名 송학. 소나무와 학. 喩 장수. 오래 삶. ¶～同长cháng =〔松鹤遐龄〕 | 成 소나무와 학처럼 오래 살다.

【松虎】sōnghǔ ⇒〔松毛虫〕

【松花】sōnghuā 名 〈食〉 송화단 ¶腌制yānzhì～ | 송화단을 만들다 =〔松花蛋〕〔变蛋〕〔彩cǎi蛋①〕〔皮pí蛋①〕

【松花蛋】sōnghuādàn ⇒〔松花〕

【松鸡】sōngjī 名 〈鳥〉 들꿩.

【松节油】sōngjiéyóu 名 테레빈유. 송유(松油).

【松萝】sōngluó 名 ❶ 〈植〉 송라. 소나무겨우살이 =〔松上寄生〕〔女萝〕 ❷ 송라 [안휘성 흡현(歙縣) 송라산(松蘿山)에서 나는 차(茶)]

【松毛虫】sōngmáochóng 名 〈蟲〉 송충이 =〔方 松虎〕〔方 毛火虫〕

【松明】sōngmíng 名 송명. 관솔. ¶～火 | 관솔불. ¶点～ | 관솔에 불을 붙이다.

【松墙子】sōngqiáng·zi 名 전나무 울타리. 측백나무 울타리. ¶～围着菜园 | 전나무 울타리가 채소밭을 둘러싸고 있다.

【松球】sōngqiú 名 솔방울 =〔方 松塔儿〕

【松仁(儿)】sōngrén(r) 名 소나무의 씨 =〔松瓤r-áng(儿)〕〔松子(儿)②〕

【松鼠(儿)】sōngshǔ(r) 名 〈動〉 ❶ 다람쥐. 다람쥐류의 총칭. ¶大尾巴～跳去跳来的 | 긴 꼬리의 다람쥐가 이리저리 뛰어다닌다 =〔栗鼠〕〔松狗〕 ❷ 시베리아 다람쥐 =〔灰鼠①〕

3【松树】sōngshù 名 소나무. ¶四季常青的～ | 사계절 늘 푸른 소나무.

【松塔儿】sōngtǎr 名 方 솔방울 =〔松球〕

【松涛】sōngtāo 名 솔바람 소리 [파도 소리에 비유한 것임] ¶～声声 | 솔바람 소리가 잦다.

【松香】sōngxiāng 名 ❶ 로진(rosin) =〔松肪〕〔松膏〕〔松胶〕〔松香胶〕 ❷ 俗 송진 =〔松脂〕

【松蕈】sōngxùn 名 〈植〉 송이(버섯) =〔松菌jùn〕〔松茸róng〕〔松菇gū〕

【松烟(墨)】sōngyān(mò) 名 송연묵. 숯먹. 喩 질이 좋은 먹.

【松针】sōngzhēn 名 솔잎 =〔俗 松毛〕

【松脂】sōngzhī 名 송진. ¶采集～ | 송진을 채취하다. ¶毛～ | 변색되어 굳어진 송진 =〔松黏ni-án子〕〔俗 松香②〕

【松子(儿)】sōngzǐ(r) ❶ 名 〈植〉 잣. 잣알. ❷ ⇒〔松仁(儿)〕

2【松(鬆)】2 sōng 헝클어질 송

❶ 形 느슨하다. ¶螺丝luósī有点儿～, 弄紧一点儿 | 나사가 좀 느슨하니 좀 조여라. ¶捆kǔn得太～ | 너무 느슨하게 묶었다 ⇔〔紧①〕 ❷ 形 엄격하지 않다. 관대하다. ¶规矩guījǔ太～ | 규칙이 너무 엄격하지 않다. ❸ 形 (경제적으로) 여유가 있다. 넉넉하다. ¶这个月我手头～一些 | 이번 달은 조금 경제적으로 여유가 있다. ❹ 形 부드럽다. 무르다. 푸석푸석하다. ¶点心～脆cuì适口 | 과자가 부드럽고 바삭바삭해서 입에 맞다. ¶土质～ | 토질이 푸석푸석하다. ❺ 形 기분이 가볍다. 긴장이 풀리다. 해이하다. ¶心～了 | 마음이 가벼워졌다. ¶～懈↓ ❻ 動 늦추다. 느슨하게 하다. ¶～一～腰带 | 허리띠를 늦추시오. ¶～了一口气 | 후하고 한숨 돌렸다. ❼ 動 풀다. 놓다. ¶～手 | (잡았던) 손을 놓다. ¶～绑↓ ❽ (요리에서) 잘게 썰거나 분말로 만든 것. ¶肉～ | 고깃가루.

【松绑】sōng/bǎng 動 ❶ 포승을 풀다〔풀어 주다〕. ¶快给他～ | 빨리 그를 풀어주어라. ❷ 하급 기관에 자주권을 많이 주다.

【松弛】sōngchí ❶ 形 느슨하다. 느른하다. 헐겁다. ¶肌肉jīròu～ | 근육이 느른하다. ¶精神～ | 정신(긴장)이 풀어졌다. ❷ 形 (관계·규율·경계 등이) 해이하다. 무르다. 엄하지 않다. ¶纪律～ | 기율이 느슨하다. ❸ 動 느슨하게 하다. 풀다. 이완하다. ¶～一下神经 | 긴장을 풀다. ¶当她确实听清这是丈夫的声音, 全身才～下来 | 그녀가 확실히 남편의 목소리임을 분명히 듣고나서야 온몸의 긴장이 비로소 풀렸다.

【松脆】sōngcuì 形 (음식물이) 바삭바삭하고 부드럽다. ¶～的烙饼làobǐng | 바삭바삭한 중국 밀전병.

【松动】sōng·dong ❶ 形 붐비지 않다. ¶今天汽车上显得～多了 | 오늘 버스안은 훨씬 덜 붐빈다. ¶到了下一站, 车上～得多了 | 다음 정거장에 도착하니 차안이 훨씬 붐비지 않는다. ❷ 形 (경제 상황이) 여유가 있다. 궁색하지 않다. ¶这个月增加了一笔额外收入, 手头就比较～了 | 이번 달은 임금 외 수입이 늘어서, 수중에 비교적 여유가 있다 =〔宽裕〕〔不窘〕 ❸ 形 (나사나 치아 등이) 헐겁다. 흔들린다. ¶这颗螺丝有些～了 | 이 나사는 좀 헐거워졌다. ¶老爷爷好几颗牙都～了 | 할아버지의 치아는 여러 개가 다 흔들린다. ❹ 動 (나사 따위를) 풀다. 늦추다. 느슨하게 하다. 부드럽게 하다. ¶修理工人～了两颗螺丝, 轮子就飞快地旋转xuánzhuǎn起来 | 수리공이 나사 두

개를 느슨하게 하자 바퀴가 나는 듯이 빠르게 돌아가기 시작했다. ¶～田地里的土｜밭의 흙을 부드럽게 하다. ❷動 융통성있게 처리하다. 엄격하게 적용하지 않고 봐주다. ¶制度也是人定的, 就不能～一下?｜제도도 사람이 정한 것인데 좀 융통성있게 한번 봐줄 수 없겠는가? ¶对老人可以～～｜노인인데 좀 봐주게.

【松紧】sōngjǐn 名 ❶ 긴장도. 느슨함과 조임의 정도. ¶你穿上, 试试～｜너 한번 입어서 헐렁한지 꽉 끼이는지 봐라. ¶要自记调节～｜긴장도를 스스로 조절해야 된다. ❷ 탄력. 신축성.

【松紧带(儿)】sōngjǐndài(r) 名 ❶ 고무줄. ❷ 탄성 테이프. 고무 테이프 ‖＝[宽紧带]

【松劲(儿)】sōng/jìn(r) 動 ❶ 힘[손]을 늦추다. ¶你揪jiū住了绳子, 可别～!｜밧줄을 꽉 잡고 있어라. 힘을 늦추어서는 안된다. ❷ 긴장을 풀다. 맥을 놓다. ¶要继续努力, 不能～｜계속 열심히 해야지 긴장을 풀면 안된다. ¶任务还很艰巨jiānjù, 可不能松一点儿劲｜임무가 힘들고도 막중하니 조금도 긴장을 풀어서는 안된다.

【松开】sōngkāi 動 풀다. 풀어지다. 늦추다. 놓다. ¶～拉着的手｜잡아당기고 있던 손을 놓다. ¶快～双手｜빨리 두 손을 풀어라.

【松口】sōng/kǒu ❶ 動 물고 있던 것을 놓아주다. ❷ 動 (의견·주장 등을) 고집하지 않다. ¶他死不～｜그는 끝까지 자기 주장을 고집한다. ❸ ⇒[松口气]

【松快】sōng·kuai 形 ❶ 넓고 탁트이다. 여유가 생기다. ¶女儿一家搬走后, 家里住得～些了｜딸네가 이사를 나간 다음부터 집안에서 다소 넓게 지내게 되었다. ¶搬bān走一张桌子, 屋里～多了｜탁자를 내놓으니 방안이 훨씬 더 여유가 생겼다. ❷ (몸이) 경쾌하다. (기분이) 상쾌하다. 후련하다. ¶完成任务后, 大家都感到非常～｜임무를 완수하고 나서 모두들 아주 후련했다. ¶吃了药以后身上～多了｜약을 먹고 나니 몸이 훨씬 가뿐해졌다. ¶干了一天活, 松松快快吧!｜하루종일 일을 했으니 기분을 좀 풉시다 ‖＝[松爽]

【松气】sōng/qì 動 긴장을 풀다. 맥을 놓다. ¶松了一口气｜한숨놓다. ¶在节骨眼上决不能～｜결정적인 순간에 절대로 맥을 놓아서는 안된다.

【松软】sōngruǎn 形 부드럽다. 푹신푹신하다. 말랑말랑하다. ¶刚耕过的地十分～｜막 갈고 난 땅이 아주 부드럽다. ¶新做了一件～暖和的棉衣miányī｜푹신푹신하고 따뜻한 솜옷을 한벌 새로 지었다. ¶～的沙土｜부드러운 모래흙. ¶这面包多么新鲜,～｜이 빵은 참으로 신선하고 말랑말랑하다.

【松散】ⓐ sōngsǎn 形 ❶ (사물의 구조가) 긴밀하지 않다. 산만하다. ¶这篇文章的结构太～了｜이 글의 구조는 너무 산만하다. ¶这样～的组职怎么能发挥作用?｜이렇게 산만한 조직으로 어떻게 제 기능을 발휘할 수 있겠는가? ¶绷带bēngdài～了｜붕대가 풀어졌다. ❷ 形 (정신이나 태도가) 산만하다. 흩어져 있다. ¶上课要注意听讲, 不能这样松松散散｜수업을 할 때는 주의깊게 강의를 들어야지 이렇게 집중하지 않고 산만해서는 안된다.

ⓑ sōng·san 動 긴장을 풀다. 편안하게 하다. ¶累了一天, 到外面去～一下｜하루 종일 힘들었으니 밖에 가서 긴장을 좀 풀거라. ¶听听音乐, ～一下心身｜음악을 들으면서 심신의 긴장을 풀다. ¶屋里太热, 出来～～吧｜방안이 너무 더우니 밖으로 나와서 기분전환을 좀 하렴.

【松手】sōng/shǒu 動 손을 놓다[늦추다]. ¶一～, 钢笔掉在地上了｜손을 놓자마자, 만년필이 땅에 떨어졌다. ¶可不能～啊｜손을 늦추어서는 절대로 안돼.

【松土】sōngtǔ ❶ 名 부드러운 흙. ❷ 動〈農〉흙을 파 일으켜 부드럽게 하다. 밭을 고르다. ¶马上～补种｜즉시 흙을 파 부수어 부드럽게 한 후 다시 씨를 뿌리다.

【松懈】sōngxiè 贬 ❶ 動 늦추다. (긴장을) 풀다. ¶不能～自己的警惕jǐngtì｜자기 경계를 늦추어서는 안된다. ¶夏天做工作容易～｜여름엔 일하다가 해이해지기가 쉽다. ❷ 形 (주의력이) 산만하다. (일 하는 것이) 해이하다. 느슨하다. ¶学习～｜공부하는데 집중을 않다. ¶我们的工作太～了｜우리 작업이 너무 해이해졌다. ❸ 形 대인관계가 소원하다. ¶自由主义使团结涣散huànsàn, 关系～｜자유주의가 단결력을 떨어뜨렸고 관계를 소원하게 했다.

【淞】 sōng 상고대 송

名 상고대. 성에. 얼음 방울 [어떤 물체에 물방울이 얼어 붙은 것의 총칭] ¶雾wù～＝[树挂]｜(나뭇가지에 붙은) 성에. 수빙(樹氷). 상고대.

【崧】 sōng 높은산 숭

書 名 높고 큰 산→[嵩sōng]

【崧生岳降】sōng shēng yuè jiàng 國 문벌(門閥)이 좋은 대신(大臣).

【淞】 Sōng 물이름 송

名〈地〉송강(淞江) [강소성(江蘇省) 태호(太湖)에서 발원하여 상해(上海)를 거쳐 장강(長江)으로 흘러 들어가는 강이름]＝[吴淞江][松陵江][吴江]

【菘】 sōng 숭채 숭

❶ 名 方〈植〉배추 ¶～菜↓＝[白菜①] ❷ ⇒[菘蓝]

【菘菜】sōngcài 名 方 배추.

【嵩】 sōng 높을 숭

❶ 書 形 산이 크고 높다→[崧sōng] ❷ (Sōng) 名〈地〉숭산(嵩山) [하남성(河南省)에 있는 산. 오악(五嶽) 가운데 하나로 중악(中嶽)으로 불림] ❸ (Sōng) 名 성(姓).

【嵩云秦树】sōng yún qín shù 國 숭산(嵩山)의 구름과 진령(秦嶺)의 나무. 서로 멀리 떨어져 관계 없다.

【嵩柱骨】sōngzhùgǔ 名〈漢醫〉비골(鼻骨)의 돌출부분.

sóng ㄙㄨㄥˊ

【悚】 sóng ☞ 悚 sǒng Ⓑ

sǒng ㄙㄨㄥˇ

【怂(慫)】sǒng 놀랄 종 ❶書動놀라다. 경악하다. ❷ ⇒〔怂恿〕
【怂恿】sǒngyǒng動貶(주로 나쁜 일을 하도록) 꼬드기다. 교사하다. 부추기다. 어법「怂恿」은 주로 나쁜 일을 배후에서 조종하는 것을 말하고, 「鼓励gǔlì」는 좋은 일을 공개적으로 장려하는 것을 의미함. ¶有人～他, 他却没有上当 | 어떤 사람이 그를 부추겼지만 그는 속임수에 넘어가지 않았다. ¶他拿定主意后, 别人就～不动他了 | 그가 작정한 다음부터 다른 사람이 그를 꼬드길 수가 없었다.
4【耸(聳)】sǒng 솟을 용, 권할 송 動❶動(높게) 세우다. 어법 대개 목적어나 보어를 동반하며「着」와 함께 쓰임. ¶小白兔～着耳朵听 | 하얀 토끼 새끼가 귀를 쫑긋하고 듣고 있다. ¶他把肩膀jiānbǎng～了一下 | 그가 어깨를 한번 으쓱했다. ¶～立↓ ❷주의를 끌다. 놀라게 하다. ¶～动↓ ¶危言～听 | 깜짝 놀랄 만한 이야기를 하여 사람을 놀라게 하다.
【耸动】sǒngdòng動❶어깨를 으쓱거리다. ¶他～了一下肩膀 | 그는 어깨를 한번 으쓱했다. ❷놀라게 하다. ¶～一世 | 온 세상을 놀라게 하다. ¶这条新闻在县城里居然也～了视听 | 이 소식은 현정부 소재지에서 뜻밖에도 사람들을 놀라게 했다. ¶～听闻 =〔耸人听闻〕〔耸人耳目〕| 威듣는 사람을 놀라게 하다.
【耸肩】sǒng/jiān動어깨를 으쓱하다 [경멸·의혹·놀람을 나타냄] ¶他耸了耸肩, 现出不可理解的神情 | 그는 어깨를 으쓱하며 이해할 수 없다는 표정을 지었다.
【耸立】sǒnglì動우뚝 솟다. 높이 솟다. ¶一座高山～在眼前 | 큰산 하나가 바로 눈앞에 높이 솟아 있다. ¶旗杆～在校门口 | 깃대가 교문 입구에 우뚝 솟아 있다.
【耸人耳目】sǒng rén ěr mù ⇒〔耸人听闻〕
【耸人听闻】sǒng rén tīng wén 成貶과장된 말로 사람을 놀라게 하다. ¶这不是～, 而是铁的事实 | 이것은 공연히 세상을 떠들썩하게 하는 말이 아니라 엄연한 사실이다. ¶他们散布sànbù了许多～的谣言yáoyán, 企图扰乱rǎoluàn人心 | 그들은 사람들을 놀라게하는 헛소문을 대량으로 퍼뜨려 민심을 교란하려고 한다 =〔耸人耳目〕〔耸听〕
【耸身】sǒngshēn動몸을 훌쩍 솟구치다〔날리다〕. ¶～跳过水沟 | 몸을 솟구쳐 개울을 뛰어 넘다.
【耸听】sǒngtīng動사람을 놀라게 하다. ¶危言～ | 무서운 말로 사람을 놀라게하다 =〔耸人听闻〕
【悚】sǒng sóng 두려워할 송
Ⓐsǒng書動두려〔무서〕워하다 =〔竦②〕
Ⓑsóng動京마음이 약하다. 겁이 많다. ¶怕什么, 你也太～了 | 뭘 무서워하느냐? 너도 대단히 겁이 많구나. ¶～(蛋)包 | 罵겁쟁이.
【悚然】sǒngrán 貺소름이 끼치다. 오싹하다. ¶毛骨～ | 머리카락이 곤두서고 소름이 쫙 끼치다.
【竦】sǒng 공경할 송, 두려워할 송 書❶動존경하다. 공경하다. ❷動두려워하다 =〔悚sǒng〕
【竦跪】sǒngguì書動황공하여 무릎을 꿇다.
【竦然】sǒngrán 貺두려워하다. ¶～起敬 | 威황송해하며 경의를 표하다→〔悚然〕

sòng ㄙㄨㄥˋ

4【讼(訟)】sòng 송사할 송 動❶소송하다. 재판하다. ¶诉～ | 소송하다. ❷(시비곡직을) 논쟁하다. ¶聚～纷纭fēnyún | 많은 사람들이 시비곡직(是非曲直)을 놓고 서로 떠들썩하게 논쟁하다. ❸書轉책망하다. ¶自～ | 자책하다.
【讼案】sòng'àn 名〈法〉소송 사건.
【讼词】sòngcí 名고소(告訴) 내용.
【讼棍】sònggùn 名소송 거간꾼. 악덕 변호사. ¶他是个臭名chòumíng昭著zhāozhù的～ | 그는 악명 높은 악덕 변호사이다.
【讼师】sòngshī 名(옛날의) 변호사. 소송 대리인.
【讼狱】sòngyù 名소송사건. 소송. ¶处理～ | 소송 사건을 처리하다.
【讼则终凶】sòng zé zhōng xiōng 威소송해서 좋을 것이 없다. 소송하면 모두 망한다.
3【颂(頌)】sòng 기릴 송 ❶書動칭송하다. 찬양하다 ¶歌～ | 노래하여 찬양하다. ❷名〈文〉송. 공적을 기리는 시문(詩文). ¶屈原～ | 굴원을 기리는 시문. 굴원송. ❸書動축도하다. 축원하다 [주로 서신 안부에 사용함] ¶敬～大安 | 편안하시기를 바랍니다. ❹名시경(詩經)의 육의(六義)의 하나. 주대(周代)에 종묘 제사에 쓰인 무곡(舞曲).
【颂词】sòngcí 名❶찬사(讚辭). ❷축하의 말.
【颂歌】sònggē 名송가. ¶～献给祖国 | 송가를 조국에 바친다.
【颂扬】sòngyáng 動찬미하다. 극구 찬양하다. ¶～爱国主义 | 애국주의를 찬미하다.
【宋】Sòng 송나라 송 名❶〈史〉주대(周代)의 나라 이름 [지금의 하남성(河南省) 상구현(商邱縣) 일대에 있었음] ❷〈史〉남조(南朝)의 유유(劉裕)가 세운 왕조(420～479)→〔南北朝〕❸〈史〉조광윤(趙匡胤)이 세운 왕조(960～1279)→〔北宋〕〔南宋〕❹성(姓).
【宋版】sòngbǎn 名송대에 간행한 서적. 송대 판본. ¶～书籍 | 송대 판본인 서적 =〔宋板〕〔宋版书〕〔宋本〕〔宋刻〕〔宋槧qiàn〕
【宋体字】sòngtǐzì 名송체(宋體) [송나라 때의 글자체] ¶他善shàn写～ | 그는 송체를 잘 쓴다 =〔宋字〕
【宋字】sòngzì ⇒〔宋体字〕
3【诵(誦)】sòng 읽을 송 ❶動소리를 내어 읽다. 낭독〔낭송〕하다. ¶～诗↓ ¶朗lǎng～ | 낭송하다.

❷ 動 외다. 암송하다. ¶熟读成~ | 숙독해서 욀 수 있을 정도가 되다→〔背bèi〕 ❸ 動 말하다. 진술하다.

【诵读】sòngdú 動 ❶ 소리를 내어서 읽다. 낭독하다. ¶~古诗 | 고시를 낭독하다. ❷ 札 편지를 읽다〔보다〕.

【诵诗】sòngshī 動 시를 낭송하다〔읊다〕.

【诵习】sòngxí 書 動 외우고 학습하다〔배우다〕. ¶~经典 | 경전을 배우고 외우다.

1【送】sòng 보낼 송
動 ❶ 보내다. 배달하다. 전달하다. ¶~货↓ ¶~报↓ ¶~信↓ ¶把东西~到门 | 물건을 집까지 배달하다. ❷ 선사하다. 증정하다. 주다. ¶他~了我一本书 | 그가 나에게 책 한 권을 선사했다. ¶这不是~的, 是买的 | 이것은 선물받은 것이 아니라 산 것이다. ¶奉fèng~ | 드리다. ¶白~ | ⓐ 헛되이 주었다〔준 보람이 없다〕. ⓑ 무료로 주다. ❸ 배웅하다. 전송하다. 바래다 주다. ¶把客人~到大门外 | 손님을 대문 밖까지 전송했다. ¶~小弟弟上学 | 어린 동생을 학교까지 바래다 주다. ¶别~, 请留步 | 나오지 마십시오! [손님이 주인에게 전송을 사양하여 하는 말] ¶不~, 不~ | 나가지 않겠습니다! [손님이 돌아갈 때 주인이 하는 인사말]

【送报】sòng/bào 動 신문을 배달하다. ¶~的 =〔送报生〕〔报差chāi〕| 신문 배달원. ¶他每天下午去~ | 그는 매일 오후에 신문 배달하러 간다.

【送别】sòng/bié 動 ❶ 송별하다. 배웅하다. ¶~的人来了不少 | 배웅하러 온 사람이 적지 않다 =〔送行①〕 ❷ 전별(餞別)하다. 송별연을 열다 =〔饯行〕

【送殡】sòng/bìn 動 (발인시) 영구를 바래다. 회장(會葬)하다. ¶~的 | 회장자. ¶把~的埋在坟里 | 諺 은혜를 원수로 갚다 =〔送丧sāng〕

【送呈】sòngchéng 動 봉정(奉呈)하다. 바치다.

【送达】sòngdá 動 배달하다. 송달하다. ¶务必wùbì在三天内~ | 반드시 삼일 이내에 배달해야 한다.

【送风机】sòngfēngjī 名 송풍기 =〔风扇④〕

【送给】sònggěi 動 주다. 선사하다. ¶~什么东西好? | 어떤 것을 선사하면 좋을까? ¶情人节那天, 田小姐~张先生一盒巧克力 | 발렌타인 데이에 미스 전이 장선생에게 초코렛을 한 상자 선물했다.

【送工】sòng/gōng 動 임금을 받지 않고 노동하다.

【送故迎新】sòng gù yíng xīn ⇒〔送旧迎新〕

【送话器】sònghuàqì 名〈電氣〉송화기.

【送货】sònghuò 動 ❶ 상품을 보내다. ❷ 배달하다.

【送货上门】sònghuò shàngmén 動組 상점에서 물건을 집에까지 가져다〔배달해〕 주다. ¶本店有~的义务 | 본 상점은 물건을 집까지 배달해 주는 써비스를 하고 있다.

【送旧迎新】sòng jiù yíng xīn 成 묵은 해를 보내고 새해를 맞이하다 =〔送故迎新〕

【送君千里, 终须一别】sòng jūn qiān lǐ, zhōng xū yī bié 諺 천리까지 배웅해도 마침내는 헤어져야 한다. 매우 아쉬운 이별. ¶~, 咱们就此分手吧 | 너무 아쉽지만 이제 우리 여기서 헤어져야겠네.

3【送礼】sòng/lǐ 動 선물을 보내다〔하다〕 ¶官不打~的 | 벼슬아치는 선물하러 온 사람은 벌주지 않는다 =〔赶礼〕〔下礼〕

【送命】sòng/mìng 動 (헛되이) 목숨을 잃다. ¶为这么点儿小事~, 太不值得了 | 이런 작은 일로 목숨을 잃는다는 것은 너무 무의미하다. ¶白白地送了自己的命 | 헛되이 자신의 목숨을 잃었다 =〔送死②〕

【送气】sòngqì 名〈言〉송기(음) ⇔〔不送气〕

【送亲】sòngqīn ❶ 動 (구식 결혼에서) 신부측 친족이 신부를 신랑집으로 후행(後行)하다. ¶~的 | 후행인. ❷ 名 (혼사에서의) 상빈. 상객. ¶~老爷 =〔送亲爷们〕〔送亲官客〕| 신랑측 상빈.

【送情】sòng/qíng 動 ❶ 方 선물하다 =〔送礼〕 ❷ 호의를 보이다. 정을 주다. ¶眉目méimù~ | 추파를 던지다. 눈으로 속삭이다. ❸ 뇌물을 주다. ¶把多少财宝cáibǎo送了情 | 많은 재보를 뇌물로 주었다.

【送人情】sòng rénqíng 動組 ❶ 인심을 쓰다. 선심을 쓰다. ¶这回要~了 | 이번에는 인심을 쓰야겠다. ❷ 方 선물을 주다 =〔送礼〕

【送丧】sòng/sāng ⇒〔送殡bìn〕

【送神】sòngshén 動 신령을 배웅해서 보내다. ¶请神容易, ~难 | 諺 신령을 맞이하기는 쉽지만 잘 전송해 보내기는 힘들다. 시작하기는 쉽지만 끝을 맺기는 어렵다.

【送审】sòngshěn 動 심사받으러 보내다. ¶~本 | 심사·검열을 위해 관계 기관에 보낸 서적. ¶这个提案明天~ | 이 제안은 내일 심사받으러 보낸다.

【送死】sòngsǐ ❶ ⇒〔送终〕 ❷ ⇒〔送命〕

【送往迎来】sòng wǎng yíng lái 成 가는 사람을 배웅하고 오는 사람을 맞이하다. ¶她很会~ | 그녀는 손님 접대를 잘 한다.

【送信】sòng/xìn 動 ❶ (~儿) 口 소식을 전하다. ❷ 편지를 보내다. ❸ 편지를 배달하다. ¶~的 | 우편 배달부.

2【送行】sòng/xíng ❶ 動 배웅하다. 전송하다. ¶到车站~去 | 역까지 배웅하러 가다 =〔送路〕 ❷ ⇒〔饯jiàn行〕

【送葬】sòng/zàng 動 영구를 묘지나 화장터로 보내다. ¶他回家给他爸~去了 | 그는 집으로 돌아가서 부친의 영구를 장지로 운구하러 갔다.

【送站】sòngzhàn 動 역〔정거장〕까지 배웅하다.

【送终】sòng/zhōng 動 임종을 지키다. 장례를 치르다. ¶养老~ | 임종까지 노인을 잘 봉양하다 =〔送死①〕

sōu ㄙㄡ

【嗖】sōu 바람소리 수
擬 씽씽. 쏴쏴. 윙윙 [바람 소리] ¶只听得门外~的风声 | 밖에서는 씽씽 바람소리가 들려 온다 =〔飕sōu①〕

【嗖嗖】sōusōu 擬 쏴쏴. 윙윙. 씽씽 [바람 소리] ¶海风~ | 바닷바람이 씽씽 불다.

【嗖主意】sōuzhǔ·yi ⇒〔馊sōu主意〕

3【搜】sōu 찾을 수
❶動 수색하다. 검사하다. 찾다. 뒤지다. ¶在屋里~了半天, 什么也没~着 | 한참동안 방안을 수색했지만 아무것도 찾아내질 못했다. ¶凶器~出来了 | 흉기를 찾아냈다. ¶我把我的小刀子~了出来 | 나는 칼을 찾아냈다. ¶您~我吧! 真一个铜子儿也没有 | 뒤져보세요! 정말 동전 하나 없어요 ❷ 찾다. ¶~罗↓ ¶~集↓

【搜捕】sōubǔ 動 수색하여 체포하다. ¶~犯人 | 범인을 수색 체포하다 =〔搜获〕〔搜缉〕〔搜拿〕

4【搜查】sōuchá ❶動 (범죄자나 금지된 물품을) 수사하다. 조사하다. ¶他们来~了, 快跑 | 그들이 수사하러 왔다. 빨리 도망쳐. ¶到处dàochù都要~ | 모든 곳을 다 조사해라. ¶~可疑kěyí人物 | 용의자를 수사하다. ❷名 수사. ¶做~ | 수사하다.

【搜肠刮肚】sōu cháng guā dù 成 고심하여 생각을 짜내다. ¶他~写了一篇杂文 | 그는 생각을 짜내서 잡문 한편을 썼다.

【搜刮】sōuguā 動 착취하다. 재물을 강제로 빼앗다. 수탈하다. ¶~民财 | 인민의 재물을 수탈하다. ¶~民脂民膏 | 백성의 고혈을 착취하다 =〔搜括〕

3【搜集】sōují ❶動 수집하다. 찾아 모으다. ¶这些材料不容易~ | 이런 재료들은 수집하기 쉽지 않다. ¶资料zīliào~得很齐全qíquán | 자료를 완비했다. ¶~意见 | 널리 의견을 모으다. ¶~邮票 | 우표를 수집하다. ¶~民歌 | 민가를 수집하다. ❷名 수집 ‖ =〔搜辑〕

【搜辑】sōují ⇒〔搜集〕

【搜缴】sōujiǎo 動 (찾아내어) 몰수하다. 빼앗다. ¶~私藏的武器 | 몰래 숨기고 있는 무기를 찾아 몰수하다.

【搜括】sōukuò ⇒〔搜刮guā〕

【搜罗】sōu·luó 動 각처에서 찾아 모으다. 수집하다. ¶~各种人材 | 여러 분야의 인재를 모으다. ¶~各种残余cányú势力 | 각 잔여 세력을 찾아 모으다. ¶~大量史料 | 대량의 사료를 수집하다. ¶~殆尽 | 成 거의 다 모으다.

【搜拿】sōuná ⇒〔搜捕〕

【搜身】sōu/shēn 動 몸수색을 하다. 몸을 뒤지다. ¶让门口的武装卫兵严密地~ | 입구의 무장한 위병에게 엄밀하게 몸을 수색하게 하다.

4【搜索】sōusuǒ ❶動 (숨겨놓은 사람이나 물건을) 수색하다. 자세히 뒤지다. ¶~残敌cándí | 남은 적을 수색하다. ¶我们四下里~了一遍, 没有发现fāxiàn他的踪影zōngyǐng | 우리는 사방을 다 뒤졌지만 그의 흔적을 찾아내지 못했다. ❷名 수색.

【搜索枯肠】sōu suǒ kū cháng 成 (시문 등을 짓기 위해) 애써 머리를 짜다. ¶他~凑成四句诗 | 그는 머리를 짜내서 사행시를 지어냈다 =〔搜尽枯肠〕

【搜寻】sōu·xún 動 (자기가 필요한 물건이나 기억해야될 사람·사물을) 여기저기 찾다. 물으며 찾다. 어법 「搜寻」는 비교적 추상적인 사유활동에 대해서도 쓰이지만, 「搜查」는 금지된 것에 대해 구체적으로 찾는 것을 의미함. ¶他想找一件东西, 目光在室内~着 | 그는 어떤 물건을 찾으려는지 눈빛이 실내에서 두리번거리고 있다. ¶~失物 | 잃은 물건을 찾다. ¶他用~的目光望着在座的人们 | 그는 두리번거리며 좌석에 앉아있는 사람들을 바라보고 있다. ¶~是非 | 成 트집잡다.

【搜腰(包)】sōu/yāo(bāo) 動 호주머니를 뒤지다. 품속을 뒤지다. ¶不准打骂俘虏, 不准~ | 포로를 때리거나 욕할 수 없고 소지품 검사도 해서는안된다.

【溲】sōu 오줌 수
書動 ❶ 변(특히, 소변)을 보다. ¶一日数~ | 하루에 수차례 소변을 보다. ¶~尿niào =〔溲便〕| 오줌누다. ❷ (밀가루 따위를) 물에 개다. 적시다.

【溲血】sōuxuè 名〈漢醫〉혈뇨(血尿). 요혈(尿血) =〔血尿suī〕

【馊(餿)】sōu 쉴 수
動 (음식이) 쉬다. 쉰 내가 나다. ¶饭~了 | 밥이 쉬었다. ¶身上都~了, 还不洗洗? | 온 몸에서 쉰 내가 다 나는데, 그래도 씻지 않느냐?

【馊饭】sōufàn 名 쉰 밥. ¶~户头 | 좋지 않은 거래처.

【馊味(儿)】sōuwèi(r) 名 ❶ 쉰 맛. ¶这饭已有~了 | 이 밥은 이미 쉰 맛이 난다. ❷ 쉰 냄새.

【馊主意】sōuzhǔ·yi 名 喻 시시한 생각. 어리석은 꾀. 잔꾀. ¶这件事办不成了, 都是你出的~ | 이 일이 성사되지 못한 것은 모두 네가 낸 어리석은 의견 때문이다 =〔嗖sōu主意〕

【飕(颼)】sōu 불 수
❶ 擬 씽. 핑. 휙 [아주 빨리 지나가는 소리] ¶那辆汽车像一股风似的~的一声开过去了 | 그 자동차는 바람처럼 씽 소리를 내며 지나갔다. ¶只听得门外~的一声, 一个弹子飞了进来 | 갑자기 문밖에서 피웅하는 소리가 들리더니 탄환이 날아 들어왔다 =〔嗖sōu〕 ❷ 動 京 바람이 불다. 바람에 쐬다〔쐬어 말리거나 차갑게 하다〕. ¶衣服被风~干了 | 옷이 바람에 다 말랐다.

【飕飗】sōuliú 書 擬 쏴쏴. 윙윙. 씽씽 [바람 소리] ¶海风~ | 바닷바람이 씽씽 불다.

【飕(儿)飕(儿)】sōu(r)sōu(r) 擬 쏴쏴. 찰싸닥. 윙윙. ¶风~刮guā得很凉 | 바람이 윙윙 불어 춥다. ¶~的一阵秋风 | 쏴하고 부는 가을 바람.

【锼(鎪)】sōu 새길 수
動 方 (나무 따위에) 조각하다. ¶床上的花纹是~出来的 | 침대의 꽃무늬는 조각한 것이다. ¶椅背上~了一朵花 | 의자 등받이에 꽃을 한송이 새겼다.

【锼弓子】sōugōng·zi 名 方 실톱. 쇠줄톱 =〔钢丝锯〕

3【艘】sōu ⓧ sāo) 척 소
量 척 [배를 세는데 쓰임] ¶五~远洋货轮 | 원양 화물선 5척 →〔只zhī ①③〕

【螋】sōu 집게벌레 수
⇒〔蠼qú螋〕

sǒu ㄙㄡˇ

【叟】sǒu 늙은이 수
書名노인. ¶邻～ | 이웃 노인. ¶童～无欺 | 아이든 노인이든 속이지 않습니다 [상점에 붙이는 문구]

【瞍】sǒu 소경 수
書名❶장님. 소경. ❷동자가 없는 봉사. 당달 봉사.

【嗾】sǒu 추길 수/주
❶擬개를 부릴 때 내는 소리. ❷書動(소리를 내어 개를) 부리다. ¶～狗追兔 | 소리를 내어 개가 토끼를 쫓게 시키다. ❸書動교사(教唆)하다. 사주(使嗾)하다. ¶～使↓

【嗾使】sǒushǐ 動부추기다. 사주(四嗾)하다. 꾀다. ¶～使家人不睦 | 가족이 사이가 나빠지도록 사주하다. ¶～打手打人 | 사람을 때리도록 부추키다 ＝〔调tiáo嗾〕

【擞(擻)】sǒu sòu 털어버릴 수
Ⓐ sǒu ❶ ⇒〔擞抖抖〕 ❷ ⇒〔抖dǒu擞〕
Ⓑ sòu 動方부젓가락 따위로 화로의 재를 쑤셔서 떨어내다. ¶把炉子～一～吧! | 화로의 재를 좀 떨어라!

【擞抖抖】sǒudǒudǒu 貺近벌벌 떨다. ¶吓xià得～ | 놀라 벌벌 떨다.

【薮(藪)】sǒu 늪 수
書名❶풀이 우거진 호수. 소택지. 늪. ❷喻사람이나 물건이 많이 모이는 곳. ❸들풀. 야생초.

sòu ㄙㄡˋ

1**【嗽】sòu 기침 수**
名動기침(하다). ¶～了一声＝〔咳～了一声〕 | 기침을 한번 하다. ¶～血xuè | 〈漢醫〉각혈(하다) ¶干～ | 마른 기침(을 하다)→〔咳嗽ké·sou〕

【擞】sòu ☞ 擞 sǒu Ⓑ

sū ㄙㄨ

4**【苏(蘇)〈甦$_{2, 3, 4}$〉】sū 차조 소, 깨날 소**
❶名〈植〉차조기. ¶紫～ | 자소. ¶白～ | 백소. ❷회생(回生)하다. 소생(蘇生)하다. 다시 살아나다. ¶死而复～ | 죽었다가 다시 살아나다. ¶～生＝〔酥生〕〔苏醒〕 | 소생하다 ＝〔稣①〕 ❸書動고난에서 벗어나다. ¶民生以～ | 민생은 이로써 고난에서 벗어났다 ＝〔稣①〕〔甦〕 ❹書動잠에서 깨다 ＝〔稣①〕 ❺書名動풀을 베다. 풀을 베는 일 ＝〔稣①〕 ❻動잡다. 취하다 ＝〔稣①〕 ❼動俗바삭바삭 부스러지다. 쉽게 부서지다. ¶一碰pèng就～ | 부딪치기만 하면 부서진다. ❽(Sū) 名簡〈地〉강소성(江蘇省) 소주(蘇州)의 약칭. ¶～白↓ ❾(Sū) 名簡〈地〉강소성(江蘇省)의 약칭. ¶～浙 | 강소성과 절강성(浙江省). ❿(Sū) 名簡〈地〉「苏维埃」(소비에트;Soviet)의 약칭. ⓫(Sū) 名簡〈地〉구(舊)「苏联」(소련)의 약칭. ¶中～友好 | 중·소 우호. ⓬(Sū) 名성(姓). ⓭ ⇒〔噜lū苏〕

【苏白】sūbái 名❶소주어(蘇州語). 소주 방언. ¶一口软绵绵的～ | 끊일 듯 끊어지지 않게 부드럽게 나오는 소주 방언. ❷곤곡(崑曲) 등의 극 중에서 소주어로 하는 대사.

【苏打】sūdá ❶名外소다(Soda) ¶～灰 | 소다회(灰). ¶～洗粉 | 세탁 소다. ❷⇒〔苏打水〕‖＝〔苏达〕〔梳打〕〔曹达〕

【苏打水】sūdáshuǐ 名소다수(soda水)

【苏丹】Sūdān 名外❶〈地〉수단(Sudan) [아프리카 동북부의 수단 공화국. 수도는「喀土穆」(하르툼 ; Khartoum)] ❷(sūdān) 술탄(sultan) [이슬람 국가 최고 통치자의 칭호]

【苏格兰】Sūgélán 名外〈地〉스코틀랜드(Scotland). ¶～威士忌酒 | 스카치 위스키 ＝〔苏克兰〕

【苏格兰呢】sūgélánní 名組〈紡〉스카치 트위트(Scho Scotch Tweet) [스코틀랜드산의 손으로 짠 모직물]

【苏哈托】Sūhātuō 名外〈人〉수하르토(Suharto, 1921～)[인도네시아의 대통령]

【苏杭】Sū Háng 名소주(蘇州)와 항주(杭州). ¶上有天堂, 下有～ | 諺하늘에는 천당이 있다면, 땅 위에는 소주·항주가 있어 비길만 하다.

【苏加诺】Sūjiānuò 名外〈人〉수카르노(Sukarno, 1901～1970) [인도네시아의 초대 대통령]

【苏京】Sūjīng 名소련의 수도. 모스크바

【苏剧】sūjù 名강소(江蘇)의 지방극. ¶他爱看～ | 그는 강소지방극을 즐겨 본다.

【苏克雷】Sūkèléi 名外〈地〉수크레(Sucre) [「玻利维亚」(볼리비아;Bolivia)의 법적 수도]

【苏里南】Sūlǐnán 名外〈地〉수리남(Surīnam) [남미 동북해안에 있는 공화국. 수도는「松拉马里博」(파라마리브;Paramaribo)]

【苏联】Sūlián 名〈地〉구(舊) 소련(The Soviet Union) [수도는「莫斯科」(모스크바;Moscow)]

【苏门答腊岛】Sūméndálà Dǎo 名組外〈地〉수마트라(Sumatra)섬.

【苏木】sūmù 名❶〈植〉다목. 소방목. ¶～红 | 다목의 붉은 빛깔. ¶～膏 | 다목의 엑스(ex.)＝〔苏枋〕〔苏方①〕 ❷몽골어에서, 라마묘(廟)를 말함. ❸轉(몽골의) 부락.

【苏气】sū·qi 形方아름다우면서 깔끔한. 스마트한.

【苏区】Sūqū 名(국·공 내전 시기의) 소비에트 지구. ¶他在～参观了三天 | 그는 옛 소비에트 지구를 삼일 동안 참관했다 ＝〔解放区〕〔根据地〕

【苏苏】sūsū 書貺벌벌 떨다. 두려워서 불안하다. ¶震zhèn～ | 무서워서 벌벌 떨다.

【苏瓦】Sūwǎ 名外〈地〉수바(suva) [「斐济」(피지;Fiji)의 수도]

【苏维埃】Sūwéiāi 名外소비에트(Soviet).

4【苏醒】sūxǐng 動되살아나다. 소생하다. ¶通过人工呼吸他又～过来了 | 인공 호흡으로 그가 되살아났다.

【苏绣】sūxiù 名소주에서 나는 자수(刺繡).

【苏州码(儿, 子)】Sūzhōumǎ(r·zi) 名금액·수량

을 표시하는 소주(蘇州) 지방 특유의 숫자 =〔苏州码字〕〔草码〕

【酥】sū 연유 수

❶形 (음식물이) 바삭바삭하다. ¶虾米xiāmǐ一炸就很～ | 말린 알새우를 기름에 튀기면 아주 바삭바삭하다. ❷形 나른하다. 노곤하다. ¶手脚～软 | 손발이 노곤하다. ❸名 유지(油脂)식품. ¶～油↓ ❹名 밀가루에 기름과 설탕을 섞어 바삭바삭하게 만든 일종의 과자. ¶核hé桃～ | 밀가루에 호두를 넣어 바삭바삭하게 구운 과자.

【酥脆】sūcuì 形 (과자 따위가) 바삭바삭하다. ¶～的油饼 | 파삭파삭하게 기름에 튀긴 빵 =〔苏脆〕

【酥倒】sūdǎo 動 맥이 빠져 쓰러질 듯하게 되다. ¶看她的模样儿, 简直叫人～了 | 그녀의 용모를 보면, 참으로 사람 맥빠지게 한다.

【酥麻】sūmá 形 저리다. 저릿저릿하다. ¶两腿～ | 두 다리가 저릿저릿하다. ¶～的双手 | 저린 두 손→〔酥倒〕

【酥软】sūruǎn 形 ❶ (충격 또는 과로 때문에) 나른하다. 노곤하다. ¶她浑身húnshēn～ | 그녀는 온 몸이 나른하다 =〔苏软〕 ❷ 가볍고〔부서지기 쉽고〕 부드럽다. ¶～的点心 | 부서지기 쉽고 부드러운 과자〔간식〕.

【酥松】sūsōng 形 (흙 등이) 푸석푸석한. 성긴. 느슨한.

【酥糖】sūtáng 名〈食〉❶ 엿말이 과자. ❷ 물엿으로 만든 가느다란 실타래 모양의 사탕 =〔酥醣táng〕

【酥胸】sūxiōng 名 희고 부드러운 젖가슴. ¶她的～使人神魂颠倒diāndǎo | 그녀의 부드럽고 흰 젖가슴은 정신을 아찔하게 만든다 =〔苏胸〕

【酥油】sūyóu 名 ❶ 소·양의 젖을 바짝 졸여서 만든 기름 [티베트 사람들이 애용함] ❷ 비스킷이나 빵을 만들 때 사용하는 일종의 식용 유지(油脂). ¶用～烙饼làobǐng吃 | 식용 유지로 빵을 구워 먹다.

【窣】sū 바람소리 솔

⇒〔窸xī窣〕

【窣磕】sūkē 擬 바스락 [조용한 가운데 몰래 나는 소리] ¶邻lín人闻屋中～之声 | 이웃 사람이 실내에서 바스락거리는 소리를 들었다.

【窣窣】sūsū 擬 솨솨. 솔솔 [바람소리]

【稣(穌)】sū 소생할 소

❶「苏」의 본자(本字)⇒〔苏sū②③④⑤〕 ❷⇒〔耶yē稣〕

sú ㄙㄨˊ

2【俗】sú 풍습 속

❶形 저속하다. 속되다. ¶这房间布置bùzhì得太～ | 이 방은 치장이 너무 속되다. ¶这张画画得太～ | 이 그림은 너무 속되게 그렸다. ¶庸yōng～ | 범상하고 속되다. ¶谈吐tántǔ不～ | 말투가 저속하지 않다. ¶～不可耐↓ ⇔〔雅yǎ②〕 ❷ 풍속. 관습. ¶风～ | 풍속. ¶移风易～ | 풍속을 고치다. ¶良风美～ | 미풍양속 ❸ 통속적인. 대중적인. ¶～文学 | 통속문학. ❹ 속인(俗人). 세인(世人). 일반인 [출가한 중이나 도사에 견주어 하는 말] ¶僧sēng～ | 승려와 속인. ¶～家↓

【俗不讲理】sú bù jiǎng lǐ 成 ❶ 일반적인 의례를 따르지 않아도 되는 편한 사이. ❷ 속되어 예절이나 도리를 모르다.

【俗不可耐】sú bù kě nài 成 저속하기 그지없다. ¶这个女人, 简直是～ | 이 여자는 정말 쌍스럽기 짝이 없다.

【俗称】súchēng ❶名 속칭. 세칭. 통속적인 이름. ¶我说不上这种花的～ | 이 꽃은 보통 어떻게 부르는 지 난 잘 모르겠다. ❷動 속칭하다. ¶～白头翁 | 세칭 백발노인이라고 부르다.

【俗骨】súgǔ 名 喩 속물(俗物). ¶浑hún身～ | 골수까지 속물이다.

3【俗话(儿)】súhuà(r) 名 口 속어. 속담. ¶～说得好 | 속담을 제대로 잘 말했다 =〔俗语(儿)〕

【俗家】sújiā 名 ❶ 속세의 집 [출가한 사람이 자신의 생가(生家)를 부르는 말] =〔娘niáng家②〕 ❷ 세속의 사람. 속인(俗人) [「僧sēng道」(중이나 도사)에 상대적으로 쓰임]

【俗名(儿)】súmíng(r) 名 ❶ 세칭(世稱). 속칭(俗稱). ¶这种鸟的～是什么? | 이 새의 속명은 무엇이냐? 이 새는 보통 어떻게 부르느냐? ❷ 출가하기 전의 이름.

【俗气】sú·qi 形 조잡하고 속되다. 천하다. ¶这块布颜色素净sùjìng, 花样也大方, 一点不～ | 이 천은 색깔이 수수하고 무늬도 우아한게 조금도 천하지 않다.

【俗尚】súshàng 書 名 ❶ 세상 일반 사람들의 기호〔유행, 관습〕. ❷ 풍속의 흐름.

【俗事(儿)】súshì(r) 名 ❶ 일상적인 일. ❷ 속세의 일. 속된 일. ¶我已专心念经, 不问～了 | 나는 이미 염불에 전념하고 속세의 일은 불문하게 되었다.

【俗套(子)】sútào·zi 名 ❶ 진부하고 쓸데없는 관습·조례. ¶不拘jū～ | 진부한 관습에 얽매이지 않다. ¶咱们别搞这些～, 好吗? | 우리 이런 낡아빠진 관습을 들먹거리지 말자. ¶～话 | 관례적인 말 =〔江 老套头〕 ❷ 진부한 풍격·스타일. 낡은 양식. ¶这篇小说手法新颖xīnyǐng, 不落～ | 이 소설의 기법은 참신하여 진부하지가 않다. ¶练的都是些～ | 배워 익힌 것은 모두 흔해빠진 낡은 것들 뿐이다 ‖ =〔俗套子〕

【俗体字】sútǐzì 名 속자(俗字) =〔俗字〕

【俗语(儿)】súyǔ(r) 名 (세상에서 흔히 사용되는) 속어. 속담. ¶～儿说 | 속담에 말하기를 =〔俗话(儿)〕〔俗谚〕

【俗字】súzì 名 통속적인 글자. 속자→〔正字〕〔本字〕〔简化汉字〕〔别字〕〔异体字〕

sù ㄙㄨˋ

【夙】sù 일찍 숙

書 ❶名 이른 아침. 새벽. ¶～兴夜寐mèi↓ ❷形 이전부터. 벌써부터. 평소의 ¶～愿↓ ¶～志↓ →〔素③〕

【夙仇】sùchóu 名 오랜〔이전부터의〕원수.
【夙敌】sùdí 名 숙적(宿敵). ¶他有几个～｜그에게는 숙적이 몇 명 있다.
【夙诺】sùnuò 名 ❶ 이전에 승낙한 말. ❷ 이전에 승낙하고 실행하지 않은 말 ‖ ＝〔宿诺〕
【夙嫌】sùxián 名 오랜 불만〔원한〕. ¶不计～｜오랜 원한을 따지지 않다.
【夙兴夜寐】sù xīng yè mèi 成 아침 일찍 일어나고 밤 늦게 자다. 부지런히 일하다. ¶她～, 勤俭qínjiǎn持chí家｜그녀는 부지런히 일하고 절약해서 집안을 꾸려나간다 ＝〔夙寤晨兴〕
【夙愿】sùyuàn 名 숙원. ¶实现了～｜숙원이 이루어지다 ＝〔宿愿〕

1【诉(訴)】sù 아뢸 소
❶ 알리다. 이야기 해 주다 ¶告～｜알리다. ¶～说↓ ❷ 動 호소하다. 하소연하다. 털어놓다. ¶倾qīng～｜(속마음을)다 털어놓다. ¶～苦↓ ¶～衷情zhōngqíng｜내심을 털어놓다. ¶～了半天委屈wěi·qū｜한참동안 억울함을 호소했다. ❸ 고소하다. 고발하다. ¶起～｜기소하다. ¶控kòng～｜고소하다. ❹ (Sù) 名 성(姓).
【诉苦】sù/kǔ 動 ❶ 괴로움을 하소연하다. ¶她一回娘家就～｜그녀는 친정에 돌아가기만 하면 괴로움을 하소연한다 ＝〔吐苦水〕 ❷ 클레임을 걸다. 진정서를 제출하다. ¶接受～｜진정서를 접수하다. ¶损坏sǔnhuài～｜손해 배상 클레임.
【诉说】sùshuō 動 하소연하다. 간곡히 말하다. ¶他向我～了所受的冤屈yuānqū｜그는 나에게 뒤집어 쓴 누명을 하소연했다. ¶～苦衷｜고충을 하소연하다. ¶～苦难家史｜가정의 고난스러웠던 내력을 하소연하다 ＝〔诉述〕
4【诉讼】sùsòng 名 動〈法〉소송(하다). ¶律师代表提出～｜변호사가 대신해서 고소하다. ¶～法｜소송법. ¶～费用｜소송 비용. ¶～代理人｜소송 대리인.
【诉诸】sùzhū 書 動 (…에) 호소하다. (…을) 행사하다〔쓰다〕〔「诸」는 「之于」의 合音임〕 ¶～战争｜전쟁에 호소하다. ¶～武力｜무력에 호소하다. ¶一一～笔端｜일일이 글로 써내다.
【诉状】sùzhuàng 名〈法〉고소장. ¶呈递chéngdì～｜고소장을 제출하다. ¶向法院提出～｜법원에 고소장을 제출하다.

2【肃(肅)〈粛〉】sù 엄숙할 숙
❶ 공손하다. 숙연하다. ¶～立↓ ¶～然起敬↓ ❷ 엄숙하다. 엄정하다. ¶～穆↓ ¶严～｜엄숙하다. ❸ 깨끗이 제거하다. 일소하다. ¶～清↓ ¶有反必～｜반역자가 있으면 반드시 숙청하다. ❹ (Sù) 名 성(姓).
【肃反】sùfǎn 名 簡「肃清反革命分子」(반혁명분자를 숙청하다)의 약칭. ¶～运动｜반혁명분자 숙청 운동. ¶他借～整人｜그는 반혁명분자 숙청을 빌미로 사람을 괴롭힌다.
【肃静】sùjìng ❶ 形 정숙하다. 고요하다. 조용하다. ¶老师往讲台上一站, 喧闹xuānnào的教室顿时～下来｜선생님이 강단에 올라가서 서자마자 시끌벅적하던 교실이 갑자기 조용해졌다. ¶会场上～无声｜회의장은 고요하여 아무 소리도 들리지 않는다. ❷ 조용히(하시오). 정숙〔주의를 주거나 게시에 쓰임〕‖ 어법 「肃静」은 분위기가 엄숙하고 조용한 것을 의미하고, 「安静」은 단지 소리만 나지 않아 조용한 것을 의미함. 「肃静」은 주로 환경·분위기를 묘사하나, 「安静」은 이 외에 도 사람의 기색이나 심정에 대해서도 쓸 수 있음.
【肃立】sùlì 動 경건하게 서다. ¶奏zòu国歌时全场～｜국가가 연주될 때 장내의 모든 사람은 경건하게 서 있었다.
【肃穆】sùmù 形 엄숙하고 경건하다. 어법 「肃穆」은 사람에 대해서도 쓰이고, 부사어로도 쓰일 수 있는데, 「肃静」은 사람에 대해서는 잘 안쓰이고 또 부사어로 쓰이지 못함. ¶～的气氛qìfēn｜엄숙하고 경건한 분위기. ¶我们～地站立在烈士墓前｜우리는 열사의 묘지 앞에 엄숙하고 경건하게 서 있었다.
4【肃清】sùqīng 動 철저하게 제거하다. 말끔히 없애다. 일소하다. 숙청하다. 추방하다. 사정하다. 어법 「肃清」은 주로 나쁜 사람·일·사상을 「철저히」 없애는 것을 의미하나, 「清除qīngchú」의 대상은 훨씬 넓어서 장애·쓰레기·잡초 등에도 쓰이고 그 의미는 약해서 반드시 「철저히」 없애는 것만을 의미하지는 않음. ¶封建残余cányú在农村尚未～｜봉건잔재가 농촌에는 아직 일소되지 않았다. ¶～反革命gémìng分子｜반혁명 분자를 숙청하다. ¶～残余｜잔재를 일소하다 ＝〔扫除③〕〔清算②〕
【肃然】sùrán 貌 숙연하다. ¶～而立｜숙연히 서다.
【肃然起敬】sù rán qǐ jìng 成 경건하게 경의을 표시하다. ¶一听此话, 大家～｜이 말을 듣고는 모두들 경건하게 경의를 표했다.

【骕(驌)】sù 말이름 숙
⇨〔骕骦〕
【骕骦】sùshuāng 名 고서(古書)에 보이는 준마(駿馬) 이름.

【涑】Sù 물이름 속
名〈地〉속수(涑水)〔산서성(山西省)에 있는 강이름〕

2【速】sù 빠를 속
❶ 形 빠르다. ¶火～｜화급하다. ¶～战～决｜속전속결. ¶～去报警｜빨리 경찰에 알리다. ¶请～回答｜札 즉시 회답을 주십시오. ❷ 속도. ¶风～｜풍속. ¶声～＝〔音速〕｜음속. ¶光～｜광속.
3【速成】sùchéng 動 단기간내에 이루다. 속성하다. 어법 목적어나 보어를 갖지 않고, 주로 관형어로 쓰임. ¶～科＝〔速成班〕｜속성반. ¶～食品｜인스턴트 식품. ¶～识字法｜속성으로 글자를 익히는 방법. ¶学外语只能慢慢来, 一般不能～, ～了往往不巩固gǒnggù｜외국어를 배우는 데는 차근차근하는 수 밖에 없고 일반적으로 단기간내에 이룰 수 없다. 속성으로 익히면 대개 기초가 튼튼하지 못하다.
【速冻】sùdòng 動 區 (보존하기 위하여 식품을) 급속 냉동하다. ¶～水果｜급속 냉동 과일. ¶～蔬菜｜급속 냉동 채소.

²【速度】sùdù 名 ❶〈物〉속도. ¶～表＝〔速度计〕|속도계. ¶巡航～|순항 속도＝〔速力〕〔速率①〕 ❷속도. ¶加快～|속도를 더 빨리하다. 가속하다. ¶生产～|생산 속도. ¶经济发展的～|경제 발전의 속도. ¶我们的建设事业会以更高的～向前发展|우리의 건설 사업은 더욱 빠른 속도로 전진 발전할 수 있다. ❸〈音〉템포.

【速度滑冰】sùdù huábīng 名組〈體〉스피드 스케이팅＝〔快速溜冰〕〔速滑〕

【速记】sùjì ❶動 속기하다. ¶我会～|나는 속기를 할 수 있다. ¶他～得很快|그는 속기를 아주 빨리 한다. ¶他把大会发言都～了下来|그는 대회의 발언내용을 전부 속기해 두었다. ❷名 속기. 속기법. ¶～录|속기록. ¶～术|속기술. ¶～员|속기자.

【速决】sùjué 名動 속결(하다). ¶速战～|속전속결.

【速率】sùlǜ ❶⇒〔速度①〕 ❷名〈物〉공률(工率).

【速溶咖啡】sùróng kāfēi 名組 인스턴트 커피(instant coffee) [대만에서는「即溶咖啡」라고 함]

【速胜】sùshèng 書動 속전 속결하여 이기다

【速食面】sùshímiàn ⇒〔方便面〕

【速效】sùxiào 名 빠른 효과. 속효. ¶可收～|빠른 효과를 거둘 수 있다. ¶～肥料|속효 비료.

【速写】sùxiě 名動 ❶〈美〉스케치(하다). ❷스케치(하다) [문체(文體)의 일종] ¶街上～|가두(街頭) 스케치. ¶岁暮～|세모 스케치.

【速战】sùzhàn 名 속전. ¶～速决|속전속결. ¶他力主～|그는 속전을 주장한다.

2【素】sù 흴 소, 평상 소, 본디 소

❶名 채소나 과일 등으로만 된 음식물. ¶吃～|소찬(素饌)을 먹다. ¶每天只吃一荤一～|매일 조금의 고기 음식과 야채 음식만 먹는다 ⇔〔荤hūn〕 ❷名 옛날, 흰비단을 가리킴. ¶尺～|흰 비단에 쓴 편지. ❸形〈色〉색깔이 단순하다. 수수하다. 소박하다. ¶这块布的颜色太～|이 천은 색깔은 너무 수수하다. ❹書副 평소. 이전부터. 원래. ¶～有交往|평소 교류가 있다. ¶～不吸烟|이전부터 담배를 피우지 않았다. ¶～日↓ ¶～不相识↓ ❺흰색의. 본색(本色) ¶～服↓ ¶～色|흰색. 수수한 색. ❻본래의. ¶～性↓ ¶～质↓ ❼사물을 구성하는 기본 성분. ¶元～|원소. ¶色～|색소.

【素不相识】sù bù xiāng shí 威 평소에 모르는 사이다. ¶我跟金小姐～|나와 미스 김과는 전혀 안면이 없다＝〔素不识荆〕

【素材】sùcái 名 (작품의) 소재. ¶时间虽不多, 却也搜到了一些～|시간이 비록 많지 않았지만 그래도 약간의 소재를 찾아내었다.

【素菜】sùcài 名 야채 요리. 소찬(素饌). 정진요리(精進料理). ¶～馆(儿)|채식 요리 전문집. ¶多吃一点儿～|야채 요리를 좀 많이 먹어라＝〔素餐①〕

【素餐】sùcān ❶⇒〔素菜〕 ❷名 소박한 음식. 간단한 식사. ❸動 정진(精進)하다. 어육을 삼가고 채식하다＝〔吃斋①〕

【素常】sùcháng 名副 평상(시). 평소. ¶他～喜好饮酒|그는 평소에 술 마시기를 좋아한다. ¶今天他穿起了～舍不得穿的新外套|그는 오늘 평소 아까워 잘 입지 않던 새 외투를 입었다.

【素淡】sùdàn 形 ❶(장식·무늬·빛깔 등이) 소박하다. 단아(端雅)하다. ¶这条裙子的颜色十分～|이 치마의 색은 아주 소박하다. ¶室内的布置极为～|실내 치장이 극히 소박하다. ¶我爱水仙花, 不仅因为她清香扑鼻pūbí, 而且看上去是那么～高雅|나는 수선화를 좋아한다. 그 꽃이 맑은 향기를 풍기기도 하지만 보면 그렇게나 단아하고 고상하기 때문이다. ❷(요리가) 담백하다. 산뜻하다. ¶他喜欢吃～的|그는 담백한 음식을 좋아한다.

【素服】sùfú 名 소복. ❶백의(白衣). 흰 옷. ❷상복(喪服).

【素和】Sùhé 名 복성(複姓).

【素鸡】sùjī 名〈食〉두부 껍질로 닭고기 요리같이 만든 요리.

【素净】sù·jing 形 ❶(복장 따위가) 수수하다. 점잖다. ¶穿着一身～的衣裳|수수한 옷을 입고 있다. ❷(맛이) 산뜻하다. 담백하다→〔油腻①〕

【素酒】sùjiǔ 名 ❶야채 요리만을 안주로 먹는 술. ❷方 야채 요리만으로 차린 술자리＝〔素席〕

【素昧平生】sù mèi píng shēng 威 평소 서로 만난 일이 없다. 전혀 면식이 없다. ¶要跟一个～的人写信很不容易|전혀 면식이 없는 사람에게 편지를 쓴다는 것은 아주 쉽지 않다＝〔素昧生平〕〔素不相识〕

【素描】sùmiáo 名 ❶〈美〉소묘. 데생. ¶他善于描～|그는 데생을 잘 한다. ❷(문학상의) 스케치. 간단한 묘사.

【素朴】sùpǔ 形 ❶소박하다. 수수하다. 수식이 별로 없다. ¶生活很～|생활이 매우 소박하다. ¶十分～的语言|아주 소박한 언어. ¶这画面～动人|이 화면은 소박하고 감동적이다. ❷맹아(萌芽)상태의. 아직 발전 성숙되지 않은. 어법 주로 관형어로 쓰임. ¶～唯物主义|맹아 상태의 유물주의. ¶～实在论|〈哲〉소박 실재론.

【素日】sùrì 書名 평소. 평상시. ¶他～不爱说话|그는 평소에 말이 잘 없다＝〔夙日〕

【素食】sùshí ❶名動 채식(하다). ¶她只吃～|그녀는 채식만 한다. ❷名 평소의 소박한 음식.

【素数】sùshù 名〈數〉소수＝〔质zhì数〕

【素席】sùxí ⇒〔素酒②〕

【素馨花】sùxīnhuā 名〈植〉자스민(茉莉花). ¶送你一束～|너에게 자스민꽃 한 묶음을 선물한다＝〔野悉蜜花〕〔耶悉茗花〕

【素性】sùxìng 名 천성(天性). 본성. 타고난 품성.

【素雅】sùyǎ 書形 (빛깔 따위가) 점잖다. 우아하다. ¶舞台布景～|무대 배경이 우아하다＝〔素净雅致〕

【素养】sùyǎng 書名 소양. 평소의 수양[교양]. ¶艺术～|예술적 소양. ¶提高学术～|학문적 소양을 높이다.

【素油】sùyóu 名 식물성 식용유＝〔方 清油〕

⁴【素质】sùzhì 名 ❶소양. 자질 ¶这个人～很好|이 사람은 자질이 뛰어나다. ¶启发qǐfā学问～

| 학문적 자질을 계발하다. ❷본질. ¶要掌握zhǎngwò问题wèntí的～ | 문제의 본질을 파악해야 한다. ❸〈心〉소질. 천성. 소인(素因). ❹흰 바탕.

【嗉〈膆〉】 sù 모이주머니 소
(～儿, ～子) 名❶멀떠구니[날짐승의 주머니 모양으로 생긴 식도(食道)의 한 부분] ¶鸡～子 | 닭의 멀떠구니 =〔膆〕❷俗(목이 가늘고 긴) 술병. ¶酒～ | 술병. ¶烫tàng一～酒 | 술 한 병을 데우다.

【嗉囊】 sùnáng 名 멀떠구니. 소낭. 모이주머니 =〔嗉道〕

【愫】 sù 정성 소
진정(眞情). 진심(眞心). ¶情～ | 진정.

1【宿】 sù xiǔ xiù 묵을 숙, 성수 수
Ⓐ sù ❶動 숙박하다. 묵다. ¶在他家～了一夜 | 그의 집에서 하룻밤을 묵었다. ¶夜～客栈kèzhàn | 객잔에서 숙박하다. ¶露lù～ | 노숙하다. ❷書形 평소의. 이전부터 가지고 있던. ¶～怨↓ ¶～愿得偿 | 숙원이 이뤄지다. ❸書形 노련한. 경험이 많은. ¶～将↓ ¶耆qí～ | 사회적으로 명망(名望)이 높은 노인. ❹(Sù) 名 성(姓).
Ⓑ xiǔ 量 박.야.밤[밤을 세는데 쓰임] ¶住了一～ | 하룻밤 묵었다. ¶三天两～ | 2박 3일. ¶整～没睡 | 밤새 자지 않았다.
Ⓒ xiù 名 중국 고대 천문학에서 몇개의 별의 집합체를 말함. ¶星～ | 성수. 진수(辰宿). ¶二十八～ | 28수.

【宿弊】 sùbì 名 오래된 폐해. 오랜 병폐. ¶～一清 | 오래된 병폐가 말끔히 없어지다. ¶治理～ | 오랜 병폐를 다스리다.

【宿仇】 sùchóu 名 이전부터 갖고 있던 원한. ¶不计～ | 오랜 원한을 따지지 않다.

【宿敌】 sùdí 名 숙적.

【宿根】 sùgēn 名 ❶〈植〉숙근. 여러해살이 뿌리. ❷〈佛〉숙근 [전세에서부터 이미 정해진 기근(機根)]

【宿货】 sùhuò 名 罵 쓸모 없는 놈. ¶你这个老～! | 너 이 쓸모없는 놈!

【宿疾】 sùjí 名 지병(持病). ¶～复发 | 지병이 재발하다 =〔宿痾〕〔俗 老毛病(儿)〕

【宿将】 sùjiàng 名 노장(老將). 경험이 많고 노련한 장군〔지휘관〕. ¶重新chóngxīn起用～ | 노장을 다시 기용하다.

【宿命论】 sùmìnglùn 名〈哲〉숙명론. ¶～者 | 숙명론자. ¶老王持chí～ | 왕씨는 숙명론을 지지한다.

【宿诺】 sùnuò 名 ❶書 아직 실행하지 않은 약속〔응낙〕. ¶无～ | 약속의 실행을 질질 끌지 않다. ❷이전의 약속〔응낙〕.

1【宿舍】 sùshè 名 숙사. 기숙사. ¶学生～ | 학생 기숙사. ¶研究生～ | 대학원생 기숙사. ¶职工～ | 직공 숙사. ¶～楼 | 숙사 건물. ¶家属～ | 사택. ¶集体～ | 합숙소.

【宿营】 sùyíng 動 (군대가) 숙영하다. ¶～地 | 숙영지.

【宿怨】 sùyuàn 名 오랜 원한. ¶不忘～ | 오랜 원한을 잊지 않다 =〔夙怨〕

【宿愿】 sùyuàn 名 숙망(宿望). 숙원. ¶实现shíxiàn～ | 숙원이 실현되다 =〔夙sù愿〕〔素愿〕〔前志①〕

【宿债】 sùzhài 書 名 ❶묵은 부채. 묵은 빚. ¶还清huánqīng～ | 묵은 빚을 청산하다. ❷喻〈佛〉전생의 악업(惡業).

【宿主】 sùzhǔ 名〈生〉숙주. 기생물이 기생하는 생물. ¶终～ | 종숙주. ¶中间～ | 중간 숙주 =〔寄主〕

【缩】 sù ☞ 缩 suō Ⓑ

【粟】 sù 조 속
名 ❶〈植〉조. ¶～饭 | 조밥. 변변치 못한 밥 =〔谷gǔ子〕→〔小米(儿)〕❷곡류의 총칭. ¶重农贵～ | 농업을 중시하고 곡물을 귀하게 여기다. ❸(피부의) 소름. ¶起～ | 소름이 돋다. ¶疹zhěn～ | 발진(發疹)→〔鸡jī皮疙瘩〕〔鸡皮〕❹(Sù) 성(姓).

【粟米】 sùmǐ 名 ❶方〈植〉옥수수. ❷書 조와 쌀. ❸書 군량(軍糧) ‖→〔玉yù米〕

【粟子】 sù·zi 名 方 ❶〈植〉조. ❷좁쌀 ‖ =〔谷子①②〕

【傈】 sù 율속족 속
⇒〔傈lì傈族〕

【谡(謖)】 sù 일어날 속
書 ❶動 일어나다. 일어서다. ❷動 옷깃을 여미다. 옷차림을 단정하게 하다. ❸狀 우뚝 솟다. 우뚝하다.

【谡谡】 sùsù ❶狀 우뚝하다. 쑥 솟아나다. ¶～长松 | 우뚝 솟은 소나무. ❷擬 쏴쏴 [솔바람 소리]

2【塑】 sù 토우 소
❶動 (흙 따위로) 인물상(像)을 만들다. 조소(造塑)하다. ¶木雕泥～ =〔泥塑木雕〕 | 목각 인형과 흙인형. 喻 무표정하다. ❷⇒〔塑胶〕

【塑胶】 sùjiāo 名〈化〉플라스틱. 俗 합성수지. ¶～制品 | 플라스틱 제품. ¶～玻璃bōlí | 플라스틱 유리.

2【塑料】 sùliào 名〈化〉가소성(可塑性) 고분자 화합물의 총칭 [플라스틱·비닐·셀룰로이드·베이클라이트 등을 말함] ¶～布 | 비닐천. ¶～袋 =〔胶袋〕 | 비닐 봉지. ¶～工业 | 플라스틱 공업. ¶～鞋 | 비닐 구두. ¶～胶布带 | 비닐 테이프. ¶～花 | 플라스틱으로 만든 조화(造花). ¶～(暖)房 | 비닐 하우스. ¶～棚温室 | 비닐 하우스 온실.

【塑像】 sùxiàng ❶名 소상(塑像). 조소. ¶树立～ | 인물상을 만들어 세우다. ❷(sù/xiàng) 動 토우를 만들다. 조소(彫塑)하다.

【塑性】 sùxìng 名〈物〉가소성(可塑性) =〔范性〕

4【塑造】 sùzào 動 ❶〈美〉빚어서 만들다. 조소하다. ¶～石膏shígāo像 | 석고상을 만들다. ¶这个头像是他～的 | 이 두상은 그가 빚어 만든 것이다. ❷(문자로) 인물을 형상화하다〔묘사하다〕. ¶～典型人物 | 전형적인 인물을 형상화하다. ¶～形象 | 이미지를 형상화하다. ¶这个典

型人物～得栩xǔ栩如生 | 이 전형적인 인물은 잘 형상화되어서 마치 살아있는 듯 생동감이 있다.

【溯〈遡泝〉】sù 거슬러올라갈 소 ❶물을 거슬러 오르다. ¶～源↓ ¶～流而上 | 물을 거슬러 올라가다. ❷근원을 찾다. 추적하다. ¶推本～源 | 근원을 탐구하다. ¶不～既往 | 지난 일을 따져 묻지 않는다. ❸(지난 일을) 돌이켜 생각하다. 회상하다. ¶回～往事 | 지나간 일을 회상하다.

【溯源】sùyuán 動 ❶물의 근원을 찾아 상류로 거슬러 올라가다. ¶沿波～ | 물결을 따라 거슬러 올라가다. ❷喻 역사나 학문의 본원을 찾아 연구하다. ¶～探本 | 본원을 찾다〔캐내다〕.

【蔌】sù 푸성귀 속 ❶書 名 야채. 소채(蔬菜). ¶山肴yáo野～ | 산과 들에서 나는 먹을 것. ❷⇒〔蔌蔌〕

【蔌蔌】sùsù ⇒〔簌sù簌〕

【簌】sù 체 속, 무성할 속 ⇒〔簌簌〕

【簌簌】sùsù ❶擬 바스락. 솨솨. ¶风吹树叶～响 | 바람에 나뭇잎이 솨솨하고 소리내다. ¶芦苇lúwěi～地响, 从里面走出一个人来 | 갈대가 바스락거리더니, 그 속에서 한 사람이 걸어 나왔다. ❷擬 뚝뚝. 주르륵. 줄줄. ¶热泪～地往下落 | 뜨거운 눈물이 뚝뚝 떨어져 내리다 =〔簌地〕 ❸書 狀 빽빽하고 조밀하다 ‖ =〔蔌蔌〕

suān ㄙㄨㄢ

【狻】suān 사자 산 ⇒〔狻猊〕

【狻猊】suānní 名 전설상의 맹수 [사자(獅子)와 비슷하게 생김]

1【酸】suān 초 산 ❶形 (맛이나 냄새가) 시다. 시큼하다. ¶～菜↓ ¶这个橘子真～ | 이 오랜지는 정말 시다. ¶我爱吃～的东西 | 나는 신 것을 잘 먹는다. ¶牛奶已经变～了 | 우유가 벌써 맛이 시어졌다. ❷形 (몸이) 시큰하다. 시큰거리다. ¶腰有点儿发～ | 허리가 조금 시큰거린다. ¶腿站～了 | 서 있었더니 다리가 시큰거린다. ¶腰～腿疼 | 허리가 시큰거리고 다리가 아프다 ❸形 비통하다. 슬프다. (마음이) 쓰리다. ¶辛xīn～ | 몹시 비통하다. ¶心～ | 마음이 쓰리다. ❹名〈化〉산(酸). ¶～性 | 산성(의). ¶盐yán～ | 염산. ¶硫liú～ | 유산. 황산. ¶醋cù～ | 초산. ¶苹果～ =〔羟qiǎng基丁二酸〕| 사과산. ¶胺àn～ | 아미노산. ¶无机～ =〔矿酸〕| 무기산. ❺書 形 諷 (학자·문인·지식인이 세상 물정을 모르고) 융통성이 없다. 진부하다. 옹색하다. ¶穷～ | 궁색하다. ¶寒～ | 궁상맞다. ¶～秀才 | 옹색한 선비. 가난한 선비.

【酸不刺唧】suān·bulājī ⇒〔酸不溜丢(的)〕

【酸不溜丢】suān·buliūdiū 狀 俗 貶 方 시큼하다. 말이나 행동이 경망스럽다. ¶她这人一向～的 | 그 여자는 줄곧 경망스러웠다 =〔酸不刺唧〕〔酸不拉唧〕〔酸拉吧唧〕

【酸菜】suāncài 名 배추를 더운물에 데쳐서 시큼하게 발효시킨 북방 음식. ¶他吃惯了～ | 그는 신 배추 요리가 입에 맞는다.

【酸楚】suānchǔ ⇒〔酸辛xīn〕

【酸酐】suāngān 名〈化〉산무수물(酸無水物) =〔簡 酐〕

【酸根】suāngēn 名〈化〉산기(酸基) =〔酸基〕

【酸基】suānjī ⇒〔酸根〕

【酸解】suānjiě 名〈化〉산분해(酸分解). ¶～反应 | 산분해 반응.

【酸苦】suānchǔ ⇒〔酸辛xīn〕

【酸辣汤】suānlàtāng 名〈食〉우리 국보다 걸쭉한 음식으로 새콤하고 매콤하게 만든 스프.

【酸懒】suānlǎn 形 方 몸이 시큰시큰하고 축 처지다. ¶身上～, 他不想起来 | 몸이 시큰거리고 피곤해서 그는 일어나고 싶지 않았다.

【酸溜溜】suānliūliū ❶狀 (맛·냄새 따위가) 시큼하다. ¶这种橘子～的 | 이런 오렌지는 맛이 시다 =〔酸刘刘〕 ❷狀 시큰시큰하다. ¶干了一天活儿, 两只膀子bǎng·zi～的 | 하루종일 일을 했더니 두 어깨가 다 시큰시큰하다. ❸名 動 시샘(하다). 질투(하다). ¶看到妈妈偏爱piānài弟弟, 她心里就～的 | 엄마가 남동생을 편애하는 것을 보고 그 여자애는 질투가 났다. ❹狀 슬프다. 마음이 아프다. 쓰라리다. ¶要和老师离别, 学生们心里都～的 | 선생님과 헤어지게 되어 학생들은 모두 마음이 아팠다. ❺狀 諷 (생각이나 언행이) 진부하다. 케케묵다 =〔酸腐〕

【酸刘刘】suānliúliú ⇒〔酸溜溜①〕

【酸梅】suānméi 名 오매(烏梅)의 통칭 =〔乌梅〕

【酸梅汤】suānméitāng 名〈食〉오매탕. ¶给她一杯～ | 그녀에게 오매탕 한 잔을 주다 =〔梅汤〕

【酸牛奶】suānniúnǎi 名〈食〉요구르트 =〔酸奶②〕〔酸乳(酪)〕〔酸奶酪〕〔外 育高德〕

【酸气】suānqì 名 꼴같지 않게 학자연하는 것. ¶瞧他这股～! | 그 놈 학자연하는 꼴 좀 보렴!

【酸软】suānruǎn 形 몹시 노곤하다. ¶腿～了 | 다리가 노작지근하다.

【酸疼】suānténg 形 시큰시큰 쑤시고 아프다. ¶双腿～ | 두 다리가 몹시 시큰시큰 쑤시고 아프다 =〔酸痛〕

【酸甜苦辣】suān tián kǔ là 成 신맛·단맛·쓴맛·매운맛. 喻 각양 각색의 맛. 세상의 온갖 고초. 풍상. ¶这几十年来, 人世间的～我几乎尝遍了 | 이 몇 십년 동안 나는 세상의 온갖 풍상을 거의 다 겪었다.

【酸文假醋】suānwén jiǎcù 成 喻 겉으로 학문이 있는 체하다. 학자연하다. ¶你别在这儿～了 | 너 여기서 학자연하지 말라.

【酸辛】suānxīn ❶名 신고(辛苦). 고생. 괴로움. ❷形 슬프고 괴롭다. ¶心里无比～ | 마음이 대단히 슬프고 괴롭다 ‖ =〔酸楚〕

【酸性】suānxìng 名〈化〉산성. ¶～反应 | 산성 반응. ¶～染料 | 산성 염료. ¶～雨 =〔俗 空中鬼〕| 산성비 ⇔〔碱jiǎn性〕

【酸雨】suānyǔ 名 산성비. ¶～能腐蚀建筑物, 影响作物生长, 污染水源, 危害人体健康 | 산성비는 건축물을 부식시키고 작물의 생장에 영향을 주

며 수원(水源)을 오염시키고 사람의 건강을 해칠 수 있다.

【酸枣】suānzǎo 名〈植〉❶ 멧대추나무＝〔棘①〕 ❷(～儿, ～子) 멧대추. ¶～仁 | 멧대추씨. ¶吃～ | 喻 고생하다.

suàn ㄙㄨㄢˋ

4【蒜】suàn 마늘 산/선 名〈植〉마늘. ¶一瓣biàn～ | 마늘 한 꾸러미.

【蒜瓣儿】suànbànr 名 마늘쪽.

【蒜毫(儿)】suànháo(r) 名 마늘 새싹.

【蒜黄(儿)】suànhuáng(r) 名 햇빛을 쬐지 않고 길러낸 연한 마늘 잎. ¶～炒肉丝 | 연한 마늘 잎과 채 썬 고기 볶음.

【蒜苗(儿)】suànmiáo(r) 名 方 ❶ 마늘 싹. ❷ 마늘종＝〔青蒜〕

【蒜泥(儿)】suànní(r) 名 짓찧은 마늘. ¶捣dǎo一点儿～ | 마늘을 조금 찧다. ¶～白菜 | 양배추에 짓찧은마늘을 넣어 볶은 요리.

【蒜薹】suàntái 名 마늘종. ¶～炒火腿片 | 햄 마늘 종 볶음.

【蒜头(儿)】suàntóu(r) 名 통마늘. ¶老王一口气吃了十个～ | 왕씨는 한 입에 통마늘 열 개를 먹어치웠다.

1【算〈祘筭〉】suàn 수 산, 셈 산 ❶ 動 계산하다. 셈하다. ¶～～多少钱 | 얼마인지 계산해보다. ¶能写会～ | 쓸 수 있고 계산할 수 있다. ¶～错了 | 잘못 계산했다. ¶～在一块儿 | 합쳐 계산하다. ❷ 動 轉 돈을 받다. ¶少～点儿 | 좀 덜 받아라. ¶这点东西～了我十八块钱 | 이 물건을 나에게 18원을 받았다. ❸ 動 계산에 넣다. 치다. 포함시키다. ¶～上你, 一共有十个人 | 너까지 쳐서 모두 열 사람이다. ¶不要把我～进去 | 나를 포함시키지 말라. ¶不～利润, 光成本是五块 | 이윤을 치지 않고 원가만 5원이다. ❹ 動 추측하다. 추산하다. …라고 생각했다. ¶～命 | 점을 치다. 운세를 보다. 운명을 알아 보다. ¶～卦 | 점치다. ¶～来不坏 | 나쁘지 않을 것 같다. ¶我～他今天该动身了 | 내 생각에는 그는 오늘 출발해야 될꺼다. ❺ 動 …로 치다. …로 하다. …라고 여기다. …인 셈이다. 간주하다〔되다〕. 어법「算」뒤에 명사·동사·형용사·절(小句)을 둘 수 있음. ¶就～你对了, 也不应该打人 | 네가 옳다 치더라도 사람을 때려서는 안된다. ¶他可以～是一个好同志 | 그는 훌륭한 동지라고 할 수 있다. ¶这件事总～办得不错 | 이 일은 어쨌든 잘 된 셈이다. ❻ 動 설사 …하더라도. …한다고 해도. 어법「就＋算(是)＋절(小句)」의 형태로 쓰임. ¶就～你事先知道, 又有什么用呢 | 설사 네가 사전에 알았다고 하더라도 또 무슨 소용이 있었겠니? ¶就～下二三天雨, 那又有什么关系呢? | 비가 이 삼 일 온다 한들 무슨 관계가 있겠니? ❼ 動 셈에 넣다. 중요시하다. 치다. 효력이 있다. ¶他说的不～, 还得你说 | 그가 말한 것은 치지 않으니 역시 네가 말해야 된다. ❽ 動 그만두다. 더 이상 따지지 않다. 어법 항상 뒤에「了」가 붙음. ¶～了, 别说了 | 됐다, (더 이상) 말하지 마라. ¶我看～了吧, 别往下说了 | 내가 보기엔 그정도면 됐다, 더 이상 말하지 마라. ❾ 動 계획하다. 계략을 꾸미다. ¶～无遗策 | 계획이 빈틈없다. ¶打～ | …하려 하다. ¶盘pán～ | (마음 속으로) 계획하다. ¶暗～ | 암산하다. ❿ 動 결국 …하다. 마침내 …한 셈이다. ¶问题～解决了 | 문제가 결국 해결된 셈이다. ⓫ 名(숫자를 셈할 때 쓰던) 산가지.

【算不得…】suàn ·bu ·de 動組 …축에 넣을 수 없다. …라고 할 수는 없다. ¶你打了人家一下, 也～什么英雄 | 네가 사람을 한번 때렸다고 해서 무슨 영웅이라고는 할 수 없다. ¶做小动作～好汉 | 소극적으로 행동해서는 대장부라고 할 수 없다.

【算不了】suàn ·bu liǎo 動組 ❶ 계산할 수 없다. ¶这道算术题, 我可～ | 이 산수 문제를 나는 풀 수 없다. ❷ …로 간주할 수 없다. …라 할 수 없다. ¶这种事～什么 | 이런 일은 뭐 별 것 아니다. 아무것도 아니다.

【算不清】suàn ·bu qīng 動組 ❶ 계산이 정확하지 않다. ¶我～这笔帐 | 난 이 빚이 얼마인지 계산이 정확하지 않다. ❷ 확실하게 계산할 수 없다. (너무 많거나 복잡해서) 정확히 셀 수 없다. ¶～是多少人 | 몇 사람인지 정확히 셀 수 없다.

【算不上】suàn ·bu shàng 動組 …계산에 넣을 수는 없다. …라고할 수 없다. ¶他是额外éwài的, ～数 | 그는 정원 밖이니 계산에 넣을 수 없다.

【算草(儿)】suàncǎo(r) 名(수학의) 계산. 운산(運算). 연산→〔算式〕

【算尺】suànchǐ 名〈數〉계산자＝〔计算尺〕

【算筹】suànchóu 名 산가지. 산대. ¶他手里握着一把～ | 그는 손에 산가지를 한웅큼 쥐고 있다.

【算得】suàn/dé 動 …라고 여기다〔여겨지다〕. 헤아릴 수 있다 [흔히「还」「可以」가 앞에 놓임] ¶你这样对待duìdài我, 还～朋友吗? | 네가 나에게 이렇게 대하고도 친구라고 할 수 있는가? ¶你这样卑鄙bēibǐ还可以～一个知识zhīshi分子? | 너 이렇게 비열한데 그래도 지성인이라고 할 수 있는가?

【算法】suànfǎ 名 ❶ 산법. 산술. ❷ 계산의 방식. ¶你这种～是不对的 | 너의 이런 계산방식은 옳지 않다.

【算卦】suàn/guà 動(팔괘로) 점치다. ¶～的＝〔算卦先生〕| 역술가. 점쟁이. ¶～摊 | 길가에 자리를 깔아놓고 점보는 곳. ¶我给你算一卦怎么样? | 내가 당신의 점을 한번 봐줄까요?

【算话】suàn/huà 動 말에 책임을 지다. 말한대로 하다〔되다〕. ¶说话～ | 말한 것에 책임지다.

【算计】suàn·ji 動 ❶(수를) 계산하다. 개산(概算)하다. ¶～人数 | 사람수를 계산하다. ¶～不出有多少人 | 사람이 얼마나 있는지 계산해내지 못하다. ¶～一下你今天用了多少钱 | 네가 오늘 얼마를 썼는지 한번 계산해 보아라. ¶～着也就够了 | 어림잡아 보아도 충분하다. ¶～着差不了多少 | 어림해 보아도 별 차이는 없다. ❷ 계획하다. 고려하다. ¶我正在～一件事 | 나는 지금 일

한 건을 생각하고 있는 중이다. ¶这事儿他～得很周密 | 이 일은 그가 아주 주도면밀하게 계획했다. ¶他在～派谁去 | 그는 누구를 보낼까 고려중이다. ❸ 추측하다. 짐작하다. ¶我～这封信今天也该到了 | 내 계산으로는 이 편지는 오늘 도착되었을 것이다. ¶我～他今天回不来, 果然没回来 | 나는 그가 오늘 돌아올 수 없을 것이라고 추측했는데, 과연 돌아오지 않았다. ❹ 남을 몰래 모해(謀害)하다. ¶他这是～你的 | 그가 이러는 것은 너를 모해하고 있는 거다. ¶他很会～别人 | 그는 남을 잘 모해한다. ❺ 따지다. ¶我没～过这种小事 | 나는 이런 작은 일을 시시콜콜 따진 적이 없다. ¶他又为这几个钱～起来了 | 그는 또 이 몇 푼의 돈 때문에 따지려들기 시작했다.

【算计儿】suàn·jir 名 方 계획. 계책. 지략. 타산. ¶只愁你没个～ | 너에게 계책이 없는 것이 걱정될 뿐이다

【算老几】suàn lǎojǐ 動組 …축에 들지 못하다 [「老几」는 형제 중 서열을 나타냄] ¶这儿没你说话的地方, 你～? | 여기는 네가 말해도 되는 자리가 없어, 너(위치가) 몇 째야?

2【算了】suàn·le 動組 그만두다. 따지지 않다. ¶～～, 你别再提了 | 됐어. 더 이상 거론하지 마. ¶他不来就～呢 | 그가 오지 않으면 그만 두자.

【算命】suàn/mìng 動 (운세·운수를) 점치다. ¶～的＝〔算命先生〕〔八字先生〕| 점쟁이. ¶她也想去～ | 그녀도 점치러 가볼까 생각이다. ¶他给人～完全为了骗钱 | 그가 사람들에게 점을 쳐주는 것은 완전히 돈을 사취하기 위해서이다. ¶算了一次命 | 점을 한 번 보았다.

4【算盘】suàn·pán 名 ❶ 주판. ¶打～ | 주판을 놓다. 轉 손익을 따지다. ❷ 喩 타산(打算). 심산(心算). 기대. 계획. ¶他打了这个～是个好主意了 | 그가 그런 타산을 한 것은 좋은 생각이다. ¶他肯这么做, 是有他自己的～的 | 그가 기꺼이 이렇게 하려는 것은 자신의 속셈이 있어서 이다.

【算盘子儿】suànpánzǐr 名組 주판알＝〔算盘珠〕

【算式】suànshì 名 〈數〉산식→〔算草(儿)〕

3【算是】suàn·shi 動 …인 셈이다. 겨우 …이다. 마침내…한 것으로 되다. ¶这下～对得起你了 | 이번에는 너를 볼 면목이 선 셈이 되었다. ¶这一下～你猜cāi着了 | 이번에는 네가 알아맞춘 셈이다. ¶这个商店～附近最大的了 | 이 근처에서는 이 상점이 제일 큰 셈이다. ¶我们很早就想出版这样一个刊物, 现在～实现了 | 우리는 아주 일찍부터 이러한 간행물을 출판하려고 했는데 지금에서야 드디어 실현한 셈이다. ¶任务～完成了, 但完成得不够漂亮 | 임무는 결국 완수한 셈이지만 그다지 훌륭하게 완수하지는 못했다.

4【算术】suànshù 名 〈數〉산술. 산수. ¶～题 | 산수 문제.

【算术级数】suànshù jíshù 名組 〈數〉산술 급수.

3【算数(儿)】suàn/shù(r) 動 ❶ (유효하다고) 인정하다. 책임을 지다. 말한대로 하다. ¶说话要～, 不能翻悔 | 말을 했으면 지켜야지 번복해선 안된다. ¶以前的不～, 从现在～起 | 전에 것은 치지 않고 지금부터 셈에 넣기 시작한다. ¶这条规定仍然～ | 이 규정은 여전히 유효하다. ¶像我这样的人也能～吗? | 나 같은 사람도 쳐줍니까? ❷ 수를 헤아리다. ❸ 그것으로 됐다〔좋다〕. 그만이다. 그뿐이다. ¶学会了才～ | 배워 할 수 있어야 된다.

【算题】suàntí 名 산수 문제. 계산 문제. ¶这几道～太难了 | 산수 문제 중 이 몇 문항은 너무 어렵다.

【算学】suànxué 名 ❶ 수학. ¶他精通～ | 그는 수학에 정통하다. ❷ 산술.

【算帐】suàn/zhàng 動 ❶ (장부상의 숫자를) 계산하다. 청산〔결산〕하다. 회계하다. ¶算错帐 | 계산을 잘못하다. ❷ 口 轉 (보복의 뜻으로) 결판을 내다. 끝장을 내다. 흑백을 가리다. ¶我要跟他～ | 나는 그와 결판을 내야겠다. ¶找他～ | 그와 결판을 내러 가다.

【算子】suàn·zi 名 주판＝〔算盘①〕

suī ㄙㄨㄟ

【尿】suī ☞ 尿 niào B

3【虽(雖)】suī 비록 수

連 ❶ 〔비록〕…일지라도. ¶房子～旧, 倒还干净 | 집은 낡았지만, 그래도 아직 깨끗하다→〔虽然〕 ❷ 설사 …이더라도. ¶为国牺牲xīshēng, ～死犹荣 | 나라를 위해 희생한다면, 설사 죽더라도 영광이다＝〔纵然〕 어법 「虽」와 「虽然」의 비교⇒〔虽然〕

1【虽然】suīrán 連 비록 …일지라도〔하지만〕. 설령 …일지라도. 어법 ⓐ 흔히 「可是」「但是」「却是」 등과 어울려 쓰임. ¶他～个子矮ǎi, 但是很会打蓝球 | 그는 비록 키는 작지만 농구를 매우 잘한다. ⓑ 「虽然」이 뒤의 절(小句)에 쓰일 때는 반드시 주어의 앞에 와야 하며, 앞 절에는 「但是」「可是」 등을 쓸 수 없음. ¶李先生尚无回信, ～我已经三次去电催问 | 이 선생은 아직 회신이 없다, 비록 세번이나 전보를 쳐 재촉 문의하였지만. ⓒ 「虽」는 「虽然」과 같지만 주어 뒤에만 둘 수 있고 주로 문어문(文語文)에 쓰임. ¶事情虽小, 影响却极大 | 비록 사안은 작지만, 영향은 크다. ⓓ 「虽然」「尽管jǐnguǎn」「即使」의 비교⇒〔即jí使〕 ⓔ 「虽然」과 「固然」의 비교⇒〔固gù然〕＝〔虽是〕〔虽说〕〔虽则〕

【虽然如此】suīrán rúcǐ 動組 비록 그렇기는 하지만. ¶～, 但我还是要去 | 비록 그렇다고는 해도 나는 가겠다.

【虽是】suīshì ⇒〔虽然〕

3【虽说】suīshuō 連 口 비록 …이라는 하지만. ¶～他有病, 工作可仍照样干 | 비록 그가 아프다고는 하지만 일은 여전히 예전처럼 한다. ¶～咱们是朋友, 但还是要订个合同 | 비록 우리가 친구사이이긴 해도 계약은 체결해야 한다＝〔虽然〕

【虽则】suīzé 書 連 비록 …하지만. ¶过程～不同, 结果却是一样 | 비록 과정은 같지 않지만 결과는 같다. ¶好书我是一定要买的, ～我手头并不宽裕kuānyù | 좋은 책은 난 반드시 산다, 비록 주머니 사정이 그다지 넉넉치 못하더라도＝〔虽然〕

【荽】suī 고수풀 유
⇒〔芫yán荽〕〔胡hú荽〕

【绥】suī ☞ 绥 suí

【眭】suī 움펑눈 휴, 볼 혜
❶書動 주시하다. ❷書名 쑥 들어 간 눈 ❸(Suī) 名 성(姓).

【睢】suī 물이름 수, 부릅떠볼 휴
❶書動 눈을 부릅뜨고 보다. ❷방자하다→〔恣zì睢〕 ❸(Suī)名〈地〉하남성(河南省)에 있는 현(縣) 이름. ❹(Suī) 名 성(姓).

【濉】Suī 물이름 수
名〈地〉수하(濉河) [안휘성(安徽省)에서 발원하여 강소성(江蘇省)으로 흘러 들어가는 강 이름]

suí ㄙㄨㄟˊ

【隋】Suí 수나라 수
名❶〈史〉수나라 [양견(楊堅)이 세운 왕조(581～618)] ❷성(姓).

2【随(隨)】suí 따를 수
❶動 …를 따르다. 따라가다. 어법 주로 다른 동사와 연용하여 연동구문으로 쓰임. ¶我先出去, 你们～我来 | 내가 먼저 갈테니 너희는 나를 따라 오라. ¶我～着老师一起走 | 나는 선생님을 따라 간다. ¶你～我去办公室 | 너는 나를 따라 사무실로 가자. ❷動 맡기다. 마음대로 하게 하다. …에 달려 있다. ¶去不去～你吧 | 가고 안 가고는 너에게 맡긴다. ¶两种办法～你挑tiāo | 두가지 방법 중에 네가 마음대로 골라라. ¶～你的便 | 네 마음대로 해라. ❸動 (「随～随…」의 격식으로) ～하자마자 …하다. ～함에 따라 …하다. ¶大家～到～坐, 不必客气 | 모두 도착하는 대로 앉으세요, 체면차리지 마시고. ¶～说～忘 | 말하는 족족 잊어버리다. ¶～老～衰 | 늙으면 늙을수록 쇠약해진다. ❹動㊉ 닮다. 비슷하다. ¶她长得～她母亲 | 그녀는 어머니를 닮았다. ¶举止动作～他爷爷 | 행동거지가 그의 할아버지를 닮았다. ¶您说他脾气～谁? | 당신이 보기에 그의 성질은 누구를 닮았나요? ❺動 …에 딸려 있다. 지니고 있다. ¶～身带着救急的药 | 구급약을 몸에 지니고 있다. ¶～着锁suǒ有两把钥匙yàoshi | 자물쇠에 열쇠 두개가 딸려 있다. ❻副 어떠한 …라도. 아무리 …라도. ¶～时～地 | 언제 어디라도. ¶～来～有 | 올 때 마다 있다. ❼순종하다. 순응하다. 따르다. ¶～顺↓ ¶～风转舵↓ ❽…하는 김에. ¶～手把门关上 | 손이 닿는 대로 문을 닫으시오. ❾(Suí) 名 성(姓).

【随笔】suíbǐ 名 ❶수필. ¶他写了一则～ | 그는 수필 한 편을 썼다. ❷필기. 기록.

2【随便】suíbiàn ❶形 (범위·수량에) 제한을 두지 않다. 자유롭다. ¶～闲谈 | 자유로이 한담하다. ¶请～挑选 | 마음대로 고르세요. ¶～发表意见 | 자유로이 의견을 발표하다. ¶听不听随你的便 | 듣고 안 듣고는 너 마음대로 해라 =〔取便②〕 ❷形貶 제멋대로 하다. 대충대충 무책임하다. ¶说话不能太～ | 말을 너무 제멋대로 해서는 안된다. ¶你别在客人面前太～ | 손님 앞에서 너무 제멋대로 굴면 안된다. ¶不能对什么事都这样随随便便 | 모든 일에 이렇게 대충대충하는 식이어서는 안된다. ❸連 …을 막론하고. …라 할 것 없이. ¶京剧也好, 昆剧也好, ～什么戏, 他都爱看 | 경극도 좋고, 곤극도 좋고, 어떤 희극이라도 그는 다 즐겨 본다. ¶～你怎么说, 他就是听不进去 | 네가 어떻게 말하든 그는 곧이 듣지는 않을 것이다. ‖ 어법「随便」은 행동·태도 등에 대해 좋고 나쁜 의미로 다 쓰이나「任性」은 성격·기질 등에 대해 주로 나쁜 의미로만 쓰임.「随便」은 중첩이 가능하고 접속사로도 쓰이지만,「任性」은 중첩이 불가능하고 접속사 용법이 없음.

【随波逐流】suí bō zhú liú 威 물결따라 흘러가다. 부화뇌동하다. ¶大势已去, 我也只能～了 | 대세가 이미 기울었으니 나는 물결따라 흘러 갈 수 밖에 없게 되었다 =〔随波漂流〕

【随处(儿)】suíchù(r) 副 도처에. 어디서나. ¶这种房子～可见 | 이런 집은 어디서나 볼 수 있다.

【随船】suíchuán 배편으로. ¶～寄上 | (물품을) 배편으로 부칩니다.

【随从】suícóng ❶名 종자(從者). 수행원. ¶他带了几个～去北京了 | 그는 수행원 몇 명을 대동하고 북경에 갔다. ❷動 수행하다. 따라다니다. ¶～师长南征北战 | 사단장을 수행하여 이곳저곳 다니며 전쟁을 치루다.

【随大流】suí dàliú ⇒〔随大溜(儿)〕

【随大溜(儿)】suí dàliù(r) 動組 대세에 따르다. 여러 사람의 의견에 순응하다. ¶他只会～, 毫无个人主见 | 그는 대세에 잘 따를 뿐, 자기의 주견은 조금도 없다. ¶他说话终是～, 从未发表过与众不同的看法 | 그는 말하는 것이 늘 대세를 따르고, 여태 다른 사람과 다른 의견을 발표한 적이 없다 =〔随大流(儿)〕

【随带】suídài 動 ❶함께 가지고 가다. ¶除信之外～包裹一个 | 편지 외에 소포 하나를 함께 가지고 가다. ❷몸에 지니다. 휴대하다. ¶～行李 | 짐을 휴대하다. ¶～录音机 | 녹음기를 휴대하다. ¶这次外出游览yóulǎn我～着相机一架 | 이번 나들이에 나는 사진기 한 대를 가지고 간다.

【随地】suídì 副 어디서나. 아무데나. ¶请勿～吐痰tǔtán | 아무데나 가래를 뱉지 마시오.

【随风(儿)倒】suífēng(r) 動組 바람 부는 대로 기울어지다. 喻 자기의 주견이 없이 대세에 휩쓸리다. ¶在这场辩论中, 他一直是～的 | 이번 변론에서 그는 줄곧 자기 소견없이 대세에 휩쓸려 따라만 갔다.

【随风转舵】suí fēng zhuǎn duò 威 바람따라 키를 돌리다. 상황에 따라 행동하다. ¶他倒很会～ | 그는 의외로 아주 상황에 따라 잘 행동한다 =〔随风倒舵〕〔随风使舵〕〔顺风转舵〕

【随感】suígǎn 名 수상(隨想). 그때 그때 떠오르는 생각〔느낌〕. ¶～录 | 수상록.

【随函】suíhán 動 동봉하다. ¶～附上该货之规格一纸 | 그 상품의 규격표를 한 장 동봉하여 부쳐 드립니다.

【随行就市】suí háng jiù shì 動組 시장가격. 가격

을 시세에 따라 매기다. ¶蔬菜炙价格～ | 야채 가격은 현시세에 따라 매긴다.

【随和】ⓐ suí hé 成 수후(隨侯)의 구슬(珠)과 화씨(和氏)의 옥벽(玉璧) 喩 뛰어난 재덕(才德)이 있음＝〔隋和〕

ⓑ suí·he 形 (남과) 사이좋게 지내다. 상냥하다. 유순하다. ¶～近人 | 붙임성이 있다.

[3]【随后】suíhòu 副 뒤이어. 곧이어 어법 주로「就」를 연용함. ¶你先去, 我～就到 | 먼저 가라, 나는 뒤이어 곧 가겠다.

【随机】suíjī ❶ 名〈電算〉랜덤(random). ¶～接达 | 랜덤 액세스(access). ¶～档件dàngjiàn | 랜덤 파일(file). ❷ 區〈數〉무작위. 임의. ¶～抽出 | 무작위 추출. ¶～数 | 난수(亂數). ❸ 區〈數〉추정. 확률론적. ¶～课程 | 추정과정.

【随机存取存储器】suíjī cúnqǔ cúnchǔqì 名組〈電算〉(컴퓨터의) 랜덤 엑세스 메모리(random access memory). RAM＝〔台 随意出入记忆〕

【随机应变】suí jī yìngbiàn 成 임기응변하다. ¶要善于～ | 임기응변에 능해야 한다＝〔得风便转〕〔风便转〕〔因机应变〕

[3]【随即】suíjí 副 즉시. 곧. ¶信～就到 | 편지가 즉시 도착하다.

【随脚儿】suíjiǎor 形 (신발 따위가) 발에 잘 맞다. 신는 기분이 좋다.

【随叫随到】suí jiào suí dào 成 부르면 곧 오다. 轉 부르기를 기다리다.

【随军】suíjūn 名 動 종군(從軍)(하다). ¶～记者 | 종군 기자. ¶～家属 | 종군가족.

【随口(儿)】suíkǒu(r) 副 입에서 나오는 대로. 아무 생각없이 되는대로. 어법 주로「说·答应」의 부사어로 쓰임. ¶～乱说 | 입에서 나오는 대로 함부로 말하다. ¶他从不～答应别人的要求 | 그는 여태 다른 사람의 요구를 아무 생각없이 들어준 적이 없다.

【随群(儿)】suíqún(r) 動 군중을 따르다. 모두에게 맞추다. ¶穿着儿不～ | 복장이 남들과는 다르다. ¶性情～的人, 容易交朋友 | 남들이 하는 대로 따라하는 (성격의) 사람은 쉽게 친구를 사귄다.

【随身】suíshēn 動 몸에 지니다. 몸에 간직하다. 휴대하다. ¶～带去 | 몸에 지니고 가다. ¶～用品 | 휴대품. 소지품.

【随身听】suíshēntīng 名 워커맨(Walkerman). 휴대용 소형 녹음기.

【随声附和】suí shēng fù hè 成 부화뇌동하다. 자기 주장이 없이 남의 의견에 영합하다. ¶～的倾向 | 부화뇌동하는 경향. ¶我～了几句 | 제가 몇마디 부언했습니다.

[2]【随时】suíshí 副 ❶ 수시(로). 언제나 ¶有问题可以～来找我 | 문제가 있으면 언제나 나를 찾아와라. ❷ 그때 즉시〔곧〕. 제때. ¶你发现特别情况要～报告 | 이상을 발견하면 곧바로 보고해야 한다.

[4]【随时随地】suíshí suídì 成 ❶ 언제 어디서나. ❷ 그때그때에 따라서. 형편에 따라.

[3]【随手(儿)】suíshǒu(r) 動 ❶ 하는 김에 같이 하다. ¶劳您驾, ～把茶壶递dì一递吧 | 미안하지만, 수고하시는 김에 찻주전자 좀 건네 주십시오. ¶～关门 | 문을 닫아주세요. ¶出门时～关灯 | 나가는 김에 불을 끄다＝〔方 趁chèn手〕〔方 带手儿〕〔就手(儿)①〕〔顺手(儿)③〕 ❷ 즉석에서〔즉시〕 하다. ¶～而成 | 즉시 되다〔만들다〕. ¶～上帐 | 즉석에서 기장(記帳)하다. ❸ 손이 가는 대로 하다. ¶～拿了一个苹果就吃起来 | 사과를 아무거나 하나 집어들고 먹기 시작했다. ¶～花 | 되는대로 돈을 마구쓰다＝〔信手(儿)〕 ❹ 손에 지니다. 손에서 떨어지지 않다. ¶～的行李 | 수화물(手貨物)

【随顺】suíshùn 動 온순하게 따르다. 순종하다. ¶只得～ | 순종하는 수 밖에 없다.

【随俗】suísú 動 풍속에 따르다. 세상의 관습을 따르다. ¶入乡～ | 그 지방에 가면 그곳의 풍속을 따르다. ¶我也只得～ | 나도 세상 관습을 따를 수 밖에 없다.

【随…随…】suí… suí… …하자마자 …하다. ¶～印～发 | 인쇄하자마자 발송하다. ¶～到～吃 | 도착하자 마자 먹는다.

【随同】suítóng 動 동반〔동행〕하다. ¶他～校长一起去 | 그는 총장을 수행하고 함께 가다.

【随喜】suíxǐ 動 ❶〈佛〉남의 선행을 보고 기꺼이 참가하다. ¶～功德 | 남이 공덕을 쌓은 것을 보고 따라서 공덕을 쌓다. ❷ (사원을) 참배하다. 참관하다. ¶到庙里去～ | 사당에 가 참배하다. ¶～灵隐寺 | 영은사를 참관하다. ❸ 집단 활동에 기꺼이 참가하다. 기쁨을 같이하다. (여럿이) 선물하는데 한몫 끼다〔같이 하다〕. ¶～, ～, 我也参加送一份儿礼 | 나도 같이 하자. 나도 선물하는데 한몫 끼자. ❹ 순응하다. 남의 의견에 따르다. ¶别太固执gùzhí, 还是～点儿好 | 너무 고집부리지 마라, 그래도 순응하는 것이 좋다.

【随乡入乡】suí xiāngrù xiāng 成 그 지방에 가면 그 지방 풍속을 따르다＝〔入乡问俗〕〔入乡随乡〕〔随乡随土〕

【随想曲】suíxiǎngqǔ 名〈音〉기상곡(綺想曲). 카프릿치오(capriccio ; 이). 광상곡(狂想曲).

【随心】suí/xīn 動 뜻대로 하다. 생각대로 하다. ¶～所愿＝〔随心所欲〕 | 뜻대로 하다. ¶事事都～随意 | 모든 일이 바라는대로 되다. ¶～行事 | 하고 싶은대로 일을 하다.

【随心所欲】suí xīn suǒ yù 成 자기의 뜻대로 하다. ¶你不能～, 想干什么就干什么 | 네가 하고 싶은대로 다 할 수는 없다＝〔随心所愿〕

【随行】suíxíng ❶ 動 수행하다. 뒤따라 가다. ¶～的人们 | 수행하는 사람들. ❷ 名 수행원.

[4]【随意】suí/yì 形 자기 뜻에 맡기다. 생각〔마음〕대로 하다. ¶请不要拘束jūshù, 可以～些 | 어려워마시고 편한대로 하세요. ¶大人一来, 孩子玩起来就觉得不太～了 | 어른이 오자 아이들은 놀기에 좀 자유롭지 못했다. ¶由你～选择 | 당신 마음대로 선택하시오. ¶请～喝酒! | 드시고 싶은 만큼 드십시오! ¶～画 | 자유화(自由畵). ¶～科 | 선택 과목. ¶～契约qìyuē | 수의 계약.

【随意肌】suíyìjī 名〈生理〉수의근(隨意筋).

【随遇而安】suí yù ér ān 成 처한 환경에 적응하고

안주하다. ¶人要～, 才能心境平和｜사람은 현실에 만족해야 마음이 평화로워진다＝〔随处而安〕〔随寓而安〕

【随遇平衡】suíyù pínghéng 名組〈物〉중립(中立) 평형.

【随员】suíyuán 名 수원. ❶ 국가 사절의 수행원. ❷ 재외 공관의 최하급 외교관→〔专zhuān员①〕

【随葬】suízàng 動 부장(副葬)하다. ¶～品｜부장품.

4【随着】suí·zhe 介 ❶ …따라서. …뒤 이어. …에 따라. ¶～社会的发展而发展｜사회의 발전에 따라 발전하다. ¶～时代的不同, 风俗也不同了｜시대에 따라 풍속도 달라진다. ❷ 즉시. 곧. ¶～派了一个官员前去接洽jiēqià｜즉시 한 관리를 보내어 교섭하게 했다.

【随珠弹雀】suí zhū tán què 成 야명주(夜明珠)와 같은 귀중품으로 참새를 치다. 귀중한 물건을 하찮은 일에 쓰다.

【随嘴】suízuǐ 動 입에서 나오는 대로 멋대로 말하다. ¶～乱说｜입에서 나오는 대로 함부로 말하다. ¶他～应了一声｜그는 입에서 나오는 대로 한마디 대꾸했다.

【遂】suí ☞ 遂 suì B

【绥(綏)】suí ⓧ suī) 끈 수, 편안할 수

書 ❶ 形 편안〔무사〕하다. 편안하게 하다. 안무하다. ¶顺颂台～｜札 아울러 귀하의 편안하심을 기쁘게 생각합니다. ¶～靖↓ ❷ 動 물러나다. 퇴각하다. ❸ 名 싸움. ¶交～｜교전하다. ❹ 名 수레의 손잡이 줄.

【绥靖】suíjìng 動 진무〔안무〕하다. 평정하다. ¶～公署｜지방의 치안 유지를 맡은 관서. ¶～政策＝〔绥靖主义〕｜타협 정책. 유화 정책.

suǐ ㄙㄨㄟˇ

【髓】suǐ 골 수

❶ 名〈生理〉골수. ❷ 轉 정수(精髓). 사물의 정화(精華). ¶精～｜정수. ❸ 골수같이 생긴 것. ¶脑～｜뇌수. ¶脊jǐ～｜척수. ❹ 名〈植〉수. 고갱이.

【髓海】suǐhǎi 名 뇌. 뇌수.

【髓腔】suǐqiāng 名〈生理〉수강.

suì ㄙㄨㄟˋ

【岁(歲)】suì 해 세, 나이 세, 목성 세

❶ 量 세. 살 [연령을 계산하는 단위] ¶你几～了?｜너 몇 살 되었니? ¶四～的孩子｜네살 짜리 어린이→〔岁数(儿)〕 ❷ 名 해. 세월. ¶去～｜지난해. ¶辞旧～, 迎新年｜묵은 해를 보내고 새해를 맞다. ❸ 書 名 그 해의 수확. ¶丰～｜풍작. 풍년.

【岁报】suìbào 書 名 動 연보(年報)(를 내다).

【岁币】suìbì 名 (속국으로부터) 해마다 받아 들이는 공물. 연공. 세공.

【岁不我与】suì bù wǒ yǔ 成 세월은 사람을 기다리지 않는다.

【岁残】suìcán ⇒〔岁底〕

【岁差】suìchā 名〈氣〉세차.

【岁出】suìchū 名 세출 ⇔〔岁入〕

【岁除】suìchú 書 名 섣달 그믐날(밤). ¶～之夜, 全家团圆｜섣달 그믐날 밤에는 전가족이 모인다＝〔岁夕〕〔岁夜〕〔除夕〕

【岁次】suìcì 書 名 세차. 연도. 간지를 따라 정한 해의 차례.

【岁底】suìdǐ 書 名 세밑. 세말. 연말. 세모＝〔岁残〕〔岁竟〕〔岁阑〕〔岁杪〕〔岁末〕〔岁暮①〕〔岁晚〕〔岁尾〕〔岁晏〕〔岁终〕

【岁费】suìfèi 書 名 세비. 세용.

【岁俸】suìfèng 書 名 연봉.

【岁功】suìgōng 書 名 세공. ❶ 한 해의 시서(時序). ❷ 한 해 농사의 수확.

【岁贡】suìgòng 名 ❶ 세공 [해마다 속국으로부터 받아들이던 공물] ❷ 명청(明淸)시대에 해마다 지방 학생 중에서 우수한 자를 선발, 서울로 보내어 「国子监」(국자감)에서 공부시키던 제도→〔科举〕

【岁寒三友】suì hán sān yǒu 成 ❶ 세한삼우 [소나무·대나무·매화나무] ❷ 喻 형편이 어려울 때의 친구.

【岁寒松柏】suì hán sōng bǎi 成 어떤 역경 속에서도 절개를 굽히지 않는 의지가 굳은 사람. 난세에도 변절하지 않는 사람.

【岁华】suìhuá 名 喻 세화. 세월.

【岁计】suìjì 名 세계. 한 해 동안의 세출입 총계. 연간 수지 계산.

【岁进】suìjìn 書 名 세입. 회계 연도 동안의 총수입.

【岁进士】suìjìnshì 名「岁贡」제도에 의해 선발된 학생→〔岁贡②〕

【岁竟】suìjìng ⇒〔岁底〕

【岁考】suìkǎo ⇒〔岁试〕

【岁口】suìkǒu 名 동물의 나이. ¶这匹马几～?｜이 말은 몇 살인가? ¶三～的马｜사릅이 된 말.

【岁阑】suìlán ⇒〔岁底〕

【岁杪】suìmiǎo ⇒〔岁底〕

【岁末】suìmò ⇒〔岁底〕

【岁暮】suìmù ❷ ⇒〔岁底〕 ❶ 名 喻 노년. 만년. ¶老王已步入～｜왕씨는 이미 노년에 접어들었다.

【岁祺】suìqí 名組 札 새해의 (행)복. ¶顺颂～｜아울러 새해의 행복을 축원합니다.

【岁入】suìrù 名 세입. ¶～枯竭｜세입이 고갈되다＝〔岁收〕⇔〔岁出〕

【岁时】suìshí 書 名 세시. 계절. 철.

【岁试】suìshì 名 세시 [청대(淸代)에 3년마다 있는 향시(鄕試)·회시(會試)·전시(殿試)의 예비 시험으로 매년 실시됨]＝〔岁考〕

【岁收】suìshōu ⇒〔岁入〕

【岁首】suìshǒu 書 名 세수. 연두. 연초. ¶～见喜事｜정초부터 경사가 있다＝〔开岁〕

3【岁数(儿)】suì·shu(r) 名 回 나이. 연령. 연세. ¶你多大～?｜나이가 얼마인가? ¶爷爷是上了～的人, 哪里禁得住如此辛劳?｜할아버지는 연세가 든 분인데 어찌 이같은 힘든 일을 견디어 내실 수 있겠는가? ¶～不饶人｜諺 나이는 속일 수 없다.

【岁晚】suìwǎn ⇒〔岁底〕
【岁尾】suìwěi ⇒〔岁底〕
【岁夕】suìxī ⇒〔岁除〕
【岁星】suìxīng 名 목성(木星)의 옛 이름.
【岁修】suìxiū 書名 매년 일정하게 하는 건물 보수 작업. ¶加强～工作｜해마다 하는 건물 보수작업을 강화하다.
【岁序】suìxù 書名 세서. 세월이 바뀌는 순서. 일월의 운행. ¶～更新｜해가 바뀌다
【岁晏】suìyàn ⇒〔岁底〕
【岁夜】suìyè ⇒〔岁除〕
【岁用】suìyòng 書名 1년간의 경비. 세비.
【岁余】suìyú 書名 겨울.
4【岁月】suìyuè 名 세월. 시절. ¶～不待人｜諺 세월은 사람을 기다리지 않는다. ¶～下江船｜諺 세월은 유수같다. ¶漫长的～｜길고 긴 세월. ¶艰难jiānnán的～｜힘들고 어려운 시절. ¶～易逝yìshì, 友谊长存｜세월은 쉽게 가지만 우정은 오래 남는다.
【岁云暮矣】suì yún mù yǐ 成 한 해가 다 저물어 가다.
【岁运】suìyùn 書名 한 해의 운수〔운세〕.
【岁朝】suìzhāo 書名 원단. 설날. 정월 초하룻날 아침.
【岁朝春】suìzhāochūn 名 설날과 입춘이 겹치는 날.
【岁终】suìzhōng ⇒〔岁底〕

【祟】suì 빌미 수, 빌미내릴 수
❶ 名動 (귀신이 사람에게) 앙화(를 끼치다). ¶鬼怪作～｜귀신이 해를 끼치다. ❷ 名轉 정당하지 않은 행동. 좋지 않은 일. ¶作～｜작간하다. 간악한 짓을 하다. ❸ 形轉 행동이 수상하다. ¶行动鬼～｜행동이 수상쩍다.
【祟惑】suìhuò 動 ❶ (죽은 사람의 혼이) 들리다. ❷ 轉 꼬임에 빠지다. ¶也不知受谁的～｜누구의 꾐에 빠졌는지 모르겠다.
【祟书】suìshū 名 수서 [운세가 나쁜 날에 대해 적은 책]

【遂】suì suí 이룰 수, 따를 수
A suì ❶ 書副 곧. 그리하여. ¶服药后腹痛～止｜약을 복용한 후에 복통이 즉시 멈추었다. ❷ 마음먹은대로 되다. 뜻대로 되다. ¶～心如意｜일이 뜻대로 되다. ¶～愿↓ ❸ 성공하다. 완수하다. ¶未～犯｜미수범. ¶所谋不～｜계획한 바가 이루어지지 않다.
B suí「半身不遂」에 나타나는 이독음(異讀音)⇒〔半bàn身不遂〕
【遂初】suìchū 書動 ❶ 벼슬에서 은퇴하고 야인으로 돌아가려던 꿈을 이루다. ❷ 관직에 오르려던 뜻을 이루다.
【遂非】suìfēi 書動 나쁜줄 알면서도 하고 말다.
【遂古】suìgǔ 書名 태고(太古). ¶～之初｜태고의 처음.
【遂过】suìguò 書動 잘못을 감싸다. ¶饰非～｜그른 것을 미화하고 잘못을 감싸다.
【遂即】suìjí 書副 ❶ 드디어. 결국 =〔竟然②〕 ❷ 그래서 =〔于是〕
【遂路】suìlù 書名 사방으로 통한 길.
【遂人】suìrén 名 주대(周代)의 육수(六遂), 즉 수도의 주변 구역인 공읍·가읍·소도·대도 등을 다스리는 관리.
【遂事】suìshì 書 ❶ 名 (이미) 이룬 일. ❷ 動 일에 전념하다.
【遂遂】suìsuì 書狀 ❶ 성하다. 왕성하다. ❷ 따라가다. 수행하다.
【遂心】suì/xīn 動 마음에 들다. 만족하다. ¶～如意｜일이 뜻대로 되다. ¶这件事遂了我的心｜이 일이 나의 마음에 들었다. 이 일을 나는 만족한다. ¶可不能事事～｜모든 일이 다 마음에 들 수는 없다. ¶那件衣裳很～｜저 옷은 매우 마음에 든다. ¶这本书终于给你买到了, 这下可遂了你的心｜이 책을 결국 사주었으니 이번에야말로 만족했겠지 =〔遂意〕
【遂心愿】suì xīnyuàn 動組 생각〔뜻〕대로 되다. 소원대로 되다. ¶眼下事事都遂了心愿｜지금 모든 일이 뜻대로 되었다.
【遂行】suìxíng 動 수행하다. 해내다. 완수하다. ¶无形中～着这种意见｜어느새 그러한 의견을 수행하고 있다.
【遂意】suì/yì ⇒〔遂心〕
【遂愿】suì/yuàn 動 소원대로 되다. 소원이 성취되다. ¶他终于～了｜그는 마침내 소원을 성취했다.

4【隧】suì 굴 수
名 땅굴. 터널. ¶～道↓
4【隧道】suìdào 名 터널. ¶铁路～｜철도의 터널. ¶修筑海底～｜해저 터널을 건설하다 =〔隧洞〕
【隧洞】suìdòng ⇒〔隧道〕
【隧蜂】suìfēng 名〈蟲〉땅벌.

【燧】suì 부싯돌 수, 봉화 수
書名 ❶ 부싯돌. ¶～石↓ ❷ 봉화(烽火) =〔烽燧〕 ❸ 햇불.
【燧火镜】suìhuǒjìng 名 태양로의 오목 거울.
【燧木】suìmù 名 부싯나무. (부싯돌을 사용하기 이전 단계에 쓰이던) 불을 일으키는 나무 막대기 =〔木燧〕
【燧人氏】Suìrénshì 名〈人〉수인씨 [처음으로 불의 사용법을 전수했다는 전설상의 인물]
【燧石】suìshí 名 부싯돌. ¶古人用～取火｜옛 사람들은 부싯돌로 불을 피웠다.
【燧石玻璃】suìshí bō·lí 名組 납유리. 플린트 유리 =〔弗林玻璃〕

【邃】suì 깊을 수, 멀 수
書形 ❶ (시간·공간상) 멀다. ¶深～｜깊고 멀다. ¶～古↓ ❷ (정도가) 심오하다. ¶研究深～｜연구가 심오하다.
【邃古】suìgǔ 名 먼 옛날 =〔遂古〕
【邃谷】suìgǔ 書名 깊은 골짜기. 유곡(幽谷).
【邃密】suìmì 書形 정심(精深)하다. ¶议论～｜의론이 정심하다.
【邃宇】suìyǔ 書名 깊숙한 곳에 있는 큰 저택.

【谇(誶)】suì 꾸짖을 수
書動 ❶ 책망하다. 힐문(詰問)하다 =〔谇语〕〔谇骂〕 ❷ 충고하다. 간쟁하다.

2【碎】suì 부술 쇄, 잘 쇄 ❶動 부서지다. 부수다. ¶破pò～ | 분쇄하다. ¶茶杯打～了 | 찻잔이 박살이 났다. ¶磨mò得很～ | 아주 곱게 갈았다. ¶粉fěn身～骨 | 분골쇄신. ¶～石机↓ ❷形 자질구레한. 부스러진. ¶～布↓ ¶～米↓ ❸形 말이 많다 ¶老太太的嘴zuǐ太～ | 아주머니가 말이 너무 많다. ¶～嘴子↓

【碎布】suìbù 名 헝겊. 천 조각. ¶她用～缝féng了一个布娃娃 | 그녀는 천 조각으로 헝겊 인형을 하나 만들었다.

【碎步儿】suìbùr 名 종종 걸음. 잰걸음 ＝〔碎步子〕

【碎瓷】suìcí 名 자기(磁器)의 파편〔조각〕＝〔开片〕

【碎催】suìcuī 名 (풍자적 의미로) 남의 심부름에 바쁜 사람. ¶认劳认怨地当～ | 노고를 마다하지 않고 원망을 두려워하지 않고 남의 심부름꾼 노릇을 하다→〔打杂(儿)〕

【碎烦】suì·fan 形 수다스럽다. ¶太～了 | 너무 수다스럽다 ＝〔絮叨〕

【碎肥机】suìféijī 名〈機〉비료 분쇄기.

【碎粉】suìfěn 名 (산산이 부서진) 가루. ¶砸zá成～ | 부서져 산산가루로 되다.

【碎工】suìgōng 名 자질구레한 일.

【碎谷机】suìgǔjī 名〈機〉곡물 분쇄기.

【碎花】suìhuā 名 자잘한 꽃무늬(도안). ¶～蓝底的旗袍qípáo | 파란 바탕에 자잘한 꽃무늬가 있는 치파오.

【碎货】suìhuò 名 자질구레한 물품. 잡화. ¶这些～该抛pāo出去了 | 이 자질구레한 잡화들은 내다 버려야겠다.

【碎金】suìjīn 書 名 ❶ 황금조각. 금싸라기. ❷ 轉 훌륭한 단문(短文).

【碎块儿】suìkuàir 名 (부서진) 조각.

【碎矿机】suìkuàngjī 名〈機〉광석 파쇄기. 쇄광기.

【碎烂】suìlàn 動 가루처럼 잘게 부수다. 산산이 부수다.

【碎料】suìliào 名 ❶ 부스러기 재료. 자투리 재료. ❷ 부서진 재료.

【碎裂】suìliè 動 산산이 부서지다. 산산조각나다.

【碎煤】suìméi 名 분탄→〔煤末〕

【碎米】suìmǐ 名 (쌀) 싸라기. ¶～粥 | 싸라기 죽.

【碎米荠】suìmǐjì 名〈植〉황새냉이.

【碎棉花】suìmiánhuā 名 솜 부스러기.

【碎棉纱】suìmiánshā 名 실 지스러기.

【碎末末儿】suìmò·mor 名組 京 (부서진) 조각. 지스러기. 부스러기. 가루. ¶饼干早吃完了, 匣子xiázi里就剩了点儿～ | 비스킷은 벌써 다 먹어 버리고, 통속에는 부스러기가 조금 남아 있을 뿐이다.

【碎末(儿, 子)】suìmò(r·zi) 名 가루. 분말. ¶茶叶～ | 차잎 가루.

【碎片(儿)】suìpiàn(r) 名 조각. 단편. ¶只剩下～了 | 조각만 남았다.

【碎破】suìpò 動 때려 부수다. 쳐서 깨뜨리다.

【碎肉】suìròu 名 고기 조각〔부스러기〕.

【碎尸万段】suì shī wàn duàn 成 갈기갈기 찢어 죽이다. ¶你要输shū了, 定会被敌人～ | 네가 만일 진다면 적에게 갈기갈기 찢겨 죽을 것임에 틀림없다 ＝〔碎尸粉骨〕

【碎石】suìshí 名 잘게 부순 돌. 자갈.

【碎石机】suìshíjī 名〈機〉쇄석기. 돌 부수는 기계.

【碎铁】suìtiě 名 파쇠. 쇠부스러기.

【碎土机】suìtǔjī 名 토양(土壤)분쇄기.

【碎纹】suìwén 名 갈라진 금.

【碎务】suìwù 書 名 자질구레한 일. 잡다한 용무.

【碎虾米】suìxiā·mi 名 새우살 부스러기.

【碎小】suìxiǎo 名 近 자녀들.

【碎屑】suìxiè 名 부서진 가루. 부스러기.

【碎屑岩】suìxièyán 名 쇄설암.

【碎修】suìxiū 動 조금씩 쪼개서 쓰다. ¶这一千块钱, 这两年都～了 | 돈 천원을 2년 동안 조금씩 다 써버렸다.

【碎修儿】suìxiūr 動 (집 등의 특히 낡은 부분을) 여기저기 수리하다 [너무나 낡아 근본적 수리는 불가능하고 단지 심한 부분을 그때 그때 보수하는 것]

【碎烟】suìyān 名 담배 부스러기.

【碎音】suìyīn 名〈音〉짧은 앞꾸밈음. 단전타음(短前打音).

【碎银】suìyín 名 (옛날, 은괴를 통화로 사용하던 때의) 부스러기 은전.

【碎雨云】suìyǔyún 名〈氣〉비구름. 난운(亂雲).

【碎语】suìyǔ 名 쓸데없는 말. 잔소리.

【碎枝】suìzhī 名 작은〔잔〕가지.

【碎纸机】suìzhǐjī 名 문서 절단기(切斷機). 슈레더(shredder).

【碎嘴子】suìzuǐ·zi 方 ❶ 名 말을 장황하게 하는 것. ¶两句话能说完的事就别犯～了 | 한두 마디로 다 말할 수 있는 일을 장황하게 늘어놓지 마라. ❷ 名 喻 잔소리꾼. 수다쟁이.

4【穗〈穟₁〉】suì 이삭 수 ❶ (～儿) 名 (곡식의) 이삭. ¶高粱gāoliáng～儿 | 수수이삭 ¶谷gǔ～儿 | 조 이삭 ＝〔穟suì〕❷ 量 옥수수 따위를 세는 양사. ¶一～青苞米qīngbāomǐ | 풋 옥수수 1개. ❸ 簡 (～儿, ～子) 名 술 [실·가느다란 천·종이 오리 등을 묶은 장식품] ❹ (Suì) 名 簡「光州市」(광주시)의 다른 이름. ¶～垣yuán | 광주시. ¶～港 | 광주항. ❺ (Suì) 名 성(姓).

【穗裳】suìcháng 書 名 상복(喪服).

【穗婆】suìpó 書 名 산파(産婆).

【穗妥】suìtuǒ 書 形 온건 타당하다.

【穗帷】suìwéi 書 名 죽은 사람의 영전에 드리우는 막(幕) ＝〔穗帐〕

【穗选】suìxuǎn 動〈農〉종자로 쓸 이삭을 고르다. ¶做好～工作 | 종자 선별 작업을 잘 하다.

【穗帐】suìzhàng ⇒〔穗帷〕

【穗轴】suìzhóu 名 옥수수 등의 이삭축. ¶硬直的～ | 딱딱하고 곧은 이삭축.

【穗状花序】suìzhuàng huāxù 名組〈植〉수상화서. 이삭 꽃차례.

【穗子】suì·zi 名 (깃발 따위의) 술 또는 술장식. ¶锦旗的下边有许多金黄色的～ | 우승기 아래에 많은 황금빛 술이 (달려) 있다.

sūn ㄙㄨㄣ

3【孙(孫)】 sūn 손자 손
❶(～子) 名 손자. ❷ 손자 이하의 후손. ¶曾～ | 증손. ¶玄～ | 현손. 손자의 손자. ¶十四世～ | 14대손. ❸ 손자와 같은 항렬의 친족. ¶侄zhí～ | 질손. ¶外～ | 외손. ❹ 한 번 자른 식물의 뿌리나 그루터기에서 나온 것. ¶～竹↓ ¶稻dào～ | 도손. ❺ (Sūn) 名 성(姓).
【孙辈】 sūnbèi 名 손자대. 손자뻘.
【孙大圣】 Sūndàshèng 名 서유기에 나오는 손오공의 다른 이름.
【孙代】 sūndài 名 손자대.
【孙儿】 sūn'ér 書 名 손자→〔孙子·zi①〕
【孙妇】 sūnfù 書 名 손부. 손자며느리.
【孙猴儿】 Sūnhóur ⇒〔孙猴子〕
【孙猴子】 Sūnhóu·zi 名 손오공의 다른 이름. ¶～爱八戒 | 諺 손오공이 저팔계를 사랑하다. 가재는 게 편이다. 초록은 동색이다. ¶～大闹天宫 =〔孙悟空大闹天宫〕| 歇 손오공이 천궁에서 크게 소란을 피우다. ⓐ 당황하다. ⓑ 큰 힘〔노력〕을 들여야만 한다 [뒤에 「得děi动大功夫」가 오기도 함] ¶～七十二变 | 손오공의 일흔 두 가지 변화. ⓐ 변화 무쌍하다. ⓑ 아무리 은폐하여도〔숨겨도〕결국은 탄로나다. ¶～穿汗衫 =〔孙猴子穿汗衣〕| 歇 손오공이 셔츠를 입다. ⓐ 아무리 보아도 사람같지 않다. ⓑ 사이비 [뒤에 「半截不像人」이 오기도 함] ‖ =〔孙猴儿〕
【孙络】 sūnluò ⇒〔孙脉〕
【孙脉】 sūnmài 名〈漢醫〉말초 혈관(末梢血管) =〔孙络〕
3【孙女(儿)】 sūnnǚ(ér) 名 손녀. ¶他～上中学了 | 그의 손녀가 중등학교에 입학했다.
【孙女婿】 sūnnǚ·xu 名 손서(孫壻). 손녀의 남편 =〔孙婿〕
【孙山】 Sūnshān 名〈人〉손산 [송대(宋代) 오(吳) 사람으로 익살스럽고 재주가 있었음. 자신과 함께 과거에 응시하였다가 낙방한 사람에 대하여 「名落孙山」(이름이 손산 뒤에 있다)라고 익살스럽게 말한데서, 후세 사람들은 과거에 낙제하였을 때 「名落孙山」이라고 함]→〔名míng落孙山〕
【孙山外】 Sūnshān wài 成 喩 (과거 시험 등에)낙방하다 =〔名落孙山〕〔在孙山外〕→〔孙山〕
【孙少奶奶】 sūn shàonǎi·nai 名組 敬 손자며느님 [상대방 손자며느리를 높여 부르는 말]
【孙少爷】 sūn·shào·ye 名 敬 손자님. 영손(令孫) [상대방 손자를 높여 부르는 말]
【孙什钱儿】 sūn·shiqiánr 名組 京 얼마 되지 않는 돈. ¶才花这么～, 你就心疼了 | 기껏 이 정도의 얼마되지 않는 돈을 쓰고서 마음을 아파하는군.
【孙头(儿)】 sūntóu(r) 名〈錢〉옛날, 손문(孫文)의 초상이 새겨진 1원짜리 은화(銀貨)→〔袁yuán(大)头〕
【孙文】 Sūnwén 名〈人〉손문(1866～1925) [광동성(廣東省) 출신. 중국의 정치가. 혁명의 지도자. 중국 국민당을 창설하였고 신해혁명에 성공하여 1919년 중화민국을 세워 임시 대통령을 지냄. 자는 일선(逸仙). 호는 중산(中山). 삼민주의를 주장함]
【孙悟空】 Sūnwùkōng 名 손오공 [소설 서유기(西遊記)에 나오는 현장(玄奘) 제자 가운데 하나] =〔孙大圣〕〔孙猴儿〕〔孙猴子〕〔孙行者〕〔美猴王〕〔齐天大圣〕
【孙媳妇(儿)】 sūnxí·fu(r) 名 손자며느리. ¶他～快生产了 | 그의 손자며느리는 곧 해산할 때가 되었다.
【孙婿】 sūnxù ⇒〔孙女婿〕
【孙渣子】 sūnzhā·zi 名 몹시 뒤떨어져 있는 사람.
【孙枝】 sūnzhī 名 ❶ 오동 나무의 어린〔잔〕가지. ❷ 書 喩 남의 자손.
【孙竹】 sūnzhú 名 대나무의 뿌리 끝에서 뻗어나온 댓가지.
3【孙子】 ⓐ sūn·zi 名 ❶ 손자 =〔孙儿〕 ❷ 俗 손자뻘 되는 놈. 꼬마. 애송이. ¶～! 快给我滚出去! | 야이 애송이야! 빨리 썩 꺼져 버려! ¶你是我的～! | 이 손자뻘 밖에 안 되는 놈이! ¶他决心不当三～ | 그는 사람들 앞에서 너무 자신을 비하하지는 않겠다고 결심했다.
ⓑ Sūnzǐ 名 ❶〈人〉손자. 춘추(春秋)시대의 병법가(兵法家)인 손무(孫武)의 존칭. ❷〈書〉손자. 춘추시대 손무가 저술한 병법서(兵法書) =〔兵经〕 ❸ (sūnzǐ) 書 자손.

【猻(猻)】 sūn 원숭이 손
⇒〔猢hú狲〕

【荪(蓀)】 sūn 창포 손
書 名 ❶ 고서(古書)에 나오는 향초의 일종. ¶溪xī～ =〔菖蒲〕| 창포. ❷ 벼의 모 =〔秧yāng荪〕

sǔn ㄙㄨㄣˇ

4【笋(筍)】 sǔn 대순 순
名〈植〉죽순(竹筍). ¶竹～ | 죽순.
【笋鞭】 sǔnbiān 名 대뿌리. ¶～炒肉片 | 대뿌리 편육 볶음.
【笋炒虾仁】 sǔn chǎo xiārén 名〈食〉새우죽순볶음.
【笋虫】 sǔnchóng 名〈蟲〉말파리의 유충(幼蟲).
【笋床】 sǔnchuáng 名 대(로 만든) 침대.
【笋峰】 sǔnfēng 書 名 喩 깎아 세운 듯한 산봉우리.
【笋干】 sǔngān 名 삶아서 말린 죽순. ¶～炖dùn肉 | 말린 죽순과 고기를 약한 불에 푹 삶은 요리.
【笋瓜】 sǔnguā 名〈植〉떡호박.
【笋鸡(儿)】 sǔnjī(r) 名 연계(軟鷄). 영계.
【笋尖】 sǔnjiān 名 (요리 재료로 쓰이는) 죽순의 끝부분.
【笋壳儿】 sǔnkér ⇒〔笋皮〕
【笋枯】 sǔnkū 書 名 말린 죽순.
【笋农】 sǔnnóng 名 죽순 재배 농가.
【笋皮】 sǔnpí 名 죽순 껍질. ¶～煮肉块 | 죽순 껍질과 고기 덩이를 함께 삶은 요리 =〔笋壳儿〕〔笋衣〕
【笋肉】 sǔnròu 名 (요리용) 죽순.
【笋丝】 sǔnsī 名 죽순을 잘게 찢어 말린 것.
【笋头】 sǔntóu ❶ 名 죽순. ❷ ⇒〔榫sǔn头〕
【笋席】 sǔnxí 名 연한 대나무로 짠 방석〔깔개〕.

【笋鞋】sǔnxié 名 대나무로 만든 신.
【笋鸭】sǔnyā 名 (요리용의) 작고 어린 집오리.
【笋眼】sǔnyǎn ⇒〔榫sǔn眼〕
【笋衣】sǔnyī ⇒〔笋皮〕
【笋舆】sǔnyú 名 대를 엮어 만든 가마 =〔编舆〕

【隼】sǔn 송골매 준
名〈鳥〉매 =〔鹘hú〕〔游隼〕

【榫】sǔn 장부 순
(~儿, ~子) 名〈建〉사개. 장부. 순자(笋子). ¶接~ | 장부를 끼워 맞추다 =〔笋③〕
【榫槽】sǔncáo 名 장부의 홈.
【榫钉】sǔndīng 名 은정(隱釘). 감출못.
【榫缝儿】sǔnfèngr 名 장부를 맞춘 틈.
【榫卯】sǔnmǎo 動 장부를 끼워 맞추다 =〔卯榫〕
【榫头】sǔn·tou 名 장부 =〔笋头②〕〔榫子〕
【榫眼】sǔnyǎn 名 장붓구멍 =〔卯mǎo眼〕
【榫子】sǔn·zi ⇒〔榫头〕

【栒】sǔn ☞ 栒 xún B

2【损(損)】sǔn 덜 손
❶ 動 京 (심한 말로써) 남을 빈정대다. 비꼬다. ¶别~人啦! | 남을 빈정거리지 마라! ❷ 形 方 악독하다. 야박하다. ¶说话不要太~ | 말을 너무 야박하게 하지 말라. ¶这一手真~ | 이 수법은 정말 너무 야박하다. ❸ 덜다. 줄(이)다. 감소하다. ¶~益↓ ❹ (남에게) 손해(를 끼치다). ¶~人利己 | 남에게 해를 끼치고 자기에게 유리하게 하다. ¶~害↓ ❺ 훼손하다. 손상시키다. ¶~坏↓ ¶破~ | 파손하다.
【损碍】sǔn'ài 動 훼손하다. 손상하다.
【损兵折将】sǔn bīng zhé jiàng 成 장병(將兵)을 다 잃다. 패전하다. ¶这回可是~, 什么好处也没措cuò到 | 이번에는 정말 완전히 졌다, 아무런 잇점도 거두지 못했다.
【损布】sǔnbù 名 조각난 천. 자투리.
【损到家】sǔndàojiā 狀組 ❶ 가장 낮다. ¶这是~的价钱 | 이것이 가장 낮은 값이다. ❷ (말이나 행동이) 매우 야박하다. ¶这小子~了 | 이 녀석은 정말 야박하기 그지없다.
【损德】sǔndé 動 덕〔품격〕을 손상시키다. 나쁜 일을 하다. ¶~的事 | 덕을 손상시키는 일.
【损鸟儿】sǔndiǎor 名 罵 화냥년.
【损根子】sǔngēn·zi 名 罵 극악무도한 놈 =〔损骨头〕
【损公肥私】sǔn gōng féi sī 成 공익(公益)을 해치고 자기 잇속만 차리다〔채우다〕=〔损公肥己〕〔损公利己〕
【损骨头】sǔngǔ·tou ⇒〔损根子〕
3【损害】sǔnhài 動 (사업·이익·건강·명예 등을) 손상시키다. 해치다. 손해를 주다. ¶国家的独立和主权受到~ | 국가의 독립과 주권이 손상을 입다. ¶不得~他人 | 남에게 손해를 끼쳐서는 안된다. ¶不能~母校mǔxiào的荣誉róngyù | 모교의 명예를 손상시켜서는 안된다. ¶这样做~了群众的利益lìyì | 이렇게 하면 군중의 이익을 해친다. ¶造成严重yánzhòng的~ | 막대한 손해를 입다(주다).
【损害赔偿】sǔnhài péicháng 名組〈法〉손해배상.
4【损耗】sǔnhào 名 動 ❶ 소모(하다). 손실(보다). ¶~了大量的燃料ránliào | 대량의 연료를 소모하였다. ¶不少木材白白地~掉了 | 적지 않은 목재가 헛되이 소모되었다. ¶减少~ | 손실을 감소시키다. ¶电能的~ | 전기 에너지의 손실. ¶摩擦~ | 마찰 손실. ❷〈商〉손상(되다). 파손(되다). 손실(되다). ¶~量 | 파손량. ¶~率 | 손상율 ‖ =〔亏kuī蚀③〕
3【损坏】sǔnhuài 動 파손시키다. 훼손시키다. 어법 「损坏」는 의도적일 수도 있고 의도적이지 않을 수도 있지만, 「破坏pòhuài」는 일반적으로 의도적임. 「损坏」는 그 대상이 구체적인 것이지만, 「破坏」는 「명예·우정·제도·습관」등 추상적인 것에도 쓰임. ¶不能~公物 | 공공물건을 파손해서는 안된다. ¶香烟~身体 | 담배는 건강을 해친다. ¶这个箱子做得结实, 不会容易~ | 이 상자는 아주 튼튼하게 만들어져서 쉽게 파손되지 않는다.
【损毁】sǔnhuǐ 動 훼손하다. 손상〔파손〕시키다.
【损脉】sǔnmài 名〈漢醫〉혈기 부족(血氣不足)으로 한번 숨쉬는 동안에 두 번 정도 뛰는 느린 맥박.
【损皮折骨】sǔn pí zhé gǔ 成 몸을 다치다. ¶我这样跑去弄得~, 吃不消 | 나는 이처럼 여기저기 뛰어다니다가 몸을 다쳐서 견딜 수 없다.
【损人】sǔn/rén 動 ❶ 남을 헐뜯다〔빈정대다〕. ❷ 남에게 손해를 끼치다.
4【损人利己】sǔn rén lì jǐ 成 남에게 손해를 끼치고 자기의 이익을 도모하다.
【损色】sǔnsè 名 (금·은 등) 품위(品位)가 나쁜 것.
4【损伤】sǔnshāng 動 ❶ 손상시키다. ¶毫无~ | 조금도 손상이 없다. ¶~元气 | 원기를 해치다. ¶~庄稼zhuāngjia | 농작물을 상하게 하다. ❷ 손실되다. 어법 일반적으로 목적어를 취하지 않으며, 보어를 동반할 수 있음. ¶兵力~惨重cǎnzhòng | 병력의 손실이 매우 심각하다.
2【损失】sǔnshī 動 名 손실(하다). 손해(보다). ¶火很快就扑灭pūmiè了, 只~了一些家具 | 불을 아주 빨리 꺼서 가구 몇 개만 손실되었다. ¶这是一个无可补偿bǔcháng的~ | 이것은 보상받을 수 없는 손실이다. ¶热~ | 열 손실. ¶蒙受méngshòu很大的~ | 막대한 손해를 입다. ¶挽回wǎnhuí~ | 손실을 만회하다. ¶由于他的疏忽shūhū, 造成了严重的~ | 그의 소홀로 인해서 막대한 손실을 입었다.
【损事(儿)】sǔnshì(r) 名 악랄하고 야박한 짓. ¶他竟干出这等~ | 그가 뜻밖에도 이러한 야박한 짓을 했다.
【损寿(数)】sǔn/shòu(·shu) 動 수명을 단축시키다〔손상시키다〕. ¶损寿折福 | 成 (악에의 응보로서) 수명을 단축시키고 행복을 잃다.
【损数】sǔnshù 動 수명을 줄이다.
【损条子】sǔntiáo·zi 名 喩 야박하게〔사정없이〕비꼬는 말. 신랄한 비판. ¶你怎么直给我上~呢! | 너는 어째서 줄곧 나에게 비꼬는 말만 하느냐!
【损透】sǔntòu 狀 무자비하다. 악랄하기 그지없다. ¶他这一招儿可~ | 그의 이 수법은 몹시 잔

인하다.

【损样儿】sǔnyàngr 名❶꼴사나움. 보기 흉한 모양. ❷야비한 모양.

【损益】sǔnyì ❶名손익. 증감(增減) ¶～表＝〔损益计算书〕〔受益表〕| 손익 계산서. ¶斟酌zhēnzhuó～| 손익을 고려하다. ¶～相抵 | 손익이 서로 같다. ❷動증감하다. ¶不能～一字 | 한자도 증감할 수 없다.

【损阴骘】sǔn yīn·zhi 動組 음덕(陰德)을 손상 시키다.

【损友】sǔnyǒu 名 나쁜 벗〔친구〕

【损种】sǔnzhǒng ❶動 음덕(陰德)을 해치다. ¶干这号～事的人, 十有八九躲起来了 | 이러한 덕을 해치는 짓을 하던 놈들은 십중팔구가 숨어버렸다. ❷名罵 지독한 놈. 악독한 놈

suō ㄙㄨㄛ

4【唆】suō 필 사
動 꾀다. 부추기다. ¶～狗咬猪↓ ¶受人调～| 남의 부추김을 받다. ¶教～| 교사하다.

【唆恶为非】suō è wéi fēi 成 남을 교사하여 나쁜 일을 시키다.

【唆狗咬猪】suō gǒu yǎo zhū 成 개를 부추겨서 돼지를 물게 하다. 싸움을 붙이다.

【唆哄】suōhǒng 動 속여서 교사하다.

【唆令】suōlìng 動 사주하다. 선동하다. 꼬드기다.

【唆弄】suō·nong 動 사주하다. 충동질하다. 부추기다.

【唆使】suōshǐ 動 사주하다. 교사하다. 나쁜 일을 하게 선동하다. ¶一定是他～的 | 틀림없이 그가 사주한 것이다. ¶他～孩子打人 | 그는 아이에게 사람을 때리게 사주했다.

【唆讼】suōsòng 書動〈法〉교사하여 소송을 제기하게 하다. 송사를 일으키도록 부추기다.

【唆调】suōtiáo 動 사주하다. 부추기다. 꼬드기다.

【梭】suō 북 사
❶(～子) 名(베틀의) 북. ❷喩 북같이 생긴 것 혹은 북같이 빠른 것. ¶～鱼 | 숭어. ¶～子米↓ ¶日月如～| 세월이 빠르다.

【梭标】suōbiāo ⇒〔梭镖〕

【梭镖】suōbiāo 名 장창(長槍). 긴창 ＝〔梭标〕

【梭布】suōbù 名〈紡〉무명. 무병베. ¶蓝～| 남빛의 무명.

【梭(儿)胡】suō(r) 名「纸牌」(투전장)를 사용하는 도박의 한 가지 ＝〔素儿和〕

【梭罗树】suōluóshù 名〈植〉사라수 ＝〔沙罗树〕〔娑罗树〕

【梭枪】suōqiāng 名 투창(投槍) [남방의 만료(蠻獠)족이 사용하던 무기] ＝〔飞枪〕

【梭梭】suōsuō ❶狀 실룩실룩. ¶两眼～跳, 必定晦气到 | 두 눈꺼풀이 실룩거릴 때는 반드시 재수없는 일이 생긴다. ❷名〈植〉명아주과에 속하는 관목의 일종으로 사막지대의 조림용으로 쓰임.

【梭尾螺】suōwěiluó ⇒〔海hǎi螺〕

【梭巡】suōxún 書動 순찰하다. 순시하다. ¶哨兵shàobīng在军营中～| 보초병이 병영 안에서 순찰하다.

【梭莺】suōyīng 名〈鳥〉꾀꼬리의 한 가지.

【梭鱼】suōyú 名〈魚貝〉사어. 꼬치고기. ¶他买了三条～| 그는 사어 세 마리를 샀다.

【梭子】suō·zi 名❶〈紡〉북. ❷名〈軍〉기관총 따위의 탄창. ❸量 개 [탄창을 셀 때 쓰는 단위] ¶打了一～子弹 | 한 탄창의 총알을 (다) 쏘았다.

【梭子米】suō·zimǐ 名 가늘고 길쭉한 현미(玄米). 질이 나쁜 하등미(下等米).

【梭子葡萄】suō·zi pú·tao 名組〈植〉포도의 한 가지 [달고 씨가 없으며 알이 작아 건포도를 만드는데 쓰임]

【梭子蟹】suō·zixiè 名俗〈魚貝〉꽃게.

【梭子鱼】suō·ziyú 名〈魚貝〉꼬치고기. 사어(梭魚)

【睃】suō 훌겨볼 사
動近 살펴보다. 탐지하다. 노려보다. ¶如何不去～一～| 어째 가 살펴 보지 않느냐《水滸全傳》

【羧】suō (카르복실기 사)
名〈化〉카르복실기(carboxyl基).

【羧苯甲酰磺胺噻唑】suōběn jiǎxiān huáng'ànsāizuǒ 名〈藥〉프타릴설퍼다이어졸(phthalylsulfathiazole) [세균성 이질 및 세균성 장염(腸炎)의 치료에 쓰임]

【羧基】suōjī 名〈化〉카르복실기(carboxyl基).

【羧酸】suōsuān 名〈化〉카르복실산. 유기산 ＝〔有机酸〕

【娑】suō 춤출 사, 옷너풀거릴 사
❶ ⇒〔婆pó娑〕❷음역어에 쓰임. ¶～发↓ ¶～婆↓

【娑发】suō·fa ⇒〔莎shā发〕

【娑罗树】suōluóshù 名〈植〉사라수 ＝〔沙罗树〕〔梭罗树〕

【娑罗双树】suōluó shuāngshù 名〈佛〉사라쌍수 [석가모니가 열반할 때 그 주위에 각각 한쌍씩 서 있던 사라수] ＝〔沙罗双树〕〔梭罗双树〕

【娑婆】suōpó 名外〈佛〉사바. 사바세계. 인간세상. 속세.

【莎】suō shā 사초 사

Ⓐ suō ⇒〔莎草〕

Ⓑ shā ❶ 음역어에 쓰임. ¶～发↓ ❷ 지명에 쓰이는 글자. ¶～车↓

Ⓐ suō

【莎草】suōcǎo 名〈植〉사초. ¶他拔了一把～| 그는 사초를 한 웅큼 뽑았다 ＝〔雷公头〕〔续根草〕

Ⓑ shā

【莎车】Shāchē 名〈地〉신강성(新疆省) 위구르 자치주에 있는 현(縣).

【莎发】shāfā 名外 소파(sofa) ＝〔娑发〕.

【莎鸡】shājī 名〈蟲〉범메뚜기.

【莎士比亚】Shāshìbǐyà 名外〈人〉셰익스피어(William Shakespere) [영국의 극작가·시인] ¶～全集 | 셰익스피어 전집.

【挲〈抄〉】suō ·sa ·sha 만질 사

Ⓐ suō ⇒〔摩mó挲〕

Ⓑ ·sa ⇨〔摩mā挲〕
Ⓒ ·sha ⇨〔扎zhā挲〕

【桫】suō 사라나무 사
⇨〔桫椤〕

【桫椤】suōluó 名〈植〉사라나무.

【嗍】suō 빨 삭
動 입으로 빨다. ¶婴儿yīngér～奶是本能 | 유아가 젖을 빠는 것은 본능이다.

3【嗦】suō 핥을 색
❶動 (길쭉한 것을) 핥다. 빨다. ¶手指头～不得 | 손가락을 빨아서는 안된다. ❷ ⇨〔哆duō嗦〕 ❸ ⇨〔啰luō嗦〕

【蓑〈簑〉】suō 도롱이 사
名 도롱이. ¶～衣↓

【蓑草】suōcǎo 名〈植〉❶ 띠. 도롱이풀 ❷ 골풀＝〔龙须草〕‖＝〔蓑衣草〕

【蓑衣】suōyī 名 도롱이. ¶她穿着～下地去了 | 그녀는 도롱이를 입고 논에 들어갔다.

【蓑衣草】suōyīcǎo ⇒〔蓑草〕

2【缩(縮)】suō sù 오그라들 축

Ⓐ suō 動 ❶ 줄어〔오그라〕들다. 수축하다. ¶这种布下水也不会～ | 이런 천은 물에 넣어도 줄어들지 않는다. ¶～了半尺 | 반자 줄어들었다. ¶热胀冷～ | 더우면 팽창하고 추우면 수축한다. ❷ (쭉 폈다가) 움츠리다. ¶乌龟wūguī的头老～着 | 거북이의 머리는 늘 움츠려져 있다. ¶～着脖子bózi | 목을 움츠리고 있다. ¶把手～了回去 | 손을 움츠려 넣다. ❸ 물러나다. 후퇴하다. 어법 목적어를 갖지 못함. ¶他们只得往后～ | 그들은 뒤로 물러날 수 밖에 없었다.

Ⓑ sù ⇨〔缩砂密〕

Ⓐ suō

【缩编】suōbiān ❶ 動 기구나 인원을 축소 개편하다. ¶部队要统一～ | 부대를 통일적으로 축소 개편해야 된다. ❷ 動 문장 따위를 축소 편집하다. ❸ 名 축소하여 편집한 것. 다이제스트판(digest版). 문헌 적요(摘要).

【缩尺】suōchǐ ⇒〔比bǐ例尺〕

3【缩短】suōduǎn 動 (길이·거리·시간 등을) 단축하다. 줄이다. ¶夏至以后, 白天渐jiān渐～了 | 하지 이후에 낮이 점점 짧아진다. ¶～了一年时间 | 일년간을 단축시켰다. ¶～期限 | 기한을 단축하다. ¶会期已经～得不能再短了 | 회기는 더 이상 줄일 수 없을 정도로 단축되어 있다. ¶～距离jùlí | 거리를 단축하다. ¶把报告～一半 | 보고를 반으로 줄이다. ¶把停留时间～一天 | 체류 기간을 하루 단축하다. ¶这根绳子太长了, 要～一些 | 이 줄은 너무 기니 좀 줄여야겠다. ¶～寿命 | 수명을 단축시키다. ¶把袖子～了 | 옷소매를 줄였다.

【缩放仪】suōfàngyí 名 축도기(縮圖器). 팬터그래프(pantagraph). ¶他给上高中的儿子买了一个～ | 그는 고등학교 다니는 아들에게 축도기를 하나 사주었다.

【缩合】ⓐ suōhé 名動〈化〉축합(하다). ¶～反应 | 축합 반응. ¶～物 | 축합물.

ⓑ suō·he 動俗 오그라들다. 줄어들다. ¶果子晾liàng成干儿, 就～了 | 과일을 햇볕에 말리면 오그라든다.

【缩减】suōjiǎn 動 감축하다. 감퇴하다. 축소하다. ¶生产～ | 생산이 감소하다. ¶～重叠chóngdié的机构 | 중첩된 기구를 축소시키다. ¶～开支 | 지출을 줄이다. ¶～军费 | 군비를 감축하다. ¶～行政人员, 增加科技人员 | 행정인원을 감원하고 과학 기술 인원을 증원하다. ¶～工时 | 노동시간을 단축하다. ¶～经费jīngfèi | 경비를 절감하다.

【缩紧】suōjǐn 動 꽉 죄다. 꼭 오므리다. 바싹 움츠리다.

【缩手】suō/shǒu 動 ❶ 손을 움츠리다. ❷ 轉 손을 떼다. ¶～旁观 | 成 수수방관하다.

【缩手缩脚】suōshǒu suōjiǎo 俗 ❶ 추워서 몸을 움츠리다. ¶店家方拿了一盏灯, ～的进来 | 여관 주인이 막 등잔을 들고, 몸을 움츠리며 들어왔다. ❷ 우유부단하다. 소심하다. ¶～办不成大事 | 너무 우유부단하면 큰일을 이루지 못한다. ¶他花起钱来～的 | 그는 손을 쓰는데 아주 소심하다.

【缩水】suō/shuǐ 動 ❶ 방직품이나 섬유를 물에 담가 줄어들게 하다. ¶这种布要求先～才能做衣服 | 이런 천은 먼저 물에 담가 줄게한 다음에야 옷을 만들 수 있다. ¶这块布缩过水了吗? | 이 천은 물에 담가 줄였는가? ❷ (suōshuǐ) 물에 줄어들다. ¶这种布一洗就会～ | 이런 천은 한번 빨면 바로 줄어든다. ¶这种布不褪色tuìshǎi也不～ | 이런 종류의 천은 색도 안 바래고, 물에 줄어들지도 않는다＝〔抽水②〕 ❸ 수도(水道) 공급 시간을 단축하다.

【缩头拱肩】suōtóu gǒngjiān 動組 머리를 움츠리고 어깨를 꼬부리다. ¶别～的, 要挺起胸来做人! | 너무 움츠리지 말고 가슴을 당당히 펴고 사람 노릇 좀 해라!

【缩头缩脑(儿)】suō tóu suō nǎo(r) 成 ❶ 무서워 기를 펴지 못하고 벌벌 떨다. ¶～地回去了 | 기도 못피고 벌벌 떨며 돌아갔다. ❷ 책임이 두려워 감히 선뜻 나서지 못하다. ¶他一向～的 | 그는 여태 대담하게 나선 적이 한번도 없다 ‖＝〔缩脖儿〕〔缩脑〕

【缩微胶片】suōwēi jiāopiàn 名組 마이크로피시(microfiche)＝〔缩微平片〕

【缩微卡片】suōwēi kǎpiàn 名組 마이크로카드(microcard).

【缩微平片】suōwēi píngpiàn ⇒〔缩微胶片〕

【缩微输出胶片目录】suōwēi shūchū jiāopiàn mùlù 名組 컴퓨터 아웃풋 마이클로필름(computer output microfilm)＝〔孔姆目录〕

【缩微照片】suōwēi zhàopiàn 名組 마이크로필름＝〔显微影片〕〔小型影片〕

3【缩小】suōxiǎo 動 축소하다. 줄이다. ¶～范围 | 범위를 축소하다. ¶～尺寸画一张图 | 치수를 줄여 도안 한장을 그리다.

【缩写】suōxiě ❶ 名 약어. ❷ 動 요약하다. ¶～本 | 요약판. 다이제스트판. ¶～签字 | (성명의) 머리 글자. 이니셜(initial). ❸ 動 축사하다.

【缩衣节食】suō yī jié shí 成 의식(衣食)을 절약하다. 생활비를 줄이다. ¶他们全家～, 存下了一笔钱 | 그들 온가족이 생활비를 줄여 큰 돈을 저축했다.

【缩印】suōyìn 名 動 〈印出〉 축쇄(縮刷)(하다). ¶～本 | 축쇄판. 축소판.

【缩影】suōyǐng ❶ 名 축도(縮圖). 축소판. ¶这个地方的过去, 正是中国三十年来的～ | 이 지방의 과거는 바로 중국의 최근 삼십년간의 축소판이다. ❷ 動 사진 인쇄를 축소하다. ❸ 名 사진 인쇄를 축소한 것.

B sù

【缩砂密】sùshāmì 名 〈植〉 축사밀 ＝〔宿砂〕

suǒ ㄙㄨㄛˇ

1【所】 suǒ 곳 소

❶ 名 곳. 장소. ¶住～ | 주소. ¶各得其～ | 각각 자기가 있을 곳에 있다. ❷ 기관(機關)이나 기타의 사무 보는 곳. ¶研究～ | 연구소. ¶派出～ | 파출소. ❸ 量 채. 동(棟) [집·학교 따위의 건축물을 세는데 쓰임] ¶三～房子 | 집 세 채. ¶两～大学 | 대학교 2개. ❹ 助 …하는. …하는 바의. …하게 되다. 어법 타동사(及物動詞) 앞에 쓰여, 「所＋動」의 형태가 명사어가 되도록 함. ⓐ 「名＋所＋動」의 형태로 뒤에 오는 명사를 수식하거나 대신함. ¶我～认识的人 | 내가 아는 사람. ¶这是人～共知的事实 | 이것은 사람들이 모두 아는 사실이다. ¶据我～知 | 내가 아는 바에 의하면. ¶尽我～能 | 내가 할 수 있는 것을 다하다. ⓑ 「所＋動」의 형태로 쓰여 명사를 수식하거나 대신함. ¶～用的方法 | 쓰이는 방법. ¶～需的费用 | 필요한 경비. ¶～考虑的正是这一点 | 고려되는 것은 바로 이점이다. ¶～见～闻 | 보고 들은 것. ¶～知不多 | 아는 것이 많지 않다. ⓒ 「为＋名＋所＋動」의 형태로 피동을 나타냄. ¶为人～笑 | 남들의 웃음거리가 되다. ¶为表面现象～迷惑míhuò | 겉으로 나타난 현상에 미혹되다. ⓓ 「所＋動」의 형태로 「有」나 「无」의 목적어가 됨. ¶有～创造 | 창조된 것이 있다. ¶有～准备 | 준비된 것이 있다. ¶产量每年都有～增加 | 생산량이 매년 증가하였다. ¶无～不包 | 포함되지 않은 것이 없다. ¶无～不知 | 모르는 것이 없다 ＝〔攸yōu①〕 ❺ (Suǒ) 名 성(姓).

【所部】suǒbù 書 名 거느린 부대. ¶率shuài～投诚tóuchéng | 부대를 이끌고 항복하다.

【所长】a suǒcháng 名 뛰어난 점. 장점. ¶取～舍shě所短 | 장점을 취하고 단점을 버리다 ⇔〔所短〕 b suǒzhǎng 名 소장. ¶他当了研究所～了 | 그는 연구소 소장이 되었다.

4【所得】suǒdé 書 名 소득. 얻은 것. ¶～之多, 无可计量 | 그 많은 소득을 다 계산할 수 없다. ¶～不少 | 소득이 적지 않다.

4【所得税】suǒdéshuì 名 소득세. ¶征收zhēngshōu～ | 소득세를 징수하다.

【所见】suǒjiàn 名 보는 바. 생각. 소견. ¶英雄～略同 | 諺 훌륭한 사람의 생각은 대체로 같다. ¶～所闻 | 보고 듣는〔들은〕 것. 견문. ¶～不一 | 생각이 같지 않다.

【所罗门】Suǒluómén 名 外 〈地〉 솔로몬(Solomon) [남태평양 뉴기니(New Guinea) 동쪽의 제도. 1978년 독립. 수도는 「霍尼亚拉」(호니아라; Honiara)]

4【所属】suǒshǔ ❶ 區 예하(의). 휘하(의). 산하(의). 관할(의). ¶～各部队 | 예하의 각 부대 ¶国务院～各部委 | 국무원 산하의 각 부위원회. ❷ 區 자신이 예속되어 있는. 소속의. ¶向～派出所填报tiánbào户口 | 자기가 속해 있는 파출소에 호적을 등록하다.

2【所谓】suǒwèi 區 ❶ 일반적으로 말하는. 이른바. 소위. 어법 대개 해설할 단어 앞에 쓰임. ¶～放下包袱bāo·fu, 就是解除精神负担 | 이른 바 보따리를 내려 놓다라는 말은 정신적인 부담을 덜어버린다는 것을 말한다. ¶～自力更生的精神, 就是靠自己的力量来办事情的精神 | 자력 갱생의 정신이란 곧 자신의 힘으로 일을 해내는 정신이다. ❷ (어떤 사람이) 말한 바의. 소위. 어법 대개 부정적이거나 풍자적인 단어에 대해서 쓰임. 대개 인용부호를 씀. ¶他们的～「和平」乃是战争, 只不过以和平做幌子huǎngzi罢了 | 그들이 말하는 「평화」란 전쟁이며, 단지 평화를 간판으로 내걸었을 뿐이다. ¶他们的～「撤军chèjūn」只不过是一种欺骗qīpiàn舆论yúlùn的宣传 | 그들이 말하는 「철군」이란 단지 여론을 속이려는 선전에 불과하다.

【所向披靡】suǒ xiàng pī mǐ 成 (바람이 불어) 가는 곳마다 초목이 쓰러지다. (군대 따위가) 가는 곳마다 적을 무너뜨리다. ¶铁军～, 敌人闻风丧胆sàngdǎn | 강철 군대가 가는 곳마다 적을 섬멸하여 적들은 온다는 소리만 들어도 간담이 서늘하였다.

【所向无敌】suǒ xiàng wú dí 成 (군대 따위가) 가는 곳마다 당할 자가 없다. ¶这支部队英勇善战, ～ | 이 부대는 용감하고 싸움을 잘하여 가는 곳마다 당할 자가 없다 ＝〔所向无前〕

1【所以】suǒyǐ ❶ 連 ⓐ 그래서. 그런 까닭에 [인과관계의 문장에서 결과나 결론을 나타냄. 주로 원인을 나타내는 「因为」「由于」 등과 함께 쓰임] ¶土壤tǔrǎng含有水分和养料, ～作物能够生长 | 토양은 수분과 양분을 함유하고 있기 때문에 작물이 생장할 수 있다. ¶由于忙, ～我一直没时间给他回音 | 바빴기 때문에 나는 줄곧 그에게 답장할 시간이 없었다. ⓑ …한 까닭은〔이유는〕 [인과관계의 문장에서「…(之)～…, (就)是因为〔由于〕…」 등의 형태로 쓰여 결과나 결론을 나타냄] ¶我～对他比较熟悉, 是因为我和他一起工作过 | 내가 그에 대해 비교적 잘 아는 것은 그와 같이 일한 적이 있기 때문이다. ¶我们～赞成, 是因为它反映了群众的愿望 | 우리들이 찬성하는 이유는 그것이 대중의 바램을 반영했기 때문이다. 어법 ⓐ 「所以」는 「因为」「由于」와 호응하여 쓰일 수 있으나, 「因此」「因而」은 일반적으로 「由于」와만 호응하여 쓰임. ⓑ 「因此」「因而」은 「…(之)所以, (就)是因为…」의 형태로는 쓰일

수 없음. ❷連口 그러니. 그러니까 [단독으로 쓰여 독립된 문장을 이룸] ¶～呀! 要不然我怎么这么说呢! | 그러니까, 만약 그렇지 않았다면 내가 어떻게 이렇게 말하겠어! ❸名 실재적인 이유. 원인. 까닭. 연고. 어법 대개 고정어구에 쓰임. ¶问其～ | 그 이유를 묻다. ¶不知～ | 까닭을 모르다.

【所以然】suǒyǐrán 名 원인. 이치. 그렇게 된 까닭. ¶只知其然不知其～ | 단지 그런 줄만 알고 그렇게 된 까닭은 모른다. ¶他说了半天还是没说出个～来 | 그는 한참 동안 말했지만 아직도 그 원인을 말하지 않았다.

1【所有】suǒyǒu ❶形 모든. 일체의. 어법 ⓐ「一切」가 각양 각색의 것 모두라는 뜻인데 비해「所有」는 같은 종류의 것 모두라는 뜻이며, 둘을 한데 쓸 때는「所有一切」혹은「一切所有的」라고 씀. ¶～的力量 | 모든 역량. ¶～的人都鼓掌欢迎了 | 모든 사람들이 다 박수로 환영했다. ¶～一切的行动都得受他的拘束jūshù | 모든 일체의 행동은 그의 구속을 받아야 한다. ⓑ「所有」는 뒤에「的」를 붙여 명사를 수식할 수 있으나「一切」는 직접 명사 앞에 붙음. ¶所有(的)问题 | 모든 문제. ¶一切问题 | 각종의 모든 문제. ⓒ「一切」는 분류를 할 수 있는 사물에 쓰이지만,「所有」는 이러한 제한이 없음. ¶一切生物都有生有死 | 모든 생물은 생과 사가 있다. ¶一切桃花都开了 | 모든 복숭아꽃이 피었다. ❷名動 소유(하다). ¶那本字典现在归我～ | 그 자전은 지금은 내 소유가 되었다. ¶一切归劳动者～ | 모든 것이 노동자의 소유가 되었다. ❸名 소유물. ¶尽jǐn其～ | 가진 것을 모두 내다.

4【所有权】suǒyǒuquán 名 소유권. ¶国家对土地有～ | 국가가 토지에 대해 소유권을 가진다.

4【所有制】suǒyǒuzhì 名〈經〉소유제. ¶选择～ | 소유제를 선택하다.

3【所在】suǒzài 名 ❶ 장소. 곳. ¶出入很方便的～ | 출입이 대단히 편리한 곳. ¶风景好, 气候适宜的～ | 풍경이 좋고 기후가 적당한 곳. ❷ 존재하는 곳. 근원. 어법 주로 추상적인 사물에 쓰임. ¶病因～ | 병인이 존재하는 곳. ¶力量～ | 힘의 근원. ¶关键～ | 관건이 되는 곳.

【所在地】suǒzàidì 名 소재지. ¶到～的派出所办手续 | 소재지 파출소에 가서 수속을 하다.

【所知】suǒzhī 書名 ❶ (배워서) 아는 바[것]. ¶行其～ | 그 아는 바를 실천하다. ❷ 잘 아는 사람. 지인(知人).

【所致】suǒzhì 名 소치. 탓. 까닭에서 빚어진 일. ¶这次事故是由于疏忽～ | 이번 사고는 소홀한 소치로 말미암은 것이다.

【所作所为】suǒ zuò suǒ wéi 成 모든 행위[행동] =〔所行所为〕

3【索】suǒ 노 삭, 찾을 색 ❶ (～子) 名 굵은 밧줄. 로프(rope). ¶麻～ | 삼밧줄. ¶船～ | 뱃줄. ❷ 찾다. 탐색하다. ¶遍～不得 | 두루 찾아보았으나 찾아내지 못하다. ¶搜sōu～ | 수색하다. ¶思～ | 사색하다. ❸ 요구하다. 청구하다. ¶～价↓ ❹ 혼자 쓸쓸히. 홀로. ¶离群～居 | 무리를 떠나 홀로 쓸쓸히 살다. ❺ 적막하다. 무료하다. 지루하다. ¶萧xiāo～ | 적막하다. 스산하다. ¶～然无味 | 덤덤하고 흥미가 없다. ❻ (Suǒ) 名 성(姓).

【索道】suǒdào 名 삭도. 가공 삭도. ¶～运输 | 삭도 수송. ¶通过～上山了 | 삭도를 타고 산에 올랐다.

【索尔兹伯里】Suǒ'ěrcíbólǐ 名 外〈地〉솔즈버리(Salisbury) [「罗得西亚」(로디지아;Rhodesia)의 수도 옛 이름임]

【索尔仁尼琴】Suǒ'ěrrénníqín 名 外〈人〉솔제니친(A.I.Solzhenitsyn, 1981～) [소련의 반체제 작가, 1970년《이반 데니소비치의 하루》로 노벨 문학상을 수상]

【索非亚】Suǒfēiyà 名 外〈地〉소피아(Sofia) [「保加利亚」(불가리아;Bulgaria)의 수도]

【索价】suǒjià ❶動 값을 부르다. 대금을 청구하다. ❷名 부르는 값.

【索卢】Suǒlú 名 복성(複姓).

【索马里】Suǒmǎlǐ 名 外〈地〉소말리아(Somalia) [아프리카 동부의 공화국. 수도는「摩加迪沙」(모가디슈;Mogadishu)] =〔索马利〕

【索盘】suǒpán 動〈商〉오퍼(offer)를 요구하다. ¶去电欧洲厂方～ | 유럽의 메이커에 전보를 쳐서 오퍼를 요구하다 =〔询xún价〕

【索赔】suǒpéi ❶動 변상[배상]을 요구하다. ¶向战败国～ | 패전국에게 배상을 요구하다. ❷名動〈商〉클레임(claim)(을 요구하다). 구상(求償)(하다). ¶数量～ | 수량 클레임. ¶品质～ | 품질 클레임. ¶～时效 | 클레임 유효기간. ¶拒绝～ | 클레임을 거절하다. ¶向外商～一千多万美元 | 외국 거래처에 천여만원의 손해배상을 청구하다.

【索桥】suǒqiáo 名 (철삭으로 된) 적교(吊橋). ¶架设jiàshè～ | 적교를 가설하다.

【索求】suǒqiú 動 요구하다. 강요하다. ¶向人～财物 | 사람들에게 재물을 강요하다 =〔索要〕

【索取】suǒqǔ 動 얻어 내다. 구하다. 어법「索取」는 비교적 구체적인 사물을 애써 구한다는 의미로 쓰이나,「夺duó取」는 추상적인 사물(풍년·승리)에도 쓰이고 강제로 빼앗는 의미로 쓰임. ¶我们不能等待大自然的恩赐ēncì, 而要向它～ | 우리는 대자연의 베품을 기다리기만 할 것이 아니라 대자연에게 얻어 내야 한다 =〔索要〕〔索讨〕

【索然】suǒrán 書 狀 ❶ 덤덤하다. 아무런 재미나 흥미가 없다. ¶这样大的雪对没有看见过雪的人来说, 自然很有兴味, 对我来说却～无味 | 이렇게 큰 눈은 눈을 보지 못한 사람에게는 당연히 흥미가 있겠지만 나한테 있어서는 아무런 재미가 없다. ¶～寡味guǎwèi | 따분하여 재미없다. ¶兴致～ | 흥미가 없다. ❷ 다하여 없어지다. ¶～已尽 | 이미 완전히 없어졌다.

4【索性】suǒxìng ❶副 차라리. 아예. ¶天不早了, ～吃过饭去吧! | 날이 이미 저물었으니 아예 밥 먹고 가자! ¶既然已经动手做了, ～就把它做完算了 | 이미 손을 대어 시작했으니 아예 다 해버리고 말자. ¶活儿不多, ～干完了再休息 | 일거

리도 많지 않은데 아예 다 하고 쉬자. ¶找了几个地方没有找着，～不再找了｜여러 곳을 다 찾아 봤으나 찾지 못했으니 차라리 더 찾지 말자. ❷[副] 마음껏. 충분히. 부끄러움도 없이. 체면도 없이. ¶～放声大哭起来了｜체면도 없이 목을 놓아 울기 시작했다 ‖＝〔索兴〕

【索兴】suǒxìng⇒〔索性①②〕

【索引】suǒyǐn [名] 색인. 인덱스. ¶～卡片＝〔索引纸片〕｜색인 카드＝〔[外]引得〕

【索隐】suǒyǐn [書][動] 은밀한 부분을 밝히다. 숨은 사리(事理)를 찾다. ¶勾玄～，多所发明｜숨은 사리를 찾아내어 밝힌 바가 많다.

【唢(嗩)】 suǒ 날나리 쇄 [名]〈音〉태평소(太平簫). 날나리. 황관악기(簧管樂器).

【唢呐】suǒ·nà [名][外]〈音〉수르나이(surnay；인). 사나이(sanai；인) ¶～声声闹新春｜수르나이 소리가 새 봄을 알린다＝〔锁呐〕〔苏尔奈〕

【琐(瑣)〈瑣璅〉】 suǒ 잘 쇄 ❶[形] 사소하다. 자질구레하다. ¶繁～｜번잡하고 자질구레하다. ¶这些事很～碎｜이러한 일들은 매우 자질구레하다. ❷[名] 사슬. 연환(連環). [轉] 쇠사슬 모양의 무늬. ¶～闼tà｜쇠사슬 모양의 무늬를 새긴 문. 궁문.

【琐罗亚斯德教】Suǒluóyàsīdéjiào [名][外]〈宗〉조로아스터(Zoroaster)교＝〔拜火教〕

【琐事】suǒshì [名] 자질구레한 일. 번거로운 일. 사소한 일. ¶家庭～｜집안의 자질구레한 일. ¶为一点儿～忙了半天｜사소한 일 때문에 한참동안이나 바빴다.

【琐碎】suǒsuì [形] ❶ 자질구레하고 번거롭다. 사소하다. ¶家务事本来很～｜집안일이란 원래가 자질구레하고도 번거로운 것이다. ¶摆脱bǎituō这些～的事，多抓zhuā些大问题｜이런 자질구레한 일을 벗어버리고, 큰 문제들을 많이 잡아내다(다루다). ❷ 잔병이 많다. 잔병치레를 자주하다.

【琐细】suǒxì [形] (일이) 자질구레하다. 사소하다. ¶这些事太～了，不必计较｜이 일들은 너무 자질구레한 것이니 따질 필요없다. ¶作家要能从～的生活中发现出时代的变化｜작가는 사소한 생활에서 시대의 변화를 발견해 낼 줄 알아야 한다＝〔[書]琐屑〕

【琐屑】suǒxiè⇒〔琐细〕

3 **【锁(鎖)〈鏁〉】** suǒ 자물쇠 쇄 ❶[名] 자물쇠. ¶一把～｜자물쇠 하나. ❷[動] 자물쇠로 채우다〔잠그다〕. 쇠사슬로 매어두다. 가두다. ¶把门～上｜문을 잠그다. ¶把猴子hóuzi～起来｜원숭이를 사슬로 매어두다. ❸[動] 감치다. ¶～扣眼↓ ¶～边｜가장자리를 감치다. ❹[名] 쇠사슬. ¶枷jiā～｜칼과 족쇄. ¶～镣↓ ❺ 자물쇠 모양으로 생긴 것. ¶石～｜돌로 만든 자물쇠 모양의 신체 단련용 기구.

【锁匙】suǒchí [名][方] 열쇠. ¶配pèi一把～｜열쇠 하나를 맞추다＝〔钥yào匙〕

【锁骨】suǒgǔ [名]〈生理〉쇄골＝〔锁子骨〕

【锁国】suǒguó [名][動] 쇄국(하다). ¶～主义｜쇄국주의. ¶～政策｜쇄국 정책.

【锁匠】suǒjiàng [名] 열쇠장이. ¶他从～发展为厂主｜그는 열쇠장이에서 시작해서 공장 주인이 되었다.

【锁扣眼】suǒ kòuyǎn 단추 구멍을 사뜨다.

【锁镣】suǒliào [名] 족쇄.

【锁钥】suǒyuè [名] ❶ 열쇠. [喩] 일을 해결하는 데 필요한 요소〔관건〕. ¶解决问题的～｜문제해결의 열쇠. ❷ 요새. 중요 거점. 군사 요지. ¶～之地｜전략적 요충지 ‖＝〔镇摄〕〔管键〕

T

【T恤】T－xù 名外台 티 셔츠(T－shirt) ＝〔衬衫 chènshān〕

tā ㄊㄚ

1【他】tā 남 타
代❶그. 그이. 그 사람. 어법 ⓐ 보통 제3인칭 대사로「他」를 사용하나, 현대 중국어에 있어서 영어의「she」에 해당하는 여성 제3인칭 대사를 써야 할 경우「她」로 씀. 또 영어의「it」에 해당하는 대사는 주로「它」를 씀→〔她〕〔它〕〔佗 tuōⒷ〕 ¶～刚参加工作, 请多帮助～ | 그는 방금 작업에 가담했으니, 그를 많이 도와 주세요. ¶浓雾中看不清～是男是女 | 짙은 안개 속이라 그가 남자인지 여자인지 잘 보이지 않는다. ⓑ 소유나 소속 등을 나타낼 때 다음의 경우에는「的」을 붙이지 않음. ㉠ 친족이나 친밀한 관계에 있는 사람 명칭 앞. ¶～哥 | 그의 형. ¶～爱人 그의 남편. ¶～同事 | 그의 동료. ㉡「家」「这里」「那里」및 방위사(方位詞) 앞. ¶～家是新搬来的 | 그의 집은 새로 이사왔다. ¶书放在～那里 | 책은 그가 있는 곳에 두었다. ㉢「这〔那〕＋數＋量」앞에 쓰일 때. ¶～这几句话可是真心话 | 그의 이 몇 마디 말은 정말 진심으로 하는 말이다. ㉣ 사람의 이름이나 신분을 나타내는 말의 앞이나 뒤에 쓰일 때. ¶李平～也提前到了 | 이평 그도 앞당겨 도착했다. ❷書 다른 것. 다른 방면. 다른 곳. ¶不作～想 | 다른 생각을 하지 않다. ¶留作～用 | 남겨서 다른 데 사용하다. ❸ 동사와 수량사(數量詞) 사이에 쓰여 어감(語感)을 강하게 함 [이때「他」는 구체적인 사람이나 사물을 가리키지는 않음] ¶玩～三天 | 삼일간 놀다. ¶唱～几句 | 몇 구절 부르다. ¶再读～一遍 | 다시 한 번 읽어 봐라. ❹ 다른. 딴. ¶～人↓ ¶～乡↓ ¶～日↓

【他动词】tādòngcí 名〈言〉타동사 ＝〔及jí物动词〕

【他加禄语】Tājiālùyǔ 名外〈言〉타갈로그어(Tagalog語) [필리핀의 공용어]

【他家】tājiā ❶名 타가. 남의 집. ❷代近 그. 그녀. 저 사람 [남녀에 다 쓰임]

【他拉】tālā 名外〈錢〉달러(dollar)

【他妈的】tāmā·de 嘆罵 제기. 제기랄. ¶～你还要做? | 제기, 그래도 하려고? ¶这～是什么事 | 이거 제기랄! 무슨 일이람.

1【他们】tā·men 代❶그들. 그〔저〕 사람들. ¶～俩 | 그들 둘. ¶～两个人 | 그들 두 사람. ¶～中有男生也有女生 | 그들 중에는 남학생도 있고 여학생도 있다. ❷(인명·직명·호칭 따위의 뒤에 놓여) 그 사람들 또는 그 사람과 관계되는 사람. ¶连长～ | 중대장 그들.

4【他人】tārén 名 타인. 남. 다른 사람. ¶遇事不能只想自己, 也应考虑～ | 일을 생기면 자기 자신만 생각해서는 안되고 남도 고려해야 한다. ¶他总是不顾gù～ | 그는 늘 다른 사람을 고려하지 않는다.

【他日】tārì 書名❶ 다른 날. 훗날. 뒷날. ¶今日已晚, ～再谈吧 | 오늘은 이미 늦었으니 다른 날에 다시 이야기하자. ❷ 전날. 과거의 어느날.

【他山之石】tā shān zhī shí 威 자신의 결점이나 잘못을 보완할 수 있는 외부의 도움. ¶～可以攻玉, 外国的经验可以使我们少走弯路wānlù | 다른 산의 돌도 나의 옥을 다듬을 수 있으니, 외국의 경험이 우리가 길을 덜 돌아가게 할 수 있다 ＝〔他山攻错〕〔他山之石, 可以攻玉〕〔他山之石, 可以为错〕〔攻错〕

【他乡】tāxiāng 書名 타향. ¶远在～ | 멀리 타향에서 살다. ¶～遇故知 | 타향에서 고향 친구를 만나다. ¶流落liúluò～ | 타향을 떠돌다.

1【她】tā 그녀 타
代❶그 여자. 그녀. ❷조국·당기(黨旗)·국기 등 존칭으로 쓰임. 어법「他」「它」「她」의 비교⇒〔他〕

1【她们】tā·men 代 그녀들. 그〔저〕 여자들. 그들. ¶～婆媳俩处得不错 | 그들 시어머니와 며느리 둘은 아주 잘 지낸다→〔他们〕〔它们〕

1【它〈牠〉】tā 다를 타, 그것 타
代 그(것). 저(것). 어법 ⓐ 사물이나 동물을 가리킬 때 쓰임. ⓑ「他」「她」「它」의 비교⇒〔他〕 ⓒ 처음으로 어떤 사물을 가리킬 때는「这」「那」를 쓰고「它」를 쓰지 않음. ¶他是谁? | 그는 누구냐? ¶它是什么? (×) ¶这〔那〕是什么? | 이〔저〕것은 무엇이냐? ¶这些画报我不看了, 你把～拿去吧 | 이 화보들은 보지 않으니 네가 가져 가거라. ¶有一个东西在黑影里蹲dūn着, 我也看不清～到底是猫还是狗 | 어떤 것이 어두움 속에 쭈그리고 있는데, 그것이 고양이인지 개인지 잘 볼 수 없다.

1【它们】tā·men 代 그것들. 저것들.

【铊(鉈)】tā tuó 분동 타
Ⓐtā 名〈化〉화학 원소 명. 탈륨(Tl ; thallium) [금속원소의 하나]
Ⓑtuó「砣」와 같음⇒〔砣①〕

【趿】tā 끌 타
動(신을) 끌다. ¶～拉↓

【趿拉】tā·la 動(신을) 질질 끌다. ¶～着鞋走 | 신을 질질 끌며 걷다.

【趿拉板儿】tā·labǎnr 名方 나무로 만든 끌신. 나막신 ＝〔呱哒guādā板儿②〕→〔木屐mùjī(子)〕

【趿拉儿】tā·lar 名方 슬리퍼 ＝〔趿拉鞋〕〔耷dā拉鞋〕〔拖tuō鞋〕

【趿拉鞋】tā·laxié ⇒〔趿拉儿〕

3【塌】tā 떨어질 탑
動❶ 무너지다. 무너져 내려앉다. 붕괴되다. 함몰되다. ¶倒～ | 무너지다. ¶天～了也不怕 | 하늘이 무너져도 무섭지 않다. ❷ 꺼지다. 쑥 들어가다. 움푹하게 되다. ¶～鼻子↓ ¶人瘦了两腮sāi都～下去了 | 여위어 양볼이 쏙 들어갔다. ❸ 늘어지다. 처지다. ¶垂chuí头～翼yì | 威 머리가 수그러지고 날개가 처지다. 풀이 죽고 의기가 꺾이다. ❹ 가라앉히다. 진정시키다. ¶～下

心来 | 마음을 진정시키다.
【塌鼻梁儿】tābíliángr ⇒〔塌鼻子〕
【塌鼻子】tābí·zi 名❶안장코. 납작코 [학명은 「鞍鼻」임] ❷코가 낮은 사람 =〔塌鼻梁儿〕〔瘪biě鼻子〕
【塌菜】tācài ⇒〔塌棵菜〕
【塌车】tāchē 名奥 큰 짐수레.
【塌顶】tā/dǐng 動 지붕〔천장〕이 내려앉다. ¶牛棚niúpéng～了 | 소우리 지붕이 내려앉았다.
【塌方】tā/fāng ❶動(도로·제방·갱도·터널 등이) 갑자기 내려앉다. 무너지다. ¶这个隧道塌了方, 正在抢修qiǎngxiū | 이 터널이 갑자기 붕괴되어 급히 보수하고 있는 중이다. ❷(tāfāng) 名 사태(沙汰). 토사 붕괴. ¶这回是最大的～ | 이번이 최대의 토사 붕괴이다 ‖ =〔坍tān方〕
【塌架(子)】tā/jià(·zi) 動❶집이 허물어너지다. ❷喻(사업이) 실패하다. 망하다. 몰락하다. ❸喻(조직·국면·체제 등이) 무너지다 ‖ =〔坍架〕
【塌棵菜】tākēcài 名〈植〉배추의 변종(變種). 비교적 내한성(耐寒性)이 강한, 겨울 채소의 하나 =〔塌菜〕〔方黑白菜②〕〔方瓢piáo儿菜〕〔方太古菜〕〔方乌白菜〕
【塌实】tā·shi ⇒〔踏实tāshi〕
【塌台】tā/tái 動 무너지다. 와해되다. (사업에) 실패하다. ¶这种企业早晚要～ | 이러한 기업은 조만간 무너질 것이다 =〔垮kuǎ台〕
【塌陷】tāxiàn 動 꺼지다. 무너지다. 함몰하다. ¶眼窝儿yǎnwōr～下去 | 눈언저리가 꺼지다. ¶由于地震dìzhèn, 房子～了 | 지진으로 집이 매몰되었다.
【塌心】tā/xīn 動方 마음을 진정시키다. 안심하다. ¶塌下心来看书学习 | 마음을 진정하고 책을 보며 공부하다. ¶有了准稿子, 干活也～ | 정확한 계획이 있으면 작업을 해도 안심이 된다.
【塌腰】tā/yāo ❶動 허리를 낮추다〔구부리다〕. ❷(tāyāo) 名 오리 엉덩이. 툭 불거진 엉덩이. ¶他有点儿～ | 그는 약간 오리 엉덩이이다.

【溻】tā 젖을 탑
動方(옷·이불 따위에) 땀이 배다. 땀에 젖다. ¶天太热, 我衣服都～了 | 날씨가 너무 더워서 옷이 땀에 다 젖었다. ¶下午踢足球, 衣服全～了 | 오후에 축구를 해서 옷이 온통 땀에 흠뻑 젖었다.

【踏】tā ☞ 踏 tà Ⓑ

tǎ ㄊㄚˇ

2【塔】tǎ ·da 탑 탑, 절 탑
Ⓐtǎ ❶名(절의) 탑. ❷탑 모양의 건축물. ¶纪念～ | 기념탑. ¶灯～ | 등대. ❸음역어에 쓰임. ¶白～油 | 버터(butter). ¶～布↓ ❹量江 1인치의 1/32 [정밀기계의 길이 단위] ¶三个～ | 3/32인치. ❺(Tǎ) 名 성(姓).
Ⓑ·da ⇒〔疙gē塔〕
【塔布】tǎbù 名外 터부우(taboo). 금기(禁忌).
【塔吊】tǎdiào 名 탑형 기중기. 타워 크레인. ¶用～来搬运 | 타워 크레인으로 운반하다 =〔吊塔〕
【塔夫绸】tǎfūchóu 名 音義〈紡〉태피터(taffeta). 호박단 =〔塔府绸〕〔荅dā夫绸〕〔波纹绸〕〔线绸〕〔线缎〕
【塔灰】tǎhuī 名方(천장이나 벽에서 떨어지는) 먼지. ¶身上沾满zhānmǎn了～ | 온 몸이 집안 먼지 투성이다.
【塔吉克】Tǎjíkè 名外〈地〉타지크(Tadzhik) [「独立国家国协」(독립국가연합;CIS) 중의 한 나라. 수도는 「杜尚别」(듀삼베;Dyushambe)] ¶～办维埃社会主义共和国 | 타지크 소비에트 사회주의 공화국 =〔达辑克〕
【塔吉克族】Tǎjíkèzú 名〈民〉❶타지크족 [주로 신강(新疆) 위구르 자치구에 거주하는 소수민족] ❷타지크족 [소련 소수 민족의 하나]
【塔拉瓦】Tǎlāwǎ 名外〈地〉타라와(Tarawa)섬 [태평양의 키리바티 공화국의 수도 바이리키가 있는 섬]
【塔林】Tǎlín 名外〈地〉탈린(Tallinn)[「爱沙尼亚」(에스토니아;Estonia)의 수도]
【塔楼】tǎlóu 名 고층 주택. ¶他家住在～里 | 그는 고층 주택에서 산다.
【塔轮】tǎlún 名〈機〉단차(段車). 계단식 피대 바퀴 =〔宝bǎo塔(皮带)盘〕
【塔那那利佛】Tǎnānàlìfú 名外〈地〉타나나리보(Tananarivo) [「马达加斯加」(마다가스카르;Madagascar)의 수도]
【塔什干】Tǎshígān 名外〈地〉타슈켄트(Tashkent) [「乌兹别克」(우즈베크;Uzbeck)의 수도]
【塔纱社】Tǎsīshè 名外〈播〉타스(Tass) 통신사.
【塔塔尔族】Tǎtǎ'ěrzú 名外〈民〉타타르족 =〔鞑靼dádá①〕
【塔台】tǎtái 名〈航〉관제탑. ¶向～请求降落 | 관제탑에 착륙을 요청하다.
【塔钟】tǎzhōng 名 옥상 시계. 탑 시계.

【獭(獺)】tǎ 수달 달
名〈動〉수달·해달 등의 총칭. ¶海～ | 해달. ¶水～ | 수달. ¶旱～ | 마르모트(marmot).
【獭祭】tǎjì 書 名 달제. ❶수달이 물고기를 많이 잡아 제물처럼 늘어놓은 것. ❷喻(문필가가) 남의 문장을 이어 맞추어 글을 지음 ‖ =〔獭祭鱼〕
【獭疫】tǎyì 名〈醫〉흑사병. 페스트(pest).

【鳎(鰨)】tǎ 서대기 탑
名〈魚貝〉서대기 =〔鳎目鱼〕〔塌沙鱼〕

tà ㄊㄚˋ

【达】tà ☞ 达 dá Ⓑ

【傏(㒓)】tà 경박할 달
⇒〔佻tiāo傏〕

【挞(撻)】tà 매질할 달
書 動(채찍이나 몽둥이로 사람을) 치다〔때리다〕. ¶鞭biān～ | 채찍질하다. 편달하다.
【挞伐】tàfá 書 動❶ 치다. 토벌하다. 징벌하다. ¶

大张～｜대대적으로 토벌하다. ¶兴兵～, 平定叛贼｜군대를 일으켜 토벌에 나서 반도들을 평정하다. ❷(남을) 비난하다. 책망하다. 꾸짖다.

【闼(闥)】tà 작은문 달
㊔名(작은) 문. ¶排～直入｜문을 열어 젖히고 곧장 들어가다.

4【拓】tà ☞ 拓 tuò Ⓑ

【沓】tà dá 겹칠 답
Ⓐ tà ❶㊔形 많다. 겹치다. 중복하다. ¶杂～｜난잡하다. ¶纷至～来｜차례차례 계속 오다. ❷(많이) 늘어지다. 수다스럽다. ❸ 꾸물거리다. 번잡하다.
Ⓑ dá (～儿, ～子) 量 뭉치. 묶음 [겹쳐 놓은 종이 또는 얇은 것을 세는 단위] ¶一～钞票chāopiào｜지폐 한 뭉치. ¶一～信纸｜편지지 한 묶음 =〔搭dā子②〕〔打dá子〕

【沓乱】tàluàn 形 혼잡하다. 요란하다. 잡다하다. ¶～的脚脚声｜요란한 발자국 소리.

3【踏】tà tā 밟을 답
Ⓐ tà 動 ❶(발로) 밟다. ¶践～｜밟다. ¶草地上～出了一条路｜풀밭 위에 하도 밟아서 길이 하나 났다 =〔㊔蹋tà①〕 ❷ 현장에 직접 가다. ¶～勘↓
Ⓑ tā ⇒〔踏实〕
Ⓐ tà

【踏步】tàbù ❶名動 답보(하다). 제자리 걸음(하다). ¶～走!｜제자리 걸어 가! ¶～不前｜제자리 걸음만 하고 앞으로 나아가지 않다. ¶为什么十几年一直～?｜왜 십수년 동안 줄곧 제자리 걸음만 하고 있는가? =〔踏脚①〕 ❷名方 계단.

【踏查】tàchá 動 현장에 직접 가서 조사하다. 현장을 답사하다. ¶～了全县的山山水水｜현의 전 지역 환경을 실지 조사하다 =〔踏勘kān〕〔踏访〕

【踏歌】tàgē 名 무리를 지어 발로 박자를 맞추며 춤추고 노래를 부르는 중국 고대의 예술 형식 [지금은「苗族」「傜族」에게 이런 형식이 남아 있음] =〔蹈dǎo歌〕

【踏勘】tàkān 動(철로나 채광 공사 등에서 설계에 앞서 먼저 지형이나 지질 등을) 현지 조사〔답사〕하다. ¶先～地形, 再作线路设计｜먼저 지형을 현지 조사하고난 후에 선로 설계를 하자.

【踏看】tàkàn 動 현장·실지 조사하다. 현지에 가서 보다. ¶～了火灾现象｜화재 상황을 실지로 가서 조사했다.

【踏青】tàqīng 動 답청. 봄날 청명절(清明節)을 전후하여 교외로 나가 산보하며 놀다. ¶孩子们～去了｜아이들이 봄나들이 갔다. ¶春天来这里～的人很多｜봄이면 여기에 소풍하러 오는 사람들이 많다.

Ⓑ tā

3【踏实】tā·shi 形 ❶(작업·학습 태도 따위가) 성실하다. 차분하다. ¶工作～｜일하는 것이 성실하다. ¶踏踏实实地学习｜착실히 공부하다. ❷(마음이) 놓이다(안정되다). 편안하다. ¶现在我心里～多了｜지금은 내 마음이 훨씬 안정되었다. ¶事情办完就～了｜일이 다 끝나자 마음이 놓였다. ¶翻来复去睡不～｜이리 뒤척 저리 뒤척하면서 편히 잠들지 못하다 ‖ =〔塌tā实〕

【嗒】tà dā 멍할 탑
Ⓐ tà ㊔形 멍하다. 어처구니 없다. ¶～然↓
Ⓑ dā「哒」와 같음 ⇒〔哒dā①〕

【嗒然】tàrán ㊔貶 멍하다. 맹하다. 멍청하다. 실의에 빠지다. ¶～若丧｜얼빠진 것처럼 멍하다.

【榻】tà 평상 탑
名 좁고 길며 비교적 낮은 침대. ¶籐téng～｜등나무 침대. ¶下～｜숙박하다. ¶同～｜동침하다 →〔床①〕

【榻榻米】tàtàmǐ 名外 다다미 =〔他他米〕〔塌tā塌米〕

【遢】tà 더러울 탑
⇒〔邋遢lā·tà〕

4【蹋】tà 밟을 답
㊔❶動 발로 밟다 =〔踏①〕 ❷(발로) 차다. ❸ 함부로 쓰다. 낭비하다. ¶糟zāo～｜낭비하다.

【漯】tà ☞ 漯 luò Ⓑ

tāi 去历

2【台】tāi ☞ 台 tái Ⓑ

【苔】tāi ☞ 苔 tái Ⓑ

【胎】tāi 아이밸 태
❶名 태. 태아. ¶怀huái～｜임신하다. ¶双胞shuāngbāo～｜쌍둥이. ¶她已有了～｜그는 이미 임신했다. ❷名轉(일의) 시작. 근원. ¶祸huò～｜화근. ❸量 임신·출산의 횟수에 쓰임. ¶她已生了两～｜그녀는 이미 두 번 출산했다. ¶头～｜첫 임신. ❹(～儿) 名(옷·이불 따위의) 속. 심. ¶棉花～｜솜으로 된 속. ¶帽子～｜모자의 심. ❺名(기물의) 원형. 바탕. ¶泥～儿｜빚어만 놓고 아직 굽지 않은 도자기. ¶铜～镀dù金｜구리 바탕에 금으로 도금한 것. ❻名外 타이어(tyre). ¶内～｜(타이어의) 튜브. ¶轮～｜(차의) 타이어. ¶自行车的～破了｜자전거 타이어가 펑크났다.

【胎动】tāidòng 名動〈生理〉태동(하다). ¶已感到～｜태동하는 것이 벌써 느껴진다.

【胎毒】tāidú 名〈漢醫〉❶ 태아가 태내에서 받은 젖먹이 병독. ¶清治～｜태독을 치료하다. ❷ 태독. 젖먹이가 앓는 일종의 피부병.

【胎儿】ⓐ tāi'ér 名 태아 [수의학에서는 가축의 경우도 가르킴] ¶～检查｜태아 검사.
ⓑ tāir 名 ❶(어떤 기물의) 원형. 바탕. ❷(옷 따위의 사이에 넣은) 속. 심.

【胎发】tāifà 名 태발. 배냇머리 =〔胎毛①〕

【胎教】tāijiào 名 태교. ¶进行～｜태교를 하다.

【胎具】tāijù 名 ❶ 거푸집. 주형(鑄型). ❷(생산품의 규격이나 모양에 따라 만든) 모형(模型).

모델(model) ‖＝〔胎模〕
【胎里】tāi·li 名 태내(胎內) ¶从～带来的病｜나면서부터 갖고나온 병.
【胎里素】tāi·lisù 名 태어난 후부터 채식을 하는 사람.
【胎毛】tāimáo ❶⇒〔胎发〕❷名 갓 태어난 포유동물의 몸에 난 털.
【胎膜】tāimó 名〈生理〉태막.
【胎盘】tāipán 名〈生理〉태반.
【胎气】tāi·qi 名 태기. ¶有了～｜태기가 있다. ¶动～｜산기가 돌다.
【胎生】tāishēng 區〈生〉태생의. ¶～动物｜태생동물.
【胎位】tāiwèi 名〈醫〉태위. 태아(胎兒)의 자궁내에서의 위치와 자세. ¶～不正｜태위가 바르지 않다.
【胎衣】tāiyī 名 태반(胎盤)＝〔胞bāo衣〕
【胎子】tāi·zi 名 ❶ 빚어만 놓고 굽지 않은 도자기〔질그릇〕따위의 총칭. ❷ 자질. 타고난 바탕. ¶美人～｜미인으로 태어난 여자. 타고난 미인.

tái ㄊㄞˊ

【台】 ① tái tāi yī 별 태, 나 이

Ⓐ tái ❶ 書 名 별. ¶三～｜삼태 [「三台」는「上台」「中台」「下台」의 셋이 있는데, 이것을「三公」에 견주었음] ❷ 轉 옛날, 상대방 또는 상대방과 관련된 동작에 대하여 경의(敬意)를 나타내는 말. ¶兄～｜귀형. ¶～甫↓
Ⓑ tāi ❶ 지명에 쓰이는 글자. ¶天～县｜천대현. 절강성(浙江省)에 있는 현(縣)이름. ❷ (Tāi) 名〈地〉태주(台州). 지금의 절강성(浙江省) 일대에 있었던 당대(唐代)의 지명 [원대(元代)에는「台路」라 했고 명대(明代)에는「台府」라 했음]
Ⓒ yī 書 ❶ 代 나 [문언에 보이는 제1인칭 대사] ¶非～小子, 敢行称乱｜나(같은) 소인이 감히 난을 일으킨 것이 아니다《尙書·湯誓》❷ 代 무엇. 어찌 [드물게「何」와 통용함] ¶乃曰其如～?｜드디어 그것이 어쩐다는 것인가? 라고 말했다《尙書·高宗肜日》❸ 形 기쁘다. 즐겁다 [드물게「怡」와 통용함] ¶虞舜不～｜순임금은 기뻐하지 않았다. ❹ (Yī) 名 성(姓).
【台安】tái'ān 札 안녕하십시오. 평안하십시오 [편지의 끝부분에 상대방의 평안함을 축원하는 말] ¶敬颂～｜삼가 평안하시기를 기원합니다＝〔台祺qí〕〔台祉〕
【台端】táiduān 名 札 귀댁. 귀중(貴中). 귀하 [주로 기관·단체 따위가 개인에게 보내는 서신에 쓰임] ¶进谒～｜삼가 찾아뵙겠습니다. ¶谨聘～为本社戏剧导演｜삼가 귀하를 우리 극단의 연출자로 초빙합니다＝〔尊处〕〔尊驾①〕
【台甫】táifǔ 名 敬 아호. 성함 [남의 이름·호·자 따위를 물을 때 쓰는 말] ¶贵～?｜아호가 어떻게 되십니까?＝〔大号①〕〔雅篆〕
【台鉴】táijiàn 名 札 태감. 태람(台覽). 고람(高覽) [글이나 그림 같은 것을 보낼 때 살피어 보시라는 뜻으로 쓰이는 말] ¶(请)…先生～｜…선생 보십시오＝〔台览〕〔台阅〕
【台祺】táiqí ⇒〔台安〕
【台启】táiqǐ 名 札 받으십시오[주로 편지 겉봉에 씀] ¶…先生～｜…선생 받으십시오＝〔大启〕

2 **【台(臺)】** ② tái 대 대 ❶ 名 누대. (먼 곳을 전망하는) 높고 평평한 건축물. ¶亭～｜높은 정자. ¶瞭望～｜전망대. ❷ 名 단. 무대. ¶看～｜(경기장의) 관람석. 스탠드. ¶戏～｜무대. ❸ 名 받침대 (구실을 하는 것). ¶蜡～｜촛대. ¶锅～｜부뚜막. ❹ (～儿) 名 대 모양의 것. ¶窗～儿｜창턱. ❺ 名 천상·기상을 관측하거나 전신을 발송하는 곳. ¶天文～｜천문대. ¶电～｜무선 전신국. (라디오) 방송국. ❻ 量 대. 편 [기계·차량·설비 따위나 연극의 수를 셀 때 씀] ¶一～机器｜기계 한 대. ¶一～戏｜연극 한 편. ❼ 名 簡「台湾」(대만)의 약칭. ❽ (Tái) 名 성(姓).
【台北】Táiběi 名〈地〉「台湾」의 수도.
【台本】táiběn 名 대본. 극의 각본. 시나리오
【台标】táibiāo 名「电视台」(텔레비전 방송국)이나「广播电台」(라디오 방송국)의 마크(mark). ¶设计～｜방송국 마크를 설계하다.
【台布】táibù 名 식탁보 ⇒〔檯tái布〕
【台步(儿)】táibù(r) 名〈演映〉무대에서의 걸음걸이.
【台秤】táichèng 名 ❶ 대칭. 앉은 저울＝〔磅bàng秤〕❷ 方 (주로 가게 따위에서 사용하는 작은) 탁자용 저울. 지시 저울＝〔案秤〕
【台词】táicí 名〈演映〉대사. ¶背bèi～｜대사를 외우다→〔科kē白〕
【台灯】táidēng 名 탁상용 전등. 전기 스텐드. ¶买了一盏zhǎn～｜탁상용 전등을 하나 샀다＝〔桌灯〕
【台地】táidì 名〈地質〉대지.
【台度】táidù 名 外〈建〉데이도(dado). 징두리 판벽.
【台风儿】táifēngr 名 무대에서의 배우의 풍격(風格). 스테이지 매너(stage manner). ¶～不正｜무대 매너가 바르지 않다.
【台锋儿】táifēngr 名 喩 격. 틀. ¶他还没～｜그는 아직 틀이 잡히지 않았다.
4【台阶(儿)】táijiē(r) 名 ❶ 섬돌. 층계. ¶房门前有两三磴儿～｜방문 앞에 두세단의 섬돌이 있다. ¶走下～｜섬돌을 내려가다. 喩 한 발짝 물러나다→〔江jiāng磋儿〕〔楼lóu梯〕❷ 喩 궁지나 난처한 지경을 벗어날 방법이나 기회. 어법 대개「下·找」와 어울림. ¶气氛暖和了, 他趁此下～｜분위기가 누그러지자 그는 기회를 보아 난처한 지경에서 벗어났다. ¶给他找一个～, 自然容易和解了｜그에게 여지를 준다면 저절로 쉽게 화해될 것이다. ❸〈鑛〉노천굴의 계단.
【台历】táilì 名 탁상용 달력. ¶送他一个～｜그에게 탁상용 달력을 하나 선물하다.
【台面儿】táimiànr 名 俗 얼굴 생김새. 용모
【台面上】táimiànshàng 名 ❶ 탁자 위. ❷ 공개된 장소. 사람이 많이 모인 자리.
【台钳】táiqián ⇒〔虎hǔ钳〕
【台球】táiqiú 名 ❶ 당구. ¶喜欢打～｜당구를 치

는 것을 좋아하다. ❷당구공 ‖ =〔撞zhuàng球〕❸㊄탁구 =〔乒pīng乓球〕

【台球棍子】táiqiú gùn·zi 名組 당구봉. 큐(cue).

【台扇】táishàn 名 탁상용 선풍기. ¶买一个~吧 | 탁상용 선풍기를 하나 사자.

【台式】táishì 區 탁상식의. ¶~电脑diànnǎo | 탁상용 콤퓨터.

【台湾】Táiwān 名〈地〉대만.

【台维斯杯】Táiwéisī bēi 名 外〈體〉데이비스 컵(Davis cup).

【台钟】táizhōng 名 ❶㊄탁상 시계 =〔座钟〕❷댄서·호스테스 등이 손님 테이블에 불려와서 보내는 시간. ¶~不旺wàng | 테이블에 별로 불려가지 않다.

【台柱子】táizhù·zi 名 ❶극단의 주연 배우. ❷중심 인물. 중추 기둥. ¶她是家里的~ | 그 여자는 집안의 기둥이다. ¶王工程师是技术室的~ | 왕기사는 기술실에서 중심인물이다.

【台子】tái·zi 名 ❶탁구대·당구대 따위. ❷㊄탁자. 책상. ❸㊐(공공 장소의) 대. 단. 무대. ¶戏~ | 극단. 연극 무대. ¶讲~ | 강단.

【台(檯)】③ tái 상 대

(~子) 名 탁자(와 비슷한 기물). ¶写字~ | (사무용) 책상. ¶梳妆~ | 화장대 →〔桌①〕

【台面】táimiàn 名 ❶탁자의 윗면. ¶圆~ | 원탁자. ¶塑胶~ | 플라스틱 탁자면. ¶这些都是端不上~的 | 이것들을 모두 탁자 위에 올려놓을 수 없다. ❷공개적인 장소. ¶有事放到~上来讲 | 일이 있으면 공개적인 장소에서 말해라 ‖ =〔台面〕

【台毯】táitǎn 名 식탁보. 탁자보 =〔台毯〕

【台(颱)】④ tái 태풍 태

⇒〔台风〕

4【台风】táifēng 名〈氣〉태풍. ¶~眼 | 태풍의 눈. ¶~动向 | 태풍 동향. ¶~路径 | 태풍 경로. ¶刮~ | 태풍이 불다.

1【抬(擡)】tái 매질할 태

❶動 높이 들다. 들어올리다. ¶~起头来 | 머리를 쳐들다. ¶胳膊~不动了 | 팔을 들어올리지 못하게 되다. ❷動 轉 (값을) 올리다. ¶~价(儿)↓ ❸動 치켜세우다. 칭찬하다. ¶不要把他~得太高了! | 그를 너무 높이 치켜세우지 말아라! ❹動 (몇 사람이 손이나 어깨 등으로) 들어 옮기다. 맞들다. ¶两个人就~走了衣橱 | 두 사람이 옷장을 맞들고 갔다. ❺動 ㊄京 말다툼하다. 언쟁하다. ¶因为不要紧的两句话就~起来了 | 하찮은 한 두 마디 말로 싸움을 시작했다. ❻量 짐 [한 번 멜〔질〕 수 있는 양을 세는 단위] ¶嫁妆jiàzhuāng是四十八~ | 혼수가 48 짐이다.

【抬爱】tái'ài 動 보살피다. 아끼다. 배려하다. ¶承蒙您的~, 小人才有了今天 | 당신의 보살핌을 받아 제가 비로소 오늘이 있게 되었습니다.

【抬秤】táichèng 名 큰 대저울. ¶用~称chēng一下 | 큰 대저울로 한번 달아보다.

【抬高】táigāo 動 높이다. 높이 끌어 올리다. ¶~身份 | 신분을 높이다. ¶~价格 | 값을 올리다.

【抬阁】táigé 名 민간 축제의 하나.

【抬价(儿)】tái/jià(r) 動 값을 올리다. ¶不法商人趁机chènjī~ | 불법 상인이 기회를 틈타 값을 올리다.

【抬举】tái·ju 動 ❶(사람을) 칭찬하거나 발탁하다. 뒷받침해주다. ¶不识~ | 호의를 모르다. ¶大家~我, 举我当了委员 | 여러사람들이 나를 밀어주어 내가 위원이 되었다. ❷(화초 등을) 가꾸다. 비배 관리하다. ¶~牡丹法 | 모란 비배 관리법.

【抬头】tái/tóu 動 ❶머리를 들다. ¶抬起头, 挺起胸 | 머리를 들고 가슴을 펴다. ¶~望了望秋凉的天空 | 머리를 들고 가을의 맑은 하늘을 잠시 바라보았다. ❷轉 등장하다. 좋아지다. ¶生意抬起头来了 | (장사) 경기가 좋아지기 시작했다. ¶没想到那股势力又~了 | 그 세력이 다시 대두하리라고는 미처 생각하지 못했다. ❸喩 떳떳해하다. 태연해하다. ¶你把事情弄成这个样子, 还敢~吗? | 너 일을 이 모양으로 해 놓고도 감히 떳떳할 수 있느냐? ❹(táitóu) 動 (옛날, 서신·공문 따위에서 상대방을 존중하여 상대방과 관련이 있는 이름이나 단어를 줄을 바꾸어 쓰다. ❺(táitóu) 名 (수취 지정인을 나타내는) 명의. ¶你公司~保函 | 귀사 명의의 보증서. ¶我公司~信用状 | 당사 앞으로의 신용장. ¶空白~ | (수표 따위에서의) 무기명. ❻(táitóu) 名 공문서나 편지에서 「抬头」해야 될 곳이나 영수증 등에서 수취인의 이름을 쓰는 곳.

【抬头纹】táitóuwén 名 이마의 주름살. ¶额上长满了~ | 이마에 주름살이 가득하다.

【抬子】tái·zi 名 가마 →〔轿子〕

【邰】Tái 나라이름 태

名 ❶태 나라 [주(周)의 선조(先祖) 후직(后稷)이 봉해졌던 고국명(古國名). 지금의 섬서성(陕西省) 무공현(武功縣) 부근에 있었음] ❷성(姓).

【苔】tái tāi 이끼 태

Ⓐtái 名〈植〉이끼. 매태(莓苔). 선태(藓苔).

Ⓑtāi 名 혓바닥에 생기는 병적인 피복물. ¶舌~ | 설태.

【苔藓植物】táixiǎn zhíwù 名組〈植〉선태(藓苔) 식물.

【苔原】táiyuán 名〈地〉툰드라(tundra; 러)

【骀(駘)】tái dài 둔마 태

Ⓐtái 書 ❶名 둔한 말. ¶驽nú~ | 노둔한 말. 喩 둔하고 재주가 없는 사람. ❷動 말이 재갈을 벗다.

Ⓑdài ⇒〔骀荡〕

Ⓐtái

【骀背】táibèi ⇒〔鲐tái背〕

Ⓑdài

【骀荡】dàidàng 書 形 ❶상쾌하다. 상쾌하게 하다. ¶春风~ | 봄바람이 상쾌하다. ❷넓고 크다. ❸소리가 기복(起伏)이 있다. ❹침착하다.

【炱】tái 철매 태

名 그을음. 철매. ¶煤méi~ | (석탄의)

그을음.
【炱煤】táiméi 名 철매. 매연. 그을음.
【鲐(鮐)】tái 복 태
名〈魚貝〉❶ 書 복어 =〔河豚hétún〕❷ 고등어 =〔鲐巴鱼〕
【鲐巴鱼】táibāyú 名〈魚貝〉고등어 =〔鲐鱼〕〔青花鱼〕〔青鱼②〕〔鲭②〕〔油筒鱼〕
【鲐背】táibèi 書 名 ❶ 복어의 반점과 같은 검버섯이 있는 등. ❷ 喩 장수하는 늙은이. 노인.
【薹】tái 삿갓사초 대
名 ❶〈植〉삿갓사초 →〔莱lái菅〕〔莎suō草〕❷ (야채 따위의) 종대. 장다리. ¶韭jiǔ菜～ | 부추 장다리.
【薹菜】táicài 名〈植〉유채. 평지 =〔油菜〕

tǎi ㄊㄞˇ

【呔】tǎi ☞ 呔 dāi B

tài ㄊㄞˋ

1【太】tài 클 태
❶ 副 (정도가) 지나치게. 너무. 어법 대개 어기조사 「了」가 호응함. ¶车子开得～快了 | 차를 너무 빨리 운전한다. ¶你～相信他了 | 너는 너무 그를 믿는다. ¶～薄báo的纸不行 | 너무 얇은 종이는 안된다. ❷ 副 아주. 대단히. 매우. 어법 이 경우 수식받는 동사나 형용사는 포의(褒義)적임. 대개 어기조사 「了」가 호응한다. ⓐ 형용사나 동사 앞에 쓰여 감탄의 의미를 나타냄. ¶他的成绩～好了 | 그의 성적이 대단히 좋다. ¶我～感激你了 | 나는 너에게 매우 감격했다. 대단히 감사한다. ⓑ 「有」나 「没有」 앞에 쓰여 상태나 정도가 보통이 아님을 나타냄. ¶依我看, 这个人可～有前途了 | 내가 보건대, 이 사람은 전도가 유망하다. ¶这本词典, 对我可～有帮助了 | 이 사전은 나에게 아주 도움이 된다. ⓒ 사역의 의미를 가진 동사 앞에 쓰임. ¶这真～令人高兴了 | 이것은 정말 사람을 기쁘게 한다. ¶～气人了 | 몹시 화나게 하다. ❸ 副 별로. 과히. 그다지. 그리. 어법 ⓐ 「不＋太＋形〔動〕」의 형태로 쓰여, 부정의 정도를 약하게 함. ⓑ 「不＋形」의 형식보다는 어기가 가벼움. ¶不～好 | 별로 좋지 않다. ¶不～多 | 과히 많지 않다 어법 「太」「极」「最」「顶」「挺」은 모두 그 정도가 몹시 높음을 나타내나, 「太」는 그 정도가 지나침을 나타내고, 「最」「顶」「挺」은 다른 것과 비교할 때 그 정도가 가장 심함을 나타내나, 「极」는 이러한 뜻이 없음. 그러므로 「太」 다음에는 지나친 정도를 나타내는 수량사가 올 수 있으나, 다른 것은 올 수 없음. ¶最贵了些(×) ¶太贵了些 | 너무 비싸다. ¶说得～过分了一点 | 말이 좀 지나치다. ❹ 크다. 넓다. ¶～空↓ ❺ 극히. 제일. 가장. ¶～古↓ ❻ 신분이 아주 높거나 연배가 더 위이다. ¶～夫人↓ ❼ (Tài) 名 성(姓).
【太阿倒持】Tài ē dào chí 成 보검(寶劍)을 거꾸로 들다. 남에게 권리를 빼앗기고 화를 당하다. ¶我们不能干这种～, 授柄shòubǐng于人的事 | 우리는 보검을 거꾸로 들고 칼자루를 남에게 주는 이런 일을 해서는 안된다 =〔泰tài阿倒持〕
【太公】tàigōng 名 ❶ 方 증조부. ❷ 敬 증조부와 동연배나 손위사람에 대한 호칭.
【太古】tàigǔ 名 태고. 상고(上古). ¶研究～遗物 | 상고시대의 유물을 연구하다 =〔远yuǎn古〕
【太古菜】tàigǔcài ⇒〔塌tā棵菜〕
【太古代】tàigǔdài 名〈地質〉선 캄브리아기(先Cambria紀). (고고학상의) 시생대(始生代).
【太古界】tàigǔjiè 名〈地質〉태고계. 태고층 =〔无wú生界〕
【太后】tàihòu 名 (황)태후. ¶祝～千寿 | 태후의 장수를 빌다 =〔东朝②〕
【太湖石】tàihúshí 名 태호석 [강소성(江蘇省) 태호(太湖)에서 많이 나는 돌. 정원석으로 많이 쓰임]
【太极】tàijí 名 태극. 태초 =〔太初①〕
【太极拳】tàijíquán 名 태극권 [중국 권법(拳法)의 하나] ¶每天打～ | 매일 태극권을 하다. ¶杨式～ | 양가(楊家)식 태극권.
【太极图】tàijítú 名 태극도.
【太监】tàijiàn 名 ❶ 환관(宦官) =〔老公·gong〕 ❷ 환관의 우두머리.
4【太空】tàikōng 名 매우 높은 하늘. 우주. ¶在～遨游áoyóu | 우주에서 날아다니다.
【太空船】tàikōngchuán 名〈航〉우주선 =〔太空飞船〕〔宇宙yǔzhòu飞船〕
【太空飞船】tàikōng fēichuán ⇒〔太空船〕
【太空人】tàikōngrén 名 ❶ 우주인. 우주비행사. ❷ 俗 마누라가 어디에 가고 없는 남편 [「太太空的人」으로 보아 하는 말] ¶你是今天～, 跟我一起喝痛快 | 너는 오늘 부인이 없으니, 나와 함께 통쾌히 마시자. ❸ 항상 비행기를 타고 외국에 왕래하는 사람. 특히 미국 시민권을 가지고 대만에 왔다 갔다 하는 사람.
【太空衣】tàikōngyī 名〈航〉우주복. 우주 비행복.
【太老师】tàilǎoshī 名 敬 ❶ 부친의 스승. ❷ 스승의 부친. ❸ 스승의 스승.
【太庙】tàimiào 名 왕실의 종묘(宗廟). ¶到～去祭祀jìsì | 왕실의 종묘에 가서 제사를 지내다.
4【太平】tàipíng 形 태평하다. 평안하다. ¶过～日子 | 태평한 세월을 보내다. ¶～盛世 | 태평성세. ¶～将军 | 전장에 나가본 일이 없는 장군.
【太平鼓】tàipínggǔ 名 ❶ 무도용(舞蹈用) 타악기 [손잡이가 달린 작은 북으로 주로 춤출 때 쓰였음] ❷ 주로 여자들이 북소리에 맞추어 추던 일종의 민간 춤의 하나.
【太平间】tàipíngjiān 名 영안실(靈安室). 시체 안치실. ¶把死人送进～ | 주검을 영안실에 넣다.
【太平龙头】tàipíng lóngtóu 名 소화전(消火栓). 방화전.
【太平门】tàipíngmén 名 비상구.
【太平水缸】tàipíng shuǐgāng 名組 방화수조. 방화용 물독.
【太平梯】tàipíngtī 名 비상 계단. 비상용 사다리.
【太平天国】Tàipíng Tiānguó 名組〈史〉태평천국 (1851～1864)]

【太婆】tàipó 名 ❶ (方) 증조모. ¶外祖～ | 외증조모＝〔曾祖母〕❷ 증조모 연배에 대한 호칭. ❸ (書) 조모.

【太上皇(帝)】tàishànghuáng(dì) 名 ❶ 敬 태상황. 상황＝〔太上④〕❷ 喩 막후 조종자. 절대적인 권력자. 배후의 실권자. ¶他是这个厂的～，厂长也得听他的 | 그는 이 공장의 실권자라서 공장장도 그의 말을 들어야 된다.

【太上老君】Tàishàng Lǎojūn 名組 敬 태상 노군 [도가(道家)에서 노자(老子)에 대한 존칭]

【太甚】tàishèn 貶 너무 심하다. ¶你也欺qī人～了 | 너도 사람 깔보는 것이 너무 심하다.

【太师椅】tàishīyǐ 名 등받이와 팔걸이가 반원형으로 되어 있고 다리를 접을 수 있는 구식 나무의자＝〔大圈椅〕〔交椅①〕

【太岁头上动土】tàisuì tóu ·shang dòngtǔ 成 太歲神 머리 위에 집짓기. 太歲神을 건드리면 재앙이 생긴다고 함. 喩 힘있는 자를 잘못 건드리다. ¶你这样做是～，那还了得 | 너 이러는 것은 잠자는 사자의 콧털을 뽑는거야. 정말 큰일나.

2【太太】tài·tai 名 ❶ 마님. ⓐ 옛날, 관리의 부인에 대한 호칭. ⓑ 옛날 하인이 지주의 여주인(女主人)을 부르는 호칭. ❷ 敬 부인 [결혼한 여자에 대한 존칭] ¶康～ | 강씨 부인. ¶老～ | ⓐ 자당(慈堂). 남의 어머니에 대한 존칭. ⓑ (일반적으로) 노부인에 대한 존칭. ❸ 처. 아내 [남의 부인을 호칭할 때나 상대방에 대해 자기의 아내를 호칭하는 말. 보통 인칭대명사를 동반함] ¶你～身体好吗? | 너의 처는 건강이 좋으냐? ¶我～也是韩国人 | 제 처도 한국사람입니다→〔爱人ⓑ②〕〔妻qī〕❹ (方) 증조모(曾祖母) 또는 증조부.

【太学】tàixué 名 태학 [수(隋) 이전, 국도(國都)에 설립한 최고 학부. 후세에는「国子监」이라 일컫고 그 학생을「监生」이라 했음]→〔国子监〕

1【太阳】tài·yáng 名 ❶ 태양. 해. ¶～不会从西天出来 | 태양은 서쪽에서 떠오르지 않는다＝〔(方)日头〕〔(方)老爷儿〕〔(方)热头〕〔金乌〕〔乌轮〕〔炎精〕❷ 햇빛. 일광. ¶～普照pǔzhào大地 | 햇빛이 대지를 두루 비추다. ¶晒shài～ | 햇볕을 쬐다. 일광욕하다. ❸ 簡「太阳穴」(태양혈)의 약칭. ❹〈漢醫〉태양경(太陽經) [십이 경락(十二經絡)의 하나]

【太阳灯】tài·yángdēng 名〈醫〉태양등.

【太阳地(儿)】tài·yángdì(r) 名 양지쪽. 양지 바른 곳＝〔太阳地里〕〔老爷儿地〕〔日头地儿〕

【太阳电池】tài·yáng diànchí 名組 태양 전지＝〔太阳能电池〕

【太阳黑子】tài·yánghēizǐ 名組〈天〉태양 흑점＝〔黑子②〕〔日斑〕

【太阳历】tài·yánglì ⇒〔阳历〕

【太阳炉】tài·yánglú 名 태양로. 태양 고온로＝〔太阳灶zào〕

4【太阳能】tài·yángnéng 名〈物〉태양 에너지. ¶合理利用～ | 합리적으로 태양 에너지를 이용하다.

【太阳能采暖楼】tài·yángnéng cǎinuǎnlóu 名組 태양열 주택＝〔(台)太阳室〕

【太阳年】tài·yángnián 名〈天〉태양년. 회귀년(回歸年)＝〔回归年〕

【太阳鸟】tài·yángniǎo 名〈鳥〉태양조. 태양새.

【太阳日】tài·yángrì 名〈天〉태양일.

【太阳神】tài·yángshén 名〈神〉태양신. 아폴론＝〔(外)阿波罗〕

【太阳时】tài·yángshí 名〈天〉태양시.

【太阳系】tài·yángxì 名〈天〉태양계. ¶～有九个行星 | 태양계에는 9개의 행성이 있다＝〔日系〕

【太阳穴】tài·yángxué 名〈漢醫〉태양혈. ¶～与腮sāi都瘪biě进去了 | 야위어서 태양혈과 볼이 다 쏙 들어갔다＝〔太阳③〕〔太阳窝儿wōr〕〔额é角(头)〕

【太爷】tàiyé 名 ❶ 조부. 할아버지. ❷ 敬 옛날, 현지사(縣知事) 따위의 지방장관에 대한 존칭. ❸ 敬 조부(祖父) 연배의 사람. ¶他～还健在 | 그의 조부님은 아직도 건재하시다. ❹ (方) 증조부.

【太医】tàiyī 名 ❶ 황실의 시의(侍醫). ¶快请～来给皇上看病 | 빨리 시의를 모셔와서 황제를 진찰하도록 하라. ❷ (方) 의사＝〔医生〕

【太阴】tàiyīn 名 ❶ (方)〈天〉달. ¶～年 | 태음년. ¶～月 | 태음월＝〔月亮〕〔月yuè①〕❷〈漢醫〉태음. 태음경(太陰經) [십이 경락(十二經絡)의 하나]

【太阴历】tàiyīnlì ⇒〔阴历〕

【太子】tàizǐ 名 황태자＝〔东朝①〕〔东储〕〔东宫②〕〔东驾〕〔皇太子〕

【太子港】Tàizǐgǎng 名 (外)〈地〉포르토프랭스(port-au-Prince) [「海地」(아이티;Haiti)의 수도]

4【汏】tài 일 태, 사치할 태

❶ (書) 動 물에 일어 골라내다. 轉 (불필요한 것을) 제거하다. 도태시키다. ¶～金↓ ¶删～ | 삭제하다. ❷ 形 지나치다. 과분하다. ¶奢～ | 지나치게 사치하다.

【汏侈】tàichǐ (書) 形 분수에 넘치다. ¶招待自己人，何必～? | 허물없는 사이에 분에 넘치게 대접할 필요가 있겠느냐?＝〔泰侈〕〔奢shē汏〕〔奢泰〕

【汏金】tài jīn 動 물에 일어 사금을 골라내다.

【肽】tài (펩타이드 태)

名〈化〉펩타이드(peptide)＝〔胜shèng〕

1【态(態)】tài 모양 태

名 ❶ 태도. 모습. ¶作～ | (짐짓) 태도를[모습을] 짓다. ❷ 모양. 상태. 상황. ¶形～ | 형태. ¶常～ | 정상 상태. ¶事～扩大 | 사태가 확대되다. ❸〈言〉태(態). ¶主动～ | 능동태. ¶被动～ | 수동태.

1【态度】tài·dù 名 ❶ (사람의) 태도. 몸짓. 거동. 기색. ¶～严肃 | 태도가 근엄하다. ¶～谨慎 | 태도가 신중하다. ¶要～＝〔发态度〕| 짜증내다. 안달하다. ❷ 일에 대한 견해나 취하는 행동. ¶学习～ | 학습 태도. ¶工作～ | 작업 태도. ¶表示～ | 입장을 표시하다. ¶～不明 | 태도가 분명하지 않다. ‖ 어법「态度」는 주로「大方·公正·谨慎·和蔼」등을 술어로 갖고,「端正·采取·抱着」등의 목적어가 되나,「作风」은 일이나 언행의 풍격을 나타내는 말로 주로「正派·踏实·轻浮·泼辣」등을 술어로 갖고,「树立·发扬·养成·克服」

등의 목적어가 됨.

【态势】tàishì 名 태도나 자세. 형세(形勢). 태세. ¶～日见不妙 | 태세가 날로 좋지 않다. ¶做好战斗准备～ | 전투 준비 태세를 하다. ¶以进攻的～出现 | 공격할 듯한 태세로 나타나다.

【钛(鈦)】tài (티타늄 태) 名〈化〉화학 원소 명. 티타늄(Ti ; titanium).

【钛酸】tàisuān 名〈化〉티탄산. ¶～盐yán | 티탄산염.

【酞】tài (프탈레인 태) 名〈化〉프탈레인(phthalein). ¶酚fēn～ | 페놀프탈레인.

4【泰】tài 심히 태, 클 태 ❶ 書 形 편안하다. 태평하다. 안녕하다. ¶国～民安 | 나라가 태평하고 백성의 생활이 평안하다. ❷ 지극히. 가장. ¶～西↓ ❸ 대부분. 거의. ¶～半↓ ❹ (Tài) 名 簡 ⓐ「泰国」(태국)→〔泰国〕 ⓑ「泰族」(타이족)→〔泰族〕 ❺ (Tài) 名 성(姓).

【泰半】tàibàn 書 名 태반. 대부분.

【泰斗】tàidǒu 名 簡 태산과 북두칠성. 轉 대가(大家). 권위자. 제일인자. ¶学界～ | 학계의 태두. ¶京剧～ | 경극의 권위자. ¶他算得上音乐界的～ | 그는 충분히 음악계의 태두라고 할 수 있다 ＝〔泰山北斗〕

【泰国】Tàiguó 名〈地〉태국(Thailand) [동남아시아의 왕국. 수도는「曼Màn谷」(방콕;Bang-Kok)] ＝〔暹Xiān罗〕

4【泰然】tàirán 賦 태연하다. 태연스럽다. 천연스럽다. ¶心中～ | 마음이 태연하다.

【泰然处之】tài rán chǔ zhī 成 ❶ (긴박한 상황 속에서도) 침착하다. ¶～, 行若无事 | 아무 일 없는 듯이 천연스럽게 행동하다. ❷ 貶 중대한 일에도 아무런 신경을 쓰지 않다. ¶江堤都快塌tā了, 他还～, 漠然mòrán不动 | 강뚝이 다 무너질려고 하는데 그는 여전히 무관심하게 신경을 쓰지 않는다 ＝〔处之泰然〕

【泰然自若】tài rán zì ruò 成 태연자약하다. 태연하다. ¶他～地走了进来 | 그는 태연자약하게 걸어 들어왔다.

【泰山】tàishān 名 ❶ (Tàishān) 태산 [5대 산(五岳)의 하나로 산동성(山東省) 서부에 있음] ¶～归来不见山 | 諺 태산에서 돌아오니 다른 산들은 눈에 들어오지도 않는다 ＝〔东岳〕〔書 岱山〕〔書 岱宗〕〔五Wǔ岳〕 ❷ 높고 큰 산. ❸ 喩 존경받는 사람. 위인. ¶有眼不识～ | 成 눈으로 보고도 위인을 알아보지 못하다. ❹ 喩 중요하고 가치 있는 사물이나 일. ❺ 轉 장인(丈人)의 별칭. ❻ (Tàishān) 外〈人〉타잔.

【泰山北斗】tài shān běi dǒu ⇒〔泰斗〕

【泰山压顶】tài shān yā dǐng 成 태산처럼 강한 압력으로 머리를 내리 누르다. ¶以～之势击敌于措手不及 | 강한 위력으로 적을 손도 쓰지 못하게 쳐부수다.

【泰西】Tàixī 名 서양. 주로 유럽을 가리킴. ¶～各国 | 구미 각국.

【泰族】Tàizú 名 타이족[태국의 주요 민족] 중국에도「傣Dǎi族」라는 소수민족이 서남부, 특히 운남성 지역에 거주함.

tān ㄊㄢ

【坍】tān 무너질 담 動 무너지다. 무너져 내리다. ¶土墙被雨淋～了 | 흙담이 비에 젖어 무너졌다.

【坍方】tān/fāng ⇒〔塌tā方〕

【坍缩星】tānsuōxīng 名〈天〉블랙 홀 ＝〔黑洞〕

【坍塌】tāntā 動 붕괴하다. 무너져 부서지다. ¶矿井kuàngjǐng～了 | 광산의 갱도가 붕괴되다.

【坍台】tān/tái 動 方 ❶ (사업·국면 따위가) 무너지다. 유지 못하다. ❷ 체면을 잃다. ¶他竟干出这种～的事儿 | 그는 의외로 이런 체면을 떨어뜨리는 일을 저질렀다. ¶说出来实在～得很 | 말이 나오면 정말 큰 망신입니다→〔塌tā台〕

4【贪(貪)】tān 탐할 탐 動 ❶ 탐오(貪汚)하다. ❷ 욕심을 부리다. 집착하다. ¶～得无厌↓ ¶～看热闹, 舍不得走 | 구경에 하고 싶어 차마 떠나지 못하다. ❸ 탐내다. 추구하다. ¶～便宜↓

【贪杯】tānbēi 書 動 謙 술을 즐기다. ¶昨晚～, 今朝起不来了 | 어제 저녁에 과음하여 오늘 아침에 일어 날 수가 없었다.

【贪财害命】tān cái hài mìng 成 재물을 탐해서 사람을 죽이다. 재물을 탐내어 목숨을 잃다.

【贪馋】tānchán 動 (음식에) 욕심을 내다. ¶这一定是小孩子～拿走的 | 이것은 틀림없이 어린 아이가 음식에 욕심을 내서 가져간 것이다.

【贪得无厌】tān dé wú yàn 成 탐욕이 심해 만족을 모르다. 욕심이 그지없다. ¶老王～, 赚zhuàn了这么多钱还不肯罢手 | 왕씨는 욕심이 끝이 없어 이렇게 많은 돈을 벌었으면서도 그만둘 생각을 안한다.

【贪多嚼不烂】tānduō jiáo·bulàn 諺 욕심내어 많이 먹으면 충분히 삭이지 못한다. 너무 욕심을 부려 제대로 하지도 못하다. ¶少拿一点儿, ～嘛 | 조금만 가져가라, 욕심내어 너무 먹으면 다 삭이지도 못하지않니.

【贪贿】tānhuì 動 뇌물을 탐하다. 탐오하다. ¶～无艺 | 成 끝없이 뇌물을 탐하다. 철저하게 착취하다.

【贪快】tānkuài 動 빨리 하려고만 하다. ¶他～, 结果干得很糟zāo | 그는 빨리 하려고만 해서 결국 일이 엉망이 되었다.

【贪婪】tānlán ❶ 形 매우 탐욕스럽다. ¶～无厌 | 탐욕이 끝이 없다. ¶他用～的眼光注视着汤碗 | 그는 탐욕스러운 눈길로 탕그릇을 주시하고 있다. ¶他～地读着报纸上关于这个运动的记载 | 그는 탐욕스럽게 신문에 난 이 운동과 관련된 기사를 읽고 있다. ❷ 賦 만족할 줄 모르다. 어법 주로 부사어로 사용됨. ¶他～地学习着各种知识 | 그는 각종 지식을 공부하는데 있어 만족할 줄 모른다.

【贪恋】tānliàn 動 연연해하다. 미련을 갖다. 몹시 그리워하다. ¶～城市生活, 不愿到农村工作 | 그

는 도시 생활에 연연하여 농촌에 가서 일하는 것을 원치 않는다. ¶你不要～名誉地位 | 명예와 지위를 너무 연연해하지 말라.

【贪墨】tānmò 書 ❶ 名 탐관. 묵리(墨吏). 뇌물 받기를 좋아하는 탐욕스러운 관리. ❷ 名 動 탐오(하다). 탐묵(하다) ＝〔贪污〕‖＝〔贪冒〕

【贪便宜】tān pián·yi 動組 ❶ 이기적이다. ¶～的人终必吃亏chīkuī | 이기적인 사람은 결국에 가서는 손해를 보게 되어 있다. ❷ 공짜를 좋아하다. ¶你太～了 | 너는 공짜를 너무 좋아한다. ❸ 눈앞의 이익을 탐하다. ¶～受大害 | 諺 눈앞의 이익만을 탐내다가 크게 손해를 보다.

【贪青】tānqīng 名〈農〉농작물이 누렇게 익을 때가 되어도 줄기와 잎이 아직 녹색을 띠고 있는 현상.

【贪生怕死】tān shēng pà sǐ 成 목숨을 아까워하며 죽음을 두려워하다. ¶他是一个～的懦夫nuòfū | 그는 목숨이 아까워 죽음을 두려워하는 겁쟁이다.

【贪食】tānshí 名 動 탐식(하다).

【贪睡】tānshuì 動 ❶ 늦잠 자다. ¶小孩子大都～ | 아이들은 대부분 늦잠을 잘 잔다. ❷ 오로지 자고 싶어하다 ‖＝〔贪眠〕

【贪图】tāntú ❶ 動 매우 바라다. 욕심부리다. 탐내다. 어법 주로 동사·형용사 혹은 주술구가 목적어로 옴. ¶～安逸 | 안일만을 바라다. ¶～在海边游泳 | 해변에서 수영하는 것을 매우 바라다. ¶～数量多, 不愿质量好 | 수량이 많은 것만 바라고 질이 좋은 것은 원치 않는다. ❷(～儿) 名 욕심나는 물건. 욕심부리는 목적물 ＝〔贪头(儿)〕

【贪玩(儿)】tānwán(r) 動 노는 데만 열중하다. ¶这个孩子～, 学习成绩不好 | 이 아이는 노는 데만 열중이라서 수업 성적이 좋지 않다. ¶可不要～, 误了事 | 노는 데만 열중하여 일을 그르쳐서는 안 된다.

4【贪污】tānwū 動 지위나 직무를 남용해서 불법으로 재물을 가지다. 독직(瀆職)하다. 횡령하다. ¶他～公款gōngkuǎn, 受到法律制裁zhìcái | 그는 공금을 횡령하여 법률의 제재를 받았다. ¶他～了不少建筑材料 | 그는 건축 재료를 적지 않이 횡령했다. ¶～罪 | 독직죄(瀆職罪). ¶～腐化 | 독직부패.

【贪小便宜吃大亏】tān xiǎopián·yi chī dàkuī 諺 작은 욕심내다가 큰 손해를 보다.

【贪小失大】tān xiǎo shī dà 成 작은 이익을 탐내다가 큰 이익을 잃다.

【贪心】tānxīn ❶ 名 탐욕. 탐욕스런 마음. ¶他有～ | 그는 탐욕스런 마음을 갖고 있다. ❷ 形 탐욕스럽다. 욕심스럽다. 어법 「贪心」은 일반적으로 술어로 쓰이고 부사어로는 쓰이지 않으나, 「贪婪」은 술어나 관형어로도 쓰이지만 주로 부사어로 쓰임. ¶他真～, 在外面不择手段地捞lāo钱 | 그는 정말 탐욕스러워, 바깥에서 수단과 방법을 가리지 않고 돈을 긁어 모은다.

【贪心不足】tān xīn bù zú 成 탐욕스럽기 한이 없다. ¶老王总是～ | 왕씨는 항상 탐욕스럽기 그지 없다 ＝〔穷qióng坑难满〕

【贪赃】tān/zāng 動 (관리가) 뇌물을 받다. 독직(瀆職)하다. ¶～舞弊 | 成 뇌물을 받아먹고 부정을 행하다.

【贪赃枉法】tān zāng wǎng fǎ 成 뇌물을 받아먹고 법을 어기다. ¶他们～, 应该受到惩罚chéngfá | 그들은 뇌물을 받고 법을 어겼으니 마땅이 징벌을 받아야 한다.

【贪嘴】tānzuǐ ❶ 形 게걸스럽다. ¶这孩子好～ | 이 아이는 매우 게걸스럽다. ❷ 名 먹보.

3【摊(攤)】tān 펼 탄 ❶ 動 펼치다. 펴다. 벌여놓다. 벌이다. ¶～场↓ ¶许多事情一～到桌面上来, 是非立时分明 | 많은 문제도 공개적인 토론장에 내놓으면 시비가 금방 분명해진다. ¶把床单～在床上 | 침대시트를 침대 위에 펴다. ❷(～儿, ～子) 名 노점(露店). ¶书～儿 | 책 노점. ¶水果～儿 | 과일 노점. ¶旧货～子 | 고물을 늘어놓은 노점. ❸ 動 할당하다. 분배하다. 분담하다. ¶分～ | 분담하다. ¶～派↓ ¶～四成 | 4할을 할당하다. ¶这次聚餐, 我们人均～10元 | 이번 회식에는 우리 각자 10원씩 분담한다. ❹ 動 (예기치 못한 일을) 만나다. 부딪히다. ¶昨天我～到一件倒霉dǎoméi事 | 어제 나는 재수없는 일을 만났다. ¶这种事情～在谁头上都受不了 | 이런 일은 누구에게 떨어지더라도 감당해내지 못할 것이다. ❺ 動 (요리법의 하나로) 얇게 부치다. ¶～鸡蛋↓ ¶～煎饼jiānbǐng | 전병을 부치다. ❻ 量 무더기. 한부분. 한바탕. ¶一～稀泥 | 한 부분의 진창.

【摊场】ⓐ tān/cháng 動 수확한 곡식을 타작 마당에 널어 말리다.
ⓑ tān/chǎng 動 도박을 시작하다.

【摊贩】tānfàn 名 노점 상인. ¶那广场上, 照例来了～ | 그 광장에 예전대로 노점상들이 왔다 ＝〔摊户〕〔俗 摆摊儿的〕

【摊分】tānfēn 動 할당하다. 분담하다.

【摊鸡蛋】tān/jīdàn ❶ 계란을 부치다. ❷ (tānjīdàn) 名〈食〉알반대기. 지단 ＝〔摊黄菜〕→〔炒chǎo鸡蛋〕〔木犀②〕‖＝〔摊鸡子儿〕

【摊开】tānkāi 動 벌여 놓다. 고르게 펴다. 드러내다. ¶跟你～了说吧! | 너에게 터놓고 말하겠다! ¶～巴掌 | 손바닥을 펴다.

【摊牌】tān/pái 動 ❶ (카드놀이 따위에서) 손에 쥔 패를 상대방에게 펼쳐보여서 승부를 가리다. ❷ 喩 마지막의 중요한 시점에서 자기의 의견·조건·실력 등을 상대방에게 보이다. ¶这事要是跟他商量不妥, 就跟他～看他怎么办 | 이 일이 만일 그와 협상이 잘 안되면 그에게 최후의 카드를 보여서 그가 어쩌는지 보자. ¶现在该～了 | 지금 마지막 카드를 보일 때다. ¶双方摊了牌, 亮了底 | 쌍방이 모두 최종 의견을 내보였다.

【摊派】tānpài 動 (임무·기부금 따위를) 균등하게 할당하다. 분담시키다. ¶按户～ | 세대별로 할당하다. ¶～修庙的费用 | 절 수리비를 분담시키다 ＝〔派摊〕

【摊钱】tān/qián ❶ 動 할당금을 내다. ❷ 動 (기부금 따위를) 할당하다. ¶按人头～ | 사람 머리 수

대로 할당하다.

【摊手】tān/shǒu 動 (쥐였던) 손을 놓다. 손을 펴다. ¶摊开双手｜양손을 놓다. 양손을 펴보이다.

【摊售】tānshòu 動 거리에 펼쳐놓고 팔다. 노점 행상을 하다. ¶日用品可以～｜일용품은 내놓고 팔 수 있다.

【摊子】tān·zi ❶ 名 노점. ¶摆bǎi～｜노점을 펴다. ¶烂～｜喩 수습하기 어려운 국면. ¶～上买的｜노점에서 산 것 =〔摊儿〕〔江 摊头〕〔浮fú摊〕 ❷ 名 轉 (기구나 사업의) 규모. 범위 ¶基建的～铺得太大了, 不压缩yāsuō怎么行?｜기본건설의 규모가 너무 크게 잡혀있으니 줄이지 않고 어찌 되겠는가? ¶对外贸易～大｜대외 무역의 규모가 크다. ❸ 量 어수선하게 여러 가지로 많이 쌓여 있는 것을 세는 데 쓰임. ¶家里这一～事｜집안의 이 산더미같은 일. ❹ 量 집단·종파 따위를 세는 데 쓰임. ¶三～会议｜세 종파 회의.

3【滩(灘)】tān 여울 탄 名 ❶ 사주(砂洲). 모래톱. 개펄. ¶海～｜해변의 모래사장. ¶河～｜(강가의) 모래톱. ❷ 여울 [바닥이 얕거나 너비가 좁아서 물살이 세게 흐르는 곳] ¶险～｜위험한 여울. ❸ 해변의 염전. ¶盐～｜염전. ❹ 사막. ¶戈壁～｜고비사막.

【滩簧】tānhuáng 名 탄황 [강소성(江蘇省) 남부·절강성(浙江省) 북부에서 유행하던 설창(說唱) 예술의 하나] =〔摊簧〕〔常cháng锡滩簧〕〔苏sū滩〕〔杂zá技〕

【滩头】tāntóu 名 하천 호수 해안가의 모래사장.

【滩涂】tāntú ⇒〔海hǎi涂〕

【滩子】tān·zi 名 급류를 오를 때에 강가에서 배를 끄는 뱃사람 →〔纤夫qiànfū①〕

4【瘫(癱)】tān 중풍 탄 ❶ 名〈漢醫〉중풍. 반신불수 =〔瘫痪〕 ❷ 動 마비되다. 움직이지 못하다. 쓰러지다. 중풍들다. ¶吓xià～了｜놀라서 움직이지 못하다. ¶～下去就起不来了｜(중풍으로) 넘어져 일어서지 못하다.

【瘫疯】tānfēng ⇒〔瘫痪①〕

4【瘫痪】tānhuàn ❶ 動〈漢醫〉신경기능의 장애로 신체 일부분이 마비되다. 반신불수되다. 중풍에 걸리다. ¶她下肢～了｜그녀는 아랫도리가 마비되었다. ¶～了八年｜팔년동안 반신불수로 있었다. ¶两腿～了｜두 다리가 마비되었다. ¶～在床, 生活不能自理｜중풍으로 몸져 누워있어 생활을 스스로 영위할 수 없다 =〔瘫疯fēng〕〔风瘫〕〔疯瘫〕 ❷ 動 轉 (기구·활동 따위가) 마비되다. 정지되다. ¶交通～｜교통이 마비되다. ¶厂里发生了火灾, 一切工作都～了｜공장에 화재가 발생하여 모든 작업이 마비되었다.

【瘫软】tānruǎn 形 녹초가 되어 움직일 수 없을 정도가 되다. ¶他～在那儿｜그는 녹초가 되어 저기에 있다. ¶累得浑身～｜피곤하여 온몸이 녹초가 되다.

【瘫子】tān·zi 名 ❶ 반신불수자. 중풍 환자. ❷ 앉은뱅이. ¶那个人的腿不能走路, 已经成了～｜저 사람 다리는 걷지 못한다. 이미 앉은뱅이가 되었다.

tán ㄊㄢˊ

4【坛(壇)】1 tán 단 단 ❶ 단 [옛날, 제사나 큰 행사에 사용하던 대(臺)] ¶天～｜천단. 천자(天子)가 천제(天帝)에게 제사지내는 데 쓴 제단. ¶地～｜지단. 땅의 신에게 제사 지내기 위해 만든 제단. ❷ 흙을 쌓아 만든 단. ¶花～｜화단. ❸ 다른 곳보다 한 단 높게 만든 곳. ¶讲～｜강단. 연단. ❹ (예능·체육 등의 …단. …계. ¶文～｜문단. ¶影～｜영화계. ¶球～｜구단.

【坛场】tánchǎng 名 단이 설치된 광장. 식장(式場)·제장(祭場) 따위.

【坛社】tánshè 名 제단(祭壇).

【坛(罈)〈罎壜墰〉】2 tán 술단지 담 (～子) 名 항아리. 단지 [도자기로 만든 아가리가 비교적 작은 것] ¶酒～｜술단지. ¶醋～｜식초단지. ¶水～｜물독 →〔缸gāng①〕

【坛坛罐罐】tántán guànguàn 名組 ❶ 항아리나 작은 단지 따위. ❷ 주방 기구. ¶屋里的家具, ～多了｜방안의 가구, 주방 기구가 많아졌다. ❸ 轉 개인의 소유물. 재산. ¶不怕打烂dǎlàn～｜(전쟁시에) 개인의 재산이 파괴되는 것을 두려워하지 않다.

【坛装】tánzhuāng 區 단지나 항아리에 담은.

【坛子】tán·zi 名 오지단지. ¶～肉｜〈食〉고기를 단지에 넣어 약한 불에 서서히 익힌 요리.

【昙(曇)】tán 구름낄 담 書 形 흐리다. 구름이 많이 끼다.

【昙花】tánhuā 名〈植〉월하미인.

【昙花一现】tán huā yī xiàn 成 우담화(優曇花)처럼 잠깐 나타났다가 바로 사라져 버리다. 사람 혹은 사물이 덧없이 사라지다. ¶～就消失｜덧없이 사라지다. ¶他的名声是～｜그의 명성은 우담화처럼 금방 사라져 버렸다.

2【弹】tán ☞ 弹 dàn Ⓑ

1【谈(談)】tán 이야기 담 ❶ 動 말하다. 이야기하다. ¶面～｜면담(하다). ¶两个人～了一个晚上｜두 사람은 하루 저녁 내내 이야기를 나누었다. ¶话说了很多, 实际上～了的却很少｜말은 많이 했는데 실제로 내용있는 말은 아주 적었다. ❷ 名 말. 언론. 이야기. ¶无稽wújī之～｜황당무계한 이야기. ¶传为美～｜미담으로 전해지다. ❸ (Tán) 名 성(姓).

【谈崩(了)】tán bēng(·le) 이야기가 결렬되다. ¶双方～了｜쌍방의 이야기가 결렬되었다. ¶两人最后～了｜두 사람은 마지막에 이야기가 결렬되었다.

【谈柄】tánbǐng 名 ❶ 남의 이야깃거리가 되는 언행. ❷ 옛날 이야기할 때 손에 지니던 총채.

【谈不拢】tán ·bu lǒng 動組 의견을 일치할 수 없다. 의견이 상치되다. ¶开了几次协商会xiéshānghuì, 双方仍旧réngjiù～｜여러차례 협의회를 열었지만, 쌍방이 여전히 의견 일치을 볼 수가 없

다 ⇔〔谈得拢〕

【谈不上】tán ·bu shàng 動組 (기대치에 못미쳐) …라고까지는 말할 수 없다. …라고 말할 것이 못된다. ¶离开机械化就根本~现代化 | 기계화를 떠나서는 근본적으로 현대화를 논할 수 없다. ¶~三顿饭, 连一顿也不能吃 | 세 끼는 고사하고 한끼도 먹지 못한다. ¶~什么研究 | 무슨 연구라고 할 것까지도 없다 ⇔〔谈得上〕

【谈到】tándào 動 (…에 대해) 거론하다. 화제에 올리다. 언급하다. ¶~了过去的事 | 지나간 일에 대해 거론했다. ¶历史没有~那个问题 | 역사는 그 문제에 관해 언급하고있지 않다.

【谈得来】tán ·de lái 動組 말이 서로 통하다. 마음이 맞다. ¶咱俩~ | 우리 둘은 서로 말이 통한다.

【谈得拢】tán·de lǒng 方 動組 의견 일치를 보다. ¶这事儿也许~ | 이 일은 아마도 의견 일치를 볼 수 있을것이다 ⇔〔谈不拢〕

【谈得上】tán ·de shàng 動組 말할 수 있다. 말할 만하다. 화제가 될 수 있다. ¶他哪里~勇敢呢? | 어찌 그가 용감하다고 말할 수 있겠는가? ⇔〔谈不上〕

【谈锋】tánfēng 名 날카로운 말솜씨〔어세〕. 말주변. ¶~甚shèn健 | 말솜씨가 대단하다.

【谈何容易】tán hé róngyì 成 말로 하기는 쉬우나, 실제 하기에는 쉽지가 않다. 말처럼 쉬운 일은 아니다. ¶干成这事真是~ | 이 일을 성사시키는 것은 정말 말처럼 쉬운 일이 아니다.

【谈虎色变】tán hǔ sè biàn 成 호랑이라는 말이 나오기만 해도 놀라서 얼굴빛이 달라지다. 말만 들고도 무서워하다. ¶医学已征服了肺结核病, 它今天不再使人~了 | 의학이 이미 폐결핵을 정복했기 때문에 오늘날에는 더이상 사람들이 폐결핵이란 말만 듣고도 무서워하는 정도는 아니다.

²【谈话】tán/huà ❶ 動 이야기를 나누다. 서로 이야기하다. 어법「谈话」는 두 사람 이상이 함께 이야기를 나누고 있음을 말하고, 명사 용법도 있으나,「说话」는 명사 용법이 없고 주로 말로 의사를 전달하는 데 촛점이 있어 일방적인 의사 전달의 경우에도 쓰일 수 있음. ¶老师正和几个学生~ | 선생님은 지금 학생 몇 명과 이야기를 나누고 계시다. ¶他们正在屋里~ | 그들은 지금 방안에서 이야기하고 있다. ❷ (tánhuà) 名 (정치성을 띤) 담화. ¶发言人发表了重要~ | 대변인은 중요 담화를 발표했다. ❸ (tánhuà) 名 이야기. 대화. ¶亲切qīnqiè友好的~ | 친근하고 우호적인 이야기. ¶这两位的~似乎是在骂mà他 | 그 두 분의 대화는 아마도 그를 욕하고 있는 것 같다.

【谈及】tánjí 動 …에 이야기가 미치다. 언급하다. ¶他~以前在农村的事 | 그는 이전에 농촌에 있었던 일까지 말했다.

【谈家常】tán jiācháng 動組 일상사에 대해 이야기하다. 잡담하다.

【谈僵】tánjiāng 動 이야기가 결렬되다. 이야기가 난국에 부딪치다. ¶两个人很快就~了 | 두 사람은 곧 이야기가 결렬되고 말았다.

【谈恋爱】tán liàn'ài 動組 연애하다. 사랑을 속삭이다. ¶他们在~ | 그들은 연애를 하고 있는 중이다.

³【谈论】tánlùn 動 사람이나 사물에 대한 견해를 서로 이야기하다. 논의하다. 비난하다. ¶对别人的长短, 不要随便在背后~ | 남의 장단점에 대해서 뒤에서 멋대로 이러쿵 저러쿵 이야기해서는 안된다. ¶两人~到深夜 | 두 사람은 깊은 밤까지 논의했다. ¶父母正在~她干哪一行好 | 부모는 지금 그녀가 어떤 분야에서 일을 했으면 좋을지에 대해 서로의 의견을 나누고 있다. ¶他这么刻薄kè·bó也不怕别人~吗? | 저 사람은 이렇게 각박히 굴고도 남의 비난이 두렵지 아니하단 말인가?

【谈判】tánpàn 動 회담하다. 담판하다. 교섭하다. 협상하다. 어법 대개 목적어나 보어를 동반하며「开始」「进行」「停止」등의 목적어로 쓰임. ¶两国代表正在~ | 양국의 대표가 지금 회담을 하고 있다. ¶~边界问题 | 변경문제를 협상하다. ¶进行~ | 담판을 진행하다. ¶~不会有结果 | 교섭에서 성과가 나올 수 없다. ¶摆到了~桌上 | 교섭에 들어가다.

⁴【谈天(儿)】tántiān(r) 動 한담(閑談)하다. 잡담하다. ¶我今天~来了 | 나는 오늘 한담이나 하러 왔다. ¶她们常在一起~ | 그녀들은 늘 함께 모여서 수다를 떤다 =〔谈闲天〕〔谈心②〕〔聊liáo天(儿)〕〔闲xián谈〕

【谈天说地】tán tiān shuō dì 成 세상 이야기로 잡담하다. 말하지 않는 것이 없다. ¶几个老人在树下~ | 노인 몇 명이 나무 아래에서 세상 이야기로 잡담하고 있다 =〔谈天(儿)〕

【谈吐】tántǔ 書 名 (말할 때의) 말투나 태도. 언론. ¶~不俗 | 말투가 저속하지 않다 =〔吐tǔ属〕

【谈吐风生】tán tǔ fēng shēng 成 흥미진진하게 이야기하다. 이야기를 잘 해서 듣는 사람이 흥미를 가지다. ¶他正在屋里~ | 그는 집안에서 흥미진진하게 이야기를 하고 있는 중이다 =〔谈笑风生〕〔谈笑生春〕

【谈心】tán/xīn ❶ 動 흉금을 터놓고 이야기 하다. ¶促膝~ | 무릎을 맞대고 터놓고 얘기하다. ❷ ⇒〔谈天(儿)〕

【谈兴】tánxìng 名 이야기하는 재미. 말하는 흥취. ¶他的~很高 | 그는 이야기를 신나게 잘 한다.

【谈言微中】tán yán wēi zhòng 成 말을 완곡하게 하면서 요점을 담고 있다. 알게 모르게 슬며시 급소를 찔러 말하다. ¶他~, 曲尽qūjìn其意 | 그는 말 속에 핵심이 담겨있으며 그 뜻이 충분히 묘사되어 있다.

【谈助】tánzhù 書 名 이야깃거리. 화제. ¶足资~ | 이야깃거리를 충분히 제공하다.

【郯】 Tán 나라이름 담

名 ❶〈史〉담나라 [춘추시대(春秋時代) 지금의 산동성(山東省) 담성현(郯城縣)에 있던 나라] ❷ 성(姓).

【锬(錟)】 tán xiān 창 담, 날카로울 섬

Ⓐ tán 書 名 긴창.

Ⓑ xiān 書 形 날카롭다. 예리하다. ¶强弩qiángnǔ在前, ~戈在后 | 앞에는 강한 쇠노가 있고 뒤에는 날

카로운 창이 있다《史記·蘇秦列傳》＝〔铦①〕

4【痰】tán 가래 담
名❶담. 가래. ¶请勿随地吐tǔ～｜아무데나 가래를 뱉지 마시오. ¶～堵dǔ住嗓子sǎngzi了｜가래가 목을 막았다. ❷〈漢醫〉호흡기나 그 밖의 병변기관(病變器官)에 분비 축적된 점액.

【痰喘】tánchuǎn 名〈漢醫〉기관지 천식. ¶喝中药来治～｜한약을 먹고 기관지 천식을 치료하다＝〔痰火病〕〔气喘②〕〔哮xiào喘〕

【痰厥】tánjué 名〈漢醫〉담궐. ¶出现了～｜담궐이 생겼다.

【痰气】ⓐtánqì 名 方〈漢醫〉❶정신병(精神病). ❷중풍(中風)＝〔卒cù中〕
ⓑtán·qi 名 담이 쌓이는 병.

【痰筒】tántǒng ⇒〔痰盂(儿)〕

【痰盂(儿)】tányú(r) 名 타구(唾具) ¶把废水fèishuǐ倒入dǎorù～｜버릴 물을 타구에 쏟다＝〔痰筒〕

【覃】tán Qín Xún 깊을 담
Ⓐtán ❶書形 깊다. ¶～思↓＝〔潭tán②〕❷(Tán) 名 성(姓).
Ⓑ Qín 名 성(姓) [호남(湖南)·사천(四川)·광서(廣西) 지역의 이독음(異讀音)]
Ⓒ Xún 名 성(姓) [영남(嶺南) 촉중(蜀中) 일대의 이독음(異讀音)]

【覃第】tándì ⇒〔潭tán第〕

【覃恩】tán'ēn ⇒〔潭tán恩〕

【覃思】tánsī 書動 깊이 생각하다. 여러 가지를 고려하다.

【谭(譚)】tán 이야기 담
❶動 말하다. 이야기하다＝〔谈〕❷(Tán) 名 성(姓).

4【潭】tán 깊을 담
❶名 깊은 못. ¶清～｜맑고 깊은 못. ¶龙～虎穴｜威 용이 사는 못과 호랑이가 사는 굴. 위험한 곳. ❷「覃」과 통용⇒〔覃①〕❸敬 귀하. 귀 [상대방을 높여 주는 말] ¶～第↓ ¶～恩↓ ❹名 方 구덩이.

【潭第】tándì 書名 귀댁(貴宅). 귀가(貴家)＝〔潭府〕〔覃第〕

【潭恩】tán'ēn 書名 홍은(鴻恩). 넓고 큰 은혜＝〔覃恩〕

【潭府】tánfǔ ⇒〔潭第〕

【镡】tán ☞ 镡 xín Ⓑ

【檀】tán 단향목 단
名❶〈植〉단향목(檀香木). ¶～树＝〔青檀〕｜단향목→〔檀香〕❷(Tán) 성(姓).

【檀香】tánxiāng 名❶〈植〉단향목. ¶～扇shàn｜단향목 부채. ¶～皂zào｜단향 비누. ❷단향목의 목재.

【檀香山】Tánxiāngshān 名〈地〉호놀룰루(Honolulu)＝〔外 火奴鲁鲁〕

【澹】tán ☞ 澹 dàn Ⓑ

tǎn ㄊㄢˇ

【忐】tǎn 마음끓어오를 탄
⇒〔忐忑〕

【忐忑】tǎntè 形 마음이 불안하다. 안절부절 못하다. ¶看他～不安的样子，一定是又有了什么事｜그가 안절부절 못하는 모양을 보니 틀림없이 또 무슨 일이 생긴 것 같다. ¶一听到这个消息，他心头十分～｜이 소식을 듣더니 그는 매우 불안해 했다.

3【坦】tǎn 평평할 탄
❶形 평탄하다. 평평하다. ¶平～｜(길 따위가) 평탄하다. ¶～道↓ ❷솔직하다. 숨김이 없다. ¶～白↓ ¶～率↓ ❸마음이 편안하다. ¶～然↓ ❹음역어에 쓰임. ¶～克(车)↓

4【坦白】tǎnbái ❶形 담백(淡白)하다. 솔직하다. 허심탄회하다. ¶心地～｜마음이 솔직하다. ¶～地说｜허심탄회하게 말하다. ❷動 (자기의 결점·잘못 따위를) 사실대로 털어놓다. 숨김없이 고백하다. ¶犯了错误要主动～｜잘못을 저지렀으면 스스로 털어놓아야 한다. ¶～了自己的罪恶｜자신의 잘못을 고백했다. ¶～得很彻底｜남김없이 낱낱이 고백하다.

【坦诚】tǎnchéng 形 솔직하고 정직하다. ¶～告诉我｜솔직담백하게 나에게 말하다. ¶他为人～｜그는 사람됨이 아주 솔직하고 정직하다.

【坦荡】tǎndàng 形❶넓고 평탄하다. ¶前面是一条～大路｜앞은 탄탄대로다. ❷(마음에) 거리낌이 없다. ¶他性格开朗，胸怀xiōnghuái～｜마음에 거리낌이 없이 편안하다. ❸사리에 밝다.

【坦道】tǎndào ⇒〔坦途〕

3【坦克(车)】tǎnkè(chē) 名 外〈軍〉탱크(tank). 전차(戰車). ¶～履带lǚdài｜전차의 무한 궤도〔캐터필러〕. ¶反～炮＝〔防坦克(车)炮〕｜대전차포＝〔战车②〕

【坦然】tǎnrán 狀 마음이 편안하다. 근심걱정이 없다. ¶～无惧jù｜마음이 편안하고 두려울 것이 없다. ¶～自若｜威 태연자약하다.

【坦桑尼亚】Tǎnsāngníyà 名 外〈地〉탄자니아(Tanzania) [아프리카 동부의 공화국. 수도는 「达累斯萨拉姆」(다르에스 살람;Dar es Salam)]

【坦率】tǎnshuài ❶形 (의견을 발표하는 것이) 솔직하다. 정직하다. 시원시원하다. ¶他说话很～｜그는 말하는 것이 시원시원하다. ¶～地说出了自己的意见｜자신의 의견을 솔직하게 말했다. ❷副 솔직하게. ¶这是我们应该首先～承认的｜이것이 우리가 제일 먼저 솔직히 승인해야 하는 것이다.

【坦途】tǎntú 書名 평탄한 길. 탄탄 대로＝〔坦道〕

【钽(鉭)】tǎn (탄탈 탄)
名〈化〉화학 원소 명. 탄탈 (Ta ; tantalum) [금속원소의 하나]

【袒〈襢〉】tǎn 웃통벗을 단
書動❶웃통을 벗다. (몸의 일부를) 노출시키다. ¶～露↓ ¶～其左臂＝〔左袒〕｜왼쪽 팔을 드러내다. 어느 한쪽만 돕다. ❷옹호하다. 비호하다. ¶偏piān～｜한쪽을 비호

T

하다.

【袒护】tǎnhù 動 감싸주다. 편들다. 비호하다. ¶你～他, 实际上是害他 | 네가 그를 비호하는 것이 실제로는 그를 해치는 것이다. ¶她～自己的孩子 | 그녀는 자기 자식을 비호한다 =〔护庇bì①〕→〔为wéi护〕

【袒露】tǎnlù 動 노출시키다. 드러내다. ¶～着肩 | 어깨를 드러내다. ¶～着上身 | 웃통을 드러내다.

2【毯】tǎn 담요 담
(～子) 名 담요. 모포. ¶地～ | 융단. 카펫트. ¶毛～ | 털담요.

²【毯子】tǎn·zi 名 담요·모포·깔개 따위의 총칭. ¶羊毛～ | 양털 담요 =〔毛毯〕〔绒被róngbèi〕

tàn ㄊㄢˋ

3【叹(嘆)〈歎〉】tàn 한숨쉴 탄
動 ❶ 탄식하다. 한숨쉬다. ¶～息 | 탄식하다. ¶长～一口气 | 길게 한번 탄식하다. 장탄식하다. ❷ 찬탄하다. 찬양하다. ¶赞zàn～ | 찬탄하다. ¶～为奇迹 | 기적이라며 감탄하다. ❸ 읊다. ¶咏yǒng～ | 영탄하다. 읊조리다.

【叹词】tàncí 名〈言〉감탄사 [예를 들면「啊,「哈哈」,「哎哟」등]→〔感叹号〕

【叹服】tànfú 書 動 탄복〔감복〕하다. ¶他画的人物栩xǔ栩如生, 令人～ | 그가 그린 인물은 살아 움직이는 것 같아서 정말 사람을 감복시킨다. ¶他看了以后不得不～ | 그가 본 이후에 감탄하지 않을 수 없었다.

【叹观止矣】tàn guān zhǐ yǐ 成 감탄해 마지않다. 찬사를 아끼지 않다. 아주 훌륭하다 =〔叹为观止〕〔观止〕

³【叹气】tàn/qì 動 한숨쉬다. 탄식하다. ¶光～不顶事dǐngshì | 한숨만 쉬어서는 문제를 해결할 수 없다.

【叹赏】tànshǎng 動 극구 칭찬하다. 찬양하다. ¶～不绝 | 끊임없이 칭찬하다.

【叹惋】tànwǎn 動 탄식하며 애석해하다. ¶他～不已 | 그는 끊임없이 탄식하여 애석해하였다.

【叹为观止】tàn wéi guān zhǐ ⇒〔叹观止矣〕

【叹息】tànxī 動 書 탄식하다. ¶面对落后, 我们不能只是～, 无所不为, 而要奋发fènfā进取 | 낙후된 현실을 직면하고 우리는 아무것도 하지 않고 그저 탄식만 해서는 안되고 더욱 분발해서 일을 이루어야 한다 =〔太息〕

【叹惜】tànxī 動 탄식하며 애석해하다. 매우 아쉬워하다.

【叹羡】tànxiàn 書 動 찬탄하며 부러워하다. ¶体操运动员的精彩表演令人～ | 체조 경기자의 훌륭한 연기는 사람으로 하여금 찬탄하며 부러워하게 만든다 =〔羡叹〕

4【炭】tàn 숯 탄
❶ 名 숯. 목탄. ¶白～ | 참숯. ¶木～ | 목탄. ❷ 名 方 석탄. ¶石～ =〔煤炭〕| 석탄 =〔煤〕❸ 까맣게 탄 것. 목탄 비슷한 것. ¶骨～ | 골탄. 등걸숯.

【炭化】tànhuà 名 動 탄화(하다). ¶这些树都～了 | 이 나무들은 모두 탄화되었다 =〔煤化〕

【炭墼】tànjī 名 연탄(煉炭) =〔炭基〕

【炭精棒】tànjīngbàng 名〈工〉탄소봉(炭素棒).

【炭精纸】tànjīngzhǐ 名 먹지. 복사지. 카본지.

【炭疽(病)】tànjū(bìng) 名〈醫〉탄저(병). 탄저열. ¶他得了～ | 그는 탄저병에 걸렸다 =〔癀huáng病〕

【炭坑】tànkēng 名 탄갱 =〔煤矿〕

【炭盆】tànpén 名 목탄(木炭)을 쓰는 화로. ¶升shēng～ | 화로에 불을 피우다.

【炭气】tànqì 名〈化〉탄산가스. 이산화탄소

【炭油】tànyóu 名 콜타르(coal tar) =〔柏油bǎiyóu①〕

4【碳】tàn 탄소 탄
名〈化〉화학 원소 명. 탄소(C; carbonium). ¶一氧yǎng化～(气) | 일산화탄소.

【碳酐】tàngān ⇒〔碳(酸)气〕

【碳钢】tàngāng 名〈工〉탄소강(炭素鋼). ¶多生产一些～ | 탄소강을 좀더 많이 생산하다 =〔炭素钢〕〔俗 黄牌钢〕

【碳黑】tànhēi 名〈化〉카본 블랙(carbon black) =〔炭黑〕〔炭精〕〔煤气黑〕〔黑烟灰〕〔乌wū烟〕

【碳氢化合物】tànqīng huàhéwù 名組〈化〉탄화수소(炭化水素) =〔碳化氢〕〔烃tīng〕

【碳水化合物】tànshuǐ huàhéwù 名組〈化〉탄수화물 =〔糖táng①〕

【碳素钢】tànsùgāng 名〈化〉탄소강. ¶～的产量提高了 | 타소강의 생산량이 제고되었다.

【碳酸】tànsuān 名〈化〉탄산. ¶～化合物 | 탄산화합물.

【碳(酸)气】tàn(suān) 名〈化〉탄산 가스. 이산화탄소 =〔碳酐〕〔碳酸酐〕〔二èr氧化碳〕

【碳酰基】tànxiānjī 名〈化〉카르보닐기(carbonyl基) =〔碳氧基〕〔羰tāng基〕

2【探】tàn 더듬을 탐
❶ 動 찾다. 탐색하다. ¶～路 | 길을 찾다. ¶试～ | 탐색하다. 모색하다. ¶钻zuān～ | 시추하다. ❷ 動 알아보다. 정찰하다. 염탐하다. ¶～口气(儿)↓ ¶～消息 | 소식을 알아보다. ¶敌情已～清 | 적정을 이미 자세히 정찰하였다. ❸ 動 방문하다. 찾아가다. ¶～病人 | 환자를 병문안가다. ¶～过两次亲友 | 친구를 두 번 찾아보았다. ❹ 動 (머리나 상체를) 내밀다. ¶～头脑↓ ¶不要向窗外～头 | 창밖으로 머리를 내밀지 마시오. ❺ 動 方 참견하다. 간섭하다. ¶～闲事 | 쓸데없는 일에 참견하다. ¶家里的事, 不要你～了 | 집안 일에 당신 간섭은 필요 없다. ❻ 정탐꾼. 탐정. 스파이. ¶密～ | 스파이.

【探病】tàn/bìng 動 병문안하다.

⁴【探测】tàncè 動 탐측하다. 관측하다. ¶高空～ | 고공탐측. ¶～海的深度 | 바다의 깊이를 탐측하다. ¶～土星 | 토성을 관측하다. ¶进行～ | 탐측하다.

【探查】tànchá 動 정탐하다. 정찰하다. 살펴보다. ¶～敌情 | 적의 정세를 정찰하다 =〔探察〕

【探方】tànfāng 動 (시굴할) 방향을 찾다. ¶开挖kāiwā～ | 파서 굴착할 방향을 탐색하다.

【探访】tànfǎng 動 ❶ 방문하다. ¶～亲友 | 친구를 방문하다. ❷ 취재(取材)하다. 탐방하다. ¶记者～新闻 | 기자가 뉴스를 취재하다. ¶～队 | 정찰대.

【探戈】tàngē 名 外 〈舞〉 탱고(tango). ¶跳～舞 | 탱고를 추다.

【探监】tàn/jiān 動 감옥에 면회를 가다. ¶每月～一次 | 매월 감옥에 한번 면회를 간다.

【探井】tàn/jǐng ❶ 動 (유전 따위를) 시추(試錐)하다. 시굴(試掘)하다→〔钻zuān探〕 ❷ (tànjǐng) 名 시추. 시굴. ❸ (tànjǐng) 名 〈化〉 평가정 =〔评价井〕

【探究】tànjiū 動 탐구하다. ¶～原因 | 원인을 탐구하다. ¶～个中奥秘àomì | 그 속의 오묘함을 탐구하다.

【探究反射】tànjiū fǎnshè 名組 새로운 자극에 대한 일종의 무조건 반사.

【探勘】tànkān 動 조사 측량하다. 탐사하다. ¶～石油 | 석유를 탐사하다.

【探口话儿】tàn kǒuhuàr 動組 말투로써 뜻을 알아내다. 말에서 상대방의 의사나 태도를 알아보다 =〔探口气(儿)〕

【探口气(儿)】tàn kǒuqì(r) ⇒〔探口话儿〕

【探矿】tàn/kuàng 動 탐광하다. 광맥을 찾다. ¶在沙漠中～ | 사막에서 광맥을 찾다→〔钻探〕

【探骊得珠】tàn lí dé zhū 成 褒 흑룡(黑龍)의 턱에서 진주를 얻다. 喻 글이 핵심을 잘 잡았고, 함의가 깊다. ¶这篇评论写得十分精彩, 堪kān称～之作 | 이 평론은 아주 훌륭하게 쓰여져서 핵심이 분명하고 함의가 깊은 역작이라고 할 수 있다.

【探路】tàn/lù 動 ❶ 지형(地形)·지물(地物) 따위를 알아 보기 위해 현지 조사를 하다. ¶我先去～ | 내가 먼저 가서 현지 조사를 한다. ❷ 길을 알아 보다.

【探马】tànmǎ 名 近 척후(斥候)하는 기병(騎兵). 기마 정찰병 =〔探骑〕

【探明】tànmíng 動 탐사하다. 조사하다. 밝혀내다. ¶已～的煤储量 | 이미 확인된 석탄 매장량.

【探囊取物】tàn náng qǔ wù 成 주머니 속에서 물건을 꺼내다. 일이 극히 용이하다. 식은 죽 먹기다. ¶这点小事, 如～, 算不了什么 | 이 작은 일은 주머니 속에서 물건을 꺼내는 것과 같이 쉬워서 무슨 대단한 것이라고 할 수 없다.

4【探亲】tàn/qīn 動 친척〔가족〕을 방문하다. ¶～假 | 귀성 휴가. ¶回乡～访友 | 고향으로 돌아가 친척과 친구들을 방문하다.

【探求】tànqiú 動 탐구하다. ¶～真理 | 진리를 탐구하다. ¶～学问 | 학문을 탐구하다.

【探伤】tàn/shāng 動 (방사선·초음파 따위의 일정한 장치를 통해) 금속 내부의 결함을 검사하다.

【探视】tànshì 動 찾아가 보다. 문병하다. 문안하다. ¶～病人 | 환자를 찾아가 보다. ¶～时间 | (병원의) 면회 시간. ¶亲自到病人家去～ | 몸소 환자의 집에 가서 병문안하다.

3【探索】tànsuǒ 動 탐색하다. 찾다. ¶～生命的起源 | 생명의 기원을 찾다. ¶～真理 | 진리를 탐구하다.

4【探讨】tàntǎo 名 動 연구 토론(하다). 탐구(하다). ¶～问题 | 문제를 연구 토론하다. ¶从不同角度对问题进行～ | 다른 각도에서 문제를 연구 토론하다.

【探听】tàntīng 動 탐문(探問)하다. 알아보다. ¶～消息 | 소식을 탐문하다. ¶～虚实 | 허실을 알아보다 =〔打探〕

【探头】tàn/tóu ❶ 動 머리를 내밀(고 엿보)다. ¶报童向屋里探出头来 | 신문 배달하는 소년이 집안으로 머리를 들이밀고 엿보다〔살피다〕 ❷ (tàntóu) 名 〈醫〉 존데(sonde;독).

4【探头探脑】tàn tóu tàn nǎo 成 머리를 내밀고 주위를 두리번거리다. 은밀히 살피다. ¶你别～的 | 너 그리 머리를 빼고 두리번거리지 마라. ¶据～的调查来的结果 | 남몰래 은밀히 조사한 결과에 따르면.

4【探望】tànwàng 動 ❶ 보다. 살피다. (상황·변화를) 둘러보다. **어법** 「看望」은 그 대상이 같이 있지 않은 사람일 수도 있으며, 「探望」과는 달리 「상황을 알아보다」의 의미는 없음. ¶他不停地向门外～ | 그는 계속해서 문밖을 내다본다. ¶你到四处～～ | 너 사방을 좀 둘러보아라. ❷ (같이 있지 않은 친지나 친구를) 문안하다. 방문하다. ¶他从海外归来～年迈的母亲 | 그는 해외에서 돌아와 연로한 모친을 문안했다. ¶我路过上海时, 顺便～了几个老朋友 | 나는 상해를 지나는 길에 옛친구 몇 명을 방문했다 =〔看望〕

【探问】tànwèn 動 ❶ 탐문하다. ¶他们一再～此事 | 그들은 이 일을 여러번 탐문했다. ❷ 안부를 묻다. ¶～病情 | 병세를 묻다.

【探悉】tànxī 動 조사하여 알다. ¶有关情况已全部～ | 관련된 상황은 이미 전부 알아보았다. ¶他从老师处～, 学校即将招收新生 | 그는 선생님에게서 학교에서 곧 신입생을 모집할 것이라는 것을 듣고 알았다.

【探赜索隐】tàn zé suǒ yǐn 成 심오한 도리를 탐구하고 은밀한 사적(事迹)을 캐다. ¶他～, 深有所得 | 그는 심오하고 은밀한 도리나 사적을 탐구하여 성과를 많이 내었다.

【探照灯】tànzhàodēng 名 탐조등. 서치라이트(searchlight) =〔探海灯〕

【探知】tànzhī 動 탐색하여 알게 되다. 조사한 후 알게 되다. ¶我们已～了一些情况 | 우리들은 이미 조사한 바 있어 약간의 상황에 대해서 알고 있다.

【探子】tàn·zi 名 ❶ 近 (군대의) 척후(斥候). 정탐원(偵探員)→〔侦察兵〕 ❷ 관(管)을 청소할 때 쓰는 가늘고 긴 도구. ¶枪～ =〔通条〕 | 꽂을대. ¶烟筒～ | 굴뚝 소제기. ❸ 어떤 물건을 채취·조사하는 데 쓰이는 관(管) 모양의 도구. ¶粮食～ | 색대. 태관(兌管).

tāng ㄊㄤ

1【汤(湯)】 **tāng shāng 끓인물 탕, 물세차게흐를 상**

Ⓐ tāng ❶ 名 (음식물을 끓인) 국물. ¶米～ | 미음. ¶～药↓ ❷ 名 국. 탕. ¶玉米～ | 옥수수탕. ¶豆腐～ | 두부탕. ❸ (～儿) 名 俗 벌이. 재미.

국물. 콩고물. ¶喝点儿~ | 조금 재미를 보다. ❹名 끓인 물. 끓는 물. ¶赴fù~蹈火dǎohuǒ | 成 물 불을 가리지 않고 뛰어들다. ❺名 탕약. ¶柴胡~ | 시호탕. ¶换~不换药 | 諺 탕국만 바꾸고 약은 바꾸지 않다. 형식만 바꾸고 내용은 그대로이다. ❻ (Tāng) 名 성(姓).

Ⓑ shāng 書 貶 물이 세차게 흐르다. ¶~~↓

Ⓐ tāng

【汤包】tāngbāo 名〈食〉국물이 많은 찐고기 만두의 일종. ¶每星期天去吃一份~ | 매주 일요일에는 국물이 많은 찐고기만두를 먹으러 간다.

【汤饼】tāngbǐng 名〈食〉탕병. [「汤面」(탕면)을 이르던 말]

【汤菜】tāngcài 名 ❶ 국. ¶韩国人爱吃~ | 한국 사람은 국을 좋아한다. ❷ 국과 반찬.

【汤池】tāngchí 名 ❶ 열탕이 솟는 못. 轉 접근이 어려운 곳. 견고한 성. ❷ 온천. ❸ 목욕탕. 욕조.

【汤匙】tāngchí 名 (중국식의) 국숟가락. ¶用~给孩子喂饭 | 국숟가락으로 아이에게 밥을 먹이다 =〔羹gēng匙〕〔调tiáo羹〕

【汤罐】tāngguàn 名「炉灶zào」(중국식 부뚜막)에 묻어놓고 물을 끓이는 독.

【汤锅】tāngguō 名 ❶ 남비. 국솥. ❷ 털을 뽑기 위해 도살한 가축을 넣는 물을 끓이는 솥. ❸ 喻 도축장. 도살장.

【汤壶】tānghú 名 탕파(湯婆). 더운 물을 넣어 자리 밑에 넣어 두는 난방용기 =〔方 汤婆(子)〕〔汤夫人〕〔脚婆〕〔锡奴〕

【汤剂】tāngjì 名〈漢醫〉탕제. 탕약. ¶服用~ | 탕약을 복용하다 =〔汤药〕〔汤液〕

【汤加】Tāngjiā 名 外〈地〉통가(Tonga) [뉴질랜드(New Zealand) 동북쪽의 군도로 영연방내의 독립국. 수도는「努库阿洛法」(누쿠알로파;Nu-Kualofa)] =〔台 东加〕

【汤料】tāngliào 名 국거리. 탕거리.

【汤面】tāngmiàn 名〈食〉탕면. 국에 만 국수 =〔方 面汤〕〔热汤儿面〕⇔〔干面〕→〔汤饼〕〔炒chǎo面①〕

【汤婆(子)】tāngpó(·zi) ⇒〔汤壶〕

【汤泉】tāngquán 名 탕천[「温泉」(온천)을 이르던 말. ¶用~洗澡 | 온천물로 목욕을 하다.

【汤勺】tāngsháo 名 국자.

【汤汤水水】tāng·tangshuǐshuǐ 貶 음식이 변변찮다. 차린 것이 없다.

【汤头】tāngtóu 名〈漢醫〉약방(藥方). 약의 배합 방법. ¶~歌诀 | 청대(清代)의 의학서로, 명의(名醫)의 처방을 운문(韻文)으로 읊은 것.

【汤团】tāngtuán ⇒〔汤圓〕

【汤药】tāngyào 名〈漢醫〉탕약. 달여 먹는 한약. ¶喝~比较合适 | 탕약을 먹는 것이 비교적 적합하다 =〔汤剂〕〔汤液〕

【汤圆】tāngyuán 名 새알심 비슷한 모양의 식품 =〔江 汤团①〕→〔元宵②〕

【汤窄】tāngzhǎi ❶ 形 국물이 적다. ❷ 動 (음식물·의복 따위의) 속이 나오다. 비어져 나오다. ¶这件衣服不能穿了, ~啦! | 이 옷은 해져서 솜이 비어져나와 입을 수 없게 되었네.

Ⓑ shāng

【汤汤】shāngshāng 書 貶 물의 흐름이 크고 세차다. ¶河水~ | 강물이 세차다.

【饧】tāng ☞ 饧 xíng Ⓑ

【钖(鐋)】tāng 징 탕 ⇒〔钖锣〕

【钖锣】tāngluó 名〈音〉징의 일종. ¶他爱敲qiāo~ | 그는 징을 즐겨 친다.

【嘡】tāng 종고소리 당 擬 딩당. 둥둥. 탕[북·징·총소리] ¶~~连响了两枪 | 탕탕하고 연이어 두번 총소리가 났다 =〔镗tāng〕

【镗(鏜)】tāng táng 종고소리 당

Ⓐ tāng「嘡」과 같음 ⇒〔嘡tāng〕

Ⓑ táng 名動 보링(하다). 내면 연삭(하다). ¶~削↓ ¶~杆↓ ¶~缸机↓ ‖ =〔搪táng④〕

【镗床】tángchuáng 名〈機〉보링 머신(boring machine). 내면 연삭반 =〔搪床〕

【镗杆】tánggǎn 名〈機〉보링 바(boring bar). 내면 선삭봉(旋削棒) =〔江 镗排〕

【镗缸机】tánggāngjī 名〈機〉보링 머신→〔镗〕

【镗孔】tángkǒng 動 (보링 머신 선반으로) 구멍을 뚫다.

【镗削】tángxuē 名動〈機〉내면 연삭(하다). 구멍 절삭 가공(을 하다).

【羰】tāng (카르보닐 탄) 名〈化〉카르보닐(carbonyl)

【羰基】tāngjī 名〈化〉카르보닐기(carbonyl基) =〔碳tàn酰基〕〔碳氧基〕

2【趟】tāng ☞ 趟 tàng Ⓑ

táng ㄊㄤˊ

【饧】táng ☞ 饧 xíng Ⓑ

4【唐】táng 황당할 당, 당나라 당

❶ (Táng) 名〈史〉당 [왕조의 이름] ⓐ 요제(堯帝)가 세웠다는 전설상의 왕조. ⓑ 이연(李淵)이 장안(長安:지금의 西安)을 수도로 하여 세운 왕조(618~907년). ⓒ 후당(後唐) [오대(五代) 왕조의 하나(923~936)] ⓓ 남당 [오대 십국(五代十國)중의 하나(937~975)] ❷ 名 粵 중국. ¶~话 | 중국어. ¶~人街↓ ❸ (말이) 황당하다. ¶荒~之言 | 황당한 말. ❹ 헛되이. 쓸데없이. ¶功不~捐 | 노력이 헛되지 않다. ❺ (Táng) 名 성(姓).

【唐朝】Tángcháo 名 당조. ¶中国~最繁荣fánróng | 중국은 당나라 때 가장 번영했다 =〔李朝〕

【唐棣】tángdì ⇒〔棠táng棣〕

【唐古特】Tánggǔtè 名 外 탕구트(Tangut)→〔西夏〕

【唐花】tánghuā 名 온실 재배 화초 =〔堂花〕

【唐老鸭】Tánglǎoyā 名 外 도날드덕(Donald Duck) [「迪斯尼」(디즈니) 만화의 주인공. 도날드는「唐纳德」라 함] ¶小孩很喜欢~和米老鼠

T

｜아이들은 도날드 덕과 미키 마우스를 아주 좋아한다.

【唐宁街】Tángníngjiē 名外〈地〉다우닝가(Downing街)

【唐人街】Tángrénjiē 名 중국인 거리. 차이나타운(China town). ¶到旧金山的～观光｜샌프란시스코의 차이나타운에 관광 가다＝〔华人街〕〔中国城〕〔中华街〕

【唐三彩】tángsāncǎi 名〈美〉❶ 당대(唐代)에, 도자기 및 도용(陶俑)에 사용한 유약. ❷ 잿물이 세 가지 빛으로 된 당나라 도자기. 도용. ¶～大多用作官僚贵族墓葬mùzàng的随葬品｜당삼채 도용은 대개 관료나 귀족 무덤의 수장품으로 사용되었다.

【唐宋八大家】Táng Sòng bādàjiā 名組 당송시대의 팔대가［당송(唐宋) 시대의 대표적 문장가인 한유(韓愈)·유종원(柳宗元)·구양수(歐陽修)·소순(蘇洵)·소식(蘇軾)·소철(蘇轍)·왕안석(王安石)·증공(曾鞏)을 말함］

【唐突】tángtū 書 ❶ 動 무례하게 굴다. 난입하다. ¶这岂不是～了大贤｜이 어찌 현인에게 무례하게 군 것이 아니냐. ¶出言～｜말하는 것이 무례하다. ¶～的行动｜무례한 행동. ❷ 動 가장하다. 사칭하다 ‖＝〔搪突〕〔混充〕

4【塘】táng 둑 당, 못 당
名 ❶ 둑. 제방. ¶海～｜방파제. ❷ 못. 저습지. ¶这个～不太深｜이 못은 그다지 깊지 않다. ¶池chí～｜못. ¶荷hé～｜연못. ¶鱼～｜양어장. 활어조＝〔溏③〕 ❸ 욕조(浴槽). ¶洗澡～｜목욕탕. ❹ 方 방바닥에 흙을 파서 만든 화로＝〔火塘〕

【塘坝】tángbà ⇒〔塘堰〕

【塘肥】tángféi 名〈農〉비료로 쓰이는 연못 바닥의 진흙. ¶多种～｜여러 종류의 연못 흙 비료.

【塘干井枯】táng gān jǐng kū 成 못도 마르고 우물도 마르다. 가뭄이 심하다. ¶大旱hàn之年～｜큰 가뭄이 든 해에는 못도 마르고 우물도 다 마른다.

【塘堰】tángyàn 名 산지나 구릉지에 만든 작은 저수용 못. ¶修筑～｜저수용 못을 만들다＝〔塘坝〕

【塘鱼】tángyú 名 양어장의 물고기. ¶饲养sìyǎng～｜물고기를 기르다＝〔塘里鱼〕〔水塘养鱼〕

【搪】táng 막을 당, 부딪칠 당
❶ 動 막다. 저항하다. 지탱하다. ¶～风冒雨｜비바람을 무릅쓰다. ¶～上木头｜나무로 버티다. ❷ 動 어물거려 넘기다. 책임 회피하다. ❸ 動 (진흙·도료 따위를) 바르다. 칠하다. ¶～炉子↓ ❹「镗」과 같음 ⇒〔镗táng〕 ❺ 動 近 조르다. 요구하다. ¶～酒吃｜술을 졸라서 얻어 먹다.

【搪瓷】tángcí 名 법랑. 에나멜. 에나멜칠. ¶～杯｜법랑컵＝〔珐琅fàláng〕

【搪炉子】táng lú·zi 動組 ❶ 화로 안을 (진흙으로) 바르다. ❷ 용광로의 금간 곳을 (소금 섞은 진흙으로) 바르다. ❸ (tánglú·zi) 名 화로의 덮개.

【搪塞】tángsè 動 책임진 일을 대강대강 해치우다. 말을 흐리다. 회피하다. ¶他一味～, 不肯承担责任｜그는 줄곧 말을 흐리고 책임을 떠맡을려고 하지 않는다. ¶～责任｜책임을 회피하다＝〔唐塞〕

【溏】táng 못 당
❶ 名 흙탕물. 진창. ❷ 形 轉 (수분이 많아) 응고되지 않은. 반유동의. ¶～便↓ ¶～心(儿)↓ ❸ 名 못＝〔塘②〕

【溏便】tángbiàn 名〈漢醫〉묽은 똥.

【溏黄蛋】tánghuángdàn 名 ❶ 반숙란(半熟卵)의 노른자위. ❷ 노른자위가 굳지 않은 송화단(松花蛋).

【溏心(儿)】tángxīn(r) 名 속이 굳지 않은 것. ¶～鸡蛋｜달걀 반숙. ¶～松花｜노른자위가 굳지 않은 송화단.

【瑭】táng 옥 당
書 名 옥(玉)의 일종.

1【糖〈餹〉】táng 엿 당, 사탕 당
名 ❶ 사탕. 설탕. ¶搁gē～＝〔加糖〕｜설탕을 넣다. ¶撒sǎ～｜설탕을 뿌리다. ¶沙shā～＝〔砂糖〕｜설탕. ¶红～＝〔黑糖〕〔赤chì砂糖〕〔赤糖〕｜흑설탕. ¶粗粒白～＝〔粗砂糖〕｜굵은 백설탕. ¶绵白～＝〔细砂糖〕｜가는 백설탕. ¶冰～｜덩어리진 설탕. ¶棉花～｜솜사탕. 마시멜로(marshmallow). ❷ 엿. 캐러멜·캔디·초컬릿 등 서양식 과자의 총칭. ¶～果(儿)↓ ¶软ruǎn～｜젤리. ❸〈化〉탄수화물(炭水化物). 함수탄소(含水炭素). ¶葡萄～｜포도당. ¶麦芽màiyá～｜맥아당. ¶单～｜단당류. ¶双～｜이당류. ¶多～｜다당류＝〔醣〕 ‖＝〔饧táng〕

【糖醋】tángcù 名 중국 요리법의 하나. ¶～鲤鱼lǐyú｜새콤달콤한 소스를 곁들인 잉어 요리.

【糖醋丸子】tángcùwánzǐ 名組〈食〉탕초 완자

【糖醋虾仁】tángcùxiārén 名組〈食〉탕초 새우

【糖甙】tángdài 名〈化〉글루코사이드(glucoside). 배당체(配糖體)＝〔糖苷〕〔甙〕

【糖弹】tángdàn ⇒〔糖衣炮弹〕

【糖房】tángfáng 名 영세. 제당 공장＝〔糖坊〕〔方 糖寮liáo〕〔方 榨zhà寮〕

【糖苷】tánggān ⇒〔甙dài〕

【糖膏】tánggāo 名〈食〉물엿. ¶用～拌bàn熟黄豆很好吃｜물엿으로 삶은 콩을 버물여 먹으면 아주 맛있다.

【糖瓜(儿)】tángguā(r) 名〈食〉참외 모양으로 만든「关东糖」이라고 하는 동북지방의 엿［민간에서「祭jì灶」날에 먹는다고 함］¶他给孩子买了一些～｜그는 아이들을 위해서 동북지방의 참외모양 엿을 조금 샀다.

4【糖果(儿)】tángguǒ(r) 名〈食〉사탕. 과자. 드롭스(drops). 캔디. ¶～也涨价zhǎngjià了｜사탕도 값이 올랐다.

【糖葫芦(儿)】tánghú·lu(r) 名〈食〉산사자(山査子) 또는 해당화 열매를 꼬치에 꿰어, 사탕물을 묻혀 굳힌 과자. ¶小孩爱吃～｜아이들은 사탕과자 꼬치를 좋아한다＝〔冰bīng糖葫芦(儿)〕〔葫hú芦儿②〕

【糖化】tánghuà 名 動〈化〉당화(하다). ¶～饲料｜당화 사료.

【糖浆】tángjiāng 名 ❶〈藥〉시럽(syrup). ¶姜jiāng～ | 생강 시럽. ¶橙皮chéngpí～ | 등자나무 껍질 시럽. ¶硫liú酸亚铁～ | 유산 제일철 시럽 =〔外舍利别〕❷당액(糖液) ‖ =〔糖汁〕〔单糖浆〕〔蜜浆〕

【糖块】tángkuài 名〈食〉❶눈깔 사탕. ❷설탕 덩어리 ‖ =〔糖疙瘩〕

【糖类】tánglèi 名〈化〉당류. 당 [가용성(可容性)이 있으며 단맛이 있는 탄수화물(炭水化物)]

【糖寮】tángliáo ⇒〔糖房〕

【糖萝卜】tángluó·bo 名❶口 첨채(甜菜). 감채. 사탕무우 =〔甜菜〕❷方〈食〉홍당무 사탕절이.

【糖蜜】tángmì 名 당밀 =〔糖滓zǐ〕

【糖尿病】tángniàobìng 名〈醫〉당뇨병. ¶他爹diē得了～ | 그의 아버지는 당뇨병에 걸렸다→〔消xiāo渴①〕

【糖人儿】tángrénr 名❶엿으로 만든 인형이나 조수(鳥獸)의 모양. ¶吹～的 =〔抓糖人儿的〕| 엿세공 가게. ❷〈食〉설탕을 녹여 모형에 부어 인형이나 동물의 형태로 만든 과자.

【糖水】tángshuǐ 名〈食〉❶설탕물. ❷시럽(syrup). ¶～荔枝lìzhī | 설탕 시럽에 절인 여지. ¶～菠萝bōluó | 설탕 시럽에 절인 파인애플.

【糖稀】tángxī 名〈食〉물엿. ¶用～拌芝麻做了一道甜菜 | 물엿으로 깨를 버무려 달콤한 디저트를 만들었다.

【糖衣炮弹】táng yī pào dàn 成 당의를 입힌 포탄. 표면은 달콤하여 사람을 유인하나, 내용물은 포탄처럼 큰 해를 주는 것. 사탕발림. ¶警惕jǐngtì～的进攻 | 사탕발림같은 공격을 경계하다 =〔簡糖弹〕

【糖元】tángyuán ⇒〔糖原〕

【糖原】tángyuán 名〈化〉글리코겐 =〔糖元〕〔肝糖〕〔动物淀粉〕〔牲粉〕

【螗】táng 씽씽매미 당
⇒〔螗蜩〕

【螗蜩】tángtiáo 名〈蟲〉씽씽매미. ¶～乱鸣luànmíng | 씽씽매미가 어지러이 울다.

【醣】táng 탄수화합물 당
名〈化〉「碳tàn水化合物」(탄수화합물)의 옛이름⇒〔糖táng③〕

1【堂】táng 집 당, 당당할 당
❶名 넓고 큰 방. ¶礼～ | 강당. ¶食～ | 식당. ❷名 관공서의 사무실. 법정. ¶过～ | 법정에 나가다. ¶退～ | 퇴정하다. ❸상점(商店)의 옥호(屋號). ¶北京同仁～ | 동인당. ❹名 정방(正房). 안채. ¶～屋↓ ❺친조부의 동성(同姓) 친족 관계를 나타냄. ¶～兄弟↓ ¶～妹↓→〔表biǎo⑧〕❻남의 어머니. ¶令～ =〔尊堂〕| 자당(慈堂). ❼전각·사당 등의 건물 이름에 붙이는 말. ¶三槐～ | 삼괴당 [하남성(河南省) 개봉현(開封縣)에 있음] ❽形 당당하다. ¶相貌～～ | 용모가 당당하다. ❾量 ⓐ (가구 등의) 조. 세트. 벌 ¶一～家具 | 가구 한 세트. ¶成～家具 | 세트로 된 가구. ⓑ 학교의 수업 시간. ¶头一～ | 첫 시간째. ¶两～课 | 수업 두 시간 →〔节jié⑮〕ⓒ 법정의 개정 횟수를 세는 데 쓰임. ¶过了两～ | 두 번 재판을 했다 ❿복성(複姓) 중의 한 자(字). ¶～溪↓

【堂奥】táng'ào 書名❶안방의 깊숙한 곳. ❷내지(內地). 오지. ❸중심 구역. 중부 지역 =〔腹地〕❹학문의 심원(深遠)한 경지. 심오한 도리〔이치〕.

【堂弟】tángdì 名 사촌 (남)동생 →〔表biǎo弟〕.

【堂而皇之】táng ér huáng zhī 成 당당하다. 어엿하다. 떳떳하다. ¶他～地当上了系主任 | 그는 당당하게 학과 주임 자리에 올랐다→〔堂皇〕

【堂房】tángfáng 名 같은 조부·같은 증조부의 사촌 관계의 친척. ¶～伯伯 | 아버지의 종형. ¶～侄子 | 당질. 종질. ¶～侄女 | 종질녀. 당질녀. ¶～弟兄 | 조부·증조부가 같거나 그보다 먼 친족관계에 있는 형제.

【堂鼓】tánggǔ 名❶옛날, 관청의 공당(公堂)에 건 북 [집합과 해산의 신호로 삼았음] ❷중국의 극(劇)에서 반주(伴奏)에 쓴 큰 북.

【堂倌(儿)】tángguān(r) 名 옛날, (음식점·주점 등의) 급사. 사환. ¶他在酒馆当～ | 그는 주점에서 급사 일을 한다 =〔跑堂儿的〕→〔服fú务员〕

【堂号】tánghào 名 당호 [가옥(家屋)이나 방에 붙인 이름]

【堂花】tánghuā ⇒〔唐táng花〕

【堂皇】tánghuáng 形 당당하고 성대(盛大)하다. 화려하고 훌륭하다. ¶富丽fùlì～ | 장엄 화려하다. ¶迎客厅布置得堂堂皇皇的 | 응접실을 꾸며 놓은 것이 아주 당당하고 훌륭하다. ¶冠冕～ | 成 관면이 당당하다. 위풍 당당하다. 당당하고 훌륭하다.

【堂会】tánghuì 名 집안에 경사가 있을 때 연예인을 초대하여 축하하는 모임. 축하연 [홍콩·광동 지방의 「灯笼局」에 해당함]

【堂吉诃德】Tángjíhēdé 名外〈人〉돈키호테 [17세기 스페인 작가의 소설]

【堂姐】tángjiě 名 종자(從姉). 손위의 사촌 누이.

【堂姐妹】tángjiěmèi 名 종자매(從姉妹).

【堂舅(父)】tángjiù(fù) 名 외종숙(外從叔). 어머니의 종형제(從兄弟)→〔堂舅母〕

【堂舅母】tángjiùmǔ 名 외종숙모 →〔堂舅(父)〕

【堂客】táng·ke 名方❶부녀자. ❷처. 아내. ¶讨tǎo～ | 아내를 얻다.

【堂妹】tángmèi 名 종매(從妹). 손아래 사촌 누이.

【堂上】tángshàng 名❶敬 부모. ❷옛날, 재판관.

【堂叔】tángshū 名 당숙. 종숙.

【堂堂】tángtáng 貶❶위엄있고 당당하다. 떳떳하다. 버젓하다. ¶仪表yíbiǎo～ | 풍채가 당당하다. ❷지기(志氣)와 기백(氣魄)이 있다. ❸진용(陣容)이 장대하다. 튼튼하다. ¶～之阵 | 成 튼튼한 진용. 위풍이 당당한 군대.

【堂堂正正】tángtángzhèngzhèng 成❶정정당당하다. 공명정대하다. ¶～地做人 | 공명정대하게 처세하다. ❷늠름하다. 위풍이 있고 당당하다.

【堂屋】tángwū 名❶안채의 한 가운데 방 [일종의 응접실] ❷정방(正房). 원채. 몸채. ¶在～睡觉 | 정방에서 잠을 자다 =〔正zhèng房①〕

【堂溪】Tángxī 名 복성(複姓) =〔棠溪〕

【堂兄】tángxiōng 名 사촌형.

【堂兄弟】tángxiōngdì 名 사촌 형제 =〔同tóng堂兄弟〕→〔表biǎo兄弟〕
【堂萱】tángxuān 名 훤당. 자당 =〔萱堂〕
【堂姨姐妹】tángyíjiěmèi 名組 어머니의 「堂姐妹」(종자매)의 딸. 어머니의 오촌 조카→〔堂姨(母)〕
【堂姨(母)】tángyí(mǔ) 名 사촌 이모.
【堂姨兄弟】tángyíxiōng·di 名組 어머니 종자매의 아들→〔堂姨(母)〕
【堂子】táng·zi 名 ❶ 청대(清代), 제실(帝室)에서 토곡(土穀)의 신을 제사지낸 곳. ❷ 江 기관(妓館). 청루. 기루. ¶逛guàng～ | 기루를 전전하다. ❸ 불당(佛堂).

【樘】táng 문틀 당
❶ 名 (문·창의) 틀. ¶门～ | 문틀. ¶窗～ | 창틀. ❷ 量 짝 [문(틀)·창(틀)을 짝으로 하여 세는 양사] ¶一～玻璃门 | 유리문 한 짝.

【棠】táng 팥배나무 당, 산앵도 당
名 ❶〈植〉팥배나무 =〔棠梨〕〔書 甘gān棠〕〔杜梨〕 ❷〈植〉해당화. 매찔레 =〔海棠树〕 ❸〈植〉산앵도나무 =〔棠棣〕 ❹ (Táng) 성(姓).
【棠棣】tángdì 名 ❶〈植〉당체. 산앵도나무. 산이스랏. ¶～之华 | 산앵도나무 꽃 =〔棠李子〕〔常棣①〕〔车下李〕〔唐棣〕〔郁yù李〕 ❷ 喩 형제.

4【膛】táng 가슴 당
名 ❶ 가슴 [흉골·늑골로 쌓인 부분] ❷ (～儿) 물건의 속이 비어 있는 부분. ¶枪～ | 총의 탄창부. ¶柜～ | 장농속.
【膛线】tángxiàn 名〈軍〉총신(銃身)의 선조(旋條). 강선(腔線) =〔来复线〕

【镗】táng ☞ 镗 tāng B

【螳】táng 사마귀 당
名〈蟲〉버마재비. 사마귀 =〔螳螂〕
【螳臂当车】táng bì dāng chē 威 사마귀가 앞발을 들어 수레를 막다. 자기 분수도 모르고 무모하게 덤벼들다. ¶你还想～, 让历史停止下来吗? | 너는 사마귀 앞발로 수레를 막는 식으로 역사(대세)를 막을 수 있다고 생각하느냐?→〔暴bào虎冯河〕
【螳螂】tángláng 名〈蟲〉버마재비. 사마귀 =〔俗 刀dāo螂〕〔天马④〕
【螳螂捕蝉, 黄雀在后】táng láng bǔ chán, huáng què zài hòu 諺 사마귀가 매미를 잡으려는데, 참새가 사마귀 뒤에서 노리고 있더라. 눈앞의 이익에 눈이 어두워 후환을 헤아리지 않다. ¶～, 更凶恶的敌人还在后面呢 | 뒤를 조심해. 더 흉악한 적이 뒤에 또 있어.

tǎng ㄊㄤˇ

【帑】tǎngnú 나라곳집 탕, 처자 노
A tǎng 書 名 ❶ 국가의 금고(金庫). ❷ 공금(公金). ¶国～ | 국고금. ¶公～ | 공금.
B nú 「孥」와 통용 ⇒〔孥nú〕
【帑藏】tǎngzàng 書 名 국고(國庫).

3【倘】tǎngcháng 혹시 당
A tǎng 連 만일〔만약〕…이라면. ¶～有困难, 当再设法 | 만약 어려움이 있다면, 다시 방법을 강구해야 한다 =〔傥①〕〔倘若〕〔假使〕〔如果〕
B cháng ⇨〔倘佯〕
A tǎng
【倘或】tǎnghuò ⇒〔倘若〕
【倘来之物】tǎng lái zhī wù 威 뜻밖의 횡재. 뜻밖에 생긴 재물. ¶～, 失去也容易 | 뜻밖에 생긴 재물은 잃어버리는 것도 쉽다 =〔傥来之物〕
【倘然】tǎngrán ⇒〔倘若〕
【倘如】tǎngrú ⇒〔倘若〕
3【倘若】tǎngruò 書 連 만약〔만일, 가령〕…한다면. 어법 대개 「就·便」과 호응함. ¶你～有空, 就请到我家来玩 | 시간 있으면 우리 집에 놀러 오세요. ¶你～不信, 就亲自去看看吧 | 못믿겠거든 네가 직접 가서 보렴. ¶～不能来, 请预先通知 | 만약 못 오신다면, 미리 통지해 주십시오. ¶～努力, 定能按期竣工 | 만약 열심히 한다면, 기한에 맞춰 준공할 수 있을 것이다 =〔倘忽〕〔倘或〕〔書 倘令〕〔倘其〕〔書 倘然〕〔倘如〕〔倘使〕→〔如rú果〕〔设shè或〕〔要yào是〕
【倘使】tǎngshǐ ⇒〔倘若〕
B cháng
【倘佯】chángyáng ⇒〔徜徉chángyáng〕

【惝】tǎng 又 chǎng) 경황없을 창
書 貺 매우 실망하다. 낙망하다→〔惝怳〕
【惝慌】tǎnghuāng ⇒〔惝怳〕
【惝怳】tǎnghuǎng 書 貺 멍하니 정신없다. 망연자실하다 =〔惝慌〕〔惝然〕
【惝然】tǎngrán ⇒〔惝怳〕

【淌】tǎng 흐를 창
動 (물·눈물·땀 따위가) 흘러 내리다. 흐르다. ¶～眼泪 | 눈물을 흘리다. ¶伤口～血 | 상처에서 피가 흐르다. ¶～汗↓
【淌汗】tǎnghàn 땀을 흘리다. ¶他热得直～ | 그는 더워서 계속 땀을 흘린다.
【淌眼抹泪】tǎngyǎn mǒlèi 動組 울부짖다. 눈물을 흘리며 울다.

【耥】tǎng 써레 당/상
名 動〈農〉써레(질하다).
【耥耙】tǎngpá 名〈農〉써레의 일종.
【耥稻】tǎng/dào 動〈農〉논을 메다. 써레로 흙을 부드럽게 하다.

1【躺】tǎng 누울 당
動 ❶ (반듯하게) 눕다. 드러눕다. ¶～在床上 | 침대에 드러눕다. ¶～着不动 | 누워서 꼼짝도 않다. ¶一～就睡着zháo了 | 눕자 마자 잠들었다. ¶正身～ | 반듯하게 눕다. ¶侧身～ | 모로 눕다. ❷ 동사 뒤에 보어로 쓰여, (…하여) 쓰러뜨리다. 눕히다. ¶打～下 | 때려 쓰러뜨리다. ¶把墨水瓶子给拐guǎi～下了 | 잉크병을 쳐서 넘어뜨렸다.
【躺倒】tǎngdǎo 動 ❶ 드러눕다. ¶我累得～了 | 나는 지쳐서 드러누웠다. ❷ (병상에) 드러눕다. ¶～不干 | 병상에 누워 아무 일도 하지 않다. 喩 더 이상 책임 따위를 떠맡기를 거부하다. ❸ 옆으로 쓰러뜨리다.

【躺柜】tǎngguì 名 궤짝. 고리짝. ¶～太占地方 | 궤짝이 너무 자리를 많이 차지한다.

【躺平】tǎngpíng 形 평평하다. ¶～的马路 | 탄탄대로. 평평한 길 ＝〔方 坦平〕

【躺椅】tǎngyǐ 名 등받이가 길어 잘 수도 있는 의자. 안락의자. ¶他又买了两把～ | 그는 또 안락의자를 두 개 샀다.

【傥(儻)】tǎng 갑자기 당
❶「倘」과 같음 ⇒〔倘tǎng〕 ❷ 書 形 구애받지 않다. 소탈하다. ❸ 書 副 예기치 않은. 갑자기. ¶～来↓

【傥荡】tǎngdàng 書 形 ❶ 방탕하다. ❷ 허름하다. 엉성하다. 느슨하다. ❸ 대범하다.

【傥来】tǎnglái 動 뜻밖에 얻다. 횡재(橫財)하다. ¶～之物 | 횡재한 물건.

tàng ㄊㄤˋ

2【烫(燙)】tàng 데울 탕
❶ 動 화상입다. 데다. ¶小心～嘴 | 입 데일라 조심해라. ¶你当心～ | 데지 않도록 조심해라! ❷ 動 데우다. ¶～酒↓ ❸ 動 다리미질 하다. ¶～平衣裳 | 옷을 다리다. ❹ 動 파마를 하다. ¶～发↓ ¶电～ | 전기 파마. ❺ 動 (인두질하여 풀·금가루·납 따위를) 밀착시키다. ¶～上了一行金字 | 금문자를 한 줄 달구어 붙였다→〔烫金〕〔烫蜡〕 ❻ 形 뜨겁다. ¶这水太～ | 이 물은 몹시 뜨겁다.

【烫发】tàng/fà ❶ 動 머리를 파마하다. ¶他正给女顾客～呢 | 그는 지금 여자 단골손님에게 머리를 파마해 주고 있는 중이다. ❷ (tàngfà) 名 파마한 머리 ‖ ＝〔烫头〕

【烫发钳】tàngfàqián 名 헤어 아이론(hair iron).

【烫花】tànghuā ⇒〔烙lào花〕

【烫金】tàngjīn 動 비금속 물건에 금니(金泥)를 박아 넣다. 금 문자를 박아 넣다.

【烫酒】tàng/jiǔ 動 술을 데우다. ¶用酒壶～ | 술주전자로 술을 데우다.

【烫蜡】tàng/là 動 밀랍을 입히다〔바르다〕. 바닥이나 가구에 밀랍을 입혀 광택을 내다.

【烫面】tàngmiàn 名〈食〉익반죽한 밀가루.

【烫伤】tàngshāng 名 動 화상(을 입다). ¶受了～ | 화상을 입었다. ¶～了脖子bózi | 목에 화상을 입었다.

【烫手】tàng/shǒu ❶ 動 손에 화상 입다. ¶叫开水烫坏了手了 | 뜨거운 물에 손을 데어 못쓰게 되었다. ❷ 動 方 손을 따뜻하게 하다. ❸ (tàngshǒu) 形 델만큼 뜨겁다. ¶～的热 | 델정도로 뜨거운 열. ❹ (tàngshǒu) 形 일이 손대기 어렵다. 처리하기 어렵다. ¶这事儿太～ | 이 일은 손대기 어렵다 ＝〔棘jí手〕

【烫头】tàng/tóu ⇒〔烫发〕

2【趟】tàng tāng chēng ⊗ zhèng) 물건널 당, 뛸 쟁
Ⓐ tàng ❶ 量 차례. 번 [왕래하는 횟수를 나타냄] ¶他去了一～上海 | 그는 상해에 한번 다녀왔다. ¶他又来了一～ | 그는 또 한 번 왔다가 갔다. ¶这～火车是到上海去的 | 이번 열차는 상해로 가는 것이다. ❷ 量 행(行). 열(列). 줄. ¶一～栏干 | 난간 한 줄. ¶几～大字 | 몇 행의 큰 글자. ¶屋里摆着两～桌子 | 방에 책상이 2열로 놓여 있다. ¶用线把这件衣服缝上一～ | 이 옷을 실로 한 줄 꿰매시오. ❸ 量 과정. 단. 단계 [무술·동작 따위의 과정을 나타냄] ¶练了一～拳 | 권법을 한과정 연습하다. ❹ 名 괘선(罫線). ¶打～儿 | 괘선을 긋다.

Ⓑ tāng 書 動 ❶ 건너다. 뛰어 넘다. 통과하다. ¶～水过河 | 강물을 건너다. ❷ 땅을 갈아 엎어 풀을 없애다. ¶～地↓

Ⓒ chēng 書 動 도약하다. 날아 오르다. 뛰다.

Ⓐ tàng

【趟马】tàngmǎ 名 중국 전통극에서 말을 타고 가거나 뛰어가는 장면을 나타내는 연기. ¶下一个节目是～ | 다음 프로그램은 마술(馬術) 시범이다.

【趟儿】tàngr 名 행(行). 줄. 괘선(罫線). ¶窄zhǎi～ | 이부자리 또는 무명옷 속의 솜이 움직이지 않도록 누비선의 폭이 좁은 것. ¶缝féng上一～ | 한 줄 꿰매다. ¶一～是几个字? | 한 행은 몇 자인가?

Ⓑ tāng

【趟地】tāngdì 動 땅을 갈아 엎다. 제초(除草)하다. ¶康老头～去了 | 강씨 영감은 땅을 갈러 갔다.

tāo ㄊㄠ

4【叨】tāo dāo 탐할 도
Ⓐ tāo 書 ❶ 動 謙 은혜를 입다. 덕을 입다. ¶～光↓ ¶～教↓ ❷ 副 謙 외람되게도. 부끄럽게도. 황송하게도. ¶～陪末座 | 외람되게도 말석에라도 끼었습니다 ＝〔忝tiǎn②〕 ❸ 動 탐내다. 함부로 받다. ¶～冒 | 뇌물을 받다→〔饕tāo〕

Ⓑ dāo 形 말이 많다. 중얼거리다. ¶～～↓ ¶～唠↓

Ⓐ tāo

【叨光】tāo/guāng 動 ❶ 은혜를 입다. 신세를 지다. ❷ 套 후의(厚意)에 감사합니다 [인사의 말]

【叨教】tāojiào 動 套 가르쳐 주셔서 고맙습니다. ¶这儿我～了, 多谢! 多谢! | 잘 배웠습니다. 대단히 고맙습니다!→〔领lǐng教〕

【叨扰】tāorǎo 動 套 후한 대접에 감사를 표시하는 말. ¶～～! | 후대에 대단히 고맙습니다! ¶承蒙chéngméng款待kuǎndài, ～了 | 후한 대접을 받았는데 무슨 감사의 말을 해야될지 모르겠습니다. ¶今天可～你了 | 오늘 정말 당신께 폐가 많았습니다 ＝〔讨tǎo扰〕

Ⓑ dāo

【叨叨】dāo·dao ❶ 動 貶 말을 많이 하다. 쉴새없이 지껄이다. ¶别一个人～了, 听听大伙儿的意思吧 | 혼자서 계속 지껄이지 말고 모두의 의견을 좀 들어보아라. ❷ 狀 재잘재잘 말이 많다.

【叨叨念念】dāo·dao niànniàn ⇒〔叨念〕

【叨登】dāo·deng 動 口 ❶ 뒤집다. 휘젓다. ¶把衣服～出来晒shài晒 | 옷을 뒤집어서 좀 말려라. ❷ (지난 일을) 다시 들추다. ¶事情已经过去了, 还～什么! | 이미 지나간 일인데 무얼 또 다시 끄

집어내느냐!

【叨蹬】dāo·deng ⇒〔捣dǎo腾〕

4【叨唠】dāo·lao 動 口 ❶이러쿵 저러쿵 계속 지껄이다. ¶别瞎～了!｜함부로 이러쿵 저러쿵 지껄이지 마라! ¶他这样～不停, 真叫人受不了｜그는 이렇게 계속 쉬지 않고 지껄여 정말 견딜 수 없다. ❷(원망·불만으로) 투덜거리다. ¶别净～人家, 也想想自己｜남에게만 투덜대지 말고, 자신도 좀 생각해 보시오.

【叨罗】dāo·luo ⇒〔唠láo叨〕

【叨念】dāoniàn 動 (염려하거나 보고싶어) 늘 이야기하다. 근심을 늘어놓다. ¶快写信回家, 不然你妈妈又在～着你了｜빨리 집에 편지해라. 그렇지 않으면 네 엄마가 또 근심을 늘어놓으실 것이다 =〔念叨〕〔叨叨念念〕

【叨蹬】dāo·teng ⇒〔捣dǎo腾〕

2【挑】tāo ☞ 挑 tiāo Ⓒ

4【涛(濤)】tāo 물결 도
名 큰 물결. 파도. ¶波～｜파도. ¶惊～骇hài浪｜성난 파도.

【焘】tāo ☞ 焘dào

【绦(縧)〈絛縚〉】tāo 끈 조
(～子) 名 (명주)실로 엮은 끈〔띠〕. ¶丝～｜레이스.

【绦虫】tāochóng 名 〈動〉촌충. 백충 =〔寸白虫〕

2【掏〈搯〉】tāo 더듬을 도
動 ❶파다. 파내다. 퍼내다. ¶在墙qiáng上～一个洞dòng｜벽에 구멍 하나를 파다. ¶～炉灰lúhuī｜난로의 재를 파내다. ¶～茅厕máocè｜변소를 치다 =〔淘táo②〕 ❷꺼내다. 끄집어 내다. 손으로 더듬다. ¶口袋里的钱全～完了｜주머니 안의 돈을 전부 다 꺼냈다. ¶～麻雀máquè窝wō｜참새 둥지를 손으로 더듬다.

【掏粪】tāo/fèn 動 분뇨를 퍼내다. ¶大清早出去～了｜이른 아침에 나가서 분뇨를 퍼냈다. ¶～工人 =〔掏粪的〕〔掏茅厕的〕｜오물 청소원 =〔掏茅(厕)〕

【掏火耙】tāohuǒpá 名 재를 긁어내는 도구. 부지깽이.

【掏窟窿】tāo kū·long 動組 方 구멍을 내다. 轉 돈을 꾸다. 빚을 내다. ¶～弄洞｜여기저기 빚투성이가 되다. ¶今年又～了｜금년에 또 빚을 졌다.

【掏捞】táo·lao 形 京 호색(好色)하다. 탐음(貪淫)하다.

【掏茅(厕)】tāo máo(·si) ⇒〔掏粪fèn〕

【掏心】tāoxīn 䝼 진심에서 우러나오는. 속마음의. ¶说句～的话｜마음에서 우러나오는 말을 하다.

【掏腰包】tāo yāobāo 動組 口 ❶자기 돈으로 비용을 내다. 비용을 자담하다. ¶今天我～, 请大家吃饭｜오늘은 내가 (돈을 내서) 여러분들에게 한턱 내겠다. ¶今儿晚上咱请客, 不用大伙儿～｜오늘 저녁은 내가 한턱낼테니 여러분들은 돈을 낼 필요없다. ❷소매치기가 지갑이나 호주머니를 털다. ¶他被人～了｜그는 호주머니를 털렸다.

4【滔】tāo 창일할 도
形 (물이) 가득차다. 충만하다. 도도(滔滔)하다. ¶波浪～天｜큰 파도가 하늘을 뒤덮을 듯하다.

【滔滔】tāotāo 䝼 ❶큰 물이 출렁이다. 도도하다. ¶江水～不休｜장강의 물이 쉬지 않고 도도하게 흐른다. ¶白浪～, 无边无际｜흰 물결이 도도하여 끝이 없다. ❷끊임없이 말하다. 말이 술술 나오다. ¶～议论｜논란이 끊임없이 계속되다. ¶～不断｜말이 끊임없다.

4【滔滔不绝】tāo tāo bù jué 國 (물이) 도도히 흐르다. (말을) 끊임없이 말하다. ¶他讲起话来, ～｜그는 말을 하기 시작하면 청산유수로 끊임이 없다. ¶他～地讲了两个小时｜그는 두시간동안 쉬지 않고 이야기했다.

【滔天】tāotiān 䝼 하늘까지 닿다. 하늘에 차고 넘치다. 파도가 사납다. 죄악〔재앙〕이 매우 크다. ¶波浪～｜파도가 하늘을 덮을 듯하다. ¶罪恶～｜죄악이 하늘만큼 크다. ¶惹rě下了～大祸｜큰 화를 초래했다.

【韬(韜)】tāo 활집 도
書 ❶名 활집. 칼집. ❷名 병법(兵法). 전술. ¶～略↓ ❸動 轉 숨기다. 감추다.

【韬藏】tāocáng ⇒〔韬光养晦〕

【韬光养晦】tāo guāng yǎng huì 國 재능을 감추고 드러내지 않다. 때를 기다리다. ¶他不得志时, 就躲进深山～去了｜그는 뜻을 얻지 못하자 재능을 감추고 때를 기다리려고 깊은 산으로 가서 숨었다 =〔韬藏〕〔韬晦〕

【韬晦】tāohuì ⇒〔韬光养晦〕

【韬略】tāolüè 名 ❶(Tāo Lüè) 육도(六韜)·삼략(三略) [옛날의 병서(兵書)] ❷병법(兵法). ❸군사적인 책략(策略).

【饕】tāo 탐할 도
書 動 (재물·음식 따위를) 탐내다. ¶老～｜탐식(貪食)하는 사람. ¶～餮tiè↓ →〔叨tāo③〕

【饕餮】tāotiè 名 ❶흉악하고 탐식(貪食)하는 전설상의 야수(野獸). ❷ 喻 흉악하고 욕심이 많은 사람. ❸ 喻 탐식하는 사람. 먹보. 식충이. ¶素性～, 决不后人｜천성이 게걸스러워 먹는 데에는 결코 다른 사람에게 뒤지지 않는다 =〔老饕〕

táo ㄊㄠˊ

【洮】táo Yáo 씻을 도, 물이름 조
Ⓐ táo ❶ 書 動 씻다. 세수하다. ❷「淘」와 통용 ⇒〔淘①〕 ❸(Táo) 名 〈地〉도하(洮河) [감숙성(甘肅省)에 있는 강]
Ⓑ Yáo 名 〈地〉조호(洮湖) [강소성(江蘇省)에 있는 호수이름으로 5호(五湖)의 하나]

3【桃】táo 복숭아나무 도
❶名 〈植〉복숭아(나무). ❷(～儿) 복숭아처럼 생긴 것. ¶棉～｜목화송이. 목화다래. ❸名 簡 호두. ¶～酥sū｜〈食〉호두를 넣어서 만

든 과자 =〔核桃〕❹ 轉 연분홍 빛. ¶ ~色↓ ❺ 색정적인. 선정적인. ¶ ~色↓ ❻ (Táo) 名 성(姓).

【桃板】 táobǎn ⇒〔桃符②〕

【桃饱杏伤人】 táo bǎo xìng shāng rén 諺 복숭아는 많이 먹어도 좋으나, 살구는 몸에 해롭다.

【桃符】 táofú 名 ❶ 도부 [옛날 「神荼」「郁yù垒」 두 문신(門神)을 그려 넣거나 그 이름을 써넣어 대문에 걸어두었던 복숭아 나무 판자] =〔桃板〕 ❷ 춘련(春聯). 후에 춘련을 도부에 붙였기 때문에 춘련을 가리키기도 함 =〔春联chūnlián(儿)〕

【桃脯】 táofǔ 名〈食〉❶ 복숭아를 설탕에 절여서 말린 것. ❷ 녹두 가루에 복숭아의 단즙을 섞어서 끓여 만든 말랑말랑한 식품.

【桃脯干儿】 táo·fugānr 名組 복숭아의 과육을 말린 것.

【桃核儿】 táohér 名 복숭아씨.

【桃红】 táohóng 名〈色〉도홍색. 연분홍색. ¶ ~的裙子 | 연분홍색 치마. ¶ ~的衬衫 | 연분홍색 샤쓰.

【桃红柳绿】 táo hóng liǔ lǜ 成 복숭아꽃이 붉게 피고 실버들은 푸르렀다. 봄의 경치가 아름답다. ¶ 苏堤两边儿~ | 항주(杭州) 서호(西湖)에 있는 소제 양쪽에 복숭아가 붉고 실버들은 푸른 것이 아주 아름답다.

【桃红色】 táohóngsè 名〈色〉도홍색. 핑크.

4【桃花】 táohuā 名 ❶ 복숭아꽃. ¶ ~盛开shèngkāi | 복숭아꽃이 활짝 피다. ❷ 여자의 아름다운 용모를 형용하는 말. ❸ 사춘기의 남녀가 연애로 인하여 몸을 그르치는 일. ¶ ~案 | 도색사건(桃色事件).

【桃花癸水】 táohuā guǐshuǐ 名組 월경(月經).

【桃花癣】 táohuāxuǎn 名〈醫〉마른버짐. 건선(乾癬) [「风fēng癣」의 다른 이름] ¶ 两腮作痒, 恐又犯了~ | 양뺨이 가려운데, 마른버짐이 생긴 것 같다《紅樓夢》

【桃花汛】 táohuāxùn 名 ❶ 도화수 [복숭아꽃이 필 무렵, 얼음이 녹아 흘러 강물이 불어나는 것] =〔桃花水①〕〔春汛〕 ❷ 봄의 어로기(漁撈期) ‖ =〔桃汛〕

【桃花鱼】 táohuāyú 名〈魚貝〉피라미.

【桃花源】 táohuāyuán ⇒〔桃源①〕

【桃花运】 táohuāyùn 名 도화살(桃花煞). ¶ 走~ | 도화살이 끼다.

【桃胶】 táojiāo 名 ❶ 복숭아나무의 진 [이질(痢疾)의 치료에 쓰임] ❷ 「阿拉伯胶」(아라비아 고무)의 속칭.

【桃胶珠】 táojiāozhū ⇒〔阿ā拉伯胶〕

【桃李】 táolǐ 書 名 喩 ❶ 문인(門人). 문하생(門下生). ¶ ~满门 =〔桃李盈门〕| 문하생이 문하에 가득하다. ¶ ~满天下 | 문하생이 천하에 가득하다. ❷ 형제. ❸ 아름다운 얼굴.

【桃李不言, 下自成蹊】 táo lǐ bù yán, xià zì chéng xī 成 복숭아와 오얏은 말이 없으나, 그 아래에는 저절로 길이 생긴다. 덕이 있는 사람은 스스로 자랑을 하지 않아도 자연히 사람들이 따르기 마련이다.

【桃儿】 táor ⇒〔桃子〕

【桃腮杏眼】 táosāi xìngyǎn 成 喩 여자의 아름답고 사랑스러운 용모. ¶ 她长着~, 十分漂亮 | 그녀는 볼이 마치 복사꽃같고 눈은 살구같아 정말 예쁘게 생겼다.

【桃色】 táosè 名 ❶ 연분홍빛. ❷ 喩 문란한 남녀관계. ¶ ~案 | 도색 사건. ¶ ~新闻 | 도색 뉴스.

【桃汛】 táoxùn ⇒〔桃花汛〕

【桃源】 táoyuán 名 ❶ 별천지. 이상향. 선경(仙境) [무릉 도원(武陵桃源)의 약칭. 도연명(陶淵明)의 도화원기(桃花源記)에서 나온 말] =〔桃花源〕 ❷ (Táoyuán) 〈地〉 호남성(湖南省)에 있는 현 이름.

【桃子】 táo·zi 名 복숭아. ¶ ~成熟了 | 복숭아가 익었다 =〔桃儿〕

2【逃〈迯〉】 táo 달아날 도

動 ❶ 달아나다. 도망치다. ¶ 从敌人监狱jiānyù~出来 | 적의 감옥으로부터 도망쳐 나오다. ¶ ~了一个犯人 | 범인 한 명이 달아났다. ¶ ~到乡下去了 | 고향으로 달아났다. ¶ 潜qián~ | 몰래 달아나다. ❷ (도)피하다. ¶ 他还不起高利贷, 只得~到外地躲了一阵 | 그는 고리대금을 갚을 수 없었기 때문에 외지로 피해서 한동안 숨어지낼 수 밖에 없었다. ¶ ~难↓

【逃奔】 táobèn 動 도망치다. 달아나다. ¶ ~他乡 | 타향으로 도망치다. ¶ ~到江南 | 강남으로 도망하다.

3【逃避】 táobì 動 貶 (부닥치기 싫은 일·사물을) 피하다. 어법 「逃避」는 주로 부정적인 의미로 사용되며 일이나 사물만이 목적어로 오는데 반해, 「躲避duǒbì」는 부정적인 의미가 없고 사람도 목적어로 올 수 있음. ¶ ~现实 | 현실을 도피하다 =〔逃躲〕

【逃兵】 táobīng 名 ❶ 도망병. 탈주병 =〔逃军②〕 ❷ 喩 직장[근무] 이탈자. ¶ 不许当~ | 이탈자가 되서는 안된다.

【逃窜】 táocuàn 動 도망하다. 빠져 나가다. ¶ 四处~ | 사방으로 흩어져 도망하다.

【逃遁】 táodùn 書 動 도망치다. 달아나 숨다. ¶ 仓皇~ | 황급히 달아나다.

【逃反】 táo/fǎn 動 전란(戰亂)이나 비적(匪賊)의 습격을 피하여 다른 곳으로 도망치다. 피난하다 =〔方 跑反〕

【逃犯】 táofàn 名 도망 범죄인. 탈주범.

4【逃荒】 táo/huāng 動 기근으로 인하여 타지방으로 피난하다. ¶ ~的 | 기근으로 인한 피난민 =〔避bì荒〕

【逃开】 táokāi 動 ❶ 달아나다. ❷ 이탈하다. ❸ 도피하다.

【逃命】 táo/mìng 動 목숨을 건지다. 위험에서 빠져나와 목숨을 보전하다. ¶ 什么都丢掉, 只顾~ | 모든 것을 다 버리고 목숨만 보전하려하다. ¶ 各自~ | 각자 살 길을 찾다 =〔成 逃出虎口〕〔成 虎口余生〕

【逃难】 táo/nàn 動 피난하다. ¶ 去他乡~去了 | 타향으로 피난갔다.

【逃匿】 táonì 書 動 도망쳐 행방을 감추다.

4【逃跑】táopǎo 動 (불리한 상황이나 일을 모면하기 위해) 빠져 달아나다. 도망가다. ¶他~了 | 그는 빠져 나갔다.

【逃散】táosàn 動 뿔뿔이 흩어지다. 도망하여 행방을 감추다. ¶敌人四处~ | 적들은 사방으로 뿔뿔이 흩어졌다.

【逃生】táoshēng ❶ 名 학교를 도망나간 학생. ¶这个学校拆除chāichú铁栅后, 三年无~ | 이 학교는 철책난간을 제거한 이후로 3년동안 도망생(生)이 없었다. ❷ 動 도망쳐 목숨을 구하다. ¶死里~ | 구사일생하다.

【逃税】táo/shuì ⇒〔漏lòu税〕

【逃脱】táotuō 動 ❶ 도주하다. 탈출하다. ❷ (위험이나 불리한 입장에서) 벗어나다. 면하다. ¶~责任 | 책임에서 벗어나다.

【逃亡】táowáng 動 도망치다. ¶~者 | 도망자. ¶~在国外的民主运动人士 | 국외로 도망한 민주운동가.

【逃席】táo/xí 動 (연회석 등에서) 몰래 자취를 감추다.

【逃学】táo/xué 動 ❶ 학업을 게을리하다. ❷ 학교를 무단 결석하다 ‖ =〔旷kuàng课〕〔躲duǒ学〕〔滑huá学〕〔方 赖lài学〕〔偷tōu学〕

【逃逸】táoyì 書 動 도망가다. ¶~无踪wúzōng | 온데 간데 없이 감쪽같이 달아나다.

【逃债】táozhài 動 빚장이를 피해 도망치다. 빚을 떼어 먹고 달아나다.

【逃之夭夭】táo zhī yāo yāo 成 꽁무니가 빠지게 달아나다. ¶一见情势不妙, 他赶紧gǎnjǐn~ | 정세가 여의치 않은 것을 보자마자 그는 바로 줄행랑을 놓았다.

4【逃走】táozǒu 動 도주하다. ¶他吓得~了 | 그는 놀라서 달아났다.

4【陶〈匋〉】táo yáo 질그릇 도, 사람이름 요

Ⓐ táo ❶ 名 질그릇. 오지그릇. 도기(陶器). ¶~器↓ ❷ 도자기를 굽다. 질그릇을 굽다. ¶~冶↓ ❸ 轉 교육하다. 양성하다. 길러내다. ¶熏xūn~ | 가르쳐 감화시키다. ❹ 만족하다. 흐뭇하다. 즐겁다. ¶~然↓ ¶~醉↓ ❺ (Táo) 名 성(姓).

Ⓑ yáo 인명에 쓰이는 글자. ¶皋Gāo~ | 고요. 순(舜)임금의 신하.

4【陶瓷】táocí 名 도자기. ¶~的盒子 | 도자기를 담는 상자.

【陶管】táoguǎn 名 도관.

【陶钧】táojūn 書 ❶ 名 도기를 만드는 녹로. ❷ 動 喩 천하를 잘 다스리다. 인재를 양성하다.

【陶粒】táolì 名〈建〉세람사이트(ceramsite). ¶~混凝土 | 세람사이트 콘크리트

【陶器】táoqì 名 도기. 오지 그릇. ¶~窑yáo | 도요. 도기 굽는 가마. ¶三国时代的~ | 삼국 시대의 도기.

【陶然】táorán 狀 편안하다. 느긋하다. 흐뭇하다.

【陶陶】táotáo 狀 느긋해하며 즐거워하다. ¶无思无虑, 其乐~ | 아무 근심 걱정 없이 매우 즐겁다.

【陶冶】táoyě 動 ❶ 질그릇을 굽거나 쇠붙이를 불리다. ❷ (인격·품성 따위를) 함양하다. ¶观赏大自然的风光可以~性情 | 대자연의 경치를 즐기면 품성을 함양할 수 있다. ¶~自己的情操qíngcāo | 자기의 정서를 함양하다. ❸ 名 함양. 수련. ¶他从小就受过音乐的~ | 그는 어려서부터 음악 수련을 받았다.

【陶铸】táozhù 書 動 ❶ 도기 또는 주물을 만들다. ❷ 喩 (인재를) 양성하다. 연마하다. ¶~技术 | 기술을 연마하다.

【陶醉】táozuì 動 도취하다. 넋을 잃다. 거나하게 취하다. ¶我被这动人的情景~了 | 나는 이 감동적인 정경에 도취되었다. ¶他~于胜利的幸福之中 | 그는 승리의 기쁨에 취해 있다.

【啕〈咷〉】táo 울 도

動 울다. ¶号~ =〔嚎háo啕〕 | 큰 소리로 울다.

4【淘】táo 일 도

❶ 動 (쌀 따위를) 일다. 잡물을 씻어내다. ¶~米↓ ¶~金↓ =〔洮táo①〕 ❷ 動 (우물·도랑·변소 따위를) 치다. 가시다. 부시다. ¶这口井该~一下了 | 이 우물은 한번 쳐야겠다. ¶~厕所 | 변소를 치다. ¶~缸 | 독을 가시다 =〔掏tāo①〕 ❸ 形 方 장난이 심하다. 말을 듣지 않다. 개구장이다. ¶这孩子真~ | 이 아이는 장난이 정말 심하다. ❹ 動 (힘을) 소모하다. ¶~神↓ ❺ 動 方 시간을 들여 물건을 고르다. ❻ 動 물을 밥에 부어 젓다.

【淘河】táohé 名〈鳥〉펠리컨(pelican). 사다새.

【淘金】táo/jīn 動 ❶ 사금을 일다. ❷ 轉 돈벌이하다. ¶出外~ | 멀리 나가 돈벌이하다. ¶他想去美国~ | 그는 돈벌이하러 미국에 가려고 한다.

【淘箩】táoluó 名 (쌀 등을 이는) 조리. ¶用~洗稻种dàozhǒng | 조리로 볍씨를 씻다.

【淘米】táo/mǐ 動 쌀을 일다. ¶~(泔gān)水 =〔泔水①〕 | 쌀뜨물.

4【淘气】táo/qì ❶ 動 方 (공연히) 화를 내다. ¶你别在家~了, 还是走吧 | 집에서 공연히 화만 내지 말고 좀 나가는게 좋겠다. ❷ 動 方 성가시게 하다. 화나게 하다. 귀찮게 하다. ¶真是~! | 정말 성가시네! =〔惹rě气〕 ❸ (táoqì) 形 장난이 심하다. ¶这孩子很聪明, 可就是有些~ | 이 아이는 총명하지만 좀 장난이 심하다.

【淘气鬼】táoqìguǐ 名 개구장이. 장난꾸러기 =〔淘气包(子)〕〔淘气精〕〔淘气儿〕

【淘神】táoshén 動 口 신경쓰게 하다. 속을 썩이다. ¶我淘多大神才找到 | 내가 얼마나 많이 신경을 써서 찾은 건데. ¶这事还真~ | 이 일은 정말 속 썩이네.

4【淘汰】táotài ❶ 動 나쁜 것을 추려내고 좋은 것만 남기다. 조건에 맞지 않는 것을 제거하다. ¶~了一些陈旧设备 | 오래된 시설 약간을 추려냈다. ¶我国选手被~了 | 우리나라 선수는 실격했다. ¶这种机器已经~了 | 이러한 기계는 이미 쓸모없게 되었다. ❷ 名 動〈生〉도태(하다) ‖ =〔書 淘漉lù〕〔書 洮汰〕

【淘汰赛】táotàisài 名〈體〉승자전. 토너먼트(tournament). ¶他也参加了这次~ | 그는 이번 토너먼트에도 참가했다.

【淘鱼】táoyú 動 물을 퍼내어 고기를 잡다. ¶他们去水沟shuǐgōu中～去了｜그들은 고기를 잡으러 도랑에 갔다.

3【萄】táo 포도나무 도
名 簡〈植〉포도. ¶～糖＝〔葡萄pútáo糖〕〔葡糖〕｜포도당. ¶～酒＝〔葡萄酒〕｜포도주＝〔葡萄〕

【梼(檮)】táo 어리석을 도
⇒〔梼昧〕〔梼杌〕

【梼昧】táomèi 書 形 謙 우매하다. 무지하다. ¶自惭zìcán～｜스스로 무지함을 부끄럽게 생각합니다.

【梼杌】táowù 名 ❶ 전설상의 흉악한 맹수. ❷ 喩 흉악한 사람.

【鼗〈鞉鞀〉】táo 땡땡이 도
書 名 땡땡이. 작은 북.

tǎo ㄊㄠˇ

4【讨(討)】tǎo 칠 토
動 ❶ 요구하다. 청구하다. ¶～教↓ ¶～债↓ ¶房东～房租来了｜집주인이 집세달라고 왔다. ❷ (재촉하여) 받아내다. 거두어 들이다. ¶我不向你～赡养费shànyǎngfèi｜너에게 부양비를 달라고 하지 않겠다. ❸ 초래하다. 야기하다. ¶～人喜欢↓ ¶～厌↓ ¶自～苦吃｜고생을 사서 하다. ❹ (아내를) 얻다. ❺ 문책하다. 규탄하다. 轉 정벌하다. 토벌하다. ¶声～｜성토하다. ¶南征北～｜무력으로 남북을 정벌하다. ❻ 탐구하다. 연구하다. ¶检～｜검토하다. ¶商～｜토의하다. 협의하다. ¶探～｜토의하다. 탐구하다.

【讨打】tǎodǎ 動 맞다. ¶成心～｜일부러 맞을 짓을 하다.

【讨伐】tǎofá 動 토벌하다. ¶～叛逆pànnì｜반역자를 토벌하다.

【讨饭】tǎo/fàn 動 걸식하다. 빌어먹다. ¶～的｜거지. ¶靠kào～过活｜빌어먹으며 살아가다＝〔方 讨口〕〔方 讨米〕

【讨好(儿)】tǎo/hǎo(r) 動 ❶ 잘보이기 위해 남의 비위를 맞추다. 잘보이려고 하다. 기분을 맞추다. ¶为了向上爬, 他处处～上司｜위로 올라가기 위해 그는 도처에서 윗사람에게 잘보이려고 한다. ¶你在她面前讨讨好, 也许她能原谅yuánliàng你｜네가 그녀을 직적 대하고 기분을 좀 맞추어 주면 아마도 너를 용서할런지 모른다. ¶讨不出好来｜마음에 들게 하지 못하다. 비위를 맞추지 못하다. ¶讨他的好儿｜그의 마음에 들게 하다. ¶～东家, 得罪西家｜이쪽에 잘보이면 저쪽에 미움을 사게 된다→〔迎yíng合①〕 ❷ 좋은 결과를 얻다. 어법 주로 부정문에 쓰임. ¶费力不～｜애만 쓰고 좋은 결과를 얻지 못하다. 헛수고하다. ¶你吃力不～, 自找没趣｜너는 고생만 하고 좋은 결과를 얻지 못했으니 스스로 재미없는 일을 사서 한 것이다.

【讨还】tǎohuán 動 받아내다. 반환을 요구하다. ¶～血债xuèzhài｜피맺힌 원수를 갚다.

4【讨价还价】tǎo jià huán jià 威 ❶ 물건 값을 흥정하다 [「讨价」는 팔 사람이 말하는 값이며,「还价」는 살 사람이 깎는 값임] ❷ (일을 맡을 때나 담판할 때) 흥정하다. 시시콜콜 따지다. ¶以种种借口jièkǒu～｜갖가지 구실로써 옴니암니 따지다. ¶这事儿就这么办bàn, 你不要～了｜이 일은 그만 이렇게 하자. 너 너무 그리 자질구레하게 따지지마라＝〔要价(儿)还价(儿)〕

【讨教】tǎo/jiào 動 가르침을 청하다. 지도를 바라다. ¶这个问题搞不懂, 特向老师～｜이 문제는 잘 이해가 되지 않아 특별히 선생님께 가르침을 청합니다. ¶向您～一个问题｜당신께 한 문제를 배우고자 합니다.

1【讨论】tǎolùn 名 動 토론(하다). 의논(하다). ¶～问题｜문제를 토론하다. ¶进行(展开)～｜토론하다. ¶～了一番｜한 차례 토론했다.

【讨没趣(儿)】tǎo méiqù(r) 動組 모처럼 한 일이 잘못되다. 애를 썼지만 결과가 좋지 않다. 사서 고생하다. ¶你这不是自～吗?｜이것은 네가 사서 고생한 것이 아닌가?

【讨命鬼】tǎomìngguǐ 名 喩 일부러 남을 괴롭히는 사람. ¶这个～又来了｜이 놈 또 사람 괴롭히려고 왔군.

【讨便宜】tǎo pián·yi 動組 자기에게 유리하게 되기를 바라다. 이기적인 짓을 하다. ¶他在这个问题上讨不了便宜｜그는 이 문제에 있어서는 자기만 유리하게 못할 것이다. ¶精明人会讨别人的便宜｜약빠르고 영리한 사람은 남보다 자기 이익만을 꾀한다.

【讨平】tǎopíng 動 토평하다. 평정하다. ¶～叛乱｜반란을 평정하다.

【讨乞】tǎoqǐ 動 구걸하다. 자비를 구하다. ¶沿街yánjiē～｜길을 따라 구걸다니다＝〔乞讨〕

【讨气】tǎoqì 動 江 배알이 꼴리다. 약이 오르다. 부아가 나다.

【讨巧】tǎo/qiǎo 動 힘들이지 않고 이익을 얻다. ¶他真～, 刚调diào来就加了工资｜그는 정말 힘안들이고 이익을 챙겼어. 막 전근되어 오자마자 월급이 올랐다니.

【讨俏】tǎo/qiào 動 ❶ 갈채를〔칭찬을〕받다. ❷ 남의 마음에 들도록 행동하다. 남에게 잘 보이려고 애쓰다. ¶卖好～｜아첨하여 잘 보이려고 하다.

【讨亲】tǎo/qīn 動 方 아내를 얻다. 장가들다.

【讨情(儿)】tǎo/qíng(r) 動 方 남에게 관대한 용서를 빌다. (남을 대신하여) 사과하다. ¶～告饶｜용서를 빌다.

【讨饶】tǎo/ráo 動 용서를 빌다. 사과하다. ¶他痛得连声～｜그는 하도 아파서 연신 용서를 빌었다.

【讨人喜欢】tǎo rén xǐ·huan 動組 남들이 좋아하게 만들다. ¶这孩子很～｜이 아이는 남들의 귀여움을 많이 산다＝〔讨人喜爱〕

【讨人嫌】tǎo rén xián 動組 남들이 미워하게 만들다. 남의 미움을 사다. ¶他竟爱说～的话｜그는 남의 미움을 살만한 말만 골라 한다. ¶这孩子真讨人嫌｜이 아이는 정말 남에게 미움을 받는다.

【讨生活】tǎo shēnghuó 動組 살아갈 방도를 찾다. 하루하루 살아가다. ¶他就靠这点技能～｜

그는 이 기술 하나로 하루하루 살아 간다.
【讨嫌】tǎo/xián 動 미움을 받다〔사다〕. ¶你不只是讨一个人嫌, 还讨大家嫌 | 너는 한 사람에게서만 미움을 받는 것이 아니라 모두에게서 미움을 받고 있다.
²【讨厌】tǎoyàn ❶形 밉살스럽다. 혐오스럽다. ¶你真～! | 너 정말 미워! ¶他有些地方～ | 그는 좀 밉살스런 데가 있다. ❷形 (사정이 어려워서) 성가시다. 번거롭다. 귀찮다. ¶这种病～得很, 经常会发作 | 이러한 병은 매우 고약해서 자주 재발한다. ¶这可是件～的事, 不大好办 | 이것은 정말 성가신 일이라서 처리하기가 그리 쉽지 않다. ❸(tǎo/yàn) 動 싫어하다. 미워하다. ¶那个小伙子她特别～ | 그 젊은이를 그녀가 유난히 싫어한다. ¶他不懂装懂, 让人～ | 그는 모르면서도 아는 체해서 남의 미움을 산다. ¶不晓得为什么她就是～我 | 그 여자가 어째서 나를 그토록 싫어하는지를 모르겠다 =〔隔gé厌〕‖ 어법「讨厌」은 동사·형용사 용법이 다 있지만,「厌恶yànwù」은 동사 용법만 있으며「讨厌」보다 의미가 강해「증오·반감」등을 나타냄.
【讨厌鬼】tǎoyànguǐ 名 심술장이. 밉살스러운 놈. ¶你这个～ | 너이 심술장이야.
【讨债】tǎo/zhài 動 반제를 청구하다. 빚을 독촉하다 =〔讨帐〕
【讨帐】tǎo/zhàng ⇒〔讨债〕

tào ㄊㄠˋ

2【套】tào 덮개 투 ❶(～儿, ～子) 名 덮씌우개. 커버. ¶钢笔～儿 | 만년필 뚜껑. ¶手～ | 장갑. ¶书～ | 책 커버. ¶外～ | 외투. ❷(～儿) 名 옷이나 이불 속에 넣는 솜. ¶袄ǎo～ | 옷솜. ¶棉花～子 | 면화 솜. ❸名 (실·끈 따위로 만든) 고리. 굴레. 올가미. ¶拴shuān个～儿 | 고리를 매다. ¶牲口shēngkǒu～ | (가축의) 굴레. ¶可别上他的～儿 | 그의 올가미에 걸려들지 말아라. ❹(～儿) 名 상투적인 말. 인사말. ¶～语 | 판에 박힌 말. 인사말. ¶客～ | 인사말. ❺名 (낡은) 수법. 습관. 식. ¶俗～ | 속된 수법. ¶他总是那一～ | 그는 언제나 그런 식이다. ❻動 (덧)씌우다. 껴입다. ¶把塑料袋～在外面 | 비닐 봉지를 밖에 덧씌웠다. ¶～上一件棉背心 | 면 조끼를 하나 더 껴입다. ¶～上笔帽儿 | 붓두껍을 씌우다. ❼動 (서로) 겹치다. 거듭하다. 연결하다. ¶～版↓ ¶～间↓ ¶～色↓ ❽方動 (이불이나 옷에) 솜을 골고루 넣어 꿰매다. ¶～了一件棉衣 | 솜옷을 한 벌 만들다. ❾動 (고리를 걸어) 씌우다. 홀치다. 메우다. ¶～狗 | 개를 홀치다. ¶～车 | (말이나 소에) 수레를 메우다. ❿動 모방하다. 본뜨다. 틀에 맞추다. ¶这是从现成文章上～下来的 | 이것은 기존의 문장에서 따온 것이다. ¶我是～他的话说的 | 나는 그의 말을 모방해서 말한 것이다. ⓫動 (참뜻이나 실제 사실을) 실토하게 하다. 유도하다. ¶你要说法～他的话 | 너는 방법을 강구해서 그가 실토하도록 해야 한다. ¶他心里的真实想法被我～出来了 | 그의 속 생각이 나에 의해 실토되었다. ⓬動 관계를 맺다. 가까이하다. 친근하게 사귀다. ¶～交情 | 친근하게 사귀다. ⓭量 벌. 조. 일식(一式). 세트〔한조를 이루고 있는 기물에 쓰임〕¶一～衣服 | 옷 한 벌. ¶一～沙发 | 소파 한 세트. ⓮量 련. 가지〔기구·제도·방법·재능·언어 등의 체계를 이루고 있는 추상 명사에 쓰임〕¶一～办法 | 일련의 방법. ¶一～老思 | 일련의 낡은 사상. ¶一～技术 | 일련의 기술. ⓯量方 배. ¶比先前好一百～了 | 이전보다 백 배나 더 좋아졌다.
【套版】tào/bǎn 〈印出〉❶動 인쇄판을 기계에 맞추다. ❷(tàobǎn) 名 채색판. 천연색판. ¶～印刷 | 채색판 인쇄 =〔套色版〕
【套包(子)】tàobāo(·zi) 名 (말·나귀·노새 목에 거는) 목걸이.
【套裁】tàocái 動 (천을 아낄려고) 한 옷감으로 둘 이상의 옷을 재단하다. ¶～可以省布料 | 한 옷감으로 둘 이상의 옷을 재단하면 천을 절약할 수 있다.
【套车】tào/chē 動 마소에 수레를 메우다. ¶套好了车了 | 마차 준비가 다 되었습니다. ¶二～ | 쌍두 마차. ¶三～ | 삼두 마차.
【套房】tàofáng ⇒〔套间(儿)〕
【套服】tàofú 名 슈트(suit)〔신사복 한 벌 또는 웃옷과 스커트로 된 여성복 한 벌〕¶西装～ =〔西服套装〕| 양복 한 벌 =〔套装〕
【套耕】tàogēng 名〈農〉(보습 두 개로 한곳을 동시에 두번 가는) 겹갈이. ¶采用～, 提高产量 | 겹갈이 방식을 써서 생산량을 늘리다 =〔套犁lí〕
【套供】tàogòng 動 유도 심문하여 자백시키다. 유도심문하다. ¶用话～ | 말로 떠보고 얼러서 자백시키다.
【套购】tàogòu 動 ❶ 부정한 수단으로 국가에서 계획 분배한 상품을 사들이다. ¶粮食全部由国家收购, 任何人不得～ | 양식은 전부 국가에서 수매하므로 어떤 사람도 불법으로 사들여서는 안된다. ¶以协作为名, ～国家物资 | 협력을 구실로 국가의 물자를 부정 구입하다. ❷ 일괄 구입하다.
【套话】tàohuà 名 ❶ 인사말 =〔套语〕❷ 틀에 박힌 말. 상투어. ¶他的讲话稿中充满了～ | 그의 강연 원고 속에는 상투어가 가득했다 =〔套句〕〔套语〕
【套汇】tàohuì 動 ❶ 암거래 환(換)으로 송금하다. ¶～的办法多得很 | 암거래식 송금의 방법은 얼마든지 있다. ❷(환거래에서) 환차익을 얻다.
【套间(儿)】tàojiān(r) 名 ❶ 본채의 양쪽 곁에 딸린 작은 두 방. ❷ 연이어져 있는 두 방 중의 안쪽에 있는 작은 방〔일반적으로 직접 밖으로 통하는 출입구가 없음〕‖ =〔捎shāo间(儿)〕〔退步⑤〕→〔耳房〕❸(호텔 따위의) 응접실 화장실 등 여러 방이 나뉘어져 있는 큰 방. 스위트룸(suiteroom)〔직접 바깥과 통하는 출입구는 하나임〕‖ =〔套房〕
【套交情】tào jiāo·qing 動組 친근하게 굴다. ¶她上来跟我～ | 그녀가 처음에는 나에게 친근하게 대했다.

T

【套近(乎)】tào jìn(·hu) 謔 貶 잘 알지 못하는 사람과 아는 체 하여 친한것 보이다. ¶刚见面,他就去同人家～｜방금 만났는데 그는 바로 사람들과 아는 체 하여 친한 척 한다. ¶少～!｜정말로 친한듯 꾸며대지 말라! =〔套拉拢〕〔拉近①〕

【套裤】tàokù 名 덧바지.

【套犁】tàolí ⇒〔套耕〕

【套楼】tàolóu 動〈農〉(이랑사이에) 이랑을 짓다.

【套路】tàolù 名 하나의 체계를 갖춘 무술(武術) 동작. ¶少林武术～｜소림식 무술 체계. ¶我熟悉他的～｜나는 그의 무술에 대해서 잘 알고 있다.

【套曲】tàoqǔ 名〈音〉희유곡(嬉遊曲). 모음곡. 조곡(組曲). 디베르티멘토(divertimento;이). ¶他们演奏了～｜그들은 모음곡을 연주했다.

【套色】tào/shǎi〈印出〉❶ 動 착색〔채색〕하다. ❷ (tàoshǎi) 名 착색. 채색. ¶～版 =〔套版〕｜착색판. 채색판. ¶～木刻｜채색 목각. ¶～印刷｜채색〔천연색〕인쇄.

【套式】tàoshì 名 고정된 형식. ¶改变～｜고정된 틀을 바꾸다.

【套数(儿)】tàoshù(r) 名 ❶ 희곡(戲曲)이나 산곡(散曲)에서 하나로 묶은 곡. ❷ 喻 체계를 이루는 기교나 수법. ¶他掌握的魔术的～还不少｜그가 마스터한 마술 수법은 꽤 많다.

【套套】tào·tao 名 方 방법. 수단. 수법. ¶老～不灵了,得换个新～｜늘 쓰는 수법이 잘 듣지 않으니 새 수법으로 바꾸어야겠다. ¶年年有新～｜매년 새로운 수법이 있다.

【套问】tàowèn 動 (의도를 드러내지 않고) 넌지시 묻다. 에둘러 묻다. ¶他巧妙地～｜그는 교묘하게 에둘러 물었다. ¶他从小孩嘴里～出许多实情｜그가 에둘러 묻는 말에 어린아이 입에서 많은 실상황이 흘러나왔다.

【套袖】tàoxiù 名 토시. ¶她戴着白～｜그녀는 흰 토시를 끼고 있다.

【套印】tàoyìn 名 動〈印出〉채색〔천연색〕 인쇄(하다). ¶朱墨～｜빨강과 검정의 채색 인쇄. ¶～本｜채색 인쇄본.

【套用】tàoyòng 動 모방하여 응용하다. ¶这句话可不能随便～｜이 말은 절대로 자기멋대로 흉내내서는 안된다. ¶～公式｜공식을 응용하다.

【套语】tàoyǔ ⇒〔套话②③〕

【套院】tàoyuàn 名 중간이 뜰이고 3면이 가옥인 형태의 집. ¶他住着～｜그는「ㄷ」자형 집에 산다.

【套种】tàozhòng 動 간작(間作)하다. 사이짓기하다. ¶实行～, 可以增产｜간작을 실시하면 생산량을 증가시킬 수 있다 =〔套作〕〔单作〕〔间作〕

【套装】tàozhuāng ⇒〔套服〕.

【套子】tào·zi 名 ❶ 덮개. 집. 뚜껑. 껍데기. 주머니. ¶洋伞～｜양산 커버. ¶给雨伞做个布～｜천으로 우산 주머니를 만들다. ¶照相机～｜카메라 케이스. ¶沙发～｜소파 커버. ❷ 方 옷이나 이불안의 솜. ❸ 상투적인 인사말. 구투(舊套). ¶俗～｜속례. 관례. ❹ 喻 함정. 올가미. 계략.

tè ㄊㄜˋ

【忑】tè 마음내려앉을 특 ⇒〔忐tǎn忑〕

【忒】tè ☞ 忒 tuī Ⓑ

【铽(鋱)】tè (테르븀 특) 名〈化〉화학 원소 명. 테르븀(Tb ; terbium).

1【特】tè 유다를 특 ❶ 形 특별하다. 특수하다. ¶～权｜특권. ¶～大号的胶鞋jiāoxié｜특대호 고무신. ❷ 副 유달리. 특히. 아주. 어법 대개 단음절 형용사 앞에서 쓰임. ¶他的成绩～好, 能力～强｜그는 성적이 특별히 좋고, 능력이 유달리 뛰어나다. ❸ 副 특별히. 전적으로. 일부러. 어법 일반적으로 동사 앞에서 쓰임. ¶～通知如下｜특별히 다음과 같이 통지한다. ¶～为你预备这间房子｜너를 위해서 특별히 이 방을 준비했다. ❹ 書 副 다만(…뿐). ¶不～此也｜다만 이것뿐이 아니다 =〔只〕〔但〕 ❺ 書 介 …으로써. 우선 [서신이나 공문의 결미어(結尾語)] ¶～此复上｜이상으로써 회답을 드립니다. 우선 답장을 드립니다. ❻ 名 簡「特务·wù」(간첩·스파이)의 약칭. ¶匪～｜적의 간첩. ¶防～｜방첩. ❼ 名 簡〈物〉「特斯拉」(테슬라)의 약칭.

1【特别】tèbié ❶ 形 특별하다. 일반적이지 않다. 여느 것들과 다르다. 어법 명사를 수식할 때「的」가 불필요함. ¶～快车｜특급열차. ¶式样很～｜스타일이 아주 특별하다. ¶他的脾气很～｜그의 성미는 유별나다. ❷ 副 매우. 대단히. 유달리. 어법 형용사나 동사구를 수식함. ¶早晨的空气～新鲜｜새벽 공기는 매우 신선하다. ¶火车跑得～快｜기차가 아주 빠르다. ¶这个节目～吸引观众｜이 프로그램은 유달리 관중을 끈다. ¶今天～热｜오늘은 유달리 덥다. ❸ 副 특별히. 강조해서. 일부러. 어법 동사를 수식함. ¶～招待｜특별히 초대하다. ¶妈妈又～叮嘱dīngzhǔ了他几句｜어머니는 또 그에게 몇 마디 신신당부했다. ¶～通知如下｜특별히 다음과 같이 통지한다. ❹ 副 특히 [따로 더 부언 설명을 할 필요가 있는 경우. 대개「～是」의 형태로 쓰임] ¶教师,～是中学小学的教师最辛苦｜교사들 특히 초중등학교 교사들이 가장 수고가 많다.

4【特产】tèchǎn 名 특산(물). ¶盐水鸭是南京的～｜소금에 절여 만든 오리요리는 남경의 특산품이다. ¶贵国的～是什么?｜당신네 나라의 특산품은 무엇입니까?

【特长】tècháng 名 장기. (특히 뛰어난) 장점. ¶彫刻是他的～｜조각이 그의 장기이다.

【特诚】tèchéng ⇒〔特地〕

【特出】tèchū 形 특출하다. 출중하다. ¶～的人才｜걸출한 인재. ¶～的优点｜특히 두드러진 장점. ¶～的成绩｜특출한 성적. ¶这个人很～｜이 사람은 아주 출중하다.

2【特此】tècǐ 札 이상〔이에〕…을 알립니다〔통지합니다〕[편지나 공문에 쓰이는 말] ¶～奉恳｜이상 부탁드립니다. ¶～通知｜이상 통지드립니다.

【特大】tèdà 屬 특대의. 특별히 크다. ¶～喜讯｜

최고의 희소식. ¶～丰收｜대풍년. ¶战胜百年未遇的～干旱｜백년 만에 맞는 큰 가뭄을 이겨내다. ¶～自然灾害｜엄청난 자연 재해. ¶～洪水｜대홍수. ¶～号｜특대호. ¶～的鞋｜특대호 신. ¶～号服装｜특대호 옷.

【特等】tèděng 區 특등(의). ¶～射手｜특등 사수. ¶这个舱位cāngwèi是～的｜이 좌석은 특석이다. ¶～奖｜특등상. ¶～功臣｜특등 공신.

4【特地】tè·dì 副 ❶ 특히. 특별히. 각별히. ¶学校～按排了这欢迎新生联欢会｜학교는 특별히 신입생 환영회를 열기로 했다 →〔专zhuān诚〕 ❷ 일부러. 모처럼. ¶～去访问他｜일부러 그를 찾아갔다 ‖＝〔特诚〕〔特特②〕〔特特(儿)地〕〔書 特为〕〔特意〕

2【特点】tèdiǎn 名 특색. 특징. 특성. ¶艺术～｜예술(적) 특색. ¶生理～｜생리적 특징. ¶没有什么～｜별다른 특징이 없다＝〔特色〕

4【特定】tèdìng 區 ❶ 특정의. 특정한. ¶～的任务｜특정 임무. ¶～的符号｜특정 부호. ¶～人物｜특정 인물. ❷ 일정한. 주어진. ¶～环境｜일정한〔주어진〕 환경. ¶在～的条件下｜주어진 조건하에서. ¶～的历史条件｜특정의 역사적 조건.

【特工】tègōng ❶ ⇒〔特务ⓑ〕 ❷ 名 비밀 정보 기관원. ❸ 名 비밀 경호원. 시크리트 서비스(secret service). ¶～人员｜비밀 경호원.

【特古西加尔巴】Tègǔxījiā'ěrbā 名 外 〈地〉 테구시갈파(Tegucigalpa) [「洪都拉斯」(온두라스; Honduras)의 수도]

【特惠待遇】tèhuì dàiyù 名組 〈貿〉 특혜 대우 [국가간의 무역에서 상호 혹은 일방 간에 특별 우대를 하는 정책] ¶享受xiǎngshòu～｜특병 대우를 누리다→〔最惠国待遇〕

【特惠关税】tèhuì guānshuì 名組 〈經〉 특혜 관세.

【特急】tèjí 書 狀 심급(甚急)하다. 절급(切急)하다. ¶～电｜지급(至急) 전보.

【特级】tèjí 名 특급. 최고급. ¶～人蔘茶｜최고급 인삼차.

【特辑】tèjí 名 특집. ¶新闻～｜뉴스 특집.

【特技】tèjì 名 ❶ 특기. ¶身怀～｜특기를 지니고 있다. ¶～表演｜특기 시범. ¶～飞行｜〈軍〉곡예 비행. 특수 비행. ❷ 〈撮〉 특수 촬영·트릭 워크(trick work). ¶～镜头｜특수 촬영 화면〔장면〕. ¶～撮影｜특수 촬영. 트릭 촬영.

【特价】tèjià 名 특가. 특별 인하 가격. ¶～出售｜특가로 판매하다. 특매하다. ¶～书｜특가본.

【特警】tèjǐng 名 특수경찰. ¶派出～去保卫总理｜특수경찰을 파견해서 총리를 보호하다.

【特刊】tèkān 名 특집호. ¶国庆～｜국경일 특집호. ¶元旦～｜설날 특집호.

【特克斯群岛和凯科斯群岛】Tèkèsī Qúndǎo hé Kǎikēsī Qúndǎo 名 外 〈地〉 영령 터크스앤드 카이코스제도(Turks and Caicos Islands) [수도는「科伯恩城(코크번 타운; Cockburn Town)]

【特快】tèkuài ❶ 名 簡 특별 급행 [「直通旅客特别快车」의 약칭] ¶～车｜특급 열차. ❷ 形 특히 빠르다. ¶～的速度｜특히 빠른 속도.

【特拉维夫】Tèlāwéifū 名 外 〈地〉 텔아비브 [이스라엘의 옛 수도]

【特立尼达和多巴哥】Tèlìnídá hé Duōbāgē 名 外 〈地〉 트리니다드—토바고(Trinidad and Tobago) [수도는「西班牙港」(포트오브스페인(Port of Spain))]

【特例】tèlì 名 특례.

【特洛伊木马】Tèluòyīmùmǎ 名組 外 트로이(의) 목마. 내부에 숨어들어온 적.

【特命】tèmìng ❶ 名 특명. ¶完成出访的～｜외국 방문의 특명을 완수하다. ❷ 動 특별히 명령〔임명〕하다.

【特派】tèpài 動 특파하다. ¶～记者｜특파원

【特派员】tèpàiyuán 名 특파원. ¶他是中央～｜그는 중앙에서 파견된 특파원이다.

【特屈儿】tèqū'ér 名 外 〈化〉 테트릴(tetryl).

4【特区】tèqū ⇒〔经济特区〕

4【特权】tèquán 名 특권. ¶我们的干部不应搞～｜우리들의 간부는 특권을 부려서는 안된다. ¶～阶层｜특권 계층. ¶外交～｜외교 특권. ¶享受xiǎngshòu～｜특권을 누리다. ¶享有～｜특권을 향유하다. ¶～思想｜특권 의식.

【特任】tèrèn 名 특임관. 일등 문관. ¶～官｜특임관.

4【特色】tèsè ⇒〔特点〕

【特赦】tèshè 名 動 〈法〉 특사(하다). 특별 사면(하다). ¶～释放shìfàng｜특사로 석방하다. ¶～令｜특사령.

【特使】tèshǐ 名 특사. ¶派～｜특사를 파견하다.

2【特殊】tèshū 形 (동일한 사물이나 평상적인 상황과) 다르다. 특수하다. 특별하다. 어법 「特别」은「普通」의 상대어인 반면,「特殊」는「一般」에 대한 상대어이고「化·性」등과 결합할 수 있음. ¶～待遇｜특별 대우. ¶～照顾｜특별 배려. ¶这里的情况很～｜여기의 상황이 아주 특수하다. ¶他在～环境里工作｜그는 특수한 환경 속에서 일한다. ¶～化｜특수화. 특권층화. ¶～性｜특수성＝〔特异②〕

【特殊教育】tèshū jiàoyù 名組 〈教〉 특수 교육. ¶展开～｜특수 교육을 전개하다.

【特特(儿)地】tètè(r) ⇒〔特地〕

【特为】tèwèi ⇒〔特地〕

3【特务】ⓐ tèwù 名 〈軍〉 특별 임무. 특수 임무 ¶～连｜특무 중대. ¶～营｜특무 대대.

ⓑ tè·wu 名 스파이. 간첩. ¶～分子｜스파이. ¶～头子｜스파이 두목. ¶～工作｜간첩 활동. ¶～组织｜간첩 조직＝〔特工①〕

【特效】tèxiào 名 특효. ¶～药｜특효약. ¶此药有～｜이 약은 특효가 있다.

【特写】tèxiě ❶ 名 보고 문학의 하나→〔报告文学〕 ❷ 名 (영화의) 대사(大寫). 클로즈업(close-up). ¶～镜头｜클로즈업 장면. ❸ 名 動 특필(하다). 특기(하다). ¶大写～｜대서 특필하다.

4【特性】tèxìng 名 특성. ¶动物的～｜동물의 특성.

【特邀】tèyāo 動 특별 초청하다. ¶～代表｜특별 초청 대표. ¶～教授｜객원 교수.

【特异】tèyì 狀 ❶ 특별히 우수하다. 특별히 뛰어나다. ¶他们以～的学习成绩，赢得了师死的一致好评｜그들은 아주 뛰어난 학업 성적으로 선생

학생 모두의 일치된 호평을 받았다. ❷특이하다. 특수하다. 독특하다. ¶他画的花卉huāhuì有一种～的风格 | 그가 그린 화훼 그림은 풍격이 특히하다 =〔特殊①〕

【特异质】tèyìzhì 名〈醫〉특이질. 특이 체질

4【特意】tèyì ⇒〔特地〕

【特有】tèyǒu 區 특유의. 고유의. ¶大熊猫是中国～的珍稀zhēnxī动物 | 팬더곰은 중국에만 있는 희귀 동물이다. ¶理性是人～的 | 이성은 인간 고유의 것이다. ¶这种风俗为此地所～ | 이런 풍속은 이곳 특유의 것이다.

【特约】tèyuē 名動 ❶특약(하다). 특별 계약(하다). ¶～稿 | 특약 원고 ¶～记者 | 특약 기자. ¶～经售处 | 특약 판매점. 특약점. ¶～评论员 | 특별 해설자. ❷특별 초청(하다).

3【特征】tèzhēng ❶名 특징. ¶面部～ | 얼굴 특징. ¶民族～ | 민족적 특징. ❷動 특별히 소집하다. 특별히 부름을 받다.

【特制】tèzhì 區 특별히 만든. 특별 제조한. ¶～品 | 특제품.

【特种】tèzhǒng 名 특종. ¶～部队 | 특수부대.

【特种兵】tèzhǒngbīng 名 특수 병과 [통신·운수 등 특수 임무를 맡음]

【特种工艺】tèzhǒng gōngyì 名組 주로 감상용·장식용으로 쓰는, 상아 조각 따위의 기예와 예술성이 뛰어난 전통 수공예품. ¶从事～的研究 | 특수 전통 공예품 연구에 종사하다 =〔特艺〕

【慝】tè 악할 특, 숨길 특
書 ❶形 사악하다. ¶奸～ | 간특하다. ❷名 악한 놈〔일〕. ¶以除邦国之～ | 나라 안의 간악한 놈들을 제거하다. ❸動 숨기다. ¶～名 | 이름을 숨기다.

tēi ㄊㄟ

【忒】tēi ☞ 忒 tuī Ⓒ

téng ㄊㄥˊ

1【疼】téng 아플 동
❶形 아프다. ¶胃很～ | 위가 매우 아프다. ¶肚子dùzi～ | 배가 아프다 =〔痛tòng①〕 ❷動 매우 아끼다. 소중히 하다. 사랑하다. 귀여워하다. ¶奶奶最～他 | 할머니는 그를 가장 귀여워한다. ¶妈妈非常～我 | 어머니는 나를 아주 귀여워하신다.

【疼爱】téng'ài 動 귀여워하다. 매우 사랑하다. ¶他很～小儿子 | 그는 어린 아들을 매우 사랑한다. ¶老师～自己的学生 | 선생님은 자기 학생들을 매우 사랑한다.

4【疼痛】téngtòng ❶形 아프다. ¶～难熬nánáo | 너무 아파서 참기 어렵다. ❷名 동통. 아픔.

【滕】Téng 등나라 등
名 ❶주대(周代)의 나라 이름 [지금의 산동성(山東省) 등현(滕縣) 일대에 있었음] ❷성(姓).

4【藤】téng 등나무 등
名 ❶〈植〉등나무. ¶紫～ | 자등. ¶白～ | 백등. ❷덩굴. 넝쿨. ¶葡萄pútáo～ | 포도 덩굴.

【藤本植物】téngběn zhíwù 名組〈植〉덩굴 식물.

【藤床】téngchuáng 名 등나무 침대. ¶她躺在～上养神 | 그녀는 등나무 침대에 누워 쉬면서 정신을 가다듬었다.

【藤壶】ténghú 名〈魚貝〉따지조개(balanus) [배·바위 밑에 다닥다닥 붙어 사는 작은 조개]

【藤黄】ténghuáng 名〈植〉등황.

【藤萝】téngluó 名〈植〉「紫zǐ藤」(자등)의 통칭(通稱). ¶～花 | 등꽃. ¶～饼 | 속에 등꽃을 넣어 보릿 가루로 만든 봄에 먹는 떡. ¶～架子 | 등나무의 가자.

【藤牌】téngpái 名 등나무를 엮어서 만든 둥근 방패. 轉 방패 =〔团tuán牌〕

【藤器】téngqì 名 등나무로 만든 기구〔그릇〕

【藤圈】téngquān 名 등나무로 만든 테. 후프.

【藤圈操】téngquāncāo 名〈體〉링(ring) 운동.

【藤榻】téngtà ⇒〔藤床〕

【藤条】téngtiáo 名 등나무 덩굴. 등나무 줄기.

【藤箱】téngxiāng 名 등나무로 만든 가방. ¶送她一只～装衣服 | 그녀에게 옷을 넣을 등나무 가방을 하나 선물하다.

【藤椅(子)】téngyǐ(·zi) 名 등나무 의자. 등의자.

【藤子】téng·zi 名口 ❶〈植〉등나무. ❷등나무 줄기.

【誊(謄)】téng 베낄 등
動 옮겨쓰다. 베끼다. 정서(淨書)하다. ¶这稿子太乱, 要～一遍 | 이 원고는 매우 난잡하니, 한 번 정서해야 한다.

【誊抄】téngchāo ⇒〔誊写〕

【誊录】ténglù ❶動 옮겨 쓰다. 베끼다. 필사하다. ❷名 정서(淨書) 담당원의 구칭.

【誊清(儿)】téngqīng(r) 動 정서(淨書)하다. ¶～底稿dǐgǎo | 초고를 정서하다.

【誊写】téngxiě 動 베끼다. 옮겨 쓰다. ¶～书稿 | 원고를 옮겨쓰다 =〔誊抄〕

【誊写版】téngxiěbǎn 名〈印出〉등사기 =〔油yóu印机〕

【誊写版纸】téngxiěbǎnzhǐ ⇒〔蜡là纸②〕

【誊写钢版】téngxiě gāngbǎn 名組 등사 줄판. 등사 철판.

【誊正】téngzhèng 動 정자로 정서(正書)하다. ¶一周内把书稿～ | 일주일 내에 원고를 정서하라.

3【腾(騰)】téng 오를 등
❶動 비우다. 내다. ¶老王～出一间房子来了 | 왕씨는 방 한 칸을 비웠다. ¶～时间 | 시간을 비우다. ¶～不出空来 | 짬〔시간〕을 낼 수 없다. ❷오르다. ¶物价～贵 | 물가가 껑충 오르다. ¶飞～ | 날아 오르다. ❸힘차게 달리다. 뛰다. 뛰어 오르다. ¶奔bēn～ | 내닫다. 내달리다. ¶欢～ | 기뻐 날뛰다. ❹(～·teng) 일부 동사 뒤에 보어로 쓰여, 동작의 반복·연속을 나타냄. ¶翻～ | 뒤척거리다. ¶闹～ | 떠들어 대다. ❺(Téng) 名 성(姓)

【腾出】téngchū 動 비우다. 내다. ¶～时间 | 시간을 내다. ¶～地方 | 장소를 비우다.

【腾达】téngdá 動 ❶書 영달하다. 출세하다. ¶飞黄

～ | 순탄하게 출세하다. ❷올라가다. 상승하다.
【腾贵】téngguì 動 등귀하다. 물가가 뛰어오르다. ¶价格～ | 가격이 오르다.
【腾空】téngkōng 動 ❶하늘높이 뛰어 오르다. ¶～而起 | 하늘 높이 올라가다. 일이 발전하다. ❷비우다.
【腾空儿】téng kòngr 動 ❶기회를 주다. ❷시간을 내다. 틈을 내다.
【腾挪】téngnuó 動 ❶유용(流用)하다. 돌려쓰다. ¶～款项 | 유용한 돈. ¶专款专用, 不得任意～ | 전용(專用) 자금은 전용해야지 마음대로 돌려써서는 안 된다. ❷(물건·자리 등을) 옮기다. 장소를 바꾸다. 이동하다. ¶把仓库里的东西～一下 | 창고 안에 있는 물건을 좀 옮겨라.
【腾身】téngshēn 動 뛰다. 점프하다. ¶～越过了池塘 | 못을 훌쩍 뛰어 넘었다. ¶～抢qiǎng球 | 점프하여 공을 빼앗으려 하다.
【腾腾】téngténg ❶ 狀 (김 따위가) 자욱히 피어오르다. (기세가) 등등하다. ¶热气～ | 열기가 무럭무럭 오르다. ¶杀气～ | 살기등등하다. ❷ 狀 몽롱하다. 술에 취한 것 같다. ¶半醉～ | 술이 거나하게 취하다. ❸ 狀 새가 날아 오르는 모양. ❹ 尾 느릿느릿하다. ¶慢～ | 느릿느릿하게. ❺ 擬 둥둥 [북을 치는 소리]
【腾越】téngyuè 動 뛰어넘다. ¶～障碍物zhàngàiwù | 장애물을 뛰어넘다.
【腾云驾雾】téng yún jià wù 威 구름과 안개를 타고 하늘을 날다. ¶我～一般回来 | 나는 하늘을 나는듯이 돌아왔다 =〔云来雾去〕

tī ㄊㄧ

【体】tī ☞ 体 tǐ Ⓑ

【剔】tī 뼈바를 척, 깎을 체
❶ 動 (뼈에서 살을) 발라 내다. ¶老王把排骨～干净了 | 왕씨가 갈비를 깨끗이 발라 내었다. ❷ 動 쑤시다. 후비다. ¶用牙签儿yáqiānr～牙 | 이쑤시개로 이를 쑤시다. ¶他在～牙缝里的肉丝 | 그는 이틈에 끼인 고기를 후벼내고 있다. ❸ 動 (부적합한 것을) 제거하다. 골라내다. ¶把篮子里的烂枣儿～出去 | 대바구니 안의 무른 대추를 골라내라. ¶～废品 | 못쓰는 물건을 골라내다. ❹ 動 돋우다. ¶～灯 =〔挑tiǎo灯〕| 등불의 심지를 돋우다. ❺ 動 (본에 맞추어) 오리다. ¶～花样儿 | 꽃무늬를 오리다. ❻ 動 금속에 강철끌로 홈을 파다. ❼ 名 한자 필획의 하나 =〔提tí⑨〕〔挑tiǎo⑨〕
【剔出】tīchū ⇒〔剔除〕
【剔除】tīchú 動 (부적합한 것을) 없애다. 골라 내다. ¶～次货 | 열등품을 골라내다 =〔剔出〕
【剔红】tīhóng 名 조칠 [칠기(漆器)의 한 가지] =〔雕红漆〕〔雕diāo漆〕
【剔抉】tījué 動 (결함을) 척결하다. 제거하다.
【剔去】tīqù 動 깎아내다. 없애다. 제거하다. ¶～骨头 | 뼈를 발라내다.
【剔透】tītòu 形 ❶투명하다. 투철하다. ❷ 喻 총명하다. ¶玲珑línglóng～ | 威 영롱하고 투명하다. (사람이) 예쁘고 총명하다.
【剔牙】tī/yá 動 이를 쑤시다. ¶韩国人爱吃烤肉, 吃完就用牙签～ | 한국인들은 불고기를 즐겨 먹는데, 다 먹고 나서는 이쑤시게로 이를 쑤신다.
【剔庄货】tīzhuānghuò 名 염가로 파는 하등품. ¶把这些～抛pāo出去 | 이런 염가 처분품은 던져버려라 =〔门庄货〕

1【踢】tī 찰 척
動 ❶차다. ¶～一脚 | 발로 한번 차다. ¶～球↓ ❷때려 부수다. (방해하여) 망치다. ¶他们俩那档买卖让我给～了 | 그들 두 사람은 그 장사를 나 때문에 망쳤다.
【踢跶】Ⓐ tīdā 擬 뚜벅뚜벅. 자박자박. 똑똑 [발자국 소리] ¶～～地踱duó起步来 | 뚜벅뚜벅 걸음을 옮겼다 =〔踢踏Ⓐ〕
Ⓑ tī·da 動 ❶(발로) 함부로 밟고 차다. ¶布鞋已经～出好几个窟窿 | 헝겊 신이 함부로 밟고 차서 여러개의 구멍이 생겼다. ❷재물을 함부로 사용하다. 과소비하다 =〔踢踏 Ⓑ〕
【踢达】tī·da 擬 터벅터벅. 또박또박 [발걸음 소리] ¶～舞 =〔踢踏舞〕| 탭댄스. ¶这孩子两只脚总是～～的 | 이 아이의 발걸음은 늘 또박거린다.
【踢球】tī/qiú ❶ 動 공을 차다. 축구하다. ❷(tīqiú) 名 (럭비·축구 따위의) 킥. ¶脚弓～ | 인사이드 킥. ¶里脚背～ | 인프론트 킥. ¶正脚背～ | 인스텝 킥. ¶外脚背～ | 아웃사이드 킥.
【踢踏舞】tītàwǔ 名 〈舞〉 탭 댄스(tap dance) =〔踢达舞〕
【踢蹋】tī·ta 動 ❶낭비하다. 허비하다. ❷못쓰게 되다 =〔踢踏〕
【踢腾】動 좋아지다. 번창해지다. ¶他的买卖现在真～起来了 | 그의 장사는 지금 정말 잘된다.

2【梯】tī 사닥다리 제
❶ 名 사다리. 계단. ¶太平～ | 비상구. 비상용 계단. ¶楼～ | 계단. ❷승강기. ¶电～ | 엘리베이터. ¶电动扶～ | 에스컬레이트. ❸사다리 모양의 것. ¶～田↓
【梯度】tīdù 名 경도(傾度). 경사도. ¶有一定的～ | 일정한 경사도가 있다.
【梯队】tīduì 名 〈軍〉 제대 [전투나 행군시 임무 및 행동 순서에 따라 편성된 몇 개의 단위중 그 한 단위] ¶行军～ | 행군 제대. ¶～区分 | 제대 구분.
【梯恩梯】tī'ēntī ⇒〔三sān硝基甲苯〕
【梯河】tīhé 名 여러개 댐에 의해 물줄기가 계단처럼 보이는 강.
【梯级】tījí 名 ❶(계단의) 단. 층. ¶当他步下飞机的～时, 手里拿着一个公事包 | 그가 비행기의 트랩을 내려올 때, 손에 서류 가방을 들고 있었다. ❷(하천 개발에서) 계단식. ¶～开发 | (하천의) 계단식 개발.
【梯己】tī·ji ❶ 區 (재물 등을) 몰래 모아둔. ¶～钱 | 사천(私錢). 몰래 모아둔 돈 =〔私房①〕〔小份子(钱)〕 ❷ 區 친근한. 허물없는 ¶他是我最～的朋友 | 그가 나의 가장 친한 친구이다. ¶他对我说了一些～话 | 그가 나에 대해서 마음속에 있는 말을 좀 했다 =〔梯气〕 ❸ 區 스스로. 몸소. 친히. ¶宋江又～送路 | 송강은 또 친히 전송했다

T

《水滸傳》‖ =〔体tī己〕〔体tī息〕

【梯克树】tīkèshù 名 外 〈植〉 티크(teāk)→〔柚yóu木〕

【梯田】tītián 名 계단식 밭. ¶已经把二十万亩mǔ坡地pōdì改为～ | 이미 20만 묘의 경사지를 계단식 밭으로 개조했다 =〔梯地〕〔条田①〕

【梯形】tīxíng 名 사다리꼴. ¶这个堤坝dībà呈chéng～ | 이 제방은 사다리꼴이다.

【梯子】tī·zi 名 사닥다리. ¶～档儿dàngr | 사닥다리 세로대. ¶～镫儿dèngr | 사닥다리 가로대 =〔步步高①〕

【锑(銻)】 tī (안티몬 제)

名 〈化〉 화학 원소 명. 안티몬(Sb : stibium) =〔外 安质母尼〕

【锑华】tīhuá 名 〈化〉 삼산화 안티몬(Sb_2O_3)

tí ㄊㄧˊ

【荑〈稊A〉】 tí yí 띠싹 제, 벨 이

Ⓐ tí 書 名 ❶ 움. ❷ 〈植〉 개피. ¶太仓～米 | 창고 안의 피 한 알. 喩 미세한 것.

Ⓑ yí 書 動 풀을 베다.

【荑稗】tíbài 名 개피와 피. ¶苟为不熟, 不如～ | 익지 않은 벼는 개피나 피만도 못하다. 喩 고상한 학문이라도 성숙하지 않으면 쓸모가 없다.

【绨(綈)】 tí tì 명주 제

Ⓐ tí 名 두터운 비단. ¶～袍 | 두터운 비단옷.

Ⓑ tì ⇒〔线xiàn绨〕

【绨袍之赠】tí páo zhī zèng 成 은혜입은 사람에게 비단옷을 선물하다. 옛 정을 잊지 않다 =〔绨跑恋恋〕

【鹈(鵜)】 tí 사다새 제

⇒〔鹈鹕〕

【鹈鹕】tíhú 名 〈鳥〉 펠리컨. 사다새. 가람조 =〔塘táng鹅〕〔伽qié蓝鸟〕〔淘táo河〕

【啼〈嗁〉】 tí 울 제

書 動 ❶ (소리내어) 울다. ¶悲～ | 슬피 울다. ¶～哭 | 큰 소리로 울다. ❷ (새나 짐승이) 울다. ¶虎啸猿～ | 호랑이는 으르렁거리고 원숭이는 울다. ¶月落乌～ | 달은 지고, 까마귀는 운다.

【啼饥号寒】tí jī háo hán 成 굶주림과 추위에 울부짖다. 비참한 생활을 하다. ¶孩子们～ | 아이들이 굶주림과 추위에 울부짖고 있다.

【啼笑皆非】tí xiào jiē fēi 成 울지도 웃지도 못할 난처한 상황이다. 이러지도 저러지도 못하다. ¶妻子无端发了一通火, 这一场恶作剧, 简直把他弄得～ | 이 못된 장난은 그야말로 그를 울지도 웃지도 못하게 만들었다 =〔急jí不得恼不得〕

3 【蹄〈蹏〉】 tí 굽 제

(～儿, ～子) 名 발굽. ¶马～ | 말발굽. ¶马不停～ | 成 말이 발굽을 멈추지 않는다. 쉼없이 달린다.

【蹄膀】tíbǎng 名 〈食〉 돼지족발. ¶红烧～ | 간장 등으로 조린 돼지 족발 요리.

【蹄筋(儿)】tíjīn(r) 名 소·양·돼지의 발굽뒤의 비교적 굵은 근육 [중국 요리 재료의 하나] ¶水发～ | 발굽 근육을 요리 재료로 물에 불리고 끓이고 하여 준비해두다.

【蹄子】tí·zi 名 ❶ 발굽. ¶～窝 | 발굽으로 짓밟은 자국. ¶长了～ | 발굽이 자랐다. ❷ 方 돼지의 넓적다리 고기 =〔肘zhǒu子②〕

【堤】 tí ☞ 堤 dī

1 【提】 tí dī 들 제, 떼지어날 시

Ⓐ tí ❶ 動 (손에) 들다. ¶手里～着一个包儿 | 손에 보따리를 하나 들고 있다. ❷ 動 끌어 올리다. 높이다. ¶～升↓ ¶～高水平 | 수준을 높이다. ❸ 動 (시간·기일을) 앞당기다. ¶～前完成计划 | 계획을 앞당겨 완수하다. ❹ 動 제기하다. 제시하다. ¶～个建议 | 건의안을 내다. ❺ 動 (맡긴 돈 또는 물건을) 찾다〔꺼내다〕. ¶把存款～出来 | 예금을 인출하다. ❻ 動 말하다. 언급하다. ¶别再～那件事了 | 다시는 그 일을 언급하지 마라. ❼ 動 범인을 불러 내다. ¶～犯↓ ❽ 名 구기. 작자(杓子) [술이나 기름을 풀 때 쓰는 긴 자루가 달린 원통형의 도구] ¶酒～ | 술구기. ❾ 名 한 자 필획(筆劃)의 하나 =〔剔tī⑦〕〔挑tiǎo⑨〕 ❿ (Tí) 名 성(姓).

Ⓑ dī ⇒〔提防〕〔提溜〕

4【提案】tí/àn ❶ 動 제안하다. ❷ (tí'àn) 名 제안. ¶本次会议通过了三个～ | 본 회의에서 세 가지 제안이 통과되었다.

4【提拔】tí·ba 動 등용하다. 발탁하다. ¶以后还望你多加～ | 이후에도 많이 발탁하여 주시길 바랍니다 =〔書 提掖〕〔拉拔①〕

3【提包】tíbāo 名 손가방. 핸드백. ¶这～帮我拿一下 | 이 손가방 좀 들고 있어줘.

【提笔】tíbǐ 動 펜(붓)을 들다. 집필하다. ¶他～写了几个大字 | 그는 붓을 들어 큰 자를 몇 자 썼다 =〔题笔〕

【提拨】tí·bo ⇒〔提醒〕

【提补】tí·bu 動 환기시키다. 보충하여 말하다. ¶要是我忘了, 请您～我一声儿 | 혹시 내가 잊어버리면 당신이 한마디 환기시켜 주십시오→〔提醒〕

2【提倡】tíchàng 動 ❶ 제창〔주창〕하다. ¶～说普通话 | 표준어로 말할 것을 제창하다. ¶～勤俭节约 | 근검 절약을 제창하다. ❷ 장려하다. ¶～国货 | 국산품 장려.

【提成(儿)】tí/chéng(r) ❶ 動 총액에서 일정한 비율만큼 떼다. 공제하다. ¶事成后～百分之十 | 일이 성사된 후에 10%를 공제한다. ❷ (tíchéng(r)) 名 공제액. 공제금.

【提出】tíchū 動 ❶ 제출하다. 신청하다. 제의하다. 제시하다. ¶你们这样做, 他们会～意见 | 너희들이 이렇게 한다면 그들이 아마 이의를 제시할 것이다. ¶～疑问 | 의문을 제시하다. ¶～抗议 | 항의를 제기하다. ❷ 꺼내다. ¶～口号 | 구호를 내걸다.

【提纯】tíchún 動 잡질을 골라내어 정화하다. 정련하다. 정제하다. ¶这些种子须要～ | 이런 종자들은 잡질을 골라내야 된다. ¶～酒精 | 알코

올을 정제하다.

【提词】tí/cí 動〈演映〉출연한 배우에게 대사를 알려주다. 프롬프트(prompt)하다.

【提单】tídān 名 선하 증권. 비엘(B/L). ¶签发qiānfā～ | 선하 증권을 발행하다. ¶请洁～＝〔无疵提单〕〔完全提单〕〔洁净提单〕| 무고장 선하증권. ¶不洁净～ | 고장부 선하 증권. ¶已装船～＝〔装运提单〕| 선적 선하증권. ¶备运～ | 수취 선하 증권. ¶直交～ | 기명식 선하 증권. ¶指示～ | 지시식 선하증권. ¶联运～ | 전구간 선하증권. ¶红(色)～＝〔附保险的提单〕| 적선하 증권＝〔提货单〕〔提货凭单〕〔㊀外底票〕〔运货证书〕〔载货证券〕

【提点】tídiǎn ❶ 動 일깨우다. 힌트를 주다. 주의를 환기시키다. ¶我有忘记的事情, 请您～～ | 제가 잊어버린 것이 있으면, 당신이 좀 주의를 환기시켜 주십시오. ❷ 名 역승(役僧).

【提调】tídiào ❶ 動 지도하다. 지휘 조절하다. ¶调度室～不当, 造成了事故 | 관리실에서 지휘를 제대로 못해 사고를 일으켰다. ¶～车辆, 运送旅客 | 차량을 지휘 조절하여 여객을 운송하다. ❷ 名 지휘자. 지도 책임자. ¶他在车站任总～ | 그는 역에서 총지휘관을 맡고 있다.

【提法】tífǎ 名 제기 방식. 계통적 설명. 표현법. ¶这种～不对 | 이런 식의 제기 방법은 옳지 않다. ¶现在又有新的～了 | 지금 새로운 제기 방식이 또 나왔다.

【提犯】tífàn 動 (법정에) 범인을 불러내다.

【提干】tígàn 動 ❶ 간부를 발탁하다. ❷ 간부로 발탁되다. ¶争取～ | 간부로 발탁되도록 힘쓰다.

3【提纲】tígāng 名 ❶ 대강(大綱). 요점. 제요(提要). ¶学习～ | 학습 요강. ❷〈演映〉콘티뉴이티(continuity). 촬영 대본. 슈팅스크립트(shooting script). 연출대본＝〔分镜头剧本〕

【提纲挈领】tí gāng qiè lǐng 成 그물의 벼릿줄을 잡고 옷깃을 거머쥐다. 핵심을 잡다. ¶您～地说说吧 | 간단 명료하게 말해 주십시오.

1【提高】tí/gāo 動 향상시키다. 높이다. 고양(高揚)하다. 끌어올리다. ¶业务能力～得很快 | 업무 능력이 아주 빠르게 제고되었다. ¶～教师的素质 | 교원의 자질을 향상시키다. ¶地位～ | 지위가 높아지다. ¶青年的文化水平普遍～了 | 청년들의 문화 수준이 보편적으로 향상되었다.

2【提供】tígōng 動 제공하다. 도모하다. ¶～方便 | 편리를 도모하다. ¶学习资料由图书馆～ | 학습 자료는 도서관에서 제공한다. ¶～给他们 | 그들에게 제공하다. ¶～新的证据 | 새로운 증거를 제공하다.

【提灌】tíguàn 動 (무자위 따위로) 물을 퍼올려 관개(灌漑)하다.

【提行】tí/háng 動 줄을 바꾸다. 행을 바꾸다＝〔换行〕

【提盒(儿)】tíhé(r) 名 손잡이가 달린 찬합.

【提花(儿)】tíhuā(r) 名〈紡〉자카드(Jacquard)로 짠 도드라진 무늬. ¶～布＝〔提布〕| 자카드직(Jacquard織).

【提婚】tí/hūn 動 혼사(婚事)를 거론하다. ¶张老师来～了 | 장선생님이 와서 혼사를 거론했다.

【提货】tí/huò ⇒〔出chū货②〕

【提货单】tíhuòdān ⇒〔提单〕

【提价】tí/jià ❶ ⇒〔出chū价②〕 ❷ 動 값을 올리다. ¶不得随意～ | 마음대로 값을 올려서는 안된다.

4【提交】tíjiāo 動 회부(回附)하다. 신청하다. 제출하다. 제기하다. ¶～志愿书 | 지원서를 제출하다. ¶把这项问题～安理会审议 | 이 문제를 안전보장 이사회에 제안하여 심의하다.

【提款】tí/kuǎn 動 저금을 찾다. 돈을 인출하다. ¶到银行～ | 은행에 가서 돈을 인출하다. ¶特别～权 | 특별 인출권＝〔提存①〕〔取款〕〔取钱〕

4【提炼】tíliàn 動 ❶ 정련(精鍊)하다. 추출(抽出)하다. ¶～香精 | 향을 추출하다. ¶从矿石中～金属 | 광석에서 금속을 정련하다＝〔精炼①〕 ❷ (문장·기술을) 세련하다. 다듬어 내다. ¶～舞蹈动作 | 무용의 동작을 세련하다.

【提梁(儿)】tíliáng(r) 名 (주전자·바구니·손가방 따위의) 손잡이. ¶菜篮子的～折zhé了 | 시장바구니 손잡이가 부러졌다.

4【提名】tí/míng 動 추천하다. 거명하다. ¶代表～, 大会选举 | 대표단이 추천하고 대회에서 선거한다. ¶大家～老王当经理 | 모두는 왕씨를 책임자로 추천했다. ¶副主任的人选由主任～ | 부주임의 인선은 주임이 추천한다.

【提牛(儿)】tíniú(r) 名 한자 부수의 소우(牛) 변＝〔剔牛(儿)〕〔牛字旁(儿)〕

【提起】tíqǐ 動 ❶ 말을 꺼내다. 언급하다. ¶昨天他还～你来着 | 그는 어제도 네 얘기를 했다. ❷ 분발시키다. 가다듬다. ¶～精神 | 정신을 가다듬다. ❸ 제기하다. ¶～诉讼 | 소송을 제기하다.

2【提前】tíqián 動 (예정된 시간이나 기한을) 앞당기다. ¶～半个小时走 | 30분 앞당겨 떠나다. ¶第四节课～在第二节上 | 제 4교시 수업을 제2교시로 앞당기다. ¶原来的计划～了 | 처음의 계획이 앞당겨졌다→〔提早〕

【提挈】tíqiè 書 動 ❶ 휴대하다. ¶～行李 | 짐을 휴대하다. ❷ 轉 돌보다. 보살피다. ¶请多加～ | 많은 보살핌을 바랍니다. ❸ 動 통솔하다. 이끌다. ¶～全军 | 전군을 통솔하다.

【提亲】tí/qīn 動 혼담을 꺼내다. ¶请主任去～ | 주임에게 가서 혼담을 꺼내도록 청하다＝〔提媒〕〔提亲事〕〔提人家〕〔说亲〕

【提琴】tíqín 名〈音〉바이올린·비올라·첼로 따위 악기의 총칭(總稱). ¶小～ | 바이올린. ¶中～ | 비올라. ¶大～ | 첼로. ¶低音～ | 콘트라 베이스.

【提请】tíqǐng 動 제청하다. 요청하다. ¶～大会讨论和批准 | 대회에 제출하여 토론 승인을 구하다.

4【提取】tíqǔ 動 ❶ (맡긴 것 또는 배급된 것을) 찾다〔인출하다〕. ¶他去仓库～化肥 | 비료를 받으러 창고에 가다. ¶他到车站去～行李 | 그는 짐을 찾으러 역에 갔다. ❷ 추출하다. 뽑아내다. ¶从中～有效成分 | 속에서 유효 성분을 추출하다.

【提神(儿)】tí/shén(r) 動 기운을 내다. 정신차리다. 정신을 가다듬다. ¶浓茶能～ | 진한 차는 정신이 들게 한다.

【提审】tíshěn 動〈法〉❶ 심문하다. 재판하다. ¶ ～犯人 | 범인을 심문하다. ❷ (상급 법원이 하급 법원에서 이미 처리했거나 아직 미판결인 안건을 가져다) 심판(審判)하다.

4【提升】tíshēng 動 ❶ (직위나 등급이) 오르다. ¶他的工资～了 | 그의 봉급이 올랐다. ¶他～为团长了 | 그는 연대장으로 진급되었다. ¶人人希望～ | 사람들은 모두 진급되기를 희망한다. ❷ (권양기 따위로) 높은 곳으로 운반하다. ¶ ～设备 | 권양(捲揚) 설비.

4【提示】tíshì ❶ 動 (중요한 일이거나 상대방이 소홀하기 쉬운 일을) 환기시키다. 지적하다. 제시하다. ¶请你给他～一下 | 당신이 그에게 좀 환기시켜주세요. ¶请把学习重点向大家～一下 | 학습의 중점을 모두에게 한번 제시해 주세요. ❷ 名 (십자 말풀이의) 힌트.

【提手旁(儿)】tíshǒupáng(r) 名 한자 부수의 재방(扌)변·손수(手)변 ＝〔提手(儿)〕〔挑tiǎo手(儿)〕〔剔手旁(儿)〕

【提土旁(儿)】títǔpáng(r) 名 한자 부수의 흙토(土) 변 ＝〔提土(儿)〕〔挑土(儿)〕〔剔土旁(儿)〕

3【提问】tíwèn 名 動 (교사가 학생에게) 질문(하다) ¶现在～可以不可以? | 지금 질문해도 좋겠느냐? ¶回答老师的～ | 선생님의 질문에 대답하다.

【提线木偶】tíxiàn mù'ǒu 名組 망석중이. 나무로 만든 꼭두각시. ¶他会玩～ | 그는 망석중이를 다룰 줄 안다.

【提携】tíxié 動 ❶ (아이를) 데리고 있다. ¶请旅客～好自己的孩子 | 여행객들은 자기 아이들을 잘 데리고 있으세요. ❷ 喩 (후진을) 돌보다. 보살피다. 육성하다. ¶还望您多多～ | 많은 보살핌을 바랍니다.

【提心吊胆】tí xīn diào dǎn 成 매우 걱정하거나 두려워하다. 걱정으로 마음을 졸이다. 두려워 안절부절 못하다. ¶老母在家成天～, 祈祷qídǎo儿子平安无事 | 노모는 집에서 온종일 마음을 졸이며 자식이 아무런 일없이 평안하기를 기도하신다. ¶你不要～ | 마음 졸이지 마라 ＝〔提心在口〕

【提薪】tí/xīn 動 급료를 올리다. 승급(昇給)하다. ¶一年～一次 | 일 년에 한 번 승급하다.

3【提醒】tíxǐng 動 일깨우다. 깨닫게 하다. 주의를 환기시키다. ¶ ～话 | 힌트. ¶要是我忘了, 你～我一声儿吧 | 만약 내가 잊어버리면 네가 한번 일깨워 다오. ¶他常常～学生注意听讲 | 그는 늘 학생들에게 주의를 기울여 강의를 듣도록 주의를 환기시킨다. ¶他办事不牢靠láokào, 要经常～～他 | 그는 일하는 것이 믿음직하지 못해서 늘 일깨워주어야 한다 ＝〔方 提拔〕

【提选】tíxuǎn 動 (좋은 것을) 고르다. 선택하다. ¶ ～耐旱nàihàn品种 | 햇볕에 강한 품종을 선정하다.

【提讯】tíxùn 動〈法〉(범인을 감금된 곳에서 불러내) 신문하다.

4【提要】tíyào ❶ 動 요점을 추리다[대개「说明」이나「介绍」등 동사 앞에서 쓰임] ¶文章长的要～说明主要内容 | 글이 길면 요점만 추려 주요 내용을 설명해야 한다. ❷ 名 제요. 요점. 개요. ¶论文～ | 논문 개요.

3【提议】tí/yì ❶ 動 제의하다[대개 구나 절이 목적어로 옴] ¶我～选举小李当班长 | 나는 이군을 반장으로 뽑기를 제의한다. ¶我～现在休会 | 나는 지금 휴회할 것을 제의합니다. ❷ (tíyì) 名 제의. 제안. ¶大家都同意这个～ | 모두 다 이 제의에 동의한다. ¶他的～很有价值 | 그의 제안은 아주 가치가 있다.

【提引号】tíyǐnhào 名 인용부(引用符). 따옴표 ＝〔引号〕

4【提早】tízǎo 動 (날짜·시간을) 앞당기다. ¶ ～十五天完成了 | 예정보다 15일 앞당겨 완성했다. ¶雨季～结束了 | 장마가 일찍 끝났다.

【提制】tízhì 動 정제(精製)하다. 추출하여 만들다. ¶用麻黄～麻黄素 | 마황으로 에페드린(ephedrine)을 정제하다. ¶ ～味素 | 화학 조미료를 정제해내다.

【提足儿】tízúr 名 한자 부수의 발족(足)변.

Ⓑ dī

【提防】dī·fang 動 조심하다. 경계하다. ¶此人很阴险yīnxiǎn, 要～他点儿 | 이 사람은 아주 음험하니 좀 조심해야 된다 ＝〔堤防②〕〔估摸②〕

【提溜】dī·liu ⓧ dī·lou) 動 ㊀ 손에 들다. ¶手里～着一个包 | 손에 가방 하나를 들고 있다. ¶他～着一串葡萄 | 그는 포도 한 송이를 들고 있다.

【缇(緹)】 tí 붉을 제

書 名 ❶ 〈色〉 감빛. 황적색. ❷ 감빛〔황적색〕의 비단.

1【题(題)】 tí 표제 제

❶ 名 제목. ¶命～ | 명제. ¶文不对～ | 글이 제목과 맞지 않다. ❷ 名 轉 문제. ¶试～ ＝〔考题〕 | 시험 문제. ❸ 動 적다. 쓰다. 서명하다. ¶ ～字↓ ❹ 動 말하다. 언급하다. ¶旧事重～ | 지나간 일을 다시 말하다 ＝〔提⑥〕 ❺ (Tí) 名 성(姓).

【题跋】tíbá 名 제발. (서적·비첩(碑帖)·서화 따위의) 제사(題辭)와 발문.

【题笔】tíbǐ 動 붓을 들다. 붓을 들어 쓰다. ¶亲自～ | 손수 붓을 들어 쓰다 ＝〔提笔〕

4【题材】tícái 名 제재. ¶这是写小说的好～ | 이것은 소설의 좋은 제재이다.

【题词】tící ❶ 名 머릿말. 서문. 제사. ❷ 名 기념·격려의 글. ❸ 名 그림에 써 넣은 간단한 글. ❹ (tí/cí) 動 (기념·격려하기 위해) 간단한 글을 쓰다. ¶他为展览会～ | 그는 전람회를 위해 격려사를 썼다 ‖ ＝〔题辞〕

【题海】tíhǎi 名 과다한 숙제.

【题花】tíhuā 名 (책·신문 따위의) 표제 앞의 장식성 도안. 머리 그림. ¶画上了～ | 머리 그림을 그려 넣었다.

【题记】tíjì 名 책의 머릿말. ¶写了一篇～ | 머릿말을 한 편 썼다.

【题解】tíjiě 名 해제(解題). ❶ 책이나 작품의 저자·내용·체재 따위에 관하여 풀이함, 또은 그 글. ❷ 특정 분야에 관한 문제를 풀이함, 또는 그 글. ¶平面几何～ | 평면 기하 해답. ¶中国现代文学

史～ | 중국 현대 문학사 해제.

【题名】tí/míng ❶動 이름을 쓰다〔내걸다〕. 서명하다. 사인하다. ¶比赛结束了, 观众纷纷请运动员在他们的照片上～ | 경기가 끝나자 관중들이 잇달아 선수들에게 그들의 사진에 사인을 청했다. ¶他高兴地在纪念册上题了名 | 그는 신이 나서 기념책에 서명을 했다. ¶请在此～ | 여기에 서명하십시오. ❷動 표제를 붙이다. 성명을 기입하다. ¶金榜～ | 시험 합격자 게시판에 이름이 나붙다. ❸(tímíng) 名 작품의 표제이름. ¶这篇文章的～更换了三次 | 이 글의 제목이 세번이나 바뀌었다. ❹(tímíng) 名 기념으로 쓴 이름. 서명. 사인.

2【题目】tí·mù 名 ❶ 제목. 표제. 테마. 타이틀. ¶论文～ | 논문 제목. ❷(연습·시험 따위의) 문제. ¶考试～ =〔试题〕| 시험 문제. ¶第二道～ | 두번째 문제.

【题签】tíqiān 名 제첨. 선장본(線裝本)의 표지에 책이름을 써서 붙인 작은 종이 쪽지.

【题诗】tí/shī 動 (그림·기물·벽 따위에) 시를 쓰다. ¶他即兴～一首 | 그는 즉흥적으로 시를 한 수 써넣었다.

【题字】tí/zì ❶動 기념으로 글을 몇 자 쓰다. ¶快毕业了, 每个学生都准备了一个纪念册, 请老师和同学～ | 곧 졸업하게 되자 모든 학생들이 각각 기념책을 준비해서 선생님과 학우들에게 기념으로 몇 자 쓰기를 청했다. ¶我也为他们题了几个字 | 나도 그들을 위해 기념으로 몇 자 적었다. ❷(tízì) 名 기념으로 몇 자 적은 글. ¶这部词典上有主编康教授的亲笔～ | 이 사전에 주편인 강교수의 자필로 쓴 글이 있다.

【醍】 tí 맑은술 제

⇒〔醍醐〕

【醍醐】tíhú 書 名 ❶ 제호 [우유에서 정제(精製)한 최상의 음료] ❷ 喩 〈佛〉 제호 [최상의 정법(正法). 최고의 불법(佛法)]

tǐ ㄊㄧˇ

1【体(體)〈躰軆〉】 tǐ tī 몸 체

Ⓐ tǐ ❶ 名 몸. 신체. ¶身～ | 신체. ¶身强～壮 | 신체가 튼튼하다. ¶～高 | 키. ¶～重 | 체중. ❷ 신체의 일부분. ¶四～ | 사지. ¶上～ | 상체. ¶肢～ | 지체. 팔다리. ❸ 물체. ¶物～ | 물체. ¶气～ | 기체. ¶固～ | 고체. ¶整～ | 전체. ¶个～ | 개체. ❹ 名 체재(體裁). 격식. 형식. ¶字～ | 자체. ¶文～ | 문체. ¶草～ | 초서체. ❺ 名 〈言〉 상(相). 애스팩트(aspect) [문법술어의 하나. 시간의 관념과는 달리 동사가 의미하는 동작의 양태나 특질을 나타내는 동사조직을 말함] ❻ 書 名 본체(本體). 실체(實體) [내적으로 갖춰져 있는 본체를 가리키는 말] ¶～用↓ ¶名殊而～一也 | 명칭은 다르지만 실체는 같다. ❼ 名 〈數〉 체 [기하학에서 「立体」(입체)를 가리키는 말] ¶～积 | 부피. ¶圆锥～ | 원추체. 원뿔체. ❽ 動 轉 체험하다. 체득하다. ¶～会↓ ¶～验↓ ❾ (남의 입장이 되어) 생각하다. 동정하다. ¶～谅↓ ¶～恤↓

Ⓑ tī ⇒〔体己〕〔体息〕

Ⓐ tǐ

【体裁】tǐcái 名 체재. 장르(genre;프). (문학작품의) 표현 양식. ¶～不拘jū | 체재에 제한이 없다 =〔書 体式②〕

3【体操】tǐcāo 名 〈體〉 체조. ¶练～ | 체조하다. ¶徒手～ | 맨손 체조. ¶器械～ | 기계 체조. ¶～运动员 | 체조 선수.

【体察】tǐchá ❶ 名 체험과 관찰. ❷ 動 체험하고 관찰하다. 상세히 살피다. ¶～民情 | 민정을 살피다.

【体词】tǐcí 名 〈言〉 체언(體言) [명사·대명사·수사·양사의 총칭]

【体罚】tǐfá 名 動 체벌(하다). ¶不许～学生 | 학생들을 체벌해서는 안된다.

【体改】tǐgǎi 名 체제 개혁. ¶搞好～ | 체제 개혁을 하다.

【体格】tǐgé 名 ❶ 체격. ¶～检查表 | 신체 검사표. ¶～健全 | 신체가 건장하다. ❷(시문의) 양식. 격식.

2【体会】tǐhuì 動 체득하다. 체험하여 터득하다. ¶这首诗你要好好～ | 이 시를 네가 직접 느끼고 이해해보렴. ¶让他亲自去～一下 | 그가 가서 직접 체득하게 하다. ¶～很深 | 이해가 깊다. ¶交流学习文件的～ | 학습 문건의 체험을 서로 나누다 ‖ =〔体认〕

2【体积】tǐjī 名 체적. 부피. ¶～大 | 체적이 크다. ¶～膨胀péngzhàng | 체적 팽창.

【体积吨】tǐjīdūn 量 〈度〉 체적톤 [가벼운 화물을 해상운송 할 때 운임 계산에 쓰이는 단위. 1.133 m³를 1톤으로 계산함]

【体检】tǐjiǎn 名 簡 「体格检查」(신체 검사)의 약칭. ¶～卡片 | 신체 검사 카드.

3【体力】tǐlì 名 체력. ¶～不支 | 체력이 견디지 못하다. ¶～强 | 힘이 세다. ¶消耗xiāohào～ | 체력을 소모하다.

【体力劳动】tǐlì láodòng 名組 육체 노동. ¶从事～ | 육체노동에 종사하다 ⇔〔脑nǎo力劳动〕

【体例】tǐlì 名 ❶ 사무 처리의 규칙. ❷(저작이나 문장의) 격식. 체제.

4【体谅】tǐ·liang 動 알아주다. 양해하다. 이해하다. ¶同学之间要互相～ | 급우 사이에는 서로 이해해주어야 한다. ¶您也得～别人的苦衷呀! | 당신도 남의 고충을 이해해야 됩니다. ¶他确有苦衷, 我们应该～～他 | 그는 정말 고충이 있으니 우리가 그를 좀 양해해주어야 한다. ¶他对人很～ | 그는사람들을 잘 이해한다 =〔体量〕

【体量】tǐ·liang ⇒〔体谅〕

【体貌】tǐmào ❶ 名 자태와 용모. ❷ 動 예의로써 대하다.

3【体面】tǐ·mian ❶ 名 체면. 체통. 면목. ¶有失～ | 체면을 잃다. ¶不顾～ | 체면을 돌보지 않다. ¶讲究～ | 체면을 중시하다〔차리다〕. ❷ 形 훌륭하다. 영예스럽다. ¶他有过很～的历史 | 그에게는 영예스러웠던 과거가 있다. ¶这事办得很～ | 이 일은 처리가 잘 됐다. ❸ 形 (얼굴 또는 모

양이) 아름답다. 보기 좋다. ¶这姑娘长得很～ | 이 아가씨는 예쁘게 생겼다.

【体面人】tǐ·mianrén 名 점잖은 사람. 체면이 있는 사람. ¶大家都是～, 别为了这点小事弄得很不开心 | 모두 점잖은 사람들이니 이런 사소한 일 때문에 불쾌하게 생각하지 마십시오.

【体能】tǐnéng 名 (인간의) 체력능력. ¶～测验cèyàn | 체력 측정. ¶增强～ | 체력을 증강하다.

【体念】tǐniàn 動 (다른 사람의 입장에서) 이해하다. 양해하다. ¶～他人的难处 | 다른 사람의 어려운 점을 알아주다.

【体膨胀】tǐpéngzhàng 名〈物〉체적 팽창.

【体魄】tǐpò 書 名 체력과 기백. 체격과 정력. ¶锻炼强健的～ | 강건한 체력과 정신을 단련하다.

【体腔】tǐqiāng 名〈生理〉체강.

【体认】tǐrèn ⇒〔体会〕

【体虱】tǐshī 名〈蟲〉이.

【体式】tǐshì 名 ❶ (인쇄나 수기본의) 자체(字體). ¶汉语拼音字母有手写体和印刷体两种～ | 한어 병음 자모는 필사체와 인쇄체의 두가지 자체가 있다. ❷ 법식(法式). 형식 =〔体裁〕

【体态】tǐtài 名 자태. 모습. 몸매. ¶～潇洒xiāosǎ | 자태가 깔끔하다. ¶～轻盈 | 몸매가 날렵하다.

【体坛】tǐtán 名 체육계. ¶～新秀 | 체육계의 신예.

4【体贴】tǐtiē 動 ❶ 자상하게 돌보다. 살뜰히 보살피다. ¶在家里她很～丈夫 | 집에서 그녀는 남편을 잘 보살핀다. ¶你该～～人家 | 너는 남에게 좀 자상하게 대해야겠다. ¶他对学生很～ | 그는 학생들에 대해서 아주 자상하다. ❷ 書 세세히 체득하다.

【体统】tǐtǒng 名 체제. 짜임새. 격식. 규칙. 어법 대개 부정문에 사용됨. ¶不成～ | 체제를 이루지 못하다.

【体外循环】tǐwài xúnhuán 名組〈醫〉체외순환 [혈액을 기계장치로 체외에서 처리하여 순환시키는 인공 요법]

【体味】tǐwèi 動 자세히 체득하다. 직접 음미하다. 직접 느끼다. ¶仔细～其中的意思 | 그 속뜻을 자세히 음미하다. ¶他对这幅画～良久, 赞叹zàntàn不已 | 그는 이 그림을 한참 음미하고 나서 입이 마르도록 칭찬했다.

3【体温】tǐwēn 名 체온. ¶给孩子量liáng～ | 아이의 체온을 재다. ¶～调节tiáojié | 체온 조절.

【体温计】tǐwēnjì 名 체온계 =〔体温表〕〔检温表〕

【体文】tǐwén 名〈言〉범어(梵語)의 자음→〔悉xī昙①〕

【体无完肤】tǐ wú wán fū 成 온몸이 성한 데가 없다. 처참하게 논박당하다. 글이 많이 첨삭(添削)되다. ¶被打得～ | 만신창이가 되도록 두들겨 맞았다. ¶除非被人驳bó得～, 他决不轻易放弃自己的主张 | 만신창이가 되도록 논박을 당하지 않고서는 그는 결코 쉽게 자기의 주장을 포기하지 않는다 =〔肌jī无完肤〕

【体惜】tǐxī 動 이해하고 동정하다. ¶～父母的苦处 | 부모님의 어려운 점을 이해하고 동정하다.

2【体系】tǐ·xì 名 체계. 체제. ¶思想～ | 사상 체계. ¶工业～ | 공업 체계. ¶帮派～ | 파벌 체제.

3【体现】tǐxiàn 動 구체적으로 드러내다. 구현하다 [「体现」은 「表现」에 비해 추상적이며 간접인 경우에 주로 사용되고 명사로는 쓰여지지 않음] ¶他在教学中～了改革精神 | 그는 교육 중에서 개혁 정신을 잘 구현하고 있다. ¶作家的人格也能从他的作品中～出来 | 작가의 인격도 그의 작품 속에서 구현시킬 수 있다.

【体校】tǐxiào 名 簡 「体育学校」(체육학교)의 약칭.

【体形】tǐxíng 名 ❶ (사람·동물의) 체형. 체상(體狀). 몸의 생긴 모양. ¶她～不错 | 그녀는 체형이 괜찮다. ❷ (기계·기구의) 형태.

【体型】tǐxíng 名 체형. 인체의 유형(類型). ¶肥胖féipàng的～ | 살진 체형. 비만형. ¶她是矮胖的～ | 그녀는 작고 뚱뚱한 체형이다. ¶成年人和儿童在～上有显著的区别 | 성인과 아동은 체형에 있어서 현저한 차이가 있다.

【体恤】tǐ·xù 動 잘 돌보아 주다. 동정하여 도와주다. ¶县政府～灾区农民, 调拨diàobō了一批救济粮 | 현정부는 재해 지구 농민을 도와주려고 대량의 구제미를 조달해 주었다. ¶他很能～别人 | 그는 남을 동정하여 잘 도와준다.

【体癣】tǐxuǎn 名〈醫〉반상소수포성백선(斑狀小水疱性白癬) =〔俗 钱儿癣〕

【体循环】tǐxúnhuán 名〈生理〉체순환. 대순환 =〔大循环〕

4【体验】tǐyàn 動 체험하다. ¶亲身～ | 몸소 체험하다. 어법 「体验」은 「生活·斗争」등 주로 구체적이고 쉽게 접할 수 있는 것을 체험함을 의미하고, 「体会」는 주로 「意思·快乐·心情·精神·关怀」등 추상적인 이치나 정신 상태를 대상으로 삼음.

【体液】tǐyè 名〈生理〉체액.

【体用】tǐyòng 名 사물의 본체와 작용. 실체와 응용. ¶中学为体, 西学为用 | 중국의 학문을 「体」로 하고, 서양의 학문을 「用」으로 하다.

1【体育】tǐyù 名 체육. ¶～活动 | 체육 활동. ¶今天下午有一节～课 | 오늘 오후에 체육 수업 한 시간이 있다.

2【体育场】tǐyùchǎng 名 운동장. 스타디움(stadium). 그라운드(ground).

【体育道德】tǐyù dàodé 名組 스포츠맨십(sportsmanship). 운동 정신.

2【体育馆】tǐyùguǎn 名 체육관.

【体育运动】tǐyù yùndòng 名組 체육 운동.

【体胀系数】tǐzhàng xìshù 名〈物〉체팽창 계수.

4【体质】tǐzhì 名 체질. 체력. ¶增强～ | 체질을 강화하다. ¶他～强健 | 그는 체질이 강건하다. ¶特异～ | 특이 체질. ¶各人的～不同, 对疾病jíbìng的抵抗力dǐkànglì也不同 | 각자의 체질이 다르므로 질병에 대한 저항력도 다르다.

4【体制】tǐzhì 名 ❶ 체제. 체계. ¶教育～ | 교육 체제. ¶经济～ | 경제 체제. ❷ (시나 문장의) 체재(體裁). 양식. 격식. ¶五言诗的～, 在汉末就形成了 | 오언시의 체재는 한말에 이루어졌다. ¶「赋」这种～兴盛于汉代 | 「부」와 같은 체재는 한대에 흥성되었다.

4【体重】tǐzhòng 名 체중. ¶～增加了不少 | 체중이 적지 않게 늘었다.

T

【体重分级】tǐzhòng fēnjí [名組]〈體〉체급(體級)［역도에서는「次cì最轻量级」(플라이급)·「最zuì轻量级」(밴텀급)·「次轻量级」(페더급)·「轻qīng量级」(라이트급)·「次中量级」(웰터급)·「中zhōng量级」(미들급)·「轻重量级」(라이트헤비급)·「次中量级」(미들헤비급)·「重量级」(헤비급)·「特tè〔超chāo〕重(量)级」(슈퍼헤비급) 등으로 나눔］

[B] tī

【体己】tī·ji ⇒〔梯tī己〕

【体息】tī·xi ⇒〔梯tī己〕

tì ㄊㄧˋ

【弟】tì ☞ 弟 dì [B]

4【剃】tì 깎을 체
[動](면도로 머리나 수염을) 깎다 =〔薙②〕 ¶～胡子húzi | 수염을 깎다. ¶～头 | 머리를 깎다.

【剃刀】tìdāo [名] 면도칼. ¶安全～ | 안전 면도.

【剃刀鲸】tìdāojīng ⇒〔蓝lán鲸〕

【剃度】tìdù [動]〈佛〉삭발하고 중이 되다. ¶～为僧 | 삭발하고 중이 되다.

【剃光头】tì/guāngtóu [動組] ❶ 머리를 빡빡 깎다. ❷ [喻] 시험이나 시합에서 전멸(전패)하다. ¶去年高考, 我们班只考上一个, 差点～ | 작년 대입고사에서 우리 반은 겨우 한 사람만 합격했다. 하마터면 전멸될 뻔 했다. ¶零比二十一, 又剃了个大光头 | 0대21로 또 완패하였다.

【剃头】tì/tóu [動] 머리를 깎다. 이발하다. ¶我给你～吧 | 내가 너 머리를 깎아줄께.

【剃枝虫】tìzhīchóng [名] (方)〈蟲〉거염벌레. 야도충 =〔黏nián虫〕

【悌】tì 화락할 제
(書) [動] (형을) 공경하고 사랑하다. (형제간에) 화목하다 =〔弟tì〕 ¶孝～ | 어버이와 형을 잘 섬기다.

4【涕〈洟〉】tì 눈물 체
[名] ❶ 눈물. ¶痛哭流～ | 통곡을 하며 눈물을 흘리다. ¶感激～零 | 감격하여 눈물을 흘리다 =〔眼泪〕 ❷ 콧물 =〔鼻涕〕 ‖ =〔洟tì〕

【涕零】tìlíng [動] 눈물을 흘리다. ¶感激～ | 감격하여 눈물을 흘리다.

【绨】tì ☞ 绨 tí [B]

【睇】tì (스티빈 제)
[名]〈化〉❶ 스티빈(stibines). ❷ 안티몬화수소(SbH_3; antimon化水素).

4【屉(屜)】tì 언치 체, 말안장 체
[名] ❶ 시루. ¶笼lóng～ | 시루. ¶～帽 | 시루 뚜껑. ❷ (침대·의자 따위의 떼어낼 수 있는) 쿠션. 매트리스. ¶床～(子) | 침대의 떼어낼 수 있는 매트리스. ¶椅～(儿) | 떼어낼 수 있는 의자의 쿠션. ❸ (方) 서랍. ¶抽～ | 서랍.

【屉儿】tìr ⇒〔屉子②〕

【屉子】tì·zi [名] ❶ (몇개의 층으로 이루어진) 찜통. 시루. ¶用～蒸包子吃 | 찜통으로 찐빵을 쪄 먹다. ❷ (침대나 의자 등의) 떼어낼 수 있는 쿠션 부분 =〔屉儿〕 ❸ (方) 서랍 =〔抽屉〕

【倜】tì 기개있을 척
(書) [形] 기개가 있다. 초연하다. 뛰어나다.

【倜然】tìrán (書) [貶] ❶ 초연(超然)하다. 뛰어나다. 특출하다. ❷ 소원(疎遠)하다.

【倜傥】tìtǎng (書) [形] 호방하다. 시원스럽다. 뜻이 크고 기개가 있다. 소탈하다. ¶风流～ | 풍류스럽고 소탈하다.

3【惕】tì 두려워할 척
(書) [動] ❶ 조심하다. 두려워하다. 근신하다. ¶提高警～ | 경각심을 높이다. ❷ (方) 급속하다. 빠르다.

【惕厉】tìlì [動] 조심하다. 두려워하다. 경계하다. 근신하다. ¶日夜～ | 밤낮으로 삼가고 조심하다 =〔惕励〕

【惕励】tìlì ⇒〔惕厉〕

【裼】tì ☞ 裼 xī [B]

【逖】tì 멀 적
(書) [形] 멀다.

【逖逖】tìtì (書) [貶] 걱정하다. 근심하다.

2【替】tì 갈 체, 바꿀 체, 폐할 체
❶ [動] 대신하다. 대신해주다. ¶他今天有事, 不能来值班, 你～他吧 | 그는 오늘 일이 있어 당직 근무 하러 올 수 없으니 네가 그를 대신해 주어라. ¶我可～不了他 | 나는 정말 그를 대신할 수 없다. ❷ [介] …을 위하여. ¶大家都～你高兴 | 모두가 너를 위해 기뻐한다. ¶我～你找到了这本书 | 내가 너를 위해 이 책을 찾아왔다 =〔为wèi①〕〔给〕

【替班(儿)】tì/bān(r) [動] ❶ (임무·당번·근무 따위를) 대신하다. ¶今天我去给大哥～ | 오늘은 제가 형님을 대신해서 근무하러 가겠습니다. ❷ 교대하다. 교체하다.

【替补】tìbǔ [動] 대신하여 보충하다. ¶～队员 | 대원을 보충하다. ¶王老师要去进修, 得拔人～ | 왕선생님께서는 연수에 가셨으니, 사람을 찾아 보충하여야 한다.

4【替代】tìdài ⇒〔代替〕

【替工(儿)】tì/gōng(r) ❶ [動] 남을 대신하여 일하다. ❷ (tìgōng(r)) [名] 대신 일하는 사람. ¶又去找了几个～来 | 또 가서 대신 일할 사람을 몇 명 구해왔다 =〔打替的〕

【替古人担忧】tì gǔrén dānyōu [動組] 남의 일을 걱정하다. 쓸데없는 걱정을 하다. ¶听评书掉眼泪, ～ | [歇]「评书」(장편의 이야기를 강담하는 민간 문예의 하나)를 듣고 눈물을 흘리며 옛 사람 대신에 근심하다. 쓸데없는 걱정을 하다.

4【替换】tì·huan [動] ❶ 교대하다. 교체하다. ¶～跑 |〈體〉릴레이. ¶大家～着干吧 | 모두들 교대로 일 합시다. ¶由3号队员～5号队员 | 3번 선수를 5번선수와 교체하다. ¶你去～～哥哥 | 네가 가서 형과 좀 교대해라. ❷ 바꾸어 입다. ¶～衣服 | 옷을 갈아 입다 ‖ =〔换替〕

【替人】tìrén [書][名] 대리인. 대역.
【替身(儿)】tìshēn(r) [名] (남을 대신하여 벌을 받을) 대역. 대리인. ¶他找了个～, 自己却溜之大吉了 | 그는 자기 대신 벌을 받을 사람을 구하자 자신은 슬그머니 꽁무니를 뺐다. ¶总得找到～才离得开呢 | 대신 고생할 사람을 찾아야만 떠날 수 있다.
【替死鬼】tìsǐguǐ [名] 환생하려는 망령에게 속아 몸을 빼앗긴 자. [喩] 다른 사람 대신에 벌을 받거나 희생당한 사람.
【替天行道】tì tiān xíng dào [成] 하늘의 뜻을 받들어 도를 행하다. ¶起义军打着～的旗号 | 봉기군은 하늘의 뜻을 받들어 도를 행한다는 깃발(명분)을 내걸고 있다.
【替下】tì·xià [動] ❶ 대신하다. 대리하다. 교대하다. ¶你～他来 | 너 저 사람과 교대해라. ❷ 본을 뜨다. ¶～个样儿 | 본을 뜨다.
【替罪羊】tìzuìyáng [名] 속죄양. ¶结果他当了～ | 결과적으로 그가 속죄양이 되었다.

【嚏】 tì 재채기 체
⇒〔嚏喷〕
【嚏喷】tì·pen [名] 재채기. ¶打～ | 재채기를 하다 =〔喷嚏〕

tiān ㄊㄧㄢ

1【天】 tiān 하늘 천, 임금 천
❶ [名] 하늘. ¶飞上了～ | 하늘을 날아올랐다. ¶～高地厚↓ ¶～上有星星 | 하늘에 별이 있다. ❷ [名] 하루. 날. 일. ¶五～以后 | 닷세 뒤. ¶第二～ | 이튿날. ❸ [名] 낮. 주간(晝間). ¶三～三夜 | 3일 낮과 밤. ¶忙了一～, 晚上早点休息吧 | 저물도록 바빴으니 저녁에는 좀 일찍 쉬어라. ❹ [名] 하루 중의 어떤 시각. ¶～不早了 | 시간이 늦었다. ¶～已晌午shǎngwǔ了 | 시간이 벌써 정오가 되었다. ❺ [名] 날씨. 기후. ¶～热起来了 | 날씨가 더워지기 시작했다. ¶～晴qíng了 | 날이 개였다. ❻ 천당. 천국. 낙원. ¶～堂↓ ¶归～ | 하늘로 돌아가다. 죽다. ❼ 물건의 꼭대기에 있거나 공중에 설치된 것. ¶～窗↓ ¶～棚↓ ❽ 자연. 천연. ¶～灾 | 자연재해. ❾ 계절. ¶春～ | 봄. ¶热～ | 더운 계절. ❿ 천성의. 천부의. ¶～性↓ ¶～才↓
【天安门】Tiān'ānmén [名] 천안문 [북경(北京) 황성의 정문(正門)] ¶～广场 | 천안문 광장. ¶～城楼 | 천안문 성루.
【天安门事件】Tiān Ān Mén Shìjiàn [名組] 천안문 사태. ❶ 4·5운동(四·五運動) [1976년 4월5일 주은래(周恩來)를 추모하고, 4인방(四人幫)을 성토하며, 등소평(鄧小平)을 옹호하여 북경 천안문 광장에서 폭발했던 군중 시위 운동] =〔西·五运动〕❷ 6·4운동 [1989년 6월 4일, 민주화 개혁을 요구하면서 북경 천안문 광장에서 폭발했던 민중 시위 운동]
【天宝】tiānbǎo [名] ❶ 자연의 보물. ❷ (Tiānbǎo) 당(唐) 현종(玄宗)의 연호(742～756).
【天崩地裂】tiān bēng dì liè [成] 하늘이 무너지고 땅이 갈라지다. ❶ 큰 사변(事變). ❷ 천지가 무너질 듯한 큰 소리나 기세. ¶～的雷声 | 천지가 무너질 것 같은 천둥 소리. ¶义军蜂起fēngqǐ, ～ | 의용군이 봉기하니 천지가 다 무너질듯한 기세다 ‖ =〔天崩地坼〕
【天边(儿)】tiānbiān(r) [名] ❶ 몹시 먼곳. 아득히 먼곳. ¶远在～, 近在眼前 =〔远不远千里, 近只在眼前〕| [諺] 멀리 있다고 하면 아득히 먼 곳에 있고, 가까운 데 있다고 하면 바로 눈앞에 있다. 찾으려는 사람〔것〕이 뜻밖에도 바로 곁에 있다. ¶错到～去了 | 얼토당토 않게 틀렸다. ❷ 하늘 끝. ¶～有一朵云 | 하늘가에 구름이 한 조각 떠 있다 =〔天际〕‖ =〔天涯yá〕
【天兵】tiānbīng [名] ❶ 옛날, 황제의 군대. 임금의 군대. ❷ 신군(神軍). 하느님의 군대. 하늘이 내려보낸 군사. [喩] 신출 귀몰하는 군대. 무적(無敵)의 군대. ¶～天将 | 신병(神兵)과 신장(神將).
【天禀】tiānbǐng [書][名] 타고난 성품. 천성. ¶～聪颖cōngyǐng | 날 때부터 총명하다.
【天波】tiānbō [名] 〈物〉 공간파 =〔空间波〕
【天不从人愿】tiān bù cóng rén yuàn [成] 일이 뜻대로 안 되다 =〔天不随人愿〕
【天不假年】tiān bù jiǎ nián [成] 하느님이 더 살 시간을 주지 않는다. [喩] 수명이 짧다. ¶～, 他竟英年早逝 | 하늘이 시간을 더 주지 않아 그는 결국 한창 때에 요절하고 말았다.
【天不怕, 地不怕】tiān bù pà, dì bù pà [成] 하늘도 땅도 무섭지 않다. ¶南先生是一个～的人 | 남선생은 천하에 두려울 것이 아무것도 없는 사람이다.
【天不作美】tiān bù zuò měi [成][轉] 신수사납다. 운이 나쁘다. ¶忽然～大雨倾盆qīngpén | 갑자기 운 나쁘게 큰 비가 억수같이 퍼부었다.
3【天才】tiāncái [名] ❶ 특출한 재능. 천부적 자질. ¶他具有艺术～ | 그는 예술적 재능을 갖고 있다. ❷ 천재. ¶他在文学方面, 是个～ | 그는문학 방면에 천재이다. ¶世界上不存在什么生而知之的～ | 이 세상에는 무슨 나면서부터 다 아는 천재 따위는 존재하지 않는다.
【天蚕蛾】tiāncán'é [名] 〈蟲〉 천잠나비. 참나무산누에나방.
【天差地远】tiān chā dì yuǎn [成] 서로의 차이가 현저하다. 천양지차(天壤之差). ¶这可就～了, 两码事儿挨不到一块儿 | 이건 정말 천양지차라서 두가지 일을 하나로 끌어붙일 수 없다 =〔天地悬隔〕〔天各一方〕〔天悬地隔〕〔天远地隔〕
4【天长地久】tiān cháng dì jiǔ [成] (사랑이) 하늘과 땅처럼 영원하다. 영원히 변치 않다. ¶他们俩久别重逢chóngféng, 都盼着～再不分离 | 그들 둘은 오래간만에 다시 만나 영원히 다시는 헤어지지 말기를 바란다.
【天长日久】tiān cháng rì jiǔ [成] 오랜 세월(이 흐르다). 오랜 시간(이 경과하다). 길고 긴 기간. ¶由于水的侵蚀qīnshí, ～就形成了一个大溶洞 | 오랜 세월 동안 물의 침식으로 말미암아 큰 석회 동굴이 형성되었다.
【天车】tiānchē [名] 천장 기중기(天障起重機). 천정 크레인(天井crane) =〔(方)行háng车〕
【天窗(儿)】tiānchuāng(r) [名] ❶ 천창. 지붕창. ¶

打开～说亮话 | 흉금을 터놓고 이야기하다. ❷신문의 일부가 당국의 검열에 삭제되다. ¶这杂志上竟被开了～ | 이 잡지의 일부가 결국 검열에 삭제되었다.

【天赐】tiāncì ❶名 하늘이 내린 것. 하늘의 은총. 喩 뜻하지 않은 선물. ❷動 하늘이 주다. 하늘이 점지하다.

【天从人愿】tiān cóng rén yuàn 成 소원대로 되다. ¶～, 万事如意 | 모든 일이 뜻한 바대로 이루어지다.

【天大】tiāndà 狀 하늘만큼 크다. 매우 크다. ¶～的造化 | 무상(無上)의 행복. ¶～的谎huǎng | 매우 심한 거짓말. ¶～的祸 | 엄청난 재앙.

【天道】tiāndào ❶名 천지 자연의 도리〔법칙〕=〔書 天理②〕 ❷書 名 옛날, 자연 현상이 나타낸 길흉화복(吉凶禍福)의 징조. ❸⇒〔天气①〕

【天敌】tiāndí 名〈生〉천적. ¶鸟是害虫的～ | 새는 해충의 천적이다.

【天底下】tiāndǐ·xia 名 口 하늘 아래. 천하. 세상. ¶～竟有这样的事! | 세상에 이런 일도 있는가! =〔天下〕

4【天地】tiāndì ❶名 하늘과 땅. ¶炮声震动zhèndòng～ | 포성이 천지를 뒤흔들다. ¶～之间 | 하늘과 땅사이. 이세상→〔乾qián坤①〕 ❷名 喩 활동 무대. 터. ¶那里～太小, 这么多人活动不开 | 그곳은 활동 무대가 너무 좁아서 이렇게 많은 사람이 충분히 활동할 수 없다. ❸名 경지. 상태. 지경. 지위. ¶既到这步～, 挽回是不能的 | 이 지경까지 이르렀으니, 만회하기란 불가능하다. ¶别有～ | 또 다른 경지(세상)이 있다→〔田tián地②〕 ❹名 상하(上下). 위와 아래.

【天地不容】tiāndì bùróng 成 하늘도 땅도 용납하지 않다. ¶你干这种缺德事可是～啊 | 너 이런 비열한 짓을 하다니 정말 하늘도 땅도 용납하지 않을 것이다.

【天地良心】tiān dì liáng xīn 成 천지와 양심을 걸고 맹세하다. ¶～, 我可没说谎 | 하늘과 땅과 양심을 걸고 나는 정말 거짓말을 하지 않았다.

【天地头】tiāndìtóu 名 책장의 아래위의 공백〔윗쪽의 공백을「天头」라 하며 아랫쪽의 공백을「地头」라 함〕

【天帝】tiāndì 書 名 상제(上帝). 하느님 =〔上shàng帝①〕

【天电】tiāndiàn 名〈電氣〉공전(空電). 공중 전기(空中電氣). ¶～干扰 | 공전 방해(空電妨害). ¶～噪zào音 | 대기 잡음(大氣雜音).

【天蛾】tiān'é 名〈蟲〉박각시나방.

【天鹅】tiān'é 名〈鳥〉백조류의 총칭. ¶小～ =〔短嘴天鹅〕| 새끼 백조. ¶～湖 | 백조의 호수 =〔書 鹄hú〕

【天鹅绒】tiān'éróng 名〈紡〉빌로드. 벨베트(velvet). ¶丝～ | 견 빌로도. ¶棉～ =〔假天鹅绒〕〔棉剪绒〕| 면 빌로도. ¶薄纱～ | 시퐁(chiffon) 벨베트 =〔鹅绒〕〔剪jiǎn绒〕

【天翻地覆】tiān fān dì fù 成 천지가 뒤집히는 듯하다. ❶변화가 대단히 크다. ¶发生了～的变化 | 천지가 뒤집히는 정도의 큰 변화가 일어났다. ❷뒤죽박죽이 되다. 매우 소란스럽다 ‖ =〔翻天覆地〕〔地覆天翻〕〔覆地翻天〕

【天方】Tiānfāng 名〈地〉「阿拉伯」(아라비아)의 옛 이름.

【天方夜谭】Tiānfāng Yètán 名組 ❶〈書〉아라비안나이트 =〔一千零一夜〕 ❷(tiānfāng yètán) 허황되고 터무니없는 이야기. ¶这种事儿简直是～ | 이런 일은 정말이지 터무니없다.

【天分】tiān·fèn 名 천부적인 재능. 소질. ¶～高 | 선천적인 재능이 뛰어나다→〔天赋〕〔天资〕

【天府】tiānfǔ 書 名 땅이 비옥하고 천연 자원이 풍부한 지역.

【天府之国】tiān fǔ zhī guó 成 천혜의 땅〔중국에서 일반적으로 사천성(四川省)을 일컫는 말〕¶～出美女 | 천혜의 땅에서 미녀가 나온다.

【天妇罗】tiānfùluó 名 外 덴뿌라 =〔外 甜不辣〕

【天赋】tiānfù 書 ❶動組 자연이 주다. 나면서 부여받다. ¶我们的生命是～的 | 우리의 생명은 나면서 부여받은 것이다. ¶～他一副好歌喉 | 하늘이 그에게 좋은 성대를 부여하였다 =〔書 天授①〕 ❷名 타고난 재질. 천성. 천품. ¶这孩子的～并不太高, 但很用功 | 그 아이는 타고난 재질은 그리 높지는 않지만 아주 열심이다.

【天干】tiāngān 名 (간지의) 천간. 십간〔갑(甲)·을(乙)·병(丙)·정(丁)·무(戊)·기(己)·경(庚)·신(辛)·임(壬)·계(癸)의 총칭〕=〔十干〕〔十母①〕⇔〔地支〕→〔干支〕

【天罡】tiāngāng 書 名〈天〉❶북두칠성(北斗七星). ❷북두칠성의 자루처럼 된 부분.

【天高地厚】tiān gāo dì hòu 成 ❶(은혜가) 지극히 높고 두텁다. ¶老师的恩泽, ～, 学生难以酬报chóubào | 스승의 은혜는 지극히 두터워서 학생들이 보답하기 어렵다. ❷사물의 복잡함. 세상물정. 어법 대개「不知」의 목적어로 쓰임. ¶这孩子一点不知～, 居然独个儿要去深山老林探险 | 이 아이는 조금도 세상 물정을 모른다. 혼자 심산유곡으로 탐험가겠다니 말이다.

【天高皇帝远】tiān gāo huángdì yuǎn 諺 영토가 넓어 황제의 통치 역량이 먼 곳까지 미치지 못하다. 지배나 구속을 받음이 없이 자유롭다. ¶这儿～, 谁也管不着 | 여기는 중앙 정부의 행정력이 미치지 못할 정도로 멀기에 누구도 관여하지 못한다.

【天各一方】tiān gè yī fāng ⇒〔天差地远〕

【天公】tiāngōng 名 俗 우주 만물의 주재자(主宰者). 하느님. ¶～不作美, 我们外出春游的时候, 又下起雨来 | 하느님이 굽어 살펴주시지 않아 우리가 봄나들이 갈 때 또 비가 내리기 시작했다.

【天公地道】tiān gōng dì dào 成 대단히 공평하다〔공정하다〕. ¶她这样处理真是～ | 그녀가 이렇게 일을 처리하는 것은 지극히 공평하다.

【天宫】tiāngōng 名 천제(天帝)의 궁궐. 하늘 궁전. 천궁. ¶闹～ | 천궁을 소란하게 하다.

【天沟】tiāngōu 名〈建〉(지붕의) 낙수홈통.

【天狗螺】tiāngǒuluó 名〈魚貝〉바다골뱅이.

【天光】tiānguāng ❶⇒〔天色②〕 ❷名 方 새벽.

【天国】tiānguó ❶⇒〔天堂①〕 ❷名 喩 이상 세계

T

(理想世界). ¶这种好事只有～中才有｜이렇게 좋은 일은 이상세계에서나 있겠다.

【天河】tiānhé 名 ❶은하수. 은하 =〔天汉〕〔长cháng汉〕〔长河③〕〔明河〕〔斜汉〕〔星汉〕〔星河〕〔書银汉〕〔银河〕〔云汉〕 ❷(Tiānhé) 〈地〉광서장족자치구(廣西壯族自治區)에 있는 현(縣) 이름.

【天候】tiānhòu 名 날씨. 일기. ¶全～飞行｜전천후 비행.

【天花】tiānhuā 名 ❶〈醫〉천연두. ¶出～｜천연두에 걸리다 =〔痘②〕〔痘疮〕〔俗簡花⑬〕 ❷하늘에서 내리는 꽃. 喩눈. ❸옥수수의 수꽃. ❹〈佛〉천화. 천상계(天上界)에 피는 영묘한 꽃.

【天花板】tiānhuābǎn 名 천장판. 천장널 =〔書承尘②〕〔仰板〕〔天棚①〕〔望板〕→〔顶棚〕

【天花粉】tiānhuāfěn 名〈漢醫〉천화분. 하눌타리 뿌리의 가루 =〔簡花粉②〕

【天花乱坠】tiān huā luàn zhuì 成 貶 그럴듯하게 말을 잘하여 감동스러우나 실제와 부합하지 않다. ¶他把美国说得～，十分美好，可我就是不信｜그는 미국을 그럴싸하게 말하여 아주 좋은 듯 싶으나 나는 그래도 믿지 않아.

【天荒地老】tiān huāng dì lǎo 成 오랜 시간이 흐르다. 긴긴 세월이 지나가다 =〔地老天荒〕

【天皇】tiānhuáng 名 ❶천자. 천황. ❷일본의 천황.

【天昏地暗】tiān hūn dì àn 成 온 세상이 캄캄하다. 喩세상이 어둡다. 정치가 부패하거나 사회가 혼란하다. ¶一时狂风大起，飞沙走石，刮得～，日月无光｜한때 광풍이 일어 흙모래를 날리며 어찌나 세게 불어대는지 온 천지가 다 어두컴컴해졌다. ¶在那～的社会里，穷人有理又到哪儿说？真是欲告无门｜그 혼란한 사회에서는 가난한 사람이 따질 것이 있어도 어디가서 말하겠는가? 정말 할 말이 있어도 들어줄 데가 없는데 =〔天昏地黑〕

【天火】tiānhuǒ 名 ❶번갯불. ¶做这种事要遭～烧的｜이런 일을 하면 천벌을 받을 것이다. ❷원인 불명의 실화(失火). ❸〈醫〉단독(丹毒).

【天机】tiānjī 書 名 천기. ❶하늘의 뜻. ❷천지의 기밀. 轉중대한 기밀. ¶一言道破了～｜무심코 중대한 기밀을 누설하고 말았다. ¶～不可泄露xièlòu｜천기(중대한 기밀)는 누설해서는 안된다. ❸천성(天性). 천부의 기지(機知).

【天际】tiānjì 名 하늘가. 벽지(僻地). ¶晚霞染红了～｜저녁 노을이 하늘가를 붉게 물들였다 =〔天边(儿)②〕〔天杪miǎo〕

【天骄】tiānjiāo 名 ❶옛날, 한민족(漢民族)이 흉노족(匈奴族)의 왕(王)을 일컫던 말. ❷轉소수민족의 군주(君主).

【天经地义】tiān jīng dì yì 成 천지의 대의(大義). 영원히 변할 수 없는 진리〔법칙〕. 불변의 진리. ¶他对此是视为～的｜그는 이것을 불변의 진리로 간주하고 있다.

【天井】tiānjǐng 名 ❶안채와 사랑채 사이의 마당 →〔院yuàn子〕 ❷轉주택 뜰의 통칭. ❸천장의 격자(格子) 모양의 틀. ❹천창(天窗).

【天可怜见】tiān kě lián jiàn 成 하늘이 불쌍히 여기다. ¶我一片好心，真是～｜내 이 호의는 정말 하늘이 불쌍히 여긴 것과 같다.

³【天空】tiānkōng 名 하늘. 공중. ¶～海阔kuò =〔海阔天空〕｜成 하늘이나 바다처럼 널찍하다. 가슴속에 아무런 거리낌도 없다.

【天籁】tiānlài 書 名 자연의 소리. 자연계의 음향.

【天蓝(色)】tiānlán(sè) 名〈色〉하늘빛. 하늘색.

【天狼星】tiānlángxīng 名〈天〉천랑성. 시리우스(Sirius).

【天老儿】tiān·laor 名 날 때부터 모발·피부가 흰 사람 =〔天落儿〕〔白化病②〕

【天理】tiānlǐ ❶書 名 송대 이학(宋代理學)의 봉건적 윤리(封建的倫理)로 객관적으로 존재하는 도덕 법칙을 말함. ❷⇒〔天道①〕

【天良】tiānliáng 書 名 (타고난) 양심. ¶丧尽～｜양심을 다 잃어버리다.

【天亮】tiān liàng ❶動 날이 밝다. 동이 트다. ¶快～了｜곧 날이 밝아온다. ¶有鸡天也亮，没鸡天也明｜諺 닭이 울지 않아도 날은 밝는다. ❷(tiānliàng) 名 새벽. 동틀 무렵. ¶～以前赶到｜날 밝기 전에 길을 다그쳐 도착하다. ¶～下雪｜분명하다. 명백하다 ‖ =〔書天明〕

【天灵盖】tiānlínggài 名〈生理〉두정골→〔脑盖子〕

【天鹨】tiānliù 名〈鳥〉종달새 =〔云yún雀〕

【天伦】tiānlún 書 名 ❶천륜. 부자(父子)·형제 등 가족간의 변치않는 떳떳한 도리. ¶～之乐｜成 가정의 즐거움. 가정의 단란함. ❷가정의 정의(情誼). ❸아버지.

【天罗地网】tiān luó dì wǎng 成 ❶물샐틈없는 수사망을 펴다. 빈틈없는 경계망을 치다. ¶谁也逃不脱政府军布下的～｜누구도 정부군이 배치한 물샐틈없는 수사망을 벗어날 수 없다. ❷피할 수 없는 재액.

【天麻】tiānmá 名〈植〉〈漢醫〉천마. 적전(赤箭)의 뿌리 =〔仙人脚〕

【天马行空】tiān mǎ xíng kōng 成 ❶천마가 하늘을 마음대로 날아다니다. ❷문재(文才)가 호방표일(豪放飄逸)하다. ¶他的散文sǎnwén写得～，潇洒xiāosǎ之至｜그의 산문은 호방표일하기 그지없다.

【天门冬】tiānméndōng 名〈植〉호라지좆 [뿌리는 천문동이라 하여 해소·담·객혈 등의 한약재로 쓰임] =〔地门冬〕〔颠棘〕〔满冬〕〔婆pó罗树〕〔万岁藤〕

【天明】tiānmíng ⇒〔天亮〕

【天命】tiānmìng 書 名 ❶하늘의 뜻. ❷타고난 운명. ¶他竟不信～｜그는 운명을 믿지 않는다. ❸자연의 법칙. ❹천명. 타고난 수명(壽命). ❺(Tiānmìng) 청(清) 태조(太祖)의 연호(1616～1626).

【天幕】tiānmù 名 ❶대지를 덮고 있는 하늘. ¶在这深蓝色的～上｜이 짙푸른 하늘 위에. ❷〈演映〉(무대의) 하늘 배경막.

【天南地北】tiān nán dì běi 成 ❶하나는 하늘의 남쪽에 있고, 다른 하나는 땅의 북쪽에 있다. 아득히 멀리 떨어져 있다. ¶从此，我们俩～，各在一方，只能靠通信来联系了｜지금부터는 우리 둘이 멀리 떨어져 각자 다른 곳에 있게 되니 편지로

나 연락해야 되겠구나. ¶大家从～来到这里 | 모두들 먼 곳에서 여기에 왔다. ❷지역이 서로 다르다. ¶他们来自～, 参加比赛 | 그들은 각처로부터 와서 시합에 참가한다. ❸폭넓은 화제거리로 한담하다. 이것 저것 세상사를 이야기하다. ¶敞开胸怀～地闲扯xiánchě起来 | 마음을 열고, 이것 저것 이야기하기 시작하다. ¶夜间无事, 两个人便～地扯了起来 | 밤에 할 일이 없어 두 사람은 온갖 세상이야기로 한담하기 시작했다.

【天南海北】tiānnán hǎiběi ❶成 온 나라. 전국 방방곡곡. ❷成 이런 저런 잡다한 이야기를 하다. ¶～地谈起来 | 이것 저것 잡다하게 한담하기 시작하다. ❸(Tiān Nán Hǎi Běi) 簡「天津·南京·上海·北京」의 4대 도시의 약칭.

【天南星】tiānnánxīng 名〈植〉천남성. 호장. 두여머조자기 [뿌리는 치담(治痰)·치풍(治風)의 약재로 쓰임] =〔虎hǔ掌〕

【天年】tiānnián 書名 ❶(사람의) 자연의 수명. 천수. 천명. ¶尽其～ | 천수를 다 누리다. ¶安享～ | 천수를 누리다 =〔天算①〕 ❷올해의 운세.

【天牛】tiānniú 名〈蟲〉뽕나무하늘소 [유충은「蛣蛴qiūqí」라고 함]

【天怒人怨】tiān nù rén yuàn 成 하늘도 사람도 진노하다. 천인공노(天人共怒)하다. ¶这种运动搞得～ | 이런 운동은 잘못되어 모두의 원망을 샀다.

【天疱疮】tiānpàochuāng 名〈醫〉천포창→〔水痘〕

【天棚】tiānpéng 名 ❶천장. ❷차양(遮陽). (햇빛을 가리기 위한) 천막 =〔天篷péng〕〔凉棚〕

【天平】tiānpíng 名 천평칭(天平秤). 천평. ¶调剂tiáojì～ | 조제용 천칭 =〔天秤〕

1【天气】tiānqì 名 천기. ❶일기. 날씨. ¶～很冷 | 날씨가 춥다. ¶～好 | 날씨가 좋다 =〔方 天道③〕 ❷書 하늘의 기운.

【天气图】tiānqìtú 名〈氣〉천기도.

【天气预报】tiānqì yùbào 名組 일기 예보. ¶他每天收听～ | 그는 매일 일기예보를 청취한다.

【天堑】tiānqiàn 名 천연의 요새. 천험(天險). 喩 왕래를 못하게 할 정도로 험한 지역. 주로 양자강을 가리킴. ¶南京长江大桥建成了, 从此～变通途 | 남경의 장강대교가 건설되자 이 장강은 탄탄대로가 되었다.

【天琴(座)】tiānqín(zuò) 名〈天〉거문고 자리.

【天青】tiānqīng 名〈色〉감색 =〔绀gàn〕

【天青石】tiānqīngshí 名〈鑛〉천청석. 셀러스타이트(celestite).

【天穹】tiānqióng 名 하늘. 창공. 천궁. ¶～清高 | 하늘이 맑고 높다.

【天球】tiānqiú 名〈天〉천구. ¶～赤道 | 천구적도. ¶～子午圈 | 천구 자오선. ¶～坐标 | 천구 좌표.

【天球仪】tiānqiúyí 名〈天〉천구의 =〔浑天仪②〕〔浑象〕

【天趣】tiānqù 書名 천연〔자연〕의 풍취〔정취〕. ¶～盎然ángrán | 천연의 정취(情趣)가 넘쳐나다. ¶略有～ | 자연의 풍취가 좀 있다.

3【天然】tiānrán 區 천연의. 자연의. ¶～景色 | 자연 경치. ¶～丝 | 천연 견사(絹絲). ¶～产物 | 천연 산물. ¶～堤 | 자연 제방(自然堤防). ¶～橡胶xiàngjiāo | 천연 고무. ¶这里的湖泊húpō是～的 | 이곳의 호수는 천연적인 호수이다. ¶～碱jiǎn | 천연 소다 ⇔〔人工①〕〔人造〕→〔自然rán①〕

【天然磁铁】tiānrán cítiě 名組 천연자석.

【天然免疫】tiānrán miǎnyì 名組〈醫〉자연 면역 =〔自然免疫〕⇔〔人工免疫〕

3【天然气】tiānránqì 名 천연 가스. ¶非伴生～ | 구조성(構造性) 가스 =〔天然煤气〕〔天然燃气〕

【天壤】tiānrǎng ❶書名 하늘과 땅. ¶～间 | 하늘과 땅사이. 천지간. ❷⇒〔天渊〕

【天壤之别】tiān rǎng zhī bié ⇒〔天渊〕

【天日】tiānrì 名 하늘과 태양. 喩 광명(光明). 밝은 세상. ¶暗无～ | 빛이 없이 캄캄하다. ¶不见～ =〔天日无光〕| 하늘과 해가 어둡다. 태양은 빛을 잃고 세상은 어두워지다. 암담한 세상. ¶重见～ | 成 다시 한번 새세상을 보게 되다. 암담한 세상에서 벗어나 밝은 세상을 보게 되다.

4【天色】tiānsè 名 ❶하늘 빛〔색〕. ¶～顿时黑了下来 | 하늘색이 갑자기 컴컴해졌다. ❷날. 시간. ¶～已晚, 你快回家吧 | 날이 이미 저물었으니 빨리 집으로 돌아가라. ¶～还早, 你再睡一会儿 | 때가 아직 이르니, 좀더 자거라 =〔江 天光①〕 ❸일기. 날씨. ¶看～怕要下雨 | 날씨를 보아 하니 아무래도 비가 올 것 같다. ¶～突变tūbiàn | 날씨가 갑자기 변하다. ¶出门时～还好, 半路上却下起雨来 | 집을 나설 때는 날씨가 그래도 좋았는데 도중에 비가 오기 시작했다.

【天杀的】tiānshā·de 名組 罵 천벌을 받을 놈. ¶你这个～! | 너 이 죽일 놈! =〔天诛zhū〕

3【天上】tiānshàng 名 천상. 하늘. ¶～无云不下雨 | 諺 하늘에 구름이 없으면 비가 오지 않는다. 아니 땐 굴뚝에 연기 날까. ¶～不掉馅儿xiànr饼 | 諺 누워서 저절로 입에 들어 오는 떡은 없다. ¶～一句, 地下一句 | 諺 이 말 한마디 저말 한마디. 말에 두서가 없다. 말이 조리없다. ¶～地下 | 천지차(天地差). 차가 많다. ¶～星 | 불가사리.

【天上人间】tiān shàngrén jiān 成 하늘 나라와 인간 세상. ¶～两茫茫 | 처지나 환경이 서로 완전히 다르다.

【天神】tiānshén 書名 하늘에 있는 신. 하느님. ¶～震怒zhènnù, 雷声大作 | 하느님이 진노하니 뇌성이 크다 =〔神天〕

4【天生】tiānshēng 動 타고나다. 선천적으로 갖고 있다. ¶人的本事不是～的 | 사람의 능력은 선천적인 것이 아니다. ¶她～聋哑lóngyǎ | 그녀는 선천성 농아(聾啞)이다. ¶她～一对明亮的大眼睛 | 그녀는 맑고 큰 눈을 태어나면서 갖고 있다 =〔天生来〕

【天师】Tiānshī 名 천사. ❶동한(東漢) 시대 도교의 시조인 장도릉(張道陵)에 대한 존칭 =〔俗 张天师〕 ❷(tiānshī) 천자(天子)의 군대. ❸(tiānshī) 훌륭한 도사(道士). 도술을 심득한 사람.

【天时】tiānshí 書名 천시. ❶철. 절기. ¶庄稼zhuāngjia活一定要趁chèn～, 早了晚了都不好 | 농사일은 시기를 맞추어야지, 이르거나 늦는 것도 다 좋지 않다. ❷하늘로부터 받은 좋은 기회〔시

기, 때). ¶～不如地利, 地利不如人和 | 하늘이 주신 호기는 토지의 비옥함〔지세의 이점〕만 못하고, 토지의 비옥함은 사람의 화목함만 못하다. ❸기후. 천후.

【天使】tiānshǐ 名 ❶書 옛날, 황제가 파견한 사신(使臣). ❷〈宗〉천사. 에인젤(angel). 喩 천진하고 귀여운 여자〔소녀〕 ¶她是母亲心中的～ | 그녀는 어머니 마음 속의 천사이다. ¶～鱼 | 진저리 상어. 에인젤피시(angel fish) ❸하느님의 사자(使者).

【天授】tiānshòu ❶⇒〔天赋①〕 ❷(Tiānshòu) 書 名 당(唐) 무후(武后)의 연호(690～692).

【天寿】tiānshòu 名 천수→〔天年①〕

【天书】tiānshū 名 ❶하늘의 신선이 쓴 책이나 편지. ❷ 喩 어려운 문장(文章)이나 난해한 문자(文字). ¶你的字写得太草了, 跟～似的 | 네가 쓴 글은 너무 휘갈겨서, 알아볼 수 없는 「天书」같다. ❸고대(古代), 황제의 조서(詔書).

【天数】tiānshù 書 名 타고난 팔자. 숙명. 천명. ¶看来, 他～已尽 | 보아하니 그의 운명도 다한 것 같다.

【天水田】tiānshuǐtián 名〈農〉천수답.

【天随人愿】tiān suí rén yuàn 成 하늘이 인간의 소원을 들어 주다. ¶～, 万事称心 | 모든 일이 마음먹은 대로 이루어지다 =〔天从人愿〕

【天台乌药】tiāntái wūyào 名組〈植〉천태오약 =〔乌药〕

【天坛】Tiāntán 名 천단 [명대(明代) 가정(嘉靖) 연간(年間)에 북경의 영정문(永定門)안에 세운 제단. 황제가 매년 동지(冬至)날에 친히 천제(天祭)를 봉사(奉祀)하던 곳] =〔圜yuán丘〕→〔地坛〕〔日坛〕

4【天堂】tiāntáng 名 ❶〈宗〉극락. 천당 =〔天国①〕⇔〔地狱①〕 ❷ 喩 천국과 같이 아름답고 행복한 생활환경. 지상낙원. ¶上有～, 下有苏杭 | 하늘에는 천당이 있다면 땅에는 아름다운 「苏州」와 「杭州」가 있다. ❸관상학에서 이마의 윗부분.

【天梯】tiāntī 名 ❶높은 건물 설비에 설치된 높은 사다리. ❷書 하늘에 오르는 사닥다리. 喩 매우 울퉁불퉁하여 다니기 힘든 산길. ❸「祭jì灶」때에 쓰는 종이 사닥다리.

【天体】tiāntǐ 名〈天〉천체. ¶～仪 | 천체의. ¶～光谱学 | 천체 분광학(分光學). ¶～物理学 | 천체 물리학. ¶～演化学 | 우주 진화론.

【天天】tiāntiān 名 ❶(～儿) 매일. 날마다. ¶～向上 | 나날이 향상하다. ¶～锻炼身体 | 날마다 신체를 단련하다 =〔每天〕❷하늘. 하느님. ¶恨～不与人方便 | 하느님이 편의를 봐 주지 않는 것을 원망하다.

【天条】tiāntiáo 名 ❶書 천상의 법률. ¶不可触犯chùfàn～ | 하늘의 뜻을 거슬러서는 안된다. ❷태평 천국(太平天國)이 정한 금령(禁令).

【天庭】tiāntíng 名 ❶(관상에서) 양미간. ¶～饱满 | 양미간이 넓다. 부귀(富貴)의 상이다. ❷書 하늘. ❸제왕(堵王)의 처소.

【天头】ⓐtiāntóu 名 책장〔페이지〕윗 부분의 공백 =〔顶眉〕

ⓑtiān·tou 名 方 천기(天氣). 기후. 날씨. ¶～冷了 | 추워졌다.

【天王】tiānwáng 名 ❶천자(天子). ❷태평천국(太平天國)의 두목 홍수전(洪秀全)의 칭호. ❸(신화나 전설 속의) 천신(天神).

【天王星】tiānwángxīng 名〈天〉천왕성.

【天网恢恢(疏而不漏)】tiān wǎnghuīhuī (shū ér bù lòu) 成 천지 자연의 법칙은 넓은 그물과 같아서 어떤 죄인도 빠져나가질 못한다. ¶～, 作恶者逃不了被惩罚chéngfá | 천지 자연의 법칙은 거대한 그물과 같아서 나쁜 짓을 한 자는 벌을 면치 못할 것이다.

3【天文】tiānwén 名 천문. ¶～算法 | 천문의 산법.

【天文单位(距离)】tiānwén dānwèi(jùlí) 量〈天〉천문 단위(AU).

【天文馆】tiānwénguǎn 名 천문관 [천문 지식의 보급을 위한 문화 교육 기구]

【天文数字】tiānwén shùzì 名組 천문학적 숫자. ¶这笔钱对我来说是一个～ | 이 돈들은 나에게는 천문학적인 숫자이다.

【天文台】tiānwéntái 名〈天〉천문대 =〔观星台〕

【天文望远镜】tiānwén wàngyuǎnjìng 名組 천체망원경.

【天文学】tiānwénxué 名 천문학. ¶航海～ | 항해천문학. ¶～家 | 천문학자.

【天文钟】tiānwénzhōng 名 천문 시계.

【天无绝人之路】tiān wú juérén zhī lù 諺 하늘이 무너져도 솟아날 구멍이 있다 =〔天不绝人之路〕

3【天下】tiānxià 名 ❶천하. 온 세상. 세계. ¶～无难事, 只怕有心人 | 뜻만 있다면 세상에 하기 어려운 일은 없다. ¶～第一 | 천하 제일이다. ¶～共诛 | 成 만 백성의 손가락질을 받다. ¶～大事 | 세계적인 큰일. ❷書 중국(中國)의 자칭. ❸국가 정권. 통치권. ¶人民的～ | 국민의 정권. ¶打～ | 정권을 잡다. 세상을 평정하다.

【天下为公】tiān xià wéi gōng 成 세상(정권)은 모두의 공유물이다. ¶孙中山倡导chàngdǎo～ | 손중산이 세상은 백성들의 것이라고 제창했다.

【天下乌鸦一般黑】tiānxià wūyā yībān hēi 諺 천하의 까마귀는 모두 검다. 온 세상의 나쁜 놈은 다 같은 놈들이다.

【天下无双】tiān xià wú shuāng 成 ❶천하에 둘도 없다. ❷세상에서 더는 찾을 수 없다. ¶他是～的好汉 | 그는 세상에서 더는 찾을 수 없는 진짜 사나이다.

【天下一家】tiān xià yī jiā 成 한 집안처럼 온 세상이 화목하다. 전국이 통일되다.

【天仙】tiānxiān 書 名 ❶선녀. ❷ 喩 미녀.

【天险】tiānxiǎn 書 名 천험의 요새지. 천연 요새.

4【天线】tiānxiàn 名〈電氣〉안테나. 공중선(空中線). ¶抛pāo物柱面反射～ | 포물선형 안테나 ⇔〔地线〕

【天象】tiānxiàng 名 ❶書 천체 현상(天體現象). ¶观测～ | 천상을 관측하다 =〔乾qián图〕❷기상. 기후 현상. ¶一些老农常常根据～预测yùcè阴·晴等天气的变化 | 어떤 늙은 농부들은 늘 천체 현상을 근거로 흐리고 맑은 등등의 날씨의 변화

T

를 예측한다.
【天象仪】tiānxiàngyí 名 천상의. 플라네타륨(planetarium).
【天晓得】tiān xiǎo·de 動組 方 하늘만이 알 것이다. 아무도 모른다. ¶～他在那儿待了多久 | 그가 그곳에서 얼마나 머물렀는지 아무도 모른다.
【天性】tiānxìng 名 천성. 타고난 성격. ¶他～好动 | 그는 천성적으로 움직이는 것을 좋아한다 =〔書 性天〕
【天幸】tiānxìng 書 名 천만다행. 천행.
【天旋地转】tiān xuán dì zhuǎn 成 하늘과 땅이 빙빙 돌다. ❶ 세상이 변하다. 매우 큰 변화가 일어나다. ❷ 정신이 아찔하다. 머리가 빙빙 돌다. ¶只觉得～, 站立不住 | 머리가 어지럽기만해 서 있을 수가 없다. ❸ 천지가 뒤집힐 듯 소란스럽다〔시끌시끌하다, 야단법석을 떨다〕. ¶他在办公室大吵大嚷, 闹得个～ | 그는 사무실에서 시끄럽게 소리를 쳐대서 한바탕 야단법석이었다.
【天悬地隔】tiān xuán dì gé ⇒〔天差地远〕
【天涯】tiānyá ⇒〔天边(儿)〕
【天涯海角】tiān yá hǎi jiǎo 成 하늘가와 바다끝. 머나먼 곳. ¶～都有我的朋友 | 하늘가나 바다끝 어디든 내 친구가 있다 =〔天涯地角〕〔地角天涯〕〔海角天涯〕
【天阉】tiānyān 名 선천적인 고자. 천환(天宦).
【天衣无缝】tiān yī wú fèng 成 신선들의 옷에는 꿰맨 자국이 없다. 아무런 흔적이나 결함이 없다. ¶他把谎话编得～ | 그는 거짓말을 감쪽같이 꾸며냈다.
【天意】tiānyì 書 名 ❶ 하늘의 뜻. ❷ 임금의 마음. ❸ 자연의 이치.
【天鹰座】tiānyīngzuò 名〈天〉독수리 자리.
【天宇】tiānyǔ 名 ❶ 하늘. ❷ 書 천하. 세상. ❸ 書 옛날, 왕이 있는 도읍.
【天渊】tiānyuān 名 하늘과 깊은 못. 하늘과 땅 만큼의 차이. 喻 대단히 현격한 차이. ¶他们俩的程度有～ | 그들 두 사람의 수준은 엄청난 차이가 있다 =〔書 天壤②〕〔天壤之别〕〔天渊之别〕〔判若天渊〕〔云壤之别〕〔云泥之别〕
【天灾】tiānzāi 名 천재. 자연 재해. ¶～难躲 | 천재지변에는 피하기 어렵다.
【天灾人祸】tiān zāi rén huò 成 천재와 인재(人災). ¶～, 百姓遭难 | 천재와 인재가 겹쳐 백성들이 수난이다.
【天造地设】tiān zào dì shè 成 아주 자연스럽고 이상적이다. ¶他们是～的一对好夫妻 | 그들은 아주 이상적인 부부이다.
²【天真】tiānzhēn 形 ❶ 천진하다. 순진하다. 꾸밈없다. ¶这个孩子～烂漫lànmàn | 이 아이는 천진난만하다. ❷ 단순하다. 유치하다. ¶他想得太～了, 世界上的事情哪有那么简单 | 네가 생각하는 것은 너무 단순하다, 세상의 일이 어디 그렇게 단순할 수 있겠는가.
【天真烂漫】tiān zhēn làn màn 成 천진난만하다.
【天职】tiānzhí 名 ❶ 천직. ❷ 마땅히 해야할 직분. ¶培养合格的教师是师范院校的～ | 자격이 되는 교사를 배양해내는 것이 사범학교의 직분이다.
【天轴】tiānzhóu 名 ❶〈機〉선축(線軸). 라인 샤프트(line shaft) ❷〈天〉천구(天球)의 중심축.
【天诛地灭】tiān zhū dì miè 成 하늘과 땅의 주벌(誅伐)을 받다. 지은 죄가 커서 천벌을 받다.
【天竹】tiānzhú 名 簡〈植〉「南天竹」의 약칭.
【天竺】Tiānzhú 名〈地〉천축 [인도의 옛 이름] =〔乾Qián竺〕〔身Yuán毒〕→〔印度〕
【天竺桂】tiānzhúguì 名〈植〉생달나무 =〔山桂〕〔月桂②〕
【天竺鼠】tiānzhúshǔ 名〈動〉마모트(marmot) =〔荷兰猪〕〔豚tún鼠〕
³【天主教】Tiānzhǔjiào 名〈宗〉천주교. ¶他信～ | 그는 천주교를 믿는다 =〔加特力教〕〔罗马公教〕〔公教〕〔旧教〕
【天资】tiānzī 名 천부의 자질. 타고난 성질. ¶他～聪彗cōnghuì | 그는 천부적으로 총명하고 지혜롭다 =〔天质〕→〔天分〕〔天赋〕
【天子】tiānzǐ 名 천자. 황제 =〔官家①〕〔官里②〕〔万乘〕
【天字(第)一号】tiān zì (dì) yī hào 成 맨 처음. 최고 수준. 최우위. 천하제일 [천자문(千字文)의 첫째 구절「天地玄黄」이 항상 맨 먼저 읽혀지는 데서 유래한 말]
【天足】tiānzú 名 전족(纏足)하지 않은 자연 그대로의 발 =〔天然足〕〔汉装②〕→〔大脚②〕
【天尊】tiānzūn 名 敬 ❶ 도교(道教)에서 신선에 대한 존칭. ❷〈佛〉부처님.
【天作之合】tiān zuò zhī hé 成 ❶ 하늘이 맺어준 결합〔혼인〕. ¶李先生和康小姐才是～ | 이선생과 미쓰 강이야말로 하늘이 맺어준 연분이다. ❷ 좋은 연분.

2【添】tiān 더할 첨
動 ❶ 첨가하다. 보태다. 덧붙이다. ¶再～点儿饭 | 밥 좀 더 퍼담아라. ¶不够再～上吧 | 충분하지 않으면 다시 더 첨가해라. ❷ 方 아이를 낳다. ¶～丁↓ ¶他家～了个小孙子 | 그의 집안에 손자가 생겼다.
【添补】tiān·bu 動 ❶ (용구(用具)나 의류 등을) 보충하다. 보태다. ¶小孩的衣服要～一些 | 아이의 옷을 좀 더 보충해라. ¶家里的用具也该～～了 | 집안에 쓸 도구도 좀 보충해야겠다. ❷ 금전으로 돕다. ¶我每月得～他点儿 | 나는 매월 그에게 얼마간 보조해 주어야 한다.
【添仓】tiān/cāng ⇒〔填tián仓〕
【添丁】tiān/dīng 動 옛날, 아들을 낳다. ¶老康家又～了 | 강씨 집안에 또 아들이 생겼다.
【添饭】tiān fàn 動組 밥을 더 담아주다.
【添火】tiān/huǒ 動 불을 지피다. 난방하다. ¶快点儿～做饭 | 빨리 불을 지펴 밥을 해라 →〔生shēng火①〕〔升shēng火〕
【添乱】tiān/luàn 動 폐를 끼치다. 성가시게 하다. ¶你别来～了! | 너 와서 성가시게 굴지마라! =〔添麻烦〕
【添箱】tiān/xiāng ❶ 動 옛날, 결혼식 때 신부에게 선물이나 축의금을 보내다. ¶我也没有什么给她～ | 나도 그녀에게 줄 별 다른 결혼 선물이 없다. ❷ (tiānxiāng) 名 옛날, 결혼식 때 친척이

나 친구들이 신부에게 주는 선물 ‖ ＝〔添房〕〔填tián箱〕

【添油加醋】tiān yóu jiā cù 成 화를 돋우는 말을 덧붙이다〔보태다〕. ¶他又～地把早上的事儿讲了一遍｜그는 불난 집 부채질하듯 아침에 있었던 일을 다시 한번 더 꺼냈다.

【添置】tiānzhì 動 추가 구입하다. ¶家具大多坏了，也该～～了｜가구가 거의 다 망가졌으니 추가 구입을 좀 해야겠다. ¶衣服够穿了，无须再～｜옷은 충분히 입겠으니 추가 구입할 필요없다.

【添砖加瓦】tiān zhuān jiā wǎ 成 벽돌과 기와를 보태주다. 적은 힘이나마 이바지하다. ¶为民主主义建设～｜민주주의 건설에 적은 힘이나마 보태다. ¶为进一步发展两国人民的友谊～｜양국 국민의 우의를 가일층 진전시키기 위해서 미력이나마 보태다.

tián ㄊㄧㄢˊ

2【田】tián 밭 전
❶ 名 밭. 논. 경작지(耕作地). ¶水～｜논. ¶旱hàn～｜밭. ¶种～｜경작하다. ❷ 書 動 사냥하다. ¶以～以渔｜사냥하거나 고기를 잡거나 하다 ＝〔畋tián〕 ❸ (Tián) 名 성(姓).

【田鳖】tiánbiē 名〈蟲〉물장군.

【田塍】tiánchéng 名 方 논두렁. 논두둑 ＝〔田岸〕〔田唇〕〔田埂gěng〕〔田基〕

【田畴】tiánchóu 書 名 ❶ 논밭. 전지(田地). ❷ 전야(田野).

3【田地】tiándì 名 ❶ 경작지. 논밭 ＝〔田畈fàn〕 ❷ 轉 지경. 처지. 경우. 형편. ¶到了这样的～｜이런 지경이 되었다. ¶事情搞到这步～就不好收拾了｜일이 이 지경에 까지 벌어졌으니 수습하기 어렵게 되었다. ¶真没想到事情会发展到这步～｜정말 일이 이런 지경까지 발전될 줄 몰랐다→〔地步①〕〔天tiān地③〕 ❸ 노정(路程). 도정(道程). 길의 이수(里數). ¶十四五里～｜14, 5리의 이수.

【田赋】tiánfù 名 지조(地租). 전조(田租). ¶交纳～｜땅세를 납부하다 ＝〔钱qián粮①〕

【田埂】tiángěng ⇒〔田塍chéng〕

【田鸡】tiánjī 名 ❶〈動〉참개구리. ❷〈動〉개구리의 통칭. ❸〈鳥〉뜸부기.

4【田间】tiánjiān 名 ❶ 논밭. 전지(田地). 들. 경작지(작업장으로서의 논을 말함) ¶农民在～耕作gēngzuò｜농민은 논밭에서 일한다. ¶～地头｜들. 전지. ❸ 농촌. ¶他刚脱离～，来到城市｜그는 막 농촌을 떠나 도시에 왔다.

【田间管理】tiánjiān guǎnlǐ 名組 경지 관리. ¶加强～｜경지 관리를 강화하다.

4【田径】tiánjìng 名〈體〉육상 경기 [「田」은 필드(field), 「径」은 트랙(track)을 말함] ¶～队｜육상 경기팀.

【田径赛】tiánjìngsài 名〈體〉육상 경기 [「长·短距离赛跑」(장·단거리 경주)·「高栏lán」(하이 허들)·「低栏」(로 허들) 등을 「径赛」(트랙 경기)라 하고, 「跳高」(높이뛰기)·「跳远」(멀리뛰기)·「掷铅zhìqiān球」(투포환)·「掷铁饼zhìtiěbǐng」(원반던지기) 등을 「田赛」(필드 경기)라 하며 이것을 총칭하여 「田径赛」라 함] ¶～项目｜육상 경기 종목.

【田径运动】tiánjìng yùndòng 名組〈體〉육상 운동. ¶～员｜육상 선수.

【田猎】tiánliè 書 名 動 사냥(하다). ¶秋季～｜가을철 사냥 ＝〔畋tián猎〕

【田鹨】tiánliù 名〈鳥〉흰눈썹논종다리.

【田螺】tiánluó 名〈魚貝〉우렁이. ¶拣jiǎn～｜우렁이를 줍다 ＝〔田青〕

【田亩】tiánmǔ 名 논밭. 전지(田地). ¶～相连｜논밭이 길게 서로 이어져 있다.

【田七】tiánqī ⇒〔三sān七①〕

【田赛】tiánsài 名〈體〉필드(field)경기. ¶参加～｜필드 경기에 참가하다→〔田径赛〕

【田鼠】tiánshǔ 名〈動〉❶ 들쥐. ¶药杀～｜약을 놓아 들쥐를 죽이다 ＝〔野yě鼠〕 ❷ 두더지 ＝〔鼹yǎn鼠〕

【田头】tiántóu 名 ❶ 전지(田地)의 관리인. ❷ 밭머리. 논두렁. ❸ 논밭의 가. 들. ¶～会｜들일의 현장에서 하는 회의. ¶～食堂｜논밭가에 있는 식당 [식사·휴식·학습·회의용으로 쓰임] ¶～诗｜들을 배경으로 한 시. ¶～文化｜들에서 발생한 문화.

2【田野】tiányě 名 전야. 들판. 들. ¶一片广阔guǎngkuò～｜광활한 들판. ¶列车穿过～，奔向远方｜열차가 들판을 가로질러 먼 곳으로 달리다.

【田园】tiányuán 名 전원. 농촌. ¶～风光｜전원 풍경.

【田园诗】tiányuánshī 名 전원시. ¶她善于写～｜그녀는 전원시를 잘 쓴다.

【田庄】tiánzhuāng 名 전지(田地)와 장원(莊園). ¶他家有～｜그의 집은 전지와 장원을 갖고 있다.

【田字草】tiánzìcǎo 名〈植〉네가래.

【佃】tián ☞ 佃 diàn B

【畋】tián 밭갈 전, 사냥할 전
書 動 ❶ 사냥하다. ¶～猎liè ＝〔田猎〕｜사냥하다 ＝〔田②〕〔佃tián〕 ❷ 농사짓다. 경작하다.

【钿】tián ☞ 钿 diàn B

【恬】tián 편안할 념, 조용할 념
書 形 ❶ 조용하다. 고요하다. ¶～适↓ ❷ 태연하다. 게의치않다. 뻔뻔스럽다. ¶～不为怪↓ ¶～不知耻↓

【恬不为怪】tián bù wéi guài 成 이상하거나 나쁜 일이나 현상을 보고도 본체만체하다. ¶一段时间，一些淫秽yínhuì书刊充斥chōngchì街头书摊shūtān，有的人竟～｜한 동안 음란서적들이 가두 책노점상에 가득했지만 어떤 이는 뜻밖에도 전혀 게의치않고 본체만체한다.

【恬不知耻】tián bù zhī chǐ 成 뻔뻔스럽고 수치를 모르다. ¶他～地把公家的财产占为己有｜그는 파렴치하게 공공의 재산을 자기 것으로 차지했다.

【恬淡】tiándàn 形 명리를 추구하지 않고 담담하게 살다. ¶他一生过着～的生活｜그는 평생 명

리를 추구하지 않고 산다.

【恬静】tiánjìng 書 形 평안하고 차분하다. ¶她生性～｜그녀는 타고난 품성이 얌전하다. ¶他～地躺在海边的沙滩上｜그는 편안하게 해변의 모래사장에 누워있었다.

【恬然】tiánrán 書 狀 편안하고 조용하다. 태연하다. ¶处之～｜태연하게 일에 처하다.

【恬适】tiánshì 書 形 평안하고 고요하다. ¶过着～的隐士生活｜평안하고 조용한 은둔 생활을 보내다.

2【甜】tián 달 첨
形 ❶ 달다. 달콤하다. ¶这西瓜不很～｜이 수박은 그다지 달지 않다. ¶小孩儿睡得真～｜아이가 정말 달게 잔다. ¶她笑得多～!｜그녀의 웃음이 얼마나 달콤한가! ¶他的话真～, 我听了乐滋滋的｜그의 말은 정말 달콤해서 들으니 마음이 아주 즐겁다. ❷ (생활이) 즐겁다. 좋다. ¶我们的日子现在可～多了｜우리의 생활은 지금 많이 좋아졌다.

【甜不辣】tiánbùlà 名 外〈食〉덴뿌라(tempero; 포). 튀김 =〔天妇罗〕

【甜菜】tiáncài 名〈植〉사탕무. ¶～糖｜비트당 =〔俗 红菜头〕〔俗 糖萝卜〕

【甜橙】tiánchéng 名 양자강(揚子江) 이남에서 재배되는 감귤〔「冰糖柑」「雪柑」「柳橙」「新会橙」「五月红甜橙」등이 있음〕=〔黄柑〕

【甜哥哥(儿)蜜姐姐(儿)】tián gē·ge(r) mì jiě·jie(r) 狀組 아양을 떨다. 귀여움을 받다. 총애를 받다. ¶～地拍他的马屁｜아양을 떨며 그에게 아첨을 떨다.

【甜瓜】tiánguā 名〈植〉참외 =〔香xiāng瓜(儿)〕〔果guǒ瓜〕〔蜜瓜〕

【甜津津】tiánjīnjīn 狀 달콤하다. 아주 달다. ¶～的冬瓜糖｜달콤한 동과사탕.

【甜酒】tiánjiǔ 名 ❶ (포도주 따위의) 단 술. ¶老人们爱喝～｜노인들은 단 술을 즐겨 마신다. ❷ 外 리큐르(liqueur) =〔利口久酒〕

【甜美】tiánměi 形 ❶ 달다. 달콤하다. ¶这歌声确实～｜이 노래소리는 정말로 달콤하다. ❷ 유쾌하다. 즐겁다. ¶～的生活｜행복한 생활. ¶客人们吃得非常～｜손님들은 아주 유쾌하게 음식을 먹었다. ¶睡了一个～的午觉｜낮잠 한 번 기분 좋게 잘 잤다.

【甜蜜】tiánmì 形 ❶ 아주 달다. 달콤하다. ¶她沉浸chénjìn在～的回忆里｜그녀는 달콤했던 추억속에 빠져있다. ❷ 편안하다. 즐겁다. 행복하다. ¶睡得～｜단잠을 자다. ¶～的生活｜행복한 생활. ¶孩子们笑得那么～｜아이들이 정말 행복하게 웃는다.

【甜蜜蜜】tiánmìmì 狀 ❶ 달다. 달콤하다. ❷ 다정하다. 친근하다. ¶民雅甜蜜蜜地喊了我一声「爸爸」｜민아가 아주 다정하게 나를「아빠」라고 한 번 불렀다. ¶他们～地来着谈话｜그들은 다정하게 이야기하고 있다. ❸ 기분 좋다. 행복하다. ¶～地睡着来着｜기분좋게 단잠을 자고 있었다. ¶一群小孩仰着鲜红的小脸, ～地笑着｜한 무리의 아이들이 발그레하고 작은 얼굴을 쳐들고 행복하게 웃고 있다.

【甜面酱】tiánmiànjiàng 名〈食〉밀가루와 소금으로 발효시켜 만든 단 맛이 강한 중국의 독특한 된장 =〔面酱〕

【甜品】tiánpǐn 名 단 음식. 단맛의 간식.

【甜食】tiánshí 名 (주로 찹쌀과 사탕으로 만든) 단맛의 식품. ¶孩子们爱吃～｜아이들은 단것을 좋아한다.

【甜水】tiánshuǐ 名 ❶ 맛이 좋은 물. ¶～井｜물맛이 좋은 우물 =〔软ruǎn水〕❷ 설탕물. ❸ 轉 행복한 환경. ¶他们都是在～里泡大的｜그들은 모두 유복한 환경에서 자라났다.

【甜丝丝(儿)】tiánsīsī(r) 狀 ❶ 달콤하다. 달달하다. ¶果子汁～的｜쥬스가 달콤하다. ❷ 행복하다. 유쾌하다. 흐뭇하다. ¶看到学生们的进步和成长, 老师心里～的｜학생들이 나아지고 성장한 모습을 보고는 선생님은 마음이 아주 흐뭇하였다 =〔甜滋滋的〕

【甜头(儿)】tián·tou(r) 名 ❶ 단맛. 감미(甘味). ❷ (사물의) 묘미. 맛. 좋은 점. 이득. ¶尝cháng到了～｜즐거움을 맛보다. 맛을 들였다. ¶这是苦买卖没一点～｜이것은 조금도 잇속이 없는 힘든 장사이다.

【甜味】tiánwèi 名 단맛. 감미(甘味). ¶有点～｜약간 단맛이 있다. ¶～的果茶｜단맛의 과실차.

【甜言美语】tián yán měi yǔ ⇒〔甜言蜜语〕

【甜言蜜语】tián yán mì yǔ 成 달콤한 말. 감언이설. ¶他～地骗走了我的一百元钱｜그는 감언이설로 내 돈 백원을 사기쳐 달아났다 =〔甜言美语〕

2【填】tián 메울 전
動 ❶ (웅덩이·구멍 따위를) 메우다. 채우다. ¶把这个洞～满了｜이 구멍은 다 메웠다. ¶把沟～平了｜도랑을 평평하게 메웠다. ❷ 공란을 메우다. 써 넣다. ¶～履历表｜이력서를 적어넣다. ¶这张志愿书已～好了｜이 지원서는 이미 다 기입했다. ❸ (공석·결손 따위를) 보충하다. ¶～补↓ ❹ 조각품 따위에 색칠하다. ¶～彩｜색칠을 하다.

【填饱】tiánbǎo 動 배부르게 먹다. ¶～肚子｜배부르게 잔뜩 먹다.

【填报】tiánbào 動 (문서 등에 필요 사항을) 기입하여 보고하다. ¶每周～工程进度｜매주 공사 진척 상황을 적어 보고하다.

【填表】tiánbiǎo 動 표에 기입하다. ¶如实地～｜사실대로 표에 기입하다.

4【填补】tiánbǔ 動 빈 부분이나 모자란 곳을 메우거나 보충하다. 어법「填补」는 일반적으로 구체적인 공백을 메우는 것을 말하고,「弥补míbǔ」는 인위적인 것이나 재해로 인한 손실·결함·부족 등을 보충하는 것을 의미함. ¶这项科研成果又为我国～了一个空白｜이 과학연구 성과는 우리나라의 한 공백을 메웠다. ¶先得把肚皮～～, 然后再继续商量｜우선 배를 좀 채우고난 다음 계속 상의해야 되겠다⇒〔填充①〕

【填仓】tián/cāng 動 곡식 창고를 채우(며 좋은 음식을 먹)다 =〔添仓〕

【填充】tiánchōng ❶ 動 메우다. 채워넣다. 충전하

다. ¶～物 =〔填料〕| 충전물(充塡物) ¶这块青菜地还空下一角, 可以点种些萝卜～ | 이 채소밭은 한 귀퉁이가 비었으니 군데군데 무를 좀 심어라 =〔填补〕〔装zhuāng填〕 ❷圖 (시험의) 괄호 넣기식의. ¶共有五道～题目 | 모두 다섯 가지 괄호 넣기식의 문제가 있다 =〔填空②〕

【填词】tián/cí ❶動 사(詞)의 격률(格律)에 따라 사(詞)를 짓다. ¶他很会按谱～ | 그는 사보를 보고 사를 잘 짓는다. ❷(tiáncí) 名 사(詞).

【填方】tiánfāng 名〈土〉(토목공사 시공에서 메우는) 토사나 자갈의 입방(1m³).

【填房】tián/fáng ❶動 후처로 가다. ❷(～儿) (tián·fang(r)) 名 재취(再娶). 후처(後妻). ¶他想置zhì～ | 그는 후처를 들이려 한다 =〔后妻〕

【填空】tiánkòng ❶動 빈 자리를 메우다. ¶～补缺 | 빈자리를 채워 보충하다. ¶这个位置暂缺zànquē, 要选合适的人～ | 이 자리가 잠시 비었으니 적합한 사람을 뽑아 빈자리를 메워야 한다. ❷ ⇒〔填充②〕

4【填写】tiánxiě 動 (일정한 양식에) 써넣다. 기입하다. ¶～履历表lǚlìbiǎo | 이력서를 써넣다.

【填鸭】tiányā ❶動 오리를 강제 비육하다 [오리를 빨리 살찌우기 위해 운동은 시키지 않고 가두어두고 성장 촉진 사료만 자주 공급하는 사육 방법] ¶～式造就人才 | 주입식으로 인재를 양성하다. ❷名 강제 비육한 오리. ¶～比较便宜 | 강제 비육한 오리는 비교적 싸다.

【填字谜】tiánzìmí 名 크로스워드 퍼즐(crossword puzzle). 십자말풀이 =〔纵zòng横字谜〕

【填字游戏】tiánzì yóuxì 名組 크로스워드 퍼즐 놀이.

【阗(闐)】

tián 찰 전, 오랑캐이름 전

❶擬 둥둥 [큰 북이 울리는 소리] ❷名〈民〉종족이름. ¶于～ | 신강(新疆)에 있던 서이족(西夷族)의 일종. ❸ 지명에 쓰이는 글자. ¶和～县 | 신강(新疆) 위구르 자치구에 있는 지명. ❹書形 충만하다. ¶喧xuān～ | 소리가 아주 요란하다. ¶宾客～门 | 손님이 문안에 가득하다.

tiǎn ㄊㄧㄢˇ

【忝】

tiǎn 더럽힐 첨

書❶動 욕보이다. 창피를 주다. ❷副謙 황송하게도. 분에 넘치게. ¶～在编者之列 | 부끄럽게도 편자의 대열에 끼였다 =〔叨tāo②〕

【舔】

tiǎn 핥을 첨

動 핥다. (침을) 묻히다. ¶你用舌头～一下 | 너 혀로 한번 핥아라. ¶把铅笔尖～了～ | 연필심에 침을 묻히다→〔舐shì〕

【舔屁股】tiǎnpì·gu 動組 喩 아첨하다. 알랑거리다. 남의 비위를 맞추다. ¶～的事我可不干 | 알랑거리는 일은 나는 결코 하지 않겠다. ¶她老想着要给人～ | 그여자는 늘 남에게 아첨할 것만을 생각하고 있다 =〔舔眼子〕

【舔眼子】tiǎnyǎn·zi ⇒〔舔屁股〕

【殄】

tiǎn 끊어질 진, 앓을 진

書動❶ 없어지다. 다하다. ¶～灭 | 궤멸하다. 훼멸하다. ❷ 없애 버리다. 멸망시키다. ¶暴～天物 | 하늘이 준 물건을 마구 써 없애다. ❸ 앓다. 병들다.

【腆〈惧₃覥₃,₄靦₃,₄〉】

tiǎn 두터울 전, 착할 전

❶動 후하다. 풍성하다. ¶不～之仪 | 변변치 못한 선물. ❷動方 튀어나오다. (배·가슴을) 불쑥 내밀다. 어법 동태조사「着」을 동반하며, 목적어로 올 수 있는 것은「胸」「腹」「肚子」뿐임. ¶～胸脯xiōngpú | 가슴을 쑥 내밀다. ❸形 부끄러워하다. 어색해하다. ¶～颜相对 | 부끄러워하며 서로 대하다. ¶～愧↓ ❹形 뻔뻔스럽다. ¶～着脸 | 뻔뻔스런 얼굴로.

【腆肚子】tiǎn dù·zi 動組 ❶ 배를 불쑥 내밀다. 轉 뻔뻔스럽게 굴다. ¶他腆着大肚子走了 | 그는 큰 배를 쑥 내밀고 걸어갔다. ❷(tiǎndù·zi) 名 불쑥 튀어나온 배. 올챙이배. ¶他是一个～ | 그는 올챙이 배다.

【腆愧】tiǎnkuì 形 부끄러워하다. 겸연쩍어하다.

tiàn ㄊㄧㄢˋ

【掭】

tiàn 묻힐 첨, 돋울 첨

動❶ 붓에 먹을 묻혀 붓끝을 고르다. ¶把毛笔～～再写 | 붓끝을 잘 고른 다음 글을 쓰다. ❷方 돋우다. ¶～灯心 | 등 심지를 돋우다 =〔挑tiǎo②〕

【掭笔】tiànbǐ 動 먹을 묻혀 붓끝을 고르다. ¶他～写字 | 그는 붓을 잘 골라 글을 썼다.

tiāo ㄊㄧㄠ

【佻】

tiāo yáo 경박할 조, 늦출 요

Ⓐ tiāo ❶形 경박하다. 경솔하다. ¶～志 | 경박한 마음 =〔轻佻〕 ❷書動 도둑질하다. 절취하다. ¶～天以为己力 | 천하를 빼앗아 자기 힘으로 삼다. ❸書狀 고달프다. 외롭다.

Ⓑ yáo 書動 늦추다. 연기하다. ¶～其期日 | 그 기일을 늦추다.

【佻薄】tiāobó 書形 가볍다. 경박하다. 경솔하다. ¶她是一个～的女子 | 그녀는 아주 경박한 여자다.

【佻达】tiāodá ⇒〔佻佔tà〕

【佻巧】tiāoqiǎo 書形❶ 경박하고 교활하다. ¶他动作～ | 그는 움직임이 아주 경박하고 약다. ❷(필치가) 가볍고 자질구레하다. ¶这篇小说文句～, 应该修改 | 이 소설은 문장이 너무 가볍고 자질구레하니 수정을 해야겠다.

【佻佔】tiāotà 書形 경박하다. 경솔하다. 달랑거리다 =〔挑tāo达〕〔佻达〕

2【挑】

tiāo tiǎo tāo 멜 조, 가릴 조, 돋을 도

Ⓐ tiāo ❶動 (멜대로) 메다. 어깨에 메다. ¶把两袋米～在肩上 | 쌀 두 푸대를 어깨에 메다→〔担dān①〕 ❷動 선택하다. 고르다. ¶～了一件最称心chènxīn的上衣 | 가장 마음에 드는 상의를 한 벌 골랐다. ¶～几个人参加比赛 | 몇 명을 골라 시합에 참가시키다 =〔拣jiǎn①〕 ❸動 (부정적인 것을) 들추어 내다. 찾아 내다. ¶～缺点 | 결

점을 들추어내다. ¶～出米里的沙子 | 쌀에서 돌을 골라내다. ❹(～儿, ～子) 名(멜대로 메는) 짐. ❺(～儿) 量 짐 [멜대로 메는 짐을 세는 양사] ¶一～儿白菜 | 배추 한 짐. ¶一～土 | 흙 한 짐.

B tiǎo ❶動(막대기 등으로 물체를) 받치다. 들어올리다. ¶把门帘～起来 | 문에 거는 발(커텐)을 막대기로 떠받쳤다. ❷動 돋우다. ¶～了灯心 | 심지를 돋우었다 =[㧑②] ❸動 쑤시다. 끄집어 내다. ¶～沟眼gōuyǎn | 수채 구멍을 쑤시다. ¶～刺cì | 가시를 파내다. ❹動 걸다. 도발하다. 부추기다. ¶～是非 | 시비를 걸다. ¶～人的火儿 | 사람의 분노를 일으키다. ❺動 크로스 스티치(cross stitch)를 놓다. 십자수(十字繡)를 놓다. ¶～花(儿)↓ ❻動 轉 지탱하다. 떠받치다. 떠맡아 책임지다. ¶一个人儿～着 | 혼자서 지탱하고 있다. ❼動(칼·창 따위로) 찌르다. ¶～死了 | 찔러 죽였다. ❽動 팔다. 저당잡히다. ❾名 좌도(左挑) [왼쪽에서 위로 삐쳐 올리는 한자 필획의 하나] =[提tí⑨]

C tāo ⇒[挑达]

A tiāo

【挑鼻弄眼】tiāobí nòngyǎn 諺 喩 남의 코를 후비고 눈을 뒤집다. 남의 결함을 들추어 내다. 트집을 잡다 =[挑鼻挑眼][挑鼻子][挑鼻子挑眼儿][弄眼][左挑鼻子右弄眼][横挑鼻子竖挑眼][挑鼻子弄眼睛]

【挑鼻挑眼】tiāobí tiāoyǎn ⇒[挑鼻弄眼]

【挑鼻子】tiāobí·zi ⇒[挑鼻弄眼]

【挑鼻子弄眼睛】tiāobí·zi nòngyǎn·jing ⇒[挑鼻弄眼]

【挑鼻子挑眼儿】tiāobí·zi tiāoyǎnr ⇒[挑鼻弄眼]

【挑不是】tiāo bù·shì 動組 결점[결함]을 들추어내다. ¶他专爱挑人的不是 | 그는 곧잘 남의 결함을 들추어 내기 좋아한다. ¶你又来～来了 | 너 또 남의 결점을 들추어 내는구나.

【挑疵】tiāo/cī ⇒[挑刺儿]

【挑刺儿】tiāo/cìr 動 方 고의로 (언행중의) 흠을 들추어내다. 일부러 결함을 끄집어내다. ¶别人一发言, 他就～ | 남이 한번 말을 하면 그는 곧 흠을 들추어 낸다 =[挑岔(儿)][挑疵][挑毛拣刺]→[吹毛求疵]

【挑错(儿)】tiāo/cuò(r) 動 흠을 잡다. 흠을 잡아 책망하다. ¶你老给我～ | 넌 늘 내 흠만 잡는구나.

【挑大梁】tiāo dàliáng 動組 중추적인 역할을 하다. 크게 한몫하다. ¶要相信青年人能够～ | 젊은이들이 중추적인 역할을 할 수 있으리라고 믿어야 한다. ¶关键时刻, 他挺身而出～ | 중요한 순간에 그가 용감하게 나서서 크게 한몫했다 =[挑梁][担大梁]

【挑肥拣瘦】tiāo féi jiǎn shòu 成 이것저것 자기에게 이로운 것만 고르다. ¶领任务时不许～ | 임무를 받을 때 자기에게 좋은 것만 골라서는 안된다 =[挑好道歹][挑好挑歹][挑三拣四]

【挑夫】tiāofū 名 짐꾼 =[挑担(儿)的][挑力][挑头 a]

【挑拣】tiāojiǎn 動 ❶ 고르다. 선택하다. 어법 「挑拣」는 좋은 물건이나 안좋은 물건에 다 적용되지만, 「挑选」은 주로 좋은 물건에 사용되며 사람에 대해서도 사용될 수 있음. ¶随你～吧 | 너 마음대로 골라라. ¶先～一下再买 | 먼저 골라보고 사다. ¶给孩子～了几本新书 | 아이에게 새책 몇 권을 골라 주었다. ❷貶(자기에게 이로운 것만) 고르다. ¶一按排工作, 他就挑挑拣拣的 | 작업을 안배하려고만 하면 그는 이것 저것 자기에게 유리한 것을 고른다.

【挑脚】tiāo/jiǎo 動(옛날, 직업으로서) 짐을 운반하다.

【挑毛病】tiāo máo·bing 動組 흠을 찾다. 결점을 찾아내다. ¶他给我的文章～ | 그가 내 글의 결점을 찾아주었다.

【挑毛拣刺】tiāo máo jiǎn cì ⇒[挑刺儿]

【挑儿】tiāor ❶ ⇒[挑子] ❷名 취사 선택. ¶我贩来的东西没有～ | 내가 사온 물건은 고를 것이 없다.

【挑三拣四】tiāo sān jiǎn sì ⇒[挑肥拣瘦]

【挑食】tiāoshí 動 편식하다. ¶～的人 | 음식을 가리는 사람. ¶小孩子可不兴～ | 아이들은 편식을 해서는 안된다.

【挑剔】tiāo·ti ❶動(결점·잘못 따위를) 들춰내어 책망하다. 지나치게 트집 잡다. ¶～别人的毛病 | 남의 흠을 들춰내다. ¶他是没有理由～的 | 그가 책망할 만한 이유는 없다. ❷形 가리는 것이 많다. 까다롭다. ¶他交朋友～ | 그는 친구를 사귀는 데 까다롭다. ¶你也太～了 | 너도 너무 가린다. ❸名 결점. 흠. ¶没有一点～ | 조금도 흠이 없다.

[3]【挑选】tiāoxuǎn 動(사람이나 사물을) 좋은 것 중에서 더 좋은 것을 고르다. 선택하다. ¶由你自由～吧 | 네가 마음대로 골라라. ¶～合格的人才 | 적합한 인재를 고르다. ¶把衣服全拿出来, 让大家～～ | 옷을 전부 끄집어내서 여러 사람들이 골라보게 하다. ¶她挑挑选选, 挑了半天还没有挑到满意的 | 그녀는 고르고 또 고르고 한참을 골랐는데 아직도 마음에 드는 것을 고르질 못했다.

【挑雪填井】tiāo xuě tián jǐng 成 눈을 메어 날라 우물을 메우다. 헛수고하다. 수고한 보람이 없다.

【挑眼】tiāo/yǎn 動 方(주로 태도·예의 범절에서) 결함[흠]을 들추다. 트집 잡다. ¶你别挑人家的眼 | 남의 결점을 들추어내지 말아라.

【挑字眼儿】tiāo zìyǎnr 動組 喩(말이나 글 중에서) 작은 흠[결함]을 들춰내다. 말꼬리를 잡다. ¶他看别人的文章, 就爱～ | 그는 다른 사람의 글만 보면 꼬투리를 잡으려 한다. ¶我们这儿说闲话, 你怎么～? | 우리들이 지금 잡담을 하고 있는데 네가 왜 말꼬리를 잡느냐?

【挑子】tiāo·zi 名(멜대로 메는) 짐. ¶怕苦怕累, 总想撂liào～ | 힘든 것을 두려워해, 늘 짐을 벗을 생각만 한다 =[挑儿①][担dàn子]

【挑嘴】tiāozuǐ 動 편식하다. ¶他总是～ | 그는 늘 편식한다→[挑食]

B tiǎo

[4]【挑拨】tiǎobō 動 충동질하다. 이간시키다. 분쟁을 조성하다. ¶～是非 | 쌍방을 부추켜 시비를 일으키다. ¶～工人破坏他们的团结 | 노동자들

을 이간시켜 단결을 깨뜨리다. ¶～他俩闹矛盾máodùn｜그들 둘이 서로 충돌하게 만들다.

【挑拨离间】tiǎo bō lí jiàn 成 이간시키다. 이간을 조성하다. ¶不许在这儿～, 搬弄bānnòng是非｜여기서 서로 이간질하고 시비를 일으키지 말라.

【挑灯】tiǎo/dēng 動 ❶ 등불의 심지를 돋우다. ❷ 轉 등불을 향하다. ¶～说话儿｜등불 아래에서 이야기하다. 밤늦게까지 이야기하다. ❸ 등(燈)을 높이 걸어 놓다.

【挑灯夜战】tiǎo dēng yè zhàn 成 ❶ 불을 높이 걸고 야간 전투를 하다. 야간 경기를 하다. ❷ 밤 세워 일하다. ¶经过～, 终于完成了任务｜철야 작업을 통해 임무를 결국 완수했다.

【挑动】tiǎodòng 動 ❶ 도발하다. 선동하다. ¶～工潮｜노동 쟁의를 선동하다. ¶～战争｜전쟁을 도발하다. ❷ 야기시키다. 불러일으키다. ¶这事儿～了我的好奇心｜이 일이 나의 호기심을 불러일으켰다.

【挑逗】tiǎodòu 動 貶 유혹하다. 놀리다. 희롱하다. ¶她幼稚yòuzhì, 经不住坏人～, 上了当｜그녀는 나이가 어려, 나쁜 사람이 유혹하는 것을 이기지 못하고 속임을 당했다. ¶不该～孩子｜아이들을 놀려서는 안된다. ¶～他们打架, 很不应该｜그들이 싸우도록 시켜서는 정말 안된다＝〔挑斗〕〔调tiáo斗〕〔逗引〕〔招惹〕

【挑花(儿)】tiǎohuā(r) 名 動 십자수(十字繡)(를 놓다). 크로스 스티치(를 놓다). ¶～品＝〔挑织品〕｜십자수를 놓은 수예품. ¶～绷bēng｜십자수를 놓을 때에 사용하는 틀＝〔挑织〕

【挑明】tiǎomíng 動 털어놓다. 들추어내다. 폭로하다. ¶～了说｜들추어내어 말하다. ¶事情～了就难办了｜사실이 드러나면 처리하기 곤란하다. ¶你还是早一点儿跟她～为好｜역시 좀 일찍 그녀에게 털어놓은 것이 좋겠다.

【挑弄】tiǎonòng 動 ❶ 도발하다. 이간하다. 꼬드기다. 훼방놓다. ¶～是非｜시비를 걸다. ¶别瞎～了｜함부로 훼방놓지 마라. ❷ 조롱하다. 희롱하다.

【挑破】tiǎopò 動 ❶ 찔러서 터뜨리다. ¶用针～脓泡｜바늘로 고름집을 터뜨리다. ❷ 폭로하다. 드러내다. ¶把秘密mìmì给～了｜비밀을 폭로시켰다.

【挑起】tiǎoqǐ 動 ❶ 도발하다. 일으키다. ¶～战争｜전쟁을 일으키다. ¶～事端shìduān｜뜻하지 않은 사고(분규)를 일으키다. ❷ (장대 따위에) 내걸다.

【挑唆】tiǎo·suō 動 꼬드기다. 부추기다. 선동하다 [대개 겸어를 동반함] ¶他在暗中～别人去闹事｜그는 배후에서 다른 사람이 소동을 일으키게 선동한다. ¶～学生上街闹事｜학생들을 선동하여 가두로 나아가 시위하게 하다＝〔调tiáo唆〕

4【挑衅】tiǎo xìn 動 貶 집적거려 일을 일으키다. 도발하다 [목적어를 동반하지 않음] ¶～行为｜도발 행동. ¶他用～的目光看着我｜그는 도전적인 눈빛으로 나를 주시한다. ¶「你能拿我怎么样?」他～地说｜「네가 나를 어쩔래?」하고 그는 도전적으로 말했다. ¶不理敌人的～｜적의 도발에 응대하지 않다. ¶侵略者在我边境多次～｜침략자들이 우리 국경 부근에서 여러 차례 도발해 왔다.

4【挑战】tiǎo/zhàn 動 (적·일·기록 갱신 따위에) 도전하다. 싸움을 걸다. ¶既然敌人已挑了战, 我们就好奉陪fèngpéi到底了｜적이 도전해 온 이상 우리는 끝까지 맞서주는 수 밖에 없다. ¶一班向二班～｜1반이 2반에 도전하다. ¶～的口吻｜도전적인 말투. ¶向世界记录～｜세계 기록에 도전하다＝〔叫jiào战〕〔叫阵zhèn〕〔索suǒ战〕

Ⓒ tāo

【挑达】tāotà 書 貶 경박하다. 버릇없다＝〔佻tiāo达〕〔佻㒓〕

【祧】tiāo 천묘 조

書 ❶ 名 원조(遠祖)를 합사(合祀)하는 사당. ❷ 動 원조의 위패를 조묘(祖廟)에서 원조의 사당으로 옮겨놓다. ❸ 動 轉 계승하다. 선대의 뒤를 이어받아 제사 지내다. ¶兼～｜두 대(代)나 두 집을 잇다. 이어 제사지내다. ¶～两家＝〔祧两房〕｜두집을 이어 제사 지내다＝〔承祧〕

tiáo ㄊㄧㄠˊ

1【条(條)】tiáo 가지 조, 조리 조

❶ (～儿, ～子) 名 나뭇가지. ¶树～子｜나뭇가지. ¶柳～儿｜버드나무가지. ¶荆～｜관목의 덩굴. ❷ (～儿, ～子) 가늘고 긴·것. 좁고 긴 것. ¶布～儿｜길고 가는 천조각. ¶面～儿｜국수. ¶纸～儿｜종이조각→〔刀工〕 ❸ (～儿) 가늘고 긴 선〔무늬〕. ¶～纹↓ ¶花～儿布｜줄 무늬 천. ❹ 조목. 항목. ¶宪法第一～｜헌법 제1조. ¶～目↓ ❺ 조리. 질서. 순서. ¶井井有～｜成 정연하고 조리가 있다. ❻ 量 ⓐ 줄기. 마리 [긴 형태의 것을 세는 데 쓰임] ¶一～河｜한 줄기 강. ¶四～鱼｜고기 네 마리. ¶一～狗｜개 한 마리. ⓑ 항목. 가지 [항목으로 나뉘어진 것을 세는 데 쓰임] ¶五～新闻｜다섯 가지 뉴스. ⓒ 일정한 수량이 갖추어진 막대 모양의 가늘고 긴 것을 세는 데 쓰임. ¶一～儿烟｜담배 한 보루. ⓓ 사람에 사용. ¶一～心｜한 마음. ¶不要两～心｜두 마음이어서는 안된다. ¶一～性命｜한줄기 생명. ¶一～好嗓子｜하나의 좋은 목소리. ⓔ 어떤 추상적 사물을 세는 데 쓰임. ¶一～计策｜하나의 계책. ¶两～意见｜두 가지 의견.

【条案】tiáoàn 名 가늘고 긴 장식용 책상. 긴 테이블. ¶书房有一张～｜서재에 긴 책상이 하나 있다＝〔条几jī〕〔条桌〕〔案儿〕

【条播】tiáobō 名 動 〈農〉 줄파종(하다). 조파(하다). ¶～的小麦｜줄파종한 밀.

【条畅】tiáochàng 書 形 (말이나 글이) 유려하고 알기 쉽다. 문장의 줄거리가 서 있다. ¶文笔～｜문장이 유창하며 조리가 서 있다. ¶这篇文章写得相当～｜이 문장은 상당히 조리있고 유창하게 썼다.

【条陈】tiáochén ❶ 動 조목별로 진술하다. ¶～自己的想法｜자신의 생각을 조목별로 진술하다. ¶现将我们的建议～如何｜지금 우리의 건의를 조목별로 진술하면 다음과 같다. ❷ 名 조목별로

적은 진술서〔진정서〕. ¶上～ | 조목별로 적은 진술서를 올리다.

【条分缕析】 tiáo fēn lǚ xī 成 조목 조목 세밀하고 분명하게 분석하다. ¶对当前的局势进行～ | 현 상황에 대해 조목 조목 세밀하고 조리있게 분석하다.

【条幅】 tiáofú 名 (세로로 된 글씨나 그림의) 족자 =〔条扇〕〔挑扇〕〔挑儿〕→〔匾biǎn(额)〕

【条贯】 tiáoguàn 書 名 조리. 갈피. 순서. 질서 =〔条理①〕

【条几】 tiáojī ⇒〔条案〕

[1]【条件】 tiáojiàn 名 ❶ 조건. ¶自然～ | 자연 조건. ¶具有各种有利～ | 각종 유리한 조건을 갖추고 있다. ❷ (요구하는) 조건. 수준. 기준. ¶他的～太高 | 그의 요구 수준이 너무 높다. ¶亭从祖国的召唤是无～的 | 조국의 부름에 따르는 것은 무조건적이다. ❸ (상태로서의) 조건. ¶他各方面的～都不差, 就是自身不努力 | 그의 여러 조건은 다 나쁘지 않은데 단지 자신이 노력을 하지 않는다. ¶这里的生活～是很好的 | 여기의 생활 조건은 아주 좋다.

【条件刺激】 tiáojiàn cìjī 名組 〈生理〉 조건 자극. 조건 반사를 일으키는 자극.

【条件反射】 tiáojiàn fǎnshè 名組 〈生理〉 조건 반사 =〔交替反射〕〔制约反射〕〔大脑皮质反射〕〔高级神经活动〕

[4]【条款】 tiáokuǎn 名 (문서·계약 따위의) 조항. 규정. ¶共有10项～ | 모두 10개의 조항이 있다. ¶法律～ | 법률 조항. ¶有关停火的～ | 정전 관계의 조항.

[4]【条理】 tiáolǐ 名 ❶ 書 (생각·말·글 등의) 조리. 사리. 순서. ¶～分明 | 사리가 분명하다. ¶他讲课～很清楚 | 그는 수업이 아주 조리가 있다. ❷ (생활·작업 등의) 질서. 체계. 짜임새. ¶生活安排得很有～ | 생활을 매우 짜임새있게 꾸려나가다. ¶工作要有～ | 작업은 체계있게 해야한다 =〔条贯〕 ❷ 喻 불평. 이의. 구실. ¶这些人～很多 | 이런 사람들은 잔말이 많다.

[3]【条例】 tiáolì 名 규정. 조항. ¶制订zhìdìng～ | 규정을 만들다 =〔条规〕

【条令】 tiáolìng 名 〈軍〉 조령. 수칙. 규칙. ¶内务～ | 내무 수칙. ¶颁布bānbù～ | 조령을 반포하다.

【条目】 tiáomù 名 조목. 항목 =〔孔kǒng目②〕

【条绒】 tiáoróng 名 〈紡〉 코르덴 =〔灯心绒〕

【条施】 tiáoshī 名 〈農〉 줄거름주기 =〔篝gōu施〕

【条鳎】 tiáotǎ 名 〈魚貝〉 궁제기서대. 설판이. 혓대기 =〔花牛舌〕〔花鞋底〕〔花手绢〕〔花卷〕〔花鳎目〕

【条条框框】 tiáo·tiaokuāngkuāng 名組 貶 조목 조목 이루어진 틀. 喻 전통의 속박〔제약〕. ¶为～所束缚shùfù | 전통의 틀에 속박당하다. ¶这儿的～太多了 | 여기는 이런저런 제약이 너무 많다. ¶打破～ | 이런저런 제약을 타파하다 =〔框框条条〕

[4]【条文】 tiáowén 名 〈法〉 조문. ¶法律～ | 법률 조문. ¶熟悉贸易～ | 무역 조문을 잘 알고 있다.

【条形】 tiáoxíng 圖 ❶ 〈植〉 (식물 잎의) 선형(線形)의 =〔线形〕 ❷ 선상(線狀)인. 가늘고 긴.

[2]【条约】 tiáoyuē 名 ❶ 조약. ¶日内瓦～ | 제네바 조약. ¶～国 | 조약 체결국. ¶互不侵犯～ | 상호 불가침 조약 =〔公gōng约〕 ❷ 계약. ¶履行～ | 계약을 이행하다. ¶遵守zūnshǒu～ | 계약을 준수하다.

[4]【条子】 tiáo·zi 名 ❶ 가늘고 긴 것. ¶布～ | 가늘고 긴 천 조각. ❷ 글 쪽지. 메모. ¶写一张～ | 쪽지를 한장 쓰다. ¶我给他留了一张～, 叫他下午开会 | 내가 그에게 오후에 회의를 열도록 메모를 한장 남겼다. ❸ 方 막대형 금괴. ¶三根～ | 세개의 막대형 금괴 =〔金条〕

【鲦(鰷)〈鯈〉】 tiáo 피라미 조

⇒〔鲦鱼〕

【鲦鱼】 tiáoyú 名 〈魚貝〉 피라미 =〔白鲦〕

【苕】 tiáo sháo 완두 초, 능소화 초

Ⓐ tiáo 名 〈植〉 능소화(凌霄花).

Ⓑ sháo 名 〈植〉 方 고구마 =〔甘薯〕〔红苕〕

【苕菜】 tiáocài ⇒〔苕子②〕

【苕子】 tiáo·zi 名 〈植〉 ❶ 완두 =〔巢cháo菜〕 ❷ 자운영 =〔苕菜〕 ❸ 西南 살갈퀴〔완두콩의 일종〕

【迢】 tiáo 멀 초, 높을 초

書 形 길이 아득히 멀다. 까마득히 높다. ¶～～↓

【迢递】 tiáodì ⇒〔迢迢①〕

【迢迢】 tiáotiáo 狀 ❶ (길이) 아득히 멀다. ¶千里～ | 천 리 멀리 =〔迢递〕〔迢遥〕 ❷ 書 까마득히 높다. ¶～牵牛qiānniú星 | 까마득한 견우성《古詩十九首》

【迢遥】 tiáoyáo ⇒〔迢迢①〕

【笤】 tiáo 비 소

⇒〔笤帚〕

【笤帚】 tiáo·zhou 名 비. 빗자루 〔「扫帚」보다 작음〕 ¶母亲常用～打我 | 어머니는 늘 빗자루로 나를 때리신다 =〔苕帚〕

【龆(齠)】 tiáo 이갈 초

❶ 書 動 이를 갈다. 새이가 나다. ¶～龄↓ ❷ 名 〈機〉 피니언(pinion). ¶～轮↓

【龆龀】 tiáochèn ❶ 動 이를 갈다. 새 이가 나다. ❷ 名 喻 유년(幼年) =〔龆年〕

【龆龄】 tiáolíng 名 (이갈이 하는 7, 8세의) 유년(幼年) =〔龆年〕〔龆龀②〕

【龆轮】 tiáolún 名 〈機〉 피니언(pinion)

【龆年】 tiáonián ⇒〔龆龀②〕

【髫】 tiáo 늘어뜨린머리 초

書 名 어린아이의 길게 땋아 늘어뜨린 머리. ¶～辫↓ ¶黄发垂～ | 기름기 없는 머리카락이 아래로 늘어뜨려져 있다.

【髫辫】 tiáobiàn 名 아이의 땋아 늘어뜨린 머리. 喻 유년(幼年).

【髫龀】 tiáochèn ⇒〔髫年〕

【髫龄】 tiáolíng ⇒〔髫年〕

【髫年】 tiáonián 書 名 어린 시절. 유년(幼年) =〔髫龀〕〔髫龄〕〔髫岁〕

【髫岁】 tiáosuì ⇒〔髫年〕

【调】 tiáo ☞ 调 diào Ⓑ

【蜩】tiáo 쓰르라미 조
名〈蟲〉고서(古書)에 나오는 매미 =〔蝉chán①〕
【蜩沸】tiáofèi 書 形 와자지껄하다. 떠들썩하다. 시끄럽다 =〔蜩螗tángr沸羹gēng〕〕
【蜩甲】tiáojiǎ 書 名 매미의 허물 =〔蝉chán蜕①〕
【蜩螗】tiáotáng 擬 와글와글. 시끌시끌 [시끄럽고 요란한 소리]
【蜩螗沸羹】tiáotáng fèigēng ⇒〔蜩沸〕

tiǎo ㄊㄧㄠˇ

2【挑】tiǎo ☞ 挑 tiāo B

【窕】tiǎo 으늑할 조, 조용할 조
書 ❶ 얌전하고 곱다 →〔窈yǎo窕①〕 ❷ 깊고 그윽하다 ¶～邃↓ ❸ 우아하다. 날씬하다. 예쁘다. ❹ 形 일시적이다. 한때이다. ¶～利｜일시적인 이익. ¶～言↓ ❺ 動 유혹하다. ❻ 形 여지가 있다. 꽉 차지 않다. ¶入小而不逼bī, 处大而不～｜작은 곳에 들어가도 좁지 않고, 큰 곳에 있어도 남음이 없다《淮南子·兵略訓》
【窕邃】tiǎosuì 書 形 심오하다. 깊다. 오묘하다.
【窕言】tiǎoyán 名 구차스런 말. 임시변통의 말.

tiào ㄊㄧㄠˋ

【眺〈覜〉】tiào 바라볼 조
動 먼곳을 향해 바라보다. 전망하다. ¶远～｜멀리 바라보다.
【眺望】tiàowàng 動 멀리 바라보다. 전망하다. ¶～远处｜먼 곳을 바라보다.

1【跳】tiào 뛸 도, 달아날 도
❶ 動 (껑충) 뛰다. 뛰어 오르다. ¶他～得很远｜그는 아주 멀리 뛴다. ¶这孩子高兴得直～｜이 아이는 너무 기뻐서 깡충깡충 뛰었다. ¶～高(儿)↓ ❷ 動 (물체가) 튀어 오르다. ¶弹簧～出来了｜스프링이 뛰어 나왔다. ¶这个球气足, ～得很高｜이 공은 바람이 꽉 차 있어 높이 튀어 오른다. ❸ 動 轉 뛰어넘다. 건너뛰다. ¶他～了一给工资｜그는 임금이 한 급 올랐다. ¶～过了五页｜다섯 페이지를 뛰어넘었다. ¶隔三～两｜成 띄엄띄엄 건너뛰다. ❹ 動 (심장 따위가) 뛰다. 맥동하다. 어법 술어로만 쓰임. ¶脉搏mài-bó～得很快｜맥박이 빨리 뛴다. ¶眼皮在～｜눈꺼풀이 경련을 일으키고 있다. ❺ 動 (춤을) 추다. ¶～舞↓
【跳八丈】tiàobāzhàng 名〈蟲〉방아깨비 =〔跳百丈〕〔曲qū背蝗〕
【跳百丈】tiàobǎizhàng ⇒〔跳八丈〕
【跳班】tiào/bān 動 월반(越班)하다. 학년을 뛰어넘다. ¶他因为～所以早毕业一年｜그는 월반했기 때문에 1년 빨리 졸업했다 =〔跳级①〕
【跳板(儿)】tiàobǎn(r) 名 ❶ 발판. ¶搭dā～｜발판을 놓다 =〔踏tà板(儿)①〕〔梯tī板〕 ❷ (수영장의) 도약판. ¶他站在～上神态自若｜그가 도약판에 서 있는데 표정이나 태도가 아주 태연하다 →〔跳台〕 ❸ 轉 헤어나기 어려운 생활〔환경〕·처지. ¶上～｜헤어나기 어려운 상태에 들어가다. ❹ 喩 임시 직업〔일〕. 도약의 발판. ¶他一心想考研究生, 不过是把这里的工作当～罢了｜그는 오로지 대학원에 들어갈 생각 뿐이므로 이곳 일을 도약의 발판으로만 여긴다. ¶他拿这个职业当dàng～, 找着好事儿就不干了｜그는 이 직업을 임시직으로 생각하고 있으므로 좋은 일이 나서면 바로 그만둘 것이다. ❺ 俗 생활의 양식. ¶在一个～上走｜하나의 (판에 박힌) 생활을 계속하다. ❻ 널뛰기.
【跳布扎】tiàobùzhá〈宗〉액막이 춤을 추다 [라마교의 풍습] ¶这一带至今还兴～｜이 일대에는 지금까지도 라마교의 액막이 춤 풍습이 홍행한다 =〔跳神③〕〔打鬼②〕
【跳槽】tiào/cáo 動 다른 구유〔먹이통〕에 뛰어들다. 喩 직업을 바꾸거나, 본처를 버리고 다른 여자를 얻다.
【跳车】tiàochē 動 달리는 차에 뛰어올라 타거나, 달리는 차에서 뛰어내리다. ¶～真危险｜차에 뛰어서 타는〔내리는〕 것은 정말로 위험하다. ¶不得～｜달리는 차에서 뛰어내려서는 안된다.
【跳虫】tiàochóng 名 ❶〈蟲〉「跳蚤zǎo」(벼룩)의 다른 이름. ❷〈蟲〉단각목(端脚目). ❸ 俗 (생선가게의 은어로) 새우 →〔虾xiā〕
【跳出火坑】tiào·chu huǒkēng 動組 喩 모진 괴로움에서 벗어나다. ¶她终于～, 走向光明｜그녀는 마침내 난관을 극복하고 밝은 세상으로 나왔다 =〔脱tuō离苦海〕
3【跳动】tiàodòng ❶ 動 (심장이) 뛰다. 약동하다. 두근거리다. ¶他的心脏～得很快｜그는 심장이 아주 빨리 뛴다. ¶心脏～很正常｜심장 박동이 정상이다. ❷ 動 京 약동하다. 사회적으로 활동하다. ¶你可真能～, 看今天的会场叫你弄得多活跃!｜자네는 정말 잘하는군. 오늘 회의장이 자네 때문에 얼마나 활기차 졌는지 좀 보게! ❸ 名 京 실력. 역량. 솜씨. ¶他真有大～｜그는 정말 대단한 실력이 있다. ❹ 動 京 처세를 잘하다. ¶他无恒产héngchǎn无正业, 维持这个局面全仗能～｜그는 부동산도 번듯한 직업도 없는데 이런 정도를 유지할 수 있는 것은 처세가 능하기 때문이다.
【跳房子】tiào/fáng·zi ❶ 動 사방치기 놀이를 하다. ❷ (tiàofáng·zi) 名 사방치기 ‖ =〔跳间〕〔跳圈儿〕
4【跳高(儿)】tiào/gāo(r)〈體〉❶ 動 높이뛰기를 하다. ¶他很会～｜그는 높이뛰기를 잘한다. ❷ (tiàogāo(r)) 名 높이뛰기. ¶急行～｜도움닫기 높이뛰기. ¶撑杆chēnggān～｜장대 높이뛰기.
【跳过】tiàoguò 動 뛰어넘다. ¶～一行来读｜1행을 뛰어넘어 읽다. ¶他～了一米九五｜그는 일미터 구십오를 뛰어넘었다.
【跳行】tiào/háng ❶ 줄을 바꾸어 쓰다. ¶这一段要～写｜이 단락은 줄을 바꾸어 쓰야 된다. ❷ 動 책의 행(行)을 건너뛰다. 행을 빠뜨리다. ¶遇到看不懂的地方, 就跳过几行看｜봐서 이해할 수 없는 부분이 나오면 몇 줄 건너뛰어서 바라. ¶你～看了, 所以连贯不起来了｜네가 행을 건너뛰어 봤기 때문에 연결시킬 수가 없는거야. ❸ 動 장사

를 바꾸다. 직업을 바꾸다. ¶他这次～做起杂货铺来了 | 그는 이번에 장사를 바꾸어 잡화점을 하기 시작했다.

【跳级】tiào/jí 動 ❶ 월반(越班)하다 =〔跳班〕❷ 계급을 건너뛰다. 승진하다.

【跳加官(儿)】tiào jiāguān(r) 名〈演映〉중국 전통극에서 공연 개시를 알리기 위해 관리의 분장을 하고「风调雨顺」이나「国泰民安」따위의 문구를 적은 두루마리를 펴 보이며 무대를 세번 돈 다음 퇴장하는 것→〔开锣①〕

【跳间】tiào/jiān ⇒〔跳房子〕

【跳脚(儿)】tiào/jiǎo(r) 動 (안달이 나거나 화가 나서) 발을 동동 구르다. ¶气得直～ | 화가 나서 발을 동동 구르다. ¶急得～ | 급해 발을 동동 구르다.

【跳进黄河也洗不清】tiàojìn huánghé yě xǐbùqīng 諺 혼탁한 황하에 빠져 있어서 깨끗하게 씻어낼 수 없다. 아무리 해도 오명을 씻을 수는 없다. ¶这下儿你就～了 | 이번에는 넌 아무리해도 오명을 씻을 수 없게 되었다.

【跳井】tiào/jǐng 動 (죽으려고) 우물에 몸을 던지다. ¶他吓得～自杀了 | 그는 너무 두려워서 우물에 몸을 던져 자살했다 =〔書 投tóu井〕

【跳梁】tiàoliáng 書 動 貶 함부로 날뛰다. 喻 악한 이 창궐하다. 발호하다. ¶这些人间丑类chǒulèi只能～一时, 而不能横行héngxíng长久 | 이 세상에는 나쁜 무리들이 단지 한때 날뛸 수 있을 뿐이지 오래 횡행할 수 없다.

【跳梁小丑】tiào liáng xiǎo chǒu 成 이리저리 뛰어다니며 기회를 노려 나쁜 짓을 하는 인물. ¶他是一个十足的～ | 그는 다분히 별다른 재능 없이 함부로 소란을 피우며 못된 짓을 하는 인물이다.

【跳踉】tiàoliáng 書 動 도약하다. 펄쩍 뛰다.

【跳楼】tiào/lóu 動 (죽으려고) 빌딩에서 뛰어내리다. ¶～自杀 | 빌딩에서 투신 자살하다.

【跳马】tiàomǎ ❶ 名〈體〉(체조용의) 도마. ❷ 動 말이 교미하다. 말을 교미시키다.

【跳蝻】tiàonǎn ⇒〔蝗huáng蝻〕

【跳皮筋(儿)】tiàopíjīn(r) 動組 ❶ 名 고무줄 놀이. ❷ (tiào píjīn(r)) 動組 고무줄 놀이를 하다 ‖ =〔跳猴皮筋(儿)〕〔跳橡皮筋(儿)〕

【跳棋】tiàoqí 名 다이아 몬드 게임. ¶下～ | 다이아몬드 게임을 하다 =〔跳子棋〕

【跳伞】tiàosǎn 動 낙하산으로 내리다. 스카이 다이빙하다. ¶～塔 | 낙하산 강하 연습탑. ¶飞机出了故障, 他只得～ | 비행기가 고장이 나서 그는 낙하산으로 뛰어내려야만 한다.

【跳神】tiàoshén ❶ 名 동북 지방에서 새해에 춤추며 신에게 제사지내던 옛 풍속. ❷ 名 신들린 무당이 노래하고 춤추는 것 =〔顶神〕〔方 跳端公〕〔下神〕❸ ⇒〔跳布扎〕

【跳绳(儿)】tiào/shéng(r) ❶ 動 줄넘기를 하다. ¶～可以增强体质 | 줄넘기를 하면 체력을 강화할 수 있다. ❷ (tiàoshéng(r)) 名 줄넘기 ‖ =〔兜dōu绳(儿)〕→〔跳皮筋(儿)〕

【跳鼠】tiàoshǔ 名〈動〉날쥐. 저보아(jerboa).

【跳水】tiào/shuǐ ❶ 動 (죽으려고) 물에 뛰어들다. ❷ 動〈體〉다이빙하다. ❸ (tiàoshuǐ) 名〈體〉다이빙. ¶～赛 | 다이빙 경기.

【跳水池】tiàoshuǐchí 名〈體〉다이빙 경기용 수영장. ¶她勇敢地扑pū向～ | 그녀는 용감하게 다이빙 풀로 뛰어들었다.

【跳台】tiàotái 名 뜀대. 다이빙대. 점프대. ¶滑雪表演用的～ | 스키 경기용의 점프대. ¶游泳池跳水用的～ | 수영장의 다이빙대.

【跳腾】tiào·téng 動 ❶ 처리하다. 꾸려나가다. ¶一家的事, 全仗他一个人～呢 | 온 집안 일을 전부 그 사람 혼자서 꾸려간다. ❷ 출세하다. ¶命不大强, 总～不起来 | 운이 별로 좋지 않아서, 늘 출세하지 못한다. ❸ 튀어 오르다. 뛰어 오르다.

1【跳舞】tiào/wǔ ❶ 動 춤을 추다. ¶她太喜欢～了 | 그녀는 춤 추는 것을 너무 좋아한다. ¶跳扭摆niǔbǎi舞 | 트위스트를 추다. ¶跳探戈tàngē舞 | 탱고를 추다. ❷ (tiàowǔ) 名 춤. ¶～场 =〔跳舞厅〕| 댄스홀. 무도장. ¶～狂 =〔跳舞迷〕| 댄스광. ¶～会 | 무도회. 댄스 파티. ¶～教师 | 댄스 교사 ‖ =〔舞蹈〕

【跳箱】tiàoxiāng 名〈體〉❶ 뜀틀. 도마. ❷ 뜀틀 경기.

【跳鞋】tiàoxié ⇒〔钉dīng鞋②〕

4【跳远(儿)】tiào/yuǎn(r)〈體〉❶ 動 멀리뛰기하다. ❷ (tiàoyuǎn(r)) 名 멀리뛰기. ¶三级～ | 삼단 뛰기 =〔急jí行跳远〕

【跳月】tiàoyuè 名 달놀이 [젊은 남녀가 달맞이하며 가무를 즐기는 묘족(苗族)·이족(彝族)의 풍습] =〔跳乐〕

4【跳跃】tiàoyuè 動 도약하다. 뛰어오르다. ¶一只鸟儿在树枝上～着 | 새 한 마리가 나무가지 위에서 폴짝폴짝 뛰고 있다. ¶打了胜仗, 战士们欢呼～, 高兴极了 | 싸움에서 이기고는 전사들이 환호하며 뛰어오르는 등 대단히 기뻐한다.

【跳蚤】tiào·zǎo 名〈蟲〉벼룩 =〔跳虱shī〕〔跳子〕〔虼gè蚤〕

【跳蚤市场】tiàozǎo shìchǎng 名組 벼룩시장. 중고품 시장. ¶他上～转了一圈 | 그는 벼룩시장에 가서 한바퀴 돌았다.

【粜(糶)】tiào 쌀팔 조

動 양식(糧食)을 팔다〔방출하다〕. ¶平～ | 가격 안정을 위해 공공 기관이 보유하고 있는 양곡을 방출하다. ¶昨天～了10石米 | 어제 쌀 10섬을 팔았다. ¶粮食全～给国家了 | 양곡을 전부 국가에 팔았다 =〔粜米〕〔粜粮〕⇔〔籴dí〕

【粜贵籴贱】tiào guì dí jiàn 成 곡물 시세가 쌀 때 사들이고 비쌀 때 내다 팔다.

tiē ㄊㄧㄝ

4【帖】tiē tiě tiè 휘장 첩, 표제 첩

Ⓐ tiē ❶ 복종하다. 순종하다. ¶服～ =〔帖服〕| 순종하다 =〔贴⑤〕〔怗tiē①〕❷ 적합하다. 알맞다. ¶妥tuǒ～ | 타당하다 =〔贴⑥〕❸ (Tiē) 名 성(姓).

Ⓑ tiě ❶ (～儿) 名 메모 쪽지. ¶字～ | 메모. 메모

한 종이. ¶谢～｜감사의 글을 적은 쪽지. ❷(～子) 名 초대장. ¶发了请客的～子｜손님을 초대하는 조대장을 보냈다. ¶请～｜청첩장. ¶喜～｜결혼 청첩장. ¶丧～｜부고(訃告). ❸ 名 옛날, 사주(四柱)를 적은 종이. ¶换～｜사주를 교환하고 의형제를 맺다. ❹ 量 方 (한약의) 첩. ¶一～药｜약 한 첩.

Ⓒ tiè 名 글씨·그림의 본보기 책. ¶字～｜붓글씨를 배울때 따라쓰는 범본. ¶法～｜연습용 혹은 감상용으로 만들어 둔 명필의 글씨.

Ⓐ tiē

【帖服】tiēfú 書 動 복종하다. 순종하다. ¶俯首fǔshǒu～｜머리를 숙여 복종하다 =〔帖耳〕〔帖伏〕〔贴伏〕〔贴服〕

Ⓑ tiě

【帖木儿】Tiěmùr 名 ❶ 外〈人〉티무르(Timur). ❷〈民〉몽고인의 존칭.

【帖子】tiě·zi ⇒〔帖①②③〕

Ⓒ tiè

【帖法】tièfǎ 名 서법. 필법. ¶写字得děi照～｜글씨는 서법대로 써야 한다.

【怗】 tiē zhān 고요할 첩, 좇을 첩, 막힐 첨

Ⓐ tiē 書 動 복종하다. 순종하다 =〔帖tiē①〕〔贴tiē⑤〕 ❷ 形 고요하다. 조용하다.

Ⓑ zhān 書 動 막히다. ¶～滞↓

【怗滞】zhānzhì 書 動 막히다. 침체되다. 정체되다.

2【贴(貼)】 tiē 붙을 첩

❶ 動 붙이다. 붙여 놓다. ¶～布告｜포고를 붙이다. ¶剪～｜오려 붙이다. ¶邮票要～在信封右上角｜우표는 편지봉투 오른쪽 상단에 붙여야 한다. ❷ 動 접근하다. 바싹 붙다. ¶～着墙慢慢走｜벽에 바짝 붙어서 천천히 가다. ¶天气热, 你别～在我身上｜날씨가 더우니 너 내 곁에 너무 가까이 오지마. ❸ 動 금전으로 보조하다. ¶每月～给她10元｜매달 그녀에게 10원을 보태준다. ¶每月～外婆20元｜매월 외할머니께 20원을 보내준다. ❹ 動 (바둑에서) 공제하다. ¶他持黑棋, 须～五目半｜그는 흑을 잡았으니, 5호 반을 공제해야 한다. ❺ 순종하다. 복종하다 =〔帖tiē ①〕〔怗tiē ①〕 ❻ 타당하다. 꼭 맞다 =〔帖tiē ②〕 ❼ 名 보조금. ¶津～｜상여금. ¶房～｜집세 보조금. ❽(요리법에서) 한쪽 면만 굽는 것. ¶～饼子↓→〔锅贴儿①〕 ❾ 量 장. 매〔고약 따위를 세는 말〕 ¶买了三～膏药｜고약을 세 매 샀다.

【贴饼子】tiēbǐng·zi 名〈食〉한쪽으로만 구운 옥수수(좁쌀가루) 빵.

【贴补】tiē·bǔ 動 ❶(경제적으로) 돕다. 보조해주다. ¶给姑母每月～20元｜고모에게 매월 20원을 보조해주다. ¶你经济宽裕kuānyù, 应该～～你岳父｜너는 생활이 넉넉하니 마땅이 장인을 좀 도와주어야 한다. ❷(저축했던 물자를 생활에) 보태다. ¶最近开支大, 要拿些存款～生活｜최근 지출이 많아서 저금을 좀 찾아서 생활에 보태야겠다. ¶还有存的料子～着用, 现在先不买｜남은 옷감들이 아직 있으니 보태어 쓰고 지금은 우선 사지 말자. ¶打零工～家用｜임시로 일을 하여 집안 살림에 보태다. ❸ 수선하다. ¶～雨衣｜비옷을 수선하다.

【贴花】tiēhuā ❶ 名 아플리케(appliqué;프). ❷ 動 (창문에 색종이 등을) 예쁘게 오려 붙이다. ❸ 動 (수령증에) 증지(證紙)를 붙이다.

【贴换】tiē·huàn 動 옛날, 낡은 물건에 웃돈을 얹어서 새것과 교환하다. ¶他家～了一个锅子guō-zi｜그의 집에서 헌솥 하나를 돈을 좀 얹어주고 새 솥으로 바꾸었다.

【贴金】tiē/jīn 動 ❶(신불상에) 금박을 입히다. ❷ 喻 貶 제 자랑하다. 미화하다. ¶你别给自己脸上～了｜너 너무 잘난 체하지 마. ¶他爱给自己～｜그는 잘난 체를 잘한다.

【贴近】tiējìn ❶ 動 바싹 대다. 아주 가까이 접근하다. ¶他深度近视, ～书面才能看见字｜그는 심한 근시라서 책에 바짝 대야 글자를 볼 수 있다. ¶耳朵～门边｜귀를 문에 바싹 대다. ¶他～石壁慢慢移步｜그는 돌담에 바짝 붙어 천천히 걸음을 옮긴다. ❷ 形 아주 가깝다. 근접해 있다. ¶不能说是完全符合fúhé, 可是相当地～｜완전히 부합된다고는 할 수 없으나 상당히 근접해 있다. ¶他的话还算～事实｜그의 말이 그래도 사실에 가깝다고 할 수 있다 ‖ =〔切qiè近〕

【贴切】tiēqiè 形 적절하다. 적합하다. 알맞다. ¶这比喻用得很～｜이 비유는 아주 적절하다. ¶打了一个不太～的比方｜그다지 적절하지 못한 예를 하나 들었다 =〔帖切〕〔切贴〕

【贴身(儿)】tiē/shēn(r) ❶ 區 (옷이) 몸에 붙는. ¶这套衣服非常～｜이 옷 한벌은 아주 몸에 꽉 낀다. ¶钱放在～衣服的口袋里｜돈을 몸에 붙는 옷의 주머니에 넣어두다 =〔贴肉〕 ❷ 區 몸 가까이서 수행하는. 신변에 붙어 다니는. ¶～保镖bǎobiāo｜신변 경호원. ¶～警卫jǐngwèi｜신변 경호. ❸ (tiēshēn(r)) 名 (축구·럭비 등에서의) 대인방어.

【贴水】tiēshuǐ ❶ 名 動 두 화폐의 교환 차액(을 지급하다). ¶期票兑换现金要～｜약속 어음을 현금으로 바꿀 때에는 그 교환 차액인 할증금을 내야 한다 =〔汇huì水②〕 ❷ 名 프리미엄(premium). ¶净～｜네트(net) 프리미엄.

【贴题】tiētí 形 제목의 의미와 부합하다〔어울리다〕. 어법 주로 술어로 쓰임. ¶这篇文章的内容非常～｜이 글의 내용은 제목과 아주 잘어울린다.

【贴现】tiēxiàn 名 動〈經〉어음 할인(하다). ¶按期～｜기일에 맞춰 어음 할인하다.

【贴(现)息】tiē(xiàn) 名 動〈經〉어음 할인료(를 지불하다). ¶领取～｜어음 할인료를 영수하다.

【贴心】tiēxīn 形 가장 친밀하다. 가장 가깝다. ¶女儿最～｜딸이 가장 친밀하다. ¶～的朋友｜가장 친한 친구. ¶他是我们农民的～人｜그는 우리 농민들과 마음이 잘 맞는 사람이다.

【萜】 tiē (테르펜 첩)

名〈化〉테르펜(terpenes) 〔유기화합물로 대개는 방향이 있는 액체 유기화합물〕 ¶～品醇chún｜테르피네올. ¶樟脑zhāngnǎo～｜캄펜.

tiě ㄊㄧㄝˇ

【帖】 tiě ☞ 帖 tiē Ⓑ

2**【铁(鐵)〈銕〉】** tiě 쇠 철 ❶ 名 쇠. 철(Fe). ¶钢～ | 강철. ¶～板↓ ❷ 區 轉 강철같이 단단한. 굳센. 어법 수식할 때 「的」가 필요없음. ¶～拳头quántóu | 강철같은 주먹. ¶～汉(子)↓ ❸ 區 轉 확고부동한. 어법 수식할 때 「的」가 필요함. ¶～的事实 | 움질일 수 없는 사실. ¶～的纪律 | 확고부동한 기율. ❺ 轉 (칼·권총 등의) 무기. ¶手无寸～ | 손에 어떤 무기도 갖고 있지 않다. ❹ 轉 난폭하다. 무정하다. ¶～蹄↓ ¶～石人↓ ❻ 動 轉 쇠처럼 굳어지다. ¶老师批评他了, 他～了 | 선생님의 꾸중을 듣고 그는 아주 얼어버렸다. ❼ 動 轉 확고부동하게 결심하다. ¶我～了心了 | 나는 굳게 결심했다. ❽ (Tiě) 名 성(姓).

【铁案如山】 tiě àn rú shān 成 사건의 증거가 확실하여 움직일 수 없다. ¶这～, 谁也翻不了案 | 이 건 명확한 증거가 있어 확정된 안건이라 누구도 뒤집을 수 없다 =〔铁证如山〕

【铁板】 tiěbǎn 名 ❶ 철판. ❷〈音〉옛 타악기의 일종.

【铁板一块】 tiě bǎn yī kuài 成 한덩어리의 철판 같다. 단단하여 깨뜨릴 수 없다. ¶他们～, 十分齐心qíxīn | 그들은 한 덩이의 철판같이 아주 단결이 잘된다.

【铁包肉】 tiěbāoròu 名 俗 台 자동차.

【铁笔】 tiěbǐ 名 ❶ (등사판용의) 철필 =〔钢gāng铁笔〕 ❷ 각인(刻印)에 쓰는 칼. 도장칼.

【铁壁铜墙】 tiě bì tóng qiáng 成 철옹성 =〔铜tóng墙铁壁〕

【铁饼】 tiěbǐng 名〈體〉❶ 원반. ❷ 원반던지기. ¶掷zhì～ | 원반던지기. ¶～比赛 | 원반던지기 시합.

【铁蚕豆】 tiěcándòu 名 껍질째로 볶은 잠두〔누에콩〕. ¶他爷爷还能吃～呢 | 그의 할아버지는 아직도 껍질채 볶은 딱딱한 잠두를 드실 수 있다.

【铁铲】 tiěchǎn 名 삽.

【铁尺磨成针】 tiě chǐ mó chéng zhēn 歇 쇠로 만든 자를 갈아 바늘을 만들다. 꾸준히 노력하면 어떤 일도 해낼 수 있다 [뒤에 「功到自然成」이 이어지기도 함] =〔铁打房梁磨绣xiù针〕〔铁杵chǔ磨成针〕

【铁窗】 tiěchuāng 名 ❶ 쇠로 된 창. 철창. ❷ 喩 감옥. ¶他在～之中度过了20年 | 그는 감옥에서 20년을 보냈다.

【铁搭】 tiědā 名 方 쇠써레 =〔铁鎝〕

【铁打】 tiědǎ 區 쇠로 만든. 喩 단단한. 강인한. ¶～的身子 | 강인한 몸.

【铁丹】 tiědān 名 붉은 물감. 철단 =〔红hóng土子〕

【铁蛋白】 tiědànbái 名〈化〉페리틴(ferritin).

【铁刀木】 tiědāomù 名〈植〉흑단(黑檀).

4**【铁道】** tiědào 名 철도. ¶地下～ | 지하철 =〔铁路〕

【铁道兵】 tiědàobīng 名 철도병 [철도의 안전 및 수축(修築)을 담당하는 병과(兵科) 혹은 그 병사]

【铁定】 tiědìng ❶ 區 확정되어 움질일 수 없는. 확고하게 정해진. ¶～的事实 | 움직일 수 없는 사실. ¶～的局面 | 부동의 국면. ❷ 動 확고하게 정하다. ¶～明天开幕 | 내일 개막할 것을 확고하게 정하다.

【铁段】 tiěduàn 名 세그먼트(segment).

【铁伐】 Tiěfá 名 복성(複姓).

【铁矾土】 tiěfántǔ 名 알루미늄 원광. 보크사이트(bauxite) =〔铁铝氧石lǚyǎngshí〕

4**【铁饭碗】** tiěfànwǎn 名 喩 (면직될 염려가 없는) 확실한 직업. 평생 직업. ¶打破～是劳动人事制度改革的一个重要内容 | 평생 직업을 없애는 것이 노동인사 제도 개혁의 중요한 내용 중의 하나이다 =〔铁碗(儿)〕

【铁弗】 Tiěfú 名 복성(複姓).

【铁杆儿】 tiěgǎnr 區 ❶ 완고한. 조금도 굽히지 않는. 끈질긴. ¶～保守派 | 완고한 보수파. ¶～汉奸 | 절대로 개전(改悛)하지 않는 매국노. ¶他是一个～考古学家 | 그는 끈질긴 고고학자이다. ❷ 틀림없는. 확실한. ¶～庄稼zhuāngjià | 높은 수확이 보장되는 확실한 작물.

【铁淦氧磁物】 tiěgànyǎng cíwù ⇒〔铁氧体〕

【铁镐】 tiěgǎo 名 곡괭이.

【铁哥们】 tiěgē·men 名 (청년들의) 무리. 집단.

【铁工】 tiěgōng 名 ❶ 철공. 대장장이. ❷ 철장(鐵匠). 대장간.

【铁公鸡】 tiěgōngjī 名 俗 구두쇠. 쫌생이. ¶他是～, 一毛不拔bō | 그는 구두쇠라 한 푼도 쓰지 않는다 =〔小儿科〕

【铁姑娘】 tiěgū·niang 名 여걸(女傑). 여장부(女丈夫)

【铁箍】 tiěgū 名 (포장용의) 강철띠(steel hoop) =〔铁腰〕〔箍gū铁〕

【铁瓜】 tiěguā 名 俗 지뢰. ¶吃了～ | 지뢰에 걸렸다 =〔地雷〕

【铁观音】 tiěguānyīn 名 철관음 [중국 발효차의 한 종류]

【铁轨】 tiěguǐ 名 철도의 레일 =〔钢轨〕

【铁轨规】 tiěguǐguī 名 레일용 게이지(gauge).

【铁汉(子)】 tiěhàn(·zi) 名 의지가 강한 사람. 굽힐 줄 모르는 사람. ¶他是一个铮zhēng铮～ | 그는의지가 강하기로 유명한 사람이다.

【铁画】 tiěhuà 名 ❶ 철화(를 만드는 공예) [철판 위에 철조각으로 그림을 만들고 그 위에 검거나 검붉은 색을 입히는 중국 공예] ❷ 힘있는 운필(運筆).

【铁画银钩】 tiěhuà yíngōu 名組 喩 운필이 힘이 있고 아름다운 글씨.

【铁环】 tiěhuán 名 굴렁쇠.

【铁黄】 tiěhuáng 名〈化〉누런 빛깔의 산화 제이철.

【铁活】 tiěhuó 名 ❶ 건물 또는 기물의 각종 철제품. ❷ 철공 일.

【铁货】 tiěhuò 名 철제품. 철물.

【铁机棉包】 tiějī miánbāo 名組 기계로 하는 목화 포장 [유압(油壓) 또는 수압의 힘을 이용, 목화를 원래의 체적의 약 반 정도로 압축하여 포장함. 「蒲pú包」「布bù包」등의 불완전 포장에 비해 장거리·장시간의 수송·보관이 쉬움]

【铁蒺藜】tiějí·li 名 마름쇠. 철질려.
【铁剂】tiějì 名〈藥〉철제.
【铁甲】tiějiǎ 名 ❶ 철갑. ❷ 두꺼운 강판으로 만든 자동차나 배의 외갑.
【铁甲车】tiějiǎchē 名〈軍〉장갑차 =〔铁甲炮车〕〔装zhuāng甲车〕
【铁甲舰】tiějiǎjiàn 名 철갑선. 장갑선.
【铁甲炮车】tiějiǎ pàochē ⇒〔铁甲车〕
【铁匠】tiě·jiang 名 철공. 대장장이. ¶他当过~ | 그는 대장장이 노릇을 한 적이 있다 =〔打铁的〕〔打铁匠〕
【铁蕉】tiějiāo 名〈植〉소철 =〔苏sū铁〕
【铁筋】tiějīn 名 철근.
【铁筋土】tiějīntǔ 名〈建〉철근 콘크리트 =〔钢gāng骨水泥〕
【铁军】tiějūn 名 喩 강한 군대. ¶~南征zhēng | 강한 군대가 남쪽으로 정벌가다.
【铁力木】tiělìmù 名〈植〉두메밤나무.
【铁链(儿, 子)】tiěliàn(r·zi) 名 쇠사슬. ¶~吊桥 | 쇠사슬로 된 적교〔현수교〕=〔铁炼〕
【铁流】tiěliú 名 ❶ 녹아 흐르는 쇳물. ❷ 喩 전투력이 강한 군대. ¶扫平敌人的~ | 적의 주력부대를 섬멸하다.
²【铁路】tiělù 名 철도. ¶一条~ | 철도 한 선. ¶窄zhǎi轨~ | 협궤 철도. ¶阔kuò轨~ | 광궤 철도. ¶~桥梁 | 철교. ¶~隧道suìdào | 철도 터널. ¶~通车里程 | 철도 개통 거리. ¶~运费 | 철도 운임. ¶~运输 | 철도 수송 =〔铁道〕
【铁锚】tiěmáo 名 (쇠로 만든) 닻.
【铁面无私】tiě miàn wú sī 成 인정이나 정실에 끌리지 않다. 공평무사(公平無私)하다. ¶他是一个~的人 | 그는 인정이나 정실에 끌리지 않는 사람이다.
【铁鸟】tiěniǎo 名 俗 비행기.
【铁牛】tiěniú 名 ❶ 俗 트랙터(tractor). ¶~轰鸣hōngmíng犁田lítián忙 | 트랙터가 큰 소리를 내며 밭을 가느라 바쁘다 =〔拖tuō拉机〕 ❷ 俗 장갑 자동차(裝甲自動車). ❸ 쇠로 주조한 소 [옛날, 물속에 이것을 던져 넣어 수해를 면하고자 했음] ❹ 喩 강직하여 굽힐 줄 모르는 사람.
【铁皮】tiěpí 名 ❶ 철판. ¶油桶~ | 드럼통용 철판. ❷ 양철판. 함석(판). ❸ 화상이나 종기가 나은 뒤 검게 된 살갗.
【铁骑】tiěqí 書 名 喩 철기. 정예 군대. ¶~驰骋chíchěng | 정예 기병이 질주하다→〔铁马①〕
【铁器】tiěqì 名 철기.
【铁锹】tiěqiāo 名 삽. 가래. 스콥(schop; 네) ¶挥动huīdòng~ | 삽을 휘두르다→〔铲chǎn子④〕
【铁青】tiěqīng 賦 (분노·공포·병환 등으로 얼굴색이) 검푸르다. 새파랗다. ¶她脸色~ | 그녀는 얼굴색이 파래졌다. ¶气得脸色~了 | 화가 나서 얼굴색이 새파래졌다.
【铁拳】tiěquán 名 쇠뭉치같이 굳센 주먹. 강한 역량. ¶用~打击敌对分子 | 강한 힘으로 적대 분자를 처부셨다.
【铁人三项赛】tiěrén sānxiàngsài 名組〈體〉철인경기
【铁扫吧】tiěsǎobǎ 名〈植〉송엽난.
【铁扫帚】tiěsào·zhou 名〈植〉비수리.
【铁砂】tiěshā 名 ❶〈鑛〉사철(砂鐵). ❷ (엽총의) 산탄. ❸ (주물의 원료로 쓰이는) 철가루.
【铁纱】tiěshā 名 눈이 가는 철망 =〔钢丝布〕〔钢丝网〕〔铅纱〕
【铁杉】tiěshān 名〈植〉솔송나무.
【铁石人】tiěshírén 名 喩 ❶ 무정한〔냉정한〕 사람. 피도 눈물도 없는 사람. ❷ 의지가 굳은 사람.
【铁石心肠】tiě shí xīn cháng 成 철석같이 감정에 동요되지 않다. ¶她把心都掏给你了, 竟打动不了你, 难道你是~? | 그녀는 속마음까지 다 너에게 꺼내 보였는데도 너를 움직이지 못하다니 설마 너는 목석은 아니겠지?
【铁树】tiěshù ❶ 名 ㊀〈植〉소철 =〔苏铁〕 ❷ ⇒〔海hǎi松②〕
【铁树开花】tiě shù kāi huā 成 소철에 꽃이 피다. 喩 아주 보기 드문 일. 실현될 가망이 매우 적은 일. ¶真是~, 穷人也能翻身 | 정말 보기 드문 일이다. 가난한 사람도 신세를 고칠 수 있구나.
【铁水】tiěshuǐ 名 용화(熔化)하여 액체로 된 쇠 =〔㊄铁水子〕〔钢水〕
【铁丝】tiěsī 名 철사. ¶带刺~ =〔有刺cì铁丝〕 | 가시철사 =〔铁线〕
【铁索】tiěsuǒ 名 철삭. 철사로 꼬아서 만든 줄.
【铁索桥】tiěsuǒqiáo 名 적교(吊橋). 현수교(懸垂橋). ¶通过了~ | 현수교를 건넜다.
【铁锁】tiěsuǒ 名 카라비너(Karabiner;독)
【铁塔】tiětǎ 名 ❶ 철탑. ❷〈電氣〉(고압선용의) 철탑.
【铁蹄】tiětí 名 ❶ 철제. 편자. ❷ 喩 백성을 괴롭히는 잔혹한 행위. ¶决不让侵略者的~再践踏jiàn·tà我国的领土 | 결코 다시는 침략자가 우리의 영토를 유린하게 하지 않겠다.
【铁桶】tiětǒng 名 ❶ 철통. 쇠통. ❷ 喩 조금도 헐후한 데가 없이 튼튼한 것. ¶包围得~似的 | 철통같이 에워싸다. ❸ 喩 주도 면밀. 빈틈없음. ¶~般商量 | 빈틈없이 다 의논하다.
【铁桶江山】tiě tǒng jiāng shān 成 ❶ 철통같이 굳건한 지위. ❷ 방위가 철통같은 국토.
【铁碗(儿)】tiěwǎn(r) ⇒〔铁饭碗〕
【铁腕】tiěwàn 名 철완. ¶~人物 | 압제자. 강권을 휘두르는 인물.
【铁锨】tiěxiān 名 삽→〔铲chǎn子①〕〔木锨〕
【铁线】tiěxiàn ⇒〔铁丝①〕
【铁线蕨】tiěxiànjué 名〈植〉공작고사리 =〔铁线草〕〔猪鬃zhūzōng草〕
【铁屑】tiěxiè 名 쇠를 깎은 부스러기. ¶~四溅sìjiàn | 쇠 부스러기가 사방으로 튀다 =〔铁末子〕
【铁心】tiě/xīn ❶ 動 (굳게) 결심하다. ¶这次我已~了, 非同她离婚不可 | 이번엔 그녀와 이혼하지 않으면 안되겠다고 굳게 결심했다. ¶吃了秤砣chèngtuó, 铁了心 | 歇 저울추를 삼킨 것 모양으로, 결심을 요지부동으로 굳혔다. ❷ (tiěxīn) 名〈電氣〉철심. ❸ (tiěxīn) 名 쇠와 같이 굳은〔냉담한〕마음. ¶~人 | 무정한 사람.
【铁锈】tiěxiù 名 쇠에 스는 녹. ¶生~ | 녹이 슬

다. ¶衣服上的～可不容易洗掉 | 옷에 묻은 녹물은 쉽게 빨아지지 않는다.

【铁血】tiěxuè 書 名 쇠와 피. 喩 병기와 군대. 무력. ¶～政策 | 철혈 정책.

【铁血主义】tiěxuè zhǔyì 名〈史〉철혈주의. ¶奉行～ | 철혈주의를 봉행하다.

【铁氧体】tiěyǎngtǐ 名〈物〉페라이트(ferrite) =〔铁淦氧磁物〕〔磁性瓷〕

【铁灶】tiězào 名 전기 레인지(range).

【铁铮铮】tiězhēngzhēng) 貶 몸이 튼튼하다. 남보다 뛰어나다.

【铁证】tiězhèng 名 움직일 수 없는〔확실한〕증거. ¶提供了许多～ | 확실한 증거를 많이 제공했다 =〔明证〕

【铁证如山】tiě zhèng rú shān ⇒〔铁案如山〕

tiè ㄊㄧㄝˋ

【帖】tiè ☞ 帖 tiē Ⓒ

【餮】tiè 탐할 철
書 動 (음식을) 탐하다. 탐식하다→〔饕tāo餮〕

tīng ㄊㄧㄥ

2【厅(廳)】tīng 마루 청
名 ❶ (손님을 접대하는) 큰 방. 홀. ¶客～ | 객실. 응접실. ¶餐～ | 식당. ¶理发～ | 台 이발소. ¶这个～是会客的 | 이 홀은 접견실이다. ❷ 청 [중앙 행정 기관의 한 부서] ¶办公～ | 사무청〔사무국〕. ¶秘书～ | 비서청〔비서실〕. ❸ 청 [성(省)에 속한 기관의 하나] ¶教育～ | 교육청. ¶公安～ | 공안청→〔部〕〔局〕

【厅房】tīngfáng 名 方 넓은 방. 대청(大廳). 홀.

【厅事】tīngshì 名 (관공서의) 홀. 대청. 큰방 =〔听事②〕

【厅堂】tīngtáng 名 크고 넓은 방. 대청. 홀.

【汀】tīng 물가 정
❶ 書 名 물가의 평지. ¶绿～ | 초목이 무성한 물가. ❷ 名 작은 섬. ❸ 음역어에 쓰임. ¶水门～ | 외 시멘트. ❹ 강이름. ¶～江↓ ❺ ⇒〔汀滢〕

【汀江】Tīngjiāng 名〈地〉정강 [복건성(福建省)에 있는 강]

【汀线】tīngxiàn 名〈地〉정선 [해면과 육지가 맞닿는 선]

【汀滢】tīngyíng 書 貶 물이 맑고 깨끗하다.

1【听(聽)】① tīng 들을 청
❶ 動 듣다. ¶～录音 | 녹음을 듣다. ¶这种音乐我不喜欢～ | 이런 음악은 나는 잘 듣지 않는다. ¶～传达 | 전달을 듣다. ¶～滙报huìbào | 종합 보고를 듣다. ❷ 動 (의견·권고 따위를) 듣고 받아들이다. 듣고 따르다. ¶他的话你要他～ | 그의 말을 너는 듣고 따라야 한다. ¶～他的劝告 | 그의 권고에 따르다. ¶您的意见我都～进去了, 一定照办 | 당신의 뜻을 잘 알아들었으니 반드시 그대로 하겠습니다. ¶她很～你的话 | 그녀는 너의 말을 아주 잘듣는다. ❸ …하는 대로 내맡기다. 제멋대로 버려두다. ¶～便↓ ¶～凭píng↓ ¶～他去 | 그를 가게 놔두다. ❹ 판단하다. 판결하다. ¶～讼↓ ❺ 다스리다. ❻ 動 (병을) 청진하다. ¶请大夫～～ | 의사에게 청진하게 하다. ❼ 動 기다리다. ¶～一～再做决定 | 잠시 기다렸다가 결정하다. ❽ (～子) 名 깡통. 양철통. ¶罐头～子 | 통조림 깡통. ❾ 量 方 통. 초롱 [깡통·곽 등을 세는 단위] ¶一～香烟 | 담배 1통. ¶一～啤酒 | 맥주 한 캔.

【听便】tīng/biàn 動 좋을 대로 하다. 편리한 대로 하게 하다. ¶去不去跳舞, 那就～吧 | 춤추러 가든지 말든지 편한 대로 해라. ¶什么时候来就～了 | 언제 오든지 편한 대로 해라. ¶一切听他的便 | 모두 그가 하고자 하는 대로 해라.

【听不出来】tīng ·bu chū lái 動組 들어서 구분해 낼 수 없다.

【听不惯】tīng ·bu guàn 動組 귀에 익숙치 않다. 귀에 거슬리다. ¶对上级的批评听得惯, 对群众的批评～ | 상급자의 비판은 귀에 거슬리지 않지만, 군중의 비판은 귀에 거슬린다 ⇔〔听得惯〕

【听不过】tīng ·bu guò 動組 듣고 흘려버릴 수 없다. ¶我实在～, 也出来说了几句 | 정말 듣고 넘길 수가 없기에, 나서서 몇 마디 했다.

【听差】tīngchāi ❶ 名 하인. 사환. 급사 =〔听差的〕〔听事的〕 ❷ 動 심부름을 하다. ¶打发他去～吧 | 그를 심부름 보내지. ¶他在县衙门yámén当～ | 그는 현 관아에서 급사 노릇을 한다.

【听从】tīngcóng 動 (남의 말을) 듣다. 따르다. 복종〔순종〕하다. ¶你说得对, 我就～, 说得不对, 我就不～ | 네가 한 말이 맞으면 따르고 맞지 않으면 너의 말에 따르지 않겠다. ¶～别人的劝告 | 남의 충고를 듣다. ¶～其便 | 좋을 대로 하도록 하다 =〔方 听顺〕〔方 听随〕

【听到】tīngdào 動 듣다. 들리다. 귀에 들어오다. ¶～了一个消息 | 소식을 하나 들었다.

【听懂】tīngdǒng 動 알아듣다. 들어서 알다. ¶～我的意思吗? | 내 뜻을 알아듣겠는가? ¶我～了你的意思了 | 너의 뜻을 알아 들었다.

【听而不闻】tīng ér bù wén 成 들으려 하지 않다. 전혀 관심이 없다. ¶别人劝你半天, 你却～ | 남이 한참동안 너에게 권했건만 너는 오히려 들으려고도 하지 않는구나.

【听够】tīnggòu 動 실컷 듣다. 지겹도록 듣다. ¶那样的话我～了 | 그런 말은 귀에 못이 박히도록 들었다.

【听骨】tīnggǔ 名〈生理〉청골. 청소골(聽小骨).

【听候】tīnghòu 動 (결정을) 기다리다. 대기하다. ¶～处理 | 처분을 기다리다. ¶～裁决cáijué | 판결을 기다리다. ¶～校长吩咐fēnfù | 교장(총장)의 분부를 기다리다.

4【听话】tīng/huà 形 ❶ 말을 듣다. 순종하다. ¶这孩子真乖, 很～ | 이 애는 정말 착하다, 말도 잘 듣고 =〔方 听说②〕 ❷ 쓰기가 좋다. 부리기 좋다. ¶这种机器不～ | 이 기계는 말을 안 듣는다〔쓰기 어렵다〕.

【听话儿】tīng/huàr 動 (남의) 대답을 기다리다.

1【听见】tīng/·jiàn 動 들리다. 듣다. ¶我听了一会儿, 可是什么声音都没～ | 나는 잠깐 듣고 있

었지만, 아무 소리도 듣지 못했다. ¶我～河水在哗哗地响｜나는 강물이 콸콸 흐르는 소리를 들었다. ¶他唱的歌, 我～过｜그가 부른 노래를 나는 들은 적이 있다.

【听见风(儿), 就是雨】tīng·jiàn fēng(r), jiù·shì yǔ 諺 바람 소리를 듣고는 비가 온다고 하다. 성급하게 판단〔결론〕을 내리다. 민감하다. ¶刚提了点儿头儿, 还没说怎么样呢, 你就～马上要去｜그저 말머리를 꺼냈을 뿐 아직 어떻다고 말하지도 않았는데, 성급하게 (판단하고) 바로 가려고 하는 구나. ¶不像他们那样～｜그들처럼 민감하게 굴지는 않다＝〔听了风儿, 就是雨〕〔听风儿是雨〕

2【听讲】tīng/jiǎng 動 강의나 강연을 듣다. ¶一面～, 一面记笔记｜강의를 들으면서 필기를 하다.

【听觉】tīngjué 名〈生理〉청각. ¶他的～很好｜그는 청각이 아주 좋다.

【听课】tīng/kè 動 ❶ 수업을 받다. ¶他～去了｜그는 수업 들으러 갔다. ❷ (전공이외의 과목을) 청강하다. ❸ (강의·강연 따위를) 참관하다.

【听力】tīnglì 名 청력. 듣기 능력. ¶经过针刺恢复huīfù了～｜침술 치료를 받고는 청력을 회복하였다. ¶明天有～考试｜내일 듣기 능력 시험이 있다＝〔听能〕

【听命】tīngmìng ❶ 動 명령에 복종하다. ¶～于大国｜대국이 하라는 대로 하다. ❷⇒〔听天由命〕

【听腻】tīngnì 動 지겹도록 듣다. 너무 들어서 싫증 나다. ¶听都～了｜지겹도록 들었다. ¶这种话儿我早～了｜이런 말들은 벌써 많이 들어 지겹다.

【听凭】tīngpíng 動 좋을 대로 내맡기다. 마음대로〔자유로이〕하게 하다. ¶凭你怎么办｜너 하고 싶은대로 해라. ¶去也罢, 不去也罢, ～你自己作主｜가든지 말든지 네 마음대로 해라.

【听其言而观其行】tīng qí yán ér guān qí xíng 成 말을 들어보고 또 행동을 살펴보다. 사람을 판단할 때는 말과 행동을 다 살펴보아야 한다.

【听其自然】tīng qí zìrán 成 되어가는 대로 내버려두다. ¶到底结果会怎样, 也只能～｜도대체 결과가 어떠할 지 되어가는 대로 내버려둘 수 밖에 없다.

【听起来】tīng·qi·lai 動組 듣자니 …인 것 같다. …하게 들리다. ¶他的话～不诚恳chéngkěn｜그의 말은 듣자니 진실하지 않은 것 같다. ¶这个话～倒也有些道理｜이 말은 들어 보면 그런대로 일리가 있는 것 같다. 어법「听起来」는「듣기 시작하다」혹은「이야기를 듣고서 어떤 인상을 지니다」라는 뜻으로 쓰임.

4【听取】tīngqǔ 動 듣다. 청취하다. ¶～群众的意见｜대중의 의견을 듣다.

【听人劝, 吃饱饭】tīng rén quàn, chī bǎo fàn 諺 남의 권고를 들으면 밥 굶는 일은 없다.

【听任】tīngrèn ⇒〔听凭píng〕

【听神经】tīngshénjīng 名〈生理〉청신경.

【听审】tīng/shěn 動 심판을 받다. ¶受难者及其家属也前来～｜수난자와 그 권속들도 와서 심판을 받는다.

【听声(儿)】tīng/shēng(r) 動 ❶ 소리를 듣다. ❷ 남 몰래 엿듣다. 상황을 살피다. 염탐하다. ¶有谁深夜半更的来～?｜누가 이 깊은 밤에 와서 염탐하겠는가?

【听事】tīngshì ❶⇒〔听政〕 ❷ 書 名 (관공서의) 대청＝〔厅事〕

1【听说】tīng/shuō ❶ 動 (…라고) 들었다. 듣자니 …라고 한다. ¶这件事我已～了｜이 일에 대해서 난 이미 들었다. ¶我～他到上海去了｜내가 듣기로는 그는 상해에 갔다고 한다. ¶孩子们都～过这个故事｜아이들은 모두 이 이야기를 들은 적이 있다＝〔听见人说〕〔听见说〕〔听人说〕 ❷⇒〔听话①〕

【听讼】tīngsòng 書 動 송사(訟事)를 듣다. 소송을 심의하다. 사건을 심의하다.

【听天由命】tīng tiān yóu mìng 成 운명을 하늘에 맡기다. 천명에 따르다. ¶我一向～, 顺其自然｜나는 여태 천명을 따르고 자연에 순응해왔다＝〔簡 听命②〕〔听天命〕

【听筒】tīngtǒng ❶⇒〔耳ěr机(子)①〕 ❷⇒〔听诊器〕

【听闻】tīngwén 書 ❶ 名 청각 활동. 들은 것〔내용〕. 어법 대개 고정어구에 쓰임. ¶混乱～｜사람의 귀를 혼란시키다. ¶耸人sǒngrén～｜듣고 놀라게 하다. 귀를 놀라게 하다. ¶以广～｜成 견문을 넓히다. ❷ 動 들리다. ¶～爆炸bàozhà的声音｜폭발하는 소리가 들리다.

【听戏】tīng/xì 動 중국 전통극을 보다. ¶我父亲爱～｜우리 아버지는 중국 전통극을 즐겨 보신다→〔看kàn戏〕

1【听写】tīngxiě 名 動 받아쓰기(를 하다). ¶教师让学生～｜교사가 학생들에게 받아쓰기를 시키다. ¶今天有～考试｜오늘 받아쓰기 시험이 있다→〔默mò写①〕

【听信】tīng/xìn 動 ❶ (～儿) 소식을 기다리다. ¶明天去不去上海, 你在家～儿｜내일 상해에 가는 지 여부를 집에서 소식을 기다리시오. ¶听你的信儿｜너의 소식을 기다리다. ❷ (tīngxìn) 貶 (부정확한 말이나 소식을) 너무 쉽게 믿다. 곧이 듣다. ¶小道消息不可～｜항간의 소식을 너무 쉽게 믿어서는 안된다. ¶～谣言｜헛소문을 곧이듣다. ¶不可～他人的闲话｜타인의 지나가는 말을 곧이들어서는 안된다.

【听阈】tīngyù 名〈生理〉가청 한계(可聽限界).

【听诊】tīngzhěn 名 動〈醫〉청진(하다). ¶给病人～｜환자를 청진하다.

【听诊器】tīngzhěnqì 名 청진기＝〔听管〕〔听筒②〕

【听政】tīngzhèng 動 (옛날, 임금 등이) 보고를 듣고 정사(政事)를 펴다. ¶八十多岁了还要～｜여든이 넘었는데도 아직 정사에 관여하려 하다＝〔書 听事①〕

【听之任之】tīng zhī rèn zhī 成 그냥 내버려 두다. 방임(放任)하다. ¶对危害国家和人民利益的事, 决不能～｜국가와 인민의 이익을 해치는 일에 대해서는 결코 그냥 내버려 두어서는 안된다.

4【听众】tīngzhòng 名 ❶ 청중. ¶～席｜청중석. ❷ 청취자→〔观guān众〕

【听装】tīngzhuāng 圖 方 깡통으로 포장하다. ¶ ~奶粉 | 깡통 분유. ¶ ~啤酒 | 캔 맥주.

【听】② yǐn 웃을 은
狀 입을 벌리고 웃다. ¶ ~然而笑 | 입을 크게 벌리고 웃다.

【烃(烴)】tīng (탄화수소 정)
名 簡 〈化〉 탄화수소 화합물 [탄소·수소로 이루어진 유기화합물] =〔碳氢化合物〕

【烃基】tīngjī 名 〈化〉 알킬기(Alkyl基). 탄화 수소기.

【烃气】tīngqì 名 〈化〉 탄화 수소 가스 →〔碳tàn氢化合物〕

tíng ㄊㄧㄥˊ

【廷】tíng 조정 정
書 名 조정(朝廷). ¶ 宫~ | 궁정. ¶ 清~ | 청조(清朝)의 중앙 정부.

【廷布】Tíngbù 名 外 〈地〉 팀부(Thimbu) [「不丹」(부탄;Bhutan)의 수도]

【廷帕尼】tíngpàní 名 外 〈音〉 팀파니(timpani) =〔廷柏尼〕〔定音鼓〕〔锅guō形铜鼓〕〔提班〕

1【庭】tíng 뜰 정
❶ 가정. ¶ 家~ | 가정. ¶ ~训↓ ❷ 名 대청. 홀. ¶ 大~广众 | 많은 사람이 모인 넓은 장소. 많은 사람의 앞. ❸ 名 (앞)뜰. 뜨락. ¶ ~院↓ ❹ 名 법정. ¶ 开~ | 재판을 시작하다. ¶ ~长↓

【庭除】tíngchú 名 뜰. 정원. ¶ 清晨即起, 洒扫sǎsǎo~ | 이른 아침이면 일어나 정원을 청소한다.

【庭审】tíngshěn 動 법정에서 심의하다. 법정에서 심문하다. ¶ ~两犯抢劫qiǎngjié犯 | 두 명의 강도범을 법정에서 심의하다.

【庭训】tíngxùn 書 名 부친의 교훈. 가정에서의 가르침.

【庭园】tíngyuán 名 정원. 뜰 [집안에 있는 화원] ¶ 那座~十分干净 | 그 정원은 매우 깨끗하다.

【庭院】tíngyuàn 名 정원. 뜰 [몸채(正房) 앞의 뜰] ¶ 他家堂屋前有个~ | 그의 집 몸채 앞에는 뜰이 하나 있다.

【庭长】tíngzhǎng 名 〈法〉 옛날, 재판장.

【莛】tíng 풀줄기 정
(~儿) 名 초본식물(草本植物)의 줄기. ¶ 麦~儿 | 밀·보리의 대.

4【蜓】tíng 잠자리 정, 도마뱀 전
⇒〔蜻qīng蜓〕

【霆】tíng 천둥소리 정
書 名 천둥(소리). 우레. 벼락. ¶ 大发雷~ | 成 노발대발하다.

3【亭】tíng 정자 정
名 ❶ (~子) 정자(亭子). ❷ (정자 모양의) 작은 건물. ¶ 邮~ | 간이 우체국. ¶ 报~ | 가두 신문 판매대. ❸ 적당하다. 균등하다. ¶ ~匀↓ ❹ ⇒〔亭亭〕

【亭当】tíng·dang ⇒〔停tíng当①〕

【亭亭】tíngtíng ❶ 書 狀 우뚝하게 높이 솟다. ¶ ~长松 | 우뚝 솟은 쭉 뻗은 소나무. ¶ 荷花~出水 | 연꽃이 물에서 꼿꼿이 뻗어 나와 있다. ¶ ~云外 | (탑이나 나무 따위가) 하늘 높이 우뚝 솟다. ❷ ⇒〔婷tíng婷〕

【亭亭玉立】tíngtíng yùlì 成 미녀의 몸매가 날씬하다. 꽃·나무가 우뚝하다. ¶ 这姑娘~, 十分清秀 | 이 아가씨는 용모가 아주 뛰어나다.

【亭午】tíngwǔ 書 名 정오 =〔正午〕

【亭匀】tíngyún ⇒〔停tíng匀〕

3【亭子】tíng·zi 名 정자.

1【停】tíng 머무를 정
❶ 動 멎다. 멈추다. 정지하다. ¶ 风(雨)~了 | 바람(비)가 그치다. ¶ ~电了 | 정전이 되었다. ¶ 自来水已~了两个小时 | 수도물이 이미 두 시간 동안 안나온다. 어법 단음절 동사나 동사구가 목적어로 올 수 있음. ¶ ~演 | 공연을 중지하다. ¶ ~产 | 생산을 멈추다. ¶ ~发工资 | 임금 지급을 정지하다. ❷ 動 머무르다. 체류하다. 체재하다. ¶ 在这里~不得, 要赶快走 | 여기서 머물를 수 없으니 빨리 떠나야 한다. ¶ 我在北京了~五天 | 나는 북경에서 5일을 머물렀다. ❸ 動 (차가) 서다. 정박(停泊)하다. 주차하다. ¶ 车~在校门口 | 차가 교문 앞에 서 있다. ❹ 動 끝내다. 완비하다. ¶ 准备~妥 | 준비를 끝내다. ❺ (~儿) 名 몫. 분. 할 [전체분을 몇부분으로 나누어 그 중의 한 부분을 「一停」이라 함] ¶ 四~儿的三~儿 | 4분의 3. ¶ 大蛋糕吃了三~儿, 还剩一~儿 | 큰 케이크를 세 덩이는 먹었고 한 덩이는 아직 남아 있다 →〔成〕〔分〕

【停摆】tíng/bǎi 動 ❶ 시계추가 멎다. ¶ 因为没上弦, 这个钟停了摆了 | 태엽을 감지 않았기 때문에, 이 시계는 멎었다. ❷ 轉 활동이 중단되다. 파산되다. ¶ 这两天, 会议的筹备chóubèi工作怎么~了? | 요며칠간 회의 준비 작업이 어떻게 중단되었지? ¶ 又停过一次摆 | 또 한번 중단되었다.

【停办】tíngbàn 動 하던 일이나 사업을 멈추다. 운영을 중지하다. ¶ ~了两所幼儿院 | 두 곳의 유아원이 운영을 중지했다.

【停闭】tíngbì 動 폐쇄하다. ¶ ~报社 | 신문사를 폐쇄하다.

【停表】tíngbiǎo 名 〈體〉 스톱 워치(stop watch) =〔按àn停表〕〔计秒表〕〔记秒表〕〔马表〕〔秒表〕〔立停表〕〔立止表〕〔跑pǎo表〕〔起跑钟〕〔赛sài跑表〕

4【停泊】tíngbó 動 (배가) 정박하다. ¶ 码头上~着远洋货船 | 항구에 원양 화물선이 정박해 있다. ¶ 许多渔船~在海边 | 수많은 고깃배들이 바닷가에 정박해 있다. ¶ ~费 | 정박료. ¶ ~港 | 정박항 =〔歇xiē泊〕→〔停靠〕

【停步】tíng/bù 書 動 걸음을 멈추다. 정지하다. ¶ ~不前 | 걸음을 멈추고 나아가지 않다. 발전·진보하지 않다.

【停产】tíng/chǎn 動 생산을 중지하다. ¶ 停了一年产 | 1년간 생산을 중지했다. ¶ 暂时~自动车 | 잠시 자동차 생산을 중지하다.

【停车】tíng/chē 動 ❶ 차를 멈추다. 정거하다. ¶ 下一站是上海, ~十分钟 | 다음역은 상해, 10분간 정차한다. ❷ 차의 통행〔운행〕을 정지하다. ¶ 因修理马路, ~三天 | 도로 수리 공사 때문에, 사흘간 차의 통행을 정지한다. ❸ 차를 세워두다. 주차하다. ¶ 这里不能~ | 여기는 주차할 수 없

다. ¶违章wéizhāng～ | 주차 위반하다. ¶～费 | 주차 요금. ❹기계를 멈추다. 기계가 멎다. 공장의 작업을 중지하다. ¶三号车间～修理 | 제3 작업장은 기계를 멈추고 수리를 한다.

【停车场】tíngchēchǎng 名 주차장. ¶收费～ | 유료 주차장 ＝〔停车处〕

【停当】tíng·dang ❶ 形 (사물이) 잘 갖추어져 있다. (일이) 잘 준비되어 있다 어법「停当」은「준비·계획」등에 주로 쓰이고「안배가 잘 되다」의 의미로만 쓰이는데 반해,「停妥」은「작업·일처리 등이 제대로 되어 있다」의 의미로 쓰임.「停当」은 주로 보어로 쓰임. ¶行李已收拾～ | 짐은 이미 잘 꾸려져 있다. ¶一切都整理得停停当当 | 모두 아주 잘 정리되어 있다. ¶事情还没办～呢 | 일은 아직 완전히 처리되지 않았다 ＝〔停妥〕〔亭当〕 ❷ 動 처리하다. 처분하다. 처치하다. ¶如法～了他 | 법대로 그를 처벌했다.

【停电】tíng/diàn ❶ 動 정전되다. ¶这个城市经常～ | 이 도시는 자주 정전된다. ❷ (tíngdiàn) 名 정전 ‖ ＝〔断duàn电〕

[4]【停顿】tíngdùn ❶ 動 (잠시) 중지하다. ¶实验不能中途～ | 실험은 도중에 중지해서는 안된다. ❷ 動 (말을) 잠시 쉬다. ¶念到这里要～一下 | 여기까지 읽고 한번 쉬어야 한다. ¶他说了半句话就～下来了 | 그는 말을 하다말고 멈추어 버렸다. ❸ 名 〈言〉 휴지. 쉼.

【停发】tíngfā 動 지불을 정지하다. ¶工资～一半 | 임금의 절반은 지불을 정지한다. ¶～半年奖金 | 반년 동안 보너스 지급을 정지하다.

【停放】tíngfàng 動 ❶ (차량 따위를 단시간) 세워 두다. 주차하다. ¶车子不要～在这儿 | 차를 여기에 세워 두지 마시오. ¶～处 ＝〔存车处〕 | 자전거 보관소. ❷ 簡 (대부·대출을) 중지하다 ＝〔停止放款〕 ❸ 簡 (구령) 사격 중지! ＝〔停止放射〕→〔停火〕 ❹ 사람이 임종할 때「停床」으로 옮기다. 안치하다. ¶灵柩～在殡仪馆 | 영구는 영안실에 안치되어 있다.

【停飞】tíngfēi 動 ❶ 비행을 정지하다. ❷ (항공기의 출발을) 중지하다〔취소하다〕. 휴항하다. ❸ 〈軍〉 비행 근무를 일시 해제하다.

【停付】tíngfù 動 지불을 정지하다. ¶他把支票弄丢了，马上通知银行～ | 그는 수표를 잃어버려서, 바로 은행에 지불을 정지하라고 통지했다.

【停工】tíng/gōng 動 일을 멈추다. 조업을 정지하다. ¶工厂～，学校停课 | 공장은 조업을 정지하고, 학교는 수업을 중단하다. ¶停几天工 | 일을 며칠 쉬다. ¶～工资 ＝〔停工津贴jīntiē〕 | 휴업 중에 지불되는 임금. 휴업 수당. ¶～待料 | 成 일을 멈추고 자재를 기다리다→〔窝wō工①〕

【停航】tíngháng 動 (배나 비행기가) 운항을 정지하다. 휴항하다. ¶班机因气候恶劣èliè～ | 비행기 정기노선이 악천후로 인해 운항이 정지되었다. ¶轮船lúnchuán～ | 여객선 운항이 정지되었다.

【停火】tíng/huǒ 動 휴전하다. 정전하다. 싸움을 멈추다. ¶两国达成～协议 | 양국은 정전 협정을 맺었다. ¶～撤兵chèbīng | 휴전하여 군대를 철수하다→〔停战〕

【停建】tíngjiàn 動 건설이나 건축을 중지하다. ¶～一批楼堂馆所 | 여러 건물들의 건축을 중지하다.

【停刊】tíng/kān 動 정간하다. (신문·잡지 따위의) 발행을 중단하다. 휴간하다.

【停靠】tíngkào 動 (기차·배가) 머물러 있다. 어떤 장소에 정차하다. 정박하다. 어법「停靠」는 차에 대해서도 사용할 수 있으나, 배에 사용하는 경우에는 부두에 머무는 것만 가능함. 반면「停泊」은 배에만 사용되는데 그 배가 아무 곳에서나 닻을 내리고 정박하는 것에도 사용됨. ¶游1列车～在三号站台 | 유람객차 1호 열차는 3번 플랫폼에 정차해 있다. ¶货轮～中山码头 | 화물선이 중산 부두에 정박해 있다→〔停泊〕

【停课】tíngkè 動 수업 중지를 하다. 휴강하다. ¶学校已～ | 학교는 이미 휴업하였다.

【停口】tíngkǒu 動 말을 도중에서 끊다. ¶大家不～地称赞了他 | 사람들은 쉴 새 없이 그를 칭찬하였다.

【停灵】tínglíng 動 (매장하기 전) 영구를 잠시 안치하다.

[3]【停留】tíngliú 動 머물다. 묵다. 멈추다. ¶他们在美国～了三天 | 그들은 미국에서 삼일간 머물렀다. ¶生产不能～在目前的水平上 | 생산이 지금의 수준에 머물러서는 안된다.

【停批】tíngpī 動 허가를 정지하다. ¶暂时～入口申请书 | 잠시 수입 신청서의 허가를 정지하다.

【停食】tíng/shí 動 얹히다. 체하다. ¶吃快了会～ | 너무 빨리 먹으면 체하기 쉽다 ＝〔停滞②〕〔存cún食〕

【停手】tíng/shǒu 動 손을 멈추다. 일손을 멈추다. 일을 중단하다. ¶不～地干 | 일손을 멈추지 않고 계속하다 ＝〔住手〕

【停水】tíng/shuǐ ❶ 動 단수하다. ¶今天上午九点半至下午六点～ | 오늘 오전 9시반부터 오후 6시까지 단수된다. ❷ (tíngshuǐ) 名 고인 물. ❸ (tíng shuǐ) 물이 괴다. ¶地上停着水 | 바닥에 물이 괴어 있다.

【停妥】tíngtuǒ 動 (작업·인사·일처리 등이) 적당하다. 안전성이 있다. 확실하다. 제대로 되어 있다. 어법 주로 보어로 쓰이나 관형어 술어로도 쓰임. ¶行李已收拾～ | 짐은 이미 다 꾸려졌다. ¶按排得很～ | 아주 알맞게 안배되었다⇒〔停当①〕

【停稳】tíngwěn 動 완전히 멈추다. 멈추어 움직이지 않다. ¶车～了 | 차가 완전히 멈추었다.

【停息】tíngxī 動 (비바람이나 투쟁 등이) 멈추다. 그치다. 멎다. ¶暴风雨～了 | 폭풍우가 그쳤다. ¶一场内战终于～下来了 | 한차례의 내전이 결국 그쳐졌다.

【停歇】tíngxiē 動 ❶ 폐업하다. 영업을 그만두다. ¶这家商店昨天开始～ | 이 상점은 어제부터 영업을 안한다. ❷ 멎다. 멈추다. 그치다. ¶雨渐渐～下来 | 비가 점차 그쳤다 ＝〔停息〕〔停止〕 ❸ (멈추고) 쉬다. 중지하고 휴식하다. ¶他在家里～了一天就走了 | 그는 집에서 하루를 쉬고는 바로 떠났다. ❹ 머물다. ¶江边～着十几只木船 | 강가에는 10여 척의 목선이 머물고 있다. ❺ ㊀

잠깐 기다리다. 잠깐 쉬다. ¶～再去 | 잠깐 뒤에 가다. ❻ (기계 따위를) 쉬게 하다. 멈추다. ¶使机器～ | 기계를 쉬게 하다.

【停学】tíng/xué ❶動 정학 처분을 하다. 정학하다. ¶受到～一周的处分 | 일주간의 정학 처분을 받았다. ❷動 학교를 중퇴하다. 휴학하다. ¶因病～ | 병으로 휴학하다. ❸ (tíngxué) 名 정학(처분).

【停讯】tíngxùn 動 신문(訊聞)을 정지하다. 심문을 그만두다. ¶法官宣布～ | 법관이 신문을 정지할 것을 선포하다.

【停演】tíngyǎn 動 상연이나 공연을 중지하다. ¶该剧因故～ | 그 극은 사고로 공연이 중지되었다.

【停业】tíng/yè 動 ❶ (일시적으로) 조업을 정지하다. 영업을 일시 중지하다. 휴업하다. ¶清理存货, ～两天 | 재고품 정리로 이틀간 휴업하다. ¶停了三天业 | 삼일간 휴업하였다. ❷ 폐업하다.

【停用】tíngyòng 動 사용을 중지하다. ¶这个机场暂时～ | 이 비행장은 잠시 사용을 중시한다.

【停匀】tíngyún 書 形 균형이 잡히다. 고르다. 균정(均整)하다. ¶昼夜～ | 밤낮이 고르다 ＝〔亭匀〕〔均匀〕〔匀称〕

【停战】tíng/zhàn ❶動 정전하다. 휴전하다. ¶双方同意～ | 쌍방 모두 휴전에 동의하다. ❷ (tíngzhàn) 名 정전 ‖ ＝〔休战〕→〔停火〕

【停诊】tíngzhěn 動 휴진하다. ¶假日～ | 휴일에 휴진하다.

【停职】tíng/zhí ❶動 정직 처분을 하다. 잠시 직무수행을 정지시키다. ¶你可以停我的职 | 너는 나를 정직시켜도 좋다. ❷ (tíngzhí) 名 정직(처분).

2【停止】tíngzhǐ 動 ❶ 정지하다. 중지하다. ¶～付款＝〔停止放款〕| 지불을 정지하다. ¶～营业 | 영업을 정지하다. ¶～讨论 | 토론을 멈추다. ¶～生产这种劣质产品 | 이런 저질 생산품 생산을 중지하다. ❷ 멎다. 자다. ¶暴风雨～了 | 폭풍우가 멎었다.

4【停滞】tíngzhì ❶動 정체하다. ¶如果不学习, 思想就会～ | 공부를 하지 않으면 생각이 정체될 수 있다. ¶～不前 | 정체되어 앞으로 나아가지 못하다. 제자리 걸음하다. ❷ ⇒〔停食〕

【停住】tíngzhù 動 멎다. 정지하다. ¶钟～了 | 시계가 멎었다. ¶～脚步 | 걸음을 멈추다.

【婷】 tíng 예쁠 정

⇒〔婷婷〕

【婷婷】tíngtíng 書 貶 (사람·꽃이) 아름답다. ¶～玉立 | 아름다운 자태 ＝〔亭亭②〕

【葶】 tíng 꽃다지 정

⇒〔葶苈〕

【葶苈】tínglì 名〈植〉두루미냉이 ＝〔俗 狗荠gǒujì〕

【聤】 tíng 귀에진물흐를 정

⇒〔聤耳〕

【聤耳】tíngěr 名 귀에서 진물이 나오는 병 ＝〔耳溢yì〕

tǐng ㄊㄧㄥˇ

【町】 tǐng dīng 밭두둑 정

Ⓐ tǐng 書 名 (논·밭의) 경계. 두둑.

Ⓑ dīng 지명에 쓰이는 글자. ¶畹～镇 | 원정진. 운남성(雲南省)에 있는 지명.

1【挺】 tǐng 곧을 정

❶ (굳고) 곧다. 꼿꼿하다. ¶笔～ | 곧고 꼿꼿하다. ¶～立↓ ¶～直↓ ❷動 (몸이나 몸의 일부분을) 곧게 펴다. 쭉 펴다. ¶～起腰来 | 허리를 쭉 펴다. ¶～着脖子bózi | 목을 쭉 뻗다. ¶身子～起来 | 몸을 곧게 펴다. ❸動 내밀다. ¶～胸 | 가슴을 내밀다. 가슴을 펴다. ¶～着肚子 | 배를 내밀고 있다. ¶粉色荷花高高地～出水面来 | 분홍색의 연꽃이 물위로 높이 솟아올라왔다. ❹動 억지로 버티다. 참다. ¶他憋足biēzú了劲儿硬～下来 | 흥분된 마음을 억누르고 억지로 참아내고 있다. 어법「着」와 결합시켜 다른 동사와 연용할 수 있음. ¶他受了伤, 还硬～着不下火线 | 그는 부상을 당했으나 그래도 억지로 버티며 최전선에서 물러나지 않았다. ❺ 뛰어나다. 특출하다. ¶英～ | 재간이 특출하다. ¶～拔↓ ❻副 口 꽤. 대단히. 매우. 어법「挺」이 나타내는 정도는「很」보다 낮음. 수식되는 형용사나 동사 뒤에 대개 어기조사「的」가 옴. ¶北京的天气～好 | 북경의 날씨는 꽤 괜찮다. ¶这事儿～新鲜的 | 이 일은 아주 참신하다. ¶这孩子～讨人喜欢的 | 이 아이는 꽤 사람들의 귀여움을 산다. ❼量 자루. 정 [기관총을 세는 단위] ¶一～机关枪 | 기관총 1정.

4【挺拔】tǐngbá 形 ❶ 우뚝솟다. 곧추 솟다. ¶岩石上～的苍松 | 바위 위에 우뚝 솟아있는 푸른 소나무. ¶那石碑shíbēi～地矗立chùlì在广场上, 显得庄严雄伟 | 그 비석은 우뚝하게 광장에 세워져 있어 아주 장엄하고 웅장해 보인다. ❷ 빼어나다. 뛰어나다. ¶～的表演动作 | 뛰어난 연기. ❸ 굳세고 힘있다. ¶笔力多么～ | 필세(筆勢)가 얼마나 힘이 있는가.

【挺过去】tǐng·guò·qù 動組 분발해서 뚫고〔극복해〕나아가다. ¶设法儿把难关～ | 방법을 강구해서 분발하여 난관을 극복해 나아가다. ¶一定要咬紧牙关yáguān～ | 반드시 이를 악물고 버텨 나가야 한다.

【挺进】tǐngjìn 動 정진하다. 용감하게〔힘차게〕나아가다. ¶部队马不停蹄地向前～ | 부대가 쉬지 않고 앞으로 힘차게 나아가다. ¶铁军～中原 | 무적의 군대가 중원으로 힘차게 전진한다.

【挺举】tǐngjǔ 名〈體〉(역도의) 용상 →〔举重①〕

【挺括】tǐng·kuò 形 판판하고 빳빳하다. 구김이 없다. ¶衣服烫tàng得很～ | 옷이 다림질이 잘 됐다 ＝〔挺道〕

4【挺立】tǐnglì 動 곧게 서다. 우뚝 서다. ¶几棵老松树～在山坡上 | 노송 몇 그루가 산비탈에 우뚝 서 있다. ¶两排白杨高高地～在公路两旁 | 두 줄의 백양나무가 길 양편에 높고 곧게 줄지어 서있다.

【挺起胸膛】tǐngqǐ xiōngtáng 動組 가슴을 펴다. 기운을 내다. 轉 의연히 일어나다. ¶失败了也不灰心huīxīn～站起来了 | 실패해도 낙심하지 않고 의연히 일어섰다. ¶男子汉要～做人 | 사나이

대장부는 가슴을 펴고 당당하게 살아야 한다.
【挺起腰板儿】tǐngqǐ yāobǎnr 動組 허리를 쭉 펴다. 轉 의연히 일어서다. ¶这该是你~正正当当做人的时候了 | 이번이야말로 네가 허리를 쭉 펴고 정정당당하게 사람 구실을 해야 할 때다＝〔挺起腰杆〕
【挺身】tǐngshēn 動 褒 정진하다. 앞장 서다. 용감하게 나아가다〔나서다〕. ¶~反抗 | 용감히 나서 항거하다. ¶~而斗 | 용감하게 나아가 싸우다.
【挺身而出】tǐng shēn ér chū 威 곤란한〔위험한〕일에 용감히〔선뜻〕나서다. ¶在关键时刻~ | 중요한 순간에 용감히 나서다.
【挺尸】tǐngshī 動 ❶ 시체가 굳어서 빳빳해지다. ❷ 俗 (「자다」를 농담조로) 뻗어져 있다. ¶你还在~呀! | 너는 아직도 뻗어져 있느냐! ＝〔挺床〕〔挺觉〕
【挺脱】tǐngtuō 形 方 ❶ 힘차다. 굳세다. 건장하다. 튼튼하다. ¶文字~ | 글이 힘차다. ¶这匹马真~ | 이 말은 참 튼튼하다. ❷ (옷이) 빳빳하다. 평평하고 구김이 없다.
【挺托】tǐng·tuo 形 ❶ (천 따위가) 꼿꼿하다. 빳빳하다. ¶浆上点儿就~了 | 풀을 조금 먹이면 꼿꼿해진다. ❷ 튼튼하다. 굳세다. 힘차다.
【挺胸】tǐng/xiōng 動 가슴을 쑥 내밀다. 가슴을 펴다. ¶他一向~昂首的 | 그는 늘 가슴을 펴고 고개를 쳐들고 있다.
【挺胸凸肚】tǐng xiōng tū dù 威 가슴을 펴고 배를 내밀다. 득의 양양하여 거드름을 피우다. ❷ 건장하다. ¶他走起路来~的, 看来十分强壮qiángzhuàng | 그는 가슴과 배를 내밀고 걷는 것이 대단히 건장해 보인다＝〔挺胸叠肚diédù〕
【挺秀】tǐngxiù 形 (몸매나 나무 따위가) 미끈하다. 늘씬하고 아름답다. ¶非常~的身材 | 아주 미끈하게 빠진 몸매. ¶百杨高大而~ | 백양나무는 키가 크고 미끈하다. ¶一排杨树十分~ | 늘어선 버들나무가 아주 수려하다.
【挺之(儿)】tǐngzhī(r) 名 한자 부수의 민책받침(廴)변＝〔建jiàn之旁(儿)〕
【挺直】tǐngzhí ❶ 形 곧다. ❷ 動 똑바로 하다. 바르게 펴다. ¶~腰板 | 허리를 똑바로 펴다.

【梃】tǐng tìng 막대기 정

Ⓐ tǐng 名 ❶ 書 名 막대기. 곤봉→〔木棍〕 ❷ (~子)(문·창의) 설주. ❸ (~儿) 方 꽃꼭지. 꽃자루. ¶独~儿 | 꽃이 하나만 피는 꽃꼭지. ❹ 量 대 [대·뿌리·줄기로 된 식물을 세는 단위] ¶甘蔗gānzhè百~ | 사탕수수 100대.
Ⓑ tìng ⇒〔梃猪〕
【梃子】tǐng·zi 名 설주. (문·창문을 지탱하는) 양측의 기둥.
【梃猪】tìngzhū 動 돼지를 잡을 때 뒷다리에 구멍을 내고 쇠꼬챙이로 살과 가죽 사이를 쑤시고, 그 구멍으로 공기를 불어넣어 털이나 오물을 제거하다.

【铤(鋌)】tǐng dìng 달릴 정, 동철 정

Ⓐ tǐng 書 狀 빨리 달리다. 빠르다.
Ⓑ dìng 書 名 아직 제련하지 않은 동철(銅鐵).
【铤而走险】tǐng ér zǒu xiǎn 威 궁지에 몰려 위험을 무릅쓰다. ¶他们~, 抢劫qiǎngjié富豪fùháo人家 | 그들은 어쩔 수 없이 위험을 무릅쓰고 부잣집을 털었다.

4【艇】tǐng 거룻배 정

名 ❶ 가볍고 작은 배. ¶汽~ | 모터보트. ¶游yóu~ | 유람선. ❷ 폭은 좁고 길다란 큰 배. ¶飞~ | 비행정. ¶潜水~ | 잠수함.
【艇子】tǐng·zi 名 方 쉽게 저을 수 있는 작은 배.

tìng ㄊㄧㄥˋ

【梃】tìng ☞ 梃 tǐng Ⓑ

tōng ㄊㄨㄥ

【恫】tōng ☞ 恫dòng Ⓑ

1【通】tōng tòng 통할 통

Ⓐ tōng ❶ 動 통하다. 뚫리다. 연결되다. ¶电话~了 | 전화가 (수리되어) 통하게 되었다. ¶隧道suìdào快要打~了 | 터널은 곧 뚫리게 된다. ¶这条铁路直~到北京 | 이 철로는 북경까지 바로 통해 있다. ¶这个洞不~ | 이 동굴은 막혀있다. ¶这里没有门, ~不过去 | 여기는 문이 없어 나갈 수 없다. ¶四~八达 | 사통팔달. ❷ 動 (도구로 막힌 것을) 뚫다. 쑤시다. ¶用通条~炉子 | 부지깽이로 난로를 쑤시다. ❸ 動 교류하다. 서로 내왕하다. ¶互~情报 | 서로 정보를 교환하다. ¶沟~ | 교류하다. ❹ 動 내통하다. 결탁하다. ¶~敌↓ ❺ 動 알리다. 전달하다. 통지하다. ¶~信↓ ¶~知↓ ¶请先给我~个电话 | 먼저 저에게 전화로 알려주세요. ❻ 動 (깨달아) 알다. 납득하다. 통달하다. ¶他~三门外语 | 그는 외국어 3개를 통달했다. ¶精~业务 | 업무에 정통하다. ❼ 動 (문맥·의미가) 통하다. ¶这篇文章写得不~ | 이 글은 문맥이 잘 통하지 않는다. ❽ 書 動 간통하다. ¶私~ | 간통하다. ❾ 널리. 두루. 함께. ¶~用↓ ❿ 보통의. 일반적인. ¶~例↓ ¶~称↓ ¶~常↓ ⓫ 온. 모든. 전체의. ¶~身大汗 | 온 몸이 땀 투성이다. ¶~国皆知 | 온 나라가 다 알다. ⓬ 온통. 전부. ¶~~忘掉了 | 전부 잊어버렸다. ¶~共↓ ⓭ 形 전반적인. ¶发~电 | 전 지역에 전보를 보내다. ¶~全所属, 一体遵守 | 전 산하기관에서 일률적으로 준수할 것. ⓮ 어떤 방면에 정통한 사람. ¶韩国~ | 한국통. ¶万事~ | 모든 것에 능통한 사람. ⓯ 정도가 높음을 나타냄. ¶~红 | 짙은 빨강. 시뻘겋다. ¶~亮 | 매우 밝다. ⓰ 書 量 통. 건 [문서나 전보를 세는 단위] ¶~电话 | 전화 한 통. ¶一~电报 | 전보 한 통. ¶一~文书 | 문서 한 건. ⓱ (Tōng) 名 성(姓).
Ⓑ tòng ❶ 量 번. 차례. 바탕 [어느 시간내에 반복되는 동작의 횟수를 나타냄] ¶打了三~鼓 | 세 번 계속하여 북을 쳤다. ¶说了一~ | 한 바탕 지껄였다. ❷「通红」에 나타나는 이독음(異讀音)

⇒〔通红〕

Ⓐ tōng

4【通报】tōngbào ❶ 動 名 상급 기관이 하급 기관에 알려주다〔통보하다〕. 또는 그 통보서. ¶～了有关情况 | 관련 상황을 하급기관에 통보하다. ¶～表扬 | 표창함을 통보하다. ❷ 動 (주로 구두로) 중간에서 말을 전달하다. 전갈하다. 알리다. ¶他去～主人了 | 그는 주인에게 말을 전하러 갔다. ¶一有消息, 立刻～ | 소식이 있으면 즉시 전해라. ❸ 名 과학 연구 동태나 성과를 알리는 간행물. ¶科学～ | 과학 통보. ¶化学～ | 화학 통보.

【通便】tōngbiàn 名 動 변통(便通)(하다). ¶大夫问「这两天～情形怎么样?」| 의사가 「요 며칠간 변통 상황은 어떻습니까?」하고 물었다.

【通便剂】tōngbiànjì 名〈醫〉변비약. 완하제(緩下劑).

【通病】tōngbìng 名 통폐(通弊). 일반적 폐단〔결점〕. ¶偷懒是一般人的～ | 게으름을 피우는 것은 일반인의 통폐이다. ¶年轻人都有浮躁fúzào～ | 젊은이들에게는 모두 경솔하다는 통폐가 있다.

【通才】tōngcái 名 여러가지 재능을 겸비한 사람. 다재 다능한 사람. ¶他是～, 什么事都能干 | 그는 다재다능한 사람이어서, 무슨 일이든지 다 할 수 있다. ¶要培养péiyǎng应用面很宽的～ | 적용면이 넓은 다재다능한 인재를 배양해야 한다.

【通草】tōngcǎo ❶ ⇒〔通脱木〕 ❷ 名〈植〉나도등심초. ❸ 名〈植〉「木通」(으름덩굴)의 옛 이름.

3【通常】tōngcháng 名 통상. 일반. 보통. ¶～的方法 | 일반적 방법. ¶～的情况 | 일반적 상황.

【通畅】tōngchàng 形 ❶ 막힘이 없다. 잘 통하다. 원활하다. 어법「通畅」은 주로「도로·혈액 순환 및 사물이나 운행 상황」등에 쓰이는 반면,「顺畅」은 주로「일의 진행이나 활동 및 물의 흐름」등에 쓰이나「도로」에 대해서는 사용할 수 없음. ¶这条马路拓宽tuòkuān后, 车辆运行很～ | 이 길은 넓혀진 후로 차량 운행이 아주 원활하다. ¶血液循环xúnhuán～ | 혈액 순환이 원활하다. ❷ (문장이나 생각이) 유창하다〔막힘이 없다〕. ¶文章～ | 글이 유창하다.

【通车】tōng/chē ❶ 動 (철도나 도로가) 개통하다. ¶～典礼 | (기차나 자동차의) 개통식. ❷ 動 차가 다니다. ¶从包头到上海也～了 | 포두에서 상해까지도 차가 다닌다. ¶～票 | 전구간 차표. ❸ 名 직행열차 =〔通行车〕

【通彻】tōngchè 動 통달하다. ¶～古今 | 고금에 통달하다→〔通晓①〕

【通称】tōngchēng ❶ 動 일반적으로 …라고 부르다. ¶玉蜀黍yùshǔshǔ～玉米 |「옥수수」는 일반적으로「玉米」라고 한다. ❷ 名 일반적인 명칭. 통칭. ¶水银是汞gǒng的～ |「水银」은「汞」의 통칭이다.

【通达】tōngdá 動 ❶ 잘 알고 있다. (이치에) 밝다. 정통하다. ¶～人情世故 | 인간 세태에 밝다. ¶见解～ | 견해가 정통하다. ❷ 막힘이 없이〔거침없이〕통하다. ¶四面～ | 사방으로 환히 통하다.

4【通道】tōngdào 名 ❶ 통로. 큰길. ¶海上～ | 해상통로. ¶空中～ | 항공로. ❷〈電子〉(콤퓨터의) 채널. 통신로.

【通敌】tōng/dí 動 적과 내통하다. ¶他～卖国 | 그는 적과 내통하여 나라를 팔아먹었다.

【通电】tōng/diàn ❶ 動 전기가 통하다. 전류를 통하게 하다. ¶连乡下也～了 | 시골에까지 전기가 통하게 되었다. ¶广大农村都已通了电 | 넓은 농촌 지역에도 이미 전기가 통한다. ❷ (tōngdiàn) 動 (공개) 전보를 치다. ¶～全国 | 전국에 공개 전보를 치다. ❸ (tōngdiàn) 名 공개 전보. 통전. ¶大会向全国发出一份～ | 총회에서 전국으로 회의 통전을 한부 발송하다.

【通牒】tōngdié 名 (외교문서로 된) 통첩. ¶最后～ | 최후 통첩.

【通都】tōngdū 書 名 (사방으로 통하는) 번화한 도시. 대도시.

【通都大邑】tōng dū dà yì 成 (사방으로 통하는) 대도시. ¶在这～做卖买准行 | 이 대도시에서 장사를 하면 틀림없이 잘 될 것이다.

【通读】tōngdú 動 ❶ 통독하다. (처음부터 끝까지) 읽다. ¶把文章～了一遍 | 글을 한 번 통독했다. ❷ 다 알도록 읽다. 읽어서 이해하다. ¶这篇古文他已能～ | 이 고문 한 편을 그는 이미 읽고 이해할 수 있다.

【通分】tōng/fēn〈數〉❶ 動 통분하다. ❷ (tōngfēn) 名 통분 ‖ =〔齐qí分〕

4【通风】tōng/fēng 動 ❶ 통풍시키다. 환기시키다. ¶把窗子打开, 通通风 | 창문을 열어 환기 좀 시켜라. ❷ 기밀을 누설하다. 내통하다. ¶有人～ | 내통하는 자가 있다. ❸ (tōngfēng) 形 바람이 잘 통하다. 공기가 유통되다. ¶这屋子不～, 闷得很 | 이 방은 통풍이 잘 안되어 아주 답답하다. ❹ (tōngfēng) 名 통풍. ¶～计 | 통풍계. ¶～设备 | 통풍 설비. ¶～眼 | (지하실의) 채광 환기창.

【通风报信】tōng fēng bào xìn 成 몰래 소식을 알려주다. ¶他向对方～ | 그가 상대측에 기밀을 누설하다.

4【通告】tōnggào ❶ 動 알리다. 널리 통지하다. ¶～全国 | 전국에 널리 통지하다. ❷ 名 공고문. 포고. ¶发布～ | 포고를 내다 ‖ =〔公告②〕

【通共】tōnggòng 副 모두. 도합. ¶～才花了两百块钱 | 모두해서 겨우 이백원 썼다→〔一共〕

【通古斯】Tōnggǔsī 名〈民〉퉁구스족.

【通关】tōngguān ❶ 名 통관. ¶办～手续 | 통관 수속을 하다. ❷ 動 名〈漢醫〉약·침·뜸 등으로 경혈을 뚫다. 또는 그러한 처방. ❸ 名 트럼프나 천구패(天九牌)에서 패를 숫자 순서대로 맞추는 놀이. ¶玩儿～ | 통관놀이를 하며 놀다.

【通关节】tōng guānjié 動組 ❶ 안팎에서 몰래 암호로 서로 내통하다. ❷ 뇌물을 먹여 융통성이 있도록 하다. ¶由他去～ | 그가 가서 어떻게 되도록 손을 쓰다.

【通观】tōngguān 動 총괄적으로〔전면적으로〕보다. ¶～全局 | 모든 국면을 보다.

【通国】tōngguó 名 전국. ¶～上下一致行动 | 온 나라가 일사불란하게 행동하다.

1【通过】tōng/guò 動 ❶ 지나가다. 통과하다. ¶部队排着整齐的行列～了广场 | 부대가 가지런히

줄을 맞춰 광장을 통과했다. ¶路太窄, 汽车通不过 | 길이 너무 좁아 자동차가 지나갈 수 없다. ¶电流~导线 | 전류가 도선에 흐른다. ❷(의안 등이) 통과하다. 채택되다. 가결되다. ¶~了决议 | 결의를 통과시켰다. ¶提案已一致~了 | 제안이 만장일치로 통과되었다. ❸ [介] (tōngguò) …을[를] 통해서. …을[를] 거쳐. ¶~学习, 我们加深了认识 | 학습을 통해 우리는 인식을 심화했다. ¶~老王介绍, 我认识了他 | 왕씨의 소개를 통해 나는 그를 알게 되었다. ❹(tōngguò) (관계 조직이나 사람의) 동의나 비준을 얻다. ¶~组织 | 조직의 비준을 얻다. ¶干这种事必须~领导 | 이 일을 하려면 반드시 책임자의 비준을 얻어야 한다 ‖→〔经jīng过〕

【通过量】tōngguòliàng [名]〈電算〉(컴퓨터에서) 스루 풋(through put) [단위 시간에 처리할 수 있는 정보의 양]=〔吞吐量〕

4【通航】tōngháng ❶ [名] 항공로·해로의 개통(開通). ❷ [動] (배/비행기가) 취항하다. 항행하다. ¶~长江上游 | 양자강 상류로 항행하다. ¶台湾和大陆两岸~ | 대만과 대륙 두 곳이 개통되다.

【通好】tōnghǎo [書][動] 왕래하며 친분을 맺다 [주로 국가간의 우호 관계를 가리킴] ¶我们两国要世代~ | 우리 두 나라는 대대로 우호관계를 유지해야 한다.

4【通红】tōnghóng ⓧ tònghóng) [狀] 진홍빛이다. 새빨갛다. ¶满脸~ | 얼굴이 온통 새빨갛다. ¶小手冻得~~ | 작은 손이 얼어서 아주 새빨갛게 되었다.

【通话】tōng/huà [動] ❶ 통화하다. ¶北京和纽约~了 | 북경과 뉴욕간에 통화했다. ¶通两次话 | 두 번 통화했다. ❷(tōnghuà) (서로 통하는 말로) 이야기하다. ❸(tōnghuà) 통역하다.

【通婚】tōng/hūn [動] 혼인 관계를 맺다. ¶不同国家的人也可以~ | 서로 다른 나라 사람끼리도 혼인할 수 있다.

【通货】tōnghuò [名]〈經〉통화.

【通货紧缩】tōnghuò jǐnsuō [名組]〈經〉통화 수축. 디플레이션(deflation)=〔通货收缩〕⇔〔通货膨胀péngzhàng〕

4【通货膨胀】tōnghuò péngzhàng [名組]〈經〉통화 팽창. 인플레이션(inflation). ¶~政策 | 인플레이션 정책. ¶经常发生~ | 통화 팽창 현상이 자주 발생하다⇔〔通货紧缩〕

【通缉】tōngjī [名][動] 지명 수배(하다). ¶~犯人 | 지명 수배범. ¶~令 | 지명 수배령. ¶有两名重要的犯人逃跑了, 公安部下令在全国~ | 두 명의 중요한 범인이 도망쳐서 공안부는 전국에 지명 수배령을 내렸다.

【通家】tōngjiā [書] ❶ [動] 세의(世誼)가 있다. 집안끼리 친밀히 지내다. ❷ [名] 인친(姻親).

【通家之好】tōngjiā zhīhǎo [書][名組] 양가의 가족이 서로 왕래하는 친밀한 관계.

【通假】tōng jiǎ [動] 한자(漢字)의 통용(通用)과 가차(假借) [음이 같거나 비슷한 자로 본자(本字)를 대신하는 것] ¶「蚤」, 古书中~为「早」|「蚤」는 고서중에서「早」와 통용된다.

【通奸】tōng/jiān [動] 간통하다. ¶男女~之事 | 남녀 간통 사건.

【通解】tōngjiě [書][動] 이해하다. 통석(通釋)하다.

【通今博古】tōng jīn bó gǔ ⇒〔博古通今〕

【通经(儿)】tōng/jīng(r) [動] ❶ 그 방면에 정통하다. ¶油行的买卖, 您也~吗? | 기름 장사에 관한 것을 당신도 잘 알고 있습니까? ❷ 대강 알다. ¶不过是~, 知道得不详细 | 대강의 것을 알고 있을 뿐, 상세한 것은 모른다. ❸〈漢醫〉(침이나 약물로) 월경(月經)을 순조롭게 하다. ❹ [書] 유가 경전(儒家經典)에 통달하다.

【通栏】tōnglán [名] (신문·잡지 등의) 전면. 전단(全段). ¶登了一则~广告 | 전면 광고를 하나 싣다.

【通力】tōnglì [動] 힘을 합치다.

【通力合作】tōng lì hé zuò [成] 모든 힘을 합하여 한 가지 일을 하다. ¶双方~, 达成若干协议 | 쌍방 모두가 힘을 합쳐 몇 가지 협의에 도달했다→〔通功易事〕

【通例】tōnglì [名] ❶ 통례. 관례. ¶在成立纪念日停业是~ | 창립 기념일에는 휴업을 하는 것이 통례다⇔〔特例〕❷ [書] 보통의 규율.

【通连】tōnglián …과 연결되어 통하다. ¶浴室和卧房是~的 | 욕실과 침실은 연결되어 통한다=〔连通〕

【通亮】tōngliàng [狀] 매우 밝다. ¶灯光把房间照得~ | 등불이 방안을 밝게 비추었다.

【通量】tōngliàng [名]〈物〉유량(流量). ¶磁~ | 자속(磁束)=〔流量〕

【通令】tōnglìng [名][動] 동문(同文)의 훈령(訓令)이나 명령(을 내리다). ¶~全国 | 전국에 일제히 훈령을 내리다.

【通路】tōnglù [名] ❶ 통로. ¶开辟新的~ | 새 통로를 개척하다. ❷ 경로(經路). 과정.

【通论】tōnglùn [名] ❶ 모든 도리에 통달한 의론(議論). ¶讲圣哲之~兮 | 성철의 통론을 말하다. ❷ 통론. ¶文学~ | 문학 통론. ¶语言学~ | 언어학 통론.

【通明】tōngmíng [狀] 매우 밝다. ¶灯火~ | 등불이 환하다. ¶灯光把大厅照得~ | 등불이 대청을 환하게 비추었다.

【通年】tōngnián [名] 1년 내내. 1년 동안. ¶~勤劳 | 1년 내내 노력하고 있다→〔整zhěng年〕

【通盘】tōngpán [副] 전체적으로. 전면적으로. 전반적으로. ¶~考虑 | 전반적으로 고려하다. ¶这事儿要~按排一下, 不能顾此失彼 | 이 일은 전체적으로 안배해봐야 한다. 한쪽만 고려해서 다른 한쪽을 잃는 일이 있어서는 안된다.

【通票】tōngpiào [名] (철도 혹은 철도와 배의) 전구간 표=〔通行票〕

【通铺】tōngpù [名] (하숙집/기숙사 따위에서) 다인용 침상〔침대〕 ¶睡~ | 다인용 침상에서 자다=〔统tǒng铺〕

【通气(儿)】tōng/qì(r) [動] ❶ 숨·공기·증기 등을 통하게 하다. ¶房间里要经常开窗~ | 방안은 자주 창문을 열어 공기를 통하게 해야 한다. ¶打开窗户通一会儿气 | 창문을 열어서 잠시 공기를 통

하게 하다. ❷ 의사 소통을 하다. 연락을 취하다. ¶我们要常～ | 우리는 자주 연락을 취해야 한다. ¶他们都是互相～的 | 그들은 모두 서로 연락을 취하고 있다.

【通窍(儿)】tōng/qiào(r) 動 ❶ 통달하다. 사리에 밝다[정통하다]. ¶这孩子原来懵měng懵懂懂的, 近来～了 | 이 아이는 원래는 흐리멍텅했었는데 요즘에 와서 아주 사리에 밝아졌다. ❷ 명백해지다.

【通勤】tōngqín 名 통근. 출퇴근. ¶～车 | 통근차. ¶跑～ | 통근차로 출퇴근하다.

【通情达理】tōng qíng dá lǐ 成 사리에 밝다

【通衢】tōngqú 名 사통팔달의 도로. ¶～大街 | 사통팔달의 큰 거리.

【通权达变】tōng quán dá biàn 成 정세의 변화에 따라 일을 민활하게 처리하다. 임기 응변의 조처를 취하다 ＝[从权达变][经jīng达权变][权变]

【通人】tōngrén 書 名 널리 사리에 정통한 사람. ¶你是个～的人, 我们之间的纠纷jiūfēn会妥善tuǒshàn解决的 | 너는 사리에 정통한 사람이니 우리들 사이에 있는 분규를 적절하게 해결할 수 있을 것이다 ＝[通品]

【通融】tōng·róng 動 융통하다. 변통하다. ¶这件事可以～ | 이 일은 변통할 수 있다. ¶不要处罚了, ～他一次吧 | 처벌하지 말고 한번만 그를 봐주라. ¶只按规矩办事, 丝毫不肯～ | 규칙에 따라서만 일을 처리하고, 조금도 변통하려 들지 않다. ¶～办法 | 편법(便法). ¶～期票 | 융통 어음.

4【通商】tōng/shāng 動 통상하다. ¶振兴zhènxīng对外～ | 외국과의 통상을 활발하게 하다. ¶～协定 | 통상 협정.

【通身】tōngshēn 名 ❶ 전신. 온몸. ¶～是汗 | 온몸이 땀투성이다. ¶～检查 | 전신 검사 ＝[浑hún身][全身①] ❷ 轉 모두. 죄다. 전부. ¶他说的～都是假的 | 그가 하는 말은 죄다 거짓이다.

【通神】tōngshén 動 신과 통하다. 喻 신통력이 있다. ¶钱能～ | 諺 돈만 있으면 지옥에 가서 귀신도 부릴 수 있다. 무슨 일이든지 돈이면 다 된다.

【通史】tōngshǐ 名 통사. ¶中国～ | 중국 통사→[断duàn代史]

【通式】tōngshì 名〈化〉통식. 같은 종류의 화합물 분자 조직을 나타내는 화학식.

【通事】tōngshì 名 통역관의 옛 이름 [보통「译yì员」이라 함]

【通书】tōngshū ❶ 名 역서(曆書). 달력 ＝[通历] ❷ 動 소식을 통하다. 편지를 주고 받다. ❸ 名 남자 집에서 여자 집으로 결혼날짜를 통지하는 서장(書狀)

3【通顺】tōngshùn 形 (문장 등의) 조리가 서 있다. 매끄럽다. 순탄하다. ¶文章～ | 문장이 매끄럽다. ¶句子十分～ | 문장이 아주 매끄럽다.

4【通俗】tōngsú 形 통속적이다. ¶～读物 | 통속적인 읽을거리. ¶这部作品非常～ | 이 작품은 아주 통속적이다.

【通体】tōngtǐ 名 전부. 전체. ¶水晶～透明 | 수정은 전체가 투명하다. ¶文章的～都顺当了 | 문장 전체가 매끈하다.

【通天】tōngtiān 貶 ❶ 지극히 크다. ¶他的罪恶～ | 그의 죄는 지극히 무겁다. ❷ (재능/솜씨가) 탁월하다. ¶他有～的本事 | 그는 아주 탁월한 능력을 갖고 있다. ❸ 신통력이 있다. ¶～达理 | 하늘의 이치에 통달하다.

【通天塔】tōngtiāntǎ 名 外 바벨탑(Babel 塔).

【通条】tōngtiáo 名 ❶ 불 쏘시개 ＝[拨bō火棍(儿)①] ❷〈軍〉꽂을대 [총구를 소제하는 데 쓰이는 쇠로 만든 가는 막대. 보통「枪qiāng探子」라 함]

【通通】tōngtōng 副 모두. 전부. ¶～浇过水 | 모두 물을 주었다. ¶把他们～杀了 | 그들을 모두 죽여라 ＝[通统][统统][总共]

【通同】tōngtóng 動 ❶ 한 통속이 되다. 결탁하다. ¶～作弊＝[通同舞弊] | 결탁하여 나쁜 짓을 하다 ＝[串chuàn通] ❷ 공동으로 하다.

【通统】tōngtǒng ⇒[通通]

【通途】tōngtú 書 名 큰길. 대로. ¶天堑tiānqiàn变～ | 몹시 험하던 곳이 탄탄대로로 바뀌다.

【通脱】tōngtuō 書 動 簡 호방하여 사소한 일에 구애되지 아니하다 [「通达脱俗」의 약칭] ¶～不羁jī | 호방하여 사소한 일에 구애되지 않다.

【通脱木】tōngtuōmù 名〈植〉으름나무. 으름덩굴 [옛날에는「活莌huótuō」라 했음] ＝[通草①]

【通往】tōngwǎng 動 (…으로) 통하다. ¶这条公路～北京 | 이 도로는 북경으로 통한다→[通向]

【通向】tōngxiàng 動 (…에) 통하다. ¶～城内的道路 | 시내로 통하는 도로→[通往]

【通宵】tōngxiāo 名 온 밤. 밤 전체 시간. ¶他熬áo了一个～, 才把文章写出来 | 그는 밤을 꼬박 세워서야 글을 써낼 수 있었다. ¶～不眠mián | 밤새 자지 아니하다 ＝[通宿xiǔ(儿)][整zhěng夜]

【通宵达旦】tōng xiāo dá dàn 成 밤을 새우다. ¶他们～地唱歌喝酒 | 그들은 밤을 세워 노래를 부르고 술을 마셨다.

【通晓】tōngxiǎo 動 ❶ 잘 알다. 통달하다. ¶～音律 | 음률에 통달하다. ¶～六国语言 | 6개 국어에 통달하고 있다. ❷ 철야하다.

【通心粉】tōngxīnfěn 名 外〈食〉마카로니(macaroni;이)

3【通信】tōng/xìn ❶ 動 편지를 써서 서로의 상황을 알리다.서신 왕래를 하다. ¶他毕业后常跟原来的同学～ | 그는 졸업 후에 늘 본래 알던 학우들과 서신 연락을 취하고 있다. ¶我们好久没有～了 | 우리는 오랫동안 서신 왕래가 없었다. ¶还在通着信 | 아직도 서신 왕래를 하고 있다. ❷ (tōngxìn) 名 결혼 날짜를 통지하고 납폐(納幣)를 보내는 것 [결혼 1, 2개월 전에 남자 집에서「婚书」라 일컫는 결혼일 통지서를 보내고, 거위·술·「龙凤饼」·차 따위를 선물함] ＝[放大定儿][过礼][行茶]

【通信兵】tōngxìnbīng 名〈軍〉통신병 ＝[通讯xùn兵]

【通信员】tōngxìnyuán 名 통신원 [부대나 기관의 문서 수발을 담당하는 사람]

4【通行】tōngxíng 動 ❶ 다니다. 통행하다. ¶这座

立交桥已正式~｜이 입체 교차교는 이미 정식으로 통행된다. ¶这条路可以~汽车｜이 길은 자동차가 다닐 수 있다. ❷통용되다. 유통하다. ¶这种习俗全国~｜이 풍습은 전국에서 통용되고 있다. ¶这套教材~全省各中学｜이 한 세트의 교재는 전국 각성의 중고등학교에서 통용된다 =〔通用①〕

【通行证】tōngxíngzhèng 名 통행증. 출입증 [보통「路条」라 함] ¶颁发bānfā~｜통행증을 발급하다 =〔粤行街纸〕

【通姓问名】tōngxìng wènmíng 動組 통성명을 하다

【通宿(儿)】tōngxiǔ(r) 名動 밤새 (자지 않다). 하룻밤(새다). ¶~没睡｜하룻밤 꼬박 자지 않았다. ¶她们又玩了~｜그녀들은 또 밤새워 놀았다 =〔通宵〕〔通夜〕〔整zhěng宿(儿)〕→〔熬áo夜(儿)③〕

【通学生】tōngxuéshēng 名 통학생→〔走读生〕

2【通讯】tōngxùn ❶動 통신하다. ¶他们用无线电互相~｜그들은 무선으로 서로 통신한다. ¶~设备｜통신 설비. ❷名 통신. 뉴스. 기사. ¶新华社~｜신화사 통신. ¶这是一篇体育~｜이것은 체육 기사 한 편이다 ‖ 어법「通讯」은 일반적으로 통신기기를 사용해서 소식을 전달하는 것을 말하고,「通信」은 서신을 통해 소식을 주고 받는 것만을 의미함. 이 두 단어 모두 목적어를 취하지 않으며,「通讯」의 경우 명사 용법도 있음.

【通讯赛】tōngxùnsài 名 운동 경기 방식의 하나 [각 지역별 경기의 결과를 주최기관에 보고하여 전체 성적을 내는 방식]

4【通讯社】tōngxùnshè 名〈新放〉통신사. ¶中央~｜중앙 통신사.

【通讯网】tōngxùnwǎng 名 통신망 =〔通信网〕

【通讯卫星】tōngxùn wèixīng 名組 통신 위성 =〔通信卫星〕

【通讯员】tōngxùnyuán 名 (신문사와 방송국의) 통신원. 리포터(reporter).

【通夜】tōngyè ⇒〔通宿(儿)〕

【通译】tōngyì ❶書動 통역하다→〔翻译〕 ❷名 통역(관) [보통「译员」이라 함] ¶国际~协会｜국제통역협회.

4【通用】tōngyòng ❶動 통용하다. ¶~货币bì｜통용 화폐 =〔通行②〕 ❷動 동음(同音)·이형(異形) 한자 끼리 통용하다. ¶~词｜통용 단어. 통용 낱말. ¶~字｜통용자. 통용 한자. ❸外 제너럴. ¶~电气公司｜제너럴 일렉트릭 [미국의 전자제품 회사] ¶~汽车公司｜제너럴 모터스 [미국의 자동차 회사]

【通邮】tōngyóu 動 우편이 통하다. ¶这一居民区下个月才能~｜이 거주지에는 다음 달이 되어야 우편이 통할 수 있다.

【通则】tōngzé 名 통칙. 일반적인 법칙. ¶这是治学的~｜이것이 학문을 하는데 있어 일반적으로 지켜야하는 통칙이다.

1【通知】tōngzhī ❶動 통지하다. 알리다. ¶这种事要及时~｜이런 일은 제때에 통지해야 한다. ¶我去~老王｜내가 가서 왕씨에게 통지할께. ¶~他们马上出发｜그들에게 바로 출발하라고 통지하다. ❷名 통지. 통고서. 연락 ¶发出~｜통지를 보내다 ¶口头~｜구두 통지→〔通报〕

Ⓑtòng

【通红】tònghóng「通红tōnghóng」의 이독(異讀)

【嗵】tōng 뛰는소리 통
擬 퉁퉁. 쾅쾅. 쿵쿵. ¶心~~直跳｜가슴이 쿵쿵 방망이질했다. ¶他~~地往前走｜그는 쿵쿵 소리를 내며 앞으로 걸어간다.

tóng ㄊㄨㄥˊ

【仝】tóng 한가지 동
❶「同」과 같음⇒〔同tóng〕 ❷(Tóng) 名 성(姓).

【砼】tóng ⓧ hùnníngtǔ) (콘크리트 동)
名「混凝土hùnníngtǔ」(콘크리트;concrete)의 합성 약자.

1【同〈衕$_B$〉】tóng tòng 한가지 동

Ⓐtóng ❶動 같다 [긍정문에서는 반드시 명사 목적어(賓語)가 있어야 함] ¶~岁↓ ¶两个人性格不~｜두 사람은 성격이 같지 않다. ¶今年的生量~于去年｜올해의 생산량은 작년과 같다. ❷動 …와〔과〕같다. ¶~上↓ ¶~前｜앞과 같다. ¶「外头」的用法~「外边」｜「外头」의 용법은「外边」과 같다. ❸書動 함께(같이) …하다 [술어 앞에 옴] ¶~吃｜같이 먹다. ¶~行｜함께 가다. ¶~来北京｜북경에 함께 오다. ¶~甘苦, 共患难｜고락을 같이 하다. ❹介 함께. 공동으로. 협동으로. ¶我去年~小王住在一起｜나는 작년에 왕군과 함께 살았다. ❺介 …에게. …와. …을 향하여 [동작의 대상을 나타냄] ¶他上午已经~我告别了｜그는 오전에 이미 나에게 작별 인사를 하였다. ¶~坏人坏事做斗争｜나쁜 놈 나쁜 일과 투쟁하다. ❻介 …와〔과〕는. …와 [어떤 일과 관계가 있거나 없음을 나타냄] ¶我~这件事情无关｜나와 이 일은 무관하다. ¶这事~他有些牵连qiānlián｜이 일과 그는 얼마간 연관되어 있다. ❼介 …와〔과〕[비교의 대상을 나타냄] ¶~去年相比, 产量增加了百分之二十｜작년과 비교해 보면, 생산량은 20% 증가하였다. ¶湖面~明镜一样清澈｜호수의 수면은 거울과 같이 맑고 투명하다. ❽連 …와. …과 [명사·대사(代詞)를 병렬할 때 사용함] ¶化肥~农药已运到｜화학비료와 농약은 이미 운송되었다. ¶我,小张,小李~他都住在学校｜나·장씨·이씨 그 모두 학교에서 산다 ‖ =〔仝①〕 어법「同」「跟」「和」「与」의 비교⇒〔跟gēn〕 ❾(Tóng) 名 성(姓).

Ⓑtòng ⇒〔胡hú同〕

【同案犯】tóng'ànfàn 名〈法〉공범(共犯). 동일 죄안에 연루된 범인. ¶~也判了两年徒刑túxíng｜공범도 2년간의 징역으로 판결이 났다.

【同班】tóngbān ❶名 동급생. ¶~同学｜동기 동창. ❷名 동료. ❸(tóng/bān) 動 동급생이다. 같은 반〔학급〕이다. ¶~上课｜한 반에서 수업을 받다.

【同伴(儿)】tóngbàn(r) ❶動 동반하다. ¶~走 | 함께 가다. ❷名 동행자. 동료. 짝. ¶请~吃饭 | 짝에게 밥을 한끼 사다. ¶这次他到上海去有两个~ | 이번에 그가 상해에 갈 때 두 명의 동행자가 있었다.

【同帮】tóngbāng 名 동료.한패.

【同胞】tóngbāo 名 ❶ 친동기. 친형제 자매. ¶一母~ | 한 어머니에게서 태어난 형제 자매. ¶至亲~ | 가장 가까운 형제 자매. ❷ 동포. 한민족. 같은 겨레. ¶海外~ | 해외 동포.

【同辈(儿)】tóngbèi(r) 名 동년배. ¶我跟他是~ | 나와 그는 동년배이다.

【同病相怜】tóng bìng xiāng lián 成 같은 병을 앓는 사람끼리 가여게 여기다. 어려운 처지에 있는 사람들이 서로 동정하고 돕다. ¶他们~, 最后结为夫妻 | 그들은 동병상련 끝에 부부로 맺어졌다.

【同步】tóngbù 名〈物〉동기(同期). 동시성(同時性). 병발(幷發). 동시 발생.

【同侪】tóngchái 書 名 ❶ 같은 또래. 동배(同輩). ❷ 동료 ‖ =〔同俦chóu〕

【同仇敌忾】tóng chóu dí kài 成 극도의 원한으로 함께 적에 대항하다 =〔敌忾同仇〕

【同窗】tóngchuāng ❶動 한 학교에서 같이 배우다. ¶他是我的~好友 | 그는 나와 친한 동창생이다. ❷名 동창(생).

【同床异梦】tóng chuáng yì mèng 成 동상이몽. 같은 입장〔일〕인데도 속셈이 각기 다르다 =〔同床各梦〕

【同此】tóngcǐ 書動 이와 같다. ¶敝bì人之见~ | 저의 견해는 이와 같습니다. ¶某某~ | 모모도 이에 동의함 [연명(連名)의 편지 끝에 쓰는 말]

【同道】tóndào ❶名 같은 길. ❷名 같은 길을 걷는 사람. 뜻을 같이하는 사람. 같은 종문(宗門)의 사람. ❸名 동업자. ❹動 뜻을 같이하다.

[4]【同等】tóngděng 區 동등한. 같은. ¶~地位 | 동등한 지위. ¶~对待 | 동등한 대우.

【同等学力】tóngděng xuélì 名組 동등한 학력.

【同调】tóngdiào 名 ❶ 같은 취미와 기호. ¶唱~ | 같은 의견을 발표하다. ❷ 동조자. 동지. ¶引为~ | 동조자로 끌어들이다. ❸ 같은 가락〔음률〕.

【同恶相济】tóng è xiāng jì 成 나쁜 놈끼리 서로 도와주다 =〔同恶相求〕〔同恶相助〕

【同犯】tóngfàn 名 공범. ¶抓住了~ | 공범을 잡았다→〔共gòng犯〕

【同房】tóngfáng ❶名 동거자. 동숙자(同宿者). ❷名 (친)동기. ❸ (tóng/fáng) 動 婉 부부가 성교를 하다 =〔行xíng房(事)〕

【同分异构体】tóngfēn yìgòutǐ 名組〈化〉동분이성체. 이성질체(異性質體).

【同甘共苦】tóng gān gòng kǔ 成 동고동락(同苦同樂)하다. ¶大家要~, 一起搞好工作 | 모두 함께 동고동락하여 작업을 완수해야 된다 =〔同甘公苦〕〔同苦同乐〕〔分甘共苦〕〔体戚qī与共〕

【同庚】tónggēng 書名動 동갑(이다) =〔同甲〕〔方 同年②〕〔同岁〕

【同工同酬】tóng gōng tóng chóu 成 같은 노동에 같은 임금. ¶男女~ | 남녀가 같은 일이면 보수도 같다.

【同工异曲】tóng gōng yì qǔ ⇒〔异曲同工〕

【同归于尽】tóng guī yú jìn 成 함께 망하다. 함께 희생되다.

[4]【同行】ⓐ (~儿) tóngháng(r) 名 동업(同業). 동(종)업자. ¶我跟他~儿 | 나와 그는 같은 업종이다. ¶~必妒dù | 동(종)업자는 서로 질투하기 마련이다. ¶~价格 | 협정 가격.

ⓑ tóngxíng ❶動 함께 가다. 동행하다. ¶~同止 | 끝까지 행동을 같이 하다. ❷名 동행자. 동반자. 길동무.

【同好】tónghào 名 동호인. ¶请几个~一起欣赏xīnshǎng音乐 | 동호인 몇 명을 초대하여 함께 음악을 감상하다.

【同呼吸, 共命运】tóng hū xī, gòng mìng yùn 成 호흡을 같이하고 운명을 함께하다. 같이 죽고 같이 산다.

【同化】tónghuà 名動 동화(하다). ¶被汉民族所~ | 한민족에 동화되다.

【同化政策】tónghuà zhèngcè 名組〈政〉동화 정책. ¶实行~ | 동화 정책을 실행하다.

【同化作用】tónghuà zuòyòng 名組〈生〉동화 작용. ¶发生~ | 동화 작용이 발생하다.

【同伙】tónghuǒ ❶動 패거리에 들다. 나쁜 무리에 끼다. ❷名 貶 패거리. ¶他的~跑了 | 그의 패거리가 도망쳤다.

【同居】tóngjū 動 ❶ 같이 살다 [「同住」「住在一起」를 많이 사용함] ¶父母死后, 他和叔父~ | 부모님이 돌아가신 후에, 그는 숙부와 같이 산다. ¶兄弟俩曾在外婆家~多年 | 형제 둘은 일찌기 수년간 외할머니댁에서 같이 살았다. ❷ 동거하다. ¶他们俩非法在一起~ | 그들 둘은 불법으로 같이 동거한다.

【同科】tóngkē 名 ❶〈法〉같은 죄과. ¶~罪行 | 동일한 범죄. ❷ 書 과거 시험의 동기 급제자. ¶~及第 | 동기 급제.

【同牢】tóngláo 名 같은 (감방에 있는) 죄수. ¶托~带出口信 | 같은 감방에 있던 사람에게 부탁하여 전갈(전할 말)을 갖고 나가게 하다.

[4]【同类】tónglèi ❶動 무리를 같이하다. 같은 무리이다. ¶他们和苍蝇cāngyíng~ | 그들은 파리 같은 무리이다. ❷名 동류. 같은 무리. ¶~为明 =〔同道为友〕| 같은 무리끼리 친구가 되다. 유유상종. ¶~商品 | 동종 상품.

【同类项】tónglèixiàng 名〈數〉동류항 =〔相似项〕

【同理】tóng/lǐ 動 도리를 같이하다. 같은 이치이다. ¶心同此理 | 이 이치는 사람들의 마음에 한결같다.

【同僚】tóngliáo 書名 동료. ¶他是我的~ | 그는 나의 동료이다.

【同龄】tónglíng 動 같은 연령이다. 같은 또래이다. 동년배이다. ¶我和新中国~ | 나와 신 중국은 같은 연령이다.

【同流合污】tóng liú hé wū 成 못된 놈들과 한데 어울려 나쁜 짓을 하다. ¶他们~, 勾结起来做坏事 | 그들은 못된 놈들끼리 결탁하여 나쁜 짓을

한다.

【同路】tóng/lù ❶動같은 길을 가다. 함께 가다. ❷(tónglù) 名같은 길.

【同路人】tónglùrén 名❶길동무. 동행인. ❷(혁명의) 동조자. 동반자. ¶他是革命的～｜그는 혁명의 동조자이다.

【同门】tóngmén ❶動옛날, 같은 스승에게 배우다. ❷名옛날, 같은 스승에게서 배운 제자. ¶他俩是～｜그들 둘은 한 스승에게 배운 제자들이다. ❸名옛날,「青帮」「红帮」에서의 동지(同志).

3【同盟】tóngméng ❶動동맹하다. 어법 목적어를 취하지 않고, 주로 관형어로 쓰임. ¶～军｜동맹군. ❷名동맹. ¶结成～｜동맹을 맺다. ¶军事～｜군사 동맹.

【同盟国】tóngméngguó 名동맹국.

【同盟会】Tóngménghuì 名簡「中国(革命)同盟会」의 약칭 [1905년 손문(孫文)이 창도한 반청(反清) 혁명 조직으로 1919년에 중국 국민당으로 개조되었음]

【同盟军】tóngméngjūn 名동맹군.

【同名】tóngmíng 動동명이다. 이름이 서로 같다. ¶～小说｜동명 소설. ¶我跟他同姓不～｜그는 그와 성은 같지만 이름은 같지 않다.

【同命鸟】tóngmìngniǎo 名〈鳥〉「鴛鴦」(원앙)의 다른 이름.

【同谋】tóngmóu ❶動貶(나쁜 일을) 공모하다. ¶这个案子断定为两个人～的｜이 사건은 두 사람의 공모에 의한 것으로 단정되었다. ¶两犯～偷盗tōudào, 结果落入法网｜두 범인은 도둑질을 공모하였으나 결국 법망에 걸려들고 말았다. ❷名공모자. 공범. ¶～犯｜공범.

4【同年】tóngnián ❶名같은 해. ¶～九月大桥竣工jùngōng｜같은 해 9월에 대교(大橋)가 준공되었다. ❷動方동갑이다. ¶他们俩～｜그 둘은 동갑이다 =〔同庚〕〔同甲〕〔同岁〕 ❸名같은 해에 급제한 사람끼리 부르는 호칭. 동년. 동방(同榜) =〔齐年〕→〔科kē举〕

4【同期】tóngqī ❶名같은〔동일한〕 시기. ¶与去年～相比, 工业增产20%｜작년 같은 시기와 비교하면, 공업 생산량이 20% 증가했다. ¶产量超过历史～最高水平｜생산량이 역사상 같은 시기의 최고 수준을 초과했다. ❷副같이. 같은 시기에 [주로 공부나 졸업과 같은 경우에 쓰임] ¶我和他～毕业｜나는 그와 같은 시기에 졸업했다. ❸名〈演映〉「昆曲」를 하는 사람들이 정기적으로 모여, 하루종일 큰 소리로 대사나 노래 연습을 하는 것.

【同气相求】tóng qì xiāng qiú ⇒〔同声相应, 同气相求〕

2【同情】tóngqíng 動❶동정하다. ¶奶奶非常～这个无依无靠的孤儿｜할머니는 이 아무데도 의지할 데 없는 고아를 매우 동정하신다. ¶大家都很～你的境遇｜모두들 너의 처지에 매우 동정하고 있다. ¶～心｜동정심. ¶～地说｜동정해서 말하다. ❷찬성하다. 공감하다. ¶我～于他的分类法｜나는 그의 분류법에 찬성한다. ¶不要只在嘴上～, 希望给予具体的帮助｜단지 입으로만 찬성하지 말고 구체적인 도움을 주기 바란다.

【同人】tóngrén 名동료. 같은 직장에서 일하는 사람. 같은 업종의 일을 하는 사람. ¶请～提意见｜동료에게 의견을 내도록 청하다 =〔同仁①〕〔同事②〕

【同仁】tóngrén ❶⇒〔同人〕〔同事②〕 ❷書動널리 평등하게 사랑하다. ¶一视～｜成ⓐ차별 없이 다함께 사랑해주다. ⓑ다 같은 견해를 가지다.

【同日而语】tóngrì ér yǔ 成함께 논하다. 함께 취급하여 이야기하다. ¶不可～｜함께 논할 수 없다.

【同上】tóngshàng 위와 같다.

【同生死, 共患难】tóng shēng sǐ, gòng huàn nàn 成생사 고락을 함께 하다. ¶他们决心～｜그들은 생사고락을 같이 하기로 결심했다.

【同声】tóngshēng 動일제히 소리를 내다. 입을 모으다. 이구동성으로 말하다. ¶～欢呼｜일제히 환호하다. ¶～赞美｜입을 모아 칭찬하다.

【同声翻译】tóngshēng fānyì 名組동시 통역. ¶～设备｜동시 통역 설비가 갖추어져 있다 =〔同声传译〕

【同声相应, 同气相求】tóng shēng xiāng yìng, tóng qì xiāng qiú 成뜻이 맞는 사람은 자연히 한데 뭉친다. ¶他们读大学时同在一校, 彼此～, 极其融洽róngqià｜그들은 대학에 다닐 때 같은 학교를 다녔는데 서로 의기투합이 되서 아주 잘 어울렸다 =〔同气相求〕〔同气相投〕〔声应气求〕

1【同时】tóngshí ❶名동시. 같은 시기. ¶在努力提高学习成绩的～, 必须注意锻练身体｜학업 성적을 높이는데 힘쓰는 동시에 몸을 단련하는 것도 반드 유의해야 한다. ❷連동시에. 게다가. 또한. 나아가 [이 경우는「是…, 同时是…」의 형태로 많이 쓰임] ¶这是很光荣的工作, ～也是十分艰巨jiānjù的工作｜이것은 아주 영광스러운 일이며, 동시에 아주 어려운 일이기도 하다.

【同时并举】tóngshí bìngjǔ 動組동시에 병행하다. ¶经济建设和国防建设～｜경제 건설을 국방 건설과 함께 병행하다.

4【同事】tóng/shì ❶動함께 일하다. ¶我和他同过事｜나는 그와 함께 일한 적이 있다. ❷(tóngshì) 名동료. 동업자. ¶老～｜오랜 동료. ¶请几个～吃饭｜동료 몇 명을 초대해 식사를 하다 =〔同仁①〕〔同人〕

【同室】tóngshì 書名❶같은 방. ❷부부. ❸가족. 같은 집안.

【同室操戈】tóng shì cāo gē 成같은 집안에서 창을 잡다. 집안 싸움하다. ¶他们师兄弟竟～｜그들 한 스승을 모시고 있는 선후배들은 뜻밖에도 서로 집안 싸움이 났다.

【同素异形体】tóngsù yìxíngtǐ 名組〈物〉동소체(同素體).

【同岁】tóngsuì 動동갑이다. 나이가 서로 같다. ¶我们俩～｜우리 둘은 동갑이다 =〔同庚〕〔同甲〕〔方同年②〕

【同堂】tóngtáng ❶動일족이 함께 살다. ¶四世～｜4대가 함께 살다. ❷書名동창. 동문.

【同体字组】tóngtǐzìzǔ 名組〈電算〉폰트(font).

【同位角】tóngwèijiǎo 名〈數〉동위각.

【同位素】tóngwèisù 名〈化〉동위원소.
【同位语】tóngwèiyǔ 名〈言〉동격어(同格語)
【同温层】tóngwēncéng⇒〔平píng流层〕
【同文】tóngwén 動 같은 문자를 쓰다. ¶书～, 车同轨 | 같은 문자를 쓰고, 수레바퀴의 폭이 같게 되다. 喩 천하가 통일되고 문물 제도가 통일되다.
[2]【同屋】tóngwū ❶動 같은 방에서 살다. ¶我跟他～ | 나는 그와 같은 방에서 산다. ❷名 동숙자(同宿者). 동숙인. ¶请～去买一点药片回来 | 같은 방 친구에게 가서 약을 좀 사오라고 하다.
【同席】tóng/xí 動 동석하다. 함께 참석하다. ¶我和他同过几次席 | 나는 그와 몇번 자리를 함께 한 적이 있다＝〔同桌〕〔同座〕
【同喜(同喜)】tóngxǐ(tóngxǐ) 套 저도 역시 축하드립니다 [옛날, 새해 인사와 같은 축하를 받았을 때 상대방에게 응답하는 말]＝〔同禧同禧〕
【同系】tóngxì 名 ❶(대학의) 학과 동창. ¶我们是中文系的～ | 우리는 중문학과 동창이다. ❷ 같은 계통(의 사람).
【同系物】tóngxìwù 名〈化〉동족체.
【同乡】tóngxiāng 名 동향. 한 고향(사람). ¶大～ | 같은 성(省) 혹은 같은 현(縣) 출신. ¶小～ | 같은 마을 출신. ¶他俩是～ | 그들 둘은 같은 고향 출신이다.
【同心】tóng/xīn 動 ❶ 마음을 합치다. ¶～协力 | 마음을 합하고 힘을 모으다. ¶二人～, 黄土变成金 | 두 사람이 마음을 합치면, 황토도 금으로 변한다＝〔齐心〕❷ 몇 개의 도형이 같은 중점을 가지다.
【同心结】tóngxīnjié 名 ❶ 동심결 ❷〈佛〉가사(袈裟)의 끈을 매는 방법.
【同心同德】tóng xīn tóng dé 成 일치된 생각과 행동으로 같은 목표를 향해 노력하다. ¶大家要～, 搞好目前的工作 | 모두들 일치 단결하여 목전의 작업을 완수하자＝〔一心一德〕⇔〔离心离德〕
【同心协力】tóng xīn xié lì 成 마음을 합쳐 협력하다. ¶～, 一起闯过chuǎngguò难关 | 일치단결하여 함께 난관을 넘어가다.
【同心圆】tóngxīnyuán 名〈數〉동심원.
【同行】tóngxíng ☞〔同行〕tóngháng ⓑ
【同性】tóngxìng ❶動 동성이다. 성별을 같이 하다. ❷名 동성. 같은 성질. ¶～的电互相排斥páichì | 같은 성질의 전극은 서로 밀어낸다.
【同性恋爱】tóngxìng liàn'ài 名 동성 연애.
【同姓】tóngxìng ❶動 동성이다. 성이 서로 같다. ¶他与我～ | 그는 나와 같은 성씨이다. ❷名 동성. 같은 성씨.
【同穴】tóngxué 書 動 (부부를) 합장(合葬)하다. ¶生则同衾, 死则～ | 살아서는 잠자리를 같이 하고, 죽어서는 한 무덤에 묻히다.
[1]【同学】tóngxué ❶名 학우. 급우. 같은 반 친구. 동기생. ¶同班～ | 같은 반 학우＝〔学友〕❷名 교사가 학생을 부르는 호칭. ¶王～ | 왕군. ¶～们 | 학생 여러분. ❸(tóng/xué) 動 같은 학교에서 함께 공부하다. 같은 전공을 공부하다. ¶我和他同过三年学 | 나는 그와 3년간 학교에 같이 다녔다.
【同学会】tóngxuéhuì 名 동창회. ¶成立庆南小学～ | 경남초등학교 동창회를 만들다.
【同言线】tóngyánxiàn 名〈言〉등어선(等語線).
[2]【同样】tóngyàng ❶形 같다. 차이가 없다. 마찬가지다. 어법 정도부사의 수식을 받지 못하며 관형어로 쓸 때는 조사「的」이 필요함. 단 명사 앞에 수량사가 있을 경우는「的」을 생략할 수 있음. 또 부사어로 사용될 경우 일반적으로「地」를 동반하지 않음. ¶这两件衣服不～ | 이 두 벌의 옷은 똑같이 않다. ¶这两部小说用了～的题材, 但表现手法不同 | 이 소설두 권은 같은 제재를 썼지만 표현 수법은 다르다. ¶～一件事, 各有各的看法 | 같은 한 사건이지만 각각의 견해가 있다. ¶～对待 | 똑같이 대우하다. ¶他说英文和法文～流利 | 그가 하는 영어는 불어와 다름없이 유창하다. ❷連 만찬가지로. 상술한 바와 같이. ¶他第一次很顺利地完成了任务, ～, 这一次他又很顺利地完成了任务 | 그가 처음 번에 임무를 무사히 마쳤는데 마찬가지로 이번에도 임무를 무사히 마쳤다.
【同业】tóngyè 名 동업(자). 같은 직업(에 종사하는 사람). ¶～条规 | 동업 조합 규칙.
【同业公会】tóngyè gōnghuì 名組 옛날, 동업 조합. 길드.
[4]【同一】tóngyī 形 같다. 동일하다. ¶～形式 | 동일한 형식. ¶向～目标前进 | 같은 목표를 향해 나아가다.
【同一律】tóngyīlǜ 名〈論〉동일률.
【同异】tóngyì 名 ❶書 같은 것과 다른 것. ❷簡「党dǎng同伐异」의 약칭.
[1]【同意】tóngyì 名 動 동의(하다). 찬성(하다). ¶我的看法你～吗? | 나의 견해에 동의하느냐? ¶我不～你的意见 | 나는 너의 의견에 찬성하지 않는다. ¶得到全体一致～ | 만장일치의 찬성을 얻다. ¶对这个方案, 大家都很～ | 이 방안에 대해서 모두들 아주 찬성이다.
【同意征询】tóngyì zhēngxún 名〈外〉아그레망.
【同义词】tóngyìcí 名〈言〉동의어 ⇔〔反义词〕
【同音词】tóngyīncí 名〈言〉동음어.
【同源】tóngyuán 動 ❶〈言〉어원(語源)이 같다. ¶～词 | 어원이 같은 단어. ❷ 기원〔근원〕을 같이하다.
【同院】tóngyuàn 動 名 한 울타리 안에서 살다〔사는 사람〕[같은 동(棟)에서 살거나 또는 살고 있는 사람을 말함]
[1]【同志】tóngzhì 名 ❶ 동지. ¶革命～ | 혁명 동지. ❷ 중국 인민 사이의 일반 호칭 [지금은 점점 사용이 줄어들고 있음] ¶王～ | 왕 동지. ¶主任～ | 주임 동지.
【同治】Tóngzhì 名 청대(清代) 목종(穆宗)의 연호(1862～1874).
【同舟共济】tóng zhōu gòng jì 成 같은 배를 타고 함께 (강을) 건너다. ¶大家要～, 一起度过这困难的时刻 | 모두들 서로 단합하고 돕와서 이 어려운 시기를 함께 넘어야 한다.
【同轴电缆】tóngzhóu diànlǎn 名組〈電氣〉동축 케이블.

【同宗】tóngzōng ❶ 名 동족. 동성 동본. ❷ 動 본을 같이하다. 동성동본이다. ¶同姓不~ | 성은 같지만 본은 다르다.

【同族】tóngzú 名 ❶ 동족. ¶他们是~ | 그들은 동족이다. ❷ 동종(同種).

【侗】tóng ☞ 侗 dòng B

【垌】tóng ☞ 垌 dòng B

【峒】tóng ☞ 峒 dòng B

【茼】tóng 쑥갓 동
⇒〔茼蒿(菜)〕

【茼蒿(菜)】tónghāo(cài) 名〈植〉쑥갓 [보통「蒿子(秆儿gǎnr)」또는「菊花菜」라고 함] =〔蓬蒿①〕〔蒿菜〕〔蒿子秆儿〕

4【桐】tóng 오동나무 동
名〈植〉❶ 오동나무. ❷ 유동. 기름 오동 ‖ →〔白桐〕〔梧wú桐〕

【桐油】tóngyóu 名 동유 [유동(油桐)나무 씨에서 짠 기름]

【桐油树】tóngyóushù 名〈植〉유동. 기름오동.

【桐子】tóngzǐ 名 유동의 씨 →〔桐油〕

2【铜(銅)】tóng 구리 동
名〈化〉화학 원소 명. 구리 (Cu;cuprum) [금속 원소의 하나]

【铜氨丝】tóng'ānsī 名〈紡〉구리 암모니아 인조견사 =〔铜氨人造丝〕〔铜氨纤维〕

【铜板】tóngbǎn 名 ❶ 方 동전. ¶花几个~, 买了一串葡萄 | 동전 몇 잎을 써서 포도 한 송이를 샀다 →〔铜圆〕 ❷「快kuài书」따위의 노래를 부를 때, 박자를 맞추기 위해 사용하는 납작한 악기 [주로 구리로 만듦]

【铜版】tóngbǎn 名〈印出〉동판.

【铜版画】tóngbǎnhuà 名 동판화. ¶他画了一幅~ | 그는 동판화를 한 폭 그렸다.

【铜臭】tóngchòu 名 동전 냄새. 돈 냄새. 轉 돈밖에 모르는 사람. ¶满身~ | 돈 냄새가 온몸에 가득하다. ¶有~气 | 구린내 나는 금전욕. ¶~薰xūn天 | 돈에 눈이 멀다.

【铜锤】tóngchuí 名 구리로 만든 옛날 병기.

【铜鼓】tónggǔ 名 구리로 가를 두른 작은 북. ¶他很爱敲qiāo~ | 그는 동고 치기를 아주 좋아한다.

【铜活】tónghuó 名 동세공품이나 동제품(을 수리·제조하는 일). ¶我不爱干~ | 나는 동세공일은 하고 싶지 않다.

【铜匠】tóng·jiang 名 ❶ 동장. 동기를 제작하는 사람. ¶~铺 | 동기 가게. ❷ 선반공 및 조립공.

【铜筋铁骨】tóng jīn tiě gǔ 成 ❶ 강건한 신체. ❷ 중임을 맡을 수 있는 사람. ¶你就是~也干不了这活儿 | 네가 중임을 맡을 수 있는 사람이라고 해도 이 일은 할 수 없을 것이다.

【铜绿】tónglǜ 名〈化〉동록. 동청 [주성분은 염기성 탄산동으로 유독하며 안료로 쓰임] =〔铜青〕〔铜锈xiù〕

【铜锣】tóngluó 名〈音〉징. 동라.

【铜模(子)】tóngmú(·zi) 名 ❶〈印出〉모형(母型). 자모(字母) →〔字zì模(儿)〕 ❷ 구리 거푸집. 동제 주형.

【铜牌】tóngpái 名 동메달. ¶中国队经过苦战, 终于夺得duódé~ | 중국팀은 고전을 겪고 결국 동메달을 차지했다.

【铜器】tóngqì 名 (청)동기. ¶商周~ | 상·주시대의 동기.

【铜器时代】tóngqì shídài 名組〈史〉청동기 시대 =〔青铜器时代〕

【铜钱】tóngqián 名 동전. 엽전 =〔制钱(儿)〕

【铜丝】tóngsī 名 동선. 구리 철사. ¶裸luǒ~ | 피복을 씌우지 않은 동선.

【铜胎】tóngtāi 名 굽지 않은 질그릇.

【铜鱼】tóngyú 名〈魚貝〉수조기.

【铜元】tóngyuán ⇒〔铜圆〕

【铜圆】tóngyuán 名 청말(清末)부터 항일 전쟁(抗日戰爭) 이전까지 통용된 동으로 만든 보조 화폐. ¶一把~ | 동전 한 움큼 =〔铜元〕〔回铜子儿〕

【酮】tóng (케톤 동)
名〈化〉케톤(ketone) [유기 화합물의 일종] ¶丙~ | 아세톤(acetone). 프로파논(propanone). ¶环己~ | 시클로헥사논(cyclohexanone). ¶睾固gāogù~ =〔睾丸素(酮)〕〔睾丸激素〕| 테스토스테론(testosterone).

【酮化】tónghuà 動〈化〉케톤화(keton化)하다.

【酮糖】tóngtáng 名〈化〉케토스(ketose).

【酮肟】tóngwò 名〈化〉케토 옥심(keto oxime).

【鲖(鮦)】tóng 가물치 동, 땅이름 동
❶ 名〈魚貝〉가물치 =〔鳢lǐ①〕 ❷ 지명에 쓰이는 글자. ¶~城 | 동성. 안휘성(安徽省)에 있는 지명.

【佟】Tóng 성 동
名 성(姓).

【彤】tóng 붉은칠 동
名 ❶ 書〈色〉적색(赤色). 붉은 색. ❷ (Tóng) 성(姓).

【彤彩】tóngcǎi 名〈色〉붉은 색. ¶~锺馗kuí | 주홍색으로 그린 종규[단오절에 걸어 마귀를 쫓는 신(神)]

【彤红】tónghóng 名〈色〉진홍색.

【彤云】tóngyún 名 ❶ 붉은 노을[구름]. ❷ (눈이 내리기 전의) 짙은 구름. ¶~密布mìbù | 먹구름이 잔뜩 끼다. ¶满天~ | 하늘이 온통 먹구름이다.

2【童】tóng 아이 동
❶ 名 아동. 어린이. ¶牧~ | 목동. ¶顽~ | 개구장이. ❷ 미혼자(未婚者). ¶~男↓ ¶~女↓ ❸ (~儿) 名 옛날, 미성년 (남자) 하인. ¶家~ | 가동. 집안의 아이종 =〔僮tóng①〕 ❹ 書 形 벗어지다. ¶头~齿豁chǐhuō | 머리가 벗어지고 이가 빠지다. 노쇠하다. ¶~山↓ ❺ (Tóng) 名 성(姓).

【童便】tóngbiàn 名〈漢醫〉동변 [12세 이하인 건강한 사내아이의 소변] ¶~可以治病 | 어린 아이 오줌으로 병을 치료할 수 있다.

【童车】tóngchē 名 유모차.

【童话】tónghuà 名 동화.

【童婚】tónghūn 名 미성년일때 하는 결혼. ¶反对～ | 미성년 시기의 결혼을 반대하다.
【童蒙】tóngméng 書 名 ❶ 철부지 어린이. ❷ 초학자(初學者).
【童男】tóngnán 名 ❶ 書 사내아이. ❷(～子)동정(童貞)의 남자＝〔童男(子儿)〕
【童男童女】tóngnán tóngnǚ 成 ❶ 소년과 소녀. 총각과 처녀. ❷ 어린 종. 동복. ❸ 장례식에 쓰는 소년 소녀의 종이 인형 또는 신상(神像)의 양쪽에 시립(侍立)하는 동남 동녀의 상＝〔仙童仙女〕
4【童年】tóngnián 名 어린 시절. ¶回忆～生活 | 어린 시절을 회상하다.
【童牛角马】tóngniú jiǎo mǎ 成 뿔 없는 송아지와 뿔 있는 말. 도리에 어긋남. 존재할 수 없는 것.
【童女】tóngnǚ 名 ❶ 처녀. ❷ 계집 아이.
【童仆】tóngpú 書 名 동복. 어린 종. 심부름꾼 아이＝〔僮仆〕
【童山】tóngshān 名 ❶ 민둥산. ¶～秃岭 | 민둥산. ¶～濯zhuó濯 | 산에 나무가 없다. ❷ 喻 대머리.
【童生】tóngshēng 名 명청(明清) 시대에 수재(秀才) 시험을 보지 않았거나, 그 시험에 낙방한 사람＝〔文童①〕
【童声】tóngshēng 名 (변성기 이전의) 어린이 목소리. 앳된 목소리. ¶～合唱 | 어린이 합창.
【童叟无欺】tóng sǒu wú qī 成 노인이나 어린이도 속이지 않습니다 [상점의 선전 문구] ¶本店讲求诚信, ～ | 본 상점은 신용 본위로 노인이나 어린이도 속임이 없습니다＝〔老少无欺〕
【童心】tóngxīn 名 동심. 천진한 마음. ¶～无邪wúxié | 천진난만한 마음.
【童星】tóngxīng 名 아역(兒役) 배우.
【童言无忌】tóng yán wú jì 成 어린이는 본시 말을 거리낌없이 한다. 어린이가 불길한 얘기를 한다 해도 신경쓸 필요 없다.
【童颜鹤发】tóng yán hè fà 成 백발 홍안(白髮紅顔). ¶金老汉～, 精神极好 | 김노인은 아직 백발 홍안에 원기도 아주 좋다＝〔白发童颜〕〔鹤发童颜〕
【童养媳】tóngyǎngxí 名 민며느리＝〔童养媳妇(儿)〕〔等郎媳〕〔团养媳妇〕〔团圓媳妇(儿)〕〔望郎媳〕〔方 养媳(妇)〕
【童养媳妇(儿)】tóngyǎngxí·fu(r) ⇒〔童养媳〕
【童谣】tóngyáo 名 동요.
【童贞】tóngzhēn 名 동정. ¶保持bǎochí～ | 동정을 지키다. ¶～女 | 동정녀. 숫처녀.
【童稚】tóngzhì 名 ❶ 아동. ¶笑得像～一样 | 어린애 처럼 웃다. ❷ 아동의 치기(稚氣). 유치(幼稚).
【童子】tóngzǐ 書 名 동자. 소년. 사내아이.
【童子鸡】tóngzǐjī 名 方 영계. 햇닭＝〔嫩nèn鸡〕〔笋sǔn鸡〕
【童子军】tóngzǐjūn 名 보이 스카우트. ¶女～ | 걸 스카우트.
【童子痨】tóngzǐláo 名〈醫〉소아 결핵.

【僮】tóng Zhuàng 종 동

Ⓐ tóng 名 ❶ (～儿)옛날, 잔심부름하는 아이 종. 시동(侍童). ¶书～ | 서재에서 시중드는 아이종＝〔童③〕 ❷ 옛날, 심부름꾼〔사환〕의 총칭.
Ⓑ Zhuàng 名〈民〉장족(壯族)의 옛 이름 [소수민족의 하나인「壮族」의「壮」자(字)를 옛날에는「僮」으로 썼음]→〔壮族〕
【僮仆】tóngpú ⇒〔童tóng仆〕
【僮然】tóngrán 書 貶 무지(無知)하다. 둔하다.

【潼】tóng 물이름 동

지명에 쓰이는 글자. ¶～关↓
【潼关】Tóngguān 名〈地〉동관 [낙양(洛陽)에서 장안(長安)으로 들어가는 요지. 지금의 섬서성(陝西省) 동관현(潼關縣)의 동남쪽에 있음]

【瞳】tóng 눈동자 동

名〈生理〉눈동자. 눈알. 동공. 공동→〔瞳人(儿)〕〔眼①〕
【瞳孔】tóngkǒng 名〈生理〉눈동자. 동공. ¶～放大 | 동공이 커지다＝〔瞳人(儿)〕
【瞳人(儿)】tóngrén(r) 名 눈동자. 동공 ¶～反背 | 눈뜬 소경. 문맹자＝〔瞳孔〕〔瞳仁(儿)〕〔瞳子〕
【瞳仁(儿)】tóngrén(r) ⇒〔瞳人(儿)〕
【瞳子】tóngzǐ ⇒〔瞳人(儿)〕

tǒng ㄊㄨㄥˇ

【侗】tǒng ☞ 侗 dòng Ⓒ

3 【筒〈筩〉】tǒng 통 통

名 ❶ (～儿, ～子)통. 원통. ¶竹～ | 대나무 통. ¶烟～ | 굴뚝. 연통. ¶邮～ | 우체통. ❷ (～儿) (옷·신 따위의) 통 모양으로 된 부분. ¶袖～儿 | 소매통. ¶长～靴 | 장화＝〔桶④〕〔统③〕
【筒裤】tǒngkù 名 통바지. 일자(一字) 바지. ¶她买了一条～ | 그녀는 통바지를 하나 샀다.
【筒裙】tǒngqún 名 통치마. 타이트 스커트(tight skirt).
【筒(儿)瓦】tǒng(r) 名 반원통형 기와.
【筒状花】tǒngzhuànghuā 名〈植〉관상화＝〔管状花〕
【筒子】tǒng·zi ❶ 名 통. ¶铁～ | 철관. ❷⇒〔饼bǐng子③〕 ❸ 名 털가죽 안감＝〔皮筒子〕

2 【统(統)】tǒng 합칠 통

❶ 副 총괄해서. 전부. ¶这些事～由你负责fùzé | 이 일들은 네가 총괄해서 모두 책임을 져라. ❷ 계통. 사물간의 연속적인 관계. 관련있는 것. ¶传chuán～ | 전통. ¶血～ | 혈통. ❸「筒」와 통용⇒〔筒tǒng②〕 ❹ 動 거느리다. 관할하다. 통치하다. ¶～兵↓ ❺ 量 기(基) [비석 따위를 세는 단위] ¶一～碑＝〔一座碑〕| 비석 한 기.
【统办】tǒngbàn 動 혼자서 다 취급하다.
【统兵】tǒngbīng 動 군대를 통솔하다. ¶他曾～百万 | 그는 일찌기 백만 대군을 통솔한 적이 있다.
【统舱】tǒngcāng 名 배의 삼등실. 3등 선실. ¶～旅客 | 3등 선객→〔房舱〕〔官guān舱〕
【统称】tǒngchēng 名 動 통칭(하여 부르다). ¶针法和灸法～为针灸zhēnjiǔ | 침질과 뜸질을 통칭하여 침구라고 한다.
4【统筹】tǒngchóu 動 전면적으로〔통일적으로〕계

획하다. ¶～办理 | 전체적으로 계획하고 처리하다. ¶～全局 | 통일적으로 전반을 계획하다.

【统筹兼顾】tǒng chóu jiān gù 成 여러 방면의 일을 통일적으로 계획하고 돌보다. ¶各单位要～, 搞好分配 | 각 부서는 통일적으로 계획하고 여러 면을 고려하여 분배를 잘 해야한다.

【统共】tǒnggòng 副 도합. 모두. 통틀어. ¶我们小组～才七个人 | 우리 그룹은 통틀어 겨우 일곱 사람이다→〔一共〕

【统购】tǒnggòu ❶ 動 국가가 중요한 생활 물자를 일괄적으로 수매〔매입〕하다. ❷ 名 일괄 수매〔매입〕.

【统购统销】tǒnggòu tǒngxiāo 動組 일괄 구입·일괄 판매. 통제 구입·통제 판매. ¶有人认为～糟透了 | 어떤 사람은 일괄 구입·일괄 판매의 방법은 돼먹지 않았다고 생각한다.

【统货】tǒnghuò 名 일괄적으로 거래하는 상품. ¶～每斤十元 | 모든 물건은 일괄적으로 한 근에 10원이다.

[3]【统计】tǒngjì ❶ 名 통계. 합산. ❷ 動 통계를 내고 분석을 하다. ¶他花了两年的功夫, ～了成人教育的有关资料 | 그는 2년이라는 시간을 들여서 성인 교육과 관련된 자료를 통계내었다. ¶对有关数据进行了～ | 관련 수치에 대해서 통계를 내었다. ❸ 動 총괄적으로 계산하다. 합산하다. ¶把人数～一下 | 인원을 합산하다. ¶他正～出席会议的人数 | 그는 회의에 출석한 사람수를 합산하고 있는 중이다.

【统考】tǒngkǎo 名 簡 「统一考试」(전국 통일 대학 입학 시험)의 약칭. ¶参加全国～ | 전국 통일 대학 입시에 참가하다.

【统括】tǒngkuò 動 통괄하다. 총괄하다.

【统领】tǒnglǐng ❶ 動 통솔하다. ¶那里的部队归你～了 | 저 부대는 당신이 맡아 통솔하시오. ❷ 名 청말(清末)의 무관(武官) 이름 [지금의 여단장에 해당함]

【统铺】tǒngpù ⇒〔通tōng铺〕

【统摄】tǒngshè 書 動 통할〔통괄〕하다. ¶～大权 | 대권을 통할하다.

【统属】tǒngshǔ 動 통괄하고 예속하다. ¶～关系 | 통속 관계. ¶彼此不相～ | 서로간에 통괄하거나 예속되지 않다.

【统帅】tǒngshuài ❶ 名 통솔자. 원수. ¶全军的～ | 전군의 통솔자. ❷ 動 통수하다. 통솔하다.

【统帅部】tǒngshuàibù 名〈軍〉총지휘부. 최고 사령부.

【统率】tǒngshuài 動 통솔하다. ¶全军由总司令～ | 전군은 총사령관이 통솔한다. ¶～部队出征 | 부대가 출정하는 것을 통솔하다.

[3]【统统】tǒngtǒng 副 모두. 전부. 다. ¶车到终点站了, 乘客～下车 | 차가 종점에 도착하자 승객들은 모두 내렸다. ¶知道的～说出来! | 아는 것은 모두 말해! ＝〔统通〕〔统同〕〔通通〕→〔总共〕

【统辖】tǒngxiá 動 통할〔통괄〕하다. ¶直辖市zhíxiáshì由-中央直接～ | 직할시는 중앙에서 직접 관할한다. ¶江苏省人民贞妇～60多个市县 | 강소성 인민정부는 60여개의 시와 현을 관할한다.

【统销】tǒngxiāo 動 (정부 기관에 의한) 일괄〔통제〕판매하다→〔统购统销〕

[2]【统一】tǒngyī ❶ 名 動 통일(하다). ¶大家的意见逐渐～了 | 모두의 의견이 점차 통일되어 갔다. ¶～行动 | 행동을 통일하다. ❷ 形 통일되다. 일치되다. ¶～的意见 | 통일된 의견. ¶大家的意见很～ | 모두의 의견은 아주 일치된다. ¶～分配 | 통일적으로 분배하다.

【统一体】tǒngyītǐ 名〈哲〉통일체.

【统一战线】tǒngyī zhànxiàn 名組 통일 전선. ¶抗日民族～ | 항일 민족 통일 전선 ＝〔簡 统战〕〔人民民主统一战线〕

[4]【统战】tǒngzhàn 簡 통일전선(統一戰線)의 약칭 ⇒〔统一战线〕

【统制】tǒngzhì 動 통제하다. ¶～军用物资 | 군용 물자를 통제하다.

[2]【统治】tǒngzhì 名 動 통치〔지배〕(하다). ¶～集团 | 통치 집단. ¶侵略者～了这个国家 | 침략자들이 이 나라를 통치했다. ¶～过多年 | 다년간 통치했다. ¶这个金融jīnróng财团cáituán～着金融界 | 이 금융 재단이 금융계를 지배하고 있다.

【统治阶级】tǒngzhì jiējí 名組 통치 계급. 지배 계급

4 **【捅〈挏〉】** tǒng 찌를 통

動 ❶ 찌르다. 찔러서 구멍을 뚫다. ¶用刺刀cìdāo～了几个敌人 | 총검으로 적을 몇 명 찔렀다. ¶把窗户纸～破了 | 창호지에 구멍을 뚫었다. 사실이 밝혀졌다. ❷ 치다. 건드리다. ¶上课时李明常用胳膊肘zhǒu～我 | 수업할 때 이명이 늘 팔꿈치로 나를 건드린다. ❸ 드러내다. 폭로하다. ¶他是个直性人, 把看到的事儿都～出来了 | 그는 성미가 곧은 사람이어서, 본 일은 다 드러내 놓는다. ¶这是他俩之间的秘密, 你可不能随便乱～ | 이것은 그들 둘 사이의 비밀이니 네가 멋대로 폭로해대서는 결코 안된다 ‖ ＝〔揰chǔng〕

【捅穿(了)】tǒngchuān(·le) 動 ❶ 쑤셔서 뚫다. ❷ 들추어내다. 폭로하다. ¶～了一些问题 | 몇 가지 문제를 폭로했다. ¶这事儿可不能～ | 이 일은 들추어내서는 안된다.

【捅咕】tǒng·gu 動 ❶ 건드리다. 만지다. 접촉하다. 찌르다. ¶伤口还没有痊合, 不要用手～ | 상처가 아직 아물지 않았으니 손으로 건드리지 말아라. ❷ 부추기다. 선동하다. 꼬드기다. ¶他总是～别人提意见, 自己却不出面 | 그는 언제나 다른 사람을 부추켜 의견을 내도록 하고, 자신은 얼굴조차도 내밀지 않는다.

【捅娄子】tǒng lóu·zi ⇒〔捅楼子〕

【捅楼子】tǒng lóu·zi 動組 소동을 일으키다. 문제를 일으키다. 말썽을 부리다. ¶他整天在外面～ | 그는 종일 밖에서 말썽을 부린다. ¶你又～了不是? | 너 또 말썽을 일으켰지? ＝〔通楼子〕〔捅祸〕〔捅娄子〕〔捅漏子〕〔捅乱子〕〔方 扒bā豁子〕

【捅马蜂窝】tǒng mǎfēngwō 動組 벌집을 쑤시다. 轉 섣불리 건드려서는 안되는 것을 건드리다. 화를 자초하다. ¶别干犯众怒, ～不是闹着玩儿的 | 뭇 사람들의 노여움을 사지마라. 잘못 건드리면 정말 장난이 아냐. ¶这下可是捅了马蜂窝

了 | 이번에는 정말 잘못 건드렸다.

2【桶】tǒng 통 통, 되 용
❶名 통. 초롱. ¶水～ | 물통. ¶煤油méiyóu～ | 석유 초롱. ❷量 통. ¶一～牛奶 | 우유 한통. ❸量 배럴(barrel) [영국·미국에서 사용하고 있는 용적(容積)의 단위] ¶一～石油 | 석유 1배럴. ❹「筒」과 같음 ⇒[筒tǒng②]

【桶匠】tǒngjiàng 名 통 장수. 통을 만드는 사람 =[圓作]

【桶子】tǒng·zi ❶名 통. ❷⇒[皮pí桶(子)]

tòng ㄊㄨㄥˋ

1【同】tòng ☞ 同 tóng B

【恸(慟)】tòng 서러워할 통
書動 몹시 슬퍼하다. 통곡하다. ¶～得肠子都要断了 | 몹시 슬퍼서 애간장이 다 끊어지겠다.

【恸哭】tòngkū 動 몹시 슬피 울다. 통곡하다. ¶他不禁失声～ | 그는 목이 메도록 통곡하지 않을 수 없었다.

1【通】tòng ☞ 通 tōng B

1【痛】tòng 아플 통
❶動 아프다. ¶头～ | 머리가 아프다 =[疼téng①] ❷書動 미워하다. 증오하다. 원망하다. ¶使人无怨yuàn～于楚国 | 사람들이 초나라를 원망하지 않게 하다. ❸動 슬퍼하다. 가슴 아파하다. ¶抚棺fǔguān大～ | 관을 어루만지며 크게 슬퍼하다. ❹심하게. 몹시. 실컷. 철저히. ¶～击↓ ¶～饮↓ ¶～改前非↓

【痛不欲生】tòng bù yù shēng 成 너무도 슬퍼 살 의욕을 잃다. ¶他听到父亲的噩耗èhào后～ | 아버지의 흉보를 듣고는 너무 슬퍼 더 살고 싶지가 않았다.

【痛斥】tòngchì ❶動 호되게 꾸짖다. 책망하다. 몹시 비난하다. ¶把他～了一顿 | 그를 한번 호되게 꾸짖었다. ❷名 호된 질책. 통렬한 비난. ¶他的谬论miùlùn遭到了大家的～ | 그의 잘못된 이론은 여러 사람들의 호된 질책을 받았다.

【痛楚】tòngchǔ ⇒[痛苦①]

【痛处】tòngchù 名 아픈 곳. 결점. 약점. 허점. ¶触chù到了他的～ | 그의 아픈 데를 건드렸다. ¶要是抓住他的～, 狠hěn狠地批评一下 | 그의 약점을 잡기만 하면 한바탕 호되게 비판하자.

【痛打】tòngdǎ 動 몹시 때리다. 호되게 두들겨 패다. ¶～卖国贼 | 매국노를 몹시 두들겨 패다 =[臭chòu打]

【痛悼】tòngdào 書動 통석하다. 깊이 애도하다. ¶～国父孙中山 | 국부 손중산 선생을 깊이 애도하다.

【痛定思痛】tòng dìng sī tòng 成 고통이 가라앉은 다음, 이전의 고통을 회상하다. 참혹한 실패 뒤에 그 실패를 반성하다.

【痛风】tòngfēng 名〈醫〉❶ 류머티즘. ❷ 요산성 관절염 =[尿niào酸性关节炎]

【痛改】tònggǎi 動 철저히 고치다.

【痛改前非】tòng gǎi qián fēi 成 지난 날의 잘못을 철저히 고치다. ¶他下决心～ | 그는 지난 날의 잘못을 철저히 고치기로 결심했다.

【痛感】tònggǎn 動 통감하다. 뼈저리게 느끼다. 절실히 느끼다. ¶～责任 | 책임을 통감하다.

4【痛恨】tònghèn 動 통한하다. 몹시 미워하다. 통렬히 원망하다.

【痛悔】tònghuǐ 動 몹시 후회하다. ¶现在他～不已 | 그는 지금 깊이 뉘우치고 있다.

【痛击】tòngjī ❶動 호되게 공격하다. 통렬하게 쳐부수다. ¶迎头～ | 정면으로 호되게 공격하다. ❷名 호된 공격.

【痛经】tòngjīng 名〈醫〉생리통 =[经痛]

【痛觉】tòngjué 名〈生理〉통각.

【痛哭】tòngkū 動 통곡하다. 목놓아 울다. 몹시 울다.

【痛哭流涕】tòng kū liú tì 成 눈물을 흘리며 목놓아 울다. ¶他～地承认了过错 | 그는 몹시 울면서 잘못을 시인했다.

2【痛苦】tòngkǔ ❶形 고통스럽다. 괴롭다. ¶他长期生病, 感到很～ | 그는 오랫 동안 아파서 아주 괴로웠다. ¶～表情 | 고통스런 표정. ❷名 고통. 아픔. 고초. 비통. ¶病人的～ | 환자의 고통 =[痛楚][苦痛]

1【痛快】tòng·kuai ❶形 유쾌하다. 신나다. 통쾌하다. 후련하다. ¶同学们今天玩得很～ | 학우들은 오늘 아주 신나게 놀았다. ¶你的话让人听了感到～ | 너의 말을 사람들이 듣고는 아주 통쾌하게 여기게 한다. ¶想说的话全说出来觉得心里～ | 하고 싶은 말을 전부 쏟아 놓으니 마음이 후련하다. ❷形 (성격이) 시원스럽다. 솔직하다. 시원시원하다. ¶心里有话就痛痛快快地说出来吧 | 마음 속에 할말이 있으면 시원하게 털어나 봐라. ¶他～地答应了我们的要求 | 그는 시원스럽게 우리 요구를 승락했다. ¶他办什么事都很～ | 그는 무슨 일을 하든 아주 시원시원하다. ¶他是个～人 | 그는 시원시원한 사람이다. ❸動 마음껏 놀다[즐기다]. ¶今天咱们喝个～吧 | 오늘 우리 마음껏 마시자. ¶痛痛快快地跳舞唱歌 | 마음껏 춤추고 노래하다.

【痛快话】tòngkuàihuà 名 통쾌한 말. 시원한 말. ¶今天他才说出一句～ | 그는 오늘에야 시원하게 한 마디 하였다.

【痛快淋漓】tòng·kuài línlí 狀 매우 통쾌하다. 속 시원하다. ¶骂得～ | 통쾌하게 욕하였다.

【痛骂】tòngmà 動 호되게 꾸짖다. 욕설을 퍼붓다.

【痛切】tòngqiè 形 (말이나 심정이) 아주 비통하다. 매우 애절하다. 뼈에 사무치게 간절하다. ¶鲁迅先生当年曾发出～的呼吁hūyù: 救救孩子! | 노신선생은 그해 다음과 같이 애절한 호소를 했습니다: 제발 좀 아이들을 구합시다. ¶～认识 | 통절하게 느끼다. ¶我十分～地感到, 这个教训是深刻的 | 나는 이 교훈이 아주 절실한 것이라고 아주 가슴 깊게 느꼈다.

【痛诉】tòngsù 動 괴롭게 하소연하다. 고통스레 알리다.

【痛痛快快】tòng·tongkuàikuài ⓧtòng·tongkuāikuāi) 狀 통쾌하다. 시원시원하다. ¶有什么

要求~地提出来吧! | 무슨 요구가 있으면 시원시원하게 꺼내봐라.

【痛恶】tòngwù 動 몹시 미워하다. 매우 증오하다. ¶他的两面派行为令人~ | 그의 표리부동한 행위는 정말 구역질이 난다.

【痛惜】tòngxī 動 몹시 애석해 하다. 몹시 아까워하다. 몹시 가슴 아파하다. ¶对此大家都很~ | 이 점에 대해서 모두들 매우 애석해한다. ¶对他的牺牲, 大家都感到~万分 | 그의 희생에 대해서 모두들 대단히 가슴 아파한다. ¶他十分~被浪费的时间 | 그는 낭비된 시간이 너무 아까웠다.

【痛下决心】tòngxià juéxīn 動組 단호히 결단을 내리다. ¶他们~, 要迎头赶上 | 그들은 상대를 따라 잡자고 단호히 결단을 내렸다.

【痛心】tòngxīn 動 상심하다. 가슴 아파하다. ¶这件事令人~ | 이 일은 사람을 아주 가슴 아프게 한다. ¶她感到~, 因为由她一手抚养fǔyǎng成人的儿子竟对她如此忤逆wǔnì | 그녀는 매우 상심했다. 왜냐하면 그녀가 혼자서 다 키운 아들이 뜻밖에도 그녀에게 이렇게 불효를 저지르기 때문이다.

【痛心疾首】tòng xīn jí shǒu 成 마음도 머리도 아플 정도로 빼저리게 상심하다. 침통하게 원망하고 뉘우치다. ¶她~地说,「由于我的溺爱nìài, 害了我的孩子!」|「내가 너무 지나치게 귀여워하여 아이를 망쳤다!」고 그녀는 빼저리게 한탄하며 말했다 ‖ =〔疾首痛心〕

【痛痒】tòngyǎng 名 ❶ 고통. ¶要关心群众的~ | 대중의 고통에 관심을 두어야 한다. ❷ 喻 중요한 일. ¶这些事无关~, 慢慢来好了 | 이 일들은 그다지 중요하지 않으니 천천히 하는 것이 좋겠다.

【痛饮】tòngyǐn 動 마음껏 마시다. 끝까지 마시다. ¶咱们~三杯吧 | 우리 이 석 잔을 다 마시자.

tōu 去又

2【偷】tōu 훔칠 투, 탐낼 투
❶ 動 도둑질하다. 훔치다. ¶~过好几次 | 여러번 훔쳤다. ¶~人家的钱 | 남의 돈을 훔치다. ¶我的自行车给~了 | 내 자전거는 도둑맞았다. ❷ 動 남몰래 …하다. 슬그머니 …하다. 살짝 …하다. ¶~着看了一下 | 몰래 한번 보았다. ¶~着溜出来 | 슬그머니 빠져나오다. ¶~着跑回家了 | 몰래 집으로 도망쳐 왔다. ❸ 틈〔시간〕을 내다. ¶~空↓ ¶忙里~闲 | 바쁜 가운데 여가를 내다. ❹ (눈앞의) 일시적인 안일을 탐하다. 되는대로 하다. ¶~安↓ ¶~生↓

【偷安】tōuān 書 動 일시적인 안일을 탐하다〔꾀하다〕. ¶苟且~ | 成 일시적인 안일만 꾀하고 되는대로 살아가다.

【偷拆】tōuchāi 動 (편지 따위를) 몰래 뜯어보다. ¶不得~他人的信件 | 남의 편지를 몰래 뜯어봐서는 안된다.

【偷盗】tōudào 動 훔치다. 도둑질하다. ¶~财物 | 재물을 훔치다. ¶防止~ | 도둑질을 방지하다.

【偷东摸西】tōu dōngmō xī 成 ❶ 몰래 물건을 훔치다. ❷ 몰래 나쁜 짓을 하다.

【偷渡】tōudù ❶ 動 (강을) 몰래 건너다. ❷ 名 動 밀입국(하다). ¶~客 | 밀입국자. ¶严禁~ | 밀입국을 엄금하다.

【偷工减料】tōu gōng jiǎn liào 成 ❶ (폭리를 얻기 위해) 노력과 자재를 기준보다 적게 들이다. ❷ 일을 대강대강하다.

【偷换】tōuhuàn 動 몰래 바꾸다. 슬며시 바꾸다. ¶~命题 | 명제를 몰래 바꾸다.

【偷鸡不着蚀把米】tōu jī bù zháo shí bǎ mǐ 俗 훔치려던 닭은 훔치지 못하고 공연히 쌀만 한줌 손해보다. 목적은 실현 못하고 손해만 보다. ¶你尽想讨便宜, 这下可好, ~, 把老本都赔上了 | 너 그저 자기 이익만 챙기려 하더니 이번에는 잘 되었구나. 닭 훔치는 것은 고사하고 쌀만 한 줌 손해봤듯이 본전도 못 찾았지 =〔两头脱柄〕

【偷鸡摸狗】tōu jī mō gǒu 成 ❶ 닭이나 개를 훔치는 등 도둑질을 일삼다. ¶那姓陈的党徒, 倒还不是什么~那一流吧 | 그 진(陳)이라고 하는 놈의 일당이라고 해도 도둑질이나 일삼는 패거리는 아니겠지. ❷ 남녀가 남몰래 정을 통하다 ‖ =〔偷鸡盗狗〕

【偷看】tōukàn 動 훔쳐 보다. 살피다. ¶~他人的答卷dájuàn | 남의 답안지를 몰래 보다. 컨닝하다. ¶~邻家的情况 | 이웃의 정황을 살피다→〔偷眼(儿)〕

【偷空(儿)】tōu kòng(r) 動 틈〔시간〕을 내다. 어법 주로 다른 동사와 연용하여 연동구문으로 쓰임. ¶每天都要~看点书 | 매일 시간을 내서 조금이라도 책을 보아야 한다. ¶请你~去一趟 | 당신이 시간을 좀 내서 한번 다녀와 주세요. ¶听说你病了, 一直很忙没来看你, 今天~来看看 | 네가 아프다는 말을 들었으나, 줄곧 바빠서 못 오다가 오늘에야 틈을 내어 왔다.

【偷懒】tōu/lǎn 動 베슬거리다. 베슬베슬 꾀부리다. ¶他勤快得很, 从不~ | 그는 일을 아주 열심히 한다. 한번도 베슬거린 적이 없다. ¶这事儿必须做, 偷不了懒 | 이 일은 반드시 해야하니 꽤부리고 안할 수 없다. ¶监工的一走他就~ | 감독이 가기만 하면 그는 게으름 피운다 =〔方 偷闲②〕〔偷闲躲静〕

【偷梁换柱】tōu liáng huàn zhù 成 대들보를 훔쳐내고 기둥으로 바꾸어 넣다. 좋은 것을 훔쳐 내고 나쁜 것으로 바꾸어 넣다. 겉은 그대로 두고 내용이나 본질을 몰래 바꾸어 넣다. ¶~, 欺骗qīpiàn人民 | 좋은 것을 나쁜 것과 바꾸어 백성들을 속이다.

【偷猎】tōuliè 動 밀렵(密獵)하다.

【偷拍】tōupāi 動 몰래 촬영하다. 남몰래 사진찍다. ¶~地形 | 지형을 몰래 촬영하다.

【偷跑】tōupǎo 動 ❶ 몰래 도망치다. 야반도주하다. ❷ 몰래 먼저 뛰다. ¶谁~就取消他参赛的资格 | 누구든 몰래 먼저 뛰면 경기 참가 자격을 취소한다.

【偷巧】tōu/qiǎo ⇒〔取qǔ巧〕

4【偷窃】tōuqiè 書 動 훔치다. 절도하다. 도둑질하다. ¶~了两本书 | 책 두 권을 훔쳤다. ¶他失业后便靠~度日 | 그는 직장을 잃은 후에 도둑질로 생활을 하고 있다 =〔盗窃〕

【偷情】tōu/qíng 動 남녀가 몰래 정을 통하다. 사통(私通)하다. 밀통하다. ¶～行为 | 사통 행위.
【偷生】tōushēng 動 (죽지 않고) 구차하게 살아 남다. ¶不愿～苟安gǒuān | 일시적 안일을 위해 구차하게 살아 남기를 원치 않는다＝〔偷活〕
【偷食】tōushí 書 動 몰래 훔쳐〔집어〕 먹다. ¶防止他人～ | 남이 몰래 훔쳐 먹지 않도록 막다. ¶～了禁果 | 금단의 열매를 훔쳐 먹었다.
4【偷税】tōu/shuì 動 (밀수 따위로) 탈세하다. ¶～漏税 | 탈세하다.
【偷天换日】tōu tiān huàn rì 成 하늘을 속이고 태양을 바꾸다. 喻 중대한 사물의 진상을 몰래 바꾸어 사람을 속이다. ¶这是一个重大的原则问题, 决不允许～, 肆意sìyì窜改cuàngǎi | 이것은 중대한 원칙 문제이니 절대로 진상을 왜곡시키고 멋대로 뜯어 고쳐서 사람을 속이는 것을 허락할 수 없다.
【偷听】tōutīng 動 몰래 엿듣다. 도청하다.
2【偷偷(儿)】tōutōu(r) 貶 남몰래. 살짝. 슬그머니. 슬며시. ¶～落泪 | 남몰래 눈물을 흘리다. ¶趁人不注意, 他～地溜出去了 | 사람들이 주의하지 않는 틈을 타서 그는 슬며시 빠져 나갔다＝〔偷着〕
【偷偷摸摸】tōu·toumōmō 貶 슬며시. 슬쩍. 넌지시. 슬그머니. 남몰래. 가만가만.
【偷袭】tōuxí 動 기습하다. ¶～珍珠湾 | 진주만을 기습하다→〔偷营yíng①〕
【偷闲】tōu/xián ❶ 動 틈을〔시간을〕 내다. ¶忙里～ | 바쁜 가운데 틈을 내다＝〔偷工夫〕〔書 偷暇〕 ❷⇒〔偷懒lǎn〕
【偷香窃玉】tōu xiāng qiè yù 成 남녀가 몰래 정을 통하다. 사통(私通)하다＝〔偷香〕〔窃玉偷香〕
【偷学】tōuxué 動 공부하기 싫어 빼소니치다. 학교에 가지 않다＝〔逃táo学〕
【偷眼(儿)】tōuyǎn(r) 動 훔쳐 보다. 어법 대개 「看」류의 동사와 연용해서 쓰임. ¶他～看了一下母亲的神色 | 그는 어머니의 안색을 슬쩍 훔쳐 보았다＝〔書 偷睛〕
【偷营】tōu/yíng 動 ❶ 적의 진영을 기습하다. ¶～劫寨 | 기습해서 적의 진영을 점령하다. ❷ 허가 없이 영업하다.
【偷嘴】tōu/zuǐ 動 훔쳐 먹다. 몰래 집어 먹다. ¶不许～ | 몰래 집어 먹어서는 안된다. 먹다.

tóu ㄊㄡˊ

1【头(頭)】tóu·tou 머리 두

Ⓐ tóu ❶ 名 머리. ¶～疼↓ ¶～部 | 두부. 머리 부분. ❷ 名 머리털. ¶梳shū～ | 빗질하다. ¶～要常剃, 保持整洁 | 머리는 늘 깎아서 단정하고 깨끗하게 유지해야 한다. ¶怎么理出这种～来, 太难看了 | 어떻게 머리를 이렇게 깎았지, 너무 보기 싫다. ¶分～ | 가리마를 타다. ¶推(光)～ | 머리를 빡빡 깎다. ❸ (～儿) 名 물체의 꼭대기. 앞부분 또는 끝부분. ¶山～ | 산꼭대기. ¶笔～ | 붓끝. ¶船～ | 뱃머리. ¶中间粗, 两～儿细 | 중간은 굵고 양끝은 가늘다. ❹ (～儿) 名 두목. 우두머리. ¶～目↓ ¶他是我们班上的～儿 | 그가 우리 반의 대장이다. ❺ (～儿) 名 일의 시초. 실마리. 단서. 발단. ¶月～儿 | 월초. ¶有～无尾 | 시작은 있는데 끝이 없다. ¶从～儿说起 | 처음부터 말하다. ¶话～儿 | 말머리. ¶提个～儿 | 단서를 끌어내다. ❻ (～儿) 名 일의 끝. 결말. 완성. ¶到～来 | 결국은. ¶说起来没～儿了 | 이야기를 시작하면 끝이 없다. ¶这件工程可有了～儿了 | 이 공사는 완성에 가깝다. ❼ 名 첫머리. 제일 앞. ¶书～题字 | 책의 첫머리에 글을 쓰다. ❽ (～儿) 名 물건의 남은 부분. ¶香烟～儿 | 담배꽁초. ¶粉笔～儿 | 분필 토막. ¶铅笔～ | 몽당연필. ¶布～儿 | 헝겊 조각. ❾ (～儿) 名 절정. 극단(極端). ¶苦日子終于熬áo到了～儿 | 고생스런 날을 견디어오다가 결국 절정에 달했다. ¶现在天短到～了 | 지금은 날이 제일 짧은 때에 이르렀다. ❿ (～儿) 名 방면. (한)쪽. 측면. ¶一～走, 一～唱 | 걸어가면서 노래를 부르다. ¶他落了个两～儿不讨好 | 그는 양쪽으로부터 미움을 받게 되었다. ⓫ 數 제일(第一)의. ¶～等↓ ¶～号↓ ¶～等技术 | 제1급의 기술. ⓬ 形 순서가 앞선. 처음의. ¶～几天有点不习惯, 过些日子就好了 | 처음 며칠은 습관이 좀 안되었는데 며칠이 지나자 괜찮아졌다. ¶～两课 | 처음 두 과. ¶～车 | 첫 차. 어법 ⓐ 「头」「前」「第」가 수량사 앞에 쓰였을 때의 차이⇒〔第dì〕 ⓑ 「头天」「头个星期」「头个月」「头年」은 「처음·첫」과 「지나간 것」의 두가지 뜻이 있는데 뒤의 뜻은 방언적 색채가 있음. ¶我们到中国后, 头个月住在上海, 以后便到了北京 | 우리는 중국에 온 후에 첫 달은 상해에서 머물렀는데 이후에는 북경에 갔다. ¶头个月你上哪儿去了? | 저번달에 너 어디에 갔었었니? ⓭ 介 (…의)전에. …에 임하여. ¶～吃饭要洗手 | 밥먹기 전에는 손을 씻어야 한다. ¶～下雨必先闷热 | 비가 오기 전에는 반드시 먼저 무덥다. ⓮ 數 쯤. 내지 [숫자의 사이에 쓰여 대략의 수를 나타냄] ¶三～五百 | 3백에서 5백쯤. ¶十～八块 | 8원 내지 10원. ⓯ 量 ⓐ 두. 마리 [소·말·돼지 등의 가축을 세는데 쓰임] ¶一～牛 | 소 한마리. ¶两～猪 | 돼지 두 마리. ⓑ 마늘이나 비녀 따위의 머리 모양을 한 것을 세는 단위. ¶一～蒜 | 마늘 한 통. ¶一～簪子zānzi | 비녀 한 개. ⓒ 일의 가지수를 세는 단위 [수사(數詞)는 「一」에 한함] ¶那一～亲事怎么样了? | 그 결혼은 어떠했습니까? ¶一～完了, 又是一～ | 한 가지 일이 끝나면 또 한가지 일이 생긴다.

Ⓑ ·tou 尾 ❶ 명사의 뒤에 쓰임. ¶石～ | 돌. ¶木～ | 나무. ¶舌～ | 혀. ¶苗～ | 조짐. 단서. ❷ (～儿) 동사의 뒤에 쓰여 그 동작을 할 가치가 있음을 나타내는 추상명사로 만듦. ¶念～(儿) | 읽을 만한 가치. ¶有吃～儿 | 먹을 만하다. ¶这个地方没有什么看～儿 | 이 곳은 별로 볼만것이 없다. ❸ (～儿) 형용사의 뒤에 쓰여 추상명사를 만듦. ¶有准～(儿) | 확실성이 있다. ¶尝到甜～(儿) | 단 것을 맛보다. ¶吃到不少苦～(儿) | 적지 않은 고통을 받았다. ❹ 방위를 나타

내는 단어 뒤에 쓰여 방위사(方位詞)를 만듦. ¶上～ | 위. ¶下～ | 아래. ¶前～ | 앞. ¶外～ | 밖. 어법「左」「右」「内」「中」「旁」의 뒤에는「头」가 쓰일 수 없고,「东头儿」「西头儿」「南头儿」「北头儿」에서의「头儿」은「맨끝·마지막」의 의미로 경성(輕聲)으로 읽지 않음.

【头把交椅】tóubǎ jiāoyǐ 名組 喻 제1번. 선두. 제1인자. ¶他终于坐上了公司的～ | 그는 마침내 회사의 제1인자 자리에 올랐다＝〔第一把交椅〕

【头把手】tóubǎshǒu 名 俗 제1인자. ¶他是这个厂的～ | 그가 이 공장의 제1인자이다.

【头班车】tóubānchē 名 첫차＝〔头趟车〕〔首(班)车〕⇔〔末(班)车〕

【头版】tóubǎn 名 (신문 따위의) 제1면.

【头版头条】tóubǎn tóutiáo 名組 ❶ (신문의) 1면 톱. 톱기사. ❷ 喻 중요한 지위〔위치〕.

【头布】tóubù 名 터번(turban). ¶缠chán～ | 터번을 감다.

【头朝地, 脚朝天】tóu cháo dì, jiǎo cháo tiān 動組 喻 눈코 뜰 새 없다. ¶把我赶落得～ | 나를 눈코 뜰 새 없이 바쁘게 몰아세우다.

【头大】tóudà 形 맨 처음 태어난. 만이인. ¶～的孙子 | 만 손자.

【头等】tóuděng 區 제1등(의). 최상(의). ¶～大事 | 가장 중요한 큰 일. ¶～舱 | 일등 선실→〔头路(儿)④〕

【头顶】tóudǐng 名 머리꼭지. ¶～是一片蓝天 | 머리 위는 온통 푸른 하늘이다.

[2]【头发】tóu·fa 名 두발. 머리털. ¶～稀少 | 머리카락이 성기다.

【头伏】tóufú 名 ❶ 초복(初伏)＝〔初伏〕 ❷ 초복부터 중복 사이의 열흘간. ¶～萝卜二伏菜 | 초복에는 무를, 중복에는 배추를 파종한다.

【头盖骨】tóugàigǔ 名〈生理〉두개골.

【头高头低】tóu gāo tóu dī 成 대저울로 물건을 달 때, 대저울 끝이 약간 높기도 하고 낮기도 하지만 별 차이 없다. 약간의 편차는 있을 수 있다.

【头功】tóugōng 名 일등공(一等功). 가장 우수한 공로. ¶这次战斗他立了～ | 이번 전투에 그가 가장 우수한 공로를 세웠다.

【头骨】tóugǔ 名〈生理〉두(개)골. ¶～受伤 | 두개골이 손상을 입다＝〔颅lú骨〕

【头号】tóuhào 區 ❶ 첫째(의). 최대(의). ¶～机密 | 첫째가는 기밀. 극비. ¶～字 | 초호(初號) 활자. ❷ 제일 좋은. ¶～面粉 | 제일 좋은 밀가루.

【头回生, 二回熟】tóu huí shēng, èr huí shú 諺 ❶ 첫번째는 서투르지만 두번째는 익숙해진다. ❷ 첫대면은 서먹하지만 두번째부터는 스스럼이 없게 된다.

【头昏目眩】tóu hūn mù xuàn 成 머리가 아찔하고 눈앞이 캄캄하다. ¶闹得～, 心神不安 | 머리가 아찔하고 눈앞이 캄캄한 게 마음이 불안하다.

【头昏脑胀】tóu hūn nǎo zhàng 成 머리가 어질어질하고 아프다. ¶他编词典累得～ | 그는 사전을 편찬하느라 머리가 다 어질어질하고 아프다＝〔头昏脑闷〕

【头婚】tóuhūn 名 초혼(初婚). ¶他是～, 但他老婆是二婚头了 | 그는 초혼인데, 그의 마누라는 재혼이다.

【头奖】tóujiǎng 名 (추첨·제비 뽑기 따위의) 일등상. ¶他得了～ | 그는 일등상을 받았다.

【头巾】tóujīn 名 ❶ (고대의) 두건. ❷ 스카프(scarf)→〔领巾〕

【头颈】tóujǐng 名 方 목＝〔脖子bózi〕

【头口】tóu·kǒu ⇒〔牲shēng口①〕

【头里】tóu·li 名 ❶ 앞. 전방. ¶你在～, 我在后头 | 너는 앞에 있고 나는 뒤에 있다. ¶一个～走, 一个后面跟 | 한명은 앞에서 가고 또 한명은 뒤에서 따라간다. ❷ 사전(事前). ¶咱们把话说在～, 免得以后说不清 | 우리 그 말을 사전에 해 둬야, 나중에 분명히 말할 수 없는 일이 없지. ❸ 이전. ¶他是一个月～来的 | 그는 한 달 전에 왔다.

【头领】tóulǐng 名 두령. 우두머리. ¶他是这帮人的～ | 그는 이 패거리의 두령이다＝〔头子〕→〔头目〕

【头颅】tóulú 書 名 머리. ¶抛～, 洒热血 | 목숨을 바치고 피를 뿌리다＝〔额颅élú〕

【头路】tóulù ❶ 名 方 실마리. 단서. ¶摸不着～ | 실마리를 잡을 수 없다. 손을 쓸 길이 없다. ❷ 名 方 가리마. ❸ 名 方 요령. 방법 ❹ (～儿) 名 形 俗 제1급(의). 최상(의)→〔头等〕

【头马】tóumǎ 名 선두에 서는 말. 우두머리. ¶牧马mùmǎ首先得降住～才成 | 말을 방목하려면 먼저 선두의 말을 제압하야 된다. 말.

【头面人物】tóu miàn rén wù 成 貶 거물. 간부. ¶他也算得上是中国的～了 | 그도 중국의 거물이라고 칠 수 있겠다. ¶当地的～几乎都出场了 | 그곳의 거물들이 거의 다 출석했다.

【头面】tóu·mian 名 옛날, (부녀자들의) 머리 장식품의 총칭.

【头目】tóu·mù 名 貶 두목. 수령. ¶土匪大～ | 비적의 대두목→〔头领〕〔头脑③〕〔头头儿〕〔头子〕

【头难】tóunán 形 方 처음이 어렵다. ¶什么事情总是～, 做了一阵就容易了 | 무슨 일이나 처음에는 어렵게 느껴지지만 한참 하다보면 쉬워진다.

[3]【头脑】tóunǎo 名 ❶ 두뇌. 어법「头脑」는 사람의 사유능력 즉 문제를 인식하고 분석하는 능력을 의미하며 주로「没有·很有·简单」등과 어울리나,「脑筋nǎojīn」은 주로 기억력을 의미하며「动作·(不)好·迟钝」등과 잘 어울려 쓰임. ¶这个人很有～ | 이 사람은 아주 머리가 좋다. ¶～清楚 | 두뇌가 명석하다. ¶～简单 | 사고가 단순하다. 머리가 나쁘다. ❷ 실마리. 두서. 어법 주로 부정문에 사용됨. ¶摸不着～ | 실마리를 잡을 수 없다. ¶办事没有～ | 일하는 것이 두서가 없다. ❸ 口 수뇌. 지도자→〔头目〕 ❹ 조리. 요령. ¶他办事很有～ | 그는 매우 조리있게 일을 한다.

【…头…脑】…tóu… nǎo 주로 성어(成語)나 성어형식(成語形式)을 만들 때 쓰임. ❶ 두뇌의 움직임을 나타낼 때. ¶昏hūn头昏脑 | 머리가 멍하다. ¶晕yūn头晕脑 | 머리가 어질어질하다. ❷ 처음과 끝·수미(首尾)를 나타낼 때. ¶没头没脑 | 밑도 끝도 없다. 느닷없다. ¶秃tū头秃脑 | 수미가 일관하지 않다. ❸ 자질구레한 것을 나타낼

때. ¶针头线脑儿 | (바늘/실 등) 바느질할 때의 자질구레한 것.

【头年】tóunián 名 ❶ 方 지난해. 작년. ❷ 첫해. 최초의 해.

【头皮】tóupí 名 ❶ 머리 부분의 피부. ❷ 머리. 체면. ¶断送了他~ | 머리를 잃어 버렸다. 죽었다. ¶硬着~干 | 체면을 무릅쓰고 억지로 하다. ❸ 비듬. ¶长zhǎng~ | 비듬이 생기다 =〔头皮屑xiè〕〔头屑〕〔肤fūpí皮〕

【头破血流】tóu pò xuè liú 成 머리가 깨어져 피가 흐르다. 여지없이 참패를 당하다. ¶他摔得~ | 그는 하도 심하게 넘어져서 머리가 깨져 피가 다 흐른다→〔人仰马翻〕

【头球】tóuqiú 名〈體〉축구에서 첫 패스 된 공. ¶他用~攻入了一个球 | 그는 첫 패스를 받아 한 골(goal)을 성공시켰다.

【头儿】tóur 名 ❶ 사물이나 일의 기점(起點). 정점(頂點). 종점(終點). ¶从~说起 | 처음부터 말하기 시작하다. ¶苦到~了 | 고생이 절정에 달했다. ¶飞上了树梢shùshāo~ | 나무가지 끝까지 날아올랐다. ¶他今年才十岁, 可要看个~ | 그는 올해 겨우 열 살이지만 어떻게 될지 두고 봐야겠다. ❷ 방면. …쪽. …측. ¶话要从两~说 | 말을 두 방면에서 해야 한다. ¶男~ | 남자측. ¶这~ | 이쪽. 아군. ❹ 노름판의 개평 ⇒〔头钱〕 ❺ (갓난 아기의) 도리질. ¶~一个! | 도리도리! ❻ 수령. 두목. 대장. ¶土匪~ | 토적 두목.

【头人】tóurén 名 (옛날, 중국 일부 소수 민족의) 수령(首領). ¶他用金钱买通了~ | 그는 돈으로 소수 민족의 수령을 매수했다.

【头如捣蒜】tóu rú dǎo suàn 成 굽신굽신 자꾸 절을 하다.

【头晌(儿)】tóushǎng(r) 名 方 오전 =〔上半天〕

【头上长角】tóushàng zhǎng jiǎo 動組 貶 머리에 뿔이 돋다. 걸핏하면 반기를 들다. ¶他是个~的叛逆分子 | 그는 걸핏하면 반기를 드는 반역분자이다.

【头生】tóushēng 名 ❶ 초산(初産). ❷ (~儿) 첫 아기 ‖ =〔头胎(儿)〕

【头绳】tóushéng 名 ❶ (~儿) 머리를 묶거나 땋는데 쓰는 끈. 댕기. 리본(ribbon). ❷ 方 털실 =〔毛线〕

【头虱】tóushī 名〈蟲〉머릿니. ¶小孩竟长~了 | 아이에게 뜻밖에 머릿니가 생겼다.

【头是头, 脚是脚】tóu shì tóu, jiǎo shì jiǎo 諺 喩 ❶ 몸가짐이 단정하고 산뜻하다. ❷ 한계가 명확하고 말끔하다.

【头水(儿)】tóushuǐ(r) 名 ❶ 俗 상급. 일등. ¶~货 | 일등품. ❷ (의류 따위의) 첫물. 처음으로 쓰는 신품(新品). ¶这件衣裳敢说是~, 从做得还没上身呢 | 이 옷은 감히 첫물이라고 할 수 있다. 만든 후로 아직 입어 본 일조차 없다. ❸ 두발용(頭髮用) 화장수. 헤어로션(hair-lotion). ❹ 커미션. 수수료.

【头套】tóutào 名 (배우가 분장할 때 쓰는) 가발.

【头疼】tóuténg ❶ 形 머리가 아프다. ¶我很~ | 나는 머리가 몹시 아프다. ¶他想起这事就~ | 그는 이 일만 생각하면 머리가 아프다. ❷ 名 두통.

【头疼脑热】tóuténg nǎorè 動組 喩 대수롭지 않은 병〔잔병〕을 앓다. ¶我倒是常常地~, 可是没患过大病 | 나는 잔병치레는 자주 하지만, 큰 병을 앓은 적은 없다.

【头天】tóutiān 名 ❶ 첫날. ❷ 方 전날. 어제.

【头条新闻】tóutiáo xīnwén 名組 톱 뉴스(top news). ¶以他的建议为~ | 그의 건의를 톱 뉴스로 삼다 =〔头手消息〕

【头痛】tóutòng ❶ 動 머리가 아프다. 두통이 나다. ¶今天他~, 不来上班了 | 오늘 그는 머리가 아파서 출근하지 않았다. ¶~得厉害 | 머리가 몹시 아프다. ❷ 動 걱정거리가 있어 마음이 편치 못하다. 골치 아프다. ¶这件事真叫人~ | 이 일은 정말 사람 골치 아프게 만든다. ❸ 名 두통.

【头痛医头, 脚痛医脚】tóu tòng yī tóu, jiǎo tòng yī jiǎo 成 머리가 아프면 머리를 치료하고 발이 아프면 발을 치료하다. ¶要全面整治, 不能~ | 일을 전면적으로 손질해야지 근본적인 문제를 해결하지 않고 지엽적인 문제만을 해결하려 해서는 안된다.

【头头脑脑】tóu·tounǎonǎo 名組 ❶ 지도자들. 수뇌급들. ❷ 喩 부스러기. 자질구레한 것. ¶买肉不要买好的, 只要买~的就行了 | 고기를 사려면 좋은 고기를 사지 말고 찌꺼기 고기를 사면 된다. ❸ 단서(端緖). 경위(經緯). 내력. ¶他对那一伙的行动, ~比别人清楚些 | 그는 그 사람들의 행동의 단서에 대하여 남보다 더 분명히 알고 있다.

【头头儿】tóu·tour 名 口 두목. 우두머리. 장(長). 대장. ¶这小姑娘是这群小孩的小~ | 이 꼬마 아가씨가 이 아이들의 꼬마 대장이다. ¶他是我们单位的~ | 그가 우리 부서의 우두머리이다→〔头目〕

【头头是道】tóu tóu shì dào 成 (말이나 행동이) 하나하나 사리에 들어맞다. ¶他说得~ | 그의 말은 하나하나가 다 사리에 맞다.

【头陀】tóutuó 名 外〈佛〉두타(dhuta;범). 행각승(行脚僧).

【头衔】tóuxián 名 (관직이나 학위 따위의) 직함. ¶他拿到了博士~ | 그는 박사 학위를 받았다. ¶别拿部长这个~来吓人 | 장관이라는 직함을 가지고 사람 겁주지 말라 =〔衔头〕

【头像】tóuxiàng 名 (사진이나 조각의) 두상.

【头囟儿】tóuxìnr 名 方〈生理〉숫구멍. 신문(囟門)

【头胸部】tóuxiōngbù 名〈動〉(갑각류의) 두흉부.

【头绪】tóuxù 名 ❶ 두서. 갈피. 단서. 실마리. ¶事情有了~ | 일이 두서가 잡혔다. ¶摸不着~ | 갈피를 잡을 수 없다. ¶茫无~ | 망망하여 갈피를 잡을 수 없다 =〔眉目méi·mu b〕〔线索①〕→〔蛛zhū丝马迹〕 ❷ 사물의 모양. 사정. ¶~繁多 | 사정이 복잡하다.

【头癣】tóuxuǎn 名〈醫〉두부 백선(頭部白癬).

【头雁】tóuyàn 名 (기러기떼를 인도해 날아가는) 선두 기러기.

【头羊】tóuyáng 名 (양떼를 인도해 가는) 선두 양. 우두머리 양. ¶~领路, 众羊跟随gēnsuí | 선

두 양이 길을 인도하면 나머지 양들이 따라 간다.
【头油】tóuyóu 名 머릿기름 =〔发fà油〕
【头晕眼花】tóu yūn yǎn huā 成 머리가 아찔하고 눈이 어질어질하다. ¶每天改词典, 累得~的｜매일 사전을 고치자니 힘들어서 머리가 어지럽고 눈도 가물거린다.
【头重脚轻】tóu zhòng jiǎo qīng 成 머리가 무겁고 다리는 가볍다. ❶기초가 튼튼하지 못하다. ❷몸이 불편하다. ¶他觉得有点儿~｜그는 몸이 좀 불편한 것 같았다.
【头状花序】tóuzhuànghuāxù 名組〈植〉두상화서.
4【头子】tóu·zi 名 貶 두목. 우두머리. 보스(boss). ¶土匪~｜토비의 두목. ¶流氓~｜불량배의 보스. ¶叫化子~｜거지의 우두머리 →〔头目〕
2【投】tóu 던질 투
動❶던지다. ¶~篮↓ ¶~石头｜돌을 던지다. ❷(자금이나 투표용지를) 집어 넣다. 투입하다. ¶把选票~在票箱里｜투표용지를 투표함에 집어 넣다. ¶~资↓ ❸(죽으려고) 뛰어들다. 몸을 던지다. ¶~进了大海｜바다에 죽으려고 몸을 던졌다. ¶~井↓ ¶~河↓ ❹(그림자·빛 따위가) 비치다. (시선을) 던지다. ¶~过来一束阳光｜한 줄기 햇빛이 비쳐 들어오다. ¶树影~在窗户上｜나무 그림자가 창문에 비치다. ¶把眼光~到他身上｜눈길을 그에게 던지다. ❺(서신 등을) 부치다. 보내다. ¶到邮局~了一封信｜우체국에 가서 편지를 한통 부쳤다. ¶~稿↓ ❻참가하다. 들어가다. ¶~宿↓ ¶~考↓ ¶~革命｜혁명에 참가하다. ¶他以前~过八路军｜그는 이전에 팔로군에 참가한 적이 있다. ¶弃暗~明｜成 어둠을 버리고 광명을 찾다. 잘못된 길을 버리고 옳은 길로 들어서다. ❼영합하다. 투합하다. ¶我的话正~了他的意｜내 말이 바로 그의 뜻에 맞았다. ¶两人不~脾气｜두 사람은 서로 성질이 맞지 않는다. ❽헹구다. ¶洗好了的衣裳, 还要在干净的水里~一~｜다 씻은 옷은 깨끗한 물에 다시 헹궈야 한다.
【投案】tóu/àn 動 자수(自首)하다. ¶快去派出所~吧｜빨리 파출소에 가서 자수해라.
【投保】tóu/bǎo 動 보험에 가입하다. ¶~人｜보험 계약자 →〔保险〕
【投奔】tóubèn 動 (의탁할 곳을) 찾아가다. (몸을) 의탁하다. ¶~亲戚｜친척에게 몸을 의탁하다. ¶我没法儿, 只得~到张师傅门下｜나는 하는 수 없이 장스승의 문하로 가서 의탁해야겠다.
【投笔从戎】tóu bǐ cóng róng 成 (문인이) 붓을 내던지고 종군(從軍)하다. ¶他父亲年轻时~, 参加抗日联军｜그의 부친께서 젊었을 때 붓을 던지고 군대에 나가 항일 연합군에 참가하셨다.
【投币式公用电话】tóubìshì gōngyòng diànhuà 名組 동전 투입식 공중 전화.
【投鞭断流】tóu biān duàn liú 成 말채찍만 다 던져도 강물의 흐름을 막을 수 있다. 병력이 많고 강성하다.
4【投标】tóu/biāo 動 (경쟁) 입찰하다 =〔标投〕
4【投产】tóu/chǎn 動 생산에 들어가다. 조업을〔가동을〕 개시하다. ¶又有三家工厂~｜또 세개의 공장이 조업을 개시하였다. ¶新购的机器已经~｜새로 산 기기는 이미 조업에 들어갔다.
【投诚】tóuchéng 動 褒 승복하다. 귀순하다. ¶缴械jiǎoxiè~｜무기를 버리고 항복하다.
【投弹】tóu/dàn 動 투탄하다. 수류탄 따위를 투척하다. 폭탄 따위를 투하하다. ¶~高度｜투탄 고도. ¶~角｜투탄각. ¶~器｜투탄기. ¶~手｜척탄병.
【投敌】tóu/dí 動 (적에게) 투항하다. ¶死不~｜죽어도 투항하지 않다. ¶他~变节了｜그는 변절하여 적에게 투항했다.
【投递】tóudì 動 (공문·서신 등을) 배달하다. ¶~信件｜편지를 배달하다. ¶如无法~, 请退回原处｜배달 불능시는 발신인에게 회송바람 [옛날, 겉봉에 상용하였음] ¶尽快把报纸~到订户手上｜최대한 빨리 신문을 구독자 손에까지 배달해라.
【投递员】tóudìyuán 名 우편 집배원. ¶~送来了报纸｜우편 집배원이 신문을 배달해 왔다 =〔邮递员〕
4【投放】tóufàng ❶動 던지다. 던져 넣다. ¶~鱼饵yú'ěr｜미끼를 던지다. ❷動 (인력·자금 따위를) 투자하다. ¶为了改变这里农业落后的状况, 政府~了大量人力和资金｜이곳 농업의 낙후된 상황을 개선하고자 정부는 대량의 인력과 자금을 투자했다. ¶~到最需要的地方去｜가장 필요로 하는 곳에 투자하다. ❸動 (시장에 상품을) 내놓다. 공급하다. ¶把大批积压物资~到市场｜대량의 재고 물자를 시장에 내놓다. ❹名 투자 및 대출. ¶全年~总值｜한 해의 투자 및 대출 총액.
【投稿】tóu/gǎo ❶動 투고하다. ¶他一连投了三篇稿｜그는 연달아 세 편을 투고했다. ¶向报社~｜신문사에 투고하다. ❷(tóugǎo) 名 투고.
【投合】tóuhé ❶形 잘 어울린다. (마음 등이) 서로 일치하다. ¶两人的性格很~｜두 사람의 성격은 아주 잘 어울린다. ¶他们俩脾气很~｜그들 두 사람은 성격이 잘 맞는다. ❷動 (요구 등을) 만족시키다. 맞추다. ¶这种衣服式样很~顾客的心理｜이런 옷 스타일은 고객의 심리에 아주 잘 맞을 수 있다.
【投河】tóu/hé 動 (죽으려고) 강에 뛰어들다. ¶~觅井mìjǐng｜강에 뛰어들려 하고 우물에 뛰어들려 하다. (부녀자가) 죽네 사네 난리를 피우다.
【投壶】tóuhú 名 투호 [병 속에 화살 던져 넣기를 하여 진 쪽이 벌주를 마시는 놀이]
【投缳】tóuhuán 書 動 (죽으려고) 목을 매달다. ¶~自杀｜목을 매어 자살하다.
【投簧】tóuhuáng 動 ❶열쇠가 자물쇠에 딱 들어맞다. ❷喻 (방법 따위가) 적절하다. 효과적이다. ¶这一剂药总算~了｜이 약은 결국 효과를 본 셈이었다.
3【投机】tóu/jī ❶形 배짱이 맞다. 의기투합하다. ¶他们便谈得很~, 立刻成了情投意合的同志｜그들은 이야기가 아주 잘 맞아서 금방 의기투합한 동지가 되었다. ¶话不~｜말이 잘 안맞아 대화가 잘 이루어지지 않다. ❷(tóujī) 名動 투기(하다) [목적어를 가지지 못함] ¶他做生意就会

～ | 그는 장사를 하니 투기를 잘 한다. ¶～分子 | 기회 주의자. ¶～买卖 | 투기 매매. ¶～取巧 | 기회를 틈타 교묘하게 이득을 취하다. ¶～商 | 투기상.

4【投机倒把】tōujī dǎobǎ 動組 투기 매매를 하다. ¶～分子 | 투기꾼. 투기업자.

【投进】tōujìn 動 투입하다. ¶～资本 | 자본을 투입하다.

【投井】tóu/jǐng 動 (죽으려고) 우물에 몸을 던지다. ¶她气得～自杀了 | 그녀는 하도 분해서 우물에 몸을 던져 자살했다.

【投井下石】tóu jǐng xià shí 國 우물에 빠진 사람에게 돌을 던지다. 남의 어려움을 틈타 위해를 가하다 =〔落井下石〕

【投军】tóujūn 動 옛날, 군에 들어가다. ¶～作战 | 입대하여 전투에 참가하다.

【投考】tóu/kǎo 動 (시험 따위에) 응시하다. ¶～大学 | 대학에 응시하다. ¶～生 =〔应考生〕| 수험생. 응시자.

【投靠】tóukào 動 ❶ (남에게) 몸을 의탁〔의지〕하다. 기탁하다. ¶他生活无人照料zhàoliào, 只好去～亲友qīnyǒu | 그는 생활을 도와주는 사람이 하나도 없어 하다못해 친우에게 몸을 의탁하였다. ❷ 貶 몸을 팔다. ¶卖身～ | 몸을 팔다. ¶他竟～敌人, 成了可耻kěchǐ的汉奸hànjiān | 그는 뜻밖에도 적에게 몸을 팔아 파렴치한 매국노가 되었다.

【投篮】tóu/lán 〈體〉❶ 動 (농구에서) 슛하다. ¶跳起～ | 점프해서 슛하다. ❷ (tóulán) 名 (농구의) 슛. ¶～不准 | 슛이 부정확하다. ¶远距离～ | 장거리 슛. ¶中距离～ | 중거리 슛. ¶近距离～ | 단거리 슛. ¶跳～ | 점프 슛. ¶单手～ | 원 핸드 슛. ¶双手～ | 투핸드 슛.

【投链球】tóuliànqiú 動組 〈體〉투해머(投hammer).

4【投票】tóu/piào ❶ 動 투표하다. ¶投谁的票? | 누구에게 투표했느냐? ¶～反对 | 반대 투표하다. ❷ (tóupiào) 名 투표. ¶无记名～ | 무기명 투표. ¶～日 | 투표일. ¶～箱 | 투표함. ¶～站 | 투표소.

【投其所好】tóu qí suǒ hào 國 남의 비위를 맞추다. ¶他很会～, 讨得上司的欢心 | 그는 남의 비위를 잘 맞추어 상사에게 환심을 샀다.

【投契】tóuqì 書 形 (의기가) 투합하다. 마음이 맞다. ¶他俩十分～ | 그 둘은 아주 마음이 잘 맞는다.

【投枪】tóuqiāng ❶ 名 〈體〉투창. 표창(標槍) =〔标biāo枪②〕❷ (tóu qiāng) 창을 던지다.

【投亲】tóu/qīn 動 친척에게 (몸을) 의탁하다. ¶～靠友 | 國 친척·친구에게 의탁하다. ¶～不如投店 | 諺 친척에게 의탁함은 여관에 드느니만 못하다.

【投球】tóu/qiú 〈體〉❶ 動 투구하다. 공을 던지다. ❷ (tóuqiú) 名 투구.

2【投入】tóurù 動 ❶ 뛰어들다. 참가하다. ¶～母亲的怀抱 | 어머니의 품안으로 뛰어들다. ¶～生产建设的高潮 | 생산 건설의 큰 물결에 같이 참가하다. ¶～事件的漩涡xuánwō里 | 사건의 소용돌이 속에 뛰어들다. ❷ 투입하다. 넣다. ¶～资金 | 자금을 투입하다. ¶把一个连队～战斗 | 1개 중대를 전투에 투입하다. ❸ 돌입하다. 개시하다. 전개하다. ¶～新的战斗 | 새로운 전투에 돌입하다.

【投射】tóushè ❶ 動 (목표를 향해) 던지다. ¶～标枪 | 표창을 던지다. ❷ 動 투사하다. (그림자·빛 따위가) 비치다. (눈길 따위를) 던지다. ¶金色的阳光～到平静的海面上 | 금빛 햇살이 고요한 해면에 비쳤다. ¶周围的人都对他～出惊讶jīngyà的眼光 | 주변의 사람은 모두 그에게 놀라움의 눈빛을 던졌다. ❸ 名 〈物〉투사. 입사. ¶～角 | 투사각. 입사각. ❹ 書 動 (기회·권력 따위에) 편승하여 이득을 얻다.

【投身】tóushēn 動 貶 투신하다. 뛰어들다. 몸을 던지다. ¶～革命 | 혁명에 뛰어들다. ¶～到火热的战斗中 | 치열한 전투속에 뛰어들다.

【投生】tóu/shēng ⇒〔投胎〕

【投师】tóu/shī 動 스승을 모시다. 스승에게서 가르침을 받다. 어법 대개 연동구문을 이룸. ¶他去外地～学艺 | 그는 외지로 나가 스승을 모시고 기술을 익힌다. ¶投了几次师 | 몇 번 스승을 모시고 배웠다. ¶投他为师 | 그를 스승으로 모시고 배우다. ¶～访友 | 國 스승을 모시고 벗을 찾다. 스승에게서 배우고 벗을 찾아 토론하다 =〔就师〕

【投手】tóushǒu 名 〈體〉(야구 따위의) 투수. ¶～板 | 투수판. 마운드(mound). ¶～犯规 | 투수 실책. 보크(balk) =〔掷手〕

【投鼠忌器】tóu shǔ jì qì 國 쥐를 때려 잡고 싶어도 그릇 깰까봐 겁내다. ¶他早就想揭发jiēfā那个人的劣迹, 但～, 又怕遭到打击报复, 因而迟疑不决 | 그는 벌써부터 저 사람의 악랄한 행적을 폭로하려고 했지만 다른 문제가 생길까 겁이 났고 또 보복을 당할까 두려워 망설이며 결정하지 못했다 =〔諺 打老鼠伤玉器〕

【投宿】tóusù 動 투숙하다. ¶他在王家村～ | 그는 왕가촌에 투숙했다.

【投胎】tóu/tāi 動 환생하다 [영혼이 모태에 들어가 다시 태어남을 말함] ¶～到这种穷人家里, 注定一辈子受苦 | 이런 가난한 집안에 환생했으니 필연코 평생 고생할 것이다 =〔投生〕

【投桃报李】tóu táo bào lǐ 國 복숭아를 선물받고 자두로 답례하다. 선물을 주고 받으며 친밀하게 지내다.

3【投降】tóuxiáng 名 動 투항(하다). 항복(하다). ¶敌人不得不向我军～ | 적은 아군에 항복하지 않을 수 없다. ¶他们宁可牺牲, 也不～敌人 | 그들은 차라리 희생이 될 지언정 적에게 항복하지 않는다 =〔降服〕

【投降主义】tóuxiáng zhǔyì 名 투항주의 [사회주의를 견지하지 못하고 자본주의에 굴복한다는 뜻임]

【投向】tóuxiàng 名 (구매력·자금 등의) 투자방향.

【投效】tóuxiào 書 動 자진하여 힘쓰다. 자발적으로 봉사하다. ¶请求～空军 | 공군에게 복무하기를 지원하다.

【投药】tóuyào 動 투약하다 =〔逗dòu药〕

【投影】tóuyǐng ❶ 動 투영되다. ❷ 名 투영. 투영된 것〔그림자〕. ¶ ～不太清楚 | 투영된 그림자가 그다지 분명하지 않다. ¶ 墨卡托地图～ | 메르카토르 투영법(Mercator投影法). ¶ ～几何学 | 투영 기하학. ¶ ～器 | 영사기. ¶ ～图 | 투영도.

【投缘】tóu/yuán 動 마음이 맞다. 뜻이 통하다. 의기투합하다 [주로 첫번째 사귐에 쓰임] ¶ 两人越谈越～ | 두 사람은 얘기할수록 마음이 맞았다. ¶ 新娘子倒很投了婆婆的缘 | 새색시는 아주 시어머니의 마음에 들었다.

4【投掷】tóuzhì ❶ 動 던지다. 투척하다. ¶ 他举起标枪biāoqiāng, 快跑了几步, 然后用力地～了出去 | 그는 투창을 들고 빠르게 몇 걸음을 달린 후에 힘껏 던졌다. ¶ ～铁饼 | 원반을 던지다. ❷ 名〈體〉던지기. 투척.

4【投资】tóu/zī ❶ 動 투자하다. ¶ ～工矿企业 | 광공업체에 투자하다. ¶ 他～几千万元兴建了一个工厂 | 그는 수 천만원을 투자해서 공장을 하나 세웠다. ¶ 投不起资 | (경제력이 없어) 투자할 수 없다. ❷ (tóuzī) 名 투자(금). ¶ 国家～ | 국가 투자. ¶ ～场所 | 투자 장소. ¶ ～基金 | 투자 기금. ¶ ～市场 | 투자 시장.

【骰】 tóu 주사위 투

(～儿, ～子) 名 주사위.

【骰儿】tóur ⇒〔骰子〕

【骰子】tóu·zi 名 方 주사위. ¶ 掷zhì～论输赢shūyíng | 주사위를 던져 승패를 가르다. ¶ 耍shuǎ～ | 주사위를 놀다 =〔骰儿〕〔色shǎi子〕〔投子〕

【骰子局】tóu·zijú 名 주사위 노름판.

tǒu ㄊㄡˇ

【钭】 tǒu ☞ 钭 dǒu

tòu ㄊㄡˋ

2 ## 【透】 tòu 통할 투

❶ 動 (액체·광선·공기 등이) 스며들다. 뚫고 들어오다. 통하다. ¶ ～水 | 물이 스며들다. ¶ 屋里～风 | 집에 바람이 통하다. ¶ 打开窗户～～空气 | 창문을 열어 공기를 좀 통하게 해라. ¶ 阳光～过玻璃窗照进来 | 태양빛이 유리창을 통해 비쳐 들어오다. ¶ 从洞口～进来一道阳光 | 동굴 입구에서 한 줄기 햇빛이 비쳐 들어왔다. ❷ 動 (소식·소문 등을) 누설하다. 몰래 알리다. ¶ 这件事要给他～个信 | 이 일은 그에게 귀뜸을 해야 한다. ¶ 一点情况也没～出来 | 약간의 상황도 누설되지 않았다. ❸ 動 드러나다. 나타나다. …처럼 보이다. ¶ 白里～红 | 흰바탕에 붉은 빛이 약간 난다. ¶ 脸上～着笑 | 얼굴에 웃음이 어려있다. ¶ 几句话就～出了他的才气 | 말 몇 마디에 그의 재기가 드러났다. ¶ 他～着很老实 | 그는 아주 착실해 보인다. ❹ 動 깨닫다. ¶ 一点即～ | 成 조금만 시사해도 곧 깨닫는다. ❺ 形 철저하다. 투철하다. 명백하다. 어법 단독으로 술어가 되지 못하고 주로 보어로 쓰임. ¶ 分析得很～ | 아주 정확하게 분석했다. ¶ 这人我看～了 | 이 사람은 내가 완전히 간파했다. ❻ 形 충분하다. 기대치에 도달했거나 정도가 심함을 나타냄. 어법 단독으로 술어가 되지 못하고 주로 보어로 쓰임. 대개 어기조사 「了」를 동반함. ¶ 雨下～了 | 비가 충분히 내렸다. ¶ 衣服湿～了 | 옷이 흠뻑 젖었다. ¶ 把敌人恨～了 | 적을 아주 미워한다. ¶ 事情麻烦～了 | 일이 아주 성가시게 되었다. ¶ 这家伙坏～了 | 저 자식은 나쁘기 그지없다.

4【透彻】tòuchè 形 (상황 이해나 사리 분석이) 매우 상세하고 심도가 있다. 철저하다. 명백하다. ¶ 说得很～ | 말하는 것이 대단히 철저하다. ¶ 他对于各部分的工作内容都有了～的了解 | 그는 각 부분의 작업 내용에 대해 확시히이해하고 있다. ¶ 他分析问题很～ | 그는 문제를 분석하는 것이 아주 명확하다.

【透底(子)】tòudǐ(·zi) 動 진상을 알려 주다. ¶ 他跟你～了吗? | 그가 너에게 진상을 알려주더냐?

【透顶】tòudǐng 動 정도가 극에 이르다. 대단히 심하다. 어법 주로 부정적인 뜻의 형용사 뒤에서 보어로 쓰임. ¶ 糊涂～ | 대단히 멍청하다. ¶ 这个家伙坏～了 | 이 녀석은 아주 악질이다. ¶ 清朝政府腐败fǔbài～ | 청나라 정부의 부패가 극에 달하다. ¶ 荒谬huāngmiù～ | 황당무계하기 이를 데 없다. ¶ 混帐hùnzhàng～ | 뻔뻔스럽기 짝이 없다.

【透风】tòu/fēng 動 ❶ 바람이 새다〔통하다〕. 바람을 통하게 하다. ¶ 窗缝不严, 直～ | 창틈을 꼭꼭 막지 않아서 계속 바람이 들어온다. ¶ 这屋子不～, 夏天闷热 | 이 방은 바람이 통하지 않아 여름엔 무덥다. ¶ 打开窗户透透风 | 창문을 열고 통풍을 좀 시켜라. ❷ 바람을 쐬(어 말리)다. ¶ 衣服老不～要长霉zhǎngméi | 옷을 바람을 쐬지 않고 그냥 그렇게 두면 곰팡이가 핀다. ¶ 把籍子里的东西拿出来透透风 | 상자 안의 물건을 꺼내서 바람에 좀 쐬라 =〔晾liàng①〕 ❸ 비밀을 누설하다. 비밀이 새다. ¶ 这事必须严格保密, 不准～ | 이 일은 반드시 비밀을 엄격하게 지켜야지 누설해서는 안된다. ¶ 这件事, 他向我透了一点风 | 이 일은 그가 내게 약간 귀띔해 주었다.

【透骨】tòugǔ 動 ❶ (추위 따위가) 뼛속까지 파고〔스며〕들다. ¶ 冰凉～ | 차가움이 뼛속까지 스며들다. ❷ 뼈에 사무치다. ❸ 철저하다.

【透过】tòu·guo 動 …을 통하다. …을 거치다. ¶ ～车窗可以看见前面的村子 | 차창을 통하여 앞에 있는 마을을 바라볼 수 있다. ¶ ～现象看本质 | 현상을 통하여 본질을 보다. ¶ ～中间人带来了押金yājīn | 중개인을 통해 보증금을 가져왔다 →〔通过〕

【透河井】tòuhéjǐng 名 하안(河岸) 가까이에 판 우물.

【透话】tòu/huà 動 ❶ 말을 건네다. 의향을 비추다. ¶ 先和他透个话儿 | 먼저 그에게 의향을 비춰봐라. ❷ 서로 상의하다. 의논하다. 면담하다. ¶ 双方透个话儿再定吧 | 쌍방이 서로 상의한 다음 결정하자. ❸ (비밀의) 입밖에 내다. 말을 흘리다. ¶ 向他透话 | 그에게 (비밀의) 말을 누설하다.

【透镜】tòujìng 名〈物〉렌즈(lens). ¶凹āo～｜오목 렌즈. ¶凸tū～｜볼록 렌즈 =〔透光镜〕→〔镜头①〕

【透亮】tòu·liàng 形 ❶ 투명하다. ¶这珠子多～!｜이 구슬은 얼마나 투명한가! ❷ 밝다. ¶这教室窗户既多又大, ～的!｜이 교실은 창문이 많기도 하고 또 커서, 정말 밝다. ❸ 명백하다. 분명히 이해하다. ¶经你这么一说, 我心里就～了｜네 말을 듣고서 나는 분명히 이해했다.

【透漏】tòulòu 動 ❶ 새다. 누설하다. ¶消息～出去了｜소식이 새어 나갔다. ¶～风声｜소문을 흘리다. ❷ 알려지다. 드러나다. 폭로되다 ‖ =〔透露①〕

【透露】tòulù 動 ❶ (소식·상황·의사 등을) 폭로하다. 누설하다. ¶无意间～了这些秘密｜무의식중에 이런 비밀들을 누설했다. ¶真相～出来了｜진상이 드러났다. ¶早就有些风声～出来｜벌써부터 이런 소문이 흘러나왔다 =〔透漏〕❷ (말이나 문장 가운데) 넌지시 드러내다. 시사(示唆)하다. 암시(暗示)하다. ¶他拒绝在没有正式会晤huìwù之前作任何～｜그는 정식 대면이 있기 전에 어떠한 시사(示唆)도 거절했다→〔泄xiè漏〕

3【透明】tòumíng 形 ❶ 투명하다. ¶水晶非常～｜수정이 대단히 투명하다. ¶水是无色～的液体｜물은 무색 투명한 액체이다. ¶半～｜반투명. ¶不～｜불투명. ¶～漆｜투명 래커(lacquer). 클리어(clear) 래커. ¶～玻璃｜투명 유리. ❷ (사람이) 순수(純粹)하다.

4【透明度】tòumíngdù 名 투명도.

【透明体】tòumíngtǐ 名〈物〉투명체.

【透辟】tòupì 書 形 철저하다. 투철하다. 치밀하다. ¶～地剖析pōuxī了事理｜사리를 철저하게 분석했다. ¶～的论述｜치밀하고 철저한 논술. ¶分析很～｜분석이 아주 치밀하다→〔精jīng辟〕

【透平(机)】tòupíng(jī) 名 外 터빈(turbine). ¶煤气～｜가스 터빈 =〔轮lún机①〕

【透气】tòu/qì 動 ❶ (공기 따위가) 통하다. 공기를 유통시키다. ¶把车窗打开透一透气!｜차창을 열어서 공기를 좀 통하게 해라! ❷ 숨을 돌리다. ¶忙得透不过气来｜너무 바빠서 숨돌릴 여가도 없다. ❸ 안도의 숨을 쉬다. 한시름 놓다. ¶他说的话很让人～｜그의 말은 사람들로 하여금 한시름 놓게 한다.

【透热疗法】tòurè liáofǎ 名組〈醫〉고압전류로 인체내부에 열을 가하여 신경통·염증·경련 따위를 치료하는 전기요법의 일종. ¶采用～才见到了效果｜전기 요법을 쓰고 나서야 효과를 보았다.

【透墒】tòushāng 形〈農〉토양속의 수분이 농작물이 발아하거나 성장하는데 충분하다.

【透视】tòushì ❶ 名〈美〉투시 도법. 투시 화법. ¶文艺复兴以后, 画家们才采用焦点～的画法｜문예부흥 이후에 화가들이 비로소 초점 투시 화법을 채용했다. ❷ 名〈醫〉투시. 엑스선 투시 검사. ¶～检查｜엑스선 검사. ¶到医院去～｜병원에 가서 엑스선 투시 검사를 하다. ¶这个部位～不出来｜이 부위는 투시되어 나올 수 없다. ❸ 動 꿰뚫어 보다. ¶他用锐利ruìlì的目光～人生｜그는 예리한 눈빛으로 인생을 꿰뚫어 본다. ¶分析问题要～出事物的本质｜문제를 분석할 때는 사물의 본질을 꿰뚫어 보아야 한다.

【透视图】tòushìtú 名〈美〉투시도. ¶画了一张～｜투시도를 한장 그렸다.

【透心(儿)凉】tòuxīn(r) 形 ❶ 매우 차다. 대단히 춥다. ❷ 실망하다. ¶听了他的话, 真叫人～｜그의 말을 들으면 참으로 실망스럽다.

【透信儿】tòu xìnr 動 소식이 알리다. 귀뜸을 하다. ¶托人向他～｜인편으로그에게 귀뜸을 하다.

【透雨】tòuyǔ 名 흠뻑 내린 비. 충분한 비. ¶下了那场～以后, 旱田hàntián上的蔬菜长得很快｜비가 그렇게 흠뻑 내린 이후로, 밭의 채소가 아주 빠르게 자란다 =〔方 饱雨〕

【透支】tòuzhī ❶ 名〈經〉당좌 대월(當座貸越). ¶～交易｜당좌대월 거래. ¶～契约｜당좌 대월 계약. ❷ 動 은행이 당좌 대월을 허가하다. ¶银行批准该厂～10000元｜은행에서 그 공장이 만원까지 당좌 대월을 허가했다. ❸ 動 지출이 수입을 초과하다. 적자(赤字)가 되다. ¶这个月的生活费又～了｜이번달의 생활비가 또 적자다. ¶今年工厂～1万元｜올해 공장에서 만원을 적자 보았다. ¶这个企业～严重｜이 기업은 적자가 심각하다. ❹ 動 가불하다. ¶当时他每月都要向老板～一些薪金｜당시 그는 매달 주인에게 월급의 일부를 가불해 달라고 했다.

·tou ㄊㄡ˙

1【头】·tou ☞ 头 tóu B

tū ㄊㄨ

4【凸】tū 뾰족할 철
形 가운데가 볼록하다. 볼록 튀어나오다. ¶～起来｜볼록 튀어나오다. ¶凹āo～不平｜올록 볼록하여 평평하지 않다. ¶挺胸tǐngxiōng～肚dù｜成 가슴을 펴고 배를 내밀다. 용감하게 일을 해나가다. ¶这块木板不平, 这里太～, 要再刨bào掉一点｜이 나무판은 평평하지가 않고 여기가 너무 불룩하니 다시 좀더 대패로 밀어내야겠다⇔〔凹āo〕

【凸版】tūbǎn 名〈印出〉철판. 볼록판 [목판(木版)·연판(鉛版)·아연판(亞鉛版) 등] ¶～轮转机｜활판 인쇄 윤전기. ¶～印刷｜철판 인쇄 ⇔〔凹āo板〕

【凸额】tū'é 名 볼록 튀어나온 앞이마. 앞짱구. ¶鹅头上有～｜거위는 앞이마가 볼록 튀어 나와 있다.

【凸轮】tūlún 名〈機〉캠(cam) =〔歪wāi轮〕

【凸面镜】tūmiànjìng 名 볼록 거울 =〔凸镜〕

【凸透镜】tūtòujìng 名〈物〉볼록 렌즈 =〔放大镜②〕〔会聚透镜〕〔俗 火镜〕〔聚jù透镜〕

4【秃】tū 대머리 독, 모지라질 독
❶ 形 머리가 벗어지다. ¶他的头顶很～｜그의 머리는 아주 벗어졌다. ❷ 形 (산에) 나무가 없다. (나무에) 잎이 없다. 앙상하다. ¶～树｜앙상한 나무. ¶～山｜민둥산. ❸ 形 새가 꼬리

가 없다. 짐승의 머리에 털이 없다. ¶这只鸟~尾巴｜이 새는 꼬리가 없다. ❹形(끝이 닳아) 무디다. 모지라지다. ¶这枝笔很~, 不好用｜이 연필은 끝이 뭉툭하여 쓰기에 나쁘다. ¶笔尖~得很｜연필 끝이 아주 모지라졌다. ¶针~了尖儿了｜바늘이 끝이 무디어졌다. ❺形(글이) 불완전하다. 고르지 못하다. ¶这篇文章写得有点~｜이 문장은 조금 불완전하게 쓰여졌다. ❻(~子) 名 대머리. ❼ 복성(複姓)중의 한 자(字).

【秃宝盖(儿)】tūbǎogài(r) 名 한자 부수의 민갓머리(冖)변 =〔平宝盖(儿)〕

【秃笔】tūbǐ 書 名 ❶ 모지랑붓. 끝이 다 단 붓. ❷ 喩 謙 변변찮은 글재주. 졸필. 둔필. ¶他那支~是写不出好作品来的｜그의 그 글재주로는 좋은 작품을 써낼 수 없다. ¶我这支~不行, 得找个笔杆子｜나는 졸필이라 안되겠으니 글재주가 있는 사람을 찾아야 할 것입니다.

【秃不拉茬】tū·bu láchá 狀 京 (일을) 말끔히 끝내지 못하다. 지저분하게 해놓다. ¶这件事就这么放下了, 真觉得有点儿~｜이 일을 이렇게 그만두자니 좀 게운치 않다.

【秃疮】tūchuāng 名 方〈醫〉독창 [의학 전문용어로는 「黄癣」이라 함] ¶长zhǎng~｜독창이 생기다. ¶护~｜喩 감싸다. 비호하다 =〔秃子③〕〔瘌痢làlì〕

【秃顶】tū/dǐng ❶ 動 머리가 벗어지다. ¶他还不到四十岁, 就已经~了｜그는 아직 마흔살도 안되었는데 벌써 머리가 벗어졌다. ❷(tūdǐng) 名 대머리. ¶他爹diē是个~｜그의 아버지는 대머리다.

【秃发】tūfà ❶ 動 머리카락이 빠지다. ¶我十年前已~了｜나는 십년 전에 이미 머리카락이 다 빠졌다. ❷(Tūfà) 名 복성(複姓).

【秃鹫】tūjiù 名〈鳥〉독수리. ¶一只~逮dǎi了一只小兔子｜독수리 한 마리가 토끼 새끼 한 마리를 낚아챘다 =〔狗头雕〕〔坐山雕〕

【秃驴】tūlǘ 名 罵 (맨대가리) 중놈. 까까중. ¶你这个~, 装什么道士?｜너 이 까까중놈아, 무슨 도사인 체 하느냐? =〔秃奴〕〔秃厮〕

【秃脑(袋)瓜儿】tūnǎo(·dai) 名組 ❶ 대머리. ¶往他的~上揍zòu了一拳｜그의 맨머리에 주먹으로 일격을 가했다. ❷ 중대머리. 까까머리 ‖ =〔秃脑袋瓜子〕

【秃偏厂(儿)】tūpiānchǎng(r) 名 한자 부수의 민엄호(厂)변 =〔偏厦儿〕

【秃头】tū/tóu ❶ 動 (머리에) 모자를 쓰지 않다. ¶他秃着个头出去了｜그는 모자를 쓰지 않은 채 나가 버렸다. ❷(兒) 名 대머리(인 사람) ¶他理了一个~｜그는 머리를 빡빡 밀었다→〔光头〕 ❸(兒) 名 일에 시작과 끝이 없는 것. 밑도 끝도 없는 글. ¶~信｜익명의 편지.

【秃子】tū·zi ❶ 名 대머리(인 사람). ¶亮~｜번든번들한 대머리. ¶~当和尚将就材料｜대머리가 중이 되면 꼭 알맞겠다. ❷ 名 罵 까까중년. ¶看见~要倒霉dǎoméi｜까까중년을 만나면 재수가 없다. ❸ 方 독(秃瘡) =〔黄癣huángxuǎn〕

【秃子脑袋上的虱子】tū·zi nǎo·dai·shang·de shī·zi 歇 대머리에 붙은 이. 대번에 알수 있다. 숨길 수 없다 [뒤에 「明摆着」나 「一看就明白」가 이어지기도 함] ¶这道理是~, 谁看不清｜이 이치는 대번에 드러나는 것인데 누군들 분명히 보지 못하겠는가.

1【突】tū 갑작스러울 돌, 뚫을 돌

❶ 動 (포위망을) 뚫다. 돌진하다. 돌파하다. ¶~围｜포위를 뚫다. ¶~入敌阵｜적진을 돌파해 들어가다. ¶他们使劲~出记者的包围｜그들은 힘을 다해 에워싼 기자들을 뚫고 나왔다. ❷ 動 주위보다 두드러져 나오다. 돌출하다. 두드러지다. ¶墙面~出来了一块砖｜벽면에 벽돌 하나가 뛰어나왔다. ❸ 書 副 돌연. 갑자기. ¶河水~涨zhǎng｜강물이 갑자기 불었다. ¶气温~增｜기온이 갑자기 올랐다. ❹ 書 굴뚝. 연통. ¶灶~｜부뚜막의 굴뚝. ¶曲~徙薪｜成 굴뚝을 구부리고 장작을 옮기다. 재난을 미연에 방지하다. ❺ 擬 두근두근 [심장이 고동치는 소리] ¶心~~地跳｜가슴이 두근두근 뛰다.

【突变】tūbiàn ❶ 動 돌변하다. 격변하다. ¶发生了~｜갑작스러운 변화가 생기다. ¶形势~｜형세가 돌변하다. ❷ 名〈生〉돌연 변이. ¶~说｜돌연 변이설. ❸ 名〈哲〉(변증법의) 질적 변화. 비약.

[2]【突出】tūchū ❶ 動 돌출하다. 툭 튀어나오다. ¶颧骨guángǔ~｜광대뼈가 툭 튀어나오다. ¶~的岩石｜돌출한 암석. ❷ 形 월등하다. 특출하다. 현저하다. 두드러지다. ¶~的贡献｜월등한 공헌. ¶表现很~｜표현이 아주 특출하다. ¶有了~的成就｜뛰어난 성과를 거두었다 ‖ =〔凸出〕 ❸ 動 두드러지게 하다. ¶~重点｜중점을 두드러지게 하다. ¶这部小说成功地~了主要人物的性格｜이 소설은 성공적으로 주요 인물의 성격을 두드러지게 했다.

【突发】tūfā 動 ❶ 갑자기 폭발하다(터지다). ¶爆竹~, 锣鼓luógǔ喧天xuāntiān｜폭죽이 갑자기 터지고 징과 북소리가 온천지를 진동시켰다. ❷ (일·사건 등이) 돌발하다. 갑자기 발생하다. ¶处理~事件｜돌발 사건을 처리하다.

【突飞猛进】tū fēi měng jìn 成 비약적으로 발전하다 =〔飞速发展〕

[2]【突击】tūjī ❶ 名 動 돌격(하다). ¶向敌阵~｜적진으로 돌격하다 =〔冲锋〕〔冲击②〕 ❷ 動 역량을 집중하여 단기간에 어떤 임무를 완수하다. 매달려 하다. ¶他正在~一篇稿子｜그는 지금 원고 한편에 매달리고 있다. ¶学英语是~不出来的｜영어는 단기간 내에 마스터될 수 없다. ¶~完成了任务｜총력을 기울여 임무를 완수했다. ❸ 動 의표를 찌르다. 돌연히[뜻밖에]…하다. ¶~提干｜돌연히 간부를 등용하다.

【突进】tūjìn 名 動 돌진(하다). ¶部队向西~｜부대가 서쪽으로 돌진하다.

【突厥】Tūjué 名〈民〉돌궐족.

【突尼斯】Tūnísī 名 外〈地〉❶ 튀니지(Tunisie) [1956년에 프랑스로부터 독립한 아프리카 북부의 지중해 연안의 공화국. 수도는 「突尼斯」(튀니스;Tunis)] ❷ 튀니스(Tunis) [「突尼斯」(튀니

지;Tunisie)의 수도]

3【突破】tūpò 動 (한계·난관 따위를) 돌파하다. ¶～定额｜기준량을 돌파하다. ¶～了传统的理论｜전통 이론(의 한계를)을 돌파하다.

【突起】tūqǐ ❶ 動 갑자기 발생하다. 갑자기 일어나다. ¶狂风～｜광풍이 갑자기 일다. ¶异军～｜의외의 군대가 갑자기 나타나다. 轉 (운동 경기 따위에서) 다크 호스가 갑자기 등장하다. ❷ 動 우뚝 솟다. 돌출하다. ¶峰峦fēngluán～｜산봉우리가 우뚝 솟아 있다. ❸ 名〈醫〉(종기 따위와 같은) 돌기.

1【突然】tūrán 形 갑작스럽다. 의외[뜻밖]이다. ¶～事件｜돌발적인 사건. 어법 ⓐ「突然」은 정도부사나「极了」「得很」따위의 보어를 취할 수 있음. ¶这事儿很～｜이 일은 아주 의외이다(갑작스럽다). ¶他问得有点～｜그의 질문은 좀 갑작스러웠다. ⓑ「突然」은「感觉」「认为」「算」등 소수 일부 동사의 목적어(賓語)가 되기도 함. ¶并不认为～｜결코 갑작스럽다고 생각되지는 않는다. ⓒ 부사어로 쓰일 경우 대개「地」를 붙이지 않음. ¶～闯chuǎng进一个人来｜갑작스럽게 어떤 사람이 뛰어 들어왔다. ⓓ 의미를 강조하기 위해「突然」을 문두에 둘 수 있음. ¶～, 人们都站了起来｜별안간 사람들이 모두 일어났다. ⓔ「不＋動」「没有＋名」앞에는「突然」을 쓸 수 있으나,「没有＋動」앞에는「突然」을 쓸 수 없음. ¶～没有响了(×) ¶～没有一点响声了｜갑자기 아무 소리도 들리지 않았다. ¶收音机～不响了｜라디오가 갑자기 소리가 않난다. ⓕ「突然」은「忽然」에 비해 뜻이 강함.「忽然」은 주어 앞에 쓰이는 경우가 드뭄. ⓖ「突然间」은「突然」과 뜻이 같으나, 사건의 발생이 더욱 순간적임을 나타내고 대부분 주어 앞에 쓰임. ¶黑暗中, 突然间发现远处有一点灯光｜어둠 속에서 별안간 멀리 불빛이 보였다＝[突地][突然间]

【突如其来】tū rú qí lái 成 갑자기 닥쳐오다. 뜻밖에 나타나다. ¶这～的变化, 叫人不知所措cuò｜이 갑작스런 변화에 어쩔 줄 모르다.

【突突】tūtū 擬 심장이 뛰는 소리. 기계 소리. 어법 대개 관형어나 부사어로 쓰임. ¶～的心跳声｜쿵쿵거리는 심장 박동 소리. ¶拖拉机～地开过来了｜트랙터가 기계 소리를 내며 다가왔다.

【突围】tū/wéi 動 포위를 뚫다[돌파하다]. ¶经过血战, 部队终于～｜혈전을 거쳐 부대가 마침내 포위를 돌파했다.

【突兀】tūwù 形 ❶ 돌올하다. 우뚝하다. ¶奇峰～｜기이한 봉우리가 우뚝 솟아 있다. ❷ 갑작스럽다. 뜻밖이다. 어법 단독 술어로 쓰이지 않고 주로 보어로 쓰임. ¶事情来得太～, 叫我不知所措cuò｜일이 너무 갑작스럽게 발생하여 어찌할 바를 모르겠다.

【突袭】tūxí 名 動 급습(하다). 기습(하다). ¶游击队～美军白虎团｜유격대가 미군 백호단을 급습하다.

【突现】tūxiàn 動 갑자기 나타나다(출현하다). ¶转过山脚, 一片美丽的景色～在眼前｜산 허리를 돌아가면, 한 편의 아름다운 경치가 갑자기 눈앞에 나타났다.

【葖】tū 곤돌풀 돌
⇒[菁gū葖]

tú ㄊㄨˊ

1【图(圖)】tú 그림 도, 꾀할 도
❶ 名 그림. 도표. ¶地～｜지도. ¶蓝～｜청사진. ¶天气～｜일기도. ❷ 名 계획. 의도. ¶良～｜좋은 의도. ¶鸿～｜원대한 계획. ❸ 書 動 그림 그리다. ¶画影～形｜인상서를 그리다. ❹ 書 動 계획하다. 도모하다. ¶容缓～之｜천천히 계획하다. ❺ 動 꾀하다. 구하다. 바라다. ¶～安静｜안정을 구하다. ¶不～名利｜명예와 이익을 탐내지 않다.

4【图案】tú'àn 名 도안.

【图板】túbǎn 名 제도판. 화판.

【图版】túbǎn 名〈印出〉플레이트(plate) [인쇄용 금속판]

4【图表】túbiǎo 名 도표. 통계표. ¶论文中有一些～｜논문 중에 도표가 조금 들어 있다.

【图财害命】tú cái hài mìng 成 재물을 탐내어 사람을 해치다. ¶他们～, 制造这起凶案｜그들은 재물을 탐해 이런 흉악한 사건을 만들어 사람을 해친다.

【图谶】túchèn 名 도참.

【图存】túcún 動 살길을 강구하다. ¶救亡～｜죽음에서 벗어나 살길을 찾다.

【图钉(儿)】túdīng(r) 名 압정. 압핀＝[摁èn钉儿][揿qìn钉儿]

3【图画】túhuà 名 ❶ 그림. 도화. 회화. ❷ 한 토막. 한 장면. ¶这个农场像一幅大跃进的～｜이 농장은 대약진의 한 장면 같다.

【图画文字】túhuà wénzì 名組 회화 문자→[象形文字]

【图籍】tújí 書 名 도적. 지도와 호적.

【图记】tújì ❶⇒[图章①] ❷ 名 간단한 그림으로 표식한 기호.

【图解】tújiě ❶ 名 動 도해(하다). ¶～法｜도해법. ¶用～说明｜도해로써 설명하다. ¶这道方程式不易～｜이 방정식 문제는 도해하기 쉽지 않다. ¶请～一下这个单句｜이 단문을 도해하시오. ❷ 名〈數〉도식 계산법.

【图解显示器】tújiě xiǎnshìqì 名組〈電算〉그래픽 디스플레이(graphic display).

【图景】tújǐng 名 그림속의 경치. 이상적인 상태. ¶这篇文章描绘miáohuì了未来社会的～｜이 글은 미래 사회의 이상적인 상황을 묘사하고 있다.

【图利】túlì 動 이익을 꾀하다. ¶商人以～为目的｜상인은 이익을 얻는 것을 목적으로 한다.

【图例】túlì 名 (도표 기호의) 범례. ¶修改了～｜범례를 수정했다.

【图录】túlù 名 ❶ 고기물(古器物). 예술품 등의 집록(集錄) ❷ 書 도참(圖讖)

【图名利】túmínglì 명예와 이익을 꾀하다. ¶他这样干就是为了～｜그가 이렇게 하는 것은 모두 명예와 이익을 위해서이다.

【图谋】túmóu ❶ 動 貶 (나쁜 일을) 꾀하다. 획책

하다. ¶～陷害xiànhài | 음해하려 하다. ❷名 貶 계책. 계략. ¶粉碎fěnsuì了这个抢劫qiǎngjié银行的～ | 이 은행을 털려는 계략을 분쇄했다.

4【图片】túpiàn 名 사진. 그림. ¶～展览会 | 사진〔그림〕 전람회.

【图谱】túpǔ 名 도감(圖鑒). ¶最新实用生物～ | 최신 실용 생물 도감. ¶历史～ | 역사 도감.

【图钱】túqián 動 돈을 벌고자 하다. ¶他就是～才来这儿的 | 그는 바로 돈 벌려고 여기에 온 것이다.

【图强】túqiáng 動 ❶ 향상을 도모하다. ¶奋发～ | 분발하여 향상을 도모하다. ❷ 강대해지려 하다.

【图穷匕(首)见】tú qióng bǐ (shǒu) xiàn 成 일이 마지막에 가서는 결국 진상이 드러난다. 주의 이 경우 「见」은 「xiàn」으로 읽음.

【图什么(儿)】tú shén·me(r) 動組 왜. 무엇 때문에. 어찌하여. ¶你这样做是～? | 너 이러는 것은 무엇 때문이냐?→〔为wèi什么〕

【图示】túshì 名 動 도시(하다). 도표나 그림으로 보여 줌〔주다〕. ¶～法 | 도시법.

【图式】túshì ⇒〔图样①〕

【图书】ⓐ túshū 名 ❶ 지도와 서적. ❷ 서적. ¶～分类号 | 도서 분류 번호. ¶～目录 | 도서 목록. ¶～序号 | 도서 번호. ¶～宣传报刊 | 도서 선정용 신문·잡지. ¶～展销会 | 북 페어(book fair). ⓑ tú·shu ⇒〔图章①〕

1【图书馆】túshūguǎn 名 도서관. ¶他上～去了 | 그는 도서관에 갔다.

【图说】túshuō 名 도해 설명서 [주로 책이름에 씀]

【图腾】túténg 名 外 〈史〉 토템(totem).

【图瓦卢】Túwǎlú 名 外 〈地〉 투발루(Tuvalu) [수도는 「富纳富提」(푸나푸티;Funafuti)] =〔㊀吐Tǔ瓦鲁〕

【图文并茂】tú wén bìng mào 成 그림과 문자가 모두 매우 풍부하고 정미(精美)하다. ¶这本书～, 十分有趣 | 이 책은 그림과 글이 모두 많고 좋아서 아주 재미가 있다.

4【图像】túxiàng 名 (그리거나 촬영된) 형상. 영상. ¶～电路 | 〈電氣〉 영상 회로. ¶～干扰 | 〈電氣〉 영상 방해.

【图像处理】túxiàng chǔlǐ 名組 (콤퓨터의) 영상처리 =〔㊀映像处理〕〔㊀影像处理〕

【图像识别】tú xiàng shí bié 名組 〈電子〉 패턴(pattern) 인식. ¶他研究～ | 그는 패턴 인식에 대해 연구한다.

4【图形】túxíng 名 ❶ 도형. ❷ 簡 〈數〉 기하도형의 약칭.

【图样】túyàng 名 ❶ 도안. 도면. 설계도. 견본. 카탈로그(catalogue). ¶～纸 | 제도 용지 =〔图案画(儿)〕〔图式〕 ❷ 俗 그림. 회화.

【图章】túzhāng 名 ❶ 도장. ¶打〔=盖〕～ | 도장을 찍다. ¶刻了一个～ | 도장을 하나 파다 =〔图记①〕〔图书ⓑ〕→〔印yìn章〕 ❷ 인영(印影). 인발.

4【图纸】túzhǐ 名 설계도. 청사진. ¶建筑物的～ | 건축물 설계도.

3【徒】tú 걸어다닐 도, 무리 도

❶ 書 動 걷다. ¶～步↓ =〔徒行〕 ❷ 書 形 아무것도 없는. 빈. ¶～手搏斗bódòu | 맨손으로 격투하다. ❸ 書 副 轉 공연히. 헛되이. ¶～劳往返 | 헛되이 왕복하다. ❹ 書 副 다만 …뿐. 겨우. ¶～有虚名 | 헛된 이름 밖에 없다. ¶家～四壁 | 成 집안에는 단지 벽 밖에 없다. 몹시 가난하다. ❺ 名 도제(徒弟). 제자. ¶学～ | 학도. ¶尊师爱～ | 스승을 존경하고 제자를 사랑하다. ❻ 신도(信徒). 신자. ¶信～ | 신도. ¶教～ | 교도. ❼ 貶 사람 [대개 악인(惡人)을 가리킴] ¶赌dǔ～ | 도박꾼. ¶不法之～ | 불법자. ❽ 貶 무리. 패거리. ¶党～ | 도당. ❾ 名 옛날. 오형(五刑)의 하나→〔徒刑〕 ❿ (Tú) 名 성(姓).

【徒步】túbù ❶ 名 動 도보(하다). ¶～旅行 | 도보 여행. ¶～行军 | 도보 행군. ❷ 書 名 喩 포의(布衣). 빈천. ¶范雎起～ | 범저는 포의로서 입신했다→〔白bái手起家〕

3【徒弟】tú·di 名 도제. 제자. 견습공. ¶我当过三年木工～ | 나는 삼년간 목공 견습공을 지냈다→〔学xué徒〕

【徒工】túgōng ⇒〔学徒①〕

【徒劳】túláo 動 헛수고하다. ¶～往返 | 공연히 왔다갔다하다. ¶现在再去也是～ | 지금 다시 가봐야 헛수고이다.

【徒劳无功】tú láo wú gōng 成 아무런 성과도 없이 헛일을 하다. ¶这样做肯定～ | 이렇게 하면 틀림없이 헛수고일 것이다 =〔徒劳无益〕

【徒然】túrán ❶ 副 헛되이. 쓸데없이. ¶～耗费hàofèi人力·物力 | 쓸데없이 인력과 재력을 낭비하다. ❷ 貶 소용없다. 쓸데없다. 헛되다. ¶看了文法书, 也是～ | 문법책을 읽어도 소용이 없다 ‖ =〔枉wǎng然〕 ❸ 副 단지. 다만. ¶如果那么办, ～有利于敌人 | 만약 그렇게 한다면, 적만 이롭게 할 뿐이다. ¶这个人～有个好脸蛋, 灵魂肮脏āngzāng得很 | 이 사람은 얼굴만 잘 생겼지 영혼은 추잡하기 짝이 없다→〔仅仅〕〔只是〕

【徒涉】túshè 書 動 (걸어서) 강을 건너다.

【徒手】túshǒu 名 맨손. 빈손. ¶～肉搏 | 맨손으로 격투하다. ¶～成家 =〔白手起家〕 | 자수성가하다→〔白手〕

【徒手(体)操】túshǒu(tǐ) 名 〈體〉 도수 체조. 맨손체조.

【徒孙】túsūn 名 손제자(孫弟子). 제자의 제자. ¶他已～成群 | 그에게는 이미 제자에 제자가 한 무리를 이루고 있다.

【徒托空言】tú tuō kōng yán 成 빈말만 하고 실천하지 않다. ¶他答应给我帮忙, 但几个月过去了, 不见行动, 看来不过～罢了 | 그는 나에게 도와주겠다고 응낙했으나 몇 개월이 지나도록 행동을 보이지 않으니 아마도 빈말 뿐이었던 것 같다.

【徒刑】túxíng 名 〈法〉 징역. ¶有期～ | 유기 징역. ¶无期～ | 무기 징역.

【徒有其表】tú yǒu qí biǎo 成 겉만 번지르르할 뿐 내용이 없다. ¶他～, 没有什么本领 | 그는 겉만 번지르르할 뿐 별다른 능력이 없다.

【徒有其名】tú yǒu qí míng 成 이름 뿐 실질이 따르지 못하다. 유명무실하다.

【徒有虚名】tú yǒu xū míng 成 유명무실하다.

【徒长】túzhǎng 動 〈農〉 도장하다. 쓸데없이 너무

자라다 [잎과 줄기만 무성하고 열매가 충실하지 못한 현상]

【徒子徒孙】tú zǐ tú sūn 成貶 제자와 손제자. 일파를 계승한 사람. 한패. 동아리.

【涂】① tú 길 도, 섣달 도
❶書名 길. 도로 =〔途①〕 ❷書動 칠하다. 바르다 =〔涂(塗)①〕 ❸書名 섣달. 음력 12월. ❹(Tú) 名 성(姓).

【涂月】túyuè 名 섣달. 음력12월.

2【涂(塗)】② tú 바를 도, 진흙 도
❶動 (안료·도료 따위를) 바르다. 칠하다. ¶~上一层油 | 페인트를 한 겹 칠하다. ¶~脂抹粉↓ ❷動 (덧칠하여) 지우다. ¶写错了可以~掉! | 잘못 썼으면 덧칠해 버리시오! ❸動 엉망으로 쓰다〔그리다〕. ¶~鸦↓ ❹書名 간석지. ¶围~造田 | 간석지를 논으로 만들다→〔海涂〕 ❺書名 진흙. 진창. ¶~炭↓ ❻書名 길. 도로 =〔途①〕 ❼ ⇨〔糊hú涂〕

【涂层】túcéng 名 도료(塗料)를 칠한 층. ¶减摩~ | 마찰을 줄이는 도장(塗裝). ¶反雷达~ | 레이다의 전파를 막는 도장.

【涂粉】tú/fěn 動 ❶ 분을 바르다 =〔擦cā粉〕〔搽chá粉〕 ❷ 가루를 바르다.

【涂敷】túfū 動 (약 따위를) 바르다. ¶~药膏 | 고약을 바르다.

【涂改】túgǎi 動 (글자 따위를) 지우고 고쳐 쓰다. ¶原稿写错了, 可以~ | 원고가 잘못 쓰였으면 지워버리고 고쳐도 된다. ¶身份证不得~ | 신분증은 고치면 안되다.

【涂料】túliào 名 도료. ¶制造放火~ | 방화 도료를 제조하다.

【涂抹】túmǒ 動 ❶ 칠하다. 바르다. ¶为了防止生锈, 可以用油~在刀上 | 녹스는 것을 방지하기 위해서 기름을 칼에 발라도 된다. ❷ 칠해서 지우다. ❸ (분 따위를) 마구 바르다. ❹ 어지러이 갈겨 쓰다. ¶信笔~ | 붓 가는대로 마구 쓰다. ¶这张画~得不成样子了 | 이 그림은 너무 마구 그려서 꼴같지 않게 되었다.

【涂饰】túshì ❶名動 도식(하다). ¶墙壁上的~很美 | 벽의 도식(塗飾)이 아름답다. ¶新房子的门窗在~ | 새집의 문과 창문에 칠을 하고 있다. ¶这张床~得很漂亮 | 이 침대는 칠이 아주 예쁘게 되었다. ❷動 (진흙·회반죽 따위를) 바르다.

【涂炭】tútàn 書 ❶名 진흙이나 숯불 속. ❷名動喩 도탄(에 빠지다). 대단한 곤란과 괴로움(에 빠지다). ¶人民~于水火之中 | 인민은 재난 속에 빠져 신음하고 있다. ¶~生灵 | 인민의 생명을 짓밟다. 인민을 괴롭히다 =〔荼炭〕

【涂鸦】túyā 動喩謙 글씨나 시문(詩文)을 잘 쓰지 못하다. ¶我哪儿会写字, 不过是~罢了 | 내가 어디 글씨를 쓸 줄 아나요, 그저 먹을 처바를 뿐이지요. ¶拙作乃~之字, 难登大雅之堂 | 제 글씨는 악필이어서, 남 앞에 내놓을 만한 것이 못됩니다.

【涂乙】túyǐ 書名簡 「涂抹勾乙」(문장의 글자를 지우거나 보충하는 것)의 약칭. ¶原稿没有一处~, 很干净 | 원고는 고친 것 하나 없이 아주 깨끗하다 =〔涂抹勾乙〕

【涂脂抹粉】tú zhī mǒ fěn 成 ❶ 입술 연지나 분을 바르다. 화장하다. ¶有些女青年喜欢~, 打扮自己 | 어떤 젊은 여자들은 화장을 하여 자신을 꾸미기를 좋아한다. ❷喩 악인이 정체를 감추고 남을 속이다. ¶~地美化他 | 이것 저것으로 치장하여 그를 미화하다.

【荼】tú 씀바귀 도, 해독 도
❶名〈植〉씀바귀→〔荼草〕 ❷書名〈植〉「茅máo草」(띠)의 흰 꽃. ❸書動 해독을 끼치다. 상해〔살해〕하다. ¶~毒生灵 | 사람에게 해악을 끼치다.

【荼草】túcǎo 名〈植〉씀바귀.

【荼毒】túdú 書名動 해독(을 주다). ¶受封建专制主义的~ | 봉건 전제주의의 해독을 입다.

【荼毗】túpí 名外〈佛〉다비(Jhāpita;범). 화장(火葬). 사비(闍毗). 사유(闍維).

2【途】tú 길 도
名 ❶ 길. 도로. ¶半~而废fèi | 중도에 그만두다. ¶长~电话 | 장거리 전화. 시외 전화 =〔路途〕〔涂⑥〕〔涂①〕 ❷ 행정(行程). 역정(歷程). ¶宦huàn~ | 벼슬길.

【途程】túchéng 名 거리. 도정(道程). 과정. ¶有五十里~ | 거리는 50리쯤 된다. ¶人类进化的~ | 인류 진화의 과정.

【途次】túcì 書名 여행길에 머무는 곳. 숙박지. ¶遇友人于~ | 숙박지에서 친구와 만나다→〔旅lǚ次〕

【途经】tújīng 動 …을 거치다〔경유하다〕. ¶他们~仁川时逗留了一小时 | 그들이 인천을 경유할 때 한 시간을 머물렀다.

3【途径】tújìng 名 경로. 절차. 순서. 수단. ¶走一样的~ | 같은 경로를 밟다. ¶外交~ | 외교 경로. ¶通过合法~, 购买了一批古画 | 합법적인 경로로 고서화를 대량으로 구매했다.

【途中】túzhōng 書名 도중. ¶~相遇 | 도중에서 서로 만나다. ¶他在去蔚山的~碰上了老王 | 그가 울산에 가는 도중에 왕씨를 우연히 만났다 =〔中途〕→〔半bàn道(儿)〕

【酴】tú 술밑 도, 막걸리 도
名 주모(酒母). 효모. ¶~醾↓

【酴醾】túmí 名 ❶〈植〉겨우살이풀 =〔酴蘼mí〕〔荼蘼〕 ❷ 잘 익은 술 [주로 고서(古書)에 보이는 말]

【菟】tú ☞ 菟 tù B

4【屠】tú 잡을 도, 죽일 도
❶動 (가축을) 잡다. 도살하다. ¶~狗 | 개를 잡다. ❷轉 (대량으로) 학살하다. ¶~城↓ ❸名 백정. ¶~钓↓ ❹(Tú) 名 성(姓). ❺ 복성(複姓)중의 한 자(字). ¶~岸↓ ¶~羊↓

【屠岸】Tú'àn 名 복성(複姓).

【屠城】túchéng 動 도시의 주민을 몰살하다. ¶原子弹的罪恶比~还要大 | 원자탄의 죄악은 한 도시의 주민을 몰살시키는 것보다 더욱 크다. ¶残酷cánkù~, 血流成河 | 잔혹하게 성안의 백성들을 몰살하니, 그 피가 강을 이루었다 =〔洗城〕

〔書 夷yí城〕

【屠刀】túdāo 名 도살용 칼. ¶放下～, 立地成佛 | 도살용 칼을 버리면〔잘못을 고치면〕 당장 부처가 된다. ¶他父母先后在日军的～下丧生 | 그의 부모는 차례차례 일본군의 도살용 칼 밑에서 목숨을 잃었다.

【屠钓】túdiào 名 백정과 어부. 喩 천한 직업. 비천한 처지. ¶隐于～之间 | 비천한 자들 사이에 숨어 지내다. ¶～之中也有好人 | 천한 직업을 가진 사람 중에도 좋은 사람이 있다.

【屠夫】túfū ⇒〔屠户〕

【屠格涅夫】Túgénièfū 名 外〈人〉투르게니에프 (Ivan Sergeevich. Turgenyev 1818～1883) [러시아의 소설가]

【屠户】túhù 名 ❶ 옛날, 도살업자. 백정. ¶张～家生意不错 | 장씨네 푸주간은 장사가 잘 된다. ❷ 喩 인간 백정 ‖ =〔屠夫〕〔屠家〕

【屠家】tújiā ⇒〔屠户〕

【屠龙之技】tú lóng zhī jì 成 용을 도살하는 재주. 뛰어난 재주. 써먹을 데가 없는 재주. ¶以～去杀狗, 未免大材小用了 | 용을 잡는 재주로 개 따위를 잡고 있으니, 큰 재목을 작은 곳에 쓴다고 아니할 수 없다. ¶有人说学声韵学是空有～, 无实际用途, 但是并不如此 | 어떤 사람은 성운학을 배우는 것은 한갓 써먹을 길 없는 재주를 가지는 것으로 실제적인 용도가 없다고 하나 사실 그런 것은 결코 아니다.

【屠戮】túlù ⇒〔屠杀〕

4【屠杀】túshā 動 도살하다. 대량 학살하다. 살육하다. 참살하다. ¶日寇rìkòu在南京曾～了成千上万的中国人 | 일본 도적놈들이 남경에서 일찌기 수천 수만명에 달하는 중국인을 도살했다. ¶纳粹～犹太人 | 나치가 유태인을 대량 학살했다. ¶许多老百姓惨遭cǎnzāo～ | 많은 백성들이 무참하게도 학살을 당했다 =〔書 屠戮〕

【屠苏】túsū 名 도소 [술에 담가 연초(年初)에 마시는 약 이름] ¶～酒 | 도소주.

【屠羊】Túyáng 名 복성(複姓).

【屠宰】túzǎi 動 (가축을) 도살하다. ¶～猪羊 | 돼지 양을 도살하다.

【屠宰场】túzǎichǎng 名 도살장 =〔屠兽场〕

tǔ ㄊㄨˇ

2【土】tǔ 흙 토
❶ 名 흙. ¶沙～ | 모래흙. ¶黏～ | 점토. ❷ 名 먼지. ¶扬～ | 먼지가 일어나다. ❸ 名 토지. 땅. ¶国～ | 국토. ¶～地 | 토지. ❹ 名 옛날,「鸦片」(아편) =〔黑土〕 ¶烟～ | 정제하지 않은 아편. ❺ 名 簡〈民〉중국 소수민족의 하나 =〔土家族〕〔土族〕 ❻ 名 고향. ¶故～ | 고향. ¶本乡本～ | 본래의 고향. ❼ 名 오행(五行)의 하나→〔五行〕 ❽ 名〈音〉팔음(八音)의 하나→〔八音〕 ❾ 形 촌스럽다. 구식이다. ¶这件衣服～得很 | 이 옷은 정말 촌스럽다. ¶～气↓ →〔野yě⑥〕 ❿ 形 그 지역의. 토착의. ¶～政策 | 지역 정책. ¶这字眼儿太～, 外地人不懂 | 이 단어는 너무 이 지역에만 쓰는 것이라서 외지인은 알지 못한다. ¶～风↓ ⓫ 形 재래식의. 종래의. ¶～鸡 | 토종닭. ¶～特产 | 토산품. ¶～高炉 | 재래식 용광로 ⇔〔洋yáng④〕 ⓬ 形 향토색이 짙다. ¶这个字眼太～ | 이 글자는 너무 향토색이 짙다.

【土坝】tǔbà 名 흙둑〔제방〕. ¶修筑～ | 흙둑을 세우다.

【土办法】tǔbànfǎ 名 재래식 방법. ¶用～治病 | 재래 방법으로 병을 치료하다 =〔土法〕

【土邦】tǔbāng 名 아시아·아프리카의 몇몇 나라들이 영국의 식민지 시기에 독립의 형식으로 존재했던 정권.

【土包子】tǔbāo·zi 名 俗 촌놈. 촌뜨기. 시골뜨기. ¶你才是一个～呢 | 너야말로 촌뜨기다 =〔怯qiè八裔〕

【土豹】tǔbào 名〈鳥〉말똥가리.

【土崩瓦解】tǔ bēng wǎ jiě 成 완전히 무너지다. 산산이 부서지다.

【土笔】tǔbǐ 名〈植〉쇠뜨기 =〔笔头菜〕

【土鳖】tǔbiē ⇒〔地dì鳖〕

【土拨鼠】tǔbōshǔ 名〈動〉타르바간(tarbagan) [몽골·동북(東北)의 초원지대에 떼를 지어 혈거(穴居)하는데 그 모피는 아주 진귀함] =〔旱獭〕→〔天竺鼠〕〔豚鼠〕〔黄鼠〕

【土布】tǔbù 名〈紡〉수직기로 짠 무명 =〔粗布②〕

【土蚕】tǔcán 名 方〈蟲〉❶ 지충. 풍뎅이의 유충 =〔蛴螬qícáo〕 ❷ 굼벵이 =〔地老虎〕

【土层】tǔcéng 名 토(양)층. 흙의 층.

【土产】tǔchǎn ❶ 形 토산의. 그 지방에서 나는. ❷ 名 토산품. 지방 특산품 =〔土物(儿)①〕

2【土地】ⓐ tǔdì 名 ❶ 토지. 땅. 농토. 전답. 어법 양사는 주로「方·块·亩mǔ」를 씀. ¶我家人口少, 承包的～不多 | 우리 집은 사람이 적어서, 도급 맡은 땅이 많지 않다. ¶～肥沃 | 땅이 비옥하다. ❷ 영토. 국토. ¶中国～广大 | 중국은 영토가 넓다. ❸ 맨땅. 노출된 지면. ❹ 전원(田園).
ⓑ tǔ·di 名 토지신. 마을 수호신 =〔土地爷〕〔土地公公〕〔土地老〕

【土地法】tǔdìfǎ 名組 토지법. ❶ 1930년 국민정부에 의해 공포된 법. ¶颁布bānbù～ | 토지법을 반포하다. ❷ 1931년 11월에 성립한 중화 소비에트 공화국에 의해 제정된 토지법 [중농·빈농 이외의 토지는 몰수되어 중·빈농에 균등 분배되었음] ¶实行新的～ | 새로운 토지법을 실시하다.

【土地改革】tǔdì gǎigé 名組 토지 개혁 [봉건 지주의 토지·가옥 등의 몰수와 빈농에의 분배를 기본 내용으로 함] ¶进行～ | 토지 개혁을 진행하다 =〔簡 土改〕

【土地革命】tǔdì gémìng 名組 토지 혁명 [특히 1927～1937년에 있었던「第二次国内革命战争」시기에 행해졌던 토지 혁명을 가리킴] ¶发动了～ | 토지 혁명을 개시하다→〔土地法〕〔土地改革〕

2【土豆(儿)】tǔdòu(r) 名 口〈植〉감자. ¶炒～丝 | 감자 채 볶음 =〔马铃薯mǎlíngshǔ〕

【土堆儿】tǔduīr 名 ❶ 흙더미. 작은 구릉. ¶孩子们在～上游玩 | 아이들이 구릉 위에서 놀다. ¶～已长出了青草 | 흙더미에서 이미 푸른 풀이 자

라 나왔다 =〔土堆(子)〕 ❷ 한자부수의 흙토(土)변 [다만「基」와 같이 아래에 놓이는 경우만 해당함]

【土墩(子)】 tǔdūn(·zi) 名 (앉기 위해 노천에 설치하는) 흙으로 된 둥근 의자.

【土耳其】 Tǔ'ěrqí 名 外 〈地〉 터키(Turkey) [중동의 공화국. 수도는 「安卡拉」(앙카라; Ankara)]

【土耳其斯坦】 Tǔ'ěrqísītǎn 名 外 〈地〉 투르케스탄(Turkestan) [중앙 아시아의 지방명]

【土法】 tǔfǎ 名 재래식 방법. 민간 전래의 방식. ¶ ~生产 | 재래식 방법에 의한 생산. ¶ ~炼钢 | 구식 제강 =〔土办法〕→〔洋yáng法〕

【土法上马】 tǔ fǎ shàng mǎ 成 재래식 방법〔기술, 설비〕으로 일하다. 낡은 방법으로 일하다. ¶ 他们~, 大炼钢铁 | 그들은 재래식 방법으로 강철을 재련한다.

【土方】 tǔfāng 名 ❶ 토목 공사에서 흙을 파고 메우고 나르는 단위 [1세제곱 미터를 「土方」이라 함] ¶ 今晚挖wā了1000~ | 오늘 저녁에 천 입방미터의 흙을 파냈다→〔石shí方①〕 ❷ 토목 공사에서 파내는 흙. ¶ 多挖~ | 흙을 많이 파내다. ❸ 簡 토목 공사. ¶ 兴筑~ | 토목 공사를 착수하다. ¶ ~工程 | 토목 공사. ❹ (~儿) 민간에 유행하는 전래 요법이나 처방. ¶ 用~治病 | 민간요법으로 병을 고치다.

【土匪】 tǔfěi 名 ❶ 지방 악한. 토박이 악질. ❷ 토비. 토구. 지방의 무장한 도적떼.

【土粉子】 tǔfěn·zi 名 方 벽에 바르는 횟가루.

【土风】 tǔfēng 名 ❶ 그 지방의 고유 풍습. ❷ 지방 민요.

【土风舞】 tǔfēngwǔ 名 민속 무용. 포크 댄스(folk dance).

【土蜂】 tǔfēng 名 〈蟲〉 땅벌.

【土改】 tǔgǎi 名 簡 토지 개혁. ¶ ~运动 | 토지 개혁 운동. ¶ 进行~ | 토지 개혁을 진행하다 =〔土地改革〕

【土狗子】 tǔgǒu·zi 名 方 〈蟲〉「蝼蛄lóugū」(땅강아지)의 속칭.

【土豪】 tǔháo 名 토호. 지방 호족. ¶ 他是白鹿原的~ | 그는 백록원의 토호이다.

【土豪劣绅】 tǔháo lièshēn 名組 토호와 악질 지주. ¶ 打倒~ | 악질 토호와 지주를 타도하다 =〔土恶势豪〕〔土劣〕

【土化肥】 tǔhuàféi 名 재래식 화학 비료. ¶ ~和洋化肥 | 재래식 화학 비료와 새로운〔외래〕 화학 비료.

【土话】 tǔhuà 名 ❶ 본토박이 말. (비교적 좁은 지역의) 방언. ¶ 北京~ | 북경 지역 방언 =〔土语〕→〔方fāng言①〕 ❷ 상스러운 말. 비속한 말.

【土皇帝】 tǔhuángdì 名 ❶ 토후. 추장. 번왕. ❷ 지방의 우두머리. 지방 군벌. ¶ 他是这儿的~ | 그는 여기의 우두머리이다.

【土黄】 tǔhuáng 名 〈色〉 황토색.

【土蝗】 tǔhuáng 名 〈蟲〉 반날개벼메뚜기.

【土货】 tǔhuò 名 ❶ 국산품. ❷ 토산품. 지방산물. ¶ 他从家乡带了一些~来 | 그는 고향에서 토산품을 약간 가져왔다 =〔土物(儿)①〕

【土墼】 tǔjī ⇒〔土坯pī(子)①〕

【土籍】 tǔjí 名 (대대로 오랫동안 거주해 온) 본적.

【土家族】 Tǔjiāzú 名 〈民〉 토가족 [주로 호남성(湖南省)·호북성(湖北省) 등지에 거주하는 중국 소수 민족의 하나]

【土建】 tǔjiàn 名 簡 토목건축의 약칭.

【土酒】 tǔjiǔ 名 토속주. ¶ 我爱喝~ | 나는 토속주를 잘 마신다.

【土居】 tǔjū 名 토착인. 본토박이. ¶ 北京~人氏rénshì | 북경 본토박이.

【土库曼】 Tǔkùmàn 名 外 〈地〉 투르크멘(Turkmen) [「独立国家国协」(독립국가연합; CIS) 중의 한 나라. 수도는 「阿什哈巴特」(아슈하바트; Ashkhabad)] =〔土耳克门〕〔土可曼〕

【土牢】 tǔláo 名 지하 감옥. ¶ 他被投入~ | 그는 지하 감옥에 투옥되었다.

【土沥青】 tǔlìqīng 名 아스팔트 =〔地dì沥青〕

【土鲮鱼】 tǔlíngyú 名 〈魚貝〉 황어 =〔鲮líng②〕

【土垄间】 tǔlǒngjiān 名 台 정미업을 겸한 고리 대금업자.

【土麻草】 tǔmácǎo 名 〈植〉 쇠뜨기.

【土麻黄】 tǔmáhuáng 名 〈植〉 개속새.

【土马鬃】 tǔmǎzōng 名 〈植〉 솔이끼.

【土眉土眼】 tǔméi tǔyǎn 貶 생김새가 촌스럽다. ¶ 他长得~的 | 그는 생김새가 아주 촌스럽다.

【土霉素】 tǔméisù 名 〈藥〉 옥시테트라사이클린. 테라마이신. ¶ 给病人打了一针~ | 환자에게 테라마이신 주사를 한 대 놓았다 =〔土链丝菌素〕〔地霉素〕

【土模】 tǔmú ⊗ tǔmó) 名 콘크리트 자재를 만들기 위해 흙으로 만든 틀.

【土木】 tǔmù 名 토목 공사. ¶ 大兴~ | 토목 공사를 크게 일으키다→〔土方③〕

【土木工程】 tǔmù gōngchéng 名組 토목 공사. ¶ 全面规划~ | 토목 공사를 전면적으로 계획하다.

【土偶】 tǔ'ǒu 名 토우(인).

【土胚】 tǔpēi 名 흙벽돌. ¶ 用~砌墙 | 흙벽돌로 담을 쌓다.

【土坯(子)】 tǔpī(·zi) 名 굽지 않은 상태의 흙 벽돌 =〔方 土墼〕

【土气】 ⓐ tǔqì 名 흙냄새. 땅냄새. ¶ 一进村子就闻到了家乡的~ | 마을에 들어서자, 고향의 흙냄새가 풍겨왔다 =〔地气②〕

ⓑ tǔ·qi ❶ 形 촌스럽다. 유행에 뒤지다. ¶ 这个人太~了 | 이 사람은 너무 촌스럽다. ❷ 名 촌티. 시골티. ¶ 谈吐中露出~来 | 담화 중에 촌스러움을 드러내다 ‖ →〔傻shǎ气〕

【土枪】 tǔqiāng 名 ❶ (손으로 만든) 재래식 엽총. ❷ 아편 흡연용 큰 담뱃대.

【土丘】 tǔqiū 名 작은 흙언덕.

[3]【土壤】 tǔrǎng 名 토양. ¶ ~改良 | 토양 개량. ¶ 肥沃féiwò的~ | 비옥한 토양. ¶ ~学 | 토양학. ¶ 多腐植质的~ | 부식질이 풍부한 토양. 부식토.

【土人】 tǔrén 名 ❶ 토착인. 본토박이 [경시의 뜻을 담고 있음] ❷ 흙인형. 토우(인).

【土生土长】 tǔ shēng tǔ zhǎng 成 그 고장에서 나

고 자라다. ¶他是这儿～的市场｜그는 여기서 나고 자란 본토박이 시장이다.
【土石方】tǔshífāng 名 흙·모래·돌 따위의 1세제곱 미터. ¶每天完成十个～｜매일 열「土石方」공사를 완성한다→〔土方①〕〔石方①〕
【土司】tǔsī 名 ❶ 원(元)·명(明)·청(清)시대의 소수 민족의 세습 족장(제도) ❷ 外 토스트(toast). ¶一杯咖啡, 一块～的早餐｜커피 한잔과 토스트 하나 뿐인 아침 =〔吐司〕〔烤kǎo面包〕〔粤 多士①〕 ❸ 명청(明清)시대의 안무사→〔安ān抚②〕
【土特产(品)】tǔtèchǎn(pǐn) 名 지방 특산물. 토산품→〔土产②〕
【土头土脑】tǔtóutǔnǎo 狀 시골뜨기같다. 촌뜨기다 =〔怯qiè八裔〕
【土豚】tǔtún 名 ❶ 토돈. 모래를 넣은 섬. 모래부대. ❷〈動〉아프리카개미핥기.
【土围子】tǔwéi·zi 名 ❶ 흙담을 둘러친 곳. 마을을 둘러친 흙담. ❷ 지방의 독립 왕국. ❸ 완강한 반(反)혁명 진지.
【土温】tǔwēn 名〈農〉토양의 온도. 지온. ¶测定cèdìng～｜토양의 온도를 측정하다.
【土物(儿)】tǔwù(r) 名 ❶ 지방 산물. 토산물 =〔土产②〕〔土货②〕〔土宜②〕 ❷ 轉 謙 하찮은 것. ¶不过一点儿～, 请您收下｜하찮은 것이지만, 받아 주십시오. ❸ (여행에서 돌아올 때나 남의 집을 방문할 때의) 선물. ¶买点儿～带去吧｜간단한 선물이라도 사 가지고 가세요.
【土戏】tǔxì 名〈演映〉❶「土家族」의 전통극 [호북성(湖北省)일대에 유행함] ❷「壮族」의 전통극의 일종 [운남성(雲南省) 일대에 유행함] =〔壮族土戏〕 ❸ 경극(瓊劇) [광동성(廣東省) 해남도(海南島) 일대에서 유행하는 지방극] =〔海南戏〕〔琼qióng剧〕
【土星】tǔxīng 名〈天〉토성. ¶～光环｜토성 둘레의 고리 모양의 테 =〔镇星〕
【土腥(子)气】tǔxīng(·zi)qì 名 흙내. 흙냄새. ¶这条鱼有一股gǔ～｜이 물고기에는 흙냄새가 조금 난다 =〔土腥(子)味儿〕
【土性】tǔxìng 名 ❶ 토양의 성질. 토질. ¶这地的～不好｜이 곳의 토질이 좋지 않다. ❷ 수수함. 소박함. 촌스러움.
【土燕(子)】tǔyàn(·zi) 名〈鳥〉제비물떼새. 제비물떼새 류의 통칭.
【土洋结合】tǔ yáng jiéhé 動組 재래식과 현대식을 결합하다. ¶他们～, 办起了小化工厂｜그들은 재래식과 현대식을 결합하여 작은 화학 공장을 운영한다.
【土仪】tǔyí 名 옛날, 남에게 선물하던 토산품. ¶些微～, 敬祈哂纳shěnnà｜札 얼마 안 되는 것입니다만 기꺼이 받아 주시기 바랍니다 =〔土遗①〕→〔土物(儿)〕
【土音】tǔyīn 名 본토박이 말씨〔발음〕. ¶他的话中有～｜그의 말씨는 방언음(方言音)이 섞여 있다→〔土话①〕
【土语】tǔyǔ ⇒〔土话①〕
【土葬】tǔzàng 名 動 토장(하다). ¶这儿仍流行～｜여기는 여전히 토장이 유행한다.
【土政策】tǔzhèngcè 名 국가의 정책과 위배되는 모(某)지역 혹은 일부기관의 정책이나 규정.
【土纸】tǔzhǐ 名 (손으로 만든) 재래식 종이.
【土专家】tǔzhuānjiā 名 정식〔현대식〕교육을 받지 않은 전문가. 토박이 전문가 [문화 대혁명(文化大革命) 기간 중에「洋专家」에 대응해서 일컫던 말]
【土族】Tǔzú 名〈民〉토족 [주로 청해성(青海省)·감숙성(甘肅省)일대에 거주하는 중국 소수 민족의 하나]

2【吐】tǔ tù 토할 토

Ⓐ tǔ ❶ 動 (입 안의 것을) 뱉다. ¶请勿随地～痰tán｜아무데나 가래를 뱉지 마시오. ¶～骨头｜뼈를 뱉다. ¶～他一口唾沫tuòmò｜그에게 침을 한번 뱉다. ¶～气↓ ❷ 動 轉 토로하다. 말하다. ¶他今天向我～了真情｜그는 오늘 나에게 진정을 토로했다. ¶坚不肯～｜입을 꼭 다물고 말을 하지 않다. ¶～怨气yuànqì｜노여움을 터뜨리다. ❸ 動 轉 (입이나 틈새로) 나오다. 내뿜다. ¶高粱～穗了｜수수 이삭이 나왔다. ¶～舌头｜혀를 내밀다. ❹ 복성(複姓)중의 한 자(字). ¶～贺↓ ¶～突↓
Ⓑ tù 動 ❷ 토하다. 게우다. ¶今天我的胃不舒服, 刚吃的饭全～了｜오늘 나는 속이 거북해서 방금 먹은 밥을 다 토했다. ¶～了一口酸水｜신물을 한입 올렸다. ¶上～下泻｜토하고 설사하다. ¶呕ǒu～｜구토하다. ❷ 轉 착복한 것을 내놓다. (돈 따위를) 게워내다. ¶～出脏款zāngkuǎn｜뇌물로 받은 돈을 도로 내놓다.
Ⓐ tǔ
【吐哺握发】tǔ bǔ wò fà 成 위정자가 인재를 얻기 위해 애쓰다 [주공(周公)이 내객을 접함에 있어 식사중이면 입속의 음식을 내뱉고, 목욕중이면 머리를 쥔 채 손님을 맞았다는 고사에서 나온 말] =〔吐握〕
【吐蕃】Tǔfān 名〈民〉토번 [당대(唐代)에 가장 융성했던 옛날의 종족 이름. 지금의 티베트에 위치했음]
【吐根】tǔgēn 名〈植〉토근 [상록 반교목으로 뿌리는 토제. 거담제로 씀]
【吐根素】tǔgēnsù 名〈藥〉토근소 [아메바성 이질의 특효약]
【吐故纳新】tǔ gù nà xīn 成 (호흡에서) 낡은 공기를 뱉어내고 신선한 공기를 흡수하다 [도가(道家)의 수련술] 喻 낡고 좋지 않은 것을 버리고 새롭고 좋은 것을 받아 들이다. (사람의) 세대교체. ¶公司gōngsī要～, 吸收年轻人进来｜회사는 세대교체를 위하여 젊은이들을 받아들이고자 한다.
【吐贺】Tǔhè 名 복성(複姓).
【吐口】tǔ/kǒu 動 (사정·요구 등을) 말하다. 입을 열다. 어법 주로 부정문에 쓰임. ¶我想调动diàodòng工作, 但又不好意思向领导lǐngdǎo～｜나는 전근을 하고 싶은데 책임자에게 입을 열기가 미안하다.
【吐苦水】tǔ kǔshuǐ 動組 지난날의 고된 생활을

토로하다. 자기의 딱한 사연을 말하다〔하소연하다〕 ¶她一回娘家就大～ | 그녀는 친정에만 돌아가면 하소연을 퍼부어댔다 =〔诉sù苦①〕

【吐气】tǔ/qì ❶ 動 쌓였던 울분을 토해 내다. ¶他终于战胜对手, 获得冠军, 为我们吐了一口气 | 그가 결국 적수와 싸워 이겨 우승을 함으로써 우리에게 쌓였던 울분을 풀게 해 주었다. ¶吐一口不平之气 | 마음속의 불평을 토로하다. ❷ 動 기를 토하다. ¶扬眉yángméi～ | 成 기가 펴지다. 버젓해지다. ❸ (tǔqì) 名〈語〉송기음(送氣音) =〔送气〕

【吐弃】tǔqì 動 뱉어버리다. 타기(唾棄)하다. ¶把骨头～在地上 | 뼈를 땅바닥에 뱉어버리다. ¶他的罪行已经为众人所～ | 그의 범행은 많은 사람에게 경멸을 받았다 =〔唾弃〕

【吐舌头】tǔ shé·tou 動組 (장난을 칠 때) 혀를 내밀다. ¶～作鬼脸 | 혀를 내밀고 괴상한 표정을 짓다.

【吐绶鸡】tǔshòujī 名〈鳥〉(중국 원산의) 칠면조 =〔俗 火鸡①〕〔绶鸟〕〔書 　yì②〕

【吐属】tǔshǔ 書 名 말할 때 쓰는 언사(言辭). ¶此人～不凡 | 이 사람은 언사가 평범하지 않다 =〔谈吐〕

【吐司】tǔsī 名 外 토스트(toast) =〔粵 多士①〕〔烤面包〕=〔土司②〕

【吐丝自缚】tǔ sī zì fù 成 자승자박하다.

【吐穗(儿)】tǔ/suì(r) 動 이삭이 패다. ¶稻禾～ | 벼이삭이 패다.

【吐痰】tǔ tán 가래를 뱉다. ¶禁止～ | 가래를 뱉지 말라. ¶不准随地～ | 아무데나 가래를 뱉지 말라.

【吐突】Tǔtū 名 복성(複姓).

【吐奚】Tǔxī 名 복성(複姓).

【吐絮】tǔxù 動 목화 다래가 피다. 다래가 터지다. ¶这种棉花, 花期短, ～早 | 이런 종류의 목화는 꽃피는 기간이 짧고, 다래가 일찍 핀다.

【吐谷浑】Tǔyùhún 名〈史〉토욕혼 [선비족의 한 갈래가 세운 중국의 옛 나라 이름. 지금의 청해(青海) 북부, 신강(新疆) 동남부에 있었음]

【吐字】tǔzì 動〈演映〉토자 [창곡(唱曲)이나 설백(說白)에서 정확하고 혹은 전통적인 음(音)으로 글자를 읽는 것] ¶她～很清晰qīngxī | 그녀는 창곡에서나 설백에서 음이 아주 분명하다 =〔咬yǎo字〕

B tù

【吐沫】tù·mo 名 침. ¶吐tǔ～ =〔啐cuì吐沫〕| 침을 뱉다. ¶～横飞 | 침이 마구 튀기다 =〔唾tuò沫〕

【吐血】tù/xiě ❶ 動 피를 토하다. ¶他累得都～了 | 그는 너무 힘들어 피를 다 토했다. ❷ (tùxiě) 名 토혈. 상혈 →〔咯kǎ血〕〔呕ǒu血〕

【吐泻】tùxiè 名 토사. 구토와 설사.

【钍(釷)】tǔ (토륨 토)
名〈化〉화학 원소명. 토륨(Th ; thorium)[방사성 금속 원소의 하나]

tù ㄊㄨˋ

【吐】tù ☞ 吐 tǔ B

2【兔〈兎〉】tù 토끼 토, 달 토
名 ❶ (～儿, ～子)〈動〉토끼 [「扑pū朔」는 다른 이름] ❷ 書 달 [달 속에 토끼가 있다는 전설에서 유래] ¶～影↓

【兔唇】tù chún 名〈醫〉언청이 =〔唇裂〕〔豁huō(唇)子〕

【兔起鹘落】tù qǐ hú luò 成 ❶ 민첩하다. 날쌔다. ❷ 서예가의 붓이 민첩하고 힘차다.

【兔死狗烹】tù sǐ gǒu pēng 成 토끼를 다 잡고 없으면 사냥개를 삶아 먹는다. 일이 성사된 뒤에 그 일을 위해 애쓴 사람을 버리거나 죽이다. ¶自古～, 打天下的将军不得好死 | 예로부터 토끼를 다 잡으면 사냥개를 삶는다고 천하를 평정한 장군은 제 명을 다하지 못한다 =〔狡jiǎo兔死走狗烹〕

【兔死狐悲】tù sǐ hú bēi 成 貶 토끼가 죽으면 여우가 슬퍼한다. 남의 처지를 보고 자기 신세를 헤아려 동류(同類)의 슬픔을 서러워하다. ¶只有反动分子, 才会为希特勒灭亡而悲伤, 这叫做～, 物伤其类 | 반동분자만이 히틀러의 멸망을 비통해 한다. 이런 것을 가지고 토끼가 죽으면 여우가 슬퍼하듯 동류의 슬픔을 서러워한다고 하는 것야.

【兔逃】tùtáo 動 (재빨리) 도망치다. 꽁무니를 빼다. ¶等到发觉已经～无踪zōng了 | 발각했을 때엔 이미 도망쳐 버려, 행방을 알 수가 없었다 =〔書 兔脱〕

【兔脱】tùtuō ⇒〔兔逃〕

【兔影】tùyǐng 名 달빛. 달그림자.

【兔子】tù·zi 名 ❶〈動〉토끼. ¶不见～不撒鹰sāyīng | 諺 토끼가 보이지 않으면 매를 띄우지 않는다. 목적물이 확실치 않으면 손을 대지 않는다 =〔扑pū朔②〕 ❷ 남창(男娼).

【兔子尾巴】tù·zi wěi·ba 歇 토끼 꼬리는 길 수가 없다. 오래 갈 리가 없다 [뒤에 「长不了」가 이어지기도 함] ¶日军在台湾的统治是～, 长不了 | 일본군의 대만 통치는 토끼 꼬리 같아 오래 갈 수가 없다.

【兔子鱼】tù·ziyú 名〈魚貝〉은상어.

【堍】tù 다리끝 토
名 다리(橋)의 양 끝. 다리 어귀 =〔桥堍〕

【菟】tù tú 새삼 토

A tù ⇒〔菟葵〕〔菟丝子〕

B tú ⇒〔于wū菟〕

【菟葵】tùkuí ❶ ⇒〔海hǎi葵〕 ❷ 名〈植〉너도바람꽃 =〔兔葵〕

【菟丝(子)】tùsī(zǐ) 名〈植〉새삼 =〔唐táng蒙〕〔兔丝(子)〕〔玉yǔ女②〕

tuān ㄊㄨㄢ

【湍】tuān 여울 단, 빠를 단
❶ 書 形 물살이 급하다. ❷ 書 名 급류. ❷ (Tuān) 名〈地〉단하(湍河) [하남성(河南省)에 있는 강 이름]

【湍急】tuānjí 形 물살이 세다〔급하다〕. ¶险滩多, 水流～ | 험한 여울이 많고 물살이 세차다.

【湍流】tuānliú 書名 급하게 흐르는 물. 여울물. ¶～翻滚 | 여울물이 세차게 흐르다.

tuán ㄊㄨㄢˊ

1【团(團)】① tuán 둥글 단, 모일 단 ❶(～儿, ～子) 名 공 모양으로 된 덩어리. 뭉치. ¶线～ | 실뭉치. ¶棉花～ | 솜뭉치. ¶饭～ | 밥덩어리. ❷名 대중의 조직(組織). 단체. ¶旅游lǚyóu～ | 여행단. ¶考察kǎochá～ | 고찰단→[会huì⑥] ❸名〈軍〉연대[「营」의 윗급]→[军②][连⑨][旅④][排⑦][班②][棚⑧][营④] ❹名〈食〉쌀이나 밀가루를 뭉쳐 만든 음식. 경단. ❺動 둥글게 빚다. 주물러 뭉치다. 둥글게 만들다. ¶～煤球méiqiú | 석탄을 주물러 뭉치다. ¶把信～成一团, 扔进rēngjìn了火炉huǒlú | 편지를 한 덩어리로 뭉쳐 화로에 던져 넣다＝[抟tuán②] ❻量 뭉치. 덩어리[뭉친것·덩어리진 것에 씀] ¶三～毛线 | 털실 세 꾸리. ¶一～碎纸suìzhǐ | 파지 한 뭉치. ¶一～和气 | 일단의 화기.

【团拜】tuánbài ❶動 단체로 신년 하례를 하다. ❷名 단체 하례. ¶正月初二上午, 大家到校～ | 정월 초이튿날 오전에 모두들 학교에 와서 단체로 신년 하례를 하다. ¶定于年初一举行～ | 새해 첫날 신년 단체하례식을 거행하기로 정하다.

【团部】tuánbù 名 연대 본부. ¶～设在小学校 | 연대 본부를 초등학교에 설치하다.

【团粉】tuánfěn 名 (녹두로 만든) 녹말(가루)[전분]＝[绿lǜ豆粉][抟tuán粉]

【团伙】tuánhuǒ 名 범죄 (소)집단. ¶抓获了一个流氓～ | 깡패 조직 하나를 잡아들였다.

1【团结】tuánjié ❶名動 단결(하다, 시키다). 연대(하다, 시키다). 결속(하다, 시키다). ¶同学之间必须～ | 친구들 간에는 단결해야 한다. ¶大家～起来 | 모두 단결하다. ¶他们～起来提出了抗议 | 그들은 결속하여 항의했다. ¶我们要加强～, 共同对敌 | 우리들은 더욱 단결하여 공동으로 대적해야 한다. ❷形 화목하다. 사이가 좋다. 단결이 잘 되다. ¶～的集团 | 사이가 좋은 단체. ¶这个班级的同学很～ | 이 학급(학년)의 학우들은 아주 단결이 잘 된다.

4【团聚】tuánjù 動 ❶ 한자리에 모이다[대개 육친이 헤어졌다 다시 만날 때 씀] ¶全家～ | 일가가 한자리에 모이다. ¶只在周末他们全家才能～一次 | 주말에만 그들 전가족이 한차례 모일 수 있다. ❷ 결집시키다. ¶～了千千万万民众 | 수천 수만의 인민 대중을 결집시켰다.

【团矿】tuánkuàng 名動〈鑛〉단광(하다).

【团粒】tuánlì 名〈農〉단립. 입단. 입상(粒狀). ¶～结构 | 단립 구조[조직]. ¶～肥料 | 입상 비료.

【团练】tuánliàn 名 ❶ (송대(宋代)부터 중화민국 초기까지 농민 봉기를 진압하기 위해 존재했던) 지주 계급의 지방 무장 조직. ❷ 민간의 자위 집단. ¶组职～, 反抗入侵者 | 민간 자위대를 조직하여 침입자에 대항하다.

【团栾】tuánluán 形 ❶ 書 달이 둥글다. ¶一轮～的明月 | 휘영청 밝은 둥근 달. ❷ 단란하다. ¶一家子～ | 온 가족이 단란하다 ‖→[团聚][团圆]

【团弄】tuán·nong 動 方 ❶ 뭉치다. ¶孩子们～了许多雪球 | 아이들이 눈덩이를 많이 둥글게 뭉쳤다. ❷ 좌지우지하다. 마음대로 지배하다. 농락하다. 속이다. 끌어들이다. ¶以后把他～住叫他变成咱的人 | 이다음부터 그를 끌어들여서 우리편이 되도록 만들자 ‖＝[抟tuán弄]

【团脐】tuánqí 名 ❶ 암게의 둥근 배딱지[복갑(腹甲)]. ¶今天买的螃蟹pángxiè都是～的 | 오늘 산 게는 모두 배딱지가 둥글다. ¶～的 | 암게. ❷ 암게. ¶我吃了两个尖脐, 一个～ | 나는 수케 두 마리와 암게 한 마리를 먹었다＝[雌蟹]

【团扇】tuánshàn 名 ❶ 단선. ¶她打着～乘凉呢 | 그녀는 단선을 부치며 더위를 식히고 있다＝[宫gōng扇]→[纨wán扇][折zhé扇(儿)] ❷〈魚貝〉목탁가오리[가오리의 일종]

3【团体】tuántǐ 名 단체. ¶～活动 | 단체 활동. ¶～赛 | 단체전.

【团体操】tuántǐcāo 名 매스 게임(mass game). ¶上～ | 매스 게임을 거행하다. 매스 게임에 참가하다.

【团团】tuántuán 狀 ❶ 동글동글하다. ¶～的脸 | 동글동글한 얼굴. ❷ 빙글빙글 돌다. 겹겹이 둘러싸다. ¶～围住 | 겹겹이 둘러싸다.

【团团簇簇】tuántuáncùcù 狀 가득 모여 있다. 어법「团簇」로는 쓰이지 않음. ¶～的樱花 | 가득 핀 앵두 꽃.

【团团转】tuántuán zhuàn 動組 ❶ 빙글빙글[뱅글뱅글] 돌다. ¶小巴狗儿围着人～ | 새끼 발바리가 사람 둘레를 뱅글뱅글 돌고 있다. ❷ 쩔쩔매다. 허둥지둥하다. ¶急得～ | 하도 급해서 쩔쩔매다. ¶忙得～ | 너무나 바빠서 허둥지둥하다.

【团委】tuánwěi 名 簡 ❶「中国共产主义青年团委员会」(중국 공산주의 청년단 위원회)의 약칭[기층 단위에「团委」,「团总支」,「团支部」등의 조직 계통이 있음] ❷「中国共产主义青年团委员」(중국 공산주의 청년단 위원)의 약칭.

【团音】tuányīn 名〈言〉단음→[尖jiān团音]

【团鱼】tuányú 名〈動〉자라＝[甲鱼]

3【团员】tuányuán 名 ❶ 단원. ¶代表团～ | 대표단 단원. ¶少年～ | 소년 단원. ❷ 중국 공산주의 청년단 단원.

4【团圆】tuán·yuán ❶動 가족이 한자리에 모이다. ¶中秋佳节全家～ | 추석에 (흩어졌던) 가족이 한자리에 모이다. ❷狀 둥글다. ¶这个人～脸, 大眼睛 | 이 사람은 얼굴이 둥글고 눈이 크다. ¶八月十五月～ | 팔월 보름에는 달이 아주 둥글다.

【团圆饭】tuányuánfàn 名 ❶ 중추절에 온 가족이 한데 모여서 먹는 밥. ¶一家人难得一起吃一顿～ | 온가족이 모처럼 중추절에 함께 모여 밥을 한 끼 먹는다. ❷ 신혼 부부가 첫날 함께 먹는 밥.

【团圆节】Tuányuán Jié 名 추석. 중추절. ¶八月十五是～, 你一定要回家来 | 8월 보름은 중추절이니 너 반드시 집으로 돌아와라＝[中秋(节)]

3【团长】tuánzhǎng 名 ❶ 단장. ¶代表团～ | 대표단 단장. ❷〈軍〉연대장.

【团支部】tuánzhībù 名 簡「中国共产主义青年团

支部」(중국 공산주의 청년단 지부)의 약칭. ¶他五年来一直任～书记 | 그는 오년동안 계속 공산주의 청년단 지부의 서기를 맡아오고 있다.

【团支书】tuánzhīshū 名 簡「中国共产主义青年团支部书记」(중국 공산주의 청년단 지부 서기)의 약칭.

【团中央】tuánzhōngyāng 名 簡「中国共产主义青年团中央委员会」(중국 공산주의 청년단 중앙위원회)의 약칭

【团子】tuán·zi 名〈食〉단자. 경단. ¶糯nuò米～ | 찹쌀 경단. ¶玉米面～ | 옥수수 경단→〔艾ài窝窝〕

【团坐】tuánzuò 動 모여 앉다. 빙둘러앉다. ¶一家人～在客厅中聊天liáotiān | 온가족이 응접실에 모여 앉아 한담을 나누고 있다.

【团(糰)】 ② **tuán 경단 단**
(～子) 名〈食〉쌀가루를 둥글게 뭉쳐 만든 음식. ¶汤～ | 경단.

【抟(摶)】 **tuán 뭉칠 단**
動 ❶ 書 맴돌다. 빙빙 돌다＝〔盘pán旋〕 ❷ (손으로 공처럼) 둥글게 빚다. 뭉치다. ¶～泥球 | 흙을 둥글게 빚다. ¶～成球 | 둥글게 빚어 공을 만들다＝〔团②〕

【抟弄】tuán·nong⇒〔团tuán弄〕

tuǎn ㄊㄨㄢˇ

【疃】 **tuǎn 짐승발자국 탄**
書 名 ❶ 짐승의 발자국. ❷ 마을. 촌락. 부락 [주로 지명에 쓰임] ¶柳～ | 유탄. 산동성(山東省)에 있는 지명. ¶王～ | 왕탄. 하북성(河北省)에 있는 지명.

tuàn ㄊㄨㄢˋ

【彖】 **tuàn 판단할 단**
⇒〔彖辞〕

【彖辞】tuàncí 名 단사 [역경(易經)의 각 괘(卦)의 뜻을 풀어 놓은 글] ¶他研究过～ | 그는 단사를 연구했다＝〔卦辞〕

tuī ㄊㄨㄟ

【忒】 **tuī tè tēi 틀릴 특**
副 京 매우. 몹시. 너무. 지나치게. ¶路～滑 | 길이 매우 미끄럽다. ¶风～大 | 바람이 몹시 세다. ¶～远 | 너무 멀다. ¶～多 | 너무 많다→〔太〕

【忒板】tuībǎn 狀 京 고지식하다. 매우 융통성이 없다. 꼿꼿하다.

【忒柴】tuīchái 狀 京 엉망이다. 형편없다. ¶这场足球乙队踢得～ | 이번 축구 시합에서 을 팀의 경기는 형편없다→〔糟zāo糕①〕

【忒已地】tuīyǐ·de 副 京 매우. 대단히. ¶～不讲理了 | 경우가 매우 밝지 못하다.

1 **【推】** **tuī 밀 추, 밀 퇴**
動 ❶ 밀다. ¶车子还得往前～ | 차를 앞으로 더 밀어야겠다. ¶～开门 | 문을 밀어서 열다. ¶～他进屋子 | 그를 밀어 집안으로 들어가게 하다. ❷ (곡물을) 빻다. 갈다. ¶面粉准备明天～ | 밀가루는 내일 빻으려고 한다. ¶米粉～得很细 | 쌀가루가 아주 곱게 빻여졌다. ❸ 사양하다. 양보하다. ¶～让↓ ¶你～我, 我让你地彼此谦让 | 서로 사양하고 양보하면서 겸양하다. ¶这点礼品请收下吧, 你就别～了 | 이 조그만 선물을 받아두세요, 사양하지 말고. ❹ 떠맡기다. 책임을 미루다. ¶～病不到 | 병을 핑계삼아 오지않다. ¶他把所有的工作都～我身上 | 그는 모든 일을 나에게 떠넘겼다. ❺ (기일을) 연기하다. 지연시키다. ¶交货日期不能再～了 | 화물 인도 일자는 더이상 연기할 수 없다. ¶往后～几天 | 며칠 뒤로 연기하다. ¶考试～到下周举行 | 시험은 다음 주로 미뤄서 친다. ❻ 추천하다. 천거하다. ¶～他当候选人 | 그를 후보로 추천하다. ¶大家都～你 | 모두들 너를 민다(추천한다). ❼ (도구로 밀어) 자르다. 벗기다. ¶用刨子bàozi～光 | 대패로 깨끗이 밀다. ¶～光头 | 머리를 빡빡 깎다. ❽ 심문하다. ¶三～六问 | 재삼 반복 심문하다. ❾ 안마하다. ¶～拿↓ ❿ (일을) 널리 퍼지게 하다. 추진〔보급〕시키다. ¶～动↓ ¶～销 | 판로를 넓히다. ⓫ 추측하다. 추론하다. ¶～算↓ ⓬ 받들다. 칭찬하다. ¶～崇↓ ¶～许↓

【推刨】tuībào 名 方 대패. ¶推～ | 대패질하다＝〔刨bào子〕

【推本溯源】tuī běn sù yuán 威 근본을 캐고 근원을 따지다. ¶他～, 研究这几个词的语源 | 그는 근본을 따지고 근원을 거슬러 올라가며 이 몇 단어의 어원을 연구한다＝〔推本求源〕〔推根溯源〕

【推病】tuī/bìng 動 병을 구실로 삼다. 병을 핑계삼다. ¶他～不出任所长 | 그는 병을 핑계로 소장을 맡지 아니한다＝〔托tuō病〕

【推波助澜】tuī bō zhù lán 威 (주로 좋지 않은 사태의 발전에 쓰여) 파란을 더 크게 하다. 부채질하다. 선동하다.

4 【推测】tuīcè 動 추측하다. 헤아리다. ¶谁得冠军, 目前很难～ | 누가 우승할 것인지는 지금으로서는 매우 추측하기 어렵다. ¶请你～将会发生什么变化 | 앞으로 무슨 변화가 일어날 지 추측해 보세요.

【推陈出新】tuī chén chū xīn 威 옛 것을 버리고 새 것을 내다. 구문화를 비판적으로 계승하고 새로운 문화를 창조하다. ¶文化艺术必须～ | 문화예술은 옛 것을 너무 고집하지 말고 새로운 것을 창조해야 한다＝〔推旧出新〕〔吐tǔ故纳新〕

【推诚相见】tuī chéng xiāng jiàn 威 정성을 다하여 만나다. 진심으로 대하다→〔推襟送抱〕

3 【推迟】tuīchí 書 動 미루다. 지연시키다. 연기하다. ¶～回答 | 회답을 지연시키다. ¶会议～到下一个月 | 회의는 다음 달로 연기되었다.

【推斥】tuīchì 動〈物〉반발 작용을 하다. ¶～力 | 반발력. 척력(斥力).

【推崇】tuīchóng 動 숭배하다. 추앙하다. ¶我对他的教学能力十分～ | 나는 그의 교육능력에 대해 아주 존경한다. ¶深受大众的～ | 대중의 대단한 추앙을 받다.

【推崇备至】tuī chóng bèi zhì 威 격찬하다. ¶他竖shǔ起大拇指mǔzhǐ, ～他说「这人不简单」| 그

는 엄지 손가락을 세우고 격찬하면서「이 사람은 대단합니다」라고 말하였다.

【推出】tuīchū 動 ❶(새 상품을) 시장에 내놓다. ¶不断～新品种｜신품종을 부단히 시장에 내놓다. ❷(새영화·연속극 등을) 상영·방영하다. ❸(새로운 견해·의견 등을) 내놓다.

3【推辞】tuīcí 動(임명·요청·선물 등을) 거절하다. 사양하다. 물리다. ¶～了他们的邀请｜그들의 요청을 거절했다. ¶对他的礼物我已～了多次, 一定不能收｜그의 선물에 대해서는 내가 이미 몇 번이나 거절했으며 반드시 받을 수가 없다. ¶不好意思～｜거절하기가 미안하다 ＝〔推却〕

【推戴】tuīdài 書 動 추대하다. ¶竭诚jiéchéng～｜마음으로부터 추대하다. ¶大家一致～他当校长｜모두가 일치해서 그를 교장으로 추대했다.

【推宕】tuīdàng 書 動 구실을 만들어 연기하다. 고의로 지연시키다〔끌다〕. ¶故意～｜고의로 지연시키다.

【推倒】tuī/dǎo ❶ 動 밀어 넘어뜨리다. ¶把他～在地｜그를 땅에 넘어뜨리다. ❷⇒〔推翻〕

【推倒了油瓶儿不扶】tuīdǎo·le yǒupíngr bùfú 諺 기름병을 넘어뜨리고도 일으키려 하지 않다. 잘못을 저질러 놓고 가만히 있다 ＝〔倒了油瓶儿不扶〕

【推导】tuīdǎo 動 유도(誘導)해내다. ¶～了公式｜공식을 유도해 냈다. ¶按照逻辑一步步～｜논리에 맞춰 한 단계씩 유도해내다.

2【推动】tuīdòng 動 추진하다. 촉진하다. 진전시키다. 가동시키다. ¶～世界反核武器威胁和停止氢qīng弹试验的斗争｜세계의 핵무기 위협에 반대하고 수폭 실험을 정지시키려는 투쟁을 추진하다. ¶～力｜추진력. ¶～作用｜촉진 작용. ¶高速水流～了水轮机｜급류의 물이 수력 터빈을 가동시켰다. ¶对这项工作还要请你好好～～｜이 일에 대해서 역시 당신이 좀 잘 추진해 주십시오.

【推断】tuīduàn 名 動 추단(하다). ¶这个结论, 他早就～出来了｜이 결론은 그가 이미 벌써 추론해 냈다. ¶根据种种证据, ～出事实的真相来｜여러 가지 증거에 의하여 사실의 진상을 추단해내다.

【推度】tuīduó 書 動 추측하다. 헤아리다. ¶我无从～各人的心理｜나는 각 사람의 심리를 헤아릴 길이 없다.

【推而广之】tuī ér guǎng zhī 成 널리 확대하다. 보급하다. ¶这个原则可以～｜이 원칙은 넓게 확대해도 된다.

3【推翻】tuī/fān 動 ❶(기존의 국면을) 전복시키다. ¶辛亥革命～了清朝200多年的统治｜신해혁명은 청조 200여년의 통치를 무너뜨렸다. ❷(이미 결정된 안건·계획·결정 등을) 뒤집다. 번복하다. ¶～了原有的计划｜원 계획을 번복했다. ¶～前议｜지난 번의 결의를 번복하다. ¶科学的结论不是轻易推得翻的｜과학의 결론은 쉽게 뒤집힐 수 있는 것이 아니다 ‖ ＝〔推倒②〕

【推服】tuīfú 書 動 경탄(敬歎)하다. 칭찬하고 감탄하다. ¶他很～高先生｜그는 고선생에 대해 감탄하고 있다.

【推给】tuīgěi 動(…에) 강요하다. 떠맡기다. ¶重担自己不挑而～别人｜무거운 짐은〔임무는〕자기가 맡지 않고 남에게 떠맡기다.

2【推光】tuīguāng 動 ❶(머리를) 박박 깎다. ❷「天九(牌)」를 하여 돈을 다 잃다.

【推广】tuīguǎng 動 널리 보급하다. 확충〔확대〕하다. ¶这种经验要好好～～｜이런 경험은 제대로 널리 보급해야 한다. ¶～普通话｜공용어(표준말)를 널리 보급하다. ¶～销xiāo路｜판로를 확대하다. ¶～站｜보급 센터. 어법「推广」은 확대하는 데 중점이 있고 그 대상은 주로「경험·영업·보통화」등인데 반해,「推行tuīxíng」은 실행에 중점이 있고 그 대상은 주로「경험·방법·정책·간체자」등임.

【推行】ⓐ tuī/háng 動〈印出〉조판한 뒤에 새로이 자구(字句)의 증감이 있을 때 과부족분(過不足分)의 활자를 다음 행(行) 또는 앞의 행으로 옮기다.

ⓑ tuīxíng 動 널리 실행하다. 널리 추진하다. ¶优选法已～到全国各地｜우량종 선별방법이 이미 전국 각지에 널리 실시되고 있다. ¶～农业生产责任制｜농업생산 책임제를 널리 추진하다→〔推广〕

【推及】tuījí 書 動 미치(게 하)다. ¶将福利事业～大众｜복지 사업을 대중에게 미치게 하다.

【推己及人】tuī jǐ jí rén 成 자기의 마음으로 미루어 남을 헤아리다. ¶你要～, 为她设身处地想一想｜넌 입장을 바꾸어 생각해야 된다. 그녀의 처지에서 한번 생각해 봐라.

3【推荐】tuījiàn 動 추천하다. ¶～优秀的文学作品｜우수한 문학 작품을 추천하다. ¶给你～一本书｜너에게 책을 한 권 추천해 주겠다. ¶有一名技术员, ～给你单位｜기술자 한명을 너의 부서에 추천한다. ¶～他当系主任｜그를 학과장으로 추천하다. ¶～书｜추천서.

【推襟送抱】tuī jīn sòngbào 成 성의껏〔정성껏〕대하다. ¶他～, 使我很受感动｜그가 성의껏 대해 주어서 나는 아주 감동을 받았다→〔推诚相见〕

3【推进】tuījìn 動 ❶추진하다〔시키다〕. ¶把两国之间的友好关系～到一个新阶段｜양국의 우호 관계를 새로운 단계로 추진하다. ¶向前～了一步｜앞으로 한 걸음 나아가게 하다. ¶大大～了学校的工作｜학교의 일을 대대적으로 추진했다. ❷(전선이나 군대가) 밀고 나가다. ¶突破敌人防线向前～｜적의 방어선을 뚫고 앞으로 밀고 나가다.

【推究】tuījiū 動(원인·도리 등을) 추구하다. 연구하다. 규명하다. ¶～真理｜진리를 추구하다. ¶这事认真～起来, 还真的很复杂哩｜이 일은 진지하게 연구해보면 정말 아주 복잡하다 ＝〔推寻〕

【推举】tuījǔ ❶ 動 추거하다. 추천하다. ¶大家都～他｜모두들 그를 추거했다. ¶～他当学习委员｜그들 학습위원으로 추거하다. ❷ 名〈體〉(역도 경기의) 추상(推上). 밀어올리기→〔举重①〕

【推克诺克拉西】tuīkènuòkèlāxī 名 外 테크노크라시(technocracy) ＝〔德克诺克拉西〕〔德古诺克拉西〕

4【推来让去】tuī lái ràng qù 成 서로 양보하다.

【推梨让枣】tuī lí ràng zǎo 成 대추를 서로 권하고, 배를 놓고 서로 사양하다. 우의가 두텁다 [양(梁)나라 무제(武帝)와 무릉왕(武陵王)의 고사에서 나온 말] =〔推李让枣〕〔让枣推梨〕

[4]【推理】tuīlǐ 名動 추리(하다). ¶有了这两个前提就可以～了 | 이 두 가지 전제가 있으니 추리할 수 있겠다.

[4]【推论】tuīlùn 名動 추론(하다). ¶按照这种～, 世界上没有好人了 | 이런 추론에 따르자면 세상엔 좋은 사람은 없게 된다.

【推磨】tuī mò 動 ❶ 맷돌질하다. ¶有钱能使鬼～ | 諺 돈만 있으면 귀신도 부릴 수 있다. ❷ 喻 (결론을 내지 못하고) 의논을 질질 끌기만 하다. 공론을 거듭하다.

【推拿】tuīná 名動〈漢醫〉안마(하다). 지압(하다) =〔按àn摩〕

【推牌九】tuī páijiǔ 動組「牌九」(골패로 하는 노름의 일종)를 하다.

【推平】tuīpíng 動 ❶ 상고머리로 깎다 =〔推平头〕❷ 일을 공평하게 처리하다. ¶把事情～了办 | 일을 공평하게 처리했다.

【推普】tuīpǔ 動 簡「推广普通话」(표준어를 보급하다)의 약칭. ¶～工作 | 표준어 보급 활동.

【推敲】tuīqiāo 動 ❶ 퇴고하다. 자구(字句)를 다듬다. ¶～诗句 | 시구를 다듬다. ¶写文章要反复～ | 글을 쓸 때는 반복해서 자구를 다듬어야 된다. ❷ 이것저것 곰곰히 생각하다. ¶要细细～一下, 才能领悟lǐngwù | 곰곰히 생각해야만 이해할 수 있다.

【推求】tuīqiú 動 (이치·의도·결과 등을) 이미 알고 조건이나 근거로 미루어 찾다. 깊이 탐구하다. ¶他专心～事情的原委yuánwěi | 그는 전심전력으로 일의 경위에 대해 깊이 탐구한다. ¶他正～着正确的答案 | 그는 지금 정확한 답안을 깊이 찾고 있는 중이다.

【推却】tuīquè ⇒〔推辞〕

【推让】tuīràng 動 (직위·영예·이익 등을) 양보하다. 사양하다. ¶这笔奖金jiǎngjīn, 他一再～, 不肯收下 | 이 상금을 그는 몇번씩이나 사양하고 통 받으려 하지 않는다. ¶把荣誉róngyù～给别人 | 영예를 다른 사람에게 양보하다. ¶大家～了好一会儿, 才坐下来 | 모든 사람들은 오랫동안 서로 사양하다가 겨우 자리에 앉았다.

【推三阻四】tuī sān zǔ sì 成 이리저리 핑계대어 회피하다〔거절하다〕=〔推三托四〕

【推事】tuīshì 名〈法〉옛날, 판사를 일컫던 말→〔审shěn判员①〕

【推说】tuīshuō 動 변명하다. ¶～没有经费jīngfèi | 경비가 없다고 변명하다. ¶他～忙, 不来参加会议 | 그는 바쁘다는 핑계로 회의에 참석하지 않는다.

[4]【推算】tuīsuàn 動 기존 수치에 근거하여 추산하다. 미루어 계산하다. ¶发生日食月蚀的时间可以准确地～出来 | 일식·월식이 발생하는 시간은 정확하게 추산해 낼 수 있다. ¶～出他的阴历生日来 | 그의 음력 생일을 계산해 내다. ¶～买卖的盈亏yíngkuī | 장사의 손익을 계산하다.

【推涛作浪】tuī tāo zuò làng 成 파란(波瀾)을 일으키다. 나쁜 것을 조장하여 말썽을 일으키다. ¶他们～, 制造事端 | 그들은 파란을 일으켜 말썽을 만들었다.

【推头】tuī/tóu 動 ❶ 머리를 밀다. ¶推光头 | 머리를 빡빡 밀다. ❷ 서로 책임을 전가하다. ¶互相～假装jiǎzhuāng不知道 | 서로 책임을 전가하며 모르는 척하다.

【推土机】tuītǔjī 名 불도저(bulldozer). 그레이더(grader) =〔铲chǎn运机〕〔平píng土机〕→〔刮guā土机〕〔铲chǎn土机〕

【推托】tuītuō 動 ❶ 핑계를 대서 거절하다. ¶请你代我去一趟, 你就别～了 | 내 대신에 한번 갔다 와다오. 핑계대며 거절하지 말고. ¶～了半天, 还是推不开 | 오랫동안 핑계를 대고 거절했지만, 여전히 거절해 버릴 수가 없었다. ¶～小孩没人带, 提出要请假 | 아이를 볼 사람이 없다는 핑계로 휴가를 내다. ¶～今晚要去上课, 不到他家去了 | 오늘 저녁에 수업하러 가야된다는 핑계로 그의 집에 가지 않는다 =〔推脱〕❷ 추천하여 위탁하다. ¶这件事就～他办吧 | 이 일은 그를 추천하여 처리하도록 하자.

【推脱】tuītuō 動 ❶ (책임을) 맡으려 하지 않다. 회피하려 하다. ¶这件事是你批准的, 你想～责任可不能 | 이 일은 네가 승인한 것이니 책임을 피하려 해도 피할 수 없다. ¶那是他的错误, 他却～得一干二净 | 그것은 그의 잘못인데 그는 도리어 조금도 책임지려 하지 않는다. ❷ (임명·요청·선물 등을) 받기를 거절하다. ¶请他当校长, 他却想尽办法～ | 그를 교장으로 모실려고 했는데 그는 뜻밖에도 온갖 방법으로 거절한다⇒〔推托①〕

【推委】tuīwěi 動 책임을 전가〔회피〕하다. 어법 일반적으로 목적어를 동반하지 않음. ¶要共同承担责任, 不要互相～ | 공동으로 책임져야지 서로 책임을 전가해서는 안된다. ¶他～地说: 这件事与我无关 | 그는 책임을 미루려는 듯이 이 일은 나와 상관없어라고 말했다. ¶借辞～ | 구실을 대고 책임을 회피하다 =〔推诿wěi〕

【推问】tuīwèn 動 죄인을 심문하다. 규문(糾問)하다. ¶法官～案子 | 법관이 사건을 심리하다. ¶～犯罪事实 | 범죄 사실을 심문하다.

【推想】tuīxiǎng 動 미루어 생각하다. 예측하다. 추측하다. ¶我～, 这事儿跟他也有关 | 내 추측으로는 이 일은 그와도 관련이 있다. ¶人们只顾眼前, 谁也不愿～以后的情形 | 사람들은 눈앞의 일만 생각하지 그 누구도 이후의 상황을 미루어 생각하려 하지 않는다.

[4]【推销】tuīxiāo 動 판로를 확장하다. 널리 팔다. ¶这样专门的机器不容易～ | 이와 같은 전문 기계는 판로를 확장하기가 쉽지 않다. ¶这些商品请他们出去～ | 이러한 상품은 그들이 나가서 판촉활동을 하게 하자. ¶这些服装可以～到外地去 | 이런 의류들은 외지에까지 판로를 확장할 수 있다 =〔推售shòu〕

【推卸】tuīxiè 動 (책임을) 전가하다. 회피하다. 남에게 덮어씌우다. ¶不要～自己应负的责任 |

자기가 져야 할 책임을 전가하지 마시오.
【推谢】tuīxiè 動 사양하다. 거절하다.
【推心置腹】tuī xīn zhì fù 成 진심으로 사람을 대하다. ¶你去跟她～地谈一谈 | 너 가서 그녀와 진심으로 이야기를 좀 나눠봐라.
4【推行】tuīxíng ☞〔推行〕tuī/háng ⓑ
【推许】tuīxǔ 動 추앙하다. 칭찬〔칭송〕하다. ¶他的品行学识为人们所～ | 그의 품행과 학식이 사람들의 추앙을 받고 있다.
4【推选】tuīxuǎn 動 추천하여 뽑다〔선발하다〕. ¶～代表 | 대표를 추천하여 선발하다.
【推廷】tuīyán ⇒〔拖tuō廷〕
【推演】tuīyǎn 書 動 추단 연역(推斷演繹)하다.
【推移】tuīyí 動 (시간, 형세, 풍조 등이) 옮겨가다. 변천하다. 변화하다. ¶社会风气正在向好的方向～ | 사회 풍조가 좋은 방향으로 바뀌어가고 있는 중이다. ¶随着时间的～, 我们之间的友谊也越来越深了 | 시간의 추이에 따라 우리의 우의도 점점 깊어진다.
【推知】tuīzhī 動 미루어 알다. 추측하다. ¶由人心向背～政权的前途 | 인심의 향배로부터 정권의 전도를 추측하다.
【推重】tuīzhòng 動 (생각·행위·저술·발명 등을) 중시하여 높이 평가하다. ¶他很～李教授的学说 | 그는 이교수의 학설을 아주 높이 평가한다. ¶大家对他的为人非常～ | 모두들 그의 사람됨에 대해 대단히 높이 평가한다.
【推子】tuī·zi 名 바리캉(bariquant;프). ¶电～ | 전기 바리캉 =〔剪jiǎn发刀〕

tuí ㄊㄨㄟˊ

【颓(穨)〈隤積〉】tuí 무너질 퇴, 쇠할 퇴 動 ❶ 허물어지다. 무너지다. ¶～垣yuán败壁↓ ❷ 퇴폐하다. 퇴락하다. 영락하다. ¶～风败俗 | 퇴폐한 풍속 기풍. ❸ (정신·정력 따위가) 쇠퇴하다. 노쇠하다. ¶心～如翁wēng | 노인같이 의욕이 없다. ¶国势shì衰shuāi～ | 국세가 쇠퇴하다.
【颓败】tuíbài 書 形 쇠락하다. 부패하다. ¶～的晚秋景色 | 쇠락한 늦가을의 풍경. ¶风俗～ | 풍속이 부패하다. ¶～的风气 | 문란한 풍조.
【颓放】tuífàng 書 形 의지가 소침하고, 행동거지가 방종하다. 퇴폐하고 방종하다. ¶性情～ | 성격이 방종하다. ¶生活～ | 생활이 방종하다.
【颓废】tuífèi ❶ 動 무너져 쓰지 못하게 되다. 무너져 내려 앉다. ¶殿宇diànyǔ～ | 건물이 무너지다. ❷ 形 의기소침하다. 퇴폐적이다. ¶精神～生活潦倒liáodǎo | 생각이 퇴폐적이고 생활이 타락하다. ¶他过着～的生活 | 그는 퇴폐적인 생활을 하고 있다.
【颓废派】tuífèipài 名 퇴폐파. 데카당스(décadence). 데카당(décadent)파. ¶他是～诗人 | 그는 퇴폐파 시인이다.
【颓风】tuífēng 名 퇴폐한 풍기(風氣). 퇴폐한 풍속. ¶重整道德, 整肃～ | 도덕을 다시 세우고, 퇴폐한 기풍을 바로잡다.
【颓靡】tuímǐ ⇒〔颓丧〕
【颓丧】tuísàng 形 의기소침하다. 맥이 빠지다. 낙심〔실망〉하다. 위축되다. ¶偶然失败, 不必～ | 어쩌다가 실패했는데 그리 의기소침할 필요가 없다. ¶你为什么那样～? | 너 왜 그렇게 맥이 빠져 있니? ¶美国的经济已呈～ | 미국의 경제가 이미 위축되고 있다 =〔颓靡mǐ〕
【颓势】tuíshì 書 名 퇴세. 쇠퇴하여 가는 형세.
【颓唐】tuítáng 形 기가〔풀이〕 죽다. 맥이 빠지다. 의기소침하다. 위축되다. ¶对于这样一个失败就～了可太泄xiè气了 | 이런 실패로 의기소침해서야 너무 한심하다.
【颓垣断壁】tuí yuán duàn bì ⇒〔残cán垣断壁〕

tuǐ ㄊㄨㄟˇ

1【腿】tuǐ 다리살 퇴 ❶ 名〈生理〉다리. ¶大～ | 넓적다리. ¶盘pán着～坐 | 책상다리를 하고 앉다. ¶罗圈～ =〔镰liǎn刀腿〕〔弯弓wāngōng腿〕〔哈巴腿(儿)〕 | 안짱다리. ❷ (～儿, ～子) 名 물건의 다리(와 비슷한 것). ¶桌子～ | 책상다리. ¶倚子～ | 의자 다리. ¶眼镜～儿 | 안경다리. ❸ (～儿) 名 俗 앞잡이. ❹ 名 중국식 햄. 소금에 절인 돼지다리 살. ¶火～ | 햄. ¶云～ | 운남성(雲南省) 햄. ❺ 바지가랑이. ¶裤～ | 바지가랭이. ¶瘦～裤 | 통이 좁은 바지. ❻ 動 京 (「腿着」형으로 쓰여) 걷다. 걸어가다. ¶才这么远的道路, 我～着去就行了 | 이 정도 길쯤은, 걸어서 가면 된다.
【腿带(儿, 子)】tuǐdài(r·zi) 名 대님. 고맷기. ¶他的～松了 | 그의 대님이 느슨해졌다 =〔绑bǎng腿带儿〕
【腿肚(子)】tuǐdù(·zi) 名 口 장딴지. ¶他的～被蚊子wénzi咬了一口 | 그의 장딴지는 모기에게 한방 물렸다 =〔書 腓féi①〕
【腿脚(儿)】tuǐjiǎo(r) 名 ❶ 다리. ¶～结实 | 다리가 튼튼하다. ¶～不灵便 | 다리를 잘 쓰지 못하다. ❷ 걸음. 걷는 능력. ¶～不便 | 걷는 것이 불편하다. ¶～很利索lìsuò | 걷는 것이 아주 재빠르다. ¶这位老人的～倒很利索lìsuò | 이 노인은 잘 걷는다.
【腿快】tuǐkuài 狀 ❶ 발〔걸음〕이 빠르다. ❷ 행동이 재빠르다. ¶他真～, 一听说财政部出缺儿, 就马上谋差事来了 | 그는 정말 행동이 재빠르다. 재무부에 결원이 생겼다는 말을 듣고는, 즉시 취직 운동을 했다.
【腿勤】tuǐqín 狀 부지런하다. ¶他一向～, 到处搞关系 | 그는 여태까지 부지런히 도처에 관계를 맺고 있다.
【腿儿】tuǐr 名 물건의 다리 =〔腿子①〕
【腿腕子】tuǐwàn·zi 名 발목. ¶他的～歪wǎi了 | 그는 발목이 접질렸다 =〔脚腕子jiǎowànzi〕
【腿子】tuǐ·zi 名 ❶ 물건의 다리 =〔腿儿〕 ❷ 남의 앞잡이. 주구(走狗). ¶他充当资本家的～ | 그는 자본가의 앞잡이 노릇을 한다 =〔走狗②〕

tuì ㄊㄨㄟˋ

【蜕】tuì 허물 세/태 ❶ (뱀·매미 따위가) 허물을 벗다. 탈피

하다. ¶～皮↓ ❷(뱀·매미 따위의) 허물. ¶蛇～｜뱀 허물. ¶蝉～｜매미 허물.

【蜕变】tuìbiàn ❶動(사람·사물이) 변화하다. 탈바꿈하다. ¶从旧社会～到新社会｜낡은 사회로부터 새로운 사회로 탈바꿈하다→〔蝉chán蜕②〕 ❷名〈物〉붕괴 [방사성 원자핵이 방사선을 방출하면서 다른 종류의 원자핵으로 변하는 것] ＝〔衰shuāi变〕

【蜕化】tuìhuà 動❶(곤충이) 허물을 벗다. 탈피하다. ❷타락하다. ¶～变质｜타락하여 변질하다. ¶～分子｜타락 분자. ¶没想到他已～到这个地步｜그가 이미 이런 지경까지 타락했는 지 생각도 못했다.

【蜕皮】tuì/pí 動(파충류·곤충류 따위가) 허물을 벗다. 탈피하다.

1【退】tuì 물러날 퇴

動❶물러나다. 후퇴하다. ¶敌人往后～了｜적은 후퇴했다. ¶他～到墙边｜그는 벽으로 물러났다. ¶有进无～｜후퇴는 없고 전진만이 있을 뿐이다⇔〔进①〕 ❷(뒤로) 물러나게 하다. ¶～子弹｜탄알을 후퇴시키다. ¶～兵↓ ❸(자리·관직에서) 떠나다. 물러나다. 탈퇴하다. ¶场上观众几乎～光｜관중석에는 관중이 거의 다 빠져나가고 없다. ¶～了团｜단체에서 탈퇴했다. ¶有人从这个学会～出去了｜어떤 이는 이 학회에서 탈퇴해 나갔다. ❹(빛·맛·열 따위가) 내리다. 줄어들다. 감퇴하다. ¶～烧↓ ¶～了一些光泽｜광택이 조금 줄어들었다. ¶潮水已经～了｜조수가 빠졌다. ❺(샀던 물건을) 무르다. 반환하다. (선물을) 되돌려 보내다. ¶～了这张票｜이 표 한장을 반환했다. ¶～钱↓ ¶～货↓ ¶把这份礼～了｜이 선물을 되돌려 보냈다. ¶～他两块钱｜그에게 2원을 반환하다. ❻(합의나 계약 등을) 취소하다. 철회하다. ¶～合同｜계약을 취소하다. ¶契约qìyuē～回来了｜계약을 철회했다. ¶～婚｜혼약을 취소하다. ¶～掉订货｜주문을 취소하다. ❼양보하다. ¶～让↓

【退避】tuìbì 書動물러나 피하다. 멀리하다. 도망치다. ¶他遇事一味～｜그는 일이 나면 오로지 도망만 친다.

【退避三舍】tuì bì sān shè 成❶앞날을 깊이 헤아려 양보하다. 양보해서 충돌을 피하다 [옛날 군대는 30리를 행군하고 하룻밤을 묵었으므로 「三舍」즉 90리를 물러나 충돌을 피한데서 나옴] ¶这事我还是～的为好｜이 일에 있어서는 내가 역시 양보하여 충돌을 피하는 것이 상책이겠다. ❷轉두려워〔놀라서〕피하다.

【退兵】tuì/bīng 動❶군대를 철수하다. 철병(撤兵)하다. ¶下令～｜명령을 내려 군대를 철수하다. ❷적을 격퇴하다〔철퇴시키다〕. ¶～之计｜적을 철퇴시킬 계책.

3【退步】tuì/bù ❶動퇴보하다. 후퇴하다. 나빠지다. ¶他近来学习成绩～了｜그는 요즘 학업 성적이 나빠졌다. ¶又退了一步｜또 한 걸음 뒤로 후퇴하다⇔〔进步①〕 ❷動양보하다. ¶这事你退一步, 不就解决了吗?｜이 일은 네가 한 발 양보하면 해결되지 않느냐? ❸(tuìbù) 名후퇴. 퇴보. ¶要加强学习, 才能避免～｜공부에 힘써야 퇴보를 면할 수 있다. ❹(tuìbù) 名퇴각로. 빠져나갈 구멍. 물러설 여지. ¶留个～｜빠져나갈 구멍을 남겨두다＝〔退身步儿〕〔后步〕

【退潮】tuì/cháo ❶動조수가 밀려나가다. ¶大海～了｜바다는조수가 밀려 나갔다. ❷(tuìcháo) 名썰물 ‖＝〔落潮〕→〔涨zhǎng潮〕

4【退出】tuìchū 動(회의·조직·단체 등에서) 퇴장하다. 물러나다. 탈퇴하다. ¶～会场｜회의장에서 물러나다. ¶～舞台｜무대에서 퇴장하다. ¶～比赛｜시합중에 퇴장하다. ¶～组织｜조직에서 탈퇴하다.

【退党】tuì/dǎng 動탈당(脫黨)하다. ¶他打算明年～｜그는 내년에 탈당하려고 한다＝〔出党〕→〔入rù党〕

【退给】tuìgěi 動돌려주다. 반환하다. ¶把彩礼～男方｜납채(納彩)를 남자 쪽에 돌려보내다.

【退耕】tuìgēng 動❶귀농(歸農)하다. 관직에서 물러나 농사를 짓다. ¶辞职以后, ～田野｜사직한 후 물러나 농사를 짓다. ❷소작하는 논밭을 지주에게 되돌려주다. ¶佃农diànnóng可以～, 地主不得退租｜소작인은 논밭을 지주에게 되돌려줄 수 있지만, 지주는 소작지를 빼앗아서는 안된다.

【退化】tuìhuà 動❶(기능/구조면에서) 퇴화하다. ¶鸡的翅膀chìbǎng逐渐zhújiàn～, 不会在空中飞行了｜닭은 날개가 점점 퇴화하여 하늘을 날 수 없게 되었다. ¶仙人掌的叶子～成了针状｜선인장의 입이 퇴화하여 바늘 모양으로 되었다. ❷열악해지다. 타락하다. 악화하다. ¶战后政教～｜전후에 정치와 교육이 타락했다. ¶有些干部居功自傲, 思想～得不成样子｜어떤 간부들은 공로만 믿고 자만하여 사상이 너무 타락하여 꼴같지도 않다.

4【退还】tuìhuán 動(물건을) 반환하다. 돌려주다. ¶把礼物～给他们｜선물을 그들에게 돌려주다.

【退换】tuìhuàn 動산 물건을 딴 물건과 바꾸다. ¶他买的鞋子不合脚, 又拿到商店去～｜그가 산 신발이 발에 맞지 않아서 상점에 가지고 가서 다른 것과 바꾸었다. ¶货物出售概不～｜일단 물건을 사 가면 일체 교환되지 않는다. ¶～了一本书｜책 한 권을 바꾸었다.

【退回】tuìhuí 動❶(편지나 원고를) 되돌려주다. 반송하다. ¶这封信无法投递tóudì, 只得～｜이 편지는 배달할 방법이 없어 반송할 수 밖에 없다. ¶把这篇稿子～给作者｜이 원고를 작자에게 되돌려 주다. ❷되돌아가다. ¶此路不通, 只得～｜이 길은 막혀서 되돌아갈 수 밖에 없다. ¶没赶上车, 只好～旅馆｜차 시간에 맞추어 가지 못해서 여관으로 되돌아 갈 수 밖에 없다.

【退婚】tuì/hūn 動퇴혼하다. 파혼하다＝〔退亲qīn〕

【退火】tuì/huǒ 〈機〉❶動금속 기구가 열을 받아 본래의 강도를 잃다. ❷(tuìhuǒ) 名(금속·유리 제품의 내부 변형을 바로잡기 위해) 가열했다가 서서히 식히는 처리법. 설담금. 소둔(燒鈍).

【退伙】tuì/huǒ 動❶「帮会」(동업자 조합)를 탈

퇴하다. ❷ 단체〔공동〕식사를 그만두다. ❸ 식비를 되돌려받다 =〔退伙食〕

【退货】tuì/huò ❶ 動 상품을 도로 돌려 보내다. 반품하다. ¶要是不好就～ | 만약 나쁘면 반품하라 ❷(tuìhuò) 名 반품.

【退居】tuìjū 動 ❶ 물러나다. ¶～幕后 | (표면에서) 배후로 물러나 있다. ❷ 은거하다. ¶他～林下了 | 그는 산속에 은거하였다.

【退礼】tuìlǐ 動 선물을 되돌려주다. 받기를 거절하다.

【退路】tuìlù 名 ❶ 퇴(각)로. ¶切断敌军的～ | 적군의 퇴로를 차단하다. ❷ 뒷걸음질할 여지. 물러설 여지. 빠져나갈 구멍. ¶为将来留个～ | 장래를 위하여 뒷길을 마련하다. ¶我已经没有什么～了 | 나에게는 이미 빠져나갈 어떤 구멍도 없어졌다. ¶留一条～ | 빠져나갈 구멍을 하나 남겨두다.

【退赔】tuìpéi 動 (횡령하거나 불법 취득한 물건을) 배상하다. 반환하다. ¶侵吞qīntūn的公款必须～ | 횡령한 공금은 반드시 배상해야 한다. ¶～脏物 | 장물을 반환하다.

【退票】tuì/piào ❶ 動 표를 무르다. 표를 환불하다. ¶他在剧场门口等人～ | 그는 극장 문앞에서 표를 무르려는 사람을 기다린다. ¶～为wéi荷 | 표를 물러주시면 고맙겠습니다 =〔退条〕 ❷(tuìpiào) 名 (어음의) 지불 거절. 부도(어음). ¶因拒绝支付以致～ | 지불 거절로 인하여 부도를 내다.

【退坡】tuì/pō 動 (의지 따위가) 약해지다. (일이 난관에 부닥쳐서) 뒷걸음질치다. 후퇴하다. ¶工作再困难也不能～ | 일이 더 어렵게 되더라도 뒷걸음질칠 수 없다. ¶～思想 | 의지가 약해진 생각.

【退钱】tuì/qián 動 돈을 돌려주다. ¶我不要这个, 你～吧 | 나는 이것이 필요없으니 돈을 돌려주시오.

【退亲】tuì/qīn ⇒〔退婚hūn〕

【退青】tuìqīng 動 〈農〉(성숙기가 되어) 벼잎이 짙은 녹색에서 누런색으로 변하다.

【退却】tuìquè 動 ❶ (군대가) 퇴각하다. ¶～到可以埋伏máifú的地方 | 매복할 수 있는 곳까지 퇴각하다. ❷ 위축되어 물러나다. 기가 꺾여 후퇴하다. ¶在困难面前～ | 어려움 앞에서 물러나다. ¶面对困难, 决不～ | 어려움을 직면하고 결코 물러서지 않다. ❸ 물리치다. 거절하다. ¶～提案 | 제안을 거절하다.

【退让】tuìràng 動 양보하다. 사양하다. ¶毫不～ | 조금도 양보하지 않다. ¶这事你不必～ | 이 일은 네가 양보할 필요없다 =〔谦qiān让〕

【退热】tuì/rè 動 ❶ 열이 내리다 =〔退烧〕 ❷ 더위가 가시다.

【退色】tuì/shǎi 動 (천이나 옷의 색깔이) 퇴색하다. 빛이 바래다. ¶～的衣服 | 빛 바랜 옷 =〔掉diào色〕〔落lào色〕〔褪tuì色〕〔捎shào色〕

【退闪】tuìshǎn 動 몸을 피하다. 몸을 비키다. ¶他急忙～ | 그는 급히 몸을 비켰다.

【退烧】tuì/shāo 動 열이 (정상으로) 내리다. ¶～药 | 해열제. ¶他已经～了 | 그는 이미 열이 내렸다 =〔退热〕

【退社】tuì/shè 動 합작사(合作社)나 인민공사(人民公社)의 조직에서 탈퇴하다.

【退守】tuìshǒu 動 물러나 지키다. ¶～一方 | 한 쪽으로 물러나 지키다.

【退缩】tuìsuō 動 뒷걸음질치다. 위축되다. 주춤하다. 움츠러들다. ¶～不前 | 뒷걸음질치며 앞으로 나아가지 않다. ¶碰到困难不要～ | 곤란을 만나도 위축되지 말라. ¶为了更好地前进, 有时需要暂时～一下 | 더 잘 나아가기 위해서는 때로 잠시 후퇴할 필요가 있다.

【退堂鼓】tuìtánggǔ 名 옛날, 관리들의 퇴정(退廷)을 알리는 북. ¶打～ | 퇴정을 알리는 북을 치다. 轉 도망칠 자세를 취하다.

【退团】tuì/tuán 動 단체에서 탈퇴하다 〔특히, 「中国共产主义青年团」(중국공산주의청년단)에서 탈퇴하는 것을 가리킴〕

【退位】tuì/wèi 動 퇴위하다. 자리에서 물러나다. 차례를 물려주다〔양보하다〕. ¶他爹已经～, 现在由来他来当家 | 그의 아버지는 이미 (가장) 자리에서 물러나서 지금은 그가 집을 돌보고 있다.

【退伍】tuì/wǔ 動 제대하다. 퇴역하다. ¶～军人 | 퇴역 군인. ¶他去年退了伍 | 그는 작년에 제대했다 =〔退役〕

【退席】tuì/xí 動 (연회나 회의 중간에) 자리를 뜨다. 물러나다. 퇴장하다. ¶音乐演奏中途请勿～ | 음악 연주 중에 자리를 뜨지 마시기 바랍니다.

[3]【退休】tuìxiū 名 動 簡 (정년 또는 공상(公傷)으로) 퇴직(하다) 〔「退职休养」의 약칭〕 ¶～人员 | 퇴직자. ¶他两年前就～ | 그는 이년전에 퇴직했다 =〔退归〕〔退闲〕→〔卸xiè工〕

【退学】tuì/xué ❶ 動 퇴학하다. ❷ 動 퇴학 처분을 내리다. ❸(tuìxué) 名 퇴학(처분).

【退押】tuì/yā 動 簡 보증금〔저당물〕을 되돌려 주다 =〔退还押金〕

【退一步】tuì yībù 動組 한걸음 물러서다. 한발자국 양보하다. ¶～说 | 한걸음 양보해서 말하다. ¶～可以进两步呢 | 한 걸음을 물러나야 두 걸음을 나아갈 수 있지 않느냐.

【退役】tuì/yì ❶ ⇒〔退伍wǔ〕 ❷ 動 (운동 선수가) 은퇴하다. ❸ 動 (상품이) 낡아 도태되다.

【退隐】tuìyǐn 書 動 簡 퇴직하여 은거하다 =〔退职隐居〕

【退约】tuì/yuē 動 파약(破約)하다. 해약하다. 계약을 취소하다. ¶不得～ | 약속을 깨뜨려서는 안된다.

【退职】tuì/zhí 動 퇴직하다. 사직하다. ¶他是中央银行～人员 | 그는 중앙 은행을 퇴직한 사람이다.

【退走】tuìzǒu 動 뒤로 물러나다. 퇴각하다. ¶敌人～了 | 적이 퇴각했다.

【退租】tuìzū 動 ❶ 빌린 토지·가옥 등을 임자에게 되돌려주다. ❷ 빌려 준 토지·가옥을 임자가 되돌려받다. ¶地主不得～ | 지주는 소작지를 되돌려받아서는 안된다→〔退耕gēng②〕

【煺】 tuì 튀할 퇴

動 튀하다. 잡은 돼지나 닭에 뜨거운 물을 붓고 털을 뽑다. ¶～猪 =〔退猪〕| 돼지를 튀하다.

【褪】 tuì ☞ 褪 tùn Ⓑ

tūn ㄊㄨㄣ

3【吞】tūn 삼킬 탄

動❶통째로 삼키다. ¶一口~掉｜한 입에 삼키다. ¶囫囵húlún~枣zǎo｜대추를 통째로 삼키다. ¶把丸药~下去｜알약을 삼키다. ❷(부정한 수단이나 힘으로) 물건을 점유하다. 횡령하다. (영토를)병탄하다. ¶他私~了一笔公款｜그는 사사로이 공금을 횡령했다. ¶希特勒妄图把整个世界都~下去｜히틀러는 온 세계를 병탄하려고 망상했다. ❸꾹 참다. ¶忍气~声｜꾹 참고 잠자코 있다.

【吞并】tūnbìng 動 병탄하다. 삼키다. ¶~人家的房地产｜남의 집·토지·재산을 병탄하다＝〔并吞〕

【吞剥】tūnbō 動 병탄 착취하다. ¶~国家财产｜국가 재산을 병탄 착취하다.

【吞服】tūnfú 動 돈복(頓服)하다. 꿀꺽 삼키다. ¶~泻药｜하제(下劑)를 돈복하다.

【吞金】tūn/jīn 動 금을 삼키다. 자살하다 [중국에는 금을 삼키고 자살했다는 설화가 많음]

【吞灭】tūnmiè 動 ❶삼켜 없애버리다. 병탄하여 멸망시키다. ¶秦国~燕国｜진나라가 연나라를 병탄하여 멸망시켰다. ¶那火焰huǒyàn的威势好像要把整个天宇都~｜그 화염의 위세는 마치 온 하늘을 다 삼켜 버릴 듯 했다. ❷횡령하다. 탕진하다.

【吞没】tūnmò 動 ❶유용(流用)하다. 횡령하다. 착복하다. ¶集团的财物任何人不得私自~｜단체의 재산은 어떠한 사람도 사사로이 착복해서는 안된다. ¶~田产｜토지 부동산을 횡령하다. ¶~巨款｜거금을 착복하다＝〔干gān没〕 ❷(물에) 빠지다. 침몰하다. ¶一艘sōu渔船被巨浪~了｜어선 한 척이큰 파도에 침몰되었다. ¶洪水~了大片农田｜홍수가 넓은 농토를 삼켜버렸다.

【吞声】tūn/shēng 動 ❶書 소리를 죽여 울다. 남 모르게 울다. 울음을 삼키다. ¶~暗泣ànqì｜소리 죽여 울다. ❷침묵하다. ¶忍气~声｜꾹 참고 잠자코 있다.

【吞声忍气】tūn shēng rěn qì 成 울음을 삼키고 노여움을 누르다. 울분을 참다. ¶她不愿过~的日子｜그녀는 울분을 참는 나날을 원치 않는다.

【吞食】tūnshí 動 삼키다. 통째로 먹다. ¶~公司资金｜회사 자금을 통째로 삼키다. ¶大鱼~小鱼｜諺 큰 고기가 작은 고기를 삼키다. 약육강식.

【吞噬】tūnshì 書 動 ❶삼키다. 통째로 먹다. ¶饿狼一口一口地~着小山羊｜굶주린 늑대가 한입한입씩 어린 산양을 통째로 잡아먹고 있다＝〔吞食〕 ❷남의 재산을 통째로 착복하다. 병탄(併吞)하다. ¶他~了弟妹们应得的财产｜그는 동생들이 가져야 될 재산을 통째로 착복했다. ¶~弱小国家｜약소국을 병탄하다.

【吞噬细胞】tūnshì xìbāo 名組〈生〉식(食)세포

【吞吐】tūntǔ ❶動 탄토하다. 삼키고 내뱉다. 喩 (대량으로) 드나들다. 출입하다. ¶火车站每天~着大批旅客｜기차역에는 매일 수많은 여행객들이 드나든다. ¶~港｜탄토항. ❷形 (말을) 주저하다. 우물쭈물하다. 애매모호하다. 어법 대개 고정어구 속에 쓰임. ¶言语~｜말이 분명하지 않다. ¶~其词｜문사가 애매모호하다.

【吞吐量】tūntǔliàng 名〈電算〉(컴퓨터에서) 드루 풋(through put) [단위 시간에 처리할 수 있는 정보의 양]＝〔通过量〕

【吞吞吐吐】tūntūntǔtǔ 動 우물쭈물하다. 떠듬거리다. 횡설수설하다. ¶说话别~的｜말을 떠듬거리지 마라. ¶母亲~地说:「那……不大好吧」｜어머니는 우물쭈물하며 말했다:「그건 저…… 그다지 좋지 않은 것 아니냐」

【吞咽】tūnyàn 動 ❶(물건을) 삼키다. ❷말을 삼키다. 말을 그만두다. ¶把要说的话~回去｜하려던 말을 삼켜 버리다.

【吞云吐雾】tūn yún tǔ wù 成 구름을 들이키고 안개를 내놓다. 아편이나 담배를 피우다.

【暾】tūn 아침해 돈

書 名 방금 돋은 해. 아침해. ¶朝~始上｜아침해가 방금 솟아오르다.

tún ㄊㄨㄣˊ

4【屯】tún zhūn 진칠 둔, 어려울 준

Ⓐ tún ❶動 모으다. 축적하다. 비축하다. ¶~了很多米｜다량의 쌀을 저장했다. ❷動 (군대가) 주둔하다. ¶驻zhù~｜주둔하다. ¶~兵↓ ❸(~子, ~兒) 名 마을 [주로 마을 이름·지명에 쓰임] ¶皇姑~｜황고둔. 요령성(遼寧省)에 있음. ¶小~｜소둔. 하남성(河南省)에 있음.

Ⓑ zhūn ❶形 곤란(困難)하다. ¶~难↓ ❷動 머뭇거리며 나아가지 못하다. 망설이다. ¶~不进｜머뭇거리며 나가지 못하다. ❸名 준괘(屯卦) [64괘의 하나로 험난함을 나타냄]

Ⓐ tún

【屯兵】tún/bīng ❶動 군대를 주둔시키다. ¶~边疆｜변경에 군대를 주둔시키다. ❷(túnbīng) 名 주둔병. 주둔부대.

【屯积】túnjī 動 사서 쟁이다. 사재다. ¶~白糖｜설탕을 사재다. ¶~短缺物资｜부족한 물자를 사재다＝〔囤túnjī积〕

【屯聚】túnjù 動 (떼지어) 모이다. ¶~了不少人｜적지 않은 사람이 모였다＝〔屯集〕

【屯垦】túnkěn 動 (군대나 인민이) 주둔하여 개간하다. ¶政府奖励人民到西北去~｜정부는 인민이 서북으로 개간하러 갈 것을 장려하고 있다. ¶明朝末年, 一支戍边部队曾在这里~｜명대 말년 한 변방부대가 일찌기 여기서 황무지를 개간하였다.

【屯粮】túnliáng ❶名 둔전자(屯田者)가 바치는 양식. ❷(tún/liáng) 動 식량을 비축하다＝〔囤 tún粮〕

【屯落】túnluò 書 名 마을. 촌락→〔屯子〕

【屯守】túnshǒu 動 주둔하여 지키다. ¶~边疆｜변방에 주둔하며 지키다.

【屯田】túntián ❶動 주둔군을 이용하거나 농민을 모집하여 농경에 종사시키다. ¶~养兵｜군대가 토지를 경작해 식량을 자급하다. ❷名 옛 관명(官名). ¶~尚书｜둔전상서.

【屯子】tún·zi 名 方 마을. 촌락. ¶～只有一个小商店 | 마을에 작은 상점이 하나 뿐이다.
Ⓑ zhūn
【屯难】ⓐ zhūnnán ❶ 書 形 고민하다. 고생하다. 괴로워하다. ¶～万分 | 몹시 괴로워하다 =〔屯艰〕 ❷ 名 화란(禍亂).
ⓑ zhūnnàn 名 곤란. 재난. ¶天降～ | 하늘이 재난을 내리다.

【饨(飩)】tún 만두 돈
⇒〔馄hún饨〕

【囤】tún ☞ 囤 dùn Ⓑ

【鲀(魨)】tún 복 돈
名〈魚貝〉복. 복어 =〔河豚hétún〕 ¶虫纹圆～ | 매리복.

【豚】tún 돼지 돈
名〈動〉새끼 돼지 [넓은 의미로 돼지를 가리키기도 함]
【豚犊】túndú ⇒〔豚儿〕
【豚儿】tún'ér 書 名 謙 돈아. 우식(愚息) [자기 자식을 낮추어 하는 말] =〔豚犊〕〔豚犬〕〔犬子〕→〔贱jiàn息〕
【豚犬】túnquǎn ⇒〔豚儿〕
【豚鼠】túnshǔ 名〈動〉기니 피그(Guinea pig). 마모트(marmot) =〔荷兰猪〕〔天竺鼠〕→〔土tǔ拨鼠〕
【豚鱼】túnyú 名 ❶ 돼지와 물고기. ❷ 喩 재미 없는 사람. 우둔한 사람. ¶虽～亦能教化 | 우둔한 사람이라도 교화시킬 수가 있다.

【臀】tún 볼기 둔
名〈生理〉엉덩이. 볼기. 볼기의 윗부분 →〔屁pì股①〕
【臀尖】túnjiān 名 돼지 뒷다리살 [돼지고기 중 상등급으로 햄 등을 만듦] ¶买一些～回来 | 돼지 뒷다리살을 조금 사서 돌아오다 =〔臀肩〕
【臀鳍】túnqí 名 (물고기의) 배지느러미.
【臀疣】túnyóu 名 원숭이 궁둥이의 털이 없는 두텁고 단단한 가죽 =〔髀胝bìdǐ〕

tǔn ㄊㄨㄣˇ

【汆】tǔn 뜰 탄
動 方 ❶ (물에) 뜨다. ¶木头在水上～ | 목재가 물위에 뜨다. ¶～来一条死鱼 | 죽은 물고기가 한 마리 떠올라 오다. ❷ (기름에) 튀기다. ¶油～花生米 | 땅콩을 기름에 튀다. ¶鱼块要在油锅里～一下 | 토막친 물고기를 기름솥에서 한번 튀겨야 한다.

tùn ㄊㄨㄣˋ

【褪】tùn tuì 벗을 퇴
Ⓐ tùn 動 ❶ (덧씌우거나 입고 있는 것을) 벗다. ¶把袜子～下来 | 양말을 벗다. ¶那条狗～了套儿跑了 | 그 개는 목사리를 벗기고 달아났다. ❷ 方 (소매 속에) 감추다. 집어 넣다. ¶袖子里～着一封信 | 소매 속에 편지 한통을 감추고 있다. ¶把手～在袖子里 | 손을 소매속에 움츠려 넣다. ¶～头↓ ❸ 쪼그라들다. 시들어지다. ¶花瓣儿bànr～了 | 꽃잎이 시들었다. ❹ 풀다. 벗어나다. ¶～了套儿跑了 | 올가미를 벗고 달아나다.
Ⓑ tuì ❶ (색이) 바래다. 퇴색하다 =〔退色〕 ❷ 動 털갈이하다. ¶小鸭～了黄毛 | 오리새끼가 노란 털을 갈이했다. ❸ 動 (옷을) 벗다. ¶～去冬衣, 换上春装 | 겨울 옷을 벗고, 봄 옷으로 갈아입다.
Ⓐ tùn
【褪去】tùnqù 動 (옷 따위를) 벗(어 버리)다. ¶～冬衣 | 동복을 벗다. ¶动物～厚厚的冬毛 | 동물이 두터운 겨울털을 갈이했다.
【褪头】tùntóu 動 머리를 움츠리다. 머리를 안으로 밀어넣다. ¶～就跑 | 슬쩍 도망치다. ¶～门儿 | 줄지어 있는 것보다 들어가 있는 집의 문.
Ⓑ tuì
【褪色】tuìshǎi ⇒〔退色〕

tuō ㄊㄨㄛ

【乇】tuō zhé (토르 탁), 풀잎 적
量 外〈物〉「托」(토르;torr)의 옛 음역 ⇒〔托tuō⑥〕

2【托〈託7, 8, 9, 10, 11〉】tuō 맡길 탁, 받칠 탁
❶ 動 받치다. 받쳐들다. ¶妈妈的手～着他的头 | 어머니의 손이 그의 머리를 받치고 있다. ¶用茶盘～着茶杯和茶壶 | 차반으로 찻잔과 찻주전자를 받쳐들다. ¶把碗～在手上 | 그릇을 손 위에 받쳐들고 있다. ❷ 動 (손으로) 밀어 올리다. ¶向上～起 | 손으로 밀어 올리다. ¶水～裆dāng | 물이 허벅다리까지 차오르다. ❸ 動 (받쳐) 깔다. ¶玻璃板下～了一张画 | 유리판 밑에 그림을 한 장 깔았다. ¶用托子～在电视机下面 | 받침대를 텔레비젼 아래에 받쳐두다 →〔垫diàn①〕 ❹ 動 돋보이게 하다. 두드러지게 하다. 안받침하다. ¶烘云hōngyún～月 | 成 주위의 구름에 색을 칠해 달을 더욱 두드러지게 하다. 주위의 것을 안받침하여 주체를 두드러지게 하다. ❺ (～儿, ～子) 名 받침. 받침대. ¶茶～儿 | 찻잔 받침. ¶花～儿 | 화탁. 꽃턱. ❻ 量 外〈物〉토르(torr) [압력의 단위. 1/760기압. 옛날, 「乇」로 썼음] =〔乇〕 ❼ 動 맡기다. ¶～身↓ ¶～儿所↓ ❽ 부탁하다. 대신하게 하다. ¶这件事你可去～老王 | 이 일은 네가 왕씨에게 가서 부탁해라. ¶～他买东西 | 그에게 부탁하여 물건을 사다. ❾ 핑계삼다. 빙자하다. ¶～病缺席 | 병을 핑계삼아 결석하다. ❿ 의지하다. 기대다. ¶～庇↓ ⓫ 덕을 입다. ¶～福↓
【托跋】Tuōbá 名 복성(複姓) =〔拓跋〕
【托庇】tuō/bì 動 (윗사람이나 유력자의) 비호를 받다. 신세를 지다. 덕을 입다. 도움을 받다. ¶小李曾～于姑母 | 이 군은 고모에게 신세를 진 적이 있다.
【托病】tuōbìng 動 병을 핑계삼다〔빙자하다〕. ¶他～辞去了校长一职 | 그는 병을 핑계로 교장 직을 사퇴했다.
【托词】tuōcí 名 動 구실(을 붙이다). 핑계(삼다). 어법 주로 다른 동사와 연용하여 쓰임. ¶～退席 | 핑계를 대고 자리를 떠나다. ¶～谢绝 | 구실

을 붙여 사절하다. ¶他说有事,这是～,并不是实情 | 그는 볼일이 있다고 하는데, 이것은 핑계이지 결코 실제상황이 아니다. ¶他以生病为～,要求不参加会议 | 그는 병을 핑계로 회의 불참을 요구했다 =〔托辞〕〔设辞〕
【托儿所】tuō'érsuǒ 名 탁아소.
【托尔斯泰】Tuō'ěrsītài 名 外 〈人〉 톨스토이(Tolstoy, 1828～1910) [러시아의 대문호]
【托福】tuō/fú ❶ 動 신세를 지다. 덕을 입다. ¶托您的福, 一切都很顺利 | 당신 덕분에 모든 것이 순조롭습니다. ¶～～, 我的病好了 | 신세 많이 졌습니다. 저의 병은 다 나았습니다. ❷(tuōfú) 名 外 토플(TOEFL). ¶考～ | 토플 시험을 치다.
【托付】tuō·fù 動 ❶ 부탁하다. 당부하다. 의뢰하다. 위탁하다. ¶这件事可～他办理 | 이 일은 그가 처리하도록 하는 것이 좋겠다. ¶洗照片～他就行了 | 사진 현상은 그에게 부탁하면 된다. ¶把孩子～给您了 | 아이는 당신에게 맡기겠습니다. ❷ 추종하다.
【托购】tuōgòu 動 위탁 구입하다 =〔托买〕
【托孤】tuōgū 動 탁고하다. 죽은 뒤 자식을 부탁하다. ¶刘备临终向诸葛亮～ | 유비는 임종시에 제갈량에게 자식을 부탁했다.
【托故】tuōgù 動 핑계삼다.구실을 대다. ¶他～退出会场 | 그는 핑계를 대고 회의장을 빠져나갔다.
【托管】tuōguǎn 名 動 〈政〉 신탁통치(하다). 위임통치(하다). ¶～岛屿dǎoyǔ | 신탁 통치 도서. ¶～理事会 | 신탁 통치 이사회 =〔委任统治〕
【托管地】tuōguǎndì 名 〈政〉 신탁 통치 기구
【托寄】tuōjì ❶ 動 남에게 부탁하여 보내다. 의뢰하여 부치다. ¶～一笔钱 | 송금을 의뢰하다. ❷ ⇒〔托身〕
【托克劳群岛】Tuōkèláo Qúndǎo 名組 外 〈地〉 토켈라우 제도(Tokelau Islands) [수도는 「法考福」(파카오포;Fakaofo)]
【托拉斯】tuōlāsī 名 外 〈經〉 트러스트(trust). ¶汽车～ | 자동차 트러스트 =〔托辣斯〕〔托赖斯〕〔拖拉斯〕〔合同企业〕〔企业合同〕
【托老所】tuōlǎosuǒ 名 양로원. ¶他父亲住进了～ | 그의 부친은 양로원으로 들어 가셨다 =〔托老院〕
【托老院】tuōlǎoyuàn ⇒〔托老所〕
【托利党】Tuōlìdǎng 名 外 〈史〉 토리당(Tory 黨).
【托梦】tuō/mèng 動 현몽(現夢)하다. 꿈에 나타나 알려주거나 부탁하다. ¶他真希望死去的妈妈能～给与他 | 그는 정말로 돌아가신 어머니께서 그의 꿈에 나타나 주기를 바랜다. ¶她奶奶～给她, 要她给她奶奶迁坟qiānfén | 그녀의 할머니 영혼이 그녀의 꿈에 나타나 할머니의 봉분을 옮겨달라고 하셨다.
【托名】tuō/míng 動 ❶ 남의 이름을 사칭하다(도용하다). ¶～出席 | 남의 이름을 사칭하여 출석하다. ¶他这篇文章是～写的 | 그의 이 글은 남의 이름을 도용하여 쓴 것이다. ❷ 남의 명성의 덕을 입다. ¶给大人物当秘书～而成名 | 유명 인사의 비서를 하면, 그 명성 덕택으로 자기도 이름이 난다.
【托偶】tuō'ǒu ❶ 名 인형. 꼭두각시 =〔杖头木偶〕 ❷ 動 인형을 부리다. 꼭두각시를 조종하다.
【托派】Tuōpài 名 外 簡 「托洛茨基派」(트로츠키파)의 약칭. ¶他是著名的～ | 그는 유명한 트로츠키파이다.
【托盘】tuōpán 名 쟁반. ¶水果～ | 과일 쟁반.
【托情(儿)】tuō/qíng(r) ⇒〔托人情〕
【托人】tuō/rén 動 남에게 부탁하다〔의뢰하다〕.
【托人情】tuō rénqíng 動組 인정에 호소하다. 청탁하다. 사정하다. ¶那件事总算～办成了 | 그 일은 결국 청탁하여 이루어졌다. ¶不努力学习, 靠～是没法考上学校的 | 열심히 공부하지 않고 사정해봐야 입학 시험에 합격할 수 없다 =〔托情(儿)〕
【托身】tuōshēn 書 動 몸을 의탁하다〔맡기다〕. ¶国士未逢机遇, 每～于市井之间 | 나라에서 제일 훌륭한 선비도 기회와 시운을 만나지 못하면, 왕왕 시정간에 몸을 의탁하는 법이다 =〔托寄②〕
【托生】tuōshēng 動 ❶ 〈佛〉 탁생하다 =〔脱生 b〕→〔投胎〕〔转世〕 ❷ 남에게 의탁하여 살다.
【托收】tuōshōu 動 〈經〉 (은행에 의뢰하여 상품 대금을) 위탁 징수하다. ¶办理外币～业务 | 외국화폐 위탁 징수 업무를 처리하다.
【托售】tuōshòu 動 판매를 위탁하다. 위탁 판매하다.
【托熟】tuōshú 動 ❶ 낯익어서 허물이 없다. 스스럼없다. ¶他因为～, 所以不敲门就进来了 | 그는 스스럼이 없기 때문에 노크도 하지 않고 그냥 들어왔다. ❷ 친하지 않으나 친숙한 것처럼 행동하다.
【托叶】tuōyè 名 〈植〉 탁엽.
【托运】tuōyùn 動 운송을 위탁하다. 탁송하다. ¶～单 | 탁송장. ¶～公司 | 탁송 회사. ¶承接～业务 | 탁송 업무를 청부맡다.
【托子】tuō·zi 名 받침(대). ¶茶～ | 찻잔 받침. ¶花盆儿～ | 화분 받침. ¶枪～ | 총가(銃架) =〔托儿〕〔托台〕

【佗】tuō ☞ 佗 tuó B

2【拖〈拕〉】tuō 끌 타

動 ❶ (질질) 끌다. 잡아당기다. ¶把箱子～到墙角去 | 상자를 벽의 구석으로 끌고 가다. ¶～船下水 | 배를 물로 끌어 들여 띄우다. ❷ (걸레로) 닦다〔밀다〕. 걸레질하다. ¶地板～得很干净 | 마루는 아주 깨끗이 닦여져 있다. ❸ (몸의 뒤로) 늘어뜨리다. 어법 대개 「着」가 옴. ¶～着个尾巴 | 꼬리를 늘어뜨리고 있다. ❹ (시간을) 끌다. 미루다. 지연시키다. ¶这件事不能再～了 | 이 일은 더 이상 미룰 수 없다. ¶～了半年才着手 | 반년이나 시간을 끌고 나서야 겨우 착수했다. ¶这事儿～得太久了 | 이 일은 너무 오랫동안 미루어져 있었다.
【拖把】tuōbǎ 名 (긴 자루가 달린) 대걸레. 몹(mop). ¶用～把地拖干净 | 대걸레로 바닥을 깨끗이 닦다 =〔拖布〕〔拖帚zhǒu〕〔墩dūn布〕
【拖驳】tuōbó 名 예인선에 의해 끌리어 가는 배. ¶这艘sōu轮船挂了十六艘～ | 이 윤선 1척에 끌리어 가는 배가 16척이나 묶여져 있다.
【拖车】tuōchē ❶ 名 부수차(附隨車). 트레일러(trailer) =〔挂车②〕〔挂斗〕 ❷ 名 사교춤을 출 때

여자가 남자를 리드(lead)하게 하는 것. ¶普通是男人做龙头，因为不会跳舞只好当～ | 보통 남자가 춤 리드를 하는 것이지만, 춤을 출 줄 모르기 때문에 부득이 여자에게 리드를 하게 한다→〔龙lóng头⑥〕 ❸ 名 댄서(dancer). ❹ 名 ㊣ 인력거. ❺ (tuō chē) 차를 끌다.

【拖船】tuōchuán ❶ ⇒〔拖轮〕 ❷ 名 方 예인선에 의해 끌려가는 배. ❸ (tuō chuán) 배를 끌어 당기다. 예선(曳船)하다.

【拖带】tuōdài ❶ 動 끌다. 당기다. ¶这些车辆不仅载重量大，而且～灵活 | 이런 차들은 적재량도 클 뿐 아니라, 끌기도 편리하다 =〔牵引qiānyǐn〕 ❷ 고생스럽게 키우다. ¶她一个寡妇人家～着两个孩子，日子够艰难jiānnán的 | 그녀는 과부 홀몸으로 두 아이를 키우니 생활이 정말 고생스럽다.

【拖斗】tuōdǒu 動 (작고 포장이 없는) 수레를 끌다.

【拖粪】tuōfèn 名 方 몹(mop). 자루 걸레→〔拖把〕

【拖后腿】tuō hòutuǐ 動組 ❶ 뒷다리를 잡아 당기다. ❷ 轉 제약하다. 못하게 가로막다. 방해하다. ¶拖工业现代化的后腿 | 공업의 현대화를 방해하다. ¶你要支持你妻子，不能～ | 너는 너의 처를 지지해 주어야지 방해해서는 안된다 =〔扯chě后腿〕〔拉后腿〕〔掣chè后腿〕

【拖回】tuōhuí 動 되돌려 보내다. 되끌어오다. ¶他们幻想huànxiǎng把中国～到半殖民地的老路上去 | 그들은 중국을 반식민지의 옛길로 되돌아가게 하려고 헛된 상상을 하고 있다. ¶～原地 | 제자리로 끌어다놓다.

【拖进】tuōjìn 動 끌어 들이다. ¶把国家～了战争 | 국가를 전쟁에 끌어들였다. ¶他把我也～了这场纠纷 | 그는 나를 이 분규에도 끌어들였다.

【拖垮】tuōkuǎ 動 ❶ 끌어 넘어지다. 끌어 무너뜨리다. ❷ 나쁜 원인으로 인하여 실패하다. ❸ (건강 따위를) 해치다. 상하게 하다. ¶你躺一会吧，别～身子 | 너는 잠시 좀 누워있어라. 몸 상할라.

【拖拉】tuōlā 形 貶 ❶ (일 처리가) 질질 끌어 제때에 완수하지 못하다. 꾸물꾸물하다. 어물어물하다. ¶要克服～作风 | 일을 질질 끄는 작태를 극복해야 한다. ¶办事很～ | 일 처리가 아주 더디다 ¶他办起事来总是拖拖拉拉的 | 그는 일 하는 것이 너무 꾸물댄다 =〔迁延qiānyán〕 ❷ 연루되다. 관련되다.

3【拖拉机】tuōlājī 名 트랙터(tractor). ¶农场～ | 경작용 트랙터. ¶手扶～ | 경운기. ¶水田～ | 논농사용 트랙터. ¶～站 | 트랙터 센터 =〔方 火犁〕〔牵引车〕〔牵引机〕〔俗 铁牛①〕〔曳yè引机〕

【拖累】ⓐ tuōlěi 動 ❶ 관련하다. 연루되다. ¶你受～了 | 너는 연루되었다. ¶这件事～了你 | 이 일은 너에게까지 연루되었다. ¶～你吃苦了 | 너까지 연루되게 하여 고생시켰다. ❷ 누〔폐〕를 끼치다. 번거롭게 하다. ¶被家务～ | 가사(家事)에 시달리다. ❸ 신세를 지다. ¶一家老小～了他 | 한가족 모두가 그 하나만 바라보게 되었다.

ⓑ tuōlèi 名 부담. 큰 짐. ¶妇女们的家庭～减轻了 | 부녀자들의 가사(家事) 부담은 경감되었다.

【拖轮】tuōlún 名 예인선(曳引船). 예선. ¶～上装的是大米 | 예선에 실린 것은 쌀이다 =〔拖船①〕〔托船〕

【拖泥带水】tuō ní dài shuǐ 成 (말·문장 등이) 간결하지 않다. 일 처리가 명쾌하지 못하다. ¶这篇～的 | 이 말들은 너무 질질 끌어 간결하지 않다.

【拖欠】tuōqiàn 動 빚을 오랫동안 갚지 않다. ¶这笔债zhài至今仍～着 | 이 빚은 지금까지 아직도 갚지 않고 있다.

【拖腔】tuōqiāng 動 〈演映〉 소리를 길게 끌다 [희곡에서 어느 한자의 음을 길게 끄는 것]

【拖人下水】tuō rén xià shuǐ 成 남을 나쁜 길로 끌어들이다. ¶他惯用女色～，为他利用 | 그는 늘 여자를 끌어들여 자신을 위해 이용한다 =〔拖人落水〕〔拖下水〕〔拉下水〕〔拉人下水〕

【拖三拉四】tuō sān lā sì 成 이러저러한 변명과 핑계로 질질 끌다 =〔拖三阻四〕

【拖沓】tuōtà 形 ❶ (일 처리가) 꾸물거리고 시원스럽지 못하고 ¶这家工厂交货～ | 이 공장은 물품 인도가 꾸물거리고 더디다. ❷ 말이 번잡하고 요지가 없다. ¶这篇文章写得太～了 | 이 글은 너무 번잡하게 쓰여졌다.

【拖堂】tuōtáng 動 (교사가) 수업종료시간을 끌다. ¶下课铃打了，他还在～ | 수업이 끝나는 종이 울렸는데도 그는 아직 시간을 끌고 있다.

【拖网】tuōwǎng ❶ 名 저인망(底引網). 트롤(trawl)망. ❷ (tuō wǎng)어망을 끌어 당기다.

【拖鞋】tuōxié 名 슬리퍼(slipper). ¶他趿拉tāgōu着～出来开门 | 그는 슬리퍼를 질질 끌며 나와 문을 열었다 =〔拖脚鞋〕〔趿拉儿〕〔趿拉鞋〕

4【拖延】tuōyán 動 시간을 뒤로 미루다. 연기하다. 지연하다. 늦추다. ¶这事刻不容缓huǎn，不能再～了 | 이 일은 잠시도 지연할 수 없으니 더 이상 시간을 질질 끌어서는 안된다. ¶会议～了时间 | 회의는 시간이 뒤로 미루어졌다 =〔拖迟〕〔拖宕〕〔推延〕

【拖曳】tuōyè 動 끌고 가다. 끌어 당기다. ¶把板车～到一边 | 큰 짐수레를 한쪽으로 끌어다 놓다.

1【脱】tuō 벗을 탈

❶ 動 벗다. 제거하다. ¶～衣服 | 옷을 벗다. ¶把袜wà子～下来 | 양말을 벗어라. ¶～帽子 | 모자를 벗다. ¶～脂↓ ⇔〔穿〕 ❷ 動 빠지다. 벗겨지다. ¶～毛↓ ¶～节↓ ¶～了一层皮 | 껍질이 한 겹 벗겨지다. ¶头发～得光光的 | 머리가 깨끗이 다 빠졌다. ❸ 動 빠지다. 빠뜨리다. 누락하다. ¶这一行～了一个字 | 이 줄에 한 글자가 빠졌다. ¶有一行字～掉了 | 이 글 한 줄이 누락되었다. ¶这中间～去了几个字 | 이 사이에 몇 글자가 빠졌다. ❹ 이탈하다. 벗어나다. 모면하다. ¶逃～ | 도망치다. ¶～险↓ ❺ (Tuō) 名 성(姓).

【脱靶】tuō/bǎ ❶ 動 과녁을 빗맞추다. 과녁을 벗어나다. ¶他又～了 | 그는 또 과녁을 빗맞추었다. ❷ (tuōbǎ) 名 (과녁을) 빗나감. 어긋남.

【脱班】tuō/bān 動 ❶ (열차가) 연착하다. ❷ 반(班)이나 클럽에서 이탈하다. ¶你怎么老是～ | 너는 어찌 늘 모임에 빠지느냐. ❸ 정기 노선의 일부를 중지하다. ❹ 교대 시간에 어긋나다.

【脱产】tuō/chǎn 動 ❶ 재산을 처분하다. ¶～离

乡líxiāng | 재산을 처분하고 고향을 떠나다. ❷ 생산 작업에서 이탈하다. ¶他～学习英语yīngyǔ一年 | 생산 작업에서 이탈해서 영어를 일년간 공부했다.

【脱出】tuōchū 動 ❶ 탈출하다. ¶从困境中～ | 곤경에서 벗어나다. ❷ 손을 떼다. 손에서 놓다. ¶那本书他不肯～ | 저 책을 그는 손에서 놓으려하지 않는다.

【脱党】tuōdǎng 名 動 탈당(하다). ¶宣布～ | 탈당을 선포하다. ¶～分子 | 탈당자.

【脱档】tuōdàng 動 (어떤 상품의 생산이나 공급이) 일시 중단되다. ¶录音器～了 | 녹음기가 품절되었다.

【脱发】tuōfà 名 動 탈발(하다). 머리털이 빠지다.

【脱肛】tuō/gāng 〈醫〉❶ 動 탈항하다. ¶小孩子～了 | 아이가 탈항되었다. ❷ (tuōgāng) 名 탈항.

【脱稿】tuō/gǎo 動 탈고하다. ¶这本书已经～, 即可付印 | 이 책은 이미 탈고하였으니, 바로 인쇄에 들어갈 수 있다. ¶今天脱不了稿 | 오늘은 탈고할 수 없다.

【脱钩】tuō/gōu 動 연락이 끊기다. ¶他俩早-就～了 | 그 둘은 벌써 연락이 끊어졌다. ¶这两个单位已经～一年多了 | 이 두 부서는 이미 연계가 없어진 지 일년이 넘었다.

【脱谷】tuō/gǔ 動 〈農〉탈곡하다 ＝〔脱粒〕

【脱轨】tuō/guǐ 動 탈선하다. 정상궤도를 벗어나다. ¶火车～了 | 기차가 탈선했다. ¶做事情～ | 일이 정상 궤도를 벗어났다.

【脱缰】tuō/jiāng 動 (말 따위가) 고삐〔굴레〕를 벗다. ¶烈马～很可怕 | 사나운 말이 고삐가 풀리면 아주 무섭다.

【脱胶】tuō/jiāo 動 ❶ (아교·풀로 붙인 곳이) 떨어지다. 벌어지다. 터지다. ¶雨衣脱了胶 | 비옷이 터졌다. ❷ 〈化〉고무질을 뽑아내다〔추출하다〕. ¶生丝～ | 생사의 고무질을 뽑다.

【脱节】tuō/jié 動 ❶ 〈醫〉탈구(脫臼)하다. 관절이 빠지다. 삐다 ＝〔脱臼①〕 ❷ 喩 연관성을 잃다. 서로 어긋나다. ¶文章前后要有照应, 不能～ | 글이 앞뒤가 잘 어울려야지 서로 어긋나면 안된다. ❸ 갈라지다. 짜개지다. 빠지다. ¶管子焊hàn得不好, 容易～ | 관을 잘 용접하지 않으면 쉽게 짜개진다.

【脱臼】tuō/jiù 〈醫〉❶ 動 탈구되다. ¶他练单杠dāngàng时～了 | 그는 철봉을 연습하다가 탈구되었다. ¶胳膊～ | 팔을 삐다 ＝〔脱节①〕❷ (tuōjiù) 名 탈구. 탈골. 삠 ‖ ＝〔脱骱jiè〕〔脱位〕

【脱开】tuō/kāi 動 ❶ 벗어버리다. 빠져 나가다〔나오다〕. ¶脱不开身子 | 몸을 빼낼 수 없다. 손을 뗄 수가 없다. ❷ 벗어나다. 그만두다. ¶～政治, 专心治学 | 정치에서 벗어나, 오로지 학문에 힘쓰다.

【脱壳】tuō/ké ⓧ tuō/qiào) ㊄ ❶ 動 탈각하다. ¶～核桃 | 껍질을 벗긴 호두 ＝〔磨mó谷〕〔擦米①〕 ❷ 動 (뱀·매미 따위가) 허물〔껍질〕을 벗다. ¶长虫～ | 뱀이 허물을 벗다. ❸ (tuōké) 名 탈각→〔脱粒〕

【脱口】tuōkǒu 動 (엉겁결에) 입을 잘못 놀리다. ¶我～叫了一声 | 나는 엉겁결에 소리를 질렀다. ¶～说出 | 입을 잘못 놀리다.

【脱口而出】tuō kǒu ér chū 成 ❶ 입에서 나오는 대로 말하다. 무의식중에 말이 나오다. ¶他～, 一下子叫出了我的名字 | 그는 입에서 나오는 대로 말했는데 한번에 내 이름을 불러 맞추었다. ❷ 즉석에서 대답하다. ¶一些基本数据, 他记得很熟, 都能随问即答, ～的 | 약간의 기본 수치는 그가 잘 기억하고 있기 때문에 즉석에서 대답할 수 있다.

【脱(了)裤子放屁】tuō(·le) kù·zi fàngpì 歇 바지를 벗고 방귀를 뀌다. 쓸데없는 이중의 수고를 하다. 공연한 짓을 하다 [뒤에 「多此一举」가 이어지기도 함] ¶你这样做是～, 多此一举 | 네가 이렇게 하는 것은 바지를 벗고 방귀를 뀌는 것으로 이중의 수고를 하는 짓이다.

【脱离】tuōlí 動 이탈하다. 떠나다. 관계를 끊다. ¶～实际 | 현실을 떠나다. 현실과 동떨어지다. ¶他俩从小就生活在一起, 从未～过 | 그 둘은 어렸을 때부터 같이 생활해와서 여태 떨어진 적이 없다. ¶病人～了危险 | 환자가 위험(위험한 상태)에서 벗어났다. ¶他一向～群众 | 그는 항상 군중에서 벗어나 있다.

【脱离速度】tuōlí sùdù 名組 〈物〉제2 우주속도 ＝〔第二宇宙速度〕→〔宇yǔ宙速度〕

【脱粒】tuō/lì ⇒〔脱谷〕

【脱漏】tuōlòu 動 누락하다. 빠뜨리다. ¶文章中～了几个字 | 글 중에 몇 자가 누락되었다. ¶那么细心校jiào对, 怎么会有～的 | 그렇게 세심하게 교정했는데 빠뜨릴 수가 있는가. ¶这里～了一行 | 여기에 한 줄이 빠졌다. ¶织毛线衣一针也不能～ | 털실옷을 짜는데는 한 땀도 빠뜨려서는 안된다.

4【脱落】tuō·luò 動 탈락하다. 떨어지다. 빠지다. 누락하다. ¶墙上泥巴～ | 벽에 흙이 떨어지다. ¶头发～ | 머리털이 빠지다. ¶这种树到冬天叶子就全部～ | 이런 나무는 겨울이 되면 잎이 전부 떨어진다.

【脱盲】tuō/máng 動 簡 문맹에서 벗어나다. ¶帮忙村民～ | 마을 사람들이 문맹에서 벗어날 수 있도록 도와주다 ＝〔脱离文盲〕

【脱毛】tuō/máo ❶ 動 털이 빠지다. 털갈이하다. ❷ (tuōmáo) 名 (날짐승·길짐승 따위의) 털갈이. 탈모 ＝〔脱羽〕

【脱帽】tuōmào 動 ㊍ 탈모하다. 모자를 벗다. ¶～致敬 | 탈모하여 경의를 표하다.

【脱坯(儿)】tuō/pī(r) ❶ 動 흙벽돌을 만들다. 흙벽돌을 찍다. ❷ (tuōpī(r)) 名 흙벽돌→〔土tǔ坯(子)〕

【脱坡】tuō/pō 動 (제방 따위의 경사면이) 물에 허물어지다〔무너지다〕. ¶洪水冲来, 大堤～ | 홍수가 밀어닥쳐 큰 제방이 무너지다.

【脱期】tuō/qī 動 ❶ 예정된 기일보다 늦다. 기한을 어기다. ❷ (정기간행물이) 연기되어 출판되다. 기한이 지나다. ¶这本杂志经常～ | 이 잡지는 자주 연기되어 출판된다. ¶杂志又脱了期 | 잡지가 또 기한을 넘겼다.

【脱涩】tuō/sè 動 (감의) 떫은 맛을 없애다. ¶这些柿子还没～呢｜이 감들은 아직 떫은 맛을 없애지 못했다.

【脱身(儿)】tuō/shēn(r) 動 몸을 빼다. ¶事情太多, 不能～｜일이 너무 많아서 몸을 뺄 수 없다 =〔拔bá身〕

【脱手】tuō/shǒu 動 ❶ 손에서 떨어져 나가다. 놓치다. ¶这些重要文件要随身携带, 不要～｜이 중요한 서류들은 반드시 몸에 지니고 있어야지 손을 떼지 말라. ❷ 손을 떼다. 팔아 버리다. ¶我那所儿房子已经～了｜나는 그 집을 이미 팔아 버렸다. ¶这些商品价格太高, 一时脱不了手｜이 상품들은 가격이 너무 비싸서 일시에 팔아 버릴 수가 없다 =〔出手①〕

【脱水】tuō/shuǐ ❶ 動 탈수하다. 건조하다. ¶～蔬菜｜말린 채소. ¶这些水果可以～了｜이 과일들은 말려도 된다. ❷ 動 方 (논에 물이 말라) 물이 없게 되다. ❸ (tuōshuǐ) 名 탈수(증상).

【脱水机】tuōshuǐjī 名〈機〉탈수기.

【脱俗】tuō/sú ❶ 形 속되지 않다. ¶他这人很～｜그 사람은 아주 속되지 않다. ❷ 動 형식적·세속적인 예절을 벗어나다. ¶老朋友友相处, 自然～｜옛친구를 만나면, 형식적인 세속의 예절은 필요가 없다 =〔脱套〕

【脱胎】tuō/tāi 動 ❶ 탈태하다. (다른 것으로 다시) 태어나다. ¶据说迪斯科舞～于非洲的民间舞蹈｜듣건데 디스코 춤은 아프리카 민속춤에서 탈태하여 된 것이라고 한다. ❷〈工〉탈태하다 [칠기(漆器)제조의 한 방법] ¶这件漆器qīqì已经～｜이 칠기는 이미 탈태되었다.

【脱胎换骨】tuō tāi huàn gǔ 成 환골탈태. ❶ 형식만 바꾸는 것이 아니라, 질적인 변화도 가져오다. 입장과 관점을 철저히 고치다〔개조하다〕. 면모를 일신하다. ¶犯了罪就必须下定决心～, 重新做人｜죄를 지었으면 몸과 마음을 철저히 고쳐 다시 새로이 사람이 되도록 결심해야 된다. ❷ (시문을 지을 때) 남의 작품을 취하여 어구나 결구(結構) 따위를 바꾸어 자작처럼 꾸미다 ‖ =〔换骨脱胎〕

【脱逃】tuōtáo 動 탈주하다. 도주하다. ¶临阵～｜전투를 앞두고 도망치다.

【脱兔】tuōtù 名 달아나는 토끼. 喩 행동이 민첩함. ¶动如～｜움직임이 달아나는 토끼처럼 민첩하다.

【脱位】tuō/wèi ⇒〔脱臼〕

【脱误】tuōwù ❶ 名 탈락(脫落)과 오류(誤謬). 탈자(脫字)와 오자(誤字). ¶校对结果没有～｜교정 결과 탈자와 오자가 없다. ❷ 빠지다. 누락하다〔되다〕. ¶轮船～了班期｜기선이 한차례 결항했다.

【脱险】tuō/xiǎn 動 簡 위험을〔위험에서〕 벗어나다. ¶经过抢救qiǎngjiù, 孩子～了｜응급 처치를 한 후에, 어린이는 위험에서 벗어났다 =〔脱离危险〕

【脱销】tuō/xiāo 動 ❶ 매진되다. 품절되다. ¶商品～, 物价高涨｜상품은 품절되고 물가는 앙등하다. ¶最近彩色电视机～｜최근 칼라 텔레비젼이 품절이다. ¶已经～了两个月｜이미 두달 동안 품절이다. ❷ (물자 부족으로) 충분한 판매를 못하다. 판매 시기에 대지 못하다. ¶早装了会积压资金, 迟装了又会发生～｜일찍 조립하면 자금을 묵히게 되고, 늦게 조립하면 판매 시기에 대지 못하게 된다.

【脱卸】tuōxiè 動 ❶ (짐을) 부리다〔내리다〕. (복장을) 벗다. ¶他刚～下戏装, 就有人来找他｜그가 막 무대의상을 벗었는데 어떤 사람이 그를 찾아왔다. ❷ 책임을 벗다. ¶这件事与我无关, 不是有意～责任｜이 일은 나와 상관없기 때문에 내가 고의로 책임을 벗을려는 것이 아니다 =〔摆脱〕〔推卸tuīxiè〕

【脱氧】tuōyǎng 名 動〈化〉탈산(脫酸)(하다) ¶～剂｜탈산소제.

【脱衣舞】tuōyīwǔ 名 스트립 쇼(strip show). ¶中国还没有跳～的场所｜중국에는 아직 스트립 쇼를 추는 곳이 없다 =〔裸luǒ体舞〕〔外 四脱舞〕〔俗 台 穿帮秀〕

【脱颖而出】tuō yǐng ér chū 成 재능이 나타나다. 두각을 나타내다. ¶经过十年苦读, 他终于～, 成为美国学术界的一颗新星｜십년간의 힘든 공부를 거쳐 그는 마침내 두각을 나타내어 미국 학술계의 새로운 스타가 되었다.

【脱脂】tuō/zhī 動 탈지하다. ¶～奶纷 =〔脱脂乳〕｜탈지 분유. ¶～棉球｜둥글게 뭉쳐 놓은 탈지면.

【脱脂棉】tuōzhīmián 名 탈지면 =〔吸xī水棉〕〔药yào棉〕〔药棉花〕

tuó ㄊㄨㄛˊ

3【驮(馱)〈馱馱〉】 tuó duò 실을 태, 짐 타

Ⓐ tuó 動 (주로 짐승이 짐을) 등에 지다〔싣다〕. ¶这头驴～了两袋粮食｜이 당나귀는 양식 두 자루를 등에 실었다.

Ⓑ duò ⇨〔驮子〕

Ⓐ tuó

【驮轿】tuójiào 名 옛날, 일종의 여행용 가마 =〔骡luó驮轿〕

【驮马】tuómǎ 名 짐을 싣는 말. ¶一队～从门前经过｜짐 싣는 말 한 무리가 문앞을 지나갔다.

【驮运】tuóyùn 動 짐승의 등에 실어나르다. 짐말로 짐을 실어 나르다.

【驮载】tuózài 動 가축의 등에 물건〔바리짐〕을 싣다. 가축으로 물건을 실어 나르다. ¶马背上～着粮食｜말 잔등 위에는 양식이 실려 있다 =〔驮负tuófù〕

Ⓑ duò

【驮子】duò·zi ❶ 名 짐바리. ¶把～卸xiè下来｜짐바리를 내려놓다. ❷ 量 바리. ¶来了三～货｜세 바리의 물건이 왔다.

【佗】 tuó tuō 짊어질 타

Ⓐ tuó 書 ❶ 動 짐을 지다 =〔驮tuó①〕 ❷ 인명에 쓰는 글자. ¶华～｜〈人〉화타 [삼국시대의 명의(名醫)]

Ⓑ tuō ❶ 書 代 그. 그것 →〔他tā①〕 ❷ (Tuō) 名

성(姓)

【坨】tuó 덩어리질 타
❶動 (밀가루 음식이) 익힌 뒤에 덩어리지다. 한데 엉겨붙다. ¶面条全～了 | 국수가 전부 덩어리져 붙었다. ¶这几块饼～在一起了 | 이 떡 몇 조각이 한데 들어붙었다. ❷(～儿,～子) 名 덩어리. 더미. ¶粉～ | 밀가루 덩어리. ¶泥～子 | 진흙 덩어리. ¶盐～子 | 소금 더미.

【坨子】tuó·zi 名 ❶ 덩어리. ¶糖汁凝固nínggù成～ | 시럽이 굳어서 덩어리가 졌다. ¶泥～ | 흙덩어리. ❷ 더미. ¶盐yán～ | 소금 더미.

【陀〈陁〉】tuó 비탈질 타
❶ 書 形 비탈지다. (길이) 울퉁불퉁하다→〔盘pán陀〕 ❷ ⇒〔陀螺(儿)〕 ❸ ⇒〔头tóu陀〕

【陀螺(儿)】tuóluó(r) 名 팽이. ¶打～ =〔抽陀螺儿〕 | 팽이를 치다. ¶像个～似地转着 | 팽이처럼 뱅뱅 돌고 있다 =〔独dú乐〕

【沱】tuó 물이름 타
❶ 名 方 (배를 정박시킬 수 있는) 포구(浦口). ❷ 貺 물이 세차다. ❸ (Tuó) 名〈地〉타강(沱江) [사천성(四川省)에 있는 양자강(揚子江)의 지류] ❹ 지명에 쓰이는 글자. ¶朱家～ | 사천성(四川省)에 있는 지명.

【沱茶】tuóchá 名 (운남(雲南)·사천(四川)에서 나는) 큰 접시 모양으로 압축시켜 엉겨붙인 차(茶).

3【驼(駝)〈駞〉】tuó 곱사등이 타
❶ 名〈動〉낙타. ¶独峰～ =〔单峰驼〕 | 단봉 낙타 =〔骆luò驼〕 ❷ 動 (등이) 굽다. ¶老奶奶的背已经很～了 | 할머니의 등은 이미 많이 굽었다.

【驼背】tuóbèi 名 곱사등이 =〔驼子②〕〔龟背〕〔罗锅 a ②〕〔柳拐子②〕〔曲背〕〔蜗wō腰〕→〔佝偻gōulóu〕

【驼峰】tuófēng 名 ❶ 낙타 등의 육봉. ¶熊掌,～珍馐zhēnxiū美味 | 곰 발바닥·낙타 혹 따위의 진미가효(珍味佳肴). ❷〈交〉험프(hump). ¶～操车场 | 험프 조차장.

【驼鹿】tuólù 名〈動〉엘크(elk). 큰 사슴 =〔罕hǎn达犴〕〔方 堪达〕〔方 犴hān〕

【驼绒】tuóróng 名 ❶ 낙타털. ❷ 낙타털로 짠 나사. ¶～袍子 | 멜톤(melton) 두루마기 =〔骆驼绒〕

【驼色】tuósè 名〈色〉낙타색. 엷은 다갈색. ¶～的棉袄mián'ǎo | 엷은 다갈색의 솜 웃저고리.

【驼员】tuóyuán 名 낙타를 부리는 사람. ¶几个～跟在骆驼的后面 | 낙타 부리는 사람 몇 명이 낙타 뒤를 따라가고 있다.

【驼子】tuó·zi 名 口 ❶〈動〉낙타. ¶～作揖zuòyī | 낙타가 절을 하다. 쓸데없는 일. ❷ 喻 곱사등이 =〔驼背〕

【柁】tuó duò 키 타
Ⓐ tuó 名〈建〉들보.
Ⓑ duò 「舵」와 같음 ⇒〔舵duò〕

【柁梁】tuóliáng 名〈建〉들보.

【砣】tuó 추 타, 돌공이 타
❶ (～子) 名 저울추 =〔铊〕〔秤chèngtuó〕 ❷ 名 (～子) 연자방아의 굴림돌. 절구공이. ❸ (～子) 名 (옥기(玉器)를 세공하는 데 쓰이는) 회전 숫돌. ❹ 動 (옥을) 갈아서 세공하다. ¶～一个玉烟袋嘴儿 | 옥 물부리를 세공하다.

【砣子】tuó·zi 名 옥(玉)을 가는 숫돌.

【铊】tuó ☞ 铊 tā Ⓑ

【鸵(鴕)】tuó 타조 타
名〈鳥〉타조 =〔鸵鸟〕

【鸵鸟】tuóniǎo 名〈鳥〉타조 =〔驼鸡〕〔驼鸟〕

【鸵鸟办法】tuóniǎo bànfǎ ⇒〔鸵鸟政策〕

【鸵鸟政策】tuóniǎo zhèngcè 名組 타조가 쫓길 때 급하면 대가리를 모래 속에 쳐넣고는 안전하다고 여기는 것과 같은 정책. 현실을 직시하지 않는 방법〔정책〕. ¶～是行不通的 | 현실을 직시하지 않는 타조식의 방법은 통하지 않는다. ¶遇上事就一缩头, 来个～, 这种人真没出息 | 문제에 부닥치면 목을 움츠리고, 타조처럼 현실을 직시하지 않는 이런 사람은 정말 장래성이 없다 =〔鸵鸟办法〕

【跎】tuó 헛디딜 타, 때놓칠 타
⇒〔蹉cuō跎〕

【酡】tuó 발개질 타
形 술을 마셔 얼굴이 붉어지다.

【酡然】tuórán 貺 술기운으로 얼굴이 불그레하다.

【酡颜】tuóyán 名 술에 취해 붉어진 얼굴. 취기가 도는 붉은 얼굴.

【橐】tuó 전대 탁
❶ 書 名 전대 [가운데 구멍이 있어 양쪽에 물건을 넣는 자루] ¶囊náng～ | 곡식을 넣는 큰 자루. ❷ ⇒〔橐橐〕

【橐驼】tuótuó 名 ❶ 書〈動〉낙타. ❷ 轉 곱사등이.

【橐橐】tuótuó 擬 뚜벅뚜벅. 저벅저벅. ¶～地走了进去 | 뚜벅뚜벅 구두소리를 내면서 들어갔다.

【鼍(鼉)】tuó 악어 타
名〈動〉양자강 악어 =〔扬yáng子鳄〕〔鼍龙〕〔土龙〕〔猪zhū婆龙〕

tuǒ ㄊㄨㄛˇ

3【妥】tuǒ 온당할 타
形 ❶ 적당하다. 타당하다. 온당하다 [대개 부정문에 상용됨] ¶用字欠qiàn～ | 글자의 사용이 타당하지 않다. ¶这样做很不～ | 이렇게 하는 것은 아주 적절하지 않다. ❷ 동사 뒤에 보어로 쓰여, (일이) 잘 되어 있다〔완전히 끝나 있다〕. ¶事情已经商量～了 | 일은 이미 타결되었다. ¶事已办～ | 일이 이미 마무리 되었다.

3【妥当】tuǒ·dang 形 알맞다. 적당하다. 타당하다. 온당하다. ¶这样做不太～ | 이렇게 하는 것은 그다지 타당하지 못하다. ¶那很～ | 그것이 타당하다 =〔稳妥适当〕〔方 定dìng当〕

【妥靠】tuǒkào 形 믿음직하다. ¶他是～人 | 그는 믿음직한 사람이다. ¶我也想不出～的办法来 | 나도 적절한 방법이 생각나지 않는다.

4【妥善】tuǒshàn 形 알맞다. 적당하다. 타당하다. ¶～办法 | 타당한 방법. ¶～处理 | 적절하게 처리하다. ¶～地解这个问题 | 이 문제를 적절하게

풀다.

【妥实】tuǒshí 形 확실하다. 믿음직하다. 신뢰할 만 하다. 단단하다. 확고하다. ¶他为人很～｜그는 사람됨이 아주 믿음직스럽다. ¶～铺保pùbǎo｜확실한 보증인. 믿을 만한 사람의 보증＝〔妥当〕〔实在〕

【妥贴】tuǒtiē 形 매우 알맞다. 아주 적당하다. 매우 타당하다. 적절하다. ¶安置ānzhì～｜아주 잘 자리잡다. 적절하게 자리를 잡다. ¶他把问题解决得十分～｜그는 그 문제를 아주 타당하게 해결했다＝〔妥便〕〔妥帖〕

【妥为】tuǒ wéi 動組 알맞게 …하다. 주도면밀하게 …하다. 잘 처리하다. 적절하게 조치하다. ¶～保管bǎoguǎn｜적절하게 보관하다.

4【妥协】tuǒxié 動 타협하다. 협의하다. 타결하다. ¶我决不要～｜나는 결코 타협하지 않겠다. ¶～过一次｜한 차례 타협했다. ¶他和恶è势力shìlì～了｜그는 나쁜 세력과 타협했다. ¶你就～～吧, 别再跟她闹nào了｜너 타협 좀 해라. 더이상 그녀와 난리를 피우지 말고.

【庹】tuǒ 다섯자 탁

❶ 量 발. 다섯자 길이 [두 팔을 벌린 길이. 약 5척(尺)에 해당함] ¶一～｜한 발. ❷ (Tuǒ) 名 성(姓).

4【椭(橢)】tuǒ 둥글고길쭉할 타

⇒〔椭圆〕

4【椭圆】tuǒyuán ❶ 名〈數〉타원＝〔方 鸭yā蛋圆(儿)〕 ❷⇒〔椭圆体〕

【椭圆体】tuǒyuántǐ 名〈數〉타원체＝〔椭圆②〕

tuò ㄊㄨㄛˋ

4【拓】tuò tà 넓힐 척, 박을 탁

Ⓐ tuò ❶ 動 개척하다. 개간하다. (토지 등을) 확장하다. 넓히다. ¶开～｜개척하다. ¶公路lù～宽kuān工程gōngchéng｜도로 확장 공사. ❷ (Tuò) 名 성(姓). ❸ 복성(複姓)중의 한 자(字). ¶～跋↓

Ⓑ tà ❶ 動 탁본하다. 본을 뜨다. ¶原～｜원본 탁본. ¶把石碑shíbēi上的文字～下来｜비석의 문자를 탁본하다. ❷ 칠하다. 바르다. 문지르다. ¶～药yào｜약을 바르다.

Ⓐ tuò

【拓跋】Tuòbá 名 복성(複姓). ¶～魏｜〈史〉탁발씨(氏)가 세운 위나라. 후위(後魏)＝〔托tuō跋〕

【拓荒】tuòhuāng 動 황무지를 개간하다. 불모지를 개척하다. ¶他们在边疆biānjiāng～｜그들은 국경지대에서 황무지를 개간한다. ¶他默mò默地在语义yì学园yuán地里～｜그는 묵묵히 의미론이라는 황무지를 개간하고 있다.

【拓扑学】tuòpū xué 名 外 토폴로지(topology). ❶〈數〉위치 기하학. 위상 기하학. ❷ 지명 연상 기억법(地名聯想記憶法). ❸ 지형조사. 풍토 연구. 풍수지리 연구.

【拓展】tuòzhǎn 動 넓히다. 확장하다. 개척하다. ¶这家公司打算dǎsuàn到中国去～市场shìchǎng｜이 회사는 중국으로 가서 시장을 확장하려고 한다.

Ⓑ tà

【拓本】tàběn 名 탁본. 탑본. ¶李先生在碑林bēilín买了几张～｜이선생은 서안(西安)의 비림에서 탁본을 몇 장 샀다.

【拓片】tàpiàn 名 탁본. 탑본. ¶我做了几张～｜나는 탁본을 몇 장 떴다.

【柝】tuò 딱다기 탁

書 名 딱다기. 막대 반주기 [나무로 만들너 주로 야경을 돌 때 사용했음]→〔拍pāi板④〕〔醒xǐng木〕

4【唾】tuò 침 타

❶ 名 침. 타액. ❷ 動 침을 뱉다. ¶～了唾沫tuòmò｜침을 뱉었다. ❸ 침을 뱉고 경멸의 뜻을 나타내다. 퉤하고 침을 뱉고 욕을 하다. ¶～弃qì↓

【唾骂】tuòmà 動 욕지거리를 하다. 함부로 욕을 내뱉다. 욕을 내뱉다. 심하게 욕하다. ¶这样做会遭zāo人～的｜이렇게 하다가는 남에게 심한 욕을 먹을 수 있다.

【唾面自干】tuò miàn zì gān 成 얼굴에 침을 뱉어도 닦지 않고, 저절로 마르기를 기다리다. 모욕을 참고 반항하지 않다. 비굴하게 모욕을 당해도 반항하지 않고 참아내다 [대개 부정적인 경우에 사용함] ¶古人讲忍耐rěnnài, 说要～, 我可没有那个涵养hányǎng｜옛사람은 인내를 중시하며 얼굴에 침을 뱉어도 저절로 마르도록 참아라고 했지만 나에게는 그런 수양이 되어 있지 않다. ¶这次我决不能～｜이번에 나는 결코 무시당하고 그냥 넘기지는 않겠다.

4【唾沫】tuò·mo 名 침. 타액. ¶吐tǔ～｜침을 뱉다. ¶如果有人把～吐到我脸liǎn上, 我擦掉cādiào它就算了｜만일 어떤 사람이 내 얼굴에 침을 뱉는다해도 나는 그것을 닦아내고는 그냥 없었던 것으로 하겠다. ¶馋chán得他直咽yàn～｜먹고 싶어서 연방 침을 삼키다＝〔唾液〕〔俗 口水②〕〔吐沫〕〔口沫〕

【唾弃】tuòqì 動 (나쁜 것을) 멸시하여 버리다. 미워하고 싫어하다. 경멸하고 상대하지 않다. ¶他是民族的败类bàilèi, 已为大家所～｜그는 민족의 암적 존재로 이미 모든 사람들에게 버림을 받았다. ¶这些阴谋yīnmóu家已遭zāo到了人民的～｜이 음모꾼들은 국민들로부터 이미 버림을 받았다.

【唾手可得】tuò shǒu kě dé 成 침뱉 듯이 쉽게 손에 넣을 수 있다. 누워 떡먹기이다. 쉽사리 손에 넣을 수 있다. ¶这东西他～｜이 물건은 그가 손쉽게 얻을 수 있다＝〔唾手可取〕

【唾液】tuòyè 名 타액. 침. ¶老人说～可以止zhǐ血｜노인들은 침이 피를 멈출 수 있게 한다고 말한다＝〔唾沫〕〔書 津jīn液②〕

【唾液腺】tuòyèxiàn 名〈生理〉타액선. 침선＝〔唾腺xiàn〕

【唾余】tuòyú 名 喩 침같은 찌꺼기. 별 보잘것 없는 남의 의견이나 말. 어법 대개 고정어구 속에 쓰이며 활용되지 않음. ¶拾人shírén～｜남의 보잘것 없는 의견을 모으다.

【萚(蘀)】tuò 낙엽 탁
書名 떨어진 나뭇잎. 떨어진 나무 껍질.

【箨(籜)】tuò 죽순껍질 탁
書名 죽순 껍질 =〔竹皮〕

【魄】tuò ☞ 魄 pò Ⓒ

W

wā ㄨㄚ

【凹】wā ☞ 凹 āo Ⓑ

2【挖〈空〉】wā 더듬을 알, 팔 알
動❶ 파다. 후비다. 퍼내다. 깎아내다. ¶ ~耳 | 귀를 후비다. ¶ ~个槽儿 | 홈을 파다. ¶本来我的饭还不够吃呢, 他抢着~了一碗去 | 원래 내 밥도 부족한데 그가 한 공기를 퍼내 가버렸다. ❷ 꺼내다. 발굴하다. 찾아내다. ¶ ~潜力 | 잠재력을 발굴하다. ❸ (사람을) 빼내다. 빼가다. ¶从我们手里~去了专家 | 우리에게서 전문가를 빼내갔다

【挖补】wābǔ 動 잘못된〔망가진〕 부분을 도려내고 다시 고쳐넣다〔수선하다〕. ¶这个布鞋能~一下吗? | 이 헝겊 신발은 수선할 수 있는지요? ¶在旧版面上进行~修订 | 옛 지면에서 잘못된 부분을 도려내고 수정을 하다.

【挖單】wādān 名 ❶ 옷을 보관하는 주머니 =〔哇单〕❷ 요술용의 속임수 천. ❸ 냅킨(napkin).

【挖洞】wādòng 動 땅굴을 파다. 구멍을 뚫다. ¶ 他在窗户纸上~ | 그가 창호지에 구멍을 뚫다.

【挖方】wāfāng 量〈工〉토목 공사에서, 채취하는 흙이나 석재를 입방미터로 계산하는 단위. ¶每天~二十以上 | 매일 이십 입방미터 이상→〔土石方〕

【挖改】wāgǎi 動 (목판 등을) 칼로 파내어 고치다.

【挖根(儿)】wā/gēn(r) 動 ❶ 뿌리를 캐다〔파내다〕. ❷ 근절하다. 화근을 없애다. ❸ 비밀을 들추어내다.

【挖沟】wāgōu 動 도랑을 파다〔치다〕. ¶他在田里~ | 그가 밭에 도랑을 파다.

【挖井】wā/jǐng 動 우물을 파다. ¶他们替别人~挣钱 | 그들은 다른 사람을 대신해서 우물을 파 돈을 벌다 =〔打dǎ井〕

4【挖掘】wājué 動 파다. 캐다. 발굴하다. 찾아내다. ¶ ~地下的财富 | 지하자원을 발굴하다.

【挖空心思】wā kōng xīn sī 成 별의별 방법을 다 생각해내다. 온갖 궁리를 다하다. 갖은 애를 다 쓰다. ¶我~写了一则笑话 | 나는 온갖 궁리를 다해 우스운 이야기를 하나 썼다.

【挖剳】wākū ⇒〔挖苦〕

【挖窟】wākū ⇒〔挖苦〕

【挖酷】wākù ⇒〔挖苦〕

【挖苦】wā·ku 動 ❶ 비꼬다. 빈정대다. 놀리다. 약올리다. ¶你这话不是~我吗? | 이 말은 나를 약올리려는 것이 아니고 뭐야? ❷ 헐뜯다. 비방하다. ❸ 흠을 들춰내다 =〔挖剳kū〕〔挖窟kū〕〔挖酷kù〕

【挖煤】wāméi 動 석탄을 캐다.

【挖泥】wāní 動 (진)흙을 파내다. 준설하다. ¶ ~工作 | 준설(浚渫) 작업.

【挖潜】wāqián 動 잠재력을 발굴〔개발〕하다.

【挖墙脚】wā qiángjiǎo 動組 ⓒ 담벽 밑을 파다. 지반을 허물다. 喩 ❶ 밑뿌리채 뒤집어 엎다. ❷ 다른 사람을 궁지에 몰아넣다. ¶这就等于挖社会纲纪的墙脚 | 이것은 곧 사회 기강의 근본을 파괴하는 것과 같다 =〔拆chāi台〕

【挖肉补疮】wā ròu bǔ chuāng 成 성한 살을 도려내어 상처에 붙이다. 눈 앞의 일만 생각하고 닥쳐올 결과는 생각하지 못하다. ¶你这样做无异于~ | 너가 이렇게 하는 것은 눈 앞의 일만 생각하고 닥쳐올 결과는 생가하지 못한 것과 다를 바가 없다 =〔剜wān肉医疮〕〔剜肉补疮〕

【挖土】wā/tǔ 動 흙을 파내다. ¶用机器~, 很快完成了工程 | 기계를 사용하여 흙을 파내, 매우 빨리 공정을 완성했다 =〔掘jué土〕

2【哇】wā ·wa 아이소리 와, 게울 왜, 막힐 회

Ⓐ wā 擬 ❶ 엉엉. 앙앙 [울음소리] ¶ ~的一声哭了 | 엉엉하고 울음이 터졌다. ❷ 와와. 꽥꽥 [시끄럽게 떠드는 소리] ¶别那么~~地吵, 我都睡不着了 | 그렇게 와와 시끄럽게 떠들지 마라, 내가 도통 잠을 잘 수가 없다. ❸ 왝 [토하는 소리] ¶ ~地一声吐了一地 | 왝하고 땅바닥에 온통 토했다.

Ⓑ ·wa 助「啊·a」가「u, ao, ou」로 끝나는 음절 뒤에 쓰이면「·wa」로 변음(變音)하므로「哇」로 적음. ¶你好~ | 안녕하십니까. ¶别哭~ | 울지 마라. ¶你怎么还不走~? | 너 왜 아직 안 갔니? →〔啊·a〕

【哇单】wādān ⇒〔挖单①〕

【哇啦】wālā ⇒〔哇啦哇啦〕

【哇啦哇啦】wālā wālā 擬 ❶ 와글와글. 왁자지껄 [떠들어 대는 소리] ❷ 웅얼웅얼. 중얼중얼. 쫑알쫑알 [분명하지 않게 지껄이는 소리] ‖ =〔哇啦〕〔哇喇〕

【哇哇】ⓐ wāwā ❶ 擬 옹알옹알 [어린이가 말을 배울 무렵 내는 소리] ❷ 擬 까악까악 [까마귀의 울음 소리] ❸ 擬 엉엉. 응아. 앙앙 [우는 소리] ❹ 形 아첨하는 모양.

ⓑ wā·wa ⇒〔娃wá娃〕

【哇呀呀】wāyāyā 擬 와아 와아. 왁자지껄. ¶气得~乱叫 | 화가 나서 큰 소리로 외치다.

【洼(窪)】wā 구덩이 와
❶ 形 움푹 패이다. 움푹 들어가다. 지대가 낮다. ¶这地太~ | 이 땅은 너무 움푹 패어있다. ¶眼眶~进去 | 눈언저리가 움푹 들어가 있다. ❷ (~儿) 名 움푹 파인 곳. ¶水~儿 | 물 웅덩이. ¶湿shī~地 | 습지대.

【洼地】wādì 名 움푹한 지대. 저지(低地). ¶他承包了几十亩~ | 그는 몇십 무의 움푹한 지대를 도급 맡았다 =〔凹āo地①〕

【洼陷】wāxiàn 動 움푹 꺼져〔패여〕 들어가다. ¶ 土地~ | 토지가 움푹 패어 들어가다.

3【蛙〈鼃鼃〉】wā 개구리 와
名〈動〉개구리. ¶土~ =〔蛤蟆má〕〔虾蟆〕〔蟾chán蜍〕| 두꺼비 ¶金钱~ | 금개구리. ¶黑斑~ | 참개구리. ¶青~ | 청개구리. ¶泽zé~ | 물개구리.

【蛙鸣蝉噪】wā míng chán zào 動組 개구리와 매미가 시끄럽게 울다. 喩 사람들이 제각기 떠들어

대다. 많은 사람들이 와글와글 떠들다.
【蛙人】wārén 名❶喩 수영을 잘 하는 사람. ❷俗 「潜水员」(잠수부)의 다른 이름. ¶从海滩上爬上来几个～｜모래 사장에서 잠수부 몇명이 기어 올라오다.
【蛙式】wāshì ⇒〔蛙泳〕
【蛙式游泳】wāshì yóuyǒng ⇒〔蛙泳〕
【蛙泳】wāyǒng 名〈體〉평영(平泳). 개구리헤엄. ¶～比赛｜평영 경기. ¶一百公尺～｜100m평영 =〔蛙式〕〔蛙式游泳〕

【娲(媧)】 wā 사람이름 과/와/괘/왜
⇒〔女nǚ娲〕

wá ㄨㄚˊ

3 **【娃】** wá 미인 와/왜
名❶(～儿)(갓난) 아기. 어린애. ¶女～儿｜여자아이 →〔娃娃〕. ❷(～子)方 짐승의 갓난 새끼. ¶鸡～｜병아리. ¶猪～｜돼지 새끼. ¶狗～｜강아지. ❸書 미녀(美女).
3【娃娃】wá·wa 名❶(갓난) 아기. 어린애. ¶小～｜아기. ¶胖pàng～｜포동포동한 아기. ❷인형. ¶洋～｜서양 인형 ‖ =〔哇哇·wa〕
【娃娃生】wá·washēng 名〈演映〉아역(兒役).
【娃娃鱼】wá·wayú 名俗〈動〉큰 도롱뇽. ¶～是野生保护动物｜큰 도롱뇽은 야생 보호 동물이다 =〔大鲵〕
【娃子】wá·zi 名❶方ⓐ (갓난) 아이. ⓑ 동물의 갓난 새끼. ¶猪zhū～｜돼지 새끼. ❷옛날, 양산(凉山) 등의 소수 민족 지역의 노예.

wǎ ㄨㄚˇ

3 **【瓦】** wǎ wà 기와 와
Ⓐwǎ ❶名 기와. ¶琉璃liúlí～｜청기와. ¶～房｜기와집. ❷호(弧)형으로 기와 모양의 물건. ¶～圈↓ ❸名 고대(古代)의 방추(紡錘). 실패. ❹喩 여아(女兒). 계집아이. ¶～窑yáo↓ ❺도토(陶土)로 구워 만든 것. ¶～盆pén↓ ¶～器｜토기. ❻名 簡 外「瓦特」(와트;watt)의 약칭.
Ⓑwà 動 京 기와를 이다. ¶～瓦↓ ¶～了五十块瓦wǎ｜기와를 50장 이었다.
Ⓐwǎ
【瓦煲】wǎbāo 名粵 토기 냄비.
【瓦钵】wǎbō 名 토기 사발.
【瓦茬儿】wǎchár ⇒〔瓦碴儿〕
【瓦碴儿】wǎchár ⓧwǎchàr) 名 토기(土器)의 쪼가리. 기와 조각 =〔瓦渣〕〔瓦茬儿〕
【瓦当】wǎdāng 名 와당. ¶～上有各种图案｜와당에 각종 도안이 있다.
【瓦杜兹】Wǎdùcí 名外〈地〉파두츠(Vaduz) [「列支敦士登」(리히텐슈타인 ; Liechtenstein)의 수도]
【瓦釜雷鸣】wǎ fǔ léi míng 成 뚝배기가 제법 우레 소리를 내다. 용렬한 자가 높은 직위를 차지하다. 평범한 사람이 큰 뜻을 이루다. ¶他竟～, 平庸的人也能说出警策之辞｜그가 마침내 평범한 사람이 큰 뜻을 이루었는데, 평범한 사람도 기발한 말을 할 수 있다.
【瓦岗军】Wǎgāngjūn 名〈史〉와강군 [수말(隋末)에 적양(翟讓)이 일으킨 반란의 농민군]
【瓦工】wǎgōng ❶名 미장. 미장업. 미장이. ¶他会干～｜그는 미장일을 할 수 있다. ❷⇒〔泥ní水匠〕
【瓦罐】wǎguàn 名 토기동이. 질항아리. 오지동이. ¶～不离lí井上破pò, 将军难免nánmiǎn阵zhèn上亡wáng｜諺 물동이는 결국 우물에서 깨지고, 장군은 언젠가는 싸움터에서 전사하게 마련이다. 인간만사나 모든 사물은 결국 그 본분에 따라 귀결되어진다.
【瓦鸡陶犬】wǎjī táoquǎn 成 질흙으로 구워 만든 닭이나 개. 喩 형상만 갖추어 있을 뿐 아무 쓸모〔가치〕가 없는 것.
【瓦加杜古】Wǎjiādùgǔ 名外〈地〉와가두구(Ouagadougou) [「上沃尔特」(오트볼타공화국;The Upper Volta), 즉 지금의 「布吉那法索」(부르키나파소;Burkina Fāso)의 수도]
【瓦匠】wǎ·jiang ⇒〔泥ní水匠〕
4【瓦解】wǎjiě 動 와해하다〔시키다〕. 붕괴하다. 분열하다〔시키다〕. ¶土崩～｜成 깡그리 와해되다. ¶～敌人｜적을 분열시키다. ¶士气被～了｜사기가 꺾였다.
【瓦剌】Wǎlà 名外〈史〉오이랏(Oirat) [중국 명나라 때 몽골 서쪽에 있던 부족(部族)] =〔厄鲁特族〕
【瓦莱塔】Wǎláitǎ 名外〈地〉발레타(Valletta) [「马耳他」(몰타;Malta)의 수도]
【瓦楞】wǎléng ⇒〔瓦垄lǒng(儿)〕
【瓦楞子】wǎléng·zi ⇒〔蚶hān子〕
【瓦利斯群岛和富图纳群岛】Wǎlìsī Qúndǎo hé Fùtúnà Qúndǎo 名外〈地〉프랑스령 윌리스 푸투나섬(Wallis and Futuna) [수도는 「马塔乌图」(마타우투;Mata Utu)]
【瓦砾】wǎlì 名 깨어진 기와와 자갈. ¶～堆｜깨어진 기와 무더기. 喩 쓸모없는 것〔물건〕. ¶成了一片～｜쓸모없는 물건이 되고 말았다.
【瓦垄(儿)】wǎlǒng(r) 名 죽 늘어선 기왓등과 기왓고랑. ¶小鸟在～上跳来跳去的｜작은 새가 기왓등과 고랑 사이에서 뛰어갔다 왔다 한다 =〔瓦楞〕
【瓦垄子】wǎlǒng·zi ⇒〔蚶hān子〕
【瓦努阿图】Wǎnǔ'ātú 名外〈地〉바누아투(vanuatu) [수도는 「维拉港」(빌라;Vila)]
【瓦盆】wǎpén 名 질버치. ¶这～有个罅xià眼, 直渗shèn水｜이 질버치에는 금이 생겨서 계속 물이 샌다.
【瓦器】wǎqì 名 토기(土器) ¶博物馆中陈列着许多～｜박물관에 많은 토기가 진열되어 있다→〔陶táo器〕〔瓷cí器〕
【瓦圈】wǎquān 名 (인력거·자전거 등의 바퀴의) 림(rim).
【瓦全】wǎquán 動喩 와전하다. 절의(節義)를 돌보지 않고 구차히 삶을 꾀하다. ¶宁为玉碎, 不为～｜절개를 지키며 죽을지언정 구차히 삶을 꾀하지는 않는다→〔玉yù碎〕

【瓦时】wǎshí 量〈電氣〉와트시(watt時). ¶千～ | 킬로와트시.
【瓦斯】wǎsī 名外 가스(gas). ¶～库 | 가스 탱크 =〔嘎gā斯〕→〔煤méi气〕
【瓦松】wǎsōng 名〈植〉지부지기 =〔昨zuó叶何草〕
【瓦特】wǎtè 名量外〈物〉〈電氣〉와트(W;watt) [공률(工率)·전력(電力)의 단위] ¶千～ | 킬로와트 =〔瓦wǎ⑥〕〔窝wō特〕〔滑huá脱②〕→〔烛zhú光〕
【瓦特小时计】wǎtèxiǎoshíjì 名組 전력계(電力計) =〔瓦特表〕〔俗电度表〕
【瓦头】wǎtóu 名 기와 막새. ¶～上有各种图案 | 기와 막새에 각종 도안이 있다.
【瓦藓】wǎxiǎn 名〈植〉펑의 비름 =〔屋游〕
【瓦窑】wǎyáo 名 ❶ 기와 가마. 벽돌 가마. ❷ 喩 옛날, 딸만 낳는 여자를 조롱하던 말→〔弄瓦〕
B wà
【瓦刀】wàdāo 名 기와를 이을 때 쓰는 흙손 ¶他拿着～出门上工去了 | 그는 흙손을 가지고서 일을 하러 갔다.
【瓦尔德海姆】Wà'ěrdéhǎimǔ 名外〈人〉발트하임(Kurt Waldheim, 1918～) [오스트리아의 정치가. 전유엔사무총장]
【瓦瓦】wà/wǎ 動 지붕에 기와를 이다.

【佤】Wǎ 종족이름 와 ⇒〔佤族〕
【佤族】Wǎzú 名〈民〉와족 [운남성(雲南省) 서남부에 거주하였던 소수 민족. 「阿Ā佤」혹은 「巴饶Bāráo」라고 하며 이전에는 「佧Kǎ佤族」로 불렀음]

wà ㄨㄚˋ

【瓦】wà ☞ 瓦 wǎ B

1【袜(襪)〈韈〉】wà 버선 말
(～子) 名 양말. 버선. ¶尼龙nílóng～ | 나일론 양말. ¶线xiàn～ | 면양말. ¶毛～ | 털양말.
【袜船】wàchuán 名方 덧버선. ¶他脚上穿着～ | 그는 다리에 덧버선을 신고 있다.
【袜套(儿)】wàtào(r) 名 덧양말. 덧버선. ¶灰色的～ | 회색의 덧버선 =〔袜罩zhào〕
【袜统】wàtǒng ⇒〔袜筒(儿)〕
【袜筒(儿)】wàtǒng(r) 名 양말목. 버선목 =〔袜统tǒng〕→〔长统袜〕〔短筒袜〕
【袜鞠(儿, 子)】wàyào(r·zi) ⇒〔袜筒(儿)〕
【袜罩】wàzhào ⇒〔袜套(儿)〕
1【袜子】wà·zi 名 양말. 버선. ¶尼龙nílóng～很便宜 | 나일론 양말은 매우 싸다.

【腽】wà 살질 올, 물개 올 ⇒〔腽肭〕〔腽肭兽〕
【腽肭】wànà 書形 비대하다. 뚱뚱하다.
【腽肭脐】wànàqí 名〈漢醫〉해구신(海狗腎).
【腽肭兽】wànàshòu 名〈動〉물개 =〔海狗〕

·wa ㄨㄚ˙

2【哇】·wa ☞ 哇 wā B

wāi ㄨㄞ

【咼(咼)】wāi Guō 입비뚤어질 와
A wāi 「㖞」와 같음 ⇒〔㖞wāi〕
B Guō 名 성(姓).

【㖞(喎)】wāi 입비뚤어질 와
形 (입이) 돌아가다. 비뚤다. ¶口眼～斜 | 눈과 입이 비뚤어지다 =〔咼wāi〕

2【歪】wāi wǎi 비뚤 왜
A wāi ❶ 形 비스듬하다. 비뚤다. 기울다. ¶不要～戴着帽子 | 모자를 비뚤게 쓰지 마라. ¶这张画挂～了 | 이 그림은 비스듬히 걸려 있다 ⇔〔正zhèng⑦〕→〔斜xié ①〕 ❷ 動 기울이다. 비스듬하게 하다. ¶～着头 | 고개를 갸웃거리다. ¶～着脑袋听 | 머리를 기울이고 듣다. ❸ 形 (행동이) 바르지 않다. 옳지 않다. ¶～风邪气 | 國 비뚤어진 풍습과 나쁜 기풍. ¶走～道儿 | 그릇된 길을 걷다. ❹ 動 옆으로 눕다. ¶在沙发上～一会儿 | 소파에 잠시 옆으로 눕다. ❺ 動 北 중상하다. 모함하다. ¶你别～人家 | 남을 모함하지 마라. ¶我一清二白, 不怕谁～我 | 나는 결백하니까 누가 뭐라고 하든 두렵지 않다. ❻ 形 方 좋지 않다. 나쁘다. ¶想～ | 좋지 않게 생각하다. ¶～说好说 | 이리저리 설득하다. ❼ 動 俗 시간이 지나다. ¶晌午～了 | 정오가 지났다.
B wǎi 動 (손목·발목을) 삐다. ¶～了脚了 | 발목을 삐었다.
【歪脖儿】wāibór ❶ 名 비뚤어진 목. ¶他变成～了 | 그는 목이 비뚤어 졌다. ❷ 動 고개를 갸웃하다 ‖ =〔歪脖子〕
【歪脖子】wāibó·zi ⇒〔歪脖儿〕
【歪缠】wāichán 動 트집을 잡다. 치근거리다. 성가시게 굴다. ¶他和她～不休 | 그는 그녀에게 끊임없이 치근덕거린다 =〔歪厮sī缠〕
【歪打正着(儿)】wāi dǎ zhèng zháo(r) 國 모로 쳐도 바로 맞다. 뜻밖에 좋은 결과를 얻다. 요행히 성공하다. 우연히 들어맞다. ¶他～, 还真搞上了一个女朋友 | 그는 뜻밖에 좋은 결과를 얻어, 여자 친구를 한사람 사귀었다.
【歪道】wāidào 名 사도(邪道). 부정한 수단.
【歪风】wāifēng 名 사풍(邪風). 좋지 않은 풍습. ¶打击～, 发扬正气 | 나쁜 풍습을 없애고 바른 기풍을 발양하다.
【歪话】wāihuà 名 도리에 어긋나는 말. 불합리한 말. 싫은 이야기. ¶老王净说～ | 왕씨는 언제나 도리에 어긋나는 말만 한다.
【歪理】wāilǐ 名 생억지. 강변(强辯). ¶讲～ | 강변하다. ¶老师不听他的～ | 선생님께서는 그의 생억지를 듣지 않는다.
【歪门邪道】wāimén xiédào 國 사도(邪道). 부정당한 행위.
【歪七扭八】wāiqī niǔbā 貶 찌그러지고 비뚤어진 모양. ¶他写的字, ～的 | 그가 쓴 글자는 비뚤어

져 있다.
3【歪曲】wāiqū 動 왜곡하다. ¶~历史 | 역사를 왜곡하다.
【歪事】wāishì 名 나쁜 일. 못된 짓.
【歪手歪脚】wāishǒu wāijiǎo 狀 비뚤어져 있다. 비뚤어지다. 비틀리다.
【歪歪拧拧】wāiwāinǐngnǐng⇒〔歪歪扭扭〕
【歪歪扭扭】wāiwāiniǔniǔ 狀 비뚤비뚤하다. ¶小孩子写的字总是~的 | 어린 아이가 쓴 글씨는 언제나 비뚤비뚤하다 =〔歪歪拧拧nǐng〕
【歪歪儿】wāi·wair 動 (쉬기 위해서) 잠깐 눕다.
【歪斜】wāixié ❶ 動 비뚤어지다. 일그러지다. 구부러지다. ¶嘴和眼都~着真难看 | 입과 눈은 모두 일그러져 있어 정말 보기 흉하다. ❷ 形 비뚤다. 일그러져 있다. 굽다. ¶这镜子把脸照得~ | 이 거울은 얼굴을 굽어져 보이게 한다→〔㖞wāi〕
【歪心】wāixīn 名 사심(邪心). 악심(惡心). ¶~的人 | 나쁜 심보를 가진 사람. ¶他长着~, 你要提防dīfáng着点儿 | 그는 마음씨가 나쁘니, 너는 다소 조심해야만 한다.
【歪嘴】wāizuǐ 名 비뚤어진 입. 입비뚤이. ¶~蛤蟆hámá | 罵 개자식!
Ⓑ wǎi
【歪脚】wǎi/jiǎo 動 발을 삐다.

wǎi ㄨㄞˇ

2【歪】wǎi ☞ 歪 wāi Ⓑ

【崴】wǎi wēi 울퉁불퉁할 위, 높을 위
Ⓐ wǎi ❶ 名 方 산길이나 하천의 굽이 [주로 지명에 쓰임] ¶三边~子 | 삼변위자 [길림성(吉林省)에 있는 지명] ¶海参~ | 블라디보스톡의 다른 이름. ❷ 動 (발을) 삐다. 접질리다. ¶把脚给~了 | 발을 삐었다 =〔歪wǎi〕
Ⓑ wēi ⇨〔崴嵬〕
Ⓐ wǎi
【崴子】wǎi·zi ❶ 名 方 (산이나 강의) 굽이. ❷ 지명에 쓰이는 글자. ¶三道~ | 삼도 외자. 길림성(吉林省)에 있는 지명.
Ⓑ wēi
【崴嵬】wēiwéi 書 狀 산이 높고 험하다. ¶群山~ | 많은 산이 높고 험하다.

wài ㄨㄞˋ

1【外】wài 밖 외
❶ 名 바깥. 밖. ¶往~看一眼 | 밖을 한번 보다. ¶门~ | 문밖. ¶内~ | 안과 밖 ⇔〔内nèi①〕 ❷ 다른 곳(의). 딴 데(의). ¶~省↓ ¶~地↓ ❸ 名 簡 외국. ¶对~贸易 | 대외 무역. ¶古今中~ | 예와 지금, 중국과 외국. ❹ 頭 친족을 나타내는 명사 앞에 붙어 외척(外戚)임을 나타냄. ¶~祖父 | 외할아버지. ¶~孙 | 외손자. ❺ 친밀하지 않은. 소원(疎遠)한. 낯선. ¶都不是~人 | 모두 낯선 사람이 아니다. ¶没有~客 | 낯선 손님은 없다. ¶见~ | 남처럼 대하다. ❻ 副 게다가. 아울러. 또한. ¶不但聪明, ~带勤快 | 총명할 뿐 아니라 또한 부지런하다. ❼ 名 …밖에. …(이)외. ¶此~ | 이밖에. ¶此~更要锻练身体 | 이 밖에 신체를 더욱 단련해야 한다. ❽ 비정식적(非正式的)인. 비정규적인. ¶~号 | 별명. ¶~传 | 별전. ❾ 교제 범위가 넓은. 처세를 잘하는. ¶~场人↓ ❿ 名 〈演映〉 늙은 남자 역(役). 영감 역.
【外办】wàibàn 名 簡「外事办公室」(외사 사무실)의 약칭. ¶今年老金要任~主任 | 올해 김씨가 외사처의 주임으로 임명될 것이다.
【外币】wàibì 名 외화(外貨). 외국 화폐. ¶~汇票 =〔外汇〕〔外国汇兑〕 | 외국환(外國換) =〔外钞chāo〕
1【外边】wài·bian 名 ❶ 외지(外地). 다른 지역. 타향. ¶她儿子在~工作 | 그녀의 아들은 다른 지역에서 일하고 있다 =〔外地〕 ❷ 표면. 겉. 거죽. ¶行李卷儿~再包一层油布 | 둘둘 만 짐의 겉을 다시 한번 방수포로 쌌다. ¶这个橘子~还好好的, 可是里边烂了 | 이 귤은 겉은 괜찮은데 속이 상했다 =〔表面①〕 ‖ =〔方 外厢〕→〔外头①〕
4【外表】wàibiǎo 名 겉. 겉 모양. 표면. 외모. 외관. ¶这东西~很好看 | 이 물건의 겉모양은 매우 예쁘다⇒〔外面(儿)ⓐ①〕
4【外宾】wàibīn 名 외빈. 외국 손님.
【外襞】wàibō 名 한자 부수의 새을(乙)변.
3【外部】wàibù 名 ❶ 밖. 바깥. 외부. ¶~世界 | 외부 세계. ¶事物的~关系 | 사물의 외부와의 관계. ❷ 표면. 겉면. ❸ 청대(清代)의 내무부(內務部) 이외의 모든 관아(官衙).
【外埠】wàibù 名 타도시(他都市). 다른 (지방의) 도시. ¶~付款票据 | 다른 도시에서 지불하는 유가 증권→〔本埠②〕
【外才】wàicái 名 ❶ 겉으로 보이는 재간. 용모. 외모. ❷ 부수입.
【外财】wàicái 名 ❶ 부수입. 생각지 않던 수입. 임시 소득. ❷ 옳지〔정당하지〕 않은 수단으로 번 돈. 뇌물. 커미션(commission). ¶~不富命穷人 | 諺 정당하지 않은 수단을 쓰면서까지 돈을 벌어도 부자가 되지 않는 사람은 숙명적인 가난뱅이이다 ‖ =〔外快kuài①〕
【外层】wàicéng 名 외층. 바깥쪽. 겉면. ¶~是真皮, 内层是人造革 | 바깥쪽은 진짜 가죽이고, 안쪽은 인조 가죽이다.
【外层空间】wàicéngkōngjiān 名組 우주 공간. 대기권밖. 대기권외. ¶~应该供和平用途 | 우주 공간은 평화적 용도에 사용되어야 한다. ¶~导弹dǎodàn | 대기권외 미사일. ¶开发~ | 우주 공간을 개발하다.
【外场】ⓐ wàicháng 名 形 俗 처세술(에 능하다). 사교(에 능하다). ¶~的高手 | 처세술에 능숙한 사람. ¶讲究~ | 교제에 신경쓰다.
ⓑ wàichǎng 名 ❶ 바깥 마당. 바깥 장소. 옥외(屋外)의 광장. ❷ 〈體〉 (야구의) 외야(外野). ¶~线 | 파울 라인(foul line). ¶~手 | 외야수 ⇔〔内场②〕 ❸ (옛날, 무관 채용시의) 야외 실기 시험. ❹ 악한. 무뢰한. ❺ 외근(外勤). 바깥일.

W

【外场人(儿)】wàichángrén(r) 名 빈틈없는 사람. 세살 물정을 잘 아는 사람. 사물을 잘 분별할 줄 아는 사람. ¶您是~, 能见死不救吗! | 당신은 분별력이 있는 사람인데, 곤궁에 처해 있는 사람을 보고도 구해주지 않을 수 있습니까!
【外场】wàichǎng ☞〔外场〕wàichǎng ⓑ
【外钞】wàichāo ⇒〔外币bì〕
4【外出】wàichū 動 ❶ 외출하다. ¶~回来 | 외출했다 돌아오다. ❷ 출장가다.
【外出血】wàichūxuè 名〈醫〉외출혈. ¶~容易治病 | 외출혈은 쉽게 치료할 수 있다.
【外错角】wàicuòjiǎo 名〈數〉바깥 엇각.
【外带】wàidài ❶ 名「外胎」(타이어)의 통칭(通稱). ¶~和里带都扎穿了 | 타이어와 튜브가 모두 구멍이 났다 =〔外胎〕 ❷ (~着) 連 게다가. 또한. 뿐만 아니라. …에 겸하여. ¶个子高大, ~一个结实 | 키가 클뿐만아니라 실하기까지 하다. ❸ 動 …을 겸하다. 덧붙이다. ¶新式住宅~着仓库和澡堂 | 신식 주택에는 창고와 욕실이 덧붙어 있다.
【外道】ⓐ wàidào 名 ❶ 동업자 이외의 사람. 다른 부문 사람 →〔外行háng③〕 ❷〈佛〉외도 [불교 이외의 다른 교]
ⓑ wài·dao 形 方 지나치게 예절을 차려 오히려 서먹서먹하다[어색하다]. ¶我们又不是泛泛的交情, 你这样客气倒显着~了 | 우리가 가볍게 사귄 사이도 아닌데, 네가 그렇게 사양하면 오히려 어색해지게 된다.
【外道儿】wàidàor ❶ 形 정당하지 않다. ❷ 名 좋지 않은 놀이. 나쁜 놀음. 도락(道樂). ¶他有了~了 | 그는 나쁜 놀음에 빠졌다.
【外敌】wàidí 名 외적. ¶抵御dǐyù~ | 외적을 막다.
2【外地】wàidì 名 외지. 타지. 타향. ¶~学生可以免费住宿 | 외지 학생은 무료로 숙박할 수 있다.
4【外电】wàidiàn 名 외전. 외신. ¶据~报导 | 외신 보도에 의하면.
【外电路】wàidiànlù 名〈電氣〉외부 회로.
【外调】wàidiào ❶ 動 (물자나 사람을) 다른 곳으로 옮기다. 타지로 전임하다[전임시키다]. ¶~一批物资 | 한 무더기의 물자를 다른 곳으로 옮기다. ¶完成日用品的~任务 | 일용품을 다른 곳으로 옮기는 임무를 완수하다. ❷ 名 動 외부 조사(를 하다). 탐문 조사(를 하다). ¶~人员 | 파견 조사원.
【外动词】wàidòngcí 名〈言〉타동사 =〔及物动词〕

【外毒素】wàidúsù 名〈醫〉외독소. 균체외독소(菌體外毒素).
【外耳】wàiěr 名〈生理〉외이. 겉귀.
【外耳道】wàiěrdào 名〈生理〉외이도. 외청도(外聽道) =〔外听道〕
【外耳门】wàiěrmén 名〈生理〉걸귀문. 귓바퀴 →〔俗 耳朵眼儿〕
【外分泌】wàifēnmì 名〈生理〉외분비.
【外稃】wàifū 名 (밀·보리 등의) 겉껍데기 →〔内稃〕
【外敷】wàifū ❶ 動〈醫〉(고약 등을) 바르다[붙이다]. ¶~膏药一张 | 고약을 한 장 붙이다. ❷ 名 외용약 ‖ →〔内服〕
【外感】wàigǎn 名 ❶ 외감. 외부 감각. ❷〈漢醫〉ⓐ 감기. 고뿔. ⓑ 바람·한서(寒暑)·습기 등으로 인한 질병. ¶~病 | 바람·한서(寒暑)·습기 등 외부로부터 들어온 병인에 의하여 생기는 병
【外港】wàigǎng 名 외항 ⇔〔内港〕
【外公】wàigōng 名 方 외조부. ¶他~去世了 | 그의 외조부는 돌아가셨다 =〔外祖父〕
【外公切线】wàigōngqiēxiàn 名組〈數〉공통 외접선(共通外接線).
【外功(儿)】wàigōng(r) 名 근골(筋骨)·피부 등을 단련하는 무술 수련. ¶用~治病 | 무술 훈련으로 병을 치료하다 →〔内功(儿)〕
【外骨骼】wàigǔgé 名〈生理〉외골격. 겉뼈대
4【外观】wàiguān 名 외관. 외견(外見). 겉모양. ¶这东西的~很好 | 이 물건의 겉모양은 매우 좋다.
1【外国】wàiguó 名 외국. ¶~文学 | 외국 문학. ¶~话 =〔外国语〕〔外文〕〔外语〕 | 외국어. ¶~侨qiáo民 | 외국인 거류자.
【外国话】wàiguóhuà ⇒〔外文〕
【外国汇兑】wàiguó huìduì ⇒〔外汇〕
【外国语】wàiguóyǔ ⇒〔外文〕
【外果皮】wàiguǒpí 名〈植〉외과피.
【外海】wàihǎi 名〈地〉외해(外海).
4【外行】wàiháng ❶ 形 (어떤 일에) 문외한이다. 전문가가 아니다. 서투르다. ¶~话 | 비전문가의 말. 잘 모르는 말. ¶种庄稼老金可不~ | 농사일에 대하여 김씨는 결코 문외한이 아니다. ❷ 名 문외한. 비전문가. 풋내기 →〔力巴头(儿)〕〔新手(儿)〕 ‖ →〔内行ⓐ〕 ❸ 名 동업자 이외의 사람 →〔外道ⓐ①〕
【外号(儿)】wàihào(r) 名 ❶ 문인(文人)이 호(號) 이외에 장난삼아 사용하는 별호(別號). ¶李老师的~是东黎 | 이선생님의 별호는 동려이다. ❷ 별명 =〔绰chuò号(儿)〕
【外话】wàihuà 名 ❶ 方 남 대하듯 하는 말. 불친절하고 쌀쌀맞은 말. ❷ 비속한 말.상스러운 말. 품위없는 말. ❸ 터무니 없고 지나친 말.
【外踝】wàihuái 名〈生理〉바깥 복사뼈.
【外怀里】wàihuái·li ❶ ⇒〔外手(儿)〕 ❷ 名 바깥쪽[맞은편]. ¶桌子放在~ | 책상을 바깥쪽에 놓다.
【外患】wàihuàn 書 名 외환 [외국이나 외부세력의 압박 또는 침입] ¶~罪 | 외환의 죄. ¶内忧~ | 내우외환.
4【外汇】wàihuì 名 외화(外貨). 외국환(外國換). ¶~收入 | 외화 수입. ¶~银行 | 외환 은행. ¶~基金 | 외국환 기금. ¶~垄断lǒngduàn | 외화 독점. ¶~储chǔ备 | 외화 준비. ¶~配额pèié | 외화 할당액. ¶~率 =〔外汇兑换率〕 | 환율. ¶~管制 =〔外汇管理〕 | 외환 관리(제도). ¶~行情 | 환시세. ¶~官价 | 공정 환율. ¶~挂牌 =〔币外汇牌价〕 | 외국환 공정시세. ¶~大倾销 | 환덤핑. 환투매 =〔外国汇兑〕〔国际汇兑〕 →〔外币〕
【外汇券】wàihuìquàn 名 簡「外汇兑换券」(외화

태환권) [달러화로 바꾸어 국내에서 쓸 수 있는 돈]→〔兑duì换券〕
【外活(儿)】wàihuó(r) 名 方 ❶ (공장이나 수공업자가) 외부로부터 받은 하청. ❷ (가정 주부가 하는) 부업.
【外货】wàihuò 名 외국 상품. ¶抵制dǐzhì～ | 외국 상품을 배척하다.
【外祸】wàihuò 名 외부로부터 오는 재난〔재앙〕. 외국의 침략. ¶谨防～ | 외부의 재앙을 몹시 경계하다.
【外集】wàijí 名 외집. 정집(正集)에서 빠진 작품 등을 편집한 것 [대개 다른 사람이 편집한 것을 말함]
【外籍】wàijí 名 외국 국적. ¶～学生 | 외국인 학생.
【外籍兵团】wàijí bīngtuán 名組 외국(인) 군대. 외인 부대(外人部隊).
【外挤内联】wài jǐ nèi lián 成 밖으로 진출하고 안으로 연합하다 [대외적으로는 국제시장(國際市場)에 진출하고, 대내적으로는 효과적인 경제연합을 통하여 국가의 경제발전을 도모하는 것을 말함] =〔内联外挤〕
【外技】wàijì 名 외국기술.
【外寄生】wàijìshēng 名〈生〉외부기생.
【外寄生物】wàijì shēngwù 名組〈生〉외부 기생 생물.
【外加】wàijiā 動 그 외에 더하다. ¶雨如倾盆, ～核hé桃大的雹báo子 | 비가 억수로 퍼붓는 데다가 호두만한 우박도 쏟아졌다. ¶我给你每月七百元工钱, ～两顿饭 | 나는 네게 매월 7백원의 임금과 그 외에 두끼 밥을 제공하겠다.
【外家】wàijiā 名 ❶ 외가 =〔外祖家〕 ❷ 옛날, 첩의 집. 첩 =〔書 外宅②〕→〔妾qiè①〕 ❸ 권법(拳法)의 한 가지로 「少林派拳术」을 말함 =〔外家(拳)〕
【外间】wài·jiān 名 ❶ (～儿)바깥으로 통하는 방. ¶内间住人, ～作客厅 | 안쪽 방은 사람이 거주하고, 바깥쪽 방은 거실로 만들다 =〔外屋wū①〕 ❷ 書 바깥 세상. 외부 세계. 세간(世間). ¶～传chuán说, 不可尽信 | 세간에서 전해지는 말을 다 믿을 수는 없다.
【外间屋子】wàijiān wū·zi ⇒〔外屋①〕
【外兼】wàijiān 動 그 외〔밖〕에도 겸하다. ¶他的房子是俱乐部, 学习室, ～岁把几个月毛娃娃的小厕所 | 그녀의 집은 구락부·학습실 이외에도 한살도 채 안된 갓난 아기의 변소까지도 겸하고 있다.
【外艰】wàijiān 名 ❶ 喩 부친상(父親喪) ❷ 외환(外患).
【外江】wàijiāng ❶ 名 方 양자강 일대 및 그 북부의 각 성. ¶～人 | 양자강 유역과 그 이북지대의 사람. ¶～老 | 타성인(他省人). ¶～客商 | 다른 지방 출신의 상인. ¶～虎和地头蛇 | 喩 중앙에서 파견된 무리와 지방에서 자란 무리. ❷ ⇒〔海hǎi派①〕
[2]【外交】wàijiāo 名 외교. ¶～部 | 외무부. ¶～文书 | 외교 문서. ¶～政策 | 외교 정책.
【外交部】wàijiāobù 名 외교부. ¶～长 =〔外长〕 | 외교부 장관.
【外交辞令】wàijiāo cílìng 名 외교 사령. 외교적 언사 =〔外交语言〕
【外交官】wàijiāoguān 名 외교관.
【外交特权】wàijiāo tèquán 名組 외교 특권 =〔外交豁免权〕
【外交团】wàijiāotuán 名 외교단.
【外交员】wàijiāoyuán ⇒〔外交官〕
【外角】wàijiǎo 名 ❶〈數〉외각. ❷ (야구에서) 외각. 아웃 코너(outcorner). ¶～好球 | 아웃 코너 스트라이크 ‖→〔内角〕
【外脚背踢球】wàijiǎobèi tīqiú 動組〈體〉(축구에서) 아웃사이드 킥(outside kick)→〔踢球〕
【外接(多边)形】wàijiē(duōbiān) 名組〈數〉외접 다각형 =〔外切多边形〕
【外接圆】wàijiēyuán 名〈數〉외접원 =〔外切qiē球〕〔外切圆〕
[3]【外界】wàijiè 名 외계. 외부. 국외(局外). ¶～人士 | 외부 인사. ¶～与论 | 외부 여론. ¶向～征求意见 | 외부에 의견을 구하다.
【外借】wàijiè 名 動 외부 대출(하다). ¶律不能～ | 일절 외부 대출할 수 없다. ¶本室藏书, 概不～ | 본실의 장서는 대체로 외부 대출이 안된다.
【外景】wàijǐng 名〈演映〉오픈세트(openset). 야외 신(野外 scene). ¶拍摄～ | 로케이션하다. 야외 장면을 촬영하다. ¶～拍摄 | 로케이션. ¶～布景 | 오픈세트(openset)→〔内景〕
【外径】wàijìng 名〈機〉외경.
【外舅】wàijiù 書 名 장인 =〔岳yuè父〕
[3]【外科】wàikē 名〈醫〉외과. ¶～医院 | 외과 병원. ¶～整形医院 | 정형 외과. ¶～学 | 외과학. ¶～器材 | 수술용 기재.
【外壳(儿)】wàiké(r) 名 외각. 겉껍데기. 케이스. ¶表的～ | 시계 케이스. ¶热水瓶～ | 보온병의 외병. ¶电池diànchí～ | 건전지의 외장.
【外客】wàikè 名 ❶ 낯선 손님. 교제가 그다지 깊지 않은 손님. ¶我们饭店没有～ | 우리 호텔에는 낯선 손님이 없다. ❷ 직업이 다른 사람. 문외한. 미숙한 사람.
【外寇】wàikòu 名 외구. 외적. ¶抗攻～ | 외적에 저항하여 공격하다.
【外快】wàikuài ❶ 名 부수입. 轉 부당(不當)한 수입. 뇌물로 받은 돈. ¶除了薪xīn水以外, ～一个不要 | 월급을 제외하고는 어떤 부수입도 원하지 않는다 ¶他挣了不少～ | 그는 적지 않은 부수입을 올렸다 =〔外钱(儿)〕〔外落〕〔外财〕〔外出息〕〔外水①②〕 ❷ 名 쓸데없는 말. 필요없는 말. ❸ 形 천하다. 비열하다. 졸렬하다.
【外来】wàilái 動 외부에서 오다. ¶是固有的, 还是～的? | 고유의 것이니, 아니면 외래의 것이니?
【外来干涉】wàilái gānshè 名組 외부〔외국〕의 간섭. ¶坚决反对～ | 외부의 간섭을 단호히 반대하다. ¶抵制dǐzhì～ | 외부의 간섭을 배척하다.
【外来语】wàiláiyǔ 名〈言〉외래어. ¶～词典 | 외래어 사전 =〔外来词〕
[4]【外力】wàilì 名〈物〉외력.
【外连】wàilián 動 외부의 사람과 관계를 가지다.

W

외부와 연결되다. ¶里钩gōu～ | 안팎으로 연결되어 내통하다.

4【外流】wàiliú 動 (인구·재산 등이) 다른 지역이나 해외로 유출되다. 빠져나가다. ¶资源zīyuán～ | 자원의 해외 유출. ¶美元～ | 달러의 해외 유출. ¶防止fángzhǐ人才～ | 인재의 국외 유출을 방지하다.

【外路】wàilù 名 다른 지방(의). 외지(外地)(에서 온). ¶～客商 | 외지에서 온 상인. ¶～货 | 다른 지방에서 온 물품.

【外贸】wàimào 名 簡「對外貿易」(대외·외국·국제 무역)의 약칭. ¶～部 | 대외 무역부.

【外貌】wàimào 名 외모. 외관(外觀). ¶他长得很英俊～ | 그는 매우 잘생겼다.

2【外面(儿)】ⓐ wàimiàn(r) 名 ❶ 겉모양. 볼품. 표면. 겉치레. ¶内在与～同样重要 | 속과 겉이 똑같이 중요하다. ¶假jiǎ装～ | 겉치레하다. ¶这台机器看～还不错 | 이 기계는 겉모양이 괜찮다 =〔外表〕 ❷ 세상. ¶他不懂得～ | 그는 세상을 모른다.

ⓑ wài·mian(r) ⇒〔外头①〕

【外面(儿)的】wàimiàn(r)de 名組 세상 물정에 밝은 사람 →〔外场cháng〕

【外面(儿)光】wàimiàn(r)guāng 名組 ❶ 겉치레. ¶做事要考虑实际效果, 不能专求～ | 일을 할 때는 실제 효과를 고려해야지 겉치레에만 신경써서는 안된다. ❷ 形 겉이 번지르르하다. 겉보기가 좋다. ¶这个人做事～, 你可要小心 | 이 사람은 겉보기만 좋게 일하니 주의해야 한다.

【外胚层】wàipēicéng 名〈生〉외배엽(外胚葉) =〔外胚叶〕

4【外婆】wàipó 名 方 외할머니. ¶她～是个医生 | 그녀의 외할머니는 의사이다 =〔外祖母〕

【外戚】wàiqī 名 ❶ 書 외척 [제왕의 외가나 처가의 일족] ¶反对～把持bǎchí朝政 | 외척이 조정을 좌지우지하는 것을 반대하다. ❷ 외척 [외가나 처가의 일족]

【外气】wài·qi 方 ❶ 動 사양하다. 염치를 차리다. ¶谁都不用～ | 누구도 사양하지 마시오. ¶～话 | 사양하는 말. ❷ 形 쌀쌀하다. 냉랭하다. 서먹서먹하다. 데면데면하다.

【外强中干】wài qiáng zhōng gān 成 겉으로는 강해 보이나 속은 텅 비다. ¶日本帝国主义～ | 일본 제국주의는 겉으로는 강해 보이나 속은 텅 비었다 =〔外强中弱〕→〔板bǎn里没土, 打不起墙〕

【外侨】wàiqiáo 名 (국내에 거주하는) 외국 거류민.

【外切多边形】wàiqiē duōbiānxíng ⇒〔外接(多边)形〕

【外勤】wàiqín 名 ❶ 외근. ¶跑～ | 외근하다. ¶～记者 | 외근 기자. ❷ 외근자 ‖ ⇔〔内勤〕

【外人】wàirén 名 ❶ 남. 다른 사람. 타인(他人). 모르는 사람. 제삼자(第三者). ¶当～ | 남으로 여기다. ❷ 외부 사람. 관계없는 사람. ¶～免进 | 관계자 외 출입금지. ¶我可不是～ | 나는 정말 관계 없는 사람이 아니다. ❸ 외국인. ❹ 타지에서 온 사람 ‖ =〔外头人〕

【外伤】wàishāng 名〈醫〉외상. ¶～性休克 | 외상성 쇼크.

【外商】wàishāng 名 외국 상인. ¶跟～谈生意 | 외국 상인과 장사를 논의하다.

【外肾】wàishèn 名〈生理〉불알. 고환 =〔睾gāo丸〕

【外省】wàishěng 名 ❶ 다른 성. 타성(他省). ❷ (수도 이외의) 지방의 성(省). ¶～缺quē | 옛날, 지방 관직의 결원(缺員).

【外甥(儿)】wài·sheng(r) ❶ 名 생질. ❷ 名 남편 누이의 아들 =〔外男〕 ❸ ⇒〔外孙〕

【外甥打灯笼】wài·sheng dǎ dēng·long 歇 생질이 초롱을 켜 든다. 여전하다. 원래대로다 [뒤에「照舅」가 이어지기도 함. 생질이「舅舅」(외삼촌)을 위해 불을 켜 드는 것, 즉「照舅」가「照旧」(이전과 같이, 예전대로, 여전히)와 동음(同音)이라는 이유에서「이전과 같이」라는 뜻으로 쓰임] ¶咱们的关系是～, 一切照旧 | 우리의 관계는 생질이 외삼촌을 위해 초롱을 켜든 것과같이, 모든 것이 예전대로이다.

【外甥女(儿)】wài·shengnǚ(r) ❶ 名 생질녀 ❷ 名 남편 누이의 딸. ❸ ⇒〔外孙女(儿)〕

【外史】wàishǐ 名 ❷ 외사 [정사가 아닌 야사(野史)·사기(私記)·소설류] ¶儒林～ | 유림 외사. ❷ 외사 [주대(周代)의 관직명으로 지방에 전하는 왕명이나 지방지(地方誌) 등을 쓰던 관리] ❸ 문인이 잘 쓰는 아호의 일종 [「…外史」의 형태로 씀]

4【外事】wàishì 名 ❶ 외사. 외교 사무. 외교적인 일. ¶～机关 | 외사 기관. ¶～工作 | 외사 업무. ¶～处长 | 외사 처장. ❷ 남의 일. 바깥 일. 집 일이나 개인 일 이외의 일. ❸ 신분〔분수, 격〕에 어울리지 않는 것〔일〕. ¶不贪～ | 격에 맞지 않는 일을 하지 않는다.

【外手(儿)】wàishǒu(r) 名 (차를 몰거나 기계를 조종할 때의) 오른쪽. 바른쪽 =〔外怀里①〕⇔〔里手(儿)①〕→〔外头②〕

【外首】wàishǒu ⇒〔外头①〕

【外水】wàishuǐ 名 ❶ 부수입. 뜻밖의 수입. ¶他挣了不少～ | 그는 적지 않은 부수입을 챙겼다. ❷ 뇌물. 부당하게 받은 돈. ‖ =〔外快①〕

【外孙】wàisūn 名 외손자 =〔方 外甥shēng(儿)③〕〔外孙子〕

【外孙女(儿)】wàisūn·nǚ(r) 名 외손녀 =〔方 外甥女(儿)③〕

【外孙子】wàisūn·zi ⇒〔外孙〕

【外胎】wàitāi 名 (튜브를 싸고 있는) 타이어 =〔外带dài①〕→〔轮lún胎〕

【外滩】wàitān 名 ❶ (Wàitān)〈地〉외탄 [상해(上海)의 황포강안(黃浦江岸) 일대의 지명]→〔洋yáng场〕 ❷ 저조선(低潮線) 밖의 모래톱. ❸ 파도가 부서지는 곳에서부터 대륙붕 가장자리까지의 구역.

【外逃】wàitáo ❶ 書 動 외국으로 도망치다. ¶他竟携xié巨款～ | 그가 결국 많은 돈을 지니고서 외국으로 도망하다. ❷ ⇒〔外溢yì②〕

【外套(儿)】wàitào(r) 名 ❶ 외투. 오버코트(overcoat)→〔大dà衣〕〔大氅chǎng〕 ❷ 반코트.

❸ 청대(清代)에 예복(禮服) 위에 입던 조끼. ❹ 물건을 싸는 포장 봉투.

【外听道】wàitīngdào 名〈生理〉외청도 =〔外耳道〕〔耳孔〕→〔外耳〕

3【外头】wài·tou 名 ❶ 밖. 바깥. 바깥쪽. ¶ ~有客人找老金｜바깥에 어떤 손님이 김씨를 찾습니다. ¶ ~风大｜밖에 바람이 세다. ¶ 我住着~院儿｜나는 바깥채에서 산다 =〔(方)外首〕〔外面(儿)ⓑ〕→〔外边①②〕 ❷ 바깥쪽 [우측 통행일 경우에 좌측이「外头」우측이「里头③」(안쪽)가 됨]→〔里头①②〕

【外围】wàiwéi 名 ❶ 주위. 바깥 둘레. ¶ 从~打进去｜바깥에서 쳐들어가다. ¶ ~子｜울타리 =〔周zhōu围〕 ❷ 외곽. ¶ ~战｜외곽전.

1【外文】wàiwén 名 외국어. ¶ ~排字机｜외국어 식자기(植字機). ¶ ~书店｜외국어 서적 판매점. ¶ 我要订~报纸和杂志｜나는 외국어 신문과 잡지를 구독하려 하다 =〔(口)外国话〕〔外国语〕〔外语〕

【外屋】wàiwū 名 ❶ 바깥으로 통하는 가운데 방 [중국의 가옥은 세 칸의 방이 연속되어 있는 것이 보통으로, 양쪽의 방에 들어가려면 중앙에 있는 방, 즉「外屋」로 들어가고, 다음에 다시 거기서부터 좌우에 있는 방, 즉「里屋」에 들어가도록 되어 있음.「里屋」는 거실(居室)이며「外屋」는 응접실로 사용됨] ¶ ~住着两位客人｜가운데 방에 두 분의 손님이 머무르고 있다 =〔外间①〕〔外间屋子〕→〔里屋〕 ❷ 바깥방. 바깥에서 가까운 방. ❸ 본채에 달아 낸 작은 지붕.

【外侮】wàiwǔ 名 외모. 외욕(外辱). 외래 침략과 압박. 외국으로부터〔외부로부터〕 받는 모욕〔치욕〕. ¶ 抵御dǐyù~｜외세의 침략과 압박에 저항하다.

【外务】wàiwù 名 ❶ 당연히 해야 할 일 이외의 일. 직무(職務)밖의 일. ❷ 외무. 외교 사무. ¶ ~部｜청대(清代)의 외무부. ❸ (俗) 도락(道樂). 난봉. 바람기.

【外骛】wàiwù (書) 動 ❶ 분수에 맞지 않는 일을 하다. ❷ 마음이 한결같지 않다. 전념하지 않다. 마음이 산만하다.

【外弦】wàixián 名「胡琴」(호금)의 가는 바깥줄 →〔老弦〕

【外线】wàixiàn 名 ❶〈軍〉포위선. ❷ (전화의) 외선. ¶ 你只要先拨bō一个「零」就接通~了｜네가 먼저「0」번을 누르면 바로 외선과 연결된다→〔内线④〕 ❸〈體〉바깥 선. 바깥 줄.

【外县】wàixiàn 名 타현(他縣). 다른 현. 자기가 사는 현 이외의 현. ¶ 他是从~搬来的｜그는 다른 현에서 이주해 왔다.

【外乡】wàixiāng 名 타향. 딴 고장. ¶ ~人(儿)｜딴 고장 사람. ¶ ~口音｜타지방 말씨〔악센트(accent)〕

4【外向型】wàixiàngxíng 名 외향형.

【外销】wàixiāo 名 動 해외 판매(하다). 수출(하다). 타지역으로 판매(하다). ¶ ~市场｜해외 시장. ¶ ~产品｜수출 생산품. ¶ 内销和~｜국내 판매와 해외 판매 ⇔〔内销〕

【外心】wàixīn 名 ❶ 외심. 딴 마음. 이심(二心). 배심(背心). 이심(異心). ¶ 我相信她不会有~｜나는 그녀가 딴 마음을 품지 않을 것이라 믿는다. ❷〈數〉외심.

4【外形】wàixíng 名 외형. ¶ 这种机器~很漂亮｜이 기계의 외형은 매우 예쁘다.

【外姓】wàixìng 名 ❶ 타성(他姓). 이성(異姓). 다른 성. ❷ 성이 다른 사람.

【外延】wàiyán 名〈論〉외연→〔内涵nèihán〕

【外焰】wàiyàn 名〈化〉외염. 겉불꽃. 산화염(酸化焰) =〔氧yǎng化焰〕

【外洋】wàiyáng (書) 名 해외. 외국. ¶ ~留学生｜외국 유학생.

3【外衣】wàiyī 名 ❶ 외의. 겉옷. 상의. 코트(coat). ❷ 탈. 허울. 외피. ¶ 帝国主义分子往往被着宗教的~｜제국주의자들은 늘상 종교의 허울을 걸치고 있다. ¶ 披pī着「和平」的~｜「평화」의 탈을 쓰다.

【外溢】wàiyì 動 ❶ 밖으로 넘치다. ❷ 국외로 유출하다〔유출되다〕. ¶ 资金~｜자본이 외국으로 유출되다 =〔外逃②〕

【外因】wàiyīn 名〈哲〉외부의 원인. 외적 원인〔요인〕 ¶ ~通过内因而起作用｜외적 요인은 내적 요인을 통하여 작용이 일어난다 ⇔〔内因〕

【外阴】wàiyīn 名〈生理〉외음. ¶ ~炎｜외음염.

【外用】wàiyòng ❶ 名 옛날, 관리가 지방관에 임명되는 일. ❷ 名 動〈藥〉외용(하다). ¶ ~药水｜바르는 물약. ¶ 只能~｜외용만 할 수 있음.

1【外语】wàiyǔ ⇒〔外文〕

【外域】wàiyù (書) 名 외국. ¶ 这支部队在~执行任务｜이 부대는 외국에서 임무를 수행한다.

【外遇】wàiyù (書) 名 부부 이외의 남녀 관계. 정부(情夫). 정부(情婦). ¶ 有~｜정부가 있다 =〔外欢huān〕〔外恋liàn〕

【外圆内方】wài yuán nèi fāng 成 겉은 둥글지만 속은 네모지다. 겉으로는 부드러우나 속으로는 엄격하다. 외유내강.

【外援】wàiyuán 名 외원. ¶ 依靠~｜외부〔외국〕의 원조에 의존하다.

【外院】wàiyuàn 名 ❶ 바깥 뜰 ¶ ~住着许多果树｜뜰에 많은 과일 나무가 있다. ❷ 簡「外语学院」(외국어 대학)의 약칭.

【外在】wàizài 區 외재(하다). ¶ ~因素｜외적인 요소. ¶ ~性｜외재성. ¶ ~的原因｜외재적 원인 ⇔〔内在〕

【外贼好挡, 家贼难防】wàizéi hǎodǎng, jiāzéi nánfáng 諺 밖으로부터의 도둑을 막기 쉬우나, 집안의 도둑은 막기 어렵다 =〔外贼好捉zhuō, 家贼难防〕

【外宅】wàizhái ❶ 名 집의 바깥 마당. ❷ ⇒〔外家②〕

【外债】wàizhài 名 외채.

【外展神经】wàizhǎn shénjīng 名組〈生理〉외전(外轉) 신경.

【外罩(儿)】wàizhào(r) 名 겉옷. 덧옷.

【外痔】wàizhì 名〈醫〉외치. 수치질.

【外传】wàizhuàn 名 ❶ 유가경학가들이 사례를

W

넓게 인용하고, 경의(經義)를 추연(推演)한 저작. ❷ 옛날, 정사(正史) 이외의 전기(를 일컬음)

4【外资】wàizī 名 외자. ¶吸引~ | 외자를 끌어들이다.

【外子】wàizǐ 書名 ❶ 바깥 주인 [아내가 자기의 남편을 다른 사람에게 말할 때 쓰는 말] ¶以~为例 | 제 남편을 예로 들면→[内人nèi·ren] ❷ 정부(情婦)의 아들. 남몰래 얻은 첩에게서 낳은 아들. ❸ 부인의 자칭(自稱).

【外族】wàizú 書名 ❶ 외족 [외가 일족] ❷ 외국인. ❸ 외족. 이민족. 타민족.

3【外祖父】wàizǔfù 名 외조부 =[外大父][外公][外王父][外翁wēng][外爷yé][大dà父][方公公③][老爷③]

3【外祖母】wàizǔmǔ 名 외조모. ¶她~病了 | 그녀의 외조모가 병들었다 =[外妈][外婆pó][外王母][姥姥①]

wān ㄨㄢ

2【弯(彎)】wān 굽을 만
❶ 形 굽다. 구부러져 있다. 구불구불하다. ¶~棍子 | 굽은 막대기. ¶树枝都被雪压~了 | 나뭇가지가 눈에 눌려 구부러졌다. ❷ 動 굽히다. 구부리다. ¶~着指头算 | 손가락을 꼽아가며 계산하다. ¶~着身子 | 몸을 구부리고 있다. ❸ (~儿) 名 굽어진 곳. 모퉁이. 굽이. ¶转~抹角 | 成 꼬불꼬불한 길을 가다. 말을 돌려서 하다. ¶拐guǎi~儿 | 모퉁이를 돌다. ❹ 書 動 (활을) 당기다. ¶~弓↓

【弯度】wāndù 名 굴곡도. 물체가 굽은 정도. ¶这根管子的~太大 | 이 관의 굴곡도가 매우 크다.

【弯弓(儿)】wāngōng(r) ❶ 動 활시위를 당기다. ❷ 名 (활처럼) 휘어진 물건.

【弯管】wānguǎn 名 〈機〉 곡관(曲管). 팔꿈치형 파이프. 엘보 파이프(elbow pipe). ¶活节~ | 소케트 파이프 이음관. ¶回转~ | 유니언 파이프 이음관 =[弯头②][外 安而湾][肘zhǒu管]

【弯路】wānlù 名 ❶ 굽은 길. 우회로. ¶走了不少不必要的~ | 많은 불필요한 우회로를 걸었다. ❷ (사업에서) 불필요한 일. 공연한 일. ¶工作中走了~ | 사업에서 헛수고를 했다.

3【弯曲】wānqū 形 꼬불꼬불하다. 구불구불하다. ¶~的山路 | 구불구불한 산길.

【弯曲形变】wānqū xíngbiàn 名組 〈物〉 곧은 재료가 활 모양으로 휘는 변형. ¶受热后发生~ | 열을 받은 후에 변형이 발생하다.

【弯儿】wānr 名 구부러져 꺾인 곳. 길 모퉁이. 喩 곡절(曲折) 많고 복잡하여 이해하기 어려운 것. 농간(弄奸). 속임수. ¶总绕不过~来 | 무슨 애기인지 모르겠다. ¶他弄nòng出些个~来了 | 그는 여러가지로 농간을 부렸다 =[弯子][湾wān子]

【弯头】wāntóu ❶ 名 길모퉁이. ❷ ⇒[弯管]

【弯弯曲曲】wān·wanqūqū 狀 ❶ (길이) 꼬불꼬불하다. ❷ 빙빙 둘러서 말하는 모양. 喩 솔직하지 않다. ¶~的地方儿真多 | 빙 둘러서 말하는 일이 대단히 많다. ¶他说话行事总是~的深沉难测 | 그의 말이나 행동은 언제나 솔직하지 않아, 정말 추측하기 어렵다 ‖ =[曲曲弯弯][曲里拐弯(儿)][曲流拐弯儿][弯弯折折]→[拐guǎi弯(儿)抹角(儿)(的)②]

【弯弯折折】wān·wanzhézhé ⇒[弯弯曲曲]

【弯腰】wān/yāo 動 ❶ 허리를 굽히다[구부리다, 낮추다]. ¶~捡了一块石头 | 허리를 굽혀서 돌을 하나 주웠다. ¶~曲背 | 굽실거리다[비굴한 모양]. ¶~鞠躬 | 허리를 굽혀 절하다. ❷ 허리를 굽혀 절[인사]하다. ¶老头儿~了 | 노인은 허리를 굽혀 절[인사]하였다 ¶决不向人~ | 결코 사람에게 허리 굽혀 인사하지 않다. ‖ =[哈hā腰①][弓gōng腰][猫māo腰][方 毛máo腰(儿)]

【弯子】wān·zi ⇒[弯儿]

4【湾(灣)】wān 물굽이 만
❶ 名 물굽이. ¶河~ | 강의 물굽이. ❷ 名 만. ¶港~ | 항만. ¶渤海~ | 발해만. ❸ 動 배를 정박시키다. 정박하다. ¶今天在这儿~一天 | 오늘은 여기서 하루 정박한다. ¶把船~在这边 | 배를 이곳에 정박시키다.

【湾泊】wānbó 動 정박(停泊)하다 =[湾船]

【湾船】wānchuán ⇒[湾泊]

【剜】wān 깎을 완
動 (칼 등으로) 도려내다. 파다. 파내다. 후비다. ¶把木板~一个槽cáo儿 | 목판에 홈을 하나 파다. ¶把烂的地方~出来 | 썩은 곳을 도려내다. ¶~地 | 땅을 파내다.

【剜肉剥皮】wān ròu bāo pí 成 살을 도려내고 가죽을 벗기다. 잔인무도하다→[剜眼剥皮]

【剜肉补疮】wān ròu bǔ chuāng 成 살을 도려내어 상처에 붙이다. 닥쳐올 후과에 대하여 생각하지 못하고 발등의 불을 끄는 데 급급해하다. ¶靠借债还债这是~的方法 | 빚을 얻어 빚을 갚는 것은 살을 도려내어 상처에 붙이는 것과 같은 방법이다 =[剜肉医疮][挖wā肉补创]

【剜眼剥皮】wān yǎn bāo pí 成 눈을 도려내고 가죽을 벗기다. 잔인무도하다→[剜肉剥皮]

【蜿】wān ⊗ wǎn) 꿈틀거릴 원, 지렁이 완
❶ 形 꿈틀거리며 기어가는 모양. ❷ 名 지렁이의 다른 이름.

【蜿蜒】wānyán 狀 ❶ (뱀 등이) 꿈틀꿈틀 기어 가는 모양. ¶群山~ | 많은 산들이 꿈틀꿈틀 기어가는 듯하다. ❷ 轉 (산·강·길 등이) 구불구불하다. ¶~而流 | 구불구불 흘러 가다.

4【豌】wān 완두 완
⇒[豌豆]

4【豌豆】wāndòu 名 〈植〉 완두 =[戎róng菽][青小豆]

【豌豆象】wāndòuxiàng 名 〈蟲〉 완두바구미.

wán ㄨㄢˊ

3【丸】wán 알 환, 둥글게할 환
❶ (~儿, ~子) 名 작고 둥근 것. ¶泥~ | 작은 진흙알. ¶弹~ | 탄알. ❷ 名 환약(丸藥) →[丸子] ❸ 量 알 [환약을 세는 양사] ¶一次吃三~ | 한번에 세 알씩 먹는다→[颗kē] ❹ 動 둥

글게 만들다. ¶～成小粒 | 둥근 알로 만들다.
【丸剂】wánjì 名〈藥〉환약(丸藥). 알약. ¶服用～比较方便 | 환약을 복용하면 비교적 편리하다.
【丸药】wányào 名〈藥〉환약. 알약.
【丸子】wán·zi ❶名(요리의) 완자. ¶鸡肉～ | 닭고기 완자 =〔方圆子②〕❷名〈藥〉환약. ¶密～ | 꿀에 반죽하여 만든 알약. ❸量 알. 환〔환약을 세는 단위〕¶一～药 | 환약 한 알.
【丸澜】wánlán 書形 눈물을 줄줄 흘리며 우는 모양.
【芄】**wán 박주가리 환** ⇒〔芄兰〕
【芄兰】wánlán 名〈植〉박주가리 =〔梦芝〕
【纨(紈)】**wán 흰깁 환** 書名 고운 명주. 질 좋은 견직물.
【纨绔】wánkù ⇒〔纨裤kù〕
【纨裤】wánkù 書名 ❶흰 비단으로 만든 바지. 喻 화려한 복장. ❷轉 귀족의 자식. 부잣집 아이 ‖ =〔纨绔kù〕
【纨扇】wánshàn 名 흰 비단으로 만든 부채 →〔团tuán扇〕
1【完】**wán 완전할 완, 끝날 완** ❶완전하다. 완벽하다. ¶准备得很～善 | 준비는 완전하게 갖춰져 있다. ¶体无～肤 | 온 몸에 상처투성이다. ❷견고하다. ¶堡垒bǎolěi不～ | 진지가 견고하지 않다. ❸動 다하다. 없어지다. 어법 주로「完了」의 형태로 보어로 쓰임. ¶卖～了 | 다 팔아버렸다. ¶写～了 | 다 썼다. ❹動 완성하다. 완결하다. ¶～篇↓ ¶～工↓ ❺動 납부하다. ¶～税↓ ❻動(「了」와 함께 쓰여) 죽다. 끝장나다. ¶他的工厂全～了! | 그의 공장은 완전히 끝장났다! ❼書動(완전히) 보전하다. ¶献身～国 | 몸바쳐 나라를 보존하다. ❽名(주로「沒個完」의 형태로서) 끝. 한(限). ¶意见没个～ | 의견은 끝이 없다. ❾(Wán) 名 성(姓). ❿복성(複姓) 중의 한 자(字). ¶～颜↓
3【完备】wánbèi 形 완비되어 있다. 모두 갖추다. 완전하다. ¶工具～ | 도구가 갖추어져 있다. ¶有不～的地方, 请多提意见 | 완전치 못한 곳이 있으면, 의견을 많이 내주십시오 =〔書全备〕→〔俱jù备〕
4【完毕】wánbì 動 끝나다. 끝내다. 종료하다. ¶考试～ | 시험이 끝나다. ¶工作～ | 업무가 끝나다. ¶梳洗～ | 몸단장이 끝나다.
【完璧归赵】wán bì guī zhào 成 빌어온 원래의 물건을 손상없이 온전하게 되돌려 주다 →〔璧还①〕〔璧回〕〔璧赵〕〔还璧〕〔和hé氏璧〕〔连城璧①〕
【完成】wán/chéng 動 완성하다. (예정대로) 끝내다. 완수하다. ¶～了定额 | 기준량을 달성했다. ¶提前～ | 앞당겨 완성하다. ¶工程gōngchéng不久就可以～ | 공정이 머지 않아 완성될 것이다.
4【完蛋】wán/dàn 動 口 ❶끝장나다. 망하다. 거덜나다 어법「完了」의 속어적(俗語的)인 표현으로 경멸하는 의미를 포함함. ¶我们的计划～了 | 우리의 계획이 다 틀어져 버렸다! ❷죽다. 뒈지다. ¶脑袋上中了一枪还有不～的! | 머리에 한 방 맞았으니 죽지 않을 사람이 있겠는가! ‖ =〔玩蛋〕
【完稿】wán/gǎo 動 탈고(脫稿)하다. ¶这本书年底～ | 이 책은 연말에 탈고한다.
【完工】wán/gōng 動 일〔공사를〕을 끝내다〔끝마치다〕. 완공하다. ¶如期～ | 기한(期限)대로 완공하다 →〔竣jùn工〕
【完好】wánhǎo 形 성하다. 온전하다. 완전하고 양호하다. 전혀 부족한 데가 없다. ¶～无缺 =〔完好无损〕| 成 완전무결하다.
【完婚】wán/hūn 動 혼례식을 마치다. 아내를 얻다〔주로 윗사람이 아랫사람을 장가들이는 경우에 사용함〕¶父母命他回家～ | 부모님이 그에게 집으로 돌아와 혼례를 올리라고 명하다 =〔完亲〕〔完娶〕〔完姻〕
【完结】wánjié 動 끝나다. 완결되다. ¶工作还没～ | 작업이 아직 완결되지 않았다 =〔完讫〕〔讫qì了〕
【完具】wánjù 書形 완비(完備)하다. 완전히 갖추어져 있다. ¶首尾～ | 처음부터 끝까지 모두 갖추어져 있다.
【完聚】wánjù 書動 ❶성을 쌓고 백성을 모으다. ❷(떨어져 살던) 가족이 함께 모여 살다. ❸전부 한 곳에 모이다 →〔团tuán聚〕
【完竣】wánjùn 動(공사나 일정 규모의 작업이) 끝나다. 완공되다. 준공되다. ¶道路扩展工作将乎月底～ | 도로 확장 공사가 월말에 완공될 것이다.
【完了】ⓐwán·le 動 ❶끝났다. 끝마쳤다. ¶已经～ | 이미 끝났다. ❷(사업·일·사물·목숨·명예 등이) 끝장났다. 다됐다. 끝났다. 망했다. ¶唷! ～我的衣裳 | 이런, 내 옷이 엉망이 되버렸다 =〔挂guà了〕
ⓑwánliǎo 動(일이) 끝나다. 완료되다.
【完粮】wán/liáng ⇒〔完钱粮〕
【完了】wánliǎo ☞〔完了〕wán·le ⓑ
【完满】wánmǎn ❶形 완전무결하다. 결점이 없다. 원만하다. ¶问题已经～解决了 | 문제가 이미 원만하게 해결되었다. ¶得到～的结果 | 완벽한 결과를 얻다. ❷名動 끝(나다). 만료(하다). ¶功德～ |〈佛〉불가(佛家)의 수업(修業)이 끝나다.
【完美】wánměi 形 완전하여 결함이 없다. 매우 훌륭하다. ¶～无疵cī | 완벽하여 흠잡을 데가 없다. ¶～无缺quē | 완전무결하다 →〔完善shàn①〕
【完篇】wán piān 名(논문 등의) 한 편(篇)을 완결하다.
【完钱粮】wán/qiánliáng 動(옛날에) 조세를 다 바치다〔완납하다〕=〔完粮〕〔完银粮〕〔完饷〕
1【完全】wánquán ❶形 완전하다. 충분하다. ¶话还没说～ | 말이 아직 다 끝나지 않았다. ¶四肢～ | 사지가 멀쩡하다. ❷副 완전히. 전적으로. 참으로. 아주. 전부. ¶他们～同意我们的意见 | 그들이 전적으로 우리의 의견에 동의했다. ¶～不同 | 완전히 다르다.
【完全小学】wánquán xiǎoxué 名組 6년제 소학교. 초급(初級)과 고급(高級)의 둘을 합해 갖추고 있는「小学」(초등학교)〔일반적으로「初小」

W

는 4년, 「高小」는 2년으로 되어 있음] =〔簡 完小〕
【完全叶】wánquányè 名〈植〉완전엽. 갖춘 잎.
【完人】wánrén 名 ❶ 결점이 없는 완전무결한 사람. ¶世上无~ | 세상에 완전무결한 사람은 없다. ❷ 더럽혀지지 않은 사람. 순결한 사람.
3【完善】wánshàn ❶ 形 (더할나위 없이) 완전하다. 완벽하다. 나무랄 데가 없다. ¶达到~地步 | 완벽한 경지에 도달하다. ¶设备~ | 설비가 나무랄데 없다→〔完美〕 ❷ 動 완전해지게〔완벽해지게〕 하다. ¶~规章制度 | 규장 제도를 완전하게 하다.
【完事】wán/shì 動 ❶ 일을 끝내다. 일이 완결되다〔끝나다〕. ¶我这儿的工作还没~呢 | 우리 이쪽의 업무가 아직 완결되지 않았다. ¶~大吉 | 威 일이 매우 좋게 끝나다. 어법 주로 반어적인 의미로 쓰임. ❷ 일이 완전히 실패하다〔틀어지다〕. ❸ 사망하다.
【完税】wán/shuì 動 세금을 완납하다. ¶~价格 | 과세가격.
【完小】wánxiǎo ⇒〔完全小学〕
【完颜】Wányán 名 복성(複姓).
2【完整】wán·zhěng ❶ 形 완전하다. 제대로 갖추어져 있다. 완전무결하다. ¶~的句子 | 완전한 문장. ¶这套书是~的 | 이 책 한 질은 (결본이 없이) 제대로 갖추어져 있다. ¶领土~ | 영토 보전. ❷ 動 보전하다. 완전하게 하다.

【烷】wán 탄화수소 완

名〈化〉❶ 메탄계 탄화 수소. ¶甲~ | 메탄. ¶乙~ | 에탄. ¶丙~ | 프로판. ¶丁~ | 부탄. ❷ 포화 환식(飽和環式) 탄화 수소. ¶苯běn~ =〔环矾烷〕 | 시클로헥산. ¶萘nài~ | 데칼린.
【烷化】wánhuà 名〈化〉알킬화.
【烷基】wánjī 名〈化〉알킬기.
【烷烃】wántīng 名〈化〉파라핀.

1【玩〈翫〉】wán 장난할 완, 익힐 완

❶ (~儿) 動 놀다. 장난하다. ¶孩子们~得忘了回家了 | 아이들은 집에 돌아가는 것도 잊고 논다. ¶说着~儿 | 농담하다. ❷ (~儿) 動 놀이를〔게임을〕 하다. ¶~儿篮球 | 농구를 하며 놀다. ¶~儿扑克 | 포커 게임을 하다. ❸ 動 貶 (부정한 방법을) 부리다. 피우다. 쓰다. ¶~花招(儿)↓ ❹ 動 관상하다. 완상(玩賞)하다. ¶他的话令人~味 | 그의 말은 사람으로 하여금 뜻을 깊이 새겨보게 한다. ❺ (~儿) 動 경시하다. ¶~视↓ ❻ 名 관상의 대상이 되는 것. 놀이감. ¶古~ | 골동품 ‖ =〔顽wán④〕
【玩把戏的】wánbǎxì·de 名組 광대. 풍각장이. ¶村里来了一伙~ | 마을에 한무리의 광대가 왔다.
【玩不转】wán·bùzhuǎn 動組 ❶ 좌지우지할 수 없다. 통제할 수 없다. ¶他这个人精得很, 我~他 | 그는 너무나도 총명하기 때문에 나는 그를 좌지우지할 수가 없었다 ⇔〔玩得转〕 ❷ 回 방도가 없다. 대응할 수 없다. 처리할 수 없다. ¶这个人真没用, 这么点小事都~ | 이 아이는 아무짝에도 쓸모가 없다. 이렇게 작은 일도 할 수 없다니.
【玩法】wánfǎ 動 법을 얕보다. 법을 무시〔경시〕하다. ¶~的早晚自投法网 | 법을 얕보면 조만간 스스로가 법망에 걸린다.
【玩忽】wánhū 動 소홀히 하다. 경시하다. ¶~职守 | 직무를 소홀히 하다 =〔忽视shì〕〔顽wán忽〕
【玩花腔】wán huāqiāng 動組 ❶ 묘한 말투나 색다른 짓을 하다. ❷ 남에게 나쁜〔심술궂은〕 짓을 하다. ¶他又要~了 | 그는 또 남에게 심술궂은 짓을 하려했다.
【玩花招(儿)】wán huāzhāo(r) 動組 속임수를 쓰다. 수작을 부리다. ¶要防止他~ | 그가 속임수 쓰는 것을 방지해야 한다.
【玩火】wán/huǒ 動 불장난하다. 위험한 짓을 하다. ¶不要叫小孩子~ | 어린아이가 불장난을 하지 못하게 해라. ¶~行为 | 불장난질.
【玩火自焚】wán huǒ zì fén 威 제가 지른 불에 제가 타죽다. 자업자득(自業自得)하다. ¶他这样做叫做~, 自作自受 | 그가 이렇게 하는 것은 제가 지른 불에 제가 타죽는 것으로, 자업자득이다 →〔自作自受〕
4【玩具】wánjù 名 장난감. 완구. ¶小巧别致的~ | 깜찍한 장난감→〔玩意儿〕
4【玩弄】wánnòng 動 ❶ 희롱하다. 놀리다. 우롱하다. ¶~女性 | 여성을 희롱하다. ❷ 가지고 놀다. 만지작거리다. ¶~词句 | 이리저리 말을 가지고 놀다. 말장난하다. ❸ (부정한 수단·재간을) 쓰다. 피우다. 부리다. ¶~种种卑劣手法 | 갖가지 비열한 수단을 다 쓰다 =〔施shī展〕
【玩偶】wán'ǒu 名 장난감 인형. ¶~之家 | 〈書〉(입센의) 인형의 집.
1【玩儿】wánr ❶ 動 놀다. 여가를 즐기다. ¶有空来~吧 | 시간이 있으면 놀러 오너라. ❷ 名 動 장난(치다). 농담(하다). ¶这件事不是~的 | 이 일은 장난이 아니다. ❸ 動 마구 다루다〔손대다〕. 함부로 취급하다. ¶小心, 那不是随便~的 | 조심해라, 그건 함부로 다루는 게 아니야. ❹ 動 轉 (남녀가) 성교하다.
【玩(儿)命】wán(r)mìng 動 回 목숨을 내걸다. 생명을 가볍게 여기다. 위험을 무릅쓰다 [풍자적으로 비꼬는 듯한 어감을 포함] ¶在大街上撒sā把骑自行车简直是~ | 큰 길에서 손잡이를 놓고 자전거를 타는 것은 정말 목숨 아까운줄 모르는 짓이다.
【玩(儿)票】wán(r)piào 動 ❶ 취미로 연극을 하다. ¶~的 =〔票友(儿)〕 | 아마추어 배우. ❷ 轉 애호가로서 …한 일을 하다. 무보수로 일을 하다. ¶~的事情谁愿干呢 | 보수도 없는 일을 누가 하길 원하겠는가 ‖ =〔玩票(戏)〕〔顽票〕
【玩(儿)完】wán(r)wán 動 俗 ❶ 끝장나다. 망하다. 못쓰게 되다. ¶不论什么要这么糟害也得~ | 무엇이든 이렇게 마구잡이로 다루면 못쓰게 된다. ❷ 죽다→〔完wán蛋〕
【玩赏】wánshǎng 動 감상하다. 보고 즐기다. ¶园中有很多可供~的花木 | 정원에는 보고 즐길 만한 꽃과 나무가 많이 있다.
【玩世不恭】wán shì bù gōng 威 세상을 업신여기며 불손한〔냉소적인〕 태도를 취하다. 모든 것을

하찮게 여기다. 세상만사를 실없이 대하다. ¶他一向～ | 그는 언제나 세상을 업신여기며 불손한 태도를 취한다 =〔玩世不羁jī〕

【玩视】wánshì 動 (법·규정 등을) 경시하다. 무시하다. 업신여기다. ¶～警章 | 경찰의 규정을 무시하다.

【玩耍】wánshuǎ 動 놀다. 장난하다. ¶孩子们在草坪上～ | 아이들이 잔디밭에서 뛰논다 =〔顽wán耍〕〔嬉xī耍〕〔游yóu耍〕

【玩童】wántóng 名 장난꾸러기. 개구장이 =〔顽wán童〕

【玩味】wánwèi 動 (뜻을) 잘 생각해 보다. 깊이 새겨보다〔음미하다〕. ¶这句俗语儿～一下子吧 | 이 속어를 한번 잘 생각해 보아라.

【玩物】wánwù ⇒〔玩意yìr儿〕

【玩物丧志】wán wù sàng zhì 成 쓸데없는 놀음에 빠져들어 큰 뜻을 잃다. 신선 놀음에 도끼자루 썩는 줄 모른다.

【玩狎】wánxiá 書 動 경박하게 장난치다. 시시덕거리며 놀다. ¶～侍女 | 시녀와 경박하게 장난치다.

3【玩笑】wánxiào 名 動 농담(하다). 농지거리(하다). ¶开～ | 농담하다 =〔顽wán笑〕

3【玩意儿】wányìr 名 口 ❶ 장난감. 완구. ¶这～很有趣儿 | 이 장난감은 매우 재미있다. ❷ (연극·요술·만담 등의) 오락. 기예(技藝). 놀음. 놀이. ¶在那儿演的是什么～ | 거기서 무슨 공연을 하고 있느냐. ❸ 물건. 것. 사물 [하찮다는 뜻을 내포함] ¶你手里拿的是什么～ | 네 손에 든 것이 무슨 물건이니. ¶这个～怎么用 | 이 따위 것을 어떻게 쓰겠니. ❹ 재미. 흥미. ¶这孩子会乐了, 多有～呀 | 이 애가 웃을 줄 알다니 얼마나 재미있소 ‖ =〔玩艺儿〕〔顽意儿〕〔玩物〕

【玩艺儿】wán·yir ❶ ⇒〔玩意儿〕 ❷ 名 罵 녀석. 놈. 자식. ¶那小子简直不是～ | 저 녀석은 정말 변변치 못한 놈이다《老舍·四世同堂》

【玩主儿】wánzhǔr 名 애호가. 아마추어. ¶他是～, 不是行贩 | 그는 애호가이지 장사꾼이 아니다.

3【顽(頑)】wán 완고할 완

❶ 形 어리석다. 무지하다. ¶冥míng～不灵 | 어리석고 둔하다. ¶愚～ | 우둔하다. ¶～石↓ ❷ 形 완고하다. 고집스럽다. ¶～固↓ ¶～强↓ ❸ 形 장난이 심하다. ¶～童↓ ❹「玩」과 통용 ⇒〔玩wán〕

【顽敌】wándí 名 완강한 적. ¶力挫～ | 완강한 적을 힘으로 꺾다.

【顽钝】wándùn 書 形 ❶ 우둔하다. 미련하다 =〔痴chī呆①〕〔愚笨〕 ❷ 결기(決起)가 없다. 결단력이 부족하다. ❸ (날이) 무디다.

【顽梗】wángěng 形 고집스럽다. 완고하다. ¶～不化 | 고집불통이다.

3【顽固】wángù 形 ❶ 완고하다. 고집스럽다. ¶～地坚持错误看法 | 그릇된 견해를 고집스럽게 견지하다. ¶～老(儿) | 옹고집. 벽창호. ❷ 보수적이다. ¶～派 | 보수 반동파. ❸ 완강하다. 견고하다. ¶～堡垒bǎolěi | 견고한 보루.

【顽健】wánjiàn 書 形 謙 자기의 신체가 건강함을 낮추어 이르는 말. ¶身体还算～ | 건강이 아직은 괜찮다.

【顽抗】wánkàng 動 (적들이) 완강히 저항하다〔버티다〕. ¶消灭xiāomiè了～的敌人 | 완강하게 버티는 적을 소탕하였다.

【顽劣】wánliè 形 고집스럽고 비열하다. 완고하여 쓸모없다. ¶此人一向～ | 이 사람은 언제나 고집스럽고 비열하다.

【顽皮】wánpí 形 장난이 심하다. 개구쟁이다. ¶这孩子～得了liǎo不得 | 이 아이는 장난이 몹시 심하다 =〔玩wán皮〕

3【顽强】wánqiáng 形 ❶ 완강하다. 억세다. ¶老金性情极～ | 김씨는 성격이 대단히 억세다. ¶～抵抗 | 완강히 저항하다. ❷ 맹렬하다.

【顽石】wánshí 名 막돌. 하찮은 돌.

【顽石点头】wán shí diǎn tóu 成 돌멩이도 고개를 끄덕이게 하다. 감화력〔설득력〕이 있다. ¶这回可是～了 | 이번에 정말 설득력이 있었다.

【顽童】wántóng 名 장난꾸러기. 개구쟁이. ¶几个～在场上玩耍wánshuǎ | 장난 꾸러기 몇 명이 운동장에서 장난하고 있다 =〔玩童〕

【顽癣】wánxuǎn 名〈醫〉완선. 轉 만성 또는 신경성 피부염.

【顽症】wánzhèng 名 난치병. 고질병. ¶这～可不易治 | 이 고질병은 정말 치료하기 쉽지않다.

wǎn ㄨㄢˇ

【宛】wǎn yuān 굽을 완, 완연 완, 나라이름 원

Ⓐ wǎn ❶ 굽다. 구부리다. ¶～～↓ ❷ 書 形 마치 …와 같다. 방불하다. 완연하다. ¶音容～在 | 마치 살아있는 것 같다. ¶～然↓ ❸ (Wǎn) 名 성(姓).

Ⓑ yuān 지명에 쓰이는 글자. ¶大～ | 대원. 한대(漢代) 서역에 있던 나라 이름.

【宛然】wǎnrán 書 副 마치. 흡사. 완연히. ¶～在目 | 마치 눈 앞에 있는 것 같다.

【宛如】wǎnrú 動 마치〔흡사〕…같다. ¶欢腾的人群～大海的波涛 | 기쁨으로 들뜬 군중들이 마치 큰 바다의 파도같다 =〔宛若〕〔宛似〕

【宛若】wǎnruò ⇒〔宛如〕

【宛似】wǎnsì ⇒〔宛如〕

【宛宛】wǎnwǎn 書 貺 ❶ 굽은 모양. 구불구불한 모양. ❷ 부드러운 모양. 나긋나긋한 모양. 온화한 모양. ❸ 연약〔유약〕한 모양.

【宛转】wǎnzhuǎn ❶ 書 動 전전(輾轉)하다. 누워서 이리저리 몸을 뒤척이다 =〔辗转〕 ❷ ⇒〔婉wǎn转〕

【婉】wǎn 곡진할 완, 순할 완

形 ❶ (말이) 완곡하다. 온화〔은근〕하다. ¶委～ | 완곡하다. ¶～辞↓ ❷ 유순하다. ¶态度温～ | 태도가 점잖다. ❸ 書 아름답다. ¶～丽↓

【婉词】wǎncí ⇒〔婉辞①〕

【婉辞】wǎncí 書 ❶ 名 완곡한 말. ¶用～拒绝 | 완곡한 말로 거절하다 =〔婉词〕→〔委wěi婉语〕 ❷ 動 완곡하게 거절하다.

W

【婉丽】wǎnlì 形 얌전하고 아름답다.

【婉商】wǎnshāng 書 動 완곡하게 상담(相談)하다. 말을 에둘러서 의논하다. ¶此事须～ | 이 일은 반드시 좀 의논해야 한다.

【婉娩】wǎnwǎn 書 形 (여자의 말과 용모가) 유순하다. 얌전하다. 부드럽다.

【婉谢】wǎnxiè 動 ❶ 완곡하게 거절하다. ¶我～了他的邀请yāoqǐng | 나는 그의 초청을 완곡하게 거절했다. ❷ 정중하게 사례의 말을 하다.

【婉言】wǎnyán 名 완곡한 말. 에둘러 하는 말. ¶～拒绝 | 완곡한 말로 거절하다. ¶～相权 | 완곡한 말로 충고하다.

【婉约】wǎnyuē 書 形 완곡하고 함축적이다. 완약하다. ¶古人论词的风格, 分豪放和～两派 | 옛날 사람들이 사의 풍격을 논할때 호방과 완약의 두 파로 나누었다.

【婉转】wǎnzhuǎn 形 ❶ (말의 표현이) 완곡하다. 은근하다. ¶～地指出了他的缺点 | 은근히 그의 결점을 지적했다. ❷ (노랫 소리 등이) 구성지다. ¶歌声～悠扬 | 노랫 소리가 유장하고 구성지다 ‖ ＝[宛wǎn转②]

4【惋】wǎn 한탄할 완
書 動 탄식하다. 놀라 한숨짓다. ¶叹～ | 한탄하다.

4【惋惜】wǎnxī 動 슬퍼하고 애석해하다. 안타까와하다. 아쉬워 하다. ¶对他的行为表示～ | 그의 행위에 대해서 안타까움을 표시하다.

【菀】wǎn yù 우거질 원, 쌓일 울
Ⓐ wǎn ⇒[紫zǐ鬼菀]
Ⓑ yù 書 形 식물이 무성한 모양.

【琬】wǎn 홀 완, 옥 완
名 ❶ 옥으로 만든 끝이 둥근 홀(笏) ＝[琬圭] ❷ 書 아름다운 옥.

【琬圭】wǎnguī 名 옥으로만든 끝이 둥근 홀.

【畹】wǎn 스무이랑 원, 밭 원
名 고대, 농지(農地) 면적 단위 [30「亩」는 1「畹」]

1【碗〈椀盌〉】wǎn 주발 완
❶ 名 주발. 공기. ¶饭～ | 밥공기. ❷ (～儿,～子) 주발 모양의 것. ¶橡～子 | 도토리의 껍질. ❸ 量 주발·공기·등잔 등을 세는 데 쓰임. ¶一～饭 | 밥 한 공기. ¶唤一个庄客提～灯笼 | 농부 한 사람을 불러서 초롱불을 들게 하다《水滸傳》

【碗橱】wǎnchú 名 찬장. ¶买了一个～ | 찬장을 하나 샀다.

【碗面】wǎnmiàn 名〈食〉사발면.

【碗碗腔】wǎnwǎnqiāng 名 섬서성(陝西省) 지방극(地方戲)의 일종 [섬서「皮影戏」에서 발전되어 이 성(省)의 위남(渭南)·대려(大荔) 일대에서 유행함] ¶我听过～ | 나는 완완강을 들어 봤다 ＝[阮ruǎn儿腔]

【蜿】wǎn ☞ 蜿 wān

【莞】wǎn ☞ 莞 guān Ⓒ

【脘】wǎn 밥통 완
名〈漢醫〉위강(胃腔). 위의 속. ¶上～ ＝[贲bēn门] | 분문. 위 앞문.

【皖】Wǎn 땅이름 환
名 ❶〈地〉「安徽省」(안휘성)의 약칭. ❷〈史〉춘추(春秋)시대의 나라 이름.

【皖北】Wǎnběi 名〈地〉안휘성(安徽省) 장강(長江) 북부.

【皖南】Wǎnnán 名〈地〉안휘성(安徽省) 장강(長江) 남부.

【娩】wǎn ☞ 娩 miǎn Ⓑ

3【挽〈輓4, 5〉】wǎn 당길 만, 끌 만
❶ 動 끌다. 끌어 당기다. ¶～弓 | 활을 당기다. ¶牵qiān～ | 잡아 끌다. ❷ 動 (옷을) 걷어 올리다. ¶～起袖xiù子 | 소매를 걷어 올리다. ❸ 만회하다. ¶～回↓ ¶～救↓ ❹ 動 차량이나 수레를 끌다. ¶～车↓ ❺ 動 (죽은 자를) 애도하다. ¶敬～ | 삼가 조의를 표합니다.

【挽车】wǎn/chē ❶ 動 수레를 끌다. ¶牛耕gēng田马～ | 소로 밭 갈고 말로 수레를 끌다. ❷ (wǎnchē) 名 영구차(靈柩車).

【挽歌】wǎngē 名 만가. 애도하는 노래.

【挽回】wǎnhuí 動 ❶ 만회하다. 돌이키다. ¶～面子 | 체면을 회복하다. ¶～损失 | 손실을 만회하다. ¶无可～ | 만회할 수 없다. ¶～残cán局 | 마지막 형세를 만회하다. ❷ (이권을) 회수(回收)하다. 되찾다. ¶～利权 | 이권을 되찾다.

【挽髻】wǎnjì 動 상투를 틀다. 머리를 쪽지다 ¶她也～了 | 그녀도 머리를 쪽지었다.

【挽柩】wǎn/jiù 動 영구(靈柩)를 끌다.

3【挽救】wǎnjiù 動 (위험에서) 구하다. 구제(救濟)하다. 만회하다. ¶～病人的生命 | 환자의 생명을 구하다. ¶想出一个有效的～办法 | 효과적인 구제방법 한가지를 생각해 내다.

【挽联】wǎnlián 名 (죽은 사람을) 애도하는 대구(對句)

【挽留】wǎnliú 動 권하여 말리다. 만류하다. ¶再三～, ～不住 | 거듭 만류했으나, 만류할 수 없었다. ¶他们～我多住几天 | 그들이 나에게 며칠 더 머무르라고 만류하다 ＝[挽劝quàn]

【挽诗】wǎnshī 名 만시. 애도하는 시.

【挽幛】wǎnzhàng 名 만장.

1【晚】wǎn 저물 만, 늦을 만, 저녁 만
❶ 名 밤. 저녁. ¶吃～饭 | 저녁 식사를 하다. ¶从早到～ | 아침부터 저녁까지 ⇔[早] ❷ 名 야간(夜間). ¶昨～下了一场大雨 | 어제 밤사이 큰 비가 한차례 내렸다. ❸ 形 (시각이) 늦다. ¶时间～了 | 시간이 늦었다. ¶来～了 | 늦게 왔다. ❹ 뒤이은. 다음의. ¶～辈↓ ¶～娘↓ ❺ 말(末)의. 늦은. 만년의. ¶～年↓ ¶～期↓ ❻ (Wǎn) 名 성(姓).

【晚安】wǎn'ān 套 안녕히 주무십시오. ❶ 밤에 하는 인사로 외국어의 번역에 많이 쓰임. ¶说～ | 밤 인사를 하다. ❷ 札 편지에 쓰는 인사말. ¶顺颂～ | 안녕히 주무십시오 [밤에 쓴 편지의 끝에

쓰는 상투적인 인사말]
【晚班(儿)】wǎnbān(r) 名 (3교대제(三交代制)에서의) 야간 근무. ¶他上～ | 그는 야간 근무하러 가다→[白班儿][早班(儿)①][中zhōng班(儿)②]
【晚半晌(儿)】wǎn·bànshǎng(r) ⇒[晚半天(儿)]
【晚半天(儿)】wǎn·bàntiān(r) 名 口 황혼이 깃들 무렵. 땅거미질 무렵 =[俗 晚半晌(儿)]
3【晚报】wǎnbào 名 석간신문(夕刊新聞) ¶我想订一份～ | 나는 석간 신문을 한 부 구독하려 하다 =[㊁ 夜报]→[晨报]
【晚辈】wǎnbèi 名 ❶ 후배. ¶我是他的～ | 나는 그의 후배이다 =[書 少辈]⇔[前辈]→[后辈][老辈][上辈][下辈] ❷ 書 저. 소인.
4【晚餐】wǎncān ⇒[晚饭]
【晚场】wǎnchǎng 名 (연극·영화·운동 경기 등의) 저녁 공연. 야간 경기. ¶～什么时候开始? | 저녁 공연은 언제 시작하니? =[夜场]⇔[日场]
【晚车】wǎnchē 名 저녁차. 밤차. ¶乘～去上夜班 | 저녁차를 타고 야간 근무에 가다.
【晚到】wǎndào 動 늦게 도착하다. 지각하다. ¶他今天～五分钟 | 그는 오늘 5분 늦게 도착했다.
【晚稻】wǎndào 名 늦벼. ¶这儿可种～ | 여기에 늦벼를 심을 수 있다 =[晚禾hé][晚米mǐ]
【晚点】wǎn/diǎn 動 (차·선박·비행기 등이) 연발(延發) 하다[연착하다] =[误点①]
1【晚饭】wǎnfàn 名 저녁밥 =[書 晚餐cān][書 晚膳shàn][書 夕膳]
1【晚会】wǎnhuì 名 야회(夜會). 이브닝 파티(evening party). 스와레(soirée;프). ¶庆生～ | 생일 축하 파티. ¶开～ | 저녁 파티를 열다. ¶文艺～ | 문예의 밤. ¶营火～ | 캠프파이어(campfire)→[夜总会]
【晚婚】wǎnhūn ❶ 名 動 만혼(하다). 늦게 결혼하다. ¶提倡～ | 만혼을 제창하다→[早婚] ❷ (～儿) 名 재혼하는 여자. ¶娶～ | 재혼하는 여자를 얻다.
【晚间】wǎn·jiān 名 저녁. 밤.
【晚节】wǎnjié 書 名 ❶ 만년(晩年)의 절조(節操). ¶保持～ | 만년의 절조를 지키다. ¶～不终 | 만년에 절조를 잃다. ❷ 만년(晩年). ❸ (어느 시대의) 말엽. 말기. 늘그막.
【晚近】wǎnjìn 書 名 최근. 근대. 근년(近年). 근세(近世). ¶～的风俗和先前大不相同了 | 최근의 풍속은 이전과는 크게 달라졌다 =[挽近]
【晚景】wǎnjǐng 名 ❶ 만경. 저녁 경치. 어두워질 무렵의 경치. ¶太阳快要落的时候那乡下的～真不错 | 해가 막 질 무렵 그 시골의 저녁 경치는 정말 아름답다. ❷ 만년(晩年)의 형편[처지]. 노경(老境). ¶那位老者的～真不幸 | 저 노인의 만년의 처지가 참으로 불행하다.
【晚境】wǎnjìng 名 만년(晩年)의 형편. 말년. 노년. 노경(老境). ¶他的～很凄凉 | 그의 말년이 처량하다.
【晚来】wǎnlái ❶ 動 늦게 오다. ¶～一天 | 하루 늦게 오다. ¶～的 | 늦게 온 사람. 지각자. 轉 재혼(再婚)한 사람. ❷ 名 해질녘. 저녁 무렵.
4【晚年】wǎnnián 名 만년. 노년(老年). ¶他～很幸福 | 그의 노년이 매우 행복하다 =[書 晚涂tú]
【晚娘】wǎnniáng 名 方 계모 =[后妈]
【晚期】wǎnqī 名 늦은 시기. 말기. 말엽. ¶做好水稻的～管理 | 논벼의 말기 관리를 잘 하다.
【晚秋】wǎnqiū ❶ 名 늦가을. ❷ ⇒[晚秋作物]
【晚秋作物】wǎnqiū zuòwù 名組 늦가을 작물[옥수수·고구마·감자·콩 등] =[晚秋②][方 晚田]
1【晚上】wǎn·shang 名 저녁. 밤 =[晚晌shǎng]→[白天][夜里]
【晚生】wǎnshēng 名 謙 만생 [옛날, 후배가 선배에 대해 스스로를 낮춰 일컫는 말]
【晚世】wǎnshì 書 名 근세.
【晚市】wǎnshì 名 〈商〉(시장 시세의)후장 =[后hòu盘]
【晚熟】wǎnshú ❶ 動 늦게 여물다[익다]. ¶～品种 | 만숙종(晩熟種). ❷ 動 늦게 성숙하다[발육하다]. ❸ 名 만숙종. 만종.
【晚霜】wǎnshuāng 名 만상. 늦서리. ¶这一带秋天的～很重 | 이 일대는 가을 늦서리가 매우 심하다.
【晚田】wǎntián ⇒[晚秋作物]
【晚霞】wǎnxiá 名 저녁놀. ¶～行千里 | 저녁놀이 낀 다음 날은 날씨가 좋으므로 안심하고 여행할 수 있다. ¶绚丽xuànlì的～ | 곱고 아름다운 저녁놀 =[夕霞]→[早霞]
【晚香玉】wǎnxiāngyù 名 〈植〉❶ 만향옥. 월하향(月下香). ❷ 만향옥의 꽃 ‖ =[月下香]
【晚学】wǎnxué ❶ 名 만학. ❷ 名 俗 오후의 수업. ¶放～ | 오후 수업을 마치다. ¶上～ | 오후 수업을 하다
【晚宴】wǎnyàn 名 저녁 연회(宴會). ¶参加～ | 저녁 연회에 참가하다.
【晚疫病】wǎnyìbìng 名 〈農〉감자 역병(疫病).
【晚育】wǎnyù 動 (결혼 후) 출산을 늦추다.
【晚照】wǎnzhào 名 만조. 석조. 저녁 때 넘어가는 불그레한 햇빛.
【晚走】wǎnzǒu 動 俗 다시 시집가다. 재가(再嫁)하다. ¶～的 | 재가한 여자.

【绾(綰)】wǎn 맬 관, 통괄할 관
動 ❶ 매듭을 짓다. ¶把头发～起来 | 머리를 틀다. ¶～个扣儿 | 끈에 고를 내어 매듭을 짓다 =[绾结] ❷ 걷어 올리다. ¶～袖挣臂 | 소매를 걷어 붙여 팔꿈치를 드러내다. ❸ 書 연락하다.
【绾带子】wǎn dài·zi 動組 끈을 매다.

wàn ㄨㄢˋ

1【万(萬)】① wàn 일만 만, 춤이름 만
❶ 數 만. ¶四～三 | 4만 3천. ¶三～人 | 3만의 사람. ❷ 形 轉 많다. ¶～事俱备 | 만사가 다 갖추어지다. ❸ 副 극히. 매우. 절대로. 어법 부정의 뜻을 강하게 함. ¶～不能行 | 절대로 할 수 없다. ❹ 모든 일에 걸치다. ¶～全↓ ❺ 數 분모(分母)가 1만임을 나타냄. ¶～

一｜만분의 일. ❻名〈舞〉고대 춤의 일종 [간척(干戚)을 가지고 추는 춤으로 은(殷)나라 탕왕(湯王)때 생겼음] ❼(Wàn) 名〈地〉사천성(四川省)에 있는 현(縣) 이름. ❽(Wàn) 名성(姓).

【万般】wànbān ❶名 만반. 모든 것. 여러 가지. 온갖. ¶～准备｜만반의 준비. ¶～皆下品, 唯有读书高｜모든 것이 다 하찮은 것이고, 오로지 독서만이 고상(高尚)하다. ¶～皆有命, 半点不由人｜諺 모든 것이 다 운명으로 조금도 사람의 마음대로 되지 않는다. ❷副(긍정문에서) 몹시. 대단히. (부정문에서) 아무리 해도. 전혀. ¶～无奈nài｜아무리 해도 어쩔 수 없다.

【万变不离其宗】wàn biàn bù lí qí zōng 成 아무리 변해도 그 근본을 벗어나지 않다. 아무리 변해도 본질은 달라지지 않다. ¶从本质上看, 任何事物都～｜본질 적인 측면에서 보면, 어떤 사물이든 모두 다 아무리 변해도 그 본질은 달라지지 않는다.

【万不得已】wàn bù dé yǐ 成 만부득이하다. ¶我～才向你求助的｜내가 만부득이하게 네게 도움을 청하다→〔必bì不得已〕

【万不该】wàn·bugāi 動組 절대로 …하지 말아야〔말았어야〕한다. ¶你～打他｜너는 절대로 그를 때리지 말아야〔말았어야〕한다. ¶我～到这地方来｜나는 이 지방에 오지 말았어야 했다.

【万不可】wàn·bukě 動組 ❶ 절대로〔결코〕…해서는 안된다. ¶你～去｜너는 절대로 가서는 안된다. ❷ 도저히 …할 수 없다.

【万不能】wànbùnéng 動組 ❶ 도저히〔결코〕할 수 없다. ¶～的事｜결코 할 수 없는 일. ❷ 절대로 …해서는 안된다.

【万代】wàndài 名 만대. 만세(萬世). ¶～不易｜오랜 세월을 두고 바뀌지 않음. ¶千秋～｜천추만대. 아주 오랜 세월.

【万端】wànduān 名形 여러가지(이다). 여러 측면(이다). 갖가지(이다). ¶感慨gǎnkǎi～｜감개무량하다. ¶变化～｜변화무궁하다. ¶卑劣～｜비열하기 그지없다.

【万恶】wàn'è ❶ 貶 극악무도하다. 악독하기 그지없다. ¶～不赦shè｜成 악독하기 그지 없어 용서할 수 없다. ❷名 극악. 온갖 죄악. ¶～滔tāo天｜成 극악무도하다. ¶～淫为首｜諺 모든 죄악 중 음란함이 으뜸이다.

【万儿八千】wàn·er bāqiān 만 개 가량. 만 개 쯤. ¶～人｜만 명 가량의 사람→〔百儿八十〕〔千儿八百〕

【万方】wànfāng 書 ❶名 전국 각지. 세계 각지. ❷名 여러〔모든〕방면. ❸形(자태가) 아름답다. 다채롭다. ¶仪态yítài～｜자태가 아름답다. ❹名 갖가지 방법.

3【万分】wànfēn 副 ❶ 극히. 대단히. 매우. ¶～高兴｜대단히 기쁘다. ¶焦急jiāojí～｜매우 조급해하다. ¶惶恐huángkǒng～｜대단히 두려워하다. ❷(부정문에서) 절대로. 도저히. ¶～不应该｜절대로 그래서는 안된다. ¶～无法｜도저히 방법이 없다.

【万福】wànfú ❶名 만복. 많은 복. ❷套 복많이 받으세요! [옛날, 인사할 때, 인사말을 하는 것을 「唱拜」라고 하며, 부녀자는 「万福」 또는 「万福拜喏」라고 말하며 인사했음] ❸名 轉 (옛날) 부녀자의 인사(법) [두 손을 가볍게 쥐고 오른쪽 가슴밑에서 포개어 아래위로 흔들면서 가볍게 머리를 숙여 절함]

【万古】wàngǔ 名 만고. 오랜 세월. ¶～长存｜成 영원히 남아 있다. ¶～流芳｜成 명성이 오래토록 전해지다.

【万古不变】wàn gǔ bù biàn 成 만고불변하다 영원히 변함이 없다. ¶这是一条～的真理｜이는 만고불변의 진리이다.

3【万古长青】wàn gǔ cháng qīng 成 영원히 봄날의 초목처럼 푸르고 싱싱하다. (고매한 정신이나 두터운 우의가) 영원토록 전해지다. 만고에 길이 빛나다. ¶愿韩中友谊～｜한국과 중국의 우의가 영원토록 푸르고 싱싱하기를 바라다.

【万贯】wànguàn 名 1만관의 동전(銅錢). 만금(萬金). 거액의 재산 [옛날에는 중량 일천 전(錢)을 일 관(貫)이라 했음] ¶他腰缠yāochán～｜그가 많은 돈을 몸에 지니다. ¶～家财＝〔万贯家产〕〔万贯家私〕｜거액의 재물. ¶腰缠～, 不如一技在身｜많은 돈을 가지고 있는 것보다, 한 가지 기술이라도 몸에 지니는 것이 낫다.

【万国】wànguó 名 만국. 세계 각국. 전세계. ¶～公法｜국제법. ¶～通鉴｜만국사(萬國史).

【万户侯】wànhùhóu 名 ❶ 만호후. 1만 호(戶)가 사는 토지를 소유한 제후(諸侯) [한대(漢代) 제후 중 최고 등급] ❷ 喩 고관(高官). ¶评论当年～｜당시의 고관을 평하다.

【万花筒】wànhuātǒng 名 ❶ 만화경(萬華鏡). ❷ 喩 인생의 변화 무상함. ¶～般的生活｜변화 무상한 생활.

【万机】wànjī 名 천자가 보살피는 여러가지 일. 국가 원수의 정무(政務). 천하의 정치. ¶日理～｜매일같이 여러가지 일을 처리하다＝〔万几〕

【万家灯火】wàn jiā dēng huǒ 成 수많은 집의 등불. ❶ 온통 불빛으로 환한 도시의 야경(夜景). ❷ 땅거미가 져서 등불을 켤 무렵.

【万劫不复】wàn jié bù fù 成 ❶ 영원히 회복되지 않다. ❷ 영원히 헤어나올 수 없다.

【万金油】wànjīnyóu 名 ❶〈藥〉만금유 [두통·피부병 기타 가벼운 병을 치료하는 연고] ❷ 喩 대충은 못하는 것이 없지만 이렇다하게 뛰어난 것이 없는 사람.

【万籁俱寂】wàn lài jù jì 成 만뢰구적. 주위가 매우 조용하다. ¶深夜, 庭院外～｜깊은 밤, 정원 밖 주위가 매우 조용하다＝〔万籁无声〕

【万里长城】Wànlǐ Chángchéng ❶ 名組〈地〉만리장성. ❷(wàn lǐ cháng chéng) 成 ⓐ 국가가 믿고 의지할 만한 대장. ⓑ 믿음직한 군대. 강철의 대오＝〔簡 长城〕

【万里长征】wàn lǐ cháng zhēng ❶ 成 만리장정. 멀고 힘든 노정(路程)(을 떠나다). ¶～走了第一步｜만리장정의 첫걸음을 내딛었다. ❷(Wànlǐ Chángzhēng) 名組〈史〉만리장정. 대서천(大西遷)＝〔二万五千里长征〕

【万历】Wànlì 名 만력. 명대(明代)의 신종(神宗)의 연호(年號)(1573~1620).

【万马奔腾】wàn mǎ bēn téng 成 천군만마가 내달리듯하다. 기세가 드높고 (진전이) 빠르다. 기세가 등등하다. ¶～的热闹场面｜기세가 등등하고 시끌벅적한 장면.

【万马齐喑】wàn mǎ qí yīn 成 만 필의 말이 다 울지 못하다. 모든 사람들이 침묵을 지키다 [억압된 사회의 정치 정세를 비유함] ¶在高压统治下, 学术界～｜고압적 통치하에서는 학술계의 모든 사람들이 침묵을 지킨다 ＝〔万马皆喑〕

【万难】wànnán ❶ 名 여러가지 어려움. 온갖 곤란. ¶排除páichú～｜여러가지 어려움을 제거하다. ❷ 書 形 (…하기) 매우 어렵다. (…하기) 극히 곤란하다. ¶～照准｜신청한 대로 허가하기 매우 어렵다.

【万能】wànnéng 區 ❶ 만능이다. 온갖 일에 능하다. ¶金钱不是～的｜금전은 만능이 아니다. ❷ 여러 가지 용도가〔효용이〕 있다 ¶～药｜만병통치약.

【万能胶】wànnéngjiāo 名 만능 접착제. ¶他买了一瓶～｜그는 만능 접착제 한 병을 샀다.

【万年】wànnián 名 만년. 아주 오랜 세월. ¶遗臭～｜영구히 악명(惡名)을 남기다.

【万年历】wànniánlì 名 만력. 만세력(萬歲曆) ¶我买了一本～｜나는 만세력을 한 권 샀다.

【万年青】wànniánqīng ❶ 名 〈植〉 만년청. ¶他家种了一棵～｜그는 집에 만년청을 한 그루 심었다 ＝ ❷ ⇒〔万年松①〕

【万年松】wànniánsōng 名 〈植〉 ❶ 부처손 ＝〔卷juǎn柏〕〔万年青②〕 ❷ 만년석송.

【万千】wànqiān 數 수천 수만. ❶ 수량이 매우 많음을 형용. ¶～的艺术家｜수많은 예술가. ❷ 주로 추상적인 면에서 양태(樣態)가 다양함을 형용. ¶变化～｜변화가 다양하다.

【万请】wànqǐng 書 아무쪼록〔제발〕 …해 주십시오. ¶～关照｜아무쪼록 잘 돌보아주십시오 ＝〔千qiān请〕

【万全】wànquán ❶ 狀 만전하다. 조금도 실수가〔빈틈이〕 없다. 아주 안전하다〔완전하다〕. ¶～之计｜만전지계. 만전지책. ¶计出～｜만전을 기해 계책을 내다. ❷ (Wànquán) 名 〈地〉 만전. 하북성(河北省) 장가구(張家口)시에 있는 지명.

【万人空巷】wàn rén kōng xiàng 成 가가호호(家家戶戶)의 사람들이 모두 거리로 나오다 [주로 축하·환영을 위해 성황(盛況)을 이룬 것을 형용함] ¶这个市～, 市民都去看花灯了｜이 시의 시민들이 모두 거리로 나와 꽃등을 보러갔다.

【万世】wànshì 名 만세. 매우 긴 세월. ¶～师表｜만세의 사표. ¶千秋～｜천추만대. 아주 오랜 세월.

【万事】wànshì 名 만사. 모든 일. ¶～休矣｜모든 것이 끝났다. ¶～如意｜모든 일이 뜻과 같이 되다. ¶～开头难｜모든 일은 처음이 어렵다.

【万事大吉】wàn shì dà jí 成 만사가 다 순조롭다. ¶这样一来就～了｜이렇게 하면 만사가 다 순조로와 진다.

【万事亨通】wàn shì hēng tōng 成 만사형통. 모든 일이 뜻대로 되어가다. ¶他现在是～｜지금 그는 만사형통하다.

【万事俱备, 只欠东风】wàn shì jù bèi, zhǐqiàn dōng fēng 成 만사 다 갖추었으나, 단지 동남풍만이 없다. 모든 것이 다 준비되었으나 중요한 것 하나가 모자라다.

【万事通】wànshìtōng 名 諷 깊이는 없으나 박식한 사람 ＝〔百事通①〕

【万寿无疆】wàn shòu wú jiāng 成 만수무강. ¶祝您老人家～｜당신네 어르신의 만수무강을 축원합니다.

【万水千山】wàn shuǐ qiān shān ⇒〔千山万水〕

【万死】wànsǐ 動 (과장하여 하는 말로) 만 번 죽다. ¶罪该～｜죄는 만 번 죽어 마땅하다. ¶～不辞｜만 번의 죽음도 불사하다.

3【万岁】wànsuì 名 ❶ 1만 년. 영구한 세월. ❷ 만세 [장구(長久)하기를 축복하는 말] ¶左右皆呼～｜좌우에서 모두 다 만세를 외치다 ＝〔万万岁〕 ❸ 옛날, 신하와 백성들이 황제를 부르던 말 ＝〔万岁爷yé〕→〔千秋万代〕〔千岁代〕

3【万万】wànwàn ❶ 數 만만. 억(億). 아주 많은 수. ¶一～｜1억. ¶～年｜수만년. ¶～千千｜수천 수만. ❷ 副 결코. 절대로. 도저히. ¶～不可｜결코 안된다. ¶～无此理｜결코 그럴〔이럴〕 리가 없다. ¶～想不到｜전혀 뜻밖이다. ❸ 形 훨씬 낫다. 대단히 우수하다.

【万无一失】wàn wú yī shī 成 만(萬)에 하나의 실수도 없다. 매우 정확하다. ¶这样做～｜이렇게 하면 매우 정확하다 ＝〔万不失一〕

【万勿】wànwù 副 절대로 …하지 말라〔해서는 안된다〕. ¶请～疏忽｜절대로 소홀히 하지 마십시오.

【万物】wànwù 名 만물.

【万物之灵】wànwù zhī líng 名 만물의 영장(靈長). 인류(人類). ¶人乃～｜사람은 만물의 영장이다.

【万向阀】wànxiàngfá 名 〈機〉 자재 밸브(自在valve).

【万向接头】wànxiàng jiētóu 名組 〈機〉 유니버설 조인트(universal joint) ＝〔万向节十字头〕〔十shí字接头〕

【万象】wànxiàng 名 ❶ 만상. 온갖 사물의 드러난 형상. ❷ (Wànxiàng) 〈地〉 브양트얀(Vientiane) [「老挝wō」(라오스)의 수도] ＝〔珍Zhēn永〕

【万象更新】wàn xiàng gēng xīn 成 갖가지 형상이 변하고 새로운 기상이 나타나다. 새로운 모든 것이 새로운 면모를 드러내다. ¶现在的韩国～｜오늘날 한국은 모든 것이 새로운 면모를 드러내고 있다 ＝〔万物更新〕

【万幸】wànxìng 名 形 만행(하다). 천만 다행이다. 큰 행운(이다). ¶这次车祸人没受伤, 真是～｜이번 자동차 사고에서 사람이 다치지 않은 것은 정말 천만다행이다.

3【万一】wànyī ❶ 數 만분의 일. 매우 적은 것. ¶笔墨不能形容其～｜글로는 그 만분의 일도 형용할 수 없다. ❷ 連 만일. 만약. 만에 하나(라도).

W

¶我要等一会儿，～他来呢｜나는 조금 기다려 보겠다, 만에 하나 그가 올 지도 모르니까. ¶～没有空气，我们不能活着｜만약 공기가 없다면 우리는 살아갈 수 없다. ❸名 만일. 뜻밖의 일. 만일의 경우. ¶准备～｜만일의 경우에 대비하다.

【万应】wànyìng 狀 모든 것에 적응하다. ¶提出～之策｜모든 것에 적응하는 계책을 제시하다.

【万应锭】wànyìngdìng 名〈漢藥〉만능환약(萬能丸藥) [내복(內服)·외용(外用) 모두 가능하며, 소화불량·더위 먹은 데·부스럼 등에 효험이 있음]

【万应良药】wànyìng liángyào 名組 만병통치약.

【万用电表】wànyòng diànbiǎo 名組〈電氣〉유니버설 테스터(universal tester). 만능 테스터＝〔万能表〕〔万能电波测验器〕

【万有引力】wànyǒu yǐnlì 名組〈物〉만유 인력. ¶～定律｜만유 인력의 법칙＝〔簡引力〕

4【万元户】wànyuánhù 名 연간 수입이 1만 원(元)을 넘는 농가(農家).

【万丈】wànzhàng 名 만장. 만길. ¶气焰yàn～｜기고만장하다. ¶～高楼｜매우 높은 누각. ¶光芒～｜눈부신 빛이 널리 비치다. 문장이 뛰어 나다.

【万丈高楼平地起】wànzhàng gāolóu píngdì qǐ 諺 대단히 높은 누각도 지면에서부터 시작된다. 천리 길도 한 걸음부터＝〔万丈高楼从地起〕

【万众】wànzhòng 書名 대중. 군중. 만민.

【万众一心】wàn zhòng yī xīn 成 만백성이 한 마음 한 뜻이 되다. ¶～搞经济建设｜온 국민이 한 마음 되어 경제건설을 이루다.

【万状】wànzhuàng 名 만상. 온갖 모양. 어법 주로 2음절 동사·형용사 뒤에 쓰여서 좋지 않은 일의 정도가 매우 심함을 나타냄. ¶危险～｜대단히 위험하다. ¶狡猾jiǎohuá～｜몹시 교활하다.

【万紫千红】wàn zǐ qiān hóng 成 온갖 꽃이 만발하여 울긋불긋한 모양. 천태만상을 이루다. 경치가 매우 아름다운 모양. ¶花圆里～｜꽃밭에 온갖 꽃이 만발하다＝〔千紫万红〕

【万】② mò 성 묵

❶「万」의 속자(俗字)⇒〔万〕❷ 복성(複姓) 중의 한 자(字). ¶～俟↓

【万俟】Mòqí 名 복성(複姓).

【腕〈捥〉】wàn 팔뚝 완

(～儿, ～子) 名 손목. 팔목. 발목. ¶手～子｜손목. ¶脚～儿｜발목.

【腕骨】wàngǔ 名〈生理〉완골.

【腕力】wànlì 名 완력. 팔의 힘. ¶比赛～｜완력을 시합하다.

【腕子】wàn·zi 名 손목. 팔목. ¶手～｜손목. ¶脚～｜발목.

【腕足】wànzú 名〈動〉(문어·오징어 등의) 다리.

【蔓】wàn màn mán 덩굴 만, 퍼질 만, 순무 만

Ⓐ wàn 名 (～儿, ～子)(식물의) 덩굴. 넝굴. ¶瓜～｜오이 덩굴.

Ⓑ màn ❶「蔓wàn」의 문어음(文語音). ❷ 만연하다. ¶～延↓

Ⓒ mán ⇒〔蔓菁〕

Ⓑ màn

【蔓草】màncǎo 名〈植〉만초. 덩굴풀. ¶～丛生｜만초가 무더기로 자라다.

【蔓生】mànshēng 區 식물의 줄기가 덩굴져 나다. 만생하다. ¶～植物｜만생식물.

【蔓延】mànyán 動 만연하다. ¶火势～｜불길이 널리 퍼지다. ¶不能让这种风气～滋长zīzhǎng｜이런 기풍이 만연 성장되게 할 수는 없다＝〔蔓衍yǎn〕

【蔓衍】mànyǎn ⇒〔蔓延〕

Ⓒ mán

【蔓菁】mán·jing〈植〉순무＝〔芜wú菁〕

wāng ㄨㄤ

【尢】wāng 절름발이 왕, 작을 왕

❶「尪」의 본자⇒〔尪wāng②〕❷ 書形 작다. 왜소하다.

【尪】wāng 절름발이 왕

書 ❶ 形 (몸이) 여위고 약하다. ❷ 名 절름발이＝〔尢①〕❸ 名 곱사등이.

【尪羸】wāngléi 形 쇠약하고 약하다. 병들고 나약하다.

4【汪】wāng 넓을 왕, 못 왕

❶ 書形 물이 깊고 넓다. ¶～洋大海｜넓고 깊은 바다. ❷ 動 (액체가) 괴다. ¶地上～着水｜땅 위에 물이 괴어 있다. ¶眼里～着眼泪｜눈에 눈물이 그렁그렁하다. ❸ (～儿, ～子) 量 괴어 있는 액체를 세는 데 쓰임. ¶一～血xiě｜흥건한 피. ¶一～儿水｜한 웅덩이의 물. ¶一～眼泪｜글썽글썽한 눈물. ❹ 擬 왕왕. 멍멍 [개 짖는 소리] ❺ (Wāng) 名 성(姓).

【汪汪】wāngwāng ❶ 書 狀 물이 깊고 넓은 모양. ❷ 書 狀 도량이 깊고 넓은 모양. ❸ 狀 눈물이 가득히 괸 모양. ¶眼泪～｜눈물이 가득 고여 있다. ❹ 擬 멍멍 [개짖는 소리] ¶小狗～地叫｜강아지가 멍멍 짖다.

4【汪洋】wāngyáng 書 狀 ❶ (물이) 넓고 큰 모양. 광대한 모양. ¶～大海｜아득히 넓은 대해. ❷ 도량이 큰 모양. ¶～大度｜아주 넓고 큰 도량. ❸ 문장의 기세가 웅장하고 성대한 모양. ❹ 은택(恩澤)이 넓고 큰 모양.

wáng ㄨㄤˊ

3【亡】wáng wú 달아날 망, 잃을 망, 죽을 망, 없을 무

Ⓐ wáng 書動 ❶ 달아나다. 도망하다. ¶逃～｜도망하다. ¶流～政府｜망명정부. ❷ 죽다. 轉 죽은. 고인이 된. ¶死～｜사망하다. ¶～友｜죽은 친구. ❸ (멸)망하다. 멸망시키다. ¶灭～｜멸망하다. ¶唇～齿寒｜입술이 없으면 이가 시리다. ❹ 書動 잃다. ¶～羊补牢｜소 잃고 외양간 고치다.

Ⓑ wú 고서(古書)에서「无」와 통용⇒〔无wú〕

【亡八】wáng·ba ⇒〔王wáng八〕

【亡故】wánggù 書 ❶ 名 動 사망(하다). ¶他的爷爷早已～｜그의 할아버지는 일찌기 돌아가셨다. ❷ 名 고인. 죽은 사람.

【亡国】wáng/guó ❶ 動 나라를 멸망시키다. 나라가 망하다. ¶这样下去非～不可｜이렇게 해나가

면 나라가 망할 수 밖에 없다. ❷ (wángguó) 名 망국.

【亡国奴】wángguónú 名 (침략국의 노예가 된) 망국민. ¶我们不能当～啊 | 우리가 망국민이 될 수는 없다.

【亡魂】wánghún 名 망혼. 망령. ¶～皆冒mào | 혼비백산하다. 혼이빠지다.

【亡魂丧胆】wánghún sàng dǎn 成 혼비백산하다. 간담이 서늘하다.

【亡灵】wánglíng 名 망령. 영령. ¶祭奠jìdiàn先烈的～ | 선열의 영령께 제사지내 추모하다.

【亡命】wángmìng 動 ❶ 망명하다. 도망하다. ¶～者 | 망명자→〔逃táo亡〕〔流亡①〕 ❷ (악당들이) 목숨을 내걸다. 죽음을 두려워하지 않다. 필사적으로 발악하다.

【亡命之徒】wángmìng zhī tú 成 ❶ 이름을 바꾸고 다른 곳으로 도망간 사람. 난을 피해 고국을 버리고 다른 나라로 간 사람. ❷ 목숨을 내걸고 나쁜 짓을 하는 악당.

【亡失】wángshī 書 動 망실하다. 잃어버리다.

【亡羊补牢】wáng yáng bǔ láo 成 소 잃고 외양간 고치다.

【忘】wáng ☞ 忘 wàng Ⓑ

2 # 【王】wáng wàng 임금 왕

Ⓐ wáng ❶ 名 왕. 임금. ¶国～ | 국왕. ¶帝～ | 제왕. ❷ 名 우두머리. 수령. ¶蜂fēng～ | 여왕벌. ¶兽shòu～ | 짐승의 우두머리. ❸ 書 形 큰. 연장(年長)의. ¶～父↓ ¶～母↓ ❹ (Wáng) 名 성(姓).

Ⓑ wàng 書 動 왕이 되다. 천하를 다스리다. 군림(君臨)하다. ¶～天下 | 천하를 다스리다. 천하에 군림하다.

【王霸】Wángbà 名 ❶ 왕패 [당말(唐末) 농민 봉기를 일으킨 황소(黃巢)가 건립한 정권(政權)의 연호(878～880)] ❷ (wángbà) 왕도와 패도.

【王八】wáng·ba 名 ❶ 俗〈動〉거북. 자라. ¶～吃西瓜 | 歇 거북이가 수박을 먹다. 적의 침입으로 궤멸되어 정신을 잃고 진용을 갖추지 못하고 황급히 도망치다 [뒤에 「滚的滚, 爬的爬」가 오기도 함] ❷ 罵 간통하는 계집의 남편. 오쟁이 진 남자→〔龟guī公①〕 ❸ 옛날, 유곽의 심부름꾼. 조방구니. ¶～叫 | 유곽에서 처음 온 손님을 안에다 「候hòu」하는 소리로써 알려 주는 일 =〔大茶壶〕〔窑yáo碎儿②〕→〔鸨bǎo母〕 ❹ 罵 수치를 모르는 놈. 철면피. 개자식. 망나니. 못난 놈 [「孝」(효)·「悌」(제)·「忠」(충) 「信」(신)「礼」(예)「义」(의)「廉」(염)「耻」(치)의 8가지 덕목을 저버렸다는 뜻] ‖ =〔亡八〕〔忘八〕

【王八蛋】wáng·badàn 名 罵 쌍놈의 자식. 개자식. 잡놈. ¶我揍zòu你这个～ | 내가 너 희 쌍놈의 자식을 때려주겠다 =〔王八羔gāo子〕〔王八崽zǎi子〕〔忘八蛋〕

【王八羔子】wáng·ba gāo·zi ⇒〔王八蛋〕

【王朝】wángcháo 名 ❶ 조정(朝廷). ❷ 왕조. ¶封建～ | 봉건 왕조. ❸ 현대의 전제(專制)적·독재적인 통치 형태.

【王城】wángchéng 名 ❶ 천자가 있는 도읍. ❷ (Wángchéng)〈地〉주(周)나라의 도성 [옛날의 낙읍(洛邑)으로 오늘날 낙양현(洛陽縣) 서북쪽임]

【王储】wángchǔ 名 왕세자. 황태자. ¶英国～访问中国 | 영국 황태자가 중국을 방문하다.

【王道】ⓐ wángdào 名 왕도→〔霸bà道 ⓐ①〕 ⓑ wáng·dao 形 方 격렬하다. 강하다. 세차다. 지독하다. 가혹하다. 무자비하다. ¶这风可真～ | 이 바람은 정말 세차다. ¶他真～, 说话就瞪dèng眼 | 그는 정말 가혹하여, 말만 하면 눈을 부릅뜬다. ¶药性～ | 약성이 강하다→〔厉害lìhài〕

【王法】wáng·fǎ 書 名 ❶ 국법(國法). 나라법. 제왕이 정한 법. ¶他犯了～了 | 그는 국법을 위반했다. ❷ (일반적인) 법률.

【王府】wángfǔ 名 옛날, 황족〔왕족〕의 저택. ¶他在～当差dāngchāi | 그는 왕족의 저택에서 하급관리로 일하다.

【王父】wángfù 名 조부 =〔祖父〕

【王公】wánggōng 名 ❶ 書 천자(天子)와 제후(諸侯). ❷ 왕과 공작. 가장 높은 벼슬아치. 귀족. 轉 귀현(貴顯). ¶～大臣 | 귀족이나 대신들.

【王宫】wánggōng 名 ❶ 왕궁. ❷ 제사를 지내는 신단(神壇).

【王官】wángguān 名 ❶ 書 왕조(王朝)의 관리. ❷ (Wángguān)〈地〉춘추(春秋)시대 진(晋)나라의 땅 [지금의 산서성(山西省) 문희현(聞喜縣) 동쪽] ❸ (Wángguān) 복성(複姓).

【王冠】wángguān 名 ❶ 왕관 =〔書 王冕miǎn〕 ❷ 喩 왕권.

4【王国】wángguó 名 ❶ 왕국. ¶瑞典ruìdiǎn～ | 스웨덴 왕국. ❷ 어떤 영역 혹은 경지. ¶独立～ | 독립 왕국. 독자적 영역.

【王侯】wánghóu 名 왕과 제후. 가장 높은 벼슬아치. 귀족. ¶～将相 | 왕후 장상.

【王后】wánghòu 名 왕후. 왕비. ¶～十分轻年漂亮 | 왕비가 매우 젊고 예쁘다.

【王浆】wángjiāng 名 왕유(王乳). 로열 젤리 (royal jelly) =〔蜂fēng皇精〕

【王母】wángmǔ 名 ❶ 조모(祖母)에 대한 존칭. ❷ 簡 (Wángmǔ) 서왕모(西王母) [전설상의 선녀] =〔西王母〕

【王母娘娘】Wángmǔ niáng·niang 名組 俗 서왕모.

【王牌】wángpái 名 ❶ (트럼프의) ⓐ 킹 카드. 왕의 패. ¶他打出了最后一张～ | 그는 최후 한 장의 킹 카드를 끄집어 내었다. ⓑ 으뜸패. 올마이티(almighty) =〔京 大天③〕→〔扑pū克(牌)〕 ❷ 喩 특별히 소중하게 간직하는 것. 가장 귀중히 여기는 것. ❸ 喩 가장 강력한〔유력한〕수단. 최후의 수단. 비장의 무기. ¶～商品 | (회사나 백화점의) 대표적인 상품. ❹ 轉 제일인자. ¶空军～ | 공군의 제일인자. ❺ 생각. 의견.

【王室】wángshì 名 ❶ 왕실. 왕의 집안. 왕가. ¶～成员 | 왕실 성원. ❷ 조정(朝廷). 국가.

【王水】wángshuǐ 名〈化〉왕수 =〔硝xiāo盐酸〕

W

【王孙】wángsūn 名 ❶ 왕손. 귀족의 자손. ¶～公子 | 귀족의 자제. ❷〈植〉나리. ❸〈蟲〉「蟋蟀xī-shuài」(귀뚜라미)의 다른 이름. ❹〈動〉「猴hóu」(원숭이)의 다른 이름. ❺ (Wángsūn) 복성(複姓).

【王铜】wángtóng 名 ❶〈鑛〉황동(黃銅). ❷〈化〉보르도 분말 [살균력이 있는 녹색 분말로 농약으로 쓰임]

【王爷】wáng·ye 名 봉건 시대, 왕 작위(爵位)를 받은 사람에 대한 존칭.

【王子】ⓐ wángzǐ 名 ❶ 왕자. ❷ (Wángzǐ) 복성(複姓).

ⓑ wáng·zi 名 ❶ 俗 왕공(王公). 왕후(王侯). ❷ (같은 무리 중의) 왕. 우두머리. 두목. ¶蜜蜂mìfēng～ | 꿀벌의 우두머리. ¶蚂蚁mǎyǐ～ | 개미 두목.

【王族】wángzú 名 왕족. ¶他出身～ | 그는 왕족 출신이다.

wǎng ㄨㄤˇ

2【网(網)】wǎng 그물 망
❶ 名 그물. ¶鱼～ | 어망. ¶拉lā～ | 그물을 당기다 =〔罔wǎng③〕 ❷ 그물 모양의 것. ¶蜘蛛zhīzhū～ | 거미줄. ¶电～ | 전깃줄. ❸ (그물처럼 종횡으로 연결되어 있는) 조직이나 계통. ¶交通～ | 교통망. ¶铁路～ | 철도망. ❹ 포위망. (법률·풍습 등의) 자유를 구속하는 것. ¶～口收紧 | 포위망을 좁히다. ¶难逃法～ | 법망을 벗어나기 어렵다. ❺ 動 그물로 잡다. 그물을 치다. ¶～着了一条鱼 | 그물로 고기 한 마리를 잡다. ❻ 動 (그물 같은 것으로) 뒤덮다. 싸다. ¶眼里～着红丝 | 눈에 핏발이 서있다.

【网袋】wǎngdài 名 망태기. 구럭. ¶～里装着苹果 | 망태기에 사과가 담겨져 있다 =〔网线袋〕

【网兜】wǎngdōu 名 망태기. 그물 바구니. ¶用～装水果 | 그물 바구니로 과일을 담다.

【网纲】wǎnggāng 名 벼리.

【网巾】wǎngjīn 名 머리그물. 헤어네트(hairnet) =〔发fà网〕

【网开三面】wǎng kāi sān miàn 成 관대히 대하다. 관대하다. 용서하다.

【网开一面】wǎng kāi yī miàn 成 그물의 한쪽을 터 놓다. 가볍게 처벌하다. 출로(出路)를 주다.

【网篮】wǎnglán 名 그물 덮개가 있는 여행용 손 바구니.

【网漏吞舟】wǎng lòu tūn zhōu 成 그물에서 배를 삼킬 만한 큰 고기가 새나가다. 중죄인이 법망을 빠져 나가다. ¶～之鱼 | 喻 중죄인. 대악당.

【网罗】wǎngluó ❶ 書 名 (물고기나 새를 잡는) 그물. 망라. ❷ 名 속박. 굴레. ❸ 動 轉 망라하다. 긁어 모으다. ¶～人材 | 인재를 모으다. ‖→〔罗网〕

【网络】wǎngluò 名〈電氣〉네트워크(network). 회로망. ¶有源～ | 능동 회로망. ¶无源～ | 수동 회로망.

【网膜】wǎngmó 名〈生理〉❶ 대망(막). ❷ 망막 =〔视网膜〕

【网屏】wǎngpíng 名〈印出〉스크린(screen) =〔网(线)版〕

2【网球】wǎngqiú 名〈體〉❶ 테니스. 정구. ¶打～ | 테니스를 하다. ¶～比赛 | 테니스 대회. ¶～场 | 테니스 코트. 정구장. ❷ 테니스공.

【网儿】wǎngr 名 작은 그물.

【网纱】wǎngshā 名 배우가 사용하는 가발 =〔网子②〕

【网柱】wǎngzhù 名〈體〉네트(net) 기둥. 네트 포스트(post).

【网状脉】wǎngzhuàngmài 名〈植〉망상맥. 그물맥.

【网子】wǎng·zi ❶ 名 그물(모양의 것). ❷ ⇒〔网纱shā〕 ❸ 名 헤어네트(hairnet).

【罔】wǎng 속일 망, 없을 망
書 ❶ 動 가리다. 감추다. 속이다. ¶欺qī～ | 속이다. ¶诬wū～ | 무고하게 남을 속이다. ❷ 動 副 없다. 아니다. …아니하다. ¶置若～闻 | 조금도 귀를 기울이지 아니하다 =〔没有〕〔无〕〔不〕 ❸「网」「惘」과 통용⇒〔网wǎng〕〔惘wǎng〕

【罔极】wǎngjí 書 狀 망극하다. 끝이 없다. ¶～之恩 | 한없이 큰 은혜. 부모에게서 입은 은혜.

【罔然】wǎngrán 書 狀 ❶ 공허하다. 허전하다. 정신이 얼떨떨하다 =〔罔罔〕

【罔罔】wǎngwǎng ⇒〔罔然〕

【惘】wǎng 실심할 망
書 形 낙담하는 모양. 실망하는 모양. ¶怅chàng～ | 실의에 빠져 멍하다 =〔罔wǎng③〕

【惘然】wǎngrán 書 狀 기대에 어그러져 맥이 풀린 모양. 실의에 빠져 정신이 멍한 모양. ¶～若失 | 망연자실하다. ¶他～不知所措cuò | 그는 실의에 빠져 어찌할 바를 몰랐다 =〔惘惘〕

【惘惘】wǎngwǎng ⇒〔惘然〕

【辋(輞)】wǎng 바퀴테 망
名 바퀴테. 수레바퀴의 바깥 테.

【辋板】wǎngbǎn 名 수레바퀴 나무테.

【魍】wǎng 산도깨비 망
⇒〔魍魉〕

【魍魉】wǎngliǎng 名 (전설상의) 괴물. 도깨비. 요괴. 정령. ¶魑魅chīmèi～ | 이매 망량. 온갖 도깨비 =〔罔阆〕

1【往】wǎng wàng 갈 왕, 일찍 왕
주의「wàng」으로 읽을 때는「望」으로 적기도 함⇒〔望wàng〕

Ⓐ wǎng ❶ 動 가다. ¶一同前～ | 함께 앞으로 나가다. ¶一个～东, 一个～西 | 한 사람은 동쪽으로 가고 한 사람은 서쪽으로 가다. ❷ 介 …로 (향하여). 어법 동사의 뒤에 장소를 나타내는 말과 함께 쓰임. 동사는「开」「通」「迁」「送」「寄」「运」「派」「飞」「逃」등의 몇 개에 국한됨. ¶这趟火车开～北京 | 이번 기차는 북경행이다. ¶公路通～山区 | 도로는 산악지대로 뚫려 있다. ¶本店迁～火车站前营业 | 본 가게는 기차역 앞으로 옮겨 영업하고 있다. ❸ 이전의. 옛날의. ¶～年↓ ¶～事↓

Ⓑ wàng 介 ❶ …로. …로 향해. 어법 방위사(方位詞)나 처소사(處所詞)와 결합하고 동사 앞에 쓰

여, 동작의 방향이나 계속을 나타냄. ¶～前看 | 앞으로 보다. ¶～下跳 | 아래로 뛰다. ¶～下说 | 끊임없이 이야기하다. ¶～后退一下 | 뒤로 한 차례 후퇴하다. ❷…쪽으로. …한 방향으로. 어법 주로「往+形〔動〕+里」의 형식으로 쓰여 동작의 방법을 나타냄. ¶～好里想 | 좋은 쪽으로 생각하다. ¶～简单里说 | 간단하게 말하다. ¶心～一处想, 劲～一处使 | 마음도 한 곳으로 생각하고, 힘도 한 곳으로 쓰다. 일치 단결하여 일을 하다. 어법 ⓐ「往」은「…로 향하여 움직이다〔이동하다〕」의 뜻이고「朝」는「…로 향하고 있다」의 뜻이므로 구별하여 써야 함. ¶大门往南开(×) ¶大门朝南开 | 대문은 남쪽으로 열려 있다. ¶朝报社寄稿件(×) ¶往报社寄稿件 | 신문사로 원고를 부치다. ⓑ「往」은 반드시 방향이나 장소를 나타내는 말과 결합하여 쓰이기 때문에 사람이나 사물을 나타내는 명사와 결합할 수 없지만「朝」는 그러하지 않음. ¶往我看(×) ¶往我这儿看 ¶朝我看 | 나를 향해 보다. ¶往野猪打了一枪(×) ¶往野猪身上打了一枪 ¶朝野猪打了一枪 | 멧돼지를 향하여 총 한 발을 쏘았다.

Ⓐ wǎng

4【往常】wǎngcháng 名 평소. 평상시. ¶要是在～, 这条街十分繁华 | 평상시에 이 거리는 대단히 번화하다.

4【往返】wǎngfǎn 動 왕복하다. 오가다. ¶～票 =〔来回票〕| 왕복표. ¶～一趟需要四个小时 | 한 차례 왕복하려면 네시간이 걸린다. ¶～徒劳 | 威 쓸데없이 왔다갔다하다. 허탕치다.

【往复】wǎngfù ❶ 動 왕복하다. 되풀이하다. ¶～明信片儿 | 왕복 엽서. ¶～运动 | 왕복 운동. ❷ ⇒〔往来③〕

4【往后】wǎnghòu ❶ 뒤〔후〕에. 뒷날. 앞으로. ¶～别这么着! | 앞으로 이래서는 안된다! 어법「以后」와는 달리「往后」는 미래의 경우에 한하여 쓰임. ¶去年他走了往后, 不再来了(×) ¶去年他走了以后, 不再来了 | 작년에 그가 떠난 후 다시 오지 않았다. ❷ 뒤를 향해서. 뒤로. ¶～退 | 뒤로 물러나다.

【往还】wǎnghuán 動 왕래하다. 오가다. 교제하다. ¶我这几年与人极少～ | 나는 요 몇년간 사람들과 교제가 극히 적었다.

【往届】wǎngjiè 名 전회(前回). 전번. 지난 번. ¶～毕业生 | 지난 번 졸업생.

3【往来】wǎnglái ❶ 動 오가다. 왕래하다. ¶～的客人 | 왕래하는 손님 =〔来往〕❷ 動 주고받다. 교환하다. ¶笔墨～ | 편지 교환. ❸ 動 교제하다. 사귀다. ¶他们俩～十分密切mìqiē | 그들 둘은 매우 친밀하게 교제하고 있다. ¶～无白丁 | 교제하는 사람에 평민이 없다〔모두 명사(名士)다〕=〔往复②〕❹ 動 거래하다. ¶～商店 | 거래하는 상점. ¶～店家 | 거래처. ❺ 名 당좌 예금 계정. ¶～存款 | 당좌 예금. ¶～存(款)户 | 당좌 예금주. ¶～缺款 | 당좌 대부. ¶～帖 =〔往来帐〕〔往来折〕| (당좌) 예금통장. ¶～透支 | 당좌 대월. ¶～抵押投支 | 담보부 당좌 대월.

4【往年】wǎngnián 名 왕년. 옛날. 이전. ¶比起～来差远了 | 옛날에 비해 보면 많이 달라졌다 =〔往岁〕

4【往日】wǎngrì 名 지난날. 이전. ¶～的情怀 | 지난날의 감회. ¶～无仇近日无冤 | 威 옛날에도 지금도 아무런 원한이 없다.

4【往事】wǎngshì 名 지난 일. 옛일. ¶～如烟 | 지난 일이 연기와 같다 →〔旧事〕

【往外】wǎng wài ❶ 바깥으로. 밖을 향해. ¶～看 | 밖을 보다. ❷ (wǎngwài) 名 이상. ¶五百元～ | 오백원 이상. ❸ (wǎngwài) 名 이외. ¶这里～ | 이곳 외.

2【往往】wǎngwǎng ❶ 書 名 도처에. 가는 곳 마다. ¶～而在 | 도처에 있다. ❷ (～儿) 副 왕왕. 늘. 항상. 흔히. 때때로. 이따금. ¶他～工作到深夜 | 그는 때때로 밤늦게까지 일한다. ¶人们～忽略这一点 | 사람들은 흔히 이 점을 소홀히 한다. 어법 ⓐ「往往」은 어떤 일이 규칙적으로 지금까지 자주 일어났음을 나타내므로 주관이 개입된 미래의 희망 등을 나타내지 못하고,「常常」은 단순히 동작의 중복을 나타내므로 주관적인 희망 등도 나타낼 수 있음. ¶请你往往来(×) ¶请你常常来 | 자주 오세요. ⓑ「往往」은 동작자체가 아닌 동작과 관계된 상황·조건·결과 따위만을 나타내지만「常常」은 이러한 제한이 없음. ¶小李往往上街(×) ¶小李常常上街 | 이군은 자주 길거리에 나간다. ¶小李往往一个人上街 | 이군은 자주 혼자서 길거리에 나간다.

【往昔】wǎngxī 名 옛날. 이전.

Ⓑ wàng

【往后】wànghòu ❶ 뒤〔후〕에. 뒷날. 앞으로. ¶～别这么着! | 앞으로 이래서는 안된다! 어법「以后」와는 달리「往后」는 미래의 경우에 한하여 쓰임. ¶去年他走了往后, 不再来了(×) ¶去年他走了以后, 不再来了 | 작년에 그가 떠난 후 다시 오지 않았다. ❷ 뒤를 향해서. 뒤로. ¶～退 | 뒤로 물러나다.

3【枉】wǎng 굽을 왕 ❶ 形 굽다. 바르지 못하다. ¶矫jiǎo～过正 | 威 굽은 것을 바로잡으려다 지나쳐 오히려 나쁘게 되다. ❷ 어기다. 왜곡하다. ¶～法↓ ❸ 억울하다. ¶冤～ | 억울하다. ¶～死 | 억울하게 죽다. 억울한 죽음. ❹ 副 헛되이. ¶～送了自己的性命 | 헛되이 자신의 목숨을 잃어버렸다. ¶～费↓

【枉法】wǎngfǎ 動 법을 어기다〔왜곡하다〕. ¶贪脏zāng～ | 뇌물을 탐내어 법을 어기다.

【枉费】wǎngfèi 動 허비하다. 낭비하다. ¶～唇舌 | (입이 닳도록) 헛되이 말하다 →〔白bái费〕

【枉费心机】wǎng fèi xīn jī 威 헛되이 애쓰다〔노력하다〕¶你这样做是～ | 너가 이렇게 하는 것은 헛되이 애쓰는 것이다 =〔枉劳心机〕〔枉用心机〕

【枉驾】wǎngjià 書 動 敬 왕가하다. 왕림하다. 혜림하다. ¶～光临 | 札 아무쪼록 왕림해 주시기 바랍니다.

【枉去】wǎngqù 書 動 헛걸음하다.

【枉然】wǎngrán 書 形 헛되다. 보람없다. 헛수고

W

다. ¶我～花了不少钱｜나는 헛되이 많은 돈을 썼다 =〔徒tú然②〕

wàng ㄨㄤˋ

2【王】wàng ☞ 王 wáng Ⓑ

4【旺】wàng 성할 왕
形 ❶ 성하다. 왕성하다. ¶火很～｜불이 활활 타오르고 있다. ¶士气～盛｜사기 왕성하다. ¶水流得很～｜물이 매우 세차게 흐르다. ❷ 많다. 번성하다. ¶花开得很～｜꽃이 활짝 피다. ¶～季↓ ❸ (머리숱이나 수염이) 짙다. 많다. ¶胡hú子不～｜수염이 많지 않다 ⇔〔稀xī〕

【旺火】wànghuǒ 名 이글거리는 불. 세찬 불길. ¶用～炒猪肝｜세찬 불로 돼지 간을 볶다→〔武wǔ火〕

【旺季】wàngjì 名 (거래·생산 등이) 한창인 때. 한물. 성수기. 최성기(最盛期). ¶蔬菜shūcài～｜야채 최성기 =〔旺产期〕⇔〔淡dàn季〕→〔当dāng令①〕

【旺盛】wàngshèng 形 (사물이) 성(盛)하다. 왕성하다. 번창하다. ¶他精力～｜그의 정력이 왕성하다 =〔旺壮zhuàng〕〔旺式〕

【旺销】wàngxiāo 書 動 잘 팔리다.

【旺月】wàngyuè 名 ❶ 장사가 잘 되는 달. 수익이 많은 달. ❷ 휘황한 달(빛) ‖ ⇔〔淡dàn月〕

4【妄】wàng 망령될 망
❶ 形 망령되다. 터무니없다. ¶勿～言｜망령된 말을 하지 마라. ❷ 副 함부로. 마구. 되는대로. ¶～加猜疑cāiyí｜함부로 의심하다. ¶～作主张｜되는대로 주장하다.

【妄称】wàngchēng 動 함부로 소리치다. 아무렇게나 말하다.

【妄动】wàngdòng 動 망동하다. 경솔하게 행동하다. ¶轻举～｜威 경거망동 =〔妄举jǔ〕

【妄念】wàngniàn 名 망령된 생각. 망상(妄想). ¶顿生～｜문득 망상이 떠오르다.

【妄评】wàngpíng 動 함부로 평하다. 황당하게 비평하다. ¶不得～大师的著作｜부득이하게 대사의 저작을 함부로 평하다.

【妄求】wàngqiú 動 분수에 맞지 않는 요구를 하다. 터무니없이〔무리하게〕요구하다.

【妄取】wàngqǔ 動 허가없이 함부로 사용하다. 제멋대로 가져다 쓰다.

【妄人】wàngrén 書 名 터무니없는 말이나 행동을 하는 사람. 황당무계한 사람.

【妄生枝节】wàng shēng zhījié 動組 함부로 가지나 마디를 나게 하다. 쓸데없는 일을 함부로 일으키다.

【妄说】wàngshuō 動 함부로 말하다. 허튼 소리를 하다.

【妄谈】wàngtán 書 名 動 터무니없는 말(을 하다). ¶事关国政不敢～｜일이 국정에 관한 것이어서 감히 터무니없는 말을 할 수 없다.

4【妄图】wàngtú 動 함부로 꾀하다. …하려고 망상하다. ¶他～参加总统竞選｜그는 대통령 선거에 출마하려고 망상한다.

【妄为】wàngwéi 動 본분을 지키지 않고 제멋대로 하다. 함부로 행동하다. ¶胆大～｜대담하게 함부로 행동하다.

【妄下雌黄】wàng xià cí huáng 威 ❶ 함부로 글자를〔문장을〕고치다. ❷ 멋대로 의론(議論)하다.

【妄下断语】wàng xià duàn yǔ 威 터무니없이 결론내리다.

4【妄想】wàngxiǎng ❶ 名 動 망상(하다). 공상(하다). ¶痴chī心～｜어리석은 생각을 하다. ¶～狂｜〈醫〉과대 망상광. ❷ 名〈佛〉바르지 않은 허황된 사유(思惟).

【妄信】wàngxìn 動 무턱대고 믿다. 함부로 신용하다.

【妄行】wàngxíng 動 함부로〔마구〕행동하다. 무턱대고 하다.

【妄言】wàngyán 名 動 터무니없는 말(을 하다). 망령된 말(을 하다). ¶～妄动wàngdòng｜망령된 언동.

【妄自菲薄】wàng zì fěi bó 威 함부로 자신을 낮추다. 자신을 하찮은 사람으로 자비(自卑)하다. ¶要有信心, 不必～｜믿음이 있다면, 함부로 자신을 낮출 필요없다.

【妄自尊大】wàng zì zūn dà 威 분별없이 스스로 잘난 체하다. 터무니없이 우쭐대다.

1【忘】wàng wáng 잊을 망

Ⓐ wàng 動 ❶ 잊다. 망각하다. ¶一辈子也～不了｜평생토록 잊을 수 없다. ¶难～的故乡｜잊을 수 없는 고향. 어법 ⓐ 긍정문에서「忘」의 목적어(賓語)로 명사(名詞)나 절(小句)이 있을 때와「忘」이 문(句子)의 끝에 쓰였을 때는 반드시「忘了」의 형식으로 쓰임. 다만 동사(動詞)가 목적어로 쓰인 때는 구어체에서는「忘」만을 쓰기도 함. ¶我～他的名字(×) ¶我～了他的名字｜나는 그의 이름을 잊어버렸다. ¶～(了)通知他了｜그에게 알리는 것을 잊어버렸다. ⓑ 선택식 의문문일 때는「忘不忘」으로 하지 않고「忘没忘」「忘了没有」로 나타냄. ¶他的电话号码～不～? (×) 他的电话号码～没～｜그의 전화번호를 잊어버리지 않았니? ⓒ 구어(口語)에서는 부정문에서도「忘了」의 형식으로 쓰이기도 함. ¶别～了拿书｜책 가져오는 것을 잊지 말아라. ⓓ「忘」과「忘记」의 비교⇒〔忘记〕❷ 소홀히〔등한히〕하다. 무시하다. ¶不要只关照女儿而～了男儿｜딸만 보살핀다고 아들에 대해서는 소홀히 하지 마라.

Ⓑ wáng「忘八」「忘八蛋」에 보이는 이독음(異讀音).

Ⓐ wàng

【忘本】wàng/běn 動 근본을 잊다. ¶现在生活好了, 可是千万不能～啊｜지금 생활이 좋아졌다고 해도 결코 근본을 잊을 수 없다.

【忘掉】wàng/diào 動 잊어 버리다. 망각하다. ¶快～那不愉快的事儿吧｜그런 유쾌하지 못한 일은 빨리 잊어 버려라.

【忘恩负义】wàng ēn fù yì 威 배은망덕(背恩忘德)하다 =〔忘恩背bèi义〕〔背恩忘义〕

W

【忘乎所以】wànghū suǒ yǐ 成 너무 기뻐 어찌된 까닭인 줄 모르다. 너무 흥분하여 모든 것을 잊어버리다 =〔忘其所以〕
【忘怀】wànghuái 動 잊(어버리)다.
²【忘记】wàng·jì 動 잊어버리다. 소홀히하다. ¶不能～自己的责任 | 자신의 책임을 소홀히 할 수 없다. 어법 ⓐ 빈어(賓語)없이 단독으로 술어(述語)가 되는 경우는 없으며, 의미상의 빈어(賓語)가 앞으로 도치될 수는 있음. ¶我～了他的脸儿 | 나는 그의 얼굴을 잊어버렸다. ¶他说了许多话, 大家都～了 | 그가 많은 말을 했지만 모두들 잊어버렸다. ⓑ「忘记」뒤에 동사가 올 때는 마땅히 해야 할 일을 잊어버렸다는 어감을 나타냄. ¶～了带那本书 | 그 책을 가져오는 것을 잊어버렸다. ⓒ「忘记」는 문어(文語)에 많이 쓰이고「忘」은 구어(口語)에 많이 쓰이며,「忘」다음에는「了」가 반드시 와야 할 곳에도,「忘记」는「了」없이 쓰이기도 함. ⓓ「忘」은「忘得＋補」의 형식으로 쓰이나「忘记」는 이렇게 쓰이지 않음.
【忘年(之)交】wàngnián (zhī) jiāo 成 나이 차이에 구애받지 않고 재학(才學)으로써 맺어진 우정〔친구〕. ¶他跟老金结成了～ | 그와 김씨는 나이에 구애받지 않는 친구 관계를 맺었다.
【忘情】wàngqíng 動 ❶ (항상 부정문에 쓰여) 정을 잊다〔버리다〕. ¶不能～ | 정을 잊어버릴 수 없다. ❷ 감정을 억제할〔걷잡을〕수 없다. 감정이 북받치다. ¶～地唱歌儿 | 감정이 북받쳐서 노래를 부르다.
⁴【忘却】wàngquè 書 動 망각하다. 잊어버리. ¶难以～的记忆 | 잊어버리기 어려운 기억 →〔忘怀huái〕
【忘我】wàng/wǒ 副 자신을 돌보지 않다. 자신을 희생하다. 헌신하다. ¶～地劳动 | 자신을 돌보지 않고 일하다.
【忘形】wàngxíng ❶ 動 (너무 기쁜 나머지)자기의 체면을 잊어버리다. 아주 체신없이 행동하다. ¶得意～ | 기뻐서 자신의 체면을 잊어버리다. ❷ 動 형식에 구애되지 않다. 허물없다. ¶～之交 | 허물없이 지내는 사이. ❸ (wàng xíng) 書 자기의 형체를 잊어버리다. ¶故养志者～ | 그리하여 뜻을 키우는 자는 자기의 형체를 잊는다《莊子·讓上》
【忘性(儿)】wàng·xing(r) 名 건망증. ¶你的～真大 | 너의 건망증이 매우 심하다 →〔记jì性(儿)〕
Ⓑ wáng
【忘八】wáng·ba ⇒〔王wáng八〕
【忘八蛋】wáng·badàn ⇒〔王wáng八蛋〕

1【望】wàng 바라볼 망
❶ 動 (멀리) 바라보다. ¶登高远～ | 높은 곳에 올라 멀리 바라보다. ❷ 動 바라다. 희망하다. 기대하다. ¶～准时参加 | 제때에 참석해주기를 바라다. ¶大喜过～ | 기대 이상의 기쁨. ❸ 動 방문하다. ¶看～ | 방문하다. ❹ 원망하다. ¶怨～ | 원망하다. ❺ 名 명성. 명망. ¶德高～重 | 덕망이 높다. ❻ 書 動 경복(敬服)하다. 경모(敬慕)하다. ¶一时人～ | 당시의 사람들은 모두 경복하였다. ❼ 動〈漢醫〉시진(視診)하다. ❽ 介 …을 향하여. ¶～他笑了笑 | 그를 향하여 웃었다. ¶～他说 | 그에게 말하다. 어법「望前看」「望东走」등의 개사(介詞)로서의「望」은 주로「往」으로 씀 =〔往〕❾ 名 보름달. 보름날. 음력 15일. ¶朔～ | 삭망. 음력 초하루와 15일. ❿ ⇒〔望子〕⓫ (Wàng) 名 성(姓).
【望板】wàngbǎn 名〈建〉지붕널 =〔屋面板〕→〔天花板〕
【望尘莫及】wàng chén mò jí 成 앞 사람이 일으키는 먼지만 바라볼 뿐 따라가지 못하다. 발전이〔진보가〕빨라 도저히 따라잡을 수 없다. 발밑에도 미치지 못하다. ¶比起老李来, 我是～啊 | 이형에 비하면 나는 발밑에도 미치지 못한다 =〔望尘不及〕→〔瞠chēng乎其后〕
【望穿秋水】wàng chuān qiū shuǐ 成 ❶ 맑고 시원한 눈. ❷ 눈이 빠지도록 기다리다. 학수고대하다. ¶她～, 盼望跟儿子见面 | 그녀는 학수고대하며, 아들과 만나기를 기대하다.
【望穿双眼】wàng chuān shuāng yǎn ⇒〔望眼欲穿〕
【望断】wàngduàn 書 動 ❶ 아득히 멀어져 보이지 않게 되다. 멀리 사라지다. ❷ 바라던 일이 실패로 돌아가다.
【望而却步】wàng ér què bù 成 (마음 내키지 않아) 뒷걸음질치다. 꽁무니를 빼다.
【望而生畏】wàng ér shēng wèi 成 보기만 하고도 두려워하다. 두려워서 가까이 하지 않다. ¶这么高的目标, 只能叫人～ | 이렇게 높은 목표는 단지 사람을 보기만해도 두렵게할 뿐이다.
【望风】wàng/fēng 動 ❶ 동정을 살피다. 소문을 듣다. ¶～震栗 | 소문을 듣고 벌벌 떨다. ❷ 書 명망을 듣고 흠모하다. ❸ 망을 보다 =〔把风〕〔寻风〕
【望风而逃】wàng fēng ér táo 成 소문만 듣고도 질겁하여 달아나다. 멀리서 보기만 하고도 도망치다.
【望风披靡】wàng fēng pī mǐ 成 소문만 듣고도 뿔뿔이 흩어지다. 혼비백산하여 패주하다. ¶铁军未到, 敌人早已～ | 강한 주력 부대가 오지도 않았는데, 적이 이미 소문만 듣고도 뿔뿔이 흩어지다.
【望楼】wànglóu 名 망루. 감시대.
【望梅止渴】wàng méi zhǐ kě 成 매실을 생각하며 갈증을 풀다. 비현실적인 공상으로 스스로 위안하다.
【望门(儿)寡】wàngmén(r) guǎ 名 까막 과부.
【望其项背】wàng qí xiàng bèi 成 목덜미와 등을 바라보다. 뒤를 따라가다.
【望日】wàngrì 名 보름날. 음력 십오일.
【望文生义】wàng wén shēng yì 成 (글의 정확한 뜻을 파악하지 못하고) 글자만 보고 대강 뜻을 짐작하다. ¶阅读古文, 切不可～ | 고문을 읽을 때는 절대로 글자만 보고 대강 뜻을 짐작해서는 안된다 =〔望文生训xùn〕
【望闻问切】wàng wén wèn qiè 動組〈漢醫〉4진(四診)［환자의 병세를 보고, 듣고, 묻고, 맥을 짚어 보는 것］
【望眼欲穿】wàng yǎn yù chuān 成 뚫어지게 바

라보다. 눈이 빠지게 기다리다. 매우 간절히 바라다＝〔望穿双眼〕
【望洋兴叹】wàng yáng xīng tàn 成 힘이 미치지 못하여 탄식하다. 능력이 부족하여 개탄하다. ¶他也只能～｜그도 단지 힘이 미치지 못하여 탄식만 한다.
4【望远镜】wàngyuǎnjìng 名 망원경 [「千里镜」「千里眼③」은 옛날의 속칭] ¶反射～｜반사 망원경. ¶折射～｜굴절 망원경＝〔千里镜〕
【望月】wàngyuè 名 보름달＝〔满月①〕
【望子成龙】wàng zǐ chéng lóng 成 아들이 훌륭한 인물이 되기를 바라다. ¶父母都～, 望女成凤, 希望孩子有出息｜부모들은 모두 아들 딸들이 훌륭한 인물이 되기를 바라며, 자식이 장래성이 있기를 희망한다.
【望子】wàng·zi 名 상점이나 주점 등의 문전에 세워 놓는 대나무 간판〔표지〕
【望族】wàngzú 書 名 명문 귀족. 명망이 높은 집안.

wēi ㄨㄟ

1【危】wēi 위태할 위
❶ 위험하다. 위태롭다. ¶转～为安｜(정세나 병세 등이) 위험한 상태를 벗어나 안전하게 되다⇔〔安〕❷ 위태롭게 하다. 해치다. ¶～害↓ ❸ 거의 죽게 되다. 위독하다. ¶临～｜죽음에 임박하다. ¶病～｜병이 위독하다. ❹ 書 形 높다. ¶～楼↓ ❺ 名〈天〉위수(危宿) [이십팔수(二十八宿)의 하나] ❻ (Wēi) 名 성(姓).
【危殆】wēidài 書 形 (생명이나 사태가) 위험하다. 위태롭다. 위급하다. ¶情势～｜정세가 위태롭다.
【危地马拉】Wēidìmǎlā 名 外〈地〉❶ 과테말라(Guatemala) [중앙아메리카의 공화국. 수도는 「危地马拉」(과테말라;Guatemala)] ❷ 과테말라(Guatemala) [「危地马拉」(과테말라;Guatemala)의 수도]
【危笃】wēidǔ 書 形 (병세가) 위독하다. ¶病势～｜병세가 위독하다.
2【危害】wēihài ❶ 動 해를 입히다. 손상시키다. ¶～生命｜생명을 해치다. ¶～世界秩序｜세계 질서를 어지럽히다. ¶～植物的生长｜식물의 생장에 해를 주다. ❷ 名 (위)해. 해독.
2【危机】wēijī 名 ❶ 위기. ¶～四伏｜成 위기가 도처에 숨어 있다. ❷〈經〉경제 위기. 공황.
【危及】wēijí 書 動 위험이 미치다.
2【危急】wēijí 形 위급하다. 급박하다. 화급하다. ¶事情已经很～了, 您快拿主张啊｜일이 이미 대단히 화급하게 되었으니 당신은 빨리 결정을 하십시오.
【危急存亡之秋】wēijí cúnwáng zhī qiū 成 위급존망지추. 국가의 존망에 관한 중요한 시기. ¶他任总统于国家的～｜그는 국가 존망의 시기에 총통을 맡다.
【危局】wēijú 書 名 위국. 위험한 국면〔시국〕. 위급한 정세. 위태로운 판국. 위기. ¶商界～｜상업계의 위기. ¶力挽～｜위급한 정세를 힘써 만회하다.
【危惧】wēijù 書 動 무서워하다. 두려워하다. ¶不胜～｜두려운 마음을 억누를 수 없다.
【危楼】wēilóu 書 名 매우 높은 누각.
【危难】wēinàn 書 名 위난. 위험과 재난.
【危浅】wēiqiǎn 書 形 (생명이) 위독하다.
【危如累卵】wēi rú lěi luǎn 成 위여누란. 달걀을 쌓아올린 것처럼 매우 위험하다〔위태하다〕＝〔危于累卵〕
【危亡】wēiwáng ❶ 名 생사 존망(存亡)의 위기. 죽느냐 사느냐 하는 위험. ¶处于国家～的关头｜국가 존망의 시기에 처하다. ❷ 動 (국가·민족이) 멸망의 위기에 봉착하다.
1【危险】wēixiǎn ❶ 名 위험. ¶～标志｜위험 표지. ¶～地带｜위험 지대. ¶～分子＝〔危险人物〕｜위험 인물. ¶～思想｜위험 사상. ¶～物｜위험물. ¶～信号｜위험 신호. ¶～职业｜(폭발물 등을 취급하는) 위험한 직업. ❷ 形 위험(하다). ¶走那条路很～｜저 길을 걷는 것은 매우 위험하다. ¶山路又陡dǒu又窄zhǎi, 攀pān登的时候非常～｜산길이 가파르고 좁아서, 등반할 때 매우 위험하다.
【危言耸听】wēi yán sǒng tīng 成 일부러 과격한 말을 하여 남을 놀라게 하다.
【危在旦夕】wēi zài dàn xī 成 몹시 위험하다〔위태롭다〕. 매우 위급하다. 위재조석(危在朝夕). ¶老人家已～｜어르신께서 이미 위독하시다.
【危重】wēizhòng 書 形 위중하다. 위독하다. ¶他病势～｜그의 병세가 위중하다.

2【委】wēi ☞ 委 wěi B

【萎】wēi ☞ 萎 wěi

【逶】wēi 구불구불할 위
⇒〔逶随〕〔逶迤〕
【逶随】wēisuí 書 形 ❶ 구불구불 멀리 이어진 모양. ❷ 안온하고 만족한 모양.
【逶迤】wēiyí 書 狀 (길·산맥·하천 등이) 구불구불 멀리 이어진 모양. ¶群山～｜산들이 구불구불 이어져 있다＝〔逶蛇shé〕〔委wěi蛇①〕〔威夷yí〕

【巍】wēi (台 wéi) 높을 외
書 形 높고 큰 모양.
【巍峨】wēié 狀 산이나 건물이 높고 큰 모양. ¶～的群山｜높고 큰 산들
【巍然】wēirán 狀 ❶ 산이나 건물이 높고 웅대한 모양. ¶～耸sǒng立＝〔巍然屹yì立〕｜우뚝 솟다. ❷ 인물이 뛰어난 모양.
【巍巍】wēiwēi 狀 높고 큰 모양. ¶～不动｜꿈쩍도 아니하다.

3【威】wēi 위엄 위, 으를 위
❶ 위엄. 존엄. ¶示～｜위엄을 보이다. ❷ 위력. 위세. 기세. ¶助～｜기세를 돕다. 응원하다. ❸ 으르다. 협박하다. ¶～迫↓ ❹ (Wēi) 名〈地〉위현(威縣) [하북성(河北省)에 있는 현 이름]
【威逼】wēibī ⇒〔威迫pò〕
【威逼利诱】wēi bī lì yòu ⇒〔威迫利诱〕
【威尔第】Wēiěrdì 名 外〈人〉베르디(Giuseppe

F.F. Verdi, 1813~1901)［이탈리아의 오페라 작곡가］

【威法饼】wēifǎbǐng 名 外〈食〉웨이퍼(wafer)［양과자의 일종］=〔外 威化(饼)〕

4【威风】wēifēng ❶名 위풍. 위엄. 위세. 콧대. ❷形 위풍이 있다. 위세가 좋다.

【威吓】wēihè 動 위협하다. 으르다. 으름장을 놓다. ¶严辞~ | 엄한 말로 위협하다 =〔威喝〕〔威唬〕

【威喝】wēi·he ⇒〔威吓〕

【威唬】wēi·hu ⇒〔威吓〕

【威化(饼)】wēihuà(bǐng) ⇒〔威法饼〕

【威棱】wēiléng 書 名 위세. 위풍. 위엄.

4【威力】wēilì 名 위력. ¶~无穷 | 위력이 무궁하다.

【威廉斯】Wēiliánsī 名 外〈人〉윌리엄즈(Tennesse Williams)［미국의 극작가］

【威廉斯塔德】Wēiliánsītǎdé 名 外〈地〉윌렘스테드(Willemstad)［「安的列斯群岛」(네덜란드령 앤털리즈제도;Netherlands Antilles)의 수도］

【威猛】wēiměng 形 용맹스럽다.사납다. ¶来势~ | 달려드는 기세가 용맹스럽다.

【威名】wēimíng 書 名 명성. 명망있는 이름. ¶他早已~远扬 | 그는 일찌기 명성을 멀리 떨쳤다.

【威尼斯】Wēinísī 名 外〈地〉베니스(Venice).

【威迫】wēipò 動 위압(威壓)하다. 협박하다. 윽박지르다. ¶好好解说, 不要以强力~ | 지나치게 윽박지르지 말고 잘 타이르십시오 =〔威逼bī〕

【威迫利诱】wēi pò lì yòu 成 협박과 회유. 상대를 굴복시키기 위한 온갖 수단 ¶他惯以~, 使人投降 | 그는 상대를 굴복시키기 위한 온갖 수단에 익숙하여, 사람을 투항시킨다 =〔威逼利诱〕〔威胁利诱〕〔危迫利诱〕

【威权】wēiquán 名 권위(權威). 위력과 권세.

【威慑】wēishè 書 動 무력으로 위협하다. ¶~手段 | 협박 수단.

【威士忌(酒)】wēishìjì(jiǔ) 名 外〈食〉위스키(whisky) =〔维wéi司克〕〔畏wèi(士)忌酒〕〔卫wèi士忌(酒)〕

【威势】wēishì 名 위세.

【威妥玛式】Wēituǒmǎshì 名 토마스 웨이드(Thomas Wade)식［중국어 발음 표기법의 하나］

4【威望】wēiwàng 名 위엄과 명망. ¶~素著 | 成 줄곧 위엄과 명망이 높다〔대단하다〕.

【威武】wēiwǔ ❶名 권세와 무력. ❷形 힘이 세다. 용맹하다. 위풍당당하다. ¶那张骑马的照片显得很~ | 말 타고 찍은 그 사진은 아주 위풍당당하다.

【威武不屈】wēi wǔ bù qū 成 그 어떤 위압에도 굴하지 않다.

3【威胁】wēixié 名 動 위협(하다).

4【威信】wēixìn 名 위신. 신망. ¶~扫地 | 成 위신이 땅에 떨어지다.

【威压】wēiyā 動 위압하다. 협박하다. ¶用军队来~群众 | 군대를 이용하여 군중을 위압하다.

【威严】wēiyán ❶形 으리으리하다. 위엄있다. ¶~的仪仗队 | 위엄있는 의장대. ❷名 위엄. 위풍 =〔威风〕

【威仪】wēiyí 書 名 위의. 위엄있는 태도나 용모. 엄숙한 차림새.

【威震八极】wēi zhèn bā jí 成 위세를 천하에 떨치다. ¶这支部队早已~ | 이 부대는 이미 위세를 천하에 떨쳤다.

【崴】wēi ☞ 崴 wǎi B

【葳】wēi 우거질 위 둥굴레 위
❶ ⇨〔葳蕤〕 ❷ ⇨〔紫zǐ葳〕

【葳蕤】wēiruí ❶ 書 狀 나무가 우거지다. 초목이 무성하다. ¶小树~ | =〔萎wěi蕤〕 ❷名〈植〉「玉竹」(둥글레)의 옛이름.

【偎】wēi 가까이할 외
動 친숙하게 기대다〔의지하다〕. 바싹 붙다. 포근히 안(기)다. ¶母亲~着吃奶的小孩儿 | 어머니가 젖먹이를 포근히 안고 있다.

【偎随】wēisuí 動 곁을 떠나지 않다. 졸졸 따라다니다. 뒤따르다. ¶孩子~着母亲 | 아이가 어머니를 졸졸 따라다니다.

【偎依】wēiyī 動 가까이 기대다. 다가가다. 의지하다. ¶三个孩子~着在说悄悄话儿 | 세명의 아이가 마주한채 소근소근 속삭이고 있다. ¶孩子们~在母亲怀中 | 아이들이 어머니 가슴에 기대어 있다 =〔書 偎倚yǐ〕

【偎倚】wēiyǐ ⇒〔偎依〕

【隈】wēi 굽이 외
書 名 굽이. 모퉁이. ¶山~ | 산굽이. ¶城~ | 성 모퉁이.

【煨】wēi 묻은불 외, 구울 외
動 ❶ 잿불에 넣어 굽다. ¶~白薯shǔ | 고구마를 잿불에 넣어 굽다. ❷ 뭉근한 불에 푹 삶다〔고다〕. ¶~鸡 | 뭉근한 불에 닭을 푹 삶다〔삶은 것〕.

【煨烬】wēijìn 名 잿더미 =〔灰烬〕

【煨卤】wēilǔ 名〈食〉곰국. 곰탕.

【煨芋】wēiyù ❶ 動 토란을 굽다. ❷名〈食〉구운 토란.

2【微】wēi 작을 미, 정묘할 미
❶形 작다. 잘다. ¶细~ | 미세하다. ¶相差甚~ | 차이가 아주 적다. ❷動 쇠(衰)하다. 떨어지다. ¶买卖~ | 장사가 부진하다. ¶价钱~下来了 | 가격이 떨어졌다. ❸形 세지〔크지〕않다. 약하다. ¶~火↓ ❹形 신분·지위가 낮다. ¶人~言轻 | 사람이 지위가 낮으면 하는 말이 경망스럽다. ❺形 심오하다. 미묘하다. ¶~言大义↓ ¶~妙↓ ❻副 몰래. 은밀히. ¶~行↓ ❼書 動 없다. …이 아니다. …없다면〔아니면〕. ¶~君之功, 不能获此大捷 | 그대의 공이 없었더라면, 이런 큰 승리는 거둘 수 없었을 것이다→〔非③〕 ❽量〈度〉미크롱(micron;프)［미터법 단위의 이름에 붙여 100만분의 1을 나타냄］¶~米↓ ¶~安↓ ❾(Wēi) 名 성(姓).

【微安】wēiān 量〈物〉마이크로암페어(microampere).

【微波】wēibō 名〈物〉마이크로웨이브(microwave). 극초단파.

【微波炉】wēibōlú ⇒〔微光炉〕

【微薄】wēibó 書 形 매우 적다. 미약하다. ¶~的

收入｜매우 적은 수입.

4【微不足道】wēi bù zú dào 成 하찮아서 말할 가치도 없다. 보잘 것 없다. 미약하다. ¶这点钱是～｜이 약간의 돈은 보잘 것 없다.

【微词】wēicí 書 名 완곡한 비판〔비평〕 ¶他对老师略有～｜그는 선생님께 다소간의 완곡한 비판이 있다＝〔微辞〕

【微电脑】wēidiànnǎo 名〈電子〉마이크로컴퓨터(microcomputer) ¶～已广泛地走进了家庭～｜마이크로컴퓨터가 이미 광범하게 가정에 보급되었다＝〔微机〕〔微脑〕

【微法拉】wēifǎlā 量〈物〉마이크로패러드(microfarad)

【微分】wēifēn 名〈數〉미분. ¶～方程｜미분 방정식.

【微分学】wēifēnxué 名〈數〉미분학.

【微风】wēifēng 名 미풍. 산들바람＝〔轻风〕

【微服】wēifú 書 動 미복하다. 평복(平服)하다. ¶总统～私访｜대통령이 평복하고 사적으로 방문하다.

4【微观】wēiguān 名〈物〉미시적(微視的). ¶～物理学｜미시 물리학＝〔微视〕⇔〔宏hóng观〕

【微观世界】wēiguān shìjiè 名組 미시적(微視的) 세계.

【微光炉】wēiguānglú 名 전자레인지＝〔微波炉〕

【微亨利】wēihēnglì 量〈物〉마이크로헨리(microhenry).

【微乎其微】wēi hū qí wēi 成 매우 적어〔작아〕 보잘 것 없다.

【微火】wēihuǒ 名 약한 불. 잿불→〔文火〕

【微机】wēijī 名 簡「微型电子计算机」(마이크로컴퓨터)의 약칭＝〔微电脑〕

【微积分】wēijīfēn 名〈數〉미적분.

【微贱】wēijiàn 書 形 (신분이나 사회적 지위가) 미천하다. ¶他出身～｜그의 출신은 미천하다.

【微菌】wēijūn 名〈生〉세균. 박테리아.

【微卡】wēikǎ 量〈物〉마이크로칼로리(microcalorie).

【微克】wēikè 量〈度〉마이크로그램(microgram). 감마(γ).

【微粒】wēilì 名〈物〉미립자.

【微量】wēiliàng 名 미량. ¶～分析｜미량 분석. ¶～化学｜미량 화학. ¶～天平｜미량 천칭.

【微量元素】wēiliàng yuánsù 名組〈化〉미량 원소.

【微茫】wēimáng 書 形 희미하다. 어슴푸레하다.

【微米】wēimǐ 量〈度〉미크롱(micron;프) [100만분의 1m]＝〔公忽〕

【微妙】wēimiào 形 미묘하다. ¶～的关系｜미묘한 관계.

【微末】wēimò 書 形 미세하다. 중요하지 않다. ¶～的贡献｜미미한 공헌.

【微脑】wēinǎo ⇒〔微电脑〕

【微弱】wēiruò 形 미약하다. 가냘프다. 빈약하다. ¶气息～｜숨결이 가냘프다. ¶力量十分～｜역량이 대단히 미약하다. ¶～的经济｜빈약한 경제.

【微生】Wēishēng 名 복성(複姓).

【微生物】wēishēngwù 名 미생물. 세균. ¶～学｜미생물학.

【微微】wēiwēi ❶ 副 조금. 약간. 살짝. ¶～一动｜약간 움직이다＝〔稍shāo微〕〔略lüè微〕 ❷ 量〈物〉마이크로마이크로(micromicro) [1조분의 1] ¶～法拉｜마이크로마이크로 패러드(farad). ❸ 書 狀 깊고 고요한 모양.

【微细】wēixì ❶ 形 미세하다. ¶～的血管｜실핏줄. ❷ 名 미천한 신분.

3【微小】wēixiǎo 書 形 미소하다. 매우 작다. ¶～的变化｜아주 작은 변화.

2【微笑】wēixiào 名 動 미소(짓다). ¶她脸上总是挂着～｜그녀는 언제나 얼굴에 미소를 머금고 있다.

【微行】wēixíng 書 動 미행하다. 암행(暗行)하다. ¶～暗访｜남몰래 다니며 비밀리에 탐방하다.

【微型】wēixíng 形 소형의. ¶～电路｜마이크로(micro) 회로. ¶～计算机｜마이크로(micro) 컴퓨터.

【微血管(儿)】wēixuèguǎn(r) 名〈生理〉모세 혈관.

【微醺】wēixūn ⇒〔微醉zuì〕

【微言大义】wēi yán dà yì 成 간단하지만 심오한 말로 대의를〔큰 뜻을〕 이야기하다.

【微音器】wēiyīnqì 名〈電氣〉마이크로폰(microphone). 마이크＝〔传chuán声器〕〔俗 话筒②〕〔外 麦克风〕

【微醉】wēizuì 書 動 (술이) 약간 취하다. ¶他已～, 话也多了｜그는 이미 술이 약간 취하여, 말이 많아졌다＝〔微醺xūn〕

【薇】 wēi 고비 미, 장미 미

❶ 名〈植〉완두류(豌豆類)나 고비의 옛 이름＝〔野豌豆〕→〔巢cháo菜〕 ❷ 名〈植〉고사리. ❸ ⇒〔蔷qiáng薇〕

【薇蕨】wēijué 名〈植〉고사리와 고비.

wéi ㄨㄟˊ

1【为(爲)】 wéi wèi 할 위

Ⓐ wéi 어법 고대에는 상용사(常用詞)였으나, 현재는 서면어(書面語)에서 주로 씀. ❶ 動 하다. 행하다. 만들다 [주로 사자구(四字句)에 쓰임] ¶事在人～｜일이란 사람하기에 달려 있다. ¶所作所～｜하는 것 모두 다. ¶无所不～｜못하는 것이 없다. ❷ 動 …로 삼다. …로 생각하다. …이 되다. 어법 ⓐ 겸어식(兼語式)의 제2동사로 혹은 다른 동사의 뒤에 붙어 쓰임. ¶拜他～师｜그를 스승으로 모시다. ¶指鹿～马｜사슴을 가리키며 말이라고 하다. 흑백·시비를 전도(顚倒)하다. ¶选他～代表｜그를 대표로 선출하다. ¶他去年当选～人民代表｜그는 작년에 인민대표로 당선되었다. ⓑ「以…为…」의 형식으로 쓰임. ¶班上以他的个子～最高｜학급에서 그의 키가 가장 크다. ¶以团结～重｜단결이 중요하다. ❸ 動 …로 변하다. …이 되다. 어법 겸어식의 제2동사로 혹은 다른 동사의 뒤에 붙어 쓰임. ¶一分～二｜하나가 둘로 나누어지다. ¶变沙漠～良田｜

사막이 좋은 밭으로 변하다. ¶化～乌有 | 아무 것도 없게 되다. 무로 돌아가다. ❹ 書 動 …이다. 어법 서면어에서만 쓰며 구어에서는「是」를 씀. ¶鲁迅～浙江绍兴人 | 노신은 절강성 소흥현 사람이다. ¶十寸～一尺 | 10촌은 1척이다. ❺ 動 …하다. 어법 비교문(比較句)에서 뒤에 단음절 형용사를 동반하고 술어가 됨. ¶关心群众比关心自己～重 | 군중에 관심을 두는 것이 자기에게 관심을 가지는 것보다 중요하다. ¶甲方的损失比乙方～小 | 갑방의 손실은 을방보다 작다. ¶我看还是这样～好 | 내가 보기에는 역시 이렇게 하는 것이 더 좋겠다. ❻ 動 단음절 부사나 형용사 뒤에 접미사(後綴)처럼 쓰여, 쌍음절 형용사나 동사를 수식함. ¶两人关系甚～亲密 | 두 사람의 관계는 심히 친밀하다. ¶心中极～不满 | 마음 속으로는 극히 불만스러웠다. ¶颇～得意 | 몹시 흡족하다. ❼ 書 介 …에 의하여. …당하다. …가 되다. 어법「为＋名＋所＋動」의 형태로 쓰여, 피동을 나타냄. 구어(口語)의「被」와 같음. ¶～风雪所阻 | 바람과 눈 때문에 두절되다. ¶～歌声所吸引 | 노랫소리에 빨려 들어가다→〔被〕 ❽ 書 動 다스리다. 정치를 하다. ¶～国以礼 | 예로써 나라를 다스리다. ❾ 書 動 …때문에. …을 위하여 어법 주로「为何」(무엇 때문에)의「何」가 도치된 형태로 쓰여,「어찌 …하느냐」의 의미를 지닌 의문문으로 쓰임. ¶何自苦～ | 어찌하여 스스로 괴로워하느냐? ¶敌未灭, 何以家～ | 적이 멸망하지 않았는데 집은 (있어) 무엇할 것인가? ❿ 副 만일. 가령. ¶秦～知之, 必不救也 | 진나라가 만약 그것을 안다면 반드시 도와 주지 않을 것이다.

Ⓑ wèi ❶ 介 …에게. …을 위하여. 어법 동작의 혜택을 받는 사람 앞에 쓰임. ¶～人民服务 | 인민에게 봉사하다. ¶～祖国作出新的贡献 | 조국을 위하여 새로운 공헌을 하다. ❷ 介 …하기 위해. …때문에 [목적이나 원인을 나타냄] 어법「为」뒤에「了」「着」를 붙일 수 있으며,「为了…」「为着…」는 주어의 앞에 둘 수 없음. ¶～慎重起见 | 신중하기 위해. ¶大家都～这件事而高兴 | 모두들 이 일로 기뻐한다. ¶～祖国而战 | 조국을 위해 싸우다. ¶～革命不怕吃苦 | 혁명을 위해 고생하는 것을 겁내지 않는다→〔为了〕〔为着〕 ❸ 書 介 …에 대해서. …을 향해. ¶不足～外人道 | 남에게 말할 정도가 되지 않는다. ¶难～浅见寡闻者道也 | 견문이 얕고 적은 자에게는 말하기 어렵다. ❹ 書 動 돕다. 보좌하다. ¶夫子～卫君乎? | 스승께서는 위나라의 임금을 도우시겠습니까?《論語·述而》

Ⓐ wéi

【为祷】wéidǎo 動 札 빌다. 기원하다. 바라다. ¶必按时来办～ | 반드시 제때에 와서 처리해 주시기 바랍니다→〔为盼pàn〕〔为荷hè〕〔为要 ⓐ〕

【为敌】wéidí 書 動 적이 되다. 적대하다. ¶不必与邻国～ | 이웃 나라와 적이 될 필요가 없다.

【为非作歹】wéi fēi zuò dǎi 成 온갖 나쁜 짓을 저지르다. ¶镇压～的坏人 | 온갖 나쁜 짓을 저지르는 악인을 진압하다.

【为富不仁】wéi fù bù rén 成 부자가 되려면 어질수가 없다. 돈벌이를 위해 온갖 나쁜 짓을 다하다. ¶资本家～ | 자본가는 돈벌이를 위해 온갖 나쁜 짓을 다한다.

【为好】wéihǎo 動 (주로「還」와 함께 쓰여) …하는 편이 좋다〔낫다〕. ¶还是不去～ | 역시 가지 않는 편이 좋다＝〔为妙miào〕

【为荷】wéihè 書 動 札 고맙게 생각하다. 감사하게 여기다. …하여 주시기 바랍니다. ¶即复～ | 즉시 회신해주시면 감사하겠습니다＝〔为感〕〔为谢〕→〔为祷dǎo〕〔为盼pàn〕

【为力】wéilì 書 動 힘을 다하다〔쓰다〕. 힘써 도와주다. ¶无能～ | 어찌할 도리가 없다＝〔出力①〕

[3]【为难】wéi/nán 動 ❶ 곤란하다. 난처하다. ¶～的事 | 곤란한 일＝〔犯难 ⓐ〕 ❷ 괴롭히다. 난처하게 만들다. ¶故意～ | 고의로 난처하게 만들다.

【为念】wéiniàn 書 動 걱정〔근심〕하다. ¶何时相见颇以～ | 札 언제 뵙게 될지 자못 걱정스럽습니다.

【为盼】wéipàn 書 動 札 희망하다. 바라다. ¶希赐复音～ | 즉시 회답해 주시기 바랍니다→〔为祷dǎo〕〔为荷hè〕

[4]【为期】wéiqī 書 動 …을 기한으로 하다. ¶～三年的贸易协定 | 삼년 기한의 무역 협정→〔为限〕

【为期不远】wéi qī bù yuǎn 成 시일〔기한〕이 얼마 남지 않다. 예정일이 가까와지다. ¶实现这个目标已～了 | 이 목표가 실현될 날이 이미 가까와졌다.

【为人】wéirén ❶ 名 위인. 사람 됨됨이. 인품. 인격. ¶～不做亏心事, 半夜敲门心不惊 | 諺 사람이 양심에 꺼리끼는 일을 한 것이 없으면, 한밤에 문을 두드려도 두려울 것이 없다. ❷ 動 남과 잘 사귀다〔어울리다〕.

【为生】wéishēng 動 생활하다. 생업으로 하다. ¶捕bǔ鱼～ | 물고기를 잡아 생활하다. 고기잡이를 생업으로 하다.

【为时不晚】wéi shí bù wǎn 成 시기〔때〕가 늦지 않다. ¶明年再上研究生也～ | 내년에 다시 대학원생이 되어도 때가 늦은 것은 아니다.

【为时过早】wéi shí guò zǎo 成 시기 상조(時期尙早) ¶现在就办～ | 지금 처리하기에는 시기 상조이다＝〔为时太早〕

[3]【为首】wéishǒu 動 (주로「以」와 함께 쓰여) …으로 우두머리를 삼다. 우두머리가 되다. 선두로 하다. ¶以某某～的代表团 | 아무개를 우두머리로 삼은 대표단＝〔为头(儿)〕

【为数】wéishù 수량〔수적(数的)〕으로 헤아려〔계산해〕보면. 수량이 되다. 그 수량. ¶～不少 | 그 수가 적지 않다.

【为所欲为】wéi suǒ yù wéi 成 (주로 나쁜 일을 하는 데 쓰여) 하고 싶은 대로 하다. 제멋대로 하다. ¶你不能让他～ | 너는 그에게 제멋대로 할 수 없다.

【为伍】wéiwǔ 書 動 동료〔한패〕가 되다. 동반자로 삼다. ¶老金不愿与他们～ | 김씨는 그들과 한패가 되는 것을 원하지 않는다＝〔同伙huǒ〕

【为限】wéixiàn 動 (주로「以」와 함께 쓰여) ❶ 기한으로 하다〔삼다〕. ¶以今天～ | 오늘까지 기한

W

이다. 오늘로써 기한을 삼다. ❷…을 한도로 삼다. …으로 한정하다. ¶以十名～｜10명으로 한정하다 ‖ →〔为期〕

【为要】ⓐ wéiyào 書 動 필요〔긴요〕하다. 중요하다→〔为祷dǎo〕

ⓑ wèiyào 介 …을 위하여 [목적을 나타냄] ¶～理解他们必须深入他｜그들을 이해하기 위해선 반드시 그들 속으로 깊이 들어가야 한다.

【为由】wéiyóu 書 動 (주로「以」와 함께 쓰여) …을 이유〔구실〕로 삼다. ¶以病～｜병을 구실로 삼다.

3【为止】wéizhǐ 書 動 (주로 시간·진도 등에 쓰여) …까지 (끝내다). ¶到此～｜여기까지 끝내다. ¶从一月到八月～｜1월부터 8월까지.

【为重】wéizhòng 動 (주로「以」와 함께 쓰여) …을 중시하다. ¶以大局～｜대국을 중시하다. ¶以民族利益～｜민족의 이익을 중시하다.

【为主】wéizhǔ 書 動 (주로「以」와 함께 쓰여) …을 위주로 하다. ¶以农～｜농업을 위주로 하다.

Ⓑ wèi

【为此】wèicǐ 連 이 때문에. 그런 까닭에. ¶～, 他公开反对政府政策｜이 때문에, 그는 공개적으로 정부 정책을 반대한다.

【为丛驱雀】wèi cóng qū què ⇒〔为渊yuān驱鱼, 为丛驱雀〕

【为的是】wèi·deshì 動組 …때문이다. …를 위해서다. ¶他到中国去, ～要学汉语｜그가 중국에 간 것은 중국어를 배우기 위해서이다.

【为…而…】wèi…ér… …을 위해서 …하다. 어법 「为」뒤에 목적이나 원인이 오고「而」뒤에 수단이나 결과가 올 때는「为」다음에「了」나「着」를 둘 수 없음. ¶为祖国而战｜조국을 위해 싸우다. ¶为促进两国文化而共同努力｜양국 문화의 촉진을 위해 함께 노력하다→〔为了…而…〕

【为国捐躯】wèi guó juān qū 成 국가를 위해 목숨을 바치다＝〔为国致命〕

4【为何】wèihé 書 動組 왜. 무엇 때문에. ¶～不为?｜무엇 때문에 하지 않는가? ¶你～而来?｜너는 무엇때문에 왔니?

【为虎傅翼】wèi hǔ fù yì 成 범에게 날개를 붙여주다. (위세있는) 악인에게 가세하다＝〔为虎添tiān翼〕

【为虎作伥】wèi hǔ zuò chāng 成 범을 위해 창귀(倀鬼)가 되다. 나쁜 사람의 앞잡이가 되어 나쁜 짓을 하다. ¶切不可～｜절대 나쁜 사람의 앞잡이가 되어 나쁜 짓을 해서는 안된다.

1【为了】wèi·le 介 …를 위하여 [목적을 나타냄] ¶～民族｜민족을 위하여. ¶～教育群众, 首先要向群众学习｜대중을 교육하기 위해서는 먼저 대중에게 배워야 한다 어법 ⓐ 원인을 표시할 때는 일반적으로「因为」를 쓰고「为了」를 쓰지 않음. ⓑ「为了」가 목적어를 가지고 술어로 쓰일 때는「为了」앞에「是」가 놓임. ¶我这样作, 是为了你｜내가 이렇게 하는 것은 너를 위해서이다＝〔为wèi②〕〔为着〕

【为了…而…】wèi·le…ér… …을 위해서는 …하다. 어법 서로 상반된 뜻을 가진 두 개의 동사를 역접(逆接)시킴. 이 때「为」다음에는 반드시「了」가 와야 함. ¶为了进攻而防御, 为了前进而后退｜진격을 위해 방어하고, 전진을 위해 후퇴하다→〔为…而…〕

【为民请命】wèi mín qǐng mìng 成 백성을 대표하여 청원(請願)하다. 백성의 생명을 보호하고 고통을 덜어줄 것을 빌다.

【为…起见】wèi…qǐjiàn …의 견지에서〔목적으로〕. …하기 위하여. 어법 ⓐ 주어 앞에 쓰이며, 「为」다음에「了」를 둘 수 없음. ⓑ「为」다음에 명사를 둘 수 없음. ¶为省事起见, 就请你通知他｜품을 덜기 위해서 당신이 그에게 통지하십시오.

【为人说项】wèi rén shuō xiàng 成 喻 다른 사람을 위해 청을 들어주다.

【为人作嫁】wèi rén zuò jià 成 남을 위해 결혼 예복을 만들다. 쓸데없이 남을 위해 고생하다. 헛되이 남 좋은 일을 하다. ¶我再也不做～的事了｜나는 다시는 헛되이 남좋은 일을 하지 않겠다＝〔为他人作嫁衣裳〕

1【为什么】wèishén·me 動組 무엇 때문에. 왜. 어째서 [원인 또는 목적을 물음] ¶你～骂他呀?｜너는 왜 그를 욕하니? ¶你～昨天没来?｜어제 무엇 때문에 안 왔는가? 어법 ⓐ「为什么不」의 형태로 충고·설득 등을 나타내며,「何不」와 같음. ¶这种技术很有用处, 你～不学一学?｜이 기술은 대단히 유용한데, 너는 왜 배우려 하지 않니. ⓑ 목적을 나타내는「做什么」는 동사의 뒤에,「为什么」는 반드시 동사의 앞에 놓임. ¶你～来这儿?＝〔你来这儿做甚么?〕｜너는 무엇하러 여기에 왔느냐?＝〔方 为啥〕

【为他人作嫁衣裳】wèi tārén zuò jiàyī·shang ⇒〔为人作嫁〕

【为小失大】wèi xiǎo shī dà 成 작은 것 때문에 큰 것을 잃다. 작은 일 때문에 큰 일을 그르치다→〔因yīn小失大〕

【为有源头活水来】wèi yǒu yuán tóu huó shuǐ lái 成 상류에 수원(水源)이 있기 때문에 물이 끊임없이 흘러 나온다. 대중 속에 있어야 비로소 활력이 생긴다.

【为渊驱鱼, 为丛驱雀】wèi yuān qū yú, wèi cóng qū què 成 물고기를 깊은 못에 몰아 넣고, 참새를 숲 속으로 몰다. 자기에게 불리하게 만들다. 자기 편으로 만들 수 있는 것도 적들 편으로 몰아주다＝〔为丛驱雀〕〔为渊驱鱼〕〔渊丛〕〔渊鱼丛雀〕

【为着】wèi·zhe ⇒〔为了〕

【为之】wèizhī 書 連 그것 때문에. 그것으로 인해. 그것을 위하여. ¶大家全～一惊｜모두들 그것 때문에 깜짝 놀랐다. ¶他精神～而振奋起来了｜그의 정신이 그것을 위해 분발하기 시작했다.

【沩(溈)】 Wéi 물이름 위

名 〈地〉위수(溈水) [호남성(湖南省)에 있는 강 이름]

【韦(韋)】 wéi 가죽 위

❶ 書 名 무두질한 가죽. ❷ ⇒〔韦伯〕 ❸ (Wéi) 名 성(姓).

【韦编】wéibiān 書 名 위편. 책을 꿰어 맨 가죽끈.

【韦编三绝】wéi biān sān jué 成 위편이 세번 끊어지다. 열심히 독서하다〔공부하다〕. ¶他读书勤奋qínfèn, 早已~ | 그는 부지런히 책을 읽어, 이미 위편이 세번씩이나 끊어졌다.

【韦伯】wéibó 量 外〈物〉웨버(weber) [자속(磁束)의 단위]

【韦斯敏斯德寺】Wéisīmǐnsīdésì 名 外 웨스트민스트(westminster) 사원.

【韦驮】Wéituó ⇒〔吠Fèi陀〕

1【围(圍)〈囲〉】wéi 에울 위 ❶ 動 둘러싸다. 에워싸다. ¶包~ | 포위하다. ¶团团~住 | 겹겹이 둘러싸다. ❷ 動 두르다. ¶~围巾 | 목도리를 두르다. ❸ 動 轉 사냥하다. ¶打~ | 사냥하다. ¶这趟~打了什么野性口? | 이번에는 어떤 짐승을 잡았습니까? ❹ 名 사방. 주위. 둘레. ¶周~ | 주위. ¶四~都是山 | 사방이 모두 산이다. ❺ (~子) 名 둘러친〔막은〕 것. ¶土~子 | 촌락주위를 둘러친 토담. ¶床~子 | 침대의 커튼. ❻ 名 포위. ¶解~ | 포위를 풀다. ¶突~ | 포위를 돌파하다. ¶入~ | (입시 출제 등을 위해) 감금되다. 연락을 할 수 없는 곳에 가다. ❼ 量 집게뼘 [엄지손가락과 집게손가락을 벌린 길이. 5치] ¶腰大十~ | 허리둘레가 10집게뼘이다. ❽ 量 아름 [두 팔을 벌려 껴안은 둘레의 길이] ¶树大十~ | 나무 굵기가 열아름이다.

【围脖儿】wéibór 名 方 목도리. 머플러 →〔围巾〕

【围捕】wéibǔ 動 포위하여 잡다〔체포하다〕. ¶~猎liè物 | 수렵물을 포위하여 잡다.

【围场】wéichǎng 名 (옛날, 황제나 귀족들의) 사냥터.

【围城】wéi/chéng ❶ 動 도시를〔성을〕 포위하다. ❷ (wéichéng) 名 포위된 도시〔성〕.

【围城打援】wéi chéng dǎ yuán 成 도시를 포위하고 (적의) 원군을 치다. ¶采用~的战术 | 도시를 포위하고 원군을 치는 전술을 채택하다.

【围得风雨不透】wéi·de fēngyǔ bùtòu 動組 喩 물샐 틈 없이〔빈틈없이〕 둘러싸다. ¶总理被几十个记者~ | 총리가 몇 십명의 기자들에게 물샐 틈 없이 둘러싸였다.

【围堵】wéidǔ 動 ❶ 주위를 둘러 싸다. 봉쇄하다. ¶~政策 | 봉쇄 정책. ❷ (진격하는 군대를) 포위하다.

4【围攻】wéigōng ❶ 名 動〈軍〉포위 공격(하다) =〔围击jī〕 ❷ 動 여럿이 한 사람을 (말이나 글로) 공격하다. ¶对我们嘲笑讽刺进行~ | 우리에게 조소하고 풍자하며 공격했다.

【围击】wéijī ⇒〔围攻①〕

【围歼】wéijiān 動 포위하여 섬멸하다.

【围剿】wéijiǎo 動 포위하여 토벌하다. ¶~土匪 | 공비를 포위하여 토벌하다.

3【围巾】wéijīn 名 목도리. 스카프(scarf). ¶尼龙~ | 나일론 스카프. ¶围~ =〔打围巾〕 | 목도리를 두르다 →〔围脖儿〕

【围垦】wéikěn 動〈農〉간척(干拓)하다. ¶~洼wā地 | 움푹한 지대를 간척하다.

【围困】wéikùn 動〈軍〉적을 포위하여 외부와의 연락을 끊다〔출로를 막다〕. 겹겹이 포위하다. ¶~残敌 | 남은 적의 출로를 차단하다.

【围拢】wéilǒng 動 빙 둘러싸다. 에워싸다. 주위에 모여들다. ¶人群立刻~了过来 | 사람들이 곧 에워쌌다.

【围盘】wéipán 名〈機〉자동 유도 장치.

【围屏】wéipíng 名 병풍.

4【围棋】wéiqí 名 바둑. ¶下~ =〔下棋〕 | 바둑을 두다 =〔大棋〕

【围墙】wéiqiáng 名 (집 주위를) 둘러싼 담. 엔담 =〔围垣yuán〕

【围裙】wéiqún 名 앞치마. 에이프런(apron) →〔油yóu裙〕

2【围绕】wéirào 動 ❶ 둘러싸다. 주위〔둘레〕를 돌다. ¶月亮~着地球旋转 | 달은 지구의 주위를 돌고 있다. ❷ (어떤 문제나 일을) 둘러싸다. …을 중심에 놓다. ¶大家~着这一问题提出很多意见 | 모두들 이 문제를 둘러싸고서 매우 많은 의견을 제기했다 ‖〔围环〕

【围田】wéitián 名 물도랑으로 둘러싸인 논밭.

【围网】wéiwǎng 名〈水〉후릿그물.

【围魏救赵】wéi wèi jiù zhào 成 위(魏)나라를 포위하여 조(趙)나라를 구하다. 포위군의 근거지를 공격함으로써 포위당한 우군을 구출하다. ¶采用~的战略 | 포위군의 근거지를 공격함으로써 포위당한 우군을 구출하는 전략을 채택하다.

【围桌】wéizhuō 名 관혼상제(冠婚喪祭) 때 탁자 앞에 둘러친 장식용의 보 [현재는 연극에서 소도구로 사용되기도 함]

【围子】wéi·zi ❶ ⇒〔圩wéi子〕 ❷ ⇒〔帷wéi子〕

【围嘴儿】wéizuǐr 名 (유아용의) 턱받이 =〔围涎xián〕

【帏(幃)】wéi 휘장 위, 향낭 위 名 ❶ 장막. 휘장. ¶罗luó~ | 엷은 비단으로 만든 휘장. ¶~幔màn =〔帏幕mù〕 | 식장 등의 주위에 치는 휘장 =〔帷wéi〕 ❷ (옛날 사람들이 몸에 지닌) 향낭(香囊).

【闱(闈)】wéi 문 위 名 ❶ 고대 궁궐의 옆문〔통용문〕. ¶宫~ | 궁궐 내전. ❷ 과거 시험장. ¶~墨↓ ¶春~ | 봄의 과거 시험. ¶秋~ | 가을의 과거시험 →〔会huì试〕〔乡xiāng试〕 ❸ 집안의 깊숙한 곳에 있는 방.

【闱墨】wéimò 名 청대(清代), 향시(鄕試)·회시(會試)에 합격한 사람의 답안 중에서 선별하여 펴낸 모범적인 문장.

2【违(違)】wéi 어길 위 ❶ 動 어기다. 지키지 않다. 따르지 않다. ¶不~农时 | 농사철을 놓치지 않다. ¶阳奉阴~ | 成 겉으로는 복종하나 속으로는 따르지 않다. 면종복배(面從腹背)하다. ❷ 動 이별하다. 헤어지다. ¶久~! | 오래간만입니다. ❸ 書 動 피하다. 회피하다..

【违碍】wéi'ài 動 (법령이나 습관에) 위배되다. 거스르다. 저촉되다. ¶~行为 | 거스르는 행위.. ¶~字句 | (법령 등에) 저촉되는 글귀.

【违拗】wéi'ào 動 (고의로) 거스르다. 따르지 않

다. ¶～父母｜부모님의 말씀을 따르지 않다. ¶～命令｜명령을 거스르다.

3【违背】wéibèi 動 위배하다. 어기다. 어긋나다. ¶～原则｜원칙을 어기다. ¶～时代的潮流｜시대적 조류에 어긋나다.

4【违法】wéi/fǎ 動 위법하다. 법을 어기다. ¶～乱纪｜威 법을 어기고 규율을 어지럽히다. ¶～户｜위법자. ¶～行为｜위법 행위.

2【违反】wéifǎn 動 (법률·규칙 등을) 위반하다. ¶～宪法｜헌법을 위반하다.

4【违犯】wéifàn 動 위범하다. 위반하다. ¶～交通规则｜교통 법규을 위반하다.

【违禁】wéijìn 動 금령(禁令)을 어기다〔위반하다〕. ¶～品｜금령을 위반한 물품. 금지품.

【违禁取利】wéijìn qǔlì 動組 금지된 한도를 어기고 이자를 받다 [명청(明清)시대에 월이자는 원금의 1/3을 넘을 수 없고, 장기 차용의 경우 이자가 원금을 초과할 수 없게 하였음]

【违抗】wéikàng 動 거역하다. ¶～命令｜명령을 거역하다 ＝〔抗违〕

【违例】wéilì 書 動 규칙에 어긋나다 〔위반되다〕. ¶他因～而被判罚｜그는 규칙을 위반하여 처벌받다.

【违命】wéimìng 書 動 명령을 어기다 ＝〔背命〕

【违误】wéiwù 動 명령에 따르지 않다. 어기다. (공무 등을) 지연시키다 [공문서 용어] ¶迅速办理, 不得～｜신속하게 처리하여 지연시키지 말 것.

【违宪】wéixiàn 名〈法〉❶ 위헌. ¶～行为｜위헌 행위. ❷ 위법.

【违心】wéi/xīn ❶ 動 본심이 아니다. 본의에 어긋나다. ¶～之论｜威 본의 아닌 말. ❷ (wéixīn) 書 名 딴 마음. 숨은 속마음. ¶无～也｜딴 마음은 없다.

【违约】wéiyuē 動 위약하다. 약속을 어기다. 계약을 위반하다. ¶～要赔偿罚金｜계약을 위반하여 벌금을 배상하려 하다.

【违章】wéizhāng 書 動 법규를 위반하다. ¶～建筑｜불법 건축. ¶～行驶shǐ｜법규 위반 운전.

【涠(潿)】wéi 땅이름 위

지명에 쓰이는 글자. ¶～洲岛｜위주도. 광서 장족 자치구(廣西僮族自治區)에 있는 섬 이름.

【圩】wéi xū 台 yú) 우묵들어갈 우

A wéi ❶ (～子) 名 (장강(長江)·회하(淮河)유역의) 저지(低地)를 둘러싼 둑〔제방〕. ❷ 둑〔제방〕으로 둘러싸인 지역. ¶～田↓ ❸ (～子) 名 촌락을 둘러싼 보루〔담〕.

B xū 名 方 장(場). 시장 [복건(福建)·광동(廣東)등지에서 「集市」(장)를 이르며, 고서(古書)에서는 「虛」로 씀] ¶赶～｜장보러가다. ¶～镇｜지방의 소도시.

A wéi

【圩田】wéitián 名 둑으로 둘러싸인 논밭.

【圩垸】wéiyuàn 名 (하천/호수 가까이 있는) 저지(低地)를 둘러싸고 있는 제방. ¶～工程｜제방 공사.

【圩子】wéi·zi 名 ❶ 저지(低地)를 둘러싼 둑〔제방〕. ❷ (촌락을 둘러싼) 울타리. 보루〔담〕. ¶树～｜촌락을 둘러싸고 있는 숲 ¶土～｜(촌락을 둘러싼) 흙으로 쌓은 보루 ‖ ＝〔围wéi子①〕

B xū

【圩场】xūcháng 名 方 정기 시장 ＝〔集市〕

4【桅】wéi 돛대 의

名 돛. 돛대. 마스트(mast). ¶船～｜돛대. ¶大～｜메인 마스트(main māst).

【桅灯】wéidēng ❶ 名 (돛대 위에 달려있는) 항해용 신호등 ＝〔桅头灯〕 ❷ ⇒〔风fēng雨灯〕

【桅顶】wéidǐng ⇒〔桅头〕

4【桅杆】wéigān 名 돛대. 마스트(mast). ¶～林立｜돛대가 수풀처럼 서있다 ＝〔桅竿gān〕〔桅樯qiáng〕〔桅柱〕

【桅竿】wéigān ⇒〔桅杆〕

【桅樯】wéiqiáng ⇒〔桅杆〕

【桅梢】wéishāo ⇒〔桅头〕

【桅头】wéitóu 名 돛대의 끝. ¶～旗｜돛대 끝에 다는 기 ＝〔桅顶〕〔桅梢〕〔桅尾〕

【桅头灯】wéitóudēng ⇒〔桅灯①〕

【桅尾】wéiwěi ⇒〔桅头〕

【桅柱】wéizhù ⇒〔桅杆〕

4【唯】wéi 오직 유

❶ 副 다만. 단지. 오로지. ¶～一无二｜오직 하나밖에 없다. ¶～恐落后｜단지 낙후될까 걱정될 따름이다 ＝〔惟①〕 ❷ 連 그러나. 그런데. ¶都来了, ～他没来｜모두 왔으나, 그는 오지 않았다 ＝〔惟②〕 ❸ 書 嘆 예 [대답하는 소리] ¶询xún之～～而已｜그에게 물었더니 다만 「예예」하고 대답할 뿐이다.

【唯才是举】wéi cái shì jǔ ⇒〔惟才是举〕

【唯恐】wéikǒng ⇒〔惟恐〕

【唯理论】wéilǐlùn 名〈哲〉합리론(合理論). 이성론(理性論).

【唯美主义】wéiměizhǔyì 名 유미주의. ¶他信奉～｜그는 유미주의를 신봉한다.

【唯名论】wéimínglùn 名〈哲〉유명론 ＝〔唯名主义〕

【唯命是从】wéi mìng shì cóng ⇒〔惟命是听〕

【唯其】wéiqí ⇒〔惟wéi其〕

【唯唯诺诺】wéi wéi nuò nuò 威 무조건 승낙하다. 하자는 대로 순종하다. ¶他总是～的｜그는 언제나 무조건 승낙한다 ＝〔然然可可〕

【唯我独尊】wéi wǒ dú zūn ⇒〔惟我独尊〕

【唯我主义】wéiwǒzhǔyì ⇒〔惟wéi我论〕

【唯物辩证法】wéiwù biànzhèngfǎ 名組〈哲〉유물변증법.

4【唯物论】wéiwùlùn 名〈哲〉유물론 ＝〔唯物主义〕

【唯物史观】wéiwùshǐguān 名組〈哲〉유물사관. ¶他坚信～｜그는 유물사관을 굳게 믿는다 ＝〔历史唯物主义〕

4【唯物主义】wéiwù zhǔyì ⇒〔唯物论〕

4【唯心论】wéixīnlùn 名〈哲〉유심론. 관념론 ＝〔唯心主义〕〔观念论〕

【唯心史观】wéixīn shǐguān 名組〈哲〉유심사관 =〔历史唯心主义〕

[4]【唯心主义】wéixīn zhǔyì ⇒〔唯心论〕

【唯一】wéiyī ⇒〔惟wéi一〕

【唯有】wéiyǒu ⇒〔惟wéi有〕

【帷】wéi 휘장 유
(~子) 名 (사방으로 친) 장막. 휘장 [고대에는 둘러친 것을「帷」라 하고 위에 친 것을「幕」이라 하였음] =〔帏wéi①〕

【帷幔】wéimàn ⇒〔帷幕〕

【帷幕】wéimù 書 名 ❶ (장)막 휘장 [둘러치는 것이「帷」이고, 위에서 아래로 드리워지는 것이「幕」임] ¶降下了~ | 막을 내렸다. ❷〈軍〉작전을 짜는 곳 ‖ =〔帷幔〕

【帷幄】wéiwò 書 名 군막(軍幕). 군대에서 쓰는 장막.

【帷子】wéi·zi 名 장막. 휘장. 커튼. ¶车~ | 수레를 씌우는 휘장. ¶床~ | 침대 커튼 =〔围子②〕

4 **【惟】wéi 오직 유**
❶ 副 다만. 단지. 오직. ¶~有他因病不能去 | 다만 그 사람만이 병으로 못간다. ¶~恐又失去 | 단지 또 잃어버릴까 걱정이다 =〔唯①〕〔只zhǐ①〕 ❷ 連 그러나. 그런데. ¶他学习成绩很好, ~身体稍差 | 그의 성적은 아주 좋지만 몸이 좀 좋지 않다. ¶雨虽止, ~路途仍泥泞nìng | 비는 비록 그쳤으나 길은 여전히 몹시 질다 =〔唯②〕〔只是〕〔但是〕 ❸ 書 動 생각하다. 사고하다. ¶思~ | 사유하다. ¶退而深~ | 물러나서 깊이 생각하다 =〔维④〕

【惟才是举】wéi cái shì jǔ 成 재능만 보고 등용하다. ¶县长~, 深得年轻人好评 | 현장이 재능만을 보고 등용하여, 젊은 사람들의 대단한 호평을 받다 =〔唯才是举〕

[4]【惟独】wéidú 副 유독. 단지. 오직. ¶人家都回家了, ~他还在工作 | 다른 사람들은 다 집에 돌아갔는데, 오직 그만 아직 일하고 있다 =〔惟特tè〕〔唯独〕〔微wēi独〕〔微特〕〔单单〕→〔只有〕

【惟恐】wéikǒng 書 動 다만 …만이 두렵다. 오직 …만을 걱정하다. ¶~失败 | 오직 실패할까 걱정할 뿐이다 =〔唯wéi恐〕〔只怕〕

【惟利是图】wéi lì shì tú 成 단지 이익만 꾀하다 〔추구하다〕 ¶凡事不可~ | 무릇 일이란 단지 이익만을 꾀해서는 안된다 =〔唯利是图〕

【惟妙惟肖】wéi miào wéi xiào 成 모방이나 묘사를 매우 잘해서 진짜와 꼭 같다. (실물처럼) 아주 생동감이 넘치다 =〔唯妙唯肖〕〔维妙维肖〕

【惟命是从】wéi mìng shì cóng ⇒〔惟命是听〕

【惟命是听】wéi mìng shì tīng 成 시키는 대로 절대 복종하다 =〔惟命是从〕〔唯命是从〕〔唯命是听〕

【惟其】wéiqí 書 連 (…하기) 때문에. ¶~如此, 才需要你亲自去一趟 | 이러하기 때문에 당신이 몸소 가야 합니다 =〔唯其〕

【惟我独尊】wéi wǒ dú zūn 成 유아독존. ¶他一向~ | 그는 언제나 유아독존이다 =〔唯我独尊〕

【惟我论】wéiwǒlùn 名〈哲〉❶ 독아론(獨我論). 독재론(獨在論). ❷ 애기주의(愛己主義) ‖ =〔唯我论〕〔唯我主义〕

[4]【惟一】wéiyī 區 유일한. 하나밖에 없는. ¶~的办法 | 유일한 방법 =〔唯一〕

【惟有】wéiyǒu ❶ 副 다만. 오직. ¶大家都来了, ~他还没来 | 모두 다 왔는데 오직 그만이 아직 오지 않았다. ❷ 連 오직 …하여야만. …함으로써만 어법 주로 뒤에「才」와 호응하여 쓰임. ¶~充分发动群众, 才能取得胜利 | 군중들을 충분히 동원해야만 비로소 승리를 얻을 수 있다 ‖ =〔唯有〕〔只有〕

2 **【维(維)】wéi 맬 유, 바 유**
❶ 動 연결하다. 잇다. 매다. ¶~舟 | 배를 매다→〔维系〕 ❷ 動 유지하다. 보존하다. ¶暂~秩序 | 잠시 질서를 유지하다. ¶保全~护 | 보전하고 유지하다. ❸「惟」와 통용 ⇒〔惟③〕 ❹ (Wéi) 名 簡〈民〉「维族」(위구르족)의 약칭. ❺ 名〈數〉차원 [기하학(幾何學)과 공간이론(空間理論)의 기본 개념] ¶三~空间 | 3차원 공간. ❻ (Wéi) 名 성(姓).

[3]【维持】wéichí 動 ❶ 유지하다. ¶~秩序 | 질서를 유지하다. ¶~原状 | 원래의 상태를 유지하다. ❷ (질서·진행 등의) 책임을 떠맡다. 돌보다. 원조하다. ¶你先~会场, 让大家安静! | 너는 우선 회의장을 맡아서 사람들을 조용하게 해라! ¶不求人~ | 남에게 원조를 요청하지 않다.

【维多利亚】Wéiduōlìyà 名 外 ❶〈人〉빅토리아(Victoria). ¶~女王 | 빅토리아 여왕. ❷〈地〉빅토리아(Victoria) [「塞舌尔」(세이셸;Seychelles)의 수도]

【维多利亚湖】Wéiduōlìyàhú 名 外〈地〉빅토리아호(Victoria 湖).

【维尔纽斯】Wéiěrniǔsī 名 外〈地〉빌뉴스(Vilnyus) [「立陶宛」(리투아니아;Lithuania)의 수도]

【维管束】wéiguǎnshù 名〈植〉유관속. 관다발.

[2]【维护】wéihù ❶ 動 지키다. 유지하고 보호하다. 옹호〔수호〕하다. ¶~家庭 | 가정을 지키다. ¶~和平 | 평화를 수호하다. ¶~他的声誉 | 그의 명성과 명예를 지키다. ❷ ⇒〔维修②〕

【维拉港】Wéilāgǎng 名 外〈地〉빌라(Vila) [「瓦努阿图」(바누아투;vanuatu)의 수도]

【维纶】wéilún 名 外〈紡〉비닐론(viylon) =〔维里纶〕〔维尼龙〕〔维尼纶〕

【维棉布】wéimiánbù 名〈紡〉비닐론과 면의 혼방 섬유로 짠 천.

[3]【维生素】wéishēngsù 名〈化〉비타민(Vitamin) ¶多吃疏菜, 增加~的摄入量 | 야채를 많이 먹어, 비타민의 섭취량을 증가시키다 =〔外 维他命〕〔生活素〕→〔胆碱〕〔泛酸〕

【维他命】wéitāmìng ⇒〔维生素〕

【维吾尔族】Wéiwúěr zú 名〈民〉위구르(Uīghur)족 [중국 신강(新疆) 자치구에 사는 소수 민족의 하나] =〔簡 维族〕〔畏吾尔〕

【维系】wéixì 書 動 ❶ 유지하다. ¶孩子是~夫妻感情的桥梁 | 아이가 부부간 감정의 교량적 역할을 한다. ¶~着紧密的关系 | 긴밀한 관계를 유지하고 있다. ❷ 잡아매다. 틀어쥐다. ¶~民心 |

민심을 틀어쥐다 ‖ =〔系维〕
【维新】wéixīn ❶動 유신하다. 정치를 새롭게 하다. ❷名 유신. ¶变法～ | 변법 유신. ¶日本明治～ | 일본 명치 유신. ❸形 혁신적이다. 진보적이다. ¶儿子比爸爸～着十几倍 | 아들이 아버지보다 십여배나 진보적이다.
4【维修】wéixiū ❶動 (기계 등을) 간수 수리하다. 보수하다. 손질하다. ¶～房屋 | 집을 수리하다. ¶～教室 | 교실을 수리하다. ❷名 수리. 수선. 손질. 보수. ¶～费 | 수선비. ¶～工 | 수리공 =〔维护②〕
【维也纳】Wéiyěnà 名 外 〈地〉빈(Vien) [「奥地利」(오스트리아; Austria)의 수도]
【维族】Wéizú ⇒〔维吾尔族〕

【潍(濰)】Wéi 물이름 유 名〈地〉❶ 유하(濰河) [산동성(山東省) 거현(莒縣)에서 발원(發源)하여 동북으로 흘러 황해(黃海)로 들어가는 강] ❷ 유현(濰縣) [산동성(山東省)에 있는 현 이름]

【硙】wéi ☞ 硙 wèi Ⓑ

【嵬】wéi 높을 외 書形 (산 등이) 높고 크다. 우뚝하다. ¶崔cuī～ | 높이 솟은 모양.
【嵬峨】wéié 書 貶 (산이나 건물이) 우뚝 솟아 있는 모양. ¶～的金刚山 | 우뚝 솟아 있는 금강산 =〔巍wēi精〕

wěi ㄨㄟˇ

4【伪(僞)】wěi (台 wèi) 거짓 위 形 ❶ 거짓의. 가짜의. 허위의. ¶～为不知 | 허위로 모르는 척하다. ¶去～存真 | 거짓을 없애고 진실을 남기다 ⇔〔真zhēn〕 ❷ 비합법적인. ¶～政府 | 비합법적인 정부. 괴뢰 정부.
【伪币】wěibì 名 ❶ 위조 지폐. 가짜 돈. ¶销毁xiāohuǐ～ | 위조 지폐를 소각하다 =〔伪券quàn〕〔伪钞chāo〕 ❷〈史〉(중국의 대일 항전(對日抗戰) 당시 피점령 지역에서 발행된) 괴뢰 정부의 지폐.
【伪钞】wěichāo ⇒〔伪币bì①〕
【伪充】wěichōng 動 ❶ 흉내내다. ❷ 가장하다. 위장하다. ¶～暗探诈取zhàqǔ钱财 | 기관원을 가장하여 금품을 사취하다.
【伪军】wěijūn 名〈軍〉비합법 정부〔괴뢰 정부〕의 군대. 괴뢰군. ¶消灭～几十人 | 괴뢰군 몇십명을 없애다.
【伪君子】wěijūnzǐ 名 위군자. 위선자. ¶他是一个十足的～ | 그는 대단한 위선자이다.
【伪满】wěimǎn 名 만주국 [9·18사변〔만주사변〕에 의해 중국 동북 지구에 세워졌던 일본의 괴뢰국 정부. 1932～1945]
【伪善】wěishàn 形 위선적이다. ¶～者 | 위선자. ¶～的面孔 | 위선적인 얼굴.
【伪书】wěishū 名 ❶ 위서. 원본(原本)과 비슷하게 위조한 책 =〔伪本〕 ❷ 위조서류〔문서〕.
【伪托】wěituō 動 (저술·작품에) 남의 이름을 빌다. 위작하다.
4【伪造】wěizào 動 위조하다. 날조하다. ¶～证件 | 신분증을 위조하다. ¶～历史 | 역사를 날조하다.
【伪证】wěizhèng 名〈法〉위증. ¶不得作～ | 위증을 할 수 없다.
【伪装】wěizhuāng ❶ 名 動 가장(하다). ¶剥去～ | 가장(假裝)한 것을 벗기다. ¶～进步 | 진보적인 체하다. ❷〈軍〉위장(하다). ¶～工事 | 위장 공사.
【伪足】wěizú 名〈生〉위족. 가족(假足).

1【伟(偉)】wěi 클 위 形 ❶ 위대하다. 크다. ¶气象雄～ | 기상이 웅대하다. ¶雄～的校楼 | 웅장한 교사. ¶丰功～绩 | 威 위대한 공적. ❷ 뛰어나다. 훌륭하다. 우수하다. ¶～论↓ ¶～人↓
【伟岸】wěiàn 書 ❶ 形 위용이 있다. 웅대하다. ¶姿质～ | 기골이 웅대하다. ¶～的白杨树 | 위용있는 백양 나무. ❷ 名 위용.
1【伟大】wěidà 形 위대하다. ¶～的领袖 | 위대한 지도자. ¶～起点 | 위대한 발단. ¶～的祖国 | 위대한 조국.
【伟绩】wěijì 書 名 위대한 업적〔공적〕. ¶丰功～ | 위대한 공적. 위대한 업적. ¶建立不朽xiǔ的～ | 불후의 위대한 업적을 세우다.
【伟晶岩】wěijīngyán 名〈鑛〉거정 화강암(巨晶花崗岩) =〔伟晶花岗岩〕
【伟力】wěilì 名 위력. 거대한 힘. ¶大自然的～ | 대자연의 위력.
【伟论】wěilùn 書 名 위대한〔탁월한〕 이론.
【伟人】wěirén 名 위인. 위대한 사람. ¶当代的～ | 당대의 위인.
【伟业】wěiyè 書 名 위대한 업적. ¶创立～ | 위대한 업적을 세우다.
【伟丈夫】wěizhàngfū 名 ❶ 위장부. 기골(氣骨)이 장대한 남자. ❷ 훌륭한 남자.

【苇(葦)】wěi 갈대 위 (～子) 名〈植〉갈대. ¶挠náo～ | 갈대를 베다 =〔芦lú苇〕〔芦①〕
【苇箔】wěibó 名 갈대발 [지붕을 일 때 서까래 위에 깔고 진흙을 올려 기와를 이는 데 씀] →〔苇席〕
【苇眉子】wěiméi·zi 名 (얇고 길게 자른) 갈대(의 줄기).
【苇略儿】wěimièr 名 껍질을 벗긴 갈대 줄기 [자리나 발을 엮는 데 씀]
【苇塘】wěitáng 名 갈(대)밭. 갈대가 자라는 늪이나 진펄 =〔苇坑〕
【苇席】wěixí 名 삿자리. ¶编织biānzhī～ | 삿자리를 엮다 →〔苇箔〕
【苇子】wěi·zi 名〈植〉갈대 ¶～丛生 | 갈대가 무더기로 자라다 =〔芦lú苇〕

【炜(煒)】wěi 빨갈 위, 빛 휘 書 ❶ 形 새빨갛다. ❷ 形 밝다. ❸ 名 밝은 불빛.

【玮(瑋)】wěi 옥 위 書 ❶ 名 옥(玉)의 이름. ❷ 形 진귀하다. 귀중하다. ¶明珠～宝 | 아름다운 구

W

슬과 진귀한 보옥. ¶～奇｜진기하다. ¶瑰guī～｜구슬이 진귀하고 아름답다.

【玮宝】wěibǎo 書 名 진기한 보물.

【纬(緯)】wěi 씨 위
❶ 名 씨실. 위사(緯絲) [피륙에 가로 놓여서 짜인 실] ¶经～｜직물의 씨실과 날실 ⇔〔经jīng⑨〕 ❷ 名 轉 가로로 된 것. ¶这个等韵图, 以四声为经, 以声母为～｜이 등운도는 사성을 세로로 하고 성모를 가로로 하였다. ❸ 名〈地〉위도(緯度). ¶北～｜북위. ¶南～｜남위. ❹ 名〈天〉「行星」의 옛 이름 [「恒星」은 「经星」이라 함] ❺ 名 簡〈書〉위서→〔纬书〕

【纬度】wěidù 名〈地〉위도 ¶偏离piānlí了～｜위도를 벗어나다→〔经度〕

【纬纱】wěishā 名〈紡〉씨실 ⇔〔经纱①〕

【纬书】Wěishū ❶ 名〈書〉위서 [경서(經書)에 가탁(假託)하여 미래의 일을 설명한 책. 「易纬」「书纬」「诗纬」「礼纬」 등이 있음] ❷ (wěishū) 미래의 일과 길흉화복을 예언한 책.

【纬线】wěixiàn 名 ❶〈紡〉직물의 씨실. ❷〈地〉위선. 씨금→〔纬度〕

【韪(韙)】wěi 옳을 위
書 形 옳다. 좋다. 바르다 어법 단독으로 쓰이지는 않고 「不韪」의 형태로 큰 오류나 잘못을 이름. ¶冒天下之大不～｜천하의 막대한 잘못을 저질렀다.

2【尾】wěi yǐ 꼬리 미 끝 미

Ⓐ wěi ❶ 名 꼬리. ¶摇yáo头摆～｜머리를 끄덕이며 꼬리를 흔들다. 아양을 떨다. ¶牛～｜소꼬리. ¶猪～巴｜돼지 꼬리 =〔尾巴bā①〕 ❷ 名 끝. 말미(末尾). 말단. ¶排～｜열(列)의 맨 끝. ¶有头无～｜시작은 있는데 끝이 없다. ❸ 名〈天〉미수(尾宿) [28수(宿)의 하나] ❹ 나머지. 마무리. ¶～数↓ ¶扫～工作｜마무리 작업. ❺ (꼬리 달린 짐승이) 교미하다. ¶交～｜교미하다. ❻ 量 마리 [물고기를 세는 단위] ¶一～鱼｜물고기 한 마리. ❼ (Wěi) 名 성(姓).

Ⓑ yǐ 名 ❶ 俗 말의 꼬리에 난 털. 말총. ¶～儿↓ ¶马～罗｜말총으로 만든 체. ❷ 꼬리 부분에 있는 바늘 모양의 것. 미각(尾角). ¶三～儿｜미각이 셋인 암귀뚜라미.

Ⓐ wěi

2【尾巴】wěi·ba 名 ❶ (～儿, ～子) 꼬리. 꽁지. ¶夹jiā着～逃跑｜꼬리를 사리고 도망가다. ¶～翎líng儿｜새 꽁지의 깃. ❷ (물건의) 꼬리 부분. ¶车～｜자동차의 후미. 끝. ¶飞机～｜비행기의 꼬리. ¶彗星～｜혜성의 꼬리. ❸ 喻 줏대가 없는 사람. 종속자. 추종자. ❹ 喻 내면에 남아있는 악습. ¶挠掉náodiào～｜전래의 고루한 악습을 제거하다.

【尾大不掉】wěi dà bù diào 成 꼬리가 너무 커서 흔들 수 없다. 조직이나 기구가 방대하여 지휘하기가 힘들다. 기구의 하부(下部)가 강하고 상부(上部)가 약하여 마음대로 지휘할 수 없다. ¶地方势力强盛, 结果～, 中央政府对它们失去了控制力｜지방 세력이 강성해져, 결과적으로는 꼬리가 너무 커 흔들 수 없는 상태가 되어, 중앙정부가 통제력을 잃어버렸다 =〔尾大难掉〕〔末大不掉〕

【尾灯】wěidēng 名 (자동차·열차의) 미등. 테일라이트(taillight). ¶汽车的～被撞zhuàng掉了｜자동차의 미등이 부딪혀 떨어졌다.

【尾骨】wěigǔ 名〈生理〉미골. 꼬리뼈.

【尾花】wěihuā 名 (신문이나 책에서 시나 글 말미 등의 빈 곳에 넣는) 삽도(插圖). 장식 그림.

【尾闾】wěilǘ 書 名 ❶ 강어귀. ❷ 喻 상품이 모여드는 곳. 물건의 집합지.

【尾鳍】wěiqí 名 꼬리지느러미.

【尾欠】wěiqiàn 名 動 상환〔납부〕되지 않은 적은 액수〔잔액〕(가 남다). ¶还有点～没还清｜아직 청산되지 않은 액수가 약간 남아 있다.

【尾声】wěishēng 名 ❶ 남곡(南曲)·북곡(北曲)에서 마지막으로 연주되는 곡〔가락〕. ❷〈音〉코다(coda). 결미. ❸ (문학 작품의) 종장(終章). 에필로그. ❹ 轉 사건〔활동〕의 마지막 단계. ¶会谈已接近～｜회담은 이미 종결 단계에 와 있다. ❺ 轉 결론.

【尾数(儿)】wěishù(r) 名 ❶〈數〉소수점 이하의 수. ❷ 장부 결산시의 나머지. 우수리 =〔方 尾子②〕 ❸ 끝자리수.

【尾随】wěisuí 動 뒤를 따르다. 뒤따라가다. ¶～其后｜그 뒤를 따라가다. 미행하다. ¶她～丈夫来到公司｜그녀는 남편을 뒤따라 회사에 왔다.

【尾音】wěiyīn 名〈言〉끝소리. 말음(末音).

【尾蚴】wěiyòu 名〈蟲〉꼬리 달린 기생충의 유충(幼蟲).

【尾追】wěizhuī 動 바싹 뒤쫓다. ¶～逃犯｜도주한 범인을 바싹 뒤쫓다.

【尾子】wěi·zi ❶ 名 方 (일·사물의) 맨 끝 부분. 끄트머리. 남은 부분. ¶歌声的～还听得清清楚楚｜노래의 여음이 아직도 똑똑히 들린다. ❷ ⇒〔尾数(儿)②〕 ❸ 名 方 나머지. 여분. ¶伙食～｜먹고 남은 것.

Ⓑ yǐ

【尾巴】yǐ·ba 名 (말의) 꼬리털. ¶马～｜말의 꼬리털. 말총.

【娓】wěi 예쁠 미
⇒〔娓娓〕

【娓娓】wěiwěi 書 狀 (이야기가) 흥미 진진하다. 감칠맛이 있다. ¶～而语 =〔娓娓而谈〕｜成 흥미진진하게 말하다. 감칠맛나게 이야기하다. ¶～不倦｜成 이야기가 흥미 진진하여 싫증이 나지 않다.

【娓娓动听】wěi wěi dòng tīng 成 이야기가 흥미진진하여 도취되어 듣다. ¶～地讲｜귀가 솔깃하게 이야기하다. ¶他说起话来～｜그가 이야기를 시작하니 흥미진진하여 도취되어 듣다.

【艉】wěi 고물 미
名〈工〉선미(船尾). 고물 =〔艄shāo〕⇔〔艏shǒu〕

2【委】wěi wēi 맡길 위

Ⓐ wěi ❶ 動 위임하다. 맡기다. ¶～以重任｜중책

을 맡기다. ¶～托↓ ❷名簡「委员」「委员会」의 약칭. ¶常～｜상임위원(회). ❸動(자기의 잘못이나 허물을 남에게) 전가시키다. 넘겨씌우다. 떠밀다. ¶推～｜(책임·과오를) 전가시키다. ¶～罪于人｜남에게 잘못을 전가시키다＝〔诿wěi〕 ❹書名결말. 끝. ¶原～｜본말(本末). 경위(經緯). ¶穷源竟～｜사물의 시초와 결말을 밝혀내다. ❺구불구불하다. 굽다. ¶～婉↓ ¶话说得很～婉｜이야기를 완곡하게 하다. ❻시들다. 풀이 죽다. 활기가 없다. ¶～顿dùn↓ ¶～靡mǐ↓＝〔萎wěi〕 ❼세세하다. 잘다. ¶～琐suǒ↓

B wēi ⇒〔委蛇〕

A wěi

【委办】wěibàn 動 위임하여〔부탁하여〕 처리 하다. ¶完成上级～的任务｜상급 부서의 위탁 처리 임무를 완성하다.

【委顿】wěidùn 書形 지치다. 피곤하다. 나른하다. 기운이 없다. ¶精神～｜정신이 쇠약해지다.

【委过】wěiguò ⇒〔诿wěi过〕

【委靡】wěimǐ 書狀 원기〔활기〕가 없다. 맥이 빠지다. 의기 소침하다. ¶精神～｜정신이 활기가 없다. ¶神志～｜의기 소침(消沉)하다. ¶～状态｜활기가 없는 상태＝〔萎wěi靡〕

【委靡不振】wěimǐ bù zhèn 成 원기가 쇠퇴하여 활기가 없다. 기를 펴지 못하다. 맥이 빠지다. ¶别这么～的｜이렇게 맥빠져 하지 마세요＝〔萎靡不振〕

【委命】wěimìng 書動 ❶목숨을 바치다＝〔效xiào命〕 ❷운명에 맡기다.

【委内瑞拉】Wěinèiruìlā 名外〈地〉베네수엘라(venezuela)［남미 북부의 공화국. 수도는「加拉加斯」(카라카스;Caracas)］

【委派】wěipài 動 임명하여〔위임하여〕 파견하다. ¶～他去｜그를 임명하여 파견하다.

【委曲】wěiqū ❶形(곡조·도로 등이) 구불구불하다. ¶～的溪流｜구불구불한 산골짜기 시냇물. ❷形 자세하고 소상하다. 상세(詳細)하다. ❸名 자세한 사정. 복잡한 곡절. ¶～详尽｜경위·내막에 대한 설명이 상세하다.

【委曲求全】wěi qū qiú quán 成 일이 되도록 하기 위하여 두루 좋게 넘기려 하다. 자기 의견을 굽혀 일을 성사시키려고 하다. ¶做人有时就得～｜일을 하는 사람은 어떤 때에는 자기 의견을 굽혀 일을 성사시키려 한다.

3【委屈】wěi·qu ❶形(억울한 죄·부당한 대우를 받아) 억울하다. 분하다. 원망스럽다. ¶她辛苦了半天还受埋怨, 觉着很～｜그 여자는 열심히 애를 쓰고도 남에게 원망을 들어 몹시 억울해하고 있다. ❷動 억울하게 하다. 억울한 죄를 씌우다. 섭섭하게 하다. ¶对不起, ～你了｜섭섭하게 해드려 미안합니다. ❸名 억울함. 불평 불만. ¶一肚子的～｜가슴 가득한 억울함. ¶诉sù～｜불평을 호소하다. ¶受～｜억울함을 당하다.

【委任】wěirèn ❶動 위임하다. 맡기다. ¶政府～他当教育部部长｜정부에서 그에게 교육부 장관을 맡기다. ❷書名〈史〉신해(辛亥)혁명부터 중화인민공화국 성립 이전까지 있었던 중국의 말단 문관(文官).

【委任统治】wěirèn tǒngzhì 名組〈政〉위임 통치. 신탁 통치＝〔托tuō管〕

【委身】wěishēn 書動 위신하다. 몸을 맡기다. 헌신하다. ¶～事人｜몸을 맡기고 남을 섬기다. ¶她竟～于他｜그녀는 결국 그에게 몸을 맡겼다.

【委实】wěishí 副 확실히. 실제로. 정말로 ¶她～不知道｜그녀는 정말로 모른다＝〔近委的〕

【委琐】wěisuǒ ❶書形 사소한 일에 구애되다. ¶凡事应往大处着眼, 不要委委琐琐｜모든 일은 큰 일에 착안해야지 작은 일에 구애되지 말아라. ❷⇒〔猥wěi琐〕

3【委托】wěituō 名動 위탁(하다). 위임(하다). 의뢰(하다). ¶～贸易｜위탁 무역. ¶谢绝～｜의뢰를 사절하다. ¶这件事就～他了｜이 일은 그에게 맡겼다.

【委婉】wěiwǎn 形(말이) 완곡하다. ¶～含蓄｜완곡하고 함축적이다. ¶～地拒绝｜완곡하게 거절하다＝〔委宛〕

【委婉语】wěiwǎnyǔ 名 부드러운 말. 완곡한 말. ¶她很会说～｜그녀는 매우 완곡하게 말을 할줄 안다.

2【委员】wěiyuán 名 ❶위원. ¶审查～｜심사위원. ❷옛날, 특정 임무를 띠고 파견된 관리.

【委员会】wěiyuánhuì 名 위원회. ¶省～｜성 위원회. ¶北京市教育～｜북경시 교육 위원회. ¶校务～｜교무 위원회. ¶招生～｜학생 모집 위원회. ¶伙食～｜급식〔취사 관리〕 위원회＝〔簡委员〕

【委罪】wěizuì ⇒〔诿wěi罪〕

【委座】wěizuò 名敬 위원장. ¶报告～, 我已完成了任务｜나는 이미 임무를 완성했다고 위원장에게 보고하다＝〔委员长〕

B wēi

【委蛇】wēiyí ❶狀 구불구불하다. ¶山路～的｜산길이 구불구불하다. ¶绿水～｜푸른 물이 굽이쳐 흐르다＝〔逶wēi迤〕 ❷動 따르다. 복종하다. 건성으로 대하다. ¶虚与～｜성의없이 겉으로만 고분고분 대하다.

【诿(諉)】 wěi 번거롭게할 위, 말길 위

動 떠넘기다. (책임을) 남에게 전가하다. ¶～说｜남에게 전가시켜 말하다. ¶～过于人｜잘못을 남에게 덮어 씌우다.

【诿过】wěiguò 動(죄·잘못·허물 등을) 남에게 전가하다. ¶错误该由自己负责, 不该～于人｜잘못은 마땅히 스스로 책임을 져야지, 남에게 책임을 전가해서는 안 된다＝〔诿咎jiù〕〔委wěi过〕〔委咎〕

【诿为不知】wěi wéi bù zhī 成 남에게 책임을 덮어 씌우거나 핑계를 대고 모르는 체 시치미 떼다. ¶他～, 以便推卸tuīxiè责任｜그는 핑계를 대고 모른체 하며, 책임을 회피한다.

【诿罪】wěizuì 動 죄를 남에게 전가하다＝〔委罪〕

【萎】 wěi 又 wēi) 시들 위, 둥굴레 위

❶形 쇠약해져 있다. 쇠하다. ¶气～｜기력이 쇠하다. ¶经济～缩｜경제가 위축되다. ❷動(초목 등이) 시들다. ¶枯～｜시들다. ¶叶子

～了｜잎이 시들었다. ❸書動 병들다. 병들어 죽다. ❹「痿」와 통용⇒〔痿wěi〕 ❺名〈植〉둥굴레. ¶～蕤ruí↓

【萎靡】wěimǐ 狀 기운이 없다. 기가 죽다 =〔委wěi靡〕

【萎蔫】wěiniān ❶動(초목이) 시들다. 쪼그라들다. ¶小麦都～了｜작은 보리가 몽땅 쪼그라들었다. ❷形 시들어〔말라〕있다. 시들시들하다.

【萎蕤】wěiruí 名〈植〉둥굴레 =〔葳wēi蕤②〕

【萎缩】wěisuō 動 ❶(몸이) 위축하다. (식물이) 시들어 오그라들다. ¶肌肉～｜근육이 위축하다. ❷(경제가) 쇠퇴하다. 활기를 잃다. 부진하다. ¶经济日趋～｜경제가 날로 쇠퇴하다. ❸ 위축(蝟縮)하다. 기를 펴지 못하다. 움츠러들다 ‖ =〔委wěi缩〕

【萎陷疗法】wěixiàn liáofǎ 名〈醫〉허탈 요법 =〔压yā缩疗法〕

【萎谢】wěixiè 動 시들어 떨어지다. ¶花儿也～了｜꽃이 시들어 떨어졌다.

【痿】 wěi 바람맞을 위

名〈漢醫〉신체의 어떤 부분이 위축 되거나 기능을 잃는 병. ¶下～｜허리가 마비되는 병. ¶阳～｜양위 =〔萎④〕

【痿症】wěizhèng 名〈漢醫〉사지(四肢)의 마비증.

【洧】 Wěi 물이름 유

名〈地〉유수(洧水) [하남성(河南省)에 있는 강 이름]

【鲔(鮪)】 wěi 다랑어 유

名〈魚貝〉❶ 다랑어. ❷ 고서(古書)에서, 철갑상어를 가리킴→〔鲟xún〕 ❸ 황어→〔鳇huáng〕

【猥】 wěi 더러울 외, 많을 외

❶ 야비하다. 천하다. 상스럽다. ¶贪～｜탐욕스럽고 야비하다. ❷ 많다. 잡다하다. ¶～杂↓ ❸書副謙 적당히. 되는대로. 함부로. 외람되게. ¶竟不肯试，～以他语拒绝之｜끝까지 해보려 하지 않고 외람되게 핑계대어 거절했다.

【猥词】wěicí ⇒〔猥辞〕

【猥辞】wěicí 名 저속(低俗)한 말. 음란한 말. ¶不得在公共场所说～｜공공 장소에서는 저속한 말을 해서는 안된다 =〔猥词〕

【猥獕】wěicuī 形 近 풍채가 시원치 않다. 몰골이 사납다. ¶他既是天师，如何这等～｜그는 훌륭한 도사인데도 어찌 그렇게 몰골이 사나운가.

【猥劣】wěiliè 書形 비열하다. ¶～的小人｜비열한 소인배.

【猥陋】wěilòu 書形 저열하다. 야비하다. 비루(卑鄙)하다. ¶这些人极为～｜이런 사람들은 대단히 야비하다 =〔猥鄙bǐ〕

【猥琐】wěisuǒ 書形(용모·거동이) 상스럽고 좀스럽다. 옹졸하다. 용속(庸俗)하다. ¶形容～难成大器｜용모가 옹졸하면 큰 인물이 되기 어렵다 =〔委wěi琐②〕

【猥亵】wěixiè 書 ❶形(언행이) 외설하다. 음란하다. 저속하다. ¶～文学｜외설 문학. ¶该书内容～，不应耽读｜이 책은 내용이 저속하니 탐독해서는 안 된다. ❷動 외설한〔음란한〕행위를 하다.

【猥杂】wěizá 書形 잡다(雜多)하다. 어수선하게 많다.

【隗】 wěi ⊗ kuí) 높을 외

❶書形 높다. 크다. ❷ (Wěi) 옛 나라 이름 [지금의 호북성(湖北省)에 있던 나라 이름. 기원 전 634년에 초(楚)나라에 멸망당함] ❸ (Wěi) 名 성(姓).

wèi ㄨㄟˋ

2【卫(衛)〈衞〉】 wèi 막을 위

❶動 지키다. 보호하다. 방호(防護)하다. ¶保家～国｜집과 나라를 지키다. ¶防～｜방위하다. ¶自～｜스스로 지키다 =〔捍hàn卫〕 ❷名 명대(明代) 요충지에 설치했던 병영(兵營) [「所」보다 주둔군(駐屯軍)의 수가 많았으며, 지금도 지명에 남아 있음] ¶威海～｜위해위. 지금의 「威海市」(위해시). ❸ (Wèi) 名〈史〉위 [주대(周代)의 나라이름. 지금의 하북(河北) 남부와 하남(河南) 북부 일대] ❹ (Wèi) 名 성(姓).

【卫兵】wèibīng 名〈軍〉호위병. 위병. ¶他带了几个～出门了｜그는 호위병을 몇명 데리고 나갔다 →〔卫队〕

【卫道】wèidào 動 낡은 도덕을 지키다. 사상을 옹호하다. ¶～士｜구시대 도덕의 옹호자 ¶～者｜체제나 사조(思潮)의 옹호자.

【卫队】wèiduì 名〈軍〉호위대. 위병대. 경호대→〔卫兵〕

【卫国】wèiguó 書動 나라를 지키다. 나라를 보위하다. ¶～捍民｜나라를 보위하고 인민을 지키다.

【卫护】wèihù 動 수호하다. 지키다. ¶～人民的利益｜국민의 이익을 지키다.

【卫拉特】Wèilātè 名〈史〉「瓦剌」(오이랏)에 대한 청대(清代)의 호칭.

【卫矛】wèimáo 名〈植〉화살나무. ¶毛脉～｜털화살나무 =〔鬼箭羽〕

【卫冕】wèimiǎn 動 타이틀을 방어하다. ¶韩国队再次～成功｜한국 팀이 다시 타이틀 방어에 성공하다.

【卫冕战】wèimiǎnzhàn 名〈體〉타이틀 방어전.

2【卫生】wèishēng ❶形 위생적이다. 깨끗하다. ¶喝生水，不～｜끓이지 않은 물을 마시면 비위생적이다. ¶打扫得很～｜아주 깨끗이 청소하다. ❷名 위생. ¶讲～｜위생에 주의하다. ¶环境～｜환경 위생. ❸書名動 양생(養生)(하다).

【卫生带】wèishēngdài 名 생리대. 월경대(月經帶) =〔卫生棉mián〕〔月经带〕

【卫生间】wèishēngjiān 名 ❶ 화장실·세면장 등의 총칭. ❷ 여관·호텔·주택 등에서 「卫生设备」(변기·세면대·욕조 등)이 달려있는 방.

【卫生裤】wèishēngkù 名 方 동내의(冬內衣) 바지 =〔绒róng裤〕

【卫生棉】wèishēngmián ⇒〔卫生带〕

【卫生球(儿)】wèishēngqiú(r) 名〈化〉공모양의 나프탈렌 =〔臭chòu球(儿)〕〔萘nài球〕〔方 樟脑丸〕

【卫生设备】wèishēngshèbèi 名組 위생 설비 [수세식 변기나 하수도와 통하는 욕조·세면기 등을 말함] ¶添tiān置~ | 위생 설비를 추가 구입하다.
【卫生所】wèishēngsuǒ 名 위생소 [중국 농촌 인민 공사의 「生产大队」의 진료를 담당하는 곳. 「卫生室」보다는 크고, 「卫生院」보다는 작음] ¶设立~ | 위생소를 설립하다→〔卫生院〕
【卫生衣】wèishēngyī 名 方 메리야스 셔츠 =〔卫生衫〕〔绒róng衣〕
【卫生用纸】wèishēngyòngzhǐ ⇒〔卫生纸〕
【卫生员】wèishēngyuán 名 ❶ 위생원 [단기간의 연수를 마친 후, 거주 지역·직장·생산대(生產隊)에서 작업 여가 시간에 위생 교육과 간단한 치료·구급 조치를 행하는 사람으로 「卫生院」에 소속되어 있음] ❷ 병원의 잡역부 [환자의 침대를 정리하고 청소하는 자를 가리킴] ❸ 위생병(衛生兵)
【卫生院】wèishēngyuàn 名 위생원. 보건소 [중국의 현(縣) 또는 인민공사(人民公社)에서 설립한 예방 업무를 포함한 의료 및 위생 행정을 총괄하는 기관]→〔卫生室〕〔卫生所〕〔卫生站〕
【卫生纸】wèishēngzhǐ 名 ❶ 화장지. 뒤지. 휴지 =〔俗 方 草纸〕〔俗 手纸〕 ❷ 생리대 안에 덧대는 종이 패드 ‖ =〔卫生用纸〕
【卫士】wèishì 名 ❶〈軍〉근위병(近衛兵). 호위병. ❷ 경호원. ¶鉄道~ | 철도 경호원.
【卫士忌(酒)】wèi·shìjì(jiǔ) ⇒〔威wēi士忌(酒)〕
【卫戍】wèishù 書 動〈軍〉(주로 수도를) 방위하다. 병력으로 지키다. 위수하다. ¶~部队 | 위수 부대. ¶~司令部 | 위수 사령부. ¶北京~区 | 북경 위수 지구.
2【卫星】wèixīng 名 ❶〈天〉위성. ¶月球是地球的~ | 달은 지구의 위성이다. ❷ 위성처럼 어떤 것의 주위를 에워싸고 종속적 관계에 놓여 있는 것. ❸ 轉 (사람을 놀라게하는) 신기록. 큰 위업. ¶稻子高产~ | 벼 생산 다수확 기록. ¶文艺~ | 문예에 있어서의 큰 위업. ❹ 인공위성. ¶通讯~ | 통신 위성. ¶~转播 | 위성 중계 =〔人造卫星〕
【卫星城(市)】wèixīngchéng(shì) 名 위성 도시. ¶带动~的经济发展 | 위성 도시의 경제 발전을 이끌어 나가다 =〔卫星镇zhèn〕

1【为】wèi ☞ 为 wéi B

2【未】wèi 여덟째지지 미, 아닐 미
❶ 名 미 [십이지(十二支)의 여덟번째]→〔干支〕 ❷ 名 미시(未時) [오후 1시부터 3시까지] =〔未刻〕〔未时〕 ❸ 名 옛날, 방위에서 남서(南西)를 가리킴. ❹ 書 副 …이 아니다. 어법 구어(口語)에서 「不」에 해당. ¶~知可否 | 가부를 모른다. ¶油漆yóuqī~干 | 페인트가 아직 마르지 않았다. ❺ 書 副 아직 …이 아니다. 아직 …하지 않다. ¶健康尚~恢复 | 건강이 아직 회복되지 않았다. ¶~到 | 도착하지 않았다 =〔没有〕 ❻ 書 副 문장 끝에 쓰여 의문을 나타냄. ¶君知其意~? | 자네는 그 뜻을 아는가?

3【未必】wèibì 副 반드시 …한 것은 아니다. 꼭 …하다고는 할 수 없다. ¶他~知道 | 그가 반드시 아는 것은 아니다→〔不必〕〔不一定〕
【未必尽然】wèibì jìnrán 書 動組 반드시 다 그렇다고는 할 수 없다. ¶他的话虽有点道理, 但~ | 비록 그의 말이 다소 일리가 있지만, 그러나 꼭 다 그렇다고 할 수는 없다.
【未便】wèibiàn 動組 …하기 곤란하다. …하기 불편하다. …할 수는 없다. ¶~久候 | 오래 기다릴 수는 없다. 제멋대로 처리하기 좀 곤란하다. ¶~明指 | 딱히 뭐라고 짚기는 힘들다.
【未卜先知】wèi bǔ xiān zhī 成 점을 치지 않고서도 앞일을 알다. 선견지명이 있다. ¶许多事情他能~ | 많은 일을 그는 점치지 않고서도 미리 알 수 있다.
【未曾】wèicéng 書 副 일찌기 …해본 적이 없다. 지금까지 …못하다. 아직 …하지 않았다. ¶~水来先迭坝diébà | 諺 물이 오기 전에 둑을 쌓다. 유비무환(有備無患). ¶这一点~谈到 | 이 점은 아직 이야기하지 않았다 =〔未尝①〕→〔曾〕〔没有〕
【未尝】wèicháng ❶ ⇒〔未曾〕 ❷ 副 …이라고 말할 수 없다. 결코 …(이)지 않다. 어법 부정사 앞에 놓여 이중 부정을 나타냄. ¶~不是喜欢 | 기뻐하지 않는 것은 아니다. ¶这~不是一个好建议 | 이것은 결코 좋은 건의가 아닐 수 없다. ¶~没有缺点 | 결점이 없지도 않다 =〔未始〕
【未尝不可】wèi cháng bù kě ⇒〔未始不可〕
【未成年】wèichéngnián 名 미성년(자) ¶~的男子 | 미성년 남자 =〔未成丁〕〔未冠guān〕〔未及岁〕
【未定稿】wèidìnggǎo 名 미완성 원고. 탈고하지 못한 원고. ¶这是~ | 이는 미완성의 원고이다 =〔未定草〕
【未付】wèifù 名 動 미(지)불(하다). ¶~红利 | 미불 순이익. ¶~股利 | 미불 주식 이자.
【未婚】wèihūn 動 미혼이다. ¶他还~ | 그는 아직 미혼이다.
【未婚夫】wèihūnfū 名 (남자) 약혼자 ⇔〔未婚妻〕
【未婚妻】wèihūnqī 名 약혼녀 ⇔〔未婚夫〕
【未获】wèi huò 書 動組 아직 …를 얻지 못하다. ¶~同意 | 동의를 얻지 못하다.
【未及】wèi jí 動組 …에 미치지〔이르지〕 못하다. …할 틈이 없다. 아직 …(할 단계)까지는 되어 있지 않다. ¶~面辞 | 만나서 작별인사 드릴 틈이 없다. ¶~完竣 | 아직 준공까지는 이르지 못하다.
【未见】wèi jiàn 動組 ❶ 아직 못보다〔만나지 못하다〕. ¶~其人 | 아직 그 사람을 만나지 못하였다. ❷ 받지 못하다. ¶~答复 | 회답을 받지 못하다.
【未尽】wèi jìn 動組 아직 다하지 못하다. 아직 끝나지 않다. ¶言犹~ | 말이 아직 다하지 않았다 =〔未央②〕
【未经】wèi jīng 書 動組 아직 …하지 못하다. 경유〔통과〕하지 못하다. ¶~完税 | 아직 세금을 완납하지 못하다. ¶~核准hézhǔn | 아직 심사 비준을 받지 못하다. ¶~许可, 不得入内 | 허가를

받지 못하면, 들어갈 수 없다.

【未竟】wèijìng 動組 미완의. ¶～之志｜成 채 이룩하지 못한 뜻.

【未决犯】wèijuéfàn 名〈法〉미결수(未決囚) 미결범. ¶押解yājiè走了一批～｜한무리의 미결수들을 호송해갔다.

【未可】wèikě 能 …할 수 없다. ¶～乐观｜낙관할 수 없다. ¶前途～限量｜전도를 헤아릴 수 없다.

【未可厚非】wèi kě hòu fēi 成 지나치게 나무랄 것이 아니다. 덮어놓고 책망할 것은 아니다 [결점이 있어도 용서할 수 있음을 나타냄] ¶他这样做也～｜그가 이렇게 하는 것도 지나치게 나무랄 것이 아니다 =〔无可厚非〕

2【未来】wèilái 名 ❶ 멀지 않은 장래. 조만간. ¶～二十四小时内将有暴雨｜조만간 24시간안에 폭우가 올 것이다. ❷ 미래. ¶～主义｜미래주의.

【未老先衰】wèi lǎo xiān shuāi 成 나이 들기전에 먼저 늙다. 겉늙다. ¶老金～, 头发都花白了｜김씨는 겉늙어서, 머리가 온통 새어버렸다.

【未了】wèiliǎo 動 끝나지 않다. 해결〔완결〕되지 못하다. ¶～事项｜미결 사항. ¶～案件｜미결사건. ¶～的心愿｜풀지 못한 소원.

4【未免】wèimiǎn ❶ 副 아무래도 …이다. 좀 …하다. …하다고〔이라고〕하지 않을 수 없다. 어법 ⓐ 항상 정도부사(程度副詞)「太」「过分」「过于」「不大」「不够」「有点」「有些」및 수량사(數量詞)「一点」「一些」등과 같이 쓰임. ⓑ「未免」은 어떤 상황이 너무 지나치다는 평가를 하는 데 쓰이고「不免」「难免」은 객관적으로 볼 때 면하기 어렵다는 뜻으로 쓰임. ¶你的顾虑～多了些｜아무래도 너는 걱정이 좀 지나친 것 같다. ¶你～太好hào多说话了｜너는 너무 수다스럽다고 하지 않을 수 없다. ❷ …을 면할 수 없다. 꼭〔불가피하게〕…하다. ¶～发生一些问题｜얼마간의 문제가 생길 수 밖에 없다.

【未能免俗】wèi néng miǎn sú 成 아직 일반풍습에서 벗어나지 못하다. 속되다.

【未然】wèirán 書 動組 ❶ 아직 그렇지 않다. 아직 …이 아니다. ¶～其说｜그 설에는 아직 찬성할 수 없다. ❷ 名 미연. ¶防患于～｜환난을 미연에 방지하다.

【未谉】wèishěn ⇒〔未知〕

【未时】wèishí 書 名 미시. 오후 1시부터 3시까지의 시각 =〔未刻〕

【未识】wèishí ⇒〔未知〕

【未始】wèishǐ ⇒〔未尝②〕

【未始不可】wèi shǐ bù kě 成 안 된다고 할 수 없다. 안 될 것도 없다 =〔未尝不可〕

【未遂】wèisuì 動 (목적이나 소원을) 이루지 못하다. ¶～犯｜미수범. ¶心愿～｜소원이 이루어지지 못하다. ¶他的罪名是窃盗～｜그의 죄명은 절도 미수이다.

【未完】wèiwán 動 아직 끝나지 않다. ¶～待续｜다음에 계속.

【未为不可】wèi wéi bù kě 成 안된다고 할 수 없다. 나쁘다고 생각되지도 않다. ¶这样做也～｜이렇게 해도 안된다고 할 수 없다.

【未详】wèixiáng 動組 미상하다. 상세하지 아니하다. 알려져 있지 아니하다. ¶内容～｜내용을 잘 모르다. ¶这些书都作者～｜이 책들은 전부 작자 미상이다.

【未央】wèiyāng ❶ 書 動 아직 반에도 이르지 못하다. ❷ ⇒〔未尽〕

【未雨绸缪】wèi yǔ chóu móu 成 비가 오기 전에 창문을 수선하다. 사전에 방비하다.

【未知】wèizhī 動 아직 모르다. ¶～其中究竟｜그 영문을 아직 모르다. ¶～窍qiào门｜비결을 아직 모르다 =〔未谉shěn〕〔未识〕〔未悉xī〕

【未知数】wèizhīshù 名〈數〉미지수. ¶许多因素还是～呢｜많은 인소가 아직 미지수이다 ⇔〔已知数〕

2【味】wèi 맛 미, 맛볼 미 ❶ (～儿) 名 맛. ¶走～｜맛이 가다. ¶带甜～儿｜감미가 있다 =〔味道〕❷ (～儿) 名 냄새. ¶气～｜냄새. ¶这种～儿很好闻｜이런 류의 냄새는 매우 좋다. ❸ (～儿) 名 의미. 취미. ¶津津有～｜흥미 진진하다. ¶言语无～｜말이 무미 건조하다. ❹ (～儿) 名 맛. 느낌. ¶很有中国的～儿｜중국적인 맛이 많이 있다. ❺ 書 動 맛보다. (깊이) 음미하다. ¶细～其言｜그 말을 깊이 음미하다. ¶体～｜직접 느끼다. ❻ 量〈漢醫〉종. 가지 [약의 종류를 헤아리는 단위] ¶三～药｜3종류의 약.

2【味道】wèi·dao 名 ❶ 맛. ¶这个菜～很好｜이 요리는 매우 맛있다 =〔味儿①〕❷ 느낌. 기분. 티. ¶心里有一股说不出来的～｜마음 속에 한 줄기 말할 수 없는 느낌이 있다. ❸ 흥취. 흥미. 재미. ¶副业大有～｜부업은 매우 재미가 있다.

【味精】wèijīng 名〈化〉화학 조미료 ¶多加～, 菜就很鲜｜화학 조미료를 많이 넣으면 음식맛이 더욱 좋다 =〔粵 味粉fěn〕〔味素sù〕

【味觉】wèijué 名〈生理〉미각.

【味蕾】wèilěi 名〈生理〉미뢰 [미각 신경의 말초]

【味料】wèiliào 名 양념. 조미료.. ¶～要加得适当｜조미료는 적당히 넣어야 한다.

【味儿】wèir ❶ ⇒〔味道①〕❷ 名 냄새. ¶香～｜향기. ¶腥xīng～｜비린내 =〔气味①〕❸ 名 재미. 흥취. 운치. 느낌. ¶没有～｜운치가 없다. ¶唱得够～｜노래를 분위기있게 부르다. ❹ 名 태도. ¶他那种～, 我受不了!｜그의 그런 태도, 나는 참을 수 없어! ❺ 名 俗 평판 →〔味儿正〕❻ 名 俗 세력. ¶～薄了｜세력이 약해졌다. ❼ 名 지난 일의 실상.

【味儿了劲儿的】wèir ·lejìnr ·de 狀組 京 뾰로통한 얼굴. 불만스러운〔성난〕표정. ¶瞧qiáo你这么～, 谁惹rě你了?｜이 뾰로통한 얼굴 좀 보게. 누가 너를 건드렸지?

【味儿事】wèirshì 名 京 대단찮은 일. 대수롭지 않은 일. ¶他说的全是～, 甭béng着zhāo耳朵听｜그가 말하는 것은 전부 다 대단찮은 일이니 귀기울여 들을 필요 없다.

【味儿正】wèir zhèng 動組 ❶ 평판이 좋다. 인품이 높다. ❷ 맛이〔향기가〕순수하다. ¶这个天然果汁～｜이 천연과즙은 맛이 순수하다.

【味素】wèisù ⇒〔味精〕

【味同鸡肋】wèi tóng jī lèi 成 맛이 닭갈비 같다. 취할 것도 없으면서 버리기는 아깝다. ¶这文章～ | 이 문장은 취할 것도 없으면서 버리기는 아깝다.

【味同嚼蜡】wèi tóng jiáo là 成 밀랍을 씹는 것처럼 아무 맛도 없다. (말·문장 등이) 무미 건조하다. ¶读宋朝的诗～ | 송조의 시를 읽으면 무미건조하다.

1【位】wèi 자리 위, 분 위
❶ 名 위치. 소재지. ¶部～ | 부위. ¶各就各～ | 각자 자기 위치로 가다. ❷ 名 (직무상의) 지위. ¶名～ | 명예와 지위. ❸ 名 왕위(王位). ¶即～ | 즉위하다. ❹ (～子) 名 자리. 좌석. ¶空～子 | 공석. ❺ 名 〈電算〉 비트(bit) [컴퓨터 정보전달의 최소 단위] ¶十六～元 =〔十六进位〕| 16비트. ❻ 量 분. 어른 [사람을 세는 양사] ¶诸～ | 여러분. ¶这～ | 이분. ¶五～客人 | 손님 다섯 분. ❼ 書 動 …에 위치하다. ¶韩国～于亚洲东北部 | 한국은 아시아의 동북부에 위치하고 있다. ❽ 名 수(數)의 자리. ¶个～ | 일자리. ¶少数点后五～ | 소수점 아래 다섯 자리. ❾ (Wèi) 名 성(姓).

【位次】wèicì 名 ❶ 지위. ❷ 순위. 등급. 석차. ¶争～ | 순위를 다투다. ❸ 자리 순서. ¶～卡 | 좌석표.

【位居】wèijū 書 動 …에 위치하다. ¶韩国队～第一 | 한국팀이 1위를 하다.

【位能】wèinéng 名 〈物〉 위치 에너지 =〔势能〕

【位移】wèiyí 名 〈物〉 변위. ¶～电流 | 변위 전류. ¶发生了～ | 변위가 발생했다.

3【位于】wèiyú 書 動 …에 위치하다 [나라·지구·산하·도시·대형 건축 등에 한함] ¶中国～亚洲大陆东部 | 중국은 아시아 대륙 동부에 위치하고 있다.

【位元】wèiyuán 名 〈電算〉 비트(bit).

2【位置】wèi·zhì ❶ 名 위치. 장소. 자리. ¶大家都按指定的～坐了下来 | 모두들 다 지정된 위치에 따라 앉았다. ❷ 名 지위. 직위. ❸ 動 (일)자리를 찾아주다[알선해주다]. 지위에 앉히다. ¶请他给～一个事儿 | 그에게 일거리를 하나 찾아줄 것을 부탁하다. ❹ 書 動 자리를 잡게 하다. 안배하다.

【位子】wèi·zi 名 자리. 좌석. ¶没有空kōng～ | 빈자리가 없다. ¶教室的～ | 교실의 좌석.

2【胃】wèi 밥통 위, 별이름 위
名 ❶ 〈生理〉 위. 위장 →〔肚dǔ子 ⓑ〕 ❷ 〈天〉 위성 [이십팔수(二十八宿)의 하나]

【胃病】wèibìng 名 〈醫〉 위병. 위장병. ¶他～复发, 住了一周医院 | 그는 위장병이 재발하여 일주일동안 병원에 입원했다.

【胃蛋白酶】wèidànbáiméi 名組 〈化〉 펩신(pepsin) =〔外 百布圣〕〔胃蛋白酵素〕〔胃朊酶〕〔蛋白酵素〕〔胃液素〕

【胃镜】wèijìng 名 〈醫〉 위내시경. 위 속을 검사하는 거울. ¶～检查 | 위내시경 검사

【胃口】wèi·kǒu 名 ❶ 위. ¶～疼 | 위가 아프다. 위통. ❷ 입맛. 식욕. ¶～不好 | 식욕이 좋지 않다. ¶没有～ | 입맛이 없다. ❸ 喩 구미. 흥미. ¶倒dǎo～ | 식상하다. ¶～软 | 흥미가 없다. ❹ 욕심.

【胃溃疡】wèikuìyáng 名 〈醫〉 위궤양. ¶她在韩国得了～, 因为韩国菜太辛辣 | 그녀는 한국음식이 매우 맵기 때문에 한국에서 위궤양을 얻었다 =〔俗 胃痈yōng〕

【胃扩张】wèikuòzhāng 名 〈醫〉 위확장.

【胃酸】wèisuān 名 〈生理〉 위산. ¶～过多 | 위산과다.

【胃脘】wèiwǎn 名 〈漢醫〉 위강(胃腔).

【胃下垂】wèixiàchuí 名 〈醫〉 위하수.

【胃腺】wèixiàn 名 〈生理〉 위선. 위샘.

【胃炎】wèiyán 名 〈醫〉 위염. 위카타르(胃kātarrh). ¶放治～ | 위염을 예방 치료하다 =〔外 胃加答儿〕

【胃液】wèiyè 名 〈生理〉 위액. ¶～过多 | 위액 과다.

2【谓(謂)】wèi 이를 위, 이름 위
書 ❶ 動 말하다. 알리다. ¶或～ | 어떤 사람이 말하다. ¶周公～鲁公曰 | 주공이 노공에게 말하기를 =〔告诉〕〔说〕 ❷ 動 …라고 하다. …라고 부르다. ¶何～人造卫星? | 무엇을 인공위성이라고 하는가? ¶此之～大丈夫 | 이러한 것을 대장부라고 한다. ❸ 名 까닭. 이유. 의의. 의미. ¶甚无～也 | 심히 무의미하다. ¶无所谓 | 의미가 없다. 괜찮다. 관계없다. ¶无～的言论 | 의미 없는 언론.

【谓语】wèiyǔ 名 〈言〉 술어(predicate) =〔述语〕→〔句jù子成分〕

【渭】Wèi 물이름 위
名 〈地〉 위수(渭水) [감숙성(甘肅省)에서 발원해 섬서성(陝西省)의 「泾水」와 합류하여, 황하(黃河)로 흘러 들어가는 강] →〔泾jīng〕

【猬〈蝟〉】wèi 고슴도치 위
❶ 名 〈動〉 고슴도치 =〔刺cì猬〕 ❷ 喩 잡다하게 모이다. ¶～集↓ ¶～起↓

【猬集】wèijí 動 ❶ 잡다하게 가득 모이다. 위집하다. ¶诸事～ | 여러가지 일들이 위집하다. ❷ 일이 일시에 발생하여 번잡하다. ¶公私～ | 공사다망(多忙) ‖ =〔猬合〕〔猬结〕

【猬结】⇒〔猬集〕

【猬起】wèiqǐ 書 動 喩 사건이 분분하게 일어나다. 말썽이 백출(百出)하다.

4【畏】wèi 두려워할 외
動 ❶ 두려워하다. ¶大无～的精神 | 조금도 두려워하지 않는 정신 →〔畏首畏尾〕 ❷ 존경하다. 탄복하다. ¶敬～ | 경외하다.

【畏避】wèibì 動 두려워 피하다. ¶人家～的事他偏要试一试 | 다른 사람들이 두려워서 피하는 일을 그는 기어코 해보려 한다.

【畏服】wèifú 動 두려워하며 복종하다. ¶令人～ | 두렵게 해 사람을 복종하도록 하다.

【畏忌】wèijì 動 두려워하며 꺼려하다. ¶你这样做会引起他的～! | 네가 이렇게 한다면 그가 두려워하며 꺼리게 될것이다.

【畏惧胊〉】
wèijù 書 動 무서워하고 두려워하다. ¶无所～ | 아무것도 무서워할 것 없다. ¶不必～困难 | 어려움을 두려워하지 마라.

W

【畏难】wèinán 動 어려움을 겁내다. ¶～的情绪qíngxù | 어려움을 겁내는 정서. ¶～消极xiāojí | 어려움을 피하며 소극적이다.

【畏怯】wèiqiè 動 두려워하고 겁을 내다. ¶小孩儿总不免～生人 | 아이는 늘 낯선 사람을 두려워한다.

【畏首畏尾】wèi shǒu wèi wěi 成 모든 것을 두려워하다. 일을 지나치게 소심하게 처리하다. ¶别～的, 要勇敢一点儿才行 | 모든 것을 다 두려워하지 말고 좀 용감해야 한다.

【畏缩】wèisuō 動 무서워 위축되다. 주눅들다. ¶～不前 | 成 위축되어 앞으로 나아가지 못하다. 주춤거리다.

【畏途】wèitú 書 名 위험한 길. 무서운 일. 두려운 일. ¶视为～ | 위험한 일로 보다.

【畏葸】wèixǐ 書 動 두려워하다. 무서워하다. ¶心懷～ | 마음이 두렵다. =〔畏懼jù〕

【畏友】wèiyǒu 名 경외(敬畏)하는 친구. ¶他把我视为～ | 그는 나를 존경하는 친구로 생각한다.

【畏罪】wèi/zuì 動 처벌을 두려워하다. ¶～自杀 | 처벌이 두려워 자살하다. ¶他～潜逃qiántáo了 | 그는 처벌이 두려워 몰래 도망갔다.

1【喂〈餵餧〉】wèi 부르는소리 외, 먹일 위 ❶ 嘆 야. 어이. 여보세요. 이봐요 [사람을 부르거나 전화에서 호응하는 말] ¶～, 您是谁呀? | 여보세요. 누구십니까? ¶～, 你来呀 | 야, 너 왔구나. ❷ 動 음식물을 먹이다〔먹여주다〕. ¶给病人～饭 | 환자에게 밥을 먹여주다. ¶～奶↓ ❸ 動 (가축에게) 먹이를 주다. 사양(飼養)하다. ¶家里～着几只zhǐ鸡 | 집에 닭 몇 마리를 치고 있다. ¶～牲shēng口 | 가축에게 먹이를 주다.

【喂饱】wèibǎo 動 배불리 먹이다. ¶～儿子 | 아들을 배불리 먹이다.

【喂饭】wèi/fàn 動 ❶ 밥을 먹이다. ¶三岁的小孩子可以～了 | 세 살 짜리 아이라면, 밥을 먹여도 된다. ❷ (밥을 먹여서) 키우다.

【喂孩子】wèiháizi 動組 ❶ 아이를 먹이다. ¶她正在～呢 | 그녀는 아이를 먹이고 있다. ❷ (젓가락으로) 아이 입에 떠 넣어 주다.

【喂料】wèi/liào ❶ 動 사료(飼料)를 주다. ¶你要按时给马～ | 너는 시간에 맞추어 말에게 사료를 주어야 한다. ❷ (wèiliào) 名 사료.

【喂奶】wèi/nǎi 動 젖을 먹이다. ¶定时给孩子～ | 시간에 맞춰 아이에게 젖을 먹이다.

【喂牲口】wèi shēngkǒu 動組 가축을 기르다. 가축에게 먹이를 먹이다.

【喂食】wèi/shí 動 ❶ (사람에게) 음식을 먹이다. ❷ (동물에게) 먹이를 먹이다. ¶给鸡～ | 닭모이를 주다.

【喂养】wèiyǎng 動 ❶ (아이를) 양육하다. ❷ (동물을) 사육하다. ¶～家禽 | 가금을 사육하다.

【喂猪】wèizhū 動 ❶ 돼지에게 먹이를 주다. ❷ 돼지를 기르다.

【尉】wèi yù 벼슬이름 위, 복성 울

Ⓐ wèi 名 ❶ 〈軍〉 위관(尉官)→〔军衔〕 ❷ 옛 관직 이름. ¶太～ | 태위. ❸ (Wèi) 성(姓).

Ⓑ yù ❶ 복성(複姓) 중의 한 자(字). ¶～迟↓ ❷ 지명에 쓰이는 글자. ¶～犁↓

Ⓐ wèi

【尉官】wèiguān 名 〈軍〉 위관.

Ⓑ yù

【尉迟】Yùchí 名 울지. 복성(複姓).

【尉犁】Yùlí 名 〈地〉 울리 [신강성(新疆省)에 있는 현명(縣名)]

【蔚】wèi Yù 제비쑥 위, 고을이름 울

Ⓐ wèi ❶ 名 〈植〉「牡mǔ蒿」(제비쑥)의 옛 이름. ❷ 書 形 (초목이) 무성하다. 성대하다. ¶～为大国 | 번성하여 대국이 되다. ❸ 書 形 무늬가 있다. 빛깔이 아름답다. ¶云蒸霞～ | 成 구름이 피어나고 노을빛이 아름답다.

Ⓑ Yù 名 ❶ 〈地〉 울현(蔚县) [하북성(河北省)에 있는 현 이름] ❷ 성(姓).

【蔚蓝】wèilán 名 〈色〉 쪽빛. 짙은 남색. ¶～的天空 | 쪽빛 하늘. ¶～色 | 〈色〉 짙은 남색. ¶～的海洋 | 짙푸른 해양 =〔娇jiāo蓝〕〔青碧②〕

【蔚起】wèiqǐ 書 動 세차게 일어나다. 홍기(興起)하다. 번성하다. ¶新风～ | 새로운 바람이 세차게 일다.

【蔚然】wèirán 書 狀 매우 무성하다. 성대하다. 왕성하다. ¶～成风 | (어떤 류의) 기풍이 왕성해지다. ¶～成林 | 매우 무성하여 숲을 이루다 =〔蔚尔〕

【蔚然成风】wèirán chéngfēng 成 좋은 기풍으로 되어 널리 퍼지다. 사회적 기풍으로 되다. ¶助人为乐已～ | 남을 도와 즐거움으로 삼는 것이 사회적 기풍이 되다 =〔蔚成风气〕

【蔚为大观】wèi wéi dà guān 成 다채롭고 성대하여 장관이다. 대성황을 이루다. 가관이다. ¶发展体育的潮流已～ | 체육 발전의 조류가 이미 대성황을 이루다.

2【慰】wèi 위로할 위 書 動 ❶ 위로하다. 위안하다. ¶～劳↓ ¶～问↓ ❷ 마음이 편안해지다. 안심하다. ¶尚堪告～ | 札 우선 안심하세요. ¶知平安到达, 甚～ | 무사히 도착하셨다니, 무척 안심이 됩니다. ¶欣～ | 기뻐하고 안심하다.

【慰藉】wèijiè 書 名 動 위안(하다). 위로(하다). 안심(시키다) ¶～父母 | 부모님을 위안하다 =〔慰荐jiàn〕〔尉wèi荐〕〔尉藉〕

【慰劳】wèiláo ⇒〔慰问〕

【慰勉】wèimiǎn 書 動 위로하고 격려하다. ¶～年轻人发奋读书 | 젊은 사람이 열심히 책 읽는 것을 위로하고 격려하다.

3【慰问】wèiwèn 動 위문하다. 위로하다. ¶～信 | 위문 편지. ¶～演出 | 위문 공연 =〔慰存〕〔慰劳〕〔慰询xún〕

【慰唁】wèiyàn 書 動 (유가족을) 조문(吊問)하다.

【硙(磑)〈碨〉】wèi wéi 맷돌 애, 단단할 애

Ⓐ wèi 名 맷돌 =〔碾niǎn〕→〔磨mò②〕

Ⓑ wéi 書 形 ❶ 단단하다. 견고하다. ❷ 높이 솟다.

우뚝하다.

【磈磈】wěiwěi 書 貺 ❶ 높이 솟아 있다. 우뚝하다. ❷ 견고하다. 단단하다.

【遗】wèi ☞ 遗 yí Ⓑ

【魏】wèi 위나라 위
❶ 書 形 우뚝하다. 높이 솟다. 크다. ❷ (Wèi) 名〈史〉위 [고대(古代)의 나라 이름] ⓐ 주대(周代) 나라 이름의 하나 [지금의 하남성(河南省) 북부. 산서성(山西省) 서남부 일대] ⓑ 삼국(三國)시대 조비(曹丕)가 건립한 나라(220～265) [지금의 황하(黃河) 유역 각 성(省)과 호북(湖北)·안휘(安徽)·강소(江蘇) 북부·요령(遼寧)일대] ⓒ 북위(北魏)를 가리킴. ❸ (Wèi) 名 성(姓).

【魏碑】wèibēi 名〈史〉북조(北朝) 특히 북위(北魏)시대 비석(碑石)의 총칭 [뒷날 해서(楷書)의 본이 되었음] ¶他经常临摹línmó～ | 그는 종종 위비를 모사한다.

【魏阙】wèiquè 書 名 ❶ 위궐 [옛날, 백성들에게 알리기 위하여 법령을 게시하던 궁문 밖의 쌍궐(雙闕)] ❷ 轉 궁정 또는 조정(朝廷) ‖ =〔象魏〕

wēn ㄨㄣ

2【温】wēn 따뜻할 온
❶ 形 따뜻하다. 미지근하다. ¶～泉 | 온천. ¶～带 | 온대. ❷ 온도. ¶气～ | 기온. ¶体～ | 체온. ❸ 書 形 온순하다. 온화하다. ¶～言相慰wèi | 따뜻한 말로 위로하다. ¶～和 | 온화하다. ❹ 動 데우다. 덥히다. ¶把酒～一下 | 술을 좀 데우다. ¶用脸盆liǎnpén～点儿水 | 세숫대야로 물을 약간 데우다. ❺ 動 복습하다. ¶把数学～一～ | 수학을 복습하다. ¶～习功课 | 복습하다. ¶～故知新 | 옛 것을 복습하여 새로 알다. ❻ 名〈漢醫〉열병. 돌림병. ¶春～ | 봄철 돌림병. ¶～疫 | 급성 전염병 =〔瘟①〕 ❼ 形 똑똑하지 못하다. (행동이) 굼뜨다 ¶这个人太～ | 이 사람은 너무 굼뜨다→〔瘟wēn②〕 ❽ (Wēn) 名 성(姓).

【温饱】wēnbǎo 名 의식(衣食)이 풍족한 생활. ¶得到～ | 의식이 풍족한 생활을 하게 되다. ¶解决山区人民的～问题 | 산간 지역 백성들의 윤택한 생활 문제를 해결하다.

【温差】wēnchā 名 온도차(溫度差). ¶这儿早晚～大 | 이 곳은 일교차가 크다.

【温床】wēnchuáng 名 ❶〈農〉(식물 재배용) 온상. ❷ 喻 (나쁜 일의) 온상. ¶这儿是资本主义的～ | 이 곳은 자본주의의 온상이다.

【温存】wēn·cún 動 ❶ (주로 이성을) 다정하게 위로하다. 위안하다. ❷ (성질이) 온순하다. 온화하다. 부드럽다. ¶性格～ | 성격이 온화하다. ❸ 近 정양하다. 몸조리하다. ¶～一两天就好了 | 하루 이틀 몸조리하면 다 낫는다.

3【温带】wēndài 名 온대 (지방).

【温得和克】Wēndéhékè 名〈地〉빈트후크(Windhoek)[「纳米比亚」(나미비아;Namibia)의 수도]

2【温度】wēndù 名 온도. ¶室内～ | 실내 온도.

4【温度计】wēndùjì 名 온도계(溫度計). ¶摄氏～ | 섭씨 온도계 =〔温度表〕

【温故知新】wēn gù zhī xīn 威 옛 것을 배우고 익혀 새로운 것을 알다. 과거를 돌이켜 보고 현재를 이해하다. ¶～, 所以读历史很有意 | 과거를 보고 현재를 이해하는 것이기에, 역사책을 읽는 것은 매우 의의가 있다.

3【温和】ⓐ wēn·hé ❶ 形 (기후가) 온화하다. 따뜻하다. ¶气候～ | 기후가 따뜻하다 ¶他一向态度～ | 그는 언제나 태도가 온화하다 =〔温暖nuǎn①〕 ❷ ⇒〔温润rùn①〕
ⓑ wēn·huo 形 ❶ 따뜻하다. ¶粥还～呢, 快喝吧 | 죽이 아직 따뜻하니 빨리 드세요. ❷ 태도가 미지근하다. 애매하다.

【温厚】wēnhòu 形 ❶ 온후하다. 부드럽고 너그럽다. 친절하고 인정미가 있다. ❷ 풍족하다. ¶居皆～ | 생활이 모두 풍족하다.

【温和】wēn·huo ☞〔温和〕wēn·hé ⓑ

【温酒】wēn/jiǔ 動 술을 (알맞게) 데우다. ¶他给我～ | 그가 나에게 술을 알맞게 데워 주다.

【温居】wēn/jū 書 動 집알이하다. 이사한 사람을 방문하여 축하 인사를 하다.

【温觉】wēnjué 名〈生理〉온각.

【温良恭俭让】wēn liáng gōng jiǎn ràng 威 온화(溫和), 선량(善良), 공경(恭敬), 검약(儉約), 양보(讓步)의 다섯가지 미덕(美德).

2【温暖】wēnnuǎn ❶ ⇒〔温和ⓐ①〕 ❷ 動 따뜻하게 하다. ¶～着她的心 | 그녀의 마음을 따뜻하게 해주고 있다.

【温疟】wēnnüè 名〈漢醫〉말라리아. 학질.

【温情】wēnqíng 名 온정. 따뜻한 인정. ¶话中充满了～ | 말속에 온정이 충만되어 있다.

【温情脉脉】wēn qíng mò mò 威 (사람 또는 사물에 대해) 정을 품고 그것을 표현하고 싶어하는 모양. 따뜻한 정감이 넘쳐 흐르다. ¶她～地看了老李一眼 | 그녀는 정감이 넘쳐 흐르게끔 이형을 한 번 쳐다보았다.

【温泉】wēnquán 名 온천 =〔書 温汤②〕〔汤tāng泉〕

4【温柔】wēnróu 形 부드럽고 순하다. 따뜻하고 상냥하다. ¶性情～的女子 | 성미가 온유한 여자.

【温柔敦厚】wēn róu dūn hòu 威 온유 돈후. 부드럽고 후하다. ¶他是一个～的人 | 그는 부드럽고 후한 사람이다.

【温润】wēnrùn 形 ❶ (성품·태도가) 온화하다. 부드럽다. ¶～的笑容 | 온화하게 웃는 얼굴 =〔温和ⓐ②〕 ❷ 온난 습윤(溫暖濕潤)하다. ¶气候～ | 기후가 따뜻하고 습기가 있다.

【温室】wēnshì 名 ❶ 온실. ❷ 書 따뜻한 방.

【温水】wēnshuǐ ❶ 名 온수. 미지근한 물. ¶～浴 | 온수욕 =〔温汤①〕 ❷ (wēn/shuǐ) 動 물을 데우다.

【温顺】wēnshùn 形 온순하다. ¶像羊一般～ | 양처럼 온순하다.

【温汤】wēntāng ❶ ⇒〔温水〕 ❷ ⇒〔温泉〕

【温汤浸种】wēntāngjìnzhǒng 名組〈農〉온탕 침

법(浸法).

【温吞】 wēn·tūn ⇒〔温暾tūn〕

【温暾】 wēn·tūn 形 方 ❶ (액체 등이) 미지근하다. ¶～水｜미지근한 물. ❷ (말이나 문장이) 산뜻하지 않다. ¶～之谈｜명쾌하지 않은 말 ‖ =〔温吞〕

【温文尔雅】 wēn wén ěr yǎ 成 태도가 온화하고 행동거지가 우아하다. ¶他是一个～的君子｜그는 태도가 온화하고 행동이 우아한 군자이다.

【温习】 wēnxí 動 복습하다. ¶～功课｜복습하다 =〔温寻xún〕〔复习〕

【温煦】 wēnxù 書 形 따뜻하다. 따사롭다. ¶～的阳光｜따사로운 햇빛.

【温血动物】 wēnxuè dòngwù 名組〈動〉온혈 동물 =〔常温动物〕〔热血动物〕

【温驯】 wēnxùn 書 形 (동물이) 유순하며 잘 길들여져 있다. 고분고분 복종하다.

【榅】 wēn ⓧ è) yùn 무성할 온, 올발 올

Ⓐ wēn 名〈植〉올발(榅桲) =〔榅桲〕

Ⓑ yùn 書 形 수목(樹木)이 무성한 모양.

【榅桲】 wēn·po 名〈植〉마르멜로(marmelo;포) =〔温朴〕

4【瘟】 wēn 염병 온

❶ 名〈漢醫〉(사람이나 짐승의) 유행성 급성 전염병. 돌림병 =〔温⑥〕¶核子～｜페스트. ❷ 形 (연극 등이) 단조롭다. 무미건조하다. (인물이) 부각되지 못하다. ¶情节松, 人物～｜줄거리가 짜임새가 없고 인물의 형상도 부각되어 있지 못하다→〔温⑦〕

【瘟病】 wēnbìng 名〈漢醫〉급성 열병의 총칭.

【瘟神(爷)】 wēnshén(yé) 名 역귀(疫鬼). 역신(疫神)〔역병을 일으키는 귀신〕=〔瘟鬼〕

4**【瘟疫】** wēnyì 名〈醫〉유행성 급성 전염병. 돌림병. 역병. ¶～大行｜전염병이 크게 돌다. ¶防止～蔓延｜돌림병이 만연하는 것을 방지하다 =〔瘟痧shā〕〔瘟症zhèng〕

【瘟疹(子)】 wēnzhěn(·zi) 名〈漢醫〉(성홍열·발진 티푸스 등과 같이) 몸에 반점이나 발진을 수반하는 급성 전염병.

【鳁(鰮)】 wēn 정어리 온

❶ ⇒〔鳁鲸〕 ❷ 名〈魚貝〉정어리 =〔沙shā丁鱼〕

【鳁鲸】 wēnjīng 名〈動〉멸치고래.

wén ㄨㄣˊ

1【文】 wén 글월 문

❶ 名 문자. 글자. ❷ 轉 언어. 국어. ¶甲骨～｜갑골 문자. ¶金～｜금문. ¶中～｜중국어. ¶英～｜영어. ❸ 문장. 글. ¶散～｜산문. ¶韵～｜운문. ❹ 書 名 운문(韻文)〔남북조(南北朝) 시대에는 운문은「文」, 산문은「笔」이라고 함〕→〔文笔〕 ❺ 名 簡 문어(文語)문. 문언문(文言文). ¶半～半白｜문어체와 백화체가 반반씩 섞이다. ❻ 形 轉 문어체이다. 옛스럽다. 점잖다. ¶这句话太～了, 不好懂｜이 말은 예스러워서 이해하기 어렵다. ❼ (천체·대지 등의 자연계의) 형상. 상태. ¶天～｜천문. ¶地～｜지문. ❽ 문화. 문명. ¶～化↓ ¶～明↓ ❾ (옛날의) 예절 의식. ¶虚～｜허례. ¶繁～缛rù节｜번잡하고 번거로운 예절. ❿ 名 (무(武)에 대(對)한) 문. ¶～武全才｜문무를 겸비하다. ⓫ 외관. 용모. ¶～质彬彬↓ ⓬ 書 名 화문(花紋). 무늬. 결. 문리(紋理). ¶仲子生而有文在其手｜중자는 나면서부터 그 손에 결이 있었다《左傳》=〔纹①〕 ⓭ 動 轉 문신(文身)하다. 자자(刺字)하다. ¶～身↓ ⓮ 온화하다. 부드럽다. ¶～雅↓ ¶～火↓ ⓯ 舊 wèn) 書 動 가리다. 숨기다. ¶～过饰非↓ ⓰ 量 푼. 닢. 문〔옛날, 동전을 세는 화폐단위〕¶铜钱十～｜동전 열 닢. ¶一～不值｜한 푼어치도 못되다. ⓱ (Wén) 名 성(姓).

【文本】 wénběn 名 ❶ 원본. ¶研究了这部书的几种～｜이 책의 몇가지 원본을 연구했다. ❷ 문건.

【文笔】 wénbǐ 名 ❶ 문필. 글 짓는 필치. ¶～流利｜문장이 유창하다. ❷ 書 산문과 운문.

【文不对题】 wén bù duì tí 成 ❶ 문장 내용이 제목과 맞지 않다. ❷ 동문서답하다. 엉뚱한 말을 하다. ¶他的话～｜그의 말은 엉뚱하다.

【文不加点】 wén bù jiā diǎn 成 ❶ 문장이 더 손댈데가 없이 훌륭하다. ❷ 거침없이 단숨에 써내다. 구상이 빠르고 글재주가 능숙하다. ¶他很有诗才, 写起诗来～｜그는 시재가 있어 시를 쓰면 거침없이 단숨에 써낸다.

【文才】 wén·cái 名 문재. 글재주. ¶他～洋溢yángyì｜그는 글재주가 가득 넘쳐 흐른다.

【文采】 wéncǎi ❶ 名 화려한 색채. 아름다운 모양 =〔风采②〕 ❷ 名 문학적 재능. ❸ 形 (글이나 옷이) 화려하고 아름답다.

【文昌鱼】 wénchāngyú 名〈魚貝〉활유어. 창고기. 버들잎고기.

【文场】 wénchǎng 名 ❶〈演映〉중국 전통극 반주의 관현악(管弦樂) 부문. ❷〈演映〉곡예(曲藝)의 일종〔양금(揚琴)을 위주로 반주하며 광동(廣東)·광서(廣西)에서 널리 유행함〕❸〈演映〉북경(北京) 지방의 민간악대의 일종〔타악기를 위주로 하며 장례식에서 연주함〕❹ 書 과거 시험 장소.

【文抄公】 wénchāogōng 名 諷 남의 글을 표절하는 사람.

【文丑(儿)】 wénchǒu(r) 名〈演映〉익살꾼. 어릿광대〔「小花脸」「小花面」「小丑(儿)」은 다른 이름임〕

【文词】 wéncí ⇒〔文辞〕

【文辞】 wéncí 名 문사. 문장(의 글귀) ¶～华丽｜문사가 화려하다 =〔文词〕

【文从字顺】 wén cóng zì shùn 成 문맥이 매끄럽고 용어 사용이 적절하다.

【文旦】 wéndàn 名 方〈植〉유자 =〔柚子〕

【文牍】 wéndú 書 名 ❶ (공문·서한 등과 같은) 공용 문서의 총칭. ¶～组｜문서계. ❷ 옛날, 문서 담당 관리.

【文牍主义】 wéndú zhǔyì 名 문서주의〔(관료주의에 젖어서) 현실을 외면하고 문서로만 모든 일을 처리하려는 탁상 공론적인 타성〕

【文法】wénfǎ 名 ❶〈言〉문법. ¶汉语～ | 중국어 문법 =〔语法①〕 ❷글쓰는 법. ❸書문서화된 법령.
【文房四宝】wén fáng sì bǎo 成 문방 사보. 문방 사우(四友) [종이·붓·먹·벼루의 네가지를 말함]
【文风】wénfēng 書 名 ❶문풍. ¶整顿～ | 문풍을 바로잡다. ❷미풍(微風).
【文风不动】wén fēng bù dòng 成 미동(微動)도 하지 않다. 조금도 움직이지 않다 [「文」은「纹」으로도 씀] =〔纹丝(儿)不动〕
【文稿】wéngǎo 名 (문장·공문서 등의) 초고(草稿). ¶删定了～ | 초고를 고쳐 정리하였다.
【文告】wéngào ❶動 문서로 통지하다. ❷名 공문서.
【文革】Wéngé 名 簡「无产阶级文化大革命」의 약칭.
【文蛤】wéngé 名〈魚貝〉대합. 무명조개 =〔蛤蜊lí②〕
【文工团】wéngōngtuán 名 簡「文艺工作团」(문화선전 공작단)의 약칭 =〔文艺工作团〕
【文官】wénguān 名 문관. ¶他当了～ | 그는 문관을 맡았다 ⇔〔武官〕
【文冠果】wénguānguǒ 名〈植〉기름〔너도〕 모과나무(의 열매) =〔文官果〕〔文冠树〕〔方崖yá木瓜〕
【文过饰非】wén guò shì fēi 成 과실을 덮어 감추다. 잘못을 교묘히 숨기다. ¶他善于～ | 그는 과실을 잘 덮어 감춘다.
【文豪】wénháo 名 문호. ¶鲁迅是一代～ | 노신은 한 시대의 문호이다 =〔文雄〕
1【文化】wénhuà 名 ❶문화. ¶～交流 | 문화교류. ¶仰韶～ | 앙소 문화. ¶龙山～ | 용산 문화. ❷일반 교양. 기초적 지식. ¶～程度 | 일반 지식 수준. ❸書 문치(文治)와 교화(教化).
【文化大革命】Wénhuà Dà Gémìng 名組 簡「无产阶级文化大革命」의 약칭.
【文化宫】wénhuàgōng 名 문화궁 [규모도 크고 설비도 비교적 훌륭한 문화 오락 센터로 일반적으로 영화관·강당·도서관 등이 설치되어 있음]
【文化馆】wénhuàguǎn 名 문화관.
【文化买办】wénhuà mǎibàn 名組 매판 문인 〔문학가〕.
【文化人】wénhuàrén 名 ❶항일 전쟁을 전후해서 문화 활동에 종사했던 사람. ❷지식인. 인텔리.
【文化水平】wénhuà shuǐpíng 名組 ❶문화 수준 ❷지식 수준. 학력 수준.
【文汇报】Wénhuìbào 名〈新放〉문회보 [1938년 상해(上海)에서 창간된 신문]
【文火】wénhuǒ 名 약한〔뭉근한〕 불. ¶用～煮豆 | 약한 불로 콩을 삶다 =〔缓huǎn火〕〔慢màn火〕〔细火〕〔小火〕
【文集】wénjí 名 문집.
2【文件】wénjiàn 名 ❶공문서. 서류. ¶～夹 | 파일. ¶～纸 | 서류 용지. ¶机要～ | 기밀 문서. ❷(정치 이론·시사 정책·학술 연구 등에 관한) 문헌. 문장.
【文教】wénjiào 名 ❶문화와 교육. ¶～部门 | 문화·교육 부문. ¶～事业 | 문화·교육 사업. ❷書 문장 교화(文章教化).
【文静】wénjìng 形 (성격·행동 등이) 고상하고 조용하다. 부드럽다. 침착하다. ¶～的声音 | 부드러운 목소리.
【文句】wénjù 書 문구. 글귀. 문장. ¶～简短 | 문구가 간결하다.
【文具】wénjù 名 ❶문방 제구(文房諸具). 문방구. ¶～店 | 문방구점. ❷書 실질 내용이 없는 공허한 글.
【文君新寡】wén jūn xīn guǎ 成 남편이 갓죽은 과부. ¶她是～ | 그녀는 남편이 갓죽은 과부이다.
【文科】wénkē 名 ❶문과. ❷書 옛날, 과거 제도의 진사과.
【文库】wénkù 名 ❶총서. ❷서고(書庫).
【文侩】wénkuài 名 (시류에 편승해서) 글재주를 교묘하게 부리는 사람.
【文莱】Wénlái 名 外〈地〉브루나이(Brunei) [보르네오섬 서북 해안의 회교국. 영국 보호령이었다가 독립한 영연방의 하나. 수도는「斯里巴加湾市」(반다르세리베가완;Bandar Seri Begawan)]
【文理】wénlǐ 名 ❶문리. 문맥. 글의 조리. ¶～不通 | 문맥이 통하지 않다. ❷문과(文科)와 이과(理科). ❸문언문(文言文).
4【文盲】wénmáng 名 문맹(자). 까막눈이 ¶减少～ | 문맹자를 줄이다 →〔青盲③〕
【文庙】wénmiào 名 공자(孔子)를 제사지내는 사당 =〔孔庙〕
2【文明】wénmíng ❶名 문명. 문화. ¶精神～ | 정신 문명. ¶～区 | 문화 지구. ❷形 현대적인. 신식의. 멋진. ¶～头 | 하이칼라 머리. ¶～结婚 | 신식 결혼. ❸윤리 도덕. 모랄(moral). ¶～礼貌 | 모랄과 에티켓. ❹形 교양이 있다.
【文明棍儿】wénmínggùnr 名 俗 개화 지팡이. 단장(短杖). 스틱(stick) =〔文明杖〕〔洋杖〕→〔手shǒu杖〕
【文明戏】wénmíngxì 名〈演映〉❶문명희[중국의 신극(新劇). 20세기 초 상해(上海)일대에서 유행한 연극으로 정식 극본 없이 공연할 때 즉흥적인 요소를 가미함] ❷轉 신파극조의 구태의연한 연극.
【文墨】wénmò ❶名 문장을 쓰는 것. 글을 짓는 일. ¶粗通～ | 글을 조금은 쓸 줄 안다. ❷名 정신 노동에 종사하는 사람. 지식인. 인텔리. ❸形 예절이 바르다. 태도가 점잖다. ¶看他的样子倒挺～的 | 그의 모습을 보니 오히려 매우 예의가 바르다.
【文鸟】wénniǎo 名〈鳥〉문조.
【文痞】wénpǐ 名 곡학아세(曲學阿世)하는 저질 문인. ¶他是一个～ | 그는 곡학아세하는 저질 문인이다.
【文品】wénpǐn 名 학문과 품행. ¶他的～不高 | 그의 학문과 품행이 높지 못하다.
4【文凭】wénpíng 名 ❶옛날, 관리의 임명장. 사령장. ❷증서. 증명서. ¶毕业～ | 졸업 증명서.
【文气】ⓐwénqì 名 ❶문기. 문장의 기세. 글의 기

백. ❷문장의 일관성.

ⓑ wén·qi 形 方 평온하다. 조용하다. 침착하다 → 〔文静jìng〕〔文雅yǎ〕

【文契】 wénqì 名 옛날, 부동산 등의 매매 계약서.

[4]【文人】 wénrén 名 ❶문인. 작가. 문사. ❷書 문덕(文德)이 있는 사람.

【文人无行】 wén rén wú xíng 成 글재주 피우기를 좋아하는 사람은 흔히 품행이 바르지 못하다.

【文人相轻】 wén rén xiāng qīng 成 문인들이 서로 경멸하다 [지식인의 오만함을 말함]

【文如其人】 wén rú qí rén 成 글의 풍격은 작자의 성격을 따른다. 그 글에 그 사람.

【文弱】 wénruò 形 문장이 미약하다. ¶～书生 | 문장이 미약한 선비.

【文山会海】 wénshānhuìhǎi 成 喩 산더미 같은 공문서와 바다와 같이 많은 회의. 공문서와 회의가 너무 많음을 비유. ¶消除～的现象 | 공문서와 회의가 너무 많은 현상을 없애다.

【文身】 wénshēn 書 ❶名 문신. 자문. ❷(wén/shēn) 動 문신하다. 자문(刺文)하다 =〔镂lòu身〕

【文饰】 wénshì 動 ❶문식하다. 겉치레하다. 꾸미다. ❷(잘못을) 둘러대다. 숨기다. 변명하다. ¶～过失 | 과실을 숨기다.

【文书】 wénshū 名 ❶문서. 공문서 [서신·계약서·서류 등을 말함] ¶～纸夹 | 문서 집게. ❷서기. 문서 담당자.

【文思】 wénsī 書 名 ❶작문의 구상. ¶～泉涌 | 成 글의 구상이 샘솟듯 떠오르다. ¶～敏捷mǐnjié | 문장 구상이 매우 빠르다. ❷문장 속에 담긴 사상〔뜻〕.

【文坛】 wéntán 名 문단. 문학계. ¶～活动 | 문학계 활동 =〔文囿yòu〕

【文体】 wéntǐ ❶名 문체. ❷名 簡 문화·오락·체육. ¶～活动 | 문화·오락 및 체육 활동.

【文恬武嬉】 wén tián wǔ xī 成 문관은 한가히 나날을 보내고 무관은 희희 낙락하다. 문무관원이 국사는 돌보지 않고 안일과 향락만 추구하다.

【文童】 wéntóng ❶⇒〔童tóng生〕 ❷名 학자의 시중을 드는 소년. ❸名 문학 소년. 글재주가 있는 아이.

【文玩】 wénwán 名 (미술품·골동품 등의) 상완용(賞玩用)의 기물.

【文无定法】 wén wú dìng fǎ 成 글에는 일정한 격식이나 법칙이 없다.

【文武】 wénwǔ 名 ❶문무. 학문과 무예. ¶～兼备 | 成 문무를 겸비하다. ❷문인과 무인. ❸(Wén Wǔ) 〈人〉 주대(周代)의 문왕과 무왕.

【文武之道, 一张一弛】 wén wǔ zhī dào, yī zhāng yī chí 成 조였다 늦추었다 하는 것이 문무의 이치다. 나라를 다스리는 데 있어서 엄격한 통제와 관대한 처분을 병용하다. 사업과 생활에 있어서 긴장된 활동과 느슨한 휴식을 병행하다.

[2]【文物】 wénwù 名 ❶문물. 문화재. ¶～保护 | 문화재 보호. ¶出土～ | 문물이 출토되다. ❷書 전장(典章). 제도.

【文戏】 wénxì 名 〈演映〉 (중국 전통극에서 싸우는 장면이 없고) 「唱工」(창)이나 「做工」(연기)을 주로 하는 극 →〔武戏〕

[4]【文献】 wénxiàn 名 문헌. ¶历史～ | 역사학문헌. 역사적인 문헌. ¶～记录片 | 문헌 기록 필름.

【文选】 wénxuǎn 名 ❶선집(選集). ¶活页～ | 루스 리프(loose leaf)식 문집. ❷(Wénxuǎn) 〈書〉 문선 [남조(南朝) 양(梁) 나라의 소통(蕭統)이 편찬한 시문집] =〔昭明文选〕

[1]【文学】 wénxué 名 ❶문학. ¶～艺术 | 문학 예술. ¶～理论 | 문학 이론. ❷書 귀족자제의 학과. ❸書 문장 수업. ❹書 문헌경전(文獻經典).

【文学革命】 Wénxué gémìng 名組 〈史〉 문학 혁명 [신해(辛亥)혁명 뒤 중국 문학 운동의 발단이 된 문화 운동. 이 운동은 문체의 개혁에만 그치지 아니하고 문학의 형식과 내용도 근대화하는 방향으로 진전되어 민주주의와 과학 정신을 목표로 하는 신문화 운동으로 발전하였음] ¶掀xiān起～ | 문학 운동을 불러 일으키다 →〔五四运动〕

[1]【文学家】 wénxuéjiā 名 문학자. 문학가.

【文学语言】 wénxué yǔyán 名組 ❶〈言〉 표준 문어(文語). ¶使用～写作 | 표준 문어를 사용하여 글을 짓다. ❷문학 작품에 쓰이는 언어 =〔文艺语言〕

[4]【文雅】 wényǎ 形 (말·행동거지 등이) 고상하고 우아하다. 점잖다. ¶～的态度 | 고상하고 우아한 태도. ¶谈吐～ | 말이 고상하다.

[4]【文言】 wényán 名 ❶문어 [「五四运动」(오사운동) 이전에 통용되던 고한어(古漢語)를 기초로 한 문언] ⇔〔白话②〕 ❷書 수식된 말. ❸書 글로 꾸며진 말.

【文言文】 wényánwén 名 문어문. ¶废止～, 采用白话文 | 문어문을 폐지하고 백화문을 채용하다.

【文以载道】 wén yǐ zài dào 成 문장으로써 성현의 도를 밝힌다. 글로써 사상을 표현한다.

【文义】 wényì 名 문의. 글의 뜻.

[1]【文艺】 wényì 名 문예. 문학과 예술의 총칭. ¶～批评 | 문예 비평. ¶～工作 | 문예 활동. ¶～会演 | 문예 축전.

【文艺复兴】 wényì fùxīng 名組 〈史〉 문예 부흥 르네상스(Renaissance) =〔外 李奈桑斯〕

【文艺沙龙】 wényìshālóng 名組 外 문예 살롱(salon;프). 조직적인 문예 좌담회. ¶他们组织了一个～ | 그들은 문예 좌담회를 조직하였다.

【文艺学】 wényìxué 名 문예학. 문예 과학. ¶从事～研究 | 문예학 연구에 종사하다.

【文娱】 wényú 名 簡 (영화·가요·무용 등의) 문화 오락. 레크리에이션(recreation). ¶亚州yàzhōu～大会 | 아시아 레크리에이션 대회. ¶～干事gànshì | 문화 오락 간사 =〔文化娱乐〕

【文责】 wénzé 名 작가의 작품에 대한 책임. ¶～自负 | 자신의 작품에 대한 책임은 자신이 진다.

【文摘】 wénzhāi 名 적록(摘錄). 간추린 글. 다이제스트(digest). ¶读者～ | 〈書〉 리더스 다이제스트(Reader's Digest).

[1]【文章】 wénzhāng 名 ❶글월. 문장. ❷저술. 저작. ❸轉 내포된 뜻. 이유. 속뜻. 꿍꿍이(셈). ¶一定大有～ | 틀림없이 무슨 속셈이 있다. ¶话里有～ | 말에 속뜻이 있다. ❹생각. 계책. ❺書

뒤섞여진 색채나 무늬. ❻書 예악(禮樂). 법도(法度). ❼書 문자(文字).

【文职】wénzhí 名 문직. 문관의 직책. ¶他担任过几个～｜그는 몇가지 문관의 직책을 역임하였다.

【文治】wénzhì 書 名 문치. 문덕(文德)으로써 행하는 정치. 문화 교육 방면의 업적. ¶～派｜문치파. 문인·학자층. ¶～武功｜成 문화 교육 방면의 업적과 군사상의 공적. 문무를 겸비하다.

【文质彬彬】wén zhì bīn bīn 成 점잖고 고상하다. 우아하면서도 질박하다. 외관과 내용면이 잘 조화를 이루다.

【文绉绉(的)】wénzhōuzhōu(·de) 胭 ❶ 우아하다. 의젓하다. 품위가 있다 [주로 비꼬는 말로 쓰임] ¶他说起话来～的｜그가 말을 하는 것이 품위가 있다. ❷ 문장이 (문어적이어서) 어렵다.

【文竹】wénzhú 名〈植〉플루모수스 아스파라거스(plumosus asparagus).

²【文字】wénzì 名 ❶ 문자. 글자. ¶楔形xiēxíng～｜설형(쐐기) 문자. ¶拼音～｜병음 문자. ❷ 글. ¶有～可考的历史｜글이 남아 있어 고증할 수 있는 역사. ❸ 문장. ¶～清通｜문장이 매끄럽다. ❹ 문서. 증서.

【文字改革】wénzì gǎigé 名組 ❶ 문자 개혁 [이는 1952년 상용자 2천자 공포·1955년 이체자 정리·1958년 한어 로마자 병음 방안의 비준·1964년 간화자(簡化字) 일람 발표 등 한자의 정리·간소화·로마자 병음 방안 등을 포함하고 있음] ❷ (Wénzì Gǎigé)〈新放〉문자 개혁을 담당한 「중국 문자 개혁 위원회」의 기관지.

【文字学】wénzìxué 名〈言〉문자학. ¶他喜欢搞～｜그는 문자학 연구하기를 좋아한다.

【文字狱】wénzìyù 名 필화. 글로 인한 화.

【文宗】wénzōng 書 名 문종 [만인에게 스승으로서 존칭받는 문장이나 문학의 대가] ¶一代～｜한 시대의 문종.

3【纹(紋)】wén 무늬 문

名 ❶ 무늬. 결. ¶花～｜꽃무늬. ¶木～｜나무결 =〔文⑫〕 ❷ (～儿)(무늬모양의) 줄. 금. 주름. ¶冰炸zhà～｜얼음의 균열. ¶这个茶碗有两道～｜이 찻잔에는 금이 두 줄 가 있다→〔璺wèn〕

【纹理】wénlǐ 名 결. 무늬. ¶这木头的～很好看｜이 나무의 무늬는 정말 예쁘다.

【纹路儿】wén·lur ⇒〔纹缕儿〕

【纹缕儿】wén·lür 名 주름. 무늬. ¶脸上有～｜얼굴에 주름이 있다. ¶皱zhòu出含笑的～｜주름을 지으며 웃다 =〔细纹〕〔纹绺liǔ儿〕〔纹溜儿〕

【纹丝(儿)】wénsī(r) 名 俗 조금. 약간.

【纹丝(儿)不动】wén sī(r) bù dòng 成 조금도 움직이지 않다. 잔물결 하나 일지 않다. ¶在这种情况下, 他仍然～｜이런 상황하에서도, 그는 여전히 조금도 움직이지 않다 =〔纹风不动〕

【纹银】wényín 名 ❶ 옛날, 질이 가장 좋은 은(銀). 순은. ¶给您五十两～｜당신께 오십냥의 순은을 드립니다. ❷ 장식용 은.

【玟】wén mín 옥돌 민

Ⓐ wén 名 옥(玉)의 무늬.

Ⓑ mín 「珉」과 같음 ⇒〔珉mín〕

3【蚊】wén 모기 문

❶ (～子) 名〈蟲〉모기 [유충은 「孑孓jiéjué」(장구벌레)라고 함] ❷ 喻 極 극히 작은 것. ¶～睫jié↓

【蚊睫】wénjié 名 모기의 속눈썹. 喻 극히 작은 것. 아주 미세한 것.

【蚊香】wénxiāng ⇒〔蚊烟yān香〕

【蚊烟香】wényānxiāng 名 모기향. ¶薰xūn～｜모기향을 피우다 =〔蚊线香〕〔蚊香〕〔蚊子香〕〔避bì蚊香〕

【蚊帐】wénzhàng 名 모기장. ¶挂起了～｜모기장을 쳤다 =〔書 蚊厨〕〔帐子②〕

³【蚊子】wén·zi 名〈蟲〉모기. ¶～成群｜모기가 무리를 이루다 =〔蚊虫〕

【雯】wén 무늬 문

書 名 꽃구름. 구름의 아름다운 무늬.

1【闻(聞)】wén 들을 문

❶ 書 動 듣다. ¶耳～目睹｜귀로 듣고 눈으로 보다 =〔听见〕 ❷ 名 소식. 소문. 뉴스(news). ¶新～｜뉴스. ¶奇～｜신기한 소문. ❸ 명성. 평판. ¶令～｜좋은 평판. ¶秽huì～｜나쁜 평판. ❹ 動 냄새를 맡다. ¶～香儿｜향기를 맡다. ¶你～～这是什么味儿!｜이것이 무슨 냄새인지 맡아보아라→〔臭xiù〕〔嗅xiù〕 ❺ 書 形 유명하다. 저명하다. 명성이 높다. ¶～人↓ ❻ 動〈漢醫〉환자의 음성·기침·숨소리·입냄새·체취 등으로 진단하다. ❼ (Wén) 名 성(姓).

【闻风而动】wén fēng ér dòng 成 소문을 듣자마자 즉시 행동에 옮기다. 어떤 일에 즉각 반응하다. ¶一些人～, 制造骚动｜어떤 일에 즉각 반응하는 다소의 사람들이 분쟁을 일으키다 =〔闻风而起〕

【闻风而起】wén fēng ér qǐ ⇒〔闻风而动〕

【闻风丧胆】wén fēng sàng dǎn 成 소문만 들어도 간담이 서늘해지다. 어떤 소문을 듣고 몹시 놀라고 두려워하다.

【闻过则喜】wén guò zé xǐ 成 자기의 잘못에 대한 남의 비판을 기꺼이 받아들이다. ¶他～, 知错即改｜그는 자신의 잘못에 대한 비판을 기꺼이 받아들여, 잘못을 알고는 바로 고쳤다.

【闻鸡起舞】wén jī qǐ wǔ 成 뜻을 품은 자가 때를 맞추어 분연히 일어나다.

³【闻名】wénmíng ❶ 動 이름〔명성〕을 듣다. ¶～不如见面｜명성만 듣기보다 대면해 보는 것이 낫다. (초면의 인사말로) 성함은 익히 들었습니다만 이렇게 뵙게 되니 반갑습니다. ❷ 形 유명하다. ¶～全国｜전국에 이름이 알려지다.

【闻人】wénrén 名 ❶ 명사. 명성이 높은 사람. ¶他是上海的～｜그는 상해의 명사이다. ❷ (Wénrén) 복성(複姓).

【闻所未闻】wén suǒ wèi wén 成 금시 초문(今時初聞)이다. ¶这种事许多人～｜이런 일은 많은 사람이 금시 초문이다.

【闻信】wénxìn 動 소식을 듣다. ¶许多人～赶来｜많은 사람이 소식을 듣고 급히 달려오다 =〔闻

讯①〕

【闻讯】wénxùn ❶⇒〔闻信〕 ❷動 소식을 물어보다. 소식을 듣다.

【阌(閿)】wén 땅이름 문
지명에 쓰이는 글자. ¶～乡县 | 문향현[하남성(河南省)에 있었던 현(縣)]

wěn ㄨㄣˇ

【刎】wěn 목자를 문
動 목을 베다. ¶自～ | 스스로 목을 찔러 죽다.

【刎颈(之)交】wěn jǐng(zhī) jiāo 成 문경지교. 생사(生死)를 같이할 수 있는 친구.

3【吻〈脗〉】wěn 입술 문
❶名 입술. ¶接～ | 키스하다 =〔嘴唇〕 ❷動 입맞추다. 키스하다. ¶在额上～了一下 | 이마에 한번 키스하다 =〔亲〕 ❸名 (동물의) 부리. 주둥이.

【吻合】wěnhé 書動 (꼭) 들어 맞다. 부합(符合)〔일치〕하다. ¶意见～ | 의견이 완전히 일치하다.

【紊】wěn 舊 wèn) 어지러울 문
書形 어지럽다. 문란하다. ¶有条不～ | 질서 정연하다.

【紊乱】wěnluàn 形 문란하다. ¶秩序～ | 질서가 문란하다.

【紊乱学】wěnluànxué 名 혼란학 [혼란된 규칙을 파헤침으로써 치료책을 찾고자하는 신흥학문] ¶他用动力学观点研究～ | 그는 동력학의 관점으로 혼란학을 연구하다.

2【稳(穩)】wěn 안온할 온
❶形 안정되다. 확고하다. 고정되다. ¶站～立场 | 입장을 확고하게 세우다. ¶把桌子放～ | 책상을 안정되게 놓다. ❷形 침착하다. 온건하다. ¶态度很～ | 태도가 매우 침착하다. ❸動 진정시키다. (잠시) 그대로 두다. ¶把人心～住 | 사람들의 마음을 진정시키다. ¶～了一会 | 잠시 그대로 두다. ❹形 틀림없다. 확실하다. ¶这事你拿得～吗 | 이 일에 너 자신 있니? ¶十拿九～ | 십중 팔구는 틀림없다.

【稳便】wěnbiàn 形 ❶ 타당하다. 온당하고 편리하다. ❷近 뜻대로 하다. 제멋대로 하다→〔随suí便儿〕

【稳步】wěnbù 名 침착한〔믿음직한〕 걸음. 점진적인 전진. ¶～前进 | 成 점진적으로 전진하다.

4【稳当】wěn·dang 形 온당하다. 타당하다. 믿음직하다. ¶办事～ | 일 처리가 믿음직하다 =〔稳帖〕

2【稳定】wěndìng ❶形 안정하다. 가라앉다. ¶情绪～ | 정서가 안정되다. ❷動 안정시키다. 가라앉히다. ¶～物价 | 물가를 안정시키다. ❸名形 〈化〉 안정(하다). ¶～剂jì | 안정제.

【稳定平衡】wěndìngpínghéng 名組 〈物〉 안정평형 [외력(外力)이 작용하더라도 곧 원래의 평형 상태를 되찾는 것] =〔稳平衡〕

【稳固】wěngù ❶形 공고하다. 든든하다. 안정하고 견고하다. ¶基础～ | 기초가 든든하다. ❷動 견고하게 하다. 안정시키다. ¶～政权 | 정권을 공고히 하다.

【稳健】wěnjiàn 形 ❶ 믿음직하다. 차분하면서도 힘있다. ¶～的步子 | 차분하면서도 힘있는 걸음걸이. ❷ 온건하다. 침착하다. 묵직하다. ¶办事～ | 침착하게 일을 처리하다. ¶这个人一向～ | 이 사람은 언제나 침착하다.

【稳练】wěnliàn 形 (일하는 것이) 침착하고 익숙하다. 노련하다. ¶他做事～ | 그는 일하는 게 침착하고 익숙하다.

【稳拿】wěnná 動 확실히 손에 넣다. 틀림없다. 자신있다. ¶这回考试你一定～吧 | 이번 시험에 너는 틀림없이 합격할 것이다.

【稳婆】wěnpó 名 ❶ 산파(產婆). 조산원 =〔接jiē生婆〕 ❷北 옛날, (여자 시체를 검사하는) 여자 검시인(檢屍人).

【稳如泰山】wěn rú tài shān ⇒〔安ān如泰山〕

4【稳妥】wěntuǒ 形 온당하다. 타당하다. 안전하다. 확실하다. ¶～的计划 | 온당한 계획. ¶这个方法比较～ | 이 방법은 비교적 확실하다

【稳稳当当(儿)】wěn·wen dāngdāng(r) 狀 손쉽다. 매우 타당하다. 매우 믿음직하다. ¶保管你～一百元到手 | 너는 반드시 어렵지 않게 100원을 손에 넣을 게다. ¶他～地赚zhuàn了不少钱 | 그는 손쉽게 많은 돈을 벌었다.

【稳稳(儿)的】wěnwěn(r)dé 狀 자신있게. 안전하게. 믿음직하게. 힘들이지 않고. ¶～入了腰包了 | 힘들이지 않고 내 것이 됐다.

【稳扎稳打】wěn zhā wěn dǎ 成 차근차근 진을 쳐가며 빈틈없는 전술로 싸우다. 절차있고 자신있게 일을 하다. ¶他做起事来～ | 그는 일을 할 때 절차있고 자신있게 한다 =〔稳做稳拿〕

【稳重】wěnzhòng 形 (언어·태도가) 침착하고 중후(重厚)하다. 듬직하다. 점잖다. ¶他为人～, 办事老练 | 그는 사람됨이 점잖으며 일처리가 노련하다 =〔稳庄zhuāng〕⇔〔轻浮〕

【稳住】wěnzhù 動 ❶ (발판·입장을) 단단히〔튼튼히〕 굳히다. ¶～了脚 | 발판을 단단히 굳히다. ❷ 진정시키다. 가라앉히다. ¶～气 | 마음을 가라앉히다 ¶你先把他～了, 我去报警 | 너는 우선 그를 진정시켜라, 내가 가서 경찰에 신고하겠다. ‖ =〔稳下〕

【稳坐】wěnzuò 動 듬직하게〔꼼짝 않고〕 앉다. ¶～着吃 | 무위도식(無爲徒食)하다.

【稳坐钓鱼船】wěn zuò diàoyúchuán 諺 남의 일에 일절 신경을 쓰지 않다. 어떠한 변동·변화에도 두려워하지 않다. 외부 사건에 대하여 무관심하고 냉정하다.

【稳坐泰山】wěn zuò Tàishān 成 태산처럼 끄떡하지 않고 앉아 있다. ¶不管出现什么情况, 他都能～ | 어떤 상황이 발생한다해도 그는 태산처럼 끄떡하지 않고 앉아 있을 수 있다.

wèn ㄨㄣˋ

1【问(問)】wèn 물을 문
❶動 묻다. 질문하다. 문의하다. ¶～路 | 길을 묻다. ¶～问题 | 질문하다. ¶我～你一件事 | 한 가지 물어 보자. ❷動 심문

〔추궁〕하다. 책임을 묻다. 轉 판결하다. 벌하다. ¶～了罪｜죄를 다스리다. ¶审～｜심문하다. ¶胁从者不～｜협박을 받아 따른자는 죄를 묻지 않는다. ❸ 動 (시험) 해보다. ¶这块石头可真不小, 等我～一～它｜이 돌은 정말 크다, 내가 좀 들어보자. ❹ 動 위문하다. 안부를 묻다. ¶～病｜병문안하다. ¶～起居｜안부를 묻다. ❺ 動 관계〔간섭〕하다. 문제시하다. 어법 단독으로 쓰이지 않으며 대개「不问」형태로 쓰임. ¶概不过～｜일절 관계하지 않다. ¶不～能力大小｜능력의 많고 적음은 따지지 않는다. ❻ 動〈漢醫〉(병의) 증세를 묻고 진단하다. ❼ 介 …에게. 향하여. ¶他～我要钱｜그는 나에게 돈을 요구하다 =〔向〕 ❽ 書 名 소식. ¶音～｜소식. ❾ (Wèn) 名 성(姓).

【问安】wèn/ān 書 動 문안 드리다. ¶他上去向母亲～｜그는 올라가서 어머님께 문안 드리다.

【问案】wèn/àn 動 사건을 심문하여 조사하다. ¶他很会～｜그는 사건을 심문하여 조사하기를 잘한다.

【问卜】wènbǔ 動 점을 치다. ¶求神～｜신에게 물어 점을 보다 =〔问卦〕

【问长问短】wèn cháng wèn duǎn 成 이것 저것 자세히 묻다. 형편을 꼬치꼬치 캐묻다. ¶一见面她就～｜만나자마자 그녀는 이것 저것 자세히 캐묻는다.

4【问答】wèndá ❶ 名 문답. 물음과 대답. ¶～练习｜문답 연습. ❷ 動 묻고 대답하다.

【问道于盲】wèn dào yú máng 成 장님에게 길을 묻다. 아무것도 모르는 사람에게 가르침을 청하다 =〔求qiú道于盲〕

【问鼎】wèndǐng 動 喻 제위(帝位)〔남의 지위〕를 노리다. ¶他有意～的位子｜그는 대통령의 자리를 노릴 뜻이 있다.

【问根底】wèn gēndǐ 근원을 물어보다. 속사정을 캐묻다. ¶他们很热心, 也爱～｜그들은 매우 열정적이며, 또한 속사정 캐묻기를 좋아한다.

【问寒问暖】wèn hán wèn nuǎn 成 더우면 더울세라 추우면 추울세라 정성껏 보살피다. (남의) 생활 형편에 관심을 갖고 이것저것 보살피다. ¶他们向老百姓～｜그들은 백성들에게 관심을 갖고 이거저것 보살피다 =〔嘘xū寒问暖〕

1【问好】wèn/hǎo 動 안부를 묻다. 문안 드리다. ¶请向大家～｜모두에게 안부 전해 주시기 바랍니다.

【问号】wènhào 名 ❶〈言〉물음표.「?」. ¶打～｜물음표를 찍다 =〔疑问号〕 ❷ 의문. ¶今天晚上能不能赶到还是个～｜오늘 저녁까지 도달할 수 있을지는 아직도 의문이다.

2【问候】wènhòu 動 안부를 묻다. 문안 드리다. ¶请代问～｜안부를 대신 전해주십시오 =〔问讯②〕〔望wàng候〕〔道dào候〕

【问话】wènhuà ❶ 名 묻는 말. ❷ 動 물어 보다.

【问津】wènjīn 書 動 ❶ 나루터가 있는 곳을 묻다. ❷ 轉 가격·상황 등을 묻다. 어법 주로 부정문에 쓰임. ¶不敢～｜감히 물어보지도 못하다. ❸ 轉 학문의 길을 묻다. 학문의 길에 들다. ¶未尝～｜謙 아직 학문의 길에 들어서 보지 못했다.

【问荆】wènjīng 名〈植〉쇠뜨기.

【问句】wènjù 名〈言〉의문문.

【问难】wènnàn 動 논란하다. 질문하다. 따져묻다 [주로 학술 연구 등에서 쓰임] ¶质疑～｜질의·토론하다. ¶同学之间互相～｜급우들끼리 서로 논란하다.

4【问世】wènshì 書 動 (저작물 등이 세상에) 출판되다. 발표되다. ¶一部新词典即将～｜새로운 사전이 곧 세상에 출판된다.

1【问题】wèntí 名 ❶ (해답·해석 등을 요구하는) 문제. 질문. ¶出考试～｜시험 문제를 내다. ❷ (연구·토론하거나 해결해야 할) 문제. ¶思想～｜사상 문제. ❸ 중요한 일〔점〕. ¶重要的～在善于学习｜중요한 점은 학습을 잘 하는 데 있다→〔关键①〕 ❹ 사고. 의외의 사건. 고장. 탈. 문제거리. ¶机器又出～了｜기계가 또 고장이 났다. ¶家里出了意想不到的～｜집안에 뜻밖의 일이 일어났다.

【问心无愧】wèn xīn wú kuì 成 마음에 물어 부끄러운 바가 없다. 양심에 가책 받을 것이 없다. ¶在这件事上, 我～｜이 일에 있어서 나는 양심에 가책 받을 것이 없다.

【问讯】wènxùn ❶ 動 묻다. ¶～处｜안내소. ¶向旁人打听～｜옆사람에게 물어보다. ❷ ⇒〔问候〕 ❸ 動〈佛〉합장하고 절을하다 =〔打问讯〕

【问这问那】wènzhè wènnà 動組 이것 저것 묻다. ¶往后不要再～!｜이제부터는 더이상 이것 저것 묻지 말아라! ¶她总是喜欢～的｜그녀는 언제나 이것 저것 묻기를 좋아한다.

【问罪】wènzuì 動 ❶ 심문하다. 죄를 묻다. 단죄하다→〔声讨〕 ❷ 죄를 판결하다.

【汶】 Wèn 물이름 문

名〈地〉문수(汶水) [산동성(山東省)에 있는 강 이름] =〔大汶河〕〔汶河〕

【紊】 wèn ☞ 紊 wěn

【璺】 wèn 흠집 문

方 ❶ (～子) 名 (그릇에 간) 금. 흠(집). 틈. ¶碗上有一道～｜그릇에 금이 한 줄 갔다→〔纹〕 ❷ 動 금이 가다. ¶～了｜금이 갔다. ¶～到底 =〔问到底〕｜금이 바닥까지 가다. 꼬치꼬치 캐묻다.

wēng ㄨㄥ

3【翁】 wēng 늙은이 옹

❶ 名 (남자) 노인. 영감. 늙은이. ¶渔～｜늙은 어부. ❷ 名 아버지. ¶乃～｜당신의 아버지. ❸ 轉 옛날, 남자에 대한 존칭. ¶主人～｜주인공. ¶金～｜김옹. ❹ 시아버지. ¶～姑↓ ❺ 장인. ¶～婿↓ ❻ (Wēng) 名 성(姓).

【翁姑】wēnggū 書 名 시부모 =〔翁婆〕

【翁司】wēngsī ⇒〔盎àng司〕

【翁婿】wēngxù 名 장인과 사위.

【嗡】 wēng 날개소리 옹

❶ 擬 앵앵. 윙윙. 붕붕. ¶蜜蜂mìfēng～～地飞｜꿀벌이 윙윙거리며 날다. ¶飞机～～响

| 비행기가 붕붕 소리를 내다. ❷動큰 소리로 떠들어 대다. 시끄럽게 말하다. ¶你们别～～这件事了 | 당신들은 이 일을 가지고 떠들어 대지 마시오.

【嗡子】wēng·zi 名〈音〉호금(胡琴)의 일종 [「二胡」와 비슷하며, 음은 「京胡」와 「二胡」 중간으로서 경극(京劇)의 반주에 사용됨] =〔京jīng二胡〕

wěng ㄨㄥˇ

【蓊】**wěng 우거질 옹, 장다리 옹**
❶書形초목이 무성한〔울창한〕 모양. ❷名장다리 =〔蓊台tái〕

【蓊荟】wěnghuì ⇒〔蓊蔵〕

【蓊茸】wěngróng ⇒〔蓊蔵〕

【蓊蔵】wěngwěi 書形초목이 무성한 모양 =〔蓊荟huì〕〔蓊茸róng〕〔蓊蔚wèi〕〔蓊郁〕

【蓊蔚】wěngwèi ⇒〔蓊蔵〕

【蓊郁】wěngyù ⇒〔蓊蔵〕

wèng ㄨㄥˋ

【瓮〈甕罋〉】**wèng 항아리 옹**
❶(～子) 名독. 옹기. 항아리. ¶酒～ | 술독. ❷ ⇒〔瓮阔〕

【瓮城】wèngchéng 名옹성. 성문 밖을 둘러싸고 있는 작은 성곽. ¶～被敌改攻破了 | 옹성이 적에 의해 부숴졌다 =〔月城〕〔月墙〕

【瓮底捉鳖】wèng dǐ zhuō biē ⇒〔瓮中捉鳖〕

【瓮阔】wèngkuò 形아주 호사스럽게 살다.

【瓮声瓮气】wèngshēngwèngqì 威목소리가 굵고 투박하다. ¶她说起话来～的 | 그녀가 말을 하면 목소리가 굵고투박하다.

【瓮牖】wèngyǒu 名喻가난한 집. ¶蓬户～ | 매우 가난한 집.

【瓮中之鳖】wèngzhōngzhī biē 威독안의 자라. 독안에 든 쥐. 喻달아날 수 없게 된 사람이나 동물. ¶他已成了～, 跑不了了 | 그는 이미 독안에 든 쥐가 되어, 도망할 수 없게 되었다.

【瓮中捉鳖】wèngzhōngzhuō biē 威독안의 자라를 잡다. 喻❶힘도 안들이고 목적을 이루다. ❷완전히 장악하다. ¶他～, 一下子把她逮住了 | 그는 힘 안들이고 목적을 이룬 셈이다. 한번에 그녀를 잡았으니. ‖ =〔瓮底捉鳖〕

【蕹】**wèng 옹채 옹**
名〈植〉옹채 =〔蕹菜〕

【蕹菜】wèngcài 名〈植〉옹채. 나팔꽃나물. ¶今天吃炒～ | 오늘 볶은 나팔꽃나물을 먹었다 =〔蓊wěng菜〕〔甕wèng菜〕〔空心菜〕〔藤téng藤菜〕

wō ㄨㄛ

【倭】**Wō 나라이름 왜**
書名왜 [일본(日本)의 옛이름] →〔日本〕

【倭瓜】wōguā 名北호박 =〔南nán瓜〕

【倭寇】Wōkòu 名〈史〉왜구. ¶韩国的和尚们成了抗击～的主力 | 한국의 승려들이 뭉쳐 왜구의 주력 부대를 반격하였다.

【挝】**wō ☞ 挝 zhuā B**

【喔】**wō ō 울 악**

A wō 擬꼬끼오 [닭 우는 소리] ¶公鸡～～地叫 | 수탉이 꼬끼오 하고 울다 =〔喔喔②〕〔喔咿〕 →〔欧ōu欧〕

B ō 嘆❶아! 오! 어법 알아차렸다는 어기(語氣)를 나타냄. ¶～! 就是他 | 아! 바로 그로구나. ¶～! 我这才明白了 | 아! 나 이제야 알았어. ❷아니! 아이쿠! 어법 놀람·고통의 어기(語氣)를 나타냄. ¶～! 你说什么? | 아니! 뭐라고? ¶～! 好痛 | 아이쿠! 아파라.

【喔喔】wōwō ❶擬빵빵. ¶汽车喇叭～响 | 자동차의 경적이 빵빵 울리다.

【喔咿】wōyī 擬꼬끼오 [닭 우는 소리」 =〔喔〕〔喔喔②〕

【涡(渦)】**wō Guō 소용돌이 와, 땅이름 과**

A wō ❶名動소용돌이(치다). ¶水～ =〔漩xuàn涡〕 | (물의) 소용돌이. ❷소용돌이 처럼 오목하게 들어간 것. 보조개. ¶笑～ =〔酒涡〕 | 보조개.

B Guō 名❶〈地〉과하(渦河) [하남성(河南省)에서 발원하여 안휘성(安徽省)으로 흘러 들어가는 강] ❷성(姓).

【涡虫】wōchóng 名〈動〉와충. ¶用毒药死杀～ | 독약으로 와충을 살상하다.

【涡流】wōliú 名❶소용돌이. ¶强烈的～ | 강렬한 소용돌이. ❷〈物〉와류. 맴돌이. ❸〈物〉와류 전류.

【涡轮(机)】wōlún(jī) 名〈機〉터빈(turbine). ¶水力～ =〔水轮(机)〕 | 수력 터빈. ¶蒸汽～ =〔汽机②〕〔汽轮(机)〕 | 증기 터빈. ¶燃气～ =〔燃气轮机〕 | 가스 터빈 =〔簡轮机①〕〔外透平(机)〕

【莴(萵)】**wō 상추 와**
名〈植〉상추 =〔莴菜〕〔莴苣jù〕〔莴笋sǔn〕

【莴苣】wō·jù 名〈植〉❶상추. ¶凉拌liángbàn～ | 차게 무친 상추 =〔莴苣笋sǔn〕〔俗莴笋〕 ❷양상추. ¶结球～ | 결구양상추 =〔叶yè莴苣〕〔千金菜〕〔全莴菜〕 ‖ =〔莴菜〕

【莴苣笋】wōjùsǔn ⇒〔莴苣①〕

【莴笋】wōsǔn ⇒〔莴苣①〕

4【窝(窩)】**wō 집 와**
❶(～儿, ～子) 名(새·짐승·곤충 등의) 집. 보금자리. ¶鸟～ | 새 둥우리. ¶蜂fēng～ | 벌집. ❷名소굴. ¶贼～ | 도적 소굴. ❸(～儿, ～子) 名方(사람·물체가 차지한) 자리. 곳. ¶这炉子真碍事, 给它挪个～儿 | 이 난로는 정말 장애가 되니 자리를 옮겨 놓아라. ❹(～儿, ～子) 名신체의 우묵한〔움푹한〕 곳. ¶眼～(儿) | 눈구멍. ¶心口～(儿) | 명치. ¶酒～儿 | 보조개. ❺動(범인 또는 장물 등을) 숨기다. 은닉하다. ¶～藏↓ ❻動굽히다. 구부리다. ¶把铁丝～个圆圈 | 철사를 동그랗게 구부리다. ❼動정체하다. 묵다. 쌓이다. 움직이지 않다. ¶

～着大批物资｜대량의 물자가 쌓여 있다. ¶～着一肚子火｜뱃속 가득 울화가 차다. ❽動京좌절되다. ¶～回去｜실패하고 돌아가다. ❾動채소를 둥그렇게 말아서 절이다. ❿量배 [동물이 새끼를 낳거나 알을 부화하는 횟수] ¶一～下了十只猪｜한 배에 열마리의 돼지를 낳았다.

【窝摆】wōbǎi 形 보람없다. 신통찮다. 볼품없다＝〔窝憋③〕

【窝憋】wō·bie ❶形京(뜻대로 되지 않아) 답답하다. 안타깝다. 우울하다. ¶这件事叫我好～, 说不出来道不出来｜이 일은 나를 무척 안타깝게 하는데 이야기할 수도 말할 수도 없다. ❷形京(장소가 비좁아) 갑갑하다. 답답하다. ¶这间屋子显着～｜이 방은 답답해 보인다. ❸⇒〔窝摆bǎi〕

【窝脖儿】wōbór ❶名 가대기꾼→〔扛kāng肩儿的〕 ❷(wō/bór) 動京 반발받다. 무안당하다. 거절 당하여 체면을 잃다. ¶我窝了脖儿了｜나는 무안당했다＝〔窝脖子〕 ❸名京 반발받음. 무안당함. 좌절됨. ¶我好心好意地和他商量shāngliang, 他给我来了个大～｜나는 좋은 뜻으로 그와 상의했는데 그는 내게 크게 무안을 주었다＝〔窝脖子〕

【窝藏】wōcáng 動 (장물이나 범인을) 숨기다. 은닉하다. 은폐하다. ¶～间谍｜간첩을 숨기다. ¶～赃物｜장물을 은닉하다. ¶～不报｜은폐하고 알리지 않다. ¶～罪犯也是犯法的｜범인을 은닉하는 것도 범법적 행위이다＝〔窝留liú〕

【窝尔兹】wō'ěrzī 名外〈音〉〈舞〉왈츠(waltz). 원무곡.

【窝匪】wō/fěi 動 도적〔죄인〕을 숨기다. 범인을 감추다. ¶～要坐牢zuòláo的｜범인을 감추고 수감되려 하다.

【窝风】wōfēng 形 통풍이 나쁘다. 바람을 막다. ¶这个院子很～｜이 정원은 통풍이 아주 좋지 않다.

【窝工】wō/gōng 動❶(자재 준비나 인원 배분이 적절치 않아서) 일이 정체되다. 인력〔일손〕을 낭비하다. 일감이 없어 놀다. ¶那得窝多少工, 误多少时间?｜그렇게 하면 얼마나 일이 더디고, 시간은 얼마나 손해를 보는가. ¶因为厂里原料接不上, 工人们只好～了｜공장에 원료가 따르지 못해서 노동자들이 그저 일손을 놀려야만 했다. ❷(어떤 목적을 가지고) 일을 중단하다. 태업하다. ¶双方互相扯皮造成停工, ～的现象｜양쪽 서로 옥신각신하다가 작업 중단·태업 현상을 빚었다.

【窝火(儿)】wō/huǒ(r) ❶動形 울화가 차다. 화가 치밀다. ¶他心里窝着一肚子火, 要去找市长解决｜그는 마음 속에 화가 잔뜩 치밀어 시장을 찾아가 해결하려 하다. ¶他觉得非常～｜그는 매우 울화가 치밈을 느꼈다. ❷(wōhuǒ(r)) 名 울화. 마음 속의 불평불만〔분노〕.

【窝家】wōjiā 名 범법자·불법 물품을 은닉해주는 사람〔집〕. ¶～是盗贼的叔叔｜불법 물건을 은닉해 주는 사람이 범인의 삼촌이다＝〔窝主(儿)〕

4【窝囊】wō·nang 形北❶(억울한 일을 당해) 분하다. 억울하다. ¶我不能受一辈子～｜나는 일평생 억울함을 당할 수는 없다《梁斌·紅旗譜》＝〔倭wō囊〕 ❷무능하다. 겁이 많다. 야무지지 못하다. ¶他也太～了｜그도 매우 겁이 많다.

【窝囊废】wō·nangfèi 名貶京 칠칠치〔야무지지〕 못한 녀석. 못난이. 밥통. ¶这个～太出息了｜이 밥통같은 녀석은 정말 희망이 없다＝〔窝囊费〕〔窝囊肺fèi〕〔窝囊冻儿〕

【窝囊气】wō·nangqì 名 울분. 울화. 억울함. ¶忍不下这口～｜이 억울함을 참을 수 없다.

【窝棚】wō·peng 名 판잣집. 초막. 가건물. 움집. ¶搭dā～｜판잣집을 짓다＝〔窝铺〕

【窝铺】wōpù ⇒〔窝棚〕

【窝儿】wōr ⇒〔窝③④〕

【窝头】wōtóu 名 옥수수 가루·수수 가루 등의 잡곡 가루를 원추형으로 빚어서 찐 음식. ¶今儿蒸zhēng～吃｜오늘 잡곡 가루로 빚은 음식을 쪄서 먹었다＝〔窝窝头〕〔里一外九〕

【窝窝瘪瘪】wō·wobiěbiě 貶 쭈뼛쭈뼛하다. ¶怎么这小孩儿老是～的没点大气样儿｜어째 이 아이는 늘상 쭈뼛쭈뼛하는 것이 기백이란 조금도 없다.

【窝心】wōxīn 形方❶(억울함을 풀 길 없어) 울분이 쌓이다. 억울하다. (마음 속이) 평온치 않다. ¶没考上真～｜낙방으로 분한 마음 달랠 길 없다. ❷기분이 좋다. 유쾌하다. ¶奉承得真叫人～｜정말 사람을 기분 좋도록 비위를 맞추다. ¶这事儿想起来真～啊｜이 일은 생각하면 정말 유쾌하다.

【窝心气】wōxīnqì 名 (내색할 수 없는) 울분. 울화. 억울함. 불만. ¶我实在咽不下这口～｜나는 사실 이 억울함을 삼킬 수 없다.

한 마디 말도 없이 슬쩍 타고 가버렸다.

【窝主(儿)】wōzhǔ(r) ⇒〔窝家〕

【蜗(蝸)】wō (⑧guā) 달팽이 와
名〈動〉달팽이＝〔蜗牛〕

【蜗居】wōjū 書名 누추한 집. 작은 집 [자기의 집을 낮추어 부르는 말로도 쓰임] ¶他住在～｜그는 누추한 집에 산다. ¶这个便是～｜이것이 바로 저의 집입니다＝〔蜗庐lú②〕〔蜗舍shè〕〔蜗屋wū〕

【蜗牛】wōniú 名〈動〉달팽이. ¶～角上争｜喻 작은 나라끼리의 싸움. 하찮은 싸움＝〔俗 水牛儿〕→〔牛牛〕

wǒ ㄨㄛˇ

1【我】wǒ 나 아
代❶나. 저. ¶～不认识他, 他是谁?｜나는 그를 알지 못한다. 그는 누구냐? 어법 ⓐ소유를 나타낼 때「我」다음에「的」를 붙이지만, 친속(親屬)·친밀한 관계에 있는 사람의 이름 앞·「家」「家里」「这里」「那里」 및 방위사(方位詞) 앞·「这〔那〕＋數＋量」앞에서는 항상 생략함. ¶我有～的爱好hào｜나는 나의 취미가 있다. ¶～哥哥｜나의 형. ¶～同学｜나의 급우. ¶～这里很静｜내가 있는 이 곳은 매우 조용하다. ¶～这两本书都很有意思｜나의 이 두 권의 책은 매우 재미 있다. ⓑ자기의 이름이나 신분을 나타내는 말의 앞 뒤에 쓰여 감정을 섞어 말하게 됨. ¶～张小平不会是那种人｜나, 장소평은 그

러한 사람이 아니다. ¶你做得对, 大叔～赞成 | 네가 한 것이 옳다. 큰 삼촌인 나도 찬성한다. ❷ 우리〔들〕. 어법 공장·회사·학교 등을 나타내는 단음절(單音節) 명사 앞에 쓰임. 서면어(書面語)에 주로 쓰이며, 구어(口語)에서는「我们」을 씀. ¶这不是～厂出品 | 이것은 우리공장 생산품이 아니다. ¶～校 | 우리학교. ❸ 우리 측. 우리 쪽. 어법 서면어(書面語)에 쓰이며,「敌」와 상대적으로 쓰임. ¶敌疲～打 | 적이 지쳤을 때 우리가 친다. ❹ 자기. 자신. 스스로. ¶忘～精神 | 헌신적인 정신. ¶自～牺牲 | 자기 희생.

【我辈】wǒbèi 書 代 우리(들) =〔我曹cáo〕〔書 吾wú辈〕

【我的天】wǒ·de tiān 名組 뭐야. 아아. 아차. 아뿔사. 제기랄. 맙소사. 어법 놀라움이나 절망감을 나타낼 때 쓰임. ¶～, 你是怎么啦? | 뭐야, 너가 어쨌다구?

1【我们】wǒ·men 代 ❶ 우리(들). 어법「我们」과「咱们」의 차이⇒〔咱zán们〕¶～俩 | 우리 두 사람. ¶～大家 | 우리 모두→〔咱zán们〕❷ (주로 여자나 아이들이「我」대용으로 써서) 나. 저. ¶～不要 | 나는 필요없다. ¶～跟你们可不一样 | 나는 너희들과 정말 같지 않다.

【我说】wǒshuō ❶ 嘆 에. 저. 여보게. 어법 말할 때 상대방의 주의를 끌려고 쓰는 말. ¶～, 咱们别吵了! | 여보게, 우리 떠들지 맙시다! ❷ 나는 …라고 여기다. 내가 …라고 (말)하지 않았는가. ¶～他老不来嘛 | 내가 그는 늘 오지 않는다고 하지 않았는가.

【我说(的)呢】wǒshuō(·de) 名組 내가 그렇다고 하지 않았던가. 내가 뭐라고 그랬어. 그러면 그렇겠지. ¶～, 敢情是这么回事 | 그러면 그렇지, 원래 이랬었구나.

【我行我素】wǒ xíng wǒ sù 成 누가 뭐라고 해도 평소 자기 방식으로 하다. 제길을 가다. ¶我劝了他好几回, 但他依然～ | 나는 그에게 여러차례 권유했건만, 그는 여전히 제 방식대로 한다 =〔吾wú行吾素〕

wò ㄨㄛˋ

4【沃】wò 물댈 옥, 기름질 옥
❶ 書 動 (물을) 붓다〔대다〕. 관개(灌溉)하다. ¶～田 | 밭에 물을 대다. ¶如汤～雪 | 成 더운물을 눈에 붓는 듯하다. 순식간에〔간단히〕일이 해결되다. ❷ 形 (땅이) 기름지다. 비옥하다. ¶～土↓ (Wò) 名 성(姓).

【沃度】wòdù 名 外〈化〉옥도. 요드. ¶～丁几 | 옥도정기→〔碘diǎn〕

【沃克须更气】wòkèxūgēngqì 名〈化〉옥시젠(oxygen).

【沃土】wòtǔ 名 옥토. 비옥한 땅. ¶～千里 | 비옥한 땅이 끝이 없다 =〔沃壤rǎng〕

【沃野】wòyě 名 옥야. 기름진 들. ¶～有劲jìng草 | 옥야에 억센 풀이 있다. ¶～千里 | 成 한없이 넓은 기름진 땅.

【肟】wò 옥심 오
名〈化〉옥심(oxime) [유기화합물의 한 가지] ¶醛quán～ | 알도 옥심. ¶酮tóng～ | 케토 옥심.

3【卧〈臥〉】wò 누울 와
❶ 動 눕다. 눕히다. ¶仰～ | 반듯이 눕다. ¶把小孩儿～在炕上 | 어린애를 온돌에 눕히다. ❷ 動 (동물이) 엎드리다〔웅크리다〕. ¶猫māo～着在炉子旁边 | 고양이가 난로 옆에 엎드려 있다. ❸ 수면용(의). ¶～车↓ ❹ 名 動 수란(水卵)(을 뜨다). 달걀을 깨뜨려 끓는 물에 넣고 삶다〔삶은 것〕. ¶～果儿↓

【卧病】wòbìng 動 와병하다. 앓아 눕다. ¶他已～多年了 | 그는 이미 수년간 앓아 누워있다.

【卧草】wòcǎo 名 깃. 깔짚. ¶垫diàn～ | 깃을 깔다.

【卧车】wòchē 名 ❶ 침대차. ¶～床位票 =〔卧车票〕〔卧铺票〕| 침대권 =〔睡shuì车〕〔寝qǐn车〕❷ 승용차. 소형 자동차.

【卧床】wòchuáng ❶ 名 침대. 침상. ❷ 動 침대에 눕다. ¶他又～多日 | 그는 또 여러 날을 침대에 누었다. ¶～不起 =〔卧病不起〕| 成 앓아누워 일어나지 못하다. 중병에 걸리다.

【卧倒】wòdǎo ❶ 動 엎드리다. 드러눕다. ❷〈軍〉엎드려! ¶～射击! | 엎드려 쏴! [구령]

【卧底】wòdǐ 動 方 (내통하기 위하여 미리) 잠입하다〔숨어들다〕. ¶他是～的特工 | 그는 미리 잠입한 특공이다.

【卧房】wòfáng 名 침실 =〔卧室〕

【卧轨】wòguǐ 動 (기차의 통행을 가로막기 위해) 철로에 가로 눕다. 철도 자살하다. ¶老王在山海关～自杀 | 왕씨가 산해관 철로에 가로 누워 자살하다.

【卧果儿】wò/guǒr 方 ❶ 動 수란(水卵)을 뜨다. ❷ (wòguǒr) 名 수란 =〔卧鸡子儿〕〔沃鸡子儿〕〔渥鸡子儿〕‖ =〔沃果儿〕

【卧具】wòjù 名 침구(寢具) [주로 기차나 여객선의 승객용 침구를 말함]

【卧龙】wòlóng 名 와룡. 喻 때를 만나지 못한 영웅. ¶诸葛孔明者, ～也 | 제갈 공명은 와룡이다.

【卧铺】wòpù 名 (기차나 여객선 등의) 침대. ¶～票 | 침대권. ¶～车 | 침대차.

【卧人(儿)】wòrén(r) 名 한자 부수의 사람인(人)변 [「今·含·每」등의 글자 상단에 붙는 것] =〔卧头(儿)〕

【卧式】wòshì 區 (기계 등이) 수평식(의). 가로식(의). 횡형(橫型)(의). ¶～热风炉 | 수평식 열풍로.

4【卧室】wòshì ⇒〔卧房〕

【卧榻】wòtà 書 名 침대.

【卧榻之侧】wò tà zhī cè 成 침대 곁. 자기의 관할 범위 내. 자국의 영토나 영역 안. ¶～, 岂容他人鼾睡 | 자기 침대 곁에 다른 사람을 재울 수는 없다. 자기의 세력 범위 내에 다른 사람의 침범을 허락하지 않다 =〔卧榻之旁〕

【卧席】wòxí 名 취침용 돗자리. 침대 깔개.

【卧心(儿)】wòxīn(r) 名 한자 부수의 마음심(心)변 [「志」「忘」등 글자의 아래에 붙는 것] =〔心字底(儿)〕

【卧薪尝胆】wò xīn cháng dǎn 成 와신상담. 섶에

눕고 쓸개를 맛본다. 마음먹은 일을 이루려고 괴롭고 어려움을 참고 견디다 =〔尝胆〕

【卧游】wòyóu ㊔動 누워서 재미있는 기행문·사진·기록 영화 등을 보며 유람을 즐기다. ¶～江山 | 와유강산하다. 누워서 산수의 그림을 보며 즐기다.

【幄】wò 장막 악
㊔名 장막(帳幕). 천막. ¶帷～ | 진중(陣中)에 치는 장막→〔帐zhàng篷〕

【幄舍】wòshè ㊔名 제사 때 야외에 치는 막사(幕舍). 천막집=〔幄座〕

【幄座】wòzuò ⇒〔幄舍〕

2【握】wò 쥘 악
❶動 (손으로) 쥐다〔잡다〕. 장악하다. ¶～手↓ ¶掌～ | 장악하다. ¶～权 | 권력을 장악하다. ❷㊔量 줌. 움큼. ¶一～之砂 | 한 줌의 모래.

【握别】wòbié 動 악수하고 헤어지다. 작별하다. ¶他跟朋友们一一～ | 그는 친구들과 일일이 악수하고 헤어졌다=〔执zhí别〕

【握发】wò/fà 動 ❶ 머리카락을 움켜쥐다. ❷ (wòfà) 喩 현인을 맞이하는데 버선발로 뛰어나와 맞이하다 [옛날, 주공(周公)이 머리를 감을 때 손님이 방문하자 머리카락을 움켜쥔 채 서둘러 영접했다는 고사(故事)]

【握紧】wòjǐn 動 꼭 쥐다. ¶～拳头 | 주먹을 꼭 쥐다.

【握力】wòlì 名 악력. 손아귀힘.

【握拍】wòpāi 動〈體〉❶ (탁구·테니스·배드민턴 등의 라켓의) 손잡이. ❷ 라켓을 쥐는 방법. 그립(grip).

【握拳】wò/quán 動 주먹을 쥐다. ¶他～想打人 | 그가 주먹을 쥐고 사람을 치려하다.

1【握手】wò/shǒu ❶動 악수하다. 손을 잡다. ¶她跟他热情地～ | 그녀는 그와 열정적으로 악수하다. ❷ (wòshǒu) 名 악수. ¶～礼 | 악수의 예.

【握手言欢】wò shǒu yán huān 成 손을 마주잡고 반갑게 담소(談笑)하다. 다정하게 말을 주고 받다. ¶他俩终于～ | 그들 둘이 마침내 다정하게 말을 주고 받다.

【渥】wò 두터울 악, 젖을 악
❶㊔形 두텁다. 진하다. ¶～恩 | 두터운 은혜. ¶～味 | 진한 맛. ❷㊔動 적시다. 담그다. 담구어 칠하다. ❸動 빠지다. ¶～住 | 빠져서 꼼짝하지 않다.

【渥太华】Wòtàihuá 名外〈地〉오타와(Ottawa) [「加拿大」(캐나다;Canada)의 수도]

【龌(齷)】wò 작을 악
⇒〔龌龊〕

【龌龊】wòchuò 形 ❶ 더럽다. 불결하다. ¶狗的身上～不堪 | 개의 몸이 매우 불결하다. ¶～钱 | 불결한 돈. 비열한 수단으로 번 돈=〔肮āng脏①〕❷ 악착같다. 쩨쩨하다. 도량이 좁다. 옹졸하다. ¶卑鄙～ | 비열하고 옹졸하다. ❸ 쓸모없다 ‖ =〔握wò龊〕〔握齿取〕〔偓wò促〕

【硪】wò 달구 와
(～子) 名 달구. ¶打～ =〔下硪〕〔打夯〕 | 달구질하다. ¶打～的吭唷声 | 달구질하는 소리.

【斡】wò 돌 알
❶㊔動 빙빙 회전하다. 선회하다. ¶～流↓ ❷ (Wò) 名 성(姓).

【斡流】wòliú 動 감돌아 흐르다.

【斡旋】wòxuán 動 ❶ (남의 일을) 알선하다. 조정하다. ¶从中～, 解决两方争端 | 가운데에서 조정하여 양쪽의 분쟁을 해결하다. ¶经朋友～, 就业了 | 친구의 알선으로 취업하였다=〔调解〕❷ 빙빙 돌다. 공전(公轉)하다. ¶日月～ | 해와 달은 공전한다.

wū ㄨ

【兀】wū ☞ 兀 wù Ⓑ

2【于】wū ☞ 于 yú Ⓑ

4【乌(烏)】wū wù 까마귀 오

Ⓐ wū ❶名〈鳥〉까마귀. ¶月落～啼tí | 달이 지니 까마귀가 울다=〔乌鸦yā〕❷㊔代 어찌. 어떻게. 어법 주로 반문(反問)에 쓰임. ¶～能与此相比 | 어찌 이와 더불어 비할 수 있겠는가→〔恶wū①〕❸名轉〈色〉검은색. ¶～云↓ ¶红血变～了 | 붉은 피가 검게 변했다. ❹ 검게 물들이다. ¶～发药 | 머리(를 검게 물들이는) 염색약. ❺ (Wū) 名 성(姓).

Ⓑ wù ⇒〔乌拉〕〔乌拉草〕

Ⓐ wū

【乌白菜】wūbáicài ⇒〔塌tā棵菜〕

【乌丁泥】wūdīngní ⇒〔阿ā仙药〕

【乌饭树】wūfànshù 名〈植〉모새나무=〔南烛〕

【乌飞兔走】wū fēi tù zǒu 成 해와 달이 질주하다. 세월이 빨리 흘러 가다. ¶～, 一晃又是五年过去了 | 세월이 빨리 흘러, 순식간에 또 5년이 지나가 버렸다=〔兔走乌飞〕

【乌干达】Wūgāndá 名外〈地〉우간다(Uganda) [아프리카 동부의 공화국, 수도는 「坎帕拉」(캄팔라;Kampala)]

【乌龟】wūguī 名 ❶〈動〉거북. ¶～爬门槛儿 | 歇 거북이가 문지방에 기어 오르다. 喩 되든 안되든 운을 하늘에 내맡기고 대담하게 한번 모험해 보다. ¶～忘八 | 罵 개같은 놈. ¶～壳 | 거북 껍질. 갑골문의 속칭. ❷〈動〉남생이=〔秦zǒu龟〕〔山龟〕❸ 옛날, 기루(妓樓) 주인. ❹ 오쟁이진 남자.

【乌合之众】wū hé zhī zhòng 成 오합지중. 오합지졸(烏合之卒). 조직도 규율도 없이 임시로 모은 무질서한 무리. ¶他纠合了一群～ | 그는 일군의 오합지졸을 규합하였다.

【乌黑(儿)】wūhēi(r) 狀 ❶ 새까맣다. ¶～的头发 | 새까만 머리칼. ❷ 깜깜하다. ¶屋子里一片～ | 방안이 온통 깜깜하다.

【乌乎】wūhū ⇒〔呜呼〕

【乌呼】wūhū ⇒〔呜呼〕

【乌金】wūjīn ❶ ⇒〔巴bā氏合金〕❷名〈鑛〉석탄.

¶液体～ | 석유(원유). ❸名 먹의 다른 이름.

【乌臼】wūjiù 名 ❶〈植〉오구목. ¶～树下有一群小孩在玩耍 | 오구목 나무 아래에 한무리의 어린 아이들이 놀고 있다 =〔乌桕〕〔桕jiù〕〔桕树〕〔蜡là树②〕 ❷書〈鳥〉검은 빛깔로 꼬리가 긴 제비와 비슷한 새

【乌克兰】Wūkèlán 名外〈地〉우크라이나(Ukraina)[「独立国家国协」(독립국가연합;CIS) 중의 한 나라. 수도는 「基辅」(키에프;Kiev)]

【乌拉】ⓐwūlā 名 ❶중국 서장(西藏)의 민주개혁 이전에 농노(農奴)가 관청이나 자기의 주인을 위해 해야했던 노역(勞役). ❷「乌拉」를 하는 사람. ⓑwù·la 名 중국 동북지방에서 겨울에 속에 「乌拉草」를 넣어 신는 가죽신 =〔靰鞡〕

【乌拉尔】Wūlā'ěr 名外〈地〉우랄(Ural). ¶～山 | 우랄 산맥.

【乌拉圭】Wūlāguī 名外〈地〉우루과이(Uruguay) [남미 동남부에 위치한 공화국. 수도는 「蒙得维的亚」 (몬테비데오;Montevideo)] =〔乌拉乖〕

【乌兰巴托】Wūlánbātuō 名〈地〉外 울란 바토르(Ulan Bator) [「蒙古」(몽골인민공화국;Mongolia)의 수도]

【乌鳢】wūlǐ 名〈魚貝〉가물치 =〔乌鱼①〕〔黑鱼〉

【乌亮】wūliàng 狀 검고 반들반들하다. 까마반드르하다. ¶～的柏油路 | 검고 반들반들한 아스팔트. ¶～的头发 | 검고 반들반들한 머리.

【乌溜溜(的)】wūliūliū(·de) 狀 (눈동자가) 새까맣고 또렷또렷하다. (머릿결이) 새까맣고 윤이 나다. ¶睁zhēng着～的大眼睛 | 새까맣고 또렷또렷한 큰 눈을 뜨고 있다. ¶～的头发 | 새가맣고 윤이 나는 머릿결.

【乌龙茶】wūlóngchá 名 오룡차 [흑갈색의 반쯤 발효된 잎차로 중국의 복건(福建)·광동(廣東)·대만(臺灣) 등지에서 생산됨]

【乌鲁木齐】Wūlǔmùqí 名〈地〉우룸치(Urūmchi) [중국 신강성(新疆省)의 성도(省都)] =〔迪化〕

【乌梅】wūméi 名〈漢藥〉오매 [껍질을 벗기고 짚불 연기에 그슬러서 말린 매실로 설사·기침·소갈(消渴)에 쓰며 살충제로도 씀] ¶～干 | 오매 말림 =〔酸suān梅①〕

【乌煤】wūméi 名 ❶깜부기. 흑수. ¶山西盛产～ | 산서성에서 깜부기가 많이 생산된다. ❷喻 무능한 사람. 쓸모없는 사람.

【乌木】wūmù 名 ❶〈植〉흑단(黑檀) =〔乌文木〕〔黑檀〕 ❷흑단의 목재. ❸단단하고 무거운 검은 색의 목재.

【乌娘】wūniáng 名方〈蟲〉개미누에. ¶～出壳了 | 개미누에가 껍데기를 벗었다 =〔蚕cán蚁〕

【乌七八糟】wūqībāzāo 狀 뒤죽박죽이다. 무질서하게 어지러져 있다. ¶～的传闻 | 뒤죽박죽한 뜬 소문 =〔污wū七八糟〕→〔乱luàn七八糟〕

【乌纱(帽)】wūshā(mào) 名 ❶오사모. 사모(紗帽) =〔乌巾jīn〕〔唐巾〕〔纱帽〕 ❷喻 관직. ¶丢diū～ | 관직을 잃다. ¶他一心想保住～ | 그는 일념으로 관직을 유지하려 한다.

【乌头】wūtóu 名〈植〉❶바곳. 오두(혹은 그 뿌리) =〔乌喙huì〕〔侧子〕 ❷가시연(蓮)의 다른 이름 =〔芡qiàn①〕

【乌涂】wū·tu 形 ❶(물이나 술 등이) 미적지근하다. ¶～水不好喝 | 미적지근한 물은 맛이 없다. ❷(일을) 하지 않고 나중으로 미루다. 흐지부지하다. 진척이 잘 안되다. ¶那件事就那么不了了liǎoliǎo之地～了 | 그일은 그저 흐지부지하게 끝나고 말았다. ❸우물쭈물하다. 우물거리다. ¶事情要办个脆, 不要尽自～着 | 일은 시원스럽게 처리해야지, 하염없이 우물거려서는 안된다 ‖ =〔乌秃tū〕

【乌托邦】wūtuōbāng 名外 유토피아(Utōpia). ❶〈書〉영국의 작가 모어(ThomasMore)가 지은 공상적 사회소설. ❷이상향. ¶乐土·乐国都是一种诗人脑子里的～ | 낙토와 낙국은 모두 시인들의 머리 속에 있는 일종의 이상향이다. ❸喻 실현할 수 없는 환상이나 계획 ‖ =〔乌有乡〕〔理想乡〕〔安ān乐乡〕

4【乌鸦】wūyā 名〈鳥〉까마귀 [불행이나 악을 상징하기도 함] ¶～命 | 喻 불행한 운명. ¶粉洗～白不久 | 흰가루로 까마귀를 씻어도 잠깐동안 하얄 뿐이다. 喻 본색이 곧 드러난다 =〔北 老鸹guā〕〔江 老鸦〕

【乌烟瘴气】wū yān zhàng qì 成 ❶분위기가 소란하고 질서가 문란하거나 기풍이 바르지 못하다. 난장판을 이루다. 사회가 암담하다. ❷轉 더러운 공기.

【乌眼(儿)鸡】wūyǎn(r)jī ❶名 눈이 검은 닭. 喻 새까만 눈동자. ❷動京 원망하다. 분개(憤慨)하다. ¶天天他见了我就～似的 | 그는 매일같이 나를 원망하듯 바라본다. ❸名 질투하고 시기하는 사람.

【乌药】wūyào 名〈植〉오약 [절강성(浙江省) 천태(天台)에서 나는 「天台乌药」(천태오약)이 유명]

【乌油油(的)】wūyōuyōu(·de) 狀 검고 윤기가 도는 모양. ¶～的头发 | 검고 윤이나는 머리 =〔乌油黑〕

【乌有】wūyǒu 書 어찌 이런 일이 있을 수 있겠는가. 존재하지 않음. ¶化为～ | 아무것도 없게 되다.

【乌鱼】wūyú ❶⇒〔鳢lǐ〕 ❷⇒〔乌贼zéi〕

【乌鱼蛋】wūyúdàn 名 오징어의 난소 복면(腹面)의 선체(腺體) [식품으로 쓰임]

4【乌云】wūyún 名 ❶검은 구름. 먹장 구름. ¶满天～ | 하늘 가득한 먹구름. 喻 불경기의 징조. ¶～翻滚 | 먹구름이 몰려오다 =〔黑云〕 ❷喻 부인의 검은 머리.

【乌贼】wūzéi ❶名〈魚貝〉오징어 =〔乌鱼②〕〔鱿yóu鱼〕〔乌鲗zéi〕〔黑鱼〕 ❷名台俗 심한 매연을 내뿜는 자동차.

【乌鲗】wūzéi ⇒〔乌贼〕

【乌兹别克】Wūzībiékè 名外〈地〉우즈베크(Uzbek)[「独立国家国协」(독립국가연합;CIS) 중의 한 나라. 수도는 「塔什干」(타슈켄트;Tashkent)] =〔乌孜别克〕

Ⓑwù

【乌拉】wù·la ☞〔乌拉〕wūlā ⓑ

【乌拉草】wù·lacǎo 名〈植〉중국 동북 지방에 나는 방동사니과의 다년생 초본의 일종 [방한용 신속에 깔기도하고 물건을 매는데 사용하기도 함] =〔靰wù鞡草〕〔务拉草〕〔护hù腊草〕

【邬(鄔)】wū 땅이름 오 ❶ 지명에 쓰이는 글자. ¶寻Xún～ | 강서성(江西省)에 있는 현(縣) 이름 [지금은「寻乌」로 씀] ❷ (Wū) 名 성(姓).

【邬波斯迦】wūbōsījiā 名〈佛〉여자 불교도의 총칭.

【邬波索迦】wūbōsuǒjiā 名〈佛〉남자 불교도의 총칭.

4【呜(嗚)】wū 탄식할 오 ❶ 擬 빵빵. 붕 [경적·기적 소리] ¶～的一声, 一辆汽车飞驰过去 | 빵빵 소리가 나더니 자동차 한 대가 쏜살같이 지나갔다. ¶轮船上的汽笛～～地叫 | 기선의 고동소리가 붕하고 울리다. ❷ 擬 엉엉 [우는 소리] ¶～地哭 | 엉엉 울다. ❸ 擬 와 [여럿이 함께 웃는 소리] ¶～～的笑 | 와— 하고 웃다. ❹ 嘆 아아 [탄식하는 소리] ¶～呼↓

【呜呼】wūhū ❶ 書 嘆 아아 [슬픔을 나타낼 때 내는 소리] ¶～, 天丧斯文也! | 아, 하늘이 이 글을 버리는 구나. ❷ 動 轉 죽다. ¶一命～ | 威 죽어버리다 ‖ =〔乌乎〕〔乌呼〕〔于呼〕〔于戏〕

【呜呼哀哉】wū hū āi zāi 威 ❶ 오호라, 슬프도다 [제문(祭文)에 쓰이는 감탄구] ❷ 죽다. 죽어버리다. ¶老头子一气之下也～了 | 영감이 한순간에 죽어버렸다.

【呜咽】wūyè ❶ 動 목메어 울다. 흐느껴 울다. ¶女人在床上～不止 | 여인이 침상에서 흐느껴 울며 그치질않는다 =〔呜噎yē〕 ❷ 形 (물소리·거문고·피리 소리가) 구슬프다. 처량하다.

【钨(鎢)】wū 텅스텐 오 名〈化〉화학 원소명. 텅스텐 (tungsten)(W ; wolfram ; 독)

【钨钢】wūgāng 名〈鑛〉텅스텐강.

【钨砂】wūshā 名〈鑛〉정선(精選)된 텅스텐 광선.

【钨丝】wūsī 名〈電氣〉텅스텐 필라멘트. ¶～烧断了 | 텅스텐 필라멘트가 타서 끊어졌다.

【圬〈杇〉】wū 흙손 오 書 ❶ 名 흙손 →〔抹mǒ子〕 ❷ 動 흙손으로 바르다. 흙손질하다. ¶粪fèn土之墙不可～也 | 더러운 흙 담장은 흙손질 할 수 없다《論語·公冶長》

【圬工】wūgōng ❶ ⇒〔圬人〕 ❷ 名 옛날, 미장이 (일) ‖ =〔瓦工〕

【圬人】wūrén 書 名 미장이 =〔圬官〕〔圬者〕〔圬工①〕→〔泥ní(水)匠〕

2【污〈汚汙〉】wū 더러울 오 ❶ 形 더럽다. 불결하다. 더럽히다. ¶尘垢chéngòu～人 | 먼지나 때가 사람을 더럽히다. ¶～水↓ ❷ 動 方 물건의 광택이 없어지다. 뿌옇게 되다. 흐려지다. ¶眼镜儿～了, 擦一擦吧 | 안경알이 뿌옇게 되었으니 닦아라. ❸ 혼탁한 물. 더러운 것. ¶粪fèn～ | 오물. ¶去～ | 더러운 것을 제거하다. ❹ 모욕하다. 능욕하다. ¶～辱rǔ↓ ❺ (관리가) 청렴 결백하지 못하다. ¶贪官～吏 | 탐관오리.

【污点】wūdiǎn 名 ❶ 오점. 명예롭지 못한 일. ¶历史上一个～ | 역사상의 한 오점. ❷ (옷에 묻은) 때. 얼룩. ¶谁身上没有～? | 누구의 몸인들 얼룩이 없겠는가?

【污毒】wūdú 名 더럽고 유독(有毒)한 것.

【污垢】wūgòu ❶ 名 (몸 또는 물건의) 때. 더러움. ¶一身～ | 온몸이 때투성이다. ❷ 形 더럽다. ❸ 名 치욕. 수치. ¶蒙着～ | 치욕을 무릅쓰다.

【污痕】wūhén 名 얼룩. 더러운 흔적. ¶身上满是～ | 몸에 온통 얼룩이다.

【污秽】wūhuì 書 ❶ 形 더럽다. 불결하다. ¶～的衣服 | 더러운 옷. ❷ 名 더러운 것. 불결한 것. 때. ¶清除qīngchú～ | 불결한 때를 제거하다.

4【污蔑】wū miè 動 ❶ 남의 명예·명성 등을 더럽히다. 모독하다. 중상(中傷)하다 =〔诬wū蔑〕. ❷ 더럽히다. 얼룩지게 하다.

【污泥】wūní 名 진창. 흙탕. 침적물(沉積物). 찌꺼기. ¶扫去sǎoqù～ | 찌꺼기를 쓸어가다 =〔淤渣yūzhā〕

【污泥浊水】wū ní zhuó shuǐ 威 지저분하고 더러운 것. 낙후(落後)되고 부패한 것.

【污七八糟】wūqībāzāo ⇒〔乌wū七八糟〕

2【污染】wūrǎn〈環〉❶ 名 오염. ¶水～ | 수질 오염. ¶环境～ | 환경 오염. ¶大气(层)～ | 대기(층) 오염. ¶放射性～ | 방사성 오염. ¶～计数管 | 오염 모니터. ❷ 動 오염시키다. 오염되다. ¶黄色书刊～了青少年的心灵xīnlíng | 외설 서적이 청소년들의 마음을 오염시켰다.

【污辱】wūrǔ 動 ❶ 모욕하다. 모독하다 =〔侮wǔ辱〕 ❷ 더럽히다. 욕보이다. 간음(姦淫)하다 =〔玷diàn污〕

【污水】wūshuǐ 名 더러운 물. 폐수. 하수(下水). ¶～管 | 하수관. ¶～管道guǎndào | 하수도. ¶生活～ | 생활 하수. ¶～净化 | 하수정화.

【污浊】wūzhuó ❶ 形 (물·공기 등이) 더럽다. 혼탁하다. ¶～的水, 不能饮用 | 더러운 물은 마실 수 없다 =〔混浊〕 ❷ 名 더러운 것. 더럽고 흐림. ¶洗去身上的～ | 몸에 붙은 더러운 것을 씻어 버리다.

4【巫】wū 무당 무 名 ❶ 무당. 박수. ¶～女↓ ¶～师↓ ❷ (Wū) 성(姓).

【巫马】wūmǎ 名 ❶ 書 옛날, 말의 병을 진찰·치료하던 관직. ❷ (Wūmǎ) 복성(複姓).

【巫女】wūnǚ ⇒〔巫婆pó〕

4【巫婆】wūpó 名 무당. 무녀 =〔师娘niáng②〕〔师婆(子)〕

【巫神】wūshén 名 方 박수 ⇒〔巫师〕

【巫师】wūshī 名 박수 [무술(巫術)을 행하던 사람] ¶～作法 | 박수가 굿하다 =〔方 巫神〕

3【诬(誣)】wū 台 wú) 꾸밀 무, 속일 무 動 ❶ 무함(誣陷)하다. 모함하다. 헐뜯다. ¶被人～陷 | 남에게 모함을 당하다. ❷ 속이다. 거짓말하다. ¶其言不～ | 그 말은 거

짓말이 아니다.
【诬告】wūgào 名動 무고(하다) ¶不得～他人 | 다른 사람을 무고해서는 안된다 =〔诬控kòng〕〔诬诉sù〕〔诬捏niē〕〔妄wàng告〕〔妄控〕→〔诬蔑miè〕
【诬害】wūhài 動 무함(誣陷)하다. 모함하다. ¶他妄图～同事 | 그가 동료를 모함하려고 망상하다.
【诬赖】wūlài 動 모함하다. 중상하다. (죄를) 남에게 덮어씌우다.
【诬良为盗】wū liáng wéi dào 成 공연한 사람에게 죄를 들씌워 도적으로 몰다. ¶你不能～啊! | 네가 공연한 사람을 도적으로 몰 수는 없다!
3【诬蔑】wūmiè 名動 중상(中傷)(하다). 비방(하다). 모독(하다). 모욕(하다). ¶造谣～ | 사실 무근의 말로 중상당하다. ¶受到人家的～ | 남의 비방을 받다.
【诬枉】wūwǎng 動 죄없는 사람에게 억울한 죄를 덮어씌우다.
4【诬陷】wūxiàn 動 무함하다. 없는 사실을 꾸며 죄에 빠뜨리다 =〔诬告陷害〕
【诬栽】wūzāi 動 죄를 덮어 씌우다. ¶～罪名 | 죄명을 넘겨 씌우다 =〔栽诬〕

1【屋】wū 집 옥
❶(～子) 名 가옥. 집. ¶好好待在～里, 别出去乱跑 | 집에 가만히 있어라. 함부로 돌아다니지 말고. ¶房～ | 집. ¶～顶 | 지붕. ❷ 名(～儿, ～子) 방. ¶里～ | 안방. ¶外～ | 바깥방. ❸ 書 名 수레의 지붕. 거개(車蓋). ¶黄～车 | 황색 두껑의 수레. ❹ 복성(複姓) 중의 한 자(字). ¶～庐lú↓
【屋顶】wūdǐng 名 ❶ 지붕. ¶双坡～ | 박공 지붕. ❷ 옥상.
【屋顶花园】wū dǐng huā yuán 名組 옥상 정원〔가든〕. ¶修建～ | 옥상 정원을 만들다.
【屋基】wūjī 名 ❶ 건물의 터. ¶～很坚实 | 건물 터가 매우 견실하다. ❷ 집터. 집이 있던 빈 터 ‖ =〔屋址zhǐ〕
【屋脊】wūjǐ 名〈建〉용마루. 옥척(屋脊). ¶黑色的～ | 흑색의 용마루 =〔屋山头〕〔屋山巅〕〔屋极〕〔房脊〕
【屋架】wūjià 名〈建〉트러스(truss).
【屋里】wū·li 名 ❶ 방안. 실내. ❷ 아내. 처
【屋里人】wū·li·ren 名 方 ❶ 아내. 집사람 =〔屋里的〕〔家里②〕 ❷ (옛날의) 첩(妾).
【屋漏】wūlòu ❶ 名 신주를 모신 방안의 서북 귀퉁이. 집안의 서북쪽 어둡고 구석진 곳. ❷ 動 지붕이 새다. ¶～更逢连夜雨 | 집이 새는데 게다가 매일밤 비를 만난다. 喻 엎친데 덮치기.
【屋庐】wūlú 名 ❶ 書 거실. 방. ❷ (Wūlú) 복성(複姓).
【屋面】wūmiàn 名〈建〉지붕. ¶瓦～ | 기와 지붕.
【屋上架屋】wū shàng jià wū 成 지붕 위에 지붕을 더하다. ❶ 쓸데없는 짓을 되풀이 하다. ❷ 기구 또는 구조가 중복되다 ‖ =〔屋下架屋〕
【屋檐】wūyán 名 처마. ¶～下站着两个躲雨的人 | 처마 밑에 두 사람이 비를 피해 서있다 =〔房檐(儿)〕
【屋宇】wūyǔ 書 名 가옥. 집. ¶～森森 | 집이 빽빽히 있다 =〔房屋〕
1【屋子】wū·zi 名 ❶ 방. ¶一间～ | 방 한 칸. ¶有事请进～里谈 | 일이 있으면 방으로 들어와 얘기하십시오 =〔屋儿〕〔房间〕 ❷ 江 집. ¶有了～想炕kàng | 방이 마련되니 온돌을 생각한다. 喻 욕심에는 끝이 없다 =〔房子〕

3【恶】wū ☞ 恶 è D

wú ㄨˊ

2【无(無)】wú mó 없을 무
A wú ❶ 書 動 없다 =〔亡wú〕〔毋②〕⇔〔有yǒu〕¶从～到有 | 무(無)에서 유(有)로 되다. ¶有则改之, ～则加勉 | 잘못이 있으면 고치고, 없으면 더욱 노력한다. ❷ 副 …하지 않다. …이 아니다. ¶～偏～倚 | 한쪽으로 치우치지 않다. ¶～倚～靠 | 의지할 데가 없다. ¶～记名投票 | 무기명 투표 =〔不bù〕 ❸ 動 …을 막론하고. …에 관계없이. …할 것 없이. ¶事～大小, 都由他决定 | 일의 대소를 막론하고 모두 그가 결정한다. ¶～冬历夏, 都有新鲜水果 | 겨울, 여름 할 것 없이 늘 신선한 과일이 있다 =〔不论〕 ❹ 副 …하지 말아라. …해서는 안된다. ¶～多言 | 말을 많이 하지 말아라 =〔毋①〕〔勿①〕〔亡wú〕 ❺ 頭 무 어법 명사 앞에 쓰여「없다」는 의미를 가진 다른 명사를 만듦〕¶～产阶级↓ ¶～轨电车 | 무궤도 전차. ❻ (Wú) 名 성(姓).
B mó ⇨〔南nā无〕
【无碍大局】wú'ài dàjú 動組 대세에 영향이 없다. ¶这样做也～ | 이렇게 해도 대세에 영향이 없다.
【无保留】wúbǎoliú 動 무조건(無條件)의. 전적인. 남김없는. ¶～地支持 | 전적으로 지지하다.
【无本之木】wúběn zhī mù 名組 뿌리 없는 나무. 喻 근거가 없는 일이나 사물.
3【无比】wúbǐ 形 褒 비할 바 없다. 아주 뛰어나다. ¶感到～高兴 | 더없는 기쁨을 느끼다. ¶～自豪 | 아주 높은 긍지 =〔无俦chóu〕〔无匹pǐ〕
【无边】wúbiān 動 끝이 없다. 한없이 넓다. ¶～的田野 | 끝이 없는 들판 =〔无涯yá〕
【无边无际】wúbiān wú jì 動組 가없이 넓다. 일망무제(一望無際)이다. ¶～的大海 | 가없이 넓은 바다.
【无柄叶】wúbǐngyè 名〈植〉무병엽.
【无病呻吟】wú bìng shēn yín 成 ❶ 병없이 신음하다. 까닭없이 탄식하고 상심하다. ❷ 문예 작품에서 진실감이 없는 어색한 묘사를 늘어놓다. ¶要有真情实感, 不能发～ | 진정으로 느낌이 있다면, 헛되이 무병신음할 수 없다.
【无补】wúbǔ 動 도움이 안되다. 쓸모없다. ¶～之学 | 成 쓸모 없는 학문 =〔无裨bì〕
【无不】wúbù …하지 않는 것이 없다. (예외없이) 모두 …이다. ¶～反对 | 반대하지 않는 사람이 없다.
3【无产阶级】wúchǎn jiējí 名 무산계급. 프롤레타리아트(Proletariat;독) ⇔〔资产阶级〕→〔工人

阶级〕

【无产者】wúchǎnzhě 名 무산자. 프롤레타리아. ¶全世界~联合起来 | 전 세계의 무산자들이 연합하다.

【无肠公子】wúcháng gōngzǐ 名組〈魚貝〉게의 다른 이름 =〔螃蟹pángxiè〕

【无常】wúcháng (1) 形 수시로 변하다. ¶变化~ | 변화무상. (2) 名〈佛〉무상. (3) 名 저승사자 =〔勾gōu魂鬼〕 (4) 動 婉 (사람이) 죽다. 불귀의 객이 되다. ¶一旦~ | 갑자기 불귀의 객이 되다.

4【无偿】wúcháng 區〈法〉무상(의). ¶~援助 | 무상 원조. ¶~劳动 | 무상 노동.

【无成】wúchéng 이룬 것이 없다. 성과가 없다. ¶毕生~ | 평생 동안 이룬 것이 없다.

4【无耻】wúchǐ 形 염치없다. 후안 무치하다. ¶~之尤 | 威 뻔뻔스럽기 그지없다.

【无处藏身】wú chù cáng shēn 威 몸 둘 곳이 없다 =〔无处存身〕

4【无从】wúcóng 動組 …할 방도가 없다. 어쩔 도리가 없다. ¶~下手 | 손쓸 방도가 없다. ¶一时~说起 | 한순간 어떻게 말할 도리가 없었다 =〔書 无由〕〔无缘yuán③〕

【无大无小】wúdà wúxiǎo 動組 대소를 막론하고 =〔无小无大〕

【无党派人士】wúdǎngpài rénshì 名 무당파 인사. 무소속의 재야 인사 [어떠한 정당에도 가입하지 않았으나 사회적으로 영향력을 갖춘 인물] ¶他是~ | 그는 무당파 인사이다.

【无敌】wúdí 動 무적이다. 당할 자가 없다. ¶~于天下 | 천하무적이다. ¶他是天下~的英雄 | 그는 세상에 당할 자가 없는 영웅이다.

【无底洞】wúdǐdòng 名 (1) 끝없이 깊은 굴. 밑빠진 독. (2) 喩 한없는 탐욕. 끝없는 욕심.

【无地自容】wú dì zì róng 威 부끄러워 쥐구멍에라도 들어가고 싶다. 몹시 부끄러워 몸둘바를 모르다. ¶她羞得~ | 그녀는 부끄러워 몸둘바를 몰라하다.

【无的放矢】wú dì fàng shǐ 威 과녁 없이 마구 활을 쏘다. (말이나 행동에) 목적이 없다.

【无定形碳】wúdìngxíngtàn 名組〈化〉무정형탄소.

【无动于衷】wú dòng yú zhōng 威 아무런 느낌이 없다. 조금도 동요하지 않다. 무관심하다 =〔无动于中〕

【无独有偶】wú dú yǒu ǒu 威 하나만 있는 것이 아니라 그 짝이 있다. 같은 패거리가 있다 [주로 나쁜 사람이나 나쁜 일을 가리킴]

【无度】wúdù 形 절도가 없다.

【无端】wúduān (1) 副 이유없이. 실없이. ¶~发笑 | 이유없이 웃다. (2) 書 動 끝이 없다. ¶天圆而~ | 하늘은 둥글고 끝이 없다.

【无恶不作】wú è bù zuò 威 온갖 나쁜 짓을 다하다. 못된 짓이란 못된 짓은 다하다. ¶他是一个~的歹徒dǎitú | 그는 온갖 나쁜 짓을 다하는 악당이다.

3【无法】wúfǎ (1) 動 (…할) 방법이〔도리가〕 없다. …할 수 없다. ¶~挽留 | 만류할 수 없다. ¶~阻止 | 막을 도리가 없다. ¶~挽回 | 만회할 수 없다. (2) 形 무법이다. 난폭하다.

【无法无天】wú fǎ wú tiān 威 법도 하늘도 업신여기다. 무법천지. 꺼리낌없이 갖은 행패를 다 부리다. ¶不能让孩子~ | 아이에게 꺼리낌없이 갖은 행패를 부리게 해서는 안된다.

【无方】wúfāng 形 방법이 좋지 않다. 일정한 방침〔규칙〕이 없다.

【无妨】wúfāng 動 무방하다. 지장이 없다. 염려할 필요가 없다. ¶~试一试 | 한 번 시험해 보는 것도 무방하다. ¶他的病~ | 그의 병은 염려할 필요가 없다.

4【无非】wúfēi 단지 …에 지나지 않다. 반드시〔꼭〕 …이다. …가 아닌 것이 없다. ¶他说的~是为了咱们 | 그가 말하는 것은 다 우리를 위한 것이다. ¶院子里种的~是凤仙花和鸡冠花 | 뜰에 심은 것은 단지 봉선화와 맨드라미뿐이다. 어법「无非是」의 형태일 경우는 강조의 뜻이 있음.

【无分畛域】wúfēn zhěnyù 動組 경계선 구분이 없다. 구역의 구분이 없다.

【无风不起浪】wúfēng bù qǐlàng 諺 바람이 없으면 파도가 일지 않는다. 아니 땐 굴뚝에 연기 날까? =〔无风草不动〕〔无根不长草〕〔风吹草动④〕

【无缝钢管】wúfèng gāngguǎn 名組〈機〉이음매 없는 강관. ¶进口了一批~ | 이음매 없는 강관을 한무더기 수입했다.

【无缝下蛆】wúfèng xiàqū 動組 틈이 없는데 구더기가 슬다. 轉 일부러 일을 복잡하게 만들다.

【无干】wúgān 動 관계가 없다. 무관하다. ¶这是我的错儿, 跟别人~ | 이는 나의 잘못이며, 다른 사람과는 관계가 없다.

【无功受禄】wú gōng shòu lù 威 공로도 없이 녹을 받다. 하는 일 없이 보수를 받다. ¶我~, 心中不安 | 나는 하는 일 없이 보수를 받으니 마음이 불안하다 =〔无功食禄〕

【无辜】wúgū (1) 形 무고하다. 죄가 없다. ¶~人民 | 죄가 없는 사람. (2) 名 무고한 사람. ¶株连~ | 무고한 사람을 연루시키다.

【无故】wúgù 副 이유없이. 까닭없이. ¶~攻击别人 | 까닭없이 다른 사람을 공격하다. ¶~迟到早退 | 이유없이 지각하고 조퇴하다.

【无怪(乎)】wúguài(·hu) 이상할 것이 없다. 그럴 수 밖에 없다. 당연하다. ¶这么大雪, ~天气这么冷 | 이렇게 눈이 많이 왔으니, 날씨가 이토록 추울 수 밖에.

【无官一身轻】wúguān yīshēn qīng 諺 직책이 없으니 홀가분하다. 책임을 지지 않으니 마음이 홀가분하다 ¶我现在是~ | 나는 현재 직책이 없으니 홀가분하다 =〔无事一身轻〕

【无关】wúguān 書 動 관계가 없다. 상관없다. 무관하다. ¶~大局 | 威 전반 국세에 관계없다. ¶~大体 | 威 별로 중요하지 않다.

【无关宏旨】wú guān hóng zhǐ 威 근본 취지와는 별 관계가 없다. ¶这样说~ | 이렇게 말하면 근본 취지와는 별 관계가 없다.

【无关紧要】wú guān jǐn yào 威 중요하지 않다. 대수롭지 않다. ¶这件事~ | 이 일은 대수롭지 않다.

【无关痛痒】wú guān tòng yǎng 成 ❶ 별로 관계가 없다. ❷ 대수롭지 않다.
【无轨】wúguǐ 區 무궤도의. 궤도가 없는.
【无轨电车】wúguǐ diànchē 名組 무궤도 전차.
【无害】wúhài 形 무해하다. 해롭지 않다. ¶这种农药对植物生长～ | 이 농약은 식물 생장에 해롭지 않다.
【无何】wúhé 書 ❶ 머지 않다. 오래지 않다. ❷ 아무 일도 없다. 아무렇지도 않다. ¶自度～ | 아무렇지도 않다고 생각하다.
【无核化】wúhéhuà 動 핵무장을 금지하다. 비핵화하다. ¶坚持韩半岛的～ | 한반도의 비핵화를 견지하다.
【无恒】wúhéng 形 항심(恒心)이 없다. 끈기가 없다. ¶～事不成 | 끈기가 없으면 일을 이루지 못한다.
【无后坐力炮】wúhòuzuòlìpào 名組 〈軍〉 무반동포 =〔无坐力炮〕
【无花果】wúhuāguǒ 名 〈植〉 무화과.
【无华】wúhuá 形 수수하다. 화려한 색채가 없다. ¶质朴～ | 질박하고 수수하다.
【无话不说】wúhuà bùshuō 動組 무슨 말이든지 다하다. 하지 않는 이야기가 없다. ¶他们俩～ | 그들 둘은 무슨 말이든지 다한다 =〔无话不谈〕
【无话不谈】wúhuà bùtán ⇒〔无话不说〕
【无话可答】wúhuà kě dá 動組 대답할 말이 없다. 말문이 막히다. ¶对这件事, 我是～ | 이 일에 대해, 나는 대답할 말이 없다.
【无机】wújī 名 形 〈化〉 무기(의) →〔有机〕
【无机肥料】wújī féiliào 名組 〈化〉 무기(질) 비료.
【无机化学】wújī huàxué 名組 〈化〉 무기 화학.
【无机盐】wújīyán 名 〈化〉 무기 염류.
【无稽】wújī 形 황당 무계하다. 근거가 없다. 터무니없다. ¶这种～传说 | 이런 황당무계한 전설. ¶～之谈 | 成 터무니 없는 말. ¶荒诞huāngdàn～ | 황당 무계하다.
【无及】wújí 動 미치지 못하다. 손쓸 수 없다. ¶事到如今, 后悔～ | 일이 이에 이르러 후회해도 소용없다.
【无几】wújǐ ❶ 形 얼마 되지 않다. 아주 적다. ¶所余～ | 나머지는 얼마 안된다. ❷ 副 곧. 머지 않아.
【无脊椎动物】wújǐzhuī dòngwù 名組 〈動〉 무척추동물.
【无计可施】wú jì kě shī 成 어찌할 방도가 없다. 아무런 대책이 없다. ¶再也～了 | 다시해도 어쩔 방도가 없다.
【无记名】wújìmíng 名 무기명.
【无记名投票】wújìmíng tóupiào 名組 무기명 투표.
【无际】wújì 形 (넓어서) 끝이 없다. ¶一望～ | 바라보니 넓어서 끝이없다.
【无济于事】wú jì yú shì 成 아무 쓸모없다. 일에 아무런 도움도 못주다. ¶任何妥协都～ | 어떠한 타협도 소용이 없다. ¶生气也～ | 화를 내도 아무 소용없다.
【无家可归】wú jiā kě guī 成 돌아갈 집이 없다. 정처없이 떠돌아다니다. ¶他已～了 | 그는 이미 정처없이 떠돌아다녔다.
【无价之宝】wú jià zhī bǎo 成 돈을 주고도 살 수 없는 보물. 아주 진귀한 보물. 더없이 귀중한 것. ¶这可是一件～啊 | 이는 정말 진귀한 보물이다 =〔无价宝〕
【无坚不摧】wú jiān bù cuī 成 아무리 견고해도 다 부술 수 있다. 어떠한 곤란이라도 다 뚫고 나가다.
【无间】wújiàn 書 ❶ 形 틈〔간격〕이 없다. ¶亲密～ | 成 아주 친밀한 사이. ❷ 形 끊임없다. ¶他每天早晨练太极拳, 寒暑～ | 그는 매일 새벽 태극권을 연습하는데 추운 때나 더운 때나 멈추는 일이 없다. ❸ 動 분별하지 못하다. ¶～是非 | 시비를 분별하지 못하다.
【无疆】wújiāng 書 賦 무한하다. 무강하다. 끝이 없다. ¶祝您老人家万寿～ | 당신네 어르신의 만수무강을 축원합니다 =〔无穷〕
【无尽无休】wú jìn wú xiū 成 貶 끝〔한〕이 없다.
【无精打采】wú jīng dǎ cǎi 成 의기 소침하다. 맥이 풀리다. 활기 없다. ¶他～的坐在地上 | 그는 의기 소침하여 땅바닥에 앉아 있다 =〔没精打采〕
【无拘束】wújūshù 動組 아무런 구속도 받지 않는다. 자유롭다. 자기 마음대로이다. ¶大家～地发表意见 | 다들 아무런 구속받지 않고 의견을 발표하다 =〔成 无拘无束〕
【无拘无束】wú jū wú shù ⇒〔无拘束〕
【无可比拟】wú kě bǐ nǐ 成 비할 바 없다. 필적할 만한 것이 없다.
【无可辩驳】wú kě biàn bó 成 논박할 수 없다. 반박할 수 없다. ¶这个结论是～的 | 이 결론은 반박할 수 없는 것이다.
【无可不可】wúkě bùkě 動組 ❶ (감격한 나머지) 어찌할 바를 모르다. ¶乐得～ | 즐거워서 어쩔 줄 모르다. ❷ 부득이. 어쩔 수 없이. ¶只得向人家～地道个谢 | 부득이 사람들에게 감사의 말을 할 수 밖에 없었다 =〔无可无不可②〕
【无可非议】wú kě fēi yì 成 나무랄 데가 없다. 비난할 근거가 없다.
4【无可奉告】wú kě fèng gào 成 알릴 만한 것이 없다. 알릴 것이 없다. 노 코멘트(no comment).
【无可厚非】wú kě hòu fēi 成 너무 지나치게 비난할 것이 못된다. 다 잘못된 것은 아니다. ¶这种做法～ | 이런 방법이 다 잘못된 것은 아니다 =〔未可厚非〕
【无可讳言】wú kě huì yán 成 말하는 데에 꺼릴 것이 없다. ❶ 직언을 서슴지 않다. ❷ 숨길래야 숨길 수 없다. 부정할 수 없다. ¶～的事实 | 숨길래야 숨길 수 없는 사실 =〔无庸yōng讳言〕
3【无可奈何】wú kě nài hé 成 어찌 할 도리가 없다. 어찌할 수 없다. ¶这可是～的事 | 이는 정말 어쩔수 없는 일이다 =〔无计jì奈何〕〔无可如何〕
【无可无不可】wú kě wú bù kě ❶ 成 이래도 좋고 저래도 좋다. 주견이 없이 남이 하는대로 하려하다. ❷ ⇒〔无可不可②〕
【无孔不入】wú kǒng bù rù 成 貶 틈만 있으면 뚫고 들어가다. 모든 기회를 이용하다. ¶坏思想的影响是～的 | 나쁜 사상의 영향은 틈만 있으면

뚫고 들어간다.

【无愧】wúkuì 形 부끄럽지 않다. 손색이 없다. ¶～于艺术家的称号｜예술가의 칭호에 손색이 없다. ¶问心～｜양심의 가책을 받을 것이 없다.

【无来由】wúláiyóu 動組 근거가 없다. 두서가 없다. 되는대로 하다. ¶～的人｜무뢰한 =〔无赖尤〕

【无赖】wúlài ❶ 形 무뢰하다. ¶耍shuǎ～｜행패를 부리다. ❷⇒〔无赖子〕 ❸⇒〔无聊赖〕

【无赖子】wúlàizǐ 名 무뢰한. 부랑아. 망나니 =〔无赖②〕〔无赖汉〕

4【无理】wúlǐ 形 무리하다. 억지스럽다. 이치에 맞지 않다. ¶～的要求｜무리한 요구. ¶～的态度｜억지스런 태도.

【无理方程】wúlǐ fāngchéng 名組〈數〉무리 방정식.

【无理根】wúlǐgēn 名〈數〉무리근.

【无理函数】wúlǐ hánshù 名組〈數〉무리 함수.

【无理取闹】wú lǐ qǔ nào 成 생트집을 잡아 말썽을 부리다. 까닭없이 남과 다투다. 일부러 소란을 일으키다.

【无理式】wúlǐshì 名〈數〉무리식.

【无理数】wúlǐshù 名〈數〉무리수.

【无礼】wúlǐ 形 예절이 없다. 버릇없다.

【无力】wúlì 形 ❶ 힘이 없다. ¶四肢～｜사지에 힘이 없다. ❷ 무력하다. ¶一个人是～完成这项任务的｜혼자서는 이 임무를 완성할 수 없다.

【无立锥地】wú lìzhuī dì 動組 ❶ 송곳 하나 꽂을 자리도 없다. 매우 좁다. ¶他已得～｜그는 이미 가난하여 송곳 하나 꽂을 자리도 없다. ❷ 喩 극빈(極貧)하다.

【无脸见人】wúliǎn jiànrén ⇒〔无颜yán见人〕

【无量】wúliàng 形 한량없다. 무한하다. ¶前途～｜전도가 양양하다.

4【无聊】wúliáo 形 ❶ 무료하다. 지루하다. 심심하다. ¶她一闲下来, 便感到～｜그녀는 좀 한가하기만 하면, 무료함을 느낀다. ❷ (저작·언행 등이) 무의미하다. 시시하다. 재미없다. ¶～的话｜시시한 말. ¶老谈吃穿, 太～了｜늘 먹고 입는 이야기만 해서 너무 무의미하다. ❸ 뻔뻔스럽다.

【无聊赖】wú liáolài 動組 ❶ 매우 심심하다. 따분하다. ❷ 의지할 데가 없다 ‖ =〔无赖③〕

【无路可走】wú lù kě zǒu 成 (더 이상 갈 곳이 없는) 궁지에 빠지다. ¶他被逼得～了｜그가 핍박당해 궁지에 빠졌다.

2【无论】wúlùn 連 …에도 불구하고〔막론하고〕. …에 관계없이. 어법 절(小句)이나 구(詞組) 앞에 쓰이며 뒤에 「都」「也」가 호응함. ¶～做什么工作, 他都非常认真｜그는 무슨 일을 하든 매우 착실하다. ¶～多少｜얼마든 관계없이. ¶～怎么样｜어쨌든 =〔不管②〕〔不论〕〔任rèn管〕→〔任凭píng〕

3【无论如何】wúlùn rúhé 副組 어찌 되었든 관계없이. 어떻게 해서든지. 어쨌든. ¶～得这么办｜어쨌든 이렇게 해야 한다.

【无米之炊】wú mǐ zhī chuī 成 쌀 없이는 밥을 못 짓는다. 필요한 조건이 갖추어지지 않고는 아무리 재간있는 사람도 일을 성사시키지 못한다. 거미도 줄을 쳐야 벌레를 잡는다 [「巧妇难为无米之炊」의 약칭] =〔无米为炊〕

【无冕之王】wúmiǎn zhī wáng 名組 ❶ 무관(無冠)의 제왕. 어느 분야의 권위자. ¶这位音乐家是一个～｜이 음악가는 권위자이다. ¶曾经号称为体育界～的运动员｜일찌기 체육계의 제왕이라 불리우던 선수. ❷ 喩 신문 기자.

【无名】wúmíng 書 區 ❶ 이름없다. 무명하다. ¶～英雄｜成 이름없는 영웅. ❷ 까닭없다. 알 수 없다. ¶～损失｜까닭없는 손실.

【无名氏】wúmíngshì 名 무명씨.

【无名帖(儿)】wúmíngtiě(r) 名 (협박·공갈하는) 무명의 쪽지 =〔黑帖(儿)〕

【无名小卒】wú míng xiǎo zú 成 무명 소졸. 이름없는 사람. 보잘것 없는 사람. ¶我只是一个～｜나는 단지 보잘것 없는 사람이다.

【无名指】wúmíngzhǐ 名 무명지. 약손가락 =〔四拇指〕

【无名肿毒】wúmíng zhǒngdú 名組〈漢醫〉원인 불명의 종기.

【无明火】wúmínghuǒ 名〈佛〉무명 업화(無明業火). 불같은 분노. ¶～起｜노발 대발하다. ¶惹他的～｜그를 몹시 화나게 하다 =〔无名火〕〔怒nù火〕

【无乃】wúnǎi 書 副 (어찌) …하지 않은가? …이 아니겠는가? ¶～不可乎?｜어찌 불가하지 않겠는가?

【无奈】wúnài 書 形 ❶ 어찌 할 도리가 없다. 부득이하다. 달리 방법이 없다. ¶～的人生｜어쩔 수 없는 인생. ¶百般～｜어찌할 수 없다 =〔无可奈何〕〔无奈何②〕 ❷ 그렇지만. 그러나. 유감스럽게도. 공교롭게도 [유감의 뜻을 지님] ¶星期天我们本想去郊游, ～天不作美下起雨来, 只好作罢了｜일요일 우리는 소풍을 가려고 했는데 공교롭게도 비가 오는 바람에 부득이 그만둘 수밖에 없게 되었다 =〔无如〕‖ =〔无那nuò〕

【无奈何】wú nài hé 動組 ❶ (사람·사물에 대해) 어떻게 할 수 없다. ¶敌人无奈他何｜적이 그를 어떻게 할 수 없다. ❷⇒〔无奈①〕

【无能】wúnéng 形 무능하다. 능력이 없다. ¶软弱～｜연약하고 무능하다.

4【无能为力】wú néng wéi lì 成 무능해서 아무일도 못하다. 일을 추진시킬 힘이 없다. 무력하다. ¶这的话, 我也～了｜이렇게 한다면, 나도 무력해진다.

【无宁】wúnìng ⇒〔毋wú宁〕

【无偏无党】wú piān wú dǎng 成 공평 무사하다. 어느 쪽에도 기울어지지 않고 공정하게 대하다 =〔无偏无倚〕〔无私无党〕

【无期】wúqī 區 무기한의. 기한이 없는.

【无期徒刑】wúqī túxíng 名組〈法〉무기 징역. 무기 도형. ¶判处～｜무기 징역에 처하다.

【无奇不有】wú qí bù yǒu 成 가지각색의 기묘한 것이 다 있다. ¶上海这个地方真是～了｜상해 이 곳은 정말 자지각색의 기묘한 것이 다 있다.

【无前】wúqián 形 ❶ 전례가 없다. ¶规模宏大～

｜규모가 전례없이 대단히 크다. ❷무적(無敵)이다. 견줄 사람이 없다. ¶一往～ =〔一往直前〕｜成용왕 매진하다.

【无巧不成书】wú qiǎo bù chéng shū 成 기이한 일이 있어야 책이 되다. 어떤 기연(機緣)이 없으면 문제가 생기지 않는다. 아주 공교롭다.

【无亲无故】wú qīn wú gù 動組 친척도 친구도 없다. 고독하다. ¶我跟她～的, 凭什么要帮她｜나와 그녀는 친척도 친구도 없어, 무엇에 의지해 그녀를 도와야 하나.

3【无情】wúqíng 形 ❶무감정하다. 무정하다. ❷냉혹하다. 사정없다. 무자비하다. ¶～的打击dǎjī｜무자비하게 공격하다. ¶事实是～的｜사실이란 냉정한 것이다. ¶水火～｜물과 불은 무자비하다.

4【无情无义】wú qíng wú yì 成 무정하다. 냉정하다. ¶你别说我～!｜너는 내가 냉정하다고 말하지 마라!

4【无穷】wúqióng 形 한이 없다. 무한하다. 무궁하다. ¶～的忧虑yōulǜ｜끝없는 근심. ¶群众的智慧是～的｜군중의 지혜는 무한한 것이다 =〔无疆jiāng〕

【无穷大】wúqióngdà 名〈數〉무한대 =〔无限大〕

【无穷无尽】wú qióng wú jìn 成 무궁 무진하다. 끝이 없다. ¶子子孙孙下去是～的｜자자손손 내려가며 끝이 없다.

【无穷小】wúqióngxiǎo 名〈數〉무한소 =〔无限小〕

【无缺】wúquē 狀 흠이 없다. 무결하다. ¶完好～｜완전하여 흠이 없다.

【无人】wúrén 形 ❶무인의. 사람이 타지 않는. ¶～火箭｜무인 로케트. ¶～驾驶飞机｜무인 비행기. ❷주민이 없는. ¶～区｜주민이 없는 지역. ❸셀프 서비스(self service)의. 자급식(自給食)의. ¶～售货shòuhuò｜무인 판매. ¶～售书处｜무인서적 판매대.

【无人飞机】wúrén fēijī 名組 무인 비행기.

【无人控制】wúrén kòngzhì 名組 무인 조종(無人操縱).

【无人坦克】wúrén tǎnkè 名組〈軍〉무인 탱크.

【无人问津】wú rén wèn jīn 成 물어보는 사람이 없다. 관심을 가지는 사람이 없다. 찾아오는 사람이 없다. ¶这种东西早已～了｜이런 물건은 이미 관심을 가지는 사람이 없다.

【无任】wúrèn 書 ❶副 매우. 대단히. ¶～感激gǎnjī｜아주 감격하다. ¶～欢迎huānyíng｜매우 환영하다. ❷맡은 직무를 감당할 수 없다.

【无任所大使】wúrènsuǒ dàshǐ 名組〈外〉순회대사 =〔巡xún回大使〕

【无日】wúrì 書 ❶하루도 빠짐 없다. ¶～不想念｜생각하지 않는 날이 하루도 없다. ❷副 이윽고. 멀지 않아. 곧.

【无如】wúrú ⇒〔无奈nài②〕

【无伤大雅】wú shāng dà yǎ 成 큰 지장이 없다. 전체에는 손색을 주지 않는다. 옥에 티나 되다 =〔无伤大体〕

【无上】wúshàng 書 副 무상의. 최고의. ¶～上品｜최상품. ¶～光荣｜최고의 영광 =〔最高〕

【无神论】wúshénlùn 名〈哲〉무신론. ¶～者｜무신론자 =〔无鬼论〕

【无声】wúshēng 動 소리가 없는. 소리가 없다. ¶悄qiǎo然～｜쥐 죽은 듯이 조용하다.

【无声片儿】wúshēngpiānr ⇒〔无声片〕

【无声片】wúshēngpiàn 名〈撮〉무성 영화 =〔默片〕〔回无声片儿〕〔无声影片〕

【无声无臭】wú shēng wú xiù 成 소리도 냄새도 없다. ❶명성이 없다. 세상에 알려지지 않다. ¶～的人｜세상에 알려지지 않은 사람. ❷아무런 기미도 없다. 어떤 낌새도 없다 ‖ =〔无声无息〕

【无师自通】wú shī zì tōng 成 가르치지 않아도 스스로 터득하다. ¶他～, 自学了两门外语｜그는 가르치지 않아도 스스로 터득하여, 두가지 외국어를 독학하였다.

【无时无刻】wú shí wú kè 成 (일반적으로 뒤에 「不」를 붙여) 시시각각. 언제나. 늘.

【无事不登三宝殿】wú shì bù dēng sān bǎo diàn 成 일 없이는 찾아오지 않는다. 용무가 있어 방문하다 [「三宝殿」은 불보(佛寶)·법보(法寶)·승보(僧寶) 등 삼보(三寶)를 모시는 불전을 말함] =〔无事不来〕

【无事忙】wúshìmáng 名組 하는 일 없이 바쁘다. 하찮은 일로 분주하다 →〔瞎xiā忙〕〔穷qióng忙〕〔庸yōng人自扰〕

【无事生非】wú shì shēng fēi 成 평지 풍파를 일으키다. 공연히 말썽을 피우다. ¶你别～了!｜너는 공연히 말썽을 피우지 마라!

【无视】wúshì 動 무시하다. 도외시하다. 업신여기다. ¶他们～舆论的反对｜그들은 여론의 반대를 무시한다.

2【无数】wúshù 形 ❶무수하다. 매우 많다. ❷잘 모르다. 확실히 알지 못하다. ¶心中～｜확실히 알지 못하다. ❸수가 일정하지 않다→〔有数(儿)〕

【无双】wúshuāng 書 形 무쌍하다. 둘도 없다. ¶盖世～｜세상에 둘도 없다. ¶英勇～｜용감무쌍하다 =〔独一无二〕

【无霜期】wúshuāngqī 名〈氣〉무상 기간. ¶南方的～比较长｜남방의 무상 기간은 비교적 길다.

【无私】wúsī 形 사심(私心)이 없다. ¶大公～｜成 공평 무사하다. ¶～援助｜사심없는 원조.

【无私有弊】wú sī yǒu bì 成 공명 정대하나 그 처지가 도리어 남의 의심을 받기 쉽다 =〔无私有意〕

【无损于】wúsǔnyú 書 動 (…에) 손상됨이 없다. ¶～韩国的威信｜한국의 위신에 손상됨이 없다.

【无所不包】wú suǒ bù bāo 成 무엇이나 다 포괄하고 있다. 포함된 내용이 매우 풍부하다. ¶这本百科词典的内容～｜이 백과 사전의 내용은 매우 풍부하다.

【无所不到】wú suǒ bù dào ❶⇒〔无所不至①〕❷成 있는 힘을 다하다. 최선을 다하다.

【无所不能】wú suǒ bù néng 成 못하는 일이 없다. 뭐든지 다 할 수 있다.

【无所不通】wú suǒ bù tōng 成 무엇이나 다 통하

다. 모르는 것이 없다.

【无所不为】wú suǒ bù wéi 成 贬 못하는 짓이 없다. 별별 나쁜 짓을 다하다.

【无所不用其极】wú suǒ bù yòng qí jí 成 贬 극단의 수단을 쓰지 않는 곳이 없다. 나쁜 일을 하는데 모든 수단을 다 쓰다.

【无所不在】wú suǒ bù zài 成 없는 곳이 없다. 어디에나 다 있다. ¶矛盾的斗争～ | 모순의 투쟁은 어디나 다 존재한다.

【无所不知】wú suǒ bù zhī 成 모르는 것이 없다. 모두 다 안다.

【无所不至】wú suǒ bù zhì 成 ❶ 이르지〔가보지〕 않는 곳이 없다. 어디에나 다 미치다 =〔无所不到①〕 ❷ 贬 온갖 수단을 다하여 나쁜 짓을 하다. 못하는 짓이 없다. ¶威胁利诱～ | 온갖 수단을 다 써서 위협하고 회유하다.

【无所措手足】wú suǒ cuò shǒu zú 成 손발을 어디 놓아야 할 지 모르다. 어찌할 바를 모르다.

【无所顾忌】wú suǒ gù jì 成 아무런 꺼리낌이 없어 마음대로 말하거나 행동하다.

【无所适从】wú suǒ shì cóng 成 누구의 말을 믿어야 좋을지 모르다. 어떻게 했으면 좋을지 모르겠다. ¶两位的意见不一致, 当正的就～ | 두 사람의 의견이 달라, 누구의 말을 믿어야 좋을지 모르겠다.

【无所事事】wú suǒ shì shì 成 아무 일도 하지 않다. 아무 일도 하는 것이 없다. ¶我们村里, 一天到晚～的人已经看不到了 | 우리 마을에서는 하루 종일 먹고 노는 사람은 이제 찾아볼 수 없다. ¶因为他们放假～ | 그들은 방학을 하여 아무것도 하는 것이 없다.

【无所畏惧】wú suǒ wèi jù 成 조금도 두려워하는 바가 없다. 매우 용감하다.

[3]【无所谓】wúsuǒwèi 動組 ❶ (…라고 까진) 말할 수 없다. 그렇다고 할 수 없다. ¶这种花色只是一般, ～好看不好看 | 이런 무늬와 색깔은 그저 일반적인 것이니, 보기 좋다 안 좋다 할 것 까진 없다. ¶这是随便说的, ～什么批评 | 이것은 되는 대로 한 이야기이지, 무슨 비판이라고는 말할 수 없다. ❷ 상관〔관계〕 없다. 아무래도 좋다. ¶我是～的 | 나는 관계 없다 =〔不在乎〕

【无所用心】wú suǒ yòng xīn 成 전혀 머리를 쓰지 않다. 무슨 일에나 다 무관심하다. ¶他饱食终日, 但～ | 그는 종일 포식하면서 어떤일에도 무관심하다.

[4]【无所作为】wú suǒ zuò wéi 成 적극적으로 하는 바가 없다. 어떤 성과도 내지 못하다. 현재의 상황에 만족하다. ¶他忙了一辈子, 但～ | 그는 평생토록 바빴지만 어떤 성과도 내지 못하였다.

【无题】wútí 名 形 무제(의).

【无条件】wútiáojiàn 形 무조건의. ¶～服从 | 무조건 복종. ¶～投降tóuxiáng | 무조건 항복.

【无条件反射】wútiáojiàn fǎnshè 名組 〈生〉 무조건 반사 =〔非条件反射〕

【无头告示】wútóu gàoshì 名組 ❶ 뜻이 분명하지 않은 공시. ❷ 형식에만 치우친 문장.

【无头(公)案】wútóu(gōng) 名 ❶ 단서를 잡을 수 없는 사건. 미궁에 빠진 사건. ¶他接手了一件～ | 그는 미궁에 빠진 사건을 접수했다. ❷ 시비를 가리기 어려운 쟁의.

【无头信】wútóuxìn ⇒〔匿nì名信〕

【无往不利】wú wǎng bù lì 成 가는 곳마다 다 뜻대로 되다. 모든 것이 다 순조롭다.

【无往不胜】wú wǎng bù shèng 成 어디에 가나 승리하다. 가는 곳마다 승리하다 =〔无往而不胜〕

【无妄之灾】wú wàng zhī zāi 成 불의의〔뜻하지 않은〕 재난 =〔毋望之灾〕

【无望】wúwàng 動 近 희망〔가망〕이 없다. ¶事情已经～ | 일이 이미 가망이 없다 =〔无望头〕〔无想头〕

[4]【无微不至】wú wēi bù zhì 成 미세한 것까지 이르지 않음이 없다. (관심이나 보살핌이) 매우 세밀하고 두루 미치다. ¶～的关怀 | 세심한 관심.

【无为】wúwéi ❶ 名 무위 [자연에 맡겨 작위(作爲)를 가하지 않는 도가의 처세 태도나 정치 사상] ¶～而治 | 아무것도 하지 않으나 천하가 잘 다스려지다. ❷ 書 …하지 말아라. …해서는 안된다.

【无味】wúwèi 書 動 ❶ 맛이 없다. ¶食之～, 弃之可惜 | 먹자니 맛이 없고 버리자니 아깝다. ❷ 흥미〔재미〕가 없다.

【无畏】wúwèi ❶ 書 動 두려워하지 않다. 두려움을 모르다. ¶～精神 | 두려워하지 않는 정신. ¶～的勇士 | 두려움 없는 용사. ❷ 名 〈佛〉 무소외(無所畏).

【无谓】wúwèi 形 ❶ 의미〔가치〕가 없다. 뜻이 없다. ¶～的话 | 가치가 없는 이야기. ❷ 부당하다. ¶实在～ | 실로 부당하다.

【无…无…】wú…wú… …도 없고〔아니고〕 …도 없다〔아니다〕 어법 두개의 뜻이 같거나 서로 비슷한 글자의 앞뒤에 쓰여 없다는 뜻을 강조함. ¶～缘～故 | 이유도 까닭도 없다. ¶～拳～勇 | 힘도 용기도 없다.

【无物】wúwù 動 물건이 없다. 내용이 없다. ¶眼空～ | 안하 무인(眼下無人).

【无误】wúwù 動 틀림없다. 착오가 없다. 확실하다. ¶兹收到壹千元整, ～ | 일금 1천원을 틀림없이 영수하였음.

【无息贷款】wúxī dàikuǎn 名 무이자 대부. ¶提供～ | 무이자 대부를 해 주다.

【无隙可乘】wú xì kě chéng 成 뚫고 들어갈 만한 틈이 없다. 발붙일 틈이 없다. ¶消息封锁得很严密, 间谍们～ | 정보가 엄격히 통제되어, 간첩들이 발붙일 틈이 없다 =〔无缝可钻〕

【无暇】wúxiá 動 여가가 없다. 틈이 없다. ¶～他顾 | 다른 것을 돌볼 틈이 없다. ¶我也～旁及pángjí他事 | 나도 다른 일을 아울러 다룰 틈이 없다.

[2]【无限】wúxiàn 書 形 副 한없다. 무한하다. 끝없다. ¶前途～光明 | 전도가 한없이 밝다 =〔无限量〕〔无垠〕

【无限大】wúxiàndà ⇒〔无穷大〕

【无限公司】wú xiàn gōngsī 名組 〈經〉 합명(合名)회사 →〔有限公司〕

【无限花序】wúxiàn huāxù 名組〈植〉무한 화서. 무한 꽃차례.

【无限小】wúxiànxiǎo ⇒〔无穷小〕

【无线】wúxiàn 區〈電氣〉무선(의). ¶～电话｜무선 전화. ¶～电波｜전파. ¶～电匣xiá子｜라디오 수신기의 옛 이름. ¶～电报｜무선 전보.

3【无线电】wúxiàndiàn ❶名 무선 전신. ❷⇒〔无线电收音机〕

【无线电传真】wúxiàndiàn chuánzhēn 名組 전송사진. 전사 =〔电传照片〕

【无线电电子学】wúxiàndiàn diànzǐxué 名組 전자 공학 =〔电子学〕

【无线电发射机】wúxiàndiàn fāshèjī 名組 무선 송신기(送信機) =〔俗 发射机〕〔俗 发送机〕

【无线电收音机】wúxiàndiàn shōuyīnjī 名組 라디오 =〔收音机〕〔无线电②〕

【无线电台】wúxiàn diàntái 名組〈通〉무선 전신국 =〔俗 电台③〕

4【无效】wúxiào 形 효력이 없다. 효과가 없다. ¶过期～｜기간이 지나 효력이 없다. ¶宣布选举～｜선거가 무효임을 선포하다.

【无效分蘖】wúxiào fēnniè 名組〈農〉(벼·보리 등의) 결실할 수 없는 분얼.

【无懈可击】wú xiè kě jī 成 공격당할 만한 허술한 곳이 전혀 없다. 빈틈없다. 흠 잡을 데가 없다. ¶论证严谨, ～｜엄격히 논증하여, 흠잡을 데가 없다.

【无心】wúxīn ❶動 생각〔마음〕이 없다. …을 하고 싶지 않다. …할 기분이 안나다. ¶他心里有事, ～再看电影｜그는 걱정거리가 있어 다시 영화 볼 기분이 나지 않았다. ¶～多谈｜더 이야기할 생각이 없다. ❷動 아무 생각이 없이 하다. 다른 뜻이 없이 하다. 무심코 하다. ¶言者～, 听者有意｜말하는 사람은 아무런 생각이 없이 했는데, 듣는 사람은 뜻있게 듣다. ❸名〈佛〉무심. ❹動 양심이 없다.

【无行】wúxíng 書形 품행이 나쁘다.

【无形】wúxíng ❶區 무형의. 보이지 않는. ¶～贸易｜무형 무역. ¶～的援助｜무형의 원조. ¶～的枷锁jiāsuǒ｜보이지 않는 속박. ❷⇒〔无形中〕

【无形损耗】wúxíng sǔnhào 名組〈經〉기계·설비 등의 고정 자산이 과학 기술의 발전으로 그 가치가 감소하는 무형적 손실. 기능적 마멸. ¶减少～｜무형적 손실을 줄이다 =〔精神损耗〕

【无形中】wúxíngzhōng 副 모르는 사이에. 어느 틈에. 어느새. ¶他们的友谊～发展起来了｜그들의 우정은 어느새 발전되었다 =〔无形②〕

【无性】wúxìng 區〈生〉무성(의). ¶～世代｜무성 세대. ¶～杂交｜무성 교잡.

【无性生殖】wúxìng shēngzhí 名組〈生〉무성 생식.

【无休止】wúxiūzhǐ 動 쉬는 일이 없다. ¶～地争论｜끊임없이 논쟁하다.

【无须】wúxū 副 …할 필요가 없다. 필요로 하지 않다. ¶～细说｜상세히 이야기할 필요없다. ¶这张收条是本来～保存的｜이 영수증은 본래 보존할 필요가 없는 것이다. 어법 ⓐ「无须」는 단독으로 쓰일 수 없으나「甭」「不必」은 단독으로 쓰일 수 있음. ⓑ「无须」는 주어 앞에 쓰일 수 있으나,「不必」「甭」은 일반적으로 주어 앞에 쓰지 않음. ¶不必你去(×) ¶无须你去 ¶你不必去｜네가 갈 필요는 없다 =〔无需〕→〔不用①〕〔不必〕

【无烟火药】wúyān huǒyào 名組〈化〉무연 화약.

【无烟煤】wúyānméi 名 무연탄 =〔无焰yàn炭〕〔方 白煤①〕〔方 红煤〕〔方 硬yìng煤〕〔方 大砟〕→〔烟yān煤〕

【无言以对】wú yán yǐ duì 成 대답할 말이 없다.

【无颜见人】wúyán jiànrén 成 사람 대할 낯이 없다. 면목이 없다 =〔无脸见人〕

【无恙】wúyàng 書動 병〔탈〕이 없다. 건강하다. ¶别来～?｜헤어진 뒤로 별고 없으신지요?

【无业】wúyè 動 ❶무직이다. 직업이 없다. ❷재산 등이 없다. ¶全然～｜재산이 하나도 없다.

【无业游民】wúyè yóumín 名組 실업자. 직업없이 떠도는 사람. ¶他哥哥是一个～｜그의 형은 실업자이다.

【无一漏网】wú yī lòu wǎng 成 하나도 빠뜨리지 않다. 모조리 다 잡다. ¶匪徒fěitú们～｜강도들이 모조리 다 잡히다.

【无依无靠】wú yī wú kào 成 의지할 데가 하나도 없다. 무의무탁하다 =〔无靠无倚〕

3【无疑】wúyí 書動 의심할 바 없다. 틀림없다. 두말할 것 없다. ¶～地｜의심할 여지 없이.

【无以复加】wú yǐ fù jiā 成 이 이상 더할래야 더할 수 없다. 절정〔극도〕에 이르다 [흔히 나쁜 일을 말함] ¶到了～的地步｜더할 수 없는 지경에 이르렀다.

【无益】wúyì 形 무익하다. 쓸데없다. ¶这样做对己对人都～｜이렇게 하는 것은 자신에게나 남에게나 모두 무익한 것이다. ¶～于事｜成 일에 무익하다. 일에 도움이 안 되다.

【无异】wúyì 動 다르지 않다. 똑같다. ¶～是一种终身的刑罚｜일종의 종신 형벌과 다름이 없다.

4【无意】wúyì ❶動 …할 마음이 내키지 않다. …할 생각이 없다. 원하지 않다. ¶～出外｜딴 곳으로 갈 마음이 없다. ¶～去玩｜놀러 나갈 생각이 없다. ❷形 고의가 아니다. ¶碰你一下, 我可是～｜네게 부딪쳤지만 고의가 아니었다. ❸副 무의식중에. 무심코. 생각없이. 본의 아니게. 어법 주로「无意中」「无意之中」의 형태로 쓰이며, 간혹「无意地」의 형태로 쓰이기도 함. ¶他们在挖井时, ～中发现了一些古代文物｜그들은 우물을 파다가 뜻밖에 약간의 고대 문물을 발견했다. ¶～中说的话成了问题｜무의식중에 한 말이 문제가 되다.

【无意识】wúyìshí 區 무의식(의). ¶～的举动｜무의식적인 행동. ¶她～地望了我一眼｜그녀는 무의식적으로 나를 한 번 바라보았다. ¶这是一种～的盲动｜이는 무의식적 망동이다. ¶取消qǔxiāo了这个～的命令｜이 무의식적인 명령을 취소하였다.

【无翼鸟】wúyìniǎo 名〈鳥〉키위(kiwi) =〔鹬yù鸵〕〔俗 几维鸟〕

【无垠】wúyín ⇒〔无限〕

【无影灯】wúyǐngdēng 名 무영등.

【无庸】wúyōng ⇒〔毋wú庸〕
【无庸讳言】wú yōnghuì yán 成 터놓고 말해서. 숨길 필요 없다. ¶这一点是～的 | 이는 조금도 숨길 필요가 없다.
【无由】wúyóu ⇒〔无从〕
【无有】wúyǒu 動 없다. 어법 뒤에 부정사가 오는 경우가 많음. ¶～不欢喜的 | 반가와하지 않는 사람이 없다. ¶～此事 | 이러한 일은 없다→〔没有〕
【无余】wúyú 動 남는 것이 없다. ¶一览～ | 한번 훑어보니 남은 것이 없다.
【无与伦比】wú yǔ lún bǐ 成 비교가 안 된다. 견줄〔비길〕데 없다. 뛰어나다. ¶～的欢乐 | 비길 데 없는 기쁨.
【无援】wúyuán 動 원조가 없다. ¶孤立～ | 고립무원이다.
【无源之水, 无本之木】wú yuán zhī shuǐ, wú běn zhī mù 成 원천이 없는 물과 뿌리가 없는 나무. 튼튼한 기초가 없는 사물. ¶这种论点是～ | 이런 논점은 튼튼한 기초가 없는 것이다.
【无缘】wúyuán ❶ 動 인연이 없다. ¶两次造访都～得见 | 두차례 찾아갔으나 인연이 없어 만나지 못했다. ¶有缘千里来相会, ～当面不相识 | 인연이 있으면 멀리서 와도 만날 수 있고, 인연이 없으면 얼굴을 대하여도 서로 알지 못한다. ❷ 形 불화(不和)하다. ❸ ⇒〔无从〕
【无缘无故】wú yuán wú gù 成 ❶ 전혀 관계가 없다. ❷ 아무 이유도 없다. ¶～的爱 | 이유없는 사랑 ¶他～地拿了我一本书 | 그는 아무 이유 없이 내 책 한 권을 가져갔다. ‖ =〔无原无故〕
【无政府主义】wúzhèngfǔ zhǔyì 名 貶 무정부주의. ¶闹～ | 무정부주의적으로 행하다. 조직내에서 제멋대로 행동하다. ¶坚决反对～ | 무정부주의를 결단코 반대하다. ‖ =〔无治主义〕
4【无知】wúzhī 形 무지하다. 아는 것이 없다. 사리에 어둡다. ¶～无识 | 아는 것이 아무 것도 없다. ¶～妄做 | 아무것도 모르면서 마구 행하다.
【无止境】wúzhǐjìng 動組 끝이 없다. ¶帝国主义的侵略野心是～的 | 제국주의의 침략 야욕은 끝이 없다. ¶技术的发展是～的 | 기술의 발전은 끝이 없는 것이다.
【无中生有】wú zhōng shēng yǒu 成 ❶ 만유(萬有)는 무(無)에서 난다. ❷ 없는 사실을 꾸며내다. 터무니없이 날조하다. ¶不能～地给人强加罪名 | 남에게 터무니없이 날조하여 억지로 죄명을 씌워서는 안된다.
【无助于】wúzhùyú 動組 …에 도움이 되지 않다. ¶～解决问题 | 문제 해결에 도움이 되지 않다.
【无着落】wúzhuóluò 動組 ❶ 낙착되지 않다. 결말이 나지 않다. 끝장이 안나다. ¶工作依然～ | 일은 여전히 결말이 나지 않다. ❷ 방도가 없다. 목표가 서지 않다. ¶进入大学之前生活～ | 대학에 입학하기 전에는 생활이 목표가 서지 않았다.
【无足轻重】wú zú qīng zhòng 成 문제 삼을 만한 것이 못되다. 별로 중시할 것이 못되다. 보잘것 없다. ¶他对整个学校来说是～的 | 그가 전체 학교에 대해 이야기한 것은 별로 중시할 것이 못된다 =〔无足重轻〕〔不足轻重〕
【无阻】wúzǔ 動 지장이 없다. 가로막지 못하다. ¶风雨～ | 비바람도 가로막지 못하다. 비바람에 관계없이 강행하다.
【无坐力炮】wúzuòlìpào ⇒〔无后坐力炮〕

【芜(蕪)】wú 거칠 무, 어지러울 무
書 ❶ 形 황폐하다. (잡초가) 무성하다〔우거지다〕. ¶荒～ | 황무지. ¶～城↓ ❷ 名 초원. 잡초가 무성한 곳. ¶平～ | 초원. 잡초가 무성한 들판. ❸ 形 喻 난잡하다. 잡다하다 [주로 문장을 가리킴] ¶删shān汰繁～ | 번잡한 것을 추려내다. ¶～词↓
【芜鄙】wúbǐ 形 (문장이) 난잡하고 천박하다. ¶辞义～ | 글의 내용이 난잡하고 천박하다.
【芜城】wúchéng 書 名 황폐한 성(벽) 혹은 도시.
【芜词】wúcí 書 名 謙 두서없는 말. 졸렬한 말. 난잡한 글 [자기의 말·글에 대한 겸칭]
【芜秽】wúhuì 書 ❶ 形 잡초가 무성하다. 몹시 황폐하다. ¶荒凉～ | 황량하게 잡초가 우거져 있었다. ❷ 名 패륜아(悖倫兒).
【芜菁】wújīng 名〈植〉❶ 순무. 무청. ❷ 순무의 뿌리 ‖ =〔葑fēng〕〔荛ráo③〕〔蔓mán菁〕〔方 扁biǎn萝卜〕
【芜劣】wúliè 形 (문장이) 난잡하고 졸렬하다. ¶这篇文章太～了 | 저 문장은 매우 난잡하고 졸렬하다.
【芜杂】wúzá 書 形 난잡〔무잡〕하다. (문장이) 난잡하여 조리가 없다. ¶文章写得极～ | 문장이 대단히 난잡하게 쓰여졌다.

3【亡】wú ☞ 亡 wáng Ⓑ

【毋】wú 없을 무, 말 무
❶ 書 副 …하지 마라. …해서는 안된다. 어법 금지를 표시함. ¶～忘此仇 | 이 원수를 잊어서는 안된다. ¶～妄言 | 망언을 하지 마라. ¶宁缺～滥 | 成 차라리 모자랄지언정 지나치게 써서는 안된다 [인재나 사물을 고를 때] =〔无④〕 ❷「无」와 통용 ⇒〔无wú①〕 ❸ (Wú) 名 성(姓).
【毋宁】wúnìng 書 副 …만 못하다. (…하기 보다는) 차라리 …하는 편이 낫다. ¶与其说是韩国的问题, ～说是亚洲的问题 | 한국의 문제라기 보다는 차라리 아시아의 문제라고 하는 편이 낫다 =〔无宁〕〔不如〕
【毋忘我(草)】wúwàngwǒ(cǎo) 名 外〈植〉물망초 ¶送悠一束～, 愿君不忘我 | 당신께 물망초 한다발을 보내오니, 원컨대 그대는 저를 잊지마세요 =〔毋忘草〕
【毋庸】wúyōng 書 …할 필요가 없다. ¶～讳言 | 말하기를 꺼릴 필요는 없다. ¶～挂虑 | 걱정할 필요가 없다 =〔无庸〕→〔无须〕
【毋庸置疑】wú yōng zhì yí 成 의심할 바 없다. ¶这是～的历史事实 | 이는 의심할 바 없는 역사적 사실이다.

【吴(吳)】Wú 오나라 오
名 ❶ 주(周)나라의 제후국(B.C. 585～475). ❷ 삼국시대(三國時代) 손권(孫

權)이 세운 나라(222～280). ❸5대10국(五代十國)의 하나［양행밀(楊行密)이 양자강 하류의 양주(楊州)를 중심으로 세운 나라. 902～937］❹簡〈地〉강소성(江蘇省) 남부와 절강성(浙江省) 북부 일대. ❺簡〈地〉강소성 소주(蘇州)시의 다른 이름. ❻성(姓).

【吴牛喘月】wú niú chuǎn yuè 成 오나라 물소는 달만 보아도 해인줄 알고 헐떡거린다. 더위 먹은 소 달만 보아도 헐떡거린다. 喻 착각·지레 짐작으로 지나치게 두려워하다.

【吴侬软语】wú nóng ruǎn yǔ 成 소주(蘇州)지방 말의 부드러움을 일컬음. ¶王小姐是苏州人,一口～听了叫人心醉 | 미스 왕은 소주사람인데, 그녀의 부드러운 소주말은 사람의 마음을 취하게 한다.

【吴下阿蒙】wú xià ā méng 成 무략(武略)은 있으나 평범하고 학식(學識)이 없는 사람［아몽(阿蒙)은 중국 삼국 시대 여몽(呂蒙)의 어릴 때 이름］¶非复～ | 이미 옛날 오나라에 있던 때의 아몽이 아니다. 과거에 보았던 눈으로 현재를 판단해서는 안된다. ¶今日的庄是真已非昔日的～了 | 오늘날의 마을은 정말로 이미 옛날의 모습이 아니다.

【吴茱萸】wúzhūyú 名〈植〉오수유.

【蜈(蜈)】wú 지네 오

⇒［蜈蚣］

【蜈蚣】wú·gōng 名〈蟲〉지네. ¶～身上有毒 | 지네 몸에는 독이 있다.

【蜈蚣草】wú·gongcǎo 名〈植〉❶ 오공초. 지네고사리. ❷ 빗살고사리의 다른 이름 =［肾蕨shèjué］

【吾】wú 나 오

❶ 書 代 나. 우리. ¶～日三省～身 | 나는 하루에 세번씩 자신을 반성해본다. ¶～十有五而志于学 | 나는 15살에 학문에 뜻을 두었다《論語·爲政》❷ (Wú) 名 성(姓).

【吾辈】wúbèi 書 代 우리들. ¶～亦非等闲之辈 | 우리들 또한 보통 무리들이 아니다 =［我辈］［吾人］［吾曹］［吾侪chái］［吾等］

【吾侪】wúchái ⇒［吾辈］

【吾丘】Wúqiū 名 복성(複姓).

【吾人】wúrén ⇒［吾辈］

【吾兄】wúxiōng 名 ❶ 書 나의 형. ❷ 轉 형. 귀형(貴兄)［친구를 부르는 친밀한 경칭］

【唔】wú ng´ m` 글읽는소리 오

Ⓐ wú ❶ 擬 응. 그래［허락·대답하는 소리］¶～, 是的 | 응, 그래. ❷ 擬 줄줄. 좔좔［책읽는 소리］→［咿yī唔］❸ 京 …따위(의). 기타(의). 그밖에 어법「…唔的」의 형식으로 쓰이고, 표준어의「…什么的」와 같음. ¶牛和马～ | 소와 말 따위. ¶桌子,椅子～的, 赶紧搬过来 | 탁자와 의자 등은 빨리 옮겨와라. ❹ ⇒［唔笃］

Ⓑ ng´ ❶ 代 江 나. 어법 표준어의「我」와 같음. ❷「嗯」의 이체자(異體字) ⇒［嗯n'g］

Ⓒ m` 副 粵 …이 아니다. …하지 않다. 어법 표준어의「不」에 해당함. ¶～系m'xì | …이 아니다. 어법 표준어의「不是」에 해당함. ¶～该m'gōi | 고맙습니다. 어법 표준어의「不敢当」이나「谢谢」에 해당함.

【唔笃】wú·du 代 江 자네들. 너희들［「你们」에 해당함］

【捂】wú ☞ 捂 wǔ Ⓑ

【浯】Wú 물이름 오

名〈地〉❶ 오하(浯河)［산동성(山東省)에 있는 강이름］❷ 오강(浯江)［복건성(福建省)에 있는 강이름］

4【梧】wú 벽오동나무 오

❶ ⇒［梧桐］❷ (Wú) 名〈地〉오주(梧州)［광서(廣西) 장족(壯族) 자치구의 시(市)］❸ 신체가 장대(壯大)한 모습. ¶魁kuí～ | 체구가 장대하다.

【梧鼠五技】wú shǔ wǔ jì 成 여러가지 재주를 가지고 있기는 하지만 변변한 것이 하나도 없어 도움이 되지 못하다. ¶他是～, 什么都会, 但什么都不精 | 그는 재주는 많지만 변변한 것이 없어, 무엇이든 할 수는 있지만 뛰어나지는 못하다.

4【梧桐】wútóng 名〈植〉벽오동. ¶～子 | 벽오동 열매. ¶～瓢piáo儿 | 벽오동 열매의 껍질. ¶没有～树招不来金凤凰 | 벽오동나무가 없으면 봉황을 부를 수가 없다. 물건이 변변치 못하면 손님들이 모이지 않는다 =［青桐］［碧bì梧］

【鼯】wú 날다람쥐 오

⇒［鼯鼠］

【鼯鼠】wúshǔ 名〈動〉날다람쥐 =［梧wú鼠］［飞鼠shǔ①］

wǔ ㄨˇ

1【五】wǔ 다섯 오

❶ 數 5. 다섯. 제5(의). 다섯째. ¶～年级 | 5학년. ¶～号 | ⓐ 제5호. ⓑ 5일. ❷ 名〈言〉중국 민족음악 음계의 하나［악보에 쓰는 부호로「简谱」의「6」(라)에 해당함］→［工gōng尺］❸ 복성(複姓)중의 한 자(字). ¶～鹿↓

【五百年前是一家】wǔbǎiniánqián shì yījiā 諺 5백년 전에는 한 집안이다. 조상은 다 하나다. ¶咱们都姓韩, ～ | 우리는 모두 한씨이니, 조상은 다 하나이다.

【五倍子】wǔbèizǐ 名〈漢醫〉오배자 =［五棓bèi子］［倍子］［棓子］［角倍］［角棓］

【五倍子虫】wǔbèizǐchóng 名組〈蟲〉오배자충. 오배자벌레.

【五步成诗】wǔ bù chéng shī 成 다섯 걸음 걷는 동안에 시를 짓다. 시재(詩才)가 뛰어나다. ¶他有～的才 | 그는 다섯 걸음 걷는 동안에 시를 짓는 재능을 지녔다→［七步成诗］

【五步蛇】wǔbùshé 名〈動〉백화사. 산무애 뱀 =［白bái花蛇］

【五彩】wǔcǎi 名〈色〉❶ 청(青)·황(黃)·적(赤)·백(白)·흑(黑)의 오색(五色). ❷ 다채로운 빛깔. ¶～铅笔 | 다채로운 빛깔의 색연필. ¶～蜡là笔 | 크레용. ¶～影片 =［彩色片］| 천연색 영화. ¶～胶片 =［五彩软片］| 컬러 필름. ¶～电

视机 =〔彩色电视机〕| 컬러 텔레비전. ¶ ~缤纷 | 成 울긋불긋하다. 오색 찬란하다. ¶ ~的晚霞 xiá | 다채로운 빛깔의 저녁놀.

【五常】wǔcháng 書 名 오상. ❶ 사람이 항상 지켜야 할 다섯가지 도리. 인(仁)·의(義)·예(禮)·지(智)·신(信). ¶ 信守~ | 다섯 가지 도리를 성실히 지키다. ❷ 오륜(五倫) =〔五伦〕 ❸ 부의(父義)·모자(母慈)·형우(兄友)·제공(弟恭)·자효(子孝).

【五大三粗】wǔ dà sān cū 成 기골이 장대(壯大)하다. 건장하다. ¶ 这小伙子得~的 | 이 젊은이는 기골이 장대하게 생겼다.

【五代】Wǔ Dài 名〈史〉오대. ❶ 당말(唐末)에서 송초(宋初)사이(907~960)에 흥망한 후량(後梁)·후당(後唐)·후진(後晋)·후한(後漢)·후주(後周)를 가리킴. ¶ ~十国 | 오대 십국. ❷ 상고(上古) 시대의 당(唐)·우(虞)·하(夏)·상(商)·주(周)를 가리킴.

【五帝】Wǔ Dì 名〈史〉오제. ❶ 태호(太昊) 즉 복희(伏羲)·염제(炎帝)와 신농(神農)·황제(黃帝)·소호(少昊)·전욱(顓頊). ❷ 황제·전욱·제곡(帝嚳)·요(堯)·순(舜). ❸ 소호·전욱·제곡·요·순. ❹ 천상(天上)에 있어서 동·서·남·북·중앙의 오방(五方)을 주재하는 신〔천제〕[동방의 청제(青帝)·남방의 적제(赤帝)·중앙의 황제(黃帝)·서방의 백제(白帝)·북방의 흑제(黑帝)]→〔三皇〕

【五斗柜】wǔdǒuguì 名 서랍이 다섯 개 달린 낮은 옷장 ¶ 他家添置了一个~ | 그의 집에 서랍이 다섯 개 달린 옷장을 추가로 구입했다 =〔五屉tì柜〕〔五筒tǒng柜〕〔五桶tǒng柜〕

【五毒】wǔdú 名 ❶ (~儿) 전갈·뱀·지네·두꺼비·도마뱀 등 독이 있는 다섯 가지 동물(의 독). ❷ 오독 [석담(石膽)·단사(丹砂)·웅황(雄黃)·백반(白礬)·자석(慈石) 등 오석(五石)을 태워 만든 독약] ❸ 喩 잔혹한 형벌. ❹ 다섯 가지 해독 행위 [뇌물·탈세·국가 재산의 도용·원자재 사취·국가 경제 기밀의 절취 등 다섯 가지 해독을 말함] ¶ 他是一个~俱全的歹徒dǎitú | 그는 오독을 모두 갖춘 강도이다.

【五短】wǔduǎn 貶 사지(四肢)와 체구가 작다. (신체가) 왜소(矮小)하다. ¶ ~身材 | 왜소한 체구.

【五方】wǔfāng 名 ❶ 오방. 동·서·남·북·중앙. ❷ 중국과 동이(東夷)·서융(西戎)·남만(南蠻)·북적(北狄)의 사이(四夷). ❸ 각처(各處). 여기저기.

【五方杂处】wǔ fāng zá chǔ 成 여러곳 사람들이 뒤섞여 살다. 대도시에 주민들이 복잡하게 얽혀 살다. ¶ 北京是~的大都会 | 북경은 여러곳 사람들이 뒤섞여 사는 대도시이다.

【五分(儿)】wǔfēn(r) 名 (5점 만점에서의) 만점.

【五分制】wǔfēnzhì 名〈教〉5점 만점제. 5단계 평가제. ¶ 采用了~ | 5점 만점제를 채용했다 =〔五给点数制〕

【五服】wǔfú 名 오복. ❶ 옛날 행해졌던 다섯 등급의 상복(喪服) [죽은 자와의 관계에 따라 복(服)의 종류와 입는 기간에 차이가 있음. 「斩衰」(참최, 3년)·「齐衰」(자최, 1년)·「大功」(대공, 9개월)·「小功」(소공, 5개월)·「缌麻」(시마, 3개월) 등의 구별이 있음] ¶ ~之内, 不得通婚 | 상중에는 혼인을 할 수 없다. ❷ 왕기(王畿)를 중심으로 5백리씩 차례로 나눈 다섯 구역 [상고(上古)에는 전복(甸服)·후복(侯服)·수복(綏服)·요복(要服)·황복(荒服), 주대(周代)에는 후복(侯服)·전복(甸服)·남복(男服)·채복(采服)·위복(衛服)이었음] ❸ 천자(天子)·제후(諸侯)·경(卿)·대부(大夫)·사(士)의 예복(禮服).

【五更】wǔgēng 名 오경. ❶ 하룻밤을 다섯으로 나눈 시각을 통틀어 일컬음. ❷ 하룻밤을 다섯으로 나눴을 때의 다섯째 부분. 지금의 오전 세시에서 다섯시. ¶ 起~, 睡半夜 | 새벽에 일어나고 한밤중에 자다. ¶ 林家铺子直忙到~左右 | 임씨네 가게는 오경무렵까지 줄곧 바쁘다.

【五谷】wǔgǔ 名 오곡 [벼·수수·보리·조·콩] ¶ 吃的是~杂粮 | 오곡의 잡곡을 먹는다.

【五谷不分】wǔ gǔ bù fēn 成 오곡을 구별도 못하다. 세상 물정을 전혀 모르다. ¶ 他是一个~的书呆子 | 그는 세상 물정을 전혀 모르는 책벌레이다 =〔不辨菽麦〕

【五官】wǔguān 名 ❶ 오관 [눈·코·입·귀·피부 또는 마음] =〔西北 五态〕 ❷ 轉 용모. 생김새. ¶ ~端正 | 용모가 단정하다. ❸ 시각·청각·미각·후각·촉각. ❹ 고대의 중요한 5개의 관직 [사도(司徒)·사마(司馬)·사공(司空)·사사(司士)·사구(司寇)]

【五官挪位】wǔguān nuówèi 動組 (술좌석에서 하는) 오관을 틀리게 가리키는 놀이. 예를들어 「귀」를 소리치고 코를 가리켜 상대방으로 하여금 따라 틀리게 하는 놀이.

【五光十色】wǔ guāng shí sè 成 ❶ 색채가 화려하고 아름답다. 울긋불긋 하다. 오색이 영롱하다. ❷ 종류가 다양하다. 갖가지다. ¶ ~的人间 | 다양한 인간. ‖ =〔五光十彩〕

【五行八作】wǔ háng bā zuō 成 여러가지 직업. 온갖 직업.

【五胡十六国】Wǔhú Shíliùguó 名組〈史〉오호 십육국 [중국에서, 동진(東晋) 말엽(末葉)부터 남북조(南北朝) 시대에 이르기까지, 오호(五胡)가 세운 열세 나라와 한족(漢族)이 세운 세 나라]

【五湖四海】wǔ hú sì hǎi 成 전국 각지. 방방 곡곡. 세계 여러 곳. ¶ 同学们来自~ | 급우들이 전국 각지에서 오다.

【五花八门】wǔ huā bā mén 成 각양 각색. 형형색색. 다양(多樣)하다. ¶ ~的商品推销术 | 다양한 상품 판로 확장술.

【五花大绑】wǔ huā dà bǎng 成 오랏줄로 묶다. 포승으로 결박하다. 꽁꽁 얽어매다 [포승을 목에 걸고 팔을 뒤로 돌려 묶는 결박법] ¶ 他被人~ | 그가 사람에 의해 포승으로 결박당하였다.

【五花肉】wǔhuāròu 名 삼겹살 =〔方 五花(儿)〕〔五花三层(儿)〕

【五黄六月】wǔ huáng liù yuè 成 음력 오뉴월의 무더운 때.

【五荤】wǔhūn 名 오훈채(五葷菜) [5가지의 자극

성 있는 채소. 불가(佛家)에서는 마늘·달래·무릇·김장파·세파, 도가(道家)에서는 부추·자총이·마늘·평지·무릇 등으로, 음욕·분노가 유발된다 하여 금식〔禁食〕함＝〔五辛〕

【五加】wǔjiā 名〈植〉오갈피나무＝〔五佳jiā〕

【五角大楼】Wǔjiǎo Dàlóu 名組 義譯 펜타건(Pentagon)＝〔五角大厦〕

【五金】wǔjīn 名〈鑛〉❶ 금(金)·은(銀)·동(銅)·석(錫)·철(鐵) 등 다섯 가지 금속. 轉 쇠붙이의 총칭. ¶～厂 | 금속 공장. ¶～杂货 | 철물 잡화. ¶～行háng | 금속업. 철물점. ❷ 쇠장식. ❸ 배비트 메탈(Babbitt metal)＝〔巴氏合金〕

【五经】Wǔ Jīng 名〈書〉오경 ［역경(易經)·서경(書經)·시경(詩經)·예기(禮記)·춘추(春秋)의 다섯 가지 경서］ ¶熟读～ | 오경을 숙독하다. ¶～扫地 | 成 성인의 도가 땅에 떨어지다.

【五绝】wǔjué 名 ❶ 簡 오언절구＝〔五言绝句〕 ❷〈漢醫〉오절. 목매어 죽는 것·물에 빠져 죽는 것·눌려 죽는 것·얼어 죽는 것·몹시 놀라서 죽는 것 등 다섯 가지 비명(非命)의 죽음.

【五劳七伤】wǔ láo qī shāng 成 신체가 허약하고 병이 많은 것.

【五里雾】wǔlǐwù 名 오리무. 喩 미궁. ¶如坠zhuì～中 | 미궁에 빠진 것 같다＝〔五里云雾〕

【五敛子】wǔliǎnzǐ 名〈植〉양도［열대성 과일］＝〔阳yáng桃〕〔羊yáng桃①〕〔杨yáng桃〕

【五粮液】wǔliángyè 名〈食〉다섯 가지 곡물로 빚은 술［사천성(四川省) 의빈시(宜賓市)에서 생산되는 백주(白酒)의 일종］ ¶老金爱喝～ | 김씨는 오량액을 즐겨 마신다.

【五岭】Wǔ Lǐng 名〈地〉월성(越城)·도방(都龐)·맹저(萌渚)·기전(騎田)·대유(大庾) 등 다섯 령［호남(湖南)·강서(江西) 남부와 광서(廣西)·광동(廣東) 북부 경계에 있음］

【五鹿】Wǔlù 名 복성(複姓).

【五律】wǔlǜ 名 簡 오언율시(五言律詩). ¶他精通～ | 그는 오언율시에 뛰어나다→〔律诗〕

【五伦】wǔlún 名 오륜. 다섯가지의 인륜(人倫).

【五马分尸】wǔ mǎ fēn shī 成 능지처참. 죄인의 사지(四肢)와 머리를 다섯 마리의 말에 묶은 다음 말을 몰아 찢어 죽이다. 멀쩡한 물건을 산산조각내다. ¶变法者商鞅被～ | 변법을 주장했던 상앙이 능지처참당하다＝〔五牛分尸〕

【五内】wǔnèi ⇒〔五中〕

【五内如焚】wǔ nèi rú fén 成 오장이 타는 듯하다. 몹시 애가 타다. 몹시 걱정하다. ¶听了这个消息他～ | 이 소식을 듣자 그는 몹시 애가 탔다＝〔五内俱焚〕

【五禽戏】wǔqínxì 名 오금희［중국 후한(後漢)의 화타(華佗)가 창안한 불노(不老)의 술(術)］ ¶古人练身体用的是～ | 옛사람들이 신체를 단련하는데 오금희를 이용하였다.

【五日京兆】wǔ rì jīng zhào 成 ❶ 오일 경조. 삼일 천하(三日天下)［서한(西漢) 장창(張敞)이 경조윤(京兆尹)에 임명되었다가 며칠 후에 면직되었던 고사에서 온말］ ❷ 오래 계속되지 못하는 일. ¶看来我也只能～ | 보아하니 나도 단지 삼일천하 할 수 있을 뿐이다.

【五卅运动】Wǔ Sà Yùndòng 名〈史〉오삼십 운동［1925년 5월 30일 상해(上海)에서 일어난 반제(反帝)운동］

【五色】wǔsè 名 오색. 청·황·적·백·흑의 다섯 가지 빛깔. ¶～花笺jiān | 오색 꽃무늬 편지지. ¶～云 | 오색 구름. 서운(瑞雲).

【五声】wǔshēng 名 ❶〈言〉(고대 중국어의) 다섯가지 성조［상평(上平)·하평(下平)·상성(上聲)·거성(去聲)·입성(入聲)］ ❷〈音〉오음(五音) ［궁(宮)·상(商)·각(角)·치(徵)·우(羽)］ ¶～音阶 | 5음 음계

【五十步笑百步】wǔ shí bù xiào bǎi bù 成 오십보 백보. 겨 묻은 개가 똥 묻은 개를 나무란다. ¶他俩是～ | 그들둘은 오십보 백보이다.

【五四青年节】Wǔ Sì Qīngnián Jié 名組〈史〉5·4 청년절［5·4 운동 당시의 청년 운동을 기념하는 날］

【五四运动】Wǔ Sì Yùndòng 名組〈史〉5·4 운동 ［1919년 5월 4일 중국 북경의 학생들을 중심으로 일어난 반제국·반봉건주의 운동］ ¶～开创了中国的新文化 | 오사운동이 중국의 신문화를 열었다＝〔簡 五四〕

【五体投地】wǔ tǐ tóu dì 成 ❶ 오체 투지 ［두 무릎·두 팔을 땅에 대고 그 다음에 머리를 땅에 닿도록 하는 절］ ❷ 喩 대단히 경복(敬服)하다. 탄복해 마지 않다. ¶她对老李佩服得～ | 그녀가 이형에게 탄복해 마지 않다.

【五味】wǔwèi 名 ❶ 단맛·쓴맛·신맛·매운맛·짠맛 의 다섯 가지 맛. ❷ 轉 여러 가지 맛→〔气qì味〕

【五味子】wǔwèizǐ 名〈植〉오미자＝〔北五味子〕

【五线谱】wǔxiànpǔ 名〈音〉오선보. ¶我可不识那蝌蚪kēdǒu一样的～ | 나는 올챙이 같은 오선보를 정말 모르겠다→〔谱表〕

【五香】wǔxiāng 名 (중국 요리에 쓰이는) 다섯 가지 향료［산초(山椒)·회향(茴香)·계피(桂皮)·팔각(八角)·정향(丁香)］ ¶～肉 | 오향육. ¶～豆 | 오향두. ¶～面儿 | 회향·산초 등의 혼합 분말.

【五小件】wǔxiǎojiàn 名組 다섯가지 면세 물품 ［중국이 대만인의 대륙 친척 방문 때 면세조치해 주는 다섯가지 물건. 즉 「手表」「自行车」「缝纫机」「电风扇」「播放机」「电子琴」「电烤箱」「打字机」「幻灯机」「热水器」중의 다섯가지］→〔三大件〕

【五刑】wǔxíng 名 오형. 가혹한 형벌 ［고대에는 「墨」(이마에 자자(刺字)하는 것)·「劓」(코를 베는 것)·「宫」(거세하는 것)·「大辟」(사형) 등 다섯 가지 형벌이 있었고, 수대(隋代) 이후의 「死」(사형)·「流」(유형)·「徒」(징역형)·「杖」(곤장형)·「笞」(태형) 등 다섯 가지 형벌이 있었음］

【五行】wǔxíng 名〈哲〉오행. 금(金)·목(木)·수(水)·화(火)·토(土). ¶～家 | 오행으로 운세를 판단하는 사람.

【五言绝句】wǔyán juéjù 名組 오언 절구. ¶他写了一首～ | 그가 오언 절구를 한 수 지었다＝〔簡 五绝①〕

【五言诗】wǔyánshī 名 오언시. ¶他背了一百首~ | 그는 백 수의 오언시를 외웠다.
【五一】Wǔ Yī ⇒〔五一劳动节〕
【五一劳动节】Wǔ Yī Láodòng Jié 名組 노동절. 메이 데이(May Day) =〔簡 五一〕〔五一节〕〔(五一)国际劳动节〕
【五音】wǔyīn 名 오음. ❶〈音〉고대에는 궁(宮)·상(商)·각(角)·치(徵)·우(羽). 당대(唐代)에는「合」「四」「乙」「尺」「工」. ¶她是~不全 | 그녀는 오음이 완전치 않다. ❷〈言〉성모(聲母)의 발음 부위에 따라 분류한 아(牙)·설(舌)·순(唇)·치(齒)·후(喉)의 오음→〔七音〕
【五月节】Wǔyuè Jié 名 俗 단오절.
【五岳】Wǔ Yuè 名 오악 [중국 역사상의 오대 명산. 동악(東岳)인 태산(泰山)·서악(西岳)인 화산(華山)·남악(南岳)인 형산(衡山)·북악(北岳)인 항산(恒山)·중악(中岳)인 숭산(嵩山)]
【五脏】wǔzàng 名 오장 [심장·간장·폐장·비장·신장] ¶麻雀máquè虽小, ~俱全 | 俗 참새가 비록 작지만 오장은 다 갖추고 있다. 규모는 작으나 다 갖추고 있다.
【五脏六腑】wǔzàng liùfǔ 名組 오장 육부. 내장의 총칭.
【五指】wǔzhǐ 名 다섯 손가락. ¶伸出shēnchū~也不一般长 | 다섯 손가락을 내밀어도 길이가 같지 않다.
【五中】wǔzhōng 書 名 오장(五臟). ¶铭míng感~ | 成 마음속 깊이 감격하다 =〔五内〕→〔五脏〕
【五洲】wǔzhōu 名 전세계. 세계 각지.
【五洲四海】wǔ zhōu sì hǎi 成 전세계. ¶~的朋友走到一起 | 전세계의 친구들이 같이 걸어왔다.
【五子登科】wǔ zǐ dēng kē 成 다섯 아들이 나란히 과거 시험에 합격하다. 만사 형통하다.
【五子棋】wǔzǐqí 名 (바둑의) 오목. ¶小孩爱玩~ | 어린 아이들이 오목하기를 좋아한다.

2【伍】wǔ 항오 오, 다섯 오
❶ 名 옛날, 군대의 최소 편성 단위 [5인(人)이 1「伍」임] ❷ 名 轉 군대. 대오. 행렬. ¶入~ | 입대하다. ¶队~ =〔行háng伍〕| 대오. ¶落~ | 낙오하다. ❸ 書 名 한 패. 한동아리. 동료. ¶相与为~ | 서로 한 패가 되다. ¶岂能与此辈为~ | 어찌 이들과 더불어 동료가 될 수 있겠는가. ❹ 數「五」의 갖은 자→〔大dà写②〕❺ (Wǔ) 名 성(姓).
【伍的】wǔ·de 助 方 …따위. 등. ¶喝酒~ | 술 등을 마시다.

【捂〈摀〉】wǔ wú 가릴 오, 가둘 오
Ⓐ wǔ 動 ❶ 덮어 가리다. 밀봉하다. 막다. ¶用手~着嘴笑 | 손으로 입을 가리고 웃다. ¶放在罐子里~起来, 免得走味 | 깡통 속에 넣고 밀봉하여 맛이 변하지 않게 하다. ❷ (음식을) 발효시키다. ¶~醱↓ ❸ 가두다. 감금하다. ¶把他~起来! | 그를 감금해라! →〔关guān②〕
Ⓑ wú ⇒〔枝zhī捂〕
【捂醱】wǔfā 動 덮개를 씌워 발효시키다〔띄우다〕.
【捂盖(子)】wǔ·gài(·zi) 動 덮(어 가리)다. 감추다. 은폐하다. ¶~他们的缺陷quēxiàn | 그들의 결함을 은폐하다.
【捂过去】wǔ·guò·qù 動組 덮어〔감추어〕 넘기다. 은폐시켜 넘어가다. ¶那件事, 你给我~就行了 | 그 일은 네가 덮어 주기만 하면 된다.
【捂汗】wǔ/hàn 動 (이불 등을 뒤집어 쓰고) 땀을 내다. ¶在被子里捂了一身汗 | 이불 속에서 한차례 땀을 내다.
【捂起来】wǔ·qǐ·lái 動組 ❶ 손으로 막다〔가리다〕. ❷ 감금하다. 가두다. ❸ 밀봉하다.
【捂捂盖盖】wǔwǔgàigài 動組 方 한사코 감추다.
【捂住】wǔzhù 動 꽉〔단단히〕 막다〔가리다〕. ¶把嘴~ | 입을 막다. ¶用手绢儿~脸 | 손수건으로 얼굴을 가리다.

【牾】wǔ 거스를 오
書 動 저촉하다. 반항하다. ¶抵~ | 저촉하다 =〔忤wǔ〕〔迕wǔ②〕

1【午】wǔ 일곱째지지 오, 낮 오
❶ 名 오 [십이지(十二支)의 일곱번째]→〔干gān支〕❷ 名 오시(午時) [오전 11시~오후 1시] ❸ 정오. 낮 12시. ¶上~ | 오전. ¶下~ | 오후. ¶中~ =〔正午〕〔方 晌shǎng午〕| 정오. ❹ 밤 12시. ¶~夜 | 자정. 밤 12시. ❺ 名 오방(午方) [24방위(方位)의 하나. 정남방(正南方)을 중심으로 한 15도 각도의 안] ❻ (Wǔ) 名 성(姓).
【午餐】wǔcān ⇒〔午饭〕
1【午饭】wǔfàn 名 점심(밥) =〔午餐〕〔書 午膳shàn〕〔書 午饷xiǎng〕〔北 晌饭①〕〔江 中饭〕
【午后】wǔhòu 名 오후. ¶~有一个会议 | 오후에 회의가 있다 =〔下午〕
【午间】wǔjiān 名 점심때. 한낮.
【午觉】wǔjiào 名 낮잠. 오수(午睡). ¶睡~ | 낮잠을 자다 =〔方 晌觉〕
【午前】wǔqián 名 오전 =〔上午〕
【午时】wǔshí 名 오시 [오전 11시에서 오후 1시 사이의 시간] =〔午刻〕
【午睡】wǔshuì 名 動 낮잠(을 자다). 오수(를 즐기다). ¶每天~一小时 | 매일 한시간씩 낮잠을 자다.
【午休】wǔxiū 動 점심 후에 휴식을 취하다 =〔午歇xiē〕
【午宴】wǔyàn 名 오찬회. ¶参加~ | 오찬회에 참가하다.
【午夜】wǔyè 名 한밤중. 오밤중. 자정 전후의 시간. ¶~风情 | 한밤중의 운치→〔半夜〕
【午夜牛郎】wǔyè niúláng 名組 俗 台 바 보이(bar boy). 제비족. 색(色)으로 여자를 유인하는 남자 =〔舞男〕⇔〔落翅子〕

【仵】wǔ 짝 오
❶ ⇒〔仵作〕❷ (Wǔ) 名 성(姓).
【仵作】wǔ·zuò 名 옛날, 검시관(檢屍官)

【忤】wǔ 거스를 오
書 動 거역하다. 거스르다. 반항하다. ¶与人无~ | 남에게 거스르지 않다 =〔迕wǔ②〕〔牾wǔ〕

【忤逆】wǔnì 動 ❶ 거역하다. 거스르다. 위반하다. ❷ 불효하다. ¶～儿 | 불효자.

【迕】wǔ 만날 오, 거스를 오
動 ❶ 만나다. 조우(遭遇)하다. ¶相～ | 서로 만나다. ❷ 거역하다. 위반하다. ¶违～ | 위반하다 =〔忤〕〔牾〕

【呒】wǔ ☞ 呒 m̌

【妩(嫵)〈娬〉】wǔ 아리따울 무
⇒〔妩媚〕

【妩媚】wǔmèi 形 (여자·꽃 등의 자태가) 사랑스럽다. 곱고 아름답다. ¶这女子长得十分～ | 이 여자는 대단히 곱고 아름답다.

【妩媚柔软】wǔmèiróuruǎn 形組 야들야들하고 나약하다. 여자 처럼 부드럽다.

【庑(廡)】wǔ 결채 무
書 名 ❶ 결채. 행랑. ❷ 큰 집.

【怃(憮)】wǔ 멍할 무
書 ❶ 動 사랑하다. 애틋하다. ❷ 形 실의(失意)에 빠진 모양. ¶自省xǐng其过, ～然者累日 | 그 잘못을 스스로 깨달아 오랜 시간 낙심하고 있다.

【怃然】wǔrán 書 狀 실망〔낙심〕한 모양. ¶～良久 | 오래도록 낙심하다.

2【武】wǔ 굳셀 무, 병법 무
❶ 名 무(武). 군사(軍事). 무력. 폭력. ¶～力 | 무력. ¶动～ | 폭력을 쓰다 ⇔〔文〕 ❷ 名 전투. 전술［격투기(格鬪技)에 관한 것］ ¶好hào～ | 무예를 좋아하다. ¶比～大会 | 무술대회. 생산 기술 등의 경쟁. ❸ 용감〔용맹〕하다. ¶威～ | 위풍당당하고 용감하다. ¶英～ | 영민하고 용맹스럽다. ❹ 격렬하다. 세차다. 사납다. ¶～火↓ ¶～断↓ ❺ 名 주대(周代)에 제사에 쓰이던 「六舞」중의 하나［주무왕(周武王)이 주왕(紂王)을 물리친 것을 상징함］ ❻ 書 名 반보(半步)［고대에 「六尺」을 「步」라 하고 「半步」를 「武」라고 함］ ¶行不数～ | 몇 걸음도 가지 못하다 →〔步bù武〕 ❼ (Wǔ) 名 성(姓).

【武备】wǔbèi 書 名 무비. 군비(軍備). ¶有文事者必有～ | 문사가 있으면 반드시 무를 갖추어야 한다.

【武昌起义】Wǔchāng Qǐyì 名組 〈史〉 무창 봉기. 1911년 10월 10일 「反满兴汉」을 슬로건으로 하여 호북성(湖北省) 무창에서 일어난 무장 봉기 →〔辛xīn亥革命〕

【武场】wǔchǎng 名 〈演映〉 ❶ 중국 전통극의 반주 중의 타악기 반주 부분 →〔文wén场①〕 ❷ 옛날, 무관(武官)의 과거 시험장.

【武丑】wǔchǒu 名 〈演映〉 무극(武劇)에 나오는 어릿 광대 =〔开口跳〕

【武打】wǔdǎ 名 〈演映〉 중국 전통극에서의 격투. ¶他爱看～的场面 | 그는 격투 장면을 보기를 좋아한다.

【武大郎(儿)】Wǔdàláng(r) 名 〈人〉 무대 ［수호전(水滸傳)에 나오는 인물로 지금은 지지리도 못나고 어리석은 이를 비유함］ 轉 체구가 작고 풍채가 없는 남자. ¶～的鸡巴, 长不了liǎo | 歇 무대랑의 자지, 좋아질〔잘될〕 가망이 없다.

【武旦】wǔdàn 名 〈演映〉 (중국 전통극의) 여자 무사(武士) 역(役).

【武断】wǔduàn ❶ 名 動 독단(獨斷)(하다). 무단(하다). ¶下～ | 독단을 내리다. ❷ 形 독단적이다. 주관적이다. ¶这种看法太～ | 이런 견해는 너무나 주관적이다. ¶～的作风 | 주관적 작풍. ❸ 書 動 권세를 등에 업고 함부로 시비를 판단하다. ¶～乡曲 | 成 시골에서 세력가(勢力家)가 권세로 백성을 억압하다.

【武二花】wǔ'èrhuā ⇒〔武净〕

【武夫】wǔfū 名 ❶ 書 무인(武人). 무사(武士). 군인. ❷ 용맹한 사람. 용사. ¶赳jiū赳～ | 늠름한 용사.

【武工】wǔgōng 名 〈演映〉 무술 연기 =〔武功②〕

【武工队】wǔgōngduì 名 簡 「武装工作队」(무장 공작대)의 약칭［항일(抗日) 전쟁 당시 적의 점령지에서 무장 투쟁이나 선전 조직 활동 등을 했음］

【武功】wǔgōng ❶ 書 名 군사상의 공적. ¶他立了不少～ | 그는 많은 공적을 세웠다 =〔军jūn功〕 ❷ ⇒〔武工〕 ❸ 名 무술(武術)(의 수련). ¶～片 =〔功夫片〕〔工夫片〕 | 무술 영화. ❹ (Wǔgōng) 名 〈地〉 무공. ⓐ 섬서성(陝西省)에 있는 현(縣) 이름. ⓑ 무공현 남쪽에 있는 산 이름.

【武官】wǔguān 名 ❶ 〈軍〉 무관. 군관(軍官) ¶他任过～ | 그는 무관을 역임했다 ⇔〔文官〕 ❷ 〈外〉 (외교관으로서의) 무관.

【武汉】Wǔhàn 名 〈地〉 무한. 호북성(湖北省) 동부의 「武汉三镇」 (무창(武昌)·한구(漢口)·한양(漢陽)의 세 도시)이 합병하여 된 시(市)로 호북성의 성도(省都).

【武行】wǔháng 名 〈演映〉 ❶ 중국 전통극에서 「武生」「武旦」「武净」「武丑」 등의 무술 전문 배우［「唱」「白」「做工」 등과는 관계 없음］ ❷ 무극(武劇)의 무술.

【武火】wǔhuǒ 名 (화력이) 센 불. ¶用～蒸 | 센 불로 찌다 =〔大火〕→〔文wén火〕〔旺wàng火〕

【武警】wǔjǐng 名 簡 「中国人民武装警察」(중국 인민 무장 경찰).

【武净】wǔjìng 名 〈演映〉 얼굴을 진한 청홍색선으로 분장한 무술(武術) 배우 =〔武二花〕〔跌diē打净〕〔摔shuāi打花〕

【武剧】wǔjù ⇒〔武戏xì〕

【武库】wǔkù 名 〈軍〉 무기고. ¶核～ | 핵 무기고.

4【武力】wǔlì 名 무력. ❶ 군사력. ¶使用～ | 무력을 사용하다. ¶～干涉 | 무력 간섭(을 하다). ❷ 폭력. 완력(腕力). ¶不能用～欺负人 | 완력으로 남을 괴롭혀서는 안된다.

【武庙】Wǔmiào 名 ❶ 무묘. 관제묘(關帝廟). 관우(關羽)를 모신 사당 =〔关Guān(帝)庙〕 ❷ 관우·악비(岳飛)를 같이 모시는 사당 =〔关岳庙〕

2【武器】wǔqì 名 ❶ 무기. 병기. ¶核～ | 핵무기. ¶新式～ | 신식 무기. ❷ (추상적인) 무기. 투쟁의 도구. ¶思想～ | 사상이란 무기.

【武人】wǔrén 名 ❶ 군인. ❷ 무술(武術)을 하는 사람. 무인.

【武生】wǔshēng 名 〈演映〉 중국 전통극의 남자

무사(武士) 역.
【武士】wǔshì 名 ❶고대 궁정을 지키던 사병(士兵). ❷무사. 용사.
【武士道】wǔshìdào 名 무사도.
2【武术】wǔshù 名 무술. ¶他学过～｜그는 무술을 배웠다.
【武松】Wǔsōng 名〈人〉무송 [수호전(水滸傳)에 나오는 인물로 영웅 호걸의 전형(典型)]
【武戏】wǔxì 名〈演映〉활극(活劇). 무술극 =〔武剧〕→〔文wén戏〕
【武侠】wǔxiá 名 무협. 협객(俠客). ¶～小说｜무협 소설. ¶～电影｜무협 영화.
【武艺】wǔyì 名 무예. ¶高强的～｜뛰어난 무예.
【武职】wǔzhí 書 名 무관직 →〔文wén职〕
3【武装】wǔzhuāng ❶ 名 무장. 무력. ¶～暴动｜무장 폭동. ¶～冲争｜무장 투쟁. ¶～干涉｜무력 간섭. ¶～侵略｜무력 침공. ❷ 動 무장하다. 무장시키다. ¶～到牙齿｜완전무장하다.
【武装部队】wǔzhuāng bùduì 名組 무장 부대. 군대. ¶组建～｜군대를 조직하다.
【武装力量】wǔzhuāng lìliàng 名組〈軍〉❶군사력. 국가의 정규군 및 기타 군사 조직의 총칭. ❷무장 군대.

【碔〈珷〉】wǔ 옥돌 무
⇒〔碔砆〕
【碔砆】wǔfū 書 名 옥(玉) 비슷한 돌. 喻 어리석은 사람. 멍청한 사람.

【鹉(鵡)】wǔ 앵무새 무
⇒〔鹦yīng鹉〕

3【侮】wǔ 업신여길 모, 조롱할 모
動 경멸하다. 모욕하다. 무시하다. ¶中国人是不可～的｜중국인은 무시할 수 없다. ¶抵御外～｜외부의 모욕을 방어하다 =〔欺qī侮〕
【侮慢】wǔmàn 動 업신여기다. 모욕하다. 경멸하다. 깔보다. ¶肆意～｜함부로 업신여기다.
【侮蔑】wǔmiè 名 動 모멸(하다). 경멸(하다). ¶受～｜모멸을 받다.
【侮弄】wǔnòng 動 깔보고〔업신여기며〕 조롱하다. 모욕하다. 놀리다. ¶不得～他人｜다른 사람을 조롱해서는 안된다.
3【侮辱】wǔrǔ 名 動 모욕(하다). ¶他常～妇女｜그는 언제나 여자를 모욕한다.
【侮谑】wǔxuè 書 動 깔보며 조롱하다. 업신여기며 희롱하다. ¶开玩笑得děi有分寸，～就不行｜농담에도 한도가 있어야지 함부로 업신여기며 조롱해서는 안된다.

1【舞】wǔ 춤출 무
❶ 名 춤. 무용. ¶跳tiào～｜춤을 추다. ¶歌～｜노래와 춤. ¶芭蕾～｜발레. ❷ 動 춤추다. ¶手～足蹈｜덩실덩실 기뻐하며 춤추다 =〔跳舞〕❸ 動 약동하다. 날아 오르다. ¶乱～｜난무하다. ¶眉飞色～｜成 희색이 만면하다. ❹ 動 가지고 놀다. 완롱(玩弄)하다. ¶～弊↓ ¶～文弄墨↓ ❺ 분발시키다. ¶鼓～｜고무하다. ❻ 動 方 …하다 =〔搞gǎo〕〔弄nòng〕 ❼ 動 (무엇을) 손에 들고 춤추다. ¶～剑↓ ❽ 動 휘두르다. ¶手～双刀｜쌍칼을 휘두르다.
【舞伴】wǔbàn 名 댄싱 파트너. 춤출 때의 짝→〔伴舞〕
【舞弊】wǔbì 名 動 부정 행위(를 하다) =〔作弊〕
【舞步】wǔbù 名〈舞〉춤의 스텝.
【舞场】wǔchǎng 名 무도장. 댄스홀 =〔舞厅tīng②〕〔舞院yuàn〕
【舞池】wǔchí 名 무도장〔댄스홀〕의 플로어(floor).
3【舞蹈】wǔdǎo 名 動 무도(하다). 춤(추다). 무용(하다). ¶～家｜무용가. 무용수 =〔跳舞〕
【舞蹈病】wǔdǎobìng 名〈醫〉무도병.
【舞动】wǔdòng ❶ 動 휘두르다. ¶～鞭biān子｜채찍을 휘두르다. ❷흔들리다. ¶吹来一阵凉爽的风，树枝微微～着｜한줄기 시원한 바람이 불어와, 나뭇가지가 가볍게 흔들리고 있다.
3【舞会】wǔhuì 名 무도회. ¶迪斯科dísīkē～｜디스코 파티.
【舞剑】wǔ/jiàn ❶ 動 칼춤을 추다. ¶他每天早上起来～｜그는 매일 아침 일어나 칼춤을 춘다. ❷ 動 칼을 휘두르다. ❸(wǔjiàn) 名〈舞〉칼춤. 검무.
【舞剧】wǔjù 名〈舞〉(발레 등의) 무용극. ¶～团｜무용극단→〔芭蕾舞bālěiwǔ〕〔歌舞剧〕
【舞客】wǔkè 名 무도장의 손님.
【舞龙】wǔlóng 名〈舞〉용춤 [명절 또는 대보름에 추는 중국의 민속춤]
【舞男】wǔnán 名 俗 台 제비족 =〔午夜牛郎〕
【舞弄】wǔnòng 動 ❶(수중의 것을) 갖고 놀다. 마음대로 다루다. ❷휘두르다. 내젓다. ❸ 方 …을 하다. 만들다. ¶她想做个鸡笼子，可是自己不会～｜그녀는 닭장을 만들려고 하지만 혼자서는 제대로 만들 줄 모른다. ❹우롱하다.
【舞女】wǔnǚ 名 무희(舞㛥). 댄서.
【舞曲】wǔqǔ 名〈音〉무(도)곡. 댄스 뮤직.
3【舞台】wǔtái 名 무대. ¶～布景｜무대 배경. ¶～效果｜무대 효과. ¶～监督｜무대 감독. ¶露天～｜야외 무대.
4【舞厅】wǔtīng ❶ 名 춤추는 홀. ¶开了一个～｜춤추는 홀을 하나 열었다. ❷⇒〔舞场〕
【舞文弄墨】wǔ wén nòng mò 成 ❶법조문을 왜곡되게 인용하여 부정을 저지르다. ❷글재주를 부리다. 붓끝을 되는대로 놀리다. 글장난하다. ¶他最喜欢～的｜그는 글재주를 부리는 것을 가장 좋아한다. ‖ =〔舞弄文墨〕
【舞艺】wǔyì 名 무기(舞技). 춤 솜씨.
【舞姿】wǔzī 名 무용의〔춤추는〕 자태. ¶潇洒xiāosǎ的～｜시원스런 춤추는 모습.

wù ㄨˋ

【兀】wù wū 우뚝할 올, 민둥민둥할 올
Ⓐwù ❶ 書 形 우뚝 솟고 위가 평평한 모양. ¶突～｜우뚝 솟다. ¶～立↓ ❷ 書 形 산이 민둥민둥한 모양. 벗어져 번들번들한 모양. ¶～鹫jiù↓ ❸ 副 돌연히. 갑자기. ¶～突↓ ❺ 代 近 이. 저. 그. ¶～的↓ ❻ 副 近 어찌. 어떻게. ¶～的↓ ❼ 副 近 여전히. 역시. ¶～自↓ ❽ 副 近 움직이지 않다. 꼼짝않다. ¶～坐↓ ❾ 頭 近 대명사 앞에 의미없이 쓰임. ¶～谁↓ ¶～那↓ ❿ 嘆 近 이봐

요. 여보세요 [원대(元代)의 희곡·소설에 보이는 발어사.「喂wèi」의 뜻으로 쓰였음]

Ⓑ wū ⇒〔兀秃·tū〕

Ⓐ wù

【兀傲】wù'ào 書 形 고상하여 세속을 따르지 않다. ¶此公～ | 이 분은 고상하고 세속에 메이지 않는다.

【兀底】wù·de ⇒〔兀的〕

【兀的】wù·de 近 ❶ 代 이(것). 그(것). 저(것). ❷ 副 문득. 갑자기. ¶～见一只船流将下来 | 문득보니 배 한척이 떠내려온다. ❸ 副 어찌. 어떻게 ‖ =〔兀底〕〔兀得〕

【兀得】wù·de ⇒〔兀的〕

【兀鹫】wùjiù 名〈鳥〉독수리.

【兀立】wùlì 書 動 우뚝 솟다. 곧추 서다. ¶只见一棵孤松～在路旁 | 외로운 소나무 한그루가 길가에 우뚝 서 있다 =〔直立〕

【兀那】wùnà 代 近 그. 저.

【兀谁】wùshéi 代 近 누구.

【兀突】wùtū 書 形 느닷없다. 돌연하다.

【兀自】wùzì 副 近 아직. 여전히. 역시. ¶～不肯 | 여전히 수긍하지 않다.

【兀坐】wùzuò 書 動 꼿꼿이 앉다. 꼼짝않고 앉다. ¶正襟～ | 옷깃을 여미고 꼼짝않고 앉다. ¶寒夜～, 不胜感慨 | 추운 밤에 꼿꼿이 앉아, 감개를 이기지 못하다.

Ⓑ wū

【兀秃】wū·tu ☞〔兀秃〕wùtū ⓑ

【阢】wù 위태할 올

⇒〔阢隉〕

【阢隉】wùniè 書 動 불안하다. 위태하다. 안절부절 못하다. ¶～形势 | 불안한 국면 =〔兀臬niè〕〔杌wù隉〕

【杌】wù 등걸 올, 위태할 올

❶(～子) 名 (등받이가 없는) 네모난 작은 걸상 =〔杌凳dèng〕❷ ⇒〔杌隉〕

【杌凳(儿)】wùdèng(r) ⇒〔杌子〕

【杌隉】wùniè ⇒〔阢wù隉〕

【杌子】wù·zi 書 名 네모난 등받이 없는 걸상 =〔兀子①〕〔杌凳(儿)〕

【靰】wù 겨울신 올

⇒〔靰鞡〕

【靰鞡】wù·lā ⇒〔乌wù拉〕

4 ## 【勿】wù 없을 물, 말 물

❶ 書 副 …해서는 안된다. …하지 마라. ¶请～吸烟 | 담배를 피우지 마시오. ¶请～动手 | 만지지 마시오. ¶闻声～惊 | 평판에 놀라서는 안된다 =〔别〕〔不要〕→〔无wú④〕〔毋①〕 ❷ 副 江 …하지 않다. 아니다. ¶对～住! | 미안합니다! =〔不①〕

【勿谓言之不预】wù wèi yán zhī bù yù 成 사전에 말하지 않았다고 말하지 마라. 사전에 분명하게 말해 두다. ¶请大家赶快离开这儿, 到时候～ | 여러분께서는 빨리 이곳을 떠나십시오, 때가 되어 미리 일러주지 않았다고 말하지 마시고요.

【芴】wù 부추 물

名 ❶〈植〉부추의 일종. ❷〈化〉플루오렌(fluorene).

1 ## 【物】wù 물건 물 일 물

名 ❶ 물건. 물질. 물체. ¶万～ | 만물. ¶植～ | 식물. ❷ 轉 구체적인 내용. 실체. ¶言之有～ | 말하는 데 구체적인 내용이 있다. ❸「我」(나) 이외의 사람 혹은 환경. ¶待人接～ | 成 사람과 교제하다. ¶～望所归↓ ❹ 색(色). ¶以五云之～辨吉凶 | 다섯 가지 구름의 색으로 길흉을 알아낸다《周禮·春官》

【物产】wùchǎn 名 물산. 산물(産物). ¶～丰富 | 산물이 풍부하다.

【物故】wùgù 書 動 작고하다. 사망하다 ¶先师早已～ | 스승님께서는 이미 작고하셨다→〔去世〕

【物归原主】wù guī yuán zhǔ 成 원래의 주인에게 돌아가다. ¶～啦, 这可是喜事 | 물건이 원래의 주인에게 돌아가니, 이는 정말 기쁜 일이다→〔完璧归赵〕

【物化】wùhuà 書 ❶ 名 사물의 변화. ❷ 動 轉 (천명(天命)을 마치고) 죽다.

【物化劳动】wùhuà láodòng 名組〈經〉유형적(有形的) 노동 =〔死劳动〕

【物换星移】wù huàn xīng yí 成 경물(景物)이 변하고 별자리가 옮겨가다. 계절이 바뀌다.

2【物价】wùjià 名 물가. ¶～政策 | 물가 정책. ¶～飞涨 | 물가가 폭등하다.

【物价指数】wùjià zhǐshù 名組〈經〉물가 지수.

【物件】wùjiàn 名 물건. 물품. ¶随身～ | 소지품. 휴대품.

【物尽其用】wù jìn qí yòng 成 모든 물자의 효용을 극대화하다. 모든 물건을 십분 활용하다.

【物镜】wùjìng 名〈物〉대물 렌즈 =〔接物镜〕

1【物理】wùlǐ 名 ❶ 물리(학). ¶～学家 | 물리학자. ❷ 만물의 이치〔내적 법칙〕.

【物理变化】wùlǐ biànhuà 名組〈物〉물리(적) 변화. ¶发生了～ | 물리적 변화가 발생하였다.

【物理化学】wùlǐ huàxué 名組〈化〉물리 화학.

【物理量】wùlǐliàng 名〈物〉물리적인 양 [중량·질량·속도·시간·전압 등]

【物理疗法】wùlǐ liáofǎ 名組〈醫〉물리 요법. 물리치료 =〔簡 理疗〕

【物理性质】wùlǐ xìngzhì 名組〈物〉물리적 성질.

【物理学】wùlǐxué 名〈物〉물리학. ¶理论～ | 이론 물리학. ¶应用～ | 응용 물리학. ¶原子核～ | 원자핵 물리학.

【物理诊断】wùlǐ zhěnduàn 名組〈醫〉(청진기·손·망치 등으로 하는) 물리적 진단. ¶进行～ | 물리적 진단을 하다.

4【物力】wùlì 名 ❶ 재력(財力). ❷ 물력. ¶爱惜人力～ | 인력과 물력을 아끼다〔소중히 하다〕. ❸ 송대(宋代)에 처음 시행된 일종의 잡세(雜稅).

3【物品】wùpǐn 名 물품. ¶贵重～ | 귀중품. ¶违禁的～ | 금제품(禁製品).

【物色】wù·sè ❶ 動 물색하다. ¶～人材 | 인재를 물색하다. ¶我给你～一匹好马吧! | 내가 너에게 좋은 말 한 필을 물색해 주지! →〔寻找xúnzhǎo〕❷ 書 名 물체의 색. ❸ 書 名 형모(形貌). 생긴 모양.

【物伤其类】wù shāng qí lèi 成贬 제무리의 불행을 슬퍼한다. 토사호비(兎死狐悲).
【物事】wùshì 名 ❶ 書 일. 사정. ❷ 吳 (유형의) 물건〔것〕=〔东西·xi①〕
【物态】wùtài 名 물질의 상태.
3【物体】wùtǐ 名〈物〉물체. ¶运动～ | 운동 물체.
【物望所归】wù wàng suǒ guī 成 많은 사람의 기대가 한 사람에게 쏠림.
【物象】wùxiàng 名 자연계의 사물이 환경 변화에 의해 나타내는 현상 [민간에서는 이런 현상으로 기후 변화를 예측하기도 함]
【物以类聚】wù yǐ lèi jù 成 끼리끼리 어울리다. 유유상종. 喻 나쁜 사람들이 의기 투합하여 한데 어울리다. ¶～, 人按群分 | 사물은 비슷한 것끼리 모이고, 사람도 무리지어 나뉘어진다.
【物以稀为贵】wù yǐ xī wéi guì 成 물건은 드물수록 귀한 법이다.
【物议】wùyì 名 물의. 세상 사람들의 비난〔비평〕. ¶免遭～ | 대중의 비난을 받지 않다 =〔物论〕
【物欲】wùyù 名 물욕. ¶～横流 | 물욕이 넘치다.
【物证】wùzhèng 名〈法〉물증 ¶～俱全 | 물증이 갖추어지다 →〔见证〕〔人证〕
2【物质】wùzhì 名 물질. ¶～不灭律 | 질량 불변의 법칙. ¶～刺激 | 물질적 자극. ¶～生活 | 물질 생활. ¶～文明 | 물질 문명. ¶～文化 | 물질 문화.
【物质损耗】wùzhì sǔnhào ⇒〔有yǒu形损耗〕
【物质资料】wùzhì zīliào 名組〈經〉재화(財貨) ¶～的分配 | 재화의 분배.
【物种】wùzhǒng 名〈生〉종(species). ¶～起源 | 종의 기원 =〔簡 种〕
【物主】wùzhǔ 名 물건의 주인. 소유주 ¶把东西归还～ | 물건을 주인에게 돌려주다 =〔本主儿①〕
3【物资】wùzī 名 물자. ¶浪费～ | 물자를 낭비하다. ¶～交流 | 물자 교류.

【乌】 wù ☞ 乌 wū B

【坞(塢)〈隖〉】 wù 마을 오, 보루 오

名 사면이 높고 가운데가 들어간 곳. ¶山～ | 산간의 평지. ¶花～ | 꽃밭. ¶船～ | 도크. 선거(船渠).

【戊】 wù 다섯째천간 무

❶ 名 무 [십간(十干)의 다섯번째]→〔干支〕 ❷ 轉 배열 순서의 다섯번째. ¶～种维生素 | 비타민 E. ❸ 名〈化〉유기화합물의 탄소 원자수가 다섯인 것. ¶～醇↓ →〔甲jiǎ④〕
【戊醇】wùchún 名〈化〉아밀알콜(amyl alcohol) →〔醇④〕
【戊戌变法】Wùxū Biànfǎ 名組〈史〉무술의 변법. 백일 개혁 [1898년에 일어난 정치개혁운동] =〔戊戌维新〕〔百日维新〕→〔戊戌政变〕
【戊戌政变】Wùxū Zhèngbiàn 名組〈史〉무술 정변 [1898년 덕종(德宗)이 강유위(康有爲)등을 등용하고 변법자강책을 선포하자, 수구파가 서태후(西太后)를 옹립해 덕종을 유폐한 정변]→〔戊戌变法〕

1【务(務)】 wù 힘쓸 무, 일 무

❶ 名 사무. 임무. 일. ¶公～ | 공적인 일. ¶医～ | 의무. ❷ 書 名 옛날의 세관 [현재는 지명 끝에 쓰임] ¶商酒～ | 상주무 [하남성(河南省)에 있는 지명] ❸ 動 종사하다. 일하다. ¶不～正业 | 정당한 직업에 종사하지 않다. ¶～农↓ ❹ 動 노력하다. 추구하다. ¶不要好hào高～远 | 실제에서 동떨어진 턱없이 높고 먼 것을 추구해서는 안된다 =〔骛wù②〕 ❺ 動 方 재배하다. 경작하다. ¶～瓜菜 | 오이와 야채를 재배하다. ¶～别人的田 | 다른 사람의 밭을 경작하다. ❻ 副 필히. 반드시. 꼭. ¶你～必去一趟 | 네가 꼭 한 번 가야 한다. ¶～请注意 | 꼭 주의하기를 바라다. ❼ (Wù) 名 성(姓). ❽ 복성(複姓) 중의 한 자(字). ¶～成↓
4【务必】wùbì 副 반드시. 꼭. ¶请您～去一趟 | 꼭 한 번 가보세요 =〔务须xū〕〔必须〕
【务成】Wùchéng 名 복성(複姓).
【务农】wùnóng 動 농업에 종사하다. 농업에 주력하다. ¶他一直在农村～ | 그는 줄곧 농촌에서 농업에 종사하다.
【务期】wùqī 반드시〔제발〕…하기를 기(약)하다. ¶～必克 | 필승을 기약하다.
【务求】wùqiú 動 꼭 …할 것을 바라다. 반드시 …하도록 애쓰다. ¶此事～妥善解决 | 이 일이 꼭 잘 해결되기를 바랍니다. ¶故事的结构～集中 | 이야기의 구조가 반드시 집중되도록 애쓰다.
【务实】wù/shí 動 구체적 사업 수행에 힘쓰다 [「实」는 생산·기술·실무 등을 행하고 연구하는 것임] ¶他一向勤奋～ | 그는 언제나 부지런히 사업 수행에 힘쓰다.
【务使】wùshǐ 書 動 반드시 …가〔로〕 되게 하다. ¶这件事～实现 | 이 일이 반드시 실현되도록 하다.
【务须】wùxū ⇒〔务必〕
【务虚】wù/xū 動 이론 학습에 힘쓰다 [「虚」는 정치·사상·이론을 연구·토론하는 것임]
【务正】wùzhèng 動 정당한 직업에 종사하다. 어법 주로 부정형으로 쓰임. ¶不～ | 정당한 직업에 종사하지 않다.

2【雾(霧)】 wù 안개 무

❶ 名 안개. ¶～大 | 안개가 짙다. ¶下～ | 안개가 끼다. ❷ 안개 같은 작은 물방울. ¶喷pēn～器 | 분무기.
【雾霭】wù'ǎi 書 名 안개. ¶～沉沉 | 안개가 짙다.
【雾气】wùqì 名 안개. ¶茫茫的～ | 자욱한 안개.
【雾凇】wùsōng 名 무송. 상고대. 수빙 =〔树shù挂〕〔霜shuāng花③〕

【矻】 wù ☞ 矻 kū

1【误(誤)〈悞〉】 wù 잘못할 오

❶ 動 틀리다. 잘못되다. ¶～入岐途 | 길을 잘못 들어 옆길로 빠지다. ¶失～ | 실수를 하다. ❷ 動 (시간에) 늦다. 지체하다. ¶～了火车 | 기차를 놓치다. ¶火车～点 | 기차가 연착하다. ¶别～时 | 시간에 늦지 마라. ❸ 動 해를 끼치다. 지장을 주다. ¶～人不浅 | 남에게 많은 해를 끼치다. ¶～人↓ ❹ 副 잘못하여. 실수로. 뜻하지 않게. ¶～伤了好人 | 실수로 좋은 사람을 상하게 했다. ¶把哥哥～认为

弟弟了 | 형을 실수로 동생으로 여겼다.

【误笔】wùbǐ ❶ 名 잘못 쓴 글자. ❷ 動 글자를 잘못 쓰다.

【误餐】wùcān 動 식사시간을 놓치다. ¶在这里如果～, 到外面吃饭很方便 | 여기서 식사시간을 놓치더라도 밖에 나가 식사하기가 매우 편리하다.

4【误差】wùchā 名〈數〉오차. ¶平均～ | 평균 오차. ¶～率lǜ | 오차율. ¶仪器yíqì～ | 기계 오차. ¶概然～ | (통계상의) 확률 오차.

【误场】wù/chǎng 動〈演映〉배우의 등장이 늦어지다. ¶他这回又～了 | 그는 이번에도 또 무대에 나타나지 않았다.

【误传】wùchuán ❶ 名 오보(誤報). ❷ 動 잘못 전하다. ¶～他已出国了 | 그가 이미 출국했다고 잘못 전해졌다.

【误点】wù/diǎn ❶ 動 시간을 어기다. 연착하다. ¶飞机～了 | 비행기가 연착했다 =〔晚点〕→〔正zhèng点①〕 ❷ 動 문장 부호를 잘못 찍다. ❸ 動 잘못 지적하다. 잘못 짚다. ❹ (wùdiǎn) 名 오점. 잘못된 점. 틀린 점.

【误读】wùdú 書 動 오독하다. 잘못 읽다.

【误工】wù/gōng 動 일이 늦어지다. 일이 지체되다. ¶误了一天工 | 하루 정도 일이 늦어졌다.

2【误会】wùhuì 名 動 오해(하다). ¶你～了我的意思了 | 너는 나의 뜻을 오해했다. ¶～我们的好意 | 우리의 호의를 오해하다.

【误机】wù/jī 動 비행기를 놓치다.

4【误解】wùjiě 名 動 오해(하다). ¶他们～了我的话 | 그들은 내 말을 오해했다.

【误期】wù/qī 動 약속한 기한을 어기다. 예정한 날에 늦다. ¶旅行日程难免～ | 여행 일정이 예정일에 늦는게 불가피하다.

【误人】wùrén 書 動 잘못하여 남에게 해를 끼치다. ¶庸医～ | 成 돌팔이 의사가 사람 잡는다.

【误人子弟】wù rén zǐ dì 成 남의 자식을 망치다. 남의 자식들에게 해를 끼치다. ¶要认真rènzhēn教书, 可不能～啊 | 열심히 가르친다면, 결코 남의 자식을 망치지는 않을 것이다.

【误认】wùrèn 動 오인하다. 잘못 생각하다. ¶我～是你买来的 | 나는 네가 사온 것으로 오인했다.

【误入歧途】wù rù qí tú 成 잘못된 길로 들어서다.

【误杀】wùshā 名 動〈法〉과실치사(하다). ¶～了无辜的百姓 | 무고한 백성을 과실 치사했다.

【误伤】wùshāng 名 動〈法〉과실 상해(하다).

【误身】wù/shēn 動 신세를 망치다. 몸을 망치다.

【误食】wùshí 動 잘못 먹다.

【误时】wùshí 動 시간에 늦다. 때를 놓치다. ¶糊涂人常～误事 | 멍청한 사람이 언제나 시간에 늦어 일을 그르친다.

【误事】wù/shì 動 일을 망치다. 지장을 초래하다. ¶千万别～! | 절대로 일을 망쳐서는 안되!

【误信】wùxìn 動 잘못 믿다. 오신하다.

【误译】wùyì 書 ❶ 名 오역. 잘못된 번역. ❷ 動 오역하다. 잘못 번역하다.

【误引】wùyǐn 動 잘못 인용하다.

【误用】wùyòng 書 ❶ 名 오용. 잘못된 사용. ¶改正～ | 오용을 바로 잡다. ❷ 動 오용하다.

【误炸】wùzhà 名 動 오인 폭격(하다).

3【恶】wù ☞ 恶 è C

2【悟】wù 깨달을 오
動 이해하다. 알다. 각성하다. ¶～出道理来 | 도리를 깨닫다. ¶执迷不～ | 잘못에 집착하여 깨닫지 못하다 =〔醒xǐng悟〕〔書 寤wù②〕

【悟道】wùdào 動〈佛〉오도하다. 진리를 깨닫다.

【悟性】wùxìng 名 오성. 이해력. ¶这孩子～好 | 이 아이는 이해력이 좋다.

4【晤】wù 만날 오
書 動 만나다. ¶会～ | 만나다. ¶有暇请来一～! | 틈을 보아 한 번 와 주십시오!

【晤面】wùmiàn 書 動 만나다. 면회하다. ¶两国元首将于下周～ | 양국 원수가 다음주에 만난다 =〔晤会〕

【晤谈】wùtán 書 動 면담하다. ¶跟她～了一个小时 | 그녀와 한시간동안 면담했다 =〔晤叙〕

【焐】wù 데울 오
動 데우다. 녹이다. ¶用热水袋～一～手 | 따뜻한 물주머니로 손을 녹이다. ¶～热被褥 | 이부자리를 따뜻하게 덥히다.

【焐窠】wùkē 名 볏짚으로 만든 원통형 보온기.

【焐躁】wù·zao 形 무덥다. 후덥지근하다. ¶这两天气压低dī, 觉得～ | 한 이틀 기압이 낮아 후덥지근하다 =〔务躁〕〔雾燥〕

【痦】wù 사마귀 오
(～子) 名〈醫〉사마귀.

【痦子】wù·zi 名〈醫〉사마귀 =〔黑痣〕

【寤】wù 깰 오 깨달을 오
❶ 書 動 잠에서 깨어나다. ¶～寐思之 | 자나 깨나 생각하다. ❷「悟」와 통용 ⇒〔悟〕

【婺】wù 별이름 무
❶ 名〈天〉무녀성 =〔婺女〕〔女宿〕 ❷ 名 喩 부녀자. ¶～彩光沉↓ ❸ (Wù) 名〈地〉무주(婺州) [지금의 절강성(浙江省) 금화(金華) 일대] ❹ 지명에 쓰이는 글자. ¶～源县 | 무원현. 강서성(江西省)에 있는 현 이름. ¶～砚yàn | 무원현에서 나는 벼루.

【婺彩光沉】wù cǎi guāng chén 成 부녀자의 죽음을 애도하는 말.

【婺剧】wùjù 名〈演映〉절강성(浙江省) 금화(金華)지방의 희곡 =〔金华剧〕

【骛(騖)】wù 달릴 무
❶ 書 動 질주하다. ¶时光若～ | 세월이 유수같다. ❷「务」와 같음 ⇒〔务wù④〕

【骛驰】wùchí 書 動 질주하다. 힘차게 달리다.

【鹜(鶩)】wù 집오리 목, 달릴 목
書 名〈鳥〉집오리. ¶趋之若～ | 집오리처럼 떼지어 달려 가다. 喩 여럿이 앞을 다투어 몰려 가다 =〔家鸭〕

【鋈】wù 도금 옥
書 ❶ 名 백동(白銅). ❷ 動 백동으로 도금(鍍金)하다.

X

xī ㄒㄧ

4【夕】xī 저녁 석, 밤 석
❶名 저녁. 해질녘. ¶自朝zhāo至～｜아침부터 저녁까지. ¶朝zhāo～｜아침 저녁. ❷名 밤. ¶耶诞Yēdàn节前～｜크리스마스 이브. ¶除chú～｜섣달 그믐날 밤. ❸量 하룻밤. 한 번. ¶一～话huà｜하룻밤 이야기. 한 번 한 말.

【夕膳】xīshàn ⇒〔晚wǎn饭〕

【夕霞】xīxiá ⇒〔晚wǎn霞〕

【夕烟】xīyān 名 저녁 연기. ¶～袅袅niǎo｜저녁 연기가 모락모락 피어 오르다.

【夕阳】xīyáng 書 名 ❶ 저녁 해. 석양. 낙조(落照) ¶～的余晖yúhuī给大地镀dù上了一层金色｜석양의 노을이 대지를 황금빛으로 물들였다. ¶她站zhàn在山顶, 欣赏xīnshǎng～｜그녀는 산꼭대기에 서서 석양을 감상하고 있다. ¶～西下｜成 석양이 서쪽으로 지다. ❷산의 서쪽. ❸喻 노년. 늘그막. ¶年届jiè～爱子孙zǐsūn｜노년이 되면 자손을 귀여워하게 된다.

【夕照】xīzhào 名 저녁 햇빛. ¶满山mǎnshān～｜석양이 온 산에 드리우다.

【汐】xī 석수 석
名 석수(汐水). 저녁 썰물 →〔潮cháo汐〕

【穸】xī 광중 석, 밤 석
⇒〔窀zhūn穸〕

【矽】xī 규소 석
名〈化〉「硅」(규소)의 옛 이름→〔硅guī〕

【矽玻璃】xībō·li 名 규소 유리.

【矽肺】xīfèi 名〈醫〉규폐증(硅肺症) =〔矽肺病bìng〕〔硅guī肺〕

【矽肺病】xīfèibìng ⇒〔矽肺〕

【矽钢】xīgāng 名〈金〉규소강(硅素鋼) =〔硅鋼guīgāng〕

【矽谷】xīgǔ 名 外〈地〉실리콘 밸리(Silicon Valley) [미국 캘리포니아주 서니 베일 부근의 지명. 컴퓨터 관련 업체가 많이 입주하여 있는 곳]

【兮】xī 어조사 혜
書 助 중국 고대 시가(詩歌)에서 주로 문장의 가운데나 끝에 쓰이던 의미없는 어조사 [현대 중국어의 「啊」나 「呀」와 비슷한 기능을 함] ¶大风起～云飞扬fēiyáng｜큰 바람이 일고 구름이 흩날리네〈劉邦·大風歌〉→〔啊ā〕〔呀yā〕

1【西】xī 서녘 서, 서양 서
❶名 서쪽. 어법 「往」과 연결되거나 「东」등과 병렬될 때는 독립적인 명사로 쓰임. ¶由东往～｜동쪽에서 서쪽으로 가다. ❷名 簡 서양. ¶中～文化交流jiāoliú｜중서 문화교류. ¶～餐cān↓ ❸(Xī) 名 성(姓). ❹복성(複姓) 중의 한 자(字) ¶～方④↓ ¶～门↓

【西班牙】Xībānyá 名 外〈地〉스페인(Spain) [유럽 서남부의 왕국. 수도는 「马舒里Mǎshūlǐ」(마드리드;Madrid)] ¶～人｜스페인 사람. ¶～语｜스페인어.

【西班牙港】Xībānyágǎng 名 外〈地〉포트 오브 스페인(Port of Spain) [「特立尼达和多巴哥Tèlìnídáhéduōbāgē」(트리니다드토바고;Trinidad and Tobago)의 수도]

【西半球】xībànqiú 名〈地〉서반구. ¶～比东半球冷lěng｜서반구는 동반구보다 춥다.

²【西北】xīběi 名 ❶ 서북쪽. ¶～风fēng｜서북풍. ❷중국 서북 지역 [섬서(陜西)·감숙(甘肅)·청해(青海)·영하(寧夏)·신강(新疆) 등이 포함됨] ¶他很想研究yánjiū～农村地带nóngcūndìdài的情况qíngkuàng｜그는 중국서북지역 농촌지역의 상황을 연구하고 싶어한다.

¹【西边(儿)】xī·biān(r) 名 서쪽. ¶往～走｜서쪽으로 가세요. ¶太阳tàiyáng打dǎ～出来的事｜태양이 서쪽에서 뜨는 일. 결코 있을 수 없는 일. 불가능한 일.

【西伯利亚】Xībólìyà 名 外〈地〉시베리아(Siberia) ¶西～平原píngyuán｜서시베리아 평원.

²【西部】xībù 名 서부.

【西部片】xībùpiàn 名〈演映〉서부 영화. ¶小孩子爱看～｜어린아이는 서부영화를 보기좋아한다.

【西菜】xīcài ⇒〔西餐cān〕

²【西餐】xīcān 名 양식(洋食). 서양 요리. ¶她吃不惯～｜그녀는 양식 먹는 데 습관이 되어있지 않다. ¶～馆guǎn｜양식집 =〔西菜cài〕〔大菜②〕〔番fān菜〕

【西德】Xīdé 名〈地〉통일 전의 서독. 독일 연방 공화국 →〔德国Déguó〕

【西点】xīdiǎn 名 ❶〈食〉서양 과자. 양과자(洋菓子) ¶我要两份fèn～｜양과자 2인분 주세요. ❷(Xīdiǎn) 外〈地〉웨스트포인트(West Point) ¶～军校jūnxiào｜미국 육군 사관 학교.

【西法】xīfǎ 名 서양식. ¶用～烹调pēngtiáo｜서양식으로 조리하다.

【西番莲】xīfānlián ❶⇒〔大丽花dàlìhuā〕 ❷名〈植〉시계풀.

²【西方】xīfāng ❶ 書 名 서쪽. ¶从东方流传liúchuán到～｜동쪽에서 서쪽으로 흘러들어가다. ❷(Xīfāng) 서양. ¶他是～人｜그는 서양사람이다 ⇒〔西洋yáng〕 ❸⇒〔西方净土jìngtǔ〕 ❹書 名(Xīfāng) 복성(複姓).

【西方净土】xīfāng jìngtǔ 名〈佛〉서방 정토. 서방극락 =〔西天②〕〔西方③〕

【西非】Xī Fēi 名〈地〉서아프리카. ¶加纳Jiānà位于～｜가나는 서아프리카에 위치하고 있다.

【西风】xīfēng 名 ❶ 서풍. ❷가을 바람. ❸喻 자본주의 진영. ¶～压倒yādǎo东风｜자본주의 진영이 사회주의 진영을 압도하다.

【西凤酒】xīfèngjiǔ 名〈食〉섬서성(陜西省) 봉상현(鳳翔縣) 유림진(柳林鎭) 일대에서 생산되는 중국술의 일종. ¶我的老师喜欢喝～｜우리 선생님께서는 서봉주를 즐겨 마신다(좋아하신다).

³【西服】xīfú 名 양복. ¶他常穿chuān～｜그는 늘 양복을 입고 다니다. ¶～架子jiàzi｜양복걸이. ¶～料liào｜양복감 =〔西装zhuāng〕〔洋yáng服〕〔洋装①〕

【西贡】Xīgòng 名 外〈地〉사이공(Saigon) [1949

년 월남 공화국 수립 이래 월남의 수도(首都)였으며, 1975년 4월 공산화된 후에는「胡志明市Húzhìmíngshì」로 개칭되었음]

²【西瓜】xīguā 名〈植〉수박 [껍질이 푸른 것은「青皮」, 반점이 있는 것은「花皮」, 검은 것은「黑皮」, 흰 것은「白皮」, 껍질·씨앗·과육까지 흰 것은「三白」라 함] ¶最近~又涨价zhǎngjià了 | 최근에 수박값이 또 올랐다. ¶~汁 | 수박즙. ¶无籽zǐ~ | 씨없는 수박.

【西汉】Xī Hàn 名〈史〉서한 [전한(前漢)의 다른 이름(206 B.C.~A.D. 24)] =〔前汉Qián Hàn〕

²【西红柿】xīhóngshì 名〈食〉토마토 ⇒〔番茄fānqié〕

【西葫芦】xīhú·lu 名〈植〉호박.

【西画】xīhuà ⇒〔西洋yáng画〕

【西晋】Xī Jìn 名〈史〉서진 [진(晋)나라 무제(武帝)부터 민제(愍帝)까지(265~316) 52년간의 국호]

【西经】xījīng 名〈地〉서경 [본초 자오선(本初子午線)을 0도로부터 그 서쪽의 180도 사이] ¶~一百六十五度 | 서경 165도 →〔经度dù〕〔经线xiàn〕

【西裤】xīkù 名 양복 바지. ¶他穿chuān着一条~ | 그는 양복바지를 입고 있다.

【西里伯】Xīlǐbó 名 外〈地〉셀레베스섬 [인도네시아 공화국의 중동부에 위치한 섬]

【西历】xīlì ❶ ⇒〔公gōng元〕 ❷ ⇒〔阳yáng历〕

【西门】Xīmén 名 복성(複姓).

²【西面】xīmiàn 名 서쪽.

【西奈半岛】Xīnài Bàndǎo 名 外〈地〉시나이(Sinai) 반도.

²【西南】xīnán 名 ❶ 서남쪽. ¶~风 | 서남풍. ❷ 중국 서남 지역 [사천(四川Sìchuān)·운남(雲南Yúnnán)·귀주(貴州Guìzhōu)·서장(西藏Xīzàng)이 포함됨] ¶驻守zhùshǒu~边陲biānchuí | 서남변방을 지키다.

【西南非(洲)】Xīnán Fēi(zhōu) 名〈地〉서남아프리카.

【西欧】Xī ōu 名 서구. 서부 유럽.

【西欧共同市场】Xī ōu Gòngtóng Shìchǎng 名 유럽 경제 공동체(E.E.C.).

【西皮】xīpí 名 ❶〈演映〉중국 전통극의 곡조의 하나. ❷ 섬서성(陝西省)에서 생산되는 모피.

【西撒哈拉】Xī Sāhālā 名〈地〉서사하라(Westen Sahara) [수도는「阿尤恩Āyóu'ēn」(엘 아이운; El Aiún)]

【西萨摩亚】Xī Sàmóyà 名 外〈地〉서사모아(Western Samoa) [남태평양 사모아 제도의 서부를 점하는 독립국. 수도는「阿皮亚Āpíyà」(아피아; Apia)]

【西沙群岛】Xīshā Qúndǎo 名〈地〉서사 군도 [중국과 베트남 사이에 위치하고 있는 섬]

【西晒】xīshài 動 서쪽에서 볕이 들다. ¶这间屋wū~ | 이 집은 서쪽으로 볕이 든다.

【西施】Xīshī 名 ❶〈人〉서시 [춘추 시대(春秋時代)의 월(越)나라 미인(美人)] =〔西子①〕→〔东施效颦dōngshīxiàopín〕 ❷ (xīshī) 喩 (최고) 미인. ¶她是我们班的~ | 그녀는 우리반의 최고 미인이다.

【西式】xīshì 名 서양식. 양식(洋式) ¶~服装fúzhuāng | 양복. ¶~糕点gāodiǎn | 양과자. ¶~楼房lóufáng | 서양식 건물.

【西天】xītiān ❶ 名 (Xītiān) 인도(印度) ¶唐三藏Tángsānzàng在~取经 | 당나라 삼장 법사가 인도에서 경을 구해오다. ❷ ⇒〔西方净土jìngtǔ〕 ❸ 名 喩 극점(極點). 절정. 극도. ¶送佛fó上~ | 諺 좋은 일을 철저하게 하다.

【西王母】Xīwángmǔ 名〈神〉서왕모 [곤륜산(昆侖山Kūnlúnshān)의 요지(瑤池yáochí)에서 살며 불로 불사(不老不死)의 영약(靈藥)을 가졌다고 전해지는 중국 고대 신화속의 여신] =〔王母②〕〔王母娘娘niáng〕

【西魏】Xī Wèi 名〈史〉서위 [북위(北魏)가 동·서로 분리되어 성립된 나라의 하나(535~556)]→〔北魏〕

【西文】xīwén 書 名 서양 문자. 서양어. ¶他精通jīngtōng~ | 그는 서양어에 정통하다.

【西西】xīxī 量 外〈度〉입방(立方) 센티미터(c.c.; cubic centimetre) [「立方厘米límǐ」의 옛날 명칭]→〔毫升háoshēng〕

【西夏】Xī Xià 名〈史〉서하(1038~1227) [오르도스·감숙성(甘肅省Gānsùshěng)·섬서성(陝西省Shǎnxīshěng) 지역에 티벳계(系)의 탕구우트(Tangut)가 세운 나라. 1227년에 몽골(蒙古)에 망함]

【西斜】xīxié 動 서쪽으로 기울다. 서쪽으로 지다. ¶月亮yuèliàng~了 | 달이 서쪽으로 기울었다.

【西学】xīxué 書 名 서양 학문 [청말(清末)에 많이 사용된 말로써 서양의 학문을 일컬음] ¶~东渐dōngjiàn | 서학동점. 서양학문이 동방으로 들어오다 →〔中zhōng学②〕

【西雅图】Xīyǎtú 名 外〈地〉시애틀(Seattle).

【西亚】Xī Yà 名〈地〉서아시아 →〔近东Jìn Dōng〕〔中东Zhōng Dōng〕

【西洋】Xīyáng 名 서양. ¶~音乐yīnyuè | 서양음악. ¶~哲学zhéxué | 서양 문학 =〔西方fāng②〕→〔西域yù〕

【西洋画】xīyánghuà 名〈美〉서양화. ¶他早年专攻zhuāngōng~ | 그는 어려서 서양화를 전공했다. =〔簡 西画〕⇔〔国guó画〕→〔油yóu画〕

【西洋景】xīyángjǐng ⇒〔拉洋片lāyángpiàn〕

【西洋参】xīyángshēn 名〈植〉서양 인삼.

【西药】xīyào 名 양약. ¶~店diàn | 양약국 →〔中zhōng药〕

³【西医】xīyī 名 ❶ 서양 의학. ¶李先生不相信~ | 이선생님은 서양 의학을 믿지 않는다. ❷ 양의사 ‖ →〔中医〕

【西印度群岛】Xīyìndù Qúndǎo 名〈地〉서인도제도.

【西游记】Xīyóujì 名〈書〉서유기 [명대(明代)의 오승은(吳承恩)이 지은 100회(回)로 된 장회 소설(章回小說)로 중국 사대 기서(四大奇書)의 하나]

【西语】xīyǔ 名 서양어(西羊語) ¶他研究yánjiū~语法 | 그는 서양어 어법을 연구한다.

【西域】Xīyù 名〈地〉서역. ❶ 소아시아·중앙 아시

아 및 인도 지방의 여러 나라. ❷신강(新疆Xīnjiāng)·천산 남로(天山南路Tiānshānnánlù)지방.
【西元】xīyuán ⇒〔公gōng元〕
【西乐】xīyuè 名 서양 음악. 양악 →〔中zhōng乐〕
【西崽】xīzǎi 名 ❶貶 서양인에게 고용된 중국인 ❷轉 매판노(買辦奴) ¶~文人 | 매판 문인.
【西藏】Xīzàng 名〈地〉서장. 티베트(Tibet)
【西藏自治区】Xīzàng Zìzhìqū 名〈地〉티베트(Tibet) 자치구.
【西周】Xī Zhōu 名〈史〉서주 [주(周)의 1대 무왕(武王)부터 12대 유왕(幽王)까지 호경(鎬京)에 도읍으로 한 조대(朝代) 명칭(B.C. 약11세기~B.C. 771)]
【西装】xīzhuāng ⇒〔西服〕
【西子】Xīzǐ ⇒〔西施shī①〕

【茜】 xī ☞ 茜 qiàn Ⓑ

【栖】 xī ☞ 栖 qī ②

2【牺(犧)】 xī 희생 희
名 (제사에 쓰이던) 희생(犧牲). 생뢰(牲牢) ¶~牛 | 희생용 소. ¶~牲shēng↓
2【牺牲】xīshēng ❶名 (제물용의) 희생 [소·양·돼지 등을 씀] ¶~毋wú用牝pìn | 희생(제물)은 암컷을 쓰지 않는다《禮記·月令》❷名 ¶~精神jīngshén | 희생 정신. ❸動 희생하다. 희생시키다. ¶又~了几个战士zhànshì | 전사 몇 명을 또 희생시켰다. ¶英勇yīngyǒng~ | 장렬하게 희생하다.
【牺牲节】Xīshēng Jié ⇒〔宰Zǎi牲节〕
【牺牲品】xīshēngpǐn 名 희생품. 희생물. 희생된 사람이나 물건. ¶他当了封建主义fēngjiànzhǔyì的~ | 그는 봉건주의의 희생물이 되었다.

【硒】 xī (셀렌 서)
名〈化〉화학 원소 명. 셀렌(Se;selen) ¶~酸suān | 셀렌산. ¶~光电池diànchí | 셀렌 광전지.
【硒整流器】xī zhěngliúqì 名〈電氣〉셀렌 정류기.

【粞】 xī 싸라기 서
❶書 名 싸라기. ❷名 方 겉겨. 왕겨 [사료로 씀]

【舾】 xī 장식품 서
⇒〔舾装〕
【舾装】xīzhuāng 名 의장품(艤裝品). 의장(艤裝).

2【吸】 xī 숨들이쉴 흡, 마실 흡
動 ❶(공기나 액체 등을) 마시다. (숨을) 들이 쉬다. ¶呼hū~ | 호흡(하다)→〔抽chōu④〕❷흡수하다. ¶药棉花yàomiánhuā~水 | 탈지면은 물을 흡수한다. ❸끌어당기다. ¶~铁石tiěshí↓ ¶磁石císhí~铁tiě | 자석은 쇠를 끌어당긴다.
【吸尘器】xīchénqì 名 (전기) 청소기. ¶真空zhēnkōng~ | 진공 청소기.
4【吸毒】xīdú 動 (아편·본드 등을) 마시다. 피우다. ¶戒jiè~ | 아편을 끊다. ¶~者 | 아편 중독자.
【吸附】xīfù ❶名〈化〉흡착(吸着) ¶~作用 | 흡착작용. ¶~剂jì | 흡착제. ¶~器qì | 흡착기. ¶~水 | 흡착수. ❷動〈化〉흡착(吸着)하다.
【吸管】xīguǎn ❶名〈機〉흡입관. ❷⇒〔吸墨水管xīmòshuǐguǎn〕❸名 빨대. 스트로(straw) ¶用~喝牛奶hēniúnǎi | 빨대로 우유를 마시다.
【吸浆虫】xījiāngchóng 名〈蟲〉진디.
【吸力】xīlì 名 빨아당기는 힘. 흡인력(吸引力) ¶地心dìxīn~ | 중력(重力) =〔引力①〕
【吸墨水管】xīmòshuǐguǎn 名 (만년필의) 스포이트(spuit;네). 액즙 주입기 =〔吸管②〕
【吸墨纸】xīmòzhǐ 名 흡묵지. 압지.
【吸盘】xīpán 名 흡반. 빨판. ¶被~吸走了 | 빨판에 빨려들어갔다.
3【吸取】xīqǔ 動 ❶(양분 등을) 흡수하다. 섭취하다. ¶~营养yíngyǎng | 영양분을 섭취하다. ¶~水分 | 수분을 섭취하다. ❷(경험·지식·교훈 등을) 받아 들이다. 수용하다. ¶~别人的长处chángchù | 다른 사람의 장점을 받아들이다. ¶~成功chénggōng的经验jīngyàn | 성공한 경험을 받아들이다.
【吸食】xīshí 動 (음식물·독물을) 빨아들여 마시다. 피우다. ¶~鸦片yāpiàn | 아편을 피우다.
2【吸收】xīshōu 動 ❶흡수하다. 빨아들이다. 섭취하다. ¶植物zhíwù的根从土壤tǔrǎng里~水分 | 식물의 뿌리는 토양에서 수분을 빨아들인다. ¶~剂jì | 흡수제. ¶~率lǜ | 흡수율. ¶~性xìng | 흡수성. ¶~作用zuòyòng | 흡수 작용. ❷(사상 등을) 받아들이다. ¶~反核思想. | 반핵사상을 받아들이다. ❸(조직·단체가 외부 사람을) 받아들이다. (조직으로) 끌어들이다. ¶学会决定juédìng~他为新会员 | 학회는 그를 새 회원을 받아들이기로 결정했다. ¶~入党rùdǎng | 받아들여 입당시키다.
【吸收光谱】xīshōu guāngpǔ 名組〈物〉흡수 스펙트럼 =〔暗线ànxiàn光谱〕
【吸吮】xīshǔn 書 動 ❶빨(아 먹)다. ¶~奶汁nǎizhī | 유즙을 빨아먹다. ¶资本家zīběnjiā~工人的血汗xuèhàn | 자본가가 노동자의 피와 땀을 빨아먹다. ❷빨아들이다. ¶庄稼zhuāngjià~着雨露yǔlù | 곡식이 이슬과 빗물을 빨아들이다.
【吸铁石】xītiěshí 名 자석(磁石). 자철 =〔磁cí铁〕
【吸血鬼】xīxuèguǐ 名 흡혈귀. ¶他是一个~ | 그는 남의 피를 빨아먹는 놈이다.
2【吸烟】xī/yān 動 담배를 피우다 [북방에서는 「抽chōu烟」을, 남방에서는 「吃chī烟」을 주로 많이 사용함] ¶~室shì | 흡연실.
2【吸引】xīyǐn 動 (다른 물체·힘·주의력을 자기쪽으로) 끌어들이다. 흡인하다. 빨아당기다. 매료시키다. ¶~力 | 흡인력. ¶~器qì | (가스의) 흡입기. (고름) 흡출기. ¶被bèi名曲míngqǔ~住了 | 명곡에 매료되었다. ¶他无法抵挡dǐdǎng这本书的~,看了个通宵tōngxiāo | 그는 이 책(의 흥미)에 계속 빠져들어 밤새도록 읽었다. ¶~注意力zhùyìlì | 주목을 끌다.

1【希】 xī 바랄 희, 드물 희
❶動 바라다. 희망하다. ¶~你早点zǎodiǎn回来 | 빨리 돌아오기를 바랍니다. ¶~准时

zhǔnshí进场jìnchǎng | 정시에 입장해 주시기 바랍니다. ❷드물다. 진기하다. ¶物以～为贵guì | 물건은 희귀한 것이 비싸다. ¶～罕hǎn | 드물다 →〔稀①③〕 ❸書動 부러워하다. 동경하다. ❹「稀」와 같음 ⇒〔稀xī④〕

【希伯来】Xībólái 名外 헤브루(Hebrew;그). 헤브라이(Hebrai;그) [헤브루 민족이 세운 고대 왕국. 기원전 933년에 이스라엘 왕국과 유다(Judah) 왕국으로 분리되었음]

【希伯来语】Xībóláiyǔ 名外〈言〉헤브라이어(Hebrai語).

【希罕】xī·han ❶形 희한하다. 보기 드물다. ¶这种菜在北方～得很 | 이런 채소는 북방에서 아주 보기 드물다. ¶长颈鹿chángjǐnglù在韩国是～动物 | 기린은 한국에서는 보기 드문 동물이다. ❷動 소중히 하다. 진귀하게 여기다. ¶谁～你那古董! | 누가 그따위 골동품을 진귀하게 여기겠니! ❸(～儿) 名 진품(珍品). 아주 희한한 광경 혹은 물건. ¶窗外chuāngwài锣鼓声luógǔshēng一响xiǎng,他就跑出去看～ | 창밖에서 징소리 북소리가 울리자 그는 희한한 광경을 구경하러 밖으로 뛰어 나갔다. ‖＝〔稀xī罕〕

【希冀】xījì 書動 바라다. 희망하다. ¶人民～政府zhèngfǔ重视zhòngshì教育问题jiàoyùwèntí | 국민들은 정부가 교육문제를 중요시하길 바라고 있다.

【希腊】Xīlà 名〈地〉그리스(Greece) [수도는「雅典Yǎdiǎn」(아테네;Athine)]

【希腊字母】Xīlà zìmǔ 名 그리스 문자. ¶我不认识rènshí～ | 나는 희랍글자를 모른다.

【希奇】xīqí ⇒〔稀xī奇〕

【希求】xīqiú ❶動 얻기를 바라다. ¶～能混hùn个一官半职bànzhí | 조그만 자리라도 얻기를 바라다. ❷名 바램. 희망. 요구. ¶他现在除了念书niànshū以外,没有别的～ | 그는 현재 공부하는 것 외에는 다른 바램이 없다.

【希世】xīshì 書❶膩 세상에 드물다. ¶～宝物bǎowù | 세상에 보기 드문 보물. ❷動 세속(世俗)적으로 되다. 세속(世俗)에 부합하다. 세속에 부화(附和)하다. ¶～而行 | 세속에 부합하여 행하다《莊子·讓王》

【希特勒】Xītèlè 名外〈人〉히틀러(Adolf Hitler, 1889～1945) [독일의 정치가. 제2차 세계 대전을 일으켰으나 패배하자, 1945년 4월 30일 베를린에서 자살했음]

【希图】xītú 書動 바라다. 꾀하다. 기도(企圖)하다. ¶～暴利bàolì | 폭리를 꾀하다. ¶～侥幸jiǎoxìng | 요행을 바라다＝〔图希túxī〕

【希土金属】xītǔ jīnshǔ 名〈化〉희토류 원소(稀土類元素)＝〔希土金素〕〔希土元素〕

1【希望】xīwàng ❶動 희망하다. 바라다. ¶～您能参加这次讨论会tǎolùnhuì | 이번 토론회에 참석해 주시기를 바랍니다. ¶～你马到成功 | 너의 성공을 바란다. ❷名 희망. ¶你那个～可行性不大 | 너의 희망은 실현 가능성이 크지 못하다. ❸名 희망의 대상. ¶你是我们家门的～ | 너는 우리 가문의 희망이다.

【希有】xīyǒu ⇒〔稀少xīshǎo〕

【唏】xī 훌쩍훌쩍울 희

❶書動 탄식하다. ❷ ⇒〔唏啦哗啦xī·lahuālā〕 ❸「嘻」와 같음 ⇒〔嘻xī①〕

【唏啦哗啦】xī·lahuālā 擬 와락. 씽씽. 윙윙. 우당탕 [비가 쏟아지거나 바람이 불거나 물건이 부서질 때 나는 소리] ¶～地下了一阵大雨 | 큰비가 한바탕 와락 쏟아졌다.

【唏留】xī·liu 擬❶ 추워서 몸을 움츠리고 숨을 들이 쉬면서 내는 소리를 형용하는 말. ¶冻dòng得他直～ | 그는 추워서 계속 씩씩거린다. ❷후루룩 [국수나 콧물을 들이킬 때 나는 소리] ¶一～就是一碗wǎn | 후루룩 하더니 삽시간에 한 그릇을 다 먹어 치웠다.

【唏唏哈哈】xī·xihāhā ＝〔嘻xī嘻哈哈〕

【唏嘘】xīxū 書動❶ 탄식하다. ¶～不已 | 끝없이 탄식하다. ❷(크게 울고난 뒤에) 흐느끼다. 흐느껴 울다 ¶听到那房里有～的声音shēngyīn | 그 방에서 나는 흐느껴 우는 소리를 듣다. ‖＝〔欷歔xīxū〕

【浠】Xī 물이름 희

名〈地〉희수(浠水) [호북성(湖北省)에 위치한 강. 또는 현(縣) 이름]

【郗】Xī (舊 Chī) 고을이름 치

名❶〈地〉주(周)나라의 읍명(邑名) [지금의 하남성(河南省) 하남현(河南縣) 일대를 일컬음] ❷성(姓). ¶～超chāo | 치초. 동진(東晉)의 환온(桓溫)의 막하에 있던 책략가.

【晞】xī 마를 희

書❶形 마르다. 건조하다. ¶晨露未chénlùwèi～ | 아침 이슬이 아직 마르지 않다. ❷動 말리다. ¶～发fà↓ ❸動(아침이)밝아오다. 동이 트다. ¶东方未～ | 아직 동이 트지 않다.

【晞发】xī fà 書動 머리를 말리다. ¶朝zhāo弹冠tánguàn以～ | 아침에 갓을 털고 머리를 말리다.

【欷】xī 한숨쉴 희, 흐느낄 희

⇒〔欷歔〕

【欷歔】xīxū 書動 흐느끼다. 흐느껴 울다. ¶～泣下qìxià,悲bēi不自胜zìshèng | 흐느껴 울며 슬픔을 이기지 못하다＝〔唏嘘xīxū〕

【欷吁】xīyū 動 한숨을 쉬다. 한탄하다. ¶仰yǎng长叹tàn以～ | 하늘을 우러러 보며 탄식하다.

【烯】xī (에틸렌 희)

名〈化〉에틸렌(ethylene)계 탄화 수소. ¶乙yǐ～＝〔以脱林yǐtuōlín〕 | 에틸렌.

【烯烃】xītīng 名〈化〉올레핀(olefin).

3【稀】xī 드물 희, 묽을 희

❶形 성기다. 드문드문하다. ¶地广dìguǎng人～ | 땅은 넓고 사람은 드물다. ¶月明星xīng～ | 달은 밝고 별은 드문드문하다 ⇔〔密mì〕 ❷形(농도가) 묽다. ¶这粥zhōu太～了 | 이 죽은 너무 묽다. ❸形 적다. 드물다. ¶～有金属jīnshǔ↓ ❹副 심하게. 아주. 매우. 어법「烂」「松」「软」「破」등의 부정적 의미의 어소(語素) 앞에 쓰여 정도가 심함을 나타냄. ¶～烂làn↓ ¶～松sōng↓ ¶打得～碎suì | 심하게 부서지다＝〔希xī④〕

【稀薄】xībó 形 (공기·연기의 농도가) 희박하다. 엷다. ¶高山地带dìdài空气kōngqì～ | 고산지대는 공기가 희박하다. ¶太阳tàiyáng出来了,山顶的浓雾nóngwù渐渐jiàn～了 | 태양이 나오자 산꼭대기의 짙은 안개가 점점 엷어졌다 →〔浓厚nónghòu〕

【稀饭】xīfàn 名〈食〉죽. ¶每天早上喝～ | 매일 아침 죽을 먹는다 →〔粥zhōu〕

【稀罕】xī·han ⇒〔希罕〕

【稀客】xīkè 名 귀한 손님. 드물게 오는 손님. ¶我家来了～ | 우리집에 귀한 손님이 오셨다. ¶请进,您老人家可是～ | 어서 오세요, 어르신네 정말 오랫만에 오시는군요 =〔希xī客〕

【稀烂】xīlàn 狀 ❶ (너무 삶아서) 퍼지다. 흐물흐물해지다. ¶肉煮zhǔ得～ | 고기를 흐무러지게 푹 삶다. ❷ 박살나다. 산산조각이 나다. 형편없이 되다. ¶鸡蛋jīdàn掉diào在地上, 摔shuāi了个～ | 달걀이 땅에 떨어져 박살이 났다. ¶～贱jiàn的东西 | 형편없이 싼 물건. ❸ (길이) 질다. 질퍽하다. ¶雨停下了以后, 路上～了 | 비가 그친 후 길이 질퍽질퍽해졌다. ‖ =〔稀巴bā烂〕〔希xī烂〕

【稀朗】xīlǎng 形 (등불·별빛이) 깜빡거리다. 반짝이다. ¶灯塔dēngtǎ的灯光～ | 등대의 불빛이 깜빡거리다.

【稀里呼噜】xī·lihūlū 擬 후루룩. 쪼르르. 쿨쿨 [묽거나 국물이 많은 음식을 먹을 때, 종종 걸음을 칠 때 또는 잠을 잘 때 내는 소리] ¶他端duān着碗粥wǎnzhōu,～地喝起来 | 그는 죽 한그릇을 들고 후루룩 먹었다. ¶客人～都来了 | 손님들이 모두 쪼르르 몰려왔다. ¶他～地睡得很香 | 그는 깊이 쿨쿨 잠을 잔다.

【稀里糊涂】xī·lihútú 狀 어리둥절하다. 얼떨떨하다. ¶这件事没经过认真讨论rènzhēntǎolùn～地通过了 | 이 일은 진지한 토론을 거치지 않고 얼떨결에 통과되었다.

【稀哩哗啦】xī·lihuālā 擬 달그락 달그락. 짤그락 짤그락. ¶他从口袋里～地掏tāo出一把铜板tóngbǎn. | 그는 호주머니에서 짤그락거리며 동전을 한줌 끄집어냈다 =〔唏哩哗啦xīlihuālā〕

【稀哩糊涂】xī·lihútú 狀 ❶ 어리둥절하다. 얼빠지다. ❷ ⇒〔马马虎虎mǎmǎhǔhǔ〕

【稀哩马虎】xī·limǎ·hu 狀 소홀하다. 부주의하다. 건성건성하다. ¶你怎儿这样～的! | 어찌 이렇게 대충대충 하느냐!

【稀溜溜(～的,～儿的)】xīliūliū(·de·r de) 狀 (죽이나 국 등이) 묽다. 멀겋다. ¶～的粥zhōu | 멀건 죽.

【稀奇】xīqí 形 진기〔희귀〕하다. 드물다. 색다르다. ¶这样的东西并不～ | 이런 물건은 결코 희귀하지 않다 =〔希xī奇〕

【稀奇古怪】xīqí gǔguài 形組 기괴〔괴팍〕하다. 희괴(稀怪)하다. ¶他还是找zhǎo出～的话,批评pīpíng我 | 그는 여전히 희괴한 말만 꺼내면서 나를 비평한다.

【稀缺】xīquē 形 희소하다. 부족하다. 결핍되다. ¶～商品shāngpǐn | 상품이 부족하다.

【稀少】xīshǎo 形 희소하다. 드물다. 작아지다. ¶人烟yān～ | 인가가 드물다. ¶路上行人～ | 길에 행인이 드물다. ¶声音shēngyīn渐渐jiàn～了 | 소리가 점점 작아졌다. ¶～之物 | 書 희소한 물품 =〔稀有〕〔希少〕〔希有〕→〔少shǎo有〕

【稀世】xīshì 形 희귀〔진귀〕한. ¶这可是～珍宝zhēnbǎo | 이것은 정말로 진귀한 보물이다.

【稀释】xīshì 動〈化〉(농도를) 묽게 하다. 희석하다. ¶～比bǐ | 희석율. ¶～度dù | 희석도. ¶～剂jì | 희석제 =〔冲淡chōngdàn①〕

【稀寿】xīshòu 名 희수. 70살. ¶年届jiè～ | 일흔살이 되다 =〔希xī寿〕

【稀疏】xīshū 形 드물다. 성기다. 드문드문하다. 뜸하다. ¶禾苗hémiáo出得～ | 모가 드문드문 나다. ¶～的头发tóufà | 성기게 난 머리카락. ¶星星xīngxīng～ | 별들이 드문드문하다. ¶枪声qiāngshēng渐渐～下来了 | 총소리가 점점 뜸해졌다 =〔疏稀shūxī〕⇔〔稠密chóumì〕

【稀松】xīsōng 形 ❶ 정도가〔질이〕 낮다. 형편없다. ¶他们干起活gànqǐhuó儿来, 哪nǎ个也不～ | 그들은 일을 했다 하면 어느 누구도 형편없게 하지는 않는다. ❷ 평범하다. 하찮다. 대수롭지 않다. ¶别把这些～的事放在心里 | 별 것 아닌 일에 마음 쓰지 마라. 대수롭지 않은 이런 일은 마음에 두지 마라. ¶他～地笑了笑 | 그는 가볍게 웃었다. ❸ 성기다. 희박하다. ¶～之处chù | 인적이 드문 곳. ❹ 꽁무니를 빼다. ¶事先喊hǎn得挺有劲tǐngyǒujìn, 一上阵zhèn就～了 | 일 하기 전에는 매우 기세 좋게 떠들어 대더니 일이 시작되자 마자 꽁무니를 빼버렸다. ❺ 느슨하다. 느긋하다. ¶作风zuòfēng～ | 태도가 느긋하다. ¶工作稀稀松松 | 일 하는 것이 느긋하다.

【稀松平常】xī sōng píng cháng 成 평범하다. 시시하다. ¶这件事从外表wàibiǎo看起来～, 其实qíshí作起来不那么简单jiǎndān | 이 일은 겉보기에는 시시한 것 같지만 해보면 사실은 그렇게 쉽지만은 않다.

【稀土金属】xītǔ jīnshǔ 名組〈化〉희토류 금속 =〔稀土元素yuánsù〕〔稀土原素yuánsù〕

【稀土元素】xītǔ yuánsù ⇒〔稀土金属jīnshǔ〕

【稀稀罕儿】xī·xihǎnr 名 신기한 것. 희귀한 것. ¶有什么～给大伙儿看一看 | 신기한 것이 있으면 모두에게 좀 보여주어라 =〔稀奇qí罕儿〕〔希xī希罕儿〕→〔希罕〕

【稀稀拉拉】xī·xilālā 形 ❶ 띄엄띄엄하다. 드문드문하다. ¶～来了一些人 | 사람들이 띄엄띄엄 왔다. ¶～的枪声qiāngshēng | 간간히 나는 총성 ¶头发tóufà秃tū的～没有几根jǐgēn | 머리가 벗어져 머리카락이 몇 가닥 안 남았다 =〔稀拉 ⓐ〕〔稀拉拉〕〔稀剌剌lā〕〔稀落luò〕〔稀稀落落〕 ❷ 산만하다. ¶今天大会dàhuì开得～ | 오늘 회의는 산만하다(산만하게 열렸다).

【稀有】xīyǒu ⇒〔稀少shǎo〕

【稀有金属】xīyǒu jīnshǔ 名組〈化〉희소 금속.

【稀有元素】xīyǒu yuánsù 名組〈化〉희유 원소.

【稀糟】xīzāo 狀 方 엉망이다. 엉망진창이다. 조잡하다. ¶这篇文章wénzhāng写得～,无从修改xiūgǎi | 이 문장은 엉망진창으로 쓰여져 고칠수가

없다. ¶他把bǎ事情shìqíng办得bàn·de～ | 그는 일을 몹시 엉망으로 한다.

【豨】xī 돼지 희
書名 돼지 →〔豕shǐ〕〔猪zhū〕

【豨莶】xīxiān 名〈植〉진득찰. 희첨.

【昔】xī (㊀xí) 옛 석
書名 옛날. 이전. 지난날. ¶今非～比 | 현재는 예전에 비할 바가 아니다. ¶今～对比 | 현재와 과거를 비교하다.

【昔年】xīnián 書名 왕년. 옛날. 이전. ¶～这儿曾是一个繁华fánhuá的小镇xiǎozhèn | 옛날에 이곳은 번화한 마을이었다.

【昔人】xīrén 名 옛 사람. 전인(前人). ¶～已逝yǐshì | 옛 사람은 이미 가고 없다.

【昔日】xīrì 書名 옛날. 예전. ¶今天的韩国已不是～的韩国 | 오늘의 한국은 이미 예전의 한국이 아니다 =〔昔时shí〕〔昔者xīzhě①〕

【昔时】xīshí ⇒〔昔日〕

【昔者】xīzhě ❶ ⇒〔昔日〕 ❷ 書名 어제.

3【惜】xī (㊀xí) 아낄 석
動 ❶ 아끼다. 소중히 여기다. ¶爱～公物gōngwù | 공공물을 아끼다. ¶～寸阴cùnyīn | 촌음을 아끼다. ¶珍zhēn～时间 | 시간을 소중하게 여기다. ❷ 애석하게 여기다. 아쉬워 하다. ¶～未成功chénggōng | 성공 못한 것을 못내 아쉬워하다. ¶可～明天我不能跟你们一起去爬山páshān | 아쉽게도 내일 너희들과 같이 등산을 갈 수 없게 됐다. ❸ 불쌍히 여기다. 가엾게 생각하다. 동정하다.

【惜别】xībié 動 이별을 아쉬워하다. ¶我们怀huái着～的心情, 送sòng走了老朋友 | 우리는 석별의 아쉬운 심정 으로 옛친구를 전송했다. ¶毕业典礼diǎnlǐ散会sǎnhuì以后,同学们依依yī～ | 졸업식이 끝난 후 급우들은 아쉬워하며 이별을 하다.

【惜老怜贫】xī lǎo lián pín 威 노인과 가난한 사람을 불쌍히 여기다. ¶他是一个～的大善人 | 그는 노인과 가난한 사람을 불쌍히 여기는 아주 착한 사람이다 =〔怜贫惜老〕

【惜力】xīlì 動 힘을 아끼다. 몸을 사리다. ¶作事zuòshì不～ | 일을 하는데 몸을 사리지 않다.

【惜墨如金】xī mò rú jīn 威 묵(墨)을 금처럼 대단히 아끼다. 대단히 신중하게 정성을 다하다. ¶他一向～,十分严谨yánjǐn | 그는 늘 신중하며 매우 조심성이 있다.

【惜售】xīshòu 動 파는 것을 아깝게 생각하다. ¶这些老古董lǎogǔdǒng他很～ | 그는 이 골동품을 팔기를 아까와 한다.

【腊】xī ☞ 腊 là ②

2【析】xī 가를 석, 쪼갤 석
動 ❶ 가르다. 쪼개다. 나누다. ¶条分缕tiáofēnlǚ～ | 갈래갈래로 나누다. 세분하다. ¶全班quánbān～为四组sìzǔ | 전체 반을 4조로 나누다. ❷ 분석하다. 풀다. 해석하다. ¶分～ | 분석하다. ¶～义yì | 의미를 분석하다. 해설하다. ¶～疑yí↓ ❸ 자르다. 쪼개다. ¶～薪xīn | 장작을 패다. ❹ (뿔뿔이) 흩어지다. ¶分崩离fēnbēnglí～ | 분해되다. 와해되다.

【析出】xīchū 動 ❶ 분석해 내다. ¶～毒物dúwù | 독극물을 분석해내다. ❷〈化〉추출하다. ¶～结晶jiéjīng | 결정체를 추출하다.

【析疑】xīyí 書動 의문점을 분석하다. 의혹을 해결하다. ¶请老师回答huídá～ | 선생님께서 의문점을 풀어 주세요.

【淅】xī 일 석, 눈비소리 석
❶ 擬 솔솔. 우수수. 부슬부슬. 산들산들. 살랑살랑 [가랑비·눈·산들바람·낙엽 등의 소리] ¶微风wēifēng～～ | 미풍이 솔솔 불다. ❷ 書動 쌀을 일다. ¶～米mǐ | 쌀을 일다.

【淅沥】xīlì 擬 솔솔. 우수수. 부슬부슬. 주룩주룩. 산들산들 [비·낙엽·미풍 소리] ¶春雨chūnyǔ～地下起来了 | 봄비가 부슬부슬 내리기 시작했다.

【淅淅零零】xī·xi língling 狀 이리 저리 흩어지다. 비나 눈이 흩날리다. ¶～的下雨 | 비가 흩날린다.

3【晰〈晳〉】xī 밝을 석
形 명백하다. 뚜렷하다. ¶看得清qīng～ | 뚜렷하게 보이다 ‖ =〔晳〕

【晳】xī 흴 석
❶ 書形 (살결이) 희다. 곱다. ❷「晰」과 통용 ⇒〔晰〕

【蜥】xī 도마뱀 석
⇒〔蜥蜴〕

【蜥蜴】xīyì 名〈動〉도마뱀 ¶草丛cǎocóng中有不少～ | 풀숲에는 많은 도마뱀이 있다. =〔石龙者shílóngzhě〕〔四脚蛇sìjiǎoshé〕

1【息】xī (㊀xí) 숨 식, 쉴 식, 자랄 식
❶ 名 숨. ¶喘chuǎn～ | 헐떡이다. 천식. ¶鼻bí～ | 콧숨. ¶战斗zhàndòu到最后zuìhòu一～ | 마지막 숨이 붙어 있을 때까지 싸우다. 목숨을 다하여 싸우다. ❷ 名 소식. ¶消xiāo～ | 소식. ¶信xìn～ | 소식. 정보. ❸ 動 그치다. 멈추다. 중지하다. ¶自强zìqiáng不～ | 스스로 꾸준히 노력하다. ¶风fēng～了 | 바람이 그쳤다. ¶经久不～的掌声zhǎngshēng | 오랫동안 그치지 않는 박수. ❹ 動 쉬다. 휴식하다. ¶按时作～ | 시간에 맞추어 쉬다. ¶作～时间表 | 작업·휴식 시간표. ¶安～ | 휴식하다. ¶休～时间 | 휴식 시간. ❺ 動 번식하다. ¶蕃fán～ | 번식하다. ¶生～ | 낳고 번식하다. ❻ 名 이자. ¶无～贷款dàikuǎn | 무이자 대부. ¶年～ | 연리. ¶利lì～ | 이자. ❼「熄」와 같음 ⇒〔熄xī〕 ❽ 書名 자식. ¶子～ | 자식 ¶～男 | 내 아들. ¶～女 | 내 딸. ❾ (Xī) 名 성(姓).

【息火】xī/huǒ ❶ 動 노여움이 가시다. 화를 가라앉히다. 분을 삭이다 =〔息怒nù〕 ❷ 動 (등불·난로불 등의) 불이 꺼지다. ❸ 動 불을 끄다.

【息怒】xīnù 動 화를 가라 앉히다. 분을 삭이다. ¶无法使他～ | 그의 화를 풀게 할 방법이 없다.

【息肉】xīròu 名 ❶〈醫〉폴립(polyp) ¶切除qiēchú～ | 폴립을 절제하다. ❷ 書 궂은 살. 군살.

【息事宁人】xī shì níngrén 威 알력을 없애고 서로 좋게 지내다. ¶他想出了一个～的妙计 | 그는 알력없이 편안히 지낼 수 있는 묘책을 생각해냈다.

【息息相关】xīxī xiāngguān 威 하나 하나 서로 관

X

계가 있다. 매우 밀접한 관계이다. ¶文学wénxué, 史学shǐxué与哲学zhéxué～｜문학,역사학과 철학은 밀접한 관련성이 있다＝〔息息相通tōng〕

【息息相通】xīxī xiāngtōng ⇒〔息息相关guān〕

【息影】xīyǐng 書 動 은퇴하여 소일하며 한가롭게 지내다. 한거(閑居)하다. ¶退出政界zhèngjiè后, 他在～在故乡gùxiāng｜그는 정계를 은퇴한 후 고향에서 한거하고 있다＝〔息迹jì〕〔息景jǐng〕

4【熄】xī 㕣 xí) 꺼질 식

動 (불을) 끄다. (불이) 꺼지다. ¶～灯dēng↓ ¶～不下去｜진화되지 않는다. ¶炉火已～｜난로불은 이미 꺼졌다＝〔息⑦〕

【熄灯】xīdēng 動 불을 끄다. 소등(消燈)하다 ¶每夜十二点～｜매일 저녁 12시에 불을 끈다＝〔息xī灯〕

【熄火】xī/huǒ 動 ❶ 불이 꺼지다. ❷ 불을 끄다. ¶～器qì＝〔灭火机mièhuǒjī〕｜소화기 ❸ (엔진의) 시동을 끄다. ¶～入校｜시동을 끄고 학교로 들어오세요＝〔灭miè火〕

4【熄灭】xīmiè 動 ❶ (불을) 끄다. (불이) 꺼지다. ¶四周的灯光dēngguāng已～了｜사방의 등불이 이미 꺼졌다. ❷ 소멸하다. 소멸시키다 ‖＝〔息灭xīmiè〕

【螅】xī 㕣 xí) 히드라 식

⇒〔水shuǐ螅〕

【奚】xī 어찌 해, 어느곳 혜

❶ 書 代 왜. 어찌. 어째서. ¶～不去也?｜왜 가지 않느냐?＝〔回 为什么wèishén·me〕 ❷ 書 代 무엇. ¶子将～先?｜당신은 무엇을 먼저 하겠습니까?＝〔回 什么shénmé〕 ❸ 書 代 어디. ¶水～自至zìzhì?｜물이 어디에서 오는가?＝〔回 哪里nǎlǐ〕 ❹ 書 名 (옛날) 하인. (계집)종. ❺ (Xī) 名〈民〉해족(奚族) [열하(熱河)지방 거주했던 종족] ❻ (Xī) 名 성(姓).

【奚啻】xīchì 動組 어찌 …만이겠는가? 어찌…에 그치랴? ¶相去～天渊tiānyuān?｜그 차이가 어찌 하늘과 땅 차이 정도에 그치랴?

【奚落】xīluò ❶ 動 (심한 말로) 놀리다. 비웃다. 조소하다. ¶人家正心里不自在zìzài,你还～他｜그 사람 지금 심기가 불편한데 놀리다니. ❷ 名 야유. 신랄한 풍자. ¶受了不少～｜적지 않은 야유를 받았다.

【奚幸】xīxìng 動 近 걱정하다. 번민하다. 번뇌하다＝〔傒 xīxìng〕

【傒】xī 가둘 혜

❶ 書 動 가두다. 수감하다. ¶～人之子女｜남의 자녀를 가두다《淮南子》❷ ⇒〔傒 〕

【傒 】xīxìng 動 近 걱정하다. 고민하다. 번민하다＝〔奚幸xìng〕

【徯】xī 기다릴 혜

❶ 書 動 기다리다. ¶～我后wǒhòu｜우리의 임금을 기다리다《孟子》❷「蹊」와 같음⇒〔蹊xī①〕

【徯径】xījìng⇒〔蹊径①〕

4【溪〈磎谿〉】xī ㊀ qī) 시내 계

名 계곡물. 산 속에 흐르는 물. 轉 시내. 시냇물. ¶小～｜시내. ¶清qīng～｜맑은 시내＝〔 xī①〕〔 xī〕

【溪涧】xījiàn 書 名 계간. 산골짜기에 흐르는 시내. ¶一股清泉gǔqīngquán从～流出｜맑은 샘이 계간에서 흘러 나오다＝〔涧溪〕

【溪流】xīliú 名 계류. 산골짜기를 흐르는 시내.

【溪水】xīshuǐ 名 계수. 시냇물. ¶～汩汩gǔ｜시냇물이 콸콸 빠르게 흐르다.

【蹊】xī qī 좁은길 혜

Ⓐ xī ❶ 書 名 오솔길. 작은길＝〔徯②〕❷ 밟다. ¶～人之田tián而夺duó之牛niú｜다른 사람의 밭을 밟으면 그 소를 빼앗는다《左傳·宣公十一年》

Ⓑ qī ⇒〔蹊跷〕

【蹊径】xījìng 書 名 ❶ 좁은 길. 오솔길 ¶杂草zácǎo掩没yǎnmò了～｜잡초가 오솔길을 덮었다.＝〔徯xī径〕❷ 喩 방도. 방책. ¶独辟pì～｜스스로 방도를 찾아내다.

【蹊跷】qīqiāo 名 기괴(奇怪)함. 수상함＝〔跷蹊qiāoqī〕

【鼷】xī 새앙쥐 혜

⇒〔鼷鼠〕

【鼷鼠】xīshǔ 名〈動〉새앙쥐. 생쥐＝〔小家xiǎojiā鼠〕〔甘gān鼠〕

2【悉】xī 다알 실

書 動 ❶ 알다. 상세히 알다. ¶得～一切qiè｜모든 것을 다 알다. ¶熟shóu～业务yèwù｜업무에 대해 자세히 알다. ❷ 다하다. 전력하다. 깡그리다. ¶～心↓ ¶～数捐献juānxiàn｜전액을 다 기부하다.

【悉力】xīlì 書 動 전력을 기울이다. 있는 힘을 다하다. ¶～协助xiézhù｜있는 힘을 다해 협조하다. ¶～以赴fù｜전력을 다해 일 하다. 있는 힘을 다 내다.

【悉数】ⓐ xīshǔ 書 動 일일이 열거하다. 전부 열거하다. ¶不可～｜일일이 열거할 수 없다.

ⓑ xīshù 書 名 전부. 전액. ¶～奉还fènghuán｜전부 반환하다 ¶～交出｜전부 내주다＝〔全quán数〕

【悉谈】xītán ⇒〔悉昙〕

【悉昙】xītán 名 外 ❶ 실담 (Siddham; 범) [모음 12·자음 35로 된 범어(梵語)의 자모(字母)] ❷〈佛〉성취(成就) ‖＝〔悉谈〕

【悉心】xīxīn 書 動 마음을 다하다. 온 정성을 다하다. 전심 전력하다. ¶～照料zhàoliào病人｜온 정성을 다하여 환자를 돌보다. ¶～研究yánjiū｜전심 전력으로 연구하다.

【窸】xī 불안할 실

⇒〔窸窣〕

【窸窣】xīsū 擬 바스락바스락. 사르륵사르륵 [부딪치며 가느다랗게 나는 소리] ¶草丛cǎocóng里有～的声音｜풀숲에서 바스락 소리가 나다.

【蟋】xī 귀뚜라미 실

⇒〔蟋蟀〕〔蟋蟀草〕

【蟋蟀】xīshuài 名〈蟲〉귀뚜라미＝〔促织cùzhī〕〔蒺藜jílí⑤〕〔蛩qióng〕〔方 蛐qū蛐儿〕〔王孙wángsūn③〕

【蟋蟀草】xīshuàicǎo 名〈植〉왕바랭이.

【犀】xī 무소 서
❶名〈動〉코뿔소. 무소. ❷書形 견고하다. 예리하다. ¶~利lì↓
【犀角】xījiǎo 名 무소뿔. 서각 [가루를 만들어 해독·해열·지혈제로 씀]＝〔犀牛niú角〕
【犀利】xīlì 書形 (무기·언어가) 날카롭다. 예리하다. ¶目光mùguāng~ | 눈빛이 날카롭다. ¶刀锋dāofēng~ | 칼끝이 날카롭다. ¶~的笔锋bǐfēng | 예리한 필치.
【犀鸟】xīniǎo 名〈鳥〉서조. 코뿔새.
【犀牛】xīniú 名〈動〉무소. 코뿔소. ¶草原上有不少~ | 초원에 많은 코뿔소가 있다.

【樨】xī 금계 서
⇒〔木mù樨〕

【翕】xī ⓧxì) 합할 흡
書❶動 모으다. 합치다. 수렴하다. ¶兄弟既jì~ | 형제가 다 모이다《詩經·少雅》❷動 닫다. 닫히다. ¶一张一~ | 열었다 닫았다 하다. ❸形 온순하다. 온화하다.
【翕动】xīdòng 書動 열었다 닫았다 하다. ¶双唇shuāngchún~着 | 두 입술을 열고 닫다.
【翕然】xīrán 書狀 ❶ 꼭 들어맞는 모양. 말과 행동이 일치하는 모양. ¶~而合为一体 | 꼭 맞게 합하여 일체가 되다. ❷ 화합(和合)하는 모양.
【翕张】xīzhāng 書動 열었다 닫았다 하다. ¶~自如zìrú | 자유롭게 열었다 닫았다 하다.＝〔翕霍huò〕

【歙】xī ⓧxì) Shè 들이쉴 흡
Ⓐ xī 書動 모으다. 합하다.흡입하다. 빨아들이다. 수렴하다. ¶将欲jiāngyù~之, 必固张之 | 오므리려 한다면, 본래 벌려져 있어야 한다《老子》
Ⓑ Shè 名〈地〉흡현(歙縣) [안휘성(安徽省)에 있는 현 이름]
【歙砚】shèyàn 名 강서성(江西省) 흡계(嗡溪)에서 나는 벼루.

3【锡(錫)】xī ⓐxí) 주석 석
❶名〈化〉화학 원소 명. 주석(Sn ; stannum) [금속원소의 하나]❷書動 (상등을) 내려주다. 베풀어주다. ¶~福fú | 복을 내려주다. ¶~恩ēn | 은혜를 베풀어주다. ❸ (Xī) 名 성(姓).
【锡安主义】Xī'ān zhǔyì 名外 시오니즘(Zionism). 시온주의.
【锡伯族】Xībózú 名〈民〉시버족 [중국 소수 민족의 하나]
【锡箔】xībó 名 ❶ 석박(錫箔)을 입힌 종이. ❷「纸钱儿zhǐqiánér」(제사때 태우는 종이돈)을 만드는 재료. ¶~铺pū＝〔锡箔庄xībózhuāng〕| 석지(錫紙)를 파는 가게. ❸ 석박＝〔锡叶子yèzi〕
【锡焊】xīhàn 名 납땜＝〔⊡小xiǎo焊〕→〔焊剂jì〕
【锡匠】xī·jiang 名 주석 세공인. ¶他年轻时当过~ | 그는 젊었을 때 주석세공인을 했다.
【锡金】Xījīn 名外〈地〉시킴(Sikkim) [네팔과 부탄사이의 히말라야 산맥고지에 있는 인도 보호국. 수도는「甘托克Gāntuōkè」(강톡;Gangtok)]
【锡剧】xījù 名〈演映〉강소(江蘇) 지방과 상해시(上海市)에서 유행한 지방극＝〔常锡滩簧chángxītānhuáng〕〔常锡文戏chángxīwénxì〕
【锡克教】xīkèjiào 名外〈宗〉시크교(sikhism)＝〔西xī克教〕
【锡镴】xī·la 名方 ❶ 주석과 납의 합금. 땜납＝〔焊hàn锡〕❷〈化〉주석(Sn).
【锡兰肉桂】xīlán ròuguì ⇒〔桂皮guìpí①〕
【锡器】xīqì 名 백철그릇. 주석으로 만든 여러 가지 집기. ¶~家伙jiāhuǒ | 주석으로 만든 집기(什器).
【锡杖】xīzhàng 名〈佛〉석장. 중이 짚고 다니는 지팡이.
【锡纸】xīzhǐ 名 납지(鑞紙). 석박. 은박종이. ¶带~的香烟xiāngyān | 은종이로 포장한 담배.
【锡嘴】xīzuǐ 名〈鳥〉콩새 ¶树上站zhàn着几只~ | 나무위에 몇마리 콩새가 앉다.＝〔方 老lǎo锡儿〕〔锡嘴雀xīzuǐquè〕

【裼】xī tì 웃통벗을 석, 포대기 체
Ⓐ xī 書動 웃옷을 벗다＝〔袒tǎn裼〕
Ⓑ tì 書名 갓난아기 옷.

【僖】xī 기쁠 희
❶書形 즐겁다. 기쁘다. 유쾌하다＝〔嬉xī〕〔喜xǐ〕❷ (Xī) 名 성(姓).

【嘻】xī 놀랄 희, 화락할 희
❶擬 히히. 헤헤. 생글생글. 벙글벙글 [기뻐하여 웃는 소리를 형용]¶~~哈哈hā↓＝〔嬉xī②〕〔唏xī③〕❷書嘆 아! [뜻밖의 일을 당하여 놀라 내는 소리]¶~, 汝欲何为rǔyùhéwéi | 아! 자네 무엇을 하려는가.
【嘻皮笑脸】xī pí xiào liǎn 成 히죽거리다.히히〔헤헤〕거리다. ¶你别~的 | 히죽거리지 마라＝〔嬉xī皮笑脸〕
【嘻嘻哈哈】ⓐ xīxī hāhā 擬 허허하하. 하하하하 [거리낌없이 소리 높여 웃는 모양]¶三个女人~地谈笑tánxiào | 세 여인이 크게 웃으며 이야기를 하고 있다＝〔嬉嬉xī哈哈〕〔唏唏xī哈哈〕
ⓑ xī·xihāhā 狀 데면데면하다. 건성건성하다. 침착하지 못하다.
【嘻笑怒骂】xī xiào nù mà ⇒〔嬉xī笑怒骂〕

【嬉】xī 놀 희
❶動 놀다. 장난치다. 즐기다. ¶~戏xì↓ ¶水~ | 물 장난. 물놀이 ❷「嘻」와 같음⇒〔嘻xī①〕
【嬉皮士】xīpíshì 名外 히피족(族)(hippy ;hippie ; 영) ¶打前边儿来了几个~ | 앞에서 히피족이 몇 명 왔다.
【嬉皮笑脸】xī pí xiào liǎn ⇒〔嘻xī皮笑脸〕
【嬉嬉哈哈】xīxī hāhā ⇒〔嘻xī嘻哈哈 ⓐ〕
【嬉戏】xīxì 書動 놀다. 장난치다. 유희하다. ¶几个小孩在院子里yuànzilǐ~ | 아이들 몇명이 뜰에서 놀고 있다.
【嬉笑】xīxiào 動 장난치며 웃다. 히히대다. ¶远处yuǎnchù传来了孩子们的~声 | 먼곳에서 아이들의 히히대는 소리가 들려왔다＝〔嘻xī笑〕
【嬉笑怒骂】xī xiào nù mà 成 기뻐 웃는 것과 화가 나서 욕하는 것. 풍자와 욕설＝〔嘻xī笑怒骂〕

X

【熹】xī 밝을 희, 희미할 희
書形❶날이 밝다. 훤하다. ¶东方已～ | 동쪽하늘이 이미 밝아왔다. ❷햇빛이 희미하다. ¶晨光chénguāng～ | 새벽 빛이 희미하다.

【禧】xī ☞ 禧 xǐ

【熙】xī 빛날 희
書形❶밝다. 빛나다. ¶～天曜yào日 | 밝은 하늘에 빛나는 태양. ❷성(盛)하다. 홍성하다. ¶～期qī | 잘 다스려지는 성세(盛世). ❸기쁘다. 즐겁다.

【熙来攘往】xī lái rǎng wǎng ⇒〔熙熙攘攘〕

【熙攘】xīrǎng ⇒〔熙熙攘攘〕

【熙熙攘攘】xī xī rǎng rǎng 成 오가는 사람들로 들끓다〔붐비다〕. 홍성홍성하다. ¶大街上人们～,十分热闹rènào | 큰 길에는 사람들이 붐벼서 아주 와자지껄하다 =〔熙来攘往〕〔熙攘〕〔攘往熙来〕

4【膝】xī 무릎 슬
名무릎. ¶屈qū～ | 무릎을 꿇다. ¶促cū～谈心tánxīn | 무릎을 맞대고 허물없이 말하다. 속마음을 털어놓고 이야기하다.

4【膝盖】xīgài 名 方 무릎 =〔膝头〕

【膝头】xītóu ⇒〔俗膝盖xīgài〕

【膝下】xīxià 書名❶슬하. ¶～有两男一女 | 슬하에 2남 1녀가 있다. ¶～无儿 | =〔膝下犹虚xīxiàyóuxū〕| 슬하에 자녀가 없다. ¶男儿～有黄金huángjīn | 諺 남자는 경솔히 남에게 무릎을 꿇는 것이 아니다. ❷札 슬하 [양친 또는 손윗 사람의 이름에 붙이는 서간문 경어] ¶父母大人～ | 부모님께(올립니다) =〔膝前qián〕

【羲】xī 사람이름 희
❶ ⇒〔羲皇Xīhuáng〕❷(Xī) 名 성(姓).

【羲皇】Xīhuáng 名〈人〉복희씨(伏羲氏).

【曦〈爔〉】xī 햇빛 희
書名 햇빛. ¶晨chén～ | 아침 햇살.

【曦光】xīguāng 名 새벽빛.

【醯】xī 초 혜
❶書名 초. 식초. ❷「酰」(〈化〉아실기)의 옛 이름 →〔酰xiān〕

xí ㄒㄧˊ

1【习(習)】xí 익힐 습
❶動 배우다. 익히다. 복습하다. 연습하다. ¶学xué～ | 학습하다. ¶～法文fǎwén | 프랑스어를 배우다. ¶练liàn～ | 연습하다. ¶实～ | 실습하다. ¶～字↓ ¶自～ | 자습하다. ¶补bǔ～ | 따로 더 배우다. 보충학습하다. 재수하다. ❷動 (어떤 일에) 익숙〔능숙〕하다. ¶不～惯guàn | 습관이 되지 않다. 익숙하지 않다. ¶熟shú～ | 숙달되다. ❸名 습관. 풍습. ¶陈规陋chénguīlòu～ | 오래된 규칙과 낡은 습관. ¶风俗fēngsú～惯guàn | 풍속습관. ¶积jī～ | 오랜 습관. ¶打破dǎpò恶～ | 악습을 타파하다. ¶相沿yán成～ | 답습하여 풍습이 되다. ❹書副 늘. 흔히. ¶～闻wén | 늘 듣다. 익히듣다. ¶～用↓ ❺(Xí) 名 성(姓).

【习非成是】xí fēi chéng shì 成 나쁜 일도 익숙해지면 오히려 옳은 것으로 생각되어진다. 나쁜 일도 익숙해지고 나면 고치기 힘들다. ¶这种用法原是不合语法的,现在竟～了 | 이런 용법은 원래 어법에 맞지 않는 것이나 지금은 익숙해져 고치기 힘들다 =〔习非胜shèng是〕

1【习惯】xíguàn ❶名 습관. 버릇. 관습. ¶养成yǎngchéng好～ | 좋은 습관을 기르다. ¶～性 | 습관성. ¶破除pòchú旧jiù～, 树立shùlì新风尚fēngshàng | 옛 관습을 타파하고 새로운 기풍을 세우다. ❷動 습관이 되다. 익숙해지다. 버릇이 되다. ¶中国生活我还没～ | 나는 아직 중국생활에 익숙하지 못하다. ¶～早起zǎoqǐ | 일찍 일어나는 것에 익숙해지다.

【习见】xíjiàn 書動 눈에 익다. 흔히 보이다. ¶寻常xúncháng～的事 | 흔히 볼 수 있는 일 =〔回常见chángjiàn①〕

【习气】xíqì 名貶 (나쁜) 습성. 버릇. ¶他也染上rǎnshàng了不良～ | 그도 좋지 못한 습성에 물들었다. ¶官僚guānliáo～ | 관료의 습성. 관료주의 습성.

【习染】xírǎn 書❶動 (나쁜 습관이) 몸에 배다. ¶～坏习惯huàixíguàn | 나쁜 습관이 몸에 배다 ❷名 나쁜 습관.

【习尚】xíshàng 名 풍습. ¶受人尊敬zūnjìng的伟大wěidà民族mínzú一定具有jùyǒu优良yōuliáng的～ | 사람들의 존경을 받는 위대한 민족은 반드시 좋은 풍습을 갖고 있다.

4【习俗】xísú 名 습속. 습관과 풍속. ¶年老的人是社会shèhuì～的保存者bǎocúnzhě | 나이가 든 사람들은 사회습속의 보존자이다. ¶～移人yírén | 습속은 사람의 성격도 바꾼다.

4【习题】xítí 名 연습 문제. ¶练liàn考试kǎoshì～ | 연습문제를 풀다.

【习习】xíxí 擬 솔솔. 살랑살랑 [바람이 가볍게 부는 모양을 형용한 말] ¶春风chūnfēng～地吹chuī着 | 봄바람이 살랑살랑 분다. ¶微风wēifēng～ | 실바람이 솔솔 불다 =〔淅淅〕

【习性】xíxìng 名 습성. 습관. ¶～难改nángǎi | 습성은 고치기 힘들다.

【习焉不察】xí yān bù chá 成 어떤 일에 습관이 되어 내재(內在)된 문제를 살펴내지〔깨닫지〕못하다《孟子·盡心上》

【习以为常】xí yǐ wéi cháng 成 습관이 되다. 버릇이 되어 예사로운 일이 되다. ¶对此他已～ | 이것에 대해서는 그는 이미 습관이 되어 예사로운 일로 되었다.

【习用】xíyòng 動❶사용에 익숙하다. 쓰는데 버릇이 되다. ¶对西装xīzhuāng他已～了 | 그는 양복에 이미 익숙해져 있다. ❷늘 사용하다. 자주(흔히) 쓰다. ¶～语yǔ | 관용어(慣用語).

【习与性成】xí yǔ xìng chéng 成 오랜 습관이 성격으로 되다. 습관은 제2의 천성이다《尚書·太甲上》

【习字】xízì 動 습자하다. 글씨를 익히다. ¶～帖tiē | 습자첩.

【习作】xízuò ❶名 습작. ¶每週交一篇piān～ |

매주마다 습작 한편을 제출한다. ❷動 습작하다.

【昔】xí ☞ 昔 xī

【惜】xí ☞ 惜 xī

【腊】xí ☞ 腊 là ②

2【席〈蓆₁〉】xí 자리 석 ❶(～儿,～子) 名 (갈대·대나무·풀 등으로 짜 만든) 자리. ¶织zhī～ | 자리를 짜다. ¶这种～出在我们家乡jiāxiāng | 이런 자리는 우리 고향에서 생산된다. ¶草cǎo～ | 거적자리. ❷名 (앉는) 자리. 좌석. ¶迟到者chídàozhě悄悄qiǎo入了～ | 늦게 도착한 사람들은 조용히 자리로 들어갔다. ¶来宾láibīn～ | 내빈석. ¶出～ | 출석하다. ¶主～团tuán | 주석단. ❸名 관직. (국회의) 의석. ¶首～代表 | 수석 대표. ¶在选举中获得十～ | 선거에서 10석을 얻었다. ❹名 연석(宴席) ¶设shè～ | 연석을 마련하다. ❺量 자리. 상 [연석·술자리 등을 세는 단위] ¶～摆好bǎihǎo了 | (음식)상을 다 차렸다. ¶今天,他家摆bǎi了两～喜酒xǐjiǔ | 오늘 그의 집에서는 두 차례의 결혼 축하연(피로연)을 열었다. ¶做一～菜请他 | 음식을 한 상 차리고 그를 초대하다 =〔桌zhuō〕 ❻量 한 바탕. 한 차례. 어법 대화나 대담을 셀 때 쓰는 명사 앞에 붙는 양사로 수사(數詞)는「一」만 사용함. ¶一～话 | 한 차례의 대화. ❼書動 …에 의지하다. …을 이용하다. ¶乘利chénglì～胜shèng, 威震wēizhèn天下 | 이점을 이용하고 승리에 힘입어 그 위세를 천하에 떨치다. ❽書名 돛. ¶挂guà～渡海 | 돛을 달고 바다를 건너다. ❾(Xí) 名 성(姓).

【席不暇暖】xí bù xiá nuǎn 成 자리가 따뜻해질 겨를도 없이 바쁘다. 앉을 새도 없이 바쁘다. ¶整天忙忙mánɡ碌碌lù～ | 하루종일 앉을 새도 없이 바쁘다.

【席次】xícì 名 좌석의 차례. 자리의 순서. ¶按àn指定zhǐdìng～入座rùzuò | 지정된 좌석의 순서에 따라 자리에 앉다.

【席地】xídì 動 땅바닥에 자리를 깔다. 轉 땅바닥에 (그대로) 앉다. ¶～而坐zuò | 땅바닥에 앉다.

【席卷】xíjuǎn 動 ❶ 석권하다. 휩쓸다. ¶暴风雪bàofēnɡxuě～了整个zhěnɡ·ɡe草原cǎoyuán | 눈보라가 초원 전체를 휩쓸었다. ¶革命gémìng的风暴fēngbào～全国 | 혁명의 폭풍이 전국을 휩쓸었다. ❷ 말끔히 거두다. ¶～逃跑táopǎo | 몽땅 거두어 가지고 달아나다.

【席梦思】xímèngsì 名 外 스프링 매트리스(spring mattress) ¶他想买一张～床 | 그는 스프링 매트리스를 사려고 한다.

【席面】xímiàn 名 ❶ 연회. 연회석. 연회의 차림. 연회석상의 음식. ¶～上的应酬话yīngchóuhuà | 연회석상에서 주고받는 말. ❷ 연회석에서 주인의 맞은 편에 앉은 사람.

【席篾(儿)】xímiè(r) 名 (자리를 짜기 위해 잘개 쪼갠 수숫대·갈대·대 등의) 오리. ¶水中浸jìn着一梱kǔn～ | 수숫대를 물에 담구다.

4【席位】xíwèi 名 ❶ (국회의) 의석. ¶失去了～ | 의석을 잃었다. ¶民进党mínjìndǎng占zhàn了少数～ | 민진당은 소수 의석을 차지했다. ❷ (모임·연회의) 좌석의 위치 또는 서열

【息】xí ☞ 息 xī

【熄】xí ☞ 熄 xī

【螅】xí ☞ 螅 xī

3【媳】xí 며느리 식 名 며느리 ¶婆pó～ | 시어머니와 며느리.

3【媳妇】xífù ❶名 며느리 =〔儿ér媳妇(儿)〕 →〔妻子qīzǐ〕 ❷ 항렬이 아래인 친족의 아내로 앞에 해당 친척관계를 나타내는 말을 붙여 사용함. ¶侄zhí～ | 조카 며느리. 질부. ¶孙sūn～ | 손부.

【媳妇儿】xí·fur 名 方 ❶ 아내. 처. ¶他一心想攒钱zǎnqián娶qǔ～ | 그는 돈을 모아 장가들 생각뿐이다. ❷ 색시. 새댁 [갓 결혼한 젊은 여성을 이르는 말]

3【袭(襲)】xí 엄습할 습, 물려받을 습 ❶動 엄습하다. 기습하다. 습격하다. ¶偷tōu～ | 기습하다. ¶夜yè～ | 야습(하다) ¶花气～人 | 꽃 향기가 엄습하다(코를 찌르다) ¶寒气～人 | 추위가 엄습하다. ❷動 본따다. 답습하다. ¶抄chāo～ | 표절하다. ¶沿yán～ | 답습하다. ❸動 물려받다. 계승하다. ¶世shì～ | 세습(하다). ❹書量 벌 [갖춰진 옷을 세는 단위] ¶衣一～ | 옷 한 벌. ¶棉衣miányī一～ | 솜옷 한벌. ❺(Xí) 名 성(姓).

3【袭击】xíjī ❶名 습격. 기습. ❷動 습격하다. 기습하다. ¶～了敌人的哨所shàosuǒ | 적의 초소를 습격하다. ¶从背后bèihòu～敌人dírén | 뒤에서 적을 습격하다.

【袭取】xíqǔ ❶動 습격하여 빼앗다. ¶～粮食liángshí | 양식을 습격하여 탈취하다. ❷ 답습하다. (그대로) 이어받다. 본따(서 하)다. ¶后人～这个故事,写成了戏xì | 후세 사람들은 이 이야기를 본따서 극을 썼다.

【袭扰】xírǎo 動 습격하여 난동을 부리다. 기습하여 교란시키다. ¶强盗qiángdào们多次～村民cūnmín | 강도들은 여러 차례 촌민들을 습격하여 난동을 부렸다.

【袭用】xíyòng 動 습용하다. 답습하(여 쓰)다. 본따(서 쓰)다. ¶～古方,配制pèizhì丸药wányào | 옛날 처방을 그대로 본따서, 환약을 조제하다.

【袭占】xízhàn 動 습격하여 차지하다. 기습하여 점령하다. ¶～他人的土地 | 다른 사람의 토지를 습격하여 차지하다.

【褶】xí ☞ 褶 zhě Ⓒ

【鳛(鰼)】xí 미꾸라지 습 ❶書名〈魚貝〉미꾸라지 =〔鳅qiū〕 ❷ 지명에 쓰이는 글자. ¶～水县shuǐxiàn | 습수현 [중국 귀주성(貴州省Guìzhōushěng)에 있던 현(縣)이름으로 지금은「习水Xíshuǐ」라고 칭함]

X

【觋(覡)】 xí 박수 격
書名 박수. 남자 무당 =〔男巫nánwū〕→〔巫wū①〕

【锡】 xí ☞ 锡 xī

【隰】 xí 진펄 습
名 ❶ 書 습지. ¶～草↓ ❷ (Xí)〈地〉습현(隰縣) [중국 산서성(山西省)에 있는 현(縣)의 이름] ❸ (Xí) 성(姓).

【隰草】xícǎo 名 습지에서 자라는 풀.

【檄】 xí 격서 격
書 ❶ 名 격문. ¶羽yǔ～ | 새의 깃털을 꽂아 지급(至急)의 뜻을 나타내던 격문. ❷ 動 격문으로 알리다〔성토하다〕.

【檄书】xíshū ⇒〔檄文〕

【檄文】xíwén 名 격문 ¶讨伐tǎofá敌人的～ | 적의 격문을 토벌하다 =〔檄书xíshū〕

xǐ ㄒㄧˇ

2 **【洒】** xǐ ☞ 洒 sǎ 1 B

1 **【洗】** xǐ xiǎn 씻을 세
A xǐ ❶ 動 (물·기름 등으로) 씻다. 빨다. 세탁하다. ¶你先把手～～,再吃东西 | 손부터 씻고 와서 먹어라. ¶他～了脚jiǎo | 그는 발을 씻었다. ¶～衣服yīfú | 옷을 빨다. ¶干gān～ | 드라이클리닝(하다). ❷ 動 없애다. 제거하다. 숙청하다. ¶把恶习èxí～去 | 악습을 제거하다. ¶清qīng～坏分子huàifēnzǐ | 악질 분자를 숙청하다. ❸ 動 대학살하다. 몰살하다. ¶敌寇díkòu把整个村子zhěng·gecūnzi～了 | 적군이 한 마을 전체를 살육하였다. ❹ 動 치욕·누명 등을 씻다. ¶～冤yuān | 누명을 벗다. ❺ 動 (필름·사진을) 현상하다. ¶他正在～照片zhàopiàn | 그는 지금 사진을 현상하고 있다. ¶～胶卷jiāojuǎn | 필름을 현상하다. ¶～相片xiàngpiàn | 사진을 현상하다. ❻ 名〈宗〉세례. ¶受shòu～ | 세례를 받다. ❼ 動 (카드패 등을) 뒤섞다. ¶～牌pái | 패를 뒤섞다. ❽ 動 샅샅이 뒤지다. 몸 수색을 하다. ¶我要～你 | 당신의 몸 수색을 해야겠소. ❾ 名 붓 등을 씻는 그릇. ¶笔bǐ～ | 필세(筆洗). 붓을 빠는 그릇.
B xiǎn ❶ 「洗xǐ」의 문어음(文語音). ❷ (Xiǎn) 名 성(姓).

【洗尘】xǐchén 動 잔치를 베풀어 먼 곳에서 온 사람을 환영하다. ¶今晚我想为你接风jiēfēng～ | 오늘 저녁에 너를 환영하는 의미에서 잔치를 베풀겠다. =〔接风jiēfēng〕

4【洗涤】xǐdí 動 말끔히 씻다. 세정하다. ¶厨房chúfáng里的东西～得干干净净gāngānjìngjìng | 주방의 물건을 아주 깨끗이 씻다. ¶～丝织品sīzhīpǐn | 견직물을 말끔히 씻다. ¶～器qì |〈化〉(가스) 세정기(洗淨器) =〔洗濯zhuó〕〔荡dàng涤〕

【洗掉】xǐ/diào 動 씻어 버리다. ¶怎么zěn·me也洗不掉xǐbùdiào | 어떻게 해도 씻기지 않는다.

【洗耳恭听】xǐ ěr gōng tīng 成 귀를 씻고 공손하게 듣다. (남의 말을) 귀담아 듣다. ¶你说吧,我一定～ | 말해 보세요,제가 꼭 귀담아 들어두겠습니다.

【洗海(水)澡】xǐ hǎi(shuǐ) zǎo 動組 해수욕을 하다. ¶到釜山海云台海水浴场～ | 부산해운대해수욕장에 가서 해수욕을 하다.

【洗碱】xǐ jiǎn 動 소금기를 씻어 내다. ¶通过～,改造盐碱地yánjiǎndì | 소금기를 씻어내고 알카리성 토지를 개조하다.

【洗劫】xǐjié ❶ 動 모조리 약탈하다. 깡그리 빼앗아 가다. ¶敌人dírén就把这个村子zhè·gecūnzǐ～了三遍sānbiàn | 적은 이 마을을 세번 약탈했다. ❷ 名 약탈. 어법 관형어(定語)와 함께 쓰여 명사로 활용됨. ¶遭到zāodào了侵略军qīnlüèjūn的～ | 침략군의 약탈을 당하다.

【洗礼】xǐlǐ 名 ❶〈宗〉세례 ¶接受jiēshòu～ | 세례를 받다 =〔点水diǎnshuǐ礼〕〔圣shèng洗〕→〔浸jìn礼〕〔受shòu洗〕 ❷ 喻 세례. 시련(試鍊) ¶经受jīngshòu了残酷cánkù的战争zhànzhēng的～ | 잔혹한 전쟁의 시련을 겪었다. ¶受炮火pàohuǒ的～ | 포화의 세례를 받다.

【洗脸】xǐliǎn 動 얼굴을 씻다. 세수하다. ¶～后马上去 | 세수를 하고 바로 가다. ¶～水 | 세수물. ¶～盆pén | 세수대야. ¶～架jià | 세면대

【洗练】xǐliàn ❶ 動 세련하다. 미끈하게 다듬다. ❷ 形 세련되다. ¶他说话很～ | 그의 말은 아주 세련되다 =〔洗炼liàn〕

【洗煤】xǐméi〈鑛〉❶ 名 세탄(洗炭) ¶～设备shèbèi | 세탄 설비. ¶～场chǎng =〔洗煤厂chǎng〕 | 세탄장. ❷ (xǐ/méi) 動 세탄하다.

【洗片】xǐpiàn 動〈撮〉(필름을) 현상하다. ¶洗底片 | 필름을 현상하다. ¶～机 | 현상기.

【洗染】xǐrǎn 動 염색하다. ¶～布料bùliào | 옷감을 염색하다.

【洗染店】xǐrǎndiàn 名 세탁소.

【洗三】xǐsān 名 아기가 태어난 지 사흘만에 아기를 목욕시키고 명이 길기를 축하하는 모임 =〔三朝zhāo②〕

【洗手】xǐshǒu 動 ❶ 손을 씻다. ¶～碗wǎn | 핑거보울(finger bowl) ❷ 喻 나쁜 짓에서 손을 떼다. ¶表示要～,不再干坏事gànhuàishì | 손을 떼고 다시는 나쁜 짓을 하지 않는다고 하다. ¶～不干gàn | 나쁜 짓을 더 이상 하지 않다. ¶～焚香fénxiāng =〔从良cóngliáng①〕 | 기녀가 낙적(落籍)하(여 결혼하)다. ❸ 喻 어떤 일이나 직업을 그만두다.

【洗刷】xǐshuā ❶ 動 닦다. 세척하다. ¶～锅碗guōwǎn | 냄비와 그릇을 닦다. ❷ (치욕·죄명·오점을) 씻다. 제거하다. ¶～罪名zuìmíng | 죄명을 벗다 ⇒〔洗雪〕 ‖ =〔清刷qīngshuā〕

【洗胃】xǐwèi 名〈醫〉위세척.

【洗心革面】xǐ xīn gé miàn 成 나쁜 마음을 씻고 새출발하다. 개과 천선하다 ¶她决定juédìng～,重新chóngxīn做人 | 그녀는 나쁜 마음을 씻고 개과천선하기로 결정하다 =〔革面洗心〕

【洗雪】xǐxuě 動 (원한·누명·치욕·죄명 등을) 씻다 ¶～罪名 | 죄명을 씻다 =〔洗刷shuā②〕〔洗

X

削xiāo]〔洗冤yuān]
【洗衣粉】xǐyīfěn 名 (세탁용) 가루비누 =〔合成洗衣粉]
²【洗衣机】xǐyījī 名〈機〉세탁기.
【洗印】xǐyìn ❶ 名〈撮〉(필름의) 현상과 인화. ❷〈撮〉動 (필름의) 현상과 인화를 하다 =〔冲晒chōngshài]
¹【洗澡】xǐ/zǎo 動 목욕하다. 몸을 씻다. ¶～冷水澡lěngshuǐzǎo | 냉수욕을 하다. ¶～房fáng =〔洗澡间] | 욕실. ¶～水 | 목욕물. ¶～堂táng =〔洗澡塘zǎotáng]〔澡堂(子)] | 목욕탕. ¶洗海(水)澡 | 해수욕을 하다 =〔洗浴xǐyù]
【洗濯】xǐzhuó ⇒〔洗涤dí]

【铣(銑)】xǐ ☞ 铣 xiǎn Ⓑ

【玺(璽)】xǐ 옥새 새
書 名 천자(天子)의 도장. ¶玉yù～ | 옥새. ¶掌zhǎng～大臣dàchén | 권력을 장악한 대신.

【徙】xǐ 옮길 사
書 動 옮기다. 이사하다. ¶迁qiān～ | 이사하다. 이전하다.
【徙薪曲突】xǐ xīn qū tū 成 땔감을 옮기고 굴뚝을 돌려 화재를 예방하다. 재난을 예방하다.
【徙宅忘妻】xǐ zhái wàng qī 成 이사하며 아내를 두고 오다. 정신 빠졌다.

【屣〈躧〉】xǐ 신 사/시
書 ❶ 名 신. ¶弃qì之如敝bì～ | 헌신짝 버리듯 하다. ❷ 動 (신을) 끌다.
【屣履】xǐlǚ 書 動 신을 질질 끌다. ¶～起迎 | 신을 끌며 나가 손님을 맞이하다. 황급히 손님을 맞이하다.

【蓰】xǐ 다섯곱 사
書 名 다섯곱. 다섯배. ¶倍bèi～ | 두 배와 다섯배. 몇 곱절.

1【喜〈憙〉】xǐ 기쁠 희
❶ 形 기뻐하다. 즐거워하다. ¶接到录取通知书lùqǔtōngzhīshū后,她～在心里 | 학격통지서를 받고 그녀는 마음속으로 기뻤다. ¶狂kuáng～ | 매우 기뻐하다. ❷ 名 기쁨. 경사. ¶转怒zhuǎnnù为～ | 성을 기쁨으로 전환시키다. ¶双shuāng～临门línmén | 경사가 겹치다 →〔禧xǐ] ❸ 名 ⓘ 임신. ¶有～ | 임신하다. ¶害hài～ =〔闹nào喜] | 입덧이 나다. ❹ 動 좋아하다. ¶好hào大～功gōng | 成 조건은 생각지도 않고 공명욕(功名欲)만 내세우다. ¶性xìng～钻研zuānyán | 원래 깊이 연구하기를 좋아하다. ❺ 動 환경에 적응하다. 물질이 서로 잘 맞다〔어울리다〕. ¶玉簪花yùzānhuā～阴不～阳yáng | 옥잠화는 음지에서는 잘 자라고 양지에서는 잘 자라지 않는다.
³【喜爱】xǐ'ài ❶ 動 좋아하다. 호감을 가지다. ¶～打棒球dǎbàngqiú | 야구를 좋아하다. ¶逗dòu人～ | 호감을 사다. 귀여움을 받다 =〔喜好hào] ❷ 名 좋아하는 것. 애호. 어법 관형어(定語)와 함께 쓰여 명사로 활용됨. ¶各人的～不完全相同 | 사람마다 좋아하는 것이 완전히 같지는 않다.
【喜报】xǐbào 名 희보. 낭보. 기쁜 소식. ¶送来了一张～ | 한 장의 희보가 날아오다. ¶立功～ | 공을 세운 희보.
【喜不自胜】xǐ bù zì shèng 成 기쁨을 이기지 못하다. 기뻐서 어쩔 줄을 모르다. ¶一听这番话,他～ | 이 말을 듣고 기뻐서 어찌할 바를 모르다.
【喜冲冲】xǐchōngchōng 貺 뛸듯이 기쁘다. 매우 기쁘다. ¶他一天到晚～的 | 그는 저녁까지 하루 종일 뛸듯이 기쁘다.
【喜出望外】xǐ chū wàng wài 成 뜻밖의 기쁨을 만나 매우 기뻐하다. ¶多年不见的好朋友突然来访,使他～ | 몇 해 동안 만나지 못했던 친구가 갑자기 찾아와 그는 아주 기뻤다. ¶怎么zěn·me不感到～呢? | 어떻게 기뻐하지 않겠는가? ⇒〔喜自天降]
【喜从天降】xǐ cóng tiān jiàng 成 뜻밖의 기쁨. =〔喜自zì天降]
【喜封(儿)】xǐfēng(r) ⇒〔喜钱]
【喜光植物】xǐguāng zhíwù ⇒〔阳性植物]
【喜果(儿)】xǐguǒ(r) 名〈食〉❶ 옛날 중국에서 약혼·결혼때에 하객들에게 주던 건과(乾菓) [「花生huāshēng」(땅콩)·「红枣zǎo」(붉은 대추)·「栗lì子」(밤)·「莲lián子」(연밥)·「荔枝lìzhī」(여지) 등] ❷ 方 (껍질을 붉게 염색하고 그 위에 금종이로 축하의 글귀를 붙인 잔칫날에 쓰는) 삶은 달걀 =〔红蛋hóngdàn]〔喜蛋xǐdàn]
【喜好】xǐhào ⇒〔喜爱]
¹【喜欢】xǐhuān ❶ 動 좋아하다. 애호하다. 사랑하다 [「爱ài」,「好hào」보다는 약하고 부드러운 표현임] ¶～得很 | 아주 좋아하다. ¶这件衣服yīfú你～吗? | 이 옷이 마음에 드느냐? ¶她～菊花júhuā | 그녀는 국화를 좋아한다. ❷ 動 기뻐하다. 즐거워하다. ¶快把你获奖huòjiǎng的歌曲gēqǔ唱给大家听听,也让大家～～ | 빨리 네가 상을 탔던 그 노래를 불러 사람들을 즐겁게 해주어라. ❸ 形 즐겁다. 기쁘다. 유쾌하다. ¶孩子年年被评为「三好」学生,父母的心里特别～ | 아이가 해마다 우등생이 되자 부모의 마음이 아주 기쁘다. ¶～得不得了liǎo | 그지없이 기쁘다. ¶喜喜欢欢过春节 | 즐겁게 설을 보내다.
【喜酒】xǐjiǔ 名 ❶ 결혼 축하주. ¶什么时候喝你的～? | 언제 국수 먹게 해줄 겁니까? 轉 결혼 축하연〔피로연〕. ❷ 함에 넣어 보내는 술.
【喜剧】xǐjù 名〈演映〉희극. ¶～演员yǎnyuán | 희극배우. 코메디언. ¶～性 | 희극적. 코믹 =〔谐xié剧] ⇔〔悲bēi剧①]
【喜联】xǐlián 名 결혼 축하 대련. ¶送你们一副～ | 결혼 축하 대련을 써 드리겠습니다 →〔对duì联(儿)]
【喜马拉雅山】Xǐmǎlāyǎ shān 名 外〈地〉히말라야 산맥(Himalaya 山脈)
【喜眉笑眼】xǐ méi xiào yǎn 成 얼굴에 희색이 만면하다. ¶他一听及格jígé学位考试的消息xiāoxī,就～的 | 그는 학위고사 시험의 합격소식을 듣고 희색이 만면해졌다 =〔喜眉笑脸liǎn]
【喜娘】xǐniáng 名 신부 들러리.
【喜棚】xǐpéng 名 잔치 때에 쓰는 임시용 천막.

【喜气】xǐqì 名 희색. 기쁨. ¶～盈门yíngmén | 기쁨이 집안에 가득하다. ¶满脸mǎnliǎn～ | 만면에 희색을 띠다 =〔喜色sè〕

【喜钱】xǐ·qian 名 경사가 있을 때 아랫사람들에게 주던 위로금 =〔喜封fēng(儿)〕〔喜金jīn〕〔喜赏shǎng〕

【喜庆】xǐqìng ❶ 名 경사. ❷ 形 경사스럽다. ¶～的日子 | 경사스러운 날. ¶～事 | 경사스러운 일.

【喜雀】xǐ·que ⇒〔喜鹊〕

4【喜鹊】xǐ·que 名〈鳥〉까치 =〔喜雀què〕〔干鹊gānquè〕〔鹊〕

【喜人】xǐrén 形 흡족하다. 만족스럽다. ¶～景象jǐngxiàng | 흡족한 상태. ¶获得huòdé～的成果chéngguǒ | 만족스런 성과를 얻다. ¶形势xíngshì～ | 정세가 만족스럽다.

【喜色】xǐsè ⇒〔喜气〕

【喜上加喜】xǐ shàng jiā xǐ 成 기쁜 일이 겹치다. 금상 첨화(錦上添花) ¶这样一来就～了 | 이렇게 된다면 금상첨화다.

4【喜事】xǐshì 名 ❶ 경사. 기쁜일. ¶这回又添tiān了一桩zhuāng～ | 이번에 또 경사가 생겼다. ¶办bàn～ | 경사를 치르다. ❷ 결혼. 혼사. ‖ =〔红hóng事〕⇔〔白bái事〕

【喜糖】xǐtáng 名〈食〉(약혼식·결혼식 때에 사람들에게 나누어 주는) 사탕. 결혼 사탕. ¶什么时候shíhòu给我吃～? | 언제 결혼하느냐?→〔吃chī糖②〕

【喜帖】xǐtiě 名 결혼 청첩장.

【喜闻乐见】xǐ wén lè jiàn 成 즐겁게 듣고 보다. 환영을 받다. ¶为人民所～的作品zuòpǐn | 인민들에게 환영을 받는 작품.

【喜笑颜开】xǐ xiào yán kāi 成 얼굴에 웃음꽃이 활짝 피다. 희색이 만면하다. ¶听说tīngshuō这个问题可以解决jiějué,他一下子～了 | 이 문제가 해결될 수 있다는 말을 듣고 그는 바로 얼굴에 웃음꽃이 활짝 피었다. ¶她～地告诉gào·su我这个好消息hǎoxiāoxī | 그녀는 희색이 만면하여 이 좋은 소식을 우리에게 알려 주었다.

【喜新厌故】xǐ xīn yàn gù ⇒〔喜新厌旧〕

【喜新厌旧】xǐ xīn yàn jiù 成 새 것을 좋아하고, 옛 것을 싫어하다 [사물이나 애정관계를 말할 때 주로 쓰임] =〔喜新厌故gù〕〔得dé新厌旧〕〔厌故喜新〕

【喜信(儿)】xǐxìn(r) ⇒〔喜讯〕

【喜形于色】xǐ xíng yú sè 成 기쁨이 얼굴에 어리다. 만면에 희색을 띠다.

【喜幸】xǐxìng 書 形 기쁘고 다행스럽다.

4【喜讯】xǐxùn 名 희보. 낭보. 희소식. ¶给你送个～吧 | 너에게 희소식을 알려 주마 =〔喜信xìn(儿)〕

【喜洋洋】xǐyāngyāng 狀 기쁨이 넘치다. 몹시 기쁘다. ¶新年到, 男女老少～ | 새해가 다가오니 남녀 노소가 모두 기쁨에 차 있다.

【喜盈盈】xǐyíngyíng 狀 희색이 만면하다. 기쁨이 가득하다. ¶脸liǎn上～的 | 얼굴에 기쁨이 가득하다.

【喜雨】xǐyǔ 名 단비. 때에 맞추어 내리는 비. ¶普降pǔjiàng～ | 단비가 두루 내리다.

3【喜悦】xǐyuè ❶ 名 희열. 즐거움. 기쁨. ¶她内心的～是难nán以用言语形容xíngróng的 | 그녀의 마음속의 희열이란 말로써는 형용할 수 없는 것이었다. ¶充满chōngmǎn了～ | 기쁨으로 충만하다. ¶获得huòdé知识zhīshí的～ | 지식을 얻는 기쁨. ❷ 形 즐겁다. 기쁘다. ¶无比wúbǐ～ | 너무 기쁘다. ¶～的心情xīnqíng | 기쁜 마음. 즐거운 심정.

【喜逐颜开】xǐ zhú yán kāi 成 얼굴에 웃음꽃이 만발하다. 희색이 가득하다. ¶他高兴gāoxìng得～ | 그는 기뻐서 얼굴에 희색이 가득하다.

【喜烛】xǐzhú 名 화촉(華燭). 결혼식에 쓰이는 초 ¶大厅里点着一对～ | 대청에 한 쌍의 화촉을 켜다 =〔喜蜡là〕→〔花huā烛①〕

【喜孜孜】xǐzīzī 狀 기쁨에 겹다. 몹시 흐뭇하다. ¶～地说 | 기쁨에 겨워 말하다 =〔喜滋滋zī〕

【喜滋滋】xǐzīzī ⇒〔喜孜孜〕

【禧】xǐ ⓧ xī) 복 희

書 名 (행)복. 기쁨. 경사. ¶鸿hóng～ | 크나 큰 행복. ¶恭贺gōnghè新～ | 근하신년 =〔釐xǐ〕→〔喜xǐ②〕

【葸】xǐ 두려워할 사

書 形 ❶ 두려워하다. ¶畏wèi～不前 | 두려워 앞으로 나가지 못하다. ❷ 불쾌하다. 만족하지 않다. ¶言善yánshàn而色sè～ | 하는 말은 부드러우나 얼굴색은 불만족스러운 표정이다.

xì ㄒㄧˋ

2【戏(戲)〈戱〉】xì hū 놀이 희

A xì ❶ 名 놀이. 유희. 장난. ¶儿～ | 어린애 장난. ¶集体jítǐ游yóu～ | 집단 유희. ❷ 動 놀리다. 장난치다. 조롱하다. ¶～言 | 농담. ¶嬉xī～ | 놀다. 장난치다. ¶～弄nòng↓ ❸ 名 극. 연극. ¶京～ | 북경 오페라. ¶马～ | 서커스 쇼. ¶唱chàng～ | 가극을 하다. ¶一出chū～ | 한 막의 연극.

B hū ⇒〔于wū戏〕

【戏班(儿, 子)】xìbān(r·zi) 名 극단(劇團) ¶请～来唱了三天戏 | 극단을 청하여 삼일간의 극을 하게했다. =〔剧jù团〕

【戏报子】xìbào·zi 名 연극 포스터. 극장 공연 광고. ¶～都贴tiē出来了 | 연극 포스터가 모두 나붙었다. =〔海报hǎibào〕

【戏出儿】xìchūr 名 극의 어떤 한 장면을 본딴 그림이나 인형.

【戏词(儿)】xìcí(r) 名 희곡의 「唱词chàngcí」(가사)와 「道白dàobái」(대사)의 총칭 =〔戏文③〕

【戏单(儿, 子)】xìdān(r·zi) 名 ❶ 연극의 프로그램. 출연 배우의 명단. ❷ 연극의 내용 설명서.

【戏法(儿)】xìfǎ(r) 名 ❶ 요술. 마술. ¶～人人会变,各有巧妙qiǎomiào不同 | 마술은 사람마다 다 부릴수 있지만 각각 교묘한 차이점이 있다. ¶变biàn～ | 요술을 부리다 =〔魔mó术〕 ❷ 잔재주. 잔꾀.

【戏馆(子)】xìguǎn(·zi) ⇒〔戏园yuán(子)〕

3【戏剧】xìjù 名 극. 연극. ¶现代xiàndài～ | 현대극. ¶～家 | 극작가. ¶～界jiè | 연극계. ¶～评

论pínglùn | 연극 평론.

【戏路(子)】xìlù(·zi) 名 연기(演技)의 폭(幅) ¶她～很宽kuān | 그녀는 연기의 폭이 매우 넓다.

【戏码(儿)】xìmǎ(r) 名 연극의 공연 종목. 레퍼터리(repertory) =〔戏目mù〕〔剧jù目〕

【戏迷】xìmí 名 연극광(狂) ¶他爹diē是个～ | 그의 아버지는 연극광이다.

【戏目】xìmù ⇒〔戏码mǎ(儿)〕

【戏弄】xìnòng 動 희롱하다. ¶专爱恶作剧èzuòjù～人 | 농판을 벌려놓고 사람을 희롱하기를 잘한다 =〔戏耍shuǎ〕

【戏评】xìpíng 名 연극 비평. ¶他写xiě了一篇piān～ | 그는 한편의 연극비평을 썼다.

【戏曲】xìqǔ 名〈文〉❶ (곤곡(昆曲)·경극(京劇) 등의 각종 지방극을 포함한 중국의) 희곡. ❷ 문학 형식의 일종으로, 잡극(雜劇)과 전기(傳奇) 중의 창사(唱詞)를 이름.

【戏耍】xìshuǎ ⇒〔戏弄〕

【戏台】xìtái 名 口 (연극) 무대. ¶～底下流泪liúlèi =〔戏台xìtái底下掉diào眼泪〕| 歇 무대 아래서 눈물을 흘리다. 喩 남의 일에 쓸데없이 마음을 쓰다. ¶搭dā起～卖螃蟹pángxiè | 歇 무대를 세워 게를 팔다. 실속도 없이 겉만 그럴듯하게 하다→〔舞wǔ台〕

【戏谈】xìtán ❶ 名 농담. 익살. ¶一句～,酿成niàngchéng大祸dàhuò | 농담 한마디가 큰 화를 초래하다. ¶酒后jiǔhòu～ | 成 취중 농담 ❷ 動 농담하다. 익살떨다 =〔戏谑xuè〕〔戏言〕

【戏文】xìwén ❶ 書 名〈文〉남송(南宋)의 희곡(戲曲) =〔南戏nánxì〕 ❷ 名 희곡. 연극. ¶看这～怎落尾zěnluòwěi | 이 연극이 어떻게 끝나는지 보자. ❸ ⇒〔戏词xìcí(儿)〕

【戏侮】xìwǔ 動 희롱하며 모욕하다. ¶他老～女子nǚzǐ | 그는 항상 여자를 희롱하여 모욕한다.

【戏狎】xìxiá 動 장난치다. 희롱하다.

【戏谑】xìxuè ⇒〔戏谈xìtán〕

【戏言】xìyán ⇒〔戏谈〕

【戏眼】xìyǎn 名 극중에서 가장 볼 만한 장면.

【戏衣】xìyī 名 무대 의상 =〔戏衫shān〕〔戏装zhuāng〕

【戏园(子)】xìyuán(·zi) 名 극장 =〔戏馆guǎn(子)〕〔戏院yuàn〕〔剧场jùchǎng〕〔剧院〕〔园子②〕

【戏院】xìyuàn ⇒〔戏园yuán(子)〕

【戏照】xìzhào 名 공연 사진. 무대복장으로 분장하고 찍은 사진.

【戏子】xì·zi 名 貶 연극배우. 광대. 연극쟁이. ¶他娶qǔ了一个女～ | 그는 여자 연극배우에게 장가들었다.=〔戏脚jiǎo(儿)〕〔唱chàng戏的〕〔書 菊jú人〕〔角jué色〕〔演员yǎnyuán〕

1 **【系】** ① xì 실 계, 핏줄 계, 맬 계

❶ 名 계통. 계열. ¶直zhí～尊亲zūnqīn | 직계존속. ¶派pài～ | 계파. 파벌. ¶一～列的问题wèntí | 일련의 문제. ❷ 名 학과(學科). 학부(學部) ¶中文～ | 중문과. ¶有几个jǐ·ge～ | 학과가 몇 개 있는가. ❸ 名〈地質〉계 [지질시대의 큰 구분「纪jì」에 대응하는 지층임을 나타내는 말] ¶三叠dié～ | 삼첩계. ¶寒武hánwǔ～ | 캄브리아계.

4【系列】xìliè 名 계열. 시리즈(series) ¶～小说xiǎoshuō | 시리즈 소설. ¶～化 | 계열화.

2【系统】xìtǒng ❶ 名 계통. 체계. 시스템(system) ¶工业gōngyè～ | 공업 계통. ¶这个集团jítuán的组织zǔzhī～很严密yánmì | 이 집단의 조직 체계는 아주 치밀하다. ¶这个地区dìqū的灌溉guàngài～规模guīmó很大 | 이 지역의 관개 체계는 규모가 아주 크다. ¶～工程gōngchéng | 시스템 공학. ¶～设计shèjì =〔总体设计zǒngtǐshèjì〕|(컴퓨터의) 시스템 설계 →〔体tǐ系〕 ❷ 名 일파(一派). 계열. ¶共和党gònghédǎng～的人士执政zhízhèng了 | 공화당 계열 사람이 정권을 잡았다. ¶尼克松níkèsōng～ | 닉슨(Nixon) 일파. ❸ 名 조직. 체제. ¶民防mínfáng～ | 민방위 조직. ¶防御fángyù～ | 방어체제. ❹ 形 계통적이다. 체계적이다. ¶把资料zīliào作了科学kēxué的,～的分类fēnlèi | 자료에 대해 과학적이고 체계적인 분류를 하다. ¶～地学过物理学wùlǐxué | 물리학을 체계적으로 배웠다. ¶～地研究yánjiū | 체계적으로 연구하다.

1 **【系(係)】** ② xì 맬 계

❶ 動 맺다. 연결되다. 관련되다. ¶关guān～ | 관련. 관계. ¶名誉míngyù所～ | 명예와 관련되다. ¶成败chéngbài～于此举cǐjǔ | 성패는 이번 일에 달려있다. ❷ 書 動 …이다 [공문(公文) 등에「是」대신에 쓰임] ¶确què～实情shíqíng | 확실한 사실이다. ¶恐kǒng～误会wùhuì | 아마 오해일 것이다. ❸ 名〈數〉〈物〉계 [어떤 명제나 정리로부터 옳다는 것이 쉽게 증명되는 딴 명제나 정리] ¶～数↓

【系绊】xìbàn ⇒〔系xì绊〕

【系词】xìcí ⇒〔系xì词〕

【系挂】xìguà ⇒〔系xì挂〕

【系累】xìlěi 動 얽매이다. 얽히다. ¶为家事所～ | 가사에 얽매이다 =〔書 系坠〕

【系铃人】xìlíngrén ⇒〔系xì铃人〕

【系数】xìshù 名〈數〉〈物〉계수. ¶安全～ | 안전계수. ¶光学～ 광학 계수.

1 **【系(繫)】** ③ xì jì 맬 계, 매달 계

Ⓐ xì 動 ❶ 연계되다. 관련되다. 연결되다. 연계시키다. ¶维wéi～ | 유지하다. 잡아매다. ¶联lián～群众qúnzhòng | 군중과 연계되다. ❷ 걱정하다. 근심하다. 괘념(掛念)하다. ¶～念niàn | 근심하다. 괘념하다. ❸ 매달다. 매달아 내리다〔올리다〕. ¶由城墙chéngqiáng上把人～上来 | 성벽에서 사람을 매달아 내리다. ¶从窖jiào里把白菜báicài～上来 | 움에서 배추를 달아 올리다. ❹ (붙들어) 매다. ¶～马mǎ | 말을 붙들어 매다. ❺ 구금하다. (잡아)가두다. ¶～狱yù | 감옥에 가두다.

Ⓑ jì 動 매다. 묶다. 조르다. ¶鞋带xiédài松sōng了,～好再走 | 신발끈이 풀어졌으니 다 매고나서 가자. ¶～上扣kòu儿 | 매듭을 짓다. ¶～上带子 | 허리띠를 매다. ¶～紧jǐn | 단단히 묶다.

Ⓐ xì

【系绊】xìbàn 名❶굴레. ¶请除qǐngchú～ | 굴레를 없애다. ❷구속 ‖ =〔系绊xìbàn〕
【系船】xìchuán 動 배를 매다 ¶～树下shùxià | 배를 나무에 매다. =〔系xì船〕
【系词】xìcí 名❶〈論〉계사(繫辭). 코퓰러(copula;라)［명제의 주사(主辭)와 빈사(賓辭)를 연결하여 긍정이나 부정의 뜻을 나타내는 말로「他是学生」의「是」혹은「他不是老师」의「不是」와 같은 것］❷〈言〉계사. 동위(同位) 동사 ‖ =〔系词xìcí〕
【系挂】xìguà 動 묶여 있다. 매여 있다. ¶～有皮带 | 가죽 띠가 묶여 있다.
【系铃人】xìlíngrén ⓧ jìlíngrén) 名 방울을 다는 사람. 喩 장본인. ¶解铃jiělíng还得～ =〔解铃还需系铃人〕| 諺 문제의 해결은 사건의 장본인이 해결해야 한다. 결자해지(結者解之) =〔系铃人〕→〔解jiě铃系铃〕
Ⓑ jì
【系紧】jìjǐn 動 꼭 졸라매다. 단단하게 죄다. 바짝 죄이다.

【屃(屓)〈贔〉】xì 힘쓸 희
⇒〔赑bì屃〕

【忾】xì ☞ 忾 kài Ⓑ

【饩(餼)】xì 보낼 희
書❶名 선물로 보내는 곡물. 사료. ❷名 살아있는 가축. 날고기［희생으로 쓰는 살아 있는 소·양 등］¶～牢láo | 희생. ¶～羊yáng↓ ❸動(음식물을) 보내다. 선사하다. ¶～之以其礼lǐ | 이에 예로써 그것을 보내다《儀禮》
【饩羊】xìyáng 書 名 희생양. 희생물로 쓰는 양

1【细(細)】xì 가늘 세, 자세할 세
形❶(폭이) 가늘다. 좁다. ¶这根绳子太～ | 이 줄은 너무 가늘다. ¶～铅丝qiānsī | 가는 연사. ¶～棍gùn儿 | 가는 막대기. ¶曲折qūzhé的小河～得像腰带 | 구불구불 흐르는 냇물이 허리띠처럼 가늘다. ¶笔尖～极了 | 연필 끝이 아주 가늘다(뾰족하다). ❷잘다. 곱다. 부드럽다. ¶～沙shā | 잔모래. ¶～盐yán | 고운 소금. ¶他家的玉米面yùmǐmiàn磨mó得最～ | 그 집이 옥수수가루를 가장 잘게〔곱게〕빻는다. ❸(세공 등이) 정교하다. 섬세하다. 轉 상등품〔고급품〕이다. ¶这席子编biān得～ | 이 자리는 정교하게 짰다. ¶这布织zhī得～ | 이 천은 섬세하게 짰다. ¶～毛儿皮货 | 고운 털의 모피〔고급 모피〕⇔〔粗cāo②〕 ❹(소리가) 가늘다〔약하다〕. ¶嗓音sǎngyīn～ | 목소리가 가늘다. ❺여리다. 자상하다. 자세하다. 면밀하다. 세밀하다. ¶～～地检查了一遍 | 아주 자세하게 검사를 했다. ¶～看 | 아주 자세하게 살피다. ¶这孩子的心～得很 | 이 아이는 마음이 아주 여리다. ¶心思～ | 마음이 자상하다. ¶胆dǎn大心～ | 대담하고 세심하다. ¶说得很～ | 아주 자세하게 말하다. ❻검소하다. ¶他过日子很～ | 그는 생활이 매우 검소하다 ‖ ⇔〔粗cū〕❼작다. 사소하다. ¶～款kuǎn | 소액의 돈. ¶分工很～ | 분업이 아주 세분화되어 있다. ¶密行háng～字 | 작은 글씨로 빽빽이 쓰여 있다. ¶事无巨～, 都要问他 | 일이 크거나 작거나 간에 모두 그에게 물어야한다.
3【细胞】xìbāo 名〈生〉세포. ¶～壁bì | 세포벽. ¶～分裂fēnliè | 세포분열. ¶～核hé | 세포핵. ¶～膜mó | 세포막. ¶～学 | 세포학.
【细胞器】xìbāoqì 名〈生〉세포기［세포질중 원형질이 분화되어 생긴 일정한 구조와 기능을 갖춘 작은 기관(器官), 선립체(線粒體), 엽록체, 질체(質體) 등을 말함］
【细胞质】xìbāozhì 名〈生〉세포질(cytoplasm).
【细别】xìbié ❶名 미세한 차이. ¶没有什么～ | 별 차이가 없다. ❷動 자세히 구별하다. ¶把这些词～为十几类lèi | 이런 단어를 열 몇 가지로 세분하다.
【细布】xìbù 名〈紡〉❷가는 평직(平織)의 무명천［면직물의 대표적인 것임］❷면평직(綿平織)의 천 =〔衬衫chènshān料子〕〔㊂ 恤纺xūfǎng〕
【细部】xìbù 名 세부. ¶常不知其～ | 그 세부적인 것을 알 수 없다.
【细查】xìchá 動 자세히 조사하다. 면밀히 검사하다. ¶～账本zhàngběn | 장부를 자세히 조사하다 =〔细察chá〕〔细按àn〕
【细长】xìcháng 形 가늘고 길다. 호리호리하다. ¶～的身材shēncái | 호리호리한 몸매.
【细齿】xìchǐ ❶名 가는 이빨. ❷名〈機〉톱니. ¶～拉刀lādāo | 톱니 브로치(broach)날. ¶～螺母luómǔluómǔ | 나사 너트. ❸形 울퉁불퉁하다. ¶周围zhōuwéi还有～ | 둘레가 아직 울퉁불퉁하다.
【细瓷】xìcí 名 고급 (도)자기(高級磁器) ⇔〔糙cāo瓷〕
【细大不捐】xì dà bù juān 成 큰것이건 작은 것이건 하나도 버리지 않다. 모든 것을 다 받아들이다. ¶ 做事要分主次,不能～ | 일에는 중요하고 덜 중요한 것이 있기 때문에 모든 것을 다 할 수 없다.
【细发】xìfà 名 결이 고운 아름다운 모발(毛髮).
【细纺】xìfǎng 名〈紡〉정방(精紡).
【细高】xìgāo 形(사람이나 물건이) 호리호리하다. 날씬하다. ¶～个 | 날씬한 사람. 호리호리한 사람.
【细高挑儿】xìgāotiǎor 名 方 키가 크고 날씬한 몸매. 호리호리한 몸매. 날씬한 사람. 호리호리한 사람. ¶他是一个～ | 그는 호리호리한 사람이다. ¶长得zhǎngdé～ | 날씬하고 키가 크다 =〔瘦shòu高挑儿〕→〔细挑〕〔瘦shòu长〕
【细工】xìgōng 名(수공예에서) 세공. ¶他会干gàn～ | 그는 세공을 할 수 있다 =〔细活huó(儿)①〕
【细故】xìgù 書 名 사소한 일. 하찮은 일. 자질구레한 일.
【细活(儿)】xìhuó(r) ❶⇒〔细工〕 ❷名 잔일. 섬세한 일. 정밀한 일 →〔笨bèn活(儿)〕〔糙cāo事〕 ❸名(부녀자의 바느질·돗자리 짜기 등) 섬세한 일. 잔손이 많이 가는 일.
【细货】xìhuò 名❶부드러운 물건［견직물 등］❷

정교한 물품. 섬세한 물건.
【细讲】xìjiǎng 動 자세하게 설명하다. ¶这事以后再～ | 이 일은 나중에 다시 자세히 설명하겠다.
4【细节】xìjié 名 세세한 부분. 자세한 사정. 세부사항. ¶～的处理chǔlǐ还欠妥qiàntuǒ | 세부적인 처리가 아직 적절하지 못하다. ¶讨论tǎolùn计划jìhuà的～ | 계획의 세부사항에 대해 토론하다.
【细究】xìjiū 書 動 상세히 연구하다. 궁구(窮究)하다. ¶这事值得zhí·de～ | 이 일은 자세히 연구할 만한 가치가 있다 =〔详xiáng细推tuī究〕
2【细菌】xìjūn 名〈微生〉세균. ¶比～还小的是什么? | 세균보다 더 작은 것은 무엇입니까? ¶～弹dàn | 세균 폭탄. ¶～战zhàn | 세균전 ¶～学 | 세균학.〔霉méi菌〕〔真zhēn菌〕
【细菌肥料】xìjūn féiliào 名組〈農〉세균 비료.
【细菌武器】xìjūn wǔqì 名組〈軍〉세균 병기 =〔生物武器〕.
【细菌性痢疾】xìjūnxìnglì·ji 名組〈醫〉세균성 이질
【细看】xìkàn 動 자세히 보다. 면밀하게 관찰하다 ⇔〔粗cū看〕
【细粮】xìliáng 名 밀가루·쌀 등의 식량 →〔粗cū粮〕〔杂zá粮〕
【细毛(儿)】xìmáo(r) 名 ❶ 고급 모피(毛皮).
【细密】xìmì 形 ❶ (천의 발이) 곱다. 촌촌하다. 촘촘하다. ¶针脚zhēnjiǎo～ | 바느질 땀이 촘촘하다. ¶你看这种布多～! | 얼마나 고운 천이냐! ¶这块布织得zhī·de很～ | 이 옷감은 매우 촌촌하게 짜여졌다. ❷ 세밀하다. 치밀하다. ¶～的分析fēnxī | 세밀한 분석. ¶～的纹理wénlǐ | 고운 무늬. 고운 결.
【细目】xìmù 名 세목. 상세한 항목〔목록, 조목〕. ¶他看了这张清单上的～ | 그는 이 명세서의 세목을 훑어봤다.
【细嫩】xìnèn 形 (피부·근육이) 보드랍다. ¶皮肤pífū很～ | 피부가 매우 보드랍다. ¶这鱼的肉～可口 | 이 물고기의 살은 연하고 맛있다 =〔细腻nì①〕〔细腻匀yún称〕
【细腻】xì·nì ❶ ⇒〔细嫩〕 ❷ 形 (묘사나 표현이) 섬세하다. 세밀하다. ¶～的表现biǎoxiàn | 섬세한 표현. ¶人物描写miáoxiě～而生动shēngdòng | 인물 묘사가 섬세하고 생동적이다. ¶文章写得xiě·de～ | 글이 섬세하게 쓰여졌다 →〔腻②〕
【细皮白肉】xìpí báiròu 成 곱고 흰 살결 =〔细皮嫩nèn肉〕
【细皮嫩肉】xìpí nènròu ⇒〔细皮白肉〕
【细巧】xìqiǎo 形 섬세하고 정교하다. ¶～图案túàn | 섬세하고 정교한 도안 =〔精jīng细巧妙miào〕→〔精细〕
【细软】xìruǎn 名 (귀보석·금속·장신구·비단 등의 휴대하기 편리한) 귀중품. 고급 의류. ¶收拾shōushí～出奔chūbēn | 귀중품을 챙겨 달아나다.
【细润】xìrùn 形 섬세하고 광택이 나다. 곱고 윤이 나다. ¶瓷质cízhì～ | 도자기의 질이 섬세하고 광택이 난다. ¶脸上liǎnshàng～ | 얼굴빛이 곱고 윤기가 흐른다.
【细弱】xìruò 書 ❶ 形 가냘프다. 연약하다. 미약하다. ¶～的身子 | 연약한 몸. 가냘픈 몸. ¶声音～ | 소리가 가냘프다. ¶～的柳条liǔtiáo垂chuí在水面上 | 가느다란 버드나무 가지가 수면에 드리워 있다. ❷ 名 유약자(幼弱者). ❸ 名 喻 처자(妻子). ❹ 形 (풍속이) 천박하고 미약하다.
【细沙】xìshā 名 잘고 고운 모래.
【细声细气(儿)】xìshēng xìqì(r) 작은 목소리. 의기소침한 소리. 잦아드는 소리. ¶他说话～的 | 그는 잦아드는 소리로 말한다.
【细水长流】xì shuǐ cháng liú 成 가늘게 흐르는 물이 길게 흐른다. (재물·인력 등을) 조금씩 아껴 쓰면 오래 쓸 수 있다. 미약한 힘이나 끈기있게 해나가면 효과가 있다. ¶还是～,慢慢儿地花这笔钱吧 | 그래도 조금씩 아껴 쓰면 오래 쓸 수 있으니 이 돈을 천천히 쓰세요.=〔浅qiǎn浅水长长流〕
【细说】xìshuō ❶ ⇒〔细谈〕 ❷ 書 名 세설(細說). 참언. 소인의 말.
【细碎】xìsuì 形 ❶ 자질구레하다. 사소하다. ¶做些～的零活línghuó | 자질구레한 일을 하다. ❷ (소리가) 미세하다. 낮고 어지럽다. ¶传来一阵～的脚步声jiǎobùshēng | 낮고 어지러운 발자국 소리가 들려온다 ‖ =〔细琐suǒ〕
【细谈】xìtán 動 자세히 이야기하다. ¶～细摆bǎi | 상세하게 말을 하다 =〔细说①〕
【细条】ⓐ xìtiáo 名 가는 줄.
ⓑ xì·tiao ⇒〔细挑tiāo〕
【细挑】xì·tiao 形 날씬하다. 호리호리하다. ¶～身材shēncái | 호리호리한 몸매 =〔细条ⓑ〕〔细条条〕〔细挑挑〕
【细微】xìwēi ❶ 形 미세하다. 자잘하다. ¶她的声音很～ | 그녀의 소리는 아주 가늘고 작다. ¶这两个词意义上的差别太～了 | 이 두 낱말의 의미상의 차이는 아주 미세하다. ¶～的变化biànhuá | 미세한 변화. ¶～的呼吸声hūxīshēng | 미세한 숨쉬는 소리. ❷ 名 喻 작은 일. ¶祸huò发于fāyú～ | 재앙은 작은 일에서부터 생긴다. ❸ 形 喻 미천하다.
【细细(儿)】xìxì(r) 又 xìxī(r)) 貺 ❶ (소리가) 가늘고 약하다. 들릴락말락하다. ❷ 자세〔상세〕하다. ¶～看看 | 자세히 봐라. ¶～地说给您听 | 제가 상세히 말씀드리지요. ❸ (물건이) 매우 가늘다. ¶～的面条miàntiáo儿 | 가느다란 국수. ¶马尾儿那么～的 | 말꼬리처럼 가늘다. ❹ 섬세하다. 정밀하다. ¶～地画huà下来 | 섬세하게 그리다. ❺ 검소하다. 알뜰하다. ¶～的计划jìhuà | 알뜰한 계획.
4【细小】xìxiǎo 形 ❶ 아주 작다. 사소하다. ¶～的雨点yǔdiǎn | 작은 빗방울. ¶～的眼睛yǎnjīng | 작은 눈. ¶～的问题 | 사소한 문제. ❷ 영세하다. ¶～的小生产经济 | 영세한 소생산적 경제. ❸ 면밀하다.
2【细心】xìxīn 形 세심하다. 주의깊다. ¶～地倾听qīngtīng群众的意见 | 군중의 의견을 주의깊게 경청하다. ¶～护理hùlǐ伤员shāngyuán | 부상자를 세심하게 간호하다. ¶她很～ | 그녀는 아주 세심하다. ¶～人 | 세심한 사람. ¶～调查diàochá | 주의깊게 조사하다 ⇔〔粗cū心〕
【细辛】xìxīn 名〈植〉세신. 족두리풀 [뿌리는 한

X

약재로 쓰임]＝〔少辛shǎoxīn〕〔小辛xiǎoxīn〕
【细腰】xìyāo 名❶ 허리가 가는 여자. ¶楚王好～, 宫中皆饿死èsǐ! | 초왕은 허리가 가는 여자를 좋아하니 궁중의 모든 사람이 굶어 죽는구나! 喩 미인의 자태. ❷ 轉〈蟲〉벌의 다른 이름.
【细音】xìyīn 名〈言〉세음 [발음할 때 구강의 공명이 비교적 작은 개음. 「i」음이 들어가는 소리] →〔洪hóng音〕
【细雨】xìyǔ 名 가랑비. 이슬비. 보슬비. ¶天正下着～ | 지금 가랑비가 내리고 있다.
【细语】xìyǔ 書❶ 名 속삭임. 속삭이는 소리. ¶他轻声～地告诉gàosù我一些秘密mìmì | 그는 가만가만히 작은 소리로 내게 약간의 비밀을 일러주었다. ❷ 가만가만 속삭이다.
【细则】xìzé 名 세칙. ¶工作～ | 작업〔사업〕세칙
【细帐】xìzhàng 名❶ 세밀한 계산. 상세한 장부. 약간의 손해나 이익. ¶要跟他算～ | 그와 세밀한 계산을 해야겠다. ¶讲起～来了 | 조그마한 손익을 따지기 시작했다. 손해를 보았느니 이익을 보았느니 하고 잔소리를 하기 시작했다. ❷ 명세서.
【细针密缕】xì zhēn mì lǚ 成 바느질이 꼼꼼하고 섬세하다. (하는 일이) 꼼꼼하고 찬찬하다. 주도 면밀하다.
【细枝末节】xì zhī mò jié 成 지엽적인 문제. 시시콜콜한 문제. 자질구레한 일. 하찮은 문제 또는 일. ¶这些～不必讲了 | 이런 시시콜콜한 지엽적인 문제는 얘기할 필요가 없다.
3【细致】xì·zhì 形 섬세하고 치밀하다. 섬세하다. 세밀하다. 치밀하다. 꼼꼼하다. ¶这东西做得很～ | 이 물건은 매우 정밀하게 만들어졌다. ¶工作～ | 일하는 것이 꼼꼼하다. ¶～手儿 | 능숙한 손재주. 기술이 뛰어난 사람.
【细作】xì·zuò ❶ 名 염탐〔정탐〕꾼. 간첩. ❷ 動 정성껏 하다. ¶深耕shēngēng～ | 깊게 갈아서 정성껏 농작물을 재배하다.

【阋(鬩)】 xì 다툴 혁
書 動 말다툼하다. 싸우다. ¶兄弟～于墙qiáng, 外御wàiyù其侮wǔ | 형제끼리 싸우다가도 밖으로부터의 모욕에 대해서는 협력하여 싸운다《詩經·小雅·常棣》
【阋墙】xìqiáng 動 울타리 안에서 싸우다. 내분이 일어나다.

【翕】 xì ☞ 翕 xī

【歙】 xì ☞ 歙 xī

【舄】 xì 신 석
❶ 名 옛날의 신발. ❷「潟」와 같음 ⇒〔潟xì〕 ❸ (Xì) 名 성(姓).
【舄卤】xìlǔ ⇒〔潟xì卤〕

【潟】 xì 개펄 석
書 名 염분(鹽分)이 함유된 땅. 개펄 ＝〔舄xì②〕
【潟湖】xìhú 名 석호.
【潟卤】xìlǔ 書 名 간석지(干潟地) ＝〔舄卤〕

4【隙】 xì 틈 극
名❶ (갈라진) 틈(새). 간격 ¶门～ | 문틈. ❷ (감정상의)틈. 사이. ¶嫌xián～ | 서로 의심하여 생긴 틈. 혐오감. ¶有～ | (감정적인) 틈이 있다. 사이가 벌어지다. ❸ (빈)틈. 기회. ¶无～可乘chéng | 틈탈 기회가 없다. ¶乘～突围tūwéi | 빈틈을 타서 포위를 뚫다. ❹ (시간적이나 공간적인) 틈. 여유. 빈 곳. ¶农nóng～ | 농한기. ¶坐无～地 | 앉을만한 빈 자리가 없다.
【隙地】xìdì 書 名 빈 터. 공지. ¶利用～种zhòng花 | 공지를 이용하여 꽃을 심다.
【隙缝】xìfèng 名 벌어진 틈새. 갈라진 틈. ¶他被夹jiá在～中了 | 그는 갈라진 틈에 끼였다.

【禊】 xì 계제사 계
書 名 요사(妖邪)를 떨어버리기 위해 봄·가을에 물가에서 행하던 제사 [음력 삼월 상사(上巳)에 행하는 것을「春禊」(춘계), 칠월 십사일에 행하는 것을「秋禊」(추계)라 함]
【禊饮】xìyǐn 書 名 청명절(清明節)에 행하는 놀이.

xiā ㄒㄧㄚ

【呀】 xiā ☞ 呀 yā Ⓒ

【呷】 xiā gā 울 합, 마실 합
Ⓐ xiā 動 方 마시다. ¶～了一口酒jiǔ | 술을 한모금 마시다.
Ⓑ gā 擬 꽥꽥 [오리가 우는 소리] ¶鸭子yāzi～～地叫dìjiào | 오리가 꽥꽥거리며 운다.
【呷啜】xiāchuò 動 홀짝거리며 마시다. 꼴깍거리다.

3【虾(蝦)〈鰕〉】 xiā há 새우 하, 두꺼비 하
Ⓐ xiā 名〈動〉새우 ¶对duì～＝〔明míng虾〕| 왕새우. ¶龙lóng～ | 닭새우. ¶管鞭guǎnbiān～ | 수염새우.
Ⓑ há ⇒〔虾蟆〕
Ⓐ xiā
【虾兵蟹将】xiā bīng xiè jiàng 成 신화·전설 속의 용왕(龍王)의 장병(將兵). 喩 쓸모 없는 군대. ¶他带着～叫阵jiàozhèn来了 | 그는 쓸모 없는 군대를 끌고 와 도전했다.
【虾酱】xiājiàng 名〈食〉새우젓 ＝〔虾露lù〕
【虾米】xiā·mi 名❶ 말린 새우. 혹은 새우살。＝〔海hǎi米①〕〔金钩jīngōu〕〔江 开洋kāiyáng〕 ❷ 方 작은 새우.
【虾皮(儿)】xiāpí(r) 名 햇빛이나 증기로 말린 작은 새우。＝〔虾米皮〕
【虾仁(儿)】xiārén(r) 名❶ (껍질과 머리를 제거한 신선한) 새우살 [요리 재료로 많이 쓰임] ¶清炒qīngchǎo～ |〈食〉껍질 벗긴 새우살을 기름에 튀긴 요리. ❷ 껍질을 벗기고 말린 새우 →〔虾米①〕
【虾子】ⓐ xiāzǐ 名 새우알 [말린 후 등황색(橙黃色)이 되며, 조미료(調味料)로 쓰임]
ⓑ xiā·zi 名 方〈動〉새우.
Ⓑ há
【虾蟆】há·ma ⇒〔蛤há蟆〕

【嗑】 xiā ☞ 嗑 kè Ⓑ

X

3【瞎】xiā 애꾸눈 할, 눈멀 할
❶動 눈이 멀다. 실명하다. ¶他的右眼从小～了 | 그는 어릴적부터 오른쪽 눈이 멀었다. ¶～了一只眼了 | 한쪽 눈이 멀었다. ❷動 (총·포탄·다이너마이트 등이) 불발하다. ¶～炮 | 불발탄. ❸動 ⑭ (농작물이) 싹이 나지 않다. 썩다. 못쓰게 되다. 나빠지다. ¶今年再要不下雨, 庄稼zhuāngjia都要～了 | 올해도 또 비가 내리지 않는다면 농작물이 모두 못 쓰게 될 것이다. ❹動 ⑭ 토지〔경작지〕가 황폐해지다〔거칠어지다〕. ¶地dì～了 | 토지가 거칠어졌다. ❺副 무턱대고. 되는대로. 함부로. 헛되이. ¶～讲jiǎng | 헛소리를 하다. ¶～说 | 허튼소리를 하다. ¶～着急zháojí | 괜히 조급해하다. ¶～费劲fèijìn儿 | 힘을 낭비하다. ❻形 方 흐트러지다. 혼란하다. 뒤엉키다. ¶道儿走～了 | 길이 헛갈리다. ¶把线bǎxiàn弄nòng～了 | 실을 헝클어뜨렸다. ❼形 헛되다. 좋은 결과〔예상했던 효과〕가 나오지 않다. ¶一连打了五口井, 都～了 | 다섯개의 우물을 연이어 팠으나 모두 물이 안 나왔다. ¶买东西不合用, 钱花qiánhuā～了 | 물건을 샀는데 쓰기에 부적당하여 돈만 낭비했다. ❽(～子) 名 장님. 소경.

【瞎八八】xiābābā ⇒〔瞎扯chě〕

【瞎掰】xiābāi 動 方 ❶ 헛수고하다. ¶花都枯死kūsǐ了才浇水jiāoshuǐ是～ | 꽃이 다 말라 죽었는데 물을 주어봤자 소용없다. ¶错误cuòwù已经作成了, 再后悔hòuhuǐ也是～ | 이미 잘못을 저지르고 나중에 후회한들 아무 소용없다 =〔徒劳无功túláowúgōng〕 ❷ 함부로 지껄이다 ¶你别在这儿～了 | 너는 여기서 함부로 지껄이지 마라. =〔乱说luànshuō〕

【瞎白话】xiābái月uà ⇒〔瞎扯〕

【瞎猜】xiācāi 動 함부로 추측하다. 엉터리로 헤아리다. ¶别～, 根本gēnběn不是这么一回事! | 함부로 추측하지 마세요 근본적으로 절대로 이런 일은 아닙니다.

【瞎扯】xiāchě 動 마구 지껄이다. 함부로 말하다. 터무니없는 소리를 하다. 잡담하다. ¶这纯粹chúncuì是～ | 이것은 완전히 터무니 없는 소리이다. =〔瞎八八bā〕〔瞎白话báihuà〕〔胡扯húchě〕

【瞎闯】xiāchuǎng 動 마구 날뛰다. 마구 뛰어들다. 무턱대고 돌진하다.

【瞎吹】xiāchuī 動 허풍을 떨다. 허튼 소리를 하다. ¶他爱～, 十句话中没两句是真的 | 그는 허풍떨기를 좋아해서 열 마디중 두 마디도 사실인 것이 없다.

【瞎搞】xiāgǎo 動 (일을 계획없이) 되는대로 하다. 무턱대고 하다. ¶别～了 | 무턱대고 하지 마라.

【瞎胡闹】xiāhúnào 動 ❶ 공연히 소란을 피우다. 쓸데없는 짓을 하다. ❷ 빈둥빈둥 놀다. 빈들거리다 ‖ =〔瞎闹nào〕

【瞎话】xiāhuà 名 거짓말. ¶别跟我这么～! | 나한테 이런 거짓말 하지 마라. ¶～三千 | 거짓말투성이.

【瞎混】xiāhùn 動 아무 계획없이 되는 대로 생활하다. 되는 대로 지내다. ¶～日子 | 되는 대로 살아가다.

【瞎讲】xiājiǎng 動 터무니없이 마구 지껄이다. 되는 대로 이야기하다. ¶他又～了一通 | 그는 또 되는대로 지껄였다.

【瞎忙】xiāmáng ❶ 形 공연히 바쁘다. ¶我一年到头～ | 나는 일년 내내 공연히 바쁘다. ❷ 動 헛수고하다 ‖ →〔穷qióng忙〕〔无wú事忙〕

【瞎奶】xiānǎi 名 ❶ 함몰 유두(陷沒乳頭). ❷ 젖이 안나오는 유두(乳頭).

【瞎闹】xiānào ⇒〔瞎胡闹〕

【瞎跑】xiāpǎo 動 쓸데없이 뛰어다니다. 무턱대고 뛰다. ¶不要到处dàochù～ | 이곳 저곳 쓸데없이 뛰어다니지 말아라.

【瞎炮】xiāpào 名 불발탄 ¶又是一个～ | 또 불발탄이다 =〔臭chòu炮弹〕〔俗 哑yā炮〕

【瞎说】xiāshuō 動 되는 대로 지껄이다. 마구 지껄이다. 허튼 소리하다. ¶她喜欢～ | 그녀는 마구 지껄이길 좋아한다.

【瞎写】xiāxiě 動 함부로 쓰다. 아무렇게나 쓰다. 되는대로 쓰다. ¶不许xǔ～! | 낙서하지 마시오.

【瞎眼】xiāyǎn ❶ 名 장님. ❷(xiā/yǎn) 動 눈이 멀다. ¶你～了吗? | 너 눈이 멀었느냐?

【瞎咋呼】xiāzhā·hu 動 俗 마구 소란을 피우며 떠들다. ¶这个女人爱～ | 이 여자는 마구 소란을 피우며 떠들기를 좋아한다.

【瞎指挥】xiāzhǐhuī 名 눈먼 지휘. 터무니 없는 지시. ¶你别～ | 터무니 없는 지시 하지 마세요.

【瞎诌】xiāzhōu 動 方 터무니없는 이야기를 하다. 허튼 소리하다 =〔瞎咧咧liě〕

【瞎抓】xiāzhuā 動 (아무런 계획 없이) 닥치는대로 하다

【瞎撞】xiāzhuàng 動 ❶ 무턱대고 부닥쳐 보다. 마구 부딪치다. ❷ (하는 일 없이) 싸돌아다니다.

【瞎子摸象】xiā zǐ mō xiàng 成 장님 코끼리 더듬기. 喻 사물에 대한 일면적인 견해 =〔盲máng人摸象〕

【瞎子】xiā·zi 名 ❶ 장님. 소경. ¶一只眼zhīyǎn～ | 애꾸눈. ¶睁zhēng眼～ | 눈뜬 장님. ¶～吃馄饨húntún | 歇 장님이 「馄饨」을 먹다. 말하지 않아도 마음 속으로 알고 있다 [뒤에 「肚dù里有数shù」가 오기도 함] ¶～打灯笼dēnglóng | 貶 장님이 등롱에 불을 켜다. 공연한 짓을 하다. ¶～戴dài眼镜yǎnjìng | 歇 장님 안경 쓰기이다. 군더더기다 [뒤에 「多一层duōyīcéng」이 오기도 함] ¶～上山看景致jǐngzhì | 諺 장님이 산에 올라 경치를 구경하다. 소경 담 너머 보기. ❷ 方 속이 덜 찬 열매.

【瞎做】xiāzuò 動 제 마음대로 하다. 멋대로 하다. 되는 대로 하다. ¶他～了一通 | 그는 멋대로 했다 =〔胡hú做〕

xiá ㄒㄧㄚˊ

【匣】xiá 갑 갑
(～儿, ～子) 名 갑. 작은 상자. ¶药yào～ | 약상자. ¶两～点心 | 과자 두 상자. ¶梳头shūtóu～儿 | 작은 화장함 →〔盒hé①〕〔箱xiāng〕

【匣枪】xiáqiāng 名 모제르총(Mauser pistol; 독)

=〔㊄ 匣子②〕〔匣子枪〕〔驳壳bóké枪〕〔盒子炮hézǐpào〕〔㊄ 盒子枪〕

【匣子】xiá·zi ❶ 名 갑. 함. 작은 상자. ¶ 首饰shǒushì～ | 악세사리 함. ❷⇒〔匣枪qiāng〕

【匣子枪】xiá·ziqīang⇒〔匣枪qiāng〕

【狎】xiá 친압할 압, 희롱할 압
書 動 ❶ 스스럼 없다. 친압하다. 무람없다. ¶ 贤xián者～而敬jìng之 | 현자는 친근하되 존경한다《左傳·曲禮上》¶ ～弄↓ ❷ 절친하다. 극친하다. ¶ ～信 | 총애하여 푹 믿다. ❸ 희롱하다. 가볍게 여겨 모욕하다. ¶ 民～而玩wán之 | 백성이 얕보고 가지고 논다《左傳·昭公二十年》❹ 경질하다. 교체하다. ¶ 且晋楚jìnchǔ～主诸侯zhūhóu之盟méng也久矣yǐ | 진과 초가 제후의 맹주로 교체된 지 오래되었다《左傳·襄公二十七年》

【狎妓】xiájì 書 動 기생을 데리고 놀다. ¶ 他已～成性了 | 그는 기생을 데리고 노는 것이 생활화되었다.

【狎昵】xiánì 形 친압(親狎)하다. 버릇없을 정도로 스스럼없다 ¶ 她对他太～了 | 그녀는 그를 스스럼 없이 대했다 =〔狎近jìn〕〔狎亵xiè〕〔亲qīn昵〕

【狎弄】xiánòng 動 버릇없이 놀다. 스스럼없이 장난하다. 놀리다. ¶ 他常常恶作剧èzuòjù～人 | 그는 늘 짓궂은 장난으로 사람을 놀린다 =〔狎玩wán〕〔狎侮wǔ〕

【狎侮】xiáwǔ ⇒〔狎弄nòng〕

【柙】xiá 우리 합, 궤 갑
名 짐승 우리. ¶ 出～之虎 | 우리에서 나온 호랑이 =〔槛jiàn②〕

【柙床】xiáchuáng 名 작은 나무 침대

【侠(俠)】xiá 호협할 협
名 ❶ 의협심. ¶ 行～作义zuòyì | 의협심을 발휘하여 의로운 일을 하다. ❷ 협객(俠客) ¶ 武wǔ～ =〔游侠yóuxiá〕| 협객. ❸ (Xiá) 성(姓).

【侠骨】xiágǔ 書 名 의협심이 강하여 굴하지 않는 기개.

【侠客】xiákè 名 협객. 의협심이 있는 사람. ¶ 树林shùlín里出来了几个～ | 나무숲속에서 몇몇의 협객이 출현했다.

【侠士】xiáshì ⇒〔侠客〕

【侠义】xiáyì 形 의협심이 있다. ¶ ～心肠xīncháng | 의협심. ¶ ～行为xíngwéi | 의협심이 강한 행위.

3【峡(峽)】xiá 골짜기 협
名 골짜기. 협곡 [주로 지명에 쓰임] ¶ 三门～ | 삼문협. ¶ 长江三～ | 사천성(四川省)과 호북성(湖北省) 경계에 있는 삼협(三峽)

3【峡谷】xiágǔ 名 골짜기. 협곡. ¶ ～中有一股gǔ水流 | 골짜기에 물이 흐르다 =〔峡中〕

【峡中】xiázhōng ⇒〔峡谷〕

4【狭(狹)〈陝陿〉】xiá 좁을 협
形 좁다. ¶ 坡陡pōdǒu路～ | 길이 경사가 가파르고 폭이 좁다. ¶ 地dì～人稠chóu | 땅은 좁고 인구는 조밀하다. ¶ 心地xīndì褊biǎn～ | 마음이 편협하다 ⇔〔广guǎng③〕

4【狭隘】xiá'ài 書 形 ❶ 아주 좁다. 협애하다. 폭(幅)이 좁다. ¶ 山道～,车很不好过 | 산길이 아주 좁아 차가 지나가기가 어렵다. ¶ ～的山道shāndào | 폭이 좁은 산길. ❷ (도량. 견식 등이) 좁다. 짧다. ¶ ～的看法kànfǎ | 짧은 견해. ¶ 我见闻jiànwén～,能力又差,怕不能胜任shèngrèn这项工作xiànggōngzuò | 저는 견문이 좁고 능력도 모자라서 아무래도 이 일을 감당해내기가 힘들 것 같습니다. ¶ 这个人心胸xīnxiōng～ | 이 사람은 속이 좁다. ¶ 只有～的生活经验是写不出好作品来的 | 짧은 생활경험만 가지고는 좋은 작품을 써 내기가 어렵다. ¶ ～性xìng | 협애성.

【狭长】xiácháng 形 좁고 길다. ¶ ～的山谷shāngǔ | 폭이 좁고 긴 골짜기.

【狭路相逢】xiá lù xiāng féng 成 좁은 길에서 만나다. 원수가 외나무다리에서 만나다. ¶ 今天是～,必有一战 | 오늘 외나무 다리에서 맞났으니 일전을 안 할 수가 없다.

【狭小】xiáxiǎo 形 좁고 작다. 협소하다. ¶ ～的阁楼gélóu | 협소한 누각. ¶ 气量qìliàng～ | 도량이 작다. ¶ 眼光yǎnguāng～ | 시야가 좁다.

【狭心症】xiáxīnzhèng 名〈醫〉협심증 =〔心绞痛jiǎotòng〕

【狭义】xiáyì 名 협의. 좁은 의미 ⇔〔广guǎng义①〕

4【狭窄】xiázhǎi ❶ 形 (비)좁다. ¶ ～的小胡同xiǎohútóng | 비좁은 작은 골목. ❷ 形 (도량·견식 등이) 좁고 한정되다. 편협하다. ¶ 这是一种～见识jiànshí | 이것은 편협한 식견이다. ¶ ～的心胸xīnxiōng | 편협한 마음 ¶ 心地～ | 마음이 편협하다. ❸ 名〈醫〉협착증.

【硖(硤)】xiá 땅이름 협
지명에 쓰이는 글자. ¶ ～石镇shízhèn | 절강성(浙江省) 가흥(嘉興)의 남쪽에 있는 지명.

【遐】xiá 멀 하
書 ❶ 形 멀다. ¶ ～方↓ ¶ ～布 | 멀리 흩어지다. ❷ 形 오래다. 길다. ¶ ～龄líng↓ ❸ 副 어찌. ¶ 心乎爱矣,～不谓矣 | 마음으로 사랑하면서, 어찌 말하지 않느뇨《詩經·小雅·隰桑》

【遐迩】xiá'ěr 書 名 먼 곳과 가까운 곳. 원근(遠近). 轉 사방. ¶ ～闻名wénmíng | 이름이 사방에 알려지다. 명성이 자자하다. ¶ 驰chí名～ | 널리 이름을 떨치다.

【遐方】xiáfāng 書 名 먼 곳〔지방〕=〔远方〕

【遐龄】xiálíng 書 ❶ 名 고령. ❷ 動 장수하다. ¶ 克享kèxiǎng～ | 천수를 누리다.

【遐思】xiásī 書 動 (멀리 있는 사람을) 그리워하다. 멀리 생각하다. ¶ 这情景qíngjǐng又引起了他的～ | 이 풍경은 그에 대한 그리움이 일게 했다. ¶ ～冥想míngxiǎng | 멀리 있는 사람을 그리워하며 명상에 잠기다 ¶ 自别雅yǎ教时切～ | 札 헤어진 뒤로 항상 그리워하고 있습니다 =〔遐想xiǎng②〕

【遐想】xiáxiǎng ❶ 書 名 길고 멀리 내다보는 생각. 높고 먼 이상(理想) ¶ ～颇pō多 | 이상이 많

다. ❷⇒〔遐思sī〕 ❸書動사색하다. 회상하다. ¶看了哥哥的来信,她～着她哥哥在草原生活的情景qíngjǐng | 오빠의 편지를 보고 그녀는 오빠의 초원생활의 정경을 떠올리고 있다.

【暇】 xiá **겨를 가, 한가할 가**
❶名여가. 틈. 짬. 겨를. ¶无～兼顾jiāngù | 다른 일을 돌볼 틈이 없다. ¶自顾zìgù不～ | 자신을 돌아볼 겨를도 없다. ¶得～ | 틈을 얻다. ❷形한가하다. ¶～日↓

【暇晷】xiáguǐ 書名틈. 짬. 겨를 =〔暇景〕

【暇景】xiájǐng ⇒〔暇晷guǐ〕

【暇日】xiárì 名한산한 날. 한가한 날.

【瑕】 xiá **티 하, 허물 하**
❶名(옥의) 티. 흠. ¶白玉微wēi～ | 백옥의 티. ❷名轉결점. 결함. ¶～瑜yú互见↓ ❸(Xiá) 名성(姓). ❹복성(複姓) 중의 한 자(字) ¶～吕↓ ¶～丘qiū②↓

【瑕不掩瑜】xiá bù yǎn yú 成결점이 장점을 가리지 않는다. 결점보다 장점이 많다. ¶他虽有一些缺点quēdiǎn,但～ | 그는 비록 결점이 있지만 결점보다 장점이 많다.

【瑕疵】xiácī 書名하자. 흠(집). 결점 ¶去掉qùdiào～是纯玉chúnyù | 흠을 제거하면 순수한 옥이 된다. =〔瑕颣lèi〕

【瑕玷】xiádiàn 書名사소한 과실〔결점〕.

【瑕吕】Xiálǚ 名복성(複姓).

【瑕丘】Xiáqiū 名❶〈地〉춘추시대(春秋時代)의 노(魯)나라의 땅 [지금의 산동성(山東省) 자양현(滋陽縣)에 있음]❷복성(複姓).

【瑕瑜互见】xiá yú hù jiàn 成장단점이 다 있다. ¶这篇文章piānwénzhāng～ | 이 문장은 장단점이 있다.

4 **【霞】** xiá **놀 하**
名놀. ¶早zǎo～ =〔朝zhāo霞〕 | 아침놀. ¶晚wǎn～ | 저녁놀 =〔彩cǎi霞〕

【霞光】xiáguāng 名놀빛. ¶～四射shè | 놀빛이 사방으로 비치다. ¶～万道 | 놀빛이 만 갈래로 비치다.

【霞帔】xiápèi 名❶(귀족 부인의 예복차림을 할 때 사용하던 일종의) 어깨 덧옷 [아름다운 수를 놓았고 가장자리는 구름 모양을 무늬를 하였음] ¶凤冠fèngguàn～ | 부인의 예장(禮裝) ¶虹裳hóng·sang～步摇冠yáoguàn | 무지개의 옷자락에 놀 무늬의 어깨 덧옷, 사뿐한 걸음마다 관(冠)이 하늘거리네 →〔凤冠fèngguān〕 ❷도사(道士)들이 입는 놀 무늬를 놓은 옷.

【霞石】xiáshí 名〈鑛〉하석.

4 **【辖(轄)〈鎋$_1$〉】** xiá **비녀장 할**
❶名차 축(車軸) 끝의 비녀장. ❷動관리하다. 관할하다. ¶所～地区dìqū | 관할 지구. ¶统tǒng～ | 통할하다. ¶管guǎn～ | 관할하다.

【辖区】xiáqū 名관할 구역 ¶这已不是我军的～了 | 이 곳은 우리 군의 관할지역이 아니다 =〔辖境jìng〕

【辖制】xiázhì 動단속하다. 통제하다. ¶虽说是独立机构dúlìjīgòu, 可是还得受上级机关的～ | 비록 독립 기구라고는 하지만 그래도 상급 기관의 통제하에 있다.

【辖治】xiázhì 動❶관할하다. 관리하다. ¶这一带由釜山市Fǔshānshì～ | 이 일대는 부산시가 관할하고 있다. ❷단속〔통제〕하다. 제어하다. 가라앉히다.

【黠】 xiá **약을 할/힐, 교활할 할/힐**
書形총명하고 교활하다. ¶～慧huì↓ ¶外痴chī内～ | 겉은 어리숙해 보이지만 속은 교활하다 =〔黠智zhì〕〔狡jiǎo黠〕

【黠慧】xiáhuì 書形교활하고 영리하다. ¶～无比wúbǐ | 교활하고 영리하기 짝이 없다.

xià ㄒㄧㄚˋ

1 **【下】** xià **아래 하, 내릴 하**
Ⅰ ❶名아래. 밑. 어법 ⓐ「上」에 대응하여 단독으로 쓰임. ¶上有天堂tiāntáng, ～有苏杭sūháng | 위로는 천당이 있고, 아래에는 소주(蘇州)와 항주(杭州)가 있다. ¶上有父母, ～有儿女 | 위로는 부모가 계시고 아래에는 자식이 있다. ⓑ 전치사(介詞) 뒤에 쓰임. ¶往～看 | 아래로 보다. ¶自～而上地开展kāizhǎn | 아래에서 위로 펼치다. ⓒ 명사 뒤에 쓰여, 장소를 나타냄. ¶在月光～散步sànbù | 달빛 아래 산보하다. ¶坐在树shù～乘凉chéngliáng | 나무 아래 앉아 더위를 식히다. ⓓ 수사(數詞) 뒤에 쓰여 몇 곳의 장소나 방향을 나타냄. 이 경우「下」다음에「里」가 옴. ¶往四～里看了看 | 사방을 살폈다. ¶一家人分几～里住, 很不方便fāngbiàn | 한 가족이 몇 군데 나누어 사니, 퍽 불편하다. ⓔ 시절(時節)을 나타내는 명사 뒤에 쓰임. ¶节～ | 명절에. ¶年～ | 연말 연시. ¶时～=〔目下〕| 현재. ❷名…중. …가운데. ¶地～=〔地上〕| 바닥에. ¶心～ | 심중. ¶意～ | 의중. ¶他手～还有多少人? | 그의 손 안에는 몇 사람이 더 있느냐? ❸形轉아래의. 아랫부분의. ¶～腹 | 아랫배. ¶～游 | 하류. ❹形轉다음의. 나중의. ¶～半个月 | 하 반개월. ¶～半年 | 하반기. ¶～星期三 | 다음 주 수요일. ¶～～星期三 | 다음 다음 주 수요일. ❺形轉저급(低級). 하급. ¶～等↓ ¶～级↓ ❻…의 조건 하에. …상황 아래. 어법「在+名+下」의 형식으로 쓰임. ¶在同志们的帮助bāngzhù～ | 동지들의 도움 아래. ¶在这种情况qíngkuàng～ | 이러한 상황하에서 ‖ ⇔〔上〕
Ⅱ 量❶번. 회. 어법 동작의 횟수를 나타내는데, 동사의 목적어가 대사(代詞)나 사람을 나타내는 명사일 때「數+下」는 목적어 뒤에 오며, 그 외에는 목적어 앞에 옴. ¶推tuī了我一～ | 나를 한 번 밀었다. ¶打了孩子几～ | 아이를 몇 번 때렸다. ¶摇yáo了几～旗子qízi | 기를 몇 번 흔들었다. ¶敲qiāo了几～门 | 문을 몇 번 두드렸다. ❷잠깐. 잠시. 어법「動+一下」의 형태로 쓰여 짧은 동작을 나타냄. ¶等一～, 我就来 | 조금 기다려라, 곧 간다. ¶你去问一～老陈chén | 진씨에게 한 번 물어 보아라. ❸금새. 금방. 한꺼번에. 어법「數+下+動」의 형태로 매우 빠른 동작을 나타내며,「一下子」로도 쓰임. ¶三～两～就做

完了｜두 세 번에 다하였다. ¶一～子想不起来了｜금방 생각이 나지 않는다. ❹(～儿, ～子) 능력. 기능. 재주 등을 나타냄. 어법「两」「几」뒤에만 쓰임. ¶他真有两～子｜그는 참으로 대단한 재주가 있다. ¶想不到他还有几～子｜그가 몇가지 재간이 있을 줄은 생각지 못했다. ❺方 기물의 용량을 나타내는 데 쓰임. ¶瓶子píngzi里装zhuāng着半～墨水mòshuǐ｜병에 잉크가 반 정도 들어 있다. Ⅲ 動 ❶ 내려가다. 내려오다. ¶～山｜산에서 내려가다〔오다〕. ¶～船chuán｜배에서 내리다. ¶这一站zhàn只～了两个人｜이 역에서는 두 사람만 내렸다. ❷(눈·비 등이) 오다. ¶～雨↓ ¶～过几场大雪｜몇 번의 큰 눈이 내렸다. ❸(문서·명령 등을) 하달하다. 보내다. ¶～命令mìnglìng｜명령을 내리다. ¶～战书zhànshū｜선전 포고를 하다. ❹(높은 곳에서 낮은 곳으로, 큰 곳에서 작은 곳으로) 가다. 들어가다. 내려가다. ¶厂长chǎngzhǎng～车间了｜공장장이 작업장으로 들어가다. ¶～乡xiāng↓ ¶南～｜남쪽으로 내려가다. ¶师长～连队去了｜사단장이 중대에 갔다. ❺ 퇴장하다. ¶换人, 北京队的五号～, 九号上｜선수교체, 북경팀의 5번이 퇴장하고 9번이 들어간다. ¶从右边的旁门pángmén～｜오른쪽의 옆문으로 퇴장하다. ❻ 넣다. 투입하다. 치다. 뿌리다. 놓다. ¶～面条miàntiáo｜면발을 넣다. ¶～本钱běnqián｜밑천을 넣다. ¶～种zhǒng＝〔播种bōzhǒng〕｜씨를 뿌리다. ¶～作料liào｜조미료를 넣다. ❼(바둑 등을) 두다. ¶他正在～着棋qí呢｜그는 지금 바둑을 두고 있다. ❽(짐 등을) 부리다. 내리다. 풀다. 벗기다. 따다. ¶～装zhuāng↓ ¶把敌人的枪qiāng～了｜적의 총을 놓게 하다. ¶～了一扇窗户shànchuānghù｜창문 하나를 떼어 내다. ¶把螺丝luósī～了｜나사못을 뺐다. ¶新～树的果子｜새로 딴 과일. ❾(결단·결론·결심 등을) 내리다. 달다. ¶～结论jiélùn｜결론을 내리다. ¶～定义dìngyì｜정의를 내리다. ¶～决心juéxīn｜결심을 하다. ¶～注解zhùjiě｜주해를 달다. ❿ 사용하다. 대다. ¶～刀子杀人｜칼로 사람을 죽이다. ¶～笔bǐ↓ ¶～筷子kuàizǐ↓ ⓫(동물이) 새끼를 낳다. 알을 낳다. ¶～小猪zhū了｜돼지 새끼를 낳았다. ¶鸡jī～蛋dàn｜닭이 알을 낳다. ⓬ 書 공략하다. 함락시키다. ¶连～数城｜연이어 여러 성을 함락하였다. ⓭ 양보하다. 물러서다. ¶双方相持不～｜쌍방이 마주 버티어 물러서지 않다. ⓮ 부정문에 쓰여, (…에) 모자라다. 미달하다. ¶参加大会的人不～三千人｜대회에 참가한 사람은 삼천 명은 족히 될 것이다. ⓯(규정된 시간에 끝을 내는 수업·학습 등을) 끝내다. 파하다. 마치다. ¶～班bān↓ ¶～工↓ ¶～课kè↓ ⓰(·xia) 동사나 형용사 뒤에 방향 보어(方向補語)로 쓰임. 어법 ⓐ 동작이 위에서 아래로 일어남을 나타냄. ¶坐～｜앉다. ¶放～｜놓다. ¶流～了眼泪yǎnlèi｜눈물을 흘렸다. ⓑ 동작이 완성됨과 아울러 이탈하거나 고정되어짐을 나타냄. ¶脱tuō～皮鞋píxié｜구두를 벗다. ¶定～｜예약해두다. ¶买～｜사두다. ¶打～基础jīchǔ｜기초를 닦아두다. ⓒ 어떤 공간에 일정한 수량을 수용할 수 있음을 나타냄.「動＋得〔不〕＋下＋數＋量＋名」의 형식으로 수용 가능〔불가능〕을 나타냄. ¶这房间能坐得～五十人｜이방에는 50명이 앉을 수 있다. ¶这盒子hézǐ装得～ 装不～三斤糖jīntáng? ｜이 상자에 설탕 세근을 담을 수 있어요, 없어요? ¶这么多菜我吃不～｜이렇게 많은 요리를 나는 다 먹을 수 없다. ⓓ「下来」「下去」등의 형태로 쓰여, 동작의 계속·지속·완성·결과 등을 나타냄. ¶～来↓ ¶～去↓

【下巴】xià·ba 名 ❶「下颌hé」(아래턱)의 통칭. ❷「颏kē」(턱)의 통칭 ¶他用双手托tuō着～想心事｜그는 두손으로 턱을 고이고 고민하고 있다. ‖〔下巴颏(儿)〕

【下巴颏(儿)】xià·bakē(r) 名 (아래)턱의 통칭＝〔下巴〕〔下颏(儿)〕→〔下颚è①〕〔腮sāi①〕

【下摆】xiàbǎi 名 (중국옷의) 앞자락의 폭. ¶这件衣服的～太大｜이 옷의 앞자락 폭은 너무 크다. ＝〔底摆dǐbǎi〕

2【下班】xià/bān ❶(～儿) 動 퇴근하다. ¶他老准时～｜그는 항상 정시에 퇴근한다 ⇔〔上班①〕 ❷(xiàbān) 名 다음 조(組).

【下半辈子】xiàbànbèi·zi 名 남은 반평생. 후반생(後半生) ¶这下我～有指望zhǐwàng了｜이번에 나의 나머지 반평생에 희망이 생겼다.

【下半场】xiàbànchǎng 名〈體〉(운동 경기에서의) 후반전 ⇔〔上半场〕

【下半截(儿)】xiàbànjié(r) 名 후반부. 중간에서 아래부분. 하반부.

【下半年】xiàbànnián 名 하반기 [7월부터 12월까지]

【下半旗】xià bànqí 조기〔반기〕를 달다. ¶总统zǒngtǒng逝世shìshì, 全国～致哀zhìāi｜총통이 서거하자 전국적으로 반기를 달고 애도를 표시했다＝〔降jiàng半旗〕

【下半晌(儿)】xiàbànshǎng(r) ⇒〔下午〕

【下半夜】xiàbànyè 名 밤중 [밤 12시부터 새벽녘까지의 사이]＝〔后hòu半夜(儿)〕

【下半月】xiàbànyuè 名 후보름 [매달 16일부터 월말까지] ¶～要抓紧干｜매달 후반기에는 열심히 일해야 한다.

【下辈】xiàbèi 名 ❶(～儿) 자손 →〔上辈(儿)①〕〔后hòu辈〕〔晚wǎn辈①〕 ❷(～儿)(가족 중) 아랫 사람. 젊은 세대 →〔下一(世)代〕〔上辈(儿)②〕 ❸ 書 미천한〔졸렬한〕 사람. ¶荐宠jiànchǒng～｜미천한 사람을 거듭 총애하다.

【下辈子】xiàbèi·zi ⇒〔下一辈子〕

【下本儿】xià/běnr 動 자본을 들이다. 출자하다. 투자하다. ¶不～不能生利lì｜자본을 들이지 않고는 이익을 얻을 수 없다.

【下笔】xià/bǐ 動 (글을 쓰거나 그림을 그리기 위해) 붓을 대다. ¶他从不轻意qīngyì～｜그는 늘 경솔하게〔가볍게〕 붓을 들지 않는다. ¶～千言｜威 붓을 대기만 하면 줄줄 많은 글을 지어낸다＝〔落luò笔〕

1【下边(儿)】xià·bian(r) 名 아래. 밑. ¶在山顶shāndǐng远望yuǎnwàng, ～是一片云海piànyúnhǎi｜산꼭대기에서 멀리 바라보니 아래는 온통 구

름바다이다. ¶我在～奉陪fèngpéi | 제가 밑에서 모시겠습니다. ¶在这种情形qíngxíng～ =〔在这种情形之下〕| 이러한 상황 아래(서) =〔下面miàn(儿)①〕〔下头①〕

【下不来】xià ·bu lái ❶ 내려올 수 없다. ¶骑qí上老虎lǎohǔ,～ =〔骑虎难nán下〕| 歇 호랑이를 올라탄 상태라 내려올 수 없다. 일을 중도에서 그만두기 곤란하다. ❷ 난처해지다. 곤혹(困惑)을 느끼다. ¶几句话说得他脸上～ | 몇 마디 말에 그는 난처해졌다. ❸ 수습하기가 어렵다. 결말이 나지 않다. ¶那个东西花五万也～了 | 그 물건은 5만원을 들여도 사기 어려웠다.

【下不来台】xià ·bu lái tái ⇒〔下不了台〕

【下不了台】xià ·bu liǎo tái 成 단(壇)에서 내려갈 수가 없다. 喻 이러지도 못하고 저러지도 못하다. 난처하다. 수습하기 어렵다 =〔下不来台〕

【下不为例】xià bù wéi lì 成 이후로는 이와 같이 하지 않는다. 이것이 마지막이다. 이것으로서 그만두다. ¶ 这次就饶ráo了你,但～ | 이번에는 용서해 주지만 다음에는 가만두지 않겠다.

【下操】xià/cāo 動 ❶ 체조를 하다. 훈련을 받다. ¶我们上午～,下午听课tīngkè | 우리는 오전에는 훈련을 받고 오후에는 수업을 듣는다. ¶士兵们～了 | 사병들은 훈련을 했다. ❷ (훈련·체조가) 끝나다.

【下册】xiàcè 名 (책의) 하권. ¶这部书的～迟迟chí不出版chūbǎn | 이 책의 하권은 아직 출판되지 않고 있다.

【下策】xiàcè 名 졸책. 현명하지 못한 책략 ¶不得意才出此～ | 어쩔 수 없이 이 졸책을 세웠다 →〔上策〕

【下层】xiàcéng 名 (기구·조직·계층 등의) 하층. ¶深入shēnrù～ | 하층부에 깊이 들어가다. ¶～建筑jiànzhù | 하부 구조.

【下场】ⓐ xià/chǎng 動 ❶ (배우나 운동 선수가) 퇴장(退場)하다. ¶～白 | 퇴장하면서 하는 말 =〔下台tái①〕 ❷ (옛날, 과거(科擧)에서) 시험장에 들어가 시험을 치다. ¶时间到了,我们赶快gǎnkuài～ | 시간이 되었으니 빨리 시험치러 들어가자. ¶他乡试xiāngshì下了多少场,才中zhòng了举人jǔrén | 그는 향시를 몇 번이나 치루고서야 비로소 거인이 되었다 .→〔上场chǎng③〕 ❸ 퇴직하다. 사직하다.

ⓑ xià·chang 名 貶 끝장. 결말. 말로(末路) ¶这种人决没有好～ | 이런 사람은 결코 좋은 말로가 없다. ¶～头 | 결말. 끝장. ¶可耻chǐ的～ | 수치스러운 말로 =〔下场头xiàchǎngtóu〕

【下车】xià chē ❶ 하차하다. ¶从前门上车,从后门～ | 앞문으로 타서 뒤문으로 내리다 ⇔〔上车〕 ❷ 관리가 임지(任地)에 도착하다. 부임하다.

【下车伊始】xià chē yī shǐ 成 ❶ 관리가 임지(任地)에 처음 도착하다. ❷ (어떤 장소에) 막 도착하다.

【下臣】xiàchén 名 소신(小臣) [신하가 군주에 대하여 자신을 낮추어 일컫던 말]

【下沉】xiàchén 動 가라 앉아 내려가다. 침하(沉下)하다. ¶这范围fànwéi内的土地正在～ | 이 범위 내의 토지는 가라앉고 있다.

【下乘】xiàchéng 名 ❶ 〈佛〉 소승(小乘). ❷ (문학·예술 등의) 하품(下品) ¶～之作 | 질이 낮은 작품. ❸ 느린 말. 나쁜 말.

【下程】xiàchéng 名 近 ❶ 전별(餞別) ¶～酒食jiǔshí | 이별할 때의 술과 음식. ❷ 전별할 때 주는 예물이나 돈.

【下处】xià·chu 名 ❶ 여관. 숙(박)소. 휴게소. ¶早有他们在那一带预备yùbèi下～ | 벌써 그들은 그 일대에다 숙소를 마련했다. ❷ 옛날, 급(級)이 낮은 기루(妓樓) ¶小～ =〔老妈堂lǎomātáng〕| 최하류의 기루. ❸ 궁중에서 신하가 황제를 알현할 때 잠시 휴식하던 곳. ❹ 方 감옥.

【下船】xià/chuán 動 ❶ 배에서 내리다. 상륙(上陸)하다. ¶大伙儿huǒér快～吧 | 여러분 빨리 배에서 내리세요. ❷ 方 배에 타다.

【下垂】xiàchuí 動 ❶ 아래로 늘어지다〔드리워지다〕. ❷ 〈醫〉 (자궁·직장 등이) 아래로 처지다. ¶子宫zǐgōng～ | 자궁 하수. ¶胃wèi～ | 위하수.

【下唇】xiàchún 名 아랫입술. =〔下嘴zuǐ唇〕

【下次】xiàcì 名 다음 번. 이다음. 차회(次回) =〔下回〕⇔〔上次〕

【下存】xiàcún 名 잔액. 잔고(殘高) ¶这笔存款cúnkuǎn提了四十万,～六十万 | 예금에서 사십만원을 인출했으니 잔고가 육십만원이다.

4【下达】xiàdá 動 하달하다. ¶～命令mìnglìng | 명령을 하달하다.

【下蛋】xià/dàn 動 (조류·파충류 등이) 알을 낳다. ¶这只小母鸡mǔjī～了 | 작은 암탉이 알을 낳았다.

【下等】xiàděng 形 하등의. 저급의. ¶～动物dòngwù | 하등 동물. ¶～货huò | 질이 낮은 물건 =〔下品xiàpǐn①〕

【下地】xià/dì ❶ 動 밭에 나가다. 들에 일 나가다. ¶～劳动láodòng | 밭에 나가 일하다. ¶年轻人niánqīngrén没有不～的了 | 젊은 사람치고 들에 일하러 나가지 않는 사람이 없다 =〔下田tián②〕 ❷ 動 (환자가) 병석에서 일어나다. 병상 신세를 면하다. ❸ 動 (배에서) 상륙하다 →〔登陆dēnglù〕 ❹ (xiàdì) 書 名 메마른 땅.

【下地狱】xià dìyù ❶ 지옥에 떨어지다. ❷ 감옥에 들어가다. ¶干gàn这种事儿要～的 | 이런 일을 하면 감옥에 간다.

【下店】xià/diàn 動 투숙하다. 여관에 들다.

【下跌】xiàdiē 動 떨어지다. 하락(下落)하다. ¶物价wùjià多告～ | 물가가 많이 하락했다 =〔下落③〕〔淡dàn跌〕〔跌落②〕⇔〔涨zhǎng价〕

【下定】xià/dìng 動 ❶ (결혼할 때 신랑집에서 신부집으로) 납폐(納幣)를 보내다 =〔下定礼lǐ〕〔下聘pìn〕 ❷ (결심·단정 등을) 내리다.

【下碇】xià/dìng 動 닻을 내리다. 정박(停泊)하다 →〔抛锚pāomáo①〕

【下毒】xià/dú 動 독(물)을 넣다.

【下蹲】xiàdūn 動 몸을 구부리다〔웅크리다〕. ¶肚子dùzǐ疼téng,～一会儿就好了 | 배가 아팠는데 몸을 좀 구부리고 앉아 있었더니 괜찮아졌다. ¶～式 | (역도에서의) 무릎을 구부린 자세.

【下颚】xià'è 名 ❶ 아래턱 =〔下腭è〕〔下颌hé〕 ❷

X

(곤충의) 작은 털 =〔小颏〕〔小腮sāi〕‖ →〔下巴bā〕

【下凡】xià/fán 動 (신선이) 인간 세상에 내려오다. ¶这简直jiǎnzhí是仙女xiānnǚ~来了 | 이것은 바로 선녀가 인간세상에 내려온 것이다.=〔下界jiè②〕→〔降jiàng世〕

【下饭】xià/fàn ❶ 動 (반찬과 함께) 밥을 먹다. ¶没有什么好~的菜cài | 반찬이 변변치 않습니다. ❷ 動 (반찬이) 입맛〔밥맛〕을 돋구다. ¶这种菜很~ | 이런 반찬은 아주 밥맛을 돋군다 =〔送饭sòngfàn〕❸ (xiàfàn) 名 方 반찬. 부식 →〔佐餐zuǒcān〕

【下房】xiàfáng ❶ (~儿) 名 하인이나 머슴들이 거처하던 방. ❷ ⇒〔厢xiāng房〕

4【下放】xiàfàng 動 ❶ (당간부·지식인들이 사상을 단련시키기 위해) 농촌·광산·공장 등지로 노동하러 내려가다. ❷ (권력 집중·기구 팽창 등을 막기 위해) 권력을 하급 기관에 분산·이양(移讓)하다.

【下风】xiàfēng 名 ❶ 바람이 불어 가는 쪽. ❷ 轉 열세. 불리한 처지. ¶占zhàn~ | 열세에 놓이다 ‖ =〔下尘chén〕

【下疳】xiàgān 名〈醫〉하감창(下疳瘡). 음식창(陰蝕瘡) =〔俗 蜡芯儿疳làxīn'érgān〕〔梅毒méidú〕

【下工】xià/gōng ❶ 動 일을 끝내다. 작업을 마치다. 퇴근하다. ¶他已~了 | 그는 이미 (일을 마치고) 퇴근했다 ⇔〔上工①〕❷ 動 (옛날) 해고하다〔되다〕. ❸ (xiàgōng) 名 옛날, 의술이 변변치 못한 의사.

【下工夫】xià gōng·fu 공을 들이다. 시간과 정력을 기울이다. 노력하다. 공부하다. ¶要在提高tígāo质量zhìliàng上~ | 질을 높이도록 노력해야 한다. ¶下了不少工夫 | 적지 않은 공을 들였다. ¶你要学好一门外语, 就得~ | 한 가지 외국어를 완전히 배우려면 시간과 정력을 기울여 노력해야 한다 =〔下功夫〕

【下功夫】xià gōng·fu ⇒〔下工夫〕

【下官】xiàguān 名 謙 소관(小官). 소직(小職) [관리가 자기자신을 낮추어 일컫던 말] ¶~不敢擅作shànzuò主张,还请大人吩咐fēnfù | 소관은 감히 함부로 주장을 할 수 없으니 대인께서 분부를 내려주십시오.

【下跪】xià/guì 動 꿇어 앉다. 무릎을 꿇다. ¶大臣们见了皇帝huángdì,就撩衣liāoyī~ | 대신들은 황제에게 옷을 치며 꿇어 앉았다.

【下海】xià/hǎi 動 ❶ 바다에 나가다. ¶~捕bǔ鱼 | 바다에 나가 고기를 잡다. ❷ 진수하다. 배를 바다에 띄우다. ❸ 비직업 배우가 직업 배우로 되다. 아마추어가 프로가 되다. ¶论唱chàng,论做zuò,论扮相bànxiàng, 她有~的资格zīgé | 노래로 보나, 연기로 보나, 분장한 차림으로 보나, 그녀는 직업 배우의 자격이 있다.

【下颌】xiàhé ⇒〔下颏①〕

【下怀】xiàhuái 名 謙 제 마음. 제 심정. ¶正中zhòng~ | 제 마음에 꼭 듭니다. ¶深慰shēnwèi~ | 대단히 안심이 됩니다.

【下火海】xià huǒhǎi 動組 불바다로 뛰어들다. ¶~上刀山dāoshān | 諺 불바다로 뛰어들고 칼산에 오르다. 생명의 위험을 무릅쓰고 하다.

4【下级】xiàjí 名 하급(자). 하부(기관) ¶帮助bāngzhù~解决jiějué工作中的问题 | 하급자가 작업중의 문제를 해결하도록 도와주다. ¶~干部gànbù | 하급간부. ¶~机关jīguān | 하급기관. ¶~要服从fúcóng上级 | 하급자는 상급자에게 복종해야 한다. ¶~军官jūnguān | 하급 장교. ¶~组织zǔzhī | 하부 조직.

【下家】xiàjiā 名 ❶ (~儿)(「打牌dǎpái」「掷骰子zhìtóu·zi」「行酒令儿xíngjiǔlìngr」등의 놀이를 할 때) 다음 사람. 다음 차례. ¶他一出此牌,~就为难wéinán了 | 그가 이 패를 내니 다음 차례가 어려워졌다 =〔下手(儿)③〕❷ 謙 方 졸택(拙宅). 저의 집.

【下嫁】xiàjià 書 動 (귀한 집 딸이) 신분이 낮은 사람에게 시집가다.

【下贱】xiàjiàn ❶ 形 천박하다. 쌍스럽다. (비)천하다. ¶他出身~ | 그는 출신이 비천하다. ¶你自己不要把这工作看得太~了 | 너는 이 일을 너무 천하게 보지마라. ¶一个女儿家,话怎能说得如此~? | 아가씨가 말하는 게 왜 이리 천박할 수 있단 말인가? ¶~营生yíngshēng | 비천한 생업. ¶~猪狗zhūgǒu | 罵 쌍놈(의) 새끼. 개돼지 같은 놈. ❷ 名 비열한 놈. 쌍놈.

【下江】xiàjiāng ❶ 動 강을 따라 내려가다. ❷ (Xiàjiāng) 名〈地〉ⓐ 양자강(揚子江)의 하류지방 [안휘성(安徽省)을 「上江Shàngjiāng」, 강소성(江蘇省)을 「下江」이라 했음] ¶~官话guānhuà | 하강관화. ¶~人 | 양자강 하류 지방 사람. ⓑ 귀주성(貴州省)에 있는 지명.

3【下降】xiàjiàng 動 하강하다. 떨어지다. 낮아지다. ¶地壳dìké~ | 지반이 내려앉다. ¶飞机fēijī~ | 비행기가 하강하다. ¶气温qìwēn~ | 기온이 떨어지다.

【下焦】xiàjiāo 名〈漢醫〉하초.

【下脚】xiàjiǎo ❶ 名 (원료를 가공하고 난후의)부산물. 폐물. ¶变卖biànmài~ | 부산물을 팔아서 돈을 만들다 =〔下脚料liào〕❷ (~儿) (xià/jiǎo(r)) 動 발을 디디다. 발을 들여 놓다. ¶没处chù~ | 발 디딜 곳이 없다.

【下脚货】xiàjiǎohuò 名 떨이. 팔고 남은 좋지 않은 물건. ¶把这些~降价jiàngjià处理chǔlǐ了 | 이 떨이들을 가격을 낮추어 처리했다.

【下届】xiàjiè 名 다음 번. 차기(次期) ¶~会议将在釜山大学Fǔshāndàxué举行jǔxíng | 다음번 회의는 부산대학에서 거행한다.

【下界】xiàjiè ❶ 名 하계. 인간 세계. ❷ (xià/jiè) ⇒〔下凡fán〕

【下劲(儿)】xià/jìn(r) 動 힘을 들이다. 노력하다. ¶他干gàn得很~ | 그는 힘껏 노력하고 있다 →〔下工夫gōngfū〕〔上shàng劲(儿)①〕

【下井投石】xià jǐng tóu shí ⇒〔落luò井下石〕

【下酒】xià/jiǔ ❶ 動 (안주를 곁들여) 술을 마시다. ❷ 動 (안주가) 술맛을 돋구다〔좋게하다〕. ¶这个菜下饭不~ | 이 요리는 밥반찬으로는 좋지만,

술안주로는 좋지 않다. ❸ (xiàjiǔ) 名 술안주 =〔下酒菜〕〔書 下酒物〕

1【下课】xià/kè 動 수업이 끝나다. 수업을 마치다. ¶今天到这儿~ | 오늘은 여기서 수업을 마치겠습니다. ¶~铃líng | 수업이 끝나는 종〔벨〕=〔下课堂táng〕〔下堂①〕⇔〔上shàng课〕

【下筷子(儿)】xià/kuài·zi(r) 動 젓가락을 대다. 먹다. ¶叫他快~ | 그에게 어서 들라고〔먹으라고〕권하다 =〔書 下箸zhù〕

【下款(儿)】xià kuǎn(r) 名 (남에게 보내는 서화·편지 등에 써 넣는)낙관(落款). 서명(署名) ¶~是釜山大学企划室qǐhuàshì | 낙관은 부산대학교기획실 것이다.

1【下来】ⓐ xià/·lái 動 ❶ 내려오다. ¶妈妈刚从楼上~ | 어머니가 방금 윗층에서 내려오셨다. ¶任务rènwù~了 | 임무가 떨어졌다.〔내려왔다〕¶这文件~两天了 | 이 서류는 이틀전에 내려왔다. ❷ (제품·과일·분비물 등이) 나오다. 생기다. ¶奶nǎi~了 | 젖이 나오다. ¶黄花鱼huánghuāyú~的时候 | 조기가 잡힐 철이다. ❸ 물러나오다. 돌아오다. ¶客人~了 | 손님이 돌아오다.

ⓑ /·xià/·lái 동사나 형용사 뒤에 방향보어로 쓰임. ❶ 높은 곳에서 낮은 곳으로 또는 먼 곳에서 가까운 곳으로 향함을 나타냄. ¶把树上的苹果píngguǒ都摘zhāi~ | 나무의 사과를 따다. ❷ 과거로부터 현재까지 계속되거나 처음부터 끝까지 계속됨을 나타냄. ¶古代流传liúchuán~的寓言yùyán | 고대로부터 전해 내려오는 우언. ¶五千米你跑得~跑不~? | 5,000미터를 끝까지 뛸 수 있는가? ❸ 동작의 완성 또는 결과를 나타냄. ¶风突然停tūrántíng~ | 바람이 갑자기 멎었다. ❹ 행동이나 상태의 변화를 나타냄. 이 경우, 대개 빠른 데서 늦은 데로, 움직이다가 멎는 것으로, 밝은 것에서 어두운 것으로 변화함을 나타냄. ¶一场激烈jīliè的争论缓和huǎnhé~了 | 한바탕 격렬한 논쟁이 진정되었다. ¶发生了故障gùzhàng, 机器jīqì就会自动zìdòng停~的 | 고장이 나면 기계는 저절로 서게 된다. ¶天色已经黑~ | 날이 이미 어두워졌다. **어법** ⓐ 동사 뒤에 쓰여 높은 곳에서 낮은 곳으로, 먼 곳에서 가까운 곳으로 향함을 표시함. ¶河水从上游流~ | 강물이 상류에서 흘러 내려오다. ¶又派下新任务rènwù来了 | 또 새로운 임무가 하달되었다. ⓑ 동사 뒤에 쓰여 과거부터 현재까지 계속되거나 이전부터 끝까지 계속됨을 표시함. ¶所有上夜校shàngyèxiào的人都坚持jiānchí~了 | 야간수업을 듣는 모든 사람들은 모두 (탈락자 없이) 끝까지 해냈다. ⓒ 동사 뒤에 쓰여 동작의 완성이나 결과를 표시함. ¶剩shèng~的就这么些了 | 남은 것은 이것이다. ¶班长把每个同学的建议认真地记录了~ | 반장은 학우들의 건의를 하나하나 빠짐없이 기록했다. ⓓ 형용사 뒤에 쓰여 정도가 계속 심해짐을 표시함. ¶天色渐渐黑~ | 날이 점점 어두워졌다. ¶他的声音慢慢低dī了~ | 그의 목소리가 천천히 작아졌다. ⓔ「下来」「下去」「起来」의 차이점 ⇒〔下去〕

【下里巴人】xià lǐ bā rén 成 전국 시대(戰國時代) 초(楚) 나라의 민간 가요. ¶这种~人人会唱chàng | 이런 민간가요는 사람들이 모두 부를 수 있다. ¶~ | 喻 통속적인 문학 예술 작품 →〔阳春白雪yángchūnbáixuě①〕

【下礼拜】xiàlǐbài ⇒〔下星期〕

【下联(儿)】xiàlián(r) 名 대련(對聯)의 뒷구절. ¶你出上联,我对~ | 당신이 대련의 앞구절을 읊으면 내가 뒷구절을 지어 화답하겠다 →〔对联(儿)〕

【下劣】xiàliè 書 形 비열하다. 조라하다.

3【下列】xiàliè 動 아래에 열거하다. 다음에서 열거하다. ¶如~ | 아래에 열거한 바와 같이. ¶应注意zhùyì~几点jǐdiǎn | 다음에 열거한 몇 가지 점에 주의해야 한다 =〔下开kāi〕

4【下令】xià/lìng 動 명령을 하달하다〔내리다〕. ¶~逮捕dàibǔ | 체포하도록 명령을 내리다. 명령을 내려 체포하다.

【下流】xiàliú ❶ 名 하류. 강 아래쪽. ¶黄河~ | 황하강 하류 =〔下游xiàyóu①〕 ❷ 名 喻 낮은〔비천한〕지위. ❸ 形 쌍스럽다. 저속하다. 천하다. 비열하다. ¶~的玩笑wánxiào | 저속한 농담. ¶~话huà | 쌍스러운 말. 저속한 말. ¶~无耻chǐ | 비열하고 파렴치하다 →〔下作zuò①〕 ❹ 動 (액체가) 흘러내리다.

4【下落】xiàluò ❶ 名 행방. 소재. 간 곳. ¶~不明 | 행방불명. ¶三十多年来,她一直在探寻丈夫的~ | 30여년간 그녀는 줄곧 남편의 행방을 찾고있다. ❷ 名 결말. 낙착. ¶~是怎么样? | 어떻게 결말이 났는가? ❸ 낙하하다. 하락하다. 떨어지다. ¶降落伞jiàngluòsǎn~得很慢màn | 낙하산이 아주 천천히 낙하했다. ¶飞机fēijī安全~到机场jīchǎng | 비행기가 안전하게 비행장에 착륙했다 ⇒〔下跌〕

【下马】xià/mǎ ❶ 動 말에서 내리다. 喻 (중대한 일·계획 등을) 중지하다. 도중에서 그만두다. ¶由于资金zījīn不足,不少工程gōngchéng只得~ | 자금이 부족하여 공사를 중지할 수 밖에 없다. ❷ 動 관리가 임지(任地)에 도착하다. ❸ (xiàmǎ) 名 좋지 못한 말. 나쁜 말.

【下马威】xià mǎ wēi 成 벼슬아치가 부임 초부터 짐짓 위풍을 부리다. 喻 첫 시작부터 호된 맛을 보여주다. 첫맛에 본때를 보이다 .=〔下车作威chēzuòwēi〕

2【下面(儿)】xià·mian(r) 名 ❶ 아래. 밑. ¶在山顶shāndǐng远望yuǎnwàng,~是一片云海piànyúnhǎi | 산꼭대기에서 멀리 바라보니 아래는 온통 구름바다이다. ¶我在~奉陪fèngpéi | 제가 밑에서 모시겠습니다 =〔下边biān(儿)〕〔下头tóu①〕 ❷ 다음. ¶~谈的是技术革新jìshùgéxīn的问题wèntí | 다음에 논의할 것은 기술 혁신에 관한 문제이다. ¶~是新闻报告xīnwénbàogào | 다음은 뉴스입니다. ❸ 하급. 하부 (조직) ¶倾听qīngtīng~的意见yìjiàn | 하부의 의견을 경청하다. ¶这个指示zhǐshì要及时向~传达chuándá | 이 지시는 제때에 하부로 전달해야 한다 =〔下头③〕

【下奶】xià/nǎi 動 ❶ (산모의) 젖이 잘 나오다 →〔下来xià/·lái②〕 ❷ (산모에게 약이나 영양식을

먹여) 젖이 잘 나오게 하다. ¶多吃一点鱼yú可以～｜생선을 많이 먹으면 젖이 잘 나올 것이다. =〔表biǎo奶〕〔发fā奶〕〔催cuī奶〕 ❸ 해산한 지 한달 이내에 친척·친구가 계란이나 면류(麵類)를 산모에게 보내다.

【下品】xiàpǐn ❶ ⇒〔下等〕 ❷ 名 하등품(下等品).

【下坡(儿)】xià/pō(r) ❶ 動 언덕을 내려가다. 비탈길을 내려가다. 내리막길을 내려가다. ❷ 動 떨어지다. 세력이 약해지다. ¶物价wùjià日趋rìqū～｜물가가 나날이 떨어지다. ❸ 動 들에 나가 일하다. ❹ (xiàpō(r)) 名 내리막.

【下坡路】xiàpōlù 名 내리막길. 喩 쇠락·멸망의 길. ¶老式工厂gōngchǎng正在走～｜구식 공장은 내리막길을 걷고 있다〔쇠락하고 있다〕.

【下铺】xiàpù 名 이층〔삼층〕 침대의 하단. ¶你年纪niánjì大,睡shuì～吧｜당신이 나이가 많으니 아래 침대에 주무세요 ⇔〔上铺〕

【下欠】xiàqiàn ❶ 動 빚이 남다〔밀리다〕. 미불(未拂)이다. ¶～薪金xīnjīn｜봉급 지불이 밀려 있다. ❷ 名 남은〔밀린〕 빚. 미불 잔금. ¶全数还清huánqīng, 并无～｜빚을 다 갚아서 미불 잔금이 없다. ‖ =〔下短duǎn〕

【下情】xiàqíng 名 ❶ 민정(民情). 아랫(사람들의) 사정. ¶～上达 =〔下情得以上达〕｜아래 사정이 위에 알려지다. ¶当大官的不知～｜높은 관직에 있는 사람은 아랫사람들의 사정을 모른다. ❷ 謙 나의 마음. 저의 사정 [아랫사람이 윗사람에게 자기 입장을 호소할 때 쓰던 말]

1【下去】ⓐ xià/·qù 動 ❶ (위에서 아래로) 내려가다. ¶那个乡,他～过三次｜그 마을에 그는 세 번 내려갔었다. ¶下天津tiānjīn去｜천진으로 내려가다. ¶你～看看是谁在楼下敲门qiāomén｜아래 층에서 누가 문을 두드리는지 내려가 보아라. ❷ 계속하다. ¶你这样～要累垮lèikuǎ的｜이렇게 계속하면 지쳐서 녹초가 될 것이다. ❸ 마치다. 끝나다. ¶～这个戏xì, 就是中轴子zhōngzhóuzi了｜이 일막(一幕)이 끝나면 막간극입니다. ❹ 쇠퇴하다. 진압되다. ¶火～了｜불이 사그라지다. ❺ 없어져서 원상태가 되다. ¶中午吃的还没～呢｜점심 먹은 것이 아직도 소화되지 않았다. 어법「下来」는 말하는 사람을 향해 동작함을 나타내고,「下去」는 말하는 사람으로부터 멀어져 가는 동작을 나타냄.

ⓑ /·xià/·qù 동사나 형용사 뒤에 방향보어로 쓰여, ❶ 높은 곳에서 낮은 곳으로 또는 가까운 곳에서 먼 곳으로 움직임을 나타냄. ¶把敌人的火力压yā～｜적의 화력을 압도하다. ¶石头从山上滚gǔn～｜돌이 산위에서 굴러내려오다. ❷ 미래에까지 상황이 계속 이어짐을 나타냄. ¶坚持jiānchí～｜견지해 나가다. ¶生活～｜생활해 나가다. ❸ 정도가 계속 심해짐을 나타냄. ¶天气再冷～｜날씨가 더 추워지다. 어법 ⓐ「下来」는 동작이 과거로부터 현재까지 계속됨을 나타내고,「下去」는 동작이 단순히 계속 진행됨을 나타냄. ¶这是古代流传下来的一个故事｜이것은 고대로부터 전해 내려온 이야기이다. ¶你再讲下去｜너 다시 계속 이야기해라. ⓑ「下来」는 어떤 상태가 출현하여 계속됨을 나타내고,「下去」는 이미 존재한 상태가 계속됨을 나타냄. ¶天色渐渐jiànjiàn黑下来｜하늘이 점점 어두워지기 시작했다. ¶他一天一天瘦shòu下去了｜그는 나날이 야위어 갔다. ⓒ「起来」는 상태나 동작이 시작되어 계속함을 나타내고,「下去」는 이미 존재한 동작이나 상태가 계속됨을 나타냄. ¶这个实验室shíyànshì既然已经搞gǎo起来了, 就要坚持搞下去｜이 실험실을 이미 만들어 놓은 바에야, 계속하여 유지해 나가자. ⓓ「起来」는 적극적 의미를 지닌 형용사에 쓰이고,「下去」는 소극적 의미를 지닌 형용사에 쓰임. ¶好起来｜좋아졌다. ¶坏huài下去｜나빠졌다. ¶胖pàng起来｜살이 졌다. ¶瘦shòu下去｜살이 빠졌다. ¶富裕fùyù起来｜부유해지다. ¶贫困pínkùn下去｜가난해지다.

【下人】xiàrén 書 名 ❶ 하인. 고용자. ¶叫几个～去把东西抬回来｜몇몇 하인들을 시켜 물건을 지고 오게 했다 =〔底dǐ下人〕 ❷ 비천한 사람. 신분이 낮은 사람. ❸ 謙 소인 [자기를 낮춰 일컫는 말]

【下三】xiàsān ❶ 名 (도박·매음·아편의) 세 가지 못된 짓. ❷ ⇒〔下三烂làn〕

【下三赖】xiàsānlài ⇒〔下三烂〕

【下三滥】xiàsānlàn ⇒〔下三烂〕

【下三烂】xiàsānlàn 口 ❶ 狀 미천하다. (언행이) 더럽다. 쌍스럽다. ❷ 名 상놈. 건달. 무뢰한. ❸ 名 최하층의 기녀(妓女) ‖ =〔下三②〕〔下三赖lài〕〔下三滥làn〕〔下三流liú〕

【下三流】xiàsānliú ⇒〔下三烂〕

【下山】xià/shān ❶ 動 하산하다. 산을 내려오다. ¶～摘桃zhāitáo｜산을 내려와서 복숭아를 따다. 轉 강건너 불 구경하다가 기회를 보아 남의 공을 가로채다. ❷ 動 해가 지다. 해가 서산으로 넘어가다. ❸ (xiàshān) 名 〈礦〉 채광물을 (갱도를 사용하지 않고) 밑에서 위로 운송. ❹ 動 〈礦〉 채광물을 (갱도를 사용하지 않고) 밑에서 위로 운송하다.

【下梢】xiàshāo 名 ❶ 말미(末尾). 맨 끝. ❷ 近 결말(結末). 결국(結局). ❸ (강의) 하류.

【下身】xiàshēn ❶ 名 하체(下體). 하반신(下半身) ¶他～行动不便｜그는 하반신 거동이 불편하다. =〔下体①〕 ❷ 名 轉 음부(陰部) =〔阴部yīnbù〕 ❸ (～儿) 名 바지. ¶穿chuān～｜바지를 입다 =〔裤子kùzi〕 ❹ (xiàshēn) 書 겸손하게 몸을 낮추다.

【下神】xià/shén ⇒〔跳tiào神②〕

【下生】xiàshēng 動 출생하다.

【下剩】xiàshèng 動 口 남다. 남기다. ¶十块花了六块～四块｜십원에서 육원을 쓰고 사원이 남다 =〔下余yú〕〔剩余shèngyú〕

【下士】xiàshì 名 ❶ 〈軍〉 하사(下士). ❷ 書 어리석은 사람. 우둔한 사람. ❸ 〈佛〉 범부(凡夫). ❹ 書 신분이 낮은 선비.

【下世】xià/shì ❶ 書 動 사망하다 ¶老将军们一个一个～了｜늙은 장군들이 하나 하나 죽어갔다 =〔去qù世〕 ❷ 書 動 세력을 잃다. 쇠락〔영락〕하다. ❸ 書 動 方 태어나다. 출생하다. ❹ (xiàshì) 名 내생(來生). 죽은 후에 다시 태어남. ❺ (xiàshì)

名 내세(來世). 후세 =〔来世②〕〔后世①〕

【下市】xià/shì 動❶날품팔이꾼들이 아침에 일자리를 얻으려고 한 곳에 모이다. ❷시장에 내놓다.

【下手】xià/shǒu ❶動 손을 대다. 착수하다. 시작하다. ¶先～为wéi强 | 諺 먼저 손을 쓰는 자가 유리하다. 선수를 쓰면 이긴다. ¶下毒手dúshǒu混打hùndǎ | 손을 써서 심하게 때리다 =〔起qǐ手〕→〔动dòng手(儿)①〕 ❷(～儿) (xiàshǒu(r)) 名 아랫 자리. 말석. 하좌(下座) ¶在～里坐 | 말석에 앉다 ⇔〔上shàng手① ⓐ〕 ❸(～儿) (xiàshǒu(r))⇒〔下家①〕 ❹(～儿) (xiàshǒu(r)) 名 ⓞ 조수(助手) ¶打dǎ～ =〔做zuò下手(儿)〕 | 조수를 하다 =〔下作③〕

【下书】xià/shū 書 動 편지를 보내다. 편지를 띄우다. ¶敌人～挑战tiǎozhàn | 적이 편지를 보내 도전을 해 왔다.

【下属】xiàshǔ ❶動 부속되다. 아래에 속하다. ❷名 부하. 아랫 사람 ¶～要服从fúcóng上级 | 아랫사람은 상급자에게 복종해야 한다 =〔下级〕⇔〔上司shàngsī〕

【下水】ⓐ xià/shuǐ 動 ❶(배를) 물에 띄우다. 진수(進水)하다. ¶～典礼diǎnlǐ | 진수식. ❷(천·의복 등을) 물에 담그다〔적시다〕. ❸세탁하다. ¶这件衣服还没下过一回水 | 이 옷은 아직 한번도 물에 세탁해보지 않았다. ❹물(속)에 들어가다〔뛰어들다〕. ¶～捉鱼zhuōyú | 물에 들어가 고기를 잡다 =〔入水〕 ❺喻 나쁜 길로 유인하다〔끌어들이다〕. ¶拖tuō人～ | 사람을 나쁜 길로 유인하다. ❻방류(放流)하다. 물을 흘려 내려 보내다. ❼(희생을 무릅쓰고) 참가하다. ❽(xiàshuǐ)(배가) 흐름〔물〕을 따라 떠내려가다. 하류로 내려가다.

ⓑ xià·shui 名(식용의) 가축 내장. ¶猪zhū～ | 돼지의 내장. ¶红白～ | 내장의 전부 [「红」은 심장·간장, 「白」는 장(腸)·위(胃)를 말함]

【下水道】xiàshuǐdào 名〈建〉하수도. ¶疏通shūtōng～ | 하수도를 뚫다.

【下榻】xiàtà 書 ❶動(손님이) 묵다. 숙박하다. 투숙하다. ¶他～在釜山大饭店 | 그는 부산호텔에 묵고있다. ❷動 침대에서 내려오다. ❸名 숙(박)소.

[4]【下台】xià/tái 動 ❶무대에서 내려오다 =〔下场chǎng ⓐ①〕 ❷공직에서 물러나다. 하야하다. 정권을 넘겨주다. ❸사직(辭職)하다. 퇴진하다. ❹(분쟁·논쟁 등에서) 곤경에 빠지다. 궁지에 몰리다. 결말을 짓다. 어법 주로 부정문의 형태로 쓰임. ¶没法～ | 곤경에서 벗어날 방법이 없다. ¶别叫他下不了台 | 그를 너무 궁지로 몰아넣지 말아라.

【下堂】xià/táng ❶⇒〔下课〕 ❷(xiàtáng) 名 簡 다음 시간. 다음 수업 [「下一堂」의 약칭] ¶～课 | 다음 시간. ❸書 動 처를 버리다. 처와 인연을 끊다. ¶贫贱pínjiàn之交不可忘, 糟糠zāokāng之妻不～ | 가난하였을 때 사귄 벗은 잊을 수 없고, 고생을 같이한 처는 버릴 수 없다《後漢書·宋弘傳》 ❹(xià táng) 書 당(堂)에서 내려오다.

【下体】xiàtǐ 名 ❶書 하체. 하반신 =〔下身shēn①〕 ❷書 음부(陰部) =〔阴部yīnbù〕 ❸식물의 근경(根莖).

【下帖】xià/tiě 動 청첩장을 보내다. 초대장을 보내다. ¶给亲友们～ | 친지와 친구들에게 청첩장을 보내다.

【下同】xiàtóng 動組 아래와 같다. 다음과 같다. ¶我国的工业gōngyè总产值zǒngchǎnzhí(不包括手工业产值～)… | 우리나라의 공업 생산 총액(수공업 생산액을 포함치 않음. 이하 같음)은….

【下头】xià·tou ❶⇒〔下面(儿)①〕 ❷名 고용인. 하인. ❸⇒〔下面(儿)③〕. ❹(xià tóu) 書 머리를 숙이다.

【下晚儿】xiàwǎnr 名 ⓞ 해질 무렵. 해질녘. ¶等～再出门吧 | 해질녘까지 기다렸다가 나가자 =〔黄昏huánghūn〕

【下痿】xiàwěi 名〈漢醫〉하반신 마비(痲痺).

【下位】xiàwèi ❶名 낮은 지위. 미천한 관직. ❷名 말석. 끝자리. 하좌(下坐). 아랫자리 →〔下手②〕 ❸動 자리에서 내려서다. 자리를 떠나다.

[1]【下午】xiàwǔ 名 오후. 하오. ¶～市 =〔后hòu市〕 | 후장(後場). 오후장. =〔俗〔下半晌shǎng(儿)〕〔下半天(儿)〕〔方 下晌〕〔后半天(儿)〕〔午后〕

【下弦】xiàxián 名〈天〉하현. ¶～月 | 하현달 →〔上弦②〕

【下限】xiàxiàn 名 하한. ¶这是我们的～条件tiáojiàn | 이것이 우리들이 더 이상 양보할 수 없는 조건이다 ⇔〔上限〕

[4]【下乡】xià/xiāng 動 ❶하향하다. 시골〔농촌〕에 가다. ¶他们～去了 | 그들은 시골로 내려갔다. →〔下放fàng①〕 ❷(공산품들을) 농촌에 공급하다〔보내다〕.

【下泻】xiàxiè 動 ❶물이 아래로 흐르다 =〔下泄xiè〕 ❷喻(값이) 신속히 하락하다. ¶公用事业股票gǔpiào均jūn一致～ | 공공 사업의 주식이 일제히 하락하다. ❸〈醫〉설사하다. ¶上吐shàngtù～ | 구토하고 설사하다 →〔泻xiè〕

【下星期】xiàxīngqī 名 다음 주. 내주 =〔下礼拜〕〔文 下周〕

【下行】xiàxíng 動 ❶(열차가) 하행하다. 내려가다. ¶～列车lièchē | 하행 열차. ❷(배가) 하류로 내려가다. ❸(공문서를) 아래로 내려 보내다. 하달하다. ¶～公文gōngwén | 하달 공문.

【下旋球】xiàxuánqiú 名〈體〉(탁구의) 커트 볼(cut ball) ¶他很会打～ | 그는 커트볼을 아주 잘 친다.

【下学】xià/xué 動 ❶하교하다. 학교가 파하다 =〔放学fàngxué①〕 ❷書 아랫 사람에게 배우다. ¶不愧kuì～ | 아랫 사람에게 배우는 것을 부끄럽게 여기지 않다.

【下学期】xiàxuéqī 名 다음 학기.

【下雪】xià/xuě 動 눈이 오다. 눈이 내리다. ¶～天 | 눈 오는 날.

[3]【下旬】xiàxún 名 하순 ¶八月～,天气转凉zhuǎnliáng了 | 8월 하순에 날씨가 추워졌다 =〔書 下浣huàn〕

【下牙床】xiàyáchuáng 名〈生理〉아랫 잇몸. ¶～骨 | 「下颚骨ègǔ」(아랫 턱뼈)의 옛 이름 =〔下齿龈chǐyín〕

【下药】xià/yào ❶動 투약하다. 약을 쓰다. ¶他竟对仇人chóurén～ | 그는 기어코 원수에게 독약을 썼다. ¶对症～ | 증상에 맞게 약을 쓰다. ❷動 독약(毒藥)을 넣다.

【下野】xià/yě 動 하야하다. 관직에서 물러나다. 퇴진하다 →〔下台tái②〕

【下一辈子】xià·yibèi·zi 名組〈佛〉내세(來世) =〔下辈子bèizǐ〕

【下议院】xiàyìyuàn 名〈政〉하원.

【下意识】xiàyìshí 欺〈心〉잠재 의식. 무의식. ¶他～地咂zā着舌头 | 그는 무의식적으로 혀를 차고 있다 =〔潜qián意识〕

3【下游】xiàyóu ❶⇒〔下流①〕 ❷名喻 낙후된 상태. 뒤쪽. ¶甘居～ | 기꺼이 뒤쪽으로 물러나다. ❸名〈商〉시세의 하락.

【下雨】xià/yǔ 動 비가 오다. 비가 내리다. ¶台北常～ | 대북에는 늘 비가 온다. ¶～天 | 비오는 날 =〔㊣ 落luò雨〕

【下葬】xià/zàng 動 매장(埋葬)하다. ¶李老头明日～ | 이씨 할아버지를 내일 매장한다.

【下肢】xiàzhī 名〈生理〉하지 [「臀tún」「大腿tuǐ」「小腿」「足zú」 4부분의 총칭] ¶～麻痹mábì | 하지가 마비되다.

【下中农】xiàzhōngnóng 名 하층의 중농.

【下种(子)】xià/zhǒng(·zi) 動 씨를 뿌리다. 파종(播種)하다 =〔下子zǐ②〕〔播种bō/zhǒng ①〕

【下周】xiàzhōu ⇒〔下星期xīngqī〕

【下昼】xiàzhòu 名 정오를 조금 지난 오후. ¶～点心diǎnxīn | 오후의 간식.

【下注】xià/zhù 動 ❶ 돈을 걸다. 돈내기를 하다. ❷轉 (일을 시작하기 전에) 미리 자금을 들이다. 투자하다. ❸書 위에서 아래로 흐르다.

【下箸】xià/zhù ⇒〔下筷子kuàizǐ(儿)〕

【下装】xià/zhuāng 動 (배우가) 무대 의상을 벗다. 화장〔분장〕을 지우다. ¶～后出去吃点心 | 화장을 지운 후 나가서 간식을 먹다 =〔卸xiè装〕

【下坠】xiàzhuì 動 ❶〈醫〉(임산부가) 곧 출산할 것 같은 느낌을 갖다. (대장염 또는 이질 환자가) 배가 무지근하며 변의(便意)를 느끼다. ❷書 (권세·물건 등이) 떨어지다. 추락하다. 실추(失墜)하다.

【下子】ⓐxiàzǐ ❶動 (곤충류가) 알을 낳다. ❷⇒〔下种(子)〕 ❸動 바둑돌을 내려놓다. 바둑을 두다. ⓑxià·zi 量 번. 차례. 바탕. 회 어법 동작의 횟수를 나타냄. ¶打了一～ | 한 번 때렸다. ¶一～就做完了 | 단번에 다 끝냈다.

【下作】xià·zuo ❶形 (비)천하다. 저속하다. 상스럽다. 비열하다. ¶～人 | 비열한 인간. 저속한 사람 →〔下流liú③〕 ❷形方 (먹는 모습이) 게걸스럽고 천박하다. ❸名方 조수(助手) =〔㊀ 下手④〕

2【吓(嚇)〈諕〉】xià hè 겁낼 하, 으를 하, 성낼 혁

Ⓐxià 動 ❶ 무서워하다. 놀라다. ¶我～了一跳tiào | 나는 깜짝 놀랐다. ¶～了个没魂hún =〔吓掉了魂〕| 무서워 혼났다. ❷ (사람을) 놀라게 하다. 위협하다. ¶～了我一跳 | 나를 깜짝 놀라게 했다. ‖ =〔唬xià〕

Ⓑhè ❶「恫dòng吓」「恐kǒng吓」 등에 남아 있는 문어음(文語音) →〔恫吓〕〔恐吓〕 ❷嘆 흥 [불만을 나타냄] ¶～, 怎么能这样呢! | 흥, 어쩌면 이럴 수 있나!

Ⓐxià

【吓倒】xiàdǎo 動 깜짝 놀라다. 놀라 자빠지다. ¶不被困难kùnnán～ | 어려움을 당해도 놀라지 않다 =〔吓翻fān〕

【吓唬】xià·hu 動 ⓒ 놀라게 하다. 위협하다. 으르다. ¶你别～小孩子, 他要哭了 | 너 어린 아이를 으르지 말아라, 애가 울겠다 =〔吓呼xiàhū〕

【吓杀】xiàshā ⇒〔吓死〕

【吓死】xiàsǐ 動 몹시 놀라다. 놀라 죽을 뻔하다. ¶～人 | 사람을 매우 놀라게 하다 =〔吓杀shā〕

Ⓑhè

【吓吓】hèhè 擬 하하. 허허 [크게 웃는 소리] ¶老人～大笑 | 노인이 하하하고 크게 웃었다.

【吓诈】hèzhà 動 협박하여 빼앗다. 편취(騙取)하다.

1【夏】xià 여름 하, 나라 하, 회초리 하

❶名 여름. ¶春～秋冬 | 춘하추동. ❷(Xià) 名 중국의 옛 이름 =〔华夏〕 ❸(Xià) 名〈史〉하 [우(禹)가 건국한 중국 전설상의 최고의 왕조] ❹(Xià) 名 성(姓). ❺ 복성(複姓) 중의 한 자(字) ¶～侯↓

【夏安】xià'ān 札 더운 여름 건강하십시오 [편지의 맺음 말] ¶敬颂jìngsòng～ | 무더운 여름에 건강하시길 빕니다 =〔夏祉zhǐ〕

【夏播】xiàbō 名〈農〉하절기 파종.

【夏布】xiàbù 名〈紡〉모시.라미(ramie)→〔麻布mábù〕

【夏锄】xiàchú ❶名 여름철의 김매기. ❷動 여름철에 김매다. ¶及时～ | 여름철 때를 맞춰 김을 매다. ‖ =〔書 夏耘yún〕

【夏管】xiàguǎn 名 여름철의 논밭 관리.

【夏侯】Xiàhóu 名 복성(複姓).

【夏候鸟】xiàhòuniǎo 名 하조(夏鳥). 여름새.

3【夏季】xiàjì 名 여름(철). 하계. 하기(夏期) ¶～鞋xié | 여름 신발 =〔夏令xiàlìng②〕〔方 夏见天儿〕〔方 夏景天(儿)〕

【夏季时间制度】xiàjì shíjiān zhìdù 名組 서머타임(summer time) 제도. ¶采用cǎiyòng～ | 서머타임제도를 채용하다 =〔簡 夏时制xiàshízhì〕

【夏枯草】xiàkūcǎo 名〈植〉제비풀.

【夏历】xiàlì 名 음력 [중국 하나라 시대에 창시(創始)된 데서 나온 이름] =〔阴yīn历〕

【夏粮】xiàliáng 名 여름 작물. ¶～又获huò丰收fēngshōu | 여름작물을 풍성히 수확하다.

【夏令】xiàlìng ❶名 여름철 날씨. ¶春行～ | 봄날씨가 여름철 날씨 같다. ❷⇒〔夏季jì〕

【夏令营】xiàlìngyíng 名 서머 스쿨(summer school). 하계 학교. 하계 훈련 캠프. ¶孩子们参加cānjiā了～活动 | 아이들이 하기 훈련 캠프에 참가하다.

【夏洛特阿马利亚】Xiàluòtè'āmǎlìyà 名〈地〉샤를로트아밀리(Charlotte Amalie) [「美属维尔京群岛Měishǔwéi'ěrjīngqúndǎo」(미국령 버진제도; Virgin Islands)의 수도]

【夏炉冬扇】xià lú dōng shàn 成 여름의 화로와 겨

울의 부채. 시기가 지나 아무 짝에도 쓸모없는 것.
【夏时制】xiàshízhì ⇒〔夏季xiàjì时间制度j〕
【夏收】xiàshōu ❶ 名 여름철의 수확(물) ¶～作物zuòwù | 여름철의 수확 작물. ❷ 動 여름에 수확하다. 여름 걷이를 하다.
1【夏天】xiàtiān 名 여름. ¶～釜山很凉快liángkuài | 부산은 여름에 시원하다.
【夏娃】Xiàwá 名 外〈人〉하와. 이브 (Eve)→〔亚当Yàdāng〕
【夏威夷】Xiàwēiyí 名 外〈地〉하와이＝〔布哇bùwā〕
【夏衣】xiàyī ⇒〔夏装zhuāng〕
【夏雨雨人】xià yǔ yù rén 成 더운 여름에 비가 내려 사람을 시원하게 해주다. 시기 적절하게 은혜를 베풀다. ¶先生的教诲jiàohuì如～滋润zīrùn心田 | 선생님의 가르침은 더운 여름의 비와 같이 마음을 윤택하게 해줍니다.
【夏耘】xiàyún ⇒〔夏锄chú〕
【夏至】xiàzhì 名 하지. ¶～有风三伏热fúrè, 重阳zhòngyáng无雨一冬干 | 하지에 바람이 불면 삼복 더위가 심하고, 중양절에 비가 내리지 않으면 겨울 내내 가뭄이 계속된다＝〔北至běizhì〕
【夏至点】xiàzhìdiǎn 名〈天〉하지점.
【夏至线】xiàzhìxiàn 名〈天〉하지선. 북회귀선(北回歸線)의 다른 이름＝〔北回归线běihuíguīxiàn〕〔昼长圈zhòuchángquān〕→〔冬dōng至线〕〔回归线〕
【夏种】xiàzhòng ❶ 名 여름철의 파종(播種). ❷ 動 여름철에 파종하다. ¶抓紧zhuājǐn时间～ | 때에 맞추어 파종하다.
【夏装】xiàzhuāng 名 여름옷. 하복. ¶给小孩买了一套～ | 아이에게 하복을 한 벌 사주다＝〔夏衣yī〕
B jiǎ
【夏楚】jiǎchǔ 名 개오동나무와 가시나무로 만든 회초리. 매.

4【厦】xià ☞ 厦 shà B

【唬】xià ☞ 唬 hǔ B

【罅】xià 틈 하, 갈라질 하
書 名 ❶ 틈. 틈새. 금. ¶石～ | 돌의 갈라진 틈. ❷ 누락. 탈락. ¶论证lùnzhèng尚shàng有疏shū～ | 논증에는 아직도 불충분하거나 누락된 부분이 있다.
【罅漏】xiàlòu ❶ ⇒〔罅隙〕 ❷ 書 名 喩 (일의) 누락. 탈락. 빠짐. ¶拙zhuō文多所～, 望兄雅yǎ正 | 졸저는 누락된 부분이 많으니 지도 바랍니다. ¶～之处, 有待dài修订xiūdìng | 누락된 곳은 앞으로 수정해야 한다.
【罅隙】xiàxì 書 名 (갈라진) 틈. 틈새. ¶在～求得生存 | 틈새에서 살아나려고 하다＝〔罅缝féng〕〔罅漏lòu①〕〔缝隙xì〕

xiān ㄒㄧㄢ

4【仙〈僊〉】xiān 신선 선
❶ 名 선인. 신선(神仙) ¶求～ | 선인을 찾다. ¶成～ | 신선이 되다. ❷ 名 轉 범속(凡俗)을 초월한 사람. 아주 뛰어난 사람. ¶诗～ | 시선 [당(唐)의 이백(李白)을 말함] ❸ 量 外 센(sen) [인도네시아의 보조화폐 단위] ❹ 음역어에 쓰임. ¶～脱 | 센트(cent). ❺ (Xiān) 名 성(姓).
【仙草】xiāncǎo 名〈植〉선초＝〔仙人草〕〔仙人冻dòng〕〔凉liáng粉草〕
【仙丹】xiāndān 名 ❶ 선단. 단약. 선약 [신화·전설에서 나오는 기사회생(起死回生)·장생 불로(長生不老)한다고 일컬어지는 영약] ¶炼liàn～ | 단약을 연단하다. ❷ 喩 특효약. 만병통치약. ¶世上哪儿有～? | 만병통치약이 어디 있느냐? ¶～百药bǎiyào | 만병 통치약.
【仙姑】xiāngū 名 ❶ 선녀. ❷ 여 도사＝〔道dào姑〕→〔巫wū①〕
【仙骨】xiāngǔ 名 ❶ 선골. 신선의 골격. ❷ 喩 비범한 풍채. ¶这老者一派～ | 이 늙은이의 풍채.
【仙鹤】xiānhè 書 名〈鳥〉❶ 선학. 두루미＝〔白鹤báihè〕〔丹顶鹤dāndǐnghè〕 ❷ (신화·전설에서) 신선이 기르는 흰 학(鶴) ¶～腿tuǐ | 다리가 긴 사람 ‖＝〔仙禽qín〕
【仙鹤草】xiānhècǎo 名〈植〉짚신 나물＝〔龙牙草lóngyácǎo①〕
【仙后座】xiānhòuzuò 名〈天〉카시오페이아(Cassiopeia) 자리.
【仙界】xiānjiè 名 선경(仙境). 선향(仙鄕). 喩 조용하면서도 경치가 아주 아름다운 곳＝〔仙境jìng〕
4【仙女(儿)】xiānnǚ(r) 名 ❶ 선녀. ❷ 喩 아름다운 여자. ¶高小姐是人间的～ | 미스 고는 인간 세상에 내려온 선녀이다.
【仙人】xiānrén 名 선인. 신선. ¶～已乘chéng黄鹤huánghè去 | 이미 황학을 타고 갔다.
【仙人球】xiānrénqiú ⇒〔仙人拳〕
【仙人拳】xiānrénquán 名〈植〉단모환＝〔仙人球qiú〕
【仙人跳】xiānréntiào ⇒〔美人计měirénjì〕
【仙人掌】xiānrénzhǎng 名〈植〉선인장. ¶沙地里长满了～ | 사막지역에는 온통 선인장이 자라고 있다.
【仙山琼阁】xiān shān qióng gé 成 신선각. 신선이 산다고 전해지는 산속의 아름다운 누각. 몽환경(夢幻境).
【仙逝】xiānshì 書 動 婉 서거하다. 사망하다. 세상을 떠나다. ¶他已经～了 | 그는 이미 서거했다＝〔仙去qù〕〔仙游yóu①〕
【仙遊】xiānyóu ❶ ⇒〔仙逝〕 ❷ (Xiānyóu) 名〈地〉선유 [중국 복건성(福建省)에 있는 현(縣) 이름]
【仙子】xiānzǐ 名 ❶ 선인. 신선. ❷ 선녀. 喩 미녀.

【氙】xiān (크세논 선)
名〈化〉화학 원소 명. 크세논(Xe ;Xenon).

【氙灯】xiāndēng ⇒〔氙气灯〕
【氙气灯】xiānqìdēng 名 크세논 램프＝〔氙灯〕

1【先】xiān 먼저 선, 앞설 선
❶ 名 (시간 혹은 순서가) 앞. 선두(先頭) ¶有～有后 | 선후가 있다. ¶争zhēng～恐后kǒnghòu | 뒤질까봐 앞다투다. ¶首～ | 맨 먼저. ¶领lǐng～ | 선두에 서다. 앞서가다 ⇔〔后hò-

u①〕❷名簡 선조. 조상. ¶不辱rǔ其～｜조상을 욕되게 하지 않다. ❸돌아가신. 죽은 사람에 대한 존칭. ¶祖zǔ～｜조상. ¶～父↓ ¶～烈liè↓ ❹어느 한 시대보다 앞을 말함. ¶～秦qín↓ ¶～史时代↓ ❺名口 이전. 지난날. ¶现在的生活比～强多了｜현재의 생활은 이전보다 훨씬 좋습니다. ❻動 선행(先行)하다. ¶～于经验jīngyàn的知识zhīshí｜경험에 선행하는 지식. ❼副 먼저. 우선. 처음. 미리. ¶你～读dú｜네가 먼저 읽어라. ¶你～怎么不告诉我?｜너 어째서 미리 나에게 알리지 않았니? ¶～计划jìhuà再说吧!｜먼저 계획하고 다시 얘기합시다. ❽고대(古代)의. ¶～民↓ ❾(Xiān) 名 성(姓).

【先辈】xiānbèi 名 ❶ 선배. 연장자 ¶后生要尊敬zūnjìng～｜후배들은 연장자를 존경해야 한다→〔后辈hòubèi〕〔老辈lǎo(儿, 子)〕〔前qián辈〕 ❷ 선구자(先驅者).

【先不先】xiān·buxiān 副方 먼저. 무엇보다 우선〔어떤 이유를 상세하게 설명할 때 쓰는 말〕¶我明天去不成了, ～汽车qìchē就借不到｜나는 내일 갈 수 없는데, 무엇보다 먼저 자동차를 빌릴 수 없기 때문이다 ＝〔首shǒu先①〕

【先导】xiāndǎo ❶動 선도하다. 향도(嚮導)하다. 안내하다. ❷名 선도. 안내. 향도. ❸名 선도자. 안내자. 향도. ¶启蒙qǐméng是改革社会gǎigéshèhuì的～｜계몽은 사회개혁의 선도자다. ‖ ＝〔先引〕

【先睹为快】xiān dǔ wéi kuài 成 맨 먼저 보는 것을 즐거움으로 삼다. 남보다 먼저 보려 하다.

【先端】xiānduān 名〈植〉(잎·꽃·열매 등의) 끝. 끄트머리. 선단부(先端部).

【先发制人】xiān fā zhì rén 成 먼저 선수를 쳐서 상대방을 제압하다. 기선을 제압하다. ¶采取cǎiqǔ～的手段shǒuduàn｜먼저 기선을 제압하는 수단을 취하다→〔先下手为强xiàshǒuwéiqiáng〕

[4]【先锋】xiānfēng 名 선봉(부대). 솔선자. ¶打dǎ～｜선봉에 서다. ¶开路kāilù～｜선구자. 개척자. 파이어니어(pioneer) ¶～派pài｜아방가르드(avant garde;프). 전위파(前衛派) ＝〔前qián锋①〕

【先父】xiānfù 名 선부. 돌아가신 아버지. 선친 ＝〔先大夫〕〔先府君fǔjūn〕〔先考kǎo〕〔先人②〕〔先严yán〕

【先河】xiānhé 書名喻 (일의) 시작. 처음. 효시(嚆矢)〔중국의 왕들이 강을 바다의 근원이라 생각하여 먼저 황하에 제(祭)를 지낸 데서 유래된 말〕¶姜先生开了在釜山研究声韵学的～｜강선생님은 부산에서 성운학연구의 선구가 되었다.

[2]【先后】xiānhòu ❶名 선후. 앞과 뒤. 먼저와 나중. ¶爱国不分～｜애국에는 선후가 없다. ¶事情越多越要分清～｜일이 많으면 많을수록 일의 선후를 잘 구분해야 한다. ¶要办bàn的事情很多, 应该yīnggāi分个～缓急huǎnjí｜해야 할 일이 많으면 선후·완급을 나누어야 한다. ❷副 연이어. 잇따라. 전후하여. 선후로. ¶去年, 我去过昆明, 广州和上海｜작년에 나는 곤명, 광주, 상해를 연이어 갔었다. ¶他～发表fābiǎo了两篇社论shèlùn｜그는 잇따라 두 편의 사설을 발표했다.

【先己后人】xiān jǐ hòu rén 成 남보다 자기를 먼저 생각하다. 자기자신을 먼저 챙기다. ¶他在利益lìyì面前一向～｜그는 이해관계에 있어서는 남보다 자기자신의 이익을 먼저 챙긴다.

【先见之明】xiān jiàn zhī míng 成 선견지명. ¶他有～｜그는 선견지명이 있다.

[2]【先进】xiānjìn ❶形 선진적이다. 진보적이다. ¶这种实验shíyàn方法非常～｜이런 실험방법은 아주 진보적이다. ¶这个工厂gōngchǎng在这方面很～｜이 공장은 이 방면에서는 매우 앞서 있다. ¶～国｜선진국. ¶～技术jìshù｜선진 기술. ¶～经验jīngyàn｜선진적 경험. ¶～集体jítǐ｜선진 단체. ¶～生产者shēngchǎnzhě｜선진 기술의 생산자. ¶～水平shuǐpíng｜선진 수준. ¶～思想sīxiǎng｜진보적 사상. ❷名 앞선 사람. 선진적인 모범〔인물〕¶学～｜앞선 사람을 본받아 배우다→〔落后luòhòu〕

【先倨后恭】xiān jù hòu gōng 成 처음에는 오만하다가 나중에는 겸손하다. ¶他对我的态度tàidù～｜그의 나에 대한 태도는 처음에는 오만하다가 나중에는 겸손했다.

【先决】xiānjué 區 먼저 해결하다. 선결적이다. 우선적이다. ¶～条件tiáojiàn｜선결 조건. ¶～问题wèntí｜선결 문제.

【先觉】xiānjué ❶名 선각자. ¶先知xiānzhī～｜成 선각자. ❷動 선각하다. 먼저 깨닫다. ‖ ＝〔先醒xǐng〕

【先君子, 后小人】xiān jūnzǐ, hòu xiǎorén 諺 처음에는 군자, 나중에는 소인. 처음에는 군자의 태도를 취하다가 (거기에 무리나 부자연스러운 점이 있으면) 나중에는 소인이 하는 짓을 한다. ¶他的方法fāngfǎ是～｜그의 방법은 처음에는 군자의 태도를 취하더니 나중에는 소인이 하는 짓을 했다→〔先小人, 后君子〕

【先来后到(儿)】xiān lái hòu dào(r) 成 선착순. 도착순. ¶按着～排队páiduì｜선착순대로 줄을 서다.

【先礼后兵】xiān lǐ hòu bīng 成 먼저 예를 지키고 안될 때 나중에 무력을 행사하다. 처음에는 예의를 차리다가 안될 때에는 강경한 수단을 쓰다. ¶采用cǎiyòng～的手法｜처음에는 예의를 차리다가 안될 때에는 강경한 수단을 쓰다.

【先例】xiānlì 名 선례. 전례. ¶开～｜전례를 남기다. ¶有～可援yuán｜인용할 만한 선례가 있다.

【先烈】xiānliè 名 ❶ 선열. 선인〔고인(故人)〕의 용렬(庸烈). ❷敬 선열〔죽은 열사에 대한 존칭〕¶革命gémìng～｜혁명 선열.

【先令】xiānlìng 量外〈錢〉❶ 실링(shilling) 〔영국의 옛 보조화폐 단위. 1실링은 1파운드의 1/20, 1페니의 12배〕→〔镑bàng〕 ❷ 실링(schilling) 〔오스트리아의 화폐 단위. 1실링은 100그로센(groschen)〕

【先民】xiānmín ❶⇒〔先贤xián〕 ❷書名 고인

【先母】xiānmǔ 書名 ❶ 돌아가신 어머니. 선비(先妣). ❷ 선조(先祖)의 부인. ‖ ＝〔先妣bǐ〕〔先慈cí〕

【先期】xiānqī 書副 ❶ 예정일 이전에. 기한전에. 사전에. 먼저. ¶部分项目bùfēnxiàngmù～在别

处举行jǔxíng | 일부 사항은 사전에 다른 장소에서 거행된다. ¶代表团dàibiǎotuán的部分团员已~到达dàodá | 대표단의 일부 단원들은 이미 먼저 도착했다. ❷조속히. 하루빨리. ¶希望xīwàng~送来 | 조속히 보내 주기 바랍니다.

4【先前】xiānqián 副 이전. 종전. ¶这孩子比~高多了 | 이 아이는 이전보다 훨씬 더 컸다. ¶~我和他同过学tóng·guoxué | 이전에 그는 나와 함께 공부한 적이 있다. 어법「以前」은 동사 뒤에 와서 시간을 나타낼 수 있으나,「先前」은 동사 뒤에 와서 시간을 나타낼 수 없음. ¶吃饭chīfàn先前要洗手(×) ¶吃饭以前要洗手xǐshǒu | 밥먹기 전에는 손을 씻어야 한다 =〔先头②〕〔先头里〕→〔后来hòulái①〕

【先遣】xiānqiǎn 區 먼저 파견하다. ¶~队duì | 선발대.

【先秦】Xiān Qín 名〈史〉선진 [보통 춘추 전국 시대(春秋戰國時代)를 가리킴]

【先驱】xiānqū ❶動 앞에서 이끌다. 앞장서서 나아가다 [주로 추상적으로 쓰임]→〔先锋fēng〕❷名 선구자. 선각자. 개척자. ¶他是韩国民主运动yùndòng的~ | 그는 한국민주운동의 선구자이다. ¶~者zhě | 선구자 →〔先导②〕

【先人】xiānrén ❶名 선조(先祖) →〔先世②〕❷⇒〔先父〕❸⇒〔先贤〕❹名 고인(故人).

【先人后己】xiān rén hòu jǐ 成 자기보다 남을 먼저 생각하다.

【先容】xiānróng 書動 ❶갑옷의 형을 뜨기 위해 먼저 인형(人型)을 만들다. ❷轉 사전에 미리 소개하다. ¶为之~ | 사전에 소개합니다. ¶垦kěn为~ | 기꺼이 소개하겠습니다.

【先入之见】xiān rù zhī jiàn 成 선입지견. 선입견. 선입관. ¶他有~ | 그는 선입견이 있다.

【先上车后补票】xiān shàng chē hòu bǔ piào 俗 合 아이를 낳은〔임신한〕후 결혼하다. 먼저 일을 저지르고 수속을 밟다.

【先声】xiānshēng 名 서막. 발단. 서곡. 전주곡. 예고. ¶这就是日后辛亥革命Xīnhàigémìng的~ | 이것이 후일 바로 신해 혁명의 발단이 되었다.

【先声夺人】xiān shēng duó rén 成 먼저 큰소리를 치며 남의 기세를 꺾다. 선수를 쳐 적을 먼저 압도하다. ¶他~,首先亮liàng出了自己的主张 | 그는 먼저 대단한 기세로 적을 먼저 위압하여 자기의 주장을 폈쳤다.

1【先生】xiān·sheng 名 ❶선생. 교사. ¶男~ | 남선생. ¶女~ | 여선생 =〔老师lǎoshī①〕❷지식인에 대한 호칭. ❸선생. 씨 [성인 남자에 대한 존칭] ¶各位女士,各位~ | 신사 숙녀 여러분. ¶斯诺sīnuò~ | (에드가) 스노씨. ❹남편. 주인. 바깥 양반 [여자가 자기 남편 또는 남의 남편을 부를 때 쓰는 호칭] ¶等我们~回来,我就告诉gàosù您 | 우리집 주인〔남편〕이 돌아오면 제가 곧 알려드리지요 →〔爱人àirén ⓑ〕❺方 의사 →〔医yī生〕❻(축구·배구 등에서의) MVP(최우수선수)에 대한 칭호. ❼상점의 회계원〔출납원〕. ¶在商号shānghào当~ | 상점에서 회계를 담당하다. ❽지관(地官).〔관상쟁이. 점쟁이 등에 대한 존칭〕¶算命suànmìng~ | 점쟁이. ❾옛날, 도사(道士)에 대한 존칭. ❿옛날, 기녀(妓女)를 말함.

【先师】xiānshī ❶書名 (이미 세상을 떠난) 스승. ¶~已去世qùshì两年了 | 선생님께서 세상을 떠난지 벌써 2년이다. ❷名 전대(前代)의 현인.

【先史时代】xiānshǐ shídài 名〈史〉선사 시대 =〔史前时代shǐqiánshídài〕

【先世】xiānshì 書名 ❶전대(前代). 선대(先代). ❷선조. 조상 =〔祖先zǔxiān〕→〔先人①〕

【先是】xiān·shì 副 처음에는. 먼저. 전에는.

【先手】xiānshǒu 名 (바둑·장기에서) 선수. ¶~棋qí | 선수 장기〔바둑〕⇔〔后hòu手⑤〕

【先天】xiāntiān 名形 ❶선천(적) ¶~的 | 선천적. ¶~畸形jīxíng | 선천적인 기형. ¶~性心脏病xīnzàngbìng | 선천성 심장병. ❷〈哲〉선험적(인). 선천적인. ¶人的知识不是~就有的,而是从社会实践中来的 | 인간의 지식은 선천적으로 가지고 나온 것이 아니라 사회실천으로부터 얻은 것이다.

【先天不足】xiān tiān bù zú 成 선천적으로(체질이) 허약하다. 사물의 토대〔기초〕가 약하다. ¶他~,身体瘦小shòuxiǎo | 그는 선천적으로 허약하고 몸이 마르고 작다.

【先天下之忧而忧, 后天下之乐而乐】xiān tiān xià zhī yōu ér yōu, hòu tiān xià zhī lè ér lè 成 ❶고생스러운 일에는 자기가 앞장 서고 즐거운 일에는 남보다 뒤에 선다. ❷먼저 근심 걱정을 하면 뒤에 안락을 얻게 된다 =〔簡 先忧后乐〕

【先天性】xiāntiānxìng ❶名 선천성. ¶~心脏病xīnzàngbìng | 선천성 심장병. ❷區 선천성(의).

【先头】xiāntóu 名 ❶선두. 맨 앞. ¶~部队bùduì | 선두부대. ¶~骑兵连 |〈軍〉선두 기병 중대. ❷(~儿)(시간적으로) 이전. 앞서. 먼저. ¶~出发 | 먼저 출발하다. ¶她~已来过两次 | 그녀는 이전에 이미 두 차례나 왔었다 =〔先头里〕❸(공간적으로) 앞. 전방(前方) ¶走在最~ | 맨 앞에서 가다.

【先下手为强】xiān xià shǒu wéi qiáng 成 선수를 쓰는 것이 제일이다. 먼저 선수를 쓰는 것이 유리하다. ¶还是~,拿到手再说 | 선수를 쓰는 것이 유리하니 먼저 손에 넣고 보자 →〔先发制人〕

【先贤】xiānxián 書名 전대(前代)의 현인(賢人). 옛날의 현인 =〔先民mín①〕〔先人③〕→〔先哲zhé〕

【先小人, 后君子】xiānxiǎorén, hòujūnzǐ 諺 처음에는 소인, 나중에는 군자. 처음에는 꼬치꼬치 따져 분명히 이야기를 해 두고 난 다음 결정을 한 후에는 충실히 약속을 지키다 →〔先君子, 后小人〕

【先刑后闻】xiān xíng hòu wén 成 형을 먼저 집행하고 후에 아뢰다. 사후 보고하다 =〔先斩zhǎn后奏zòu〕

4【先行】xiānxíng ❶書動 먼저〔앞서〕가다. 앞서 행하다. 미리 실시하다. ❷書副 먼저. 미리. 우선. ¶~试办shìbàn | 우선 시험적으로 해보다. ¶~通知tōngzhī | 미리 알리다. ❸⇒〔先行官xíngguān〕

【先行官】xiānxíngguān 名 ❶ 미리 가서 사령관을 위해 여러가지를 준비하는 관리. ❷ (희곡·소설에서) 선두 부대의 지휘관. ❸ 轉 선봉. 중요한 사업을 위해 준비 공작을 하는 자. ¶铁路tiělù运输yùnshū是国民经济jīngjì的～ | 철로운수는 국민경제의 선봉이다. ¶运输yùnshū部门为工程当好～ | 운수 부문이 공사 과정에서 준비 공작자의 역할을 톡톡히 해내었다 ＝〔先行③〕

【先行者】xiānxíngzhě 名 선구자(先驅者) ¶孙中山是中国民主革命gémìng的～ | 손중산은 중국 민주혁명의 선구자이다.

【先验】xiānyàn 名〈哲〉선험. 아 프리오리(a priori;라) ¶～知识zhīshí | 선험지식.

【先验论】xiānyànlùn 名〈哲〉선험론.

【先意承志】xiān yì chéng zhì 成 ❶ 부모의 뜻을 미리 헤아려, 받들어 행동하다. ❷ 아첨하여 영합하다 ‖ ＝〔先意承旨zhǐ〕

【先斩后奏】xiān zhǎn hòu zòu ⇒〔先刑xíng后闻wén〕

【先兆(儿)】xiānzhào(r) 名 전조(前兆). 징조. 조짐. ¶地震dìzhèn一般都有～ | 지진은 일반적으로 전조가 있다. ¶不祥的～ | 불길한 징조.

【先哲】xiānzhé 名 선철. 선현(先賢) ¶不忘wàng～的遗训yíxùn | 선현이 남긴 교훈을 잊지 말라 ＝〔往wǎng哲〕→〔先贤xián〕

【先知】xiānzhī 書 ❶ 名 선각자. ❷ 名〈宗〉예언자. ❸ 動 미리 알다.

【酰】xiān (아실기 선)

名〈化〉아실기(acyl基) [「醯xī」는 옛 이름]

2【纤(纖)】① xiān 가늘 섬, 작을 섬

書 形 ❶ 가늘다. ¶～细的头发tóufà | 가는 머리칼. ❷ 작다. ¶～尘chén↓ ❸ (여인의 손이) 부드럽고 아름답다. 가냘프다. ¶～～玉手yùshǒu | 섬섬옥수. ¶～弱ruò↓

【纤尘】xiānchén 名 섬진. 미세한 티끌〔먼지〕. ¶～不染rǎn | 成 조그마한 티도 묻지 않다.

【纤度】xiāndù 名〈紡〉섬도 [실의 굵기의 비(比)를 나타내는 말]

【纤毫】xiānháo 書 名 ❶ 가는 털. ❷ 轉 근소(僅少). 썩 작은 사물. 미세한 부분 ＝〔纤介〕〔纤芥jiè〕

【纤毛】xiānmáo 名〈生〉섬모. ¶～运动yùndòng | 섬모운동.

【纤毛虫】xiānmáochóng 名〈動〉섬모충.

【纤巧】xiānqiǎo 書 形 섬세하고 교묘하다. ¶文辞wéncí～ | 글이 섬세하다.

【纤弱】xiānruò 書 形 가냘프고 약하다. ¶～的身材shēncái | 가냘픈 몸매 ＝〔纤瘦shòu〕

2【纤维】xiānwéi 名 ❶ 섬유. ❷ 섬유질 ＝〔纤维质〕〔㊀ 纸柏zhǐbó〕

【纤维板】xiānwéibǎn 名 섬유판

【纤维蛋白】xiānwéi dànbái 名組〈化〉섬유소. 피브린(fibrin).

【纤维蛋白原】xiānwéi dànbáiyuán 名組〈化〉피브리노겐(fibrinogen).

【纤维素】xiānwéisù 名〈化〉섬유소. 셀룰로오스(cellulose) ¶硝xiāo化～ | 니트로셀룰로오스.

【纤维植物】xiānwéi zhíwù 名組 섬유 작물.

【纤悉】xiānxī 書 形 상세하(게 알고 있)다. ¶叙述xùshù十分～ | 서술이 아주 상세하다.

【纤细】xiānxì 形 섬세하다. 매우 가늘다. ¶她手指shǒuzhǐ～ | 그녀의 손가락은 매우 가늘다. ¶笔画bǐhuà～ | 필획이 매우 가늘다. ¶～的头发tóufà | 가는 머리칼 ＝〔纤小〕

【纤纤】xiānxiān ❶ 書 狀 가늘고 길다. ¶十指～ | 열 손가락이 가늘고 길다. ❷ 書 形 가늘고 뾰족하다.

【纤小】xiānxiǎo ⇒〔纤细〕

【纤(縴)】② qiàn 배끄는줄 견

❶ 名 배를 끄는 밧줄 ＝〔拉船纤〕 ❷ 轉 주선하다. 알선하다. ¶～手↓ ¶拉～ | 알선하다. ¶拉房～的 | 복덕방.

【纤夫】qiànfū 名 ❶ (밧줄로 강이나 운하를 거슬러 오르는) 배를 끄는 인부. ¶他父亲当过～ | 그의 아버지는 옛날에 배를 끄는 인부였었다. ❷ (밧줄로) 물건을 끄는 인부.

【纤手】qiànshǒu 名 부동산 중개업자. 거간꾼 ¶他是房地产fángdìchǎn方面的～ | 그는 부동산 중개업자이다 ＝〔拉纤的〕

【跹(躚)】xiān 춤출 선

❶ ⇒〔跹跹〕 ❷ ⇒〔翩piān跹〕 ❸ ⇒〔蹁pián跹〕

【跹跹】xiānxiān 書 狀 너울너울거리다 [춤추는 모양을 형용함] ¶～起舞qǐwǔ | 너울너울 춤추다.

【祆】xiān 귀신이름 현

名 배화교(拜火教)의 신(神).

【祆道】Xiāndào ⇒〔祆教〕

【祆教】Xiānjiào 名〈宗〉배화교(拜火教) 조로아스터(Zoroaster)교 ＝〔祆道〕〔拜Bài火教〕

【莶(薟)】xiān lián ⓧ liǎn) 거지덩굴 렴

Ⓐ xiān ⇒〔豨xī莶〕

Ⓑ lián 「白蔹」의 「蔹」과 통용.

【铦(銛)】xiān 날카로울 섬

❶ 書 形 (무기 등이) 날카롭다. ❷ (Xiān) 名 성(姓).

2【掀】xiān 번쩍들 흔

動 ❶ 번쩍들다. 열다. 넘기다. 벗기다. (손으로) 높이 쳐들다. ¶～帘子liánzi | 발을 걷어 올리다. ¶把这一页～过去 | 이 페이지를 넘기다. ¶～壶盖儿húgàir | 주전자 뚜껑을 열다. ¶在两国关系史上～开了新的一页 | 양국관계사에 있어서 새로운 장을 열다 →〔撩liāo①〕 ❷ 轉 뒤흔들다. 불러 일으키다. ¶～起革命高潮gāocháo | 혁명고조를 일으키다. ¶～天动地dòngdì | 온 천지를 뒤흔들다. ❸ (갑자기) 뛰어〔솟구쳐〕 오르다. 흔들어 내리다. ¶把个骑驴qílǘ的～了下来 | 나귀에 탄 사람을 흔들어 떨어뜨렸다. ¶白浪～天 | 흰 파도가 하늘로 솟구치다. ❹ 휘다. 쳐들다. ¶鼻子bízǐ往上～着 | 코가 위로 쳐들리다.

【掀被】xiān bèi 이불을 젖히다. ¶他～把孩子叫醒jiàoxǐng了 | 그는 이불을 젖히고 아이를 깨웠다.

【掀动】xiāndòng 動 ❶ (전쟁을) 일으키다. 야기하다. ❷ 나부끼다. 움직이게 하다. (마음을) 흥분시키다. ¶春风chūnfēng～了她的衣襟yījīn |

그녀의 옷자락이 봄바람에 나부꼈다.

【掀翻】xiānfān 動 전복하다. 눕히다. 뒤집히다. ¶把对手～在地｜상대를 땅에 눕히다.

【掀开】xiān·kāi 動 열다. 젖히다. 들어 올리다. ¶我把一块活动的窗户纸chuānghùzhǐ～就看见一片灰色huīsè的天｜내가 펄럭이는 창호지를 젖히니, 온통 회색의 하늘이 보였다《丁玲·我在霞村的時候》

4【掀起】xiānqǐ 動 ❶ 열어 젖히다. (들어) 올리다. ¶大嫂sǎo～窗帘chuānglián,往外望了望｜큰 형수님은 커튼을 열고 멀리 밖을 바라보았다. ¶～盖子gàizi｜뚜껑을 열어 젖히다. ❷ 일다. 넘실거리다. ¶我爱看海面上～的浪花lànghuā｜나는 해면에 이는 물보라를 즐겨 본다. ¶大海～了巨浪jùlàng｜대해에 큰 파도가 일다. ❸ 불러 일으키다. ¶～大生产运动shēngchǎnyùndòng｜대생산운동을 불러 일으키다. ¶～增产节约运动jiéyuēyùndòng新高潮gāocháo｜증산 절약 운동의 신고조를 불러 일으키다.

【锨(鍁)】xiān 삽 흔 名 삽. ¶铁tiě～｜쇠삽. ¶木～｜나무삽 →〔铲chǎn③〕〔锹qiāo〕

【锨头】xiān·tou 名 삽.

【锬】xiān ☞ 锬 tán B

2【鲜(鮮)〈鱻尟尠〉】xiān xiǎn 고울 선, 적을 선

A xiān ❶ 形 신선하다. 싱싱하다. ¶～花↓ ¶～啤酒píjiǔ↓ ❷ 선명하다. 산뜻하다. ¶～明↓ ¶～红↓ ❸ 形 맛이 좋다. ¶这汤tāng真～｜이 국은 참 맛있다. ¶味道wèidào～｜맛이 좋다. ❹ 名 신선한 음식. 만물. ¶时～｜철따라 나오는 신선한 식료품. ¶尝cháng～｜만물을 맛보다. ❺ 書 名 생선. 물고기. ❻ (Xiān) 名 성(姓).

B xiǎn 形 ❶ 적다. 드물다. ¶～见｜드물게 보이다. ¶～有｜희귀한. 진귀한. ❷ 書 다하다. 다 없어지다.

A xiān

【鲜卑】Xiānbēi 名 ❶〈民〉몽고퉁구스계(系)의 유목 민족 →〔通古斯Tōnggǔsī〕 ❷〈地〉내몽고에 있는 산 이름. ❸ 복성(複姓).

【鲜蛋】xiāndàn 名 날계란. 계란. ¶～又涨价zhǎngjià｜계란값이 또 올랐다.

【鲜果(子)】xiānguǒ(·zi) 名 신선한 과일.

4【鲜红】xiānhóng 狀〈色〉선홍색. ¶～的朝霞zhāoxiá｜새빨간 아침놀.

2【鲜花(儿)】xiānhuā(r) 名 생화. ¶～插chā在牛粪niúfèn上｜喩 미녀가 추남에게 시집가다 ⇔〔假jiǎ花〕

【鲜货】xiānhuò 名 신선한 과일·야채·수산물. ¶本店进了一批pī～｜우리 상점에서는 신선한 과일 채소류를 들여왔다.

【鲜活】ⓐ xiānhuó 形 선명하고 생동감이 있다. ¶～的个性gèxìng｜선명하고 생동감 있는 개성. ⓑ xiān·huo 形 方 ❶ (생선·꽃 등이) 신선하고 생기가 있다. 싱싱하다. ¶～的水产品shuǐchǎnpǐn｜싱싱한 수산물 ＝〔方 鲜灵xiānlíng〕 ❷ (색깔이) 선명하고 곱다.

【鲜洁】xiānjié 形 신선하고 깨끗하다. ¶空气kōngqì～｜공기가 신선하고 깨끗하다.

【鲜亮】xiān·liang 形 方 선명하다. 산뜻하다. ¶～的太阳tàiyáng｜선명한 태양

【鲜美】xiānměi 形 ❶ 대단히 맛이 있다. ¶～的黄瓜huángguā｜신선하고 맛있는 오이. ❷ 書 (화초 등이) 신선하고 아름답다. ¶～的月季花yuèjìhuā｜신선하고 아름다운 월계화

3【鲜明】xiānmíng 形 ❶ (색채가) 선명하다. ❷ (사물의 구별이) 명확하다. 뚜렷하다. ¶主题zhǔtí～｜주제가 명확하다. ¶～的对比duìbǐ｜명확한 대비.

【鲜蘑】xiānmó 名 생버섯.

【鲜奶】xiānnǎi 名〈食〉(생)우유. ¶每天早上吃～｜매일 아침 우유를 마시다. ¶～油yóu｜생크림 →〔奶粉fěn〕〔炼乳liànrǔ〕

【鲜嫩】xiānnèn 形 신선하고 연하다. ¶～的菱角língjiǎo｜신선하고 연한 마름. ¶碧绿bìlǜ～的菜cài｜푸르싱싱하고 연한 채소.

【鲜啤酒】xiānpíjiǔ 名〈食〉생맥주 ＝〔生shēng啤酒〕

【鲜肉(儿)】xiānròu(r) 名 생육. 날고기. 신선한 고기. ¶本店供应gōngyìng～｜우리 상점에서는 신선한 고기를 공급한다.

3【鲜血】xiānxuè 名 선혈. ¶～直流zhíliú｜선혈이 바로 흐르다.

3【鲜艳】xiānyàn 形 (색이) 산뜻하다. 아름답다. ¶这些盛开shèngkāi的鲜花多么～｜활짝 핀 이 꽃들이 얼마나 아름다운가! ¶ ¶这些包装bāozhuāng非常～｜이 포장은 매우 아름답고 산뜻하다. 颜色yánsè～｜색이 산뜻하고 아름답다. ¶～夺目duómù｜눈부시게 아름답다.

【鲜阳】Xiānyáng 名 복성(複姓).

【鲜于】Xiānyú 名 복성(複姓).

B xiǎn

【鲜见】xiǎnjiàn 書 形 보기 드물다.

【鲜有】xiǎnyǒu 形 희소하다. 희귀하다. 드물다.

【暹】xiān 햇살오를 섬 ❶ 書 動 해가 돋다. 해가 떠오르다. ❷ 書 動 나아가다. ❸ ⇒〔暹罗luó〕

【暹罗】Xiānluó 名〈地〉사이암(Siam)〔「泰国Tàiguó」(타일란드)의 옛 이름〕

xián ㄒㄧㄢˊ

4【弦〈絃〉】xián 시위 현, 줄 현 ❶ 名 활줄. 활시위. ¶弓gōng～｜활줄. ❷ (～儿, ～子) 名 (악기의) 줄. 현. 轉 (현을 당기는)악기. 현악기. ¶老～｜첫째줄. ¶二～｜둘째줄. ¶学～唱曲儿｜현악기를 배우고 노래를 부르다. ❸ 名 簡〈漢醫〉현맥. ¶～脉mài↓ ❹ 名〈數〉ⓐ 현. ⓑ 옛날, 직각 삼각형의 사변(斜邊)을 일컫던 말. ❺ 名 方 (시계 등의) 태엽. ¶表biǎo～断duàn了｜시계의 태엽이 끊어졌다. ❻ 반달. ¶上～｜상현달. ¶下～｜하현달. ❼ (Xián) 성(姓).

【弦脉】xiánmài 名〈漢醫〉팽팽하고 강한 맥박.

【弦切角】xiánqiējiǎo 名〈數〉원(圓)의 접선과 접점을 지나는 현(弦)이 이루는 각.
【弦月】xiányuè 名〈天〉하현·상현의 달.
【弦乐器】xiányuèqì 名〈音〉현악기. ¶他擅长shàncháng~ | 그는 현악기에 능하다.

【舷】xián 뱃전 현
名(배의) 현. 뱃전. ¶右yòu~ | 우현. ¶左~ | 좌현.
【舷窗】xiánchuāng 名 현창. 배 양쪽의 둥근 창문. ¶人人~看见下面的大海 | 사람들은 현창에서 아래쪽의 바다를 바라본다.
【舷梯】xiántī 名(비행기·배 등의) 승강구〔트랩(trap)〕. ¶他由~上了飞机fēijī | 그는 승강구를 통해서 비행기에 탔다.

【咸】1 xián 다 함
❶ 書 副 모두. 전부. ¶~受其益yì | 모두 그 이익을 얻다. ❷ (Xián) 名 성(姓).
【咸丰】xiánfēng 名 청대(清代) 문종(文宗)의 연호(1851~1861).
【咸宜】xiányí 書 狀 모두 알맞다. 모두 타당하다. 적당하다. ¶老少~ | 나이가 많고 적음을 막론하고 모두에게 다 좋다.

3【咸(鹹)〈醎〉】2 xián 짤 함
形 짜다. ¶这个菜太~ | 이 반찬은 너무 짜다.
【咸菜】xiáncài 名〈食〉짠지. 소금에 절인 야채. ¶~甏bèng | 方 김칫독.
【咸淡(儿)】xiándàn(r) 名 짜고 싱거움. 轉 맛. 간. ¶炒菜chǎocài要掌握zhǎngwò好~ | 야채를 볶을 때는 간을 잘 맞추어야한다. ¶~正好 | 간이 알맞다.
【咸湖】xiánhú ❶〈地質〉함호. 함수호. ❷(Xiánhú)〈地〉사해(死海).
【咸津津(的, 儿的)】xiánjīnjīn(·der·de) 狀 약간 짜다. 짭짤하다. =〔咸浸浸jìn的〕
【咸肉】xiánròu 名 소금에 절인 고기. ¶这里买不到~ | 여기서는 절인 고기를 살 수 없습니다 =〔腌yān肉〕
【咸水】xiánshuǐ 名 짠물. 소금물. ¶~鱼 | 바닷고기 →〔淡dàn水〕
【咸水湖】xiánshuǐhú ⇒〔咸湖①〕
【咸鱼】xiányú 名 ❶ 소금에 절인 생선. ¶~比鲜鱼便宜piányí | 소금에 절인 생선은 신선한 생선보다 싸다. ❷ 햇볕에 말린 바닷물고기.

【涎】xián 침 연
❶ 名 침. 군침. ¶垂chuí~三尺chǐ | (몹시 탐내어) 군침을 흘리다 =〔方 涎水〕〔唾沫tuòmò〕〔俗 口水〕 ❷ ⇒〔涎着脸(儿)〕
【涎皮赖脸】xián pí lài liǎn 成 염치없고 뻔뻔스럽다. 밉살맞게 굴다. 철면피이다. ¶他又~地来要钱了 | 그는 염치없이 돈을 달라고 했다 =〔涎脸赖皮〕
【涎水】xiánshuǐ 名 方 침. 군침.
【涎着脸(儿)】xián·zhe liǎn(r) 動組 方 뻔뻔스럽게〔밉살스럽게〕 굴다. (아이들이) 버릇없이 굴다. 기어오르다. ¶我不愿~讨饭tǎofàn吃 | 뻔뻔하게 밥을 얻어 먹고 싶지 않다.

2【闲(閑)〈閒〉】xián 한가할 한
❶ 形 할 일이 없다. 한가하다. 轉 쓰지 않고 놀리다. 내버려 두다. ¶没有~工夫 | 한가한 시간이 없다. ¶~房↓ ¶别让机器jīqì~着! | 기계를 놀려두지 말아라! ⇔〔忙máng〕 ❷ 名 틈. 여가. 짬. ¶忙里偷tōu~ | 成 바쁜중에 틈을 내다. ¶农nóng~ | 농한기. ❸ 形 관계없다. 무관하다. ¶~人免进miǎnjìn | 관계자외 출입금지 →〔间jiān〕 ❹ 書 名 책(栅). 울타리. ❺ 書 動 막다. 방어하다. ¶防fáng~ | 막다.
【闲笔】xiánbǐ 名 문학 작품 중에서 주제와 무관한 글. ¶他擅长shànchǎng写~ | 그는 주제와 무관한 글을 잘 쓴다. =〔闲文〕
【闲不住】xián ·bu zhù ❶ 겨를이 없다. ❷ 가만히 있지 못하다. ¶手脚shǒujiǎo总是~ | 도무지 가만히 있지 못하다. ❸ 언제나 일이 있다. 실업한 적이 없다.
【闲扯】xiánchě 動 한담(閑談)하다. 잡담하다. ¶别~了这些小事了 | 이런 소소한 일은 얘기하지 마세요 =〔闲谈tán〕
【闲荡】xiándàng ⇒〔闲逛guàng〕
【闲房】xiánfáng 名 빈방. 빈집 =〔闲屋子wūzǐ〕
【闲工夫(儿)】xiángōng·fu(r) 名 틈. 짬. 한가한 시간. ¶我可没~听你胡扯húchě | 나는 너에게서 쓸데 없는 애기 들을 시간이 없다 =〔闲里当lǐdāng〕
【闲逛】xiánguàng 動 할 일 없이 돌아다니다. 빈둥빈둥 돌아다니다. ¶他爱~ | 그는 할 일 없이 돌아다니길 좋아한다 =〔闲荡dàng〕
【闲花野草】xián huā yě cǎo 成 창기. 유녀(遊女) ¶家中妻子丑陋chǒulòu, 便去搭撒dāsǎ那~ | 부인이 못생겨서 그 창기에게 빠졌다《天花才子·快心編》=〔野草闲花〕
3【闲话】xiánhuà ❶ (~儿) 名 잡담. 한담. 여담. 쓸데 없는 말. ¶没事儿时,他俩常在一起讲讲~ | 별일 없을 때 그들 둘은 늘 같이 한담을 나눈다. ¶聊liáo~ | 잡담하다. ¶说~ =〔谈tán闲话〕 | 잡담을 하다 =〔方 闲篇piān(儿)①〕 ❷ 名 남의 뒷말. (뒤에서 하는) 불평. 험담. ¶关于他的~太多 | 그에 대한 말이 많다. ¶落lào了~ | 남의 구설에 오르다. ¶她又在说姐姐的~ | 그녀는 또 언니에 대한 불평을 털어놓고 있다. ¶她可不爱说人~ | 그녀는 정말 남 험담하기를 좋아하지 않는다. ❸ 書 動 한담하다. (이러쿵 저러쿵 쓸 데 없는)이야기하다. ¶你不要在背地里~别人 | 뒤에서 다른 사람에 대해 이야기하지 마라. ¶~当年 | 과거의 일로 한담하다.
【闲季】xiánjì 名 시즌 오프(season off). 제철이 아닌 때. ¶农民在~便进城jìnchéng打工 | 농민들은 농한기에는 도시로 가서 일을 한다.
【闲居】xiánjū 動 ❶ 하는 일 없이 한가로이 지내다. ¶辞官cíguān后他一直~在家 | 관직을 그만둔 후로 그는 줄곧 집에서 한거하고 있다. ¶小人~为不善 | 成 소인은 한가로우면 나쁜 짓을 한다. ❷ 세상사에 관계 않고 조용히 살다.
【闲磕打牙(儿)】xián kē dǎyá(r) 動組 方 한담(閑

談)하다. 잡담하다. 쓸데없는 말을 하다. ¶他等着你, 你还坐着～ | 그가 기다리고 있는데, 너는 아직도 앉아서 한담하고 있는거야!《紅樓夢》＝〔闲打落儿〕〔闲磕牙(儿)〕〔拉lā管儿〕 →〔聊liáo天(儿)〕〔谈tán天(儿)〕

【闲空(儿)】xiánkòng(r) 名 틈. 짬. 겨를 ＝〔闲暇〕

【闲聊】xiánliáo 動 잡담하다. 한담(閑談)하다. ¶他找人～去了 | 그는 사람을 찾아가서 한담했다.

【闲篇(儿)】xiánpiān(r) 名 ❶ 여담 ＝〔闲话huà(儿)①〕 ❷ 중요하지 않은 문장. 의미없는 문장. ‖＝〔闲杂zá儿①〕

【闲气(儿)】xiánqì(r) 名 (별 것 아닌 일로 공연히 내는)노기(怒氣). 쓸데없는 분노. ¶逗dòu～ | 공연한 시비를 걸다. ¶呕òu～ | 하찮은 일로 공연한 화를 내다.

【闲钱】xiánqián 名 回 (생활에 필요한 비용이외의) 여분의 돈. 남는 돈. 여유 있는 돈 ＝〔闲款kuǎn〕

【闲情逸致】xián qíng yì zhì 成 한가한 마음과 안일한 정취(情趣) ¶他种花zhǒnghuā养鱼yǎngyú,还真颇pō有～ | 그는 꽃을 가꾸고 고기를 기르면서 한가한 정취를 즐기고 있다 ＝〔闲情逸志〕

【闲人】xiánrén 名 ❶ 한가한 사람. 일없이 노는 사람. ¶现在正是农忙季节nóngmángjìjié, 村里一个～也没有 | 지금은 농번기라 시골에는 한가한 사람이 한 명도 없다. ❷ 관계없는 사람. 무용자(無用者). 용무가 없는 사람. ¶～莫入mòrù＝〔闲人xiánrén免进miǎnjìn〕〔闲人勿入wùrù〕〔闲人止步zhǐbù〕 | 관계자외 출입 금지.

【闲散】xiánsǎn 形 ❶ 한산하다. 한가하다. ❷ (사람·자재 등이 사용되지 않고) 남아돌다. 놀고 있다. 쉬고 있다. ¶～资金zījīn | 유휴(遊休) 자금. ❸ (직무가) 중요하지 않다.

【闲时】xiánshí 名 한가한 때. ¶～不烧香shāoxiāng, 急来抱bào佛脚fójiǎo＝〔平时不烧香, 急时抱佛脚〕 | 諺 아무 일 없을 때는 가만 있다가 급해지면 매달린다. 발등에 불이 떨어져야 한다.

【闲事】xiánshì 名 자기자신과 상관없는 일. 남의 일. 중요하지 않은 일. ¶少管～ | 쓸데없이 남의 일에 참견마라. ¶狗拿耗子hàozi, 多管～ | 歇 개가 쥐를 잡는 것처럼 자기와 상관없는 남의 일에 참견하다.

【闲适】xiánshì 形 한적하다. 한가하고 편안하다. ¶近来过得很～ | 근래에 와서 한가하게 보낸다. ¶～的心情xīnqíng | 한가하고 자유로운 심정.

【闲书】xiánshū 書 名 심심풀이로 읽는 책 [통속소설과 같은 문학 작품을 경시하여 일컫는 말]

【闲谈】xiántán ❶ 名 잡담. 한담. ❷ 動 잡담하다. 한담하다. ¶她正跟母亲～呢 | 그녀는 지금 어머니와 한담하고 있다.

【闲庭】xiántíng 名 한적한 정원. 조용한 뜰. ¶于～散步sànbù | 조용한 뜰에서 산보하다.

【闲暇】xiánxiá ⇒〔闲空(儿)〕

【闲心】xiánxīn 名 한가한 마음. 한가로운 심정. ¶没有～管这种事 | 이런 일에 신경쓸 만큼 한가한 기분이 아니다.

【闲雅】xiányǎ ⇒〔娴xián雅〕

【闲言碎语】xián yán suì yǔ 成 ❶ 잡담. 쓸데없는 말. ❷ 근거없는 말. 불평불만의 말. 뒷공론. ¶别理会lǐhuì这种～ | 이런 쓸데 없는 말에 신경쓰지 마라 ＝〔闲言闲话②〕

【闲逸】xiányì 書 形 유유 자적(悠悠自適)하다. 한가하고 안일하다. ¶心境xīnjìng～ | 심경이 유유자적하다.

【闲云野鹤】xián yún yě hè 成 유유히 떠다니는 구름과, 들에서 한가하게 노니는 학. 구속 받지 않고 자유로이 살아가는 사람 ＝〔闲云孤gū鹤〕

【闲杂】xiánzá 形 ❶ 일정한 일이나 직업이 없는. ❷ (어떤 일과) 직접적인 관계가 없는.

【闲杂儿】xiánzár ❶ ⇒〔闲篇(儿)〕 ❷ 名 아무래도 좋은 일. 하찮은 일. 관계가 없는 일.

【闲杂人(等)】xiánzárén(děng) 名組 관계없는 사람. 무용자(無用者) ¶不准zhǔn～驻脚zhùjiǎo寺里 | 사원내 무용자 출입금지.

【闲章(儿)】xiánzhāng(r) 名 (이름·직업과는 관계없이 별호(別號)·격언·성어·시문 등을 새긴) 도장.

【闲职】xiánzhí 名 한직. 한가한 일자리. ¶他任rèn了几个～ | 그는 몇 번 한직에 있었다.

【闲置】xiánzhì 動 ❶ (사용하지 않고) 놀리다. 그대로 내버려두다. ¶～的机器jīqì | 쓰지 않은 기계. ❷ 등한히 하다. 소홀히 하다.

【闲坐】xiánzuò 動 ❶ 아무 하는 일 없이 앉아 있다. 한가하게 앉아 있다. ❷ 용건도 없이 찾아가 잡담하다.

【娴(嫺)〈嫻〉】xián 아담할 한

書 形 ❶ 아담하다. 우아하다. 얌전하다. ¶～静jìng↓ ❷ 익숙하다. 능란하다. ¶～于辞令cílìng | 말주변이 좋다. ¶技术jìshù～熟shú | 기술이 능란하다.

【娴静】xiánjìng 形 (성격이) 조용하다. 얌전하다. ¶这姑娘gūniáng十分～ | 이 아가씨는 아주 얌전하다.

【娴淑】xiánshū 形 우아하고 선량하다. ¶～端庄duānzhuāng | 우아하고 선량하며 단정하다.

【娴熟】xiánshú 形 능란하다. 익숙하다. 능숙하다. 숙련되다. ¶～的技巧jìqiǎo | 숙련된 기교. ¶她在平衡木上动作～ | 그녀의 평균대 위에서의 동작은 숙련되어 있다.

【娴习】xiánxí 書 動 능숙하게 되다. 익숙해지다. ¶～纺织fǎngzhī | 방직에 익숙해지다.

【娴雅】xiányǎ 書 形 고상하다. 우아하다 [주로 여자에 대해 이야기 할 때 쓰임] ¶她谈吐tántǔ～ | 그녀는 말솜씨가 고상하고 품위가 있다. ¶举止jǔzhǐ～ | 행동 거지가 세련되고 우아하다 ＝〔闲雅xiányǎ〕

【痫(癇)〈癎癎〉】xián 경풍 간

名 〈醫〉 간질. 지랄병 ＝〔癫diān痫〕〔痫症zhèng〕〔俗 羊yáng痫风〕〔俗 羊角yángjiǎo痫疯fēng〕

【痫症】xiánzhèng 名 〈漢醫〉 간질병 ＝〔癫痫〕〔俗 羊癫风〕

【鹇(鷴)〈鷳〉】xián 백한 한

⇒〔白bái鹇〕

X

4【贤(賢)】xián 어질 현 ❶形 어질다. 현명하다. 덕과 재능이 있다. ¶~明↓ ❷名 현명한 사람. 재능이 있는 사람. ¶选xuǎn~举能jǔnéng | 똑똑하고 능력있는 사람을 선발하다. ¶任rèn人唯wéi~ | 덕과 재능으로 사람을 임용하다. ¶嫉jí~妒能dùnéng | 현명하고 재능있는 사람을 질투하다. ¶圣~ | 성현. ¶先~ | 선현. ❸敬 사람에 대한 경칭 [일반적으로 동년배(同年輩)나 손아랫사람에 대해 사용하는 용어임] ¶~弟dì↓ ¶~侄zhí↓

【贤才】xiáncái 文名 현재. 현명하고 능숙한 인재. 재덕을 겸비한 사람.

【贤达】xiándá 名 현명하고 사리에 통달한 사람. 재능·덕행·성망(聲望)을 겸비한 사람. ¶他是社会shèhuì~ | 그는 현명하고 사리에 통달한 사람이다.

【贤德】xiándé ❶⇒〔贤慧〕 ❷名 어진 덕행. ¶他素sù有~ | 그는 어진 덕행을 겸비하고 있다.

【贤弟】xiándì 名敬 자신의 동생·연하의 친구 또는 제자(弟子).

4【贤惠】xiánhuì 形 (여자가) 어질고 총명하다. 품성이 곱다. 부덕(婦德)이 있다. 현모 양처(賢母良妻)이다. ¶老金想娶qǔ一个~的妻子qīzǐ | 김형은 현모양처에게 장가들고 싶어한다 =〔贤德dé①〕〔贤慧huì〕

【贤慧】xiánhuì ⇒〔贤惠huì〕

【贤劳】xiánláo 書動 공사(公事)에 힘쓰다. 노력하다. 재능으로 인해 더 일이 많아지다.

【贤良】xiánliáng ❶名 현량. ¶~之士 | 현량한 선비. ❷形 현량하다.

【贤路】xiánlù 書名 재덕(才德)을 겸비한 사람이 관리로 나가는 길. ¶开~ | 입신 출세의 길을 열다.

【贤妹】xiánmèi 書名敬 누이동생.

【贤明】xiánmíng 形 현명하다. 어질고 총명하다. 재능과 지혜가 많고 도리에 밝다. ¶~的校长xiàozhǎng | 현명한 교장.

【贤能】xiánnéng ⇒〔贤才〕

【贤妻】xiánqī 名敬 어진 아내 =〔贤内助nèizhù〕〔巧qiǎo妻〕

【贤妻良母】xián qī liáng mǔ 成 현모 양처.

【贤契】xiánqì 書名敬 자신의 제자. 친구의 아들〔조카〕.

【贤人】xiánrén 名 ❶ 현인. 덕성이 높은 사람 =〔贤彦yàn〕 ❷喩 탁한 술.

【贤淑】xiánshū 書形 현명하고 정숙하다.

【贤婿】xiánxù 名敬 사위 =〔贤倩qiàn〕

【贤哲】xiánzhé 書名 현명한 사람. ¶熟读shúdú~经训jīngxùn | 선현선철의 가르침이 들어있는 책을 숙독하다.

【贤侄】xiánzhí 名敬 조카.

4【衔(銜)〈啣〉】xián 재갈 함, 직함 함, 받들 함 ❶名 (말의) 재갈→〔御yù〕 ❷(~儿)名 (행정·군사·학술계통에 있어서 사람의) 직위 또는 등급. ¶大使dàshǐ~常驻chángzhù代表 | 대사급 상주대표. ¶头~ | 두함. ¶学~ | 학위. ¶职zhí~ | 직함. ¶管guǎn~ | 관직. ❸名 성명. 이름. ¶会huì~ | 연서(連署)하다. ❹動 입에 물다. 머금다. ¶~着烟斗yāndǒu | 담뱃대를 물다. ¶燕子yànzi~泥ní | 제비가 진흙을 입에 물다. ¶口~哨子shàozi | 입에 호각을 물다. ❺動 마음에 품다. ¶~恨hèn↓ ❻動 받다. 받들다. ¶~命mìng | 명령을 받들다. ❼動 잇다. 연속하다. ¶上下~ | 아래 위가 연결되다. ¶前后相~ | 앞뒤가 서로 이어지다.

【衔恨】xiánhèn 動 원한을 품다. ¶~以终zhōng | 원한을 품고 죽다.

【衔环】xiánhuán 動喩 은혜에 보답하다 [후한(後漢) 양보(楊寶)가 상처입은 참새를 치료하여 주었더니, 훗날 누런 옷을 입은 동자(童子)가 백환(白環) 네 개를 입에 물고 와서 은혜에 보답하였다는 중국고사에서 유래된 말] =〔衔环结草jiécǎo〕→〔结草〕

【衔环结草】xián huán jié cǎo ⇒〔衔环〕

4【衔接】xiánjiē ❶動 잇다. 연결되다. 맞물리다. ¶这篇文章前后不~ | 이 문장은 앞뒤가 연결되지 않는다. ¶两个阶段jiēduàn必须~ | 두 단계는 반드시 연결되어야 한다. ❷名 연결. 이음. 접촉. ¶他忽视hūshì了文章前后的~ | 그는 문장의 앞뒤 연결을 소홀히 했다. ¶前后的~很不自然 | 전후의 연결이 매우 부자연스럽다.

【衔枚】xiánméi 書動 ❶ (옛날, 군중(軍中)에서 군사들이 떠드는 것을 막기 위해 입에 물리던 가는 나무 막대기의 일종인) 하무를 입에 물리다. ❷ 입을 악물다. ¶~疾走jízǒu | 입을 악물고 질주하다.

【衔铁】xiántiě 名〈物〉전기자(電機子).

【衔冤】xiányuān 書動 억울한 죄를 뒤집어 쓰다. 원죄(寃罪)를 입다. ¶她终于~死去 | 그녀는 결국 누명을 쓰고 죽었다.

3【嫌】xián 싫어할 혐, 의심할 혐 ❶名 의심. 혐의. ¶这事你避避bì~ | 너는 이일에 혐의를 받지 않도록 해야 한다. ¶~疑yí | 혐의. ❷名 원한. 미움. ¶消释xiāoshì前~ | 옛날의 원한을 풀다. ❸動 싫어하다. 꺼리다. 달갑잖게 여기다. 맞갖잖게 여기다. ¶~麻烦máfán | 귀찮은 것을 싫어하다. ¶我~他多嘴多舌duōzuǐduōshé的 | 나는 그가 말이 많아서 싫다. ¶你不~我们在这里抽烟chōuyān吧? | 우리가 여기서 담배를 피워도 괜찮겠죠? ¶他~热rè, 把窗户chuānghù全打开了 | 그는 더운게 싫어 창문을 모두 열었다.

【嫌烦】xián/fán 動 번거로운 일을 꺼리다. 싫증을 내다. 진절 머리가 나다. ¶他总是~ | 그는 항상 번거로운 일을 꺼린다. ¶侍候shìhòu老人她从没嫌过烦 | 그녀는 노인을 모시는 일을 한번도 싫증낸 적이 없었다.

【嫌累】xiánlěi 動 귀찮아 하다.

【嫌冷嫌热】xián lěng xián rè 成 찬 것도 싫고 더운 것도 싫다. 어느 것도 마음에 들지 않다. ¶她一向~的 | 그녀는 늘 어느 것도 마음에 들어 하지 않는다.

【嫌频】xiánpín 形 번잡하여 귀찮다 ¶这孩子叫人

～ | 이 아이는 사람을 귀찮게 한다.

【嫌弃】xiánqì 動 싫어하다. 싫어하여 가까이 하지 않다. ¶不～的话,请您常常过来坐坐儿 | 싫지 않으시다면 언제라도 오십시오. 괜찮으시다면 언제라도 놀러 오십시오.

【嫌恶】xiánwù 動 혐오하다. 싫어하다. 역겨워하다. ¶～他那种人 | 그런 인간은 혐오한다. ¶～油腻yóunì食物shíwù | 기름진 음식을 싫어하다 =〔嫌恨hèn〕〔嫌厌yàn〕

【嫌隙】xiánxì ❶ 名 (서로 의심하거나 싫어서 생긴 감정의) 골. 틈. 악감정(惡感情). 혐오감. ¶父子间有～ | 부자지간에 (감정의) 골이 생겼다. ❷ 動 (의견이 맞지 않아) 사이가 벌어지다. (좋지 않은)틈이 생기다.

4【嫌疑】xiányí ❶ 名 혐의. 의심쩍음. ¶有间谍jiàndié～ | 간첩 혐의가 있다. ❷ 動 의심하다.

【嫌疑犯】xiányífàn 名〈法〉혐의범. 용의자(容疑者). 피의자(被疑者) ¶逮住dǎizhù了两个～ | 두 혐의범을 잡았다.=〔疑犯〕

【嫌怨】xiányuàn ❶ 動 싫어하고 미워하다. 싫어하다. 원망하다. ❷ 名 원한(怨恨). 원망. ‖ =〔嫌冤yuān〕

【嫌憎】xiánzēng 動 증오하다. 미워하다. 싫어하다.

xiǎn ㄒㄧㄢˇ

【冼】Xiǎn 성 선
名 성(姓).

【洗】xiǎn ☞ 洗 xǐ B

【铣(銑)】xiǎn xǐ 끌 선, 무쇠 선

A xiǎn ⇒〔铣铁tiě〕

B xǐ 名 動 프레이즈 반(fraise 盤)(으로 금속을 깎다) ¶～刀dāo↓ ¶～工gōng | 프레이즈공.

A xiǎn

【铣铁】xiǎntiě 名 선철. 무쇠 =〔俗 生shēng铁〕〔铸zhù铁〕

B xǐ

【铣床】xǐchuáng 名〈機〉프레이즈반. ¶平式píngshì～ | 평삭 프레이즈반. ¶靠模kàomó～ | 모사 프레이즈반. ¶立～ | 수직 프레이즈반. ¶万能wànnéng～ | 만능 프레이즈반 =〔铣车xǐchē〕

【铣刀】xǐdāo 名〈機〉프레이즈. 날개칼. ¶平面píngmiàn～ | 평면 프레이즈. ¶侧面cèmiàn～ | 측면 프레이즈.

【筅〈箲〉】xiǎn 솔 선
⇒〔筅帚〕

【筅帚】xiǎnzhǒu 名 方 대를 잘게 쪼개어 만든 솔 [솥·냄비 등을 닦는 데 쓰임] ¶用～刷锅shuāguō | 솔로 냄비를 닦다 =〔俗 炊chuī帚〕

【跣】xiǎn 맨발 선
書 名 맨발. ¶～足zú | 맨발.

【洒】xiǎn ☞ 洒 sǎ 1 D

2【显(顯)】xiǎn 밝을 현
❶ 形 밝다. 분명하다. 뚜렷하다. 명백하다. ¶～而易见↓ ¶效果不太～ | 효과가 크게 뚜렷하지 않다. ❷ 動 드러내 보이다. 과시하다. 나타내다. 나타나다. ¶～手艺 | 솜씨를 드러내 보이다. ¶他又在～小聪明 | 그는 또 그 알량한 총명함을 과시하고 있다. ¶大～身手 | 成 자기의 솜씨를 충분히 나타내다. ¶傍晚bàngwǎn,天边～出了一抹晚霞mǒwǎnxiá | 저녁 무렵 하늘에 노을이 나타났다. ¶没有高山,不～平地 | 높은 산이 없으면 평지가 잘 드러나지 않는다. ❸ (「得」「着」와 결합하여, …인 것처럼) 보이다. 생각되다. ¶～得↓ ❹ 지위가 높다. 명성이 있다. ¶～达dá↓ ¶～赫↓ ❺ 敬 (자식이) 돌아가신 부모를 가리킴. ¶～考↓ ¶～妣bǐ | 돌아가신 어머니.

【显白】xiǎn·bai 動 方 (학문·재능 등을) 자랑하며 뽐내다. 우쭐대다. 과시하다. ¶他都说不贵,那是他～有钱qián | 그는 무엇이든지 싸다고 말하는데, 그것은 부자라는 것을 과시하는 것이다 =〔方 显摆〕〔显弄〕〔方 显派〕〔显排〕

【显摆】xiǎn·bai ⇒〔显白〕

【显达】xiǎndá 動 현달하다. 높은 지위나 관직에 오르다. 입신 출세하다. ¶他～以后,就忘wàng了帮助bāngzhù过他的人 | 그는 입신출세한 이후 그를 도와 주었던 사람들을 잊어버렸다.

2【显得】xiǎn·de 動 (어떠한 상황이) 나타나다. 드러나다. 두드러지다. …처럼 보이다〔여겨지다〕. 분명히 …이다. ¶春天,一切都～生机勃勃bó | 봄에는 모든 것이 생기발랄함을 드러낸다. ¶雨后的空气～格外géwài清新qīngxīn | 비온 후의 공기는 아주 맑아진다. ¶节日的天安门～更加壮丽zhuànglì | 명절의 천안문은 더욱 웅장하고 아름답게 보인다. ¶他～有点紧张jǐnzhāng | 그는 약간 긴장한 것처럼 보인다.

4【显而易见】xiǎn ér yì jiàn 成 뚜렷히 드러나 보이다. 명백히 알 수 있다. ¶这一点是～的 | 이 점은 명백히 알 수 있는 것이다.

【显贵】xiǎnguì ❶ 形 지위가 높고 귀하다. ¶他近年很～ | 그는 근년에 들어 지위가 높아졌다. ❷ 名 높은 지위에 있는 사람. 현귀한 사람.

【显赫】xiǎnhè 形 (권세·명성 등이) 빛나다. 혁혁하다. ¶～的名声míngshēng | 빛나는 명성. ¶～一时的人物 | 당대에 명성을 날렸던 인물.

【显花植物】xiǎnhuā zhíwù 名〈植〉현화 식물. 종자 식물 [꽃이 피고 열매가 열려 씨가 생기는 식물] =〔管guǎn生植物〕

【显豁】xiǎnhuò 形 명백하다. 뚜렷하다. 현저하다. ¶这是～的事实 | 이것은 명백한 사실이다.

【显见】xiǎnjiàn 動 명백히 볼 수 있다. 분명히 알 수 있다. ¶～他的话不可靠kào | 그의 이야기가 믿을 수 없음을 분명히 알 수 있다.

【显考】xiǎnkǎo 名 敬 ❶ 돌아가신 아버지. ❷ 고조부.

【显灵】xiǎn/líng 動 귀신이 모습을 드러내다. 신통력을 발휘하다. 영험을 나타내다. ¶鬼神guǐshén～ | 귀신이 모습을 드러내다.

【显露】xiǎnlù ❶ 動 드러나다. 드러내다. 나타나다. 나타내다. 보이다. ¶没有一定的条件,天才也无

法～才华 | 어떤 특정한 조건이 주어지지 않는다면 천재라도 그 재능을 드러낼 수 없다. ¶雾散了,一座青山～在我们的眼前 | 안개가 걷히자 우리 눈앞에 푸른 산이 나타났다. ¶他脸上～出亲切qīnqiè的笑容xiàoróng | 그의 얼굴에는 친절한 웃음기가 드러났다. ¶他脸上～出高兴gāoxìng的神色shénsè | 그의 얼굴에는 기쁜 표정이 나타났다. ¶～原形yuánxíng | 정체를 나타내다 ❷ 形 뚜렷하다. 분명하다. 명백하다. ¶意义～,一看就懂得 | 뜻이 명확하여 한눈에 바로 이해할 수 있다.

【显明】xiǎnmíng ❶ 形 분명하다. 뚜렷하다. 명백하다. 선명하다. 현저하다. ¶他的来意非常～ | 그가 온 의도는 아주 명백하다. ¶她说话的意图yìtú异常～ | 그녀가 하는 말의 의도가 너무 현저하게 드러난다. ¶～的对照duìzhào | 현저한 대조. ¶～的道理dàolǐ | 명백한 이치. ¶～的特点tèdiǎn | 뚜렷한 특징. ❷ 書 名 〈佛〉 오염되지 않은 것. ❸ 書 名 해돋이. 일출.

【显目】xiǎnmù ⇒〔显眼(儿)〕

[2]【显然】xiǎnrán 形 분명하다. 명백하다. 현저하다. ¶很～他不想去 | 그는 가고 싶지 않다는 것을 명백히 밝혔다. ¶那～不是好办法 | 그것은 분명히 좋은 방법은 아니다.

【显荣】xiǎnróng 書 形 지위가 높아져 귀하게 되다. 입신 출세하여 부귀하게 되다.

【显山露水】xiǎn shān lù shuǐ 成 喻 方 너무 크게 과시하다. 남의 주목을 끌다. ¶别在这儿～的了 | 여기서는 너무 자기자신을 과시하지 마라.

【显圣】xiǎn/shèng 動 현귀한 사람의 신령이 나타나다.

[3]【显示】xiǎn·shì ❶ 動 드러내 보이다. 분명히 나타내 보이다. 과시하다. ¶改革gǎigé的成绩chéngjì已经～出来了 | 개혁의 성과가 이미 드러났다. ¶老～自己多不好意思! | 늘 제 자랑만 하면 정말 부끄럽지 않겠니! ¶这些文物～出古代劳动láodòng人民的高度知慧zhīhuì | 이런 문물들은 고대 노동 인민들의 높은 지혜를 뚜렷이 드러내 주고 있다. ¶～器 | 〈機〉 표시기. 인디케이터(indicator). ❷ 名 〈電算〉 디스플레이(display) ¶～单位dānwèi | 표시장치.

[4]【显微镜】xiǎnwēijìng 名 현미경.

【显现】xiǎnxiàn 動 (뚜렷이) 나타나다. 드러나다. 보이게 되다. ¶实验shíyàn中～出的结果jiéguǒ很不理想 | 실험에서 나타난 결과는 아주 좋지 못하다. ¶她的脸上～出满意的神情 | 그녀의 얼굴에는 만족해하는 표정이 드러났다. ¶雾气wùqì逐渐zhújiàn消失, 重叠chóngdié的山峦luán一层一层地～出来 | 안개가 점차 걷히자, 겹겹이 쌓인 산봉우리가 하나하나씩 나타나기 시작했다.

【显像】xiǎnxiàng ⇒〔显影〕

【显像管】xiǎnxiàngguǎn 名 〈電子〉 키네스코프(kinescope). 수상관. 브라운관.

【显形(儿)】xiǎn/xíng(r) 動 (추악한) 진상을 밝혀내다. 정체를 드러내다. 진상이 밝혀지다. ¶他的本来面目终于～了 | 그의 진면목이 결국 드러났다.

【显性】xiǎnxìng 名 〈生〉 현성. 우성(優性).

【显学】xiǎnxué 書 名 저명한 학설〔학파〕. ¶哲学zhéxué是一门～ | 철학은 드러난(잘 알려진) 학문이다.

【显眼(儿)】xiǎnyǎn(r) 形 ❶ 눈에 띄다. 두드러지다. 뚜렷하다. ¶把布告贴在最～的地方 | 포고문을 가장 눈에 잘 띄는 곳에 붙이다. ¶他的穿着很～ | 그의 옷차림은 매우 두드러진다. ❷ 훌륭하다. 모양이 좋다. ¶这份礼物lǐwù很～ | 이 선물은 모양이 좋다 ‖ =〔显目〕

【显扬】xiǎnyáng 動 ❶ 표창하다. 칭찬하다. 추어주다. ❷ 현양하다. 명성을 세상에 드러내다.

【显要】xiǎnyào ❶ 形 현요하다. 지위나 직무가 높고 권세가 크다. ¶他处chǔ于～的地位dìwèi | 그는 현요한 지위에 있다. ❷ 名 높은 벼슬아치. 큰 권세가.

【显耀】xiǎnyào 動 ❶ 현요하다. (명성·세력 등이) 빛나다. 드러내어 빛나게 하다. ¶～一时 | 한 시절 명성을 날리다. ❷ 뽐내다. 자랑하다. 과시하다. ¶他喜欢xǐhuān～自己 | 그는 자기자신을 과시하길 좋아한다.

【显影】xiǎn/yǐng 動 〈撮〉 현상하다. ¶～纸zhǐ | 현상지. 인화지. ¶～盘pán | 현상용 접시. ¶～剂 | 현상제. 현상약. ¶～液yè =〔显影(药)水〕 | 현상액 =〔显像xiàng〕

【显证】xiǎnzhèng 書 名 현증. 뚜렷한 증거. 확증.

[2]【显著】xiǎnzhù 形 현저하다. 두드러지다. ¶这两年,他在各方面都～进步了 | 2년 사이에 그는 각 방면에서 현저히 진보했다. ¶成绩chéngjì～ | 성적이 현저하게 뛰어나다. ¶取得qǔdé～的成果chéngguǒ | 두드러진 성과를 얻다. ¶经过反复修改,论文的质量～地提高了 | 반복적인 수정을 통해 논문의 질이 현저히 제고되었다.

【蚬(蜆)】xiǎn 바지락조개 현

(～子) 名 〈魚具〉 가막조개. 바지락.

1【险(險)】xiǎn 험할 험

❶ 形 위험하다. 험하다. ¶这条路太～ | 이 길은 아주 험하다. ¶这座木桥很～ | 이 나무 다리는 아주 위험하다. ¶～症zhèng↓ ¶～境jìng↓ ❷ 名 위험. ¶冒mào～ | 모험하다. ¶脱tuō～ | 위험을 벗어나다. ❸ 名 요해(지). 요새. ¶天～ | 천연의 요해. ¶无～可守shǒu | 의지해서 방어할 만한 요새가 없다. ❹ 形 음흉하다. 사악하다. ¶阴yīn～ | 음흉하다. ❺ 副 하마터면. 자칫하면. ¶～遭zāo不幸xìng | 하마터면 큰일날 뻔하다. ¶～些出事 | 하마터면 사고날 뻔했다. ❻ 名 簡「保险」(보험)의 약칭. ¶保什么～? | 어떤 보험에 들겠느냐? ¶火huǒ～ | 화재보험 →〔保险〕

【险隘】xiǎn'ài 名 요해(지). 요해처. 요새. ¶山道～ | 산길요새

【险道】xiǎndào 名 위험한 길. 험난한 길. 험로. ¶他走的是～ | 그가 간 길은 험난한 길이다.

【险地】xiǎndì 名 ❶ 험한 곳. 요해(지). ❷ 위험한 처지.

【险恶】xiǎn'è 形 ❶ (지세·상황 등이) 험악하다.

X

위험하다. 위태롭다. ¶此处江水～,时常翻船fānchuán | 이곳의 강물은 거세어 늘 배가 뒤집힌다. ¶山势shānshì～ | 산세가 험악하다. ¶病情bìngqíng～ | 병세가 위태롭다. ❷사악하다. 고약하다. 음흉하다. ¶他的心术xīnshù～得很 | 그는 심보가 아주 고약하다. ¶～的用心 | 사악한 마음씨.

【险风恶浪】xiǎn fēng è làng 成 사나운 바람과 거친 파도. 큰 난관. ¶～都闯chuǎng过来了 | 큰 곤란이 닥쳐왔다.

【险峰】xiǎnfēng 名 험준한 봉우리. ¶天限风光在～ | 하늘의 끝 풍경이 험준한 산봉우리에 놓여 있다.

【险工】xiǎngōng 名 위험한 공사. ¶抢修qiǎngxiū～ | 위험한 공사를 서둘러 하다.

【险关】xiǎnguān 名 험준〔험요〕한 관문.

【险乎】xiǎnhū ⇒〔险些(儿)〕

【险将】xiǎnjiāng ⇒〔险些(儿)〕

【险境】xiǎnjìng 名 위험한 지경. 위험 지대. 위험한 곳〔처지〕. ¶脱离tuōlí～ | 위험한 상황에서 벗어나다.

【险峻】xiǎnjùn 書 形 험준하다. 높고 험하다 =〔陡dǒu峻〕〔陡峭qiào〕

【险情】xiǎnqíng 名 위험한 상황〔상태〕. ¶～四起 | 위험한 상황이 사방에서 생기다.

【险球】xiǎnqiú 名〈體〉(구기에서) 처리하기 어려운 공. ¶他救jiù了一个～ | 그는 어려운 공을 살려냈다.

【险胜】xiǎnshèng ❶ 名 힘겨운 승리. 신승. ❷ 動 힘겹게 이기다. 신승하다. ¶韩国排球队páiqiúduì以三比二,～美国排球队 | 한국 배구팀은 3대2로 미국팀을 힙겹게 이겼다.

【险滩】xiǎntān 名 험난한 여울. ¶船只chuánzhī闯chuǎng过了一道又一道～ | 배가 험난한 여울을 넘고 또 넘었다.

【险巇】xiǎnxī 書 形 (산)길이 험하다. 喩 앞길이 험난하다.

【险象】xiǎnxiàng 名 위험한 현상. ¶～环生huánshēng | 위험한 현상이 계속 생기다 =〔险状zhuàng〕

【险些(儿)】xiǎnxiē(r) 副 자칫하면. 하마터면. 거의. ¶～掉diào到河里 | 하마터면 강에 떨어(빠)질 뻔했다 =〔险点diǎn〕〔险乎hū〕〔险将jiāng〕〔险一险儿〕→〔差chà一点儿②〕

【险要】xiǎnyào ❶ 形 (지세가) 험준하다. ¶地势dìshì～ | 지세가 험준한다. ❷ 名 지세가 험준한 곳. 요해(지). 요충(지).

【险诈】xiǎnzhà 書 形 음험하고 간사하다. 교활하다. ¶他为人～ | 그는 사람됨이 음험하고 간사하다 =〔险谲jué〕〔倾危wēi〕

【险症】xiǎnzhèng 名 위험한(위태로운) 병(세) ¶他不幸xìng得了～ | 그는 불행하게도 위험한 병에 걸렸다.

【险状】xiǎnzhuàng ⇒〔险象〕

【险阻】xiǎnzǔ ❶ 形 험하다. 험준하다. 험준하여 다니기 어렵다. ¶崎岖qíqū～的山路 | 울퉁불퉁하며 험한 산길. ❷ 形 喩 (일이) 어렵다. 힘들다. ❸ 名 장애(물). 위험. 험난한 길. ¶不怕任何艰难jiānnán～ | 어떤 위험도 어려움도 두려워하지 않다 =〔险涩sè〕

【猃(獫)】 xiǎn 오랑캐이름 험
❶ 名〈民〉험윤(부족의 명칭) =〔猃狁yǔn〕 ❷ 書 名 주둥이가 긴 개.

【鲜】 xiǎn ☞ 鲜 xiān Ⓑ

【藓(蘚)】 xiǎn 이끼 선
名〈植〉이끼. ¶水～ | 물이끼.

【藓斑】xiǎnbān 名 바위에 낀 이끼 반점.

【藓帽】xiǎnmào 名〈植〉선모 =〔蒴shuò帽〕

【燹】 xiǎn 들불 선
書 名 ❷ 산불. 들불. 轉 전화(戰火). 병화 →〔兵火〕〔兵燹xiǎn〕

xiàn ㄒㄧㄢˋ

【见】 xiàn ☞ 见 jiàn Ⓑ

【岘(峴)】 xiàn 산이름 현
❶ 書 名 작고 험한 산. ❷ (Xiàn) 名〈地〉현산(岘山) [호북성(湖北省)에 있는 산이름]

【苋(莧)】 xiàn 비름 현
名〈植〉비름 =〔苋菜〕

【苋菜】xiàncài 名〈植〉비름. ¶野yě～ | 개비름.

1 **【现(現)】** xiàn 나타날 현, 지금 현
❶ 動 나타나다. 나타내다. 드러나다. ¶出～ | 출현하다. ¶～了原形yuánxíng | 정체를 드러냈다. ¶脸liǎn上～了笑容xiàoróng | 얼굴에 웃음을 띄우다 =〔见xiàn〕 ❷ 현재. 지금. ¶～阶段jiēduàn | 현단계. ¶～在↓ ¶～行犯xíngfàn↓ ¶～有人员 | 지금 있는 인원. ❸ 形 현존하다. 실제로 있다. ¶～钱买～货 | 현금으로 현품을 사다. ❹ 副 당장. 곧. 그 자리에서. ¶～编biān～唱chàng | 즉흥적으로 가사나 곡조를 지어서 노래를 부르다. ¶～吃～做 | 그때 그때 만들어서 먹다. ❺ 名 簡 현금. ¶兑duī～ | 현금으로 바꾸다.

4【现场】xiànchǎng 名 ❶ (사건의) 현장. ¶～直播zhíbō | 생중계(를) 하다. ¶作案zuò'àn～ | 사건 현장. ¶保护bǎohù～, 以便进行调查diàochá | 현장을 보존하여 조사하는 데 편리하게 하다. ❷ (생산 시험 등의) 작업 현장. 현지(現地) ¶～指导zhǐdǎo | 현장지도. ¶～参观cānguān | 현지 참관. ¶工作gōngzuò～ | 작업 현장.

【现场会(议)】xiànchǎng huì(yì) 名 현장 회의. 직장 집회.

【现钞】xiànchāo 名 현금. ¶提货tíhuò时要付fù～ | 물건을 가져가실 때 현금으로 지불해 주세요.

3【现成(儿)】xiànchéng(r) 形 ❶ 이미 만들어지다. 이미 다 되어 있다. 이미 갖추어져 있다. ¶～品 =〔现成(儿)货〕| 현품. ¶买～的衣服 | 기성복을 입다. ¶吃～的 | 마련된 음식을 먹다. ¶你帮帮忙bāngmáng去, 别净等～儿的! | 네가 좀 도와주러 가거라, 가만히 앉아 만들어 놓기를 기다리지 말고! ❷ 간단하다. 힘이 들지 않다. 용이하

X

다. ¶说服shuìfú他, 那还不～的吗? | 그를 설득시키는 것은 간단하지 않겠는가?

【现成(儿)饭】xiànchéng(r)fàn 名組 이미 지어 놓은 밥. 喩 불로 소득. ¶他不愿吃～ | 그는 불로 소득을 취하려고 하지 않는다.

【现成(儿)话】xiànchéng(r)huà 名組 방관자의 무책임한 발언〔비평〕=〔现成话儿〕

【现成话儿】xiànchénghuàr ⇒〔现成(儿)话〕

【现吃现做】xiàn chī xiàn zuò 成 그때 그때 만들어 먹다. 그때그때 임시 변통하다. ¶咱们～还来得及 | 그때 그때 임시 변통해도 아직 가능하다.

【现丑】xiàn/chǒu ⇒〔出chū丑〕

【现出】xiànchū 動 나타나다. 드러나다. ¶～原形yuánxíng | 정체가 드러나다. ¶～双足shuāngzú | 두 발을 드러내다.

【现存】xiàncún ❶ 動 현존하다. ¶～的手搞shǒugǎo | 현존하는 원고. ¶～的版本bǎnběn | 현존 판본. ¶～物资wùzī | 현존 물자. ❷ 名 현재 잔고.=〔现存额é〕

【现大洋】xiàndàyáng⇒〔现洋〕

1【现代】xiàndài 名 ❶〈史〉현대 [중국의 역사 구분에서는 일반적으로 5·4운동부터 현재까지의 시기를 가리킴] ¶中国～史 | 중국현대사. ❷ 현대. ¶～交通jiāotōng工具 | 현대 교통 수단. ¶～作家zuòjiā | 현대 작가. ¶～题材tícái | 현대의 제재. ❸ 사회주의 시대 ‖ →〔当dāng代〕〔近jìn代〕

2【现代化】xiàndàihuà ❶ 名 현대화. ¶国防guófáng～ | 국방의 현대화. ❷ 動 현대화하다. ¶～设备shèbèi | 현대화된 설비. ¶～的企业qǐyè | 현대화된 기업. ¶～的工业gōngyè和农业nóngyè | 현대화된 공업과 농업.

【现代戏】xiàndàixì 名〈演映〉현대극. ¶排演páiyǎn～ | 현대극을 공연하다.

【现饭】xiànfàn 名 方 먹다가 남은 밥 =〔剩shèng饭〕

【现付】xiànfù ❶ 動 맞돈내다. 현금으로 지불하다. ¶钞票chāopiào要～ | 현금으로 지불해야 합니다. ❷ 名 현금 지불.

【现购】xiàngòu ❶ 動 현금으로 구입하다. ¶～一批pī收音机shōuyīnjī | 라디오를 현금으로 구입하다. ❷ 名 현금 구입. ‖ =〔现进jìn〕

【现话】xiànhuà 名 方 상투적인 말. 쓸데없는 소리 =〔废fèi话〕

【现货】xiànhuò 名〈商〉현품. 현물. ¶～价格jiàgé | 현물 가격. ¶～交易jiāoyì | 현물 교역. ¶～买卖 | 현물매매.

【现活】xiànhuo 形 매혹적이다. 남의 눈길을 끌다. 눈이 부시다. ¶颜色yánsè配pèi得真～ | 색이 눈길을 끌 정도로 정말 잘 배합되었다.

【现交】xiànjiāo ❶ 動 그 자리에서 넘겨 주다. ❷ 名 맞돈 거래. 현금 거래.

【现今】xiànjīn 書 名 현금. 현재. 요즈음 [「现在」보다 비교적 긴 시기를 말함] ¶～老李阔气kuòqì了 | 이씨는 요즈음 사치스러워졌다.

4【现金】xiànjīn 名〈商〉❶ 현금 [현금으로 바꿀 수 있는 수표 등도 포함됨] ¶抓zhuā～ | 현금을 손에 넣다. ❷ 은행 금고에 보존되어 있는 화폐. 은행 준비금 ‖ =〔现款kuǎn〕→〔现洋yáng〕

【现金帐】xiànjīnzhàng 名 현금 출납부. 금전출납부.

【现局】xiànjú 名 현재의 국면. 현정세. ¶要看清kànqīng～ | 현재 상황을 잘 직시해야 한다.

【现款】xiànkuǎn ⇒〔现金〕

【现粮】xiànliáng 名 지금 지니고 있는 양식 =〔書 见xiàn粮〕

【现卖】xiànmài 動 ❶ 현금으로 팔다. ❷ 그 자리에서 팔다. ❸ 현물(現物)을 팔다.

【现期】xiànqī 名 즉시(卽時). 당시(當時).

4【现钱】xiànqián 名 ❶ 口 현금 =〔见xiàn钱〕 ❷ 경화(硬貨).

【现任】xiànrèn ❶ 動 현재 …를〔을〕 맡(담당하)고 있다. ¶他～班长bānchǎng | 그는 현재 반장을 맡고 있다. ❷ 形 현직의. 현임의. ¶～校长是原来的教务长jiàowùzhǎng | 현임 총장은 본래 교무처장이었다. ¶～市长shìchǎng | 현직 시장.

【现如今】xiànrújīn 名 方 지금. 목하(目下). 현재.

【现身说法】xiàn shēn shuō fǎ 成〈佛〉부처가 중생을 제도하기 위하여 현세의 여러 모습으로 나타나 사람들을 설법(說法)하다. 자기의 경험을 예로 들어 남을 훈계하다. ¶他来了一个～,把自已的经历和体会讲给大家听 | 그는 현신설법(부처가 중생을 제도하기 위하여 현세의 여러 모습으로 나타나 사람들을 설법하는 것)으로 자신의 경험과 깨달음을 여러 사람에게 이야기하다.

【现时】xiànshí 名 현재. 지금.

2【现实】xiànshí ❶ 名 현실. ¶～是无情的 | 현실은 무정한 것이다. ¶～的条件tiáojiàn有利于他 | 현실의 조건은 그에게 유리하다. ¶面对～ | 현실에 직면하다. ❷ 形 현실적이다. ¶～生活 | 현실 생활. ¶为人不可太～ | 사람됨이 너무 현실적이어서는 안 된다. ¶～意义 | 현실적인 의의.

【现实性】xiànshíxìng 名 현실성. ¶这种思想sīxiǎng具有～ | 이런 사상은 현실성이 있다.

【现实主义】xiànshí zhǔyì 名 현실주의. 리얼리즘. ¶～文学 | 현실주의 문학.

【现世】xiànshì ❶ 名〈佛〉현세. 이 세상. 이승. ❷ 動 망신을 당하다. 추태를 보이다. 체면을 잃다. ¶活～ | 개망신당하다 =〔出丑chǒu〕〔丢diū脸〕

【现世宝】xiànshìbǎo 名 변변치 않은 사람. 아무 쓸모없는 인간.

【现势】xiànshì 名 현재의 정세.

【现售】xiànshòu 名 현금 판매 →〔现卖〕

【现下】xiànxià 名 口 현재. 목전(目前) ¶～谁也不听谁了 | 지금은 아무도 그 어느 누구의 말을 듣지 않는다.

【现…现…】xiàn…xiàn… 그 자리에서 …하여, 그 자리에서 …하다. 어법 두개의 동사를 사용하여 어떤 목적을 위해 그 자리에서 어떤 행동을 취하는 것을 나타냄. 「现」을 「旋xuàn」으로도 씀. ¶现用现买 | 그 때 그 때 필요할 때 사다. ¶现吃现做 | 먹어가며 만들다. 그때 그때 임시 변통하다. ¶现学现教 | 가르치면서 배우다. ¶现编biān现唱chàng | 곡조〔가사〕를 지어 그 자리에서 부르다.

2【现象】xiànxiàng 名 ❶〈哲〉현상. ❷ 현상. ¶这种～不是现在才有的 | 이런 현상은 지금에서야 비로소 생긴 것은 아니다. ¶地震dìzhèn是一种

自然～｜지진은 일종의 자연현상이다. ¶看事情不要只看～,要看本质｜일을 볼 때는 피상적인 현상만 보아서는 안되고 그 본질을 보아야 한다. ¶社会～｜사회 현상.

4【现行】xiànxíng ❶ 區 현행의. ¶～法令fǎlìng｜현행 법령. ¶～制度zhìdù｜현행 제도. ¶～政策zhèngcè｜현행정책. ❷ 區 현재 행하다. 실행중이다. ¶～犯fàn｜현행범. ¶政治zhèngzhì上～反革命fǎngémìng｜정치상으로 지금 반혁명을 행하고 있다.

【现行犯】xiànxíngfàn 名〈法〉현행범. ¶审判shěnpàn了几个～｜몇 명의 현행범을 재판하다.

【现形】xiàn/xíng ❶ 動 본모습을 드러내다. 정체를 폭로하다. ❷ (xiànxíng) 名 현상. 현재 상태 =〔现状〕

【现眼】xiàn/yǎn 動 ㊄ 실책을 하여 창피를 당하다. (사람들 앞에서) 면목을 잃다. 추태를 보이다. ¶丢人diūrén～｜면목을 잃다. 추태를 보이다. ¶你给我现了眼!｜너는 사람들 앞에서 나를 망신시켰다.

【现洋】xiànyáng 名 (옛날의) 현금. 은화. ¶～交易jiāoyì｜현금으로 거래하다 =〔现大洋〕

【现役】xiànyì 區〈軍〉현역. ¶～军人jūnrén｜현역군인. ¶服fú～｜현역에 복무하다. ¶～军官jūnguān｜현역 군관.

【现有】xiànyǒu 動 현유의. 현행의. 현존의. ¶本店～一批本子要抛售pāoshòu｜우리 상점에 있는 공책을 싸게 팔겠다. ¶ ～材料cáiliào｜현존 재료〔자료〕. ¶～势力shìlì｜현존 세력.

1【现在】xiànzài ❶ 名 지금. 현재 [말을 하고 있는 때의 시간대를 가리킴. 때로는 말하고 있는 때의 앞뒤의 약간의 긴 시간을 포함하는 경우도 있음] ¶～几点钟jǐdiǎnzhōng?｜지금 몇시입니까? ¶～的情况qíngkuàng｜현재의 상황. ¶～劳动láodòng人民是国家的主人｜현재 노동 인민은 국가의 주인이다. 어법「目前」「目下」는「现在」보다는 범위가 좁고,「如rú今」보다는 넓음 =〔见xiàn在〕→〔过guò去〕〔将jiāng来〕 ❷ 副 당장에. 바로. ¶你说他不偷东西, ～昨天他偷了我的钱｜너는 그가 물건을 훔치지 않는다고 말하지만, 그는 바로 어제 나의 돈을 훔쳤다.

【现正】xiànzhèng 副 바로. 지금 막. 지금 한창. ¶～商议shāngyì中｜지금 막 상담중입니다.

【现值】xiànzhí ❶ 動 지금 …에 즈음하다. ❷ 名 지금의 가치.

【现抓】xiànzhuā 動 (계획없이) 그때그때 되는 대로 하다. ¶平时不学习,临lín到考试kǎoshì就～｜평소에는 공부를 안 하다가 시험때가 되면 계획없이 벼락치기를 한다.

4【现状】xiànzhuàng 名 현상. ¶打破dǎpò～｜현상을 타파하다 =〔现形②〕

【现做】xiànzuò 動 그 자리에서 만들다. 그때 그때 만들다. ¶马上～一身西服xīfú｜그 자리에서 바로 양복 한 벌을 만들다.

2【县(縣)】 xiàn xuán 현 현

Ⓐ xiàn ❶ 名 현 [성(省)급 아래에 속하는 지방 행정 구획의 단위] ❷ (Xiàn) 성(姓).

Ⓑ xuán「悬xuán」의 고체자(古體字) ⇒〔悬xuán〕

3【县城】xiànchéng 名 현정부 소재지(縣政府所在地). 현도(縣都).

【县分(儿)】xiàn·fèn(r) ⇒〔县份(儿)〕

【县份(儿)】xiàn·fèn(r) 名 현. 현성 어법 고유명사 뒤에 연용(連用)할 수 없음. ¶我们那儿是个小～儿｜우리가 있는 곳은 작은 현입니다 =〔县分(儿)〕

【县里】xiàn·li 名 ❶ 현내(縣內) ¶～又来了一个副县长｜현에 부현장이 다시 왔다. ❷ 옛날, 현의 관청(官廳).

【县太爷】xiàn·tàiyé 名 俗 옛날, 현령(縣令)·현지사(縣知事) ¶～来视察shìchá下情了｜현령이 민정을 살폈다.

【县委】xiànwěi 名 簡 중국 공산당 현위원회 →〔省shěng委〕

4【县长】xiànzhǎng 名 현지사(縣知事). 한 현의 행정 장관 =〔县知事zhīshì〕〔县令lìng〕

【县志】xiànzhì 名 현지(縣誌) [현(縣)의 역사·지리·풍속·인물·산물 등을 기재한 지방지] ¶编写biānxiě～｜지방 현지를 편찬하다.

2【限】 xiàn 지경 한, 기한 한

❶ 한도. 한계. 기한. ¶展zhǎn～｜기한을 연기하다. ¶界jiè～｜한계. ¶权quán～｜권한. ❷ 動 범위를 정하다. 제한하다. ¶～三天完工｜사흘안으로 완공하다. ¶作文～用三百字, 文体wéntǐ不～｜작문은 300자로 제한하며 문체는 제한하지 않는다. ❸ 書 名 문지방. 문턱. ¶门mén～｜문지방.

【限产】xiànchǎn 動 생산을 제한하다. ¶汽车qìchē要～｜자동차 생산은 제한해야 한다.

【限定】xiàndìng 動 (수량·범위·기한 등을) 제한하다. 한정하다. ¶人数～为一百五十人｜인원수는 150명으로 한정〔제한〕되었다. ¶讨论tǎolùn的范围fànwéi不～｜토론의 범위가 한정되지 않다

4【限度】xiàndù 名 한도. 한계. ¶最高～｜최고 한도. ¶最低dī～｜최저 한도. ¶最大～｜최대 한도. ¶超过chāoguò～｜한도를 초과하다.

【限额】xiàn'é ❶ 名 한도액. 정액(定額). 투자기준액 [각종 기업의 기본 설립에 대한 규정투자액] ¶贷款dàikuǎn～｜대출 한도. ❷ 名 한도. 기준이 되는 범위. ❸ (xiàn/é) 動 수량이나 액수를 제한하여 정하다.

【限购】xiàngòu ❶ 動 구입을 제한하다. 한정하여 사다. ¶每人～车票chēpiào三张sānzhāng｜각 사람마다 차표 구입을 세장으로 제한하다. ❷ 名 제한 구입.

【限价】xiàn/jià ❶ 動 가격을 제한하다. ❷ (xiànjià) 名 가격 제한.

【限界】xiànjiè 名 한계. 경계. ¶建筑jiànzhù～｜건축 제한. ¶打破dǎpò～｜한계를 타파하다.

【限量】xiànliàng ❶ 動 양을〔한도를〕정하다. 제한하다. ¶前途qiántú不可～｜전도가 양양하다〔끝이 없다〕. ❷ 名 한도(限度). 제한량.

【限令】xiànlìng ❶ 動 기한부로 명령을 실행하다. ¶～某人于四十八小时内离境lìjìng｜48시간 이

내에 출국하라고 어떤 사람에게 명하다. ¶～二十四小时内修好xiūhǎo | 24시간 이내에 완전히 수리하도록 명하다. ❷名 기한부 집행 명령.

4【限期】 xiàn/qī ❶動 기일을 정하다. ¶这项工程gōngchéng～完成 | 이 공사는 기간내에 완성해야 한다. ¶～破案pò'àn | 지정한 기일 이내에 형사 사건을 해결하다. ¶～撤退chètuì | 기간내에 철수하다. ¶～报到bàodào | 기일내에 도착 보고를 하다. ❷(xiànqī) 名 지정 기일(指定期日) ¶～已满yǐmǎn | 지정 기일이 다 되다. ¶给他三天～ | 그에게 3일 간의 유예 기일을 주다.

【限时】 xiànshí 動 시간을 (한)정하다. ¶～开场kāichǎng | 시간을 정하여 개장하다. ¶～限刻xiànkè | 시간을 (한)정하다.

4【限于】 xiànyú 書動 (…로) 제한하다. (…에) 한하다. (어떤 범위로) 한정되다. (조건이나 상황의) 제한을 받다. ¶～有下列资格者zīgézhě | 다음의 자격자에 한한다. ¶本文讨论tǎolùn的范围fànwéi, ～一些原则问题 | 본 논문에 대한 토론 범위는 몇 개의 원칙적인 문제들에만 한정된다.

【限止】 xiànzhǐ 名動 제한(하다) ¶这条法律fǎlǜ～了许多人的活动自由 | 이 법률은 많은 사람의 활동자유를 제한한다.

2【限制】 xiànzhì ❶動 제한하다. 한정하다. ¶条件tiáojiàn～得很严yán | 조건을 아주 엄격하게 제한하다. ¶～在必要的范围fànwéi内 | 필요한 범위 이내로 한정하다. ¶～数量shùliàng | 수량을 제한하다. ❷動 속박하다. 구속하다. 제약(制約)하다. 규제(規制)하다. ¶～言论自由 | 언론의 자유를 구속하다. ❸名 제한. 한정. 한계. 속박(束縛). 제약. ¶有一定的～ | 일정한 제약이 있다. ¶～贸易màoyì | 관리무역. 보호무역. ¶～器 | 〈電氣〉 제한기. 진폭 제한기. ¶～线xiàn | (배구의) 어택(attack) 라인 →〔节制②〕〔抑yì制〕

2【线(線)】 xiàn 실 선

❶名(～儿)실. 줄. ¶棉mián～ | 무명실. ¶一根～ | 실 한 가닥. ¶电diàn～ | 전선. ❷名〈數〉선. ¶直～ | 직선. ❸名 교통 노선. ¶航háng～ | 항로. ¶沿～各站zhàn | 철도 연변의 각 역들. ❹ 실같이 가늘고 긴 것. ¶～香xiāng↓ ¶光～ | 광선. ❺名 정치적·사상적 노선. ¶上纲上～ | 정치적 강령·노선의 수준에서 판단〔비판〕하다. ❻名 경계선. ¶防fáng～ | 방위선. ¶吃水～ | 흘수선. ❼喩 범위. 한계. ¶死亡～ | 사경(死境). ❽名 실마리. 단서. ¶案子的～儿断了 | 사건의 실마리를 놓쳤다. ❾量 오리. 줄기. 가닥 [「一线」의 형태로 추상적인 사물에 쓰여 아주 작음을 나타냄] ¶一～希望xīwàng | 한 가닥의 희망. ❿(Xiàn) 성(姓).

【线春】 xiànchūn 名 (주로, 봄철 옷감으로 쓰이는) 기하학 무늬가 있는 견직물 [중국 절강성(浙江省) 항주(杭州)산이 유명함] =〔春绸chóu〕

【线段】 xiànduàn 名〈數〉선분(線分). 유한 직선.

【线桄子】 xiànguàng·zi 名 ❶(재봉틀 등에 쓰이는) 실패 [가운데 축을 이용하여 회전시킬 수 있으며 축에다 실을 감음] =〔线桄guàng儿〕 ❷ 실꾸리. ¶这铺子的线比别家的～长 | 이 가게의 실은 다른 가게의 실꾸리에 감긴 실보다 길다.

【线规】 xiànguī 名〈機〉와이어 게이지(wire gauge) =〔㊀号hào规〕

【线脚】 xiànjiǎo 名 ㊄ 바늘 땀. 꿰맨 자리. ¶～很密 | 바늘 땀이 매우 촘촘하다 =〔针脚zhēnjiǎo〕

【线粒体】 xiànlìtǐ 名〈生〉선립체.

3【线路】 xiànlù 名 ❶〈電氣〉(전기) 회로. ¶无线电wúxiàndiàn～ | 무선 회로. ¶电话diànhuà～ | 전화선로. ¶～工人 | 전선공. ❷〈交〉노선(路線) ¶公共汽车～ | 버스 노선. ¶航空hángkōng～ | 항공 노선. ❸ 오솔길.

【线麻】 xiànmá ⇒〔大dà麻①〕

【线呢】 xiànní 名〈紡〉면 나사(羅紗).

【线膨胀】 xiànpéngzhàng 名〈物〉선팽창.

【线圈(儿)】 xiànquān(r) 名〈電氣〉코일. ¶感应gǎnyīng～ | 감응 코일. ¶初级chūjí～ | 1차 코일. ¶次级cìjí～ | 2차 코일.

【线上】 xiànshàng 名〈電算〉온라인(on line) ⇔〔线外〕 ¶～系统xìtǒng | 온라인 시스템(system). ¶～输shū入 | 온라인 입력.

【线绳】 xiànshéng 名 면으로 꼰 줄〔끈〕.

4【线索】 xiànsuǒ 名 ❶喩 실마리. 단서(端緖) ¶破案pò'àn的～ | 사건 해결의 실마리 =〔头tóu绪①〕 ❷(소설·각본 등의) 줄거리. 플롯(plot). 맥락. ¶文章的～清楚 | 문장의 맥락이 뚜렷하다. ¶故事的～ | 이야기의 줄거리

【线条】 xiàntiáo 名 ❶〈美〉(그림의) 선. ¶这幅fú画, ～很有力量 | 이 그림은 선이 매우 힘차다. ❷(인체·공예품의) 윤곽의 선. 외곽선. ¶这个陶俑táoyǒng～非常优美yōuměi | 이 도기(陶器) 인형은 선이 매우 아름답다. ❸ 실이나 선 모양의 물건.

【线头(儿,子)】 xiàntóu(r·zi) 名 ❶ 실의 끝. 실마리. ❷ 실오라기. 실밥. ❸喩 일의 단서〔실마리〕. ¶这案子总算有个～了 | 이 사건은 마침내 단서가 잡힌 셈이다.

【线外】 xiànwài 名〈電算〉오프라인(off līne) ⇔〔线上〕

【线香】 xiànxiāng 名 선향. 가늘고 긴 선(線) 모양의 향.

【线形】 xiànxíng 名〈植〉선형 =〔条tiáo形①〕

【线形动物】 xiànxíng dòngwù 名組〈動〉선형 동물. 원형 동물 =〔圆yuán形动物〕

【线性】 xiànxìng 名〈數〉선형(線形). 1차. ¶～标度biāodù | 선형 눈금. ¶～函数hánshù | 1차 함수.

【线性规划】 xiànxìng guīhuà 名〈經〉선형 계획법. 리니어 프로그래밍(linear programming).

【线衣】 xiànyī 名 굵은 면실로 짠 웃옷.

【线胀系数】 xiànzhàng xìshù 名〈物〉선팽창 계수.

【线轴儿】 xiànzhóur 名 (실이 감겨져 있는) 실톳〔보빈(bobbin)〕→〔线桄guàng子〕

【线装】 xiànzhuāng 名 ❶ 선장(본) [책 장정법의 한 가지] ¶～古本gǔběn | 선장본 고서. ❷轉 고서(古書).

【线装书】 xiànzhuāngshū 名 선장본(線裝本) ¶这本书是～ | 이 책은 선장본이다 =〔线装本〕〔洋装〕

3【宪(憲)】xiàn 법 헌, 상관 헌 ❶名 법령. ¶作~垂chuí法 | 법령을 만들다. 名 簡 헌법. ¶立~ | 헌법을 제정하다. 書 動 공포하다. ¶~禁jìn于王官wángggōng | 왕국에서는 금할 것을 공포하다. ❹ 書 名 조정에서 각 성(省)에 상주시킨 고급관리 [청대(清代)에는 「抚fǔ」「藩fān」「臬niè」의 「三大宪」이 있었음] ❺ 書 名 옛날의 역법(曆法).

【宪兵】xiànbīng 名〈軍〉헌병 =〔三道头sāndàotóu〕

3【宪法】xiànfǎ 名〈法〉❶ 헌법. ¶触犯chùfàn~ | 헌법을 어기다. ¶~草案cǎoàn | 헌법 초안. ❷ 書 법도(法度).

【宪章】xiànzhāng ❶ 書 動 법을 준수하다. ❷ 書 名 전장 제도(典章制度). ❸ 名 헌장. ¶联合国liánhéguó~ | 유엔 헌장.

【宪政】xiànzhèng 名〈政〉입헌정치(立憲政治) ¶推动tuidòng~改革gǎigé | 헌정개혁을 추진하다.

3【陷】xiàn 빠질 함, 함정 함 ❶ 名 함정. ¶~阱jǐng↓ ❷ 動 빠지다. ¶她两脚~在泥里了 | 그녀의 두 다리가 진흙 속에 빠졌다. ¶汽车~在泥ní里 | 차가 진탕 속에 빠지다. ¶~于可耻chǐ的失败shībài | 창피스런 실수를 하다. ❸ 動 움푹 들어가다. ¶连熬了两个夜,他的眼睛yǎnjīng都~进去了 | 이틀 밤샘을 하더니 그의 눈이 움푹 들어갔다. ❹ 動 날조하다. 모해[모함]하다. ¶请勿~我于不义 | 내가 정의롭지 못하다고 모함하지 마시오. ¶~人于罪 | 남에게 죄를 뒤집어 씌우다. ¶诬wū~ | 무함하다. 없는 사실을 꾸며 죄에 빠뜨리다. ❺ 動 함락(당)하다. 점령(당)하다. ¶攻城~阵zhèn | 성을 공격하여 적진을 함락시키다. ¶失~ | 적에게 점령당하다. 함락되다. ❻ 名 결점. 결함. ¶缺quē~ | 결함.

4【陷害】xiànhài 動 모함하다. 모해하다. ¶~他人 | 다른 사람을 모함하다.

【陷阱】xiànjǐng 名 ❶ 함정. ¶布设~ | 함정을 놓다. ❷ 喩 흉계(凶計). 악계(惡計) ‖ =〔陷坑kēng〕〔坎kǎn阱〕

【陷坑】xiànkēng ⇒〔陷阱jǐng〕

【陷落】xiànluò ❶ 書 動 함락하다. 함몰(陷沒)하다. ¶许多盆地péndì都是因地壳dìké~而形成的 | 많은 분지는 지각이 함몰해서 형성된 것이다. ❷ ⇒〔陷入①〕 ❸ 動 점령되다. 함락되다. ¶城市在日军的猛力进攻中一个一个地~了 | 도시는 일본군의 맹렬한 공격에 하나씩 하나씩 점령되었다.

4【陷入】xiànrù 動 ❶ (불리한 상황에) 빠지다. ¶敌军díjūn~了我军的包围圈bāowéiquān | 적군은 우리 군의 포위권에 들어왔다. ¶~困境kùnjìng | 곤경에 빠지다. ¶~重围chóngwéi | 겹겹이 포위되다 =〔陷落②〕〔陷于〕 ❷ 喩 잠기다. 몰두하다. 깊이 빠져들다. ¶她~了对往事的回想 | 그녀는 지난 일에 대한 회상에 잠겼다. ¶~沉思chénsī | 깊은 생각에 잠기다.

【陷身】xiànshēn 動 (고난·함정 등에) 몸이 빠지다. ¶~监狱jiānyù | 감옥에 들어가다.

【陷于】xiànyú 書 動 (…에) 빠지다. 떨어지다. ¶~困境kùnjìng | 곤경에 빠지다. ¶进口粮价liángjià问题仍然réngrán~僵jiāng局 | 곡물 수입 가격문제가 여전히 교착 상태에 빠지다 =〔陷入①〕

【陷阵】xiànzhèn 動 적진(敵陣)을 함락시키다. 적진에 뛰어들다 =〔陷敌〕

4【馅(餡)】xiàn 소 함 (~儿, ~子) 名 (떡·만두 등에 넣는) 소. ¶豆沙dòushā~的包子 | 팥소를 넣은 만두.

4【馅儿】xiànr 名 方 ❶ (떡/만두 등에 넣는) 소 ❷ 喩 핵심. ¶这句话里有~ | 이 말 속에 핵심이 있다.

【馅(儿)饼】xiàn(r) 名〈食〉반죽한 밀가루 피에 고기나 야채의 소를 넣어 굽거나 튀긴 둥글넓적한 떡. ¶煎jiān~的摊子tānzi | 빵을 구워 파는 가판(街販)장소

2【献(獻)】xiàn 드릴 헌, 권할 헌 ❶ 動 바치다. 드리다. ¶把保存了多年的烈士lièshì的遗物yíwù~了出来 | 여러 해 동안 보관해온 열사의 유물을 헌납하다. ¶把花圈huāquān敬~在烈士墓前mùqián | 화환을 열사의 묘 앞에 바치다. ¶把青春qīngchūn~给祖国zǔguó | 청춘을 조국에 바치다. ❷ 動 나타나다. 보이다. ¶~技jì↓ ❸ 書 名 현인(賢人). ❹ ⇒〔文wén献〕

【献宝】xiàn/bǎo 動 ❶ 보물을 바치다. ¶向国家文物部门~ | 국가문물부에 보물을 헌납하다. ❷ 喩 (귀중한 경험·의견 등을) 제공하다. ❸ 喩 (가지고 있는 귀중한 물건 등을) 과시(誇示)하다.

【献策】xiàn/cè 動 대책을 내놓다. 방안을 제시하다. ¶人人动手dòngshǒu,个个~很快就完成了任务rènwù | 모두 달라 붙어 저마다 대책을 내놓음으로써 맡은 임무를 재빨리 완성하였다 =〔献计〕

【献丑】xiàn/chǒu 動 謙 보잘 것 없는 솜씨를 보여드리겠습니다. 하찮은 재주를 보여 드리겠습니다 [자신의 재능·문장 등을 드러내 보일 때 겸손하게 하는 말] ¶一定要我唱,就只好~了 | 꼭 제가 노래를 해야 된다면 할 수 없이 보잘 것 없는 솜씨나지만 보여 드릴 수 밖에 없겠습니다 =〔献笑xiào〕〔赏shǎng音〕

【献词】xiàncí ❶ 名 축사. ¶新年xīnnián~ | 신년 축사. ¶开会的~ | 개회의 축사. ❷ 動 축사를 하다.

【献给】xiàngěi 動 바치다. 드리다. 올리다. ¶他把一批pī古书~国家图书馆guójiātúshūguǎn | 그는 고서들을 국가도서관에 헌납했다. ¶把儿女~祖国zǔguó | 자녀를 조국에 바치다.

【献花】xiànhuā 動 헌화하다. 꽃을 선물하다. 꽃을 보내다. ¶给歌手gēshǒu~ | 가수에게 꽃을 보내다.

【献计】xiàn/jì ⇒〔献策〕

【献技】xiàn/jì 動 기예를 보여 주다. 솜씨를 보여주다. ¶当场dāngchǎng~ | 그 자리에서 재주를 보여주다 =〔献艺yì〕

【献礼】xiàn/lǐ ❶ 動 예물을 바치다. 선물[공양]하다. ❷ (xiànlǐ) 名 예물. 선물. 공양. ❸ (xiànlǐ) 名 경축일 등에 작업 성과 등을 영수(領袖)나 당(黨)·국가에게 선물로 바치는 것. ¶以优异yōuy-

ì成绩chéngjì向党的生日～ | 훌륭한 업적을 당의 생일 선물로 바치다.
【献媚】xiàn/mèi 動 애교를 떨다. 아첨하다. 알랑거리다. ¶～取宠qǔchǒng | 아첨하여 총애를 취하다.
【献旗】xiàn/qí ❶動 기(旗)를 바치다. 기(旗)를 수여하다. ❷(xiànqí) 名 기념으로 나누어 주는 기.
4【献身】xiàn/shēn 動 몸을 바치다. 헌신하다. ¶～革命gémìng | 혁명을 위하여 헌신하다. ¶～社会shèhuì | 사회에 헌신하다. ¶孙中山先生是一个有～精神的人 | 손중산 선생은 헌신정신을 갖춘 사람이다.
【献血】xiànxuè ⇒〔捐juān血〕
【献疑】xiàn/yí 書 動 회의(懷疑)를 표시하(나타내)다. ¶向著者zhùzhě～ | 저자에게 회의를 표시하다.
【献艺】xiànyì ⇒〔献技〕
【献殷勤】xiàn yīnqín 動組 비위를 맞추다. 아첨하다. 알랑거리다. ¶对上～, 对下摆架子bǎijiàzǐ | 윗사람에게는 아첨하고 아랫사람에게는 허세를 부리다.

【腺】xiàn 샘 선
名〈生理〉선(腺). 샘. ¶汗hàn～ | 땀샘. ¶淋巴línbā～ | 임파선.
【腺毛】xiànmáo 名〈生〉선모.
【腺细胞】xiànxìbāo 名〈生理〉선세포.

2【羡】xiàn 부러워할 선, 나머지 선
❶動 부러워하다. 탐내다. ¶众人zhòngrén所～ | 많은 사람이 부러워 하다. ¶歆xīn～ | 부러워하다. ❷書 名 나머지. 여유. ¶以～补不足 | 남는 것으로 부족한 것을 보충하다《孟子·滕文公》❸(Xiàn) 名 성(姓).
【羡妒】xiàndù 動 부러워하여 시기〔시샘〕하다. 흠모하여 질투하다. ¶他很～旁páng人 | 그는 옆 사람을 매우 시샘한다.
2【羡慕】xiànmù 動 부러워하다. 흠모하다. 선망(羡望)하다. ¶她～高小姐的美丽měilì | 그녀는 미스 고의 미모를 부러워한다. ¶不要～他人的财富cáifù | 남의 부(富)를 부러워하지 말라 =〔企qǐ羡〕
【羡余】xiànyú 名 (봉건시대에) 지방 관리가 백성들에게 착취한 각종 부가세를 정기적으로 황제에게 바치는 것.

【霰】xiàn 싸라기눈 산
名 싸라기눈 =〔地穿甲dìchuānjiǎ〕〔雪糁xuěshēn〕〔書 雪珠zhū〕〔方 雪子〕
【霰弹】xiàndàn 名〈軍〉유산탄(榴散彈) =〔榴霰弹〕

xiāng ㄒㄧㄤ

2【乡(鄉)】xiāng시골향, 고향 향
名❶ 시골. (농)촌. ¶城chéng～交流jiāoliú | 도시와 농촌간의 교류 ⇔〔城chéng②〕❷ 향 [「县」(현)보다 작은 중국 행정단위의 하나]❸ 고향. ¶还huán～ | 귀향하다. ¶背井离bèijǐnglí～ | 成 고향을 떠나다.
【乡巴佬】xiāng·balǎo 名 方 貶 촌사람. 시골뜨기. 촌뜨기. 촌놈. ¶他是一个～ | 그는 촌놈이다 =〔乡下佬儿〕
【乡愁】xiāngchóu 名 향수 ¶顿生～ | 갑자기 향수가 일다. =〔怀huái乡病〕
3【乡村】xiāngcūn 名 농촌. 시골. 촌. ¶～的夜景 | 시골의 야경
【乡党】xiāngdǎng 名 ❶ 마을. 고향. ❷ 한 고향사람. 동향인.
【乡规民约】xiāngguī mínyuē 名 (사회 기풍을 바로 잡기 위해 농민들이 스스로 제정한) 농촌의 자치 규약(自治規約). 향촌(鄕村)의 자치 행위 규범〔준칙〕.
【乡关】xiāngguān 書 名 고향. ¶日暮rìmù～何处héchù是 | 날은 저물었는데 고향은 어드메냐 =〔乡国guó〕〔乡井jǐng〕
【乡间】xiāngjiān 名 시골. 마을. 촌. ¶～小贩fàn | (시골의) 방물 장수 =〔乡村cūn里〕〔口 乡下〕
【乡井】xiāngjǐng ⇒〔乡关〕
【乡里】xiānglǐ ❶ ⇒〔乡党〕❷ 書 名 아내. 안사람.
【乡邻】xiānglín 名 ❶ 이웃. 이웃사람. ❷ 고향 사람. ¶向～问好wènhǎo | 고향사람에게 안부를 전하다.
【乡民】xiāngmín 名 시골 사람. 마을 사람. 촌민(村民).
【乡僻】xiāngpì 形 (도회지에서 멀리 떨어져 있어) 외지다. 벽촌이다. 촌구석이다.
4【乡亲】xiāngqīn 名 ❶ 같은 고향 사람. ❷ 시골 사람. ❸ 마을 사람. ¶把粮食liángshí分给～们 | 식량을 마을 사람들에게 나누어 주다.
【乡曲】xiāngqū 書 名 벽촌. 촌구석. 외딴 시골. 궁벽한 마을.
【乡绅】xiāngshēn 名 향신 [퇴직 관리로 그 지역에서 학문과 덕망이 높은 사람]¶召集zhàojí～议事yìshì | 향신을 모아 일을 논하다.
【乡试】xiāngshì 名 옛날 과거의 제1차 시험 [3년에 한 번씩 각 성(省)에서 실시되었으며 합격자는 「举人jǔrén」의 칭호가 주어지며 예부(禮部)에서 행하는 회시(會試)에 응시할 자격이 주어짐] =〔乡场chǎng〕〔秋贡qiūgòng〕〔秋试〕〔秋榜bǎng〕〔秋闱wéi〕〔大比dàbǐ〕
【乡思】xiāngsī 名 향수. 고향 생각. 노스탤지어. 홈식(home sick).
【乡谈】xiāngtán 名 고향 사투리. 방언. ¶打～ | 고향사투리를 쓰다 =〔家乡话〕
【乡土】xiāngtǔ 名 향토. 고향. ¶～观念guānniàn | 향토 관념. ¶～文学 | 향토 문학[일정한 지방(地方)에 특유한 자연과 풍속 또는 생활 등을 전제로 한 문학(작품)]
2【乡下】xiāng·xia ⇒〔乡间〕
【乡下话】xiāng·xiahuà 名 방언. 시골말.
【乡下佬儿】xiāng·xialǎor 名組 촌놈. 시골뜨기. 시골 사람. ¶～进城jìnchéng开眼了 | 촌놈이 서울 가더니 (세상 물정에) 눈이 트였다 .=〔乡佬儿〕〔乡下愣lèng儿〕〔乡巴bā佬〕
【乡下人(儿)】xiāng·xiarén(r) 名 시골 사람. ¶我是～,不会喝咖啡kāfēi | 나는 시골사람이라 커피를 마시줄 모릅니다.
【乡谊】xiāngyì 書 名 동향(同鄕)의 정분. 고향 친

구간의 우정. ¶不念niàn～ | 동향의 정분을 생각하지 않다.

【乡音】xiāngyīn 名 고향 말씨. 시골말투. 사투리. ¶他说话带有～ | 그의 말투에는 사투리가 있다.

【乡邮】xiāngyóu ❶ 名 지방의 우편 배달 업무. ❷ 動 시골에서 우편물을 배달하다. ¶～员 | 시골의 우편 배달부.

【乡愿】xiāngyuàn 書 名 향원. 마을의 신망(信望)을 얻기 위해 선량함을 가장한 사람. 세인의 인기를 모으는 위선자.

【乡镇】xiāngzhèn 名 ❶「乡」과「镇」[「乡」「镇」은「县」밑에 있는 행정 단위] ❷ (규모가 작은) 소도시.

【芗(薌)】xiāng 향내 향, 향내날 향

❶ 名 고서(古書)에 나오는 조미용(調味用)의 향초(香草). ❷「香」과 같음 ⇒〔香xiāng①〕 ❸ ⇒〔芗剧〕

【芗剧】xiāngjù 名〈演映〉향극 [복건성(福建省) 향강(薌江)일대에서 유행하는 지방극]

1【相】xiāng xiàng 서로 상, 볼 상, 용모 상, 도울 상

Ⓐ xiāng ❶ 副 서로. 상호. ¶～亲～爱 | 서로 사랑하다. ¶首尾wěi～接 | 머리와 꼬리가 서로 이어져 있다. ❷ 副 동사 앞에 쓰여 한쪽이 다른 한쪽에 대하여 행하는 동작을 표시함. ¶好言～劝 | 좋은 말로 권하다. ¶拿他当好朋友～待dài | 그를 친한 친구로 대하다. ❸ 動 (마음에 드는 지 알아보기 위해) 직접 보다. 선보다. ¶这匹马,他一下就～中了 | 이 말이 그는 바로 마음에 들었다. ¶左～右看 | 좌우를 잘 살펴보다. ¶～媳妇xífù儿 | 며느리감을 선보다. ¶～亲↓ ❹ (Xiāng) 名 성(姓).

Ⓑ xiàng ❶ (～儿) 名 외모. 용모. 생김새. 모습. ¶真～ | 진상. ¶长～儿 | 외모. ¶这孩子睡～不好 | 이 아이는 자는 모습이 좋지 않다. ❷ 名 簡 사진. ¶照～ | 사진(을 찍다). ❸ 名 상(象). 장기짝의 하나. ❹ 動 관찰하다. 보다. 판단하다. ¶～机行事 | 기회를 보아 실행하다. ❺ 書 動 돕다. ¶吉人天～ | 착한 사람은 하늘이 돕는다. ❻ 名 簡 재상(宰相) ¶丞chéng～ | 승상. ❼ 名 상 [명사 뒤에 붙어 각료의 직위를 표시함] ¶文化～ | 문화상. ❽ ⇒〔傧bīn相〕 ❾ ⇒〔属shǔ相〕 ❿ 名〈物〉상(相) [물리적·화학적으로 균질(均質)한 물질의 부분 또는 상태.「气相」「液yè相」「固gù相」의 세 가지가 있음] ⓫ ⇒〔位wèi相〕 ⓬ 名〈地質〉상(相). 층상(層相). ⓭ 名〈言〉상(相). 애스펙트(aspect) [문법 용어의 하나. 시간의 관념과는 달리 동작이나 상태의 행동 방법을 나타내는 동사의 어법범주의 하나임]

Ⓐ xiāng

【相爱】xiāng'ài 動 서로 사랑하다. ¶康先生和李小姐～了一年就结婚了 | 강선생과 미스리는 1년간의 연애 끝에 결혼했다.

【相安】xiāng'ān 書 動 서로 화목하게 지내다. 함께 사이좋게 지내다.

【相安无事】xiāng ān wú shì 成 싸우지 않고 평화롭게 살다. 화목하게 지내다. ¶他们两人倒～ | 그들 둘은 서로 화목하게 산다.

【相伴】xiāngbàn 動 동반하다. 상대가 되다. ¶一个人太孤单gūdān了, 要有人～才好 | 혼자서는 너무 쓸쓸하니, 누군가 동무해 줄 사람이 있어야 한다.

【相帮】xiāngbāng 動 江 서로 돕다. 거들다. 원조하다. ¶我来～你 | 내가 거들어 주겠다 =〔帮助zhù①〕

4【相比】xiāngbǐ 動 서로 비교하다. ¶～之下,还是我不如他 | 서로를 비교해 보면 여전히 내가 그만 못하다.

4【相差】xiāngchà ❶ 動 상호간에 차이가 나다. 서로 다르다. ❷ 名 차이. 거리. ¶～无几 =〔相差不大〕 | 차이가 별로 없다. ¶我们的工作跟党的要求～还很远 | 우리의 작업과 당의 요구 사이에는 아직 차이가 많다.

【相称】ⓐ xiāngchèn 形 서로 알맞다. 잘 어울리다. 적합하다. ¶人品服饰fúshì很～ | 인품과 옷차림이 매우 잘 어울리다.

ⓑ xiāngchēng 動 서로 부르다.

【相成】xiāngchéng 動 서로 잘 어울리다. 서로 잘 배합이 되다. 서로 도와 일을 성사되게 하다. ¶相辅fǔ～ | (두가지 사물이 공존하면서도) 서로 보충이 되어 잘 되다.

【相承】xiāngchéng 動 서로 이어받다. ¶世代～ | 대대로 이어받다. ¶一脉～ | 한 계통으로 이어받다.

【相乘】xiāngchéng 動 곱(셈)하다. ¶五和三～等于十五 | 5곱하기 3은 15이다.

【相持】xiāngchí 動 서로 버티다. 서로 고집하다. ¶～不下 | 成 서로 버티며 양보하지 않다.

【相处】xiāngchǔ 動 함께 살다. 함께 지내다. ¶她很会跟邻居línjū～ | 그녀는 이웃과 아주 잘 지낸다. ¶他们～得很好 | 그들은 함께 아주 잘 지낸다.

【相传】xiāngchuán 動 ❶ (확실치 않은 사실이) …라고 전해지다. …라고 전해오다. ¶此山～曾有仙人xiānrén居住jūzhù | 이 산에 신선이 살았다고 전해진다. ❷ 전수하다. 대대로 전하다. ¶以秘法mìfǎ～ | 비법을 전수하다.

2【相当】xiāngdāng ❶ 形 같다. 비슷하다. 상당하다. 해당되다. 상응하다. ¶这两个厂的条件大体～ | 두 공장의 조건이 대체로 비슷하다. ¶～于中学毕业水平 | 중학 졸업수준에 상당하다. ¶有～的水平 | 상당한 수준에 있다. ❷ 形 (수량·가치·조건·상황 등에 있어서) 엇비슷하다. 대등하다. ¶旗鼓qígǔ～ | 병력〔힘〕이 비슷하다. ¶年纪niánjì～ | 나이가 비슷하다. ❸ 形 적당하다. 알맞다. 적합하다. ¶他一时想不起一个～的字眼来 | 그는 한 순간 적합한 글자가 떠오르지 않았다. ¶这个工作还没有找zhǎo到～的人 | 이 일에 알맞는 사람을 아직 찾지 못했다. ❹ 副 상당히. 꽤. 무척. 퍽. 어법「很」보다는 정도가 낮지만 정도가 높음을 표시함. ¶～好 | 상당히 좋다. ¶这河～深 | 이 강은 상당히 깊다. ¶～重要的决定 | 상당히 중요한 결정. ¶这条路～长 | 길이 꽤 길다.

【相得益彰】xiāng dé yì zhāng 成 서로 도와 서로

의 능력〔장점〕을 더욱 잘 드러내다〔돋보이게 하다〕. ¶这首诗配上这幅画fúhuà真是～ | 이 시는 그림과 잘 어울려 더욱 돋보인다.

4【相等】xiāngděng 形 (수준·수량·분량·정도 등이) 같다. 비슷하다. 대등하다. ¶这两种商品shāngpǐn价值jiàzhí～ | 이 두 종류의 상품은 가격이 비슷하다.

【相抵】xiāngdǐ 動 ❶ 서로 맞먹다. 상쇄(相殺)하다. 서로 맞비기다. ¶收支～ | 수지가 맞아 떨어지다. ❷ 서로 저촉되다. 서로 상반되다.

3【相对】xiāngduì ❶ 動 서로 대립하다. 대립되다. ¶他们的认识完全～ | 그들의 인식이 완전히 대립되어 있다. ¶美与丑chǒu是～的 | 아름다움과 추함은 서로 대립이 된다. ❷ 動 마주 대하다. 상대하다. ¶～而坐 | 서로 마주 대하고 앉다. ❸ 形 상대적이다. ¶平衡是～的 | 평형은 상대적이다. ¶人与人的关系是～的, 不是绝对的 | 사람과 사람과의 관계는 상대적인 것이며 절대적인 것이 아니다 →〔绝juéjué对① ②〕 ❹ 副 비교적. 상대적으로. ¶～地说,这篇文章的内容比你的充实 | 상대적으로 말하자면 이 문장의 내용은 너의 문장보다 충실하다. ¶～稳定wěndìng | 비교적 안정되다.

【相对高度】xiāngduì gāodù 名組〈測〉(지면 또는 선정된 어떤 지점을 기준으로 삼는 고도를 표시할 때의) 상대적 높이.

【相对论】xiāngduìlùn 名 ❶〈物〉상대성 이론. 상대론. ¶爱因斯坦Àiyīnsītǎn发现fāxiàn了～ | 아인스타인은 상대성 이론을 발견했다. ❷ 상대주의적인 의론이나 논리.

【相对湿度】xiāngduì shīdù 名組〈物〉상대 습도

【相对真理】xiāngduì zhēnlǐ 名組 상대적 진리

【相对主义】xiāngduì zhǔyì 名〈哲〉상대주의

【相烦】xiāngfán 書 動 번거롭게 하다. 부탁하다. ¶有事～ | 부탁할 일이 있습니다.

2【相反】xiāngfǎn 動 상반되다. 반대되다. ¶他说的情况qíngkuàng与事实正～ | 그가 말한 상황과 사실은 완전히 상반되어 있다. ¶利害lìhài～ | 이해 상반하다. ¶～地 | 반대로.

【相反相成】xiāng fǎn xiāng chéng 成 서로 반대되면서도 잘 어울리다. 상반되는 것도 서로 같은 점이 있다. 서로 대립되면서도 서로 통일되다. ¶这两件事～ | 이 두가지 일은 서로 반대되면서도 잘 어울린다.

【相仿】xiāngfǎng 形 대체로 비슷하다. 엇비슷하다. ¶他们几个人的兴趣xìngqù十分～ | 그들 몇 사람의 흥미는 아주 비슷하다. ¶内容nèiróng～ | 내용이 비슷하다. ¶年纪niánjì～ | 나이가 비슷하다 ＝〔相仿佛fǎngfó〕

【相仿佛】xiāngfǎng·fu ⇒〔相仿〕

【相逢】xiāngféng ❶ 動 상봉하다. ¶两位老人意外地在国外～ | 두 노인이 뜻밖에 국외에서 상봉했다. ¶我俩又一次～在桂林guìlín | 우리 두 사람은 또 다시 계림에서 만났다. ¶在这里和你～, 实在出乎意料yìliào | 여기서 너와 상봉하다니, 정말 뜻밖이다. ❷ 名 상봉. ¶我哪能忘记wàngjì我们的第一次～! | 내가 어찌 우리의 첫상봉을 잊을 수 있으리요!

4【相符】xiāngfú 形 서로 부합되다. 상부하다. 서로 일치하다. ¶完全wánquán～ | 완전히 일치하다. ¶报告与事实～ | 보고 내용과 사실이 일치하다. ¶名实míngshí～ | 명실 상부하다.

【相辅而行】xiāng fǔ ér xíng 成 서로 도와서 실행하다. 서로 합심하여 해나가다. ¶这两条法规可以～ | 이 두 법규는 서로 보완시켜 시행할 수 있다.

【相辅相成】xiāng fǔ xiāng chéng 成 서로 보완하고 도와서 일을 이루어 내다. 서로 도와서 일이 잘 되어 나가도록 하다. ¶这两种做法～ | 이 두 가지 작업방식은 서로 보완하여 이루어진다.

【相干】xiānggān ❶ 動 상관하다. 관계하다. 어법 주로 부정문에 많이 쓰임. ¶你是否与此事～? | 너는 이 일과 관련이 있는 것 아니냐? ¶这是完全不～的两件事 | 이것은 서로 관련이 전혀 없는 별개의 일이다. ¶这事儿跟你不～ | 이 일은 너와 상관이 없다. ❷ 名 상관. 관계. ¶他去不去跟我有什么～? | 그가 가든 말든 저와 무슨 상관이 있습니까?

【相隔】xiānggé ❶ 動 (시간·거리가) 서로 떨어지다. ¶从我上次来到现在～不过三个月,情况已经发生了很大的变化 | 지난번부터 지금까지 3개월 밖에 되지 않았는데 상황은 아주 크게 변화가 생겼다. ¶～万里 | 만리나 떨어져 있다. 아주 멀리 떨어져 있다. ¶～多年 | 몇년 동안의 간격을 두다. ❷ 名 상거(相距). 서로 떨어진 거리. ¶这里和农村nóngcūn～不远 | 이곳과 농촌과의 거리는 멀지 않다.

4【相关】xiāngguān 動 관련되다. 관계하다. ¶文学与语言学密切mìqiè～ | 문학과 언어학은 서로 밀접하게 관련되어 있다.

【相好】xiānghǎo ❶ 動 서로 친하다. 사이가 좋다. ¶我俩～ | 우리 두 사람은 사이가 좋다. ❷ 名 친한 친구. ❸ 名 연애. ❹ 動 연애하다 [떳떳치 못한 경우에 많이 쓰임] ❺ 名 (정당치 못한) 연인. 정부. ‖＝〔相善shàn〕

【相合】xiānghé 動 서로 맞다. 서로 일치되다. 서로 합치되다. (조건에) 맞다. ¶意见～ | 의견이 맞다. ¶不跟条件～ | 조건에 맞지 않다.

2【相互】xiānghù ❶ 形 상호의. 서로의. ¶我们应当yīngdāng注意zhùyì事物间的～联系liánxì | 우리는 사물사이의 관계를 중시해야 한다. ¶～作用zuòyòng | 상호 작용. ¶～之间的关系guānxì ＝〔相互间的关系〕| 상호간의 관계. ❷ 副 상호간의 서로의. ¶～关心 | 서로 관심을 가지다. ¶～帮助bāngzhù | 서로 도와주다. 어법「相互」는 형용사적 수식어로 주로 사용되고,「互相」은 부사적 수식어로 많이 쓰임. 형용사적 수식어 또는 부사적 수식어 외에「相互间」「相互之间」과 같은 상투어로 쓰임.

【相会】xiānghuì 動 만나다. 해후하다. ¶咱们明年～在汉城hànchéng吧 | 내년에 서울에서 봅시다. ¶我们几时再～? | 우리 언제 다시 만날까요?

4【相继】xiāngjì ❶ 動 잇따르다. 잇닿다. ❷ 연달아. 잇달아. 계속해서. ¶～而来 | 연달아 모여들다. ¶～发言 | 계속해서 발언하다.

【相见】xiāngjiàn 書動❶만나다. 대면하다. ¶不久将以新的面貌与大家～｜조만간 새로운 모습으로 여러분과 만나겠습니다. ❷선보다＝〔相看①〕

【相见恨晚】xiāng jiàn hèn wǎn 成 일찌기 만나지 못한 것이 원망스럽다. ¶他俩一见面就说～｜그 둘은 보자마자 일찍 만나지 못한 것이 아쉽다고 말했다＝〔相知恨晚〕

【相间】xiāngjiàn 書動(물건과 물건이) 서로 섞여 있다. 갈마들다. 번갈다. ¶黑白～｜흑백이 서로 섞여있다. ¶舞蹈wǔdǎo和歌唱gēchàng～｜춤과 노래가 번갈아 공연되다.

4【相交】xiāngjiāo 動❶교차하다. 서로 엇갈려 지나가다. ¶两线liǎngxiàn～｜두 선이 교차되다. ❷교제하다. 사귀다. ¶～有年｜여러 해 동안 사귀다.

【相近】xiāngjìn ❶形 비슷하다. 서로 근접하다. 근사(近似)하다. ¶两人性格xìnggé～｜두 사람의 성격이 비슷하다. ¶大家的意见很～｜모두의 의견은 매우 근사하다. ¶他们俩性情xìngqíng～｜그들 둘의 성격은 서로 비슷하다. ❷形(거리가) 가깝다. ¶地点～的两个学校｜가까운 거리에 있는 두 학교. ¶彼此～｜서로 가까이 있다. ❸名㊉부근.

【相敬如宾】xiāng jìng rú bīn 成(부부가) 손님을 대하듯이 늘 서로 존경하다. ¶他们夫妻俩～｜그들 부부 둘은 서로 깍듯이 존경한다.

【相距】xiāngjù ❶名 서로 떨어진 거리. ¶两地～不到二米｜두 곳의 떨어진 거리는 2미터가 못된다. ❷動(거리·기간이) 멀리 떨어지다.

【相看】xiāngkàn 動❶선을 보다. ❷마주보다. ❸서로 돌봐주다.

【相克】xiāngkè ❶名〈哲〉상극. ❷動 상극이다. 궁합이 맞지 않다. ¶按过去的迷信míxìn说命相mìngxiàng～不能婚配hūnpèi｜과거의 미신에 따르면 궁합이 맞지 않으면 혼인을 할 수 없다고 한다. ‖⇔〔相生〕

【相类】xiānglèi ⇒〔相似〕

【相礼】xiānglǐ ⇒〔襄xiāng礼〕

【相连】xiānglián 動 연결되다. 서로 잇닿다. ¶山水～｜산과 물이 서로 잇닿아 있다.

【相邻】xiānglín 動 서로 인접하다.

【相配】xiāngpèi 形 서로 어울리다. 짝이 맞다. ¶他们俩～｜그 두 사람은 매우 잘 어울린다.

【相亲】ⓐ xiāngqīn ❶動 서로 친하다. 서로 사이가 좋다＝〔方 看亲②〕❷⇒〔相看〕
ⓑ xiàngqīn ❶선을 보다. ¶小王～去了｜왕군은 선보러 갔다. ❷動 서로 친밀히 지내다.

【相去无几】xiāng qù wú jǐ 成❶서로 별 차이가 없다. 큰 차이가 없다. ¶他们俩～｜그들 둘은 별 차이가 없다. ❷어슷비슷하다.

【相劝】xiāngquàn 動❶권고하다. 충고하다. ¶好意～｜호의로 권고하다. ¶好言～｜좋은 말로 권고하다. ❷권하다. ¶以食shí～｜밥을 서로 권하다. 음식을 권하다.

【相扰】xiāngrǎo 動❶서로 (소란을 피우면서) 방해하다. ¶各不～｜서로 간섭하지 않다. ❷套 수고를 끼치다. 폐를 끼치다. ¶无事不敢～｜공연히 폐를 끼치고 싶지 않습니다.

【相忍为国】xiāng rěn wèi guó 成 국가의 이익을 위하여 양보하다. ¶大家要～｜여러분은 국가의 이익을 위하여 양보해야합니다.

【相认】xiāngrèn 動 서로 알고 있다. 면식이 있다. ¶你怎么和他～的?｜너는 어떻게 그와 서로 알고 있느냐?

【相若】xiāngruò 書形 서로 비슷하다. ¶二人年龄niánlíng～｜두 사람은 연령이 비슷하다.

【相商】xiāngshāng 動 협의하다. 의논하다. 상의하다. 상담하다. ¶有事要～｜의논할 중요한 일이 있습니다.

【相生相克】xiāngshēng xiāngkè 名 상생 상극.

4【相识】xiāngshí ❶書名 구면. 아는 사람. 알고 지내는 사람. ¶老～｜오래전부터 알고 지내는 사람. ❷動 서로 알다. 안면이 있다. ¶相逢何必曾～!｜만나고 보니 하필이면 옛날에 알고 지내던 사람이라니!

【相视而笑】xiāng shì ér xiào 成 서로 마주 쳐다보며 웃다.

【相率】xiāngshuài 動 잇따르다. 연잇다. ¶与yù会的宾客bīnkè遂suì～离座lízuò｜모임에 참가했던 손님들은 연이어 자리를 떴다.

【相思】xiāngsī 動(남녀가) 서로 그리워하다. 사모하다. ¶～病｜상사병. ¶单～｜짝사랑(하다).

【相思豆(儿)】xiāngsīdòu(r) 名〈植〉남천촉(南天燭, Nandia domestica)의 열매 [이 열매를 연인의 침대에 넣어두면 사랑이 이루어진다고 함]

【相思鸟】xiāngsīniǎo 名 상사조.

【相思子】xiāngsīzǐ 名〈植〉❶상사자. 홍두(紅荳). ❷상사자의 씨. ❸「红豆」의 씨 [고대 문학 작품에서 상사(相思)를 상징함]

2【相似】xiāngsì 書形 서로 비슷하다. 닮다. ¶两个人长得极其～｜두 사람은 생김새가 아주 비슷하다. ¶～主题zhǔtí｜비슷한 주제. ¶～情况qíngkuàng｜비슷한 상황. ¶孪luán生子面貌miànmào很～｜쌍둥이는 생김새가 많이 닮았다＝〔相类lèi〕

【相似形】xiāngsìxíng 名〈數〉닮은꼴. 상사형

【相提并论】xiāng tí bìng lùn 成❶구별없이 한가지로 취급하다. ❷(두가지를 구별없이) 함께 논하다. 동등하게 운운하다 [주로 부정문에 많이 쓰임] ¶这两件事不能～｜이 두가지 일은 같이 논할 수 없다.

4【相通】xiāngtōng 動 상통하다. 서로 통하다. ¶感情gǎnqíng～｜감정이 통하다. ¶这是两间～的屋子｜이것은 두 칸이 서로 통하는 방이다.

2【相同】xiāngtóng 形 상동하다. 서로 같다. 똑같다. ¶这两篇文章结构jiégòu～｜이 문장 두 편은 구조가 같다. ¶性质xìngzhì很不～｜성질이 아주 다르다.

【相投】xiāngtóu 動(사상·감정 등이) 서로 맞다. 의기 투합하다. ¶兴趣xìngqù～｜취미가 서로 맞다. ¶气味qìwèi～＝〔意气相投〕｜成貶 의기 투합하다.

【相托】xiāngtuō 動❶부탁하다. 의뢰하다. ❷신용하다.

【相违】xiāngwéi 動❶서로 어긋나다. ¶双方shuāngfāng意见～ | 양쪽 의견이 서로 어긋나다. ❷ 서로 떨어져 있다. ¶～千里qiānlǐ | 천리를 떨어져 있다.

【相向】xiāngxiàng 書 動 서로 마주하다. ¶二人～无语 | 두 사람은 마주 보며 말이 없다.

【相像】xiāngxiàng 動 서로 닮다. ¶这两种花很～ | 이 두 종류의 꽃은 아주 닮았다. ¶他们面貌miànmào很～ | 그들은 용모가 매우 닮았다.

1【相信】xiāngxìn 動 믿다. 신임하다. ¶我十分～自己的观察力 | 나는 나의 관찰력을 완전히 믿는다. ¶不～他的话 | 그의 말을 믿지 않는다.

【相形】xiāngxíng 動 서로 비교하다. ¶～之下,我算得了什么呢? | 비교해볼 때 내가 얻은 것이 무엇인가?

【相形见绌】xiāng xíng jiàn chù 成 (다른 것과) 비교해 보면 부족함이 나타나다. 짝이 기울다. ¶一比较,我的东西就～了 | 비교해보면 내 것이 부족하다 →〔小xiǎo巫见大巫〕

【相许】xiāngxǔ ❶ 副 方 아마 =〔也许〕 ❷ 動 허락하다. ❸ 動 정혼하다. 약혼하다.

【相沿】xiāngyán 動 답습하다. 계승하다.

【相沿成习】xiāng yán chéng xí 成 답습하여 풍습이 되다. 전해져 내려오며 습관이 되다. ¶这种做法后来～ | 이런 작업방법이 나중에 습관이 되었다 =〔相沿成风〕〔相沿成俗〕

【相邀】xiāngyāo 動 초대하다. ¶连日承chéng友好～ | 연일 친구로부터 초대를 받다.

【相依】xiāngyī 動 서로 의지하다. ¶唇齿chúnchǐ～ | 成 입술과 이처럼 서로 의지하다. 서로 긴밀하게 의지하다.

【相依为命】xiāng yī wéi mìng 成 ❶ 서로 의지하며 살아가다. 서로 굳게 의지하다. ¶他们母女俩～ | 그들 모녀 둘은 서로 굳게 의지하며 살아간다. ❷ 운명을 같이하다. 생사를 같이하다.

【相宜】xiāngyí 形 알맞다. 적당하다. 적합하다. ¶他做这种工作很～ | 그가 이런 일을 하는 것은 적합하다 =〔适宜shìyí〕

4【相应】ⓐ xiāngyīng 能 札 응당〔마땅히〕 …해야 한다. ¶以上各节～函复hánfù | 이상 각 항에 대해서는 답신을 해야 합니다.

ⓑ xiāngyìng 動 상응하다. 호응하다. ¶这篇文章前后不～ | 이 문장은 앞뒤가 맞지 않는다.

ⓒ xiāng·ying ❶ 形 方 (값이) 싸다. ¶价钱jiàqián～ | 값이 싸다 =〔便宜piányí①〕 ❷ 名 보람. 효과. ¶去也没有什么～ | 가도 별 효과가 없다.

【相映】xiāngyìng 動 서로 어울리다. 대비를 이루다. ¶红绿hónglǜ～ | 빨강과 노랑은 서로 대비를 이룬다.

【相与】xiāngyǔ ❶ 動 사귀다. 교제하다. ¶极难～ | 아주 사귀기 어렵다. ¶这人是很难nán～的 | 이 사람은 사귀기 힘들다. ❷ 形 사이가 좋다. ❸ 副 서로. 함께. ¶～议论yìlùn | 함께 의논하다. ¶～登山dēngshān | 함께 산에 오르다. ❹ 書 名 벗. 친구. ¶～满天下, 知心有几人 | 벗은 천하에 가득해도 지기(知己)는 몇 안된다.

【相遇】xiāngyù 書 動 만나다. 마주치다. ¶偶然ǒurán～于途中túzhōng | 우연히 도중에서 만나다.

【相约】xiāngyuē 動 (서로) 약속하다. ¶他们～在釜山大学大门口见面 | 그들은 부산대 정문앞에서 만나기로 약속했다.

【相知】xiāngzhī ❶ 動 서로 알다. 서로 이해가 깊다. ¶～有素sù | 오래전부터 잘 알다. ❷ 名 지기. 친구. ¶我们是旧jiù～ | 우리는 오랜 친구이다.

【相中】xiāngzhòng 動 마음에 들다. 보고 반하다. ¶你～谁? | 누가 마음에 드니? ¶～了他的手艺shǒuyì | 그의 솜씨에 반했다.

【相嘱】xiāngzhǔ 書 動 의뢰하다. 부탁하다. 위탁하다. ¶谆zhūn谆～ | 간곡하게 부탁하다.

【相左】xiāngzuǒ 書 動 ❶ 어긋나다. 일치하지 않다. ¶意见yìjiàn～ | 의견이 일치하지 않다. ❷ 길이 어긋나다. 엇갈리다. ¶～于途,而失之交臂jiāobì | 길이 어긋나서 만나지 못하다.

Ⓑ xiàng

【相电压】xiàngdiànyā 名〈電氣〉상전압.

【相公】ⓐ xiànggōng 名 敬 상공. 재상(宰相)의 높임말.

ⓑ xiàng·gong 名 상공. ❶ 敬 지체 높은 집안의 젊은 선비에 대한 높임말. ❷ 敬 과거 시험에 합격한 수재(秀才)에 대한 존칭. ❸ 敬 부인이 자기 남편을 높여 일컫던 말. ❹ 남창(男娼) ¶～堂子 =〔私坊sīfāng②〕 | 남창의 거소(居所) =〔像姑xiànggū〕〔私坊①〕 ❺ 성년 남자를 일컫던 말.

【相机】xiàngjī ❶ 名 簡 사진기. 카메라 =〔照zhào相机〕 ❷ 動 기회를 보다. ¶～而动 | 기회를 보아 움직이다.

【相里】Xiànglǐ 名 복성(複姓).

【相貌】xiàngmào 名 용모. ¶～平常píngcháng | 용모가 평범하다. ¶～魁伟kuíwěi | 용모가 훌륭하다 =〔相儿〕〔像貌xiàngmào〕〔形xíng貌〕〔容róng貌〕

【相面】xiàng/miàn 動 관상을 보다. ¶我给你～怎么样? | 관상 좀 봐줄게? ¶～的 | 관상가 .=〔看相〕→〔算suàn命〕〔测cè字〕

【相片儿】xiàngpiānr ⇒〔相片〕

【相片】xiàngpiàn 名 사진. ¶～簿bù=〔相片册〕 | 앨범. 사진첩 =〔俗 相片儿〕〔象片(儿)〕〔像片(儿)〕〔江 照片zhàopiàn〕→〔照相zhàoxiàng〕

3【相声(儿)】xiàng·sheng(r) 名 ❶ 만담. 재담. ¶单口～ | 혼자 하는 만담. ¶对口～ | 둘이서 하는 만담 =〔相相儿〕 ❷ 성대 모사(聲帶模寫) →〔滑稽huájī②〕

【相书】xiàngshū 名 ❶ 方 성대모사(聲帶模寫) =〔口技kǒujì〕 ❷ 관상서(觀相書).

【相位】xiàngwèi 名〈物〉위상. 페이즈(phāse) ¶发生了变化～ | 위상이 바뀌었다.

3【厢〈廂〉】xiāng 곁채 상, 곁방 상
名 ❶ 곁채. 곁방. ¶一正两～ | 정방(正房) 하나에 곁채가 둘(인 집) →〔四合房(儿)〕 ❷ 성문 밖에 접해 있는 구역 또는 거리. ¶关guān～ | 성문밖 거리. ❸ 近 부근. 방면(方面) ¶两～ | 양쪽. 양측. ❹ (～儿) (기차·자동차 등의) 차간. ¶车～儿 | 차간. ❺ (～儿) (극장 등의) 특별석. ¶包bāo～ | 특별석.

【厢房】xiāngfáng 名 곁채〔안마당의 동서에 맞대

하여 선 집채로, 동측에 있는 것을「东厢房」, 서쪽에 있는 것을「西厢房」이라 함] ¶长子zhǎngzǐ住在东～｜맏아들은 동쪽 곁채에 산다. =〔書两梟liǎngniè〕〔配房pèifáng〕〔下xià房②〕〔下屋wū〕→〔四sì合房(儿)〕〔正zhèng房〕

【湘】Xiāng 물이름 상, 땅이름 상 名〈地〉❶ 상강(湘江) [광서(廣西) 지방에서 발원하여 호남성(湖南省)으로 흘러 들어가는 강] ❷ 호남성(湖南省)의 다른 이름.

【湘妃竹】xiāngfēizhú 名〈植〉반죽(斑竹) [순(舜)이 창오(蒼梧)에서 죽었을 때, 아황(娥皇)·여영(女英)이라는 두 비(妃)가 흘린 눈물이 대에 묻어 얼룩이 생겼다 한 데서 유래된 말] =〔湘竹〕〔斑bān竹〕〔漏lòu竹〕〔泪lèi竹〕

【湘剧】xiāngjù 名〈演映〉호남성(湖南省)의 지방극.「长沙Chángshā湘剧」「衡阳Héngyáng湘剧」「常德Chángdé湘剧」등으로 나눔.

【湘帘】xiānglián 名 반죽(斑竹)으로 엮은 발. ¶～低垂dīchuí｜주렴을 아래로 내리다.

【湘绣】xiāngxiù 名 호남(湖南)지방에서 생산되는 자수 제품. ¶买了一些～送人｜호남지방에서 생산되는 자수를 사서 선물하다.

【湘竹】xiāngzhú ⇒〔湘妃fēi竹〕

【葙】xiāng 개맨드라미 상 ⇒〔青qīng葙〕

【缃(緗)】xiāng 담황색 상 書 名 ❶〈色〉담황색. ❷ 담황색 비단.

【缃帙】xiāngzhì 名 담황색 천으로 된 책갑(冊匣). 轉 서적 =〔口书shū套〕

2【箱】xiāng 상자 상, 곳집 상 ❶ 名 궤. 상자. 트렁크. ¶书～｜책궤. ¶皮pí～｜가죽 트렁크 →〔盒hé①〕〔匣xiá〕 ❷ 상자 모양의 물건. ¶风fēng～｜풀무. ¶车～｜차체.

【箱底(儿)】xiāngdǐ(r) ❶ 名 상자 바닥. ¶垫diàn～｜(친척·친구 등이) 신부에게 선물하다 =〔添妆tiānzhuāng〕 ❷ ⇒〔压yā箱底儿(的)钱〕 ❸ 名 평소 때는 잘 사용하지 않는 재물. ❹ 名〈演映〉(극단의) 단역. 엑스트라.

【箱笼】xiānglǒng 名 (휴대용) 옷궤. 트렁크.

【箱装】xiāngzhuāng 名 상자들이. ¶～的大机器｜상자로 포장된 큰 기계.

2【箱子】xiāng·zi 名 상자. 트렁크. 궤짝. ¶木头～｜나무 상자.

1【香】xiāng 향기 향, 향 향 ❶ 形 향기롭다. ¶这盆花很～｜이 화분의 꽃은 매우 향기롭다 =〔芗xiāng②〕⇔〔臭chòu①〕 ❷ 形 (음식이) 맛있다. ¶他请我吃了一顿很～的饭｜그는 나에게 아주 맛있는 밥을 사주었다. ¶吃得真～｜참 맛있게 먹었다. ❸ 形 입맛이 좋다. ¶这两天吃饭不～｜요즈음은 입맛이 없다. ❹ 形 (잠을) 달게 자다. ¶睡shuì得正～｜달게 잤다. ❺ 形 환영받다. 평판이 좋다. ¶这种型号的自行门在乡下～得很｜이런 형의 자전거는 시골에서 크게 환영을 받는다. ¶这种货物在农村nóngcūn很～｜이런 상품은 농촌에서 크게 환영받는다. ❻ 形 친밀하다. 사이가 좋다. ¶他们俩有时候～, 有时候臭chòu｜그들 두 사람은 사이가 좋았다 나빴다 한다. ❼ 形 영예롭다. 영광스럽다. ¶留得姓名～｜영예로운 이름을 남기다. ❽ 名 향료. ¶沉chén～｜침향. ¶檀tán～｜단향. ❾ 名 향. 향기. ¶烧～｜향을 피우다. ❿ 여자와 관계되는 사물의 아칭(雅稱) ¶～柬jiǎn｜내간(內簡) ¶～奁lián↓ ⓫ (Xiāng) 名 성(姓).

【香案(桌儿)】xiāng'àn(zhuōr) 名 향로·촛대·제물 등을 올려 놓는 탁자. 향상(香床) =〔香几jī〕

【香宾】Xiāngbīn 名 外 ❶〈地〉샹파뉴 (Champagne). 프랑스 동북부에 있는 지방. ¶～酒jiǔ =〔三鞭sānbiān酒〕｜샴페인. ❷ (xiāngbīn) 챔피언. ¶～赛sài =〔锦标赛jǐnbiāosài〕｜타이틀 매치 ‖ =〔香滨bīn〕〔香槟bīn〕

【香滨】xiāngbīn ⇒〔香宾〕

【香槟】xiāngbīn ⇒〔香宾bīn〕

【香波】xiāngbō 名 外 샴푸(shampoo) ¶洗发xǐfà～｜샴푸로 머리를 감다.=〔洗发精jīng〕〔洗发剂jì〕

【香饽饽儿】xiāngbō · bor 名 喻 ❶ 친애하는 사람. ❷ 대중의 사랑을 받는 사람. ¶大伙儿都喜欢你, 你倒成了～｜모두들 너를 좋아하니 너는 정말 대중의 사랑을 받는 사람이 되었구나.

【香菜】xiāngcài 名〈植〉고수 =〔胡荽húsuī〕〔香荽suī〕〔芫yán荽〕

【香草】xiāngcǎo ❶ 名 향초. ¶他分不清～还是毒草dúcǎo｜그는 향초와 독초를 구별못한다. ❷ ⇒〔香草醛〕

【香草醛】xiāngcǎoquán 名〈化〉바닐린(vānillin; 독) [향료(香料)의 일종] =〔香兰素xiānglánsù〕〔簡 香草②〕

2【香肠(儿)】xiāngcháng(r) 名〈食〉(돼지나 소의 창자에 고기와 갖은 양념을 다져 넣어 가공한) 중국식 소시지 [「红hóng肠」은 맛이 진하고 붉은 색을 띤 것이고,「腊là肠(儿)」은 살라미 소시지풍의 딱딱하고 작은 것이며,「蒜suàn肠」은 마늘로 맛을 낸 것임] =〔灌guàn肠 ⓑ②〕

【香橙】xiāngchéng 名〈植〉등자(橙子) 나무(의 열매).

【香臭】xiāngchòu 名 향기와 악취. 喻 좋고 나쁨. ¶不知～ =〔不知好歹hǎodǎi〕｜威 좋고 나쁨을 구분하지 못하다. 사리를 분별할 줄 모르다.

【香袋(儿)】xiāngdài(r) 名 향낭. 향주머니.=〔香荷包hébāo〕

【香稻米】xiāngdàomǐ 名 (담홍색을 띤) 상등미(上等米).

【香饵】xiāng'ěr 名 향기로운 미끼. 轉 사람을 유혹하는 수단. ¶没下～,诱yòu敌上钩shànggōu｜미끼도 던지지 않고 적을 유혹하여 말려들기를 바라다.

【香榧】xiāngfěi 名〈植〉비자나무의 통칭 →〔榧子①②〕

【香粉】xiāngfěn 名 (향)분. 파우더. ¶擦cā～｜분을 바르다. ¶～盒hé｜콤팩트(compact).

【香馥馥】xiāngfūfū 書 狀 향기가 짙다. 향내가 가득 차다. ¶～的桂guì花｜향기로운 계화.

【香附子】xiāngfùzǐ 名〈漢藥〉(건위(健胃)·진통·

생리 조절 등에 쓰이는) 향부자

【香干(儿)】 xiānggān(r) 名〈食〉향료를 첨가하여 말리거나 훈제한 두부(식품) ¶肉丝炒～｜고기를 잘게 썰어 넣은 튀긴 두부 =〔香干子〕〔豆腐dòufǔ干(儿)〕

【香港】 Xiānggǎng 名〈地〉홍콩(Hong Kōng).

【香港脚】 xiānggǎngjiǎo 名(발의) 무좀 =〔脚气②〕〔脚癣xuǎn〕〔脚蛀zhù〕〔外新加坡脚xīnjiāpōjiǎo〕

【香菇】 xiānggū 名〈植〉표고버섯. ¶～燉雞dùnjī｜표고버섯을 넣어 고운 닭 =〔香姑〕〔香菌jūn〕〔香蕈xùn〕〔香信〕〔香蘑菇mógū〕〔香菰gū〕

【香菰】 xiānggū ⇒〔香菇〕

【香蒿】 xiānghāo ⇒〔青qīng蒿〕

【香花】 xiānghuā 名❶ 향기로운 꽃. ¶要分清～与毒草dúcǎo｜향기로운 꽃과 독초를 분명이 구분해야한다. ❷ 喩 사람에게 유익한 말 또는 글 →〔毒dú草〕❸ 향과 꽃.

【香灰】 xiānghuī 名 향의 재 =〔香尘chén〕

【香会】 xiānghuì 名(참배나〔참예(參詣)〕를 목적으로 조직된) 참배 모임.

【香火】 xiānghuǒ ❶ 名 신불(神佛)에 올리는 향·초. ❷ 名 轉 참배자. 참예인(參詣人) ¶这庙里miàolǐ～很盛shèng｜이 사원에는 참배자가 매우 많다. ❸ 名 절·사원에서 향촉을 관리하는 사람 =〔庙miào祝〕❹ ⇒〔香烟yān②〕❺ ⇒〔香火儿〕

【香火儿】 xiānghuǒr 名 ❶ 담뱃불을 붙이기 위해 태우는 선향. ❷ 타오르는 향불 ‖ =〔香火⑤〕

【香吉士】 xiāngjíshì 名 外〈食〉(음료수 명칭의 하나인) 썬키스트(sunkist).

[1]【香蕉】 xiāngjiāo 名〈植〉바 나 나 =〔香 牙 yá蕉〕〔甘gān蕉〕

【香蕉苹果】 xiāngjiāo píngguǒ 名組 인도 사과

【香蕉水】 xiāngjiāoshuǐ 名 外〈化〉신나(thinner) =〔信那xìnnà水〕

【香精】 xiāngjīng 名 에센스(essence). 향료의 혼합물.

【香客】 xiāngkè 名 참배자. ¶～们进香朝cháo拜｜참배자들이 향을 올려 참배하다.

【香奁】 xiānglián 名 향렴. 장렴(粧奩). 화장갑(化粧匣).

【香料】 xiāngliào 名 향료. ¶～厂chǎng｜향료 공장.

【香炉】 xiānglú 名 향로 =〔香斗dǒu〕〔睡鸭shuìyā〕

【香茅】 xiāngmáo ❶ 名〈植〉레몬 그래스(lēmon grass). ❷ 名〈植〉시트론. ❸ 名〈植〉(향수 원료의 한 가지인)시트로넬라(Citronella)⇒〔雄刈萱xióngyìxuān〕❹ ⇒〔鼠shǔ曲草〕

【香喷喷(的, 儿的)】 xiāngpēnpēn(·der·de) 狀 향기가 짙다. 향기가 코를 찌르다. 향기가 그윽하다. ¶她身上～｜그녀의 몸에서 향기로운 냄새가 많이 난다.

【香片】 xiāngpiàn ⇒〔花huā茶〕

【香蒲】 xiāngpú 名〈植〉향포. 부들 =〔甘gān蒲〕〔蒲子〕

【香气(儿)】 xiāngqì(r) 名 향기. ¶～袭xí人｜향기가 나다. ¶～扑鼻pūbí｜향기가 코를 찌르다 =〔香儿〕

【香水(儿)】 xiāngshuǐ(r) 名 향수. ¶～精jīng｜아주 짙은 향수.

【香水梨】 xiāngshuǐlí 名〈植〉(약용으로 쓰이는 둥글고 붉은 색의)배⇒〔消xiāo梨〕

【香甜】 xiāngtián 形 ❶ 향기롭고 달다. ¶这西瓜很～｜이 수박은 아주 향기롭고 달다. ¶哈蜜瓜的～味儿很浓｜하미과의 향기롭고도 단맛이 아주 진하다. ¶饿è的时候, 吃什么也～｜배가 고플때는 무엇을 먹어도 맛있다. ❷ (잠이) 달콤하다. 기분이 좋고 편안하다. ¶睡得shuì·de十分～｜아주 푹〔달콤하게〕자다.

[4]【香味(儿)】 xiāngwèi(r) 名 향기⇔〔臭chòu味(儿)〕

【香蕈】 xiāngxùn ⇒〔香菇〕

[3]【香烟】 xiāngyān 名 ❶ 향불 연기. ¶～缭绕liáoràо｜향불 연기가 피어오르다. ❷ (자손이 조상에게 지내는) 제사를 지칭하는 말. 轉 후손. 자손. ¶绝jué了～｜(후)대(代)가 끊어졌다 =〔香火④〕❸ 名 궐련. 담배. ¶～盒hé｜담배갑. ¶～头tóu｜담배 꽁초. ¶～由国家来专卖zhuānmài｜담배는 국가가 ·전매한다 =〔卷juǎn烟①〕〔北 烟卷儿〕〔纸烟〕

【香艳】 xiāngyàn 形 ❶ (시문(詩文)의) 사조.(소설, 영화 등이) 색정(色情)적이다. 선정(煽情)적이다. ¶～的肉体｜선정적인 육체

【香胰子】 xiāngyí·zi ⇒〔香皂zào〕

【香油】 xiāngyóu ❶ 名 향기로운 기름. ❷ ⇒〔麻má油〕❸ 名 선향(線香)과 등불 기름.

【香橼】 xiāngyuán 名〈植〉시트론(citron) =〔枸jǔ橼〕

【香云纱】 xiāngyúnshā 名〈紡〉(광동성(廣東省)에서 나는 검은색의 무늬가 있는 얇은) 견직물 =〔点梅diǎnméi纱〕

[2]【香皂】 xiāngzào 名 세수〔화장〕비누 =〔香肥féi皂〕〔粵香枧jiǎn〕〔北 香胰yí子〕

【香泽】 xiāngzé 書 名 ❶ 머리에 바르는 향유(香油). ❷ 향기. ‖ =〔芳泽fāngzé〕〔芗泽xiāngzé〕

【香獐(子)】 xiāngzhāng(·zi) 名〈動〉사향노루 =〔香鹿lù〕〔麝shè①〕

【香纸】 xiāngzhǐ 名 ❶ 선향과 지전(紙錢) ¶烧shāo～｜선향과 지전을 태우다. ❷ 향수지. 향내나는 종이.

【香烛】 xiāngzhú 名 향촉. (제사나 불공을 드릴 때 쓰는) 향과 초. ¶点上～｜향과 초에 불을 붙이다. ¶～店diàn｜향촉을 파는 상점.

【香资】 xiāngzī ⇒〔香钱〕

【襄】 xiāng 도울 양

❶ 書 動 돕다. ¶共～义举yìjǔ｜의거를 같이 돕다 =〔勷xiāng〕❷ (Xiāng) 名 성(姓).

【襄礼】 xiānglǐ ❶ 動 (혼례·상사·제사 등 의식의) 주재(主宰)자를 도와주다. ❷ 名 (혼례·상사·제사 등 의식의) 주재자를 도와주는 사람. ‖ =〔相xiāng礼〕

【襄理】 xiānglǐ ❶ 書 動 협력하여 처리하다. ❷ 名 (규모가 큰 은행이나 기업의) 부지배인. 부책임자. 부사장. ¶他是银行yínháng的～｜그는 은행의 부사장이다.

【襄助】 xiāngzhù 書 動 찬조하다. 돕다. ¶大家～此事成功chénggōng｜여러분께서 이 일을 도와

주어 성공했습니다.=〔襄赞zàn〕

【勷】 xiāng ☞ 勷 ráng Ⓑ

【骧(驤)】 xiāng 들 양
㊀動 말이 머리를 쳐들다.

4【镶(鑲)】 xiāng 거푸집속 양, 끼울양
動 ❶ 끼워 넣다. 새겨 넣다. 상감(象嵌)하다. ¶ 戒指jièzhǐ上～一块宝石bǎoshí | 반지에 보석하나를 끼워넣다. ¶ 金～玉嵌qiàn | 금이나 옥을 상감하다. ❷ 가에 선을 두르다. 테를 두르다. ¶ 拿红纸～上 | 붉은 종이로 테를 두르다. ¶ 在衣服上～一道红边hóngbiān儿 | 옷에 빨간 테를 두르다.

【镶砌】 xiāngqì 動 끼워 넣어 쌓다. ¶ 洞壁dòngbì用砖头zhuāntóu～得坚固jiāngù | 동굴벽은 벽돌을 끼워 넣어 견고하게 구축되어 있다.

【镶嵌】 xiāngqiàn 動 새겨 넣다. 끼워 넣다. 상감하다. ¶ ～的珍珠zhēnzhū闪闪shǎn发亮fāliàng | 새겨 넣은 진주가 반짝반짝 빛을 발하다. ¶ 墙壁qiángbì～着一幅fú壁画bìhuà | 벽에 벽화를 상감해 넣다. ¶ ～宝石bǎoshí的戒指jièzhǐ | 보석을 박은 반지 =〔嵌镶〕

【镶牙】 xiāng/yá ❶ 動 의치(義齒)를 하다. ¶ 他去医院yīyuàn～去了 | 그는 병원에 가서 의치를 해 넣었다. ❷ (xiāngyá) 名 의치.

xiáng ㄒㄧㄤˊ

2【详(詳)】 xiáng 상세할 상
❶ 形 상세하다. 자세하다. ¶ 不厌yàn其～ | 상세할수록 좋다. ¶ ～加说明 | 상세하게 설명을 덧붙이다 =〔㊀翔xiáng〕⇔〔略lüè⑤〕 ❷ 動 (자세히) 설명하다. 상술(詳述)하다. ¶ 内～ | 札 (편지) 안에 자세히 썼음. ¶ 余容yúróng再～ | 札 나머지는 다음에 상술하겠습니다. ❸ 形 확실하다. 자세히 알다. 분명히 알다. ¶ 生卒年不～ | 출생·사망 연대가 분명하지 않다. ¶ 内容不～ | 내용이 불분명하다. ❹ 해석하다. 풀다. ¶ ～梦mèng↓ ❺ ㊀形 상서롭다 =〔祥xiáng①〕

【详加】 xiángjiā 動 상세하게 …하다. ¶ ～审订shěndìng | 상세히 심의 정정하다. ¶ ～解释jiěshì | 상세하게 해석하다.

【详解】 xiángjiě ❶ 動 상세하게 풀이하다. 자세히 해석하다. ❷ 名 자세한 해석. ¶ 杜诗dùshī～ | 두보시에 대한 상세한 해석

【详尽】 xiángjìn 形 상세하고 빠짐이 없다. 철저하다. ¶ ～的记载jìzǎi | 상세하고 빠짐없는 기록.

【详略】 xiánglüè 名 상세함과 간략함. ¶ ～得当 | 상세함과 간략함이 알맞다.

【详论】 xiánglùn ❶ 名 상론. ❷ 動 상론하다.

【详梦】 xiángmèng ㊀ ❶ 名 해몽. ❷ 動 해몽하다 =〔解jiě梦〕〔圆yuán梦〕〔原yuán梦〕

【详密】 xiángmì 形 상세하고 세밀하다. 주도면밀하다. ¶ ～的计划jìhuà | 주도면밀한 계획.

【详明】 xiángmíng 形 상세하고 분명하다. ¶ ～的注解zhùjiě | 상세하고 분명한 주해.

【详情】 xiángqíng 名 상세한〔자세한〕 상황〔사정〕. 구체적인 사정. ¶ ～请问办事处bànshìchù | 자세한 내용은 주무부처에 문의하세요.

【详实】 xiángshí ⇒〔翔xiáng实〕

【详述】 xiángshù 動 상술하다. 자세하게 진술하다. ¶ ～此事的经过 | 이 일의 경과를 상술하다.

【详谈】 xiángtán 動 상세히 말하다. ¶ ～细讲xìjiǎng | 成 자세히 이야기하다.

【详悉】 xiángxī ❶ 動 자세히 알다. 상세하게 알다. ❷ 形 상세하고 빠짐없다.

2【详细】 xiángxì 形 상세하다. 자세하다. ¶ 他的说明十分～ | 그의 설명은 아주 자세하다. ¶ 作了～的笔记bǐjì | 필기를 상세히 했다. ¶ ～的报告bàogào | 상세한 보고.

【详叙】 xiángxù ㊀動 상세히 서술하다. 자세히 말하다. ¶ ～文学的定义dìngyì | 문학의 정의를 자세히 서술하다.

【庠】 xiáng 학교 상
㊀名 옛날의 학교. ¶ 郡jùn～ | 군의 학교. ¶ 邑yì～ | 읍의 학교.

【庠生】 xiángshēng 名 고대 지방 학교의 학생.

【庠序】 xiángxù 名 한대(漢代)에 설립된 지방 학교.

4【祥】 xiáng 복 상, 조짐 상
❶ 形 상서롭다. ¶ 吉jí～ | 상서롭다. ¶ 不～ | 불길하다 =〔详⑤〕 ❷ ㊀名 길흉(吉凶)의 징조 [현재는 길조만을 가리킴] ❸ (Xiáng) 名 성(姓).

【祥瑞】 xiángruì 名 상서. 길조(吉兆).

【祥云】 xiángyún ㊀名 상서로운 구름

【祥兆】 xiángzhào ㊀名 길조(吉兆). 서조(瑞兆) ¶ 这是一个～ | 이것은 하나의 길조이다.

【降】 xiáng ☞ 降 jiàng Ⓑ

4【翔】 xiáng 날 상
❶ 動 (선회하며) 날다. ¶ 飞fēi～ | 비상하다. ¶ 滑huá～机jī | 글라이더 활공기. ❷ ㊀形 상세하다. 자세하다. ¶ 本书内容～实 | 본 책의 내용은 상세하고 확실하다 =〔详①〕

【翔实】 xiángshí 形 상세하고 확실하다. ¶ 内容～ | 내용이 상세하고 확실하다 =〔详实xiángshí〕

xiǎng ㄒㄧㄤˇ

2【享】 xiǎng 드릴 향, 누릴 향
❶ 動 누리다. 향유하다. ¶ 坐～其成 | 成 가만히 앉아서 남의 성과를 누리다. ¶ 有福fú同～ | 成 복이 있을때 함께 향유하다. ❷ 물건을 헌상(獻上)하다〔바치다〕. ¶ ～祭jì↓ ❸ 대접하다. ¶ ～客kè↓

4【享福】 xiǎng/fú 動 복을 누리다. 행복하게 살다. 편안하게 지내다. ¶ 退休tuìxiū后我想回农村nóngcūn～去 | 퇴직후 농촌으로 가서 편안하게 지낼 생각이다. ¶ 老太太在家里～ | 할머니는 집에서 평안하게 지내신다 =〔受福〕

【享祭】 xiǎngjì ㊀動 (공물을 바쳐) 제사를 지내다.

【享客】 xiǎngkè ㊀動 손님을 대접하다.

4【享乐】 xiǎnglè ❶ 名 향락. ¶ ～主义 | 향락주의. ❷ 動 (주로 부정적 의미로) 향락하다. ¶ 母亲终

身zhōngshēn劳累láolèi,没有～过一天 | 어머니는 평생 고생만 하시고 하루도 편안하게 지내신 적이 없다. ¶不能只顾gù～ | 향락만 추구해서는 안된다.

【享年】 xiǎngnián [名][敬] 향년 [죽은 사람의 연령] ¶～八十四岁suì | 향년 84세이시다 =〔行xíng年①〕〔终zhōng年②〕

2**【享受】** xiǎngshòu ❶ [動] 향수하다. 누리다. 즐기다. ¶品学pǐnxué兼优jiānyōu的学生可以～奖学金jiǎngxuéjīn | 품행이 방정하고 학업이 뛰어난 학생은 장학금을 받을 수 있다. ¶～权利quánlì | 권리를 향수하다. ¶～幸福xìngfú的生活 | 행복한 생활을 누리다. ¶～音乐yīnyuè | 음악을 즐기다. ❷ [名] 향수. 향락. 즐김. ¶只顾个人～ | 개인의 향락만을 염두에 두다. ¶吃苦在前,～在后 | 고생이 먼저이고 즐거움은 나중이다.

【享用】 xiǎngyòng [動] 사용하다. 누리다. 맛보다. ¶好东西留待liúdài大家共同～ | 좋은 물건을 여러 사람들이 같이 누리도록 남겨 두다. ¶～了名果míngguǒ | 유명한 과일을 맛보았다.

4**【享有】** xiǎngyǒu [動] (권리·명예 등을) 지니다. 가지다. 향유하다. ¶男女～同样的权利 | 남녀가 같은 권리를 향유하다. ¶～盛名shèngmíng | 명성을 지니다.

【饷(餉)〈饟〉】 xiǎng 군량 향, 보낼 향 ❶ [名][口] 급료〔봉급〕. ¶月～ | 월급. ¶发～ | 급료를 지급하다. ¶关guān～ =〔领lǐng饷〕| 급료를 받다. ❷ [書][動] 술과 음식을 대접하다. 향응(饗應)하다. ¶以酒食jiǔshí～客 | 술과 음식으로 손님을 접대하다 =〔飨xiǎng①〕 ❸ [書][動] 선사하다. 증여하다. 주다. ¶～遗wèi↓

【饷遗】 xiǎngwèi [書][動] 남에게 물건을 선사하다. 선물하다. 기증하다.

【饷银】 xiǎngyín [名] (군대의) 급료. 봉급. 군비(軍費) ¶发放fāfàng～ | 급료를 내주다. ¶这次加税jiāshuì是为了筹募chóumù～ | 이번의 증세(增稅)는 군비 조달을 위한 것이다.

1**【响(響)】** xiǎng 울릴 향 ❶ (～儿) [名] 울림. 음향. 음성. 소리. ¶听不见～儿了 | 소리를 듣지 못했다. ❷ [動] 소리가 나다. 울리다. ¶钟zhōng～了 | 종이 울렸다. ¶一声不～ | 소리가 하나도 나지 않다. 한마디도 하지 않다. ¶～起暴风雨般的掌声zhǎngshēng | 우레와 같은 박수소리가 나다. ❸ [動] 소리를 내다. 소리가 나게 하다. ¶～枪qiāng | 총소리를 내다. ¶～锣luó | 징을 울리다. ❹ [形] 소리가 크다. 우렁차다. ¶号声hàoshēng真～ | 외치는 소리가 우렁차다. ¶他说话的声音很～ | 그가 말하는 소리는 매우 크다. ❺ [名][動] 메아리(치다). 반향(反響)〔반응〕(이 있다) ¶影yǐng～ | 영향. ¶说什么不～ | 무슨 말을 해도 반응이 없다. ¶如～斯应sīyìng | 반응이 매우 빠르다. ❻ [量] 발 [총 등의 발사음을 세는 단위] ¶二十～的驳壳枪bókéqiāng | 20발(들이) 모제르총 →〔发fā⑰〕

【响鼻(儿)】 xiǎngbí(r) [名] (말·노새 등의) 코뚜레질. ¶打～ | 코뚜레질하다.

【响彻】 xiǎngchè [動] 소리가 울려 퍼지다. 드높이 울리다. ¶让ràng这种正义的声音～全球 | 이런 정의의 소리가 전세계에 울려 퍼지도록 하다. ¶～云霄yúnxiāo | 드높이 하늘까지 울려 퍼지다.

【响遏行云】 xiǎng è xíng yún [成] 소리가 하늘까지 울려 퍼져, 흘러가는 구름조차 멈추게 하다. 노래소리가 우렁차다. ¶合唱团的歌声～ | 합창단의 노래소리가 하늘까지 우렁차게 울려퍼지다.

【响鼓不用重槌】 xiǎnggǔ bùyòng zhòngchuí [諺] 소리가 잘 나는 북은 큰 북채로 칠 필요가 없다. 재능이 있는 사람은 조금만 귀띔해주면 금방 알아차린다.

【响箭】 xiǎngjiàn [名] 향전. 효시(嚆矢) ¶林中传来一声～ | 나무 숲속에서 향전소리가 들여왔다.

3**【响亮】** xiǎngliàng ❶ [形] (소리가) 높고 크다. 우렁차다. ¶歌声gēshēng～ | 노래 소리가 우렁차다. ❷ [形] (성격이) 솔직하고 시원시원하다. 쾌활하다. ❸ [名] 소리.

【响铃(儿)】 xiǎnglíng(r) [名] 방울. 종. 벨. ¶～叮当dīngdāng | 종이 땡땡 울리다. ¶按àn～ | 벨을 누르다.

【响马】 xiǎngmǎ [名] 옛날, 북방(北方)의 마적(馬賊). 노상 강도 [먼저 「响箭」을 쏜 다음 나타났기 때문에 이렇게 불렀음] ¶客栈kèzhàn里来了几个～ | 여관에 몇몇 마적이 나타났다.

【响器】 xiǎngqì [名] (징·북·꽹과리 등) 타악기의 총칭(總稱) ¶～铺pù | 타악기를 파는 가게.

【响晴】 xiǎngqíng [形] 쾌청하다. 구름 한 점 없이 맑다. ¶～的天空 | 구름 한 점 없이 맑은 하늘.

【响儿】 xiǎngr [名][方] 소리. 울림. ¶别弄nòng出～ | 소리를 내지 말아라.

4**【响声(儿)】** xiǎng·sheng(r) [名] 소리. ¶这冰箱bīngxiāng启动qǐdòng时的～太大了 | 이 냉장고는 소리가 너무 크다.

【响头】 xiǎngtóu [名] (「磕kē頭」의 예를 할 때) 머리가 땅에 부딪쳐 소리가 날 정도로 하는 큰 절. ¶磕kē了个～ | (머리를 땅에 부딪쳐 소리가 나게 하는) 큰 절을 했다.

【响尾蛇】 xiǎngwěishé [名]〈動〉방울뱀. ¶～式导弹dǎodàn | 사이드와인더(sidewinder) [공대공 미사일의 일종]

【响杨】 xiǎngyáng ⇒〔毛máo白杨〕

【响音】 xiǎngyīn [名]〈言〉❶ 유성음(有聲音). ❷ 유성자음.

2**【响应】** xiǎngyìng ❶ [名] 호응. 응답. 공명. ❷ [動] 응하다. 호응하다. 응답하다. 공명하다. ¶他的倡仪chàngyí得到了许多人的～ | 그는 의거는 많은 사람들의 호응을 얻었다. ¶～祖国zǔguó的号召hàozhào | 조국의 부름에 응하다.

【蚃(蠁)】 xiǎng 성할 향, 번데기 향 [書] ❶ [形] 무성하다. 왕성하다. ❷ [名] 번데기. 구더기.

【飨(饗)】 xiǎng 대접할 향, 누릴 향 [書][動] ❶ 「饷」과 같음 ⇒〔饷xiǎng②〕 ❷ 제사지내다. ¶～茔yíng | 조상의 묘에 제사를 지내다. ❸ 누리다. 받다. 향유하다. 향수

(享受)하다. ¶～福＝〔享福〕| 행복을 누리다＝〔享xiǎng〕❹ 남에게 만족을 주다.

1 **【想】** **xiǎng 생각할 상** ❶ 動 생각하다. ¶他心里～着事儿呢 | 그는 마음 속으로 일을 생각하고 있다. ¶我们～办法帮助他 | 우리는 방법을 생각해내 그를 도와주도록 합시다. →〔以为yǐwéi〕〔当dàng①〕❷ 動 추측하다. …라 여기다. 예상하다. ¶我～他一定会来的 | 나는 그가 반드시 올 것이라 생각한다. ¶你～五点前咱们zánmén做得完吗? | 너는 우리가 5시 전에 일을 마칠수 있다고 여기니? ❸ 動 …하고 싶다. …할 작정이다. …하려하다. 바라다. 어법 반드시 동사 목적어를 가짐. ¶我～当探险家tànxiǎnjiā | 나는 탐험가가 될 작정이다. ¶她也非常～去 | 그녀도 역시 가고 싶어 한다 →〔打算〕❹ 動 그리워하다. 간절히 생각하다. 걱정하다. ¶海外侨胞qiáobāo日夜～着祖国zǔguó | 해외교포는 밤낮으로 조국을 그리워 하고 있다. ¶奶奶nǎinǎi可～你了 | 할머니는 너를 몹시 그리워하신다. ❺ 動 기억하다. 잊지 않다. 어법 반드시「着」를 붙이며 주로 명령문에 쓰임. ¶你可～着这件事 | 너는 이 일을 기억하고 있어라. ¶到了那里～着给我们写封信 | 그곳에 도착하면 우리에게 편지 쓰는 것을 잊지 말아라. ❻ 動 생각나다. 생각해내다. ¶～了半天才～起来 | 한참동안 생각했더니 비로소 생각이 난다. ¶你仔细～～他到底说过没有? | 그가 도대체 말했는지 안했는지 자세히 생각해봐라. ❼ (～儿) 名 方 희망. 가망. ¶没～儿 | 희망이 없다.

【想必】 xiǎngbì 副 반드시. 틀림없이. ¶这事～你知道 | 이일은 네가 틀림없이 알고 있으리라고 생각한다.

【想不到】 xiǎng·bu dào 動組 미처 생각하지 못하다. 예상하지 못하다. 뜻밖이다. ¶～会发生这样的怪事 | 이런 괴상한 일이 발생하리라고는 미처 생각하지 못했다. ¶这是～的事 | 이것은 뜻밖의 일이다＝〔却不道②〕⇔〔想得到〕→〔不出所料liào〕〔不想①〕

【想不开】 xiǎng ·bu kāi 動組 (여의치 않은 일에 대해) 생각을 떨쳐버리지 못하다. 단념하지를 못하다. 꽁하게 생각하다. ¶这事儿你别～ | 이런 일로 꽁하게 생각하지 말아라 ⇔〔想得开〕

【想碴儿】 xiǎng/chár 動 ❶ 곰곰히 생각하다. 사색하다. ¶坐在那儿愣愣磕磕lènglèngkēkē的, 又是～了 | 그 곳에 멍하니 앉아서 또 사색에 잠겼다. ❷ 돌이켜 검토하다. 반성하다. ¶事情shìqíng过去了, 他还在那里～呢 | 지난 일인데도 그는 아직도 그 곳에서 궁리를 하며 검토하고 있다.

【想当初】 xiǎng dāngchū 動組 그 때를 생각하다. 처음으로 되돌아가 생각하다. ¶～,我只是一个小孩子而已 | 당시를 생각해볼 때 나는 어린아이에 불지나지 않았다.

【想当年】 xiǎng dāngnián 動組 그 당시를 생각하다. ¶～, 他还是我的学生, 现在连他的孩子都上大学了 | 그 당시에는 그가 아직 나의 학생이었는데, 지금은 그의 애들도 대학에 다니고 있다.

【想当然】 xiǎng dāngrán 動組 (주관적인 판단으로) 마땅히 그럴 것이라고 생각하다. 의레 그러려니 여기다. ¶我们不能凭píng～办事bànshì | 우리는 당연히 그러려니 생각하고 일을 처리해서는 안된다.

【想到】 xiǎngdào 動 …까지 생각하다. 생각이 미치다. 생각이 나다. ¶应该还～别人 | 응당 다른 사람 생각도 해야 한다. ¶忽然～一件重要的事情 | 문득 중요한 일이 생각났다.

【想道】 xiǎngdào 動 생각하다. ¶他～这里也没有什么shén·me东西寻xún, 不如进城去 | 그는 이곳에도 찾을 것이 아무 것도 없으니 시내로 가는 것이 좋겠다고 생각했다.

【想得到】 xiǎng ·de dào 動組 생각〔예상〕해 내다. 예상할 수 있다 어법 주로 반문(反問)을 나타내는 문장에 쓰임. ¶只要～,就能做得到 | 생각해 낼 수만 있다면 해 낼수도 있다. ¶谁～会出事故? | 사고가 발생하리라고 누가 짐작이나 했겠는가? ⇔〔想不到〕

【想得开】 xiǎng ·de kāi 動組 넓게 생각하다. 생각하는 것이 화끈하다. (여의치 않은 일을) 마음에 두지 않다. 생각이 풀리다. ¶不易～的人 | (마음에 걸리는 일을) 쉽게 잊지 못하는 사람. ¶他能～, 不会把这件事放在心上 | 그는 생각을 넓게 가질 수 있어서 이런 일을 마음에 둘 리가 없다 ⇔〔想不开〕

2 **【想法】** ⓐ xiǎngfǎ 動 방법을 생각하다. ¶～解决jiějué问题wèntí | 문제를 해결할 방법을 생각하다. ⓑ xiǎng·fa 名 생각. 의견. 견해. ¶这个～不错 | 이 의견은 좋다. ¶把你的～给大家说说 | 네 생각을 모두들에게 말해 주어라＝〔想头①〕

【想法子】 xiǎng fǎ·zi 動組 방법을〔방도를〕생각하다. ¶你赶紧gǎnjǐn～去吧 | 빨리 방도를 생각해 보세요.

4 **【想方设法】** xiǎng fāng shè fǎ 成 온갖 방법을 다 궁리해내다. 갖은 방법을 다하다. 천방백계.

【想过味儿来】 xiǎng·guo wèir ·lai 動組 후회하다. 잘못을 깨닫다. 뉘우치다. ¶他现在才～? | 그는 지금에야 잘못을 깨달았다.

【想家】 xiǎng/jiā 動 집을 그리워하다. 집 생각을 하다. ¶初到外地不免miǎn～ | 처음으로 객지에 나가면 집이 그리워진다.

【想见】 xiǎngjiàn 動 짐작하여 알다. 미루어 짐작하다. 알아보다. ¶从这件小事上也可以～他的为人 | 이런 작은 일로도 그의 사람됨을 짐작할 수 있다＝〔可见〕

【想开】 xiǎngkāi 動 ❶ 단념하다. 체념하다. ¶你～了吧 | 단념해라. ❷ 생각을 넓게 갖다. ❸ 생각하기 시작하다. ❹ 문득 머리에 떠오르다.

【想来】 xiǎnglái 副 생각해 보면. 생각컨대. ¶他的话～不是没有根据的 | 그의 말은 생각해보면 근거가 없는 것도 아니다.

【想来想去】 xiǎnglái xiǎngqù 動組 이리저리 생각하다. 여러가지로 궁리하다. ¶～, 总没有好办法 | 아무리 생각해 보아도 좋은 수가 없다.

2 **【想念】** xiǎngniàn 動 그리워하다. 생각하다. ¶她很～过去在一起工作的同志tóngzhì | 그녀는 옛날에 같이 일하던 동지를 매우 그리워한다. ¶～

远地的儿女 | 먼 곳에 있는 자녀들을 그리워한다. ¶～着祖国zǔguó | 조국을 그리고 있다.

【想起】xiǎngqǐ 動 상기하다. 생각해 내다. ¶～旧事 | 옛일을 상기하다 →〔想起来〕

【想起来】xiǎng·qǐ·lái 생각나다. 생각이 떠오르다. ¶我～了一个问题wèntí | 한 가지 문제가 생각났다. ¶我忽然～忘了锁门suǒmén了 | 나는 문득 문 잠그는 것을 잊어버린 것이 생각났다 →〔想起〕

【想起一出(儿)是一出(儿)】xiǎngqǐ yī chū(r) chū(r) 動組 생각나는 대로 하다. 제멋대로 하다 →〔任性〕

【想儿】xiǎngr 名 方 희망. ¶没了～了 | 희망이 없어졌다.

【想入非非】xiǎng rù fēi fēi 成 비현실적인〔터무니없는, 허망한〕 생각을 하다. 허무맹랑한 궁리를 하다. 허튼 꿈을 꾸다. ¶你别～了 | 허튼 꿈 꾸지 마라.

【想头】xiǎng·tou 名 回 ❶ 생각. ¶老李有个～ | 이씨는 생각이 떠올랐다. 이씨에게는 다 생각이 있다. ¶他是个多心的, 很有些～ | 그는 의심 많은 사람이라 별 생각을 다 한다 =〔想法·fa〕 ❷ 희망. ¶没啥shá～了 | 무슨 희망이 없다.

【想望】xiǎngwàng ❶ 名 희망. 기대. ❷ 動 희망하다. 기대하다. ¶他～做一个医生yīshēng | 그는 의사가 되기를 희망한다. ¶不要灰心huīxīn, 还有～吧 | 낙심하지 마세요, 아직 희망이 있어요. ❷ 書 動 앙모(仰慕)하다. 우러르다.

2【想像】xiǎngxiàng ❶ 名 상상. ¶人的认识rènshí活动常依赖yīlài于～ | 사람의 인식활동은 늘 상상에 의존한다. ¶～丰富fēngfù | 상상이 풍부하다. ¶～在人的情绪qíngxù生活中有重大意义 | 상상은 사람의 정서생활에 있어서 중대한 의의를 갖는다. ❷ 動 상상하다. ¶他述说的情景,我怎么也～不出来 | 그가 말한 정경을 나는 아무리 해도 상상해낼 수가 없다. ¶难nán以～ | 상상하기 어렵다. ¶他很会～ | 그는 상상을 잘 한다. ¶～力 | 상상력. ¶～不到的困难kùnnán | 상상치 못한 곤란.

【想要】xiǎng yào …하려고 하다. ¶我～作功课 | 나는 숙제를 하려고 한다. ¶我～定做一套衣服 | 나는 옷을 한 벌 맞추려고 한다. 어법 「想要」는 한 단어가 아님. 예를 들면 ¶你想要走不想要? (×) ¶想要走不想?

【想着】xiǎng·zhe 動 쭉 생각하고 있다. 염두에 두다. 轉 잊지 않고 …하다 어법 주로 명령문을 만들 때 많이 쓰임. ¶～收进来 | 잊지말고 거두어 들여라. ¶你～给我买东西来! | 잊지 말고 내게 물건을 사가지고 와라!

【鲞(鯗)】xiǎng 건어 상
名 건어(乾魚) ¶鳗mán～ | 말린 뱀장어. ¶白～ | 말린 조기.

【鲞鱼】xiǎngyú 名 건어.

xiàng ㄒㄧㄤˋ

1【向】① xiàng 향방 향, 성 상
❶ 動 (앞을) 향하다. ¶这个房间～阳 | 이 방은 남향이다. ¶葵花kuíhuā是～着太阳开的, 所以叫向日葵 | 해바라기는 태양을 향해 피기때문에 「向日葵xiàngrìkuí」라고 부른다 ⇔〔背②〕 ❷ 動 두둔하다. 역성들다. 편들다. ¶爸爸总～着小弟 | 아빠는 언제나 동생편을 든다. ¶穷人～穷人 | 가난한 사람은 가난한 사람을 두둔한다. ❸ 書 動 접근하다. 근접하다. 가깝다. ¶～晚 | 저녁 무렵. ¶～晓雨止 | 날이 밝아올 무렵에 비가 그쳤다. ❹ 介 …을 향하여 [동작의 방향을 나타냄] ¶水～低处流 | 물은 낮은 곳으로 흐른다. ¶～着前面大声叫喊 | 앞을 향해 큰 소리로 고함치다. ❺ 動 동사 뒤에 보어로 쓰여, …로 향하다. ¶小路通～果园 | 오솔길은 과수원으로 통한다. 어법 ⓐ 동사앞에 「向」이 붙으면 그 뒤에 「着」를 붙일 수 있으나 단음절 방위사(單音節方位詞)와 결합하면 「着」를 붙일 수 없음. ¶向着前看(×) ¶向前看. ¶向着前面看 | 앞을 향해보다. ⓑ 「向」이 동사 뒤에 오는 경우는 「走」「奔」「冲」「飞」「流」「飘」「飘」「转」「倒」「驶」「通」「划」「指」「射」「杀」「刺」「投」「引」「推」「偏」등의 단음절동사에 한하며, 「向」 뒤에 「了」를 붙일 수 있음. ¶目光转～了我 | 눈빛이 나에게로 향했다. ❻ 介 …에(게) [사람을 나타내는 명사·대사 앞에 쓰여, 동작의 대상을 가리킴] ¶～人民负责 | 인민에게 책임을 지다. ¶～老师借了一本书 | 선생님에게서 책 한 권을 빌렸다. 어법 「向」과 「朝」의 비교 ⇒〔朝cháo〕 ❼ 副 여태까지. 본래부터. 처음부터 지금까지. 줄곧. ¶我一～不吸烟 | 나는 원래부터 담배를 피우지 않는다. ¶～有研究 | 줄곧 연구해왔다. ❽ 書 名 副 이전(以前). 종전. ¶～日 | 이전. ¶～曾来此 | 전에 여기 왔었다. ❾ (～儿) 名 방향. 목표. ¶志～ | 지향. ¶风～ | 풍향. ❿ (Xiàng) 名 성(姓).

【向背】xiàngbèi 書 名 향배. ❶ 앞과 뒤. ❷ 지지(支持)와 반대. ❸ 복종과 이반(離反) ¶人心的～ | 인심의 향배.

【向壁虚构】xiàng bì xū gòu 成 벽을 향해 제멋대로 상상을 하다. 터무니없는 생각을 하다. ¶要调查研究,不能一个人～ | 조사연구를 하려면 혼자서 제멋대로 상상을 해서는 안된다 =〔向壁虚造〕

【向光性】xiàngguāngxìng 名 〈生〉 향광성. ¶许多昆虫kūnchóng具有～ | 많은 곤충은 향광성을 갖고 있다 ⇔〔背bèi光性〕

【向后】xiànghòu ❶ 名 이후. 향후. ❷ (xiàng hòu) 뒤로. 뒤를 향해. ¶～转zhuǎn! | 뒤로 돌아!

3【向来】xiànglái 副 본래부터. 종래로. 여태까지. ¶～如此 | 이제까지 내내 이런식이다. ¶他做事～认真rènzhēn | 그는 본래부터 일을 착실하게 한다 →〔从cóng来〕

【向例】xiànglì ❶ 名 관례. 전례. 통례. ¶打破dǎpò～ | 관례를 타파하다. 관례를 깨다. ❷ 副 관례적으로. 습관적으로.

【向量】xiàngliàng 名 〈數〉〈物〉 벡터. ¶～积jī | 벡터적. 외적(外積) ¶～字 | 벡터 폰트(Font) =〔矢shǐ量〕

【向量字】xiàngliàngzì 名 〈電算〉 벡터 폰트(Font). 윤곽선 서체.

【向前】xiàngqián ❶動 전진하다. 앞으로 나아가다. ❷(xiàng qián) 앞〔전방〕으로. ¶～走 | 앞으로 나아가다. ¶～看 | 앞을 보다. (우향우·좌향좌 등을 한 뒤에) 바로.
【向钱看】xiàngqiánkàn 動組 돈벌이 생각만 하다. 돈버는 쪽으로만 연구하다. ¶现代的中国人一切～ | 현대의 중국인들은 돈벌이만 생각한다.
【向儿】xiàngr 名 ❶방향. ¶不知～ | 방향을 모르다. ❷방침. 방도. ¶定个dìng·ge～ | 방침을 정하다.
【向日葵】xiàngrìkuí 名〈植〉해바라기 [씨는「雪末籽xuěmòzǐ」라고 함]＝〔葵花〕〔望wàng日葵〕〔向阳花yánghuā〕〔朝阳zhāoyáng花〕
【向日性】xiàngrìxìng 名〈生〉향일성 ⇔〔背日性〕
【向上】xiàngshàng ❶名 향상. 진보. 발전. ❷動 향상하다. 진보하다. 발전하다. ¶各人努力nǔlì～ | 각자가 발전하려고 노력하다. ¶有心～ | 향상심이 있다. ❷(xiàng shàng) 動組 위로 향하다→〔上进〕
【向上爬】xiàng shàng pá 위로 향해 기어 올라가다. 轉 출세만 하려고 하다. 출세만 꾀하다.
【向使】xiàngshǐ 文 連 만약.
【向水性】xiàngshuǐxìng 名〈生〉향수성. 향습성 (向濕性) ¶有些生物具有～ | 어떤 생물은 향수성을 갖고 있다.
4【向往】xiàngwǎng ❶動 동경하다. 지향하다. ¶一直～着大海 | 줄곧 큰 바다를 동경하고 있다. ¶心里～的是祖国统一zǔguó tǒngyī | 마음속에 동경하는 것은 조국통일이다. ❷動 그리워하다. ¶李先生终于来到了多年～的北京 | 이선생님은 마침내 여러 해 동안 그리워해온 북경에 왔다. ❸名 장래. ¶远景yuǎnjǐng的～ | 먼 장래 ‖＝〔向xiàng往〕
【向心力】xiàngxīnlì 名〈物〉구심력. ¶增强zēngqiáng人民的～ | 백성들의 구심력을 증강하다＝〔求心〕
【向阳】xiàngyáng ❶名 남향. 양지쪽. ❷動 남향(南向)하다. 양지쪽. ¶这间屋子～, 所以暖和nuǎnhé | 이 방은 남향이어서 따뜻하다.
【向隅】xiàngyú 書 動 고립되다. 동떨어지다. 기회를 잃다. ¶因为座位太少, ～者甚多 | 자리가 너무 적어서 기회를 잡지 못한 사람이 대단히 많다.
【向隅而泣】xiàng yú ér qì 成 구석으로 향해 흐느껴 울다. 외토리가 되어 실망하다. 고독과 절망속에서 흐느끼다. ¶她伤心shāngxīn得～ | 그는 상심하여 구석을 향해 흐느꼈다.
【向着】xiàng·zhe 動 ❶(…으로) 향하다. 따르다. ¶桌子～窗子chuāngzǐ放 | 탁자를 창문쪽으로 놓다. ❷口 역성들다. 편들다. ¶父亲fùqīn一直～小儿子 | 아버지는 줄곧 막내편만 든다.
【向住】xiàngzhù 動 충동하다. 맞부딪치다.

【向(嚮)】2 xiàng 향할 향, 가까이갈 향

書 動 근접하다. 접근하다. 다가오다. ¶～晓 | 날이 밝아오다. ¶至今已～百载 | 지금 벌써 백년쯤 된다.
【向晨】xiàngchén 名 새벽. 여명＝〔向晨〕
3【向导】xiàngdǎo ❶動 길을 안내하다. ¶～员 | 안내원. ¶～社 | 여행사＝〔带路dàilù〕 ❷名 길안내(자). 轉 지도자. ¶他想当～ | 그는 지도자가 되고 싶어한다.
【向光性】xiàngguāngxìng ⇒〔向光性〕
【向明】xiàngmíng 書 名 여명. 새벽＝〔向明〕
【向慕】xiàngmù 書 動 존경하다. 흠모하다.
【向晚】xiàngwǎn 名 저녁 때. 저물녘. 황혼무렵＝〔向晚〕

3【巷】xiàng hàng 거리 항/롱

Ⓐ xiàng 名 골목＝〔北 胡hú同(儿)①〕 ¶大街小～ | 큰길과 골목길. ¶街谈jiētán～议yì | 항간에서 떠도는 소문→〔弄lòng〕
Ⓑ hàng 名 갱도(坑道)
Ⓐ xiàng
【巷口】xiàngkǒu 名 골목 어귀. ¶～有一个小店 | 골목 어귀
【巷战】xiàngzhàn 名〈軍〉시가전(市街戰) ¶发生了～ | 시가전이 발생했다.
【巷子】xiàng·zi 名 골목＝〔巷儿〕
Ⓑ hàng
【巷道】hàngdào 名 광산의 갱도.

2【项(項)】xiàng 목덜미 항

❶書 名 목(덜미) ¶长脖bó细～ | 가늘고 긴 목＝〔口 脖子〕 ❷항목. 조목. ¶事～ | 사항. ¶～目↓ ❸量 가지. 항목. 조목. 조항 [항목을 나누는 사물을 세는 단위] ❹量 가지. 항목 [조령(條令)·표(表)·서식·공문서·서류에 쓰임] ¶三～规定guīdìng | 3가지 규정. ¶以上各～请予注意zhùyì | 이상의 각 항목을 주의하여 주기 바랍니다. ❺量 종. 항목 [체육활동에 쓰임] ¶十～运动yùndòng | 십종 경기. ¶打破dǎpò了一～世界记录 | 세계기록 한 가지를 깨뜨렸다. ❻量 의사일정(議事日程)·임무·시책(施策)·성과 등에 쓰임. ¶完成了两～任务rènwù | 두 가지 임무를 완성했다. ¶这是一～最新的研究成果 | 이것은 최신 연구성과의 하나이다. ❼量 금전·경비·교역에 쓰임. ¶一～交易 | 거래 한 건. ¶有好几～收入 | 여러가지 수입이 있다. ❽名 簡 금액. 비용. 경비 「「款项kuǎnxiàng」의 약칭] ¶费～ | 비용. ¶进～ | 수입. ¶公～ | 공금. ❾名〈數〉항. ❿(Xiàng) 名 성(姓).
【项背】xiàngbèi 名 (사람의) 뒷모습. ¶不可望其～ | 뒷모습을 보지 마세요.
【项背相望】xiàng bèi xiāng wàng 成 앞뒤 사람이 서로 마주하여 쳐다보다. 사람들이 꼬리를 물다. 사람들의 왕래가 빈번하다. ¶他们俩～, 不相上下 | 그들은 서로 마주보는 평등관계에 있지 상하관계에 있지 않다. ¶前往参观的人～不绝于途 | 참관하러 오는 사람이 줄줄이 꼬리를 물고 끊임이 없다＝〔肩jiān背相望〕
4【项链(儿)】xiàngliàn(r) 名 목걸이. ¶金～ | 금목걸이＝〔项练liàn(儿)〕〔项炼liàn(儿)〕〔脖bó链儿〕〔颈jǐng链〕
2【项目】xiàngmù 名 항목. 사항. 종목. ¶训练xùnliàn～ | 훈련종목. ¶田径tiánjìng～ | 트랙 및 필드 종목. ¶按àn着～查点一下儿 | 항목 순으로

검사하다 =〔项头〕

【项圈】xiàngquān 名 목걸이 [보통 둥근 테로 된 것] ¶脖bó子上戴dài着～ | 목에 목걸이를 걸다. →〔项链(儿)〕

【项庄舞剑, 意在沛公】xiàng zhuāng wǔ jiàn, yì zài pèi gōng 成 항장이 칼춤을 추는 의도는 유방(劉邦)을 죽이는 데 있다. 기회를 타서 사람을 해치려 하다. 목적은 다른 데 있다. ¶他们～, 这样做是冲着我的 | 항장이 칼춤을 추는 의도는 유방을 죽이는 데 있었듯이 그들이 그렇게 하는 것은 나를 공격하려는 것이다.

【相】xiàng ☞ 相 xiāng B

2【象】xiàng 코끼리 상
❶ 名 〈動〉 코끼리. ❷ 名 簡「象牙」(상아)의 약칭. ¶～箸zhù | 상아 젓가락. ❸ 名 형상(形狀). 모양. 형태. 징후. ¶气～ | 기상. ¶景～ | 모습. ¶万～更新 | 만물이 더욱 새롭다. ❹ 動 모방하다. 가장하다. 흉내내다. ¶～形↓ ¶～声词↓ ❺「像」과 같음 ⇒〔像xiàng①②③④〕 ❻ 名 상(象) [장기 알의 하나]

【象鼻虫】xiàngbíchóng 名 〈蟲〉 바구미과 벌레의 총칭 =〔象虫〕

【象话】xiàng/huà ⇒〔像xiàng话〕

【象皮】xiàngpí ❶ ⇒〔橡皮擦〕 ❷ 名 코끼리 가죽. ¶～手套 | 코끼리 가죽장갑

【象皮病】xiàngpíbìng 名 方 〈醫〉 상피병 =〔橡xiàng皮病〕→〔丝虫sīchóng病〕

4【象棋】xiàngqí 名 중국 장기(將棋) ¶下～ | 장기를 두다. ¶～盘pán | 장기판. ¶国际guójì～ | 체스 =〔俗 象戏xì〕

【象声词】xiàngshēngcí 名 〈言〉 의성어(擬聲語)

【象限】xiàngxiàn 名 〈數〉 ❶ 상한. 원의 4분의 1. ❷ 사분면 [우상방(右上方)·좌상방(左上方)·좌하방(左下方)·우하방(右下方)으로 나누어, 제1·제2·제3·제4사분면이라 함] ❸ 사분공간.

【象形】xiàngxíng 名 ❶ 상형 [한자의 조자법(造字法)인 육서(六書)의 한 종류] ❷ 비슷한 모양.

【象形文字】xiàngxíng wénzì 名組 상형문자. ¶汉字可说是一种～ | 한자는 일종의 상형문자라 할 수 있다.

【象牙】xiàngyá 名 상아. 코끼리 이빨. ¶～雕刻diāokè | 상아조각. ¶～果 | 상아야자의 열매. ¶～芡jiāo | 〈植〉 줄의 일종. ¶～板纸bǎnzhǐ | 아이보리 판지.

【象牙海岸】Xiàngyá hǎiàn 名 〈地〉 아이보리코스트(The Ivory Coast) [코트 디부아르(Co·te d'Ivoire). 상아해안이라는 이름으로 알려진 아프리카 서해안의 공화국. 수도는「阿比让Ābǐràng」(아비장; Abidjan)]

【象牙(之)塔】xiàngyá zhī tǎ 名 상아탑. ¶语言研究要从～中走进来 | 언어연구는 상아탑(대학)에서 연구되어야 한다 =〔象牙宝bǎo塔〕

【象牙质】xiàngyázhì 名 ❶ 상아질. 상아로 만들어진 것. ¶～刀把dāobǎ | 상아로 만든 칼의 손잡이. ❷ 〈生理〉 상아질 ‖ =〔牙本质〕

【象眼(儿)】xiàngyǎn(r) 名 方 마름모꼴 ¶他画了一个～ | 그는 마름모꼴 하나를 그렸다. =〔斜xié象眼儿〕

【象样(儿)】xiàngyàng(r) ⇒〔像样(儿)〕

3【象征】xiàngzhēng ❶ 名 상징. ¶天安门上飘扬piāoyáng的五星红旗wǔxīnghóngqí, 是我们胜利shènglì的～ | 천안문에 펄럭이고 있는 오성기는 우리들의 승리의 상징이다. ❷ 動 상징하다. ¶斧fǔ头镰lián刀～工人农民 | 도끼와 낫은 노동자 농민을 상징한다. ¶白色～着纯洁chúnjié | 흰색은 순결을 상징한다. ¶友谊yǒuyì的～ | 우의의 상징. ¶平和的～ | 평화의 상징.

【象箸】xiàngzhù 名 상아 젓가락 =〔象牙筷子kuàizi〕

1【像】xiàng 꼴 상
주의「像」의 간체자로「象」을 쓰기도 하나,「象」과「像」을 구별해 써야 함. ❶ 動 비슷하다. 닮다. ¶他～他哥哥 | 그는 그의 형과 닮았다. ¶他说～, 可是我越看越不～ | 그는 닮았다고 말하지만, 나는 보면 볼수록 닮지 않았다. ¶水晶～玻璃bōlí | 수정은 유리와 비슷하다. ❷ 動 마치…와 같다. ¶我～在哪儿见过他, 可是想不起来了 | 나는 어디선가 그를 본 것 같은데 생각이 나지 않았다. ¶～要下雨了 | 마치 비가 올 것 같다 →〔好hǎo象〕 ❸ 動 …와 같다 [주로 예를 들 때 많이 사용됨] ¶中国的大城市很多, ～北京, 上海, 天津jīn, 广州等都是 | 중국의 대도시는 아주 많은데 (예를 들면) 북경, 상해, 천진, 광주등이 모두 그러하다. ¶～今天的事, 便是一个好的例子 | 오늘같은 일은 바로 좋은 예의 하나이다 →〔如rú①〕 ❹ 動 어울리다. 알맞다. 적합하다. ¶你穿中国衣服很～ | 네가 중국 의상을 입은게 아주 잘 어울린다. ¶还～什么工会干事呢! | 그래가지고 무슨 노조(勞組)의 간사로 적합한가! ‖ =〔象xiàng⑤〕 ❺ 名 초상(肖像). (인물을) 본뜬 형상〔그림〕. ¶画huà～ | 초상화를 그리다. ¶照zhào～ =〔照相xiàng〕 | 사진을 찍다.

【像话】xiàng/huà 形 (말이나 행동이) 이치에 맞다. 말이 되다. ¶这样做很不～ | 이렇게 하는 것은 말도 안된다 =〔象话〕

【像模像样(儿)】xiàng mú xiàng yàng(r) 成 ❶ 모양이 제대로 갖추어진 상태. ¶这样才叫作～ | 이 정도는 되어야 비로소 제대로 되었다고 할 수 있다. ❷ 점잖다. 얌전하다. 정중하고 융숭하다. ¶她～地坐在那儿 | 그녀는 아주 얌전히 거기에 앉아있다. →〔像样(儿)〕

【像片(儿)】xiàngpiàn(r) ⇒〔相xiàng片〕

【像儿】xiàngr 名 ❶ 용모. 상태. ❷ 잔인한 수단. 호된 징벌. ¶你敢不听话, 我就给你一个～瞧qiáo | 감히 말을 듣지 않으면 혼을 내 줄 테다.

【像煞有介事】xiàng shà yǒu jiè shì 俗 方 정말 그런 일이 있은 듯하다. 과연 그럴 듯하다. 아주 그럴싸하다. ¶你别～了 | 너는 그런 일이 있은 것처럼 하지마라. =〔煞有介事〕

【像是】xiàng·shi 副 (마치) …인 것 같다. ¶他～不愿意去 | 그는 가고 싶지 않은 것 같다.

【像似】xiàngsì 動 …을 닮다. …와 비슷하다. ¶他很～中国人 | 그는 중국인을 아주 닮았다.

4【像样(儿)】xiàng/yàng(r) 形 어떤 수준에 도달

하다. 그럴듯하다. 형태를 갖추다. 버젓한 모양을 이루다. 맵시 있다. 보기 좋다. ¶他想要买一件~的西服 | 그는 그럴 듯한 양복 한 벌을 사려고 한다. ¶这衣服你穿起来很~ | 이 옷은 당신이 입으니 참 맵시가 있습니다. ¶这笔字写得挺tǐng~ | 이 글자는 꽤 모양을 갖추었다 =〔象样儿〕

【像章】xiàngzhāng 名 사람의 상(像)이 들어 있는 휘장. 초상 휘장. ¶一枚méi毛主席zhǔxí~ | 모택동주석 휘장

4【橡】xiàng 상수리나무 상
名〈植〉❶ 상수리 나무 =〔情lì〕 ❷ 고무나무. ❸ 칠엽수(七葉樹).

4【橡胶】xiàngjiāo 名 고무. 생고무. ¶生(橡)胶 | 생고무. ¶海棉~ | 고무에 기포가 생기도록 가공한 것. ¶天然~ | 천연 고무. ¶翻造~ =〔翻制橡胶〕〔收复橡胶〕〔再生橡胶〕〔再生胶〕 | 재생고무. ¶旧废~ =〔废橡胶〕 | 낡은 고무. ¶人造~ =〔人造橡皮〕〔假jiǎ橡胶〕〔含硫橡皮〕 | 인조고무. ¶硬~ =〔胶木〕 | 경질고무. 에보나이트 =〔烟yān胶①〕

【橡胶草】xiàngjiāocǎo 名〈植〉고무민들레.

【橡胶树】xiàngjiāoshù 名 (고무 추출용) 고무 나무 =〔巴西橡胶树〕→〔橡皮树〕

4【橡皮】xiàngpí 名 ❶ 지우개. ❷ 고무. 유화(硫化)고무의 통칭. ¶~护套hùtào | 고무로 만든 보호덮개 →〔橡胶xiàngjiāo〕

【橡皮擦】xiàngpícā 名 지우개 =〔橡皮①〕〔象皮①〕

【橡皮膏】xiàngpígāo 名 반창고 =〔绊bàn创膏〕〔橡皮胶jiāo〕

【橡皮筋(儿)】xiàngpíjīn(r) ❶ 名 고무밴드 [선이나 둥근 고리 모양의 고무로 만든 것으로, 물건을 포장하는 데에 많이 쓰임] ¶跳tiào~ | 고무줄 넘기를 하다. ❷ ⇒〔橡皮圈(儿)②〕

【橡皮泥】xiàngpíní 名 (찰흙·생고무·고령토·시멘트·석고 등에 안료(顔料)를 섞어 만든) 흙. ¶给小孩买了一些~ | 어린아이에게 고무찰흙을 사주다.

【橡皮圈(儿)】xiàngpíquān(r) 名 ❶ (수영할 때 쓰는) 고무 튜브. ❷ (포장용) 고무줄(밴드) =〔橡皮筋(儿)〕〔牛niú皮筋儿〕〔猴hóu皮筋儿〕〔猴儿筋〕〔橡皮卷juǎn〕

【橡皮树】xiàngpíshù 名〈植〉인도고무나무 =〔印度橡皮树〕

【橡皮艇】xiàngpítǐng 名 고무보트 =〔橡皮船〕

【橡皮(图)章】xiàngpí(tú)zhāng 名組 고무 도장. ¶他刻kè了一个~ | 그는 고무도장을 팠다.

【橡皮线】xiàngpíxiàn 名 피복선. 고무(를 씌운) 절연선(絶縁線) =〔皮线〕

【橡实】xiàngshí 名〈植〉상수리. ¶~面miàn | 상수리로 만든 가루 혹은 면 =〔㊉橡碗子〕〔橡子(儿)〕〔情lì实〕〔橡栗〕〔皂zào斗〕

xiāo ㄒㄧㄠ

【肖】xiāo ☞ 肖 xiào Ⓑ

3【削】xiāo xuē 깎을 삭 빼앗을 삭

Ⓐ xiāo 動 ❶ 깎다. 벗기다. 잘라내다. ¶~切掉qiēdiào恶势力èshìlì | 나쁜 세력을 제거해 버리다. ¶~铅笔qiānbǐ | 연필을 깎다. ¶~苹果皮píngguǒpí | 사과 껍질을 벗기다 →〔片piàn⑤〕 ❷ 삭감하다. ¶~本卖běnmài | 본전에 밑지고 팔다. 어법 단독으로 쓰일 경우나 일부 구어(口語)의 낱말(詞)에서만「xiāo」로 발음함.

Ⓑ xuē ❶ 動 깎다. 삭제하다. ¶删shān~ | 문자를 삭제하다. ❷ 動 강탈하다. ¶剥bō~ | 착취하다. ❸ 形 여위다. 가냘프다 =〔瘦shòu削〕

Ⓐ xiāo

【削尖】xiāojiān 動 (끝을) 깎아 날카롭게 하다. 뾰족하게 깎다. ¶~一枝铅笔qiānbǐ | 연필 한 자루를 뾰족하게 깎다.

【削肩膀儿】xiāo jiānbǎngr 책임을 회피하는 태도 →〔溜liū肩膀(儿)②〕

【削面】xiāo miàn 名 중국식 칼국수〔칼로 엷고 길게 자른 면으로 만든 음식의 종류〕

【削皮】xiāo/pí 動 껍질을 벗기다〔깎다〕→〔剥bāo皮①〕

【削球】xiāo/qiú ❶ 動 (정구나 탁구에서) 공을 깎아 치다. 커트볼로 치다. 커트하다. ❷ (xiāoqiú) 名 깎아친 공. 커트 볼. ¶发~ | 커트볼로 서비스하다.

Ⓑ xuē

【削壁】xuēbì 名 (깎아지른 듯한) 절벽. ¶悬崖xuányá~ | 成 깎아지른 듯한 벼랑. 험준한 산세.

【削发】xuē/fà 動 삭발하다. 머리를 깎고 출가하다. ¶~为尼 | 머리를 깎고 출가하여 비구니가 되다 =〔落发〕

【削籍】xuējí 動 ❶ 관직을 박탈하다. 면직하다. ❷ 국적이나 본적을 삭제하다.

【削价】xuējià 動 가격〔값〕을 깎아 내리다. ¶这些东西还是~甩卖shuǎimài吧 | 이런 물건은 가격을 내려서 파세요. =〔削xiāo码〕〔销xiāo码〕

4【削减】xuējiǎn 動 삭감하다. 깎아 줄이다. ¶~预算yùsuàn | 예산을 삭감하다.

【削平】xuēpíng 書 動 ❶ 소멸하다. 평정하다. ¶~叛乱pànluàn | 반란을 평정하다. ❷ 깎아서 평평하게 하다.

4【削弱】xuēruò 動 약화되다. 약하게 하다. ¶购买力gòumǎilì~ | 구매력이 약화되다. ¶~敌人dírén的抵抗力dǐkànglì | 적의 저항력을 약화시키다.

【削职】xuēzhí ⇒〔削籍jí①〕

【削足适履】xuē zú shì lǚ 成 발을 깎아서 신발에 맞추다. 불합리한 방법을 억지로 적용하다 =〔削趾zhǐ适履jù〕〔削趾适履〕〔削足适屦〕〔截趾适履〕〔刖yuè趾适履〕

3【宵】xiāo 밤 소, 깁 소
❶ 名 밤. ¶通~ | 밤샘. ¶元~ | 음력 정월 보름날 밤. ❷ 量 밤을 세는 양사. ¶忙了一~ | 밤새 바빴다.

【宵旰】xiāogàn ⇒〔宵衣旰食〕

【宵禁】xiāojìn 名 야간 통행 금지.

【宵小】xiāoxiǎo 名 書 ❶ 밤도둑. 도둑. ❷ 나쁜 놈. 악인. ‖ =〔宵类lèi〕〔宵xiāo小〕

【宵夜】xiāoyè ⇒〔消xiāo夜〕

【宵衣旰食】xiāo yī gàn shí 成 날이 새기 전에 옷을 입고, 날이 저물어서야 식사를 한다. 침식을 잊고 나라일에 열중하다〔분주하다〕. ¶他～,日理万机rìlǐwànjī | 그는 새벽부터 저녁 늦게까지 하루에 수천대의 기계를 고친다.＝〔宵旰〕〔旰食宵衣〕

1【消】xiāo 사라질 소, 쓸 소
❶ 動 소실되다. 해소하다. 녹다. ¶红肿hóngzhǒng已～ | 부기가 이미 가라앉다. ¶冰～ | 얼음이 녹다 ＝〔肖xiāo①〕 ❷ 動 제거하다. 없애다. ¶～烟除尘yānchúchén | 연기와 먼지를 제거하다. ¶～愁解闷chóujiěmèn | 근심스럽고 우울한 기분을 풀다. ❸ 動 시간을 보내다. 시간이 지나다. ¶～遣↓ ¶～夏↓ ❹ 動 方 필요로 하다. 어법 앞에 항상「不」「只」「何」등이 붙음. ¶何～三天 | 3일이나 걸릴 필요가 없다. ¶不～听 | 들을 필요가 없다. ❺ 소식. 편지. ¶～息↓

【消沉】xiāochén ❶ 形 기가 죽다. 풀이 죽다. 기가 푹 죽어 생기가 없다. ¶意气yìqì～ | 의기 소침하다. ¶他们的积极性jījíxìng～下去了 | 그들의 적극성은 약해져 갔다. ¶歌声gēshēng～了 | 노래 소리에 힘이 없어졌다. ❷ 動 (의기)소침하게 하다. 기세를 잃게 하다. ¶～斗志dòuzhì | 투지를 잃게 하다.

【消愁】xiāochóu 動 근심을 해소하다. 우울함을 털어버리다. ¶他这是借酒jièjiǔ～ | 이것은 그가 술로써 근심을 푸는 것이다→〔消遣qiǎn〕〔解闷jiěmēn(儿)〕

【消愁遣闷】xiāo chóu qiǎn mèn 成 근심을 없애고 울적함을 풀다. ¶听戏tīngxì可以～ | 극을 보면서 근심을 없애고 울적함을 풀 수 있다.＝〔消愁解jiě闷〕〔消愁释shì闷〕

[3]【消除】xiāochú 動 (걱정·장애 등을) 없애다. 제거하다. 일소하다. 퇴치하다. 풀다. 해소하다. ¶～了危险wēixiǎn | 위험을 없앴다. ¶～疾病jíbìng | 질병을 퇴치하다. ¶～成见chéngjiàn | 선입견을 버리다. ¶～误会wùhuì | 오해를 풀다. ¶误会～了 | 오해가 풀렸다.

【消磁】xiāocí 動 〈物〉소자하다. ¶先进行～再进行加工 | 먼저 자성을 없애고 난 다음에 다시 가공을 하다.

[3]【消毒】xiāo/dú ❶ 動 소독하다. ¶这些针头已经～ | 이 바늘들은 이미 소독을 했다. ¶～药品yàopǐn用完了 | 소독약품을 다 썼다. ¶用酒精～注射器 | 알콜로 주사기를 소독하다. ¶～法 | 소독법. ¶～药yào | 소독약. ¶～剂jì | 소독제. ❷ 해독〔유독(流毒)〕을 없애다.

【消乏】xiāo/fá 動 피로를 풀다. ¶喝一杯啤酒píjiǔ可以～ | 맥주 한 잔을 마시면 피로가 풀릴 것이다. ¶～养神 | 피로를 풀고 휴식하다.

【消防】xiāofáng 名 소방. ¶～泵bèng | 소방 펌프. ¶～站zhàn | 소방서. ¶～车＝〔救jiù火车〕〔灭miè火车〕| 소방차. ¶水泵～车 | 펌프를 설치한 소방차. ¶～队duì＝〔救火队〕| 소방대. ¶～栓shuān | 소화전(消火栓) ¶～设备shèbèi | 소방 설비. ¶～船chuán | 소방선. ¶～水龙shuǐlóng | 소방 호스.

[2]【消费】xiāofèi ❶ 名 소비. ¶要控制kòngzhì一下社会集团shèhuìjítuán的～ | 사회집단의 소비를 통제해야 한다. ¶～税shuì | 소비세. ¶～品 | 소비물자. ¶～物 | 소비물. ¶～者 | 소비자. ¶这些是～必需品 | 이런 것들은 소비필수품이다. ❷ 動 소비하다. ¶在同等时间内老人～得少,年青人～得多 | 같은 시간내에서 노인은 적게 소비하고, 젊은이는 많이 소비한다.

【消费合作社】xiāofèi hézuòshè 名組 소비조합. 협동조합→〔合作社〕

【消费资料】xiāofèi zīliào 名組 〈經〉소비재. 생활물자. 생활자료. ¶～的生产shēngchǎn | 소비재 생산＝〔生活资料〕→〔生产资料〕

[3]【消耗】xiāohào ❶ 動 (정신·힘·물자 등을) 소모하다. 너무 많이 소비하다. ¶～努力nǔlì | 노동력을 소모하다. ¶～精力jīnglì | 정력을 소모하다. ❷ 動 소모시키다. ❸ 名 소모. 소비. ¶减少煤méi的～ | 석탄의 소비를 줄이다. ¶～热rè | 〈醫〉소모열. ¶～战zhàn | 소모전. ❷ (～儿) 名 近 소식. ¶查不出～来 | 소식을 알아낼 수 없다 ‖ ＝〔销xiāo耗〕

[2]【消化】xiāohuà ❶ 名 소화. ¶～不良bùliáng | 소화불량. ¶～器 | 소화기. ¶～道 | (동물의) 소화관(管) ¶～剂jì | 소화제. ¶～酶méi | 소화효소. ¶～系统xìtǒng | 소화 계통. ¶～腺xiàn | 소화선. ¶～药yào | 소화제. ¶～液yè | 소화액. ¶～不动 | 소화되지 않다 ❷ 動 〈生理〉소화하다. ¶吃完饭～一会儿再去活动 | 밥을 먹고 난 후에는 소화를 좀 시켰다가 활동을 해야 한다. ¶胃肠能～食物 | 위는 음식물을 소화할 수 있다. ¶老人～不了这种食物 | 노인들은 이런 음식물을 소화내지 못한다＝〔俗 克kè化〕 ❸ 動 (배운 지식을) 소화하다. ¶一次讲得太多,学生～不了 | 한 번에 너무 많이 강의하면 학생들이 소화하지 못한다.

【消魂】xiāohún ⇒〔销xiāo魂〕

【消火】xiāohuǒ 動 불을 끄다. 소화하다. ¶～唧筒jītǒng | 소화 펌프. ¶～剂jì | 소화제. ¶～器qì | 소화기. ¶～栓shuān＝〔消火旋塞〕| 소화전. ¶～液 | 소화액.

[3]【消极】xiāojí 形 ❶ 소극적이다. ¶态度tàidù～ | 태도가 소극적이다. ¶～态度tàidù | 소극적인 태도. ¶～情绪qíngxù | 소극적인 기분〔정신 상태〕. ¶～防御fángyù | 소극적 방어. ❷ 부정(否定)적인. ¶～因素yīnsù | 부정적인 요인. ¶～影响yǐngxiǎng | 부정적인〔나쁜〕영향. ‖ →〔积jī极〕

【消解】xiāojiě ⇒〔消释①〕

【消渴】xiāokě ❶ 名 〈漢醫〉소갈증＝〔渴病〕 ❷ (xiāo/kě) 動 갈증을 풀다.

【消弭】xiāomǐ 動 제거하다. 없애다. 소멸하다. ¶～水患shuǐhuàn | 수해의 걱정을 없애다. ¶～恶习惯èxíguàn | 나쁜 습관을 없애다.

[2]【消灭】xiāomiè 動 ❶ 소멸하다. 없어지다. ¶～剥削bōxiāo阶级jiējí | 착취계급을 없애다. ¶古代爬行动物páxíngdòngwù恐龙kǒnglóng在中生代末期就～了 | 고대 파충류 동물인 공룡은 중생대 말기에 없어졌다. ❷ 없애다. 소멸시키다. ¶～老

鼠shǔ | 쥐를 없애다. ¶～文盲máng | 문맹을 퇴치하다. ¶～蚊蝇wényíng | 모기와 파리를 없애다 ‖ =〔書 消泯mǐn〕

【消泯】xiāomǐn ⇒〔消灭〕

【消磨】xiāomó 動 ❶ (의지·정력 등을) 소모하다. 약화시키다. ¶～志气zhìqì | 의지를 약화시키다. ¶～精jīng力 | 정력을 소모하다. ❷ (시간 등을) 헛되이 보내다. 소모하다. 소비하다. ¶～～时间 | 시간을 헛되이 보내다. ¶～岁月suìyuè | 헛되이 세월을 보내다. ¶不愿把时间～在扑克牌pūkèpái上 | 시간을 포커에 소모하고 싶지 않다.

【消气(儿)】xiāo/qì(r) 動 화를 풀다. ¶你别生气, 把气消消吧 | 화내지 말고 진정해라 =〔消性(儿)〕

【消遣】xiāoqiǎn ❶ 名 심심풀이. 소일(거리) ¶养花是一种很好的～ | 꽃을 키우는 것은 좋은 소일거리이다. ❷ 動 심심풀이하다. 소일하다. ¶退休后, 常以种花～ | 퇴직후에 꽃을 가꾸며 소일하다. ¶看电影儿～ | 영화를 보며 소일하다 =〔排pái遣①〕→〔消愁chóu〕〔解jiě闷(儿)〕 ❸ 動 희롱하다.

【消热】xiāo/rè ❶ 動 열을 식히다. 해열하다. ¶泼水pōshuǐ可以～ | 물을 뿌려서 일을 식히다. ❷ 더위를 피하다. 피서하다. =〔消暑shǔ〕

【消溶】xiāoróng ⇒〔消融róng〕

【消融】xiāoróng 動 ❶ (얼음·눈 등이) 녹다. 용해되다. ¶冰雪bīngxuě～ | 얼음과 눈이 녹다. ❷ 융화되다. 융화시키다. ¶～异见yìjiàn | 이견을 융화시키다 ‖ =〔消溶róng〕

【消散】xiāosàn 動 (연기·열·추상적인 사물 등이) 흩어져 사라지다. 흩어져 없어지다. ¶浓雾nóngwù渐渐jiàn～了 | 짙은 안개가 서서히 걷혔다. ¶房内的热气rèqì都～完了 | 방안의 열기가 완전히 사라졌다. ¶一夜安睡shuì, 疲劳píláo完全～了 | 하룻밤 푹 자고 났더니 피로가 완전히 풀렸다.

2【消失】xiāoshī 動 소실되다. 사라지다. 없어지다. ¶霞光xiáguāng慢慢儿地～了 | 노을빛이 천천히 사라졌다. ¶父亲的背影～在人群众qúnzhòng | 아버지의 뒷모습이 군중들 속으로 사라지다.

【消石灰】xiāoshíhuī 名〈化〉소석회.

【消食(儿)】xiāo/shí(r) 動 음식을 소화하다. 소화하다. ¶饭后散步sànbù, 可助zhù～ | 식후 산보는 소화를 돕는다.

【消逝】xiāoshì 動 사라지다. 없어지다. ¶岁月很快地～了 | 세월이 아주 빨리 흘러갔다. ¶火车的吼叫声hǒujiàoshēng逐渐zhújiàn～ | 기차의 기적소리가 점점 사라졌다. ¶火车的隆lóng隆声慢慢màn～了 | 기차의 덜거덩거리는 소리가 서서히 사라졌다.

【消释】xiāoshì 動 ❶ (의심·오해·원망·괴로움 등이) 풀다. 풀리다. 없어지다. ¶～前嫌xián | 이전의 응어리진 감정을 풀다. ¶误会wùhuì～了 | 오해가 풀리다 =〔消解〕〔消却què〕 ❷ 書〈佛〉(어려운 경문(經文)의 뜻을) 풀다. ¶～经文难义nányì | 경문의 어려운 뜻을 풀다.

【消受】xiāoshòu 動 ❶ 누리다. 향수(享受)하다. 받다. 어법 부정적인 표현에 주로 많이 쓰임 ¶～富贵fùguì | 부귀를 누리다. ¶无福fú～ | 누릴 복이 없다. ❷ 참다. 견디다 =〔忍rěn受〕〔禁jìn受〕 ❸ 걸맞다. 상응하다. ¶我吃这样的菜cài, 实在～不起 | 내가 이런 음식을 먹다니 정말 (내 분수에) 걸맞지 않다.

【消瘦】xiāoshòu 動 (몸이) 여위다. 수척해지다. ¶她一天天地～下去 | 그녀는 하루가 다르게 수척해졌다. ¶他最近zuìjìn～了许多 | 그는 최근에 많이 수척해졌다.

【消损】xiāosǔn 動 ❶ 점점 감소하다. 점점 적어지다. ❷ 손모(損耗)하다.

【消停】xiāo·ting 方 ❶ 形 평온하다. 안정되다. 조용하다. ¶过～日子 | 평온한 나날을 보내다. ❷ 動 멈추다. 쉬다. ¶纺线fǎngxiàn不～ | 쉬지 않고 실을 잣는다. ❸ 動 잠잠해지다. 일단락되다. 한가해지다. ¶等事情shìqíng～再说吧! | 일이 일단락되거든 봅시다. ¶事情～多了 | 일이 꽤 한가해지다 =〔消脚jiǎo〕

【消退】xiāotuì 動 점점 감퇴하다. 사라지다. 점점 없어지다. ¶太阳偏piān西, 暑热shǔrè略略lüè～ | 해가 기울자 더위가 좀 누그러졌다. ¶笑容xiàróng渐渐jiàn～了 | 웃음이 점점 사라졌다.

【消亡】xiāowáng 動 없어지다. 소멸하다. 조락하다. ¶国家的～问题wèntí | 국가의 쇠망 문제.

1【消息】xiāo·xi 名 ❶ 소식. 정보. 뉴스. ¶他怀疑huáiyí这条～的真实性 | 그는 이 소식의 진실성에 대해 의문을 품고 있다. ¶～传遍chuánbiàn了全城quánchéng | 소식이 온 마을로 퍼져 나갔다. ¶本地～ | 지방 뉴스. ¶～灵通língtōng | 소식에 정통하다. ❷ 기별. 소식. 편지. ¶得到母亲去世的～, 我很悲痛bēitòng | 어머님의 임종 소식을 듣고 나는 몹시 슬펐(비통했)다. ¶他一去三年, ～不明 | 그가 떠난지 3년이 지났는데도 소식이 없다. ¶杳yǎo无～ | 감감 무소식이다.

【消息儿】xiāo·xir 名 (특수하게 고안된) 비밀장치. 속임수. 함정. ¶屋里有～埋伏máifú | 집에 비밀장치를 묻어두다. ¶一脚踩cǎi在～上, 人就掉diào下去了 | 함정장치를 밟자 마자, 밑으로 떨어졌다. ¶

【消夏】xiāoxià 動 (심심풀이로 소일하며) 여름을 보내다. 여름의 더위를 피하다. ¶～晚会wǎnhuì | 여름밤 무도회.

【消闲】xiāoxián 動 심심풀이하다. 한가한 시간을 보내다. ¶用读古书的办法bànfǎ来～ | 고서를 읽으며 한가한 시간을 보내다. →〔消遣qiǎn①〕

【消歇】xiāoxiē 書 動 멈추다. 멎다. 없어지다. 사라지다. ¶风雨fēngyǔ～ | 비바람이 멎다 =〔销xiāo歇〕

【消炎】xiāo/yán 動〈醫〉염증(炎症)을 없애다. ¶～剂jì =〔消炎药品〕| 소염제. ¶～粉fěn | 분말소염제.

【消夜】xiāoyè 方 ❶ 名 밤참. 야식(夜食) ¶他每天吃～ | 그는 매일 야식을 먹는다. ❷ 動 야식을 먹다. 밤참을 먹다. ‖ =〔宵xiāo夜〕〔霄xiāo夜〕〔夜消儿〕〔夜宵(儿)〕

【消音器】xiāoyīnqì 名 소음기 =〔消声shēng器〕

【消长】xiāozhǎng 名 증감. 흥망. ¶力量lìliàng的～ | 역량의 증감.

【消肿】xiāo zhǒng 動組 ❶〈醫〉부기가 가라앉다. 부기를 가라앉히다. ❷喩 기구나 인원의 간소화를 지칭 =〔消肿减肥jiǎnféi〕

【消字灵】xiāozìlíng 名 잉크 이레이저(ink eraser) ¶他们用~涂改túgǎi,伪造wěizào证件zhèngjiàn | 그들은 잉크 이레이저를 이용하여 증명서류를 고쳐 위조했다.=〔消字(药)水〕

【逍】xiāo 거닐 소
⇒〔逍遥〕

【逍遥】xiāoyáo 動 形 소요하다. 유유자적하며 즐기다. 아무런 구속도 받지 않고 자유롭다. 자유롭게 거닐다. ¶~自在 | 유유자적하다. 아무 구속도 받지 않고 자유자재로 행동하다. ¶~法fǎ外 | 成 법을 어기고도 법적제재를 받지 않고 자유자재로 행동하다. 법적 제재에서 벗어나다.

【逍遥派】xiāoyáopài 名〈政〉소요파 [문화대혁명기간중, 어떠한 군중 조직·어떠한 파벌 투쟁에도 참가하지 않는 사람들을 지칭하는 말]

【绡(綃)】xiāo 생사 초, 건 소, 돛대 소
書 名 ❶ 생사(生絲). ❷ 생사로 얇게 짠 직물(織物) →〔绡头tóu〕

【绡头】xiāotóu 名 생초댕기. 생초머리띠 =〔绡纱〕

【硝】xiāo 초석 초
名 ❶〈鑛〉초석(硝石). ❷ ⇒〔芒máng硝〕〔朴pò硝〕❸ 動 (박초나 망초로) 가죽을 무두질하다. 가죽을 부드럽게 하다. ¶已~毛皮máopí | 무두질한 모피 →〔鞣róu〕

【硝化】xiāohuà ❶ 名 초화. 질화. 니트로화. ¶~甘油gānyóu | 니트로글리세린(nitroglycerine) ¶~细菌xìjūn | 질화 세균. ¶~纤维xiānwéi(素) | 니트로셀룰로오스. ¶~作用zuòyòng | 질화 작용. ❷ 動〈化〉초화하다. 니트로화하다. 질화하다.

【硝基】xiāojī 名〈化〉니트로기. ¶~苯běn | 니트로벤젠. ¶~酚fēn | 니트로페놀. ¶~染料 | 니트로염료. ¶~化合物 | 니트로 화합물 =〔硝根gēn〕

【硝镪水】xiāoqiāngshuǐ ⇒〔硝酸suān〕

【硝酸】xiāosuān 名〈化〉질산. 초산. ¶~铵ǎn | 질산 암모늄. ¶~醋cù酸纤维素 | 니트로 아세틸셀룰로오스. ¶~银yín | 질산은. ¶~银棒yínbàng | 질산은 막대. ¶~锶sī | 질산 스트론튬. ¶~硝化细菌xìjūn | 초산 초화세균. ¶~盐yán | 질산염 =〔俗 硝镪qiáng水〕〔氮dàn酸〕

【硝酸钾】xiāosuānjiǎ 名〈化〉질산 칼륨 =〔硝石〕〔消石〕〔火huǒ硝〕〔钾jiǎ硝〕〔洋yáng硝〕

【硝酸钠】xiāosuānnà 名〈化〉질산 나트륨 =〔智利zhìlì硝(石)〕

【硝烟】xiāoyān 名 초연. 화학 연기. ¶~四起 | 화학 연기가 사방에서 일어나다. ¶~弥漫mímàn的战场 | 초연으로 가득찬 전장.

4 ## 【销(銷)】xiāo 녹을 소, 사라질 소
❶ 動 금속을 녹이다. 용해하다. ¶百炼liàn不~ | 아무리 녹여도 녹지 않다. ❷ 動 취소하다. 해제(解除)하다. ¶撤chè~ | 철회하다. ❸ 動 상품을 판매하다. ¶脱tuō~ | 절품되다. ¶一天~了不少货 | 하루에 적지않게 물건을 팔았다 =〔推tuī销〕❹ 動 (핀·플러그 등을) 끼우다〔꽂다〕. ❺ 名 動 소비(하다) ¶花~ =〔花消〕〔花费〕| 경비. 비용. ❻ 動 금종이 등을 오려서 붙이다. ¶~金字儿 | 금문자를 오려서 붙이다. ❼ (~子) 名 (기계·기구 등에 부착되어 있는 못 비슷한) 핀. 플러그. ¶插chā~ | 전기플러그. 문빗장.

【销案】xiāo/àn 動 ❶ 소송을 취하하다. ¶现在可以~了 | 지금 소송을 취하할 수 있다. ❷ 일이나 사건을 마무리짓다.

【销场】xiāochǎng 名 ❶ (판매) 시장. ❷ 方 (상품의) 판로 ¶这种水果~不错 | 이런 과일은 판로가 좋다.=〔销路lù〕❸ 소비지. ¶~税shuì | 중국에서 실시된 이금세(釐金稅)의 일종으로, 다른 지방의 산물을 운반해 와서 팔 때 부과하는 세. ‖ =〔消xiāo场〕

【销钉】xiāodīng ⇒〔销子〕

4【销毁】xiāohuǐ 動 ❶ 소각하다. 불태워 없애다. 불살라 버리다. ¶~文件wénjiàn | 서류를 소각하다. ¶~证据zhèngjù | 증거를 불살라 버리다. ❷ (불 등에) 녹여 없애다. 폐기하다. ¶~铜元tóngyuán | 동전을 녹여 없애다.

【销魂】xiāohún 動 (너무 슬프거나 기뻐서) 혼을 빼기다. 넋을 잃다. 정신〔넋〕이 빠지다 =〔断duàn魂〕〔消魂〕

【销假】xiāo/jià 動 ❶ 휴가를 마치고 돌아와 책임자에게 보고하다. ¶回来后去系办公室xìbàngōngshì~ | 돌아와서 과사무실에 가서 보고하다. ❷ 휴가를 취소하다.

4【销路】xiāolù 名 (상품의) 판로. ¶打开dǎkāi~ | 판로를 개척하다. ¶~不灵líng =〔销路不畅chàng〕| 판로가 원활하지 못하다. 팔리지 않다. 판매가 순조롭지 않다 =〔销途xiāotú〕〔销市〕〔销场②〕〔消路〕

【销声匿迹】xiāo shēng nì jì 成 조용히 종적을 감추다. 소리없이 자취를 감추다. ¶这种现象xiànxiàng在中国已经~了 | 이런 현상은 중국에서는 이미 사라졌다.=〔销声敛liǎn迹〕〔消声匿迹〕〔声销迹匿〕〔声销迹灭〕

【销蚀】xiāoshí 動 부식하다. ¶~剂jì | 부식제. ¶~作用 | 부식작용.

4【销售】xiāoshòu 動 팔다. 판매하다. ¶~价格jiàgé | 판매 가격. ¶~量 | 판매량. ¶~市场 | 판매시장. ¶~处chù | 판매처 =〔销卖mài〕〔消xiāo售〕

【销歇】xiāoxiē ⇒〔消xiāo歇〕

【销行】xiāoxíng ❶ 動 판매하다. 팔리다. ¶~全世界quánshìjiè | 전 세계로 팔린다. ¶~百万册 | 백만 권을 팔다. ❷ 名 판로. 팔림새. 매기. ¶扩大kuòdà~ | 판로가 넓히다 ‖ =〔销往wǎng〕

【销帐】xiāo/zhàng 動 장부에서 지워버리다 ¶定时~ | 정기적으로 장부에서 지우다.=〔消帐zhàng〕

【销子】xiāo·zi 名 (기계를 연결하거나 고정시키는) 핀 =〔销钉dīng〕

【蛸】xiāo shāo 갈거미 초, 오징어 초
Ⓐ xiāo ❶ ⇒〔螵piāo蛸〕❷ 名〈動〉낙지 =〔章鱼〕

B shāo 書 名 갈거미.
【蛸枕】xiāozhěn 名〈動〉섬게의 일종.
【霄】xiāo 하늘 소, 구름기 소
書 名 ❶ 하늘. ¶重～｜높은 하늘. ❷ 구름. ❸ 진눈깨비. ¶～雪｜진눈깨비
【霄汉】xiāohàn 書 名 하늘. ¶气冲chōng～=〔气凌qìlíng霄汉〕｜成 의기가 하늘을 찌르다.
【霄壤】xiāorǎng 名 하늘과 땅. 喩 격차가 매우 심한 것. ¶～之别｜하늘과 땅 차이 →〔天差地远tiānchādìyuǎn〕〔天壤之别tiānrǎngzhībié〕
【魈】xiāo 도깨비 소
⇒〔山shān魈〕
【枵】xiāo 빌 효, 주릴 효
書 形 공허하다. 주리다.
【枵薄】xiāobáo 形 (성기고) 얇다. 얄팍하다. 가볍다. ¶这块布太～了｜이 천은 너무 얇다. ¶我跟他几十年的交情，送这么一点儿小礼物未免太～了吧｜나는 그와 몇 십 년의 교분인데, 요 정도 선물을 보내는 것은 너무나도 약소하겠지 =〔萧薄〕
【枵腹】xiāofù 名 공복(空腹). 주린 배. ¶～从公cónggōng｜배를 곯아가며 공무에 진력하다. 허리띠를 졸라매고 나라일로 뛰어다니다.
【鸮(鴞)】xiāo 올빼미 효
❶ 名〈鳥〉올 빼 미 =〔枭xiāo ①〕 ❷ ⇒〔鸱chī鸮〕
【鸮卣】xiāoyǒu 名〈考古〉올빼미 모양으로 된 청동 술독.
【枭(梟)】xiāo 올빼미 효, 목베어달 효
❶「鸮」와 같음⇒〔鸮xiāo①〕 ❷ 名 옛날, 소금 밀매업자 =〔盐yán枭〕〔私sī枭〕 ❸ 書 形 용맹스럽다. ¶～将↓ ❹ 書 動 목을 베어 매달다.
【枭将】xiāojiàng 名 용맹한 장수 =〔鸮xiāo将〕〔骁xiāo将〕
【枭首】xiāoshǒu 書 ❶ 名 효수. ❷ 動 머리를 베어 매달다. 효수하다 [옛날 형벌의 하나로 목을 베어 높은 곳에 매달아 둠] ¶～示众shìzhòng｜효수하여 뭇 사람에게 보여 경계하다→〔号令hàolìng b〕
【枭雄】xiāoxióng 書 名 효웅. 사납고 야심있는 호걸〔인물〕. ¶他是关中Guānzhōng的～｜그는 관중의 호걸이다.
【哓(嘵)】xiāo 두려워할 효
❶ 貶 불평 불만을 늘어놓는 모양. ¶～～不休｜계속해서 불평을 늘어놓다. ❷ 動 두려워하다.
【哓哓】xiāoxiāo ❶ 貶 쉬지 않고 재잘재잘 하는 모양. 말이 많은 모양. ¶她～不休地说个没完｜그녀는 재잘재잘 쉬지 않고 계속 말을 한다. ❷ 貶 아웅다웅하는 모양. 끊임없이 말다툼하는 모양. ❸ 貶 투덜투덜하는 모양. ❹ 擬 겁에 질려 내는 소리.
【骁(驍)】xiāo 굳셀 효, 날랠 효
❶ 名 준마. ❷ 形 사납고 날쌔다. 용맹하다. ¶～将↓
【骁悍】xiāohàn 形 용맹하다. 날래고 사납다. ¶士兵的无比～｜사병의 비할 바 없는 용맹스러움.
【骁将】xiāojiàng 書 名 용맹한 장수 ¶命一员～去攻城gōngchéng｜용맹한 장수에게 성을 공격하도록 명하다.=〔枭xiāo将〕
【骁骑】xiāoqí 書 名 ❶ 용맹한 기병. ¶派出～去偷营tōuyíng｜용맹한 기병을 보내어 적을 기습하도록 하다 =〔枭骑〕 ❷ 효기 장군 [옛날 장군의 명호(名號)]
【骁勇】xiāoyǒng 書 形 용맹하다. 용감하고 날쌔다. ¶～善战shànzhàn｜용맹스럽고 싸움을 잘 한다.
【萧(蕭)】xiāo 쑥 소, 쓸쓸할 소
❶ 形 쓸쓸하다. 생기가 없다. ¶气象qìxiàng～森sēn｜날씨가 음산하다. ❷ 形 드물다. 성기다. ¶秋林qiūlín～疏shū｜가을 숲이 성기다. ❸ 擬 바람 소리나 말 울음 소리를 형용. ¶～～↓ ❹ 名〈植〉쑥. ❺ (Xiāo) 名〈地〉소현(蕭縣) [강소성(江蘇省)에 있는 현이름] ❻ (Xiāo) 名 성(姓).
【萧规曹随】xiāo guī cáo suí 成 한(漢) 고조(高祖) 때의 재상인 소하(蕭何)가 만든 법을 후임자인 조참(曹參)이 이어받아 그대로 따라 실행하다. 예전의 방식을 그대로 답습하다. 전례를 따르다.
【萧墙】xiāoqiáng 書 名 ❶ 문병(門屛). 대문이나 중문 등의 정면 조금 안쪽에, 밖에서 안을 들여다 보지 못하도록 막아 놓은 가림. ❷ 喩 내부. 측근. 집안. ¶～之祸huò｜내부에서 일어난 화. 내란. ¶～之忧yōu｜내부에 존재하는 우환. 내우(內憂).
【萧然】xiāorán 書 貶 ❶ 적막하다. 조용하다. 쓸쓸하고 적적하다. ❷ 텅텅 비어 있다. ¶四壁bì～｜네 벽이 아무 것도 없이 텅 비어 있다. 아주 가난하다. ❸ 소란스럽다.
【萧洒】xiāosǎ ⇒〔潇xiāo洒〕
【萧飒】xiāosà 書 ❶ 形 쓸쓸하다. ¶秋色qiūsè～｜가을 경치가 쓸쓸하다. ❷ 形 가을 바람이 서늘하다. 상쾌하다. ❸ 動 초목이 마르다〔시들다〕.
【萧瑟】xiāosè 書 ❶ 擬 쏴쏴. 휘휘 [바람이 스산하게 부는 소리] ¶秋风qiūfēng～｜가을 바람이 쏴쏴 불다. ❷ 形 소슬하다. ❸ 形 (풍경이) 적막하다. 스산하다. 처량하다. 쓸쓸하다.
【萧森】xiāosēn 書 形 적막하고 고요하다. 조용하고 쓸쓸하다.
【萧疏】xiāoshū 書 形 ❶ 적막하다. 쓸쓸하다. ❷ (나뭇잎 등이) 드문드문 하다. 성기다. ¶～的秋树qiūshù｜드문드문한 가을나무
【萧索】xiāosuǒ 形 생기〔활기〕가 없다. 스산하다. 적막하다. 쓸쓸하다. ¶～的晚秋wǎnqiū气象qìxiàng｜쓸쓸한 늦가을 정경. ¶市面shìmiàn～｜시장이 활기가 없다.
【萧条】xiāotiáo ❶ 形 적막하다. 스산하다. 쓸쓸하다. 생기가 없다. ¶景象jǐngxiàng十分～｜경색이 아주 쓸쓸하다. ❷〈經〉名 불경기 불황. ¶经济jīngjì～｜경제 불황. ❸ 形〈經〉불경기이다. 불황이다. 부진하다. ¶生意～｜장사가 부진하다.
【萧萧】xiāoxiāo 書 擬 ❶ 히힝 [말이 우는 소리] ¶马鸣mǎmíng～｜히힝하고 말이 울다. ❷ 쏴쏴.

쌩쌩 [바람이 부는 소리] ¶风～兮, 易水寒 | 바람은 쏴쏴 불고 역수는 차디차네. ❸ 우수수 [바람에 나뭇가지가 흔들리거나, 나뭇잎이 떨어지는 소리]

【箫(簫)】 xiāo 퉁소 소
名〈音〉퉁소.

【箫管】 xiāoguǎn 名 ❶ 퉁소 =〔洞dòng箫〕 ❷ 소와 피리.

【潇(瀟)】 xiāo 물이름 소, 맑을 소
❶ (Xiāo) 名〈地〉소수(瀟水) [호남성(湖南省)에 위치한 강이름] ❷ 書 形 물이 깊고 맑다.

【潇洒】 xiāosǎ 形 (모습·행동 등이) 소쇄하다. 소탈하다. 산뜻하다. 자연스럽고 대범하다. 시원스럽다. 스마트하다. ¶这小伙儿很～ | 이 친구는 소탈하다. ¶素sù性～ | 시원스럽고 대범하다 =〔萧xiāo洒〕

【嚣(囂)】 xiāo 들렐 효
❶ 形 시끄럽다. 떠들썩하다 =〔叫jiào嚣〕〔喧xuān嚣〕 →〔嗷āo①〕 ❷ 名 옛날, 시장이 서서 시끄러운 곳을「嚣xiāo」라 하고, 시장이 파해 조용해진 곳을「墟xū」라 하였음. ❸ 복성(複姓) 중의 한 자(字) ¶～尹yǐn↓

【嚣尹】 Xiāoyǐn 名 복성(複姓).

【嚣张】 xiāozhāng 動 ❶ (나쁜 세력·사악한 기운 등이) 성해지다. 날뛰다. 판을 치다. ¶反对fǎnduì势力shìlì逐渐zhújiàn～ | 반대 세력이 점차 날뛰다. ❷ 방자(放恣)하고 오만하게 굴다. ¶气焰qìyàn～ | 위세가 방자하고 오만하다.

xiáo ㄒㄧㄠˊ

【崤】 xiáo 산이름 효
名〈地〉효산(崤山) [하남성(河南省)에 있는 산이름]

3【淆〈殽〉】 xiáo ⓧ yáo) 섞일 효, 어지러울 효 ❶ 뒤섞(이)다. 혼합되다. ¶～乱↓ ❷ 혼잡하다. ¶～杂↓

【淆惑】 xiáohuò 書 動 (혼란시켜) 미혹시키다. ¶～视听shìtīng | 이목을 혼란시키다.

【淆乱】 xiáoluàn 書 形 난잡하다. 어지럽다. 혼란시키다. ¶～混杂hùnzá, 极难清理 | 어지럽고 혼잡하여 정리하기가 몹시 어렵다. ¶～是非shìfēi | 옳고 그른 것을 혼란시키다. ¶～风纪fēngjì | 풍기를 문란시키다.

【淆杂】 xiáozá 書 形 혼잡하다. ¶这篇文章文句～, 不忍读rěndú | 이 문장은 혼잡하여 참고 읽어 낼 수가 없다.

xiǎo ㄒㄧㄠˇ

1【小】 xiǎo 작을 소
❶ 形 작다. ⓐ (면적·용량 등이) 작다. ¶鞋xié～了一点儿 | 신이 조금 작다. ¶这地方很～ | 이 곳은 매우 협소하다. ⓑ 수가 적다. ¶一～半 | 거의 절반. ⓒ (정도가) 얕다. ¶学问～ | 학문이 얕다. ⓓ 소리가 작다. ¶～声唱歌shēngchànggē | 작은 소리로 노래 부르다 ⇔〔大dà①〕 ❷ 形 나이가 어리다. ¶我比他～ | 나는 그보다 나이가 어리다. ❸ 形 가장 어린〔작은〕. 맨 끝의. ¶～儿子 | 막내 아들. ¶～指头zhǐtou↓ ❹ 形 잠깐. 짧은 시간. ¶～住↓ ❺ 名 簡 첩(妾) [「小老婆」의 약칭] ¶讨tǎo～ | 첩을 두다 =〔小的④〕 ❻ 名 簡 어린 아이. 나이 어린 사람. ¶一家大～ | 한 집안의 어른과 아이. ❼ 頭 謙 (자기의 신분을 낮추어) 자기나 자기와 관계있는 사람이나 사물을 겸손하게 일컫는 말. ¶～弟②↓ ❽ 頭 성명(姓名)이나 또는 형제의 순서를 나타내는 수사 앞에 붙어 호칭어로 쓰임. ¶～康kāng | 강군. ¶～二 | 둘째 →〔老lǎoⅢ ②③〕 ❾ 副 조금. 약간. ¶～有才干cáigàn | 재능이 좀 있다. ❿ 動 경시(輕視)하다. 얕보다. ¶～看↓

【小八路】 xiǎobālù 名組 팔로군(八路軍)의 어린 병사. ¶他爷爷yéyé当年是～ | 그의 할아버지는 그 당시에는 팔로군의 어린병사였다. →〔小鬼③〕

【小巴】 xiǎobā 名 簡「小型巴士 xiǎoxíngbāshì」(마이크로버스)의 약칭 [홍콩에서 주로 쓰이는 말임] ¶乘chéng～很便宜piányí | 소형버스를 타면 아주 싸다.

【小白菜(儿)】 xiǎobáicài(r) 名〈植〉박초이(pakchoi) =〔青菜qīngcài②〕〔方 油yóu菜②〕

【小白脸(儿)】 xiǎobáiliǎn(r) 名 미소년(美少年). 기생 오라비. ¶这～可不是个东西 | 이 기생오라비는 정말 인간도 아냐. ¶别理那个～ | 그 기생오라비를 상대하지 말아라 =〔小白〕

【小半(儿)】 xiǎobàn(r) 名 절반 가량. 절반이 안되는 부분. ¶学生的～是从农村nóngcūn来的 | 학생의 절반가량은 농촌에서 왔다 →〔大半(儿)①〕

【小半大儿】 xiǎo·bàndàr 名 ❶ 애늙은이. ❷ 나이가 비슷한 젊은이.

【小半活】 xiǎobànhuó 名 ❶ 반 사람 품. ❷ 方 (옛날 지주에게 고용된) 머슴 아이.

【小包】 xiǎobāo 名 ❶ 인민 공사가 공사원에 대하여 주요 생활 필수품은 현물로 주고, 나머지는 현금으로 주는 보수지급 방법. ❷ 소포. ❸ 수화물. ❹〈電算〉패키트(packet).

【小报(儿)】 xiǎobào(r) 名 ❶ 소형 신문. 타블로이드(tabloid) 신문. ❷ 상(喪)을 알리는 쪽지. 불길한 통지서.

【小报告(儿)】 xiǎobàogào(r) 名 ❶ 개인의 행동에 관한 비밀 경찰의 보고. ❷ 밀고장(密告狀) =〔黑hēi信③〕 →〔告密gàomì〕 ❸ 밀고. 고자질. ¶他爱向老师lǎoshī打～ | 그는 선생님에게 고자질을 잘한다.

【小本】 xiǎoběn ❶ 名 소자본(小資本). ❷ ⇒〔小本(儿, 子)①〕

【小本(儿, 子)】 xiǎoběn(r·zi) 名 ❶ 수첩 =〔小本②〕〔小本本〕 ❷ 팜플렛.

【小本本】 xiǎoběnběn ⇒〔小本(儿, 子)①〕

【小本经营】 xiǎo běn jīng yíng 成 소자본 영업. 규모가 크지 않은 장사.

3【小便】 xiǎobiàn ❶ 名 소변. 오줌. ¶解～ | 소변을 보다 ❷ 動 소변보다. 오줌누다 →〔小解〕〔小水〕〔大便〕〔尿niào〕 ❷ 名 자지. ¶～肿烂zhǒnglàn | 자지가 곪아 문드러지다.

【小辫儿】 xiǎobiànr 名 ❶ 짧게 땋아 늘인 머리. ❷

변발. ‖ =〔小辫子②〕

【小辫子】xiǎobiàn·zi ❶ 名 喩 약점 [싸울 때 변발은 상대방에게 붙잡힐 위험성이 많아 약점이 되기 때문임] ¶抓~ | 약점을 잡다. ❷ ⇒〔小辫儿〕

【小标题】xiǎobiāotí 名 소제목. 부제(副題). 서브타이틀(subtitle).

【小瘪三】xiǎobiēsān 名 方 망나니. 불량〔비행〕 소년. ¶我揍zòu你这个~ | 이 망나니 같은 녀석을 가만두지 않겠다 →〔瘪三〕

【小病大养】xiǎobìng dàyǎng 큰 병도 아닌데 야단스럽게 섭생(攝生)을 하다. ¶他是~,借机jièjī享福xiǎngfú | 큰 병도 아닌데 그는 야단스럽게 기회다 싶어 편하게 지내려고 한다 →〔无病呻吟wúbìngshēnyín〕

【小补】xiǎobǔ 名 작은 보탬〔이익〕. ¶这样做略有~ | 이렇게 해준다면 작은 보탬이 된다.

【小不点儿】xiǎo·budiǎnr 方 ❶ 狀 매우 작다. 아주 어리다. ❷ 狀 매우 젊다. ❸ 名 꼬마. 가장 어린 아이. 제일 젊은 사람.

【小不忍则乱大谋】xiǎo bù rěn zé luàn dà móu 成 작은 일을 참지 못하면 큰일을 망친다. ¶孩子,~,万事得忍让才是 | 얘야, 작은 일을 참지 못하면 큰일을 망치는 법이니 만사를 참아야 한다.

【小财主】xiǎocáizhǔ 名 ❶ 작은 부자. ❷ 소지주(小地主).

【小菜】xiǎocài ❶ (~儿) 名 간단한 반찬 [밥·술 등을 먹을 때 주로 소금 또는 간장에 절여 만든 채소 요리] ❷ 名 간단한 요리. [「大菜」와 상대적인 말로 씀] ❸ 名 口 喩 쉬운 일. 식은죽 먹기. ❹ 名 方 고기·생선·채소 등. ❺ 喩 지위가 낮아 천대받고 괄시받는 사람. =小菜碟dié(儿)②〕

【小菜场】xiǎocàichǎng 名 江 야채 시장. ¶虹口hóngkǒu~ | (상해의) 홍구 야채 시장 →〔菜市〕

【小差(儿)】xiǎochāi(r) ❶ ⇒〔开kāi小差(儿)〕 ❷ 名 하찮은 직무. 보잘 것 없는 업무. =〔小差事(儿)〕

【小产】xiǎochǎn ❶ 名 유산. ❷ 動 俗 유산하다 =〔流liú产①〕〔小月xiǎoyuè ⓑ〕〔小月子(儿)〕〔小喜xǐ〕〔丢胎diūtāi①〕

【小肠】xiǎocháng 名 〈生理〉 작은창자. 소장.

【小肠串气】xiǎochángchuànqì 名組 口 〈醫〉 탈장(脫腸) =〔疝shàn气〕

【小抄(儿)】xiǎochāo(r) 名 口 커닝 페이퍼(cunning paper) ¶打~ | 커닝 페이퍼를 만들다.

【小车(儿, 子)】xiǎochē(r·zi) 名 ❶ 손으로 미는 일륜차(一輪車) ¶~夫=〔推小车子的〕 | 일륜차꾼 =〔手车〕〔手推车〕〔老虎车〕〔方 鸡公车〕〔江 独轮(土)车〕 ❷ 北 (옛날의) 인력거. 포장마차. ❸ 승용차. ❹ 유모차 =〔婴yīng儿车〕 ❺ 새끼 꼬는 기계.

【小称】xiǎochēng 名 애칭. ¶刀儿是刀的~ | 「刀儿」은 「刀」의 애칭이다.

【小乘】xiǎochéng 名 〈佛〉 소승.

【小吃(儿)】xiǎochī(r) 名 ❶ (음식점에서 분량이 적고 값이 싼) 간단한 음식. 스낵(snack) ¶经济jīngjì~ | 값이 싼 간단한 음식 =〔小卖(儿)①〕 ❷ 음식점에서 파는 「年糕niángāo」「粽子zòngzi」「元宵yuánxiāo」「油茶yóuchá」 등의 총칭. ¶供应gōngyìng各种~ | 각종 (간단한) 음식을 공급하다. ❸ (서양 음식의) 전채(前菜). 오르되브르(hors d'oeuvre) ❹ 변변치 않은 음식 [손님에게 식사를 대접하거나 음식을 나누어 먹을 때 겸손하게 하는 말] ¶不过是~ | 보잘것 없는 음식입니다.

【小丑(儿)】xiǎochǒu(r) 名 ❶ 〈演映〉 어릿광대. 피에로. ¶扮演bànyǎn~角色jiǎosè | 어릿광대역을 하다 =〔丑角(儿)①〕〔花huā鼻子〕 →〔丑④〕〔文wén丑(儿)〕〔戏xì子〕 ❷ 喩 괘사떨며 남을 웃기는 언행을 하는 사람. ❸ 소인(小人). 쓸모없는 인간.

【小丑跳梁】xiǎo chǒu tiào liáng 成 喩 소인배들이 날뛴다. ¶别理这个~ | 이런 소인배들이 날뛰는 것을 상관하지 마세요

【小畜生】xiǎochù·sheng 名 罵 짐승만도 못한 놈의 새끼 [어린 사람을 욕하는 말] ¶你这~,还不快滚! | 이 짐승만도 못한 놈 빨리 안 꺼져!

【小春】xiǎochūn 名 方 ❶ 음력 10월 =〔小阳yáng春①〕 ❷ (음력 10월경에 파종하는 소맥(小麥)·완두(豌豆)와 같은) 늦가을 작물 =〔小春作物〕

【小词】xiǎocí 名 ❶ 〈論〉 소명사(小名辭) →〔三段论(法)〕 ❷ 일상 생활 용어.

【小葱(儿)】xiǎocōng(r) 名 〈植〉 ❶ 실파. ❷ 어린 파.

【小葱拌豆腐】xiǎocōng bàn dòu·fu 歇 파란 파와 하얀 두부를 섞다. 명명백백하다. 분명하다. [뒤에 「一清〔青〕二白」가 이어짐] ¶这一点是~,再明白不过了 | 이 점은 파란 파와 하얀 두부를 섞은 것처럼 너무 분명하므로 더 이상 명백히 할 필요가 없다. = 〔葱拌豆腐〕〔豆腐炒韭菜jiǔcài〕〔菠菜bōcài煮zhǔ豆腐〕〔韭菜拌豆腐〕〔青qīng葱拌豆腐〕 →〔一清二白〕

【小聪明(儿)】xiǎocōng·ming(r) 名 貶 잔재주. 잔꾀. 약삭빠른 행위. ¶耍shuǎ~ | 잔꾀를 부리다.

【小刀(儿, 子)】xiǎodāo(r·zi) 名 조그만 칼. 주머니 칼. ¶带了一把~ | 조그만 칼을 지니다.

【小道】xiǎodào 名 ❶ (농사·의술·점복과 같이 보잘 것 없이 작은) 기예(技藝) 또는 기술. ¶此乃~,不值一提 | 이것은 보잘 것 없는 기예에 불과하니 일고의 가치도 없다. ❷ (옛날) 유학(儒學) 이외의 학문. ❸ 도사(道士)가 자기자신을 낮추어 일컫는 말. ❹ (~儿) 작은 길. 오솔길. ❺ (~儿) 첩경(捷徑). 지름길. 轉 ⓐ (뇌물 등과 같은) 부정한 수단〔방법〕. ¶中与不中zhòng, 各有天命, 不走~ | 합격하고 안하고는 천명에 달려 있으니 부정한 방법을 쓰지 않겠다. ⓑ 도둑질. ¶~货huò | 도둑질한 물건.

【小道儿消息】xiǎodàor xiāo·xi 名組 얻어 들은 소식. 주워 들은 소식. ¶别信那种~ | 그런 주워 들은 소식은 믿지마세요.

【小弟】xiǎodì 名 ❶ 어린 동생. 막내 아우. ❷ 謙 소생. 저 [친구 혹은 친한 사람 사이에서 자기자신을 낮추어 일컫는 말]

【小店】xiǎodiàn 名 ❶ 작은 가게. 작은 상점. ❷ 謙 폐점(敝店). 저의 가게. ❸ 작은 여인숙.

【小店儿】xiǎodiànr 名 잠만 잘 수 있으며 식사는

제공되지 않는 작은 여인숙 =〔小火店儿〕〔起火(小)店〕→〔鸡毛jīmáo店(儿)〕

【小调】xiǎodiào 名 ❶〈音〉단조(短調). 단음계(短音階) ¶A～协奏曲xiézòuqǔ | A단조 협주곡. ❷(～儿) 속곡(俗曲). 속요(俗謠). 민간에서 유행하는 속된 노래 가락. ¶哼hēng着流行liúxíng～ | 유행하는 속요를 흥얼거리다 =〔小曲(儿)〕〔俚lǐ曲〕

【小动作】xiǎodòngzuò 名 ❶ 작은 동작. ❷ 轉 작은 속임수. 잔꾀. 술수. ¶在竞选jìngxuǎn厂长chǎngzhǎng时,他做了不少～ | 공장장을 선출할 때 그는 많은 술수를 썼다.

【小豆(儿)】xiǎodòu(r) 名 ❶ 붉은 팥 =〔赤小豆〕❷ 喩 (팥알 만한) 사소한 것. 작은 것. 하찮은 일. ¶别为了～大的事烦恼fánnǎo | 사소한 일로 골머리를 썩히지 마라.

【小肚儿】ⓐ xiǎodǔr 名 (식품 이름으로) 돼지 위 →〔下水·shui〕
ⓑ xiǎodùr ⇒〔小肚子〕

【小肚鸡肠】xiǎo dù jī cháng 成 도량이 좁아 조그만 일에 얽매여 큰 일은 생각하지 않다. ¶她就是～气量儿小 | 그녀는 도량이 너무 좁다 =〔鼠shǔ肚鸡肠〕

【小肚子】xiǎodù·zi 名 ⓞ〈生理〉아랫배 =〔小肚dǔ儿〕〔書 小腹fù〕〔書 少shào腹〕

【小队】xiǎoduì 名 소대.

【小恩小惠】xiǎo ēn xiǎo huì 成 사람을 구슬리기 위하여 베푸는 작은 선심. ¶他用～笼络人心 | 그는 작은 선심으로 인심을 농락한다.

【小而全】xiǎoérquán 名〈經〉규모는 작으나 생산과정이 완비되었으며 전문화의 비율이 낮은 일종의 낙후된 생산구조 혹은 경영방식.

【小儿】ⓐ xiǎoér 名 ❶ 아동. ❷ 謙 내 자식. ❸ 罵 조그만 자식〔놈〕[성인 남자를 욕할 때 쓰는 말]
ⓑ xiǎor ❶ 名 유년(幼年)시대. 어린시절. ❷ 여관이나 술집의 심부름꾼.=〔小二〕❸ 名 어린 사내아이.

【小儿科】xiǎoérkē 名 ❶ 소아과 =〔儿科〕❷ 方 별 중요하지 않은 일을 지칭. ❸ 俗 구두쇠. 쫌생이. ¶五块钱也报案? 太～了 | 오원조차도 신고를 해? 정말 째째하군 =〔铁公鸡tiěgōngjī〕❹ 方 촌지(寸支). 작은 성의.

【小儿麻痹症】xiǎoér mábìzhèng 名〈醫〉소아마비(증).

【小耳朵】xiǎoěr·duo ❶ 名 병부절(卩) 변 ⇒〔单dān耳刀(儿)〕❷ 名 台 (위성방송 수신용의) 접시안테나.

【小贩】xiǎofàn 名 소상인. 비판(裨販) ¶～在街上叫卖jiàomài | 소상인이 길에서 (손뼉치고)소리지르며 물건을 판다..=〔書 稗bài贩〕〔書 肩jiān贩〕

【小纺】xiǎofǎng 名 (주로 안감으로 쓰는) 비교적 올이 가는 견직물.

【小费】xiǎofèi ⇒〔小帐zhàng(儿)〕

【小分队】xiǎofēnduì 名 ❶ 소부대. 소수 정예(精銳) 부대. ❷ 선전대(宣傳隊) ¶文艺wényì～ | 문예 선전대.

【小粉】xiǎofěn 名 전분. 녹말.

【小份子(钱)】xiǎofèn·zi(qián) 名 남 몰래 혼자 저축해 둔 재물〔돈〕. 비상금 =〔梯tī己①〕

【小夫妻】xiǎofūqī 名 어린 부부.

【小腹】xiǎofù ⇒〔小肚dǔ子〕

【小钢炮】xiǎogāngpào 名 ❶ 俗 작은 대포. ❷ 喩 성격이 시원시원하며, 말도 거리낌없이 직설적으로 하는 사람.

【小哥们儿】xiǎogē·menr 名組 같은 또래의 젊은 남자들 =〔小哥儿们〕

【小个儿】xiǎogèr 名 ❶ 몸집이 작은 사람. ¶李先生是～ | 이선생은 몸집이 작은 사람이다. ❷ 자그마한 물건.

【小个子(儿)】xiǎogè·zi(r) 名 ❶ 작은 몸집. 작은 체구. ❷ 몸집이 작은 남자. ❸ 좀생원.

【小跟班儿的】xiǎogēnbānr·de 名組 주인집 안일을 시중하던 나이 어린 하인. ¶他成chéng了～了 | 그는 주인집 하인이 되었다.

【小狗(儿, 子)】xiǎogǒu(r·zi) 名 ❶ 강아지. 轉 어리석은 사람. ¶～拜四方 | 喩 어리석은 자는 남에게 아부만 한다. ❷ 요놈 새끼. 개새끼 [아이를 욕하는 말]

【小姑(儿)】xiǎogū(r) 名 ❶ (손아래) 시누이 ¶她～是教授 | 그녀의 시누이는 교수이다 =〔小姑(子)〕❷ 작은 고모. 아버지보다 나이가 적은 고모 =〔小姑姑〕〔小娘niáng儿〕〔姑儿①〕❸ 계집애 [나이 어린 여자 아이를 놀려 부르는 말] =〔姑儿②〕

【小姑独处】xiǎo gū dú chǔ 成 여자가 혼자 살다. 여자가 아직 시집가지 않았음을 이르는 말. ¶她至今仍réng～ | 그녀는 지금도 여전히 독신녀로 혼자 산다.

【小姑娘(儿)】xiǎogū·niang(r) 名 소녀. 여자아이.

【小褂(儿,子)】xiǎoguà(r·zi) 名 중국식 적삼.

【小官】xiǎoguān 名 ❶「茶馆」(찻집)의 급사. ❷ 謙 소관 [관리가 상관에 대하여 자기를 겸손하게 일컫는 말]

【小官吏】xiǎoguānlì 名 소관. 미관. (옛날의) 말단관리. ¶他父亲是个～ | 그의 부친은 말단관리이다 =〔俗 小官儿〕

【小广播】xiǎoguǎngbō ❶ 動 유언비어를 퍼뜨리다. ¶中国人爱～ | 중국사람은 유언비어 퍼뜨리기를 좋아한다. ❷ 名 소문을 퍼뜨리는 사람.

4【小鬼】xiǎoguǐ 名 ❶ 저승 사자. ❷ 요 꼬마녀석. 요놈. 요자식 [어린애를 친밀하게 또는 혐오감을 가지고 부르는 말] =〔小鬼头〕❸「小八路」의 애칭.

【小过】xiǎoguò 名 ❶ 작은 과실. ❷ 작은 과실에 대한 벌(점). ❸ 유기정학. ¶记一次～ | 유기정학을 한번 먹다.

1【小孩(儿, 子)】xiǎohái(r·zi) 名 ⓞ 어린아이. ¶她最喜欢xǐhuān～了 | 그녀는 어린애를 아주 좋아한다. ¶～车 =〔乳母车〕| 유모차 =〔小赤佬chìlǎo〕→〔大人 ⓑ ②〕

【小寒】xiǎohán 名 소한 [24절기의 23째. 양력 1월 6일 경]

【小号】xiǎohào ❶ 名 謙 저희 상점. 폐점(敝店) =〔敝bì号〕❷ 名〈音〉트럼펫. ❸ 名 작은 사이즈(size) ¶我穿chuān～的球鞋qiúxié | 나는 작은

사이즈의 운동화를 신는다. ❹⇒〔小字①〕

【小和尚念经】xiǎohé·shang niànjīng 歇 나이 어린 중이 경을 읽다. 말뿐이고 진심이 어려 있지 않다 [뒤에「有口无心」이 이어지기도 함]

【小荷才露尖尖角，早有蜻蜓立上头】xiǎo hècái lòu jiān jiān jiǎo, zǎo yǒu qīng tíng lì shàng·tou 成 작은 연(蓮)이 잎사귀를 삐죽히 내밀자 재빨리 잠자리가 그 위에 앉다. 새로운 사물이 이제 막 출현했을 뿐인데 성급히 그것을 키우려 하다.

【小户】xiǎohù ❶⇒〔小家(子)①〕❷⇒〔小家(子)②〕❸ 名 술을 못 마시는 사람. 술에 약한 사람. ¶～人家 | 술 못 마시는 사람.

【小花脸】xiǎohuāliǎn 名 중국 희곡(戲曲)의 어릿광대 역(役) ¶扮演bànyǎn～ | 어릿광대역을 맡아서 하다 =〔小花面〕〔丑④〕

【小黄鱼】xiǎohuángyú 名〈魚貝〉참조기. ¶油炸yóuzhà～ | 기름에 튀긴 참조기 →〔黄鱼①〕

【小惠】xiǎohuì 名 작은 은혜. 작은 덕. ¶施shī以～,笼络lóngluò人心 | 작은 은혜로써 인심을 농락하다.

²【小伙子】xiǎohuǒ·zi 名 口 젊은이. 총각. ¶这～从哪nǎ儿来的? | 이 젊은이는 어디에서 왔는가? =〔江 后生hòushēng ⓑ①〕→〔白脸báiliǎn②〕

【小鸡(儿,子)】xiǎojī(r·zi) 名 ❶ 병아리 =〔鸡仔zǎi①〕❷ 닭 [요리를 할 경우, 돼지·양 보다는 작아서 일컫는 말]❸ (어린애의) 자지 =〔小家雀què儿②〕

【小计】xiǎojì 名 소계. ¶略施shī～ | 대략 소계를 내다.

【小蓟】xiǎojì 名〈植〉조뱅이. 조방가새 [조뱅이의 뿌리를 소계라 부르며, 지혈제·해독제로 씀] =〔刺cì儿菜〕

【小家(子)】xiǎojiā(·zi) 名 ❶ 가난한 집. 돈도 없고 세력도 없는 집 =〔小户①〕〔小户人家(儿)〕〔小门小户儿〕❷ 식구가 적은 가정 =〔小户②〕

【小家碧玉】xiǎojiā bìyù 成 喩 가난한 집 고운 딸. ¶高小姐称得上是～ | 미스 고는 가난한 집의 고운 딸로 불리워질 만하다.

【小家伙】xiǎojiā·huo 名 ❶ 작은 도구. ❷ 俗 (허물없이 혹은 막 대하는 말투로) 녀석. 자식. 놈 [「家伙」는 본래 도구나 기구 등을 가리키는 말이나 그 이외에도 상대방·제삼자를 함부로 막 대하는 말투로도 쓰임]

【小家鼠】xiǎojiāshǔ 名〈動〉생쥐. 새앙쥐.

【小家庭】xiǎojiātíng 名 ❶ 소가족. 핵가족 →〔大家庭〕❷ 가정의 울타리.

【小家子气】xiǎojiā·ziqì 名組 옹졸하다. 인색하다. 옹색하다. ¶就送这么点东西，不显xiǎn着～吗? | 이렇게 작은 물건을 선물하는 것은 너무 옹색한 것이 아닌가? =〔小家子相〕〔小家子象〕

【小建】xiǎojiàn 名 (음력의) 작은 달 [음력으로 한 달이 29일인 달] =〔小尽〕〔小月 ⓐ②〕

【小将】xiǎojiàng 名 ❶ 젊은 장수. ❷ 꼬마 장수. 꼬마 용사 [어린이를 칭찬할 때 쓰는 말]

【小脚(儿)】xiǎojiǎo(r) 名 전족(纏足). ¶～女人 | 전족을 한 여성. 낡은 습관을 버리지 못한 여자 =〔双钩shuānggōu②〕〔小金连jīnlián〕→〔缠chán脚②〕〔大dà脚②〕〔裹guǒ脚〕

【小节】xiǎojié 名 ❶ 사소한 일. 대수롭지 않은 일. ¶不拘jū～ | 사소한 일에 얽매이지 않다. ¶生活～ | 개인생활과 관련된 여러가지 작은 일들 →〔小道dào〕❷〈音〉소절. 마디. ❸ 손가락·발가락의 첫째 마디.

【小结】xiǎojié ❶ 名 중간결산. 중간에서 내리는 결론. ¶他写xiě了一份工作～ | 그는 작업의 중간결산서를 한부 썼다. ❷ 動 부분적인 결론〔매듭〕을 짓다. 중간 결산하다. ¶～一下前阶段jiēduàn的工作 | 전 단계의 작업을 중간결산하다.

¹【小姐】xiǎo·jie 名 ❶ (주인) 아가씨 [옛날에 종이 주인집의 여자를 높여 부르는 말]❷ 아가씨. 미스(Miss). 양(孃) [가장 보편적이고 일반적은 호칭으로 많이 쓰임]❸ 양(孃). 미스(Miss) [직업 여성을 호칭하거나 지칭하는 말로 쓰임]¶空中～ | 스튜어디스. ¶接线jiēxiàn～ | 교환양. ¶广播guǎngbō～ | 여성 아나운서.

【小解】xiǎojiě ❶ 名 소변. ❷ 動 배뇨하다. 소변보다. ¶他去～了 | 그는 소변보러 갔다 →〔小便biàn①〕〔解手jiěshǒu〕〔大解dàjiě〕

【小金库】xiǎojīnkù 名〈經〉소집단의 이익을 위해 국가 재정(財政)법을 어기고 설치한 국가자금의 보관과 출납을 관리하는 기구. ¶他们单位私设sīshè～ | 그들 부서에서는 사적으로 국가자금의 보관과 출납을 관리하는 기구를 설립했다 =〔小钱柜qiánguì〕

【小襟】xiǎojīn 名 중국옷의 (옷)섶 =〔底dǐ襟(儿)〕

【小尽】xiǎojìn ⇒〔小建jiàn〕

【小九九(儿)】xiǎojiǔjiǔ(r) 名 ❶〈數〉구구단. 구구법. ❷ 方 속셈. 계산. 타산. ¶他倒很会打～ | 그는 반대로 계산에 밝다. ‖ =〔小九数〕

【小舅子】xiǎojiù·zi 名 口 ❶ 손아래 처남. ¶～媳妇xífù | 처남의 댁 =〔内弟nèidì〕〔妻弟qīdì〕❷ 막내 처남. ❸ 이 녀석〔새끼〕[사람을 희롱할 때 쓰이기도 함]

【小脚色】xiǎojuésè 名 ❶〈演映〉단역(端役). ❷ 못난이. 별 볼일 없는 하찮은 인간. ¶他在厂里chǎnglǐ是个～ | 그는 공장에서는 별 볼일 없는 인간이다. ‖ =〔小角色〕

【小楷】xiǎokǎi 名 ❶ 작은 해서체(楷書體) 한자. ❷ 로마자의 인쇄체 소문자. ‖ =〔小字③〕〔小字儿〕→〔大楷〕

【小看】xiǎokàn 動 口 얕보다. 경시하다. 경멸하다. ¶～人 | 사람을 깔보다 =〔京 小瞧qiáo〕〔小视shì〕〔轻qīng视〕

【小康】xiǎokāng ❶ 形 먹고 살 만하다. 생활 수준이 중류이다. ¶家道～ | 집안 살림이 괜찮다. ¶～人家=〔小康之家〕| 중류 가정. ❷ 書 名 소강상태 [상황이 약간 진정되어 진전이 없는 상태] ¶达到dádào～ | 소강상태에 접어들다.

【小可】xiǎokě ❶ 代 謙 近 불초. 소생. 저 [자신을 낮추어 이르는 말]❷ 形 사소하다. 보잘것 없다. 보통이다. ¶非同～ | 보통 일이 아니다. ❸ 形 그런대로 괜찮다.

【小口(儿)】xiǎokǒu(r) 名 한자 부수의 입구 (口) 변 [「口字旁(儿)」의 속칭]

【小口径】xiǎokǒujìng 名 소구경. ¶～步枪bùqiāng | 소구경 소총.
【小老婆】xiǎolǎo·po 名 俗 첩. ¶他又娶qǔ了一房fáng～ | 그는 또 첩을 얻었다 =〔小⑤〕〔小点diǎn子〕〔小女人〕〔小婆儿〕〔小婆子〕〔幺yāo老婆〕〔姨yí太太①〕〔妾qiè①〕〔書 小夫人〕→〔老婆pó〕
【小老儿】xiǎolǎor 名 ❶ 늙은이 [노인이 자기자신을 일컫던 말. 희곡·소설 등에서 많이 쓰였음] ¶～我今年五十五 | 이 늙은이는 올해 55세이다. ❷ 막내 아들.
【小礼拜】xiǎolǐbài 名 ❶ (2주일에 한번 쉴 때) 쉬지 않는 일요일. ¶～制zhì | 두 주일에 한 번 쉬는 제도 →〔大dà礼拜②〕 ❷「礼拜三」(수요일)의 다른 이름.
【小两口(儿)】xiǎoliǎngkǒu(r) 名 口 젊은 부부. ¶这～爱吵架chǎojià | 이 젊은 부부는 잘 싸운다. ¶别管他tā们～的事 | 그들 젊은 부부의 일을 상관하지 마시오 =〔小俩口儿〕
【小量】xiǎoliàng 名 소량. 적은 분량. ¶抽chōu出～力量lìliàng | 작은 힘을 내다.
【小令】xiǎolìng 名 소령. ❶ 대개 30자 이상에서 58자 이내로 이루어진 가장 짧은 형식의 사(詞) ¶他写了一首～ | 그는 한 수의 소령을 지었다 →〔词cí④〕 ❷ 산곡 중에서 조곡(組曲)을 이루지 못하는 짧은 시체.
【小龙】xiǎolóng 名 方 12지(十二支)중의 사(巳). 뱀띠. ¶我是属～的 | 나는 뱀띠이다 =〔蛇shé〕→〔巳sì①〕
【小炉儿匠】xiǎolúr jiàng 名組 ❶ 대장장이. 도기·낫·호미 등을 수리하는 사람 =〔锔碗jūwǎn儿的〕〔巧qiǎo炉儿匠〕 ❷ 대장간. 땜장이 또는 땜가게. ‖ =〔小炉匠儿〕
【小路】xiǎolù 名 ❶ 좁은 길. 오솔길. ¶从～上走 | 오솔길로 가다. ❷ 지름길. ¶走～ | 지름길로 가다. ❸ 훔치는 것.
【小锣(儿)】xiǎoluó(r) 名〈音〉소라 [꽹과리보다 작은 동라(銅鑼)로, 주로「旧jiù戏」(중국 전통극)의 반주용으로 사용됨] ¶猛敲měngqiāo～ | 소라를 맹렬히 치다 =〔手shǒu锣〕
2【小麦】xiǎomài 名〈植〉소맥. 밀. ¶～地 | 밀밭.
【小麦线虫】xiǎomài xiànchóng 名組〈動〉밀해충의 한 가지 [선형(線形) 동물로 몸이 매우 작아 밀의 조직 내에 기생하며 벌레혹을 형성하여 병을 일으킴]
【小卖(儿)】xiǎomài(r) ❶ ⇒〔小吃(儿)①〕 ❷ 名 간단한 식품.
【小卖部】xiǎomàibù 名 ❶ 매점. ❷ 간이 식당. 스낵 바(snack bar) ¶设shè了一个～ | 간이식당을 내다.
【小满】xiǎomǎn 名 소만 [24절기의 하나로 양력 5월 21일 경]
【小猫(儿)】xiǎomāo(r) 名 ❶ 고양이 [애정이 담긴 말투로 사람을 일컫기도 함] ¶今天的集会jíhuì, 真是～三只四只 | 오늘의 집회에는 사람이 아주 적다. ❷ 고양이 새끼. 새끼 고양이.
【小猫熊】xiǎomāoxióng 名〈動〉애기 팬더 =〔小态猫〕
【小毛(儿)】xiǎomáo(r) 名 ❶ 작은 은화. ❷ (「珍zhēn珠毛(儿)」「灰huī鼠②」「银yín鼠」 등의) 털이 짧은 모피. ¶～皮袄pí'ǎo | 털이 짧은 모피를 안에 댄 웃옷 →〔大毛(儿)〕
【小帽(儿)】xiǎomào(r) ⇒〔瓜guā皮帽(儿)〕
4【小米(儿)】xiǎomǐ(r) 名 좁쌀. ¶～粥zhōu | 좁쌀죽. ¶北方人爱吃～ | 북방인들은 좁쌀을 잘 먹는다 →〔谷gǔ子〕〔粟sù①〕
【小米面】xiǎomǐmiàn 名 ❶ 좁쌀가루. ❷ (～儿) 方「糜 méi子」(기장)·「黄huáng豆」(콩)·「白玉米」(흰 옥수수)를 혼합하여 만든 가루.
【小庙】xiǎomiào 名 작은 사당〔절간〕. ¶～的鬼guǐ, 没见过大香火 | 歇 작은 사당의 귀신은 많은 향불을 본 적이 없다. 경력이 짧은 사람은 세상사를 잘 모른다. ¶～神仙shénxiān, 供不得大香火 | 歇 작은 사당의 귀신에겐 좋은 향불을 바칠 수 없다. 좋은 대우를 받을 신분이 아니다.
【小民】xiǎomín 名 상민. 백성. 서민. ¶～造反zàofǎn | 백성들이 반란을 일으키다.
【小名(儿)】xiǎomíng(r) 名 ❶ 아명. 어릴 때 부르던 이름 =〔乳名rǔmíng(儿)〕 ❷ 謙 자신의 이름.
【小命儿】xiǎomìngr 名 (경시하는 말투로 사용하는) 보잘것없는 목숨. 파리목숨.
【小模样儿】xiǎomúyàngr 形 ❶ 쭈뼛쭈뼛하다. 소극적인 모양. ❷ 가련한 모양. ❸ 어린 아이나 아름다운 사람의 용모. 깜찍한 모양. ¶她～长得挺tǐng可爱的 | 그녀는 아주 귀엽다.
【小拇指】xiǎo·muzhǐ 名 口 새끼 손가락. ¶他的～受伤shòushāng了 | 그의 새끼 손가락은 부상을 당했다 =〔方 小拇哥儿〕〔小拇指头〕〔小指〕〔小指头(儿)〕〔書 季指jìzhǐ〕
【小脑】xiǎonǎo 名〈生理〉소뇌. 작은골. ¶～受损shòusǔn的病人 | 작은 뇌에 손상을 입은 환자.
【小鲵】xiǎoní 名〈動〉도롱뇽 =〔短尾鲵duǎnwěiní〕
【小年】xiǎonián ❶ 名 흉년 =〔歇枝xiēzhī(儿)②〕⇔〔大年③〕 ❷ 書 名 짧은 수명. ❸ 名 음력으로 12월이 29일인 해 →〔大年④〕 ❹ ⇒〔幼yòu年〕 ❺ 名 음력 12월 23일 또는 24일 [옛날에는 이날 부뚜막신에게 제사지내는 풍속이 있었음]→〔祭灶jìzào〕
【小娘子】xiǎoniángzǐ 名 ❶ 자기의 딸. ❷ 남의 딸. ❸ 소녀 [옛 백화(白話)소설·희곡 등에 많이 보임] ¶～长得花容玉貌huāróngyùmào | 아가씨는 옥보다 맑고 꽃보다 아름답다.
【小鸟依人】xiǎo niǎo yī rén 威 여자 또는 어린 아이의 사랑스럽고 귀여운 모양. ¶他喜欢xǐhuān～型xíng的女人 | 그는 사랑스럽고 귀여운 여자를 좋아한다.
【小妞儿】xiǎoniūr 名 여자 아이. ¶这～挺tǐng迷人的 | 이 여자아이는 아주 매력적이다.
【小农】xiǎonóng 名 소농. ¶～经济jīngjì | 소농제의 농업 경제. ¶～制zhì | 소농제 농업. ¶～计划jìhuà | 소농 계획.
【小爬虫】xiǎopáchóng ❶ 名 소형의 파충류. ❷ ⇒〔走狗zǒugǒu〕
【小派别】xiǎopàibié 名 분파. 소파벌(小派閥) ¶组织zǔzhī～ | 분파를 만들다.

【小跑】xiǎopǎo ❶(～儿) 名口 종종걸음. ❷(～儿) 名 분주하게 남의 일로 뛰어 다니는 사람. 잔심부름꾼. ❸名 (말의) 속보(速步)→〔快步kuàibù〕 ❹動口 종종걸음치다.

²【小朋友】xiǎopéng·you 名 ❶아동. 어린아이. ❷아이들 친구. ❸꼬마 친구 [어른들이 아이들을 귀엽게 부를 때 쓰는 말]

【小批】xiǎopī 形 소량의. 적은 양의. ¶～货huò | 소량의 상품.

【小便宜(儿)】xiǎopián·yi(r) 名 작은 이익. ¶占zhàn～吃大亏kuī | 諺 작은 이익을 추구하다가 큰 손해를 보다.

【小品】xiǎopǐn 名 소품. 간단한 잡문(雜文)·수필·평론 등 [원래는 불경의 간략본을 말함] ¶他研究yánjiū～ | 그는 소품문을 연구한다. ¶历史lìshǐ～ | 역사 소품. ¶广播guǎngbō～ | 방송 소품.

【小品文】xiǎopǐnwén 名 소품문 [산문(散文)의 한 형식]

【小评论】xiǎopínglùn 名 짧은 논평. ¶他写了一篇piān～ | 그는 짧은 논평을 썼다.

【小铺(儿)】xiǎopù(r) 名 ❶작은 점포〔상점〕. ¶他在闹区nàoqū开了间～ | 그는 번화가에 작은 점포 하나를 열었다. ❷謙 소점(小店). 폐점(弊店) [자기 상점을 낮추어 부르는 말]

【小气】xiǎo·qi ❶形 인색하다. 다랍다. ¶你也太～了 | 너도 너무 인색하다. ¶～鬼guǐ＝〔吝啬lìnsè鬼〕 | 인색한 놈. ¶～的话 | 인색한 말＝〔吝lìn啬〕 ❷形方 도량이 좁다. 옹졸하다. 좀스럽다. ❸動 쩨쩨하게 놀다. 인색하게 굴다. ‖＝〔小器①〕

【小气候】xiǎoqìhòu 名 ❶〈氣〉소기후. ❷喻 작은 범위내의 특수환경이나 조건. ¶现在经济改革jīngjìgǎigé的～不错cuò | 현재 경제개혁의 환경은 좋다.

【小汽车】xiǎoqìchē 名 ❶소형 자동차. ❷승용차. ¶开～出去兜dōu风 | 승용차로 드라이브하러 가다.

【小器】xiǎoqì ❶⇒〔小气〕 ❷名 작은 그릇.

【小器作】xiǎoqìzuō 名 단단한 나무 가구나 섬세한 목기(木器)를 만들거나 수리하는 작업장.

【小前提】xiǎoqiántí 名〈論〉소전제＝〔第二命题〕〔后hòu提〕→〔大前提〕

【小钱(儿)】xiǎoqián(r) ❶名〈錢〉청말(清末)에 주조한 질량(質量)·중량(重量)이 「制钱zhìqián(儿)」(국가에서 만들어 통용된 동전)에 다음 가는 작은 동전 [지역에 따라 「制钱zhìqián」를 가리키기도 함]→〔大dà钱〕 ❷名 적은 돈. 약간의 돈. 잔돈. ¶说大话huà, 使～ | 허풍은 치면서 돈은 적게 쓰다. ❸名 옛날에 뇌물로 쓰는 소액의 돈. ❹⇒〔小帐zhàng(儿)〕

【小钱不去, 大钱不来】xiǎoqián bùqù, dàqián bùlái 諺 적은 돈을 아끼고 있으면 큰 돈은 들어오지 않는다. 작은 것을 버리지 않고서는 큰 것이 생길 수 없다.

【小枪】xiǎoqiāng ⇒〔手shǒu枪〕

【小瞧】xiǎoqiáo 動方 업신여기다. 얕보다. 깔보다. ¶你别～我 | 나를 업신여기지 마라＝〔小看kàn〕

【小巧】xiǎoqiǎo ❶形 작고 정교하다. 작고 깜찍하다. ¶～之物 | 작고 정교한 물건→〔细巧〕 ❷形 영리하다. 약삭빠르다. 약다. ¶他做事zuòshì～ | 그는 일하는 것이 약삭빠르다. ❸書名 5월의 다른 이름.

【小巧玲珑】xiǎo qiǎo líng lóng 成 섬세하고 정교하다. 작고 깜찍하다. ¶他长得～ | 그는 작고 깜찍하게 생겼다.

【小青瓦】xiǎoqīngwǎ 名 보통의 중국식 기와 [횡단면은 대략 호형(弧形)임]＝〔蝴蝶húdié瓦〕

【小秋收】xiǎoqiūshōu 名 ❶가을에 야생 유용 식물을 걷어들이는 것. ❷이삭줍기. ¶作好～工作 | 이삭줍기를 하다.

【小球藻】xiǎoqiúzǎo 名〈植〉클로렐라(chlōrella). [담수에서 나는 단세포 녹조(綠藻)]

【小圈子】xiǎoquān·zi 名 ❶좁은 생활 범위. 좁은 테두리. ¶走出家庭jiātíng的～ | 가정의 좁은 울타리에서 벗어나다. ❷(개인의 이익을 위한) 소집단. ¶不要搞gǎo～ | (개인만을 위한) 소집단을 만들지 마라.

【小儿】xiǎor ☞〔小儿〕xiǎo'ér ⓑ

【小人】xiǎo·rén 名 ❶(춘추 전국 시대의) 노예. ❷서민. 평민. ❸謙 소인 [윗사람에 대하여 자기 자신을 낮추어 일컫는 말]＝〔小的①〕〔小底①〕 ❹소인. 인격이 낮은 사람. ¶～得志dézhì | 成 소인이 뜻을 이루어 득세하다. ¶远君子近～ | 군자를 멀리하고 소인을 가까이 하다＝〔细人〕 ❺(전설이나 동화에 나오는) 난장이. 소인. ¶～国guó | 소인국＝〔小人儿④〕〔侏儒zhūrú〕

【小人儿】xiǎorénr ❶名方 어린 사람. 젊은이 [노인이 젊은이에 대하여 쓰는 애칭] ¶女儿呢,只盼pàn顺顺当当地毕了业bì·yeè, 找个合适héshì的～嫁jià出去 | 딸은 말야, 그저 무사히 졸업하면 적당한 젊은이를 골라 시집보내기를 바랄 따름이다. ❷名俗 혼인(婚姻) (남자) 당사자. ¶～愿意, 爹妈diēmā也点头diǎntóu, 这件婚事就算成了 | 본인도 원하고 양친도 승낙했으니 이 혼담은 이루어진 셈이다. ❸名 인형(人形) →〔娃娃wá②〕〔玩偶wánǒu〕 ❹⇒〔小人⑤〕

【小人儿书】xiǎorénr shū 名 ❶口 「漫màn画」(만화)나 「连lián环(图)画」(연의(演義)소설에 나오는 연속 그림책)와 같은 아동도서. ¶他爱看～ | 그는 그림책 보기를 좋아한다. ❷(옛날의) 소설.

【小人物(儿)】xiǎorénwù(r) 名 (특히 사회적으로) 보잘것 없는 사람. 이름없는 사람. ¶我是一个不知名的～ | 나는 보잘 것 없는 사람에 불과합니다 →〔大人物〕

【小日子(儿)】xiǎorì·zi(r) 名 ❶식구가 적은 살림. 젊은 부부의 가정(생활). 핵가족. ¶他们成亲chéngqīn后, ～过得挺和美tǐnghéměi | 그들은 가정을 이룬 후 살림을 아주 재미있게 하고 있다. ❷변변치 못한 살림살이. 보잘것 없는 살림. ¶～过得不错 | 변변치 못한 살림이나 지낼 만하다. ❸혼례를 올리기 전의 여자의 월경일(月經日) [옛날에, 혼례를 올리기 전에 먼저 여자의

월경 날짜를 알아본 다음 혼인 날짜를 택하는 풍속이 있었음]

【小三儿】xiǎosānr 名 멋쟁이 아가씨. 사치스러운 젊은 여자. ¶你家～上哪儿去了? | 너의 집 멋쟁이 아가씨는 어디갔느냐?

【小嗓儿】xiǎosǎngr 名〈演映〉❶「青qīng衣⑤」「花旦huādàn」등의 여자역 배우. ❷경극(京劇)·곤곡(昆曲) 등에서 여자역 배우의 목청.

【小商贩】xiǎoshāngfàn 名 ❶소상인. ¶这儿有许多～ | 여기에는 많은 소상인이 있다. ❷노점 상인. 행상인.

【小商品】xiǎoshāngpǐn 名 일상 잡화(雜貨). 일용품. 일상생활용품.

【小商品经济】xiǎo shāngpǐn jīngjì 名組〈經〉소상품 경제.

【小晌午】xiǎoshǎng·wu 名 方 한낮 가까운 시간 [대략 오전 10시부터 12시 사이]

【小舌】xiǎoshé ❶名〈植〉소설 [보리나 벼 등 식물의 잎몸 아래에 있는, 특별한 조그마한 조각] ❷⇒〔小舌儿〕

【小舌儿】xiǎoshér 名〈生理〉목젖. 현옹수. ¶～红肿hóngzhǒng | 목젖이 빨갛게 부었다 =〔小舌②〕〔小舌头儿〕〔悬xuán壅垂〕

【小生】xiǎoshēng 名 ❶중국 전통극의「生角」(남자로 분장한 배역(配役))의 하나. 젊은 남자역. ¶做派～=〔扇shàn子小生〕| 몸짓과 대사를 주로 하는 젊은 남자역 =〔文wén小生〕❷ 近 소생. 저 [젊은 서생(書生)이 자기를 일컫던 말] ❸ 書 풋내기. 애송이.

【小生产】xiǎoshēngchǎn 名 소생산. ¶～者 | 소생산업자.

1【小时】xiǎoshí ❶名 시간. ¶八～工作制 | 8시간 노동제. ¶一个半～ | 1시간 반. ¶需要几xūyàojǐ～? | 몇 시간 필요한가? →〔钟zhōng头〕❷⇒〔小时候(儿)〕❸名〈物〉시(時). 아워(hour) ¶安培ānpéi～ | 암페어시. ¶瓦特wǎtè～ | 와트시. ¶千瓦qiānwǎ(特)～=〔仟瓦(特)小时〕〔仟瓦(特)〕〔电度diàndù〕| 킬로와트시.

【小时候(儿)】xiǎoshíhou(r) 名 口 어렸을 때. 어릴 때. ¶这是他～的相片xiàngpiàn | 이것은 그가 어렸을 때의 사진이다 =〔書 小时②〕

【小时了了】xiǎoshí liǎoliǎo 成 어린 것이 아주 총명하다. ¶～,大未必佳bìjiā | 어려도 총명하며 어른이라고 다 나은 것은 아니다.

【小市(儿)】xiǎoshì(r) 名 여러 잡화를 파는 조그마한 시장.

【小市民】xiǎoshìmín 名 소시민. ¶她娘身上有～习气xíqì | 그녀의 어머니에게는 소시민의 습성이 있다.

【小视】xiǎoshì 動 경시하다. 얕보다. ¶不可～ | 얕볼 수 없다. 우습게 보아서는 안된다 =〔口 小看〕

【小试】xiǎoshì 書 動 조금 시험해 보다. ¶～锋芒fēngmáng 成 솜씨를 조금 시험해 보다.

【小手工业者】xiǎoshǒugōngyèzhě 名 소규모 수공업자. ¶他父亲fùqīn是～ | 그의 부친은 소규모 수공업자이다.

【小手小脚】xiǎo shǒu xiǎo jiǎo 成 ❶도량이 좁다. 인색하다. ❷(일하는 것이) 소심하다. 시원시원하지 않다. 조심스럽다. ¶要大胆dàdǎn一点儿,别～的! | 너무 소심하게 하지 말고 대담해져라!

【小叔(子)】xiǎo·shū(·zi) 名 口 시동생 =〔叔叔③〕→〔大伯(父)〕

【小暑】xiǎoshǔ 名 소서 [24절기의 하나]

4【小数(儿)】xiǎoshù(r) 名〈數〉소수. ¶～点diǎn(儿) | 소수점. ¶带dài～ | 대소수.

【小水】xiǎo·shui 名〈漢醫〉소변. ¶车前子利～ | 질경이씨는 이뇨에 좋다 =〔小溲sōu〕

【小苏打】xiǎosūdá 名〈化〉「碳酸氢钠tànsuānqīngnà」(탄산나트륨)의 속칭 =〔食粉shífěn〕〔梳打shūdǎ食粉〕

【小算盘(儿)】xiǎosuàn·pan(r) 名 喻 개인적이거나 국부적인 이익을 따지는 것. 얄팍한 이해 타산. 인색한 타산. ¶他很会打～ | 그는 이해타산에 밝다.

【小摊】xiǎotān 名 작은 노점(露店) ¶他家摆bǎi了一个～ | 그의 집에서는 작은 노점을 차렸다.

4【小提琴】xiǎotíqín 名〈音〉바이올린(violin) ¶拉lā～ | 바이올린을 켜다 =〔浮胡fúhú琴〕〔四弦sìxián琴〕〔外 凡亚林fányàlín〕〔外 梵哑铃fànyālíng〕〔外 外奥林wàiàolín〕→〔大dà提琴〕

【小题大作】xiǎo tí dà zuò ⇒〔小题大做〕

【小题大做】xiǎo tí dà zuò 成 작은 제목으로 큰 문장을 만들다. 조그마한 일을 과장해서 허풍을 떨다. 사소한 일을 떠들썩하게 굴다. ¶他的论文lùnwén是～ | 그의 논문은 작은 제목으로 깊이 있는 연구를 한 것이다 =〔小题大作〕

【小天地】xiǎotiāndì 名 소천지. 좁은 세계 [본래는 우주가 큰 데 비해서 인간 세계가 좁다는 의미에서 나온 말로, 자기만의 좁은 세계라는 뜻으로 쓰임] ¶关guān在～ | (자신만의) 좁은 세계에 갇히다.

【小偷(儿)】xiǎotōu(r) 名 좀도둑. ¶谨防jǐnfáng～扒窃páqiè | 좀도둑의 도둑질을 잘 대비해야 한다 =〔小毛贼máozéi(儿)〕〔小贼儿〕〔小盗dào〕〔拘jū偷〕〔書 鼠窃shǔqiè〕

【小腿】xiǎotuǐ 名 아랫다리. ¶～酸疼suānténg | 아랫다리가 시리고 아프다.

【小腿扭不过大腿去】xiǎotuǐ niǔ·buguò dàtuǐ qù 諺 아랫다리는 넓적다리를 비틀지 못한다. 약자라서 강자를 이길 수 없다. ¶～,还是听政府tīngzhèngfǔ的吧 | 약자가 강자를 이길 수 없듯이 이길 수 없으니 정부의 지시에 따릅시다.

【小玩艺儿】xiǎowányìr 名 ❶작은 노리개〔장난감〕. ❷하찮은 재주. 잡기(雜技). ❸본래의 것에서 갈라져 나간 것 ‖ =〔小玩意yìr〕

【小我】xiǎowǒ 名 ❶〈哲〉소아. ¶～也就是小宇宙yǔzhòu | 소아는 곧 소우주이다. ❷자기. 개인. ¶牺牲xīshēng～ | 자기를 희생하다 ⇔〔大我〕❸〈佛〉육체적인 나.

【小巫见大巫】xiǎo wū jiàn dà wū 成 작은 무당이 큰 무당을 만나다. 차이가 크다. 한 쪽이 못해 보이다. ¶在老康面前,你是～ | 강씨 앞에서는 너는 큰 무당을 만난 작은 무당에 불과하다.

【小五金】xiǎowǔjīn 名 건축·가구용의 못·나사·

철사·고리·경첩·용수철 등의 작은 쇠붙이. ¶做好供应gōngyìng～的工作｜건축 및 가구용 자재를 공급하는 것을 잘 해야 한다 →〔大五金〕

【小戏(儿)】xiǎoxì(r) 名❶(일반적으로 배역이 적고 내용이나 줄거리가 간단한) 소규모 극(劇). ❷싸구려 극(劇).

【小先生(儿)】xiǎoxiān·sheng(r) ❶名성인 문맹자를 가르치는 어린이. ❷名학업 성적이 뛰어나 동료를 지도해 주는 학생. 한편으로 선생에게 배우면서 한편으로 남을 가르치는 사람.

【小线儿】xiǎoxiànr 名方(무명실을 꼬아 만든) 가는 끈. ¶他找了条zhǎo·letiáo～把它们捆kǔn在一起｜그는 끈 한 가닥을 찾아내어 그것들을 한데 묶었다.

【小橡树】xiǎoxiàngshù 名方〈植〉졸참나무.

【小小不言】xiǎoxiǎo bù yán 口 너무 사소해서 말할 나위도 없다. 별것 아니다. ¶～的事儿｜말할 필요조차 없는 사소한 일.

【小小说】xiǎoxiǎoshuō 名 장편 소설(掌篇小說). 콩트(conte;프)＝〔千字qiānzì小说〕〔一分钟yīfēnzhōng小说〕〔微型wēixíng小说〕

【小小子(儿)】xiǎoxiǎo·zi(r) 名口 어린 나이의 사내 아이 [사내 아이를 귀엽게 부르는 말]¶他家的～很好玩hǎowán儿｜그집 사내아이는 아주 재미있다.

【小鞋(儿)】xiǎoxié(r) 名❶작은 신발. ❷喩궁지. 암암리에 궁지에 몰아넣는 것. 난제. ¶给他一点～穿chuān｜그를 트집잡아 궁지에 몰아넣다.

【小写】xiǎoxiě 名❶알파벳 소문자. ¶～体tǐ｜소문자체 →〔大写①〕❷한자 숫자의 보통 글씨체 [一, 二, 三 등]→〔大写②〕❸외국 회사의 서기.

2【小心】xiǎo·xīn ❶動조심하다. 주의하다. ¶～扒手páshǒu｜소매치기를 조심하세요. ¶过河要～｜강을 건널 때는 조심해야 한다. ＝〔留liú心〕❷形조심스럽다. 주의 깊다. 세심하다 ‖⇔〔大意dà·yi〕

【小心无过逾】xiǎoxīn wú guòyú 諺조심은 지나침이 없다. 돌다리도 두들겨 보고 건너다.

【小心眼儿】xiǎoxīnyǎnr 形마음이 좁다. 옹졸하다. ¶你别太～了, 为这么点事也值得zhídé生气!｜너무 옹졸하게 생각하지 말아라, 그깐 일로 화를 내다니!

4【小心翼翼】xiǎo xīn yì yì 成❶엄숙(嚴肅)하고 경건(敬虔)하다. ❷거동이 신중하고 소홀함이 없다. 매우 조심스럽다. ¶ 他一向～的｜그는 항상 거동이 신중하다.

【小行星】xiǎoxíngxīng 名〈天〉소행성. 소혹성(小惑星).

4【小型】xiǎoxíng 形소형의. 소규모의. ¶～汽车qìchē＝〔小客车〕｜소형 자동차. ¶～工厂gōngchǎng｜소규모 공장.

【小性儿】xiǎoxìngr 名方 발끈하는 성미. ¶好闹个nàogè～｜쉬 발끈하다. ¶犯fàn～｜발끈 성을 내다.

【小熊猫】xiǎoxióngmāo ⇒〔小猫熊〕

【小熊座】xiǎoxióngzuò 名〈天〉소웅좌. 작은 곰자리.

2【小学】xiǎoxué 名❶초등학교 →〔完wán全小学〕❷書소학 [문자(文字)·훈고(訓詁)·성운(聲韻)을 연구하는 학문의 통칭]❸일상 생활에 필요한 기술과 예절.

4【小学生】ⓐ xiǎoxuéshēng 名초등학생. ⓑ xiǎo xué·sheng 名❶어린 학생. ¶你把我当～了｜너는 나를 어린 학생으로 본다. ❷方나이 어린 사내 아이.

【小雪】xiǎoxuě 名❶소설 [24절기의 하나로 양력 11월 22일 혹은 23일에 해당함]❷적은 양의 눈.

【小循环】xiǎoxúnhuán 名〈生理〉소순환. 폐순환. ¶～正常zhèngcháng｜폐순환이 정상이다 ＝〔肺fèi循环〕

【小亚细亚】Xiǎo Yàxìyà 名〈地〉소아시아.

【小阳春】xiǎoyángchūn 名❶소춘 [음력 10월] ¶温暖wēnnuǎn的～天气tiānqì｜온난한 소춘의 날씨 ＝〔方小春①〕❷음력 시월의 따뜻한 날씨.

【小洋】xiǎoyáng 名〈錢〉10전·20전 짜리 소은화(小銀貨) →〔大洋②〕

【小样】xiǎoyàng ⇒〔小样(子)②〕

【小样(子)】xiǎoyàng(·zi) 名❶작은 모형. 작은 견본. ❷〈印出〉신문의 기사 한 토막. 또는 문장 한편의 교정쇄 ＝〔小样yàng〕

【小样儿】xiǎoyàngr 名작고 귀여운 모양〔모습〕. ¶你看他那～｜그의 저 귀여운 모습을 좀 보세요.

【小咬】xiǎoyǎo 名方눈에놀이·파리매와 같은 곤충. ¶这种～很难受nánshòu｜이런 곤충은 귀찮아서 참을 수가 없다.

【小爷】xiǎoyé 名敬❶막내 아드님. ❷도련님 [주로 젊은 주인에 대한 존칭]¶我侍候shìhòu不了这个～｜나는 이 도련님을 시중들기가 힘들다.

【小叶】xiǎoyè 名〈植〉소엽. 꼬마잎.

【小叶儿茶】xiǎoyèr chá 名組 보드라운 찻잎. 어린 찻잎. 상등품차.

【小叶杨】xiǎoyèyáng 名〈植〉당버들.

【小业主】xiǎoyèzhǔ 名소기업주. 소재산가. ¶她爹爹diēdiē是～｜그녀의 할아버지는 소기업주이다.

【小夜曲】xiǎoyèqǔ 名〈音〉소야곡. 세레나데 [대개 애정(愛情)을 주제로 함]

【小衣(儿)】xiǎoyī(r) 名方❶바지. ¶底下穿chuān着一条绿纱lǜshā～｜아래에 녹색 사지 바지를 입고 있다《紅樓夢》❷속바지. 속곳. 팬티.

【小衣裳(儿)】xiǎoyī·shang(r) 名❶속속곳. ❷어린이 옷.

【小姨(子)】xiǎoyí(·zi) 名口처제. ¶～奶nǎi孩子háizi｜歇 처제가 아이에게 젖을 먹이다. 양쪽 다 바보짓을 하다 ＝〔姨妹yímèi〕→〔大姨(子)〕

【小意思(儿)】xiǎoyì·si(r) 名❶謙성의. 작은 마음의 표시. 촌지(寸志) [손님을 접대하거나 선물을 줄 때 하는 겸손하게 말임]¶这是点儿～, 请您赏收shǎngshōu｜이것은 작은 마음의 표시이니 부디 받아 주십시오. ❷사소한 것. 별것 아닌 것.

【小引】xiǎoyǐn 名소인. 짧은 머리말. ¶他写完xiěwán了～｜그는 짧은 머리말을 다 썼다.

【小影】xiǎoyǐng ❷⇒〔小照zhào〕❶名작은 그림자.

【小雨(儿)】xiǎoyǔ(r) 名소우(小雨). 가랑비. ¶下了一场～｜한 바탕 가랑비가 내렸다.

【小月】ⓐ xiǎoyuè ❶ [名] 작은 달 [양력으로 30일, 음력으로 29일인 달] ¶四月份是～ | 4월은 작은 달이다. ❷⇒〔小建jiàn〕
ⓑ xiǎo·yue ⇒〔小产chǎn〕
【小崽子】xiǎozǎi·zi [名][罵] 놈. 잡놈. 쌍놈의 새끼 [어린이나 젊은이를 욕할 때 쓰는 말임] =〔小杂种zázhǒng〕
【小灶(儿)】xiǎozào(r) ❶ [名] 작은 아궁이〔부뚜막〕. ❷⇒〔小灶饭fàn〕 ❸ [名] (단체 식사에서) 최고급 식사. 특별 식사.
【小帐(儿)】xiǎozhàng(r) [名][口] 팁 =〔小菜cài儿钱〕〔小费〕〔小柜guì儿〕〔小钱(儿)④〕→〔茶钱cháqián②〕〔酒钱jiǔqián(儿)〕
【小照】xiǎozhào [名] 소형 독사진 =〔小像〕〔小影①〕
【小指】xiǎozhǐ ⇒〔小拇指〕
【小指头(儿)】xiǎozhǐ·tou(r) ⇒〔小拇指〕
【小诸葛】xiǎozhūgé [名][喻] 지모(知謀)가 있는 사람. ¶他是一个～ | 그는 지모가 있는 사람이다.
【小住】xiǎozhù ❶ [動] 잠시 머물다. 체류하다. ¶我想在这儿～几天 | 나는 여기서 며칠 머물 생각이다. ❷ [名]〈佛〉절의 주지가 자신을 낮추어 부르는 말.
【小注(儿)】xiǎozhùr [名] 소주. 할주(撓注). 잔주 =〔注儿〕
【小传】xiǎozhuàn [名] 소전(간략하게 쓴 전기(傳記) ¶他给我写了一篇piān～ | 그는 나의 소전을 썼다.
【小篆】xiǎozhuàn [名] 소전(한자 서체의 하나) [진(秦)의 이사(李斯)가 만들었다는 서체로 「大dà篆」을 간략하게 변형하여 만든 것임] =〔秦qín篆〕
【小酌】xiǎozhuó [名] ❶ 간단하게 한 잔 하는 것. ❷ [謙] 조촐한 연회. ¶请来寒舍hánshè～ | 저의 집에서 마련한 조촐한 연회에 참석해 주십시오 ‖ =〔便biàn酌〕〔小饮yǐn〕
【小资产阶级】xiǎo zīchǎn jiējí [名] 소자산 계급. 소부르주와 =〔㊥小布尔乔治bù'ěrqiáozhì〕 →〔小市民shìmín〕
4【小子】ⓐ xiǎozǐ [名] ❶ [書] 어린 사람. 후배. ¶后生～ | 젊은이. ❷ 덕을 쌓지 못한 사람. ❸ [謙] 저. 소인 [자신을 낮추어 일컫는 말] ❹ [謙] 천자(天子)의 자칭. ❺ [謙] 저의 아들놈. ❻ [書] 제자를 사랑스럽게 부르는 말.
ⓑ xiǎo·zi [名][口] ❶ 사내아이. ¶大～ | 장남. ¶胖pàng～ | 살찐 사내아이. ❷ [貶] (이)놈. (이)녀석. ¶这～ | 이 녀석. ❸ (젊은 남자) 하인. 종.
【小字】xiǎozì ❶ [名][謙] 저의 자(字) =〔小号④〕〔草cǎo字②〕 ❷ [名] 어릴 때의 이름. ❸⇒〔小楷kǎi〕 ❹ [名] 작은 글자. ¶～报bào | 작은 글자로 쓴 벽신문.
【小字辈】xiǎozìbèi [名] 초보자. 경력이 짧은 젊은 사람. ¶他今年才二十岁,在商业战线shāngyèzhànxiàn可以说是一个还带着「奶味nǎiwèi」的～ | 그는 올해 겨우 20살이어서 상업전선에 있어서는 아직도 젖냄새 나는 초보자라 할 수 있다.
【小卒(儿)】xiǎozú(r) [名] ❶ 보잘것 없는 졸병. 힘없는 작은 졸병. 병졸(兵卒) ¶我是～,你找头儿去谈吧 | 나는 졸병이니 두목을 찾아가서 얘기하세요. ❷ [喻] 범인(凡人). 보잘것 없는 사람. ¶无名～ | 이름이 알려지지 않은 하찮은 존재의 사람. ❷ [喻] 부하. 남의 밑에 예속된 사람.
3【小组】xiǎozǔ [名] 소조. 소그룹(小group). 서클(circle). 세포(細胞) ¶互助hùzhù～ | 품앗이반. ¶～讨论tǎolùn | 그룹 토론. ¶学习xuéxí～ | 학습 서클. ¶党dǎng～ | 당소조. 공산당 세포〔그룹〕→〔班bān①〕
【小祖宗】xiǎozǔzōng [名] 연장자가 후배를 욕하는 말. ¶好我的～咧! | 이런 얼간이 같으니라고!

2【晓(曉)】xiǎo 새벽 효, 밝을 효
❶ [名] 새벽. ¶公鸡gōngjī报bào～ | 수탉이 새벽을 알리다. ¶破pò～ | 동이 트다. ❷ [動] 이해하다. 알다. ¶通tōng～ | 정통하다. ¶知～ | 알다 =〔晓得〕 ❸ [動] (사람에게) 알리다. 알려주다. ¶揭jiē～ | 공개하다. ¶～以利害lìhài | 이해관계로써 알려주다→〔家喻户晓jiāyùhùxiǎo〕
【晓畅】xiǎochàng ❶ [動] 통달하다. 정통하다. 환히 알다. ¶～外交wàijiāo | 외교에 정통하다. ❷ [形] (문장이) 명쾌하고 매끄럽다. ¶文句～ | 문장이 맹쾌하고 매끄럽다.
2【晓得】xiǎo·de [動] 알다. ¶他～这个人的名字 | 그는 이 사람의 이름을 안다. ¶我～事情发生的原因 | 나는 일의 발생원인을 안다. ¶我不～他几点回来 | 그가 몇 시에 돌아올지 모릅니다. ¶这件事,我一点也不～ | 이 일에 대해서는 나는 조금도(전혀) 모른다 =〔知道〕
【晓风残月】xiǎo fēng cán yuè [成] 싸늘한 새벽 바람과 지는 달. ¶～风景fēngjǐng使我想故乡gùxiāng的父母 | 싸늘한 새벽과 지는 달의 풍경이 고향의 부모를 생각나게 한다. ❶ 쓸쓸하고 처량하다. ❷ 기녀(妓女)의 맑은 노래 소리.
【晓市】xiǎoshì [名] 새벽 시장. ¶赶gǎn～ | 새벽시장엘 급히 가다.
【晓示】xiǎoshì [動] 밝히다. 분명하게 알려주다. 게시하다. ¶考试kǎoshì的结果已经～于大家 | 시험 결과가 이미 나왔다→〔揭jiē晓〕
【晓事】xiǎoshì [形] 사리에 밝다. 사리를 잘 알다. ¶经验jīngyàn使人～ | 경험이 사리에 밝게 해준다.
【晓行夜宿】xiǎo xíng yè sù [成] 이른 새벽에 길을 떠나 밤늦게야 유숙하다. ❶ 여행길이 매우 고생스럽다. ¶他们～ | 그들은 (새벽에 길을 떠나 밤늦게야 유숙을 하듯이) 아주 고생스럽게 여행을 한다. ❷ 길을 서두르다 ‖ =〔晓行晚wǎn宿〕
【晓喻】xiǎoyù ⇒〔晓谕yù〕
【晓谕】xiǎoyù [書][動] (상급관청에서 하급관청으로) 가르쳐 알려주다. ¶明白～ | 명백히 가르쳐 알려주다 =〔晓悟wù②〕〔晓喻yù〕

【筱〈篠〉】xiǎo 조릿대 소
❶ [書][形] 작다. ❷ [書][名]〈植〉조릿대 [화살대를 만드는 대나무의 일종]

xiào ㄒㄧㄠˋ

4【孝】xiào 효도 효, 효자 효
❶ [名][動] 효도(하다) ¶～顺父母 | 부모에게 효도하다. ¶尽jìn～ | 효도를 다하다. ❷ [名]

상복(喪服) ¶穿chuān～ | 상복을 입다. ¶带dài～ | 상복을 입다. ¶戴dài～ | 상장(喪章)을 달다. ❸名 상례(喪禮) ¶守shǒu～ | 상례를 지키다. ¶正在～中 | 마침 상중이다. ❹(Xiào) 名 성(姓)

【孝带(儿, 子)】xiàodài(r·zi) 名 교대(絞帶) [상복(喪服)용의 허리 띠] =〔小孝儿xiǎoxiàoér〕

【孝道】xiàodào 書名 효도. ¶尽～ | 효도를 다하다.

【孝服】xiàofú 名 ❶ 상복 =〔孝褂子guàzi〕〔孝袍páo(儿)〕〔孝衣(儿)〕 ❷ 상복을 입는 기간. 복상기간.

【孝敬】xiàojìng 動 ❶ 어른에게 예물을 드려 공경의 뜻을 표시하다. ¶这是我～您的 | 이것은 당신을 공경하는 의미로 드리는 것입니다. ❷ 효도하고 공경하다. ¶这是一个十分～的姑娘gūniáng | 이 사람은 효성이 지극한 아가씨이다. ¶～父母是大事 | 부모를 효경하는 것이 제일 큰 것이다. ¶～老双亲shuāngqīn | 늙은 부모에게 효도하다. ¶在媳妇xífù的帮助bāngzhù下,儿子对父母也变得～起来了 | 며느리 덕택에 아들도 부모님께 효도를 하게 되었다.

【孝廉】xiàolián 名 효렴. ❶ 효성스럽고 청렴한 사람. ❷ 과거(科擧)시험 치는 사람을 다르게 이르는 말 [한무제(漢武帝)가 각 지방의 군국(郡國)에서 효성스럽고 청렴 결백한 사람을 해마다 한 사람씩 추천하게 한 데서 유래됨] ¶举jǔ～ | 효렴을 천거하다.

【孝幔】xiàomàn 書名 죽은 사람의 관(棺)앞에 드리우는 휘장(揮帳).

[4]【孝顺】xiào·shùn ❶ 動 효도하다. ¶～父母的人,什么事很会干gàn 부모에게 효도하는 사람은 다른 일도 잘 해낸다. ❷ 形 효성스럽다. ¶我的朋友很～ | 내 친구는 매우 효성스럽다.

【孝悌】xiàotì 形 부모에게 효도하고 형에게 공손하다. ¶～之道 | 효제의 도리

【孝心】xiàoxīn 名 ❶ 효심. ¶尽jìn～ | 효심을 다하다. ❷ 轉 (웃사람에 대한) 충성심(忠誠心) ¶大发dàfā～ | 충성심을 드러내다. ❸ 남에게 물건을 증정할 때 나타내는 성의(誠意).

【孝衣(儿)】xiàoyī(r) ⇒〔孝服fú①〕

【孝子】xiàozǐ 名 ❶ 효자. ¶他是一个大～ | 그는 대단한 효자이다. ❷ 친상(親喪)중인 상주. ¶替某人tìmǒurén做～ | 어떤 사람을 대신하여 상주가 되다. ❸ 부모에게 제사를 드릴 때 남자가 자기자신을 일컫는 말.

【孝子贤孙】xiào zǐ xián sūn 成 ❶ 효성스런 아들과 어진 손자. ¶他想当～ | 그는 효성스런 아들과 어진 손자가 되고 싶어한다. ❷ 貶 충실한 후계자. 고지식한 후계자. ¶他是林肯Línkěn的～ | 그는 링컨의 충실한 후계자이다 ‖ =〔孝子顺shùn孙〕

【哮】xiào 으르렁거릴 효

名動 울부짖다. (짐승이) 으르렁거리다. (천식 등으로) 그르렁거리는 소리(를 내다).

【哮喘】xiàochuǎn 名〈醫〉천식(喘息) ¶患huàn～的人 | 천식을 앓는 사람 =〔喘息xī②〕〔气qì喘②〕〔痰tán喘〕〔痰火病tánhuǒbìng〕

【酵】xiào ☞ 酵 jiào

4【肖】xiào xiāo 닮을 초

Ⓐ xiào 動 닮다. 비슷하다. 본뜨다. ¶子～其母 | 아들이 그 어머니를 닮다. ¶用动物dòngwù来～十二支 | 동물로 십이지를 본뜨다.

Ⓑ xiāo ❶ 고서(古書)에서 「消xiāo」와 통용 ⇒〔消①〕 ❷ (Xiāo) 名 성(姓) [「萧Xiāo」(성(姓))의 속자(俗字)]

Ⓐ xiào

[4]【肖像】xiàoxiàng 名 ❶ 사진. ¶他画huà了一幅fú～ | 그는 한 장의 초상화를 그렸다 =〔肖照zhào〕 ❷ (그림이나 조각의) 초상.

Ⓑ xiāo

【肖氏回跳硬度】Xiāoshì huítiào yìngdù 名〈物〉쇼(Shore) 경도 =〔萧xiāo氏硬度〕

2【效〈効₃傚₂〉】xiào 본받을 효, 힘쓸 효

❶ 名 효과. 효력. 능률. ¶这种药yào对胃病wèibìng有没有～? | 이런 약은 위장병에 효과가 있느냐? ¶见～ | 효과가 나타나다. ¶有～ | 유효하다. ❷ 動 본받다. 모방하다. ¶上行下～ | 成 웃사람이 하는대로 아랫사람이 본받다(따라하다). 웃물이 맑아야 아랫물도 맑다. ❸ 動 (힘을) 쓰다. 다하다. 애쓰다. ¶～劳láo | 애쓰다.

【效法】xiàofǎ 動 따라하다. 본받다. 모방하다. (다른 사람의 장점을) 배우다. ¶我们应该～前辈qiánbèi,树立shùlì起远大的理想 | 우리는 선배들을 본받아 원대한 이상을 세워야 한다. ¶～前人的精神jīngshén | 선인들의 정신을 본받다. ¶他们连～别人的勇气也没有 | 그들은 다른 사람을 따라하는 용기조차 없다. ¶这种改革gǎigé进取的精神jīngshén值得zhí·de～ | 이런 개혁적이고 진취적인 정신은 본받을 만하다.

【效仿】xiàofǎng 動 흉내내다. 모방하다. ¶照样子yàngzǐ～ | 그대로 흉내내다. ¶～别人的好文章 | 다른 사람의 좋은 문장을 모방하다. 어법 「文章」과 같은 낱말은 「效仿」의 목적으로 쓰일 수는 있지만 「效法」의 목적어로는 쓰일 수 없음. 「效法别人的好文章」은 비문법적인 문장임 =〔仿效fǎngxiào〕

[2]【效果】xiàoguǒ 名 ❶ 효과. 성과. ¶新计划实施的～很好 | 새로운 계획의 실시효과는 아주 좋다. ¶产生了良好的～ | 좋은 효과를 나타내다. ¶医疗yīliáo～ | 의료 효과. ❷〈演映〉효과. ¶这部电影diànyǐng的音响yīnxiǎng～很真实zhēnshí | 이 영화의 음향 효과는 아주 실제적이다. ¶舞台wǔtái～ | 무대 효과.

【效劳】xiào/láo 動 힘쓰다. 진력(盡力)하다. 충성을 다하다. ¶为祖国～ | 조국을 위해 봉사하다(충성을 다하다) ¶效犬马quǎnmǎ之劳 | 견마지로를 다하다 =〔效力①〕〔驱驰qūchí②〕

[4]【效力】xiào/lì ❶ ⇒〔效劳láo〕 ❷ (xiàolì) 名 효력. 효능. ¶具有同等～ | 같은 효력을 갖고 있다. ¶药yào的～很大 | 약효가 매우 좋다.

[2]【效率】xiàolǜ 名 ❶ (기계 등의) 효율. ¶不同的

人,工作～的高低也不同 | 사람에 따라 작업효율의 수준도 다르다. ¶～高 | 효율이 높다. ¶～低dī | 효율이 낮다. ❷ (작업 등의) 능률. ¶提高tígāo工作～ | 작업능률을 제고하다. ¶讲究学习～ | 학습효율을 따지다.
【效命】xiào/mìng 動 목숨을 아끼지 않고 사력을 다해 일하다. ¶为祖国～ | 조국을 위해 목숨을 바치다 =〔委命wěimìng①〕〔效死sǐ〕
【效能】xiàonéng 名 효능. ¶充分发挥fāhuī作战的～ | 작전의 효능을 충분히 발휘하다.
【效颦】xiàopín ⇒〔东施dōngshī效颦〕
【效死】xiàosǐ ⇒〔效命mìng〕
【效验】xiàoyàn 名 효험. ¶药已经吃了三个锺头,还没见～ | 약을 먹은 지가 이미 세 시간이 지났는데 ,아직 효험이 나타나지 않는다.
4【效益】xiàoyì 名 효과와 이익. ¶～大增 | 효과와 이익이 크게 증가하다.
【效应】xiàoyìng 名〈物〉반응효과. ¶热rè～ | 열반응효과. ¶光电guāngdiàn～ | 광전 효과.
【效应器】xiàoyìngqì 名〈生理〉반사작용을 일어키는 근육이나 선(腺) 등의 생리 기관(器官).
【效用】xiàoyòng 名 효용. 가치. ¶这些机器已失掉diào了～ | 이런 기계들은 이미 그 효용가치를 잃었다.
【效尤】xiàoyóu 書 動 나쁜 것(일)을 본따다(흉내내다) ¶以儆jǐng～ | 악한 일을 본뜨지 않도록 경계하다 =〔效恶è〕
【效忠】xiàozhōng 動 충성을 다하다. 몸과 마음을 바쳐 일하다. ¶～于共产主义事业 | 공산주의사업에 충성을 다하다.

1【校】xiào jiào 학교 교

Ⓐ xiào 名 ❶ 학교. ¶学～ | 학교. ¶全～同学 | 전교생. ❷ 영관(領官) [군대의 계급명] ¶将jiàng～ | 장교. ¶上～ | 대령. ¶少shào～ | 소령.
Ⓑ jiào ❶ 動 고치다. 교정하다. ¶～订dìng↓ ¶～稿子gǎozǐ | 원고를 교정하다. ❷ 動 겨루다. 비교하다. ¶～场↓ ❸ 書 動 헤아리다.
Ⓐ xiào
【校车】xiàochē 名 스쿨 버스(schoolbus). 교내버스. ¶乘～要付韩币hánbì两百元 | 학교전용버스를 타려면 한국돈으로 200원을 지불해야 합니다.
【校方】xiàofāng 名 학교측. 학교 당국. ¶向～抗议kàngyì | 학교측에 항의하다.
【校风】xiàofēng 名 교풍. 학교의 기풍.
【校服】xiàofú 名 교복. 학생복. ¶灰色的～ | 회색의 학생복(교복).
【校歌】xiàogē 名 교가. ¶我们母校的～很好听 | 우리 모교의 교가는 아주 듣기 좋다.
【校官】xiàoguān 名〈軍〉영관(領官) 장교 [「上校」(대령)·「中校」(중령)·「少shào校」(소령) 의 통칭]
【校规】xiàoguī 名 교칙. 학교의 규칙. ¶～很严 | 교칙이 아주 엄하다.
【校花】xiàohuā 名 학교 전체에서 제일 예쁜 여학생 [대개 대학생을 가리킴] ¶站在学校大门口的那位小姐是我们学校的～ | 학교 정문 앞에 서 있는 저 아가씨가 우리학교에서 제일 예쁜 여학생이다.
4【校徽】xiàohuī 名 학교의 휘장〔배지〕.
【校刊】xiàokān 名 학교의 간행물. ¶把论文刊在～ | 논문을 학교간행물에 게재하다.
【校历】xiàolì 名 학사일정.
【校庆(日)】xiàoqìng(rì) 名 개교 기념일. ¶今天是我们学校的～ | 오늘은 우리학교 개교 기념일이다.=〔校庆节jié〕
【校舍】xiàoshè 名 교사.
【校容】xiàoróng 名 (외관상,건축설비,위생시설 등의) 학교의 규모
【校史】xiàoshǐ 名 학교의 역사.
【校务】xiàowù 名 교무. ¶～会议huìyì | 교무회의.
【校友】xiàoyǒu 名 ❶ 교우. ¶～会 | 교우회(동창회). ❷ 본교(本校)에 재직했던 교직원.
4【校园】xiàoyuán 名 교정(校庭). 캠퍼스(campus) ¶釜山大学的～很漂亮piàoliàng | 부산대학교의 교정은 매우 아름답다.
2【校长】xiàozhǎng 名 (교장·학장·총장 등의) 학교장. ¶釜山大学～ | 부산대학교 총장.
Ⓑ jiào
【校场】jiàochǎng 名 (옛날의) 연병장. 연무장 =〔较jiào场〕
【校雠】jiàochóu ❶ 名 교정. 검열. ❷ 動 교정하다. 대조 검열하다. ¶～古书 | 고서를 교정하다 ⇒〔校订jiàodìng〕
【校点】jiàodiǎn 動 교열·정정하면서 구두점을 찍다. ¶～古书 | 고서에 구두점을 찍으면서 교열하다.
【校订】jiàodìng ❶ 名 교정. ❷ 動 교정하다. 대조 검열하다 ¶～书稿shūgǎo | 책의 원고를 교정하다 =〔校雠chóu〕
【校对】jiàoduì ❶ 動 (기계·부품 등이 표준에 맞는지) 검사〔검열〕하다. ¶一切商品shāngpǐn都必需～合格hégé才可以出口 | 모든 상품은 반드시 합격 검사를 거친후에 수출할 수 있다. ❷ 動 (원고를) 교정하다. ¶～符号fúhào | 교정 기호 =〔校合hé〕 ❸ 名 교정원. 검열원 =〔校对员〕
【校改】jiàogǎi 動 대조하여 고치다. 교정하다. ¶～文章 | 문장을 교정하다.
【校勘】jiàokān ❶ 名 교감. ¶古籍gǔjí～ | 고서 교감. ❷ 動 교감하다. ¶～古籍gǔjí | 고적을 교감하다 =〔勘校〕〔較jiào勘〕
【校勘学】jiàokānxué 名 교감학.(고서의 탈자,오자,정자,판본,저자,저작년대 등을 연구하는 학문)
【校样】jiàoyàng 名〈地〉교정쇄(校正刷). 게라(galley)쇄 =〔样张zhāng①〕
【校阅】jiàoyuè ❶ (원고를) 교열하다. ❷ (서적·신문 등의 내용을) 검열하다.
【校正】jiàozhèng ❶ 動 교정하다. 검토하여 바로잡다. ¶～错字 | 잘못된 글자를 교정하다. ❷ 名 교정.
【校注】jiàozhù 名 교정(校訂)과 주석(注釋).
【校准】jiào/zhǔn 動 (기계·공구·측정 계기 등의) 불안정하거나 부정확한 작동〔눈금〕을 바로잡다 =〔校调tiáo〕〔搞gǎo正〕〔矫jiǎo调〕〔找zhǎo正〕

1【笑】xiào 웃을 소
❶ 動 웃다. ¶你～什么? | 뭘 그렇게 웃느냐? ¶哈哈hāhā大～ | 하하하고 크게 웃다. ¶逗dòu～ | 웃기다. ¶哄堂hōngtáng大～ | 장내가 떠들썩하게 웃다. ❷ 비웃다. 조소하다. ¶别～他! | 그를 비웃지 마라! ¶见～ | 조소를 받다. ❸ (～儿) 名 웃음(거리). 조소. ¶耻chǐ～ | 멸시와 조소. 멸시와 조소를 받다. ¶取个～ | 웃음거리로 삼다.

【笑柄】xiàobǐng 名 웃음거리. ¶成为人们的～ | 사람들의 웃음거리가 되다.

【笑不露齿, 行不露足】xiào bù lòu chǐ, xíng bù lòu zú 成 웃어도 이를 드러내 보이지 않고 걸어도 발을 내 보이지 않는다 [옛날, 경극(京劇)에서의 신체 동작을 가리킴] ¶女子要～ | 여자는 행동에 조심성이 있어야 한다.

【笑掉大牙】xiàodiào dàyá 喩 (앞니가 빠질 정도로) 크게 웃다. 박장 대소(拍掌大笑)하다. ¶这事让人～ | 이 일은 너무 우습다.

【笑断肚肠】xiàoduàn dùcháng 喩 창자가 끊어질 정도로 웃다. ¶他那句话把大家～ | 그가 한 그 말은 사람들을 너무 웃긴다.

【笑哈哈】xiàohāhā 狀 하하하며 크게 웃다. 또는 그 모양. ¶他～地说:「你太笨bèn!」| 그는 하하하고 크게 웃으며 「당신은 너무 어리석어!」라고 했다.

2【笑话】xiào·hua ❶ 名 우스갯 소리. 웃음거리. ¶他很会说～ | 그는 우스갯 소리를 곧잘 한다 =〔笑话儿①〕 ❷ 動 비웃다. 조롱하다. ¶被人～ | 남에게 비웃음을 당하다.

【笑话儿】xiào·huar ❶ ⇒〔笑话①〕 ❷ 名 北 신화(神話). 고사(故事). 이야기. ¶给小孩子听～ | 어린아이에게 예날 이야기를 들려주다.

【笑剧】xiàojù 名〈演映〉소극. 파스(farce) ¶等一会儿就演～ | 곧 소극이 공연된다.

【笑噱】xiàojué 書 動 (크게) 웃다.

【笑口常开】xiào kǒu cháng kāi 成 늘 웃고 있다. 항상 웃고 있다. ¶～的人 | 항상 웃는 사람

【笑里藏刀】xiào lǐ cáng dāo 成 웃음 속에 칼을 품다. 겉으로는 웃으면서도 속으로는 해칠 생각을 하다. ¶他～,你可要小心啊! | 그는 웃으면서도 너를 해칠 생각을 하고 있으니 특별히 조심하세요! =〔笑中刀〕

【笑里藏奸】xiào lǐ cáng jiān 成 웃음 속에 딴뜻〔간사함〕을 품다.

【笑脸(儿)】xiàoliǎn(r) 名 웃는 얼굴. 웃음 띤 얼굴. ¶整天连个～都没有,到底是怎么回事? | 하루종일 웃는 얼굴이 없으니 도대체 무슨일이냐? =〔笑面〕〔書 笑靥yè②〕

【笑料】xiàoliào 名 웃음 거리. ¶这事成为人们的～ | 이 일은 사람들의 웃음거리다 되었다.

【笑骂】xiàomà 動 ❶ 비웃고 욕하다. ¶～由他～, 好官我自为之 | 비웃고 욕하려거든 해라, 좋은 벼슬은 내가 차지할테니 [옛날, 관리들의 파렴치한 출세주의적인 태도를 풍자하는 말] ❷ 농담으로 욕하다.

【笑貌】xiàomào 名 웃는 얼굴. 웃음 띤 얼굴.

【笑眯眯】xiàomīmī 狀 눈을 가늘게 뜨고 웃다. 미소짓다. 생긋거리다. ¶他老是～的 | 그는 늘 빙그레 웃는다 =〔笑迷迷mí〕〔笑眯嘻xī儿〕〔笑眯悠yōu儿〕〔笑模mó悠悠儿〕

【笑面虎(儿)】xiàomiànhǔ(r) 名 ❶ 겉은 웃는 얼굴로 착한것 같지만 속은 음흉한 사람. ¶她后娘hòuniáng是～ | 그녀의 계모는 겉으로는 착한 것 같지만 속은 음흉한 사람이다. ❷ 언제나 웃고 있는 사람.

【笑纳】xiàonà 動 札 套 소납하여 주시길 바랍니다. 보잘것 없는 물건이나마 웃으며 받아주시기를 바랍니다 [남에게 선물할 때나 편지에 쓰는 인사말] ¶请～! | 소납하여 주시기를 바랍니다. ¶乡里土物xiānglǐtǔwù, 务祈wùqí～, 是幸xìng | 보잘것 없는 고향의 토산물이지만 기꺼이 받아주시면 감사하겠습니다 =〔笑存cún〕〔哂shěn纳〕〔哂收〕

【笑气】xiàoqì 名〈化〉소기. 아산화 질소 [마시게 되면 안면 근육에 가벼운 경련이 일어나 웃는 것 같이 보임]

3【笑容】xiàoróng 名 웃는 얼굴. 웃음 띤 표정. ¶～满面mǎnmiàn | 웃음이 얼굴에 가득하다. ¶人人脸上挂guà满了～ | 사람들마다 얼굴에 웃음을 가득 띄웠다.

【笑容可掬】xiào róng kě jū 成 웃는 모습이 얼굴을 넘칠 듯하여 두 손으로 받쳐 들만하다. 얼굴 가득 웃음을 머금다.

【笑声】xiàoshēng 名 웃음 소리. ¶～忽然hūrán停tíng了 | 웃음 소리가 갑자기 멎었다.

【笑谈】xiàotán ❶ 名 우스개 거리. 웃음 거리. ¶那不是～吗? | 그것이 웃음거리가 아니고 무엇이랴? ❷ 名 우스운 이야기. 우스갯 소리. ❸ 動 담소하다. ¶散会sǎnhuì后,对这个节目～了许久 | 회의가 끝난 후에도 이 프로그램에 대해서 한참동안 담소했다.

【笑纹】xiàowén 名 웃을 때 얼굴에 잡히는 주름살. ¶嘴角zuǐjiǎo上浮fú着～ | 입가에 (웃을 때의) 주름이 일다.

【笑窝(儿)】xiàowō(r) 名 보조개. 볼우물. ¶浅浅qiǎn的～ | 얕은 보조개 =〔笑涡wō(儿)〕〔笑靥yè①〕〔酒jiǔ窝(儿)〕

【笑嘻嘻】xiàoxīxī 狀 미소짓다. 살포시 웃다. ¶他～地从外面回来了 | 그는 웃음 띤 얼굴로 밖에서 돌아왔다.

【笑颜】xiàoyán 名 웃는 얼굴. ¶～常开 | 항상 얼굴에 웃음을 띠고 있다.

【笑靥】xiàoyè ❶ ⇒〔笑窝wō(儿)〕 ❷ ⇒〔笑脸liǎn(儿)〕

【笑意】xiàoyì 名 ❶ 웃음(기) ¶脸上没有一丝～ | 얼굴에 웃음기가 조금도 없다. ❷ 조롱기. 장난기.

【笑吟吟】xiàoyínyín ⊗ xiàoyīnyīn 狀 미소 짓다. 빙그레 웃다. ¶～地骑qí着黄牛 | 미소를 지으며 황소를 타고 있다《水滸傳Shuǐhǔzhuàn》

【笑迎】xiàoyíng 書 動 웃으며 맞이하다. ¶～四方客 | 웃는 얼굴로 각지의 사람을 맞이하다.

【笑影】xiàoyǐng 名 웃는 표정. 웃음기. ¶笑吟吟地显出xiǎnchū～ | 빙그레 웃는 표정을 내보이

다. ¶口角边kǒujiǎobiān有了～ | 입가에 웃음기가 어렸다.

【笑语】xiàoyǔ 名 웃음소리. 농담. ¶～喧哗xuānhuá | 웃음소리가 왁자지껄하다.

【笑逐颜开】xiào zhú yán kāi 成 얼굴에 웃음꽃이 활짝 피다. ¶孩子们吃得一个个～ | 아이들은 모두 아주 즐겁게 음식을 먹고 있다.

4【啸(嘯)】xiào 휘파람불 소
❶動 휘파람을 불다. ¶长cháng～一声 | 휘파람을 길게 한번 불다. ❷動 (짐승 등이) 길게 울부짖다. ¶猿yuán～ | 원숭이가 길게 울부짖다. ❸擬 쌩쌩. 쏴쏴. 윙윙 [물·바람 등의 소리] ¶风～ | 바람이 쌩쌩 불다. ¶海水的～声 | 쏴쏴하며 밀려오는 파도소리. ❹擬 핑핑 [비행기·총알 등이 날아가는 소리] ¶枪弹qiāngdàn的～声 | 총알이 핑 날아가는 소리.

【啸傲】xiàoào 書 形 구속을 받지 않고 자유롭게 생활하다 [주로 은사(隱士)의 은거생활을 가리킴] ¶～江湖 | 강호에서 소요하다.

【啸聚】xiàojù 書 動 (주로 도둑·산적 등이) 패거리를 불러 모으다 ¶～山林 | 산림속으로 패거리를 불러 모으다 ＝〔啸集jí〕

【啸鸣】xiàomíng ❶動 길게 울부짖다. ❷名 길게 울부짖는 소리.

【敩(斅)】xiào xué 가르칠 효
Ⓐ xiào 書 動 가르쳐 이끌다.
Ⓑ xué「学」와 통용⇒〔学xué〕

xiē ㄒㄧㄝ

1【些】xiē 적을 사
量 약간. 조금. 얼마간. 몇 ＝〔点〕 어법 ⓐ「些＋名」의 형태로 쓰임. ¶说了～什么? | 무슨 말들을 하였느냐? ¶作了～重要的补充bǔchōng | 얼마간의 중요한 보충을 하였다. ⓑ「有些」의 형태로 쓰임. ¶有～人喜欢跑步pǎobù | 어떤 사람들은 달리기를 좋아한다. ¶有～问题还要研究 | 어떤 문제들은 더 연구해야 한다. ¶有～生我的气 | 어떤 것들이 나를 화나게 하였다. ⓒ「某些」의 형태로 쓰임. ¶某～人这样看, 某～人又那样看 | 어떤 사람들은 이렇게 보고 어떤 사람들은 저렇게 본다. ⓓ「这」「那」다음에 쓰여 복수로 만듦. ¶这～东西 | 이러한 물건들. ¶那～书我都看过 | 그러한 책들을 나는 모두 다 보았다. ⓔ「前些」의 형태로 시간을 나타내는 낱말 앞에 와 얼마간 앞서의 시간을 나타냄. ¶前～时候他曾找过我一次 | 얼마 전에 그가 나를 한 차례 찾은 적이 있다. ¶前～年他住在重庆 | 몇 년 전까지 그는 중경에 살았다. ⓕ 동사나 형용사 뒤에 쓰여「약간」「조금」이란 뜻을 나타냄. ¶快～ | 조금 빨리. ¶大声～ | 좀 더 큰소리. ⓖ「些」앞에는 수사(數詞)「一」만 올 수 있음.「一些」는「些」의 용법과 기본적으로는 같음. ⓗ「些」는 셀 수 있는 사물에 쓰이고,「点」은 잘 쓰지 않음. ¶一点人(×) ¶一些人在下棋 | 얼마간의 사람들이 바둑을 둔다. ⓘ「些」가 나타내는 수량은 반드시 적은 것이 아니나,「点」이 나타내는 수량은 적은 것임. ¶有点儿事 | 약간의 일 [한 가지 일 일 가능성이 많음] ¶有些事 | 얼마간의 일 [한 가지 이상의 일] ⓙ「这些〔那些〕＋名」은 단순한 복수를 나타내며, 수량의 많고 적음과는 무관하나,「这点＋名」은 수량의 적음을 강조함. ¶这些钱都是我的 | 이 돈들은 모두 나의 것이다. ¶用这点钱可以买来电视吗? | 이 조금의 돈으로 텔레비젼을 사 올 수 있나요? ⓚ「有些＋名」은 주어가 될 수 있으나,「有点＋名」은 주어로 쓰일 수 없음. ¶有点情况(×) ¶有些情况qíngkuàng还不情楚 | 어떤 일들이 아직 분명하지 않다.

【些个】xiē·ge 量 口 좀. 약간 ¶这～ | 이것들. ¶那～ | 저것들 ¶吃～东西 | 무엇을 좀 먹다 ＝〔一些〕

【些微】xiēwēi ❶形 약간의. 조금의. ¶～的凉意 | 조금 서늘한 기운. ❷副 조금. 약간. ¶～等他一下 | 그를 좀 기다리자.

【些小】xiēxiǎo 形 ❶ 사소한. 약간의. ¶～事情 | 사소한 일. ❷ 적다. 작다.

【些须】xiēxū 形 近 대수롭지 않은. ¶～小事 | 대수롭지 않은 작은 일 ＝〔些少shǎo〕〔些许xǔ〕

【些许】xiēxǔ ⇒〔些须〕

【些子】xiē·zi 量 近 약간. 조금.

【揳】xiē 잴 혈, 탈 할, 칠 격
動 方 (못이나 쐐기 등을)박다. ¶把桌子～一～ | 테이블에 쐐기를 박다 ＝〔楔xiē④〕

【楔】xiē 쐐기 설
❶ (～儿,～子) 名 쐐기. ¶加个～儿 | 쐐기를 박다. ❷名 (벽에 박아서 물건을 거는 나무 혹은 대나무로 만든)못. ❸ ⇒〔楔子③ ④〕 ❹「揳」와 같음 ⇒〔揳xiē〕

【楔形文字】xiēxíng wénzì 名 설형문자. ¶据说有的民族以前使用～ | 들리는 바에 따르면 어떤 민족은 이전에 설형문자를 사용했다 ＝〔箭头jiàntóu文字〕

【楔子】xiē·zi 名 ❶ 쐐기 →〔劈pī⑤〕 ❷ 물건을 걸기 위해 박는 (대)나무 못. ❸ 설자 [문에 작품에서 어떤 사건을 도출하기 위하여 서로 설명하는 절(節)] ❹〈演映〉설자 [「元曲」에서, 이야기의 본 줄거리인 네 개의「折zhé」(연극의 1막)의 앞 또는 중간에 오는 간단한 막]→〔元曲〕‖＝〔楔儿〕

2【歇】xiē 쉴 헐
❶動 쉬다. ¶～一会儿 | 잠깐 쉬다. ❷動 그만두다. 정지하다. ¶不～地工作 | 쉬지 않고 일하다. ¶小羊叫个不～ | 어린 양이 자꾸 울다. ❸動 方 자다. 묵다. ¶～了一宿xiǔ | 하룻밤 숙박하다. ❹量 江 (「一歇」로 쓰여) 잠깐. 잠시. ¶等一～ | 잠깐 기다려 주세요.

【歇鞍】xiē/ān 動 方 일을 멈추고 쉬다. ¶你也该～了 | 당신도 쉬어야 합니다.

【歇班(儿)】xiē/bān(r) 動 비번이 되다. ¶今儿晚上该他～ | 오늘 저녁은 그가 비번이다→〔交jiāo班〕

【歇顶】xiē/dǐng 動 (윗머리가) 벗어지다 ¶他爹早就～了 | 그의 아버지는 일찌기 윗머리가 벗어졌다 ＝〔卸xiè顶〕〔谢xiè顶〕〔开kāi顶〕

【歇乏】xiē/fá 動 잠깐 휴식하다. 한숨 돌리다. ¶等我歇过乏来,一气做完 | 잠깐 휴식을 한 다음

단숨에 끝내겠다.

【歇伏】xiē/fú 動 俗 (삼복중에) 일을 멈추고 쉬다. ¶近年来,来～,疗养liáoyǎng的人多了 | 근년에 들어 피서를 하며 요양하는 사람이 많아졌다.

【歇工】xiē/gōng 動 휴업하다. (일을) 쉬다. ¶～十天 | 10일간 휴업하다.

【歇后语】xiēhòuyǔ 名〈言〉헐후어 [숙어(熟語)의 일종으로 대부분이 해학적이고 형상적인 어구로 되어 있음. 말의 후반을 말하지 않고 전반만 말하여 뜻을 암시하는 일종의 은어(隱語) 또는 멋으로 하는 말]

【歇肩】xiē/jiān 動 어깨의 짐을 내려 놓고 쉬다. 어깨를 쉬게 하다. ¶快～吧! | 빨리 내려 놓고 쉬세요!

【歇脚(儿)】xiē/jiǎo(r) 動 쉬다. (길을 걷다가 다리를) 쉬게 하다 ¶到树下～去 | 나무 밑에 이르러 쉬다 =〔歇腿tuǐ(儿)〕

【歇凉】xiē/liáng 動 方 쉬며 더위를 식히다. ¶到树下去歇～ | 나무 밑에 가서 더위를 식히다.

【歇气】xiē/qì 動 긴장을 풀다. 멈추어서 좀 쉬다. ¶革命gémìng不能～,脚步jiǎobù不能停留tínglìú | 혁명을 멈출 수 없고 발걸음도 멈출 수 없다.

【歇晌(儿)】xiē/shǎng(r) ❶ 점심 후 휴식하다 [주로 낮잠자는 것을 가리킴] ¶他们～去了 | 그들은 오침하러 갔다. ❷ (xiēshǎng(r)) 名 점심 시간대의 휴식. 점심 후의 휴식.

【歇手】xiē/shǒu 動 일손을 멈추다. ¶他还不肯～ | 그는 여전히 일손을 멈추려고 하지 않는다.

【歇斯底里】xiēsīdǐlǐ ❶ 名 外〈醫〉신경질. 히스테리(hysterie) =〔〈漢醫〉癔yì病〕 ❷ 形 히스테릭(hysteric)하다 ¶一个学生每天在大学生会馆～地大叫大喊 | 한 학생이 매일 대학생회관에서 히스테리적으로 고함을 지른다. ‖ =〔歇私的里sīdìlǐ〕〔歇斯特里sītèlǐ〕

【歇宿】xiēsù 動 묵다. 숙박하다 =〔住zhù宿〕

【歇腿(儿)】xiē/tuǐ(r) ⇒〔歇脚(儿)〕

【歇息】xiē·xi 動 ❶ 휴식하다. ¶～一下再走吧! | 잠시 휴식을 취하고 다시 갑시다 =〔休xiū息〕 ❷ 자다. ¶昨天累了,晚上九点就～了 | 어제는 좀 피곤해서 저녁 9시에 잤습니다. ❸ 숙박하다. 묵다.

【歇夏】xiē/xià 動 여름에 일을 멈추고 쉬다. ¶去故乡～ | (여름에 일을 멈추고) 고향에 가서 쉬다.

【歇闲】xiēxián 動 方 쉬다. 휴식하다. ¶他一天到晚不～ | 그는 하루종일 쉬지 않는다.

【歇心】xiēxīn 動 ❶ 마음을 편안히 갖다. ❷ 方 단념하다. 체념하다. ¶他不肯～ | 그는 단념하지 않는다.

【歇业】xiē/yè 動 ❶ 휴업하다. ¶歇十天业 | 10일간 휴업하다. ❷ 가게를 닫다. 폐업하다. ¶商店今天～ | 오늘은 상점 문을 닫는다 ‖ =〔休xiū业〕

【歇枝(儿)】xiē/zhī(r) ❶ 動〈農〉(과일이 많이 열린 해의 다음 해 또는 몇 해 동안) 과일이 제대로 열리지 않다. 해거리하다. ❷ (xiēzhī(r)) 名〈農〉해거리. 과일이 잘 열리지 않는 해. 흉작의 해 =〔小xiǎo年①〕‖ =〔养树yǎngshù〕

【蝎〈蠍〉】xiē 전갈 갈

(～子) 名〈動〉전갈 →〔虿chài〕

【蝎虎】xiēhǔ ❶ ⇒〔壁bì虎〕 ❷ 形 北 지독하다. ¶打得～ | 몹시 때리다 →〔厉害lì·hai〕 ❸ 動 方 놀라서 떠들썩하다. 신기하게 여기다. ¶你～什么? 着火了吗? | 너 왜 야단 법석이니? 불이라도 났느냐?

【蝎拉虎子】xiē·lahǔ·zi ⇒〔壁bì虎〕

【蝎子】xiē·zi 名〈動〉전갈.

【蝎子草】xiē·zicǎo 名〈植〉전갈풀 [다년생 초본식물의 일종으로 전갈에 쏘였을 때 줄기나 뿌리의 즙으로 해독함]

xié ㄒㄧㄝˊ

【叶】xié ☞ 叶 yè ②

3【协(協)】xié 합할 협

動 ❶ 힘을 모으다. 협력하다. ¶全民相～ | 전 백성이 힘을 합치다. ❷ 돕다. 협조하다. ¶～助↓ ❸ 어울리다. ¶音调yīndiào和～ | 음조가 잘 어울리다 =〔叶xié②〕

【协办】xiébàn 動 ❶ 참여하다. ❷ 함께 처리하다. 협찬하다. ¶本次会议由北京大学主办zhǔbàn,清华大学～ | 이번 회의는 북경대학에서 주최하고 청화대학에서 협찬했다.

3【协定】xiédìng ❶ 名 협정. ¶科学技术合作kēxuéjìshùhézuò～ | 과학기술협력협정. ¶贸易màoyì～ | 무역협정. ¶停战tíngzhàn～ | 정전협정. ❷ 動 협정하다. ¶～一个平等互惠píngděnghùhuì的条约tiáoyuē | 호혜평등조약을 협정하다.

【协和】xiéhé 書 動 어울리다. 협력하다. ¶～眾人的关系guānxì | 여러사람의 관계를 화합시키다 ‖ =〔叶xiē和〕

3【协会】xiéhuì 名 협회. ¶～条款tiáokuǎn | 협회의 정관(규정) ¶作家～ | 작가협회.

【协理】xiélǐ ❶ 書 動 협력하여 처리하다. ¶～校务xiàowù | 학교일을 협력하여 처리하다. ❷ 名 (옛날, 회사·은행 등의) 부책임자. 부지배인 [지금은「副fù经理」라고 함] →〔总zǒng经理①〕

【协力】xiélì ❶ 名 협력. ❷ 動 협력하다. ¶～山成玉,同心土变金 | 힘을 합치면 산을 옥으로 만들 수 있고 마음을 같이하면 흙을 금으로 변하게 할 수 있다. 한 마음으로 협력하면 무슨 일이든 다 할 수 있다. ¶～作战zuòzhàn | 협동작전. ¶同心～ =〔协力同心〕| 한 마음으로 협력하다 →〔戮lù力〕

4【协商】xiéshāng ❶ 名 動 협상. 협의. ¶通过～解决 | 협상을 통해서 해결하다. ❷ 협상하다. 협의하다. ¶可以～处理chǔlǐ | 협상하여 처리할 수 있다. ¶有问题可以～解决jiějué | 문제가 있으면 협상하여 해결할 수 있다.

4【协调】xiétiáo ❶ 形 조화되다. 어울리다. ¶他们几个人工作上很～ | 그들 몇 사람은 작업을 함에 있어서 잘 조화가 된다. ❷ 動 (의견을) 조정하다. 조화하다. ¶先后举行了六次部长级会议,～了彼此的意见 | 6차 장관급회의를 개최하여 상호간의 의견을 조정했다.

4【协议】xiéyì ❶ 名 협의. 합의. ¶违背wéibèi了～ | 합의를 위반하다. ❷ 動 협의하다. 합의하다. ¶双方～提高tígāo收购价格shōugòujiàgé | 쌍

방이 구매가격 인상을 협의하다. ❸名 합의서. ¶签署qiānshǔ了关于民族独立权mínzúdúlìquán的～ | 민족독립권에 관한 합의서에 서명하였다.
【协约国】xiéyuēguó 名 ❶ (제1차 세계 대전 때, 영(英)·미(美)·불(佛) 등의) 연합국. ❷ 서로 협약을 한 국가.
3【协助】xiézhù ❶ 動 협조하다. 도와주다. ¶～不了你们 | 당신들을 도와드릴 수가 없습니다. ¶请多～! | 많이 도와 주세요! ❷ 名 도움. 조력(助力) ¶我们非常感谢你们的大力～ | 여러분의 대대적인 협조에 매우 감사를 드립니다. ¶取得～ | 도움을 얻다.
【协奏曲】xiézòuqǔ 名〈音〉협주곡. ¶小提琴xiǎotíqín～ | 바이올린 협주곡. ¶钢琴gāngqín～ | 피아노 협주곡.
3【协作】xiézuò ❶ 動 협업하다. 합력하다. ¶这两个单位一直～得很好 | 이 두 부서는 줄곧 잘 협력해왔다. ¶要求病人～ | 환자가 협력하여 주기를 요구하다. ❷ 名 협업(관계) ¶他们之间进行了多次～ | 그들은 여러 번 협력을 했다. ¶加强jiāqiáng～ | 협업관계를 강화하다.

3【胁(脅)〈脅〉】xié 겨드랑이 협, 으슥거릴 흡 ❶ 名〈生理〉옆구리. ¶两～ | 양 옆구리. ❷ 動 협박하다. 위협하다. ¶威wēi～ | 위협하다. ❸ 動 움츠리다. 으쓱하다. ¶～肩谄笑jiānchǎnxiào↓
【胁持】xiéchí 動 ❶ (주로 나쁜 사람이 착한 사람을 붙잡아 갈 때) 양 옆에서 끼어 잡다〔잡히다〕. ¶～住 | 양 옆에서 끼고 붙들다. ❷ 강박(强迫)하다. 협박하다⇒〔挟xié持〕
【胁从】xiécóng 動 협박에 못 이겨 따르다. ¶首恶必办bàn, ～不问, 立功受奖shòujiǎng | 주모자는 반드시 벌하고, 추종자는 죄를 묻지 않으며, 공을 세운 자는 상을 받는다. ¶～者 | 협박에 못이겨 따르는 자.
【胁肩谄笑】xié jiān chǎn xiào 成 어깨를 움츠리고 간사하게 웃다. 비위를 맞추려고 아양을 떨다.
【胁迫】xiépò 動 위협하다. 협박하다. ¶他们～别人帮助bāngzhù他们一起偷tōu东西 | 그들은 자신들을 도와 함께 도둑질하자고 다른 사람들을 협박했다.

4【邪〈衺〉】xié yé 간사할 사, 그런가 야
Ⓐ xié ❶ 形 간사하다. 나쁘다. ¶改～归正guīzhèng | 나쁜 것을 고치고 바른 것으로 돌아가다⇔〔正zhèng⑦〕 ❷ 形 이상하다. 비정상이다. ¶这才～呢! | 이것이야말로 이상하다. ¶～门儿↓ ❸ 名〈漢醫〉질병을 일으키는 환경이나 요소. ¶风～ | 바람기. 감기. ¶寒hán～ | 오한. ❹ 名 (옛날의 미신으로) 귀신이 내리는 재화(災禍) ¶中zhòng～ | 귀신이 주는 재앙(災殃)을 당하다.
Ⓑ yé ❶ ⇒〔莫mò邪〕 ❷ ⇒〔邪许〕 ❸ 書 助 의문이나 감탄을 나타내는 어기조사. 「耶」와 통용⇒〔耶yé〕
Ⓐ xié
【邪财】xiécái 名 方 부정하게 얻은 재산〔재물〕. ¶～理无久享jiǔxiǎng | 諺 부정한 재산은 오래가지 못한다.
【邪道】ⓐ xiédào (～儿) 名 사도. 그릇된 길. 사악한 길 ¶走～ | 옳지 못한 길로 가다 =〔邪法fǎ①〕
ⓑ xié·dao 方 ❶ 形 옳지 않다. 좋지 않다. ¶～味儿 | 나쁜 냄새. ❷ 名 숨겨져 있는 이유 ‖ =〔斜xié道〕
【邪恶】xié'è 形 사악하다. ¶～势力shìlì | 사악한 세력. ¶～的念头 | 사악한 생각.
【邪乎】xiéhū 形 대단하다. 혹심하다. ¶那孩子可～得厉害lìhài | 그 아이는 정말 대단하다 =〔邪忽hū〕〔邪活huó〕〔斜乎hū〕→〔厉害lìhài〕
【邪忽】xié·hu ⇒〔邪乎〕
【邪活】xié·huo ⇒〔邪乎〕
【邪路】xiélù 書 名 나쁜 길. 사도(邪道) ¶他终于走上了～ | 그는 결국 나쁜 길로 갔다.
【邪门儿】xiéménr 京 ❶ 名 기괴한 일. 불가사의한 일. ❷ 形 이상〔괴상〕하다. 불가사의하다. ¶这里天气真～,一会儿冷一会儿热! | 여기 날씨는 추웠다가 더웠다가 정말 괴상하구만! ‖ =〔斜xié门儿〕
【邪门歪道】xié mén wāi dào 成 정당하지〔옳지〕못한 길〔방법〕 ¶我不走～ | 나는 나쁜 길로 가지 않겠다 =〔邪魔mó外道〕〔邪魔歪道〕〔邪门外道〕
【邪魔】xiémó 名 ❶〈佛〉악마(惡魔). ❷ 喩 부정. 부당. 부도덕. ❸ 방해. 장애 ‖ =〔邪魅mèi〕
【邪念】xiéniàn 名 나쁜 생각. 사악한 생각. ¶怀有～〔=抱bào有～〕| 사악한 생각을 품다.
【邪气】xiéqì 又 江 xiáqì) ❶ 名 사악한 기운. ¶正气上升shēng,～下降jiàng | 바른 기운은 상승하고 사악한 기운은 하강하다. ❷ 形 심하다. ¶热rè得～ | 지독하게 덥다. ❸ 名 方 나쁜〔못된〕 솜씨〔수완〕.
【邪说】xiéshuō 書 名 그릇된 설. 사악한 주장. ¶不信～ | 그릇된 설을 믿지 않다.
【邪祟】xiésuì 名 악령. 요사스러운 기운. ¶驱除qūchú～ | 악령을 몰아내다 =〔鬼guǐ祟〕
【邪心】xiéxīn 書 名 나쁜 마음. ¶～顿dùn起 | 갑자기 나쁜 마음이 생기다 =〔邪念〕
【邪行】ⓐ xiéxíng 書 名 비행(非行). 옳지 못한 행위. ¶～霸道bàdào | 옳지 못한 행위와 포악함.
ⓑ xié·xing 形 貶 (주로 보어로 쓰여) ❶ 方 지독하다. 매우 심하다. ¶雨下得～ | 비가 혹독하게 내린다. ¶他们俩好得～ | 그들 둘은 지독스럽게 잘 지낸다 =〔斜活xiéhuó〕 ❷ 이상하다. ¶他说的这有点儿～ | 그가 하는 말은 좀 이상하다 ‖ =〔邪兴xīng〕〔邪性xìng〕
【邪兴】xié·xing ⇒〔邪行 ⓑ〕
Ⓑ yé
【邪许】yéhǔ 書 擬 영차 [힘이 드는 일을 하거나 무거운 물건을 들거나 멜 때 내는 소리]

4【挟(挾)】xié jiā 낄 협
Ⓐ xié 動 ❶ 겨드랑이에 끼다. 轉 (몸에) 지니다. 휴대하다. ¶～泰山以超北海 | 태산을 겨드랑이에 끼고 북해를 건너다. 喩 불가능한 일. 무모한 일. ¶～带 | 몰래 휴대하다. ❷ (세력 또는 남의 약점을 이용하여) 협박하다. ¶～制↓ ¶要yāo～ | 강박하다. ❸ (원한 등을) 마음에 품다.

B jiā「夹」와 같음 ⇒〔夹jiā〕

4【挟持】xiéchí 動 ❶ (악인들이 착한 사람을 납치하거나 붙잡아 갈 때) 양 옆에서 끼고 잡아 가다〔잡히다〕. ❷ 강박(强迫)하다. 협박하다 ¶遭zāo到武力～ | 무력협박을 받다 ‖ =〔胁持〕

【挟带】xiédài 動 몰래 가지고 가다. 몰래 휴대하다. ¶信中不得～钞票chāopiào | 편지속에는 지폐를 넣어서는 안된다. ¶～走私货品zǒusīhuòpǐn | 밀수품을 몰래 가지고 가다.

【挟山超海】xié shān chāo hǎi 成 태산을 겨드랑이에 끼고 바다를 뛰어 넘다. 손가락으로 하늘찌르기. 불가능한 일 ¶我没有～的本领 | 나에게는 산을 옮기고 바다를 뛰어 넘을 만한 그런 큰 능력이 없습니다. =〔挟泰山以超北海〕

【挟嫌】xiéxián 書 動 원한을 품다. ¶～报复 | 원한을 품어 보복하다 =〔挟仇chóu〕〔挟恨〕〔挟怨yuàn〕

【挟制】xiézhì 動 (세력 또는 남의 약점을 이용하여) 억누르다. 협박하다. ¶～他人 | 남을 협박하다 =〔胁xié制〕

2【斜】xié 기울 사
形 動 기울다. 기울이다. 비스듬하다. ¶日已西～ | 해는 이미 서쪽으로 기울었다. ¶稍微shāowēi拿眼睛～了～,瞧了瞧qiáo他 | 눈을 조금 흘기면서 그를 힐끔힐끔 쳐다보았다. ¶～着身子坐下 | 몸을 기울이며 앉다. ¶纸裁cái～了 | 종이를 비스듬하게 자르다.

【斜边】xiébiān 名〈數〉(삼각형의) 빗변.

【斜长石】xiéchángshí 名〈鑛〉사장석.

【斜度】xiédù 名 경사도. ¶这坡～不够 | 이 언덕은 경사도가 높지 않다. ¶～标biāo | (철도 등의) 경사표지 →〔斜率lǜ〕〔坡pō度〕

【斜高】xiégāo 名〈數〉사고.

【斜晖】xiéhuī 書 名 저녁 햇빛. ¶夕阳的～ | 석양빛 =〔斜辉huī〕〔斜照zhào①〕

【斜辉】xiéhuī ⇒〔斜晖huī〕

【斜井】xiéjǐng 名 사갱(斜坑) →〔立井〕

【斜口钳】xiékǒuqián 名〈機〉빗날 니퍼(nipper).

【斜棱】xié·léng 動 ⓞ 비스듬히 하다. 기울이다. ¶～着眼看 | 흘겨 보다. ¶～眼(儿) | 사팔뜨기 =〔斜愣lèng〕〔斜楞léng〕

【斜路】xiélù 名 샛길. ¶走到～上去 | 샛길로 걸어 올라가다. 喩 사도(邪道) ¶走～ | 사악한 길로 가다.

【斜率】xiélǜ 名〈數〉경사도(傾斜道) ¶计算jìsuàn～ | 경사도를 계산하다.

【斜面】xiémiàn 名〈物〉사면. ¶～图tú | 사면도.

【斜坡(儿)】xiépō(r) 名 비탈. 경사. ¶～路 | 비탈길 →〔山坡(儿, 子)〕

【斜射】xiéshè 動 비스듬히 비치다. ¶阳光从窗中～进来 | 햇빛이 창으로 비스듬히 비쳐 들어왔다.

【斜视】xiéshì ❶ 名〈醫〉사시. 사팔뜨기 =〔斜眼①〕〔〈汉医〉偏视〕 ❷ 動 곁비스듬히 보다. 눈질하다. 흘겨보다. ¶～图 | 사투시도(斜透視圖). ¶目不～ | 곁눈질 하지 않다.

【斜体】xiétǐ 名 이탤릭체(italic 體). 사체. ¶～字 |〈印出〉이탤릭체(의 활자).

【斜纹】xiéwén ❶ 名〈紡〉능직(綾織) ¶～粗布cūbù | 올이 굵은 능직의 천. ❷ (～儿) ⇒〔斜纹布〕

【斜纹布】xiéwénbù 名〈紡〉능직(綾織)으로 짠 천 =〔斜布〕〔ⓞ 斜纹②〕

【斜象眼儿】xié·xiangyǎnr 名 方 마름모꼴. 능형(菱形) ¶切成qiēchéng～的块儿 | 마름모꼴로 자르다 =〔象眼(儿)〕〔菱líng形〕

【斜眼】xiéyǎn ❶ ⇒〔斜视①〕 ❷ (～儿) 名 사시인 눈. ¶她长zhǎng着一只～ | 그녀는 한쪽 눈이 사팔뜨기이다. ❸ (～儿) 名 사시인 사람.

【斜阳】xiéyáng 名 저녁 해. ¶～的金光 | 황금빛 저녁 햇살 →〔斜照①〕

【斜玉(儿)】xiéyù(r) 名 한자부수의 구슬옥(玉)변 =〔斜玉旁(儿)〕〔斜王旁(儿)〕〔王字旁(儿)〕

【斜照】xiézhào 書 ❶ 名 석조(夕照). 저녁 햇빛 ¶夕阳的～ | 석양의 햇살 =〔斜晖huī〕 →〔斜阳〕 ❷ 動 비스듬히 비추다.

【偕】xié 함께 해
書 副 함께. 같이. ¶百年～老 | 백년해로 하다. ¶～行 | 같이 가다.

【偕老】xiélǎo 動 해로하다. ¶白头～ | 成 백년해로하다.

【偕同】xiétóng 動 동반하다. (…와) 함께 하다. ¶～贵宾guìbīn参观cānguān | 귀빈들을 모시고 참관하다.

【偕行】xiéxíng 動 함께〔같이〕 가다. ¶这回由夫人～ | 이번에는 부인과 함께 간다.

4【谐(諧)】xié 어울릴 해
形 ❶ 어울리다. (화합하여) 조화되다. ¶色彩sècǎi调tiáo～ | 색채가 어울리다. ¶音调yīndiào和hé～ | 음조가 조화되다. ❷ (일·교섭 등이) 잘 처리되다. 성공하다. ¶事不～矣! | 일이 잘 안되는군!. ❸ 익살스럽다. ¶亦庄zhuāng亦～ | 장중하면서도 익살스럽다.

【谐和】xiéhé 形 어울리다. 조화를 이루다. ¶音调yīndiào十分～ | 음조가 아주 잘 어울린다 =〔谐缉xiéjī〕

【谐缉】xiéjī ⇒〔谐和〕

【谐美】xiéměi 形 (언사(言辭)가) 조화롭고 아름답다. ¶文辞wéncí～ | 글이 조화롭고 아름답다.

【谐声】xiéshēng ⇒〔形xíng声〕

【谐戏】xiéxì 動 익살떨다. ¶他性格xìnggé幽默yōumò,善于～ | 그는 성격이 유모스러워 익살을 잘 떤다.

【谐谑】xiéxuè 書 ❶ 名 해학. ¶听了那句～的话 | 해학적인 말을 듣다. ❷ 形 해학적이다.

【谐谑曲】xiéxuèqǔ 名〈音〉스케르초(schērzo; 이). 해학곡.

【谐音】xiéyīn ❶ 動 음을 맞추다. ❷ 名 같거나 비슷한 한자의 음.

【谐振】xiézhèn 名〈物〉공명(共鳴). 공진(共振) ¶～器 | 공진기.

4【携〈攜〉】xié (又 xī) 들 휴
動 ❶ 휴대하다. 지니다〔가지다〕. ¶～杖zhàng | 지팡이를 휴대하다. ¶扶fú老～幼 | 노인과 아이들을 거느리다. ❷ (손을) 잡다〔끌다〕. ¶～手 | 손을 잡다.

4【携带】xiédài 動 ❶ 휴대하다. ¶～武器wǔqì | 무

기를 휴대하다. ¶随身suíshēn～ | 몸에 지니다. ❷ 인솔하다. 데리(고 가)다. 거느리다. ¶～家眷jiājuàn搬家 | 가족을 데리고 이사를 가다. ❸ 돌보아 주다. ¶承您chéngnín～ | 돌봐 주셔서 감사합니다.
【携带式计算器】xiédàishì jìsuànqì 名 휴대용 계산기.
【携带用电动研磨机】xiédàiyòng diàndòng yánmójī 名〈機〉휴대용 전동 연마기.
【携儿带女】xié ér dài nǚ 成 자식들을 거느리다 [보통 유랑할 때 쓰임]
【携贰】xié'èr 書 動 다른 마음을 가지다. 딴 마음을 품다.
【携家带口】xié jiā dài kǒu 成 가족을 거느리다. ¶你～的,怎么走得了呢? | 가족을 데리고 어떻게 가려고 하느냐?
【携眷】xiéjuàn 動 가족을 거느리다. 가족을 데리다. ¶～同行 | 가족을 데리고 동행하다.
【携手】xié/shǒu 動 ❶ 손을 (맞)잡다. 손에 손을 잡다. ¶～前进 | 손을 잡고 전진하다. ❷ 喻 서로 돕다[협력하다]. ¶～合作hézuò | 손을 잡고 합작하다.

【颉(頡)】xié jié 날아올라갈 힐
Ⓐ xié 書 動 (새가) 날아오르다. ¶～颃háng↓
Ⓑ jié ❶ 인명에 쓰이는 글자. ❷ (Jié) 名 (姓).
【颉颃】xiéháng 書 ❶ 動 새가 오르내리며 날다. ❷ 形 우열을 다투다[가리기 어렵다]. 비등하다. ¶二人技术jìshù相～ | 두 사람의 기예가 서로 비슷하다→[不bù相上下]

【撷(擷)】xié 뽑을 힐
書 動 ❶ 뽑다. 따다. ¶采cǎi～ =[撷取] | 따다. ❷ 書 動 옷자락으로 물건을 싸다[받다].「襭xié」와 통용

【缬(纈)】xié 무늬 힐
書 名 무늬 있는 견직물. ¶夹jiá～ | 무늬가 있는 판으로 염색한 견직물.
【缬草】xiécǎo 名〈植〉쥐오줌풀 =[穿chuān心排草]

1【鞋】xié 신 혜
名 신(발). 구두. ¶一双皮shuāngpí～ | 가죽 구두 한 켤레. ¶一只～ | 구두 한 짝. ¶拖tuō～ | 슬리퍼. ¶凉liáng～ | 샌들(sandal) ¶高跟～ | 굽이 높은 여자구두(하이힐)
【鞋拔子】xiébá·zi 名 구둣 주걱.
【鞋帮(儿)】xiébāng(r) 名 ❶ 구두의 밑창을 뺀 부분. ❷ 구두의 양쪽 볼. ¶～很高 | 구두의 볼이 너무 높다.
【鞋布】xiébù 名〈紡〉능직으로 된 천. 능수자(綾繻子;sateen drill) ¶乌wū～ | 검은 능수자.
【鞋带(儿,子)】xiédài(r·zi) 名 구두끈. ¶～太短duǎn | 구두끈이 너무 짧다.
【鞋底(儿,子)】xiédǐ(r·zi) 名 구두(밑)창. ¶～皮pí | 구두창 가죽.
【鞋垫(儿)】xiédiàn(r) 名 신발 깔개.
【鞋钉(儿, 子)】xiédīng(r·zi) 名 구두못. 구두징 →[钉dīng鞋]
【鞋粉】xiéfěn 名 (가루로 된) 구두약. ¶擦cā～ | 구두약을 칠하다.
【鞋(后)跟】xié(hòu)gēn 名 구두 뒤축. 히일(heel) ¶提tí上～ | (신을 신기 위해) 뒤축을 잡아올리다 =[鞋跟(儿)]→[高gāo跟(儿)鞋]
【鞋匠】xié·jiang 名 제화공(製靴工) ¶她的姐夫是个好～ | 그녀의 형부는 훌륭한 제화공이다.
【鞋口】xiékǒu 名 신아가리. 신목. ¶滚gǔn～ | 신목 가장자리에 선을 두르다.
【鞋脸(儿)】xiéliǎn(r) 名 구두의 잔등. 신발의 코.
【鞋套】xiétào 名 덧신. 오버슈즈(over shoes) =[套鞋]
【鞋油(儿)】xiéyóu(r) 名 구두약. ¶打～ | 구두약을 칠하다.
【鞋子】xié·zi 名 신발. ¶～坏huài了 | 신발이 해어졌다.

【鲑】xié ☞ 鲑 guī Ⓑ

【勰】xié 뜻맞을 협
書 ❶ 動 생각이 일치하다. 뜻이 맞다. ❷ 인명에 쓰이는 글자.

xiě ㄒㄧㄝˇ

1【写(寫)】xiě xiè 베낄 사,그릴 사
Ⓐ xiě ❶ 動 (글씨를) 쓰다. ¶他会～字 | 그는 글씨를 쓸 줄 안다. ❷ 動 (문학 작품 등을) 짓다. ¶～词 | 사를 짓다. ❸ 動 묘사하다. ¶～景↓ ❹ 動 (그림을) 그리다. ¶～生↓ ❺ 動 장부에 기록하다. ¶这是我请的, 可以～我 | 제가 사는 것이니, 제 앞으로 달아 놓으세요. ❻ 動 (배표 등을) 사다 [배표를 사기 전에 먼저 인적 사항 등을 기입해야 하기 때문에 일컫는 말] ¶～船票chuánpiào | 배표를 사다. ❼ 名 ㊀ 옛날, 상해(上海)에서「买办」을 일컬었음. ¶大～ | (옛날, 외국 상점의) 대지배인. ❽ 書 動 없애다. 제거하다. ¶以～我忧yōu | 그것으로써 나의 근심을 없애다. (《詩經·邶風·泉水》에 나옴.)
Ⓑ xiè ⇒[写意]
Ⓐ xiě
【写本】xiěběn 名 사본 ¶唐～《切韵》| 당사본《절운》→[印yìn本]
【写错】xiěcuò 動 잘못[틀리게] 쓰다. ¶你又～了 | 너는 또 틀리게 썼다.
【写法】xiěfǎ 名 (문장이나 글씨) 쓰는 법. ¶怎么～? | 어떻게 쓰는 것입니까?
【写黑信】xiěhēixìn 動組 밀고하다 =[告gào密]
【写景】xiě/jǐng 動 풍경을 묘사하다.
【写码】xiěmǎ 名〈電算〉코딩(coding).
【写明】xiěmíng 動 분명하게 적다. 명기하다 ¶通知单tōngzhīdān上应～开会的时间和地点dìdiǎn | 통지서에 회의를 여는 시간과 장소를 명기해야 한다.
【写上】xiěshàng 動 기입하다. 기록하다. ¶请～住址zhùzhǐ! | 당신의 주소를 기입해 주세요!
【写生】xiěshēng ❶ 名〈美〉사생. ¶～簿bù | 스케치북(sketchbook) ¶静物jìngwù～ | 정물 사생. ¶室外shìwài～ | 야외 사생. ¶人物～ | 인물 사

생. ¶～画huà | 사생화. ❷動〈美〉사생화를 그리다.

【写实】xiěshí ❶動 사실(寫實)대로 묘사하다〔쓰다〕 ¶他擅长shàncháng～ | 그는 사실묘사를 잘 한다. ❷名 사실. ¶～主义zhǔyì | 사실주의.

【写下】xiěxià 動 ❶ 적어〔써〕 두다. ¶把想到的随时～ | 생각나는 것을 수시로 적어두다. ❷ 여백에 쓰다.

【写信】xiě/xìn 動 편지를 쓰다. ¶～给妈妈 | 어머니에게 편지를 쓰다 →〔去qù信〕

【写意】ⓐ xiěyì 名〈美〉사의 [회화(繪畫)에 있어서, 사물의 형식보다 그 내용·정신에 치중하여 그림을 그리는 것]→〔工笔gōngbǐ〕

ⓑ xiěyì 形 ❶ ㉤ 편안하다. 안락하다. ¶过其阔绰kuòchuò～日子 | 풍요롭고 편안한 생활을 하다. ❷ (품위가 있으며) 기분이 좋다.

【写照】xiězhào ❶名 묘사. ❷動 묘사하다. ¶这一段话简直jiǎnzhí是在替tì我～ | 이 부분의 말은 완전히 나를 그대로 묘사하고 있다. ❸名 모습. 모양. ❹動 인물의 형상을 그리다. ¶传神chuánshén～ | 생동감 있게 인물의 형상을 그리다.

【写真】xiězhēn ❶動 사람의 모습을 그리다. ¶眾臣zhòngchén即依旨,选两个会～的 | 중신들은 어명에 따라 사람의 모습을 그릴 수 있는 사람 둘을 선정했다. ❷名 초상화(肖像畫). 화상(畫像). ❸名 진실한〔생동적인〕 묘사.

【写字】xiě/zì ❶動 글씨를 쓰다. ¶～纸zhǐ | 습자지 →〔习字〕 ❷ (xiězì) 名 숫자. ¶大～ | 어려운 숫자. 「壹」「贰」「参」등 및 로마자의 대문자. ¶小～ | 쉬운 숫자. 「一」「二」「三」등 및 로마자의 소문자.

【写字间】xiězìjiān 名 사무실 =〔办bàn公室〕

【写字楼】xiězìlóu 名 粵 사무소 →〔办bàn公室〕

【写字儿】xiě/zìr 動 ❶ 증서를 만들다. 계약하다 ¶口说无凭píng,还得写个字儿 | 말로는 증거가 없으니 증서를 만듭시다 =〔契qì约①〕 ❷ 글자를 쓰다.

【写字台】xiězìtái 名 (사무용) 책상〔테이블〕〔=写字桌〕

3【写作】xiězuò ❶動 글을 짓다〔쓰다〕. 저작하다. ¶～一篇论文lùnwén | 논문 한편을 쓰다. ¶写日记可以练习liànxí～ | 일기를 쓰는 것은 작문연습이 된다. ❷名 (문예) 창작. 작품. ¶从事cóngshì～ | 문예창작 활동에 종사하다. ¶～方法fāngfǎ | 창작방법. ¶～技巧jìqiǎo | 문장〔창작〕 기교.

Ⓑ xiè

【写意】xièyì ☞〔写意〕xiěyì ⓑ

2【血】 xiě ☞ 血 xuè Ⓑ

xiè ㄒㄧㄝˋ

1【写】 xiè ☞ 写 xiě Ⓑ

4【泻(瀉)】 xiè 쏟을 사

動 ❶ 쏟다. 쏟아지다. 매우 빠르게 흐르다. ¶一～千里之势shì | 일사 천리의 기세. ❷ 설사하다. ¶上吐下～ | 위로 토하고 아래로 설사하다 =〔泄xiè⑤〕

【泻肚(子)】xiè/dù(·zi) 動 ❶ 설사하다 =〔破pò肚〕〔腹fù泻〕〔拉稀lāxī①〕〔走肚子zǒudùzi〕 ❷ (열등한 것을) 도태하(시키)다. 쫓아내다. ¶用～的办法bànfǎ将他们赶gǎn出校门 | 도태시키는 방법으로 그들을 학교에서 내쫓다.

【泻湖】xièhú 名〈地質〉석호(瀉湖).

【泻火】xiè huǒ 動〈漢醫〉(약을 먹고) 홍분을〔화를〕 가라앉히고 열과 독을 제거하여 체액을 보존하는 것. ¶此药cǐyào可以～ | 이 약을 먹으면 해열이 될 것입니다.

【泻药】xièyào 名〈藥〉하제(下劑). 설사약. ¶剧jù～=〔峻jùn泻药〕 | 준하제. ¶轻～ | 완하제 =〔下剂xiàjì〕

4【泄〈洩〉】 xiè yì 샐 설, 많을 예

Ⓐ xiè ❶動 (액체·기체가) 새다〔빠지다〕. 배출하다. ¶水～不通tōng | 물 샐틈 없다. ❷動 (비밀 등이) 누설되다. 드러나다. ¶不可～于外人 | 외부사람에게 누설되면 안된다. ¶事～ | 일이 누설되다. ❸動 발산하다. ¶～愤fèn↓ ❹動 (맥·힘·기세 등이) 없어지다. ¶～气↓ ❺動 (진체가) 묽어지다. ¶粥zhōu～了 | 죽이 묽어졌다. ❻動 설사하다 =〔泻xiè②〕 ❼名 폭포. ¶五～溪xī | 오설계·절강성(浙江省)에 있는 다섯 폭포로 이루어진 계곡. ❽ (Xiè) 名 성(姓).

Ⓑ yì ⇒〔泄泄〕

Ⓐ xiè

【泄底】xiè/dǐ 動 ❶ (비밀·내막을) 누설하다. 폭로하다. ¶他把底泄给她了 | 그는 비밀을 그녀에게 누설했다. ❷ 본성을 나타내다〔드러내다〕‖ =〔宣xuān底②〕→〔穿chuān帮〕

【泄愤】xiè/fèn 動 울분을 터뜨리다. 분풀이를 하다. ¶她老在孩子身上～ | 그녀는 항상 아이들에게 분풀이를 한다. ¶为了～动武起来 | 분을 풀기 위해 폭력을 쓰다 =〔泄恨hèn〕

【泄劲(儿)】xiè/jìn(r) 動 맥이 풀리다〔빠지다〕. 느슨해〔해이해〕지다. 낙심하다. ¶栽zāi了跟头gēntóu,他～了 | 실패를 하여 낙담하다 =〔谢xiè劲儿〕〔懈xiè劲(儿)〕〔歇xiē劲(儿)〕

4【泄漏】xièlòu 動 (비밀·기밀을) 누설하다. ¶～机密jīmì | 기밀을 누설하다. ¶天机tiānjī不可～ | 천기를 누설해서는 안된다. ¶她的嘴快,终于～了秘密 | 그녀는 입이 가벼워 결국 비밀을 누설했다 =〔泄露lù〕→〔透tòu露〕

【泄露】xièlù ⇒〔泄漏〕

【泄密】xiè/mì 書動 비밀이 새다. 비밀이 누설되다. ¶追查zhuīchá～的事 | 기밀누설 사건을 조사하다. ¶提高警惕jǐngtì, 严防yánfáng～ | 경각성을 높여 비밀이 누설되지 않도록 주의해야 한다.

【泄怒】xiènù 動 노여움을 터뜨리다. 울분을 터뜨리다. ¶你别在我身上～啊! | 나한테 분풀이 하지 마세요!

4【泄气】xiè/qì ❶動 울분을 터뜨리다. 화풀이하다. ¶可别拿我～ | 나한테 화풀이하지 마시오. ❷動 맥이 빠지다〔풀리다〕. 기가 죽다. 낙담하

다. ¶大家再加把劲jìn儿, 别~! | 여러분 기죽지 말고 다시 한번 힘을 내봅시다.! ❸動 펑크나다. 바람이 새다〔빠지다〕. ¶后车胎泄了气 | 뒤쪽 타이어가 펑크났다. ❹(xièqì) 形 한심하다. ¶这篇文章写得太~ | 이 문장은 정말로 한심하게 쓰여졌다 ‖ =〔泻xiè气〕

【泄殖腔】xièzhíqiāng 名〈動〉배설강(排泄腔).

Ⓑ yì

【泄泄】yìyì 書 貶 ❶ 느릿느릿하다. 느긋하다. ❷ 화락(和樂)하다.

【绁(紲)〈緤絏〉】xiè 맬 설, 뛰어넘을 예 書 ❶ 名 새끼. (밧)줄. ¶缧léi~ | 옛날에 죄인을 묶던 (검은) 새끼. ❷ 名 (말)고삐 →〔缰jiāng〕 ❸ 動 묶다. 매다. 동이다.

【渫】xiè 칠 설 ❶ 動 (샘·못·도랑 등을) 쳐내다. ¶浚jùn~ | 준설하다. ❷ 書 動 흐트러뜨리다. 분산시키다. ❸ 書 動 그치다. 멈추다. ❹ (Xiè) 名 성(姓).

3【卸】xiè 풀 사 動 ❶ (짐을) 내리다. 풀다. 부리다. ¶工人们正在~水泥 | 노동자들은 지금 시멘트를 내리고 있다. ¶~货huò | 짐을 풀다. ¶装zhuāng~ | (짐을) 싣고 내리다. ¶实shí~ | 부린 짐의 총수(總數). ❷ 풀다. 벗(기)다. ¶~螺丝钉luósīdīng | 나사못을 풀다. ¶~牲口shēngkǒu | 수레에서 가축을 떼다. ¶~任rèn↓ ❸ 분해하다. ¶大拆chāi大~ | 산산이 분해하다. ❹ 부수다. 무너뜨리다. ¶~黄(儿)↓

【卸车】xiè/chē 動 ❶ 수레에서 짐을 내리다〔부리다〕. ¶马上~ | 바로 짐을 부리다. ❷ 수레에서 가축을 떼다〔풀어주다〕 =〔卸牲口shēngkǒu〕

【卸船】xiè/chuán 動 (배에서) 짐을 내리다〔부리다〕. ¶明天上午~ | 내일 오전에 짐을 부린다.

【卸黄(儿)】xiè huáng(r) 動 노른자위가 터지다〔부서지다〕. ¶这个鸡蛋jīdàn~了 | 이 계란은 노른자위가 터졌다.

【卸货】xiè/huò 動 (배·차·말 등에서) 짐을 내리다〔부리다〕. ¶~后马上返航fǎnháng | 짐을 내리고 바로 회항하다. ¶~港gǎng | 하역항 =〔卸载zài〕

【卸肩】xièjiān ⇒〔卸责〕

【卸任】xiè/rèn 書 動 (관리가) 사직하다. 이임하다. 해임되다. ¶李总统打算年内~ | 이총통은 올해 안에 총통직을 사임할 생각이다. ¶~交印jiāoyìn | 사직하여 사무를 인계하다 =〔卸仕shì〕〔卸印〕

【卸运】xièyùn 動 하역하여 운송하다. ¶把货物huòwù~ | 화물을 하역하여 운송하다.

【卸责】xièzé 動 ❶ 책임을 벗다. 책임을 회피하다. ¶这些同学非常忠厚zhōnghòu可靠,在任何情形下总不~ | 이 학생들은 매우 성실하고 믿을만하며 어떤 상황하에서도 책임을 회피하지 않는다. ❷ 책임을 남에게 전가하다. ❸ 轉 사직하다 ‖ =〔卸肩jiān〕

【卸妆】xiè/zhuāng 動 ❶ 화장을 지우다. ¶她每天一回家就~ | 그녀는 매일 집에 돌아오자 마자 화장을 지운다. ❷ 장신구를 풀다.

【卸装】xiè/zhuāng 動 배우가 분장을 지우다. ¶~后马上回家 | 분장을 지운 후 바로 집에 간다 =〔下xiè装〕

【契】Xiè ☞ 契 qì Ⓑ

4【屑】xiè 가루 설 ❶ 名 부스러기. 찌꺼기. 가루. ¶木~ | 나무 부스러기. 톱밥. ¶纸zhǐ~ | 종이 부스러기. ❷ 形 사소하다. 자질구레하다. ¶琐suǒ~ | 사소하다. ¶崩云bēngyún~雨 | 조각 구름에 가랑비. ❸ (할 만한) 가치가 있다고 여기다 어법 대부분 「不屑」의 형식으로 부정문에 쓰임 ¶他不~于做这件事 | 그는 이 일을 할 만한 가치가 있다고 여기지 않는다.

【屑屑】xièxiè 書 貶 ❶ 사소하다. ¶~不足道 | 말할 나위없이 자질구레하다.

【屑子】xiè·zi 名 쇄기.

2【械】xiè 기구 계 名 ❶ 기계. 기구. ¶机jī~ | 기계. ❷ 흉기. 무기. ¶军~ | 병기. 무기. ¶缴jiǎo~ | 무장해제(하다). ❸ 書 (쇠고랑·차꼬·칼과 같은) 형구(刑具). ¶着zhuó~ | 형구를 채우다.

【械斗】xièdòu 動 무기〔흉기〕를 가지고 싸우다〔투쟁하다〕. ¶严禁yánjìn~ | 흉기를 가지고 싸우는 것을 엄격히 금지하다.

1【谢(謝)】xiè 사례할 사 ❶ 名 動 감사(하다). 사례(하다) ¶不知道怎么~你! | 어떻게 감사를 드려야 될지 모르겠군요! ¶致zhì~ | 감사드리다. ¶道~ | 감사의 말을 하다. ❷ 動 사과〔사죄〕하다. ¶~罪↓ ❸ 動 사절하다. 사양하다. ¶闭门bìmén~客 | 문을 닫아 걸고 방문객을 사절하다. ❹ 動 (꽃·잎이) 시들어 떨어지다. 쇠하다. ¶花~了 | 꽃이 지다. ¶新陈代xīnchéndài~ | 신진대사. ❺ (Xiè) 名 성(姓).

【谢病】xièbìng 書 動 병을 빙자하여 사직하다. ¶他~坚辞主任一职 | 그는 병을 핑계로 주임직을 사임했다.

【谢忱】xièchén 名 감사의 뜻. ¶谨表jǐnbiǎo~ | 삼가 감사를 드립니다. 삼가 감사의 뜻을 전합니다 =〔谢悃kǔn〕

【谢词】xiècí 名 (각종 의식에서 하는)감사의 말. ¶他又说了一些~ | 그는 또 한번 감사하다는 말을 했다.

【谢恩】xiè/ēn ❶ 動 은혜에 감사하다. ¶我买了一些水果去~ | 나는 사과로 감사의 표시를 했다. ❷ (xiè'ēn) 名 옛날, 신하가 임금에게 감사를 표시할 때의 예절.

4【谢绝】xièjué 動 사절하다. 정중히 거절하다. ¶不敢~她的厚意hòuyì | 그녀의 후의를 거절할 수 없다. ¶~参观cānguān | 참관을 정중히 거절하다. ¶~礼品 | 선물을 사절하다. ¶婉言wǎnyán~ | 완곡히 사절하다.

【谢客】xiè/kè 動 ❶ 면회를 사절하다. ¶他从此闭门bìmén~ | 그는 이 때부터 문을 잠그고 면회를 사절했다. ❷ 손님에게 감사의 인사를 하다.

【谢礼】xièlǐ 名 사례. 감사의 선물 =〔谢仪yí〕
【谢幕】xiè/mù 動 커튼 콜(curtain call)에 답례하다. 앙코르에 답례하다. ¶演员一再出来~ | 배우들은 계속 나와서 앙코르에 답례했다.
【谢却】xièquè 動 사절하다. 거절하다. ¶~来访láifǎng | 내방을 사절하다.
【谢世】xièshì 書 動 죽다. 세상을 떠나다. ¶恩师ēnshī不幸~ | 은사님께서 불행히도 타계하시다 =〔去qù世〕
【谢天谢地】xiè tiān xiè dì 成 (하늘과 땅에 고마워 할 정도로) 고맙기 그지없다. 감지덕지하다. ¶~,我总算zǒngsuàn找到你了 | 하늘이 도와서 (너무 고맙게도) 너를 마침내 만나게 되었다.
【谢帖】xiètiě 名 옛날, 선물에 대한 답례의 감사 편지.
【谢孝】xiè/xiào 動 조문객에게 감사의 마음을 표시하다 [특히 탈상 후에 하는 인사]
1【谢谢】xiè·xie ❶ 套 감사합니다. 고맙습니다. ¶~,~! | 감사합니다. ❷ 動 사례의 말을 하다. 감사드리다. ¶~你帮我忙! | 도와주셔서 감사합니다.
【谢意】xièyì 名 사의. 감사의 뜻. ¶特致~! | 특별히 감사를 드립니다. ¶预yù致~ | 미리 사의를 표합니다.
【谢罪】xiè/zuì 動 사죄하다. ¶前去~ | 가서 사죄하다.

【榭】xiè 정자 사
名 (대(臺)위에 있는) 정자. ¶水~ | 물가에 지은 정자.

【解】xiè ☞ 解 jiě C

【廨】xiè 공해 해
書 名 고대, 관서〔관청〕. ¶~署shǔ =〔廨宇xièyǔ〕| 관서.

【懈】xiè 게으를 해
書 形 게으르다. 태만하다. 해이하다. ¶夙夜匪sùyèfěi~ | 아침 일찍부터 밤 늦게까지 게으르지 않다. ¶无~可击jī | 약점 잡을 만한 것이 없다. 빈틈이 없다.
【懈怠】xièdài 形 ❶ 게으르다. 태만하다. ¶这样~下去,什么事情shìqíng也做不成 | 이렇게 계속 게으름을 피우면 아무일도 해내지 못 할 것이다. ¶~鬼儿 | 게으름쟁이. ❷ 경솔하다. 점잖지 않다 ‖ =〔懈松sōng〕
【懈松】xièsōng ❶ 形 느슨하다. 야무지지 못하다. ¶人一时也不可~ | 사람은 일시도 느슨해져서는 안된다. ❷ ⇒〔懈怠dài〕

【獬】xiè 해태 해
⇒〔獬豸〕
【獬狗】xiè·bagǒu 名 ❶ 삽살개. ❷ 喻 주구. 아첨쟁이 ‖ =〔哈hǎ巴狗〕
【獬豸】xièzhì 名 해치. 해태 [사자와 비슷하나 머리 가운데 하나의 뿔이 있으며, 시비와 선악을 판단할 줄 안다는 상상의 동물] =〔荐〕
【獬荐】xièzhì ⇒〔獬豸〕

【邂】xiè 만날 해
書 動 해후하다. 우연히 만나다.
【邂逅】xiègòu ⇒〔邂逅〕
【邂后】xièhòu ⇒〔邂逅〕
【邂逅】xièhòu ⊗ xiègòu) 書 動 해후하다. 우연히 만나다. ¶昨天在路上跟老朋友~ | 어제 길에서 우연히 옛친구와 만났다 =〔邂逅gòu〕〔邂后〕〔解后〕

【蟹】xiè 게 해
名 〈動〉게. 방게. ¶螃páng~ | 게. ¶一~不如一~ | 成 점점 뒤떨어지다. 점점 나빠지다.
【蟹螯】xiè'áo ⇒〔蟹夹jiā(子)〕
【蟹粉】xièfěn 名 方 (요리에 쓰거나 소로 쓰이는) 게살. 혹은 게의 장. ¶~包 | 〈食〉게살(을 속에 넣은) 만두.
【蟹黄(儿)】xièhuáng(r) 名 해황. 게장. ¶~最鲜zuìxiān了 | 게장이 제일 신선하다.
【蟹夹(子)】xièjiā(·zi) 名 게의 집게발. ¶掰开gékāi~ | 게의 집게발을 꽉 잡아서 벌리다 =〔蟹螯áo〕〔蟹钳qián〕
【蟹獴】xièměng 名 〈動〉몽구스(mongoose)의 일종 [포유 동물로 물가에서 생활하며 수영도 할 줄 앎. 물고기, 게, 개구리 등을 잡아 먹음] =〔石shí獴〕〔食shí蟹獴〕〔猸méi子〕〔泥鳅猫níqiūmāo〕
【蟹青】xièqīng 名 〈色〉게딱지 같은 푸르스름한 회색. 회청색. ¶~色的上衣 | 회청색의 상의
【蟹爪】xièzhǎo 名 게의 발톱 모양의 화필(畵筆).

【亵(褻)】xiè 무람없을 설
書 ❶ 形 친압하다. 무람〔버릇〕없다. ¶狎xiá~ | 친압하다. ❷ 形 음란하다. ¶猥wěi~ | (언행이) 외설스럽다. ❸ 動 업신여기다. 경멸하다. ¶~渎dú↓ ❹ 名 속옷. ¶~衣↓
【亵渎】xièdú 書 動 ❶ 경멸하다. 모멸하다. 모욕하다. 모독하다. ¶~圣城shèngchéng | 성역을 모독하다. ❷ (남을) 번거롭게 하다. 버릇〔무람〕없이 굴다. ¶您要是不嫌xián我~, 我就不客气地麻烦máfán您了 | 저의 무람없음을 싫어하지 않으신다면, 염치 불구하고 폐를 좀 끼치겠습니다.
【亵慢】xièmàn 形 경솔하다. 엄숙하지 못하다. ¶他的态度tàidù十分~ | 그의 태도는 매우 경솔하다.
【亵衣】xièyī 名 속옷. 내의 →〔内nèi衣〕

【薤】xiè 염교 해
名 〈植〉염교 또는 염교의 인경(鱗莖) =〔火葱cōng〕〔荞qiáo葱〕

【瀣】xiè 이슬기운 해
⇒〔沆hàng瀣〕

【爕〈燮〉】xiè 화할 섭
❶ 書 動 어울리다. 조화하다. ❷ (Xiè) 名 성(姓).
【爕理】xièlǐ 書 動 섭리하다. 고르게 잘 다스리다. ¶~阴阳yīnyáng | 成 음양을 고루 잘 다스리다. 군주를 보좌하여 국사를 잘 처리하다.

【躞】xiè 걸을 섭
❶ ⇒〔蹀躞〕❷ 書 名 권축(卷軸)의 심(心).
【躞蹀】xièdié 書 動 ❶ 종종걸음으로 가다. ❷ 배회하다. 왔다갔다 하다 ‖ =〔蹀躞〕

xīn ㄒㄧㄣ

1【心】xīn 마음 심
❶ 名 〈生理〉심장. ❷ 名 마음. 지혜. 생

각. ¶开～ | 유쾌하다. ¶谈tán～ | 마음을 털어놓다. ❸名가슴 속. 위. ¶～闹nào | 속이 메스껍다. ❹기분. 감정. ¶散sàn～ | 기분 전환을 하다. ❺의지. 염원. ¶有～人 | 적극적인 의지를 가진 사람. ❻진심. 충심. ¶～服fú↓ ❼중심(부) ¶核hé～ | 핵심. ¶江～ | 강 복판. ❽(～儿, ～子) 名(물체의) 속〔심〕. ¶铅笔qiānbǐ～(儿) | 연필심. ❾名〈天〉심성(心星) [이십팔수(二十八宿)의 하나]

3【心爱】xīn'ài 動 진심으로 아끼다. 애지중지하다. 진심으로 사랑하다. ¶这是林先生～的东西 | 이것은 임선생이 가장 아끼는 물건이다. ¶～的人 | 진심으로 사랑하는 사람. ¶他丢掉diūdiào了～的小提琴xiǎotíqín | 그는 애지중지하는 바이올린을 버렸다.

【心安理得】xīn ān lǐ dé 成 도리를 벗어나지 않아 마음이 편안하다. 스스로 만족〔흡족〕해 하다. ¶因为我付出了劳动láodòng,所以这钱我拿得～ | 응당의 노동을 했기 때문에 이 돈은 받아도 마음이 편안하다.

【心包】xīnbāo 名〈生理〉심낭(心囊) ¶～炎yán | 심낭염.

【心病】xīnbìng 名 ❶화병. 울화병. ❷심병. 마음속의 걱정〔고민, 근심〕. ¶这事成了他的～ | 이 일은 그의 고민거리가 되었다→〔内疚jiù〕 ❸〈醫〉위통. 위경련 =〔心疼病〕 ❹⇒〔心绞jiǎo痛〕 ❺(신경과민에 의한) 의심증. 의심병 =〔疑yí心病〕 ❻(취미 등을 지나치게 즐기는) 벽(癖).

【心不在焉】xīn bù zài yān 成 주의를 돌리지 않다. 정신을 딴 데 팔다. ¶他有点儿～了 | 그는 정신을 딴 데 팔고 있다. ¶～,视而不见 | 마음에 두지 않고 보고도 못 본 것처럼 한다. ¶～地听着 | 건성으로 듣다 =〔心神不属〕

【心裁】xīncái 名 구상. 고안. 계획. ¶独出～ | 독창적인 고안을 해내다.

【心肠】xīncháng 名 ❶마음. 마음씨. 성격. ¶好～ | 호의(好意) ¶～好 | 마음씨가 좋다. ¶～坏huài | 심보가 고약하다. ❷方 기분. 흥미. 재미. ¶没有～去看景色jǐngsè | 경치를 볼 기분이 나지 않는다. ❸정. 인정. ¶十几年～不改 | 십여 년간 정이 변함없다. ❹고충. ¶有不得已的～ | 부득이한 고충이 있다.

【心潮】xīncháo 名 喩 마음의 일렁임. ¶～激荡jīdàng | 마음이 격렬히 약동하다.

【心驰神往】xīn chí shén wǎng 成 마음이 쏠리다. 마음이 끌리다. ¶我对济州岛Jìzhōudǎo～ | 나는 제주도에 마음이 끌린다.

【心传】xīnchuán ❶動〈佛〉이심전심으로 불법(佛法)을 전하다 [선종(禪宗)에서의 불립 문자(不立文字)를 가리킴] ❷名 대대로 전해지는 학설〔비결〕.

【心慈面软】xīn cí miàn ruǎn 成 마음이 인자하고 얼굴 표정이 부드럽다. ¶老李一向～ | 이씨는 늘 마음이 인자하고 표정이 부드럽다.

【心胆】xīndǎn 名 ❶심장과 쓸개. ❷喩 의지와 담력. ¶～坚强jiānqiáng | 의지와 담력이 강하다.

【心荡神驰】xīn dàng shén chí 成 마음이 동요되어 안정하지 못하다. 마음이 뒤숭숭하다 =〔心荡神移yí〕

【心到神知】xīn dào shén zhī 成 마음을 다하면 귀신도 안다. 마음이 지극하면 다른 사람에게도 통한다.

2【心得】xīndé 名 체득. 소감. 느낌 [체험하거나 깨달은 지식·기술·사상] ¶交～报告bàogào | 소감문 레포트를 제출하다. ¶学习xuéxí～ | 학습하고 느낀 점. ¶参观cānguān的～ | 참관한 소감.

【心底】xīndǐ 名 ❶마음속. ¶从～里表示欢迎huānyíng | 마음속으로부터(충심으로) 환영하다. ❷(～儿) 方 마음씨.

【心地】xīndì 名 ❶심지. 마음. 마음씨. 본성. 성질(性質) ¶～善良shànliáng | 마음씨가 착하다. ❷(천부적인) 재능. 자질. 총기. 천성. ¶没有天赋tiānfù的～, 也学不好 | 천부적인 재능이 없으면 배워내지 못한다. ❸두뇌. 생각. 사고. ¶～糊涂hútú | 생각이 흐리멍덩하다. ❹심정. 심경(心境) ¶～轻松qīngsōng | 심경이 가볍다.

【心电图】xīndiàntú 名〈醫〉심전도. ¶他昨儿去做了～了 | 그는 어제 심전도를 검사했다.

【心定自然凉】xīndìng zìrán liáng 諺 마음이 안정되면 자연히 시원해진다. 喩 어떤 어려움을 당해도 마음〔염두〕에 두지 않으면 홀가분하다. ¶不要急,～ | 너무 급하게 하지마라, 마음에 두지 않으면 홀가분해지는 법이니까.

【心动过速】xīndòng guòsù 名組〈醫〉심계 항진(心悸亢進) ¶阵发性zhènfāxìng～ | 발작성 심계 항진.

【心毒】xīn dú 마음이〔마음씨가〕 악독하다〔악랄하다〕. ¶～如蛇蝎shéxiē | 뱀이나 전갈같이 악독하다.

【心烦】xīnfán 形 ❶(마음이) 번거롭고 답답하다. ¶他今儿～,不知所从suǒcóng | 그는 오늘 마음이 괴로워 어찌할 바를 모른다. ❷귀찮다. 짜증나다. ¶天气热rè得叫人～ | 날씨가 너무 더워서 짜증나게 한다.

【心烦意乱】xīn fán yì luàn 成 마음이 번거롭고 정신이 산란하다. ¶老金最近～ | 김씨는 요즈음 마음이 번거롭고 정신이 산란하다.

【心房】xīnfáng 名 ❶〈生理〉심방. ❷가슴. 심장. ¶吓xià得～乱跳luàntiào | 놀라서 가슴이 두근두근하다.

【心扉】xīnfēi 名 마음의 문. ¶此话叩动kòudòng了他的～ | 이 말이 그의 마음을 움직이게 했다.

【心服】xīn/fú 動 마음으로 감복하다. 진심으로 감복하다. ¶～首肯shǒukěn | 진심으로 감복하여 수긍하다.

【心服口服】xīn fú kǒu fú 成 마음으로도 감복하고 말로서도 탄복하다. 진심〔충심〕으로 탄복하다 ¶对老张这个人,我倒dào～ | 장씨에 대해 나는 정말 감복하고 탄복한다 →〔口服②〕

【心浮】xīn/fú 形 마음이 들떠 있다. 침착하지 못하다. ¶那个人～不踏实tàshí,不能把这工作交给他 | 그 사람은 침착성도 없고 성실하지 못하므로 이 일을 그에게 맡겨서는 안된다. ¶～气躁zào | 成 마음이 들떠 안절부절 못하다. 침착성이

없고 조급하다.

【心腹】xīnfù 名❶심복. 믿을 수 있는 사람〔측근〕. ¶～部下 | 심복부하. ❷심장과 배. 喻요충. 요해. ¶～地带dìdài | 요충 지대. ❸마음속의 것. ❹진심. 성의. ¶一腔qiāng～ | 성심성의로 ‖＝〔腹心〕

【心腹之患】xīn fù zhī huàn 成내부에 숨어있는 화근〔우환〕. ¶他成了老金的～ | 그는 김씨의 마음속 걱정거리가 되었다.

【心甘情愿】xīn gān qíng yuàn 成기꺼이 바라다. 진심으로 원하다. ¶老高～这样做 | 고씨는 기꺼이 이렇게 한다＝〔甘心情愿〕

【心肝】xīngān 名❶심장과 간장. ❷양심. 정의감. ¶没一点儿～ | 양심이 조금도 없다. ❸기백. 패기. ¶这家伙huǒ真没～ | 이 녀석은 정말 패기가 없다. ❹(～儿) 친애하는 사람. 애지중지하는 사람. 사랑스러운 사람 [자녀에게 대해 주로 많이 쓰는 표현임] ¶我的～! | 내 사랑스런 아이!

【心肝(儿)肉】xīngān(r) 名(자신의 심장이나 간처럼) 가장 사랑〔친애〕하는 사람 [주로 어린 아이를 가리킴] ¶孩子是她的～宝贝 | 아이는 그녀가 애지중지하는 보배이다.

【心高气傲】xīn gāo qì ào 成자고자대하면서 태도가 오만하다. 교만하다. 자부심〔자존심〕이 강하다.

【心广体胖】xīn guǎng tǐ pán 成마음이 넓으면〔너그러우면〕 몸도 편안하다. 마음이 편하여〔근심걱정이 없어〕 몸이 나다＝〔心宽体胖〕

【心寒】xīn hán 狀❶실망하여 마음이 아프다. 낙심하다. ❷마음이 오싹하다. 소름끼치다.

【心狠手辣】xīn hěn shǒu là 成마음이 독하고 하는 짓이 악랄하다. 악독하고 잔인하다⇒〔心毒手辣〕

【心花怒放】xīn huā nù fàng 成마음의 꽃이 활짝 피다. 몹시〔대단히〕 기뻐하다. 기쁨이 넘치다. ¶他高兴gāoxìng得～ | 그는 대단히 기뻐했다.

【心怀】xīn huái ❶마음에 품다. ¶～不安 | 불안한 마음이 생기다. ¶～鬼胎guǐtāi | 成나쁜〔음험한〕 심보를 품다. ¶～不满 | 成불만을 품다. ❷(xīnhuái) 名심회. 심정. 품고 있는 생각.

【心慌】xīn huāng 形❶당황하다. ¶听了消息xiāoxī有些～了 | 소식을 듣고 조금 당황했다. ❷(xīnhuāng)⇒〔心悸jì②〕

【心慌意乱】xīn huāng yì luàn 成마음이 어지럽고 생각이 산란하다. 마음이 뒤숭숭하다. 당황하여 어쩔줄 모르다. ¶见了我,他有点儿～ | 나를 보자 그는 좀 당황했다.

【心灰意懒】xīn huī yì lǎn 成실망하다. 낙심하다. 의기소침하다 ¶失恋shīliàn了,小周恋得～了 | 실연한 후에 주군은 의기소침해졌다.＝〔心灰意冷〕〔意乱心灰〕

【心火】xīnhuǒ 名❶〈漢醫〉심화. ❷울화. 마음속의 노여움. ¶上了～ | 울화가 치밀다. ¶念得他～上攻gōng | 생각하니 그는 속에서 울화가 치밀어 올라왔다.

【心肌】xīnjī 名〈生理〉심근(心筋) ¶～炎yán | 심근염.

【心肌梗塞】xīnjī gěngsè 名〈醫〉심근 경색＝〔心肌梗死〕

【心迹】xīnjì 名속마음. 본심(本心) ¶表明～ | 속마음〔본심〕을 밝히다.

【心急】xīn jí 조급하다. 조마조마하다. 초조하다. ¶这事得děi慢慢来,不能着急zháojí,～ | 이 일은 천천히 해야지 조급해하거나 초조해하면 안된다. ¶～腿慢tuǐmàn | 成마음만 조급할 뿐 걸음은 더디다.

【心急火燎】xīn jí huǒ liǎo 成마음이 불타는 것처럼 초조하다. 매우 조급해하다＝〔心急如焚fén〕〔心急如火〕

【心计】xīnjì 名❶지모. ¶他是有个～的人 | 그는 지모가 있는 사람이다. ❷속셈. 꿍꿍이셈. 심산(心算) ‖＝〔心略lüè〕

【心悸】xīnjì ❶名심계. 심장의 고동. ❷名〈醫〉심계 항진(心悸亢進)＝〔方心慌huāng②〕 ❸書動두려워하다. 무서워하다. ¶令人～ | 사람을 무섭게 하다. 무섭다.

【心尖】xīnjiān 名❶〈生理〉심첨(心尖). 심장의 끝. ❷마음속. 심중. ❸(～儿, ～子) 方가장 사랑하는 사람 [주녀를 지칭할 때 주로 사용하는 표현임]＝〔心头肉〕〔命mìng根(儿, 子)③〕 →〔宝宝bǎobǎo〕

【心焦】xīnjiāo 形(원하는 일이 빨리 실현되지 않아) 애타다. 초조하다. 안달하다. ¶谁知我～? | 누가 나의 초조한 마음을 알까? ¶真叫人～啊! | 정말 사람 초조하게 하는군!

【心绞痛】xīnjiǎotòng 名〈漢醫〉협심증 ¶他竟得了～ | 그는 협심증에 걸렸다＝〔狭心症〕〔〈汉医〉心病④〕〔〈汉医〉心痛②〕〔〈汉医〉真心痛〕

【心劲(儿)】xīnjìn(r) 名❶생각. 마음. 의기. 의욕. ¶～越来越高 | 의욕이 가면 갈수록 강해진다. ❷사고력.

【心惊胆战】xīn jīng dǎn zhàn 成너무 두려워 전전긍긍하다. 무서워서 벌벌 떨다 ¶听到这个消息xiāoxī后,他～的 | 이 소식을 듣고 그는 전전긍긍했다＝〔心慌huāng胆战〕〔胆战心惊jīng〕

【心惊肉跳】xīn jīng ròu tiào 成혼비백산하다. 몹시 놀라고 겁에 질려 떨다＝〔心掠lüè肉颤zhàn〕〔心飞fēi肉跳tiào〕

【心境】xīnjìng 名심경. 기분. ¶～不大好 | 기분이 별로 좋지 않다.

【心静】xīnjìng 形마음이 평온하다. ¶住在乡村xiāngcūn倒dào很～ | 시골에 사니 마음이 평온하다.

【心坎(儿)】xīnkǎn(r) ❶⇒〔心口①〕 ❷名마음속. 가슴속. ¶这些话句句都打了我的～ | 이런 말 구구절절이 내 마음을 때렸다. ¶碰pán在～上 | 마침 바라던 대로이다. ❸名애지중지하는 것〔사람〕. ¶姐妹两个都是他～上的人 | 두 자매는 그가 애지중지하는 딸이다.

【心口】xīnkǒu 名❶〈生理〉명치 ¶～发闷fāmèn | 명치가 답답하다＝〔心坎kǎn(儿)①〕〔肋lèi尖窝子〕〔胸口〕 ❷마음과 말.

【心口如一】xīn kǒu rú yī 成생각하는 것과 말하는 것이 같다. 생각한대로 말하다. ¶他向来～ | 그는 생각하는 것과 말하는 것이 일치한다.

【心宽】xīnkuān 形❶마음이 태평스럽다. 낙천적

이다. ❷마음이 너그럽다. ¶～量大｜마음이 너그럽고 도량이 크다.

【心宽体胖】xīn kuān tǐ pán ⇒〔心广guǎng体胖〕

【心旷神怡】xīn kuàng shén yí 成 마음이 트이고 기분이 유쾌하다. 마음이 후련하다. ¶这景色jǐngsè令人～｜이 풍경〔경치〕은 마음을 후련하게 한다.

【心劳日拙】xīn láo rì zhuō 成 아무리 애를 써도 일이 잘 안 된다. 애를 쓸수록 사태가 더 나빠지다.

3【心理】xīnlǐ 名 ❶〈心〉심리. ¶～是脑的机能jīnéng｜심리는 뇌의 기능이다. ❷심리(상태) ¶她很懂dǒng得孩子们的～｜그녀는 아이들의 심리를 잘 알고 있다. ¶心理学家专门研究人的～｜심리학자들은 사람의 심리를 전문적으로 연구한다. ¶矛盾máodùn的～｜모순적인 심리. ¶～语言学｜심리언어학

【心理学】xīnlǐxué 名〈心〉심리학. ¶～家｜심리학자.

【心力】xīnlì 名 ❶심력. 기력(氣力). 정신력과 체력. ¶我用尽jìn我的～照顾zhàogù他｜나는 심혈을 기울려 그를 돌본다. ❷사고력. 정신력. ❸〈生理〉심장 기능.

【心力交瘁】xīn lì jiāo cuì 成 심신이 몹시 피로하다. 지칠대로 지치다. 기진맥진하다. ¶这工作使他～｜이 일은 그를 기진맥진하게 한다.

【心力衰竭】xīnlì shuāijié 名〈醫〉심장 쇠약. 심부전.

4【心里】xīn·li 名 ❶마음속. 심중. ¶～不舒服shū·fu｜마음이 편하지 못하다. ¶～难过nánguò｜마음속으로 괴로와하다. ¶记在～｜마음속에 새기다 ¶她讲出了～话｜그녀는 마음속에 있는 말을 했다 =〔心下〕〔心内〕〔心头〕 ❷가슴(속) ¶～发疼fāténg｜가슴이 아프다. ¶～乱跳tiào｜가슴이 두근거리다〔마구 뛰다〕.

【心里打鼓】xīn·li dǎgǔ 俗 喩 가슴이 두근거리다. 걱정하다. ¶他害怕hàipà得～｜그는 겁이 나서 가슴이 두근거린다.

【心里话】xīn·lihuà 名 마음속의 말. 진담. ¶跟你说几句～吧｜너에게 긴히 할 말이 있다.

【心连心】xīn lián xīn 마음과 마음이 서로 이어지다. 서로 마음이 통하다. ¶战士和人民～｜전사와 백성들이 마음이 서로 통하다.

4【心灵】xīnlíng ❶名 마음. 정신. 심령. 영혼. ¶～上的创伤chuàngshāng｜정신적인 상처. ¶善良shànliáng的～｜착한 심령. ❷名 예지. 슬기. ❸(xīn líng) 영리〔명석〕하다. ¶～嘴巧zuǐqiǎo｜成 영리한 데다가 말을 잘하다.

【心灵手巧】xīn líng shǒu qiǎo 成 영리하고 손재주가 좋다. 총명하고 솜씨 있다. ¶这里的纺织女工,个个～｜여기에 있는 방직여공은 모두 영리하고 손재주가 좋다.

【心领】xīnlǐng 動 ❶마음 속으로 깨닫다〔이해하다〕. ❷套 고맙습니다. 그 호의(好意)를 감사히 받겠습니다〔선물·초대 등을 사양할 때 쓰는 말〕 ¶您这一份盛情shèngqíng我～就是了｜당신의 이 호의만은 감사히 받도록 하겠습니다.

【心领神会】xīn lǐng shén huì 成 마음속으로 깨닫고 이해하다〔알아 듣다〕 ¶一听那句话,我马上～｜나는 그 말을 듣자마자 곧 마음속으로 깨달음이 왔다 =〔心领意会〕

【心路(儿)】xīnlù(r) 名 ❶기지(機智). 재치. 심경. ¶～历程lìchéng｜심경의 변화과정. ¶我再活十年也没你这个～｜내가 10년을 더 살아도 너 같은 재치는 없을 것이다. ❷도량(度量). ❸속셈. 저의.

【心率】xīnlǜ 名〈生理〉심장 박동수. ¶～正常zhèngcháng｜심장 박동수가 정상이다.

【心满意足】xīn mǎn yì zú 成 아주 만족하다. 매우 만족해〔흡족해〕하다. ¶她～地微笑wēixiào了｜그녀는 아주 흡족해하며 미소를 지웠다 =〔意满心足〕

【心明眼亮】xīn míng yǎn liàng 成 마음이 트이고 눈앞이 환하다. 경우가 밝다. 통찰력이 있다 =〔眼明心亮〕

4【心目】xīnmù 名 ❶심중(心中). 마음속. ¶在我的～中只有你｜나의 마음속에는 너 밖에 없다. ❷기억. 인상. ¶犹yóu在～｜여전히 기억에 남아있다. ❸생각. 견지. ¶在他的～中只有人民的利益lìyì｜그의 생각은 오로지 국민들의 이익에만 있다. 그는 오로지 국민들의 이익만 생각한다.

【心皮】xīnpí 名〈植〉심피.

【心平气和】xīn píng qì hé 成 ❶마음이 평온하고 태도가 온화하다. ❷마음이 가라앉다〔진정되다〕. ¶有话请～地说｜할 말이 있으면 진정하고 얘기하시오.

【心魄】xīnpò 名 마음. 넋 =〔心魂hún〕

【心齐】xīn qí 마음이 고요하다. 마음이 평정되다.

【心气】xīnqì 名 ❶〈漢醫〉심장의 기(氣) ¶～不足｜심장의 기가 부족하다. ❷(～儿) 마음씨. 심보. ❸(～儿) 심기. 생각. 기분. 심정. ¶没有那份fèn儿～玩儿｜놀 기분이 아니다. ❹(～儿) 기개. 패기. ¶有～的好汉hǎohàn｜패기있는 사나이. ❺(～儿) 도량. ¶他的～窄zhǎi, 说不通｜그는 도량이 좁아서 말이 통하지 않는다.

【心窍】xīnqiào 書 名 심안(心眼). 이해력. 사고력. 인식과 사유(思惟)의 능력. ¶人长大zhǎngdà了,～也开了｜사람이 성장하면 심안도 트인다 →〔心眼yǎn儿③〕

【心切】xīn qiè 形 마음이 간절하다. 마음이 절실〔절박〕하다. ¶他思妻sīqī～｜그는 아내에 대한 생각이 간절하다.

2【心情】xīnqíng 名 심정. 기분. 마음. ¶～不好｜기분이 좋지 못하다. ¶愉快yúkuài的～｜유쾌한 기분. ¶～舒畅shūchàng｜成 기분이 좋다. 마음이 후련하다〔상쾌하다〕. ¶试探shìtàn一下～｜마음을 한 번 떠보다 =〔胸xiōng情〕

【心曲】xīnqǔ 名 ❶마음(속). 내심(內心) ¶乱我luànwǒ～｜내 마음을 어지럽히다 =〔内心①〕 ❷심사(心事). 걱정거리. ¶几个人凑còu在一起,洽qià谈～｜몇 사람이 함께 심사를 나누다. ¶倾诉qīngsù～｜걱정거리를 늘어놓다.

【心如刀割】xīn rú dāo gē 成 칼로 에이는 듯 마음〔가슴〕이 아프다. ¶听见恶耗èhào, 真是～｜비보를 들으니 정말 칼로 에이는 듯 마음이 아프다 =〔心如刀绞jiǎo〕

【心软】xīn ruǎn 形 마음이 여리다〔약하다〕. 동정심이 많다. ¶她这个人～ | 그 여자는 마음이 여리다. ¶口硬kǒuyìng～ | 成 입은 드세도 마음은 여리다 →〔脸liǎn软〕

【心善】xīn shàn 形 마음이 착하다. 어질다. ¶他很～ | 그는 마음이 착하다.

【心上】xīnshàng 名 마음(속) ¶放在～ =〔搁gē在心上〕| 염두에 두다. ¶～长草zhǎngcǎo似的 | 마음에 풀이 자라듯 하다. 喩 기분이 울적하다.

【心上人】xīn·shàngrén 名 마음에 둔 사람. 사랑하는 사람. ¶他早已有了～ | 그는 이미 사랑하는 사람이 있다 =〔心中人〕

【心神】xīnshén 名 ❶ 마음. 정신 ❷ 정신 상태. 마음 상태. ¶～不安 | 마음이 불안하다.

【心声】xīnshēng 名 마음에서 우러나오는 소리. 진심. 속말. ¶言为～ | 말은 마음의 소리이다. ¶听听他的～ | 그의 진심을 듣다. ¶引起～的共鸣gòngmíng | 마음의 공감을 불러 일으키다.

【心盛】xīn shèng 動 (하고 싶은) 마음이 넘치다. 마음이 간절하다. 열망이 강하다. ¶抱孙子～ | 손자를 안고 싶은 열망이 간절하다. ¶求学～ | 학문을 탐구하고 싶은 마음이 간절하다.

3【心事】xīn·shi 名 ❶ 걱정(거리). 시름. ¶有什么～? | 무슨 시름이 있느냐? ¶～重重 | 걱정거리가 쌓여 있다. ❷ 마음속으로 바라는 일. 염원.

【心室】xīnshì 名〈生理〉심실.

【心术】xīnshù 名 ❶ 심술. 심보. ¶～不良 | 심보가 나쁘다. ❷ 심계(心計). 계략. 지모(智謀).

【心数】xīnshù 名 분별. 생각. ¶你看这孩子多有～! | 이 애를 보세요 얼마나 분별력이 있습니까! ¶你这么一说我就有～了 | 네가 이렇게 말한다면 나도 생각이 있습니다.

【心说】xīnshuō 動 (마음)속으로 말하다〔생각하다〕 ¶我～这怎么成呢? | 이것이 어떻게 가능한가? =〔心里说〕〔心想〕

3【心思】xīn·si ❶ 名 생각. ¶坏huài～ | 나쁜 생각. ¶我猜cāi不透tòu他的～ | 나는 그의 생각을 알 수 없다. ❷ 名 (하고 싶은) 마음〔심정〕. 기분. ¶我没～去看电影diànyǐng | 나는 영화를 보러 갈 마음이 없다. ¶没～干活gànhuó儿 | 일할 기분이 아니다. ❸ 名 머리. 지력. 애. ¶～灵巧língqiǎo | 머리가 잘 돌아가다. ¶白费báifèi～ | 공연히 애를 쓰다. ¶用～去想一想 | 머리를 써서 생각 좀 해봐라. ❹ 動 (…하려고) 생각하다. (…할) 작정이다. ¶我～多干点活 | 나는 일을 더 할 작정이다.

【心死】xīnsǐ 動 ❶ 절망하다. 단념하다. ¶他还不～ | 그는 여전히 단념하지 않고 있다. ❷ 양심이 없다. 양심을 없애다.

【心酸】xīnsuān 形 슬프다. 비통하다. ¶我很～ | 나는 아주 슬프다.

【心算】xīnsuàn ❶ 名 암산. ¶～比笔算快 | 암산은 연필로 계산하는 것보다 빠르다. ¶用～回答 | 암산으로 대답하다. ❷ 動 암산하다 =〔眼yǎn算〕

【心髓】xīnsuǐ 名 마음속. 마음 깊은 곳.

【心态】xīntài 名 심리상태. ¶这是目前大多数青年人的～ | 이것이 요즈음 대다수 청년들의 심리상태이다. ¶香港Xiānggǎng人的～ | 홍콩사람들의 심리상태

4【心疼】xīnténg 動 ❶ 몹시〔끔찍히〕 아끼다〔사랑하다〕. ¶～儿子 | 아이를 끔찍히 사랑하다. ❷ 애석해하다. 아까워하다. ¶～钱, 舍不得花 | 돈이 아까워서 차마 쓰지 못하다.

【心田】xīntián 名 내심. 마음씨. 마음 씀씀이. ¶别看人粗鲁cūlǔ, ～不错! | 사람은 우악스럽게만 보지마라, 마음 씀씀이는 괜찮으니까!

【心跳】xīntiào ❶ 動 가슴이 뛰다〔두근거리다〕. ¶我有些～, 怕pà是病了 | 나는 가슴이 약간 두근거리는데, 아마 병인 것 같다. ❷ 名 심장의 고동.

【心痛】xīntòng ❶ 形 가슴〔속〕이 아프다. 아쉽다. ¶输shū了一点儿也不～ | 조금 잃어도 아쉽지 않다. ❷ ⇒〔心绞jiǎo痛〕

4【心头】xīntóu 名 마음(속) ¶记在～ | 마음에 새기다 =〔心里①〕〔心上〕

【心土】xīntǔ 名〈農〉심토. 표토(表土) 아래의 토양. ¶～层céng | 심토층

【心窝(儿, 子)】xīnwō(r·zi) 名 口 ❶ 심장이 있는 부분. ¶后hòu～ | 등에서 심장의 위치에 해당하는 곳 →〔心口①〕 ❷ 마음〔가슴〕속. ¶他的话句句都说进了大家的～里 | 그의 말 한마디 한마디가 모두의 가슴속을 파고 들었다.

【心无二用】xīn wú èr yòng 成 마음을 두가지 일에 쓰지 않다. 한 가지 일에 전념〔몰두〕하다. ¶～,只有一心一意才能学好数学shùxué | 한 가지 일에 몰두하여 한 마음 한 뜻으로 해야만 수학을 잘 배울 수 있다.

【心细】xīn xì 動 세심하다. 꼼꼼하다. ¶～胆小dǎnxiǎo | 세심하지만 담이 작다. ¶～如发fà | 成 매우 꼼꼼하다. ¶胆dǎn大～ | 成 대담하고도 세심하다.

【心弦】xīnxián 名 심금(心琴). 어떤 자극에 울리는 미묘한 마음결. ¶动人～ | 사람의 심금을 울리다.

【心心念念】xīn xīn niàn niàn 成 한결같이 생각하다〔그리워하다, 걱정하다〕. 일념으로 바라다. ¶他～地想当个飞行员fēixíngyuán | 그는 오로지 비행사가 되고 싶어한다.

【心心相印】xīn xīn xiāng yìn 成 마음이 서로 통하다. 서로 잘 이해하다. ¶他俩liǎ～ | 그들 둘은 서로 마음이 잘 통한다.

【心性】xīnxìng 名 ❶ 심성. 마음씨. 성정(性情) ¶不知他的～如何rúhé | 그의 마음씨가 어떤지 모르겠다. ❷〈佛〉변하지 않는 참된 마음.

【心胸】xīnxiōng 名 ❶ 도량. ¶他有～,有勇气yǒngqì | 그는 도량도 있고 용기도 있다. ¶～开阔kāikuò | 成 도량〔마음〕이 넓다. ¶～狭窄xiázhǎi | 成 도량〔마음〕이 좁다. ❷ 포부. 뜻. 의기. ❸ 마음. 가슴. ¶这诗句激动jīdòng了我的～ | 이 시구는 나의 마음을 흔들어 놓았다.

【心秀】xīnxiù 形 (보기와는 달리) 영리하고 생각〔속셈〕이 있다〔지혜롭다〕. ¶别看他不出声儿,可是～ | 그가 아무 말 없다고 생각하지마라,그는 보기와는 달리 다 속셈이 있다. ¶她一向～ | 그녀는 늘 지혜롭다.

【心虚】xīn xū ❶(잘못을 저질러) 뒤가 켕기다. 제 발 저리다. ¶越想越～ | 생각하면 생각할수록 뒤가 켕긴다. ¶做贼～ | 成 도둑이 제 발 저리다. ❷자신(自信)이 없다. ❸겸손하다. 겸허하다. ¶为人wéirén～ | 사람됨이 겸허하다. ❹마음이 공허하다. ❺(xīnxū) 名〈漢醫〉심허. 신경쇠약.

【心绪】xīnxù 名 마음. 기분. ¶她没有～给我们做饭 | 그녀는 우리에게 밥을 해줄 기분이 아니다. ¶没有～作事 | 일할 기분이 나지 않는다. ¶～缭乱liáoluàn | 成 마음이 산란하다. 마음의 갈피를 잡지 못하다. ¶～乱如麻rúmá | 마음이 몹시 산란하다 ＝〔心情〕〔情怀〕〔意绪〕

4【心血】xīnxuè 名 심혈. 지력과 정력. ¶他花了很多～ | 그는 많은 심혈을 기울였다. ¶白费～ | 헛수고하다. ¶费尽fèijìn～ | 심혈을 다 쏟다.

【心血来潮】xīn xuè lái cháo 成 어떤 생각이 갑자기 떠오르다. 문득 생각이 나다. ¶他又～地学起西班牙语Xībānyáyǔ来了 | 그는 또 어떤 생각이 떠올랐는지 스페인어를 배우기 시작했다.

4【心眼儿】xīnyǎnr 名 ❶내심. 마음속. ¶从～里讨厌tǎoyàn他 | 마음속으로 그를 싫어하다. ❷심지. 마음씨. 마음. 생각. 기분. ¶～不正 | 마음이 바르지 못하다. ¶～直 | 심지가 곧다. ¶～发死 ＝〔死心眼儿〕| 고지식하다. ¶留liú～ | 의심하다. ¶存～ | (사람과) 거리를 두다. ❸판단력. 사고. 기지(機智). 총기. 눈치. ¶～尖jiān | 판단력이 예리하다. ¶～快kuài | 머리 회전이 빠르다. ¶～高 | 판단력이 뛰어나다. ¶～活 | 머리가 잘 돌아간다. ¶～不通 | 우둔하다. ¶长点～ | 재치가 좀 늘었다 ＝〔心眼子〕〔心孔〕 ❹도량(度量) ¶～小 ＝〔心眼儿窄〕| 도량이 좁다. ¶他～窄zhǎi, 受不了委屈wěiqū | 그는 도량이 좁아서 억울함을 참지 못한다 ＝〔心眼子〕 ❺(남에 대한 불필요한) 배려〔염려〕. 소심성. 의심. ¶他人倒不错, 就是～多! | 그는 사람은 좋은데, 쓸데없는 걱정이 많아!

【心仪】xīnyí 書 動 마음속으로 흠모〔경모〕하다. ¶～已久 | 마음속으로 흠모한 지 이미 오래 되었습니다.

3【心意】xīnyì 名 ❶생각. 의사(意思). 의향. ¶用手势shǒushì和其他方法来来表达～ | 손짓이나 기타방법으로 의사를 표시하다. ❷마음. 성의.

【心音】xīnyīn 名〈生理〉심음. 심장이 뛰는 소리. ¶～图tú | 심음도.

【心硬】xīn yìng 마음이 모질다. 몰인정하다. 냉정하다. ¶他太～了 | 그는 너무 냉정하다.

【心有灵犀一点通】xīn yǒu líng xī yī diǎn tōng 成 서로 마음이 통하다. 서로의 마음을 속으로 이해하다.

【心有余而力不足】xīn yǒu yú ér lì bù zú 成 마음은 있지만 힘이 모자라다. 마음 뿐이다 ¶做这事我是～啊 | 이 일은 마음은 해내고 싶지만 능력이 없어 해낼 수가 없다 ＝〔心有余力不足〕〔心余力绌chù〕

【心有余悸】xīn yǒu yú jì 成 위험했던 일은 지나갔지만 여전히 두려움〔무서움〕이 남아 있다. 가슴이 아직도 두근거리다.

【心余力绌】xīn yú lì chù ⇒〔心有余而力不足〕

4【心愿】xīnyuàn 名 염원(念願). 소원 ¶你说说你的～吧 | 당신의 소원을 얘기해 보세요 ＝〔愿心②〕

【心悦诚服】xīn yuè chéng fú 成 진심으로 기쁘게 탄복〔감복〕하다. ¶～地信服xìnfú这个领袖lǐngxiù | 진심으로 이 지도자를 믿고 따르다.

2【心脏】xīnzàng 名 ❶〈生理〉심장. ¶～病 | 심장병 ¶～瓣膜炎bànmóyán | 심장 판막증. ¶～起搏器qǐbóqì | 심장 페이스 메이커. ❷喻 중심부. 심장부. ¶汉城Hànchéng是韩国Hánguó的～ | 서울은 한국의 심장부다. ¶～地带dìdài | 중심지역.

【心窄】xīn zhǎi 動 ❶마음이 좁다〔옹졸하다〕. ¶～见短jiànduǎn | 마음이 옹졸하고 식견이 짧다. ❷비관하다. ¶一时～, 自寻xún短见 | 순간적으로 비관하여 자살하다.

【心照】xīnzhào 動 마음속으로 알다〔이해하다〕. ¶彼此～ | 서로 통하다. ¶～神交 | 成 마음이 잘 맞고 허물없는사이〔친분〕. ¶～不宣xuān | 成 속으로 이해하고 있어 말할 필요가 없다 ＝〔心里分lǐfēn〕

【心之官则思】xīn zhī guān zé sī 成 마음〔머리〕의 기능은 생각하는 것이다. 사람은 머리를 써서 잘 생각해야 한다. (《孟子·告子上》에 나옴)

【心知其意】xīn zhī qí yì 成 마음으로 그 뜻을 알다. 마음속으로 터득〔파악〕하다. ¶我～, 你说不出来 | 내가 네 속마음을 다 알고 있는데 그래도 말 안할거냐

【心直口快】xīn zhí kǒu kuài 成 마음 먹은 것을 바로 입밖에 내어 말하다. 성격이 시원스럽고 솔직하여 입바른 소리를 잘하다. ¶您可别怪我～ | 당신은 내가 입바른 소리를 잘 한다고 탓하지 마십시오 →〔有口无心〕

【心志】xīnzhì 名 심지. 의지(意志). 뜻. ¶～坚强jiānqiáng | 심지가 굳다. 의지가 강하다.

4【心中】xīnzhōng 名 심중. 마음속. ¶～忐忑tǎntè | 마음이 불안하여 안절부절 못하다. ¶～有鬼guǐ | 심중에 꿍꿍이가 있다.

【心中无数】xīn zhōng wú shù ⇒〔胸xiōng中无数〕

【心中有数】xīn zhōng yǒu shù 成 속으로 타산이 있다. 승산(勝算)이 있다. 자신이 있다. 자신만만하다. 속셈이 있다. ¶这事的难度nándù我～ | 이런 일 정도의 어려움은 해낼 자신이 있다 ＝〔胸xiōng中有数〕〔心里有数〕

【心子】xīn·zi 名 ❶(물체의) 중심. 심. ❷方 식용으로 하는 동물의 심장 →〔下xià水 b〕 ❸요리 등의 속. ❸생각. 마음.

【心醉】xīnzuì 動 반하다. 도취되다. 심취하다. ¶～于中国习俗Zhōngguóxísú | 중국풍습에 심취하다.

【芯】xīn xìn 골풀 심

A xīn ❶名〈植〉골풀〔등심초〕(의 속). ❷⇒〔灯dēng芯〕

B xìn ❶⇒〔芯子〕❷기계의 중심부. ¶电动机diàndòngjī中的铁tiě～叠片diépiàn | 전동기의 고정자철심. ❸(～儿) 名 물건의 중심(부분) ¶球

qiú～儿 | 구체(球體)의 중심. ❸ 촛불 등의 심지 ‖＝〔信⑫〕

【芯子】xìn·zi 名 ❶ 俗 뱀의 혀 →〔舌shé①〕 ❷ (요리 재료로 쓰는) 소·양의 혀 →〔上shàng水 ⓑ〕〔下xià水 ⓑ〕 ❸ (양초·폭죽 등의) 심지 ‖＝〔芯xìn①〕〔信子〕

【忻】xīn 기뻐할 흔
❶「欣」과 같음⇒〔欣xīn〕 ❷ (Xīn) 名 성(姓).

【昕】xīn 새벽 흔
書 名 새벽. 동틀 무렵. ¶～夕 | 조석. 아침과 저녁.

3【欣〈訢〉】xīn 기뻐할 흔
形 즐겁다. 기쁘다. ¶～逢佳节féngjiājié | 명절을 즐겁게 맞다. ¶欢huān～鼓舞gǔwǔ | 成 몹시 기뻐하다＝〔忻①〕

【欣逢】xīnféng 動 즐겁게〔기쁘게〕 맞다. ¶～盛会shènghuì | 성대한 모임을 즐겁게 맞다. ¶～节日jiérì | 명절을 즐거이 맞다.

【欣然】xīnrán 書 副 기꺼이. 흔쾌히. ¶～前往 | 기꺼이 가다. ¶～允诺yǔnnuò | 흔연히 승낙하다. ¶～接受jiēshòu | 흔쾌히 받아들이다. ¶他～同意了 | 그는 기꺼이 동의했다.

3【欣赏】xīnshǎng 動 ❶ 감상하다. ¶音乐yīnyuè～会 | 음악감상회 ¶～月亮yuèliàng | 달을 보고 즐기다. ¶他站在窗chuāng前,～雪景xuějǐng | 그는 창문 앞에 서서 설경을 감상하고 있다. ❷ 좋다고 여기다. 좋아하다. ¶老师很～他 | 선생님은 그를 아주 좋아하신다. ¶～这个园林yuánlín的独特风格dútèfēnggé | 이 조경림의 독특한 양식을 아주 좋다고 여기다.

【欣慰】xīnwèi 形 기뻐하고 위안을 느끼다. 기쁘고 안심되다. ¶甚shèn为～ | 아주 큰 기쁨과 위로가 되다. ¶对你的成长内心感到gǎndào十分～ | 너의 성장에 대해 내심 기쁜 마음과 위안을 느낀다＝〔喜xǐ慰〕

【欣喜】xīnxǐ 動 기뻐하다. 즐거워하다. ¶莫不～ | 아주 기쁘다. ¶～若狂ruòkuáng | 成 기뻐 날뛰다. 기뻐 어쩔 줄 모르다.

【欣羡】xīnxiàn 書 動 부러워하다. ¶他的顺利处境chǔjìng,真使人～ | 그의 순조로운 상황이 정말 부럽다.

【欣欣】xīnxīn 貺 ❶ 기뻐하다. ¶～然有喜色xǐsè | 싱글벙글하다. 희색이 만연하다. ❷ (초목이) 무성하다. 轉 활기찬 모양. 왕성한 모양. ❸ 득의(得意)하다. ¶～得意 | 의기양양해하다.

4【欣欣向荣】xīn xīn xiàng róng 成 초목이 무성하다. 무럭무럭 자라다. 활기차다. ¶城市建设～ | 도시건설이 활기차다. ¶我们的事业～地向前发展 | 우리들의 사업은 활기차게 발전해 나갔다.

【欣幸】xīnxìng 書 形 札 기쁘고 다행스럽다. ¶甚shèn为～ | 매우 기쁘고 다행스럽습니다. ¶感到非常fēicháng～ | 매우 기쁘게 생각하다.

1【新】xīn 새 신
❶ 形 새롭다. ¶这本书是很～的 | 이 책은 아주 새것이다. ¶～办法bànfǎ | 새로운 방법. ¶～品种pǐnzhǒng | 새 품종 ⇔〔旧〕〔老①③〕 ❷ 形 (아직) 사용하지 않은. ¶～房子fángzǐ | 새 집. ¶～锄头chútou | 새 호미 ⇔〔旧〕 ❸ 새로운 것. 새로운 형식. 새로운 사람. ¶推陈tuīchén出～ | 成 낡은 것을 버리고 새 것을 창조하다. ¶迎yíng～送旧sòngjiù | 새해를 맞고 묵은 해를 보내다. ❹ 動 轉 새롭게 하다. 일신하다. ¶革gé～ | 혁신하다. ¶改过自gǎiguòzì～ | 잘못을 고쳐 심기일전(心機一轉)하다. ¶面目一miànmùyī～ | 면모가 일신되다. ❺ 신혼(의) ¶～郎láng | 신랑. ¶～房fáng | 신방. ❻ 副 새로(이). 갓. 방금. 최근에. ¶～出来的书 | 새로 나온 책. ¶我是～来的 | 내가 새로 온 사람이다. ¶～下的果子 | 갓 딴 과일. ❼ (Xīn) 名 簡 〈地〉「新疆维吾尔Xīnjiāngwéiwúěr自治区」(신강 위구르 자치구)의 약칭 ＝〔疆jiāng④〕 ❽ (Xīn) 名 〈史〉 신 [왕망(王莽mǎng)이 전한(前漢)을 쓰러뜨리고 세운 나라이름] ❾ (Xīn) 名 성(姓).

【新编】xīnbiān ❶ 名 신편. ¶～汉语辞典hànyǔcídiǎn | 신편한어사전 ¶～成语辞典chéngyǔcídiǎn | 신편 성어 사전. ❷ 動 새로 편집하다. ❷ 신인. 신참.

4【新陈代谢】xīnchén dàixiè ❶ 名組 〈生理〉 신진대사. 대사(大謝) ¶植物zhíwù都有～的功能gōngnéng | 모든 식물에는 신진대사 기능이 있다 ＝〔簡 代谢〕 ❷ (xīn chén dài xiè) 成 신진 대사. 낡은 것 대신 새 것이 생겨나다.

【新出土儿】xīnchūtǔr 圖 ❶ 갓 캐낸. ¶～的花生 | 햇땅콩. ❷ 새로 발굴한. ¶～的文物wénwù | 새로 출토된 문물 →〔出土〕

【新创】xīnchuàng 動 새로 만들다〔발명하다〕. 창조하다. 독창(獨創)하다. (기록을)새로 세우다. ¶～纪录jìlù | 기록을 새로 세우다. ¶～科学理论kēxuélǐlùn | 과학이론을 발명하다. ¶～的设计shèjì | 독창적인 설계.

【新春】xīnchūn 名 ❶ 신춘. 새봄 [음력으로 정월 초하루부터 10일까지 혹은 20일까지] ¶～大如年 | 일년 내내 좋은 날 되소서. ❷ 신년(新年) 새해. ¶一声爆竹bàozhú迎～ | 폭죽 소리로 새해을 맞이하다.

【新村】xīncūn 名 새로운 주택 (단)지. ¶工人～ | 노동자 신흥 주택단지.

【新大陆】Xīn Dàlù 名 〈地〉 신대륙. 미주(美洲)의 다른 이름. ¶哥伦布Gēlúnbù发现fāxiàn了～ | 콜롬부스가 신대륙을 발견했다＝〔西xī大陆〕

【新到】xīndào 動 새로〔갓〕 도착하다. ¶～的货huò | 새로 도착한 물품.

【新德里】Xīndélǐ 名 外 〈地〉 뉴델리(New Delhi) [「印度Yìndù」(인디아;India)의 수도]

4【新房】xīnfáng ❶ 名 신방＝〔新人房〕 ❷ 名 새집. ¶盖gài～ | 새집을 짓다.

【新妇】xīnfù ⇒〔新娘niáng(子)〕

【新故相除】xīn gù xiāng chú 成 새것이 낡은 것을 대신하다 →〔新陈代谢〕

【新官上任三把火】xīnguān shàngrèn sān bǎhuǒ 諺 새로 부임한 관리는 세 개의 횃불과 같다. 갓 부임한 관리는 처음에는 (세개의 횃불처럼) 의욕적으로〔기운차게〕 일을 하지만 곧 의욕을 상

실한다. ¶～,我上任后要推出几项改革措施gǎigécuòshī | 새로 부임한 관리는 세 개의 횃불과 같다고 했듯이 나는 취임후에 몇가지 개혁조치를 추진하겠다.

【新贵】xīnguì 名❶신임 관리 =〔新官guān〕 ❷書새로운 벗. ¶旧谊jiùyì～ | 옛 벗과 새로운 벗.

【新赫布里底(群岛)】Xīn Hèbùlǐdǐ (Qúndǎo) 名外〈地〉뉴 헤브리디즈 제도(New Hebrides 諸島) [남태평양 솔로몬 군도의 동남방에 위치한 80여 개의 섬으로 이루어진 제도]

【新华社】Xīnhuáshè 名〈新放〉신화사 [1938년 연안(延安)에서 창립된 중국 최대의 국영 통신사] =〔新华通迅社〕

【新欢】xīnhuān 名새 애인(愛人). 새 정부(情婦, 情夫) ¶老金又另lìng有～了 | 김씨는 또 새 애인이 생겼다.

【新婚】xīnhūn 名形신혼(의). 갓 결혼(한) ¶～夫妇fūfù | 신혼부부. ¶～宴尔yàněr | 成신혼생활의 즐거움 =〔新昏〕

【新货】xīnhuò 名❶신제품. 신상품. 새상품. ¶今天到了一批～ | 오늘 신상품이 도착했다. ❷새로 도착한 상품.

【新几内亚岛】Xīn Jīnèiyà Dǎo 名外〈地〉뉴기니(New Guinea) [호주 북쪽에 있는 세계 두번째 큰 섬. 파푸아(Papua)라고도 하며 인도네시아에서는「伊利安岛Yīlì'āndǎo」(이리안)라고 함]

【新纪元】xīnjìyuán 名신기원. 喩시작. ¶开创chuàng～ | 신기원을 열다.

【新加坡】Xīnjiāpō 名外〈地〉싱가포르(Singapore) [말레이 반도의 남단에 있는 나라. 수도는「新加坡Xīnjiāpō」 (싱가포르;Singapore)]❷싱가포르(Singapore) [「神加坡Shénjiāpō」(싱가포르;Singapore)의 수도] ‖ =〔新嘉jiā坡〕〔新州府zhōufǔ〕〔星Xīng加坡〕〔星嘉坡〕〔星州(府)〕〔星岛dǎo〕〔旧柔佛Jiùróufó〕〔息辣Xīlà〕

【新嫁娘】xīnjiàniáng ⇒〔新娘(子)〕

【新建】xīnjiàn 動새로 세우다〔건설하다〕. ¶～了合作社hézuòshè | 새로 합작사를 세웠다.

【新疆】Xīnjiāng 名〈地〉(중국의) 신강성 [1955년 이후「新疆维吾尔自治区Xīnjiāng Wéiwú'ěr Zìzhìqū」(신강 위구르 자치구)로 바뀜]

【新疆维吾尔自治区】Xīnjiāng Wéiwú'ěr Zìzhì qū 名〈地〉신강 위구르(Uighur) 자치구.

【新交(儿)】xīnjiāo(r) 名새로 사귄 벗. 새 친구. ¶常有～登门造访zàofǎng | 늘 새로운 친구가 찾아온다. ¶他是我的～ | 그는 나의 새 벗이다.

【新教】xīnjiào 名〈宗〉(기독교의) 신교. 프로테스탄트. ¶～徒tú | 신교도. ¶～教会jiàohuì | 신교 교회 =〔耶稣教Yēsūjiào〕〔基督教Jīdūjiào〕

【新金山】Xīnjīnshān 名〈地〉「墨尔本Mò'ěrběn」(멜버른;Melbourne)의 다른 이름. 호주 제2의 항구 도시 =〔外墨Mò尔本〕→〔旧Jiù金山〕

4【新近】xīnjìn 副최근. 요즈음. 근래. ¶～他们又开了一个分店 | 최근에 그들은 또 분점을 개설했다 =〔新来〕〔近来〕

【新京】Xīnjīng 名〈地〉신경 [일본이 세계 제2차대전 당시 만주에 세웠던 만주국(滿洲國)의 수도. 지금의 길림성(吉林省) 장춘시(長春市)]

【新旧儿】xīnjiùr 名새롭거나 낡은 정도. ¶你看那件衣裳yī·shang的～怎么样? | 네가 보기에 그 옷은 어느 정도 낡은 것 같아?

【新居】xīnjū 名새집. 새로 이사한 집. ¶到朋友的温wēn～去 | 친구한 이사한 새집에(이사 축하하러) 가다.

【新喀里多尼亚(岛)】Xīn Kālǐduōníyà(Dǎo) 名外〈地〉프랑스령 뉴칼레도니아섬(New Caledonia) [오스트레일리아의 동방 약 1300[의 남태평양상에 있는 섬. 프랑스령 식민지. 수도는「努美阿Nǔměi'ā」(누메아;Noumea)]

【新来】xīnlái ❶動새로 오다. ¶他是～的 | 그는 새로 온 사람이다. ¶～的人儿摸mō不着门儿 | 갓 온 사람이라 갈피를 못잡다. ❷⇒〔近来〕

4【新郎】xīnláng 名❶신랑. ¶他又当～了 | 그는 새장가 갔다 =〔新姑爷gūyé〕→〔新娘〕 ❷당대(唐代)에, 새로 과거에 합격한 사람 =〔新郎君jūn〕

【新郎官】xīnlángguān 名신랑. 새서방 [옛날, 결혼식 날 신랑을 부르던 말]

【新链霉素】xīnliànméisù 名〈藥〉네오마이신(neomycin) [방사균으로부터 얻어지는 항생물질의 일종] =〔新霉素〕

【新貌】xīnmào 名새로운 모습. ¶祖国zǔguó处处有～ | 우리나라에는 도처에 새로운(발전하는) 모습이 있다. ¶那公园也增添zēngtiān了～ | 그 공원에도 새로운 모습이 더해졌다.

【新霉素】xīnméisù ⇒〔新链liàn霉素〕

【新民主主义】xīn mínzhǔzhǔyì 名신민주주의 [1940년 모택동(毛澤東)이 마르크스레닌주의를 중국에 적용시켜 제창한 혁명의 지도원리(指導原理)]

【新民主主义革命】xīn mínzhǔzhǔyì gémìng 名신민주주의 혁명 [제국주의와 프롤레타리아 혁명시대에, 식민지(殖民地)·반(半식민지 국가의 프롤레타리아 계급이 지도한 부르조아 민주주의 혁명. 중국에서는, 1919년의 5·4운동부터 1949년의 중국 공산화까지만 이에 속함. 중국 공산당의 지도하에 무산계급이 영도하는 인민 대중의 반제(反帝)·반봉건·반관료자본주의의 혁명을 이름]

【新名词】xīn míngcí 名신어(新語). 신조어[명사에 한정되는 것은 아님. 일반어휘에 들어가는 전문용어가 많음]¶那里面有好些～ | 거기에는 많은 신조어가 들어 있다. ¶满口mǎnkǒu～ | (말하는 것이) 온통 새로운 말 투성이다.

1【新年】xīnnián 名신년. 새해. ¶～快到了 | 새해가 곧 닥았다. ¶～献词xiàncí | 신년사. ¶～好! | 새해 복 많이 받으십시오! →〔新禧xǐ〕〔过guò年〕

4【新娘(子)】xīnniáng(·zi) 名신부. ¶～三日无大小 | 諺신부가 신혼 3일간은 손위 손아래의 구별을 못해도 허물이 아니다 =〔新妇fù〕〔新嫁jià娘〕〔新媳xí妇(儿)〕→〔闹nào房〕

【新瓶装旧酒】xīnpíng zhuāng jiùjiǔ 諺새 병에 묵은 술을 담다. 轉형식은 새롭지만 본질은 그대로이다. ¶这种做法zuòfǎ是～ | 이런 방법은 새 병에 묵은 술을 담은 격이다 →〔换汤不换药huàntāngbùhuànyào〕

【新奇】xīnqí 形❶신기하다. 새롭다. ¶一点也不觉得～ | 하나도 새롭지 않다. ❷불가사의하다.

【新巧】xīnqiǎo 形신기하고〔새롭고〕정교하다 ¶～的式样shìyàng | 새롭고 정교한 양식

【新区】xīnqū 名簡「新解放区」(신해방구)의 약칭 [특히 1945～1949년 사이에 해방된 지역을 가리킴]

4【新人】xīnrén 名❶(도덕·품격을 갖춘) 새로운 사람. 새인간. ¶培养péiyǎng新时代的～ | 신시대의 새로운 사람을 배양하다. ¶～新事xīnshì | 國새로운 사람과 새로운 일〔사물〕. ❷신진. 신인. ¶文艺wényì～ | 문예계 신진. ¶科学界涌现yǒngxiàn出了一批～ | 과학계에 신진들이 나타났다. ❸신랑 신부. ¶一对duì～ | 한 쌍의 신랑 신부. ❹신부. 새댁. ¶～进门 | 새댁이 들어오다. ❺신임자(新任者). ❻초심자. ❼〈考古〉크로마뇽인. 현재의 인류와 동일종인 호모사피엔스에 속하는 화석(化石) 인류 →〔猿yuán人〕

【新任】xīnrèn ❶名신임(관리). ❷動신임하다. 새로 부임하다. ¶他～驻韩大使zhùhándàshǐ | 그는 주한대사로 새로 부임했다.

【新山】Xīnshān 名〈地〉조호르 바루(Johōre Bharu) [말레이지아 연방 조호르주(州)의 주도(州都)] =〔柔佛Róufó〕

3【新生】xīnshēng ❶名신입생. ¶招考zhāokǎo～ | 신입생 모집. 신입생을 모집하다. ❷形갓 태어난. 새로 생긴〔나타난〕. ¶～婴yīng儿 | 신생아. ❸名새 생명. ¶第二次～ | 다시 태어난 생명.

【新生代】xīnshēngdài 名〈地質〉신생대.

【新生界】xīnshēngjiè 名〈地質〉신생계 →〔新生代〕

【新诗】xīnshī 名❶5·4운동 이후의 백화시(白話詩) ¶胡适Húshì最早尝试用白话写～ | 호적은 최초로 백화로 신시를 짓는 것을 시도했다 →〔白话诗〕❷신시. 새로 지은 시.

【新实在论】xīnshízàilùn 名〈哲〉신실재론. ¶他信奉xìnfèng～ | 그는 신실재론을 믿는다.

3【新式】xīnshì 名形신식(의). 신형(의) ¶～服装fúzhuāng | 신식복장. ¶～汽车 | 신형자동차 ⇔〔旧式jiùshì〕

【新手(儿)】xīnshǒu(r) 名신참자. 신출내기. 초심자. 신인. 풋내기. ¶我是～,请你多指点 | 나는 풋내기이니 많은 가르침을 부탁드립니다 =〔新出手儿①〕〔生手(儿)〕

【新书】xīnshū 名❶새 책. ¶一开学就发～ | 개학하자마자 새책을 나누어 준다. ❷신간 서적. 새로 나온 책 [주로 초판을 가리킴] ¶～广告guǎnggào | 신간 광고. ❸현대의 서적. ¶他～读得多,古书读得少 | 그는 현대 서적은 많이 읽었지만 고서는 많이 읽지 못했다. ‖ ⇔〔旧书jiùshū〕

【新四军】Xīn Sì Jūn 名신사군 [중국 공산당의 주력군. 원래는「红军」유격대였으나 1937년 중일전쟁 시작 후 개편되어「华中」의 항일을 담당함]

【新文化】xīnwénhuà 名신문화. ¶倡导chàngdǎo～ | 신문화를 창도하다.

【新文化运动】xīnwénhuà yùndòng 名組신문화운동 [「五四运动」전후의 문화혁명 운동. 유교적·봉건적인 옛제도·옛문화에 반대하여 민주주의와 과학정신을 내걸고 새문화의 수립과 사회의 근대화를 추진했음] =〔五四文化革命wǔsìwénhuágémìng〕→〔五四运动〕

【新文学】xīnwénxué 名신문학 [「五四运动」이후의 진보된 백화 문학(白話文學) ¶～运动 | 신문학운동] =〔新文艺yì〕

1【新闻】xīnwén 名❶〈新放〉(신문이나 방송 등의) 뉴스. ¶采访cǎifǎng～ | 뉴스를 취재하다. ¶～的来源yuán | 뉴스의 출처. ¶～封锁fēngsuǒ | 보도 관제. ¶～广播guǎngbō | 뉴스 방송. ¶头版tóubǎn～ | 1면 뉴스. ¶简明jiǎnmíng～ | 간추린 뉴스. ❷새로운 일. 신기한 일. 새 소식.

【新闻公报】xīnwén gōngbào 名〈新放〉신문·방송을 통한 성명(聲明). 프레스 코뮈니케(press commnuiqué) ¶发表fābiǎo了～ | 성명을 발표했다.

【新闻学】xīnwénxué 名〈新放〉신문방송학. ¶他专攻zhuāngōng～ | 그는 신문방송학을 전공한다.

【新闻纸】xīnwénzhǐ 名❶신문의 옛날 명칭. ❷신문 용지. 인쇄 용지 =〔白报báibào纸〕

【新闻周刊】Xīnwén zhōukān 名組〈新放〉뉴스위크(Newsweek).

【新西伯利亚】Xīn Xībólìyà 名組外〈地〉노보시비르스크(Novosibirsk) [소련 시베리아 서부의 공업도시] =〔诺沃西比尔斯克Nuòwòxībǐ'ěrsīkè〕

【新西兰】Xīnxīlán 名外〈地〉뉴질랜드(New Zealand) [남태평양상의 영국자치령. 수도는「惠灵顿Huìlíngdùn」(웰링턴;Wellington)]

【新媳妇儿】xīnxí·fur ⇒〔新娘(子)〕

【新禧】xīnxǐ 名새해의 복〔기쁨〕[새해인사말로 쓰임] ¶敬祝jìngzhù～ | 근하신년. ¶恭贺gōnghè～ | 근하신년.

2【新鲜】xīn·xiān 形❶신선하다. 싱싱하다. 생생하다. ¶保持bǎochí～ | 신선하게 보존하다. ¶～的水果shuǐguǒ | 신선한 과일. ¶～的鱼虾yúxiā | 싱싱한 어패류. ¶～的花朵huāduǒ | 싱싱한 꽃송이. ¶呼吸hūxī～空气 | 신선한 공기를 호흡하다. ❷(사물이) 새롭다. 신기하다. 보기 드물다. ¶报上有什么～的消息xiāoxī吗? | 신문에 무슨 새로운 기사가 있습니까? ¶～经验jīngyàn | 새로운 경험.

【新新人类】xīn·xinrénlèi 名組신세대. X세대. ¶你觉得～的特点tèdiǎn是什么? | 너는 신세대의 특징이 무엇이라고 생각하느냐? ¶他是～,对这件事不跟我们这样想 | 그는 신세대라 이 일에 대해 우리 처럼 이렇게 생각하지 않는다.

【新星】xīnxīng 名❶〈天〉신성 [희미하던 별이 갑자기 환히 빛났다가 조금씩 어두워 지는 별. 변광성(變光星)의 일종] ¶超chāo～ | 초신성 =〔客星〕〔暂星〕❷새로운 스타. 신예(新銳) ¶电影diànyǐng～ | 영화계의 신인스타

4【新兴】xīnxīng 區신흥의. 새로 일어난. ¶～势力shìlì | 신흥 세력. ¶～国 | 신흥국. ¶～的工业城市gōngyèchéngshì | 신흥 공업도시.

3【新型】xīnxíng 區신형. 신식. ¶～武器wǔqì | 신형 무기. ¶～汽车 | 신형자동차. ¶～飞机fēijī | 신형 비행기

【新学】xīnxué ❶ 名 신학(문) [청말(清末)의「西学xīxué」을 가리킴] ❷ 名 새로 배운 학문. ¶他热衷rèzhōng于～ | 그는 신학문에 열중하고 있다. ❸ 動 새로(갓) 배우다.

【新医】xīnyī 名 ❶ 서양 의학. ❷ 양의사(洋醫師) ‖ ＝[西xī医]

【新异】xīnyì 形 신기(新奇)하다. 새롭고 이상하다. ¶他常有～的想法xiǎngfǎ | 그는 항상 신기한 생각(견해)을 갖고 있다→[日新月异].

4【新颖】xīnyǐng 形 참신하다. 새롭고 독특하다. ¶这篇文章很～ | 이 문장은 아주 참신하다. ¶花样huāyàng～ | 무늬가 새롭고 독특하다.

【新雨】xīnyǔ 書 名 ❶ 이른 봄비. 초봄에 오는 비. ¶初春chūchūn～ | 이른 봄비. ❷ 갓[방금] 내린 비. ❸ 喩 새(로운) 벗[친구]. ¶旧知jiùzhī～ | 옛 벗과 새 벗.

【新月】xīnyuè 名 ❶ 신월. 초승달. ¶一弯～高高地挂guà在天空 | 초승달이 높이 떴다 ＝[月牙yuèyá(儿)][早zǎo月] ❷ 〈天〉삭월(朔月) ＝[朔shuò月②]

【新针疗法】xīnzhēn liáofǎ 名組 〈漢醫〉새로운 침술(鍼術) 요법 [침은 빨리 꽂고, 혈(穴)은 적게 취하며, 자극은 강하게 하면서, 침을 꽂아 두지는 않는 것 등이 특징임]

【新正】xīnzhēng 名 음력 정월. ¶～如意 | 새해에도 모든 일이 뜻대로 되시길 바랍니다.

【新知】xīnzhī 書 名 ❶ 새(로 사귄) 벗[친구]. ¶有了～不忘故交wànggùjiāo | 새 친구를 사귀어도 옛 친구를 잊지 않는다. ❷ 새로운 지식. 신지식. ¶学习～ | 새로운 지식을 배우다.

【新殖民主义】xīn zhímín zhǔyì 名組 신식민주의. ¶～者 | 신식민주의자.

【新址】xīnzhǐ 名 (어떤 기구의) 새로운 주소 ¶市政府shìzhèngfǔ的～在莲山洞Liánshāndòng | 시청의 새로운 주소는 연산동이다→[地dì址]

4【薪】xīn 땔나무 신
名 ❶ 땔나무. 장작. ¶柴chái～ ＝[柴火cháihuǒ] | 땔감. 땔나무. ¶米珠mǐzhū～桂guì | 쌀은 진주처럼 귀하고 땔나무는 계수나무처럼 귀하다. 喩 물가가 올라 국민들의 생활이 극히 곤란하다. ❷ 봉급. 급료. ¶发fā～ | 월급을 주다. ¶领lǐng～ | 월급을 받다.

【薪俸】xīnfèng 名 봉급. 급여. 급료. ¶～不高 | 봉급이 낮다. ¶～生活者 | 월급쟁이. 샐러리 맨(salary man) ＝[薪给jǐ][薪金jīn][薪水][辛xīn俸][辛金][工资gōngzī]

【薪给】xīnjǐ ⇒[薪金]

4【薪金】xīnjīn 名 봉급. 급료. 급여. ¶～不高 | 봉급이 낮다. ¶～生活者 | 월급쟁이. 샐러리 맨(salary man) ＝[薪给jǐ][薪水][辛xīn俸][辛金][工资gōngzī][薪俸]

【薪尽火传】xīn jìn huǒ chuán 成 땔나무는 다 타고 없지만 불씨는 전해 내려온다. (학문이나 기술 등이) 스승에게서 제자에게로 대대로 전수되다.

4【薪水】xīn·shui 名 땔나무와 물. 轉 급료. 봉급. ¶领lǐng～ | 봉급을 받다. ¶吃chī～ | 봉급으로 생활하다 ＝[薪俸fèng]

【薪饷】xīnxiǎng 名 (옛날, 군대·경찰의) 봉급과 규정된 피복·양말 등의 용품. ¶～等级děngjí | 급여등급

【薪资】xīnzī 書 名 임금. 급료 ¶提高tígāo～ | 급여를 올리다 ＝[工gōng资]

1【辛】xīn 매울 신
❶ 形 맵다. ¶～酸suān↓ →[五wǔ味] ❷ 形 힘들다. 고생하다. 수고하다. ¶艰jiān～ | 고생(스럽다). ❸ 形 괴롭다. 고통스럽다. ¶～酸↓ ❹ 名 신 [천간(天干)의 여덟번째]→[干gān支] ❺ (Xīn) 名 성(姓).

【辛迪加】xīndíjiā 名 外 〈經〉신디케이트(syndicate) [「银公司yíngōngsī」는 구칭(舊稱)] ¶～组织zǔzhī | 신디케이트 ＝[辛迪卡qiǎ][银yín公司]

【辛迪卡】xīndíkǎ ⇒[辛迪加]

【辛亥革命】Xīnhài Gémìng 名 〈史〉신해혁명 [1911년 10월 10일, 무창(武昌)에서 손문(孫文)의 영도하에 봉기하여 청조(清朝)를 넘어뜨린 중국의 민주주의 혁명. 이듬해 1월 중화민국이 건립됨]→[双Shuāng十节][武Wǔ昌起义]

【辛金】xīnjīn ⇒[薪俸]

1【辛苦】xīn·kǔ ❶ 名 動 고생[수고](하다) ¶我的叔叔～了一辈子bèizǐ | 우리 삼촌은 평생 고생하셨다. ❷ 形 고생스럽다. 수고롭다. 고되다. ¶有的人光想享受xiǎngshòu, 不肯付出～的劳动láodòng | 어떤 사람은 즐길 생각만 하고 고된 노동은 하지 않으려 한다. ❸ 套 수고하셨습니다. 수고하십니다 [다른 사람에게 일을 부탁하거나 노고를 위로할 때 쓰는 인사말] ¶太～了 | 대단히 고생많으셨습니다. ¶～了, 休息xiūxī一下吧! | 수고하셨습니다, 좀 쉬세요!

【辛辣】xīnlà 形 ❶ (맛이) 시고 맵다. ¶服用fúyòng这种药, 要忌jì～ | 이 약을 복용하려면 시고 매운 것을 피해야 한다. ¶～味wèi | 매운 맛. ❷ (말·문장 등이) 신랄하다. ¶喜欢用～的语言 | 신랄한 언어를 즐겨 사용한다. ¶～的讽刺fěngcì | 신랄한 풍자.

【辛劳】xīnláo ❶ 動 애쓰다. 고생하다. ¶日夜～ | 밤낮으로 고생하다. ❷ 名 고생. 노고. ¶一天的～ | 하루의 노고.

3【辛勤】xīnqín 形 부지런하다. 근면하다. ¶～的农民nóngmín | 근면한 농민

【辛酸】xīnsuān ❶ 名 (맛이) 맵고 심. 喩 쓰리고 고된 일. ¶饱尝bǎocháng～ | 산전수전 다 겪다. ❷ 形 슬프고 괴롭다. 쓰라리다. ¶～的泪lèi | 쓰라린 눈물. ❸ 名 〈化〉카프릴산 ＝[羊脂酸yángzhīsuān]

【辛夷】xīnyí 名 〈植〉자목련(紫木蓮) ＝[辛雉zhì][木兰mùlán][木笔bǐ][女郎nǚláng花][紫玉兰zǐyùlán]

【莘】xīn ☞ 莘 shēn B

4【锌(鋅)】xīn 아연 신
名 〈化〉화학 원소명. 아연(Zn ; zincum) ¶氯lǜ化～ | 염화아연. ¶氧yǎng化～ ＝[亚铅华yàqiānhuá][锌氧粉xīnyǎngfěn][锌华] | 산화 아연 ＝[俗 白铅báiqiān][亚yà

铅〕〔㊇倭wō铅〕
【锌白】xīnbái 名〈化〉산화 아연. 아연백. 아연화＝〔锌华huá〕〔锌氧粉yǎngfěn〕〔亚铅yàqiān华〕〔氧化锌yǎnghuàxīn〕
【锌版】xīnbǎn 名〈印出〉아연판 ¶制作zhìzuò～ | 아연판을 제작하다＝〔锌板〕
【锌钡白】xīnbèibái 名〈化〉리토폰(Lithepōne)＝〔㊇立德粉lìdéfěn〕
【锌粉】xīnfěn 名〈化〉아연말(亞鉛末).

【歆】xīn 흠향할 흠, 부러워할 흠
書 動 ❶ 부러워하다. ¶～羡xiàn↓ ❷ 흠향(歆饗)하다. 신(神)이 제사 음식의 기(氣)를 마시다.
【歆慕】xīnmù ⇒〔歆羡〕
【歆羡】xīnxiàn 書 動 부러워하다. ¶弟向来～兄之才学 | 동생은 줄곧 형의 재주와 학문을 부러워한다. ¶闻新大厦dàxià落成不胜～ | 札 빌딩을 낙성하셨다니, 부럽기 이를 데 없습니다＝〔歆艳yàn〕〔歆慕mù〕
【歆艳】xīnyàn ⇒〔歆羡〕

【馨】xīn 향내날 형
❶ 書 名 (멀리까지 나는) 향기. ¶如兰lán之～ | 난초의 그윽한 향기와 같다. ❷ 助 ㊣ 이렇게. 저렇게. ¶宁níng～＝〔尔馨ěrxīn〕| 이렇게＝〔㊀那样nàyàng〕〔㊀这般zhèbān〕
【馨香】xīnxiāng 書 名 ❶ (그윽한) 향기. 방향(芳香) ¶满院桂花guìhuā的～ | 온 뜰이 계수나무 꽃향기로 가득하다. ¶～扑pū鼻 | 향기가 코를 찌르다. ❷ 향불 냄새. 향내.
【馨香祷祝】xīn xiāng dǎo zhù 成 향을 살라 기원하다. 진심으로〔간절히〕 축원하다〔바라다〕.

【鑫】xīn 기쁠 흠
書 形 흥(興)하다. 성(盛)하다 [인명·상호(商號) 등에 주로 쓰임]

xín ㄒㄧㄣˊ

【镡(鐔)】xín ⓧ tán) 날밑 심, 성 담
Ⓐ xín 書 名 ❶ 날밑. ❷ 검비(劍鼻). 칼의 코등＝〔剑jiàn鼻〕 ❸ 단검.
Ⓑ Tán 名 성(姓).

xìn ㄒㄧㄣˋ

【囟】xìn 정수리 신
名〈生理〉신문(囟門). 숫구멍. 정수리.
【囟门(儿)】xìnmén(r) 名 (어린 아이의 머리 위에 있는) 정수리. 신문. 숫구멍. 숨구멍. 정문(頂門)＝〔囟脑nǎo门儿〕
【囟脑门儿】xìnnǎoménr ⇒〔囟门(儿)〕

【芯】xìn ☞ 芯 xīn Ⓑ

1【信】xìn 미쁠 신, 믿을 신
❶ 形 확실하다. ¶～史↓ ¶～而有征↓ ❷ 名 성실. 신용. 신임. ¶失～ | 신용을 잃다. ¶守shǒu～ | 신용을 지키다. ❸ 動 믿다. 신용하다. 신임하다. ¶ ¶～不～由你 | 믿고 안 믿고는 네게 달렸다. 믿거나 말거나＝〔相xiāng信〕 ❹ 動 (종교를) 믿다. 신봉하다. ¶～基督教jīdūjiào | 기독교를 믿다. ¶～徒tú | 신도. ❺ (～儿) 名 소식. ¶口～儿 | 전언(傳言) ¶喜xǐ～儿 | 기쁜 소식. ¶通风报tōngfēngbào～ | 소식을 몰래 알려주다. ❻ 名 편지. 서신. ¶寄jì一封～ | 편지 한 통을 부치다. ¶介绍jièshào～ | 소개장. ❼ 名 簡〈藥〉비상(砒霜). 신석(信石) ¶白～ | 백비. 삼이산화비소＝〔砒pī石〕 ❽ 名 공적인 기호나 증거. ¶～号hào↓ ¶印yìn～ | 관인(官印). 인감. ❾ 動 마음대로 하다. (…에) 맡기다. ¶～步到郊外jiāowài去 | 발길따라 교외로 가다. ¶～口胡诌húzhōu | 成 입에서 나오는대로 지껄이다. ❿ (탄환의) 신관(信管) ¶～管↓ ⓫ 書 副 정말로. 진짜로. 확실히. ¶～为难能可贵 | 정말로 기특하구나. ⓬「芯」과 같음⇒〔芯xìn〕 ⓭「伸」과 통용⇒〔伸shēn〕 ⓮ (Xìn) 名 성(姓).
【信笔】xìnbǐ 動 붓 가는 대로 쓰다. 어법 부사성 수식어로 많이 쓰임 ¶～在上面写一些字 | 위에 붓 가는 대로 몇 자 적다. ¶～写了一首诗 | 붓 가는 대로 시 한 수를 적었다.
【信步】xìnbù 動 발길 닿는 대로 걷다 어법 부사성 수식어로 많이 쓰임 ¶他～来到小河边 | 그는 발길 닿는 대로 걸어 작은 냇가에 이르렀다.
【信不过】xìn ·bu guò 動組 믿을 수 없다. ¶你～他还～我吗? | 너는 그를 믿지 못하는데 나를 믿겠느냐?＝〔信不来〕⇔〔信得过〕
【信差】xìnchāi 名 ❶「邮递员yóudìyuán」(우편집배원)의 옛이름. ¶～送来了一封电报diànbào | 집배원이 한 통의 전보를 배달했다. ❷ 공문서를 전하기 위해 파견된 사람. 파발꾼.
【信从】xìncóng 動 믿고 따르다. ¶不要盲目mángmù地～前人的理论 | 앞사람의 이론을 맹목적으로 따르지 마세요.
4【信贷】xìndài 名 ❶〈經〉신용(信用). 크레디트(credit) ¶～制度zhìdù | 신용제도. ¶长期chángqī～ | 장기 신용. ¶～额度édù | 크레디트 라인(credit line). ❷ (은행에서의) 신용대부(信用貸付).
【信道】xìndào 動 ❶ ㊣ 알다. ¶～若说一夕话, 胜读shèngdú十年书 | 하룻밤 이야기를 할 수가 있다면, 그것은 10년을 독서한 것보다 낫다는 것을 알게 된다. ❷ 종교를 믿다.
【信而有征】xìn ér yǒu zhēng 成 믿을 만하며 증거도 있다. ¶他的结论jiélùn～ | 그의 결론은 믿을 만할 뿐 아니라 증거도 있다.
【信访】xìnfǎng 名 편지방문. ¶～部门bùmén | 민원처리 부서
【信风】xìnfēng 名〈氣〉❶ 무역풍. 항신풍(恒信風) ¶～带dài | 무역풍 지대. ¶反fǎn～ | 반대무역풍＝〔贸易风màoyìfēng〕〔恒héng信风〕 ❷ 동북풍(東北風). ❸ 계절풍.
1【信封(儿)】xìnfēng(r) 名 편지 봉투. ¶～太小了,装zhuāng不下贺年片hèniánpiàn | 편지봉투가 너무 작아 신년카드를 넣을 수 없다. ¶我买了五张～ | 나는 편지봉투 다섯장을 샀다. ¶航空hángkōng～ | 국제항공용 편지봉투. ¶封上fēngshàng～ | 편지 봉투를 봉하다. ¶写xiě～ |

편지 봉투에 이름을 쓰다 =〔信皮pí(儿)〕〔封套tào(儿)①〕〔封筒tǒng〕〔書 书简〕

【信奉】xìnfèng 動 ❶〈宗〉(종교 등을) 믿다. 신봉하다. ¶～佛教 | 불교를 믿다. ¶～耶稣教yēsūjiào(基督教jīdūjiào) | 그리스도교(기독교)를 믿다. ¶基督教徒jīdūjiàotú～上帝shàngdì | 기독교인들은 하느님을 신봉한다. ❷ 믿고 받들다.

【信服】xìnfú 動 믿고 따르다. 신복하다. 믿고 복종하다. ¶对这位年轻的校长,老师们都很～ | 이 젊은 교장선생님을 선생님들은 모두 잘 믿고 따른다. ¶他～了老头子说的话 | 그는 늙은이의 말을 믿고 복종한다 =〔折服②〕

【信鸽】xìngē 名〈鳥〉전서구(傳書鳩) ¶中国～协会xiéhuì | 중국 전서구 협회 =〔传chuán信鸽〕〔传书鸽〕〔通tōng信鸽〕

【信管】xìnguǎn 名 신관. ¶触发chùfā～ | 촉발 신관 =〔引信〕

【信函】xìnhán 名 편지. 우편물. ¶收发shōufā～ | 우편물을 접수발송하다.

3【信号】xìnhào 名 ❶ 신호. ¶打～ | 신호를 보내다. ¶～设施shèshī | 신호시설. ¶灯光dēngguāng～ | 등불 신호. ¶臂板bìbǎn～ | (철도의) 까치발 신호기. ❷〈通〉신호 전파. ¶遇难yùnàn～ | 조난 신호.

【信号弹】xìnhàodàn 名 신호탄. ¶发了一颗kē～ | 한 발의 신호탄을 쏘다.

【信号灯】xìnhàodēng 名 신호등.

【信号枪】xìnhàoqiāng 名 신호총.

【信汇】xìnhuì 名 우편환(M/T).

【信笺】xìnjiān ⇒〔信纸〕

4【信件】xìnjiàn 名 우편물. ¶每週处理chǔlǐ～一次 | 일주일에 한 번 우편물을 처리하다 =〔函件〕

【信教】xìn/jiào〈宗〉❶ 動 종교를 믿다. ❷ (xìnjiào) 名 신교. ¶有～自由 | 종교의 자유가 있다.

【信据】xìnjù 名 확실한 증거.

【信口】xìnkǒu 動 입에서 나오는 대로 지껄이다. =〔信嘴zuǐ〕

【信口雌黄】xìn kǒu cí huáng 成 옛날, 글을 틀리게 쓰면 자황을 바르고 다시 글을 고쳐 썼다. 사실을 무시하고, 입에서 나오는 대로 함부로 지껄이다. ¶别听他～ | 아무렇게나 지껄이는 그의 말을 듣지마라.

【信口胡说】xìn kǒu hú shuō 成 입에서 나오는 대로 함부로 지껄이다.

【信口开河】xìn kǒu kāi hé 成 입에서 나오는 대로 거침없이 말하다〔지껄이다〕. ¶说话应有根据gēnjù,不能～ | 말을 할 때는 근거가 있어야 하며 나오는 대로 아무렇게나 지껄이면 안된다. ¶村姥姥是～ | 시골 아낙네들은 아무렇게나 지껄인다 =〔信口开合〕

4【信赖】xìnlài ❶ 名 신뢰. ¶他用自己的行动赢得yíngdé了大家的～ | 그는 자신의 행동으로 사람들의 신뢰를 얻었다. ❷ 動 신뢰하다. ¶他是一个值得～的人 | 그는 신뢰할 만한 사람이다. ¶母亲mǔqīn～我 | 어머니는 나를 신뢰한다.

3【信念】xìnniàn 名 신념. ¶他心中有～ | 그의 마음속에는 신념이 있다.

【信鸟】xìnniǎo 名〈鳥〉철새. ¶～南迁qiān | 철새가 남쪽으로 이동하다 =〔候hòu鸟〕

【信女】xìnnǚ 名〈佛〉신녀. 선녀(善女) ¶善男～ | 선남 선녀.

【信皮(儿)】xìnpí(r) ⇒〔信封(儿)〕

【信儿】xìnr 名 소식. 편지. 통지. 소문. 신호. ¶送sòng个～ | 소식을 보내다. 통지하다. 신호하다. ¶给她带个～ | 그녀에게 소식을 보냈다. 그녀에게 전갈을 했다.

【信瓤儿】xìnrángr 名 方 편지의 알맹이. ¶信封xìnfēng和～好像不是一个人写的 | 편지 봉투와 알맹이는 한 사람이 쓴 것이 아닌 것 같다.

3【信任】xìnrèn ❶ 名 신임. ¶取得群众的～ | 군중의 신임을 얻다. ¶他上任不久,便赢得了大家的～ | 그는 부임한 지 얼마 되지 않아 사람들의 신임을 얻었다. ❷ 動 신임하다. ¶老师很～她 | 선생님은 그녀를 아주 신임하고 있다. ¶～对方duìfāng | 상대를 신임하다. ¶对他失去了～ | 그에 대해 신임을 잃었다.(그를 믿지 못하겠다.)

【信任投票】xìnrèn tóupiào 名組 신임 투표.

【信任状】xìnrènzhuàng 名〈外〉신임장. ¶呈递chéngdì～ | 신임장을 제정(提呈)하다.

【信赏必罚】xìn shǎng bì fá 成 공로가 있으면 꼭 상을 주고, 죄를 지으면 꼭 처벌한다. 상벌을 분명히 하다. ¶实行～ | 신상필벌을 실행하다.

【信石】xìnshí 名〈化〉비석. 비상 [산지(產地)가 신주(信州)이기 때문에 이런 이름을 붙였음] =〔砒pī石〕

【信实】xìnshí 形 신실하다. 신용이 있다. 성실하다. ¶他一点儿～也没有 | 그는 조금의 신실함도 없다. ¶为人～ | 사람됨이 성실하다.

【信史】xìnshǐ 書 名 기록이 있어 믿을 만한 역사. 정확한 역사〔사적〕. ¶引用～比较bǐjiào保险bǎoxiǎn | 기록이 정확한 역사를 인용하는 것이 비교적 안전하다.

【信使】xìnshǐ 名 ❶ 사환. 심부름꾼. ¶派pài～ | 사환을 보내다. ❷ 신사. 사절(使節) ¶外交wàijiāo～ | 외교 사절.

【信士】xìnshì 名 ❶ 남자 불교신자. ❷ 성실한 사람.

【信誓旦旦】xìn shì dàn dàn 成 맹세가 성실하여 믿을 만하다. ¶他～地永不变心biànxīn | 그는 결코 영원히 변심하지 않을 것이다.

【信手(儿)】xìnshǒu(r) 動 손 가는 대로 하다. 손에 맡기다. 손길 닿는 대로 하다 어법 주로 부사성 수식어로 많이 쓰임] ¶～写来 | 손 가는 대로 쓰다 =〔随手suíshǒu(儿)③〕

【信手拈来】xìn shǒu niān lái 成 손 가는 대로 가져오다. (글을 쓸 때) 낱말이나 재료가 풍부하여 자유 자재로 전고(典故)를 이용하다. ¶各种成语典故diǎngù他～,用得十分贴切tiēqiè | 그는 각종 성어 전고를 자유자재로 이용하여 아주 적절하게 사용한다.

【信守】xìnshǒu 動 확실히 지키다. 충실히 준수하다. 성실히 지키다. ¶～协议xiéyì | 협의를 성실히 준수하다. ¶～诺言nuòyán | 약속한 말을 충실히 지키다.

【信宿】xìnsù 書 ❶ 名 이틀 밤. ¶～可至 | 이틀 밤

이면 도달할 수 있다. ❷動 이틀 밤을 계속 머무르다. ¶流连liúlián～ | 떠나기 아쉬워 이틀 밤을 계속 머무르다.

【信天翁】xìntiānwēng 名 ❶〈鳥〉신천옹 =〔布袋鹅bùdàié〕〔海鹅hǎié〕 ❷轉 되는 대로 내버려두고 유유자적하는 사람 [신천옹은 먹이를 찾아다니지 않고 물가에 머무르면서, 물고기가 근처를 지나가기를 기다렸다가 그것을 잡아 먹는다고 하는 습성에서 유래된 말]

【信天游】xìntiānyóu 名〈音〉중국 섬북 민가(陝北民歌) 곡조의 일종 [「山歌」의 총칭으로 일반적으로 2구(句)를 1단(段)으로 하는데, 짧은 것은 1단뿐이고 긴 것은 수십 단이 이어짐]

【信条】xìntiáo 名 신조. ¶政治zhèngzhì～ | 정치상의 신조.

【信筒(子)】xìntǒng(·zi) 名 우체통. ¶把信扔rēng～里去 | 편지를 우체통에 넣다 =〔邮yóu筒〕

【信徒】xìntú 名 ❶〈宗〉신도. 신자. ¶基督教jīdūjiào～ | 기독교 신자. ¶佛教fójiào～ | 불교 신도. ❷(어떤 주의나 주장의) 신봉자 ¶三民主义的～ | 삼민주의의 신봉자.

【信托】xìntuō 動 ❶믿고 맡기다. 신탁하다. ¶把最大建设项目jiànshèxiàngmù～给我们韩国Hánguó | 제일 큰 건설 프로젝트를 우리 한국에 맡기다. ❷다른 사람이 위탁한 업무를 맡다. ¶～部 | 위탁 판매부. ¶～公司gōngsī | 신탁 회사.

【信望】xìnwàng 名 신망. ¶他的～很高 | 그의 신망이 아주 높다.

【信物】xìnwù 名 증거물. 증표(證票) ¶留做liúzuò～ | 남겨두어 증거물로 삼다.

3【信息】xìnxī 名 ❶소식. 기별. 뉴스. ¶他的～谁也不知道 | 그에 대한 소식은 아무도 모른다. ¶～灵通língtōng | 소식이 정통하다. ¶她很久没有～ | 그녀는 오랫동안 소식이 없다. ¶尚未得到有关的～ | 관련소식을 아직 듣지 못했다. ❷정보(情報) ¶从外界进入人脑的～,90%来自眼睛 | 외부에서 뇌로 들어오는 정보의 90퍼센트는 눈으로부터 오는 것이다. ¶～传递chuándì | 정보 전달. ¶～处理系统chǔlǐxìtǒng | 정보 처리 시스템.

【信息论】xìnxīlùn 名 정보 이론(情報理論) ¶～是研究信息的数量以及信息的发送,传递和接受的科学 | 정보론은 정보의 량 및 정보의 발송 전달,접수를 연구하는 과학이다.

【信箱】xìnxiāng 名〈通〉❶우체통. ❷사서함. ¶邮政yóuzhèng～ | 사서함. ❸우편함 ‖ =〔邮yóu箱〕

2【信心】xìnxīn 名 ❶자신(自信). 자신감. 확신. 신념. ¶失去～ | 자신(감)을 잃다. ¶他对自己的前途充满～ | 그는 자신의 앞길에 대해 자신감이 충만하다. ¶这一点我们是有～的 | 이점에 대해서 우리는 자신이 있다. ❷믿는 마음.

【信言不美】xìn yán bù měi 成 성실(믿을 만)한 말은 꾸밈이 없다 [「美言不信」(꾸민 말은 믿음이 없다)과 연결하여 씀]

4【信仰】xìnyǎng ❶動 (어떤 주장·주의·종교 등을) 믿다. ¶他们～伊斯兰教Yīsīlánjiào | 그들은 이슬람교를 믿는다. ¶他～资本主义zīběnzhǔyì | 그는 자본주의를 신봉한다. ❷名 신조(信條). 신앙. ¶宗教～ | 종교적 믿음. ¶～的自由 | 신앙의 자유.

【信仰主义】xìnyǎng zhǔyì ⇒〔僧sēng侣主义〕

【信以为真】xìn yǐ wéi zhēn 成 정말이라고 믿다. 가짜를 진짜로 믿다. ¶你这假话jiǎhuà他还～呢 | 너의 이런 거짓말을 그는 정말이라고 믿고 있다.

【信义】xìnyì 名 신의. ¶难得这般有～之人 | 이런 신의있는 사람은 찾아보기 힘들다. ¶不讲jiǎng～的人 | 신의가 없는 사람.

4【信用】xìnyòng ❶動 신용하다. ¶维持wéichí～ | 신용을 유지하다. ¶～扫地sǎodì | 신용이 땅에 떨어지다. ¶讲jiǎng～ | 신용을 중시하다. ❷名〈經〉신용. ¶～卡kǎ | 크레디트 카드(credit card). ❸名〈商〉외상 판매. 외상 매입.

【信用合作社】xìnyòng hézuòshè 名組〈經〉신용조합.

【信用证】xìn·yongzhèng 名〈經〉신용장=〔信用状〕

【信用证券】xìn·yong zhèngquàn 名〈經〉신용증권.

【信用状】xìn·yongzhuàng 名〈經〉신용장. L/C (Letter of Credit) ¶开～ | 신용장을 발행하다. ¶不能撤销chèxiāo～ | 취소 불능 신용장. ¶可转让zhuǎnràng的～ | 양도 가능 신용장. ¶进口～ | 수입 신용장. ¶货物押汇huòwùyāhuì～ | 화환 신용장 =〔信用证〕〔支银凭信〕

4【信誉】xìnyù 名 신용과 명예. 위신. 신망(信望) ¶在社会shèhuì上有～ | 사회적으로 신망이 있다. ¶～卓著zhuózhù | 신망이 매우 높다. ¶享有很高的国际guójì～ | 국제적 신망이 매우 높다.

【信札】xìnzhá 名 편지. 서신. ¶处理一批～ | 서신을 처리하다.

【信纸】xìnzhǐ 名 편지지. ¶粉红色fěnhóngsè的～ | 분홍색의 편지지 =〔信笺jiān〕〔書 便biān笺〕〔鱼yú笺〕

【焮】xìn 태울 흔

動 ❶北 (종기가 곪기 전에 억지로 짜서) 상처가 더 부어 오르게 하다. ¶～肿zhǒng了 | 종기를 억지로 짜서 더 부어 올랐다. ❷書 불길이 세차다. 작열(灼熱)하다. ¶火炎huǒyán～天 | 불길이 하늘까지 세차게 치솟다.

4【衅(釁)〈亹〉】xìn 피칠할 흔

❶書動 동물의 피를 그릇에 발라 신에게 제사지내다. ❷名 틈. 불화. 분쟁의 발단. ¶挑tiǎo～ | 도발하다. ¶乘chéng～ | 틈을 타다.

【衅端】xìnduān 書 名 싸움의 발단. 싸움의 원인. 쟁단. ¶平息～ | 싸움의 발단을 없애다. ¶挑tiǎo起～ | 싸움거리를 만들다.

【衅隙】xìnxì 名 틈. 불화. ¶你以前和她有过什么～吗? | 너 예전에 그녀와 뭔가 사이가 틀어진 적이 있었느냐?

【衅钟】xìnzhōng 書 動 희생(犧牲)의 피를 종에 뿌리며 제사 지내다.

xīng ㄒㄧㄥ

1【兴(興)】xīng xìng 일어날 흥, 흥취 흥

Ⓐ xīng ❶ 動 일으키다. 시작하다. ¶～工 | 공사를 시작하다. ¶振zhèn～重工业zhònggōngyè | 중공업을 진흥시키다. ❷ 動 홍성(興盛)하다. 왕성하다. 성하다. ¶复fù～ | 부흥하다. ¶～旺wàng↓ ❸ 動 유행하다. 성행(盛行)하다. ¶北京很～打乒乓球pīngpāngqiú | 북경에는 탁구가 아주 성행하다. ¶新社会xīnshèhuì不～这一套了 | 새 사회에서는 이런 것이 유행하지 않는다. ❹ 動 성행시키다. ¶大～调查研究diàocháyánjiū之风 | 조사·연구의 기풍을 크게 성행시키다. ❺ 動 새로 만들다. 발명하다. 고안(考案)하다. 어법 일반적으로 「是…的」의 중간에 쓰이며, 「式样shìyàng」「花样huāyàng」「方法fāngfǎ」「规矩guījǔ」「办法bànfǎ」 등과 주로 짝을 이룸. ¶这是谁～的新花样huāyàng? | 이것은 누가 고안한 무늬인가? ¶电视diànshì是谁～出来的? | 텔레비전은 누가 발명한 것인가? ❻ 動 方 허가하다. 허락하다. 허용하다 어법 부정문에서 많이 쓰임 ¶公园gōngyuán的湖里húlǐ不～钓鱼diàoyú | 공원 호수에서는 낚시를 하여서는 안된다. ¶他们不～我说话 | 그들이 내가 말하는 것을 허락하지 않았다. ❼ 書 動 일어나다. ¶夙sù～夜寐yèmèi | 成 일찍 일어나고 늦게 자다. ❽ 副 方 혹시〔어쩌면〕(…일지도 모르다) ¶明天他也～来, 也～不来 | 내일 어쩌면 그가 올 수도 있고 안 올 수도 있다 =〔或许huòxǔ〕 ❾ (Xīng) 名 성(姓).

Ⓑ xìng 名 ❶ 흥미. 재미. 흥취. ¶助zhù～ | 흥취를 돕다. ¶扫sǎo～ | 흥을 깨뜨리다. ¶酒～正浓zhèngnóng | 주흥이 한창 무르익다. ❷ 書 〈文〉시경(詩經)의 육의(六義)의 하나 [시(詩)의 한 체로, 상관없는 다른 사물을 빌어다가 자기의 뜻을 나타내는 것]

Ⓐ xīng

4【兴办】xīngbàn 動 창설하다. 일으키다. ¶～企业qǐyè | 기업을 창설하다. ¶～福利事业fúlìshìyè | 복리 사업을 시작하다. ¶～夜校yèxiào | 야간 학교를 개설하다.

【兴兵】xīngbīng 動 군대를 일으키다. 군대를 출동시키다. ¶～作战zuòzhàn | 군대를 출동시켜 전쟁을 하다.

【兴都库甚山脉】Xīngdūkùshí Shānmài 名 外 〈地〉힌두쿠시(Hindu Kush) 산맥.

【兴都斯坦】Xīngdūsītǎn 名 外 〈地〉힌두스탄(Hindustan).

2【兴奋】xīngfèn ❶ 形 흥분하다. 감격하다. 감동하다. ¶～极了 | 매우 감격했다. ¶请不要使病人心情～! | 환자가 흥분하게 하지 마세요! ¶令人～的消息xiāoxī | 감격적인 소식. ¶～得睡不着觉shuìbùzháojiào | 흥분해서 잠을 이루지 못하다. ❷ 名 〈生理〉흥분. 자극. ¶抑制yìzhì不住内心的～ | 마음속의 흥분을 억제하지 못하다. ❸ 動 흥분시키다. ¶喝杯浓茶nóngchá～一下大脑dànǎo | 진한 차를 마셔 대뇌를 흥분시키다.

【兴奋剂】xīngfènjì 名 흥분제. ¶严禁yánjìn运动员服用fúyòng～ | 운동선수가 흥분제를 복용하는 것을 엄격히 금하다.

【兴风作浪】xīng fēng zuò làng 成 풍파를 일으키다. 말썽을 부리고 소동을 일으키다. ¶这几个小人～, 制造zhìzào事端shìduān | 이 몇몇 어린아이들이 일을 저질러 풍파를 일으켰다 =〔兴波作浪〕

【兴革】xīnggé ❶ 書 動 새로운 것을 일으키고 낡은 것을 개혁하다. ¶提tí出了几件～措施cuòshī | 몇가지 개혁조치를 제기하다. ❷ 名 건설과 개혁·혁명.

【兴工】xīng/gōng 動 공사를 시작하다. 기공하다. 착공하다. ¶破土pòtǔ～ | 흙을 파헤치고 기공하다.

4【兴建】xīngjiàn 動 건설하다. 건축하다. 창건하다. 창설하다 [대규모의 건설에 사용하는 표현임] ¶ ¶里正在～一个钢铁gāngtiě基地jīdì | 이곳에는 지금 철강기지를 건설하고 있다. ¶～住宅zhùzhái | 주택을 건설하다. ¶正在～一座大坝bà | 큰 댐이 건설중이다.

【兴利除弊】xīng lì chú bì 成 이로운 것을 일으키고 해로운 것을 없애다. ¶干gàn几件～的事 | 몇 건의 이로운 것을 일으키고 해로운 것을 없애는 일을 하다 =〔兴利除害〕

【兴隆】xīnglóng 形 번창하다. 흥하다. 융성하다. ¶生意shēngyì～ | 장사가 번창하다.

4【兴起】xīngqǐ 動 ❶ (세차게) 일어나다. 흥기하다. ¶学外语的热潮rècháo正在～ | 외국어 학습의 열기가 지금 일어나고 있다. ¶激光jīguāng是六十年代初期～的一门新科学xīnkēxué | 레이저(laser)는 60년대 초기에 일어난 새로운 과학의 한 분야이다. ❷ 書 감동하여 일어나다. ¶闻风wénfēng～ | 成 소문을 듣고 감동하여 일어나다.

【兴盛】xīngshèng 形 홍성하다. 번창하다. ¶我们的国家日益～ | 우리나라는 나날이 홍성하고 있다. ¶事业shìyè非常fēicháng～ | 사업이 매우 번창하고 있다. ¶国家guójiā～ | 나라가 홍성하다.

【兴师】xīng/shī 書 動 군대를 일으키다. 출병하다. 군대를 보내다. ¶～讨伐tǎofá | 군대를 출동시켜 토벌하다.

【兴师动众】xīng shī dòng zhòng 成 군대를 일으키고, 대중을 동원하다. 많은 사람을 동원하다 [나쁜 뜻으로 많이 쓰임] ¶这点小事xiǎoshì, 用不着～ | 이런 사소한 일에 많은 사람을 동원할 필요가 없다.

【兴师问罪】xīng shī wèn zuì 成 군대를 일으켜 죄를 따지다. ¶我们不应该yīnggāi采取cǎiqǔ～的方式fāngshì | 우리는 군대를 일으켜 상대편의 죄를 묻는 방식은 취하지 말아야 한다.

【兴衰】xīngshuāi 書 名 흥함과 쇠함. 성쇠(盛衰) ¶国家guójiā的～ | 국가의 흥망성쇠

【兴叹】xīngtàn 書 動 감탄하다. 감탄을 표시하다. ¶望洋wàngyáng～ | 멍하니 바라보며 탄식하다.

【兴亡】xīngwáng 動 흥망 [주로 국가의 흥망에 대하여 쓰는 표현임] ¶天下～, 匹夫pǐfū有责zé | 천하의 흥망은 국민 모두에게 책임이 있다.

4【兴旺】xīngwàng 形 번창하다. 왕성하다. ¶农村nóngcūn经济jīngjì的～ | 농촌경제의 번창. ¶我们的事业日益～ | 우리의 사업이 나날이 번창해지고 있다. ¶民族mínzú～ | 민족이 번창하다. ¶买卖mǎimài～ | 장사가 번창하다. ¶经济jīngjì越办yuèbàn越～ | 경제가 더욱더 번창해지다 =〔翻fān旺〕

【兴修】xīngxiū 動 (대규모의) 공사를 하다. 공사를 일으키다. 건조(建造)하다. ¶～铁路tiělù | 철도를 부설하다. ¶～水利shuǐlì | 수리 사업을 일으키다. ¶～寺院sìyuàn | 절을 짓다.

【兴许】xīngxǔ ❶ 副 方 혹시 (…일지도 모른다). 어쩌면. ¶他明天～不来 | 그는 내일 어쩌면 안 올지도 모른다. ¶～是吧 | 그럴지도 모른다＝〔也yě兴〕→〔也许〕〔或huò许〕 ❷ 動 (습관상·이론상) 허용되다. …할 수 있다. ¶～你打人, 就不～我骂mà人? | 네가 사람을 때리는 것은 괜찮고, 내가 사람을 욕하는 것은 안된다는 게냐? ‖＝〔行xíng许〕

【兴学】xīngxué 書 動 교육사업을 일으키다. 학교를 세우다. ¶捐资juānzī～ | 자금을 출연하여 교육 사업을 일으키다.

【兴妖作怪】xīng yāo zuò guài 成 나쁜 짓으로 혼란을 일으키다. ¶别让ràng她在这儿～了 | 그녀가 여기서 나쁜 짓으로 혼란을 일으키게 해서는 안된다.

Ⓑ xìng

【兴冲冲】xìngchōngchōng 贶 기뻐 날뛰다. 또는 그 모양. ¶她～地回家了 | 그녀는 기뻐서 어쩔 줄 몰라하며 집으로 갔다.

3【兴高采烈】xìng gāo cǎi liè 成 몹시 기뻐하다. 신바람나다. 기뻐 어찌 할 바를 모르다. ¶有几个人～地划拳huáquán | 몇 사람이 매우 흥겹게 「划拳」을 하고 있었다.

【兴会】xìnghuì 名 우연한 흥(미). 흥취. ¶这篇文章是乘一时的～, 信手写出的 | 이 글은 우연한 흥취에서 쓴 것이다. ¶他～唱了一支歌 | 그는 흥에 겨워 노래 한 곡을 불렀다.

2【兴趣】xìngqù 名 ❶ 흥취. 흥미. 취미. 어법 주어와 수식어로 사용되는 것 외에도 주로 「感」「感到」「有」「产生」「发生」「引起」 등과 같은 동사의 목적어로 쓰임. ¶他对中国古典文学产生了浓厚的～ | 그는 중국고전문학에 깊은 흥미가 생겼다. ¶我对游泳yóuyǒng不感～ | 나는 수영에 흥미가 없다. ¶我的～就是做菜zuòcài | 나의 취미는 바로 요리하는 것이다. ¶～不浅qiǎn | 흥미가 깊다＝〔兴头tóu②〕〔趣味wèi②〕 ❷ 재미. ¶这本书既jì有～又有实益shíyì | 이 책은 재미도 있고 또 실익도 있다. ❸ 의향. 의욕. ¶生产的～ | 생산 의욕.

【兴头】xìng·tou ❶ 名 (흥겨워) 솟는 힘. 패기. ¶他虽然年高, 却极有～ | 그는 나이는 많지만 아주 패기가 있다. ❷⇒〔兴趣①〕 ❸ 形 方 유쾌하다. 기쁘다. 활기를 띠다. ¶有了好消息xiāoxī, 大家都比往常～些了 | 좋은 소식이 있어 모두들 그전보다 한결 활기에 넘쳤다.

【兴头(儿)上】xìngtóu(r) 흥이 절정에 달할 무렵. 신바람이 날 때. ¶他干活gànhuó儿正在～, 忘记wàngjì了休息xiūxī | 그는 일하는 데 한창 흥이 올라 쉬는 것을 잊어버렸다.

【兴头头】xìngtóutóu 贶 기뻐 날뛰다. 매우 유쾌하다. 신이 나다. ¶她～地跑来了 | 그녀는 기뻐 날뛰며 달려왔다.

【兴味】xìngwèi 名 흥미. 흥취. ¶富有fùyǒu～ | 흥미 진진하다. ¶～索然suǒrán | 成 흥미가 없다. ¶他这种娱乐yúlè没有～ | 그는 이런 종류의 오락에는 흥미가 없다.

【兴致】xìngzhì 名 흥미. 재미. 흥취. ¶～勃勃bó | 成 흥미 진진하다. ¶唱歌助chànggēzhù～ | 노래를 불러 흥을 돋구다. ¶～索然suǒrán | 成 흥미가 없다.

1【星】xīng 별 성

❶ 名〈天〉별. 천체(天體) ¶～～缀满zhuìmǎn了天空 | 별이 하늘에 가득 차 있다. ¶一颗kē～ | 별 하나. ¶卫wèi～ | 위성. ¶行～ | 행성. ¶流liú～ | 유성. ¶月明～稀xī | 成 달이 밝아 별이 드물다. 큰 인물에 압도되어 다른 사람이 빛을 발하지 못하다. ❷ (～儿, ～子) 名 극히 미세한 것. 작은 방울. 부스러기. ¶火～儿 | 불티. ¶一～半点儿 | 약간. 조금. ¶唾tuò沫～子 | 침 방울. ❸ 저울대에 새긴 눈금. 저울눈. ¶秤chèng～ | 저울눈. ❹ (～儿) 名〈音〉일종의 타악기 [놋쇠로 된 술잔 모양의 악기로 두 개를 맞부딪쳐서 소리를 냄]→〔铙náo①〕 ❺ 尾 명사 뒤에 쓰여 어떤 분야에서 특출한 성취를 이룩한 사람을 지칭함 [특히 인문·예체능 계통에 사용됨] ¶歌gē～ | 가수. ¶影yǐng～ | 배우. ¶球qiú～ | 운동 선수. ¶笑xiào～ | 코미디언. ❼ (Xīng) 名 성(姓).

【星辰】xīngchén 名 성신. 모든 별. ¶闪亮shǎnliàng的～ | 반짝이는 별 ¶日月～ | 일월 성신.

【星虫】xīngchóng 名〈動〉별벌레＝〔沙shā虫〕

【星等】xīngděng 名〈天〉광도 계급(光度階級).

【星斗】xīngdǒu 名 성두. (총칭으로서의) 별. ¶满天mǎntiān～ | 온 하늘에 총총한 별.

【星光】xīngguāng 名 별빛. ¶你的眼睛yǎnjīng好像hǎoxiàng～ | 너의 눈이 별빛 같다.(별빛처럼 빛나다) ¶～灿烂cànlàn | 별이 찬란하다.

【星海】xīnghǎi 名 ❶ 은하수. ❷ 영화계.

【星汉】xīnghàn ⇒〔星河〕

【星号】xīnghào 名 별표. 「*」[각주(脚注)를 달거나 단락을 나눌 때 또는 언어학에서 비문법적인 문장을 나타낼 때 쓰임]

【星河】xīnghé 名〈天〉성하. 은하수. ¶天上有～, 地上有黄河 | 하늘에는 성하가 있고 땅에는 황하가 있다＝〔星汉hàn〕〔天tiān河①〕

【星火】xīnghuǒ ❶ 名 불티. 매우 작은 불. ¶～燎原liáoyuán | 작은 불티가 온 들판을 다 태울 수 있다. ¶就靠这点儿～取暖qǔnuǎn | 요만한 불티로 몸을 녹였다. ❷ 名 성화. 별똥별의 불꽃〔불빛〕. 喻 매우 급박함. ¶急如jírú～ | (떨어지는) 별똥별의 불꽃처럼 다급하다.

【星火燎原】xīng huǒ liáo yuán ⇒〔星星之火, 可以燎原〕

【星际】xīngjì 名〈天〉천체. 천체와 천체 사이. 별과 별 사이. ¶～探索tànsuǒ | 천체탐색

【星加坡】Xīngjiāpō ⇒〔新加坡Xīnjiāpō〕

【星空】xīngkōng 名 별이 총총한 하늘. ¶仰望yǎngwàng～ | 별이 총총한 하늘을 바라보다.

【星罗棋布】xīng luó qí bù 成 하늘의 별이나 바둑판의 돌처럼 사방에 널리 흩어져 있다. 사방에 총

총 분포되다. ¶大小酒店jiǔdiàn～ | 크고 작은 주점들이 촘촘히 널려 있다.

1【星期】xīngqī 名❶주(週). 주일(週日) ¶上(个)～ | 지난 주. ¶下个～ | 다음주. ¶一个～ | 일주일. ❷요일(曜日) ¶～日＝〔星期天〕| 일요일. ¶今天～几? | 오늘이 무슨 요일이냐? ❸簡「星期日」(일요일)의 약칭. ¶～休息xiūxī | 일요일은 휴일임 ‖＝〔口礼拜lǐbài②③④〕

【星球】xīngqiú 名〈天〉천체(天體) ¶研究yánjiū～ | 천체를 연구하다 →〔星xīng①〕

【星散】xīngsàn 書 動 뿔뿔이 흩어지다. ¶一毕业bìyè, 同学们都～了 | 졸업을 하자 마자 학우들은 모두 뿔뿔이 흩어져 버렸다.

【星体】xīngtǐ 名〈天〉천체(天體) [달·해·북극성 등과 같은 개개 천체를 가리킴]

【星团】xīngtuán 名〈天〉성단.

【星系】xīngxì 名 簡〈天〉「恒héng星系」(항성계)의 약칭. ¶～核hé | 항성계의 중심부분

【星相】xīngxiàng 名 점성과 관상.

【星象】xīngxiàng 名〈天〉성상. 식(蝕) 등의 현상과 명암·위치 등으로 인한 별의 모양 [점성술에서 이를 관찰하여 길흉을 점침] ¶～家 | 점성가

2【星星】ⓐxīngxīng 名(별처럼 아주 작은) 점. ¶天空晴朗qīnglǎng, 一～云彩yúncǎi也没有 | 하늘이 맑아 구름 한 점도 없다. ¶～渔火映江干jiānggān | 고기잡이 불이 점점이 강 기슭을 비추다.

ⓑxīng·xing 名 口 별. ¶满天mǎntiān都是～ | 온 하늘에 별이다.

【星星点点】xīngxīng diǎndiǎn 狀❶드문드문하다. 매우 적다. ¶对于科学的最新成就zuìxīnchéngjiù我只是～知道一些 | 과학의 최신 업적에 대해서 나는 좀 알 뿐이다. ¶春天刚到, 树上不过～开了几个花儿而已 | 갓 봄이 되어 나무에 단지 드문드문 몇 송이 꽃이 피어 있을 뿐이다. ❷(아주 작은 어떤 것들이) 촘촘하다. 빽빽하다. ¶身上都是～的斑痕bānhén | 몸이 온통 점투성이다.

【星星之火, 可以燎原】xīngxīng zhī huǒ, kě yǐ liáo yuán 成 작디작은 불티가 들판을 태울 수 있다. 미소한 힘도 큰 세력이 될 수 있다 [혁명의 기운과 발전에 관련하여 씀]＝〔星火xīnghuǒ燎原〕

【星宿】xīngxiù 名❶〈天〉별자리. 성수 [옛날, 중국에서 28수(宿)로 나눈 별자리를 일컫던 말]→〔星座zuò〕❷喩 운수. ¶～不利lì | 운수가 나쁘다.

【星夜】xīngyè 名 성야. 별이 빛나는 밤. ¶～走路zǒulù | 밤길을 걷다. ¶～行军xíngjūn | 야간 행군. ¶～奔忙bēnmáng | 밤에도 분주하다.

【星移斗转】xīng yí dǒu zhuǎn 成 별이 위치가 바뀌다. ❶(시간이 흐르고) 날이 밝아 오다. ❷계절이 바뀌다. ❸세월이 흐르고 사물이 변하다. ¶～,人已变老biànlǎo | 세월이 흐르니 사람이 늙는구나.

【星云】xīngyún 名〈天〉성운. ¶～团tuán | 성운단

【星子】xīng·zi ⇒〔星xīng②〕

【星座】xīngzuò 名〈天〉성좌. 별자리 ¶大熊dàxióng～ | 큰곰별자리 ＝〔星位wèi〕

【惺】xīng 깨달을 성, 조용할 성

書❶動 깨닫다. 알게 되다. ❷形 조용하다. 안정되다. ❸名「骰tóu子」(주사위)의 다른 이름.

【惺忪】xīngsōng 形❶잠에서 막 깨어나 거슴츠레하다. ¶用手揉一揉róu～的睡眼shuìyǎn | 졸리는 눈을 손으로 비비다. ❷명석하다. ¶初醒chūxǐng未～ | 막 깨어나 흐리멍덩하다. ❸동요하여 정해지지 않다.

【惺惺】xīngxīng ❶狀 머리가 맑다. ❷狀 총명하다. 영리하다. ¶昧mèi着～使糊涂hútú | 영리함을 숨기고, 일부러 엉뚱한 짓을 하다. ❸名 총명한 사람. ❹形 진심인 체하다 ¶她那种～作态zuòtài不过是骗人piànrén的把戏bǎxì | 그의 진심인 체하는 작태는 속임수에 불과하다＝〔假jiǎ惺惺〕❺書 擬 꾀꼬리 울음 소리. ❻名「骰子tóu·zi」(주사위)의 다른 이름.

【惺惺惜惺惺】xīng xīng xī xīng xīng 成 총명한 사람이 총명한 사람을 아끼다. 성격이나 재간이 비슷한 사람들이 서로 아끼고 동정하다. 호걸이 호걸을 아끼다. ¶～, 好汉hǎohàn识好汉 | 총명한 사람은 총명한 사람을 아끼고, 사나이는 사나이를 안다《水滸傳》＝〔惺惺相惜〕

【惺惺相惜】xīng xīng xiāng xī ⇒〔惺惺惜惺惺〕

【惺惺作态】xīng xīng zuò tài 成 마음에도 없는 말이나 행동을 하다. 착한 체하다. 위선적으로 행동하다. ¶他这样做是～ | 그가 이렇게 하는 것은 착한 체하는 것이다.

【猩〈狌〉】xīng 성성이 성

名❶〈動〉성성이. 오랑우탄＝〔猩猩〕→〔类人猿lèirényuán〕❷〈色〉붉은 색. ¶～色 | 붉은 색.

【猩红】xīnghóng 名❶〈色〉선홍색(鮮紅色) ¶～的榴火liúhuǒ | 새빨간 석류꽃＝〔猩色〕❷〈鑛〉주사(朱砂)의 다른 이름＝〔银朱〕‖＝〔腥xīng红〕

【猩红热】xīnghóngrè 名〈醫〉성홍열. ¶小孩xiǎohái得dé了～ | 어린아이가 성홍열에 걸렸다＝〔红痧shā〕〔风疮fēngchuāng〕

【猩猩(儿)】xīng·xing(r) 名〈動〉성성이. 오랑우탄. ¶大～ | 고릴라. ¶黑hēi～ | 침팬지＝〔野人⑥〕〔褐猿hèyuán〕

4【腥】xīng 날고기 성, 비릴 성

❶形(피·고기·생선 등의) 비린내가 나다. 비리다. ¶血xuè～气qì | 피비린내. ❷名 생선. 날고기 등의 비린 것. ¶荤hūn～ | 비린내 나는 음식.

【腥臭】xīngchòu 形❶(생선 등이) 비리고 퀴퀴하다. ¶这条鱼tiáoyú已经～了, 不能吃了 | 이 생선은 너무 비리고 퀴퀴해서 먹을 수 없다. ¶猫māo喜欢吃～的 | 고양이는 비린 것을 즐겨 먹는다＝〔腥气②〕❷(하는 짓 등이) 비리다. 추잡하다. 구리다. ¶名声míngshēng～ | 평판이 몹시 나쁘다.

【腥风】xīngfēng 名 피비린내 나는 바람. 喩 피비린내 나는 전쟁. ¶血雨xuèyǔ～＝〔腥风血雨〕| 成 피비린내 나는 전쟁터.

【腥黑穗病】xīnghēisuìbìng 名組〈農〉(보리·밀 등의) 흑수병. ¶防治fángzhì～ | 흑수병을 예방 퇴치하다.

【腥气】xīngqì ❶⇒〔腥味儿〕❷⇒〔腥臭①〕

【腥臊】xīngsāo 名 ❶비린내. ❷악취. ❸방법이 악랄한 것. ¶施展shīzhǎn～的政治手腕shǒuwàn｜악랄한 정치적 수완을 쓰다.

【腥膻】xīngshān 名 ❶양고기의 노린내와 어육의 비린내. ¶羊肉yángròu的～｜양고기의 비린내 ❷ 書 침입한 북방의 유목 민족.

【腥味儿】xīngwèir 名 비린내. ¶一股gǔ子～｜확 풍기는 비린내. ¶血xuè～｜피비린내 =〔腥气①〕

xíng ㄒㄧㄥˊ

4【刑】xíng 형벌 형
名 ❶〈法〉형(刑). 형벌(刑罰) ¶缓huǎn～｜집행유예. ¶徒tú～｜징역. ❷범인에게 가하는 체벌(體罰). 고문. ¶受shòu～｜ⓐ 고문을 당하다. ⓑ 형을 받다. ❸형구(刑具) ¶动dòng～｜형구(刑具)를 사용하여 고문하다. ¶用～｜형구를 사용하다. ❹(Xíng) 성(姓).

4【刑场】xíngchǎng 名 사형장. 형장. ¶在～处刑｜형장에서 처형하였다.

【刑臣】xíngchén 名 환관(宦官).

【刑罚】xíngfá 名 ❶〈法〉형벌. ¶处以chǔyǐ～｜형벌에 처하다. ❷고통. ¶简直jiǎnzhí是受～呢｜정말 고통스럽다.

4【刑法】ⓐ xíngfǎ 名〈法〉형법. ¶根据gēnjù～判罪pànzuì｜형법에 근거하여 형을 판결하다.
ⓑ xíng·fa 名 체형(體刑) ¶动了～｜체형을 가하다. ¶这种～可厉害lìhài｜이런 체형은 가혹하다.

【刑房】xíngfáng 名 ❶형방 [형사 사건을 취급하는 관원] ❷(불법적인) 고문실. ¶私设sīshè～｜사형을 가하는 곳.

【刑具】xíngjù 名 형구 [형벌·고문에 쓰는 도구] ¶各种gèzhǒng～｜각종의 형구

【刑律】xínglǜ 書 名〈法〉형법. 형률. ¶触犯chùfàn～｜형법을 어기다.

【刑名】xíngmíng 書 名 ❶법률. ¶～之学｜법학. ❷(사형·도형(徒刑) 등의) 형벌의 이름. ¶～家｜형명가. ❸청대(清代)에 형사(刑事)를 주관하던 사람. ¶～师爷shīyé｜법정 서기 나리.

【刑期】xíngqī 名〈法〉형기. ¶～缩短suōduǎn了｜형기가 단축되었다.

【刑辱】xíngrǔ 書 動 형벌로 상해를 입혀 능욕하다.

4【刑事】xíngshì 名〈法〉형사. ¶负fù～责任zérèn｜형사책임을 지다. ¶～案件ànjiàn｜형사사건. ¶～法庭fǎtíng｜형사 법정.

【刑事犯】xíngshìfàn 名〈法〉형사범.

【刑讯】xíngxùn ❶ 名 고문. ¶法治国家fǎzhìguójiā反对fǎnduì～制度zhìdù｜법치 국가에서는 고문 제도를 반대한다 ❷ 動 고문하다. ¶～逼供bīgōng｜고문하여 자백을 강요하다 =〔刑问〕

【邢】Xíng 나라이름 형
名 ❶〈地〉형국(邢國) [춘추(春秋)시대 주(周)의 제후국(諸侯國)으로 지금의 하북성(河北省) 형대현(邢臺縣) 일대] ❷성(姓).

2【形】xíng 형상 형, 형체 형
❶(～儿) 名 모양. 형. 형상. ¶方～｜사각형. ¶三角～｜삼각형. ❷ 名 본체. 실체. ¶无～｜무형. ❸ 動 나타내다. 나타나다. ¶喜～于色｜기쁨이 얼굴에 나타나다 →〔形容〕❹ 動 (단음절 부사와 쌍음절 낱말 사이에 놓여) …해지다. …로 보이다. ¶益～顺利｜점점 순조롭다. ¶愈～微妙｜더욱 더 미묘하다. ❺ 動 비교하다. 대조하다. ¶相～之下｜쌍방 비교하에서 →〔相形见绌xiāngxíngjiànchù〕

【形变】xíngbiàn 名〈物〉변형. ¶弹性tánxìng～｜탄성변형.

2【形成】xíngchéng 動 형성하다. 드러나다. 이루다. 구성하다. ¶雨点在空中遇冷yùlěng～冰雹bīngbáo｜비가 공중에서 저온을 만나면 우박을 형성한다. ¶～鲜明的对比duìbǐ｜선명한 대비를 이루다. ¶这种景观jǐngguān～于清朝Qīngcháo末年｜이런 경관은 청말에 형성되어졌다. ¶形不成一致的意见｜의견을 일치시키지 못하다.

【形成层】xíngchéngcéng 名〈植〉형성층.

【形单影只】xíng dān yǐng zhī 成 동반자 없는 고독한 모습. ¶他一个人～的｜그는 혼자 고독한 모습을 하고 있다.

4【形而上学】xíng'érshàngxué 名〈哲〉형이상학. ¶～地观察guānchá问题wèntí｜형이상학적으로 문제를 관찰하다 =〔玄学xuánxué②〕

【形而下学】xíng'érxiàxué 名〈哲〉형이하학.

【形格势禁】xíng gé shì jìn 成 형세가 나빠 행동이 자유롭지 못하다. 환경의 제약을 받다.

【形骸】xínghái 書 名 사람의 몸뚱이. ¶放浪fànglàng～｜자유분방하게 행동하다.

【形迹】xíngjì 名 ❶거동과 기색. ¶不露lù～｜기색을 나타내지 않다. ❷예의. 의례. 형식. ¶不拘jū～｜형식에 구애받지 않다.

【形迹可疑】xíng jì kě yí 成 행동거지·태도가 의심스럽다. ¶来了一个～的人｜행동이 수상한 사람이 왔다.

【形旁】xíngpáng 名〈言〉(한자의 구성요소) 「六书」의 하나인 형성(形聲)의 뜻 부분 →〔六书liùshū①〕〔形声xíngshēng〕

【形儿】xíngr 名 ❶형체. 모양. ¶一个已经成了～的胎tāi儿｜이미 형체를 갖춘 태아. ❷형적(形跡) ¶她已经有了人了，只是没有露～｜그녀는 이미 상대가 생겼지만, 입 밖에 내지 않고 있을 뿐이다 →〔行迹jì③〕

2【形容】xíngróng ❶ 書 名 형상. 용모. 몰골. ¶她～枯槁kūgǎo｜그녀는 몰골이 초췌하다.(파리하다) ¶～憔悴qiáocuì｜용모가 초췌하다. ❷ 動 형용하다. 묘사하다. ¶实在无法～这个人｜이 사람은 정말 묘사해 낼 수가 없다. ¶用了许多词对菊花加以～｜많은 단어를 사용하여 국화를 묘사하다. ¶很难nán～出来｜형용해내기 어렵다. ❸ 動 조롱하다. 놀리다. ¶说笑话来～他｜우스개 소리로 그를 놀리다.

【形容词】xíngróngcí 名〈言〉형용사. ¶～是一种词类cílèi｜형용사는 품사의 하나이다.

【形神兼备】xíng shén jiān bèi 成 외양과 정신을 겸비하다. ¶这幅画fúhuà～｜이 그림은 외양과 정신을 겸비하고 있다.

【形声】xíngshēng 名〈言〉형성 [「六书①」의 하

나]¶～字zì | 형성 문자 =〔谐声xiéshēng〕→〔六书①〕

【形胜】xíngshèng 成 지세(地勢)가 뛰어나다. ¶～之地 | 지세가 뛰어난 땅. ¶山川shānchuān～ | 산천의 지세가 뛰어나다.

[2]【形式】xíngshì 名 형식. 형태. ¶～与内容统一 | 형식과 내용의 통일. ¶组织zǔzhī～ | 조직 형태. ¶艺术yìshù～ | 예술 형식.

【形式逻辑】xíngshì luójí 名〈論〉형식 논리.

【形式上】xíngshì·shang 形 형식상(의). 형식적인. ¶～的一致yīzhì | 형식상의 일치. ¶～的独立dúlì | 형식적인 독립.

【形式主义】xíngshì zhǔyì 名 형식주의. ¶不要搞gǎo～ | 형식주의로 하지마라.

[2]【形势】xíngshì 名 ❶ 지세(地勢) [군사적인 표현으로 많이 쓰임] ¶～险要xiǎnyào | 지세가 험하다 →〔地dì势①〕 ❷ 정세(情勢). 기세. 형편. ¶国际guójì～ | 국제 정세. ¶～的变化biànhuà | 정세의 변화. ¶～大好 | 형세가 매우 좋다.

【形势逼人】xíng shì bī rén 成 형세〔사태〕가 어찌할 방법이 없다. 대세에 밀려 그렇게 하지 않을 수 없게 되다. ¶现在xiànzài是～啊 | 지금은 어찌할 수 없는 형국이다.

【形似】xíngsì 動 모습〔모양〕이 비슷하다. 몸매가 비슷하다. ¶二人～ | 두 사람은 모습이 비슷하다. ¶～而貌异màoyì | 몸매는 비슷하나 용모는 다르다.

[3]【形态】xíngtài 名 ❶ 형태. ¶意识yìshí～ | 의식형태. 이데올로기. ¶观念guānniàn～ | 관념 형태. ❷ (생물체 외부의) 형태. ❸〈言〉단어(單語)의 어형(語形) 변화 형식. ¶～论 | 형태론. 품사론.

【形态学】xíngtàixué 名 ❶〈生〉형태학. ❷〈言〉형태론 [낱말의 형태를 다루는 문법학의 한 분야] =〔词法cífǎ〕

【形体】xíngtǐ 名 ❶ 신체. ¶生物学家们塑造sùzào了～完整wánzhěng的中国猿人模型yuánrénmóxíng | 생물학자들이 형체가 완전한 북경 원인 모형을 만들었다. ❷ 형체. 형상과 구조. ¶文字的～ | 문자의 형체.

【形同水火】xíng tóng shuǐ huǒ 成 물과 불처럼 서로 배타적이다. 물과 불처럼 서로 용납하지 않다.

【形相】ⓐ xíngxiāng 書 動 상세히 조사하다. ⓑ xíngxiàng 書 名 외모. 외양.

[2]【形象】xíngxiàng ❶ 名 (구체적인) 형상. ¶图画教学túhuàjiāoxué是通过～来发展儿童értóng认识事物的能力 | 시각 교육이란 형상을 통하여 아동의 사물 인식능력을 발전시키는 것이다. ¶孩子们善于～思维sīwéi | 아이들은 형상사유를 잘한다. ¶烈士lièshì的～永远活在人们的心里 | 열사의 형상이 영8원이 사람들의 마음속에 살아있다. ❷ 名 (문학 작품에서의) 형상. 이미지(image) ¶塑造sùzào英雄yīngxióng～ | 영웅이미지를 형상화하다. ¶人物rénwù～ | 인물 형상. ❸ 形 구체적이다. 형상적이다. 사실적이다. ¶作家～地回答了中国应该向何处去的问题 | 작가는 중국이 어디로 가야하는지의 문제에 대해 구체적이고 사실적으로 대답을 했다. ¶语言生动shēngdòng～ | 말이 생동감 있고 구체적이다.

【形象思维】xíngxiàng sīwéi 名組 이미지(image)나 형상을 통한 사유. ¶讲究jiǎngjiū～ | 형상사유를 추구하다.

【形销骨立】xíng xiāo gǔ lì 成 야위어서 뼈만 앙상하다. 피골이 상접하다.

【形形色色】xíngxíngsèsè 成 각양각색. 형형색색. ¶这部小说塑造sùzào了～的知识分子zhīshífènzǐ的形象xíngxiàng | 이 소설은 지식분자들의 각양각색의 이미지를 형상화했다. ¶～的错误思想cuòwùsīxiǎng | 각양 각색의 그릇된 사상.

【形影不离】xíng yǐng bù lí 成 형상과 그림자는 떨어질 수가 없다. 그림자가 형체를 따르듯이 조금도 떨어지지 않다. 서로의 관계가 아주 친밀하다. ¶他俩相亲相爱xiāngqīnxiāngài～ | 그들 둘은 서로 사랑하여 한 순간도 떨어지는 일이 없다 =〔形影相随suí〕

【形影相吊】xíng yǐng xiāng diào 成 형체와 그림자가 서로 붙어 의지하다. 몸과 그림자끼리 서로 위로하면서 살아가다. 외토리의 의지할 데 없고 고독한 모양. 고독하다. ¶他一个人～ | 그는 혼자라 외롭다.

【形制】xíngzhì ❶ 名 (기물·건축물의) 형상과 구조. ❷ 書 動 지형을 이용하여 제압하다. ¶金陵Jīnlíng地势dìshì如龙盘虎踞lóngpánhǔjù, ～四方 | 금릉(金陵)의 지세는 용호가 서리고 걸터 앉은 모양과 같아서 사방을 제압하고 있다.

【形诸笔墨】xíng zhū bǐ mò 動組 글로〔문장으로〕나타내다. ¶这种情况很难～ | 이러한 상황은 글로 표현하기 아주 힘들다.

[2]【形状】xíngzhuàng 名 형상. 물체의 외관. ¶～美丽的山 | 외관이 아름다운 산

2【型】xíng 거푸집 형, 본보기 형

名 ❶ 모형(模型). 주물형. 주형(鑄型) ¶砂shā～ | 모래 주형. ¶浇jiāo～ | 주형에 쇳물을 붓다. ❷ 유형. 양식. 모양. ¶典diǎn～ | 전형. ¶血xuè～ | 혈액형. ¶大～ | 대형.

【型钢】xínggāng 名〈金〉형강 =〔构gòu造型钢〕

[4]【型号】xínghào 名 (비행기·기기·농기구 등의) 사이즈. 형. ¶～齐全qíquán | 다양한 형이 모두 갖추어져 있다.

【型砂】xíngshā 名〈機〉주형사 =〔造zào型砂〕

【型式】xíngshì 名 본. 형(型) ¶新xīn的～ | 새로운 본(형)

【型心】xíngxīn 名〈金〉주물(鑄物)의 심형(心型) ¶粘土zhāntǔ～ | 점토 심형.

【硎】xíng 숫돌 형

書 ❶ 名 숫돌 =〔回 磨刀石 mōdāoshí〕 ❷ 動 갈아서 만들다.

1【行】xíng háng hàng héng 다닐 행, 갈 행, 항렬 항

Ⓐ xíng ❶ 動 걷다. 가다. ¶人～道 | 인도. ¶步bù～ | 보행하다. ❷ 이동하다. ¶～商↓ ❸ 유행하다. 널리 퍼뜨리다. ¶通tōng～全国 | 전국에 널리 퍼지다. ¶发fā～ | 발행하다. ❹ 실행하다. 행하다. ¶执zhí～ | 집행하다. ¶举jǔ～ | 거행하

다. ❺ 動 (단음절 부사(副詞)와 쌍음절 동사(動詞) 사이에 쓰여) …활동을 하다. ¶即jí～查复cháfù | 곧 조사해 보내다. ❻ 動 전달하다. 보내다. ¶～公文gōngwén | 공문을 보내다. ¶～文↓ ❼ 여행과 관계되는 것. ¶～装zhuāng↓ ¶～踪zōng↓ ❽ (舊 xìng) 행위. 행동. ¶言～ | 언행. ¶品pǐn～ | 품행. ❾ 名 〈文〉 행 [(고시(古詩)의 한 형식으로) 악부(樂府)에서 변화되어 바뀐 것] ¶琵琶pípá～ | 비파행. ¶兵车～ | 병거행. ❿ 名 행서 [한자 육서 서체(書體)의 하나] ⓫ 形 좋다. 괜찮다. 어법 「行了」의 형태로 많이 쓰임. ¶把问题wèntí说清楚qīng·chu就～了 | 문제를 분명하게 말했으면 됐다. ¶他不来不～ | 그는 오지 않으면 안된다. ⓬ 形 유능하다. 훌륭하다. 어법 서술어로만 쓰이며, 정도부사(程度副詞) 「很」「真」은 수식할 수 있으나, 「最」「极」「有点儿」은 수식할 수 없음. ¶这个小组的成员都很～ | 이 소그룹의 구성원들 모두 매우 유능하다. ⓭ 動 …한다든지 안한다든지. …가 했는데. ¶～去～不去 | 가는지 안가는지. ¶～哭就笑 | 우는가 했는데 금방 웃고 있다. ⓮ 書 副 곧. 금방. ¶～将毕业 | 곧 졸업하게 된다. ⓯ 名 길. ¶千里之～ | 천리길. ⓰ (Xíng) 名 성(姓).

Ⓑ háng ❶ 名 행. 열. 행렬. ¶单dān～ | 한 줄. ¶双shuāng～ | 두 줄. ❷ 名 직업(職業) ¶内～ ⇔〔外行〕 | 전문가. ¶各～各业 | 각 업종. ❸ 형제·자매 사이의 순서 =〔排行páiháng〕 ¶我是～大 | 나는 맏이다 →〔排行〕 ❹ 名 상점. ¶银yín～ | 은행. ¶总zǒng～ | 본점. ❺ 名 도매상. ¶～栈zhàn↓ ¶发～价儿 | 도매가격. ❻ 물건의 질이 시원찮은 것. ❼ 名 ㊄ 곳. 장소. ¶我～ | 내가 있는 곳. ❽ 動 (솜옷·이불 등을) 누비다. 바느질하다. ¶～了一件棉袄mián'ǎo | 솜저고리 한 벌을 누볐다. ❾ 量 직업·기술 등을 세는 단위. ¶学了一～手艺shǒuyì | 기술을 하나 배웠다. ❿ 量 행. 열 [행이나 열로 되어 있는 것을 세는 단위] ¶三～字 | 세 줄의 글자. ¶八～诗句 | 8행시. ¶两～眼泪yǎnlèi | 두 줄기 눈물. ⓫ 名 〈電算〉 필드(field) =〔栏lán〕

Ⓒ hàng ⇒〔树shù行子〕

Ⓓ héng ⇒〔道dào行〕

Ⓐ xíng

【行不通】xíng·bu tōng 動組 ❶ 통행할 수 없다. ¶这是死胡同sǐhútóng, 前面～ | 이 곳은 막다른 골목이라 앞 쪽으로는 통행할 수 없다. ❷ 통하지 않다. 실행할 수 없다. 통용되지 않다. ¶这一套～ | 이런 식으론 통하지 않는다. ¶办法bànfǎ～ | 방법이 통하지 않다. ¶这个计划jìhuà～ | 이 계획을 실행할 수 없다 ⇔〔行得通〕

【行不行】xíng·buxíng 動組 될 수 있는가 없는가. 어떠한가. ¶这么办bàn, 你看～? | 이렇게 하면 어떻습니까? ¶别闹biénào! ～? | 조용히 하지 못하겠니? ¶你的技术jìshù～? | 너의 기술로 할 수 있니?

【行藏】xíngcáng 書 名 ❶ 진로(進路). 진퇴(進退) ¶君子jūnzǐ的～任凭rènpíng当局dāngjú的取舍qǔshě而不强求qiángqiú | 군자의 진퇴는 책임자의 선택에 맡기는 것이며, 무리하게 요구하지 않는 것이다 →〔用舍行藏〕 ❷ 내막. 내력. 행적. 비밀. ¶露～ | 내력이 밝혀지다. ¶看破kànpò～ | 내막을 간파하다.

【行车】xíngchē ❶ 動 차가 다니다. 운행하다. 차량을 통과시키다. ¶此处不准zhǔn～ | 이곳은 차량 통행을 금함. ¶～执照zhízhào | 운전 면허증. ¶～路线lùxiàn | 운행 노선〔코스〕. ¶安全～五万公里 | 무사고 5만 킬로 운행. ¶～速度sùdù | 운행 속도. ❷ 名 〈工〉 천정 주행 기중기. 주행 기중기 =〔天车〕〔桥qiáo式起重机〕

【行成于思】xíng chéng yú sī 成 일은 잘 생각하는 데서 이루어진다. 일을 하는 데에는 신중을 기해야 한다. 일을 하는 데에는 신중한 생각과 분석이 뒤따라야 한다. ¶～,只有认真rènzhēn计划jìhuà才能成功 | 일을 하는 데에는 신중한 생각과 분석이 뒤따라야 되듯이 진지하게 계획을 세워야만 성공할 수 있다.

4【行程】xíngchéng ❶ 名 여정(旅情). 노정(路程) ¶～表biǎo | 노정표. ¶～万里wànlǐ | 만 리의 여정. ¶历史发展lìshǐfāzhǎn～ | 역사 발전의 도정. ❷ 名 〈機〉 스트로크(stroke). 행정(行程) ¶滑枕huázhěn～ | 피스톤 스트로크 =〔冲chōng程〕 ❸ 動 출발하다. 길을 떠나다. ¶请师父便可～ | 스승님께 부탁하면 곧 떠날 수 있다.

【行船】xíngchuán 動 ❶ 배를 젓다. ¶他也会～ | 그도 배를 저을 수 있다. ¶南方人善于shànyú～ | 남방 사람들은 배를 잘 몬다. ❷ 배가 통행하다. 배가 지나다니다. ¶～条约tiáoyuē | 선박 항해 조약. ¶此处水浅qiǎn, 不可～ | 이 곳은 물이 얕아서 배가 지나다닐 수 없다.

【行次】xíngcì 名 여행 도중. 여로(旅路) ¶上釜山的～中遇yù到了老朋友 | 부산으로 가는 여행길에서 옛 친구를 만났다.

【行刺】xíng/cì 動 (무기로) 암살하다. ¶最近zuìjìn企图qǐtú～总统zǒngtǒng的主谋者, 今天早晨zǎochén被捕bèibǔ了 | 최근 대통령을 암살시키려고 기도했던 주모자가 오늘 아침에 체포되었다.

【行道】xíngdào ❶ 書 動 정치적 이상(주장)을 실행하다. ¶替天tìtiān～ | 하늘을 대신하여 자신의 정치적 이상을 실행하다. ❷ ⇒〔行医〕 ❸ 書 名 길. 도로. ¶人～ | 인도.

【行道树】xíngdàoshù 名 가로수.

【行得通】xíng·de tōng 動組 ❶ 통할 수 있다. 통행할 수 있다. ¶走这条路tiáolù肯定kěndìng～ | 이 길로 가면 통할 수 있을 것이다. ❷ 통용하다. 실행할 수 있다. ¶这种新办法xīnbànfǎ准能～ | 이 새로운 방법은 꼭 실현할 수 있다 ‖ ⇔〔行不通〕

2【行动】xíngdòng ❶ 動 걷다. 움직이다. 나다니다. ¶经医治后,他已经能～了 | 치료를 받고 난 후 그는 벌써 걸을 수 있게 되었다. ¶他的腿脚tuǐjiǎo～不便 | 그는 다리가 불편하다 =〔行走〕〔走动〕 ❷ 動 행동하다. 활동하다. ¶刚刚布置bùzhì完任务rènwù,这个班就～起来了 | 임무를 다 맡자 이 분대는 행동하기 시작했다. ¶你打算dǎsuàn怎么～? | 어떻게 행동할 생각이냐? ¶按计划

jìhuà~ | 계획에 따라 행동하다. ❸名 행위. 행동. 거동. ¶他的~遭到zāodào了大家的反对fǎnduì | 그의 행동은 사람들의 반대에 부딪쳤다. ¶军事~ | 군사 행동. ¶~纲领gānglǐng | 행동 강령. ¶~可疑yí | 거동이 수상하다. ❹書副 걸핏하면. 언제나. 늘 =〔动不动(儿)〕

【行动邮局】xíngdòng yóujú 名 이동 우체국

【行都】xíngdū 名 임시 수도. ¶釜山Fǔshān是韩战Hánzhàn时期的~ | 부산은 한국 전쟁 시기의 임시수도였다.

【行方便】xíng fāng·bian ❶ 도와주다. 은혜를 베풀다. 남의 편의를 봐주다. ¶我一天没吃饭chīfàn了,求您行个方便吧 | 저는 하루 종일 밥을 먹지 못했으니 은혜를 좀 베풀어 주십시오. ¶这一点儿请你行个方便吧 | 이만한 것 쯤은 좀 편의를 봐주시세요. ❷〈佛〉희사(喜捨)하다. ¶大~广积善缘guǎngjīshànyuán | 크게 희사하면 널리 좋은 인연을 쌓게 된다.

【行房(事)】xíng/fáng(shì) 動 방사(房事)를 하다. 부부가 동침하다 =〔行阴yīn〕〔同房tóngfáng①〕〔入rù房〕

【行宫】xínggōng 名 행재소(行在所). 행궁. ¶皇帝huángdì现住在~ | 황제는 지금 행궁에 기거하고 있다 =〔车宫〕

【行好】xíng/hǎo 動 ❶ 자비심을 베풀다. 선행을 하다. ¶~有好报bào | 남에게 은혜를 베풀면 좋은 보상을 받는다. ¶善心的姑娘gūniáng, 行行好吧! | 인정 많은 아가씨 적선 좀 해주세요! =〔行善〕 ❷ 기부하다. 희사(喜捨)하다. ¶这点钱就算你~了吧 | 요만한 돈쯤 희사하는 셈 쳐라.

4【行贿】xíng/huì 動 뇌물을 주다〔먹이다〕. ¶严禁yánjìn~ | 뇌물수수를 엄금하다. ¶~求官qiúguān, 真是可耻chǐ | 뇌물을 써서 관직을 얻는 것은 수치스러운 일이다 =〔纳贿nàhuì②〕→〔受贿〕

b hánghuò ❶名 상품. 물품. ¶各色~ | 각양각색의 상품. ❷名㊂ 불량품. 열등품. ¶~充斥市面 | 불량품이 시장에 가득 차 있다.

【行迹】xíngjì 名 ❶ 형식. 예의. 예절. 예의 범절. ¶不拘jū~ | 예절 등과 같은 형식에 얽매이지 않다. ¶咱们是脱略tuōlüè~的朋友 | 우리는 예의 범절에 구애받지 않는 친구들이다. ❷ 행동거지. 행실. 행적. ¶~可疑kěyí | 행동이 수상하다. ❸ 행적. 행방. 자취. 정체.

【行将】xíngjiāng 書副 머지않아. 곧. ¶~出境jìng | 이제 곧 출국한다.

【行将就木】xíng jiāng jiù mù 成 머지않아 관 속에 들어가게 된다. 죽을 날이 가깝다. 관에 들어가다. ¶他已~了 | 그는 이미 죽어 관에 들어갔다. ¶~之年 | 고령.

【行脚】xíngjiǎo 動 여기저기 돌아다니다. 행각하다. ¶~僧sēng | 행각승.

【行劫】xíngjié 動 강탈하다. 약탈하다. ¶每夜měiyè~度日 | 매일 밤에 약탈을 하여 살아가다. ¶拦路lánlù~ | 길을 막고 강탈하다.

【行进】xíngjìn 動 ❶ 전진하다. ¶海岛hǎidǎo就像一条在波浪bōlàng~中的小船 | 섬이 마치 파도 속에서 전진하는 작은 배와 같다. ¶~的速度sùdù越yuè来越快 | 전진하는 속도가 점점 빨라지다. ❷〈軍〉행진하다. ¶队伍duìwǔ在陡峭dǒuqiào的山路上缓慢地huǎnmàndì~ | 대원이 가파른 산길에서 천천히 행진하고 있다.

【行经】xíngjīng ❶名動 달거리(가 오다). 월경(月經)(하다) ¶这个月~不顺shùn | 이 달은 월경 불순이다. ❷動 (여행 도중 어느 지점을) 통유하다. 통과하다. 지나다. ¶~日本Rìběn | 일본을 경유하다. ❸名 경과. 과정.

4【行径】xíngjìng 名 ❶貶 행위. 행실. 거동. ¶狂妄kuángwàng~ | 무분별한 행동. ¶平日píngrì的~ | 평상시 행실. ¶无耻wúchǐ~ | 파렴치한 행동. ❷書 작은〔좁은〕길. 소경(小徑) ¶~通幽tōngyōu | 작은 길이 깊숙한 곳으로 뻗어 있다.

4【行军】xíng/jūn 動 ❶〈軍〉행군하다. ¶夜yè~ | 야간 행군. ¶~训练xùnliàn | 행군훈련. ¶~距离jùlí | 행군거리. ❷ 군대를 출동시키다. 용병(用兵)하다. ¶~贵乎神速shénsù | 용병은 신속한 것을 으뜸으로 친다.

【行军虫】xíngjūnchóng 名方〈蟲〉거염벌레.

【行军床】xíngjūnchuáng 名 (군용의) 야전침대. 행군용〔휴대용〕침대. ¶客来搭dā个~给他睡shuì | 손님이 오면 휴대용 침대를 조립하여 자게 한다 =〔帆布fānbù床〕

【行乐】xínglè 書動 즐겁게 놀다. 향락하다. ¶他们一味~,不思sī上进 | 그들은 즐길려고만 하지 발전하려고 노력하지 않는다. ¶及时jíshí~ | 그때그때 때를 놓치지 않고 즐기다.

【行礼】xíng/lǐ 動 ❶ 예를 취하다(행하다). 경례하다. 인사하다. ¶行举手礼jǔshǒulǐ | 거수 경례를 하다. ¶行鞠躬礼jūgōnglǐ | 허리 굽혀 인사하다. ¶~如仪rúyí | 형식대로 예를 행하다. ❷方 선물하다.

2【行李】xíng·li 名 ❶ (여행) 짐. 행장. 수화물. ¶准备zhǔnbèi~ | 행장을 준비하다. ¶打个~ | 짐〔행장〕을 꾸리다. ¶超重chāozhòng~ | 중량초과 수하물. ❷書 사신(使臣) =〔行理lǐ〕

【行李卷儿】xíng·lijuǎnr 名 침낭. 슬리핑백 →〔铺pū盖卷儿〕

【行猎】xíngliè 書動 사냥하다 =〔打dǎ猎〕

【行令】xíng/lìng ❶動 술자리에서 술을 권하는 놀이를 하다. =〔行酒令儿〕 ❷動 명령하다.

【行路】xínglù 書 ❶動 길을 걷다〔가다〕. ❷名 도로. 길. ¶~的 | 여행자. ❸名 세상살이. 처세. ¶~难nán | 세상살이가 어렵다.

【行侣】xínglǚ 書名 여행의 길동무. ¶找几个~ | 몇 명의 길동무를 찾다.

【行旅】xínglǚ 名 ❶ 여행. ¶祝君~安绥suí | 안전한 여행이 되시기를 빕니다. ❷ 나그네. 여행자. 길손. ¶人生如~ | 인생은 나그네와 같다. 인생은 나그네길. ¶~往来 | 나그네들이 오가다.

【行囊】xíngnáng 書名 ❶ 여행용 행낭 →〔行箧qiè〕 ❷ 여비. 노자. ¶我这次出来~不大充裕chōngyù | 나의 이번 여행은 여비가 그리 충분하지 않다.

【行骗】xíng/piàn 書動 속이다. 사취(詐取)하다. 사기 협잡을 하다. ¶他常出去~ | 그는 항상 나

가서 사기를 친다.

【行期】xíngqī 名 출발 날짜. ¶～已近 | 출발 날짜가 벌써 닥쳐왔다. ¶～未定wèidìng | 떠날 날이 아직 결정되지 않았다.

【行乞】xíngqǐ 書 動 구걸하다. 빌어먹다. 동냥하다. ¶他只得在街上～ | 그는 길에서 동냥할 수 밖에 없다.

【行腔】xíngqiāng 動〈演映〉(희곡 배우가 노래할 때 곡(曲)에 대한 자기 나름대로의 해석에 근거하여) 목소리를 조정하다. 음을 형성하다. ¶～咬字yǎozì | 威 자신의 곡조로 가사를 소리내다.

【行箧】xíngqiè 書 名 (여행용) 작은 상자. ¶～丢diū了 | 여행가방을 잃어버렸다.

【行窃】xíngqiè 書 動 훔치다. 도둑질하다. ¶他竟去～了 | 그는 결국 나가서 도둑질했다.

[3]【行人】xíngrén 名 ❶ 행인. 통행인. ¶～走行人道 | 보행자는 인도로 걸어야 한다. ❷ 나그네. 여행자. 길손. ❸ 書 행인. 옛날 조근(朝覲)·빙문(聘問)의 일을 맡은 관직. ❹ 書 사자(使者)를 통틀어 일컫는 말. ❺ 書〈佛〉행자(行者). ❻ (Xíngrén) 복성(複姓).

【行人情】xíng rénqíng 動組 길흉사(吉凶事)에 인사를 차리다. ¶给亲戚qīnqī～去 | 친척 대사에 인사를 차리러 가다.

【行若无事】xíng ruò wú shì 威 아무일도 없는 것처럼 태연스럽게 행동하다. ¶见了不正义zhèngyì的行为xíngwéi～ | 정의롭지 못한 행위를 보고도 못본 체 한다.

【行色】xíngsè 書 名 ❶ 행색. 출발 전후의 상태·정경 또는 분위기. ¶～匆匆cōng | 여행 전에 바쁜 모양. ¶军队jūnduì出发的～真够雄壮xióngzhuàng的 | 군대가 출발하는 모습이 정말 웅장하군. ❷ 안색. 표정. ¶看他那副～张惶zhānghuáng的样子, 一定出了什么事儿 | 그가 저렇게 당황해하는 모습을 보니, 틀림없이 무슨 일이 생겼다.

【行善】xíng/shàn ¶～积德jīdé | 선을 행하고 덕을 쌓다 ⇒〔行好①〕

【行商】xíngshāng 名 행상. 도부 장수 ¶他想去广州Guǎngzhōu～ | 그는 광주에 가서 행상을 하려고 한다 =〔行贾〕

【行尸走肉】xíng shī zǒu ròu 威 살아있는 송장이요, 걸어다니는 고깃덩이. 산송장처럼 무위(無爲)하게 그날 그날을 보내는 사람. 무용지물. ¶这种人不过是～而已 | 이런 사람은 무위도식하는 무용지물에 불과하다.

【行时】xíngshí 動 ❶ 유행하다. 인기가 있다. ¶马克思主义Mǎkèsīzhǔyì～了一阵yīzhèn | 마르크스주의는 한때 대단히 유행했다. ❷ (사람이) 세력을 얻다. 좋은 운을〔때를〕만나다. ¶他今天算是～了 | 나는 오늘 운이 좋은 셈이다.

[4]【行使】xíngshǐ 動 (직권 등을) 행사하다. ¶～专政zhuānzhèng | 전제정치를 행하다. ¶～否决权fǒujuéquán | 거부권을 행사하다.

[3]【行驶】xíngshǐ 動 (차·배 등이) 다니다. 통행하다. 운행하다. 운항(運航)하다. ¶～的路线lùxiàn不变bùbiàn | 운행(운항)노선이 바뀌지 않다. ¶禁止jìnzhǐ车辆chēliàng～ | 차량 통행 금지. ¶火车飞速fēisù～ | 기차가 빠르게 달리다.

【行事】xíngshì ❶ 名 행위. 행동. ¶言谈yántán～ | 말과 행동. ❷ 動 실행하다. 일을 처리하다. ¶看交情jiāoqíng～ | 교분에 따라 처리하다. ¶秘密mìmì～ | 비밀리에 행하다. ¶按道理àndàolǐ～ | 도리에 따라 일을 처리하다. ❸ 動 교제를 잘하다. 손님을 대하는 수완이 있다. ¶他真会～ | 그는 정말 사람 대하는 수완이 좋다.

【行书】xíngshū 名 행서. 한자 서체(書體)의 하나. ¶～字儿 | 행서체의 글씨.

【行署】xíngshǔ ⇒〔行政公署zhènggōngshǔ〕

【行头】xíng·tou 名 ❶ 여행용 물품. ❷〈演映〉무대 의상과 소도구. ❸ 轉 (해학의 뜻으로) 복장. 옷차림. ❹ (송대(宋代)의 축국(蹴鞠)에 쓰인) 가죽공.

[3]【行为】xíngwéi 名 행위. ¶～主义zhǔyì | 행위주의. ¶卑劣bēiliè的～ | 비열한 행위. ¶正义zhèngyì的～ | 의로운 행위. ¶非法fēifǎ的～ | 불법 행위.

【行文】xíng/wén 動 ❶ 공문을 보내다. ¶～到各机关jīguān去调查diàochá一下 | 각 기관에 공문을 보내어 조사하게 하다. ❷ 글을 짓다. ¶～不甚顺达shùndá | 글이 매끄럽지 못하다. ¶～如流水liúshuǐ | 술술 막힘없이 문장을 짓다.

【行销】xíngxiāo ❶ 動 (각지에) 상품을 판매하다. 판매 활동을 하다. ¶～环球huánqiú | 전세계에 상품을 판매하다. ❷ 形 方 (상품이) 시장수요에 적합하여 매우 잘 팔리다. 상품이 잘 나가다. ¶～不畅chàng | 상품이 잘 팔리지 않다.

[3]【行星】xíngxīng 名〈天〉행성. 혹성. 유성. ¶人造rénzào～ | 인공 행성 =〔惑huò星〕〔游yóu星〕

【行刑】xíng/xíng 動〈法〉형을 집행하다. 사형을 집행하다. ¶～场chǎng | 형장

【行凶】xíng/xiōng 動 사람을 해치다. 폭행을 하다. 살해하다. ¶他们～杀人shārén | 사람을 폭행하여 살해하다. ¶～作恶zuòè | 포악한 짓을 하다.

【行医】xíng/yī 動 의료 사업을 하다. 의술을 행하다 [주로 자신이 경영하는 병원에 종사하는 것을 말함] ¶以～济世jìshì | 의술로 세상을 구제하다 =〔行道dào②〕

【行营】xíngyíng 名 ❶ 임시 병영. (군대의) 임시 주둔지. 군영. ❷ 막사. ¶童子军tóngzǐjūn在山上扎zhā了一个～ | 보이 스카우트가 산 위에 막사를 한 채 지었다. ❸ 어떤 일을 위해 전문적으로 설치된 임시 기구 ‖ =〔行辕yuán〕

【行辕】xíngyuán ⇒〔行营〕

【行云流水】xíng yún liú shuǐ 威 떠도는 구름과 흘러가는 물과 같다. 글의 짜임새가 자연스럽고 구애됨이 없다. 막힘없이 자연스럽다. ¶他的散sǎn文如～ | 그의 산문은 흐르는 물처럼 매끄럽고 자연스럽다.

【行在(所)】xíngzài(suǒ) 名 행재소. ¶他追到皇帝驻脚zhùjiǎo的～进谏jìnjiàn | 그는 황제가 거처하는 행재소에 가서 진언을 했다.

【行者】xíngzhě 名 ❶ 書 통행인. 여행자. ❷〈佛〉행자. 행각승. ❸〈佛〉장로(長老)의 시자(侍者).

[3]【行政】xíngzhèng 名 ❶ 행정. ¶～处分chǔfēn | 행정처분. ¶～命令mìnglìng | 행정명령. ¶～部门bùmén | 행정부서. ¶～单位dānwèi | 행정단위. ¶～机构jīgòu | 행정 기구. ❷ (기관·기업·단체 등의) 관리·운영. 행정과 경영. ¶～人员rényuán | 사무 직원. ¶～费用fèiyòng | 업무 관리비.

【行政村】xíngzhèngcūn 名 항일 전쟁시기와 중국 성립 초기에, 화북·서북·동북·화동(華東) 지역에서 하나 또는 몇 개의 자연 촌락으로 이루어진 기본 행정단위 →〔人民公社rénmíngōngshè〕

【行政公署】xíngzhèng gōngshǔ 名組 ❶ 중화 인민공화국의 성립 전과 성립 초기 일부 지역에 설치한 지방 행정기구. 지방 행정 공서. ❷ 중국의 일부 성(省) 인민위원회가 설치한 파출(派出)기관 ¶他任rèn～的专员zhuānyuán | 그는 행정기관의 전문요원이다. ‖ =〔簡 行署〕

【行政区】xíngzhèngqū 名 행정구. ❶ 국가 행정기관이 설치된 각급 행정구역. ❷ 일부 성(省)이 필요에 따라 설치한 행정 구역으로서 몇 개의 현(縣)·시(市)를 포함함.

【行之有效】xíng zhī yǒu xiào 威 실제적 효험이 있다. 효과적이다. ¶～的政策zhèngcè | 효과적인 정책.

【行止】xíngzhǐ ❶ ⇒〔行踪zōng〕 ❷ 書 名 품행. 행위. 행동 거지. ¶～有亏kuī | 품행이 온전치 못하다. ¶～不检jiǎn | 행동이 신중하지 못하다. ❸ 書 名 일을 처리하는 방법. ¶等他来时再定～ | 그가 온 뒤에 다시 방법을 결정합시다. ¶共商gòngshāng～ | 방법을 함께 상의하다.

【行装】xíngzhuāng ❶ 名 행장. 여장(旅裝) ¶整理zhěnglǐ～ | 여장을 갖추다. ❷ 書 動 군복을 입다.

【行状】xíngzhuàng 名 행장[죽은 사람에 대한 일생의 업적을 적은 글]=〔行述shù〕

【行踪】xíngzōng 名 행적. 행방. 종적. 소재. ¶～不定 | 행방이 일정하지 않다. ¶～不明 | 행방불명 =〔行止①〕

【行走】xíngzǒu ❶ 動 걷다. ¶～速度sùdù | 보행속도. ❷ 動 왕래하다. 교제하다. ¶两家～了好几年, 连孩子们也都熟识shóushí了 | 양가는 오랜 교제로, 아이들까지도 잘 알고 있다. ❸ 名 청대(清代), 경사(京師)에서 전관(專官)을 두지 않은 곳을 겸임하는 것〔일〕.

Ⓑ háng

【行帮】hángbāng 名 옛날의 동업 조직. ¶他们组织zǔzhī了～ | 그들은 동업을 조직했다.

【行辈】hángbèi 名 ❶ 항렬. ¶他～比我大 | 그는 항렬이 나보다 높다. ❷ 같은 또래. 같은 나이.

【行车】hángchē ⇒〔天tiān车〕

【行当(儿)】háng·dang(r) 名 ❶ 口 직업. 생업. ¶受罪shòuzuì的～ | 고생스러운 직업. ¶你干什么～? | 당신은 무슨 일을 하십니까? ❷ 중국 희곡에서 배우들의 배역 종류.

【行道】háng·dao ⇒〔行业yè〕

【行东】hángdōng 名 ❶ 옛날, 가게 주인. ❷ 작업장〔공사장〕의 우두머리.

【行二】háng'èr 名 둘째. 차남 또는 차녀 ¶他是我们家的～ | 그는 우리집 둘째이다 →〔排pái行①〕

【行贩(儿)】hángfàn(r) 名 소상인 또는 행상인 =〔小xiǎo贩〕

【行规】hángguī 名 ❶ 점포의 규정. ❷ (동업자 끼리의) 영업 규정. ¶不得违反wéifǎn～ | 영업규정을 위반해서는 안된다.

【行行儿出状元】hánghángr chū zhuàng·yuan 諺 어떤 직업 분야에서도 뛰어난 사람이 나오기 마련이다. 어떤 직업이라도 다 성공할 수 있다.

【行话】hánghuà 名 동업자간의 전문 용어. 직업상의 은어(隱語) =〔行业yè语〕〔行语〕

【行会】hánghuì 名 ❶ 동업 조합. ❷ 外 길드(guild) →〔行帮bāng〕

【行货】hánghuò ☞〔行货〕xíng/huò Ⓑ

【行家】háng·jia ❶ 名 전문가. 숙련가. ¶瞒不了mánbùliǎo您这位大～ | 당신과 같은 전문가는 속일 수가 없습니다 =〔行家子〕〔方 行角〕→〔老把式lǎobǎshì〕〔内行Ⓐ〕〔外行〕 ❷ 動 정통하다. 귀신 같다.

【行间】hángjiān 名 ❶ (문장의) 행간. 열〔줄〕과 열〔줄〕 사이. ❷ 書 군대 [「行伍之间」의 약칭] ¶～无雅人yǎrén | 군에는 문약한 사람이 없다.

【行距】hángjù 名 (농작물의) 이랑 간격.이랑 너비. 행간거리 ¶拉宽lākuān～ | 행간거리(이랑 너비)를 넓히다.

【行款】hángkuǎn 名 서법(書法) 또는 인쇄의 (글자의 배열과 행간의) 형식〔체재〕.

[3]【行列】hángliè 名 행렬. 대열. ¶～的最前面 | 대열의 맨 앞.

【行列式】hánglièshì 名 〈數〉 행렬식.

【行情】hángqíng 名 시세. 시장 가격. ¶最近～不错bùcuò | 최근의 시세는 좋다. ¶随其～出售chūshòu | 시세대로 팔다 →〔行市①〕

【行市】háng·shi 名 ❶ 〈經〉 시세(時勢). 시가(時價) ¶～表biǎo | 시세표. ¶外汇huì～ | 외국환 시세 →〔行情〕〔黑hēi市〕 ❷ 좋은 시기. ¶他赶上gǎnshàng～了 | 그는 좋은 시기를 만났다.

【行伍】hángwǔ 名 오열(伍列). 轉 군대. ¶他是～出身,比较粗鲁cūlǔ | 그는 군출신이라 좀 거칠다.

[3]【行业】hángyè 名 직업. 생업. 일거리. ¶给他找zhǎo个什么～做做吧 | 그에게 무언가 일거리를 찾아 주자 =〔方 行道dào〕

【行业语】hángyèyǔ ⇒〔行话huà〕

【行佣】hángyòng 名 方 구전(口錢). 구문(口文) ¶取百分之七的～ | 7%의 구전을 받다 =〔行用〕

【行院】hángyuàn 名 금원(金元) 시대에 기생집·기루(妓樓) 또는 기생·연극 배우를 일컫던 말 ¶她误入wùrù～,后悔hòuhuǐ不已 | 그녀는 기루에 잘못 발을 들여놓은 후 계속 후회한다.

【行栈】hángzhàn 名 옛날의 창고업을 겸한 중매업(中買業) ¶他家开了一个～ | 그의 집은 중개상을 열었다.

【行子】háng·zi 名 罵 方 몹쓸 것. 놈 [사람이나 물건에 주로 쓰는 표현임]

【陉(陘)】 xíng 지레목 형

書 ❶ 名 지레목. ❷ 지명에 쓰이는 글자. ¶井～县 | 정형현. 하북성(河北省)에

있는 현이름.

【饧(餳)】xíng táng 엿 당

Ⓐxíng❶動(엿 등이) 물렁물렁하다. ¶糖táng～了｜사탕이 물렁물렁해 졌다. ❷(눈을 반쯤 감아) 거슴츠레하다. 몽롱하다. ¶眼睛yǎnjīng发～｜눈이 거슴츠레하다. ❸밀가루 반죽 등을 젖은 헝겊에 싸서 골고루 부드럽게 만들다. ❹書名물엿＝〔饧糖táng〕〔糖稀xī〕〔麦芽糖màiyátáng〕

Ⓑtáng「糖」과 같음⇒〔糖〕

【饧涩】xíngsè 形눈이 흐릿하다. ¶眉眼～｜눈이 거슴츠레하다.

【饧糖】xíngtáng名물엿＝〔饧xíng④〕〔小xiǎo糖子〕

【荥(滎)】Xíng Yíng 물이름 형

ⒶXíng 지명에 쓰이는 글자. ¶～阳县yángxiàn｜형양현［하남성(河南省)에 있는 현(縣)］

ⒷYíng 지명에 쓰이는 글자. ¶～经县jīngxiàn｜형경현［사천성(四川省)에 있는 현］

xǐng ㄒㄧㄥˇ

【省】xǐng☞省 shěngⒷ

2【醒】xǐng 깰 성, 깨달을 성

動❶잠에서 깨다. ¶三点钟sāndiǎnzhōng～过一次, 后来又睡着shuìzháo了｜3시에 한번 깨었다가, 다시 잠들었다. ¶你～～, 有人叫门｜일어나라, 누가 문을 두드린다. ❷(취기·마취 등에서) 정신이 들다. 깨어나다. ¶酒jiǔ～了｜술이 깨다. ¶吃点水果shuǐguǒ～～酒｜과일 좀 먹고 술 깨라. ❸깨닫다. 알아차리다. ¶经你这么一指点, 我才～过来｜너의 이러한 지적으로 나는 비로소 깨닫게 되었다. 어법「醒」이 동사로 쓰인 경우라도「醒＋不＋醒」의 형태로 의문문을 만들 수 없음. ¶弟弟醒不醒(×) ¶弟弟醒了吗? ｜동생은 일어났느냐? ¶他醒没醒着? ｜그는 자지 않고 있느냐? ❹동사 뒤에 결과보어(結果補語)로 쓰여, …하여 깨어나게 하다. 깨닫게 하다. ¶喊hǎn～｜소리쳐 깨우다. ¶闹nào～｜시끄러워 깨다. ¶摇yáo～｜흔들어 깨우다.

【醒盹儿】xǐng/dǔnr 動方토끼〔노루〕잠을 깨다. 졸다가 깨다. 선잠(을) 깨다.

【醒豁】xǐnghuò 形(의사·생각·말 등이) 분명하다. 명백하다. 또렷하다. ¶你说～! ｜분명하게 말해 보세요! ¶道理dàolǐ说得～｜도리를 분명하게 말하다.

【醒酒(儿)】xǐng/jiǔ(r) 動술을 깨다. ¶让他醒xǐng～｜그가 술을 깨도록 하다. ¶～汤tāng｜해장국.

【醒木】xǐngmù 名설화자(說話者)가 청중의 주의를 끌기 위해 책상을 두드릴 때 사용하는 나무 토막. ¶说书人又拍pāi了一下～｜설화자가 나무로 다시 한 번 쳤다.＝〔响xiǎng木〕→〔惊jīng堂木〕

【醒目】xǐngmù 動❶눈을 뜨다. ¶～常不眠mián｜눈이 말똥말똥하여 잠들지 못하다. ❷(문장이나 그림 등이) 이목을〔주의를〕끌다. 눈에 뜨이다. ¶加了～的问号wènhào｜눈에 띄는 물음표를 첨가하다. ¶～的标语biāoyǔ｜눈을 끄는 표어.

【醒脾】xǐngpí 動❶기분 전환하다. 심심풀이하다. ¶闲着没事看小说～｜한가하여 일이 없을때는 심심풀이로 소설을 읽는다 →〔消遣xiāoqiǎn①〕❷조롱하다. 놀리다. 웃음거리로 삼다 →〔寻xún开心〕

【醒悟】xǐngwù 動깨닫다. 각성하다. ¶人谁无过, 只要能～就好｜사람은 누구나 잘못이 있을 수 있으니까, 깨닫기만 하면 된다＝〔醒觉jué〕

【醒眼】xǐngyǎn 動方눈에 뜨이다. 이목〔시선〕을 끌다. ¶他～得很｜그는 아주 시선을 끈다.

【醒药】xǐngyào 名〈藥〉각성제.

【擤〈揎〉】xǐng 코풀 형

動코를 풀다. ¶用手～｜손으로 코를 풀다＝〔擤鼻子〕〔擤鼻涕tì〕

【擤齉】xǐngnàng 動코를 풀다.

xìng ㄒㄧㄥˋ

1【兴】xìng☞兴 xīngⒷ

4【杏】xìng 살구나무 행, 살구 행

名❶〈植〉살구나무＝〔杏树〕 ❷(～儿) 살구＝〔方杏子〕〔杏实〕

【杏红】xìnghóng 名〈色〉살구 빛보다 약간 붉은색. ¶～的旗袍qípáo｜약간 붉은 색의 중국 옷.

【杏花(儿)】xìnghuā(r) 名살구꽃＝〔及弟jídì花〕

【杏黄】xìnghuáng 名〈色〉살구빛. 엷은 노랑. ¶～色｜살구색.

【杏仁(儿)】xìngrén(r) 名〈食〉행인. 아먼드(Almond)＝〔苦kǔ杏仁〕

【杏实】xìngshí 名살구 ¶这～酸suān酸儿的｜이 살구는 시다＝〔杏儿〕〔方杏子〕

【杏子】xìng·zi ⇒〔杏实shí〕

1【姓】xìng 성 성

❶名(사람의) 성(씨) ¶您贵nínguì～｜당신의 성씨는 무엇입니까? ¶～名｜성명. ¶尊～大名? ｜존함이 어떻게 되십니까? ❷動성이 …이다. …을 성으로 하다. ¶我～朴Piáo｜저는 박가입니다. ¶敝bì～张Zhāng｜저는 장가입니다. ¶他～什么? ｜그의 성은 무엇입니까?

2【姓名】xìngmíng 名성명. ¶～地址dìzhǐ｜주소 성명＝〔姓字zì〕→〔名字〕

【姓甚名谁】xìngshén míngshéi 성명이 무엇이냐? ¶我不知道他～｜나는 그의 성명이 무엇인지 모릅니다.＝〔姓字名谁〕〔姓氏名谁〕

【姓氏】xìngshì 名❶성씨 ［하(夏)·은(殷)·주(周) 삼대(三代)이전에는「姓」과「氏」의 구분이 있어서「姓」은 모계를「氏」는 부계를 표시 했으나 삼대 이후 부터는「姓」은 부계를,「氏」는 모계를 표시하게 됨］❷성.

2【性】xìng 성품 성, 성질 성

❶사람의 성격. ¶天～｜천성. ¶耐nài～｜인내성. ¶个gè～｜개성. ❷물질에 구비된 성질·기능. ¶药yào～｜약의 성질. ¶碱jiǎn～｜알칼리성. ❸(～儿, ～子) 名성질. 성미. 기질. (노한) 감정. ¶这匹马～子大｜이 말은 성질이 사납다. ¶～起↓ ❹(술·약 등의) 자극성. 효력. ¶那酒～太暴｜그 술은 너무 독하다. ¶药～猛

烈měngliè | 약효가 매우 강렬하다. ❺ 尾 주로 명사 뒤에 붙어 사상·감정을 나타내거나 범위·방식 등을 한정함. ¶斗争dòuzhēng～ | 투쟁성. ¶民族～ | 민족성. ¶可能～ | 가능성. ❻ 성. 생물(生物)의 생식 또는 성욕(性欲) ¶～器官qìguān | 생식기관. ¶～行为 | 성행위. ❼ 성별(性別) ¶女～ | 여성. ¶雄xióng～ | 수컷. ❽ 名〈言〉(문법의) 성(gender) ¶阳yáng～ | 남성. ¶中～ | 중성. ❾ 名 화. 노여움. ¶一时～起 | 벌컥 화가 나다. ¶骒kè子犯了～了 | 암말이 성을 냈다. ❿ 尾 동사(動詞)·형용사(形容詞)에 붙어서 추상명사(抽象名詞)를 만듦. ¶创造chuàngzào～ | 창조성. ¶必要bìyào～ | 필요성. ⓫ 書 名 생명.

[3]【性别】xìngbié 名 성별.

【性病】xìngbìng 名〈醫〉성병. ¶他竟jìng得了～ | 그는 결국 성병에 걸렸다.

【性感】xìnggǎn 名 狀 ❶ 성감. ❷ 성적 매력. 육감. ¶这个电影明星diànyǐngmíngxīng富于fùyú～ | 이 영화 배우는 성적 매력이 풍부하다.

[2]【性格(儿)】xìnggé(r) 名 성격. ¶～开朗kāilǎng | 성격이 명랑하다.

【性激素】xìngjīsù 名〈生理〉성 호르몬→〔激素〕

【性急】xìngjí 形 성급하다. ¶他就是～了一儿 | 그는 좀 성급하다⇔〔性慢màn〕

【性交】xìngjiāo ❶ 名 성교. ❷ 動 성교하다 →〔交媾gòu〕〔房fáng事〕

【性灵】xìnglíng 書 名 성령. 인간의 정신. 성정. 마음. 정기. ¶我想从前的儿童értóng教育之痼疾gùjí在于埋儿童～ | 옛날의 아동교육의 고질은 아동의 성정을 매몰시킨데 있다고 생각한다. ¶多读些培养péiyǎng～的作品 | 정신 수양이 되는 작품을 많이 읽다.

[4]【性命】xìngmìng 名 목숨. 생명. ¶这事弄不好丢～的 | 이 일을 잘 해내지 못하면 목숨을 잃게 된다. ¶～难保nánbǎo | 목숨을 보전하기 어렵다.

【性命交关】xìng mìng jiāo guān 成 생명과 관계되다. 생사(生死)가 걸리다. 극히 중요하다 ¶这可是～的事 | 이것은 생사와 직결된 일이다 =〔性命攸yōu关〕

[3]【性能】xìngnéng 名 성능. ¶～可靠kào | 성능을 믿을 만 하다. ¶～试验shìyàn | 성능 실험 →〔功能gōngnéng〕〔机能jīnéng〕〔作用zuòyòng〕

【性起】xìngqǐ 動 노하다. 화를 내다. 발끈하다. ¶惹rě他～ | 그를 화나게 하다. ¶一时～, 压yā不住怒火nùhuǒ | 벌컥 화가 나 분노를 억누르지 못하다.

【性器官】xìngqìguān 名〈生理〉(사람이나 고등동물의) 생식기 =〔生殖zhí器〕

[4]【性情】xìng·qíng 名 성정. (겉으로 드러나는) 성격. 성품. 성질. ¶～急躁jízào | 성격이 급하다. ¶～温和wēnhé | 성품이 온화하다 =〔性分〕〔情性〕→〔性子①〕

【性儿】xìngr 名 ❶ 성질. 성격. ¶水～ | 침착하지 못한 성격. 변덕스러운 성질. ❷ 마음. 기분. 생각. ¶由着～闹nào | 마음껏 떠들다.

【性欲】xìngyù 名 성욕 ¶他～旺盛wàngshèng | 그는 성욕이 왕성하다 =〔肉欲ròuyù〕

[2]【性质】xìngzhì 名 성질. 성격. ¶这种药品yàopǐn具有特殊tèshū～ | 이런 약품은 특별한 성질을 갖고 있다. ¶弄清nòngqīng问题wèntí的～ | 문제의 성질을 분명히 하다.

【性状】xìngzhuàng 名 성상. 성질과 형상. ¶土壤rǎng的理化～ | 토양의 이화학적 성상.

【性子】xìng·zi 名 ❶ 천성. 성미. 성질. ¶看来你的～很刚强gāngqiáng | 내가 보기에는 네 성격이 너무 억세다. ¶急jí～ | 급한 성질. ¶使～ | 화를 내다 →〔性情〕〔脾pí气〕 ❷ (술·약 등의) 성질〔자극성〕. ¶这酒的～很烈liè | 이 술은 매우 독하다.

1【幸〈倖$_{4,5}$〉】xìng 다행 행, 바랄 행 ❶ 행운(이다). 행복(이다) ¶三生有～ | 成 가장 큰 행운. ¶荣róng～ | 영광이며 행복이다. ❷ 書 動 기뻐하다. 즐거워하다. ¶～灾乐祸zāilèhuò↓ ¶庆～ | 기뻐하다. ❸ 書 動 (…을) 바라다. 희망하다. ¶～勿推却wùtuìquè | 거절하지 마시기 바랍니다. ❹ 副 다행히. 요행으로. ¶～亏kuī↓ ¶～免于难 | 다행히 난을 면하다. ❺ 名 動 총애(하다) ¶把他～得这个样儿 | 그를 이렇게도 좋아한다. ¶～臣↓ ¶得～ | 총애를 받다. ❻ 書 動 (옛날) 임금이 행차하다. ¶巡xún～ | 임금이 행차하다. ¶～御yù花园huāyuán | 어가(御駕)가 궁정 화원으로 행차했다. ❼ (Xìng) 名 성(姓).

【幸臣】xìngchén 名 貶 행신. 총신(寵臣). 임금의 총애를 받는 신하.

【幸存】xìngcún 動 (재난 속에서도) 요행히 살아남다. ¶～的敌军díjūn | 요행히 살아남은 적군

【幸存者】xìngcúnzhě 名 요행히도 남은 사람.

【幸而】xìng'ér ⇒〔幸亏kuī〕

[1]【幸福】xìngfú ❶ 名 행복. ¶我们今天的～是先烈们xiānlièmén流血liúxuè流汗liúhàn得来的 | 오늘날 우리들이 누리는 행복은 선열들이 피와 땀을 흘려 얻은 것이다. ❷ 形 행복하다. ¶～的回忆huíyì | 행복한 기억.

【幸福院】xìngfúyuàn ⇒〔养yǎng老院〕

[4]【幸好】xìnghǎo 副 다행히. ¶～他不在场 | 다행히 그가 자리에 없다⇒〔幸亏kuī〕

【幸会】xìnghuì 套 動 (만나) 뵙게 되어 기쁩니다〔다행입니다〕. 오늘 (이렇게) 만나 뵙게 되어 기쁩니다. ¶～～! | 뵙게 되어 기쁩니다.

【幸进】xìngjìn 書 動 요행으로 관리가 되거나 승진하다.

[3]【幸亏】xìngkuī 副 운 좋게. 다행히. 요행으로. ¶～来了一个救星jiùxīng | 다행히 구세주가 왔다. ¶～没受伤shòushāng | 다행히 상처를 입지 않았다 =〔幸而〕〔幸好〕〔幸喜〕〔方 得dé亏〕〔多duō亏①〕

【幸免】xìngmiǎn 動 요행으로〔다행히〕 (모)면하다. ¶～于难nàn | 다행히 재난을 면하다.

【幸甚】xìngshèn 書 狀 札 매우 다행이다. ¶我未受shòu此苦cìkǔ,～ | 나는 이런 고통을 받지 않았으니 다행이다.

【幸喜】xìngxǐ ⇒〔幸亏〕

[4]【幸运】xìngyùn ❶ 名 행운. ❷ 形 운이 좋다 ¶～

地获奖huòjiǎng | 운 좋게 상을 타다.
【幸运儿】xìngyùn'ér 名 행운아. ¶小朴是一个~, 连兵役bīngyì都逃过了 | 군에도 가지 않았으니 박군은 행운아이다.
【幸运奖】xìngyùnjiǎng 名 (복권의) 행운상. 다행상. ¶得~ | 행운상에 당첨되다→〔奖券jiǎngquàn〕
【幸灾乐祸】xìng zāi lè huò 成 남의 재앙을 보고 기뻐하다. 남의 재난을 고소해하다. ¶一些人~, 一些人丧失sàngshī信心xìnxīn | 몇 몇 사람은 남의 재앙을 보고 기뻐했고 몇 몇 사람은 자신감을 잃었다.

【悻】xìng 성낼 행
⇒〔悻然〕〔悻悻〕
【悻然】xìngrán 書 狀 원망하고 분노하는 모양. ¶他~离去 | 그는 화를 내고 갔다.
【悻悻】xìngxìng 書 狀 원망하다. 분노하다. 성내다. ¶~而去 | 성이 나서 가다.

【荇〈莕〉】xìng 노랑머리연꽃 행
⇒〔荇菜〕
【荇菜】xìngcài 名〈植〉노랑머리 연꽃 =〔金丝荷叶〕〔凫fú葵〕

xiōng ㄒㄩㄥ

3【凶〈兇3, 4, 5〉】xiōng 흉할 흉, 흉악할 흉 ❶ 形 불길하다. 불행하다 [사망·재난 등의 상황을 가리킴] ¶~信↓ ¶占卜zhānbǔ吉~ | 길흉을 점치다 ⇔〔吉jí①〕 ❷ 形 농사가 잘 안되다. 흉작이다. ¶~年↓ ❸ 形 흉악하다. 사납다. ¶穷qióng~极恶jí'è | 극악무도하다. ❹ 形 혹심하다. 지나치다. ¶雨来得很~ | 비가 심하게 내리다. ¶病势bìngshì很~ | 병세가 매우 심하다. ❺ 名 轉 살인 행위. ¶行~ | 살인하다. ❻ 名 轉 흉악한 놈. ¶元~ | 원흉.
【凶暴】xiōngbào 形 (성격·행동이) 흉포〔흉악〕하다 ¶土匪tǔfěi十分~ | 토비들은 아주 흉포하다. =〔凶恶残暴〕
【凶残】xiōngcán ❶ 形 흉악하고 잔인하다. ¶描写miáoxiě强盗们的贪婪tānlán和~ | 강도들의 탐욕과 흉악함을 묘사하다. ¶~成性chéngxìng | 성격이 흉악하고 잔인하다. ❷ 書 名 흉악하고 잔인한 사람.
【凶多吉少】xiōng duō jí shǎo 成 흉한 일은 많고 길한 일은 적다. 십중 팔구는 불길하다. 절망적이다. ¶他此去是~ | 그가 이번에 가는 것은 십중 팔구는 불길하다.
3【凶恶】xiōng'è 形 (성격·행위나 용모가) 흉악하다. ¶势头shìtóu~ | 형세가 불리하다. ¶面孔miànkǒng~ | 얼굴 생김새가 흉악하다.
【凶犯】xiōngfàn 名 흉악범. 살인범. ¶枪毙qiāngbì了三个~ | 세 명의 살인범을 총살했다.
【凶服】xiōngfú 書 名 상복(喪服).
【凶悍】xiōnghàn 形 흉포하다. 흉맹하다. 흉악하고 사납다. ¶这个人很~ | 이 사람은 아주 흉포하다.
4【凶狠】xiōnghěn 形 (성격·행동 등이) 흉악하고 사납다. 사납고 거칠다.
【凶横】xiōnghèng 狀 흉악하고 횡포하다. ¶这个人太~了 | 이 사람은 아주 흉악하다. ¶~残暴cánbào | 흉악하고 포악하다.
【凶狂】xiōngkuáng 動 흉악하게 미쳐 날뛰다. 광란하다. ¶~的匪徒fěitú | 흉악한 무뢰한
4【凶猛】xiōngměng 形 (기세나 힘이) 흉맹하다. 사납다. ¶~的老鹰lǎoyīng抓走了小鸥xiǎoōu | 흉맹한 매가 비둘기를 잡아 갔다. ¶这儿的水势异常~ | 이곳의 수세는 아주 사납다. ¶来势~ | 밀려오는 기세가 사납다. ¶台风táifēng刮guā得~ | 태풍이 사납게 몰아친다.
【凶逆】xiōngnì 書 形 흉악하여 도리에 어긋나다 =〔凶悖bèi〕
【凶年】xiōngnián 名 흉년 =〔書 凶岁〕〔歉qiàn年〕
【凶殴】xiōng'ōu 動 몹시〔호되게〕때리다.
【凶气】xiōngqì 名 흉악한 기색. 살기.
【凶器】xiōngqì 名 ❶ 흉기. ¶杀人shārén~ | 살인흉기. ❷ 장사(葬事) 지낼 때에 쓰는 기구.
【凶人】xiōngrén 名 악인. 흉악한 놈.
【凶杀】xiōngshā 動 (사람을) 살해하다. 살인하다. 학살하다. ¶~案àn | 살인사건
【凶煞】xiōngshà 名 ❶ 흉신(凶神). 흉귀(凶鬼). 악귀. ❷ 흉살. 사기(邪氣). 불길한 운수. ¶遇见~ | 흉살을 만나다.
【凶神】xiōngshén 名 악귀. 악마. 喻 흉악한 놈.
【凶神恶煞】xiōng shén è shā 成 흉악한 귀신. 흉악한 놈. 악마같은 놈.
【凶手】xiōngshǒu 名 (살인의) 하수인. 살인범. ¶~逃跑táopǎo了 | 살인범이 달아났다.
【凶死】xiōngsǐ 動 횡사하다. 살해되다. 자살하다.
【凶险】xiōngxiǎn 形 ❶ 아주 위험하다. 위독하다. 위태하다. ¶病情bìngqíng~ | 병세가 아주 나쁘다. ❷ 운이 나쁘다. 운수 사납다. ❸ 흉험하다. 음험하다. 음흉하다.
【凶相毕露】xiōng xiàng bì lù 成 흉악한 몰골이 여지없이 드러나다. 음흉한 정체가〔본질이〕낱낱이 드러나다.
【凶信(儿)】xiōngxìn(r) 名 부음(訃音). 부고. 불길한 소식. ¶收到~立刻lìkè奔丧bēnsāng | 부음을 받고는 곧 장례를 치르러 서둘러 집으로 돌아갔다.
【凶焰】xiōngyàn 名 흉악한〔무서운〕기세. ¶打掉dǎdiào他的~ | 그의 흉악한 기세를 꺾어버리다.
【凶样儿】xiōngyàngr 書 名 흉악한 모습〔몰골〕. 처참한 모습〔몰골〕.
【凶宅】xiōngzhái 名 흉가. 불길한 집. ¶这~常闹鬼nàoguǐ | 이 흉가에는 늘 귀신이 나온다 →〔鬼屋guǐwū〕
【凶兆】xiōngzhào 名 흉조. 불길한 조짐.

【匈】xiōng 가슴 흉
❶ 음역어에 쓰임. ¶~奴↓ ¶~牙利↓ ❷「胸」과 통용 ⇒〔胸xiōng〕
【匈奴】Xiōngnú 名〈民〉흉노족 [기원전 4세기에서 1세기 사이에 몽고 지방에서 세력을 떨쳤던 유목민족]
【匈牙利】Xiōngyálì 名 外〈地〉헝가리(Hungary) [유럽 중부의 공화국. 수도는「布达佩斯Bùdápèisī」(부다페스트;Budapest)] ¶~语 | 헝가리어. ¶~人 | 헝가리인.

4【汹】xiōng 용솟음할 흉 ⇒〔汹汹〕

【汹汹】xiōngxiōng 書 貶 ❶ 용솟음치다. 흉흉하다. ❷ 貶 등등하다. 왕성하다. ¶气势qìshì～｜기세등등하다. ❸ 왁자지껄하다. 떠들썩하다. ¶议论～｜의론이 분분하다. ¶天下～｜세상이 떠들썩하다. =〔讻讻xiōng〕

4【汹涌】xiōngyǒng 動 (물이) 세차게 솟구치다. ¶～的怒涛nùtāo｜용솟음치는 성난 파도. ¶反殖民地主义的浪潮làngcháo～｜반식민지주의의 파도가 용솟음치다.

【汹涌澎湃】xiōng yǒng pēng pài 國 물결이 세차게 출렁거리다. 막을 수 없을 정도로 기세가 세차다. ¶满腔热情mǎnqiāngrèqíng～｜온 몸에 열정이 (물결이 세차게 출렁이듯이) 대단하다.

2【胸〈胷〉】xiōng 가슴 흉 名 ❶ 가슴. 흉부. ¶挺tǐng～｜가슴을 쭉 펴다. ❷ 마음(속). 뜻. 도량. ¶心～｜포부 ‖ =〔書 匈②〕

【胸部】xiōngbù 名 흉부. 가슴. ¶～手术shǒushù｜흉부 수술.

【胸次】xiōngcì ⇒〔胸怀huái①〕

【胸骨】xiōnggǔ 名〈生理〉가슴뼈. 흉골.

4【胸怀】xiōnghuái ❶ 名 마음 속. 생각. 포부. 도량. ¶～宽广kuānguǎng｜國 속이 넓다. ¶～狭窄xiázhǎi｜도량이 좁다 =〔書 胸次〕〔胸襟jīn〕〔胸宇yǔ〕〔胸中〕 ❷ 動 마음속으로 생각하다. 가슴에 품다. ¶～大志dàzhì｜國 큰 뜻을〔포부를〕가슴에 품다. 원대한 포부를 지니다. ¶～祖国zǔguó放眼fàngyǎn世界shìjiè｜國 마음은 조국을 생각하고 눈은 세계로 돌리다. 조국과 세계를 같이 크게 생각하다.

【胸筋】xiōngjīn 名〈生理〉흉근 =〔胸肌jī〕

【胸口】xiōngkǒu 名〈生理〉명치(를 중심으로 한 가슴의 중앙 부분) ¶他觉得～发闷fāmèn｜가슴(명치)이 답답하다 →〔心口①〕

【胸膜】xiōngmó 名〈生理〉흉막. 늑막 =〔肋lè膜〕

【胸膜炎】xiōngmóyán 名〈醫〉흉막염. 늑막염 =〔肋lè膜炎〕〔俗 胁xié痛〕

【胸脯(儿)】xiōngpú(r) ⇒〔胸膛táng〕

【胸鳍】xiōngqí 名 (물고기의) 가슴지느러미

【胸腔】xiōngqiāng 名〈生理〉흉강. ¶～外科wàikē｜흉강 외과.

【胸墙】xiōngqiáng 名〈軍〉흉장. 흉벽 =〔战壕丘zhànháoqiū〕

4【胸膛】xiōngtáng 名 가슴. 흉부. ¶挺tǐng起～｜가슴을 펴다 =〔胸脯子〕〔胸脯(儿)〕〔方 胸头〕

【胸围】xiōngwéi 名 가슴 둘레 ¶量liáng～｜가슴 둘레를 재다 →〔腰yāo围①〕

【胸无城府】xiōng wú chéng fǔ 國 가슴에 담을 쌓지 않다. 솔직하고 숨김없다. 속이 넓고 성실하다.

【胸无点墨】xiōng wú diǎn mò 國 속에 먹물 한방울 찍히지 않았다. 학문적인 지식이나 교양이 없다. 일자 무식이다 ¶这个人～｜이 사람은 일자무식이다 →〔目不识丁mùbùshídīng〕

【胸像】xiōngxiàng 名 흉상 →〔半bàn身〕

【胸臆】xiōngyì 名 ❶ 품고 있는 생각〔말〕. 마음속. 내심. ¶直抒zhíshū～｜단도직입적으로 품고 있던 생각을 토로하다. ❷ 書 가슴.

【胸有成竹】xiōng yǒu chéng zhú 國 대나무를 그리려면 마음속에 먼저 대나무의 형상을 생각해야 한다. 일을 하기 전에 이미 전반적인 고려가 되어 있다. 마음 속에 이미 타산이 있다 ¶这事儿老王早已～了｜이 일에 대해 왕씨는 이미 계산을 다 하고 있다 =〔成竹在胸〕

【胸有朝阳】xiōng yǒu zhāo yáng 國 충성스런 한 마음으로 가슴을 불태우다.

【胸罩】xiōngzhào ⇒〔奶nǎi罩〕

【胸针】xiōngzhēn 名 브로치(brooch) ¶翡翠fěicuì～｜비취 브로치 →〔别bié针(儿)①〕

【胸中无数】xiōng zhōng wú shù 國 (상황·문제에 대해) 파악하지 못하다. 마음 속에 타산·계산이 없다. ¶此事你不可～｜당신은 이 일을 무턱대고 해서는 안된다 =〔心xīn中无数〕

【胸中有数】xiōng zhōng yǒu shù 國 (상황이나 문제에 이해가 충분하여) 처리할 시간이 있다. 마음속에 타산·계산이 있다. 자신감을 가지다. ¶凡fán事要做到～｜무슨 일이든 타산을 하고 해야 한다. =〔心中有数〕

【胸椎】xiōngzhuī 名〈生理〉흉추.

【讻(訩)〈詾哅恟₂忷₂〉】xiōng 떠들썩할 흉, 두려워할 흉 書 ❶ 動 언쟁하다. ❷ 두려워하다.

【讻讻】xiōngxiōng 書 貶 왁자지껄하다. 뒤숭숭하다. 떠들석하다 =〔汹汹③〕

2【兄】xiōng 형 형 名 ❶ 형. ¶父～｜부형. ¶～妹mèi｜오누이. ¶胞bāo～｜친형. ❷ (친척 중 자기와 같은 항렬의 동년배나 연장자를 부를 때 쓰는 호칭의 하나인) 형. ¶堂táng～｜사촌형. ¶表biǎo～｜친사촌 이외의 사촌형. ❸ 敬 (남자들의) 같은 또래 친구에 대한 존칭. ¶李～｜이형. ¶吾wú～ =〔兄 台 xiōngtái〕〔我兄〕〔仁兄〕｜札 인형. 귀형 =〔老兄〕

2【兄弟】ⓐ xiōngdì 名 형제. 형과 동생. ¶～国家guójiā｜형제국가. ¶～单位dānwèi｜형제 단위 →〔昆kūn仲〕

ⓑ xiōng·di 回 ❶ 名 동생. 아우. ¶小～｜막내 동생 =〔弟弟〕 ❷ 名 동생. 젊은이 [나이가 자기보다 작은 남자를 친근하게 부르는 말] ¶大～, 这件事就托你了｜젊은이, 이 일은 자네에게 부탁하네. ❸ 代 謙 저 [(남자가) 나이가 비슷한 사람에게나 대중 앞에서 자신을 낮추어 하는 말] ¶～我｜저

【兄弟阋墙】xiōng dì xì qiáng 國 형제 간에 싸우다. 집안끼리 분쟁이 있다. 내부 분쟁(紛爭)이 있다. ¶万不可发生～之事｜형제들끼리 싸우는 일이 결코 생겨서는 안된다.

【兄嫂】xiōngsǎo 名 형과 형수. ¶～俩趁着寒假hánjià去外国旅行｜형과 형수는 겨울방학을 이용하여 외국으로 여행을 갔다.

【兄长】xiōngzhǎng 名 敬 형. 형님 [(남자) 선배나 친구에 대한 높임말] ¶要尊敬zūnjìng～｜형님들을 존경해야 한다.

【芎】xiōng ⓧ qiōng) 궁궁이 궁
⇒〔芎䓖〕

【芎䓖】xiōngqióng 名〈植〉궁궁이 =〔穹穷〕〔鞠jū䓖〕→〔川芎〕

xióng ㄒㄩㄥˊ

2【雄】xióng 수컷 웅
❶名形 수컷(의) ¶～鸡jī | 수탉. ¶～狗gǒu =〔公狗〕| 수캐. ¶雌cí～同株zhū | 암수동주 ⇔〔雌cí〕→〔公〕〔牡mǔ〕❷강력하다. 힘있다. ¶～辩biàn↓ ¶～师↓ ❸기백이 있다. 웅대하다. ¶～伟wěi↓ ❹강하고 용감한 사람이나 강대한 국가. ¶英～| 영웅. ¶战国七～| 전국칠웅. ❺動 (엄한 태도나 말로) 꾸짖다. ¶把他～了一顿dùn | 그를 한바탕 꾸짖었다. ¶拿话～他 | 말로 그를 꾸짖다 →〔熊xióng⑤〕

【雄辩】xióngbiàn ❶名 웅변. ¶～家 | 웅변가. ❷形 설득력 있다. ¶这小伙子xiǎohuǒzǐ倒dào很～| 이 꼬마친구는 말을 설득력있게 잘 한다. ¶～的事实shìshí | 설득력 있는 사실.

【雄兵】xióngbīng 名 정예 부대. 강력한 군대

【雄才大略】xióng cái dà lüè 成 뛰어난 재능과 원대한〔비상한〕 지략. ¶他确有quèyǒu～| 그는 뛰어난 재능과 비상한 지략이 있다.

【雄大】xióngdà 形 (기백이) 웅대하다. 우람하다. ¶～的志愿zhìyuàn | 웅대한 꿈

【雄蜂】xióngfēng 名〈動〉웅봉. 수펄 =〔游yóu蜂〕

【雄关】xióngguān 名 험요한 관문〔요충지〕. ¶～如铁,牢láo不可破pò | 이 요충지는 철옹성같이 견고하여 뚫고 나갈 수가 없다.

4【雄厚】xiónghòu 形 (인력·물자 등이) 충분하다. 풍부하다. ¶～的实力shílì | 충분한 실력. ¶资本zīběn～| 자본이 풍부하다.

【雄花】xiónghuā 名〈植〉수꽃.

【雄黄】xiónghuáng 名〈鑛〉석웅황(AsO). 웅황 =〔雄峨xióng'é〕〔石黄shíhuáng〕→〔雌cí黄①〕

【雄黄油】xiónghuángyóu 名 참기름에 웅황(雄黃)을 녹인 것 [벌레에 물린 데 좋음]

【雄浑】xiónghún 形 웅혼하다. (시문의 기세가) 웅장하고 힘차다. ¶～的歌声gēshēng | 우렁찬 노래소리 ¶笔力bǐlì～| 필력이 웅혼하다.

【雄健】xióngjiàn 形 웅건하다. 굳세다. ¶～豪放háofàng | 굳세고 호방하다. ¶～的斗士dòushì | 웅건한 투사.

【雄精】xióngjīng ⇒〔雄黄〕

【雄劲】xióngjìng 形 건장하고 힘차다. ¶落笔luòbǐ～| 글씨가 힘차다.

【雄赳赳】xióngjiūjiū 朏 용맹하다. 용감하다. 씩씩하다. ¶～武官wǔguān | 용맹한 무관.

【雄蕊】xióngruǐ 名〈植〉수술 ⇔〔雌cí蕊〕

【雄师】xióngshī 名 정병. 정예 부대. 강력한 군대. ¶十万～过长江Chángjiāng | 십만 정병이 장강을 건너다.

【雄图】xióngtú 名 웅대한 계획. ¶他们的～却quē已成为泡影pàoyǐng | 그들의 웅대한 계획이 물거품이 되었다.

【雄威】xióngwēi 形 웅장하고 위엄 있다. ¶～的军容jūnróng | 웅장하고 위엄있는 군용

2【雄伟】xióngwěi 形 웅위하다. 웅장하고 위대하다. ¶～壮观zhuàngguān的景色jǐngsè | 웅대한 장관의 풍경 ¶～和细腻xìnì | 웅장함과 섬세함.

【雄文】xióngwén 名 힘이 있고 기개가 뛰어난 문장.

【雄心】xióngxīn 名 웅지. 웅장한 뜻〔포부〕. ¶我们应该yīnggāi有～| 우리는 마땅히 웅대한 포부를 가져야 한다. ¶壮士zhuàngshì暮年mùnián～未已 | 장사는 늙어도 웅대한 뜻은 없어지지 않는다.

【雄心勃勃】xióng xīn bóbó 용감한 기상이 가득 차있다.

【雄心壮志】xióng xīn zhuàng zhì 成 웅대한〔원대한〕 이상과 포부. ¶树立shùlì～| 웅대한 포부를 세우다.

【雄性】xióngxìng 名 웅성. 수컷(이 가진 성질) ¶～激素jīsù | 남성 호르몬

【雄主】xióngzhǔ 名 뛰어난 임금.

4【雄壮】xióngzhuàng 形 웅장하다. 씩씩하고 기운차다. ¶景致jǐngzhì～| 경치가 웅장하다. ¶歌声gēshēng越来越～, 响彻云霄xiāo | 노랫 소리가 갈수록 웅장하여 하늘 높이 울려 퍼진다.

【雄姿】xióngzī 名 웅자. 웅장한 모습. 씩씩한 모습. ¶展现zhǎnxiàn他们的～| 그들의 웅장한 모습을 드러내다.

2【熊】xióng 곰 웅
❶名〈動〉곰. ¶白～| 흰곰. ¶大～猫māo | 자이언트 팬더. ¶一只～| 곰 한 마리. ❷形 벌벌 떨다. 기백이 없다. 맥이 없다. ¶～像儿 | 기백이 없는 꼴. ¶这里没有～的 | 여기에 패기없는 사람은 없다. ❸形 칠칠찮다. 변변찮다. ¶你是个～团员tuányuán | 너는 칠칠맞은 단원이다. ❹形 (불길이)활활 타오르다. ¶火焰huǒyàn～腾起téngqǐ | 불꽃이 활활 타오르다. ❺方 꾸짖다. 비난하다. ¶把他～了一顿dùn | 그를 한바탕 꾸짖다 →〔雄⑤〕❻(Xióng) 名 성(姓).

【熊蜂】xióngfēng 名〈蟲〉호박벌.

2【熊猫】xióngmāo 名〈動〉팬더(panda) ¶保护bǎohù～| 팬더를 보호하다 =〔猫熊〕

【熊罴】xióngpí 書名❶곰과 큰 곰. ❷喩 용사. 무사.

【熊心豹胆】xióngxīn bàodǎn 成喩 큰 담력. 대담(성) ¶我就是吃了～也不敢去 | 곰의 심장과 표범의 쓸개를 먹고 담력을 키운다 해도 나는 감히 갈 수가 없다 =〔熊心狗gǒu胆〕〔熊心虎hǔ胆〕

【熊熊】xióngxióng 朏 불이 세차게 타다. 활활타다. ¶一堆duī大火～地燃rán着 | 불이 활활 타다. ¶～的烈火lièhuǒ | 활활 맹렬하게 타는 불.

【熊掌】xióngzhǎng 名 (고급요리로 쓰이는) 곰 발바닥 ¶红烩hónghuì～| 곰 발바닥으로 요리한 중국요리의 일종 =〔書 熊蹯fán〕

xiòng ㄒㄩㄥˋ

【敻】xiòng 멀 형
書形 (아득히) 멀다. 요원하다.

xiū ㄒㄧㄡ

1【休】xiū 쉴 휴, 그칠 휴
❶動 쉬다. 휴식하다. ¶因为生病了,他

～了一年学｜병으로 그는 일년간 휴학을 했다. ¶不眠mián不～｜자지도 쉬지도 않다. 쉴새 없이 일하다. ¶退tuì～｜퇴직하다. ❷動 정지하다. 그만두다. 轉 끝나다. 완결하다[대개 실패나 사망을 가리킴]¶问个不～｜계속 묻다. ¶争论zhēnglùn不～｜논쟁이 그치지 않고 계속되다. ¶万事wànshì皆～｜만사가 모두 끝나다. ❸動 (아내와) 이혼하다. (아내를 친정으로) 쫓아 보내다. ¶我不曾有半点儿沾污zhānwū, 如何把我～了｜나는 조금도 몸을 더럽힌 적이 없는데 어째서 나를 내 쫓느냐?《水滸傳》¶～书↓ ¶～妻qī↓ ❹能 近 …하지 마라. ¶～要胡言乱语húyánluànyǔ｜아무렇게나 함부로 말하지 마라. ¶闲话xiánhuà～提｜쓸데 없는 말은 하지 마라. 한담은 그만 두어라. ¶～要这样性急xìngjí｜그렇게 조급히 굴지 마라 =〔不要〕〔别〕 ❺助 近 문장의 끝에 쓰이는 어기사(語氣詞) [현대 구어(口語)의 「了」「啊」「吧」「吗」 등의 의미를 나타냄]¶笑道渔翁yúwēng太拙zhuō～｜어부가 너무 어리석다고 웃으며 말하더라. ❻書 名 기쁜일. 기쁨. 경사. ¶～戚↓ ❼書 形 훌륭하다. 아름답다. ¶～德dé｜미덕.

【休怪】xiūguài 近 기분 나쁘게 생각하지 마라. 언짢게 생각지마라. ¶你再不走就～我无礼了｜그래도 네가 가지 않는다면 내가 무례하게 행동하더라도 기분 나쁘게 생각하지 마라 =〔别bié怪〕

【休会】xiūhuì ❶名 휴회. ❷(xiū/huì) 動 휴회하다. ¶暂zàn时～｜잠시 휴회합니다.

【休火山】xiūhuǒshān 名 휴화산 →〔火山①〕

【休假】xiūjià ❶名 휴가. ❷(xiū/jià) 動 휴가를 보내다〔지내다〕. ¶去乡下xiāngxià～了｜시골로 가서 휴가를 보내다.

【休克】xiūkè ❶名 外 쇼크(shock) ¶胰岛素yídǎosù～｜인슐린 쇼크. ❷動 쇼크를 일으키다. 쇼크가 일어나다. ¶他突然tūrán～了｜그는 갑자기 쇼크를 일으켰다.

【休眠】xiūmián ❶名 휴면. 동면. ¶～期qī｜휴면기. ¶～状态zhuàngtài｜휴면 상태. ¶～火山｜휴화산. ❷動〈生〉휴면하다. 동면하다.

【休眠芽】xiūmiányá 名〈植〉휴면아.

【休妻】xiūqī ❶動 아내와 이혼하다. ¶不问青红皂白qīnghóngzàobái,把妻子～了｜시비곡직을 불문하고 그는 아내를 버렸다(아내와 이혼했다) ❷名 이혼한 아내 ‖ =〔出妻〕

【休戚】xiūqī 書 名 기쁨과 근심 걱정. 화복(禍福). 희우(喜憂).

【休戚相关】xiū qī xiāng guān 威 근심과 기쁨〔화복〕이 서로 밀접히 관련되다. 관계가 아주 밀접(하여 이해가 일치)하다. ¶这是跟我国～的事｜이것은 우리나라와 아주 밀접한 관련이 있는 일이다 =〔休戚相同〕

【休戚与共】xiū qī yǔ gòng 威 동고동락(同苦同樂)하다. 기쁨과 슬픔을 함께 나누다 =〔同甘共苦tónggāngòngkǔ〕

【休憩】xiūqì 書 動 쉬다. 휴식하다 ¶～间｜휴게실 →〔休息·xi〕

【休书】xiūshū 名 이혼장 =〔离lí书〕

【休说】xiūshuō 動組 말하지 마라. …는 커녕. …는 고사하고. ¶～十个,就是一个也拿不出来｜열개는 커녕 한개도 내 줄 수 없다. ‖ =〔别说〕

1【休息】xiū·xi ❶名 휴식. 휴업. ¶～日｜휴일. 쉬는 날. ¶～室shì｜휴게실. 대기실. ¶～的时间到了｜휴식시간이 되었다. ¶～是为了更好地工作｜휴식은 일을 더 잘 하기 위한 것이다. ❷動 휴식하다. 휴업하다. ¶出差chūchāi回来后,他～了两天｜출장을 다녀온 후 그는 이틀을 쉬었다. ¶你太累lèi了,还是～～吧｜너는 너무 피곤한 것 같으니 쉬는 게 좋겠다. ¶我们～一会儿再走吧｜잠시 쉬었다 가자. ¶今天～｜금일 휴업. ❸名 (기계의 운전〔운행〕을) 멈춤. ❹動 (기계의 운행을) 잠시 멈추다. ¶使机器jīqì～一下｜기계를 잠시 멈춰라 ‖ =〔休歇xiē〕

【休闲】xiūxián 動 ❶ 한가하게 지내다. ¶让教师jiàoshī在假期里能过一段～生活｜교사들이 방학동안에 한가한 생활을 보내게 하다. ❷〈農〉(경작지를) 묵히다. 휴경하다. ¶～地｜유휴지. 휴경지.

【休想】xiūxiǎng 動組 쓸데없는 생각하지 마라. 단념하라. 꿈도 꾸지 마라. ¶～逃脱táotuō｜도망칠 생각하지 마라.

【休学】xiūxué ❶名 휴학. ¶申请shēnqǐng～｜휴학을 신청하다. ¶～申请单｜휴학 신청서. ❷(xiū/xué) 動 휴학하다. ¶～一年｜일년간 휴학하다.

4【休养】xiūyǎng ❶名 휴양. 요양. ¶～地｜휴양지. ¶～院yuàn｜요양원. ¶～所suǒ｜요양소. ❷動 휴양하다. 요양하다. 정양하다. ¶쉬면서 몸조리를 하다. 希望xīwàng你好好～｜몸 조리 잘 하시길 바랍니다. ¶病了,他～了一年｜병이 난 후 그는 일년간 휴양했다. ¶这里是～的好地方｜이곳은 휴양하기 좋은 곳이다 =〔将jiāng养①〕 ❸動 (국가나 국민의 경제력을) 회복·발전시키다. ¶社会安定后,政府zhèngfǔ应努力nǔlì～国力｜사회가 안정된 후에 정부는 국력을 기르기 위해 노력해야 한다.

【休养生息】xiū yǎng shēng xī 威 (전쟁이나 큰 변혁이 있은 후에) 국민의 부담을 줄이고 생활을 안정시켜 원기를 회복하게 하다. 휴양하여 예기(銳氣)를 기르다. ¶让ràng人民～｜백성들이 휴양하며 원기를 회복하게 하다.

【休业】xiū/yè ❶動 휴업〔휴점〕하다. ¶本公司běngōngsī～一天｜당사는 하루 휴업한다 =〔息xī业〕〔歇xiē业〕 ❷動 (한 단계의 학습을) 마치다. ❸(xiūyè) 名 휴업. 휴점. ¶～式shì｜종업식.

【休战】xiū/zhàn ❶動 휴전하다. 정전하다. ❷(xiūzhàn) 名 휴전. 정전. ¶～协定xiédìng｜휴전협정 ¶～状态zhuàngtài｜휴전 상태 ‖ =〔停tíng战〕

【休整】xiūzhěng ❶動 (군대가) 휴식하며 정비하다. ¶部队～了一个月,又执行zhíxíng新的任务去了｜부대는 한 달간의 정비를 한 후 새로운 임무를 실행하기 위해 떠났다. ¶～军队jūnduì｜군대를 정비하다. ❷動 (공장이나 기계의 운행을

잠시 멈추고) 손질하다. 정비하다. ¶他们厂正在进行～ | 그들의 공장은 지금 정비중에 있다. ❸ 名 휴식중의 정비.

【休止】 xiūzhǐ 動 쉬다. 정지하다. 멈추다. 그만두다. ¶无～地争论zhēnglùn | 계속 논쟁을 하다. ¶打～符fú | 종지부를 찍다. ¶这座火山已进入～状态zhuàngtài | 이 화산은 정지 상태로 들어갔다 ＝〔停止〕

【咻】 xiū xǔ 지껄일 휴
❶ 書 動 큰 소리로 마구 떠들어 대다. ❷ ⇒〔咻咻〕

【咻咻】 xiūxiū 擬 ❶ 씩씩. 헐떡헐떡 [숨쉬는 소리] ¶～地喘气chuǎnqì | 헐떡 헐떡 숨을 쉬다. ¶～的鼻息bíxī | 씩씩하는 숨소리. ❷ 꽥꽥. 꽉꽉 [동물의 울음 소리] ¶小鸭xiǎoyā～地叫着 | 오리새끼가 꽥꽥거리며 소리를 지르고 있다.

【庥】 xiū 나무그늘 휴
書 ❶ 名 나무그늘. 轉 비호(庇護)하다. 보호하다. ❷ 動 쉬다.

【貅】 xiū 맹수이름 휴
⇒〔貔pí貅〕

【髹】 xiū 검붉은옻 휴
書 ❶ 名 적흑색(赤黑色)의 옻. ❷ 動 (옻)칠을 하다. ¶门窗chuāng漆qī～一新 | 문과 창에 말끔히 칠을 했다.

【鸺(鵂)】 xiū 수리부엉이 휴
⇒〔鸱chī鸺〕

2【修】 xiū 닦을 수
❶ 動 수리하다. ¶电视机diànshìjī～好了 | 텔레비전을 다 수리했다. ¶～车 | 차를 수리하다. ¶～桥补路qiáobǔlù | 成 도로와 다리를 보수하다. ❷ 動 건설하다. 건조(建造)하다. 부설하다. ¶～高速公路 | 고속도로를 건설하다. ¶～三年铁路tiělù | 철도를 3년간 부설하다. ¶～机场jīchǎng | 배행장을 건설하다. ¶～水库kù | 저수지를 축조(築造)하다. ❸ 꾸미다. 수식하다. ¶～辞↓ ¶～饰↓ ❹ 動 깎다. 다듬다. ¶～树枝shùzhī | 나뭇가지를 다듬다. ¶请帮我～～指甲zhǐjiǎ | 제 손톱을 좀 깎아주세요. ❺ 動 편찬하다. 저술〔저작〕하다. 쓰다. ¶～县志xiànzhì | 현지를 편찬하다. ¶～史↓ ¶～书一封fēng | 편지 한 통을 쓰다. ❻ 배우다. 익히다. 학습하다. 연구하다. ¶～养yǎng | 수양하다. ¶自～ | 자습하다. ¶进～ | 연수하다. 진학하다. ❼ 수행(修行)하다. 도를 닦다. ¶～炼liàn↓ ¶～仙↓ ❽ 書 形 길다. 길게 자라다. 무성하다. ¶茂林màolín～竹 | 무성한 숲과 길게 자란 대나무 ＝〔脩xiū③〕 ❾ 名 簡 〈政〉 수정주의(修正主義) ¶反fǎn～防fáng～ | 수정주의를 반대하고 방지하다. ❿ (Xiū) 名 성(姓).

【修版】 xiū/bǎn 動 사진 원판을 수정하다. ¶已经～完毕wánbì | 이미 수정완료하다.

【修笔】 xiū/bǐ 動 ❶ 붓을 다듬다. ❷ 연필을 깎다. ¶～刀 | 연필 깎는 칼.

【修边(儿)】 xiū/biān(r) 動 ❶ 가장자리를 다듬다. 가장자리를 정돈하다. ❷ 가선을 두르다. ¶～机jī | 〈紡〉 트리머(trimmer).

【修补】 xiūbǔ ❶ 名 손질. 보수. ❷ 動 손질하다. 다듬다. 보수하다. ¶～衣服yīfú | 옷을 수선하다. ¶～鱼网yúwǎng | 어망을 손질하다. ¶～篱笆líbā | 울타리를 보수하다. ❷ 動 〈醫〉 단백질을 보충하다.

【修长】 xiūcháng 形 길다. 가느다랗다. ¶～的身材shēncái | 호리호리한 몸매.

【修成】 xiūchéng 動 (공사 등을) 완성하다. 완공하다. ¶铁路tiělù已经～了 | 철로를 이미 완공하다.

【修辞】 xiūcí ❶ 動 문장을 다듬다〔수식하다〕 ❷ 名 〈言〉 수사.

【修辞格】 xiūcígé 名 〈言〉 수사 방식.

【修辞学】 xiūcíxué 名 〈言〉 수사학.

【修道】 xiū/dào 動 ❶ 사람이 지켜야 할 도의를 닦다. ❷ 〈宗〉 수도하다. 도를 닦다.

【修道院】 xiūdàoyuàn 名 〈宗〉 수도원. ¶她进了～了 | 그녀는 수도원에 들어갔다.

4【修订】 xiūdìng 動 (서적이나 계획 등을) 고치다. 수정하다. ¶～版bǎn | 수정판. ¶～今年的生产计划shēngchǎnjìhuà | 금년도 생산계획을 수정하다. ¶～教学计划jiàoxuéjìhuà | 교수계획을 수정하다.

【修短】 xiūduǎn 書 名 긴 것과 짧은 것. 장단(長短). 길이. ¶～由天 | 명의 길고 짧음은 하늘에 달려 있다. ¶～合度hédù | 길이가 적당하다.

4【修复】 xiūfù 動 ❶ (건축물 등을) 수리하여 복원하다. 원상복구하다. ¶文物～工作 | 문물 복원작업 ¶～河堤hédī | 강둑을 원상 복구하다. ❷ 〈醫〉 재생하다. 회복하다. ❸ 書 편지 회답을 하다.

2【修改】 xiūgǎi 動 (문장·계획을) 개정(改正)하다. 바로잡아 고치다. 수정하다. ¶～宪法xiànfǎ | 헌법을 개정하다. ¶这份工作计划他～了三次 | 이 작업계획을 그는 세번이나 수정했다. ¶请你帮我～这篇文章 | 이 문장을 고쳐 주세요. ¶～了的稿子在抽屉chōutì里 | 수정 원고는 서랍안에 있습니다.

【修盖】 xiūgài 動 짓다. 건축하다. ¶～牛舍niúshè | 외양간을 짓다.

【修函】 xiūhán ⇒〔修书①〕

【修好】 xiū/hǎo ❶ 書 動 (국가간에) 친선을 도모하다. ¶重修旧好chóngxiūjiùhǎo | 전통적인 친선을 다시 회복하다. ❷ 動 方 선행(善行)을 쌓다. ❸ (xiūhǎo) 書 名 수호. 국가간의 친선 우호.

【修剪】 xiūjiǎn 動 (가지나 손톱 등을) 가위질하여 다듬다. 전지하다 ¶～树枝shùzhī | 나뭇가지를 전지하다 ＝〔修理lǐ②〕

3【修建】 xiūjiàn 動 건설하다. 세우다. 건조(建造)하다. 부설하다. ¶～记念碑jìniànbēi | 기념비를 세우다. ¶～铁路tiělù | 철도를 부설하다.

【修脚】 xiū/jiǎo 動 발가락 손질을 하다 [발톱을 깎거나 발가락 또는 발바닥의 굳은 살·티눈 등을 제거하는 것] ¶～的＝〔削xiāo脚的〕 | 발가락 손질을 직업으로 하는 사람 ＝〔方 扦qiān脚〕〔刮guā脚〕

【修敬】 xiū/jìng 名 수업료. 교사에게 주는 월사금.

【修浚】 xiūjùn 動 하천을 준설 수리해서 물의 흐름을 좋게하다. ¶～河道hédào | 강바닥을 파내 물

을 잘 흐르게 하다.

2【修理】xiūlǐ ❶動 고치다. 수리하다. 수선하다. ¶～锺表zhōngbiǎo | 시계를 수리하다. ¶～机车jīchē | 오토바이를 수리하다. ¶～厂chǎng | 수리공장. ¶～费fèi | 수리비. ¶～行业hángyè | 수리업. ¶～电脑diànnǎo | 컴퓨터를 수리하다 =〔修缮shàn〕 ❷⇒〔修剪jiǎn〕

【修炼】xiūliàn ❶名 (종교의) 수련. ❷動 (불교·도교 등에서) 수련하다 ¶你～了多少年? | 몇 년간 수련했습니까? =〔修练liàn〕

【修面】xiū/miàn 動 方 얼굴을 면도하다 ¶～膏gāo | 면도크림 =〔刮脸guāliǎn〕

【修明】xiūmíng 書 形 (정치가) 공명하다. ¶～政治zhèngzhì | 정치를 공명하게 하다.

【修女】xiūnǚ 名 〈宗〉 수녀. ¶～院yuàn | 수녀원.

【修配】xiūpèi ❶名 수리·조립. ¶～厂chǎng | 정비 공장. ❷動 수리·조립하다.

【修葺】xiūqì 動 ❶ 집이엉으로 집〔지붕〕을 이다. ¶屋顶wūdǐng每年～一回 | (이엉으로) 해마다 한번씩 지붕을 이다. ❷ 건축물을 보수하다. 개축하다.

【修桥补路】xiū qiáo bǔ lù 成 다리를 놓고 길을 수리하다. 대중을 위해 유익한 일을 하다. ¶平时～,多行善事shànshì | 평소에 유익한 일을 하고 착한 일을 많이하다.

【修缮】xiūshàn ⇒〔修理①〕

【修身】xiūshēn 動 수신하다. 자신의 몸을 닦아 수양을쌓다. ¶～养性yǎngxìng | 심신을 갈고 닦다.

【修身齐家】xiū shēn qí jiā 成 몸을 닦고 집안을 다스리다 ¶人必先～,才能治国平天下 | 사람은 먼저 몸을 닦고 집안을 다스려야만 나라를 다스리고 천하를 태평하게 다스릴 수 있다.=〔修齐〕

【修史】xiūshǐ 書 動 역사를 편수(編修)하다

【修饰】xiūshì 動 ❶ 꾸미다. 장식하다. 단장하다. 치레하다. ¶一点也不加～ | 조금도 꾸미지 않다. ¶～公园gōngyuán | 공원을 단장하다. ❷ 치장하다. 멋을 내다. 화장하고 모양을 내다. ¶她～得很漂亮 | 그녀는 아주 예쁘게 치장했다. ❸ (글 등을) 손질하다. 잘 다듬다. ¶你把这篇稿子再～一下 | 이 원고를 다시 한번 다듬어라.

【修书】xiū/shū 動 近 ❶ 편지를 쓰다 ¶修了一封书 | 한 통의 편지를 쓰다 =〔修牍dú〕〔修楮chǔ〕〔修函hán〕 ❷ 서적을 편찬하다.

【修仙】xiūxiān 動 신선이 되는 도를 닦다.

【修行】xiū·xíng 動 도를 닦다. 불법(佛法)을 배우다. ¶出家～ | 출가하여 도를 닦다.

4【修养】xiūyǎng ❶名 수양. ¶他在语言方面的～相当突出 | 그는 언어의 수양이 상당히 뛰어나다. ❷動 수양하다. ¶李先生是一个～好的人 | 이선생은 수양이 잘 되어 있는 사람이다. ❸名 교양. 소양. ¶有书法shūfǎ的～ | 서예에 소양이 있다. ¶有艺术～ | 예술적인 소양이 있다. ¶文学wénxué～ | 문학적 교양(소양).

【修业】xiūyè ❶名 수업. ¶～期满qīmǎn | 수업기간이 다 되다. ¶～年限niánxiàn | 수업 연한. ❷動 학문이나 기술 등을 닦고 연구하다. ❸動 수신(修身)하며 학문을 쌓다.

【修造】xiūzào 動 조성하다. 수리하여 건조하다. ¶～宅地zháidì | 택지를 조성하다. ¶～轮船lúnchuán | 기선을 수리·건조하다.

【修整】xiūzhěng 動 ❶ 수리하여 완전하게 하다. 완전 무결하게 고치다. ¶～农具nóngjù | 농기구를 완전히 고치다. ❷ 손질하여 가지런히 하다. ¶～果树guǒshù | 과수를 잘 가꾸다.

3【修正】xiūzhèng ❶名 수정. ¶～液yè | 수정액. ¶～案àn | 수정안. ¶～稿gǎo | 수정한 원고. ¶～预算yùsuàn | 수정예산. ❷動 수정하다. ¶他把引文上的错误cuòwù一一～了 | 그는 인용문의 틀린 부분을 일일이 수정했다. ¶把它～好了再印出来 | 그것을 수정하고 나서 인쇄하다.

【修指甲】xiū zhǐ·jia 動組 손톱을 손질하다. ¶～用全副用具 | 매니큐어 세트.

3【修筑】xiūzhù 動 건설하다. 수축하다. ¶～公路gōnglù | 고속도로를 건설하다. ¶～码头mǎ·tou | 부두를 건설하다. ¶～堤坝dībà | 제방을 수축하다. ¶～机场jīchǎng | 비행장을 닦다.

【脩】xiū 포 수, 닦을 수

❶ 書 名 말린 고기. 건육(乾肉). ❷ 書 名 轉 옛날에, 스승에게 드리는 사례〔수업료〕→〔束脩②〕 ❸「修」와 통용⇒〔修xiū⑧〕

【脩金】xiūjīn ⇒〔修敬〕

【脩敬】xiūjìng ⇒〔修敬〕

【脩仪】xiūyí ⇒〔修敬〕

4【羞】xiū 부끄러워할 수

❶ 形 動 부끄럽다. 수줍어 하다. 수치로 생각하다. 무안하게 하다. 轉 부끄럽게 하다. 난처하게 하다. ¶你别～他 | 너는 그를 무안하게 하지 마라. ¶害hài～ | 부끄러워 하다. ¶～红hóng了脸liǎn | 부끄러워서 얼굴을 붉혔다. ¶～与为伍↓ ❷名 수치. 치욕. ¶这个人从来不知～ | 이 사람은 수치라곤 모른다. ¶～辱rǔ | 치욕. ¶洗了国家百年之～ | 국가의 백년 치욕을 씻다. ¶遮zhē～ | 치욕을 감추다. ❸「馐」와 같음⇒〔馐xiū〕

【羞不答(儿)】xiū·budā(r) 狀 부끄럽다. 수줍다. ¶～的样子yàngzǐ | 부끄러워 하는 모양. 수줍어하는 모양 →〔羞答答〕

【羞惭】xiūcán 動 부끄러워하다. 수줍어 하다. 창피해 하다. ¶满面mǎnmiàn～ | 만면에 부끄러운 기색이 역력하다 =〔羞愧kuì〕

4【羞耻】xiūchǐ 形 부끄러움. 수치. ¶他从不感到～ | 그는 부끄러움을 느낀 적이 없다. ¶～之心 | 부끄러운 마음.

【羞答答】xiūdādā 狀 부끄럽다. 수줍다. ¶～地扭niǔ过脸去 | 부끄러워 고개를 돌리다 =〔羞剌剌là〕〔羞羞答答〕

【羞愤】xiūfèn ❶名 부끄러움과 분함. 수치와 분노. ¶她感到～ | 그녀는 수치와 분노를 느꼈다. ❷動 부끄러운 나머지 화를 내다. ¶她～不已 | 그녀는 부끄러운 나머지 계속 화를 냈다.

【羞花闭月】xiū huā bì yuè 成 꽃도 부끄러워하고 달도 숨어버리는 미인. 절세 미인 ¶她有～之貌mào | 그녀는 절세의 미모를 가졌다.=〔闭月羞花〕

【羞愧】xiūkuì 形 부끄러워하다. 참괴(慚愧)하다.

¶他们都毫háo不～的ㅣ그들은 조금도 부끄러워하지 않는다. ¶他认识到自己的错误, 心里十分～ㅣ그는 자신의 잘못을 알고는 마음 속으로 아주 부끄러워했다.

【羞刺刺】xiūlālā ⇒〔羞答答〕

【羞明】xiūmíng 名〈醫〉수명 [눈이 부셔 강한 빛을 바로 보지 못하는 병]

【羞赧】xiūnǎn 書 形 부끄러워 얼굴이 붉어지다. ¶～地瞟piǎo她一眼ㅣ부끄러워 얼굴을 붉히며 그녀를 힐끔 쳐다보다.

【羞恼成怒】xiū nǎo chéng nù ⇒〔恼羞成怒〕

【羞怯】xiūqiè 形 부끄러워 머뭇거리다〔주저주저하다〕. ¶她～地不说话一会儿ㅣ그녀는 부끄러워 머뭇거리며 잠시 말을 하지 않았다.

【羞怯怯】xiūqièqiè 狀 멈칫멈칫하다. 주저주저하다. 머뭇거리다. ¶那小姐老是～的ㅣ그 아가씨는 늘 머뭇거린다.

【羞人】xiū/rén ❶ 動 부끄럽게 여기다. 난처하게 하다. ¶羞死人了ㅣ부끄러워 죽겠다. ❷ (xiūrén) 形 부끄럽다. 창피하다.

【羞人答答】xiūréndādā 狀 부끄러워하다. 계면쩍어하다. 수줍어하다. ¶那小姐听了这句话脸liǎn色变得～的ㅣ그 아가씨는 이 말을 듣고야 부끄러워하는 기색으로 안색이 바뀌었다.

【羞辱】xiūrǔ ❶ 名 치욕. 모욕. ¶宁死nìngsǐ不受～ㅣ죽을지언정 치욕을 당하지 않겠다. ❷ 動 치욕을 주다. 모욕하다. ¶～了他一顿dùnㅣ그에게 치욕을 주다.

【羞涩】xiūsè ❶ 形 수줍어서 머뭇머뭇〔주저주저〕하다. 부끄러워 행동이 부자연스럽다. ¶举止jǔzhǐ～ㅣ수줍어 행동이 어색하다. ❷ ⇒〔阮ruǎn囊羞涩〕

【羞恶】xiūwù 書 動 자기나 남의 나쁜 점을 부끄럽게 생각하고 미워하다. ¶～之心ㅣ수오지심.

【羞与哙伍】xiū yǔ kuài wǔ ⇒〔羞与为伍〕

【羞与为伍】xiū yǔ wéi wǔ 成 어떤 사람과 같이 일하는 것을 수치로 생각하다 ¶我还跟这种人～呢ㅣ그는 이런 사람과 같이 일하는 것을 수치로 생각한다 ＝〔羞与哙kuài伍〕

【馐(饈)】xiū 드릴 수

書 ❶ 名 진미(珍味). 맛좋은 음식. ❷ 動 권하다. 드리다 ‖＝〔羞xiū③〕

【馐善嘉肴】xiūshàn jiāyáo 名 좋은 음식. 맛있는 음식. 진미.

xiǔ ㄒㄧㄡˇ

3【朽】xiǔ 썩을 후

動 ❶ (나무 등이) 썩다. 부패하다. ¶这块木板已经～了ㅣ이 나무판자는 벌써 썩었다. ¶永垂yǒngchuí不～ㅣ成 업적이나 명성이 길이 후세에 남다. ¶免得变miǎndébiàn～ㅣ썩지 않도록 하다. ❷ 쇠(퇴)하다. ¶老～ㅣ노쇠하다.

【朽腐】xiǔfǔ 書 ❶ 動 썩다. 부패하다. ❷ 名 썩은 것〔자〕.

【朽烂】xiǔlàn 動 썩어 문드러지다.

【朽迈】xiǔmài ⇔〔老lǎo朽①〕

【朽木】xiǔmù 名 썩은 나무. 喻 쓸모없는 사람 ¶你是不可造就zàojiù的～ㅣ너는 키워 줄 필요가 없는 사람이다.

【宿】xiǔ ☞ 宿 sù B
xiù ㄒㄧㄡˋ

xiù ㄒㄧㄡˋ

【岫】xiù 산굴 수

書 名 ❶ 산의 동굴. ❷ 산봉우리. ¶重峦luán叠dié～ㅣ쭉 이어 겹쳐진 산봉우리.

2【袖】xiù 소매 수

❶ (～儿, ～子) 名 소매. ¶长～汗衫hànshānㅣ긴 소매의 셔츠. ¶长～善舞shànwǔ, 多钱善贾gǔㅣ諺 소매가 길어야 춤추는 자태가 아름답고, 본전이 많아야 장사를 잘한다. ❷ 名 外 台 셔츠(shirts) ¶T～ㅣ티 셔츠 ＝〔恤xù⑤〕 ❸ 動 소매 속에 (집어) 넣다. ¶～着手ㅣ소매에 손을 넣다. ¶把钱包qiánbāo～了, 出去散步sànbùㅣ지갑을 소매속에 넣고 산보하러 가다. ❹ ⇒〔领lǐng袖②〕

【袖标】xiùbiāo 名 완장. ¶戴dài着黄～的工作人员ㅣ노란색 완장을 찬 작업자

【袖管】xiùguǎn 名 方 소매.

【袖箭】xiùjiàn 名 소매 속에 몰래 감추고 용수철로 발사하는 화살. ¶他一扬手打出四枚méi～ㅣ그는 손을 들어 네 촉의 화살을 쏘았다.

【袖口(儿)】xiùkǒu(r) 名 소맷부리 ¶这件衣服～很瘦shòuㅣ이 옷은 소맷부리가 너무 좁다.

【袖手旁观】xiù shǒu páng guān 成 팔짱을 끼고 옆에서 구경만하다. 수수 방관하다. 남의 일에 관여하지 않다. ¶这事儿你可不能～ㅣ이 일은 네가 모른 체 해서는 안된다.

【袖套】xiùtào 名 토시.

【袖筒(儿)】xiùtǒng(r) 名 소매.

【袖章】xiùzhāng 名 수장. 완장 ＝〔臂bì章〕

【袖珍】xiùzhēn 區 소형의. 포켓형의. ¶～本＝〔巾箱jīnxiāng本〕ㅣ포켓형 책. ¶～词典ㅣ포켓형 사전. ¶～收音机ㅣ소형〔휴대형〕라디오. ¶～录音机ㅣ소형 녹음기. ¶～电视ㅣ소형 텔레비전.

4【袖子】xiù·zi 名 소매. ¶这件衣服～太长ㅣ이 옷은 소매가 너무 길다.

2【秀】xiù 팰 수, 빼어날 수

❶ 動 (곡물의) 꽃이 피고 이삭이 나오다. 이삭이 패다. ¶麦子已经～穗suì儿ㅣ보리 이삭이 이미 패었다. ❷ 形 아름답다. ¶山明水～ㅣ풍경이 수려하다. ¶眉清méiqīng目～ㅣ미목이 수려하다. ❸ 形 우수하다. 뛰어나다. 걸출하다. ¶优yōu～ㅣ우수하다. ¶俊jùn～ㅣ준수하다. ❹ 名 外 台 쇼(show) ¶作～ㅣ쇼하다. ¶脱衣tuōyī～ㅣ스트립 쇼.

【秀才】xiù·cai 名 ❶ 수재. 재능이 뛰어난 자. ❷ 과거(科擧) 과목의 이름. 명·청대에 지방과거시험에 합격한 자 [송대(宋代)에서 과거 응시자를, 명청(明淸)시대에는 부(府)·주(州)·현(縣)의 학교에 입학한 자를 일컬었음] ＝〔生shēng员〕 ❸ 서생(書生)의 통칭. ¶～不出门, 能知天下事ㅣ서생은 문밖을 나가지 않아도 천하의 일을 안다.

4【秀丽】xiùlì 形 수려하다. 뛰어나게 아름답다. ¶

～的字迹zìjì | 수려한 필적. ¶～的山河 | 수려한 산하. ¶长得zhǎng·de～ | 용모가 매우 아름답게 생겼다. ¶桂林Guìlín山水的～ | 계림 풍경의 수려함.

【秀美】xiùměi 書 形 뛰어나게 아름답다. ¶书法shūfǎ～ | 서법이 뛰어나(게 아름답)다. ¶～的姿态zītài | 매우 아름다운 자태

【秀媚】xiùmèi 形 자태가 아름답다. ¶～的釜山姑娘gūniáng | 아름다운 부산 아가씨

【秀气】ⓐ xiùqì 書 名 뛰어난[빼어난] 기질 =〔灵秀之气〕

ⓑ xiù·qi ❶ 形 청수(淸秀)하다. 청초하고 아름답다. ¶很～的姑娘gūniáng | 매우 청초하고 아름다운 아가씨 ¶眉眼méiyǎn长得很～ | 미목이 청수하게 생겼다. ¶他的字写得很～ | 그는 글씨를 매우 깨끗하고 곱게 쓴다. ❷ 形 (말이나 행동이) 우아하다. 고상하다. 품위가 있다. ¶样子～ | 모습이 우아하다. ❸ 形 (물건이) 맵시 있다. 깜찍하고 (쓰기에) 편리하다. ¶这把小刀儿真～ | 이 작은 칼은 정말 깜찍하고 (쓰기에) 편리하다. ❹ 形 이익이 있다. ❺ 名 뛰어난 점〔곳〕.

【秀色可餐】xiù sè kě cān 成 (여자의 용모나 자연의 경치가) 매우 아름답다. 아름다움으로 가득차 있다.

【秀雅】xiùyǎ 書 形 수려하고 우아하다. ¶高小姐长得十分～ | 미스 고는 매우 수려하고 우아하다.

【琇】xiù 옥돌 수
書 名 옥과 비슷한 돌 [주로 인명에 쓰임]

【臭】xiù ☞ 臭 chòu Ⓑ

4【嗅】xiù 맡을 후
動 냄새를 맡다. ¶～觉jué↓ ¶小狗在他腿上～来～去 | 강아지가 냄새를 맡으며 그의 다리 위를 왔다갔다 한다 =〔臭xiù〕→〔闻wén⑤〕

【嗅觉】xiùjué 名〈生理〉후각. ¶～障碍zhàngài | 후각 장애. ¶～缺失quēshī | 후각 결여. 무후각증.

【嗅神经】xiùshénjīng 名〈生理〉후각 신경.

【溴】xiù (취소 취)
名〈化〉화학 원소 명. 취소. 브롬(Br ; brom). →〔卤lǔ素〕

【溴化】xiùhuà 名〈化〉브롬화(brom 化). 취화.

【溴水】xiùshuǐ 名〈化〉취소수(臭素水). 브롬수.

【溴酸】xiùsuān 名〈化〉취소산(臭素酸). 브롬산. ¶～钾jiǎ | 취소산 칼륨.

3【绣(綉)〈繡〉】xiù 수 수
❶ 動 수놓다. 자수(刺繡)하다. ¶～字 | 글자를 수놓다. ¶刺cì～ | 자수하다. ❷ 名 자수(刺繡). 자수품. ¶湘xiāng～ | 호남성(湖南省) 장사(長沙)의 자수. ¶苏Sū～ | 소주(蘇州)의 자수. ¶锦jǐn～山河 | 喩 금수강산. 아름다운 국토.

【绣墩草】xiùdūncǎo 名 俗〈植〉소엽맥문동의 통칭.

【绣房】xiùfáng 書 名 옛날, 젊은 여자의 방 =〔绣阁gé〕〔绣户hù〕〔绣楼lóu〕

【绣花(儿)】xiù/huā(r) 動 ❶ (도안이나 그림 등을) 수놓다. ¶她还会～呢 | 그녀는 자수를 잘 한다. 轉 정성들여 일을 하다. ❷ (xiùhuā(r)) 名 자수(품). ¶～靠垫kàoshū | 자수 의자 등받이.

【绣花鞋】xiùhuāxié 名 (부인용의) 수놓은 신발.

【绣花(儿)枕头】xiùhuā(r) zhěntóu 歇 수놓은 베개. 겉모습은 그럴듯하지만, 실제로는 재능과 학식이 없는 사람. 빛좋은 개살구 ¶他是一个徒有其表的～ | 그는 빛좋은 개살구이다 →〔虚xū有其表〕

【绣球】xiùqiú 名 ❶ 수놓은 공 모양의 장식물. ¶抛pāo～ | 수놓은 공을 던지다. ❷〈植〉수국 =〔八仙花bāxiānhuā〕〔粉团fěntuán花〕〔紫阳zǐyáng花〕〔绣球花〕

【绣球风】xiùqiúfēng 名〈漢醫〉습진·영양 불량·곰팡이 등으로 생기는 음낭 부위의 피부가 가렵게 되는 병.

【绣像】xiùxiàng 名 ❶ 수를 놓아 만든 인물상〔초상〕. ❷ 옛날, 섬세하게 그린 화상(畵像) ¶～小说 | 권두(卷頭)에 섬세하게 그린 화상의 삽화가 들어 있는 통속 소설.

【绣鞋】xiùxié 名 (여자가 신는) 수놓은 신. ¶一双红shuānghóng～ | 붉은 색의 수놓은 신 꽃신.

【绣心锦口】xiù xīn jǐn kǒu 成 훌륭한 문필의 재능. 문재(文才)가 풍부함. ¶他颇pō有～ | 그는 훌륭한 문필재능을 갖고 있다.

3【锈(銹)〈鏽〉】xiù 녹 수
❶ 名 녹(綠) ¶铁tiě～ | 쇠녹. ¶生～ =〔长zhǎng锈〕| 녹슬다. ¶不～钢gāng | 스테인리스 스틸(녹슬지 않는 크롬강). 불수강 ❷ 名 簡〈農〉녹병(綠病). 수병(銹病) ¶查chá～灭miè～ | 녹병을 찾아내어 제거하다. ❸ 動 녹슬다. ¶门上的锁suǒ～住了 | 문의 자물쇠가 녹이 슬어 열리지 않다.

【锈病】xiùbìng 名〈農〉수병(銹病). 녹병(綠病).

【宿】xiù ☞ 宿 sù Ⓒ

xū ㄒㄩ

【于】xū ☞ 于 yú Ⓒ

【吁】xū ☞ 吁 yù ② Ⓑ

【圩】xū ☞ 圩 wéi Ⓑ

【盱】xū 쳐다볼 우
❶ 書 動 눈을 부릅뜨다. 눈을 크게 뜨다. ❷ 書 動 근심하다. 걱정하다. ❸ (Xū) 名〈地〉우강(盱江) [강서성(江西省)에 있는 강이름]

【盱衡】xūhéng 書 動 ❶ 눈을 부릅뜨고 눈썹을 치켜 올리다. 눈을 크게 뜨다. ❷ (정세 등을) 살피다. 관찰 분석하다. ¶～大局 | 대세를 살피다.

【戌】xū ·qu 열한째지지 술
Ⓐ xū 名 ❶ 술 [십이지(十二支)의 열한번째]→〔干gān支〕 ❷ 술시 [오후 7시부터 9시까지] ❸ 술방(戌方) [이십사 방위의 하나. 정서(正西)에서 북으로 30°를 중심으로 한 15° 각도 안의 방위]

Ⓑ ·qu ⇒〔屈qū戌儿〕

【戌时】xūshí 名 술시 ¶今晚～动手dòngshǒu | 오

늘저녁 술시에 착수합시다 =〔戌刻〕

【胥】 xū 서리 서
❶ 書 副 모두. 전부. ¶诸事~备矣yǐ | 모든 일이 다 준비되었다. ¶民~然矣 | 백성들은 모두 다 그러하다. ❷ 名 서리(胥吏). 아전(衙前). 하급관리. ❸ 書 動 기다리다. ¶少~ | 잠시 기다리다. ¶~命 | 명령을 기다리다. ❹ (Xū) 名〈地〉서호(胥湖) [태호(太湖)의 주변에 있는 호수로 오호(五湖)의 하나] ❺ (Xū) 名 성(姓).

【胥吏】 xūlì 書 名 하급 관리. 하급 벼슬아치. 서리 ¶身为~,胸中并无大志 | 하급 벼슬아치라 마음속에 큰 뜻을 품지 않고 있다.

【砉】 xū ☞ 砉 huā Ⓑ

2【虛(虚)】 xū 빌 허, 헛될 허
❶ 名 틈. 공허(空虛). 빈 곳. ¶空~ | 공허. ¶乘~而入 | 빈 틈을 타고 들어가다. ❷ 動 비(우)다. ¶开头部分要~写 | 시작하는 부분은 띄어 써야 한다. ¶~无缥缈piǎomiǎo↓ ¶~位以待↓ ¶座zuò无~席 | 빈 좌석이 없다. ❸ 形 헛되다. 헛되이 하다. ¶弹dàn不~发 | 총알이 헛나가는 게 없다. ¶名不~传 | 명성이 헛되이 전해지지 않다. ¶休~他的美意 | 그의 호의를 헛되이 해서는 안된다. ❹ 形 거짓의. 허위의. ¶~名↓ ⇔〔实shí④〕 ❺ 겸허하다. 허심(虛心)하다. ¶谦qiān~ | 겸허하다. ¶~心接收jiēshōu别人的意见 | 겸허하게 다른 사람의 의견을 받아들이다. ❻ 形 (부끄럽거나 자신이 없어서) 조마조마하다. 뒤가 켕기다. 소심하다. ¶胆dǎn~ | 담력이 없다. ¶心里有点~ | 마음이 조금 조마조마하다. ¶做贼zéi心~ | 도둑이 제발 저리다. ❼ 形 허약하다. 쇠약하다. ¶这两年身体变~了 | 이년 사이에 몸이 너무 허약해졌다. ¶气~ | 기력이 약하다. ¶血~ | 피가 부족하다. ❽ 名 (정치사상·방침·정책 등의) 도리. 이치. ¶务wù~ | 정치 이론 학습에 힘쓰다. ¶以~带实 | 이론에 의거하여 실제적인 일을 행하다. ❾ 名〈天〉허수(虛宿). 허성(虛星) [28수(二十八宿)의 하나]

【虛报】 xūbào ❶ 名 허위 보고. 거짓 정보. ¶这是~ | 이것은 거짓 정보이다. ❷ 動 허위 보고하다. ¶他们~产量chǎnliàng | 그들은 생산량을 거짓 보고하다. ¶会计kuàijì~开支 | 회계가 출납을 거짓 보고하다.

【虛传】 ⓐ xūchuán 動 잘못〔허위로〕 전해지다. ¶名不~ | 成 명성 그대로다. 헛소문이 아니다.
ⓑ xūzhuàn 名 허구적 전기(傳記).

【虛词】 xūcí 名 ❶〈言〉허사 [실제상의 뜻은 없고 단순히 문장의 구성을 돕는 품사로 「副词」「介词」「连词」「助词」「叹词」「象声词」가 이에 속함] →〔实词〕 ❷ 書 과장되고 부실한 문장. ¶要讲实话,不得用~文饰 | 진실을 얘기해야지 과장해서는 안된다.

【虛度】 xūdù ❶ 動 (세월을) 헛되이 보내다. 허송세월을 보내다. ¶~时光的人会后悔hòuhuǐ的 | 허송세월을 보내는 사람은 후회하게 된다. ¶~光阴guāngyīn | 허송 세월을 하다. ❷ 謙 겸손한 태도로 자기 나이를 말할 때 쓰이기도 함. ¶我~了五十岁 | 저는 쉰 살입니다.

【虛度年华】 xū dù nián huá 成 세월을 헛되이 보내다. 허송세월하다. ¶年轻人万万不可~ | 젊은이들은 절대로 세월을 헛되이 보내서는 안된다.

【虛浮】 xūfú 形 실현 가능성이 없다. 비실제적이다. 피상적이다. 진지하지 못하다. ¶~的计划jìhuà | 피상적인 계획. ¶作风~ | 작풍이 부박하다.

【虛构】 xūgòu ❶ 名 허구. 픽션(fiction). ❷ 動 꾸며내다. 날조하다. ¶~事实 | 사실을 날조하다. ¶幻想中~出来的故事 | 환상 속에서 꾸며낸 이야기.

【虛汗】 xūhàn ❶ 名 식은 땀. ¶出~ | 식은 땀을 흘리다. ❷ ⇒〔盗dào汗〕

【虛怀若谷】 xū huái ruò gǔ 成 ❶ 겸허한 마음이 산골짜기 만큼 깊다. 속이 한없이 넓다. ❷ 매우 겸허하다. ¶他对别人的优点yōudiǎn,常坚持jiānchí学习的态度tàidù,真可谓~了 | 그는 다른 사람의 장점에 대해 늘 배우려는 태도를 견지하므로 정말 겸허하다고 할 수 있다.

【虛幻】 xūhuàn 形 가공의. 비현실적인. 허황한. ¶~的梦境mèngjìng | 허황된 꿈의 세계.

4【虛假】 xūjiǎ 名 形 허위(의). 거짓(의) ¶~现象xiànxiàng | 허위 현상. ¶他的~面目 | 그의 거짓 면모 =〔虛诈〕

【虛架子】 xūjià·zi 名 ❶ 허우대만 크고 튼튼하지 못한 사람. ❷ 허식. 겉치레. 허세. ¶为~淘空tāokōng了家当jiādāng | 겉치레 때문에 재산을 탕진했다. ¶别摆bǎi~了,快点儿出来见客吧 | 허세 부리지 말고 빨리 나와서 손님을 맞으시오.

【虛骄】 xūjiāo 形 들뜨고 교만하다. ¶少年得志dézhì, 切忌qièjì~ | 젊은 사람이 뜻을 얻었을 때 자만은 금물이다.

【虛惊】 xūjīng ❶ 動 실없이 놀라다. 괜히 놀라다. ¶~了一阵zhèn | 괜히 한바탕 놀라다. ❷ 名 괜한 놀람. 까닭없는 놀람. ¶受了一场~ | 공연히 한바탕 놀라다.

【虛空】 xūkōng ❶ 形 텅 비다. 없다. 공허하다. ¶~的国库guókù | 텅 빈 국고. ¶实力shílì~ | 실력이 없다 =〔空虛〕 ❷ 名 허공. 하늘.

【虛夸】 xūkuā 動 허풍치다. 과장하다. ¶他爱ài~ | 그는 허풍치기를 좋아한다.

【虛痨】 xūláo 名〈漢醫〉허로. 노점(癆漸). 폐결핵.

【虛礼】 xūlǐ 名 허례. ¶讲究jiǎngjiū~ | 허례를 추구하다. ¶~务去 | 허례는 반드시 없애야 한다.

【虛龄】 xūlíng ⇒〔虛岁〕

【虛名(儿)】 xūmíng(r) 名 허명. 헛된 명성. 실제와 부합하지 않는 명성. ¶~自累zìlěi | 헛된 이름만 남아 누가 되다. ¶徒有túyǒu~ | 허명만 있을 뿐 이다 =〔浮名〕〔浮誉〕

【虛拟】 xūnǐ ❶ 區 가상적인. 가설적인. 가정법의 ¶~语气yǔqì | 〈言〉가정법. ❷ 動 가정하다. 가설하다. ¶我姑且gūqiě~一个办法bànfǎ出来,给大家作个参考 | 잠깐 한 방법을 가설해 여러분께 참고가 되도록 하겠습니다. ❸ 名 動 허구. 허구로 만들다. ¶那篇小说里的故事情节qíngjié,有的是作者~的 | 그 소설의 줄거리에서 어떤 것은 작가가 허구해낸 것이다.

【虚胖】xūpàng ❶名〈醫〉부종. 종창(腫脹) ¶他得了～ | 그는 종창이 났다. ❷形 뒤룩뒤룩〔퉁퉁하게〕살이 찌다.

【虚飘飘】xūpiāopiāo 貶 ❶ 들뜨다. ¶他是一位～脚不站地儿的幻想家huànxiǎngjiā | 그는 현실에 발을 붙이지 못한 들뜬 환상가이다. ❷ 종잡을 수 없는 모양. 불명확한 모양. ❸ 비트적거리다. 흔들거리다.

【虚情假意】xū qíng jiǎ yì 威 표면적인〔겉치레의〕호의. 억지로 베푸는 인정. ¶别～地应付yìngfù他的要求! | 겉치레로 그의 요구에 응하지 마라! ¶～地应酬yìngchóu一番 | 겉치레로 친절하게 대하다 =〔虚心假意〕

【虚荣】xūróng 形 허영. 헛된 영화. ¶爱～ | 허영을 좋아하다. ¶不慕mù～ | 헛된 영화를 바라지 않다.

【虚荣心】xūróngxīn 名 허영심. ¶她有很强qiáng的～ | 그녀는 아주 강한 허영심을 갖고 있다.

[4]【虚弱】xūruò 形 ❶ 허약하다. 쇠약하다. ¶他拖着～的身躯shēnqū,坚持jiānchí主持了会议huìyì | 쇠약한 몸을 이끌고 끝까지 회의를 주재했다. ¶他身体shēntǐ很～ | 그는 몸이 매우 쇠약하다. ❷(국력이나 병력이) 약하다.

【虚设】xūshè ❶ 動(기구나 직위 등을) 형식상으로만 설치하다. 가설하다. ❷ 動 유명 무실하다. 명목 뿐이다. ¶形同～ | 유명 무실하다. ❸ 名 내용이 없는 형식.

【虚实】xūshí 名 ❶ 허와 실. ❷ 喻 내부사정. 내부형편. 내막. ¶敌人无法了解我们的～ | 적은 우리의 내부 사정을 알 수가 없다. ¶～不明 | 내막이 알려지지 않다. ¶探听tàntīng～ | 내막을 염탐하다.

【虚数】xūshù 名 ❶〈數〉허수. ❷ 거짓수. 실재하지 않는 수.

【虚岁】xūsuì 名(만으로 계산하지 않고 집에서) 세는 나이 [태어난 해를 한 살로 함] ¶他～五十 | 그는 한국나이로 50살이다 =〔虚龄〕→〔足岁〕

【虚套子】xūtào·zi 名 ❶ 형식적인 의례. 겉치레. 쓸데없는 체면. ¶在朋友之间不需要那些～ | 친구 사이에는 그런 겉치레가 필요없다. ❷ 공문(空文). 형식만 갖춘 제도. ¶无关guān紧要jǐnyào的～ | 별로 중요하지 않은 공문 ‖ =〔虚文〕

【虚土】xūtǔ 名 方(밭갈이한 후의) 부드러운 흙.

【虚脱】xūtuō〈醫〉❶ 名 허탈상태. ❷ 動 허탈상태에 이르다. ¶有～的可能 | 허탈상태에 빠질 가능성이 있다. ❷ 名 병적 유정(遺精) =〔脱精jīng〕〔阳yáng脱〕

【虚妄】xūwàng ❶ 名 허망. 허위. ❷ 形 허망하다. 날조(된). 허위(의) ¶～的故事 | 허망한 이야기.

[4]【虚伪】xūwěi ❶ 名 허위. 거짓. 위선. ¶他的态度tàidù有些～ | 그의 태도는 좀 위선적이다. ❷ 形 허위적이다. 거짓이다. 진실하지 못하다. 위선적이다. ¶这个人言谈举止都很～ | 이 사람은 언행이 진실되지 못하고 위선적이다. ¶～的谎言huǎngyán | 날조된 거짓말 ¶～性 | 허위성.

【虚位以待】xū wèi yǐ dài 威 자리를 비워두고 기다리다 ¶我们～,只等老康来当校长 | 우리들은 자리를 비워두고 강씨가 교장(총장)을 맡기를 기다리고 있을 뿐이다 =〔虚席以待〕〔虚座以待〕

【虚文】xūwén 名 ❶ 형식만 갖춘〔유명 무실한〕글〔규정, 법규〕=〔具文①〕❷ 형식적 의례. 허례허식. ¶～浮礼fúlǐ | 형식적이고 내용이 없는 의례 ‖ =〔虚套子〕

【虚无】xūwú 名 허무.

【虚无缥缈】xū wú piāo miǎo 威 허무 맹랑하다. 헛되고 실속없다 ¶这是～的事 | 이것은 헛되고 실속없는 일이다 =〔虚无飘渺〕

【虚无主义】xūwú zhǔyì 名〈哲〉허무주의. 니힐리즘(nihilism).

【虚线】xūxiàn 名 ❶ 점선. ❷〈數〉허근(虛根)을 가진 방정식의 그래프를 표시하는 선.

【虚像】xūxiàng 名〈物〉허상.

[2]【虚心】xūxīn 形 허심하다. 겸허하다. ¶他很～ | 그는 아주 겸허하다. ¶他待人处事都～得很 | 그는 사람을 대하거나 일을 처리하는 것이 아주 겸손하다. ¶～接受jiēshòu | 겸허히 받아들이다. ¶～地听取tīngqǔ群众qúnzhòng的意见 | 겸허히 군중의 의견을 청취하다 =〔書 虚怀huái〕〔書 虚襟jīn〕

【虚悬】xūxuán 動 ❶ 결원되다. 자리가 비다. ¶科长的职位zhíwèi, 长久～ | 과장 자리가 오랫동안 비다. ❷ 공상하다.

【虚掩】xūyǎn 動(빗장이나 자물쇠를 잠그지 않고) 문을 그냥 닫아두다. ¶推开tuīkāi～的房门fángmén | 그냥 닫아둔 방문을 밀어서 열다. ¶～着门 | 문을 잠그지 않고 닫아만 두다.

【虚应故事】xū yìng gù shì 威 ❶ 전례에 따라 일을 어물어물 해서 때우다. 형식적으로〔마지못해〕일을 대강대강 해치우다. ❷ 구습(舊習)에 얽매이다. ¶这个法子行来已久,未免～ | 이 방법은 오랫동안 사용되던 것으로 구습에 얽매이고 있다.

【虚有其表】xū yǒu qí biǎo 威 겉만 번지르르 하다. 유명 무실하다. 빛 좋은 개살구. ¶～而无其实 | 겉보기만 번지르르하고 내용이 없다.

【虚与委蛇】xū yǔ wēi yí 威 성의없이 거짓태도와 말로 대하다. 겉으로만 공손한 체하다.

【虚造】xūzào 動 날조하다. ¶～故事gùshì | 이야기를 날조하다. ¶向壁bì～ | 威 터무니 없이 날조해내다.

【虚张声势】xū zhāng shēng shì 威 허장 성세하다. 실속없이 떠벌리며 허세를 부리다. ¶他们这样做不过是～而已 | 그들이 이렇게 하는 것은 허장성세에 불과하다.

【虚症】xūzhèng 名〈漢醫〉허증.

【虚肿】xūzhǒng ❶ 名〈醫〉부종(浮腫). 부증. ❷ 動(몸이) 붓다. 부석부석하다. ¶他～得厉害lìhài | 그는 몸이 심하게 부었다.

【虚字】xūzì 名 허자 [옛날에는 명사로 쓰이는 한자 이외는 모두 허자였으나 마씨문통(馬氏文通) 이래 「介词jiècí」「连词liáncí」「助词zhùcí」「叹词tàncí」로 쓰이는 한자를 말함] =〔虚字眼儿〕→〔虚词〕〔实字〕

【嘘〈噓〉】xū shī 내불 허

Ⓐ xū ❷動 숨을 천천히 내쉬다. 입김을 불다. ¶～气 | 숨을 천천히 내쉬다. ¶把手～暖nuǎn了 | 입김으로 불어 손을 녹이다. ❷動 한숨짓다. 탄식하다. ¶仰天而～ | 하늘을 쳐다보며 한숨짓다. ❸動 (불이나 김에) 데다. 데우다. 덥히다. ¶小心别～着手 | 손을 데지 않게 조심해라. ¶把饭放在锅里～一～ | 밥을 솥에 넣어 데우다. ❹動 ㊄ 쉬하며 제지하거나 내쫓다. ¶～! 轻一点, 屋里有病人 | 쉬! 조용히 하세요. 집에 환자가 있어요. ¶大家把他～下去了 | 모두들 쉬쉬거리며 그를 쫓아보냈다. ¶他撅juē着嘴～ | 그는 입술을 동그랗게 쑥 내밀고 쉬쉬하였다. ❺⇒〔嘘唏xī〕

Ⓑ shī 嘆 쉬 [반대나 제지(制止)를 표시할 때 내는 소리] ¶～! 别做声 | 쉬! 소리내지 마라. ¶大家发出了～的声音 | 모두가 쉬쉬하며 소리를 냈다.

Ⓐ xū

【嘘寒问暖】xū hán wèn nuǎn 國 더우면 더울세라 추우면 추울세라 살뜰히 보살펴주다. 남의 생활을 극진히 돌보아주다. ¶他关心guānxīn群众qúnzhòng,常到民间～ | 그는 민중에게 관심을 가지고 항상 민간에 가서 생활을 돌보아준다.

【嘘枯吹生】xū kū chuī shēng 國 고목에 입김 불어 살리다. 말주변이 아주 좋다. ¶他的两片嘴zuǐ真能～, 把死的都能说活了 | 그의 말솜씨가 뛰어나, 죽은 것도 말로 살려낼 정도이다.

【嘘气】xū/qì 動 (천천히) 숨을 내쉬다. ¶冻得向两手～ | 추워서 두 손에 대고 입김만 호호 분다.

【嘘唏】xūxī ⇒〔歔xū欷〕

【嘘嘘】ⓐ xūxū ⇒〔歔xū欷〕

ⓑ shīshī 擬 씨. 쳇 [멸시하거나 불만을 나타내는 소리]

Ⓑ shī

【嘘嘘】shīshī ☞ 〔嘘嘘〕xūxū ⓑ

3【墟〈墟〉】xū 터 허
❶名 폐허. 고적(古跡) ¶废fèi～ | 폐허. ¶殷Yīn～ | 은허. ❷「圩」와 같음 ⇒〔圩xū〕

【墟里】xūlǐ 名 ㊁ 촌락 =〔墟落〕

【墟落】xūluò ⇒〔墟里〕

【歔〈歔〉】xū 흐느낄 허
⇒〔歔欷〕

【歔欷】xūxī 書 動 탄식하다. 흐느끼다. 훌쩍거리다. ¶～不已 | 연신 흐느끼다. ¶暗自ànzì～ | 남몰래 흐느껴 울다. ¶～带喘地dàichuǎndì忙了一阵 | 코를 훌쩍거리며 숨이 가쁘도록 한바탕 바빴다 =〔嘘唏〕〔嘘嘘xūxū〕

1【须(須)】① xū 기다릴 수
❶能 반드시 …해야 한다. …할 필요가 있다. ¶这事～亲自动手qīnzìdòngshǒu | 이 일은 직접 해야만 한다 ¶务～注意! | 꼭 주의하세요! =〔必须〕〔必得děi〕 어법 이때「须」의 부정은「不必」「无须」이며「不须」라고 하지 않음. ❷書動 기다리다. ¶～我片刻piànkè | 잠시 기다려 주시오. ❸副 近 ⓐ 반드시. 틀림없이. ¶我和你～是亲兄弟 | 나와 너는 틀림없이 친형제이다. ⓑ 원래. 본래. ¶俺ǎn～是亲手足, 您～是亲妯娌zhóulǐ | 우리는 본래 친형제이고 당신은 그 친동서이다. ⓒ 마침내. 결국. ¶今番～瞒过guò他也 | 이번에 드디어 그를 속였다. ⓓ 그러나. 그렇지만 어법 어세(語勢)를 바꾸거나 강하게 할 때 사용됨 ¶这～不是我妒dù他, 是自做出来的 | 이것은 그러나 내가 그를 질투한 것이 아니고 그가 스스로 한 일이다. ⓔ …이지만. ¶梧桐树wútóngshù～大, 里空虚kōngxū, 井水jǐngshuǐ～深shēn, 里无鱼 | 오동나무는 크지만 속이 비었고, 우물물은 깊어도 물고기가 없다. ⓕ 아마. 대략. 대개. ¶你们俩～是张仓赫ZhāngCānghè的弟兄? | 당신 두 사람은 장창혁의 형제이지요? ❹ (Xū) 名 성(姓).

【须得】xūděi ⊗ xūdé) 能 꼭 …해야 한다. 반드시 …해야 한다. 필요로 한다. ¶～小心 | 조심해야 한다. ¶～完成 | 반드시 완수해야 한다. ¶放映队fàngyìngduì和演剧队yǎnjùduì～同路 | 영화반과 연극반은 같은 길을 가야 한다.

【须要】xūyào 能 반드시 …하여야 한다. …할 필요가 있다. ¶在图书馆看书～安静ānjìng | 도서관에서 책을 볼 때에는 조용히 해야한다. ¶汽车在夜间行驶xíngshǐ～开灯 | 밤에 차를 운전할 때에는 불을 켜야한다. ¶教育jiāoyù儿童értóng～耐心nàixīn | 아동을 교육하는데는 반드시 인내심이 있어야 한다 →〔需xū要〕

【须臾】xūyú 書 名 잠시. 잠깐. ¶那人进了门,～,又走了出来 | 그 사람은 문안으로 들어가더니 이내 곧 다시 나왔다. ¶～之间, 雨过天晴qíng | 잠깐 사이에 비가 멎고 날이 개이다. ¶～不可离lí | 잠시도 떨어질 수 없다.

4【须知】xūzhī ❶動 반드시 알아야 한다. 알지 않으면 안된다. ¶～稼穑jiàsè之不易 | 농사는 쉬운 일이 아니라는 것을 반드시 알아야 한다. ❷名 주의 사항. 수칙. 준칙. 안내 ¶学生～ | 학생준칙. ¶观光guānguāng～ | 관광안내. ¶开信用状～ | 신용장 개설 주의 사항.

【须(鬚)】② xū 수염 수
名❷ 수염. ¶胡hú～ | 수염. ¶留liú～ | 수염을 기르다. ❷ 동물의 촉수(觸鬚) ¶胡蝶húdié～ | 나비의 촉수. ¶虾xiā～ | 새우의 촉수. ❸ 꽃술. ¶花～ | 꽃술.

【须疮】xūchuāng 名〈醫〉털주머니염. 모낭염.

【须发】xūfà 名 수염과 머리카락. ¶银色yínsè的～ | 은색의 수염과 머리카락. ¶～皆白jiēbái | 수염과 머리카락이 다 희어지다.

【须根】xūgēn ❶名〈植〉수염뿌리. 수근⇒〔须子〕 ❷名 수염의 뿌리. ¶气得他～倒竖shù | 화가 나서 그의 수염이 곤두서다.

【须眉】xūméi 書 名 ❶ 수염과 눈썹. ¶～交白jiāobái | 國 수염과 눈썹이 희다. 나이가 많다. ❷轉 남자. ¶我乃～,不为此等劣事 | 사내대장부로서 이런 졸렬한 일은 하지 않겠다. ¶堂堂táng～ | 당당한 사내대장부. ¶～浊物zhuówù | 보통의 용모를 하고 있으면서도 성품이 천한 사나이.

【须生】xūshēng 名 (경극에서) 재상·충신·학자 등의 중년 남자 역할을 하는 배우⇒〔老lǎo生①〕

1【需】xū 구할 수, 요구 수
❶動 필요(로) 하다. 요구하다. 구하다. ¶～人参加工作 | 같이 일할 사람이 필요하다. ¶必～品 | 필수품. ¶所～的养分 | 필요한 영양분. ❷名 필요한 물품. 수요. ¶军～ | 군수품. ¶以应急yìngjí～ | 급한 수요에 대비하다.

4【需求】xūqiú ❶動 요구되다. 필요로 하다. ¶～一批钢材gāngcái | 강재가 필요하다. ❷名 수요. 요구. 필요. ¶～量 | 수요량.

【需索】xūsuǒ 動 조르다. 강제로 요구하다. ¶～无厌yàn | 욕심이 많아 끝도 없이 재물을 요구하다. ¶～钱财qiáncái | 돈을 요구하다.

1【需要】xūyào ❶動 요구되다. 필요로 하다. ¶他～一本字典 | 그는 사전 한 권이 필요하다. ¶你～什么样的房间? | 어떤 방이 필요하십니까? →〔必bì要〕 ❷名 수요. 요구. 필요. 욕구. ¶儿童értóng的～ | 아동의 욕구. ¶～时间 | 소요시간. ❸能 …해야 한다. ¶～付多少钱? | 얼마를 지불해야만 합니까? ¶～解决的矛盾máodùn | 해결해야만 하는 모순→〔须要〕

【需用】xūyòng 動 …을 필요로 하다. 반드시 써야 한다. 소용되다. ¶～物品wùpǐn | 필수품. ¶～日繁fán | 수요가 날로 늘어나다.

【繻(繻)】xū ⓧ rú) 명주 수
書名 올이 고운 비단 [조정 출입의 부신으로 쓰였음]

xú ㄒㄩˊ

4【徐】xú 천천할 서, 느릴 서
❶書副 천천히. 서서히. ¶清风qīngfēng～来, 水波不兴xīng | 바람은 부드럽게 불고, 물결은 일지 않다《蘇軾sūshì·前赤壁賦》❷ (Xú) 名 성(姓).

【徐疾自如】xújí zìrú 動組 빠르고 느린 것을 자유자재로 하다. 속도를 마음대로 조절하다. ¶他干起这活来～ | 그는 이 일을 함에 있어서 빠르고 느린 것을 자유자재로 한다.

【徐图】xútú 書動 천천히〔침착하게〕 계획을 세우다. ¶～歼击jiānjī | 섬멸계획을 침착하게 세우다.

【徐行】xúxíng 名動 서행(하다). ¶他款款kuǎn～ | 그는 느릿느릿 천천히 간다.

4【徐徐】xúxú 書副 서서히. 천천히. 느릿느릿. ¶幕mù～落luò下 | 막이 서서히 내리다. ¶火车～开动 | 기차가 천천히 움직이기 시작하다.

xǔ ㄒㄩˇ

1【许(許)】xǔ hǔ 허락할 허, 이영차 호
Ⓐ xǔ ❶動 허가하다. 허락하다. ¶不～他们乱说乱动shuōluàndòng | 그들이 제멋대로 말하고 행동하는 것을 허락하지 않는다. ¶这次行动只～成功, 不～失败 | 이번 행동은 꼭 성공해야 하며 실패해서는 안된다. ❷動 (어떤 일을 할 것을 미리 승낙하여) 약속하다. ¶我～给他一本书 | 나는 그에게 책 한권을 주기로 약속했다. ¶我～过星期天带孩子去公园玩 | 나는 일요일에 아이를 데리고 공원에 가서 놀기로 약속을 했다. ❸動 (여자가) 약혼하다. ¶姑娘gūniáng～了人了 | 아가씨는 약혼했다. ❹動 주다. 바치다. 맡기다. ¶以身～国 | 몸을 나라에 바치다. ❺書動 칭찬하다. ¶称chēng～ | 칭찬하다. ¶～为佳作jiāzuò | 뛰어난 작품이라고 칭찬하다. ❻副 혹시〔아마〕(…일지도 모르다) ¶今天她没来上课,～是病了 | 오늘 그녀는 수업을 오지 않았는데 아무 병이 난 모양이다. ¶她～没有这个意思 | 그녀는 아마 이런 뜻이 없었는지도 모른다. ¶明天～要下雨 | 내일 혹시 비가 올지도 모른다. ❼數 약(約). 가량. 쯤. 정도. ¶年二十～ | 나이는 스무살쯤. ¶六时～ | 6시쯤. ❽副 대단히. 매우 [정도(程度)를 나타냄] ¶认了～多字 | 많은 글자를 알았다. ¶等了他～久 | 그를 오랫동안 기다렸다. ¶少～ | 조금. ❾ 이처럼. 이렇게. ¶水清如～ | 물이 이처럼 맑다. ❿書名 곳. 장소. ¶不知何～人 | 어디 사람인지 모른다. ⓫ (Xǔ) 名〈地〉허 [주대(周代)의 나라 이름. 지금의 하남성(河南省) 허창현(許昌縣) 동쪽 일대] ⓬ (Xǔ) 名 성(姓).
Ⓑ hǔ 書擬 영차 [여러 사람이 힘을 모아서 무거운 물건을 움직이거나 할 때에 기운을 돋구려고 함께 지르는 소리]

1【许多】xǔduō 數量 ❶ 대단히 많은. 허다한. 어법 ⓐ 대개는 뒤에 양사(量詞)를 동반하지 않고 형용사처럼 쓰임. ¶～的例子 | 많은 예 ¶～东西 | 많은 물건. ¶我们有～年没见面了 | 우리는 여러 해 동안 만나지 못했다. ¶广场guǎngchǎng上有～人 | 광장에 사람이 많이 있다. ⓑ「许多」앞에「这」「那」「这么」「那么」등을 쓸 수 있음. ¶一下子就拣jiǎn了这么～ | 한꺼번에 이렇게 많이 주웠다. ⓒ「许多许多」혹은「许许多多」로 중첩할 수 있음. ¶他讲了许多许多 | 그는 많은 말을 하였다. ¶许许多多人 | 많고 많은 사람들. ❷ 꽤. 상당히. 퍽. 어법 주로「形〔動〕+了」의 형식 뒤에 쓰임. ¶经过休息xiūxī, 好了～ | 휴식했더니 매우 좋아졌다.

【许婚】xǔ/hūn 動 (여자 쪽에서) 허혼하다. 혼약(婚約)하다. 청혼을 받아들이다. ¶她十岁那年父母把她～给王家 | 그녀가 열 살 되던 해에 부모는 그를 왕씨 집안에 허혼했다 =〔许嫁jià〕〔许配pèi〕〔许聘pìn〕〔许婆家pójiā〕〔書 许字zì〕

【许久】xǔjiǔ 狀 (시간이) 매우 오래다. ¶沉默chénmò了～ | 오랫동안 침묵이 흘렀다. ¶我考虑kǎolǜ了～ | 오랫동안 고려해봤다. ¶大家商量shāngliáng了～, 才想出个办法bànfǎ来 | 사람들은 긴시간 토의를 거쳐서야 비로소 방도를 생각해냈다. ¶～没见 | 오랫동안 보지 못했다. ¶他～没来了 | 그는 오랫동안 오지 않았다→〔好久hǎojiǔ〕

4【许可】xǔkě ❶名 허가. 승낙. ¶得到～ | 허가를 얻다. ¶～证zhèng | 허가증. ❷動 허가하다. 승낙하다. ¶决不～摆bǎi架子jiàzǐ | 결코 거드름 피우는 것은 허용하지 않는다.

【许诺】xǔnuò 動 허락하다. 허가하다. 승낙하다. ¶不能随便suíbiàn～ | 아무렇게나 허가해주면 안된다 =〔答应dāyīng②〕〔应承yīngchéng〕

【许配】xǔpèi ⇒〔许婚hūn〕

【许下】xǔxià 動 ❶ 허락하다. 약속하다. ¶这件事

我已经～来了 | 이 일은 내가 이미 약속을 했다. ¶～诺言nuòyán | 승낙하다. ❷발원(發願)하다. 소원을 빌다. ¶～一条心愿xīnyuàn | 소원을 하나 빌었다.

【许愿】xǔ/yuàn 動 ❶소원을 빌다. 신불에게 발원(發願)하다. ¶烧香shāoxiāng～ | 향불을 피우고 소원을 빌다.＝〔拜bài愿〕→〔还huán愿①〕 ❷俗(미리 상대에게 이익〔보답〕을 베풀 것을) 약속하다. 승낙하다 →〔还huán愿②〕

【许字】xǔzì ⇒〔许婚hūn〕

【浒(滸)】xǔ hǔ 물가 호

Ⓐ xǔ 지명에 쓰이는 글자. ¶～墅关shùguān | 강소성(江蘇省)에 있는 지명. ¶～湾wān | 강서성(江西省)에 있는 지명.

Ⓑ hǔ ❶書名 물가. ¶水～ | 물가. ❷지명에 쓰이는 글자. ¶～湾 | 하남성(河南省)에 있는 지명.

【诩(詡)】xǔ 자랑할 후 書動 큰 소리치다. 과장하다. 자랑하다. 허풍떨다. ¶自～为第一dìyī | 첫째라고 자만하다. ¶自～有能yǒunéng | 스스로 유능하다고 큰소리치다.

【栩】xǔ 상수리나무 허 ❶名〈植〉상수리 나무. ❷⇒〔栩栩〕

【栩栩】xǔxǔ 貶 활발하고 생동감 있다. ¶写得～ | 생동감 있게 쓰다. ¶～欲活 | 생생해서 살아 움직일 것 같다. ¶～如生 | 살아있는 것처럼 생동하다.

【咻】xǔ ☞ 咻 xiū Ⓑ

【谞(諝)】xǔ 슬기 서, 거짓 서 書名 ❶지혜. 재지(才智). ❷허위. 기만.

【糈】xǔ 양식 서 書名 양식. 곡물. 식량. ¶饷xiǎng～ | 옛날, 군대의 양식.

【醑】xǔ 미주 서 ❶名 簡〈药〉「醑剂jì」(주정제)의 약칭. ¶氯仿lǜfǎng～ | 클로로포름(chloroform) 정기. ¶樟脑zhāngnǎo～ | 장뇌정기 →〔酊dīng〕 ❷書名 미주(美酒). 맛이 좋은 술.

【醑剂】xǔjì 名〈藥〉주정제(酒精劑)＝〔簡 醑①〕

xù ㄒㄩˋ

【旭】xù 아침해 욱 名 ❶書(이제 막 떠오른) 아침해. ¶～日＝〔朝旭zhāoxù〕| 방금 솟아오른 해. ❷(Xù) 성(姓).

【旭日】xùrì 名 막 솟아오른 태양 ¶～东升dōngshēng | 아침 해가 방금 동쪽에서 떠오르다. 청춘의 활력이 충만하다.＝〔朝zhāo旭〕

【旭氏硬度】Xùshì yìngdù 名〈物〉쇼(Shore) 경도＝〔萧Xiāo氏硬度〕

2【序】xù 차례 서 ❶名 순서. 차례. ¶井然jǐngrán有～ | 질서 정연하다. ❷처음의 것. 정식 내용의 앞에 있는 것. ¶～幕mù | 서막. ¶～曲qǔ | 서곡. ❸名 서문(序文) ¶作一篇～ | 서문을 쓰다＝〔叙xù④〕→〔跋bá②〕 ❹名 옛날, 학교.

【序跋】xùbá 名 서문(序文)과 발문(跋文). 머릿말과 맺음말. ¶看书要先看～ | 책을 보려면 서문과 발문을 먼저 봐야 한다.

【序齿】xùchǐ 書 ❶名 연령순. ¶按～定座位zuòwèi | 나이순서로 자리를 정하다. ❷動 연령순으로 차례를 정하다.

【序列】xùliè 名 서열. ¶战斗zhàndòu～ | 〈軍〉전투서열.

【序目】xùmù 名(책의) 서(序)와 목록.

【序幕】xùmù 名 ❶(연극의) 서막. ¶他只看了～ | 그는 서막만을 보았다. ❷喩 중대한 일의 시작〔발단〕. ¶那次事件是第一次世界大战的～ | 그 때의 사건이 제1차세계대전의 서막이다.

【序曲】xùqǔ 名 ❶〈音〉서곡. 전주곡. ❷喩 일이나 행동의 시작〔발단〕 ¶这是这场运动yùndòng的～ | 이것은 이 운동의 시작이다. ‖＝〔前奏曲qiánzòuqǔ〕

【序时帐】xùshízhàng 名 일기장. 일일 출납부(出納簿).

【序数】xùshù 名〈數〉서수.

【序文】xùwén 名 서문＝〔叙文〕

4【序言】xùyán 名 서언. 서문. 전문(前文)＝〔叙言xùyán〕

【序战】xùzhàn 名〈軍〉서전(緖戰)＝〔初chū战〕

【恤〈卹$_{3,4}$衂$_{3,4}$〉】xù 근심할 휼 ❶書動 고려하다. 우려하다. ¶内省xǐng不疚jiù, 何～人言 | 마음속으로 반성해서 가책되는 바가 없다면 어찌 남의 말을 우려하겠는가? ❷書動 걱정하다. 슬퍼하다. ❸書動 불쌍히 여기다. 동정하다. 긍휼히 여기다. ¶～其孤苦gūkǔ | 외롭고 고생하는 것을 불쌍히 여기다. ❹動 구제하다. 부조(扶助)하다. ¶抚fǔ～ | 위로하여 구제하다. ❺名 外 台 셔츠(shirts) ¶T～ | 티(T) 셔츠＝〔袖xiù②〕

【恤金】xùjīn 名 위로금. 보조금. 구휼금. ¶遗族yízú～ | 유가족 보조금. ¶产母chǎnmǔ～ | 출산 보조금＝〔抚fǔ恤金〕

【恤款】xùkuǎn 名 구휼금.

【恤衫】xùshān 名 粵 外 셔츠(shirts) ¶运动～ | 러닝 셔츠 →〔衬chèn衫〕〔内nèi衣〕

【洫】xù 봇도랑 혁 書名 봇도랑. 논밭사이의 수로(水路) ¶沟gōu～ | 밭사이의 수로.

3【叙〈敍敘〉】xù 차례 서 ❶動 말하다. 이야기하다. ¶闲言少～ | 쓸데없는 이야기는 하지 마라. ¶把事情经过～清楚qīngchǔ | 일의 경과를 분명하게 이야기하다＝〔说shuō〕〔谈tán〕 ❷動 기술(記述)하다. ¶记～ | 기술하다. ¶～事↓ ❸動(위계(位階)·관직·순서를) 평의(平義)하다. ¶～功↓ ¶～奖jiǎng | 표창자를 평의하다. ❹「序」와 같음⇒〔序xù③〕

【叙别】xùbié 動 이별을 고하다. 작별 인사를 나누다 ¶今晚我去你那儿～ | 오늘 저녁에 내가 너에

게 가서 작별 인사를 나누겠다 =〔话别huàbié〕
【叙功】xùgōng 書動 공적(功績)을 평정(評定)하다. ¶～行赏xíngshǎng｜논공행상(論功行賞)하다.
【叙家常】xù jiācháng 動組 일상사에 대하여 이야기하다. 세상 이야기를 하다. 세상 돌아가는 이야기를 하다. ¶他们常在一起～｜그들은 같이 모여 늘 세상 이야기를 나눈다.
【叙旧】xù/jiù 動 (친구간에) 옛일을 이야기하다. ¶他们俩正～呢｜그들은 지금 옛이야기를 나누고 있다.
【叙利亚】Xùlìyà 名外〈地〉시리아(Syria)[아시아 서부 지중해 동쪽의 공화국. 수도는「大马士革Dàmǎshìgé」(다마스쿠스;Damascus)]→〔阿联Āliàn〕
【叙论】xùlùn 名 책 전체의 요강. 개설(概說). 적요(摘要). 레쥐메(résumé;프) ¶我在写～｜나는 지금 서론을 쓰고 있다.
【叙事】xùshì 動 (서면으로) 일의 경과를 서술하다. ¶～句jù｜서사문. ¶～作品｜서사작품
【叙事诗】xùshìshī 名 서사시.
3【叙述】xùshù ❶ 名 서술. 진술. ¶她的～使在座的每一个人都深为感动gǎndòng｜그녀의 진술은 앉아 있던 모든 사람을 감동하게 했다. ❷ 動 서술하다. 진술하다. 설명하다. ¶生动地shēngdòngdì～了故事的内容｜이야기의 내용을 생동적으로 서술했다. ¶～事情发生的经过｜사건발생의 경과를 서술하다.
【叙说】xùshuō 動 (구두로) 서술하다.
4【叙谈】xùtán ❶ 動 담화하다. (일의 경과를) 말하다. ¶叙了一天话｜하루종일 이야기하다. ❷ (xùhuà) 名 일의 경과에 대한 말. 담화. 석명 ‖ =〔叙话〕
【叙文】xùwén 名 서문(序文) ¶他今天完成了～｜그는 오늘 서문을 완성했다 =〔序文〕
【叙言】xùyán ⇒〔序言〕
【叙用】xùyòng 動 등용하다. 채용하다. (관리로) 임용(任用)하다. 임용되다. ¶～官吏guānlì要严格yángé考核kǎohé｜관리임용은 엄격한 심사를 해야한다.

【溆〈漵〉】xù 개펄 서
❶ 書 名 물가. ❷ (Xù) 名〈地〉서수(溆水)[호남성(湖南省)에 있는 강 이름]

【煦〈昫〉】xù 又 xǔ) 따뜻하게할 후
書 ❶ 形 따뜻하다. ¶春光chūnguāng和～｜봄볕이 따뜻하다. ❷ 動 따뜻하게 하다. ❸ 動 轉 은혜를 베풀다.
【煦火】xū·huo 動 京 살짝 익히다. 살짝 굽다.
【煦煦】xùxù 書 狀 따뜻하다. 온화하다.

4【畜】xù ☞ 畜 chù B

4【蓄】xù 쌓을 축
動 ❶ 모아두다. 저장하다. 쌓아두다. ¶储chǔ～｜저축하다. ¶养精yǎngjīng～锐ruì｜역량을 축적하다. ❷ (깎지 않고) 기르다. ¶～发fà｜머리를 기르다. ¶～着胡子｜수염을 기르다. ❸ (마음에) 간직하다. 지니다. 품다. ¶该犯gāifàn～意破壞pòrǎng, 已非一日｜범인이 파괴하려는 생각을 품은지가 하루 이틀이 아니다. ¶～意↓ ‖ =〔畜xù〕
【蓄电池】xùdiànchí 名〈電氣〉축전지. ¶～容量róngliàng｜축전지 용량. ¶～机车jīchē｜축전지 기관차. ¶～槽cáo｜축전지 통. ¶～极板jíbǎn｜축전지 극판 =〔积jī电瓶〕〔俗 电瓶píng〕
【蓄洪】xùhóng 名 유수지(遊水池) [하천 홍수의 양을 조절하는 천연 또는 인공의 저수지] ¶～量｜저수량. ¶～区｜유수구.
【蓄积】xùjī ❶ ⇒〔储chǔ蓄〕 ❷ 動 잡아〔모아〕 두다. 축적하다. ¶水库shuǐkù可以～雨水｜댐은 빗물을 모아둘 수 있다.
【蓄谋】xùmóu 書動 오래전부터 은밀히 계략을〔음모를〕 꾸미다. ¶～已久,今天才动手dòngshǒu｜오랫동안 음모를 꾸미고 오늘에야 실행에 옮긴다. ¶～迫害pòhài｜은밀히 음모를 꾸며 박해하다.
【蓄念】xùniàn ❶ 動 오래전부터 생각을 품다. 벌써부터 생각하다. ¶～已久｜오래전부터 생각을 해왔다. 오랫동안 염원하다. ❷ 名 속셈. 오래동안 품고있던 생각〔계획〕 어법「蓄念」은 좋은 의미와 나쁜 의미에 두루 다 쓰이지만「蓄意」는 대부분 음모·계략 등과 같은 나쁜 의미로만 쓰임.
【蓄水池】xùshuǐchí 名 저수지. ¶在～里养鱼yǎngyú｜저수지에서 고기를 양식한다.
【蓄养】xùyǎng 動 (힘 등을) 축적배양하다. ¶～力量｜역량을 축적배양하다.
【蓄意】xùyì ❶ 動 (오래전부터) 음모〔계략〕를 꾸미다. 나쁜 생각을 품다. ¶～挑tiǎo起事端shìduān｜사고를 일으키려고 음모를 꾸미다. ¶～进行破坏pòhuài｜오래전부터 파괴 책동을 꾸며왔다. ❷ 名 저의. 마음에 품은 음모 →〔蓄念〕
【蓄志】xùzhì ❶ 名 늘 바라고 있는 뜻. 숙원(宿願). ❷ 動 오랫동안 뜻을 품다.

【勖〈勗〉】xù 힘쓸 욱
書 動 격려하다. 고무하다. ¶以努力学习, 锻炼duànliàn身体相～｜열심히 공부하고 운동하며 서로 격려하다.
【勖励】xùlì 書 動 격려하다. 고무시키다.
【勖勉】xùmiǎn 書 動 ❶ 격려하다. ¶～有加｜거듭 격려하다. ❷ 노력하다. ¶不怕死～｜죽음도 겁내지 않고 노력하다.

【顼(頊)】xù 멍할 욱
❶ 書 形 멍하다. 정신이 빠지다. ¶～～然不自得｜정신이 나간듯 여유가 없다《莊子·天地》 ❷ 인명에 쓰이는 글자. ¶颛zhuān～｜전욱 [고대 황제의 이름]

4【酗】xù 주정할 후
動 주정하다. 주책부리다.
4【酗酒】xùjiǔ 動 술에 취해서 주정하다. ¶～滋事zīshì｜술에 취해서 일을 저지르다. ¶～恣性zìxìng｜주정하며 난폭하게 굴다.

【婿〈壻聟₁〉】xù 사위 서
名 ❶ 사위. ¶翁wēng～｜장인과 사위. ¶～有半子之劳｜諺 사위도 반은 자식이다 →〔女nǚ婿〕 ❷ 남편. ¶夫～｜남편. ¶妹mèi～｜매부.

【矞】xù ☞ 矞 yù B

【橘】xù☞ 鹬 yù Ⓑ

2【绪(緒)】xù 실마리 서 ❶名 실마리. 轉 (일의) 처음. 단서. 발단. 두서. ¶事已就～ | 일은 이미 두서가 잡혔다. ¶千头万～ | 복잡하게 뒤엉킨 실마리. ❷기분. 마음. 생각. 정서. ¶心～ | 심정. ¶情～ | 정서. ❸書 名 사업. ¶续未竟之～ | 미완의 사업을 계속하다. ❹나머지. 잔여(殘餘) ¶～风↓ ❺(Xù) 名 성(姓).

【绪风】xùfēng 名 다 밀려가지 않고 남아 있는 바람.

【绪论】xùlùn 名 (학술 논문·저서 등의)서론. 머리말. ¶我正在写～ | 지금 막 서론을 쓰고 있다.

【绪言】xùyán 名 머리말. ¶～中作了几点说明 | 머리말에서 몇 가지 설명을 하다.

1【续(續)】xù 이을 속 ❶動 계속하다. 이어지다. ¶连～ | 연속하다. ¶明日～演yǎn | 내일 계속하여 상연한다. ❷動 잇다. ¶这条绳子shéngzǐ太短, 再～上一截jié儿吧! | 이 밧줄은 너무 짧으니 좀 더 이어라! ❸動 더하다. 보태다. 보충하다. ¶把茶～上 | 차를 더 부어라. ¶炉子lúzi该～煤méi了 | 난로에 석탄을 더 넣어야겠다. ❹(Xù) 名 성(姓). ❺복성(複姓)중의 한 자(字) ¶～祁qí↓

【续编】xùbiān 名 속편. ¶这套书的～出版chūbǎn了 | 이 책의 속편이 나왔다.

【续貂】xùdiāo 書 動 ❶謙 훌륭한 것에 하찮은 것이 뒤를 잇다. 남이 다 못한 사업을 계속해나가다. ¶这篇小说很动人dòngrén, 我读dú了以后, 也写了一篇～集 | 이 소설은 아주 감명 깊어서 읽고난 후 나는 졸작이나마 속편을 하나 썼다 [다른 사람의 뒤에 지은 자신의 작품을 겸손하게 하는 말]❷작위(爵位)를 함부로 수여하다 →〔狗尾gǒuwěi续貂〕

【续订】xùdìng 動 ❶추가로 주문하다. ❷계속 예약하다 ‖ =〔续定〕

【续断】xùduàn 名〈植〉속단 [골절 치료에 효과가 있다고 하여「续断」이라고 함]

【续航】xùháng ❶名 항속. ¶这种飞机fēijī～时也很长 | 이런 비행기는 항속시간도 아주 길다. ¶～力 | 항속력.❷動 항속하다. ¶～了多久? | 얼마나 오랫동안 항속을 하였나?

【续假】xù/jià 動 휴가를 연장하다. ¶～三天 | 휴가를 3일 연장하다.

【续借】xùjiè 動 (기간을 연장해서) 계속 빌리다. ¶～三天 | 3일간 연장하여 빌리다. ¶到期也可以～ | 기한이 되어도 계속 빌릴 수 있다.

【续聘】xùpìn 動 계속 임용하다. ¶聘用期满,经双方同意可以～ | 임용기간이 만료되더라도 쌍방의 동의를 거치면 계속 임용할 수 있다.

【续祁】Xùqí 名 복성(複姓).

【续娶】xùqǔ 動 후처(後妻)를 맞다. 재취(再娶)하다 ¶他又～了后妻 | 그는 또 후처를 맞았다 =〔续弦xián〕〔胶jiāo续〕

【续上】xù·shang 動 ❶더 보태다. 잇다. 더 부어 넣다. ❷(금전을) 이월(移越)하다

【续弦】xù/xián ⇒〔续娶〕

4【絮】xù 솜 서 ❶名 솜. ¶棉mián～ | 솜. ¶被bèi～ | 이불솜. ❷名 옛날, 거친 솜. 좋지 않은 솜. ❸솜같은 것. ¶柳liǔ～ | 버들개지. ¶芦lú～ | 갈대꽃. ❹動 (옷이나 이불 등에) 솜을 두다〔넣다〕. ¶～被子bèizi | 이불에 솜을 두다. ❺動 싫증나다. 귀찮다. 지겹다. ¶听～了 | 지겹도록 들었다. ¶吃面吃～了 | 밀가루 음식은 싫증나도록 먹었다. ¶别再～烦了 | 더이상 귀찮게 말하지마시오 →〔腻nì⑥〕 ❻形 말이 많다. 수다스럽다. ¶～叨dāo↓ ¶～～不休 | 쉬지 않고 말을 하다.

4【絮叨】xù·dao ❶形 말이 많다. 수다스럽다. 이야기가 지루하다. ¶絮絮叨叨的老婆子lǎopózǐ | 말 많은 여편네. ¶他说话就有个～劲jìn儿, 没完没了liǎo | 그는 말만 시작하면 수다스러워서 끝이 없다. ❷動 귀찮게 잔소리하다. 싫증이 나도록 주절거리다 ¶别在这儿～了 | 여기서 귀찮게 잔소리하지 마라. ‖ =〔絮聒guō①〕→〔碎烦suìfán〕

【絮烦】xù·fan 形 귀찮다. 물리다. 싫증나다. 번거롭다. ¶他老说这个故事, 人家都听～了 | 그는 늘 이 이야기만 해서 모두들 지겹도록 들었다. ¶这个菜我吃～了 | 나는 이 음식에 물렸다.

【絮聒】xùguō ❶ ⇒〔絮叨〕 ❷動 (남을) 귀찮게〔성가시게〕하다. ¶不必～他人 | 다른 사람을 귀찮게 하지 마세요

【絮棉】xùmián ❶名 (이불·옷 등에) 넣는 솜. ❷動 솜을 두다〔넣다〕

【絮絮】xùxù 貺 계속 재잘거리는 모양. 수다 떠는 모양. ¶她～地说个没完 | 그녀는 끝없이 수다를 떨고 있다. ¶～叨叨dāo | 되뇌고 되뇌다. ¶～不断地duàndì说着 | 끊임없이 수다를 떨고 있다.

【絮语】xùyǔ ❶動 수다 떨다. 되뇌어 말하다. ❷名 수다. 잔소리.

·xu ㄒㄩ·

【蓿】·xu ⓐ sù) 거여목 숙 ⇒〔苜mù蓿〕

xuān ㄒㄩㄢ

【轩(軒)】xuān 초헌 헌 ❶名 창문이 있는 복도 또는 작은 방 [서재·찻집·음식점 등의 이름에 사용함] ¶小～ | 작은 방 →〔居jū⑧〕 ❷名 고대의 수레의 일종 [지붕이 있고 앞쪽이 비교적 높은 수레] ¶戎róng～ | 병거. ❸書 名 수레 앞의 높은 부분 →〔轩轾zhì〕 ❹書 名 창문. 문. ❺書 形 높다. ¶～昂áng↓ ¶风神fēngshén～举 | 풍채가 늠름하다. ❻(Xuān) 名 성(姓). ❼복성(複姓)중의 한 자(字) ¶～丘↓ ¶～辕yuán③↓

【轩昂】xuān'áng 形 위풍이 당당하다. 기세가 대단하다. ¶～地出了门 | 위풍당당하게 문을 나섰다. ¶态度tàidù很～ | 태도가 아주 당당하다. ¶气宇qìyǔ～ | 기세가 드높다.

【轩敞】xuānchǎng 書 形 (건물이) 높고 널찍하다. 훤하다. ¶公会堂gōnghuìtáng的大厅dàtīng真够zhēngòu～的 | 공회당의 대강당은 참으로 높

고 널찍하다.

【轩丘】Xuānqiū 名 복성(複姓).

【轩然大波】xuān rán dà bō 成 큰 파문. 큰 분쟁. 큰 풍파. ¶为个芝麻zhīmá大的小事闹一场～ | 깨알같은 아주 사소한 일로 큰 풍파를 일으켰다.

【轩辕】Xuānyuán 名 ❶ 옛날, 전설상의 황제(黃帝)의 이름. ❷ 별의 이름 [북두칠성 북쪽에 있는 17개의 별] ❸ 복성(複姓).

【轩轾】xuānzhì 名「轩」(앞 부분이 비교적 높은 수레)「轾」(뒷 부분이 높은 수레) [고저·대소·경중·상하·우열이 있음을 말함] ¶难分～ | 고저·우열을 가릴 수 어렵다.

2【宣】xuān 베풀 선, 밝힐 선

❶ 動 발표하다. 선언하다. 공개하다. ¶～誓 | 선서하다. ¶心照不～ | 의사가 통하여 (공개적으로) 말할 필요가 없다. ❷ 動 선전하다. 널리 퍼뜨리다. (비밀을) 누설하다. ¶我打算暂且瞒mán他, 你别～了 | 나는 잠시 그를 속일 생각이니 너는 누설하지 말아라. ¶这个谜儿míer我猜cāi不着, 请您～了吧 | 이 수수께끼를 난 알아맞추지 못하겠으니 알려주십시오. ❸ 물길을 트다. 배수(排水)하다. ¶～泄↓ ❹ 名 簡 선지(宣紙) ¶～纸↓ ❺ 形 부드럽다. 말랑말랑하다. 폭신폭신하다. ¶这馒头mántóu又大又～ | 이 찐빵은 크고도 말랑말랑하다. ❻ (힘을) 다하다. 진력하다. ¶～力↓ ❼ (Xuān) 名 ⓐ 〈地〉안휘성(安徽省) 선성현(宣城縣). ⓑ 〈地〉운남성(雲南省) 선위현(宣威縣). ❽ (Xuān) 名 성(姓).

2【宣布】xuānbù 動 선포[공표]하다. 선언하다. 발표하다. ¶老师向学生～了成绩chéngjì | 선생님은 학생들에게 성적을 공표했다. ¶未～的事,不要乱说luànshuō | 발표되지 않은 일은 함부로 말하지 마라. ¶～戒严jièyán | 계엄령을 선포하다. ¶得děi守机密的事, 他给～了 | 꼭 지켜야 할 비밀을 그는 발표해 버렸다.

4【宣称】xuānchēng 動 언명하다. 공언하다 ¶对外～他是厂长 | 그가 공장장이라고 대외에 공표하다 →[声称]

2【宣传】xuānchuán ❶ 名 動 선전(하다). 널리 알리다. ¶～计划生育的好处 | 가족계획의 좋은 점을 널리 알리다. ¶～工具 | 선전 도구. ¶～活动 | 캠페인. ¶～机器 | 선전 기관. 매스컴. ¶～口号 | 캐치프레이즈(catchphrase) ¶～网 | 선전망. ¶～员 | 선전원. ❷ 動 말을 떠뜨리다. 선전하다.

【宣传弹】xuānchuándàn 名 선전탄.

【宣传队】xuānchuánduì 名 선전대. ¶文艺～ | 문예 선전대.

【宣传画】xuānchuánhuà 名 포스터(poster) =[标biāo语画][街jiē头画][招贴zhāotiē画]

【宣传品】xuānchuánpǐn 名 선전물 [신문·잡지·전단·포스터 등을 가리킴]

【宣德】Xuāndé 名 〈史〉선덕(1426～1435) [명(明) 선종(宣宗)의 연호]

4【宣读】xuāndú 動 (성명서·포고문 등을) 대중 앞에서 낭독하다. ¶～论文 | 논문을 읽으며 발표하다. ¶当众～ | 대중 앞에서 낭독하다.

3【宣告】xuāngào 動 선고하다. 선포하다. 발표하다. 선언하다. ¶～了独立dúlì | 독립을 선포하다. ¶过去的规定已dìngyǐ～无效 | 과거의 규정은 무효임을 알리다. ¶～戒严jièyán | 계엄을 선포하다. ¶冰雪bīngxuě开始融化rónghuà, ～春天已经到来 | 빙설이 녹기 시작하여, 봄이 벌써 왔음을 알리고 있다.

【宣和】Xuānhé 名 〈史〉선화(1119～1125) [송(宋) 휘종(徽宗)의 연호]

【宣讲】xuānjiǎng 動 (대중 앞에서) 강연하다. 선전하고 설명하다. ¶跟着外国的宣教师xuānjiàoshī去传道,去～ | 외국 선교사를 따라 다니며 전도하고 설교하다.

【宣教】xuānjiào ❶ 動 선전하고 교육하다. ❷ 名 선전과 교육. ¶～工作gōngzuò | 선전 교육 사업. ¶～委员wěiyuán | 선전 교육 위원. ❸ 名 動 〈宗〉선교(하다).

【宣力】xuānlì 書 動 남을 위해서 힘을 쓰다. 남을 위해 열심히 노력하다 =[宣劳]

【宣明】xuānmíng 動 분명히 알리다. 명백하게 선포하다. ¶～自己的观点 | 자기자신의 관점을 명백히 밝히다.

【宣判】xuānpàn 動 〈法〉판결을 선고하다. ¶等法庭～的时候 | 법정의 선고시간을 기다리다.

【宣示】xuānshì 動 ❶ 선시하다. 공시(公示)하다. 공표(公表)하다. ❷ 〈法〉선고하다. 판결을 내리다.

4【宣誓】xuān/shì 動 선서하다. ¶～就职jiùzhí | 선서를 하고 취임하다. ¶举手jǔshǒu～ | 손을 들고 선서하다.

【宣统】Xuāntǒng 名 〈史〉선통(1909～1911) [청대(清代)의 마지막 황제인 부의(溥儀Pǔyí)의 연호]

【宣腿】xuāntuǐ 名 〈食〉운남성(雲南省)의 선위현(宣威縣)에서 생산되는「火腿huǒtuǐ」(햄).

【宣泄】xuānxiè 動 ❶ 물길을 트다. 배수(排水)하다. ¶～污水wūshuǐ | 더러운 물을 배수하다. ❷ 누설하다[되다]. 새나가다. ¶～机密jīmì | 기밀을 누설하다. ❸ 화를 털어놓다. 울분을 토로하다. ¶～怒气nùqì | 울분을 토로하다.

【宣叙调】xuānxùdiào 名 〈音〉선서조. 레치타티보(recitativo; 이). 서창(敘唱).

3【宣言】xuānyán ❶ 名 선언. ¶独立dúlì～ | 독립선언. ¶和平hépíng～ | 평화 선언. ¶联合liánhé～ | 공동선언. ❷ 動 선언하다. ❸ 名 성명. ❹ 動 성명을 발표하다.

4【宣扬】xuānyáng 動 ❶ 선양하다. 널리 알리다. (어법) 긍정적인 뜻으로 많이 쓰임 ¶～成就chéngjiù | 성과를 널리 알리다. ¶～盛德shèngdé | 훌륭한 덕을 널리 알리다. ❷ 말을 퍼뜨리다. 소문 내다. 떠벌리다 (어법) 이런 뜻풀이의 경우에는 부정적인 뜻으로 쓰임 ¶这件事可别给～出去 | 이 일은 소문내지 마세요. ¶大肆dàsì～ | 마구 떠벌리다.

【宣战】xuān/zhàn 動 ❶ 선전 포고하다. ¶美国被迫bèipò向日本～ | 미국은 하는 수 없이 일본에 선전포고를 했다. ❷ 격렬한 투쟁을 벌이다.

【宣纸】xuānzhǐ 名 (화)선지 [서화용의 고급 종이

로 안휘성(安徽省)의 선성현(宣城縣)에서 생산됨. 지명에서 유래된 명칭임]

4【喧〈諠〉】xuān 떠들썩할 훤 形 떠들썩하다. 시끄럽다. 요란스럽다. ¶锣鼓luógǔ～天｜징소리·북소리가 하늘까지 울리다. ¶鼓乐声～｜음악소리가 요란스럽다.

【喧宾夺主】xuān bīn duó zhǔ 成 손님이 주인보다 더 떠들썩하다. 주객(主客)이 전도되다. ¶不能～啊｜주객이 전도되어서는 안된다.

【喧哗】xuānhuá ❶ 形 떠들썩하다. 시끌시끌하다. 왁자지껄하다. ¶笑语～｜웃음소리 말소리가 왁자지껄하다. ❷ 動 떠들(어대)다. 왁자그르르하다. ¶请勿～｜떠들지 마시오.

【喧闹】xuānnào ❶ 形 왁자하다. 떠들썩하다. ¶～的人群｜왁자지껄한 사람들 ❷ 動 왁시글거리다. 왁자지껄하다.

【喧嚷】xuānrǎng 動 떠들다. 시끄럽게 굴다 =〔喧吵〕

【喧扰】xuānrǎo 動 소란 피우다. 시끄럽게 굴다. ¶会议在～中草草收场了｜회의는 소란을 피우는 중에 대강대강(허둥지둥) 끝이 났다.

【喧腾】xuānténg 形 시끌벅적하다. 시끌시끌하다. 왁자하다. 홍청거리다.

【喧嚣】xuānxiāo ❶ 形 시끄럽다. 소란스럽다. ¶市场～｜시장이 시끌벅적하다. ¶～的车马声｜시끌시끌한 수레와 말 울음 소리. ❷ 動 떠들어대다. 시끄럽게 굴다. ¶～一时｜한동안 떠들어대다.

【揎】xuān 걷을 선 動 ❶ 소매를 걷어 올리다. ¶～拳捋袖quánluōxiù｜成 소매를 걷어 붙이고 팔을 드러내다. 싸울 태세를 취하다. ❷ 方 손으로 밀다. ¶～开大门｜대문을 손으로 밀어 열다.

【萱〈萲蕿藼蘐〉】xuān 원추리 훤

【萱草】xuāncǎo 名〈植〉훤초. 원추리. 망우초(忘憂草). 의남초(宜南草). 녹총(鹿葱) =〔丹棘dānjí〕〔疗愁liáochóu(草)〕〔谖xuān草〕→〔金针菜jīnzhēncài〕

【萱堂】xuāntáng 書 名 敬 훤당. 자당 [남의 어머니를 높여 이르는 말] =〔堂萱〕

【暄】xuān 따뜻할 훤 ❶ 書 形 따뜻하다. 따사롭다. ¶负fù～｜햇볕을 쬐다 =〔煊xuān〕 ❷ 形 方 푹신푹신하다. 말랑말랑하다. ¶馒头很～｜찐빵이 너무 말랑말랑하다. ¶沙土地shātǔdì～, 不好走｜모래땅은 푹석푹석하여 걷기가 나쁘다 =〔松sōng软〕 ❸ 形 方 부석부석하다. ¶肿得脸都～了｜부어서 얼굴이 푸석푸석하다.

【暄风】xuānfēng 書 名 따뜻한 바람. 훈풍. 봄바람.

【暄腾】xuān·teng 形 말랑말랑하다. 폭신하다. ¶这馒mán头蒸zhēng得～｜이 찐빵은 말랑말랑하게 쪄졌다.

【煊】xuān 따뜻할 훤 書 形 (햇빛이) 따뜻하다 =〔暄xuān①〕

【煊赫】xuānhè 形 명성이 대단하다. ¶他曾～一时｜그는 한 때 명성이 대단했다.

【谖(諼)】xuān 잊을 훤 書 動 ❶ 속이다. 기만하다. ❷ 잊다. ¶永矢弗yǒngshǐfú～｜영원히 잊지 않으리라 맹세하다. ❸ ⇒〔谖草〕

【谖草】xuāncǎo ⇒〔萱xuān草〕

【儇】xuān 영리할 현 書 形 ❶ 민첩하다. 재빠르다. ❷ 경박하다. ¶～薄↓

【儇薄】xuānbó 書 形 경박하다. 달랑거리다.

xuán ㄒㄩㄢˊ

【玄】xuán 검을 현 ❶ 形 검다. ¶～色↓ ❷ 形 심오하다. 심원하다. ¶～妙↓ ¶～理↓ ❸ 形 口 터무니없다. 허황하다. 황당하다. ¶这话真～不能信｜이 말은 정말 터무니없어서 믿을 수 없다. ¶越说越～了｜말을 할수록 황당하다. ❹ 形 方 위험하다. 위태롭다. ¶好～｜아주 위험하다 =〔悬xuán⑥〕 ❺ 교활한 수단. ¶～虚↓ ❻ (Xuán) 名 성(姓).

【玄乎】xuán·hu 形 ❶ 方 위태롭다. 위험하다. ¶这事儿可真～｜이 일은 정말 위험하다 =〔悬xuán乎〕 ❷ 口 심오하여 이해하기 어렵다.

【玄狐】xuánhú 名〈動〉은호 =〔银狐〕

【玄黄】xuánhuáng 書 ❶ 名 검은 하늘 빛과 누른 땅 빛. 轉 천지(天地). ❷ 動 (말이) 병들다 [검은 말이 병들면 누른 빛이 된다는 뜻에서 나옴]

【玄机】xuánjī 名 (도가에서 말하는) 심오하고 미묘한 도리. 현묘한 이치. ¶不明其中的～｜그 속의 현묘한 이치를 모르겠다.

【玄理】xuánlǐ 書 名 심오한 도리.

【玄妙】xuánmiào 形 심오하고 미묘하다. 현묘하다. ¶～无比的佛法｜현묘하기 그지없는 불법

【玄明粉】xuánmíngfěn 名〈漢醫〉현명분.

【玄青】xuánqīng 名〈色〉짙은 흑색 =〔元yuán青〕

【玄色】xuánsè 名〈色〉(광택이 없는) 검은색.

【玄参】xuánshēn 名〈植〉현삼.

【玄孙】xuánsūn 名 현손. 고손(高孫) =〔俗 耷拉dālā孙儿〕〔元yuán孙〕

【玄谈】xuántán 名 ❶ 허황해서 알아들을 수 없는 말. ❷ 도가(道家) 사상에 관한 말. ❸〈佛〉경론(經論)을 강하기 전에 먼저 그 제호·저자·대의 등을 풀이하는 일.

【玄武】xuánwǔ 名 ❶ 거북. ❷ 도교에서 북쪽 방위의 수(水) 기운을 맡아 보는 신(神). ❸〈天〉현무. 28수(宿) 가운데 북쪽 일곱 별인 두(斗)·우(牛)·여(女)·허(虛)·위(危)·실(室)·벽(壁)을 일컫는 말.

【玄武岩】xuánwǔyán 名〈鑛〉현무암.

【玄想】xuánxiǎng 名 환상(幻想) ¶心存～｜마음에 환상을 품다 =〔幻想〕

【玄虚】xuánxū ❶ 形 허황하다. 막연하다. ¶你说得太～了｜네 말은 너무 허황하다. ❷ 名 교활한 수단. 잔꾀. ¶故弄～｜일부러 잔꾀를 부리다 ‖ =〔悬xuán虛〕→〔蹊跷qīqiāo〕

【玄学】xuánxué ❶ 名〈哲〉현학. 도가(道家)의 학문 [주로 위진 남북조(魏晋南北朝) 시대의 현

학을 가리킴]¶他学了魏晋～ | 그는 위진현학을 배웠다. ❷⇒〔形xíng而上学〕

【玄远】xuányuǎn 書 形 (말·도리 등이)심원하다.

【玄之又玄】xuán zhī yòu xuán 成 매우 현묘하여 이해하기 어렵다. ¶这可是～的事儿 | 이것은 정말 현묘하여 이해하기 어려운 일이다 =〔玄而又玄〕

【痃】xuán 현벽 현, 가래톳 현

❶ ⇒〔痃癖〕 ❷ ⇒〔横héng痃〕

【痃癖】xuánpǐ 名 〈漢醫〉 근육이 당기는 병.

【县】xuán ☞ 县 xiàn B

3【悬(懸)】xuán 달 현, 달릴 현

❶ 動 걸다. 걸리다. 공중에 매달다. ¶月亮～在树梢shāo上 | 달이 나뭇가지 끝에 걸려 있다. ¶～灯结彩dēngjiécǎi↓ ❷ 動 내걸다. 게시하다. ¶～为厉禁lìjìn | 공개적으로 게시하여 엄격하게 금지하다. ❸ 動 올리다. 들다. ¶写大字时最好把腕子wànzǐ～起来 | 큰 글씨를 쓸 때는 팔을 들고 쓰는 것이 제일 좋다. ❹ 動 걱정하다. 마음에 걸리다. ¶～念↓ ¶～心↓ ❺ 形 현안으로 남아 있다. 아직 해결이 안되다. ¶这件事还～着呢 | 이 일은 아직 해결되지 않고 있다. ❻ 形 方 위험하다. ¶小孩子一个人在马路上骑qí自行车, 可真～ | 어린아이 혼자 차도에서 자전거를 타는 것은 정말 위험하다 =〔玄xuán④〕 ❼ 形 가공(架空)적이다. 근거가 없다. ¶～拟nǐ↓ ¶～想↓ ❽ 動 거리가 멀리 떨어지다. ¶～如天壤rǎng | 하늘과 땅만큼 떨어져 있다. 차이가 크다.

【悬案】xuán'àn 名 현안. 미해결 사건〔문제〕. ¶这是一宗～ | 이것은 미해결의 사건이다.

【悬臂】xuánbì 名 〈機〉 (기중기의) 지브(jib) ¶～起重机qǐzhòngjī | 지브 기중기 =〔起重臂〕

【悬揣】xuánchuǎi 動 어림짐작하다. ¶不能凭píng～办事bànshì | 어림짐작으로 일을 처리해서는 안된다.

【悬灯结彩】xuán dēng jié cǎi 成 (경사가 있을 때) 등을 매달고 오색 띠를 드리워 장식하다.

【悬而未决】xuán ér wèi jué 成 현안이 남아 있다. 미해결 문제로 남아 있다 ¶许多提案xǔduōtíàn～ | 많은 제안이 아직 미해결 상태로 남아 있다 =〔悬宕dàng〕

【悬浮】xuánfú 名 〈物〉 현탁(懸濁) [고체 미립자의 부유(浮游) 상태]¶～胶体jiāotǐ | 현탁질. ¶～液yè | 현탁액.

【悬隔】xuángé 動 현격하다. 멀리 떨어져 있다. ¶两地～ | 두 지역은 멀리 떨어져 있다.

4【悬挂】xuánguà 動 걸다. 매달다. ¶～国旗guóqí | 국기를 달다.

【悬壶】xuánhú 書 動 (의사가) 간판을 내걸고 개업하다. ¶～行医yī | 간판을 내걸고 의료사업을 하다. ¶～济世jìshì | 의사가 개업하여 세상을 구제하다.

【悬乎】xuán·hu 形 方 위험하다. ¶真～! 她差点让汽车给撞zhuàng了 | 정말 위험했다! 그녀는 하마터면 차에 치일 뻔했다 =〔玄乎xuánhū①〕

【悬劲儿】xuánjìnr 名 위험성. 위험한 상태. ¶瞧qiáo这个～! | 이거 위험한데!

【悬空】xuánkōng 動 ❶ 허공에 뜨다. ¶把标语biāoyǔ～挂guà起来了 | 표어를 공중에 매달다. ¶两脚liǎngjiǎo～ | 두 다리가 허공에 뜨다. ¶那件事不能老～ | 그 일은 언제까지나 허공에 뜬 상태로 놓아둘 수 없다. ❷ (위에서 덮어 누르듯) 우뚝 솟다. ¶～的石崖shíyá | 우뚝 솟은〔깎아지른 듯한〕절벽.

【悬梁】xuánliáng 動 ❶ 들보에 목을 매다. 목을 매달아 자살하다. ¶～高吊diào | 목을 매어 자살하다. ❷ 들보에 상투를 매달아 (졸음을 쫓으며) 각고의 노력으로 면학(勉學)하다. ¶～刺股cìgǔ | 成 각고의 노력으로 면학에 힘쓰다.

【悬铃木】xuánlíngmù 名 〈植〉 플라타너스 =〔法国梧桐Fǎguówútóng〕〔洋枫yángfēng〕〔洋(梧)桐〕

【悬拟】xuánnǐ 書 動 근거 없이 의심을 하다. 가정하다. ¶～了一个故事gùshì | 이야기를 의심하다.

4【悬念】xuánniàn 動 ❶ 마음에 걸리다. 걱정〔근심〕하다. 염려하다. ¶～思远人 | 멀리 떨어져 있는 사람을 그리며 걱정하다. ❷ (연극·영화·문예작품 등을 볼 때 등장인물의 운명에 대해) 마음을 쓰다. 우려하다.

【悬赏】xuán/shǎng 動 상을 걸다. 현상금을 걸다. ¶～寻人xúnrén | 현상금을 내걸고 사람을 찾다. ¶～美金五千元 | 오천달러의 현상금을 걸다. =〔悬红hóng〕〔悬金jīn〕〔悬赏格gé〕

【悬殊】xuánshū 動 큰 차이가 있다. 동떨어져 있다. ¶力量～ | 힘이 차이가 많이 난다. ¶他们俩年龄niánlíng～太大 | 그들 둘은 나이 차이가 너무 난다. ¶夫妻fūqī双方地位～ | 부부의 지위가 큰 차이가 있다. ¶气候qìhòu～ | 기후 차이가 심하다.

【悬腕】xuánwàn 名 현완 [손목을 책상에 붙이지 않고 손등과 팔굽을 같은 높이로 하여 쓰는 서법(書法)의 하나]¶～直笔zhíbǐ | 현완직필 =〔悬肘zhǒu〕

【悬望】xuánwàng 動 ❶ 희망을 걸다. 기대하다. ¶～丈夫zhàngfū回来 | 남편이 돌아오기를 기대하다. ❷ 염려하다. 걱정하다.

【悬想】xuánxiǎng 動 근거 없이 상상하다. 억측하다 =〔悬思sī〕

【悬心】xuán/xīn 動 마음에 걸리다. 걱정〔근심〕하다.

【悬心吊胆】xuán xīn diào dǎn 成 마음을 조이다. 매우 걱정하다 ¶这件事让我～ | 이 일은 나로 하여금 마음 조이게 한다 =〔提tí心吊胆〕

3【悬崖】xuányá 名 낭떠러지. 벼랑. 절벽. ¶～绝壁juébì | 깎아지른 듯한 절벽.

【悬崖勒马】xuán yá lè mǎ 成 절벽에 이르러서야 말고삐를 잡아채다. 위험에 직면해서야 정신을 차리고 돌아서다 ¶你还是快～吧 | 빨리 그만두고 돌아서세요 =〔勒马悬崖〕

【悬崖峭壁】xuán yá qiào bì 名 깎아지른 듯한 절벽 =〔悬崖陡dǒu壁〕

【悬雍垂】xuányōngchuí 名 〈生理〉 목젖. 현옹수 =〔俗 小舌儿〕→〔喉结hóujié〕

【悬浊液】xuánzhuóyè 名 현탁액.

3【旋】xuán xuàn 돌릴 선, 빠를 선, 조금 선

Ⓐ xuán ❶動 빙빙 돌다. 선회하다. ¶回～ | 회전하다. ¶天～地转dìzhuǎn | 천지가 빙빙 돌다. ❷動 (되)돌아 가다[오다]. ¶～里↓ ¶凯kǎi～ | 개선하다. ❸ 나선(螺旋) →[螺luó旋①] ¶阳螺yángluó～ | 볼트(bolt). ❹ (～儿) 名 동그라미. 회전. 소용돌이. ¶老鹰lǎoyīng在空中打～儿 | 매가 공중에서 원을 그리며 날다 ＝[漩xuán] ❺ (～儿) 名 (머리의) 가마. ¶他头上有两个～ | 그의 머리에 쌍가마가 있다. ❻書副 오래지 않아. 매우 빨리. ¶此病～发～愈 | 이 병은 갑자기 발병했다가 갑자기 낫는다. ¶～即↓ ❼書動 소변을 보다. ¶夷射姑yíshègū～焉 | 이사고는 거기에서 소변을 보았다《左傳Zuǒzhuàn·定公三年》❽ (Xuán) 名 성(姓).

Ⓑ xuàn ❶形 빙빙 소용돌이 치는 모양. ¶水打～ | 물이 소용돌이 치다. ¶～风↓ ❷副 그 자리에서. 즉시로. 임시로. 연이어. ¶～吃～做 | 그때그때 만들어 먹다. ¶～用～买 | 필요한 즉시로 사다. ❸動 (선반이나 칼을 이용하여) 빙빙 돌려가며 깎다[벗기다]. ¶把柿皮shìpí～掉diào | 감껍질을 깎다. ¶用车床chuáng～零件língjiàn | 선반으로 부품을 깎다 ＝[镟xuàn①] ❹ (～子) 名 술을 데우는 도구 ＝[镟xuàn①] ❺名 동(銅)으로 만든 원통형의 쟁반 ＝[镟xuàn①]

Ⓐ xuán

【旋光性】xuánguāngxìng 名〈物〉선광성.

【旋即】xuánjí 副 오래지 않아. 뒤이어[연이어]. 곧. ¶货艇huòtǐng倾斜qīngxié～沉chén下去了 | 화물 운송선은 기우뚱하더니 곧 침몰했다.

【旋里】xuánlǐ 書動 귀향하다 ¶因事～ | 사고로 인하여 귀향하다 ＝[旋乡xiāng]

4【旋律】xuánlǜ 名〈音〉선율. 멜로디(melody) ¶优美yōuměi的～ | 아름다운 선율

【旋毛虫】xuánmáochóng 名〈蟲〉선모충.

【旋木雀】xuánmùquè 名〈鳥〉나무발바리.

【旋钮】xuánniǔ 名〈機〉(라디오·텔레비전 등의) 회전 손잡이. ¶调正～ | 회전 손잡이를 조정하다. ¶调tiáo频率～ | 주파수[채널] 조절 손잡이.

【旋绕】xuánrào 動 회전하다. 빙빙 돌다. ¶炊烟chuīyān～ | 밥짓는 연기가 빙빙 돌며 피어오르다. ¶歌声～ | 노랫 소리가 맴돌다.

【旋梯】xuántī 名 회전 사다리. ¶从～上飞机 | 회전 사다리를 타고 비행기에 탑승하다.

【旋涡】xuánwō 名 (물에서 이는) 소용돌이 (정치 혹은 전쟁과 같은 추상적 의미의)소용돌이 ¶卷入政治～ | 정치소용돌이에 말려 들다. ¶战争～ | 전쟁의 소용돌이 ⇒[漩xuán涡]

【旋涡星云】xuánwō xīngyún 名組〈天〉와상 성운(渦狀星雲).

【旋踵】xuánzhǒng 書動 발꿈치를 돌리다. 喩 획 돌아설 사이. 눈 깜박할 사이. 잠깐사이. ¶～即逝jíshì | 눈 깜박할 사이에 사라지다.

3【旋转】xuánzhuǎn 動 빙빙 돌다[회전하다]. 선회하다 ¶～眼光yǎnguāng | 시선을 여기 저기 돌리다. ¶～的舞台wǔtái | 빙빙 돌아가는 무대 ＝[旋轮lún]

【旋转乾坤】xuán zhuǎn qián kūn 成 하늘과 땅을 바꾸어 놓다. 천하의 형세를 일변(一變)시키다. 사람의 능력이 엄청나게 크다 ＝[旋乾转坤]

【旋转式】xuánzhuǎnshì 名 회전식. ¶他来了一个～跳高 | 그는 회전높이뛰기를 했다.

Ⓑ xuàn

【旋床】xuànchuáng 名〈機〉선반 ＝[车床chēchuáng]

【旋风】xuànfēng 名 선풍. 회오리 바람. ¶他～似地来到这儿 | 그는 회오리 바람처럼 날쌔게 여기에 왔다.

【旋子】xuàn·zi 名 ❶ 동(銅)으로 만든 쟁반. ⓐ 술을 데우는 그릇. ⓑ「粉fěn皮(儿)」을 만드는 데 쓰는 도구. ❷ 구극(舊劇)에서 한 발을 축으로 하여 회전하는 무술 동작의 일종. ¶打～ | 재주넘기를 하다.

【漩】xuán 소용돌이 선

名 소용돌이. ¶水打～儿 | 물이 소용돌이치다.

【漩涡】xuánwō 名 ❶ (～儿) 소용돌이. ¶叫～给卷juǎn了去 | 소용돌이 속으로 말려들어 갔다 ＝[漩儿] ❷喩 연루시키는 일. (어떤 사건의) 소용돌이. 분규. ¶卷入juǎnrù政治zhèngzhì～ | 정치적 분규 속에 말려들어 가다 ‖ ＝[旋涡]

【璇〈璿〉】xuán 옥 선

❶書名 아름다운 옥(玉). ❷ ⇒[璇玑jī]

【璇玑】xuánjī 名 ❶ 옛날, 천체를 관측하던 기계. 선기 옥형(玉衡). 혼천의(渾天儀). ❷ 옛날, 북두칠성의 첫째에서 네째까지의 별의 총칭→[魁kuí星①]

xuǎn ㄒㄩㄢˇ

2【选(選)】xuǎn 선택 선, 잠깐 선

❶動 선택하다. 고르다. ¶～了半天, 一件也没～出来 | 한참동안 골랐으나, 하나도 선택하지 못했다. ❷動 뽑다. 선출하다. 선거하다. ¶下午开全体会～班里的干部 | 오후에 전체 회의를 열어 반 간부를 뽑는다. ¶普～ | 보통 선거. ¶我们都～他做组长 | 우리 모두 그를 조장으로 뽑았다. ❸名 簡 뽑힌 사람 또는 물건. ¶入～ | 입선하다. ¶上～ | 선별한 최상등의 것. ❹ 선별하여 함께 모아 둔 작품. ¶诗～ | 시선. ¶民歌～ | 민요선집. ❺動 관직에 선발되어 직을 받다. ¶他～的是一个外官wàiguān | 그가 임명된 것은 지방 관직이다. ❻書副 잠시 동안. 잠깐. ¶～间↓ ¶少～ | 잠시. ❼書數 옛날, 만(萬) 이상의 수를 헤아릴 때 매우 많다는 뜻으로 쓰던 말. ¶青钱万qīngqiánwàn～ | 동전이 수만이다.

2【选拔】xuǎnbá 動 골라서 뽑다. 선발하다. ¶～接班人jiēbānrén | 후계자를 선발하다. ¶～人才réncái | 인재를 선발하다. ¶～赛sài | 선발 시합. ¶～委员会wěiyuánhuì | 선발 위원회 ＝[拔选]

【选本】xuǎnběn 名 찬집(撰集). 다이제스트판.

【选材】xuǎn/cái 動 ❶ 인재를 뽑다. 인재를 선발하다. ¶～精当jīngdāng | 인재선발이 엄격하고

적합하다. ❷소재를 고르다. 재료를 선택하다.

【选调】xuǎndiào 動❶골라서〔뽑아서〕 전용(轉用)하다. ❷선발하여 전근시키다〔이동 배치하다〕. ¶他～回来了丨그는 전근하여 왔다.

[4]【选定】xuǎndìng ❶動 선정하다. 선정되다 ¶～了10名队员丨10명의 대원을 선정하다. ¶主角zhǔjiǎo已经～了丨주인공은 이미 선정되어졌다. ❷動(선거를 통하여) 뽑다. ¶大家～他当排球队长páiqiúduìzhǎng丨사람들은 그를 배구팀 주장으로 뽑았다＝〔选就〕

【选读】xuǎndú 動❶발췌하여 읽다. ❷청강하다. ¶～生丨청강생.

【选购】xuǎngòu 動 골라서 사다. 선택하여 사다. ¶～家用电器jiāyòngdiànqì丨가전제품을 골라 사다.

[4]【选集】xuǎnjí 名 선집. ¶朱自清Zhūzìqīng～丨주자청 선집.

【选间】xuǎnjiān 書名 잠깐. 잠시. 수유간(須臾間)＝〔少选〕

[2]【选举】xuǎnjǔ ❶名 선거. 선출. ¶～的结果jiéguǒ明天公布丨선거 결과는 내일 발표한다. ¶主任是通过民主～产生的丨주임은 민주선거를 통해서 선출되었다. ¶～单位dānwèi丨선거 기관. ¶～法丨선거법. ¶～者丨선거인. ¶～制度zhìdù丨선거 제도. ¶无记名投票tóupiào～丨무기명투표 선거. ¶直接～丨직접 선거. ❷動 선거하다. 선출하다. ¶～了代表丨대표를 선출했다.

【选举权】xuǎnjǔquán 名 선거권. ¶拥有yōngyǒu～丨선거권을 가지다. ¶～和被bèi～丨선거권과 피선거권.

【选矿】xuǎnkuàng ❶名 선광. ¶～作业丨선광작업. ❷動〈鑛〉선광하다.

【选录】xuǎnlù 動❶(문장을) 골라서 수록하다. ❷골라서 기재〔기록〕하다. ❸선발하여 채용〔등용〕하다.

[4]【选民】xuǎnmín 名 선거 유권자(有權者). 선거인. ¶～榜bǎng丨유권자 게시. ¶～登记dēngjì丨선거인 등록. ¶～会丨선거자 회의. 유권자 회의. ¶～名册míngcè丨선거인 명부. ¶～证丨투표증〔투표 통지서〕.

【选派】xuǎnpài 動❶(사람을) 뽑아서 보내다. 선발하여 파견하다. ¶～代表参加大会丨대표를 선발 파견하여 대회에 참가시키다. ¶另行～负责人士丨책임자를 별도로 선출해서 파견하다. ❷발탁해서 임명하다.

【选票】xuǎnpiào 名 투표 용지. ¶拉lā～丨표를 끌다(선거유세를 하다)

【选区】xuǎnqū 名 선거구.

[4]【选取】xuǎnqǔ 動 골라 가지다.

【选任】xuǎnrèn 動 선임하다. 뽑아 임명하다. ¶～总统zǒngtǒng丨총통(대통령)을 선임하다.

[4]【选手】xuǎnshǒu 名❶선수. ¶运动～丨운동선수. ¶～更衣室gēngyīshì丨선수 탈의실 ❷㊄이익. 벌이. 덕택. ¶饭钱草料fànqiáncǎoliào, 些微有些～就罢丨밥값이나 여물값 등, 약간의 벌이만 되어도 좋다.

【选送】xuǎnsòng 動 뽑아서 추천하다. 선발하여 보내다〔파견하다〕. ¶～一批学生到外国去学习丨학생들을 선발하여 외국으로 파견하여 공부를 시키다. ¶被～到北京大学学习丨선발되어서 북경대학에 가서 공부하다.

[3]【选修】xuǎnxiū 動 선택 과목으로 (택해) 이수하다. 선택하여 배우다. ¶～法语fǎyǔ丨불어를 선택 과목으로 택해 이수하다. ¶～科kē丨선택과목 →〔必bì修〕

【选样】xuǎnyàng 動 견본을 (검토하여) 고르다. ¶严格yángé～丨견본을 엄선하다.

[4]【选用】xuǎnyòng 動 선용하다. ¶～合格材料hégécáiliào丨합격자료를 선용하다.

【选育】xuǎnyù ❶名 선종. 육종. ❷動〈農〉선종(選種)하다. 육종(育種)하다. ¶～良种liángzhǒng丨우량종을 선정하여 육종하다. ¶～良种绵羊miányáng丨좋은 품종의 면양을 선정하여 품종개량을 하다.

[2]【选择】xuǎnzé ❶動 선택하다. ¶他～了自己喜爱xǐ'ài的工作丨그는 자신이 좋아하는 일을 선택했다. ¶～对象duìxiàng丨대상을 선택하다. 결혼 상대를 고르다. ¶～语句丨선택문. ¶～权quán丨선택권. ❷名〈電算〉셀렉팅(selecting). ❸名〈電算〉옵션(option)＝〔取舍qǔshě〕

【选种】xuǎn/zhǒng〈農〉❶動 선종하다. ❷(xuǎnzhǒng) 名 선종.

【选中】xuǎnzhòng 動 정확히 뽑다. 선택하다. 바로 뽑다.

【桓】xuǎn ㊇xuān) 마를 훤

書❶形(햇빛이) 밝다. ❷動 건조시키다. 말리다. ❸名 햇빛.

【撰】xuǎn ☞ 撰 zhuàn Ⓑ

【馔】xuǎn ☞ 馔 zhuàn Ⓑ

【癣(癬)】xuǎn 옴 선

名〈醫〉사상균(絲狀菌)에 의해 생기는 피부병. ¶白～丨백선 ¶脚～＝〔㊌香港脚xiānggǎngjiǎo〕〔新加坡脚xīnjiāpōjiǎo〕丨무좀.

【癣疥】xuǎnjiè 名〈醫〉버짐.

【癣疥之疾】xuǎn jiè zhī jí 威 하찮은 결함. 큰 문제가 되지 않는 결점.

【癣药水】xuǎnyàoshuǐ 名〈藥〉옴약.

xuàn ㄒㄩㄢˋ

【券】xuàn ☞ 券 quàn Ⓑ

【泫】xuàn 눈물흘릴 현

書動 물방울이 떨어지다. ¶～流滴liúdī丨물방울이 똑똑 떨어지다.

【泫然】xuànrán 書狀(주로 눈물이) 뚝뚝 떨어지다. ¶～泪下＝〔泫然流涕〕丨눈물이 방울방울 떨어지다.

【炫】xuàn 빛날 현

❶書動 밝게 빛나다. (강렬한 빛이) 눈을 부시게 하다. ¶光彩guāngcǎi～目丨찬란한 빛에 눈이 부시다＝〔炫煌huáng〕 ❷書動 과시

하다. 뽐내다. 자랑하다. ¶好hào～耀yào的人 | 뽐내기 좋아하는 사람 =〔衒xuàn〕

【炫示】xuànshì 動 과시하다. 자랑하다. 뽐내다. ¶～自己的才学cáixué | 자기의 재주와 학문을 뽐내다.

【炫耀】xuànyào 動 ❶ 현요하다. 눈부시게 빛나다. ❷ 자랑하다. 과시하다. 뽐내다. ¶向人～家产jiāchǎn | 사람들에게 자기 재산을 자랑하다. ¶～武力wǔlì | 무력을 과시하다. ¶～自己的功劳gōngláo | 자기의 공로를 자랑하다.

【眩】xuàn 아찔할 현, 현혹할 현
書 ❶ 形 눈이 침침하다〔흐릿하다〕. ¶头晕yūn目～ | 머리가 어질어질하고 눈이 침침하다. ❷ 動 현혹되다. 미혹되다. ¶～于名利mínglì | 명예와 이익에 현혹되다.

【眩晕】xuànyùn ❶ 動 현기증이 나다. 어질어질하다. ❷ 名〈醫〉현기증. 어지럼증.

【铉(鉉)】xuàn 솥귀고리 현
書 名 솥귀의 구멍에 끼워 손으로 들게 한 고리.

【衒】xuàn 자랑할 현
「炫」과 같음 ⇒〔炫②〕

【绚(絢)】xuàn 고울 현
書 形 색채가 화려하고 아름답다.

【绚烂】xuànlàn 形 현란하다. 찬란하다. 눈부시다. ¶～的朝霞zhāoxiá | 찬란한 아침 노을. ¶～多彩duōcǎi | 현란하고 다채롭다 =〔灿烂cànlàn〕

【绚丽】xuànlì 形 눈부시게 아름답다. 화려하고 아름답다. ¶～的景色jǐngsè | 화려하고 아름다운 경치. ¶～班斓bānlán的色彩sècǎi | 현란하고 알록달록한 색깔.

【绚丽多彩】xuànlì duōcǎi 눈부시게 아름답고 다채롭다. 현란하고 색채가 다양하다. ¶～的装饰zhuāngshì | 현란하고 다채로운 장식

【旋】xuàn ☞ 旋 xuán Ⓑ

【镟(鏇)】xuàn 갈미틀 선, 술데우는그릇 선 ❶「旋」와 같음 =〔旋xuàn③④⑤〕❷ 名 고대의 술을 데우는 그릇.

【渲】xuàn 바림 선
❶ ⇒〔渲染〕❷ 書 名 작은 흐름.

【渲染】xuànrǎn ❶ 名〈美〉선염 →〔烘hōng托〕❷ 動 喻 사실보다 크게 말하다. 과장하다. ¶重加～,以烘托hōngtuō气氛qìfēn | 좀 과장하여 말하여 분위기를 두드러지게 하다.

【楦〈楥𥕢〉】xuàn 신골 원
❶ (～头, ～子) 名 신발이나 모자의 골. ¶鞋xié～ | 신발의 골. ❷ 動 골을 박아 크게 하다. ¶用鞋楦xiéxuàn～鞋 | 구두에 구두 골을 박아 넣다. ❸ 動 方 빈 곳에 물건을 꽉 채우다. ¶把瓷器箱cíqìxiāng～好 | 자기 상자를 꽉 채우다. ❹「碹」와 같음 ⇒〔碹〕

【楦头】xuàn·tou 名 (모자나 신발의) 골. ¶这双鞋穿着紧jǐn一点, 得拿～再排pǎi一排 | 이 구두는 신기에 좀 빡빡하니 구두 골로 좀 더 넓혀야 한다 =〔楦桩zhuāng〕〔楦子〕→〔楦①〕

【楦桩】xuànzhuāng ⇒〔楦头〕

【楦子】xuàn·zi ⇒〔楦头〕

【碹】xuàn 둥글게싼벽 선
❶ 名 (돌·벽돌로 된 교량·배수로 등의) 원형·호형(弧形) 부분. ❷ 動 호형을 축성(築成)하다 ‖ =〔楦xuàn④〕

【碹胎】xuàntāi 名 아치형 구조물의 판벽.

xuē ㄒㄩㄝ

【削】xuē ☞ 削 xiāo Ⓑ

4【靴〈鞾〉】xuē 신 화
(～子) 名 장화. 편상화(編上靴) ¶一只～ | 장화 한 짝. ¶马～ | 승마용 장화. ¶长筒～ =〔高统靴〕| 장화 →〔鞋xié〕

【靴匠】xuējiàng 名 제화공(製靴工).

【靴鞦(儿)】xuēyào(r) 名 ❶ 장화의 목〔몸통〕=〔靴筒(儿)〕❷ 구두의 등.

4【靴子】xuē·zi ❶ 名 구두. 장화. 편상화(編上靴) ¶他又买了一双～ | 그는 또 장화 한 켤레를 샀다. ❷ 名 옛날, 한 사람의 기생이 여러 손님과 관계를 맺는 것.

【薛】xuē 쑥 설, 나라이름 설
名 ❶〈植〉쑥 ❷ (Xuē)〈史〉설 [주대(周代)의 제후국으로, 지금의 산동성(山東省) 등현(滕縣) 동남쪽에 해당됨] ❸ (Xuē) 성(姓).

【薛涛笺】xuētāojiān 名 편지지 [당대(當代)의 기녀「薛涛」가 창안한 여덟 행의 붉은 줄을 친 편지지] =〔八行笺〕

xué ㄒㄩㄝˊ

4【穴】xué ⓧ xuè) 움 혈, 구멍 혈
❶ 名 동굴. 구멍. (짐승이나 악인의) 소굴. ¶树～ | 나무 구멍. ¶蚁yǐ～ | 개미 구멍 =〔巢cháo穴〕→〔洞dòng①〕❷ 名 簡 묘혈(墓穴) =〔墓穴〕→〔窟窿kūlóng(儿)①〕❸ 名〈漢醫〉경혈(經穴). 혈. ¶太阳～ | 태양혈 =〔穴道〕〔穴位〕❹ (Xué) 名 성(姓).

【穴宝盖儿】xuébǎogàir 名組 한자 부수의 구멍혈(穴) =〔穴字头(儿)〕

【穴道】xuédào 名 ❶ 묘지. ❷〈漢醫〉(침구의) 혈. 경혈(經穴) ¶按àn～针灸zhēnjiǔ | 경혈에 침을 놓고 뜸질을 하다 =〔穴位〕❸ (사람 몸의) 급소. ¶被人点了～ | 급소를 찔리다. ¶点开他的～ | (급소를 찔려서 기절한 사람에게) 활력을 불어넣다.

【穴居野处】xué jū yě chǔ 成 ❶ 동굴 속에 거주하며 황야에서 생활하다. 원시생활을 하다. ❷ 轉 謙 은거하고 있는 사람이 자신의 생활을 겸손히 이르는 말. ¶小弟～,不懂dǒng文化之高雅gāoyǎ | 저는 사는 게 누추하여 문화생활이라고는 모릅니다.

【穴施】xuéshī〈農〉❶ 名 매 그루〔포기〕의 주변에 일정한 간격으로 구멍을 파고 시비(施肥)하는 방법. ❷ 動 구멍을 파고 시비하다 ¶～化肥huàféi | 화학비료로 시비하다. ‖ =〔点施diǎnshī〕

【穴位】xuéwèi ⇒〔穴道②〕

【茓】xué 삿자리 혈
(～子) 名 方 (수수깡이나 갈대 오리로

만든) 삿자리나 수숫대로 엮은 장석으로 둘러친 곡물 저장소 →〔囤dùn〕

1【学(學)】xué 배울 학 ❶動 배우다. 익히다. 학습하다. ¶活到老,～到老 | 배움에는 끝이 없다(늙어 죽을 때가지 배우다) ¶勤qín工俭jiǎn～ | 열심히 일하면서 배우다. ¶～会 | 배워서 알다. ❷動 모방하다. ¶妹妹～妈妈走道儿的样子, ～得很像 | 여동생은 엄마의 걸음걸이를 아주 잘 흉내낸다. ❸名 학문. 지식. ¶博bó～多能 | 박학하고 다재 다능하다. ¶才疏cáishū～浅qiǎn | 재주가 없고 지식이 얕다. 재주와 학문이 미천하다. ❹ 체계적인 지식. 학과(學科) ¶物理wùlǐ～ | 물리학. ¶数～ | 수학. ❺ 학교. ¶大～ | 대학교. ¶上～ | 입학하다. 등교하다 ‖ =〔書 斆xué〕

【学安】xué'ān 動 札 부디 안녕히. 몸 건강하고 학문이 성과 있기를[학생에게 보내는 편지의 상투어로 쓰이는 작별인사] ¶祝～ | 배움에 있어서 좋은 결과 있기를 빌며 =〔砚yàn安〕

【学报】xuébào 名 학보. ¶他主编zhǔbiān～ | 그는 학보 편집을 맡고 있다.

【学步】xué/bù 動 ❶ 걸음마를 떼다. 걸음발타다. 걷는 연습을 하다. ¶东南亚国家的民主政治还处于～阶段jiēduàn | 동남아 국가의 민주정치는 아직 걸음마 단계이다. ¶这孩子刚满周岁zhōusuì就连滚带爬地liángǔndàipádì～了 | 이 아기는 돌이 지나자 엎치락 뒤치락하며 걸음마를 떼기 시작했다. ❷ 남의 걸음새를 배우다[남의 것을 배우다가 자기 것마저 잊어버린 것을 비유함]

【学潮】xuécháo 名 학생 운동. 학생시위. 학원 시위. ¶发生了～ | 학생운동이 발생하다. ¶闹nào～ | 학생 운동을 일으키다.

【学弟】xuédì 名 (학교의 남자) 후배.

【学而不厌】xué ér bù yàn 成 배움에 싫증을 느끼지 않다. ¶他一向～ | 그는 줄곧 배움에 싫증을 느끼지 않고 있다.

【学而优则仕】xué ér yōu zé shì 成 배우서 뛰어난 사람은 벼슬을 한다. ¶「～」是一种谬论miùlùn | 「배우서 우수한 사람이 벼슬을 한다」는 것은 잘못된 이론이다.

【学阀】xuéfá 名 학벌.

【学匪】xuéfěi 名 ❶ 불량 학생. ❷ 악덕 학자

2【学费】xuéfèi 名 ❶ 학비. 학자금. ¶～自理 | 학비를 스스로 번다. ❷ 수업료

【学分】xuéfēn 名 ❶ 학점. ¶～制 | 학점제. ❷ 성적. 점수.

【学风】xuéfēng 名 ❶ 학풍. 학문의 경향. ¶树立shùlì～ | 학풍을 세우다. ❷ 학교내의 풍습.

【学府】xuéfǔ 名 ❶ 書 敬 박학자. 석학. ❷ 학부. 학교. ¶最高～ | 최고 학부.

【学富五车】xué fù wǔ chē 成 책을 널리 읽어 학식이 풍부하다〔학문이 깊다〕.

【学工】xué/gōng 動 ❶ 공업을 배우다[1966년 모택동(毛澤東)의 학교 교육 혁명을 위한 지시의 하나로 보통 「学农」「学军」으로 이어짐] ❷ 학생이 공장에 가서 노동을 하고, 노동자로부터 계급 교육을 받다.

【学乖】xué/guāi 動 ❶ 교활한 짓을〔꾀를〕 배우다. 요령을 배우다. 배워서 영리하게 되다. ❷ 재롱을 피우다.

【学棍】xuégùn 名 학교 깡패. 학생 깡패.

【学好】xuéhǎo ❶ 動 잘 배우다. 배워서 체득하다. ¶～汉语hànyǔ | 중국어를 배우다. ❷ 좋은 것〔일〕을 (따라) 배우다. ¶～不易, 学坏xuéhuài不难nán =〔学好千日不足, 学坏一日有余〕| 좋은 일을 배우기는 쉽지 않으나, 나쁜 일은 당장 배운다.

【学话】xué/huà 動 ❶ 말을 배우다. ¶学中国话 | 중국말을 배우다. ¶小孩已开始～了 | 어린아이가 말을 배우기 시작했다. ❷ 말을 흉내내다.

3【学会】xuéhuì ❶ 動 습득하다. 배워서 알다. ¶他～了开汽车kāiqìchē了 | 자동차 운전을 배우다. ❷ 名 학회. 학술상의 단체. ¶语言yǔyán～ | 언어 학회.

【学级】xuéjí 名 학급 =〔班级〕

【学籍】xuéjí 名〈教〉학적. ¶～簿bù | 학적부. ¶开除kāichú～ | 제적시키다. 퇴학시키다.

【学监】xuéjiān 名 옛날, 학감.

【学姐】xuéjiě 名 (여자) 선배.

【学界】xuéjiè 名 학계. 교육계. ¶他是～元老 | 그는 학계의 원로이다.

【学究】xuéjiū 名 ❶ 당대(唐代) 과거제도에서 「学究一经」(한가지 경서만을 연구하는 것)이란 과목에 응시한 사람. 轉 세상 물정에 어두운 지식인〔학자〕. ¶他从前只是一个～ | 그는 예전에 세상 물정에 어두운 지식인에 불과했다. ¶老～ | 시대에 뒤떨어진 고리타분한 학자. ❷ 옛날, 훈장.

【学军】xué/jūn 動 ❶ 군대를 배우다. ❷ 문화 대혁명 기간중 학생이 군대에 들어가 군대를 배우고 계급 교육을 받다 ‖ →〔学工〕

3【学科】xuékē 名 ❶ 학과(목). 교과목. ❷ (학문의 성질을 나타내는) 학문 분야. ❸ (군사·체육 훈련에서) 이론 과목.

【学理】xuélǐ 名 학리. 학문상의 원리나 이론 ¶精通jīngtōng各种西方的～ | 각종 서양이론에 정통하다.

【学力】xuélì 名 학력. 학문의 실력. 학문을 쌓은 정도. ¶增长zēngzhǎng～ | 학문의 실력을 기르다.

4【学历】xuélì 名 학력. 수학(修學)한 이력(履歷) ¶不问～ | 학력을 묻지 않다.

【学龄】xuélíng 名 학령. 취학 연령. ¶～前儿童 | 학령 전 아동.

【学满】xuémǎn 動 견습 기간이 다 차다. 도제(徒弟)의 기한을 만료하다. ¶～三年可以出师 | 삼년 견습기가 끝나면 기능사가 된다 =〔满徒〕

【学妹】xuémèi 名 (학교의 여자) 후배.

【学名】xuémíng 名 ❶ 학명. ❷ (～儿) 취학이후 아이에게 정식으로 붙이는 이름 =〔大名③〕→〔乳rǔ名(儿)〕

3【学年】xuénián 名 학년. ¶～考试kǎoshì | 학년말 고사.

【学农】xué/nóng 動 ❶ 농업을 배우다. ❷ 문화 대혁명 기간 중 학생이 농촌으로 가서 농사를 짓는 한편 농민에게 계급 교육을 받다. ¶～基地jīdì

｜학교 농장. ¶～田tián｜(초등학교 학생 등이) 농사 실습을 하는 논밭 ‖ →〔学工〕

4【学派】xuépài 名 학파. ¶创立chuànglì了岭南lǐngnán～｜영남학파를 창립하다. ¶树立shùlì～｜학파를 이루다.

2【学期】xuéqī 名 학기. ¶第一～｜일학기. ¶上～｜지난 학기. ¶下～｜다음 학기.

【学前教育】xuéqián jiàoyù 名組 취학전 교육 →〔幼yòu儿教育〕

【学前期】xuéqiánqī 名 취학전 시기 [3세부터 입학까지의 기간]

【学人】xuérén 書 名 학자. ¶访问fǎngwèn～｜방문학자.

【学舌(儿)】xué/shé(r) 動 ❶ 입내(를) 내다. 소리와 말을 흉내내다 [주관없이 다른 사람 말한대로 따라함을 비유] ¶我什么都不会,要叫我跑腿pǎotuǐ～,可以给您办得好好儿的｜저는 아무 것도 할 줄 모르지만, 시키는 심부름은 하라는대로 잘 해 드릴 수 있을 겁니다. ❷ 口 이말저말 잘 옮기다. 여기저기 말을 퍼뜨리고 다니다. 잘 일러바치다. 말이 헤프다. ¶这孩子会～,惹出不少是非｜이 아이는 말을 잘 옮기곤 해서 적잖게 시비를 일으킨다.

1【学生】xué·sheng ❶ 名 학생. ¶大～｜대학생. ¶～证zhèng｜학생증. ¶～时代shídài｜학창시절 →〔教师〕〔学员①〕 ❷ ⇒〔学徒①〕 ❸ 名 謙 후배가 선배에게 자기를 일컬을 때 쓰는 말. ❹ 名 方 사내 아이 ＝〔男孩子〕

【学生腔】xué·shengqiāng 名 학생 말투. ¶这话充满chōngmǎn了～｜이 말에는 학생말투가 많이 배어 있다.

【学生装】xué·shengzhuāng 名 학생복 ¶穿着～上学｜학생복을 입고 등교하다 ＝〔学生服〕

3【学时】xuéshí 名 量 수업 시간. 교시. ¶政治课zhèngzhìkè是每周八～｜정치 과목은 매주 여덟시간이다.

【学识】xuéshí 名 학식. 학문과 식견. ¶他～丰富fēngfù｜학식이 풍부하다. ¶～渊博yuānbó｜학식이 깊고 넓다.

【学士】xuéshì 名 ❶ 학문을 연구하는 사람. 학자. ¶文人～｜문인 학사. ❷ (학위의 하나로)학사. 대학 졸업자. ¶文～｜문학사. ¶法～｜법학사. ¶～帽mào｜학사모 →〔学位〕〔硕shuò士〕〔博bó士〕 ❸ 옛날의 관명(官名).

【学疏才浅】xué shū cái qiǎn 成 학식과 재주가 비천하다. 천학 비재하다.

【学塾】xuéshú 名 사숙(私塾). 서당 ＝〔学房〕

2【学术】xuéshù 名 학술. ¶～界jiè｜학술계. ¶～论文｜학술 논문. ¶～思想sīxiǎng｜학술 사상. ¶～团体tuántǐ｜학술 단체. ¶～性刊物kānwù｜학술지. ¶～用语｜학술 용어.

3【学说】xiéshuō ❶ 名 학설. ❷ 動 (남이 한 말을) 그대로 다른 사람에게 말하다. ¶她把那话都～给她妈听了｜그녀는 그 말을 그녀의 어머니에게 그대로 들려주었다.

【学堂】xuétáng 名 ❶ 학당 [학교의 옛이름] ❷ 관상가가 귀 부근을 가리키는 말 [총명의 상을 보는 부위라 함]

【学田】xuétián 名 ❶ 옛날, 학전. ❷ 일족이 교육비를 위해 따로 설치한 논밭.

【学童】xuétóng 名 학동.

【学头】xué·tou 名 배울 만한 가치〔보람〕. ¶没什么～｜아무 배울 만한 가치가 없다.

【学徒】xuétú ❶ 名 도제. 견습생. 실습생 ¶当～｜견습생이 되다 ＝〔学买卖的〕〔学生②〕〔学生意的〕〔学员③〕〔徒工②〕〔艺徒〕 ❷ (xué/tú) 動 견습공이 되다. 도제(徒弟)가 되다. ¶学了一年徒｜일년간 견습공이 되어 배웠다.

3【学位】xuéwèi 名 학위. ¶～论文lùnwén｜학위논문 ＝〔学衔xián〕

2【学问】xué·wen 名 ❶ 학문. ¶心理学这门～已被人们重视zhòngshì｜심리학이란 이 학문은 이미 사람들에게 중시를 받고 있다. ❷ 학식. 지식. ¶ ¶这种新～我一窍不通yīqiàobùtōng｜이런 신지식에 대해서는 나는 하나도 모른다. ¶有～｜학식이 있다. ¶～很深shēn｜학식이 깊다.

【学无止境】xué wú zhǐ jìng 成 배움에는 끝이 없다. ¶～啊,所以必须不断努力bùduànnǔlì｜배움에는 끝이 없는 것이니 부단히 노력해야지.

1【学习】xuéxí ❶ 名 학습. 공부. ¶～辅导员fǔdǎoyuán｜학습 지도원. ¶～环境huánjìng｜학습 환경. ❷ 動 학습하다. 공부하다. ¶～过三年外语｜3년간 외국어를 배웠다. ¶～英文yīngwén｜영어를 공부하다.

【学系】xuéxì 名 (대학의) 학과. ¶物理wùlǐ～｜물리학과. ¶中文～｜중문학과.

【学衔】xuéxián ⇒〔学位〕

1【学校】xuéxiào 名 학교. ¶～教育jiàoyù｜학교교육. ¶专业zhuānyè～｜전문학교. ¶～广播guǎngbō｜교내 방송.

【学行】xuéxíng 名 학문과 품행. ¶～兼优jiānyōu｜학문과 품행이 모두 뛰어나다.

【学兄】xuéxiōng 名 札 敬 학형.

【学养】xuéyǎng 書 名 학문과 수양. ¶～深厚shēnhòu｜학문과 수양이 깊고 두텁다.

【学业】xuéyè 名 학업. ¶～成绩chéngjì｜학업 성적.

【学以致用】xué yǐ zhì yòng 成 배운 것을 실제로 활용하다.

【学艺】xuéyì ❶ 名 학예. ❷ 動 (xué/yì) 기예를 배우다. ¶碰见pèngjiàn了一位当年～时候的的师兄｜기예를 배울 당시의 사형과 우연히 만났다.

【学友】xuéyǒu 名 학우. 동창(생) ＝〔同tóng学①〕

3【学员】xuéyuán ❶ 名 (교직원에 대한) 대학의 학생 ¶釜山大学的～｜부산대학 (교직원이 아닌) 학생 →〔学生①〕〔教jiào员〕 ❷ 名 수강생. 청강생. 강습생. ❸ ⇒〔学徒tú①〕

1【学院】xuéyuàn 名 (단과) 대학. ¶文～｜문과대학. ¶农nóng～｜농과대학. ¶工～｜공과대학. ¶理lǐ～｜이과대학. ¶北大经济jīngjì～｜북경대 경제 대학. ¶音乐yīnyuè～｜음악 대학.

【学长】xuézhǎng 名 ❶ 書 敬 학형. 선배 ❷ 옛날, 대학의 학과장 →〔校长xiàozhǎng〕

3【学者】xuézhě 名 ❶ 학자. ❷ 공부하는 사람

3【学制】xuézhì 名 학제. 학교 교육 제도. ¶～改革

gǎigé | 학제 개혁.

【斅】xué ☞ 斅 xiào Ⓑ

【鸴(鷽)】xué 피리새 학
名〈鳥〉피리새. 졸로파. 멋쟁이새 =〔拙zhuō老婆〕

【踅】xué 건너지를 혈
❶動 왔다갔다 하다. ¶他在大门口～来～去 | 그는 대문 입구에서 왔다갔다 한다. ❷動 중도에서 되돌아오다. ❸動 횡단하다. ¶～过十字路口 | 십자로를 건너갔다. ❹ ⇒〔踅子〕

【踅摸】xué·mo 動 ❶ (싼 거리를) 찾아 다니다. ¶提着马灯mǎdēng到晓市xiǎoshì去～东西 | 휴대용 석유등을 들고 새벽 시장에 가서 싼 물건을 찾다 ❷슬그머니〔살짝〕숨어들다. ¶有溜门子的～进来了 | 좀도둑이 슬그머니 숨어 들어왔다.

【噱】xué ☞ 噱 jué Ⓑ

xuě ㄒㄩㄝˇ

1【雪】xuě 눈 설, 횔 설, 씻을 설
❶名 눈 [「瑞ruì花」는 다른 이름] ¶下～ | 눈이 내리다. ❷名粵 얼음. ¶造zào～厂chǎng | 얼음 공장. ❸形轉 (눈처럼) 희다. 하얗게 빛나다. ¶～白↓ ¶～亮↓ ❹動轉 (수치·원한·무고한 죄 등을) 씻다. 풀다. ¶昭zhāo～ | 누명을 씻다. ❺ (Xuě) 名 성(姓).

4【雪白】xuěbái 狀 눈처럼 희다. 새하얗다. ¶～的牙齿yáchǐ | 새하얀 치아. ¶把墙qiáng刷得～了 | 벽을 새하얗게 칠했다.

【雪豹】xuěbào 名〈動〉스노 레오파드(snow leopard).

【雪崩】xuěbēng 名 눈사태. ¶～警报jǐngbào | 눈사태 경보=〔雪塌tā〕

【雪耻】xuě/chǐ 動 설욕하다. 치욕을 씻다. ¶报仇bàochóu～ | 원수를 갚고 치욕을 씻다 =〔刷shuā耻〕

【雪堆】xuěduī 名 (바람에 날려 쌓인) 눈 더미 ¶他被埋mái在～ | 그는 눈 더미에 묻혔다.

【雪糕】xuěgāo 名方 아이스크림 =〔冰淇淋bīngqílín〕

3【雪花(儿)】xuěhuā(r) 名 ❶ 설화. 눈송이. ❷ 텔레비전 화면에 눈이 오듯이 나타나는 흰 반점.

【雪花膏】xuěhuāgāo 名 배니싱크림(vanishing cream)

【雪茄(烟)】xuějiā(yān) 名外 엽궐련. 시거(cigar) ¶抽chōu～ | 시거를 피우다→〔吕宋烟lǚsòngyān〕〔香烟xiāngyān③〕

【雪景】xuějǐng 名 설경. ¶观赏guānshǎng～ | 설경을 감상하다.

【雪梨】Xuělí 名 ❶外〈地〉시드니(Sydney) =〔悉尼Xīní〕〔雪尼Xuění〕 ❷ (xuělí) 〈植〉(속이 눈처럼 부드럽고 흰 과일의 일종) 배 =〔乳梨rǔlí〕

【雪里红】xuělǐhóng 名〈植〉갓 =〔雪里蕻hóng〕〔雪菜cài〕〔方春不老〕

【雪里蕻】xuělǐhóng ⇒〔雪里红〕

【雪莲】xuělián 名〈植〉각시서덜취.

【雪亮】xuěliàng 狀 (눈처럼) 빛나다. 반짝이다. 눈부시다. ¶擦cā得～ | 반짝반짝하게 닦다. ¶灯光dēngguāng～ | 불빛이 눈부시게 밝다.

【雪亮亮】xuěliàngliàng 狀 ❶ 하얗다. 눈부시다. ❷ 번쩍번쩍 빛나다. 파르르하다. 시퍼렇다. ¶～的杀猪shāzhū刀 | 시퍼런 돼지 잡는 칼.

【雪柳】xuěliǔ 名 ❶〈植〉조팝나무 =〔稻树dàoshù〕〔过街guòjiē柳〕〔珍珠zhēnzhū花〕 ❷ 장례용 물건의 하나로, 가늘고 긴 흰 종이를 가는 나무막대에 버들가지처럼 단 것 =〔雪柳花〕

【雪盲】xuěmáng 名〈醫〉설맹.

【雪泥鸿爪】xuě ní hóng zhǎo 威 눈 위의 기러기 자국. 어떤 사람이 남긴 일의 흔적=〔雪鸿遗迹hóngyíjì〕

【雪片】xuěpiàn 名 눈송이. 喩 대단히 많고 잦은 모양. ¶贺电hèdiàn如～飞来 | 축하 전보가 눈송이처럼 날아들다.

【雪橇】xuěqiāo 名 (개·말 등이 끄는) 썰매. ¶拉lā～ | 썰매를 끌다 =〔雪车chē〕

【雪青】xuěqīng 名〈色〉연자줏빛.

【雪球】xuěqiú 名 눈덩이. 눈덩어리. 눈뭉치. ¶滚gǔn～ | 눈덩어리를 굴리다.

【雪人】xuěrén 名 ❶ 설인 =〔外耶提yétí〕 ❷ (～儿) 名 눈사람. ¶堆duī～ | 눈사람을 만들다.

【雪山】xuěshān 名 설산. 만년설(萬年雪)이 덮힌 산.

【雪上加霜】xuě shàng jiā shuāng 威 설상가상이다. 눈 위에 서리가 내리다. 엎친데 덮친 격이 되었다. ¶他刚失业shīyè,又得了重病zhòngbìng,真是～啊 | 엎친데 덮친 격으로 그는 직업을 잃자마자 중병에 걸렸다 →〔祸huò不单行〕

【雪糁(儿, 子)】xuěshēn(rzi) 名方 싸라기 눈. 싸락눈 =〔雪子(儿)〕〔霰xiàn〕

【雪条】xuětiáo 名江 아이스 케이크 =〔冰bīng棍(儿)〕

【雪线】xuěxiàn 名〈地〉(연중 적설이 녹지 않는 부분과 녹는 부분의 경계선인) 설선.

【雪夜】xuěyè 名 설야. 눈오는 밤. ¶～访友fǎngyǒu | 눈오는 밤에 친구를 방문하다.

【雪冤】xuě/yuān 動 억울함을 씻다.

【雪原】xuěyuán 名 설원. 눈에 뒤덮힌 벌판

【雪仗】xuězhàng 名 눈싸움. ¶打～ | 눈싸움을 하다.

【雪中送炭】xuě zhōng sòng tàn 威 눈오는 날 땔감을 보내다. 다른 사람이 급할 때 도와주다 ¶政府zhèngfǔ～,及时地送去了救灾物资jiùzāiwùzī | 정부는 때에 맞춰 구호물자를 보내 사람들을 도와주었다.=〔雪里送炭〕→〔锦上添花〕

【鳕(鱈)】xuě 대구 설
名〈魚貝〉대구 =〔大头鱼〕〔大口鱼〕

【鳕肝油】xuěgānyóu 名 대구 간유 =〔鳘鱼肝油〕→〔鱼肝油〕

xuè ㄒㄩㄝˋ

2【血】xuè xiě 피 혈

Ⓐ xuè ❶名 피. ¶出～ | 출혈. ¶用～汗hàn换来

｜피와 땀으로 쟁취하다. ❷ 혈연의. 핏줄의. ¶～统tǒng↓ ¶～亲qīn↓ ❸ 강직하다. 강렬하다. ¶～性↓ ¶热rè～青年｜피끓는 청년. ❹ 名 簡 喩 (여자의)「月经」(월경)을 가리킴.
B xiě 名 ⓓ 피 [「流血」「猪血」등에 나타나는 구두음(口頭音)]
A xuè
【血癌】xuè'ái ⇒〔白bái血病〕
【血案】xuè'àn 名 살인 사건. 유혈(流血)사건 ¶～未了liǎo｜유혈사건이 아직 해결되지 않았다.
【血本】xuèběn ❶ 名 장사밑천. 고생하여 얻은 자본. ¶用～买进来｜자본을 들여 사들여 오다. ❷ 피나는 희생. ¶花huā了～｜피나는 희생을 하다.
【血崩(症)】xuèbēng(zhèng) 名〈漢醫〉혈붕. 자궁 출혈의 일종 =〔崩症bēngzhèng〕〔血山崩〕〔陷经xiànjīng〕
【血沉】xuèchén 名〈醫〉혈침.
【血防】xuèfáng 名 簡「吸血虫病豫防xīxuèchóngbìngyùfáng」(주혈 흡충병 예방)의 약칭.
【血粉】xuèfěn 名 혈분. 혈비(血肥).
3【血管(儿)】xuèguǎn(r) 名〈生理〉혈관 ¶～硬化yìnghuà｜혈관경화 →〔动脉dòngmài〕〔静脉jìngmài〕〔毛细管máoxìguǎn〕
【血光之灾】xuèguāng zhī zāi 名組 ❶ 죽은 사람이 피에 더럽혀져, 극락에 못가는 재앙 [사람이 죽었을 때, 그 집에서 출산을 하게되면, 그 피로 죽은 사람의 온몸이 피투성이가 되어, 삼도(三途)의 내를 건너지 못한다는 옛중국의 미신] ❷ 피비린내 나는 사건.
【血海】xuèhǎi ❶ 名 피바다. ❷ 名〈漢醫〉혈해(血海). ⓐ 충맥(衝脈). ⓑ 간장(肝臟). ⓒ 경혈(經穴) 이름. ❸ 形 피맺히다. 喩 중대하다. 깊다. ¶～冤仇yuānchóu｜피맺힌 원한. ¶有着～的关系guānxì｜중대한 관계가 있다.
【血海深仇】xuè hǎi shēn chóu 成 피맺힌 깊은 원한. 피맺힌 원수. ¶他对日本人有着～｜그는 일본인에 대해 깊은 원한을 갖고 있다.
3【血汗】xuèhàn 名 피땀. 힘든 노동. ¶～钱qián｜피땀 흘려 번 돈. ¶～工资gōngzī｜피 땀 흘려 번 임금 =〔汗血〕
【血红】xuèhóng 名〈色〉핏빛. 새빨간 색 ¶～的夕阳xīyáng｜붉은 빛의 석양 =〔鲜红〕
【血红蛋白】xuèhóng dànbái 名組〈生理〉혈색소. 헤모글로빈 =〔血赤素xuèchìsù〕〔血红朊ruǎn〕〔血色素〕
【血红素】xuèhóngsù 名〈化〉헴(haem) [철을 함유하고 있는 포르핀(porphine) 화합물의 일종]
【血糊糊】xuè·hū·hū ⓧ xiě·hū·hū) 狀 피 범벅이 되다. 피가 낭자하다. ¶面颊miànjiá上～一片｜온 볼이 피범벅이다.
【血花(儿)】xuèhuā(r) 名 (흩뿌려진) 피자국. 피 방울. ¶直冒zhímào～｜피가 치솟아 나오다.
【血迹】xuèjì 名 피자국. ¶～斑斑bān｜피자국으로 얼룩지다.
【血浆】xuèjiāng 名〈生理〉혈장.
【血口喷人】xuè kǒu pēn rén 成 독설로 남을 중상 모략하다. 악설을 퍼붓다 ¶你不能～, 诬陷wūxiàn好人｜너는 착한 사람을 중상 모략하여 모함해서는 안된다 =〔含hán血喷人〕
【血枯病】xuèkūbìng 名〈漢醫〉심한 빈혈증.
【血库】xuèkù 名〈醫〉❶ 병원의 혈액보존소. ❷ 혈액은행 =〔血液银行〕
【血亏】xuèkuī 名〈漢醫〉혈허. 빈혈증=〔血虚〕
【血泪】xuèlèi 名 피눈물. 喩 비참한 처지. ¶～仇chóu｜피눈물 맺힌 원한. 깊은 원한. ¶～家史｜비참한 가족사. ¶～斑斑bān｜成 피눈물이 어려있다. 비참한 일을 겪었음.
【血流成河】xuè liú chéng hé 成 피가 흘러 강이 되다. (전쟁·재난 등으로) 피바다가 되다. 수많은 사람이 살상되다 ¶日本制造了～的南京大屠杀Nánjīngdàtúshā｜일본은 수많은 사람을 살상하는 남경대학살을 저질렀다 =〔血流成渠qú〕
【血流漂杵】xuè liú piāo chǔ 成 피가 강을 이뤄 다듬이 방망이까지 떠다니다. 사상자(死傷者)가 많다.
【血流如注】xuè liú rú zhù 成 피가 줄줄 흐르다.
【血脉】xuèmài 名 ❶〈漢醫〉혈관 혹은 혈액순환. ❷ 혈맥. 맥. ❸ 혈통.
【血盆大口】xuè pén dà kǒu 成 (야수 등의) 시뻘겋게 쩍 벌린 아가리. ¶狮子shīzǐ张～｜사자가 큰 입을 벌리다.
【血泊】xuèpō 名 피바다.
【血气】xuèqì ❶ 書 名 피와 숨이 통하는 모든 동물을 일컫는 말. ¶凡有～者, 莫不尊亲zūnqīn｜무릇 살아 있는 것으로 어버이를 공경하지 않는 것은 없다. ❷ 혈기. 정력. ¶有个～的青年｜혈기 왕성한 청년 ❸ 혈성(血性) =〔血性②〕
【血气方刚】xuè qì fāng gāng 成 혈기 왕성하다.
【血亲】xuèqīn 名 육친(肉親).
【血清(儿)】xuèqīng(r) 名〈生理〉혈청. ¶～疗法liáofǎ｜혈청 요법. ¶～反应fǎnyìng｜혈청 반응.
【血清病】xuèqīngbìng 名〈醫〉혈청병.
【血球】xuèqiú 名〈生理〉혈구 =〔血轮lún〕→〔白bái血球〕〔红hóng血球〕
【血肉】xuèròu 名 ❶ 피와 살. ¶～之躯qū｜육체. ❷ 혈육. 喩 특별히 친밀한 관계.
【血肉横飞】xuè ròu héng fēi 成 피와 살이 사방으로 흩어지다. 격전 또는 격투가 참혹하다. ¶轰hōng的一声巨响jùxiǎng, 日军士兵～｜펑하는 소리가 크게 울리자 일본군 병사들은 뼈도 추릴 수 없을 정도로 참혹하게 죽었다.
【血肉相连】xuè ròu xiāng lián 成 피와 살처럼 뗄래야 뗄 수 없다. 혈육처럼 밀접하다. 혈연관계가 있다. ¶～的情谊qíngyì｜혈연처럼 가까운 정
【血色】xuèsè 名 ❶〈色〉핏빛. 붉은 색. ❷ 혈색. 혈기=〔血xiě色儿〕
【血色素】xuèsèsù ⇒〔血红蛋白hóngdànbái〕
【血沙沙】xuèshāshā 狀 피가 치솟다. 피가 뿜어져 나오다. ¶刺cì了一刀浑hún身～的｜한 칼 찔리자 온몸에 피가 솟았다.
【血书】xuèshū 名 혈서. ¶他写了一份～｜그는 혈서를 썼다.
【血栓】xuèshuān 名〈醫〉혈전. ¶～症｜혈전증.
【血水】xuèshuǐ ⓧ xiěshuǐ) 名 ❶ 흘러나온 묽은

피. ❷ 혈액. ❸ 피가 섞인 물 ‖＝〔血xiǎ汤子〕
【血丝(儿)】xuèsī(r) ⊗ xiěsī(r)) 名 ❶ 핏발. ¶眼睛yǎnjīng里布满bùmǎn了～｜눈에 핏발이 가득 섰다. ❷ 혈담. 피가 섞인 가래 ‖＝〔血丝络子 xuèsīluòzi〕
【血丝虫病】xuèsīchóngbìng⇒〔丝虫病〕
【血统】xuètǒng 名 혈통. ¶他是韩国～的中国人｜그는 한국혈통을 가진 중국인이다.
【血统工人】xuètǒng gōngrén 名 노동자 가정 출신의 노동자.
【血汪汪】xuèwāngwāng 狀 피가 흥건하다. 피가 펑펑 쏟아지다.
【血污】xuèwū 名 피얼룩. 피로 더럽혀진 곳. ¶一滩tān～｜피로 더럽혀진 곳.
【血吸虫】xuèxīchóng 名 주혈흡충. ¶～病bìng｜주혈 흡충병.
【血洗】xuèxǐ 動 피로 씻다. 喩 많은 사람을 학살하다. ¶～全村quáncūn｜온 마을을 학살하다.
【血像】xuèxiàng 名〈醫〉혈액상.
【血小板】xuèxiǎobǎn 名〈生理〉혈소판. ¶～缺乏症quēfázhèng｜혈소판 결핍증
【血腥】xuèxīng 名 形 피비린내 (나는) [잔혹하게 도살한 것을 비유함] ¶～统治tǒngzhì｜피비린내 나는 통치. ¶～镇压zhènyā｜피비린내 나는 진압〔탄압〕.
【血型】xuèxíng 名〈生理〉혈액형. ¶～鉴定jiàndìng｜혈액형 감정.
【血性】xuèxìng 名 ❶ 혈기. 기개. 불굴의〔격하기 쉬운〕기질. ¶他是个～汉子hànzǐ｜그는 기개가 있는 사나이다. ¶青年人哪能一点儿没～呢!｜젊은이가 어찌 약간의 혈기도 없겠는가! ❷ 협기. 정의감. 혈성(血性) ¶有～｜정의감에 차 있다 ＝〔血气③〕
【血循环】xuèxúnhuán 名〈生理〉혈액순환.
4【血压】xuèyā 名〈生理〉혈압. ¶量liáng～｜혈압을 재다. ¶～升高shēnggāo了｜혈압이 높아졌다. ¶高～｜고혈압. ¶低～｜저혈압. ¶～计jì｜혈압계.
2【血液】xuèyè 名 ❶〈生理〉혈액. ¶～凝固nínggù｜혈액응고 ❷ 喩 주요 성분〔부분〕. 주요한 힘.
【血衣】xuèyī 名 피묻은 옷.
【血印(儿)】xuèyìn(r) ⊗ xiěyìn(r)) 名 피자국. 혈흔. ¶衣服上有～｜옷에 피자국이 있다.
【血友病】xuèyǒubìng 名〈醫〉혈우병.
【血雨腥风】xuè yǔ xīng fēng 成 선혈의 비가 내리고 피비린내 나는 바람이 불다. 전투가 처참하다. 학살이 참혹하다. 형세〔시국〕이 험악하다.
【血缘】xuèyuán 名 혈연. 혈통. ¶他俩有～关系guānxi｜그들 둘은 혈연관계에 있다. ¶～社会shèhuì｜혈연 사회.
【血晕】ⓐ xuèyùn 名〈漢醫〉혈훈. ¶他得了～病bìng｜그는 혈훈병에 걸렸다.
ⓑ xiěyùn 名 멍. 어혈. 적혈.
【血债】xuèzhài 名 ❶ 피맺힌 원수. ¶讨还tǎohuán～｜피맺힌 원수를 갚다. ❷ 피값. 사람을 죽인 죄과. ¶～要用血来偿还chánghuán｜피값은 피로 갚아 주어야 한다.
【血战】xuèzhàn ❶ 名 혈전. 격전. ❷ 動 목숨을 걸고 싸우다. ¶～到底dàodǐ｜끝까지 목숨을 걸고 싸우다.
【血肿】xuèzhǒng 名〈醫〉혈종.
【血渍】xuèzì 名 혈흔. 피자국. ¶～斑斑bān｜피자국이 얼룩덜룩하다.
Ⓑ xiě
【血糊糊】xiěhūhū ☞〔血糊糊〕xuè·hū·hū
【血淋淋】xiělīnlín ⊗ xuèlīnlín) 狀 ❶ 피가 뚝뚝 떨어지다 ＝〔血渌渌lù〕 ❷ 喩 참혹하다. 참담하다. ¶～的事实shìshí｜참혹한 현실. ❸ 轉 악독하다. 험악하다 ‖＝〔血xuè沥沥lì〕
【血色儿】xiěshǎir 名 혈색. 핏기. ¶没有～的脸liǎn｜핏기가 없는 얼굴. ¶经过数天的调养tiáoyǎng, 脸上liǎnshàng已有～了｜며칠 몸조리를 하고 나니, 얼굴에 혈색이 돌았다 ＝〔血色xuèsè②〕
【血晕】xiěyùn ☞〔血晕〕xuèyùn ⓑ

【谑(謔)】xuè ⊗ ㊀ nüè) 농할 학

書 動 희롱하다. 농담하다. ¶谐xié～｜해학적이다. ¶戏xì～｜농을 하다.
【谑而不虐】xuè ér bù nüè 成 농담은 해도 도를 넘지 않다. 농담을 하지만 (상대방을) 난처하게 하지는 않다〔해서는 안된다〕.
【谑谈】xuètán 名 농담. 희문(戲文) ¶发表一篇幽默yōumò的～｜해학적인 희문 한편을 발표하다.

xūn ㄒㄩㄣ

【勋(勛)〈勳〉】xūn 공 훈

名 공훈. 공로. ¶功gōng～｜공훈. ¶屡建奇lǚjiànqí～｜여러번 훌륭한 공적을 세우다.
【勋绩】xūnjì 名 공적. 공훈. ¶他一辈子yībèizǐ毫无háowú～｜그는 일생동안 아무 공적이 없다.
【勋爵】xūnjué 名 ❶ 훈작. 봉건시대에 조정이 공신에게 주는 작위. ❷ (영국 귀족의) 명예 칭호의 하나. 나이트(knight).
【勋劳】xūnláo 名 훈로. 공로. 훈공. ¶卓著zhuózhù～｜뛰어난 공로.
【勋业】xūnyè 名 훈업. 공업(功業) ¶立下了不朽bùxiǔ的～｜불후의 공적을 세웠다.
【勋章】xūnzhāng 名 훈장. ¶他得过骑士qíshì～｜그는 기사훈장을 받았다.

【荤】xūn ☞ 荤 hūn Ⓑ

4【熏〈焄燻〉】xūn xùn 연기낄 훈

Ⓐ xūn ❶ 動 (향기나 기체를) 쐬다〔배다〕. 그을리게 하다. 배어들게 하다. ¶把墙qiáng～黑了｜벽이 검게 그을렸다. ¶用茉莉花mòlìhuā～茶叶｜차잎에 재스민 냄새를 쐬다. ❷ 動 훈제하다. ¶～鱼↓ ¶～肉↓ ❸ 動 냄새가 코를 찌르다. ¶臭chòu气～人｜역겨운 냄새가 코를 찌르다. ❹ 動 악평을 받다. 평판이 나빠지다. ¶他的字号zìhào已经～上来了｜그의 평판은 이미 나빠지게 되었다. ❺ 動 증기로 찌다. 훈증하다. ¶热气rèqì～蒸zhēng｜찌는 듯이 덥다. ❻「曛xūn」와 같음⇒〔曛〕 ❼ 形 따뜻하다. 온화하다. ¶～风↓ ＝〔薰

②〕 ❽ 動 호되게 야단치다. ¶他～儿子一顿dùn | 그는 아들을 호되게 야단치다 =〔薰②〕 ❾ 動 물들다. 영향을 받다. ¶～染↓ =〔薰②〕 ❿ 書 動 향기가 나다 =〔薰②〕

Ⓑ xùn 動 方 가스에 중독·질식되다. ¶炉子lúzi安上烟筒yāntǒng, 就不至于～着了 | 난로에 연통을 달면 가스에 중독되지는 않는다.

【熏风】xūnfēng 書 名 ❶ (동)남풍. ❷ 훈풍. 온화한 바람.

【熏沐】xūnmù 動 향료를 태워서 온 몸에 배게하다. 분향하고 목욕하다.

【熏染】xūnrǎn 動 (주로 나쁜 것에) 물들다. (나쁜) 영향을 받다. ¶～了不良嗜好shìhào | 나쁜 도락에 물들었다.

【熏人】xūnrén 動 (냄새·향기 등이) 풍기다. ¶酒气jiǔqì～ | 술냄새가 풍기다.

【熏肉】xūnròu ❶ 名〈食〉훈제돼지고기. ¶他买了一块～ | 그는 훈제돼지고기를 한 덩이 샀다. ❷ (xūn/ròu) 動 돼지고기를 훈제하다 ‖ =〔熏腊〕

【熏陶】xūntáo ❶ 名 훈도. ¶在家庭的～下,他从小就迷mí上了钢琴gāngqín | 가정의 훈도하에 그는 어려서부터 피아노에 빠져들었다. ¶受到家庭环境jiātínghuánjìng的～ | 가정환경의 훈도를 받다. ❷ 動 훈도하다. ¶浓烈nóngliè的艺术气氛yìshùqìfēn～着他 | 깊은 예술적 분위기가 그를 훈도했다. ❸ 動 (오랜 교류를 통하여 생활습관·사상·품행·학문 등에서 좋은) 영향을 끼치다. 감화하다.

【熏天】xūntiān 形 세력이 크다. 힘이 왕성하다 ¶～气焰qìyàn | 세력이 강대하다.

【熏透】xūntòu 動 ❶ 훈제가 잘되다. (냄새·맛 등이) 깊이 배다. ¶身上～了猪zhū的气味qìwèi儿 | 몸에 돼지 냄새가 잔뜩 배었다. ❷ (평판이) 매우 나쁘다. ¶他的名誉míngyù～了 | 그의 평판은 대단히 나빠졌다.

【熏蚊子】xūn wén·zi 動組 (모깃불이나 모기향을 피워) 모기를 쫓다〔잡다〕. ¶点蚊香diǎnwénxiāng～ | 모기향을 피워서 모기를 잡다.

【熏心】xūnxīn 動 마음을 어지럽게〔흐리게〕 하다. 마음을 현혹시키다. ¶利欲lìyù～ | 成 이익과 욕심이 마음을 현혹시키다.

【熏鱼】xūnyú ❶ 名〈食〉훈제 생선. ❷ (xūn yú) 생선을 훈제하다.

【熏蒸】xūnzhēng ❶ 動 찌는 듯이 덥다. ¶暑气shǔqì～ | 찌는 듯이 덥다. ❷ 動 훈증하다.

【熏制】xūnzhì 動 훈제(薰製)하다. ¶～火腿huǒtuǐ | 햄을 훈제하다 =〔熏炙zhì〕

【獯】 xūn 오랑캐이름 훈

⇒〔獯鬻〕

【獯鬻】Xūnyù 名 훈육. 하대(夏代), 북방의 종족 이름. 진한(秦漢)시대의 흉노(匈奴)에 해당함 =〔荤xūn鬻〕

【薰】 xūn 향초 훈, 훈할 훈

❶ 書 名 향초. 轉 화초의 향기. ❷「熏」과 같음 ⇒〔熏xūn⑦⑧⑨⑩〕

【薰莸不同器】xūn yóu bù tóng qì 成 喻 향초와 독초는 한 그릇에 담을 수 없다. 선인과 악인은 한 곳에 있을 수 없다 ¶他俩～,志趣zhìqù相差太远 | 그들 둘은 아주 달라 취향도 서로 차이가 많다 =〔薰配莸异器〕

【曛】 xūn 어스레할 훈, 황혼 훈

書 ❶ 名 석양빛. 황혼. ❷ 形 어둑어둑하다. 어스레하다. ¶天色tiānsè～黑hēi | 날이 어둑어둑하다 ‖ =〔熏⑥〕

【曛黄】xūnhuáng 書 名 해질녘. 황혼.

【曛旭】xūnxù 書 名 조석. 저녁과 아침. 황혼과 여명.

【醺】 xūn 취할 훈

形 취하다. 술기운이 돌다. ¶醉zuì～ | 거나하게 취하다.

【醺然大醉】xūnrán dàzuì 動組 만취하다. 거나하게 취하다. 얼근하다.

【醺醺】xūnxūn 狀 얼근하다. 거나하다.

【窨】 xūn ☞ 窨 yìn Ⓑ

xún ㄒㄩㄣˊ

3 【旬】 xún 열흘 순

❶ 名 열흘. 순 [10일을「旬」이라 하며, 1개월은「上旬」「中旬」「下旬」으로 나누어짐] ❷ 數 순. 10년 [노인의 연령에 주로 씀] ¶八～老母 | 팔순 노모.

【旬刊】xúnkān 名 순간. ¶编辑biānjí～ | 순간을 편집하다.

【旬日】xúnrì 名 열흘(간) ¶～出一张报纸 | 열흘에 한 번씩 신문을 내다. 순보를 내다.

3 【询(詢)】 xún 물을 순

動 ❶ 묻다. ¶详xiáng～情况qíngkuàng | 정황을 상세히 묻다. ¶探tàn～ | 탐문하다. ❷〈貿〉문의하여 확인하다. 조회하다. ¶查chá～货价huòjià | 값의 확인 문의를 하다.

【询复】xúnfù 動 조사하여 대답하다. 조회하여 답변하다. ¶专门派人来～ | 특별히 사람을 보내와 답변하다.

【询及】xúnjí 動 (…를) 문의하다. ¶兹承～用特布复yòngtèbùfù | 札 문의가 있으시기에 특별히 회답해 올립니다.

3【询问】xúnwèn 動 문의하다. 질문하다. 알아보다. ¶经理jīnglǐ打电话来～我的意见 | 지배인은 전화로 내 의견을 물어왔다. ¶向旁人pángrén～ | 옆사람에게 물어보다. ¶～处chù | 안내소. ¶回答huídá记者的～ | 기자의 질문에 답하다→〔问讯〕

【郇】 Xún Huán 땅이름 순

Ⓐ Xún 名〈史〉순나라 [산서성(山西省) 임의현(臨猗縣)의 서남쪽에 있던 중국 주대(周代)의 나라 이름]

Ⓑ Huán 名 성(姓).

【郇厨】xúnchú 名 喻 성대한 연회. ¶饱饫bǎoyù～,无任感谢 | 札 성대한 잔치에 융숭한 대접을 받게 되어 대단히 감사합니다.

【峋】 xún 깊숙할 순

⇒〔嶙lín峋〕

【恂】 xún 미쁠 순

書 ❶ 形 성실하다. 공손하다. ❷ 形 두려

워하다. ❸ 副 갑자기. ¶～然↓
【恂然】xúnrán 書 副 갑자기. 별안간.
【恂恂】xúnxún 書 狀 성실하다. 공손하다. 조심스럽다.

【洵】xún 진실로 순
❶ 書 副 참으로. 진실로. ¶～属shǔ可敬kějìng | 참으로 존경할 만한 일이다. ❷ (Xún) 名 〈地〉 순하(洵河) [중국 섬서성(陝西省)에 있는 강이름]

【荀】Xún 풀이름 순
名 ❶ 書 〈植〉 전설에 나오는 풀. ❷ (Xún) 〈史〉 옛날, 나라이름. ❸ (Xún) 성(姓).

【栒】xún sǔn 나무이름 순, 악기다는틀 순
Ⓐ xún ❶ ⇨〔栒子木〕 ❷ ⇨〔栒邑〕
Ⓑ sǔn 書 名 고대의 악기를 다는 틀의 횡목(橫木) =〔笋⑤〕
【栒邑】xúnyì 名 〈地〉 섬서성(陝西省)에 있는 현 이름 [지금은 「旬邑」「旬阳」이라고 함] =〔栒阳〕
【栒子木】xún·zimù 名 〈植〉 섬개야광나무.

4【巡】xún 돌 순
❶ 動 돌아다니며 살피다. 순찰하다. ¶～夜↓ ❷ 量 번. 바퀴. 돌림. 순배 [모든 좌석에 술잔이 돌아가는 것을 세는데 사용] ¶酒过三～ | 술이 세 순배 돌았다.
【巡捕】xúnbǔ ❶ 名 청대(清代) 총독(總督)·순무(巡撫) 등 지방 장관의 수종(隨從) 관리. ❷ 名 외국 조계(租界)를 지키던 경찰관. ❸ 動 순찰하여 도둑을 잡다.
【巡捕房】xúnbǔfáng 名 (중화인민공화국 성립 이전의) 외국 조계의 경찰서 =〔捕房〕
【巡查】xúnchá 動 순찰하다. 순시하다. ¶在大街上～ | 대로에서 순찰하다.
【巡风】xúnfēng 動 (도둑의 한 패거리가)망을 보다. 정세를 살피다=〔寻xún风〕
【巡抚】xúnfǔ 名 ❶ 명대(明代)에 임시로 지방에 파견하여 민정·군정을 순시하던 대신. ❷ 청대(清代)의 한 성(省)의 지방 행정 장관.
【巡航】xúnháng 動 순항하다. ¶～半径bànjìng | 순항 반경. ¶～速度sùdù | 순항 속도. ¶～导弹dǎodàn | 순항 미사일(cruising missile).
【巡回】xúnhuí 動 (일정한 노정에 따라) 순회하다. ¶～演出yǎnchū | 순회 공연. ¶～医疗队yīliáoduì =〔循环医疗队〕| 순회 의료진. ¶～展览zhǎnlǎn | 순회 전람. ¶～图书馆túshūguǎn | 순회 도서관.
【巡警】xúnjǐng 名 옛날, 순경 →〔警察〕
【巡礼】xúnlǐ 動 ❶ 성지(聖地)를 순례하다. ❷ 관광이나 유람을 겸한 순시를 하다.
4【巡逻】xúnluó 動 순찰하다. ¶～队duì | 순찰대. ¶～艇tǐng | 순시선. 초계정. ¶～警车jǐngchē | 순찰차.
【巡哨】xúnshào ❶ 動 순초하다. 순찰하다. ¶～船chuán | 수상 경비정. ❷ 名 순초군.
【巡视】xúnshì 動 순시하다. 돌아다니며 살피다. ¶～大江南北 | 양자강 남북지방을 순시하다.
【巡天】xúntiān 動 하늘을 떠돌아 노닐다.
【巡行】xúnxíng 動 순행하다. 여러곳으로 돌아다니다. ¶～天下 | 천하를 순행하다.
【巡幸】xúnxìng 名 옛날, 임금이 각지를 돌아다니며 시찰하다. 순행하다.
【巡洋舰】xúnyángjiàn 名 〈軍〉 순양함.
【巡夜】xúnyè 動 야경을 돌다. 야간 순찰을 하다 =〔書 巡更〕→〔査chá夜〕
【巡弋】xúnyì 動 (군함이) 해상에서 순시하다
【巡游】xúnyóu 動 여러곳을 돌아다니며 놀다.
【巡诊】xúnzhěn ❶ 名 순회진료. ❷ 動 순회 진료하다.

2【寻(尋)】xún 찾을 심
❶ 動 찾다. ¶～人 | 사람을 찾다. 사람을 방문하다. ¶～着头绪tóuxù | 실마리를 찾다. ❷ 量 〈度〉 심 [옛날의 길이 단위로 8「尺」(척)에 해당함] ❸ 書 副 계속해서. 연달아. ¶存问相cúnwènxiāng～ | 연이어 인사하러 오다. ❹ 動 京 얼마 안되는 것을 남에게 융통하다. ¶你用不着, ～给我吧 | 네가 필요치 않으면 내게 좀 융통해다오. ❺ (Xún) 名 성(姓).
【寻宝】xún/bǎo 動 ❶ 광맥(礦脈)을 찾다. ¶进山jìnshān～ | 산에 들어가 광맥을 찾다. ❷ 쓸만한 쇠붙이를 찾다.
【寻常】xúncháng ❶ 形 심상하다. 보통이다. 예사롭다. ¶～人家 | 보통 사람. ¶这个任务rènwù非同～ | 이 임무는 보통의 임무가 아니다 =〔行xíng常〕 ❷ 副 近 항상. 언제나. ❸ 量 고대, 길이의 단위 [8척(尺)을 1심(尋), 그것의 배를「常」이라 함]
【寻短见】xún duǎnjiàn 자살하다. 소견 좁은〔어리석은〕 짓을 하다. ¶谁不知道你正经zhèngjīng, ……短见duǎnjiàn是万万寻不得的 | 네 행실이 바르다는 것을 누가 모르냐, ……결코 소견 좁은 짓을 해서는 못써《鲁迅·阿Q正傳》=〔寻短儿〕
【寻访】xúnfǎng 動 심방하다. 탐방하다. 찾아가 보다. ¶～当年的日军慰安妇wèiānfù | 당시 일본군에 끌려갔던 위안부를 탐방하다.
【寻根究底】xún gēn jiū dǐ 成 꼬치꼬치 캐묻다. 뿌리를 찾아가며 캐다. 원인을 끝까지 따지다. ¶你别～了 | 꼬치꼬치 캐묻지 마세요 =〔寻根问底〕→〔追zhuī根究底〕
【寻花问柳】xún huā wèn liǔ 成 화류계를 찾아다니다. 기생집에 출입하다 ¶他爱～ | 그는 기생집에 잘 드나든다 =〔问柳寻花〕〔赏花阅柳〕→〔拈niān花惹草〕
【寻欢作乐】xún huān zuò lè 成 ❶ 향락만을 추구하다. 놀 생각만 하다. ❷ 재미있어 하며 즐기다.
【寻机】xúnjī 書 動 기회를 찾다. ¶～逃跑táopǎo | 기회를 보아 도망하다.
【寻开心】xún kāixīn 方 놀리다. 농담하다. 장난하다.
【寻门路】xún ménlù 動組 ❶ 실마리〔단서〕를 찾다. ¶～发展fāzhǎn轻工业qīnggōngyè | 경공업을 발전시킬 실마리를 찾다. ❷ 연고를〔연줄을〕 찾다 ‖ =〔找zhǎo路子〕
【寻觅】xúnmì 動 찾다 ¶他们整整～了两天两夜 | 그들은 이틀 밤낮으로 찾았다. ¶～人才réncái | 인재를 찾다.=〔寻求〕〔寻找〕

【寻摸】xún·mo 動 ❶ 俗 찾다. ¶你去书店～～这本书 | 책방에 가서 이 책을 잘 찾아봐라. ❷ 깊이 탐구하다.
4【寻求】xúnqiú 動 찾다. 탐구하다. ¶～真理zhēnlǐ | 진리를 탐구하다. ¶他一直在～人生的真谛zhēndì | 그는 줄곧 인생의 참뜻을 찾아왔다.
【寻思】xúnsī 動 곰곰이 생각하다. 이모저모로 궁리하다. ¶独自dúzì～ | 홀로 곰곰이 생각하다.
【寻死】xún/sǐ 動 ❶ 자살하다. ❷ 자살을 기도하다.
【寻死觅活】xún sǐ mì huó 成 죽겠다고 하다. 죽네 사네 하며 소란[소동]을 피우다. ¶她常～的 | 그녀는 늘 죽네 사네 하며 소란을 피운다.
【寻味】xúnwèi 動 뜻을 음미하다. 뜻을 깊이 새겨보다. ¶耐人nàirén～ | 成 의미 심장하다. 깊은 뜻이 있다.
【寻隙】xúnxì 書 動 시비거리를 찾다. 트집을 잡다. 싸움을 걸다. ¶他是来～的 | 그는 시비를 걸려고 왔다.
【寻衅】xúnxìn 動 고의적으로 시비를 걸다. 도전하다.
【寻绎】xúnyì 書 動 ❶ 되풀이하여 깊이 연구하다. 곱씹어 따져보다. ❷ 거듭 복습하다
【寻幽】xúnyōu 動 ❶ 명승지를 찾다. ❷ 심오한 이치를 찾아내다[연구하다].
【寻章摘句】xún zhāng zhāi jù 成 글만 읽고 뜻을 새기지 않다. 문장에 독창성이 없다.
2【寻找】xúnzhǎo 動 찾다. ¶～失物shīwù | 잃어버린 물건을 찾다. ¶～失散shīsàn的亲人 | 헤어진 친척을 찾다.
【寻字头(儿)】xúnzìtóu(r) 名 한자 부수의 터진가로왈(彐).

【浔(潯)】 xún 물가 심 ❶ 書 名 물가. ¶江～ | 강가. ❷ (Xún) 名〈地〉강서성(江西省) 구강(九江)의 다른 이름.

【荨(蕁)】 xún 舊 qián) 쐐기풀 심 ⇒[荨麻]
【荨麻】xúnmá 名〈植〉심마. 쐐기풀.

【鲟(鱘)〈鱏〉】 xún 철갑상어 심 名〈魚貝〉철갑상어 =[鲟鱼][鲔鱼]
【鲟骨】xúngǔ 名 철갑상어 머리 연골 [중국 요리에 쓰임]

3【循】 xún 좇을 순 ❶ 動 (규칙·순서 등을) 좇다. 따르다. 준수하다. ¶因yīn～ | 인습에 따르다. ¶遵zūn～命令mìnglìng | 명령에 따르다. ❷ 動 돌다. 순환하다. ❸ 形 질서정연하다. ¶～～善诱shànyòu | 질서정연하게 선도하다.
【循从】xúncóng 動 따르다. ¶～命令 | 명령을 따르다.
【循规蹈矩】xún guī dǎo jǔ 成 규율을 잘 지키다. 규칙대로 하다 ¶他一向～ | 그는 늘 규칙대로 한다 →[规矩 ⓑ ①]
3【循环】xúnhuán ❶ 名 순환. ❷ 動 순환하다. ¶～制zhì | 리그(league)제. ¶血液xuèyè～ | 혈액순환 =[轮lún环]
【循环论】xúnhuánlùn 名 순환론.
【循环论证】xúnhuán lùnzhèng 名組〈論〉순환논증. ¶避免bìmiǎn～ | 순환논증을 피하다.
【循环赛】xúnhuánsài ⇒[联lián赛]
【循环系统】xúnhuán xìtǒng 名組〈生理〉순환 계통 →[体tǐ循环][肺fèi循环]
【循环小数】xúnhuán xiǎoshù 名組〈數〉순환소수.
【循例】xún/lì 動 전례[관례]에 따르다. ¶～办理bànlǐ | 전례에 따라 처리하다.
【循名责实】xún míng zé shí 成 이름에 어울리게 실제 내용을 갖추다. 명실상부하게 하다.
【循序】xúnxù 動 차례를[순서에] 따르다.
4【循序渐进】xún xù jiàn jìn 成 순서대로 한걸음 한걸음 전진하다. (학습·업무를) 점차적으로 심화시키다. ¶搞研究gǎoyánjiū要～ | 연구를 하려면 순서대로 하나 하나 해 나가야 한다.
【循循善诱】xún xún shàn yòu 成 차근차근 잘 타일러 이끌어 가다. 점차적으로 인도 하다. ¶老吴是一位～,教导有方jiāodǎoyǒufāng的好教师 | 오씨는 (학생들을) 차근차근 잘 타일러 교도하는 좋은 선생이다.

【覃】 xún ☞ 覃 tán Ⓒ

xùn ㄒㄩㄣˋ

2【训(訓)】 xùn 가르칠 훈 ❶ 動 가르치고 타이르다. 훈계하다. ¶～了他一顿dùn | 그를 한바탕 훈계했다. ❷ 名 교훈. 법칙으로 삼을 수 있는 말. 가르치고 훈시하는 말. ¶家～ | 가훈. ¶遗yí～ | 유훈. ¶不足为～ | 준칙으로 삼기에는 부족하다. ❸ 자구(字句)의 해석. ¶～诂gǔ↓
【训斥】xùnchì 動 훈계하다. 엄하게 타이르며 꾸짖다. ¶老板lǎobǎn正在～一个工人 | 주인은 지금 일하는 사람을 훈계하고 있다.
【训词】xùncí 名 훈화(訓話) =[训辞]
【训辞】xùncí ⇒[训词]
【训导】xùndǎo 動 훈도하다. 교도하다. 가르쳐 이끌다. ¶～处chù | 학생처(과) ¶～处长 | 학생처(과)장. ¶～主任zhǔrèn | 학생과장. 교도주임.
【训迪】xùndí 書 動 가르쳐 깨우치다.
【训诂】xùngǔ 名 훈고 =[训故gù]
【训诂学】xùngǔxué 名 훈고학.
【训故】xùngù ⇒[训诂]
【训话】xùnhuà ❶ 名 動 훈시. ❷ (xùn/huà) 훈시하다. ¶校长xiàozhǎng向学生～ | 교장선생님이 학생들에게 훈시하고 있다.
【训诲】xùnhuì 書 ❶ 動 가르치다. 훈시하다. 훈계하다. ❷ 名 훈계. 훈시. 가르침. ¶不要忘记wàngjì老师的～ | 선생님의 훈계를 잊어서는 안된다.
【训教】xùnjiào ❶ 動 가르치다. 설교하다. 교훈을 주다. ❷ 名 가르침. 설교. 교훈.
【训诫】xùnjiè ❶ 動 훈계하다. 타일러서 경계하다. ❷ 名〈法〉훈계 =[训戒]
2【训练】xùnliàn ❶ 名 훈련. ❷ 動 훈련하다. ¶战术zhànshù～ | 전술훈련. ¶军事jūnshì～ | 군사 훈련.
【训练有素】xùn liàn yǒu sù 成 평소에 훈련을 많

이 하다. 훈련이 잘 되어 있다. ¶他是一个～的电脑专家diànnǎozhuānjiā | 그는 훈련이 잘 되어 있는 컴퓨터 전문가이다.

【训令】xùnlìng ❶[名] 훈령. ❷[動] 훈령하다 [상급기관이 하급기관에 보내거나 사람을 파견할 때 쓰는 공문서 또는 그 명령]

【训人】xùn/rén [動] 가르치다. 훈계하다.

【训示】xùnshì [名] 훈시. 지시.

【训育】xùnyù 훈육하다.

【训喻】xùnyù [書][動] 가르쳐 타이르다. 가르쳐 깨우치게 하다 =〔训谕yù〕

【驯(馴)】xùn 길들 순

❶[形] 온순하다. 순종하다. 선량하다. ¶这匹马很～ | 이 말은 매우 온순하다. ❷[動] 길들이다. 다루다. ¶善于shànyú～虎hǔ | 호랑이를 잘 다루다. ❸[書][動] 버릇되다. 점차 …이 되다. ¶～至于此 | 점차 이 지경에 이르다.

【驯服】xùnfú ❶[形] (동물이) 고분고분 잘 따르다. 온순하다. 순종하다. ¶这条狗zhètiáogǒu～极jí了 | 이 개는 매우 온순하다. ❷[動] 길들이다. 순종케 하다. ¶好容易才把它～下来 | 겨우 그것을 길들였다.

【驯化】xùnhuà [動] 길들이다. ¶野马yěmǎ,野牛yěniú等经过～, 成为家畜jiāchù | 야생마·들소 등은 길들여져 가축이 된다.

【驯良】xùnliáng [形] 얌전하고 착하다. 온순하다. ¶～的家犬jiāquǎn | 온순한 개

【驯熟】xùnshú [動] ❶ 충분히 잘 길들이다. ¶～的绵羊miányáng | 온순한 면양. ❷ 숙련하다.

【驯顺】xùnshùn [形] 유순하다. 고분고분하다. 온순하다. ¶～的小动物 | 온순한 작은 동물.

【驯养】xùnyǎng [動] (야생동물을) 기르며 길들이다. 길들여 기르다. ¶～马匹mǎpǐ | 말을 길들여 기르다.

2【讯(訊)】xùn 물을 신

❶[動] 묻다. ¶问～ | 묻다. ❷[動] 심문하다. 신문하다. ¶审shěn～ | 심문하다. ❸[名] 소식. ¶音～ | 소식. ¶通tōng～ | 통신(하다).

【讯实】xùnshí [動] 사실을 신문〔심문〕하다. ¶一经～,迅速判决xùnsùpànjué | 사실 심문을 거쳐 신속하게 판결하다.

【讯问】xùnwèn [動] ❶ 심문〔취조〕하다 ¶～作案经过zuòànjīngguò | 사건의 경과를 취조하다 =〔审shěn问〕〔审讯〕 ❷ 안부를 묻다. 알아보다. ¶～病况bìngkuàng | 병세를 묻다. ¶～原委yuánwěi | (일의) 자초지종을 묻다.

4【汛】xùn 조수 신

[名] ❶ (하천 등의) 정기적으로 불어나는 물. ¶春chūn～ =〔桃花táohuā汛〕 | 봄에 얼음이 녹아 불어나는 물. ¶防fáng～ | 홍수를 막다. ❷ 어떤 물건이 한꺼번에 많이 나는 시기. ¶渔yú～ | 성어기.

【汛期】xùnqī [名] (정기적으로 하천 등의) 물이 불어나는 시기. ¶长cháng江～ | 양자강의 증수기(增水期).

2【迅】xùn 빠를 신

[形] 빠르다. 신속하다. ¶～跑pǎo | 빨리 달리다. ¶光阴guāngyīn～速sù | 세월이 빨리 지나가다.

【迅即】xùnjí [副] 즉시. 즉석에서. ¶～答复dáfù | 즉시 회답하다.

【迅急】xùnjí ⇒〔迅速〕

【迅疾】xùnjí [書][形] 신속하다. ¶行动xíngdòng～ | 행동이 신속하다.

【迅捷】xùnjié ⇒〔迅速〕

【迅雷】xùnléi [名] 갑작스러운 번개(소리).

【迅雷不及掩耳】xùn léi bù jí yǎn ěr [成] 갑작스런 번개소리에 귀막을 사이도 없다. 일이 갑자기 생겨 미쳐 손 쓸 사이가 없다. ¶以～之势,歼灭jiānmiè了残敌cándí | 너무 갑작스러워 미쳐 손 쓸 사이도 없게 하는 기세로 남을 적을 섬멸했다.

【迅猛】xùnměng [形] 빠르고 맹렬하다. 급격하다. 신속하고 세차다. ¶来势láishì～ | 밀려오는 기세가 빠르고 맹렬하다. ¶～地发展fāzhǎn | 급격히 발전하다.

【迅速】xùnsù [形] 신속하다. 급속하다. 재빠르다. ¶～回答huídá | 신속하게 대답하다. ¶动作dòngzuò～ | 동작이 신속하다〔빠르다〕 =〔迅急jí〕〔迅捷jié〕

【徇〈狥〉】xùn 좇을 순

❶[書][動] 따르다〔좇다〕. 치우치다. ¶贪夫tānfū～财cái, 烈士lièshì～名 | 탐욕한 자는 재물을 따르고, 열사는 명예를 따른다. ❷「殉」과 같음⇒〔殉xùn①〕

【徇节】xùn/jié ⇒〔殉xùn节〕

【徇名】xùn/míng [動] 명예를 위해 목숨을 버리다 =〔殉xùn名〕

【徇情】xùnqíng [書][動] 인정에 사로 잡히다. 사사로운 정에 얽매이다. ¶切莫～宽贷kuāndài | 절대로 개인 감정에 구애되어 사정을 보아 주면 안된다 =〔循xún情〕

【徇私】xùnsī [動] 사사로운 정에 얽매어 불법적인 일을 행하다. ¶不得～舞弊wǔbì | 사사로운 정에 매여 부정행위를 하면안된다.

【殉】xùn 바칠 순

[動] ❶ …에 몸〔목숨〕을 바치다. ¶以身～职zhí | 순직하다 =〔徇②〕 ❷ 순장(殉葬)하다.

【殉国】xùn/guó [動] 순국하다. ¶年轻niánqīng的将士jiāngshì以身～ | 젊은 장사가 몸을 바쳐 순국하다.

【殉节】xùn/jié [動] ❶ 순절하다. 절조·절개를 지켜 몸을 희생하다. ¶为国～ | 나라를 위해 절개를 지키다. ❷ 옛날, 여자가 정절을 지켜 죽다. ❸ 옛날, 아내가 남편을 따라 죽다 ‖ =〔徇xùn节〕

【殉难】xùn/nàn [動] (나라 또는 정의를 위하여) 난리로 몸을 희생하다. 난을 당해 죽다. ¶殉国难guónàn | 국난에 순사(殉死)하다. ¶飞机失事fēijīshīshì, 全员～ | 비행기가 사고를 일으켜 전원이 죽다 =〔徇难〕

【殉情】xùnqíng [動] (이루지 못한) 사랑 때문에 죽다. ¶她竟跳江tiàojiāng～ | 그는 (이루지 못한) 사랑 때문에 강에 몸을 던져 죽었다.

【殉葬】xùnzàng [動] 순장하다. ¶～品pǐn | 부장품. ¶～制度zhìdù | 순장제도 =〔殉葬〕

【殉职】xùn/zhí 動 순직하다. ¶老李以身～了 | 이씨는 몸을 바쳐 순직했다.

2【逊(遜)】xùn 겸손할 손 ❶形 겸손하다. 겸허하다. 공손하다. ¶出言不～ | 말씨가 불손하다. ❷書形 뒤떨어지다. 못하다. ¶稍shāo～一筹chóu | 약간 뒤떨어지다. ¶～色↓ ❸양위(讓位)하다. 퇴위하다. ¶～位↓

【逊色】xùnsè ❶形 뒤떨어지다. 열등하다. 다른 것에 비해 못해 보이다. ¶并不～ | 결코 뒤떨어지지 않는다. ❷名 손색. ¶毫无háowú～ | 조금도 손색이 없다.

【逊位】xùnwèi 動 자리(직위)를 물려주다. 퇴위하다. ¶～以荐jiàn贤者xiánzhě | 현자를 추천하여 자리를 물려주다.

【浚】Xùn ☞ 浚 jùn B

【巽】xùn 부드러울 손 ❶名 손괘(巽卦) [팔괘의 하나. 바람을 상징하고, 사물을 잘 받아들이는 덕(德)을 나타냄]→[八卦] ❷書名 손방(巽方). 동남방. ❸書動 순종하다. ❹음역어에 쓰임. ¶～他群岛tāqúndǎo↓

【巽他群岛】Xùntāqúndǎo 名外〈地〉순다 (Sunda) 열도.

【熏】xùn ☞ 熏 xūn B

【蕈】xùn 버섯 심 名〈植〉버섯. ¶香xiāng～ | 표고 버섯 =[菌jùn]

Y

yā ㄧㄚ

【丫】yā 가장귀 아
名❶(물건의) 아귀. 가장귀. 윗 부분이 양 쪽으로 갈라진 것. ¶脚～缝féng儿 | 발가락 사이. ¶树～巴儿 | 가장귀 =〔桠yā〕 ❷가장귀 지게 묶은 머리. 轉소녀. 계집아이. ¶～头↓

【丫巴儿】yā·bar 名方 가장귀. 아귀. ¶树shù～ | 가장귀. ¶手～ | 손가락 사이의 아귀.

【丫叉】yāchà ⇒〔丫杈〕

【丫杈】yāchà 名(나뭇 가지의) 가장귀. ¶这树有许多～ | 이 나무는 가장귀가 많다 =〔丫叉chā〕〔桠yā杈〕

【丫鬟】yā·huan 名 계집종. 여복. 시녀. ¶身边还有两个～ | 계집종 둘을 거느리고 있다 =〔鸦鬟yāhuán〕

【丫头】yā·tou 名❶계집애 [여자아이를 경멸하거나 혹은 친근하게 부를 때 쓰는 말] ¶这个～, 真疯fēng得不像话啦! | 이 계집애가 정말 형편없이 미쳤군! ¶这个～好机灵líng | 이 계집애는 참으로 영악하다. ❷계집종. 여복. 시녀 =〔丫鬟〕‖=〔鸦yā头〕

【丫头片儿】yā·tou piànr ⇒〔丫头片子〕

【丫头片子】yā·tou piàn·zi 名組 계집아이 [여자아이에 대한 애칭] ¶这～真厉lì害 | 이 계집아이는 정말 대단하다 =〔丫头片儿〕

【丫头养的】yā·tou yǎng·de 名組京罵 종놈의 새끼. 쌍놈의 자식 [계집종에서 난 자식이란 뜻으로 어린아이를 욕하던 말] =〔丫头养子〕

【丫头养子】yā·tou yǎng·zi ⇒〔丫头养的〕

【丫子】yā·zi 京❶尾 손·발·입 등과 같은 명사에 붙여 쓰는 접미사의 일종. ¶咀jǔ～ | 입. ¶脚jiǎo～ | 다리. ¶手～ | 손. ❷名 다리 [「脚丫子」의 약칭] ¶撒开sǎkāi～跑了 | 다리를 훌쩍 내딛으며 뛰어 갔다.

2【压(壓)】yā yà 누를 압

Ⓐ yā 動❶(아래로) 내리 누르다. (물체에) 힘이나 압력을 가하다. 어법 목적어나 보어를 동반한 술어로 쓰이며, 「的」와 함께 쓰여 관형어(定語)가 되기도 함. 또는 동사 「怕」의 목적어로 쓰이기도 함. 중첩되어 쓰이기도 함. ¶～的力量太大 | 누르는 힘이 너무 크다. ¶西瓜xīguā被货物huòwù～碎suì了 | 수박이 화물에 짓눌려 깨졌다. ¶玻璃板bōlíbǎn下～着一张照片zhàopiàn | 유리판 밑에 사진 한 장을 끼워 깔다. ¶用铜尺tóngchǐ把纸～住 | 문진으로 종이를 눌러 놓다. ¶这东西不怕～ | 이 물건은 압력에 잘 견딘다. ¶请你再往下～～ | 다시 한 번 아래로 눌러 주세요. ❷가라앉히다. 평정(平靜)시키다. 제지(制止)하다. 어법 보어나 목적어를 동반한 술어로 쓰임. ¶～咳嗽késòu | 기침을 가라앉히다. ¶我～不住一阵恶心 | 나는 나쁜 마음이 생기는 것을 막을 수 없다. ❸억압하다. 억누르다. 어법 목적어를 동반한 술어로 쓰이기도 하며 동사 「怕」의 목적어로 쓰이기도 함. ¶别以势shì～人嘛·ma | 힘으로 남을 억압하지 마세요. ¶他这个人就不怕～ | 그 사람은 억압을 두려워하지 않는다. ¶别拿大帽子dàmàozǐ～人! | 고압적인 태도로 남을 억압하지 마라! ❹압도하다. ¶他的哭声被妈妈的喊叫hǎnjiào～下去了 | 그의 울음소리는 어머니의 외치는 소리에 압도되고 말았다. ❺접근하다. 다가오다. 박두하다. 어법 목적어를 동반한 술어로 많이 쓰임. ¶太阳～树梢shùshāo | 해가 나무가지 끝에 걸리다. ❻방치하다. 묵히다. 어법 보어를 동반한 술어로 쓰임. ¶这件公文赶紧gǎnjǐn处理chǔlǐ, 别～起来! | 이 공문은 빨리 처리해야 하니 방치하지 마세요! ¶积jī～物资wùzī | 물자를 사장하다 =〔押yā⑤〕 ❼남다. ¶～筐kuāng的 | 팔다 남은 것. ❽(도박에서) 돈을 걸다. ¶我～六 | 나는 6에 건다 =〔押yā⑤〕 ❾압운(押韻)하다. ¶～韵yùn↓ =〔押yā⑤〕

Ⓑ yà 북경어의 「压根儿」에 나타나는 이독음(異讀音)

Ⓐ yā

【压宝】yā/bǎo ❶動 야바위 노름을 하다. ¶不能随便～ | 함부로 야바위 노름을 하지 마세요. ❷(yābǎo) 名 야바위 ‖=〔押yā宝〕

【压不住】yā ·bu zhù 動組❶억누를 수 없다. 억제하지 못하다. ¶～火 | 노기를 억제할 수가 없다. ¶孩子是～好hào奇心的 | 아이들은 호기심을 억제하지 못한다→〔压住〕 ❷감당하지 못하다. (무게 등을) 이길 수 없다. ¶这份荣誉我简直～ | 이런 영예는 제가 정말 감당할 수 없습니다.

【压秤】yāchèng 形 무겁다. 무게가 나가다 [일반적으로 체적이 같은 물체에 대해 말할 때 사용함] ¶劈柴pīchái太湿shī,～ | 장작이 너무 젖어서 무게가 나간다. ¶稻草dàocǎo不～, 一大捆kǔn才十来斤 | 볏짚은 무게가 얼마 나가지 않아 큰 볏짚 한 단이 겨우 10 여 근밖에 되지 않는다 =〔压分两〕〔压平头〕

【压倒】yā/dǎo 動(물체에) 힘을 가하여 넘어뜨리다. 압도하다. 능가하다. 우세하다. 어법 목적어를 동반한 술어나 피동형의 문장으로 쓰임. 목적어는 명사나 명사 외의 다른 문장성분이 다 올 수 있음. 「的」와 함께 쓰여 관형어(定語)를 형성하기도 함. ¶他的大嗓门sǎngmén～了所有的声音 | 그의 큰 목소리가 모든 소리를 압도했다. ¶被繁重fánzhòng的家务事～过 | 많은 가사일에 얽매였다. ¶主角zhǔjiǎo被配角pèijiǎo给～了 | 주연이 조연에게 압도당하다. ¶提高质量zhìliàng是我厂目前～一切的任务rènwù | 질을 높이는 것이 현재 무엇보다도 중요한 우리 공장의 임무이다. ¶他以～多数的选票当选为理事长 | 그는 압도적인 표로 이사장에 당선되었다. ¶～优势yōushì | 압도적 우세. ¶～元白 | 威 원진(元稹)과 백거이(白居易)를 압도하다. 같은 시기의 모든 작가를 능가하다.

【压低】yādī 動 낮추다. 줄이다. 억제하다. ¶他～了嗓音sǎngyīn说话 | 그는 목소리를 깔고 얘기한다. ¶～价格 | 가격를 낮추다. ¶～成本 | 생

산 원가를 낮추다.
【压电】 yādiàn 名〈物〉압전기(壓電氣) 피에조(piezo) 전기.
【压伏】 yā/·fú ⇒〔压服fú〕
【压服】 yā/·fú 動 힘으로 굴복시키다. 압력을 가하여 복종시키다. ¶谁~不了他 | 누구도 그를 굴복시킬 수 없습니다 =〔压伏〕
【压价】 yā/jià 動 값을 깎다. 깎아 내리다. ¶售货员不得随意~ | 판매원은 마음대로 물건 값을 깎아줄 수 없다. ¶~收购 | 값을 깎아 사들이다.
【压惊】 yā/jīng 動 음식을 대접하면서 놀란 사람을 진정시키다. 음식으로 위로하다. ¶给老人们~ | 노인들을 위로하다. ¶来,喝一杯酒压~ | 자, 술을 한 잔 하면서 진정시킵시다.
【压惊避邪】 yājīng bìxié 動組 잡귀를 몰아내다. 액풀이를 하다 =〔压邪〕
【压境】 yājìng 動 국경까지 접근하다. 국경으로 쳐들어오다. 경계선까지 밀어닥치다. ¶大兵~ | 대군이 국경까지 쳐들어오다.
【压卷】 yājuàn 書 名 압권. ¶他写了一篇文章, 真是~之作 | 그는 문장 한 편을 썼는데, 정말 압권이다.
3【压力】 yālì ❶ 名〈物〉압력. ¶增加zēngjiā~ | 압력을 증가시키다. ¶大气~ | 기압. ❷ 名 (추상적인 의미의) 압력. 스트레스. ¶政治~ | 정치적 압력. ¶他在准备考试, 精神~太大 | 그는 지금 시험준비 하느라 정신적 스트레스가 많이 쌓인다. ¶舆论yúlùn的~ | 여론의 압력.
【压力机】 yālìjī 名〈機〉프레스. ¶用~轧yà平 | 프레스로 눌러 평평하게 하다 =〔压机〕
【压路机】 yālùjī 名〈機〉로드 롤러(road roller) =〔压道dào机〕〔压动dòng机〕〔押yā道机〕〔辊gǔn路机〕〔辊道机〕〔汽辗qìzhǎn(子)〕〔轧yà道机〕
【压马路】 yā mǎlù 俗 (거리를) 산보하다. 이성 친구와 거리를 돌아다니다. ¶吃过晚饭就出去~ | 저녁을 먹고 난후 밖으로 나가 산보하다.
2【压迫】 yāpò ❶ 名 억압. 압박. ¶反对fǎnduì~ | 억압을 반대하다. ¶哪里有~, 哪里就有反抗fǎnkàng, 就有斗争dòuzhēng | 억압이 있는 곳에 항거가 있으며 투쟁이 있다. ¶被~民族 | 피압박민족. ❷ 動 압박하다. 억압하다. 어법 술어로 쓰이며 목적어나 보어를 동반하기도 함. ¶~弱小民族 | 약소민족을 억압하다. ¶被地主~了大半辈子 | 반생을 지주에게 억압을 당했다. ¶一种不祥的预感yùgǎn, 越来越重地~着她 | 불길한 예감이 가면 갈수록 더욱 무겁게 그를 압박하고 있다. ¶~老百姓的人绝没有好下場 | 백성들을 억압한 사람은 말로가 결코 좋지 않다. ¶富人fùrén~穷人qióngrén | 부자가 가난한 사람을 억압하다.
【压气(儿)】 yā/qì(r) 動 ❶ 마음을 가라앉히다. ¶你喝杯茶压压气儿吧 | 차를 마시면서 마음을 가라앉히세요. ❷ 숨을 죽이다. ❸ 화를 참다. 분노를 진정시키다. ¶说几句好话给他压~! | 좋게 이야기하여 그의 분노를 가라앉히다.
【压强】 yāqiáng 名〈物〉단위 면적 당 받는 압력. ¶~计 | 압력계.
【压青】 yāqīng 動〈農〉풀 거름을 만들다. ¶~可以防止疯长fēngzhǎng | 풀거름을 만들면 아무렇게나 함부로 자라는 것을 방지할 수 있다.
【压岁钱】 yāsuìqián 名 세뱃돈. ¶我给了孩子十万元~ | 나는 아이에게 세뱃돈으로 10만원을 주었다.
3【压缩】 yāsuō ❶ 名 압축. ¶~包装bāozhuāng | 압축포장. ❷ 動 압축하다. ¶~空气kōngqì | 공기를 압축하다. ❸ (인원·경비·문장 등을) 줄이다. 축소시키다. ¶~篇幅piānfú | 편폭을 줄이다. ¶~开支kāizhī | 지출을 줄이다.
【压缩空气】 yāsuō kōngqì 名組 압축 공기.
【压缩疗法】 yāsuō liáofǎ ⇒〔萎wěi陷疗法〕
【压塌】 yātā 動 눌러서 찌그러뜨리다. 짓눌러 부수다. ¶房顶被大雪~了 | 지붕이 큰 눈에 찌그러졌다.
【压条】 yā/tiáo〈農〉❷ 動 휘묻이를 하다. ❷ (yātiáo) 名 휘묻이 =〔压木法〕‖ =〔压枝〕
【压痛】 yātòng 名〈醫〉압통.
【压蔓(儿)】 yā/wàn(r) 動〈農〉(일정한 간격으로) 덩굴을 묻다 [수박·참외 등의 덩굴성 작물이 일정한 방향으로 자라게 하고 바람이나 짐승들에 의하여 절단되는 것을 막기 위해서 사용하는 농사 방법] =〔压藤téng〕
【压箱底儿】 yāxiāngdǐr 動組 ❶ 시집갈 때 지참금을 상자에 넣어 주다. ¶~的钱 | 소중히 간직해 둔 돈.(비상금) ❷ 喻 함부로 쓰지 않고 간직해 두다. 비장해 두다. ¶~的本事 | 비장의 솜씨. ¶他使出了~的功夫 | 그는 비장의 재주를 보였다.
【压箱底儿(的)钱】 yāxiāngdǐr(·de)qián 名組 만일의 사태에 대비해 마련해 둔 돈.
【压邪】 yāxié ⇒〔压惊避邪〕
【压延】 yāyán ❶ 名〈工〉압연. ¶~动力 | 압연동력. ❷ 動〈工〉압연하다.
4【压抑】 yāyì ❶ 名 억압. 억제. 속박. ❷ 動 억압하다. 짓누르다. 억제하다. 속박하다. 어법 술어로 쓰이며 목적어나 보어를 동반함.「受」「遭zāo」등과 같은 동사의 목적어로 쓰이기도 함. ¶这段往事一直沉重地chénzhòngdì~着我的心 | 지난 일이 계속 나의 마음을 무겁게 짓누르고 있다. ¶她努力nǔlì~自己的感情gǎnqíng | 자기의 감정을 억제하려고 애쓰다. ¶我怎么也~不住心中的激愤jīfèn | 나는 아무리 해도 마음속의 격분을 참을 수가 없었다. . ¶她虽然处处chùchù~, 可从不气馁qìněi | 그녀는 여기저기서 억압을 받았지만 지금까지 한 번도 기 죽지 않았다. ❸ 形 (마음이) 답답하다. 어법 정도부사의 수식을 받음. 술어로 쓰이기도 하며「着」와 함께 쓰여 관형어(定語)가 되기도 하며「感到」「觉得」등과 같은 심리활동을 표시하는 동사의 목적어가 되기도 함. ¶这儿的空气太~啦·la | 이곳의 공기는 너무 답답하다. ¶会场中弥满mímǎn着一种十分~的气氛qìfēn | 회의장에는 아주 답답한 분위기로 가득찼다. ¶会议huìyì的紧张jǐnzhāng气氛qìfēn使人感到~ | 회의의 긴장 분위기가 답답함을 느끼게 한다.
4【压韵】 yā/yùn 動 압운하다 =〔押韵〕
【压榨】 yāzhà 動 ❶ 압착하다. 눌러서 짜내다. ¶

用甘蔗gānzhè制糖，一般分～和煎熬两个步骤bùzhòu | 사탕수수로 설탕을 만드는 것은 일반적으로 압착하는 것과 달이는 것의 두 단계로 나뉘어진다. ❷ 喩 억압하고 착취하다. ¶～老百姓的血汗 | 백성의 피와 땀을 착취하다〔짜다〕

【压枝】yā/zhī ⇒〔压条tiáo〕

3【压制】yāzhì ❶ 名 압제. 억압. 억제. ¶～是解决不了问题的 | 억압으로는 문제를 해결할 수 없는 것이다. ¶～的办法bànfǎ不好 | 압제적인 방법은 좋지 못하다. ¶我们的正确意见长期遭到某些人的～ | 우리들의 정확한 의견이 장기간 어떤 사람들의 억압을 받았다. ¶任何形式的～，群众都是十分反感的 | 어떠한 형식의 억압이라도 군중들은 매우 반감을 가진다. ❷ 動 압제하다. 제압하다. 억압하다. 억제하다. 제한하다. 제지하다. 어법 술어로 쓰이며 목적어나 보어를 동반하기도 함. ¶～异己力量yìjǐlìliàng | 자기와 맞지 않는 세력을 억압하다. ¶我再也～不住胸中的怒火nùhuǒ | 마음속의 노기를 더 이상 억제하지 못하겠다. ¶～民主 | 민주주의를 억압하다. ❸ 動 눌러서 만들다. 압착하여 제작하다. ¶用～的方法来制造zhìzào | 압착 방법을 이용하여 제조하다. ¶～砖坯zhuānpī | 벽돌을 눌러서 찍어내다.

【压轴戏】yāzhòuxì ⇒〔压轴子〕

【压轴子】yāzhòu·zi 名 動 (중국 전통극 공연에서) 마지막으로부터 두 번째 프로그램(에 배열하다) [마지막 프로그램은 「大轴子」라고 함] ¶明儿晚上拿「空城计kōngchéngjì」来～ | 내일 저녁에는 「空城计」를 마지막에서 두 번째로 공연한다 =〔压轴戏〕〔压胄zhòu子〕

【压住】yā/zhù 動 ❶ 누르다. ¶用石头～ | 돌로 누르다. ❷ 진정시키다. 억제하다. ¶他强～心中的愤怒fènnù | 그는 억지로 분노를 진정시켰다.

1【呀】yā ·ya xiā 입딱벌릴 하

Ⓐ yā ❶ 嘆 아. 야. 어법 문장 앞에 쓰여 놀람이나 의문 또는 기쁨을 나타냄. ¶～，我妈妈给我送毛衣来了! | 야, 어머니께서 나에게 털옷을 보내오셨다! ¶～，下雪了! | 야, 눈이 왔다! ¶～，这怎么办! | 아, 이 일을 어쩌나! ❷ 擬 삐걱 어법 의성어로써 부사어(狀語)나 관형어(定語)로 쓰임. 중첩형식을 취하기도 함. 물건이 서로 닿아서 거칠게 갈리거나 비벼지며 나는 소리. ¶她～～～地练liàn了半天嗓子sǎngzǐ | 그녀는 아아아 소리를 내면서 한참동안 발성연습을 했다. ¶门～的一声开了 | 문이 삐걱 소리를 내며 열렸다.

Ⓑ ·ya 助 어기조사 어법 「啊·a」는 앞 음절의 운미(韻尾; 끝소리)가 「a」「e」「i」「o」「ü」일 때 연음변화(連音變化)를 일으켜 「·ya」로 발음되는데, 이때 「啊」를 「呀」로 쓰기도 함 ⇒〔啊·a〕

Ⓒ xiā 書 狀 ❶ 입을 벌리다. ¶饥虎jīhǔ～牙 | 굶주린 호랑이가 아가리를 벌리고 있다. ❷ 안이 텅비어 있다. ¶岩崖yányá缺～ | 암벽이 이지러져 움푹 패어 있다.

4【鸦(鴉)】yā 까마귀 아

❶ 名〈鳥〉까마귀 =〔乌wū鸦〕〔老lǎo鸦〕〔老鸹guā〕 ❷ 形〈色〉검다. ❸ ⇒〔鸦片〕

【鸦胆子】yādǎnzǐ 名〈植〉고삼(苦蔘)[콩과에 속하는 다년생 식물로 뿌리는 약용으로 쓰이기도 함]

4【鸦片】yāpiàn ⇒〔阿ā片〕

【鸦片(烟)】yāpiàn(yān) 名 아편연(아편을 넣은 담배) ¶抽chōu～ | 아편연을 피우다 =〔大dà烟〕

【鸦片战争】Yāpiàn Zhànzhēng 名組〈史〉아편 전쟁(1840～1842)

【鸦雀无声】yā què wú shēng 成 새 소리 조차 들리지 않을 정도로 조용하다. 쥐죽은 듯 고요하다. 너무 조용하다. 어법 술어,목적어,관형어 혹은 부사어로 쓰임. ¶四周～，令人害怕hàipà | 주위가 너무 고요하여 무섭다(소름이 끼친다) ¶教室里～ | 교실이 쥐죽은 듯 조용하다. ¶在这～的环境huánjìng里，我反倒fǎndào看不下书了 | 이렇게 쥐죽은 듯이 고요한 환경에서는 나는 오히려 책을 읽을 수가 없다. ¶～地仰头望着他那沉静chénjìng的面孔 | 조용히 머리를 들고 차분한 (비장한) 그의 얼굴을 바라보다. ¶有的人就喜欢～ | 어떤 사람은 쥐죽은 듯이 조용한 것을 좋아한다 =〔鸦雀无闻wén〕

4【雅】yā ☞ 雅 yǎ Ⓑ

3【押】yā 수결 압, 단속할 갑

❶ 動 (재물을 상대에게 맡겨) 보증으로 삼다. 저당 잡히다. ¶～一百块钱借东西 | 백원을 보증금으로 맡기고 물건을 빌리다. ¶抵dǐ～品 | 저당품. ❷ 動 구금하다. 구류하다. ¶～犯人fànrén | 범인을 구금하다. ¶把人～起来 | 사람을 구금하다. ❸ 動 호송하다. (따라다니며) 돌보다. ¶他～了一趟车，昨天才回来 | 그는 차로 물건을 한 차례 호송하고 어제서야 돌아왔다. ¶～运货物yùnhuòwù | 화물을 호송하다. ¶他一个人～不了那么多行李 | 그 한 사람으로서는 이렇게 많은 짐을 호송할 수 없다→〔发fā⑩〕 ❹ 名 動 수결(하다) 서명(하다) 사인(하다) ¶他在契约qìyuē上画huà了一个～ | 그는 계약서에 서명을 했다. ¶签qiān～ | (보증서·계약서 등에) 서명·수결(手決)하다. ❺ 「压」와 같음 ⇒〔压yā ⑥⑧⑨〕 ❻ (Yā) 名 성(姓)

【押车】yā/chē 動 (짐을 실은) 차를 호송하다. 화물차의 짐 위에 타고 가다. ¶搬家的时候得有人～ | 이사할 때에는 차를 따라 가는 사람이 있어야 한다. ¶～员 | 주차장의 경비원 =〔压yā车〕

【押船】yā/chuán 動 배를 호송하다. 선박을 관리·감독하다. ¶派两个保安人员～ | 보안원을 둘 보내 선박을 관리·감독하다.

【押当】yā/dàng ❶ 動 물건을 저당 잡히고 돈을 꾸다. ❷ (yādàng) 名 (옛날) 소규모의 전당포.

【押队】yā/duì ❶ (대열 뒤에서)앞의 부대를 호송(보호·감독)하다. ¶军官在后～ | 장교가 뒤에서(부대를) 지휘감독하다 =〔压yā队〕 ❷ (yāduì) 名 호송대.

【押柜】yāguì 名 (고용인이 고용주에게 내는) 보증금. ¶昨天全交了～ | 어제 보증금을 모두 냈다.

【押解】yājiè 動 (포로나 범인 등을) 압송하다. 호송하다 어법 술어로 쓰이며 목적어나 보어를 동

반함. ¶～俘虏fúlǔ | 포로를 압송하다. ¶～犯人fànrén | 범인을 호송하다. ¶被～到了我军司令部sīlìngbù | 아군 사령부로 압송되었다→〔递dì解〕

【押金】yājīn 名 보증금. 담보금. ¶先交～ | 먼저 보증금을 내세요=〔押款yākuǎn②〕〔按金〕→〔定dìng钱〕

【押款】yākuǎn ❶ 名〈法〉담보(부) 대부=〔压yā款〕〔抵dǐ押放款〕❷ 名 담보금. 보증금=〔押金〕❸ (yā/kuǎn) 動 (화물·유가증권 등을 담보로 은행에서)돈을 대출 받다.

【押送】yāsòng 動 ❶ 압송하다. (죄인·포로 등을) 호송하다. ¶～俘虏fúlǔ | 포로를 호송하다=〔解jiè送〕〔起解〕→〔护hù送〕❷ (화물을)호송하다. ¶～一批pī现款xiànkuǎn | 현금을 호송하다=〔押运yāyùn〕

【押题】yā/tí 動 시험문제를 예상하다. 시험에 출제될 예상문제를 찍다. ¶要认真复习, 不可猜题～ | 열심히 복습을 해야지 문제를 추측하거나 예상해 찍으서는안된다.

【押头(儿)】yā·tou(r) 名 ❶ 方 담보물. 전당물. ¶拿什么做～? | 무엇으로 저당을 잡히면 되겠습니까?=〔当dàng头①〕❷ 하급 관리의 우두머리.

【押尾】yāwěi ❶ 名 서류·계약서 등에서의 서명〔날인〕❷ 名 말미. 종말. ❸ (yā/wěi) 動 문서의 끝에 날인하다. (아래에)서명하다.

【押运】yāyùn 動 (화물을) 호송하다. ¶～粮草 | 군량과 마초를 호송하다=〔押解jiè②〕〔押送②〕

【押韵】yā/yùn 動 압운하다. 어법 술어로 쓰이며 관형어(定語)로 쓰일 때는 항상「的」와 함께 쓰임.「讲究jiǎngjiū」「注意zhùyì」등과 같은 동사의 목적어로 쓰이기도 함. ¶绝句二,四句的最末一个字必须～ | 절구(絶句)의 2,4구의 마지막글자는 반드시 압운해야 한다. ¶～的诗读起来更悦耳yuè'ěr | 압운한 시는 읽으면 듣기 좋다. ¶诗歌创作chuàngzuò应注意～ | 시가창작은 압운에 주의를 기울여야 한다⇒〔压yā韵〕

【押帐】yā/zhàng ❶ 動 저당 잡히다. ❷ (yāzhàng) 名 (꾼 돈에 대한) 저당물.

【押租】yāzū 名 (토지·가옥 등의) 전세 보증금→〔铺pù底②〕

3【鸭(鴨)】yā 오리 압
名〈鳥〉오리. ¶家～ | 집오리. ¶野～ | 들오리. ¶板～ | 소금에 절여 판처럼 눌러서 말린 오리고기=〔鸭子〕

【鸭蛋】yādàn 名 ❶ 오리알=〔口 鸭子儿〕❷ 俗 영점. 빵점. ¶吃了～了=〔得dé了鸭蛋〕〔拿ná了个大鸭蛋〕| 영점을 받았다=〔零líng蛋〕

【鸭蛋青】yādànqīng 名〈色〉오리알 같이 엷은 푸른색. 담청색.

【鸭蛋圆(儿)】yādànyuán(r) 名 方 타원(형)=〔椭tuǒ圆①〕〔俗 鸭圆儿〕

【鸭黄】yāhuáng 名 方〈鳥〉(갓난) 오리 새끼

【鸭儿广(梨)】yārguǎng(lí) 名〈植〉배의 일종〔북방, 특히 북경(北京)·천진(天津) 부근에서 나는 것으로, 모양이 둥글고 껍질이 두꺼우며, 신맛이 약간 있고 노란 색을 띰.「广」은「황」의 와음(訛音)임〕=〔广梨〕〔烟yān儿广梨〕

【鸭儿梨】yārlí 名〈植〉하북(河北)에서 나는 배의 일종〔집오리의 알처럼 생겼기 때문에 붙여진 이름으로 수출항의 이름을 붙여서「天津tiānjīn鸭梨」라고도 불리어지기도 함〕=〔鸭梨〕〔龙口lóngkǒu鸭梨〕

【鸭绒】yāróng 名 가공한 오리털. ¶～棉衣 | 오리털 옷. ¶～被 | 오리 털 이불.

【鸭舌帽】yāshémào 名 헌팅 캡. 사냥 모자. ¶他戴着～ | 그는 사냥모자를 쓰고 있다=〔鸭嘴zuǐ帽〕

【鸭掌】yāzhǎng 名 오리발. 오리의 물갈퀴〔요리의 재료로 쓰임〕¶拌bàn～ |〈食〉오리 물갈퀴를 삶아서 뼈를 바르고 간장과 참기름으로 튀긴 중국요리의 일종〔凉菜liángcài(차게 해서 먹는 요리)의 일종〕

3【鸭子】yā·zi 名 口〈鳥〉오리. ¶～房 | 오리를 사육하고 부화하고 판매하는 가게. ¶～踢tī死人 | 오리가 사람을 차 죽이다. 喻 있을 수 없는 일이다. ¶赶gǎn～上架=〔打鸭子上树〕| 오리를 내몰아 횃대에 오르게 하다. 喻 할 수 없는 일을 무리하게 시키다. ¶～吃食 | 오리가 먹이를 먹다. 喻 (오리가 먹이를 먹을 때와 같이) 궁둥이를 치켜들다=〔鸭儿〕〔秃鹜tūwù〕

【鸭子儿】yāzǐr ⇒〔鸭蛋①〕

【鸭嘴笔】yāzuǐbǐ 名 가막부리. 오구. 강필=〔鸦嘴笔〕

【鸭嘴龙】yāzuǐlóng 名〈考古〉오리 주둥이 공룡. ¶～早巳绝迹juéjì了 | 오리 주둥이 공룡은 일찌기 멸종되었다.

【鸭嘴兽】yāzuǐshòu 名〈動〉오리너구리.

4【哑(啞)】yā yǎ 벙어리 아, 웃을 액

Ⓐ yā 擬 ❶ 깍깍 [까마귀 울음 소리] ❷ 옹알옹알 [어린 아이가 말을 배울 때 내는 소리]

Ⓑ yǎ ❶ 名 벙어리=〔哑巴yǎbā〕→〔聋lóng〕❷ 動 목이 쉬다. ¶嗓子sǎngzǐ喊hǎn～了 | (소리를 질러) 목이 쉬었다. ❸ 轉 소리가 나지 않다. ¶～剧jù↓ ❹ 轉 (포탄·수류탄 등의) 불발된 것. ¶～鱼雷yúléi↓ ❺ 書 擬 웃음 소리 ‖=〔瘂yǎ〕

Ⓐ yā

【哑哑】yāyā 擬 ❶ 깍깍 [까마귀 울음 소리] ❷ 옹알옹알 [어린 아이가 말 배울 때 더듬더듬 내는 소리] ¶～学语 | 옹알거리며 말을 배우다. ❸ 삐걱삐걱 [수레가 굴러가는 소리]→〔牙牙yá〕

Ⓑ yǎ

【哑巴】yǎ·ba ❶ 名 벙어리. ¶～看失火, 干着急说不出话来 | 歇 벙어리 불난 것을 보고 안달만 하면서 말하지 못하다. ❷ 形 소리를 낼 수 없다. 소리를 내지 않다. 소리가 나지 않다. ¶今天孩子们怎么都成～了 | 오늘은 어째 아이들이 조용해졌나? ‖=〔哑吧bā〕〔哑叭bā〕〔方 哑子〕〔喑yīn哑〕→〔聋lóng哑〕

【哑巴吃黄连】yǎ·ba chī huánglián 歇 벙어리가 깽깽이풀을 먹다. 벙어리 냉가슴 앓듯 하다 [대체로 뒤에「有苦说不出」가 이어지기도 함] ¶这回他是～, 有苦说不出 | 이번에 그는 벙어리 냉가슴 앓듯 아무말도 못하고 있다→〔骨gǔ鲠在喉〕

【哑巴干儿】yǎ·bagānr 副 ❶ 아무 말이 없다. 말없이 행동하다. ¶那两人～的就打起来了 | 그 두 사람은 아무 말도 없이 싸우기 시작했다. ❷ 몰래 행동하다. 살그머니 하다. ¶拿了那个东西～地走了 | 그 물건을 들고 몰래 떠났다.

【哑巴亏】yǎ·bakuī 名 남에게 말못할 손해. ¶我可不愿吃这种～ | 나는 이런 말못할 손해를 입기 싫다.

【哑场】yǎ/chǎng ❶ 動 장내가 조용해지다. 고요해지다. 침묵이 흐르다 [회의 등에서 아무도 발언하지 않는 상황을 일컬음] ¶一时间哑了场, 空气变得紧张jǐnzhāng了 | 한 순간 장내가 조용해지더니, 분위기가 긴장되었다. ❷ (yǎchǎng) 名 침묵이 흐르는 장면→[冷lěng场]

【哑剧】yǎjù 名 무언극. 팬터마임. ¶～的动作表演十分细腻xìnì | 무언극의 동작표현은 아주 섬세하다 =[默mò剧]

【哑口无言】yǎ kǒu wú yán 成 벙어리처럼 말을 못하다. (질문·반박 등에 대해 대답을 못하여) 말문이 막히다. ¶孩子们都面面相觑qù,～ | 아이들은 (어찌할 바를 몰라) 서로 쳐다보기만 하고 벙어리처럼 말을 못했다. ¶我被老师批评得～了 | 나는 선생님에게 말문이 막힐 정도로 (심하게) 비평을 받았다. ¶我被他问得～ | 나는 그의 말문이 막힐 정도로 심한 질문을 받았다.

【哑铃】yǎlíng 名 〈體〉 아령. ¶～体操tǐcāo | 아령 체조. ¶举重jǔzhòng～ | 바벨.

【哑谜(儿)】yǎmí(r) 名 ❶ 수수께끼. ¶猜cāi～ | 수수께끼를 풀다. ❷ 喻 이해하기 어려운 말[일]

【哑炮】yǎpào 名 俗 불발탄. ¶又是一个～ | 또 불발탄이다 =[瞎xiā炮][哑弹dàn][臭chòu炮弹]

【哑然】yǎrán 舊 èrán) 書 貶 ❶ 아연하다. (너무 놀란 나머지) 입을 벌리다. 아연실색하다. ¶～无声 | 아연하여 소리도 내지 못하다. ❷ 입을 벌리고 웃다. ¶～失笑 | 成 자신도 모르게 웃음을 터뜨리다.

【哑鱼雷】yǎyúléi 名 불발 어뢰.

【哑子】yǎ·zi ⇒[哑巴]

【桠(椏)〈枒〉】 yā 가장귀 아

「丫」와 같음⇒[丫yā①]

yá ㄧㄚˊ

2【牙】yá 어금니 아

❶ 名 〈生理〉 이. ¶～掉diào了 | 이가 빠졌다. ¶一棵kē～ | 이 한 대. ¶门～ =[大牙][板bǎn牙][切qiē牙][门齿ménchǐ] | 앞니. ¶槽cáo～ =[磨mó牙][盘pán牙][臼齿jiùchǐ] | 어금니. ¶虎hǔ～ =[尖jiān牙] | 송곳니. ¶乳rǔ～ =[奶nǎi牙][乳齿] | 젖니. ¶智zhì～ =[尽头jìntóu牙] | 사랑니. ¶爆bào～ | 뻐드렁니. ¶虫chóng(吃)～ =[蛀zhù牙][龋qǔ牙] | 충치. ¶长zhǎng～ =[生牙][出牙] | 이가 나다. ¶假jiǎ～ | 틀니. ¶掉diào～ | 이가 빠지다. ¶拔bá～ | 이를 빼다. ¶补bǔ～ | 이를 때우다. ¶镶xiāng～ | 이를 해넣다. ¶刷shuā～ | 이를 닦다. ❷ 名 簡「象牙xiàngyá」(상아)의 약칭. ❸ 이처럼 생긴 물건. ¶～轮lún↓ ¶螺丝luósī～ | 나사산. ¶桌～子 | 탁자의 잇빨 모양 조각 장식. ❹ (옛날의) 중매인. ¶～行↓ ❺ 擬 옹알옹알 [어린 아이가 말을 배우는 과정에서 내는 소리] ¶～学语xuéyǔ | 옹알옹알하며 말을 배우다. ❻ (Yá) 名 성(姓)

【牙碜】yá·chen 形 ❶ (음식물에 모래나 돌 같은 것이 섞여) 씹히다. ¶菜cài没有洗干净gānjìng, 有点～ | 채소를 깨끗이 씻지 않아 모래가 씹힌다. ❷ 喻 (날카로운 소리 등으로) 소름이 끼치다. ❸ 喻 (말이 저속하거나 야비하거나 귀에 거슬려서) 역겹다. 민망하다. ¶亏kuī你不怕～, 说这些话 | 이런 말을 하다니 넌 민망하지도 않느냐. ¶他的那些恭维话gōngwéihuà, 真叫人～ | 그의 저런 알랑거리는 말은 참으로 역겹다.

3【牙齿】yáchǐ 名 이. 치아. ¶～坚固jiāngù | 치아가 튼튼하다. ¶修补xiūbǔ～ | 치아를 치료하다. ¶～打鼓dǎgǔ =[牙齿相打] | (떨려서) 이가 딱딱 마주치다. ¶在～之内 | 비밀에 부치다.

【牙床(子)】yáchuáng(·zi) 名 ❶ 〈生理〉 잇몸. ¶上～ | 윗잇몸. ¶～好出血 | 잇몸에서 피가 많이 나다 =[牙巴子][牙车][方 牙花(儿)②][牙肉][方 牙床子][牙龈yín][齿龈chǐyín] ❷ 상아 장식이 있는 침대 =[象床]

【牙雕】yádiāo 名 상아 조각(품) ¶他买了一个～ | 그는 상아 조각품을 하나 샀다.

【牙粉】yáfěn 名 치분(齒粉). 가루 치약. ¶牙刷子上蘸zhàn～ | 칫솔에 가루치약을 묻히다→[刷shuā牙]

【牙缝儿】yáfèngr 名 잇새. ¶剔tī～ | 잇새를 쑤시다.

【牙疳】yágān ❶ ⇒[牙周病] ❷ ⇒[走zǒu马疳]

3【牙膏】yágāo 名 치약. ¶保健bǎojiàn～ | 보건치약→[刷shuā牙]

【牙根】yágēn 名 〈生理〉 이뿌리. 이촉. ¶～出血 | 이촉에서 피가 나오다. ¶咬yǎo定～ | 이를 악물다. 딱 잘라 말하다.

【牙垢】yágòu 名 이똥. ¶清除qīngchú～ | 이똥을 제거하다 =[牙花(儿)①]

【牙关】yáguān 名 아관. ¶～紧闭jǐnbì | ⓐ 이를 악물다. ⓑ 〈漢醫〉 아관 경련증(痙攣症)

【牙行】yáháng 名 (옛날의) 중매업(자) =[牙家]→[牙子②][大屋子]

【牙花(儿)】yáhuā(r) 名 方 ❶ 이똥 =[牙衬chèn][牙垢gòu] ❷ 잇몸 =[齿龈] ‖ =[牙花子]

【牙祭】yájì 名 喻 목구멍의 때를 벗기는 일. ¶打～ | 좋은 음식을 푸짐하게 먹다→[口福]

【牙具】yájù 名 세면 도구 =[洗漱xǐshù用品]

【牙科】yákē 名 〈醫〉 치과. ¶～医生 | 치과 의사

【牙口】yá·kou 名 ❶ (이의 숫자로써 헤아리는) 가축의 나이. ❷ (～儿) 노인의 치아 상태. 씹는 힘. ¶您老人家的～还好吧? | 어르신네의 치아 상태는 아직 괜찮으시지요?

【牙轮】yálún 名 톱니바퀴 =[齿chǐ轮(儿)]

【牙买加】Yámǎijiā 名 外 〈地〉 자메이카(Jamaica) [쿠바(Cuba) 남부에 있는 섬. 수도는「金斯敦Jīnsīdūn」(킹스턴;Kingston)]

【牙牌】yápái ❶名 아패. 상아로 만든 호패(號牌)의 한 가지. ❷⇒〔骨gǔ牌〕
【牙鲆】yápíng 名〈魚貝〉넙치 =〔牙偏〕〔牙片〕〔左口〕
【牙旗】yáqí 書名 아기(牙旗) 임금이나 대장의 군영 앞에 세우는 큰 기(旗)
【牙签】yáqiān 名❶(~儿)이쑤시개. ¶打~ | 이를 쑤시다 =〔剔tī牙签儿〕❷ 메뚜기 [탕건 서갑 등이 벗겨지지 않도록 채우는 데 쓰는 상아 또는 뼈로 만든 작은 기구]
【牙色】yásè 名〈色〉상아색 =〔牙黄yáhuáng〕
2【牙刷(儿, 子)】yáshuā(r·zi) 名 칫솔. ¶带哨子的儿童~ | 호루루기가 달린 아동칫솔
【牙疼】yáténg ❶名 치통(齒痛) ❷動 이가 아프다. ¶我~得很厉害lìhài | 나는 이가 몹시 아프다.
【牙牙】yáyá 書擬 옹알옹알 [어린 아이가 말을 배울 때 내는 소리] ¶~学语 | 옹알옹알하며 말을 배우다.
【牙音】yáyīn 名〈言〉설근음 [중국음운에서는 「g,k,h,ng」등이 해당됨]→〔七音①〕〔五音〕
【牙龈】yáyín 名 잇몸 =〔齿chǐ龈〕
【牙质】yázhì ❶名 상아로 만든 것. 상아제(象牙製) ¶~的刀把dāobǎ | 상아로 만든 칼자루. ❷⇒〔釉yòu质〕
【牙周病】yázhōubìng 名〈醫〉치조농루(齒槽膿漏) ¶他得了~ | 그는 치조농루에 걸렸다 =〔牙疳gān①〕
【牙子】yá·zi 名❶口 책상·의자 등 가구류의 가장자리 조각 장식, 또는 돌출한 부분. ¶桌~ | 탁자 가장자리 장식. ❷(옛날의) 중매인(仲買人) 거간꾼 [보통 파는 쪽은 농민·어민 등이고 사는 쪽은 구매상(購買商)이나 소비자임] =〔牙保〕〔書牙侩kuài〕〔牙人〕〔市牙〕〔俗 跑合儿的〕❸ 교활한 놈. ¶那个人真~ | 그 사람 정말 교활하다. ❹ 정통한 사람. 통(通) ¶古玩玉器的~ | 골동품통.

【伢】yá 아이 아
方❶名(~儿, ~子) 아이. 어린이 [강소(江蘇) 북부·안휘(安徽) 북부 지방의 방언. 표준어의「小孩」에 해당함] ¶小~子 | 젊은이. ❷代 그 [산서(山西) 무향(武鄉) 지방의 방언. 표준어의「他」에 해당함]
【伢子】yá·zi 名方 아이. ¶这~不晓理儿 | 이 아이는 뭘 잘 모른다.

【岈】yá 땅이름 아/하
지명에 쓰이는 글자. ¶嵖Chá~ | 하남성(河南省)에 있는 산이름.

3【芽】yá 싹 아
❶(~儿, ~子) 名(나무나 풀의) 싹. 눈. ¶麦子mài·zi发~儿了 | 보리가 싹이 텄다. ¶柳liǔ~ | 버들 눈. ❷(~儿, ~子) 名轉 사물이나 일의 시초. 발단. ❸(~儿) 싹 비슷한 모양의 것. ¶肉~ | 육아. 새살. ¶银~ | 은광맥. ❹書動 싹트다. 생겨나다. ¶消奸宄guǐ于未~ | 나쁜 놈을 싹트기 전에 없애다→〔萌méng〕
【芽孢】yábāo 名〈生〉모종의 간균(杆菌) 체내에 형성된 원형 혹은 타원형의 포자(胞子) =〔芽胞bāo〕
【芽茶】yáchá 名 어린 싹에서 딴 가늘고 질이 좋은 차 [「雀舌quèshé」「鹰爪yīngzhǎo」등이 유명함]
【芽豆】yádòu 名❶ 물에 담가 싹이 조금 나온 잠두콩 [반찬으로 씀] ¶专卖~ | 잠두콩을 전문으로 팔다. ❷ 싹난 잠두콩의 껍질을 벗긴 것.
【芽接】yájiē 名〈植〉눈접 [접목 방법의 하나]
【芽体】yátǐ 名〈生〉싹움. 아상체(芽狀體)
【芽眼】yáyǎn 名〈植〉(감자 등의) 눈. ¶淡红色的~ | 담홍색의 눈.

【铓(鋣)】yá (아인슈타이늄 아)
名〈化〉「锿āi」(아인슈타이늄)의 옛 이름⇒〔锿āi〕

【蚜】yá 진디 아
名〈虫〉진드기. ¶棉mián~ | 목화 진드기.
【蚜虫】yáchóng 名〈虫〉진드기. ¶杀灭shāmiè~ | 진드기를 박멸하다 =〔俗 腻虫〕

3【崖〈崕厓〉】yá ⓧ ái 舊 yái) 낭떠러지 애
❶名 낭떠러지. 절벽. 벼랑. ¶山~ | 절벽. ¶悬~勒马 | 成 벼랑에서 말고삐를 잡아당기다. 위험한 지경에 이르러 정신을 차리고 돌아서다. ❷名 가장자리. 끝. 한계. ¶摩mó~ | 마애. ¶~略lüè | 대략(大略). 개략(概略) ❸書形 높다. ¶~岸↓
【崖岸】yá'àn ❶名 절벽 가장자리. 벼랑가. 깎아지른 듯한 물가. ¶那海水波涛汹涌,匈猛地击打着~ | 바다파도는 맹렬히 치솟으며 절벽을 강타했다. ❷形 오만하다. 뽐내다. 성격이 모가 나서 남과 어울리지 못하다. ¶杳然yǎorán~ | 너무 고고하다.

【涯】yá ⓧ ái) 물가 애
名❶ 물가. ¶水~ | 물가. ❷ 가. 끝. 한(계) ¶一望无~ | 바라보니 끝이 없다. ¶其乐无~ | 그 즐거움이 끝이 없다. ¶天~海角 | 成 하늘 끝과 바다 끝.
【涯岸】yá'àn 名❶ 물가. ❷轉 한계(限界). 끝 =〔涯际〕
【涯际】yájì 書名 한계(限界). 끝 =〔涯岸②〕

【睚】yá 舊 yái) 눈초리 애
書名 눈초리→〔睚眦yázì〕
【睚眦】yázì 書名❶ 화난 눈초리. 부릅뜬 눈. ❷轉 사소한 원한. 작은 원망. ¶~之怨 | 하찮은 원한. ¶~必报 | 하찮은 원한이라도 반드시 갚다.

【衙】yá 마을 아, 대궐 아
❶書名(옛날의) 관청. 관부(管府) ¶~役↓ ¶入~ | 관청에 들다. ❷書名 대궐. ❸書動 모이다. 참집(參集)하다. ¶早晚~集 | 아침 저녁으로 모이다. ❹(Yá) 名 성(姓)
【衙门】yá·men 書名 아문. 관아(官衙). 옛날, 관공서. ¶上~去 | 등청(登廳)하다. ¶~化 | 관료화 =〔衙署〕
【衙内】yánèi 名❶ 금위(禁衛) [당대(唐代), 궁성(宮城)을 지키던 병사] ❷ 관료[귀족]의 자제 어법 조기 백화(早期白話)에서 많이 쓰임. ¶他是高~ | 그는 높은 관료의 자제이다. ❸ 관아(官衙)의 안.
【衙役】yá·yi 名 아역. 아속(衙屬). 관아(官衙)에서 부리던 하인이나 고용인 [일반적으로 청대(清代)에 각 관청에서 잡역에 종사하던 사람을

Y

가리킴] ¶他身后跟着几个～ | 그 사람 뒤에는 하인 몇 명이 따르고 있다.→〔院yuàn子②〕

yǎ ㄧㄚˇ

3【亚】yǎ ☞ 亚 yà

4【哑】yǎ ☞ 哑 yā Ⓑ

【痖(瘂)】yǎ 벙어리 아
「哑」와 같음 ⇒〔哑yǎ〕

4【雅】yǎ yā 바를 아, 우아할 아

Ⓐ yǎ ❶ 形 올바르다. 정당하다. 규범에 맞다. ¶～正↓ ¶～言↓ ❷ 形 고상하다. 우아하다. 점잖다. ¶文～ | (말이나 행동이) 고상하고 점잖다. ¶他人很～ | 그는 사람됨이 점잖다 ⇔〔俗sú③〕 ❸ 形 札 敬 상대방의 언행을 나타내는 말 앞에 붙여 경의를 표하는 말. ¶～教↓ ❹ 名 아(雅) [시경(詩經) 육의(六義)의 하나. 정악(正樂)의 노래] ❺ 書 名 평소. 평상. ¶子所～言 | 공자가 항상 말하는 바《論語·述而》¶～善鼓琴 | 평소에 거문고를 잘 타다. ❻ 書 名 교제. 교분. 친분. ¶无一日之～ | 하루의 교분도 없다. 일면식도 없다. ❼ 書 名 술그릇. ¶～量↓ ❽ 書 副 극히. 아주. 대단히. ¶～非所愿 | 결코 원하는 바가 아니다. ¶～以为美 | 아주 아름답다고 생각하다.

Ⓑ yā「雅片」에 나타나는 이독음(異讀音)⇒〔雅Yā片〕

Ⓐ yǎ

【雅典】Yǎdiǎn 名 外〈地〉아테네(Athine) [「希腊Xīlà」(그리스;Greece)의 수도]

【雅尔塔】Yǎ'ěrtǎ 名 外〈地〉얄타(Yalta) ¶～会议 | 얄타 회담 =〔雅尔达〕

【雅观】yǎguān 形 (거동이나 겉모양이) 우아하다. 고상하다. 보기 좋다 어법 주로 부정문에 사용함. ¶这样子不太～ | 이렇게 하면 보기에 그리 좋지 않다.

【雅加达】Yǎjiādá 名 外〈地〉자카르타(Jakarta) [「印度尼西亚Yìndùníxīyà」(인도네시아공화국;Indonesia)의 수도] =〔八打威Bādǎwēi〕〔巴塔维亚Bātǎwéiyà〕〔吧城Bāchéng〕〔吧地〕〔日惹Rìrě〕〔绒扎加太Róngzhājiātài〕〔椰Yē城〕

【雅教】yǎjiào 名 札 敬 가르침. 교시. ¶趋候～ | 찾아 뵙고 가르침을 받고자 합니다.

【雅克特】Yǎkètè 名 外 ❶〈地〉야쿠트(Yakut) 공화국 [「独立国家国协」(독립국가연합;CIS)중의 한나라. 수도는「雅库次克Yǎkùcìkè」「야쿠츠크;Yakutsk)] ❷〈民〉야쿠트족→〔鄂E温克族〕

【雅库次克】Yǎkùcìkè 名 外〈地〉야쿠츠크(Yakutsk) [독립 국가 연합「雅克特Yǎkètè」(야쿠트 자치 공화국)의 수도]

【雅利安族】Yǎlì'ānzú 名 外〈民〉아리안족(Aryan族)→〔闪Shǎn族〕

【雅量】yǎliàng 書 名 ❶ 아량. 포용력. ¶他很有～ | 그는 아량이 있다. ❷ 큰 주량(酒量)→〔海hǎi量〕

【雅鲁藏布江】Yǎlǔzàngbùjiāng 名〈地〉브라마푸트라강(Brahmaputra江)

【雅趣】yǎqù 名 아취. 우아하고 고상한 정취. ¶他哪儿来这么多～? | 그는 어디에서 이런 우아하고 고상한 정취가 풍기지?

【雅人】yǎrén 名 아인. 풍아한 사람. ¶～雅事 | 풍아한 사람과 고상한 일.

【雅人深致】yǎ rén shēn zhì 威 고아한 사람의 깊은 정취. 인품이 고상하고 정취가 심원하다.

【雅司病】yǎsībìng 名 外〈醫〉요즈(yaws). 딸기종(腫). 인도마마. ¶他小时候得了～ | 그는 어릴때 인도마마에 걸렸었다.

【雅俗共赏】yǎ sú gòng shǎng 威 고상한 사람이나 속인이나 다같이 감상할 수 있다. 문예작품이 훌륭하면서도 통속적이어서 누구나 다 감상할 수 있다. ¶这是一本～的好书 | 이것은 누구나 다 같이 감상할 수 있는 양서이다.

【雅望】yǎwàng 書 名 ❶ 청아한 명망. ¶少时姑父为朝官,有～ | 어릴 적에 고모부는 조정의 대신으로 명망이 있었다. ❷ 札 희망(하심) ¶有负～,憾甚 | 희망하심에 어긋나 면목이 없습니다.

【雅温得】Yǎwēndé 名 外〈地〉야운데(Yaoundé) [「喀麦隆Kāmàilóng」(카메룬;Cameroon)의 수도]

【雅兴】yǎxìng 名 고아한 흥취. ¶～勃发 | 고아한 흥취가 크게 일다.

【雅驯】yǎxùn 書 形 (문사가) 전아(典雅)하다. 우아하다.

【雅言】yǎyán 名 ❶ 아언. 우아한 말. 표준적인 말. 정확한 말. ❷ 바른 말. 옳은 말.

【雅正】yǎzhèng ❶ 書 形 모범적이다. 규범적이다. ❷ 書 形 정직하다. ❸ 動 套 질정 바랍니다. 가르침 바랍니다 [자신의 시문·그림 등을 남에게 주면서 지도(指導)를 부탁할 때 쓰는 말임] ¶敬请～ | 가르침 바랍니다 =〔吡chǐ正〕〔法fǎ正〕〔斧fǔ正〕

【雅致】yǎ·zhì ❶ 形 (의복·기물·건물 등이) 운치가 있다. 품위가 있다. 고상하다. 우아하다. 어법 술어로 쓰이며 보어로 쓰일 때는「得」와 함께 쓰임.「的」와 함께 쓰여 관형어(定語)가 되기도 함. ¶这幅风景画fēngjǐnghuà特别～ | 이 풍경화는 특별히 운치가 있다. ¶客厅kètīng布置得很～ | 응접실을 품위 있게 꾸미다. ¶这间～的书房就是他当年读书, 写作的地方 | 이 운치있는 서재는 그가 당시에 책을 읽고 글을 짓던 곳이다. ¶～的花样 | 품위 있는 무늬. ❷ 名 아치. 고아한 운치 =〔雅韵yùn〕

【雅座(儿)】yǎzuò(r) 名 음식점·술집·목욕탕 등에서 특별히 정취있고 편안하게 꾸며 놓은 작은 방. 별실. ¶到～里喝酒 | 별실에서 술을 마시다. ¶内有～ | 안에 별실있음 [일반적으로 간판의 문구로 많이 씀]

Ⓑ yā

【雅片】yāpiàn ⇒〔阿ā片〕

yà ㄧㄚˋ

4【轧(軋)】yà zhá gá 삐걱거릴 알

Ⓐ yà ❶ 動 (롤러 등으로) 다지다. 밀다. 깔아 뭉개다. 내리 누르다. ¶～路面 | 노면을 다지다. ¶把马路～平了 | 도로를 평평하게 다졌다. ¶被车～死了 | 차에 깔려 죽었다. ❷ 動 方 밀치다. 비집

다 =〔挤jǐ③〕 ❸[動] 배척하다. 배제하다. ¶倾qīng~ | 서로 배척하다. ❹[擬] 달달. 덜거럭 [기계가 작동할 때 나는 소리] ¶缝纫机féngrènjī~~地响着 | 재봉틀이 달달 소리를 낸다. ❺(Yà) [名] 성(姓)

[B] zhá [動] 압연(壓延)하다. ¶~钢↓

[C] gá [動](江) ❶ 밀치다. 붐비다. ❷ 줄을 서서 사다. ¶~米 | 줄을 서서 쌀을 사다. ❸ 사귀다. 관계를 맺다. ¶~朋友 | 친구를 사귀다. ❹(대조하여) 계산하다〔점검하다〕 ¶~帐↓

[A] yà

【轧道机】yàdàojī [名](方) 로드 롤러. ¶~的声响shēngxiǎng太大了 | 로드 롤러의 소리가 너무 크다 =〔压yā道机〕〔压路机〕

【轧花机】yàhuājī [名]〈機〉조면기(繰綿機) ¶电动~ | 전동 조면기.

【轧马路】yà mǎlù [動組] ❶ 도로를 롤러로 다지다. ❷[轉] 거리를 어슬렁어슬렁 돌아다니다. ¶每天出门~ | 매일 집을 나서 거리를 어슬렁어슬렁 돌아다니다.

【轧死】yàsǐ [動] 차에 치어 죽다. 차에 치어 죽이다. ¶叫汽车qìchē给~ | 자동차에 깔려 죽다 =〔轧毙bì〕

[B] zhá

【轧钢】zhá/gāng [動] 강철을 압연하다. ¶~设备 | 압연 설비.

【轧钢机】zhágāngjī [名]〈機〉압연기. ¶购置了~ | 압연기를 사들여 설치하다.

【轧辊】zhágǔn [名]〈機〉압연 롤러. ¶~调整装置tiáozhěngzhuāngzhì | 압연 롤러 조정 장치.

[C] gá

【轧帐】gázhàng [動] 장부를 정리하다. 장부의 대차 계산을 하다. ¶定期~ | 정기적으로 장부를 정리하다.

【压】 yà ☞ 压 yā [B]

3【亚(亞)】 yà ⓧ yǎ) 버금 아

❶[頭] 제2의. 다음의. ¶~热带rèdài↓ ¶篮球lánqiú比赛结果, 我校为~军 | 농구시합 결과 우리 학교는 2등을 했다. ❷[形] 버금가다. 못하다. 다음가다. 뒤떨어지다. [어법] 보어를 동반한 술어로 쓰임. 정도부사(程度副詞)의 수식을 받지 않음. 일반적으로 「…不亚于…」의 형식으로 많이 쓰임. ¶他的水平我看一点也~不于你 | 내가 보기에 그의 수준은 조금도 너에게 못지 않다. ¶你的体力并不~于他 | 너의 체력은 결코 그보다 못하지 않다. ❸[名]〈化〉아(亞) [무기산(無機酸)에 산소 원자가(原子價)가 비교적 낮은 것을 이름] ¶~硫酸liúsuān | 아황산. ❹[名][簡]〈地〉「亚洲Yàzhōu」(아시아)의 약칭. ¶东南~ | 동남아시아.

【亚当】Yàdāng [名]外〈人〉아담(Adam) →〔伊甸Yīdiàn(园)〕

【亚当斯敦】Yàdāngsīdūn [名]外〈地〉아담스타운(Adamstown) [「皮特克恩岛Pítèkè'ēndǎo」(영령 피트케언섬;Pitcairn Island)의 수도]

【亚当斯密】Yàdāng Sīmì [名]外〈人〉아담 스미드(Adam Smith, 1723~1790) [영국 고전파 경제학의 창시자. 저서로는 국부론(國富論)이 있음]

【亚得里亚海】Yàdélǐyàhǎi [名]外〈地〉아드리아해(Adria海) [이탈리아와 발칸 반도를 둘러싼 지중해의 해역(海域)]

【亚的斯亚贝巴】Yàdìsī Yàbèibā [名]外〈地〉아디스아바바(Addis Ababa) [「埃塞俄比亚Āisāi'ébǐyà」(에티오피아;Ethiopia)의 수도] =〔亚提司亚拔拔Yàtísīyàbábá〕

【亚丁】Yàdīng [名]外〈地〉아덴(Aden) [「民主也门Mínzhǔyěmén」(예멘인민민주공화국;Democratic Yemen)의 수도]

【亚尔巴尼亚】Yà'ěrbāníyà ⇒〔阿Ā尔巴尼亚〕

【亚非】Yà Fēi [名][簡] 아시아 아프리카.

【亚非会议】Yà Fēi Huìyì [名組] 아시아 아프리카 회의. 반둥 회의 =〔万隆Wànlóng会议〕

【亚非拉】Yà Fēi Lā [名][簡] 아시아·아프리카·라틴 아메리카.

【亚非利加】Yàfēilìjiā [名]外〈地〉아프리카. ¶~洲 =〔[簡]非洲〕 | 아프리카 주 =〔阿Ā非利加〕

3【亚军】yàjūn [名](운동 경기의) 제2위. 준우승(자) ¶排球比赛bǐsài结束jiéshù了, 我校获huò~ | 배구 시합 결과 우리 학교가 준우승을 했다 →〔冠guàn军〕

【亚里士多德】Yàlǐshìduōdé [名]外〈人〉아리스토텔레스(Aristoteles, B.C.384~322) [그리스의 철학자·과학자, 대표작으로 시학(詩學)이 있음] =〔亚里斯多德〕

【亚历山大】Yàlìshāndà [名]外 ❶〈人〉알렉산더대왕(Alexander大王, B.C.356~323) =〔亚历山大大帝〕 ❷〈地〉알렉산드리아(Alexandria) =〔亚历山大里亚〕

【亚硫酐】yàliúgān [名]〈化〉이산화 유황 =〔二氧化硫èryǎnghuàliú〕

【亚麻】yàmá [名] ❶〈植〉아마. ❷〈紡〉아마포. ¶~的料子 | 아마포의 재료

【亚马孙河】Yàmǎsūnhé [名]外〈地〉아마존강(Amazon江)

【亚美利加】Yàměilìjiā [名]外〈地〉❶ 아메리카(America)대륙 =〔[簡]美州〕 ❷ 아메리카 합중국 ‖ =〔阿Ā美利加〕

【亚美尼亚】Yàměiníyà [名]外〈地〉아르메니아(Armenia) [「独立国家国协」(독립국가연합;CIS) 중의 한 나라. 수도는 「埃里温Āilǐwēn」(에리반;Yrevan)]

【亚平宁山脉】Yàpíngníng Shānmài [名組]外〈地〉아펜니노(Apennino)산맥 [이탈리아 반도를 가로지르는 산맥]

【亚热带】yàrèdài [名]〈地〉아열대. ¶东南亚的一些国家位于~地区 | 동남아의 몇몇 국가들은 아열대 지역에 위치하고 있다.

【亚述】Yàshù [名]外〈地〉앗시리아(Assyria)

【亚松森】Yàsōngsēn [名]外〈地〉아순시온(Asuncion) [「巴拉圭Bālāguī」(파라과이;Paraguay)의 수도]

【亚速而群岛】Yàsù'ér Qúndǎo [名]外〈地〉아조레즈(Azores) 제도.

【亚太地域】Yà Tài dìyù 名 아시아 태평양지역.
【亚提司亚拔拔】Yàtísī Yàbábá⇒〔亚的斯亚贝巴〕
【亚细亚】Yàxìyà 名 外 〈地〉아시아(Asia) ¶～洲 =〔簡 亚洲〕| 아시아 주.
【亚于】yàyú 書 …에 버금가다. …만 못하다. …에 미치지 못하다. ¶他的中文水平已不～你了 | 그의 중국어 수준은 이미 너에게 뒤지지 않는다.
【亚洲】Yàzhōu 名 簡 〈地〉아시아 주.

【垭(埡)】yà 산길 아
❶ 書 名 산길. 산 사이의 좁은 길. ❷ 지명에 쓰이는 글자. ¶马顶～ | 사천성(四川省) 강진현(江津縣)에 있는 지명.
【垭口】yàkǒu 名 산길의 입구. 산 사이의 낮은 곳.

【娅(婭)】yà 동서 아
書 名 동서(同婿) =〔连襟liánjīn(儿)〕

【氩(氬)】yà (아르곤 아)
名 〈化〉화학 원소 명. 아르곤(A 또는 Ar ; argonium)

3【讶(訝)】yà 놀랄 아
書 動 놀라다. 이상하게 생각하다. 의아해하다. ¶惊～ =〔疑yí讶〕〔讶异yì〕| 놀라다. 의아해하다.

【迓】yà 마중할 아
書 動 마중하다. 맞다. ¶迎～ | 영접하다. ¶有失迎～ | 札 마중하지 못해 실례하였습니다 [부재중에 손님이 방문한 경우에 쓰는 말]

【砑】yà 갈 아
動 갈다. 광을 내다. 윤을 내다. ¶～光 | 광택을 내다.
【砑光】yàguāng 動 ❶ 광을 내다. ¶～纸 | 염지(艶紙) ❷ 정을 통하다. 간통하다. 밀통하다 =〔挨āi光〕
【砑光机】yàguāngjī 名 〈機〉광택기.

【揠】yà 뽑을 알
書 動 뽑다→〔拔bá〕
【揠苗助长】yà miáo zhù zhǎng 成 (모가 늦게 자란다고 하여) 모를 뽑아 자라게 하다. 급하게 일을 서두르다 오히려 그르치다. ¶不可采取这样～,急于求成的做法 | 너무 급하게 해 내려는 방식을 취해서는 안된다 =〔拔bá苗助长〕

【猰】yà 설유 설
⇒〔猰貐〕
【猰貐】yàyǔ 名 〈動〉설유 [사람을 잡아먹는다는 전설 상의 맹수]

·ya ㄧㄚ˙

【呀】·ya ☞ 呀 yā B

yái ㄧㄞˊ

【崖】yái ☞ 崖 yá
【睚】yái ☞ 睚 yá

yān ㄧㄢ

【奄】yān yǎn 가릴 엄, 문득 엄
A yān ❶ ⇒〔奄奄〕❷ 書 動 머무르다 =〔淹④〕❸ 動 거세(去勢)하다 =〔阉yān①〕
B yǎn ❷ 書 動 가리다. 덮다. 싸다. ¶～有四方 | 사방을 둘러싸다. ❷ 副 갑자기. 홀연히. ¶～忽↓ ❸「奄奄yānyān」의 우독음(又讀音) ❹ (Yǎn) 名 〈史〉엄 [주(周)나라에 의해 멸망된 나라 이름]
A yān
【奄奄】yānyān 又 yǎnyǎn) 貶 엄엄하다. 숨이 간들간들하다. ¶气息～ | 숨이 깔딱깔딱하다. ¶～一息 | 成 숨이 곧 끊어질 듯하다. 목숨이 곧 끊어지려 한다. ¶～待毙bì | 成 숨을 거두려고 하다.
B yǎn
【奄忽】yǎnhū 書 副 홀연히. 빨리.
【奄奄】yǎnyǎn ☞〔奄奄〕yānyān

【崦】yān 산이름 엄
❷ 書 名 산(山) ❷ 지명에 쓰이는 글자. ¶～嵫zī↓
【崦嵫】Yānzī 名 ❶ 〈地〉엄자[중국 감숙성(甘肅省) 천수현(天水縣) 서쪽에 있는 산 이름] ❷ 옛날, 해가 지는 산을 이르던 말.

【阉(閹)】yān 환관 엄
❶ 書 動 거세(去勢)하다. 불까다. ¶～猪zhū↓ =〔奄yān③〕→〔割gē势〕〔劁qiāo〕〔骟shàn〕 ❷ 書 名 환관(宦官) 내시(內侍)→〔太tài监〕
【阉割】yāngē ❶ ⇒〔阉刻〕 ❷ 動 喻 (문장이나 이론의 중요한 내용을) 빼내다〔제거하다〕 ¶～革命灵魂 | 혁명의 진수를 빼내다.
【阉刻】yānkè 動 거세하다. 불까다. ¶皇上为了防止fángzhǐ乱官闱gōngwéi的事发生,把宫里用的男人都～了 | 황제는 궁중을 문란하게 하는 사건이 발생하지 못하도록 궁중의 시중드는 남자를 모두 거세하였다 =〔阉割①〕
【阉人】yānrén 名 ❶ 거세한 사람. 고자(鼓子) 轉 환관(宦官) 태감(太監) ¶耻chǐ为～ | 치욕스럽게 환관이 되다 =〔奄yān人〕 ❷ 배우를 낮추어 부르던 말.
【阉寺】yānsì 書 名 환관(宦官)
【阉刑】yānxíng 名 옛날, 남근을 제거하는 형벌→〔宫gōng刑〕〔幽yōu闭〕
【阉猪】yānzhū ❶ 動 돼지를 불까다. ❷ 名 불깐 돼지.

3【淹〈渰₁〉】yān 담글 엄, 머무를 엄
❶ 動 (물에) 잠기다. 빠지다. ¶被水～了 | 물에 잠기다. ¶庄稼zhuāngjià都给水～了 | 농작물이 모두 물에 잠겼다. ❷ 動 (땀이 피부에) 스며들다. 배다. 젖다. ¶眼药把眼睛～得生疼 | 안약이 눈에 스며들어 쓰리다. ¶胳肢窝gēzhīwō被汗～得难受 | 겨드랑이가 땀에 젖어 못견디겠다. ❸ 書 形 깊다. ¶～贯↓ ❹ 書 動 오래 머무르다. 오랜시간이 경과하다. ¶～留↓ ¶～年↓ =〔奄yān②〕
【淹博】yānbó 書 形 엄박하다.(학식 등이) 깊고 넓다. ¶学问～ | 학문이 깊고 넓다→〔渊yuān博〕
【淹灌】yānguàn 書 名 動 〈農〉논에 일정하게 물이

고이게 하는 물대기.

【淹留】yānliú 書 動 엄류하다. 오래 머물다. ¶他们长期～海外 | 그들은 장기간 해외에 머물렀다 =〔奄yān留〕

4【淹没】yānmò 動 ❶ 물에 잠기다〔빠지다〕엄몰하다. 침몰하다. ¶洪水～了庄稼zhuāngjià | 농작물이 홍수에 잠겼다. ❷ 喻 파묻다. 파묻히다. ¶他的讲话为掌声zhǎngshēng所～ | 그의 말소리가 박수 소리에 파묻히다→〔埋mái没〕

【淹年】yānnián ❶ 動 해가 지나다. 해가 거듭되다. ❷ 名 장년(長年) 오랜 세월.

【淹水】yānshuǐ 動 물에 젖다〔빠지다〕홍수가 나다.

【腌〈醃A〉】yān ā ⓧ ān ⓣ āng) 절일 엄

Ⓐ yān 動 ❶ (소금·설탕 등에) 절이다. ¶～菜cài↓ ¶用盐yòngyán～ | 소금에 절이다. ❷ (액체 등이 스며들어) 진무르다→〔淹yān②〕 ¶～眼睛 | 눈에 스며들어 진무르다.

Ⓑ ā ⇒〔腌脏zāng〕

Ⓐ yān

【腌菜】yāncài ❶ 名 야채 절임. 절인 채소. ❷ (yān cài)채소를 절이다. 채소를 담그다. ¶～缸gāng | 채소 담그는 독→〔咸xián菜〕

Ⓑ ā

【腌脏】ā·zāng ⓧ ānzāng) 形 方 ❶ 더럽다. 불결하다. ¶这小饭铺太～ | 이 작은 음식점은 너무 더럽다→〔肮脏āngzāng〕 ❷ (마음이) 언짢다. 유쾌하지 않다. ¶晚到一步, 事没办成bànchéng, ～极了 | 한발 늦어 일을 처리하지 못해서 매우 언짢다.

2【咽〈嚥B〉】yān yàn yè 목구멍 인, 삼킬 연, 막힐 열

Ⓐ yān 名 ❶ 〈生理〉인두(咽頭) 목구멍. ¶～喉↓ ❷ 轉 요해지. 요충지.

Ⓑ yàn 動 삼키다. 넘기다. ¶狼吞lángtūn虎～ | 喻 게걸스럽게 먹다. ¶～唾沫tuòmò | 침을 삼키다. ¶这个丸药太大, 我～不下去 | 이 알약은 너무 커서 난 삼킬 수 없다. ¶把要说的话又～回来了 | 하려던 말을 또 삼키고 말았다.

Ⓒ yè 書 動 목이 메다. 오열하다. 흐느끼다. ¶鸣～ =〔哽gěng咽〕| 오열하다. ¶悲～ | 슬피 울다.

Ⓐ yān

【咽喉】yānhóu 名 ❶ 〈生理〉인후. 인두(咽頭)와 후두(喉頭) ¶～炎 | 인후염. ¶他的～被什么东西堵塞了? | 그의 인후에 무엇이 걸렸니? ❷ 喻 요로(要路) 요충지(要衝地) ¶～要地 | 요충지

【咽头】yāntóu 名 〈生理〉인두. ¶～发炎 | 인두에 염증이 생기다.

【咽峡炎】yānxiáyán 名 〈醫〉안기나(angina). 인두 점막에 염증이 생기는 전염병.

Ⓑ yàn

【咽气】yàn/qì 動 숨을 거두다. 죽다. ¶等他～以后再商量这事儿 | 이 일은 그가 숨을 거두고 난 다음에 다시 의논합시다.

【胭〈臙〉】yān 연지 연

名 연지(臙脂) ¶～脂↓

【胭脂】yān·zhi 名 연지. ¶点～ =〔擦胭脂〕| 연지를 찍다 =〔燕脂〕→〔口kǒu红〕

2【烟〈煙〉】yān 연기 연, 담배 연

❶ (～儿) 名 연기. ¶冒mào～ | 연기가 나다. ¶炊chuī～ | 밥짓는 연기. ❷ (～子) 名 그을음. ¶松～ | 소나무 그을음〔먹의 원료로 쓰임〕 ¶锅～子 | 남비의 그을음. ❸ 名 담배. ¶抽～ =〔吸xī烟〕| 담배를 피우다. ¶请勿吸～ | 담배를 피우지 마세요 =〔香烟〕 ❹ 名 〈植〉연초(煙草) ¶～叶yè | 담배잎. ¶烤kǎo～ | 담배잎을 건조시키다 =〔菸yān〕 ❺ 名 아편(阿片) ¶～土↓ ¶大～ | 아편. ¶禁～ | 아편을 금지하다. ❻ 연기처럼 생긴 것. ¶～雾wù↓ ¶～霞xiá↓ ❼ 動 연기가 눈을 자극하다. ¶～了眼睛了 | 연기에 눈이 따갑다.

【烟霭】yān'ǎi ❶ 名 운무(雲霧) 구름과 안개. ¶～沉沉chén | 운무가 자욱하다. ❷ 狀 구름이 자욱하다.

【烟波】yānbō 名 연파. 안개가 자욱한 수면.

4【烟草】yāncǎo 名 〈植〉연초. 담배 =〔外 淡巴菰dànbāgū〕

【烟尘】yānchén 名 ❶ 연진. 먼지와 연기. ❷ 봉화 연기와 전쟁의 먼지. 喻 전쟁. ❸ 옛날, 사람이 북적대는 곳. ❹ 喻 화류계. ¶落入～ | 화류계에 빠지다. 기녀로 전락하다→〔烟花②〕

3【烟囱】yāncōng 名 方 굴뚝. 연통 =〔烟筒〕〔烟突〕

【烟袋】yāndài 名 담뱃대 〔「旱烟袋」(살담배·잎담배를 피우는 담뱃대)와 「水烟袋」(수연통) 두 가지가 있는데 특히 「旱烟袋」를 가리킴〕=〔烟管〕→〔烟枪〕

【烟袋锅(～儿,～子)】yāndàiguō(r·zi) 名組 담배통. 대통.

【烟道】yāndào 名 〈建〉연도. 연기 빠지는 통로. ¶～气 | 연도의 가스.

【烟蒂】yāndì ⇒〔烟头(儿)〕

【烟斗】yāndǒu 名 ❶ 담뱃대 =〔烟袋〕〔烟管〕 ❷ 아편용 담뱃대의 대통→〔烟袋锅〕

【烟斗丝】yāndǒusī 名 살담배. 각연초(刻煙草) ¶他爱抽～ | 그는 늘 살담배를 피운다 =〔斗烟丝〕

【烟膏(～儿, ～子)】yāngāo(r·zi) 名 고약 모양으로 만든 아편.

【烟鬼】yānguǐ 名 ❶ 아편쟁이. 아편 중독자. ❷ 골초 =〔烟枪②〕

【烟海】yānhǎi 名 안개 자욱한 큰 바다. ¶浩如～ | 喻 (문헌이나 자료 등이) 매우 방대하다.

【烟盒(儿)】yānhé(r) 名 담뱃갑. 담배합. ¶塑料sùliào～ | 플라스틱 담뱃갑

【烟壶】yānhú 名 코담배를 넣는 작은 단지. ¶雕花～ | 꽃무늬를 조각해 넣은 코담배 단지

【烟花】yānhuā 名 ❶ 書 봄날의 아름다운 경치. ¶富贵fùguì如过眼～, 转眼zhuǎnyǎn成空 | 부귀는 마치 봄날의 경치를 잠깐 보는 것과 같아서 순식간에 사라져 버린다. ❷ 기생 〔기생에 관련된 말에 씀〕 ¶～女 | 기녀. ¶不幸坠落zhuìluò～, 倚门yǐmén卖笑màixiào | 불행하게도 기생으로 전락하여 문에 기대어 웃음을 판다→〔烟尘chén④〕

【烟花场】yānhuāchǎng 名 화류계(花柳界). 화류장. ¶老朴一去美国就沉迷于～中 | 박씨는 미국

에 가자마자 화류계에 빠져들었다.

【烟花(柳)巷】yānhuā(liǔ)xiàng 名組 화류가(花柳街) 홍등가.

【烟灰】yānhuī 名 담뱃재. ¶～碟dié =〔烟灰盘〕 | (접시 모양의 얕은) 재떨이. ¶～盂yú =〔烟灰缸gāng〕 | (비교적 큰) 재떨이.

【烟火】ⓐ yānhuǒ 名 ❶ 연기와 불. 취연(炊煙) ¶动～ | 불을 지피다. 취사(炊事)하다. ❷ (특히 도교에서의) 화식(火食). 불에 익힌 음식. 일반 사람의 식사. ¶不食人间～ | 속세의 화식을 먹지 않다 =〔烟火食〕 ❸ 인연(人煙). 인가(人家) ❹ 봉화(烽火)
ⓑ yān·huo 名 꽃불. 불꽃. ¶放～ | 꽃불을 올리다 =〔火花②〕

【烟火食】yānhuǒshí ⇒〔烟火②〕

【烟碱】yānjiǎn 名 外〈化〉니코틴 =〔外 尼哥丁nígēdīng〕〔外 尼古丁nígǔdīng〕

【烟酒】yānjiǔ 名 담배와 술. ¶充满了浓烈nóngliè的～气味qìwèi | 진한 술·담배냄새로 가득하다. ¶～公卖gōngmài | 담배와 술의 공매. ¶～不动 | 담배와 술을 하지 않다.

【烟酒不分家】yānjiǔ bù fēn jiā 俗 담배와 술은 네 것 내것이 없다.

【烟具】yānjù 名 흡연 도구. 아편 도구. ¶特制的～ | 특별히 만든 아편 도구

4【烟卷儿】yānjuǎnr 名 궐련 =〔香烟③〕

【烟煤】yānméi 名 역청탄. 유연탄 =〔烟儿煤〕〔俗 黑煤〕〔沥lì青煤〕〔沥青炭tǎn〕

【烟幕】yānmù 名 ❶〈軍〉연막. ¶放～ | 연막을 터뜨리다. ❷〈農〉연무(煙霧) [방충 및 상해 방지에 쓰임] ❸ 喩 연막. 진의를 숨긴 말이나 행동. ¶像这种～是不能蒙蔽他们的 | 이런 연막으로는 그들을 속일 수 없다.

【烟幕弹】yānmùdàn 名 ❶〈軍〉연막탄. ❷ 喩 진의를 숨긴 행동이나 말. ¶小心别叫他的～给骗过去 | 그의 연막 전술에 속아 넘어가지 않도록 조심해라.

【烟农】yānnóng 名 담배 경작농. ¶～这几年发财了 | 담배 경작농들은 최근 몇년 사이에 돈을 많이 벌었다.

【烟气】yānqì 名 ❶ 연무(煙霧) 안개. 연기. ¶～腾腾 | 연기가 자욱히 피어오르다. ❷ 연기〔담배〕냄새. ¶抽烟抽得一屋子～的 | 담배를 많이 피워 온 방안에 연기가 가득하다. ¶～熏人 | 연기냄새가 코를 찌른다. ❸ (얼굴에 나타난) 아편이나 니코틴독(毒) ¶脸上带～ | 얼굴에 니코틴독이 나타나 있다 =〔烟色〕

【烟枪】yānqiāng ❶ 名 아편 담뱃대 [대부분 대나무관으로 만들었음] ¶细长的～ | 가늘고 긴 아편 담뱃대 →〔烟袋〕 ❷ ⇒〔烟鬼②〕

【烟丝(儿)】yānsī(r) 名 ❶ 살담배. 썬담배. 각연초(刻煙草) ¶金黄的～ | 노란색의 살담배 ❷ 곧게 피어 오르는 담배 연기.

【烟酸】yānsuān 名〈化〉니코틴산(nicotine酸) =〔烟碱酸〕〔氮dàn苯酸〕〔外 尼ní古丁酸〕〔维wéi生素B5〕

【烟摊】yāntān 名 담배 노점(露店)

【烟筒】yān·tong 名 연통. 굴뚝. ¶～里冒mào着烟 | 굴뚝에서 연기가 나오고 있다 =〔烟冲〕〔方 烟囱〕〔烟突〕

【烟头(儿)】yāntóu(r) 名 담배 꽁초. ¶扔～ | 담배꽁초를 버리다. ¶乱丢～ | 함부로 담배 꽁초를 버리다. ¶由于～引起火灾 =〔由烟蒂yāndì引起火警〕 | 담배 꽁초로 인해 화재가 일어나다 =〔烟蒂dì〕〔烟卷头儿〕〔烟屁股pìgǔ〕〔烟尾巴〕

【烟土】yāntǔ 名 생아편(生阿片) 날아편.

4【烟雾】yānwù 名 연무. 연기와 안개. 수증기. 스모그(smog). ¶～撑天chēngtiān | 연기가 하늘로 치솟다. ¶～笼罩lǒngzhào着大地 | 연무가 대지를 뒤덮고 있다. ¶～剂jì | 〈化〉에어러솔. 연무질.

【烟雾腾天】yānwù téngtiān 狀組 ❶ 안개가 하늘 가득 피어오르다. 연기가 등천하다. ¶双方打得～的 | 쌍방은 하늘 가득 연기가 차도록 싸웠다. ❷ 바빠서 허둥대다. 법석을 피우다. ¶他闹nào家务, 弄得～, 还是没法解决 | 그는 집안 일로 야단 법석이 피웠으나, 여전히 해결할 방법이 없다.

【烟霞】yānxiá 名 ❶ 연하. 안개와 노을. ¶～蒸腾zhēngténg | 연하가 피어오르다. ❷ 고요한 산수(山水)의 경치.

【烟霞癖】yānxiápǐ 書 名 ❶ 산수(山水)를 좋아하여 그 경치를 감상하며 즐기는 버릇. 여행을 좋아하는 습성. ¶他有～ | 그는 여행을 좋아하는 경향이 있다. ❷ 아편을 즐겨 피우는 버릇 →〔瘾yǐn君子〕

【烟消云散】yān xiāo yún sàn 成 연기나 구름같이 사라져 없어지다. 사물이 종적없이 깨끗이 사라지다. ¶一切都～了 | 모든 것이 종적없이 사라졌다 =〔云消雾散〕

【烟熏火燎】yānxūn huǒliáo 動組 연기로 그을리고 불로 태우다.

【烟蚜】yānyá 名〈蟲〉복숭아진딧물.

【烟叶(子)】yānyè(·zi) 名 담배잎. 잎담배.

【烟瘾】yānyǐn 名 담배 중독. 옛날, 아편 중독. ¶上～ | 담배〔아편〕중독이 되다. ¶把～戒掉 | 아편을〔담배를〕끊다. 금연하다.

【烟雨】yānyǔ 名 안개비. ¶～霏霏fēifēi | 안개비가 자욱하다.

【烟柱】yānzhù 名 연기 기둥 [불이 크게 날 때 치솟는 연기]

【烟嘴(儿)】yānzuǐ(r) 名 궐련 물부리. 담배 파이프. ¶象牙～ | 상아 파이프. ¶香烟～ | 담배 파이프 =〔烟嘴子〕→〔滤lǜ嘴〕

【烟嘴子】yānzuǐ·zi ⇒〔烟嘴(儿)〕

【恹(懨)〈懕〉】 yān 앓을 염 ⇒〔恹恹〕

【恹恹】yānyān 書 狀 지치다. 피로하다. ¶一路上我～欲睡 | 길에서 나는 지쳐서 잠이 왔다.

【殷】 yān ☞ 殷 yīn Ⓑ

【阏】 yān ☞ 阏 è Ⓑ

【菸】 yān yū 담배 연, 시들 어

Ⓐ yān「烟」과 같음 ⇒〔烟yān④〕
Ⓑ yū 書 形 시들다. ¶叶～邑而无色兮 | 잎이 시들어 색이 없도다《楚辭·九辨》

【湮〈歅〉】 yān ⓧ yīn) 빠질 인, 번질 인

Ⓐ yān 書 動 ❷ 매몰되다. 파묻다. 멸망하다. ¶～灭miè↓ ¶～没mò↓ ❷ 막다. 막히다.
Ⓑ yīn 動 ❷ 배다. 스미다. ¶伤口的血把绷带bēngdài都～透了 | 상처의 피가 붕대에까지 배어 나왔다. ❷ (잉크·먹 등이) 번지다. ¶那种纸写字容易～ | 그런 종이는 글을 쓰면 잘 번진다 ‖ ＝〔洇yīn〕

Ⓐ yān
【湮沦】 yānlún ⇒〔湮灭〕
【湮灭】 yānmiè 動 인멸하다. 멸망하다. 없애다. ¶各种古迹gǔjì由于战争zhànzhēng遭zāo到了～ | 각종 유적이 전쟁으로 인하여 없어졌다 ＝〔湮沦lún〕〔湮没mò①〕
【湮没】 yānmò ❶ ⇒〔湮灭miè〕 ❷ 動〈物〉소멸하다. ¶～光子 | 소멸 광자.
【湮没无闻】 yān mò wú wén 成 파묻혀 버려 이름도 알 수 없다. 파묻혀 알려지지 않다. ¶六朝遗事～ | 육조때의 역사는 잘 전해지지 않고 있다.

Ⓑ yīn
【湮湿】 yīnshī 動 축축하게 배다〔젖다〕 ¶～衣服 | 옷이 축축하게 젖었다.
【湮透】 yīntòu 動 스며들다. 배어들다. 푹 젖어들다. ¶衣服被雨水～了 | 옷이 비에 흠뻑 젖었다.

【焉】 yān 어찌언, 어조사 언

書 ❶ 副 여기에. 이보다. 그보다. ¶心不在～ | 마음이 딴 곳에 있다. ¶殆有甚～ | 이보다 더 심할 것이다.＝〔于是〕〔于此〕〔于之〕 ❷ 連 이에. 비로소. ¶必知疾jí之所自起, ～能攻之 | 병이 생기는 근본 원인을 알아야 비로소 치료할 있다(《墨子·兼愛》＝〔乃〕〔才〕 ❸ 代 어찌. 어떻게. ¶不入虎穴, ～得虎子? | 호랑이 굴에 들어가지 않고서, 어떻게 호랑이를 잡을 수 있겠는가? ¶～能如此? | 어찌 이와 같을 수 있겠는가? ❹ 代 어디. ¶子将～往? | 당신은 어디로 가려는가? ❺ 代 누구. ¶汝rǔ将～依yī | 당신은 장차 누구를 의지하려 하는가. ❻ 代 무엇. ¶吾复～求? | 내가 무엇을 더 바라겠는가? ❼ 尾 형용사나 부사의 뒤에 쓰여 상태를 나타냄. ¶少～ | 잠시 후에＝〔然〕 ❽ 助 문(句子)의 종지(終止)나 휴지(休止)를 나타내는 어기조사. ¶有厚望hòuwàng～ | 큰 희망이 있다. ¶又何虑hélǜ～ | 또 무엇을 걱정하랴＝〔也〕
【焉敢】 yāngǎn 動組 감히 …하겠는가. 감히 …할 수 없다.
【焉乌】 yānwū 動組 喩 비슷하여 분별하기 힘들다〔「焉」과「乌」는 모양이 비슷하기 때문에 나온 말〕 ¶～难弁nánbiàn | 서로 비슷해 구별하기 힘들다→〔鲁lǔ鱼之误〕

【嫣】 yān 아름다울 언, 연할 언

書 狀 ❶ 예쁘게 웃다. 방실방실 웃다→〔嫣然〕 ❷ 산뜻하다. 아름답다→〔嫣红〕
【嫣红】 yānhóng 書 名〈色〉고운 빨간빛.
【嫣然】 yānrán 書 狀 생긋 웃다. ¶～一笑 | 생글거리며 웃다.

【鄢】 Yān 땅이름 언

名 ❶〈史〉언〔주대(周代)의 나라 이름. 지금의 하남성(河南省) 언릉현(鄢陵縣) 서북쪽에 있었음〕 ❷〈地〉언수(鄢水)〔호북성(湖北省)에 있는 강이름〕 ❸ 성(姓)

【燕】 Yān ☞ 燕 yàn Ⓑ

yán ㄧㄢˊ

【闫(閆)】 Yán 성 염

名 성(姓)

2【延】 yán 끌 연, 미칠 연

❶ 動 연장하다. 늘이다. ¶～长↓ ¶绵mián～ | 길게 이어져 있다. ❷ 動 연기하다. 늦추다. 미루다. ¶假期jiàqī向后～了 | 휴가 기간을 연기하다. ¶遇雨顺～ | 비가 오면 순연한다. ❸ 書 動 부르다. 초빙하다. ¶～师 | 스승을 초빙하다→〔聘pìn①〕〔请qǐng②〕 ❹ (Yán) 名 성(姓)
[2]【延长】 yáncháng 動 늘이다. 연장하다. ¶会议～三天 | 회의를 3일간 연장하다. ¶把路线lùxiàn～一百二十公里 | 노선을 120미터 연장하다.
【延迟】 yánchí ❶ 動 연기하다. 늦추다. ¶公开展览的日期～了 | 공개 전람 일자를 연기했다＝〔推tuī迟〕 ❷ 動 끌다. 지연하다＝〔拖tuō延〕 ¶有病早来治,不要多～ | 아프면 빨리 와서 치료를 받아야지 질질 끌면 안된다. ❸ 名〈電算〉지연(delay)
【延宕】 yándàng 動 (기일을) 질질 끌다. 오래 걸리다. ¶～一些日子 | 며칠간 질질 끌다＝〔延挂〕〔宕延〕
【延搁】 yángē 動 (시간을) 질질 끌다. 지체하다. 지연시키다. 연기하다. ¶要及时办理,不得～! | 빨리 처리해야지 지연시키면 안된다. ¶～误时 | 지체하여 시간을 어기다→〔延宕〕
【延胡索】 yánhúsuǒ 名〈植〉연호삭. 현호삭＝〔玄xuán胡索〕〔元胡〕
[4]【延缓】 yánhuǎn 動 늦추다. 미루다. 연기하다. ¶～发展计划 | 발전계획을 연기하다. ¶这笔债务请您准我～三个月, 一定本息奉还 | 이 채무를 3개월간 연기하도록 해 주십시오. 꼭 원금과 이자를 함께 갚겠습니다.
【延会】 yánhuì 動 (정족수 미달이나 그 밖의 이유로) 회의를 연기하다. ¶看来又得～了 | 내가 보기에는 또 회의를 연기해야 되겠다.
【延年益寿】 yán nián yì shòu 成 연년 익수하다. 오래 살다. 장수하다. ¶吃了人参可以～ | 인삼을 먹으면 장수할 수 있다＝〔延年延寿〕〔延年驻颜〕〔益寿延年〕
【延聘】 yánpìn 動 초빙하다. 초대하다. ¶～一些专家来讲学 | 전문가들을 초빙하여 강의를 하다＝〔延订〕〔延请〕〔延致〕
[4]【延期】 yán/qī 動 연기하다. ¶～罚款fákuǎn | 연체료. ¶比赛因雨～ | 시합을 비 때문에 연기하다.
【延请】 yánqǐng ⇒〔延聘〕
【延烧】 yánshāo 動 연소하다. 불길이 번져 타나가

다. ¶大火～了草原 | 큰불이 초원에 번졌다.

4【延伸】yánshēn 動 ❶ 뻗다. 뻗어 나가다. ¶铁路已经～到穷乡僻壤qióngxiāngpìrǎng | 철길은 이미 벽지에까지 뻗어 나갔다 ＝〔延长cháng〕〔伸展shēnzhǎn〕 ❷ (의미가) 확대되다. 전의(轉義)되다. (의미를) 확대시키다. ¶意义得到了～ | 의미가 전의되었다. ¶～义 | 파생된 의미 ‖＝〔伸延〕

【延髓】yánsuǐ 名〈生理〉연수. 숨골.

【延误】yánwù 動 질질 끌어 시기를 놓치다. ¶～生产季节 | 오래 끌어 생산계절을 놓치다 ＝〔迟延耽误chíyándānwù〕

【延性】yánxìng 名〈物〉연성. ¶研究钢铁的～ | 강철의 연성을 연구하다.

4【延续】yánxù ❶ 名 연속. 연장. ❷ 動 계속하다. 연장하다. ¶这种情况qíngkuàng, 已经～多年了 | 이런 상황이 이미 여러해 계속되었다.

【延展】yánzhǎn 動 ❶ (금속 등을) 펴다. 연장하다. 늘이다. ¶公路一直～到海滩tān上 | 길을 해안까지 연장하다. ❷ 연기하다. ¶～付款kuǎn期限 | 납기일을 연기하다.

【延展性】yánzhǎnxìng 名〈物〉연성(延性)과 전성(展性). ¶金属jīnshǔ具有～ | 금속은 연성과 전성을 갖고 있다.

【埏】yán shān 땅가장자리 연, 이길 선

Ⓐ yán 書 名 ❶ 넓은 땅의 끝. 가장자리. ¶八～ | 팔방. ❷ 묘실 내에 만들어진 통로. ¶～隧↓

Ⓑ shān 書 動 흙을 물로 이기다.

Ⓐ yán

【埏隧】yánsuì 書 名 분묘의 갱도.

Ⓑ shān

【埏埴】shānzhí 書 動 도자기를 빚다.

【筵】yán 자리 연

名 ❶ 주석(酒席) 주연(酒宴) ¶喜～ | 축하연. ¶寿～ | 생일 잔치. ❷ 댓자리.

【筵席】yánxí 名 ❶ 자리. ¶铺～ | 자리를 펴다. ❷ 轉 술자리. 주연(酒筵) ¶大摆～ | 주연을 크게 열다.

【蜒】yán 그리마 연

❶ 名〈動〉그리마 ⇒〔蚰yóu蜒〕 ❷ 名〈動〉토와. 활유 ＝〔蜒蚰〕 ❸ (길이) 꼬불꼬불하다. ¶～～↓

【蜒蜒】yányán 狀 (길이) 꼬불꼬불하다.

【蜒蚰】yányóu 名 俗〈動〉활유. 토와. 괄태충 ＝〔蛞蝓kuòyú〕〔鼻涕虫bítìchóng〕

【芫】yán ☞ 芫 yuán Ⓑ

2【严(嚴)】yán 엄할 엄, 굳셀 엄

❶ 形 엄밀하다. 긴밀하다. 빈틈없다. 어법 정도부사의 수식을 받을 수 있으며 중첩하여 쓸 수 있음. ¶敌人守得很～, 白天没法通过 | 적이 아주 빈틈없이 지키고 있어서 낮에는 통과할 수 없다. ¶谨jǐn～ | 신중하고 엄밀하다. ¶把罐子guànzǐ盖gài～了 | 통에 뚜껑을 꼭 덮었다. ❷ 形 (입이) 무겁다. ¶她嘴很～ | 그녀는 입이 매우 무겁다. ❸ 形 엄하다. 엄격하다. ¶你对孩子也太～了 | 너는 아이에게 너무 엄하다. ¶部队纪律jìlǜ很～ | 부대규율이 매우 엄격하다. ¶从～处理chǔlǐ | 엄격하게 처리하다. ¶管guǎn得太～ | 너무 엄하게 통제하다. ❹ 形 심하다. 지독하다. ¶～加批驳pībó | 호되게 논박을 가하다. ❺ 名 轉 (나의) 아버지. ¶家～ | 나의 아버지 →〔慈cí③〕 ❻ 名 簡 계엄. 경비. ¶戒jiè～ | 계엄. ¶解jiě～ | 계엄령 해제. ❼ (Yán) 名 성(姓)

【严办】yánbàn 動 ❶ 엄중히 처리하다. ❷ 엄벌에 처하다. ¶触犯法律的, 不论贵族,平民一律～ | 범법자는 귀족·평민을 불문하고 똑같이 엄벌에 처한다.

【严查】yánchá 動 엄중히 취조하다. ¶～过往行人 | 지나가는 행인을 엄중히 취조하다. ¶～法办 | 엄중히 취조하여 법에 따라 처벌하다.

【严惩】yánchéng 動 엄중히 처벌하다. 엄벌에 처하다. ¶～不贷 | 成 가차없이 엄벌에 처하다. ¶要求～凶手 | 흉악범을 엄중히 처벌하기를 요구하다.

【严饬】yánchì 動 엄하게 타이르다. 엄하게 명령하다. ¶治家～ | 집안을 신중하고 엄밀하게 다스리다. ¶～部下 | 부하에게 엄명하다.

【严词】yáncí 名 엄한 말. 심한 말. 과격한 말. ¶他～拒绝贿赂huìlù | 그는 엄한 말로 뇌물을 거절했다. ¶～责问 | 엄한 말로 추궁하다.

【严冬】yándōng 名 엄동. ¶～腊月làyuè | 몹시 추운 섣달. ¶～即将过去 | 겨울이 곧 지나간다. ¶送走了一个～, 必将迎来一个美丽měilì的春天 | 한겨울을 보내면 반드시 아름다운 봄을 맞이하게 된다.

【严防】yánfáng 動 엄중히 방지하다. 엄중히 막다. 엄밀히 방비하다. ¶～偷税tōushuì漏税lòushuì | 탈세·부정 신고 등을 엄중히 방지하다. ¶～布署bùshǔ | 엄중히 배치하여 방비하다.

【严父】yánfù 名 敬 엄부. 엄격한 아버지 [아버지에 대한 존칭] ¶～慈母címǔ | 엄부 자모. 부모.

2【严格】yángé ❶ 形 엄격하다. 엄하다. 어법 술어로 쓰이며 보어를 동반할 수 있음. 부사어,관형어로 쓰이며 정도부사의 수식을 받을 수 있음. ¶他对工作是～的 | 그는 일에 대해서는 아주 엄격하다. ¶对待duìdài自己更应该yīnggāi～一些 | 자기 자신을 대할 때는 더욱 엄격해야한다. ¶～进行餐具消毒cānjùxiāodú | 식기소독을 엄격하게 하다. ¶～遵守zūnshǒu | 엄격하게 지키다. ¶～说起来 | 엄격히 말하자면. ¶受过～的训练 | 엄격한 훈련을 받았다. ¶他是个极～的人 | 그는 아주 엄격한 사람이다. ❷ 動 엄격히 하다. 엄하게 하다. ¶～入党手续rùdǎngshǒuxù | 입당수속을 엄격히 하다. ¶～生产责任制 | 생산책임제를 엄격히 하다. ¶～训练xùnliàn | 훈련을 엄격히 하다 ‖→〔马虎mǎhu〕

4【严寒】yánhán 書 ❶ 名 혹한. 엄동설한. 어법「冒mào」「顶dǐng」「畏wèi」등과 같은 단음절 동사의 목적어로 쓰임. ¶不怕pà～ | 엄동설한을 겁내지 않다. ¶我冒mào了～, 回到久别的故乡 | 나는 혹한을 무릅쓰고 오랫동안 떠나 있었던 고향으로 돌아갔다. ❷ 形 추위가 심하다. 몹시 춥다.

어법 정도부사의 수식을 받지 못함. 술어나 관형어로 쓰임. ¶这里，～的冬天特别长 | 이곳은 몹시 추운 겨울이 특히 길다. ¶天气～ | 날씨가 몹시 춥다.

【严缉】yánjī 動 엄중히 체포하다. ¶～逃犯táofàn | 도주범을 엄중히 체포하다.

【严加】yánjiā 動 (어떤 대상에 대해) 엄하게 …을 가하다. 엄하게 …하다. ¶～管束guǎnshù | 엄하게 통제 단속하다. ¶～处罚chǔfá | 엄중히 처벌하다. ¶～控制kòngzhì | 엄중하게 규제하다.

【严紧】yán·jǐn 形 ❶ (꽉 끼어) 빈틈이 없다. ¶门关得～ | 문이 꽉 닫혀 있다. ❷ 엄밀하여 느슨함이 없다. ¶封锁fēngsuǒ得～ | 빈틈없이 봉쇄하다.

【严谨】yánjǐn 形 ❶ 엄격하다. 엄밀하다.신중하다. 어법 술어로 쓰이며 관형어로 쓰이기도 함. ¶他为人～ | 그는 엄밀하고 신중하다. ¶说话很～ | 말하는 것이 아주 신중하다. ¶办事bànshì～ | 일을 신중하게 처리하다. ¶～的治学态度zhìxuétàidù | 엄격한 학문의 태도. ❷ 완전하다. 빈틈없다. ¶文章结构jiégòu～ | 문장의 구성이 빈틈없다.

3【严禁】yánjìn 動 엄금하다. ¶闲杂人等,～入内 | 관계자외에는 출입을 엄금합니다. ¶～烟火yānhuǒ | 화기 엄금.

4【严峻】yánjùn 形 ❶ 준엄하다. 위엄이 있다. 엄숙하다. 숙연하다. ¶他的脸色liǎnsè非常～ | 그의 얼굴 빛이 아주 엄숙하다. ¶上校很～地看着大家 | 대령은 아주 엄숙하게 그들을 바라보고 있다. ¶～的目光 | 준엄한 눈빛. ¶～的态度tàidù | 엄숙한 태도. ❷ 가혹하다. 모질다. ¶经历jīnglì了～的考验kǎoyàn | 가혹한 시련을 겪었다. ¶～的现实xiànshí | 냉엄한 현실.

【严酷】yánkù 形 어법 술어로 쓰이기도 하며 관형어나 부사어로 쓰이기도 함. ❶ 엄혹하다. 엄격하다. 빠저리다. ¶～的教训jiàoxùn | 빠저린 교훈. ❷ 냉혹하다. 잔혹하다. 가혹하다. ¶我们面对的现实太～了 | 우리가 처한 현실은 너무 냉혹했다. ¶现实是～的 | 현실은 냉혹한 것이다. ¶不要这样～地对待他们 | 그들을 너무 이렇게 잔혹하게 대하지 마라. ¶～的剥削bōxuē | 잔혹한 착취. ❸ 書 험악하다.

3【严厉】yánlì 形 호되다. 준엄하다. 매섭다. 어법 술어나 관형어(定語), 부사어(狀語)로 쓰임. ¶他的表情十分～ | 그의 표정은 아주 매섭다. ¶态度十分～ | 태도가 아주 매섭다. ¶舆论yúlùn的～谴责qiǎnzé | 여론의 준엄한 규탄. ¶～地批评pīpíng了他一顿dùn | 그를 호되게 한바탕 비평했다.

【严令】yánlìng 動 엄하게 명령하다. ¶～缉jī拿归案 | 체포하여 사건을 해결할 것을 엄명하다.

3【严密】yánmì 形 ❶ (사물의 결합·구성이) 빈틈없다. 치밀하다. 어법 정도부사의 수식을 받을 수 있으며 AABB식으로 중첩하여 쓸 수 있음. 술어나 보어, 관형어로 쓰일 수 있음. ¶这篇论文结构jiégòu十分～ | 이 소설의 구성은 매우 치밀하다. ¶瓶口封得挺tǐng～ | 병을 꼭 닫다. ¶～体系tǐxì | 엄밀한 체계. ❷ 엄밀하다. 엄격하다. 주도면밀하다. 치밀하다. 어법 술어나 보어, 관형어(定語), 부사어(狀語)로 쓰임. ¶～监视着敌人的一切行动 | 적의 모든 행동을 치밀하게 감시하다. ¶～封锁线fēngsuǒxiàn | 빈틈없는 봉쇄선. ¶防守fángshǒu得非常～ | 아주 빈틈없이 지키다. ¶消毒xiāodú一定要～ | 소독은 반드시 엄격해야한다.

【严明】yánmíng 形 엄명하다. 엄격하고 공정하다. ¶纪律jìlǜ～ | 규율이 엄격하고 공정하다.

【严实】yán·shi 形 方 ❶ 긴밀하다. 엄밀하다. 빈틈없다. ¶门关得挺tǐng～ | 문이 빈틈없이 꼭 닫혀 있다. ❷ 잘 숨겨져 있어 찾기 어렵다. 잘 위장되다. ¶把古董gǔdǒng藏cáng～了 | 골동품을 찾기 어렵게 잘 숨겨놓다. ❸ (일솜씨가) 야무지다. 빈틈없다. ¶～合缝féng | 成 (계획·생각 등이) 치밀하다. 빈틈없다.

【严守】yánshǒu 動 ❶ 엄수하다. ¶～时间 | 시간을 엄수하다. ❷ 엄밀하게 지키다. ¶～国家机密jīmì | 국가의 기밀을 엄격하게 지키다.

【严丝合缝】yánsī héfèng 狀組 (사이가 밀접하여 조금도) 빈틈이 없다. ¶两只眼闭得～ | 두 눈을 꼭 감았다.

2【严肃】yánsù 形 ❶ 엄숙하다. 어법 정도부사의 수식을 받을 수 있으며 술어나 관형어, 부사어로 쓰임. ¶会场的气氛qìfēn很～ | 회의장의 분위기가 아주 엄숙하다. ¶他是个很～的人 | 그는 아주 엄숙한 사람이다. ¶～地宣布xuānbù了安全纪律ānquánjìlǜ | 안전규율을 엄숙하게 선포했다. ¶他说得挺～ | 그는 아주 엄숙하게 말을 했다. ❷ 진지하다. 허술한 데가 없다. 어법 정도부사의 수식을 받을 수 있으며 술어나 관형어, 부사어로 쓰임. ¶工作时要～ | 일을 할 때는 진지해야 한다. ¶他做什么事都～得很 | 그는 무슨 일을 하든지 아주 진지하다. ¶缺少quēshǎo了点～认真rènzhēn的态度 | 엄숙하고 진지한 태도가 좀 부족했다. ¶～处理chǔlǐ了这件事 | 빈틈없이 이 일을 처리했다.

【严刑】yánxíng 名 엄형. ¶～拷打kǎodǎ＝〔严刑拷究〕| 모진 고문.

【严严(儿)的】yányán(r)·de 狀 엄밀하다. 엄중하다. 빈틈없다. ¶把罐子guànzǐ封得～ | 깡통을 단단히 봉하다. ¶这事非～办不可 | 이 일은 엄중히 처리하지 않으면 안된다.

【严于】yányú 書 動 (…에) 엄격하다. 엄하다. ¶～律己lǜjǐ | 스스로를 엄하게 다스리다.

【严阵以待】yán zhèn yǐ dài 成 진지(陣地)를 확고히 정비하고 적을 기다리다. ¶战士们～，随时suíshí准备打击dǎjī来犯之敌 | 전사들은 진지를 확고히 정비하고 적을 기다리면서 침범해오는 적을 수시로 격퇴할 준비가 되어있다.

【严整】yánzhěng 形 매우 정연하다. ¶这篇文章很～，没有增删zēngshān的余地 | 이 문장은 매우 정연하여 증감할 여지가 없다.

【严正】yánzhèng 形 ❶ 엄정하다. ¶态度tàidù很～ | 태도가 아주 엄정하다. ¶～的立场 | 엄정한 입장. ¶～不阿ē | 엄정하여 아첨하지 않다. ❷ 매우 엄하다. 혹독하다. 신랄하다. ¶～指责zhǐzé | 신랄하게 지적하여 꾸짖다. ¶～警告jǐnggào | 매우 엄하게 경고하다.

²【严重】yánzhòng 形 중대하다. 심각하다. 엄중하다. 어법 술어나 관형어(定語),부사어(狀語),보어로 쓰임. ¶国际局势júshì日趋rìqū～ | 국제 정세가 나날이 심각해져 가다. ¶病情bìngqíng～ | 병세가 위독하다. ¶犯fàn了～错误cuòwù | 심각한 잘못을 범했다. ¶～违反wéifǎn交通规则 | 교통규칙을 크게 위반하다. ¶他说得太～了 | 그는 너무 심각하게 말을 했다.

1【言】yán 말씀 언, 어조사 언 ❶ 名 말. 언어. ¶格～ | 격언. ¶一～为定 | 한마디로 결정하다. ❷ 名 한자(漢字)의 한 음절〔글자〕 ¶七～绝句 | 칠언절구. ❸ 名 한자 부수의 말씀언(言)변. ❹ 書 動 말하다. 이야기하다. ¶畅所欲chàngsuǒyù～ | 威 말하고 싶은 바를 다 털어놓다. ¶知无不～ | 알고 있는 것은 모두 이야기하다. ❺ 書 助 이에. 다시 [어기(語氣)조사] ¶～归于好↓ ❻ (Yán) 名 성(姓)

【言必信, 行必果】yán bì xìn, xíng bì guǒ 威 말은 신용이 있어야 하고, 행동은 반드시 실천하여 결과를 얻어야 한다. ¶大丈夫～,～ | 사내 대장부는 말에는 신용이 있어야 하고 행동에 있어서는 반드시 실천이 따라야 한다.

【言必有中】yán bì yǒu zhòng 威 말하기만 하면 반드시 이치에 들어 맞는다. ¶提倡tíchàng～, 反对言之无物 | 이치에 맞는 말을 제창하고 내용 없는 말을 반대한다.

【言不及义】yán bù jí yì 威 말이 이치에 닿지 않다. 쓸데없는 잡소리만 하다. 허튼 소리뿐이다. ¶他说了半天还是～ | 그는 한참을 얘기했지만 여전히 쓸데없는 소리뿐이다.

【言不尽意】yán bù jìn yì 威 札 마음의 뜻을 말로 다 나타내지 못하다. 의사를 다 표현하지 못하다 [주로 편지의 끝에 쓰임] ¶～,聚首再叙 | 제 뜻을 다 표현해 낼 수 없어 찾아 뵙고 다시 설명드리겠습니다.

【言不由衷】yán bù yóu zhōng 威 말이 진심에서 우러나오지 않다. 건성으로 말하다. ¶他～地应付了几句 | 그는 건성으로 몇 마디 대답했다.

【言出法随】yán chū fǎ suí 威 법령〔명령〕이 공포되면 그대로 따라야 한다. 선포한 뒤에 곧 법에 따라 집행하다.

【言传】yánchuán 動 ❶ 말로 전하다. ¶可以意会yìhuì, 不可～ | 마음속으로 알고 있지만, 말로 전할 수는 없다＝〔口传①〕→〔意yì会〕 ❷ 方 말하다.

【言传身教】yán chuán shēn jiào 威 말과 행동으로 가르치다. 모범을 보이다＝〔言传身带〕→〔以身作则yǐshēnzuòzé〕

【言词】yáncí 名 언사. ¶～恳切kěnqiè | 언사가 간절하다＝〔言辞cí〕

【言辞】yáncí ⇒〔言词〕

【言多语失】yán duō yǔ shī 威 말이 많으면 실수도 많다. 말이 많으면 쓸 말이 적다＝〔言多必失〕

【言而无信】yán ér wú xìn 威 말에 신용이 없다. ¶现在很多人～ | 요즈음 대다수의 사람들은 말에 신용이 없다.

【言归于好】yán guī yú hǎo 威 다시 사이가 좋아지다. 화해하다. ¶他俩最后～ | 그들 둘은 마지막에 가서는 화해했다.

【言归正传】yán guī zhèng zhuàn 威 이야기가 본론으로 들어가다 [「评话」(평화)나 구소설 등에 쓰이는 상투어임]

【言过其实】yán guò qí shí 威 사실보다 과장해서 말하다. ¶你别～了 | 과장해서 얘기하지 마라.

【言和】yánhé 書 動 화해하다. 강화(講和)하다. ¶握手～ | 악수하고 화해하다.

【言欢】yánhuān 書 動 즐겁게 이야기하다. ¶握手～ | 손을 잡고 즐겁게 이야기하다.

【言简意赅】yán jiǎn yì gāi 威 말은 간결하나 뜻은 완벽하다. 요점을 얻다. ¶这篇文章～ | 이 문장은 간결하지만 필요한 내용은 다 담고 있다＝〔意简言赅〕

【言教】yánjiào 動 말로 가르치다. ¶～不如身教 | 말로 가르치는 것은, 행동으로 모범을 보여 가르치는 것만 못하다.

【言近旨远】yán jìn zhǐ yuǎn 威 말은 비근(卑近)하지만 뜻은 깊다＝〔言近指远〕

【言路】yánlù 書 名 언로. 정부에 대해 진언(進言)할 수 있는 길. ¶广开～ | 언로를 널리 열다.

【言论】yánlùn 名 언론. ¶强调qiángdiào～自由 | 언론자유를 강조하다. ¶压迫yāpò～ | 언론을 압박하다.

【言情】yánqíng 書 動 애정에 대하여 말하다. 애정을 묘사하다. ¶～小说＝〔爱情小说〕| 연애 소설.

【言人人殊】yán rén rén shū 威 말이 사람에 따라 다르다. 서로 의견이 다르다.

【言如其人】yán rú qí rén 威 그 사람에 그 말이다. 말은 그 사람을 나타낸다.

【言声】yánshēng 動 목소리를 내다. 말하다 어법 본래 「言一声」으로 쓰던 것이 줄어든 것으로 보통 부정문에서 쓰임. ¶他不～嘛! | 그는 잠자코만 있더라!

【言谈】yántán 名 언담. 말. 말씨. ¶～举止, 非常潇洒xiāosǎ | 말과 행동이 매우 세련되어 있다.

【言听计从】yán tīng jì cóng 威 어떤 말이나 계획도 모두 듣고 받아들이다. (어떤 사람을) 매우 신임하다.

【言外之意】yán wài zhī yì 威 말에 숨은 뜻. 암시하는 말. ¶他的～是我不如他勇敢yǒnggǎn | 그가 암시하는 말은 내가 그보다 용감하지 못하다는 뜻이다＝〔言下之意〕

【言为心声】yán wéi xīn shēng 威 말은 마음의 소리이다. ¶～, 他的话中透露出他对妻子已毫无感情 | 말은 마음의 소리라고 그가 하는 말 속에는 그가 아내에게 이미 아무런 감정이 없다는 것을 드러내고 있다.

【言无不尽】yán wú bù jìn 威 남김없이 모두 말해 버리다.

【言下之意】yán xià zhī yì ⇒〔言外之意〕

【言行】yánxíng 名 언행. 말과 행동. ¶～一致 | 언행 일치. ¶～不一＝〔说一套做一套〕| 언행 상반.

【言犹在耳】yán yóu zài ěr 威 말이 아직도 귀에 쟁쟁하다. ¶导师的教诲～ | 선생님(지도교수

님)의 가르침이 아직도 귀에 쟁쟁하다.

4【言语】ⓐ yányǔ 名 ❶ 말. 언어. ¶～和文字 | 언어와 문자. ❷ 外〈言〉빠롤(parole). 부려쓴 말. 발화(發話)→〔语yǔ言〕

ⓑ yán·yu 動 方 말하다. 소리치다. 부르다. 대답하다. 어법 목적어를 취하지 않으며, 북경음으로는 「yuán·yi」라고도 발음한다. ¶你怎么不～? | 너 어째서 대답을 하지 않느냐?→〔语言〕〔说①〕

【言责】yánzé 名 ❶ 옛날, 군주에게 신하가 진언(進言)하는 책임. ❷ 말에 대한 책임. ¶人们都要负～ | 사람들은 말에 대한 책임을 져야 한다.

【言者无罪, 闻者足戒】yán zhě wú zuì, wén zhě zú jiè 威 말하는 사람에게는 죄가 없고, 듣는 사람은 경계로 삼을 만하다. ¶大家可以随便提意见,～,～嘛 | 말하는 사람은 죄가 없고 듣는 사람은 경계로 삼는 법이니 여러분은 편하게 의견을 제시하셔도 괜찮습니다.

【言之成理】yán zhī chéng lǐ 威 말에 일리가 있다. ¶这篇文章～ | 이 글은 이치에 맞다.

【言之无文, 行而不远】yán zhī wú wén, xíng ér bù yuǎn 威 말이나 글이 꾸밈이 없으면 널리 알려지지 않는다.

【言之无物】yán zhī wú wù 威 말이나 글이 내용이 없다. ¶他的文章～ | 그의 글은 별 내용이 없다.

【言之有理】yán zhī yǒu lǐ 威 말에 일리가 있다.

【言之有物】yán zhī yǒu wù 威 말에 근거가 있고 내용이 충실하다.

【言中无物】yán zhōng wú wù 威 말에 내용이 없고 공허하다.

【言重】yánzhòng 動 ❶ 말이 매우 정중〔신중〕하다. ¶老兄～, 我实在不敢当 | 정중하신 말씀에 참으로 몸둘 바를 모르겠습니다. ❷ 謙 말이 과분하다〔칭찬받았을 때 하는 겸손의 말〕

【言字旁】yánzìpáng 名 (한자 부수의) 말씀 언(言)변.

【妍】 yán 고울 연, 갈 연

書 形 곱다. 예쁘다. ¶不办～媸chī | 威 아름다움과 추함을 구분하지 못하다 ⇔〔媸chī〕

【妍丽】yánlì 形 아름답다. 화려하다. ¶百花～ | 온갖 꽃이 화려하다 =〔妍美〕

【妍美】yánměi ⇒〔妍丽〕

1【研〈揅〉】 yán yàn 갈 연, 궁구할 연, 벼루 연

Ⓐ yán 動 ❶ 갈다. ¶～成粉末 | 갈아서 가루로 만들다. ❷ 연구하다. 탐구하다. ¶钻zuān～ | 학문을 깊이 연구하다.

Ⓑ yàn 「砚yàn」과 통용 ⇒〔砚〕

1【研究】yánjiū ㊀ yánjiù) ❶ 名 연구. ¶～课题kètí | 연구과제. ¶～工作gōngzuò | 연구활동. ❷ 動 연구하다. 어법 술어로 쓰이며 목적어나 보어를 동반하기도 함. ¶～现代汉语语法 | 현대한어 어법을 연구하다. ¶～了近20年 | 근 20년간 연구했다. ¶我们还是照常zhàocháng～下去吧 | 예전에 하던 대로 계속 연구해 나갑시다. ❸ 名 논의. 고려. 검토. ❹ 動 상의하다. 논의하다. 검토하다. 고려하다 어법 술어로 쓰이며 목적어나 보어를 동반함. 중첩식은 ABAB식임. ¶今天的会议, 只～三个重要问题 | 오늘 회의는 단지 세가지 중요 문제만을 상의하기로 한다. ¶这事今天～不成了 | 이 일은 오늘 다 검토해낼 수 없다. ¶～了半天, 却毫háo无结果jiéguǒ | 한참 동안 상의를 했지만 결과가 전혀 없다. ¶～过好几次了 | 여러 차례 검토했다. ¶这个方案还要～～ | 이 방안은 더 검토해 보아야 한다.

3【研究生】yánjiūshēng 名 대학원생. 연구생. ¶～会 | 대학원 학생회

2【研究所】yánjiūsuǒ 名 ❶ 연구소. ❷ 대학원〔주로 대만(臺灣)에서 쓰임〕¶他想考～ | 그는 대학원 시험을 볼 생각이다.

【研究员】yánjiūyuán 名 연구원〔연구 기관의 고급 연구 인원〕

【研磨】yánmó 動 ❶ 갈다. ¶把药物yàowù放在乳钵rǔbō里～ | 약을 유발에 넣어 갈다. ❷ 갈고 닦다. 연마하다. ¶～工具 | 연마공구. ¶～机 | 연마기. ¶～轮lún | 연마륜.

【研讨】yántǎo 動 연구 토론하다. 검토하다. ¶～一下再回答 | 검토해본 후 다시 회답을 드리겠습니다. ¶～技术问题 | 기술적인 문제를 검토하다.

【研讨会】yántǎohuì 名 연구 토론회. ¶召开zhàokāi音韵学～ | 음운학 연구토론회를 개최하다.

【研习】yánxí 動 깊이 연구하다. ¶这个问题我得回去～～ | 이 문제는 돌아가서 깊이 연구해야겠다.

3【研制】yánzhì 動 ❶ 연구 제작하다. 연구 제조하다. ¶～各种新型xīnxíng飞机 | 각종 신형 비행기를 개발하다. ❷〈漢醫〉빻아서 가루약을 만들다. 약을 빻다.

【阽】 yán ☞ 阽 diàn

3【岩〈巖嵒嵓〉】 yán 바위 암

❶ 名 바위. 암석. ¶花岗～ | 화강암→〔石shí〕❷ 名 (바위가 돌출하여 이루어진) 높은 산. ¶七星～ |〈地〉칠성암〔광서(廣西)에 있음〕❸ 名 암혈(岩穴) 산의 동굴. ❹ 높고 험하다. ¶～墙qiáng↓ ¶～～↓ ❺ (Yán) 名 성(姓)

【岩壁】yánbì 名 암벽. ¶～陡峭dǒuqiào | 암벽이 가파르다.

【岩层】yáncéng 名〈地質〉암층.

【岩洞】yándòng 名 바위 굴. ¶～中有一些石器 | 바위굴 속에 석기가 있다=〔岩穴〕

【岩浆】yánjiāng 名〈地質〉마그마(māgma) ¶～活动 | 마그마 활동

【岩浆岩】yánjiāngyán ⇒〔火huǒ成岩〕

【岩墙】yánqiáng 書 名 높고 험한 담. ¶～之下 | 높고 험한 담 밑. 喻 위험한 곳.

【岩溶】yánróng 名〈地質〉카르스트(karst;독) =〔外 喀斯特kāsītè①〕

3【岩石】yánshí 名 암석. ¶在河边～上坐下 | 강가의 바위 위에 앉다. ¶～学 | 암석학. ¶～力学 | 암석 역학. ¶～圈 | 암석권→〔石头①〕

【岩心】yánxīn 名〈地質〉코어(core)〔지질 조사시에 시추기를 사용하여 지층 속에서 채취한 원통형의 암석 표본〕=〔岩芯〕

【岩岩】yányán 貺 높고 험하다. 험준하다. 높이 쌓

여있다. 매우 우뚝하게 높다.

【岩盐】yányán 名〈鑛〉암염. 돌소금 =〔矿kuàng盐〕〔石盐〕

【岩羊】yányáng 名〈動〉산양(山羊)의 한가지 =〔石shí羊〕

2【沿】yán yàn 좇을 연

Ⓐ yán ❶ 動 (길·물체의 가장자리 등을) 따라 이어지다. 끼다. ¶ ～海↓ ❷ 動 (옷·이불 등에) 가선을 두르다. 어법 술어로 쓰이며 목적어나 보어를 동반할 수 있음. ¶ ～花边儿huābiānr | 레이스를 달다. ¶ 衣服上的边儿～得又整齐zhěngqí又漂亮piào·liang | 옷의 테두리에 단정하고도 예쁘게 가선을 둘렀다. ❸ 動 답습하다. 따르다. ¶ 相～成习chéngxí | 전해져 내려가는 사이에 습관이 되다. ❹ 介 …를 따라서 어법 ⓐ 주로「沿着」의 형태로 쓰이며, 특히 긴 명사구나 추상적 의미를 지닌 말 앞에서는 반드시「沿着」로 써야 함. ¶ ～河边走 | 강변을 따라 걷다. ¶ ～着社会主义大道阔步kuòbù前进 | 사회주의 대도를 따라 큰 걸음으로 나아가다. ¶ 居民们～河边栽zāi了柳树liǔshù | 주민들은 강변을 따라 버드나무를 심었다. ¶ 走～河边的小路 | 강변을 따라 나 있는 작은 길을 걷다. ¶ ～路有不少商店 | 길을 따라서 많은 상점들이 있다 ⓑ「顺shùn」도「沿」과 같은 의미로 쓰이나,「顺」은 추상적 의미를 지닌 말 앞에서는 쓰이지 않음. ¶ 顺着社会主意的革命路线(×) ¶ 沿着社会主意的革命路线 | 사회주의 혁명 노선을 따라서 →〔顺shùn①〕 ❺ (～儿) 名 가장자리. 가. ¶ 边～ | 가장자리. ¶ 炕kàng～ | 온돌 가장자리. ¶ 帽mào～ | 모자 챙.

Ⓑ yàn (～儿) 名 물가. ¶ 河～ | 강변. ¶ 井～ | 우물가.

4【沿岸】yán'àn ❶ 名 연안. 강·호수·바닷가에 연한 지방. ¶ 洞庭湖～ | 동정호 연안. ¶ 地中海～国家 | 지중해 연안 국가 →〔沿海〕 ❷ (yán/àn) 動 물가를 따라가다. ¶ 沿着岸走 | 물가를 따라 걷다.

【沿边】yánbiān 名 ❶ 연변. 국경·강·도로 등을 끼고 있는 지역. ¶ ～不靖jìng | 국경이 불안하다. ❷ 가. 테두리.

【沿边儿】yán biānr ❶ 테두리를 두르다. 가선을 대다. 레이스를 대다. ¶ 在旗袍qípáo上沿一道边儿 |「旗袍」(원피스 모양의 중국 전통복)에 가선을 두르다. ❷ (yánbiānr) 名 가선. 테두리. 레이스. ¶ ～旧了, 换一道边儿 | 가선이 낡았으니 갈아 넣어라. ❸ (옷·이불 등의) 가선을 꿰매다. 가장자리를 꿰매다 ‖ =〔延yán边儿〕

【沿波讨源】yán bō tǎo yuán 成 물길을 따라 원류를 찾다. ❶ (글을 쓸 때) 단계적으로 주제를 밝혀 나가다. ❷ 어떤 단서로부터 차근차근 철저히 근원을 캐나가다.

【沿道(儿)】yándào(r) ❶ 名 연도. ❷ (yán dào(r)) 길을 따르다. ¶ ～站 | 길을 따라 늘어서다. ‖ =〔沿路(儿)〕〔沿途〕

【沿革】yángé 名 연혁. 변화 발전의 과정. ¶ 探寻社会风俗的～ | 사회풍속의 변화 발전과정을 탐구하다. ¶ 历史～地图 | 역사 연혁 지도 =〔因yīn革〕

3【沿海】yánhǎi ❶ 名 연해. 바닷가 근처 지방. ¶ ～城市chéngshì | 연해 도시. ¶ ～岛屿dǎoyǔ | 연해 도서. ¶ ～地区 | 연해 지구. ¶ ～国家 | 연해 국가. ¶ ～贸易màoyì | 연해 무역 →〔沿岸àn①〕 ❷ (yán hǎi) 바다에 연하다.

【沿河】yánhé ❶ 名 강가에 있는 땅. ❷ (yán hé) 강에 연하다.

【沿江】yánjiāng ❶ 名 강가에 있는 땅. ❷ (yán jiāng) 강에 연하다.

【沿阶草】yánjiēcǎo 名〈植〉실겨우살이풀. 소엽맥문동 =〔俗 绣墩草xiùdūncǎo〕〔方 蒲草púcǎo②〕

【沿街】yánjiē ❶ 名 길가. 도로변. 거리 주변. ❷ (yán jiē) 거리를 따라가다. ¶ ～走 | 거리를 따라 걷다. ¶ ～乞讨 | 길을 따라 다니며 구걸하다. ¶ ～叫卖 | 이 거리 저 거리를 다니며 (물건을) 사라고 외치다.

【沿路(儿)】yánlù(r) ❶ 名 연로. ¶ ～站满了欢迎的群众qúnzhòng | 연도에는 환영하는 군중이 빽빽이 서 있었다. ❷ (yán lù(r)) 길을 따르다 ‖ =〔沿道dào(儿)〕〔沿途tú〕

【沿条儿】yántiáor 名 바이어스 테이프(bias tape) 테두리를 두르는 데 쓰는 가늘고 긴 천.

4【沿途】yántú ⇒〔沿道(儿)〕

【沿习】yánxí 動 구습을 좇다. 옛 습관을 따르다. ¶ ～旧俗jiùsú | 구습을 좇다.

【沿袭】yánxí 動 답습하다. 전례를 좇다. ¶ 历代～下来的风俗 | 역대로 답습해온 풍속. ¶ ～旧例jiùlì | 구례를 따르다.

【沿线】yánxiàn 名 연선. 선로를 따라 있는 땅. ¶ 铁路～的村镇 | 철도를 따라 이어져 있는 마을.

【沿用】yányòng 動 (낡은 방법·제도·법령 등을) 그대로 사용하다. 계속하여 사용하다. ¶ ～旧制jiùzhì | 옛날 제도를 계속 사용하다. ¶ ～原来的名称míngchēng | 원래의 명칭을 그대로 사용하다.

【沿着】yán·zhe 動 …을 따라서. …을 끼고. 어법 전치사구(介賓詞組)를 형성하여「走」「跑」「前进」등과 같은 동사의 부사어가 됨. ¶ 你～这条小路走到头就是她的家 | 이 길을 따라 끝까지 가면 바로 그녀의 집입니다. ¶ ～田埂tiángěng种zhòng了许多黄豆huángdòu | 논두렁을 따라 콩을 심었다. ¶ ～一定的方针fāngzhēn做 | 일정한 방침에 따라 행하다.

【铅】yán ☞ 铅 qiān Ⓑ

4【炎】yán 탈 염, 더울 염

❶ 무덥다. 뜨겁다. ¶ ～热rè↓ ¶ ～夏xià↓ ❷ 화염이 너울거리다. ¶ ～～↓ ❸ 名〈醫〉염증(炎症) ¶ 发～ | 염증을 일으키다. ¶ 肝gān～ | 간염. ❹ 名 화염. 불꽃. ❺ (Yán) 名 簡 염제(炎帝)

【炎黄子孙】Yán Huáng zǐsūn 名組 염제(炎帝)·황제(黃帝)의 자손. 한민족(漢民族) 중국인. ¶ 我们都是～ | 우리는 모두 중국인이다.

【炎凉】yánliáng 名 염량. ❶ 더위와 서늘함. ❷ 喩 (대하는 사람의 처지에 따라 달라지는 태도의) 열렬함과 냉담함. ¶ 世态shìtài～ | 成 세태 염량.

세정(世情)의 변천.

4【炎热】yánrè ❶ 名 무더위. ¶～难当nándāng | 몹시 더워서 견디기 힘들다. ¶夏日的～ | 여름의 무더위 ❷ 形 찌는듯하다. (날씨가) 무덥다. 어법 술어로 쓰이며 보어를 동반할 수 있음. ¶今年夏天特别～ | 올 해 여름은 특히 무덥다. ¶天气～得令人难受 | 날씨가 견디기 힘들도록 무덥다. ¶～得很 | 몹시 무덥다. ¶我最怕～的夏天 | 나는 무더운 여름을 제일 두려워한다.

【炎暑】yánshǔ 名 염서. 무더운 여름날. ¶～蒸人 | 염서가 사람을 찌다.

【炎夏】yánxià 書 名 염하. 무더운 여름. 한여름.

【炎炎】yányán 貺 염염하다. (무더위가) 찌는 듯하다. (불꽃·태양 등이) 이글거리다. ¶～的烈火 | 이글거리는 불꽃. ¶赤日～ | 뙤약볕이 뜨겁다.

【炎症】yánzhèng 名〈醫〉염증. ¶他得dé了～ | 그는 염증에 걸렸다.

2【盐(鹽)〈塩〉】yán 소금 염 名 ❶ 소금. ¶一颗kē～ | 소금 한 알. ¶放fàng些～ | 소금을 조금 넣다. ¶大～ | 왕소금. ❷〈化〉염. ¶酸式suānshì～ | 산성염. ¶碱式jiǎnshì～ | 염기성 염→〔氯化钠lǜhuànà〕

【盐巴】yánbā 名 方 소금.

【盐场】yánchǎng ⇒〔盐厂chǎng〕

【盐厂】yánchǎng 名 ❶ 소금 저장소. ❷ 제염소 ‖ =〔盐场chǎng〕

【盐池】yánchí 名 (소금이 나는) 함수호. 짠물 호수 =〔盐滩tān①〕→〔盐湖hú〕

【盐地】yándì 名 염전 =〔盐塘táng〕〔盐田〕

【盐肤木】yánfūmù 名〈植〉오배자나무. 붉나무→〔五倍子〕

【盐工】yángōng 名 제염공. 제염소의 노동자

【盐湖】yánhú 名〈地〉염호. 함수호 =〔咸xián湖①〕

【盐花】yánhuā 名 ❶ (～儿) 극소량의 소금. ¶汤里搁gē点儿～儿 | 국에 소금을 약간 넣다. ❷ 方 소금쩍. 미역 등의 표면에 생긴 소금버캐 =〔盐霜shuāng〕

【盐碱地】yánjiǎndì 名 알칼리성 토지. ¶治理～ | 알카리성 토지를 만들다 =〔卤lǔ地〕

【盐井】yánjǐng 名 염정. 소금이 나는 우물.

【盐卤】yánlǔ 名 간수. 서슬 =〔簡 卤②〕〔卤水①〕

【盐汽水】yánqìshuǐ 名 염분이 들어 있는 탄산수〔사이다〕 ¶制作～ | 염분이 있는 탄산수를 만들다.

【盐泉】yánquán 名 식염천. 염류천.

【盐霜】yánshuāng 名 소금쩍. 소금버캐. ¶白花花的～ | 새하얀 소금쩍 =〔盐花②〕

【盐水】yánshuǐ 名 염수. 소금 용액. 소금물.

【盐水选种】yánshuǐxuǎnzhǒng 名〈農〉염수선(鹽水選)

【盐酸】yánsuān 名〈化〉염산. ¶～可卡因kěkǎyīn=〔盐酸古柯碱gǔkējiǎn〕| 염산 코카인(cocaine) ¶～麻黄碱máhuángjiǎn=〔盐酸麻黄素〕| 염산 에페드린(ephedrine) ¶～吗啡mǎfēi | 염산 모르핀(morphine) ¶～奎宁kuíníng | 염산 키니네(quinine) ¶～去水吗啡 =〔盐酸朴吗啡〕| 염산 아포 모르핀(apomorphine) ¶稀xī～ | 희염산. 묽은 염산. ¶～依米丁 =〔盐酸吐根碱〕〔盐酸吐根素〕| 염산 에메틴(emetine) =〔氫氯酸qīnglǜsuān〕

【盐塘】yántáng ⇒〔盐地〕

【盐田】yántián ⇒〔盐地〕

【盐枭】yánxiāo 名 무장한 소금 밀매자. ¶打击dǎjī～ | 무장한 밀매자를 격퇴하다.

【阎(閻)】yán 이문 염 名 ❶ 골목 문. 마을 어귀의 문. ❷ (Yán) 성(姓)

【阎君】Yánjūn ⇒〔阎罗〕

【阎罗】Yánluó 名 簡〈佛〉염라 대왕 [「阎魔罗阇yánmóluódū」(Yama raja;범)의 약칭] =〔阎君〕〔阎罗王〕〔阎王①〕〔阎王爷〕〔阎魔〕

【阎罗王】Yánluówáng ⇒〔阎罗〕

【阎魔】Yánmó ⇒〔阎罗〕

【阎王】Yán·wang ❶ ⇒〔阎罗yánluó〕 ❷ 名 喩 (염라대왕처럼 성질이) 흉악한 사람. 성질이 포악한 사람. 성질이 사나운 사람. ¶活huó～ | 매우 흉악한 사람. ¶赛sài～ | (흉악함이) 염라 대왕에 필적할 만하다. 혹은 그러한 사람.

【阎王好见小鬼难缠】Yánwáng hǎojiàn xiǎoguǐ nánchán 諺 염라 대왕을 만나 보기는 쉽지만 변변치 않은 잡귀를 상대하기는 어렵다. 윗사람은 이해가 빠르지만 아랫 사람은 애를 먹인다. ¶～,这小子还真不好对付 | 염라 대왕을 만나 보기는 쉽지만 변변치 않은 잡귀를 상대하기는 어렵다더니 이 녀석 상대하기는 정말 쉽지 않다.

【阎王爷】Yán·wangyé ⇒〔阎罗〕

【阎王帐】yán·wangzhàng 名 口 고리대. ¶放～是缺德事 | 고리대를 놓는 것은 파렴치한 짓이다.

1【颜(顏)】yán 얼굴 안 名 ❶ 얼굴. 얼굴표정. ¶容～ | 용모. 모습. ¶和～悦色yuèsè | 威 온화하고 기쁜 표정. ❷ 체면. 면목. ¶无～见人 | 사람들을 볼 면목이 없다. ❸ 색(깔) 빛깔. 색채. ¶五～六色 | 가지각색. ❹ (Yán) 성(姓)

【颜料】yánliào 名 안료. 도료. 물감. ¶～很贵 | 안료가 너무 비싸다.

【颜面】yánmiàn 書 名 ❶ 얼굴 (모습) ❷ 체면. 명예. ¶～攸关yōuguān | 명예가 달려 있다. 명예와 관련되다. ¶顾全gùquán～ | 체면을 중요시하다.

1【颜色】ⓐ yánsè 名 ❶ 색채. 색. ¶喜欢哪种～你自己挑吧! | 어떤 색을 좋아하는 지 당신이 골라보세요! ¶走～ | 색이 바래다 =〔京 颜色儿〕→〔彩cǎi①〕 ❷ 얼굴빛. 용모. 얼굴 기색. ¶这个女人长得有几分～ | 이 여자는 꽤 반반하게 생겼다. ❸ 俗 (다른 사람에게 내보이는) 무서운 얼굴빛. 무서운 행동. ¶我们一定要争口气, 给他们点～看看 | 우리는 기어이 맞버텨내어 그들에게 본때를 보여줘

야 한다.
ⓑ yán·shai 名 ㊀ 안료(顔料) 염료(染料) ¶画上的～已经褪tuì了不少 | 그림의 안료가 이미 많이 퇴색되었다. ¶这种～质量zhìliàng差, 染不上 | 이런 염료는 질이 좋지 않아 염색이 잘 되지 않는다.
【颜体】Yántǐ 名 안진경(顔眞卿)의 필체. ¶他是个写～的 | 그 사람은 안진경체의 글씨를 쓴다 =〔颜字〕

【檐〈簷〉】yán 처마 첨, 전 첨 (～儿) 名 ❶ 처마. ¶房fáng～ =〔屋檐wūyán〕| 처마. ¶～下 | 처마 밑. ❷ 차양. 챙. ¶帽mào～儿 | 모자의 차양. ¶伞sǎn～ | 우산챙.
【檐沟】yángōu 名〈建〉낙수받이 =〔承chéng溜〕〔水蛤蜊〕〔水溜〕〔㊄ 水落〕
【檐口】yánkǒu ⇒〔檐头〕
【檐头】yántóu 名 처마끝 =〔檐口〕

【癌】yán ☞ 癌 ái

yǎn ㄧㄢˇ

【奄】yǎn ☞ 奄 yān Ⓑ

3【掩〈揜〉】yǎn 가릴 엄 動 ❶ 가리다. 덮다. 숨기다. ¶～口而笑 | 입을 가리고 웃다. ¶～人耳目↓ ❷ 닫다. ¶把门～上 | 문을 꼭 닫다. ❸ ㊄ (문·창문·상자 등을 닫을 때 물건이 사이에) 끼다. 끼이다. ¶关门～住手了 | 문을 닫을 때 손이 끼었다. ❹ 書 (갑자기) 덮치다. 습격하다. ¶～杀shā↓
【掩鼻】yǎn/bí 動 ❶ 코를 막다. ¶这味儿令人～ | 이 냄새가 코를 찌르다. ¶～而过 | 威 (냄새가 고약하여) 코를 막고 지나가다. ❷ 냄새가 나서 참을 수 없다.
【掩蔽】yǎnbì ❶ 動 엄폐하다. 덮어두다 [일반적으로 군사 용어로 많이 사용됨] ¶～服装fúzhuāng | 위장복(僞裝服) ¶找个～的地方 | 숨을 곳을 찾다. ¶事件在暗暗中被～起来 | 사건이 암암리에 엄폐되고 있다. ❷ 名 엄폐물. 엄폐시키는 장소. ¶河边的堤埂dīgěng很高, 正好做我们的～ | 강변의 제방이 매우 높아서, 마침 우리의 몸을 숨기는 장소로 알맞다.
【掩蔽部】yǎnbìbù 名〈軍〉엄폐부 [적의 포탄을 막아 내기 위하여 지하에 마련한 설비] ¶他们躲duǒ在～中 | 그들은 엄폐부에 숨었다.
【掩藏】yǎncáng 動 숨기다. 감추다. ¶把东西～起来 | 물건을 감추다. ¶一人～, 十人难找nánzhǎo | 諺 한 사람이 감추면 열 사람이라도 찾기 어렵다.
【掩耳盗铃】yǎn ěr dào líng 威 귀막고 방울을 훔치다. 눈가리고 아웅하다. 남을 속이지는 못하고, 자신만을 속이다. ¶你这不是～, 自己骗piàn自己吗? | 이 사람아, 이것은 귀를 막고 방울을 훔치는 격으로 스스로 자신을 속이는 것이 아닌가? =〔捂wǔ着耳朵偷铃铛〕
3【掩盖】yǎngài 動 ❶ (구체적인 것을) 가리다. 덮어씌우다. ¶大雪～着田野 | 큰 눈이 들판을 가득 덮고 있다. ¶用毯tǎn子～起来 | 모포로 덮어 씌우다. ❷ (추상적인 것을) 숨기다. 덮어 감추다. ¶～真相 | 진상을 엄폐하다. ¶～不住内心的喜悦 | 내심의 기쁨을 감출 수 없다.
3【掩护】yǎnhù〈軍〉❶ 名 엄호. ¶打～ | 엄호하다. ¶～火力 | 엄호 화력. ❷ 動 엄호하다. ¶妈妈用身体～了我 | 어머니는 몸으로 나를 엄호했다. ❸ 動 몰래 보호하다. ¶他不顾个人安危ānwēi, ～孙中山 | 그는 개인의 안위를 돌보지 않고 손중산을 비호했다. ❹ 名 엄폐물. ¶找一个～隐蔽yǐnbì起来 | 엄폐물을 찾아 몸을 숨기다.
【掩卷】yǎnjuàn 書 動 책을 덮다. ¶～而思, 不胜喜悦 | 책을 덮고 생각하니 기쁨을 이길 수 있다.
【掩口】yǎn/kǒu 動 ❶ (그릇 등의) 뚜껑을 덮다. ❷ 손으로 입을 가리다. 손으로 입을 막다. ¶说到妙处miàochù, 大家都～笑起来 | 이야기가 재미난 대목에 이르러서, 모두 입을 가리고 웃어 댔다.
【掩泪】yǎn/lèi 書 動 눈물을 참다. 눈물을 감추다. ¶～哭泣kūqì | 눈물을 참고 흐느꼈다.
【掩埋】yǎnmái 動 묻다. 매장하다. ¶～死去的亲人 | 죽은 친척을 묻다. ¶这树下～着有一坛tán好酒 | 이 나무 밑에는 좋은 술이 한 단지 묻혀 있다.
【掩门】yǎn mén 動 문을 잠그다. 문을 닫다. ¶～闭户bìhù | 문을 닫다. 상대를 피하다.
【掩面】yǎn/miàn 書 動 얼굴을 가리다. ¶～而泣qì | 얼굴을 가리고 울다.
【掩人耳目】yǎn rén ěr mù 威 세상 사람의 이목을 가리다. 세상〔남〕을 속이다. ¶他这样做是为了～ | 그가 이렇게 하는 것은 세상 사람의 이목을 가리기 위한 것이다.
【掩入】yǎnrù 書 動 몰래 들어가다. 잠입(潛入)하다.
【掩杀】yǎnshā 書 動 불시에 습격하다. 기습하다. ¶分头～出去 | 나누어 기습하다.
4【掩饰】yǎnshì 動 (결점·실수 등을) 덮어 숨기다. 가리다. 속이다. ¶～真相 | 진상을 숨기다. ¶～地说 | 속여서 말하다. 얼버무려 말하다.
【掩体】yǎntǐ 名〈軍〉벙커(bunker) 엄폐호(掩蔽壕) ¶炮兵pàobīng～ | 포상(砲床)
【掩眼法】yǎnyǎnfǎ 名 남의 눈을 속이는 방법. 속임수. ¶他们使出了～ | 그들은 속임수를 썼다 =〔障zhàng眼法〕
【掩映】yǎnyìng 書 動 두 사물이 표면에 나서지 않고 서로를 돋보이게 하다. ¶我住在绿树～中的晓原斋xiǎoyuánzhāi | 나는 푸른 나무가 어우러진 효원재에 산다 =〔隐yǐn映〕

【罨】yǎn 그물 엄 ❶ 書 動 덮다. 씌우다. ¶热rè～法 | 열찜질법. ¶冷～法 | 냉찜질법. ❷ 名 (새·물고기 등을 잡는) 그물. ❸ 名 뚜껑. 밸브. ¶活～ | 밸브→〔阀fá门〕

【兖〈兗〉】Yǎn 연주 연 名〈地〉❷ 연주(兖州) ⓐ 옛

날, 구주(九州) 중의 하나. ⓑ 산동성(山東省)에 있는 현이름. ❷연주부(兖州府) [현재의 산동성(山東省) 서남쪽 10개 현(縣)의 지역]

4【衍】yǎn 퍼질 연
❶書動 물길이 넓고 길다. 轉 늘이다. 널리 퍼지다. 만연하다. ¶推～ | 널리 보급하다. ¶敷fū～ | 부연하다. ❷(자구(字句)가) 남다. 넘치다. ¶～文↓ ❸풍부하다. 무성하다. ¶军食丰jūnshífēng～ | 군량이 풍부하다. ¶蕃fán～ | 무성하다. ❹평탄하다. ¶此地平～ | 이 지방은 평탄하다.

【衍变】yǎnbiàn 動 변화 발전하다. ¶～推移tuīyí | 연변(演變)하다. 바뀌어 변하다 =[演变]

【衍射】yǎnshè ❶名〈物〉회절. ❷動〈物〉회절(回折)하다. ¶光线～ | 광선이 회절하다=[绕rào射]

【衍生】yǎnshēng 書動 파생(派生)하다. ¶从拉丁语～出来的词 | 라틴어에서 파생된 단어. ¶～词 | 파생어.

【衍生物】yǎnshēngwù 名〈化〉유도체(誘導體)

【衍文】yǎnwén 書名 연문 [필사·판각·조판이 잘못되어 글 속에 낀 쓸데없는 글귀] ¶删去shānqù～ | 연문을 제거하다.

【俨(儼)】yǎn 근엄할 엄
書 ❶形 장엄하다. 엄숙하다. 공손하다. ❷副 마치. 꼭. 흡사. ¶～如白昼báizhōu | 마치 대낮같다. ¶他们俩手拉着手, ～若夫妇fūfù | 그들 두 사람은 손에 손을 잡은 것이 마치 부부같다.

【俨然】yǎnrán 書 狀 ❶엄숙하고 위엄이 있다. 장엄하다. ¶道貌dàomào～ | 도의(道義)를 몸에 지닌 사람의 모습은 엄숙하다. ❷정연(整然)하다. 가지런하다. ¶屋舍～ | 건물들이 잘 정돈되어 있다. ❸흡사 …과 같다. ¶这孩子说起话来～是个大人 | 이 아이는 말하는 것이 흡사 어른과 같다.

【俨如】yǎnrú 動 꼭 …과 같다. 흡사하다. ¶～白昼báizhòu | 꼭 대낮 같다.

【剡】yǎn shàn 날카로울 염, 땅이름 섬

Ⓐ yǎn 書 ❶動 뾰족하게 깎다. 날카롭게 하다. ❷形 예리하다. 날카롭다.

Ⓑ shàn 지명에 쓰이는 글자. ¶～县 | 섬현. 절강성(浙江省) 승현(嵊縣)의 옛 이름.

【剡溪】Shànxī 名〈地〉섬계. 절강성(浙江省) 승현(嵊縣)에 있는 하천.

【剡纸】shànzhǐ 名〈紙〉섬계 종이 [절강성 섬계(剡溪)에서 나는 종이]

【琰】yǎn 옥 염
書名 옥(玉)의 일종.

【偃】yǎn 쓰러질 언
❶書動 뒤로 자빠지다. ❷書動 정지하다. 그만두다. ¶～武修文↓ ❸書形 오만하다. 거만하다. ❹名 (Yǎn) 성(姓).

【偃旗息鼓】yǎn qí xī gǔ 成 ❶깃발을 내리고 북을 멈추다. ⓐ 정전(停戰)하다. 휴전(休戰)하다. ¶双方～休战xiūzhàn三天 | 쌍방이 3일 동안 휴전하다. ⓑ (작전상) 적의 눈에 띄지 않게 비밀리에 행군하다. ❷(비평 등을) 그만하다. 멈추다. 그만두다. ¶我从此～不再过问政事了 | 나는 이제부터 정치에는 참견하지 않겠다. ‖ =[掩yǎn旗息鼓]

【偃松】yǎnsōng 名〈植〉잣나무. ¶翠绿的～ | 청록색의 잣나무.

【偃武修文】yǎn wǔ xiū wén 成 전쟁을 멈추고 문교(文敎)에 힘쓰다. ¶我国决心～ | 우리나라는 전쟁을 멈추고 문교에 힘쓰기로 했다 =[偃武兴文]

【偃息】yǎnxī 書動 쉬다. 휴식하다. ¶～自由 | 관리가 맡은 일에는 힘쓰지 않고 안일만을 꾀하다.

【郾】yǎn 나라이름 언
❶(Yǎn) 名〈史〉주대(周代)의 연(燕)나라에서 자칭(自稱)하던 나라 이름. ❷지명에 쓰이는 글자. ¶～城县 | 언성현. 하남성(河南省)에 있는 현(縣)이름.

【蝘】yǎn 수궁 언
⇨[蝘蜓]

【蝘蜓】yǎntíng 名〈動〉수궁(守宮)→[壁bì虎]

1【眼】yǎn 눈 안
❶名 눈. ¶瞪dèng～ | 눈을 부릅뜨다. ¶碍ài～ | 눈에 거슬리다. ¶揉róu～ | 눈을 비비다. ¶眯mí～ | 눈을 가늘게 뜨다. ¶飞fēi～ =[弄眼][挤jǐ眼] | 눈짓으로 알리다. ❷名 시력. 관찰력. 안목. ¶～拙zhuō↓ ¶～光高 | 안목이 높다. ❸(～儿) 名 구멍. ¶针zhēn～ | 바늘귀. ¶耳朵ěr·duo～ | 귓구멍. ❹名 (바둑의) 집. ❺名 (음악의) 박자 [중국 음악의 가락으로 「板」과 「板」사이의 박자를 말함] ¶唱错了～了 | 박자가 틀렸다. ❻(～儿) 名 요점. 가장 중요한 부분. ¶节骨jiēgǔ～儿 | 중요한 대목. ❼量 우물·구멍 등과 눈으로 보는 횟수를 세는 데 쓰임. ¶一～井 | 우물 하나. ¶一～窑yáo | 동굴[가마] 하나. ¶看了一～就走了 | 힐끗 한 번 쳐다보고는 갔다.

【眼巴巴】yǎnbābā 狀 ❶눈이 빠지게 기다리다. 학수고대하다. ¶我～地等着他回来 | 나는 그가 돌아오기를 눈이 빠지게 기다리고 있다. ❷탐내다. ❸어쩔 수 없이 안타깝게 바라보다. ¶他～地看着老鹰lǎoyīng把小鸡抓zhuā走了 | 그는 매가 병아리를 채가는 것을 안타깝게 바라보고만 있다.

【眼白】yǎnbái 名 方 (눈알의) 흰자위. ¶他～太多, 让人看起来害怕hàipà | 그는 눈의 흰자위가 너무 많아 무섭게 보인다=[白bái眼珠儿]

【眼保健操】yǎnbǎojiàncāo 名組 (근시를 예방하기 위한) 눈체조. ¶每天做～ | 매일 눈체조를 한다.

【眼边(儿)】yǎnbiān(r) 名 눈언저리. ¶～红 | 눈언저리가 빨갛다. ¶烂làn～ | 진무른 눈.

【眼波】yǎnbō 名 안파. 물기를 머금은 듯 빛나는 눈길 [일반적으로 여자의 아양떠는 눈빛을 일컬음] ¶～流转liúzhuǎn | 애교있게 눈동자를 살짝 굴리다.

【眼岔】yǎnchà 動 눈앞이 혼미해지다. 잘못 보아

착각을 일으키다 어법 일반적으로 뒤에 「了」를 동반함. ¶打～ | 잘못 보다. ¶一时～把它摔shuāi下了 | 갑자기 눈앞이 혼미해져서 그것을 떨어뜨려 망가뜨렸다.

【眼馋】yǎnchán 動 보고 탐내다. 눈독 들이다. ¶这东西令人～ | 이 물건은 탐이 난다. ¶～不到嘴zuǐ | 보면 탐나지만 입에는 안 들어온다. ¶看东西～ | 물건을 보면 곧 갖고 싶어진다→〔眼热〕

【眼眵】yǎnchī 名 눈곱. ¶揩净kāijìng～ | 눈곱을 닦다＝〔俗眼屎shǐ〕〔俗眼渣zhā〕〔目屎〕→〔眵〕

【眼虫】yǎnchóng 名〈動〉유글레나(euglena)＝〔眼虫藻zǎo〕

【眼底】yǎndǐ 名 ❶〈生理〉안저. 눈알의 내면. ¶作～检查jiǎnchá | 안저검사를 하다. ❷ 안중(眼中). 눈 속. ¶登楼一望, 全城景色尽收～ | 누각에 올라 바라보니 온 도시가 한 눈에 들어온다.

【眼底下】yǎndǐ·xia 名 ❶ 눈앞. ¶他的眼睛近视得厉害lìhài, 放到～才看得清 | 그는 근시가 매우 심하여 (물건을) 눈앞에 놓아야만 비로소 똑똑히 볼 수 있다. ❷ 목전(目前). 당장. ¶以后的事以后再说,～的事要紧yàojǐn | 목전의 일이 급하니, 뒷 일은 나중에 다시 이야기합시다 ‖＝〔眼皮pí(子)底下〕

【眼点】yǎndiǎn 名〈生〉안점.

【眼毒】yǎndú ❶ 形 눈이 예리하다. 눈썰미가 있다. 눈이 날카롭다. ❷ 動 질시(嫉視)하다. 악의를 가지고 응시하다. ¶招zhāo人～ | 남들의 질시를 불러 일으키다.

【眼钝】yǎndùn 形 ❶ 시력이 약하다. 눈이 어둡다. ❷ 식별하는 것이 둔하다. 눈치가 없다. ¶请恕我～, 再请教一次尊姓大名 | 제가 둔하여 잘 못 알아 들어 죄송합니다만, 다시 한 번 존함을 가르쳐 주십시오

【眼福】yǎnfú 名 눈의 복. 눈요기. ¶以饱～ | 실컷 눈요기를 하다.

【眼高手低】yǎn gāo shǒu dī 成 눈만 높고 손재주는 없다. 바라는 수준은 높지만 실제 능력은 없다. 비판력은 좋지만 창작 실력은 없다. ¶年轻人往往～, 自己没本事, 倒瞧不起别人 | 젊은이들은 왕왕 실제 능력은 없으면서 바라는 수준만 높아 다른 사람들을 무시한다＝〔眼高手生〕

【眼格】yǎngé ⇒〔眼界jiè〕

【眼观六路】yǎn guān liù lù 成 사방을 살펴 보다. ¶～, 耳闻八方 | 눈으로 육방을 보고 귀로 팔방의 소리를 듣다. 喻 세상사를 보고 듣다＝〔眼观八方〕

3【眼光(儿)】yǎnguāng(r) 名 ❶ 눈길. 시선. ¶～慈祥cíxiáng | 눈매가 부드럽다. ¶大家的～都集中到他身上 | 모두의 시선이 그에게 집중되었다. ❷ 안목. 식견. 안식. 관찰력. ¶他很有～, 发现了这么一个人才 | 그는 사람보는 안목이 있어 이런 인재를 발견했다. ¶一般人没有你这么长远的～ | 일반인은 당신같은 원대한 식견을 가지고 있지 않다. ¶～短浅duǎnqiǎn | 견식이 얕다. ¶他的～高 | 그의 안목은 높다→〔眼力②〕 ❸ 喻 뜻. 취미. ¶这样的东西怕不对他的～ | 이것은 아마 그의 취미에 맞지 않을 것이다.

【眼红】yǎnhóng ❶ ⇒〔眼热rè〕 ❷ 形 눈에 핏발이 서다. 격분하다. 혈안이 되다. ¶仇人chóurén见面, 分外～ | 원수끼리 만나면 (분노로) 유달리 눈에 핏발이 선다.

【眼花】yǎnhuā 動 눈이 (뿌옇게) 침침하다. 눈앞이 아물아물하다. ¶头昏tóuhūn～ | 머리가 어지럽고 눈이 침침하다. ¶我老了已经～了 | 나는 늙어서 이미 눈이 침침하다.

【眼花缭乱】yǎn huā liáo luàn 成 눈이 어지럽다. 눈부시다. ¶城里五光十色, 让人看得～ | 도시의 번화함은 보는 이의 눈을 어지럽게 한다＝〔眼花撩liáo乱〕

【眼犄角儿】yǎnjījiǎor ⇒〔眼角jiǎo(儿)〕

【眼疾手快】yǎn jí shǒu kuài ⇒〔手疾眼快〕

【眼尖】yǎnjiān 形 시각이 날카롭다. 눈치가 빠르다. ¶他～, 发现了人群中的爷爷yéyé | 그는 시각이 날카로워 군중속의 할아버지를 발견했다. ¶小孩子很～ | 어린 아이가 눈치가 빠르다＝〔眼快kuài〕

【眼见得】yǎnjiàn·de 動組 方 빤히 쳐다 보면서. 뚜렷하게. 확실하게 [일반적으로 상황이 좋지 않은 경우에 사용됨] ¶病人～不行了 | 환자는 뚜렷하게 상태가 나빠졌다. ¶～又不成了 | 분명히 또 글렀군.

【眼角(儿)】yǎnjiǎo(r) 名 눈초리 또는 눈구석의 통칭 [「内眦zì」(눈초리)를 「大眼角jiǎo」, 「外眦」(눈구석)를 「小眼角」라 부름] ¶～发炎fāyán | 눈에 염증이 생기다＝〔方眼犄角儿〕〔書眼眦zì〕

【眼睫毛】yǎnjiémáo 名 口 속눈썹＝〔吳眼毛〕〔京眼眨zhǎ毛〕〔睫毛〕

【眼界】yǎnjiè 名 시계. 시야. 轉 견문. 식견. ¶～很高 | 식견이 매우 높다. ¶～不宽kuān | 시야가 좁다. ¶到外国去开开～ | 외국으로 가서 견문을 넓히다＝〔方眼格gé〕

2【眼镜(儿, 子)】yǎnjìng(r·zi) 名 안경. ¶老花～ | 돋보기. ¶有色～ | 색안경. ¶戴dài～ | 안경을 쓰다. ¶～光儿 | 안경알. ¶～字儿 | 안경도수. ¶～套儿tàor＝〔眼镜盒子〕| 안경 주머니. 안경집. ¶无形～＝〔接触jiēchù眼镜〕〔隐形yǐnxíng眼镜〕| 콘택트 렌즈. ¶太阳tàiyáng～ | 선글라스. ¶～片 | 안경 렌즈. ¶配pèi～ | 안경을 맞추다. 안경알을 맞추다. 안경을 사다. ¶～腿儿tuǐr | 안경다리. ¶～架jià | 안경테.

【眼镜蛇】yǎnjìngshé 名〈動〉코브라. ¶～有剧毒jùdú | 코브라에는 극독이 있다.

1【眼睛】yǎn·jing 名 ❶ 눈의 통칭. ¶一只zhī～ | 한 쪽 눈. ¶～花了 | 눈이 침침하다. 눈이 어둡다. ❷ 안중(眼中) ¶～(里)没(有)人＝〔眼中无人〕〔眼底无人〕| 안중에 사람이 없다. 안하무인이다. ❸ 안목(眼目) 보는 눈. 식별 능력. ¶他没有～ | 그는 안목이 없다. ¶有～的人 | 안목이 있는 사람.

3【眼看】yǎnkàn ❶ 副 곧. 순식간에. 이제. ¶～就要冻死dòngsǐ | 곧 동사할 것 같다. ¶暴风雨～就要来了 | 폭풍우가 곧 밀어닥칠 것 같다. ¶墙qiáng～就要塌tā了 | 담이 금방이라도 무너질 것 같다. ❷ 副 (대개 「眼看着」의 형태로 쓰여) 빤히 보면서. 눈뜬채로. 그대로. ¶这么重要的事, 我怎么能～着不管? | 이렇게 중요한 일인데, 내가 어떻게 빤히 보면서 상관하지 않을 수 있느냐? ¶～让小偷儿跑掉pǎodiào了 | 빤히 보면서 도둑놈을 놓쳤다＝[眼瞅chǒu着][眼瞧qiáo着] ❸ 動 눈으로 보다. ¶我～着他长大zhǎngdà的 | 나는 내 눈으로 그가 자라는 것을 보았다.

【眼科】yǎnkē 名〈醫〉안과. ¶～医院yīyuàn | 안과병원. ¶～医生yīshēng | 안과 의사. ¶～学 | 안과학.

【眼空四海】yǎn kōng sì hǎi 成 안하무인이다. 무서움을 모른다. ¶他一向～,才落到这一地步的 | 그는 늘 안하무인이라서 이 지경까지 왔다＝[眼空一切][目空一切]

【眼眶(子)】yǎnkuàng(·zi) 名 ❶ 눈언저리. 눈가. ¶～里含着泪水lèishuǐ | 눈가에 눈물이 맺히다. ¶～发黑hēi | 눈언저리가 검어졌다＝[眼匡kuāng][俗 眼圈quān(儿)][眼圈子] ❷ 轉 거만. 거드름. ¶好大～ | 매우 건방지다. ¶～大 | 거만하다.

2【眼泪】yǎnlèi 名 눈물. ¶流着～ | 눈물을 흘리다. ¶抹mǒ～ | 눈물을 닦다. ¶～扑簌pūsù＝[眼泪扑撒sā] | (슬픔·후회의) 눈물이 주르륵 떨어지다. ¶～一横héng＝[眼泪横回去] | (슬픔을) 참고 눈물을 닦다. 눈물을 거두다. ¶～疙瘩gēdá | 눈물방울. ¶～围wéi着眼圈儿转 | 눈에 눈물이 핑 돌다＝[泪液][方 泪水]

【眼离】yǎnlí 動 方 잘못 보다. (시각의 일시적인 착란으로) 환각(幻覺)이 생기다. 착각이 일어나다. ¶牲口shēngkǒu一～就惊jīng了 | 집짐승들이 무얼 헛보고 놀라 흠칫거렸다.

4【眼力】yǎnlì 名 ❶ 시력. ¶～差了 | 눈이 나빠졌다. ❷ 안식(眼識). 안목. 감별력(鑒別力). ¶有～＝[眼力高][眼力好] | 안식이 높다. 보는 눈이 있다. ¶～高明 | 안식이 고명하다→[眼光(儿)②]

【眼里】yǎn·li 名 눈 속. 안중(眼中) ¶她的～只有钱才是最重要的 | 그는 눈에는 돈이 제일 중요하다. ¶他～没我 | 그의 안중에는 내가 없다.

【眼里不揉沙子】yǎn·li bù róu shā·zi 諺 눈 속에 모래를 넣고 비빌 수가 없다. 轉 속임을 당하지 않는다. 속일 수 없다. ¶光棍guānggùn～, 你骗piàn我可不成 | 총명한 자는 속임을 당하지 않네, 자네는 나를 속이지는 못해.

【眼里冒金星】yǎn·li mào jīnxīng 諺 눈에서 별이 생기다. 현기증이 나다. 눈이 어른거리다. 눈에서 불이 일다. ¶疼téng得我～ | 아파서 눈에서 불이 나다. ¶一拳打得我～ | 주먹을 한 방 얻어 맞으니 눈에서 불이 번쩍 하다.

【眼帘】yǎnlián 名 ❶ (문학적 묘사에서) 눈. 안계(眼界). 시계(視界). ¶她垂下chuíxià～不作声了 | 그녀는 눈을 아래로 내리고 아무 말도 하지 않았다. ¶遮挡zhēdǎng～ | 시야를 가리다. ¶一片丰收fēngshōu的景色映入我的～ | 풍년의 정경이 내 눈에 선합니다. ❷〈生理〉홍채(虹彩)

【眼亮】yǎnliàng 形 ❶ 전망이 트이다. 잘 보이다. ¶在村边～的地方看动静dòngjìng | 마을 어귀의 전망이 트인곳에서 동정을 살펴보다. ❷ 견식이 있다. 판단력이 있다. ¶心明～ | 成 사물을 통찰하여, 시비를 밝게 분별하다.

【眼眉】yǎnméi 名 方 눈썹. ¶～很浓nóng | 눈썹이 아주 짙다＝[眉毛méimáo]

【眼目】yǎnmù 名 ❶ 눈. 시선. ¶避bì人～ | 사람의 눈을 피하다. ❷ 요점. 주요한 곳. ¶问题的～就在这里 | 문제의 요점은 바로 여기에 있다. ❸ 轉 밀정(密偵). 간첩. ¶在公司里要安个～ | 회사내에 밀정을 잠입시키다. ¶给敌人当～ | 적의 스파이가 되다.

【眼泡(儿)】yǎnpāo(r) 名 윗눈꺼풀. ¶肉～儿 | 눈이 부어 부석부석한 눈꺼풀. ¶～儿浮肿fúzhǒng了 | 눈두덩이 붓다＝[上眼皮]

【眼皮(儿)】yǎnpí(r) 名 ❶ 눈꺼풀. 눈가죽. ¶单～ | 외눈꺼풀. 홑으로 된 눈꺼풀. ¶双(层)～ | 쌍꺼풀. ¶上～＝[上睑jiǎn][眼泡儿pāor] | 윗눈꺼풀. ¶下～＝[下睑jiǎn] | 아랫눈꺼풀. ¶上～找下～＝[眼皮打架] | 喩 졸리다. ❷ 喩 시야. 견문. 식견. ¶～薄bó | 시야가 좁다. 견식이 모자라다. ¶～高 | 눈이 높다. 거만하다. 아는 체하다.

【眼皮子】yǎnpí·zi 名 눈꺼풀. ¶他就是～薄bó | 그는 식견이 좁다.

【眼皮子浅】yǎnpí·zi qiǎn 動組 생각이 얕다. 식견이 좁다. 시야가 좁다. 안목이 짧다. ¶他～, 贪小便宜 | 그는 안목이 짧아서, 눈앞의 작은 이익만 탐낸다. ¶她～, 不要听她的就是了 | 그녀는 식견이 좁으니 그녀의 얘기를 듣지 않는 것이 좋다＝[眼皮子薄]

2【眼前】yǎnqián 名 ❶ (공간적인) 눈앞. ¶东西就在你～ | 물건이 바로 네 눈앞에 있다. ¶他的～是一片金黄色的麦田màitián | 그의 눈앞은 온통 황금빛 밀밭이다. ❷ (시간적인) 눈앞. 현재. 목전. 당면. ¶胜利shènglì就在～ | 승리는 바로 눈앞에 있다. ¶只顾zhǐgù～, 不思日后 | 눈앞의 이익만을 돌아보고, 장래의 일은 생각하지 않는다.

【眼前亏】yǎnqiánkuī 名 눈앞의 손실. 바로 닥칠 손실. ¶好汉hǎohàn不吃～ | 사나이는 눈앞의 손해는 입지 않는다.

【眼球】yǎnqiú 名〈生理〉안구. ¶白～ | (눈알의) 흰자위. ¶黑～ | 검은자위. ¶～转动zhuǎndòng了几下儿 | 안구를 몇 번 돌리다＝[俗 眼珠子①]

【眼圈(儿)】yǎnquān(r) ⇒[眼眶kuàng(子)①]

【眼热】yǎnrè 動 부러워하다. 샘이나다. 탐내다. ¶引起了人家的～ | 남의 부러움을 불러 일으키다. ¶我瞧着怪眼儿热的 | 나는 볼수록 몹시 부러워졌다. ¶我没有什么值得你～的财产cáichǎn | 나에게는 네가 부러워할 만한 재산이 없다 =〔眼儿热〕〔眼红①〕→〔眼馋chán〕

4【眼色】yǎnsè 名 ❶ 눈짓. ¶递dì了个~ | 눈짓을 했다. ¶使~做暗号ànhào | 눈짓으로 신호하다. ❷ 안목. 보는 눈. ¶别看他年轻, 可有些~ | 그가 어리다고만 보지 마세요 그는 안목이 있습니다. ¶没~ | 안목이 없다. ❸ 눈빛. 눈치. ¶我不愿看别人的~ | 나는 남의 눈치를 살피고 싶지 않다. ‖=〔眼神 b〕

【眼梢(儿,子)】yǎnshāo(r·zi) 名 方 눈초리. ¶吊diào~ | 눈꼬리를 치켜 올리다→〔眼犄角儿jījiǎor〕

4【眼神】a yǎnshén 名 ❶ 눈매. 눈의 표정. 눈빛. ¶递dì~ | 눈빛을 보내다. ¶~温和wēnhé | 눈빛이 온화하다. ¶灼热zhuórè的~说出了他的心里话 | 타는 듯한 눈은 그의 마음 속의 말을 대변해 주었다. ❷ (~儿) 시력. ¶我~不好 | 나는 시력이 좋지 않다 =〔眼力①〕

b (~儿) yǎn·shen(r) ⇒〔眼色〕

【眼生】yǎnshēng 形 눈에 익지 않다. 낯이 설다. ¶这孩子~, 一见生人就哭 | 이 아이는 낯을 잘 가려 낯선 사람만 보면 운다. ¶这个字我看着~ | 이 글자가 나는 눈에 설다. ¶来客很~ | 방문객이 매우 낯이 설다.

【眼时】yǎnshí 方 ❶ 名 지금. 이제. 당면. ¶~还不要紧yàojǐn | 지금은 그리 급한게 아니다 =〔目前〕 ❷ 副 즉시. 곧. ¶我~就去吧 | 내가 곧 가겠다.

【眼屎】yǎnshǐ ⇒〔眼眵chī〕

【眼熟】yǎnshú 形 눈에 익숙하다. 낯익다. ¶这东西我有点儿~ | 이 물건은 낯이 좀 익은편이다. ¶那个人我~, 他的姓可是想不起来 | 그 사람은 낯은 익지만 성은 정말 생각나지 않는다.

【眼跳】yǎntiào 動 눈꺼풀이 경련을 일으키다. 눈이 뛰다 [일반적으로 불행의 징조라고 알려짐] ¶这几天一直~, 准有什么事了 | 요 몇일 계속 눈꺼풀이 경련을 일으키니 무슨일이 있는 게 분명하다. ¶耳热ěrrè~ | 귀에 열이 나면서 눈꺼풀이 경련을 일으키며 뛴다 =〔眼润耳热rùněrrè〕

【眼窝(儿, 子)】yǎnwō(r·zi) 名 눈구멍. 안와. ¶~都深深地陷xiàn了进去 | 눈이 움푹 들어갔다. ¶一宿xiǔ没睡shuì, ~子都塌tā下去了 | 밤새 자지 못해 눈이 움푹 들어갔다.

4【眼下】yǎnxià ❶ 名 현재. 지금. 목하. ¶~正是秋收大忙季节jìjié | 지금은 바로 추수로 아주 바쁜 계절이다 =〔目前mùqián〕 ❷ 形 남보다 못하다. ¶我看比你这个高中生不~ | 내가 보기에는 너같은 고등 학생보다는 열등하지 않다.

【眼线】yǎnxiàn 名 ❶ 감시자. 스파이. 밀정. ¶安~ | 밀정을 배치하다. ¶派~侦察zhēnchá去 | 밀정을 보내 정찰하게 하다. ❷ 시선(視線) ¶挡住dǎngzhù了~ | 시선을 가로막다.

【眼压】yǎnyā 名 〈生理〉 안내압(眼內壓) ¶测量cèliáng~ | 안내압을 재다 =〔眼内压〕

【眼影粉】yǎnyǐngfěn 名 아이 섀도(eye shadow)

【眼晕】yǎnyùn 動 눈이 어질어질하다. 현기증이 나다. ¶~昏花hūnhuā | 현기증이 나서 어질어질하다. ¶乱哄哄hōng的看着~ | 난잡하여 보기만 해도 눈이 어지럽다.

【眼睁睁】yǎnzhēngzhēng ❶ 狀 눈을 뻔히 뜨고. (눈으로) 빤히 보면서. ¶~地把他放跑fàngpǎo了 | 빤히 보면서 그를 놓쳐 버렸다. ¶他又~没事干了 | 그는 또 눈을 뻔히 뜨고 할 일을 잃어버렸다. ❷ 形 近 주시(注視)하다. 자세히 보다. 응시하다. ¶~难辨nánbiàn西东 | 자세히 봐도 동서를 구별하기 어렵다.

【眼中钉】yǎnzhōngdīng 名 喻 눈엣가시. ¶你别把我当作~ | 너는 나를 눈엣가시로 보지 마라. ¶你已经成了他们的~了 | 너는 이미 그들의 눈엣가시가 된 것이다.

【眼珠子】yǎnzhū·zi ❶ ⇒〔眼球qiú〕 ❷ 名 口 喻 가장 사랑하는 사람. 애지중지하는 사람. ¶他是我的~ | 그는 나의 가장 사랑하는 사람이다.

【眼拙】yǎnzhuō 動 套 눈이 어둡다. 눈썰미가 없다. 몰라보다. ¶我实在~, 忘了您是谁 | 저는 정말 눈이 무디어서 누구신지 잊었습니다. ¶恕shù我~, 您贵姓? | 몰라봐서 죄송한데, 성함이 어떻게 되시는지요?

【厣(靨)】yǎn 조개껍질 염
名 ❶ 조개 껍질. ❷ 方 게의 복부 딱지.

【魇(魘)】yǎn 잠꼬대할 염
動 ❶ 가위 눌리다. 꿈결에 놀라다. ¶梦mèng~ =〔发魇fāyǎn〕 | 무서운 꿈을 꾸고 놀라다. ❷ 方 잠꼬대를 하다. ❸ 주술(呪術)을 써서 사람을 죽이다. ¶~魅mèi | 요술〔주술〕로 사람을 죽이다.

【魇魅】yǎnmèi 動 요술이나 주술로 사람을 죽이다.

【黡(黶)】yǎn 검은사마귀 염
(~子) 名 (피부의) 검정 사마귀.

1【演】yǎn 펼 연, 흐를 연
動 ❶ 공연하다. 상연하다. 연기하다. ¶表~ | 상연하다. ¶~什么角色jiǎosè? | 어떤 역을 하느냐? ❷ 변화 발전하다. 진화(進化)하다. ¶~进jìn↓ ❸ 서술하다. 상세히 설명하다. ¶~说shuō↓ ❹ (일정한 격식에 맞춰) 연습하다. ¶~武wǔ↓

4【演变】yǎnbiàn 動 변화 발전하다. 변천하다. ¶研究语言~ | 언어의 변천을 연구하다.

【演播室】yǎnbōshì 名 (방송국)스튜디오(studio)

4【演唱】yǎnchàng 動 ❶ (가극이나 희극을) 공연하다. ❷ 무대에서 노래하다. ¶~歌曲gēqǔ | 가곡을 노래하다.

1【演出】yǎnchū ❶ 名 공연. 상연. ¶在中正纪念堂擧行首次~ | 중정기념당에서 첫 공연을 거행하다. ¶~节目jiémù | 공연 프로그램 ❷ 動 공연하다. 상연하다→〔表演〕

【演化】yǎnhuà ❶ 名 진화. 변화. ¶生物的~ | 생물의 진화. ¶~论 | 진화론. ¶我们研究所主要研究地球的起源和~ | 우리 연구소에서는 지구의 기원과 진화를 주로 연구한다. ❷ 動 진화하다. 어법 술어로 쓰이며 보어를 동반하기도 함. 관형어(定語)로 쓰이기도 함. ¶人类是由

古猿gǔyuán～而来的 | 인류는 고대 유인원(類人猿)에서 진화한 것이다. ¶地貌dìmào也在不断～ | 지모(지표면)도 부단히 변화한다. ¶有些生物～得很缓慢huǎnmàn | 어떤 생물은 아주 완만하게 진화한다. ¶他潜心qiánxīn研究生物的～过程 | 그는 생물의 진화과정을 몰두하여 연구한다.

【演技】yǎnjì 名 연기. ¶～精湛jīngzhàn | 연기가 빈틈없고 훌륭하다.

4【演讲】yǎnjiǎng ❶ 名 강연. 연설. ¶～比赛bǐsài | 웅변 대회. ¶～员 | 강연자. ¶巡回xúnhuí～ | 순회 강연 ❷ 動 강연하다. 연설하다 =〔演说shuō②〕

【演进】yǎnjìn 動 진보하다. 발전하다. 진전하다. ¶我们谈到人类社会～的道路dàolù | 우리들은 인류사회발전의 길에 대해 얘기를 나눈다.

【演练】yǎnliàn ❶ 名 훈련. ¶地面～ | 〈航〉 지상훈련. ❷ 動 훈련하다.

【演示】yǎnshì ❶ 動 (모형·실험·도표 등으로) 설명하다. 시범을 보이다. ¶注意看, 我们要再～一遍 | 잘 보세요. 우리가 다시 시범을 보일테니. ❷ 실험. ¶物理～ | 물리실험

3【演说】yǎnshuō ❶ 動 풀이하여 말하다. 부연(敷衍)하여 설명하다. ¶～些前人的故事 | 옛날사람의 이야기를 설명하다. ❷ ⇒〔演讲yǎnjiǎng〕 ¶在大街上～ | 대로에서 연설하다.

4【演算】yǎnsuàn 動 연산하다. 운산(運算)하다. ¶～步骤bùzhòu明确míngquè | 연산순서가 명확하다.

【演武】yǎnwǔ 動 연무하다. 무예(武藝)를 닦다. ¶～场 | 연무장.

4【演习】yǎnxí ❶ 名 연습. 훈련. ¶预先yùxiān～ | 예행연습. ¶军事～ | 군사 훈련. ¶消防xiāofáng～ | 소방 훈련. ❷ 動 연습하다. 훈련하다

【演戏】yǎn/xì 動 ❶ 극을 공연하다. 연기하다. ¶他～演得很好 | 그는 (공연에서) 연기를 참 잘했다. ❷ 喩 (사실처럼) 꾸며대다. 연극하다. ¶别再～了 | 더 이상 연극하지 마시오.

【演义】ⓐ yǎnyì ❶ 名 연의 소설. 역사적 사실에 근거한 지은 소설 [《三國演義》《隋唐演義》등이 있음] ❷ 動 연의하다. 사실을 부연하여 설명하다. ⓑ yǎn·yi 動 사실을 과장하다. ¶你说他的本领这么大, 未免有点～了 | 그 사람의 능력이 그렇게 대단하다는 당신의 말에는 과장이 좀 있다.

【演绎】yǎnyì ❶ 名 〈論〉 연역. ¶～法 | 연역법 ❷ 動 〈論〉 연역하다. ¶～推理tuīlǐ | 연역추리하다 =〔書 抽chōu演①〕→〔归纳guīnà〕

2【演员】yǎnyuán 名 배우. 연기자. 출연자. ¶～名单 | 출연자 명단. ¶电影diànyǐng～ | 영화배우. ¶女～ | 여배우. ¶他是本世纪最伟大的～ | 그는 금세기의 가장 뛰어난 연기자이다.

4【演奏】yǎnzòu ❶ 名 연주. ❷ 動 연주하다. ¶～琵琶pípá | 비파를 연주하다. ¶～能手néngshǒu | 연주의 대가.

【鼹〈鼴〉】yǎn 두더지 언

⇒〔鼹鼠〕

【鼹鼠】yǎnshǔ 名 〈動〉 두더지 =〔偃鼠〕〔地(拍)鼠〕〔地老鼠〕〔地鼠〕〔犁lí鼠〕〔田鼠②〕〔隐鼠〕→〔土拨鼠〕〔豚tún鼠〕

yàn ㄧㄢˋ

2 ## 【厌(厭)】yàn 싫어할 염

動 ❶ 싫어하다. 미워하다. ¶讨tǎo～ | 싫어하다. ❷ 싫증나다. 물리다. 어법 일반적으로 동사 뒤의 보어로 쓰임. ¶看～了 | 싫증나도록 보았다. ❸ 흡족하다. 만족하다. ¶贪tān得无～ | 욕심이 한이 없다 =〔餍yàn②〕

【厌烦】yànfán 動 귀찮아하다. 싫어하다. ¶他对这种生活早已～了 | 그는 이런 생활이 오래전부터 귀찮아졌다 =〔厌闷mēn〕

【厌倦】yànjuàn 動 물리다. 싫증나다. 진저리가 나다. ¶我对此已感到～ | 나는 이것에 이미 싫증이 났다.

【厌弃】yànqì 動 싫어서 버리다. 싫어하다. ¶他素来～都市文明,赞扬zànyáng自然美 | 그는 늘 도시문명을 싫어하고 자연미를 찬양했다. ¶你为什么～他呢? | 너는 왜 그를 싫어하는가?

【厌世】yànshì ❶ 名 염세. ¶～主义zhǔyì =〔悲观bēiguān主意〕 | 염세주의. ¶她有些～ | 그녀는 다소 염세적이다. ❷ 動 세상을 싫어하다. 염세적이다.

3【厌恶】yànwù 動 싫어하다. 혐오하다. ¶别惹rě人～ | 남의 혐오감을 자아내지 마라

【厌战】yànzhàn 動 전쟁을 혐오하다. ¶官兵们都～ | 군인들은 모두 전쟁을 혐오했다. ¶～情绪qíngxù | 염전 사상(厭戰思想)

【餍(饜)】yàn 포식할 염

書 動 ❶ 배불리 먹다. 포식하다. ¶必～酒食而后反 | 반드시 술과 음식을 배불리 먹은 후에야 돌아가다. ❷ 만족하다 =〔厌yàn③〕

【餍足】yànzú 書 動 ❶ 배불리 먹다. 포식하다. ❷ 배불리 먹어 만족하다. 흡족하다. ¶人心总无～ | 인간의 마음은 항상 만족이란 없다.

【沿】yàn ☞ 沿 yán Ⓑ

2 ## 【咽】yàn ☞ 咽 yān Ⓑ

【彦】yàn 선비 언

❶ 書 名 선비. 재덕(才德)을 겸비한 사람. 뛰어난 사람. ¶一时英～ | 당대의 영재. ❷ (Yàn) 名 성(姓)

【彦士】yànshì 書 名 뛰어난 인물. ¶可谓国之良臣, 时之～矣! | 가히 나라의 훌륭한 신하요, 시대의 훌륭한 인물이로다《三國志·魏志》

【谚(諺)〈喭〉】yàn 상말 언

名 속담. 이언(俚諺) ¶农nóng～ | 농업에 관한 속담.

【谚语】yànyǔ 名 속어. 속담. 이언(俚諺) ¶他会说许多～ | 그는 많은 속어를 할 줄 안다.

1 ## 【研】yàn ☞ 研 yán Ⓑ

【砚(硯)】yàn 벼루 연

名 ❶ 벼루. ¶笔bǐ～ | 붓과

벼루. ❷書轉 동학(同學) 동창. ¶同～ | 동학 ‖ =〔研yàn〕

【砚池】yànchí 名 연지. 연해(硯海) ¶～之交 | 轉 동창(同窗)

【砚台】yàn·tai 名 벼루. ¶上好的～ | 좋은 벼루

【唁】yàn 위문할 언
書動 위문하다. 조문하다. 조상하다. ¶吊diào～ =〔慰唁wèiyàn〕| 조문하다.

【唁电】yàndiàn 名 조전(弔電) ¶许多国家发来了～ | 많은 나라에서 조전을 보내왔다.

1【宴〈讌1,2醼1,2〉】yàn 잔치 연 ❶名 잔치. 연회. ¶设shè～招待zhāodài | 연회를 베풀어 접대하다. ❷動 (손님을 청하여) 주식(酒食)을 대접하다. 잔치하다. ¶欢～ | 환영 연회를 열다. ❸形 편안하다. 즐겁다. ¶～安↓ ‖ =〔晏yàn②〕‖ =〔書 燕yàn②〕

【宴安】yàn'ān 書 ❶名 안일(安逸). 방탕함. ❷動 안일(安逸)을 추구하다. 방탕하다. ¶～逸乐 | 방탕하다.

【宴安鸩毒】yàn ān zhèn dú 成 향락을 일삼는 것은 독술로 자살하는 것과 같다. 안일(安逸)에 빠지면 큰 해를 입는다. ¶年轻人不可贪图tāntú享受, 要知道～这个道理 | 젊은이는 즐기려고만 해서는 안되며 향락에 빠지면 큰 해를 입는다는 도리를 알아야 한다.

1【宴会】yànhuì 名 연회. ¶～厅tīng | 연회장. ¶举行盛大shèngdà～ | 성대한 연회를 베풀다. ¶赴fù～ | 연회에 참가하다

4【宴请】yànqǐng 動 잔치를 베풀어 손님을 초대하다. ¶参加cānjiā～ | 연회에 초청을 받아 가다. ¶～宾客bīnkè | 손님을 초대하여 잔치를 베풀다. ¶～朋友 | 잔치에 친구를 초대하다.

4【宴席】yànxí 名 연회석. ¶大摆dàbǎi～ | 연회석을 크게 설치하다.

【宴饮】yànyǐn 書動 연회를 베풀다.

【堰】yàn 방죽 언
名 댐. 제언(提堰). 방죽. ¶打～ | 댐을 쌓다→〔坝bà①〕

【堰堤】yàndī 名 방죽. 제언. ¶修筑～ | 방죽을 쌓다.

【晏】yàn 늦을 안
❶形 늦다. ¶不得～起 | 늦게 일어나서는 안된다. ❷形 편안하다. 즐겁다. ¶海内～如 | 나라 안이 태평하다 =〔宴yàn③〕❸形 맑다. 깨끗하다. ¶天清日～ | 하늘은 맑고 태양은 깨끗하다. 천하가 태평하다. ❹(Yàn) 名 성(姓)

【晏驾】yànjià 書動 (궁의 수레가) 늦게 나가다. 轉 붕어(崩御)하다. ¶皇帝～ | 황제가 붕어하다.

3【艳(艶)〈豔〉】yàn 고울 염 ❶形 (색채·광택이) 아름답다. 곱다. ¶娇jiāo～ | 요염하다. ❷形 (문장이) 아름답다. 화려하다. ¶词～不工 | 문장은 아름다우나 기교는 부족하다. ❸形 색정(色情)적이다. ¶～史↓ ¶这个故事好～啊 | 이 이야기는 아주 색정적이다. ❹書動 부러워하다. 선망(羨望)하다. ¶～羡xiàn↓

【艳词】yàncí 名 염사. 아름다운 글귀. 아름다운 문장. ¶我很爱读《花间集》里的～ | 나는 「화간집」의 염사 읽기를 좋아한다.

【艳福】yànfú 書名 염복. 여복. ¶他家有美妻, 真是～不浅qiǎn! | 그의 집에는 아름다운 아내가 있으니 실로 염복이 있구나! →〔眼yǎn福〕〔口kǒu福〕

【艳歌】yàngē 名 연가(戀歌) 사랑의 노래. ¶～飘香piāoxiāng | 연가가 들려오다 =〔艳曲〕

【艳丽】yànlì 書形 염려하다. 곱고 아름답다. ¶～无比 | 비할 바 없이 아름답다. ¶～夺目 | 눈부시게 아름답다. ¶～的彩虹cǎihóng | 아름다운 무지개.

【艳情】yànqíng 名 염정. 연정(戀情) ¶～小说 | 염정 소설. ¶～故事 | 사랑 이야기.

【艳诗】yànshī 名 연애시. 염정시. ¶他不喜欢～ | 그는 염정시를 좋아하지 않는다.

【艳史】yànshǐ 名 염사. 로맨스.

【艳羡】yànxiàn 動 염선하다. 흠모하다. 부러워하다. ¶您的福气fúqì是大家都很～的 | 당신의 행복은 모두가 대단히 부러워하고 있는 바입니다 =〔艳慕mù〕

【艳阳】yànyáng 書名 화창한 풍광. ¶～高照gāozhào | 화창한 풍광이 높게 비치다. ¶～的春天 | 화창한 봄날.

【滟(灩)〈灧〉】yàn 출렁거릴 염 ❶形 물이 출렁거리다. 물이 출렁거리며 넘치다. ¶潋liàn～ | 물이 넘치다. ❷名 지명에 쓰이는 글자. ¶～滪堆yùduī | 염여퇴. 사천성(四川省) 구당협(九唐峡) 상류의 큰 암석이 있는 곳 [현재는 제거되고 없음]

1【验(驗)〈騐〉】yàn 시험 험 ❶動 검사하다. 시험하다. 점검하다. ¶检jiǎn～ | 검사하다. 점검하다. ¶试shì～ | 시험하다. ❷名動 효과(가 있다) ¶效xiào～ | 효험. ¶屡试屡～ | 여러 번 시험해도 늘 효과가 있다. ❸書名 증거. ¶证zhèng～ | 증거.

【验便】yàn/biàn ❶動 검변(檢便)하다. ¶验大便 =〔检验大便〕| 대변을 검사하다. ¶验小便 =〔检验小便〕| 소변을 검사하다. ❷(yànbiàn) 名 검변.

【验单】yàndān ❶動 서류를 검사하다. ¶～员 | 검사원. ¶～放行 | 서류를 조사하고 통과를 허가하다. ❷名 검사증. 검사표. ¶出示～ | 검사표를 내 놓다. ‖ =〔验票piào①〕

【验电器】yàndiànqì 名〈物〉검전기(檢電器)

【验方(儿)】yànfāng(r) 名〈醫〉효력이 있는 처방. 잘 듣는 처방. ¶这是很好的～ | 이것은 아주 효력이 있는 처방이다.

【验放】yànfàng 書動 검사를 마친 뒤 통과시키다. ¶～行人 | 통행인을 검사하여 통과시키다.

【验关】yànguān 動 세관 검사를 하다. 세관 검사를 받다. ¶报关bàoguān～是旅客后必经的手续shǒuxù | 세관신고와 세관검사는 여행객이 반드시 거쳐야 하는 수속이다. ¶海关～ |

세관 검사.
【验光】yàn/guāng 動 시력을 검사하다. 안경의 도수를 맞추다. ¶买眼镜yǎnjìng先得~ | 안경을 사려면 먼저 도수를 맞춰야 한다. ¶~配镜pèijìng | 도수를 검사하여 안경을 맞추다.
【验货】yàn/huò 動 (세관에서) 화물을 검사하다. ¶先~, 后交款jiāokuǎn | 먼저 화물을 검사한 후 돈을 지불하다.
【验明】yànmíng 書 動 조사하여 밝히다. 검사하여 밝히다. 확인하다. ¶~正身, 绑赴bǎngfù刑场执行 | 범인이 틀림없다는 것을 밝힌 후, 형장에 호송하여 형을 집행하다.
【验票】yànpiào ❶ ⇒〔验单dān〕 ❷ 名 검찰(檢札) 검표. ❸ 動 검찰(檢札)하다. 검표하다.
【验墒】yàn/shāng 動〈農〉토양의 습도를 검사하거나 측정하다.
【验尸】yàn/shī ❶ 動 검시하다. ¶法医fǎyī来~, 要是看出有什么可疑的地方, 还得解剖jiěpōu | 법의가 와서 검시를 하고, 만일 어떤 의심나는 곳이 있으면, 다시 해부해야 한다. ❷ (yànshī) 名 검시 ‖ =〔验死〕
4【验收】yànshōu 動 검수하다. ¶逐项zhúxiàng~ | 항목에 따라 검수하다. ¶~制度 | 검수 제도. ¶~试验shìyàn | 검수 시험. ¶交给国家~ | 국가에 제출하여 검수를 받다.
【验算】yànsuàn ❶ 名 검산. ❷ 動 검산하다. ¶做完算术题suànshùtí后一定要~ | 산술문제를 푼 후 반드시 검산을 해 보아야 한다. ¶~公式gōngshì | 검산 공식.
【验血】yàn/xuè ❶ 動 혈액 검사를 하다. ¶先给他~, 如果合格了再说 | 먼저 그의 혈액검사를 한 후 합격하면 다시 얘기해 봅시다. ❷ (yànxuè) 名 혈액 검사. ¶~室 | 혈액 검사실.
4【验证】yànzhèng 動 검증하다. ¶~理论 | 이론을 검증하다 =〔证验①〕

4【雁〈鴈〉】yàn 기러기 안
名〈鳥〉기러기. ¶终日打~, 叫~啄zhuó了眼 | 종일 기러기 사냥을 하다가, 기러기 주둥이에 눈을 쪼이다. 喻 익숙한 일에도 때로는 실패하는 일이 있다. 원숭이도 나무에서 떨어질 때가 있다.
【雁帛】yànbó 書 名 서신. 편지 [한(漢)의 소무(蘇武)가 흉노(匈奴) 땅에 억류되어 있을 때 비단에 쓴 편지를 기러기 발에 묶어 무제(武帝)에게 보낸 고사에서 온 말] =〔雁便〕〔雁书〕〔雁素〕〔雁信〕
【雁行】yànháng 書 名 ❶ (가지런히 날아가는) 기러기의 행렬. ❷ 喻 안항. 안행. ¶~断序 =〔雁行失序〕〔雁行折翼zhéyì〕 | 國 형제 가운데 하나가 죽다 ‖ =〔雁序〕
【雁来红】yànláihóng 名〈植〉색비름 =〔十样锦jǐn①〕〔老少年③〕→〔鸡冠花jīguànhuā〕
【雁书】yànshū ⇒〔雁帛bó〕
【雁信】yànxìn ⇒〔雁帛〕
【雁序】yànxù ⇒〔雁行〕

【赝(贋)〈贗〉】yàn 거짓 안
書 名 形 가짜(의). 위조(의) ¶~品↓
【赝本】yànběn 名 (명인의 작품으로) 위조한 고서화(古書畫) ¶他断定这是~ | 이것은 위조한 고서화라고 그는 단정했다.
【赝币】yànbì 書 名 위조 화폐 [일반적으로 동전을 가리킴] ¶鉴别jiànbié~ | 위조 화폐를 감별하다.
【赝碱】yànjiǎn 名〈化〉식물 염기. 알칼로이드(alkaloid) =〔碱③〕〔生物碱〕
【赝品】yànpǐn 名 위조품. 가짜 물건. ¶他的收藏shōucáng中有不少是~ | 그가 소장하고 있는 것 중에 많은 것이 가짜이다.

【焱】yàn 불꽃 염
書 名 불꽃 =〔焰①〕
【焱焱】yànyàn 貺 ❶ 빛이 번쩍번쩍 빛나다. ❷ 불이 훨훨 타오르다.

3【焰〈燄爓〉】yàn 불꽃 염
❶ 名 불꽃. 화염. ¶烟yān~ | 등잔 불꽃. ¶烟~弥漫mímàn | 國 연기와 화염이 가득차다 =〔焱yàn〕 ❷ 轉 기세(氣勢) ¶气~万丈wànzhàng | 기세가 하늘을 찌르다.
【焰火】yànhuǒ 名 ❶ 方 불꽃. 꽃불. ¶放~ | 불꽃을 (쏘아) 올리다→〔烟yān火〕 ❷ 화염. 불길. ¶冒mào出~ | 불길이 솟다.
【焰口】yàn·kou 名〈佛〉아귀(餓鬼)의 이름 [그 입에서 불길을 뿜는다고 함] ¶放~ | 아귀에게 시주하다. 사람이 죽은 지 사흘째 되는 날 밤에 중·도사를 불러 독경하며 명복을 비는 것.
【焰心】yànxīn 名〈化〉염심. 불꽃심. 환원염(還元焰)

3【燕〈鷰〉】yàn Yān 제비 연
Ⓐ yàn ❶ (~儿, ~子) 名〈鳥〉제비. ¶小~儿 | ⓐ 제비. ⓑ 제비 새끼. ❷ 고서(古書)에서 「宴」과 통용⇒〔宴yàn〕
Ⓑ Yān 名 ❶〈史〉주대(周代)의 나라 이름 [지금의 하북성(河北省) 북부와 요녕성(遼寧省) 남부 지역] ❷ 簡〈地〉「北京」(북경)의 다른 이름. ¶~迷mí | 북경에 매혹된 사람 [일반적으로 외국인에 대하여 많이 사용함] ❸ 簡〈地〉「河北省」(하북성)의 다른 이름. ❹ 성(姓)
Ⓐ yàn
【燕麦】yànmài 名〈植〉귀리 =〔铃铛língdāng麦〕〔皮pí燕麦〕〔香xiāng麦〕→〔莜yóu麦〕
【燕雀(儿)】yànquè(r) 名〈鳥〉되새 =〔花鸡huājī〕〔花雀〕
【燕雀处堂】yàn què chǔ táng 國 제비와 참새가 집에다 둥우리를 짓고 아주 안전한 줄로 여기다. 위험에 처하고서도 자각하지 못하다. ¶现在是~, 小人当道 | 지금 위험에 처하고서도 소인들은 실권을 쥐고 있다고 여긴다 =〔燕雀处屋wū〕
【燕尾服】yànwěifú 名 연미복. ¶他穿上~, 指挥zhǐhuī了一场歌剧 | 그는 연미복을 입고 가극을 지휘했다.
【燕窝】yànwō 名 제비집 [제비가 해조류(海藻

類)를 침으로 다져서 만든 것으로 중국요리의 고급 재료. 백색의 것은「雪燕」이라 하여 고급품이며, 회색이나 깃이 섞인 것은「毛máo燕」이라 하는데 하등품임] ¶～蛋dàn|〈食〉제비집과 비둘기알을 넣어 만든 요리. ¶～羹gēng|〈食〉제비집과 닭을 넣어 끓인 국. ¶～汤|〈食〉제비집으로 만든 고급 수프(soup) ¶～粥zhōu|〈食〉제비집을 넣어 끓인 죽 =〔燕巢cháo〕→〔金丝jīnsī燕〕

【燕鱼】yànyú 名〈魚貝〉❶ 날치 =〔飞fēi鱼①〕 ❷ 삼치 =〔鲅bà鱼〕

3【燕子】yàn·zi 名〈鳥〉제비. ¶～筑窝zhùwō|제비가 집을 짓다 =〔燕儿〕

B Yān

【燕京】Yānjīng 名 연경. 북경의 옛 이름 [북경의 위치가 옛날 연(燕)나라 땅이었기에 이렇게 불리어짐] =〔燕都〕

【酽(釅)】yàn 진할 엄
形 진하다. ¶这碗茶太～了|이 차는 너무 진하다→〔浓nóng〕

【酽茶】yànchá 名 농차. 진한 차.

【酽儿咕】yànr·gu 動 빈정대다. 시큰둥하다. ¶谁招zhāo你了, 你怎么净说～话|누가 너를 건드렸는지 모르지만 너는 어째서 빈정대기만 하는가.

【谳(讞)】yàn 평의할 언/얼
書 動 죄를 심판하다. 재판하다. ¶定～|판결하다.

【谳牍】yàndú 書 名 소송기록(訴訟記錄)

【谳官】yànguān 書 名 판관. 재판관 =〔谳员〕

yāng |尢

2【央】yāng 가운데 앙
❶ 名 중앙. 중심. ¶中～|중앙. ❷ 動 간청하다. 간원(懇願)하다. ¶到处～人帮忙bāngmáng|곳곳에서 남에게 도움을 간청하다. ¶只好～人去找|남에게 부탁하여 가서 찾아달라 할 수 밖에 없다. ❸ 書 動 끝나다. 다하다. ¶夜未～|날이 아직 밝지 않았다.

【央告】yāng·gao 動 간청하다. 애원하다. 부탁하다. ¶～了半天, 他还是不去|한참을 간청해도 그래도 그는 가지 않는다. ¶～宽恕kuānshù|관대한 용서를 간청하다. ¶我再三～, 他才答应dāyìng|내가 재삼 간청해서야 그는 허락을 했다 =〔央及〕〔央请〕〔央求〕

【央求】yāngqiú ⇒〔央告gào〕

【央托】yāngtuō 動 간절히 부탁하다. 간청하다. ¶她～我办一件事儿|그녀는 나에게 일을 한가지 해달라고 부탁했다 =〔请托〕

【央元音】yāngyuányīn 名〈言〉중설 모음[혀의 중간 부분이 일어나며 생기는「元音」의 하나. 발음할 때 혀의 중간 부분이 입 천장을 향해서 일어나는데, 중국어 표준음의 「啊ā」 등임] =〔中元音〕

【泱】yāng yǎng 깊을 앙

A yāng 書 狀 물이 깊고 크다. ¶～～↓

B yǎng ⇒〔泱郁〕

A yāng

【泱泱】yāngyāng 書 狀 ❶ 수면(水面)이 넓다. ❷ 기백(氣魄)이 대단하다. ¶～大国|강대한 세력의 대국.

B yǎng

【泱郁】yǎngyù 書 形 왕성하다. 울창하다.

4【殃】yāng 재앙 앙
❶ 名 화. 재난. 재앙. ¶遭zāo～|재난을 만나다. ¶灾zāi～|재앙. ❷ 動 해를 끼치다. ¶祸huò国～民|成 나라와 국민에게 해를 끼치다.

【殃及池鱼】yāng jí chí yú 成 까닭없이 화(禍)를 당하다. ¶城门失火, ～|成 성문에 불이 나는 바람에 연못 속의 고기에까지 재앙이 미치다. 까닭없이 화를 당하다.

【殃尽必昌】yāng jìn bì chāng 成 재난을 당하면 이어 번영이 온다→〔苦kǔ尽甘来〕

3【秧】yāng 모 앙
❶ (～儿, ～子) 名 식물의 모. 모종. ¶树～儿|묘목. ¶花～|꽃모종. ❷ (～儿) 名 볏모. ¶插chā～|모를 심다. ❸ (～子) 名 일부 식물의 줄기. 대. ¶瓜guā～|오이 덩굴. ¶白薯báishǔ～|고구마 줄기. ¶豆dòu～|콩대. ❹ (～子) 名 (일부 동물의) 갓난 새끼. ¶鱼～子|치어(稚魚) ¶一只猪zhīzhū～|돼지 새끼 한 마리. ❺ 動 方 재배하다. 기르다. 사육하다. ¶～几棵树|나무 몇 그루를 재배하다. ¶他～了一池鱼|그는 물고기를 못 하나에 길렀다. ❻ 動 北 (성질이) 비뚤어지다. 심술을 부리다. ¶这个人越劝越～|이 사람은 말릴수록 비뚤어진다.

【秧歌】yānggē 名 앙가 [중국 북방의 농촌 지역에서 널리 유행하던 민간 가무의 일종으로 징이나 북으로 반주하며 어떤 지방에서는 일정한 줄거리를 연출하기도 함. 현재는 전국적으로「秧歌队yānggēduì」가 조직되어 농촌의 선전 활동을 담당함] ¶扭niǔ～ =〔闹nào秧歌〕|앙가에 맞추어 춤을 추다 =〔插chā秧歌〕〔秧歌舞〕

【秧歌剧】yānggējù 名〈演映〉「秧歌」의 형식을 빌어 연출하는 가극.

【秧鸡】yāngjī 名〈鳥〉흰눈썹뜸부기.

【秧脚】yāngjiǎo 名 모의 밑부분. 모의 밑둥. ¶～太长了|모의 밑둥이 너무 길다.

【秧龄】yānglíng 名〈農〉모가 모판에서 자라는 시간. ¶～长|모가 모판에서 자라는 시간이 길다.

【秧苗】yāngmiáo 名 모. 새싹. ¶～移植机yízhíjī|모 이식기. ¶青少年就是国家的～|청소년은 그야말로 나라의 새싹이다.

【秧儿】yāngr 名 ❶ (벼 등의) 모. 모종. ❷ 喻 풋내기. 햇병아리.

【秧田】yāngtián 名 ❶ 모판. 못자리. ¶在～施肥|못자리에 비료를 주다. ❷ 모를 갓 심은 논.

【秧子】yāng·zi 名 ❶ (식물의) 모. 모종. ❷ (동물의) 갓난 새끼. ❸ 京 (세상 물정을 모르는) 풋내기. 햇병아리. ¶吃～ =〔架jià秧子〕|(세

상물정을 모르는) 얼뜨기를 속이다〔치켜세우다〕 ¶别信那些架～的话! | 그렇게 치켜세우는 말을 믿지 말라! ❹㊍ 바보. 멍청이. ❺아이. 꼬마. 꼬맹이. ¶这野～也得算一户 | 이 꼬맹이도 한 세대로 쳐야 한다.

【鞅】yāng yàng 가슴걸이 앙
Ⓐyāng❶图가슴걸이. ❷㊔動(짐을) 지다. 메다.
Ⓑ yàng ⇒〔牛niǔ鞅〕

【鸯(鴦)】yāng 원앙 앙
⇒〔鸳yuān鸯〕

yáng ㄧㄤˊ

1【羊】yáng 양 양
❶图〈動〉양. ¶一只zhī～ | 양 한마리. ¶公～ | 숫양. ¶母～ | 암양. ¶山～ | 염소. ❷㊢㊌양순하다. 순하다. ¶不许在我面前装～ | 내앞에서 양처럼 양순한 척 하지 마라. ❸(Yáng) 图성(姓) ❹「祥」「佯」과 통용⇒〔祥xiáng〕〔佯yáng〕

【羊肠小道】yáng cháng xiǎo dào 國 꼬불꼬불한 오솔길 [일반적으로 산길을 일컬음] ¶这山上全是～ | 이 산에는 꼬불꼬불한 오솔길만 있다 =〔羊肠路〕〔羊肠鸟道〕〔羊肠小径jìng〕

【羊齿】yángchǐ 图〈植〉면마 =〔绵马miánmǎ〕

【羊癫风】yángdiānfēng 图〈漢醫〉간질. ¶他得了～ | 그는 간질병에 걸렸다 =〔羊角(儿)风①〕〔羊角疯〕〔羊痫xián病〕〔羊痫风〕〔癫痫〕〔痫约shāo〕

【羊痘】yángdòu 图〈醫〉양두. ¶他得了～ | 그는 양두에 걸렸다.

【羊肚儿手巾】yángdǔr shǒujīn 图組 ㊄ 수건. 타월 =〔羊肚子毛巾〕〔毛巾〕

【羊肚蕈】yángdǔxùn 图〈植〉그물주름 버섯. 숭숭이 버섯 =〔羊肚菜〕〔羊肚菌yángdǔjūn〕〔编笠菌biānlìjūn〕

【羊羔(儿)】yánggāo(r) 图❶어린양. 새끼양. ❷뱃속에 든 양의 새끼. ❸㊓기독교 신자. ¶迷途mítú的～ | 길 잃은 어린 양(방탕한 기독교 신자) ❹〈食〉고대(古代)에, 분주(汾州)에서 생산되던 명주(名酒) =〔羊羔酒〕

【羊羹】yánggēng 图〈食〉❶양갱. 단팥묵. ❷양고기를 넣어 끓인 국.

【羊工】yánggōng图고용된 양치기→〔磨mó洋工〕

【羊倌(儿)】yángguān(r) 图 양치기 =〔羊官〕

【羊毫】yángháo 图 양털로 만든 붓. ¶他爱用～写字 | 그는 양털로 만든 붓을 애용한다.

【羊胡子草】yánghú·zicǎo 图〈植〉황새풀.

【羊角】yángjiǎo图❶양의 뿔. ❷㊔회오리 바람. ¶～风 | 회오리 바람 ❸(Yángjiǎo) 복성(複姓).

【羊角(儿)风】yángjiǎo(r)fēng ❶⇒〔羊癫风yángdiānfēng〕 ❷图 회오리 바람.

【羊毛】yángmáo 图 양모. 양털. ¶雪白的～ | 눈처럼 흰 양모. ¶～袜wà | 양모〔울〕양말. ¶～标志biāozhì | 울 마크(wool mark)

【羊毛疔】yángmáodīng 图〈漢醫〉가슴이 매우 아프며 가슴이나 등에 흡각(吸角)을 뜬 뒤 은침으로 후비면, 양털 같은 것이 나오는 병.

【羊膜】yángmó 图〈生理〉양막. 모래집 →〔羊水〕〔衣包yībāo〕

【羊奶】yángnǎi 图 양젖. ¶用～喂wèi孩子 | 양젖을 먹여 아이를 기르다.

【羊皮】yángpí 图 양가죽. ¶～革gé | 양 모피. ¶披pī着～的狼láng | 양의 가죽을 쓴 이리. ㊓위선자.

【羊皮纸】yángpízhǐ 图❶양피지. ¶红～ | 붉은 양피지. ¶白～ | 흰 양피지. ❷황산지. 유산지.

【羊群里头出骆驼】yángqún lǐ·tou chū luò·tuo 諺 양떼 속의 낙타. 군계 일학(群鷄一鶴) 여러 사람 가운데서 매우 출중한〔뛰어난〕 사람. ¶～他们兄弟中就是他一个人出色 | 양떼 속의 낙타처럼 그들 형제 중에서 그 혼자만이 출중하다→〔鹤hè立鸡群〕

【羊入虎口】yáng rù hǔ kǒu 國 양이 호랑이 입으로 들어가다. 사지(死地)로 들어가다. ¶这回他是～, 必死无疑 | 이번에 그는 양이 호랑이 입으로 들어가는 격이 되어서 틀림없이 살아남지 못할 것이다.

【羊水】yángshuǐ 图〈生理〉양수. ¶化验huàyàn～ | 양수를 검사하다→〔羊膜mó〕

【羊桃】yángtáo ❶⇒〔五敛子wǔliǎnzǐ〕 ❷图㊄〈植〉다래 =〔猕猴míhóu桃〕〔苌cháng楚〕〔长楚〕‖=〔杨桃yángtáo〕

【羊痫病】yángxiánbìng ⇒〔羊癫风diānfēng〕

【羊踯躅】yángzhízhú 图〈植〉(털)만병초 =〔闹羊花nàoyánghuā〕

【佯】yáng 속일 양
❶動속이다. 가장하다. …(인) 체하다. ¶～做不知 | 모르는 체하다. ¶装～ | 가장하다 =〔㊔阳〕 ❷⇒〔徜cháng佯〕

【佯攻】yánggōng❶图〈軍〉양동 작전 ❷動〈軍〉양동 작전을 펴다. 양동하다. 거짓 공격을 하다. ¶一连～, 二连掩护yǎnhù | 1중대는 거짓 공격을 하고 2중대는 엄호를 한다. ❸图〈體〉(탁구의) 페인트(feint) =〔滑板huábǎn③〕

【佯狂】yángkuáng ㊔動 미치광이인 척하다. 미친 체하다. ¶古代有许多贤人因害怕hàipà皇帝迫害pòhài而～ | 고대의 많은 현인들은 황제의 박해가 두려워 미친 척했다 =〔阳yáng狂〕

【佯言】yángyán ㊔❶图 거짓말. ❷動 거짓말하다. ¶他～要去京城告状gàozhuàng | 그는 서울로 가서 고소하겠다고 거짓말을 했다 =〔阳yáng言〕→〔诈语zhàyǔ〕

【徉】yáng 노닐 양
⇒〔徜cháng徉〕〔彷páng徉〕

2【洋】yáng 큰바다 양
❶图 대양(大洋). 큰바다. ¶太平～ | 태평양. ¶海～ | 해양. ❷㊢ 성대하다. 풍성하다. 가득하다. ¶～溢yì↓ ¶～～大观dàguān↓ ❸图 외국. ¶～货huò↓ ¶出～ | 외국에 가다. ❹图 근대적〔서구적·현대적〕인 것. ¶～法 | 현대적 방법. ¶土～结合 | 재래식과 현대식의 결합 ⇔〔土tǔ⑪〕 ❺图簡 은화(銀貨) [「洋钱yángqián」의 약칭] ¶现～ | 현금. ¶罚fá～一百元 | 은화 백원의 벌금을 물다.

【洋白菜】yángbáicài 名 俗〈植〉양배추. 캐비지 =〔结球甘蓝jiéqiúgānlán〕〔卷juǎn心菜〕

【洋博士】yángbóshì 名 외국 박사 [외국 것에 경도하는 사람을 비꼬는 말] ¶引进了几个~ | 몇 명의 외국박사를 끌어들였다.

【洋布】yángbù 名〈紡〉캘리코(calico) ¶花huā~ | 사라사(saraca;포)

【洋财】yángcái 名 외국인과의 거래로 번 재물. (뜻밖에 얻은) 재물. 노다지. 횡재. ¶发~ | 큰돈을 벌다.

【洋菜】yángcài 名 俗 한천(寒天) 우무 =〔洋粉fěn〕〔琼qióng胶〕〔琼脂qióngzhī〕〔石花胶shíhuājiāo〕

【洋场】yángchǎng 名 조계지(租界地)의 다른 이름 [일반적으로 상해(上海)를 일컬음] ¶十里~ | 상해(上海)의 해안 거리. ¶~恶少èshào | 서양물이 든 불량 소년.

【洋车】yángchē 名 簡 俗 인력거 =〔东洋车〕〔方 黄包车huángbāochē〕〔方 胶皮车jiāopíchē〕〔人力车①〕

【洋瓷】yángcí 名 口 법랑 그릇. ¶~盆pén | 법랑을 입힌 대야 =〔搪瓷tángcí〕

【洋葱】yángcōng 名〈植〉양파. 옥파 =〔洋葱头〕〔葱头〕〔玉yù葱〕〔圆yuán葱〕

【洋灯】yángdēng 名 램프(lamp) ¶~罩zhào | 전등갓. 램프 셰이드.

【洋地黄】yángdìhuáng 名〈植〉디기탈리스(digitalis) ¶~粉fěn |〈藥〉디기탈리스 엽말(葉末) =〔毛地黄①〕

【洋缎】yángduàn 名〈紡〉인조 공단. 양단. ¶~料子 | 양단 옷감.

【洋法】yángfǎ 名 현대적 방법. ¶土法生产和~生产相结合 | 재래식 생산과 현대적 생산을 서로 결합하다.

【洋房】yángfáng 名 俗 양옥(洋屋). 양관(洋館) 서양식 집. ¶盖gài了一栋dòng~ | 양옥 한 채를 짓다.

【洋粉】yángfěn ⇒〔洋菜cài〕

【洋服】yángfú 名 양복. ¶他穿的是~ | 그가 입고 있는 옷은 양복이다 =〔西服〕

【洋橄榄】yánggǎnlǎn 名〈植〉「油橄榄yóugǎnlǎn」(올리브)의 다른 이름.

【洋镐】yánggǎo 名 곡괭이. ¶他挥动~挖wā土 | 그는 곡괭이를 휘둘러 땅을 판다 =〔鹤hè嘴〕

【洋鬼子】yángguǐ·zi 名 罵 양코(배기). 서양놈. 양키. ¶这些~太坏了 | 이 양키들은 너무 나쁘다.

【洋行】yángháng 名 ❶ (지난날 중국에 있었던) 외국인 상사(商社) ❷ 외국 상품을 취급하는 상점. ❸ 외국 상인과 전문적으로 거래하는 상점.

【洋红】yánghóng 名 ❶〈染〉(카민·폭신 등의) 빨간 물감. ❷〈色〉담홍색(淡紅色) 도색(桃色) 연분홍색.

【洋槐】yánghuái ⇒〔刺cì槐〕

【洋灰】yánghuī 名 俗 시멘트. ¶~混凝níng土 | 콘크리트. ¶~路 | 콘크리트 포장 도로. ¶~铁筋tiějīn=〔钠筋混凝土〕| 철근 콘크리트. ¶~胶泥jiāoní=〔洋灰泥〕〔洋灰浆〕|〈建〉시멘트 모르타르 =〔江 外 水门汀shuǐméntīng〕〔水泥ní〕〔外 西门土〕

【洋荤】yánghūn 名 처음 겪는 일. 신기한 일. ¶开~吃了西餐xīcān | 처음으로 서양요리를 먹었다.

【洋火】yánghuǒ 名 口 성냥. ¶~盒儿hér | 성냥갑. ¶~棍gùn儿 | 성냥 개비 =〔火柴chái〕〔自来火①〕

【洋货】yánghuò 名 서양 상품. 외래품. ¶抵制dǐzhì~ | 서양상품을 배척하다.

【洋碱】yángjiǎn 名 方 비누 =〔肥皂féizào①〕

【洋姜】yángjiāng 名 口〈植〉❷ 뚱딴지. 돼지감자. ❷ 뚱딴지의 덩이줄기 ‖=〔菊芋júyù〕

【洋泾浜】Yángjīngbāng 名〈地〉❶ 상해(上海)의 프랑스 조계(租界)와 공동 조계와의 경계 지점. ❷ 상해 조계의 총칭.

【洋泾浜话】Yángjīngbānghuà 名 江 피진 잉글리시(pidgin English) [중국의 무역항(貿易港)에서 외국인과의 거래를 위해 중국어식으로 하던 영어] ¶他跟外商说的是~ | 그가 외국상인과 하고 있는 말은 피진 잉글리시이다 =〔粵 盐水番话Yánshuǐfānhuà〕

【洋井】yángjǐng 名 ❶「机井jījǐng」(펌프우물)의 옛 이름. ❷「管井guǎnjǐng」(관정)의 옛 이름 →〔自流井〕

【洋框框】yángkuāng·kuang 名 외국 의존〔숭배〕의 속박. ¶打破dǎpò~ | 외국 의존의 속박을 타파하다 =〔洋教条jiàotiáo〕

【洋流】yángliú 名〈地〉해류. ¶不断向前的~ | 끊임없이 나아가는 해류 =〔海流〕

【洋码子】yángmǎ·zi 名 方 ❶ 아라비아 숫자. ❷ 알파벳. 로마자 ‖=〔洋码字〕

【洋面包】yángmiànbāo ❶ 名 서양(식) 빵. ❷ 喩 (「吃过洋面包」의 형식을 써서) 유학 경험이 있다. ¶这个人吃过~ | 이 사람은 서양에 유학한 적이 있다. ❸ 喩 희고 뚱뚱한 사람.

【洋墨水儿】yángmòshuǐr 名 잉크. ¶他喝过不少~ | 그는 오랫동안 유학생활을 했다 =〔墨水(儿)②〕

【洋奴】yángnú 名 외국인의 종 노릇하는 사람. 외국(인)의 주구. 외국(인) 추종〔숭배〕주의자. ¶不当~ | 외국인의 종 노릇은 안한다. ¶~买办mǎibàn | 외국인의 주구와 매판. ¶~思想 | 외국 숭배 사상.

【洋盘】yángpán 名 江 ❶ 촌놈. 시골뜨기. ❷ 세상 물정을 잘 모르는 순진하고 착한 사람. ❸ 풋내기.

【洋炮】yángpào 名 ❶ 외국제 대포를 일컫던 말. ¶血肉之躯qū挡不住dǎngbùzhù洋枪yángqiāng~ | 맨 몸으로는 서양총과 서양대포를 막을 수 없다. ❷ 새총. 조총.

【洋气】yáng·qì ❶ 名 貶 서양식. 서양풍. ❷ 形 貶 서양식의. 서양풍의. ¶有点儿~ | 서양 냄새가 풍기다. ¶穿戴chuāndài~的人 | 서양식 옷차림을 한 사람 →〔土气 ⓑ①〕

【洋钱】yángqián 名 口 옛날의 은화 [맨 처음 멕시코로부터 수입하였기 때문에 이렇게 일컬음] ¶为了几个~而送了命 | 몇 개의 은화때문에 목숨을 잃었다.

【洋枪】yángqiāng 名 서양제 소총.
【洋腔】yángqiāng 名 ❶ 외국물을 먹은 듯한 말투. ¶他的话中有不少～ | 그의 말에는 적잖은 외국말투가 섞여있다. ❷ 俗 외국어.
【洋琴】yángqín 名〈音〉❶ 양금 =〔打琴〕〔粵 蝴蝶琴húdiéqín〕〔铜丝tóngsī琴〕〔扬yáng琴〕 ❷ 피아노 =〔钢gāng琴〕
【洋人】yángrén 名 옛날, 외국인을 일컫던 말. ¶西～ | 서양인. ¶东～ | 동양인.
【洋嗓子】yángsǎng·zi 名 (노래에 있어서) 서양식 발성법으로 내는 목소리.
【洋纱】yángshā 名 ❶ (옛날, 수제 면사에 대하여) 기계로 짠 면사. ❷ (서)양사.
【洋式】yángshì ❶ 名 서양식. 근대식. 서양풍. ❷ 圖 서양식의. 근대식의. 서양풍의. ¶～建筑物jiànzhùwù | 양식 건축물 =〔西式〕⇔〔土式〕
【洋铁】yángtiě 名 俗 (서)양철. ¶～匠jiàng | 양철공.
【洋娃娃】yángwá·wa 名 외국 인형. 서양 인형. ¶他长zhǎng得象个～ | 그는 서양 인형처럼 생겼다.
【洋为中用】yáng wéi zhōng yòng 成 서양 문화 중에서 유익한 것을 받아들여 중국의 발전에 이용하다. ¶～的精神 | 양위중용의 정신
【洋味】yángwèi 名 貶 서양 냄새. 서양티.
【洋务】yángwù 名 ❶ 청말(清末), 외국과 관련되거나 외국식을 따라 행하는 사무. ¶～运动yùndòng | 양무운동. ¶办bàn～ | 외국과 교섭하다. ❷ (홍콩 등지에서의) 외국인을 대상으로 하는 서비스업.
【洋相】yángxiàng 名 꼴불견. 추태. ¶出尽chūjìn了～ | 추태라는 추태는 다 부렸다.
【洋绣球】yángxiùqiú 名〈植〉양아욱 =〔天竺葵tiānzhúkuí〕
【洋学堂】yángxuétáng 名〈史〉청말(清末)에 설립된 외국식〔신식〕 학교. ¶兴办xīngbàn～ | 신식학교를 세우다.
【洋洋】yángyáng ❶ 貶 가득하다. 풍부하다. 충만하다. ¶～万言 | 成 천언 만어. 수없이 많은 말. ¶～大文 | 成 방대한 문장. ❷ ⇒〔扬yáng扬①〕 ❸ 形 망망하다. 끝없이 넓다. ¶～大海 | 망망 대해. 한없이 넓고 큰 바다.
【洋洋大观】yáng yáng dà guān 成 장관이다. 웅장하다. 웅대하다. 방대하다. ¶这房子看上去～ | 이 방을 올려다 보니 정말 장관이다.
【洋洋得意】yáng yáng dé yì 成 득의 양양하다. 득의 만면하다. ¶他考试得了一百分后, 不禁～起来 | 그는 시험에서 100점을 받은 후 아주 득의 양양했다 =〔得意洋洋〕
【洋洋洒洒】yángyángsǎsǎ 貶 거침없이 척척 써 내려가다. 유창하게 이어지다.
【洋溢】yángyì 動 양일하다. 충만하다. 가득 넘쳐 흐르다. 널리 퍼지다. ¶热情rèqíng～ | 열정이 충만하다. ¶宴会上～着团结tuánjié友好的热烈气氛 | 연회석상에는 단결과 우호의 뜨거운 분위기가 넘쳐 흐르고 있다. ¶歌声gēshēng～ | 노랫 소리가 널리 퍼지다.
【洋油】yángyóu 名 ❶ 수입 석유. ❷ 方 석유. 등유 =〔煤油méiyóu〕
【洋芋】yángyù ⇒〔马铃薯mǎlíngshǔ〕
【洋烛】yángzhú 名 양촉. 양초. ¶点着一对～ | 한 쌍의 양초를 켜다.
【洋装】yángzhuāng 名 ❶ 양장. 양복. ¶一身～ | 양복 한 벌 =〔洋服〕〔西服〕 ❷ (책의) 양장. 서양식 장정. ¶～书 =〔洋装本〕 | 양장본 →〔线xiàn装书〕
【洋罪】yángzuì 名 (서양식을 흉내내다가 당하는) 호된 봉변. ¶我不愿受这～ | 나는 이런 봉변을 당하기 싫다.

【烊】yáng yàng 녹일 양
Ⓐ yáng 動 方 ❶ (금속 등을) 녹이다. ❷ 녹다. ¶糖táng～了 | 사탕이 녹았다. ¶冰bīng～了 | 얼음이 녹았다.
Ⓑ yàng ⇒〔打dǎ烊〕

【蛘】yáng 바구미 양
(～儿) 名 方〈蟲〉쌀벌레. 바구미 =〔方 蛘子〕

1【扬(揚)〈敭〉】yáng 오를 양
❶ 動 높이 들다. 높이 들어 올리다. ¶～手↓ ¶～脖bó儿 | 고개를 들다. ❷ 動 키질하다. 키로 까부르다. ¶～场↓ ¶把种子晒干shàigān～净jìng | 씨를 말려 깨끗이 키질하다. ¶拿簸箕bòjī～大豆 | 키로 콩을 까부르다 =〔飏yáng〕 ❸ 動 널리 알리다. 널리 퍼뜨리다. 선전하다. ¶宣xuān～ =〔彰zhāng扬〕 | 선양하다. 널리 알리다. ❹ 動 칭찬하다. 칭송하다. 찬양하다. ¶表～ =〔颂sòng扬〕 | 칭송하다. ❺ 動 펄럭이다. 휘날리다. 흩날리다. ¶飘piāo～ | 펄럭이다. 나부끼다. ¶尘土飞～ | 먼지가 흩날리다 =〔飏yáng〕 ❻ 形 의기 양양하다. 득의 양양하다. ¶趾zhǐ高气～ | 의기양양하다. ¶～～得意 | 득의양양하다. ❼ (Yáng) 名 簡〈地〉강소성(江蘇省) 양주(揚州) ¶～州菜 =〔淮huái扬菜〕 | 양주 일대의 요리. ❽ (Yáng) 名 성(姓)
【扬波】yángbō 動 물결이 높이 오르다. ¶海不～ | 바다가 잔잔하다. 천하 태평.
【扬长】yángcháng 副 아무렇지도 않은 듯이 훌쩍. 활개짓하며 성큼성큼. 유연히. ¶跨上独木桥dúmùqiáo, ～去了 | 외나무 다리를 훌쩍 건너가다.
【扬长而去】yáng cháng ér qù 成 활개짓하며 성큼성큼 가버리다. 아무렇지도 않은 듯이 훌쩍 떠나다.
【扬场】yáng/cháng ❶ 動〈農〉(풍구·넉가래 등으로) 풍구질하다. 넉가래질하다. ¶～机 | 풍구. ¶～锨xiān | 넉가래. ❷ 名 탈곡장.
【扬程】yángchéng 名 양정 [통상 미터(meter)로 계산함] ¶高～水泵shuǐbèng | 고양정 펌프. ¶高～抽水站chōushuǐzhàn | 고양정 양수장(揚水場)
【扬帆】yáng/fān 書 動 돛을 올리(어 출범하)다. ¶～远征yuǎnzhēng | 돛을 올리고 원정하다.

【扬幡招魂】yáng fān zhāo hún 成 만장을 걸어놓고 죽은자의 영혼을 부르다. 몰락한 것을 되살아나게 하다.
【扬花】yáng/huā 動〈農〉❶풍선(風選)하다. ❷(벼·밀·수수 등의 작물이 꽃이 필 때) 꽃가루가 흩날리다.
【扬剧】yángjù 名 양극 [강소성(江蘇省) 양주(揚州) 부근의 농촌에서 발생한 지방극] =〔维扬戏wéiyángxì〕
【扬厉】yánglì 書 動 용감하게 매진하다. 정신이 분발되고 의기가 양양되다. ¶铺张pūzhāng～ | 지나치게 겉치레하다 =〔发扬蹈dǎo厉〕
【扬眉吐气】yáng méi tǔ qì 成 (억압받던 심정을 떨치고) 기를 펴다. 활개를 치다. ¶这回中国人可以～了 | 이제는 중국인들이 기를 펼 수 있게 되었다.
【扬名】yáng/míng 書 動 이름을 날리다. 명성을 떨치다. ¶～四海 | 천하에 이름을 떨치다. ¶～后世 | 후세에 이름을 날리다.
【扬旗】yángqí ❶名(철도용) 완목(腕木) 신호기. ❷(yáng qí) 動 깃발을 높이 올리다.
【扬弃】yángqì ❶名 外〈哲〉양기. 지양(止揚). 아우프헤벤(Aufheben;독) =〔外 奥伏赫变àofúhèbiàn〕❷動 포기하다. 버리다 ‖=〔止扬〕
【扬琴】yángqín 名〈音〉양금. ¶～独奏dúzòu | 양금독주 =〔蝴蝶琴〕〔扇shàn面琴〕〔洋琴①〕
【扬榷】yángquè 書 動 약술(略述)하다. 개괄하여 논술하다. ¶～古今 | 成 고금의 일을 개괄하여 논술하다.
【扬声器】yángshēngqì 名 고성기. 확성기. 스피커. ¶舌簧式shéhuángshì～=〔电磁式扬声器〕| 마그네틱 스피커. ¶电动diàndòng～ | 다이나믹 스피커. ¶永磁式电动～ | 퍼머넌트 다이나믹 스피커 =〔扬声机〕〔俗 话筒huàtǒng④〕〔俗 无线电喇叭lǎbā〕
【扬手】yáng/shǒu 動 손을 쳐들다. 손을 내젓다.
【扬水】yáng shuǐ 動 (양수기로) 물을 퍼올리다. ¶～机 | 양수기
【扬水站】yángshuǐzhàn 名 양수장(揚水場) ¶修建xiūjiàn～ | 양수장을 건설하다.
【扬汤止沸】yáng tāng zhǐ fèi 成 끓는 물을 퍼냈다 다시 부어 끓는 것을 막다. 임시 방편으로 고통을 완화시키다. 근본적으로 문제를 해결하지 않다. ¶你这种做法无异于～ | 너가 이렇게 하는 것은 끓는 물을 퍼냈다 다시 부어 끓는 것을 막는 것과 다를 바 없다.
【扬言】yángyán 動 (…하겠다고) 떠벌이다. 큰소리치다 어법 일반적으로 부정적 뜻을 가진 문장에 많이 쓰임. ¶～要进行报复bàofù | 보복을 하겠다고 큰소리치다.
【扬扬】yángyáng 朕 자신 만만하다. 의기 양양하다. ¶～不睬cǎi | 成 자신 만만하다. 거들떠보지 않다. ¶～得意=〔得意扬扬〕| 成 득의 양양하다. ¶～如也 | 자신 만만한 얼굴이다. ¶～自得 | 매우 만족하다. ¶～雾雾wù | 한가하다. 여유있다 =〔洋洋②〕
【扬子鳄】yángzǐ'è 名〈動〉양자강(揚子江) 악어 =〔鼍tuó〕

1【阳(陽)】yáng 양기 양 ❶名〈哲〉양 [태극(太極)이 나뉜 두 기운중의 하나.] ❷名〈物〉전기의 양극. 플러스. ¶～极jí↓ ¶～电diàn | 양전기. ❸名 태양. ¶朝～ | 아침해. ¶太～历lì | 태양력 →〔日rì④〕❹산의 남쪽. 강의 북쪽 [일반적으로 지명에 많이 쓰임] ¶山的～坡pō | 산의 남쪽 사면. ¶洛luò～ | 낙양 [하남성(河南省) 낙수(洛水) 북쪽에 있는 시(市) 이름] ¶衡héng～ | 형양. 호남성(湖南省) 형산(衡山)의 남쪽에 있는 현(縣)이름. ❺밖으로 드러나 있다. 노출되어 있다. 표면적이다. ¶～沟gōu↓ ❻돌출되어 있다. 돌기되어 있다. ¶～文↓ ¶～刻kè | 양각(하다) ❼산 사람과 현세(現世)에 관한 것. ¶～宅zhái↓ ❽書 名 남성의 생식기. ❾書 形 밝다. ¶～春↓ ❿書「佯」과 통용⇒〔佯yáng①〕⓫(Yáng) 名 성(姓) ⓬복성(複姓)중의 한 자(字) ¶～成↓
【阳成】Yángchéng 名 복성(複姓)
【阳春】yángchūn 名❶(따뜻한) 봄(날) ¶十月小～ | 시월의 봄 같은 날. ❷喩 은혜. 혜택. ¶德政dézhèng如～ | 덕으로 다스리는 정치는 봄의 은혜로움과 같다. ❸(Yángchūn)〈地〉광동성(廣東省)에 있는 현(縣)이름.
【阳春白雪】yáng chūn bái xuě 名 전국(戰國)시대 초(楚)나라의 고상하고 훌륭한 가곡(歌曲) ❶통속적이 아닌 고상한 문학·예술 작품. ¶他的论文都是～, 一般人看不懂 | 그의 논문은 통속적인 것이 아니라서 일반인들이 보고 이해하기 힘들다→〔下里巴人xiàlǐbārén〕❷덕행이 높다.
【阳春面】yángchūnmiàn 名 江〈食〉소면(素麵) [고기 등의 건더기가 들어 있지 않은 가장 값싼 국수]
【阳德】yángdé 名❶양덕. 만물을 생성시키는 우주의 덕. 남자의 덕행. ❷양기(陽氣)
【阳电】yángdiàn 名〈物〉양전기. ¶～荷hé | 양전하 =〔正zhèng电〕→〔负fù电〕〔阴yīn电〕
【阳电子】yángdiànzǐ 名〈物〉양전자 =〔正zhèng电子〕
【阳奉阴违】yáng fèng yīn wéi 成 겉으로는 복종하나 속으로는 따르지 않다. 면종 복배(面從腹背)하다. ¶他向来～, 当面一套, 背后一套 | 그는 늘 겉으로는 복종하나 속으로는 따르지 않아 앞과 뒤가 각각 다르다.
【阳沟】yánggōu 名 개수로(開水路) =〔明沟〕⇔〔阴yīn沟①〕〔暗沟〕
【阳关】Yángguān 名〈地〉양관 [지금의 감숙성(甘肅省) 서부, 돈황현(敦煌縣)의 서남에 있던 관문. 옥문관(玉門關) 남쪽에 있었기 때문에 양관이라고 일컬었음. 옥문관과 더불어 서역(西域)으로 통하는 요충지였음]
【阳关大道】yáng guān dà dào 成 양관(陽關)을 통하여 서역(西域)에 이르는 큰 길 ❶통행이 편리한 큰 길. ¶你走你的～,我走我的独木小桥 | 당신은 당신의 (통행이 편리한 큰) 길로 가

시오 나는 나의 길(외나무다리)로 가겠소 ❷ 앞날이 밝은 길 ‖＝〔阳关道〕
【阳关道】yángguāndào ⇒〔阳关大道〕
2【阳光】yángguāng 名 양광. 햇빛. ¶温暖wēnnuǎn的～｜따뜻한 햇빛＝〔日光〕
【阳极】yángjí 名〈物〉양극. ¶～射线shèxiàn｜양극선＝〔正zhèng极〕⇔〔阴yīn极〕
【阳狂】yángkuáng ⇒〔佯yáng狂〕
【阳历】yánglì 名 (태)양력＝〔公gōng历〕〔太阳tàiyáng历〕〔西xī历②〕〔新xīn历〕→〔阴历〕
【阳平】yángpíng 名 중국어 성조(聲調)의 하나. 제2성. ¶念niàn～｜제 2성으로 읽다＝〔下平〕→〔四声sìshēng②〕
【阳畦】yángqí 名〈農〉양지 모판. 남향(南向)의 땅에 만든 못자리
【阳起石】yángqǐshí 名〈鑛〉양기석 [중국 의학에서는 강정제(强精劑)로 쓰임]＝〔光线石〕
【阳伞】yángsǎn 名 양산. ¶她打着～出门了｜그녀는 양산을 쓰고 나갔다＝〔旱hàn伞〕〔方 凉liáng伞〕〔洋yáng伞②〕→〔雨伞〕
【阳声(韵)】yángshēng(yùn) 名〈言〉양성운[중국 음운학에서「—m」,「—n」,「—ng」등의 비음(鼻音)이 운미(韻尾)인 음(擾)]→〔阴yīn声韵〕〔鼻韵(母)〕
【阳燧】yángsuì 名 (햇빛을 이용하여 불을 일으킬 때 쓰던) 거울같은 동제(銅製)의 도구.
【阳台】yángtái 名 ❶ 발코니. ¶修建xiūjiàn～｜발코니를 고쳐 만들다. ❷ 베란다＝〔露台②〕‖→〔晒shài台①〕
【阳痿】yángwěi 名〈醫〉음위(陰萎) 성교불능증. 임포텐츠(Impotenz;독)＝〔阳萎wěi〕〔阴yīn痿〕
【阳文】yángwén 名 양각(陽刻) [도장에 새겨진 것을「朱zhū文」이라고 함] ¶～花｜양각 부조로 한 무늬＝〔阳识〕〔阳字〕⇔〔阴文〕
【阳性】yángxìng 名 ❶〈言〉(문법상의) 남성. ❷〈醫〉(의학 또는 화학실험의) 양성. ¶～反应fǎnyìng｜양성 반응. ❸〈物〉(전극·화학시험지·세균 실험 등의) 플러스. 양성. ❹ 태양 ‖→〔阴性〕
【阳性植物】yángxìng zhíwù 名組〈植〉양지 식물＝〔阳地植物〕〔喜光xǐguāng植物〕→〔阴yīn性植物〕
【阳韵】yángyùn 名〈言〉고한어(古漢語) 운모(韻母)의 한 종류 [운미(韻尾)가「—m, —n, —ng」인 것을 말함]→〔入声〕〔阴yīn韵〕
【阳宅】yángzhái 書 名 (음양가(陰陽家)가 말하는) 사람이 사는 집. 주택.

【旸(暘)】yáng 해돋을 양

書 ❶ 動 해가 돋다. ❷ 名 맑은 하늘.
【旸谷】yánggǔ 書 名 (고서(古書)에서) 동쪽 끝의 해가 돋는다는 곳→〔扶桑fúsāng①〕

4【杨(楊)】yáng 버들 양

名 ❶〈植〉버들과(科) 식물의 총칭. ¶山～｜사시나무. ¶青～｜긴 잎 황철나무. ¶钻天zuāntiān～｜포플라. ¶银白～｜은백양. ¶垂chuí～柳＝〔垂柳〕｜수양버들→〔杨柳〕〔白bǎi杨〕〔柳liǔ〕❷ (Yáng) 성(姓)
【杨花】yánghuā 名 버들개지. 유서(柳絮) ¶～似雪sìxuě｜버들개지가 눈같다. ¶水性～｜喩 여자의 바람기＝〔柳絮liǔxù〕
【杨柳】yángliǔ 名〈植〉❶ 백양나무와 버드나무. ❷ 버드나무. ¶～迎风飞舞｜버드나무가 바람에 춤을 춘다＝〔柳树〕❸ 수양버들의 옛이름. ¶～依依惜别xībié｜이별을 아쉬워하다＝〔垂chuí(杨)柳〕
【杨梅】yángméi 名 ❶〈植〉양매. 소귀나무. ❷ 소귀나무의 열매. ❸ 方 딸기. ❹ 方 매독＝〔杨梅疮chuāng〕
4【杨树】yángshù 名〈植〉백양나무. 사시나무.
【杨桃】yángtáo ⇒〔羊桃yángtáo〕
【杨枝(净)水】yángzhī(jìng)shuǐ 名〈佛〉❶ 양지정수 [석륵(石勒)의 아들이 병에 걸려 죽으려 할 때 천축(天竺)의 부처 도징(圖澄)이 버드나무가지를 물에 적셔 뿌렸더니 소생했다는 고사] ❷ 轉 기사 회생의 감로수(甘露水)

【炀(煬)】yáng 땔 양, 녹일 양

書 ❶ 形 화력이 세다. 왕성하다. ❷ 動 금속을 녹이다→〔烊yáng①〕

【飏(颺)】yáng 날 양

動 ❶ (바람에) 펄럭이다. 휘날리다. ¶飘piāo～｜펄럭이다＝〔扬yáng⑤〕❷ 키질하다. 키로 까부르다＝〔扬②〕❸ 도주하다. 도망치다. ¶闻风远wénfēngyuǎn～｜소문을 듣고 멀리 도주하다.

【疡(瘍)】yáng 두창 양

名〈醫〉궤양. 종기. 부스럼. 뾰루지. ¶肿zhǒng～｜종양. ¶溃kuì～｜궤양. ¶脓nóng～｜농양→〔疮chuāng①〕

【钖(鍚)】yáng 당로 양

書 名 당로(當盧)[말의 이마에 대는 금속제의 장식물]

yǎng ㄧㄤˇ

2【仰】yǎng 우러러볼 앙

❶ 動 머리를 들고 쳐다보다. 머리를 쳐들다. ¶～起头来｜머리를 쳐들다 ⇔〔俯fǔ①〕❷ 動 흠모하다. 우러러보다. 존경하다. ¶久～｜존함은 오래 전부터 들었습니다. ¶敬jìng～｜경모하다. ❸ 動 의지하다. 의뢰하다. ¶～给于人｜남에게 의지하다→〔仰赖yǎnglài〕❹ 動 札 …하기 바라다. 공문서(公文書)의 용어 [하급 기관에서 상급 기관에 보내는 공문에서는「请qǐng」「祈qí」「恳kěn」등의 말 앞에 쓰여 공경의 뜻을 나타내고, 상급에서 하급으로 내리는 공문에서는 명령을 표시함] ¶～即遵照jízūnzhào｜즉시 지시대로 할 것. ❺ (Yǎng) 名 성(姓).
【仰八叉】yǎng·bachā 名 뒤로 벌렁 나자빠진 자세. 큰 대자로 드러누운 자세. ¶摔shuāi了个～＝〔跌diē了个仰八叉yǎngbāchā〕｜뒤로 벌렁 나자빠지다. ¶把他打了个～｜그를 때려 쓰러뜨렸다. ¶～下蛋xiàdàn｜歇 자빠져서 알을 낳다. 바보. 멍청이 [뒤에「笨鸡bènjī」가 이어지

기도 함] =〔仰八脚儿〕〔仰巴脚儿〕〔仰搬脚儿〕
【仰八脚儿】yǎng·bajiǎor ⇒〔仰八叉〕
【仰承】yǎngchéng 書 動 ❶ 의지하다. 의뢰하다. 기대다. ¶～你的关照guānzhào | 당신의 돌보아 주심으로〔배려로〕 ❷ 敬 (상대방의 의도를) 우러러 받다. 받들다. ¶～嘱托zhǔtuō, 立即着手zhuóshǒu | 札 당신의 부탁을 받들어,즉시 착수하겠습니다.
【仰光】Yǎngguāng 名〈地〉양곤 (Yangon) 랭군 [「缅甸Miǎndiàn」(미얀마;Myanmar)의 수도]
【仰给】yǎngjǐ 書 動 (남의) 공급에 의존하다. 도움에 의존하다. 도움을 바라다. 공급을 바라다. ¶～于人 | 남에게 도움을 바라다. 남에게 공급을 바라다.
【仰角】yǎngjiǎo 名〈數〉앙각 ⇔〔俯fǔ角〕
【仰赖】yǎnglài 動 의존하다. 의뢰하다. 부탁하다. ¶我还～您的帮助bāngzhù呢 | 당신의 도움을 부탁드립니다. ¶～于外国的扶植fúzhí | 외국의 원조에 의존하다. ¶～指教zhǐjiào | 지도를 부탁합니다 =〔仰仗zhàng〕→〔依yī赖〕
【仰脸】yǎngliǎn ❶ 名 방 입구의 위에 거는 폭 한자 정도의 장식용 천. ❷ (yǎng/liǎn) 動 얼굴을 쳐들다. 얼굴을 젖히다. ¶他～大笑 | 얼굴을 들고 크게 웃다.
【仰面】yǎng/miàn 動 얼굴을 젖혀 위로 향하다. 고개를 뒤로 젖히다. ¶他～摔shuāi了一跤jiāo | 뒤로 벌렁 자빠지다. ¶～跟头gēntóu | 공중제비하여 뒤로 벌렁 나자빠지다.
【仰慕】yǎngmù 動 ❶ 우러러 사모하다. 앙모하다. 경모(敬慕)하다. ¶我一向～您的才学 | 내가 줄곧 당신의 재주와 학문을 앙모해 왔습니다. ¶～已久 | 오래전부터 경모하다. ❷ 고인을 추모하다 ‖〔企qǐ慕〕
【仰人鼻息】yǎng rén bí xī 成 남의 기분을 살피다. 남의 안색을 살피다. 남의 눈치를 살피다. 남의 비위를 맞추다. ¶我们要独立自主, 不能～ | 우리는 자주적으로 독립을 해야지 남의 눈치를 살펴서는 안된다 =〔仰承鼻息〕〔仰息〕
【仰韶文化】Yǎngsháo wénhuà 名〈史〉앙소 문화 [중국 황하 유역 신석기 시대의 문화] =〔彩陶cǎitáo文化〕→〔龙Lóng山文化〕
【仰天】yǎng/tiān 動 ❶ 하늘을 우러러 보다. ¶～长啸xiào | 하늘로 향하여 길게 휘파람을 불다. ¶～大笑 | 成 앙천 대소하다. 하늘을 쳐다보며 크게 웃다. ¶仰不愧kuì于天, 俯不怍zuò于人 | 成 하늘을 우러러 부끄럽지 않고, 땅을 향하여서는 사람에 대하여 부끄럽지 않다. 양심에 거리낌이 없다. ❷ 외면하다. ❸ 자빠지다. ¶～倒了下去 | 뒤로 벌렁 나자빠지다.
【仰望】yǎngwàng 動 ❶ (머리를 들어) 바라보다. ¶～苍天cāngtiān | 푸른 하늘을 바라보다. ¶～明月 | 밝은 달을 바라보다. ❷ 書 삼가 바라다. ¶～颁布bānbù | 삼가 반포하기를 바라다. ❸ 받들다. 존경하다.

【仰卧】yǎngwò 動 반듯하게 눕다. ¶～起坐 | 〈體〉윗몸 일으키기. ¶～式过杆gān | 〈體〉포스버리 백 플롭. 도움닫기 높이뛰기 폼의 일종.
【仰泳】yǎngyǒng 名〈體〉배영(背泳) ¶他擅长shànchánɡ～ | 그는 배영을 잘 한다. ¶100公尺～ | 100미터 배영 =〔仰式shì〕
【仰仗】yǎngzhàng ⇒〔仰赖lài〕

【泱】yǎng ☞ 泱 yāng Ⓑ

2【养(養)】yǎng 기를 양
❶ 動 기르다. 부양하다. 먹여 살리다. ¶～家活口 | 일가를 부양하다 =〔供gōng养〕〔赡shàn养〕 ❷ 動 (동물을) 사육하다. (화초를) 기르다. ¶～牛 | 소를 기르다. ¶～花 | 꽃을 재배하다. ❸ 動 출산하다. ¶她～了两个女孩儿 | 그녀는 딸을 둘 낳았다. ❹ 動 휴양(休養)하다. ¶住院～病 | 입원하여 요양하다. ¶疗liáo～ | 요양하다. ¶休～ | 휴양하다. ❺ 動 보전하다. 보수하다. 보호하다. ¶保～ | 보전하다. 유지하다. ❻ 動 (머리카락·수염 등을) 기르다. ¶～长zhǎng了头发tóufà | 머리를 길게 기르다. ❼ 動 배양하다. 양성하다. ¶她从小～成良好的习惯xíguàn | 그녀는 어릴 때 부터 좋은 습관을 길렀다. ❽ 動 돕다. 육성하다. 조성하다. ¶以农～牧mù, 以牧促农 | 농업으로 축산업을 육성하고, 축산업으로 농업을 촉진시키다. ❾ 수양(收養)의. 의리(義理)의. ¶～父↓ ¶～女↓ ❿ 영양. 자양. ¶营yíng～ | 영양. ¶滋zī～ | 자양. ⓫ (Yǎng) 名 성(姓) ⓬ 「氧」과 같이 쓰임 ⇒〔氧yǎng〕
【养兵】yǎng/bīng 動 양병하다. ¶平时～, 战时用兵 | 평시에는 군사를 기르고 전시에는 군사를 쓴다.
【养兵千日, 用兵一时】yǎngbīng qiānrì, yòngbīng yīshí 諺 천 일간 군사를 길러 한 때에 써먹다. 군대는 유사시를 대비해 항상 훈련시켜 두어야 한다=〔养兵千日, 用在一朝〕
【养病】yǎng/bìng 動 요양하다. 양병하다. ¶他在医院里～ | 그는 병원에서 요양하고 있다.
3【养成】yǎngchéng 動 양성하다. ¶～良好习惯xíguàn | 좋은 습관을 키우다. ¶技术员jìshùyuán～所 | 기술자 양성소.
【养地】yǎng/dì ❶ 動〈農〉(비료를 주거나 윤작(輪作)을 하여) 토지를 비옥하게 하다. ¶要懂得～的重要性 | 비료를 주어 토지를 비옥하게 하는 중요성을 알아야 한다. ❷ (yǎngdì) 名〈史〉식읍(食邑) 영지(領地)
【养儿】yǎng'ér 動 자식을 낳아 기르다. ¶～方知父母恩 | 자식을 낳아 키워 보아야 비로소 부모의 은혜를 안다. ¶～防老, 积谷jīgǔ防饥fájī | 자식을 키워 노후에 대비하고 곡물을 쌓아 흉년에 대비하다. 喩 사전에 준비하다.
4【养分】yǎngfèn 名 (영)양분. 자양분. ¶～不足 | 양분이 부족하다. ¶富于～ | 양분이 풍부하다. ¶土壤tǔrǎng～ | 토양의 양분.
【养父】yǎngfù 名 양부. 양아버지 =〔假jiǎ父〕
【养汉】yǎng/hàn 動 정부(情夫)를 두다. 서방질하다. ¶～婆pó | 罵 서방질하는 여편네.
【养虎遗患】yǎng hǔ yí huàn 成 호랑이를 키워서 후환(後患)을 남기다. 적을 살려 두어 후환을

남기다. ¶你这样做会～的 | 이렇게 하는 것은 후환을 남기는 것이다 =〔养虎留患〕
【养护】yǎnghù ❶動(건축물·기계 등을) 정비(整備)하다. 보수하다. ¶道路～ | 도로 보수. ¶生物资源zīyuán～ | 생물 자원 보호. ❷名動〈土〉양생(養生)(하다) ¶混凝土hùnníngtǔ～ | 콘크리트 양생. ¶～期 | 양생 기간. ❸動(아이를) 양호하다. 보살펴 키우다.
4【养活】yǎng·huo 動㊀❶ 부양하다. 먹여 살리다. ¶～一家子人 | 온 집안 식구를 부양하다. ¶～精神jīngshén | 기운을 기르다→〔供gōng养〕 ❷(동물을) 사육하다. 키우다. ¶～鸽gē子 | 비둘기를 사육하다. ❸ 낳다. ¶～了一个漂亮女儿 | 예쁜 딸 하나를 낳았다.
【养活不起】yǎnghuó ·bu qǐ 動組 ❶(가난해서) 기를 수 없다. 부양할 수 없다. ❷ 채용할 능력이 없다. 고용할 능력이 없다.
【养家】yǎng/jiā 動 가족을 부양하다. ¶～之费 | 가족 부양비. ¶～的汉儿 | (살림을 꾸리는) 알뜰한 남자. ¶～一样, 道路各别 | 가족을 부양하는 것은 누구나 같지만 방법은 각기 다르다.
【养精蓄锐】yǎng jīng xù ruì 成 정기(精氣)를 키우고 예기(銳氣)를 모으다. 기운찬 정신과 굳센 기세를 갈고 닦다. 정예를 양성하다. ¶队员们正～,等待上场 | 대원들은 기운찬 정신과 굳센 기세를 갈고 닦아 무대에 오르기를 기다리고 있다.
【养老】yǎng/lǎo 動 ❶ 노인을 봉양하다. ❷ 여생을 보내다. 연로하여 쉬다. ¶他退休了以后, 在家里～ | 그는 퇴직한 이후 집에서 여생을 보내고 있다.
【养老金】yǎnglǎojīn 名 퇴직금. 양로금.
【养老院】yǎnglǎoyuàn 名 양로원. ¶他晚年住进了～ | 그는 만년에 양로원에 들어갔다 =〔敬jìng老院〕〔幸福院〕〔老人院〕〔安老院〕
【养乐多】yǎnglèduō 名〈食〉요구르트 =〔益力多yìlìduō〕
3【养料】yǎngliào 名 ❶(자)양분. ¶提供充分的～ | 충분한 양분을 제공하다. ❷ 사료(飼料)
【养路】yǎng/lù 動 철도나 도로를 정비하다. 보수하다. ¶～处chù | 보선(保線) 사무소. ¶～费fèi | 보선비. ¶～工作 | 보선 공사.
【养母】yǎngmǔ ❶名 양모. ¶他～给她留了一笔遗产yíchǎn | 그의 양모는 그녀에게 유산을 남겨 놓았다. ❷⇒〔鸨bǎo母〕
【养女】yǎng/nǚ ❶動 딸을 낳다. ❷動(장래 며느리 또는 하녀로 삼기 위하여) 남의 딸을 맡아 기르다. ❸(yǎngnǚ) 名 양녀→〔养父〕〔养母①〕〔童tóng养媳〕
【养气】yǎng/qì 書 ❶動 품덕(品德)을 기르다. 수양하다. ❷動 기력(氣力)을 단련하다 [도가(道家)의 수련 방법의 일종] ¶修性～ | 천성을 닦고 기력을 단련하다. ❸(yǎngqì) 名 산소의 옛이름 =〔氧yǎng〕
【养伤】yǎng/shāng 動 상처를 치료하다. 요양하다. ¶他在家里～ | 그는 집에서 상처를 치료하다.
【养神】yǎng/shén 動 ❶ 심신을 편안히 하여 피로를 풀다. 기분을 편하게 하다. 마음을 편히 가지다. ¶他看书累了, 便闭目～ | 그는 책을 보다 지쳐서, 눈을 감고 쉬었다. ¶吸枝烟养养神 | 담배 한 대 피우면서 기분을 가라앉히다. ❷〈哲〉수양하다. 마음을 닦다. ¶打坐～ | 〈佛〉좌선하여 마음을 닦다.
【养生】yǎngshēng ❶動 양생하다. 보양(保養)하다. ¶您每天早起早睡, 生活规律guīlǜ, 真是～有道 | 당신은 매일 일찍 일어나고 일찍 자며, 생활이 규칙적이니, 실로 법도에 맞는 양생을 하시는군요. ❷名 위생.
【养胃】yǎngwèi 動 위를 튼튼하게 하다. ¶～药 | 건위약(健胃藥)
【养息】yǎngxī 動 양생(養生)하다. ¶我被他殴打ōudǎ得创伤chuāngshāng都不能～ | 나는 그에게 구타당해서 입은 상처를 치료할 수도 없다.
【养性】yǎngxìng 動 천성(天性)을 함양하다 =〔养真〕
【养痈成患】yǎng yōng chéng huàn 成 종기를 치료하지 않고 내버려 두어 후환이 되다. 당장의 편안함을 취하려다 큰 화를 당하다. 화근을 남겨두어 후환을 입다. ¶这种作法势必～ | 이런 방식은 결국 큰 화를 당하게 된다 =〔养痈遗患〕→〔养虎遗患〕
4【养育】yǎngyù ❶名 양육. ¶受到父母的～成长起来 | 부모의 양육으로 성장하다. ❷動 양육하다. ¶～婴孩yīnghái | 아기를 양육하다. ¶不忘父母～之恩 | 부모가 길러준 은혜를 잊지 못하다.
4【养殖】yǎngzhí 動 양식하다. ¶～珍珠zhēnzhū | 진주를 양식하다. ¶将来的渔业yúyè不能不向～渔业发展 | 앞으로의 어업은 양식 어업으로 발전하지 않으면 안된다.
【养尊处优】yǎng zūn chǔ yōu 成貶 높은 지위에서 부유한 생활을 누리다. 사치스럽고 안일하게 지내다. ¶他一向～,吃不了这种苦 | 그는 줄곧 사치스럽고 안일하게 지내 이런 고통을 감내하기 힘들다.

3【氧】yǎng (산소 양)
名〈化〉화학 원소 명. 산소(O ; ōxygenium) =〔养⑫〕〔养气③〕〔氧气〕
【氧割】yǎnggē 名 산소 아세틸렌 절단. ¶采用cǎiyòng～ | 산소 아세틸렌 절단을 이용하다.
3【氧化】yǎnghuà ❶名〈化〉산화(酸化) ❷動〈化〉산화(酸化)되다. ¶铁皮tiěpí在空气中～了 | 철의 표면은 공기중에서 산화된다 =〔养化〕
【氧化焰】yǎnghuàyàn 名〈化〉산화염 =〔外焰〕
3【氧气】yǎngqì 名〈化〉산소. ¶～炼钢liàngāng | 산소 제강(製鋼) ¶～瓶píng | 산소통. 산소 봄베.
【氧炔吹管】yǎngquē chuīguǎn 名組 산소 아세틸렌 용접기.

4【痒(癢)】yǎng 가려울 양
形 가렵다. 근질근질하다. ¶蚊子咬得身上直～～ | 모기에 물려 몸이 계속 가렵다. ¶皮肤pífū发～ | 피부가 가렵다. ¶你的骨头～了吗? | 너 뼈가 근질근질하냐? 轉 얻어맞고 싶으냐?

【痒痒(儿)】yǎng·yang(r) ❶名口 가려움. ¶抓zhuā～=〔割gē痒痒(儿)〕| 가려운 곳을 긁다. ❷形口 가렵다. ❸轉 안타깝다. 애타다. ¶我听您说的, 我心里～起来了 | 나는 당신 말을 듣고 마음이 안타까워졌다. ¶头上场两手就～ | 처음 등단하면 긴장하게 된다. ¶你身上也～吗? | 너도 몸이 근질근질하냐? 轉 너 얻어맞고 싶냐?

【痒痒挠儿】yǎng·yangnáor 名 등긁이. 효자손 =〔痒痒扒〕〔痒痒耙〕〔不求人(儿)〕〔扒pá手儿〕〔老头乐〕

yàng ㅣ尢ˋ

【怏】yàng 원망할 앙
⇒〔怏然〕〔怏怏〕

【怏然】yàngrán 書 貶 거만하다. 뽐내다. 우쭐하다. ¶～自足 | 잘난 체하다.

【怏怏】yàngyàng 書 貶 불만스럽다. 즐겁지 않다. 별 흥미가 없다. ¶～不乐 | 앙앙불락하다. ¶～地走开了 | 불만에 가득차 가버렸다.

【鞅】yàng ☞ 鞅 yāng Ⓑ

【恙】yàng 병 양
書 名 ❶ 병(病). 탈. ¶贵guì～ | 병환. ¶抱bào～ | 병에 걸리다. ❷ 걱정거리. 근심. ¶安然无～ | 평안하고 걱정거리가 없다. ❸〈蟲〉(리케치아 병을 옮기는) 털진드기. ¶～虫病chóngbìng↓ =〔恙虫〕

【恙虫】yàngchóng 名〈蟲〉털진드기.

【恙虫病】yàngchóngbìng 名 털진드기가 옮기는 병 [일반적으로 홍수가 난 뒤에 많이 발생함] =〔洪hóng水热〕

1【样(樣)】yàng 본 양, 모양 양
(～儿) ❶(～子) 名 모양. 형상(形狀) ¶看你这个～儿 | 너 이게 무슨 꼴이냐? ¶模mó～ | 모양. ¶图tú～ | 도안. ❷名 견본. 본보기. 모형. ¶照～儿做 | 견본대로 하다. ¶货～ | 상품견본. ¶榜bǎng～ | 모범. ¶大～子 | 실물크기의 견본. ❸量 종류. 형태. ¶～～儿都行 | 어느 것이나 모두 좋다. ¶三～儿点心 | 세 종류의 과자. ¶种种～～ | 각종. 각양. 어법「样」과「种」은 같은 의미로 쓰이는 양사이나,「样」은 표면적·형식적으로 구별되는 종류에 쓰이고,「种」은 성질이나 작용이 서로 구별되는 종류에 쓰임. ¶好多样〔种〕商品 | 많은 종류의 상품. ¶两种菜都是豆腐(×) ¶两样都是豆腐dòufǔ | 두가지 요리는 모두 두부로 된 것이다. ¶两样思想(×) ¶两种思想 | 두 가지의 사상→〔种zhǒng⑥〕

【样板】yàngbǎn ❶名 판자 모양의 견본. ¶照～剪裁jiǎncái衣服 | 견본에 따라 옷을 재단하다. ❷名(공업용의) 형판(型板) ❸名 喩 학습의 표준.

【样本】yàngběn 名 ❶ 견본. 카탈로그(catalogue) ¶选择xuǎnzé～ | 견본을 선택하다. ¶染彩rǎncǎi～ | 색·무늬 견본. ¶～卡kǎ | 견본 카드→〔样品〕❷〈印出〉인쇄 견본. ¶字体～ | 활자견본. ❸〈數〉(통계의) 표본.

【样单】yàngdān 名 견본 전단. 광고지. ¶把～交给我 | 견본을 제게 주세요

【样货】yànghuò 名 ❶ 견본품. ¶送一些～去检测jiǎncè | 견본품을 보내 검품하다→〔样品〕❷ 견본과 상품.

4【样品】yàngpǐn 名 ❶ 견본(품) ¶～另寄lìngjì | 견본을 따로 보내다. ¶索suǒ～ | 견본을 청구하다. ¶～邮件yóujiàn | 견본 우편물 =〔样头〕〔货huò样(儿, 子)〕❷〈電算〉샘플(sample) ‖ →〔样本①〕〔样货①〕

【样式】yàngshì 名 ❶ 양식. 모양. 형(型) ¶～新颖xīnyǐng | 양식이 참신하다. ¶照这个～做一双鞋shuāngxié | 이 모양대로 구두 한 켤레를 짓다. ❷ 견본. 모형. ¶～房 | 모델 하우스.

【样张】yàngzhāng 名〈印出〉견본쇄(見本刷) 교정쇄(校正刷) =〔校jiào样〕

1【样子】yàng·zi 名 ❶ 모양. 꼴. 형태. ¶这件衣服～很好看 | 이 옷은 모양이 매우 곱다. ¶这活做得不像～ | 이 일은 꼴사납게 되었다. ❷ 태도. 표정. 안색. ¶高高兴兴的～ | 매우 기쁜 표정. ¶愁眉苦脸chóuméikǔliǎn的～ | 근심이 가득어린 표정. ❸ 견본. 표본. ¶衣服～ | 옷 견본. ❹口 형세. 추세. ¶天好像要下雨的～ | 하늘은 마치 비가 내릴 것 같은 형세이다. ¶看～这星期他来不了了 | 보아하니 이번 주에는 그가 올 수 없을것 같다.

【烊】yàng ☞ 烊 yáng Ⓑ

【漾】yàng 출렁거릴 양
❶動(물이) 출렁거리다. ¶荡dàng～ | 물결이 출렁이다. ❷動(액체가) 넘쳐 흐르다. 轉(웃음이) 넘치다. ¶脸上～出了笑容 | 얼굴에 웃음이 넘쳐 흘렀다. ❸動(부드럽고 긴 물건을) 흔들어 던지다. ❹動 토하다. ¶～奶nǎi↓ ❺名 方 작은 호수. 못 [일반적으로 호수·못 이름에 자주 쓰임]

【漾奶】yàng/nǎi 動(아기가 젖을 너무 많이 먹어) 젖을 토하다. ¶小孩子这几天老～ | 애가요 몇일 사이에 계속 젖을 토한다.

yāo ㅣ幺

【幺〈么〉】yāo 작을 요, 어릴 요
주의 ⓐ「么」는「麼」의 간체자이기도 함. ⓑ 대만(臺灣)에서는 주로「么」로 씀. ❶形 方 막내의. 항렬이 제일 낮은. 가장 작은. ¶～妹 | 막내 여동생. ¶～儿 | 막내 아들. ¶～么↓ ❷數 숫자「一」(일)의 다른 이름 어법 ⓐ 옛날에는 주사위나 골패의 일점(一點)을「幺」라고 했으며, 지금은「七」과의 혼동을 피하기 위하여 전화번호·가옥의 호수 등을 말할 때「一」대신으로 씀. ⓑ 단독으로만 쓰이며, 양사(量詞)나 수사(數詞)와 결합될 수 없음. ¶～个人(×) ¶掉～ | 홀로 떨어지다. ¶～二三 | 1, 2, 3. ❸(Yāo) 名 성(姓)

【幺么】yāomó 書 形 아주 작다. 미세하다. 쓸모없다. ¶～点儿大的事 | 사소한 일. ¶～小丑xiǎochǒu | 형편없이 나쁜 놈. ¶这几个～没多大蹦b-

ēng儿 | 이 못난 놈들은 뭐 별난 것이 없다.
【幺小】yāoxiǎo 形 어리다. 잘다. 작다. ¶请恕shù他～无知 | 아직 어려 아무 것도 모르니 용서해 주십시오.

【吆〈嘤〉】yāo 크게부를 요
動 큰소리로 부르다. 외치다.
【吆喝】yāo·he 動 고함치다. 큰 소리로 외치다 [일반적으로 물건을 팔 때나, 가축을 몰거나, 큰 소리로 누구를 꾸짖거나 큰 소리로 명령을 할 때 사용되는 낱말임] ¶他～了半天, 就是没人光顾guānggù他的货摊huòtān | 그는 하루종일 소리를 질렀지만 아무도 그의 노점을 쳐다보지도 않았다. ¶～着卖 | 소리치고 다니며 팔다. ¶你～牲口叫快点儿走 | 소리를 질러서 가축을 좀 빨리 몰아라 =[吆唤huàn][吹呼hū]
【吆五喝六】yāo wǔ hè liù 成 (「划拳huáquán」놀이를 하면서 5야 6이야 하며 떠들어 대다. 이러쿵 저러쿵 떠들어대다. 시끄럽게 떠들다. ¶你别成天～的了 | 너는 온종일 그렇게 시끄럽게 떠들지 마라.

【夭〈殀A1〉】yāo ǎo 일찍죽을 요, 무성할 요, 새끼 오
A yāo ❶ 動 요절하다. 일찍 죽다. 단명하다 [성년이 되기 전 일찍 사망하는 경우를 말함] ¶～亡wáng | 일찍 죽다. ¶寿shòu～ | 장수와 요절→[夭折] ❷ 書 貶 초목이 무성하다. 우거지다. 풍요하다. ¶～桃táo秾nóng李 | 무성한 복숭아와 오얏. 喻 꽃같이 아름다운 신부. ❸ 아름답다. ¶～娜↓
B ǎo 書 名 막 깨어난 새끼. (갓 태어난) 새끼. 새 싹.
【夭矫】yāojiǎo 書 貶 ❶ 구불구불하면서도 기세있다. ❷ 굽혔다 폈다 마음대로 하다.
【夭厉】yāolì 書 名 돌림병. 전염병. 역병.
【夭娜】yāonuó 形 요염하다. 아름답다.
【夭殇】yāoshāng⇒[夭折①]
【夭逝】yāoshì ⇒[夭折①]
【夭寿】yāoshòu 書 名 요절과 장수. 수명의 장단. 일찍 죽음과 오래 삶.
【夭死】yāosǐ ⇒[夭折①]
【夭亡】yāowáng⇒[夭折①]
【夭夭】yāoyāo 書 貶 ❶ 무성하고 풍요롭다. 풍성하다. ❷ 젊고 아름답다. 싱싱하다.
【夭折】yāozhé 動 ❶ 젊어서 죽다. 어른이 되기도 전에 죽다. 요절하다 =[夭殇][夭逝][夭死][夭亡][短折] ❷ 喻 일이 중도에 실패되다. 중도에 그만 두다. 하다가 그만 두다. ¶谈判tánpàn中途tú～ | 담판이 중도에서 실패되었다.

4【妖】yāo 아리따울 요, 요귀 요
❶ 名 귀신. 요괴(妖怪) →[怪guài④][鬼guǐ①] ❷ 사람을 홀리다. 요사하다. ¶～言↓ ❸ (여자들의 복장·태도·표정 등이) 요염하다. ¶～娆ráo↓ ¶～里～气↓
【妖道】yāodào 名 ❶ 요술을 부리는 도사(道士) ¶我杀了你这个～ | 나는 너 같이 요술을 부리는 도사를 죽여버리겠다. ❷ 사람을 홀리는 괴이한 도(道)
【妖风】yāofēng 名 (신화(神話)에서 요괴가 일으키는) 요사스러운 바람. 轉 사악한 기풍. 요사스런 조류. ¶～大起 | 사악한 기풍이 사방에서 일다.
4【妖怪】yāo·guài 名 요괴. ¶消灭xiāomiè～ | 요괴를 소멸시키다.
【妖精】yāo·jing 名 ❶ 요괴. ¶本地传说塔里有～住 | 이곳의 전설에는 탑속에 요괴가 산다고 전해진다. ❷ 喻 요사스러운 여자. 요부(妖婦)
【妖里妖气】yāo·li yāoqì 貶 요사스럽다. 요염하다. 요기가 풍기다. ¶瞧qiáo她～的, 准不是正经人家的儿女 | 그녀의 요사스런 모습을 보니 분명 품행이 단정한 집안의 자식은 아니다.
【妖媚】yāomèi 形 요염하고 품행이 바르지 않다. ¶～的笑容xiàoróng | 요염하게 웃는 얼굴
【妖魔】yāomó 名 요마. 요괴. ¶一个～世界 | 요괴 세계
【妖魔鬼怪】yāo mó guǐ guài 成 요괴와 악마. 가지 각색의 사악(邪惡)한 세력. 악당들.
【妖孽】yāoniè 書 名 ❶ 괴이하고 불길한 징조. 괴이한 일. 재앙. ¶国家将亡, 必有～ | 국가가 망하려고 하면 불길한 징조가 나타난다. ❷ 喻 나쁜 짓을 하는 놈. 요사스러운 마귀.
【妖娆】yāoráo 書 形 요염하다. 매혹적이다. 매우 아리땁다. ¶～作态zuòtài | 애교를 부리다. ¶～女子 | 매혹적인 여자.
【妖物】yāowù 名 요물. ¶你是什么～? | 너는 뭣하는 요물이냐?
【妖雾】yāowù 名 (신화에서) 요귀(妖鬼)가 일으키는 안개. ¶～弥满mímǎn | 요귀가 일으키는 안개가 자욱하다.
【妖形怪状】yāo xíng guài zhuàng 成 사람을 미혹시키는 요상한 모양을 하다. 괴상한 모양을 하다.
【妖言】yāoyán 名 요언. 요사스러운 말. ¶～惑众huòzhòng | 요사스러운 말이 민중을 미혹시키다.
【妖艳】yāoyàn 形 요염하다. 요사하고 아름답다. ¶一个～的女子 | 요염한 여자
【妖冶】yāoyě 形 요야하다. 요염하도록 아름답다. ¶她长得很～ | 그녀는 요염하도록 아름답다.

2【约】yāo ☞ 约 yuē B

1【要】yāo ☞ 要 yào B

2【腰】yāo 허리 요, 찰 요
❶ 名 허리. ¶～酸背痛suānbèitòng | 허리가 쑤시고 등이 아프다. ¶两手叉chā～ | 양손을 허리에 대다. ¶水蛇shuǐshé～ | 가날픈 허리. ❷ 名 簡 「裤腰kùyāo」(바지의 허리 부분) ¶红裤子绿～ | 빨간 바지에 녹색 허리둘레→[裤腰] ❸ 名 簡 「腰包yāobāo」(허리에 차는 주머니) 호주머니. ¶我～里没钱 | 내 호주머니에는 돈이 없다. ¶～包bāo↓ ❹ (～子) 名 俗 (식품으로서의 돼지·소·양 등의) 콩팥. (조류의) 정소(精巢) ❺ 名 俗 신장(腎臟) ❻ 사물의 중간. ¶山～ | 산중턱. ¶树shù～ | 나무의 중간 부분. ❼ 중간 부분

이 잘록하여 허리같이 생긴 지세(地勢) ¶海～ | 해협. ¶土～ | 지협. ❽動옷의 허리 부분을 줄이다. ¶大褂儿长, 得～上 | 웃옷이 길어서 허리 부분을 줄여야 한다＝〔書要yāo ⑦〕 ❾(Yāo) 名 성(姓)

【腰板(儿)】yāobǎn(r) ❶名사람의 허리와 등 [자세를 말함] ¶直起～＝〔挺着腰板(儿)〕| 허리를 똑바로 펴다. ❷名체격. ¶他虽然六十多了, ～倒还挺硬朗tǐngyìnglǎng的 | 그는 비록 60여 세가 되었으나, 허리는 여전히 곧고 바르다.

【腰包】yāobāo 名허리춤에 차는 돈주머니. ¶掏tāo别人的～ | 다른 사람의 주머니를 뜯어내다. ¶～软ruǎn | 돈주머니가 허전하다. ¶～硬yìng | 돈주머니가 묵직하다.

【腰背】yāobèi 名허리의 등쪽 부분. 등허리. ¶～结实jiē·shi | 등허리가 튼튼하다.

【腰部】yāobù 名요부. 허리 부분. ¶他～受过伤shāng | 그는 허리를 다쳤다.

【腰杆子】yāogǎn·zi 名❶허리. 요부(腰部) ¶挺tǐng着～ | 허리를 똑바로 펴다. ❷喻후원. 뒷받침. 뒷 배경. ¶～硬yìng | 배경이 든든하다. ¶撑chēng～ | 후원하다. ❸자세. 태도. 기세. ¶挺起tǐngqǐ～ | (일에 임하여) 확고한 태도를 취하다. ¶～硬了, 斗志dòuzhì更旺盛wàngshèng, 更坚强jiānqiáng了 | 자세가 확고해져서 투지는 더욱 왕성하고 더욱 굳건해졌다 ‖＝〔腰杆儿gānr〕

【腰鼓】yāogǔ 名❶〈音〉허리에 차고 양쪽을 두드리는 원통형으로 생긴 북의 일종＝〔花鼓①〕 ❷「腰鼓」를 치며 추는 무용의 일종.

【腰锅】yāoguō 名솥의 일종 [운남성(雲南省)의 경파족(景頗族)·백족(白族)·이족(彝族) 등이 사용하는 솥으로 모양은 조롱박과 비슷함]

【腰果】yāoguǒ 名❶〈植〉캐슈(cashew)＝〔鸡腰果jīyāoguǒ〕 ❷캐슈 너트(cashew nut)

【腰花(儿)】yāohuā(r) 名〈食〉(돼지나 양의) 콩팥요리 [돼지나 양의 콩팥에 칼집을 내고 잘게 썬 것] ¶炒chǎo～ | 돼지 콩팥 볶음.

【腰宽】yāokuān 名옷의 허리 품. ¶这裤子kùzǐ～不够 | 이 바지는 허리 품이 작다→〔腰围wéi①〕

【腰身】yāo·shēn 名❶(신체에서의) 허리(통) ¶她的～很细 | 그녀의 허리는 매우 가늘다. ❷(의복에서의) 허리 품[둘레] ¶这条裤子～太大 | 이 바지는 허리 품이 너무 크다→〔腰围①〕

【腰痛】yāotòng 名動요통.허리가 아프다. ¶她又～了 | 그녀는 다시 허리가 아팠다.

【腰腿(儿)】yāotuǐ(r) 名다리와 허리. (다리와 허리의) 활동 능력. ¶年纪niánjì虽老, ～还好 | 나이는 먹었어도 다리와 허리는 아직 튼튼하다. ¶～很灵líng | 다리와 허리가 아주 기민하다.

【腰围】yāowéi 名❶(양장의) 허리 품. 웨이스트(waist) [「腰裉kèn」과 「腰身②」은 옛 말투로, 종래 중국옷의 치수에서의 허리 둘레를 말함] ¶她～太大 | 그녀는 허리둘레가 너무 크다→〔腰宽kuān〕〔胸围xiōngwéi〕 ❷허리에 두르는 띠. 요대.

Y

【腰眼(儿)】yāoyǎn(r) 名❶등허리 [허리의 뒤쪽, 요추(腰椎)의 양쪽 부위] ¶一拳打在他的～上 | 주먹으로 그의 허리를 치다＝〔腰穴xué〕 ❷의지가 되는 것. 기댈 만한 배경. 기댈 만한 것. ¶仗着谁的～这么胡作非为? | 누구를 믿고 이렇게 함부로 방자한 행동을 하느냐? ❸喻 중요한 곳. 급소.

【腰圆膀粗】yāo yuán bǎng cū 成허리가 굵고 어깨가 다부지다. 체격이 늠름하다. ¶一个～的大汉 | 체격이 늠름한 사내 대장부

【腰斩】yāozhǎn ❶名요참 [허리를 자르는 옛날 형벌중의 하나] ❷動요참하다 ❸動喻가운데를 자르다. 둘로 잘라내다. 두 동강을 내다. ¶被～成为两截jié | 두 동강이로 잘려지다 ‖＝〔要yāo斩〕

【腰椎】yāozhuī 名〈生理〉요추.

【腰子】yāo·zi 名口〈生理〉콩팥.

2【邀】yāo 맞이할 요, 구할 요
❶動초대하다.요청하다. ¶特tè～ | 특별히 초대하다. ¶～他来谈谈 | 그를 불러와서 이야기 해보자＝〔约yuē③〕 ❷가로막다. 차단하다. ¶～击jī↓ ¶中途～截jié | 도중에서 가로막다→〔要yāo〕 ❸動저울로 달다. ¶拿秤chèng～一～有多重 | 무게가 얼마나 나가는지 저울로 달아보자＝〔约〕

【邀功】yāo/gōng 書動남의 공(적)을 가로채다. ¶～图赏túshǎng＝〔邀功请赏, 邀功过赏〕| 남의 공적을 가로채서 상을 바라다＝〔要yāo功〕

【邀击】yāojī ❶名요격. ❷動요격하다. ¶～敌人 | 적을 요격하다＝〔要yāo击〕

【邀集】yāojí 動사람을 불러 모으다. 초청하여 모으다. ¶～各界名流要开会 | 각계의 유명인사를 모아 회의를 열다.

2【邀请】yāoqǐng ❶名요청. 초청. ¶拒绝jùjué～ | 요청을 거절하다. ¶～国 | 초청국. ¶～信 | 초청장 ❷動초청하다. 요청하다. 초대하다. ¶～他访问fǎngwèn | 방문해 달라고 그에게 요청하다.

【邀请赛】yāoqǐngsài 名〈體〉초청 경기. 초청시합.

【邀赏】yāoshǎng 動상을 받다. ¶报功bàogōng～ | 공을 세워 상을 받다.

【邀约】yāoyuē 動초대하다. ¶～各路好手来比武 | 각계의 고수를 초대하여 무예를 겨루다＝〔约请〕

yáo 丨幺ˊ

【爻】yáo 사귈 효
名효 [역(易)의 괘(卦)를 이루는 획. 「⚊」은 「阳爻yángyáo」(양효)이고 「⚋」은 「阴爻yīnyáo」(음효)임]→〔八卦〕

【爻卦】yáoguà 動팔괘(八卦)를 뽑다. 팔괘로 점치다.

【尧(堯)】Yáo 높을 요, 멀 요
❶名당요(唐堯). 요제(堯帝) [전설상의 고대 제왕] ¶～天舜日tiānshùnrì | 喻태평성대. ❷(yáo) 書形높다. ❸名성(姓)

【尧舜】Yáo Shùn 名❶〈人〉요와 순. ❷(yáo sh-

ùn) 轉 성인(聖人)
【尧天舜日】Yáo tiān Shùn rì 成 태평 성대(太平盛大)

【侥】yáo ☞ 侥 jiǎo B

【峣(嶢)】yáo 높을 요
書 形 (산이) 높고 험하다.

【佻】yáo ☞ 佻 tiāo B

【姚】yáo 예쁠 요
❶ 書 形 아름답다. ❷ 인명에 쓰이는 글자. ❸ (Yáo) 名 성(姓)

【洮】yáo ☞ 洮 táo B

【珧】yáo 대합조개 요
⇒〔江jiāng珧〕

【铫】yáo ☞ 铫 diào B

【肴〈餚〉】yáo 안주 효
書 名 생선·육류 등의 요리. ¶ ~馔↓ ¶酒~ | 술안주.
【肴馔】yáozhuàn 書 名 (연회의) 비교적 풍성한 음식.

【淆】yáo ☞ 淆 xiáo

【轺(軺)】yáo 수레 초
⇒〔轺车〕
【轺车】yáochē 名 고대(古代)의 작은 마차.

【陶】yáo ☞ 陶 táo B

3【窑〈窯窰〉】yáo 오지그릇 요
名 ❶ (기와·벽돌·도자기를 굽는) 가마. ¶瓦~ | 기와 가마. ¶砖zhuān~ | 벽돌가마. ❷ 탄갱. ¶煤~ | 탄갱. ❸ (주거용의) 동굴. 땅굴집. ¶~洞↓ ❹ (~儿) 方 기루(妓樓) 유곽. ¶~姐儿↓
【窑洞】yáodòng 名 동굴집. 혈거(穴居) =〔土窑〕
【窑姐儿】yáojiěr 名 方 창기. 기녀. 기생. ¶他天天去泡~ | 그는 매일 기녀와 놀아난다 =〔窑子②〕
【窑坑】yáokēng 名 도기를 구울 흙을 파낸 구덩이.
【窑子】yáo·zi ❶ 名 方 기생집. 창녀집. ¶她十岁那年被人拐guǎi卖到~里 | 그녀는 10세 되던 해에 기생집에 속dk서 팔려갔다. ❷ ⇒〔窑姐儿〕

3【谣(謠)】yáo 노래할 요
名 ❶ 민요. 노래. ¶民~ | 민요. ❷ (헛)소문. 풍설. ¶造zào~ | 헛소문을 퍼뜨리다 ‖ =〔繇yáo②〕
【谣传】yáochuán ❶ 動 헛소문을 퍼뜨리다. 풍설을 퍼뜨리다. ¶~他要离婚líhūn了 | 그가 이혼했다는 소문이 들린다. ❷ 名 헛소문. 풍설. 풍문. ¶这都是~, 没有根据 | 이것은 모두 근거없는 헛소문이다.
【谣风】yáofēng 名 풍설. 풍문. 소문. 쫙 퍼진 요언.
3【谣言】yáoyán ❶ ⇒〔风fēng谣〕 ❷ 名 근거없는 소문. 풍설. 요언. 헛소문. ¶造~ =〔制造zhìzào谣言〕〔散布sǎnbù谣言〕 | 헛소문을 퍼뜨리다. ¶~惑众huòzhòng | 헛소문이 대중을 미혹시키다.
【谣诼】yáozhuó 書 ❶ 動 헛소문을 퍼뜨려 중상하다. 비방하다. ❷ 名 요언. 헛소문. ¶~四起 | 헛소문이 사방에서 나돌다.

【徭(傜)〈傜〉】yáo 역사 요
書 名 요역(徭役). 부역(賦役) ¶~役劳动 | 부역노동 =〔繇yáo①〕
【徭役】yáoyì 名 요역(徭役) 부역. ¶繁重的~ | 무거운 요역

2【摇(搖)】yáo 흔들릴 요
動 ❶ (좌우로) 흔들다. 흔들리다. ¶~铃líng | 방울을 흔들다. ¶狗gǒu~尾巴wěibā | 개가 꼬리를 흔들다. ¶门~窗响chuāngxiǎng | 문이 흔들리고 창문이 소리나다. ❷ (흔들어서) 만들다. ¶~煤球儿méiqiúr | 조개탄을 만들다. ❸ (노로 배를) 젓다. ¶~船chuán | 배를 젓다. ❹ (전화를) 걸다. ¶~电话diànhuà | 전화를 걸다 =〔打dǎ〕〔拨bō〕
3【摇摆】yáobǎi ❶ 動 흔들거리다. ¶池塘chítáng里的荷叶héyè迎风~ | 연못의 연꽃잎이 바람에 흔들거리다. ❷ 動 (의지나 감정이) 동요(動搖)하다. ¶立场坚定, 从不~ | 입장이 굳건하여 좀처럼 동요하지 않다. ❸ 形 동작이 느리다. 거드름피며 몸을 흔들다 ‖ =〔摇动yáodòng②〕
【摇船】yáo/chuán 動 (노로) 배를 젓다. ¶他爹~进城去了 | 그의 아버지는 배를 저어 시내로 들어갔다 →〔划huá船①〕
【摇唇鼓舌】yáo chún gǔ shé 成 ❶ 말솜씨를 자랑하며 유세(遊說)나 선동(煽動)을 하다. ¶他善于~, 煽起事端shìduān | 그는 말솜씨를 자랑하며 선동을 하는 바람에 사건의 실마리가 되었다. ❷ 궤변을 지껄이다.
【摇荡】yáodàng 動 흔들거리며 움직이다. ¶荷花héhuā因风~ | 연꽃이 바람에 흔들거리다.
【摇动】yáo/dòng ❶ 動 흔들다. 흔들어 움직이다. 흔들어 움직이게 하다. ¶他们~着小旗xiǎoqí | 그들은 작은 기를 흔들었다. ¶全村的人心就很~ | 전 마을의 인심이 많이 흔들렸다. ❷ (yáodòng) ⇒〔摇摆yáobǎi〕
【摇撼】yáo·han 動 (나무·기둥·물건 등이) 흔들리다. 흔들다. ¶猛烈地měngliède~窗户 | 맹렬하게 창문을 흔들다. ¶像蜻蜓qīngtíng撼hàn石柱似的~不动他 | 잠자리가 돌기둥을 흔드는 격으로 그를 움직일 수는 없다.
3【摇晃】yáo·huang 動 흔들리다. 흔들거리다. 나부끼다. 흔들흔들하다. 흔들(어 움직이게 하)다. ¶国旗迎风~ | 국기가 바람에 나부끼다. ¶我写字呢, 你别~桌子 | 나는 글씨를 쓰고 있으니 책상을 흔들지 마라.
【摇奖】yáojiǎng 動 추첨이나 경품의 당첨권을 흔들어 밖으로 나오게 하다. ¶彩票cǎipiào几时~? | 복권 추첨은 언제 합니까? =〔摇彩yáocǎi〕→〔开kāi彩〕
【摇篮(儿)】yáolán(r) 名 ❶ 요람 =〔摇车(儿, 子)〕〔摇床〕 ❷ 轉 인재 양성의 장소. 문화·운동 등의 발상지. ¶工科大学是工程师gōngchéngshī的~ | 공과대학은 엔지니어의 요람이다.

Y

【摇篮歌】yáolángē 名 자장가 =〔摇篮曲〕〔催眠曲〕
【摇篮曲】yáolánqǔ ⇒〔摇篮歌gē〕
【摇耧】yáo/lóu 動 파종기(播種機)의 손잡이를 흔들어 씨가 땅에 골고루 뿌려지게 하다.
【摇蜜】yáo/mì 動 (원심분리기로) 꿀을 뜨다. ¶每天定时～ | 매일 정기적으로 꿀을 뜨다.
【摇旗呐喊】yáo qí nà hǎn 成 전장에서, 뒤에서 기를 흔들고 함성을 질러 앞에서 싸우는 사람들이 기세를 올리도록 하다. 기세를 돋구어주다. 응원하다 어법 일반적으로 나쁜 뜻으로 많이 쓰임. ¶为韩国的民主运动～ | 한국의 민주화 운동을 응원하다.
【摇钱树】yáoqiánshù 名 ❶ 신화 속에 나오는 흔들면 돈이 떨어진다는 나무. 喩 돈줄. 돈이 되는 나무. ¶你当我是～呢? | 너는 나를 돈줄로 아느냐? =〔钱树子〕 ❷ 동전·석류꽃 등을 매단 소나무의 가지 [섣달 그믐에는 이것을 병에 꽂아 장식하였음] ❸ 여인에 대한 멸칭(蔑稱) [팔면 돈이 된다는 뜻] ¶他家里得了个～ | 그의 집에는 계집 하나가 생겼다.
【摇身一变】yáo shēn yī biàn 成 貶 (신괴소설(神怪小說)에서 사람이나 귀신이) 몸을 흔들어 곧 모습을 바꾸다. 사람의 태도·말·행동 등이 갑자기 크게 변하다. ¶他～,成了电脑专家 | 그는 갑자기 변하여 컴퓨터 전문가가 되었다.
【摇手】yáo/shǒu ❶ 動 내젓다. 손을 (좌우로) 흔들다 어법 일반적으로 거부의 뜻을 표시하는데 많이 씀. ¶～示意 | 손을 흔들어 (안된다라는) 뜻을 나타내다. ❷ (yáoshǒu) 名 (기계의 바퀴 등을 손으로 돌리는) 손잡이.
【摇头(儿)】yáo/tóu(r) 動 고개를 젓다. 머리를 내젓다. 어법 일반적으로 부정이나 거부의 뜻을 나타낼 때 사용함. ¶苦着脸,只是～ | 얼굴을 찌푸리며 고개만 저었다 =〔摇首yáoshǒu〕→〔点头(儿)〕
【摇头摆尾】yáo tóu bǎi wěi 成 ❶ 머리와 꼬리를 흔들어 아첨하다. ❷ 하도 기뻐서 어쩔줄 모르다. 득의 양양하다.
【摇头晃脑】yáo tóu huàng nǎo 成 ❶ 머리를 흔들다. 스스로 만족하다. 의기 양양하다. ❷ 침착하지 못하다. 들뜨다. ¶他说得～,十分得意 | 그는 들떠서 말을 하며 아주 득의 양양했다.
【摇尾乞怜】yáo wěi qǐ lián 成 남에게 아첨하여 동정을 구하다.
【摇蚊】yáowén 名 〈蟲〉 모기붙이.
【摇摇欲坠】yáo yáo yù zhuì 成 흔들거리며 떨어지려고 한다. 흔들흔들하여 곧 무너질 것 같다. ¶专制政府zhuānzhìzhèngfǔ～ | 전제정부는 흔들흔들하여 곧 무너질 것 같다.
【摇曳】yáoyè 書 動 흔들리다. 흔들흔들하며 늘어지다. 흔들거리며 늘어지다. ¶台上的烛光zhúguāng～ | 무대위의 촛불이 흔들흔들하다. ¶白烟～机体坠落zhuìluò | 흰 연기를 뒤로 내뿜으며 기체가 추락하다.
【摇椅】yáoyǐ 名 흔들의자. ¶坐在～,观赏guānshǎng外面的风景fēngjǐng | 흔들의자에 앉아 밖의 풍경을 감상하다.

3【遥(遙)】yáo 멀 요
形 멀다. 요원하다. ¶路～知马力 | 길이 멀면 말의 힘을 알 수 있다. ¶～～相对 | 아득히 멀리 떨어져 마주 대하다.
【遥测】yáocè 名 원격 계측. 원격 측정. ¶～计jì | 원격 계측기. ¶～术shù | 원격 측정술. ¶～温度计wēndùjì | 원격 온도계.
【遥感】yáogǎn 名 〈電子〉 원격 탐지. ¶红外～ | 적외선 원격 탐지.
4【遥控】yáokòng 圖 원격 조종. 리모트 콘트롤(romote control) ¶～操纵台cāozòngtái | 원격 조종대. ¶～飞机fēijī | 원격 조종 비행기. ¶～开关 | 원격 조종 스위치. ¶～无人驾驶jiàshǐ飞机 | 원격 조종 무인 비행기 =〔远距离操纵yuǎnjùlícāozòng〕
【遥遥】yáoyáo 形 (시간이나 거리 등이) 아득히 멀다. ¶～相对xiāngduì | 멀리 떨어져서 마주 대하고 있다. ¶长路～ | 멀고 먼 길이 아득하다. ¶～领先lǐngxiān | 훨씬 앞서가다.
【遥遥无期】yáo yáo wú qī 成 기약도 없이 아득하다. ¶这是～的事儿 | 이것은 기약도 없이 아득한 일이다.
3【遥远】yáoyuǎn 形 요원하다. 아득히 멀다. ¶离胜利shènglì不会太～了 | 승리는 그렇게 멀지 않다. ¶～的地方 | 아득히 먼 곳. ¶路途～ | 길이 아득히 멀다. ¶～的将来 | 아득히 먼 장래.

【瑶(瑤)】yáo 옥돌 요
❶ 書 名 아름다운 구슬. 喩 아름답다. ¶～函hán↓ ❷ 인명에 쓰이는 글자. ❸ (Yáo) 名 〈民〉 요족(瑤族) [중국 소수민족의 하나]
【瑶池】Yáochí 名 ❶ 신선이 있는 곳. 선경(仙境) [전설에서 서왕모(西王母)가 살았다는 곳] ¶驾返jiàfǎn～ | 札 남의 어머니의 죽음을 애도(哀悼)하는 말. ❷ 〈地〉 고대(古代)의 지명. 지금의 신강(新疆) 위구르 자치구 부강현(阜康縣)
【瑶函】yáohán 名 札 귀한(貴翰) 혜서(惠書) [남의 편지에 대한 경칭] ¶拜诵bàisòng～ | 귀한을 배송하였습니다 =〔瑶缄yáojiān〕
【瑶寨】yáozhài 名 요족(瑤族)의 마을. ¶～到处有歌舞 | 요족마을에는 도처에 가무가 있다.
【瑶族】Yáozú 名 〈民〉 요족 [중국 소수 민족의 하나. 주로 광서 장족 자치구(廣西壯族自治區)·호남(湖南)·운남(雲南)·광동(廣東)·귀주(貴州) 등지에 분포함] =〔傜yáo族〕

【繇(繇)】yáo yóu zhòu 역사 요, 말미암을 유, 점 주
A yáo ❶「傜」와 같음 ⇒〔傜〕 ❷「谣」와 같음 ⇒〔谣〕
B yóu 書 介 고서(古書)에서 「由」와 통용 ⇒〔由〕
C zhòu 書 名 점술에서 쓰는 문구. 점사(占辭)

【鳐(鰩)】yáo 날치 요
名 〈魚貝〉 가오리. ¶团扇tuánshàn～ | 목닥가오리 →〔鲼fèn〕

yǎo 丨ㄠˇ

【杳】yǎo 어두울 묘
書形 묘연하다. 아득히 멀어 종적을 찾을 수 없다. 아련하다. ¶～无踪迹zōngjì | 종적이 묘연하다. ¶～无音信↓
【杳眇】yǎomiǎo ⇒〔杳渺miǎo〕
【杳渺】yǎomiǎo 書形 멀리 떨어져 아득하다. 까마득하다. ¶音讯yīnxùn～ | 소식이 묘연하다. 소식이 없다. ¶～无凭píng | 國 아득하고 매달릴 데가 없다. 막연하다. 아무런 단서도 없다. 행방불명이다 =〔杳眇miǎo〕
【杳如黄鹤】yǎo rú huánghè 國 황학처럼 홀쩍 사라지다. 사람이나 사물이 한 번 사라진 뒤 행방이 묘연하다. 종적을 알 수 없다. ¶他竟～,一去不返 | 그는 황학과 같이 가버린 뒤 다시는 돌아오지 않았다.
【杳无音信】yǎo wú yīn xìn 國 소식이 감감하다. 종무소식이다. ¶他走以后就～, 如石沉大海一般 | 그가 떠난 뒤 소식이 감감하여 마치 돌이 큰 바다에 가라앉은 것 같다 =〔音信杳然〕

2【咬〈齩〉】yǎo 씹을 교
動 ❶ 깨물다. (베)물다. ¶～了一口馒头mántou | 찐빵을 한 입 베물었다. ¶让蛇shé～了一口 | 뱀에게 물렸다. ❷ (톱니바퀴·나사 등이) 맞물리다. ¶螺丝母贯yǐ了, ～不住 | 암나사가 닳아서 맞물리지 않는다. ❸ 이를 악물다. 입술을 깨물다. ¶他～住嘴唇zuǐchún极力忍耐着 | 그는 입술을 깨물고 애써 참았다. ❹ 중상모략하다. (죄인이) 무고한 사람을 죄에 끌어 넣다. 무고(誣告)하다. ¶不许乱～好人 | 함부로 결백한 사람을 중상하지 말라. ¶反被贼～了一口 | 도리어 도둑에게 무고당했다. ❺ (개가) 짖다. ¶鸡叫狗～ | 닭이 울고 개가 짖다. ❻ 方 옻 오르다. ¶叫漆～了 | 옻이 올랐다. ❼ (글자를) 정확히 발음하다. 또박또박 읽다. ¶这个字他～不准 | 이 글자를 그는 정확히 발음하지 못한다. ❽ (자구(字句)의 의미를) 지나치게 파고 따지다. 문구에 매달리다. ¶～文嚼jiáo字↓ ❾ (딱) 잘라 말하다. 단언하다. ¶一口～定 | 한마디로 단언하다. ❿ (옷 등이) 닳다. 해지다. ¶穿几天就～成这个样子 | 며칠 입었는데 이렇게 닳았다. ⓫ 京 빈정대다. 희롱하다. 괴롭히다. ¶别～老实人 | 착실한 사람을 괴롭히지 마라. ⓬ 俗 (여자가) 남자를 유혹하다. 남자를 꼬이다. ¶她把赵同志～进旅社 | 그녀는 조동지를 여관으로 유인해 들어갔다.
【咬穿】yǎochuān 動 물어 뜯다. 물어 구멍을 내다. 중상모략을 하다. ¶他俩把这事儿～了 | 그들 둘은 이 일로 서로 물어 뜯고 있다.
【咬定】yǎodìng 動 ❶ 단언하다. 잘라 말하다. 확고하게 말하다. ¶他～完工日子不能变 | 그는 완공일을 변경할 수 없다고 잘라 말했다. ¶一口～ | 國 한마디로 잘라 말하다. ❷ 결심하다. 작정하다. 작심하다. ¶他～了一把死拿, 谁也拿他没办法 | 그는 절대로 놓아주지 않겠다고 결심했기 때문에 그 누구도 그에 대해서 어쩔 수가 없었다.
【咬耳朵】yǎo ěr·duo 動組 口 귓속말하다. 귀엣말하다. 귀에 대고 속삭이다. ¶他俩开会时爱～ | 그들 둘은 회의를 할 때 귀속말 하기를 좋아한다. ¶在跟同伴～谈心 | 동료와 귀속말로 마음을 털어놓고 얘기하다.
【咬破】yǎopò 動 ❶ 물어 찢다. 물어 뜯다. ¶狗～了鞋xié | 개가 신을 물어 뜯었다. ❷ 닳다 =〔磨mó破〕 ❸ 폭로하다. ¶他们吵了半天,竟～合伙偷东西的事 | 그들 둘은 한참을 다투더니 결국 같이 물건을 훔친 일을 폭로하고야 말았다 =〔揭jiē破〕
【咬群(儿)】yǎo/qún(r) 動 口 ❶ 가축들이 서로 다투다. ¶这只小花狗爱～ | 이 얼룩개는 다투기를 좋아한다. ❷ 喩 동료를 헐뜯다. 집안 분쟁을 일으키다. ¶他～咬得起了公愤了 | 그는 동료를 헐뜯곤 하여 사람들의 미움을 샀다. ❸ 독점하다. 편파적으로 거래하다.
【咬舌儿】yǎo shér ❶ 발음이 똑똑하지 못하다. 발음이 뚜렷하지 않다. 혀가 잘 돌아가지 않다. ¶他说话有点儿～ | 그는 말할 때 약간 혀짤배기 소리를 한다. ¶那个大舌头, 说话～, 发音不清 | 저 혀가 긴 사람은 말할 때 혀가 잘 돌지 않아 발음이 확실하지 않다→〔大dà舌头②〕 ❷ (yǎoshér) 혀짤배기. 혀가 잘 돌지 않는 사람 ‖ =〔咬舌子shézǐ〕
【咬手】yǎo/shǒu 動 方 ❶ (추위·칠·산성(酸性) 등으로 인하여) 손이 붓거나 가렵다. ¶寒冬hándōng腊月làyuè冷得～ | 엄동설한이라 추워서 손이 붓고 가려울 정도이다. ❷ 喩 (가격이 너무 비싸서) 살 수가 없다. (돈을) 지불할 수가 없다. ¶价钱有点儿～, 以后再说吧 | 가격이 조금 비싸니 다음에 다시 얘기합시다. ❸ 喩 (일이) 처리하기 어렵다. 까다롭다. 막연하다. ¶这件事以前没作过, 刚接触有点～ | 이런 일은 이전에 해 본 적이 없어서 막상 대하고 보니 조금은 막연하다.
【咬文嚼字】yǎo wén jiáo zì 國 글귀만 파고 따지다. 문구에 얽매이다. 어려운 문자를 쓰다. ¶看文章只要理解意义就行了,不必～ | 문장을 볼 때는 그 뜻을 이해만 하면 되는 것이지 문구에 얽매여 하나하나 파고들지 말아야 한다 =〔咬文咂字儿〕〔咬言咂字儿〕〔咬言嚼字〕
【咬牙】yǎo yá 動 ❶ (매우 아프거나 몹시 화가 날 때) 이를 악물다. 이를 갈다. (이를 악물고) 참다. ¶只好～忍耐着 | 이를 악물고 참을 도리 밖에 없다. ❷ (자면서) 이를 갈다. ¶不是～就是说梦话 | 이를 갈지 않으면 잠꼬대 한다. ❸ 단호하다. 강경하다. ¶他一死儿～不卖 | 그는 한사코 고집스럽게 팔지 않는다. ¶他咬着牙不说 | 그는 끝까지 입을 다물고 말을 안 한다. ❹ 융통성이 없다. (부정 등을 지나치게 미워하는) 결벽증이 있다. ¶他为人向来很～, 别人的一些错儿也不原谅yuánliàng | 그는 사람됨이 본래 아주 융통성이 없어, 다른 사람의 자그마한 잘못도 용서하지 않는다.
【咬牙切齿】yǎo yá qiè chǐ 國 (너무 화가 나서) 이를 부득부득 갈다. 격분하다. ¶提起这事儿,

他至今还是～的 | 이 일을 꺼내기만 하면 그는 지금까지도 이를 부득부득 갈면서 격분한다.
【咬住】yǎozhù 動 ❶ 꽉 물다. ¶狗～不撒嘴sāzuǐ | 개가 꽉 물고 놓지 않다. ¶别老～我那句话不放 | 자꾸 내 말을 물고 늘어지지 마세요. ❷ 입을 다물다. 실토하지 않다. ¶犯人～不说 | 범인이 입을 다물고 자백하지 않다.
【咬字(儿)】yǎozì(r) ❶ 動 정확하거나 전통적인 음으로 글을 읽거나 가사(歌詞)나 중국 전통극의 대사를 창(唱)하다. ❷ 名 俗 발음. ¶新闻报告人～真清楚 | 뉴스 아나운서는 발음이 아주 정확하다. ¶唱戏念道白, ～最要紧 | 중국 전통극에서의 대사는 발음이 가장 중요하다. ❸ 動 俗 발음하다.
【咬字眼儿】yǎo zìyǎnr 動組 말꼬리를 물고 늘어지다. ¶你别～了 | 너는 말꼬리를 잡고 늘어지지 마라 =〔挑tiāo字眼儿②〕

【窅】yǎo 그윽할 요
❶ 그윽하다. 심오하다. ¶～深 | 심오하다 =〔窈yǎo①〕 ❷ 書 動 멀리 바라보다.
【窅冥】yǎomíng ⇒〔窈yǎo冥〕
【窅然】yǎorán 書 狀 아득하다. 요원하다.

【窈】yǎo 그윽할 요, 얌전할 요
書 ❶ 形 심오하다. ¶～深 | 깊다. 심오하다 =〔窅yǎo①〕 ❷ ⇒〔窈窕yǎotiǎo〕
【窈靄】yǎoǎi 書 形 심원하다. 심오하다.
【窈冥】yǎomíng 書 形 ❶ 그윽하다. 깊고 어둡다. ❷ 아득하다 ‖ =〔窅冥〕〔杳冥〕
【窈窕】yǎotiǎo 書 形 ❶ 얌전하고 곱다. ¶姑娘gūniáng长zhǎng得～ | 아가씨는 얌전하고 곱게 생겼다. ¶～淑女 | 요조 숙녀. ❷ (궁궐·산골짜기 등이) 깊숙하고 그윽하다. 유심(幽深)하다.

【舀】yǎo 절구 확, 긁어낼 요
❶ 動 (국자·바가지 등으로) 뜨다. ¶～水 | 물을 뜨다. ¶用汤匙tāngchí～汤 | 국자로 국을 푸다. ❷ (～儿, ～子) 名 국자. 물바가지.
【舀子】yǎo·zi 名 국자·바가지 등의 총칭 =〔舀儿〕〔舀杓sháo(儿, 子)〕

yào ㄧㄠˋ

【乐】yào ☞ 乐 lè Ⓒ

【疟】yào ☞ 疟 nüè Ⓑ

1 **【要】yào yāo 구할 요, 중요할 요**

Ⓐ yào ❶ 動 필요하다. 바라다. ¶你～什么? | 너는 무엇을 원하니? ¶那本书我不～了 | 나에게는 그 책이 필요없다. ❷ 動 요구하다. ¶昨天我跟老张～了两张票 | 어제 나는 장군에게 표 두 장을 달라고 했다. ¶我已经～了一个菜, 你再～一个 | 나는 이미 한 가지 요리를 주문했다. 네가 다시 하나 더 달라고 하여라. ❸ 動 청구하다. 부탁하다. ¶他～我替他写信 | 그는 나에게 자기 대신 편지를 써 달라고 부탁했다. ¶是你～我先别走的吗? | 네가 나더러 먼저 가지 마라고 했던 것이냐? ❹ 能 …하려고 하다. 어법 ⓐ 의지나 염원을 나타냄. 일반적으로 「要」 단독으로 대답할 수 없음. ¶你～看吗? ～看 | 너 보려고 하느냐? 보겠다. ⓑ 부정할 때는 「不要」로 하지 않고 「不想」「不愿意」로 함. ¶我不想进去 | 들어 가고 싶지 않다. ⓒ 「要」 앞에 「想」「打算dǎsuàn」 등을 넣을 수 있음. ¶他想～来北京参观cānguān | 그는 북경에 와서 구경하고 싶어 한다. ¶你打算～干什么? | 너 뭘 할 작정이냐? ❺ 能 (마땅히) …해야 한다. 어법 ⓐ 당위성을 나타내며, 반대의 뜻은 「不要」「别」로 나타내고 금지를 나타냄. ¶借东西～还 | 물건을 빌렸으면 돌려 주어야 한다. ¶不～浪费水 | 물을 낭비하지 마라. ¶不～随地吐痰tǔtán | 땅에 함부로 침을 뱉지 마라. ⓑ 「要」 앞에 「应该」「必须」「得děi」 등을 넣을 수 있음. ¶应该提倡节约jiéyuē, 必须～花的钱才花 | 절약 정신을 제창하고 반드시 써야 할 돈만 써야 한다. ❻ 能 …하게 되다. …하기 마련이다. 어법 ⓐ 가능을 나타내며 「要」앞에 「会」를 넣을 수 있고 문(句子)의 끝에 「的」를 쓸 수 있음. ¶看样子(会)～下雨 | 보아하니 비가 올 것 같다. ¶社会总～前进的 | 사회는 진보하기 마련이다. ⓑ 이와 반대의 뜻은 「不会」로 나타냄. ¶他这数字是有根据gēnjù的, 不会错 | 그의 이 숫자는 근거가 있는 것이다. 틀릴 리가 없다. ❼ 能 …하려 하고 있다. 막 …하려 하다. …할 것이다. 어법 행동이나 사건이 장차 발생함을 나타내며, 「要」 앞에 「快」「就」를 쓸 수 있고, 문의 끝에 항상 「了」를 붙임. ¶他～回来了 | 그가 곧 돌아올 것이다. ¶他快～毕业bìyè了 | 그는 곧 졸업할 것이다. ❽ 能 훨씬〔더욱〕…하다. 어법 비교문에 쓰여 비교의 뜻을 강조함. 「要」를 「比」의 앞이나 뒤, 혹은 「得」의 뒤에 쓸 수 있음. ¶他～比我走得快. ¶他比我～走得快. ¶他比我走得～快 | 그는 나보다 훨씬 빨리 걷는다. ❾ 能 늘 …하다 [습관을 나타냄] ¶他每天十点就～睡觉 | 그는 매일 10시에 잔다. ¶他天天～走这条路 | 그는 매일 이 길을 다닌다. ❿ 連 만약. 만일. …하면. ¶明天～下雨, 我就不去 | 내일 비가 오면 나는 가지 않겠다. ¶～不快做, 就赶不上了 | 급히 하지 않으면, 제 때에 대지 못한다. ¶这怕什么? ～我就不怕 | 이것에 대해 무엇을 겁내니? 나라면 겁내지 않는다. ⓫ 連 …하든가, 혹은 …하든가. …든지, 아니면 …하다 =〔要么〕 어법 「要＋就(是)」를 두 번 써서 선택을 나타낸다. ¶～就是你, ～就是我, 总得有人要去 | 너이든지 나이든지 어쨌든 누군가가 가야 한다. ⓬ 連 …하려면. 어법 뒤에 조건을 나타내는 절(分句)에 「就」를 호응하여 가정을 나타냄. 「就」 뒤에 「必须」「应该」 등이 많이 쓰임. ¶～学好外文, 就应该多听, 多说, 多写 | 외국어를 잘 하려면, 많이 듣고, 많이 말하고, 많이 써야만 한다. ⓭ 중요하다. 귀중하다. 긴요하다. ¶～事 | 중요한 일. ¶主～ | 중요하다. ⓮ 요점. 관건. 중요한 점. ¶提～ | 요점을 제시하다. 요점. ¶纲gāng～ | 요강.

Ⓑ yāo ❶動찾다. 요구하다. 구하다. ¶～功↓ ¶～求↓ ❷動강요하다. 강박하다. 위협하다. ¶～挟xié↓ ¶～盟méng↓ ❸書動가로막다. 숨어 기다리다. ¶～于途中 | 도중에서 가로막다. ❹書動총괄하다. 요약하다. ¶～之, 以根绝剥削gēnjuébōxiāo为目的 | 요컨데 착취를 근절하는 것이 목적이다. ❺書名動약속(하다) ¶久～不忘平生之言 | 오래된 약속을 평소에 한 말처럼 잊지 않는다《論語》❻고문(古文)에서 가끔「邀yāo」와 통용⇒〔邀yāo④〕 ❼고문(古文)에서「腰」와 통용⇒〔腰yāo⑧〕 ❽(Yāo) 名성(姓)

Ⓐ yào

【要隘】yào'ài 書名요해. 요충. 요지(要地) ¶派兵守住～ | 병사를 파견하여 요충지를 지키다.

3【要不】yàobù 連❶그렇지 않으면. ¶幸亏xìngkuī还没有外人听见呢, ～会说我们两个人都在发痴fāchī了 | 다행스럽게도 다른 사람이 듣지 않았어, 그렇지 않으면, 우리 두 사람이 미쳤다고 이야기할 거야 =〔要不然〕〔否则〕 어법「要＋不…」의 형태로「要」단독으로 가정을 나타내는 접속사(連詞)로 쓰인 경우와는 다름. ¶现在我回去一说考上了女售货员shòuhuòyuán, 去站柜台guìtái, 要不挨āi一通儿才怪呢 | 지금 돌아가서 여점원 시험에 합격해서 판매대에 서게 되었다고 이야기 한다면 분명 책망을 들을 것이다. ❷…하거나, …하거나. …하든지, …하든지 [두 가지 중에서 그 어느 하나를 선택함을 나타냄] ¶你这个人真怪, ～就钻到屋里不闻不问, ～就泼pō冷水 | 당신은 정말 이상해. 집에 박혀서 아무것도 관계하지 않거나, 그렇지 않으면 찬물을 끼얹는 말만 하니. ¶下雨了, 你把雨伞拿去吧, ～, 就穿我的雨衣 | 비가 오는군. 우산을 들고 가든지, 내 비옷을 입고 가든지 하시오 =〔要就〕 ❸아니. 아니면 어법 앞 말을 부정하고 새로운 의견을 제시할 때 쓰임. ¶这篇文章得děi好好改一改, ～干脆gāncuì重写 | 이 글은 잘 고쳐야만 하겠습니다. 아니면 아예 다시 쓰십시오 ‖ =〔要不着〕

3【要不是】yàobùshì 連…아니라면. …아니었다면. ¶～我来得早, 你就没命了 | 내가 일찍 가지 않았더라면 너는 죽었을 것이다. ¶～下雨, 我也就去了 | 비오는 것만 아니었더라면 나도 갔다. ¶～你, 我怎么能明白过来? | 당신이 아니었다면, 내가 어찌 알 수 있었겠는가?

【要不得】yào·bu·de 動組❶받을 수 없다 =〔不要的〕 ❷方(심해서) 견딜 수 없다. 참을 수 없다. ¶家穷得～ | 집이 너무 가난하다. ¶你打死卖盐的了, 这汤咸得～ | 소금을 너무 넣었어. 이 국은 너무 짜다. ❸고약하다. 허용할 수 없다. ¶这种懒汉lǎnhàn思想可～啊! | 이런 게으름뱅이 사상은 허용할 수 없어! ¶损人利己的行为～ | 남을 해치고 자기의 잇속을 채우는 행위는 허용할 수 없다. ❹方못쓰다. 쓸모없다. 형편없다. ¶这副手套破得～了 | 이 장갑은 형편없이 해졌다〔해져서 못 쓴다〕 ❺套方안돼. 안된다. ¶～, 你自己去拿吧! | 안돼, 네가 직접 가서 가져가. ❻필요 없다 어법 원래 양자강 상류지역에서 쓰는 방언임 ‖ =〔要不的〕

3【要不然】yào·burán ⇒〔要不①〕

【要冲】yàochōng 名요충지. 요충. ¶兰州Lánzhōu向来是西北交通的～ | 난주는 늘 서북교통의 요충지가 되어 왔다. ¶军事～ | 군사 요충지.

【要道】yàodào 名❶중요한 도로. 길목. ¶丰台是出入北京的～ | 풍대는 북경으로 출입하는 길목이다. ❷중요한 도리. 사람이 지켜야 할 도리. ¶明了～ | 사람이 지켜야 할 도리를 잘 알다.

【要得】yào·dé 江❶形훌륭하다. 대단하다. 근사하다. ¶你这两手儿真～ | 당신의 그 솜씨는 정말 훌륭하오. ¶日子越过越～ | 생활이 점점 좋아지다. ¶这个计划～, 我们就这样办 | 이 계획은 훌륭해. 우리 이대로 하자. ❷形필요하다. 쓸모가 있다. ¶这个东西还～ | 이 물건은 아직 필요하다. ❸套좋아. 됐어 어법 동의를 표시하는 말로 양자강 상류 지역의 방언으로 쓰임

【要地】yàodì 名요지. 요충. ¶历史上的军事～ | 역사상의 군사요지.

3【要点】yàodiǎn 名❶(말이나 문장 등의) 중요한 곳. 요점. ¶说明～ | 요점을 설명하다. ¶把握住wòzhù事情的～ | 일의 요점을 파악하다. ¶归纳guīnà～ | 요점을 귀납하다 =〔要端yàoduān〕〔要领lǐng①〕 ❷(군사적인) 중요 거점. ¶战略zhànlüè～ | 전략 거점.

【要端】yàoduān ⇒〔要点①〕

【要犯】yàofàn 名주범. ¶逮住dǎizhù了这桩zhuāng命案mìngàn的两个～ | 이번 살인사건의 주범 둘을 체포했다. ¶他是走私案的～ | 그는 밀수 사건의 주범이다.

【要饭】yào/fàn 動❶밥을 달라고 하다. ¶沿街～ | 길을 따라 (늘어서서) 밥을 달라고 하다. ❷빌어 먹다. 동냥하다. 걸식하다 =〔讨tǎo饭〕

【要害】yàohài 名❶(신체의) 급소. ¶射中zhòng～ | 급소에 명중하다. ❷喻중요한 부분. (군사상의) 요충지. ¶守～之处 | 요충지를 지키다. ¶这篇文章的～是这一点 | 이 문장의 요점은 바로 이 점이다. ❸(문제의) 정곡. 급소. ¶几句说打中他的～ | 몇 마디로 그의 정곡을 찌르다. ¶尖锐jiānruì地指出了这个问题的～ | 이 문제의 정곡을 날카롭게 지적해 냈다.

3【要好】yàohǎo 形❶사이가 좋다. 가깝게 지내다. 친밀하다. ¶她们俩从小就很～ | 그녀 둘은 어릴 때부터 아주 친밀하게 지냈다. ¶～的朋友 | 친한 친구. ¶他们俩是最～不过的 | 그 두 사람은 더없이 친하다. ❷향상심이 강하다. ¶这孩子很～, 从来不肯无故耽误dānwù功课 | 이 아이는 매우 향상심이 강해서 까닭없이 학습을 미루려 하지 않는다.

【要好看(儿)】yào hǎokàn(r) 動組망신시키다. 따끔한 맛을 보이다. 낯이 깎이다. ¶这才叫要咱们的好看呢 | 이것이야말로 우리를 망신시키려는 것이야《老舍·四世同堂》¶叫我表演, 这真是～ | 날더러 연기를 하라니, 정말 망신스럽다. 어법「好看(儿)」이 반어적인 용법으로 쓰이

면「寒碜hánchěn」의 의미임 =〔要好瞧〕

【要谎】yào/huǎng 動 터무니 없는 값을 부르다. 바가지를 씌우다. ¶本店向来不跟人～ | 저희 상점은 바가지를 씌운 적이 없습니다.

【要回】yàohuí 動 되찾다. 되돌려받다. ¶快～借出的钞票chāopiào! | 빌려준 돈을 빨리 되돌려 받아라! ¶你把那本书跟他～来吧! | 너는 그에게서 그 책을 되찾아 오너라!

【要价(儿)】yào/jià(r) ❶ 動 팔 값을 부르다. ¶瞒天mántiān～, 就地还钱 | 값을 한정없이 부르고 많이 깎아 주다. ❷ 動 댓가를 요구하다. ❸ (yàojià(r)) 名 팔 값. 달라는 값.

【要价(儿)还价(儿)】yàojià(r) huánjià(r) ❶ (값을) 흥정하다. ❷ 말대꾸하다. 딱딱 맞서다. ¶那个孩子～, 真可恶wù | 그 애는 말대꾸를 톡톡하는데 정말 밉다 ‖ =〔讨tǎo价还价〕

【要件】yàojiàn 名 ❶ 중요한 서류. ¶保管好～ | 중요한 서류를 잘 보관하세요 ❷ 중요한 일. 중요한 물건. 주된 조건. ¶婚姻hūnyīn与事业为人生之～ | 결혼과 사업은 인생의 중요한 일이다.

【要津】yàojīn ❶ 名 중요한 나루터. ❷ ⇒〔要路①〕 ¶位居～, 身负重任 | 중요한 위치에서 중임을 맡다.

2【要紧】yàojǐn 形 ❶ 중요하다. 요긴하다. ¶～事 =〔要紧的事情〕| 긴요한 일. 요긴한 것. ¶这个山头～得很, 一定要守住 | 이 산은 매우 중요하니, 꼭 지켜야 한다. ¶挨骂āimà有什么～? | 야단 맞은 것이 뭐 그리 대수냐? ❷ 엄중하다. 중하다. 심하다. ¶他的病～不～? | 그의 병이 심한가요? ❸ 江 급하다. ¶～起来去 | 급히 일어나 가다.

【要诀】yàojué 名 요결. 비결(祕訣) ¶在这儿, 发财的～是:坑kēng, 蒙méng, 拐guǎi, 骗piàn | 여기서 돈을 버는 비결은 함정에 빠뜨리고, 눈을 속이고, 몰래 빼앗고, 기만하는 것이다.

【要脸】yào/liǎn 動 체면을 차리다. 체면을 중히 여기다. ¶他竟死不～地说出这种话 | 그는 체면 차리지 않고 이런 말을 했다. ¶不～的 | 염치 없는 사람. ¶不～的事 | 파렴치한 일 =〔要脸面〕〔要脸子〕〔江 要面孔〕〔要面子〕

4【要领】yàolǐng ❶ ⇒〔要点①〕 ❷ 名 (체육이나 군사 훈련의) 동작의 요령. ¶他就是不得～ | 그는 요령을 모른다. ¶掌握zhǎngwò～ | 동작의 요령을 파악하다.

【要路】yàolù 名 요로. ❶ 요직. 현요(顯要) 한 자리. ¶当权dāngquán～ | 권력을 잡고 있는 사람. 권력의 요직 =〔要津yàojīn②〕 ❷ 가장 긴요한 길. 요충. ¶必经之～ | 반드시 통과해야 할 요로.

【要略】yàolüè ❶ 名 요약. 줄거리. 개요 [일반적으로 책 이름에 많이 쓰임] ¶文法～ | 문법개요. ¶全篇～ | 전편의 줄거리. ❷ 動 요약하다.

4【要么】yào·me 連 …하든지 …하든지. …하거나 …하거나. 또는. 혹은. 그렇지 않으면 어법 두 가지 이상을 나열하여 그중 하나의(선택의) 가능성을 나타냄. ¶～他来, ～我去, 明天总得děi当面谈一谈 | 그가 오든가, 내가 가든가, 내일은 꼭 면담을 해야겠다 =〔要就jiù〕

【要面子】yàomiàn·zi ⇒〔要脸yàoliǎn〕

4【要命】yào/mìng ❶ 動 죽이다. 생명을 잃게 하다. ¶不～的人 | 목숨을 돌보지 않는 사람. ❷ 形 심하다. 죽을 지경이다 어법 정도보어로 쓰여서 상황이나 상태가 극점에 달한 것을 나타냄. ¶疼得～ | 아파 죽겠다. ¶好得～ | 정말 훌륭하다 =〔要死〕 ❸ 動 남을 곤란하게 하다. 질리게 하다. 애태우게 하다 어법 일반적으로 초조하거나 원망할 때 사용함. ¶他天天来吵闹chǎonào, 真～ | 그는 매일 와서 귀찮게 구니, 정말 지겹다. ¶这人真～, 火车都快开了, 他还不来 | 이 사람은 정말 애태우게 하는군. 기차가 곧 떠나려 하는데, 아직 오지 않다니. ❹ 아무리 해도. ¶要了命也过不去 | 아무리 해도 지나갈 수 없다.

【要目】yàomù 書 名 요목. 중요한 항목(項目) ¶他看了一下本期杂志zázhì的～ | 그는 이번호의 잡지 요목을 보았다.

【要强】yàoqiáng 動 ❶ 분발하다. 노력하다. ¶她很～ | 그녀는 매우 노력한다. ❷ 승벽(勝癖)을 부리다. ¶～的人 | 승벽이 있는 사람.

【要人】yàorén 名 요인. 중요한 지위에 있는 사람. ¶政府zhèngfǔ～ | 정부 요인.

【要塞】yàosài 名 요새. 험하고 중요한 곳. ¶派重兵守住～ | 강력한 군대를 파견하여 요새를 지키게 하다.

【要事】yàoshì 名 요긴한 사항. 중요한 일. 중요한 안건.

1【要是】yào·shi 連 만일 …이라면. 만약 …하면. ¶～他来了, 怎么办? | 만일 그가 오면 어떻게 하겠느냐? ¶～天气好, 我就走 | 만일 날씨가 좋다면, 나는 가겠다. 어법 북방 방언에서「若」의 음이「要」와 같은 경우가 있어서「要是」는「若是」로도 씀.

4【要素】yàosù 名 요소. 요인. ¶小说的四～是时间, 地点, 人物和故事 | 소설의 4요소는 시간, 장소,인물,내용이다.

【要图】yàotú 書 名 중요한 계획.

【要闻】yàowén 書 名 중대한 소식. 중요한 기사.

【要言不烦】yào yán bù fán 成 말이 요약되어 장황하지 않다. 말이 간단 명료하다. ¶这个话抓住了问题的中心, 真是～ | 이말은 문제의 핵심을 확실히 포착하고 있어서 장황하지 않다 =〔要言不繁〕

【要义】yàoyì 名 요지(要旨). 주지(主旨) ¶改革gǎigé的～是开拓kāituò和进取jìnqǔ | 개혁의 요지는 개척과 진취이다 =〔要意〕

【要员】yàoyuán 名 옛날, 요원 [대체로 파견된 사람에 대해 많이 쓰임]

【要这要那】yàozhè yàonà 動組 이것 달라 저것 달라 하다. ¶他从不向父母～ | 그는 부모에게 이것 달라 저것 달라 하지 않는다.

【要职】yàozhí 名 요직. ¶身居～ | 요직을 맡고 있다. ¶担任dānrèn～ | 요직을 맡다.

【要旨】yàozhǐ 名 요지.

【要子】yāo·zi ⓧ yāo·zi) 名 ❶ 매끼 [벼·보리를 묶는 데 사용함] ❷ 포장용 끈. ¶铁tiě～ | 철끈.

Ⓑ yāo

【要功】yāo/gōng ⇒[邀yāo功]

【要击】yāojī ⇒[邀yāo击]

【要盟】yāoméng 書 動 맹약(盟約)할 것을 강요하다. ¶订立城下～ | (강요에 의해) 굴욕적인 맹약을 체결하다.

1【要求】yāoqiú ❶ 名 요구. ❷ 動 요구하다. ¶～发言 | 발언을 요구하다. ¶～赔偿péicháng | 배상을 요구하다.

【要挟】yāoxié 動 협박하다. 등치다. ¶借词～是一种不高尚的行为 | 생트집을 잡아 남을 협박하는 것은 고상하지 못한 행위다 =[要胁xié]

1【药(藥)】 ① yào Yuè 약 약

Ⓐ yào ❶ 名 약. ¶一服～ | 한 봉의 약. ¶配～ | ⓐ 약을 조제하다. ⓑ (처방전에 따라) 약을 지어 받다. ❷ (일정한 작용을 하는) 화학 약품. ¶炸～ | 폭약. ¶耗hào子～ | 쥐약. ❸ 書 動 약으로 치료하다. ¶不可救～ | 고칠 수가 없다. ❹ 動 독살하다. ¶铜锈tóngxiù能～死人 | 구리 녹은 사람을 죽게도 한다 ‖ =[葯]

Ⓑ Yuè 名 성(姓)

4【药材】yàocái 名 약재. 약종. ¶～学 | 생약학. ¶收购～ | 약재를 사들이다=[药料]

【药草】yàocǎo 名 약초. ¶种植～ | 약초를 재배하다.

【药叉】yàochā ⇒[夜yè叉①]

【药典】yàodiǎn 名〈藥〉약전. 약국방(藥局方) ¶～查阅cháyuè | 약방을 찾다.

【药店】yàodiàn ❶ 名 약방. 약국. ¶～飞龙fēilóng =[药典飞龙] | 威 병으로 홀쭉하게 야윈 사람. ❷ ⇒[药铺pù]

3【药方(儿,子)】yàofāng(r·zi) 名〈藥〉❶ 처방 ❷ 처방전. 약방문. ¶这是那位大dài夫开的～ | 이것은 저 의사가 쓴 처방전이다 ‖ =[药单(儿)]

【药房】yàofáng 名 ❶ 약국 [대개 양약(洋藥)을 파는 곳을 말하며 한약을 파는 곳은「药铺yàopù」라 함]→[药铺] ❷ (병원·진료소 내의) 약국.

【药粉】yàofěn ⇒[药面miàn(儿,子)]

【药膏(子)】yàogāo(·zi) 名〈藥〉연고(軟膏). 고약.

【药罐子】yàoguàn·zi 名 약탕기. 약탕관.

【药衡】yàohéng 名 ❶ 약용 온스 [영미(英美)의 조제도량법(調劑度量法)] ❷ 약형. 분칭(分秤) 약저울.

【药剂】yàojì 名 약제. ¶～学 | 약제학. 약학. ¶～师 | 약제사. ¶～科主任 | 약학과 주임. 약학과 학과장. 약제과장. ¶～拌种 | 씨앗을 약물 처리하여 살균하다.

【药箭】yàojiàn 名 독약을 바른 화살. 독시(毒矢). 독전(毒箭). ¶他被～射中shèzhòng了 | 그는 독화살에 맞았다. ¶非洲土人用毒药喂wèi过的～来射野兽yěshòu | 아프리카의 토인은 독약을 바른 화살로 야수를 쏜다.

【药酒】yàojiǔ 名 약주. 약술 [고량주에 각종 한약재를 넣어 만든 술로서,「玫瑰露Méiguīlù」「五加皮酒Wǔjiāpíjiǔ」「虎骨酒Hǔgǔjiǔ」등이 있음]

【药理】yàolǐ 名 ❶ 약리. ❷ 簡 약리학. ¶精通jīngtōng～学 | 약리학에 정통하다.

【药力】yàolì 名 약효. ¶～发作 | 약이 듣다. ¶～达不到 | 약효가 기대한 효과에 이르지 못하다 =[药劲jìn儿]

【药料】yàoliào ⇒[药材]

【药棉】yàomián 名 약솜. 탈지면. ¶制作zhìzuò～ | 탈지면을 만들다 =[脱tuō脂棉][药棉花]

【药面(儿, 子)】yàomiàn(r·zi) 名 가루약. ¶在伤口上撒sǎ了一些～ | 상처에 가루약을 뿌리다 =[药粉][药末(儿)][药散][粉药][散药]→[药水(儿)]

【药捻儿】yàoniǎnr 名 ❶ (화약·폭죽의) 도화선·심지 =[药线] ❷〈醫〉심(心) [외과에서 상처에 박아 넣는 약을 바른 가제(Gaze)] =[药捻子]

【药农】yàonóng 名 약초를 재배하는 농민. 약초 경작을 주업(主業)으로 하는 농민.

【药片(儿)】yàopiàn(r) 名〈藥〉정제(錠劑). 알약. ¶苏化太先～ | 술파다이아진(sulfadiazine) 정(錠) =[药饼yàobǐng(儿)][药锭yàodìng]→[片①]

3【药品】yàopǐn 名 약품. ¶出口各种～ | 각종 약품을 수출하다.

【药铺】yàopù 名 한약방. ¶到～去抓zhuā药 | 한약방에 가서 약을 짓다 =[方 药店yàodiàn②]

【药膳】yàoshàn 名 한방 약재를 섞은 자양 강장 식품. ¶吃～ | 강장 식품을 먹다.

【药石】yàoshí 書 名 ❶ 약석. 약과 침. ❷ 轉 약. 약물. ¶病入膏肓huāng～无效 | 병이 고황에 들어[병이 중하여] 약이 듣지 않는다. ❸ 轉 충언. 충고. 약석지언(藥石之言). ¶进～之言 | 충고를 하다.

3【药水(儿)】yàoshuǐ(r) 名 ❶ 물약→[药面(儿,子)][丸wán药] ❷ 로션(lotion)

【药死】yào·sǐ 動 독살하다. ¶～耗hào子 | 쥐약을 놓아 쥐를 잡다.

【药筒】yàotǒng 名〈軍〉약협(藥莢) =[俗 弹壳dànké①]

【药丸(儿, 子)】yàowán(r·zi) 名 약환. 환약 알약. ¶吞tūn下了～ | 알약을 삼켰다

【药味】yàowèi 名 ❶ (한약 제조에 쓰이는) 약의 종류. ¶他开的～太多 | 그가 낸 처방에는 약 종류가 너무 많다. ❷ (～儿) 약의 성질. 약의 맛. ¶这～太苦 | 이 약은 매우 쓰다. ¶这～是寒性hánxìng的 | 이 약의 성질은 열을 제거하는 것이다.

3【药物】yàowù 名 약물. 약품. ¶～过敏guòmǐn | 약물 알레르기. ¶～中毒zhòngdú | 약물 중독. ¶～治疗zhìliáo | 약물 치료. ¶～学 | 약물학. 약리학.

【药箱】yàoxiāng 名 약상자. ¶急救jíjiù～ | 구급상자.

【药效】yàoxiào 名 약효. ¶～很长久 | 약효가 아주 오래간다.

【药性】yàoxìng 名 약성. 약의 성질. ¶～发作fāzuò | 약성이 작용하다.

【药性气】yào·xing·qi 名 약냄새. ¶这个盒子hézǐ

有～ | 이 곽〔통〕에서 약냄새가 난다.

【药引子】yàoyǐn·zi 名〈漢醫〉주약(主藥)에 배합하여 효과를 더욱 크게 하는 보조약.

【药疹】yàozhěn 名〈醫〉약진.

【药(葯)】② yuè 구리때잎 약 ❶名〈植〉구리때 =〔白芷báizhǐ〕 ❷名 구리때의 잎. ❸名 꽃가루주머니. 꽃밥.

3【钥(鑰)】yào yuè 자물쇠 약

Ⓐ yào 名 열쇠. ¶锁suǒ～ | 자물쇠와 열쇠. 키포인트. 요점.

Ⓑ yuè「钥yào」의 문어음(文語音).

3【钥匙】yào·shi 名 열쇠. ¶解决jiějué问题的～在哪儿呢? | 문제 해결의 열쇠는 어디에 있는가? ¶一串chuàn(儿)～ | 열쇠 한 뭉치. ¶～环huán =〔钥匙(挂)圈儿〕| 열쇠 고리. 키 홀더(key holder) =〔金鱼②〕〔㊄锁匙〕

【曜】yào 빛 요 ❶㊊動 빛이 비치다. 빛나다. 밝다 =〔耀yào①〕 ❷㊊名 햇빛. 일광. ❸名「日」(태양)·「月」(달)·「火」(화성)·「水」(수성)·「木」(목성)·「金」(금성)·「土」(토성)의 총칭.

【曜眼】yàoyǎn ⇒〔耀yào眼〕

3【耀〈燿1,2,3〉】yào 빛날 요 ❶動 (빛이) 비치다. (빛을) 비추다. 빛나다. ¶光芒máng～眼 | 햇빛이 눈부시다. ❷ 과시하다. 뽐내다. 자랑하다. ¶炫xuàn～ | 뽐내다. ❸ 영광스럽다. ¶荣róng～ | 영광스럽다. ❹(Yào) 名 성(姓)

【耀斑】yàobān 名〈天〉태양면 폭발. 백반(白斑)

【耀武扬威】yào wǔ yáng wēi 成 무용을 빛내고 위세를 떨치다. 거들먹거리다. ¶美国兵在大街上～ | 미국병사들이 대로에서 위용을 자랑하고 있다 =〔奋fèn武扬威〕

4【耀眼】yàoyǎn 形 눈부시다. ¶车灯～ | 차의 전조등이 눈부시다 =〔曜yào眼〕〔㊊耀目〕

【鹞(鷂)】yào 새매 요 名〈鳥〉새매 =〔雀鹰〕

【鹞鹰】yàoyīng 名〈鳥〉새매의 통칭(通稱) ¶～冲chōng向天空 | 새매가 하늘로 치솟아 날다.

【鹞子】yào·zi 名 ❶〈鳥〉새매의 통칭(通稱) ❷㊄ 연. ¶放～ | 연을 띄우다.

【鹞子翻身】yào·zi fānshēn 名組 새매몸 돌리기 [무술에서 윗몸을 뒤로 젖히며 몸을 돌리는 동작] ¶他来了一个～ | 그는 새매몸 돌리기를 했다.

yē ㅣㄝ

【耶】yē ☞ 耶 yé Ⓑ

【椰】yē 야자나무 야 (～子) 名〈植〉야자(나무)

【椰杯】yēbēi 名 야자 술잔 [야자 열매 껍질에 주석·은 등을 씌워 만든 술잔]

【椰枣】yēzǎo 名〈植〉대추야자의 열매. ¶她爱吃～ | 그는 대추야자의 열매를 즐겨 먹는다 =〔海hǎi枣②〕

【椰子】yē·zi 名〈植〉❶ 야자수. ❷ 야자수 열매. ¶～汁 =〔椰子水〕| 야자 열매 즙. ¶～核hé | 코프라. ¶～糖táng | 코코넛 사탕. ¶～肉 | 야자 열매의 과육.

【掖】yē ☞ 掖 yè Ⓑ

【暍】yē ㉆ hè) 더위먹을 갈 ㊊動 더위를 먹다. ¶～死 | 더위 먹어 죽다.

【噎】yē 목멜 열 動 ❶(음식에) 목이 메다. ¶吃得太快, ～住了 | 너무 빨리 먹어서 목이 메었다. ❷ 숨이 막히다. ¶顶着大风走, ～得说不出话来 | 센 바람을 안고 가면 숨이 막혀 말을 할 수 없다. ❸㊄ 말을 가로막다. 말문이 막히다. ¶他一句话就把人家给～回去了 | 그는 한마디 말로 상대방의 입을 봉해버렸다.

【噎嗝】yēgé 名〈醫〉식도암(食道癌) =〔噎膈gé〕

【噎膈】yēgé ⇒〔噎嗝〕

【噎人】yē rén 動組 (사람의) 말문이 막히게 하다. 말을 가로막다. ¶他一开口就～ | 그가 입을 열자 (사람들이) 말문이 막혔다. ¶他一句话能把人噎死 | 그는 말 한마디로 상대방의 말문을 막히게 할 수 있다.

【噎食】yēshí 動 (음식물로) 목이 메이다. 음식물이 목에 걸리다. 목에 가득 차다. ¶这小子是饿死鬼èsǐguǐ托生的, 吃没个吃相, 一会儿一～, 真丢人啊! | 이애는 아귀(餓鬼)가 환생한 것인지, 먹는 모습도 보기 흉하고, 음식물이 자주 목에 걸리니, 정말로 창피하다!

【噎死鬼】yē·siguǐ 名 목이 메어 죽은 자. 목이 막혀서 죽은 자. ¶慢点吃, 小心别当～ | 천천히 먹어라. 목메어 죽지 말고.

【噎住】yēzhù 動 목이 메다. 목이 막히다. ¶他刚吃了几口就～了 | 그는 몇 입 먹고 목이 메였다.

yé ㅣㄝˊ

2【爷(爺)】yé 아비 야 名 ❶㊄ 아버지. ¶～娘niáng↓ ❷㊄ 할아버지. ¶～～奶奶nǎi·nǎi | 할아버지와 할머니. ❸ 아저씨. 선생님 [손위 남자에 대한 경칭(敬稱) 또는 친근하게 부르는 말] ¶张大～ | 장씨 아저씨. ¶四～ | 사남(四男)을 부르는 말. 넷째. ❹ 주인. 어른. 나리님 어법 주인·관료·지주 등에 대한 경칭(敬稱)으로 쓰이던 말. ¶老～ | 주인 어른. 나리 마님. ¶少shào～ | 도련님. ❺ 신(神) ¶土地～ | 토지신 ‖ =〔㊊耶②〕

【爷们】yé·men 名㊄ ❶ 남자 어법 단수·복수에 모두 쓰임. ¶老～ | 남자(들). 사내. ❷ 남편.

【爷们儿】yé·menr ⇒〔爷儿们〕

【爷娘】yéniáng 名 양친. 부모. ¶这孩子～都管不住他 | 이 애의 부모는 그를 통제할 수 없다 =〔爷妈yémā〕〔耶娘yéniáng〕

【爷儿】yér 名 ❶㊐ 세대(世代)가 다른 손위 남자와 손아래 남자를 함께 부르는 말 어법 부자(父子)·숙질(叔姪)·조손(祖孫) 등으로 뒤에

보통 수량사가 옴. ¶～仨sā | 아버지와 아들 두 형제. 삼부자. ¶～五 | 오부자. ¶～几个在院子里乘凉chéngliáng | 아버지와 아들 몇이 뜨락에서 바람을 쐬고 있다→〔娘niáng儿〕 ❷ 俗 남편 [일반적으로 노부부 사이에서 사용되는 낱말임] ¶爷爷儿奶nǎi奶儿 | 노부부 =〔爷爷儿〕

【爷儿们】yér·men 名 口 손위 남자와 손아래 남자를 함께 일컫는 말 =〔方 爷们儿〕

²【爷爷】yé·ye 名 口 敬 ❶ 할아버지. 조부님. ❷ 조부의 나이에 속하는 어른에 대한 존칭. ¶她～是个画家huàjiā | 그녀의 할아버지는 화가이다.

【爷有娘有不如自己有】yé yǒu niáng yǒu bùrú zìjǐ yǒu 諺 아버지나 어머니에게 있는 것이 자기가 가지고 있는 것만 못하다. 부모님이 가지고 있느니 차라리 자신에게 있는 게 낫다. ¶～, 自己挣zhēng的花起来舒心shūxīn | 아버지나 어머니에게 있는 것이 자기가 가지고 있는 것만 못하듯이 내가 벌어 쓰니 마음이 편안하다.

【邪】 yé ☞ 邪 xié B

【铘(鋣)】 yé 칼이름 야
⇒〔镆mò铘〕

【耶】 yé yē 그런가 야

A yé ❶ 書 助 의문·반문·추측·감탄 등을 표시하는 어기조사(語氣助詞) [구어(口語)의 「吗」「呢」「啊」「吧」「呀」 등에 해당함] ¶是～非～? | 옳은가? 그른가? ❷ 고서(古書)에서 「爷yé」와 통용⇒〔爷yé〕 ❸ 복성(複姓)중의 한 자(字). ¶～律lǜ↓ ‖ =〔邪yé〕

B yē 음역어에 쓰임. ¶～稣sū↓

A yé

【耶律】Yélǜ 名 복성(複姓)

B yē

【耶诞】Yēdàn 名 그리스도 탄신일. 크리스마스 →〔圣诞节Shèngdànjié〕

【耶和华】Yēhéhuá 名 外〈宗〉여호와(Jehovah). 하느님 =〔上帝②〕

【耶路撒冷】Yēlùsālěng 名 外〈地〉예루살렘(Jerusalem) [「以色列Yǐsèliè」(이스라엘;Israel)의 수도]

【耶稣】Yēsū 名〈宗〉예수. ¶他敬仰jìngyǎng～ | 그는 예수를 경앙한다. ¶～会 | 예수회. ¶～教 | 예수교 =〔耶苏sū〕

【揶〈擨〉】 yé 빈정거릴 야
⇒〔揶揄〕

【揶揄】yéyú 書 動 야유하다. 조소(嘲笑)하다. 조롱하다. ¶他爱～人 | 그는 다른 사람을 놀리길 좋아한다.

yě ㄧㄝˇ

¹【也】 yě 어조사 야

❶ 副 …도. (그리고) 또. 어법 두 가지 일이 서로 같음을 나타냄. ⓐ 주어는 다르지만, 술어(謂語)는 같거나 같은 의미임을 나타냄. ¶你去北京, 我～去北京 | 네가 북경에 가면, 나도 (또한) 북경에 간다. ¶来～可以, 不来～可以 | 와도 되고, 오지 않아도 된다. ¶听～由你, 不听～由你 | 말을 듣는 것도 너에게 달렸고, 듣지 않는 것도 너에게 달렸다. ⓑ 주어는 같으나 술어(謂語)가 서로 다름을 나타냄. ¶老师～讲课, ～提问 | 선생님은 강의도 하고 또 질문도 한다. ¶他～说, ～写 | 그는 말도 하고 쓰기도 한다. ⓒ 주어와 동사는 같으나 목적어(賓語)는 다름을 나타냄. ¶我们～唱中国歌, ～唱外国歌 | 우리는 중국 노래도 부르고, 외국 노래도 부른다. ⓓ 주어와 술어(謂語)가 다름을 나타냄. ¶天亮了, 风～停了 | 날이 밝자 바람도 멈추었다. ¶他的个儿～高, 力气～大 | 그는 키도 크고 힘도 세다. ⓔ 주어와 동사는 같으나 동사의 부가 성분(附加成分)은 다름을 나타냄. ¶他前天～来了, 昨天～来了 | 그는 그저께도 왔고 어제도 왔다. ¶他有人看着～认真干, 没人看着～认真干 | 그는 사람들이 볼 때도 열심히 하고, 보지 않아도 착실히 한다. ❷ 副 …하더라도. …하여도. 어법 가정의 성립여부에 관계없이 그 결과가 같음을 나타냄. 자주 「虽然suīrán」「尽管jǐnguǎn」「既然jìrán」「宁可nìngkě」 등과 호응하여 쓰임. ¶虽然你不说, 我～知道 | 비록 네가 말하지 않더라도 나도 안다. ¶宁可牺牲, ～绝不向敌人投降 | 차라리 희생이 되더라도 절대로 적에게 투항할 수 없다. ¶你不说我～知道 | 네가 말하지 않더라도 나는 안다. ❸ 副 (어떠한)…도. …은 물론. 아무리 …하여도. 어법 ⓐ 「也」앞에 불특정(不特定)의 의미를 나타내는 의문대사(疑問代詞)와 호응하여 주로 부정문으로 쓰임. ¶他什么～不会 | 그는 아무것도 못한다. ¶谁～不想去 | 아무도 가려하지 않는다. ⓑ 「의문사+也」의 형식은 의문사가 목적어일지라도 반드시 동사 앞으로 도치되어야 함. 그러므로 이러한 문(句子)은 가끔 두 가지 의미를 지니게 됨. ¶这个人不信谁(×) ¶这个人谁也不信 | ㉠ 이 사람은 어느 누구도 믿지 않는다. ㉡ 누구도 이 사람을 믿지 않는다. ⓒ 「再」「最」「顶」「至」 등과 호응하여 쓰임. ¶再～不敢闹 | 감히 두 번 다시 소란을 피우지 못할 것이다. ¶最远～就是二十米左右 | 가장 멀어봐야 20m 정도일 것이다. ¶至多～只有五斤 | 많아야 5근일 뿐이다 =〔都dū〕 ❹ 副 …조차도. …까지도. …마저도. 조금도 …않다. 어법 ⓐ 주로 「连」「一+量」과 호응하여 부정문으로 쓰여 강조함. ¶街上人影儿～没有 | 길거리에 사람 그림자조차 없다. ¶他连头～不抬tái, 专心学习 | 그는 머리조차 들지 않고 공부에 몰두한다. ¶一张纸～没丢 | 종이 한 장 조차도 버리지 않았다. ¶一次～没去 | 한 번도 가지 않았다. ¶树叶一动～不动 | 나뭇잎이 조금도 움직이지 않는다 =〔都dū〕 ❺ 副 아무리 …하여도. 어떻게 하여도. 어법 「也」의 앞·뒤에 같은 동사를 중복함. 「也」뒤의 동사에는 보어(補語)나 기타 성분이 붙어 있음. ¶洗～洗不干净 | 아무리 씻어도 깨끗하게 씻어지지 않는다. ¶跑～跑不动了 | 아무

리 달리려고 하여도 달릴 수 없다. ❻副 그럭저럭. 그저 그런대로 [완곡한 어기를 나타냄] ¶音量～就是这样了, 不能再大了 | 음량이 이러할 뿐이다. 다시 더 크게 할 수 없다. ¶～只好如此 | 이쯤 해둘 수 밖에 도리가 없지. ¶我～不要老命了 | 나야 다 늙은 목숨인걸[버려도 괜찮을 목숨이야] 어법「也」와「又」의 차이. ⓐ「也」는 다른 사람의 동작과 같음을 나타내고, 「又」는 이전(以前)의 동작과 같음을 나타냄. ¶(他来了,) 你也来了 | (그가 왔는데,) 너도 왔구나. ¶(昨天你来了, 今天) 你又来了 | (어제 왔었고, 오늘) 너 또 왔구나. ⓑ「又…又…」는 동사나 형용사 앞에 쓸 수 있으나「也…也…」는 동사 앞에만 씀. ¶也快也好(×) ¶又快又好 | 빠르고 좋다. ¶又跑又跳. ¶也跑也跳 | 뛰면서 달린다. ⓒ 주어가 같을 때는 일반적으로「又…」「又…」를 쓰고 주어가 다를 때는「也…」「也…」를 씀. ¶他又会写诗又会写小说 | 그는 시도 쓰고 소설도 쓴다. ¶你也来了, 他也来了 | 너도 왔고 그도 왔다. ❼書助 문(句子) 끝에 쓰여 판단을 나타냄. ¶非不能～, 是不为～ | 할 수 없는 것이 아니라, 하지 않는 것이다. ¶廉颇者, 赵之良将～ | 염파는 조나라의 훌륭한 장수이다. ¶孔子, 鲁人～ | 공자는 노나라 사람이다. ❽書助 의문이나 반문(反問)의 어기를 표시함. ¶何～ | 무슨 까닭인가? ¶孰不可忍～ | 무엇을 참지 못할까? ❾書助 문(句子)의 중간에 쓰여 휴지(休止)하는 곳임을 표시함. ¶大道之行～, 天下为公 | 대도를 행함으로서, 천하가 공평해지도다. ¶其为人也孝弟 | 그의 인품으로 말하자면 효성스럽고 형제간에 우애가 있다. ❿書助 감탄의 어기를 표시함. ¶是可言～! | 말할 수 있는 것이로다! ¶何其毒～ | 그 얼마나 지독한가! ⓫書助 주의·명령의 어기를 나타냄. ¶不可不慎～ | 신중하지 않을 수 없어요. ⓬連 …일 뿐 아니라 …하다. …할 뿐더러 또 …하다 [아주 드물게 접속사로 쓰임] ¶绝对不肯～不敢传达 | 절대로 전달할 생각도 없으며 용기 또한 없다.

【也罢】yěbà 語 ❶ (체념·결단·승낙을 나타낼 때) 좋아. 알았어. ¶这种事情不知道～, 知道了反倒难nán为情 | 이런 일은 모르는게 좋아, 알면 도리어 곤란해진다. ¶～, 你一定要走, 我送你上车 | 좋아, 알았어. 네가 꼭 가겠다면 내가 차를 타는 데까지 바래다 주지. ❷助 …(하)든 …(하)든. …라도 …라도. ¶晴天～,雨天～, 他那把雨伞yǔsǎn老不离手líshǒu | 개인 날이거나 비오는 날이거나 그는 그 우산을 손에서 놓지 않았다. ¶你去～, 不去～, 反正是一样 | 네가 가나 안 가나 마찬가지다 ‖→[也好]

【也不见得】yě bùjiàn·de 動組 꼭 그렇다고 볼 수 없다. 그 정도는 아니다. 그렇게만 볼 것은 아니다. 그렇지도 않다. ¶中国话难是难, ～太难 | 중국어가 어렵기는 어렵지만, 아주 어렵다고 볼 수는 없다. ¶她～怕你 | 그녀가 너를 무서워한다고 볼 수 없다.

【也好】yě hǎo ❶ …하는 편이 좋다. …해도 나쁘지 않다. ¶说明一下～ | 한 번 설명해 주는 것도 좋다. ¶让他们自己干一干～, 实践shíjiàn出真知嘛·ma | 그들로 하여금 스스로 해보도록 하는 것이 좋겠다. 실천에서 참된 지식이 나오는 법이니까. ❷ (중복해서 사용해 어떤 조건이 문제가 되지 않는다는 뜻으로) …든 …든. …(하더라)도 …(하더라)도. ¶你服气～, 不服气～, 作弊zuòbì终归是事实 | 네가 승복을 하든 않든, 어쨌든 부정한 일을 한 것만은 사실이다 →[也罢yěbà]

【也就】yějiù 副 ❶ …도 곧. 즉시. ¶那么咱们zán·men～随便suíbiàn坐下吧 | 그러면 우리들도 마음 내키는 대로 앉읍시다. ❷ 꽤. 퍽. 그래도. ¶比上不足, 比下有余, ～不错了 | 잘하는 사람과 비교하면 부족하지만 못하는 사람과 비교하면 나은 편이니 그래도 괜찮다. ❸ 그만하면 벌써. 이미. ¶做官要做副部长～算到头儿了 | 관리가 되어 차관까지 되면 이미 정상에 도달한 셈이다.

【也就是】yě jiù ·shi 動組 …에 불과하다. 겨우 …이다. ¶那～这么一回事 | 그것은 이런 일에 불과하다. ¶离过年～几天了 | 새해까지는 겨우 며칠밖에 안 남았다. ¶～你肯答应dāyìng, 要是我呀, 才不肯呢 | 너니까 승낙하지, 만약 나라면 절대 승낙하지 않을 거야.

【也就是说】yě jiù ·shi shuō 바꾸어 말하면 …이다. 다시 말하면 바로 …이다. ¶胸有成竹chéngzhú, ～心里很有把握bǎwò | 마음 속에 주견이 서 있다는 말은 즉 마음속에 대단히 자신이 있다는 것이다 =[就是说]

【也可】yěkě ❶ 몽골어로「第一」(제 1)의 뜻. ¶～太傅 | 제1 태부 =[也克yěkè][伊yī克] ❷ …해도 된다. ¶对于电影diànyǐng我是看～, 不看～, 倒无所谓的 | 영화라면 나는 보아도 좋고 보지 않아도 좋고, 아무래도 괜찮다.

【也克】yěkè ⇒[也可①]

【也门】Yěmén 名 外〈地〉예멘아랍공화국(Yemen Arab Republic) [아라비아 서남부의 공화국. 수도는「萨那Sànà」(사나;Sāna)] =[叶门Yèmén]

【也门民主人民共和国】Yěmén Mínzhǔ Rénmín Gònghéguó 名〈地〉예멘 인민 민주 공화국 [수도는「亚丁Yàdīng」(아덴;Aden)] =[南Nán也门]

【也行】yěxíng …해도 좋다. …라도 좋다. ¶你不来～ | 넌 오지 않아도 돼. ¶不用钢笔gāngbǐ, 用铅笔qiānbǐ写～ | 만년필로 쓰지 않고, 연필로 써도 괜찮다.

¹【也许】yěxǔ 副 어쩌면. 아마. 아마도. 혹시. ¶～是吧 | 그럴 지도 모른다. ¶～要下雨吧 | 어쩌면 비가 내릴 지도 모른다. ¶他～来 | 그는 올 지도 모른다. ¶你仔细zǐxì找一找, ～能找到 | 자세히 찾아보면, 혹시 찾을 수 있을지도 모른다→[或许huòxǔ][可能③][兴xīng许①][敢gǎn许]

3 **【冶】** yě 불릴 야
❶ 動 정련하다. 주조하다. 제련하다.

¶～炼liàn | 제련하다. ¶～金jīn↓ ¶陶táo～ =〔锻冶duànyě〕| 도야하다. ❷書名 대장장이. ¶良～ | 솜씨가 좋은 대장장이. ❸書形 곱게 단장하다.[일반적으로 비방의 의미를 담고 있음] ¶妖yāo～ | 요염하다. ❹(Yě) 名 성(姓)

3【冶金】yějīn ❶名 야금. ¶他在大学里是学～的 | 그는 대학에서 야금을 배웠다. ¶～电炉diànlú | 야금용 전기로. ¶～焦jiāo | 야금용 코크스. ¶～术shù | 야금술. ¶～学 | 야금학. ❷動 야금하다. ❸名轉 돈 버는 법. 재산 이루는 법. ¶他在商场上～有术, 不几年就麦克麦克màikè了 | 그는 장사하여 돈 버는 일에 능숙하여 몇 년 안돼서 크게 모았다 [「麦克」는 영어의 make임]

4【冶炼】yěliàn 動 제련하다. 용해하다. ¶～金属jīnshǔ | 금속을 제련하다. ¶把意志～成钢 | 의지를 강철처럼 강하게 만들다. ¶让他到生活的大熔炉rónglú中～一下 | 그를 힘든 곳에 보내어 강하게 만들다. ¶～工 | 제련공. ¶～厂chǎng | 제련소. 야금 공장. ¶～炉lú | 용광로. ¶～操作cāozuò | 제련 작업. ¶～合金钢 | 합금강을 제련하다.

【冶容】yěróng 書 ❶動 예쁘게 용모를 가다듬다. ¶～修丽xiūlì | 용모를 예쁘게 가다듬다. ¶这位妇人工于～ | 이 부인께서는 화장 솜씨가 뛰어나다. ❷名 요염한 자태. 요염한 용모. 진하게 화장한 얼굴. ¶～诲淫huìyín | 여자의 요염한 자태는 남자의 음욕(淫慾)을 불러 일으킨다.

【冶艳】yěyàn 書形 요염하고 아름답다. (여자가) 매우 아리땁다. ¶～的少女 | 요염하고 아름다운 소녀. ¶～如花 | (여자가) 꽃같이 아리땁다.

【冶游】yěyóu 書動 ❶ 남녀가 봄이나 축일(祝日)에 야외로 나와 놀다→〔远足〕〔郊游jiāoyóu〕 ❷轉 화류계에서 놀다. 기녀(妓女)와 즐기다. ¶性喜～ | 천성적으로 화류계에서 놀기를 좋아한다 ‖ =〔冶荡dàng〕

2【野〈埜〉】yě 들 야
❶名 들. 교외. 야외. ¶去～餐cān | 소풍가다. ¶远送于～ | 멀리 야외까지 전송하다《詩經·邶風》 ¶田～ | 들판. ¶林～ | 임야. ❷ 한계. 범위. ¶分～ | 분야. ¶视～ | 시야. ❸ 민간. ¶在～ | 벼슬하지 않고 민간에 있다. ¶下～ | 관직에서 물러나다⇔〔朝cháo⑤〕 ❹形 조야하다. 야비하다. 무례하다. ¶说话真～ | 말이 매우 거칠다. ¶撒sā～ | 야비〔난폭〕한 짓을 하다. ❺形 제멋대로이다. 방자하다. ¶放了几天假, 心都玩～了 | 며칠간 휴가를 보냈더니 마음을 걷잡을 수 없다. ❻形 어리숙하다. 촌스럽다. 질박(質樸)하다. ¶别自各儿觉着怪不错的, ～的你呢! | 자기 혼자서 아주 대단한 것같이 생각하지 말아라. 멍텅구리같으니라고! ❼ 야생의. ¶～兽shòu↓ ❽動俗台 싸돌아 다니다. 야한 짓하다. ¶你在外面～什么? | 너 밖에서 무슨 요상한 짓하고 돌아다니느냐?

【野百合】yěbǎihé 名〈植〉활나물. ¶路旁lùpáng长zhǎng着一丛cóng～ | 길가에 활나물이 자라 있다.

【野菜】yěcài 名 식용으로 하는 들나물. 산나물. ¶挖wā～吃 | 산나물을 캐어 먹다→〔青菜qīngcài①〕

【野餐】yěcān ❶動 야외에서 식사를 하다. ¶禁止jìnzhǐ在树林里～ | 나무숙에서 식사를 하는 것을 금하다. ¶我们今天去郊外露营～ | 우리들은 오늘 교외로 나가 야영하면서 야외 식사를 한다. ❷名 야외에서 하는 식사. 소풍 ‖ =〔書野宴yěyàn〕

【野蚕】yěcán 名〈蟲〉❶ 야잠 [야생 누에의 총칭] ❷ 산누에. 산누에나방. ¶～茧jiǎn | 산누에고치.

【野草】yěcǎo 名 야초. 들풀. 야생의 풀. ¶～丛生cóngshēng | 들풀이 총총하게 나다.

【野草闲花】yěcǎo xiánhuā 成 ❶ 야생의 풀과 꽃. 들꽃. ❷喩 유녀(遊女). 기녀(妓女). 노리개. ¶他就是爱沾àizhān一些～ | 그는 기녀를 희롱하길 좋아한다.

【野炊】yěchuī 動 산이나 들에서 불을 때어 밥을 짓다. ¶不要在山林中点火～ | 산림에서 불을 붙여 밥을 지어서는 안된다.

【野地】yědì 名 들판. 초원. 들. 황야. ¶在～里挖个土窑shìyáo, 铺pū点草 | 들판에 토굴집을 짓고 풀을 깔다 =〔草地〕

【野调无腔】yě diào wú qiāng 成 ❶ 외양에 개의치 않다. ¶她～惯了, 倒不在乎, 父母可是看着她心焦xīnjiāo | 그녀는 외양에 개의치 않는 데 익숙하여 아무렇지도 않은데, 부모는 그녀를 보고는 안타까워한다. ❷(언어나 행동이) 방자하고 무례하다. 야비하다. ¶这温柔wēnróu恳切kěnqiè的声音, 出自他这个～的人的口中, 有一种分fèn外的悲惨bēicǎn | 이같이 부드럽고 간절한 목소리가 그와같이 방자한 인간의 입에서나오니, 한결 더한 가련함이 있었다《老舍·四世同堂》=〔野腔无调〕

【野鸽(子)】yěgē(·zi) 名〈鳥〉양(洋)비둘기. ¶树上有几只～ | 나무위에 양비둘기 몇 마리가 앉아 있다.

【野狗】yěgǒu 名 들개. 야견(野犬). 임자 없는 개. ¶哪来的～? | 어디에서 나타난 들개냐?

【野孩子】yěhái·zi 名 막되먹은 아이. 예의 범절이 나쁜 아이. 풋내기. 개구쟁이.

【野汉子】yěhàn·zi 名 ❶罵 간부(姦夫). 남색(男色). 정부(情夫) ¶她招zhāo～上门 | 그녀는 간부를 방으로 불러 들였다. ¶姘pīn～ | 간부와 밀통하다. ❷ 부랑자. 건달.

【野合】yěhé 書動 ❶ 야합하다. 남녀가 사통(私通)하다. ❷ 광야(曠野)에서 교전하다. 야전(野戰)하다.

【野花(儿)】yěhuā(r) 名 ❶ 들에 핀 꽃. 야생화(野生花) ❷轉 창부(娼婦). 창기(娼妓) ¶家花不如～香, ～不如家花甜huātián | 諺 처는 창부의 호려내는 솜씨에는 못 당하지만, 창부는 처의 진실에 미칠 수 없다.

【野火】yěhuǒ 名 ❶ 들불. 들에서 나는 불. ¶～

燎liáo原 | 들불이 벌판을 태우다. ¶～不及, 斧斤fǔjīn不至 | 들불이 미치지 못하고, 나무꾼이 이르지 못한다. 喩 깊은 산을 형용《史記Shǐjì·龜策傳》＝〔野烧yěshāo〕❷ 도깨비불. 반딧불.

【野火烧不尽,春风吹又生】yě huǒ shāo bù jìn, chūn fēng chuī yòu shēng 成 들불이 아무리 심하다 해도 봄바람만 건듯 불면 새싹은 움튼다. 새로운 기풍은 아무리 억압을 해도 때가 되면 왕성해진다《白居易·賦得古原草送別詩》

【野货】yěhuò 名 ❶ 산이나 들에서 잡히는 새나 짐승. ❷ 俗 (남자와의 교제가) 난잡한 여자. 품행이 단정치 못한 사람. ¶你到处去找～, 小心碰见pèngjiàn放白鸽báigē的 | 너는 여기저기 여자를 꾀러 다니고 있는데, 미인계에 걸리지 않도록 조심해라.

【野鸡】yějī 名 ❶〈鳥〉꿩 ＝〔方 山鸡〕〔雉zhì〕〔项圈xiàngquān野鸡〕❷ 轉 거리의 창녀. 밤거리의 매춘부. ¶打dǎ～ | 여자를 사다. ❸ 轉 무허가(無許可). ¶～学校 | 무허가 학교

【野鸡车】yějīchē 名 불법적으로 운행하는 택시. ¶叫一辆liàng～, 价钱便宜点儿, 可是靠不住 | 불법 운행차를 부르면, 값은 싸나 믿을 수 없다.

【野鸡大学】yějī dàxué 名組 엉터리 대학. 무허가 대학. ¶上～混张文凭wénpíng, 总比上查礼顿大学好些 | 엉터리 대학에서 제대로 공부도 안 하고 졸업 증서만 받더라도 찰스턴대학에 가기보다는 낫다 [「查礼顿大学」는 「家里蹲dūn大学」(먹고대학)를 영어풍으로 꼬집은 문구로서, 옛 북경의 「相xiàng声」(만담, 재담 등 개그)의 하나]

【野鸡小店儿】yějīxiǎodiànr 名 무허가 여인숙. ¶他不敢住这种～ | 이런 무허가 여인숙에서 묵을 수가 없다 ＝〔野鸡店〕

【野路子】yělùzǐ 名 方 비정통. (학과) 비전공 출신. ¶他走的是～ | 그는 비정통파이다.

【野麻】yěmá 名 ❶ 야생 마(麻)의 총칭. ❷〈植〉두메개정향풀. 개정향풀＝〔罗luó布麻〕❸ 두메개정향풀의 줄기 껍질의 섬유.

【野马】yěmǎ 名 ❶〈動〉야생마. ¶一群～在草原上狂奔kuángbēn | 야생마 무리들이 초원에서 광분한다. ❷ 喩 거칠고 촌스러운 사람 또는 매우 대담한 사람.

4【野蛮】yěmán 形 ❶ 야만스럽다. 미개하다. ¶～人 | 야만인. 미개인. ¶～民族 | 야만족. 미개한 민족. ❷ 잔인하다. 난폭하다. 상스럽다. 거칠고 막되먹다. ¶他的行为真～ | 그의 행위는 정말 잔인하다. ¶说得太～ | 너무 상스럽게 말한다. ¶～的屠杀túshā | 잔인한 학살.

【野猫】yěmāo 名 ❶〈動〉들고양이. 도둑 고양이. ❷ 方〈動〉산토끼의 다른 이름. ❸〈動〉살쾡이 ＝〔豹bào猫〕❹ 喩 밤에 돌아다니는 사람. 본분을 분간 못하는 사람. 난폭한 사람. ¶好人不当, 却当～到处偷食吃 | 좋은 사람은 못되고 도둑고양이 같이 가는 곳마다 훔쳐 먹고 있다.

【野男人】yěnánrén 名 ❶ 변변치 않은 남자. 쓸모없는 놈. ❷ 외관 남자. 정부(情夫) ¶一个女人在外面走, 一定想引诱yǐnyòu～ | 여자가 밖을 혼자서 걷는 것은 반드시 외간 남자를 끌어들이려는 것이다《魯迅·阿Q正傳》

【野牛】yěniú 名〈動〉❶ 들소. ¶美州～ ＝〔欧州野牛〕| 바이슨(bison) ¶印度～ | 인도들소. 가우르(gaur) ❷ 길들여지지 않은 소.

【野女人】yěnǚrén 名 정부(情婦) ¶我们清白世家, 不许把～带进门的 | 우리 깨끗한 가문에 정부를 데리고 집에 들어오는 것을 용서하지 못한다→〔野男人〕

【野葡萄】yěpú·tao 名〈植〉❶ 개머루 ＝〔蛇shé葡萄〕❷ 까마귀 머루. 영욱(蘡薁).

【野气】yěqì 形 俗 거칠 것이 없는 상태. 활발한 기운. ¶这些日子生意真是～ | 요즈음 장사가 정말 확대 일로에 있다.

【野蔷薇】yěqiángwēi 名〈植〉들장미. ¶竹林边上有一丛cóng～ | 대나무 숲에 들장미가 무더기로 피어 있다.

【野趣】yěqù 書 名 산야의 아취. 전원의 정취. ¶～横生héngshēng | 전원의 정취가 물씬 풍기고 있다 ＝〔野意(儿)〕

【野人】yěrén 名 ❶ 書 순박한 사람. 시골 사람. ❷ 書 평민. 서민. ¶～不问政 | 야인은 정치를 묻지 않는다. ¶无君子莫治～, 无～莫养君子 | 군자가 없으면 평민을 다스리지 못하고 평민이 없으면 군자를 부양하지 못한다《孟子·滕文公上》❸ 미개인. 야만인. 예절을 모르는 사람. ❹ 부랑자. 떠돌이. 건달. ❺ 성격이 거친 사람. 세련되지 못한 사람. ❻⇒〔猩xīng猩(儿)〕

4【野生】yěshēng ❶ 名 야생. ¶～动物 | 야생 동물. ¶～植物zhíwù | 야생 식물. ❷ 動 야생하다.

【野食(儿)】yěshí(r) 名 ❶ 들짐승의 먹이. 금수의 먹이. ❷ (산짐승 등의) 산야에서 획득한 음식물. ¶打～ | 산짐승을 잡다. ¶吃～换换口味kǒuwèi | 산짐승 요리로 입맛을 돋구다. ❸ 轉 본 업무 이외의 소득. 뜻밖의 수입. ¶这顿dùn～吃得不错 | 이 뜻밖의 수입이 괜찮다. ❹ 轉 유부녀의 사통(私通) ¶打～ | 유부녀가 사통하다.

【野史】yěshǐ 名 야사. ¶稗官bàiguān～ | 패관야사 ＝〔野乘shèng〕〔野录lù〕

3【野兽】yěshòu 名 야수. 산짐승. 들짐승. ¶～的嗥叫háojiào | 산짐승의 울부짖음.

【野鼠】yěshǔ 名〈動〉들쥐 ＝〔爬山鼠〕〔田鼠①〕

【野兔(儿)】yětù(r) 名〈動〉산토끼. ¶打～吃 | 산토끼를 잡아먹다 ＝〔方 野猫māo②〕→〔家兔tù〕

4【野外】yěwài 名 야외. ¶～操演cāoyǎn ＝〔野操〕| 야외 연습. ¶～生活 | 야외 생활.

【野外工作】yěwài gōngzuò 名 야외에서 행해지는 조사·측량·탐사·발굴 등의 일＝〔田野工作〕

【野豌豆】yěwāndòu ❶ 名〈植〉들완두. ❷ 名〈植〉갯완두 ＝〔海边香hǎibiānxiāng豌豆〕❸⇒〔巢菜cháocài〕

【野味】yěwèi 名 사냥한 짐승.

4【野心】yěxīn 名 ❶ 야심. 야망. 야욕. ¶抱着统治tǒngzhì全世界的～ | 세계 제패(制覇)의 야망을 품고 있다. ¶侵略～ | 침략 야심. ¶见财起～ | 재물을 보고 야심을 일으키다. ❷ 전원

생활에 취미를 갖는 마음.

【野心勃勃】yě xīn bó bó 成 야심이 가득하다. 야심만만하다. ¶他是一个～的政治家zhèngzhìjiā | 그는 야심만만한 정치가이다.

【野心家】yěxīnjiā 名 야심가. ¶有些国际～老盘算着怎么侵略别人 | 국제적 야심가 중에는 어떻게 남을 침략할 것인가 하고 항상 궁리하고 있는 자가 있다.

【野心狼】yěxīnláng 名 탐욕스런 인간. 늑대같은 욕심쟁이. ¶我最恨hèn这种～ | 나는 이런 탐욕스런 인간을 제일 싫어한다.

【野性】yěxìng ❶ 名 야성. 제멋대로인 성격. 거친 성미. ❷ 形 (성격이) 거칠다. 제멋대로이다. 무례하다. ¶您家高平百样都好, 就是太～ | 댁의 고평이는 다 좋은데 성격이 너무 제멋대로입니다. ❸ 名 전원의 한적함을 좋아하는 성격.

【野鸭(子)】yěyā(·zi) 名〈鳥〉물오리 =〔绿lǜ头鸭〕〔水鸭〕〔凫fú①〕

【野营】yěyíng ❶ 名 야영. ¶暑假shǔjià期间, 这孩子过了两个星期xīngqī的～生活 | 여름 방학에 이 아이는 두 주일간 야영 생활을 하였다. ❷ 動 야영하다. ¶明天我们到西山～去 | 내일 우리는 서산으로 야영하러 간다.

【野游】yěyóu 動 야유회 가다. 교외로 놀러가다. ¶一个人独自dúzì～ | 혼자 교외로 놀러가다.

【野鸳鸯】yěyuānyāng 名 喩 ❶ 정식으로 결혼하지 않은 부부. 야합한 부부. ❷ 사통(私通)한 남녀.

【野战】yězhàn 名〈軍〉야전. ¶～炮pào | 야포. ¶～队duì | 야전대. ¶～仓库cāngkù | 야전 창고.

【野战军】yězhànjūn 名〈軍〉야전군.

【野种】yězhǒng 名 罵 ❶ 사생아. 애비 없는 자식. 얻어온 자식 [혈통도 모르고 단지 대를 잇기 위해 들여온 양자를 뜻하는 말로 주로 욕할 때 쓰는 말] ❷ 쓸모 없는 놈. 망나니.

【野猪】yězhū 名〈動〉산돼지. 멧돼지. ¶～经常糟蹋zāotà粮田liángtián | 멧돼지가 항상 밭을 망쳐 놓는다.

yè ㄧㄝˋ

2【叶(葉)】 ① yè 舊 Shè) 잎 엽, 성 섭

주의 고유명사(專有名詞)로 쓰일 때는 「Shè」로 읽었으나, 지금은 「Yè」로 통일함. ❶ (～儿, ～子) 名 잎. ¶落～ | 낙엽. ¶树～ | 나뭇잎. ❷ 꽃잎. ¶千～莲lián | 천엽 연꽃. ¶千～桃táo | 천엽 복숭아꽃. ❸ 잎처럼 얇은 것. ¶铁tiě～ | 철판. ¶百～窗chuāng | 블라인드. ❹ 세대(世代). 시대. 시기(時期) ¶清朝末～ | 청조말기. ¶二十世纪中～ | 20세기 중엽. ❺ 「页」와 같음 ⇒〔页yè〕 ❻ (Yè 舊 Shè) 名〈地〉섭읍(葉邑) [하남성(河南省) 엽현(葉縣)의 남쪽에 있던 지명] ❼ (Yè 舊 Shè) 名 성(姓)

【叶斑病】yèbānbìng 名〈農〉흑반병. 흑성병.

【叶柄】yèbǐng 名〈植〉엽병. 잎꼭지. ¶很长的～ | 아주 긴 엽병

【叶尔辛】Yè'ěrxīn 名 外〈人〉옐친(Yelstin) [러시아 공화국 최초의 민선(民選) 대통령]

【叶蜂】yèfēng 名〈蟲〉톱날집게벌레. 못뽑이집게벌레.

【叶公好龙】Yè gōng hào lóng 成 겉으로는 좋아하는 듯하나 실제로는 두려워하다. 두려워 하면서 좋아하는 척 하다 [용을 대단히 좋아하던 춘추시대 초(楚)나라의 섭공(葉公)이란 사람이 어느 날 진짜 용을 만나자, 크게 놀라 도망쳤다고 하는 고사에서 나옴] ¶现而今的社会像～的人多, 无非是自己骗自己罢了 | 오늘의 사회에는 섭공이 용을 좋아하는 것 같은 사람이 많으나, 자기가 자기를 속이고 있는 것에 지나지 않는다.

【叶红素】yèhóngsù 名〈生化〉카로틴. 프로비타민 A =〔胡萝卜húluó·bo素〕

【叶块繁殖】yèkuài fánzhí〈農〉名組 잎꽂이 [꺾꽂이법의 일종]

【叶绿素】yèlǜsù 名〈植〉엽록소. ¶多吃含有～的植物zhíwù | 엽록소를 함유하고 있는 식물을 많이 드세요

【叶轮】yèlún 名〈機〉(선풍기·원심 펌프 등의) 날개바퀴. ¶推水tuīshuǐ～ | 수차 날개바퀴.

【叶落归根】yè luò guī gēn 成 잎이 떨어져서 뿌리로 돌아가다. 무슨 일이나 결국은 근본으로 돌아가다. ¶不管在海外怎样富有, ～, 我总想着回国 | 외국에서 아무리 부유해지더라도 잎이 떨어져서 뿌리로 돌아가듯이 나는 늘 고국으로 돌아갈 생각을 하고 있다.

【叶脉】yèmài 名〈植〉엽맥. 잎맥 =〔叶筋jīn(儿)〕

【叶门】Yèmén 名 外〈地〉예멘(Yemen) =〔也门Yěmén〕

【叶面施肥】yèmiàn shīféi 名〈地〉엽면 시비 =〔根外清肥gēnwàiqīngféi〕

【叶片】yèpiàn 名 ❶〈植〉엽편. 잎의 편평한 곳 =〔叶身〕 ❷〈機〉(풍차·추진기 등의) 날개.

【叶鞘】yèqiào 名〈植〉엽초.

【叶儿】yèr 名 식물(植物)의 잎.

【叶肉】yèròu 名〈植〉엽육.

【叶酸】yèsuān 名〈生化〉엽산 [빈혈에 효험있는 조혈 작용제(劑)] =〔维生素B11〕

【叶序】yèxù 名〈植〉잎차례. 엽서. 잎의 배열 순서 [대생(對生)·윤생(輪生)·호생(互生) 등 잎의 배열 순서] =〔叶列〕

【叶芽】yèyá 名〈植〉엽아. 잎눈.

【叶腋】yèyè 名〈植〉엽액. 잎겨드랑이.

【叶枝】yèzhī 名〈植〉도장지(徒長枝) ❶ 과일 나무의 잎만 자라고 과실(果實)을 맺지 않는 가지. ❷ 목화(木花)의 잎만 자라고 목화씨가 나지 않는 가지.

2【叶子】yè·zi 名 ❶ 俗〈植〉잎. ¶树shù～ | 나뭇잎. ¶摘zhāi下一片～ | 잎을 따다. ❷ 금박(金箔) ❸ 책의 쪽수. ❹ 정제(精製)된 찻잎 ❺ 簡 잎담배.

【叶子烟】yè·ziyān 名 잎담배. 엽연초(葉煙草) ¶我的爷爷爱抽chōu～ | 우리 할아버지는 엽연초를 즐겨 피신다.

【叶】 ② xié 화합할 협

❶ 動 (소리가) 화합하다. 조화하다. ❷

「协」의 고체자(古體字)⇒〔协xié③〕
【叶和】xiéhé ⇒〔协xié和〕

1【业(業)】yè 업 업, 이미 업 ❶ 名 일. ¶农nóng～ | 농업. ¶停tíng～ | 영업 정지하다. ¶各行各～ | 각종의 일. ❷ 名 직업. ¶就jiù～ | 취업(하다) ❸ 名 학업. ¶肄yì～ | 수업하다. 수료하다. ❹ 名 사업. ¶创chuàng～ | 창업(하다) ❺ 名 기술. ¶艺yì～ | 기술. 기교. ❻ 名 재산. 부동산. ¶家～ | 가산(家産) ❼ 書 動 …을 업으로 삼다. 종사하다. 경영하다. ¶～商 | 장사를 하다. 상업에 종사하다. ❽ 書 副 이미. 벌써. ¶～得复信fùxìn | 이미 회답을 받았다. ❾ ⇒〔业业〕 ❿ 名〈佛〉업. ¶恶è～ | 악업. 전생에 지은 나쁜 업. ⓫ (Yè) 名 성(姓)
【业绩】yèjì 書 名 업적. ¶建立了不朽bùxiǔ的～ | 불후의 업적을 세우다. ¶辉煌huīhuáng的～ | 빛나는 업적.
【业经】yèjīng 書 副 이미. 벌써. ¶此事～解决jiějué | 이 일은 이미 해결되었다 =〔書 业已yèyǐ〕 →〔已经〕
【业精于勤】yè jīng yú qín 成 학문·기예는 근면해야 정통한다 [한유(韓愈)의《進學解》에 나오는 말로, 뒤에 「荒于嬉huāngyúxī」가 이어지기도 함]
【业师】yèshī 書 名 은사(恩師). 스승. 사부. 선생. ¶～的学问很大 | 은사님의 학문이 아주 위대하다. ¶贵guì～ | 敬 당신의 스승. ¶敝bì～ | 謙 저의 선생님.
2【业务】yèwù 名 업무. 일. 실무. ¶祝您～发达! | 당신의 일이 잘 되기를 바랍니다. ¶～水平 | 업무 수준. ¶～能力 | 실무 능력. ¶～知识 | 업무 지식. ¶～范围fànwéi | 업무 범위. ¶～协定xiédìng | 실무 협정. ¶经理指导zhǐdǎo～方针fāngzhēn | 지배인이 업무 방침을 지도하다.
【业已】yèyǐ ⇒〔业经yèjīng〕
2【业余】yèyú 區 ❶ 여가의. 근무 시간 외의. ¶工人们在～的时间, 上文化补习学校去念书 | 노동자들은 여가 시간에 문화 교실에 가서 공부한다. ¶他利用～时间给朋友们修收音机shōuyīnjī | 그는 여가 시간을 이용해서 친구들에게 라디오를 고쳐 준다. ¶你～安排ānpái什么活动? | 여가 시간에 어떤 활동을 마련하느냐? ¶～学校 | 근로자가 노동시간 외에 학습하는 학교. ❷ 아마추어의. 초심자의. ¶～爱好àihào | 취미. ¶～爱好者 | 아마추어. ¶～运动员 | 아마추어 운동 선수. ¶～资格zīgé | 아마추어 자격. ¶～剧团jùtuán | 아마추어 극단. ¶～无线电务员 | 햄(ham). 아마추어 무선사.
【业余教育】yèyú jiàoyù 名 성인교육(成人教育). 업무외 교육(業務外教育) ¶搞gǎo～ | 업무외 교육을 하다.
【业障】yèzhàng 名 ❶〈佛〉업장. 죄업. 불도를 수행하는 데 방해가 되는 죄업. ❷ 罵 애물. 불초자제(不肖子弟). 귀찮은 사람. ❸ 육친간(肉親間)의 헤어질래야 헤어질 수 없는 나쁜 인연 ‖ =〔孽障nièzhàng〕
【业种】yèzhǒng 名 ❶ (지나친 총애로 인한) 탕아. ❷ 업종. 천벌을 받을 놈. ¶我要宰zǎi了这个～ | 이 나쁜놈을 없애 버리겠다 =〔孽种nièzhǒng〕
【业主】yèzhǔ 名 ❶ 기업주(企業主) ❷ 부동산 소유자. ¶～不盖章gàizhāng, 所以我不能租他的地来盖房gàifáng | 소유자가 도장을 찍지 않으므로 나는 그의 토지를 빌려서 집을 지을 수가 없다.

【邺(鄴)】Yè 땅이름 업 名 ❶〈地〉하남성(河南省) 안양현(安陽縣) 북쪽에 있는 중국의 옛지명. ❷ 성(姓)

1【页(頁)】yè 머리 혈 ❶ 名 (책·장부 등의) 면(面). 페이지. ¶活～ | 루스리프(looseleaf) ❷ 量 페이지. 쪽. 면(面) ¶在书的第一～上 | 책의 제1페이지에 →〔篇piān〕‖ =〔叶yè ⑤〕
【页码(儿)】yèmǎ 名 쪽수. 페이지수. ¶索引上都注明zhùmíng了～ | 색인에 쪽수를 명기했다 =〔页数〕
【页数】yèshù ⇒〔页码〕
【页心】yèxīn 名〈印出〉❶ 판면. ❷ 판심. 판구 ‖ =〔版心bǎnxīn〕
【页岩】yèyán 名〈地質〉혈암. ¶～油yóu | 혈암유. ¶油yóu(母)～ | 석유 혈암. 유모 혈암 =〔泥板岩níbǎnyán〕
【页印机】yèyìnjī 名〈電算〉페이지 프린터(page printer)

【曳〈拽〉】yè 끌 예 動 ❶ 끌다. 끌어당기다. ¶老头儿～着车走 | 노인이 수레를 끌며 가다. ¶～长裙qún而舞 | 긴 치맛자락을 끌며 춤추다. ¶弃甲qìjiǎ～兵 | 成 갑옷을 버리고 무기를 질질 끌다. 싸움에 패하여 도망하다. ❷ 키우다. 기르다. 육성하다. ¶～把·ba↓ ❸ 俗 여기저기 뛰어다니다. ¶一天到晚苦～ | 하루종일 고달프게 여기저기 뛰어다니다 ‖ =〔拽yè〕
【曳把】yè·ba 動 京 육성시키다. ¶我们好不容易白手起家把这个事业～起来了 | 우리들은 빈손으로 어렵게 시작하여 이 사업을 육성시켰다 =〔曳扯yèchě〕
【曳扯】yè·chě ⇒〔曳把〕
【曳光弹】yèguāngdàn 名〈軍〉예광탄. ¶～发出耀眼yàoyǎn的光芒guāngmáng | 예광탄이 눈부시는 불빛을 발하다.

【拽】yè ☞ zhuāi C

1【夜】yè 밤 야 ❶ 名 밤. ¶日日～～ | 밤낮. ¶白天黑～ | 낮과 밤. ¶熬áo～ | 밤샘하다. 철야하다. ¶夙sù兴～寐mèi | 成 아침 일찍 일어나고 밤늦게 자다 ⇔〔日rì②〕〔昼zhòu〕 ❷ 書 動 밤외출하다. ¶禁jìn～ | 야간외출을 금하다.
4【夜班】yèbān 名 ❶ 밤일. 야근. ¶碰巧pèngqiǎo这时又轮到lúndào她上～ | 공교롭게 이번에도

그녀가 야근할 차례가 되었다. ¶打个～ | 야근을 하다. ¶值zhí～ | 밤당번을 서다. ❷자동차·기차·항공기 등의 야간편(夜間便) ¶～火车 | 야간 열차. ¶～车 | 밤차.

【夜半】yèbàn 書 名 야반. 한밤중. ¶～三更的, 你出门干什么? | 한밤중인데 밖에 나가 뭘 하려고 하느냐? ¶～临深池 | 한밤중에 깊은 못에 이르다. 喩 아주 위험하다 =〔夜分〕〔夜上〕〔書 夜央〕〔夜中〕〔半夜〕

【夜不闭户】yè bù bì hù 成 밤에도 대문을 걸지 않는다. (밤에도 대문을 걸지 않아도 괜찮을 정도로) 사회가 안정되고 인심이 좋다.

【夜餐】yècān 名 야찬. 밤참. 야식(夜食) ¶～可少吃一点儿 | 야식은 절대로 적게 먹어야 한다.

【夜草】yècǎo 名 밤에 가축에게 먹이는 풀. ¶马不得～不肥féi, 人不得外财不富fù | 諺 말은 밤에 풀을 먹이지 않으면 살찌지 않고, 사람은 부수입이 없으면 부자가 되지 못한다.

【夜叉】yè·chā 名 ❶〈佛〉야차. ¶母～ | 성질이 사나운 여자 =〔夜叉鬼〕〔外 药yào叉〕 ❷ 喩 용모가 추악한 사람. 험상궂은 사람. 두억시니. ¶长得跟～似的 | 두억시니같이 험상궂게 생기다.

【夜长梦多】yè cháng mèng duō 成 밤이 길면 꿈이 많다. 시간이 길어지면 변화가 생기기 쉽다. 일을 길게 끌면 문제가 생기기 마련이다. ¶这件事咱们得赶快去办, 省得～ | 길게 끌어 문제가 생기지 않도록 이 일은 우리가 빨리 해결해야 한다.

【夜场】yèchǎng 名 (연극 등의) 야간 공연. ¶咱们看～吧 | 야간공연 보러 갑시다. ¶～票piào | 야간 공연 입장권. ¶～比赛bǐsài | 야간 경기 =〔晚wǎn场〕

【夜车】yèchē 名 ❶ 밤차. 야간 열차→〔晚wǎn车〕 ❷ (보통 때와 달리) 밤을 새면서 일하거나 공부하는 것. ¶开～ | 밤샘하다→〔夜工yègōng〕

【夜大学】yèdàxué 名 야간 대학. ¶她想上～ | 그녀는 야간대학에 가려고 한다.

【夜读】yèdú ❶ 動 밤에 공부하다. ❷ 名 야학.

【夜蛾】yè'é 名〈蟲〉밤나방.

【夜饭】yèfàn 名 方 저녁밥. ¶～少吃口, 活到九十九 | 諺 저녁밥을 적게 먹으면 장수한다 =〔晚饭wǎnfàn〕

【夜分】yèfēn ⇒〔夜半〕

【夜工】yègōng 名 밤일. 야간 노동. 야업. 야간 작업. ¶开～ | 밤을 새워 일하다. ¶打～ =〔做夜工〕 | 밤일을 하다→〔夜活〕

【夜光】yèguāng 書 ❶ 區 야광(의) ¶～石 | 야광석. 금강석의 다른 이름. ❷ 名 월광(月光). 달빛. ❸ 名 轉 달. ❹ 名 반딧불. 형광.

【夜光表】yèguāngbiǎo ⇒〔夜明表〕

【夜光虫】yèguāngchóng 名〈動〉야광충. ¶他逮dǎi了一小瓶píng～ | 그는 야광충을 한 병 잡았다.

【夜航】yèháng ❶ 名 야간 항행. 야간 비행. ❷ (배·비행기가) 야간 비행하다. 야간 항행하다. ¶香港和九龙间的轮渡lúndù～到十二点半为止 | 홍콩·구룡간의 야간 항행은 12시 30분까지다.

【夜壶】yèhú 名 (남자용의) 야호. 요강. ¶我要割下gēxià你的脑袋nǎodài当～ | 네 놈의 머리를 잘라 내 요강으로 삼겠다 =〔夜净儿yèjìngr〕〔便biàn壶〕〔尿壶〕〔尿别子〕〔尿鳖biē子〕→〔马桶〕

【夜话】yèhuà 書 名 야화. ¶竹林～ | 죽림야화 =〔夜谈yètán〕

【夜活(儿)】yèhuó(r) 名 밤일. 야업(夜業) ¶做～ | 야간 작업을 하다. ¶赶gǎn～ | 밤일을 서두르다 =〔夜作〕→〔夜工〕

[3]【夜间】yè·jiān 名 야간. 밤사이. 밤. ¶～戒严jièyán | 야간 계엄. ¶～行军 | 야간 행군. ¶～战斗机zhàndòujī | 야간 전투기 =〔夜里(头)〕

【夜景】yèjǐng 名 야경. 밤 정경. ¶一幅fú壮丽zhuànglì的长江大桥Chángjiāngdàqiáo～ | 장강대교의 장려한 야경.

【夜客】yèkè 名 ❶ 밤에 오는 손님. ❷ 轉 도적. 도둑놈. 밤손님.

【夜哭郎】yèkūláng 名 밤에 잘 우는 아기. ¶天皇皇, 地皇皇, 我家有个～, 过路的君子看一遍biàn, 一觉睡到天大亮! | 하늘의 신, 땅의 신, 우리 집에는 밤에 잘 우는 아이가 있습니다. 길가는 군자가 한 번 보면 날이 훤할 때까지 잡니다! [산동(山東) 지방에서 야제병(夜啼病)을 고치기 위해 사람이 많이 다니는 곳에 써붙여 1천 사람이 보게 하는 글] =〔夜啼郎〕

【夜来】yèlái 書 名 ❶ 어제. 작일(昨日) ❷ 야간. 밤새. ¶～闹贼nàozéi, 吃了一惊jīng | 밤중에 도적이 들어와서 깜짝 놀랐다. ¶～您好 | 밤새 안녕하십니까.

【夜来香】yèláixiāng 名〈植〉❶ (밤에 향기를 풍기는 꽃의 한 종류인) 야래향. ¶飘piāo来一阵zhèn～的馨香xīnxiāng | 야래향의 향기가 날아오다 =〔夜兰香〕〔夜香花〕 ❷ 철야향 =〔夜香树〕〔洋素馨yángsùxīn〕

【夜阑】yèlán 書 名 심야. 한밤중. 깊은 밤. ¶看书看到～ | 밤이 이슥할 때까지 책을 보다.

【夜郎自大】yè láng zì dà 成 좁은 식견에 제 잘났다고 뽐내다. 세상 물정 모르는 우물 안의 개구리 [야랑(夜郎)은 한대(漢代)의 서남 오랑캐 가운데 가장 우세하였던 나라로, 야랑후(夜郎侯)가 한나라 사신에게 자기 나라와 한나라의 우열(優劣)을 물었다는 고사에서 온 말] ¶你切不可～ | 너는 절대로 잘났다고 뽐내서는 안된다.

【夜礼服】yèlǐfú 名 야회복. ¶他做了一套～ | 그는 야회복 한 벌을 만들었다.

[2]【夜里(头)】yè·li(·tou) 名 밤(중) ¶～失火了 | 밤중에 불이 났다 =〔夜间〕→〔白天〕〔晚上〕

【夜盲】yèmáng 名〈醫〉야맹. ¶～症zhèng | 야맹증 =〔方 雀盲quèmáng眼〕〔畏wèi夜眼〕

【夜猫子】yè·mao·zi 名 方 ❶〈鳥〉부엉이. ❷ 喩 밤 늦도록 자지 않는 사람 ‖ =〔猫头鹰māotóuyīng〕

【夜猫子进宅】yè·mao·zi jìnzhái 歇 부엉이가 집에 들어오다. 심상치 않은 일이 있다. 일없이

는 오지 않는다 [뒤에 「无事不来」(일없이는 오지 않는다) 또는 「必无好事」(좋은 일일 리가 없다)가 이어지기도 함] ¶他们是~, 无事不来 | 그들이 온 것은 불길한 일의 전조로, 일없이 공연히 찾아오지는 않는다.

【夜明表】yèmíngbiǎo 名 야광 시계 =〔夜光表yèguāngbiǎo〕

【夜幕】yèmù 書 名 밤의 장막. ¶~笼罩lǒngzhào着大地 | 밤의 장막이 대지를 뒤덮고 있다. ¶~降临jiànglín | 밤의 장막이 깃들다.

【夜尿症】yèniàozhèng 名〈醫〉야뇨증. ¶他得了~ | 그는 야뇨증에 걸렸다 =〔遗尿yíniào②〕

【夜儿(个)】yèr(·ge) 名 京 어제. ¶~黑地hēidì | 어젯밤. ¶他~来的 | 그는 어제 왔다 =〔夜里个〕〔夜格〕〔昨天〕

【夜色】yèsè 名 야색. 밤경치. ¶~朦胧ménglóng | 밤경치가 몽롱하다.

【夜深人静】yè shēn rén jìng 成 밤이 깊어 아주 고요하다. 밤이 깊어인기척이없다⇒〔夜静更深yèjìnggēngshēn〕

【夜生活】yèshēnghuó 名 야간 유흥.

【夜市】yèshì 名 야시. 밤장. 야시장. ¶去~吃宵夜xiāoyè | 야시장에 가서 밤참을 먹다.

2【夜晚】yèwǎn 名 밤. 야간. ¶他在报社bàoshè工作, 经常~工作, 白天休息 | 그는 신문사에서 근무하는데 항상 밤에 일하고 낮에 쉰다 =〔夜间〕〔晚上〕

【夜袭】yèxí ❶ 名 야간습격. 야습. ❷ 動〈軍〉야습하다. 야간 습격하다. ¶美军~仁川港Rénchuāngǎng | 미군이 인천항을 야간 공습하다.

【夜校】yèxiào 名 야학. 야간 학교. ¶进~自修 | 야간 학교에 다니며 독학하다.

【夜行】yèxíng ❶ 名 밤길. ❷ 動 밤길을 걷다. ❷ 야간 운행하다. 야간 항행하다 =〔夜航yèháng〕

【夜行军】yèxíngjūn 名 야간 행군. ¶进行~ | 야간 행군하다.

【夜行衣】yèxíngyī 名「夜行人」의 의복.

【夜学】yèxué 名 야간 학교. ¶夜大学 | 야간 대학. ¶念~ | 야간 학교에 다니다 =〔夜间部yèjiānbù〕→〔夜校yèxiào〕

【夜以继日】yè yǐ jì rì 成 밤낮없이. 낮과 밤이 따로 없이 계속하다. ¶~地努力工作 | 밤낮없이 애써 일하다. ¶工程正在~地进行 | 공사가 밤낮으로 계속 진행 중이다 =〔日以继夜〕

【夜莺】yèyīng 名〈鳥〉나이팅게일. 밤꾀꼬리. ¶~的叫声jiàoshēng | 밤꾀꼬리가 우는 소리

【夜鹰】yèyīng 名〈鳥〉쏙독새 =〔夜游鸽yèyóugē〕〔蚊母鸟wénmǔniǎo〕

【夜营】yèyíng ❶ 名 야영. ❷ 動 야영하다.

【夜游神】yèyóushén 名 ❶ 미신·전설 중의 밤에 나돌아다니며 사람들의 선악을 조사한다는 신 =〔游奕yì〕 ❷ 喩 밤 늦도록 자지 않고 싸다니기 좋아하는 사람. ¶闹nào~ | 밤 늦도록 자지 않고 놀러 다니다. ¶那是我们家有名儿的~ | 그는 우리집에서 밤 늦도록 자지 않고 싸다니기 좋아하는 것으로 유명한 사람이다《兒女英雄傳》

【夜战】yèzhàn 名 ❶〈軍〉야간 전투. 야간 작전. ¶美军惯于~ | 미군은 야간전투에 익숙하다. ¶在~中进行轰炸hōngzhà | 야간 전투 중에 폭격을 하다. ❷ 喩 밤일. 야업(夜業) 철야 작업. ¶秋收忙碌mánglù, 大家挑灯tiāodēng~ | 추수가 바빠서, 모두 등불을 켜들고 철야 작업을 하다. ❸ 喩 성교(性交) ¶~过度guòdù | 성교가 도를 넘다.

【夜总会】yèzǒnghuì 名 나이트 클럽. ¶她去~了 | 그녀는 나이트 클럽에 갔다.

【掖】yè yē 낄 액, 겯부축할 액

Ⓐ yè ❶ 動 옆에서 끼다. 부축하다. ¶~着老人走 | 노인을 부축하여 가다. ¶~之使起 | 부축하여 일으키다. ¶扶fú~ | 부축하다. ❷ 書 動 원조하다. 부조하다. ❸ 書 動 발탁하다. 등용하다. ¶奖jiǎng~ | 장려하고 발탁하다. ❹ 옆. 곁. ¶~门↓ ❺ (Yè) 名〈地〉액현(掖縣) [산동성(山東省)에 있는 지명]

Ⓑ yē 動 ❶ (좁은 곳에) 꽂아 넣다. 끼워넣다. 찔러넣다. 끼다. 쑤셔넣다. ¶腰里~着枪qiāng | 허리에 총을 차고 있다. ¶把东西~在怀里huáilǐ | 물건을 품속에 쑤셔넣다. ¶把手~在衣袋里yīdàilǐ | 손을 호주머니에 찔러넣다. ❷ (옷자락 등을) 걷어 올리다. 접어 올리다. ¶把裤子kùzǐ~起来 | 바지자락을 걷어올리다. ❸ 숨기다. 감추다. 속이다. ¶不瞒着, 不~着, 有什么说什么 | 속이거나 숨기지 말고 사실대로 말하다. ¶他把东西给~起来了 | 그는 물건을 착복했다.

Ⓐ yè

【掖门】yèmén 名 액문 [궁녀·비빈(妃嬪) 등이 거주 하는 궁전의 문]

【掖庭】yètíng 名 액정 [비빈(妃嬪)·궁녀들이 거처하는 궁전]

Ⓑ yē

【掖藏】yēcáng 動 찔러 넣어 감추다. 옆구리에 끼다. 비틀어 박다. ¶你把钱都~在哪儿了? | 너는 돈을 어디에 감추었느냐?

【掖起】yēqǐ 動 겨드랑이에 끼다. 찔러 넣다. 꽂아 넣다. 끼우다. 걷어 올리다. ¶~衣裳yī·shang | 옷을 걷어 올리다. ¶托他带个好儿, 他把好儿给~来, 忘了说了 | 당신에게 안부를 전해달라고 그에게 부탁했으나, 그는 깜빡 잊어버리고 말하지 않았다.

【掖掖盖盖】yē·ye gàigài 狀 보이지 않게 감추다. 꼭 숨기다. ¶你别~的了 | 숨기지 마세요→〔藏cáng掖(儿)〕

2【液】yè 즙 액

名 액. 액체. ¶汁zhī~ | 액즙. ¶血xuè~ | 혈액. ¶溶róng~ | 용액→〔浆jiāng〕〔汁zhī〕

【液化】yèhuà 動 ❶〈物〉액화하다. ¶~器 | 액화기. ¶~天然气tiānránqì | 액화 천연 가스. 엘엔지(LNG) ¶~石油气 | 액화 석유 가스. 엘피지(LPG) ❷〈醫〉액화하다. 진물나다.

【液晶】yèjīng 名〈物〉액정. 액상 결정. ¶氨ān的~ | 암모니아수

【液泡】yèpào 名〈生〉액포(液胞)
【液态】yètài 名〈化〉액태. 액상(液狀) ¶～空气｜액화 공기. ¶～气体qìtǐ｜액화 가스.
3【液体】yètǐ 名〈化〉액체. ¶～燃料ránliào｜액체연료.
【液压机】yèyājī 名 수압기(水壓機). 수압프레스.

【腋】yè 겨드랑이 액
名 ❶〈生理〉겨드랑이. ❷ 잎겨드랑이. 잎아귀. 엽액(葉腋)
【腋臭】yèchòu 名〈生理〉액취. 암내. ¶～切除手术｜암내 제거술 =〔腋气〕〔俗 狐hú臭〕
【腋毛】yèmáo 名〈生理〉겨드랑이 털.
【腋芽】yèyá 名〈植〉엽액에 생기는 싹. ¶长zhǎng出了～｜엽액에 생기는 싹이 자랐다 =〔侧cè芽〕

【咽】yè ☞ 咽 yān Ⓒ

【射】yè ☞ 射 shè Ⓑ

【晔(曄)〈燁〉】yè 빛날 엽
❶ 書 名 빛. ❷ 書 形 빛나다. 밝다. ❸ 인명에 쓰이는 글자.

【烨(燁)〈爗〉】yè 빛날 엽
書 ❶ 名 불빛. 햇빛. ❷ 形 (불빛이) 찬란하다.

【谒(謁)】yè 뵐 알, 명함 알
書 ❶ 動 알현하다. 만나뵙다. ¶拜bài～｜배알하다. ¶求～｜알현하기를 원하다. ❷ 名 명함. ¶投tóu～｜명함을 건네주다→〔刺cì〕
【谒见】yèjiàn 動 알현하다. ¶昨天～了总统zǒngtǒng｜어제 대통령(총통)을 알현했다.

【靥(靨)】yè 보조개 엽
名 ❶ 보조개. ¶面～ =〔笑xiào靥〕〔酒jiǔ靥〕｜보조개. ¶痘dòu～｜곰보. ❷ 書 여자의 얼굴에 칠한 장식.
【靥笑】yèxiào 書 名 보조개 웃음. ¶迷人的～｜매혹적인 보조개 웃음. ¶脸liǎn上露出～｜얼굴에 보조개 웃음을 짓다.

yī ㅣ

1【一】yī 한 일
어법 「一yī」는 뒤에 오는 음절의 성조에 따라 변조(變調)함. ⓐ 단독으로 쓰이거나 낱말(詞)·문(句子)의 끝에 쓰일 때는 제1성으로 발음함. ¶十一shíyī. ¶一九九一yī jiǔ jiǔ yī ⓑ 제4성 앞에서는 제2성으로 변함. ¶一半yíbàn. ¶一共yígòng ⓒ 제1성·제2성·제3성 앞에서는 제4성으로 발음함. ¶一天yìtiān. ¶一年yìnián. ¶一点yìdiǎn ❶ 數 일. 하나 [기수(基数)의 1] ¶～个｜한 개. ¶～次｜한 차례. ¶第dì～｜첫째. 제일. ¶卷juàn～｜제1권. ¶星期xīngqī～｜월요일. ¶～月～日｜1월 1일. ❷ 數 하나의. 한결같은. ¶～心～意｜한 마음 한 뜻 =〔专zhuān〕 ❸ 數 온. 전. 모두. 모든. ¶～身汗shēnhàn｜온 몸의 땀. ¶～路平安｜평안한 여행되시길. ¶～冬｜온 겨울 =〔满〕〔全〕 ❹ 數 같다. 동일하다. ¶大小不～｜크기가 같지 않다. ¶～视同仁↓ =〔相同〕 ❺ 數 다른. ¶～说是从西方传来的｜일설에는 서방에서 전해져 온 것이다. ❻ 數 좀. 약간. 잠시. 한번. 어법 중첩된 단음절 동사 사이에 쓰이며 「一」는 생략할 수도 있음. ⓐ 시험삼아 한다는 뜻으로 쓰임. ¶歇～歇xiē｜좀 쉬다. ¶跳～跳tiào｜한 번 뛰어 보라. ⓑ 이 때의 완료형은 「動＋了＋一＋動」의 형태임. ¶看了～看｜한 번 보았다. ⓒ 자신의 의지나 상대의 동작·행위를 가볍게 재촉하는 의미로 쓰임. ¶等～等｜잠시 기다려라. ¶看～看｜좀 보자. ⓓ 명사나 양사 앞에 쓰여 동사 뒤에 놓임. ¶笑～声｜한 번 웃다. ¶看～眼｜한 번 보다. ❼ 數 (한 번) …하자 곧. …하더니. …하자 (…하다) 어법 ⓐ 동사 앞에 놓여 어떤 짧은 동작을 거쳐 곧 모종의 결과나 결론이 나타남을 표시함. ¶～跳就跳了过去｜깡총 뛰어서 건너갔다. ¶他在旁边pángbiān～站，再也不说什么｜그는 옆에 서더니 더 이상 아무 말도 하지 않았다. ⓑ 「一＋動＋就＋動」의 형태로 쓰여, ㉠ 어떤 동작이나 상황이 출현한 후 곧이어 다른 동작이나 상황이 출현함을 타나냄. ¶～请就来｜청하자 곧 왔다. ¶天～亮就起床｜날이 밝자 마자 일어났다. ¶～看就明白｜보자마자 알았다. ㉡ 어떤 동작이나 상황이 출현하기만 하면 예외없이 이어서 또 다른 동작이나 상황이 출현함을 나타냄. ¶～听见音乐就高兴gāoxìng｜음악을 듣기만 하면 항상 즐겁다. ¶他只要～有空就学习｜그는 시간만 있으면 공부한다. ㉢ 어떤 동작이 발생하면 곧 그 동작이 어떤 정도에 이르거나 어떤 결과가 발생함을 나타냄. 이때 「就」 다음의 동사는 생략하거나 「是」로 바꿀수 있음. ¶我们在西安～住就住了十年｜우리는 서안에 살자마자 10년 동안 살았다. ¶～写就写一大篇. ¶～写就一大篇｜썼다하면 장편을 쓴다. ¶～讲就是两个小时｜말했다하면 두시간이다→〔一…就…〕 ❽ 書 助 「何hé」「至zhì」「似sì」「如」앞에 놓여 어기를 강하게 함. ¶～何速也｜어찌하여 이렇게도 빠른가? ¶为害之甚，～至于此｜폐해의 심각함이 이 지경에 이르렀구나. ❾ 名〈音〉「工尺谱」(중국 민속 음계)의 음계의 하나 [「简谱」의 「7」(시)에 해당함]→〔工gōng尺〕
【一把】yībǎ ❶ 한 줌. 한 움큼. 한 주먹. ¶抓zhuā～土｜흙을 한 줌 쥐다. ¶他掉diào在坑里kēnglǐ上不来，你拉他～吧｜그가 구덩이에 빠져 나오지 못하니 네가 끌어 올려라. ❷ 한 자루 [손잡이가 달린 물건을 셀 때 명사 앞에 붙여 쓰이는 양사임] ¶～刀｜칼 한자루. ¶～伞sǎn｜우산 한 자루. ❸ 한 개 [손잡이는 없으나 손으로 잡을 수 있는 물건을 셀 때 명사 앞에 쓰이는 양사임] ¶～椅子yǐzǐ｜의자 한개. ❹ 한 다발. 한 묶음. 한단. ¶～菠菜bōcài｜시금치 한 다발. ¶放～火｜불을 붙이다 [대나무 다발에 불을 붙인 데서 유래된 말] ❺ 한 가지 [기술·기예 등을 셀 때 명사 앞에 붙여 쓰이는 양사임] ¶～能手｜능숙한 기술 한 가지. ¶～好手艺｜훌륭한 손재주 하나.

【一把鼻涕一把泪】yībǎ bítì yībǎ lèi 俗 喻 애절한 슬픔에 잠김. 눈물로 보내는 세월. ¶他～地诉苦sùkǔ | 그는 슬픔에 잠겨 괴로움을 호소했다.

【一把手】yībǎshǒu ❶ 名 (모임이나 활동 등에 참가하는) 일원(一員). 한 사람. ¶咱们搭伙干dāhuǒgàn, 你也算上～ | 우리들이 같이 일하려 하는데 너도 일원으로 친다. ❷ 名 喻 재능이 있는 사람. 유능한 사람. ¶他是做菜的～ | 그는 음식을 만드는 데 재간이 있는 사람이다＝〔一把好手〕❸⇒〔第dì一把手〕

【一把死拿(儿)】yībǎ sǐná(r) 動組 ❶ 方 융통성이 없다. 고집 불통이다. 완고하다. ¶只要一定规, 就～, 说什么他硬是不肯通融tōngróng | 그는 한번 결정되면 융통성이 없어서 무슨 말을 해도 통하지 않는다. ❷ 열심히 하다. 애쓰다. 전념하다. ¶她过日子是～, 一个份外的钱也不花 | 그녀는 열심히 생활하며, 한 푼의 돈도 헛되이 쓰지 않는다. ❸ 名 절약가. 생활이 건실한 사람 ‖＝〔一把老死拿儿〕〔一把牢死拿儿〕〔一把牢死攥zuàn〕

【一把钥匙开一把锁】yī bǎ yào·shi kāi yī bǎ suǒ 諺 한 개의 열쇠로 한개의 자물쇠만 열다. 조건에 따라 대책을 달리하다. ¶～, 你不到门道解决不了问题 | 한 개의 열쇠로 한 개의 자물쇠만 열 수 있듯이 너는 그 방법을 찾지 못하면 문제를 해결할 수 없다＝〔一把锁头一把钥匙〕

【一把抓】yībǎzhuā 動 ❶ 독점하다. 한 손에 휘어잡다. ¶别眉毛胡子～ | 단 번에 휘어잡으려고 하지 마라. ❷ 일의 경중을 가리지 않고 한꺼번에 하다. 크고 작은 일을 함께 하다. ¶他不分大小事总是～ | 그는 크고 작은 일을 막론하고 늘 한꺼번에 하려 한다.

【一败涂地】yī bài tú dì 成 일패 도지하다. 여지없이 패하다. 철저히 실패하여 돌이킬 수 없다. ¶日军从此～ | 일본군은 이때부터 여지없이 패배했다.

【一般】yībān ❶ 副 같다. 어슷비슷하다. 어법 적극적인 의미의 단음절 형용사만 수식함. ¶～矮(×) ¶～短(×) ¶～小(×) ¶哥儿俩长得～高 | 두 형제는 키가 비슷하다. ¶力气如虎～ | 힘이 호랑이 같다＝〔一边(儿)④〕〔一样①〕〔同样〕❷ 한가지. 일종. ¶别有～滋味zīwèi | 색다른 맛이 있다＝〔一种〕❸ 形 보통이다. 일반적이다. ¶～人的心理 | 보통 사람의 심리. ¶这部小说写得～ | 이 소설은 평범하게 쓰여졌다. ¶～规律guīlǜ | 일반 규율＝〔普通〕〔通常〕

【一般化】yībānhuà 形 일반화되다. 어법 구체적이 못하고 막연하다는 의미가 내포되어 있음. ¶这种事太～了 | 이런 일은 너무 일반화되어 있다.

【一般见识】yī bān jiàn shí 成 같은 기분이 되다. 같은 (정도의) 생각을 하다. 같게 놀다. ¶我不跟你～ | 나는 당신과 같이 놀지 않겠다.

【一般性】yībānxìng ❶ 名 일반성. 보편성. ¶此事仍不失其～ | 이 일은 여전히 일반성을 잃지 않고 있다. ❷ 形 일반적인→〔特殊性tèshūxìng〕

【一斑】yībān 喻 사물의 일부분. ¶很难了解全部, 只能略见～ | 전부를 이해하기는 어렵고 단지 그 일부를 알 수 있을 뿐이다→〔管中窥豹guǎnzhōngkuībào〕

【一板一眼】yībǎn yīyǎn 成 ❶ (전통극의 음악에서) 2박자 [「单皮鼓dānpígǔ」를 칠때, 두 박자 중 앞박자는 가볍게 치는데 이를 「眼」이라 하고, 뒷박자는 세게 치는데 이를 「板」이라 함]＝〔一眼板〕〔元板〕〔原板〕❷ 喻 언어·행동이 질서정연하다. 깨끗하다. 조리있다. ¶说话～的 | 말을 조리있게 하다. ❸ 喻 착실하고 침착하다. ¶你要给人～地做事 | 남에게 착실하고 침착하게 일을 해 주어야 한다.

2【一半(儿)】yībàn(r) 名 (절)반. ¶吃～剩shèng～ | 반은 먹고 반은 남기다→〔半截jié(儿)〕〔对半(儿)〕

【一…半…】yī… bàn… 어법 동의어 또는 의미가 비슷한 단어의 앞에 쓰여서 많지 않거나 길지 않음을 나타냄. ¶～知zhī～解jiě | 대충 알다 잘 알지 못하다. ¶这活儿一时半会儿完不了 | 이 일은 짧은 시간에 끝낼 수 없다. ¶我只听到一句半句的 | 나는 단지 단편적인 것만을 들었다.

【一半天】yībàntiān 數 量 하루나 이틀. 轉 바로. 곧. 짧은 기간. 근간. ¶我们～再见! | 우리 곧 다시 만나자! ¶我～就来 | 가까운 시일 내에 다시 오겠다.

【一包在内】yī bāo zài nèi 모두 포함시키다. 모두 들어 있다. 전부 포함되어 있다. ¶房饭fángfàn～ | 방세·식대 모두 포함하다. ¶学杂各费～ | 학비·잡비 등 전부 포함되어 있다.

【一报还一报】yībào huán yībào 諺 인과 응보가 나타나다. 받아야 할 갚음을 받다. ¶活该huógāi! 这是～! | 싸다 싸! 이야말로 인과 응보다!

【一辈(儿)】yībèi(r) 名 ❶ 같은 또래. 동배. ¶我和他是～ | 나와 그는 동배입니다. ❷ 한 세대. ¶我们是父～子～的交情jiāoqíng | 우리들은 아버지 대부터의 교분이 있습니다.

4【一辈子】yībèi·zi 名 口 한평생. 일생(一生) ¶我～也忘不了你 | 나는 한평생 너를 잊지 못할 것이다. ¶～不愁吃喝了＝〔一辈子花不完〕| 한평생 먹는 걱정은 없다＝〔一生①〕

【一本万利】yī běn wàn lì 成 적은 자본으로 큰 이익을 얻다. ¶这是～的好买卖 | 이것은 적은 자본으로 큰 이익을 얻는 좋은 장사이다＝〔一本三利〕

【一本正经】yī běn zhèng jīng 成 태도가 성실하다. 진지하다. 엄숙하다. 정색하다. ¶他～地说 | 그는 진지하게 얘기한다＝〔一板正经〕

【一鼻孔出气】yī bíkǒng chū qì 俗 한 콧구멍으로 호흡하다. 한통속이다. 주장하는 바나 태도가 같다. 한 동아리다. ¶他们俩是～的 | 저 두 사람은 한통속이다＝〔一孔出气〕

【一鼻子灰】yībí·zihuī 俗 쌀쌀하게 취급당하다. 무뚝뚝하게 거절당하다. 코를 떼다. ¶开口借钱jièqián, 碰pèng了～ | 돈 꾸어 달라고 말했다가 한마디로 거절당했다.

【一笔勾销】yī bǐ gōu xiāo 成 단번에 없애다. 빚

등을 단번에 갚다. 일소하다. 무효로 하다. 취소하다 . ¶以前的事儿咱们～算了｜이전의 일은 다 잊어 버립시다＝〔一笔勾〕

【一笔抹杀】yī bǐ mǒ shā 成 단번에 말살하다. 전부 부정하다. ¶你不能～我的成绩chéngjì｜너는 나의 성적을 전부 부정할 수는 없다＝〔一笔抹倒〕〔一笔抹煞shā〕

【一笔写不出俩理字】yībǐ xiě·buchū liǎ lǐzì 諺 진리는 오직 하나이다.

【一壁】yībì ⇒〔一壁厢xiāng①〕

【一壁厢】yībìxiāng ❶ 名 近 한편. 다른 쪽. ¶～动起山寨shānzhài中鼓乐｜한쪽에서는 산채의 고악(鼓樂)을 울렸다《水滸傳》＝〔一壁〕〔一边厢〕 ❷…하면서 …하다. ¶～说话，～走路｜이야기를 하면서 걷다. ❸ ⇒〔旁páng边(儿)〕

【一臂之力】yī bì zhī lì 成 조그마한 힘. 보잘것 없는 힘. ¶我可以助你～｜보잘 것 없는 힘이지만 도와 드릴 수 있습니다＝〔一膀之力〕

1【一边(儿)】yībiān(r) ❶ 名 한쪽. 한편. 한면. ¶这～｜이쪽. ¶那～｜저쪽. ¶胜利shènglì属于真理的～｜승리는 진리편에 있다. ¶我们和你们站在～｜우리들과 너희들은 한편이다. ¶～弦子～大鼓｜한쪽엔 현악기, 한쪽엔 북. 轉 제각기 편리한 대로 말할 것은 말하고, 들을 것은 듣는다. ❷ 名 옆. 곁. 다른 곳. ¶去你～的吧!｜罵 썩 꺼져라! ¶躲在～｜옆으로 피하다＝〔旁边(儿)〕 ❸ 連 한편으로 …하면서 (…하다) 어법 「(一边)…，一边…」(…하면서 …하다)의 형식으로 쓰임. ¶～走着～唱＝〔边走边唱〕｜걸으면서 노래하다. ¶～喝茶，～聊天liáotiān｜차를 마시면서 잡담하다＝〔一路④〕〔一面③〕 ❹ 形 같다. ¶两人～高｜두 사람은 키가 똑같다＝〔一般①〕

【一边倒】yībiān dǎo 動組 한쪽으로 쏠리다. ¶今日的比赛bǐsài呈现chéngxiàn～之势shì｜오늘의 시합은 일방적인 형세를 보인다＝〔一面倒〕

【一表(儿)】yībiǎo(r) ❶ 貺 (풍채·태도가) 훌륭하다. 당당하다. ¶～人材＝〔一表(儿)人物〕｜훌륭한 인물. ¶我看他这人～非凡，将来一定会发迹的｜나는 그의 태도가 비범함으로 보아 장래 반드시 출세할 것으로 생각한다. ❷ 名 形 사촌(의) ¶～兄弟｜사촌 형제. ¶～姐妹｜사촌 자매 →〔表⑥〕 ❸ 動 간단히 서술하다. ¶把两家的渊源yuānyuán～而过｜양가의 연원을 약술하고 넘어가다.

【一并】yībìng 副 모두. 전부. 같이. 합해서. ¶～拿去｜같이 갖고 가다. ¶～报销bàoxiāo｜함께 결산하다. ¶～缴销jiǎoxiāo｜함께 반환(返還)·폐기(廢棄)하다.

【一病不起】yībìngbù qǐ 成 병으로 죽다. ¶她从此～｜그녀는 여기서 병으로 죽었다.

【一波三折】yī bō sān zhé 成 ❶ 이야기 전개가 파란 만장하다. ❷ 파란만장하다. 일에 우여 곡절이 많다. ¶这事真是～｜이 일은 정말로 파란만장하다.

【一波未平，一波又起】yī bō wèi píng, yī bō yòu qǐ 成 숨돌릴 새도 없이 일이 계속 일어나다. 어려운 사건이 꼬리를 물고 일어나다. 풍파가 꼬리에 꼬리를 물고 생기다. ¶～,～, 刚唬住hǔzhù老二，老大又吵起来了｜숨돌릴 새도 없이 둘째형을 막 말리고 나니 큰형이 또 싸우기 시작했다＝〔一波才平，一波又起〕

【一拨(儿，子)】yībō(r·zi) 名 한 조(組) 한 대(隊)한 묶음. 한 무리. ¶来了～人｜한무리의 사람들이 도착하였다. ¶三个～，两个一伙儿｜세사람이 한 무리, 두사람이 한 무리 [두셋씩 함께 있음을 말함]

【一…不…】yī… bù… ❶ …하면〔하여〕 …(하지) 않다 어법 두 개의 동사 앞에 각각 놓여 행동이나 상태가 일단 발생하면 변하지 않는 것을 나타냄. ¶一去不返｜한번 가서 돌아오지 않다. ¶一定不易｜고정 불변하다. ❷ …도 …(하지) 않다 어법 명사와 동사 앞에 각각 놓여 강조 혹은 과장을 나타냄. ¶一言不发｜한마디도 하지 않다. ¶一字不漏lòu｜한자도 빠뜨리지 않다. ¶一钱不值｜한푼의 값어치도 없다. ¶一动不动｜조금도 움직이지 않다.

【一不沾亲，二不带故】yī bùzhān qīn, èr bùdài gù 俗 친척이나 친지 관계도 없고, 연고도 없다. 생판 모르는 사람이다. ¶咱们～的，我凭什么非帮你呢?｜우리들은 친척도 아니고 연고도 없는데 어째서 너를 꼭 도와야만 하는가? →〔沾zhān亲带故〕

【一不做，二不休】yībùzuò,èr bù xiū 成 일단 시작한 일은 철저하게 하다. 손을 댄 바에는 끝까지 하다 어법 원래 「一做二不休」라고 해야 할 것이나, 실제는 이같이 말함. ¶我～,～,不获全胜，决不收兵｜나는 무슨 일이든 끝을 봐야하므로 전승을 거두지 않으면 결코 물러가지 않겠다.

【一步登天】yī bù dēng tiān 成 벼락 출세하다. 갑자기 부자가 되다. 갑자기 훌륭해지다.

【一步三摇】yībù sānyáo 動組 한 걸음 한 걸음 걸을 때마다 폼을 잰다. 거드름피우며 가다. 뽐내면서 가다. ¶他只要兜儿里dōuérlǐ有两个钱，走路就～起来｜그는 주머니에 조금만 돈이 있으면 걸음조차 거만해 진다.

【一步一个脚印儿】yī bù yī ·ge jiǎoyìnr 喩 발자국을 확인하며 나아가다. 하나 하나 착실하게 해나가다. 빈틈 없고 꼼꼼하다. ¶人在社会上生活需要～地往前走｜사람은 사회생활에서 착실하게 앞으로 나아가는 것이 필요하다＝〔江 一步一脚窝jiǎowō〕→〔一个萝卜luó·bo一个坑儿kēngr②〕

【一差二错】yī chā èr cuò 成 한번 어그러지고 두번 틀어지다. ❶ 계속해서 실수하다. 계속 잘못을 저지르다. ❷ 자그마한 실수. 예상 못했던 나쁜 결과. ¶千万别出什么～的｜조그마한 실수도 절대 하지마라. ‖＝〔一差二误wù〕

【一差二误】yī chā èr wù ⇒〔一差二错〕

【一刹那(间)】yīchànà(jiān) 喩 찰나. 한 순간. 눈깜짝할 사이. 일순간. 순식간. ¶他～走掉zǒudiào了｜순식간에 그는 사라졌다＝〔一刹那顷〕〔一刹(儿)〕

【一场】yīchǎng [數][量] 한 번. 1회. 한차례. 한바탕. ¶~雨 | 한차례의 비. ¶~病bìng | 한차례의 병. ¶~官司guānsī | 한 번의 소송. ¶头~雪 | 초설. 첫눈. ¶~大决斗juédòu | 한바탕의 대결전. ¶狐假虎威hújiǎhǔwēi, 着实恐吓kǒnghè了他~ | 남의 위세를 빌려서 그를 한차례 톡톡히 위협하였다. ¶相好了~ | 한 때 사이 좋게 지냈다.

【一场空】yī cháng kōng [成] 희망이나 노력이 허사가 되다. 모든 일이 수포(水泡)로 돌아가다. 헛일을 하다. ¶竹篮zhúlán打水~ | 대 바구니로 물을 퍼 올리는 것 같이 모든 일이 수포로 돌아가다.

【一倡百和】yī chàng bǎi hè [成] 한 사람의 호소에 많은 사람이 호응하다. 동조하는 사람이 많다. ¶他在学术界声望shēngwàng极高,~ | 그는 학술계에서 명망이 높아 따르는 사람이 많다 =〔一唱百和〕

【一唱一和】yī chàng yī hè [成] 한 편에서 노래 부르면, 한 편에서 화답하다. 서로 호응하다. 맞장구를 치다. ¶~, 十分和谐héxié | 한 편에서 노래 부르면 한 편에서 화답하여 아주 잘 지낸다.

【一朝天子一朝臣】yī cháo tiānzǐ yī cháo chén [諺] 천자가 바뀌면 신하도 모두 바뀐다. 윗사람이 바뀌면 아랫사람도 바뀐다. ¶人事制度一确立quèlì, ~的风气就自然消灭xiāomiè了 | 인사제도가 확립되면 윗사람이 바뀜에 따라 아랫사람도 바뀌는 기풍은 자연 없어진다.

【一尘不染】yī chén bù rǎn [成] ❶〈佛〉조금도 때가 묻지 않다. 인품이 고상하여 티끌만큼도 세상의 물욕(物慾)〔나쁜 습관〕에 물들어 있지 않다. 순결하다. 순진하다. ❷환경이 매우 청결하다. 깨끗하다. ¶书房中~ | 책방이 아주 깨끗하다.

【一成】yīchéng [名] 1할. 10%. 10분의 1. ¶减价jiǎnjià~ | 1할 할인. ¶有你~的好处hǎo·chu | 당신에게 1할의 이익이 있습니다 =〔一停儿〕

【一成不变】yī chéng bù biàn [成] 한 번 정해지면 고치지 않는다. 고정 불변하다. 변함없다. 옛것을 고수하여 잘 고치려 하지 않다. ¶世界上没有~的事物 | 세계에는 고정불변하여 잘 고쳐지지 않는 일이 있다.

【一程子】yīchéng·zi [名][方] 한때. 한동안. 한기간. ¶这~很忙 | 요즈음은 대단히 바쁘다. ¶回老家去住了~ | 고향에 돌아가서 잠시 머물다 =〔一程〕〔一程儿〕

【一筹莫展】yī chóu mò zhǎn [成] 한가지 방법도 생각해 내지 못하다. 아무런 방법도 없다. 어찌해 볼 도리가 없다. 속수 무책이다. ¶他愁得chóu·de~ | 그는 고민해도 속수무책이다.

【一触即发】yī chù jí fā [成] 일촉즉발. 부딪히자마자 곧 폭발할 것 같다. 조금만 닿아도 곧 폭발할 것 같다. 금방 일어날 듯 하여 몹시 위험한 상태에 놓여 있다. ¶战争zhànzhēng~ | 전쟁이 일촉즉발이다.

【一触即溃】yī chù jí kuì [成] 부딪히자마자 곧 허물어지다. 부딪히자 바로 무너지다. 맥없이 패하다. ¶敌人~ | 적이 맥없이 패하다.

【一传十, 十传百】yī chuán shí, shí chuán bǎi [成] 일이 너무 빨리 퍼져 나가다.

【一锤定音】yī chuí dìng yīn [成] 징을 한 번 쳐서 가락을 정하다. 결정을 짓다. ¶省长shěngzhǎng~, 决定juédìng就这样作出了 | 성장이 한 번 가닥을 잡자 이렇게 하기로 결정했다.

【一次方程】yīcì fāngchéng [名組]〈數〉일차 방정식 =〔线性xiànxìng方程〕

【一次性】yīcìxìng [區] 일회용의. ¶~削价xiāojià | 한번의 가격인하

【一蹴而就】yī cù ér jiù [成] 한번에 성취하다. 단번에 성공하다. ¶这种事哪能~? | 이런 일을 어떻게 단번에 성공할 수 있는가? =〔一蹴而成〕

【一撮】ⓐ yīcuō (분말이나 과립의) 한줌. ¶~盐yán | 한 줌의 소금. ¶~土 | 흙 한 줌. ¶~茶叶cháyè | 찻잎 한 줌.
ⓑ (~子) yīzuǒ(·zi) (털과 같은 물건의) 한 움큼. 한줌. ¶~毛儿 | 한움큼의 털. ¶腮sāi下生着~黑毛 | 턱에 검은 털이 덥수룩이 나 있다.

【一搭两用(儿)】yīdā liǎngyòng(r) [成] 하나를 두 가지로 쓰다. ¶这个机器又能收音又能录音, ~, 倒真方便 | 이 기계는 수신과 녹음 겸용이어서 대단히 편리하다 =〔一打两用(儿)〕〔一担挑①〕

【一搭一挡】yī dā yī dǎng [成] (만담·재담 등에서) 서로 번갈아 가면서 말하다→〔搭当〕

【一打儿】yīdár (종이의) 묶음. 한 뭉치. ¶他攥zuàn着~票子 | 한 뭉치의 지폐를 쥐다 =〔一达子dázǐ〕〔一叠子diézǐ〕

【一代】yīdài [名] ❶한 조대(朝代) ❷한 세대. ¶~新人 | 새로운 세대. ¶下~ | 젊은 세대. 다음 세대. ❸(기간의) 시대(時代) ¶~大师 | 한 시대를 대표하는 큰 스승. ¶~新风xīnfēng | 그 시대의 새로운 정신.

3【一带】yīdài [名] 일대. ¶釜山~ | 부산일대. ¶这~也算是北京最热闹rènào的地区 | 이 일대는 북경에서도 가장 번화한 지역인 셈이다.

4【一旦】yīdàn [書][名] ❶하루 아침. 잠시. 잠깐. ¶毁于huǐyú~ | 하루 아침에 무너지다. ❷어느 때. 일단. ⓐ 이미 일어난 갑작스런 상황을 나타냄. ¶相处三年, ~离别líbié, 怎么能不想念呢? | 3년 동안 교제를 하다가 어느날 아침 돌연히 헤어졌으니, 어찌 그리워하지 않을 수 있겠는가? ⓑ 아직 일어나지 않은 가정(假定)의 상황을 나타냄. ¶~被蛇bèishé咬yǎo, 三年怕草绳cǎoshéng | [諺] 뱀에게 물리면 새끼줄 보고도 놀란다.

【一刀两断】yī dāo liǎng duàn [成] 한 칼에 두 동강이를 내다. 단호하게 관계를 끊다. 명확히 매듭을 짓다. ¶你快跟她~吧 | 너는 빨리 그녀와의 관계를 끊어라 =〔一刀两段dāoliǎngduàn〕

【一刀切】yīdāoqiē [動] ❶한 칼로 자르다. ❷[喻] (실제 상황을 고려하지 않고) 일률적으로 처리하다. 일괄적으로 해결하다. ¶在制定措施cuòshī时, 要注意我国特殊情况, 不要搞gǎo~ |

어떤 조치를 제정할 때에는 우리나라의 특수 상황을 고려해야지 일률적으로 처리해서는 안 된다 =〔一刀齐②〕 ❸개별적 사정에 관계없이 동일시하거나 동등하게 대우하다.

【一刀齐】yīdāoqí ❶간결하고도 정확하다. ❷⇒〔一刀切②〕

²【一道(儿)】yīdào(r) 數量 ❶(강·다리·길·선(線)·요리(料理)·제목(題目) 등의) 하나. ¶~口子 | 터진 곳 한 군데. 상처 한 군데. ¶~桥qiáo | 하나의 다리. ¶~菜cài | 한 가지 요리. ¶~水 | 한 줄기의 수로. 한 줄기의 하천. ❷副 같이. ¶跟他~走 | 그와 같이 가다. ¶~研究yánjiū | 같이 연구하다 =〔一路③〕 ❸副 하는 김에. 겸하여. 계제에.

【一得之功】yī dé zhī gōng 成 자그마한 공로. 자그마한 성과. ¶我也~ | 나도 자그마한 공로가 있다.

【一得之愚】yī dé zhī yú 成謙 우견(愚見) ¶这是本人的~ | 이것은 본인의 우견입니다 =〔千虑一得〕

【一点】yī diǎn ❶한 점 [사물의 어떤 문제 혹은 방면을 가리킴] ¶要记住这~ | 이점을 기억하세요 ❷⇒〔一点儿〕 ❸한 시(時) =〔一点钟zhōng〕

【一点即透】yīdiǎn jítòu 動組 아주 잘 깨닫다. 빨리 알아 차리다. ¶这人很聪明cōngmíng, ~ | 이 사람은 아주 총명하여 빨리 알아 차린다 =〔一点就透〕

【一点就透】yīdiǎn jiùtòu ⇒〔一点即透〕

¹【一点儿】yīdiǎnr 數量 ❶조금 어법 문장 앞머리에 쓰이지 않을 때에는 「一」를 생략할 수 있음. ¶我没活儿做了, 你分给我~吧! | 나는 할 일이 없으니 나에게 조금 나누어 주시오! ¶多吃~吧! | 좀 더 드십시오! ¶还有~希望xīwàng | 아직 약간의 희망이 있다 =〔一点子〕〔一眼眼〕→〔有点(儿)〕 ❷「这么」 또는 「那么」와 함께 쓰여서 극소의 형체 또는 극소의 수량을 나타냄. ¶我以为有多大呢, 原来只有这么~! | 나는 많이 있는 줄 알았는데, 알고 보니 이렇게 적구나! ¶只有那么~, 够用吗? | 그렇게 적은데, 그것으로 충분하니? ❸조금(도) 어법 일반적으로 부정적(否定的)인 뜻으로 쓰이고, 이때 「一」는 생략되지 않음. ¶~都不想去 | 조금도 가고 싶지 않다. ¶~空儿kòngr都没有 | 조금의 여가도 없다. ❹名 한자 부수의 점주(,) ¶点上~ | 「,」을 찍다 ‖ =〔一点②〕〔点儿②〕

¹【一定】yīdìng ❶形 규정되어 있다. 일정하다. 규칙적이다. 통례이다. ¶每天工作几小时, 学习几小时, 休息几小时, 都有~ | 매일 몇 시간씩 일하고, 학습하고, 휴식하는지 모두 규정되어 있다. ¶工人们每个月都有~的生产指标zhǐbiāo | 노동자들은 매달 일정한 생산 목표가 있다. ❷形 고정 불변의. 필연적인. ¶文章的深浅shēnqiǎn跟篇幅piānfú的长短, 并没有~关系 | 문장의 깊이는 편폭의 장단과 필연적인 관계가 없다. ❸副 반드시. 필히. 꼭. ¶他~来 | 그는 반드시 온다. ¶~得这个样子 | 반드시 이와 같아야 한다. ¶不~ | 반드시 그렇지만도 않다 =〔必定bìdìng〕 ❹區 특정하다. ¶一切文化都是属于~的阶级jiējí | 모든 문화는 특정 계급에 속한다. ❺區 어느 정도의. 상당한. 꽤. ¶我们的工作已经获得了~的成绩chéngjì | 우리들의 일은 이미 상당한 성적을 올렸다.

【一定之规】yīdìng zhī guī 書 ❶일정한 규칙. ¶干什么都有~ | 무슨 일을 하든 일정한 규칙이 있다. ❷喻 이미 작정한 생각. ¶他已有~ | 그는 이미 작정한 생각이 있다.

【一动(儿)】yīdòng(r) 動組 툭하면. 걸핏하면. ¶这孩子~儿就哭kū | 이 아이는 걸핏하면 운다. ¶他~就生气 | 그는 툭하면 화를 낸다→〔动不动(儿)〕〔書 动辄zhé〕

【一动不动】yīdòng bùdòng 動組 조금도 움직이지 않다. 까딱하지 않다. 꼼짝하지 않다. ¶他坐在那儿~ | 그는 거기에 꼼짝하지 않고 앉아 있다.

⁴【一度】yī dù 書 數量 ❶일회(一回). 한 차례. 한 번. ¶一年~的春节chūnjié又到 | 일 년에 한 번 있는 설날이 또 다가왔다. ❷한 때. 한동안. ¶他因病~休学 | 그는 병 때문에 한 때 휴학한 적이 있다. ¶他~想自杀 | 그는 한 때 자살하려고 했다.

【一端】yīduān ❶名 (물건의) 한 쪽. 한 끝. ❷書 名 (일의) 한 면(面) ¶只此~就可明白其他了 | 이 한 면으로 그 외의 일도 알 수 있다. ❸數量 (병풍과 같은 물건의) 한 폭. ¶~屏píng | 병풍 한 폭. ¶~喜幛xǐzhàng | 축하의 족자 한 폭.

【一…而…】yī…ér… 어법 두개의 동사 앞에 각각 붙어 앞의 동작의 결과가 즉시 나타남을 표시함. ¶一挥而就 | 붓을 놀려 단숨에 글을 써내다. ¶一扫而光 | 말끔히 쓸어버리다. ¶一怒而去 | 화가 나서 가버리다. ¶一哄而散 | 와하고 뿔뿔이 흩어지다.

【一而再, 再而三】yī ér zài, zài ér sān 成 몇 번이고 되풀이하여. 재삼 재사. ¶他~,~地犯错误fàncuòwù | 그는 몇 번이고 잘못을 범했다 =〔再三再四〕

【一二】yī'èr 名組 ❶書 한두 개. 약간. 조금. 조금쯤. ¶略知~ | 조금밖에 모른다. ¶邀请yāoqǐng~知己 | 한두 명의 친한 벗을 초청하다. ¶请指点~ | 좀 가르쳐 주세요 ❷대략. ❸(구령할 때의) 하나 둘.

【一…二…】yī…èr… …하고 …하다. 매우 …하다 어법 이음절(二音節) 형용사의 두 개의 형태소 앞에 쓰여서 강조를 나타냄] ¶一清二白 | 매우 결백하다. ¶一清二楚 | 매우 분명하다.

【一二九(学生)运动】Yī'èrjiǔ(Xué·sheng)yùndòng 名組 〈史〉 1935년 12월 9일 북경의 학생이 거행한 기동(冀東) 자치 정부 반대의 항일 시위 운동.

【一发】yīfā ❶副 점점. 더욱 더. ¶如果处理不当, 就~不可收拾了 | 만약 처리를 잘못 했다간 더욱 더 수습할 수 없게 된다 =〔益发yìfā〕 ❷副 함께. 한꺼번에 . ¶请他~上山入伙 | 그에게

함께 산에 올라가서 한 패에 들도록 부탁하다. ¶你先把这些急用的材料领走, 明天～登记 | 먼저 이 급히 쓸 재료들을 가져 가고, 내일 한꺼번에 기재해라. ❸(화살 또는 탄환의) 한 발. ¶～炮弹pàodàn | 포탄 한 발.

【一发千钧】 yī fà qiān jūn 成 한 가닥의 머리털로 3만 근이나 되는 무거운 물건을 매어 끌다. 매우 위험하다. 위기 일발이다. ¶在这～之际,他来了 | 위기일발의 순간에 그가 왔다＝〔千钧一发〕

4 **【一帆风顺】** yī fān fēng shùn 成 순풍에 돛을 단 듯하다. 순풍(順風)에 돛을 올리다. 일이 순조롭게 진행되다.

【一番】 yīfān 한 바탕. 한 차례 어법 추상적인 것에 쓰이며「二」이상의 수사를 쓰는 일은 없음. ¶～事业shìyè | 하나의 사업. ¶显现xiǎnxiàn了～热闹rènào | 대단한 성황이었다. ¶另是～滋味zīwèi | 별다른 맛이 있다. ¶要调查diàochá～ | 한 차례 조사해야 한다.

【一反常态】 yī fǎn cháng tài 成 평소의 태도와 판이하다. 평상시와 완전히 다르다. ¶他竟～, 反对fǎnduì我上大学 | 그는 평소의 태도와는 달리 내가 대학 가는 것을 반대한다＝〔一反往常〕

2 **【一方面】** yīfāngmiàn ❶ 名 일면. 한 방면. ¶这只是事情的～ | 이는 다만 사건의 일면일 뿐이다. ¶对这～, 他是内行 | 이 방면에 대해서 그는 전문가이다. ❷ 連 한편으로 …하고. 한편으로는 …하다. 어법「一方面…, 一方面…」(…하면서, …하다)의 형식으로 쓰임. ¶～工作, ～学习 | 일을 하면서 공부하다. 어법「一边…, 一边…」과 뜻이 같으나 좀 더 공식적임→〔一面〕〔方面〕

【一方水土养一方人】 yīfāng shuǐtǔ yǎng yīfāngrén 諺 그 지방의 풍토는 그 지방의 사람을 기른다. 고장이 바뀌면 언어·풍속 등도 달라진다. 장소가 변하면 성질도 변한다. ¶～, 我离不开这地方啊 | 그 지방의 풍토는 그 지방의 사람을 기르듯이 나는 (이 곳에 익숙해져) 이 곳을 떠날 수가 없다.

【一飞冲天】 yī fēi chōng tiān 成 한 번 날기만 하면 하늘을 뚫는다. (일을) 한번 시작하면 훌륭하게 한다.

【一分钱一分货】 yīfēn qián yīfēn huò 俗 ❶ 1전에 대하여는 1전짜리 물품. 값에 상당한 물품. ¶价格是贵,但～ | 가격은 좀 비싸지만 그 값에 상당하는 물품이다. ❷ 타산적이다. ¶跟朋友办事, 不能～ | 친구와 함께 일을 하는데 너무 타산적이어서는 안된다.

【一分货色一分价】 yīfèn huòsè yīfèn jià 俗 파는 물건은 저마다 값이 다르다.

【一风吹】 yīfēngchuī 動組 한 번에 날려 보내다. 喩 ❶ 모두 취소하다. 한번에 일소하다. 다 없애버리다. ❷ 일률적으로 다루다. 똑 같이 취급하다.

【一夫当关, 万夫莫开】 yī fū dāng guān, wàn fū mò kāi 成 한 병사가 관문을 지키고 있으면 천군 만마로도 공략할 수 없다. 지세가 험준한 요새지는 함락시키기 어렵다. ¶这是一个～,～的关隘guānài | 이곳은 함락시키기 어려운 요새이다.

【一傅众咻】 yī fù zhòng xiū 成 한 사람은 가르치고 여러 사람은 떠든다. 학습 환경이 좋지 않고 방해가 많다.

4 **【一概】** yīgài 副 ❶ (예외없이) 다. 전부. 모조리. 천편일률적으로. ¶过期～作废fèi | 기한이 지나면 모두 폐기하다. ¶～排斥pǎichì | 전부 배제하다. ❷ 일절. 전혀. ¶我～不知道 | 나는 전혀 모른다.

4 **【一概而论】** yī gài ér lùn 成 일률적으로 논하다. 일괄적으로 처리하다 어법 일반적으로 부정문에 많이 쓰임. ¶这可不能～啊 | 이것은 일률적으로 논할 수 없는 것이다.

【一干】 yīgān 数量 ❶ (어떤 사건과 관계가 있는) 일련의. 한 무리의. ¶～人证 | 일련의 증인. ¶～人犯 | 범인 일당. ❷ 일천(一千) [「千」이 「千」과 모양이 닮은 데서 비롯됨]

4 **【一干二净】** yī gān èr jìng 成 깨끗이. 모조리. 깡그리＝〔溜liū干二净〕→〔一…二…〕〔精jīng打光〕

【一竿子到底】 yī gān ·zi dào dǐ 動組 ❶ 일을 시작하면 끝까지 관철하다. 시종일관하다. 초지 일관하다. ❷ (어떤 원칙을) 조직의 말단에까지 철저히 시행하다＝〔一竿子扎到底〕〔一竿子插到底〕

【一个鼻孔出气(儿)】 yī·gè bíkǒng chū qì(r) 喩 호흡을 같이 하다. 한 패〔통속〕이다. ¶他们向来是～的 | 그들은 원래 한 통속이다. ¶你跟你老婆lǎopó～ | 너는 마누라와 한 통속이다.

【一个和尚挑水吃】 yī·ge hé·shang tiāoshuǐchī 諺 중이 하나면 물을 스스로 길어다 마신다. 믿고 기댈 사람이 없으면 스스로 한다 [뒤에 「两个和尚抬水吃, 三个和尚没水吃」(중이 둘이면 물을 맞들어다 마시고 셋이면 서로 미루다가 마실 물이 없다)가 붙기도 함]

4 **【一个劲儿】** yī·gejìnr 副組 끊임없이. 시종일관. 줄곧. 한결같이. ¶他还在那儿～地说 | 그는 거기서 끊임없이 얘기한다. ¶～干到底 | 시종일관 끝까지 해내다. ¶～地纠缠jiūchán不已 | 줄곧 귀찮게 따라다니다. ¶雨～地下 | 비가 끊임없이 내리다.

【一个萝卜一个坑儿】 yī·ge luó·bo yī·ge kēngr 俗 喩 ❶ 자기 위치를 지키다. 제구실을 하다. 제몫을 하다. ¶～, 各不相犯 | 각자 자기 위치를 지키며 서로 침범하지 않다. ¶～, 每一个都会有自己的心上人的 | 하나의 무우가 하나의 구덩이를 차지하듯 모든 사람은 마음에 드는 사람이 있을 수 있다. ❷ 착실하여 경거망동하지 않다. ¶他是个～的人, 不至于有什么错失 | 그는 경거망동하지 않는 사람이라 어떤 실수도 하지 않는다＝〔一个萝卜顶一个坑〕→〔一步一个脚印儿〕

【一个碗不响, 两个碗叮当】 yī·ge wǎn bùxiǎng, liǎng·ge wǎn dīngdāng 諺 외손뼉은 울지 않는다. 두 손뼉이 마주 쳐야 소리가 난다. ¶～,～,你不去惹她, 她会骂你吗? | 외손뼉은 울지 않듯이 너가 그녀를 건드리지 않으면 그녀가 너를 욕하겠느냐?

【一个心眼儿】yī·ge xīnyǎnr 狀組 ❶ 일심으로. 전심 전력으로. ¶~为集体 | 전심 전력으로 단체를 위해 일하다. ¶她是~的人 | 그녀는 한가지 일에 마음을 쏟는 사람이다《老舍·四世同堂》❷ 고지식하다. 융통성이 없다. ¶~的人爱认死扣子 | 융통성이 없는 사람은 완고해지기 쉽다. ❸ 한마음이다. 같은 생각이다.

1【一共】yīgòng 名 副 합계. 전부. 모두. ¶~多少钱duōshǎoqián? | 모두 얼마입니까? ¶~有几个人? | 전부 몇 명 있습니까? =〔方 一起③〕〔方 通起〕→〔共计〕〔总zǒng共〕

【一骨碌】yīgū·lu 擬 후닥닥. 벌떡. ¶她~坐了起来 | 그녀는 후닥닥 앉았다. ¶~爬pá起来 | 후닥닥 자리에서 일어나다 =〔一骨鲁〕

【一古脑儿】yīgǔnǎor ⇒〔一股脑儿〕

【一股劲(儿)】yīgǔjìn(r) ❶ 副 쏜살같이. 줄곧. 단숨에. 한 달음에. ¶~跑回 | 쏜살같이 다시 뛰어오다. ¶向我们~开枪 | 우리들을 향하여 줄곧 발포하다. ¶~地干 | 단숨에 하다. ❷ 일당. 한패. 한동아리.

【一股脑儿】yīgǔnǎor 副 方 모두. 몽땅. 전부. 통털어. ¶把所有的东西~全给了他 | 모든 것을 몽땅 그에게 줘 버렸다 =〔一古脑儿〕〔一裹脑子〕→〔通通〕

【一鼓作气】yī gǔ zuò qì 成 단숨에 해치우다. 처음의 기세로 끝장내다. ¶我们要~, 爬上山顶 | 우리는 단숨에 산 꼭대기에 올라가겠다.

【一官半职】yī guān bàn zhí 成 대수롭지 않은 관직. 말단 벼슬아치. ¶我也想混hùn个~ | 나도 벼슬아치가 되고 싶다.

4【一贯】yīguàn ❶ 動 일관하다. ¶谦虚qiānxū, 朴素pǔsù是他~的作风 | 겸허·소박은 그의 일관된 품행이다. ¶~政策zhèngcè | 일관된 정책. ❷ 한 꿰미. ⓐ (물건 등을) 한 줄로 꿴 것. ¶金珠~ | 금구슬 한 꿰미. ⓑ 돈 한 꿰미. 즉「千钱」을 가리킴.

【一棍子打死】yīgùn·zi dǎsǐ 動組 일격에 요절을 내다. 단매에 머리를 쳐들지 못하게 하다. 轉 전면 부정하다. 다짜고짜로 치다. ¶对待犯错误的同志, 要批评帮助, 不能~ | 잘못을 저지른 동료에 대해서는 비판과 함께 도와 주어야 하지, 일격에 요절을 내서는 안된다.

【一锅端】yī guō duān 動組 喻 파멸. 전멸. 고갈. ¶来了个~ | 파멸을 가져오다.

【一锅粥】yīguō zhōu 名組 喻 뒤범벅. 뒤죽박죽. 엉망. ¶孩子们又笑又嚷, 打打闹闹, 乱成~ | 아이들이 웃고 떠들며 치고 박고 소란을 피워, 뒤죽박죽이 되었다.

【一锅煮】yī guō zhǔ 喻 (일의 상황을 살피지 않고) 서로 다른 일을 똑같은 방식으로 처리하다. 일괄 처리하다. ¶要分清性质,不 能~ | 성질을 확실하게 분간해야지 일괄처리해서는 안된다 =〔一锅烩huì〕〔一勺sháo烩〕

【一国两制】yīguóliǎngzhì 名組 簡「一个国家, 两个制度」(1국 2체제)의 약칭 [중국 공산당이 대만과 홍콩 문제를 해결하기 위해 제시한 것으로, 대륙의 사회주의체제와 대만·홍콩의 자본주의체제는 그대로 인정하되 하나의 나라로 통합하자고 주장한 통일방안] ¶实现~ | 일국양체제를 실현하다.

【一国三公】yī guó sān gōng 成 한 나라에 세 임금. 구구한 의견.

【一行】ⓐ yīháng 數 量 ❶ 한 줄. ¶~字 | 한 줄의 글자. ¶~树 | 한 줄의 늘어선 나무. ¶~庄稼zhuāngjià | 한 이랑의 농작물. ❷ 하나의 장사. 직업. 전문 분야. ¶他们这~, 现在很缺 | 그들은 이 분야에 있어서 아직 매우 부족하다.

ⓑ yīxíng ❶ 名 일단. 일행. ¶我们~十五人 | 우리 일행은 15명입니다. ❷ 連 한편으로 …하면서. ¶她~哭着, ~诉说sùshuō | 그녀는 한편으로 흐느끼면서 한편으로 하소연한다. ❸ 書 단번에. 꺼리낌없이. 주저함없이. 곧장. ¶~作吏zuòlì | 주저함이 없이 관리가 되다.

【一哄而起】yī hōng ér qǐ 成 와아 소리를 지르며 떨쳐 일어나(게 하)다. 갑자기 집단적인 행동으로 뛰어 들다. ¶~办了许多夜校 | 우후죽순처럼 갑자기 많은 야간학교가 생겼다 =〔一哄而上〕

4【一哄而散】yī hōng ér sàn 成 와아 소리를 지르면서 뿔뿔이 흩어지다. ¶人群~ | 군중들이 와아 소리를 지르며 뿔뿔이 흩어지다.

【一呼百应】yī hū bǎi yìng 成 한 사람이 제창하는데 많은 사람이 이에 동조하다. 한 사람의 외치는 소리에 많은 사람이 호응하다.

【一挥而就】yī huī ér jiù 成 붓을 대기만 하면 훌륭한 글이 나온다. 단번에 훌륭한 글을 써 내다. 일거에 이루다. 단번에 성공하다. ¶他文思敏捷mǐnjié, 提起笔来~ | 그는 문사가 민첩하여 붓을 들면 단번에 훌륭한 글이 나온다 =〔一挥而成〕

【一回】yīhuí ❶ 數 量 일회. 한 번. ¶一张票只能看~ | 한 장의 표로는 한 번 밖에 볼 수 없다. ¶~遭蛇咬, 二回不趱zǎn草 | 한번 뱀에 물린 사람은 두번 다시 수풀 속에 들어가지 않는다 →〔一次cì〕❷ 잠깐 사이. 잠시 동안. ¶过了~ | 조금 지나서. ¶~明白~糊涂 | 때로는 잘 알다가 때로는 멍청하다→〔一会huì儿〕

【一回生, 二回熟】yī huí shēng, èr huí shú 諺 ❶ 처음에는 낯이 설어도, 두번째는 친구가 된다. 곧 서로 친숙하게 된다. ¶咱们~,~,二回就成老朋友 | 우리는 처음에는 낯이 설어 서먹서먹했지만 다음에는 친한 친구가 되었다. ❷ 처음에는 서툴러도 두번째는 익숙해진다. 어떤 일이든지 횟수가 거듭될수록 익숙해지기 마련이다 =〔一回生, 两回熟〕

【一回事】yī huí shì ❶ 전적으로 동일한 것. ¶去不去都是~ | 가나 안가나 똑 같다. ❷ 한패. ❸ 하나의 일〔조건, 문제〕¶主观愿望是~, 实际情况又是~ | 주관적인 소망과 실제 상황은 별개의 것이다 ‖ =〔一码事〕

1【一会儿】yīhuìr ⓧ yīhuǐr) 數 量 ❶ 잠시. 잠깐 동안. 짧은 시간. ¶等~ | 잠시 기다리다 =〔一忽儿hūr〕〔方 一歇xiē〕❷ 곧. 잠깐 사이에. 짧은 시간내에. ¶我~就回来 | 나는 잠깐만에 돌아

왔다. ❸두 개의 반의어 앞에 거듭 쓰여 두 가지의 상황이 바뀌어 나타나는 것을 나타냄. ¶天气～晴qíng～阴｜날씨가 개였다 흐렸다 한다. ¶他～出, ～进, 忙个不了｜그는 나갔다 들어왔다 하면서 바빠서 어쩔 줄 모른다. ❹두 가지의 동작이 연결되어 짧은 시간 동안에 전후로 계속 행해지는 것을 가리킴. ¶～给他量体温tǐwēn, ～给他打针dǎzhēn服药fúyào｜그에게 체온을 잰다, 주사를 놓아 준다, 약을 먹여 준다 하였다. ¶～一个莲花liánhuā, ～一个牡丹mǔdān｜[諺][京]이랬다저랬다 하다. 똑바른 주견이 없다.

【一己】yījǐ [名]자기. 자신. 자기 한 몸. ¶～之私(利)｜[成]일신의 이익. ¶～的荣誉róngyù｜자기 한 몸의 영예.

4【一技之长】yī jì zhī cháng [成]장기. 탁월한 재주. 뛰어난 재주. ¶他想靠自己的～在这儿打天下｜그는 자신의 뛰어난 재주로 여기서 천하를 정복하려고 한다. ¶在这里, 我们每个人都可以充分发挥～｜이 곳에서는 우리들 모두는 각기 뛰어난 솜씨를 충분히 발휘할 수 있다.

【一家人不说两家话】yījiārén bùshuō liǎngjiāhuà [諺]한집안 식구처럼 말하다. 스스럼없이 대하다. ¶～, 我就说实话吧｜한집안 식구처럼 스스럼없는 사이이니 사실대로 말하겠다.

【一家子】yījiā·zi [名組]❶(한) 집. (한) 가정. (한) 집안. ¶这～是由哪里搬来的?｜이 집은 어디에서 이사 왔습니까? =〔一家儿①〕 ❷일가족. 온가족. 식구 모두. ¶那～是广东人｜그 가족은 광동사람이다. ¶～团圆｜온가족이 단란하다.

【一见倾心】yī jiàn qīng xīn [成]첫 눈에 반하다. ¶他俩～, 就爱上了｜그들 둘은 첫 눈에 반해 사랑하게 되었다 =〔一见生情〕〔一见钟生情〕

【一见如故】yī jiàn rú gù [成]만나자 마자 옛 친구와 같이 친해지다. 첫 만남에서 의기 투합하다. ¶他俩～, 谈得十分投机｜그들 둘은 만나자 마자 친해져 의기투합하여 얘기를 나눈다.

【一箭双雕】yī jiàn shuāng diāo [成]일전 쌍조. 일석 이조. 일거 양득. ¶这样做可以～｜이렇게 하면 일거양득할 수 있다 =〔一箭双鹏〕

【一江春水向东流】yī jiāng chūn shuǐ xiàng dōng liú [成]근심이 그치지 않다.

【一将功成万骨枯】yī jiàng gōng chéng wàn gǔ kū [成]한 장군의 공훈의 그늘에는 수많은 병졸의 비참한 죽음이 있다. ¶～, 他是靠踩士兵的骷髅kūlóu才爬上元师的宝座的｜한 장군의 공훈 뒤에는 수많은 병졸의 비참한 죽음이 있듯이 그는 병사의 해골을 밟고서 원수의 보좌에 앉았다.

【一截】yījié [數][量]사물의 한 단락. 사물의 한 부분. ¶说了前～就不说了｜앞 부분만 이야기하고 더 이상 이야기하지 않았다.

【一劲儿】yījìnr [副]❶단숨에. 단번에. 대번에. ¶～地说, 「好! 托福tuōfú!」｜단숨에 「덕분에 잘 있습니다!」라고 말하다. ❷계속하여. 줄곧. ¶～死干｜계속하여 죽어라고 일하다. ¶～地颤抖zhàndǒu｜줄곧 떨다.

【一经】yījīng ❶[副]일단〔한번〕…하면. …하자마자 [어법]「一经」에 호응하여 다음 구절에 「就」나 「便」이 많이 쓰임. ¶～解释jiěshì, 就恍然大悟huǎngrándàwù｜설명하자 황연히 크게 깨달았다. ¶魔术móshù似神秘shénmì, ～说穿, 毫不稀奇xīqí｜마술은 신비한 것 같지만 설명을 하고 나면 조금도 신기하지 않다.

【一景(儿)】yījǐng(r) ❶[名]새삼스러운 일. 정식적인 일. ¶你别拿吃饭当～｜식사를 새삼스러운 일로 여기지 말아라. ❷[形]동일한. 마찬가지의. ¶都是～的事情｜모두 마찬가지(같은) 일이다.

1【一…就…】yī…jiù… ❶…하자 곧. …하자 마자. [어법]하나의 행동이나 상황이 발생한 후 또 다른 행동이나 상황이 곧 바로 이어짐을 나타냄. 주어는 같을 수도 있고 다를 수도 있음. ¶一吃就吐｜먹자 마자 토하다. ¶我一叫他, 他就出来了｜내가 그를 부르자 마자 그가 나왔다. ❷…하게 되자 …하다. …하기만 하면 …하다 [어법]어떤 조건이 구비되면 반드시 이러저러한 결과가 생김을 나타냄. ¶一到春天, 杜鹃花dùjuānhuā就开了｜봄이 오면 진달래가 핀다. ¶人一老, 腿脚就不灵活了｜사람이 늙으면 발이 말을 듣지 않는다. ❸…하니 …하게 되다. [어법]ⓐ 어떤 행동이 일단 생기면 결국 보다 높은 정도나 결과에 이르게 됨을 나타냄. 「就」의 뒤에 오는 동사는 흔히 결과보어나 추향 보어 또는 수량을 나타내는 말을 수반함. ¶由于坡陡路滑pōdǒulùhuá, 一滑就出了老远｜언덕은 가파르고 길이 미끄러워서 한 번 미끄러지자 아주 멀리까지 나가버렸다. ⓑ「就」뒤의 동사는 생략할 수도 있으며 「是」로 대체할 수도 있음. ¶一写就一大篇｜쓰기만 하면 대작(大作)을 쓴다. ¶一讲就是两个小时｜일단 이야기를 시작하기만 하면 두 시간이다.

4【一举】yījǔ ❶[名]한 번의 행동. 한 번의 행동거지. 한 차례의 동작. ¶成败chéngbài在此～｜성패는 이 한 번의 행동에 달려 있다. ¶注意～一动｜일거수 일투족에 주의해라. ❷[副]일거에. 단번에. ¶～攻进敌人的腹地fùdì｜적의 주요지역을 단번에 공격하다. ¶～捣毁dǎohuǐ敌人的巢穴cháoxué｜일거에 적의 소굴을 괴멸시켰다.

【一举成名】yī jǔ chéng míng [成]단번에 이름을 얻다. 단번에 과거에 급제하여 이름을 날리다. 일거에 성공하여 명성을 얻다. ¶他终于～｜그는 드디어 일거에 성공하여 명성을 얻었다.

【一举两得】yī jǔ liǎng dé [成]일거양득. ¶这样做可以～｜이렇게 하면 일거양득할 수 있다. ¶荒山huāngshān造林, 既能生产木材, 又能保持水土, 是～的事｜황폐한 산에 조림을 하는 것은 목재를 생산할 수도 있고 수원(水源)과 토양을 보존할 수도 있으니 일거 양득이다 =〔一则两便〕

【一蹶不振】yī jué bù zhèn [成]한 번 넘어져서 다시 일어나지 못하다. 한 번 좌절하고는 다시

분발하지 못하다. ¶已经～了 | 이미 다시 일어나기가 힘들다. ¶犯了错误不能～ | 잘못을 저질렀다고 해서 그대로 주저앉아서는 안된다.

【一决雌雄】 yī jué cí xióng 成 자웅을 겨루다. 승부를 가리다. ¶他想跟你～ | 그는 너와 자웅을 겨루고 싶어한다.

【一开始】 yīkāishǐ 動組 처음(부터). 시작(부터) ¶这事从～就错了 | 이 일은 처음부터 잘못되었다.

【一口】 yīkǒu ❶ 數量 (말의 억양·발음 등이) 순수한. 완전한. ¶这孩子普通话说得很流利，可半年前还是～清广东话呢 | 이 아이는 표준어를 아주 유창하게 구사하는구먼, 반년 전만 해도 순 광동말이었는데. ❷ 副 일언지하에. 한마디로. 딱 잘라서. ¶～否认 | 한마디로 부인하다. ❸ (～儿) 數量 한입. ¶～水 | 한 모금의 물. ¶～吞下 | 한 입에 삼키다. ¶把半碗酒～喝下了 | 술 반 사발을 한 입에 마셨다. ❹ 書 數量 이구동성으로. 한결같이. 입을 모아.

【一口承认】 yīkǒu chéngrèn 動組 한 마디로 승인하다. 한 마디로 인정하다. 시인하다. ¶他～是他干的 | 그가 했다고 한 마디로 시인했다.

【一口答应】 yīkǒu dāying 動組 한 마디로 승낙하다. ¶他～明天去办 | 그는 내일 가서 처리하겠다고 한 마디로 승낙했다 ＝〔一口应许yīngxǔ〕

3**【一口气(儿)】** yī kǒu qì(r) 名組 ❶ 한숨. 한 호흡. 喻 생명. ¶缓huǎn～，再干gàn吧 | 숨 좀 돌리고 합시다. ¶我还有～在，必不饶ráo他 | 내 숨이 붙어 있는 한 그를 용서하지 않겠다. ❷ 단숨에. ¶～做完了 | 단숨에 해냈다. ¶～把这篇文章念完 | 단숨에 이 글을 다 읽었다. ¶～攻下 | 단숨에 공략하다. ¶～跑到家 | 단숨에 집까지 뛰어갔다. ❸ 원한. 분노. 울분. ¶就因为～得的病 | 울분 때문에 얻은 병. ❹ 오기. 자존심. 체면·경쟁심 등으로 고집을 피우며 지기 싫어하는 감정. ¶双方为了争～就打起官司来 | 쌍방은 오기 때문에 소송을 걸었다.

【一口咬定】 yī kǒu yǎo dìng 成 한 입으로 꽉 물고 늘어지다. ❶ 한 마디로 잘라 말하다. 단언하다. ¶他～我是成心这样干的 | 내가 성심으로 이렇게 했다고 그가 단언했다. ¶你又没有看见，怎么能～地说他不好呢? | 너는 보지도 않고 어떻게 그가 나쁘다고 한 마디로 단언할 수 있느냐? ❷ 서로 꽉 맞물리다〔얽히다〕 ¶竹子的根儿～长在青山上 | 대나무 뿌리가 서로 얽힌 채로 청산에 자라고 있다.

【一口钟】 yīkǒuzhōng 名 方 망토 [모양이 옛날 악기의 종(鐘)과 같은 데서 나옴]

1**【一块儿】** yīkuàir ❶ 名 동일한 장소. 같은 곳. ¶他俩过去在～上学，现在又在～工作 | 그들 두 사람은 옛날 같은 곳에서 공부했고, 지금도 같은 곳에서 일하고 있다. ❷ 副 함께. 같이. ¶～走 | 함께 가다. ¶他们～参军 | 그들은 함께 군대에 들어갔다 ‖ ＝〔方 一块堆儿〕→〔一同〕 ❸ 名 方 부근. 곁. 쪽. 옆. ¶那～ | 저 부근〔쪽〕

【一块石头落地】 yīkuài shí·tou luòdì 俗 喻 (걱정거리 등이 해결되어) 한숨 돌리다. ¶事到如今，她才～ | 지금에 이르러서야 그녀는 한 숨 돌렸다.

【一来】 yīlái 動組 ❶ (일·상황 등이 일단) …되니. …되자. …되면. ¶这么～事情就麻烦máfan了 | 이렇게 되니 일이 번거로워졌다. ¶这样～，他就高兴了 | 이렇게 되자 그는 기뻐했다. ❷ 動組 (행위 등을 약간〔일단〕) …하자. …하니. …하면. ¶用手～，门就开了 | 손으로 좀 만지자 문이 열렸다. ❸ 連 첫째로는 어법 「一来…，二来…」의 형식으로 쓰임. ¶～东西好，二来价钱也便宜 | 첫째로는 물건이 좋고 둘째로는 값도 싸다. ¶～天气好，二来是星期天，去的人很多 | 첫째는 날씨가 좋고 둘째는 일요일이어서 가는 사람이 매우 많다.

【一来二去】 yī lái èr qù 成 내왕·접촉이 계속되는 가운데〔시간이 흐르면서〕 차츰차츰. 이럭저럭 하는 가운데. ¶就这样～，他们成莫逆mònì之交 | 이렇게 내왕을 하는 가운데 그들은 막역한 친구가 되었다.

【一来一往】 yīlái yīwǎng 動組 오고 가다. 교제하다. ¶多次的～互相更加亲密了 | 여러차례 오고 가는 가운데 서로 더욱 친밀해졌다. ¶～就成了好朋友了 | 오고 가면서 좋은 친구가 되었다.

【一览】 yīlǎn ❶ 動 한번 쭉 훑어보다. ¶吾虽～，犹能识之 | 나는 한번 훑어보고도 알 수 있다. ❷ 名 일람. 편람. ¶汉城名胜古迹～ | 서울 명승 고적 일람.

【一览表】 yīlǎnbiǎo 名 일람표. ¶行车时间～ | (열)차 운행시간표

【一览无遗】 yī lǎn wú yí 成 보아 빠뜨리는 것이 없다. 한눈에 들어오다. ¶从山顶往下看，釜山全市～ | 산꼭대기에서 아래로 내려다 보면 부산시가 한 눈에 들어온다 ＝〔一览无余yú〕

【一揽子】 yīlǎn·zi 區 일괄의. 전부의. ¶～买进 | 일괄적으로 사들이다. ¶～计划jìhuà | 일괄 계획. ¶～建议jiànyì | 일괄 건의. ¶要求～归还四个岛屿dǎoyǔ | 네 섬의 일괄 반환을 요구하다. 어법 「揽子」는 양사가 아님.

【一劳永逸】 yī láo yǒng yì 成 한번 고생으로 영원히 편안해지다. ¶这样了结可以～ | 이렇게 해결되니 한 번 고생으로 영원히 편해질 수 있다. ¶～的解决办法 | 한번 고생으로 영원히 편해지는 해결 방법.

【一力】 yīlì 名 온 힘. 전력. ¶～成全 | 전력으로 도와주다. ¶～承担chéngdān | 전력으로 책임지고 맡다.

3**【一连】** yīlián 副 계속해서. 잇따라. 연이어. 연거푸. ¶上个星期，～来了好几个朋友 | 지난주에 여러 친구가 여러 명 왔다. ¶他在北京～住了七年 | 그는 북경에서 7년간 계속해서 살고 있다. ¶～下了三天雨 | 연이어 사흘간 비가 내렸다 ＝〔方 一连气儿〕 어법 「一连地」의 형식으로 쓰이지 않음.

【一连串】 yīliánchuàn 數量 일련의. 계속되는. 이어지는. ¶～的问题 | 계속되는 문제. ¶～的事件 | 일련의 사건. ¶～的胜利shènglì | 계속되는 승리.

【一连气儿】yīliánqìr ⇒〔一连①〕
【一了百了】yī liǎo bǎi liǎo 成 한 가지가 끝나면 백 가지가 끝난다. ❶요점이 해결되면 나머지도 해결된다. ¶这样就～了｜이렇게 되면 끝장이다. ❷한 번 죽으면 모든 일이 끝이다.
【一鳞半爪】yī lín bàn zhǎo 成 (구름 사이로 드러난) 용의 비늘 한 조각과 발톱 반쪽. 산만하고 단편적인 사물의 편린 =〔东鳞西爪dōnglínxīzhǎo〕
【一零儿】yīlíngr 名 方 나머지. 우수리. 자투리. 부스러기. ¶我的学问连他的～也比不上｜나의 학문은 그의 발밑에도 미칠 수 없다.
【一流】yīliú 名 ❶같은 부류. 동류(同流) ¶他也是属于这～的人｜그도 역시 이런 부류에 속하는 사람이다. ❷일류. 일등. ¶～作品｜일류작품. ¶世界第～｜세계일류
【一溜儿】yīliùr ⇒〔一阵zhèn(儿, 子)①〕
【一溜歪斜】yīliù wāixié 方 (걸음 걸이가) 비틀비틀하다. 비틀거리다. 비척비척하다. ¶他担着一挑儿水, ～地从井边走回来｜그는 두통의 물짐을 메고 비틀비틀 우물쪽에서 걸어왔다.
【一溜小跑】yīliù xiǎopǎo 動組 재빠르게 종종 걸음치다. ¶出了屋, 出了院, ～到了高家｜방을 나와 뜰을 지나 재빠르게 종종 걸음쳐서 고씨네 집에 갔다.
【一溜烟(儿)】yīliùyān(r) 名組 연기처럼 재빨리. ¶她～跑到村头｜그녀는 재빨리 마을로 달려갔다. ¶他说了一声再会, 就骑上车, ～地向东去了｜그는 안녕 한 마디를 말하고는 자전거를 타고 휘하니 동쪽으로 가 버렸다.
【一路】yīlù ❶名 도중(途中). 노중(路中) ¶～上没什么事｜오는 길에 별 일 없었다. ¶～多保重bǎozhòng!｜도중에 몸조심하십시오! ❷名 동류(同類). 한 종류. 같은 부류. ¶～人｜같은 부류의 사람. ¶～货huò｜같은 종류의 물건. ❸副 함께. 모두 어법「来」「去」「走」등과 같은 동사와 같이 쓰임. ¶咱们zán·men～走｜우리 함께 가자. ¶我跟他～来的｜나는 그와 함께 왔다 =〔一道(儿)③〕 ❹連 한편으로 …하면서. 한편으로 …하다. 어법(一路)…, 一路…」(…하면서 …하다)의 형식으로 쓰임. ¶～走道儿, ～说话｜걸으면서 이야기하다.
3【一路平安】yī lù píng ān 成 가시는 길에 평안하시길 빕니다. ¶祝你们～｜가시는 길에 평안하시길 빕니 다.
3【一路顺风】yī lù shùn fēng 成 가는 길 내내 순풍이다. 일로 순풍이다. ❶가시는 길이 순조로우시길 빕니다. ❷하시는 일이 모두 순조롭다. ¶祝你在事业上～｜하시는 사업이 순조롭게 잘 되시길 빕니다.
4【一律】yīlǜ ❶形 일률적이다. 한결같다. ¶不宜强求qiángqiú～｜일률적이기를 강요해서는 안된다. ¶千篇qiānpiān～｜成 천편 일률이다. ❷副 일률적으로. 다 같이. 하나같이. 예외없이. 모두. ¶国家不分大小, 应该yīnggāi～平等｜국가는 대소를 막론하고 예외없이 평등해야 한다. ¶～相待xiāngdài｜똑같이 대우하다.
【一掠而过】yī lüè ér guò 成 획 스쳐 지나가다. ¶她在我前边儿～｜그녀가 내 앞에서 획 스쳐 지나갔다.
【一落千丈】yī luò qiān zhàng 成 일순간에 천길 아래로 떨어지다. 순식간에 천장이 떨어지다. (명예·지위·시세 등이) 갑자기 여지없이 떨어지다. ¶自从犯fàn了错误cuòwù以后, 他在群众中的威信wēixìn～, 这次竟然落选了｜잘못을 범한 이후 그는 위신이 여지없이 떨어져 이번에 결국 낙선했다. ¶股票gǔpiào的行市～｜주식의 시세가 폭락하다.
【一马当先】yī mǎ dāng xiān 成 (전쟁에서 대장의) 말 한 마리가 앞에 나서다. 앞장서다. ¶他～, 冲杀chōngshā在前面｜그는 앞에서 앞장서서 공격해 나갔다.
【一马平川】yī mǎ píng chuān 成 말이 마음껏 달릴 수 있는 드넓은 평지. ¶车窗外是～的绿色麦田｜차창밖은 드넓은 녹색의 보리밭 평원이다. ¶再翻过两个山岗shāngāng, 就是～了｜산등성이 둘을 더 넘으면 바로 드넓은 평지이다.
【一码事】yī mǎ shì ❶마찬가지의 일. 동일한 것. 같은 것. ¶你去或我去都是～｜너가 가든 내가 가든 똑 같은 것이다. ¶你说的跟他讲的都是～｜네가 말하는 것이나 그가 이야기 하는 것은 모두 같은 것이다. ❷같은 패. 동료. ¶现在我跟他不是～｜지금은 나는 그와 한패가 아니다. ❸하나의 일. 하나의 문제. 하나의 조건. ¶主观愿望是～, 实际情况又是～｜주관적인 바램은 (그것대로) 하나의 일이고 실제 상황은 또 하나의 일이다. 실제상황과 바라는 바와 다르다. ‖ =〔一回事huíshì〕
【一脉相承】yī mài xiāng chéng 成 한 계통으로 이어 내려오다. 일맥 상통하다 [사상·행위·학설 등 계승 관계를 이뤄 서로 통하는 것을 가리킴] ¶孟子与孔子的思想是～的｜맹자와 공자의 사상은 일맥상통한다 =〔一脉相传chuán〕
4【一毛不拔】yī máo bù bá 成 터럭 하나도 뽑지 않는다. 털 한 가닥도 안 뽑는다. 매우 인색하다. ¶你老小子是～的吝啬鬼lìnsèguǐ｜당신 같은 사람은 아주 인색한 구두쇠이다.
【一门心思】yī mén xīn·si 名組 한마음 한 뜻이다. 정신을 집중하다. ¶他～想发财｜그는 돈벌 생각만 한다.
3【一面】yīmiàn ❶名 (물체의) 한 면. ¶这座房子朝北的～只开了一个小窗｜이 집의 북쪽 한 면에는 작은 창문을 하나만 두었다. ❷名 한 방면. 한 측면. ¶～之词｜한 쪽만의 말. ¶独当dúdāng～｜혼자서 한 방면을 담당하다. ❸連 일면으로 …하면서. 한편으로는 …하다. 한편으로 …며〔이다〕 어법「(一面)…, 一面…」(…하면서 …하다)의 형식으로 쓰임. ¶～走, ～唱｜걸으면서 노래부르다. ¶他～说着, ～朝门口走去｜그는 말하면서 입구를 향해 걸어갔다. ❹書 動 일면하다. 한번 만나다. ¶～之识shí｜한번 인사를 나눈 정도의 안면. ¶未尝cháng～｜한번도 만나보지 못했다.
【一面倒】yīmiàn dǎo 動組 한쪽으로 쏠리다. ¶

表决biǎojué的结果是～ | 표결의 결과가 한쪽으로 쏠리다. ¶这次选举xuǎnjǔ呈现chéngxiàn～的情势qíngshì | 이번 선거는 한쪽으로 쏠리는 상황을 드러내었다 =〔一边倒〕

【一面儿理】yīmiànr lǐ 名組 일방적인 이유. 일면적인 이치. ¶这只是～ | 이것은 일면적인 이치이다.

【一面之词】yī miàn zhī cí 成 어느 한쪽의 말. 한쪽 편만의 주장. ¶别只听～ | 한 쪽편의 말만 듣지 마라

【一面之交】yī miàn zhī jiāo 成 한번 만난 교분. 얼굴을 아는 정도의 교분. 얼굴만 아는 사이 =〔一面之雅yǎ〕

【一鸣惊人】yī míng jīng rén 成 (새가) 한번 울면 사람을 놀라게 한다. 평소에는 특별한 것이 없다가도, 한번 시작하면 사람을 놀랠 정도의 큰일을 이루다. ¶不鸣则已, ～ | 울지 않으면 그뿐이지만, 한번 울면 사람을 놀라게 한다. ¶他希望xīwàng这篇论文lùnwén能～ | 그는 이 논문이 특별이 사람들을 놀라게 하기를 희망한다.

【一瞑不视】yī míng bù shì 成 눈을 감고 다시는 보지 못하다. 사망(死亡)하다. ¶他竟～了 | 그는 결국 사망했다.

【一命呜呼】yī mìng wū hū 成 일순간 목숨이 오호로구나. 일순간 황천길로 가다 [일반적으로 해학·풍자적인 뜻이 포함됨] ¶敌军正在逃跑táopǎo的时候, 被我军一枪打中, 就～了 | 적군은 막 달아나고 있을 때 아군의 총에 명중되어 황천길로 가버렸다 =〔一命归西guīxī〕〔一命归天tiān〕〔一命归阴yīn〕

【一模一样】yī mú yī yàng 成 같은 모양 같은 모습이다. 모양이 완전히 같다. 모양이 완전히 닮았다. ¶我的金项链jīnxiàngliàn和你的金项链是～ | 내 금목걸이와 당신 금목걸이는 완전히 같다.

【一木难支】yī mù nán zhī 成 나무 한 그루로는 지탱하기가 힘들다. (이미 기울어진 형세나 큰 일 등을) 혼자서는 감당하기 힘들다. ¶～大厦dàxià | 나무 한 그루로는 큰 건물을 지탱하기 어렵다. 혼자서는 감당하기 힘들다. ¶尽管jǐnguǎn怎么能干, 还是～ | 아무리 잘 해내더라도 역시 혼자서는 감당하기 힘들다 =〔独木难支〕

【一目了然】yī mù liǎo rán 成 일목 요연하다. 한눈에 환히 보이다. 한눈에 환히 알다. ¶明眼人看事情, 自然会～的 | 식견이 있는 사람이 일을 살펴 보면 당연히 한눈에 환히 알 수 있다. ¶他这篇文章层次céngcì清楚, ～ | 그의 이 글은 구조가 명확하고 일목요연하다.

【一目十行】yī mù shí háng 成 한눈에 열 줄이다. 독서 속도가 매우 빠르다. ¶他～地看完了家信 | 그는 아주 빠르게 집에서 온 편지를 다 봤다 =〔十行俱下〕

【一年半载】yī nián bàn zǎi 成 한 해나 반년. 한 해쯤. ¶他～才回一趟tàng家 | 그는 한 해에 한 번 집에 간다. ¶他出国也有个～的, 可是却没半点音信 | 그가 출국한 지도 한 해쯤 되었지만 소식하나 없다.

【一年到头(儿)】yī nián dàotóu(r) 일년 내내. ¶他～都这样辛苦xīnkǔ | 그는 일년 내내 이렇게 고생한다.

【一年生】yīniánshēng 區 일년생. 한해살이. ¶～植物zhíwù | 일년생 식물.

【一年之计在于春】yīnián zhī jì zàiyú chūn 諺 일년의 계획은 봄에 세운다 [보통「一日之计在于晨」(하루의 계획은 아침에 세운다) 이라는 말을 이어서 씀] ¶～, 春天是工作, 学习的大好时光 | 일년의 계획은 봄에 세우듯이 봄은 일하고 공부하기에 아주 좋은 시기이다.

【一念之差】yī niàn zhī chā 成 생각 하나의 잘못. ¶他～, 没去广州Guǎngzhōu | 그는 생각 한 번 잘못하여 광주에 가지 못했다. ¶由于～造成大错dàcuò | 생각 한 번 잘못하여 큰 잘못을 저지르다 =〔一念之误wù〕

【一诺千金】yī nuò qiān jīn 成 한 번 승낙한 말은 천금(千金)과 같다. 승낙한 말을 꼭 지키다. 약속한 말은 틀림없이 지킨다. ¶大丈夫～, 岂可言而无信 | 대장부가 한 번 승낙한 말은 천금과 같은데 어찌 믿을 수 있는 것을 믿지 않겠느냐? =〔千金一诺〕

【一派】yīpài ❶ 名 일파. 일가(一家). 한 집단. ¶自成～ | 스스로 일파를 이루다. ¶进步jìnbù的～ | 진보적 일파. ❷ 量 기분·분위기·경치·소리·말 등에 써서 가득차거나 넘쳐남을 나타내는 수량사. ¶～乐声 | 가득찬 음악 소리. ¶好～春景chūnjǐng | 완연한 봄 경치. ¶你说的是～小孩子话 | 네가 말하는 것은 온통 어린애 같은 말이다. 어법「一派」는 묘사성(描寫性)을 가진 것으로 그대로 술어(述語)로도 쓰임→〔一番fān〕

【一盘散沙】yī pán sǎn shā 成 온 쟁반에 흩어진 모래. 산만하여 단결력이 없는 오합지중(烏合之衆) ¶这个单位领导没有威信wēixìn, 群众像～ | 이 부서의 지도자는 위신이 없어 군중들이 모래처럼 오합지중이다. ¶我们必须紧密地jǐnmìdì团结tuánjié在一起, 不要像～ | 우리들은 긴밀하게 일치 단결해야 하며 오합지중과 같아서는 안된다.

3【一旁】yīpáng ⇒〔旁边pángbiān(儿)〕

【一批】yīpī 數量 한 더미. 한 무더기. 한 무리. 한 떼. 한패. 일군(一群) ¶又来了～人 | 또 일군의 사람들이 왔다. ¶～学生 | 일군의 학생.

【一屁股】yī pì·gu 名組 (앉을 때) 털썩. ¶他～坐在地上大哭起来 | 그는 땅에 털썩 주저 앉아 대성통곡을 했다.

【一偏】yīpiān 形 한쪽으로 치우친. 편향된. ¶～之论 | 편향된 논리. ¶～之见 | 한쪽으로 치우친 견해

【一片冰心】yī piàn bīng xīn 成 한 조각 얼음같은 마음. (명리에 담담한) 순수한 마음. ¶他是～, 表里澄澈chéngchè | 그는 순수한 마음의 소유자라 표리가 일치한다.

【一瞥】yīpiē 書 ❶ 動 한번 흘끗 보다. ¶就在这～之间, 我看出了她非常激动jīdòng | 한번 흘끗

보는 사이에 나는 그녀가 매우 흥분되어 있음을 알아차렸다. ❷名 일별. 한눈으로 바라본 모습. 간단한 개관(概觀) 어법 일반적으로 문장의 표제어로 쓰임. ¶亚运会yàyùnhuì～｜아시아 경기대회 개관. ¶长城chángchéng～｜장성 일별.

【一贫如洗】yī pín rú xǐ 成 씻은 듯이 가난하다. 아무 것도 없을 정도로 가난하다. ¶他是～的穷书生qióngshūshēng｜그는 찌들게 가난한 서생이다.

【一品锅】yīpǐnguō 名 ❶「火锅①」(신선로) 와 유사한, 음식을 끓이는 일종의 솥. ❷〈食〉신선로에 닭고기·오리고기·돼지 허벅다리 고기 등의 고기와 버섯을 넣고 함께 끓인 요리.

【一品红】yīpǐnhóng 名 ❶〈植〉포인세티아(poinsettia). 성성목＝〔猩xīng猩木〕 ❷〈染〉마젠타. 푸크신. 로자닐린＝〔复红〕〔碱jiǎn性品红〕〔品红②〕

【一瓶醋不响, 半瓶醋晃荡】yīpíngcù bùxiǎng, bànpíngcù huàng·dang 諺 식초 한 병은 소리나지 않지만 식초 반 병은 흔들린다. 빈 수레가 더 요란하다. ¶～, ～, 没学问的人往往爱卖弄｜식초 한 병은 소리나지 않지만 식초 반 병은 흔들리듯이 학문이 없는 사람은 왕왕 뽐내기를 좋아한다＝〔一瓶不响, 半瓶摇yáo〕〔一瓶子不满, 半瓶子逛荡guàngdàng〕〔一瓶子不响, 半瓶子晃荡〕

【一暴十寒】yī pù shí hán 成 하루 햇볕을 쪼이고 열흘 식히다. 하다 말다 하다. ¶学习要有恒心héngxīn, ～是学不好的｜공부는 한결같은 마음이 있어야지, 하다 말다 해서는 잘 배울 수 없다.

²【一齐】yīqí ❶副 일제히. 동시에. 한꺼번에. 다같이. ¶人和行李～到了｜사람과 짐이 같이 도착했다. ¶～动工dònggōng｜동시에 일을 시작하다. 어법「一齐」와「一起」의 차이⇒〔一起yīqǐ〕 ❷形 가지런하다. 동등하다. ¶万物～, 孰shú长孰短?｜만물은 똑같으니, 어느 것이 낫고 어느 것이 못하겠는가?《莊子·秋水》

¹【一起】yīqǐ ❶名 한 곳. 한데. 같은 곳. ¶坐在～｜한 곳에 앉아 있다. ¶堆duī在～｜한데 쌓다. ❷副 같이. 더불어 함께. ¶跟他～走｜그와 함께 가다. ❸副 합해서. 전부. 모두. ¶这几件东西～多少钱?｜이 물건들은 모두 얼맙니까? ＝〔一共yīgòng〕 어법 일반적으로「一齐」가 시간적으로 동시에 발생한 일에 쓰이는 반면에「一起」는 공간적으로도 같은 장소에서 발생한 일에 쓰임. ¶他跟我一起劳动láodòng了三个月｜그는 나와 같이 삼 개월 동안 일했다. ¶人和行李一齐到达｜사람과 짐이 함께 도착했다. ❹名 方 한무리. 한 패. 한 떼. 일군(一群). 한조(組) ¶人潮～～地散尽了｜인파가 한 떼 한 떼씩 다 흩어져 버렸다.

【一气】yīqì ❶名 만물의 원기(元氣) ❷(～儿, ～子) 副 단숨에. 한숨에. 단번에. ¶～接到十来封信｜단숨에 10여통의 편지를 받았다. ¶～儿跑了五里地｜단숨에 5리를 달렸다. ❸(～子) 副 잠시. 한바탕 어법 일반적으로 나쁜 의미로 쓰임. ¶瞎闹xiānào～｜한바탕 소란을 피우다. ¶骂mà了～｜한바탕 욕해댔다. ❹名 한 패. 한 패거리. 같은 무리 어법 일반적으로 나쁜 의미로 쓰임. ¶你们是～的｜너희들은 한패거리이다. ¶通同～｜成 한패로 결탁하다.

【一气呵成】yī qì hē chéng 成 ❶ 막힘없이 단숨에 문장을 지어 내다. 글이 거침없고 수미가 일관되다. ❷ 단숨에 일을 해치우다. ¶他～, 写了这首诗｜그는 단숨에 시 한수를 지었다.

【一钱不值】yī qián bù zhí 成 한 푼의 가치도 없다. 조금의 가치도 없다. 아무런 가치가 없다. ¶这个人实在是～｜이 사람은 정말로 아무런 가치 없는 사람이다.

【一窍不通】yī qiào bù tōng 成 한 구멍도 뚫리지 않다. 아무것도 모르다. ¶计算机jìsuànjī我可～｜컴퓨터에 대해서는 나는 정말로 하나도 모릅니다.

¹【一切】yīqiè ❶形 일체의. 모든. 온갖. ¶尽jìn～力量｜모든 역량을 다 쏟다 최선을 다하다. ¶人民的利益lìyì高于～｜국민의 이익은 어느 것 보다도 소중하다. 어법「一切」와「所有」의 차이⇒〔所有〕

【一清二白】yīqīng'èrbái 成 아주 순결하여 오점이 없다. 분명하다. 확실하다. ¶事情是～｜일이 아주 명백하다. ¶她是个～的姑娘, 那一点配不上你!｜그녀는 청순한 처녀야, 어느 점이 네게 어울리지 못하겠어!→〔小葱拌豆腐xiǎocōngbàndòufǔ〕

【一清二楚】yīqīng'èrchǔ 成 아주 명백하다. 아주 분명하다. ¶深深的印象yìnxiàng, 至今还记得～｜깊은 인상은 지금도 기억에 생생하다. ¶他把事情交待得～的｜그는 일을 명명백백하게 인계하였다.

【一清早(儿)】yīqīngzǎo(r) 名 이른 아침. 이른 새벽. ¶他～就走了｜그는 새벽같이 떠났다＝〔一大(清)早儿〕

【一穷二白】yī qióng èr bái 成 첫째로 빈궁하고 둘째로 공백 상태다〔「穷」은 농·공업이 낙후된 것,「白」는 문화·과학 수준이 낮은 것을 뜻함〕 ¶要改变目前这种～的面貌miànmào｜현재의 이런 낙후된 농공업과 수준 낮은 문화과학을 일신시켜야 한다.

【一丘之貉】yī qiū zhī hé 成 한 언덕에 사는 담비. 한통속의 나쁜 놈. ¶他俩是～｜그들 둘은 아주 나쁜 한 통속이다.

【一犬吠影, 百犬吠声】yī quǎn fèi yǐng, bǎiquǎn fèi shēng 成 개 한 마리가 그림자를 보고 짖으면, 뭇 개들이 따라서 짖다. 진상도 모르는 채 맹목적으로 부화뇌동하다. ¶～, ～, 许多人是不明真相瞎起哄｜개 한 마리가 그림자를 복 짖으면, 뭇 개들이 따라 짖듯이 많은 사람들이 진상을 잘 알지 못하고 떠들어댄다＝〔吠形吠声〕

【一人班】yīrénbān 名 단독 근무. 교대나 분업을 하지 않고 혼자서 모든 일을 도맡아 하는 것. ¶我在这儿做事就是～, 什么都得干｜내가 여기서 일하는 것은 단독 근무라서 무슨 일이든 다 해야 한다.

【一人得道, 鸡犬升天】yī rén dé dào, jī quǎn shēng tiān 諺 한 사람이 도를 깨치면 그가 기르던 닭이나 개까지도 승천한다. 한 사람이 득세하면 주변 사람도 그 덕을 본다. ¶～,～, 他老子是军人, 所以他也当上了营长yíngzhǎng | 한 사람이 도를 깨치면 그가 기르던 닭이나 개까지도 승천을 하듯이 그의 아버지가 군인이라서 그도 대대장이 되었다.

【一人难敌二手】yīrén nándí èrshǒu 諺 한 사람이 두 사람을 당하기는 어렵다. ¶～, 我还是作的帮手吧 | 아무래도 한 사람이 두 사람을 당하기는 어려운 법이니 제가 조수가 되어드리겠습니다.

【一人之下, 万人之上】yī rén zhī xià, wàn rén zhī shàng 威 한 사람의 아래, 만 사람의 위. 지위가 높다 [「一人」은 천자를 가리킴]

【一人做事一人当】yīrén zuòshì yīrén dāng 諺 자신이 한 일은 자신이 책임을 진다. ¶～, 我惹rě的祸huò我去担当dāndāng | 자신이 한 일은 자신이 책임을 진다고 내가 초래한 화이니 내가 책임지겠다 =〔一人做事一身当〕

【一任】yīrèn ❶ 書 動 일임하다. 맡기다. 방임하다. ¶岂qǐ能～他胡作非为? | 어찌 그가 멋대로 나쁜 짓 하는 것을 방임할 수 있겠느냐? ❷ 한 차례. 한 임기(任期)

【一仍旧贯】yī réng jiù guàn 威 완전히 옛 관례를 따르다. 여전히 옛 방식대로 하다. ¶学校的规章制度guīzhāngzhìdù～ | 학교의 규율과 제도는 완전히 옛 관례를 따르고 있다.

【一日千里】yī rì qiān lǐ 威 하루에 천 리를 달리다. 발전의 속도가 빠르다. ¶建设事业jiànshèshìyè正～地向前发展fāzhǎn | 건설사업이 하루에 천리를 달리듯 빠른 속도로 발전하고 있다.

【一日三秋】yī rì sān qiū 威 (그리움이 너무 절실하여) 하루가 삼년 같이 길게 느껴진다. ¶～, 他焦急地jiāojídì等待děngdài跟恋人见面 | 하루가 삼년 같이 초조하게 그는 연인과 만나기를 고대하고 있다.

【一日之雅】yī rì zhī yǎ 威 하루의 교분. 별로 깊지 않은 교분.

【一如】yīrú 動 近 …와 똑같다. ¶黄昏huánghūn～清晨qīngchén | 황혼이 새벽과 같다. ¶～所见 | 본 바와 같다 =〔一若ruò〕〔一似sì〕

【一如既往】yī rú jì wǎng 威 지난 날과 다름없다. ¶我们将～坚决jiānjué支持zhīchí你们的正义斗争dòuzhēng | 우리들은 예전처럼 당신들의 정의로운 투쟁을 굳게 지지할 것이다.

【一扫而光】yī sǎo ér guāng 威 깨끗이 일소하다. 완전히 없애버리다. ¶农田里的蝗虫huángchóng～ | 밭의 황충을 완전히 없애버리다. ¶把桌上的菜～ | 탁상 위의 음식을 모두 먹어 치웠다. ¶忧郁yōuyù的心情～ | 우울한 마음이 깨끗이 가셨다 =〔一扫而空〕

【一色】yīsè ❶ 動 일색이다. 한 빛깔이다. 같은 빛깔이다. ¶水天～ | 물과 하늘이 한가지 빛이다. ❷ 形 (양식 등이) 완전히 같다. ¶～的大瓦房 | 똑같은 모양의 큰 기와집. ¶～的江西瓷器 | 똑같은 모양의 강서 자기. ❸ 量 (물품의) 한 가지.

4【一身】yīshēn ❶ 名 일신. 한 몸. 한 사람. ¶天下之安危ānwēi系于～ | 천하의 안위가 내 한 몸에 달려있다. ¶～不能当二役 | 한 몸으로 두 가지 소임은 맡을 수 없다. ❷ 名 온 몸. 전신(全身) ¶泼pō我～水 | 온 몸에 물을 뿌리다. ¶冷得起了～鸡皮疙瘩jīpígēdá | 추워서 온몸에 소름이 돋았다. ¶出了～的汗hàn | 온 몸에 땀이 났다. ❸ (～儿) (의복) 한 벌. ¶～西装xīzhuāng | 양복 한 벌. ¶她穿着～新衣 | 그녀는 새 옷을 입고 있다.

【一身两役】yī shēn liǎng yì 威 한 사람이 두 가지 일을 맡다 =〔一身二任〕

【一身是胆】yī shēn shì dǎn 威 온몸이 모두 담이다. 아주 대담하다. ¶他是个～的好汉hǎohàn | 그는 아주 대담한 대장부이다 =〔一身都是胆〕

【一神教】yīshénjiào 名 〈宗〉 일신교.

2【一生】yīshēng 名 ❶ 일생. 평생. ¶～不忘wàng | 평생 잊지 않다. ¶父亲的～是光荣的伟大的 | 아버님의 일생은 영광스럽고 위대했습니다 =〔一辈子〕 ❷ 書 한 유생(儒生) 한 서생.

【一声不吭(儿)】yīshēng bùkēng(r) 動組 한 마디의 말이 없다. 말이 없다. 묵묵 부답(默默不答)이다. ¶他～地干开了活儿 | 그는 묵묵히 일을 했다.

【一声不响】yīshēng bùxiǎng 動組 한 마디 말도 하지 않다. 침묵을 지키다. 일언 반구도 없다. ¶～地蹑niè足进门 | 소리없이 살금살금 문으로 들어오다.

【一失足成千古恨】yī shī zú chéng qiān gǔ hèn 諺 한 번 발을 잘못 내디뎌 천추의 한이 된다. 한 번 잘못으로 평생을 후회한다. ¶～, 在婚姻问题上要谨慎jǐnshèn啊 | 한 번 발을 잘못 내디디면 천추의 한이 되므로 결혼문제는 아주 신중해야 한다.

2【一时】yīshí ❶ 名 한때. 한 시기(時期). 한 동안. ¶此～彼～ | 그때는 그때고 지금은 지금이다. ¶～无出其右 | 한때 그보다 더 나은 것이 나오지 못했다. ❷ 名 잠시. 단시간. ¶～半刻bànkè | 잠시 동안. ¶～回不来 | 당분간 돌아올 수 없다. ¶不能～报答bàodá | 한번에 다 보답할 수가 없다. ❸ 名 일시(一時). 임시(臨時) ¶这是～的和表面的现象xiànxiàng | 이는 일시적이고 표면적인 현상이다. ❹ 때로는 …(하고), 때로는 …(하다) ¶他的病～好, ～坏 | 그의 병은 좋아졌다 나빠졌다 한다.

【一世】yīshì 名 ❶ 일대(一代). 한 시대의 당대. 그 시대. ¶～豪杰háojié | 당대의 호걸. ❷ 일생(一生). 한평생. ¶～辛苦xīnkǔ | 평생고생. ❸ 한 세대.

【一事】yīshì 名 方 업무상 또는 조직적으로 관련이 있는 것. 동일인이 경영하는 것. ¶我们和对面的饭馆fànguǎn是～ | 우리와 마주 보이는 요리집과는 자매 관계입니다. ¶两家商店是～ | 두 상점은 경영주가 같다 =〔一势yīshì〕

【一事无成】yī shì wú chéng 威 한 가지의 일도

이루지 못하다. 아무 일도 성공하지 못하다. ¶无论怎样努力nǔlì, 脱离tuōlí实践, 就～｜아무리 노력하더라도 실천과 유리되면 아무 일도 성공하지 못한다.

【一是一，二是二】yī shì yī, èr shì èr 俗 일이면 일, 이면 이. 자신의 의견, 주장 등을 확실히 하다. ¶不管是谁，～，对的就支持zhīchí，不对的就批评pīpíng｜누구를 막론하고 일이면 일 이면 이, 옳다고 여기는 자는 지지하고 그르다고 여기는 자는 비평을 하시오.

【一视同仁】yī shì tóng rén 成 누구나 차별없이 대하다. 차별하지 않다. 똑같이 대하다. ¶国家无论大小，应～，平等相待xiāngdài｜나라가 크든 작든 차별하지 않고 평등하게 대하여야 한다.

4【一手】yīshǒu ❶(～儿) 量 (솜씨·기능·기예 등의) 하나. 한 가지. ¶学得～好枪法qiāngfǎ｜훌륭한 사격술을 배웠다. ¶业务上有～｜업무 솜씨가 뛰어나다. ❷(～儿)(한 가지) 수단. 방법. 계략. ¶他这～可真毒辣dúlà!｜그의 이 수단은 정말 악랄하구나! ❸혼자(서). 일방적(으로) ¶～承办chéngbàn了天大的公事｜혼자서 아주 큰 일을 맡아 처리했다. ¶这是他～造成的错误cuòwù｜이것은 그 사람 혼자서 저지른 잘못이다. ¶～交钱～交货｜한편으로는 돈을 건네고 한편으로는 상품을 건네다. 맞돈으로 사고팔다. ❹(～儿) 한 패거리. 동류(同類) ¶他和那个人是～｜그는 저 사람과 한 패다 =〔一手(儿)事〕

【一手包办】yī shǒu bāo bàn 成 혼자서 다 맡아 처리하다. 혼자서 청부(請負) 맡다. 혼자 처리하다. ¶这事儿由我来～｜이 일은 제가 전담하여 처리하겠습니다 =〔一手承办〕〔一手承管〕〔一手承运〕

【一手承办】yī shǒu chéng bàn ⇒〔一手包办〕

【一手承管】yī shǒu chéng guǎn ⇒〔一手包办〕

【一手承运】yī shǒu chéng yùn ⇒〔一手包办〕

【一手托两家】yīshǒu tuō liǎngjiā 喩 혼자서 양쪽 일을 하다. ¶我在中间儿～对哪边偏piān了也不行｜나는 중간에서 양쪽 일을 하고 있으므로 어느 쪽으로 치우쳐서도 안 된다.

【一手一足】yī shǒu yī zú 成 한 사람의 힘. 미약한 힘. ¶不是～的力量所能收效｜한 사람의 미약한 힘으로 효과를 볼 수 있는 것이 아니다.

【一手遮天】yī shǒu zhē tiān 成 한 손으로 하늘을 가리다. 권세를 배경으로 기만적인 수법을 써서 대중의 이목을 가리다. ¶他们～，恣意zìyì妄为wàngwéi｜그들은 권세를 배경으로 기만적인 수법을 써서 방자하게 행동한다.

【一水儿】yīshuǐr 形 方 (복장·장식물 등이) 한결같은. 일률적인. ¶元旦yuándàn那天很多人都上上下下～新的出去拜年｜설날에 많은 사람들은 모두 위아래 한결같이 새 옷을 입고 세배를 하러 돌아다닌다.

【一顺百顺】yī shùn bǎi shùn 成 모든 일이 순조롭다. ¶祝您往后～｜앞으로 모든 일이 순조롭기를 축원합니다.

【一顺儿】yīshùnr 副 다 같게. 한 줄로. 가지런히. 전부가 한결같이. ¶这边的房子～全是朝东的｜이 일대의 집은 전부 한결같이 동향이다 =〔一顺子〕

【一瞬】yīshùn 名 일순간. 순식간. 삽시간(霎時間). 눈 깜짝할 사이. ¶火箭huǒjiàn飞行，～千里｜로켓은 일순간에 천리를 날아간다.

【一丝(儿)】yīsī(r) 한 오라기. 한 가닥. ¶露出～笑容｜한 가닥의 미소가 얼굴에 나타나다. ¶这话～不错｜이 말은 조금도 틀리지 않다.

【一丝不苟】yī sī bù gǒu 成 조금도 소홀히 하지 않다. 조금도 빈틈이 없다. ¶他干活儿来～｜그는 일을 함에 있엇서 조금도 빈틈이 없다 =〔一丝不乱〕

【一丝不挂】yī sī bù guà 成 ❶〈佛〉마음 속에 세속의 거리끼는 바가 없다. ❷실 한 오라기도 걸치지 않다. ¶她～地躺在床上｜그녀는 실 오라기 하나도 걸치지 않은 채로 침대에 누워 있다.

【一丝一毫(儿)】yī sī yī háo(r) 成 조금도. 털끝만큼도. 추호도. ¶～不能马虎｜추호도 아무렇게나 해서는 안된다.

【一死了之】yī sǐ liǎo zhī 成 죽음으로써 모든 것을 해결하다. ¶他想～｜그는 죽음으로써 모든 것을 해결하려고 한다.

【一死儿】yīsǐr 副 方 죽어도. 한사코. 기어이. 무슨 일이 있어도. ¶这个女的～非嫁给他不可｜이 여자는 한사코 그에게 시집가려한다.

【一塌刮子】yītā guā·zi 副 方 이것 저것. 잡동사니. 전부. 모두 합쳐서. ¶一个新毕业生要一下子把内科,外科,小儿科,妇产科等～包下来是很困难的｜갓 졸업한 사람이 한꺼번에 내과·외과·소아과·산부인과 등을 전부 맡는다는 것은 어려운 일이다 =〔一塌刮子〕

【一塌糊涂】yī tā hú tú 成 엉망진창이 되다. 뒤죽박죽이다. 어지럽게 널려 있다. ¶闹得～｜너무 시끄럽게 떠들다.

【一摊】yītān 數量 한 더미. 한 무더기 어법 쏟아진 액체 등의 수량을 헤아릴 때 쓰이는 양사임. ¶吐tǔ了～血｜피를 잔뜩 토하다→〔摊〕

【一套(儿)】yītào(r) ❶한 세트. 한 조(組) ¶～书｜책 한 질. ¶～衣服｜옷 한 벌. ¶～家具｜가구 한 세트. ❷일련(一連) [하나로 연계된 것] ¶说了～废话fèihuà｜얼토당토 않은 소리를 길게 늘어놓았다. ❸한몫. 제몫. ¶如今我有～富贵fùguì｜이제 나는 제법 살 만하게 되었다. ❹수단. 방법. ¶另搞lìnggǎo～｜다른 수단을 쓰다. ¶讲的是～，做的是～｜말하는 것과 하는 짓이 다르다. ¶老～｜상투 수단.

【一体】yītǐ 名 ❶일체. 한 덩어리. ¶融成róngchéng～｜한 덩어리로 융합되다. ❷전부. 전체. ¶合行布告bùgào，～周知｜이에 포고하여 모두에게 널리 알린다.

【一天】yī tiān ❶하루. 1일. ¶告～假｜하루 휴가를 받다. ¶这～｜이날. ❷하루 낮. ¶～一夜｜하루 낮 하루 밤. 한 주야. ❸어느날 [「有一天」의 뜻임] ¶～，他又来了｜어느날 그가 또 왔다. ❹方(하루) 종일. 온 종일. ¶忙碌mánglù了～ | (하루) 종일 바빴다 =〔整天〕 ❺ 온 하늘. ¶～的星星 | 온 하늘에 총총한 뭇별. ❻ 같은 날. ¶和新中国～诞生dànshēng的 | 신중국과 같은 날에 태어났다.

【一天到晚】yī tiān dào wǎn 成 아침부터 밤까지. 하루 종일.

【一条道儿跑到黑】yī tiáo dàor pǎo dào hēi 喩 (융통성없이 고지식하게) 외골수로 관철하다. ¶他守着这个职务zhíwù干了三十年, 真是～的忠心人 | 그는 이 일을 30년동안 했으니 정말 끝까지 한 길에 충실한 사람이다 =〔一条道儿走到黑〕

【一条龙】yītiáolóng ❶ 용 한 마리. 喩 긴 행렬. 장사진. ¶十几辆汽车排成～, 向前开动 | 10여 대의 자동차가 줄을 지어 앞으로 나아가다. ❷ 喩 생산 공정 또는 사업의 단계에서 각 부문별로 긴밀히 연결된 것. ¶企业之间～的大协作 | 기업간에 하나로 연결된 대규모의 협력. ¶产运销～ | 생산·수송·판매가 하나로 연결되다. ❸ 마작에서 1에서 9까지 연속한 같은 종류의 패를 가지는 것.

【一条藤儿】yītiáoténgr 方 ❶ 몇 사람이 힘을 합하다. 한 마음이 되다. ¶咱们几个人, 只要～, 这件工作准可以提前完成 | 우리 몇 사람이 합심만 하면 이 일은 반드시 앞당겨 끝낼 수 있다. ❷ 기맥이 상통하다. 그놈이 그놈이다. 한 굴속의 너구리다. 동류(同類). 한 통속. ¶官官相护xiānghù, 他们都是～的 | 관리들이란 서로 싸고 도는 법이니 그들은 다 한 통속이다 =〔一条线儿〕

【一条心】yī tiáo xīn 名組 한마음. 일심(一心) ¶我跟老康是～的 | 나와 강씨는 잘 통한다(한마음이다)

2【一同】yītóng 副 같이. 함께. ¶我们～去汉城Hànchéng吧 | 우리 함께 서울에 갑시다. ¶我们～走吧 | 우리 같이 갑시다→〔一块儿yīkuàir②〕

【一统】yītǒng ❶ 動 통일하다. ¶～天下 =〔一统江山〕 | 천하를 통일하다. ❷ (비석) 하나 =〔一座zuò〕

【一头】yītóu 連 ❶ …하면서 …한다. ¶他～走, ～说 | 그는 걸어가면서 이야기한다. ❷ 副 곧장. ¶打开车门, 他～钻了进去 | 차문을 열고서는 그는 곧장 헤집고 들어갔다. ❸ 副 돌연히. 갑자기. 뜻하지 않게. ¶前边儿来了一辆车, ～撞zhuàng过来 | 앞에서 차가 와서 별안간 부딪혔다. ❹ 副 곤두박이로. ¶～扎进水里 | 물속으로 곤두박질해 뛰어들다. ¶～扎在娘怀niánghuái里 | 어머니의 가슴에 얼굴을 파묻다. ¶～倒在床里 | 자리에 벌렁 눕다. ❺ 名 일단(一端). 한쪽(끝) ¶扁担biǎndān的～挑tiāo着篮子lánzǐ, 另～挂guà着水罐shuǐguàn | 멜대의 한쪽 끝에는 바구니를 달아메고 다른 한쪽 끝에는 물통을 달아메다. ❻ 名 머리 하나. ¶他比你高出～ | 그는 너보다 머리 하나만큼 더 크다. ❼ 副 方 함께. ¶他们是～来的 | 그들은 함께 왔다. ❽ 한 마리. 한 통. ¶～猪 | 돼지 한 마리. ¶～蒜 | 마늘 한 통. ❾ 한 가지 일. ¶～亲事 | (하나의) 혼사. ❿ 近 한번. 일회(一回) ¶东～西～地乱跑 | 여기 저기 마구 뛰어 다니다. ⓫ 名 방향. 방면. ¶朝向西南～扎了那 | 서남쪽으로 나아갔다. ⓬ ⇒〔一头儿〕

4【一头儿】yītóur 名 ❶ 긴 물체의 한쪽 끝. 가장자리. ¶这～ | 이쪽 끝. ❷ 서로 대립하고 있는 두 파의 한쪽. ¶他站在我们这～ | 그는 우리 편이다. ❸ 같은 입장에 있는 사람 ‖ =〔一头⑭〕

【一头儿沉】yītóurchén 方 ❶ 名 한쪽에만 서랍이 있는 책상. ¶他想买一个～ | 그는 한쪽에만 서랍이 있는 책상을 사려고 한다. ❷ 편들다. 역성 들다. 편파적이다. 불공평하다. ¶您得主持zhǔchí公道, 不能～啊! | 공평하게 해야지 편파적이서는 안됩니다!

【一团和气】yītuán héqì 成 ❶ 화목한 분위기로 가득차 있다. 대단히 화목하다. ❷ 轉 그저 좋게 지내다. 두리뭉실하다. ¶同事之间～ | 동료간에 대단히 화목하다.

【一团糟】yītuánzāo 俗 일이 엉망으로 뒤얽히다. ¶这儿的情况是～ | 이곳의 상황은 엉망으로 뒤얽혀 있다.

【一退六二五】yī tuì liù'èr wǔ 俗 주산 구구법의 하나 [1을 16으로 나누면 0.0625가 됨] 轉 책임을 회피하다. 책임을 전가하다. 손을 싹 털다. 아예 물러서다. ¶他起初倒是很热心rèxīn, 现在～地打了退堂鼓tuìtánggǔ了 | 처음에 아주 열성적이었던 그가 지금은 손을 싹 털고 나앉았다 =〔一推六二五〕

【一碗水端平】yīwǎnshuǐ duānpíng 俗 공평하다. 공정하다. ¶处理chǔlǐ问题要～, 不能有偏向piānxiàng | 문제를 처리 할때는 공정해야지 치우쳐서는 안된다.

【一往情深】yī wǎng qíng shēn 成 정이 매우 깊어지다. 애정이 두터워지다. ¶他对高小姐～ | 그는 미스 고에 대한 정이 매우 깊다.

【一网打尽】yī wǎng dǎ jìn 成 일망 타진하다. 한꺼번에 모조리 잡다. ¶把残余cányú的土匪fěi～ | 살아남은 공비를 일망타진하다.

【一望无际】yī wàng wú jì 成 일망 무제. 일망 무애. 끝없이 넓다. ¶他看到那种～树林shùlín | 그는 끝없이 넓은 나무 숲을 바라본다.

【一味】yīwèi ❶ 副 그저. 단순히. 줄곧. 덮어놓고. 오로지. 어디까지나. 어법 「专zhuān门」과는 달리 부정적인 문맥에서 쓰임. ¶～读书 | 덮어놓고 공부만 하다. ¶～推托tuītuō | 줄곧 핑계를 대다. ❷ (yī wèi) 한약의 한 종류를 가리키는 말. ¶～药yào | 한 종류의 약.

【一文不名】yī wén bù míng 成 한푼도 없다. 무일푼이다.

【一文不值】yī wén bù zhí 成 한푼의 가치도 없다. ¶这东西实在是～ | 이 물건은 정말로 한푼의 가치도 없다.

【一问三不知】yī wèn sān bùzhī 俗 한번 물으면 세번 모른다고 하다. 시치미를 뚝 떼다. 절대로 모른다고 말하다.

【一窝蜂】yīwōfēng 벌집 하나. 轉 벌집을 수신 것 같은 소란. ¶大家全～似的跑去看热闹rènào去了｜모두 벌집을 쑤신 것같이 구경하러 뛰어나갔다.

【一无】yīwú 書 하나도 없다. 조금도 없다. 전연 없다. ¶～所得｜아무런 소득이 없다.

【一无是处】yī wú shì chù 成 하나도 옳은 곳이 없다. 맞는 것이 하나도 없다. ¶他把我说得～｜그가 나에 대해 말하는 것은 하나도 옳은 곳이 없다＝〔无一是处〕

【一无所长】yīwú suǒcháng 좋은 점이라고는 하나도 없다. 하나도 잘하는 것이 없다. ¶他说自己～，其实这是客气话kèqìhuà｜그는 자신에게 뛰어난 점이 하나도 없다고 말하지만 사실 그것은 겸손의 말이다.

【一无所有】yīwú suǒyǒu 成 아무 것도 없다. ¶百姓被抢qiǎng得～｜백성들은 깡그리 다 빼앗겼다.

【一无所知】yīwú suǒzhī 成 하나도 아는 바 없다. 아무 것도 모른다. ¶至于你提到的那件事，我～｜네가 말한 그 일에 대해서는 나는 하나도 아는 바 없다.

【一五一十】yī wǔ yī shí 成 일일이. 처음부터 끝까지. 하나하나. ¶他把小弟逃学táoxué的事～地告诉gàosù了妈妈｜그는 동생이 무단결석한 일을 하나하나 빠짐없이 어머니에게 얘기했다＝〔从头至尾cóngtóuzhìwěi〕

【一物降一物】yīwù xiáng yīwù 諺 하나가 다른 하나를 제압하다. 뛰는 놈 위에 나는 놈이 있다. ¶真是～，我怕我老婆，我老婆lǎopó怕我儿子｜뛰는 놈 위에 나는 놈이 있다더니 나는 내 마누라를 겁내고 내 마누라는 우리 애를 겁낸다.

【一误再误】yī wù zài wù 成 ❶ 자꾸 틀리다. 연이어 잘못을 저지르다. ¶已经犯fàn了错误cuòwù，～，就不好办hǎobàn了｜이미 잘못을 저질러 놓고도 계속 잘못을 저지르면 일을 처리하기가 힘들어진다. ❷ (차일피일 미루다가) 악화시키다. ¶你这病要抓紧治zhuājǐnzhì, 可不能～了｜너의 이 병은 빨리 치료해야지 지연시켜서는 안된다.

【一息尚存】yī xī shàng cún 成 숨이 아직 붙어 있다. 목숨이 붙어 있는 한. 최후까지. ¶只要我～，我就要干到底dàodǐ｜목숨이 붙어 있는 한 끝까지 해내겠다. ¶～，决不懈怠xièdài｜마지막 숨을 거둘 때까지 결코 태만하지 않다. 최후까지 최선을 다하다.

【一席话】yīxíhuà 名組 일장 연설. ¶听君～，胜读十年书｜그대의 설명을 한 번 듣는 것이 10년 동안 책을 읽는 것보다 낫다. ¶我听了他的～，才恍然大悟huǎngrándàwù｜나는 그의 일장 연설을 듣고서야 문득 깨달았다.

3【一系列】yīxìliè 數量 일련의. ¶～政策zhèngcè｜일련의 정책. ¶采cǎi取了～措施cuòshī｜일련의 조치를 취했다.

1【一下(儿, 子)】yīxià(r·zi) ❶ 한번. 1회 어법 일반적으로 술어 뒤에 와서 좀 …해 보다라는 뜻으로 많이 쓰임. ¶试shì～｜시험삼아 해 보세요. ¶打～｜치세요. ¶看～｜좀 보다. ¶打听～｜물어보다. ¶研究～｜좀 검토해 봅시다. ❷ 名 돌연. 단번. 일시 어법 부사어적으로 쓰여 짧은 시간을 나타냄. ¶～解决jiějué｜단번에 해결하다. ¶不能～就完成了｜단번에 완성할 수는 없다. ¶～要这个，～要那个，你怎么一点主意也没有?｜이것 달라 했다가 저것 달라 했다가 너는 어째 그리 주관이 없느냐? ❸ 名 잠시. 잠깐 어법 동사의 보어로 쓰여 지속적인 의미를 지님. ¶等～｜잠깐 기다려라.

【一线】yīxiàn 數量 ❶ 한 줄기. 한 가닥. ¶～阳光yángguāng｜한 줄기 햇빛. ¶～门路｜하나의 실마리. ¶别失望shīwàng, 我们还有～希望xīwàng｜실망하지 맙시다. 우리에게는 아직 한 가닥의 희망은 있으니. ¶～之路｜좁다란 길. 유일한 방법. ❷ 名 일선. 제일선(第一線) ¶～防守fángshǒu｜제일선 방어

【一相情愿】yī xiāng qíng yuàn 成 (일을 하는 데) 오로지 자기 쪽 생각만 하고 객관적인 조건은 고려하지 않다. ¶这只是～的事，对方答应不答应dāyìng还不清楚呢｜이것은 단지 한 쪽 생각일 뿐이다. 상대방이 답을 할지 안 할지 아직 잘 모르지 않느냐＝〔一厢情愿〕→〔甘心〕

3【一向】yīxiàng ❶ 副 요즘. 근간. 근래. 최근 어법 일반적으로 「这」와 함께 쓰임. ¶这～妈妈的记性jìxìng更坏huài了｜요즘 어머니의 기억력이 더욱 나빠졌다. ❷ 名 지난 한때. ¶前～雨水多｜지난 번 비가 많이 왔다. ❸ 副 (이전부터 오늘까지) 줄곧. 내내. 종래. ¶我～住在北京Běijīng｜나는 줄곧 북경에 살고 있다. ¶～盼望pànwàng｜줄곧 바라다.

【一小撮(儿)】yīxiǎocuō(r) 數量 한 움큼. 한 줌. 소량. 소수. ¶药末yàomò～｜가루약 한 줌. ¶～法西斯匪徒fǎxīsīfěitú｜소수의 파쇼도당.

【一小儿】yīxiǎor 副 方 어릴 적부터. 어려서부터. ¶我们是～的朋友了｜우리는 소시적부터 친구이다. ¶他～就学外语，所以现在讲得很好｜그는 어려서부터 외국어를 배워서 지금은 말을 참 잘한다＝〔从cóng小(儿)〕

【一笑千金】yī xiào qiān jīn 成 미녀(美女)의 한 번 웃음은 천금(千金)의 값어치가 있다. ¶她常年板bǎn着脸liǎn，偶儿露齿，可以说是～了｜그녀는 늘 무표정한 얼굴을 하다가 간혹 한번씩 이를 드러내고 웃는데 천금의 가치가 있다고 할 만하다.

【一笑置之】yī xiào zhì zhī 成 일소(一笑)에 부치다. 웃어 넘기다. ¶他对我的想法～｜그는 나의 견해를 일소에 부쳤다.

1【一些】yīxiē 數量 ❶ 약간. 조금. 얼마간(의) ¶只有这～了，怕不够吧?｜이것 뿐인데 아무래도 좀 모자라겠죠? ¶我想说的就这～｜내가 하고 싶은 말은 이것들 뿐이다→〔好些〕 ❷ 여러 번. 여러 가지 어법 한 종류와 1회에 그치지 않는 경우에 사용됨. ¶他曾担任dānrèn过～重要的职务zhíwù｜그는 이전에 몇 가지 중요한 직책을 맡은 적이 있다.

【一泻千里】yī xiè qiān lǐ 成 일사 천리. ❶ 물이 줄기차게 흘러가다. ¶黄河水势汹涌xiōngyǒng,

～ | 황하의 물길은 용솟음 치면서 줄기차게 흘러간다. ❷일이 거침없이 진행되다. ❸문장·구변이 거침없다. ¶沈老Shěnlǎo的这篇文章, 文笔wénbǐ流畅liúchàng, 大有～之势 | 심노의 이 글은 문필이 유창하며 아주 거침없는 필세를 갖추고 있다.

【一蟹不如一蟹】yī xiè bù rú yī xiè 成 점점 더 나빠지다. 갈수록 못하다. ¶这几篇文章～, 越看越没意思 | 이 글 몇 편은 갈수록 못해 보면 볼수록 의미가 없다.

3【一心】yīxīn ❶動 마음을 같이하다. 마음이 일치하다. ¶～同德tóngdé | 일심동체가 되다. ¶万众wànzhòng～ | 成 대중의 마음이 일치하다. 대중이 한마음이다 =〔一心儿〕 ❷名 일심. 한마음. 한뜻. 전심. ¶～等待着回信 | 오로지 한 마음으로 답장만을 기다리고 있다.

【一心一德】yī xīn yī dé 成 일심 동체(一心同體)가 되다. 한마음 한뜻이 되다. ¶～, 贯彻始终guànchèshǐzhōng | 한마음 한뜻이 되어 끝까지 관철시키다 =〔一心同德〕〔同心同德〕

【一心一意】yī xīn yī yì 成 일념으로. 전심으로. 일편 단심으로. ¶～地做学问 | 일념으로 학문에 전념하다.

【一星半点儿】yīxīngbàndiǎnr 名組 조금. 약간. ¶只剩下shèngxià～ | 조금만 남았다. ¶这件衣服有～毛病máobìng, 不要紧, 可以穿 | 이 옷은 약간의 문제가 있지만 입을 수 있으니 너무 걱정마세요 =〔一星儿〕〔一星一点〕

【一星儿】yīxīngr ⇒〔一星半点儿〕

3【一行】yīxíng ☞ 〔一行〕 yīháng ⓑ

【一薰一莸】yī xūn yī yóu 成 향기가 나는 풀과 나쁜 냄새가 나는 풀. ❶선한 것은 없어지기 쉬우나 악한 것은 떨어버리기 어렵다. ❷선과 악이 함께 있으면 선이 악에 가리운다.

【一言蔽之】yī yán bì zhī 成 한 마디로 말하다. 한 마디로 개괄하다. ¶～, 他是个坏人huàirén | 한 마디로 말하자면 그는 나쁜 사람이다 =〔一言以蔽之〕

【一言不发】yī yán bù fā 成 일언 반구도 없다. 침묵을 지키다. ¶他坐在那儿～ | 그는 아무 말 없이 거기에 앉아 있다.

【一言既出, 驷马难追】yī yán jì chū, sì mǎn án zhuī 成 한 번 입 밖에 낸 말은 사두 마차로도 따라잡을 수 없다. 한 번 입 밖에 낸 말은 다시 주워담을 수 없다. ¶你也是个大丈夫! ～ | 너도 사내 대장부인데 한 입으로 두 말 할 수 없다.

【一言难尽】yī yán nán jìn 成 한 마디 말로 다 설명할 수 없다. ¶这里的奥妙àomiào真是～ | 이곳의 오묘함은 한 마디 말로써는 다 설명할 수가 없다.

【一言堂】yī yán táng 俗 ❶상점 문 위에 걸어 놓은 편액(扁額)에 「에누리 없음」을 나타내던 글. ❷대중의 (상반된) 의견에 귀를 기울이지 않고 제 의견만을 고집하는 것. ¶要搞群言堂, 不要搞～ | 제 말만 주장하지 말고 대중도 발언하게 해야 한다.

【一言为定】yī yán wéi dìng 成 (말) 한 마디로 결정하다.

【一氧化碳(气)】yīyǎnghuà tàn(qì) 名〈化〉일산화탄소 =〔氧化碳(气)〕

1【一样】yīyàng ❶形 같다. 동일하다. ¶他们俩相貌xiàngmào～, 脾气píqì也～ | 그들 둘은 생김새도 같고 성격도 같다. ¶大家都穿着～的服装fúzhuāng | 여러 사람들이 모두 같은 복장을 입고 있다 =〔同样〕〔一般①〕 ❷(～儿) 한 종류. 한 가지. ¶～礼品lǐpǐn | 한 가지 선물. ¶他嘴是～, 心里又是～ | 그는 말과 속셈이 다르다. ❸名 다른 한 가지 일. 또 다른 문제. ¶我们就照你的话去办, 可有～, 出了祸, 我们不管 | 네 말대로 하면 또 다른 문제가 생길 수 있으니, 사고가 나면 우리들은 관여치 않겠다.

2【一…也…】yī… yě… 하나도 …하지 않다. 조금도 …하지 않다. 어법 「一＋量＋名＋也＋不〔没〕」의 형식으로 쓰여 조금도 그러하지 않은을 강조함. ¶一分钱也没有 | 돈이 조금도 없다. ¶一次也没去 | 한번도 가지 않았다. ¶一动也不动 | 조금도 움직이지 않는다.

【一叶蔽目】yī yè bì mù 成 나뭇잎 하나로 눈을 가리다. 지엽적인 것만 보고 전반적인 것을 보지 못하다. 일시적인 현상에 미혹되어, 근본적인 문제를 못보다. ¶他是～, 不见全局 | 그는 국부적인 것만 보고 전반적인 것을 보지 못하고 있다 =〔一叶障zhàng目〕

【一叶知秋】yī yè zhī qiū 成 나뭇잎 하나가 떨어지는 것을 보고 가을이 다가옴을 알다. 사소한 한가지 일을 보고도 장래에 있을 일을 미리 알다. ¶～, 从这一点上, 可看出你很有水平shuǐpíng | 나뭇잎 하나로 가을이 다가옴을 알 수 있듯이 이 점으로 볼 때 너의 수준이 아주 높음을 알 수 있다.

3【一一】yīyī 副 일일이. 하나하나. 차례대로. ¶人太多, 无法～介绍jièshào | 사람이 너무 많아 일일이 소개할 수가 없다. ¶～给她仔细地说明 | 그녀에게 하나하나 자세히 설명하다 =〔乙yǐ乙〕

【一…一…】yī… yī… ❶하나 하나. 모두. 한 가지. 어법 ⓐ 동류(同類)의 두 명사 앞에 각각 놓여 전체를 나타냄. ¶一心一意 | 한마음 한뜻. ¶一生一世 | 한평생. 일생. ⓑ 수량이 매우 적음을 나타냄. ¶一针一线 | 바늘 하나 실 한 올. ¶一草一木 | 풀 한 포기 나무 한 그루. ¶一言一行 | 말 한마디 행동 하나. ¶一朝一夕 | 일조 일석. ❷…와 …. 어법 다른 종류의 명사 앞에 각각 놓여 사물을 대비함. ¶一本一利 | 成 본전과 이자가 같게 되다. ❸조금의. 조금. 어법 동류(同類)의 두 양사 앞에 각각 놓여 양적으로 극히 적음을 나타냄. ¶积累起一点一滴的经验jīngyàn | 조그마한 경험을 쌓다. ❹한꺼번에. 같이. 동시에. 어법 뜻이 비슷한 두 동사 앞에 각각 놓여 두 동작이 동시에 일어나거나 연속적인 것을 나타냄. ¶一歪wāi一扭niǔ | 비틀다. ¶他的腿坏tuǐhuài了, 你看他走路一瘸qué一再的样了 | 걸을 때 절룩거리는 것을 보시오. 그는 다리가 못쓰게 됐습니다. ❺서로

서로. … 에 따라. 어법 상대되는 두 동사 앞에 각각 놓여 두 행동이 서로 어울려 진행되거나 엇갈려 진행됨을 나타냄. ¶一问一答 | 일문 일답. ¶奴才和主子一唱一和 | 종과 상전이 서로 맞장구를 친다. ❻혹은 … 혹은 …. 하나는 … 다른 하나는 …. 어법 ⓐ 상반되는 두 방위사 앞에 각각 놓여 상반된 방위를 나타냄. ¶一东一西 | 혹은 동쪽으로 혹은 서쪽으로. ¶一左一右 | 하나는 왼쪽에 있고 하나는 오른쪽에 있다. ¶一前一后 | 앞서거니 뒤서거니 하다. ⓑ 상반되는 형용사 앞에 각각 놓여 상반되는 상황을 나타냄. ¶一大一小 | 하나는 크고 하나는 작다. ¶一高一低 | 하나는 높고 하나는 낮다.

【一衣带水】yī yī dài shuǐ 威 한 줄기의 띠와 같은 좁은 냇물이나 강물. 아주 가까운 거리에 있음을 형용. ¶韩国和中国是~的邻邦línbāng | 한국과 중국은 아주 가까운 거리에 있는 이웃나라이다.

【一以当十】yī yǐ dāng shí 威 혼자서 열의 몫을 해내다. 혼자서 열을 대적하다. ¶他工作起来~，所以主任很欣赏xīnshǎng他 | 그는 일을 하면 열 사람 몫을 해내기에 주임이 그를 아주 좋아한다 =〔比一当十〕

【一以贯之】yī yǐ guàn zhī 威 하나의 이치로 모든 일을 꿰뚫다.

【一意孤行】yī yì gū xíng 威 남의 의견을 받아들이지 않고 자기의 고집대로만 하다. ¶你别~，好好儿地想一下吧 | 네 고집만 내세우지 말고 한번 잘 생각해 보세요

【一应】yīyīng 形 모든. ¶~工具，材料cáiliào都准备好了 | 모든 공구·재료들이 다 준비되었다.

【一应俱全】yī yīng jù quán 威 다 갖추어져 있다. ¶各种设备shèbèi~，应有尽有 | 각종 설비가 다 갖추어져 있어야 할 것은 모두 다 있다.

【一拥而上】yī yōng ér shàng 威 우르르 몰려들다. 와 밀려오다. ¶打手们~，把他捆kǔn了起来 | 경호원들이 우르르 몰려들어 그를 묶었다.

【一隅三反】yī yú sān fǎn 威 한가지 일로 다른 것을 미루어 알다. 하나를 보고 열을 알다 =〔举jǔ一反三〕

【一语道破】yī yǔ dào pò 威 한마디 말로써 진상을 밝혀내다. 한마디 말로써 비밀을 밝히다. ¶他~了事情的真相 | 그는 한마디로 진상을 밝혀냈다.

【一语破的】yī yǔ pò dì 威 한마디 말로 문제점을 갈파(喝破)하다. 한마디 말로 급소를 찌르다. ¶他的话~，点中diǎnzhòng要害yàohài | 그는 한마디로 문제점을 갈파하여 핵심을 집어냈다.

【一元方程(式)】yīyuán fāngchéng(shì) 名組〈數〉일원 방정식.

【一元化】yīyuánhuà ❶ 名 일원화. ❷ 動 일원화하다.

【一元论】yīyuánlùn 名〈哲〉일원론. 일원설(一元說). 모니즘(monism)

【一元酸】yīyuánsuān 名〈化〉일염기산(一鹽基酸)

【一跃而起】yī yuè ér qǐ 威 획 일어서다. ¶他~，跳tiào出窗外 | 그는 획 일어서더니 창밖으로 뛰어나갔다.

[3]【一再】yīzài 副 거듭. 수차. 반복하여 계속. ¶~犯错误fàncuòwù | 계속 실수를 범하다. ¶~拜托bàituō | 거듭 부탁하다.

【一…再…】yī…zài… …하고 또 …하다 어법 동일한 단음절 동사를 써서 반복을 뜻하는 성어(成語) 또는 성어 형식의 말을 만듦. ¶一等再等yīděngzàiděng | 기다리고 또 기다리다. ¶一盼再盼yīpànzàipàn | 바라고 또 바라다.

【一早(儿)】yīzǎo(r) ❶ 名 ⓪ 이른 아침. ¶今天~他就下乡去了 | 그는 오늘 날이 밝자 마자 시골로 내려갔다. ❷ 副 원래부터. 일찌기. 애시당초부터. ¶这是他工作以后的表现呢,还是~就如此呢? | 이것은 그가 일을 시작한 이후부터의 태도이냐 아니면 원래부터 이러했느냐?

【一张一弛】yī zhāng yī chí 威 활 시위를 죄었다 늦췄다 하다. (일 등을) 죄었다 늦추었다 하다. 사람이나 물건을 적당히 부리고 적당히 쉬게 하다. ¶文武之道,~ | 문무의 도리는 죄었다 늦추었다 하는 것이다 =〔一紧jǐn一松sōng〕

【一着不慎，满盘皆输】yīzhāo bù shèn, mǎnpán jiēshū 諺 (바둑에서) 한 수를 신중히 두지 않아, 전 판을 패하다. 한 번의 실수로 전체의 일을 망치다. ¶~,~,要小心地做到每一步工作 | 한 번의 실수로 전체를 망치는 수가 있으니 각 단계 단계의 일을 신중하게 해야 한다.

【一朝】yīzhāo 名 ❶ 하루아침. 일시. 한때. ¶~分散，不忍相别 | 하루아침에 헤어져야 한다니 이별을 감내하기 힘들다. ¶~变泰biàntài | 일시에 운이 트이다. ❷ (앞으로의) 어느날. ¶总有~能识破的 | 간파할 날이 꼭 있을 것이다.

【一朝被蛇咬,十年怕井绳】yīzhāo bèi shéyǎo, shínián pà jǐngshéng 諺 뱀에게 물린 사람은 우물의 두레박줄만 보고도 놀란다. 자라 보고 놀란 가슴 솥뚜껑 보고도 놀란다. ¶~,~, 这种得罪人的事儿我再也不敢做了 | 자라보고 놀란 가슴 솥뚜껑 보고도 놀란다고, 다른 사람에게 미움을 사는 이런 일은 다시는 못하겠다 =〔一朝叫蛇咬，三年怕井绳〕〔一遭经蛇咬，三年怕井绳〕

【一朝一夕】yī zhāo yī xī 威 하루아침. 매우 짧은 시간. ¶学外语可不是~就能学会的 | 외국어는 하루아침에 배울 수 있는 것이 결코 아니다. ¶他在艺术方面的造诣zàoyì，决非~之功! | 예술방면에서의 그의 조예는 결코 하루아침에 이루어진 것이 아니에요!

【一针见血】yī zhēn jiàn xuè 威 정통을 찌르다. 정곡을 찌르다. 따끔한 경고·충고를 하다. ¶康老师~地指出了问题的重点zhòngdiǎn | 강선생님은 정통으로 문제의 핵심을 지적해냈다→〔开kāi门见山〕〔一语破的〕

【一枕黄粱】yī zhěn huáng liáng ⇒〔黄粱梦huánglíángmèng〕

[3]【一阵(儿，子)】yīzhèn(r·zi) 數量 ❶ 한바탕. 한번 한동안. 어법 동작이나 상황이 계속되는 시간. ¶闹nào了~ | 한바탕 소동을 일으키다. ¶~笑声 | 한바탕 웃음 소리. ¶~狂风kuángfē-

ng | 일진 광풍. ¶下了～大雨 | 한바탕 소나기가 내렸다. ¶等我～ | 좀 기다려 주세요 =〔一溜儿②〕 ❷ 한무리. 일군. 일단. 일행. ¶～人马 | 일군의 인마.

【一阵风】 yīzhènfēng 名 한 바탕 바람. 喩 맹렬한 기세이나 깊은 내용도 없고 오래가지도 못함. ¶学习太极拳tàijíquán的～已经过去了, 现在没有几个人打太极拳了 | 태극권을 배우던 바람은 이미 지나갔고 현재는 몇 안되는 사람만이 태극권을 하고 있다.

【一知半解】 yī zhī bàn jiě 成 수박 겉핥기식으로 알다. 깊이 있게 알지 못하다. ¶对这种理论我还只是～ | 이런 이론에 대해서는 나는 단지 수박 겉핥기식으로 알고 있다.

1【一直】 yīzhí ❶ 副 똑바로. 곧바로. ¶沿着这条路～走到底就是釜山大学Fǔshāndàxué | 이 길을 따라 곧바로 끝까지 가시면 바로 부산대학입니다. ❷ 副 계속해서. 연속해서. 끊임없이. 줄곧. 내내. ¶雨～下了整整两天 | 이틀 내내 줄곧 비가 내렸다. ¶从上个学期起～到现在 | 지난 학기부터 지금까지 계속. 어법 「一直」와 「一向」은 모두 동작·작용이 장시간 계속되는 것을 나타내는데, 「一向」은 현시점까지 계속되는 것을 표시하는 것에 반하여 「一直」는 현시점이라는 제한이 없음. ¶我今天下午一直在图书馆túshūguǎn学习 | 나는 오늘 오후 줄곧 도서관에서 공부했다. ¶几年以来, 他一直〔一向〕在科学院作研究工作 | 몇년동안 그는 줄곧 과학원에서 연구 활동에 종사하고 있다. 어법 「一直」와 「始终shǐzhōng」의 차이 ⇒〔始终〕 ❸ 名 한자 부수의 뚫을곤「丨」=〔一竖yīshù(儿)〕

2【一致】 yīzhì 形 일치되다. ¶大家～同意了 | 모두 다 같이 동의했다.

【一准】 yīzhǔn 副 꼭. 반드시. 틀림없이. ¶我是～要说的 | 나는 반드시 말을 해야겠다 =〔必定bìdìng〕

【一字长蛇阵】 yīzì chángshézhèn 名組 일자 장사진. ¶摆开bǎikāi～ | 일자 장사진을 치다.

【一字一板】 yī zì yī bǎn 成 한 마디 한 마디가 분명하다. (하는 말이) 또렷하다. (말이) 또박또박하고 조리있다. ¶他～地说了工作的计划jìhuà | 그는 또박또박하고 조리있게 작업의 계획을 말했다.

【一总(儿)】 yīzǒng(r) 副 ❶ 총계. 합계. 도합. ¶～用了美金二十块钱 | 도합 20달러를 썼다. ¶～要二十个人才够分配 | 전부 합쳐서 20명은 있어야 충분히 배치할 수 있다. ❷ 모두. 전부. ¶这些事儿～是我的错儿 | 이런 일들은 모두가 내 잘못이다.

【一醉解千愁】 yīzuì jiě qiānchóu 諺 술에 취하여 온갖 걱정 잊다. 술에 취해 온갖 시름을 풀다. ¶来, 我们一起喝几杯, ～嘛 | 자 우리 같이 술을 마시며 시름을 잊읍시다.

【台】 yī ☞ 台 tái Ⓒ

3【伊】 yī 저 이, 어조사 이

❶ 代 그. 그녀. 어법 위진(魏晋)시대이후 3인칭 대사(代詞)로 쓰였음. 5·4운동 전후 시기의 문학작품에서 「伊」는 여성을 가리켜 쓰였으나 후에 「她」로 대치되었음 =〔伊人〕 ❷ 代 이. 그. 저. ¶～年暮春niánmùchūn | 그 해의 늦봄. ❸ 음역어에 쓰임. ¶～大利dàlì↓ ¶～拉克lākè↓ ❹ 書 助 문어문(文語文)의 조사(助詞) 어법 문(句子)의 앞에 발어사(發語詞)로 쓰이거나, 문장의 중간에 쓰여 어조(語調)를 고르게 함. ¶～谁之力? | 누구의 힘인고? ¶下车～始 | 차에서 내리자마자. ❺ (Yī) 名 성(姓) ❻ 복성(複姓)중의 한 자(字) ¶～娄lóu↓ ¶～祁qí↓

【伊比利山脉】 Yībǐlì Shānmài 名 外 〈地〉 이베리아(Iberia) 산맥.

【伊大利】 Yīdàlì ⇒〔意Yì大利〕

【伊甸(园)】 Yīdiàn(yuán) 名 外 에덴(Eden). 에덴 동산 [아담은 「亚当Yàdāng」, 이브는 「夏娃Xiàwá」라고 함] ¶世上没有什么～ | 이 세상에는 에덴동산이란 없다 =〔伊甸乐园〕〔埃田āitián园〕〔爱棣àidì园〕

【伊儿】 Yī'ér 名 〈史〉 이아한국(伊兒汗國). 일한국(Ilkhan國) [원대(元代) 사대한국(四大汗國)의 하나]

【伊尔库次克】 Yī'ěrkùcìkè 名 外 〈地〉 이르쿠츠크(Irkutsk)

【伊拉克】 Yīlākè 名 外 〈地〉 이라크(Iraq) [서남아시아에 있는 공화국. 수도는 「巴格达Bāgédá」(바그다드;Baghdad)]

【伊兰】 Yīlán ⇒〔伊朗Yīlǎng〕

【伊朗】 Yīlǎng 名 外 〈地〉 이란(Iran) [서남아시아에 위치한 공화국. 수도는 「德黑兰Déhēilán」(테헤란;Teheran)] =〔伊兰lán〕

【伊犁】 Yīlí 名 〈地〉 이리. 신강(新疆), 위구르 자치구 서북부에 있는 지명.

【伊丽莎白二世】 Yīlìshābó'èrshì 名 外 〈人〉 엘리자베스 2세(Elizabeth II, 1926～) [영국의 여왕]

【伊娄】 Yīlóu 名 복성(複姓)

【伊洛瓦底江】 Yīluòwǎdǐ Jiāng 名 外 〈地〉 이라와디강(Irrawaddy江) 미얀마의 동맥을 이루는 큰강 =〔伊拉瓦底江〕

【伊祁】 Yīqí 名 복성(複姓) =〔伊耆qí〕

【伊人】 yīrén 書 名 그 사람. 그녀 어법 일반적으로 여성을 가리킴. ¶秋水～ | 추수 그사람. ¶～在何方? | 그 사람은 어느 곳에 계시는지?

【伊始】 yīshǐ 書 名 처음. 시작. ¶新年～ | 신년초. ¶开学～ | 개학초. ¶下车～ | 威 (관리가) 임지에 막 부임하다. 새로운 곳에 온지 얼마되지 않아 사정을 잘 모르다.

【伊斯把亨】 Yīsībǎhēng 名 外 〈地〉 이스파한(Isfahān).

【伊斯兰】 Yīsīlán 名 外 이슬람(Islam)

【伊斯兰堡】 Yīsīlánbǎo 名 外 〈地〉 이슬라마바드(Islamabad) [「巴基斯坦Bājīsītǎn」(파키스탄; Pakistan)의 수도] =〔伊斯兰马巴德Yīsīlánmǎbādé〕

3【伊斯兰教】 Yīsīlánjiào 名 外 〈宗〉 이슬람교. 회교(回教) ¶他信奉xìnfèng～ | 그는 이슬람교

를 신봉하고 있다. ¶~国家 | 이슬람교국. 회교국 =〔回教huíjiào〕〔回回教〕〔清真教qīngzhēnjiào〕〔古兰gǔlán(经)〕

【伊斯兰教历】Yīsīlánjiàolì 名 外〈天〉이슬람력. 회교력(回教曆) =〔回回历〕〔回历〕

【伊斯帕尼奥拉岛】Yīsīpànī'àolā Dǎo 名組 外〈地〉이스파니올라(Hispaniola)섬.[아이티(Haiti)섬과 도미니카(Dominica)를 포함함]

【伊斯坦布尔】Yīsītǎnbù'ěr 名 外〈地〉이스탄불(Istanbul)→〔君士坦丁堡Jūnshìtǎndīngbǎo〕

【伊索寓言】Yīsuǒ Yùyán 名組 外〈書〉이솝 이야기.

【伊蚊】yīwén 名〈蟲〉각다귀. 알락다리모기 =〔黑斑蚊hēibānwén〕

【伊于胡底】yī yú hú dǐ 成 어디까지 갈는지 모르다. 결과를 상상하기도 어렵다 [일반적으로 일이 뜻 대로 잘 안 풀리거나 뒤틀릴 때 씀] ¶这种不良现象~? | 이런 좋지 않은 현상이 어디까지 갈는지?

【伊秩】Yīzhì 名 복성(複姓)

【伊兹密尔】Yīzīmì'ěr 名 外〈地〉이즈미르(Izmir) [터키공화국의 항구 도시] =〔士麦那Shìmàinà〕

【咿〈吚〉】yī 글읽는소리 의/이

⇒〔咿唔〕

【咿唔】yīwú 擬 이오 [글 읽는 소리] =〔伊吾yīwú〕〔吾伊〕

【咿呀】yīyā 擬 ❶ 삐걱삐걱 [노 젓는 소리] ¶芦苇lúwěi里传出~的桨jiǎng声 | 갈대밭에서 삐걱삐걱하며 노 젓는 소리가 흘러나오다. ❷ 잉잉. ¶他咿咿呀呀地学拉二胡 | 그는 이호를 잉잉소리가 나게 타면서 배운다. ¶咿咿呀呀的提琴声 | 잉잉거리는 바이올린 소리. ❸ 옹알옹알 [아이가 말을 배우는 소리]

1【衣】yī yì 옷 의

Ⓐ yī 名 ❶ 옷. ¶~服 =〔衣裳shang〕| 의복. ¶大~ | 외투. ¶内~ | 내의. ¶丰~足食 | 成 의식(衣食)이 아주 풍족하다. ❷ (~儿, ~子) 씌우개. 커버. 싸개. 껍질. ¶药~ | 오블라토(oblato;포) ¶糖táng~ | 〈藥〉당의. ¶剥核桃bāohétáo~ | 호도의 (얇은) 껍질을 벗기다. ❸〈生理〉포의(胞衣) =〔胞衣〕 ❹ (Yī) 성(姓)

Ⓑ yì 書 動 옷을 입다〔입히다〕 ¶解衣yī~我 | 옷을 벗어 나에게 입히다. ¶~布衣yī | 무명옷을 입다. 평민이 되다.

Ⓐ yī

【衣包】yībāo 名 ❶ (여행용의) 옷 보따리. ¶提着~去旅行 | 옷 보따리를 들고 여행을 떠나다. ❷ 제사를 지낼 때 사르는 종이옷·종이돈 등을 넣는 종이 자루.

【衣胞(儿)】yī·bao(r) 名〈生理〉포의(胞衣) =〔〈汉医〉〔胞衣〕〔子衣〕

【衣钵】yībō 名 ❶〈佛〉불가에서 스승이 제자에게 전수하는 가사와 바리때. ❷ 轉 전수받은 사상·학술·기능 등. ¶他们继承jìchéng儒家的~ | 그들은 유가의 사상을 계승하고 있다. ¶~相传xiāngchuán | 차례 차례로 전수하다.

【衣蛾】yī'é 名〈蟲〉옷좀나방.

【衣分】yīfēn 名〈農〉실면(實綿) 무게와 조면(繰綿) 무게의 비율.

1【衣服】yī·fu 名 옷. 의복. ¶合身的~ | 몸에 맞는 옷. ¶穿chuān~ | 옷을 입다. ¶脱tuō~ | 옷을 벗다. ¶洗~ | 세탁하다. ¶缝féng~ | 옷을 꿰매다. ¶~是新的好, 人是旧的好 | 옷은 새 옷이 좋고 사람은 옛 사람이 좋다 =〔口 衣裳 ⓐ〕

【衣冠】yīguān 名 의관. 옷차림. 복장. ¶~不整zhěng | 복장이 단정하지 못하다. ¶~子弟 | 고관대작의 자제

【衣冠楚楚】yī guān chǔ chǔ 成 옷차림이 깔끔하고 훌륭하다. 단정하고 맵시있다. ¶他一向~的 | 그는 늘 옷차림이 깔끔하고 단정하다.

【衣冠禽兽】yī guān qín shòu 成 의관을 차린 금수. 금수같이 비열한 사람. 사람의 탈을 쓴 짐승. ¶他是个~ | 그는 사람의 탈을 쓴 짐승이다.

【衣冠冢】yīguānzhǒng 名 죽은 사람의 의관을 묻은 무덤. ¶孙中山的~在北京Běijīng | 손중산의 의관총은 북경에 있다 =〔衣冠墓mù〕

【衣料(儿)】yīliào(r) 名 의료. 옷감. ¶买了一段~ | 옷감 한 감을 샀다.

【衣帽间】yīmàojiān 名 (호텔·극장 등 공공 장소에서의) 옷 맡기는 곳. 혹은 탈의실

4【衣裳】ⓐ yī·shang 名 口 옷. 의복. ¶换件huànjiàn~ | 의상을 갈아 입다. ¶穿~ | 옷을 입다 =〔衣服〕

ⓑ yīcháng 名 고대의 저고리와 치마〔상의와 하의〕

【衣食】yīshí 名 의식. ¶~不缺quē | 의식이 부족하지 않다. ¶~足而后知礼节lǐjié | 의식이 넉넉해야 예절을 안다. ¶~父母 | 의식을 제공해 주는 사람 [옛날, 머슴이 주인을 일컫던 말]

【衣食住行】yī shí zhù xíng 成 의식주와 교통. 즉 생활의 기본 요소. ¶要解决jiějué群众的~ | 민중의 기본생활을 해결해야 한다.

【衣物】yīwù 名 옷과 일상 용품. ¶买了一些~ | 옷과 일상 용품을 샀다.

【衣鱼】yīyú 名〈蟲〉반대좀.

【衣着】yīzhuó 名 옷. 복장. 옷차림 [몸에 걸치는 것 일체를 가리킴] =〔穿chuān着〕

Ⓑ yì

【衣锦还乡】yì jǐn huán xiāng 成 금의 환향하다. 출세하여 고향에 돌아가다. ¶今天他终于zhōngyú~ | 오늘에서는 그는 드디어 금의환향했다 =〔衣锦荣归róngguī〕

2【依】yī 의지할 의

❶ 動 기대다. 의지하다. ¶相~为命 | 서로 의지하며 살아가다→〔靠kào①〕 ❷ 介 …에 의해. …에 따라서 …대로. 어법「着」를 덧붙일 수 있으나, 뒤에 단음절 명사가 올 때는 덧붙일 수 없음. ¶~齿排行chǐpáiháng | 연령순서에 따라 형제간의 순서를 정하다. ¶~次排队cìpáiduì | 순서에 따라 줄을 서다. ¶~次就座cìjiùzuò | 순서에 따라 자리에 앉다. ¶~我看, 这件事很有希望xīwàng | 내가 보기에, 이 일은 희망이 아주 많다. ❸ 動 따르다. 순종하다. ¶不要尽~他, 有一天你会上他的当 | 너

무 그를 따르지 마라 언젠가는 그에게 속게 될 것이니? ¶劝她休息xiūxī, 她怎么也不～ | 그녀에게 쉬라고 권해도 도무지 듣지를 않는다. ❹動 용서하다. ¶就这样空手回去, 他一定不～我 | 이렇게 빈손으로 돌아가면 그는 반드시 나를 용서하지 않을 것이다. ❺動 허락하다. 수용하다. ¶这几个条件我都～了 | 이런 몇 가지 조건을 나는 모두 받아들였다.

【依傍】yībàng 動 ❶ 의지하다. 의거하다. 끼다. ¶我曾经～着他度过了十年的日子 | 나는 일찌기 10년간 그를 의지하여 지냈다. ¶互相～ | 서로 의지하다. ¶～闽mǐn江 | 민강을 끼고 있다 =〔依靠①〕 ❷ (예술·학문·문장을) 모방하다. ¶写诗作画～前人, 这是孩童学习的重要手段 | 시를 짓고 그림을 그릴 때 이전 사람을 모방하는 것은 아동학습의 중요한 수단이다.

【依此类推】yī cǐ lèituī 成 다른 것들은 이것에 의해 유추할 수 있다. ¶～, 我也不是好人了吗? | 이렇게 유추해 본다면 나도 좋은 사람이 아니겠는가?

4【依次】yīcì 副 순서에 따르다. ¶～发奖学金jiǎngxuéjīn | 순서에 따라 장학금을 지급하다. ¶～入座rùzuò | 차례대로 자리에 앉다. ¶～办理bànlǐ | 순서대로 처리하다 =〔取qǔ次〕

【依从】yīcóng 動 (의견이나 지시에) 따르다. 좇다. …대로 하다. ¶我～她的劝告quàngào吃了药了 | 나는 그녀의 권고에 따라 약을 먹었다. ¶件件～ | 일마다 지시대로 하다 =〔依顺yīshùn〕

【依存】yīcún 動 의존하다. ¶互相～ | 서로 의존하다. ¶～性 | 의존성

【依阿两可】yī ē liǎng kě 成 하라는 대로 하며 분명한 생각이 없다. 이래도 좋고 저래도 좋다. ¶这种意见～ | 이런 의견은 이래도 좋고 저래도 좋은 분명한 생각이 없는 것이다.

【依法】yīfǎ 動 ❶ 법에 의거하다. 법에 따라하다. 법에 비추다. ¶～判刑pànxíng | 법에 따라 형을 언도하다. ¶～惩办chéngbàn | 법에 따라 엄벌에 처하다. ❷ 법식·방법에 따르다.

【依附】yīfù 動 (빌)붙다. 의지하여 따르다. 종속(從屬)하다. ¶～性 | 의존성. ¶～买办集团mǎibànjítuán | 매판집단에 붙다. ¶～权贵quánguì | 권세자에 붙다. ¶小国～于大国 | 소국이 대국에 의존하다.

3【依旧】yījiù 副動 의구하다. 여전하다. ¶这里的风景fēngjǐng～ | 이곳의 풍경은 예전 그대로이다. ¶他～是那个老样子 | 그는 여전히 그 모습이다. ¶山河～ | 산천은 의구하다 =〔照旧〕

3【依据】yījù ❶動 의거하다. 근거로 하다. ¶～这学说 | 이 학설에 의하면. ¶～条约tiáoyuē | 조약을 근거로 하다. ¶～宪法xiànfǎ第一条 | 헌법 제1조에 의거하다. ❷名 근거. 증거. 기초. ¶科学kēxué～ | 과학적인 근거

2【依靠】yīkào ❶動 의지하다. 기대다. 의뢰하다. ¶不要～别人! | 다른 사람을 의지하지 마라! ¶～组织zǔzhī | 조직에 의존하다 =〔依托①〕〔依傍①〕〔方 靠傍〕 ❷名 의지가 되는 사람이나 물건. ¶寻找xúnzhǎo～ | 후원자를 찾다. ¶生活有～ | 생계가 보장되어 있다 =〔方 靠身①〕

4【依赖】yīlài 動 ❶ 의지하다. 기대다. ¶别～别人! | 다른 사람에게 의지하지 마라! →〔倚yǐ赖〕 ❷ 의존하다. ¶～性 | 의존성. ¶～关系guānxì | 의존 관계. ¶～于交换jiāohuàn | 교환에 의존하다.

【依恋】yīliàn 動 연연(戀戀)해하다. 이별하기 아쉬워하다. 사모하다. 그리워하다. ¶孩子总是～母亲的 | 아이는 늘 어머니가 그리운 것이다. ¶她～不舍地望着一切的景物jǐngwù | 그녀는 못내 아쉬워하며 전 풍경(풍물)을 바라보고 있다. ¶祖国是令人～的 | 조국은 그리운 것이다.

3【依然】yīrán 書 副動 의연하다. 전과 다름이 없다. 의연히. 여전히. 전과 다름없이. ¶～爱他 | 여전히 그를 사랑하다. ¶故国江山, 景物～ | 고국의 강산과 경치는 예전 그대로다. ¶～有效 | 여전히 유효하다 =〔依旧yījiù〕

【依然故我】yī rán gù wǒ 成 변함없이 예전 그대로의 자기이다. 구태 의연하다. ¶不管外界如何变化, 他～ | 바깥 세상이 어떻게 변하든 그는 여전히 예전 그대로이다.

【依然如故】yī rán rú gù 成 여전히 옛날과 같다. 여전하다. ¶离别二十年, 这里的山山水水～, 根本看不出变化来 | 떠난지 20년이 지났건만 이곳의 산수는 옛날 그대로여서 변화를 전혀 찾아 볼 수 없다.

【依顺】yī/shùn 動 따르다. 순종하다. 고분고분하다. ¶百依百顺 | 무조건 맹종하다. ¶～人的劝告quàngào | 남의 권고에 따르다 =〔顺从shùncóng〕

【依托】yītuō ❶ ⇒〔依靠yīkào①〕 ❷名 의지할 곳. 지주(支柱) ¶失掉shīdiào了～ | 의지할 곳을 잃다.

【依偎】yīwēi 動 다정히 기대다. ¶他～在母亲的怀中 | 그는 어머니의 품에 기댔다 =〔依贴tiē〕〔倚yǐ偎〕

【依违】yīwéi 書 形 단호하지 못하다. 과단성이 없다. 확고한 주견이 없다. ¶～不决 | 망설이며 머뭇거리다 =〔模棱móléng〕〔犹豫yóuyù〕

【依违两可】yī wéi liǎng kě 成 확고한 주견이 없다. 우유 부단하다. 이래도 좋고 저래도 좋다. ¶这个决定我们～ | 이 결정에 대해서 우리들은 이래도 좋고 저래도 좋다.

【依稀】yīxī 形 어렴풋하다. 어슴푸레하다. 모호하다. 희미하다. 아련하다. ¶他～记得起来了 | 그는 어렴풋하게 기억해냈다. ¶远处楼台, ～如画 | 먼 곳의 누대가 어슴푸레한 게 그림 같다.

【依样画葫芦】yī yàng huà hú lú 成 창의성이 없이 모방만 하다. ¶他～, 也做了一张桌子 | 그는 모방만 하여 책상을 만들었다 =〔依样葫芦〕→〔照zhào方(儿)抓药〕

【依依】yīyī 狀 ❶ 書 한들거리다. 하늘거리다. ¶杨柳yángliǔ～ | 수양버들이 한들 거리다. ❷ 아쉬워하다. 또는 그 모양. 섭섭해 하다. 또는 그 모양. ¶小弟告别了妈妈, ～地上了火车 | 그는 어머니에게 인사를 한 후 못내 아쉬워하며 기차에 올랐다. ¶～惜xī别 | 아쉬워하며 이별하다. ¶～不舍 =〔依依难舍〕 | 헤어지기 아쉬워

하다. 헤어지기 서운해하다. ¶～之感｜섭섭한 기분. ❸사모하다. 그리워하다. ¶不胜～｜그리워하는 마음을 금할 수 없다.

【依仗】yīzhàng 動 (세력을) 등에 업다. 의지하다. ¶狗gǒu～人势rénshì｜諺 개가 주인의 힘을 믿다. 못된 놈이 권세를 등에 업고 나쁜 짓을 하다. ¶～权势quánshì｜권세에 등에 업다.

3【依照】yīzhào 動 …을 좇다. …따르다. …에 비추다. …에 의하다. ¶未能～计划jìhuà进行｜계획에 따라 진행할 수 없다. ¶～遗嘱yízhǔ执行｜유언에 따라 집행하다.

【依着】yī·zhe 動 ❶…에 의하다. …에 따르다. ¶～我的意思, 这个办法不太好｜내 생각에 이렇게 하는 것은 그다지 좋지 않다. ❷…의 하는 말을 듣다. 하자는 대로 하다. ¶妈妈要是不～我, 我就永远不回去｜어머니께서 내 말대로 하지 않으시면, 나는 언제까지고 돌아가지 않는다《老舍·龍鬚溝》

【铱(銥)】yī (이리듐 의) 名〈化〉화학 원소 명. 이리듐 (Ir;iridium)

1【医(醫)〈毉〉】yī 의원 의 ❶名 의사. ¶军～｜군의관. ¶中～｜중의＝〔医生〕 ❷名 의학. ¶中～｜중국의학. ¶西～｜서양의학. ¶他是学～的｜그는 의학을 배우는 사람이다. ❸動 치료하다. 병을 고치다. ¶把我的病～好了｜병을 완전히 치료했다. ¶头痛～头, 脚痛～脚, 不是根本办法｜머리가 아프면 머리를 치료하고, 다리가 아프면 다리를 고친다는 것은 근본적인 치료방법이 아니다→〔治zhì③〕

【医道】yīdào 名 의술(醫術) [일반적으로 한의학(漢醫學)에 대해 많이 쓰는 낱말임] ¶他对于～已感到兴趣xìngqù｜그는 의술에 대해 흥미를 느꼈다. ¶懂得～｜의술을 알다. ¶～高明｜의술이 뛰어나다.

【医德】yīdé 名 의사의 (직업적) 도덕성. ¶高尚的～｜고상한 의사의 도덕성

【医护】yīhù 名 의료와 간호. ¶～人员｜의료 및 간호 요원.

【医科】yīkē 名 의과. ¶～大学｜의과 대학.

【医理】yīlǐ 名 의학상의 이론. 의학상의 도리. ¶深奥shēnào的～｜깊고 오묘한 의학 이론

3【医疗】yīliáo 名 의료. ¶～站zhàn｜진료소. ¶～器材qìcái｜의료기재. ¶～机构｜의료 기구〔기관〕 ¶～设施shèshī｜의료시설. ¶～设备｜의료 설비. ¶～事故｜의료사고.

1【医生】yīshēng 名 의생. 의사. 의원 [의학 지식을 갖추고 의료에 종사하는 사람] ¶请～｜왕진을 받다. ¶看～｜의원에게 보이다. 진찰받다. ¶实习shíxí～｜인턴(intern) ¶住院zhùyuàn～｜레지던트(resident)＝〔回 大dài夫〕→〔医师〕〔医士〕

【医师】yīshī 名 의사 [고등 의학 교육을 받거나 이와 동등한 자격을 갖춘 후 면허를 받은 의료인] ¶主任～｜주임 의사. ¶主治～＝〔主管医师〕｜주치의. ¶值班zhíbān～｜당직의사→〔医生〕〔医士〕

【医士】yīshì 名 의사 [중등 의학 교육을 받거나 동등한 자격을 갖춘 후 면허를 받은 의료인] →〔医生〕〔医师〕

【医书】yīshū 名 의서. 의학책 [일반적으로 한의학(漢醫學) 서적을 가리킴]

【医术】yīshù 名 의술. ¶～高超gāochāo｜의술이 아주 뛰어나다.

4【医务】yīwù 名 의무. 의료 업무. ¶～界｜의료계. ¶～所｜의무소. ¶～工作者｜의무〔의료〕종사자.

2【医务室】yīwùshì 名 의무실.

2【医学】yīxué 名 의학. ¶读～｜의학을 공부하다. ¶～院｜의과 대학. ¶～科学院｜의학 과학원. ¶～文献wénxiàn｜의학 문헌. ¶～遗产yíchǎn｜의학 유산→〔中医〕〔西医〕

4【医药】yīyào 名 의약. 의술과 약품. ¶～费fèi｜의료비. ¶～常识chángshí｜의약 상식. ¶～津贴jīntiē｜의약 수당.

1【医院】yīyuàn 名 의원. 병원 [진료·치료·간호·예방 등의 의료를 담당하는 곳을 통칭「医院」이라 하고, 어떤 특정한 질병을 전문적으로 담당하는 곳을「病院」이라 함] ¶住～｜입원하다. ¶出～｜퇴원하다. ¶～懂事会dǒngshìhuì｜병원이사회. ¶儿童～｜소아과 의원. ¶综合～｜종합 병원→〔病院〕

4【医治】yīzhì 動 치료하다. ¶急性病应该赶快gǎnkuài～｜급성병은 빨리 치료해야 한다. ¶我看你这个病应该好好地～一下｜제가 보기에 당신의 이 병은 잘 치료를 하셔야 합니다.

【医嘱】yīzhǔ 名 의사의 지시. ¶请遵～｜의사의 지시를 따르시오. ¶遵～服药｜의사의 지시에 따라 약을 복용해야 합니다.

【祎(禕)】yī 아름다울 의 書 ❶形 아름답고 훌륭하다. ❷ 인명(人名)에 쓰이는 글자.

【猗】yī 어조사 의 ❶書 助 감탄(感嘆)의 뜻을 나타냄 어법 일반적으로 월(句子)의 끝에 오며,「兮xī」「倚yǐ」와 통용되고, 구어(口語)의「啊」에 가까움. ¶河水清且涟～｜강물이 맑고 잔잔하구나. ❷書 嘆 아아! 어법 찬양·찬미의 뜻을 나타냄. ¶～欤yú休哉! ｜아아! 즐거워라 ‖＝〔欹yī〕 ❸지명에 쓰이는 글자. ¶临～县｜임의현. 산서성(山西省)에 있는 현이름. ❹(Yī) 名 성(姓) ❺복성(複姓) 중의 한 자(字) ¶～卢lú↓

【猗卢】Yīlú 名 복성(複姓)

【椅】yī ☞ 椅 yǐ B

【欹】yī 어조사 의 「猗」와 같음⇒〔猗①②〕

【漪】yī 잔물결 의 書 名 작은 파문(波紋). 잔 물결. ¶～澜lán｜잔 물결과 큰 물결. 轉 파도.

4【壹】yī 한 일, 전일할 일 數「一」의 갖은자 [일반적으로 장부나 문서에 많이 사용됨]→〔大写②〕

【揖】yī 읍할 읍
書名動(공수(拱手)하고) 읍(하다) ¶作～ | 읍하다. ¶一～到地 | (손이 땅에 닿을 정도로) 매우 공손히 절하다→〔拱gǒng①〕

【揖别】yībié 書動 인사를 하고 헤어지다. ¶他跟长辈们一一～ | 그는 연장자들과 일일이 인사를 하고 헤어졌다.

【揖让】yīràng 書❶名 읍하는 동작과 사양하는 동작 [손과 주인의 상견(相見)의 예] ❷動 예를 다하여 사양하다. ¶主宾互相～ | 주인과 손님은 서로 상견례를 했다. ¶～之风 | 읍양의 기풍.

【噫】yī 한탄할 의
書嘆 아아! [비통·탄식을 나타냄] ¶～,余过矣 | 아! 나의 잘못이로다 ＝〔噫嘻〕

【噫呜】yīwū 書動 한탄하다. 탄식하다. ¶～流涕tì | 한탄하며 눈물을 흘리다.

【噫嘻】yīxī 書嘆 아! 아이고! [비통·탄식을 나타냄]

【黟】yī 검을 이
❶書形 검다. ❷(Yī) 名地〉이현(黟縣) [안휘성(安徽省)에 있는 현이름]

yí ㄧˊ

2【仪(儀)】yí 거동 의, 선사 의
❶사람의 외모. 거동(擧動) ¶威wēi～ | 위엄있는 태도. ¶～表biǎo↓ ❷의식. ¶行礼如～ | 의식대로 예를 행하다. ¶司～ | 식전(式典)의 진행자. ¶～式shì↓ ❸선물. 예물. ¶贺hè～ ＝〔喜仪xǐyí〕 | 축하의 선물. ¶谢xiè～ | 감사의 선물. ❹의기(儀器) ¶地动～ | 지진계. ¶浑天húntiān～ | 혼천의. ¶航空～器 | 항공 계기. ❺書動 마음이 기울다. ¶心～其人 | 마음이 그 사람에게 쏠리다. ❻(Yí) 名 성(姓)

3【仪表】yíbiǎo 名❶풍채. 의표. 의용(儀容) ¶～非凡fēifán | 풍채가 비범하다. ¶～堂堂tángtáng | 풍채가 당당하다. ¶～大方 | 의용이 대범하다 ❷(온도·기압·전기량·혈압 등을 측정하는) 계기(計器). 계량기. 미터(meter) ¶～厂chǎng | 계기 공장.

2【仪器】yíqì 名 측정 기구.(측량·제도 또는 물리 화학 실험용의 각종 기구의 총칭) ¶～运转 | 계측 운전. ¶依靠～飞行 | 계기비행(計器飛行)

【仪容】yíróng 名 의용. 풍채. ¶～秀丽 | 풍채가 수려하다. ¶～俊秀, 举止大方 | 풍채가 준수하고 행동 거지가 대범하다.

3【仪式】yíshì 名 의식. ¶举行交接～ | 인수인계(引受引繼)식을 거행하다. ¶宗教zōngjiào～ | 종교의식. ¶开会～ | 개회식. ¶结婚jiéhūn～ | 결혼식. ¶协定签字xiédìngqiānzì～ | 협정조인식.

【仪态】yítài 書名 몸가짐. 의용(儀容). 태도. ¶～端庄duānzhuāng | 몸가짐이 단정하고 장중하다.

【仪态万方】yí tài wàn fāng 成 몸가짐 하나 하나가 참으로 훌륭하다〔단정하다〕 ¶他一表人才, ～ | 그는 훌륭한 인재이며 몸가짐도 훌륭하다 ＝〔仪态万千〕

【仪仗】yízhàng 名❶고대(古代), 제왕·관리 등이 의식을 갖추어 외출할 때에 쓰던 기(旗)·선(扇)·산(傘)·무기(武器) 등. ❷의장대가 지닌 무기나 의장기 등.

【仪仗队】yízhàngduì 名〈軍〉의장대. ¶陆海空三军～ | 육·해·공 3군 의장대. ¶检阅～ | 의장대를 사열하다.

【圯】yí 흙다리 이
書名方 다리. 교량

【迤】yí ☞ 迤 yǐ Ⓑ

【酏】yí ⓧ yǐ) 맑은죽 이
名❶書 기장죽. ❷簡〈藥〉엘릭시르(elixir ; 라) ＝〔酏剂〕

【酏剂】yíjì 名〈藥〉엘릭시르(elixir;라) ＝〔簡酏yí②〕

【夷】yí 오랑캐 이, 평평할 이
❶名 고대, 동방 민족을 일컬음. ¶淮～ | 회이. ¶东～ | 동이. ❷名 외국(인) ¶华～杂处 | 한족과 이민족이 한 곳에 섞여 살다. ❸書名 평온. 태평. ¶化险为～ | 위험한 상태를 평온한 상태로 하다. ❹書名 동배(同輩) ❺書形 평탄하다. 평평〔평탄〕하게 하다. ¶～为平地 | 평지로 만들다 ＝〔夷平〕 ❻書動 소멸〔몰살〕시키다. 평정(平定)하다. ¶～族 | 옛날, 범죄자의 가족 전부를 몰살시키는 극형의 하나 ＝〔夷灭〕 ❼書形 기뻐하다 ＝〔夷悦yuè〕〔夷怿yì〕

【夷狄】yídí 名 이적. 동방(東方)의 오랑캐와 북방(北方)의 오랑캐. ¶扫平sǎopíng～ | 이적을 평정하다 ＝〔夷翟dí〕

【夷平】yípíng 動 초토화하다. (폭격으로) 평지(平地)로 만들다. ¶～敌巢dícháo | 적의 진지를 초토화하다.

【咦】yí 놀랄 이
❶嘆 놀라움을 나타냄. ¶～! 那是什么? | 아이구! 그게 뭐냐? ¶～, 你什么时候来的? | 아니, 너 언제 왔느냐? ¶～, 这是怎么回事? | 아니, 이게 어찌된 일이냐? ❷副江 다시. 또. ¶伊lǐ～来哉 | 그가 또 왔다.

2【姨】yí 이모 이, 처형제 이
名❶이모 ＝〔姨母〕 ❷(～子) 처의 자매. ¶大～子 | 처형. ¶小～子 | 처제. ❸첩. ¶～太太↓

【姨表】yíbiǎo 名 이종 사촌. ¶他们是～兄妹 | 그들은 이종사촌 오누이이다 ＝〔姨表亲〕〔两姨(亲)〕

【姨父】yí·fu 名 이모부. ¶我～是医生 | 나의 이모부는 의사이다 ＝〔姨夫〕〔方姨爹diē〕〔江姨丈zhàng〕

【姨夫】yí·fu ⇒〔姨父〕

【姨妈】yímā 名口(결혼한)이모. ¶～去上海了 | 이모는 상해에 갔다→〔姨母〕

【姨母】yímǔ 名 이모 ＝〔口姨儿〕〔方姨娘②〕〔方姨姨①〕〔江阿姨①〕→〔姨妈〕

【姨娘】yí·niáng ❶名 옛날, 아버지의 첩을 부르는 말. ❷⇒〔姨母〕

【姨婆】yípó 名 시어머니의 자매→〔婆pó婆〕

【姨儿】yír ⇒〔姨母〕

【姨太太】yítài·tai 名 ❶ 口 첩(妾) ¶她当了一个军官的～ | 그녀는 한 장교의 첩이 되었다 =〔姨奶奶〕〔二房②〕〔妾qiè①〕 ❷ 이모(姨母)
【姨丈】yízhàng ⇒〔姨父〕
【姨侄】yízhí 名 이질.
【姨侄女(儿)】yízhínǚ(r) 名 이질녀.

【荑】yí ☞ 荑 tí Ⓑ

【胰】yí 등심 이
名〈生理〉췌장(膵臟). 이자. ¶～液yè↓ =〔胰腺yíxiàn〕〔胰脏zàng〕
【胰蛋白酶】yídànbáiméi 名〈生化〉트립신(trypsin;라) =〔胰朊酶ruǎnméi〕
【胰岛素】yídǎosù 名〈生化〉인슐린(insulin) ¶～注射液 | 인슐린 주사액. ¶～休克 | 인슐린 쇼크 =〔外 因苏林〕
【胰淀粉酶】yídiànfěnméi 名〈生化〉아밀롭신(amylopsin)
【胰腺】yíxiàn 名〈生理〉췌장(膵臟) ¶～炎 | 췌장염.
【胰液】yíyè 名〈生理〉췌액(膵液)
【胰脂酶】yízhīméi 名〈生化〉췌장 리파아제(lipase;독)
【胰子】yí·zi 名 ❶ (돼지·양 등의) 췌장(膵臟) ❷ 方 비누. ¶香～ | 화장 비누. ¶药～ | 약용 비누. ¶～盒儿 | 비눗갑 =〔肥皂〕〔方 胰皂〕

【痍】yí 상처 이, 다칠 이
書 名 상처. ¶疮chuāng～ | 상처. ¶满目疮～ | 成 만신창이. 완전 파괴된 모습.

【沂】Yí 물이름 기
名 ❶〈地〉기수(沂水) [산동성(山東省)에서 발원하여 강소성(江蘇省)으로 흘러 들어감] ❷〈地〉기산(沂山) [산동성에 있음] ❸ 성(姓)

【诒(詒)】yí 줄 이
「贻」와 같음 ⇒〔贻yí〕

【怡】yí 기뻐할 이
❶ 書 形 즐겁다. 즐거워하다. 유쾌하다. ¶～乐lè | 즐겁다. ❷ (Yí) 名 성(姓)
【怡情悦性】yí qíng yuè xìng 成 유쾌한 마음을 기르다 =〔怡情理性〕
【怡然】yírán 貺 즐거워하다. 기뻐하다. ¶我不禁～地笑了一下 | 나는 기쁨을 참지 못하고 웃었다. ¶～然自得 | 스스로 즐거워 자족해하다.
【怡神】yíshén 書 動 정신〔마음〕을 유쾌하게 하다. ¶～养性 | 마음을 유쾌하게 하고 본성을 기르다.

【饴(飴)】yí 엿 이
名〈食〉엿 =〔饴糖táng〕〔麦mài芽yá糖〕

【贻(貽)】yí 줄 이
書 動 ❶ 주다. 선사하다. 증정(贈呈)하다. 증송(贈送)하다 =〔贻赠〕 ❷ 남기다. 전하다. ¶～患 | 후환을 남기다 ‖ =〔诒yí〕
【贻贝】yíbèi 名〈魚貝〉섭조개 =〔淡菜〕〔壳菜〕
【贻害】yíhài 書 動 해를 끼치다. 해독을 남기다. ¶内患不除, ～无穷 | 成 내환을 없애지 않으면 후환이 끝이 없다.
【贻人口实】yí rén kǒu shí 成 남에게 구실(口實)을 주다. 약점을 잡히다. ¶这样做会～的 | 이렇게 하면 약점을 잡히게 된다.
【贻误】yíwù 書 動 (나쁜 영향을 끼침) 잘못을 남기다. ¶～公事 | 공무에 해를 끼치다.
【贻笑大方】yí xiào dà fāng 成 웃음거리가 되다. 비웃음을 사다. ¶这种行为只能～ | 이런 행위는 웃음거리가 될 뿐이다.

【眙】yí ☞ 眙 chì Ⓑ

1【宜〈冝〉】yí 마땅할 이
❶ 形 적합하다. 알맞다. 적당하다. ¶相～ | 서로 알맞다. ¶适shì～ | 적당하다 =〔相宜〕 ❷ 副 당연히. 마땅히 어법 일반적으로「不～」의 형태로 많이 쓰임. ¶～速归sùguī | 조속히 돌아와야 한다. ¶不～如此 | 마땅히 이와 같아서는 안된다. ¶事不～迟chí | 일을 지체해서는 안된다 =〔应该yīnggāi〕〔应当yīngdāng〕 ❸ 書 形 당연하다. 마땅하다. ¶～其无往而不利 | 어디를 가더라도 좋은 결과를 얻는 것은 당연하다. ❹ (Yí) 名 성(姓)
【宜人】yírén ❶ 動 사람에게 좋은 느낌을 주다. 사람의 마음에 들다. ¶这儿的空气清新qīngxīn～ | 이곳의 공기는 맑아 아주 좋다. ¶风景fēngjǐng～ | 경치가 마음에 들다. ❷ 名 청대(清代) 오품(五品) 작위인 명부(命婦)의 다른 이름.
【宜于】yíyú 動 …에 알맞다. …에 적합하다. ¶这地方～搞旅游gǎolǚyóu | 이곳은 여행하기에 아주 적합하다.

【宧】yí 구석 이
名 옛날, 방(房)의 동북쪽 모퉁이.

【颐(頤)】yí 턱 이, 어조사 이
書 ❶ 名 턱. ¶解～ | 웃음보를 터뜨리다. ¶支～ | 턱을 괴다 =〔面颊jiá〕→〔腮sāi①〕 ❷ 動 보양(保養)하다. 휴양하다. ¶～养yǎng↓ ❸ 書 助 뜻이 없이 쓰이는 어조사. ¶夥huǒ～ | 놀랍도다. ❹ (Yí) 名 성(姓)
【颐和园】Yíhéyuán 名〈地〉이화원. 북경의 서북쪽에 있는 청(清)의 광서(光緒)년간에 서태후(西太后)가 만든 명원(名園)
【颐养】yíyǎng 書 動 보양하다. 양생하다. ¶～精神 | 정신을 수양하다 =〔保养①〕
【颐指气使】yí zhǐ qì shǐ 成 턱으로 지시하고 기색(氣色)으로 부리다. 남을 함부로 마구 부리다. ¶我最反感fǎngǎn他那～的神情 | 나는 턱으로 지시하고 마구 함부로 부리는 그의 그런 표정에 아주 반감을 느낀다.

2【移〈迻〉】yí 옮길 이, 문체의하나 이
❶ 動 옮기다. ¶迁qiān～ | 옮겨가다. 이전하다. ¶把坐位～一～! | 좌석을 좀 옮겨주시오. ❷ 動 변하다. 고치다. ¶坚定jiāndìng不～ | 확고 부동하다. ¶～风易俗fēngyìsú↓ ❸ 書 名 고대의 공문서(公文書)의 한 가지 [회람용의 글]
【移调】yídiào ❶ 名〈音〉전조(轉調). 조바꿈 =〔转调zhuǎndiào〕 ❷ 名 動 관리·군대 등의 이동(을 하다).

2【移动】yídòng ❶ 名 이동. ¶~距离jùlí | 이동거리. ❷ 動 이동하다. ¶冷空气正继续向南~ | 차가운 공기가 지금 계속 남쪽으로 이동하고 있다.

【移防】yífáng 動 방어 진지(防禦陣地)를 옮기다. 경비 구역을 옮기다. ¶三十八军~河北 | 38군단을 하북으로 경비구역을 옮겼다.

【移风易俗】yí fēng yì sú 成 낡은 풍속·습관을 고치다. ¶实行计划生育是~的大事 | 산아제한(가족계획)의 실시는 낡은 풍속 습관을 고치는 획기적인 일이다.

【移行】yíháng ❶ 名 줄바꿈. ❷ 動 인쇄물 또는 원고 등의 줄바꿈을 하다. ¶自动~ | 자동으로 줄바꿈을 하다.

【移花接木】yí huā jiē mù 成 꽃을 이식(移植)하거나 나무를 접목하다. 교묘한 수단을 써서 살짝 바꾸다. ¶春天到了, 这正是~的时节 | 봄이 왔으니 꽃을 이식하고 나무를 접목할 때이다.

【移交】yíjiāo 動 ❶ 넘겨주다. 인도하다. ¶还有一些东西要~给他 | 아직 그에게 넘겨주어야 할 물건이 좀 있다. ❷ 사무를 인계하다. 이관하다. ¶办理~手续shǒuxù | 인수인계를 하다.

【移居】yíjū 動 이사하다. 거주지를 옮기다. ¶~到海云台Hǎiyúntái了 | 해운대로 이사를 갔다 =〔迁qiān居〕

【移开】yíkāi 動 치우다. 옮기다. ¶~桌子zhuōzǐ | 책상을 치워라.

4【移民】yí/mín ❶ 動 이민하다. ¶~到美国 | 미국으로 이민을 가다. ❷ (yímín) 名 이민. ¶~法 | 이민법.

【移入】yírù 動 이입하다. 옮겨 넣다. ¶存款cúnkuǎn~新帐xīnzhàng | 예금을 새 통장에 이입하다.

【移山倒海】yí shān dǎo hǎi 成 산을 옮기고 바다를 메우다. 자연을 정복하는 인간능력의 위대함과 그 기백(氣魄)을 형용하는 말. 굉장한 능력. ¶有~之能 | 굉장한 능력을 갖고 있다.

【移师】yíshī 書 動 ❶ 군대가 이동하다. (팀을) 이동시키다. ¶南华队已准备~香港作三场比赛 | 남화팀은 벌써 홍콩으로 가서 세차례 시합 준비를 했다. ❷ 喩 장소를 옮겨가며 싸우다. ¶~去美国比赛 | 미국으로 가서 경기를 하다.

【移向】yíxiàng 動 (…로) 옮기다. ¶医疗yīliáo工作的重点逐步~农村 | 의료 사업의 중점을 점차 농촌으로 옮기다.

【移项】yí/xiàng 〈數〉 ❶ 動 이항하다. ¶先~再合并同类项 | 먼저 이항하고 난 다음 동류항을 합하다. ❷ (yíxiàng) 名 이항 ‖ =〔迁qiān项〕

【移易】yíyì 書 動 바꾸다. 변경하다. ¶这是不可~的 | 이는 변경할 수 없는 것이다.

【移译】yíyì 書 動 번역하다. ¶~英文书籍 | 영문서적을 번역하다 →〔翻fān译〕

【移用】yíyòng 動 유용(流用)하다. 융통하다. ¶~公款gōngkuǎn | 공금을 유용하다.

【移栽】yízāi 動 이식(移植)하다. 옮겨 심다. ¶~树苗shùmiáo | 묘목을 이식하다. ¶适时shìshí~ | 때에 맞추어 옮겨 심다.

【移植】yízhí 動 ❶ 옮겨 심다. ¶把一朵美丽的花从园圃里~到花坛huātán | 예쁜 꽃 한 떨기를 밭에서 화단으로 옮겨 심다. ¶~秧苗yāngmiáo | 모를 심다. ❷ 〈醫〉 이식하다. ¶~皮肤pífū | 피부를 이식하다.

【移樽就教】yí zūn jiù jiào 成 술잔을 들고 자리를 옮겨 가르침을 청하다. 적극적으로 가르침을 청하다. ¶他非常谦虚好学, 常向李教授~,探讨学术问题 | 그는 아주 겸허하고 배우기를 좋아하여 늘 이교수에게 적극적으로 가르침을 청하여 학술문제를 탐구한다.

【蛇】 yí ☞ 蛇 shé B

3【遗(遺)】 yí wèi 남을 유, 잃을 유

A yí ❶ 動 잃다. 분실하다. ¶~失皮夹子píjiāzǐ | 가죽지갑을 분실하다. ❷ 빠뜨리다. ¶~漏lòu↓ ❸ 분실물. 빠뜨린 부분. ¶路不拾shí~ | 成 길에 떨어진 물건도 줍지 않다. ¶补bǔ~ | 빠진것을 보충하다. ❹ 動 남기다. ¶文化~产 | 문화유산. ¶不~余力 | 여력을 남기지 않다. 있는 힘을 다하다. ❺ 죽은 사람이 남긴 것〔물건〕 ¶~像xiàng↓ ¶~族zú↓ ❻ 動 (자기도 모르게) 대·소변 또는 정액을 배설하다. ¶~尿niào↓ ¶~精jīng↓ ❼ 書 動 잘못하다. 실수하다. ¶算无~策cè | 계책이 잘못된 것은 없는 셈이다.

B wèi 書 動 증여하다. 선사하다. ¶~之千金 | 천금을 증여하다.

3【遗产】yíchǎn 名 유산. ¶历史~ | 역사 유산. ¶~承受人chéngshòurén | 유산 수취인. ¶文化~ | 문화 유산. ¶继承jìchéng~ | 유산을 이어받다. ¶留下~ | 유산을 남겨 놓다.

【遗臭万年】yí chòu wàn nián 成 악명을 오래도록 후세에 남겨 놓다. 더러운 이름을 천추에 남기다. ¶宁nìng可默然无闻, 也不要~啊! | 차라리 묵묵히 세상에 알려지지 않을 지언정, 악명을 오래도록 후세에 남기지는 않겠다 =〔遗臭万载〕

4【遗传】yíchuán 名 動 〈生〉 유전(하다) ¶~病 | 유전병. ¶~因子 | 유전 인자. ¶~图 | 유전지도. ¶~密码 | 유전암호.

【遗传工程】yíchuán gōngchéng 名組 〈生〉 유전자 공학. ¶从事~研究 | 유전자 공학 연구에 종사하다 =〔基因jīyīn工程〕

【遗传学】yíchuánxué 名 유전학.

【遗毒】yídú ❶ 名 유독. 남긴 해독. ¶铲除chǎnchú封建思想的~ | 봉건 사상이 남긴 독소를 제거하다. ❷ 動 해독을 남기다. 해독을 끼치다.

【遗风】yífēng 書 名 유풍. 유습. ¶扫除不良~ | 불량 유풍을 일소하다.

【遗腹(子)】yífù(zǐ) 名 유복자 =〔俗 暮mù生儿〕〔遗孕yùn〕

【遗稿】yígǎo 名 유고. ¶整理~ | 유고를 정리하다.

【遗骨】yígǔ 名 유골. ¶猿人yuánrén~化石 | 원인의 유골 화석.

【遗骸】yíhái 名 유해. 유체(遺體) ¶坠机zhuìjī现场, 遍地biàndì~ | 비행기 추락 사고 현장 도처에 유해가 나뒹굴다.

3【遗憾】yíhàn ❶ 名 유감. 유한(遺恨) ¶对于这次

事件,我们深感到～｜이번 사건에 대해 우리들은 아주 유감으로 생각합니다. ¶这是他终生的～｜이것은 그의 일생동안의 유감이었다 =〔書遗恨yíhèn〕❷形 유감스럽다. ¶非常～, 我不能接受你的邀请yāoqǐng｜매우 유감스럽지만, 저는 당신의 초청을 받아들일 수 없습니다.

【遗恨】yíhèn ⇒〔遗憾yíhàn①〕

【遗恨终生】yí hèn zhōng shēng 成 일생동안 여한으로 생각하다. ¶为这事他还～呢｜이 일에 대해 그는 일생동안 여한으로 생각하고 있다.

【遗祸】yíhuò 動 남에게 화를 끼치다. ¶～于人｜남에게 화를 끼치다.

【遗迹】yíjì 名❶ 유적. ¶历史～｜역사 유적. ¶古代村落cūnluò的～｜고대 촌락의 유적. ¶封建fēngjiàn～｜봉건적 유물. ❷ 자취. 흔적. ¶一场春雨冲刷了残冬cándōng的～｜한바탕 봄비가 늦겨울의 흔적을 씻어버렸다.

【遗教】yíjiào 書 名 유교. 임종시(臨終時)에 남긴 교훈. 유훈(遺訓) ¶国父～｜국부의 유훈.

【遗精】yí/jīng 〈醫〉❶ 動 유정하다. ¶他常梦中～｜그는 자주 꿈 속에서 유정을 한다. ❷ 名 (yíjīng) 유정 =〔滑huá精〕〔〈汉医〉走阳〕〔俗 走身子〕

【遗老】yílǎo 名❶ 貶 유로. 선제(先帝) 또는 전조(前朝)의 유신(遺臣) ¶逊清xùnqīng～｜멸망한 청조의 유신. ❷書 세상사에 경험이 많은 노인.

3【遗留】yíliú 動 남겨놓다. 남아 있다. ¶～的痕迹hénjì｜남겨놓은 흔적.

【遗漏】yílòu ❶ 動 누락되다. 빠뜨리다. 빠지다. 누락시키다. ¶第3页第2行中间～了两个字｜3페이지의 2행 중간에 두 자를 빠뜨렸다. ¶名册上把他的名字给～了｜명부에서 그의 이름을 빠뜨렸다. ❷ 名 유루. 누락. ¶他回答得很完全, 一点也没有～｜그는 조금도 빠짐없이 매우 완벽하게 대답하였다. ¶名单上有～｜명단에 누락된 사람이 있다. ❸ 動 近 실화(失火)하다. 잘못하여 불을 내다.

【遗民】yímín 名 유민. ¶前朝qiáncháo～｜전대의 유민

【遗墨】yímò 書名 유묵. (죽은 사람이) 남긴 필적.

【遗尿】yí/niào ❶ 動 잠결에 오줌을 싸다. 오줌을 지리다. ¶孩子有～习惯｜아이들에게는 자면서 오줌 싸는 버릇이 있다. ❷ 名〈醫〉(yíniào) 유뇨증. 야뇨증(夜尿症) ‖ =〔遗溺yíniào〕〔夜尿症yèniàozhèng〕

【遗篇】yípiān 名 전인이 남긴 시문(詩文)

【遗弃】yíqì 書動❶ 내버리다. 포기하다. ¶敌军～辎重zīzhòng无数｜적군은 무수한 군수 물자를 내버렸다. ❷〈法〉유기하다. ¶～老幼｜노인과 어린애를 유기하다. ¶～妻儿｜처자를 버리다.

【遗缺】yíquē 書名 결원. 빈자리. ¶他高升了, 我去补他的～｜그가 승진하여 내가 그의 빈자리를 메꾼다.

【遗容】yíróng ❶ 名 사후(死後)의 용모. 죽은 뒤의 모습. ¶瞻仰zhānyǎng～｜죽은 뒤의 모습을 바라보다. ❷ ⇒〔遗像yíxiàng〕

【遗少】yíshào 名 앞 조대에 충성을 하는 젊은이. 轉 옛 풍습을 잘 지키는 젊은이. ¶旧教育制度养成了许多出窝儿老的～｜옛 교육 제도는 늙은이처럼 구풍을 잘 지키는 젊은 사람을 많이 양성하였다.

4【遗失】yíshī 書動 유실하다. 분실하다. 잃다. ¶～了学生证｜학생증을 분실했다.

【遗诗】yíshī 名 유작시(遺作詩) 생전에 쓴 시.

【遗矢】yíshǐ 書動 대변을 보다 =〔拉屎lāshǐ〕

【遗世独立】yí shì dú lì 成 사회를 벗어나 혼자 살다. 고고한 생활을 하다. ¶他一人坐在月下, 大有～之感｜그는 달 아래 홀로 앉아 고고한 생활의 정취를 느끼고 있다 =〔遗世绝俗〕

【遗事】yíshì ❶ 名 유사. 전해 내려오는 사적(事蹟) ¶革命烈士gémìnglièshì的～｜혁명 열사의 유사. ❷ ⇒〔遗业yíyè〕

【遗书】yíshū 名❶ 유서. ❷ 저자의 사후에 간행된 저서. ¶章氏～｜장씨의 사후에 간행된 저서. ❸書 일서(逸書)

【遗属】yíshǔ ⇒〔遗族zú〕

【遗孀】yíshuāng 名 과부. 미망인.

4【遗体】yítǐ 名❶ (존경하는 사람의) 시체. 유해. ¶向～告别｜유해에 작별을 고하다. ❷ 동식물 사후의 잔여 물질.

【遗忘】yíwàng 書動 유망하다. 잊(어버리)다. ¶童年tóngnián的生活, 至今尚未～｜어린 시절의 생활을 지금까지도 잊지 않다 =〔忘记〕

【遗闻】yíwén 名 훗날까지 사람들 입에 오르내리는 이야기 거리. ¶六朝～｜육조에서 전해내려 오는 옛 이야기

【遗物】yíwù 名❶ 유물. 유품. ¶祖先的～｜선조들의 유물. ❷ 유류물(遺留物)

【遗像】yíxiàng 名 유상. (죽은 사람의) 초상. 생전의 사진. ¶对国父～三鞠躬jūgōng｜국부의 초상에 3번 절하다 =〔遗容róng②〕

【遗训】yíxùn 名 유훈. ¶先师～｜선생님의 유훈 =〔贻训yíxùn〕

【遗言】yíyán ⇒〔遗嘱zhǔ〕

【遗业】yíyè 書名 유업. ¶继承jìchéng国父的～｜국부의 유업을 계승하다 =〔遗事shì②〕〔書遗绪xù〕

【遗愿】yíyuàn 名 생전에 다하지 못한 뜻. 남긴 염원. ¶实现先烈的～｜선열께서 생전에 다하지 못했던 뜻을 실현하다.

【遗照】yízhào 名 생전의 사진. ¶挂出guàchū爷爷yéyé的～｜생전의 할아버지 사진을 걸다.

【遗诏】yízhào 名 황제가 남긴 조서(詔書)

4【遗址】yízhǐ 名 유지. 유적(遺跡). 옛터. ¶古城～｜고도(古都)의 유적.

【遗志】yízhì 名 유지. ¶他继承jìchéng了父亲的～｜그는 부친의 유지를 계승했다.

【遗嘱】yízhǔ ❶ 名動 유언(하다) ¶留下～｜유언을 남기다. ¶先烈的～｜선열의 유언. ❷ 名 유언장 ‖ =〔遗言〕

【遗族】yízú 名 유족. ¶抚恤fǔxù～｜유족을 구휼하다. ¶～津贴jīntiē｜유족 수당 =〔遗属〕

【遗作】yízuò 名 유작.

2【疑】yí 의심할 의
❶動 의심하다. ¶怀huái～ | 의심을 품다. ¶可～ | 의심스럽다. ¶半信半～ | 반신반의하다. ❷의문스러운 것. 의심이 가는 것. ¶～案àn↓ ¶～似sì↓ ¶存～ | 의문으로 남겨두다. 미해결로 남겨두다.

【疑案】yí'àn 名 ❶의안. ¶破了一桩zhuāng～ | 의안 한 건을 해결하다. ❷현안(懸案)

【疑兵】yíbīng 名 적의 눈을 속이는 가짜군사. ¶出～制胜zhìshèng | 의병을 써서 승리를 얻다.

【疑点】yídiǎn 名 의문점. 잘 이해되지 않는 점. ¶从这封无头信里, 看出三个～ | 이 무기명(無記名)의 편지에서 세 가지 의심스러운 점을 발견하였다.

【疑窦】yídòu 書 名 의혹. 의심스러운 점. ¶他一见此景, 顿dùn生～ | 그는 이 광경을 보자 갑자기 의혹이 생겼다.

4【疑惑】yíhuò ❶名 의혹. 의심. ¶我只得～地走开 | 나는 의혹만 품고 떠났다. ¶犯fàn～ | 의혹을 품다. ¶这一句还有点～, 请您解释 | 이 문장은 여전히 이해가 안 가는 부분이 있으니 해석해 주십시오. ❷動 의혹을 품다. …이 아닌가 의심하다. (의심스러운 마음으로) 생각하다. ¶我～这堵墙dǔqiáng要倒 | 이 벽이 넘어지지나 않을까 걱정된다. ¶我～天已经亮了 | 날이 벌써 밝았는가 하고 생각했다. ❸形 의문스럽다. ¶他朝这边看一眼, 又疑疑惑惑, 慢慢腾腾地mànmàntēngtēngdì走过来了 | 그는 이쪽을 힐끔 쳐다보고는 의심스럽다는 듯이 느릿느릿 다가왔다.

【疑忌】yíjì ❶動 의심하여 시샘하다. ¶他太能干了, 不免遭人zāorén～ | 그는 너무도 수완이 있어서 남에게 의심받고 시샘받는 것을 면하기 어렵다. ❷名 시의심(猜疑心) ¶心怀xīnhuái～ | 시기하고 의심하는 마음을 품다.

【疑惧】yíjù ❶名 의구. 의구심. ❷動 의구하다. 의구심을 갖다. ¶他产生了不少～ | 그는 적잖은 의구심을 품었다. ¶～地望着对方 | 의구심을 갖고 상대방을 바라보다.

【疑虑】yílǜ ❶名 의려. 우려. ❷動 의려하다. 우려하다. ¶～不安 | 의심이나 근심으로 불안해하다. ¶消除xiāochú心中的～ | 마음속의 의심과 근심을 풀다.

4【疑难】yínàn ❶形 해결이 곤란하다. 의심스럽고 판단하기 어렵다. ¶～问题wèntí | 해결하기 어려운 문제. ¶～杂症zázhèng | 진단하기 어렵거나 치료가 힘든 병. ❷名 해결이나 판단이 힘든 문제. 난제(難題) ¶解答jiědá了～ | 난제를 해결하다. ¶遭受zāoshòu～ | 난제를 만나다.

【疑神疑鬼】yí shén yí guǐ 成 함부로 이것저것 의심하다. ¶你别一天到晚～的, 弄得我不得安宁ānníng | 온종일 이것저것 의심하면서 나를 불안하게 하지 말아라 =〔疑鬼疑神〕

【疑似】yísì 動 확실한 것 같기도 하고 아닌 것 같기도 하다. 애매 모호하다. ¶～之间 | 진위(眞僞)의 구별이 애매 모호한 상태. ¶～之词 | 애매 모호한 말.

【疑团】yítuán 名 (늘 풀리지 않고 남아 있는) 의심 덩어리. ¶心里怀huái着个～ | 마음 속에 의혹 덩어리를 품고 있다.

2【疑问】yíwèn 名 의문. ¶这事儿还有不少～呢 | 이 일은 아직도 의문이 많이 남아 있다. ¶心里起了～ | 마음에 의문이 일다. ¶毫无háowú～ | 조금도 의문이 없다.

【疑问词】yíwèncí 名〈言〉의문사.

【疑问号】yíwènhào 名〈言〉의문 부호. 물음표. 「?」=〔问号(儿)〕

【疑问句】yíwènjù 名〈言〉의문문.

3【疑心】yíxīn ❶名 의심. ¶～太重 | 의심이 지나치다. ¶人家是好意, 你别起～ | 좋은 뜻으로 한 것이니 의심하지 말아라. ❷動 의심하다. …이 아닌가 하고 생각하다. ¶你不必～ | 너는 의심할 필요가 없다. ¶这样讲来就没有～处 | 이렇게 이야기하고 보니 의심스러운 점이 없다.

【疑义】yíyì 名 의심스러운 점. ¶尚有一些～ | 좀 의심스러운 점이 있다. ¶毫无～ | 조금도 의심스러운 점이 없다.

【疑云】yíyún 名 喻 의심. ¶驱散qūsǎn～ | 의심을 제거하다. ¶闺中guīzhōng～ | 부부간의 부정(不貞)에 대한 의심. ¶～消散xiāosǎn | 의심이 걷히다 =〔疑影yíyǐng〕

【疑阵】yízhèn 名 상대방을 현혹(眩惑)시키기 위한 포진(布陣). 가짜 진지. ¶巧摆qiǎobǎi～ | 교모하게 가짜 진지를 만들다. ¶故布gùbù～ | 일부러 적(敵)의 눈을 속이는 가짜 포진을 치다.

【嶷】yí 산이름 의
지명에 쓰이는 글자. ¶九～ | 구의. 호남성(湖南省)에 있는 산이름.

【彝】yí 법 이, 술그릇 이
❶名 술을 담던 그릇. 또는 제기(祭器)의 총칭. ¶～器qì↓ ❷書 名 (불변의) 법도. 규칙. ¶～训xùn | 늘 지켜야 할 가르침. ❸(Yí) 名〈民〉이족 [중국 소수 민족의 하나]

【彝剧】yíjù 名 이족(彝族)의 전통극(傳統劇)의 일종.

【彝器】yíqì 名 고대, 종묘(宗廟)에 갖추어 두었던 제기(祭器)의 총칭. ¶收藏各类～ | 여러 종류의 제기를 수장하다.

【彝文】Yíwén 名〈言〉이족(彝族)의 문자(文字) [13세기에 만들어진 문자로 사천성(四川省) 양산(涼山) 일대에서는 오른쪽에서 왼쪽으로 횡서(橫書)를, 운남(雲南)·귀주(貴州)의 이족 지구(地區)에서는 왼쪽에서 오른쪽으로 종서(縱書)를 씀. 중국의 사서(史書)에서는 「爨Cuàn文」「韪Wěi书」「罗Luó罗文」이라고 하였음]

【彝族】Yízú 名〈民〉이족 [중국 소수 민족의 하나로 사천(四川)·운남(雲南)·귀주(貴州)·광서(廣西) 등지에 거주하고 있음. 옛날에는 멸칭(蔑稱)으로 「倮倮luǒ」「罗罗luó」라고 부르기도 했음]

3【乙】yǐ 둘째천간 을
❶名을 [십간(十干)의 둘째] ¶～丑年 | 을축년→〔干支〕 ❷(배열 순서의) 두번째. ¶～等↓ ❸名〈音〉중국 옛날 악보의 음부(音符)의 하나 [「简谱」의 「7」(시)에 해당함]→〔工尺〕 ❹名「乙」자 모양의 기호 [옛날 책을 읽거나 글을 쓸 때 중도에서 멈추는 곳이나 삭제·첨가하는 곳 또는 단락이 끝나는 부분에 사용했던 기호] ¶钩gōu～ | 「乙」자 부호를 치다. ❺數일(一) [상업용 문서에서는 「一」을 「乙」로 쓰는 경우가 있음] ❻代둘 이상의 인명·지명을 말할 때 그중 하나를 가리킴. ¶甲方对～方负责 | 갑측이 을측에 대해 책임을 지다. ❼(Yǐ) 名성(姓)

【乙醇】yǐchún 名에틸 알콜(ethyl alcohol). 주정 =〔酒精〕〔方火酒〕→〔醇③〕

【乙等】yǐděng 形2등의. ¶～奖 | 2등상.

【乙醚】yǐmí 名〈化〉에틸 에테르(ethyl ether)→〔醚〕

【乙脑】yǐnǎo 名簡〈醫〉유행성(流行性) B 형(型)〔일본〕뇌염(腦炎) ¶他得了流行性～ | 그는 유행성 B형 간염에 걸렸다.

【乙醛】yǐquán 名〈化〉아세트알데히드(acetaldehyde) =〔醋cù醛〕

【乙炔】yǐquē 名〈化〉아세틸렌(acetylene) ¶～焊hàn | 아세틸렌 용접 =〔外阿西台林āxītáilín〕〔俗电石气〕

【乙酸】yǐsuān ⇒〔醋cù酸〕

【乙烷】yǐwán 名〈化〉에탄(ethane) ¶乙(烷)基 | 에틸기.

【乙烯】yǐxī 名〈化〉에틸렌(ethylene) ¶四氯lǜ～ | 4염화 에틸렌. ¶～醇 | 비닐 알콜(vinyl alcohol) ¶聚～=〔多乙烯〕| 폴리에틸렌. ¶聚氯～ | 폴리 염화 비닐. ¶聚偏二氯～ | 폴리 염화 비닐리딘. ¶聚～醇 | 폴리 비닐 알콜 =〔俗成油气〕〔外以脱林〕〔生油气〕

【乙种粒子】yǐzhǒng lìzǐ 名組〈物〉베타 입자=〔倍塔bèitǎ粒子〕

【乙种射线】yǐzhǒng shèxiàn 名組〈物〉베타선(β線) =〔倍塔射线〕

【乙状结肠】yǐzhuàng jiécháng 名組〈生理〉에스상 결장(S狀結腸) =〔S状结肠〕

【钇(釔)】yǐ (이트륨 을)
名〈化〉화학 원소 명. 이트륨(Y ; yttrium) [금속원소의 하나]

1【已】yǐ 그칠 이, 이미 이
❶書動그치다. 그만두다. 멎다. ¶学不可以～ | 학습을 중지해서는 안된다. ❷副이미. 벌써. ¶～去 | 이미 가버리다→〔未〕 ❸書副잠시후. 얼마후. ¶～忽hū不见 | 얼마 후에 갑자기 보이지 않다. ❹書副매우. 너무. 심히. ¶其细～甚 | 매우 잘다. ¶不为～甚 | 너무 지나치게 하지 않다. ❺書助문(句子)의 끝에 쓰는 어기사 =〔矣yǐ〕 ❻書(방위를 나타내는 낱말 앞에 붙어서) 시간·장소·방향·수량의 한계를 나타냄 [「以」와 통용됨] ¶～上 | 이상. ¶～后 | 이후.

【已故】yǐgù 區죽은. 고(故) ¶～中国语言学者赵元任先生 | 중국언어학자 고 조원임선생

【已婚】yǐhūn 書區기혼. ¶～男人 | 기혼 남자

1【已经】yǐ·jīng 副이미. 벌써. 어법 주로 문미(文尾)에 「了」를 동반함. ¶他们～分手了 | 그들은 벌써 헤어졌다. 어법「已经」과 「曾经」의 차이. ⓐ「曾经」은 이전에 어떤 행위나 상황이 있었음을 나타내고 「已经」은 어떤 일이 완성되었음을 나타냄. ¶这本书我曾经买过好几回, 都没买到 | 이 책은 이전에 몇 번이나 사려 했지만, 사지 못했다. ¶这本书我已经买到了, 不用你费心了 | 이 책은 내가 이미 샀다. 네가 신경 쓸 필요가 없다. ⓑ「曾经」이 나타내는 동작이나 상황은 이미 끝난 것이고 「已经」이 나타내는 것은 현재도 계속될 수도 있음. ¶我曾经在这儿住过三年 | 나는 일찌기 이곳에 삼년동안 산 적이 있다 [지금은 살고 있지 않다] ¶我已经在这儿住了三年 | 나는 이곳에 이미 삼년동안 살았다 [지금도 살고 있다] ⓒ「曾经」뒤의 동사는 「过」를 주로 붙이고 「已经」뒤의 동사는 「了」를 주로 붙임.

【已决犯】yǐjuéfàn 名〈法〉기결수(旣決囚) ¶关押着一批～ | 기결수를 가두다.

【已然】yǐrán 書動이미 이러하다. 이미 그렇게 되다. ¶尊重～事实 | 이미 그렇게 된 사실을 존중하다. ¶与其补救于～, 不如防止于未然 | 사후(事後)에 바로잡는 것 보다는 미연에 방지하는 편이 낫다.

【已往】yǐwǎng 名이전. 과거. ¶～的事 | 과거지사. ¶遵守～的惯例guànlì | 옛날의 관례를 따르다. ¶～不咎jiù | 成지난 과거사는 나무라지 않다.

【已知数】yǐzhīshù 名〈數〉기지수(旣知數) ⇔〔未知数〕

1【以】yǐ 써 이, 까닭 이
❶介「以…+動」의 형태로 쓰여 여러가지 의미를 나타냄. ⓐ …(으)로(써) …을 가지고 [공구·구실·자격·신분 등을 나타냄] ¶～机器播种bōzhǒng | 기계로 파종하다. ¶～我之长, 攻敌之短 | 나의 장점으로 상대의 단점을 공격하다 =〔用〕〔拿〕 ⓑ …에 따라. …에 의해서. …대로 [방법·수단·근거 등을 나타냄] ¶～次前进 | 순서에 따라 앞으로 나아가다. ¶～报名顺序为序 | 등록순서에 따라 순서를 삼다 =〔按照ànzhào〕 ⓒ …때문에. …까닭에 [원인·이유를 나타냄] ¶安徽省～生产红茶著名 | 안휘성은 홍차의 양산으로 이름이 높다. ⓓ 書 …에 [시간을 나타냄] ¶文～五月五日生 | 전문(田文)은 5월 5일에 태어났다《史記·孟嘗君列傳》=〔于〕 ❷介「動+(賓)+以…」의 형식으로 쓰임. ⓐ …을 (…에게 주다) [여기의 동사는 「주다」라는 의미가 있는 것이어야 함. 「以」를 없애도 뜻의 변화는 없음] ¶给青年～力量 | 청년에게 힘을 주다. ⓑ …(으)로 [「以」는 단음절 동사 다음에 옴] ¶四周围～红墙 | 사방이 붉은 담장으로 싸였다. ¶六乘～五等于三十 | 6을 5로 곱하면 30이다. 어법 ⓐ 「矛以」

「借以」「用以」「难以」 등은 동사를 목적어(賓語)로 가지는 하나의 동사로 간주함. ⓑ 전치사(介詞) 「以」는 그 목적어를 생략할 수 있음. ¶以理论为行动的指南 | 이론을 행동의 지침으로 여기다. ¶以为行动的指南 | 행동의 지침으로 여기다→〔以为〕 ❸連…하여. …함으로써. …하기 위하여 [목적·결과를 두 개의 동사 사이에 쓰여 나타냄] ¶积蓄力量～待时期 | 역량을 축적하여 때를 기다리다. ¶遵守安全制度, ～免发生危险 | 안전 규칙을 준수함으로써 위험의 발생을 방지하다. ❹書連…하고 [순접을 나타냄] ¶城高～厚 | 성이 높고 두텁다. ¶循路～归 | 원래의 길을 따라서 돌아가다＝〔而〕 ❺書名이유. 까닭. ¶进步甚速, 良有～也 | 진보가 몹시 빠른 데는 실로 이유가 있다. ❻書動…라 생각하다. …라 여기다. ¶自～将见太平盛世也 | 머지 않아 태평성대를 만나리라고 스스로 생각하다. ❼방위사(方位詞) 앞에 쓰여 시간·장소·방향의 한계를 나타냄. ¶十年～内 | 십년 이내. ¶长江～南 | 양자강 이남. ¶二十岁～上 | 20세 이상.

【以暴易暴】yǐ bào yì bào 成❶난폭한 임금을 제거하기 위하여 난폭한 수단을 쓰다. ¶请勿～ | 폭력을 폭력으로 다스리지 마세요 ❷악한 자를 또 다른 악한 자로 갈아 바꾸다 [백이(伯夷)·숙제(叔齊)가 주(周) 무왕(武王)을 나무란 말임]

【以备】yǐbèi 動…(함)으로써〔하여〕 …에〔을〕 대비하다. ¶多积蓄jīxù余粮yúliáng, ～荒年huāngnián | 잉여 곡물을 많이 축적하여 흉년에 대비하다.

[3]【以便】yǐbiàn 書動…(하기에 편리) 하도록. …하기 위하여. ¶尚希详示, ～进一步具体研究 | 더욱 구체적으로 연구할 수 있도록 상세히 알려주시기 바랍니다.

【以次】yǐcì ❶書副순서에 의하여. 차례로. ¶～报上名来 | 순서대로 신청〔지원〕을 하다. ¶主人～给来宾斟酒zhēnjiǔ | 주인이 차례로 손님들에게 술을 따르다. ❷形다음의. 아래의. 이하의. ¶～各章 | 아래의 각장.

【以德报怨】yǐ dé bào yuàn 成덕으로 원한을 갚다. 원수에게 은덕을 베풀다. ¶有～的胸怀xiōnghuái | 원수를 덕으로 갚는 넓은 마음→〔以怨报德yǐyuànbàodé〕

【以点带面】yǐ diǎn dài miàn 成점을 면으로 확대시키다. 어느 특정 지역에서 얻은 경험이나 성과를 전역에 확대시키다. 전형을 일반화 하다. ¶做工作要～, 还渐扩大 | 일은 작은 경험을 토대로 점차 확대시켜 나가야 한다. ¶加强组织领导lǐngdǎo, 树立样板, 开小型现场会, ～ | 지도 조직을 강화하고, 모범을 수립하며, 소규모 현장 회의를 열어, 어느 특정지역에서 얻은 경험이나 성과를 전 지역에 걸쳐 확대시키다.

【以毒攻毒】yǐ dú gōng dú 成❶독으로써 독을 물리치다. ¶～的原则 | 독으로써 독을 물리치는 원칙. ❷악인을 물리치는데 다른 악인을 이용하다. ¶对流氓liúmáng们讲道理是讲不通的, 还是～让他们的首领shǒulǐng出来说话 | 무뢰한에게 도리를 설명하는 것은 통하지 않는다. 역시 악인을 물리치는데 다른 악인을 이용하자. 그들의 수령을 나오게 하여, (그 졸개들에게) 이야기를 하도록 시키는 것이다.

【以讹传讹】yǐ é chuán é 成헛소문이 꼬리를 물고 퍼져 나가다. ¶要登报dēngbào声明, 以免～ | 성명을 발표하여 헛소문이 퍼져 나가는 것을 막아야겠다.

【以观后效】yǐ guān hòu xiào 成개전(改悛)의 정이 있는가 없는가를 보다. 형벌을 경감해 주고 당사자가 어떻게 행동하는지 그 후의 효과를 살피다.

[1]【以后】yǐhòu 名이후. 금후. ¶大学毕业～ | 대학졸업이후. ¶从今天～ | 오늘 이후로. 어법 「以后」와 「后来」의 비교⇒〔后来〕→〔过后guòhòu(儿)〕〔往后wǎnghòu〕

【以还】yǐhuán ⇒〔以来①〕

【以货易货】yǐ huò yì huò 成물물 교환하다. ¶古人用～的方式进行贸易活动 | 옛날 사람들은 물물교환의 방식으로 무역활동을 했다＝〔以货换货〕〔以物易物〕〔实物交易shíwùjiāoyì〕〔用货换货〕

[2]【以及】yǐjí 連❶및. 그리고. 아울러. ¶全中国, 全亚洲, ～全世界人民都反对新的战争 | 전중국 전아시아 및 전세계의 사람들은 모두 새로운 전쟁을 반대한다. ¶院子里种着大丽花dàlìhuā, 杜鹃花dùjuānhuā, 迎春花yíngchūnhuā～其他的花木 | 정원에는 달리아·진달래·개나리 및 기타 꽃나무가 심어져 있다→〔及④〕 ❷…까지. ¶由近～远 | 가까운 곳으로부터 먼 곳에 이르기까지＝〔以至②〕

【以己度人】yǐ jǐ duó rén 成자기의 생각으로 남을 추측하다. 주관적인 판단으로 남의 마음을 헤아리다. ¶切不可～ | 자가의 주관적인 생각으로 남을 판단해서는 절대 안된다.

【以假乱真】yǐ jiǎ luàn zhēn 成거짓으로 진실을 숨기다. 속임수를 써서 진상을 은폐하다. ¶他的仿作几可～ | 그의 모방작은 거의 속임수를 쓴 것이다.

【以降】yǐjiàng 名이후. 이하. 이래. ¶唐代～,诗歌衰落 | 당대이후로 시가가 쇠락했다.

【以近】yǐjìn 名〈交〉(철로·도로·항공로 상에서 어느 정거장 혹은 비행장에서) 보다 가까운 곳. ¶从北京Běijīng经过石家庄Shíjiāzhuāng, 郑州到武汉Wǔhàn, 石家庄, 郑州Zhèngzhōu都是武汉～的地方 | 북경에서 석가장·정주를 거쳐 무한으로 가는 길에서 석가장·정주는 (북경에서) 무한보다 가까운 곳이다.

【以儆效尤】yǐ jǐng xiào yóu 成일벌 백계하다. 나쁜 사람이나 나쁜 일에 대하여 한번 엄한 조치를 하여 그것을 본받으려고 하는 사람에게 경고하다 [「效尤」는 나쁜 일을 본받아 한다는 뜻임] ¶对主犯zhǔfàn应严加惩办chéngbàn, ～ | 주범에 대해서는 엄벌을 가하여, 이것을 본받으려고 하는 자에게 경고를 줘야한다.

[2]【以来】yǐlái 名❶이래. 동안. ¶有史～ | 유사이

래. ¶自古～ | 자고로. ¶十年～ | 10년 동안. ¶有生～ | 생긴 이래 =〔以还〕 ❷書 남짓. ¶望其年岁，不过三十～ | 나이를 보아하니 불과 30 남짓이다.

【以礼相待】yǐ lǐ xiāng dài 成 예의로써 대하다. ¶他对人能～ | 그는 사람을 예로써 대할 줄 안다.

【以理服人】yǐ lǐ fú rén 成 이치에 맞게 남을 설복하다. 사리를 밝혀가며 설득하다. ¶批评pīpíng别人，要～，讲道理，不能急躁jízào | 다른 사람을 비판할 때는 이치로써 설득하고, 도리를 따져야 하지, 조급하게 서둘러서는 안된다.

【以利(于)】yǐlì(yú) 書 (…에) 도움이 되도록 어법 보통 아랫문장 머리에 놓여져 윗문장이 아랫문장의 목적을 달성하는 데 도움이 되도록 하기 위한 것임을 나타냄. ¶认真rènzhēn学习,～工作 | 열심히 배우면 일하는 데 도움이 된다.

【以邻为壑】yǐ lín wéi hè 成 이웃 나라를 배수지로 삼아 넘는 물을 그곳으로 뿜아내다. 화를 남에게 전가시키다. ¶你不能～ | 화를 남에게 전가시켜서는 안 된다.

【以卵击石】yǐ luǎn jī shí 成 달걀로 돌을 치다. 힘이 미치지 못하다. 자기의 힘에 맞지 않는 무리한 일을 하다. ¶从彼此的实力来看，无可否认，A队是～，取胜机会是微乎其微的 | 서로의 실력을 볼때, A팀은 달걀로 바위를 치는 격이어서 승리할 기회가 참으로 적다는 것은 부인할 수 없다 =〔以卵投石〕

【以貌取人】yǐ mào qǔ rén 成 용모로 사람을 평가하다. 용모로 사람을 고르다. ¶不能～ | 용모를 사람을 평가해서는 안 된다.

4【以免】yǐmiǎn 書 …하지 않도록. …않기 위해서. ¶仔细检查～出错 | 잘못되지 않도록 자세히 검사하다.

【以沫相濡】yǐ mò xiāng rú 成 가난한 사람을 미력(微力)으로나마 돕다.

2【以内】yǐnèi 名 이내. ¶本年～ | 금년 이내. ¶五十人～ | 50인 이내. ¶两天～ | 이틀 이내.

【以偏概全】yǐ piān gài quán 成 일부로 전체를 평가하다. 한 측면을 가지고 전체를 개괄하다.

【以期】yǐqī 書 動 …을 목적으로 하여. ¶有人要求将此文在报纸转载，～引起争论 | 어떤 이는 논쟁을 불러일으킬 목적으로 이 글을 신문에 전재할 것을 요구했다.

【以其昏昏，使人昭昭】yǐ qí hūn hūn,shǐ rén zhāo zhāo 成 도리를 알지 못하는 사람이 도리를 아는 사람을 부리다.

【以其人之道，还治其人之身】yǐ qí rén zhī dào, huán zhì qí rén zhī shēn 成 그 사람의 방법으로 그 사람을 다스리다. 그 사람이 주장하는 도리로 그 사람을 다스리다. 악인에 대해서는 악인이 썼던 방법으로 징계하다.

1【以前】yǐqián 名 이전. ¶你来～他就去了 | 네가 오기 전에 그는 가버렸다. ¶三年～ | 3년 전. ¶我～不知道，现在才知道 | 나는 이전에는 몰랐고, 이제서야 알았다. ¶很久～ | 오래전.

【以强凌弱】yǐ qiáng líng ruò 成 강자임을 믿고 약자를 깔보다. ¶他一贯～ | 그는 처음부터 끝까지 강자임을 믿고 약자를 깔본다.

【以求】yǐqiú 動 …하기 위해. ¶～全胜 | 전승을 거두기 위해.

【以求一逞】yǐ qiú yī chěng 成 그릇된 야망〔목적〕을 달성하려 하다.

【以屈求伸】yǐ qū qiú shēn 成 일시적으로 굽힘으로써 미래의 발전을 도모하다. ¶他善于～ | 그는 일시적으로 굽힘으로써 미래의 발전을 도모하는 데 뛰어나다.

【以权谋私】yǐquánmóusī 動組 직권을 남용하여 사리(私利)를 도모하다. ¶贪官污吏～ | 탐관오리는 직권을 남용하여 사리를 도모한다.

【以人废言】yǐ rén fèi yán 成 선입견 혹은 편견을 가지고 다른 사람의 말을 무시하여 듣지 않다.

【以色列】Yǐsèliè 名 外 〈地〉 이스라엘(Israel) 〔서남아시아에 위치한 공화국. 수도는「耶路撒冷」(예루살렘;Jerusalem)〕 ¶～教 =〔犹Yóu太教〕 | 유태교. ¶～人 | 유태인.

2【以上】yǐshàng 名 ❶ 이상. 이 위. ¶十岁～的孩子 | 10세 이상의 아이. ¶半山～石级更陡dǒu | 산중턱 위로부터는 돌계단이 더 가파르다. ❷ 이상의 말한 것. 상기〔상술〕한 것. ¶～就是准备阶段 | 이상은 준비 단계이다. ¶～各位同志会后请留下 | 상술한 각 동지들은 회의 후에 남아 주십시오.

【以少胜多】yǐ shǎo shèng duō 成 적은 인원으로 많은 인원을 이기다.

【以身试法】yǐ shēn shì fǎ 成 생명의 위험을 무릅쓰고 법을 어기다. ¶你们万万不能～ | 너희들은 절대로 생명의 위험을 무릅쓰고 법을 어겨서는 안 된다.

【以身殉职】yǐ shēn xùn zhí 成 목숨을 바쳐 맡은 바 직분을 충실히 하다. 목숨을 국가의 사업에 바치다. 순직하다.

4【以身作则】yǐ shēn zuò zé 成 솔선 수범하다. 몸소 모범을 보이다. ¶你做班长的不能～，怎么能领导别人呢? | 반장인 네가 모범을 보이지 않으면 어떻게 남을 지도할 수 있겠는가?

【以势压人】yǐ shì yā rén 成 세력으로 남을 내리누르다. ¶土豪劣神常～ | 지방토호와 악덕인사는 항상 세력으로 남을 내리 누른다→〔仗zhàng势〕

【以太】yǐtài 名 外 〈物〉 에테르. ¶实验证明～并不存在 | 에테르는 결코 존재하지 않는다는 것이 실험을 통해 증명되었다 =〔外 以脫〕〔外 依打〕→〔醚mí〕

【以汤沃雪】yǐ tāng wò xuě 成 끓는 물을 눈 위에 붓다. 喩 쉽다. 누워 떡먹기다.

【以退为进】yǐ tuì wéi jìn 成 물러서는 것은 나아가기 위한 것이다. 더 많은 이득을 얻기위해 사소한 것을 양보하다. ¶他能～,转败为胜 | 그는 나아가기 위해 물러설 줄 알고 실패를 성공으로 잘 바꾼다.

2【以外】yǐwài 名 이외. 이상. ¶十天～ | 10일 이상. ¶五步～ | 5보 이상.

4【以往】yǐwǎng 名 이왕. 이전. 기왕 과거. ¶比

~任何时候都好｜옛날 어느 때보다 낫다. ¶~不究｜과거를 묻지 않다.

1【以为】yǐwéi 動 생각하다. 여기다. 알다. 인정하다. ¶我~不好｜나는 좋지않다고생각한다. ¶原来是你, 我~是王先生呢｜너였구나, 나는 왕선생인줄 알았는데. 어법「以为」와「认为」의 차이. ⓐ「以为」는 어떤 일이 사실과 부합되지 않는 논단(論斷)에 주로 쓰고,「认为」는 정면의 논단에 쓰임. ¶我以为有人敲门, 其实不是｜나는 누군가가 문을 두드리는 줄 알았는데, 사실은 그렇지 않았다. ¶我认为他是最聪明｜나는 그가 가장 총명하다고 생각한다. ⓑ「以为」앞에는「让」만 쓸 수 있고,「认为」앞에는「被」를 쓸 수 있다. ¶你的态度让别人以为你不同意这样办｜너의 태도는 다른 사람들이 네가 이러한 방법에 동의하지 않는 것으로 여기게 한다. ¶游泳被当地的孩子们认为是一项必不可少的运动｜수영은 이곳의 아이들로부터 없어서는 안될 운동으로 받아 들여진다.

【以…为…】yǐ…wéi… …을 …(으)로 삼다. …을 …(으)로 생각하다〔여기다〕 ¶以钢为纲｜철강 생산을 기간 산업으로 삼다. ¶以我为主｜나를 위주로 하다. ¶以劳动为光荣｜일하는 것을 자랑스럽게 여기다.

【以物易物】yǐ wù yì wù ⇒〔以货易货〕

2【以下】yǐxià 名 ❶ 이하. 어느 한도의 아래. ¶气温已降到零度~｜기온이 이미 0도 이하로 내려갔다. ¶请勿携带三岁~儿童立场｜3세 이하의 어린 아이를 데리고 입장하지 마십시오. ❷ 그 다음(의 말) ¶~是代表名单｜다음은 대표명단이다.

【以小人之心,度君子之腹】yǐ xiǎo rén zhī xīn, duó jūn zǐ zhī fù 成 소인의 마음으로 군자의 마음을 가늠해보다. 나쁜 마음으로 좋은 사람의 심정을 추측하다. ¶你这种话是~,~｜너의 이런 말은 소인의 마음으로 군자의 마음을 가늠해보는 것과 진배없다.

【以言取人】yǐ yán qǔ rén 成 말로써 사람을 평가하다.

【以眼还眼, 以牙还牙】yǐ yǎn huán yǎn, yǐyá huán yá 成 눈은 눈으로 갚고, 이는 이로 갚다. 눈에는 눈. 이에는 이, 폭력에는 폭력으로 대하다. ¶你也不必~,~, 还是大度一点儿｜너는 눈에는 눈, 이에는 이로 갚지 말고 좀 도량을 크게 가져라 ＝〔以刀对刀〕〔以牙还牙〕

【以一当十】yǐ yī dāng shí 成 한 사람이 열사람을 상대하다. 군대가 용감히 선전(善戰)하다 ＝〔一以当十〕

【以一当十, 以十当百】yǐ yī dāng shí, yǐ shí dāng bǎi 成 하나로써 열을 상대하고, 열로써 백을 상대하다. 소수의 병력으로 다수의 병력을 상대하다.

【以一儆百】yǐ yī jǐng bǎi ⇒〔杀shā一儆百〕

【以逸待劳】yǐ yì dài láo 成 쉬면서 힘을 비축했다가 피로한 적군을 맞아 싸우다. ¶他们~,随时准备迎击敌人｜그들은 쉬면서 힘을 비축했다가 수시로 적을 맞아 싸울 준비가 되어있다.

【以远】yǐyuǎn 名〈交〉(철로·도로·항공로 등 어느 정거장 혹은 비행장에서) 먼곳. ¶从北京经过济南往南去上海或往东去青岛, 上海和青岛都是济南~的地方｜북경에서 제남을 거쳐 남으로 상해로 가거나 동으로 청도로 가게되니, (북경에서) 상해와 청도는 (북경에서) 제남보다 먼 곳이다.

【以怨报德】yǐ yuàn bào dé 成 원한으로 은혜를 갚다.

【以正视听】yǐ zhèng shì tīng 成 사실에 대한 바른 이해를 확실하게 하다. ¶应公布真相~｜진상을 공포하여 사실에 대한 이해를 확실하게 해야 한다.

3【以至】yǐzhì 連 ❶ …까지. …에 이르기까지. ¶这个县每个公社,大队,小队~一家一户都有储备粮｜이 현의 각 인민 공사·대대·소대에서 가가 호호에 이르기까지 모두 곡물을 저장해 둔다. ❷ ⇒〔以及②〕 ❸ …로 하여. …때문에 [아랫문장 머리에 놓여져 윗문장에서 서술한 동작이나 상황의 결과를 나타냄] ¶他工作非常专心, ~连饭都忘了吃了｜그는 일하는 데에 매우 열중해서 밥 먹는 것조차도 잊어버렸다. ¶形势发展十分迅速, ~使很多人感到吃惊｜상황의 진전이 매우 빨라서 많은 사람들이 놀랄 정도이다 ‖＝〔以至于〕

4【以至于】yǐzhìyú ⇒〔以至〕

3【以致】yǐzhì 連 …이〔으로〕 되다. …을〔를〕 가져오다〔초래하다〕 [주로 나쁜 결과에 쓰임] ¶他平日不用功, ~考试不及格｜그는 평소 공부를 안했기 때문에, 시험에 불합격하게 되었다.

【以珠弹雀】yǐ zhū tán què 成 진주로 참새를 쏘다. 사물의 경중을 헤아리지 못하다. ¶这种做法是~得不偿失｜이런 방법은 진주로 참새를 쏘는 격이 되어 손실을 메울 수가 없다.

【以子之矛, 攻子之盾】yǐ zǐ zhī máo, gōng zǐ zhī dùn 成 당신의 창으로 당신의 방패를 찔러 보아라. 상대방의 논거로 상대방을 반박하다. 상대방을 자기 모순에 빠뜨리다.

【苡】 yǐ 율무 이, 질경이 이

⇒〔薏yì苡〕

【苡仁】yǐrén ⇒〔薏yì米〕

【尾】 yǐ ☞ 尾 wěi Ⓑ

【矣】 yǐ 어조사 의

書 助 ❶ (문장에 끝에 쓰여) 완료의 어기(語氣)를 나타냄. ¶由来久~｜유래가 오래되었다. ¶五年于兹zī~｜지금까지 5년이 되다 ＝〔了〕 ❷ 감탄의 어기를 나타냄. ¶大~哉!｜크구나! ¶久~! 吾不复见他｜오래구나! 내가 그를 다시 보지 못한 것이. ❸ 명령의 어기를 나타냄. ¶往~, 毋多言!｜가거라. 잔소리 말고! ❹ 결정·판단의 어기를 나타냄. ¶暴风雨将至~｜폭풍우가 올것 같다. ❺ (문장의 중간에 쓰여) 잠시 멈춤의 어기를 나타냄. ¶尽美~, 未尽善｜아름다움은 다 갖추었으나, 착한 것은 다 갖추지 못하다.

【迤〈迆〉】 yǐ yí 갈 이

Ⓐyǐ ❶(장소·방향에 대해) …일대. …측 [「以东」「以北」의 「以」와 같음] ¶天安门～西是中山公园 | 천안문의 서쪽이 중산공원이다. ❷⇒〔迤逦〕

Ⓑyí ⇒〔逶wēi迤〕

【迤逦】yǐlǐ 書 狀 구불구불 이어지다. ¶～群山 | 구불구불 연이은 뭇산. ¶队伍沿着山路～而行 | 대오가 산길을 따라 구불구불 길게 줄을 지어 가다.

【酏】yǐ ☞ 酏 yí

4【蚁(蟻)〈螘〉】yǐ 개미 의 名 ❶〈蟲〉개미. ¶蚂～ | 개미. ¶工～ | 일개미. ¶雌～ | 여왕개미＝〔蛾yǐ〕 ❷(Yǐ) 성(姓)

【蚁蚕】yǐcán ⇒〔蚕蚁〕

【蚁附】yǐfù 動 개미처럼 달라붙다. ¶敌军都向我军～归降guīxiáng | 적군은 아군에게 개미떼처럼 줄줄이 투항하였다.

【蚁醛】yǐquán ⇒〔甲jiǎ醛〕

【蚁酸】yǐsuān ⇒〔甲jiǎ酸〕

【舣(艤)〈檥〉】yǐ 배댈 의 書 動 배를 대다. 정박하다.

3【倚】yǐ 기댈 의, 믿을 의 動 ❶기대다. ¶～门而望 | 문에 기대어 바라보다. ❷(세력·권세 등을) 믿다. 의지하다. ¶～势欺人↓ ❸書 치우치다. 편향되다. ¶不偏不～ | 편향이 없다. 불편 부당하다. ❹書 …에 따라. …에 맞추어. ¶～瑟而歌 | 거문고에 맞추어 노래하다.

【倚傍】yǐbàng 動 ❶기대다. 의지하다. 바싹 다가서다. ¶无所～ | 의지할 데가 없다. ¶～在我身旁 | 내 옆으로 바싹 다가서다. ❷書 흉내내다. 배우다. 본받다.

【倚草附木】yǐ cǎo fù mù 成 풀이나 나무에 기대다. 무슨 일이든 남에게 의지하다. 남에게 빌붙어 살다. ¶拉点儿人际关系, ～地攀缘上去 | 인간관계를 이용하여 남에게 빌붙어서 출세하다.

【倚靠】yǐkào ❶動 의탁하다. 의지하다. 믿다. 등에 업다. ¶有所～ | 의지할 곳이 있다. ¶～官势, 欺压人民 | 관의 세력을 등에 업고 백성을 못살게 굴다＝〔倚托〕 ❷動 (몸을) 기대다. ¶他全身～在树干上 | 그는 온몸을 나무에 기댔다. ❸名 의지할 사람. ¶年老了也没有个～ | 늙었지만 의지할 사람이 하나도 없다.

【倚赖】yǐlài 動 의지하다. 의뢰하다. 기대다. 힘입다. ¶他有～思想 | 그는 남에게 의지하려는 성향이 강하다. ¶努力振作, 不要～人 | 노력 분발하고 남에게 기대지 마라.

【倚老卖老】yǐ lǎo mài lǎo 成 늙은 티를 내며 거만하게 행세하다. 나이를 내세워 뻣뻣하게 굴다. ¶此人～, 不通时务 | 이 사람은 늙은 티만 내면서 세상사에는 캄캄하다＝〔依老卖老〕〔以老卖老〕

【倚马可待】yǐ mǎ kě dài 成 급박하게 전쟁에 나가는 말에 기대고서도 완성된 글을 지을 수 있다. 문재(文才)가 뛰어나 글을 빨리 잘 짓다. ¶他文思敏捷mǐnjié～ | 그는 문장력이 뛰어나 글을 빨리 잘 짓는다＝〔倚马千言〕

【倚马千言】yǐ mǎ qiān yán ⇒〔倚马可待〕

【倚门】yǐmén 動 문에 기대다. ¶～而望 | 문에 기대어 (자식이 돌아오기를) 몹시 기다리다. ¶～卖笑 | 문에 기대 서서 웃음을 팔다. 喩 창녀가 몸을 팔다.

【倚权挟势】yǐ quán xié shì 成 권세를 믿고 남을 괴롭히다. ¶他向来～ | 그는 줄곧 권세를 믿고 남을 괴롭힌다.

【倚势欺人】yǐ shì qī rén 成 세력을 믿고 사람들을 못살게 굴다. 권세를 믿고 남을 업신 여기다＝〔倚势凌人〕〔倚势仗势〕

【倚仗】yǐzhàng 動 (타인의 세력이나 유리한 조건에) 의지하다. 기대다. ¶～权势 | 권세에 의지하다.

【倚重】yǐzhòng 動 ❶믿고 신뢰하다. 두터운 신임을 받다. ¶他很能干, 所以深得长官的～ | 그는 유능하므로 웃사람의 두터운 신임을 받는다. ❷(타인의 힘이나 명성에) 의지하다. 의뢰하다. ¶这件事只有～老兄了 | 이 일은 노형에게 의지할 수밖에 없습니다.

1【椅】yǐ yī 교의 의, 의나무 의

Ⓐyǐ 名 의자. ¶藤téng～ | 등나무 의자. ¶折合zhéhé～子 | 접는 의자. ¶安乐～ | 안락의자.

Ⓑyī 名〈植〉의나무＝〔山桐子〕

【椅披】yǐpī 名 의자 카바. ¶彩色～ | 천연색 의자 커버

【椅套】yǐtào 名 의자 덧씌우개. ¶配上～ | 의자 덧씌우개를 씌우다.

【椅(子)腿(儿)】yǐ(·zi)tuǐ(r) 名 의자의 다리

1【椅子】yǐ·zi 名 의자. ¶他坐在～上看报纸 | 그는 의자에 앉아서 신문을 본다.

【旖】yǐ 깃발펄펄날 의 ⇒〔旖旎〕

【旖旎】yǐnǐ 書 形 (깃발이) 바람에 나부끼다. 轉 부드럽고 아름답다. 유순하다. 온화하다. ¶～风光 | 온화하고 아름다운 경치.

【踦】yǐ qī 의지할 의, 절름발이 기

Ⓐyǐ 書 動 힘껏 버티다. 지탱하다.

Ⓑqī 書 名 절름발이→〔跛bǒ〕

【踦岖】qīqū ⇒〔崎qí岖〕

【蛾】yǐ ☞ 蛾 é Ⓑ

yì ㄧˋ

1【义(義)】yì 의 의, 뜻 의 ❶名 의. 정의(正義) ¶见～勇为 | 정의를 보고 용감하게 나서다. ❷轉 정의 또는 공익에 합치하는 일. ¶起qǐ～ | 의병을 일으키다. ¶～演yǎn↓ ❸名 의리. 정의(情誼) ¶无情无～ | 정도 의리도 없다. ❹의미. 의의. ¶定～ | 정의. ❺의로 맺은 친족 관계.

¶～母↓ ❻(인체에 있어서) 인공(人工)의 것. ¶～齿chǐ↓ ❼(Yì) [名] 성(姓)

【义不容辞】yì bù róng cí [成] 도의상 사퇴할 수 없다. 의리상 거절할 수 없다. ¶他～地奔bēn向战场 | 그는 도의상 어쩔 수 없이 전장으로 달려갔다.

【义仓】yìcāng [名]〈史〉의창 [흉년에 대비하여 미곡을 저장하여 보관하던 창고] ¶开～赈灾zhènzāi | 의창을 열어 이재민을 구제하다→〔常cháng平仓〕

【义齿】yìchǐ [名] 의치. 만들어 박은 이 =〔假牙jiǎyá〕

【义大利】Yìdàlì ⇒〔意Yì大利〕

【义地】yìdì [名] ❶(옛날의) 빈민을 위해 주어진 공동 묘지→〔公gōng墓〕 ❷개인 또는 단체가 출자하여 만든 묘지 ‖ =〔义园〕

【义愤】yìfèn [名] 의분. ¶他有的只是一点勇气, 一点～ | 그가 가진 것이라곤 조그마한 용기와 의분뿐이다. ¶激jī于～ | 의분으로 격해지다.

【义愤填胸】yì fèn tián xiōng [成] 의분이 가슴에 가득하다. 의분에 차다. ¶一听此话, 他当时就～ | 이 말을 듣자 그는 그 자리에서 의분에 찼다 =〔义愤填膺yīng〕

【义父】yìfù [名] 의부. ¶他是我的～ | 그는 나의 의부이다 =〔寄jì父〕〔(粵)契qì父〕→〔干爹〕〔后爹〕〔继jì父〕

【义和团】Yìhétuán [名]〈史〉의화단 [청대(清代)「白bái莲教」(백련교) 계통의 비밀 결사로, 본래는「义和拳」이라고 했으며 경멸하여「拳quán匪」「团匪」라고도 했음] =〔拳匪〕〔团匪〕

【义举】yìjǔ [名] 의거. ¶首倡～ | 처음으로 의거를 제창하다.

【义军】yìjūn [名] 의병. ¶～蜂起fēngqǐ | 의병이 봉기하다.

【义理】yìlǐ [名] 언론이나 문장의 내용과 이치. ¶推求tuīqiú～ | 문장의 내용과 이치를 깊이 탐구하다.

【义卖】yìmài [名] 바자(bazaar). 자선판매. ¶搞～活动 | 바자회를 열다.

【义妹】yìmèi [名] 의매. 의로 맺은 누이 동생 =〔(方)本胞妹妹〕→〔干gān妹妹〕

【义母】yìmǔ [名] 의모. 의붓어머니 =〔寄母〕〔(粵)契母〕→〔干妈①〕〔后妈〕〔继母〕〔假jiǎ母〕

【义旗】yìqí [書][名] 의기. 의병의 군기. ¶高举～ =〔起义〕| 의기를 높이 들다. 의병을 크게 일으키다.

【义气】yì·qi ❶[名] 의기. 의협심. ¶有～ | 의협심이 있다. ❷[形] 의기가 가득하다. 의협심이 있다. ¶你看他多么慷慨kāngkǎi, 多么～ | 봐라, 그가 얼마나 강개하고 의기에 차 있는지를!

【义人】yìrén [書][名] 의인. 의사 =〔义士shì〕

【义师】yìshī [書][名] 정의를 위하여 일어난 군사. 의병.

【义士】yìshì ⇒〔义人〕

【义塾】yìshú [名] 의숙. 공익을 위하여 의연금으로 설립한 교육기관 =〔义学〕

【义无反顾】yì wú fǎn gù [成] 정의를 위해 뒤돌아보지 않고 용감하게 나아가다. ¶他～地担当起这一工作 | 그는 정의를 위해 뒤돌아보지 않고 이 일을 맡았다.

3【义务】yìwù ❶[名] 의무. ¶～教育 | 의무교육. ¶尽jìn～ | 의무를 다하다. ¶公民的基本权利与～ | 국민의 기본권리와 의무→〔权quán利〕 ❷[名][形] 무보수(의) 봉사(의) ¶～演出 | 무료 공연. ¶～学校 | 월사금을 받지 않는 봉사 학교. ❸[名](특히 상품 등에 대하여) 서비스. ❹(상품에 대하여) 서비스하다.

【义务教育】yìwù jiàoyù [名組]〈教〉의무 교육. ¶实行九年～制度 | 9년간의 의무교육제도를 실행하다.

【义务劳动】yìwù láodòng [名組] 의무(적으로하는) 노동. ¶参加～ | 의무노동에 참가하다.

【义项】yìxiàng [名] 의항.

【义形于色】yì xíng yú sè [成] 정의롭고 엄숙한 기색이 얼굴에 나타났다.

【义兄】yìxiōng [名] 의형. 의로 맺은 형 =〔(粵)契qì兄〕〔如兄〕→〔干gān哥哥〕

【义演】yìyǎn [名] 자선 공연.

【义勇】yìyǒng [名] 의용. 정의를 위하여 일어나는 용기. ¶～之气 | 의용스러운 기개.

【义勇军】yìyǒngjūn [名] 의용군. ¶～进行曲 | 의용군 행진곡 [전한(田漢) 작사, 섭이(聶耳) 작곡의 중국의 국가] =〔志愿兵〕

【义战】yìzhàn [名] 정의를 위한 싸움. ¶春秋无～ | 춘추 시대에는 정의를 위한 싸움은 없었다.

【义正词严】yì zhèng cí yán [成] 이치가 정당하고 말이나 글이 날카롭다. ¶她当时就～地斥骂chìmà他 | 그녀는 당시 날카롭게 그를 나무랐다 =〔义正辞严〕〔辞严义正〕

【义肢】yìzhī [名]〈醫〉의지. 의수와 의족.

【义冢】yìzhǒng [書][名] 옛날, 의총.

【义子】yìzǐ [名] 수양 아들 =〔义儿〕〔干儿子〕

【义足】yìzú [名] 의족.

2【议(議)】yì 의논할 의

❶[動] 의논하다. 토의하다. 협의하다. ¶～好价钱jiàqián | 가격을 협의하다. ¶～了半天, 还是没得到结论jiélùn | 오랫동안 토의했으나, 결론짓지 못했다. ¶自报公～ | [成](자신의 노동 성과·공헌·능력 등에 대한 평가를) 스스로 신고하여 전원이 심의 결정하다. ❷[名] 의견. 주장. ¶无异～通过 | 이의없이 통과되다.

4【议案】yì'àn [名] 의안. 안건. ¶提出～ | 의안을 내다.

4【议程】yìchéng [名] 의사 일정(議事日程) ¶不得随意改变～ | 마음대로 의사 일정을 바꿀 수 없다 =〔议事日程〕

4【议定书】yìdìngshū [名] 의정서. ¶贸易～ | 무역 의정서. ¶附加～ | 부가 의정서 =〔议单〕

【议和】yìhé [動] 강화〔담판〕하다. ¶韩国政府和中国～ | 한국정부는 중국과 강화했다.

3【议会】yìhuì [名] ❶ 입법부. 의회. ¶召开～ | 의회를 소집하다 =〔议院②〕 ❷일부 국가의 최고 권력 기구 ‖ =〔国会〕

【议会制】yìhuìzhì ⇒〔代dài议制〕

【议价】yì/jià ❶動 가격을 협상하다. 흥정하다. ¶当众～ | 공개적으로 가격을 협상하다. ❷(yìjià) 名 협의 가격. 협정 가격.
2【议论】yìlùn ❶動 의논하다. 비평하다. 왈가왈부하다. ¶～一下形势和任务 | 형세와 임무를 의논하다. ¶大家都～起他来了 | 좌중이 그를 비평했다. ¶～是非 | 시비를 의론하다. ❷名 의론. 논의. 시비. 물의. ¶～纷纷 | 의론이 분분하다.
【议事】yìshì ❶名 의사. ¶～妨碍fáng'ài | 의사 방해. ❷書動 공무(公務)를 논의하다. ¶召集部下～ | 부하를 소집해서 공무(公務)를 논의하다.
【议事日程】yìshì rìchéng ⇒〔议程〕
【议题】yìtí 名 의제. ¶围绕三个～进行讨论 | 세 가지 의제로 토론하다.
【议席】yìxí 名 의석. ¶民进党拥有了三分之一的～ | 민진당은 3분의 1의 의석을 차지했다.
4【议员】yìyuán 名 의원.
【议院】yìyuàn ❶名 의원. ❷⇒〔议会①〕

1【亿(億)】yì 억 억, 헤아릴 억
❶數 억 =〔万万①〕 ❷數 고대에는 10만으로 쓰이기도 함. ¶子孙千～ | 자손이 천십만이다《詩經·大雅》 ❸書動 추측하다. ¶～则屡中zhòng | 추측이 언제나 적중하다《論語·先進》=〔臆yì③〕 ❹書形 만족하다. 편안하다.
4【亿万】yìwàn 數 억만(의). 무수(한) ¶～人民 | 무수한 백성. ¶～富翁fùwēng | 억만 장자.
【亿万斯年】yì wàn sī nián 成 억만사년. 끝 없이 긴 세월.
【亿兆】yìzhào ❶數 무수하다. 헤아릴 수 없이 많다. ❷名喩 만민(萬民). 인민(人民). 백성.

2【忆(憶)】yì 기억할 억
動 ❶상기하다. 회상하다. ¶回～ | 회상하다. ❷기억하다→〔记jì①〕
【忆苦思甜】yì kǔ sī tián 成 고된 과거를 회상하고 지금을 행복하게 생각하다. 행복할수록 쓰라린 지난날을 잊지 않다 =〔忆苦甜〕
【忆苦甜】yìkǔtián ⇒〔忆苦思甜〕
【忆昔抚今】yì xī fǔ jīn 成 지난날을 되새기며 오늘을 바라보다. ¶老李～,不胜感慨 | 이씨는 지난날을 되새기며 너무 감개무량해 한다.

1【艺(藝)〈埶₄〉】yì 재주 예, 심을 예
❶名 재주. 재능. 기술. ¶多才多～ | 成 다재다능하다. ❷名 예술. ¶文～ | 문예. ❸書名 준칙(準則). 한도. ¶用人无～ | 사람을 쓰는 데 준칙이 없다. ¶其乐无～ | 그 즐거움이 끝이 없다. ❹書名 심다. ¶树～五谷 | 오곡을 심다.
【艺不压身】yì bù yā shēn 成 재주가 짐이 되는 법은 없다. 기예는 배워두면 도움이 된다. ¶～, 多学几招儿没什么不好的 | 재주가 짐이 되는 법은 없으니 몇 수 더 배워도 나쁠 것이 없다.
【艺高胆大】yì gāo dǎn dà 成 ❶재간이 좋고 대담하다. ¶他真是～ | 그는 정말 재주가 좋고 대담하다. ❷轉 수가 높아지면 거만해진다 ‖ =〔艺高人胆大〕
【艺妓】yìjì 名 일본 기생〔기녀〕 ¶她十六岁开始当～ | 그녀는 16세부터 기생이 되었다.
【艺林】yìlín 書名 ❶(문학) 예술계. ¶这个展览会实在是～盛事 | 이 전람회는 실로 예술계의 성대한 행사이다. ❷문예 도서를 모아둔 곳. ❸문예 작품집.
【艺龄】yìlíng 名 예술인이 예술 활동에 종사한 햇수. ¶他有三十多年～ | 그는 30여 년 동안 예술 활동에 종사했다.
【艺名】yìmíng 名 예명. ¶他的～是一石 | 그의 예명은 일석이다.
【艺人】yìrén 名 ❶연예인. ❷직인(職人). 직공 ‖ =〔艺员〕
1【艺术】yìshù ❶名 예술. ❷名 기술. 기능. ¶领导～ | 지도 기술. ¶军事～ | 군사 기술. ❸形 예술적이다. 미적(美的)이다. ¶照片拍得多～! | 사진을 얼마나 예술적으로 찍었는가!
【艺术家】yìshùjiā 名 예술가. ¶她想当～ | 그녀는 예술가가 되려고 한다.
【艺术品】yìshùpǐn 名 예술품 [일반적으로 조형 예술 작품을 가리킴]
【艺术性】yìshùxìng 名 예술성. ¶追求～ | 예술성을 추구하다.
【艺徒】yìtú 名方 견습공 =〔学徒①〕
【艺无止境】yì wú zhǐ jìng 成 예술의 정진(精進)에는 끝이 없다. 기술 습득에는 끝이 없다.
【艺苑】yìyuàn 名 예원. 예림(藝林). 문학예술계. 문예계. ¶～奇葩qípā | 문예계의 한 떨기 진기한 꽃. 문예계에서 두각을 나타낸 사람 또는 작품.

【呓(囈)〈寱〉】yì 잠꼬대 예
動 잠꼬대하다. ¶梦mèng～ | 잠꼬대(를 하다)
【呓语】yìyǔ ❶名動 잠꼬대[헛소리](하다) ❷名 허튼[실없는] 소리. ¶狂人～ | 미친 사람의 실없는 소리.
【呓怔】yì·zheng 名 잠꼬대. 헛소리. ¶撒sā～ | 잠꼬대를 하다 =〔呓挣〕
【呓挣】yì·zheng ⇒〔呓怔〕

【弋】yì 주살 익
❶書名動 주살. 주살로 새를 쏘다. 잡다. ¶～取 | 포획하다. ❷지명에 쓰이는 글자. ¶～陽縣 | 익양현 [강서성(江西省)에 있는 현(縣)이름] ❸⇒〔弋陽腔〕 ❹(Yì) 名 성(姓)
【弋陽腔】yìyángqiāng 名 청대(清代) 중기 강서성(江西省) 익양현(弋陽縣)에서 생겨나 널리 유행한 희극 곡조의 하나. 현악기를 쓰지 않는 것이 특징임 =〔弋腔〕〔高腔②〕

【刈〈苅〉】yì 벨 예
書動 (풀·곡식을) 베다.
【刈草机】yìcǎojī 名 예초기 =〔割草机〕
【刈除】yìchú 動 잘라 없애다. ¶～杂草 | 잡초를 베어 없애다.

【艾】yì ☞ 艾 ài Ⓑ

【仡】yì ☞ 仡 gē Ⓑ

【屹】yì gē 쭈뼛할 흘
Ⓐyì 書 狀 우뚝 솟다. 轉 꿋꿋이 서서 움직이지 않다.
Ⓑgē ⇒〔屹瘩gē·da〕
Ⓐyì
【屹立】yìlì 動 우뚝 솟다. ¶巍然wēirán～｜우뚝 솟아 서 있다. ¶～不动＝〔屹然yìrán不动〕｜成 우뚝 솟아 움직이지 않다.
【屹然】yìrán 狀 우뚝 솟다.
Ⓑgē
【屹瘩】gē·da ❶ ⇒〔疙gē瘩〕 ❷ 名 구릉.

4【亦】yì 또한 역
❶ 書 副 (…도) 또한. 역시. ¶反之～然｜반대도 역시 마찬가지이다.→〔也①〕 ❷ 書 副 다만 …뿐. ¶子～不努力耳, 此何困难之有?｜네가 다만 노력하지 않을 뿐, 여기에 무슨 어려움이 있는가? ❸ (Yì) 名 성(姓)
【亦步亦趋】yì bù yì qū 成 남이 걸으면 걷고 남이 뛰면 뛰다. 남이 하는 대로 따라하다. 맹목적으로 남을 따르다. 남의 장단에 춤을 추다. ¶他只会～, 毫无创见｜그는 남이 하는 대로 따라만 하고 아무 독창적인 의견이 없다.
【亦即】yìjí 連 곧. 즉. 다시 말하자면. ¶民主～人民作主｜민주라는 것은 다시 말하면 백성이 주인이 되는 것이다.
【亦然】yìrán 書 動 역시 그렇다. ¶反之～｜반대로 하더라도 역시 마찬가지이다. ¶对待帝国主义～｜제국주의에 대처하는 것도 역시 그러하다.

【奕】yì 겹칠 혁
❶ 書 動 겹치다. 중첩되다. ¶～世shì↓ ❷ ⇒〔奕奕〕 ❸ (Yì) 名 성(姓)
【奕世】yìshì 名 여러 세대(世代). 누대(累代)＝〔奕代〕
【奕奕】yìyì 書 狀 ❶ 활기 있다. 생생하다. ¶神采shéncǎi～｜표정이 활기 있다. 정력이 왕성하다. 풍채가 늠름하다. ❷ 근심하는다. ¶忧心yōuxīn～｜대단히 걱정하다.

【弈】yì 바둑 혁
書 ❶ 名 바둑. ❷ 動 바둑을 두다. ¶对～｜대국하다→〔下棋〕
【弈林】yìlín 名 바둑계. ¶～高手｜바둑의 고수.
【弈棋】yìqí ⇒〔下棋〕

2【异(異)】yì 다를 이
❶ 形 다르다. 같지 않다. ¶大同小～｜成 대동소이. ¶～体字tǐzì｜이체자. ¶～日↓ ❷ 形 뛰어나다. 특별하다. ¶奇才qícái～能｜남달리 뛰어난 재능(을 가진 사람) ❸ 形 이상하다. 기이하다. ¶惊jīng～｜경이롭다. ¶情知有～｜이상이 있음을 알고 있다. ❹ 動 의아하게 여기다. 이상하게 여기다. ¶深以为～｜몹시 이상하게 여기다. ❺ 動 갈라지다. 분리하다. 따로하다. ¶离lí～｜이혼하다. ¶同居～爨cuàn｜같이 살면서 밥을 따로 해먹다. ❻ 頭 〈化〉 이소(iso－) 어법 이성체(異性體)를 나타내는 접두사. ¶～丙基bǐngjī↓
【异丙基】yìbǐngjī 名 〈化〉 이소프로필기 (isopropyl基) →〔基④〕
【异才】yìcái 名 ❶ 뛰어난 인재. ¶他是～｜그는 뛰어난 인재이다. ❷ 걸출한 재능.
【异彩】yìcǎi 名 이채. 특별한 빛. 특별한 광채. ¶放射fàngshè出一片光辉灿烂guānghuīcànlàn的～｜휘황찬란한 빛을 발하다. 喩 특별한 성취(成就)특색(特色) ¶这部巨著在文学史上将永放～｜이 거대한 저작은 문학사에 있어서 영원히 이채를 띠다.
2【异常】yìcháng ❶ 形 이상하다. 심상치 않다. 어법 술어, 관형어(定語), 보어로 쓰이며 관형어를 동반하여 명사로 활용되기도 함. ¶这台机器声音～, 应检查检查｜이 기계는 소리가 이상하므로 검사해 봐야 한다. ¶神色shénsè～｜표정이 심상치 않다. ¶这种～现象xiànxiàng值得研究｜이런 이상현상은 연구해 볼만한 가치가 있다. ¶最近几天, 他的行动表现得有些～｜최근 며칠간 그의 행동이 좀 이상하다. ¶没有发现任何～｜아무런 이상도 발견하지 못하다. ❷ 副 대단히. 몹시. 너무. 특히. ¶教室里～安静｜교실이 너무 조용하다. ¶～兴奋xìngfèn｜대단히 흥분하다. ¶感到～地寂寞｜몹시 적막감을 느끼다. ¶～危险wēixiǎn｜대단히 위험하다.
【异程马拉松】yìchéng mǎlāsōng 名 〈體〉 역 전(驛前) 마라톤.
【异词】yìcí ⇒〔异言〕
【异地】yìdì ⇒〔异乡xiāng〕
【异读】yìdú 名 〈言〉 이독(異讀)[한 자(字)를 습관상 둘 이상의 음(音)으로 달리 읽음]. ¶～词｜다른 음(音)으로 읽는 단어→〔审shěn音〕〔又音〕
【异端】yìduān 名 이단. ¶他把这种理论视为～｜그는 이런 이론을 이단으로 간주한다.
【异端邪说】yì duān xié shuō 成 이단 사설. 정통이 아닌 사상과 그릇된 학설. ¶我才不信这种～｜나는 이런 이단사설은 믿지 않는다.
【异方异俗】yìfāng yìsú 名組 다른 지방〔나라〕의 진기한〔색다른〕 풍속.
【异国】yìguó 名 이국. 타국. 외국. ¶～风光｜이국풍경. ¶远适～｜멀리 타국에 가다.
【异国情调】yìguó qíngdiào 名組 이국 정취. 이국의 분위기. ¶这地方还真有点儿～｜이 곳은 이국정취가 좀 난다.
【异化】yìhuà ❶ 動 〈心〉〈言〉〈生〉 이화하다. ❷ 動 〈哲〉 이화하다. 소외(疏外)되다. ¶人性～｜인성이 소외되다. ❸ 名 〈心〉〈哲〉〈言〉〈生〉 이화.
【异化作用】yìhuà zuòyòng 名組 〈生〉〈言〉 이화작용.
【异己】yìjǐ 名 이분자. ¶排除páichú～｜이분자를 배제하다.
【异己分子】yìjǐ fènzǐ 名組 이색 분자. 이분자. ¶整肃zhěngsù～｜이색 분자를 숙청하다.
【异教】yìjiào 名 〈宗〉 이교. ¶～徒tú｜이교도
【异军突起】yì jūn tū qǐ 成 다른 부대(部隊)가 돌연 일어서다. 새로운 세력이 돌연 나타나다. ¶他在学术界～, 别树一帜｜그는 학술계에 혜성같이 나타나 새로운 학파를 일으켰다.
【异口同声】yì kǒu tóng shēng 成 이구 동성. 여

러 사람이 한결같이 말하다. ¶同学们～地称赞chēngzàn他 | 급우들은 이구동성으로 그를 칭찬한다. ¶～地说他是坏人 | 그는 나쁜 사람이라고 이구동성으로 말하다 =〔一口同音〕

【异类】yìlèi 名 이류. ❶ 이족(異族). 다른 겨레. ¶他把我们视为～ | 그는 우리들을 이족으로 본다. ❷ 동식물(動植物)의 다른 종류.

【异母】yìmǔ 名 ❶ 이모. 이복(異腹). ¶～兄弟 | 배다른 형제 ❷〈數〉이분모(異分母)

【异曲同工】yì qǔ tóng gōng 成 동공 이곡(同工異曲). 곡은 달라도 솜씨는 똑같다. 다른 사람의 문장이나 언변 등이 똑같이 훌륭하다. 방법은 다르나 효과는 똑같다. ¶这两种方法有～之妙miào | 이 두가지 방법은 동공이곡의 오묘함이 있다 =〔同工异曲〕

【异趣】yìqù 名 ❶ 서로 다른 취미. 상이한 정취. ¶这种想法跟我原先的思想真是大其～ | 이런 견해는 원래의 내 생각과 아주 다르다. ❷ 특이한 취미. 별난 취향.

【异人】yìrén 名 ❶ 뛰어난 사람. ❷ 다른 사람. ❸ 신인(神人). 선인(仙人) ❹ 외국인.

【异日】yìrì 書 名 ❶ 다른 날. 후일(後日) ¶待诸～ | 다른 날을 기다리다. ❷ 이미 지나간 날. 이전(以前). 왕일(往日)

【异俗】yìsú 名 ❶ 이속. 다른 풍속. ❷ 나쁜 풍습·습관. 악습(惡習)

【异体字】yìtǐzì 名〈言〉이체자→〔别bié字①〕

【异同】yìtóng 書 ❶ 名 서로 다른 점과 같은 점. ¶辨别～ | 서로 다른 점과 같은 점을 구별하다. ❷ 形 일치하지 않다. ❸ 名 이의(異議)

【异味】yìwèi 書 名 ❶ 진기한 맛. 별미. ❷ 독특한 냄새. ¶他的身上发出～ | 그의 몸에서 독특한 냄새가 난다.

【异文】yìwén 名 ❶ 통가자(通假字)와 이체자(異體字)의 총칭. ❷ 동일한 책의 서로 다른 판본이나 혹은 서로 다른 책에 기재된 동일한 사물에 대한 서로 다른 자구(字句)

【异物】yìwù 名 ❶ 이물. 다른 물건〔물질〕 ❷ 書 죽은 사람. 귀신. ¶化为～ | 죽다. 귀신이 되다. ❸ 기이한 물건.

【异香】yìxiāng 名 특이한 향기. ¶～扑鼻 | 특이한 향이 코를 찌르다. ¶～满室 | 특이한 향기가 집안에 가득하다.

【异乡】yìxiāng 名 이향. 타향. ¶我好像是一个～人 | 내가 이방인 같다. ¶～人 | 타향 사람 =〔异地〕

【异想天开】yì xiǎng tiān kāi 成 기상 천외(奇想天外). 생각이나 착안이 보통 사람이 짐작할 수 없이 엉뚱하고 기발하다. ¶他就喜欢～ | 그는 기상천외한 것을 좋아한다.

【异心】yìxīn 名 다른 마음. 반역심(反逆心) ¶阴蓄yīnxù～ | 남몰래 반역심을 품고 있다 =〔异志〕→〔二èr心①〕

【异姓】yìxìng 名 다른 성(姓). 타성(他姓)

【异性】yìxìng 名 ❶ 이성. 성별(性別)이 다른 사람. ❷ 다른 성질. ¶～的电互相吸引,同性的电互相排斥 | 다른 성질의 전류는 서로 끌어 당기고 같은 성질의 전류는 서로 밀어낸다.

【异烟肼】yìyānjǐng 名〈藥〉이소니아지드(isoniazid)〔이소니코틴산(isonicotinic acid)으로 만든 결핵치료약〕=〔异尼古丁酸联氨〕〔雷米封léimǐfēng〕

【异言】yìyán 名 이의(異議). 반대 의견. ¶两相情愿qíngyuàn, 各无～ | 쌍방이 모두 바라는 바로서, 어느 쪽도 이의가 없다 〔일반적으로 계약서 용어로 많이 쓰임〕=〔异词cí〕

【异样】yìyàng ❶ 名 차이. 다른 점. ¶30年过去了,他的精神气质jīngshénqìzhì没有丝毫sīháo的～ | 30년이 지났지만 그의 정신기질은 조금도 차이(변함)가 없다. ¶多年没见了,看不出他有什么～ | 여러 해 보지 못했는데도 그는 별 차이점이 없이 그대로이다. ❷ 形 이상하다. 색다르다. 특별하다. ¶他忽而听得一种～的声音 | 그는 갑자기 특이한 소리를 들었다. ¶有一种～的感觉 | 일종의 색다른 감이 있다.

【异议】yìyì 名 ❶ 이의. 다른 의론. 이견. ¶如果没有～,就算suàn通过了 | 이의가 없다면 통과한 것으로 하겠습니다. ❷〈法〉반대 의견. ¶持chí～ | 이의를 가지다. ¶提出～ | 이의를 제출하다. 이의를 제기하다.

【异域】yìyù 名 이역. 외국(外國) ¶身处～ | 외국에 있다.

【异重流】yìzhòngliú 名〈地質〉혼탁류(混濁流)〔밀도류(密度流)의 일종임〕

【异族】yìzú 名 이족. 다른 민족. 외족(外族) ¶反抗fǎnkàng～压迫yāpò | 외족의 압박에 대항하다.

【衣】yì ☞ 衣 yī B

【裔】yì 후예 예, 변경 예

名 ❶ 書 후예. 후손. ¶后～ =〔苗miáo裔〕| 후예. ❷ 書 변경. 가장자리. ¶四～ | 사방의 변경. ¶海～ | 바닷가. ❸ (Yì) 성(姓)

【裔夷】yìyí 書 名 변방(邊方)의 오랑캐.

1【译(譯)】yì 번역할 역

動 번역〔통역〕하다. ¶～为英文 | 영어로 번역하다. ¶编～ | 편집·번역하다.

【译本】yìběn 名 ❶ 역본. ¶有没有这本书的英～? | 이 책의 영문 번역본이 있습니까? ¶节jié～ | 초역본(抄譯本) ¶《石头记》的英～ | 《석두기》의 영역본. ❷〈電算〉버젼(version)

【译笔】yìbǐ 名 번역문(의 질(質)과 풍격(風格)). ¶～流畅liúchàng | 역문이 유창하다. ¶～枯涩kūsè | 역문이 딱딱하다.

【译成】yìchéng 動 (…로) 번역하다. ¶这本书～韩文了吗? | 이 책은 한국어로 번역되었습니까?

【译稿】yìgǎo 名 번역 원고. ¶～请附寄原文 | 번역 원고는 원문을 붙여서 보내 주십시오.

【译介】yìjiè 動 번역소개하다. ¶～中国哲学思想 | 중국철학사상을 번역소개하다.

【译码】yìmǎ 名 해독(解讀) ¶～器 | 해독기

【译名】yìmíng 名 번역명. 번역어. ¶统一～ | 번역명을 통일하다.

【译述】yìshù ❶ 名 역술. ❷ 動 역술하다. ¶精心～ | 정성 들여 역술하다.

【译文】yìwén 名 역문. ¶通俗的～ | 통속적인 역문.

【译意风】yìyìfēng 名 外 ❶ 이어폰(earphone)→〔耳ěr机(子)②〕 ❷(동시 통역용) 이어폰 =〔译语风〕
【译音】yìyīn ❶ 名 음역(音譯) ¶～符号 | 음역부호. ❷ 動 음역(音譯)하다.
4【译员】yìyuán 名 통역. ¶女～ | 여자 통역→〔翻fān译②〕
【译者】yìzhě 名 역자. 번역자. 번역한 사람
【译制】yìzhì ❶ 名 더빙(dubbing). ¶～片 | 더빙한 영화. ❷ 動 더빙(dubbing)하다.
【译制(影)片】yìzhì(yǐng) 名 더빙한 영화 =〔翻译片fānyìpiàn〕
【译注】yìzhù 動 번역하여 주해〔주석〕하다. ¶～古书 | 고서에 역주를 달다 =〔译注〕
【译著】yìzhù 名 번역 저서.
【译作】yìzuò 名 역작. 번역한 작품. ¶他～丰富 | 그는 번역작품이 많다.

【峄(嶧)】Yì 산이름 역
名〈地〉역산(嶧山)[산동성(山東省)에 있는 산이름]
【峄桐】yìtóng 名 ❶ 역양(嶧陽).오동나무 〔역양(嶧陽)에서 산출되는 오동나무로 금(琴)의 재료로 쓰임〕 ❷ 轉 인재 ‖ =〔峄阳桐〕
【峄阳桐】yìyángtóng ⇒〔峄桐〕

【怿(懌)】yì 기뻐할 역
書 動 기뻐하다. ¶闻之～颇pō | 그것을 듣고 매우 기뻐하다.

【驿(驛)】yì 역말 역
❶ 名 역참. ¶～吏 =〔驿官〕〔驿丞chéng〕 | 역관. ❷ 지명에 쓰이는 글자. ¶龙泉～ | 용천역. 사천성(四川省)에 있는 지명.
【驿道】yìdào 名 (옛날의) 역로(驛路) =〔驿路〕
【驿站】yìzhàn 名 (옛날의) 역참 =〔驿亭〕〔馆guǎn驿〕

【绎(繹)】yì 당길 역
書 動 ❶ 실마리〔단서〕를 찾아내다. ¶抽chōu～ | 실마리를 찾아내다. ¶寻xún～ | 되풀이하여 음미하고 연구하다. ¶反复思～ | 생각을 되풀이하다. ❷ 연속되다. 이어지다. ¶络luò～ | 연이어지다.
【绎味】yìwèi 書 動 의미를 찾다. 탐구하다.

【佚】yì dié 편할 일, 잃을 일, 흐릴 질, 갈마들 질
Ⓐ yì ❶ 書 動 산실(散失)하다. 소실되다. 없어지다. ¶～书 | 책이 소실되어 전해지지 않다 =〔逸yì②〕 ❷ 書 形 안일하다. 안락하다. 편안하다. ¶以～待劳dàiláo | 쉬면서 힘을 길러 지친 적을 치다 =〔逸yì③〕 ❸ 書 形 방종하다. 방탕하다. ¶淫yín～ | 음탕하고 방종하다 =〔逸④〕 ❹ 書 과실. 허물. ¶～罚fá↓ ❺ 書 形 아름답다. ❻ (Yì) 名 성(姓)
Ⓑ dié ❶「迭」와 통용⇒〔迭dié①〕 ❷ ⇒〔佚宕〕〔佚荡〕
Ⓐ yì
【佚罚】yìfá 書 名 허물. 죄.
【佚失】yìshī 動 없어지다. 유실되다. ¶这部书久已～ | 이 책은 유실된지 오래되었다.
【佚书】yìshū ⇒〔逸书①〕
Ⓑ dié
【佚宕】diédàng 書 動 거리낌없다. 구애받지 않다. 호방하다 =〔佚荡〕〔逸荡〕
【佚荡】diédàng ⇒〔佚宕〕

【轶(軼)】yì 뛰어날 일, 잃을 일
書 ❶ 形 뛰어나다. 출중하다. ¶～材cái↓ ❷ 動 흩어져 없어지다. ¶～事shì↓
【轶材】yìcái 書 名 걸출한 재능.
【轶事】yìshì 名 일화(逸話) 알려지지 않은 사실(史實) ¶收集shōují～ | 알려지지 않은 사실을 수집하다. ¶他常把先祖的遗闻yíwén～讲给我听 | 그는 늘 선조의 숨은 일화를 나에게 이야기해 주었다 =〔轶闻〕〔逸事〕
【轶闻】yìwén ⇒〔轶事shì〕

4【役】yì 일 역, 부릴 역, 일군 역
❶ 名 힘을 들이는 일. 노동(력) ¶苦～ | 고역. ❷ 名 병역. ¶服完兵～ | 병역복무를 마치다. ¶现～ | 현역. ❸ 動 부리다. 일을 시키다. ¶奴～ | 노예처럼 부리다. ❹ 名 하인. 고용인. ¶仆pú～ | 하인. ¶差chāi～ | 관아의 심부름꾼. ❺ 名 사건. ¶此～乃数人相殴xiāngōu之小事 | 이 사건은 몇 사람이 다툰 사소한 일이다. ❻ 名 전쟁. ¶(中日)甲午之～ | 청일 전쟁.
【役畜】yìchù 名 (노동력이나 다른 곳에) 부려 쓰는 가축. 역축. ¶喂养wèiyǎng～ | 역축을 기르다 =〔力lì畜〕
【役龄】yìlíng 名〈軍〉군 복무연령. 병역 적령(兵役適齡). 병역 연령.
【役使】yìshǐ 動 (가축이나 사람을) 부려먹다. 일을 시키다. ¶地主把长工当牛马一样～ | 지주가 머슴을 소나 말처럼 부려먹다.
【役用】yìyòng 名 사역용(使役用) ¶～牛 | 사역용 소.

4【疫】yì 돌림병 역
名〈醫〉급성 전염병. 유행병. ¶鼠shǔ～ | 페스트. 흑사병. ¶时～ | 계절성 유행병.
【疫病】yìbìng 名 역병. 유행성 전염병. 돌림병. ¶防治fángzhì～ | 역병을 예방 치료하다→〔传染病chuánrǎnbìng①〕
【疫疠】yìlì 名 역병. 전염병. ¶治疗zhìliáo～ | 역병을 치료하다 =〔疠疫lìyì〕
【疫苗】yìmiáo 名〈醫〉왁친(Vakzin;독) ¶接种jiēzhǒng～ =〔注射zhùshè疫苗〕〔打预防针dǎyùfángzhēn〕 | 예방 접종을 하다. ¶斑疹伤寒bānzhěnshānghán～ | 발진티푸스 왁친. ¶卡介qiǎjiè～ =〔卡介(菌)苗〕〔结核疫苗〕 | B.C.G. 왁친. ¶狂犬病～ | 광견병 왁친.
【疫情】yìqíng 名 전염병 발생 상황. ¶～严重yánzhòng | 전염병 발생 상황이 매우 심각하다. ¶～报告站 | 전염병 발생 상황 보고처.

3【毅】yì 굳셀 의
形 ❶ 書 잔인하다. 잔혹하다. ❷ 굳세다. 강건하다. 강하다. ¶～力lì↓ ¶刚gāng～ | 의지가 굳다.
3【毅力】yìlì 名 의지력. 기력. 기백. 굳센 의지. 끈기. ¶他工作很热心，但没有～ | 그는 일에는 열심인데 끈기가 없다. ¶恒心与～，是一个人

迈向成功的必备条件 | 항심과 기백은 한 사람이 성공을 향해 매진하는 필수 조건이다.

4【毅然】yìrán ❶ 朕 의연하다. ❷ 副 의연히. 결연히. 단호히. ¶～立起 | 의연하게 일어서다.

【毅然决然】yìrán juérán 成 의연하고 결연하다. 의지가 굳고 조금도 주저함이 없다. ¶他～走向社会 | 그는 의연히 사회로 진출했다.

3【抑】yì 누를 억
❶ 書 動 (아래로 향하여) 손으로 누르다. ¶高者～之, 下者举之 | 높은 것은 누르고 낮은 것은 들다《老子》❷ 動 억압하다. 낮추다. 제지하다. ¶～扬yáng↓ ¶以～强秦qiángqín | 이로써 강성한 진나라를 제압하다. ❸ 書 連 ⓐ 혹은. 그렇지 않으면. ¶果有此事乎? ～传闻之非真耶? | 정말 이런 일이 있었는가? 그렇지 않으면 잘못 전해진 것인가? =〔意⑥〕ⓑ 그러나. 다만. 오직. ¶才非过人也, ～努力nǔlì不懈xiè而已 | 재주가 남보다 뛰어나서가 아니라 오직 쉬지 않고 노력을 했을 따름이다. ⓒ 그러면. 그렇다면. 즉. ¶若非此坚强jiānqiáng之组织zǔzhī为核心héxīn, ～国家安全之不保, 尚何建设之可言! | 만약 이러한 튼튼한 조직이 핵심이 되지 않았더라면, 국가 안전을 보장하지 못했을 것인데, 더우기 어찌 (국가의) 건설을 말할 수 있겠는가!

【抑菌作用】yìjūn zuòyòng 名組〈醫〉세균 발육 억제 작용(抑制作用)

【抑扬】yìyáng 名 ❶ 억양. 가락의 고저(高低) ❷ 문세(文勢)의 기복(起伏) ❸ 칭찬과 헐뜯음. ❹ 부침(浮沉)

【抑扬顿挫】yì yáng dùn cuò 成 소리의 고저·기복과 휴지(休止)·곡절(曲折). 소리의 높낮이와 곡절이 조화되고 리드미컬하다. ¶他读起诗来～ | 그가 시를 읽으면 소리의 높낮이와 곡절이 조화되어 리드미컬하다.

【抑郁】yìyù 書 形 (불만을 호소할 수 없어) 우울하다. 울적하다. 번민하고 있다. ¶内心～ | 마음이 울적하다. ¶～不平 | 마음이 분하고 답답하다. ¶～症 | 우울증.

【抑止】yìzhǐ ⇒〔抑制②〕

3【抑制】yìzhì ❶ 名〈生理〉억제. 억압. ¶～状态zhuàngtài | 억제상태. ¶～剂jì | 억제제. ❷ 動 억제하다. 억누르다. ¶努力nǔlì～自己的愤怒fènnù | 자신의 분노를 억제하려고 노력하다. ¶～不住冲动chōngdòng | 충동을 억제하지 못하다. ¶他～不住内心的喜悦 | 그는 마음속의 희열을 억누를 수 없었다 =〔抑止yìzhǐ〕

【邑】yì 고을 읍
名 ❶ 읍 [옛날의 행정 단위] ❷ 도시. ¶通都大～ | 대도시. ❸ 수도. ¶商～ | 상의 도읍.

【邑闾】yìlǘ 書 名 부락. 촌락. 마을.

【悒】yì 근심할 읍
書 動 근심하다. 걱정하다. 불안해 하다. ¶忧～ | 근심하다.

【悒愤】yìfèn ❶ 動 분노하고 우울해 하다. ❷ 名 울분.

【悒闷】yìmèn 名 근심. 걱정. ¶喜讯xǐxùn传来, 驱qū散了我心中的～ | 기쁜 소식이 전해와 마음 속의 불안이 사라졌습니다.

【挹】yì 뜰 읍, 당길 읍
書 動 ❶ (액체를) 뜨다. 푸다. ¶～彼注兹zhùzī | 저쪽에서 퍼서 이쪽으로 붓다. 조절하여 평균적으로 만들다→〔㊀ 舀yǎo〕❷ 잡아 당기다. 끌어 당기다. ❸ 중요시하다. 주선하여 장려하다. ¶奖jiǎng～ | 장려하고 발탁하다. ❹ (겸손히) 사양하다. 양보하다. ¶谦qiān～ | 겸양하다.

【挹注】yìzhù 書 動 喻 ❶ 여유있는 데서 떼어 내어 부족한 곳을 보충하다. ❷ 돈을 융통하여 사용하다.

【浥】yì 젖을 읍, 흐를 압
書 動 (비·물에) 젖다. 적시다. ¶露～衣襟 | 이슬에 옷깃을 적시다.

【诣(詣)】yì 이를 예
書 ❶ 動 이르다. 다다르다. ¶乘传chéngchuán～长安 | 전달하는 마차를 타고 장안에 도착했다《史記·孝文本紀》❷ 動 찾아 뵙다. 방문하다. ¶～师问学 | 스승을 찾아 뵙고 학문을 배우다. ❸ 名 (학문·기술 등을 연구하여 도달한) 깊은 경지. 조예(造詣) ¶苦心孤～ | 심혈을 기울여서 연구〔경영〕하다. ¶造～很深 | 조예가 매우 깊다.

【诣府】yìfǔ 書 動 댁으로 방문하다. ¶～拜访 | 댁으로 찾아 뵙겠습니다.

【诣谢】yìxiè 書 動 찾아 뵙고 사례하다.

【佾】yì 줄춤 일
名 줄춤 [행(行)과 열(列)의 인원이 같은 악무(樂舞)] ¶八～ | 팔렬팔행(八列八行)의 악무.

【佾生】yìshēng 名 무동[조정(朝廷)·문묘(文廟)에서 악무(樂舞)를 추던 동생(童生)] =〔佾舞生〕〔乐yuè舞生〕

【泄】yì ☞ 泄 xiè Ⓑ

1【易】yì 쉬울 이, 바꿀 역
❶ 形 쉽다. 용이하다. ¶轻而～举 | 成 가벼워서 들기 쉽다. 매우 수월하다. ¶简～ | 간이하다 ⇔〔难nán①〕❷ 形 온화하다. 부드럽다. ¶我心～也 | 내 마음은 평온하다《詩經·小雅》¶平～近人 | 온화하여 가까이 하기 쉽다. ❸ 書 動 경시(輕視)하다. ¶贵货～土 | 물건을 귀하게 여기고 땅을 경시하다《左傳·襄公四年》❹ 動 다스리다. 가꾸다. ¶～其田畴tiánchóu | 논밭을 가꾸다. ❺ 動 바꾸다. 고치다. 변경하다. ¶移风～俗 | 풍속을 고치다. ❻ 動 교환하다. ¶以物～物 | 물물 교환하다. ❼ 名 簡〈書〉「易经」(역경) ❽ (Yì) 名 성(姓)

【易北河】Yìběi Hé 名 外〈地〉엘베강(Elbe江)

【易卜生】Yìbǔshēng 名 外〈人〉입센 (Hēnrik Ibsen, 1828～1906) [노르웨이의 극작가]→〔娜Nà拉〕

【易地】yìdì 動 (지위·장소·입장 등을) 바꾸다. ¶～比赛 | 진영을 바꾸어 경기하다. ¶～疗养 | 전지 요양(하다) ¶～则皆然 | 입장을 바꾸면 다 같다.

【易风移俗】yì fēng yí sú 成 (낡은) 풍속을 고치

다. ¶～, 树立新风尚 | 낡은 풍속을 고치고 새로운 풍상을 수립하다.

【易货】yìhuò ❶名〈貿〉물물교환. ¶～协定xiédìng | 바터 협정. ¶记帐jìzhàng～ | 에스크로(escrow) 바터. ¶对开信用状～ | 동시 개설 신용장(同時開設信用狀, back to back L/C)식 바터. ❷動〈貿〉물물교환하다. 바터를 하다.

【易货交易】yìhuò jiāoyì 名〈貿〉바터 무역. 구상 무역. 물물 교환 무역.

【易经】Yìjīng 名〈書〉역경. 주역(周易). 오경(五經)의 하나. ¶他研究过～ | 그는 역경을 연구했다. →〔五经〕

【易熔合金】yìróng héjīn 名組〈化〉이융 합금(易融合金) =〔易熔金〕

【易如反掌】yì rú fǎn zhǎng 成 여반장이다. 손바닥을 뒤집는 것처럼 쉽다. 식은 죽 먹기다. ¶干这事儿对他来说～ | 이 일은 그에게 있어서는 식은 죽 먹기다.

【易于】yìyú 動 …하기 쉽다. 쉽게 …할 수 있다. ¶～写错xiěcuò | 잘못 쓰기 쉽다. ¶这个办法bànfǎ～实行 | 이 방법은 실행하기 쉽다. ¶～犯错误 | 잘못을 저지르기 쉽다.

【埸】yì 밭두둑 역
書名❶ 밭두둑. ❷ 변방. ¶疆jiāng～ | 변경. 국경.

【蜴】yì 도마뱀 척
⇒〔蜥xī蜴〕

【羿】Yì 사람이름 예
名❶〈人〉예 [하(夏)나라 때의 제후로 궁술(弓術)의 명인(名人)] ❷ 성(姓)

【翊】yì 도울 익
書動 돕다. 보좌하다. ¶辅fǔ～ =〔赞zàn翊〕| 보좌하다.

【翌】yì 이튿날 익
書名 (금년이나 오늘의) 다음. 이듬. ¶～日 =〔翼日〕| 익일. 이튿날. ¶～年 | 다음해. ¶～晨 =〔翌朝〕| 이튿날 아침.

【食】yì ☞ 食 shí Ⓒ

1【谊(誼)】yì 옳을 의, 의 의
名 친분. 우정. 우의. 정의. ¶友～ | 우의. ¶深情厚～ | 두터운 우정.

2【益】yì 더할 익, 이로울 익
❶名 이익. 이득. ¶利～ | 이익. ¶公～ | 공익. ¶受～很多 | 얻는 것이 아주 많다⇔〔害hài②〕 ❷形 유익하다. 이익이 되다. ¶～友↓ ¶良师～友 | 좋은 선생님과 좋은 벗⇔〔害hài①〕 ❸動 증가하다. 늘어나다. ¶增～ | 증가하다. ¶延年yánnián～寿shòu | 수명이 연장되다. ❹書動 부유해지다. ¶其家必日～ | 그 집은 반드시 날로 부유해 질 것이다. ❺副 더욱. 가일층. ¶多多～善 | 많을수록 더욱 좋다. ¶日～壮大 | 날로 더 커지다. ❻(Yì) 名 성(姓)

【益虫】yìchóng 名〈蟲〉이로운 벌레. ¶保护～ | 이로운 벌레를 보호하다.

【益处】yì·chu 名 좋은〔유익한〕점. 장점. ¶没有～ | 이로운 것이 없다. ¶这样做, 有很多～ | 이렇게 하면 좋은 점이 많다 =〔好处hǎo·chu〕

【益发】yìfā 副 더욱. 한층 더. 훨씬. ¶太阳落了, 再加上下这么一场雨, ～显xiǎn得凉快liángkuài了 | 해가 넘어간 데다가 이렇게 비까지 오니 더 시원해졌다 =〔一发〕→〔更加〕

【益加】yìjiā 副 더욱. 한층 더. 더욱더. …에 더하여. ¶情绪qíngxù～激昂jī'áng | 정서가 한층 더 격앙되었다.

【益母草】yìmǔcǎo 名〈植〉익모초 =〔茺chōng蔚〕〔苦草〕

【益鸟】yìniǎo 名 익조. 이로운 새. ¶啄木鸟是～ | 딱다구리는 이로운 새이다→〔害鸟hàiniǎo〕

【益友】yìyǒu 名 익우. 좋은 벗. 유익한 친구. ¶多交～ | 좋은 친구를 많이 사귀다.

【嗌】yì ài 목구멍 익, 웃을 악
Ⓐ yì 書名 목구멍. ¶～不容粒rónglì | 밥알이 목구멍으로 넘어가지 않는다.
Ⓑ ài 書動方 인후(咽喉)가 막히다.

【溢】yì 넘칠 일, 지나칠 일
❶動 넘치다. 넘쳐흐르다. ¶河水四～ | 강물이 사방으로 넘쳐흐르다. ¶潮水cháoshuǐ～出堤岸dīàn | 바닷물이 제방을 넘쳐흐르다. ❷動 (정도를) 넘치다〔지나치다〕과도하다. ❸「镒」와 통용⇒〔镒yì〕

【溢出】yìchū 動 넘쳐 흐르다. ¶酒从杯子中～了不少 | 술이 잔에서 많이 넘쳐 흘렀다.

【溢洪道】yìhóngdào 名〈土〉여수로(餘水路) ¶修筑～ | 여수로를 만들다.

【溢流】yìliú ❶名〈電算〉오버플로우(over flow) ¶～区 | 오버플로우 에어리어(area) =〔超限〕〔溢位〕 ❷動 가득차 흘러 넘치다. 넘쳐 흐르다. 남아 돌다.

【溢于言表】yì yú yán biǎo 成 감정이 언사(言辭)나 표정에 표출되다. 감정이 나타나다. 감정이 그대로 넘쳐 흐르다. ¶感激gǎnjī之情～ | 감격한 표정이 나타나다.

【缢(縊)】yì 목맬 의/액
書動 목을 졸라매어 죽(이)다. ¶自～ | 목을 매고 자살하다→〔勒lēi死〕〔吊diào死〕

【镒(鎰)】yì 중량이름 일
書量 일 [고대의 중량단위(重量單位)로 20「两」에 해당] =〔溢 ③〕

【逸】yì 달아날 일
❶書動 달아나다. 도망가다. ¶奔～ =〔逃逸〕| 도주하다. ¶马～不能止 | 말이 달아나는 것을 멈추게 할 수 없다. ❷動 산일(散逸)하다. 흩어져 없어지다. ¶～书shū↓ ¶其书已～ | 그 책은 이미 산실(散失)되었다 =〔佚yì①〕 ❸形 안일하다. 안락하다. 편안하다. ¶一劳永～ | 成 한번 고생해두면 그 다음은 오래 편안할 수 있다. ¶以～待劳 | 成 쉬면서 힘을 길러 지친 적을 치다 =〔佚yì②〕 ❹形 방종하다. 제마음대로 행동하다. ¶淫yín～ | 음탕하고 방종하다 =〔佚③〕 ❺形 탁월하다. 뛰어나다. 빼어나다. ¶超～ | 초탈(超脫)하다. ¶～

品pǐn↓ ¶~士shì↓ ❻書動석방하다. 풀어놓다. ❼動은둔하다. ¶隐~ | 은밀하다.

【逸乐】yìlè 書動놀며 즐기다. 안락하게 지내다 =〔逸豫yù〕〔佚乐yìlè〕

【逸民】yìmín 書名일민. 은거자 =〔佚民yìmín〕

【逸品】yìpǐn 名일품. ❶아주 뛰어난 물건. 절품(絶品) ❷뛰어난 품격［서화(書畵) 등에서 특히 뛰어난 것을 이름］

【逸趣】yìqù 名자연스러운 정취. 탈속한 의취(意趣) ¶~横生 | 成자연스러운 정취가 물씬 풍기다.

【逸诗】yìshī 名❶일시. 시경(詩經)에 수록되지 않은 고시(古詩) ¶收集注释~ | 일시를 수집하여 주석을 달다. ❷전해 내려오지 않는 시‖=〔轶诗yìshī〕

【逸史】yìshǐ 名일사. 정사 이외의 사실을 기록한 역사. ¶他很重视考订~ | 그는 숨은 역사의 고증을 아주 중시한다.

【逸士】yìshì 書名❶은자. 은사. ❷훌륭한 사람.

【逸事】yìshì 書名세상에 드러나지 아니한 사실. ¶对我说过一段~ | 숨겨진 사실을 나에게 얘기했다 =〔轶事〕

【逸书】yìshū 名❶일서. 세상에 전하지 않는 책 =〔佚书〕❷(Yìshū)〈書〉공자(孔子)의 구택(舊宅)벽속에서 나온 한초(漢初) 복생(伏生)의 금문상서(今文尙書) 29편 이외의 고문상서(古文尙書) 16편.

【逸闻】yìwén 書名일문. 일화(逸話) ¶收集~ | 일화를 수집하다.

【逸豫】yìyù ⇒〔逸乐〕

【逸致】yìzhì 書名아취(雅趣). 탈속한〔고상한〕정취. ¶这幅画儿很有~ | 이 그림은 아주 정취가 있다.

1【意】yì 뜻 의, 헤아릴 의
❶名생각. 의사. 마음. ¶善shàn~ | 선의. ¶随suí~ | 마음대로. ¶无~中 | 무의식중. ❷名뜻. 의미. ¶取~ | 뜻을 취하다. ¶词不达~ | 글이 뜻을 충분히 나타내지 못하다. ¶大~ | 대의. ❸名의견. 견해. ¶这一段话很有新~ | 이 말에는 새로운 견해가 꽤 있다. ¶文中立~新颖xīnyǐng | 문장속의 착상이 참신하다. ❹名動예상〔예기〕(하다) ¶出其不~ | 예기치 못하다. ¶自在~中 | 본래부터 예상하였다. ❺名기운. 모습. 기. ¶春~ | 봄 기운. ¶醉zuì~ | 취기. ❻고문에서「抑」와 통용⇒〔抑③ ⓐ〕❼簡〈地〉「意大利」(이탈리아)의 약칭.

【意表】yìbiǎo 書名의표. 의외(意外). 생각 밖. 뜻밖. ¶出人~ =〔出乎意表之外〕| 뜻밖이다. 예상 밖이다→〔意外〕

【意大利】Yìdàlì 名外〈地〉이탈리아(Italīa)［남부유럽에 위치한 공화국. 수도는「罗马Luómǎ」(로마;Roma)］=〔义大利Yìdàlì〕〔伊大Yyīdàlì〕〔意国Yìguó〕

【意到笔随】yì dào bǐ suí 成생각대로 붓이 막힘없이 나가다. 생각나는 대로 글을 줄줄 쓰다. ¶他~, 很会表达 | 그는 생각대로 막힘없이 줄줄 잘 표현한다.

【意会】yìhuì 動마음 속으로 깨닫다. 이해하다. ¶只可~, 不可言传 | 마음으로만 이해할 수 있고, 말로 전할 수 없다.

1【意见】yì·jian 名❶의견. ¶你的~很好 | 당신의 의견은 아주 좋습니다. ¶接受jiēshòu~ | 의견을 받아들이다. ¶保留bǎoliú~ | 의견을 보류하다. ¶听取tīngqǔ~ | 의견을 청취하다. ¶发表fābiǎo~ | 의견을 발표하다. ¶交换jiāohuàn~ | 의견을 교환하다. ¶~分歧qí了 | 의견이 갈라졌다. ¶~不合 | 의견이 맞지 않다. ¶~一致 | 의견이 일치하다. ¶提tí~ | 의견을 내다. ❷이의(異議). 다른 견해. 반대. 불만. 다른 주장이나 의론. ¶我对这种办法很有~ | 나는 이 방법에 대해 이의가 많다. ¶他经常迟到, 早退, 同志们~很大 | 그는 늘 늦게 와서 빨리 퇴근하므로 동료들의 불만이 많다.

【意匠】yìjiàng 名❶의장. (시문·회화 등의) 구상(構想). 창안. 고안. ¶~新颖xīnyǐng | 구상이 참신하다. ❷디자인.

【意境】yìjìng 名(문학·예술 작품에 표현된) 경지. 경계(境界). 정취. 정서. 무드. ¶这部作品的~,语言都很美 | 이 작품의 경계와 언어는 아주 아름답다. ¶这幅油画fúyóuhuà~深远 | 이 유화는 경계가 심원하다 =〔意象〕

4【意料】yìliào ❶名짐작. 예상. 예측. 추측. ¶出乎他的~, 这次考得很好 | 예상 외로 그는 이번에 시험을 잘 쳤다. ¶出乎~之外 | 뜻밖이다. 예상 밖의 일이다. ¶这是~中的事 | 이것은 짐작했던 일이다. ❷動짐작하다. 예상하다. 예측하다. 생각하다. ¶我~到他会来 | 나는 그가 오리라고 예상했었다. ¶不过有时~不到, 也会出事 | 그러나 어떤 때는 예상치도 못하게 일이 생긴다.

【意马心猿】yì mǎ xīn yuán 成(원숭이나 말이 날뛰듯)마음이 한 곳에 집중되지않고 들뜨다. 마음이종잡을 수 없이 산란하다⇒〔心猿意马〕

【意念】yìniàn 名생각. 견해. 관념. ¶每人脑子里都只有人个~, 胜利! | 모두의 머리속에는 승리해야 한다는 일념밖에 없다. ¶新的~ | 새로운 생각 =〔念头〕

【意气】yìqì 名❶의기. 의지와 기개. ¶~高昂gāoyáng | 의기 양양하다. ❷의기. 지향〔뜻〕과 성격. ¶~相投 | 成마음이 서로 맞다. 의기 투합하다. ❸(일시적인) 감정. 주관적 감정. ¶闹nào~ | 감정적으로 맞서다. ¶把~压下去 | 감정을 억누르다.

【意气风发】yì qì fēng fā 成정신이 분발되고 기개가 드높다. 기세가 드높다. 의기가 양양하다. ¶~地走过来了 | 의기양양하게 걸어왔다. ¶他们~地投tóu了新的生活 | 그들은 의기양양하게 새로운 생활에 들어갔다.

【意气用事】yì qì yòng shì 成감정적으로 일을 처리하다. ¶你可不能~ | 너는 감정적으로 일을 처리해서는 안된다 =〔意气行事〕

【意趣】yìqù 書名의취. 의지와 취향. ¶深得静中的~ | 정중(靜中)의 의취를 깊이 터득하고 있다.

2【意识】yìshí ❶名의식. ¶落后过时的~ | 낙후되고 시대에 뒤떨어진 의식 ❷動의식하다. 깨

닫다. 어법 흔히「到」와 어울려 쓰임. ¶他～到事态的严重性｜그는 사태의 중대성을 의식하고 있다. ¶不过是自己还没～到就是了｜다만 자기가 아직 깨닫지 못했다는 것뿐이다.

【意识流】yìshíliú 名 의식의 흐름.

【意识形态】yìshí xíngtài 名組 이데올로기(Ideologie;독) 관념 형태 =〔观念形态〕

1【意思】yì·si 名 ❶ 의사. 생각. 의견. 심정. 염원. ¶你的～怎么样?｜너의 생각은 어떤가? ¶大家的～是一起去｜모두의 의견은 함께 가는 것이다. ❷ 뜻. 의미. ¶你这句话是什么～?｜너 그게 무슨 말이냐? ¶这个字的～怎么讲?｜이 글자의 뜻은 무엇이냐? ❸ (선물에 담겨져 있는) 친밀한 정. 감사의 표시. 의사. 뜻. 성의. ¶这是我的小～, 请您收下!｜저의 작은 성의이니 받아주세요! ¶不必送那么重的礼, ～到了就行了｜그렇게 대단한 선물을 할 필요는 없다. 성의만 전달하면 되는 것이다. ¶让个～减jiǎn一毛吧｜감사의 표시로 십전만 깎아 드리겠습니다. ❹ 기분. ¶不好～｜미안하다. 계면쩍다. ¶我怎么好～丢开他呢?｜내가 어찌 뻔뻔스럽게 그를 내버려둘 수 있겠는가? ¶不好～说话｜말하기 거북하다. ❺ 모양. 형편. 추세. 상황. 기색. 낌새. 맛. ¶他不知我家中的～｜그는 우리 집 형편을 알지 못한다. ¶天有点要下雨的～｜날씨가 비가 내릴 기색이다. 날씨가 곧 비가 올 것 같다. ¶这几天真有点儿秋天的～｜요즘은 정말 가을 기운이 난다. ❻ 재미. 흥미. 흥취. ¶很有～｜아주 재미있다. ¶真没～｜정말 재미없다. ¶我对于这种办法有～｜나는 이 방법에 흥미가 있다. ¶不够gòu～｜성에 차지 않다. 서운하다.

4【意图】yìtú ❶ 名 의도. 기도. ¶他的～是什么?｜그의 의도가 무엇이냐? ¶敌人的～很明显míngxiǎn｜적의 의도가 아주 분명이 드러난다. ❷ 動 의도하다. 기도하다. ¶有所～｜(무엇인가) 의도하는 바가 있다. ¶～侵占qīnzhàn财物｜재물을 침범하여 내 것으로 삼으려고 기도하다.

2【意外】yìwài ❶ 形 의외이다. 뜻밖이다. 예상밖이다. ¶出人～ =〔出乎意外〕｜뜻밖이다. 의표를 찌르다. ¶感到～｜의외라고 생각하다. ❷ 名 뜻밖의 사고. 의외의 재난. ¶～的灾害｜뜻밖의 재해. ¶煤炉子一定要装烟筒, 以免发生～｜석탄 난로에는 반드시 연통을 가설하여 의외의 사고 발생을 피해야 한다.

【意味】yìwèi 名 ❶ 의미. 뜻. ¶～深长的微笑wēixiào｜의미 심장한 미소. ❷ 정조. 정취. 흥취. 흥미. 기분. 재미. 맛. ¶带有文学～的新闻报导｜문학적 흥취를 띤 뉴스 보도.

3【意味着】yìwèi·zhe 動組 의미하다. 뜻하다. ¶这～什么呢｜이것은 무엇을 의미하는가. ¶这一数字～生产提高了两倍｜이 숫자는 생산이 두배 증가하였다는 것을 의미한다.

【意下】yìxià 名 ❶ 심중(心中) ¶不在～｜개의치 않다. ❷ 생각. 주장. 의견. ¶你～如何?｜너의 생각은 어떠냐? ❸ 가슴 속. 마음 속. ¶他滔tāo滔说了一片话, ～颇致不满｜그는 한바탕 거침없이 이야기했지만 가슴 속은 심히 불만스러웠다.

【意想】yìxiǎng 動 생각하다. 상상하다. ¶发生了一件～不到的事｜생각치 못한 일이 한 건 발생했다 =〔料想liàoxiǎng〕〔想像xiǎngxiàng〕

4【意向】yìxiàng 名 의향. 의도. 목적. ¶我不明白他的～｜나는 그의 의도를 잘 모르겠다. ¶共同的～｜공동의 목적. 같은 의향.

【意象】yìxiàng ⇒〔意境〕

【意兴】yìxìng 名 흥미. 흥취. ¶～索然｜흥미가 없다. ¶～勃勃bóbó｜흥미 진진하다 =〔兴致xìngzhì〕

1【意义】yìyì 名 ❶ 뜻. 의미. ¶～不明｜뜻이 분명하지 않다. ¶文章的～｜문장의 뜻. ¶这两个词读音相同, 但～不同｜이 두 단어는 음은 같지만 뜻은 다르다. ❷ 轉 의의. 가치. 의미. 보람. ¶人生的～｜인생의 의의. 삶의 의미. ¶很有～的事｜매우 가치있는 일. ¶具有重大历史～的事件｜중대한 역사적 의의를 띤 사건.

【意译】yìyì 動 ❶ 의역하다. 전체의 뜻을 살려 번역하다. ¶～了大量的外来词｜많은 외래어를 의역하다→〔直译zhíyì〕 ❷ 외국어의 음을 따지 않고 뜻으로 역어(譯語)를 만들다. ¶～词｜의역어→〔音译〕

【意欲】yìyù 書 動 (마음·기분에) …하고 싶다. …하고자 하다. ¶他～独自前去｜그는 혼자 가려고 한다.

【意愿】yìyuàn 名 염원. 소원. 원망(願望) ¶违反他们的～｜그들의 바램을 거스르다. ¶完成一件～｜한 가지 염원을 이루다. ¶统一祖国, 这是我们的～｜조국을 통일하는 것, 이것은 우리들의 염원이다.

【意蕴】yìyùn 名 내포된 뜻. 함의(含意) ¶这首诗～丰富｜이 시는 함의가 많다 =〔义蕴〕

【意在言外】yì zài yán wài 成 말에 나타난 뜻 외에 딴 뜻이 숨어 있다.

【意旨】yìzhǐ 名 (따라야 하는) 취지. 의지. 의향. 의도(意图) ¶难道这是你的～?｜이것이 설마 당신의 의도는 아니겠죠? ¶章程的～｜규정의 취지. ¶秉承bǐngchéng～｜취지를 받들다〔계승하다〕

【意在笔先】yì zài bǐ xiān 成 (글씨·그림 등에서) 사전에 미리 구상하다. ¶～,先立意才能进行造材｜글을 쓸 때 사전에 미리 구상을 하듯이 먼저 뜻을 세워야만 조재를 할 수 있다.

2【意志】yìzhì 名 ❶ 의지. ¶～坚强｜의지가 굳다. ¶～薄bó弱｜의지가 박약하다. ❷ 의기. ¶～消沉xiāochén｜의기 소침하다.

【意中人】yìzhōngrén 名 마음속으로 사모하는 사람. 마음속의 애인〔사람〕 ¶他也有了～了｜그에게도 마음속으로 사모하는 사람이 생겼다.

【薏】 yì 율무 의

名〈植〉율무 =〔薏苡〕

【薏米】yìmǐ 名〈漢醫〉율무쌀 =〔薏苡仁〕〔苡仁〕〔苡米〕

【薏苡】yìyǐ 名〈植〉율무 =〔俗 草珠儿〕

【薏苡仁】yìyǐrén ⇒〔薏米〕

【臆〈肊〉】yì 가슴 억
❶名 가슴. ¶热泪沾zhān～｜뜨거운 눈물이 가슴을 적시다. ❷名 생각. 마음. 회포. ¶胸～｜(가슴속의) 생각. ❸書動 (주관적으로) 추측하다. 억측하다. ¶～测↓ ¶～说↓ =〔亿③〕

【臆测】yìcè 書 ❶名 억측. ❷動 억측하다. ¶不要以小人之心～君子之腹fù｜소인의 마음으로 군자의 마음을 억측하지 말아라 =〔書臆度〕

【臆断】yìduàn 書 ❶名 억단. 억측. ❷動 억단하다. 억판(臆判)하다. ¶片面piànmiàn～｜일방적으로 억측하여 판단하다. ¶凭空píngkōng～｜근거 없이 짐작하여 단정하다.

【臆度】yìduó ⇒〔臆测cè〕

【臆见】yìjiàn 名 주관적인 견해. ¶这只是一种～｜이것은 단지 억지 주장일 뿐이다.

【臆说】yìshuō 名 억설. 억측의 말. ¶不信～｜억설을 믿지 마세요

【臆想】yìxiǎng 書 ❶名 억측. ¶～猜测cāicè｜억지 추측. ¶这个故事是凭空～出来的｜이 이야기는 근거없이 머리속에서 생각해낸 것이다. ❷動 억측하다. 억상하다.

【臆造】yìzào 書動 억측하여 (말을) 만들어내다〔지어내다〕 ¶凭空～｜근거 없이 짐작으로 말을 만들어내다→〔杜撰dùzhuàn〕

【镱(鐿)】yì (이테르븀 의)
名〈化〉화학 원소명. 이테르븀(Yb ; ytterbium)

【癔】yì 의병 의
⇒〔癔病〕

【癔病】yìbìng 名〈醫〉히스테리. ¶他儿子得了～｜그의 아들은 히스테리에 걸렸다. ¶～患者｜히스테리 환자 =〔外歇xiē斯底里①〕〔脏躁症zàngzàozhèng〕

【肄】yì 익힐 이
書 ❶動 배우다. 학습하다. ¶～习｜학습하다. ❷名 수고. 노고. ❸名 (초목의) 움돋이.

【肄业】yìyè 動 (과정을) 이수(履修)하다. 수업하다. 수료하다 [졸업을 못했거나 아직 졸업을 하지 않은 것을 가리킴] ¶高中～｜고교 과정 이수〔중퇴〕 ¶他曾在大学～二年｜그는 대학에서 2년간 공부한 적이 있다.

【瘗(瘞)】yì 묻을 예
書 ❶動 (시체나 부장품을) 묻다. 매장하다. ¶收～｜매장하다. ❷名 무덤. ¶发～出尸｜무덤을 파 시체를 꺼내다《晉書》

【瘗骨不埋名】yì gǔ bù mái míng 成 죽어 뼈는 묻혔지만 명성은 남아 있다.

【熠】yì 빛날 습
書形 밝게 빛나다. ¶～耀↓

【熠耀】yìyào 書形 선명하고 눈부시다. 빛나다 =〔熠煜〕

【熠熠】yìyì 書 貶 밝게 빛나다. 선명하다. ¶光彩～｜광채가 선명하다.

【劓】yì 코벨 의
名 의형 [오형(五刑)의 하나로 코를 베는 형벌]

【殪】yì 쓰러질 에
書動 ❶ 죽다. 죽어 쓰러지다. ¶敌兵尽～｜적병은 모두 죽었다. ❷ 죽이다. 죽여 쓰러뜨리다. ¶～敌甚众｜적을 아주 많이 죽였다.

【翳】yì 깃일산 예
❶書動 (덮어) 가리다. ❷書動 물리치다. 배척하다. ❸名 그늘. ❹名 새의 깃으로 만든 일산(日傘)

【翳然】yìrán 書 貶 황폐하여 풀이 무성하다. 풀로 가리워지다.

【翳翳】yìyì 書 貶 캄캄하다. 어둡다. 암담하다.

4 **【翼】yì 날개 익, 도울 익**
❶名 날개. ¶薄如蝉～｜매미 날개처럼 얇다. ¶双～飞机｜복엽(複葉) 비행기→〔翅chì膀(儿)〕 ❷轉 좌우 양측 중의 한 쪽. ¶由两～进攻｜양쪽으로 공격하다. ❸書動 돕다. 보좌하다. ¶～助↓ ❹名〈天〉익 [이십팔수(二十八宿)의 스물 일곱째] ❺ ⇒〔翼翼〕 ❻ ⇒〔翼日〕 ❼ (Yì) 名 성(姓)

【翼庇】yìbì 動 비호(庇護)하다. 감싸 주다. ¶～部下｜부하를 비호하다.

【翼侧】yìcè 名〈軍〉대열의 측면. 양익(兩翼) ¶攻其～｜측면을 공격하다. ¶左～｜좌익. ¶右～｜우익. ¶～攻击｜측면 공격. ¶～迂回｜측면 우회 =〔侧翼〕

【翼日】yìrì 名 익일. 이튿날. 다음날 =〔書翌yì日〕

【翼手龙】yìshǒulóng 名〈動〉익수룡.

【翼手目】yìshǒumù 名〈動〉익수목. 박쥐목

【翼翼】yìyì 書 貶 ❶ 공경하고 삼가다. 엄하게 근신(謹愼)하다. ¶小心～｜조심조심하다. ❷ 질서 정연하다. ❸ 많다. 번성하다. 무성하다. ❹ 굳세다. 건장하다. ❺ 날아 오르다. 날개짓을 하다.

【翼助】yìzhù 書動 돕다. 보좌하다.

【懿】yì 아름다울 의
書形 (품성이나 행동이) 아름답다. 훌륭하다. 좋다. ¶嘉言～行xíng｜여자의 좋은 언행. ¶～鉴jiàn｜札 보시기 바랍니다.

【懿德】yìdé 書名 미덕. 덕행.

【懿范】yìfàn 書名 훌륭한 본보기. 여자의 아름다운 본보기. ¶～犹存yóucún｜아름다운 본보기가 아직 남아 있다.

【懿行】yìxíng 書名 의행. 좋은 행실.

yīn ㄧㄣ

1 **【阴(陰)】yīn 음기 음**
❶形 어둡다. ¶～暗àn↓ ⇔〔阳yáng〕 ❷形 흐리다. 흐려지다. ¶～雨↓ ¶天～了｜날이 흐렸다 ⇔〔晴qíng①②〕 ❸形 음험하다. 음흉하다. ¶～险｜음험하다. ¶使～着儿zhāor｜음흉한 수단을 쓰다. ❹形 은밀한. 밖으로 드러나지 않은. ¶～谋móu↓ ¶阳奉～违｜成 겉으로는 받들면서 속으로는 거스르다. ❺ 움푹하다. 파고 들어간. ¶～文↓ ❻ 배면(背面). 뒷면. ¶碑bēi～｜비석의 뒷면. ❼ (여성의) 생식기. ¶女～｜여자의 생식기. ❽名

〈哲〉음(陰) [어두움·땅·달·없음 등의 소극적인 방면을 상징하는 범주]⇔〔阳〕 ❾名簡 태음(太陰) ¶~历↓ ❿산의 북쪽. 강의 남쪽 [주로 지명에 쓰임] ¶江~ | 강음. 강소성(江蘇省)의 장강(長江)의 남쪽에 있는 현(縣) 이름. ¶蒙~ | 몽음. 산동성(山東省) 몽산(蒙山)의 북쪽에 있는 현이름. ⓫(~儿) 名 그늘. 응달. ¶树~ | 나무 그늘. ¶背~儿 | 응달. ⓬죽은 후의 세계에 관한 것. ¶~间↓ ¶~司↓ ⓭〈物〉음전기(陰電氣)를 띤 것. ¶~电↓ ⓮名 시간. 광음(光陰) ¶惜~ | 시간을 아끼다. ¶寸~ | 촌음. ⓯(Yīn) 名 성(姓)

4【阴暗】yīn'àn 形 어둡다. 어두침침하다.음침하다. ¶地下室里~而潮湿 | 지하실은 음침하고 습하다. ¶~的脸色 | 어두운 안색. ¶~的角落 | 어두운 구석.

【阴暗面】yīn'ànmiàn 名 암흑면. 어두운 면. ¶揭露~ | 어두운 면을 드러내다. ¶社会的~ | 사회의 암흑면.

【阴部】yīnbù 名〈生理〉음부 =〔阴器〕〔下身②〕〔下阴〕〔下体②〕

【阴惨惨】yīncǎncǎn 貺 음산하다. 으스스하다. 오싹하다. ¶这屋子有点儿~的 | 이 방은 다소 음산하다.

【阴曹】yīncáo ⇒〔阴世〕

【阴沉】yīnchén 形 ❶음침하다. 어두침침하다. (표정이) 침울하다. 어둡다. ¶天色~ | 하늘이 음침하다. ¶脸色~ | 안색이 침울하다. ❷의뭉스럽고 (마음이) 흉칙하다. ¶他的为人很~ | 그의 사람됨은 의뭉스럽고 흉칙하다.

【阴沉沉】yīnchénchén 貺 침침하다. 어둑어둑하다. ¶~的声音 | 가라앉은 소리

【阴错阳差】yīn cuò yáng chā 威 ❶(우연한 원인으로 일을) 그르치다. (일이) 잘못되다. ¶~地把事情弄糟了 | 우연히 잘못되어 일을 망쳤다. ❷운명 중의 불길(不吉)한 날〔때〕‖ =〔阴差阳错〕

【阴丹士林】yīndānshìlín 名 外〈染〉❶인단트렌(indanthrene) ¶~榄lǎn青 | 인단트렌 올리브. ¶~蓝 | 인단트렌 블루. ¶~棕 | 인단트렌 브라운. ¶~元青 | 인단트렌 검정. ¶~染rǎn料 | 인단트렌 염료. ❷인단트렌 염색천. ¶~布 | 인단트렌 염색천 =〔士林布〕

【阴道】yīndào 名 ❶〈生理〉질(膣) ❷〈生理〉書 음(陰)의 원리(原理). 군신(君臣)·부자(父子)·부부(夫婦)의 의(義)를 음양(陰陽)의 도에 비유한 신하·자식·아내된 사람의 도(道) =〔坤道〕→〔阳道①〕 ❸書 산(山)의 북쪽 길. ❹저승의 정법(政法) ❺방중술(房中術)

【阴德】yīndé 名 ❶음덕. 남에게 알려지지 아니한〔숨은〕 덕행(德行) ¶积jī~ | 음덕을 쌓다. ¶有~者, 必有阳报 | 諺 음덕이 있는 자에게는 반드시 드러나 보이는 보답이 있다 =〔阴功〕 ❷여자의 도리(道理). 부인의 덕(德). 부인의 일.

【阴电】yīndiàn 名〈物〉음전기 =〔负电〕

【阴毒】yīndú 形 (성질이) 음험하고 악독하다. ¶这个人一向~ | 이 사람은 줄곧 음험하고 악독하다.

【阴风】yīnfēng 名 ❶겨울바람. 찬 바람. 북풍(北風). 삭풍(朔風) ❷음산한 바람. 음랭(陰冷)한 바람. ¶~四起 | 음산한 바람이 사방에서 일어나다. ¶扇~, 点鬼火 | 諺 음산한 바람을 부채질하고, 도깨비불을 붙이다. 갖은 계략으로 남을 선동하다. ❸살벌한 바람.

【阴干】yīngān 名 천간(天干) 중에 짝수에 해당하는 것. 즉「乙」「丁」「己」「辛」「癸」등을 가리킴.

【阴功】yīngōng ⇒〔阴德①〕

【阴沟】yīngōu 名 ❶폐수로. 지하의 도랑. 암거(暗渠) ¶疏通shūtōng~ | 지하의 도랑을 뚫다 =〔暗沟〕⇔〔明沟〕〔阳沟〕 ❷〈生理〉음부 =〔女阴〕

【阴河】yīnhé 名〈地質〉석회암층(石灰岩層)에 형성된 지하 수로(水路)

【阴户】yīnhù ⇒〔阴门〕

【阴魂】yīnhún 名 망령. 죽은 이의 넋. 사자(死者)의 영혼 [주로 비유적으로 쓰임] ¶~不散 | 威 망령이 흩어지지〔사라지지〕 않다. 나쁜 사람·나쁜 일의 영향이 아직 남아 있다.

【阴极】yīnjí 名〈物〉음극. ❶두 개의 전극간(電極間)에 전류가 흐를 때, 전위(電位)가 낮은 쪽의 극(極) =〔负极〕 ❷전자관(電子管)에서, 전자의 주요 발생원(發生源) ¶冷~ | 냉음극.

【阴极射线】yīnjí shèxiàn 名〈物〉음극선. ¶~管 | 음극선관.

【阴间】yīnjiān ⇒〔阴世〕

【阴茎】yīnjīng 名〈生理〉음경. ¶~勃起 | 음경이 발기하다. ¶~头 | 귀두 =〔阳yáng物〕〔俗 鸡jī巴〕〔玉yù茎〕〔牡mǔ物〕

【阴冷】yīnlěng 形 ❶(날씨가) 음랭하다. 음침하고 한랭하다. ¶~的冬天 | 음랭한 겨울 ❷(안색이) 음침하고 차갑다.

【阴离子】yīnlízǐ 名〈化〉음이온 =〔阴向离子〕〔负fù离子〕〔外 阴伊洪〕〔阴游子〕

【阴历】yīnlì 名 음력. ¶~正月 | 음력 정월 =〔太阴历〕〔旧jiù历〕〔废fèi历〕〔农nóng历〕〔夏xià历〕

【阴凉】yīnliáng ❶形 그늘지고 서늘하다. ¶~的地方 | 그늘지고 서늘한 곳. ¶此药yào宜置于zhìyú~处 | 이 약은 그늘지고 서늘한 곳에 놓아 두어야 한다. ❷(~儿) 名 그늘지고 서늘한 곳. ¶找个~儿歇一歇xiē | 그늘지고 서늘한 곳을 찾아 좀 쉽시다.

【阴霾】yīnmái ⇒〔霾晦〕

【阴门】yīnmén 名〈生理〉음문. 보지 =〔阴户〕〔牝pìn户〕

3【阴谋】yīnmóu ❶名 음모. ¶~诡计 | 음모와 위계. ¶~家 | 음모자. ¶~集团 | 음모 집단. ¶~手段 | 음모 수단. ❷動 음모하다. ¶~暴乱 | 폭동을 음모하다.

【阴囊】yīnnáng 名〈生理〉음낭 =〔俗 肾囊〕

【阴平】yīnpíng 名 ❶〈言〉음평. 현대 중국어 성조(聲調)의 제1성 [주로 고한어(古漢語) 평성자(平聲字) 중의 청음 성모자(清音聲母字)에서 분화되었음] =〔上平①〕→〔四声〕 ❷(Yīnpíng)〈地〉음평 [지금의 감숙성(甘肅省) 문현(文縣)의 서북쪽에 있었던 옛 지명] ¶~偷渡tōudù | 삼국(三國)의 위나라 장수 등애(鄧艾)

가 음평을 몰래 건너 촉한(蜀漢)을 친 고사. 喩 남녀의 밀통(密通)

【阴器】yīnqì ⇒〔阴部yīnbù〕

【阴森】yīnsēn 形 ❶ 음산하다. 음침하고 으스스하다. 어두침침하고 을씨년스럽다. ¶～的古庙 | 음산한 낡은 사당. ❷ 음삼하다. 나무가 무성해서 어둔침침하다. ¶～的树林 | (나무가 무성하여) 음삼한 숲.

【阴森森】yīnsēnsēn 狀 음침하다. 음산하다. 침침하다. ¶～的地下宫殿gōngdiàn | 어두침침하고 을씨년스러운 지하 궁전

【阴山背后】yīn shān bèi hòu 成 외지고 고적한 곳. 궁벽한 곳. ¶这种～容易生苔tái | 이런 궁벽한 곳에는 이끼가 쉽게 낀다.

【阴声(韵)】yīnshēng(yùn) 名 음성운 [「－m, －n, －ng」으로 끝나는 음(音)을 「阳声(韵)」이라 하고 기타의 모음으로 끝나는 음을 「阴声(韵)」이라 하는 성운학(聲韻學) 용어]

【阴虱】yīnshī 名〈蟲〉사면발이. ¶杀灭～ | 사면발이를 죽여 없애다.

【阴蚀】yīnshí 名〈漢醫〉심한 음양(陰癢). 중증(重症)인 음부 소양증.

【阴世】yīnshì 名 명토(冥土) 저승. 저세상 =〔阴曹〕〔阴府〕〔阴间〕〔阴界〕〔阴司〕⇔〔阳yáng世〕

【阴司】yīnsī ⇒〔阴世〕

【阴私】yīnsī 名 남에게 말할 수 없는 나쁜 일. 은밀하게 숨긴 일. 밝히기 어려운 부끄러운 일. ¶这是人家的～, 不宜宣扬xuānyáng | 이것은 그 사람의 개인적인 좋지 않은 일이므로 퍼뜨려서는 안된다→〔隐yǐn私〕

3【阴天】yīntiān 名 흐린 하늘. 흐린 날씨.

【阴文】yīnwén 名 음문. 인장(印章)이나 그릇 등에 음각(陰刻)한 글자 또는 무늬 [인장에 새긴 것은 「白文」이라고도 함] ¶刻kè～ | 음문을 새기다 =〔阴字〕⇔〔阳文〕

【阴险】yīnxiǎn 形 음험하다. 음흉하다. ¶～毒辣dúlà | 음험하고 악랄하다. ¶他～地笑了几声 | 그는 음흉하게 몇 번 웃었다.

【阴性】yīnxìng 名 ❶〈醫〉음성. ¶～反应 | 음성 반응. ❷〈言〉(문법상의 성별 구분에서) 여성(女性) ❸ 달.

【阴性植物】yīnxìng zhíwù 名組 음지 식물.

【阴阳】yīnyáng 名 ❶ 음양 [중국 고대철학에서 우주의 삼라만상을 음과 양으로 대립해서 구분함] ❷ 옛날, 해·달 등 천체의 규칙적인 운동을 연구하는 학문. ❸ 점성·점복·상택(相宅)·상묘(相墓) 등의 방술 =〔阴阳生〕

【阴阳八字】yīnyáng bāzì 名 옛날, 운명 판단으로 간지(干支)의 한 자를 따서, 거기에 생년월일시(生年月日時)를 맞춰, 그 사람의 운명 판단의 근거로 삼은 것. ¶核对两人的～ | 두 사람의 팔자를 맞춰 봅시다.

【阴阳怪气】yīn yáng guài qì 成 (태도·말·표정 등이) 괴상야릇하다. 괴이하다. ¶看不惯他那～的样子 | 그의 그 괴상야릇한 꼴은 눈꼴사납다. ¶一脸的～ | 매우 괴이한 얼굴. ¶他这个人～的 | 그는 괴팍하다.

【阴阳历】yīnyánglì 名 음양력.

【阴阳上去】yīn yáng shǎng qù〈言〉음평(陰平)·양평(陽平)·상성(上聲)·거성(去聲)의 사성(四聲)

【阴阳生】yīnyángshēng ⇒〔阴阳③〕

【阴阳水】yīnyángshuǐ 名〈漢醫〉음양수.

【阴影(儿)】yīnyǐng(r) 名 음영. 그림자. 그늘. ¶人不能生活在历史的～中 | 사람은 역사의 그늘에서 살 수 없다. ¶树木的～ | 나무의 그림자.

【阴雨】yīnyǔ 名 ❶ 몹시 흐린 가운데 오는 비. ❷ 장마. ¶～连绵liánmián | 장마가 계속되다. ¶连天的～ | 연일 내리는 궂은 비. ¶～的天气 | 장마 날씨

【阴郁】yīnyù 形 ❶ (날씨·분위기가) 음울하다. 무겁고 답답하다. ¶天色～ | 날씨가 음울하다. ❷ (그늘이) 컴컴하게 짙다. 음침하다. ¶这是一片～的树林 | 이것은 음침한 숲이다. ❸ (기분 등이) 우울하다. 시무룩하다. 울적하다. ¶心情～ | 심정이 우울하다.

【阴云】yīnyún 名 음운. 검게 하늘을 덮은 구름. 검은 구름. ¶～密布 | 검은 구름이 빽빽하게 퍼져 있다.

【阴韵】yīnyùn 名〈言〉고한어(古漢語) 운모(韻母)의 한 종류. 운미(韻尾)가 입성(入聲)이 아니고 양운(陽韻)이 아닌 것. 양운과 음운의 자는 각기 평(平)·상(上)·거성(去聲)의 세 종류가 있음→〔阳韵〕

【阴贼】yīnzéi 書 形 악독하고 잔인하다.

【阴着儿】yīnzhāor 名 方 음험한 수단. 음흉한 술책. ¶竟使出写黑信的～ | 결국은 투서라는 음험한 수단을 썼다. ¶耍shuǎ～ =〔使阴着儿〕| 음험한 수단을 부리다 =〔阴招儿〕

【阴鸷】yīnzhì 書 形 음험하고 흉악하다. 음흉하고 악랄하다. ¶此人～,不得不防 | 이 사람은 음험하고 흉악하여 방지하지 않으면 안된다.

【阴骘】yīnzhì 名 음즐. 음덕(陰德) ¶这种伤～的事, 可干不得 | 이런 음덕을 해치는 일은 해서는 정말 안 된다.

1【因】yīn 인할 인

❶ 名 까닭. 이유. 원인. ¶事出有～ | 일이 생기는 데는 원인이 있다. ¶前～后果 | 원인과 결과⇔〔果guǒ〕 ❷ 介 連 …때문에. …으로 인하여. …의 이유로. ¶～病请假 | 병 때문에 휴가를 얻다. ¶会议～故改期 | 회의는 사정으로 인하여 날짜가 변경되었다→〔因为〕 ❸ 書 動 따르다. 답습하다. ¶～循↓ ¶陈陈相～ | 成 옛날 것을 바꾸지 않고 그대로 답습하다. ❹ 書 動 의거하다. 의지하다. ¶～人成事 | 남에게 의지하여 일을 이루다. ¶古屋老树相～依 | 고옥(古屋)과 고목이 서로 의지하다. ❺ 書 動 (시간·기회 등을) 틈타다. ¶～其无备, 卒然zúrán击之jīzhī | 준비없는 틈을 타서 갑자기 공격하다. ❻ (Yīn) 名 성(姓)

【因变量】yīnbiànliàng 名〈數〉함수 =〔函hán数〕〔因变数〕

【因材施教】yīn cái shī jiào 成 그 인물에 맞게 교육하다. 상대에 따라 설법하다. ¶他能～ | 그는 사람에 맞게 교육을 잘 시킨다 =〔因人而施〕

²【因此】yīncǐ 連 그러므로. 그래서. 이 때문에. 어법「所以」는 원인·이유를 나타낼 때에「因为」와 호응할 수 있지만,「因此」는「此」가 앞에서 이미 설명한 원인을 대신하기 때문에「因为」와 호응할 수 없음. ¶他的话引得大家都笑了，室内的空气～轻松qīngsōng了很多ㅣ그의 말은 모든 사람들의 웃음을 자아냈기 때문에 실내의 분위기가 한결 부드러워졌다. ¶我的左手残废cánfèi了，但是我的思想并没有残废，～我一点也不灰心ㅣ나의 왼손은 불구가 되었지만 나의 생각은 결코 불구가 아니므로 나는 조금도 낙심하지 않는다 =〔因之〕〔以此〕〔以故〕

【因地制宜】yīn dì zhì yí 成 각지의 구체적인 실정에 맞게 적절한 대책을 세우다. ¶干事业要～ㅣ사업을 하려면 각지의 구체적인 실정에 맞게 적절한 대책을 세워야 한다.

²【因而】yīn'ér 連 그런 까닭에. 그러므로. 그래서. 따라서 어법 일반적으로 결과를 표시함. ¶～有些儿童在校外沾染zhānrǎn上一些不好的习惯ㅣ그 때문에, 일부 어린이는 교외에서 나쁜 습관에 물들었다.

【因公】yīngōng 副 공적인 일로 인하다. 공무(公務)로 말미암다. ¶～出外ㅣ공무로 출장가다. ¶～殉职xùnzhíㅣ공무로 순직하다. ¶～忘私ㅣ공무로 인하여 개인적인 일을 잊다.

【因故】yīngù 書 副 사정으로 인하다. 사정으로 말미암다. ¶～缺席quēxíㅣ사정으로 인하여 결석하다.

【因果】yīnguǒ 名 ❶ 인과. 원인과 결과. ¶～关系ㅣ인과 관계. ¶～性ㅣ인과성. ❷〈佛〉인과.

【因祸得福】yīn huò dé fú 成 화로 인하여 복을 얻다. ¶他～,住院期间跟护士小姐谈上了恋爱ㅣ전화위복이라고 그는 병으로 입원하고 있는 동안 간호원 아가씨와 연애를 하게 되었다 =〔因祸为福〕

【因陋就简】yīn lòu jiù jiǎn 成 좀 모자라는 것이지만 그대로 따르고 간이한 것에 나아가다. 원래의 변변치 못한 조건을 이용하다. ¶要提倡tíchàng～, 少花钱多办事的精神ㅣ현재 가지고 있는 조건을 이용하여 돈을 적게 쓰면서 일을 많이 하는 정신을 제창해야 한다.

【因明】yīnmíng 名〈佛〉인명(hetūvidyā;범)［고대 인도에서 일어난 논리학(論理學)으로, 오명(五明)의 하나］¶西方的～之学ㅣ서방의 논리학

【因人成事】yīn rén chéng shì 成 남에게 의지하여 일을 이루다. 남의 힘을 빌어 일을 이루다. ¶这也就是～ㅣ이것도 남의 힘을 빌어 이룩한 것이다.

【因人而异】yīn rén ér yì 成 사람에 따라 다르다. ¶该干什么职业是～的ㅣ무슨 직업에 종사하느냐는 사람에 따라 다르다.

【因人废言】yīn rén fèi yán 成 사람에 따라 말을 부정하다. 말한 사람이 누구냐에 따라 그 가치를 판단하다. ¶我们不能～ㅣ우리는 말한 사람이 누구냐에 따라 그 가치를 판단해서는 안된다.

【因式】yīnshì 名〈數〉인수(因數). 정식(整式)의 인자(因子) =〔因子②〕

【因势利导】yīn shì lì dǎo 成 정세에 따라 유리하게 이끌다. ¶客观规律是不以人们的意志为转移的，只能～，无法任意改变ㅣ객관적 규율은 사람들의 의지에 의해 변화되지 않으며, 단지 정세에 따라 유리하게 이끌 수 있을 뿐 임의로 바꿀 수는 없다.

【因数】yīnshù 名〈數〉인수 =〔因子①〕〔生数〕

²【因素】yīnsù 名 ❶ 구성 요소. ❷ (사물의 성립을 결정하는) 원인. 조건. 요소. ¶学习先进经验是提高生产的重要～之一ㅣ선진 경험을 배우는 것은 생산을 향상시키는 중요한 요인의 하나이다. ¶积极的～ㅣ적극적 요소. ¶消极的～ㅣ소극적 인소. ¶基本～ㅣ기본적인 요소. ¶附随～ㅣ부수적인 요소. ¶人的～ㅣ인적 요소.

¹【因为】yīn·wèi 連 ❶ …때문에. …에 의하여 어법 일반적으로 원인이나 이유를 먼저 말할 경우에 사용함. ¶～今天进城要办的事情多，天刚亮他就出门了ㅣ그는 오늘 시내에 가서 해야 할 일이 많아서, 날이 밝자 곧 집을 나섰다. ¶小田～这件事还受到了表扬ㅣ소전은 이 일로 인하여 찬양을 받았다. ❷ 왜냐하면 (…때문이다) ［원인이나 이유를 나중에 말할 경우］ ¶我们要向他学习，～他有经验ㅣ우리들은 그에게 배워야 한다. 왜냐하면 그는 경험이 있기 때문이다. 어법「因为」와「由于」의 차이⇒〔由于〕

【因为…而…】yīn·wèi…ér… 連 (…)했다고 해서 …하다. ¶不能因为胜利而骄傲自满! ㅣ이겼다고 해서 자만해서는 안 된다! ¶不能因为取得一点儿成绩而以为了不起! ㅣ약간의 성적을 올렸다고 해서 대단하다고 생각해서는 안 된다!

【因袭】yīnxí 動 ❶ (과거의 방법·제도·법령 등을) 그대로 좇다. ¶～过去的方式来领导今天的农业生产ㅣ과거의 방식에 따라 오늘의 농업생산을 이끌다. ¶～陈规ㅣ낡은 규칙을 그대로 따르다. ❷ (다른 사람을) 모방하다. ¶～前人ㅣ선인을 모방하다.

【因小失大】yīn xiǎo shī dà 成 작은 일로 말미암아 큰 일을 그르치다. 작은 이익으로 인하여 큰 손실을 보다. 작은 것을 탐내다가 큰 것을 잃다. ¶他爱贪小便宜结果～ㅣ그는 작은 이익만 추구하다가 결국 작은 일로 말미암아 큰 일을 잃었다 =〔惜xī指失掌〕→〔贪tān小失大〕

【因循】yīnxún 動 ❶ 답습(踏襲)하다. 구습(舊習)을 그대로 따르다. ¶他一味地～旧习,不思改革创新ㅣ그는 오로지 구습에만 얽매여 새로운 개혁을 생각하지 않는다 =〔沿袭yánxí〕 ❷ 꾸물거리다. 우물쭈물하다. 어물쩍거리다. ¶～着不办ㅣ꾸물거리며 처리하지 않다. ❸ 그럭저럭 지내다. 적당히 얼버무리다. ¶～了事 =〔因循苟且〕〔因循敷衍〕ㅣ적당히 얼버무려 끝내다.

【因噎废食】yīn yē fèi shí 成 목이 멘다고 먹기를 그만두다. 작은 장애 때문에 긴요한 일을 그만두다. 사소한 실패〔방해〕로 해야 할 일을 그만두다. 구더기 무서워 장 못 담그다.

【因由(儿)】yīnyóu(r) 名 ⓘ 원인. 이유. 까닭. ¶他此去的～不明ㅣ그가 이번에 간 이유는 분명하지 않다.

【因缘】yīnyuán ❶ 名〈佛〉인(因)과 연(緣). 인

연. ❷名 연분(缘分) ¶他俩有～ | 그들 둘은 연분이 있다. ❸名動 의거(依據)(하다) ❹名 혼인(婚姻)

【因子】yīnzǐ ❶⇒〔因数〕 ❷⇒〔因式〕

2【姻】yīn 시집갈 인
❶名 혼인. 결혼. ¶联～ | 결혼하다. ❷ 인척(姻戚) ❸書名 고대, 주로 사위의 집을 일컫던 말.

【姻亲】yīnqīn 名 사돈. 인척. ¶他们是～ | 그들은 인척간이다. ¶～关系 | 인척 관계 =〔姻戚〕〔姻亚〕〔姻娅〕

【姻亚】yīnyà ⇒〔姻亲〕

【姻娅】yīnyà ⇒〔姻亲〕

【姻缘】yīnyuán 名 혼인의 연분. 부부의 인연. ¶千里～一线牵 | 인연이 닿을려면 아무리 멀리 떨어져 있어도 이어진다. ¶～棒打不散sàn | 諺 부부의 인연은 몽둥이로 때려도 끊어지지 않는다. ¶美满～ | 더할 나위 없는 부부의 인연.

【洇】yīn 번질 인
「湮」과 같음 ⇒〔湮yīn〕

【茵〈裀₁絪₁〉】yīn 깔개 인, 쑥 인
名 ❶ 깔개. 방석. 요 [옛날에는 수레 안에 깔던 깔개] ¶～褥rù | 방석. 요. ¶芳草如～ | 향기로운 풀이 요처럼 깔려 있다. ❷〈植〉쑥 =〔艾ài〕〔蒿hāo〕

【茵陈】yīnchén 名〈植〉인진(쑥). 사철쑥. ¶～可以入药 | 사철쑥도 약에 들어간다 =〔茵陈蒿〕〔因陈〕

【茵陈蒿】yīnchénhāo ⇒〔茵陈〕

【氤】yīn 기운어릴 인
⇒〔氤氲〕

【氤氲】yīnyūn 書 狀 (구름·안개 등이) 자욱하다. ¶云烟～ | 구름과 연기가 자욱하다.

【铟(銦)】yīn (인듐 인)
名〈化〉화학 원소명. 인듐(In ; indium)

1【音】yīn 소리 음
名 ❶ 소리. 음. ¶扩kuò～器 | 확성기. ¶声～ | 소리. ¶发～ | 발음하다. ¶口～ | 말씨. 말투. ¶女高～ | 소프라노. ¶男低nándī～ | 베이스. ❷ 소식. ¶～信xìn↓ ¶佳jiā～ | 좋은 소식. ¶回～ | 회신. ¶静待jìngdài好～ | 札 삼가 좋은 소식을 기다립니다.

【音标】yīnbiāo 名〈言〉음성 기호. 소리를 음성학적으로 표기하는 기호. ¶国际～ | 국제 음성 기호.

【音叉】yīnchā 名〈物〉음차. 소리굽쇠.

【音程】yīnchéng 名〈音〉음정. ¶～宽 | 음정이 넓다 =〔音比〕

【音调】yīndiào ❶名 음조. (목소리·책 읽는 소리 등의) 톤(tone) ❷⇒〔音律〕

【音符】yīnfú 名〈音〉음부. 음표(音標)

【音高】yīngāo 名〈物〉음고. 음높이.

【音阶】yīnjiē 名〈音〉음계.

【音节】yīnjié 名〈言〉음절. ¶多～ | 다음절. ¶单～ | 단음절 =〔音缀yīnzhuì〕

【音节文字】yīnjié wénzì 名組〈言〉음절 문자.

【音量】yīnliàng 名 음량. ¶～控制 | 음량 조절.

【音律】yīnlǜ 名〈音〉음률 =〔音调②〕〔乐律〕

【音名】yīnmíng 名〈音〉음명. 음이름.

【音频】yīnpín 名〈物〉가청 주파수(可聽周波數) ¶～振荡器 | 가청 주파수 증폭기.

【音品】yīnpǐn ⇒〔音色〕

【音强】yīnqiáng 名〈物〉음력(音力). 음세. 소리의 강약 =〔音势〕

【音儿】yīnr 名 方 ❶ 말소리. 목소리. 음성. ¶他急得连说话的～都变了 | 그는 다급해서 말하는 목소리마저 바뀌었다. ❷ 말의 속뜻. ¶听话听～ | 말을 들을 때는 그 속뜻을 들어야 한다.

【音容】yīnróng 書 名 음용. 음성과 용모. ¶～笑貌xiàomào | 목소리와 웃는 얼굴. ¶～宛在wǎnzài | 목소리와 모습이 선하다.

【音色】yīnsè 名 음색 =〔音品〕〔音质①〕

【音势】yīnshì ⇒〔音强〕

【音书】yīnshū 書 名 ❶ 편지. 서한. ❷ 음운학(音韻學)에 관한 서적.

【音速】yīnsù 名〈物〉음속. ¶超～ | 초음속 =〔声shēng速〕

【音素】yīnsù 名〈言〉음소. ¶～文字 | 음소문자.

【音位】yīnwèi 名〈言〉음 소 (phoneme)[특정한 언어에서 사용되고 있는 일정한 유한수의 음단위]→〔音韵〕〔音素〕〔音节〕

【音位学】yīnwèixué 名〈言〉음소론 [어음학의 한 갈래로 서로 다른 언어 혹은 방언의 음소체계를 연구하는 학문]

【音问】yīnwèn 書 名 음문. 음신(音信) 소식

4【音响】yīnxiǎng 名 음향. ¶～水雷 |〈軍〉음향어뢰(魚雷) ¶～效果 | 음향 효과 =〔声音〕

【音像】yīnxiàng 名 녹음과 녹화. ¶～资料 | 녹음과 녹화 자료

【音信】yīnxìn 名 음신. 편지. 소식. 기별. ¶互通～ | 소식을 서로 주고 받다. ¶杳yǎo无～ | 감감 무소식이다 =〔書音息〕〔書音讯〕

【音讯】yīnxùn ⇒〔音信〕

【音义】yīnyì 名 ❶ 음의. 글자의 음과 뜻. ❷ 옛날, 글자의 음과 뜻에 대한 주석(注釋) [서명(書名)에 많이 쓰임] ¶《毛诗～》|《모시음의》

【音译】yīnyì ❶名 음역. ¶外国地名以～为佳jiā | 외국의 지명은 음역하는 것이 가장 좋다. ❷動 음역하다 =〔译音yìyīn〕

【音域】yīnyù 名〈音〉음역. 음넓이.

1【音乐】yīnyuè 名 음악. ¶～会 | 음악회. ¶～片 | 뮤지컬 (영화) ¶～厅 | 음악당. ¶～形象 | 음악적 이미지. ¶～学院 | 음악 대학. ¶～茶座 | 음악 다방. ¶～录音带 | 음악 테이프.

【音韵】yīnyùn 名〈言〉음운.

【音韵学】yīnyùnxué 名〈言〉음운학. ¶～家 | 음운학자 =〔声韵学〕

【音障】yīnzhàng 名〈物〉음속 장벽.

【音值】yīnzhí 名〈言〉음가(音價)

【音质】yīnzhì ❶⇒〔音色〕 ❷名 음질.

【音缀】yīnzhuì ⇒〔音节〕

【音准】yīnzhǔn 名〈音〉음의 정확도.

【喑〈瘖₁〉】yīn 벙어리 음, 입다물 음
書 ❶形 목이 메어 소리가 나

오지 않다. ¶～哑↓ ❷名 벙어리 ❸動 침묵하다. 말을 하지 않다.
【喑哑】yīnyǎ 貶 목이 걸걸하여 소리가 잘 나지 않다. 발음이 분명하지 않다.
【殷〈慇₁〉】yīn yān yǐn 은나라 은, 검붉은빛 안
Ⓐ yīn ❶書形 두텁다. 풍부하다. 깊다. ¶情意甚～ | 정이 매우 두텁다. ¶～富fù↓ ❷ ⇒[殷勤] ❸ (Yīn) 名〈史〉은(殷) [기원전 14세기～11세기의 중국 고대 왕조] =[商shāng⑥]→[殷商] ❹ (Yīn) 名 성(姓)
Ⓑ yān 書名〈色〉검붉은 색. ¶～的鸡冠子 | 검붉은 계관.
Ⓒ yǐn 書擬 천둥치는 소리. ¶～～其雷 | 우르릉 천둥소리가 났다.
Ⓐ yīn
【殷朝】Yīncháo 名〈史〉은조. 은나라.
【殷富】yīnfù ❶形 부유하다. 풍부하다. ❷名 유복한 집.
【殷钢】yīngāng 名〈金〉앵바르(invar;프)
【殷鉴】yīnjiàn 名 은감. 뒷사람이 경계해야 할 앞사람의 실패[잘못]의 본보기. ¶～不远 | 실패의 본보기는 멀리 있는 것이 아니다.
【殷切】yīnqiè 形 간절하다. ¶～的期望qīwàng | 간절한 바람.
【殷勤】yīnqín 形 ❶ 친절하고[따스하고] 빈틈없다. ❷ 은근하다. 정성스럽다. ¶～的看护 | 정성스런 간호. ¶～的招待zhāodài | 정성스런 접대. ¶受到～接待jiēdài | 정성스런 대접을 받다.
【殷商】Yīn Shāng 名 ❶〈史〉은상. 중국 고대 왕조의 하나. ❷ (yīnshāng) 書 호상(豪商). 부상(富商)
【殷实】yīnshí 形 ❶ 부유하다. ¶～户主hùzhǔ | 부유한 가정. ¶～人家 | 부유한 가정. ¶家道～ | 살림이 유복하다. ¶～的商号 | 견실한 회사. ❷書 가득차다. 넘치다. ¶户口～ | 호구가 번성하다.
【殷墟】Yīnxū 名〈考古〉은허. 중국 하남성(河南省) 안양현(安陽縣)에 있는 은대(殷代) 중기 이후의 도읍의 유적. ¶在～发现了很多古文物 | 은허에서 많은 고대 문물을 발견했다.
【殷殷】yīnyīn 書貶 간절하다. ¶～期望qīwàng | 간절히 바라다. ¶～嘱咐zhǔfù | 간곡히 당부하다.
【殷忧】yīnyōu 書名 은우. 깊은 근심. ¶颇有～ | 근심이 상당히 많다.
Ⓑ yān
【殷红】yānhóng 名〈色〉검붉은 색. ¶～的血迹xuèjì | 검붉은 핏자국. ¶～的鸡冠jīguān子 | 검붉은 볏.
【堙〈陻〉】yīn 막을 인, 흙메 인
書 ❶名 토산(土山) ❷動 막다. 막히다. ¶夷灶zào～井 | 부뚜막을 고르고 우물을 막다. ¶～窒zhì↓ ❸動 매몰되다. 없어지다. 인멸되다. ¶～灭miè↓
【堙灭】yīnmiè 書動 인멸하다. 인멸되다. 자취도 없이 죄다 없애다[없어지다]
【堙窒】yīnzhì 書形 꽉 막히어 통하지 않다.
【湮】yīn ☞ 湮 yān Ⓑ

yín ㄧㄣˊ

4【吟】yín 읊을 음
❶動 읊다. ¶～诗↓ ❷名〈文〉음 [고전 시가의 일종] ¶秦妇qínfù～ | 진부음. ¶梁甫liángfǔ～ | 양보음. ❸書動 신음하다. 한탄하다. ¶其声如～ | 그 소리가 마치 신음하는 것 같다. ¶呻～ | 신음하다. ❹書動 (동물 등이) 울다. ¶猿yuán～ | 원숭이가 울다. ¶龙～虎啸xiào | 용과 호랑이가 울다. ❺書動 말을 더듬다. ¶口～舌言 | 더듬으면서 말하다.
【吟唱】yínchàng 動 노래부르다. 읊조리다. ¶低声～ | 낮은 소리로 노래하다. ¶～流行歌曲 | 유행가를 부르다.
【吟哦】yín'é ⇒[吟咏]
【吟风弄月】yín fēng nòng yuè 威 맑은 바람과 밝은 달에 대하여 시를 짓고 즐겁게 놀다 [현재는 주로 현실과 동떨어진 창작을 비판하는 말로 씀] ¶他就爱～ | 그는 음풍농월하기를 좋아한다 =[批pī月抹风]
【吟诗】yínshī 動 음시하다. 시를 읊다. ¶他的每天的工作便是浇花,看书,画画和～ | 그가 매일 하는 일이란 꽃에 물을 주고 책을 보고 그림을 그리며 시를 읊는 것이다《老舍·四世同堂》
【吟味】yínwèi 動 음미하다. ¶反复～ | 반복 음미하다. ¶他的诗不给别人看, 而只供他自己～ | 그의 시는 남에게 보이려는 것이 아니라, 단지 스스로 음미하기 위한 것일 뿐이다.
【吟咏】yínyǒng 動 (시문을) 읊다. ¶～唐诗 | 당시를 읊다 =[吟哦yíné]
【圻】yín ☞ 圻 qí Ⓑ
【龂(齗)】yín 잇몸 은
❶「龈」과 같음 ⇒[龈] ❷ ⇒[龂龂]
【龂龂】yínyín 書貶 언쟁(言爭)하다. 말다툼하다 =[龈龈]
【垠】yín 땅가장자리 은
書名 한계. 끝. ¶一望无～ | 끝이 없이 아득하다 =[圻yín]
1【银(銀)】yín 은 은
❶名〈化〉화학 원소명. 은(Ag ; argentum) =[俗 银子][俗 白银] ❷ (～子) 은의 총칭. 은화. ¶元宝～ | 옛날 중국에서 통화(通貨)로 쓰던 말굽 모양의 은괴(銀塊) =[银币] ❸轉 화폐와 관계 있는 것. ¶～行háng↓ ¶～根gēn↓ ❹ 은빛. ¶～灰色 | 은회색. ¶～燕yàn↓ ❺ 은으로 만든 것. ¶～杯bēi↓ ❻ (Yín) 성(姓)
【银白】yínbái 名〈色〉은백색.
【银白杨】yínbáiyáng 名〈植〉은백양.
【银杯】yínbēi 名 은배. 은잔.
【银本位】yínběnwèi 名〈經〉은본위제.

【银币】yínbì 名 은화.
【银箔】yínbó 名 은박 =〔银叶子〕
【银鲳】yínchāng 名〈魚貝〉병어 =〔鲳〕〔镜鱼 jìngyú〕〔平píng鱼〕
【银锭】yíndìng 名 ❶(～儿) 말굽은 [중량(重量)이 1·2·3·5·10·50량(兩)의 구별이 있으며, 명(明)·청(淸) 양대에 걸쳐 통화로 사용됨] ❷장례식 또는 성묘 때에 태우는 가짜 「元宝」
【银耳】yín'ěr 名〈植〉흰 참 나 무 버섯 =〔白木耳〕〔雪耳〕
【银根】yíngēn 名〈經〉금융(金融). 돈의 유통. 자금. ¶紧缩jǐnsuō～ | 긴축금융. ¶～太紧, 生意难做啊! | 자금이 궁해서 장사하기 힘드는 군요! ¶政府抽紧～ | 정부가 금융을 긴축시키다. ¶～吃紧 | 금융핍박. ¶～松动 | 금융완만
【银汉】yínhàn ⇒〔银河〕
1【银行】yínháng 名 은행. ¶存款～ | 저축은행. ¶发券～ | 발권 은행. ¶票据贴现～ | 어음 할인 은행. ¶开证～ | (신용장) 개설 은행. ¶通知～ | (신용장) 통지 은행. ¶保儿～ | 확인 은행 =〔外版克〕
【银号】yínhào 名 옛날, 규모가 비교적 큰 「钱庄qiánzhuāng」(개인 경영의 금융기관) ¶他爷爷以前开过～ | 그의 할아버지는 이전에 은행을 열었었다.
【银河】yínhé 名〈天〉은하 =〔書银汉〕〔天河①〕
【银河系】yínhéxì 名〈天〉은하계.
【银红】yínhóng 名〈色〉은홍색. 연분홍색.
【银狐】yínhú ⇒〔玄xuán狐〕
【银环蛇】yínhuánshé 名〈動〉우산뱀.
【银灰】yínhuī 名〈色〉은회색. ¶～的上衣 | 은회색의 상의
【银婚】yínhūn 名 은혼. 결혼 25주년(周年) ¶他父母的～纪念 | 그의 부모님의 결혼 25주년→〔金婚〕
【银货两交】yínhuòliǎngjiāo 動組 현금 거래하다.
【银匠】yínjiàng 名 은세공 기술자. ¶～铺里pùlǐ打锄头chútou | 은세공방에서 호미를 만들다. 喻 전문이 아니면 아무리 애써도 성공하지 못한다.
【银角】yínjiǎo 名 옛날, 보조 은화 =〔方银角子〕
【银两】yínliǎng 名 옛날, 화폐로 사용한 은 [「两」을 단위로 중국 각지에서 통용되었던 본위 화폐로, 정해진 화폐는 없고 「元宝银」「马蹄银」 등으로 통용하고 실제로는 「元」으로 환산하여 사용하였음. 1935년 「废两改元」이 실행되어 폐지되었음] ¶身上带着不少～ | 많은 돈을 가지고 있다.
【银铃】yínlíng 名 은방울. ¶这鸟叫起来像～响一样 | 이 새의 울음 소리는 은방울 소리와 같이 아름답다.
【银楼】yínlóu 名 옛날, 금은방(金銀房) ¶上～订一副耳环 | 금은방에 가서 귀걸이를 맞추다.
【银苗】yínmiáo 名〈植〉악속속이풀 =〔银条菜yíntiáocài〕〔银根菜yíngēncài〕
3【银幕】yínmù 名 은막 =〔影幕〕
【银牌】yínpái 名 은패. 은메달→〔奖牌〕
【银票】yínpiào 名 옛날, 은행에서 발행한 은태환 지폐. ¶他随身带着几张～ | 그는 몇 장의 은태환 지폐를 몸에 지니고 있다.
【银钱】yínqián 名 돈. 금전. ¶一天经手几十万～ | 하루에 수십만원의 돈을 취급했다. ¶～存簿 =〔银钱流水帐〕| 현금출납부. ¶～业 | 금융업. ¶～帐房zhàngfáng | 출납계.
【银鼠】yínshǔ 名〈動〉은서. 변색 족제비.
【银条菜】yíntiáocài ⇒〔银苗〕
【银杏】yínxìng 名〈植〉❶ 은 행 나 무 =〔银 杏 树〕〔公孙树〕〔鸭脚(树)〕 ❷ 은행 ‖ =〔白果〕
【银燕】yínyàn 名 ❶ 喻 비행기. ❷〈鳥〉은빛 제비.
【银洋】yínyáng ⇒〔银圆〕
【银样镴枪头】yín yàng là qiāng tóu 成 은빛 나는 납으로 만든 창 끝. 겉으로 보기에는 그럴 듯 하지만, 실제로는 별로 쓸모가 없다. 빛좋은 개살구. ¶他表面强悍, 实际上是～ | 그는 표면적으로는 강한 것 같지만 실제로는 빛좋은 개살구이다.
【银鱼】yínyú 名〈 魚 貝〉❶ 方 뱅어 =〔面鱼〕❷「大银鱼」(붕퉁뱅어)의 다른 이름. ❸「鲳鱼」(병어)의 다른 이름.
【银元】yínyuán〔银圆〕
【银圆】yínyuán 名 일원(一圓)짜리 은화 [옛날 중국에서 통용되었던 은화(銀貨)로 통칭 「大洋②」이라 했으며, 중량은 「库平」의 7전(錢) 2분(分)에 해당되며 은의 순도는 100분의 90임. 1935년 법에 의해 유통이 금지되었으며 이후 중국에서는 「人民币」가 쓰였음] ¶一块有缺口的～ | 구멍이 뚫린 일원짜리 은화 =〔银洋〕〔银元〕
【银朱】yínzhū 名〈鑛〉진사(辰砂HgS) =〔猩红xīnghóng②〕
【银子】yín·zi 名 은의 통칭(通稱)

【龈(齦)】yín kěn 잇몸 은, 깨물 간

Ⓐ yín ❶ 名 잇몸 =〔牙龈〕〔俗 牙床子〕〔齿龈〕 ❷ ⇒〔龈龈〕 ‖ =〔龂yín①〕
Ⓑ kěn 「啃」과 통용⇒〔啃kěn〕
【龈龈】yínyín 書 貶 서로 왕왕거리다. 이빨을 드러내고 언쟁하다 =〔龂龂〕

【狺】yín 으르렁거릴 은

⇒〔狺狺〕
【狺狺】yínyín 書 擬 멍멍. 컹컹 [개 짖는 소리] ¶～狂吠kuángfèi | 개가 미친 듯이 컹컹 짖어대다 =〔汪wāng汪〕

4【淫〈婬₄〉】yín 과할 음, 방탕할 음

❶ 形 음란하다. 외설적이다. ¶～心↓ ¶～书↓ ❷ 과도(過度)하다. ¶～威↓ ¶～雨↓ ❸ 形 방종(放縱)하다. ¶乐而不～, 哀而不伤 | 즐거우나 방종하지 않고, 슬프나 자신을 손상시키지 않다. ❹ 남녀관계에서 부정당한 태도나 행위. ¶奸jiān～ | 간음. ❺ 書 動 현혹되다. 홀리다. ¶富贵不能～ | 부귀로도 현혹시킬 수 없다.
【淫荡】yíndàng 形 음란 방탕하다. ¶她～而凶悍xiōnghàn | 그 여자는 음탕하고 흉악하다. ¶一个～的少妇 | 음탕한 젊은 부인
【淫妇】yínfù 名 음부. 음녀. ¶奸夫～ | 간부와 음부

【淫棍】yíngùn ⇒〔色sè狼〕

4【淫秽】yínhuì 形 음란하다. 외설적이다. ¶～书刊 | 음란서적 =〔淫猥yínwěi〕

【淫乱】yínluàn 形 음란하다. ¶～的行为 | 음란한 행위.

【淫魔】yínmó 名 屬 음란한 색마(色魔). 색정광.

【淫声浪语】yín shēng làng yǔ 成 음탕한 소리.

【淫书】yínshū 名 음서. 외설적인 책. ¶禁止出售～ | 음란서적 판매를 금지하다.

【淫威】yínwēi 名 음위. 함부로 쓰는 세도. 폭위. ¶～逼人bīrén | 권력을 남용하여 사람을 핍박하다. ¶滥施lànshī～ | 폭위를 함부로 휘두르다.

【淫猥】yínwěi ⇒〔淫秽〕

【淫亵】yínxiè 形 외설적이다 =〔淫邪〕〔猥亵wěixiè①〕

【淫心】yínxīn 名 음심. 정욕. 사악한 마음.

【淫雨】yínyǔ 名 장마. ¶～成灾 | 장마로 인해 재해가 일어나다 =〔霪雨yínyǔ〕

【霪】 yín 장마 음

名 장마. 궂은비 =〔霪雨〕〔淫雨〕

【霪雨】yínyǔ 名 장마. 궂은비 =〔淫雨〕

【寅】 yín 셋째지지 인, 공경할 인

❶ 名 인 [십이지(十二支)의 세번째]→〔干支〕 ❷ 인시(寅時) [오전 3시부터 5시까지]=〔寅时〕〔寅刻〕 ❸ 인방(寅方) [옛날 방위에서 동북을 가리킴] ❹ 관리의 동료 =〔同寅〕 ❺ 書 動 공경하다. 삼가하다. ¶～长 | 윗사람을 공경하다 =〔夤yín③〕

【寅吃卯粮】yín chī mǎo liáng 成 인년(寅年)에 묘년(卯年)의 식량을 먹다. 이듬해 식량을 미리 앞당겨 먹다. 돈을 미리 앞당겨 쓰다. ¶过到这种入不敷出～的日子 | 이처럼 수입이 지출을 따르지 못해 미리 꾸어 먹고 사는 생활이 되어버렸다 =〔寅支卯粮〕

【寅时】yínshí 名 인시. 새벽 3시부터 5시까지의 시간.

【夤】 yín 조심할 인

書 ❶ 形 깊다. ¶～夜↓ ❷ 動 의지하다. 기대다. ❸「寅」과 같음 ⇒〔寅⑤〕

【夤夜】yínyè 書 名 심야. 깊은 밤. ¶～来此何干hégàn? | 이 깊은 밤에 여기 무엇하러 왔는가?

【夤缘】yínyuán 書 動 빌붙다. 매달리다. 달라붙다. 아첨하다. 喩 뇌물을 주거나 연줄을 타서 출세하려 하다. ¶～通路 | 줄을 찾아 뇌물을 보내다. ¶～作弊 | 뇌물을 주거나 연줄을 타서 출세하려는 부정행위를 하다.

【鄞】 Yín 고을이름 은

名〈地〉은현(鄞縣) [절강성(浙江省)에 있는 현 이름]

yǐn ㄧㄣˇ

【尹】 yǐn 벼슬 윤, 다스릴 윤

❶ 名 옛날, 관직 이름 [상(商)·서주(西周) 때는 보좌관, 춘추시대(春秋時代)에는 초(楚)나라의 관리를 나타냈으나, 한대(漢代)부터는 도성(都城)의 행정관리를 지칭함] ¶道～ | 도지사. ¶府～ | 부윤. ❷ 書 動 다스리다. ¶以～天下 | 천하를 다스리다《左傳·定公四年》 ❸ (Yǐn) 名 성(姓)

2 【引】 yǐn 당길 인, 늘일 인

❶ 動 끌다. (잡아) 당기다. ¶～弓 | 활을 당기다. ¶～车 | 수레를 끌다. ❷ 動 일으키다. 이끌어 내다. 야기시키다. 초래하다. ¶～起人的兴趣xìngqù | 사람들의 흥미를 자아내다. ¶用纸～火 | 종이로 불을 붙이다. ¶～入圈套quāntào | 함정에 끌어 넣다. ❸ 인도하다. 안내하다. ¶～导↓ ¶诱yòu～ | 유인하다. ❹ 動 길게 빼다. 잡아 늘이다. ¶～颈jǐng↓ ❺ 動 인용하다. ¶～了几句书 | 책에서 몇 구절을 인용하다. ¶～原文 | 원문을 인용하다. ❻ 물러나다. 퇴각하다. 떠나다. ¶～避bì↓ ¶～退tuì↓ ❼ 動 바느질하다. 꿰매다. 누비다. ¶～被子bèizǐ | 이불을 누비다→〔绗háng〕 ❽ 量 길이의 단위 [1「引」은 10「丈」] ❾ 量「公引」(100미터)의 옛 이름→〔米mǐ③〕 ❿ 量 명청(明清) 때의 소금 계산 단위 [100「斤」짜리 부대가 50부대이면 1「引」] ⓫ 名 옛날, 상여(喪輿)를 끌 때 쓰던 상여줄. ¶发～ | 발인하다 ⓬ 名〈文〉악부시체(樂府詩體)의 일종. ¶箜篌kōnghóu～ | 공후인. ¶思归～ | 사귀인.

【引爆】yǐnbào 動 폭발을 일으키다. ¶～成功了 | 폭발이 성공했다. ¶～装置zhuāngzhì | 기폭 장치.

【引避】yǐnbì 書 動 ❶ 길을 비키다. ❷ 자리를 (유능한 사람에게) 양보하다. ¶～让贤 | 유능한 사람에게 자리를 내주다.

【引病】yǐn/bìng 書 動 병을 핑계로 하다. 병을 구실로 삼다. ¶～归田 | 병을 핑계로 (사직하고) 낙향하다. ¶～告退 | 병을 핑계로 은퇴하다 =〔引疾〕

【引柴(儿)】yǐnchái(r) 名 불쏘시개 =〔方 引火柴yǐnhuǒchái〕

【引产】yǐnchǎn 動 인산하다 [임신 말기에 약물·침·수술 등으로 자궁을 수축시켜 출산을 하게 함]

【引出】yǐnchū 動 끌어내다. ¶～正确zhèngquè的结论 | 정확한 결론을 도출하다. 정확한 결론을 끌어내다. ¶在一定的条件下, 坏的东西可以～好的结果, 好的东西也可以～坏的结果 | 일정한 조건 하에서는, 나쁜 것이 좋은 결과를 초래할 수도 있고, 좋은 것이 나쁜 결과를 초래할 수도 있다. ¶～另一个问题 | 다른 문제를 끌어내다.

3【引导】yǐndǎo ❶ 動 안내하다. ¶主人～记者参观了几个主要车间 | 주인은 기자를 안내하여 몇 개의 주요 작업장을 참관시켰다. ❷ 動 인도하다. 이끌다. ¶正确～ | 정확하게 인도하다. ¶～者 | 지도자. ❸ ⇒〔诱yòu导②〕 ❹ ⇒〔导引①〕

【引道】yǐndào 動 길을 안내하다. ¶我道儿不熟, 请你给我～ | 저는 길을 잘 모르니 좀 안내해 주십시오. ¶我在前面～ | 제가 앞에서 안내하겠습니다 =〔引路〕〔带路〕〔领lǐng道(儿)〕

【引得】ⓐ yǐndé 名 外 인덱스(index). 색인(索引) ¶唐诗～ | 당시 색인 =〔索suǒ引〕

ⓑ yǐn·de 動 …를 야기하다. ¶他那么一说～大家大笑 | 그의 그러한 말은 모든 사람의 웃음을 자아냈다 =〔逗得dòudé〕

【引动】yǐndòng 動 ❶ 끌어당기다. 마음을 사로잡

아 감동시키다. ¶～一群观众｜관중을 감동시키다. ❷일으키다. 유발하다. 야기하다. 건드리다. ¶～学生风潮｜학생 운동을 일으키다.

【引逗】yǐndòu 動❶꾀다. 유인하다. ¶～鱼儿上钩gōu｜물고기를 유인하여 낚시에 걸리게 하다. ¶任凭rènpíng怎么～我, 硬是对政治不感兴趣｜아무리 나를 꾀어도 정말로 정치에는 흥미를 느끼지 않는다. ❷야기하다. 건드리다. ¶他的话, ～得大家都笑了｜그의 말은 모두를 웃게 만들었다. ¶～别人发笑｜남을 웃기다. ❸희롱하다. ¶～妇女｜여자를 희롱하다 ‖＝〔引斗dòu〕〔耍shuǎ逗〕

【引渡】yǐndù 動〈法〉인도하다. ¶～犯人fànrén｜범인을 인도하다. ¶拒绝jùjué～｜신병 인도를 거절하다.

【引而不发】yǐn ér bù fā 成 활을 당기기만 하고 쏘지는 않는다. 남을 가르칠 때 스스로 그 이치를 깨닫도록 하지, 모든 것을 다 가르치지는 않는다. ¶他善于～, 让学生自己琢磨zhuómó｜그는 이치를 깨닫도록 가르치는 데 뛰어나 학생들 자신이 스스로 학문을 연마하도록 한다.

【引发】yǐnfā ❶動 일으키다. 야기시키다. (흥미를) 자아내다. ¶～读者研究的兴趣｜독자의 연구 흥미를 자아내다. ❷名〈化〉기폭(起爆) ¶～剂｜기폭제.

【引港】yǐngǎng 動 인항하다. 항구로 인도하다. ¶～员＝〔引港的〕〔引港人〕〔引水人〕｜(항구 내의) 도선사(導船士). 파일럿(pilot). 수로 안내인. ¶～船｜(항구 내의) 수로 안내선. ¶～费｜(항구 내의) 도선료＝〔引水②〕〔领lǐng港〕

【引吭高歌】yǐn háng gāo gē 成 목청껏 노래부르다. 목청을 돋우어 노래부르다. ¶孩子们～｜아이들은 목청을 돋우어 노래를 부른다.

【引航】yǐnháng ⑨動 인항하다. ¶请当地人～｜당지인을 불러 인항하게 하다.

【引号】yǐnhào 名〈言〉인용부(호). 따옴표 [「标biāo点符号」의 일종으로 " "·' '·『 』·「 」등이 있음] ¶这一行要加～｜이 줄은 인용 부호를 넣어야 한다. ¶～到这儿为止｜여기까지 따옴표 안에 들어간다. ¶双～｜큰 따옴표(" ") ¶单～｜작은 따옴표(' ')＝〔提tí引号〕

【引河】yǐnhé ❶名 방수로(放水路). 용수로. ¶～入湖以调节水量｜방수로로 물을 호수에 끌어들여 수량을 조절하다. ❷(yǐn/hé) 動 용수로를 내다. 물도랑을 내다.

【引火烧身】yǐn huǒ shāo shēn 成❶제가 지른 불에 타 죽다. 제 무덤을 제가 파다. ¶你这样做是～｜너가 이렇게 하는 것은 제 무덤을 제가 파는 격이다＝〔惹火烧身〕❷자기의 결점이나 잘못을 스스로 밝혀 남의 비판을 구하다.

【引见】yǐnjiàn 動❶소개하다. ¶托您给我～～｜저에게 소개해 주십시오. ¶向母亲～朋友｜어머님께 친구를 소개하다. ❷접견하다. 알현(謁見)하다.

【引荐】yǐnjiàn 動 추천하다. ¶向老板～一个技术员｜주인에게 기술자를 한 명 추천하다＝〔推荐〕〔引进①〕

【引酵】yǐnjiào⇒〔酵jiào子〕

3【引进】yǐnjìn ❶⇒〔引荐〕❷動 끌어들이다. (외지에서 신품종을) 도입하다. ¶～新的小麦xiǎomài品种pǐnzhǒng｜신품종의 밀을 도입하다.

【引经据典】yǐn jīng jù diǎn 成 (연설을 하거나 문장을 쓸 때) 경전(經典)중의 어구(語句)나 고사(故事)를 인용하다. ¶驳不倒dǎo他～的论著｜그의 전고(典故)를 인용한 논저를 반박할 수 없다.

【引颈】yǐnjǐng 動❶목을 내밀다. 목을 빼다. ¶～受刑shòuxíng｜목을 내밀고 형을 받다. ¶～待死dàisǐ｜목을 내밀고 죽음을 기다리다. ❷목을 길게 빼다. ¶～等候回音｜목을 길게 빼고 회신을 기다리다. 소식을 몹시 기다리다. ¶～眺tiào望｜목을 길게 빼고 바라보다＝〔引领lǐng①〕

【引咎】yǐnjiù ⇒〔引责〕

【引狼入室】yǐn láng rù shì 成 늑대를 제 집에 끌어들이다. 적이나 도적을 집안에 불러들이다. 화를 자초하다. ¶你这种做法是～｜네가 이렇게 하면 화를 자초하게 된다. ¶用人不当dàng犹如～｜사람을 잘못 채용하면, 늑대를 방으로 끌어들이는 것과 같다＝〔引盗入室〕〔引贼过门〕

【引力】yǐnlì 名❶簡〈物〉「万有引力」(만유인력)의 약칭. 인력. ¶～场｜인력권＝〔摄shè力〕〔吸xī力〕⇔〔斥chì力〕❷인력. 매력(魅力)

【引领】yǐnlǐng ❶⇒〔引颈jǐng②〕❷動 인도하다. 인솔하다.

【引流】yǐnliú 動〈醫〉배농(排膿)하다. 고름을 빼내다. ¶十二指肠～｜십이지장 배농. ¶～管｜배농관.

【引路】yǐn/lù ⇒〔引道〕

2【引起】yǐnqǐ 動 주의를 끌다. 야기하다. (사건 등을) 일으키다. ¶他的话～一片掌声｜그의 말은 박수를 일으켰다. ¶特别～人们的注意｜특히 사람들의 주의를 끌다. ¶～一场祸huò事｜한바탕 화를 불러 일으키다＝〔引致〕〔惹rě起〕

【引桥】yǐnqiáo 名〈建〉(다리와 길을 잇는 부분인) 진입교(進入橋)

【引擎】yǐnqíng 名外〈機〉엔진. ¶～盖｜보닛(bonnet). 엔진 덮개. ¶单(汽)缸gāng～｜단기통 엔진. ¶双缸～｜쌍기통 엔진. ¶狄赛尔dísàiěr～＝〔柴油(汽)机〕｜디젤 엔진. ¶汽油～｜가솔린 엔진.

【引人入胜】yǐn rén rù shèng 成 (풍경·문장 등이) 사람을 황홀한 경지로 이끌다. 사람을 황홀케 하다. ¶把报纸办得～｜신문을 재미있게 만들다. ¶金刚山风景如画, ～｜금강산 경치는 그림과도 같아서 사람들을 황홀케 한다.

4【引人注目】yǐn rén zhù mù 成 사람들의 주목〔이목〕을 끌다. ¶这篇报道的标题很～｜이 보도의 표제는 무척 사람의 눈길을 끈다.

4【引入】yǐnrù 動 인입하다. 끌어 넣다. 끌어 들이다. 꾀어들이다. ¶～歧道qídào｜나쁜 길로 끌어들이다. ¶把人～正确的轨道｜사람을 올바른 길로 끌어 들이다.

【引申】yǐnshēn 動〈言〉원의(原義)로부터 파생된 뜻이 생기다. 원의(原義)를 확대하다. 전의

되다. ¶这个词又～出不少派生意义 | 이 낱말은 많은 파생의미를 생성했다 =〔引伸〕

【引申义】yǐnshēnyì 名〈言〉파생의(派生義) ¶纲gāng的原义是提tí网的总绳, ～是指事物的主要部分 |「纲」의 원 뜻은 그물을 드는 벼리이고, 파생의는 사물의 주된 부분이란 뜻이다.

【引伸】yǐnshēn ⇒〔引申〕

【引水】yǐnshuǐ ❶ 名 마중물. ❷ ⇒〔引港〕 ❸ (yǐn shuǐ) 인수하다. 물을 끌어 대다. ¶～灌田guàntián | 물을 끌어 밭에 대다. ¶～工程 | 인수로 공사.

【引体向上】yǐntǐ xiàngshàng 動組〈體〉턱걸이를 하다. 현수(懸垂) 운동을 하다.

【引退】yǐntuì 書 動 사직하다. 관직에서 물러나다.

【引为】yǐnwéi 書 動 …으로 여기다. …으로 삼다. ¶这是他～自豪的事 | 이것은 그가 자랑으로 여기는 일이다. ¶～恨事 | 그것을 한으로 여기다. ¶应～今后的教训 | 앞으로의 교훈으로 삼아야 한다.

【引文】yǐnwén 名 인용문. 인용어. ¶～要加双引号shuāngyǐnhào | 인용문에는 겹줄 인용부호를 넣어야 한다 =〔引语〕

【引线】yǐnxiàn ❶ 名 신관. 도화선. ❷ 名 촉매. 매개물. ❸ 名 매개자. 중매인. 주선자. ¶他在中间穿针chuānzhēn～, 才使这件事顺利进行 | 그가 중간에서 중재를 하여 비로소 이 일이 순조롭게 진행되었다. ¶给人当～ | 안내자가 되다. ❹ 名 方 바늘 =〔缝féng衣针〕 ❺ 名 (소설 등의) 복선(伏線) ❻ (yǐn/xiàn) 動 실을 꿰다. ¶～穿针 | 바늘에 실을 꿰다. ¶～缝衣féngyī | 바늘로 옷을 꿰매다.

【引向】yǐnxiàng 動 …(으)로 이끌다. ¶～胜利shènglì | 승리로 이끌다. ¶把青年～正轨guǐ | 청년을 바른 길로 이끌다 =〔引上〕

【引信】yǐnxìn 名〈軍〉신관. ¶触发chùfā～ | 촉발 신관. ¶延期yánqī～ | 지연 신관 =〔信管〕

【引言】yǐnyán 名 머리말. 서언(序言). 서문(序文) ¶老师给他写了～ | 그에게 선생님께서 서문을 써 주셨다.

【引以为耻】yǐn yǐ wéi chǐ 威 수치로 생각하다. ¶这事他一直～ | 그는 줄곧 이 일을 수치로 생각하고 있다.

【引以为戒】yǐn yǐ wéi jiè 威 감계(鑒戒)로 삼다. ¶他们的教训, 我们要～ | 그들의 교훈은 우리가 감계로 삼아야 한다 =〔引为鉴戒jiànjiè〕

4【引用】yǐnyòng 名 動 ❶ 인용(하다) ¶～古书上的话 | 고서의 말을 인용하다. ❷ 추천(하다). 임용(하다) ¶～私人 | 연고가 있는 사람을 임용하다.

4【引诱】yǐnyòu ❶ 書 動 좋은 방향으로 이끌다. ¶～情性, 导达聪明 | 성정을 올바르게 이끌어 총명하게 하다. ❷ 名 動 유인(하다). 유혹(하다) ¶～为wéi非 | 유혹하여 나쁜 짓을 시키다. ¶～敌人进入伏击圈fújīquān | 적을 매복한 곳으로 유인하다.

【引玉之砖】yǐnyù zhī zhuān 名組 喻 謙 옥을 끌어내기 위한 벽돌. 훌륭한 것을 생산하기 위한 디딤돌. 잉어를 낚기 위한 새우. ¶我先发表不成熟的看法, 作为～ | 제가 먼저 미숙한 견해를 발표하여 디딤돌이 되도록 하겠습니다.

【引责】yǐnzé 動 인책하다. ¶～自任, 决不诿过于人 | 내 잘못은 내가 책임지지 절대로 남에게 전가하지 않는다 =〔書 引咎jiù〕

【引证】yǐnzhèng 名 動 인증(하다) ¶这篇论文～丰富 | 이 논문은 인증이 풍부하다. ¶拿前车之鉴作个～ | 실패한 전례(前例)를 들어 증명하다.

【引致】yǐnzhì ⇒〔引起〕

【引种】ⓐ yǐn/zhǒng 動 자기 지역의 조건에 적합한 다른 지역의 (동식물) 우량 품종을 가져다 번식시키다.
ⓑ yǐnzhòng 動〈農〉(우량종을) 이식하다. ¶从外地～ | 타지에서 우량종을 들여와 이식하다.

【引子】yǐn·zi 名 ❶ (중국 전통극에서) 첫등장 인물의 첫대사 또는 첫노래 [극의 줄거리를 제시하거나 배역(腳役)을 설명함] →〔定dìng场诗〕 ❷〈音〉서주(序奏). 도입부 →〔前qián奏曲〕 ❸ 머리말. 서론. 앞서 하는 말. ¶这一段话是下文的～ | 이 말들은 다음 글의 머리말이다. ¶我简单说几句做个～, 希望大家多发表意见 | 제가 (토론에 앞서) 간단히 몇마디 말씀드리겠으니 여러분들이 의견을 많이 발표해 주시기를 바랍니다. ❹〈漢醫〉부약(副藥). 보조약. ¶这剂药用姜汤做～ | 이 약은 생강탕을 부약으로 썼다 =〔药引子〕 ❺ 발단.

【引足救经】yǐn zú jiù jīng 威 발을 잡아당겨 목맨 사람을 구하다. 사람을 구하려다가 오히려 해를 주다. 행위와 목적이 상반되다. ¶你虽是好心,但这种做法是～ | 너는 선의로 한 것이지만 이런 방법은 역효과이다.

【引坐】yǐnzuò 書 動 연좌하다. 연루하다.

【吲】 yǐn (인돌 인)
⇒〔吲哚〕

【吲哚】yǐnduǒ 名 外〈化〉인돌(indole) [분자식은 C_8H_7N으로 향료·염료·약재의 원료임] →〔茚yìn〕

【蚓〈螾〉】 yǐn 지렁이 인
⇒〔蚯qiū蚓〕

【听】 yǐn ☞ 听 tīng ②

3【饮(飲)】 yǐn yìn 마실 음, 마시게할 음

Ⓐ yǐn ❶ 動 마시다. ¶一～而尽 | 단숨에 다 마시다. ¶～食↓ =〔口 喝hē①〕 ❷ 動 술을 마시다. ¶节～ | 음주를 삼가하다 =〔饮酒〕 ❸ 動 마음 속에 품다. ¶～恨而死 | 원한을 품고 죽다. ❹ 動 (화살·탄환 등에) 맞다. ¶～弹身亡 =〔饮弹而终〕 | 총탄에 맞아 죽다. ❺ (～子) 名 차게 복용하는 탕약. ¶香苏～ | 석잠풀 탕약. ❻ 名 마실 것. 음료. ¶冷～ | 청량 음료. ❼ 名〈漢醫〉묽은 가래. ❽〈漢醫〉병명(病名)에 쓰는 말. ¶痰～ | 담음. 장기(腸器)에 물이 차는 병. ❾ 미음 =〔米汤②〕

Ⓑ yìn 動 ❶ (가축에게) 물을 먹이다. 마시게 하다. ¶～牛 | 소에게 물을 먹이다. ¶～之以酒 | 술을 마시게 하다. ❷ 목을 축이다. ¶喝杯茶～～嗓sǎng子 | 차를 마셔 목을 좀 축이다.

A yǐn

【饮弹】yǐndàn 書動 탄환을 몸에 맞다. ¶～而亡 | 탄환에 맞아 죽다. ¶～自尽 | 총으로 자살하다.

【饮恨】yǐnhèn 書動 원한을 품다. ¶～而去 | 한을 머금고 떠나다. ¶～而终 | 한을 품고 죽다.

【饮恨吞声】yǐn hèn tūn shēng 成 원한을 꾹 참고 삼키다. ¶他只得～ | 그는 원한을 꾹 참고 삼킬 수 밖에 없었다.

3【饮料】yǐnliào 名 음료. ¶新式～ | 신식 음료

4【饮食】yǐnshí 名 음식. ¶～俱废 jùfèi | 식음을 전폐하다. ¶～无味 | (병 등으로) 음식 맛이 없다. ¶他已经病到～不进了 | 그는 이미 음식을 먹을 수 없을 정도로 병이 들었다.

【饮食疗法】yǐnshí liáofǎ 名組 식이 요법. ¶采用～很有效 | 식이요법을 쓰면 아주 효과가 있다.

4【饮水】yǐnshuǐ ❶ 名 식수. 먹는 물. ¶～都是从井里打的 | 식수는 모두 우물에서 길어 온 것이다. ❷ (yǐn shuǐ) 方 물을 마시다.

【饮水思源】yǐn shuǐ sī yuán 成 물을 마실 때 그 물의 원천을 생각하다. 근본을 잊지 않다. ¶～, 我总忘不了您对我的好处 | 물 마실 때 그 근원을 생각하듯, 당신의 저에 대한 호의를 잊을 수가 없습니다 =〔饮水要思源, 为人难忘本〕

【饮誉】yǐnyù 動 호평을 받다. ¶我国现代画～罗马 | 우리 나라 현대화가 로마에서 호평을 받았다.

【饮鸩止渴】yǐn zhèn zhǐ kě 成 목이 마르다 하여 독이 든 술을 마셔 갈증을 풀다. 후환을 생각하지 않고 눈앞의 위급만을 면하기 위해 임시 방편을 쓰다. ¶你这种做法是～,只能加快失败 | 너가 이렇게 하는 것은 눈앞의 위급만을 면하기 위한 임시 방편일 뿐이므로 실패를 재촉할 뿐이다.

【饮子】yǐn·zi 名〈漢醫〉차게 마시기에 적합한 탕약.

B yìn

【饮场】yìnchǎng 動 배우가 무대에서 차나 물로 목을 축이다.

【饮马】yìn mǎ 말에게 물을 먹이다. ¶该～去了 | 말에게 물을 먹이러 가야겠다.

【饮嗓子】yìn sǎng·zi 動組 목을 축이다. ¶给我倒杯茶来～ | 목을 축이게 차 한 잔 따라주시오 =〔润喉咙rùnhóulóng〕

【殷】yǐn ☞ 殷 yīn C

3【隐(隱)】yǐn 숨을 은, 숨길 은

❶ 動 숨기다. 드러내지 않다. ¶姑gū～其名 | 잠시 그 이름을 비밀에 붙이다. ¶～恶扬善 èyángshàn↓ ¶～瞒mán↓ ❷ 은거하다. 세상을 버리다. ¶～居↓ ❸ 공개할 수 없는 (것). 밝혀져서는 안될 (것) ¶难言之～ | 말못할 사정. ¶～情↓→〔藏cáng〕❹ 희미하다. 어슴푸레하다→〔隐约〕

4【隐蔽】yǐnbì ❶ 動 은폐하다. ¶游击队～在高粱地里 | 유격대가 수수밭에 은폐하였다. ¶～阵地 | 은폐 진지. ¶～活动 | 지하 활동. ❷ 形 은미(隱微)하다. 겉으로 그리 드러나 있지 않다.

【隐避】yǐnbì 動 은피하다. 숨어 피하다. ¶外面风声不好, 需要～一下 | 세상 평판이 좋지 않으니 좀 숨어 있어야 된다.

4【隐藏】yǐncáng 動 숨기다. 숨다. 감추다. 비밀로 하다. ¶他一直～在长白山中 | 그는 줄곧 장백산에서 숨어 살아왔다. ¶～着敌意 | 적의를 감추고 있다. ¶再也～不住 | 더 이상 숨길 수 없다.

【隐遁】yǐndùn 動 ❶ 숨(어 버리)다. ¶阳光～ | 햇빛이 숨어버리다. ❷ 은둔하다. 은거하다. ¶～田园 | 전원에 은거하다.

【隐恶扬善】yǐn è yáng shàn 成 남의 나쁜 점은 감싸 주고 좋은 점만을 치켜세우다. ¶他们决定～, 严惩yánchéng捣乱dǎoluàn分子 | 그들은 남의 나쁜 점을 감싸주고 좋은 점만을 치켜세워 교란분자를 엄중히 징벌하기로 결정했다.

【隐伏】yǐnfú 動 은복하다. 잠복하다. ¶～着危机 | 위기가 잠복해 있다. ¶有病～在身 | 병이 몸에 잠복해 있다.

【隐睾症】yǐngāozhèng 名〈醫〉고환 정체(睾丸停滯)

【隐花植物】yǐnhuā zhíwù 名組〈植〉은화 식물. 민꽃 식물 =〔无花植物〕

【隐患】yǐnhuàn 名 잠복해 있는 병. 겉에 드러나지 않은 폐해 또는 재난. ¶～不除, 于心不安 | 잠복해 있는 화를 없애지 않으면, 마음이 불안하다. ¶消除～ | 숨은 폐해를 제거하다.

【隐晦】yǐnhuì 書 ❶ 形 (의미가)명확하지 않다. 은회하다. 회삽하다. ¶～曲折 | 뜻이 명확하지 않고 복잡하게 얽혀 있다. ¶这些诗写得十分～, 不容易懂 | 이 시들은 뜻이 매우 회삽하게 쓰여져서 이해하기가 쉽지 않다. ¶文字写得很～ | 글이 매우 은회하게 쓰였다. ❷ 動 자취·모습을 감추고 드러내지 않다. ¶韬tāo光～ | 재능·지위·행적 등을 숨기고 나타내지 않다.

【隐讳】yǐnhuì 動 은휘하다. 꺼리어 숨기고 감추다. 꺼리는 바가 있으면서 숨기고 말하지 않다. ¶～不言 | 꺼리어 숨기고 말하지 않다. ¶他父亲的私生活被他～了 | 그의 아버지의 사생활은 그에 의해서 은휘되고 있다.

【隐疾】yǐnjí 名 ❶ 숨은 병. 남에게 말못할 병 [성병 등을 가리킴] =〔暗疾ànjí〕❷ 남에게 말못할 사정.

【隐居】yǐnjū ❶ 名 은거. ❷ 動 은거하다. ¶在山林～ | 산림에 은거하다. ¶～市井而不出仕 | 시정에 숨어 살며 벼슬하지 않다 =〔潜qián居〕

【隐君子】yǐnjūnzǐ 名 ❶ 은군자. 숨어 사는 군자. ¶山林～ | 산림에 숨어 사는 군자. ❷ (아편이나 담배 등의) 중독자. ¶他是～,一天不抽两包烟没法儿活了 | 그는 골초로서 하루에 두 갑을 사지 않고서는 못 산다 =〔瘾yǐn君子〕

【隐括】yǐnkuò 書 ❶ 名 도지개 [휜 것을 잡는 것을 「隐」이라 하고 뒤틀린 것을 바로 잡는 것을 「栝」이라 함] ❷ 動 (원래의 문장·저작을) 고쳐 쓰다. 윤색하다. 개작하다. ¶把一部小说～成一篇长篇叙事诗 | 한 편의 소설을 장편 서사시로 개작하다.

4【隐瞒】yǐnmán 動 숨기다. 속이다. ¶～上司 | 상사(上司)를 속이다. ¶～岁数 | 나이를 속이다. ¶～军情 | 군대의 사정을 숨기다. ¶不得

～真相 | 진상을 숨겨서는 안 된다.

【隐秘】yǐnmì ❶動 비밀로 하다. 감추다. ¶～不说 | 비밀로 하고 말하지 않다. ¶把事～起来 | 일을 비밀로 하다. ❷形 은밀하다. ¶地道的出口开在～的地方 | 지하도의 출구는 은밀한 곳에 내었다. ❸名 비밀. ¶刺探～ | 비밀을 캐내다. ¶揭破了他的～ | 그의 비밀을 폭로했다 ‖ =〔隐密〕

【隐没】yǐnmò 動 은몰하다. (시야로부터 서서히) 사라지다. 없어지다. 숨어 버리다. ¶汽车渐渐～在朦胧ménglóng的夜色中 | 자동차가 차츰 희미한 야경 속으로 사라지다 =〔隐灭〕

【隐匿】yǐnnì 書 動 은닉하다. 숨기고 비밀로 하다. 몸을 숨기다. ¶～山林 | 산림에 숨다.

【隐情】yǐnqíng 名 속사정. 말못할 사실이나 원인. ¶其中必有～ | 그 속에는 틀림없이 말못할 사연이 있다.

【隐忍】yǐnrěn 動 꾹 참다. ¶～不言 | 꾹 참고 말하지 않다. ¶～不露 | 참고 견디며 드러내지 않다.

【隐射】yǐnshè 動 빗대어〔넌지시〕 말하다. 암시하다. ¶～现政府的腐败 | 현 정부의 부패를 빗대어 말하다 =〔暗射〕〔影射①〕

【隐身】yǐn/shēn 動 은신하다. 몸을 숨기다. ¶这里有树好～ | 여기에 몸을 숨기기에 좋은 나무가 있다.

【隐身草(儿)】yǐnshēncǎo(r) 名 喻 방패(막이) ¶他拿我当他的～ | 그는 나를 자기의 방패막이로 삼는다.

【隐身法】yǐnshēnfǎ 名 은신법 =〔隐身术〕〔障身法〕〔遮zhě身法〕

【隐士】yǐnshì 名 은사. 은(둔)자. ¶世外～ | 세상을 등지고 사는 선비 =〔隐者〕

【隐私】yǐnsī 名 사적인 비밀. 비밀로 하고 있는 사사로운 일. 프라이버시. ¶这些刊物, 其实以揭人～与黄色为主 | 이들 간행물은 사실 남의 비밀을 들춰내는 것이나 외설 등을 위주로 한다. ¶～权 | 프라이버시.

【隐痛】yǐntòng 名 남에게 말못할 괴로움. ¶阵阵～ | 이따금씩 오는 고통. ¶抑不住心头的～ | 마음 속의 말못할 고통을 억누를 길이 없다.

【隐头花序】yǐntóu huāxù 名組〈植〉은두 화서. 은두 꽃차례.

【隐退】yǐntuì ❶動 사라지다. 없어지다. ¶往事早巳从他的记忆中～了 | 지난 일은 이미 오래전에 그의 기억속으로부터 사라졌다. ❷名 動 은퇴(하다) ¶称病～ | 병을 핑계로 은퇴하다.

【隐现】yǐnxiàn 動 숨었다 나타났다 하다. ¶水天相接, 岛屿～ | 물과 하늘이 서로 이어져 크고 작은 섬들이 보였다 안 보였다 하다.

【隐形眼镜】yǐnxíng yǎnjìng 名 콘택트 렌즈(contact lenses) ¶软式～ | 소프트 콘택트 랜즈. ¶硬式～ | 하드 콘택트 렌즈. ¶装入～ | 콘택트 렌즈를 끼우다. ¶戴～ | 콘택트렌즈를 끼다 =〔无形眼镜〕〔接触眼镜〕

【隐性】yǐnxìng 名〈生〉열성(劣性). 잠성(潛性) ¶～性状 | 열성 형질.

【隐姓埋名】yǐn xìng mái míng 成 성과 이름을 감추다. ¶从此～不问世事 | 그 뒤로는 이름을 감추고 세상일을 묻지 않았다.

【隐逸】yǐnyì 書 ❶動 은일하다. 세상을 피해 숨어 살다. ❷名 은일. 은사. 은(둔)자.

【隐隐】yǐnyǐn 狀 ❶ 은은하다. 소리가 아득하고 은은하다. 어슴푸레하다. 흐릿하다. 분명하지 않다. 보일락말락하다. ¶～的雷声 | 은은한 천둥 소리. ¶青山～ | 푸른 산이 희미하게 보이다. ¶腹部～作痛 | 배가 살살 아프다. ¶～可见 | 흐릿하게 보인다. ¶～地跟随他 | 살그머니 그를 따라가다. ❷書 근심하다. ❸書 은은(殷殷)하다. (대포·우레·차 등의 소리가) 요란하고 굉장하다.

【隐忧】yǐnyōu ❶名 은우. 혼자만의 걱정. 남모르는 근심. ¶其中有不少～ | 적지 않은 남모르는 근심이 있다. ¶其言似有～ | 그 말 속에 남모르는 근심이 있는 듯하다. ❷動 남모르게 걱정하다.

【隐语】yǐnyǔ 名 은어. 곁말. ¶用～传消息 | 은어로 소식을 전하다.

3【隐约】yǐnyuē 狀 분명하지 않다. 은은하다. 희미하다. 어렴풋하다. 어슴푸레하다. ¶在晨雾中, 远处的高楼大厦～可见 | 아침안개 속에 먼 곳의 고층 건물들이 희미하게 보인다.

【隐衷】yǐnzhōng 名 말못할 고충. ¶他終于说出了难言的～ | 그는 결국 말못할 고충을 털어 놓았다.

【瘾(癮)】yǐn 두드러기 은

❶名 動 (아편·알콜 등에)중독(되다). 인(이 박이다) ¶酒～ | 술 중독. ¶发～ | 중독증상이 나타나다. ¶上了～了 | 인이 박였다. ¶过～ | (욕망을 채워서) 만족하다. ❷名 광적인 취미나 기호. (대단히) 열중하는 것. ¶有球～ | 구기에 광적인 취미를 가지다. ¶看书看上～了 | 책 읽기에 빠지다.

【瘾君子】yǐnjūnzǐ 名 罵 아편 중독자. ¶你还真当上了～! | 너 정말 아편 중독자가 되었구나! =〔隐君子②〕

【瘾头(儿)】yǐntóu(r) 名 중독(中毒)의 정도. 즐기는 정도. 벽(癖) ¶他的～不小 | 그의 중독은 심하다. ¶你们下棋的～儿可真不小 | 너희들의 바둑벽은 정말 대단하다.

yìn ㄧㄣˋ

2【印】yìn 도장 인, 찍을 인

❶名 도장. 인장. ¶封fēng～ | 봉인하다. ¶盖gài～ | 도장을 찍다. 날인하다. ¶开～ | 봉인을 뜯다. ¶卸xiè～ | 해임되다. ¶接～ | (관인·직무를) 인계받다. ¶骑缝qífèng～ =〔对口印〕| 계인(契印) ¶接口～ | 종이의 연결부위에 찍는 도장. ❷(～儿) 名 자국. 흔적. ¶衣服上有黑～ | 옷에 검은 자국이 있다. ¶脚～儿 | 발자국. ¶烙lào～ | 낙인. ❸動 찍다. 인쇄하다. 인화하다. ¶～书 | 책을 찍다. ¶～指纹zhǐwén | 지문을 찍다. ¶把像片多～几张 | 사진을 몇 장 더 인화하다. ❹일치하다. 부합하다. ¶心心相～ | 마음과 마음이 서로 통하다. 마음이 서로 일치하다. ❺(Yìn) 名 簡「印度」(인도)의 약칭. ❻(Yìn) 名 성(姓)

【印把子】yìnbà·zi 名 ❶ 관인(官印)의 손잡이. ❷ 轉 정권(政權) 직권(職權) 권력. ¶～换了主了｜정권이 바뀌었다. ¶你有个～在手就想胡作非为吗? ｜당신은 권력을 쥐고 있다고 마구 나쁜 짓을 하려 합니까? ¶～掌握在人民手里｜권력이 국민의 손에 장악되어 있다. ❸ 관청의 도장. ❹ 관직의 다른 이름. ¶捏过niē·guo～｜관직을 지낸 적이 있다 ‖＝〔印靶bǎ子〕

【印本】yìnběn 名 인본. 인쇄한 서적. ¶石～｜석판 인쇄본. ¶油～｜유인본

【印次】yìncì 名〈印出〉(도서 출판의) 인쇄 횟수.

【印第安(人)】Yìndì'ān(rén) 名 外〈民〉인디언(Indian) ¶阿美利加Āměilìjiā～｜아메리카 인디언 ＝〔印地安(人)〕〔红种人〕

【印度】Yìndù 名 外〈地〉인디아(India) [아시아 남부에 위치한 공화국. 수도는「新德里」(뉴델리;New Delhi)]

【印度教】Yìndùjiào 名〈宗〉인도교. 힌두교.

【印度尼西亚】Yìndùníxīyà 名 外〈地〉인도네시아공화국(Indonesia) [동남아시아의 긴 열도와 부속섬 등 모두 1만개의 섬으로 구성된 공화국. 수도는「雅加达Yǎjiādá」(자카르타;Jakarta)]＝〔印尼〕

【印度斯河】Yìndùsī Hé 名 外〈地〉인더스강＝〔印度河〕

【印度斯坦】Yīndùsītǎn 名 外〈地〉힌두스탄. ❶ 인도의 페르시아식 이름. 특히 북부 고원지대를 가리킴. ❷ 힌두교도가 많은 지역.

【印度橡胶树】yìndù xiàngjiāoshù 名組〈植〉인도고무나무＝〔橡皮树xiàngpíshù〕〔印度橡皮树〕

【印发】yìnfā ❶ 名 인쇄 발행. 인쇄 배포. ❷ 動 인쇄·발행하다. 인쇄하여 배포하다. ¶～宣传资料xuānchuánzīliào｜선전자료를 인쇄배포하다. ¶～宣言｜선언을 인쇄·발행하다. ¶～传单｜전단을 인쇄·배포하다＝〔印刷散发〕

【印痕】yìnhén 名 흔적. 자국. ¶上面还有几道～｜위에 자국이 몇 개 있다＝〔痕迹〕

【印花】yìnhuā ❶ (～儿) 名〈紡〉날염(捺染) ¶～(棉)布｜날염한 무명. ¶～绸chóu｜날염한 견직물. ¶～机｜날염기. ¶～染料rǎnliào｜날염 염료. ❷ (～儿) (yìn/huā(r)) 動 날염하다. ¶这块布是～的｜이 천은 날염한 것이다. ❸ 名 수입인지. ❹ 名 세관의 화물 검사증.

【印花税】yìnhuāshuì 名 인지세. ¶～票｜수입인지.

【印记】yìnjì ❶ 名 인기. 기호. 표. 날인(捺印)한 도장. ¶上面标有～｜윗부분에 날인을 하다. ¶以检查所的～为凭｜검사소의 도장을 증거로 하다. ❷ 名 간기(刊記). ❸ 動 기록하다. ❹ 動 기억하다. 새겨두다. ¶他仔细地听, 努力地～着他的话｜그는 주의깊게 듣고, 애써 그의 말을 새겨두었다.

【印鉴】yìnjiàn 名 인감. ¶～卡kǎ｜인감 대장(臺帳). 인감부(印鑒簿) ¶那文件上有我的～可证｜그 문서에 내 인감이 찍혀 있으므로 증명할 수 있다.

【印尼】Yìnní 名 簡〈地〉「印度尼西亞」(인도네시아)의 약칭.

【印泥】yìnní 名 인주(印朱). 도장밥. ¶～缸gāng｜인주함＝〔印色〕

【印谱】yìnpǔ 名 인보. ¶他编了一本～｜그는 인보 한 권을 만들었다.

【印儿】yìnr 名 흔적. 자국. ¶脚～｜발자국. ¶手～｜손자국.

³【印染】yìnrǎn ❶ 名 날염(捺染). ¶～厂chǎng｜날염 공장. ¶～布｜날염지. ❷ 動 날염(捺染)하다.

【印入】yìnrù 動 (인상이) 새겨지다. ¶～脑筋很深｜머리속에 인상이 깊이 새겨지다.

【印色】yìnsè ⇒〔印泥〕

【印绶】yìnshòu 名 ❶ 인수(印綬). 인끈. ❷ 轉 관직(官職)

【印数】yìnshù 名〈印出〉인쇄 부수. ¶～不多｜인쇄부수가 많지 않다.

²【印刷】yìnshuā ❶ 名 인쇄. ¶第一次～｜제1차 인쇄. ¶立体～｜입체 인쇄. ¶三色版～｜3색판 인쇄. ¶～厂chǎng｜인쇄 공장. ¶～术｜인쇄술 ❷ 動 인쇄하다. ¶这本书正在～中｜이 책은 인쇄 중에 있다＝〔刷印〕

【印刷机】yìnshuājī 名〈印出〉인쇄기. ¶滚筒gǔntǒng～｜원압식(圓壓式) 인쇄기. ¶轮转～｜윤전식 인쇄기.

【印刷品】yìnshuāpǐn 名 인쇄물. ¶官方的～｜정부기관에서 나온 인쇄물＝〔印刷物〕

【印刷体】yìnshuātǐ 名 인쇄체. ¶统一～的型号｜인쇄체의 자형과 크기를 통일하다.

【印刷物】yìnshuāwù ⇒〔印刷品〕

【印台】yìntái 名 스탬프 대. 패드(pad)＝〔打dǎ印台〕

【印堂】yìntáng 名 인당. 양미간 [관상(觀相) 용어임] ¶～发暗有牢狱之灾｜인당이 검은 상은 감옥에 들어갈 재난이 있다.

【印相纸】yìnxiàngzhǐ 名〈撮〉인화지(印畵紙)＝〔印纸〕

²【印象】yìnxiàng 名 인상. ¶～深刻｜인상이 깊다. ¶～派｜인상파. ¶～主义｜인상주의. ¶好～｜좋은 인상.

【印信】yìnxìn 名 인신 [관인(官印)·공인(公印) 등의 총칭]

【印行】yìnxíng ❶ 名 간행. 출판. ¶同意此书～｜이책의 간행에 동의하다. ❷ 動 간행하다. 출판하다.

【印油】yìnyóu 名 스탬프 잉크.

【印张】yìnzhāng 名〈印出〉❶ 인쇄 작업량의 계산 단위 [1「印张」은 단면 인쇄된 전지(全紙) 1장, 즉 양면 인쇄된 2절지 1장임] ❷ 인쇄 용지량의 계산 단위 [1「印张」은 전지의 반임]

【印章】yìnzhāng 名 인장. 도장. ¶～学｜인장학. ¶到银行或邮局领钱, 必须携带xiédài～｜은행이나 우체국에 가서 돈을 찾으려면 반드시 인장을 휴대해야 한다.

【印证】yìnzhèng ❶ 名 검증. 실증. 증명. ❷ 動 검증하다. 실증(實證)하다. 증명하다. ¶两个人互相～｜두 사람이 서로 증명하다. ¶材料已～过｜자료는 이미 실증하였다.

【印字机】yìnzìjī 名〈電算〉프린터(printer)＝〔印

表机〕
【印子】yìn·zi ❶名 흔적. ¶地板上踩了好多脚～ | 마루에 매우 많은 발자국을 남겼다. ❷⇒〔印子钱〕
【印子钱】yìn·ziqián 名 일수돈. 월수돈 [옛날, 「印子局」로부터 낸 고리대금의 일종으로, 원금과 이자를 일정 기간 동안 분할하여 매일 또는 매달 갚는데 수금할 때마다 통장에 도장을 찍었기 때문에 이와같이 일컬음] ¶放～ | 「印子钱」을 놓다. ¶打～＝〔借印子钱〕| 「印子钱」을 쓰다. ¶还huán～＝〔付印子钱〕| 「印子钱」을 갚다. ¶使～ | 「印子钱」을 내서 쓰다 ＝〔簡印子②〕〔折zhé子钱〕

【茚】yìn (인덴 인)
名〈化〉인덴(indene) [유기 화합물] ¶氮dàn～ | 인돌(indole)→〔吲yǐn〕

【鲫(鮣)】yìn 빨판상어 인
名〈魚貝〉빨판 상어.
【鲫鱼】yìnyú 名〈魚貝〉빨판 상어 ＝〔印头鱼〕

【饮】yìn ☞ 饮 yǐn B

【荫(蔭)〈廕1〉】yìn 그늘 음, 가릴 음
❶書名 그늘. 그림자. ¶树成～而众鸟息焉 | 나무에 그림자가 생겨야 새들이 모여 쉰다《荀子·勸學》 ❷形口 차고 축축하다. 음습하다. ¶这屋子很～ | 이 방은 매우 음습하다. ❸書動 비호(庇護)하다. ¶～庇bì↓ ＝〔庇bì〕 ❹名 옛날, 조상의 공로로 자손에게 미치는 특권〔혜택〕음덕. ¶～官 | 조상의 공로로 얻은 벼슬 ＝〔庇〕
【荫庇】yìnbì 動 비호(庇護)하다. 감싸주고 돕다. ¶靠父母的～,才当上了经理 | 부모님의 도움에 힘입어 지배인이 되었다. ¶托您的～, 我升官了 | 당신의 덕택으로, 저는 승진했습니다.
【荫凉】yìnliáng ❶形 음량하다. 그늘져서 서늘하다. ¶这屋子～得很 | 이 방은 매우 서늘하다. ❷(～儿) 名 그늘. ¶歇xiē～ | 그늘에서 쉬다. ¶树～ | 나무 그늘 ‖＝〔阴凉〕

【胤】yìn 자손 윤
書名 후대. 후손. 후계자. ¶～嗣sì | 후예.

【垽】yìn 가라앉을 음
書名 침전물.

【窨】yìn xūn 움 음
A yìn ❶움. 지하실. ¶地～子 | 지하실. ❷(움에) 저장하다. 매장하다. ¶～藏↓
B xūn 動 꽃을 찻잎에 넣어 향기가 베어들게 하다. ¶茉拌花儿～的茶叶 | 재스민으로 훈제한 찻잎 ＝〔熏xūn〕
【窨藏】yìncáng 書動 (움에) 저장하다.
【窨井】yìnjǐng 名〈建〉맨홀(manhole)

yīng ㄧㄥ

1【应(應)】yīng yìng 응당 응, 응할 응
A yīng ❶能 당연히 …하여야 한다. 마땅히 …해야 한다. ¶发现错误, ～立即纠正jiūzhèng | 잘못이 발견되면 즉시 바로잡아야 한다. ¶～尽的责任zérèn | 마땅히 다해야 할 책임. ❷能 응당〔당연히〕…일 것이다. ¶一切准备, ～已就绪jiùxù | 모든 준비는 이미 다 끝났을 것이다. 어법「应」과「应该」의 비교⇒〔应该〕❸動 응락하다. 허락하다. 승낙하다. 인정하다. 응대하다. ¶这事是我～下来的 | 이 일은 내가 승낙한 것이다. ¶我～了他的要求 | 나는 그의 요구를 승낙했다. ❹(Yīng) 名 고대 나라 이름 [주무왕(周武王)의 아들이 책봉되었던 지금의 하남(河南) 노산(魯山)에 있었던 제후국] ❺(Yīng) 名 성(姓)
B yìng 動 ❶대답하다. 응답하다. ¶喊hǎn他不～ | 그를 불렀으나 대답이 없다. ¶呼～ | 호응하다. ❷응하다. 승낙하다. 받아들이다. ¶有求必～ | 요망이 있으면 이를 반드시 받아들이다. ¶～人之请 | 남의 요구에 응하다. ❸응대하다. 상대하다. ¶～接不暇xiá↓ ¶～战zhàn↓ ¶供不～求 | 공급이 수요를 감당해낼 수 없다. ❹적응하다. 순응하다. 감응하다. ¶得心～手 | 손재주가 있어서 무엇이든 마음대로 만들 수 있다. 뜻대로 되다. ¶～景(儿)↓

A yīng
2【应当】yīngdāng ⇒〔应该〕 어법「应」과「应当」「该」와의 비교⇒〔应该〕
【应当应分】yīngdāng yīngfèn ⇒〔应分〕
【应当责分】yīngdāng zéfèn ⇒〔应分〕
【应得】yīngdé 動 응당 받아야 한다. 받아야 마땅하다. ¶罪有～ | 당연히 벌을 받아야 한다. ¶～的处罚chǔfá | 응당 받아야 할 처벌. ¶～的一份 | 당연한 몫.
【应分】yīngfèn 形 응분의. 본분으로서 당연히〔당연히 해야 할〕 ¶奉养fèngyǎng父母是人子～的 | 부모를 봉양하는 것은 자식으로서 당연한 일이다 ＝〔应当应分〕〔应当责分〕
1【应该】yīnggāi 能 마땅히 …해야 한다. (…하는 것이) 마땅하다. …하는 것이 당연하다. 응당 …할 것이다. 당연히 …할 것이다. ¶～爱护àihù公共财产cáichǎn | 공공 재산을 소중히 해야 한다. ¶为了大伙的事, 我多受点累也是～的 | 전체의 일을 위해서 내가 좀 더 수고를 하는 것은 당연한 것입니다. 어법 ⓐ 조동사로서의「应」과「应该」「应当」은 같은 의미로 쓰이나 용법상 다음과 같이 서로 다름. ㉠「应该」「应当」은 단독으로 대답에 쓰일 수 있으나「应」은 쓰일 수 없음. ㉡「应」은 서면어(書面語)에만 쓰이고「应当」「应该」는 구어(口語) 서면어에 모두 쓰임. ㉢「应」다음에는 절(小句)이 올 수 없음. ¶应我去(×) ¶应该我去 | 반드시 내가 가야 한다. ⓑ「该」와「应当」「应该」는 다음과 같은 차이가 있음. ㉠「该」는 가정문의 주절(主句)에 쓰여 이치상 그러할 것이라는 추측을 나타낼 수 있으나「应该」「应当」은 나타낼 수 없음. ¶如果你再不回去, 老师应该说你了(×) ¶该说你了 | 네가 다시 더 돌아가지 않으면, 선생님은 너에 대해 말씀하실 것이다. ㉡「该」는「会」앞에 쓰일 수 있으나「应该」

「应当」은 쓰일 수 없음. ¶你这样说, 应该会造成什么影响呢(×) ¶该会造成什么影响呢? | 네가 이렇게 말하면 응당 어떤 영향이 생기겠니? ㉢「该」는「有多」의 앞에 쓰일 수 있으나「应该」「应当」은 쓰일 수 없음. ¶他要是还在这儿, 应该有多好啊(×) ¶该有多好啊 | 그가 아직 여기에 있다면 얼마나 좋을까. ㉣「该」앞에는「又」를 쓸 수 있으나「应当」「应该」앞에는 쓸 수 없고「也」만 쓸 수 있음. ¶又应该挨批评了(×) ¶又该挨批评了 | 또 비판을 받게 되었다. ¶你也该〔应该〕出去跑跑 | 너도 나가 좀 뛰어야겠다 =〔应当〕〔应须〕〔应宜〕〔该应〕〔公该〕

【应届】yīngjiè ❶ 區 본기(本期)의 [졸업생에게만 사용함] ¶~毕业生 | 이번 기 졸업생. ¶今年~毕业的学生 | 금년도 졸업생. ❷ 動 시기에 이르다. ¶~结婚之年 | 결혼 적령기에 이르다.

【应名儿】yīng/míngr ❶ 動 남의 명의를 사용하다. 이름만 내걸다. ¶你应个名儿吧, 反正费不了多大事儿 | 여하튼 그리 힘든 일은 아니니까 이름이나 내걸어두시오. ❷ 名 (yīngmíngr) 명목상(名目上) 명의(名義) ¶他们~是亲戚, 实际上不大来往 | 그들은 명목상 친척일 뿐이고, 실제로는 그다지 왕래하지 않는다. ¶~的教授 | 명목뿐인 교수.

【应声(儿)】ⓐ yīng/shēng(r) 動 ◎ 소리를 내서 대답하다. ¶敲qiāo了一阵门, 里边没有人~儿 | 문을 한참 두드렸지만, 안에서는 아무도 대답하는 사람이 없었다.

ⓑ yìngshēng ❶ 動 대답하다. 轉 소리와 동시에. 소리가 나자마자. ¶~而至 | 成 대답하자마자 곧 오다. ¶一枪打去, 麻雀~而落 | 총을 한 방 쏘자, 총소리와 함께 참새가 떨어졌다. ❷ 名 반향(反響). 메아리. ❸ 名 응답의 소리.

【应许】yīngxǔ 動 ❶ 승낙하다. 응낙하다. ¶他~明天来谈 | 그는 내일 와서 이야기하도록 승낙하였다. ¶点头~ | 머리를 끄덕여 승낙하다 =〔答应〕❷ 허락하다. 허가하다. ¶谁~他把写字台搬走的? | 그가 사무 책상을 옮겨 가는 것을 누가 허가했는가? ‖=〔应允〕

【应宜】yīngyí ⇒〔应该〕

【应有】yīngyǒu 形 응당 있어야 할. 상응하는. 합당한. 당연한. ¶~的作用 | 합당한 역할.

【应有尽有】yīng yǒu jìn yǒu 成 있어야 할 것은 모두 다 있다. 없는 것이 없다. 매우 잘 갖추어져 있다. ¶他书房里各种词典~ | 그의 서재에는 각종 사전이 모두 갖추어져 있다. ¶你别看这商店小, 一般日用百货却是~ | 이 상점은 작지만, 일반 일용 잡화는 없는 것이 없다.

【应允】yīngyǔn ⇒〔应许〕

Ⓑ yìng

【应变】yìngbiàn ❶ 動 응변하다. ¶他~能力强 | 그는 임기응변의 능력이 강하다. ¶随suí机~ | 成 임기응변하다. ❷ 名〈物〉(응력) 변형. 스트레인(strain) ¶~硬化 | 비틀림 경화.

【应承】yìngchéng 動 승낙하다. 허락하다. 받아들이다. ¶把事情~下来 | 일을 응낙하였다.

3【应酬】yìng·chóu ❶ 名 응대. 교제. 사교. 접대. ❷ 動 응대하다. 교제하다. 사교하다. 접대하다. ¶~话 | 의례적인 인사말. ¶不会~ =〔不善应酬shànyìngchóu〕| 교제를 잘 못하다. 붙임성이 없다. ¶他讲究~ | 그는 교제를 중히 여긴다. ¶~大 | 교제가 넓다. ❷ 名 (사적인) 연회(宴會) ¶今天晚上有个~ | 오늘 저녁에 연회가 있다.

【应答】yìngdá ❶ 名 응답. 대답. ¶他善于~ | 그는 대답은 잘 한다. ¶~如流 | 成 물 흐르듯 대답하다. 거침없이 응답하다. ❷ 動 응답하다. 대답하다.

【应敌】yìngdí 動 대적하다. 적에 대항하다. 적과 맞서다. ¶沉着~ | 침착하게 적에 대항하다.

【应典】yìng/diǎn 動 方 말한 것을 이행하다. ¶他说的话全不~ | 그가 말한 것은 전혀 이행되지 않았다. ¶言不~ | 成 언행이 일치하지 않다 =〔应点〕〔应口①〕

【应点】yìng/diǎn ⇒〔应典〕

【应对如流】yìng duì rú liú 成 물 흐르듯 대답하다. 유창하게 응대하다. ¶不管你问什么, 她都能~ | 너가 무엇을 물어보더라도 그녀는 유창하게 대답한다.

3【应付】yìng·fu 動 ❶ 대응하다. 대처하다. ¶难于~ | 대처하기 어렵다. ¶~复杂局面 | 복잡한 국면에 대처하다. ¶~事变 | 사변에 대응하다 →〔对付①〕❷ 대강하다. 얼버무리다. 어물쩍하다. ¶~事儿 | 적당히 하다. ¶采取~的态度 | 형식적인 태도를 취하다. ❸ 그럭저럭 때우다. 아쉬운대로 하다. ¶这件衣服今年还可以~得过去 | 이 옷으로 금년은 그럭저럭 지낼 수 있다.

【应付裕如】yìng fù yù rú 成 ❶ 얼마든지 대처할 수 있다. ¶这种事情他能~ | 이런 일은 그가 얼마든지 대처할 수 있다. ❷ 일을 조금도 힘들지 않게 하다 ‖=〔应付自如〕

【应和】yìnghè 動 ❶ (소리·말·행동 등이) 호응하다. ¶他便随声~了几句 | 그는 말 나오는 대로 몇 마디 호응을 했다. ❷ 가락을 맞추어 부르다. ❸ 맞장구 치다.

【应急】yìng/jí 動 절박한 필요에 대응하다. 임시변통하다. 응급 조치하다. ¶调diào点款子来~ | 돈을 좀 돌려 급한 것을 때우다. ¶~措施 | 응급 조치.

【应接不暇】yìng jiē bù xiá 成 ❶ 접대하느라고 여가가 없다. 접대하기에 몹시 분주하다. ¶顾客很多, 售货员~ | 고객이 많아서, 점원은 응대하느라 틈이 없다. ❷ 좋은 경치가 많아서 눈이 쉴 틈이 없다. ¶各种美妙的景致, 令人~ | 아름다운 경치를 구경하느라 눈이 쉴 틈이 없다.

【应景(儿)】yìng/jǐng(r) ❶ 動 상황에 따라 (무리하게) 하다. 경우에 따라 행동하다. ¶他本来不大会喝酒, 可是在宴会上也不得不应个景儿 | 그는 본래 술을 많이 마시지 못하지만, 연회에서는 부득불 무리를 하게 된다. ❷ (yìngjǐng(r)) 形 절후(節候)에 적합하다. 철에 맞다. 제격이다. ¶端午吃粽子是~儿 | 단오 때는「粽子」를 먹는 것이 제격이다. ❸ (yìngjǐng(r)) 名 철에 맞는 것. 제격인 것.

【应景话】yìngjǐnghuà 名 때와 장소에 맞는 말. 제격에 맞는 말. 적당한 인사말. ¶他就说了几句~ | 그는 몇 마디 격에 맞는 인사말을 했다.

【应考】yìng/kǎo 動 응시하다. 시험에 참가하다. 수험하다. ¶~的人很多 | 시험에 응시한 사람이 많다.

【应力】yìnglì 名〈物〉응력. 변형력. 스트레스(stress) ¶正~ | 수직 응력. ¶内~ | 내부 응력. ¶预~ | 예비 응력.

【应卯(儿)】yìng/mǎo(r) 動 인원 점호에 대답하다. 喩 얼굴을 내밀다. 어물어물 그 순간을 넘기다 [옛날, 관청에서 매일 묘시(卯時)에 점호를 한 데에서 유래] ¶今天他请我, 我有点儿不舒服, 不过应应卯而已 | 오늘 그가 나를 초청했지만, 나는 몸이 좀 불편하여 잠깐 얼굴이나 내밀었을 뿐이다.

【应门】yìngmén 書 ❶ 動 문(門)의 개폐(開閉)를 관리하다. 문을 지키다. ¶~之童 | 문 지키는 아이. ❷ 名 옛날, 궁정의 정문(正門)

【应募】yìngmù 書 動 응모하다. 모집에 응하다.

【应诺】yìngnuò 書 動 응낙하다. 승낙하다. 요구를 들어주다. ¶他从不轻易~ | 그는 종래 쉽게 요구를 들어준 적이 없다.

【应声】yìngshēng ☞ 〔应声(儿)〕 yīng/shēng(r) b

【应时】yìngshí ❶ 形 때에 맞다. 시기 적절하다. ¶~小菜 | 계절에 알맞는 간단한 요리. ¶~货品 | 계절 상품. ¶~瓜果 | 철에 맞는 과일. ¶西红柿正~ | 토마토가 지금 제철이다. ❷ 副 즉시. 당장. 곧. ¶车子一歪, ~他就摔shuāi了下来 | 차가 기울어지자, 그는 바로 굴러 떨어졌다.

【应世】yìngshì 書 動 ❶ 세운(世運)에 순응하다. 시세(時世)의 추이에 적응하다. ¶他颇善于~ | 그는 시세의 추이에 대단히 잘 적응한다. ❷ 세상의 요구에 적합하다. ¶~奇才 | 시세에 적합한 인물. 시대가 요구하는 인물.

【应市】yìngshì 動 시장 수요에 응하다. 시장에 내다. 매출하다.

【应试】yìngshì 書 ❶ 動 시험에 응하다. 응시하다. ¶去汉城~ | 서울에 가서 응시하다. ❷ 名 옛날, 천자의 명을 받들어 지은 시부(詩賦)

【应手】yìngshǒu ❶ 動 뜻대로 되다. 일이 손에 잡히다. ¶今天我有点儿不~ | 오늘은 일이 좀 뜻대로 되지 않는다〔일이 손에 잡히지 않는다〕 ¶材料不~ | 재료가 시원치 않다. ¶得心~ | 뜻대로 되다. ❷ 形 사용하기에 편리하다. 쓰기 좋다. ¶这枝笔我用得不~ | 이 펜은 쓰기에 불편하다.

【应验】yìng/yàn 動 ❶ 효험이 있다. 효력이 있다. ¶~良方 | 효력이 현저히 좋은 약. ¶这药~极了 | 이 약은 매우 잘 듣는다. ❷ 영험이 있다. (예언 등이) 들어맞다. ¶他说的话~了 | 그가 한 말은 들어 맞았다.

3【应邀】yìng/yāo 動 초대 또는 초청에 응하다. ¶~出席了这次会议 | 초대에 응하여 이번 회의에 출석했다.

2【应用】yìngyòng 動 ❶ 사용하다. 쓰다. ¶~新技术 | 신기술을 사용하다. ¶这种方法~得最为普遍 | 이러한 방법은 가장 보편적으로 사용된다. ❷ 응용하다. 운용(運用)하다. 이용하다. 적용하다. ¶~艺术 | 응용 예술. ¶~规律 | 법칙을 운용하다.

【应用科学】yìngyòng kēxué 名組 응용 과학. ¶重视~的研究 | 응용과학의 연구를 중시하다.

【应用文】yìngyòngwén 名 실용문(實用文)

【应援】yìngyuán ❶ 名 응원. 구원.. ¶虽有~, 为时已晚 | 비록 응원을 했지만 때는 이미 늦었다. ❷ 動 응원하다. 구원하다.

【应运】yìng/yùn 動 ❶ 천명(天命)을 따르다. ❷ 시기(時機)에 순응하다.

【应运而生】yìng yùn ér shēng 成 기운(機運)에 따라 생겨나다. 시대의 요구에 의해서 나타나다. ¶资本主义在我国逐渐发展, 银行也就~ | 자본주의가 우리 나라에서 점차 발전하여, 은행도 이에 따라 생겨나기 시작했다.

【应战】yìng/zhàn ❶ 動 응전하다. ¶沉着~ | 침착하게 응전하다. ❷ 動 도전을 받다. ¶从容~, 毫不畏惧 | 침착하게 도전을 받으며 조금도 두려워하지 않다. ❸ (yìngzhàn) 名 응전.

【应召】yìngzhào 書 動 소환에 응하다. 부름에 응하다. ¶~入营 | 소집에 응하여 입영하다.

【应召女郎】yìngzhào nǚláng 名 콜걸(callgirl)

【应诊】yìngzhěn 動 응진하다.

【应征】yìngzhēng 動 ❶ 징집에 응하다. ¶~入伍 | 징집에 응하여 군대 가다. ❷ 응모하다. ¶~稿件gǎojiàn | 응모 원고. ¶~剧jù本 | 응모 각본.

【膺】yīng 가슴 응, 받을 응

書 ❶ 名 가슴. ¶义愤填yìfèntián~ | 의분이 가슴에 가득 차다. ❷ 動 轉 수여받다. 맡다. ¶荣~勳章 | 영광스럽게 훈장을 수여받다. ¶~选xuǎn↓ ❸ 動 轉 치다. 토벌하다. ¶~惩chéng↓

【膺惩】yīngchéng 動 응징하다. 토벌하다. ¶~叛逆分子 | 반역분자를 응징하다.

【膺选】yīngxuǎn 書 動 당선하다. 뽑히다. ¶~市长 | 시장에 당선하다.

4【鹰(鷹)】yīng 매 응

名〈鳥〉매. ¶苍~ | 참매. ¶铁~ | 喩 비행기 =〔俗 老鹰〕〔凌霄君língxiāojūn〕

【鹰饱不拿兔】yīng bǎo bù ná tù 諺 매도 배부르면 토끼를 잡지 않는다. 만족을 알다.

【鹰鼻鹞眼】yīng bí yào yǎn 成 간사하고 흉악한 인상(人相)

【鹰钩鼻(子)】yīnggōubí(·zi) 名 매부리코. ¶他长着~ | 그는 매부리코이다.

【鹰犬】yīngquǎn 名 ❶ (사냥에 쓰이는) 매와 개. ❷ 喩 앞잡이. 주구(走狗) ¶当资本家的~ | 자본가의 앞잡이가 되다.

【鹰隼】yīngsǔn 書 名 매와 새매. 喩 흉맹(凶猛)한 사람. 용맹한 사람.

【鹰洋】yīngyáng 名 옛날, 중국의 시장에서 유통된 멕시코 은화 [표면에 매 모양이 그려져 있었으며, 넓게는 「银元」을 가리킴] =〔英洋〕〔墨银〕

【鹰爪毛儿】yīngzhǎomáor 名 털이 짧은 양가죽 [털 모양이 매의 발톱과 같음]

【吋】yīngcùn ☞ 吋 cùn

【呎】yīngchǐ ☞ 呎 chǐ

1【英】yīng 꽃 영, 빼어날 영
❶書名꽃. ¶落～ | 낙화. ❷재능이 나 지혜가 뛰어나다. 또는 그런 사람. ¶群～大会 | 우수한 인물들의 모임. ¶～俊jùn↓ ❸名簡〈地〉「英国」(영국)의 약칭. ❹(Yīng) 名 성(姓)

3【英镑】yīngbàng 名外〈錢〉파운드 [영국의 화폐 단위] =〔英磅〕〔英金〕〔镑〕

【英才】yīngcái 名 영재. 뛰어난 인재. ¶一代～ | 일대의 뛰어난 영재

【英尺】yīngchǐ 量〈度〉피트.

【英寸】yīngcùn 量〈度〉인치.

【英石】ⓐ yīngdàn 量〈度〉스톤 [보통 14파운드를 가리킴]
ⓑ yīngshí 名 영덕 돌 [광동성(廣東省) 영덕현(英德縣)에서 나는 정원용 돌]

【英吨】yīngdūn 量外〈度〉영국톤. 롱 톤 [영국에서 쓰는 중량 단위. 1톤이 1016.04kg이고, 2240파운드임] =〔长chángl吨〕〔重zhòng吨〕

【英格兰】Yīnggélán 名外〈地〉잉글랜드(England)

【英国】Yīngguó 名〈地〉영국(Britain) [서부 유럽의 입헌군주국. 수도는 「伦敦Lúndūn」(런던; London)] ¶～管 | 〈音〉잉글리시 호른.

【英国广播公司】Yīngguó Guǎngbō Gōngsī 名〈新放〉비비시(B.B.C.). 영국 방송 협회. ¶～电视广播员 | B.B.C. 텔레비전 아나운서.

【英华】yīnghuá ❶名 뛰어난 인물. ❷名 정화(精華). 진수(眞髓) ❸名 뛰어난 재능. ¶～消沮 | 威 재능이 쇠퇴하다. ❹(Yīng Huá) 名 영국과 중국. ¶～词典 | 영중 사전. ❺形(초목이) 아름답다. ❻形(외모가) 훌륭하다. ❼名 명예.

【英魂】yīnghún ⇒〔英灵①〕

【英吉利】Yīngjílì 名外〈地〉잉글리시. 영국 =〔英国〕

【英吉利海峡】Yīngjílì Hǎixiá 名外〈地〉영국 해협. 영불(英佛) 해협 [가장 가까운 곳이 「多佛尔海峡Duōfóěrhǎixiá」(도버 해협)임]

【英杰】yīngjié 名 영웅 호걸. 영걸. ¶时代的～ | 시대의 영웅 =〔英豪〕

4【英俊】yīngjùn 形 ❶재능이 출중하다. ¶～有为 | 재능이 출중하고 능력이 있다. ❷영준하다. 영민하고 준수하다. ¶他长得很～ | 그는 아주 미남이다. ¶一个～的小伙子 | 영준한 젊은이.

【英里】yīnglǐ 量〈度〉마일 →〔哩lǐ〕

【英烈】yīngliè ❶形 영용(英勇)하며 강렬하다. ❷名 영웅. 영렬. 열사. ¶革命～ | 혁명열사 ❸書名 걸출한 공적.

【英灵】yīnglíng 名 ❶敬 영령. 죽은 사람의 영혼. ¶告慰前辈的～ | 선배 영령들을 위로하다 =〔英魂〕❷書 영령. 재능이 출중한 사람. 영재.

【英名】yīngmíng 名 영명. 뛰어난 명성. 훌륭한 명예. ¶永远传颂不朽～ | 불후의 명성을 길이 칭송하다.

3【英明】yīngmíng 形 영명하다. 뛰어나게 슬기롭고 총명하다. ¶～果断guǒduàn | 威 영명하고 결단성 있다. ¶～的领导lǐngdǎo | 영명한 영도(자)

【英亩】yīngmǔ 量〈度〉에이커.

【英气】yīngqì 書名 영기. 뛰어난 기상. 우수한 재기(才氣) ¶这小伙子～逼人 | 이 젊은 친구는 우수한 재기가 다른 사람을 누른다. ¶～勃勃bó | 영기가 넘쳐 흐르다.

【英石】yīngshí ☞〔英石〕yīngdàn ⓑ

【英属维尔京群岛】Yīngshǔ Wéiěrjīng Qúndǎo 名外〈地〉영령 버진제도(British Virgin Islands) [카리브해 서인도제도 서부에 있는 군도. 수도는 「罗德城Luódéchéng」(로드타운; Road Town)]

1【英文】Yīngwén 名 영문. 영어. ¶他的～造诣很高 | 그의 영어에 대한 조예는 깊다 =〔英国语〕〔英语〕

【英武】yīngwǔ 書形 영민하고 용맹스럽다. ¶这些年轻人十分～ | 이 젊은이들은 영민하고 용맹스럽다.

【英像】yīngxiàng 名〈電算〉맵(map) 매핑(mapping)

2【英雄】yīngxióng ❶名 영웅. ¶～好汉 | 영웅호걸. ¶～汉 | 영웅. 대장부. ¶女～ | 여걸. ¶～所见略同 | 威 영웅의 견해는 대체로 일치한다. ❷形 영웅적인. ¶～的军人 | 영웅적인 군인. ❸動(이해득실을 떠나) 훌륭하게 행동하다. ¶你老子～一辈子 | 너의 아버지는 일생동안 훌륭하게 행동했다.

【英雄气短】yīng xióng qì duǎn 威 영웅이 좌절이나 정 때문에 웅지를〔진취심을〕잃다. 웅심(雄心)은 연약한 정으로 인하여 약해지기 쉽다. ¶老康吧,儿女情长,但～ | 강씨는 정에 너무 약하다 →〔儿ér女情长, 英雄气短〕

【英雄无用武之地】yīng xióng wú yòng wǔ zhī dì 威 영웅이 재능을 발휘할 기회를 얻지 못하다. ¶他到了釜山就觉得～ | 그는 부산에 가서 자신의 재능을 발휘할 기회가 없다고 느꼈다.

【英寻】yīngxún 量〈度〉패덤(fathom) [주로 바다의 깊이를 재는 데 쓰이는 단위. 1패덤은 약 1.83m]

2【英勇】yīngyǒng 形 영특하고 용맹스럽다. 영용하다. 용감하다. ¶～殉职xùnzhí | 장렬하게 순직하다. ¶～地反抗fǎnkàng | 용감히 반항하다. ¶～就义 | 威 용감히 정의를 위하여 죽다.

1【英语】Yīngyǔ ⇒〔英文〕

【英姿】yīngzī 書名 뛰어나고 늠름한 자태. ¶～焕发 | 씩씩하고 늠름한 자태가 빛나다. ¶～飒爽sàshuǎng | 威 자태가 늠름하고 씩씩하다.

【瑛】yīng 옥빛 영
書名 ❶옥과 비슷한 아름다운 돌. ❷옥(玉)의 광채.

【哩】yīng ☞ 哩 lǐ

【唡】yīngliǎng ☞ 唡 liǎng

3【婴(嬰)】yīng 갓난아기 영 ❶名 영아. 갓난아기. ¶保～ | 영아를 보호하다. ¶～幼园yòuyuán | 유아원 =〔婴儿yīngr〕 ❷書動 접촉하다. 달라붙다. 휘감기다. ¶～疾jí↓ ❸書動 두르다. 둘러치다. ¶～城固守 | 성을 둘러치고 굳게 지키다.

3【婴儿】yīng'ér 名 영아. 젖먹이. 갓난애. ¶～保健bǎojiàn | 영아보건 =〔婴孩〕

【婴孩】yīngháí ⇒〔婴儿〕

【婴疾】yīngjí 書動 병에 걸리다.

【婴幼儿】yīngyòuér 名「婴儿」(영아)와 「幼儿」(유아)의 합친 말. ¶～保育所 | 영유아 보육소

【缨(纓)】yīng 갓끈 영 名 ❶ (～儿, ～子) 장식용의 술. ¶帽～子 | 모자에 단 술. ¶红～枪 | 붉은 술을 단 창. ❷ (～儿, ～子) 술처럼 생긴 것. ❸ 관(冠)의 끈 또는 허리끈. ¶长～ | 긴 끈. ❹ 밧줄. 포승(捕繩)

【缨帽】yīngmào 名 청대(淸代), 관리가 쓰던 꼭대기에 술이 달린 모자. ¶头戴～ | 모자를 쓰다.

【缨子】yīng·zi 名 ❶ 장식용의 술. ¶帽～ | 모자의 술. ❷ 술 모양의 것. ¶萝卜～ | 무잎 ‖ =〔缨儿〕

【嘤(嚶)】yīng 울 앵 書擬 새가 지저귀는 소리.

【嘤其鸣矣, 求其友声】yīng qí míng yǐ, qiú qí yǒu shēng 成 새가 짹짹 울며 친구를 찾다. (소리를 질러) 동지(同志)를 구하다.

【撄(攖)】yīng 가까이할 영, 어지러울 영 書動 ❶ 접근하다. 부딪치다. ¶敌人莫敢～ | 적은 감히 접근하는 자가 없었다. ¶～怒 | 부딪쳐 화나게 하다. ❷ 혼란시키다. 어지럽게 하다. ¶不以利肢～其心 | 이해 때문에 마음을 어지럽히지 않다.

【撄及逆鳞】yīng jí nìlín ⇒〔撄鳞〕

【撄鳞】yīnglín 動 직간(直諫)하다 =〔撄及逆鳞〕〔婴鳞〕

【罂(罌)〈甖䓨〉】yīng 항아리 앵 書名 배가 크고 아가리가 좁은 병.

【罂粟】yīngsù 名〈植〉양귀비.

4【樱(櫻)】yīng 앵두나무 앵 名〈植〉❶ 앵두. 앵두나무. ❷ 벚꽃. 벚나무.

4【樱花】yīnghuā 名〈植〉❶ 벚나무. ❷ 벚꽃. ¶日本以～闻名世界 | 일본은 벚꽃으로 세계에 널리 알려져 있다. ¶～盛shèng开 | 벚꽃이 만발하다.

【樱桃】yīng·táo 名 ❶〈植〉앵 두 나 무 =〔荆jīng桃〕〔麦樱〕〔麦英〕 ❷ 앵두 ‖ =〔莺桃〕 ❸ 喩 여자의 붉은 입술. ¶～小口 | 앵두같은 예쁜 입. ❹ 喩 개구리 요리. ¶～是好吃的 | 개구리 요리는 맛있다.

【璎(瓔)】yīng 옥돌 영 ⇒〔璎珞〕

【璎珞】yīngluò 名 영락 [구슬을 꿰어 목에 두르는 장식]

【鹦(鸚)】yīng 앵무새 앵 ⇒〔鹦鹉〕〔鹦哥〕

【鹦哥(儿)】yīng·gē(r) 名 俗〈鳥〉앵무새의 통칭(通稱)

【鹦鹉】yīngwǔ 名〈鳥〉앵무새. ¶～能言不离飞鸟 | 앵무새는 말을 할지라도 역시 새이다. 喩 말만 할 뿐, 행동이 따르지 못하다. ¶虎皮～ | 사랑앵무 =〔能néng言鸟〕〔臊sāo陀〕

【鹦鹉热】yīngwǔrè 名〈醫〉앵무병 =〔鹦鹉病〕

【鹦鹉学舌】yīng wǔ xué shé 成 貶 (남의 말을) 앵무새처럼 되뇌다.

【莺(鶯)〈鸎〉】yīng 꾀꼬리 앵 名〈鳥〉꾀꼬리 =〔黄莺〕〔黄鹂lí〕〔黄鸟②〕 ¶～歌燕舞↓

【莺歌燕舞】yīng gē yàn wǔ 成 꾀꼬리가 노래 부르고 제비가 춤추다. 기쁨이 가득하다. 정세가 아주 좋다. ¶整个韩国到处～ | 한국은 어디를 가나 기쁨과 활기가 가득하다.

【莺迁】yīngqiān 動 영전하다. 좋은 자리로 이사하다 [영전이나 이전 (移轉)을 축하할 때 쓰는 말] ¶～高位 | 높은 자리로 승진하다. ¶～之喜 | 승지의 경사→〔乔qiáo迁〕

yíng ㄧㄥˊ

1【迎】yíng 맞이할 영 ❶動 맞다. 영접하다. ¶欢～ | 환영하다. ¶出～ | 나가서 맞이하다. ❷介 …로 향하여. …쪽으로. ¶～风↓ ¶～面↓ ¶～门儿来了一个人 | 입구쪽으로 한 사람이 왔다.

【迎宾】yíngbīn 書區 손님을 맞다. ¶～馆 | 영빈관. ¶～礼 | 손님을 맞는 예.

【迎春】yíngchūn ❶動 봄을 맞이하다. ¶～诗会 | 봄맞이 시회 ❷名〈植〉영춘화. ❸名 俗〈植〉개나리 ❹書名 옛날, 입춘절(立春節)에 조정에서 행하는 예(禮)

【迎敌】yíngdí 動 적을 맞아 치다〔싸우다〕 ¶随时准备～ | 수시로 적을 맞아 싸울 준비를 하다.

【迎风】yíng/fēng ❶動 바람을 맞받다. 바람을 안다. ¶这里坐着正～, 特别凉爽liángshuǎng | 여기에 앉으면 바로 바람을 맞받아 유달리 시원하다. ❷動 바람을 맞다. 바람을 타다. ¶国旗～招展zhāozhǎn | 국기가 바람에 펄럭이다. ❸ (yíngfēng) 名 맞바람. 역풍(逆風) =〔顶风dǐngfēng〕

【迎合】yínghé 動 ❶ 영합하다. 남의 마음에 들도록 비위를 맞추다. ¶～对方心理 | 상대방의 심리에 영합하다. ❷ 기일을 정하여 만나다.

【迎候】yínghòu 書動 마중나가다. 출영(出迎)하다. ¶在宾馆门口～贵宾 | 영빈관 입구에서 귀빈을 마중하다.

【迎击】yíngjī ❶名〈軍〉요격(邀擊) ❷動〈軍〉요격(邀擊)하다.

2【迎接】yíngjiē 動 ❶ 영접하다. 맞이하다. 출영(出迎)하다. ¶到车站去～贵宾 | 역에 가서 귀빈을 영접하다. ❷ (일을) 맞이하다. ¶～五一

节｜5·1 노동절을 맞이하다. ¶～即将到来的战斗任务｜곧 다가올 전투 임무를 맞이하다 ‖＝〔書迓yà〕

4【迎面(儿)】yíng/miàn(r) ❶副 얼굴을 마주하다. 얼굴을 향하다. ¶～碰见了他｜그와 정면으로 마주쳤다. ¶西北风正～儿刮着｜서북풍이 바로 정면으로 불고 있다. ¶～走上去打招呼｜정면으로 걸어가서 인사하다. ❷(yíngmiàn(r)) 名 정면(正面). 맞은편. ¶～过来一个人｜정면에서 한 사람이 오다.

【迎亲】yíng/qīn 動 (옛날, 결혼날에 신랑 집에서 꽃가마와 악대를 신부측에 보내어) 신부를 맞이하다. ¶～的队伍｜신부를 맞이하는 대열. ¶～送嫁｜시집 가고 장가들다 ＝〔迎娶①〕

【迎娶】yíngqǔ ❶⇒〔迎亲〕 ❷動 아내를 맞다.

【迎刃而解】yíng rèn ér jiě 成 주요한 문제가 해결되면 그와 관련된 기타 문제도 쉽게 해결될 수 있다. 순리적으로 문제가 해결되다. ¶找出问题的关键, 困难才能～｜문제의 관건을 찾아내면 곤란은 쉽게 풀릴 수 있다. ¶抓zhuā住了这个主要矛盾, 一切问题就～了｜이 중요한 모순을 포착하면, 모든 문제는 쉽게 풀릴 것이다 ＝〔刃迎缕解〕

【迎送】yíngsòng ❶動 송영하다. ❷名 송영. 마중과 배웅. ¶受到了负责人的～｜책임자의 송영을 받았다.

【迎头(儿)】yíng/tóu(r) ❶動 얼굴을 마주하다. ¶问题来了～挡dǎng回去｜문제가 생기면 부딪쳐 물리치다〔해결하다〕 ¶～碰着他了｜그와 정면으로 맞닥뜨렸다. ¶～痛击｜成 정면에서 통격(痛擊)을 가하다. ❷(yíngtóu(r)) 名 정면. 맞은편.

【迎头赶上】yíng tóu gǎn shàng 成 노력하여 선두를 따라 잡다. ¶～日本的经济发展水平｜일본의 경제발전수준을 따라 잡다. ¶快马加鞭, ～｜일에 박차를 가하여 상대를 따라잡다.

【迎新】yíngxīn 動 ❶ 새로운 사람을 맞이하다. 신입자를 환영하다. ¶～会｜신입생〔신입사원〕 환영회. ❷ 새해를 맞다. ¶～晚会｜새해 축하 야회.

【迎迓】yíngyà ⇒〔迎接〕

【迎战】yíngzhàn 動 영전하다. 맞아 나가서 싸우다. ¶沉着地～｜침착하게 나가 싸우다.

【茔(塋)】yíng 무덤 영

書名 무덤. ¶～地｜묘지.

【茔地】yíngdì 名 묘지(墓地) ¶祖先留下的～｜조상이 남긴 묘지.

【荥】yíng ☞ 荥 xíng B

【荧(熒)】yíng 희미할 형

書❶形 빛이 희미하다. ¶一灯～然｜등불이 희미하다. ❷動 눈이 아물아물하다. (미)혹하다. ¶～惑huò↓ ❸⇒〔荧光〕

【荧光】yíngguāng 名〈物〉형광. ¶～染料｜형광 염료. ¶～涂料｜형광 도료. ¶～体｜형광체. ¶～油墨｜형광 잉크 ＝〔萤光〕

【荧光灯】yíngguāngdēng 名 형광등 ＝〔日光灯〕

【荧光粉】yíngguāngfěn 名〈物〉형광 물질의 분말.

【荧光屏】yíngguāngpíng 名〈物〉형광판 (萤光板) ¶电视～｜텔레비전 스크린.

【荧惑】yínghuò ❶書動 미혹하다. 현혹하다. ¶～人心｜인심을 현혹하다. ❷名〈天〉형혹성 [옛날, 화성(火星)의 다른 이름]

【荧屏】yíngpíng 名 ❶ 텔레비전 스크린. ❷ 텔레비전. ¶～前的观众｜텔레비전 앞의 관중

【荧荧】yíngyíng 狀 희미하게 반짝이다. 깜빡깜빡거리다. 가물가물거리다. ¶明星～｜샛별이 희미하게 깜빡이다. ¶一灯～｜등불 하나가 가물거리다.

【莹(瑩)】yíng 옥돌 영

書❶名 옥돌 [광택이 있는 아름다운 돌] ❷形 맑다. 투명하다. ¶晶jīng～｜수정같이 투명하다.

【莹白】yíngbái 形 맑고 깨끗하다. ¶～的房间｜깨끗한 방.

【莹澈】yíngchè 形 영롱하다. 맑고 투명하다. ¶荷叶上托着～的露珠lùzhū｜연잎에 영롱한 이슬이 맺혀 있다.

【萦(縈)】yíng 얽힐 영

書動 휘감다. 얽매다. 에워싸다. ¶琐事～身｜하찮은 일에 몸이 얽매이다.

【萦怀】yínghuái ⇒〔挂guà念〕

【萦回】yínghuí 動 영회하다. 감돌다. 맴돌다. ¶那件事不时地～脑际｜그 일이 늘 머릿속에서 빙빙 맴돈다 ＝〔萦绕〕〔萦系〕〔萦纡〕

【萦绕】yíngrào ⇒〔萦回〕

【萦纡】yíngyū ⇒〔萦回〕

【萤(螢)】yíng 개똥벌레 형

❶名〈蟲〉개똥벌레 ＝〔萤虫(儿)〕〔火虫儿〕 ❷⇒〔萤光〕

【萤窗雪案】yíng chuāng xuě àn 成 반딧불과 창밖의 눈빛을 등불삼아 공부하다. 갖은 고생을 하며 학문을 닦다. ¶要学习～的精神｜반딧불과 창밖의 눈빛을 등불삼아 공부하는 정신을 배워야 한다 ＝〔萤窗〕→〔萤雪之功〕

【萤火虫(儿)】yínghuǒchóng(r) 名 俗〈蟲〉개똥벌레 ＝〔萤光虫(儿)〕〔丹鸟dānniǎo〕

【萤石】yíngshí 名〈鑛〉형석 ＝〔弗fú石〕〔氟fú石〕〔砩fú石〕

【萤雪之功】yíng xuě zhī gōng 成 형설지공. 갖은 고생을 하며 학문을 닦아 얻은 보람〔성과〕→〔萤窗雪案〕

2 ## 【营(營)】yíng 꾀할 영

❶動 꾀하다. 경영하다. 계획·관리하다. ¶国～｜국영(하다) ¶公私合～｜국가와 개인이 합동하여 경영하다. ❷動 꾀하다. 도모하다. 강구하다. ¶～救↓ ¶～生↓ ❸名 군영. 주둔지. 숙영지. ¶军～｜군영. ¶入～｜입대하다. ❹名 대대(大隊) [육군편제 단위의 하나로 「连」(중대) 위에 속함] ¶～长｜대대장.→〔军②〕〔班②〕〔连⑨〕〔旅④〕〔排⑦〕〔团⑥〕 ❺(Yíng) 名 성(姓)

【营地】yíngdì 名〈軍〉주둔지. 숙영지. ¶～设在

山下 | 산 아래에 숙영지를 편성하다.
【营房】yíngfáng 名 ❶〈軍〉병영(兵營). 병사(兵舍) ¶绿色的～ | 녹색의 (병영) 막사 =〔营舍〕 ❷(공사장의) 임시 합동 숙사.
【营工】yínggōng 動 노동력을 팔다. 품팔이하다. ¶～度日 | 품팔이하여 살아가다.
【营火】yínghuǒ 名 야영(野營)의 모닥불.캠프 파이어(campfire) =〔篝gōu火〕
【营火会】yínghuǒhuì 名 모닥불을 둘러 싸고하는 야회(夜會). 캠프 파이어(campfire) ¶孩子们参加～去了 | 아이들은 캠프 파이어에 참가하러 갔다 =〔营火晚会〕
【营建】yíngjiàn ⇒〔营造〕
【营救】yíngjiù 書 動 방법을 강구하여 구원하다. 원조 활동을 하다. ¶他们正设法～那位在患难nàn中的朋友 | 그들은 지금 방법을 강구하여 어려움에 처한 그 친구를 구원하고 있다.
【营垒】yínglěi 名 ❶ 군영(軍營)과 보루(堡壘) ❷ 진영(陣營) ¶革命～ | 혁명 진영.
【营利】yínglì 動 이익을 도모하다. 이윤을 추구하다. 영리를 꾀하다. ¶当月～几百万 | 이번 달에는 몇 백만원의 이윤을 남겼다. ¶～主义 | 영리주의. 상업주의.
【营盘】yíngpán 名「军jūn营」(군영, 병영)의 옛날 이름. ¶扎zhá～ | 병사(兵舍)를 짓다. 캠프를 치다.
【营生】ⓐ yíngshēng 動 삶을 영위하다. 생활을 하다. 생계를 유지하다. 생계를 꾸리다. ¶船户们长年都在水上～ | 선원들은 일년 내내 물 위에서 생활한다.
ⓑ(～儿) yíng·sheng(r) 名 方 직업. 작업. 생업. 일. ¶找个～ | 일거리를 찾다. ¶地里的～他都拿得起来 | 밭일은 그가 못하는 것이 없다. ¶不长进的～ | 발전성이 없는 장사.
【营私】yíngsī 動 ❶ 사리(私利)를 꾀하다. ¶结党～ | 成 도당을 조직하여 사리를 꾀하다. ❷ 밀무역을 하다. 밀수하다. 암거래하다.
【营私舞弊】yíng sī wǔ bì 成 사리(私利)를 꾀하며 마구 부정한 일을 저지르다. ¶贪官污吏～ | 탐관오리는 사리를 꾀하며 마구 부정한 일을 저지른다.
【营天造地】yíng tiān zào dì 成 ❶ 자연과 괴로운 싸움을 하다. ❷ 힘든 육체 노동을 하다.
[2]【营养】yíngyǎng ❶ 名 영양. 양분. ¶人工～ | 인공 영양. ¶～价值 | 영양가. ¶～学 | 영양학. ¶水果富于～ | 과일은 영양이 풍부하다. ❷ 動 영양을 섭취하다.
【营养饭】yíngyǎngfàn 名 영양식(營養食) ¶他病了, 给他订一份～ | 그가 병에 걸려 그에게 영양식을 주문해 주었다.
【营养素】yíngyǎngsù 名 영양소. ¶多摄入～ | 영양소를 많이 섭취해라.
【营养元素】yíngyǎng yuánsù 名組 영양 원소.
[2]【营业】yíngyè ❶ 名 영업. ¶～额 | 영업액. 총매상고. ¶开始～ | 영업을 시작하다. ¶扩充～ | 영업을 확충하다. ¶～处 =〔营业所〕| 영업소. ¶～盈余 | 영업 이익금. ¶～时间 | 영업시간. ¶～报告 | 영업 보고. ¶～收入 | 영업수입. ¶暂停～ | 임시 휴업. ❷ 動 영업하다. ¶照常～ | 평상시와 같이 영업함.
【营业税】yíngyèshuì 名 영업세. ¶根据规定交纳～ | 규정에 따라 영업세를 납부하다.
【营业员】yíngyèyuán 名 점원. 판매원.
【营造】yíngzào 動 ❶ 영조하다. 건축물을 역사(役事)하여 짓다. ¶～工厂chǎng | 건축〔건설〕회사. ❷(계획적인) 조림(造林)을 하다. ¶～防风林 | 방풍림을 조성하다 ‖ =〔营建〕
【营造尺】yíngzàochǐ 名 청대(清代)의 건축용 자 [당시 길이의 표준 단위로서 0.32m에 해당함] =〔部尺〕〔俗 鲁班尺lǔbānchǐ〕
【营帐】yíngzhàng 名(군대 또는 지질 조사대 등의) 막사(幕舍). 캠프(camp). 텐트.

【萦(縈)】 yíng 줄 형

❶ 名 줄. ❷ 書 動 갈아서 윤을 내다.

【滢(瀅)】 yíng 맑을 형

書 形 맑고 투명하다. ¶汀ting～ | 물이 깨끗하다.

【潆(瀠)】 yíng 돌아흐를 형

⇒〔潆洄〕
【潆洄】yínghuí 動 물이 소용돌이치다. ¶水流～ | 물이 소용돌이치며 흐르다.

[4]【盈】 yíng 찰 영, 남을 영

書 ❶ 形 가득차다. 충만하다. ¶充～ | 충만하다. ¶丰～ | 풍족하다. ¶车马～门 | 수레와 말이 문앞에 가득하다. 喩 사람의 출입이 많아서 문앞이 흥성거리다. ❷ 動 남다. 이익이 나다. ¶～余↓ =〔赢yíng②〕
【盈亏】yíngkuī 名 ❶ 달이 차는 것과 기우는 것. ¶月亮～有定时 | 달은 정기적으로 차고 기운다. ❷ 기업이나 사업의 손익(損益) ¶～清帐 | 손익 계산서.
[4]【盈利】yínglì ⇒〔赢yíng利〕
【盈盈】yíngyíng 書 狀 ❶ 물이 맑고 얕다. ❷ 여자의 자태가 날렵하고 아름답다. ¶～下拜 | 여자가 사뿐히 절하다. ❸(감정·기분 등이) 충분히 드러나다〔표현되다〕 ¶笑脸～ | 얼굴에 웃음이 그윽하다. ❹ 걸음걸이가 사뿐사뿐하다. ¶款步～ | 천천히 사뿐사뿐 걷다.
【盈余】yíngyú ❶ 動 흑자가 되다. 이익이 남다. ¶～二百元 | 200원의 흑자를 보다. ❷ 名 흑자. 잉여. 나머지. ¶营业～ | 영업 이익금. ¶有二百元的～ | 200원의 흑자가 있다 ‖ =〔赢余〕

【楹】 yíng 기둥 영

名〈建〉옛날, 방 앞에 세운 두 개의 큰 기둥 [옛 관습으로 위업을 나타냄]
【楹联】yínglián 名(기둥 위의) 대련(對聯) ¶他给我写了一副～ | 그는 나에게 대련 한 폭을 써 주었다.

3【蝇(蠅)】 yíng 파리 승

名〈蟲〉파리. ¶苍cāng～ | 파리. ¶灭～运动 | 파리 잡기 운동. ¶粪fèn～ | 똥파리.
【蝇虎(儿)】yínghǔ(r) 名〈動〉승호. 깡충거미 =

〔蝇狐〕
【蝇刷子】yíngshuā·zi ⇒〔蝇甩儿shuǎir〕
【蝇甩儿】yíngshuǎir 名 方 불자(拂子) =〔佛fú尘〕〔蝇刷子〕〔佛麈zhǔ〕〔麈尾〕〔苍蝇刷儿〕〔苍蝇甩儿〕
【蝇头】yíngtóu 名 ❶ 파리 머리. ❷ 喻 극히 미소한 것. 사소한 것. 자그마한 것. ¶~小利 | 아주 작은 이익. ¶何必贪tān那点~微利呢? | 구태여 그렇게 작은 이익을 탐낼 필요가 있는가?
4【蝇子】yíng·zi 名 口〈蟲〉파리 =〔苍cāng蝇〕

【嬴】yíng 가득할 영
❶ 書 形 가득하다. 넉넉하다. ❷ (Yíng) 名 성(姓)

1【赢(贏)】yíng 승리 영, 남을 영
❶ 動 이기다. ¶那个篮球队又~了 | 저 농구팀이 또 이겼다 ⇔〔输shū②〕→〔胜①〕 ❷「盈」과 같음 ⇒〔盈②〕
4【赢得】yíngdé 動 ❶ 이기다. 승리하다. 승리를 얻다. ¶~胜利 | 승리를 쟁취하다. ¶~国家独立和解放 | 나라의 독립과 해방을 이룩하였다. ❷ (갈채·찬사 등을) 얻다. 획득하다. ¶他这一手儿~了大众的喝彩hècǎi | 그의 이 솜씨가 대중의 박수 갈채를 받았다 =〔博得〕
4【赢利】yínglì ❶ 名 이익. 이득. 이윤. ¶每月有~ | 매월 이익이 남는다. ❷ 動 이익을 보다. 이윤을 얻다. ¶开饭馆肯定能~ | 식당을 열면 분명히 이윤을 남길 수 있다. ‖ =〔盈利〕
【赢余】yíngyú ⇒〔盈余〕

【瀛】yíng 바다 영
名 ❶ 書 대해(大海) ❷ 書 호수〔못〕의 가운데. ❷ (Yíng) 성(姓)
【瀛寰】yínghuán 名 수륙(水陸) 전 세계.
【瀛洲】Yíngzhōu 名 영주 [신선이 살았다는 동해(東海)의 신산(神山)]

yǐng ㄧㄥˇ

【郢】yǐng 초나라서울 영
❶ (Yǐng) 名〈地〉춘추전국시대 초(楚)나라의 수도 [지금의 호북성(湖北省) 강릉현(江陵縣) 일대] ❷ ⇒〔郢正〕
【郢书燕说】yǐng shū yān shuō 成 이치에 닿지 않는 말을 억지로 끌어다 붙여 그럴 듯하게 말하다. 견강 부회(牽强附會)하다 [영(郢)땅의 사람이 쓴 글을 연(燕)나라 사람이 잘못 해석했다는 고사에서 나온 말임] ¶这种解释jiěshì纯粹chúncuì是~, 不足为信 | 이런 해석은 순전히 견강부회이므로 믿을 만한 것이 못 된다.
【郢正】yǐngzhèng 書 動 시문(詩文)의 첨삭(添削)을 남에게 의뢰하다. ¶敬求~ | 삼가 첨삭을 바라옵니다 =〔郢斫zhuó〕〔郢政〕〔斧fǔ政〕〔削xuē正〕
【郢斫】yǐngzhuó ⇒〔郢正〕

【景】yǐng ☞ 景 jǐng Ⓑ

1【影】yǐng 그림자 영, 모습 영
❶ (~儿, ~子) 名 그림자. ¶树~ | 나무 그림자. ¶倒~ | 거꾸로 선 그림자. 수면에 비친 그림자. ❷ (~儿, ~子) 名 영상. 형상. 인상. ¶望~ | 뒷모습. ¶脑子里有点儿~ | 머릿속에 인상이 좀 있다. ❸ 名 사진. ¶合~ | 단체 사진. ¶留~ | 기념 사진(을 찍다) ❹ 名 簡「电影」(영화)의 약칭. ¶~友↓ ¶~院↓ ❺ 名 簡〈演映〉「皮影戏」의 약칭. ¶~戏xì↓ ❻ 動 方 감추다. 숨기다. 숨다. ¶把棍子gùnzǐ~在背后bèihòu | 몽둥이를 등 뒤로 감추다. ¶他到树林子里~起来了 | 그는 숲속에 숨었다 =〔隐〕 ❼ 動 가로막다. ¶你不要~着我, 我看不清楚qīngchǔ | 잘 보이지 않으니, 막지 마라. ❽ 動 모사(模寫)하다. 본뜨다. ¶这篇小说是~了这件事写的 | 이 소설은 이 일을 본떠서 쓴 것이다. ¶~宋本 | 송대 판본(宋代版本)의 복제본 ‖ =〔書 景yǐng〕
【影壁(墙)】yǐngbì(qiáng) 名 ❶ 뜨락이 훤히 들여다보이지 않도록 막아 세운 가림벽. 가림담벽 =〔照壁〕〔照(壁)墙〕〔俗 外影壁〕 ❷ 여러가지 형상을 조각한 담벽.
【影调剧】yǐngdiàojù 名 일종의 지방극(地方劇)으로, 당산(唐山)의「皮影戏」가락을 기초로 하여 발전하였음 [하북(河北)의 당산(唐山)일대에서 유행함] =〔影调戏〕
【影格儿】yǐnggér 名 (아이들이 붓글씨를 배울 때, 밑에 받쳐 놓고 본떠 쓰도록 만든) 붓글씨본. ¶打dǎ~ | 선을 그어 글씨본을 만들다. ¶描miáo写~ | 붓글씨본을 모방하여 글씨를 쓰다.
【影集】yǐngjí 名 사진첩. ¶看她的~ | 그녀의 사진첩을 보다 =〔照zhào相簿〕
【影剧院】yǐngjùyuàn 名 극장. 영화관. ¶釜山市有许多~ | 부산에는 많은 영화관이 있다.
【影迷】yǐngmí 名 영화광. 영화팬. ¶他是国产片的忠实~ | 그는 국산 영화의 충실한 팬이다.
【影片儿】yǐngpiānr ⇒〔影片piàn〕
3【影片】yǐngpiàn 名 ❶ 영화 필름→〔拷贝〕 ❷ 영화. ¶故事~ | 극영화(劇映畵) ‖ =〔影片piān儿〕
【影评】yǐngpíng 名 영화 평론. 영화평. ¶他常写~ | 그는 늘 영화평론을 쓴다 =〔电diàn影批评〕
【影射】yǐngshè 動 ❶ 에둘러 말하다. 넌지시 암시하다. 빗대어 말하다. 변죽을 울리다. ¶这本小说的主角~作者的一个同学 | 이 소설의 주인공은 작자의 학우를 모델로 하고 있다. ¶~害人 | 에둘러서 남을 모략하다 =〔暗射〕→〔隐yǐn射〕 ❷ 남의 명의(名義)를 도용(盜用)하다. ¶~开买卖 | 남의 명의를 도용하여 장사를 시작하다.
【影戏】yǐngxì 名 ❶ 그림자극 =〔皮pí影戏〕 ❷ 方 영화.
1【影响】yǐngxiǎng ❶ 動 영향을 미치다. 영향을 주다. ¶父母应该用自己的模范mófàn行动去~孩子 | 부모는 자신의 모범적인 행동으로써 자식들에게 영향을 주어야 한다. ¶废气fèiqì~卫生 | 배기 가스는 위생에 영향을 미친다. 배기 가스는 위생에 좋지 않다. ❷ 名 영향. ¶受~ | 영향을 받다. ¶产生巨大~ | 막대한 영향을 낳다. ❸ 書 名 전해들은 것. 근거가 없는 것. 뜬소문. ¶模糊móhū~之谈 | 모호하고 근거가

없는 말. ¶～全无 | 무소식. ❹名 교육적 효과. ¶扩大kuòdà党报的～ | 당 신문의 교육적 효과를 확대시키다. ❺名 반향(反響). 반응. ¶群众qúnzhòng～很不好 | 대중의 반응이 대단히 좋지 않다. ❻名 움직임. 동정(動靜). 동향.

【影像】yǐngxiàng 名 ❶ 영상. ❷〈電算〉화상(畵像;image) ¶～图书馆 | 화상 도서관. ¶～处理 | 화상처리(image processing) ¶～资料 | 화상자료(image data) ❸ 옛날, 사람의 초상화.

【影星】yǐngxīng 名 영화 배우. ¶他姐是～ | 그의 누나는 영화배우이다 =[明星míngxīng①]

【影印】yǐngyìn ❶ 名〈印出〉복사. 영인. ¶～机 | 복사기. ¶～本 | 복사본. ¶～珍本书籍 | 영인 희귀본. ❷ 動〈印出〉복사하다. 영인하다. ¶～一本书 | 책 한권을 복사하다 =[㊀ 全录]

【影影绰绰】yǐngyǐngchuòchuò 貶 희미하다. 모호하다. 어렴풋하다. 어슴푸레하다. 막연하다. ¶～地看见一个小村儿 | 작은 마을 하나가 희미하게 보인다 =[影影糊糊][影影约约]

【影影糊糊】yǐngyǐnghūhū ⇒[影影绰绰]

【影影约约】yǐngyǐngyuēyuē ⇒[影影绰绰]

【影友】yǐngyǒu 名 영화팬. ¶许多～买不到票 | 많은 영화팬들이 표를 사지 못하였다.

【影院】yǐngyuàn 名 영화관. ¶他去～看电影去了 | 그는 영화보러 영화관에 갔다 =[电影院]

2【影子】yǐng·zi 名 ❶ (물체가 빛을 받아 생기는) 그림자. ¶树～ | 나무 그림자. ❷ (거울이나 수면에 비치는) 모습. ❸ 희미하게 보이는 현상. ¶那件事我连点儿～也记不得了 | 그 일을 나는 어렴풋하게조차 기억할 수 없다. ¶找了他半天, 连个～也没见 | 한참 동안 그를 찾았지만, 그림자조차 보이지 않는다‖=[影儿]

【影子内阁】yǐng·zi nèigé 名〈政〉㊈ 섀도 캐비닛(shadow cabinet)

【颍(潁)】Yǐng 물이름 영 名〈地〉영하(潁河) [하남성(河南省)에서 발원하여, 안휘성(安徽省)으로 흘러 들어가는 강 이름]

4【颖(穎)】yǐng 이삭 영 ㊫ ❶ 名 (벼·보리 등의) 이삭끝. ¶嘉禾重jiāhézhòng～ | 곡식 이삭은 잘 될수록 고개를 숙인다 =[芒②] ❷ 名 뾰족한 끝. ¶脱～而出 | (송곳끝이 물건을 뚫고 나오듯이) 남보다 재능이 뛰어나다. ❸ 총명하다. ¶聪cōng～ | 총명하다. ❹ 사물이 특별히 새롭다. ¶新～ | 참신하다.

【颖果】yǐngguǒ 名〈植〉영과.

【颖慧】yǐnghuì 形 총명하다. 영특하다 [대부분 소년에 대해서 쓰임] ¶这孩子十分～ | 이 아이는 아주 영특하다.

【颖悟】yǐngwù ㊫ 形 총명하다 [대부분 소년에 대해서 쓰임] ¶～之才 | 영민한 인재. ¶自幼～ | 어릴 때부터 총명하다 =[颖敏]

【颖异】yǐngyì ㊫ 形 ❶ 남달리 총명하다. ❷ 기발하고 기이하다.

【瘿(癭)】yǐng 혹 영 ❶ 名〈漢醫〉목에 나는 혹. ❷ ⇒[虫chóng瘿]

yìng ㄧㄥˋ

【应】yìng ☞ 应 yīng Ⓑ

2【映〈暎〉】yìng 비칠 영 動 ❶ 비치다. 비추다. ¶水天相～ | 물과 하늘이 서로 비치다. ¶～雪读书↓ ❷ 영화를 상영하다. ¶放～ | (영화를) 방영하다. ¶换～新片 | 새 영화를 상영하다.

【映衬】yìngchèn ❶ 動 비치다. 서로 잘 어울리다. 서로 비추다. ¶红墙碧瓦, 互相～ | 붉은 벽과 푸른 기와가 서로 잘 어울리다 =[衬映][映托] ❷ 名 영츤 [수사(修辭)방식의 일종. 서로 상반되는 사물을 병렬시켜 선명한 대비효과를 나타내게 함] ¶这些话不过是～ | 이런 말들은 영츤에 불과하다.

【映带】yìngdài ㊫ 動 경치가 서로 어울리다. 서로 비추다. ¶湖光山色, ～左右 | 호수빛과 산색이 서로 잘 어울리다.

【映山红】yìngshānhóng 名〈植〉영산홍. ¶满山遍野的～ | 온 산과 들에 피어 있는 영산홍

【映射】yìngshè 動 영사하다. (햇빛이) 비치다. 반사하다. ¶阳光～在江面上 | 햇빛이 강물 위에 비치다.

【映现】yìngxiàn 動 (모양이) 비치다. 나타나다. ¶～在电视上 | 텔레비전에 비치고 있다

【映像】yìngxiàng 名 영상. 이미지(image)

【映雪读书】yìng xuě dú shū 成 눈빛으로 공부하다. 어려움 속에서 열심히 공부에 열중하다.

【映照】yìngzhào 動 조영하다. 비추다. ¶互相～才能显出他的价值 | 서로 조영해봐야 비로소 그의 가치가 나타난다 =[照射]

2【硬】yìng 단단할 경, 강할 경 ❶ 形 굳다. 단단하다. ¶这个木头太～ | 이 나무는 너무 단단하다. ¶坚jiān～ | 굳다. ¶～煤méi↓ ⇔[软①] ❷ 形 굽히지 않다. (성격·의지가) 굳세다. (태도가) 완강하다. ¶跟敌人～到底dàodǐ | 적과 끝까지 싸워 버티다. ¶话说得～ | 강경하게 말하다. ❸ 形 딱딱하다. 어색하다. 부자연스럽다. ¶生～ | 어색하다. ❹ 形 실력이 있다. 재능이 뛰어나다. 질이 좋다. ¶手儿～ | 기술이 뛰어나다. ¶花色～ | 상품의 질이 좋다. ❺ 形 ㊄ 조금 강하다. 조금 무겁다. ¶不重, 四公斤～点儿 | 무겁지 않아, 4킬로 그램 남짓할 뿐이야. ❻ 副 억지로. 무리하게. ¶～把他拖tuō来 | 억지로 그를 끌고 오다. ❼ 副 西南 매우. 대단히. 전혀. ¶～是要得 | 매우 좋다. ¶再三地叮咛dīngníng, 他们～是不注意 | 재삼 주의를 주어도, 그들은 전혀 조심하지 않는다.

【硬把】yìngbǎ 動 단단히 붙잡다. 꽉 쥐다. 틀어잡다. ¶～着钱不拿出来 | 돈을 단단히 움켜쥐고 내놓지 않는다. ¶我再三不肯, 他～东西拿走 | 나는 재삼 거절했으나 그는 끝까지 빼어가져갔다.

【硬板】yìngbǎn 形 ❶ 딱딱하다. 무미건조하다.

융통성이 없다. ¶他身材shēncái～ | 그는 몸이 깡마르다. ❷㊄견실하다. 튼튼하다. 착실하다. ¶没有几年～工夫,是练不出这一手来的 | 몇 년 동안 착실하게 노력하지 않았다면 이 기술을 익힐 수 없었다.

【硬邦邦】yìngbāngbāng 㗊❶굳고 딱딱하다. 단단하다. ¶～着脸儿不发一笑 | 굳은 얼굴로 웃지도 않다. ¶这年糕gāo放了好几天了, ～的, 没办法吃 | 이 설떡은 며칠이나 놓아두었더니 굳어서 먹을 수 없다. ❷튼튼하다. 견실하다. 옹골차다. ¶那小伙子的身子～的, 还会生病? | 저 젊은이의 몸은 매우 튼튼한데 병이 날리가 있는가? ‖ =〔硬崩崩〕〔硬绷绷〕〔硬梆梆〕〔硬棒棒〕

【硬梆梆】yìngbāngbāng ⇒〔硬邦邦〕

【硬棒】yìng·bang 形㊄❶단단하다. 견고하다. ¶这批材料pīcáiliào～ | 이 재료는 견고하다. ¶我嚼jiáo不动那硬棒棒的落花生 | 나는 그 단단한 땅콩을 씹을 수 없다. ¶钢gāng是天下最～的东西 | 강철은 세상에서 가장 단단한 물건이다. ❷(몸이) 건강하다. 튼튼하다. ¶胳臂gē-bì腿tuǐ都那么结实jiēshí～ | 팔과 다리가 매우 튼튼하다. ¶老人的身体还挺～ | 노인은 아직도 정정하다. ❸(사람됨이나 정신이) 견실하다. ¶没有钱, ～不起来 | 돈이 없으면 (지조가) 곧기 어렵다. ¶别怕碰钉子,越碰越～ | 난관에 부딪치는 것을 두려워 말아, 난관에 부딪히면 부딪힐수록 더욱 굳세어진다.

【硬棒棒】yìngbàngbàng ⇒〔硬邦邦〕

【硬崩崩】yìngbēngbēng ⇒〔硬邦邦〕

【硬绷绷】yìngbēngbēng ⇒〔硬邦邦〕

【硬逼】yìngbī 動 압박하다. 강요하다. 핍박하다. 강박하다. ¶～他成亲 | 그를 억지로(강요하여) 결혼시키다. ¶～着他马上还huán债 | 그에게 당장 빚을 갚으라고 강요하다.

【硬币】yìngbì 名❶경화(硬貨). 금속 화폐. ¶投入～买了一杯饮料 | 통전을 투입하여 음료수 한 잔을 사다 =〔金jīn属货币〕 ❷경화. 모든 통화 또는 금으로 항시 바꿀 수 있는 화폐. ❸(환율) 강세 통화 =〔坚挺的货币〕

【硬不吃, 软不吃】yìng bù chī, ruǎn bù chī 成 협박도 회유도 먹혀들지 않다. 어찌할 수 없다. 다룰 수 없다. ¶他一向～的 | 그는 늘 어찌할 수 없는 고집불통이다.

【硬柴】yìngchái 名 장작. 땔나무.

【硬缠】yìngchán 動 귀찮게 매달리다. 졸라대다. ¶～我买玩具 | 나에게 장난감을 사달라고 졸라대다.

【硬撑】yìngchēng 動 억지로 참고 버티다. 무리하게〔가까스로〕 지탱하다. ¶他想～到底 | 그는 끝까지 참고 버틸 생각이다. ¶有病不要～ | 병이 있으면 억지로 참고 버티지 마라.

【硬充】yìngchōng 動 (능력도 없이) 억지로 가장하다〔꾸며대다〕 ¶～好汉 | 억지로 사내 대장부인 체하다.

【硬打软热和】yìngdǎ ruǎnrè·huo 俗 처음에는 강압적으로 나아갔다가 뒤에 부드럽게 나아가다. 일면 위협도 하고 일면 포용도 하다. ¶那件事他本来不答应, 因为我～地来才算成功了 | 그 일을 그는 처음엔 응낙하지 않았는데, 내가 강온(强穩) 양면으로 이모저모 설득하고 나서야 비로소 들어주었다 =〔硬磨软磨〕〔连软带硬〕

【硬到底】yìngdàodǐ 動組 끝까지 강경하게 버티다. ¶他能～ | 그는 끝까지 강경하게 버틸 수 있다. ¶硬就～ | 강경하게 하려면 끝까지 강경하게 해야 한다.

【硬敌】yìngdí 名 강적(强敵). 강한 적수. ¶这回可碰上～了 | 이번에는 정말로 강적을 만났다 =〔硬对儿〕

【硬顶】yìngdǐng 動 강경하게 반박하다. 한사코 말대꾸하다. ¶想～是不成的 | 말대꾸하려고 하면 못 쓴다. ¶你怎么对长辈说话这么～啊! | 너는 어째서 윗사람 말에 그토록 심하게 말대꾸하느냐!

【硬度】yìngdù 名〈物〉경도. 굳기. ¶～计 | 경도계. ¶维氏～ | 비커즈(Vickers) 경도. ¶永久～ | 영구 경도. ¶暂时～ | 일시 경도 =〔坚度〕

【硬腭】yìng'è 名〈生理〉경구개(硬口蓋)→〔软腭〕

【硬弓】yìnggōng 名 강궁(强弓) ¶拉开～ | 강궁 시위를 당기다.

【硬功夫】yìnggōng·fu 名組 숙달된 기술. 능숙한 솜씨. ¶练就一身～ | 집중적인 훈련으로 능숙한 솜씨를 익히다.

【硬骨头】yìnggǔ·tou ⇒〔硬汉〕

【硬骨鱼】yìnggǔyú 名〈魚貝〉경골어.

【硬汉】yìnghàn 名 경골한(硬骨漢) ¶他是个顶天立地的～ | 그는 하늘도 떠받칠듯한 기개를 지닌 경골한이다 =〔硬汉子〕〔硬骨头〕

【硬化】yìnghuà 動❶경화되다. 굳어지다. ¶生橡胶shēngxiàngjiāo遇冷容易～, 遇热容易软化 | 생고무는 냉기를 받으면 쉽게 굳어지고, 열을 받으면 쉽게 물러진다. ¶血管～ | 혈관이 경화되다. ¶动脉dòngmài～ | 동맥 경화. ❷(사상이나 태도가) 강경해지다. 경직되다. ¶对方的态度～了, 以后就不好办了 | 상대방의 태도가 강경해져서 앞으로 처리하기 어렵게 되었다.

[4]【硬件】yìngjiàn 名〈電子〉하드웨어(hardware) =〔硬设备〕〔㊀硬体〕→〔软件〕

【硬结】yìngjié ❶動 경결하다. 굳어 엉기다. ❷名〈醫〉경화종(硬化腫) ¶外痔wàizhì在肛门gā-ngmén周围结成～ | 수치질이 항문 주위에 경화종을 이루었다.

【硬撅撅】yìngjuējuē 㗊貶㊄ 빳빳하고 거칠다. 딱딱하다. ¶他说话老是～的, 一点儿不柔和 | 그는 말투가 언제나 딱딱하여 조금도 부드러운 데가 없다. ¶衣服浆得～的, 穿着不舒服 | 옷을 빳빳하게 풀먹여서 입어도 편치않다.

【硬拷贝】yìngkǎobèi 名㊕〈電算〉하드카피(hard copy)

【硬朗】yìng·lang 形㊀❶(노인이) 정정하다. 건강하다. ¶他七十多了, 身骨子还挺～ | 그는 70여세가 되었지만, 몸은 아직도 정정하다. ❷단단하다. 견실하다. ¶～的舖子 | 견실한 점포.

❸㊀강경하다. 억세다. ¶把话说得～ | 말을 강경하게 하다.

【硬煤】yìngméi 名方 무연탄(無煙炭)＝〔无wú烟煤〕

【硬面】yìngmiàn 名 (서적 등의) 딱딱한 표지. 하드 커버. ¶～笔记本 | 하드 커버의 노트. ¶～簿bù | 딱딱한 표지의 장부.

【硬面(儿)】yìngmiàn(r) 名 ❶된 밀가루 반죽. ❷발효된 밀가루에 건면(乾麵)을 섞어 반죽한 것. ¶买一些～回来 | 발효된 밀가루에 건면을 섞어 반죽한 것을 좀 사 왔다.

【硬木】yìngmù 名 단단한 나무. 하드 우드(hard wood) ¶～木材 | 단단한 목재＝〔坚木〕〔重zhòng木〕

【硬碰硬】yìng pèng yìng 動組 ❶喻 눈에는 눈으로 이에는 이로 대하다. ¶～地对干一场 | 강경하게 힘으로 대항하다. ❷(일을 하는 데) 견실하고 대단한 공력이 요구되다. ¶改山造田可是～的事 | 산을 개간하여 밭을 만드는 것은 참으로 대단한 공력이 요구되는 일이다.

【硬拼】yìngpīn 動 강경하게 맞서다. 무리하게〔억지로〕 대들다. 힘껏 도전하다. 강다짐으로 부딪치다. ¶我决心跟他们～到底 | 나는 그들과 끝까지 강경하게 맞서기로 결심했다. ¶碰上了卸大件就得～ | 큰 물건을 내릴 때면 힘껏 다가붙어서 해야 한다.

【硬气】yìng·qi 形方 기개가 있다. 의지가 강하다. 떳떳하다. ¶他一向～ | 그는 줄곧 떳떳하다. ¶洪家虽穷, 而穷得～ | 홍씨네는 비록 가난하지만, 비굴하지 않았다. ¶谁有理谁说话～ | 이치에 맞는 자는 말하는 것에 기개가 있다.

【硬生生】yìngshēngshēng 貶 ❶딱딱하다. 어색하다. 무뚝뚝하다. 틀에 박히다. ¶～的说教 | 딱딱하고 틀에 박힌 설교. ❷강경하다. 집요하다.

【硬是】yìng·shì 副 ❶사실상. 참으로. 정말. ¶他那一套～害死人! | 그의 그 방법은 정말 사람 잡겠다! ❷한사코. 기어코. 꼭. 고지식하게. 아무리 해도. ¶他～不让我走 | 그는 한사코 나를 못가게 한다.

【硬实】yìng·shi 形方 건장하다. 튼튼하다. ¶他身体～得很 | 그는 신체가 아주 건장하다.

【硬手(儿)】yìngshǒu(r) 名 재주꾼. 명수. 능수. ¶他是排球～ | 그는 배구의 능수이다＝〔能néng手(儿)〕

【硬水】yìngshuǐ 名〈化〉경수. 센물＝〔俗苦水①〕⇔〔软水〕

【硬说】yìngshuō 動 억지말을 하다. 우기다. 견강 부회(牽强附會)한 말을 하다. ¶往往～这种增值是在商品流通中产生的 | 이러한 평가 절상은 상품 유통 과정에서 생겨나는 것이라고 종종 우기는 경우가 있다.

【硬糖】yìngtáng 名 딱딱한 사탕.

【硬体】yìngtǐ 名 台〈電算〉하드웨어(hardware) ¶电脑可分为～和软体两个部分 | 컴퓨터는 하드웨어와 소프트웨어 두 부분으로 나눌 수 있다＝〔硬件〕⇔〔软体〕

【硬挺】yìngtǐng 動 가까스로 버티다. 견디어 나가다. 억지로 지탱하다. ¶有了病不要～着, 要早点儿治 | 병이 있으면 무리하게 버티지 말고, 일찍 치료해야 한다.

【硬通货】yìngtōnghuò 名 경화. ¶黄金是～ | 황금은 경화이다＝〔硬货〕〔硬货币〕〔金jīn属货币〕

【硬卧】yìngwò 名 簡 (열차 등의) 일반 침대＝〔硬席卧铺〕

【硬席】yìngxí 名 (기차 등의) 보통〔일반〕석. ¶坐～ | 일반석을 타다＝〔硬座〕

【硬性】yìngxìng ❶副 융통성이 없다. 완고하다. ¶他是～人物 | 그는 융통성이 없는 사람이다. ¶～规定 | 융통성이 없는 규정. ❷名 경성. 단단한 성질. 고정 불변의 것.

【硬玉】yìngyù 名〈鑛〉경옥＝〔翡翠fěicuì②〕

【硬赃官】yìngzāngguān 名 ❶탐욕이 많고 행실이 깨끗하지 못하며, 백성을 생각하는 마음이 조금도 없는 잔혹한 관리. ❷喻 억지 고집을 부리는 사람. 고집이 세고 까다로운 사람.

【硬仗】yìngzhàng 名 격전. 정면으로 부딪쳐 싸우는 전투. 힘든〔성가신〕 임무. ¶打～ | 격전하다. ¶一支能打～的石油钻井队 | 극심한 시련도 능히 감당해 내는 석유 시추대.

【硬着头皮】yìng·zhe tóupí 動組 ❶체면 차리지 않고. 낯가죽 두껍게. 염치 불구하고. 뻔뻔스럽게. 할 수 없이. 눈 딱 감고. ¶～向朋友借钱 | 염치 불구하고 친구에게 돈을 빌리다. ¶～求情 | 체면 불구하고 부탁하다. ¶我～把这碗苦药喝了下去 | 나는 이 쓴 약을 눈 딱 감고 마셨다. ❷억지로하다. 무리하게 일하다. ¶～喝 | 무리하게 마시다. ¶明知要失败, 也得～干下去 | 실패할 것을 뻔히 알면서도 무리하게 계속할 수 밖에 없다.

【硬挣】yìng·zheng 形 ❶方 견고하다. 굳다. 질기다. 튼튼하다. ¶～的牛皮纸 | 견고한 크라프트지. ¶这种纸很～, 可以做包装 | 이런 종류의 종이는 질겨서 포장용으로 쓸 수 있다. ❷강하다. ¶什么～仗腰子的, 也来吓我们 | 강한 후원자까지 나타나서 우리를 위협한다《紅樓夢》 ❸억지스럽다.

【硬脂】yìngzhī 名〈化〉스테아린(stearin; 독) ¶～酸盐 | 스테아린산염＝〔外斯sī蒂林(脂)〕

【硬脂酸】yìngzhīsuān 名〈化〉스테아린산＝〔十shí八(碳)酸〕

【硬质合金】yìngzhì héjīn 名〈金〉경질 합금. ¶专门制造～ | 경질합금을 전문적으로 만든다. ¶～刀具 | 경질 합금 절삭 공구.

【硬座】yìngzuò 名 일반석＝〔硬席〕

【塍】yìng 따라보낼 잉
書 ❶動 시집갈 때 함께 보내다. ❷名 시집갈 때 함께 보내는 하인. ❸名 첩(妾)

【塍妾】yìngqiè 名 첩. ¶～虽贱jiàn, 也是良家儿女 | 비록 첩은 천한 몸이지만 양가집 딸입니다.

yō ㄧㄛ

【育】yō ☞ 育 yù B

【唷】yō 소리지를 육
嘆 아니. 앗. 야 [가벼운 놀람·의문 또

는 농담의 어기(語氣)를 나타냄] ¶～, 这是怎么了 | 아니, 이게 어찌된거야. ¶～, 他害臊了 | 야, 저사람 부끄러워 하는구만 =〔哟yō〕

3【哟(喲)】yō ·yo ⓐ yào) 어조사 약

Ⓐ yō「唷」와 같음 ⇒〔唷〕

Ⓑ ·yo ⓐyào) 助❶문장끝에 쓰여 권유의 어기(語氣)를 나타냄. ¶大家一齐用力～! | 다함께 힘씁시다! ❷문장 중에 쓰여 열거를 나타냄. ¶话剧～, 京戏～, 他都很喜欢 | 연극이든 경극이든 모두 좋아한다. ❸말이나 가사의 흐름을 정돈하기 위해 어구나 가사 중간의 적당한 곳에 첨가되어 쓰임. ¶呼儿嗨～! | 에헤야! ¶三步折戒两步～, 行 | 세 걸음을 두 걸음으로 훌쩍 뛰어 걸으며 서둘러 갔다.

·yo ㄧㄛ˙

【哟】·yo ☞ 哟yōⒷ

yōng ㄩㄥ

4【佣(傭)】① yōng 품팔이할 용 ❶ 고용되다. 고용하다. ¶雇gù～ | 고용하다. ¶～耕gēng↓ ❷고용인. ¶女～ | 여자 고용인.

【佣兵】yōngbīng 名〈軍〉용병.

【佣耕】yōnggēng 書動고용되어 농사짓다. 머슴살이하다.

【佣工】yōnggōng 名고용인. 고용 노동자. ¶～介绍所 | 고용인 소개소.

【佣人】yōngrén 名고용인. 머슴. 하인. ¶他在城里当～ | 그는 도시에서 고용인이 되었다.

4【佣】yòng 구전 용 名수수료. 구전. 커미션=〔佣金〕〔中佣〕〔行佣〕

【佣金】yòngjīn 名수수료. 커미션. 구전. ¶～当場付清 | 수수료를 그 자리에서 모두 지불하다 =〔佣钱〕〔用钱〕

【佣钱】yòng·qian ⇒〔佣金〕

2【拥(擁)】yōng 안을 옹 動❶(껴)안다. 포옹하다. ¶～抱bào↓ ❷가지다. 보유(保有)하다. ¶我国～有丰富fēngfù的地下资源zīyuán | 우리 나라는 풍부한 지하자원을 갖고 있다. ❸둘러싸다. 에워싸다. ¶前呼后～ | 앞뒤로 둘러싸다. ¶～被bèi而眠 | 이불을 둘둘 감고 자다. ❹한곳으로 밀리다. 한곳에 몰리다. 한데 모이다. 붐비다. ¶一～而入 | 한꺼번에 밀어 닥치다. ¶～挤jǐ异常 | 더없이 붐비다. ❺옹호하다. 지지하다. ¶～军爱民↓

2【拥抱】yōngbào 動껴안다. 포옹하다. ¶他俩忘情地～在一起 | 그들 둘은 감정이 북받쳐 얼싸 안았다. ¶两国选手热烈～, 互致问候 | 양국 선수는 뜨겁게 포옹을 하고, 서로 인사를 나누었다.

【拥戴】yōngdài 動떠받들어 모시다. 추대하다. ¶大家一致～他当系主任 | 여러 사람들이 다 그를 학과장으로 추대했다. ¶受人～ | 사람들에게서 추대받다.

2【拥护】yōnghù ❶名옹호. 지지. ❷動옹호하다. 지지하다. ¶他们热烈～反对核武器的运动 | 그들은 핵무기 반대 운동을 열렬히 지지한다. ¶我们～这个决定 | 우리는 이 결정을 지지한다.

3【拥挤】yōngjǐ ❶動한데 모이다. 한 곳으로 밀리다〔몰리다〕 밀치락달치락하다. ¶按次序上车, 不要～ | 한데 몰리지 말고 차례차례 승차하십시오. ❷形붐비다. 혼잡하다. ¶星期天市场里特别～ | 일요일의 시장은 대단히 붐빈다. ¶电车上～不堪 | 전차 안은 붐벼서 말이 아니었다.

【拥军爱民】yōng jūn ài mín 成국민은 군대를 옹호하고, 군대는 국민을 애호하다. ¶搞好～工作 | 국민은 군대를 옹호하고 군대는 국민을 애호하는 일을 잘 해야 한다.

【拥军优属】yōng jūn yōu shǔ 成(중국 인민은) 군대를〔인민 해방군을〕 옹호하고, 혁명군인 가족을 우대한다 [「拥护军队, 优待革命军人家属」의 약칭] ¶春节期间要开展～活动 | 설에 군대를 옹호하고 혁명군인 가족을 우대하는 활동을 전개하다.

【拥塞】yōngsè 動(많은 교통량이나 사람 등으로) 길이 막히다. 꽉 차다. ¶街道～ | 길이 막히다. ¶路上～着逃难的人 | 길은 피난민으로 꽉 찼다.

【拥身扇】yōngshēnshàn 名자루가 긴 큰 부채.

4【拥有】yōngyǒu 動(많은 토지·인구·재산등을) 보유〔소유〕하다. 가지다. ¶～百万财富, 不如一技在身 | 諺백만금의 재산도 몸에 지닌 한 가지 기술만 못하다.

【拥政爱民】yōng zhèng ài mín 成(군대는) 정부를 옹호하고, 인민을 사랑한다 [인민군대의 구호(口號) 「拥护政府, 爱护人民」의 약칭] ¶要进行～的宣传教育 | 정부를 옹호하고 인민을 사랑하는 선전교육을 해야 한다.

【痈(癰)】yōng 악창 옹 名〈醫〉옹. 악창 [등창 같은 악성의 종기]

【痈疽】yōngjū 名〈醫〉❶독창. ¶～溃烂kuìlàn了 | 독창이 진물렀다 =〔雍睢yōngjū〕 ❷옹저. 큰 종기 =〔痈疡yōngyáng〕

【痈疡】yōngyáng ⇒〔痈疽②〕

【痈肿】yōngzhǒng 動옹종이 나다. ¶这疮～了 | 이 악창이 진물렀다.

4【庸】yōng 쓸 용, 범상할 용 ❶書形평범하다. 보통이다. ¶～言～行 | 평범한 말과 행동. ❷書形하찮다. 변변치 못하다. ¶～医↓ ❸書動쓰다. 필요하다 어법 일반적으로 부정문에 쓰임. ¶应无～议 | 의논할 필요가 없다. ❺書名공적. ¶酬chóu～ | 공적에 보답하다. ❻書副어찌. 어떻게 [반문(反問)을 나타내는 의문사] ¶～可弃乎? | 어찌 버릴 수 있겠는가?→〔岂qǐ〕 ❼(Yōng) 名성(姓)

【庸才】yōngcái 書名용재. 범재(凡才) ¶他不过

是一个～｜그는 범재에 불과하다＝〔庸材〕

【庸碌】yōnglù 形 평범하고 포부가 없다. 범속(凡俗)하다. ¶～无能｜범속하고 무능하다. ¶庸庸碌碌yōngyōnglùlù, 随波逐流zhúliú｜평범하게 살며 시류(時流)에 순응하다.

【庸人自扰】yōng rén zì rǎo 成 평범한 사람은 스스로 문제를 야기시킨다. 긁어 부스럼을 만들다. ¶你别～了｜긁어 부스럼 만들지 마라.

4【庸俗】yōngsú 形 비속(卑俗)하다. 저속하다. 졸렬하고 속되다. ¶这人太～了｜이 사람은 너무 졸렬하고 속되다. ¶庸庸俗俗｜용렬하고 비속하다. ¶作风～｜작품이 졸렬하고 속되다.

【庸医】yōngyī 名 돌팔이 의사. 졸의(拙醫) ¶～杀人不用刀｜돌팔이 의사는 사람 죽이는 데 칼을 쓰지 않는다. 喻 돌팔이 의사는 오진으로 사람을 죽인다.

【庸中佼佼】yōng zhōng jiǎo jiǎo 成 평범한 사람들 중에서 비범한 사람. 군계일학(群鷄一鶴) ¶他也算得上～了｜그도 비범한 사람이라고 할 수 있다.

【邕】yōng 화락할 옹
❶「雍」과 같음⇒〔雍①〕 ❷ (Yōng) 名〈地〉ⓐ 광서성(廣西省) 남녕현(南寧縣)의 다른 이름. ⓑ 옹강(邕江) [광서성(廣西省)에 있는 강이름]

【邕剧】yōngjù 名〈演映〉광서성(廣西省) 장족(壯族) 자치구(自治區)에서 유행하는 연극의 하나.

【雍〈雝〉】yōng 화목할 옹, 막을 옹
❶ 書 形 화목하다＝〔邕①〕 ❷ 書 動 (가로) 막다. 막히다. ¶～遏è＝〔雍阏è〕｜막혀서 통하지 않다＝〔壅②〕 ❸ (Yōng) 名 성(姓)

【雍门】Yōngmén 名 복성(複姓)

【雍容】yōngróng 形 온화하고 점잖다. 의젓하고 화락하다. ¶～华贵｜온화하고 점잖으며 귀한 티가 나다. ¶态度～｜태도가 온화하고 점잖다.

【雍正】Yōngzhèng 名 옹정 [청대(淸代) 세종(世宗)의 연호(1723～1735)]

【壅〈壅〉】yōng 막을 옹
動 ❶ 비료나 북을 주다. ¶～培↓ ❷ (가로) 막다. 막히다. ¶这条河道～住了｜이 강줄기가 막혔다＝〔雍yōng②〕

【壅培】yōngpéi 動 (곡식에) 북을 돋우거나 비료를 주다.

【壅塞】yōngsè 動 막히다. 통하지 않다.

【壅土】yōng/tǔ ❶ 動 배토(培土)하다. 북주다. ❷ (yōngtǔ) 名 경작할 때 작물의 그루터기나 흙덩이가 엉켜서 배수나 자양분의 흡수 등을 방해하는 현상.

【臃】yōng 부스럼 옹
書 ❶ 名 종기. 부스럼. ❷ 動 붓다.

【臃肿】yōngzhǒng ❶ 動 붓다. 부풀다. ❷ 形 (몸이나 부피가) 너무 크다. 매우 뚱뚱하다. 비대하다. 비둔하다. ¶衣服穿得很～, 太不好看｜옷이 헐렁헐렁하여 아주 꼴불견이다. ¶体态～｜몸집이 비둔하다→〔肥①〕 ❸ 形 喻 (조직이나 기구가) 방대하다. ¶机构～｜기구가 방대하다.

【饔】yōng 익은음식 옹
書 名 ❶ 익힌 음식. ❷ 아침밥. ¶～飧sūn↓

【饔飧不继】yōng sūn bù jì 成 끼니를 잇지 못하다. ¶他家境不佳, 常～｜그의 집은 가난하여 늘 끼니를 잇지 못한다.

【墉】yōng 담 용
書 名 ❶ 성벽. 보루. ❷ 담. ¶崇chóng～｜높은 담벽.

【慵】yōng 게으를 용
書 形 ❶ 노곤하다. 고단하다. ❷ 게으르다.

【慵惰】yōngduò 形 게으르다. ¶赋fù性～｜천성이 게으르다＝〔書 慵懒yōnglǎn〕

【慵懒】yōnglǎn ⇒〔慵惰〕

【镛(鏞)】yōng 종 용
名 용 [고대 악기의 일종으로 큰 종(鐘)] ¶笙shēng～以间｜생과 종을 뒤섞어 연주하다.

【鳙(鱅)】yōng 금강바리 용
名〈魚貝〉금강바리. 화련어(花鰱魚)＝〔俗 胖头鱼〉

yóng ㄩㄥˊ

【喁】yóng yú 입벌름거릴 옹, 화답할 우
Ⓐ yóng 書 動 물고기가 물위에 입을 내놓고 뻐끔거리다.
Ⓑ yú 書 動 ❶ 소리가 서로 호응하다. ❷ 소곤소곤 이야기하다.

【喁喁】ⓐ yóngyóng 書 狀 喻 뭇사람이 우러러 따르다. 열렬히 갈망하다. ¶天下～, 莫不向慕｜천하의 모든 이가 갈망하여 흠모하지 않는 이가 없다.
ⓑ yúyú 書 動 속삭이다. ¶～私语｜소곤소곤 이야기하다.

【颙(顒)】yóng 엄숙할 옹
書 ❶ 形 엄숙하고 단정하다. ❷ 形 크다. ❸ 動 경모(敬慕)하다. 흠모하다. ¶～望wàng↓

【颙望】yóngwàng 書 動 간절히 바라다. 앙망하다.

yǒng ㄩㄥˇ

1【永】yǒng 길 영
❶ 形 길다. 오래다. ¶～年nián↓ ❷ 副 영원히. 늘. ¶～不掉队diàoduì｜영원히 낙후되지 않다. ¶桌子上～放着鲜花｜책상 위에는 늘 생화가 놓여 있다. ❸ (Yǒng) 名 성(姓)

【永葆】yǒngbǎo 動 영원히 간직하다. ¶～青春｜영원히 청춘을 간직하다.

【永别】yǒngbié ❶ 名 영결. 영별. ¶谁想到那成了～｜그것이 영원한 이별이 될 줄이야 누가 알았으랴. ❷ 動 영별하다. 영결하다. ¶他和我们～了｜그는 영원히 돌아오지 못할 사람이 되었다.

4【永垂不朽】yǒng chuí bù xiǔ 成 (이름·공훈·정신 등이) 오래 전해져 사라지지 않다. 길이 빛

나다. ¶人民英雄～ | 인민의 영웅은 길이 빛날 것이다.
【永恒】yǒnghéng 形 영원히 변하지 않다. 영원하다. 항구하다. ¶～的爱情 | 영원한 사랑. ¶～不变 | 영구 불변하다. ¶～的友谊 | 영원히 변함 없는 우정. ¶～的真理 | 영구 불변의 진리. ¶～运动 | 〈物〉영구운동.
【永嘉】Yǒngjiā 名〈史〉영가. ❶ 한(漢) 충제(冲帝)의 연호(145) ❷ 진(晋) 회제(懷帝)의 연호(307～313)
4【永久】yǒngjiǔ 形 영구하다. 영원하다. ¶～冻土 | (지구의) 영구 동토. ¶～积雪 | 만년설(萬年雪) ¶～雪线 | 만년설선. ¶～主权 | 영구주권.
【永久磁铁】yǒngjiǔ cítiě 名組〈物〉영구 자석 =〔磁钢cígāng〕
【永诀】yǒngjué 書 名 영결. 영원한 이별. 轉 사별(死別) ¶老师和我们～了 | 선생님은 우리와 영별했다.
【永乐】Yǒnglè 名〈史〉영락 [명(明) 성조(成祖)의 연호(1403～1424)]
【永眠】yǒngmián 動 婉 영면하다. 사망하다. ¶～地下 | 땅에서 영면하다.
【永年】yǒngnián 名 ❶ 일년내내. ❷ 장수(長壽)
【永生】yǒngshēng ❶ 名 영생. ❷ 動 영생하다 [원래는 종교 용어이나 현재는 주로 죽은 자를 애도하는 말로 쓰임] ¶为革命事业而牺牲的烈士们～! | 혁명 사업을 위해 희생하신 열사들께서는 영생하리라!
【永生永世】yǒng shēng yǒng shì 成 영원하다. ¶～不忘您的恩情 | 영원히 당신의 은혜를 잊지 않겠습니다.
【永世】yǒngshì 名 영세. 영원. 한평생. 일생. ¶～难忘 | 成 평생 잊을 수 없다. ¶～长存 | 成 영원히 존재하다.
1【永远】yǒngyuǎn ❶ 副 영원하다. ¶～不要忘记这些教训 | 이 교훈을 영원히 잊지 말아야 한다. ¶～不改 | 언제까지 나 고치지 않다. ❷ 副 늘. 항상. 언제나. 언제까지나. 길이길이. ¶头上～剃得发光 | 머리는 언제나 빡빡 깍여 있다.
【永志不忘】yǒng zhì bù wàng 成 언제나 마음에 새겨 두고 잊지 않다. 항상 기억하고 있다. ¶您的教诲我～ | 당신의 가르침을 저는 언제나 마음에 새겨 두고 있습니다.
【永字八法】yǒngzì bāfǎ 名組 영자 팔법. 영(永)자 한 자에 의하여 모든 글자에 공통하는 여덟 가지의 필법을 알게 하는 법 =〔八法〕

4【咏〈詠〉】yǒng 읊을 영
動 ❶ 노래하다. ¶歌～队 | 합창단→〔唱①〕 ❷ 시를 (지어) 읊다. ¶吟～ | 시가를 읊조리다. ¶～史 | 역사를 시로 읊다.
【咏怀】yǒnghuái 動 마음에 품은 생각을 시가(詩歌)로 읊다. ¶对景～ | 풍경을 보고 마음에 품은 생각을 시가로 읊다. ¶～诗 | 회포를 읊은 시.
【咏叹】yǒngtàn 動 영탄하다. 가락을 붙여 읊조리다. 노래하다. ¶～法 | 영탄법. ¶反复～ | 반복 영탄하다.
【咏叹调】yǒngtàndiào 名〈音〉아리아. 영탄곡.
【咏赞】yǒngzàn 動 노래로써 찬미하다. ¶～祖国江山的壮丽 | 조국강산의 장려함을 노래로 찬미하다.

1【泳】yǒng 헤엄 영
動 헤엄치다. ¶仰yǎng～ | 배영. ¶胡蝶húdié～ | 버터플라이. 접영. ¶俯fǔ～ =〔蛙wā泳〕| 평영.
【泳道】yǒngdào 名〈體〉(수영 경기장의) 코스. ¶～标示线 | 코스 라인.
【泳坛】yǒngtán 名 수영계. ¶世界～ | 세계 수영계.
【泳衣】yǒngyī 名 수영복. ¶穿～ | 수영복을 입다.

【甬】yǒng 길 용
❶ 名 양측에 담을 쌓은 길. ❷ 書 量 섬. 휘[열 말에 해당하는 용량 단위. 「斛hú」(곡)과 같음] ❸ (Yǒng) 名〈地〉ⓐ 절강성(浙江省) 영파(寧波)의 다른 이름. ⓑ 용강(甬江) [절강성(浙江省)에 있는 강 이름]
【甬道】yǒngdào 名 ❶ 큰 정원이나 묘지의 가운데 길 [건물이나 묘 등의 주요 건축물로 통하는 길로, 대부분 벽돌이 깔려 있음] ❷ 복도→〔走廊〕〔过道(儿)〕‖ =〔甬路〕
【甬剧】yǒngjù 名〈演映〉절강(浙江) 지방의 전통극의 하나 [절강성 영파(寧波) 일대에 유행함]

【俑】yǒng 목우 용
名 옛날, 순장(殉葬)하는 사람의 대신으로 쓰는 인형. ¶泥ní～ | 진흙으로 만든 인형.

2【勇】yǒng 용감할 용
❶ 名 形 용감[과감](하다). 용기(가 있다) ¶有～无谋 | 용기는 있지만 책략이 없다. ¶智～双全 | 지혜와 용기를 겸비하다. ❷ 名〈史〉의용병(義勇兵) [청대(清代)에 전쟁시 임시로 모집한 병사를 지칭함] ❸ (Yǒng) 名 성(姓)
2【勇敢】yǒnggǎn 形 용감하다. ¶他是个～的孩子 | 그는 용감한 아이이다. ¶～有为 | 용감하고 유능하다. ¶机智jīzhì～ | 슬기롭고 용감하다. ¶～作战 | 용감히 싸우다.
【勇冠三军】yǒng guàn sān jūn 成 용맹함이 삼군의 으뜸이다. 대단히 용감하다. ¶三十八军一向～ | 제38군단은 줄곧 대단히 용감했다.
【勇决】yǒngjué 書 ❶ 形 용감하고 결단력이 있다. ¶他很～ | 그는 용감하고 결단력이 있다. ❷ 動 용감하게 결단을 내리다.
【勇猛】yǒngměng 形 용맹스럽다. ¶小王～过人 | 왕군은 용맹함이 다른 사람을 훨씬 뛰어 넘는다. ¶～前进 | 용맹스럽게 전진하다.
2【勇气】yǒngqì 名 용기. ¶有～ | 용기가 있다. ¶失掉shīdiào～ | 용기를 잃다. ¶～十足 | 용기가 차고 넘치다. ¶鼓起～ | 용기를 불러 일으키다.
4【勇士】yǒngshì 名 용사. ¶招募zhāomù～ | 용사를 모집하다.
【勇往直前】yǒng wǎng zhí qián 成 용감하게 앞으로 나아가다. ¶我们一定要～, 不怕牺牲xīshēng | 우리는 반드시 용감하게 앞으로 나아가야지 희생을 두려워 해서는 안된다.

【勇武】yǒngwǔ 書形 용맹스럽고 위세가 있다. ¶～过人 | 남보다 용맹스럽고 위세가 있다.

【勇毅】yǒngyì 形 용감하고 의연하다〔의지가 굳다〕

4【勇于】yǒngyú 動 용감히. 과감하게 [뒤에 주로 동사가 옴] ¶～改过 | 과감하게 잘못을 고치다. ¶～负责 | 용감하게 책임을 지다. ¶～承认错误 | 과감하게 잘못을 인정하다. ¶～创新 chuàngxīn | 과감히 개혁하다.

3【涌〈湧A〉】yǒng chōng 솟아날 용, 떠오를 용

A yǒng 動 ❶ (물이나 구름이) 솟아나다. ¶泪如泉～ | 눈물이 샘처럼 솟아나다. ¶风起云～ | 바람이 일고 구름이 피어 오르다. ❷ (물이나 구름 속에서) 나오다. 얼굴을 내밀다. ¶雨过天晴, ～出一轮明月 | 비가 멎고 하늘이 개자 달이 얼굴을 내밀었다. ❸ (물이 솟듯이) 한꺼번에 나오다. 갑자기 한꺼번에 나타나다. ¶许多人从里面～出来 | 많은 사람들이 안에서 쏟아져 나왔다.

B chōng 名方 하천의 지류(支流) [지명에 쓰이는 글자]

【涌出】yǒng·chū 動 솟아나다. 쏟아져 나오다. ¶眼中～许多泪水lèishuǐ | 눈에서 많은 눈물이 쏟아져 나오다. ¶～很多的积极分子 | 많은 활동가가 배출되다.

【涌动】yǒngdòng 動 ❶ (물이) 밖으로 흘러 넘치다. 용솟음치다. ¶污水wūshuǐ～ | 오수가 밖으로 흘러 넘치다. ❷ 마음이 움직여 가슴이 뛰다. 술렁거리다. ¶人们像潮水似的～着 | 인파가 조수처럼 술렁거리고 있다.

【涌进】yǒngjìn 動 ❶ 한꺼번에 물밀듯이 들어오다. ¶潮水～内河 | 조수가 물밀듯이 강으로 들어오다. ❷ 앞을 향하여 힘차게 나아가다.

【涌流】yǒngliú 動 솟아나 흐르다. ¶山下～着宽阔的江水 | 산 밑에 넓은 강물이 용솟음치며 흐르고 있다.

【涌泉】yǒngquán 名 ❶ 용솟는 샘물. ❷〈漢醫〉용천혈 [족심(足心) 부근의 경혈(經穴)]

【涌上心来】yǒng·shàngxīn·lai 여러 가지 생각이 떠오르다. ¶一阵思潮～ | 한꺼번에 여러가지 생각이 떠오르다.

4【涌现】yǒngxiàn 動 (사람이나 사물이 대량으로) 나타나다. 생겨나다. 배출되다. ¶新人新事不断～ | 새로운 사람과 새로운 일들이 끊임없이 나타나다.

【恿〈慂恖〉】yǒng 용감할 용 ❶「勇」의 고자(古字) ❷ ⇒〔怂sǒng恿〕

【蛹】yǒng 번데기 용 名 번데기 =〔方 金刚③〕 ¶蚕cán～ | 누에의 번데기.

【蛹期】yǒngqī 名 (곤충의) 용기. 변태하기 전 번데기로 있는 과정.

3【踊(踴)】yǒng 뛸 용 書動 뛰다. 뛰어 오르다. 도약하다.

3【踊跃】yǒngyuè ❶ 動 펄쩍 뛰어오르다. 껑충껑충 뛰다. ¶～欢呼 | 껑충껑충 뛰며 환성을 올리다. ❷ 形 열렬하다. 활기가 있다. ¶～参加讨论 | 앞을 다투어 토론에 참가하다. ¶座谈会上发言非常～ | 좌담회에서의 발언은 대단히 활발하였다.

yòng ㄩㄥˋ

1【用】yòng 쓸 용, 효용 용
❶ 動 사용하다. 쓰다. ¶～电 | 전기를 사용하다. ¶电脑我会～ | 나는 컴퓨터를 다룰 줄 안다. ❷ 動 (사람을) 쓰다. 부리다. ¶～一个人就够了 | 한 사람만 쓰면 충분하다. ¶大材小～ | 成 큰 인물을 작은 일에 쓰다. ❸ 動 敬 먹다. 들다. 마시다. ¶～茶 | 차를 마시다. ¶请～! 请～! | 드세요. ❹ 動 (…을) 사용하여. …으로 [연동식(連動式)의 제1동사로 쓰임] ¶～铅笔写字 | 연필로 글을 쓰다. ¶～笔写字 | 붓으로 글씨를 쓰다. ¶～刀杀人 | 칼로 사람을 죽이다. ¶～什么做的 | 무엇으로 만든 것입니까? ❺ 名 비용. ¶零～ | 잡비. 용돈. ¶家～ | 가계비(家計費) ❻ 名 쓸모. 용도. 효과. 효능. ¶有～ | 쓸모가 있다. ❼ 能 필요(로) 하다 [주로 부정형(不定形)이나 반어(反語)에 쓰임] ¶白天不～开灯 | 대낮에는 전등을 켤 필요가 없다. ¶不～再说, 我已经明白了 | 이미 알고 있으니 더 말할 필요가 없다. ❽ 書介 때문에. (…로) 인하여 [주로 서신(書信)에 많이 쓰임] ¶～此 | 이 때문에. ¶～特函达 | 때문에 특별히 서면(書面)으로 알립니다→〔因yīn②〕〔以yǐ①〕〕 ❾ 名 바깥으로 드러나는〔나타나는〕 형태 [「体tǐ⑥」와 대응되는 말]→〔体用〕

【用笔】yòng bǐ 動 ❶ 붓을 사용하다. 글자를 쓰다. ❷ (yòngbǐ) 名 운필(運筆). 운필법(運筆法) ¶他写字很讲究～ | 그는 글을 쓸 때 운필법을 따진다. ¶～八法 | 운필의 여덟 가지 법→〔永字八法〕

【用兵】yòng/bīng 動 용병하다. 군대〔군사〕를 부리다. ¶养兵千日,～一时 | 한 때 용병하기 위하여 오랫동안 양병하다. ¶～如神 | 용병술이 귀신같다 =〔动兵dòngbīng〕

2【用不着】yòng·bu zháo 動組 소용되지 않다. 필요치 않다. 쓸모없다. ¶这本书我现在～ | 이 책은 지금 당장 필요하지 않다. ¶这样的交情～客气 | 이렇게 허물없는 사이에 사양하실 필요는 없습니다. ¶～为这些小事争论不休 | 이런 사소한 일을 가지고 논쟁을 계속할 필요가 없다 =〔用不到〕⇔〔用得着〕

【用餐】yòng/cān 動 식사를 하다. 밥을 먹다. ¶在我这儿～吧 | 여기서 식사를 하세요. ¶在餐车～ | 식당차에서 식사를 하다.

【用茶】yòng/chá 動 차를 마시다. ¶请～ | 차 드세요.

【用场】yòngchǎng 名 口 용도(用途). 사용처. ¶没有多大的～ | 그렇게 큰 쓸모가 없다. ¶派大～ | 좋은 용도에 사용하다. ¶派新～ | 새로운 용도에 사용하다.

2【用处】yòng·chu 名 용처. 용도(用途). 쓰는 곳.

쓸모. ¶这样哭泣都没有～ | 이렇게 울어도 소용 없다. ¶有～ | 쓸모가 있다. ¶水库的～很多 | 댐의 용도는 많다. ¶这两件东西, 各有各的～ | 이 두 가지 물건은 제각기 쓸모가 있다.

【用得着】yòng·de zháo 動組 쓰이다. 쓸모 있다. 소용되다. 필요하다. ¶没多少活儿了, 还～那么多人吗? | 작업이 얼마 남지도 않았는데 그렇게 많은 사람이 필요하겠느냐? ¶天气豫报说今天下雨, 一定～雨衣 | 기상 예보에서 오늘은 비가 온다 했으니, 반드시 비옷이 필요할 것이다 ⇔〔用不着〕

【用地】yòngdì 名 용지. 부지(敷地) ¶建设～ | 건설 용지. ¶工厂～ | 공장 부지.

【用度】yòngdù 名 비용. 경비. 지출. ¶他家人口多, ～较大 | 그의 집은 식구가 많아서, 지출이 상당하다.

4【用法】yòngfǎ 名 용법. 사용 방법. ¶～说明 | 용법설명. ¶英语～词典 | 영어 용법 사전.

【用饭】yòng/fàn 動 식사를 하다. ¶在我家～ | 우리집에서 식사를 합시다.

【用费】yòngfèi 名 비용. ¶一切～由我包了 | 모든 경비는 내가 책임지겠다→〔费用〕

【用工】yòng/gōng 動 노동력을 사용하다. 품을 들이다.

【用工夫】yòng gōng·fu 動組 시간과 수고를 들이다. ¶他在这门学问上用过不少工夫 | 그는 이 학문에 아주 많은 노력을 들였다. ¶他对太极拳很～ | 그는 태극권에 대해서 많은 수련을 쌓고 있다.

2【用功】yòng/gōng 動 ❶ 힘써 배우다. 열심히 공부하다. ¶他很～ | 그는 아주 열심히 공부한다. ❷ (yònggōng)(공부에) 힘쓰다. 노력하다. ¶～研究 | 열심히 연구하다.

4【用户】yònghù 名 (수도·전기·전화 등 설비의) 사용자. 가입자. ¶电话～ | 전화 사용자〔가입자〕 ¶征求～意见 | 사용자의 의견을 구하다. ¶～电报 | 텔렉스(telex)

【用劲】yòng/jìn 動 힘을 쓰다〔들이다〕 ¶一齐～ | 함께 힘을 쓰다. 함께 노력하다. ¶多用一把劲, 就多一分成绩 | 힘을 들이면 들인 만큼 성과가 난다.

4【用具】yòngjù 名 용구. 도구. ¶炊事～ | 취사도구. ¶消防～ | 소방 도구. ¶救生～ | 구조장비. ¶打猎～ | 사냥 도구. ¶扇子shànzi是夏日驱暑的～ | 부채는 여름날 더위를 쫓는 용구이다. ¶化粧～ | 화장 도구

【用来】yònglái 動 ❶ (…을 위하여) 쓰다〔사용하다〕 ¶这个盆子～种水仙最合适 | 이 화분은 수선화를 심기에 가장 적합하다. ❷ 써〔사용해〕 보다. ¶～很方便 | 사용해 보니 아주 편리하다.

2【用力】yòng/lì 動 ❶ 힘을 내다. 힘을 들이다. ¶～打球 | 힘껏 공을 치다. ¶～把门推了一下 | 힘을 들여 문을 밀었다. ❷ 노력하다.

【用料】yòngliào ❶ 名 사용 재료. ¶他很讲究～ | 그는 사용재료에 신경을 많이 쓴다. ❷ (yòng/liào) 動 재료를 사용하다.

3【用品】yòngpǐn 名 용품. ¶办公bàngōng～ | 사무 용품. ¶教学～ | 학용품. ¶照相～ | 사진 용품. ¶生活～ | 생활 용품.

【用钱】ⓐ yòng/qián 動 돈을 쓰다. ¶～如用水 | 諺 돈을 물쓰듯 하다 =〔花钱huā/qián〕 ⓑ yòng·qian 名 구전(口錢). 수수료. 커미션(commission) =〔佣yòng金〕〔佣钱〕

4【用人】ⓐ yòng/rén 動 ❶ 사람을 필요로 하다. 일손이 필요하다. ¶现在正是～的时候 | 지금은 바로 일손이 필요한 때이다. ❷ 사람을 쓰다. 사람을 부리다. ¶他很会～ | 그는 사람을 아주 잘 부린다. ¶～失当dàng | 사람을 잘 선발하지 못하다. 사람을 적재 적소에 쓸 줄 모르다. ¶疑人不用, ～不疑 | 諺 의심스러우면 쓰지 말고, 일단 사람을 쓰면 의심하지 말아라. ⓑ yòng·ren 名 하인. 심부름꾼. ¶女～ | 여자 하인.

【用舍行藏】yòng shě xíng cáng 成 세상에 쓰일 때는 나아가서 자기의 도를 행하고, 쓰이지 아니할 때는 물러나 은거하다 [유가(儒家)의 출사(出仕) 진퇴(進退)에 대한 태도] ¶他能～ | 그는 진퇴를 아주 잘 한다 =〔用行舍藏〕

【用事】yòng/shì 動 ❶ 書 권력을 장악하다. ¶奸臣jiānchén～ | 간신이 권력을 장악하다. ❷ (감정에 맡겨) 일을 처리하다. ¶意气～ | 일시적 기분으로 일을 처리하다. ¶感情～ | 감정대로 일을 처리하다. ❸ 書 전고(典故)를 인용하다.

3【用途】yòngtú 名 용도. ¶橡胶xiàngjiāo的～很大 | 고무의 용도는 아주 크다. ¶～很广 | 용도가 넓다. ¶一套设备, 多种～ | 한 세트의 설비에 여러 가지 용도.

【用武】yòng/wǔ 動 ❶ 무력을 사용하다. 전쟁하다. ❷ 완력을 쓰다. ❸ 재능을 발휘하다. ¶英雄无～之地 | 영웅이 그 힘을 발휘할 여지〔기회〕가 없다.

【用项】yòng·xiàng 名 ❶ 비용. 필요한 경비. ¶～增加 | 필요한 경비가 증가하다. ¶小～ | 자잘하게 드는 돈. ¶有一笔～ | 돈 쓸 데가 한 군데 있다. ❷ 쓸데. 쓰이는 곳. 용도. ¶有何～? | 무슨 쓸모가 있는가? ¶～很窄zhǎi | 용도가 매우 좁다.

3【用心】yòng/xīn ❶ 動 마음을 쓰다. 심혈을 기울이다. 주의력을 집중하다. ¶他做什么事都很～ | 그는 무슨 일을 하던지 아주 심혈을 기울인다. ¶学习～ | 학습에 심혈을 기울이다. ¶～念书 | 열심히 공부하다. ¶～用意地 | 전념하여. 꼼꼼하게. ¶～观察 | 주의깊게 관찰하다→〔留心〕 ❷ (yòngxīn) 名 속셈. 저의. 생각. 심보. ¶～歹毒dǎidú | 심보가 좋지 않다. ¶别有～ | 속셈이 따로 있다.

【用心所在】yòng xīn suǒ zài 成 생각하는바. 목표. 목적. ¶他这样做的～, 已昭然若揭jiē | 그가 이렇게 하는 속셈이 이미 확연히 드러났다.

【用刑】yòng/xíng 動 형구(刑具)를 쓰다. 고문하다. ¶旧日官衙～拷打不知屈杀了多少人 | 옛날 관아에서는 형구로 고문을 가하여 얼마나 많은 사람을 무고하게 죽였는지 알 수 없다.

【用以】yòngyǐ 連 ❶ …을 사용하여. …(으)로

[여기서 「以」는 「而」「来」와 같으며 바꾸어 쓸 수 있음] ¶略举数例，～说明这一原理 | 대략 몇몇 예를 들어서, 이 원리를 설명하다. ¶知识分子更是把知识商品化，～获取高额利润 | 지식 분자는 더욱더 지식을 상품화하고, 그것에 의하여 고액의 이윤을 손에 넣는다. ❷그러니까. 그러므로. 이 때문에.

4【用意】yòngyì 名 의도. 의향. 속셈. ¶～何在? | 그 의도가 무엇인가? ¶他送这件礼物～很深 | 그가 이 선물을 보내는 데는 깊은 속셈이 담겨져 있다.

【用印】yòng/yìn 動 (문서에) 도장을 찍다 [점잖고 엄숙한 경우에 쓰는 말로 보통은 「盖图章」이라 함]

【用语】yòngyǔ 名 ❶ 용어. 단어의 사용. ¶～不当 | 단어의 사용이 부적당하다. ❷(전문) 용어. ¶日常生活～ | 일상생활 용어. ¶商业～ | 상업 용어. ¶文学～ | 문학 용어. ¶学术～ | 학술 용어. ¶外交～ | 외교 용어. ¶医学～ | 의학 용어.

【用之不竭】yòng zhī bù jié 成 아무리 써도 다하지 않다. 무진장 많다. ¶韩国的泉水～ | 한국의 온천수는 무진장 많다.

【佣】 yòng ☞ 佣 yōng ②

yōu ㅣㄡ

2【优(優)】 **yōu 뛰어날 우, 넉넉할 우** ❶形 훌륭하다. 우수하다. 뛰어나다. ¶～等 | 우등(의) ¶占zhàn～势shì | 우세를 점하다. ¶品学兼jiān～ | 품행과 학문이 모두 훌륭하다 ⇔〔劣liè①〕 ❷書形 충분하다. 넉넉하다. ¶生活～裕yù | 생활이 넉넉하다. ¶待遇dàiyù从～ | 대우가 충분하다. ❸書名 (옛날의) 배우. ¶名～ | 명우. ¶～伶líng↓ ❹(Yōu) 名 성(姓)

【优待】yōudài ❶名 우대. 특별대우. ¶～价格 | 특별 할인 가격. 특가. ¶我们受到了特别的～ | 우리들은 특별한 우대를 받았다 ❷動 우대하다. 특별히 대하다. 특별 대우하다. ¶～外宾 | 외빈을 우대하다.

【优待券】yōudàiquàn 名 우대권. ¶凭～写免税商品 | 우대권으로 면세품을 사다.

【优等】yōuděng ❶名 우등. ¶考列～ | 시험에서 우등의 성적을 거두다. ¶～品 | 우등품. ¶～生 | 우등생. ❷形 우등하다. 뛰어나다. ¶产品的质量zhìliàng都是～的 | 제품의 질이 모두 우수하다 ⇔〔劣liè等〕

2【优点】yōudiǎn 名 장점. 우수한 점. ¶这是他的～ | 이것은 그의 장점이다. ¶学～ | 장점을 배우다. ¶发扬～ | 장점을 발휘하다. ¶这个办法有很多～ | 이 방법에는 많은 장점이 있다. ¶每个人都有～和缺点 | 사람마다 모두 장점과 결점을 지니고 있다 ⇔〔缺quē,点①〕

【优抚】yōufǔ 動 우대하고 위문하다. 돌보다. ¶～军烈属的工作，他也积极地做 | 군인 가족·전몰 장병 유가족을 우대 위문하는 활동을 그도 적극적으로 한다.

【优厚】yōuhòu 形 (대우나 물질적 조건이) 좋다. 후하다. ¶待遇dàiyù～ | 대우가 좋다. ¶～的礼遇lǐyù | 융숭한 예우. ¶～的薪水xīnshuǐ | 후한〔충분한〕 급료. ¶给了我们～的报答 | 우리에겐 후한 보답을 해주었다.

【优弧】yōuhú 名〈數〉우호 ⇔〔劣liè弧〕

4【优惠】yōuhuì 名 ❶〈經〉특혜(特惠) ¶～条件 | 특혜 조건. ¶～贷款dàikuǎn | 특혜 차관. ¶～放款利率 | 프라임 레이트(prime rate) ¶～关税协定 | 특혜 관세 협정. ¶～价格 | 우대 가격. ¶～权 | 특혜권. ❷수수료. 구전.

【优惠待遇】yōuhuì dàiyù 名組〈經〉최혜국 대우. ¶给矛各种～ | 각종 특혜를 주다.

2【优良】yōuliáng 形 우량하다. 우수하다. 훌륭하다. ¶～的传统chuántǒng | 훌륭한 전통. ¶艰苦朴素pǔsù的～作风 | 근면 검소한 훌륭한 기풍. ¶推广tuīguǎng水稻～品种 | 벼의 우량 품종을 널리 보급시키다.

【优劣】yōuliè 名 우열. ¶难分～ | 우열을 가리기 어렵다. ¶分别～ | 우열을 구분하다.

【优伶】yōulíng 名 연극 배우의 옛 이름 =〔优人〕→〔演员〕

2【优美】yōuměi 形 우미하다. 우아하고 아름답다. ¶风景fēngjǐng～ | 풍경이 아름답다. ¶姿态zītài～ | 자태가 아리땁다.

【优容】yōuróng 書動 관대하게 대우하다. 관용하다. ¶～异见 | 이견을 관대히 받아들이다.

【优柔】yōuróu 形 ❶書 침착하다. 편안하다. 태연하다. ❷書 (성정(性情)이나 언행이) 온화하다. 유순하다. 부드럽다. ❸ 결단력이 없다. 우유 부단하다. ¶～的性格xìnggé | 우유 부단한 성격.

【优柔寡断】yōu róu guǎ duàn 成 우유 부단하다. ¶他一向～ | 그는 늘 우유부단하다.

【优生学】yōushēngxué 名〈生〉우생학 [옛 명칭은 「善种学shànzhǒngxué」「淑种学shūzhǒngxué」]

3【优胜】yōushèng ❶名 우승. ¶～奖jiǎng | 우승상. ¶～旗 | 우승기. ¶～者 | 우승자. ¶～红旗hóngqí | 우승의 홍기. ❷動 우승하다.

3【优势】yōushì 名 우세. 우위(優位) ¶建立～ | 우위를 확보하다. ¶树立～ | 우세한 입장을 확보하다. ¶集中～兵力 | 우세한 병력을 집중하다. ¶这场球赛，上半场主队占zhàn～ | 이 구기 경기에서, 전반전은 홈팀이 우위를 차지하였다.

【优渥】yōuwò 書形 도탑다. 후하다. ¶宠chǒng命～ | 사랑하심이 도탑다.

4【优先】yōuxiān 動 우선하다. 轉 우선적으로. ¶～录取lùqǔ | 우선적으로 채용하다. ¶对老年人,孕妇,小孩要～ | 노인·임산부·어린이를 우선해야 한다.

【优先权】yōuxiānquán 名〈法〉우선권. ¶会员享xiǎng有～ | 회원은 우선권을 가진다.

2【优秀】yōuxiù 形 (품행·학문·성적 등이) 우수하다. 뛰어나다. ¶成绩chéngjì～ | 성적이 우수하다. ¶～作品 | 우수한 작품. ¶～电影 | 뛰어난 영화.

【优选】yōuxuǎn 動 좋은 것을 고르다. 나은 것을 선택하다. ¶～粮种｜좋은 씨앗을 고르다.

【优选法】yōuxuǎnfǎ 名〈數〉최적화(最適化)

【优雅】yōuyǎ 形 우아하다. 고상하다. ¶人品～｜인품이 고상하다.

4【优异】yōuyì 書 形 특히 우수하다. ¶品种～｜품종이 특히 우수하다. ¶做出～的贡献gòngxiàn｜특히 빼어난 공헌을 하다.

【优游】yōuyóu 書 動 ❶ 유유 자적하다. ¶～自在｜유유 자적하다. ¶～岁月｜유유히 세월을 보내다. ❷ 우물쭈물하다. 망설이다. ¶～不决｜우물쭈물하며 분명하게 결단을 내리지 못하다.

【优于】yōuyú 動 書 …에서 뛰어나다. …보다 우수하다. …보다 훌륭하다. ¶在政治上～敌人｜정치적으로는 적보다 우위에 있다. ¶～对手｜상대보다 뛰어나다.

【优遇】yōuyù ❶ 名 우대. ¶以示～｜(…으로써) 우대함을 표시하다. ❷ 動 우대하다. 특별 대우하다. ¶格外géwài～｜특별히 우대하다.

【优裕】yōuyù 形 부유하다. 충족하다. 유족하다. 넉넉하다. ¶生活～｜생활이 넉넉하다.

3【优越】yōuyuè 形 우월하다. 뛰어나다. 우량하다. ¶处于～的地位｜우월한 지위에 있다. ¶在这方面他倒～些｜이 방면에서는 그가 오히려 다소 우월하다.

【优越感】yōuyuègǎn 名 우월감. ¶民族的～就是邦交的障碍zhàngài｜민족적 우월감이 국교의 장애가 되다.

【优越性】yōuyuèxìng 名 우월성. 뛰어난 점. ¶民主主义制度的～｜민주주의 제도의 우월성.

【优哉游哉】yōu zāi yóu zāi 威 유유 자적(悠悠自適)하다. 아무 하는 일 없이 한가롭게 지내다.

4【优质】yōuzhì 名 우수한 품질. ¶～产品｜우수한 생산품. ¶～优价｜우수한 품질, 좋은 가격.

4【忧(憂)】yōu 근심 우

❶ 動 걱정하다. 근심하다. ¶～虑lǜ｜우려하다. ¶担dān～｜걱정하다. ¶～国之士｜우국지사. ❷ 名 근심. 걱정. 재난. ¶无～无虑｜근심걱정이 없다. ¶人无远虑, 必有近～｜사람은 앞일을 미리 생각하지 않으면 반드시 걱정거리를 만나게 된다. ❸ 書 名 부모의 상(喪) ¶在～｜부모의 상중에 있다. ¶丁～｜부모상을 당하다. ¶丁内～丁外艰｜모친상을 당했느냐? 부친상을 당했느냐?

【忧愁】yōu·chóu ❶ 形 우울하다. 걱정스럽다. ¶面容～｜(얼굴이) 근심스럽게 보이다. ¶没考上, 心里很～｜시험에 붙지 못하여, (마음이) 몹시 우울하다. ❷ 動 근심하다. 걱정하다.

【忧烦】yōufán 形 근심에 싸여 고민하다〔번뇌하다〕

【忧愤】yōufèn 書 形 마음속에 근심과 불만이 가득하다. 울분에 차 있다. ¶～填tián胸｜울분이 가슴을 꽉 메우다. ¶～不平｜마음이 울분으로 부글거려 평온하지 않다.

【忧患】yōuhuàn 名 우환. 근심과 환난. ¶没有～的颜色｜근심하는 기색이 없다. ¶～余生｜威 수많은 우환을 겪고도 다행히 살아 남은 삶.

【忧惧】yōujù 動 걱정하고 두려워하다. ¶内心～｜마음속으로 걱정하고 있다.

4【忧虑】yōu·lǜ ❶ 名 動 우려(하다). 걱정(하다) ¶他的～不是没有根据的｜그의 우려는 근거없는 것이 아니다. ❷ 形 걱정스럽다. 근심스럽다. ¶深感～｜대단히 걱정스럽게 느끼다.

【忧闷】yōumèn ❶ 書 動 근심하여 번민하다. 골머리를 앓다. ¶心中～｜마음속으로 번민하다. ❷ 形 우울하다.

【忧能伤人】yōu néng shāng rén 威 근심은 몸을 상하게 한다. 근심은 몸에 해롭다.

【忧戚】yōuqī 書 形 근심하여 비통해하다. 근심하고 슬퍼하다. ¶心中十分～｜마음속으로 아주 슬퍼하다.

【忧容】yōuróng 名 근심스런 얼굴〔표정〕 ¶～满面｜근심스런 표정이 얼굴에 가득하다＝〔愁容〕

【忧伤】yōushāng 動 근심으로 괴로워하다. 근심하고 슬퍼하다. ¶他听见母亲病重的消息, 极其～｜그는 모친의 병이 중하다는 소식을 듣고 몹시 걱정하고 상심하였다.

【忧思】yōusī ❶ 名 動 우려(하다). 근심(하다) ❷ 名 우수가 깃든 마음. 우수의 정. ¶～忡忡chōng｜우수의 정이 자꾸 일다.

【忧心】yōuxīn 名 근심〔걱정〕하는 마음. ¶～如焚｜근심 걱정으로 애가 타다.

【忧悒】yōuyì 書 動 근심으로 불안해하다.

4【忧郁】yōuyù ❶ 動 근심 걱정하다. 번민하다. ¶～成疾｜근심 걱정으로 병이 생기다. ❷ 形 우울하다. 울적하다. 마음이 무겁다.

【攸】yōu 바 유, 아득할 유

❶ 書 助 …하는 바. …의 것. ¶性命～关｜생명에 관계되는 것＝〔所⑤〕 ¶责zé有～归｜책임이 귀착될 곳이 있다. ❷ 書 副 즉. 곧. ¶风雨～除, 鸟鼠～去｜비바람도 막을 수 있고 쥐도 새도 쫓아버릴 수 있다. 건축물이 견고하다. ❸ 形 아득히 멀다. ¶～～外域yù｜아득히 먼 외지(外地) ❹ (Yōu) 名〈地〉유현(攸縣) [호남성(湖南省)에 있는 현(縣)이름] ❺ (Yōu) 名 성(姓)

2【悠】yōu 멀 유, 한가할 유

❶ (시간이) 오래 되다. 유구하다. (거리가) 멀다. ¶～久的历史｜유구한 역사. ¶道路～远｜길이 (아득히) 멀다. ❷ 한적하다. 한가하다. ¶～然↓ ¶～闲xián↓ ❸ 動 口 (매달려서) 흔들다. ¶把鞭子biānzi一～, 马就向前走了｜채찍을 한번 휘두르자, 말은 곧 앞으로 내달렸다. ¶你上秋千, 我来～你｜그네에 타면 밀어 주겠다. ❹ 動 京 (마음 등을) 가라 앉히다. 진정시키다. (힘 등을) 억누르다. 늦추다. ¶～着点劲儿｜힘을 좀 늦춰라. ❺ 動 方 목을 매다.

【悠长】yōucháng 形 (시간이) 장구하다. 길다. 오래다. ¶二十五年的～时间｜이십 오년간의 장구한 시간. ¶～的岁月｜길고 오랜 세월. ¶～的汽笛声｜긴 기적 소리.

【悠荡】yōudàng 動 공중에 매달려 흔들거리다. ¶树枝在空中～｜나무가지가 공중에서 흔들거리다.

【悠忽】yōuhū 書 形 ❶ 세월을 허송하다. ¶悠悠

忽忽浪费làngfèi时间｜헛되이 시간을 낭비하다. ❷세월이 헛되이 흐르다.

²【悠久】yōujiǔ 形 유구하다. 장구(長久)하다. ¶我国历史～｜우리나라는 역사가 유구하다. ¶～的文化传统｜유구한 문화 전통.

【悠谬】yōumiù 書 形 황당 무계하다. 터무니 없이 어긋나다. ¶言词～, 难以置信｜말이 황당 무계해서 믿을 수가 없다＝〔悠缪miù〕

【悠然】yōurán 形 유유하다. 성격이 침착하고 여유가 있다. ¶他～抽着烟, 等候着客人｜그는 유유히 담배를 피며 손님을 기다리고 있다. ¶～自得｜成 유유한 가운데 즐거움을 얻다. ¶～神往｜成 유유하게 황홀해지다.

【悠闲】yōuxián 形 유유하다. ¶态度～｜태도가 침착하고 유유하다. ¶踏着～的步子｜유유한 걸음걸이로 걷다. ¶～自在｜유유하고 자유롭다＝〔幽闲②〕

【悠扬】yōuyáng 書 形 ❶ 멀고 아득하다. ❷은은하다［멀리서 소리가 아득하게 들려오는 것을 형용하는 말］¶从远处传来～的汽笛声｜멀리서 들려오는 은은한 기적소리. ¶隔水～午夜钟｜강 건너 멀리서 한밤중 종소리가 은은히 들려온다. ¶～的歌声｜은은하게 들리는 노랫소리. ❸바람이 산들거리다. ¶春风～｜봄바람이 산들거리다. ❹(의미가) 깊다. ¶意味～｜의미심장하다.

【悠悠】yōuyōu 貺 ❶ 유구하다. 요원(遙遠)하다. ¶～长夜｜기나긴 밤. ¶～山川｜머나먼 산천＝〔攸攸〕❷書 많다. ¶～者皆是｜많은 사람이 다 이렇다. ❸유유하다. ¶～自得｜유유하고 자족하다. ❹書 황당 무계하다. ¶～之谈, 宜绝智者之口｜황당 무계한 말은 마땅히 슬기로운 사람의 입으로는 하지 말아야 한다. ❺書 허공에 떠 있다. ¶两脚悬空～荡dàng荡的好危险｜두 다리가 공중에 매달려 몹시 위험하다. ❻書 근심하다.

【悠悠荡荡】yōuyōudàngdàng 貺 흔들흔들하다. 정처없이 떠돌다. ¶别成天～的了｜하루종일 정처없이 돌아다니지 마라.

【悠悠忽忽】yōuyōuhūhū 貺 ❶ 빈둥거리다. ❷무아지경에 빠지다. 황홀해서 얼이 빠지다.

【悠远】yōuyuǎn 書 形 ❶ 유원하다. 매우 오래다. ¶年代～｜연대가 유원하다. ¶～的童年tóngnián｜아득한 어린 시절. ❷거리가 멀다. ¶～的旅程lǚchéng｜멀고 아득한 여정. ¶山川～｜산천이 아득히 멀다＝〔書 悠邈miǎo〕

【悠着】yōu·zhe 動 方 억누르다. 알맞게 하다. 삼가하다. ¶～点劲儿, 别太猛了｜힘을 좀 늦추어라, 너무 격렬하게 하지 말고. ¶你得～去｜너무 서두르지 말고 천천히 가게＝〔悠停着〕

【呦】 yōu 울 유
❶ 嘆 야. 어. 저런［놀람을 나타냄］¶～! 怎么掉下去了｜어! 어떻게 떨어졌지. ❷擬 매매［사슴이 우는 소리］¶～～鹿鸣｜매매하고 사슴이 울다.

【蚴】 yōu ☞ 蚴 yǒu

4【幽】 yōu 그윽할 유, 조용할 유
❶形 깊숙하다. 그윽하다. 조용하며 어둡다. ¶～林｜깊은 숲. ¶～谷gǔ↓ ❷形 평온하다. 고요하다. ¶清～｜맑고 고요하다. ¶竹林里很～雅｜죽림 속은 아주 그윽하고 운치가 있다. ❸숨다. 은폐하다. ¶～居↓ ❹(죄인을) 가두다. 유폐(幽閉)하다. ¶～禁jìn｜감금하다. ❺書 名 저승. ¶～冥｜명토(冥土) ¶～灵líng↓＝〔阴间〕 ❻⇒〔幽默yōumò〕 ❼(Yōu) 名〈地〉유주(幽州)［옛날의 주(州)이름. 현재의 하북성(河北省)과 요령성(遼寧省)의 남부 일대］ ❽(Yōu) 名 성(姓)

【幽暗】yōu'àn 書 形 깊숙하고 어둡다. ¶～的角落｜깊숙하고 어두침침한 모퉁이. ¶～的山谷｜깊숙한 산골짜기.

【幽闭】yōubì ❶ 動 유폐하다. 연금(軟禁)하다. ¶～于斗室之中｜좁은 방안에 가두다. ❷動 유거(幽居)하다. ❸名 고대 부인에게 적용한 궁형(宮刑)으로, 난소를 제거하여 생식 기능을 없애는 형벌.

【幽忿】yōufèn ⇒〔幽愤〕

【幽愤】yōufèn 名 가슴에 쌓인 분노〔울분〕¶渲泄胸中的～｜가슴속의 울분을 씻다＝〔書 幽忿〕

【幽浮】yōufú 名 外 U.F.O［미확인 비행물체］

【幽谷】yōugǔ 書 名 유곡. 깊숙한 골짜기. ¶～的乔木qiáomù｜유곡의 관목

【幽会】yōuhuì ❶ 動 (남녀가) 밀회하다. ¶约了情人到公园去～谈情｜연인과 약속하여 공원에서 은밀히 만나 사랑을 속삭이다. ❷名 (남녀 사이의) 밀회. ¶别打搅dǎjiǎo情侣的～!｜연인들의 밀회를 방해하지 마라!

【幽魂】yōuhún 書 名 유혼. 망령(亡靈). 영혼. ¶～不散sàn｜망령이 떠나지 않다.

【幽寂】yōujì 書 形 유적하다. 쓸쓸하고 적막하다. ¶～的树林｜쓸쓸하고 적막한 적막하다.

【幽禁】yōujìn ❶ 書 名 유폐(幽閉). 연금(軟禁) ❷書 動 유폐(幽閉)하다. 연금(軟禁)하다. ¶他们用巧妙的方法把她～起来｜그들은 교묘한 방법을 이용하여 그녀를 연금했다.

⁴【幽静】yōujìng 形 그윽하고 고요하다. ¶树影婆娑pósuō, 夜色分外～｜나무 그림자가 흔들거리고 밤 경치가 대단히 그윽하고 고요하다.

【幽居】yōujū ❶ 動 은둔하다. 은거(隱居)하다. ¶～独处｜세상사람들과 떨어져 혼자 살다. ¶在～中感到孤独｜은거중 고독을 느끼다. ❷名 고요한 거처.

【幽兰】yōulán 名〈植〉한란(寒蘭) ¶～浮香fúxiāng｜한란이 향기를 풍기다.

【幽灵】yōulíng 名 유령. 망령(亡靈) ¶一个～在山林中游荡｜산림속에서 유령이 돌아다니다→〔幽魂〕

【幽门】yōumén 名〈生理〉유문. ¶～梗阻gěngzǔ｜〈醫〉유문 협착(狹窄)＝〔下脘wǎn〕

【幽眇】yōumiǎo 書 形 정치(精緻)하다. 정미(精微)하다. ¶写景～动人｜경치의 묘사가 정치하여 사람을 감동시키다.

【幽明】yōumíng 書名 유명. ❶명토(冥土)와 현세(現世). 저승과 이승. ¶～隔世 | 저승과 이승이 서로 떨어져 있다. ¶～永隔 | 成사별(死別)하여 이 세상에서 다시 만날 수 없게 되다. 유명을 달리하다. ❷밤과 낮. ¶～相继 | 밤과 낮이 서로 이어지다. ❸현우(賢愚). 또는 선악(善惡) ¶人有～愚贤之分 | 사람에게는 슬기로움과 어리석음의 구별이 있다. ❹수컷과 암컷. ¶～难辨 | 수컷과 암컷의 구별이 어렵다.

4【幽默】yōumò ❶名外 유머(homour). 해학. ¶～感 | 유머 감각. ❷形 해학적이다. 그윽하고 함축되어 있다. ¶这人真～ | 이 사람은 사람들을 잘 웃긴다. ¶～地笑了一下 | 의미있게 한 번 웃었다.

【幽僻】yōupì 形 고요하고 편벽되다[외지다] ¶一块到松花江一段～的岸边 | 고요하고 외진 송화강 강가로 함께 가다.

【幽期】yōuqī 書名 밀회의 약속. ¶别误了～ | 밀회 약속을 어기지 말라→〔幽会〕

【幽情】yōuqíng 書名 마음속 깊이 간직한 감정. ¶一缕lǚ～ | 한 가닥 마음속 깊이 간직한 감정. ¶发思古之～ | 옛 감정을 곰곰이 생각하다.

【幽囚】yōuqiú 動 감금(監禁)하다.

【幽趣】yōuqù 名 그윽한 풍치(風致)

【幽深】yōushēn 形 유심하다. ❶(산수(山水)·수림(樹林)·궁실(宮室) 등이) 깊숙하고 고요하다. ¶～的峡谷xiágǔ | 깊고 고요한 협곡 =〔幽邃〕 ❷(의미가) 심원하다. ¶文中有很～的哲理 | 문장 가운데 매우 심원한 철리가 있다.

【幽思】yōusī ❶動 고요히 생각에 잠기다. ❷名 깊은 생각. ¶发人～ | 남을 깊은 생각에 잠기게 하다.

【幽邃】yōusuì ⇒〔幽深①〕

【幽婉】yōuwǎn 形 (문학 작품·성음(聲音)·어조(語調) 등이) 함의(含意)가 깊고 곡절(曲折)이 많다. ¶～的诗篇 | 운치(韻致)가 있는 시편. ¶～的歌声 | 구성진 노랫 소리 =〔幽宛〕

【幽微】yōuwēi 書形 (소리·냄새 등이) 미약하다. ¶气味～ | 냄새가 약하다.

【幽闲】yōuxián ❶書形 (여자가) 조용하고 정숙하다. ¶她～ | 그녀는 조용하고 정숙하다 =〔幽娴xián〕 ❷⇒〔悠yōu闲〕

【幽香】yōuxiāng 名 그윽한 향기. ¶～四溢 | 그윽한 향기가 사방에 풍기다.

【幽敻】yōuxiòng 書形 심원(深遠)하다.

【幽雅】yōuyǎ 形 그윽하고 품위있다. ¶庭园布置得很～ | 정원의 배치가 대단히 그윽하고 운치가 있다.

【幽咽】yōuyè 書擬 ❶흑흑 [낮게 흐느끼는 소리] ¶～的哭泣 | 낮게 흐느껴 울다. ❷졸졸 [물이 약하게 흐르는 소리] ¶泉水～ | 샘물이 졸졸 흐르다.

【幽幽】yōuyōu 狀 유유하다. ❶(소리·광선 등이) 약하다. ¶～啜泣chuòqì | 조용히 흐느끼다. ¶～的路灯 | 희미한 가로등. ❷書 심원(深遠)하다. ¶～南山 | 아득한 남산.

【幽怨】yōuyuàn 書名 마음 속에 품고 있는 원한 [주로 여자들의 애정에 관한 것을 가리킴] ¶通过写诗在抒发～之情 | 시로 마음의 한을 풀어내다.

【麀】yōu 암사슴 우
書名 ❶〈動〉암사슴. ❷암컷.

【耰】yōu 곰방메 우
❶名 곰방메 [농기구의 일종. 흙덩이를 깨뜨리거나 흙을 덮는데 씀] ❷動 (곰방메로) 흙을 덮다.

yóu ㄧㄡˊ

1【尤】yóu 더욱 우, 허물 우, 탓할 우
❶副 더욱. 특히. 각별히. ¶～须xū注意 | 특히 주의해야 한다. ¶身体弱的人～其容易被传染chuánrǎn | 몸이 약한 사람은 특히 감염되기 쉽다 =〔尤其〕 ❷書形名 특이한 (것). 특히 우수한 (것). 특출한 (것) ¶择zé～取录 | 특히 우수한 사람을 골라 채용하다. ¶拔bá其～ | 특출한 사람을 선발하다. ❸書動 원망하다. 탓하다. ¶怨天～人 | 하늘을 원망하고 남을 탓하다. ❹書名 과실(過失). 과오. 허물. 죄. ¶效xiào～ | 나쁜 짓을 본받다. ❺(Yóu) 名 성(姓)

1【尤其】yóuqí 副 특히. 더욱. ¶～重要 | 더욱 중요하다. ¶他的功课都很好, ～是语文最好 | 그의 성적은 다 좋다, 특히 어문학(語文學)이 가장 좋다 =〔書尤以〕

【尤甚】yóushèn 書狀 더욱 심하다. ¶他大儿子凶狠xiōnghěn, 二儿子～ | 그의 큰 애는 사나운데 둘째는 더 심하다. ¶贩毒fàndú的罪比杀人～ | 마약 밀매의 죄는 살인죄보다도 더욱 무겁다.

【尤物】yóuwù 書名 우물. ❶특출한[뛰어난] 인물. ¶他实为一时之～ | 그는 실로 일세의 특출한 인물이다. ❷喻 뛰어난 미인.

【尤以】yóuyǐ ⇒〔尤其〕

【尤异】yóuyì 書形 특이하다. 특출하다. ¶成绩～ | 성적이 특출나다.

3【犹(猶)】yóu 같을 유, 망설일 유
❶書動 마치 …와(과) 같다. …인 것 같다. ¶虽死～生 | 비록 죽었지만 살아 있는 것 같다. ¶过～不及 | 成지나친 것은 모자라는 것과 같다. ❷書副 아직(도). 여전히. ¶记忆～新 | 기억이 아직도 새롭다. ❸副 …조차도. 그래도. 그럼에도 불구하고. ¶困兽kùnshòu～斗dòu, 况kuàng怨敌乎 | 궁지에 몰린 짐승조차도 발악하는데 하물며 원한 맺힌 적에 대해서야《左傳·宣公》 ❹망설이다. 주저하다. ¶～疑↓ ¶～豫yù↓ ❺(Yóu) 名 성(姓)

【犹大】Yóudà 名 ❶外〈人〉가롯 유다(Kerioth Judah) [예수의 12제자 중의 한 사람] ❷(yóudà) 轉 배반자. 배신자. ¶是哪个～出卖了我们? | 어떤 배신자가 우리를 팔아 먹었는가?

4【犹如】yóurú 書動 …와[과] 같다. ¶～见树木而不见森林 | 나무는 보고 숲은 보지 못하는 것과 같다. ¶灯烛辉煌dēngzhúhuīhuáng, ～白昼 | 등촉이 휘황찬란하여 대낮과 같다 =〔如同〕

【犹太】Yóutài ❶名外〈民〉유태인. ❷名外〈地〉유태 왕국 [기원 전 922년 무렵 이스라엘 왕국의 분열로 팔레스타인 남부에 세워진 왕국] ¶～民族 | 유태민족 ❸(yóutài) 形喩 째째하다. 인색하다. ¶他向来是～, 你不要想沾上他的光 | 그는 본래부터 노랑이다, 그의 덕 볼 생각은 하지 말아라.

【犹太教】Yóutàijiào 名〈宗〉유태교 =〔以色列教〕〔一赐乐业教〕〔挑Tiāo筋教〕

【犹太人】Yóutàirén 名外〈民〉유태인. ¶爱因斯坦是～ | 아인슈타인은 유태인이다.

【犹疑】yóu·yi 動 주저하다. 망설이다. ¶这件事你不要～了 | 너는 이 일을 주저하지 마라. ¶～不定 =〔犹疑未决〕| 주저하여 결단을 내리지 못하다. ¶～两可 | 이러면 좋을지 저러면 좋을지 결정을 못내리다 =〔犹豫yù〕〔游移yóuyí〕

【犹有】yóuyǒu (아직) …할 여지가 있다. ¶小孩儿做错了～可说, 大人做错就不可恕shù了 | 어린이가 잘못한 건 변명할 여지가 있지만, 어른이 잘못한 건 용서할 수 없다.

3【犹豫】yóuyù 形 망설이다. 주저하다. 머뭇거리다. ¶你为什么要～呢? | 너는 왜 주저하느냐? ¶谈了半天, 对方老是犹犹豫豫只好做罢bà了 | 한참동안 이야기했으나 상대방이 그냥 주저하고만 있어 할 수 없이 포기했다 =〔犹疑〕〔犹与〕〔由豫〕

【犹豫不决】yóu yù bù jué 成 망설이며 결단을 내리지 못하다. 우유 부단하다. ¶你别～了 | 당신은 주저하면서 결단을 내리지 못해서는 안된다.

【犹之乎】yóuzhīhū 動組 書 …와〔과〕같다. ¶人离不开土地, ～鱼离不开水 | 사람이 땅을 떠날 수 없는 것은, 물고기가 물을 떠날 수 없는 것과 같다 =〔如同rútóng〕

【疣〈肬〉】yóu 혹 우

名〈醫〉사 마 귀 =〔瘊hóu子〕〔疣目〕〔疣赘zhuì〕〔肉赘〕

【疣肿】yóuzhǒng 名 혹. 사마귀 종기.

【莸】yóu 누린내풀 유

名 ❶〈植〉누린내풀. ❷(고서(古書)에 나오는) 악취가 나는 풀. 喩 악인(惡人). 나쁜 것. ¶薰xūn～ | 향기 좋은 풀과 악취나는 풀. 喩 좋은 사람과 나쁜 사람.

【鱿(魷)】yóu 오징어 우

名〈魚貝〉오징어 =〔鱿鱼〕〔柔鱼〕→〔乌贼wūzéi〕

【鱿干】yóugān 名 말린 오징어.

【猷】yóu 꾀 유

書名 계획. 계략. ¶鸿hóng～ | 큰 계략.

2【由】yóu 말미암을 유, 까닭 유

❶ 介 …에서. …부터 어법 ⓐ 장소·시간·발전·변화·범위의 기점(起點)을 나타냄. ¶～南到北 | 남에서 북까지. ¶～早上九点到晚上八点 | 아침 9시부터 저녁 8시까지. ¶～蝌蚪kēdǒu变成青蛙 | 올챙이에서 개구리로 변하다. ⓑ 경과한 노선(路線)·장소를 나타냄. ¶参观美术展览请～东门入场 | 미술전람회를 참관하시려면 동문(東門)으로 입장해 주십시요. ⓒ 근거를 표시함. ¶～试验结果看, 效果很好 | 시험결과로 보아 효과가 아주 좋다→〔从cóng〕〔打dǎ④〕〔解jiě⑨〕〔起qǐ⑫〕〔自zì④〕 ❷ 介 …에(게). …가. 어법 동작의 주체(主體)를 나타냄. ¶运输问题～他们解决 | 수송문제는 그들이 해결한다. ¶此事应～你办理 | 이일은 네가 처리해야 한다. ❸ 介 …에 의하여. …으로(써) 어법 방식·원인·근거·구성요소를 나타냄. ¶～此可知 | 이로써 알수있다. ¶原子核～质子和中子组成 | 원자핵은 양자와 중성자로 구성되어 있다. ❹ 動 경과하다. 경유하다. 지나가다. ¶必～之路 | 반드시 거쳐야 할 길. ¶～他门前走 | 그 집 문앞을 지나서 가다. ❺ 動 따르다. 마음대로 하게하다. 맡기다. 어법 반드시 명사 목적어(賓語)나 겸어(兼語)를 가짐. ¶信不信～你 | 믿고 안 믿고는 네게 달려있다. ¶别～着性儿乱说 | 제멋대로 함부로 지껄이게 하지마라. ❻ 動 …때문이다. …에 말미암다. ¶咎jiù～自取 | 허물은 자기가 초래한 것이다. ¶他的病总是～太劳累上得的 | 그의 병은 어쨌든 과로에 의한 것이다. ❼(～儿) 名 원인. 이유. 까닭. ¶因～ | 원인. ¶事～ | 사유. ¶情～ | 일의 원인. ❽(Yóu) 名 성(姓) ❾ 복성(複姓)중의 한 자(字) ¶～吾↓

【由表及里】yóubiǎo jílǐ 動組 겉으로부터 속까지. ¶～,逐步调查 | 겉에서부터 속까지 하나 하나 조사하다.

【由不得】yóu ·bu ·de ❶ 생각〔마음〕대로 되지 않다. 따를 수 없다. ¶这件事～你 | 이 일은 네 생각대로는 되지 않는다. ¶～自己作主 | 스스로 생각을 결정할 수 없다. ❷ 참지 못하다. 못견디다. 저도 모르게 …하다. ¶相声的特点就是叫人～发笑 | 만담(漫談)의 특징은 사람으로 하여금 웃음을 참지 못하게 하는 것이다→〔不由得〕

【由此】yóucǐ ❶ 連 이로써. 이리하여. ❷(기점을 나타내어) 여기로부터. 여기에서. 이로부터. ¶～达彼 | 여기로부터 저기에 이르다. ¶～及彼 | 이로부터 그곳에 이르다. 이곳에서 저곳까지.

【由此看来】yóucǐ kàn·lái 動組 이로부터 보면. 이것으로 미루어 보면. ¶～, 这个人倒是不坏 | 이로부터 미루어 보면, 이 사람은 괜찮아.

4【由此可见】yóucǐ kějiàn 動組 (주로 문장의 첫머리에 쓰여) 이로부터〔이로써〕알 수 있다. 이로부터 볼 수 있다. ¶～研究文学的重要性 | 이로부터 문학을 연구해야 하는 중요성을 알 수 있다.

【由此可知】yóucǐ kězhī 動組 이것으로 알 수 있다. 이것으로부터 알 수 있다. ¶～这种方法不灵 | 이것으로부터 이 방법이 통하지 않는다는 것을 알 수 있다.

【由点到面】yóu diǎn dào miàn 成 점에서 면으로 (넓히다). 한 점으로부터 전반에 이르다. ¶～逐步推广 | 점차 확대해 나가다→〔以yǐ点带面〕

【由来】yóulái ❶ 副 원래부터. 전부터. ¶他～就有这习惯 | 그는 원래 그런 습관이 있다. ❷ 名

유래. 내력. ❸名 까닭. 이유. ¶分歧fēnqí的～ | 분기의 이유.

【由来已久】yóulái yǐ jiǔ 動組 유래가 이미 오래되었다. 유래가 깊다. ¶争论～ | 논쟁의 유래가 이미 오래되었다. ¶这种风俗～ | 이 풍속은 유래가 깊다.

【由浅入深】yóu qiǎn rù shēn 成 얕은 데로 부터 깊은 데로 들어가다. 얕은 뜻으로부터 심오한 뜻으로 심화되다. ¶～地讲解课文 | 쉬운 곳에서 부터 어려운 곳으로 본문을 강의하다 ＝〔由浅到深〕

【由儿】yóur 名 (일의) 발단. 이유. ¶事故shì·gu～ | 일의 발단. ¶追根求～, 总要问出个究竟来 | 일의 자초 지종을 밝혀 꼭 그 진상을 찾아내야만 한다. ¶你把这事情的经过摘zhāi～说说吧 | 자네 이 일의 경과를 간추려 얘기해 보게 →〔由头(儿)〕

【由人】yóurén 動 남〔사람의〕 생각대로 되다. 남〔사람〕에 의하다. ¶～摆布bǎibù | 남에게 좌지우지 되다. ¶成败由己不～ | 성공과 실패는 자기에게 달려있지 남에게 있지 않다. ¶天时不～ | 천시(天時)는 사람 마음대로 되지 않는다.

【由头(儿)】yóu·tou(r) 名 ❶ 구실. 계기. ¶借个～来寻闹一阵 | 구실을 찾아서 한차례 소동을 일으키다. ❷ 까닭. 내력. ¶天下的事自然都要有个～ | 천하의 모든 일은 모두 내력이 있기 마련이다→〔由儿〕

【由吾】Yóuwú 名 복성(複姓)

【由性(儿)】yóu/xìng(r) ❶ 動 마음대로 하다. 제멋대로 하다. ¶不要任他～造反 | 그 멋대로 소란을 피우게 해서는 안된다. ¶他这脾气都是解小儿～宠坏chǒnghuài的 | 그의 이 (좋지 않은) 기질은 어렸을 때부터 응석받이로 자랐기 때문에 생긴 것이다. ¶～闹 | (장소를 가리지 않고) 제멋대로 소란을 피우다. ❷ (yóuxìng(r)) 形 제멋대로다. 마음대로다. ¶她出嫁之后颇为～ | 그 여자는 결혼 후에 더욱 제멋대로다.

2【由于】yóuyú ❶ 動 …에 의하다. …에 기초하다. ¶成功是～勤勉qínmiǎn而来的 | 성공은 근면에 의한 것이다. ❷ 介 …때문에. …로 인하여. …로 말미암아 [보통 글의 첫머리에 와서 바로 다음의 구절로 이어지는 구절의 원인을 표시함] ¶～时间的关系, 今天到这里为止 | 시간 관계로 오늘은 여기서 마친다. ¶～雨水缺乏quēfá, 电力也不够了 | 비가 적었기 때문에 전력도 부족하다. ❸ 連 …때문에. …에 인하여. ¶～气温低, 引擎yǐnqíng不容易发火 | 기온이 너무 내려가서 엔진의 시동이 쉽지 않다. ¶～坚持jiānchí了体育锻炼duànliàn, 他的身体越来越结实了 | 체육 단련을 계속했기 때문에 그의 몸은 더욱 더 튼튼해졌다. 어법 「由于」와 「因为」의 차이. ⓐ 구어(口語)에서는 「因为」를 많이 쓰고 「由于」는 드물게 쓰임. ⓑ 접속사(介詞)로서 「由于」는 「由此」「因而」과 호응하여 쓸 수 있지만 「因为」는 그렇게 할 수 없음. ⓒ 「因为」는 뒤의 절(小句)에 쓸 수 있지만 「由于」는 그렇게 할 수 없음. ¶这里无法过江, 由于水流太急(×) ¶这里无法过江, 因为水流太急 | 이곳에서는 강을 건널 방법이 없다, 물이 너무 빨리 흘러서. ⓓ 「由于」가 원인을 표시하여 어떤 결과를 가져오게 되는 경우, 그것을 「使」로 나타내는 용법도 많음. ¶～贫困家境的煎熬jiān'áo, 使他养成了爱劳动的习惯xíguàn | 빈곤한 가정 환경의 고통이 그에게 노동을 사랑하는 습관을 기르게 하였다.

【由衷】yóuzhōng 動 충심에서 우러나오다. 진심에서 우러나오다. ¶言不～ | 成 진심에서 우러나온 말이 아니다. ¶表示～的感激 | 충심에서 우러난 감사를 표시하다.

1【邮(郵)】yóu 역말 우 ❶ 動 우송(郵送)하다. 우편으로 부치다. ¶～信 | 편지를 부치다. ¶～一张相片来 | 우편으로 사진 한 장을 부쳐왔다. ❷ 우편(에 관계되는 것) ¶～费 | 우편요금. ¶～票piào | 우표. ❸ (Yóu) 名 성(姓)

3【邮包(儿)】yóubāo(r) 名 ❶ 우편 소포. ¶寄jì～ | 소포를 부치다. ❷ 우편낭.

【邮差】yóuchāi 名 우편 집배원의 옛이름. ¶～送信来了 | 집배원이 편지를 배달해 주었다 ＝〔邮递员yóudìyuán〕

【邮车】yóuchē 名 우편차.

【邮传】yóuchuán ⇒〔邮递〕

【邮船】yóuchuán 名 ❶ 정기 여객선. ❷ 우편선(郵便船) ‖＝〔邮轮〕

【邮戳(儿)】yóuchuō(r) 名 소인(消印). 통신 일부인. ¶日期以～为准 | 소인 찍힌 날을 기준으로 삼다 ＝〔邮印〕

【邮袋】yóudài 名 우편낭.

【邮递】yóudì 名 動 우 송 (郵送)(하다) ＝〔書 邮传〕〔邮寄〕

【邮递员】yóudìyuán 名 우편 집배원 ＝〔邮差chāi〕〔投递员〕〔信差①〕

4【邮电】yóudiàn 名 簡 체신 [「邮政电信」의 약칭] ¶～业务 | 체신 업무.

【邮电局】yóudiànjú 名 우편 전신국.

【邮费】yóufèi 名 우편 요금 ＝〔書 邮资〕

4【邮购】yóugòu 名 動 통신 구매(하다). 통신판매(하다) ¶～部 | 통신 판매〔구매〕부. ¶～刊物 | 통신 판매 출판물.

【邮花】yóuhuā 名 方 우표 ＝〔邮票〕

【邮汇】yóuhuì ❶ 名 우편환 (송금) ❷ 動 우편환으로 송금하다. ¶～款项kuǎnxiàng | 비용을 우편환으로 송금하다.

4【邮寄】yóujì 名 動 우송(하다) ¶～资料zīliào | 자료를 우송하다.

【邮件】yóujiàn 名 우편물. ¶航空～ | 항공 우편물. ¶挂号guàhào～ | 등기 우편물. ¶小包～ | 소포. ¶快递～ ＝〔快信〕 | 속달 우편물.

1【邮局】yóujú ⇒〔邮政局〕

【邮轮】yóulún ⇒〔邮船〕

1【邮票】yóupiào 名 우표. ¶一套纪念～ | 기념우표 한 세트 ＝〔方 邮花〕〔俗 信票〕

【邮亭】yóutíng 名 ❶ 간이 우편 취급소. ❷ 書 옛날, 역참(驛站)의 객사(客舍)

【邮筒】yóutǒng 名 우체통 =〔信筒(子)〕
【邮箱】yóuxiāng 名 ❶ 우편함. ❷ (호텔이나 우체국에 설치되어 있는 상자형의 작은) 우체통. ❸ 사서함 ‖ =〔信箱〕
4【邮政】yóuzhèng 名 우정. 우편 행정. ¶～编码biānmǎ | 우편 번호. ¶～代办所 | 우편 대리 취급점. ¶～局长 | 우체국장. ¶～网 | 우편망. ¶～报刊亭 | 신문·잡지 판매 키오스크(kiosk)
【邮政局】yóuzhèngjú 名 우체국 =〔簡 邮局〕
【邮政信箱】yóuzhèng xìnxiāng 名 사서함 =〔邮局信箱〕〔邮政专用信箱〕〔信柜guì〕〔信箱②〕〔租用邮政信箱〕
【邮资】yóuzī 書 名 우편료. 우편 요금. ¶～信封 | 우표가 인쇄되어 있는 편지 봉투. ¶～总付zǒngfù | 요금 별납 우편 =〔口 邮费〕〔邮件资费〕〔信资〕

2【油】yóu 기름 유
❶ 名 (동물성·식물성·광물성의) 기름. ¶加～ | ⓐ 급유하다. ⓑ 응원하다. 힘내라! 이겨라! ¶上～ | 기름〔페인트칠〕을 치다. ¶打～ | ⓐ 기름을 사다. ⓑ 方 기름을 짜다. ¶抹mǒ～ | 기름을 바르다. ¶猪～ | 돼지기름. ¶煤～ | 석유. ¶汽～ | 휘발유. ¶花生～ | 낙화생유. ❷ 액체 상태의 조미료. ¶酱～ | 간장 ❸ 喩 이익. 이득. ¶揩kāi～ | 남을 속여서 이득을 보다. ❹ 動 기름을 바르다. ¶～窗户chuāng·hu | 창문에 기름을 칠하다. ¶用桐油tóngyóu一～就好了 | 오동기름으로 한 번 바르면 곧 좋아진다. ❺ 動 기름이 묻다. ¶衣服～了 | 옷에 기름이 묻었다. ❻ 形 매끄럽다. 교활하다. 유연하다. 부드럽다. ¶他太～了 | 그는 매우 교활하다. ¶老～条 | 약고 교활한 놈. ❼ ⇒〔打dǎ油诗〕
【油泵】yóubèng 名〈機〉기름 펌프 =〔水泵〕
【油饼】yóubǐng 名〈食〉❶ 깻묵 =〔油枯kū〕〔枯饼〕→〔豆dòu饼〕 ❷ (～儿) 기름에 튀긴 빵의 한 가지. ¶煎jiān～ | 기름에 튀긴 빵→〔油条①〕
【油布】yóubù 名 ❶ 동유(桐油)를 칠한 방습·방수포→〔油漆qī布〕 ❷ 리놀륨(linoleum) =〔油地毡〕〔油毡zhān①〕
【油不滋】yóu·buzī 狀 기름투성이다. ¶这东西～的 | 이 물건은 기름투성이이다.
【油彩】yóucǎi 名 도란(dohran;독) [주로 배우들의 무대 화장에 사용되는 유성(油性)의 분] ¶涂tú上～ | 분을 바르다.
4【油菜】yóucài ❶ 名〈植〉유채. 평지 =〔菜苔tái〕〔菜薹〕〔芸薹yúntái(菜)①〕 ❷ ⇒〔小xiǎo白菜儿〕 ❸ ⇒〔菜cài心②〕 ❹ 名〈植〉겨자과 채소의 총칭 [이는 크게 배추·갓·양배추 등의 세 가지 형태로 구분할 수가 있는데, 각기 다른 이름이 많음]
【油层】yóucéng 名〈地質〉유층. 석유 지층. ¶～动态dòngtài | 유층 동태. ¶～压力yālì | 유층 압력.
【油茶】yóuchá 名 ❶〈植〉동백나무의 한 가지. ❷〈食〉「油茶面儿」를 끓는 물에 넣어 죽처럼 만든 식품.
【油茶面儿】yóuchámiànr 名組 밀가루에 쇠뼈나 쇠기름을 섞어 볶아서 설탕·참깨 등을 넣어 만든 것 [끓는 물에 넣어 죽처럼 하여 먹음] =〔油炒面儿〕〔炒面儿〕〔牛骨髓炒面儿〕→〔油茶②〕
【油船】yóuchuán 名 유조선. 오일 탱크. ¶～明天抵达 | 유조선은 내일 도착한다 =〔油槽船cáochuán〕〔油轮〕〔运油船〕
【油灯】yóudēng 名 유등. 식물유를 연료로 불을 켜는 등. 기름불. ¶点了一盏～ | 등잔불을 켜다 =〔方 油盏zhǎn〕〔青灯〕→〔灯盏〕
【油坊】yóufáng 名 기름집. ¶他家开一个～ | 그는 기름집을 하고 있다 =〔油房fáng〕
【油柑(子)】yóugān(·zi) 名〈植〉구슬풀. 여우구슬.
【油橄榄】yóugǎnlǎn 名〈植〉올리브(olive) =〔橄榄②〕〔齐墩果qídūnguǒ〕〔洋橄榄〕
【油膏】yóugāo 名〈藥〉유고. 기름과 같은 상태의 고약.
【油垢】yóugòu 名 기름때.
【油瓜】yóuguā ⇒〔猪zhū油果〕
【油管】yóuguǎn 名 ❶ 오일 파이프(oil pipe) ❷ 오일 튜브(oil tube) ¶未下～的井 | 오일 튜브를 가설하지 않는 유정. ¶～深度 | 오일 튜브의 깊이.
【油罐】yóuguàn 名 오일 탱크(oil tank) ¶～爆炸bàozhà了 | 오일 탱크가 폭발했다.
【油光】yóuguāng ❶ 形 반지르르하다. 반들반들하다. ¶梳shū了～的一条大辫biàn子 | 반지르르한 긴 머리채를 땋아 내렸다. ¶把菜吃到～见底 | 요리를 깨끗이 먹어 치우다. ❷ 動 기름 숫돌로 갈다. ¶用油石～, 使刀刃更快 | 기름 숫돌로 갈아,칼날을 한층 날카롭게 하다.
【油光光】yóuguāngguāng 狀 반들반들하다. 반짝반짝거리다. ¶地板擦cā得～ | 마룻 바닥이 반들반들하게 닦여져 있다.
【油光铮亮(儿)】yóuguāng zhēngliàng(r) 狀 반들반들하다. 반짝반짝하다. ¶～的秃头顶 | 반들반들한 민머리.
【油光纸】yóuguāngzhǐ 名 유광지. 기름을 먹인 매끄러운 종이.
【油乎乎】yóuhūhū 狀 기름투성이다. ¶工作服～的 | 작업복이 온통 기름투성이다.
【油葫芦】yóu·hulǔ 名〈蟲〉쇠귀뚜라미.
【油花】yóuhuā 名 ❶〈紡〉(방적할 때) 기름 묻은 솜. ❷ (～儿) 국물에 뜨는 기름.
【油滑】yóu·huá 形 교활하다. ¶这人很～ | 이 사람은 아주 교활하다 =〔流滑〕
4【油画】yóuhuà 名〈美〉유화.
【油荒】yóuhuāng ❶ 名 석유 파동. 유류 파동. 오일 쇼크(oil shock) ❷ 形 기름이 부족하다.
【油灰】yóuhuī 名〈化〉❶ 퍼티(putty). 떡밥 [접합제의 하나] =〔京 油腻nì子〕〔白油灰〕〔桐油灰〕〔水丹〕 ❷ 슬러지(sludge). 폐유 찌꺼기.
【油鸡】yóujī 名〈鳥〉코친 [닭의 일종]→〔柴chái鸡〕
【油迹】yóujì 名 ❶ 기름 자국. 기름 얼룩. ¶～斑斑bān | 기름 자국이 얼룩덜룩하다. ❷ 고무 또는 플라스틱 제품을 만드는 과정에서 생긴 기

름 흠.

【油煎】yóujiān 動 ❶ 기름에 지지다. ¶～排骨 | 기름에 지진 갈비 ❷ 고통으로 괴로와하다.

【油井】yóujǐng 名 유정. 석유정. ¶打～ | 유정을 파다.

【油枯】yóukū ⇒〔油饼bǐng①〕

【油库】yóukù 名 유고. 유류 창고. ¶转运zhuǎnyùn～ | 오일 터미널(oil terminal)

【油拉八咭】yóulābājī 狀 ❶ (옷 등이) 기름투성이다. ❷ (음식이 기름기가 너무 많아) 매우 느끼하다.

【油亮】yóuliàng 狀 반들반들하다. 반질반질하다. 반지르르하다 [보통 중첩하여 씀] ¶刚下过雨, 花草树木的叶子都是～～的 | 비가 막 내린 뒤라서 화초와 나무의 잎이 모두 반들반들거린다. ¶～乌黑 | 까마반지르하다.

4【油料】yóuliào 名 식물유(植物油)의 원료.

【油料作物】yóuliào zuòwù 名組 유료 작물[깨·콩·오동·동백·피마자 등이 이에 속함]

【油绿】yóulǜ 狀〈色〉(광택이 나는) 진초록. ¶～的麦苗màimiáo | 반들반들한 진초록의 보리싹.

【油轮】yóulún ⇒〔油船chuán〕

【油麦】yóumài ⇒〔莜yóu麦〕

【油毛毡】yóumáozhān 名〈建〉루핑 (roofing) [섬유품에 아스팔트로 가공하여 만든 방수지] ¶盖着～ | 루핑을 덮다 =〔油毡②〕〔油毡纸〕〔相油纸〕〔屋顶(焦)油纸〕

【油门(儿)】yóumén(r) 名〈機〉❶ 드로틀(throttle) [통로의 면적을 변화시켜 흐르는 유체의 양을 조절하는 판] ¶加大～ | 드로틀을 열다. 속력을 내다. ❷ 口 가속 페달. 액셀러레이터 (accelarator)

【油苗】yóumiáo 名 석유 노출면 [매장된 석유의 일부가 지표에 드러나 보이는 것]

【油墨】yóumò 名 인쇄 잉크. ¶～又涨价了 | 잉크 값이 또 올랐다. ¶印刷～ | 인쇄 잉크 =〔墨油〕

【油母页岩】yóumǔ yèyán 名組 유모 혈암. 오일 세일(oil shale) [석유를 함유하고 있는 암석] =〔油页岩〕

【油泥】yóuní 名 기름때.

【油腻】yóunì ❶ 形 기름지다. 기름기가 많다. ¶他不爱吃～的东西 | 그는 기름진 음식을 좋아하지 않는다. ❷ 名 기름진 식품 ‖→〔油汪wāng汪〕〔素sù净②〕 ❸ 名 (기름)때.

【油盘】yóupán 名 ❶ 음식을 나르는 큰 쟁반. ❷〈機〉기름받이.

【油皮(儿)】yóupí(r) 名 ❶ 方 살갗. 피부. ¶手上蹭cèng了一点儿～ | 손이 조금 벗겨졌다. ❷ 칠한 도료의 표면. ¶汽车上擦掉cādiào了一块～ | 자동차의 칠이 한군데 벗겨졌다. ❸ 두부를 만들 때, 액체 상태를 굳히기 전에 표면에 뜨는 단백질막을 건어내어 말린 것 =〔豆腐皮①〕〔方 豆腐衣〕

【油瓶】yóupíng 名 ❶ 기름병. ¶～太脏zāng了 | 기름병이 너무 더럽다. ❷ 喻 덤받이[여자가 전남편에게서 배거나 낳아서 데리고 들어온 자식] ¶拖tuō～ | 덤받이를 데리고 재가하다.

4【油漆】yóuqī ❶ 名 (유성) 페인트(paint) ¶～类 | 페인트류. ¶银色～ | 은색 (알루미늄) 페인트. ❷ 動 方 페인트를 칠하다. ¶～得很好 | 잘 칠해졌다. ¶把门窗～一下 | 문과 창문에 페인트칠을 하다.

【油漆布】yóuqībù 名 유포(oil cloth) [방수커버 또는 깔개로 쓰임] =〔漆布〕→〔油布①〕

【油气】yóuqì ⇒〔油田tián伴生气〕

【油枪】yóuqiāng 名〈機〉주유기.

【油腔滑调】yóu qiāng huá diào 成 입에서 나오는 대로 경박하게 마구 지껄이다. ¶他说话总是～ | 그는 늘 나오는 대로 지껄인다.

【油裙】yóu·qun 名 (취사용) 앞치마. 행주치마 =〔油大襟〕→〔围wéi裙〕

【油然】yóurán 書 狀 ❶ 생각이나 감정이 저절로 일어나다. ¶敬慕jìngmù之心, ～而生 | 경모의 마음이 저절로 일어나다. ¶兴味～而起 | 흥미가 저절로 일어나다. ❷ (구름 등이) 뭉게뭉게 일어나다. ¶～作云 | 구름이 뭉게뭉게 일어나다 ‖ =〔油油〕

【油色】yóusè 名 유화구. 유화 물감.

【油石】yóushí 名 기름 숫돌 =〔油磨刀石〕

【油柿】yóushì 名〈植〉돌감나무의 일종 [열매에서 짠 기름은 종이 우산·어망 등에 칠함]

【油饰】yóushì 動 동유(桐油)나 페인트 등을 칠해서 단장하다. ¶～木器 | 동유난 페인트 등을 칠해서 만든 목기.

【油刷】yóushuā 動 페인트를 칠하다. ¶把房屋～一新 | 건물에 페인트를 칠해 깨끗이 하다.

【油水(儿)】yóu·shui(r) 名 ❶ (음식물의) 기름기. ❷ 喻 (사물의) 알맹이. 정수. 정화. ❸ 喻 (부당한) 이익. 이득. ¶大捞lāo～ | 큰 이득을 보다→〔抽chōu头(儿)②〕

【油松】yóusōng 名〈植〉만주흑송.

【油酥】yóusū 名〈食〉밀가루를 기름에 반죽하여 구운 후 발효시킨 패스트리(pastry) 비슷한 빵.

【油酸】yóusuān 名〈化〉유산. 올레인산(olein酸) ¶～汞gǒng | 올레인산 수은 =〔十八烯酸〕

3【油田】yóutián 名 유전. ¶～开发 | 유전 개발. ¶多层～ | 다층 유전.

【油田伴生气】yóutián bànshēngqì 名組 천연오일 가스(oil gas) ¶充分利用～ | 천연오일 가스를 충분히 이용하다 =〔油气〕〔油田气〕

【油条】yóutiáo 名 ❶〈食〉발효시킨 밀가루 반죽을 길쭉한 모양으로 만들어 기름에 튀긴 푸석푸석한 식품 [주로 아침에 콩국을 먹을 때 같이 먹는데, 간단히 「油鬼」「馃guǒ子」라고도 함] =〔油馃子〕〔油卷〕〔油圈儿〕〔江 油炸鬼〕〔江 油炸桧〕〔油炸果(儿)〕〔油炸馃(儿)〕〔香油馃子〕〔炸油条〕 ❷ 喻 교활한 사람. ¶老～ | 매우 교활한 인간. ¶回锅老～ | 喻 닳고 닳은 교활한 사람. ¶老～回锅 | 喻 닳고 닳은 교활한 사람일지라도 우는〔죽는〕 소리를 할 때가 있다.

【油桐】yóutóng 名〈植〉유동. 기름오동 =〔桐油树〕〔桐子树〕〔荏rěn桐〕〔罂yīng子桐〕

【油桶】yóutǒng 名 드럼통. ¶～上有字儿 | 드럼

통 위에 글자가 있다.
【油头粉面】yóu tóu fěn miàn 成 기름 바른 머리와 분을 바른 얼굴. 짙고 야하게 화장을 한 모양. 창기·창녀를 가리키던 말 ‖＝〔粉面油头〕
【油头滑脑】yóu tóu huá nǎo 成 교활하고 경박하다. 빤질빤질하다. ¶这人怎么这样～?｜이 사람은 어찌 이렇게 빤질빤질하나?
【油汪汪】yóuwāngwāng 貺 ❶ 기름기가 많다. 기름투성이다. ¶菜做得～｜요리가 기름투성이다→〔油腻nì①②〕 ❷ 반들반들하다. 반지르르하다＝〔油光②〕
【油味(儿)】yóuwèi(r) 名 기름 냄새.
【油污】yóuwū 名 기름 얼룩
【油箱】yóuxiāng 名 오일 탱크. 연료 탱크. ¶副～｜보조 연료 탱크.
【油香】yóu·xiang 名〈食〉회교도가 먹는 식품의 한 가지 [밀가루를 끓는 물로 반죽하고 소금을 쳐 떡모양으로 만들어 참기름에 튀긴 것]
【油鞋】yóuxié 名 옛날, 「桐油」(동유)를 칠한 우천용 신발.
【油星(儿, 子)】yóuxīng(r·zi) 名 기름 방울. 얼룩.
【油性】yóuxìng 名 유성.
【油烟】yóuyān 名 유연.
【油页岩】yóuyèyán ⇒〔油母页岩〕
【油印】yóuyìn 名 動 등사(하다). 프린트(하다) ¶～机jī＝〔誊yù写版〕｜등사판. ¶～文件｜등사 인쇄물. ¶～小报｜등사판 소형 신문→〔铅qiān印〕〔石印〕
【油渣】yóuzhā 名 ❶ 기름을 짜고 남은 찌꺼기. ❷ 돼지 기름을 짜고 남은 찌꺼기 [식용으로 쓰임] ¶煮zhǔ～｜기름을 짜고 남은 돼지고기 찌꺼기를 삶아 만든 식품.
【油渣果】yóuzhāguǒ ⇒〔猪zhū油果〕
【油炸鬼】yóuzháguǐ ⇒〔油条tiáo①〕
【油炸桧】yóuzháguì ⇒〔油条①〕
【油炸果(儿)】yóuzháguǒ(r) ⇒〔油条①〕
【油炸馃(儿)】yóuzháguǒ(r) ⇒〔油条①〕
【油毡】yóuzhān ❶ 名 리놀륨(linoleum)＝〔油布②〕〔油地毡〕〔外 列诺伦〕 ❷ ⇒〔油毛máo毡〕
【油盏】yóuzhǎn ⇒〔油灯〕
【油脂】yóuzhī 名 유지. ¶植物～｜식물 유지. ¶动物～｜동물 유지.
【油纸】yóuzhǐ 名 유지. 기름(먹인) 종이. ¶用～包炸鱼片｜유지로 튀긴 생선을 싸다.
【油质】yóuzhì 名 유성(油性)
【油渍】yóuzì 名 기름 얼룩. 기름때. ¶洗净xǐjìng～｜기름 때를 깨끗이 씻다.
【油子】yóu·zi 名 ❶ 진. ¶烟袋～｜댓진. 담뱃진. ¶膏药～｜고약진. ❷ 方 빤질빤질한 사람. 세상 물정에 밝고 교활한 사람. ¶学～｜닳고 닳은 학생＝〔油勺sháo儿〕
【油棕】yóuzōng 名〈植〉기름야자＝〔油椰子〕
【油嘴】yóuzuǐ ❶ 形 입이 까다. ❷ 名 입이 깐 것. 잘 놀리는 입. ¶他没一点儿真本事, 就仗一张～到处说事｜그는 실제적인 능력은 하나도 없으면서, 잘 놀리는 입으로 아무데서나 이러쿵저러쿵한다. ❸ 名 입이 깐 사람.
【油嘴滑舌】yóu zuǐ huá shé 成 말만 잘하고 실속이 없다. 입만 살아 있다. 말이 달변이다. ¶你现在也变得～了｜너는 말만 많아 졌구나＝〔哗huá门吊嘴diàozuǐ〕

【柚】yóu ☞ 柚 yòu B

4【铀(鈾)】yóu (우라늄 유)
名〈化〉화학 원소 명. 우라늄(U ; uranium) ¶浓缩nóngsuō～｜농축 우라늄. ¶双氧shuāngyǎng～｜우라닐.
【铀后元素】yóuhòu yuánsù〈化〉초우라늄 원소＝〔越铀元素〕
【铀壳】yóuké 名 방사진. 방사능 먼지. ¶不带～的热核弹rèhédàn｜무 방사진 수소폭탄.

【蚰】yóu 그리마 유
⇒〔蚰蜒〕
【蚰蜒】yóu·yán 名 ❶〈動〉그리마＝〔草鞋底〕〔钱串子③〕〔俗 钱龙①〕〔入耳③〕 ❷ 北〈動〉지네. ❸ 喻 꼬불꼬불한 길.
【蚰蜒草】yóu·yáncǎo 名〈植〉톱풀. 가새풀. 시초(蓍草)＝〔锯齿草〕

1【游〈遊$_{2, 3, 4}$〉】yóu 헤엄칠 유, 놀 유
❶ 動 헤엄치다. ¶你～得比我强｜당신이 나보다 더 헤엄을 잘 친다. ¶～鱼可数｜(물이 맑아) 헤엄쳐 다니는 고기를 다 셀 수 있을 정도이다→〔游泳〕 ❷ 動 유동(流動)하다. 자유롭게 움직이다. ¶～民↓ ¶～牧↓ ¶～资↓ ❸ 動 놀다. 이리저리 떠돌다. 한가롭게 거닐다. ¶周～天下｜천하를 주유하다. ¶闲～｜한가롭게 노닐다. ❹ 書 動 교제하다. 내왕하다. ¶交～｜교제(하다) ❺ 하류(河流)의 한 부분. ¶上～｜상류. ¶下～｜하류. ❻ 書 動 물 위를 떠다니다. ❼ (Yóu) 名 성(姓)
【游伴】yóubàn 名 ❶ 놀이친구. 소꿉동무. ❷ 여행의 길동무. ¶约两个～同行｜길동무 둘과 동행하기로 하다.
【游标】yóubiāo 名〈工〉유표. 커소르(cursor)＝〔佛fó逊〕
【游标卡尺】yóubiāo kǎchǐ 名組〈機〉슬라이드 캘리퍼스(slide calipers)＝〔簡 卡尺①〕
【游船】yóuchuán 名 유람선. ¶～开到湖中心了｜유람선을 호수 가운데까지 운항하여 가다＝〔游艇tǐng①〕
【游荡】yóudàng 動 빈둥거리다. ¶他到处～｜그는 이곳 저곳으로 다니며 빈둥거린다.
【游动】yóudòng 動 ❶ 유동하다. 이리저리 옮겨 다니다. ¶～目标｜유동 목표. ❷ 행〔활〕동하다.
【游动哨】yóudòngshào 名 순찰. 정찰. 동초＝〔巡逻哨〕
【游逛】yóuguàng 動 돌아다니며 놀다. 한가히 거닐며 구경하다.
【游湖】yóu/hú 動 호수를 유람하다.
【游魂】yóuhún 名 ❶ 유혼. 떠돌이 혼. ¶流浪了一生, 死后也是～, 没个归宿｜일생을 유랑하고, 죽은 뒤에도 갈 데 없는 망령이 되어 돌아갈 곳이 없다. ¶你～游到哪儿去了? 这么半天都不

回来! | 이 떠돌아다니는 귀신 같은 놈아, 어디를 싸돌아다녔느냐? 이렇게 한참 동안이나 돌아오지 않고서 말이다! ❷喻 잔여 구세력의 영향.

4【游击】yóujī ❶名動 유격(전을 하다). 게릴라(전을 하다) ¶打～ | 유격전을 하다. ¶～队员 | 유격대원. ¶～思想 | 임기 응변으로 적당히 때워 넘기려는 사고 방식. ¶～习xí气 | 게릴라 적인〔평상시는 안 통하는〕방법. ❷名〈體〉(야구의) 유격수 =〔游击手〕

【游击队】yóujīduì 名〈軍〉유격대. ¶成立了～ | 유격대를 만들었다.

【游击区】yóujīqū 名 유격 지구. ¶开辟pì～ | 유격지구를 만들다.

【游击战】yóujīzhàn 名〈軍〉유격전. ¶打～ | 유격전을 하다.

【游记】yóujì 名 여행기. ¶格列佛gélièfó～ | 〈書〉《걸리버 여행기》

【游街】yóu/jiē ❶動 거리를 산보하다. 거리를 거닐다. ❷動 (죄인이나 영웅적인 인물을 앞세우고) 거리로 다니며 보이다. ¶～示众 | 죄인을 조리돌리다. ❸ (yóujiē) 名 가두 데모. ¶～示威 | 가두 시위.

4【游客】yóukè 名 관광객. 유람객. ¶釜山的外国～很多 | 부산에는 관광객이 아주 많다 =〔游人〕

2【游览】yóulǎn 名動 유람(하다) ¶～车 | 관광차. ¶～地 | 유원지. ¶～图 | 여행 지도. ¶～名胜古迹 | 명승 고적을 유람하다.

【游廊】yóuláng 名 (몇 채의 건물을 연결한) 긴 복도. 회랑(回廊)

【游乐】yóulè 動 행락(行樂)하다. 놀며 즐기다. 즐겁게 놀다. ¶～场所 | 유락 장소 =〔游虞yú〕〔游预yù〕〔游豫〕

【游离】yóulí ❶名動〈化〉유리(하다) ¶金属～ | 유리금속. ¶～分子 | 유리 분자. ❷動喻 유리되다. 동떨어지다. ¶只有他一人～在全家的兴奋圈子以外 | 오직 그 한 사람만이 온 집안의 흥분된 분위기에서 동떨어져 있다.

【游离电子】yóulí diànzǐ 名組〈物〉자유 전자 =〔自由电子〕

【游历】yóulì 名動 유력(하다) ¶～各国 | 세계 각국을 돌아다니다. ¶到各地去～长zhǎng长见识 | 각지를 두루 돌아다니며 식견을 넓히다. ¶～名山大川 | 명산 대천을 유람하다. ¶～过很多地方 | 많은 곳을 돌아다녔다.

【游轮】yóulún 名〈機〉유동 활 차(遊動滑車) =〔游滑轮〕〔活huó(皮带)轮〕〔江 松sōng皮带盘〕

【游民】yóumín 名 유민. ¶收纳shōunà～ | 유민을 수용하다.

【游牧】yóumù 名動 유목(하다) ¶～部落 | 유목 부락. ¶～生活 | 유목 생활.

【游憩】yóuqì 書 ❶名 놀이와 휴식. ❷動 놀이와 휴식을 취하다. ¶在山林中～ | 산림에서 휴식을 취하며 놀다.

【游禽】yóuqín 名〈鳥〉유금. 물새. 오리무리.

4【游人】yóurén 名 유람객. 관광객. ¶～止步 | 유람객 출입 금지 =〔游客〕

【游刃有余】yóu rèn yǒu yú 成 솜씨 있게 일을 처리하다. 힘들이지 않고 여유 있게 일을 처리하다. 식은 죽 먹기. ¶干这事他～ | 이 일은 그에게는 식은 죽 먹기이다.

【游僧】yóusēng 名〈佛〉탁발승.

【游山玩水】yóu shān wán shuǐ 成 산수간에 놀며 즐기다. 산수 풍경을 감상하다.

【游手好闲】yóu shǒu hào xián 成 하는 일이 없이 빈둥거리다. 빈둥거리며 게으름만 부리다. 일하지 않고 놀고 먹다.

【游水】yóu/shuǐ ❶動 수영하다. 헤엄치다. ❷ (yóushuǐ) 名 수영 ‖ =〔游泳〕

【游说】yóushuì 動 유세하다.

【游丝】yóusī 名 ❶ 유사 [시계·정밀 게이지 등에 쓰이는 작은 용수철의 하나] =〔油丝〕❷ 고요한 공중에 떠돌거나 숲 같은 데 걸려 있는 섬세한 거미줄 등의 실 =〔飞丝〕❸ 아지랑이.

【游艇】yóutǐng 名 ❶ 유 람 선 =〔游船〕〔書 游舫〕❷ 요트. 쾌주선(快走船) =〔快艇〕

【游玩】yóuwán 動 ❶ (뛰)놀다. ¶孩子们在大树下～ | 어린애들이 큰 나무 밑에서 놀고 있다. ❷ 돌아다니며 놀다. 휴식하면서 산보하다.

3【游戏】yóuxì ❶名 유희. 레크리에이션(récreation) ❷動 놀다. 장난치다. ¶孩子们正在大树底下～ | 어린애들이 큰 나무 밑에서 놀고 있다 =〔游嬉〕‖ =〔玩耍〕

【游侠】yóuxiá 名 유협. 협객. ¶他是一个～ | 그는 협객이다 =〔侠客〕

【游仙诗】yóuxiānshī 名 유선시. 고대에 선경(仙境)을 묘사함으로써 개인의 회포(懷抱)를 기탁한 시가(詩歌)

【游乡】yóu/xiāng 動 ❶ (죄인을) 조리돌리다 =〔方 游团〕❷ 시골을 구석구석 돌며 장사하다.

3【游行】yóuxíng ❶動 정처없이 떠돌아다니다. 만유(漫遊)하다. ❷動 시위하다. 데모하다. 시위 행진하다. ¶～示威 | 시위 행진을 하다. ❸名 시위(행진). 데모. ¶～队伍 | 시위대. ¶示威～ | 시위 행진.

【游兴】yóuxìng 名 유흥. 놀이의 흥취. 놀아보려는 기분. 행락 기분. 들뜬 기분.

【游医】yóuyī 名 (옛날) 떠돌이 의사. ¶乡间～ | 시골로 떠돌아 다니는 의사

【游移】yóuyí 形 우물쭈물하다. 망설이다. 주저하다. 동요하다. 머뭇거리다. ¶～于两者之间 | 둘 사이에서 망설이다. ¶一点～的余地也没有了 | 머뭇거릴 여지도 없다 =〔犹疑yóuyí〕

【游移不定】yóu yí bù dìng ⇒〔游移不决〕

【游移不决】yóu yí bù jué 成 우물쭈물하며 결단을 내리지 못하다. 어찌할 바를 모르고 망설이다 =〔游移不定〕

【游弋】yóuyì 書動 (군함이) 순찰하다. 순항하다 =〔游奕yì①〕

【游艺】yóuyì 名 연예. 유희. 오락. ¶～场 | 연예장. ¶～节目 | 연예 프로그램. ¶～室 | 오락실.

【游艺会】yóuyìhuì 名 연예회. 학예회.

1【游泳】yóu/yǒng ❶動 수영하다. ¶在海边中～ | 해변에서 수영하다 =〔浮fú水〕〔赴水〕❷ (yóuyǒng) 名 수영 ‖ =〔游水〕〔凫fú水〕

2【游泳池】yóuyǒngchí 名 수영장. 풀(pool)

【游泳裤】yóuyǒngkù 名 수영 팬티 =〔游泳裤衩chǎ〕

【游泳帽】yóuyǒngmào 名 수영 모자.

【游泳衣】yóuyǒngyī 名 수영복.

【游虞】yóuyú ⇒〔游乐〕

【游预】yóuyù ⇒〔游乐〕

【游豫】yóuyù ⇒〔游乐〕

【游园】yóuyuán ❶ 動 정원〔공원〕에서 놀다. ¶陪外宾～ | 외빈을 모시고 공원에 가다. ❷ 動 (공원이나 광장 등에서) 축하 행사를 하다. ❸ 名 원유(園遊) ❹ 名 유원지.

【游园会】yóuyuánhuì 名 원유회(園遊會)

【游资】yóuzī 名 ❶ 유람 비용. ❷〈經〉유휴 자금.

【游子】yóuzǐ ❶ ⇒〔离lí子〕❷ 書 名 나그네. 방랑자. ¶～思故乡 | 나그네가 고향을 그리워 하다.

【蝣】 yóu 하루살이 유
⇒〔蜉fú蝣〕

【莜】 yóu 메밀 유
名〈植〉메밀 =〔莜麦〕

【莜麦】yóumài 名〈植〉메밀 =〔油yóu麦〕〔元yuán麦②〕

【蝤】 yóu ☞ 蝤 qiú Ⓑ

【繇】 yóu ☞ 繇 yáo Ⓑ

yǒu ㄧㄡˇ

1【友】 yǒu 벗 우
❶ 名 벗. 친구. ¶好～ | 좋은 친구. ¶战～ | 전우 =〔口 朋友〕 ❷ 形 轉 친하다. 우호적이다. ¶～军↓ ¶～人↓ ❸ 書 動 서로 좋아하다. 사귀다. ¶择zé人而～之 | 좋은 사람을 가려서 교제하다.

3【友爱】yǒuài 名 形 우애(하다) ¶同学之间十分～ | 학우들 간에 아주 우애스럽게 지낸다. ¶团结～ | 단결과 우애.

【友邦】yǒubāng 名 우방. 우호국. ¶韩国是中国的～ | 한국은 중국의 우방이다.

1【友好】yǒuhǎo ❶ 名 절친한 친구. ¶来了几爸爸的～ | 아버지의 절친한 친구 몇 분이 오셨다. ¶生前～ | 생전의 절친한 친구. ❷ 名 形 우호(적이다) [대부분 민족과 민족·국가와 국가 사이의 관계를 가리킴] ¶会谈在～的气氛中进行 | 회담이 우호적인 분위기 속에서 진행되다. ¶～城市 | 자매 도시. ¶～代表团 | 친선 대표단. ¶～访问 | 친선 방문. ¶～合作 | 친선 협조. ¶～人士 | 우호적 인사. ¶～条约tiáoyuē | 우호 조약. ¶～同盟 | 우호 동맹. 친선 동맹. ¶～相处chǔ | 서로 우호적으로 대하다. 서로 사이좋게 지내다. ¶～协会 | 친선 협회. ¶～邀请赛yāoqǐngsài | 친선 초청 경기.

【友军】yǒujūn 名 우군. ¶～明天能到 | 우군이 내일이면 도착할 것이다.

【友邻】yǒulín 名 (친선적인) 이웃. ¶～国家 | 친선 국가. ¶～阵地 | 이웃 진지. 인접 진지.

4【友情】yǒuqíng 名 우정. 우의(友誼) ¶珍重zhēnzhòng～ | 우의를 중히 여기다.

4【友人】yǒurén 書 名 벗. 친구. ¶国际～ | 외국 친구.

【友善】yǒushàn 書 形 의좋다. 사이가 좋다. 다정하다. ¶接受中国的～条件 | 중국의 친선적인 조건을 받아들이다. ¶他待人很～ | 그는 사람을 매우 다정하게 대한다. ¶素相～ | 본래부터 사이가 좋다.

1【友谊】yǒuyì 名 우의. 우정. ¶～长存chángcún | 우정이 오래 가다.

【友谊赛】yǒuyìsài 名 친선 경기. ¶进行排球～ | 친선 배구경기를 하다.

1【有】 yǒu yòu 있을 유, 가질 유

Ⓐ yǒu ❶ 動 가지고 있다. 소유하고 있다 [소유를 나타냄] 어법 ⓐ 소유·존재 등을 나타내는 특수한 동사로서 여러가지 의미로 쓰임. 부정은 「没(有)」로 하고 동태조사(動態助詞) 「了」「过」는 붙일 수 있으나 「着」는 일부의 서면어(書面語)에서만 붙일 수 있음. ¶我有两本书 | 나는 두 권의 책을 가지고 있다. ¶我不～时间(×) ¶我没～时间 | 나는 시간이 없다. ⓑ 서면어(書面語)에서는 「有＋所＋動」의 형태로 자주 쓰임. ¶数量上～所增长 | 숫적으로 증가한 바가 있다. ¶～所准备 | 준비가 되어 있다. ⓒ 「有＋名」의 형태로 연동식(連動式)의 제1동사로 자주 쓰임. ¶我～事到上海去 | 나는 일이 있어 상해에 간다. ㉠ 「有」뒤의 명사가 「能力」「可能」「办法」「理由」「时间」 등일 때는 「有＋名＋動」은 대체로 「有＋動＋的＋名」과 같은 의미로 쓰인 것임. ¶～可能我去上海. ¶我～去上海的可能 | 나는 상해에 갈 가능성이 있다. ¶你一定～能力解决这个问题. ¶你一定～解决这个问题的能力 | 너는 반드시 이 문제를 해결할 능력이 있다. ㉡ 「有」뒤의 명사는 뒤에 있는 동사의 수식을 받는 경우일 때가 많음. ¶我～饭吃 | 나는 먹을 밥이 있다. ¶我～很多事情要做 | 나는 해야 할 일이 많다. ⓓ 단음절 동사 뒤에 붙어 하나의 낱말(詞)처럼 쓰임. ¶鲁迅著～《阿Q正传》《狂人日记》等许多作品 | 노신은 《아큐정전》《광인일기》 등의 많은 작품을 저술하였다. ¶这个人怀～不可呵人的目的 | 이 사람은 남에게 말할 수 없는 목적을 품고 있다. ❷ 動 있다 [존재를 나타냄] 어법 ⓐ 주어는 시간이나 장소를 나타내는 말이어야 하나 생략할 수 있으며, 존재의 주체는 목적어의 위치에 와야 하나 도치할 수도 있음. ¶树～一行鸟(×) ¶树上～一行鸟 | 나무 위에 새 한 마리가 있다. ¶～风 | 바람이 있다. ¶屋子里桌子也～, 椅子也～ | 방 안에는 탁자도 있고 의자도 있다. ⓑ 「有」가 동사로 쓰이면 존재의 주체는 목적어의 위치에 두고, 「在」가 동사일 때는 존재의 주체는 주어의 위치에 두어야 함. 존재의 주체가 확정적·확인된 것일 때는 주어의 위치에 두어야 하므로 「在」로 나타내고 비확정적인 것일 때는 목적어의 위치에 두어야 하므로 「有」를 써야 함. ¶一本书在那张桌子上(×) ¶

那张桌子上有一本书 | 그 책상위에 책 한권이 있다 [「책 한권」은 비확정적임] ¶桌子上有那本书(×) ¶那本书在桌子上 | 그 책은 책상 위에 있다 [「그 책」은 확정적임] ¶一个人在屋子里(×) ¶屋子里有一个人. ¶有一个人在屋子里 | 방 안에 사람이 있다. ⓒ「有」는 겸어식(兼語式)의 제1동사로 자주 쓰임. ¶屋里～人说话 | 방 안에서 누가 말하고 있다. ¶街上～两个人走过来 | 길거리에 두 사람이 걸어 오고 있다. ⓓ 동사 뒤에 붙어 하나의 낱말처럼 쓰임. ¶铜镜tóngjìng上刻～花纹 | 구리거울에 꽃무늬가 새겨져 있다. ¶墙上写～「肃静」两个大字 | 벽 위에 「정숙」이란 두 개의 큰 글자가 쓰여 있다 ⇔〔无〕 ❸ 動 어떤. 어법 ⓐ「有」앞에 장소를 나타내는 말이 생략된 경우 「某」「某些」(어떤)의 의미로 쓰임. ¶～人这么说过 | 어떤 사람이 이렇게 말한 적이 있다. ⓑ「有」를 여러 개 사용하여 몇 부분으로 나누어 짐을 나타냄. 이때「的」를「有」뒤에 쓸 수도 있음. ¶～(的)地方雨大, ～(的)地方雨小 | 어떤 곳은 비가 많이 내리고 어떤 곳은 비가 적게 내린다. ¶他们～(的)时候上午开会, ～(的)时候下午开会 | 그들은 어떤 때는 오전에 회의를 하고 어떤 때는 오후에 회의를 연다. ❹ 動 (매우) 많다. 많이 있다. 풍부하다. 어법「有＋名」의 앞에「很」「挺」「最」등의 정도부사를 써서 어떤 것이 풍부하다는 평가를 나타낼 수 있는데 어떤 명사는 정도부사를 쓰지 않아도 이러한 의미를 지님. ¶这孩子很～音乐天才 | 이 아이는 음악적 소질이 풍부하다. ¶这种木头最～用处 | 이 나무는 가장 쓸모가 있다. ¶～年纪了 | 나이가 많다. ¶这个人～学问 | 이 사람은 학식이 풍부하다. ¶你比我～经验 | 너는 나보다 경험이 많다. ❺ 動 …만큼 되다. …만하다. …이 되다. 어법 ⓐ「有…＋(那么)＋形」의 형태로 쓰여 비교를 나타냄. ¶这孩子已经～我(那么)高了 | 이 아이는 이미 나만큼 컸다. ¶水～三米多深 | 물의 깊이가 3미터 쯤 된다. ⓑ「有＋數＋量」의 형태로 쓰여 시간·거리 등이 일정한 정도에 이름을 나타냄. ¶他走了～三天了 | 그가 간지 사흘이 되었다. ¶这块地估计gūjì～四十亩 | 이 땅은 40묘가 된다. ¶已经住了～三个月了 | (이곳에) 산 지가 이미 석달이 되었다. ❻ 動 있게 되다. 나타나다. 생기다. 결정되다. 어법「有＋了」의 형태로 쓰여, ⓐ 발생·출현을 나타냄. ¶形势～了新发展 | 정세에 새로운 변화가 나타났다. ¶他～了病了 | 그는 병이 났다. ⓑ 예정·방침 등이 결정됨을 나타냄. ¶日子～了没～? | 날짜는 결정되었는가? ¶～了主意了 | 생각을 정했다. ❼ 動 일부의 동사 앞에 쓰여, 존경·겸양의 뜻을 나타냄. ¶李先生, 所长～请 | 이선생님, 소장님이 부르십니다. ¶～劳远迎 | 멀리 마중 나오시느라 수고하셨습니다. ❽ 書 頭 나라 이름 앞에 의미없이 붙음. ¶～殷 | 은나라. ¶～周 | 주나라. ❾ (Yǒu) 名 성(姓)

Ⓑ yòu 書 副 …과〔와〕 …하고도 [수사의 끝자리 앞에 쓰여 우수리를 표시함] ¶十～八 | 18. ¶三十～二年 | 32년.

【有碍】yǒu'ài 書 動 지장이 있다〔되다〕 방해되다. 장애가 되다. ¶～关防 | 기밀누설을 방지하는 데 장애가 되다. ¶～观瞻guānzhān | 威 관망에 장애가 되다. 외관이 눈에 거슬리다. 보기 흉하다.

【有案可稽】yǒu àn kě jī 威 증거로 삼을 만한 기록이 있다. 지난날의 기록에서 그 증거를 찾아 볼 수 있다. ¶这是～的事实 | 이것은 증거가 있는 사실이다 ＝〔有案可查chá〕

【有板有眼(儿)】yǒu bǎn yǒu yǎn(r) 威 ❶ 노래나 음악이 박자에 잘 맞다. ❷ (언행이) 논리 정연하다. 빈틈없다. ¶他说起话来～的 | 그는 말하는 것이 논리 정연하다.

【有备无患】yǒu bèi wú huàn 威 유비 무환. 사전에 방비하면 우환이 없다. ¶多买一点食品这样可以～ | 식품을 조금 많이 사 두면 유비무환이 될 수 있다.

【有鼻子有眼儿】yǒu bí·zi yǒu yǎnr 俗 이목구비가 다 있다〔또렷하다〕 喩 표현에 박진감이 있다. 생동감있게 표현하다. ¶他说得～仿佛真的一样 | 그는 생동감 있게 말하여 정말인 것 같다 ＝〔有眼有鼻子〕

【有成】yǒuchéng 動 성공하다. 완성하다. 가능성이 있다. ¶双方意见已渐接近, 谈判可望～ | 쌍방의 의견이 점차 접근하여 회담이 성사될 가능성이 있다. ¶我看这事～ | 내가 보기엔 이 일은 가망이 있다. ¶三年～ | 3년에 완성하다.

【有吃有穿】yǒu chī yǒu chuān 威 의식(衣食)이 충족하다. 생활 조건이 구비되다. ¶现在的韩国人～, 生活十分幸福 | 현재의 한국 사람들은 의식이 충족하여 행복한 삶을 누린다.

【有仇】yǒu/chóu 動 적의를 가지다. 원한을 품다. ¶这两家一向～ | 이 두 집은 이전부터 계속 원한을 품고 있다. ¶跟他～ | 그와 적의를 가지고 있다.

【有出入】yǒu chūrù 動組 차이가 있다. 서로 어긋나다. ¶他所说的和事实～ | 그가 말한 것과 실제는 차이가 있다. ¶帐上～ | 장부에 오차가 있다. ¶口供gòng上～ | 진술에 어긋난 점이 있다.

【有出息】yǒu chū·xi 動組 (전도가) 유망하다. 장래성이 있다. 발전성이 있다. ¶没～的人 | 장래성이 없는 사람. 쓸모없는 인간.

[4]【有待】yǒudài ❶ 動 기다리다. …이 요구되다. …할 필요가 있다. ¶还存在着许多缺点～克服kèfú | 아직도 극복해야 할 많은 결점이 있다. ¶这个问题～进一步研究 | 이 문제는 좀 더 두고 연구해야 한다. ¶～解决jiějué | 해결해야 할 게 있다. ¶～上级做出最后决定 | 상부에서 최후의 결정이 내리기를 기다리다. ¶～于将来 | 앞날에 기대를 걸다. 장래를 기대하다. ❷ 名 〈佛〉 유대.

【有胆有识】yǒu dǎn yǒu shí 威 대담하고 식견도 있다. ¶他是一个～的人 | 그는 대담하고 식견이 있는 사람이다.

【有道是…】yǒudào·shi… 動組 …라는 말이 있다. 속담에 이르기를. …말하기를 어법 일반적으로 흔히 사용되는 말·속담 등을 인용할 때 많이 씀. ¶～, 「锦上添花jǐnshàngtiānhuā天下有, 雪里送炭xuělǐsòngtǎn天下无」| 속담에, 「부귀한 사람에게 금상 첨화격으로 보태주는 사람은 있어도,

빈한한 사람에게 은혜를 베푸는 사람은 없다」라고 이르고 있다. ¶～出门靠kào朋友｜집을 나서면 친구에 의지한다는 말이 있다.

【有得】ⓐyǒudé 動 터득한 바가 있다. 얻은 것이 있다. ¶学习～｜학습에서 터득한 바가 있다. ¶多年体会, 终于～｜다년간 체득하여 드디어 깨달은 바가 있다 =〔有心得〕

ⓑyǒu·de 動 …하는 것이 있다 [동사를 뒤에 두며, 그 동사의 의미상의 목적어가 생략됨] ¶～(东西)买｜살 것이 있다. ¶～(东西)吃｜먹을 것이 있다. ¶～穿chuān｜입을 것이 있다.

1【有的】yǒu·de 代 어떤 것. 어떤 사람 [대개 반복적으로 사용됨] ¶～去,～来｜어떤 사람은 가고 어떤 사람은 온다. ¶～人记性好｜어떤 사람은 기억력이 좋다. ¶十个指头, ～长, ～短｜열 개 손가락 가운데에도 어떤 것은 길고 어떤 것은 짧다. ¶～这样说, ～那样说｜어떤 사람은 이렇게 말하고, 어떤 사람은 저렇게 말한다.

2【有的是】yǒu·de shì 動組 얼마든지 있다. 많이 있다. 숱하다. ¶我～钱｜나는 있는 것이라곤 돈밖에 없다. ¶立功的机会～｜공적을 쌓을 기회는 얼마든지 있다. ¶她～时间｜그 여자는 시간이 많다.

【有底(儿)】yǒu/dǐ(r) 動 ❶ (잘 알고 있어) 자신이 있다. 속이 든든하다. ¶心里～, 并不害怕hàipà｜(잘 알고 있기에) 자신이 있어 아무 것도 두렵지 않다. ¶只要您一答应, 我就～了｜당신이 승낙만 해주신다면, 저는 잘알고 있으므로 자신이 있습니다 =〔有根②〕 ❷ 돈이 있다. 재산이 든든하다. ¶他不做事不要紧yàojǐn, 家里～｜그는 일하지 않아도 상관없다, 그의 집은 돈이 많으니까. ❸ 준비가 있다. 기초가 있다.

【有的放矢】yǒu dì fàng shǐ 成 과녁을 보고 활을 쏘다. 목표가 명확하다. 목표를 정하고 일을 하다. ¶写批评文章要～｜글을 비평하려면 목표를 명확히 해야 한다.

2【有点(儿)】yǒu diǎn(r) 動組 ❶ 조금 있다 어법 일반적으로 수량이 그렇게 많지 않거나 정도가 깊지 않음을 나타냄. ¶锅里还～剩饭shèngfàn｜솥에 밥이 조금 남아 있다. ¶看来～希望｜가망성이 좀 있어 보인다→〔有些③〕 ❷ (yǒudiǎn(r)) 副 조금. 약간 [대개 여의치 않은 일에 쓰임] ¶～头疼｜머리가 조금 아프다. ¶我～害怕hàipà｜나는 좀 두렵다. ¶今天他～不大高兴｜오늘 그는 좀 기분이 좋지 않다. ¶这句话说得～叫人摸不着头脑｜이 말은 사람들을 좀 어리둥절하게 한다. ¶～反感｜다소 반감을 느끼다. ¶～红｜좀 붉다. ¶～热｜좀 덥다→〔有些④〕‖=〔有一点(儿)〕

【有方】yǒufāng 書 動 방법이 있다. 적절하다. 능숙하다. ¶教子jiàozǐ～｜아이를 가르치는 방법이 적절하다. ¶领导～｜영도 방법이 적절하다. ¶计划周详, 指挥～｜계획이 주도 면밀하고 지휘가 능숙하다.

【有福同享】yǒu fú tóng xiǎng 成 행복을 함께 누리다. ¶从今儿开始, 咱们就是夫妻了,～有难同当吧!｜오늘부터 우리는 부부가 되었으니 복을 함께 누리고 어려움은 함께 헤쳐 나가도록 합시다!

【有个说儿】yǒu·gē shuōr 動組 ❶ (비밀이기에) 남에게 알릴 수 없는 것이 있다. 특별한 이유가 있다. ¶你要是～, 不防跟大家讲讲!｜특별한 이유가 있다면 괜찮으니 사람들과 얘기해 보세요! ❷ 계약이 있다. 약속이 있다 [대개 금전상의 수뢰(收賂)를 가리킴] ¶你托我办这件事也成, 咱们可得～｜너는 나에게 이 일을 하도록 부탁해도 좋은데, 우리끼리 뭔가 약속이 있어야 하지 않겠니.

【有根】yǒu/gēn ❶ 動 기초〔근거〕가 있다. 밑바탕이 있다. 기초가 튼튼하다. 확실하다. ¶你放心, 他在这儿～｜안심하세요, 그는 이곳에 기반이 있으니까. ❷ ⇒〔有底(儿)①〕 ❸ 動 믿는 바가 있다. 배후 세력이 있다. ¶这个人～, 不可小看他｜이 사람은 배후 세력이 있어 만만하게 보아서는 안된다. ❹ (yǒugēn) 形 수완이〔솜씨가〕 있다. 훌륭하다. 굉장하다. ¶别看不起他是个孩子, 可～着呢!｜그애를 어린애라고 얕보지 말아라, 정말 대단하다! ¶嘿! 你～!｜허! 굉장하구나!

【有哏】yǒu/gén 形 재미있다. 재미있고 우습다. ¶这段相xiàng声说得真～｜이 (한 마당) 재담은 참으로 재미있다.

【有功】yǒu/gōng 動 공적이 있다. 공로가 있다. ¶～部队｜유공 부대. ¶对革命～｜혁명에 공로가 있다. ¶～于建国jiànguó｜건국에 공로가 있다. ¶这件事上他～｜그는 이 일에 공로가 있다.

2【有关】yǒuguān 動 ❶ 관계가 있다. ¶这些问题都跟哲学～｜이런 문제는 모두 철학과 관계가 있다. ¶和国家的命运～｜국가의 운명과 관계가 있다. 국가의 운명이 달려 있다. ¶性命～｜생명에 관계 있다. 목숨이 달려 있다. ¶～方面｜관련 부분. 관련 분야. ¶～部门｜관련 부문. ¶这件事与他～｜이 일은 그와 관계가 있다. ¶阅读～的文件｜관계 문건을 열독하다. ¶～当局｜관계 당국 =〔有关系〕 ❷ 관계하다. 연관되다. 관계되다. ¶他研究了历代～水利问题的著作｜그는 역대 수리 문제와 연관된 저작을 연구하였다→〔涉shè及〕

【有光纸】yǒuguāngzhǐ 名 유광지 =〔蜡là图纸〕〔蜡光纸〕

【有过之(而)无不及】yǒu guò zhī(ér) wú bù jí 成 지나치면 지나쳤지 못미치지는 않다. 더하면 더했지 못하지는 않다. 그 이상이지 이하는 아니다 [대개 나쁜 방면에 쓰임] ¶在吃喝游乐上,小康跟老康比是～｜먹고 마시고 노는 방면에서는 강군이 강씨보다 더하면 더했지 못하지는 않다.

4【有害】yǒu/hài 動 유해하다. 해롭다. ¶～成分｜유해성분. ¶～于南亚地区的和平兴稳定｜남아시아 지역의 평화와 안정에 해가 된다. ¶对健康～ =〔有害于健康〕｜건강에 해롭다.

【有害无益】yǒu hài wú yì 成 해만 되고 이로운 것은 없다. 백해 무익(百害無益) ¶这样做对你～｜이렇게 하는 것은 너에게 백해무익이다.

【有恒】yǒuhéng 動 끈기 있다. 지구력이 있다. ¶学贵～｜成 배움에서 중요한 것은 꾸준히 계속하는 것이다.

【有话在先】yǒu huà zài xiān 成 이미 이야기가 되어 있다. 이미 그런 말을 해 두었다. ¶我～,谁做错事谁负责 | 일을 잘 못 하는 사람이 책임을 져야 된다고 미리 말해 두었다 =〔有言在先〕

【有话则长, 无话则短】yǒuhuà zé cháng, wú huà zé duǎn 成 이것 저것 말하면 길어지지만, 잘라 버리면 얘기는 간단하다 [구소설 용어로 각설(却說)과 비슷한 뜻] =〔有话即长, 无话即短〕

【有会子】yǒu huì·zi 口 시간이 꽤 됐다. 시간이 많이 흘렀다. ¶我等了可～啦! | 한 참을 기다렸잖아! ¶他出去可～啦! | 그는 나간 지 꽤 됐다! =〔有会儿〕

3【有机】yǒujī 區 副 ❶〈化〉유기의. ¶～化学 | 유기 화학. ¶～合成 | 유기 합성. ¶～肥料féiliào | 유기 비료. ❷ 유기적인. ¶～的整体 | 유기적 통일체. ¶把三部分干部～地联系起来 | 세 부문의 간부를 유기적으로 연계하다.

【有机玻璃】yǒujī bō·li 名組 유기 유리 =〔不碎玻璃〕

【有机可乘】yǒu jī kě chéng 成 탈만한〔좋은〕 기회가 생기다. 좋은 기회다. ¶不让敌人～ | 적에게 좋은 기회를 틈타지 못하게 하라 =〔有隙xì可乘〕

【有机酸】yǒujīsuān 名〈化〉유기산 =〔羧酸〕

【有机体】yǒujītǐ 名 유기체 =〔机体〕

【有机物】yǒujīwù 名〈化〉유기물 →〔无机物〕

【有己无人】yǒu jǐ wú rén 成 자기만 있고 남이 있는 줄 모르다. 오직 자기 생각만 하고 남의 사정은 조금도 돌보지 않다. 제 것밖에 모르다.

【有加利】yǒujiālì ⇒〔桉ān〕

【有加无已】yǒu jiā wú yǐ 成 그칠 줄을 모르고 더욱 더 도가 더해지다. 갈수록 더 심해지다 =〔有增无减〕〔有增无已〕

【有价证券】yǒujià zhèngquàn 名組〈經〉유가증권. ¶发行～ | 유가증권을 발행하다.

【有鉴及此】yǒu jiàn jí cǐ 動組 이 점을 고려하다. ¶～, 大家应事先做好准备 | 이 점으로 미루어 볼 때 여러분은 먼저 준비를 잘 해야 한다 =〔有见及此〕〔有见于此〕〔有鉴于此〕→〔鉴于〕

【有鉴于】yǒujiànyú 書 (…을) 고려하다. (…을) 감안하다. ¶～此, 最好是你不去 | 이 점을 고려하여 볼 때 너는 가지 않는 게 제일 좋다.

【有讲(儿)】yǒu jiǎng(r) 動組 까닭이 있다. 사유가 있다. ¶这么做是～的 | 이렇게 하는 데는 까닭이 있다 =〔有讲究(儿)①〕

【有讲究(儿)】yǒu jiǎng·jiu(r) ❶ ⇒〔有讲(儿)〕 ❷ 분명한 규칙〔습관, 식〕이 있다. ¶喝中国茶时, 怎么坐着, 怎么端碗, 怎么喝都～ | 중국차를 마시는 데는, 어떻게 앉고, 어떻게 찻잔을 들고, 어떻게 마신다는 식이 다 있다. ❸ 신경을 쓰다. 까다롭다. 이것 저것 따지다. ¶他对衣裳很～ | 그는 의상에 대해 꽤 신경을 쓴다 →〔讲究·jiu①〕

【有教无类】yǒu jiào wú lèi 成 누구에게나 차별없이 교육을 실시하다. ¶孔子提倡～ | 공자는 누구에게나 차별없이 교육을 할 것을 제창했다.

【有劲(儿)】yǒu/jìn(r) 動 ❶ (늠름하고) 힘이 있다. ¶～地走 | 힘차게 걷다. ❷ 힘이 솟다. ¶大家可～了 | 모두들 힘이 솟아 났다. ❸ 효과가 있다. ¶要是你善劝我臭骂chòumà, 也许更～ | 네가 잘 타이르고, 내가 호되게 꾸짖어 주면 더 효과가 있을 지도 모른다. ❹ 열정적〔정열적〕으로 하다. 열중하다. ¶他近来念书, 可真～ | 그는 요즈음 정말 열정적으로 공부한다 →〔烈liè①〕 ❺ 씹는 맛이 있다. …할 맛이 나다. ⇒〔有咬劲儿〕 ❻ 흥미 있다. 재미나다. ¶那戏真～! | 그 연극은 정말 재미있다.

【有旧】yǒujiù 書 動 오랜 사귐이 있다. 구교(舊交)가 있다. ¶我和他在北京～ | 나와 그는 북경에서 친분이 있었다. ¶他们往日～, 如今异地相逢, 谈来倍觉亲切 | 그들은 이전에 오랜 친분이 있는데다가 지금 타지에서 만나 이야기하니 한층 더 친밀감을 느낀다.

【有救(儿)】yǒu/jiù(r) 動 치료될〔구제될〕 가능성이 있다. ¶好了, 这病～了 | 좋습니다, 이 병은 치료될 수 있습니다.

【有孔虫】yǒukǒngchóng 名〈動〉유공충.

【有空(儿)】yǒu kòng(r) 動 틈〔짬, 겨를〕이 있다. ¶你明晚～吗? | 내일 저녁 시간이 있느냐?

【有口皆碑】yǒu kǒu jiē bēi 成 칭송이 자자하다. ¶他在这一带～ | 그는 이 일대에서 칭송이 자자하다 →〔口碑〕

【有口难分】yǒu kǒu nán fēn 成 (의심을 받거나 하여) 변명하기가 매우 어렵다. 변명할 길이 없다. ¶这事儿我是～ | 이 일에 대해 나는 변명할 방법이 없다 =〔有口难辩biàn〕

【有口难言】yǒu kǒu nán yán 成 입은 있으나 말하기 어렵다. ❶ 이루 형언할 수 없다. ❷ 차마 입에 담을 수 없다. 말하기 거북하다. ¶这真叫我～ | 이것은 정말 말하기 거북하다.

4【有口无心】yǒu kǒu wú xīn 成 입은 거칠지만 악의는 없다. ¶他～随便说了几句 | 그는 악의 없이 아무렇게나 몇 마디 했다 =〔有嘴无心〕→〔心直口快〕

【有愧于】yǒukuìyú 書 …에 부끄럽다. …답지 못하다. 마음에 가책을 느끼다. ¶～博士的称号 | 박사 칭호에 어울리지 않다. ¶～良心 | 양심에 가책을 느끼다.

【有来无回】yǒu lái wú huí 成 올 수는 있어도 되돌아갈 수는 없다. 다시는 살아서 돌아가지 못하다. ¶我们管叫敌人～ | 우리는 적을 살려서 보내지는 않겠다.

【有来有往】yǒu lái yǒu wǎng 成 ❶ 오는 것이 있으면 가는 것이 있다. 자신이 받은 박해에 대하여 똑같이 갚다. 눈에는 눈, 이에는 이. ¶二人～展开了一場争论 | 두 사람은 반론을 주고 받으며 논쟁을 했다. ❷ 교제하다.

【有赖】yǒulài 動 (…에) 달려 있다〔의존하다〕 [항상 「于」와 함께 쓰임] ¶任务是否能早日完成, ～于大家共同的努力 | 임무를 빨리 완성할 수 있는가 없는가 하는 것은 모두의 공동 노력에 달려 있다.

【有劳】yǒuláo 動 ❶ 書 …에 수고를 끼치다. ❷ 套 수고스럽겠습니다만. ¶～～! | 수고하셨습니다. ¶～你替我把这封信寄了吧 | 수고스럽겠습니다만 이 편지를 좀 부쳐 주십시오 →〔劳驾jià〕

【有棱有角】yǒu léng yǒu jiǎo 成 ❶ 모가 나 있다.

❷ 예기(銳氣)나 재주가 밖으로 나타나다. ¶这小伙子~的 | 이 꼬마는 재주가 특출하다.

【有理】yǒu/lǐ ❶ 動 도리에 맞다. 이치가 맞다. 근거가 있다. 이유가 있다. 지당하다. 옳다. ¶~! ~! | 맞습니다! 맞습니다! ¶说得~ | 말하는 게 이치에 맞다. ¶~~, 就这么办吧 | 맞다! 맞다! 이렇게 하자. ¶~走遍天下, 没理寸步难行 | 諺 도리에 맞으면 널리 천하를 돌 수가 있고, 이치에 맞지 않으면 한 걸음도 못 나간다. ¶衙门口八字开, ~无钱莫进来 | 諺 관청의 문은 (누구라도 들어갈 수 있도록) 여덟팔자로 열려 있지만, 도리에 맞는다 해도 돈이 없으면 들어가지 않는 것이 좋다. ¶~压得泰山倒dǎo | 諺 도리가 있으면 태산이라도 넘어뜨릴 수가 있다. 도리가 있으면 두려워할 것이 없다. ¶~不在多言 | 말을 많이 한다고 하여 이치가 서는 것은 아니다. ❷ (yǒulǐ) 形 〈數〉 유리의.

【有理分式】yǒulǐ fēnshì 名 〈數〉 유리 분수식 =〔簡分式〕

【有理函数】yǒulǐ hánshù 名 〈數〉 유리 함수

【有理式】yǒulǐshì 名 〈數〉 유리식.

【有理数】yǒulǐshù 名 〈數〉 유리수.

²【有力】yǒulì 形 ❶ 유력하다. 힘이 있다. 힘이 세다. ¶~的回击 | 강력한 반격. ¶这篇文章写得简短~ | 이 문장은 간결하면서도 힘있게 쓰여있다. ¶给以~的支援 | 강력한 지원을 해주다. ¶提供~的证据 | 유력한 증거를 제공하다. ¶一般人都是右手~ | 보통 사람은 모두 오른손이 힘이 있다. ❷ 유력하다. ¶继任人选以某人最~ | 후임 인선에는 모씨가 가장 유력하다.

²【有利】yǒulì 形 유리하다. 유익하다. 어법 일반적으로 「有利于」의 형식으로 많이 쓰임. ¶~的价格jiàgé | 유리한 가격. ¶积极储蓄既~于国家建设, 又~于个人 | 적극적으로 저축을 하면 국가 건설에 유익할 뿐만 아니라, 개인에게도 도움이 된다. ¶~无害 =〔有利无弊〕| 成 이롭지 해는 없다. ¶形势对我们~ | 형세가 우리에게 유리하다. ¶~地形 | 〈軍〉 유리한 지형. ¶~时机 | 유리한 시기. ¶~条件 | 유리한 조건.

【有利可图】yǒu lì kě tú 成 취할 이익이 있다. ¶他觉得这买卖~ | 그는 이 장사가 이익이 될 만하다고 생각한다.

【有例可援】yǒu lì kě yuán 成 참작할 만한 전례가 있다. ¶这样做~ | 이 일은 참작할 만한 전례가 있다 =〔有例在先〕

³【有两下子】yǒu liǎng xià·zi 動組 口 꽤 솜씨가〔재간이〕 있다. 실력이 보통이 아니다. ¶要没~就肯答应了吗? | 솜씨에 자신이 없으면 어찌 승낙하겠는가? ¶他干活又快又好, 真~ | 그는 일을 빨리 하면서도 잘 한다, 정말 솜씨가 보통이 아니다 =〔有一手儿①〕〔有一套②〕

【有零】yǒu/líng 動 나머지가 있다. (…에) 우수리가 붙다. …남짓하다. ¶八百~ | 8백 남짓. ¶他已经九十~了 | 그는 나이가 이미 90 넘어 되었다 =〔有奇jī〕〔挂guà零(儿)〕

【有门儿】yǒu/ménr 形 口 ❶ 가망이 있다. 장래성이 있다. ¶上回我求您的事~没有? | 요전에 부탁드린 일은 가망이 있습니까? ¶听他的口气, 这事看来~了 | 그의 말투로 보아 이 일은 가망이 있어 보인다. ¶事情商量得有点儿门儿了 | 일은 상의해 본 결과 좀 가망이 있다 =〔有边儿〕 ❷ 급소〔포인트〕를 알다. 요점을 알다. 비결을 알다. 터득하다. ¶他这幅画儿虽然是初学, 倒很~ | 그의 이 그림은 비록 처음 배우는 것이라고는 하지만, 꽤 요령을 터득하고 있다. ¶这活儿他干了几次, 现在有点门儿了 | 이 일을 그는 몇번 해본 뒤 지금은 조금 터득하였다. ❸ 짐작이 가다. ¶约略着鱼在这儿哪. 嗯ēn, ~ | 대략 물고기들이 여기에 있을 것이다. 응 그래, 그런 짐작이 간다 ‖ =〔有门有路〕〔有纹wén有路〕

¹【有名】yǒu/míng 形 유명하다. ¶他在学术界很~ | 그는 학술계에서 아주 유명하다. ¶赫赫~ | 명성이 대단하다. ¶他是~的登山运动健将 | 그는 유명한 일류 등산가이다. ¶~的科学家 | 유명한 과학자.

【有名无实】yǒu míng wú shí 成 유명 무실. 이름〔명목〕만 있고 실질〔내용〕은 없다. ¶他是一个~的文学家 | 그는 유명무실한 문학가이다.

【有名(儿)有姓(儿)】yǒumíng(r) yǒuxìng(r) 俗 이름이 널리 알려지다. 명성이 높다. 명망이 높다. ¶~的人家怎么能这么办事! | 널리 이름이 알려진 사람이 어찌 그리 할 수 있을까! ¶都是~的人, 不能做见不得人的事 | 모두 널리 알려진 사람들이므로 떳떳하지 못한 일은 할 수 없다.

【有模有样】yǒu mú yǒu yàng 成 ❶ 그럴 듯 하다. 상세하다. ¶他把所见所闻讲得~ | 그는 보고 들은 것을 그럴 듯하게 말한다. ❷ 모양을 이루고 있다.

【有目共睹】yǒu mù gòng dǔ 成 모든 눈이 다 보고 있다. 모든 사람이 다 알고 있다. 명백하다. 확실하다. ¶这是~的事实 | 이것은 명백한 사실이다 =〔有目共见〕

【有目共赏】yǒu mù gòng shǎng 成 보는 사람마다 칭찬하다. ¶这儿的景色~ | 이곳의 경치는 보는 사람마다 칭찬한다.

【有奶便是娘】yǒu nǎi biàn shì niáng 諺 젖을 주는 사람이 어머니이다. 이익을 주는 사람이면 누구에게나 들러붙다. ¶要是~, 不是太功利主义了吗? | 이익을 주는 사람이면 누구에게나 들러붙는다면, 너무 공리주의적이 아니냐? =〔有奶就是娘〕

【有难同当】yǒu nàn tóng dāng 成 어려움을 같이 겪다. ¶夫妻俩要~ | 부부는 어려움을 같이 헤쳐 나가야 한다.→〔有福同享yǒufútóngxiǎng〕

【有你不多, 没你不少】yǒu nǐ bùduō, méi nǐbùshǎo 俗 喩 있어도 좋고 없어도 좋다. 있건 없건 지장이 없다. ¶告诉你~, 别自以为了liǎo不起 | 너에게 말해 두지만, 네가 있건 없건 별다른 지장은 없다, 혼자만 잘났다고 생각하지 말아라.

【有你的】yǒunǐ·de 俗 北 역시〔과연〕 너다 [상대방을 칭찬하는 말] ¶好! ~, 我算佩服你了 | 멋지다! 역시 너다, 너에게 탄복했다.

【有你没我】yǒu nǐ méi wǒ 成 네가 있으면 내가 없다. 양립할 수 없다. 병존할 수 없다. ¶咱们俩

～,势不两立ㅣ우리 둘은 세력이 양립하여 병존할 수 없다.

【有年】yǒunián 書❶動 여러 해가 되다. ¶他在本地居住～, 各方面都很熟悉ㅣ그는 여기에 산 지 여러 해가 되어 각 방면을 잘 알고 있다. ¶研究～ㅣ연구한 지 여러 해 된다. ❷名 풍년. ¶适逢～民生无忧ㅣ마침 풍년을 만나 민생은 근심이 없다 ‖ =〔有秋〕

【有派】yǒupài 形 멋지다. 멋있다[주로 남성에 대해 씀] ¶这人很～ㅣ이 사람은 정말 멋지다.

【有盼儿】yǒu/pànr 動 北 희망이 있다. ¶战争一结束就～了ㅣ일단 전쟁이 끝나면 희망을 가질 수 있다 =〔有想儿〕

【有期徒刑】yǒuqī túxíng 名組〈法〉유기 도형. ¶判～七年ㅣ유기 도형 7년을 판결하다.

【有气】yǒuqì ❶名〈言〉유기음. ¶～音ㅣ(음성학의) 유기음. ❷(～儿)(yǒu qì(r)) 숨이 붙어 있다. 살아 있다. ¶别哭! 还～呢, 赶紧送医院吧!ㅣ울지 말아라! 아직 숨이 붙어 있으니, 서둘러 병원에 데리고 가자! ❸(yǒu/qì) 動 화내다. 노기를 띠다. ¶干么gànmá这么～? 谁惹你了?ㅣ왜 그렇게 화를 내느냐? 누가 너를 화나게 했니? ¶那位婆婆一见儿媳妇xífù就～ㅣ저 시어머니는 며느리만 보면 화를 낸다.

【有气无力】yǒu qì wú lì 成 숨결 뿐이고 소리에 힘이 없다. 맥이 없다. 풀이 죽다. ¶他说起话来～的ㅣ그는 말하는 게 맥이 없다 =〔有气没力〕

【有钱】yǒu qián 돈이 (많이) 있다. ¶他很～ㅣ그는 돈이 아주 많다. ¶～的人 =〔有钱的主儿〕ㅣ부자. ¶～出钱, 有力出力ㅣ成 돈이 있는 사람은 돈을 내고, 노동력이 있는 사람은 노동력을 제공한다. ¶～吃狗肉, 没钱烧香ㅣ돈이 있을 때는 제멋대로 굴다가, 돈이 떨어지면 부처님을 예배한다. 뻔뻔스러운 부탁을 하다. ¶～办得称心事ㅣ돈만 있으면 무슨 일이든 마음대로 할 수 있다.

【有钱能使鬼推磨】yǒuqián néng shǐ guǐtuīmò 諺 돈이 있으면 귀신에게 맷돌질을 하게 할 수도 있다. 돈만 있으면 귀신도 부릴 수 있다. ¶他坚信～ㅣ그는 돈만 있으면 무엇이든지 다 할 수 있다고 굳게 믿고 있다 =〔有钱使得鬼推磨〕〔钱可通神〕

【有情】yǒu/qíng ❶動 애정이 있다. 연모의 정이 있다. ¶互相～ㅣ서로 연모의 정이 있다. ¶～人终成眷属juànshǔㅣ연인이 결국 가족이 되다. ❷書動 정취가 있다. 흥미있다. ❸(yǒuqíng) 名〈佛〉유정.

【有顷】yǒuqǐng 書動 잠시 시간이 지나다. ¶～未见人出门ㅣ시간이 지나도 사람이 문밖으로 나타나지 않았다.

【有请】yǒuqǐng 套 어서 들어 오십시오. 만나 뵙기를 바랍니다. 부르십니다[사람을 맞이할 때의 인사말] ¶～夫人ㅣ부인을 만나 뵙고 싶습니다.

【有求必应】yǒu qiú bì yìng 成 ❶요구하면 반드시 들어준다. 요구대로 다 들어주다. ¶他从来不嫌麻烦, ～ㅣ그는 항상 귀찮아 하지 않고 부탁만 하면 다 들어준다. ❷(신불 등이) 영험하다. 신통하다.

²【有趣(儿)】yǒuqù(r) 形 재미있다. 흥미가 있다. 사랑스럽다. ¶现在最～的小说是哪一本?ㅣ요즈음 가장 재미있는 소설은 어떤 책입니까? ¶～的游戏ㅣ재미있는 놀이. ¶这孩子活泼～ㅣ이 아이는 활발하고 사랑스럽다 =〔有意思②〕

【有人家儿】yǒu rénjiār 動組 喩 (여자가) 이미 약혼하다. 결혼 상대가 정해지다. ¶姑娘～了吗?ㅣ따님은 약혼하셨습니까?

【有日子】yǒu rì·zi 動組 ❶오랫동안. ¶咱们～没见面了!ㅣ우리 오랫동안 못 만났군요〔오래간만입니다〕! ❷날짜가 정해지다. 날짜를 정하다. ¶你们结婚～了没有?ㅣ너희들 결혼 날짜가 정해졌느냐? ❸시일이 (남아) 있다. 아직 시간이 있다. ¶好在离办事还～呢ㅣ다행히 일을 할 때까지는 아직 시일이 남아 있다.

【有如】yǒurú 動 마치 …와 같다. …와 비슷하다. ¶阳光温暖, ～春天一般ㅣ햇빛이 따뜻하여 마치 봄 같다. ¶～一座活火山ㅣ마치 활화산과 같다. ¶她美得～仙女ㅣ그녀는 선녀처럼 아름답다.

【有色】yǒusè 區 유색(의). ¶～玻璃ㅣ색유리. ¶～釉yòuㅣ유색 유약. ¶戴着～眼镜看事情ㅣ색안경을 쓰고 일을 보다. 喩 왜곡된 견해를 가지다.

【有色金属】yǒusè jīnshǔ 名組〈化〉비철금속.

【有赏有罚】yǒu shǎng yǒu fá 成 신상 필벌(信賞必罰) ¶我们实行～的制度ㅣ우리는 신상필벌 제도를 시행한다.

【有神】yǒushén 形 ❶생기가 있다. 원기가 있다. ¶眼睛特别～ㅣ눈에 특별히 생기가 있다. ¶目光炯炯jiǒng～ㅣ눈에 번쩍번쩍 정기가 돌다. ❷신기(神氣)가 있다. 신통하다. 기묘하다. ¶将军用兵～, 敌人望风而逃ㅣ장군의 용병술은 귀신같아서, 적들은 소문만 듣고도 도망쳤다.

【有神论】yǒushénlùn 名〈哲〉유신론. ¶他信奉～ㅣ그는 유신론을 신봉한다. ¶～者ㅣ유신론자 →〔无wú神论〕

【有生力量】yǒushēnglì·liàng 名組 ❶(군대의) 인적 전력(人的戰力)[생명이 없는 무기나 화력 등에 대비해서 쓰는 말] ¶我们不须固守阵地, 但必须消灭或削减敌人的～ㅣ우리는 진지를 고수하지 않아도 좋으나, 적의 인적 전력을 소멸 또는 손실케 하지 않으면 안된다. ¶歼灭jiānmiè敌人～ㅣ적의 인적 전력을 섬멸시키다. ❷轉 군대. ❸실전에 쓰이는 (유용한) 힘. ¶青年是民主主义国家建设的～ㅣ젊은이는 민주주의 국가 건설의 유용한 힘이다.

【有生以来】yǒushēng yǐlái 名組 태어난 후 (지금까지) ¶这是我～头一次看见的ㅣ이것은 내가 난생 처음 보는 것이다.

【有声】yǒushēng 形 ❶유성의. 소리가 있는. ¶～放映儿ㅣ토키 영사기 →〔无声〕 ❷書 명성이 있다. 이름나다. 유명하다. ¶～报纸ㅣ유명한〔이름난〕신문.

【有声读物】yǒushēng dúwù 名組 (간단한 원문을 첨부한) 소노시트(sonosheet) ¶出版～ㅣ소노시트를 출판하다.

【有声没气】yǒu shēng méi qì 成 마음이 내키지 않다. ¶他总是～的ㅣ그는 늘 마음이 내키지 않

는다.

4【有声有色】yǒu shēng yǒu sè 成 (연기·이야기·동작 등이) 능란하다. 생생하다. 실감나다. ¶他~地讲了自己的经历 | 그는 자기의 경험을 실감하게 얘기했다.

2【有时】yǒushí 名 ❶ 어떤 때는. 경우에 따라서(는). 때로(는). 이따금. 간혹. ¶~发生障碍zhàngài | 경우에 따라서는 장애를 초래하는 수가 있다. ¶那里的天气, ~冷, ~热 | 그 곳의 날씨는 때로는 춥고 때로는 덥다. ¶~他上我这儿来 | 이따금 그는 나에게 오곤 한다 =〔有时候(儿)〕 ❷ 언젠가는. ¶~一日 | 어느 날엔가는.

1【有时候(儿)】yǒushí·hou(r) ⇒〔有时①〕

【有始无终】yǒu shǐ wú zhōng 成 시작은 있고 끝이 없다. 처음에 왕성하나 끝이 부진하다. 시작만 하고 끝을 맺지 못하다. ¶他干起事来总是~的 | 그는 일을 하면 꼭 끝을 맺지 못한다 =〔有头无尾〕→〔虎hǔ头蛇尾〕

【有始有终】yǒu shǐ yǒu zhōng 成 시작도 있고 끝도 있다. 시종일관하다. 유종의 미를 거두다. ¶我们要~地干好这事儿 | 우리는 시종일관 이 일을 잘 처리해야 한다 =〔有根有梢〕〔有始有卒〕〔有首尾②〕〔有头有尾〕

【有始有卒】yǒu shǐ yǒu zú ⇒〔有始有终〕

【有事】yǒu shì 動組 ❶ 일이 일어나다. 사고가 나다. 변고가 생기다. ¶做好准备, 一旦~, 马上出动 | 준비가 잘 되어 있으면, 일이 일어나더라도 곧 출동할 수 있다. ¶今天活该~ | 오늘 일이 일어난 것은 싸다. ❷ 일이 있다. 용무가 있다. ¶我现在~不能出去 | 나는 지금 일이 있어서 나갈 수 없다. ¶你今晚~吗? | 너 오늘 저녁 일이 있느냐? ❸ 곡절〔까닭〕이 있다. ¶这里头~ | 여기에는 무슨 곡절이 있다. ❹ 직업이 있다. 일자리가 있다. ¶既然~做了, 生活就不会成问题 | 일단 직업이 있으면, 생활은 문제가 되지 않는다.

【有恃无恐】yǒu shì wú kǒng 成 貶 믿는 데가 있어 두려움을 모르다.

【有数】yǒushù 形 ❶ 약간의 수는 있다. 수가 많지 않다. 얼마 되지 않다. ¶~的几个人 | 소수의 사람. ¶~的几本书 | 몇 권 되지 않는 책. ¶只剩下~的几天了, 得加把劲儿 | 며칠밖에 남지 않았으니, 좀 더 힘을 내어야 한다. ❷ 書 술수·법칙이 있다. ❸ 書 절도가 있다. ¶登降~ | 오르고 내리는 데 분명한 절도가 있다. ¶赏罚shǎngfá~ | 표창과 처벌에 절도가 있다. ❹ 書 운명이 정해져 있다. ❺ (~儿)(yǒu/shù(r)) 속셈이 있다. 성산(成算)이 있다. ¶两个人心里都~儿 | 두 사람의 마음 속에는 다 속셈이 있다. ¶这事儿我心中很~ | 이 일에 대해서는 나는 속셈이 다 있다. ¶他肚dù子里~ | 그의 심중에는 성산이 서 있다. ❻ (~儿)(yǒu/shù(r)) 수를 (세어) 알다. ¶拿来的货, 你~没有? | 가져온 상품에 대해, 너는 숫자를 알고 있느냐? ❻ (~儿)(yǒu/shù(r)) 喻 알다. 이해하다. ¶他虽然不说, 心里可~ | 그는 말은 안 해도 마음 속으로는 알고 있다.

【有说有笑】yǒushuō yǒuxiào 動組 말하다가 웃다가 하다. 웃음꽃을 피우며 즐겁게 이야기하다. ¶小两口自结婚以来, 每天总是~的 | 젊은 부부는 결혼한 이후로 매일 웃음꽃을 피우며 즐겁게 이야기한다. ¶刚才~的, 怎么一会就恼了 | 방금까지 말하다가 웃다가 하였는데 어째서 갑자기 기분이 상했느냐?

【有司】yǒusī 書 名 관리. 벼슬아치.

【有损无益】yǒu sǔn wú yì 成 손해만 있고 이익이 없다. 이롭지 않다. 유해 무익하다. ¶这样做对国家~ | 이렇게 하는 것은 나라에 백해무익이다 ⇔〔有益无损〕

【有损于】yǒusǔnyú 書 動 (…을) 손상하다. (…에) 해가 되다. 해롭다. ¶~国家的利益 | 국가의 이익을 손상시키다. ¶吸烟~健康 | 흡연은 건강에 해롭다.

【有所】yǒusuǒ 좀 …하다 어법 뒤에 동사나 형용사가 와서 문장을 만듦. ¶~进展 | 좀 진전되었다. ¶~不同 | 다소 다르다. ¶~准备 | 어느 정도 준비되었다. ¶~提高 | 좀 향상되었다. ¶~恃而不恐 | 成 믿는 바가 있어 두려워하지 않다. ¶两国关系~改善 | 양국 관계는 어느 정도 개선되었다. ¶销售价格xiāoshòujiàgé~降低jiàngdī | 판매 가격이 다소 내렸다. ¶我对这一决议~保留 | 나는 이 결의에 대해 좀 보류하겠다.

【有蹄类】yǒutílèi 名〈動〉유제류〔「奇jī蹄目」「偶ǒu蹄目」등이 있음〕

【有条不紊】yǒu tiáo bù wěn 成 조리〔질서〕정연하다. ¶他说起话来~ | 그는 말하는 게 조리정연하다.

【有头无尾】yǒu tóu wú wěi ⇒〔有始无终〕

【有头有脸(儿)】yǒu tóu yǒu liǎn(r) 成 ❶ 명예와 위신이 있다. 안면이 넓다. 잘 알려져 있다. ¶~的人物 | 잘 알려진 인물 ❷ 체면이 서다.

【有望】yǒuwàng 動 가능성이 있다. 희망적이다. ¶事成~ | 일이 성공할 가능성이 있다. ¶丰收~ | 풍작은 희망적이다.

【有为】yǒuwéi 形 장래성이 있다. 유망하다. ¶~之材cái | 유망한 인재. ¶他是个~的青年 | 그는 장래성이 있는 청년이다. ¶年轻~ | 젊고 유망하다.

【有味(儿)】yǒu wèi(r) ❶ (요리가) 맛있다. 맛이 좋다. ¶这只鸡炖dùn得真~ | 이 닭은 매우 맛있게 고아졌다. ❷ 냄새가 나다. 구리다. ¶这屋里~, 快开开窗户吧! | 이 방에서 고약한 냄새가 나니, 빨리 창을 좀 열어라! ❸ 재미있다. 흥미있다. ¶这首诗越读越~ | 이 시는 읽으면 읽을수록 재미가 있다.

【有闻必录】yǒu wén bì lù 成 들은 것은 반드시 기록하다〔적어 두다〕 ¶他~, 积累了不少资料 | 그는 들은 것은 늘 기록하여 많은 자료를 모았다.

【有无】yǒuwú 動組 ❶ 있는가 없는가. ¶~此必要 | 이럴 필요가 있는가 없는가? =〔有没有〕 ❷ 名 유무. ¶两国互通~ | 양국이 서로 유무상통하다.

【有…无…】yǒu… wú… ❶ …만 있고 …은 없다. ¶有名无实 | 이름만 있지 실속은 없다. ¶有行无市 | (통화가 팽창할 때) 가격만 있고 거래는 없다. ¶有己无人 =〔自私自利〕 | 자기만 있고 남

은 없다. ¶有气无力｜맥이 없다. 원기가 없다. ¶有眼无珠｜罵눈만 있고 눈동자는 없다. 눈뜬 봉사이다. ❷…했지 …하지는 않는다. …할수록 …해진다. ¶有过之而无不及｜지나치면 지나쳤지 못 미치지는 않는다. ¶有加无已｜갈수록 더 심해진다. ¶有增无减｜늘면 늘었지 줄지는 않는다. ❸…이 있으면 …이 없다. ¶有备无患｜사전에 준비가 있으면 걱정이 없다. ¶有恃无恐｜믿을 곳이 있으면 두려울 것이 없다. ❹있는 것 같기도 하고 없는 것 같기도 하다. ¶有意无意｜아무 생각 없이. 자기도 모르게.

【有喜】yǒu/xǐ 動 ⓓ 임신하다. 회임하다. ¶～了｜임신하였다 =〔怀huái孕〕→〔有孕yùn〕

【有隙可乘】yǒu xì kě chéng 成 기회를 포착할 틈이 있다. 틈 탈 기회가 생기다. ¶把身子弄得很虚弱, 病菌bìngjùn～｜몸이 아주 허약해져 병균이 틈 탈 기회가 생기다.

3【有限】yǒuxiàn 形 ❶유한하다. 한계가 있다. ¶一个人的经验,知识,精力～｜한 사람의 경험, 지식과 정력은 유한하다. ¶～性｜유한성. ¶～公司｜주식회사(유한회사) ¶～小数｜유한소수. ¶我们的能力是～的｜우리의 능력은 한계가 있는 것이다. ❷수량이 많지 않다. 정도가 높지 않다. ¶为数～｜수가 많지 않다. ¶他的文化水平～｜그의 지식〔교육〕수준은 높지 않다. ¶贵得～｜그렇게 비싸지는 않다. ¶差chà得～, 不必计较了吧｜그렇게 많은 차이는 없으니, 너무 따지고 들 필요는 없다.

【有限公司】yǒuxiàn gōngsī 名〈經〉유한(책임) 회사. ¶股份～｜주식회사→〔股gǔ份〕〔无wú限公司〕

【有限花序】yǒuxiàn huāxù 名〈植〉유한 화서.

【有线】yǒuxiàn 形 유선의. ¶～通讯｜유선통신. ¶～传真｜유선 전송 사진.

【有线电报】yǒuxiàn diànbào 名 유선 전보.

【有线电话】yǒuxiàn diànhuà 名 유선 전화.

【有线广播】yǒuxiàn guǎngbō 名 유선 방송

2【有效】yǒuxiào 形 유효하다. 효력이 있다. ¶这种药很～｜이 약은 매우 효력이 있다. ¶～方法｜유효한 방법. ¶～措施｜유효한 조치. ¶这个方法果然～｜이 방법은 과연 효과가 있다. ¶这张车票三日内～｜이 차표는 3일간 유효하다. ¶这个指示仍然～｜이 지시는 아직도 유효하다.

【有效分蘖】yǒuxiào fēnniè 名組〈農〉유효 분얼. ¶提高～率lǜ｜유효분얼율을 제고시키다.

【有效期】yǒuxiàoqī 名 유효 기간. ¶延长合同的～｜계약의 유효 기간을 연장하다. ¶本条约～为三十年｜본조약의 유효 기간은 30년이다.

1【有些(儿)】yǒuxiē(r) 名動 ❶일부(분) ¶今天来参观的人～是从外地来的｜오늘 참관하러 온 사람의 일부는 다른 지방에서 왔다. ❷어떤. ¶～人在看书, ～人在谈天｜어떤 사람들은 책을 보고 있고, 어떤 사람들은 한담을 나누고 있다. ❸(yǒu xiē(r)) 조금 있다 [수량이 많지 않은 것을 나타냄. 일반적으로「有点儿」보다는 많음] ¶我～旧书想捐给juāngěi图书馆｜나는 약간의 고서를 도서관에 기증할 생각이다. ¶我这里～｜나에게 조금 있다→〔有点儿①〕❹副 조금. 약간. ¶他心里～着急zhāojí｜그는 마음이 좀 초조하다. ¶～不满意｜약간 불만이다. ¶他～害怕｜그는 좀 무서워하고 있다→〔有点(儿)②〕

【有心】yǒu/xīn ❶動 …할 마음〔생각〕이 있다. ¶～无力｜마음은 있으나 힘이 없다. ¶我对她有了心了｜나는 그녀에게 마음이 있다. ¶我～去看看他, 又怕打扰dǎrǎo｜나는 그를 만나러가고 싶지만, 그를 방해할까 염려된다→〔有意②〕❷動 마음에 깊이〔세심하게〕새겨 두다. ¶言者无意, 听者～｜말하는 사람은 뜻없이 해도 듣는 사람은 마음에 새겨둔다. ❸(yǒuxīn) 副 고의적으로. 일부러. ¶他可不是～难为你｜그가 일부러 널 난처하게 한 것이 아니냐 =〔故意(儿)〕❹(yǒuxīn) 形 세심하다. ¶他那做法真～哪｜그의 그 방법은 정말 세심하다. ¶他是个～的人｜그는 세심한 사람이다.

【有心人】yǒuxīnrén 名 ❶뜻 있는 사람. 포부가 큰 사람. ¶天下无难事, 只怕～｜諺 뜻 있는 사람은 세상에 어려울 것이 없다. ¶难nán不倒dǎo～｜諺 뜻 있는 사람은 어떠한 역경도 이긴다. ❷세심한〔사려 깊은〕사람. ¶老康是个～｜강씨는 사려깊은 사람이다.

【有形】yǒuxíng 區 유형의. ¶～资产｜〈經〉유형 고정 자산.

【有形损耗】yǒuxíng sǔnhào 名組〈經〉유형적 손해 =〔物质损耗〕→〔无形损耗〕

【有性生殖】yǒuxìng shēngzhí 名組〈生〉유성 생식 =〔两性生殖〕

【有性杂交】yǒuxìng zájiāo 名組〈生〉유성 잡교.

【有血有肉】yǒu xuè yǒu ròu 成 (문예 작품 등의) 묘사가 생동적이고 내용이 충실하다. ¶他的文章～, 内容充实｜그의 문장이 묘사가 생동적이고 내용이 충실하다.

【有言在先】yǒu yán zài xiān 成 미리 말해두다〔언명(言明)하다〕¶总司令严肃地说, 我这是～｜이것은 내가 미리 천명해 두는 것이라고 총사령관이 엄숙하게 말했다.

【有眼不识泰山】yǒu yǎn bù shí tài shān 成 눈이 있으면서 태산을 알아보지 못하다. 큰 사람을 알아보지 못하다. 어른을 몰라보다. ¶你可真是～, 原来他是著名的作家啊!｜너는 정말 눈이 있으면서도 태산을 알아보지 못하는구나, 그는 원래 저명한 작가란 말이야!

【有眼无珠】yǒu yǎn wú zhū 成 눈이 있으나 눈동자가 없다. 눈 뜬 장님이다. 판별력이 없다. ¶请您原谅, 都怪我～, 不知道这是您的大作｜이것이 당신의 대작인 줄 몰랐습니다. 이 모든 것이 제가 판단력이 없는 탓이니 양해해 주시기 바랍니다.

【有一搭没一搭】yǒu yīdā méi yīdā 動組 ❶억지로 화제를 찾아서 이야기하다. 억지로 이말 저말을 하다. ¶～闲聊多没意思!｜억지로 화제를 찾아 한담한다는 것은 얼마나 따분한 일인가! ❷(있어도 좋고 없어도 좋고) 그다지 중요하지〔대수롭지〕않다. ¶我抽烟是～的｜나에게 있어서 담배는 있어도 좋고 없어도 좋은 것이다.

【有一得一】yǒu yī dé yī 成 더하지도 덜하지도 않

고. 있는 그대로. ¶把这次的事~地仕对他说了 | 이번 일을 더하지도 덜하지도 않고 있는 그대로 그에게 전부 말했다.

²【有一点(儿)】yǒuyīdiǎn(r) ⇒〔有点(儿)〕

【有一利必有一弊】yǒu yī lì bì yǒu yī bì 成 좋은 점이 있으면 나쁜 점도 있게 마련이다. 일장 일단이 있다. ¶世界上不管做什么事,~ | 이 세상에는 무슨 일을 하든지 일장일단이 있다.

【有一手儿】yǒuyīshǒur 喻 動組 ❶ 수완이 있다. 일을 잘 처리하다. ¶他处chǔ理纠jiū纷真~ | 그는 분쟁의 처리에 정말 수완이 있다. ¶他对作生意, 颇~ | 그는 장사를 하는 데 상당한 수완이 있다 =〔有两下子〕 ❷ 관계가 있다. ¶他同那个女人~ | 그는 저 여자와 관계가 있다.

【有一套】yǒu yītào 動組 ❶ 일가견을 가지다. 비법(秘法)이 있다. ¶真~ | 정말 대단하다. ¶他抓zhuā生产~ | 그는 생산 관리에 일가견을 가지고 있다. ❷ ⇒〔有两下子〕

【有一腿】yǒu yītuǐ 動組 ❶ 밀접한〔긴밀한〕 관계이다. ❷ (남녀가) 밀통하다.

³【有一些(儿)】yǒuyīxiē(r) ⇒〔有些(儿)〕

³【有益】yǒuyì 形 유익하다. 도움이 되다. ¶运动对健康~ | 운동은 건강에 유익하다. ¶~的格言 | 유익한 격언.

³【有意】yǒuyì ❶ 副 일부러. 고의적으로. ¶~写错字 | 고의로 글자를 틀리게 쓰다. ¶他见了我~回避huíbì | 그는 나를 보고 일부러 피했다 =〔故意(儿)〕 ❷ (yǒu/yì) 動 (…할) 생각이 있다. …하고 싶다. ¶我~到海滨游泳, 但是事情忙, 去不了 | 나는 바닷가에 가서 수영을 하고 싶지만 일이 바빠서 갈 수 없다.

【有意识】yǒu yì·shí 動 의식적이다. 계획적이다. ¶~地克服自己的缺点quēdiǎn | 뚜렷한 의식을 갖고 자기의 결점을 극복하다.

¹【有意思】yǒu yì·si 動組 ❶ 의미 심장하다. 뜻이 깊다. ¶他的讲话虽然简短, 可是非常~ | 그의 말은 비록 간단하지만, 대단히 의미 심장하다. ❷ 재미있다. ¶他说话很~ | 그가 하는 말은 아주 재미있다. ❸ (…할) 생각이 있다〔작정이다〕 ¶我~跟他谈 | 나는 그와 상의할 작정이다. ❹ 마음에 들다. ¶他们俩, 一来二去的就有了意思了 | 그들 두 사람은 사귀는 동안에 마음에 들게 되었다.

【有意无意】yǒuyì wúyì 動組 무심코. 아무 생각 없이. 자기도 모르게. ¶他~地打开了收音机 | 그는 무심코 라디오의 스위치를 켰다.

【有意栽花花不成】yǒuyì zāihuā huā bùchéng 諺 세상 만사는 뜻대로 되지 않는다[「成」은 「发」나 「活」로도 씀] ¶~, 无心插柳柳成荫yìn | 세상 만사란 뜻대로 되는 것이 아니다.

【有勇无谋】yǒu yǒng wú móu 成 용기는 있으나 지모(知謀)가 없다. 힘만 세고 꾀가 없다. ¶这些人~ | 이 사람들은 용기는 있으나 지모가 없다.

²【有用】yǒu/yòng 形 쓸모가 있다. 유용하다. ¶这本书对我来说很~ | 이 책이 나에게는 아주 유용하다. ¶~的人 | 쓸모 있는 사람.

【有…有…】yǒu…yǒu… ❶ …도 있고 …도 있다. 어법 반대어나 상대어를 병렬시켜 그 겸비된 뜻을 강조할 때 많이 쓰는 표현임. ¶有利有弊 | 이로운 점도 있고 해로운 점도 있다. ¶有头有尾 | 시작도 있고 끝도 있다. ❷ 뜻이 같거나 비슷한 말 앞에 붙어서 강조의 뜻을 나타냄. ¶有板有眼 | (언어나 행동이) 빈틈없이 정연하다. ¶有声有色 | (묘사가) 생동감 있다. ¶有条有理 | 조리가 있다. ¶有凭有据 | 증거가 충분하다. ¶有说有笑 | 웃고 이야기하다. ❸ 인과 관계를 나타냄. ¶有什么老子, 有什么儿子 | 그 아버지에 그 아들.

【有余】yǒuyú 動 ❶ 여유가 있다. 남다. ¶绰绰chuò~ | 여유 작작. ¶粮食liángshí自给zìjǐ~ | 양식은 자급하고도 남는다. ❷ …남짓하다. ¶他比我大十岁~ | 그는 나보다 10살 남짓 연상이다. ¶十年~ | 십년 남짓. 십여 년.

【有缘】yǒu/yuán 動 연분이 있다. 인연이 깊다. ¶~千里来相会, 无缘对面不相逢xiāngféng =〔有缘千里来相会, 无缘咫尺zhǐchǐ也难逢〕 | 諺 인연이 있으면 천리 밖에 있어도 만날 수 있지만, 인연이 없으면 지척에 있더라도 만나지 못한다. ¶他们一见如故真是~ | 그들은 처음 만나자마자 오래 사귄 친구처럼 느껴지니, 정말 인연이 있다.

【有孕】yǒu/yùn 動 임신하다. ¶他太太又~了 | 그의 아내는 또 임신했다 =〔有身(子)〕〔有娠〕 →〔有喜〕〔怀孕huáiyùn〕

【有则改之, 无则加勉】yǒu zé gǎi zhī, wú zé jiā miǎn 成 (결점이) 있으면 고치고, 없으면 더욱 힘쓰다. ¶大家互相指出工作的缺点,~,~ | 여러분 모두가 서로 작업의 결점을 지적해 내어 결점이 있으면 고치고 없으면 더욱 힘씁시다.

【有增无减】yǒu zēng wú jiǎn ⇒〔有加无已〕

【有张有弛】yǒu zhāng yǒu chí 成 ❶ 당겼다 늦추었다 하다. 긴장했다 이완했다 하다. ❷ (일을) 하다가 쉬다가 하다.

【有朝一日】yǒu zhāo yī rì 成 언젠가는. 어느 날엔가는. ¶~粉身碎骨, 也要报答您 | 언젠가는 목숨을 다하여 당신에게 보답하겠습니다. ¶梦想~成为富翁 | 언젠가는 부자가 되리라 꿈꾸다. ¶~, 韩国必是世界上一等的强国 | 언젠가는 한국이 반드시 세계 최강국이 될 것이다.

【有着】yǒu·zhe 動 (가지고) 있다. ¶新生活运动~伟大的意义 | 새생활 운동은 위대한 의의를 가지고 있다.

【有志不在年高】yǒu zhì bù zài nián gāo 成 뜻만 있으면 나이에 관계없이 성취할 수 있다. 사람의 평가는 뜻에 달린 것이지, 나이와는 상관없다 [뒤에 「无志空活百岁」가 오기도 함]

【有志者事竟成】yǒuzhìzhě shì jìng chéng 諺 뜻만 있으면 일은 반드시 성취된다. 하려고만 들면 못해 낼 일이 없다 =〔有志竟成〕

【有种】yǒuzhǒng 形 喻 ❶ 용기가 있다. 담력이 있다. ¶~的站起来, 站在太阳底下让大家瞅瞅chǒu看 | 용기 있는 자는 일어나, 태양 아래 서서 모두에게 보여라. ❷ 굉장하다. 대단하다. 훌륭하다. ¶他真~! | 그는 정말 대단하다.

【有助于】yǒuzhùyú 動組 …에 도움이 되다. …에 유용하다. ¶这样做~改善军民关系 | 이렇게 하

는 것은 국민과 군과의 관계를 개선시키는 데 도움이 된다.

【有滋有味儿】yǒu zī yǒu wèir 成❶(요리가) 매우 맛있다. 맛이 좋다. ❷喩 흥미가 있다. 흥미 진진하다. ¶他～地讲着故事 | 그는 흥미진진하게 이야기를 한다. ❸轉 살기가 편하다. 생활이 즐겁다.

【有罪】yǒu zuì 動❶〈法〉유죄(이다) ¶承认自己～ | 죄를 지었다고 시인하다. 자신의 잘못이라고 시인하다. ¶被告判决～ | 피고는 유죄로 판결되었다. ❷套 미안합니다. 죄송합니다. ¶～～, 实在不敢当! | 참으로 미안합니다, 몸둘 바를 모르겠습니다!

【铕(銪)】yǒu (유로퓸 유) 名〈化〉화학 원소명. 유로퓸 (Eu; europium)

【卣】yǒu 술통 유 名 울창주(鬱鬯酒)를 담는 술통 [큰 것을 「彝」, 중간을 「卣」, 작은 것을 「罍」라고 함]→〔彝yí①〕〔罍léi〕

【酉】yǒu 열째지지 유 名❶유 [십이지(十二支)의 열번째]→〔干支〕❷유시(酉時) [오후 5시부터 7시까지의 시각]＝〔酉时〕〔酉刻〕❸유방(酉方). 서쪽. ❹한자 부수의 닭유(酉)변. ¶～字旁 | 닭유변. ❺(Yǒu) 성(姓)

【羑】yǒu 권할 유 ❶書動 권하다. 인도하다. ❷지명에 쓰이는 글자. ¶～里 | 유리. 고대의 지명. 지금의 하남성(河南省) 탕음현(湯陰縣) 일대. 은(殷)의 주왕(紂王)이 주(周)의 문왕(文王)을 유폐(幽閉)한 곳.

【莠】yǒu 가라지 유 名❶〈植〉강아지풀 ＝〔狗尾草gǒuwěicǎo〕❷喩 형편없는 물건·사람. ¶良～不齐 | 좋은 사람·나쁜 사람이 뒤섞여 있다.

【莠类】yǒulèi 書名 불량한 무리. 악한 사람들.

【莠言】yǒuyán 書名 형편없는 말. 나쁜 말.

【蚴】yǒu ☞ 蚴 yòu Ⓑ

【黝】yǒu 검푸른빛 유 名〈色〉❶검푸른 색. ❷거무스름한 색. ¶面目～黑 | 얼굴이 거무스레하다. ¶黑～～＝〔黑油油〕| 거무스름하다.

【黝黑】yǒuhēi 貶 까무잡잡하다. 거무스레하다. ¶胳膊gēbó晒shài得～ | 팔이 까무잡잡하게 햇볕에 타다.

【牖】yǒu 들창 유, 깨우칠 유 書❶名 창문. ❷動 계몽하다. ¶～民 | 백성을 교화하다. 계몽하다.

【牖民】yǒumín 書動 백성을 계몽하다. 백성을 교화하다.

yòu ㄧㄡˋ

1【又】yòu 또 우 副❶또. 다시. 거듭. 어법 한 동작이나 상태가 중복 발생하거나 두 동작이나 상태가 연이어 발생하거나 반복되어 일어남을 나타냄. ¶他昨天来过今天～来了 | 그는 어제 온 적이 있는데 오늘 또 왔다. ¶你～生我的气了 | 너 또 나를 화나게 했다. ¶洗了～洗 | 씻고 또 씻었다. ¶我们一次～一次地试验 | 우리들은 한 차례 또 한 차례 시험하였다. ❷한편. 또한 동시에. 게다가. 어법 몇 개의 동작·상태·상황등이 한꺼번에 겹쳐 발생함을 나타냄. ¶那一天正好是三伏的第一天, ～是中午, ～没有风, 不动也出汗 | 그날은 마침 삼복의 첫날인데다, 정오이었고 바람 또한 없어서 움직이지 않아도 땀이 나왔다. ¶这孩子～会写～会算 | 이 아이는 글을 쓸 줄도 알고 계산도 또한 할 줄 안다. ¶使用方便而～安全 | 사용하기 편하고 또 안전하다. ¶小皮球, 圆～圆 | 이 공은 둥글디 둥글다. ¶～经济～实惠 | 경제적이고 실용적이다. ❸…이나. 그러나. 그런데. 그렇지만. 또. 어법 ⓐ 자주 「可是」「但是」「却」「而」「虽然」등과 호응하여 역접(逆接)을 강조함. ¶心里有千言万语, (可是)嘴里～说不出来 | 마음속에는 오만 가지 할 말이 있으나, 입으로는 말하지 않았다. ¶却怕冷～不愿多穿衣服 | 추위를 타면서도 옷을 많이 입으려 하지 않는다. ⓑ 부정의 의미를 강조함. ¶他～不会吃人, 你怕什么? | 그가 사람을 잡아 먹지는 않을텐데, 무엇을 두려워하니? ¶他怎么会知道的? 我～没告诉他 | 그가 어떻게 안단 말인가? 내가 그에게 말하지 않았는데. ⓒ 문(句子)에 의문대사(疑問代詞)가 있을 때 반문(反問)의 어기를 강조함. ¶下雨～有什么关系 | 비가 온다한들 또 무슨 관계냐? ¶你～能骗谁? | 너 또 누구를 속일 수 있단 말인가? ❹…과(와). …하고도 [수사의 끝자리 앞에 쓰여 우수리를 나타냄] ¶一年～五个月 | 1년 5개월. ¶三小时～十五分 | 3시간 15분. ¶三～二分之一 | 3과 1/2 ＝〔有yòu〕❺札 추신. 추가. 별도 [서신이나 문장의 본문 밖에 추가하는 말 앞에 쓰임. ¶又: 前次所奇之书已收到, 勿念 | 추신: 지난 번 보낸 책은 이미 받았습니다. 염려마십시오. 어법 ⓐ 「又」와 「再」의 비교⇒〔再zài〕ⓑ 「又」와 「还」의 비교⇒〔还hái〕ⓒ 「又」와 「也」의 비교⇒〔也yě〕

【又当别论】yòudāngbiélùn 딴 문제로 논의하다. 별도로 논의하다.

【又红又专】yòu hóng yòu zhuān 成 사상적으로도 건전하고 기술적으로도 우수하다. 「思想红专业精」의 뜻.

【又及】yòují 名札 추신(追伸). 추기(追記)

【又音】yòuyīn 名 이음(異音). 우음. [뜻은 같으면서 다른 음으로 읽히는 음]

1【右】yòu 오른 우, 숭상할 우 ❶名 오른쪽. ¶靠～走 | 우측 통행. ¶～手↓ ⇔〔左zuǒ〕❷名轉 서방. 서쪽. ¶江～ | 강서성(江西省) ¶山～ | 태행산(太行山) 서쪽 지방. ❸形 (정치사상 상에서) 보수적이다. 반동적이다. ¶～派↓ ¶～倾分子 | 우경분자. ❹形轉 높다. 우수하다 [옛날에는 오른쪽을 왼쪽보다 귀하게 여겼음] ¶无出其～ | 그보다 더 우수한 것이 없다. ¶～姓 | 書 귀족. ❺(「左」와 병용하

여) 사물의 각 방면을 망라함. ¶左思～想｜이모저모로 생각하다. ❻ 書 動 숭상하다. ¶～文｜문을 숭상하다. ❼ 書 動 신불(神佛)의 가호가 있다. 돕다→〔佑〕 ❽ (Yòu) 名 성(姓) ❾ 복성(複姓) 중의 한 자(字) ¶～行②↓ ¶～宰↓

²【右边(儿)】yòu·biān(r) 名 오른쪽. 우측(右側) =〔右面〕

【右耳刀(儿)】yòuěrdāo(r) 名 한자 부수의 우부방(阝)변 =〔右耳朵〕〔大耳刀(儿)〕〔大耳朵〕〔正zhèng耳刀(儿)〕→〔单dān耳刀(儿)〕〔耳刀(儿)〕〔双耳刀(儿)〕

【右行】ⓐ yòuháng 名 ❶ 오른쪽행. ❷ (Yòuháng) 복성(複姓) ❸ 고대의 군제(軍制) 이름. ⓑ yòuxíng 動 오른쪽에서 왼쪽으로 (써)가다 [서법(書法)에서 오른쪽에서 왼쪽으로 쓰는 방법]

【右面】yòu·miàn ⇒〔右边(儿)〕

【右派】yòupài 名 우파. 우익. 보수파 [중국에서 특히 사회주의를 반대하는 자산 계급 반동 분자를 가리킴] ¶反～斗争｜반우파 투쟁.

【右倾】yòuqīng 形 우경의. 보수적인. ¶～分fèn子｜우경 분자. ¶～观点｜우익적 관점. 보수적 시각→〔左倾〕

【右手】yòushǒu ❶ 名 오른손. ❷ ⇒〔右首〕

【右首】yòushǒu 名 오른쪽 [대부분 좌석에서 오른쪽 자리를 말함] ¶那天他就坐在我的～｜그날 그는 나의 오른쪽에 앉아 있었다. ¶往～里拐guǎi｜오른쪽으로 모퉁이를 돌다 =〔右手②〕

【右翼】yòuyì 名 ❶〈軍〉우익(부대) ❷ 轉 (학술·사상·정치 등의) 우익. ❸〈體〉(경기의) 오른쪽 날개. 라이트 윙(right wing)

【右宰】Yòuzǎi 名 복성(複姓)

【佑】 yòu 도울 우

書 動 돕다. 보호하다. ¶～贤辅德｜현인을 도와 덕을 쌓다 =〔保佑〕→〔右⑦〕

【佑护】yòuhù 動 보우(保佑)하다. 보살피다.

【祐】 yòu 도울 우

書 動 신불(神佛)의 가호가 있다. 보우하다. ¶天～之｜하늘이 돕다 =〔保祐〕

3【幼】 yòu 어릴 유, 어린아이 유

❶ 形 (나이가) 어리다. ¶年～失学｜어려서는 학문을 배우지 못하였다. ¶～儿↓ ¶～虫↓ ⇔〔老①①〕 ❷ 形 轉 (생각·행동 등이) 유치하다. ¶思想～｜생각이 유치하다. ❸ 名 簡 어린 아이 [「幼儿」의 약칭] ¶扶老携～｜노인을 부축하고 어린 아이를 이끌다. ¶男女老～｜남녀노소.

【幼虫】yòuchóng 名 유충. ¶～容易杀灭shāmiè｜유충을 쉽게 죽일 수 있다.

【幼儿】yòu'ér 名 유아. ¶～车｜유아차.

【幼儿教育】yòu ér jiàoyù 名 유아 교육. ¶搞gǎo～｜유아교육을 하다.

³【幼儿园】yòu'éryuán 名 유아원. 유치원. ¶她在～工作｜그녀는 유치원에서 일을 한다 =〔幼稚zhì园〕

【幼发拉底斯河】Yòufālādǐsī Hé 名 外〈地〉유프라테스강.

【幼功】yòugōng 名 연극 배우·잡기 배우 등이 어렸을 적에 익힌 기예(技藝)

【幼教】yòujiào 名 簡 유아교육(幼兒教育)의 약칭.

【幼林】yòulín 名 조림(造林)한 지 얼마 되지 않은 숲.

【幼苗】yòumiáo 名 유묘. 어린 모종. 새싹. 轉 아동. ¶儿童是民族的～｜어린이는 민족의 새싹이다.

【幼年】yòunián 名 유년. 어린 시절. ¶～性｜유치함 =〔小年④〕

【幼女】yòunǚ 書 名 ❶ 어린 여자. ❷ 막내 딸.

【幼体】yòutǐ 名 어린 생명체.

【幼小】yòuxiǎo 名 形 유소(하다) ¶在我～儿刚一懂事的候,父亲死了｜내가 뭘 좀 알려고 하는 어린 시절에 아버지께서 돌아가셨다. ¶～的心灵｜어린 마음.

【幼芽】yòuyá 名〈植〉어린 눈. 어린 싹. 새싹. ¶～方萌｜새싹이 트다.

³【幼稚】yòuzhì 形 ❶ 나이가 어리다. ¶～生｜유치원생. ¶说错了话, 没关系, 毕竟他还是个～的孩子｜말을 잘못했더라도 관계 없다, 결국 그는 이런 아이에 불과하니까. ❷ 정도가 낮다. 유치하다. 미숙하다. ¶看来太～了｜보기에 너무 유치하다. ¶～的想法｜유치한 생각

【幼稚病】yòuzhìbìng 名 소아병(小兒病) ¶他儿子得了～｜그의 아이는 소아병에 걸렸다.

【幼稚园】yòuzhìyuán 名 유치원.

【幼株】yòuzhū 名〈植〉(종자 식물의) 묘(목) ¶爱护～｜묘목을 아끼고 보호하다.

【幼子】yòuzǐ 名 ❶ 어린 아들. ❷ 막내 아들.

【蚴】 yòu yǒu 유충 유, 굼틀거릴 유

Ⓐ yòu 名〈動〉촌충·흡혈충(吸血蟲) 등의 유충. ¶毛～｜털이 있는 유충. ¶尾～｜꼬리 있는 유충.

Ⓑ yǒu 書 貶 꿈틀거리다. 꿈틀거리며 가다.

【有】 yòu ☞ 有 yǒu Ⓑ

【侑】 yòu 도울 유, 권할 유

書 動 ❶ (먹을 것을) 권하다. ¶～酒｜술을 권하다. ❷ 돕다.

【侑食】yòushí 書 動 음식을 대접하다. 귀빈을 모시고 식사하다.

【囿】 yòu 동산 유, 얽매일 유

書 ❶ 名 (동물을 기르는) 우리. ¶～人｜사육인. ¶鹿～｜사슴 우리. ❷ 名 전당(殿堂) ¶六艺之～｜육예의 전당. ❸ 動 범위를 한정하다. 사로잡히다. ¶～于成见｜선입관에 얽매이다.

【宥】 yòu 용서할 유, 도울 유

書 ❶ 動 용서하다. 양해하다. ¶原～ =〔宽宥〕｜관대하게 용서하다. ❷ 動 보좌하다 =〔宥弼bì〕 ❸ (Yòu) 名 성(姓)

【宥减】yòujiǎn 動〈法〉죄를 감해 주다. 용서하고 사면하다.

【宥罪】yòuzuì 動 죄를 용서하다. 죄를 면해주다.

【柚】 yòu yóu 유자나무 유

Ⓐ yòu ❶ 名〈植〉유자나무. ¶西～ =〔葡萄柚〕｜그레이프프루츠(grapefruits). 자몽. ❷ ⇒〔柚子〕

Ⓑ yóu ⇒〔柚木〕

Ⓐ yòu

【柚子】yòu·zi 名〈植〉유자. ¶～很好吃｜유자는 아주 맛있다＝〔俗朱栾yì〕

Ⓑyóu

【柚木】yóumù 名〈植〉티크＝〔外梯tī克树〕

【釉】yòu 윤 유

(～儿, ～子) 名유약. ¶挂guà～＝〔上釉〕｜유약을 입히다.

【釉面】yòumiàn 名유약을 바른 표면. ¶光亮亮的～｜반질반질하게 빛이 나는 유약을 바른 표면

【釉陶】yòutáo 名유약을 바른 도자기. ¶这一带制作～很有名｜이 일대는 유약을 바른 도자기 제작으로 유명하다.

【釉质】yòuzhì 名〈生理〉(치아의) 법랑질(琺瑯質). 에나멜질＝〔珐琅质〕〔牙yá釉质〕

【釉子】yòu·zi 名유약(釉藥)

【鼬】yòu 족제비 유

名〈動〉족제비과 동물의 총칭＝〔鼬鼠〕〔黄狼huánglánq〕〔北黄皮子〕〔俗黄仙爷〕〔書鼪shēng〕

【鼬鼠】yòushǔ 名〈動〉족제비.

4【诱(誘)】yòu 꾈 유

動❶꾀다. 유인하다. ¶引～｜꾀다. 유인하다. ¶～敌之计｜적을 유인하는 계책. ❷이끌어 가르치다. ¶循循善～｜순서를 세워 하나하나씩 이끌어 주다.

【诱捕】yòubǔ 動유인하여 체포하다〔잡다〕 ¶～苍蝇｜파리를 잡다.

【诱虫灯】yòuchóngdēng 名유아등(誘蛾燈)＝〔诱蛾灯〕

【诱导】yòudǎo ❶名유도. 교도(教導) ❷動유도하다. 교도(教導)하다. ¶按照管制塔的～降落｜관제탑의 유도에 따라 착륙하다. ¶对学生要多用启发和～的方法｜학생에 대해서는 계발과 교도의 방법을 많이 사용하여야 한다. ¶这些故事的结局很能～观众进行思索｜이러한 이야기의 결말은 관중들로 하여금 깊이 생각하도록 유도할 수 있다. ❸名〈物〉유도. 감응. ¶～反应｜유도 반응. ¶～圈quān＝〔感应圈〕｜감응 코일＝〔感应②〕〔引导③〕 ❹名〈生〉유도［동물의 배(胚)의 일부분이 다른 부분의 분화를 일으키는 작용］

【诱敌深入】yòudí 成적을 소멸하기 유리한 곳으로 꾀여들이다. ¶采用～的战术｜적을 소멸하기 유리한 곳으로 꾀여들이는 전술을 쓰다.

【诱饵】yòu'ěr 書名(꾀어 내는) 미끼. ¶钓鱼diàoyú的～｜낚싯밥. 미끼.

【诱发】yòufā 書動❶유도 계발하다. ¶～突变tūbiàn｜돌연변이를 유발하다. ❷유발하다［일반적으로 질병을 의미하는 낱말과 같이 쓰임］¶把麻疹mázhěn～出来｜홍역을 유발하다.

【诱供】yòugòng 動유도 심문하여 자백을 하게 하다. ¶不准～｜유도 심문하여서는 안 된다.

【诱拐】yòuguǎi 名動유괴(하다) ¶～少儿｜어린이를 유괴하다.

4【诱惑】yòuhuò 動❶유혹하다. 호리다. ❷매혹시키다. ¶窗外是一片～人的景色｜창밖에는 사람을 매혹시키는 경치가 펼쳐져 있다.

【诱奸】yòujiān 動(이성을) 유인하여 간통하다.

【诱骗】yòupiàn ❶名기만. ❷動(달콤한 말로) 기만하다. ¶设计～人入彀gòu｜남을 기만하여 구렁텅이〔올가미〕에 빠뜨리려〔걸려들게〕 계획하다.

【诱人】yòurén ❶動사람을 꾀다〔호리다〕 ❷形매력적이다. ¶那里的景色是非常～的｜저곳의 경치는 대단히 매혹적이다.

【诱杀】yòushā 動유인하여 죽이다. ¶这人已被敌人～了｜이 사람은 적에게 유인을 당하여 죽었다.

【诱降】yòuxiáng ❶名투항 권고. ❷動권항(勸降)하다. 투항 권고를 하다. ¶～敌人dírén｜적을 꾀어서 투항하게 하다.

【诱胁】yòuxié 動유혹 협박하다＝〔诱逼yòubī〕〔诱迫yòupò〕

【诱掖】yòuyè 書動이끌어서 바로 잡아 주다. 잘 되게 유도하다. ¶政府设置多种贷款, 以～农事增产｜정부는 여러 종류의 대여금을 마련함으로써 농사의 증산을 꾀하고 있다.

【诱因】yòuyīn 名유인［대개 질병의 원인을 말함］¶高血压gāoxuèyā的～｜. ¶病的～｜병의 원인.

【诱致】yòuzhì 書動(나쁜 결과를) 빚어내다. 초래하다. ¶～堕落duòluò｜타락에 이르게 하다.

yū ㄩ

2【于】yū☞ 于 yú Ⓑ

【吁】yū☞ 吁 yù ②Ⓐ

【迂】yū 굽을 우, 굽힐 우

❶形굽이지다. 우회하다. 에돌다. ¶～回前进｜우회하여 앞으로 나아가다. ❷形(언행·견해가) 진부하다. ¶这人～得很｜이 사람은 정말 고리타분하다. ❸形(성질이) 굼뜨다. 어리석다. ❹動엉뚱한 소리를 하다. 함부로 지껄이다. ¶破了案, 你又来～｜사건은 결말이 났는데, 너는 또 엉뚱한 소리를 하는구나.

【迂夫子】yūfūzǐ 名세상 물정에 어두운 선비. ¶他父亲是个～｜그의 부친은 세상 물정에 어두운 선비이다.

【迂腐】yūfǔ 形(언동이) 진부하다. 세상 일에 어둡다. 시대에 뒤떨어지다. 케케묵다. 낡아빠지다. ¶看着他那个～样子,真使人要捧腹pěngfù大笑｜저 고리타분한 그의 모습을 보니 정말 우습다. ¶～的见解｜진부한 견해＝〔迂陋yūlòu〕

【迂缓】yūhuǎn 形(행동이) 느리다. 더디다. 완만하다. ¶他这个人有些～｜그는 좀 느릿느릿하다. ¶动作～｜동작이 느리다.

【迂回】yūhuí 書動❶에돌다. 우회하다. ¶～地转着一个大圆圈yuánquān｜우회하여 크게 한 바퀴 돌다. ¶～曲折｜成길이 꾸불꾸불하다. 생각이 뒤엉키다. 우여 곡절. ❷〈軍〉우회하다. 적의 측면이나 후면을 포위하다. ¶～前进｜우회해서 전진하다. ¶～战术｜우회 전술 ‖＝〔纡yū回〕

【迂阔】yūkuò 書形세상 물정에 어둡다. 현실에

맞지 않다. ¶凡fán事自有一定道理,不可过于～ | 모든 일은 일정한 이치가 있으므로 현실과 너무 동떨어져서는 안 된다. ¶～之论 | 현실에 맞지 않는 논리.

【迂论】yūlùn 書名❶실정에 부합되지 않는 논리. 왜곡된 이론. ❷진부(陳腐)한 논리〔이론〕

【迂气】yūqì 名❶완고하고 진부(陳腐)한 기풍. ¶他身上有一股～ | 그는 완고하고 진부하다. ❷꾸물거리는 성질. 우유부단한 성격.

【迂曲】yūqū 形 꾸불꾸불하다. ¶～的山路 | 꾸불꾸불한 산길

【迂言】yūyán 形 비현실적인 말. ¶说～ | 비현실적인 말을 하다.

【迂拙】yūzhuō 形 어리석고 막히다. 암둔하다. ¶这个人太～了 | 이 사람은 너무 어리석다.

【纡(紆)】yū 굽을 우
形❶구부러지다. 구불구불하다. ¶萦yíng～ | 감돌다. ❷마음이 울적하다. ¶～郁yù | 우울하다.

【纡回】yūhuí ⇒〔迂yū回〕

【纡徐】yūxú 書 狀 꿈뜨다. 우물거리다. 행동이 느리다.

2【於】Yū ☞ 於 yú Ⓒ

【淤】yū 진흙 어
❶動 물속에 모래나 감탕이 쌓이다. (수로가) 감탕으로 막히다. ¶这条沟gōu～住了那 도랑에 감탕이 쌓여 막혔다. ¶～了好些泥ní | 감탕이 적지 않게 쌓이다. ❷名(강이나 도랑에 침적된) 진흙. 감탕. ¶河～ | 강바닥에 쌓인 진흙. ❸「瘀」와 같음 ⇒〔瘀yū〕

【淤溉】yūgài 動 논밭에 진흙물을 대다. 물과 흙으로 관개(灌漑)·시비(施肥)하다. ¶这地方适shì于采cǎi用～ | 이 곳은 진흙물을 대기에 알맞다.

【淤灌】yūguàn 動〈農〉(큰물이 진 뒤) 흙탕물을 논밭에 대다. 감탕물을 논 밭에 대다 [토양 개량에 도움이 됨]

【淤积】yūjī 書 動 토사(土砂)가 가라앉아 쌓이다. 토사가 침적(沉積)하다. ¶洪水过后,地里～了一层泥浆níjiāng | 홍수가 지나간 뒤에 땅에는 진흙탕이 깔렸다 ＝〔积淤〕

【淤泥】yūní 名❶(하천·호수·연못 등에) 충적된 진흙. ❷처리하지 않은 하수(下水)와 공장의 폐수 등이 해변가 등에 질척질척하게 굳어진 것.

【淤塞】yūsè 動(수로나 수채 등이) 진흙으로 막히다. ¶河道～ | 강이 진흙으로 막히다.

【淤血】yūxuè ⇒〔瘀血〕

【淤滞】yūzhì 書 動 진흙·모래가 쌓여 물길이 막히다. 진흙으로 물길이 막히다.

【菸】yū ☞ 菸 yān Ⓑ

【瘀】yū 어혈 어
動〈漢醫〉(피가) 엉키다. 울혈〔어혈〕지다. ¶～血↓ ＝〔淤③〕

【瘀血】yūxuè ❶名 어혈. 정지하여 흐르지 않는 피. ¶排出～ | 어혈을 빼내다. ❷(yū/xuè) 動 어혈이 지다 ‖ ＝〔淤yū血〕〔蓄xù血〕

yú ㄩˊ

2【于】yú yū xū 어조사 우, 갈 우

Ⓐ yú 주의「于」가 전치사(介詞)일 때는「於yú」와 같으며, 중국에서는「于」를 쓰도록 통일하였고, 대만(臺灣)이나 고서에서는「於」도 많이 씀. ❶介 …에. …에서. 어법「于＋시간사＋動」의 형태로 쓰여, 시간을 나타냄. ¶中国共产党～一九二一年在上海建立 | 중국 공산당은 1921년 상해에서 설립되었다. ¶来信～昨日收到 | 보낸 편지는 어제 받았다 ＝〔在〕❷介 …에. …에게. 어법「于＋名＋動」의 형태로 쓰여, 동작의 대상을 나타냄. ¶国际形势～我们有利 | 국제정세는 우리에게 유리하다. ¶储蓄chǔxù～公～私都有好处 | 저축은 공적으로나 사적으로나 모두에게 좋은 점이 있다 ＝〔对〕〔向〕❸介 …에. …에서. 어법 방위사가 붙은 말과 결합하여 동사나 주어 앞에 쓰여, 범위를 나타냄. ¶～无意中流露出怀念之情 | 무의식 중에 그리운 심정을 털어 놓았다. ¶～攻读专业书籍之外,我也看一些文艺作品 | 나는 전문서적을 읽은 외에도 얼마간의 문예작품을 읽었다. ❹介 …에서…로 부터. 어법 동사 뒤에 쓰여 장소나 출처를 나타냄. ¶这种蔬菜shūcài产～中国西南山区 | 이런 종류의 채소는 중국 서남 산악지대에서 생산된다. ¶黄河发源～青海 | 황하는 청해에서 발원한다 ＝〔在〕〔从〕〔自〕❺介 …에. …에서. 어법 동사 뒤에 쓰여 시간을 나타냄. ¶马克思生～一八一八年 | 마르크스는 1818년에 태어났다 ＝〔在〕❻介 …로. …을 위해. …에. 어법 동사 뒤에 쓰여, 방향이나 목표를 나타냄. ¶献身～革命 | 혁명에 헌신하다. ¶从事～科学研究 | 과학 연구에 종사하다. ¶集中精力～学习 | 정력을 학습에 집중하다. ❼介 …에. …에게. 어법 동사 뒤에 쓰여 동작의 대상을 나타냄. ¶忠～祖国 | 조국에 충성하다. ¶不满足～现状 | 현재의 상태에 만족해하지 않다 ＝〔对〕〔向〕❽介 …에. …하기에. …하기 위해. …때문에. 어법「動〔形〕＋於＋動」의 형태로 쓰여, 방면·원인·목적 등을 나타냄. ¶勇～负责 | 책임지는 데 용감하다. ¶便～计算 | 계산하기에 편하다. ¶忙～收集资料 | 자료 수집에 바쁘다. ¶苦～没有时间 | 시간이 없어서 고생하다. ¶乐～帮助大家 | 남을 돕는 일을 즐거워하다. ❾介 …에게. 때문에. 어법 동사 뒤에 쓰여 피동을 나타냄. ¶限～篇幅piānfú | 편폭때문에 제한 받다. ¶篮球友谊赛,主队败～客队 | 농구 친선 경기에서 홈팀이 원정팀에게 졌다. ❿介 …보다. 어법 명사·형용사·동사·수량사의 뒤에 쓰여 비교를 나타냄. ¶苛政猛～虎 | 가혹한 정치는 호랑이 보다 무섭다. ¶青出於蓝,青～蓝 | 푸른 색은 쪽빛에서 나왔으나 쪽빛보다 더 푸르다〔진하다〕¶革命利益高～一切 | 혁명의 이익은 무엇보다도 높다 ‖ ＝〔於yú①〕⓫書 動 가다. ¶～归 | 시집가다 ＝〔往〕⓬書 助 의문을 나타냄. ¶然则先生圣～? | 그러면 선생께서 성인이란 말입니까? ＝〔乎〕⓭書 擬 우우 [서로 화답하여 내는 소리]

⑭(Yú) 名 성(姓)
Ⓑ yū 고서에서「迂」와 통용⇒〔迂yū〕
Ⓒ xū 고서에서「吁」와 통용⇒〔吁xū〕
Ⓐ yú
【于今】yú jīn 書 ❶ 지금까지. 현재까지. ¶延安一别, ~十年 | 연안에서 헤어진 뒤 지금까지 10년이 되었다. ❷(yújīn) 名 오늘. 지금. 현재. ¶这城市建设得非常快, ~已看不出原来的面貌 | 이 도시는 매우 빨리 건설되어서 지금에 와서는 옛 모습을 찾아 볼 수 없게 되었다 ‖ =〔於今〕
【于思】yúsāi 書 形 수염이 더부룩하다. 수염이 텁수룩하다 =〔于腮sāi〕
【于事无补】yú shì wú bǔ 成 일에 아무런 도움이 안되다. ¶这样做~ | 이렇게 하는 것은 아무런 도움이 되지 못한다 =〔於事无补〕
2【于是】yúshì 連 그래서. 이리하여. 그리하여. ¶几个问题都讨论完了,~大家就回家了 | 몇 가지 문제에 대해서 토론을 마쳤다. 그래서 모두 집으로 돌아갔다. ¶大家这么一鼓励gǔlì,我~又恢复了信心 | 모두들 이렇게 격려하여 주어서 나는 다시 믿음을 회복하였다 =〔于是乎〕〔於是〕〔於是乎〕
【于是乎】yúshì·hu ⇒〔于是〕
Ⓒ xū
【于嗟】xūjuē 書 ❶ 嘆 아. 아이고 [탄식하는 소리] ❷ 動 한숨 쉬다. 탄식하다 =〔吁嗟〕

【盂】yú 사발 우
名 (액체를 담는 아가리가 넓고 운두가 낮은) 그릇. ¶水~ | 물그릇. ¶漱口~ | 양치용 컵. ¶痰tán~ | 타구.

【竽】yú 피리 우
名〈音〉피리 [생황(笙簧) 비슷한 옛 악기]

【与】yú ☞ 与 yǔ Ⓒ

【欤(歟)】yú 그런가 여
「与」와 같음 ⇒〔与yú〕

【玙(璵)】yú 옥 여
書 名 옥패. 아름다운 옥(玉)
【玙璠】yúfán 名. 임금이 차는 옥패 =〔璠fán玙〕

3【予】yú yǔ 나 여, 줄 여
Ⓐ yú 書 代 나 [고어의 제1인칭] =〔余yú〕
Ⓑ yǔ 書 動 주다. …해주다. ¶给~ | 주다. ¶~以照顾zhàogù | 보살펴주다. ¶希~确认为荷 | 확인해 주시기 바랍니다. ¶准~施行 | 시행할 것을 허락해주다.
Ⓐ yú
【予取予求】yú qǔ yú qiú 成 나에게서 취하고 나에게서 구하다. 제마음대로 취하다.
Ⓑ yǔ
【予人口实】yǔ rén kǒushí 成 남에게 구실을 주다. 남에게 약점을 잡히다. ¶这样做会~的 | 이렇게 하는 것은 남에게 약점을 잡힐 수 있다.
4【予以】yǔyǐ 書 動 …을 주다. …되다. ¶~便利 | 편리를 주다. ¶~照顾zhàogù | 보살펴 주다. ¶~表扬biǎoyáng | 표창(表彰)하다. ¶~批评pīpíng | 비평하다.

【妤】yú 궁녀 여
⇒〔婕jié妤〕

【余】1 yú 나 여
❶ 書 代 나 [고어의 제1인칭] =〔予〕 ❷ (Yú) 名 성(姓)

2【余(餘)】2 yú 나머지 여
주의 「나머지」란 의미와 「나」란 의미를 꼭 구별하여야 할 경우에는 「餘」의 간체자로 「馀」를 씀. ¶馀年无多 | 여생이 많지 않다. ¶余年无多 | 내 나이가 많지 않다 ⇒〔馀yú〕 ❶ 動 남다. 남기다. ¶不遗~力 | 여력을 남기지 않다. ¶~粮↓ ¶~蓄↓ ❷ 名 여분. 나머지. ¶粮食有~ | 양식이 여유가 있다. ❸ 副 …여. …남짓. ¶四百~斤 | 4백여 근. ¶五十~人 | 50여 명. ❹ 名 …한 나머지. …한 결과. ¶兴奋之~, 高歌一曲 | 흥분한 나머지 큰 소리로 한 곡 불렀다. ❺ 여가. (…한 뒤의) 나머지 시간. ¶公~ | 공무 후의 여가. ❻ 정식 이외의(것) ¶业~ | 본직 이외의. 아마추어의. ❼ (Yú) 名 성(姓)
【余波】yúbō 名 여파. ¶台风táifēng的~ | 태풍의 여파. ¶这场纠纷jiūfēn的~未平 | 이 분규는 여파가 아직 가라앉지 않았다.
【余党】yúdǎng 名 남은 무리. 잔당(殘黨) ¶清除qīngchú~ | 잔당을 제거하다.
【余地】yúdì 名 여지. ¶没有选择的~ | 선택의 여지가 없다. ¶有充分考虑kǎolǜ的~ | 충분히 고려할 만한 여지가 있다.
【余额】yú'é 名 ❶ 결원(缺員) ❷ (장부상의) 잔금(殘金)〔잔고(残高)〕¶收方~ | 차변 잔고.
【余风】yúfēng 書 名 유풍(遺風) ¶~尚存 | 유풍이 아직 남아 있다.
【余割】yúgē 名〈數〉코시컨트(cocecant)→〔三角函数〕
【余晖】yúhuī 名 석양(夕陽) ¶落日投射出最后的~, 映照着天际 | 지는 해가 최후의 석양을 하늘 저 끝까지 내리비치고 있다 =〔余辉huī〕
【余悸】yújì 書 名 아직도 남아있는 공포. ¶犹有~ | 成 아직도 무서움을 느끼고 있다.
【余角】yújiǎo 名 여각
【余烬】yújìn 書 名 ❶ 타다 남은 재〔불기운〕¶纸烟~ | 담배재. ¶劫jié后~ | 재난이 남긴 잿더미〔아픈 상처〕❷ 喩 패잔병.
【余力】yúlì 名 여력. 남은 힘. ¶不遗~帮他 | 힘닿는 데까지 그를 도와주다.
【余利】yúlì 名 ❶ 이윤. 잉여 이익(剩餘利益). 순익(純益) ❷ 할증(割增)배당금 =〔红hóng利②〕
【余沥】yúlì 書 名 잔 바닥의 마시다 남은 술. 喩 배당받을 자기 몫의 작은 이익. 조그마한 은혜.
【余粮】yúliáng 名 여유 식량. ¶交纳jiāonà~ | 여유식량을 내다.
【余孽】yúniè 名 잔당(殘黨). 잔여 세력. ¶封建~ | 봉건의 잔여세력. ¶残渣cánzhā~ | 잔존 악세력.
【余怒】yúnù 名 남은 노기(怒氣). 채 가시지 않은 화. ¶~无法发泄 | 남은 노기를 풀 수가 없다. ¶~未息 | 노기가 아직 채 가시지 않았다.
【余钱】yúqián 名 남은 돈. 여분의 돈.

【余切】yúqiē 名〈數〉코탄젠트(cotangent)→〔三角函数〕
【余丘】Yúqiū 名 복성(複姓)
【余缺】yúquē 名 여유(餘裕)〔잉여〕와 결핍. 과부족.
【余热】yúrè 名 ❶ 남은 열. 잉여 열량. ¶利用～取暖qǔnuǎn | 여열을 이용하여 난방을 하다. ❷ 喻 노인의 여력(餘力) ¶发挥fāhuī～ | 여력을 발휘하다.
【余生】yúshēng 名 ❶ 여생. ¶将～献给革命事业 | 여생을 혁명사업에 바치다. ¶以～从事著述 | 여생을 저술에 종사하다. ❷ (대재난에서) 요행히 살아 남은 목숨. ¶虎口～ | 구사 일생으로 살아난 목숨. ¶劫后～ | 재난에서 구원된 목숨.
【余剩】yúshèng 名 잉여. ¶去年收成好,今年有～ | 작년에 풍년이 들어 올해에 잉여분이 남아 있다.
【余数】yúshù 名〈數〉나머지. ¶八减五, ～为三 | 8에서 5를 빼면 3이 남는다. ¶三十五除以八, 商数为四, ～为三 | 35를 8로 나누면, 몫은 4이고 나머지는 3이다.
【余外】yúwài 名 方 그외. 그 밖. 기타. ¶～由我处理 | 나머지는 내가 처리하겠다.
【余威】yúwēi 書 名 남아 있는 위력. ¶尚有～ | 아직 여력이 남아 있다.
【余味】yúwèi 名 여미. 뒷맛. 후미(後味). 여운(餘韻) ¶歌声美妙, ～无穷 | 노랫소리가 아름다와서 여운이 끝이 없다. ¶橄榄吃过, ～还在 | 감람을 먹었는데, 뒷맛이 아직도 남아 있다.
【余温】yúwēn 名 남은 온기. ¶身上还有～ | 몸에 아직 온기가 남아 있다.
【余暇】yúxiá 名 여가. ¶～时间打棒球bàngqiú | 여가시간에 야구를 하다 ＝〔余闲〕
【余下】yúxià 動 남(기)다. ¶～的同志 | 남아 있는 동지 ＝〔剩下〕
【余弦】yúxián 名〈數〉여현. 코사인(cosine) ¶～定律 | 코사인 정리 →〔三角函数〕
【余闲】yúxián 名 여가 ＝〔余暇〕
【余兴】yúxìng 名 ❶ 여흥. 남아 있는 흥취(興趣) ❷ 여흥. 연회나 어떤 모임 끝에 흥을 더하기 위하여 하는 연예(演藝) ¶会议到此结束jiéshù, ～节目现在开始 | 회의는 이것으로 끝내고, 지금부터 여흥을 시작하겠습니다.
【余蓄】yúxù 名 남아서 모아 둔 물건.
【余音】yúyīn 名 여음.
【余音绕梁】yú yīn rào liáng 成 노랫소리가 대단히 아름다와 여운이 계속 귓전에서 맴돌다 ＝〔余音袅袅〕〔余音缭绕liáorào〕
【余勇可贾】yú yǒng kě gǔ 成 아직도 혈기 왕성하다〔용기 백배하다〕아직도 여력이 있다. ¶我尚有～ | 나는 아직도 혈기 왕성하다.
【余裕】yúyù 名 形 충분(하다). 여유(가 있다) ¶～的时间 | 충분한 시간. ¶～的精力 | 넘치는 정력.
【余韵】yúyùn 名 여운.
【余震】yúzhèn 名〈地質〉여진.

【馀(餘)】 yú 나머지 여
주의「나머지」란 의미와「나」라는 의미를 꼭 구별해야 할 경우에는「나머지」란 의미로 이 간체자를 씀. ¶馀年无多 | 여생이 많지 않다. ¶余年无多 | 내 나이가 많지 않다. ⇒〔余yú❷〕

【徐】 yú 짐승이름 여
⇒〔犰qiú徐〕

【畬】 yú 새밭 여
주의「畬」와 혼동하기 쉬움 →〔畲shē〕
書 名 개간한 지 3년된 농지. ¶田, 一岁曰菑zī, 二岁曰新田, 三岁曰～ | 밭은 1년 된 것을「치」라 하고, 2년 된 것은「신전」이라 하며, 3년 된 것은「여」라고 한다《爾雅·釋地》

2 **【於】** yú wū Yū 어조사 어, 감탄사 오, 까마귀 오
Ⓐ yú ❶「于」와 같음⇒〔于yú〕 주의「於yú」가 전치사(介詞)일 때는「于yú」와 같은데 중국에서는「于」를 쓰도록 통일하였으나 대만(臺灣)이나 고서에서는「於」도 많이 씀.
Ⓑ wū ❶ 書 嘆 아. 오. ¶～! 鲧gǔn哉 | 아! 곤이여 [곤은 우왕의 아버지] ❷ 書 形 검다.「乌」의 고자(古字) ¶～鹊què与处 | 까마귀와 까치가 함께 살다《穆天子傳》→〔乌wū〕 ❸ 고서에「鸣」와 같이 쓰임. ¶於乎↓
Ⓒ Yū 성(姓)
Ⓐ yú
【於今】yújīn ⇒〔于yú今〕
【於事无补】yú shì wú bǔ ⇒〔于yú事无补〕
【於是】yúshì ⇒〔于yú是〕
【於是乎】yúshì·hu ⇒〔于yú是〕
Ⓑ wū
【於乎】wūhū ⇒〔鸣wū呼〕
【於戏】wūhū ⇒〔鸣呼〕
【於菟】wūtú 書 名〈動〉호랑이 [초(楚)나라의 방언]

【俞】 yú yù shù 그러할 유
Ⓐ yú ❶ 書 嘆 예. 응[승낙의 뜻을 나타냄] ❷ (Yú) 名 성(姓)
Ⓑ yù「愈」와 통용⇒〔愈yù②〕
Ⓒ shù「腧」와 통용⇒〔腧shù〕
Ⓐ yú
【俞允】yúyǔn 書 動 재가하다. 윤허(允許)하다 ＝〔允许〕
Ⓑ yù
【俞加】yùjiā ⇒〔愈加〕

【嵛】 yú 산이름 유
지명에 쓰이는 글자. ¶昆kūn～ | 곤유. 산동성(山東省) 동부(東部)에 있는 산이름.

1 **【愉】** yú 기뻐할 유
形 즐겁다. 기쁘다. ¶面有～色 | 얼굴에 기쁜 기색을 띠다.
1【愉快】yúkuài 形 기분이 좋다. 기쁘다. 유쾌하다. ¶生活过得很～ | 매우 유쾌하게 생활하다. ¶心情～ | 마음이 유쾌하다 ＝〔愉乐lè〕
【愉悦】yúyuè ❶ 形 유쾌하고 기쁘다. ¶怀着十分～的心情 | 매우 유쾌하고 기쁜 마음을 품다 ＝〔愉乐〕〔喜悦〕 ❷ 名 유열. 기쁨. ❸ 動 기뻐하다.

【揄】 yú 끌 유, 빈정거릴 유
書 ❶ 動 끌다. 당기다. ❷ 動 화제(話題)

로 삼다. 제기하다. ❸ 야유하다. 조소하다→〔揶yé揄〕

【揄扬】yúyáng 動 극구 칭찬하다. 찬양하다. ¶极口～ | 극구 칭찬하다.

【渝】yú 변할 투
❶ 動 (감정이나 태도가) 바뀌다. 변하다. ¶始终不～ | 시종 변함이 없다. ❷ (Yú) 名〈地〉「重庆」(중경)의 다른 이름.

4【榆】yú 느릅나무 유
名〈植〉느릅나무＝〔榆树〕〔白榆〕〔家榆〕

【榆荚】yújiá 名〈植〉느릅나무 열매＝〔口 榆钱(儿)〕

【榆钱(儿)】yú·qián(r) ⇒〔榆荚〕

4【榆树】yúshù 名 ❶〈植〉느릅나무. ❷ (Yúshù)〈地〉유수[길림성(吉林省)에 있는 현(縣)이름]

【榆叶梅】yúyèméi 名〈植〉풀또기.

【瑜】yú 옥 유
❶ 書 名 아름다운 옥(玉) ❷ 書 名 옥의 광채. 喩 장점. 훌륭한 점. 좋은 점. ¶瑕xiá不掩yǎn～ | 매우 뛰어나서 결점은 있으나 문제가 되지 않는다 ❸ ⇒〔瑜伽〕

【瑜不掩瑕】yú bù yǎn xiá 成 좋은 점으로 나쁜 점을 숨기지 않다. ¶这篇文章虽有一些漏洞,但～ | 이 문장은 비록 부족한 부분이 있지만 좋은 점이 가리워 지지는 않는다.

【瑜伽】yújiā 外 ❶ 名 요가(yoga; 범) [자세를 바르게 하여 심신의 통일을 기하는 수행법] ❷ 名 상응(相應) [다섯 가지 상응이 있음] ❸ 名〈佛〉중이 외우는 경. ❹ 動 (고대 인도 철학에서) 사유하다 ‖＝〔瑜珈jiā〕

【瑜伽术】yújiāshù 名 요가 수련법.

【逾〈踰1〉】yú 넘을 유, 더욱 유
❶ 動 넘다. 초과하다. ¶～限↓ ¶年～六十 | 나이가 예순이 지나다. ❷ 副 더욱더. 한층. ¶～甚 | 더욱 더 심하다＝〔更〕〔越④〕

【逾常】yúcháng 書 動 보통을 넘다. 지나치다. ¶欢喜～ | 더없이 즐거워하다.

【逾分】yúfèn 動 본분(本分)을 넘다. 분수에 넘치다. 지나치다. 과분하다. ¶～的要求 | 분수에 넘치는 요구＝〔过分〕

【逾期】yú/qī 動 한정된 기한〔기일〕을 넘기다. ¶不得～报到 | 기한을 넘겨 등록해서는 안 된다. ¶～作废 | 기한을 넘기면 무효로 하다.

【逾限】yúxiàn 動 ❷ 기일을 넘기다. ❷ 한도를 초과하다〔넘다〕

【逾越】yúyuè 書 動 넘다. 초과(超過)하다. ¶～常规chángguī | 상규를 벗어나다. ¶不可～的界限 | 한계를 뛰어넘다.

【覦(覦)】yú 넘겨다볼 유
⇒〔觊jì覦〕

【窬】yú dòu 담넘을 유, 협문 두
Ⓐ yú 書 動 담을 넘다. ¶穿～之盗 | 담을 타고넘어 도둑질하는 도적.
Ⓑ dòu「窦」와 통용⇒〔窦dòu①〕

【蝓】yú 괄태충 유
⇒〔蛞kuò蝓〕

【禺】yú yù 긴꼬리원숭이 우
Ⓐ yú ❶ 書 名 구역(區域) [1「里」의 넓이를「禺」라 함] ❷ (Yú) 名〈地〉절강성(浙江省)에 있는 산이름.
Ⓑ yù 名〈動〉고서(古書)에 나오는 눈이 붉고 꼬리가 긴 원숭이.

【禺谷】yúgǔ 書 名 우곡[고대 신화에서 해가 지는 곳]

【隅】yú 구석 우
名 ❶ 구석. 모퉁이. ¶四～ | 네 귀퉁이. ¶墙qiáng～ | 담 모퉁이. ¶向～ | 따돌려지다. 喩 기회를 놓쳐 실망하다. ❷ 가. 변두리. ¶海～ | 바닷가 ‖＝〔嵎yú②〕

【隅反】yúfǎn 動 유추(類推)하다→〔举jǔ一反三〕

【喁】yú ☞ 喁 yóng Ⓑ

【嵎】yú 산모퉁이 우
❶ 名 산 굽이. 산 모퉁이. ¶虎负～ | 호랑이가 산모퉁이를 등지고 저항하다. ❷「隅」와 같음⇒〔隅yú〕

3【愚】yú 어리석을 우
❶ 形 어리석다. 우둔하다. 轉 우매화하다. 바보로 만들다. ¶～人 | 우둔한 사람. ¶大智若～ | 정말로 지혜로운 사람은 오히려 어리석게 보인다. ¶～民政策 | 우민정책. ❷ 動 속이다. 우롱하다. ¶～弄人 | 사람을 우롱하다. ¶为人所～ | 사람들에게 우롱당하다. ❸ 代 謙 저. 제[자기를 낮추어 하는말] ¶～见 | 저의 소견.

【愚笨】yúbèn 形 어리석다. 우둔하다. 미련하다. ¶再没有比他～的人 | 그보다 더 어리석은 사람은 없다＝〔愚蠢chǔn〕〔愚鲁lǔ〕

3【愚蠢】yúchǔn 形 어리석다. 우둔하다. 미련하다. ¶～无知 | 어리석고 무지하다. ¶他太～, 没有想到这一点 | 그는 너무나 어리석어 이 점을 생각하지 못했다＝〔愚笨bèn〕〔愚鲁lǔ〕

【愚钝】yúdùn 形 우둔하다. 미련하다. ¶我生性～,您多包涵bāohán | 제의 어리석음을 양해해 주세요

【愚公精神】Yúgōng jīngshén 名組 우공(愚公)이 산을 옮기는 정신. ¶人要有一点儿～ | 사람은 우공이 산을 옮기는 것과 같은 정신이 있어야 한다→〔愚公移山〕

【愚公移山】Yú gōng yí shān 成 곤란을 무릅쓰고 꾸준히 노력하면 큰 산도 옮길 수 있다. 어떠한 곤란도 두려워하지 않고 굳센 의지로 밀고 나가면 성공한다. ¶发扬～的精神 | 우공이 산을 옮기는 것과 같은 정신을 드높이다.

【愚见】yújiàn 名 謙 어리석은 소견. 저의 소견. 저의 얕은 견해. ¶按～,今晚就该出发 | 제 소견으로는 오늘 저녁에 출발해야 될 것 같습니다＝〔愚意〕

【愚陋】yúlòu 書 形 우매(愚昧)하고 비루(鄙陋)하다. ¶不揣～,将小论送上,烦请过目 | 우매함을 무릅쓰고 저의 졸저를 보내오니 질정을 바랍니다.

【愚鲁】yúlǔ 形 어리석다. 바보스럽다. 우둔하다. ¶你是个～的人,同你谈话,等于对牛弹琴dànqín | 너와 같은 우둔한 사람에게 얘기하는 것은 소

귀에 경 읽기이다 =〔愚笨〕〔愚蠢〕〔愚卤lǔ〕

4【愚昧】yúmèi 形 우매하다. 어리석고 사리에 어둡다. ¶这是由于～｜이것은 어리석음으로 말미암은 것이다. ¶～无知｜무지몽매하다 =〔愚蒙méng〕

【愚氓】yúméng 名 어리석은 사람. ¶一群～｜일군의 어리석은 사람

【愚蒙】yúméng ⇒〔愚昧〕

【愚民】yúmín ❶ 名 우민. 어리석은 백성. ❷ 動 백성을 어리석게 하다.

【愚民政策】yúmín zhèngcè 名組〈政〉우민 정책.

【愚弄】yúnòng 動 바보 취급하다. 우롱하다. ¶麻痹mápì和～群众｜대중을 마비시키고 우롱하다.

【愚懦】yúnuò 形 어리석고 겁이 많다. ¶何以如此～?｜어찌 이와 같이 어리석고 겁이 많은가?

【愚人】yúrén 名 어리석은 사람. 미련한 사람. ¶他们都是～그들은 모두 미련한 사람이다.

【愚人节】Yúrénjié 名 만우절. ¶～大家可以随便开玩笑｜만우절에는 사람들이 아무렇게나 농담을 할 수 있다 =〔四月傻瓜shǎguā〕

【愚顽】yúwán 形 우매하고 완고하다〔고집스럽다〕 ¶他是一个～的人｜그는 우매하고 완고한 사람이다.

【愚妄】yúwàng 形 우매하고 거만하다. ¶此人～极了｜이 삶은 너무 우매하고 거만하다.

【愚兄】yúxiōng 名 謙 우형. 어리석은 형〔옛날, 자기보다 젊은 친구에 대하여 자기를 낮추어 이르는 말〕

【愚意】yúyì ⇒〔愚见〕

【愚者暗于成事, 智者见于未萌】yúzhě àn·yuchéngshì, zhìzhě jiàn·yu wèiméng 諺 우매한 사람은 이미 드러난 사실도 모르고, 지혜 있는 사람은 아직 징조도 보이기 전에 미리 간파한다.

【愚者千虑, 必有一得】yú zhě qiān lǜ bì yǒu yī dé 成 어리석은 사람이라 하더라도 생각을 거듭하면 좋은 수를 생각해 낼 수 있다〔자기의 소견이 아주 미약함을 나타내는 겸사(謙詞)〕 ¶～,～,我的意见还请是你考虑一下儿｜어리석은 사람이라 하더라도 생각을 거듭하면 좋은 수를 생각해 낼 수도 있듯이 저의 의견도 고려해 주시길 바랍니다.

【愚拙】yúzhuō 書 ❶ 形 어리석고 졸렬하다〔못나다〕=〔愚笨〕 ❷ 名 札 우생. 졸생(拙生)〔자기(自己)의 겸칭〕

1【鱼(魚)】yú 고기 어

❶ 名 물고기. ¶～离不开水｜물고기는 물을 떠날 수 없다. ¶一条～｜물고기 한마리. ¶捞lāo～｜그물로 물고기를 잡다. ❷ 물고기와 비슷한 모양·색깔. ¶～白↓ ❸ 고문에서「渔」와 통용〔渔①〕 ❹ (Yú) 名 성(姓)

【鱼白】yúbái 名 ❶ 어백. 물고기의 정액. ❷ 청백색. 물고기의 배 색깔〔주로 동터오는 하늘을 묘사할 때 쓰임〕 ¶东方一线～, 黎明已经到来｜동녘 하늘이 청백색으로 밝아오니 여명이 왔다 =〔鱼肚dù白〕

【鱼鳔】yúbiào 名 (물고기의) 부레 =〔俗 鱼胞〕〔俗 鱼泡〕〔簡 鳔①〕

【鱼池】yúchí 名 양어장. ¶～中养着不少鱼呢｜양어장에 많은 고기를 기르고 있다 =〔鱼塘②〕〔养鱼池〕

【鱼翅】yúchì 名 상어 지느러미〔요리의 재료로 쓰임〕 ¶清蒸～｜상어 지느러미로 만든 중국 요리의 일종 =〔堆duī翅〕

【鱼虫(儿)】yúchóng(r) ❶〔水蚤shuǐzǎo〕 ❷ 名 물고기의 먹이.

【鱼唇】yúchún 名 상어 입술〔상어 입 주변 연골(軟骨)의 건조품으로 중국 요리의 재료로 쓰임〕

【鱼肚】yúdǔ 名 ❶ 부레. ❷ 부레풀. 아이징 글라스 =〔鱼胶①〕

【鱼肚白】yúdùbái〔鱼白②〕

【鱼饵】yú'ěr 名 미끼. 낚싯밥. ¶撒下sǎxià～｜낚시밥을 뿌리다.

【鱼粉】yúfěn 名 어분. 고깃 가루. 피시 밀(fish meel)

【鱼肝油】yúgānyóu 名〈藥〉(어)간유. ¶鳕xuě肝油｜대구 간유.

【鱼竿(儿,子)】yúgān(r·zi) 名 낚싯대 =〔钓竿diàogān(儿)〕

【鱼缸】yúgāng 名 어항.

【鱼缸儿】yúgāngr 名 작은 어항.

【鱼钩(儿)】yúgōu(r) 名 낚싯바늘 =〔渔钩〕

【鱼狗】yúgǒu 名〈鳥〉물총새 =〔翡翠fěicuì①〕

【鱼鼓】yúgǔ ❶ ⇒〔渔yú鼓①〕 ❷ 名〈佛〉목어 =〔木mù鱼(儿)〕

【鱼鼓道情】yúgǔ dàoqíng ⇒〔道情〕

【鱼贯】yúguàn 動 (꼬챙이에 꿴 생선처럼) 쭉 이어지다. 줄줄이 늘어서다. ¶他们一行八个人～地进了花园｜그들 일행 8명은 줄을 지어 화원에 들어갔다. ¶～入场｜줄지어 회의장에 들어가다. ¶～而行｜줄지어 가다.

【鱼花】yúhuā ⇒〔鱼苗miáo〕

【鱼胶】yújiāo 名 ❶ 부레풀. 어교 =〔鱼肚dù②〕 ❷ 方 (물고기의) 부레〔특히「黄鱼」(조기)의 부레를 가리킴〕

【鱼具】yújù 名 어구(漁具). 고기잡이 도구. ¶这家小店专营～｜이 작은 상점은 어구를 전문으로 취급한다.

【鱼口】yúkǒu 名〈漢醫〉(매독·연성하감 등의 병으로 인해) 임파선에 궤양이 생겨 그 상처 부위가 물고기 입 모양으로 터진 것.

【鱼雷】yúléi 名〈軍〉어뢰. ¶～发射管｜어뢰발사관.

【鱼雷(快)艇】yúléi(kuài) 名〈軍〉어뢰정

【鱼类】yúlèi 名〈魚貝〉어류. ¶鲸不属于～｜고래는 어류에 속하지 않는다.

【鱼鳞】yúlín 名 ❶ 어린. 물고기의 비늘. ❷ 喩 물건이 많고, 밀집해 있는 것.

【鱼鳞坑】yúlínkēng 名 물을 모아 두거나 나무를 심기 위하여 고기 비늘 모양으로 산비탈에 촘촘히 판 구덩이.

【鱼鳞松】yúlínsōng 名〈植〉가문비나무.

【鱼龙】yúlóng 名〈動〉어룡.

【鱼龙混杂】yú lóng hùn zá 成 물고기와 용이 한데 섞여 있다. 악한 사람과 착한 사람이 마구 뒤섞여 있다. 구성이 복잡하다. ¶这一群人可以说

是～ | 이 사람들은 물고기와 용이 섞여 있는 것처럼 구성이 복잡하다.

【鱼卵】yúluǎn 名 ❶ 어란. ❷ 이크라(ikra;러)

【鱼米之乡】yú mǐ zhī xiāng 成 쌀밥에 생선국 먹는 곳. (바다 가까운 곳의) 살기 좋은 땅. ¶他出生于～的苏州 | 그는 살기좋은 소주에서 태어났다＝〔鱼米乡〕

【鱼苗】yúmiáo 名 치어(稚魚)＝〔鱼花〕→〔鱼秧(子)〕

【鱼目混珠】yú mù hùn zhū 成 물고기의 눈알을 진주에 섞다. 가짜로 속이다. ¶那些小贩卖的外国手表～,客人们可要小心哩 | 그런 작은 상점에서 파는 외국 손목시계는 진짜와 가짜가 섞여 있으므로 손님들은 조심해야 한다.

【鱼漂(儿)】yúpiāo(r) 名 낚시찌＝〔浮子〕〔漂儿〕

【鱼儿】yúr 名 작은 물고기. ¶小～ | 작은 물고기. ¶金～ | 금붕어.

【鱼肉】yúròu ❶ 名 생선의 고기. ❷ 名 생선과 육류. ❸ 動 轉 마음대로 마구 짓밟다. 어육을 만들다. 함부로 유린하다. ¶勾结官府,～农民,霸占bàzhàn农民田产 | 관리와 결탁하여 농민을 마구 짓밟고 농민의 토지를 강탈하다.

【鱼石脂】yúshízhī 名〈藥〉이히티올(Ichthyol;독)＝〔鱼石硫酸铵〕〔磺基鱼石油酸铵〕〔伊希焦耳〕〔依克度〕

【鱼水情】yúshuǐqíng 名 물고기와 물의 관계처럼 매우 친밀한 정의(情誼) ¶军民～ | 군·민이 물고기와 물의 관계처럼 매우 친밀하다.

【鱼水相得】yú shuǐ xiāng dé 成 물고기와 물처럼 서로 돕고 사이가 좋다.

【鱼死网破】yú sǐ wǎng pò 成 喩 모두 죽다. 모두 같은 운명이 되다. ¶我要跟他拼一个～ | 나는 그와 사력을 다해 싸울 것이다.

【鱼松】yúsōng 名〈食〉생선을 가공하여 솜처럼 만든 식품＝〔鱼肉松〕〔肉松〕

【鱼藤】yúténg 名〈植〉데리스. ¶～酮tóng | 〈化〉로테논(rotenone)

【鱼网】yúwǎng 名 어망. ¶尼龙～ | 나이론 어망＝〔渔网〕

【鱼尾】yúwěi 名 ❶ 물고기 꼬리. ❷ 관상학에서의 눈꼬리(의 주름) ❸ 어미 [서지학에서 목판본의 판심(版心). 중봉(中縫)을 중심으로 「★」와 같은 물고기의 꼬리형이 인각(印刻)되어 있는 것을 이름. 명각본(明刻本)은 어미 위에, 송·원판(宋·元版)은 어미 아래 책이름이 인쇄되어 있음]

【鱼虾】yúxiā 名 ❶ 물고기와 새우. ❷ 어류를 통틀어 일컫는 말.

【鱼鲜】yúxiān 名 물고기·새우 등의 해산물. ¶他爱赏～ | 그는 해산물을 즐겨 먹는다.

【鱼腥草】yúxīngcǎo ⇒〔蕺jí菜〕

【鱼汛】yúxùn 名 어기(魚期)＝〔渔汛〕

【鱼秧(子)】yúyāng(·zi) 名 치어(稚魚). 유어(幼魚) ¶投放大量的～ | 대량의 치어를 방생하다＝〔鱼栽zāi〕〔鱼种〕

【鱼鹰(子)】yúyīng(·zi) ❶ 名〈鳥〉물수리의 통칭＝〔鹗è〕❷ 가마우지의 통칭＝〔鸬鹚lúcí〕

【鱼游釜中】yú yóu fǔ zhōng 成 가마솥 안에서 물고기가 놀다. 위험이 눈앞에 닥치다. 곧 멸망할 상황에 처하다.

【鱼找鱼, 虾找虾】yú zhǎo yú, xiā zhǎo xiā 諺 물고기는 물고기를 찾고, 새우는 새우를 찾는다. 유유 상종이다. 끼리끼리 모인다.

【鱼种】yúzhǒng ⇒〔鱼秧(子)〕

【鱼子】yúzǐ 名 ❶ 어란(魚卵). 물고기 알. ❷ 물고기 알을 절인 것이나 건조한 것.

3【渔(漁)】yú 고기잡을 어

動 ❶ 물고기를 잡다. ¶～业↓ ¶竭泽jiézé而～ | 못의 물을 빼고 고기를 잡다. 喩 뒷일을 생각지 않고 눈앞의 이익만 추구하다＝〔書 鱼①〕❷ 書 (부당하게) 이익을 추구하다. 약탈하다. ¶～利↓ ¶侵～百姓 | 백성을 착취하다.

【渔霸】yúbà 名 악질 선주. ¶～头 | 악질 선주.

【渔产】yúchǎn 名 ❶ 수산물(水産物) ❷ 어업 생산.

【渔场】yúchǎng 名 어장. ¶开设～ | 어장을 개설하다.

【渔船】yúchuán 名 어선. ¶远洋～ | 원양 어선. ¶近海～ | 근해 어선.

【渔村】yúcūn 名 어촌.

【渔夫】yúfū 名 어부. ¶鹬蚌yùbàng相争,～得利 | 成 도요새와 방합의 다툼에 어부가 이익을 얻다. 어부지리.

【渔港】yúgǎng 名 어항.

【渔歌】yúgē 名 어부의 노래. 뱃노래.

【渔鼓】yúgǔ ❶ 名 타악기의 하나 [죽통(竹筒)의 한 쪽에 얇은 가죽을 씌우고 손으로 침. 「道情」의 주요 반주 악기]＝〔鱼鼓①〕❷ ⇒〔道dào情〕

【渔鼓道情】yúgǔ dàoqíng ⇒〔道dào情〕

【渔行】yúháng 名 생선 도매상.

【渔户】yúhù 名 ❶ 어부. 어민. ❷ 어가(漁家)＝〔渔家〕‖＝〔鱼户〕

【渔具】yújù 名 어구＝〔鱼具〕

【渔捞】yúlāo 名 動 어로(하다)

【渔利】yúlì 書 ❶ 動 이익을 추구하다. 부당한 이익을 꾀하다. 어부지리를 꾀하다. ¶从中～ | 成 중간에서 부당한 이익을 보다. ❷ 名 부당한 수단으로 얻은 이익. 어부지리. ¶坐收～ | 成 아무 것도 하지 않고 부당한 이익을 얻다. 앉아서 어부지리를 얻다.

【渔猎】yúliè 書 名 어렵. 고기잡이와 사냥. 어업과 수렵(狩獵)＝〔捕鱼打猎〕

【渔轮】yúlún 名 어로용 기선.

3【渔民】yúmín 名 어민. ¶他父亲是～ | 그의 아버지는 어민이다.

【渔人得利】yú rén dé lì 成 양편이 싸우고 있는 틈을 타서 제삼자가 이득을 보다. 어부지리＝〔渔人之利〕〔渔翁得利〕〔鹬yù蚌相争〕

【渔人之利】yú rén zhī lì ⇒〔渔人得利〕

【渔网】yúwǎng ⇒〔鱼yú网〕

【渔翁得利】yú wēng dé lì ⇒〔渔人得利〕

【渔汛】yúxùn ⇒〔鱼yú汛〕

4【渔业】yúyè 名 어업. ¶～盛季shèngjì | 성어기(盛漁期) ¶～权 | 어업권. ¶～监视船 | 어업감시선. ¶～协定 | 어업 협정. ¶～资源 | 어업 자원.

【渔舟】yúzhōu 書名 어선. 고기잡이 배.

【臾】yú 잠깐 유
⇒〔须xūyú〕

【谀(諛)】yú 아첨할 유
書動 아첨하다. ¶～辞↓→〔谄chǎn〕

【谀辞】yúcí 名 아첨하는 말 =〔谀词〕

【萸】yú 수유나무 유
⇒〔茱zhūyú〕

【腴】yú 살질 유
形 ❶ (사람이) 살지다. 포동포동하다. ¶面貌丰～ | 얼굴이 포동포동하다. ❷ (땅이) 비옥하다. ¶～土 | 비옥한 토지.

【腴润】yúrùn 書形 윤기가 있다. 습윤하다. 비옥하다. ¶土地～, 宜yí于农业 | 땅이 비옥하여 농업에 적합하다.

【腴田】yútián 名 비옥한 밭.

3【娱(娛)】yú 즐거워할 오
書 ❶ 動 즐기다. 즐겁게 하다. ¶～亲 | 부모를 즐겁게 해드리다. ❷ 名 오락. 즐거움. ¶耳目之～ | 귀와 눈의 즐거움. ¶文～活动 | 문화 오락 활동. 레크레이션.

3【娱乐】yúlè 名 오락. 즐거움. ¶～活动 | 오락 활동. ¶～室 | 오락실.

【娱心】yúxīn 書動 마음을 즐겁게 먹다. 잡념을 떨쳐버리다. ¶读诗可以～ | 시를 읽으면 마음이 즐거워진다.(잡념을 떨쳐버릴 수 있다.)

【虞(虞)】yú 생각할 우, 근심할 우
❶ 書動 예상하다. 예측하다. ¶以备不～ | 예측할 수 없는 사태에 대비하다. ❷ 書動 걱정(하다). 근심(하다) ¶衣食无～ | 먹고 입을 걱정이 없다. ❸ 書動 속이다. 기만하다. ¶我无尔诈zhà, 尔无我～ | 내가 당신을 속이지 않으니까 당신도 나를 속이지 마시오. ❹ (Yú) 〈史〉名 ⓐ 우 [전설상의 왕조(王朝)로서 순(舜) 임금이 건국했다고 함] ⓑ 우 [주대(周代)의 제후국으로 지금의 산서성(山西省) 평륙현(平陸縣) 일대에 위치했음] ❺ (Yú) 名 성(姓) ❻ 복성(複姓)중의 한 자(字) ¶～丘↓

【虞美人】yúměirén 名 ❶ 〈植〉 개양귀비 =〔丽春花〕〔赛牡丹〕 ❷ (Yúměirén) 〈人〉 우미인 [초(楚)나라 항우(項羽)의 총희(寵姬)였던 「虞姬」의 미칭(美稱)]

【虞丘】Yúqiū 名 복성(複姓)

【舁】yú 마주들 여
動 方 마주 들다. 함께 들다. ¶～送医院 | 함께 메고 병원으로 가다.

【舁夫】yúfū 名 가마꾼. 교군(轎軍). 짐꾼.

【雩】yú 기우제 우
名 옛날의 기우제(祈雨祭)

4【舆(輿)】yú 수레 여, 많을 여
❶ 여러 사람의. 뭇 사람의. ¶～论↓ ❷ 땅. 영역. ¶～地↓ ❸ 書名 수레. 차. ¶舍shě～登舟dēngzhōu | 수레에서 내려 배를 타다. ❹ 書名 가마. ¶肩jiān～ | 가마. ¶彩cǎi～ | 장식된 가마. ❺ 書動 메다. ¶～轿jiào | 가마를 메다 =〔回 抬tái〕

【舆地】yúdì 書名 땅. 토지. 대지.

4【舆论】yúlùn 名 여론. 세론(世論) ¶～的力量 | 여론의 역량. ¶社会～ | 사회 여론. ¶国际～ | 국제 여론.

【舆情】yúqíng 名 민정(民情). 대중의 의향. 세정(世情) ¶～激昂 | 민정이 격앙되다. ¶洞察dòngchá～ | 민정을 통찰하다. ¶他受～所迫, 不得已而辞职了 | 그는 세정의 압박을 받아 부득이 사직했다.

【舆台】yútái 名 지위가 낮은 사람. 천역(賤役)에 종사하는 사람.

【舆图】yútú 書名 ❶ 지도. ¶绘制～ | 지도를 제작하다. ❷ 땅. 강토(疆土)

yǔ ㄩˇ

2【与(與)】yǔ yù yú 더불 여, 줄 여

Ⓐ yǔ 書 ❶ 動 주다. 보내다. ¶赠zèng～ | 증여하다. ❷ 動 사귀다. 교제하다. ¶此人易～ | 이 사람은 사귀기 쉽다. ¶相～甚厚hòu | 교제가 매우 두텁다. ❸ 動 찬성하다. 지지하다. 도와주다. ¶众人～之 | 많은 사람이 지지하다. ¶～人为善 | 남을 도와 좋은 일을 하다. ❹ 介 …와〔과〕 ¶～困难作斗争 | 어려움과 싸우다. ¶～众不同↓ =〔跟〕〔同〕 ❺ 介 …에게. ¶～他很方便 | 그에게 매우 편리하다. ❻ 連 …와〔과〕 [명사 대사 명사구를 병렬함] ¶工业～农业 | 공업과 농업. 어법 「与」「和」「跟」「同」의 비교 ⇒〔跟gēn〕

Ⓑ yù 書動 참여하다. 참가하다. ¶参～ | 참여하다.

Ⓒ yú 書助 ❶ 의문이나 반문(反問)을 나타내는 어기조사. ¶其言不足信～? | 그 말은 믿을 만한가? ¶在齐～在鲁～? | 제나라에 있는가? 노나라에 있는가? ❷ 감탄을 나타내는 어기조사. ¶归～! | 돌아갈거나! ‖ =〔欤yú〕

Ⓐ yǔ

4【与此同时】yǔcǐ tóngshí 動組 이와 동시에. 아울러 어법 주로 문두(文頭)에서 많이 쓰임. ¶～, 他也赶到了汉城 | 이와 동시에 그도 서울에 도착했다.

【与此相反】yǔcǐ xiāngfǎn 動組 (이와) 반대로 [주로 문두(文頭)에 쓰임] ¶～,他从不说他自己做错了 | 반대로 그는 자기자신이 잘못했다고 끝내 말하지 않는다.

【与否】yǔfǒu 名 여부. ¶不知可行～ | 실행할 수 있는 지 없는지를 알 수 없다.

【与格】yǔgé 名 〈言〉 여격.

【与虎谋皮】yǔ hǔ móu pí 成 호랑이한테 가죽 벗기자고 의논한다. 나쁜놈 보고 그의 이익을 희생할 것을 요구하는 것은 무모한 짓이다 =〔与狐谋皮〕〔向虎谋皮〕

3【与其】yǔqí 連 …하기 보다는. …하느니 차라리 … 어법 일반적으로 「与其…不如〔毋宁, 宁可…〕」의 형식으로 많이 쓰임. ¶～读论语不如看小说 | 논어를 읽기보다는 소설을 보는 것이 더 낫다. ¶～忍辱而生, 宁可斗争而死 | 굴욕을 참으며 사느니 차라리 싸우다 죽겠다.

【与人方便, 与己方便】yǔrén fāngbiàn, yǔjǐfā-

ngbiàn 成 남에게 편리를 주면 그것이 자기에게 되돌아 온다. 喩 인정은 베풀면 되돌아온다.
【与人口实】yǔ rén kǒu shí 成 남에게 구실을 만들어 주다. 남에게 약점을 잡히다. ¶这种做法会～ | 이렇게 하면 남에게 약점을 잡히게 된다.
【与人为善】yǔ rén wéi shàn 成 남에게 좋은 일하다. 선의로 남을 돕다. ¶人要～才是 | 사람은 모름지기 남에게 좋은 일을 해야 한다.
【与日俱增】yǔ rì jù zēng 成 날이 갈수록 번창하다. 날로 많아지다〔커지다〕 ¶学汉语的人～ | 중국어를 배우는 사람이 날이 갈수록 많아진다.
【与世长辞】yǔ shì cháng cí 成 세상을 떠나다. 죽다.
【与世沉浮】yǔ shì chén fú 成 세상 돌아가는 대로 따르다. 세상의 일에 따라 부침(浮沉)하여 거스르지 않다.
【与世无争】yǔ shì wú zhēng 成 세속과 싸우지 않고 남과도 싸우지 않다. 현실 사회를 도피하다. ¶他是一个～的人 | 그는 현실 도피주의자이다.
【与众不同】yǔ zhòng bù tóng 成 보통 사람과 다르다. 남보다 뛰어나다 =〔比众不同〕
Ⓑ yù
4【与会】yùhuì 動 회의에 참가하다. ¶～国 | 회의 참가국. ¶～者 | 회의 참가자.

3【屿(嶼)】yǔ 섬 서
名 작은 섬. ¶岛dǎo～ | 도서. 크고 작은 섬들.

3【予】yǔ ☞ 予 yú Ⓑ

3【宇】yǔ 집 우, 천하 우
❶ 名 처마. 집. ¶栋dòng～ | 집의 마룻대와 처마. 집. ❷ (무한의) 공간. 세계. ¶寰huán～ | 전세계. 온누리. ¶～宙zhòu↓ ❸ 용모. 풍채. 기량(器量) ¶器～ | (사람의) 용모. 풍채. 氣～ | 기개와 도량. ❹ 복성(複姓)중의 한 자(字) ¶～文↓
【宇航】yǔháng 名 簡「宇宙航行」(우주 비행)의 약칭. ¶～员 =〔航天员〕 | 우주 비행사.
【宇文】Yǔwén 名 복성(複姓)
3【宇宙】yǔzhòu 名 ❶〈天〉우주. ¶～人 | 우주인 →〔太空〕 ❷〈哲〉일체의 물질과 그 존재 형식의 총체(總體) →〔世界〕
【宇宙尘】yǔzhòuchén 名〈天〉우주진.
【宇宙飞船】yǔzhòu fēichuán 名組〈航〉우주선. ¶载zài人～ | 유인(有人) 우주선 =〔太空船〕
【宇宙观】yǔzhòuguān 名〈哲〉우주관. ¶不同的人有不同的～ | 사람마다 다른 우주관을 갖고 있다 =〔世界观〕
【宇宙航行】yǔzhòu hángxíng 名組 우주 비행. ¶～员 | 우주 비행사.
【宇宙火箭】yǔzhòu huǒjiàn 名組〈航〉우주 로케트(rocket)
【宇宙空间】yǔzhòu kōngjiān 名組 우주 공간 =〔外层空间〕
【宇宙射线】yǔzhòu shèxiàn 名組〈物〉우주 방사선(宇宙放射線) =〔宇宙线〕
【宇宙速度】yǔzhòu sùdù 名組〈物〉우주 속도. ¶第一～ | 제일 우주 속도. ¶第二～ | 제이 우주 속도.

2【羽】yǔ 깃 우, 새 우
名 ❶ 새의 깃(털) 또는 날개. ❷ 곤충의 날개. ❸ 조류(鳥類)의 통칭. ❹〈音〉우 [고대(古代)의 5음(五音;궁(宮)·상(商)·각(角)·치(徵)·우(羽))의 하나] ❺ (Yǔ) 성(姓)
【羽缎】yǔduàn 名〈紡〉우단. 벨벳(velvet) =〔羽绫líng缎〕〔羽毛máo缎〕
【羽冠】yǔguān 名〈鳥〉우관. 도가머리.
【羽化】yǔhuà ❶ 名 動 우화(하다) ❷ 動 轉 우화등선(羽化登仙)하다. 신선이 되다. ¶老和尚～ | 노승은 우화 등선했다. ❸ 動 婉 (도교에서) 사람이 죽다.
4【羽毛】yǔmáo 名 ❶ 깃털. ❷ 새의 깃과 짐승의 털. ❸ 喩 사람의 명예(名譽) ¶爱惜àixī～ | 명예를 소중히 여기다.
【羽毛缎】yǔmáoduàn ⇒〔羽缎〕
【羽毛丰满】yǔ máo fēngmǎn 成 깃털이 다 나다. 喩 성숙되다. 자격을 제대로 갖추다. ¶他现已～ | 그는 이미 성숙했다 =〔羽翼丰满〕
2【羽毛球】yǔmáoqiú 名 ❶〈體〉배드민턴. ¶打～ | 배드민턴을 치다. ❷ (배드민턴의) 셔틀콕(shuttlecock) ‖ =〔羽球yǔqiú〕〔鸡毛球jīmáoqiú〕
【羽毛未丰】yǔ máo wèi fēng 成 깃털이 아직 충분히 나지 않았다. 경험이 적고 미숙하다. 자격이 아직 갖추어지지 않았다 =〔羽翼未丰〕
【羽纱】yǔshā 名〈紡〉면(棉)과 모(毛) 등을 혼합하여 짠 얇은 방직품 [주로 옷의 안감으로 쓰임] =〔羽毛纱〕
【羽扇】yǔshàn 名 깃털로 만든 부채. ¶～纶guān巾 | 成 위풍 당당하다. ¶摇yáo～的 | 喩 참모(參謀) 역할을 맡은 사람 [제갈공명(諸葛孔明)이 항상 손에 우선을 쥐고 있었던 데서 나온 말] =〔羽毛扇〕〔翎líng扇〕
【羽翼】yǔyì 名 ❶ 날개. ❷ 喩 좌우에서 보좌하는 사람. 또는 그 힘. ¶派出～,四处打听dǎtīng | 아랫사람들을 보내 사방으로 수소문하다.
【羽翼丰满】yǔ yì fēngmǎn 成 날개가 충분히 나다. 충분히 활약할 만큼의 실력이 붙다 =〔羽毛丰满〕

【伛(傴)】yǔ 곱사등이 구
⇒〔伛偻〕
【伛偻】yǔlǚ 書 ❶ 動 몸을 굽히다. 허리를 구부리다. ¶～而入 | 허리를 굽히고 들어가다. ❷ 名 곱추. 곱사등이 =〔回 佝偻 gōu·lóu〕

1【雨】yǔ yù 비 우, 비올 우
Ⓐ yǔ 名 비. ¶下了一场大～ | 큰 비가 한바탕 내렸다.
Ⓑ yù 書 動 ❶ 비가 오다. ¶～竟jìng日 | 하루종일 비가 오다. ❷ (하늘에서) 내리다. ¶～雪 | 눈이 내리다.
【雨布】yǔbù 名 방수포(防水布) ¶车上盖着～ | 차에 방수포를 덮다.
【雨点(儿, 子)】yǔdiǎn(r·zi) 名 빗방울. ¶掉diào下豆大的～ | 콩알만큼 큰 빗방울이 떨어지다 =

〔雨珠儿〕
【雨过地皮湿】yǔ guò dìpí shī ❶비가 멎고 땅이 물기를 머금다. ❷어떤 일을 한 것이 효과가 나타나다.
【雨过天晴】yǔ guò tiān qíng [成]비가 멎고 날이 개다. 장해(障害)가 사라지고 평탄한 상태가 되다. 다시 원상으로 회복되다. ¶～,一场风波终于平息了ㅣ비 온 뒤에 날이 개이듯이 풍파가 결국 가라 앉았다＝〔雨过天青〕
【雨后春笋】yǔ hòu chūn sǔn [成]우후 죽순(雨後竹筍) 비가 온 뒤에 여기저기 무럭무럭 솟는 죽순. 어떠한 새로운 일이 한 때에 많이 일어나다.
【雨后送伞】yǔhòu sòngsǎn [諺]비가 그친 뒤에 우산을 보내다. 일이 이미 끝난 뒤에 하게 되어 효과가 없다. 행차 뒤 나팔.
【雨花石】yǔhuāshí [名]우화석 [남경(南京) 우화대(雨花臺) 일대에서 나는 광택이 있는 작은 계란형의 돌. 미려한 색깔과 무늬로 관상용으로 쓰임]
【雨季(儿)】yǔjì(r) [名]우계. 우기(雨期)
【雨脚】yǔjiǎo [名]우각. 빗발. ¶密雨下黑了天地,老远望去,～绩成的帘子从天到地,真像传说里的龙须ㅣ억수같이 내리는 비로 천지가 어두워졌다. 먼 곳을 바라 보니, 빗발로 짜인 발이 하늘에서 땅까지 드리워져 있어 전설에 나오는 용의 수염 같았다.
【雨具】yǔjù [名]우구. 우비(雨備). 우장(雨裝) ¶买了一些～ㅣ우장을 사다.
【雨量】yǔliàng [名]〈氣〉우량. ¶～站ㅣ우량·기온·풍력·풍향 등 기상 자료를 측량하는 소규모의 기상 센터. ¶～强度ㅣ강우 강도.
【雨露】yǔlù [名]우로. 비와 이슬. [喻]은혜(恩惠). 은택(恩澤) ¶承受～ㅣ은혜를 입다.
【雨幕】yǔmù [名]막(幕)을 친 듯이 빗방울이 촘촘히 내리는 것.
【雨披】yǔpī [名][方]창문 위에 덧붙이는 비막이 차양.
【雨前】yǔqián [名]우전차(雨前茶) [절강성(浙江省) 항주(杭州) 산의 녹차(綠茶) 이름, 곡우(穀雨)(4월 20일) 이전에 딴 연한 잎으로 만듦]
【雨情】yǔqíng [名](일정 지역의) 강우 상황. ¶～严重ㅣ강우 상황이 아주 엄중하다.
【雨伞】yǔsǎn [名]우산. ¶打～ㅣ우산을 받치다→〔阳yáng伞〕
【雨势】yǔshì [名]비의 기세.
4【雨水】yǔshuǐ ❶(～儿) [名]빗물. ¶～调和ㅣ빗물〔강우량〕이 알맞다. ❷[名]우수 [24절기(二十四節氣)의 하나]→〔节jié气〕
【雨天】yǔtiān [名]우천. 비가 오는 날.
【雨蛙】yǔwā [名]〈動〉산청개구리＝〔树蛙〕→〔蛙〕
【雨鞋】yǔxié [名]우화(雨靴). 비신.
【雨星儿】yǔxīngr [名]❶안개비. 이슬비. ❷안개처럼 가는 빗방울.
【雨雪】yǔxuě [名]❶비와 눈. ❷진눈깨비＝〔雨夹雪〕
【雨夜】yǔyè [名]비 오는 밤. ¶他～外出必有要事ㅣ그가 비 오는 밤에 외출을 하다니 필시 중요한 일이 있다.
2【雨衣】yǔyī [名]우의. 비옷. 레인 코트. ¶～布＝〔防水布〕ㅣ방수포. ¶战壕zhànháo～ㅣ트렌치 코트(trench coat)
【雨意】yǔyì [名]우의. 우기(雨氣) ¶阴云密布,大有～ㅣ먹구름이 뒤덮혀 비 올 조짐이 많다＝〔雨气〕
【雨珠儿】yǔzhūr ⇒〔雨点(儿,子)〕
【雨字头(儿)】yǔ·zitóu(r) [名]한자 부수의 비우(雨)변.

1【语(語)】yǔ yù 말 어, 말할 어, 알릴 어

Ⓐyǔ ❶[名]말. ¶一～不发ㅣ일언반구도 말하지 않다. 한마디도 하지 않다. ❷[書][名]속담. 성어(成語). 옛말. ¶～曰,「唇亡则齿寒」ㅣ옛말에 이르기를,「입술이 없으면 이가 시리다」고 했다. ❸[書][動]말하다. ¶低声细～ㅣ낮은 소리로 속삭이다. ❹말을 대신하는 동작이나 수단. ¶手～ㅣ손짓. 수화. ¶旗～ㅣ수기 신호. ❺[名]〈言〉구(句) [둘 이상의 단어가 결합된 것]→〔词①〕〔句①〕
Ⓑyù [書][動]고하다. 알리다. ¶不以～人ㅣ다른 사람에게 고하지 않다.
【语病】yǔbìng [名]❶어폐(語弊) ¶文章中有不少～ㅣ문장속에 적잖은 어폐가 있다. ❷말을 더듬는 병.
【语词】yǔcí [名]〈言〉❶단어 혹은 구(句)→〔词〕〔词组〕❷(옛 문법 용어로)「谓语」(술어)를 가리킴.
2【语调】yǔdiào [名]❶〈言〉어조. 인토네이션(intonation) ❷논조(論調) ¶用激烈jīliè的～攻击gōngjī对方ㅣ격렬한 논조로 상대방을 공격하다.
1【语法】yǔfǎ [名]〈言〉❶어법. 문법. ¶～书ㅣ문법책. ❷문법 연구. 용어 연구. 용어법. ¶描写～ㅣ기술 문법(記述文法) ¶历史～ㅣ역사 문법. ¶比较～ㅣ비교 문법. ¶转换生成～ㅣ변형생성문법
【语法学】yǔfǎxué [名]〈言〉어법학.
【语感】yǔgǎn [名]어감. ¶他的～很好ㅣ그의 어감은 아주 좋다.
【语汇】yǔhuì [名]어휘. ¶常用～ㅣ상용 어휘＝〔词汇〕
【语句】yǔjù [名]어구.
【语录】yǔlù [名]어록. ¶朱子～ㅣ주자어록
2【语气】yǔqì [名]❶어세(語勢). 말투. 어투. ¶加重～说ㅣ어세를 높여 말하다. ¶用婉转wǎnzhuǎn的～说ㅣ완곡한 어투로 말하다. ❷〈言〉어기(語氣) [진술·의문·명령·감탄 등의 구별을 나타내는 문법의 범주]
【语气助词】yǔqì zhùcí [名]〈言〉어기 조사 [「呢」「啊」「吗」등]＝〔语气词〕〔语助词〕
【语塞】yǔsè [動](격동·분노 등으로 인하여) 말을 더듬다. 말이 막히다. ¶他突然tūrán～,手似乎被什么东西钳qián住了ㅣ그는 갑자기 말이 막혔는데, 손이 아마도 무엇인가에 집힌 것 같았다.
【语素】yǔsù [名]〈言〉형태소. 어소 [어음(語音)과 의의(意義)로 이루어진 최소 어법 단위]
【语态】yǔtài [名]〈言〉태. ¶主动～ㅣ능동태. ¶被动～ㅣ수동태.
【语体】yǔtǐ [名]〈言〉문체. ¶口语～ㅣ구어체. ¶科学～ㅣ과학적인 문체.
【语体文】yǔtǐwén [名]구어문(口語文)＝〔白话文〕

【语头】yǔtóu ⇒〔词头〕
【语尾】yǔwěi ⇒〔词尾〕
3【语文】yǔwén 名 ❶ 언어와 문자. 말과 글. ¶～程度 | 읽고 쓰는 능력. ¶～课 | 국어 수업. ¶～老师 | 국어 교사. ❷ 簡 언어와 문학.
【语文学】yǔwénxué 名 ❶ 언어학. ¶他专门研究～ | 그는 언어학을 전문적으로 연구한다. ❷ 어학과 문학. 어문학.
【语无伦次】yǔ wú lún cì 成 이야기에 조리가 없다. 말의 갈피를 잡지 못하다. ¶他～地说了半天 | 그는 조리도 없이 한참동안 이야기를 했다.
【语系】yǔxì 名〈言〉어계. 언어의 계통.
【语序】yǔxù 名〈言〉어순(語順) =〔词序〕
【语焉不详】yǔ yān bù xiáng 成 상세히 이야기하지 않다. 말이 구체적이지 못하다. ¶此事书上提了一下,但～ | 이 일은 책에서 언급을 했지만 상세하지는 않다.
1【语言】yǔyán 名〈言〉❶ 언어. ❷ 外 랑그(langue) 체계로서의 언어 →〔言yán语〕
【语言学】yǔyánxué 名 언어학.
【语义学】yǔyìxué 名〈言〉의미론. 어의론.
2【语音】yǔyīn 名〈言〉❶ 말소리. 언어의 음성. 어성(語聲) ❷ 구어음(口語音)
【语音学】yǔyīnxué 名〈言〉음성학.
【语源】yǔyuán 名〈言〉어원.
【语源学】yǔyuánxué 名〈言〉어원학.
【语种】yǔzhǒng 名 언어의 종류.
【语重心长】yǔ zhòng xīn cháng 成 말이 간곡하고 의미 심장하다. ¶～地嘱咐zhǔfù他 | 간곡하게 그에게 부탁하다.
【语助词】yǔzhùcí 名〈言〉어기 조사 =〔语气助词〕
【语族】yǔzú 名〈言〉어족 =〔语系〕

【圄】yǔ 옥 어
⇒〔囹líng圄〕

【龉(齬)】yǔ 맞지않을 어
⇒〔龃jǔ龉〕

【俣(俁)】yǔ 클 우
⇒〔俣俣〕
【俣俣】yǔyǔ 書 貺 몸집이 크다. 우람하다.

【禹】Yǔ 우임금 우
名 ❶〈人〉우 [전설상, 하(夏)나라를 창업한 성왕. 왕이 되기 전에 요(叙)·순(舜) 두 임금을 섬겨 홍수를 다스리는 데 큰 공을 세웠다 함] ❷〈地〉우현(禹縣) [하남성(河南省)에 있는 현 이름] ❸ 성(姓)
【禹甸】Yǔdiàn 名 ❶ 우왕(禹王)의 족적 [우왕이 홍수를 다스려 족적(足跡)을 남긴 지역] ❷ 轉 중국(中國) =〔禹域〕
【禹域】Yǔyù 書 名 중국의 땅 =〔禹甸diàn②〕

【圉】yǔ 마굿간 어
書 名 옛날. 말을 사육하는 곳. ¶～人 | 말을 사육하는 사람.

【庾】yǔ 곳집 유
❶ 書 名 노천 곡물 창고. ❷ 지명에 쓰이는 글자. ¶大～岭 | 강서성(江西省)과 광동성(廣東省)의 경계를 이루고 있는 산맥. ❸ (Yǔ) 名 성(姓)

【瘐】yǔ 병들 유
❶ 書 動 옥사하다. ❷ 지명에 쓰이는 글자. ¶大～县 | 강서성(江西省)에 있는 현(縣) 이름 [지금은「大余」라고 씀]
【瘐毙】yǔbì ⇒〔瘐死〕
【瘐死】yǔsǐ 書 動 죄인이 옥중에서 기한(飢寒)으로 죽다. 죄인이 옥중에서 병사(病死)하다 =〔瘐毙〕

【噢】yǔ ☞ 噢 ō B

【貐〈猰貐〉】yǔ 설유 유
⇒〔猰yà貐〕

【窳】yǔ 이지러질 유, 게으를 유
書 動 조악(粗惡)하다. 열등하다. ¶这些器具非常～劣 | 이 기구들은 아주 조악하다. ¶良～ | 우열.
【窳败】yǔbài 書 動 상하게 되다. 그르치다. 못쓰게 되다. 실패하다. ¶事已～, 无可奈何 | 일은 이미 글렀으니 어찌할 수 없다 =〔败坏bàihuài〕
【窳惰】yǔduò 書 形 게을러 빠지다. 나태하다 =〔懒惰lǎnduò〕
【窳劣】yǔliè 書 形 거칠고 나쁘다. 조잡하다. 조악하다. ¶品质～ | 품질이 조잡하다 ‖ =〔粗cū劣〕〔恶è劣〕

yù ㄩˋ

【与】yù ☞ 与 yǔ B

2【玉】yù 옥 옥
❶ 名〈鑛〉옥. ¶一块～ | 하나의 옥. ❷ 喩 (옥같이) 새하얗다. 깨끗하다. 아름답다. ¶～手↓ ❸ 敬 상대방의 신체나 행동 등에 씀. ¶～体↓ ❹ 書 動 轉 도와서 완성시키다. 완전 무결하게 이루다. ¶～成其事 | 도와서 그 일을 완성시키다. ❺ (Yù) 名 성(姓)
【玉版宣】yùbǎnxuān 名〈紙〉옥판 선지. 백색의 다소 두텁고 질좋은 화선지의 일종 =〔玉版〕
【玉版纸】yùbǎnzhǐ 名〈紙〉옥판지. 필기용·장부용 종이의 일종.
【玉帛】yùbó 書 名 옥백. 옥과 비단 [옛날 국가 간의 외교에 예물로 사용되었음] ¶化干戈为～ | 간과가 옥백이 되다. 喩 적대 관계가 우호 관계로 되다.
【玉不琢, 不成器】yù bù zhuó, bù chéng qì 成 옥도 다듬지 않으면 그릇이 되지 않는다. 아무리 소질이 좋아도 잘 닦고 기르지 않으면 훌륭한 것이 못 된다.
【玉成】yùchéng 動 敬 옥성하다. 완전 무결하게 이루다. ¶深望～此事 | 이 일을 훌륭히 성사시키기를 간절히 바랍니다.
【玉雕】yùdiāo 名 옥 조각. ¶～工人 | 옥을 조각하는 사람.
【玉皇大帝】Yùhuáng Dàdì 名組 옥황 대제. 옥황상제(玉皇上帝) =〔玉帝〕
【玉茭(子)】yùjiāo(·zi) 名 西北 옥수수. ¶～棒 | 옥수수 이삭 =〔玉米〕
【玉洁冰清】yù jié bīng qīng 成 옥처럼 깨끗하고 얼음처럼 맑다. 고상하고 순결하다. ¶他是一个

～真君子 | 그는 고상하고 순결한 진군자이다.
【玉兰】yùlán 名〈植〉옥란. 백목련. ¶～开出雪白的花朵 | 옥란이 하얀 꽃을 피웠다.
【玉兰片】yùlánpiàn 名 흰 색의 말린 죽순(竹筍) [음식에 쓰임]
【玉麦】yùmài ⇒〔玉米〕
2【玉米】yùmǐ 名〈植〉옥수수. ¶～大斑病 | 옥수수마른잎병. ¶～黑粉病 | 옥수수깜부기병. ¶～粒 | 옥수수 알. ¶～须 | 옥수수 수염. ¶～秆gǎn | 옥수숫대. ¶～芯xīn | 옥수수 자루의 속대. ¶～油 | 옥수수 기름. ¶～粥 | 옥수수죽 =〔方 玉茭(子)〕〔方 玉麦〕〔玉蜀黍〕〔玉蜀秫shú〕〔方 棒子②〕〔方 包谷〕〔方 包粟〕〔方 包玉米〕〔苞谷〕〔苞米〕〔苞黍〕〔方 老玉米〕〔方 珍珠米〕
【玉米花(儿)】yùmǐhuā(r) 名 옥수수튀기. 팝콘(popcorn) =〔包米花〕〔苞米花〕〔爆玉米花〕〔炒玉米花〕
【玉米面】yùmǐmiàn 名 옥수수 가루.
【玉米螟】yùmǐmíng 名〈蟲〉조명충나방 =〔粟sù螟〕
【玉女】yùnǚ 名 옥녀. 미녀. 선녀. 남의 딸에 대한 경칭.
【玉器】yùqì 名 옥기. 옥을 세공한 각종 기물. ¶～工厂 | 옥기 공장.
【玉搔头】yùsāotóu ⇒〔玉簪zān①〕
【玉色】yù·shai 名〈色〉옥색. 약간 파르스름한 색. ¶～的袜子wàzi | 파르스름한 양말
【玉石】yù·shí 名 ❶ 口 옥. ❷ (yù shí) 書 옥석. 옥과 돌.
【玉石俱焚】yù shí jù fén 成 옥과 돌이 함께 타다. 착한 사람과 악한 사람이 함께 화를 입다. ¶这样一来势必～ | 이렇게 하면 반드시 옥과 돌이 함께 타는 격이 될 것이다 =〔玉石俱碎〕〔玉石同碎〕〔玉石同沉〕
【玉手】yùshǒu 書 名 옥수. 옥같이 희고 아름다운 손.
【玉蜀黍】yùshǔshǔ ⇒〔玉米〕
【玉树】yùshù 名 ❶〈植〉옥수. 회화나무 =〔槐huái树〕❷ 산호나 옥으로 만든 장식용 나무 =〔琪qí树〕❸ 書 喻 재주〔용모〕가 뛰어난 젊은이. ❹ ⇒〔桉ān〕❺〈植〉백화나무 =〔白千层〕
【玉碎】yùsuì 動 옥쇄하다. 공명이나 충절을 위해 깨끗이 생명을 버리다. ¶宁为～, 不为瓦全 | 영예롭게 죽을지언정 비굴하게 목숨을 보전하지 않는다.
【玉体】yùtǐ 書 名 敬 ❶ 존체(尊體) =〔道体②〕❷ 미녀의 몸. ❸ 임금의 몸.
【玉兔】yùtù 書 名「月亮」(달)의 다른 이름 [달속에 토끼가 있다는 전설에서 나옴] =〔玉蟾〕〔玉环②〕〔玉镜〕〔玉轮〕〔玉盘②〕
【玉玺】yùxǐ 名 옥새. (옥으로 만든) 천자(天子)의 도장.
【玉液】yùyè 名 喻 미주(美酒)
【玉液琼浆】yù yè qióng jiāng 成 옥으로 만든 즙. 미주(美酒) ¶他喝是～ | 그가 마신 것은 미주이다.
【玉音】yùyīn 書 名 敬 옥음. ❶ 상대편의 서신에 대한 경칭 [서신에 많이 씀] ❷ 옥같이 고운 미인의 음성. ❸ 천자의 말씀.
【玉宇】yùyǔ 名 ❶ 옥우. 천제(天帝)가 사는 궁전. ❷ 轉 우주. 천하.
【玉簪】yùzān 名 옥잠. 옥비녀 =〔玉搔头〕
【玉照】yùzhào 名 敬 존영(尊影). 남의 사진에 대한 경칭.
【玉镯】yùzhuó 名 옥팔찌.

【钰(鈺)】yù 보배 옥
書 ❶ 名 보배. 보물. ❷ 여문 쇠.

【驭(馭)】yù 부릴 어
書 動 ❶ (말을) 몰다. (거마(車馬)를) 부리다. ❷ 통치하다. 다스리다 ‖ =〔御①②〕
【驭手】yùshǒu 名 ❶ 짐승을 사역(使役)하는 병사. ❷ 마부. 어자(御者) ‖ =〔御手〕

4**【吁(籲)】1 yù 부를 유**
書 動 (어떤 목적을 위해) 외치다. 부르짖다 →〔呼hū吁〕¶～请↓ ¶～求↓
【吁请】yùqǐng 動 호소하다. 하소연하다. 청구하다. ¶～政府扩大民主 | 정부가 민주화를 확대하기를 호소하다.
【吁求】yùqiú 動 애원하다. 호소하고 간구(懇求)하다 =〔吁恳kěn〕

【吁】2 yū xū 탄식할 우
Ⓐ yū 擬 워 워 [소·말 등을 멈추게 할 때 외치는 소리]
Ⓑ xū 書 ❶ 動 탄식하다. 한숨쉬다. ¶长cháng～短叹 | 成 장탄식하다. ❷ 嘆 아. 아니. 허 [놀람·의문·탄식을 나타냄] ¶～! 是何言欤yú | 아니! 이게 무슨 말씀이오.
【吁吁】xūxū 擬 씩씩. 후후. ¶～地直出粗气cūqì | 씩씩거리며 거친 숨을 내쉬다. ¶气喘qìchuǎn～ | 씩씩 가쁜 숨을 몰아쉬다.

【芋】yù 토란 우
❶ 名〈植〉토란 =〔芋头①〕❷ 구근 식물(球根植物)의 통칭. ¶洋～ | 감자. ¶山～ =〔甘薯gānshǔ〕| 方 고구마.
【芋角】yùjiǎo 名 ❶〈食〉「饺jiǎo子」(교자)비슷한 광동(廣東) 지방의 식품 [껍데기의 재료는 토란가루와 밀가루이며, 속은 새우·돼지고기 등임] ❷〈植〉토란.
【芋奶】yùnǎi ⇒〔芋头①〕
【芋艿】yùnǎi ⇒〔芋头①〕
【芋头】yù·tou 名〈植〉❶ 토란 =〔江 芋艿〕〔芋奶〕❷ 方 고구마 =〔甘薯gānshǔ〕

【饫(飫)】yù 실컷먹을 어
書 ❶ 形 배부르다. 만족하다. (배가 불러서) 물리다. ¶餍yàn～ | 물릴만큼 배불리 먹다 →〔饱〕❷ 名 잔치. 서서 먹는 연회.
【饫歌】yùgē 名 연회에서 부르는 노래.
【饫闻】yù wén 形 너무 많이 들어 질리다. 듣기에 질리다.

【妪(嫗)】yù 할미 구
書 名 할머니. 노파. ¶老～ | 노파 →〔媪ǎo〕

【聿】yù 이에 율
❶ 書 助 이. 이에 [고문(古文)에서 쓰인 발어사(發語詞)] ¶～修厥德 | 이에 그 덕을 닦

다. ❷「笔」의 고체자(固體字)

【谷】yù ☞ 谷 gǔ ① Ⓑ

【峪】yù 산골짜기 욕
❶ 書 名 산골짜기. ❷ 지명에 쓰이는 글자. ¶嘉~关 | 가욕관. 감숙성(甘肅省)에 있는 지명.

3【浴】yù 미역감을 욕
書 動 미역감다. 목욕하다. 몸을 씻다. ¶淋lín~ | 샤워하다.

【浴场】yùchǎng 名 욕장. (옥외의) 목욕하는 곳. ¶海滨~ =〔海水浴场〕| 해수욕장.

【浴池】yùchí 名 ❶ 목욕통. 목간통. 대형 욕조→〔浴盆(儿, 子)〕〔池汤〕 ❷ 대중 목욕탕. ¶大众~ | 대중 목욕탕=〔澡zǎo堂(子)〕

【浴缸】yùgāng 名 方 욕조(浴槽) ¶塑料sùliào~ | 플라스틱 욕조

【浴巾】yùjīn 名 목욕 수건→〔面巾〕

【浴盆(儿, 子)】yùpén(r,·zi) 形 方 욕조. 목욕통 =〔澡zǎo盆〕

3【浴室】yùshì 名 욕실. 목욕탕 =〔浴堂〕

【浴堂】yùtáng ⇒〔浴室〕

【浴血】yùxuè 書 動 피를 뒤집어 쓰다. 피투성이가 되다 [전투의 격렬함을 형용함]

【浴血奋战】yù xuè fèn zhàn 威 피흘려 싸우다. 피투성이가 되어 싸우다 =〔浴血而战〕

【浴衣】yùyī 名 욕의 =〔浴袍páo〕〔書 浴装zhuāng②〕

4【欲〈慾₁〉】yù 하고자할 욕, 바랄 욕
❶ 名 욕망. 욕구. ¶求知~ | 지식욕. ❷ 書 動 …하고 싶어 하다. 바라다. ¶畅chàng所~言 | 하고 싶은 말을 다하다. ❸ 書 副 바야흐로〔곧〕…하려 하다. ¶天~放晴 | 하늘이 갤 듯하다. ❹ 書 能 …해야 한다. …이 필요하다. ¶胆~大而心~细 | 대담하고도 세심해야 한다.

【欲罢不能】yù bà bù néng 威 그만두려 해도 그만둘 수 없다. ¶这事他现在~ | 이 일은 그가 지금 그만두려 해도 그만둘 수가 없다.

【欲盖弥彰】yù gài mí zhāng 威 진상(眞相)을 감추려 하다가 도리어 마각이 드러나다. 감추려 할수록 더 드러나다. ¶你这样做只会~ | 이렇게 하는 것은 마각이 더 드러날 뿐이다.

【欲壑难填】yù hè nán tián 威 욕망이란 골짜기는 메우기가 어렵다. 욕심이 굴뚝 같다. 바다는 메워도 사람의 욕심은 못 메운다. ¶这个人贪得很, 可以说是~ | 이 사람은 욕심이 너무 많아서 욕망의 골짜기를 메우려 해도 메우기 어려울 정도라고 할 수 있다.

【欲火】yùhuǒ 名 喻 욕정(慾情)의 불길. 강렬한 욕망. ¶~焚身fénshēn | 욕정으로 몸을 불사르다.

【欲加之罪, 何患无辞】yù jiā zhī zuì, hé huàn wú cí 威 죄를 씌우려고만 한다면 어찌 구실이 없음을 걱정하랴. 일단 마음만 먹으면 그 구실은 만들 수 있다.

【欲念】yùniàn 書 名 욕념. 욕망 =〔欲望〕

【欲擒故纵】yù qín gù zòng 威 (큰 것을)잡기 위해 일부러 놓아 주다. 더욱 탄압하기 위해 고의로 풀어 놓다.

【欲求】yùqiú ❶ 名 動 욕구(하다) ❷ 名 욕망과 요구.

【欲取姑与】yù qǔ gū yǔ 威 얻고자 하여 먼저 잠시 베풀다. 큰 것을 얻기 위해 먼저 미끼를 주다. ¶他一贯采用~的手法 | 그는 계속 큰 것을 얻기 위해 먼저 미끼를 주는 수법을 쓰고 있다 =〔欲取姑予〕

【欲速不达】yù sù bù dá 威 일을 너무 서두르면 도리어 이루지 못한다. 급히 먹는 밥이 체한다. ¶做事要循序渐进,要知道~这个道理 | 일은 너무 서두르면 도리어 이루지 못한다는 이치를 알고 순서대로 점진적으로 진행해야 한다 =〔欲速则不达〕

【欲速则不达】yù sù zé bù dá ⇒〔欲速不达〕

4【欲望】yùwàng 名 욕망. ¶满足千万人的~ | 많은 사람의 욕망을 만족시키다.

3【裕】yù 넉넉할 유
❶ 形 넉넉하다. 풍족하다. 넉넉하게 하다. ¶充~ | 풍족하다. ¶富国~民 | 나라를 부유하게 하고, 국민을 잘살게 하다. ❷ ⇒〔裕固族〕 ❸ (Yù) 名 성(姓)

【裕固族】Yùgùzú 名〈民〉유고족 [중국 소수 민족의 하나. 감숙성(甘肅省) 숙남(肅南) 유고족 자치구에 거주하며, 종교는 라마교]

【裕如】yùrú 形 ❶ 풍족하다. 넉넉하다. ¶生活~ | 생활이 넉넉하다. ❷ 느긋하다. 여유있다. ¶应付~ | 威 여유있게 응대하다.

【鹆(鵒)】yù 구욕새 욕
⇒〔鸲qú鹆〕

4【郁】① yù 성할 욱
❶ 書 形 (모양·색채가) 아름답다. 화려하다. ¶~~↓ =〔彧yù〕 ❷ 書 形 향기가 짙다. ¶馥fù~ | 향기가 짙다. ❸ (Yù) 名 성(姓)

【郁馥】yùfù 朕 향기가 짙다. ¶~的花香 | 짙은 꽃향기

【郁郁】yùyù 朕 ❶ 화려하다. 아름답다. ¶文采~ | 화려하고 아름답다. ❷ 향기가 짙다. ¶~菲菲fēifēi | 향기가 매우 짙다.

4【郁(鬱)】② yù 우거질 울
❶ 形 근심스럽고 답답하다. 우울하다. ¶抑yì~不舒shū | 우울하고 답답하다. ❷ 形 무성하다. 우거지다. ¶葱cōng~ | (초목이) 무성하다. ❸ 動 맺히다. 쌓이다. 엉키다. ¶皆~于胸xiōng | 모두 가슴에 맺히다. ¶天色阴~ | 하늘이 무겁게 흐려있다.

【郁积】yùjī ⇒〔郁结〕

【郁加列】yùjiāliè 名 外〈植〉유칼립투스(eūcalyptus) =〔桉ān〕

【郁结】yùjié 書 動 울결〔울적〕하다. (가슴에) 맺히다. 엉키다. ¶~在心头的烦闷 | 가슴 속에 맺힌 번민. ¶仇恨chóuhèn~在心 | 원한이 마음에 사무치다 =〔郁积〕〔書 苑yù结〕

【郁闷】yùmèn 形 울민하다. 마음이 답답하고 괴롭다. ¶这儿的空气十分~ | 이곳의 공기는 아주 답답하다.

【郁郁葱葱】yùyù cōngcōng 朕 울울창창하다. 무성하다. ¶~的森林 | 울창한 삼림 =〔郁郁苍苍〕

【郁郁寡欢】yù yù guǎ huān 威 마음이 울적하여

즐겁지 않다.

1【育】yù yō 기를 육, 낳을 육

[A] yù ❶[動] (아이를) 기르다. 낳다. ¶节～ | 산아제한을 하다 =〔鬻yù②〕 ❷[書][動] 양육하다. 기르다. ¶生男～女 | 아들 딸을 낳아 기르다. ¶保～ | 보육하다. ❷[動] 배양하다. 기르다. 재배하다. ¶～草cǎo↓ ¶～秧yāng↓ ¶封山～林 | 입산을 막고 나무를 기르다. ❸ 교육(하다) ¶德～ | 덕육. ¶智～ | 지육. ¶体～ | 체육.
[B] yō ⇒〔杭háng育〕

【育才】yùcái [動] 인재(人才)를 배양하다.
【育草】yù/cǎo ❶[動] 목초를 재배하다. ❷(yùcǎo) [名] 목초 재배.
【育雏】yù/chú [動] 어린 새끼를 기르다.
【育肥】yùféi [動]〈農〉비육(肥育)하다 =〔肥育〕
【育龄】yùlíng [名] 가임 연령(可任年龄) ¶～夫妇 | 가임 연령의 부부.
【育苗】yù/miáo ❶[動]〈農〉모종을 기르다. ❷[動] 유어(幼魚)·치어(稚魚)를 기르다. ❸(yùmiáo) [名] 육묘. ❹(yùmiáo) [名] 유어·치어의 양어(養魚)
【育秧】yùyāng ❶[名] 모종〔치어〕기르기. ❷(yù/yāng) [動] 모종을 하다. 치어를 기르다.
【育婴堂】yùyīngtáng [名] 옛날, 고아원. 애육원 →〔孤gū儿院〕
【育种】yù/zhǒng〈農〉❶[動] 육종하다. ¶～家 | 육종가. ❷(yùzhǒng) [名] 육종. ¶作物～ | 작물의 육종.

【雨】yù ☞ 雨 yǔ [B]

【苑】yù ☞ 苑 yuàn [B]

【菀】yù ☞ 菀 wǎn [B]

【语】yù ☞ 语 yǔ [B]

【俞】yù ☞ 俞 yú [B]

【谕(諭)】yù 깨우칠 유, 비유 유
❶[動] (주로 상급자가〔상급 기관이〕하급자〔하급 기관〕에게) 알리다. 분부하다. ¶手～ | 웃사람이 아랫사람에게 편지로 알리다. ¶奉～办理 | 지시를 받아 처리하다. ❷「喻」와 통용 ⇒〔喻yù①②③〕

【谕告】yùgào [書][動] 알리다. 고시하다. ¶～乡民 | 마음사람들에게 알리다.
【谕旨】yùzhǐ [名] 황제가 신하·백성에게 내리는 명령·지시. ¶上级下达～ | 상급기관에서 지시를 하달하다.

4【喻】yù 깨달을 유, 비유 유
❶[動] 알다. 깨닫다. ¶家～户晓hùxiǎo | [成] 집집마다 다 알다. 누구나 다 알고 있다. ❷[動] 설명하다. 알리다. ¶～之以理 | 사리를 밝혀 설명하다. ¶晓xiǎo～ | 효시하다. ❸ 비유(하다) ¶比～ | 비유하다. ¶妙miào～ | 적절한 비유 ‖ =〔谕yù②〕 ❹(Yù) [名] 성(姓)

【喻言】yùyán [名] 유언. 비유하는 말.

3【愈〈瘉₃癒₃〉】yù 더욱 유, 나을 유 ❶[副] 더욱. 더욱 더. [어법]「愈…愈…」형태로「…할수록 …하다」의 뜻으로 쓰이는데 구어(口語)에서는 주로「越…越…」형태로 씀 ⇒〔越yuè〕 ¶山路～走～陡dǒu, 而风景～来～奇 | 산길은 갈수록 더욱더 가파르고, 풍경은 갈수록 더욱더 신기해진다. ❷[形] …보다 낫다〔우수하다〕 ¶彼～于此 | 그것은 이것보다 낫다 =〔俞yù〕 ❸(병이)낫다. 치유되다. ¶痊～ | 완쾌되다.

【愈辩愈明】yù biàn yù míng [動組] 사리를 캘수록〔시비를 가릴수록〕더 명백해지다.
【愈合】yùhé [名][動]〈醫〉유합(하다) ¶伤口shāngkǒu很快～了 | 상처가 매우 빨리 아물었다 =〔俞yù合〕
【愈加】yùjiā [書][副] 더욱. 더욱더. ¶～兴旺xīngwàng起来 | 더욱더 왕성해지다. ¶变得～模糊móhú | 더욱더 모호해지다 =〔俞yù加〕 [어법]「愈加」「越发」와「更」「更加」의 차이 ⇒〔越yuè发①〕
【愈益】yùyì [書][副] 더욱더. ¶斗志dòuzhì～坚强 | 투지가 더욱더 굳세어지다. ¶实践～多, 经验～丰富 | 실천이 많을수록 경험이 더욱더 풍부해진다 =〔俞益〕
3【愈…愈…】yù…yù… [副組] 더우기. 점점 더. …하면 할수록 …하다. 더우기. [어법] ⓐ 반드시「愈…愈…」의 형식으로 써야 하며「愈…」단독으로 쓰지는 못함. ¶天气～热(×) ¶天气～来～热 | 날씨가 갈수록 더워진다. ¶大家～讨论, 问题就～明确 | 여러 사람이 토론하면 할수록 문제는 더욱더 명확해지다. ¶～快～好 | 빠르면 빠를수록 좋다. ⓑ 기타 어법 사항 ⇒〔愈①〕〔越yuè④〕

3【狱(獄)】yù 옥 옥
[名] ❶ 감옥. ¶越yuè～ | 탈옥하다. ❷ 범죄사건. 소송사건. ¶断duàn～ | 소송사건을 판결하다. ¶文字～ | 필화(筆禍)사건. 언론 탄압 사건.

【狱吏】yùlì [名] 옥리. 옥관(獄官) ¶凶恶的～ | 흉악한 옥관
【狱讼】yùsòng [名] 소송 사건(訴訟事件)
【狱卒】yùzú [名] 옥졸. 옥정. 옥사장이. 옛날, 교도소의 간수 =〔狱丁〕

【昱】yù 빛날 욱
[書][動] 빛나다. 밝다. ¶日以～乎昼, 月以～乎夜 | 해는 낮에 비치고, 달은 밤에 비친다.

【煜】yù 빛날 욱
[書][狀] 빛나다. 반짝이다. 비치다.

【煜煜】yùyù [狀] 밝게 빛나다. 반짝이다.

【禺】yù ☞ 禺 yú [B]

3【寓〈庽〉】yù 붙어살 우, 맡길 우
❶[書][動] 거주하다. 살다. 투숙하다. ¶～居↓ ¶暂～友人家 | 잠시 친구 집에 살다. ❷[名] 사는 곳. 거처. ¶公～ | 아파트. ¶张～ | 장씨네 집. ❸[動] 내포하다. 함축하다. ¶～意↓ ¶这个故事, ～有深意 | 이 이야기는 깊은 뜻이 내포되어 있다. ❹[書][動] 훑어보다. ¶～目↓ →〔过guò目〕

【寓处】yùchù ⇒〔寓所〕

【寓次】yùcì ⇒〔寓所〕

【寓邸】yùdǐ 名 고급 관리의 저택.

【寓公】yùgōng 名 ❶ 옛날, 타향에 우거(寓居)하던 고관. ❷ 망명객(亡命客) [주로 관료·지주·자본가로서 망명한 사람을 가리킴]

【寓居】yùjū 動 우거하다. 거주하다 [주로 타향에서 온 사람이 머무르며 사는 것을 가리킴] ¶他晚年~上海 | 그는 만년에 상해에서 거주했다.

【寓目】yùmù 書 動 훑어보다. 주시하다. ¶室内展览品我已大致~ | 실내의 전시품을 이미 대략 훑어보았다.

【寓所】yùsuǒ 名 (임시로) 거처.주소(住所) ¶他~中有电话 | 그의 집에는 전화가 있다 =〔寓处〕〔書 寓次〕〔書 寓斋〕

[3]【寓言】yùyán 名 우언. 우화(寓話)

【寓意】yùyì 名 動 우의(하다) ¶这句话的~很深 | 이 말은 우의가 매우 깊다.

【寓于】yùyú 動 …에 머무르다. …에 포함되다. ¶普遍性~特殊性之中 | 보편성은 특수성 속에 포함된다.

【寓斋】yùzhāi ⇒〔寓所〕

[1]【遇(遇)】yù 만날 우, 대접할 우

❶ 動 만나다. 조우(遭遇)하다. ¶相~ | 만나다. ¶~险 | 위험을 만나다. ¶不期而~ | 뜻밖에 만나다. ❷ 書 動 대접하다. 대우하다. ¶优~ | 우대하다. ¶~之甚厚 | 매우 후하게 대접하다. ❸ 名 기회. ¶佳~ | 좋은 기회. ¶机~ =〔际偶〕| 좋은 기회〔경우〕 ❹ (Yù) 名 성(姓)

【遇刺】yùcì 動 척살(刺殺)〔암살〕 당하다. ¶总统差点儿~ | 총통은 거의 암살 당할 뻔했다.

[1]【遇到】yù/dào 動 만나다. 마주치다. ¶在路上~一个老同学 | 길에서 옛 학우를 만나다. ¶~意外问题 | 의외의 문제에 봉착하다 =〔碰到〕

【遇害】yù/hài 動 ❶ 재난을 만나다. ❷ 살해당하다. ¶不幸~ | 불행하게도 살해당하다.

【遇合】yùhé 動 ❶ (우연히) 만나다. ❷ (남녀 또는 친구 사이에) 마음이 서로 맞는 사람을 만나다. 서로 의기 투합(意氣投合)하다.

[2]【遇见】yù/·jiàn 動 만나다. 조우(遭遇)하다. ¶真想不到在这儿~你了 | 정말 뜻밖에도 여기에서 너를 만났구나→〔碰见〕

【遇救】yù/jiù 動 구조되다. 위기를 벗어나다. ¶他们终于~ | 그들은 마침내 구조되었다.

【遇难】yù/nàn 動 ❶ 재난을 만나다. 조난(遭難)하다. ❷ 살해당하다. ¶一家四口, 全部~ | 네 식구가 모두 살해당했다.

【遇事】yù/shì 動 일이 발생하다. 일에 부닥치다. ¶~不慌 | 어떤 일이 일어나도 당황하지 않다.

【遇事生风】yù shì shēng fēng 成 문제를 즐겨 일으키다. 시비를 일으키기 좋아하다.

【遇险】yù/xiǎn 動 (사람·선박 등이) 위험에 부닥치다. 조난(遭難)하다. ¶~船只 | 조난선. ¶~信号 | 조난 신호.

【遇验】yùyàn 書 動 검사(檢查)를 받다. ¶请随身携带, ~出示! | 항상 휴대하여, 검사할 때 제시해 주시오!

【遇着】yùzháo 動 만나다. 조우(遭遇)하다.

[1]【预(預)】yù 미리 예, 참여할 예

❶ 副 미리. 사전에. ¶~祝成功 | 성공을 미리 축하하다 =〔豫①〕 ❷ 動 참가하다. 참여하다. ¶不必干~ | 관여할 필요가 없다 =〔与〕

[3]【预报】yùbào ❶ 名 예보. ¶天气~ | 일기 예보. ¶地震dìzhèn~ | 지진 예보. ❷ 動 예보하다.

[2]【预备】yùbèi ❶ 名 예비. 준비. ❷ 動 준비하다. 예비하다. ¶你们~好了吗? | 준비 다 되었느냐? ¶他~中午出发 | 그는 정오에 출발하려고 한다. ❸ 名 〈體〉 준비! [경주의 출발에 쓰임] ¶各就位, ~, 跑! | 제자리에, 준비, 땅!

【预备役】yùbèiyì 名 〈軍〉 예비역. ¶~军人 | 예비역 군인

【预卜】yùbǔ ❶ 名 예상. 예측. 점을 치는 것. ¶下~ | 예측하다. ❷ 動 예측하다. 예상하다. 점치다. ¶~吉凶jíxiōng | 길흉을 점치다. ¶结果如何尚难~ | 결과가 어떨지 아직 예측하기 어렵다.

[4]【预测】yùcè ❶ 名 예측. ❷ 動 예측하다. ¶~日蚀rìshí | 일식을 예측하다. ¶~台风táifēng | 태풍을 예측하다.

【预产期】yùchǎnqī 名 〈醫〉 출산 예정일. ¶医生告诉她~了 | 의사는 그녀에게 출산예정일을 알려 주었다.

[4]【预订】yùdìng ❶ 名 예약. 주문. ❷ 動 예약하다. 주문하다. ¶~火车票 | 기차표를 예약하다. ¶座位zuòwèi已经~一空 | 좌석이 이미 다 예약되었다. ¶~杂志zázhì | 잡지를 예약 주문하다 =〔预定dìng②〕

[4]【预定】yùdìng ❶ 名 예정. ¶~时间 | 예정 시간. ¶~计划jìhuà | 예정 계획. ❷ 動 예정하다. ¶这项工程~在明年完成 | 이 공사는 내년에 완공될 예정이다. ❷ ⇒〔预订〕

【预断】yùduàn ❶ 名 예단. ¶下~ | 예단하다. ❷ 動 예단하다.

[3]【预防】yùfáng ❶ 名 예방. ❷ 動 예방하다. ¶~胜shèng于治疗zhìliáo | 예방이 치료보다 낫다. ¶~自然灾害zāihài | 자연 재해를 예방하다.

【预防注射】yùfáng zhùshè 名組 예방 주사. ¶打~ | 예방 주사를 놓다 =〔预防针zhēn〕

【预付】yùfù ❶ 名 선불(先拂). 선대(先貸). 전도(前渡) ¶~资本zīběn | 전도자본. ❷ 動 선불(先拂)하다. 전도(前渡)하다. 선대(先貸)하다. ¶~工gōng资 | 임금 선불(을 하다) =〔预支yùzhī〕〔先付xiānfù〕

【预感】yùgǎn ❶ 名 예감. ¶不祥xiáng的~ | 불길한 예감. ❷ 動 예감하다 어법 동사로 쓰일 경우는 일반적으로 바로 뒤에 「到」를 동반함. ¶天气异常闷热mēnrè, 大家都~到将要下一场大雨 | 날씨가 유난히 무더워서 모두들 한바탕 큰비가 쏟아질 것이라고 예감했다.

[3]【预告】yùgào ❶ 名 예고. ¶~片piàn | (영화의) 예고편. ¶新书~ | 신간 예고. ❷ 動 예고하다. ¶新事物的出现同时也就~了旧事物的灭亡mièwáng | 새로운 사물의 출현은 동시에 낡은 사물의 멸망도 예고한다.

【预购】yùgòu ❶名 예약 구입. ¶～票｜예매표. ❷動 예약 구입하다. ¶～机票jīpiào｜비행기표를 예매하다.

【预估】yùgū ❶名 눈어림. 견적. 눈대중. ❷動 눈어림하다. 눈대중하다. 견적하다. ¶～的价格jiàgé总是多少有点出入的｜미리 어림잡은 가격은 아무래도 다소의 오차가 있다.

【预后】yùhòu 名〈醫〉예후. ¶～良好｜예후가 양호하다.

4【预计】yùjì ❶動 미리 어림하다. 예상하다. 전망하다. ¶～达到十万元｜10만원에 이를 것으로 예상하다. ¶～明年三月完成｜명년 3월 완성될 것으로 전망하다. ❷名 사전(事前) 계산. 예상.

4【预见】yùjiàn ❶名 예견. ¶科学的～｜과학적 예견. ¶英明的～｜현명한 예견. ❷動 예견하다. ¶～不到的困难kùnnán｜예견하지 못한 곤란.

【预交】yùjiāo 動 전납(前納)하다. 예납(豫納)하다. ¶～一年的房租fángzū｜일년 집세를 예납하다.

【预科】yùkē 名 예과 [본과(本科)에 들기 위한 예비 과정] ¶他上过两年～｜그는 2년간의 예과과정에 입학했다.

4【预料】yùliào ❶名 예상. 전망. 예측. ¶销xiāo路的～｜판로 전망. ¶果然guǒrán不出他的～｜과연 그의 예상을 벗어나지 않았다. ❷動 예상하다. 전망하다. 예측하다.

【预谋】yùmóu ❶名 사전 모의. 예모. ¶这是有～的行动｜이것은 사전에 모의한 행동이다. ❷動 예모하다. 사전 모의하다. ¶～杀人shārén｜모살(謀殺)하다.

4【预期】yùqī 動 예기하다. ¶达到～的目的｜예기한 목적에 도달하다.

【预热】yùrè 名〈機〉예열.

4【预赛】yùsài 名〈體〉(경기의) 예선(豫選) ¶亚洲区～｜아시아 지역 예선 경기 →〔决赛〕

【预审】yùshěn 名〈法〉예심.

【预示】yùshì ❶名 예시. ❷動 예시하다. 미리 나타내다. 사전에 보여주다. ¶灿烂cànlàn的晚霞～明天又是好天气｜찬란한 저녁 노을은 내일도 날씨가 좋으리라는 것을 예고한다.

【预收】yùshōu 名動 (돈을) 선수(先收)〔하다〕 ¶～定金｜계약을 선수하다.

【预售】yùshòu ❶名 예매. ❷動 예매하다. ¶戏票xìpiào自月底三十一日起～｜연극표는 월말인 31일부터 예매한다.

4【预算】yùsuàn ❶名 예산. ¶～年度｜예산 연도. ¶～收入shōurù｜예산 수입. ¶编造biānzào～｜예산을 짜다. ¶～咨zī文｜예산 백서. ¶～项目｜예산 항목. ❷動 예산하다. ❸名 사전 계산. 예기. ❹動 사전에 계산하다. 예기하다. ¶这原是～不到的事情｜이것은 예기치 못한 일이다.

1【预习】yùxí ❶名 예습. ❷動 예습하다. ¶～课文kèwén｜본문내용을 예습하다.

3【预先】yùxiān 副 미리. 사전에. ¶～通知tōngzhī｜미리 통지하다. ¶～警告jǐnggào｜사전에 경고하다 =〔事先〕〔探tàn先〕〔在zài先〕

【预想】yùxiǎng ❶名 예상. ❷動 예상하다. ¶结果比～的要好｜결과는 예상했던 것 보다는 좋다. ¶得到～的结果｜예상한 결과를 얻다 =〔预料liào〕

【预行】yùxíng ❶名 예행. ¶～警报jǐngbào｜예행 경보. 경계 경보. ❷動 예행하다.

4【预言】yùyán ❶名 예언. ¶他的～又落空luòkōng了｜그의 예언은 또 빗나갔다. ¶～家｜예언가. ❷動 예언하다.

【预演】yùyǎn ❶名 예행 예습. 리허설. 시연(試演) ❷動 예행 예습하다. 리허설하다. 시연(試演)하다.

4【预约】yùyuē ❶名 예약. ❷動 예약하다. ¶～挂号guàhào｜(진찰 등의) 접수를 예약하다.

【预则立, 不预则废】yù zé lì, bù yù zé fèi 國 미리 준비하면 성공하고, 준비하지 않으면 실패한다.

【预展】yùzhǎn ❶名 예비 전시. ❷動 예비 전시하다. ¶出土文物～｜출토문물을 예비 전시하다.

【预兆】yùzhào ❶名 전조. 조짐. ❷動 전조가 보이다. 조짐이 보이다. ¶胜利shènglì的～｜승리의 조짐. ¶吉祥jíxiáng的～｜길조.

【预制】yùzhì 動 ❶ 미리 제조하다. ❷ 조립식으로 만들다. ¶～购件｜조립식 구조에 쓰이는 용재(用材) ¶～装配式房屋｜조립식 간이 주택.

3【预祝】yùzhù 動 미리 축하하다. 축원하다. ¶大家敬酒, ～他成功｜모두들 술을 권하면서 그가 성공하기를 축원하다.

【滪(澦)】yù 땅이름 여

지명에 쓰이는 글자. ¶灩Yàn～堆｜염여퇴. 장강(長江) 구당협(瞿唐峽) 입구의 거석(巨石) ¶～灩滩｜여염탄. 사천성(四川省) 구당협(瞿唐峽) 입구.

【蓣(蕷)】yù 마 여

⇒〔薯shǔ蓣〕

【彧】yù 문채 욱, 빛날 욱

書形 화려하다. 아름답다 =〔郁yù①〕

3【域】yù 지경 역

❶書名 봉국(封國). 봉읍(封邑) ❷ 일정한 경계 내의 땅. ¶领～｜영역. ¶绝～｜절역. 매우 멀리 떨어져 있는 곳. ❸ 나라의 영역. ¶异～｜외국. ¶～内｜국내. ❹量粵〈度〉헌드레드 웨이트(hundred weight). cwt. [야드 파운드계(系)의 질량 단위. 영국에서는 112파운드, 미국에서는 100파운드에 해당함] ❺書名 묘지. 묘역.

【域外】yùwài 名 역외. 국외. 경계의 밖.

【阈(閾)】yù 문지방 역

❶書名 문지방 =〔门坎kǎn〕 ❷喩 한계. ¶界～｜한계. ❸名〈生理〉역 [자극을 느끼기 시작하였을 때의 자극량] ¶听～｜청각역. ¶视～｜시각역.

【蜮〈魊〉】yù 물여우 역

名 ❶〈動〉물여우 [물속에서 모래를 머금고 사람을 쏘아 해친다는 전설상의 동물] =〔射影②〕〔射工〕 ❷〈蟲〉곡식의 싹을 갉아먹는 해충.

【尉】yù ☞ 尉 wèi Ⓑ

【蔚】yù ☞ 蔚 wèi Ⓑ

【熨】yù ☞ 熨 yùn Ⓑ

3【御】① yù 부릴 어
書 ❶ 動 (말을) 부리다. (거마(車馬)를) 몰다. ¶～者 | 마부. ❷ 動 통치하다. 다스리다. 지배하다. ¶～下 | 아랫사람을 다스리다. ¶振长策而～外内 | 긴 채찍을 휘둘러 천하를 통치하다. ❸ 名 황제. ¶～前 | 어전. ¶～医↓ ¶告～状 | 황제에게 고하는 글.

【御赐】yùcì 名 황제의 하사품(下賜品) ¶此乃～ | 이것은 황제의 하사품이다.

【御驾】yùjià 名 어가. 황제가 타는 수레.

【御览】yùlǎn ❶ 名 動 어람(하다) ❷ 名 황제가 읽는 책. ❸ (Yùlǎn) 名 簡 〈書〉 태평어람(太平御覽)

【御批】yùpī 書 名 황제의 재정(裁定)〔결재〕 ¶书上加了～ | 책에는 황제의 재정이 있다.

【御史】yù·shǐ 名 〈史〉 어사 [옛날 중국의 벼슬 이름으로 주대(周代)에는 문서와 기록을 담당했으며, 진한(秦漢)시대에는 비서(秘書)와 검찰(檢察)을, 그리고 후한(後漢)이후로는 주로 탄핵(彈劾)을 담당했음. 청대(清代)에는 통칭 「侍御」라 했음]

【御手】yùshǒu ⇒〔驭yù手〕

【御医】yùyī 名 어의. 시의(侍醫) ¶太医院是清代～办公的衙署 | 태의원은 청대의 어의가 집무하던 관청이다.

【御用】yùyòng ❶ 名 황제가 쓰는 것. ❷ 區 諷 어용의. ¶～工会 | 어용 노동 조합. ¶～学者 | 어용 학자. ¶～机构 | 어용 기구.

【御座】yùzuò 名 어좌. 옥좌(玉座) =〔宝座〕

3【御(禦)】② yù 막을 어
書 動 막다. 방어하다. 저항하다. ¶～敌↓」¶共～外侮 | 협력하여 외침을 방지하다.

【御敌】yùdí 動 적을 막다. 적에게 항거하다

【御寒】yùhán ❶ 動 추위를 막다. 방한하다. ❷ 名 방한.

【御寇】yùkòu 書 動 외적을 막아내다.

【御侮】yùwǔ ❶ 動 외부의 침략을 막다. ❷ 名 轉 무장(武將)무신(武臣)

【粥】yù ☞ 粥 zhōu Ⓑ

【鬻】yù zhōu 팔 육, 죽 죽

Ⓐ yù ❶ 書 動 팔다. ¶～画 | 그림을 팔다. ¶～文为生 | 글을 팔아 생활하다. ❷「育」와 통용⇒〔育①〕 ❸ (Yù) 名 성(姓)

Ⓑ zhōu「粥」의 본자(本字)⇒〔粥zhōu〕

【鬻子】yùzǐ 書 名 어린 자식.

【矞】yù xù jué 뚫을 율, 놀랄 휼, 속일 휼

Ⓐ yù 書 ❶ 動 (송곳으로) 구멍을 뚫다. ❷ 名 상서로운 구름 빛. ❸ 形 무성하다.

Ⓑ xù 書 狀 몹시 놀라다.

Ⓒ jué 書 動 속이다 =〔谲jué〕

【矞矞】yùyù 書 狀 우쩍 자라다. 초목이 봄바람에 잘 자라다.

【矞皇】yùhuáng ❶ 書 狀 아름답고 생기 있다. ❷ 名 귀신 이름.

【鹬(鷸)】yù 도요새 휼
名 〈鳥〉 도요새 =〔绀gàn燕〕

【鹬蚌相争】yù bàng xiāng zhēng 成 도요새와 조개가 싸우다가 둘 다 어부에게 잡히다. 어부지리(夫之利)

【鹬鸵】yùtuó 名 〈鳥〉 키위(kiwi) =〔无翼鸟wúyìniǎo〕〔几维鸟jǐwéiniǎo〕

4【誉(譽)】yù 명예 예
❶ 名 명예. 명성. 영예. ¶～满全国 | 명성을 온 나라에 떨치다. ❷ 動 칭송하다. 찬양하다. ¶称～ | 칭찬하다. ¶～之为英雄 | 영웅으로 칭송하다.

【誉望】yùwàng 書 名 명망(名望). 명성.

【毓】yù 기를 육
❶ 書 動 기르다. 키우다. 양육하다 [주로 인명에 쓰임] ❷ (Yù) 名 성(姓)

【燠】yù 따뜻할 욱
書 形 덥다. 따뜻하다. 훈훈하다. ¶～热↓ ¶寒～ | 한난(寒暖)

【燠热】yùrè 書 形 무덥다 =〔闷热〕

3【豫】yù 미리 예, 기뻐할 예
❶「预」와 같음⇒〔预yù①〕 ❷ 書 形 기쁘다. 즐겁다. ¶面有不～之色 | 얼굴에 불쾌한 빛을 띠다. ❸ 書 形 편안하다. ¶不～ | 불편하다. ¶逸～亡身 | 편히 놀기를 즐기다가 신세를 망치다. ❹ (Yù) 名 〈地〉 하남성(河南省)의 다른 이름.

【豫剧】Yùjù 名 〈演映〉 예극. 하남성(河南省)의 지방극 [하남성 전역과 섬서(陕西)·산서(山西) 등지에서 유행하는 「梆bāng子(腔)」의 일종] =〔河南梆子〕

【豫章】yùzhāng 名 고서(古書)에 보이는 나무의 일종. 일설에는 녹나무라고도 함.

yuān ㄩㄢ

【宛】yuān ☞ 宛 wǎn Ⓑ

【眢】yuān 눈멀 원, 우물마를 원
書 動 ❶ 눈이 멀다. 눈이 우묵하다. ❷ 우물이 마르다. ¶～井↓

【眢井】yuānjǐng 書 名 폐정(廢井). 마른 우물.

【鸳(鴛)】yuān 원앙 원
⇒〔鸳鸯〕

【鸳鸯】yuān·yāng 名 〈鳥〉 원앙새. 喻 부부 [자웅이 항상 서로 떨어지는 일이 없으므로 부부 또는 기타 쌍을 이루는 것에 비유함] ¶一对～ | 한쌍의 원앙. ¶～谱 | 혼서(婚書) =〔匹pǐ鸟〕〔同命鸟tóngmìngniǎo〕

【箢】yuān 대광주리 원
⇒〔箢箕〕

【箢箕】yuānjī 名 方 대쪽을 엮어 만든 광주리 등의 그릇 =〔方 箢篼dōu〕

【鹓(鵷)】yuān 원추새 원
書 名 원추(鵷鶵). 원추새 [전설에 나오는 봉황(鳳凰)의 일종]

3【冤〈寃〉】yuān 원통할 원 ❶動 억울하다. 원통하다. ¶他死得太～ | 그는 너무 억울하게 죽었다. ¶鸣～ | 억울함을 호소하다. ¶含～负屈 | 억울함을 참다. ❷名 원수. 원한. ¶有～报～ | 원한이 있으면 원한을 푼다. ❸動 京 속이다. 기만하다. ¶不要～人 | 사람을 속이지 마라. ❹形 손해보다. 밑지다. 헛수고하다. 골탕먹다. ¶花～钱 | 헛돈을 쓰다. ¶白跑一趟, 真～! | 헛걸음을 해서 정말 밑졌다.

【冤仇】yuānchóu 名 원한. 원수. ¶结下了～ | 원한을 맺다.

【冤大脑袋】yuāndànǎo·dai ⇒〔冤大头〕

【冤大头】yuāndàtóu 名 얼간이. 어수룩한 사람. ¶要是净上当, 不成了～了吗? | 내내 속기만 하면 얼간이가 되는 것이 아닌가? ¶做了～ | 얼간이가 되다 =〔冤大脑袋〕〔冤桶〕〔寿头①〕〔江瘟wēn生〕

【冤鬼索命】yuānguǐ suǒmìng 威 억울하게 죽은 귀신이 원수를 갚으려 오다. ¶这下可真是～来了 | 이번에는 정말로 억울하게 죽은 귀신이 원수를 갚으려 왔다.

【冤魂】yuānhún 名 원혼 =〔怨鬼〕

【冤家对头】yuān jiā duì tóu 威 ❶ 끊을래야 끊을 수 없는 악연. 원수 같은 악연. ❷ 원수 사이. 견원지간. ¶他们俩是～ | 그들 둘은 원수사이이다 →〔对头 b〕

【冤家见面, 分外眼红】yuānjiā jiànmiàn, fènwài yǎnhóng 諺 원수를 만나면, 눈에 불이 난다.

【冤家路窄】yuān jiā lù zhǎi 威 ❶ 원수는 외나무다리에서 만난다. ❷ 나쁜 일은 겹친다.

【冤家宜解, 不宜结】yuānjiā yíjiě, bùyíjié 諺 원한은 풀어야지 맺어서는 안된다. 원한을 맺지 말아라.

【冤家】yuān·jia 名 ❶ 원수. ¶同行háng是～ | 동업자는 원수다. ¶打～ | 원수끼리 싸우다. ❷ 미워하는 것 같지만 실은 사랑하여 마음속에 번민을 가져오는 사람 [옛날, 희곡이나 민가(民歌)에서 주로 연인·애인으로 사용됨]

【冤假错案】yuān jiǎ cuò'àn 名組 (문화 대혁명 기간 중에 잘못 형사 처리된) 원죄(冤罪)·날조·오심(誤審)사건.

【冤孽】yuānniè 名 (전생의) 원한과 죄.

【冤气】yuānqì 名 원한. 원통. 분하고 억울한 마음. ¶受了一肚子～, 无处倾吐 | 가슴가득 원한을 품었으나, 토로할 데가 없다.

【冤钱】yuānqián 名 헛돈. 허비. ¶花～ | 헛돈을 쓰다. ¶精明人不花～ | 똑똑한 사람은 헛돈을 쓰지 않는다 =〔冤枉钱〕

【冤情】yuānqíng 名 억울한 죄의 사정〔내막〕 ¶这个案件, 其中恐怕有～ | 이 사건에는 아마도 억울한 사정이 있을 것 같다.

【冤屈】yuānqū ❶名 원통. 원한. 억울한 죄〔누명〕 ¶谁受了这样的～, 心里也是不好受 | 누구라도 이런 억울함을 당하면 기분은 좋지 않다. ❷形 억울하다. 원통하다. ❸名 불공평한 대우.

【冤桶】yuāntǒng ⇒〔冤大头〕

【冤头】yuāntóu 名 원수. 적(敵) ¶老百姓的直接～ | 백성의 직접적인 원수.

3【冤枉】yuān·wang ❶形 (무고한 죄를 입어) 억울하다. 원통하다. 분하다. ¶他骂我真～! | 그가 나를 욕하는데 정말 억울하다. ❷動 억울한 누명을 씌우다. 억울하게 하다. ¶～别人 | 남에게 억울한 누명을 씌우다. ¶～好人 | 착한 사람에게 혐의를 씌우다 =〔屈枉〕 ❸形 가치가 없다. 헛되다. 쓸데없다. ¶这个钱花得真～! | 이 돈은 정말 헛되이 썼다. ¶走～路 | 헛걸음치다. ❹名 억울한 죄〔누명〕

【冤枉路】yuān·wanglù 名 헛걸음. 괜한 걸음. ¶上午走了不少～ | 오전에는 많은 헛걸음을 쳤다. ¶跑～ | (공연히) 헛걸음을 치다.

【冤枉气】yuān·wangqì 名 억울하게 받는 화. ¶受了～ | 억울하게 화를 당했다.

【冤枉钱】yuān·wangqián ⇒〔冤钱〕

【冤有头, 债有主】yuān yǒu tóu, zhài yǒuzhǔ 諺 원한에는 상대가 있고, 빚에는 빚장이가 있다. ❶ 적군과 아군의 구별을 분명히 하다. ❷ 일에는 반드시 근원〔원인〕이 있다 [「风有源树有根」과 이어짐]

【冤狱】yuānyù 名 억울한 죄의 재판사건. ¶平反～ | 억울하게 입은 죄를 재심리하여 명백히 진실을 밝히다.

【冤冤相报】yuān yuān xiāng bào 威 서로 원한을 갚다. 서로 보복하다.

【鸢(鳶)】yuān 소리개 연 ❶名〈鳥〉솔개 =〔老鹰〕〔江 老鸢〕〔俗 鹞yào鹰〕 ❷名 연 =〔纸鸢〕〔风鸢〕〔纸鹞〕→〔风fēng筝〕 ❸ ⇒〔鸢尾(花)〕

【鸢尾(花)】yuānwěi(huā) 名〈植〉자주 붓꽃 =〔鸢尾草〕

【渊(淵)】yuān 못 연 ❶名 깊은 못. 심연(深淵) ¶鱼跃yuè于～ | 물고기가 못에서 뛰다. ¶天～之别 | 하늘과 땅 차이. ❷形 깊다. ¶～薮sǒu↓ ¶学问～博 | 학문이 깊고 넓다. ❸(Yuān) 名 성(姓)

【渊博】yuānbó 形 (학식이) 깊고 넓다. 해박하다. ¶知识～ | 지식이 해박하다. ¶～的学者 | 학식이 깊고 넓은 학자.

【渊海】yuānhǎi 形 심연과 대해(大海) 喻 (내용이) 바다처럼 깊고도 넓다.

【渊默】yuānmò 書 形 입이 무겁다. 침착하고 말수가 적다.

【渊深】yuānshēn 形 (학문·지략 등이) 매우 깊다. ¶学识～ | 학식이 아주 깊다.

【渊薮】yuānsǒu 名 喻 사람 또는 사물이 많이 모이는 곳 [「渊」은 물고기가 모이는 곳이고 「薮」는 짐승이 모이는 곳] ¶文坛～ | 작가가 모이는 곳. ¶罪恶的～ | 죄악의 온상. ¶盗贼的～ | 도둑의 소굴. ¶人文～ | 인재와 문화가 집결되는 곳.

【渊源】yuānyuán 名 연원. 喻 사물의 근원. ¶历史～ | 역사적 연원.

yuán ㄩㄢˊ

1【元】yuán 으뜸 원 ❶ 처음(의). 첫째(의). 시작(의) ¶纪jī～ | 기원. ¶～年↓ ¶～旦dàn↓ ❷ 우두머리(의). 으뜸(의). 제일(의) ¶～首↓ ¶～帅shuài↓ ¶状zhuàng～ | 장원. ❸ 원소. 요소. 성분. ¶一～论 | 일원론. 구성 단위. ¶单～ | 단원. ❹ 주요한. 근본의. 원래의. ¶～始↓ ¶～素 | 원소. ¶～本↓ ❺ 量 원 [중국의 화폐단위] ¶美～ | 미국 달러. ¶日～ | 일본 엔화 =〔圆⑤〕 ❻ (Yuán) 名〈史〉원(元)나라 [몽고제국을 세운 징기스칸의 손자 쿠빌라이가 남송(南宋)을 멸하고 세운 나라(1279～1368)] ❼ (Yuán) 名 성(姓)

【元宝】yuánbǎo 名 ❶ 원보 [역대 왕조의 화폐의 일종으로「大宋元宝」「大历元宝」등.「元宝」앞에 붙이는 것은 왕조 명칭이나 연호임] ❷ 말굽은. 마제은(馬蹄銀) 고은(庫銀) ❸ 신불(神佛)에게 기원할 때 바치기 위해 은박지를 엽전 모양으로 오린 물건→〔纸钱(儿)〕

【元宝枫】yuánbǎofēng 名〈植〉고리버들 =〔柜jǔ柳〕

【元本】yuánběn 名 ❶ 원시. 근본. 시작. 근원. ¶究其～ | 그 근본을 구명(究明)하다. ❷ 원금(元金) ¶归还～ | 원금을 갚다. ¶～和子金 | 원금과 이자. ❸ 원대(元代)에 간행된 책.

³【元旦】yuándàn 名 원단. 설날 [현재는 양력 설날만을 가리킴. 음력 설날은「春节」라고 함] =〔書 端日〕〔書 四始〕〔方 正zhēng月初一〕〔方 大年初一〕〔方 年初一〕→〔除chú夕〕

【元恶】yuán'è 名 ❶ 書 원흉. ¶严惩～ | 원흉을 징벌하다 =〔元凶〕 ❷ 대악당. ❸ 죄악의 근원.

【元古代】Yuángǔdài 名〈地質〉원생대.

【元古界】Yuángǔjiè 名 원생대의 지층.

⁴【元件】yuánjiàn 名 (기계 등의 교환할 수 있는) 부품. 부속품. ¶电子～ | 전자 부품→〔部件〕〔零件〕

【元老】yuánlǎo 名 원로. ¶他是釜山大学的开校～ | 그는 부산대학의 개교원로이다. ¶政界～ | 정계의 원로. ¶京剧界～ | 경극계의 원로.

【元麦】yuánmài ❶ ⇒〔青qīng稞(麦)〕 ❷ ⇒〔莜yóu麦〕

【元煤】yuánméi ⇒〔原yuán煤〕

【元谋(猿)人】Yuánmóu (yuán)rén 名組〈考古〉원모인 [1965年 운남성(雲南省) 원모에서 발견된 170만년 전의 원인(猿人)의 화석(化石)]

【元年】yuánnián 名 원년. ¶公元～ | 서기 원년

【元配】yuánpèi 名 본처 =〔初妻〕→〔继配〕〔妻〕

【元气】yuánqì 名 원기. 정기. ¶～旺盛wàngshèng | 원기 왕성하다. ¶伤了～ | 원기를 잃다. ¶恢复～ | 원기를 회복하다.

【元曲】yuánqǔ 名 원곡→〔杂剧〕〔散曲〕

【元戎】yuánróng 書 名〈軍〉❶ 최고 사령관 =〔主将〕 ❷ 병거(兵車). 군용 수레.

【元始】yuánshǐ 名〈哲〉만물의 근원〔본연〕

⁴【元首】yuánshǒu 名 ❶ 원수. ¶国家～ | 국가원수 ❷ 천자(天子). 군주(君主) ❸ 書 (사람의) 머리.

【元书纸】yuánshūzhǐ 名〈紙〉절강성(浙江省)에서 나는 습자지(習字紙)의 일종.

【元帅】yuánshuài 名 ❶ 원수. ❷ 書 총사령관. ❸ (철강·식량 등의) 주생산물. 중점 생산물. ❹〈植〉사과의 일종.

³【元素】yuánsù 名 원소.

³【元宵】yuánxiāo 名 ❶ 정월 대보름날 밤. ❷〈食〉정월 대보름날 먹는, 소가 들어 있는 새알심 모양의 것 =〔浮圆子〕〔江 汤团〕〔汤圆〕〔粤 汤丸〕〔圆子〕〔小汤元〕

【元宵节】Yuánxiāo Jié 名 정월 대보름날. ¶明天是～ | 내일이 대보름날이다 =〔元夕〕〔元宵①〕〔書 元夜〕〔上元(节)〕〔新节〕〔灯节〕〔灯夕〕〔灯宵〕

【元凶】yuánxiōng 名 원흉. ¶枪毙qiāngbì～ | 원흉을 총살하다 =〔元恶①〕〔祸首〕

【元勋】yuánxūn 名 원훈(이 있는 사람). 큰 공훈(이 있는 사람) ¶开国～ | 개국 공신. ¶革命～ | 혁명에 큰 공을 세운 사람.

【元夜】yuányè ⇒〔元宵节〕

【元音】yuányīn 名〈言〉모음 =〔元母〕〔母音〕→〔韵母〕

【元鱼】yuányú ⇒〔鼋yuán鱼〕

【元元本本】yuányuánběnběn ⇒〔原原本本〕

【元月】yuányuè 名 정월.

1【园(園)】yuán 동산 원

❶ (～儿, ～子) 名 (채소·화초 등을 가꾸는) 밭. ¶花～儿 | 화원. 꽃밭. ¶果～ | 과수원. ¶菜～ | 채소밭. ❷ 공중의 휴식·유락(遊樂)등을 위한 장소. ¶公～ | 공원. ¶戏～(子) | 극장. ❸ 묘원. 묘지. ¶烈士陵lièshìlíng～ | 열사의 묘원. ❹ 動 잘 자라다. 충분히 생장(生長)하다. ¶北瓜～了颗, 开着大黄花, 长上小瓜了 | 호박은 잘 자라서 크고 노란 꽃이 피었으며, 작은 열매가 열렸다.

【园地】yuándì 名 ❶ 화원·과수원·식물원 등의 총칭. ¶农业～ | 농원(農園) ❷ 喻 (활동의) 무대. 범위. 분야. 세계. ¶艺术的～ | 예술의 세계. ¶开闢了广阔的活动～ | 넓은 활동무대를 열어 놓았다.

【园丁】yuándīng 名 ❶ 정원사. 원예사 =〔园工〕 ❷ 喻 유치원이나 국민학교 교사. ¶他是很辛勤的～ | 그는 아주 근면한 교사이다.

【园工】yuángōng ⇒〔园丁①〕

³【园林】yuánlín 名 조경 풍치림. ¶～艺术 | 조경(造景) 예술.

【园圃】yuánpǔ 名 농원(農園). 농장. ¶～里种着苹果树 | 농원에 사과나무를 심다.

【园田】yuántián 名 원포(園圃). 과수·채소 등을 심는 밭. ¶耕地～化 | 농업의 원예화.

【园艺】yuányì 名 원예. ¶～家 | 원예가. ¶～学 | 원예학.

【园囿】yuányòu 書 名 원유. 꽃과 나무 등을 심고 짐승을 놓아 기르는 동산.

【园子】yuán·zi ❶ 名 꽃밭·채소밭·과수원등의 총칭. ❷ ⇒〔戏xì园(子)〕

【沅】Yuán 물이름 원

名〈地〉원강(沅江) [귀주성(貴州省)에서 발원하여 호남성(湖南省)으로 흐르는 강]

【芫】yuán yán 팔꽃나무 원

Ⓐ yuán ⇒〔芫花〕〔芫青〕

Ⓑ yán ⇒〔芫荽〕

Ⓐ yuán

【芫花】yuánhuā 名〈植〉팥꽃나무.
Ⓑ yán
【芫荽】yán·suī 名〈植〉고수 =〔俗 香xiāng菜〕

【鼋(黿)】yuán 자라 원
名〈動〉큰 자라 =〔鼋鱼〕
【鼋鱼】yuányú 名 ㊀〈動〉큰 자라 =〔老鼋〕〔绿团鱼〕〔元鱼〕→〔鳖biē①〕

1【员(員)】yuán yún Yùn 인원 원, 더할 운
Ⓐ yuán ❶ 尾 어떤 직업에 종사하는 사람. ¶公务～ | 공무원. ¶乘务chéngwù～ | 승무원. ¶检查jiǎnchá～ | 검사원. ❷ 尾 단체〔조직〕의 성원(成員). ¶队～ | 대원. ¶会～ | 회원. ¶团～ | 단원. ❸ 量 명 [무장(武將)·인원(人員)을 세는데 쓰임] ¶一～猛将měngjiàng | 용장(勇將) 한 명. ❹ 폭. 너비→〔幅fú员〕 ❺ 고서(古書)에서 「圆」과 통용⇒〔圆yuán①〕
Ⓑ yún ❷ 書 動 더하다. ❷ 인명에 쓰이는글자. ¶伍～ | 오운. 춘추(春秋)시대의 사람.
Ⓒ Yùn 名 성(姓)
【员额】yuán'é 名 정원(定員). 정수(定數) ¶中文系的～为四十五人 | 중문과의 정원은 45명이다.
【员工】yuángōng 名 직원과 노무자. 종업원. ¶铁路tiělù～ | 철도 관계의 종사자. ¶教职～ | 학교의 교원·직원·노무자→〔职zhí工①〕
【员司】yuánsī 名 옛날, 중하급 관청의 관리. ¶小～ | 하급관원.
【员外】yuánwài 名 近 敬 지주(地主). 지방 유력자. ¶他父亲是个好心的～ | 그의 아버지는 마음씨 좋은 지주이다.

【陨】yuán ☞ 陨 yǔn Ⓑ

1【圆(圓)】yuán 둥글 원
❶ 形 둥글다. ¶～柱zhù | 둥근 기둥. ¶皮球是～的 | 공은 둥글다 =〔書 员⑤〕 ❷ 形 완전하다. 충분하다. 원만하다. ¶这话说得不～ | 이 이야기는 완벽하지 않다. ¶得到～满的结果 | 원만한 결과를 얻다. ❸ (공과 같이) 둥글다. ¶滚gǔn～ =〔滴溜圆〕 | 매우 둥글다. ❹ 動 둘러 맞추다(둘러 대다). 원만〔원활〕하게 하다. 완전하게 하다. 합리화하다. ¶自～其说 | 자기의 말을 합리화하다〔둘러 맞추다〕 ¶这个人做事很～, 面面俱到 | 이 사람은 일을 아주 원활하게 하며 여러 면에 빈틈이 없다. ❺ 量 중국의 화폐단위 [보통「元」(원)으로 씀. 「一圆」은 「十角」또는「一百分」에 해당함] =〔元⑤〕 ❻ 名 원형(圓形)의 화폐. ¶银～ | 은화. ¶铜～ | 동화. ❼ 名〈數〉원. ¶画一个～ | 원 하나를 그리다. ¶～周率 | 원주율. ❽ (Yuán) 名 성(姓)
【圆白菜】yuánbáicài 名 方〈植〉양배추 =〔卷juǎn心菜〕〔元白菜〕
【圆场】yuán/chǎng 動 ❶ 원만히 수습하다. 중재하다. ¶不容易给他～ | 그를 위하여 원만하게 수습하기가 쉽지 않다. ¶打～ | 원만히 수습하다. ❷ 대단원에 이르다.
【圆成】yuánchéng 動 (남을) 도와서 일을 이루게 해주다〔성사시키다, 조정하다〕 ¶要不是您～, 这件事早就完了 | 당신이 도와주시지 않았더라면, 이 일은 벌써 잘못되었을 것입니다 =〔成全〕
【圆雕】yuándiāo 名〈美〉돌·금속·나무 등으로 만든 입체 조각.
【圆嘟嘟】yuándūdū 贶 풍만하다. 포동포동하다. ¶～的脸庞liǎnpáng | 포동 포동한 얼굴 =〔圆敦敦dūn〕
【圆房】yuán/fáng 名 ❶ 옛날, 민며느리가 정식으로 부부생활을 시작하다→〔童tóng养媳〕 ❷ 결혼 후 부부가 사고 등으로 동거하지 못하다가 첫 잠자리에 들다.
【圆钢】yuángāng 名〈機〉환강(丸鋼) =〔圆铁条〕
【圆鼓鼓】yuángǔgǔ 贶 통통하다. 팽팽하다. ¶～的肚子 | 터질 듯이 통통한 배
【圆光】yuánguāng 名 ❶ 옛날, 길거리에서 주문을 외워 어린이에게 거울이나 백지(白紙)를 보이고 거기에 나타난 형상을 들여다 보게 하여 잃어버린 물건을 찾거나 길흉화복(吉凶禍福)을 점치던 일. ❷〈佛〉원광. 후광(後光) ❸ 둥근 거울.
【圆规】yuánguī 名 콤파스 =〔两脚规〕〔双脚规〕→〔规①〕
【圆滚滚】yuángǔngǔn 贶 ❶ 포동포동 살찌다. 통통하게 살찌다. ¶长得～ | 통통하게 살찌다. ❷ 동글동글하다. ¶～的石子儿 | 동글동글한 돌멩이.
【圆号】yuánhào 名〈音〉프렌치 호른(French horn). 호른(horn) =〔法国铜角〕
【圆滑】yuánhuá 形 원활하다. (성격이) 원만하다. 매끄럽다. ¶政治家的手腕哪有不～的 | 정치가의 수완은 원활하지 않은 것이 없다.
【圆谎】yuán/huǎng 動 이리저리 둘러대다. 거짓말을 합리화하다.
【圆浑】yuánhún 書 形 ❶ (음성이) 부드럽고 자연스럽다. ¶语调～ | 어조가 부드럽고 자연스럽다. ❷ (시문이) 의미 심장하고 억지로 꾸며낸 흔적이 없다.
【圆寂】yuánjì 名〈佛〉원적. 귀적(歸寂) =〔圆果〕
【圆笼】yuánlóng 名 (음식점에서 요리를 담아두거나, 배달용으로 쓰이는) 둥글고 큰 바구니.
【圆颅方趾】yuán lú fāng zhǐ 國 둥근 얼굴에 네모난 발. 인류 =〔圆顶方趾〕〔圆头方足〕〔方趾圆颅〕
3【圆满】yuánmǎn 形 원만하다. 완벽하다. 훌륭하다. 충분하다. ¶～的答案 | 나무랄 데 없는 답안. ¶问题～地解决了 | 문제가 원만히 해결됐다. ¶～的结果 | 만족한 결과.
【圆梦】yuán/mèng ⇒〔详xiáng梦〕
【圆盘耙】yuánpánbà 名〈農〉원반형 써레.
【圆圈(儿)】yuánquān(r) 名 ❶ 동그라미. ¶划了一个～ | 동그라미를 하나 그리다. ¶转zhuàn着～说 | 빙 둘러서〔에둘러〕말하다. ❷ 둥근 바퀴.
【圆全】yuán·quan 形 方 원만하다. 주도 면밀하다. 완전하다. ¶想得～ | 생각이 빈틈없다. ¶事情办得～ | 일을 주도 면밀하게 처리하다.
【圆润】yuánrùn 書 形 원만하고 윤택하다. ¶～的歌喉 | 부드럽고 매끄러운 목청〔노래 소리〕 ¶他的书法～有力 | 그의 서법은 부드러우면서도 힘이 있다.
【圆台】yuántái 名 簡〈數〉원추대. 원뿔대 =〔圆锥

台〕→〔圆锥〕
【圆通】yuántōng ❶形 (성격이) 원만하다. (일처리가) 융통성이 있다. ¶他为人~ | 그는 됨됨이가 원만하다. ❷名〈佛〉원통.
【圆舞曲】yuánwǔqǔ 名 外〈音〉원무곡. 왈츠 =〔外 华huá尔兹〕
【圆心】yuánxīn 名 ❶〈數〉원심. ❷좋은 목재. ❸〈佛〉열반(涅槃)을 구하는 마음→〔圆寂〕
【圆心角】yuánxīnjiǎo 名〈數〉원심각. 중심각 =〔中心角〕
【圆形】yuánxíng 名 원형. ¶~建筑 | 원형 건물. ¶~剧场 | 원형 극장.
【圆周】yuánzhōu 名〈數〉원주 =〔簡 圆〕
【圆周角】yuánzhōujiǎo 名〈數〉원주각.
【圆周率】yuánzhōulǜ 名〈數〉원주율.
2【圆珠笔】yuánzhūbǐ 名 볼펜 =〔原子笔〕
【圆柱】yuánzhù 名 ❶〈數〉원주. 원기둥. ❷〈電算〉실린더(cylinder)
【圆柱体】yuánzhùtǐ 名〈數〉원주체. 원기둥체.
【圆锥】yuánzhuī 名〈數〉원추. 원뿔. ¶ ~体 | 원추체. 원뿔체.
【圆锥花序】yuánzhuī huāxù 名組〈植〉원추화서. 원추꽃차례.
【圆锥台】yuánzhuītái ⇒〔簡 圆台〕
【圆桌】yuánzhuō 名 원탁. ¶他买了一张~ | 그는 원탁 하나를 샀다.
【圆桌会议】yuánzhuō huìyì 名組 원탁 회의. ¶召开~ | 원탁회의를 개최하다.
【圆子】yuán·zi ❶⇒〔元yuán宵②〕 ❷⇒〔丸wán子①〕
【圆作】yuánzuō ⇒〔桶tǒng匠〕

【身】yuán ☞ 身 shēn B

【爰】yuán 이에 원

書 ❶代 어느 곳. 어디. ¶~其适归 | 그는 어디로 돌아갔는가? =〔何处〕〔哪里〕 ❷連 그리하여. 그래서. 이에. ¶~书其事以告 | 이에 그 사실을 써서 알린다 =〔于是〕

【媛】yuán yuàn 미녀 원

A yuán ⇒〔婵chán媛〕
B yuàn 書 名 ❶ 미녀(美女) ¶名~ | 명성이 있는 미녀. ❷따님. 남의 딸을 존경하여 부르는 말. ¶令~ | 영애. 따님.

2【援】yuán 당길 원, 도움 원

動 ❶ 당기다. 손에 들다. ¶攀pān~ | 연줄로 높은 지위에 오르다. ¶~笔疾书 | 붓을 들고 거침없이 써내려가다. ❷ 원조(援助)하다. ¶抗美~助 | 항미원조. ¶孤立无~ | 고립되어 구원 받을 데가 없다. ❸ 인용하다. ¶~例办理 | 예를 인용하여 처리하다. ¶~用↓
【援兵】yuánbīng 名 원병. 원군. ¶~未到 | 원군이 아직 도착하지 않았다.
【援救】yuánjiù 動 구원하다. 응원하다. ¶~被围困的部队 | 포위된 부대를 구원하다.
【援军】yuánjūn 名 원군. ¶派遣~ | 원군을 파견하다.
【援例】yuán/lì 動 ❶ 예를 들다. ❷ 전례〔관례〕에 따르다. 전례〔관례〕를 인용하다. ¶~申请shēnqǐng | 전례대로 신청하다. ¶~实行 | 전례를 좇아 실행하다.
【援手】yuánshǒu 書 動 구조하다. 구원의 손길을 뻗다. ¶伸出~ | 구원의 손길을 뻗다.
【援外】yuánwài 名 動 대외 원조(하다) ¶积极jījí~ | 적극적으로 대외 원조하다.
【援引】yuányǐn 動 方 ❶ 인용〔인증〕하다. ¶~条文 | 조문을 인용하다. ¶~例证 | 예를 인용하여 증명하다. ❷(자기와 관계 있는 사람을) 추천·임용하다〔끌어 들이다〕
【援用】yuányòng 動 원용하다. 인용하다. ¶~先例 | 선례를 인용하다. ¶~成例 | 관례를 인용하다.
3【援助】yuánzhù 名 動 원조(하다). 지원(하다). ¶国际~ | 국제 원조. ¶经济~ | 경제 원조. ¶~受难者 | 재난을 당한 사람을 돕다.

【垣】yuán 담 원

名 ❶ 書 담. 울타리. ¶城~ | 성벽. ¶断瓦颓duànwǎtuí~ | 깨진 기와와 허물어진 토담. 황폐함을 비유. ❷ 書 성(城) ¶城~ | 성의 행정기관 소재지. ❸ 書 도시. (성벽으로 둘러 싸인) 땅. ❹ (Yuán) 성(姓)
【垣墙】yuánqiáng 名 담. 담장 =〔書 垣墉〕
【垣衣】yuányī 書 名 울타리·담장에 끼는 이끼.
【垣墉】yuányōng ⇒〔垣墙〕

1【原】yuán 근원 원, 들 원

❶ 形 최초의. 시초의. ¶~稿gǎo↓ ¶~人↓ ❷ 形 가공되지 않은. ¶~油↓ ¶~棉 | 원면. ❸ 形 副 원래(의). 본래(의) ¶~不该做 | 원래 해서는 안된다. ¶~作者 | 원작자. ❹ 副 본디. 처음부터. ¶这话~不错 | 이 말은 본래 틀리지 않았다. ❺ 書 形 양해하다. 허락하다. ¶情有可~ | 成 정상을 참작할 만하다. ❻ 평원. 들판. ¶平~ | 평원. ¶高~ | 고원. ❼「塬」와 같음⇒〔塬yuán〕 ❽ 書 名 근본. 근원. 원인. ¶推本考~ | 본원을 추구하다. ¶推~其致误之由 | 착오가 생긴 원인을 찾다. ❾ (Yuán) 名 성(姓)
【原版】yuánbǎn 名〈印出〉(서적의) 원판. ¶~外文书刊 | 원판 외국서적 =〔原板①〕
【原本】yuánběn ❶ 名 원본. 저본(底本) ¶~已失传了 | 원본은 이미 전해지지 않는다 =〔底本〕〔原稿〕→〔副fù本〕 ❷ 名 초판본(初版本) =〔初刻本〕 ❸ 名 (번역용) 원서. 원전(原典). 텍스트. ❹ 副 원래. 본래. ¶他~是干庄稼活的 | 그는 원래 농부였다 =〔原来①〕〔本来〕 ❺ 名 (사물의) 근원. 기원. 유래. ❻ 動 근원을 찾다〔구명하다〕
4【原材料】yuáncáiliào 名 원료와 재료. 원자재. ¶~消耗xiāohào下降 | 원자재의 소모가 감소 한다.
【原肠】yuáncháng 名〈生〉원장.
【原虫】yuánchóng ⇒〔病bìng原虫〕
【原处(儿)】yuánchù(r) 名 본래의 장소. ¶看完了书以后, 应放回~ | 책을 다 본 다음에는 제자리에 가져다 놓아야 한다. ¶归回~ | 본래의 장소로 돌아가다.
【原地】yuándì 名 ❶ 제자리. 본래의 자리〔위치〕 ¶不要在~打圈子! | 제자리에서 빙빙 돌지 말

아라! ❷그 자리. 제자리. ¶停止前进, ～休息! | 정지, 제자리에서 휴식!

【原定】yuándìng 動 원래 정하다. ¶完成～的计划 | 원래 정한 계획을 완성하다 =〔原订〕

【原动力】yuándònglì 名 원동력. ¶社会发展的～ | 사회 발전의 원동력 =〔主zhǔ动力〕

【原封(儿)】yuánfēng(r) 名 개봉하지 않은〔원래 그대로의〕것. ¶～烧酒 | 순수한 소주. ¶～退回 | 그대로 돌려주다.

【原封不动】yuán fēng bù dòng 成 개봉하거나 손대지 않고 그대로 두다. 원래 모양대로 그대로 하다. ¶她把彩礼～地退回来了 | 그녀는 납채예물을 뜯어보지도 않고 그대로 돌려보냈다.

【原稿】yuángǎo 名 원고. 초고. ¶这是论文的～ | 이것은 논문의 원고이다. ¶～纸 =〔稿纸〕| 원고지 →〔底dǐ稿(儿)〕

4【原告】yuángào 名〈法〉원고 =〔原告人〕→〔被告〕

【原鸽】yuángē 名〈鳥〉양비둘기 =〔野yě鸽〕

【原故】yuángù ⇒〔缘yuán故〕

【原话】yuánhuà 名 ❶ 본래 말. ¶你把我的～告诉你爹 | 당신은 나의 말을 그대로 당신 부친에게 전해주시오 ❷ 원문.

【原籍】yuánjí 名 원적. ¶～浙江, 寄籍jìjí上海 | 원적은 절강이고, 거주지는 상해이다.

【原价】yuánjià 名〈經〉❶ 원가. ❷ 매입가격. ❸ 정가(定價)

【原件】yuánjiàn 名 진품(眞品). 원본. ¶这些艺术品的～大都在博物馆里 | 이 예술품들의 진품은 대부분 박물관에 있다.

【原旧(儿)】yuánjiù(r) 方 ❶ 名 원래. 본래 =〔原来①〕❷ 副 예같이. 여전히. 원래대로 =〔仍旧〕〔依旧〕

1【原来】yuánlái ❶ 名 副 원래. 본래. 어법 명사를 수식할 때는「的」가 붙으며, 술어(謂語)가 될 수 없음. ¶他还住在～的地方 | 그는 아직 원래 있던 그곳에서 산다. ¶他～不喝酒, 现在可喝了 | 그는 원래 술을 못 마셨는데, 지금은 마실 수 있다 =〔元来〕〔原旧①〕〔原本④〕❷ 副 알고 보니 [실제 상황을 알아냈음을 나타냄] ¶～是你 | 알고 보니 너였구나. ¶我说夜里怎么这么冷, ～是下雪了 | 간밤에 어찌 이리 추운가 했더니, 알고 보니 눈이 왔구나.

【原来如此】yuánlái rúcǐ 動組 그렇군요. 알고 보니 그렇다.

3【原理】yuánlǐ 名 원리. ¶哲学～ | 철학원리. ¶基本～ | 기본 원리

1【原谅】yuánliàng 動 ❶ 양해하다. 용서하다. ¶请您～! | 양해해 주십시오! ❷ 용인하다. ¶～他们的缺点 | 그들의 결점을 용인하다. 어법 때로는 분리되어 쓰임. ¶请原个谅吧! | 아무쪼록 양해해 주십시오.

2【原料】yuánliào 名 ❶ 원료. ¶造酒的～ | 주조원료 ❷ 소재. ¶文学艺术的～ | 문학 예술의 소재.

【原路】yuánlù 名 원래의 길. 왔던 길. ¶仍由～返回 | 원래 왔던 길로 되돌아가다.

【原貌】yuánmào 名 원래 모습. 본래의 모양. ¶这庙还保存了～ | 이 절은 아직도 원래 모습을 보존하고 있다.

【原煤】yuánméi 名〈鑛〉원탄. ¶～产量chǎnliàng | 원탄 산출량 =〔元煤〕

【原棉】yuánmián 名〈紡〉원면. ¶～等级 | 원면의 등급.

【原名】yuánmíng 名 원명. 본명. ¶～叫什么? | 본명은 무엇이냐?.

【原木】yuánmù 名〈林〉원목.

【原人】yuánrén ⇒〔猿yúan人〕

【原任】yuánrèn 名 원임. 전관(前官) ¶～官 | 전직. ¶～首相 | 전직 수상 →〔前任〕

【原色】yuánsè 名〈色〉원색 =〔基色〕〔基本色〕

【原审】yuánshěn 名〈法〉원심.

【原生】yuánshēng 名 形 원생(의). 원시(의)

【原生动物】yuánshēng dòngwù 名組〈動〉원생동물. ¶～学 | 원생 동물학.

【原生矿物】yuánshēng kuàngwù 名組〈鑛〉원생광물. 초생 광물.

【原生质】yuánshēngzhì ⇒〔原形质〕

【原声带】yuánshēngdài 名 簡 오리지날 테이프(original tape) [「原声录音带」의 약칭] ¶买了几盘～ | 오리지날 테이프를 몇 개 샀다 =〔原音带〕

3【原始】yuánshǐ ❶ 名 形 최초(의). 오리지날. ¶～资料 | 오리지날 자료. 일차 자료. ❷ 名 形 원시(의) ¶～动物 | 원시 동물. ¶～宗教 | 원시 종교. ❸ (yuán shǐ) 근원을 추구하다. 시초를 찾다.

【原始公社】yuánshǐ gōngshè 名組〈經〉원시 공동체. 원시 공산 사회. ¶～制度是阶级社会以前的社会制度 | 원시 공동체 제도는 계급 사회 이전의 사회 제도이다 →〔原始社会〕

【原始积累】yuánshǐ jīlěi 名〈經〉원시(적) 축적. 본원적 축적. ¶增加～ | 원시적 축적을 증가시키다.

【原始群】yuánshǐqún 名〈史〉원시 군집(群集) [원시 사회 초기의 집단으로 씨족(氏族)의 전단계 집단]

【原始社会】yuánshǐ shèhuì 名組〈史〉원시 사회.

【原诉】yuánsù 名〈法〉원고(原告)의 소송.

【原索动物】yuánsuǒ dòngwù 名組〈動〉원삭동물.

【原汤】yuántāng 名 ❶ 중국 요리에서 재료(특히 육류)를 찌거나 삶거나 한 뒤에 남은 국물. ❷ 삶은 국물.

【原题】yuántí 名 원제. 본제(本題) ¶话归～ | 이야기를 본제로 되돌리다.

【原田】yuántián 名 方 고원에 있는 밭.

【原委】yuánwěi 名 (사건의) 경위. 본말(本末). 자초 지종. ¶他们必须向人民说明～ | 그들은 (일의) 자초지종을 인민들에게 말해주어야 한다 =〔源委〕

【原位】yuánwèi 名 원 위치. 제자리. 본래의 좌석. ¶他又坐到～上 | 그는 다시 제자리로 가서 앉았다. ¶拉回～ | 원 위치로 끌어오다.

【原文】yuánwén 名 (번역, 인용한) 원문. ¶引用～要加引号 | 원문을 인용하려면 인용 부호를 붙여야 한다.

【原物】yuánwù 名 ❶ (～儿) 원물. 원래의 것. ¶～不动 | 원래의 것을 그대로 두고 손대지 않다.

❷〈法〉원물(元物)
3【原先】yuánxiān 名副 원래. 이전. 본래. ¶照~的计划做｜본래 계획에 따라 하다 =〔原起〕〔从前〕〔起初〕
【原线圈】yuánxiànquān 名〈物〉일차 코일. 제일 코일 =〔初级线圈〕
【原薪】yuánxīn 名 원래의 임금〔월급〕 ¶他退休后仍拿~｜그는 퇴임한 후에도 여전히 원래의 임금을 받고 있다.
【原信】yuánxìn 名 ❶ 본래의 편지. ❷ 당사자로부터의 편지.
【原形】yuánxíng 名貶 원형. 본색. 정체. 제모습. 본래의 모습. ¶现出了~ =〔显了原形〕｜정체를 드러냈다. ¶戳chuō穿了侵略者的~｜침략자의 정체를 여지없이 폭로했다.
【原形毕露】yuán xíng bì lù 成 원래의 모습이 완전히 드러나다. 진상〔본색〕이 폭로되다. 정체가 여지 없이 드러나다. ¶这回他终于~｜이번에 그는 결국 정체를 드러냈다.
【原形质】yuánxíngzhì 名〈生〉원형질 =〔原生质〕
【原型】yuánxíng 名 ❶ 원형. 기본 모양. ❷ (문학 작품의) 모델.
【原盐】yuányán 名〈化〉원염. 본염(本鹽)
【原样】yuányàng 名 원형. 원래의 양식〔모양〕 ¶照~做｜원형대로 만들다. ¶保持~, 不要做任何更动｜조금도 손대지 말고 원상대로 보존하시오.
【原野】yuányě 名 원야. 평야. 벌판. ¶山下是肥沃的~｜산아래는 비옥한 평원이다.
【原意】yuányì 名 본심. 처음의 뜻. 본래의 의도. ¶我的~不是这样的, 你把我的话误会了｜나의 본심은 그런 것이 아니었는데 너는 내 말을 오해했다.
2【原因】yuányīn 名 원인. ¶~不明｜원인 불명 =〔書元因〕〔書起qǐ因〕
【原由】yuányóu ⇒〔缘yuán由〕
4【原油】yuányóu 名〈鑛〉원유. ¶~产量｜원유 생산량→〔石shí油〕
【原宥】yuányòu 書動 양해하고 용서하다. 사정을 봐주다. ¶敬祈~, 无任感荷｜札 양해하고 용서해 주시면 감사하겠습니다 =〔原谅yuánliàng〕
【原原本本】yuányuánběnběn 成 처음부터 끝까지. 사실대로. ¶我把这件事~讲给他们听｜내가 이 사건을 처음부터 끝까지 그들에게 들려 주었다. ¶~汇报huìbào｜있는 사실대로 보고하다 =〔源源本本〕〔元元本本〕
2【原则】yuánzé 名 원칙. ¶按照~｜원칙에 따라. ¶~问题｜원칙적인 문제.
【原帐】yuánzhàng 名 원부(原薄). 대장(臺帳). 원장(元帳)
【原职】yuánzhí 名 원래의 직무〔직업〕
【原址】yuánzhǐ 名 원래의 주소. 전 주소. ¶记不起~来｜전 주소가 기억나지 않는다.
【原主(儿)】yuánzhǔ(r) 名 원주. 원래의 주인. 전 소유주. ¶将失物交还~｜유실물을 원 주인에게 돌려 주다.
【原著】yuánzhù 名 원저. 원작. ¶我不懂俄文, 没有读过高尔基的~｜나는 러시아어를 모르기 때문에 고리키의 원저를 읽은 것이 없다.
【原状】yuánzhuàng 名 원상. 원래의 상태. ¶恢复huīfù~｜원상을 회복하다.
3【原子】yuánzǐ 名〈物〉원자.
【原子笔】yuánzǐbǐ 名 볼펜 =〔圆珠笔〕
【原子尘】yuánzǐchén 名〈原〉방사진. 방사능진. 낙진.
3【原子弹】yuánzǐdàn 名〈軍〉원자 폭탄. 원자탄. ¶韩国没有~｜한국에는 원자탄이 없다 =〔原子炸弹〕→〔核hé子武器〕〔氢qīng(炸)弹〕
【原子堆】yuánzǐduī ⇒〔原子反应堆〕
【原子反应堆】yuánzǐ fǎnyìngduī 名組〈原〉원자로 =〔反应堆〕〔原子堆〕〔核反应堆〕
【原子核】yuánzǐhé 名〈物〉원자핵.
【原子价】yuánzǐjià 名〈物〉원자가 =〔化合价huàhéjià〕
【原子量】yuánzǐliàng 名〈物〉원자량.
4【原子能】yuánzǐnéng 名〈原〉원자력. ¶和平利用~｜원자력을 평화적으로 이용하다. ¶~工业｜원자력 공업 =〔核子能〕
【原子团】yuánzǐtuán 名〈化〉원자단.
【原子武器】yuánzǐ wǔqì ⇒〔核hé子武器〕
【原子序】yuánzǐxù 名〈物〉원자 번호 =〔原子序数〕
【原子序数】yuánzǐ xùshù ⇒〔原子序〕
【原子炸弹】yuánzǐ zhàdàn ⇒〔原子弹〕
【原子钟】yuánzǐzhōng 名 원자 시계.
【原罪】yuánzuì 名〈宗〉원죄.
【原作】yuánzuò 名 ❶ 시문(詩文) 화창(和唱)의 최초의 한 편. ❷ 원작. 원저(原著) ¶~者｜원저자. 원작자.

【塬】yuán 높은평지 원
名 중국 서북 황토 고원지구의 빗물로 깍인, 고지〔주위는 지세가 험하고 꼭대기는 평탄함〕=〔原⑦〕

2【源】yuán 수원 원, 근원 원
❶ 名 수원(水源) ¶河~｜강물의 발원지. ¶泉~｜샘의 근원. ❷ 사물의 기원(起源). 출처. ¶来~｜출처. 원산지. ¶货~｜상품의 공급지. ¶新闻的来~｜보도의 출처. ❸ 연이어 끊이지 않다. ¶~~↓ ❹ (Yuán) 名 성(姓)
【源流】yuánliú 名 원류 (사물의) 기원과 발전. ¶七言诗的~｜7언시의 원류. ¶文学的~｜문학의 원류.
4【源泉】yuánquán 名 원천. ¶生活是创作的~｜생활은 창작의 원천이다. ¶团结就是力量的~｜단결은 힘의 원천이다 =〔泉源〕
【源头】yuántóu 名 발원지. 원천. 근원. ¶民歌是文学的一个~｜민가는 문학 원천의 하나이다. ¶~活水｜成 샘의 근원과 그곳에서 뿜어져 나오는 힘찬 물 발전의 동력(動力)과 원천.
【源源】yuányuán 狀 연이어지다. 끊이지 않다. ¶~不竭jié｜成 끊임없다.
【源源本本】yuányuán běnběn ⇒〔原yuán原本本〕
【源源不绝】yuán yuán bù jué 成 끊임없이 계속되다. ¶粮食~从农村运来｜양식을 끊임없이 농촌에서 운송해오다.
【源源而来】yuán yuán ér lái 成 끊임없이 오다. 꼬

리를 물고 오다. ¶各种消息～ | 각종 소식이 끊임없이 전해져 오다.

【源远流长】yuán yuǎn liú cháng 成 아득히 멀고 오래다. 역사가 유구하다. ¶这种风气～ | 이런 기풍은 아주 오래 되었다.

【螈】yuán 영원 원 ⇒〔蝾róng螈〕

【袁】yuán 옷길 원 ❶ 書 形 옷이 늘어지다. ❷ (Yuán) 名 성(姓)

【袁(大)头】yuán(dà) 名 민국(民國) 초년에 주조된 원세개(袁世凱)의 초상이 새겨진 1원(元)짜리 은화 =〔袁像币〕〔袁头银元〕〔人洋〕〔首银〕→〔孙sūn头(儿)〕〔鹰yīng洋〕

3【猿〈猨〉】yuán 원숭이 원 名〈動〉원숭이 [좁은 뜻으로 유인원(類人猿)]→〔猴〕

【猿猴】yuánhóu 名〈動〉유인원과 원숭이. ¶敏捷mǐnjié的～ | 민첩한 유인원과 원숭이

3【猿人】yuánrén 名〈考古〉원인. ¶北京～=〔北京人②〕| 북경 원인 =〔原人〕→〔新xīn人⑦〕

【辕(轅)】yuán 끌채 원 ❶ 名 끌채. ¶驾～ | 끌채로 끌다 =〔口 车辕子〕❷ ⇒〔辕门〕

【辕马】yuánmǎ 名 끌채를 메워 끌게 하는 말. 끌채 메운 말.

【辕门】yuánmén 名 원문. ❶ 군영(軍營)의 문. ❷ 관청의 바깥문. ❸ 轉 옛날, 관청을 이르던 말.

【圜】yuán ☞ 圜 huán B

3【缘(緣)】yuán 인연 연, 가 연 ❶ 名 까닭. 이유. ¶无～无故 | 아무 이유도 없다 =〔缘故〕〔原故〕❷ 名 인연. 연분. ¶有一面之～ | 한번 만나본 인연이 있다. ¶姻～ | 혼인의 연분. ❸ 名 가. 가장자리. ¶帽mào～ | 모자의 테두리 =〔边缘〕❹ 書 介 …때문에. …위하여. ¶～何到此? | 무엇 때문에 여기에 왔는가? =〔因为〕〔为了〕❺ 書 介 …에 의하여. …으로써. ¶～耳而知声, ～目而知形 | 귀로써 소리를 알고, 눈으로 형체를 알다. ❻ 書 介 …에 따라서. …에 연하여. ¶～溪而行 | 시내를 따라 가다 =〔沿着〕〔顺着〕❼ 書 動 기어오르다. ¶攀pān～ | 기어오르다. 연고정실(緣故情實)에 매달리다. ¶～木求鱼↓ ❽ 書 動 옷의 테두리를 장식하다.

【缘簿】yuánbù 名 사원(寺院)에 희사(喜捨)하기를 권유하는 기부장.

【缘分(儿)】yuánfèn(r) 名 인연. 연분. ¶也是前世的～ | 이것도 전생의 인연이다=〔缘法(儿)〕

3【缘故】yuángù 名 연고. 원인. 이유. ¶正因为虚心向人学习的～, 所以他进步得很快 | 바로 겸손하게 남에게 배우기 때문에 그는 진보가 아주 빠르다 =〔原故〕

【缘木求鱼】yuán mù qiú yú 成 연목 구어. 나무에 올라 물고기를 구하다. 불가능한 일을 하려고 하다.

【缘起】yuánqǐ 名 ❶ (사물의) 원인. 동기. 기인(起因) ❷ 발기문(發起文). 취지문. 서언(序言) ¶成立学会的～ | 학회 창립의 발기문. ❸〈佛〉연기(緣起). 기연(起緣)

【缘由】yuányóu 名 연유. 원인. 이유. 유래. ¶他说明了这件事的～ | 그는 이 일의 연유를 설명했다 =〔来缘②〕〔原因〕〔原由〕

【橼(櫞)】yuán 구연 연 ⇒〔枸jǔ橼〕〔香xiāng橼〕

yuǎn ㄩㄢˇ

1【远(遠)】yuǎn 멀 원 ❶ 形 (거리가) 멀다. ¶路～ | 길이 멀다. ¶离这儿很～ | 이곳에서 아주 멉니다 ⇔〔近jìn①〕❷ (시간이) 오래다. ¶为时不～ | 때가 오래되지 않다. ¶久～ | 멀고 오래다. ¶～古↓ ⇔〔近②〕❸ 形 소원(疏遠)하다. 친밀하지 않다. ¶他们俩不算～ | 그들 사이는 그리 먼 편이 아니다. ¶～亲↓ ¶～房↓ ❹ 形 (차이가) 크다[많다] 심하다. ¶差得～ | 차이가 심하다. ¶～～超过 | 훨씬 초과하다. ❺ 形 심원(深遠)하다. ¶言近旨～ | 말은 평이하나 내포된 뜻은 깊다. ❻ 舊 yuàn) 動 멀리하다. ¶敬而～之 | 경원하다. ❼ 形 (「遠了去」형태의 앞에 형용사를 두어) 정도가 심함을 나타냄. ¶这个质量比那个好～了去 | 이것의 질이 저것보다 훨씬 좋다. ❽ (Yuǎn) 名 성(姓)

【远不如前】yuǎn bù rú qián 動組 이전보다 훨씬 못하다. ¶他的身体～了 | 그의 몸은 이전보다 훨씬 못해졌다.

【远不是】yuǎn bù shì 動組 전혀 그렇지 않다. 사뭇 다르다. ¶他说的～那么一回事儿 | 그가 말한 것은 전혀 그런 게 아니다.

【远程】yuǎnchéng 區 원거리의. 장거리의. ¶～飞行 | 장거리 비행. ¶～航行 | 장거리 항행. ¶～轰炸机 | 장거리 폭격기. ¶～火箭 | 장거리 로케트. ¶～射击 |〈軍〉원거리 사격. ¶～运输 | 장거리 수송.

【远处】yuǎnchù 名 먼 곳. ¶他想去～走走 | 그는 먼 곳을 가보고 싶어한다 =〔远方〕

4【远大】yuǎndà 形 원대하다. ¶～的计划 | 원대한 계획. ¶～的理想 | 원대한 이상. ¶～抱负bàofù | 원대한 포부.

【远道】yuǎndào 名 먼 길. ¶～而来 | 成 멀리서 오다.

【远东】Yuǎndōng 名〈地〉극동(極東)

【远渡重洋】yuǎn dù chóng yáng 成 멀리 외국으로 건너가다 =〔远涉shè重洋〕

4【远方】yuǎnfāng 名 원방. 먼 곳. ¶～的来客 | 먼 곳에서 온 손님. ¶从～来 | 먼 곳에서 오다 =〔远处〕

【远房】yuǎnfáng 名 形 먼 친척(의). 먼 일가(의) ¶～叔父 | 먼 친척 아저씨. ¶～兄弟 | 먼 일가 형제.

【远隔】yuǎngé 動 멀리 떨어져 있다. 격리되어 있다.

【远隔重洋】yuǎn gé chóng yáng 成 바다를 사이에 두고 멀리 떨어지다. ¶他想去～的美国留学 | 그는 이역만리 미국으로 유학을 가려고 한다.

【远古】yuǎngǔ 名 상고. 먼 옛날. 아득한 옛날 =

〔太古〕
【远航】yuǎnháng 名 원항. 원양 항해.
【远见】yuǎnjiàn 名 원대한 식견. 선견. 예지. ¶老康很有～ | 강씨는 아주 원대한 식견을 갖고 있다 =〔远识〕
【远见卓识】yuǎn jiàn zhuō shí 成 멀리 내다보는 탁월한 식견. 뛰어난 예견성. 선견지명(先見之明)
【远交近攻】yuǎn jiāo jìn gōng 成 원교 근공. 먼 나라와 친교를 맺고 가까운 나라를 공격하다 [전국(戰國) 시대에 범수(范雎)가 진왕(秦王)에게 진언(進言)한 외교 정책]
【远郊】yuǎnjiāo 名 원교. ¶他在～买了一栋房子 | 그는 원교에 집 한 채를 샀다 =〔远郊区〕
【远近】yuǎnjìn 名 ❶ (～儿)(거리의) 원근. ¶这两条路的～差不多, 走哪一条都行 | 이 두 길은 거리가 비슷하여 어느 길을 가도 좋다. ¶这一带～闻名 | 이 일대에서 이름이 있다. ❷ (～儿)(관계의) 친소(親疏) ¶亲戚有～ | 친척에도 친소가 있다. ❸ 書 〈漢醫〉 병의 증상과 내인(內因)
4【远景】yuǎnjǐng 名 ❶ 원경. 먼 경치. ¶眺tiào望～ | 먼 경치를 내다보다. ¶用色彩的浓淡来表示画面前景和～的分别 | 색의 짙고 연한 정도로 그림의 먼 경치와 가까운 경치의 구분을 나타낸다. ❷ 청사진. 장래의 설계도. 미래의 전망. 전도. ¶太空旅行的～ | 우주 여행의 청사진. ❸ 〈撮〉 롱 쇼트(long shot). 원사(遠寫) →〔近景〕
【远距离】yuǎnjùlí 區 원격의. 원거리의. ¶～罗盘luópán | 망원 나침반.
【远客】yuǎnkè 名 원객. 먼 곳에서 온 손님 =〔远方的客人〕
【远了去】yuǎn·lequ 狀組 京 심하다. 훨씬…하다. ¶他比我好～了 | 그가 나보다 훨씬 낫다 →〔很〕
【远离】yuǎnlí 動 ❶ 멀리 떨어지다. ❷ 멀리하다. ¶～坏人 | 나쁜 사람을 멀리하다.
【远路】yuǎnlù 名 먼 길. ¶走～ | 먼 길을 걷다. 멀리 돌아가다.
【远虑】yuǎnlǜ 名 원력. 심려(深慮). 앞날을 헤아리는 깊은 생각. ¶深谋～ | 成 멀리 내다보고 깊이 생각하다. ¶人无～, 必有近忧 | 諺 사람이 앞날을 깊이 생각하지 않으면 반드시 가까운 근심이 있다.
【远门】yuǎnmén ❶ 動 집을 떠나 멀리 가다. 멀리 떠나다. ¶出一趟～ | 먼 길을 떠나다. ❷ 名 먼 친척. 먼 일가.
【远谋】yuǎnmóu 名 원대한 계획〔계책〕=〔远略①〕〔远图〕
【远期】yuǎnqī 名 〈經〉 선물(先物)
【远亲】yuǎnqīn 名 먼 친척. ¶～已不来往了 | 먼 친척은 이미 왕래가 없다.
【远涉重洋】yuǎn shè chóng yáng ⇒〔远渡重洋〕
【远射】yuǎnshè 區 〈體〉 롱 슛(long shoot)(하다)
【远视】yuǎnshì 名 〈醫〉 원시. ¶～眼镜yǎnjìng | 원시경.
【远视眼】yuǎnshìyǎn 名 〈醫〉 원시안.
【远水解不了近渴】yuǎn shuǐ jiě bù liǎo jìn kě 諺 먼 곳의 물로는 당장의 갈증을 풀지 못한다. ❶ 절박한 때에 도움이 되지 않는 것은 쓸모없다. ❷ 먼 데 단 냉이보다 가까운 데 쓴 냉이. 먼데의 친척보다도 가까이 있어 사정을 잘 알아 주는 남이 더 낫다 ‖ =〔远井不解近渴〕〔远水不解近渴〕
【远水不救近火】yuǎn shuǐ bù jiù jìn huǒ 成 먼데 물이 가까운 불을 끄지 못한다. ❶ 먼데 있는 것은 절박한 때에 도움이 되지 않는다. ❷ 완만한 해결 방법으로는 절박한 수요를 만족시킬 수 없다 ‖ =〔远水近火〕〔远水救不了近火〕
【远眺】yuǎntiào 動 멀리〔먼 곳을〕 바라보다. ¶登高～ | 높은 곳에 올라가 멀리 바라보다.
【远望】yuǎnwàng 動 멀리 바라보다. 먼 곳을 바라보다. ¶在楼顶上～ | 옥상에서 먼 곳을 바라보다.
【远销】yuǎnxiāo 動 먼곳으로 팔다. ¶～海外 | 해외로 팔다.
【远行】yuǎnxíng 書 動 원행하다. 먼 곳에 가다. ¶游子～ | 나그네가 먼 길을 가다.
【远扬】yuǎnyáng 動 ❶ 書 먼 곳으로 달아나다. ❷ 멀리 전해지다. ¶臭chòu名～ | 악명이 멀리 전해지다. 악명 높다.
【远洋】yuǎnyáng 名 원양. ¶～捕bǔ鱼 | 원양어업. ¶～货轮 | 원양 화물선. ¶～轮(船) | 원양선박.
【远因】yuǎnyīn 名 먼 원인. 간접적인 원인. ¶找出～ | 간접적인 원인을 찾아내다.
【远游】yuǎnyóu 動 ❶ 멀리 유람하다. ❷ 유학하다.
【远远(儿)】yuǎnyuǎn(r) 形 멀다. 아득하다. ¶～地看 | 멀리 보다. ¶～地听见 | 멀리서 들리다.
【远在天边, 近在眼前】yuǎn zài tiān biān, jìn zài yǎn qián 成 멀다면 하늘 저쪽, 가깝다면 바로 눈앞에 있다. 눈과 코 앞에 있다.
【远征】yuǎnzhēng 動 원정하다. ¶～军 | 원정군.
【远志】yuǎnzhì 名 ❶ 書 원대한 뜻. 큰 뜻. ❷ 〈植〉 원지. 영신초(靈神草)
【远走高飞】yuǎn zǒu gāo fēi 成 ❶ 멀리멀리 사라지다. 머나먼 곳으로 가버리다. 줄행랑치다. 도망하다. ❷ 어려운 환경에서 벗어나 밝은 앞날을 추구하다 ‖ =〔高飞远走〕
【远足】yuǎnzú 名 원족. 소풍. 피크닉. ¶秋季～ | 가을 소풍 →〔郊jiāo游〕
【远祖】yuǎnzǔ 名 원조. 먼 조상. ¶他们的～是蒙古人 | 그들의 먼 조상은 몽골인이다.

【苑】 yuǎn ☞ 苑 yuàn

yuàn ㄩㄢˋ

【苑】 yuàn ⊗ yuǎn) yù 동산 원, 막힐 울

Ⓐ yuàn 名 ❶ 書 울을 치고 금수를 기르거나 식물을 심는 곳 [흔히 제왕의 어원(御苑)을 가리킴. 한대(漢代) 이전에는 「囿yòu」라고 함] ¶御yù～ | 궁궐의 정원. ❷ (학술·문학·예술 등의) 산물이 모이는 곳. ¶文～ | 문원. ¶艺～ | 예원. ❸ (Yuàn) 성(姓)
Ⓑ yù 書 形 막히다. 울적하다. 맺히다 =〔郁yù①〕
Ⓐ yuàn
【苑沼】yuànzhǎo 名 동산과 늪.
Ⓑ yù

【苑结】yùjié 書 名 가슴이 맺힌 우울 =〔郁结〕

3【怨】yuàn 원망할 원, 원수 원
❶ 名 원수. 원한. ¶抱bào～｜원한을 품다. ¶结jié～｜원한이 맺히다 =〔怨恨hèn〕❷ 動 불만을 품다. 원망하다. 책망하다. ¶任劳任～｜힘든 일을 마다하지 않으며, 다른 사람의 원망을 겁내지 않다. ¶各无～言｜아무도 불만을 말하지 않다. ¶别～命不好｜운명이 나쁘다고 원망하지 말아라.

【怨不得】yuàn·bu·de 動組 ❶ 탓할 수 없다. 원망할 수 없다. ¶这件事～他, 都怪我｜이 일은 그를 나무랄 수 없다. 모두 나를 탓해라. ❷ 당연하다. 무리가 아니다. ¶～你没去, 原来你有病了｜네가 병이 났었으니까 가지 않은 것은 당연하다.

【怨毒】yuàndú 書 ❶ 名 원독. 원한. ¶心生～｜원망이 생기다. ❷ 動 몹시 원망하다.

【怨怼】yuànduì 書 名 원대. 원한.

【怨忿】yuànfèn ⇒〔怨愤〕

【怨愤】yuànfèn 書 動 원망하며 분노하다. ¶心中～｜마음속으로 원망하며 분노하다 =〔怨忿yuànfèn〕

【怨府】yuànfǔ 書 名 원부. 모든 사람의 원한의 대상.

【怨恨】yuànhèn ❶ 動 원망하다. ¶农民～地主豪绅｜농민이 지주와 토호를 원망하다 =〔書 怨望〕❷ 名 원한. 원망. 증오.

【怨偶】yuàn'ǒu 書 名 화목하지 못한 부부. ¶他们这一对是～｜그들은 화목하지 못한 부부이다.

【怨气】yuànqì 名 원한. 미움. 분노. ¶～冲chōng天｜분노가 머리끝까지 치밀어 오르다.

【怨声载道】yuàn shēng zài dào 成 원성이 도처에 자자하다. ¶老百姓对新政策～｜백성들은 새 정책에 대해서 원성이 자자하다.

【怨天尤人】yuàn tiān yóu rén 成 하늘을 원망하고 남을 탓하다. 모든 것을 원망하다. ¶你也别～了｜남을 탓하지 마세요

【怨望】yuànwàng ⇒〔怨恨①〕

【怨言】yuànyán 名 원언. 원망의 말. 불평. ¶不出～｜불평을 말하지 않다. ¶从未发过一句～｜여지껏 한마디 원망의 말도 하지 않았다.

【怨艾】yuànyì 書 動 원망하다.

【怨尤】yuànyóu 書 動 원우하다. 원망하며 꾸짖다.

【垸】yuàn 바를 완
名 方 (호남(湖南)·호북성(湖北省)등지의 강가 또는 호소(湖沼)지대에 쌓은) 제방. ¶修～｜제방을 쌓다 =〔垸堤〕〔堤dī垸〕〔垸子〕

【垸子】yuàn·zi ⇒〔垸〕

1【院】yuàn 담 원, 집 원, 마을 원
❶ (～儿, ～子) 名 담이나 울짱으로 둘러싸인 빈터. (가옥에 둘러싸인) 안뜰. ¶空～｜안뜰의 빈터. ¶场～｜곡물의 탈곡장. ¶四合～儿｜사방이 집으로 둘러싸인 마당. ¶独～｜독채. ¶两～房子｜앞뒤에 뜰이 있는 집 =〔江 天井〕❷ 어떤 기관이나 공공 장소의 명칭. ¶法～｜법원. ¶戏～｜극장. ¶疗养～｜요양원. ❸ (단과) 대학. ¶医学～｜의과 대학. ¶文学～｜문과 대학 =〔学院〕 ❹ 名 (금(金)·원(元)·명(明)시대의) 기생집 =〔行háng院〕

【院本】yuànběn 名 원본. ❶ 금원(金元)시대 중국 전통극의 각본 [금대(金代)에는 「杂剧」가 기관(妓館)인 「行院」에서 행해졌으므로 붙은 이름] =〔焰yàn段〕 ❷ 명청(明清) 시대에는 「杂剧」「传奇」를 가리킴.

【院落】yuànluò ⇒〔院子①〕

【院门】yuànmén 名 마당의 입구〔문〕

【院墙】yuànqiáng 名 담장.

【院士】yuànshì 名 과학원·아카데미(academy) 등의 회원. ¶中国科学院～｜중국과학원 원사

【院校】yuànxiào 名 簡 단과 대학과 대학교. ¶高等～｜단과 대학과 종합 대학.

2【院长】yuànzhǎng 名 ❶ 병원 원장. ❷ 단과대학 학장. ¶文学～｜문과대학 학장. ¶工学～｜공과대학 학장. ❸ 대신(大臣) 장관. ¶监察jiānchá～｜감찰원장.

2【院子】yuàn·zi 名 ❶ 뜰. 정원. ¶～里种着不少瓜果｜뜰에 과일을 좀 심다 =〔方 院坝bà〕〔院落〕〔方 院套〕〔方 当dāng院(儿)〕→〔天井①〕〔庭tíng③〕 ❷ 종. 머슴 [옛 소설 속에 자주 나오는 마당쇠·머슴 등을 조금 높여 일컫는 말] =〔院公〕〔衙yá役〕

【媛】yuàn ☞ 媛 yuán B

【瑗】yuàn 옥 원
書 名 고리 모양의 옥.

【掾】yuàn 아전 연
書 名 고대의 하급 관리. 속관(屬官) =〔掾属〕

【愿】 1 yuàn 성실할 원
書 形 성실하고 신중하다. ¶谨jǐn～｜근실하다. ¶诚chéng～｜정직하다.

1【愿(願)】 2 yuàn 바랄 원
❶ 動 원하다. 희망하다. ¶心甘情xīngānqíng～｜진정으로 바라다. ¶自觉自～｜스스로 깨달아 자원하다. ❷ 名 희망. 염원. ¶心～｜염원. 소원. ¶如～｜소원대로 되다. ¶平生之～｜평생의 바람. ❸ 名 (신불(神佛)에게 비는) 기원. ¶许xǔ～｜신불에게 소원을 빌다.

【愿打愿挨】yuàn dǎ yuàn ái 成 때리기를 바라고 매맞기를 원하다. 서로 납득하다. ¶这是一宗～的买卖｜이것은 서로 납득할 만한 거래이다.

2【愿望】yuànwàng 名 희망. 원하고 바람. ¶他出国留学的～终于实现了｜외국으로 유학가려던 그의 희망이 마침내 실현되었다. ¶主观～｜주관적 원망(願望). 희망적인 관측.

【愿心】yuànxīn ❶ 名 신불(神佛)에게 빌 때 바치는 돈이나 예물. ❷ ⇒〔心xīn愿〕

1【愿意】yuàn·yi ❶ 能 …하기를 바라다. ¶送你去学习, 你～不～?｜너를 공부하러 보내려는데, 너는 그렇게 하기를 바라는가? ❷ 動 희망하다. ¶他们～你留在这里｜그들은 네가 여기에 머무르기를 희망한다. ❸ 動 동의하다. ¶他对于这件事很～了｜그가 이 일에 전적으로 동의했다. 어법 명사 목적어(賓語)는 취할 수 없음. ¶他～这件事(×) 他～办这件事｜그는 이 일을 하려고 한다.

yuē ㄩㄝ

4【曰】**yuē 가로되 왈, 이를 왈**
㊕動❶말하다. …라고 하다. ¶子～, 学而时习之, 不亦说yuè乎｜공자 가로되, 배우고 때로 이를 익히면 또한 기쁘지 아니한가라고 했다. ❷…라고 부르다. ¶名之～农民学校｜이름을 농민학교라고 부르다. ❸…이다. …에 있다. ¶一～…, 二～…｜첫째는 …이고, 둘째는 …이다.

2【约(約)】**yuē yāo 묶을 약, 대략 약**
Ⓐ yuē ❶㊕動속박하다. 구속하다. 제한하다. ¶制～｜제약하다. ¶～之以法｜법으로써 단속하다. ❷動약속하다. ¶预yù～｜예약(하다) ¶跟她～好了｜그녀와 약속이 다 되어 있다. ¶不～而同｜약속이나 한 듯이 일치하다. ❸動초청하다. 권유하다. ¶我已～王先生｜나는 왕선생을 이미 초대했다. ¶特tè～｜특별히 초청하다. ¶～他来｜그에게 와달라고 권유하다＝〔邀yāo①〕❹절약하다. 줄이다. ¶俭jiǎn～｜절약하다. ❺간단하게 하다. ¶简～｜간략하다. ¶由博返～｜복잡한 것을 간단하게 하다. ❻약속. 조약. 협정. ¶条～｜조약. ¶商～｜통상 조약. ¶草～｜가(假)조약. ❼副약. 대체로. 대략. ¶年～十六七｜약 십 육칠 세＝〔大约〕〔约略〕❽㊕形분명하지 않다. ¶依yī～可见｜어렴풋이 보이다＝〔隐yǐn约〕〔依约〕
Ⓑ yāo 動⊡저울로 (무게를) 달다. ¶给我～三斤肉｜고기 세 근을 달아 주시오＝〔约称〕

【约旦】Yuēdàn 名外〈地〉요르단(Jordan) [서남아시아에 위치한 왕국. 수도는 「安曼」(암만; Amman)]

【约定】yuēdìng 名動약정(하다). 약속(하다) ¶我们～明天去老师那儿拜访老师｜우리는 내일 선생님을 뵈러 가기로 약속했다. ¶～地点｜약속 장소.

【约定俗成】yuē dìng sú chéng 成사물의 명칭 또는 사회 관습이 오랜 세월에 걸쳐 일반화되어 인정되다. 사회적으로 약속되다. ¶语言是一种～的社会现象｜언어는 사회적으로 약속되어진 일종의 사회현상이다.

【约法】yuēfǎ〈法〉❶名잠정 헌법. ❷㊕動법으로 규제하다.

【约法三章】yuē fǎ sān zhāng 成간단한 규정을 약정하다 [한 고조(高祖)가 관중(關中)에 들어가 법규 3장을 약정한 고사(故事)에서 나온 말]

【约分】yuē/fēn〈數〉❶動약분하다. ❷(yuēfēn) 名약분→〔通分〕

【约翰保罗二世】Yuēhàn bǎoluó'èrshì 名外〈人〉요한 바오로2세(John Paul II, 1920～) [교황, 폴란드 출생]

【约翰逊】Yuēhànxùn 名外〈人〉존슨 (Lyndon Baines Johnson, 1908～1973) [미국의 제36대 대통령]

【约翰走路】yuēhànzǒulù 名外〈食〉조니워커(Johni walker) [술의 상표명]

2【约会】yuē·hui ❶動만날 약속을 하다. ¶～好在这儿见面｜여기서 만나기로 약속이 되어있다. ❷(～儿) 名만날 약속. ¶订dìng个～儿｜만날 약속을 하다.

【约集】yuējí 動불러 모으다. ¶～老同学去旅行｜동창생을 불러 모아 여행을 떠나다.

【约计】yuējì ❶名개산(概算) ❷動개산(概算)하다. ¶到底dàodǐ有多少人登记, 你～一下!｜도대체 몇 사람이 등록하였는지 네가 좀 개산하여 보아라.

【约略】yuēlüè 副대략. 대개. ¶这件事的经过我也～知道一些｜이 일의 경과를 나도 대략은 알고 있다＝〔大约〕

【约莫】yuē·mo 副대략. 대충. ¶我们等了～有一个小时的光景｜우리들은 대략 한 시간 쯤 기다렸다＝〔约摸mō〕〔估gū摸〕

【约摸】yuē·mo ⇒〔约莫〕

【约期】yuēqī ❶動기일을 약정하다. ¶～会谈｜약정 회담 ❷名약속한 날짜. ¶别误了～｜약속 날짜를 어기지 마세요 ❸名계약 기한. ¶～未满｜계약기간이 아직 남아 있다.

【约请】yuēqǐng ❶名초대. ❷動초대하다. ¶～几个老同学吃饭｜동창생 몇을 식사초대하다＝〔邀yāo请〕

4【约束】yuēshù ❶動단속〔구속〕하다. 제약〔제한〕하다. 얽매다. ¶他性情很放荡fàngdàng, 连他父亲都不能～他｜그의 성품은 매우 방탕하여 그의 아버지조차 그를 단속하지 못한다. ❷名제약(制約). 제한. 구속→〔管guǎn束〕

【约数】yuēshù 名❶(～儿) 대략의 숫자. ❷〈數〉약수. ¶最大公～｜최대 공약수→〔倍bèi数〕

【约同】yuētóng ㊕動청하여 함께 하다. ¶～两个朋友一块儿去｜두 명의 친구를 불러 함께 가다.

【约言】yuēyán 名언약. ¶违背wéibèi～｜언약을 어기다.

yuě ㄩㄝˇ

【哕(噦)】**yuě huì 딸꾹질할 얼, 방울소리 홰**
Ⓐ yuě ❶擬웩 [구토할 때 입에서 나는 소리] ¶～的一声吐了｜웩하고 토했다. ❷動⊡구토하다. 구역질나다. ¶干gān～｜헛구역질하다.
Ⓑ huì ㊕擬휘휘 [새가 우는 소리]

【哕哕】huìhuì ㊕擬딸랑딸랑. 짤랑짤랑 [방울소리]

yuè ㄩㄝˋ

1【月】**yuè 달 월, 세월 월**
❶名〈天〉달. ¶月是故乡明～｜달은 고향달이 더 밝다＝〔月亮liàng〕〔月球〕〔玉兔tù〕 ❷名(연월(年月)의) 달. 월. ¶这～｜이번 달. ¶一年分为十二个～｜1년은 12개월로 나눈다. ❸매월의. 매달의. ¶～产量｜매월 생산량. ¶～刊↓ ❹모양이 달처럼 둥근 것. ¶～饼↓ ❺⇒〔月氏zhī〕

【月白(色)】yuèbái(sè) 名〈色〉옅은 남색＝〔浅蓝色qiǎnlánsè〕

【月半】yuèbàn 名❶(음력) 보름. ❷㊕상〔하〕현.

【月报】yuèbào 名❶월보. (간행물의)월간. ¶新

华～ | 신화 월보. ❷ 월례 보고. ¶～表 | 월례 보고표.
【月饼】yuè·bǐng 名 ❶〈食〉월병 [중국에서 중추절에 먹는 소를 넣어 만든 과자] ¶中秋节吃～ | 추석에는 월병을 먹는다 =〔团圆饼〕
【月城】yuèchéng 書 名 월성. 옹성(甕城)=〔月墙〕
【月初(儿)】yuèchū(r) 名 월초. ¶咱们～出发 | 우리는 월초에 출발한다 =〔月头儿②〕→〔月底〕
【月底】yuèdǐ 名 월말. ¶～结账jiézhàng | 월말 결산→〔月初(儿)〕
【月度】yuèdù 名 월간(月間) [계산 단위로서의 한 달] ¶～计划jìhuà | 월간 계획. ¶～运输量 | 월간 운수량.
【月分(儿)】yuè·fèn(r) 名 ❶ 장기간. 상당한 기간. ¶她的病够～了, 怕不容易治 | 그녀의 병은 오래 되어 아마 쉽게 치료되지 않을 것이다. ❷ 임신의 달수. ¶这个孩子～不足 | 이 아이는 달수가 부족하다〔조산했다〕‖ =〔月份(儿)②〕
4【月份(儿)】yuèfèn(r) ❶ 名 월분. ¶～单 | 매월의 계산서. ¶三～奖学金jiǎngxuéjīn | 3월분 장학금 ❷ ⇒〔月分(儿)〕
【月工】yuègōng 名 ❶ 월정 고용인(月定雇傭人) =〔倒dào月的〕❷ 달품.
【月宫】yuègōng 名 ❶ 월궁. 달속의 궁전. ❷ 달의 다른 이름 ‖ =〔月府〕
3【月光】yuèguāng 名 ❶ 달빛 =〔月色①〕❷ 方 달 =〔月亮〕
【月光花】yuèguānghuā 名〈植〉나팔아재비.
【月桂】yuèguì ❶ 名〈植〉월계수 =〔月桂树〕❷ ⇒〔天tiān竺桂〕❸ 名〈植〉물푸레나무의 일종.
【月桂树】yuèguìshù 名〈植〉월계수 =〔月桂①〕
【月华】yuèhuá 名 ❶ 書 달빛. ❷〈天〉달무리 =〔月晕yùn〕
【月季(花)】yuèjì(huā) 名〈植〉월계화. ¶淡江的～ | 담강의 월계화 =〔月月红①〕〔胜春shèngchūn〕〔瘦客shòukè〕
【月季老儿】yuèjìlǎor ⇒〔月下老人〕
【月经】yuèjīng 名〈生理〉월경. 달거리 [「荣分róngfēn」「天癸tiānguǐ」「血分xuèfēn」이라고도 하며 「그녀는 지금 월경중이다」라는 말을 속어로 「她现在骑着马呢」라고 표현하기도 함] ¶～失调diào | 월경불순 =〔月事〕〔月水〕〔月信〕〔俗 红潮〕〔经水〕〔〈汉医〉经血〕〔血xuè经〕
【月经带】yuèjīngdài 名 생리대. 개짐 =〔月布〕〔俗 骑马布〕〔骑马带子〕
【月刊】yuèkān 名 (신문·잡지 등의) 월간. ¶双～ | 격월간→〔日刊〕
【月朗星稀】yuè lǎng xīng xī 威 달이 밝고 별은 드문드문하다. ¶今晚特别～ | 오늘 저녁은 특별히 달이 밝고 별은 드문드문하다.
【月老】yuèlǎo ⇒〔月下老人〕
【月利】yuèlì 名 월리. ¶～七厘lí | 월리 7리 =〔月息xī〕→〔利率lìlǜ〕〔年利niánlì〕
【月例】yuèlì 名 월례. ¶～钱 | 월정(月定) 용돈.
【月历】yuèlì 名 (매월 한 장짜리) 달력. ¶双～ | 한 장에 두 달씩 적혀 있는 달력→〔月份牌(儿)〕〔年历〕〔日历〕
1【月亮】yuè·liang 名 달. ¶～长毛zhǎngmáo大雨淘淘táo | 諺 달무리가 지면 큰 비가 온다 =〔江 月光②〕
【月亮门儿】yuè·liangménr 名 정원의 담에 뚫은 원형〔아치형〕문 =〔月洞门〕〔月光门〕〔月门〕
【月令】yuèlìng 名 ❶ (기후나 사물의) 달에 따른 변모. ¶说的不合～ | 말하는 것이 계절의 변모와 맞지 않는다. ❷ 한 달의 운세(運勢) ¶～高低 | 한 달 운세의 좋고 나쁨.
【月轮】yuèlún 名 둥근 달. ¶～西坠zhuì | 둥근 달이 서쪽으로 지다.
【月杪】yuèmiǎo 書 名 월말 =〔月底〕
【月末】yuèmò 名 월말. ¶到～一起算总账zǒngzhàng | 월말에 총결산을 봅시다 =〔月底〕〔月尾〕〔月终〕
【月票】yuèpiào 名 월정(月定) 정기권(定期券) [버스·전차의 정기 승차권이나 공원의 정기입장권 등을 말하며 보통 1개월이 통용 기간임] ¶买～ | 월정 정기권을 구입하다→〔月季jì票〕
【月钱】yuè·qian 名 ❶ (가족이나 고용인에게 주는) 한 달 용돈. ❷ 매월의 비용. 월비.
【月琴】yuèqín 名〈音〉월금 [「琵琶」와 비슷한 현악기] ¶弹tán～ | 월금을 타다.
1【月球】yuèqiú 名〈天〉달 [「月球」는 학술 용어로 달을 일컫는 말이며, 통칭 「月亮」이라고 함] ¶～火箭huǒjiàn | 달로케트. ¶～车 | 월면차(月面車)
【月儿】yuèr 名 ❶ 달. ❷ 월. 달 [시간의 단위] ¶上～ | 지난 달. ¶一～ | 1월. ¶两个～ | 2개월.
【月色】yuèsè ❶ ⇒〔月光①〕❷ 名〈色〉옅은 남색.
【月石】yuèshí 名 ❶〈鑛〉월장석 =〔月长石〕❷〈漢藥〉「硼砂péngshā」(붕사)의 다른 이름.
【月食】yuèshí 名〈天〉월식 =〔月蚀〕
【月台】yuètái 名 ❶ 플랫폼(platform) =〔站台zhàntái〕❷ (궁전의) 정전(正殿). 앞쪽에 튀어나와 있는 대(臺) ❸ 옛날, 달을 감상하기 위해 쌓은 대(臺) ❹ 관(棺) 앞에 제기(祭器)를 늘어 놓는 대(臺)
【月台票】yuètáipiào 名 (플랫폼의) 입장권.
【月头儿】yuètóur 名 口 ❶ 만 한 달 [주로 세금이나 이자 등을 매달 지불해야 할 기한이 된 것을 나타낼 때 쓰임] ¶到～了, 该交水电费了 | 만 한 달이 되었으니 수도료와 전기료를 내야 한다. ❷ 월초 =〔月初(儿)〕
【月息】yuèxī ⇒〔月利〕
【月下(冰)人】yuèxià(bīng) ⇒〔月下老人〕
【月下花前】yuè xià huā qián 威 달빛 아래, 꽃나무 앞. 정념(情念)을 불러일으키는 그윽한 곳. 남녀가 밀회하는 장소. ¶～思爱 | 달빛 아래에서 그리워하다 =〔花前月下〕
【月下老(儿)】yuèxiàlǎo(r) ⇒〔月下老人〕
【月下老人】yuè xià lǎo rén 威 혼인을 주관하는 신선. 중매인. 중매쟁이 =〔月季老儿〕〔簡 月老〕〔月下(冰)人〕〔月下老(儿)〕〔冰人〕
【月相】yuèxiàng 名〈天〉월상. 달의 위상(位相)
【月薪】yuèxīn 名 월급. 월봉(月俸) ¶～一百万韩币hánbì | 월급이 한국돈으로 백만원이다→〔工资〕

【月牙(儿)】yuèyá(r) 名口 초승달 =〔月芽(儿)〕〔早月〕
【月夜】yuèyè 名 달밤. ¶～散步sànbù | 달밤에 산보하다.
【月月红】yuèyuèhóng ❶⇒〔月季(花)〕 ❷(yuè hóng) 직장의 생산 경쟁에서 매월 우승하여 홍기(紅旗)를 받는 것.
【月晕】yuèyùn 名 달무리. ¶昏黄的～ | 노랗고 어두침침한 달무리 =〔月华②〕〔月阑lán〕〔风虹hóng〕→〔风圈quān〕
【月氏】Yuèzhī 名〈史〉(대)월지 [중국 고대에 서역(西域)에 있던 나라 이름. 원래 감숙성(甘肅省)·청해성(青海省) 부근에 있었으나 한대(漢代)에 흉노(匈奴)에게 현재의 아프가니스탄 부근으로 쫓겨남. 서천한 뒤에는「大月氏」라 불림]
【月中】yuèzhōng 名 중순. ¶～发工资 | 월급을 중순에 주다.
【月终】yuèzhōng ⇒〔月末〕
【月子】yuè·zi 名 ❶ 산후(産後) 한 달. 산욕기(産褥期) ¶坐～ | 산욕기에 있다. ❷ 출산 시기.
【月子病】yuè·zibìng 名〈醫〉「产褥热」(산욕 열)의 통칭 =〔方月家痨〕

【刖】yuè 발꿈치벨 월
書 ❶ 名 고대의 발을 자르는 형벌. ❷ 動 형벌로 발꿈치를 베어내다.
【刖趾适屦】yuè zhǐ shì jù ⇒〔削xuē足适履〕

【钥】yuè ☞ 钥 yào B

【乐】yuè ☞ 乐 lè B

【栎】yuè ☞ 栎 lì B

【岳〈嶽$_1$〉】yuè 큰산 악
❶ 名 높은 산. 큰 산. ¶五～ =〔五岳〕| 오악 [「泰Tài山」「华Huá山」「嵩Sōng山」「恒Héng山」「衡Héng山」의 다섯 산] ❷ 아내의 부모나 백숙(伯叔)의 칭호에 쓰임. ¶～父↓ ¶～母↓ ¶叔～ | 처삼촌. ❸ (Yuè) 名 성(姓)
【岳父】yuèfù 書 名 장인 =〔岳公〕〔岳翁〕〔岳丈〕〔妇公〕〔妇翁〕〔妻父〕〔外父〕〔外舅〕〔丈人〕
【岳家】yuèjiā 名 처가(妻家)
【岳母】yuèmǔ 名 ❶ 악모. 장모 =〔丈zhàng母娘〕 ❷ (Yuèmǔ) 악비(岳飛)의 어머니
【岳翁】yuèwēng ⇒〔岳父〕
【岳丈】yuèzhàng ⇒〔岳父〕

【说】yuè ☞ 说 shuō C

3【悦】yuè 기뻐할 열
❶ 形 기쁘다. 즐겁다. 좋다. ¶喜xǐ～ | 기쁘다. 즐겁다. ❷ 動 기쁘게 하다. 즐겁게 하다. …하기 좋다. ¶～耳↓ ¶～目↓ ‖=〔説yuè〕 ❸ (Yuè) 名 성(姓)
【悦耳】yuè'ěr 形 듣기 좋다. ¶～的音乐 | 듣기 좋은 음악.
【悦服】yuèfú 動 열복하다. 기쁜 마음으로 복종하다 =〔悦从cóng〕〔悦伏fú〕
【悦目】yuèmù 書 形 보기 좋다. 아름답다. ¶天空几抹mǒ晚霞, 鲜明～ | 하늘의 몇 줄기 저녁놀이 선명하고 아름답다.

2【阅(閱)】yuè 읽을 열
❶ 動 (문장을) 읽다. 보다. ¶～读dú | 읽다. ¶订dìng～人民日报 | 인민일보를 구독하다. ¶传chuán～ | 돌려보다. ❷ 動 조사하다. 살펴보다. 검열하다. ¶～其成败之由 | 그 성패의 원인을 조사하다. ❸ 書 動 겪다. 지나다. ¶～历lì↓ ¶试行已～六月 | 시험적으로 행한 지 벌써 6개월이 되었다. ❹ ⇒〔阀fá阅〕
【阅兵】yuè/bīng 動〈軍〉열병하다. ¶～式 | 열병식.
2【阅读】yuèdú 動 열독하다. 읽다. ¶～古书 | 고서를 읽다.
【阅卷】yuèjuàn 動 ❶ (시험관이) 답안을 열람 평가하다. ¶参加～工作 | 답안 채점에 참가하다. ❷ (보존된) 문건을 조사하다.
【阅览】yuèlǎn 動 열람하다. 읽다. ¶～室 | 열람실.
2【阅览室】yuèlǎnshì 名 열람실.
【阅历】yuèlì ❶ 動 열력하다. 체험하다. 겪다. ¶～过很多事 | 많은 일을 체험했다. ❷ 名 경험. 경력. ¶康教授～广范 | 강교수는 경험이 풍부하다.
【阅世】yuèshì 書 動 세상을 경험하다. ¶他～不深 | 그는 세상 경험이 깊지 못하다.

【药】yuè ☞ 药 yào 2

2【跃(躍)】yuè 뛸 약
動 뛰다. 뛰어오르다. ¶一～而起 | 벌떡 일어나다. ¶跳tiào～ | 도약하다. ¶飞～前进 | 비약적으로 전진하다.
3【跃进】yuèjìn 動 ❶ 뛰어나가다. ¶向左侧～ | 왼편으로 뛰어나가다. ❷ 喻 약진하다. 매진하다. 비약적으로 발전하다. ¶大～ | 대약진 [중국에서 1958년부터 전개된 국민경제발전 운동] ¶整个工业出现了～的局面 | 공업 전체에 비약적 발전의 국면이 나타났다.
【跃居】yuèjū 動 일약 …이 되다. 단번에 차지하다. ¶～世界第一名 | 일약 세계 제1위가 되다.
【跃迁】yuèqiān 動〈物〉천이(遷移) ¶量子～ | 양자천이
【跃然】yuèrán 狀 생생하게 눈앞에 나타나다. 살아 움직이는 듯하다. ¶义愤之情～纸上 | 의분의 정이 글속에 생생하다.
【跃跃欲试】yuè yuè yù shì 成 해 보고 싶어 안달이다. ¶一听此话,我就～ | 이 말을 듣자 마자 나는 해보고 싶어졌다.

【钺(鉞)〈戉〉】yuè 도끼 월
名 큰 도끼 모양의 옛날 무기.

2【越】yuè 넘을 월, 월나라 월
❶ 動 넘다. 건너다. ¶翻fān山～岭lǐng | 산을 넘고 재를 넘다. ¶～河 | 강을 건너다. ❷ 動 (일반적인 순서를) 뛰어넘다. (범위를) 벗어나다. (도(度)·분수를) 넘다. ¶～级提拔 | 등급을 뛰어 승진시키다. ¶～限↓ ¶～权↓ ❸ 動 (목소리나 감정이) 높아지다. 양양되다. ¶声音清～ | 소리가 맑고 높게 울리다. ❹ 副 더우기. 점점 더. …하면 할수록 …하다. 어법 ⓐ 반드시

「越…越…」의 형식으로 써야 함. ¶天气～热(×) ¶天气～来～热 | 날씨가 갈수록 더워진다. ¶大家～讨论, 问题就～明确 | 여러 사람이 토론하면 할수록 문제는 더욱더 명확해지다. ¶～快～好 | 빠르면 빠를수록 좋다. ⓑ「越来越…」는 시간이 지남에 따라 정도가 심해짐을 나타내는데, 하나의 주어에만 쓰임. ¶天气～来～暖 | 날씨가 점점 따뜻해지다. ⓒ「愈…愈…」는「越…越…」와 같은 뜻이나 주로 서면어(書面語)에 쓰임. ⓓ「越(是)…越发」와의 차이⇒〔越发〕❺ (Yuè) 名〈史〉월나라 [주대(周代) 말기의 나라] ❻ (Yuè) 名〈地〉절강성(浙江省) 동부. ❼ (Yuè) 名 簡「越南」(월남)의 약칭. ❽ (Yuè) 名 성(姓)

4【越冬】yuèdōng 動 (동식물이) 월동하다. 겨울을 나다. ¶准备好～的棉衣miányī | 월동용 솜옷을 준비하다.

【越冬作物】yuèdōng zuòwù 名組 월동 작물. ¶管理好～ | 월동 작물을 잘 관리하다 =〔过冬作物〕

【越发】yuèfā ❶ 副 더욱. 한층. 어법「越发」「愈加」는 한 사물의 변화에만 쓰이며, 두 가지 사물의 비교된 변화에는「更」「更加」를 써야 함. ¶小李身体很结实, 小张越发结实了(×) ¶小张更加结实了 | 이군의 신체도 매우 튼튼하나 장군의 몸은 더욱 더 튼튼해졌다. ¶过了中秋, 天气～凉快了 | 추석이 지나니, 날씨가 한층 서늘해졌다. ❷ …할수록 …하다. 어법 ⓐ 앞의 절(小句)「越」또는「越是」와 호응하여「越…越…」와 같은 용법으로 쓰임. ⓑ「越…越…」와 뜻은 같으나,「越(是)…越发…」는 하나의 문(句子)에서는 쓰지 못함. ¶风越台越发大(×) ¶风越台越大 | 바람이 불수록 커진다. ¶观众越多, 他们演得～卖力气 | 관중이 많을수록 그들은 더욱 힘을 다해 열연한다→〔益yì发〕

【越瓜】yuèguā 名〈植〉월과=〔白瓜〕〔菜瓜〕〔老腌yān瓜〕〔老秧yāng瓜〕〔老阳瓜〕〔梢shāo瓜〕〔稍瓜〕

【越轨】yuè/guǐ 動 ❶ 상궤(常軌)를 벗어나다. ¶～的行为 | 상궤를 벗어난 행위. ❷ 탈선하다. ¶快车～ | 급행 열차가 탈선하다 ‖=〔出轨〕

4【越过】yuèguò 動 ❶ 넘(어가)다. 지나가다. 건너가다. ¶～一片草地 | 초원 지대를 지나가다. ¶～马路 | 한길을 건너가다. ¶～障碍zhàng'ài | 장애를 넘다. ❷ (예정·제한을) 넘다. 초과하다 →〔超chāo过〕

【越货】yuèhuò 書 動 재물을 약탈하다. ¶杀人～的一桩zhuāng罪状 | 살인 약탈의 죄상.

【越级】yuè/jí 動 등급을 건너뛰다. ¶～提拔 | 등급을 뛰어넘어 승진시키다. ¶～提升tíshēng | 등급을 건너뛰어 승급시키다〔되다〕 ¶～上告 | 한급 뛰어넘어 상소하다. 직소하다.

【越界】yuè/jiè ❶ 動 한계〔도〕를 넘다. ❷ 動 월경(越境)하다. ¶～飞行 | 월경 비행. ❸ 動〈體〉파울(foul)을 범하다. ❹ (yuèjiè) 名〈體〉파울.

【越境】yuè/jìng 動 월경하다. 국경을 넘다. ¶几个毒品贩子企图～ | 독물 판매자 몇 명이 국경을 넘으려고 시도하다.

【越橘】yuèjú 名〈植〉❶ 월귤나무. ❷ 월귤나무의 열매.

【越剧】yuèjù 名〈演映〉월극 [절강성(浙江省) 승현(嵊shèng縣)이 발원지로, 그 지방 민가(民歌)에서 발전하여 이루어진 지방극]

2【越来越…】yuèláiyuè… 점점. 더욱더 [정도의 증가를 나타냄] ¶～忙máng | 점점 더 바빠지다. ¶～骄傲jiāoào起来 | 점점 교만해지다. ¶～好 | 더욱 좋아지다.

【越勒】Yuèlè 名 복성(複姓)

【越南】Yuènán 名〈地〉베트남(Vietnam) [아시아 동남부 인도차이나 반도에 있는 공화국. 수도는「河内」(하노이;Hanoi)]

【越权】yuè/quán 動 월권하다. 권한을 넘다. ¶不得～ | 월권을 해서는 안된다. ¶～行为 | 월권 행위.

【越位】yuèwèi 動〈體〉(축구 등에서 말하는) 오프사이드(offside) ¶他又～了 | 그는 또 오프사이드를 범했다→〔出chū界〕

【越限】yuèxiàn 動 한도를 벗어나다. 기한을 넘다. 정도를 넘다. ¶～作废 | 기한을 넘기면 무효로 하다.

【越野】yuèyě 動 (도로가 없는) 들을 횡단하다.

【越野赛跑】yuèyě sàipǎo 名組〈體〉크로스 컨트리(cross country) =〔越野跑〕→〔马mǎ拉松〕

【越狱】yuè/yù 動 탈옥하다. ¶～潜逃qiántáo了 | 탈옥하여 몰래 도망갔다. ¶～犯 | 탈옥범.

2【越…越…】yuè…yuè… 副組 …하면 할수록 …하다. 어법 ⇒〔越④〕

【越俎代庖】yuè zǔ dài páo 成 월권 행위를 하다. 주제넘게 나서서 남의 일을 대신해주다. ¶他这样做是～ | 그가 이렇게 하는 것은 월권행위이다 =〔包办代替〕→〔代庖páo〕

【樾】yuè 나무그늘 월

書 名 나무 그늘. ¶～荫 | 남의 비호를 받다.

【粤〈粵〉】Yuè 땅이름 월

名〈地〉❶「广东省」(광동성)의 다른 이름. ¶闽Mǐn～ | 복건(福建)과 광동. ❷ 광동성(广东省)과 광서성(广西省) ¶两～ =〔两广〕| 광동과 광서.

【粤剧】yuèjù 名〈演映〉월극 [광동성 지방극의 하나] =〔广东戏〕

【粤犬吠雪】yuè quǎn fèi xuě 成 광동 개가 눈을 보고 짖다. 식견이 좁아 하찮은 것에도 신기해하다. ¶这儿的人～, 少见多怪 | 이곳 사람들은 식견이 좁아 하찮은 것에도 신기해한다.

【粤语】yuèyǔ 名〈言〉월어 [광동(广东) 중부·서남부 및 광서 동남부의 방언]

【龠】yuè 피리 약

❶ 名 고대(古代), (피리와 비슷한) 악기의 일종. ❷ 量 고대(古代)의 용량(容量)단위 [「二龠」가「一合gě」(한 홉)에 해당함]

【瀹】yuè 삶을 약

書 動 ❶ 끓이다. 삶다. ¶～茶 | 차를 끓이다. ❷ 물길을 내다. 물이 통하게 하다.

yūn ㄩㄣ

3【晕(暈)】yūn yùn 현깃증날 훈/운, 무리 훈/운

Ⓐ yūn 動 ❶ 정신을 잃다. 기절하다. ¶吓xià～了 | 놀라서 기절하다. ¶～倒↓ ❷ (머리가) 어지럽다. 현기증이 나다. ¶头～ | 머리가 빙빙 돌다. 현기증이 나다.

Ⓑ yùn ❶ 名 달이나 해의 주위에 생기는 무리. ¶月～ | 달무리. ¶日～ | 햇무리. ❷ 動 (배나 차 등에) 멀미하다. ¶他一坐船就～ | 그는 배만 타면 멀미를 한다. ¶头有些～ | 머리가 좀 어지럽다. ❸ 名 종기 등의 주위에 염증으로 붉어진 부분. ¶血xiě～ | 타박상에 의한 피하 출혈. ¶疮口chuāngkǒu周围起了一片红～ | 상처 주위가 온통 벌개졌다.

Ⓐ yūn

【晕倒】yūndǎo 動 기절하여 쓰러지다. 졸도하다. ¶他突然～了 | 그가 갑자기 기절하여 쓰러졌다.

【晕厥】yūnjué ⇒〔昏hūn厥〕

【晕堂】ⓐ yūntáng 動 (목욕중에) 현기증이 나다. ¶她常常～ | 그녀는 늘 목욕중에 현기증이 난다.

ⓑ yùn/táng ⇒〔晕yùn池〕

【晕头】yūn·tóu ❶ 形 머리가 어질어질하다. 어지럽다. ❷ 名 京 바보. 멍텅구리. 어리숙한 사람. 얼뜨기.

【晕头转向】yūn tóu zhuàn xiàng 成 머리가 어지러워〔혼란스러워〕 방향을 잃다〔뭐가 뭔지 모르다〕 ¶忙得～ | 바빠서 정신을 못 차리다 =〔昏hūn头转向〕

【晕眩】yūnxuàn 動 현기증이 나다. 어질어질하다.

Ⓑ yùn

【晕场】yùn/chǎng 動 (장소에 익숙하지 않아) 얼떨떨해지다. 얼다. ¶因为听众太多, 他就晕了场了 | 청중이 너무 많았기 때문에 그는 얼떨떨해졌다.

【晕车】yùn/chē 動 차멀미하다. ¶我常～ | 나는 늘 차멀미를 한다.

【晕池】yùn/chí 動 목욕중, 온도·습도가 너무 높거나 체력이 약한 이유 등으로 현기증이 나다 =〔晕堂〕

【晕船】yùn/chuán 動 배멀미하다. ¶她倒不～ | 그녀는 오히려 배멀미는 하지 않는다.

【晕高儿】yùn/gāor 動 方 높은 데 오르면 어찔해지다. ¶他～,不能爬山 | 그는 높은 데 오르면 현기증을 일으키기 때문에 (높은) 산에 오르지 못한다.

【氲】yūn 기운어릴 온
⇒〔氤yīn氲〕

yún ㄩㄣˊ

1【云】① yún 이를 운
❶ 書 動 말하다. 이르다. ¶诗～ | 시경에 이르기를. ¶人～亦～ | 成 ⓐ 남이 한 말을 말하다. 주견(主見)이 없다. ⓑ 말이 이 사람에서 저 사람에게 전해지다. ❷ 書 助 별뜻 없이 어감을 돕기 위해 쓰이는 어조사 [문(句)의 머리·가운데·끝에 모두 사용 가능함] ¶岁～暮矣! | 이 한 해도 저물었구나. ¶～谁之思? | 그 누구를 생각하는지? ❸ 書 動 있다. ¶其～益乎? | 그것은 이익되는 바가 있는가? ❹ 書 動 이르다. 다다르다. ¶不知日之～夕 | 저녁이 된 것도 모른다. ❺ (Yún) 名 성(姓)

【云谓字】yúnwèizì 名〈言〉동사 [「动词」(동사)의 옛 이름]

【云云】yúnyún 書 ❶ 助 운운하다. 이러이러하다 [말·문구를 인용할 때 생략함을 표시함] ❷ 狀 의론이 분분하다.

1【云(雲)】② yún 구름 운
❶ 구름. ¶～彩cǎi | 구름. ¶万里无～ | 만리창공에 구름 한 점 없다. ❷ (Yún) 簡〈地〉「云南省」(운남성)의 약칭.

【云霭】yún'ǎi 名 운애. 구름과 안개. ¶沉沉chén～ | 짙게 깔린 구름과 안개

【云鬓】yúnbìn 書 名 운빈. 여성의 탐스러운 귀밑머리. 구름같이 드리운 귀밑머리. ¶～花容 | 탐스러운 귀밑머리와 꽃같은 얼굴.

4【云彩】yún·cai 名 口 구름. ¶变幻不定的～ | 끝없이 변화하는 구름

【云层】yúncéng 名 구름층. ¶乌黑wūhēi的～ | 시꺼먼 구름층

【云豆】yúndòu ⇒〔菜cài豆〕

【云端】yúnduān 名 구름 속〔끝〕 ¶飞机从～飞来 | 비행기가 구름속으로부터 날아오다.

【云贵】Yún Guì 簡 운남성(雲南省)과 귀주성(貴州省)의 합칭.

【云海】yúnhǎi 名 ❶ 구름바다. ❷〈佛〉많은 물건〔사물〕

【云汉】yúnhàn 書 名 은하수. 은한 =〔天河〕〔银汉〕

【云集】yúnjí 動 구름같이 모여 들다. 운집하다. ¶各地代表～首都 | 각지의 대표가 수도에 운집했다 =〔云聚〕

【云锦】yúnjǐn 名〈紡〉색채가 아름답고 구름무늬를 수놓은 중국의 고급 비단.

【云谲波诡】yún jué bō guǐ 成 사물이 구름과 파도처럼 변화무쌍하다. 문필(文筆)이 변화막측하다 =〔波诡云谲〕〔波谲云诡〕

【云罗】yúnluó 書 名 하늘을 가득 덮은 구름.

【云母】yúnmǔ 名〈鑛〉운모.

【云泥之别】yún ní zhī bié 成 하늘과 땅의 차이. 천양지차. ¶他们兄弟的生活是～ | 그들 형제의 생활은 너무 차이가 난다 =〔云壤之别〕〔天壤之别〕

【云霓】yúnní 書 名 ❶ 구름과 무지개. ❷ 轉 비가 올 조짐〔징조〕 ¶若大旱之望～也 | 오랜 가뭄에 비 오기를 기다리는 것 같다.

【云片糕】yúnpiàngāo 名〈食〉쌀가루에 우유와 설탕 등을 넣어 만든 길고 얇팍한 떡.

【云气】yúnqì 名 운기. 엷게 흐르는 구름.

【云雀】yúnquè 名〈鳥〉종달새. 종다리 =〔朝cháo天柱〕〔大鹨liù〕〔告天鸟〕〔告天子〕〔叫天鸟〕〔叫天雀〕〔叫天子〕〔天鹨〕〔天鸟〕〔噪zào天〕

【云散】yúnsàn 動 구름처럼 흩어지다. 각지로 흩어지다. 뿔뿔이 흩어져 사라지다. ¶旧友～ | 옛 친구들이 뿔뿔이 흩어지다. ¶烟消yānxiāo～ | 안개나 구름처럼 흩어져 사라지다. 종적이 없어지다.

【云山雾罩】yún shān wù zhào 成 구름낀 산에 안개가 덮히다. 말 등이 허황하여〔황당하여〕 현실

성이 없다. 일부러 연막을 쳐 종잡을 수 없다 =〔云山雾沼zhǎo〕

【云杉】yúnshān 名〈植〉가문비나무.

【云梯】yúntī 名 운제. ❶ 높은 사다리. ❷ 옛날, 성새(城塞)를 공격하는 데 쓰였던 사다리. ¶用～攻城 | 사다리를 이용하여 성을 공격하다 =〔钩梯gōutī〕〔钩援gōuyuán〕

【云天雾地】yún tiān wù dì 成 ❶ 형체도 분간할 수 없다. ❷ 내력이 분명치 않다. ❸ 세상이 암흑속에 있다.

【云头】yúntóu 名 方 (뭉게) 구름. ¶西天～很重 | 서쪽 하늘에 구름이 짙게 깔렸다.

【云头儿】yúntóur 名 구름 무늬.

【云雾】yúnwù 名 운무. 구름과 안개. 喻 가리거나 막는 물건. ¶拨开bōkāi～见青天 | 운무를 헤치고 푸른 하늘을 보다. 어두운 세상을 헤치고 밝은 세상을 만나다. ¶真相在～中 | 진상이 운무중에 있다〔분명치 않다〕

【云霞】yúnxiá 名 ❶ 채운(彩雲). 꽃구름. ¶五彩的～ | 오색의 꽃구름 ❷ 구름과 놀. ❸ 喻 고결(高潔) ¶～之交 | 成 고결한 사귐〔교제〕

【云消雾散】yún xiāo wù sàn 成 구름처럼 사라지고 안개같이 흩어지다. 흔적〔자취〕도 없이 사라지다. ¶现在～,真相大白 | 지금은 가리웠던 흑막이 다 사라지고 진상이 드러났다 =〔烟消云散〕

【云霄】yúnxiāo 名 ❶ 높은 하늘. 하늘 끝. ¶直上～ | 곧추 하늘 높이 날아 오르다. ❷ 喻 높은 지위. 고위(高位)

【云崖】yúnyá 名 구름 속에 우뚝 솟은 단애(斷崖) ¶万丈～ | 아주 높이 깎아지른 절벽

【云烟】yúnyān 名 ❶ 구름과 연기. ❷ 簡 운남성(雲南省) 옥계(玉溪) 지방에서 산출되는 담배 [「云南烤烟」의 약칭]

【云翳】yúnyì 名 ❶ 암운(暗雲). 어두운〔검은〕구름. 먹구름. ¶清澄的蓝天上没有一点～ | 맑은 쪽빛 하늘엔 검은 구름 한 점도 없다. ¶脸上罩zhào上了忧郁yōuyù的～ | 얼굴에 우울한 먹구름이 끼었다. ❷〈醫〉안구 각막병(眼球角膜病)의 후유증으로 남은 얇고 불투명한 상처 조직.

【云游】yúnyóu 動 ❶ 구름처럼 떠돌다. 방랑하다. ❷ (여러 나라를) 주유(周遊)하다. ¶～四海 | 세계 각국을 주유하다. ❸ (승려가) 행각(行脚)하다. ¶～僧 | 행각승.

【云雨】yúnyǔ 名 ❶ 은택(恩澤). 은혜와 덕택. ❷ 喻 남녀간의 성교.

【云云】yúnyún 貺 (사물이) 많다. 왕성하다 =〔芸芸〕

【云蒸霞蔚】yún zhēng xiá wèi 成 구름이 피어오르고 놀이 비끼다. 경치가 화려하고 찬란하다. ¶太阳照在刚下过雨的山坡上,一片～的壮丽景象 | 태양이 방금 비가 그친 산을 비치니 화려하고 찬란한 경치를 자아낸다 =〔云兴霞蔚〕

【芸】
1 yún 운향 운
❶ 名〈植〉운향. ❷ 고서(古書)에서, 「耘」과 통용 ⇒〔耘yún〕

【芸豆】yúndòu ⇒〔菜cài豆〕

【芸芸】yúnyún 書 貺 많다. 왕성하다. ¶～失业者 | 많은 실업자 =〔云云〕

【芸芸众生】yún yún zhòng shēng 成 ❶ 불교에서 말하는 무릇 살아 있는 모든 것. 곧 중생(衆生)을 가리킴. ❷ 貶 신분이나 지위가 낮은 일반 서민들. ❸ 貶 아무 짝에도 쓸모가 없는 벌레같은 놈들이라는 뜻으로도 쓰임. ¶一群～ | 아무 짝에도 쓸모 없는 벌레같은 놈들

【芸(蕓)】
2 yún 평지 운
名〈植〉유채. 평지→〔芸薹(菜)〕

【芸薹(菜)】yúntái(cài) ❶ ⇒〔油yóu菜①〕 ❷ ⇒〔菜càixīn②〕

【纭(紜)】
yún 어지러울 운
⇒〔纭纭〕

【纭纭】yúnyún 形 잡다하고 난잡하다. 번잡하다. ¶意见～难于统一 | 의견이 잡다하여 통일하기 어렵다.

【耘】
yún 김맬 운
書 動 김을 매다. 풀을 뽑다. ¶耕～ | 밭을 갈고 김을 매다. 경작하다 =〔書 芸②〕

【耘锄】yúnchú〈農〉❶ 名 호미. 괭이. ❷ 動 제초(除草)하다. ¶～稻田 | 논의 김을 매다.

3
【匀】
yún 고를 균, 가지런할 윤
❶ 形 고르다. 균등하다. ¶工作分配fēnpèi得很～ | 일을 아주 고르게 분배하다. ¶颜色涂tú得不～ | 색이 골고루 칠해지지 않다. ❷ 動 고르게 하다. 균등하게 하다. ¶这两份儿多小不均, ～一～吧! | 이 두 수는 균등하지 않으니 균일하게 해라. ❸ 動 일부분을 나누어 주다. 융통해 주다. ¶把你买的纸～给我一些! | 네가 산 종이를 내게 조금 융통해 주시오. ¶～不出工夫 | 시간을 융통해 낼 수 없다.

【匀称】yún·chèn 形 균형이 잡히다. 고르다. ¶穗子suìzi又多又～ | 이삭이 많고도 고르다. ¶～的体格 | 균형잡힌 체격. ¶她身材长得～ | 그녀는 몸매가 아주 균형이 잡혀있다 =〔匀衬chèn〕

【匀出】yúnchū 動 융통하다. 이리저리 변통하다 =〔匀兑①〕

【匀兑】yún·dui 動 ❶ 융통하다. 일부를 나누어 주다. ¶给他～一间屋子 | 그에게 방 한 칸을 융통해주었다 =〔匀出〕 ❷ 고르게 섞다. ❸ 균등하게 하다.

【匀和】yún·huo ⓧ yún·he) ❶ 動 ⓞ 균형잡히게 조화시키다. 고루 섞다. 고르게 하다. 균등히 하다. ¶这个菜太淡, 那个菜太咸, 可以～一下 | 이 요리는 너무 싱겁고, 저 요리는 너무 짜니, 고루 섞으면 좋겠다. ❷ 形 고르다. 균형이 잡히다. ¶出气～了 | 내쉬는 숨이 골라졌다. ¶这个浆糊jiānghú打得真～ | 이 풀은 정말 곱게 잘 쑤어졌다 ‖ =〔匀乎〕

【匀净】yún·jing 形 (굵기·농도 등의 정도가) 고르다. 균일하다. ¶这一把面抻chēn得真～ | 이 국수는 면발이 정말 고르게 뽑아졌다. ¶这块布染得很～ | 이 천은 염색이 아주 고르게 되었다.

【匀脸】yún/liǎn 動 얼굴에 분을 바른 뒤 손으로 문질러 고르게 하다. ¶探春Tànchūn一面～, 一面向平儿Píng'ér冷笑 | 탐춘은 얼굴에 분을 바르면서 평아를 향해서 냉소했다《紅樓夢》=〔匀面miàn〕

【匀溜(儿)】yún·liu(r) 形 口 (크기·농도·굵기 등이) 고르다. 알맞다. ¶你买的线还～ | 네가 산 실은 (굵기가) 그래도 알맞다. ¶这个太粗, 我要～的 | 이건 너무 굵습니다, 적당한 것으로 주세요.

【匀实】yún·shi 形 ❶ 고르다. ¶瞧qiáo这布多细密多～! | 이 천을 봐, 얼마나 발이 가늘고 고른지! ¶麦苗出得很～ | 보리〔밀〕싹이 아주 고르게 났다 ＝〔均匀〕 ❷ (보어로 쓰여) 철저하다. 상당하다. ¶这人傻shǎ了个～ | 이 사람은 정말 바보다.

【匀速运动】yúnsù yùndòng 名組〈物〉등속(等速) 운동. ¶作～ | 등속운동을 하다.

【匀停】yún·ting 形 方 분량이 적당하다. 알맞다. 고르다. 조화되다. 잘 어울리다. ¶～、淡雅的色彩 | 잘 어울리고 담아한 색채. ¶这件事办得很～ | 이 일은 매우 조화롭게 처리되었다.

【匀整】yúnzhěng 形 균정하다. 고르고 정연하다. ¶字写得～ | 글씨가 고르고 정연하게 쓰이다.

【昀】 yún 햇빛 윤

書 名 햇빛.

【筠】 yún jūn 대 균

Ⓐ yún 書 名 ❶ 대나무 껍질. ❷〈植〉대나무. ¶松～ | 대나무와 소나무.

Ⓑ jūn 지명에 쓰이는 글자. ¶～连 | 균련. 사천성(四川省)에 있는 현이름.

【筠笼】yúnlóng 書 名 대바구니. 대광주리.

【员】 yún ☞ 员 yuán Ⓑ

【郧(鄖)】 Yún 나라이름 운

名 ❶〈地〉운현(鄖縣) [호북성(湖北省)에 있는 현이름] ❷〈史〉춘추시대의 나라이름 [현재의 호북성(湖北省) 안륙현(安陸縣)에 있었음] ❸〈地〉춘추시대 오(吳)나라의 지명 [지금의 강소성(江蘇省) 여고현(如皐縣)의 남쪽] ❹ 성(姓)

【涢(溳)】 Yún 물이름 운

名〈地〉운수(溳水) [호북성(湖北省)에 있는 강이름]

yǔn ㄩㄣˇ

2 【允】 yǔn 승낙할 윤

❶ 動 허락하다. 승낙하다. ¶不～所请 | 승낙한 건을 허가하지 않다. ¶应～ | 응낙하다. ❷ 공평하다. 타당하다. ¶公～ | 공평하다. ❸ 書 形 성실하다. 진실하다. ❹ 書 副 진실로. 참으로.

【允当】yǔndàng 書 形 정당하다. 타당하다. 적당하다. 마땅하다. ¶立论～ | 논거를 이끌어 내는 것이 타당하다.

【允诺】yǔnnuò 書 動 승낙하다. 윤허하다. ¶得到父母的～后,她才敢外出 | 부모님의 승낙을 받고 난 후에야 그녀는 외출을 할 수 있었다.

2【允许】yǔnxǔ 動 윤허하다. 허가하다. 응낙하다 [「许可」보다 구어(口語)적임] ¶～傍听 | 방청을 허가하다. ¶～他发言 | 그의 발언을 허가하다 ＝〔允准〕

【允准】yǔnzhǔn ⇒〔允许〕

【狁】 yǔn 오랑캐이름 윤

⇒〔猃Xiǎn狁〕

【陨(隕)〈磒〉】 yǔn yuán 떨어질 운, 둘레 운

Ⓐ yǔn ❶ 書 動 떨어지다. 추락하다. ¶～石↓ ❷「殒」과 통용 ⇒〔殒yǔn〕

Ⓑ yuán 名 폭. 넓이 ＝〔幅fú陨〕

【陨落】yǔnluò 動 (운석 또는 공중의 비행 물체가) 고공(高空)에서 떨어지다. ¶巨星～ | 큰 별이 하늘에서 떨어지다.

【陨灭】yǔnmiè 書 動 ❶ 고공(高空)에서 떨어져 괴멸(壞滅)하다. ❷ 죽다. 운명하다 ‖ ＝〔殒灭〕

【陨石】yǔnshí 名〈天〉운석. ¶下了一场～ | 한 바탕 운석이 떨어지다 ＝〔石陨星〕

【陨铁】yǔntiě 名〈天〉운철 ＝〔铁陨星〕

【陨星】yǔnxīng 名〈天〉운성. 유성. ¶～划过天空 | 유성의 하늘을 가로질러 지나가다.

【陨越】yǔnyuè 書 動 ❶ 굴러 떨어지다. ❷ 喩 실직하다. 실패하다. ¶幸免～ | 다행이 실패를 면하다.

【殒(殞)】 yǔn 죽을 운

書 動 죽다. ¶～命↓ ＝〔陨②〕

【殒灭】yǔnmiè ⇒〔陨yǔn灭〕

【殒命】yǔnmìng 書 動 죽다. ¶不幸～ | 불행히도 운명하셨습니다 ＝〔書 殒没〕〔書 殒身〕

【殒没】yǔnmò ⇒〔殒命〕

【殒身】yǔnshēn ⇒〔書 殒命〕

yùn ㄩㄣˋ

4 【孕】 yùn 애밸 잉

❶ 動 임신하다. ¶避bì～ | 피임하다 ❷ 名 태아. ¶有～ | 임신하다. ❸ 書 動 기르다. ¶～育↓

【孕病】yùnbìng ⇒〔孕吐〕

【孕畜】yùnchù 名 새끼밴 가축.

【孕妇】yùnfù 名 임부(妊婦) ¶～服 | 임신복. 임부복. ¶～专座zhuānzuò | 임신부 전용석.

【孕期】yùnqī 名〈醫〉임신 기간. ¶～卫生 | 임신중의 위생.

【孕妊】yùnrèn 書 動 임신하다. ¶～期间 | 임신기간

【孕穗】yùnsuì ❶ 動 이삭을 배다. ❷ 名 (벼·보리 등이 패기 전에) 이삭에 알이 드는 일.

【孕吐】yùntù 名〈醫〉입덧. ¶她有～了 | 그녀는 입 덧 을 했다 ＝〔孕病〕〔俗 喜病〕→〔方 害hài口〕〔害喜〕

4【孕育】yùnyù 動 ❶ 낳아 기르다. ❷ 喩 배양하다. 내포하다. ¶～新生力量 | 새로운 힘을 키우다. ¶～着新的危机 | 새로운 위기를 내포하고 있다 ‖ ＝〔孕毓yù〕〔孕鬻yù〕

【孕毓】yùnyù ⇒〔孕育〕

【孕鬻】yùnyù ⇒〔孕育〕

1 【运(運)】 yùn 돌 운

❶ 動 (사물이) 돌다. 운행하다. ¶星球～转zhuǎn于天空 | 별이 우주에서 운행하다. ❷ 動 (물건을) 나르다. 운반하다. ¶～了一车的货 | 상품을 한 차 운반했다. ❸ 운용하다. ¶～笔↓ ¶～筹chóu↓ ❹ 名 운. 운명. ¶红～ ＝〔鸿运hóngyùn〕| 행운. ¶走好～ | 운이 트

이다. ❺(Yùn) 名 성(姓)

【运笔】yùnbǐ 名動 운필(하다) ¶～自如 | 운필이 자유롭다.

【运兵】yùn/bīng〈軍〉❶動 병력을 수송하다. ❷(yùnbīng) 名 병력 수송.

【运筹】yùnchóu 動 계략을 꾸미다. 방책을 세우다. ¶善于～ | 방책을 세우는 데 뛰어나다.

【运筹帷幄】yùn chóu wéi wò 成 장막 안에서 작전 계획을 짜다. 후방에서 책략을 세우다. 전술 전략을 세우다. ¶他有～之才 | 그는 전술 전략을 잘 세우는 재략이 있다.

【运筹学】yùnchóuxué 名 ❶〈經〉오퍼레이션 리서치(operations research). 오 아르(O.R.) ❷〈工〉인공 두뇌학. 사이버네틱스(cybernetics)

【运道】ⓐ yùndào 名 양도(糧道)
ⓑ yùn·dao 名 方 운수. 운세 =〔运气ⓑ①〕〔运数〕〔命运〕

1【运动】ⓐ yùndòng 名 ❶〈物〉(물체의) 운동. ¶等速～ | 등속 운동. ¶直线～ | 직선 운동. ❷〈哲〉운동. ¶～是物质的存在方式 | 운동은 물질의 존재 방식이다. ❸〈體〉운동. 스포츠. ¶田径～ | 육상 경기. ¶游泳是我喜爱的～ | 수영은 내가 좋아하는 운동이다. ❹〈生理〉운동. ¶～觉 | 운동 감각. ❺(정치·문화·생산 등의) 운동. ¶五四～ | 5·4운동. ¶整风～ | 정풍 운동. ¶技术革新～ | 기술 혁신 운동.
ⓑ yùn·dong 動 (옛날, 목적을 달성하기 위해) 운동하다. ¶那些议员们差不多都是花钱～出来的 | 그 의원들은 거의가 다 돈을 써 운동하여 된 것이다.

【运动服】yùndòngfú 名 운동복. ¶蓝色的～ | 남색의 운동복

2【运动会】yùndònghuì 名〈體〉운동회. ¶奥Ào林匹克～ =〔奥运会〕〔世界运动(大)会〕〔世运(大)会〕| 올림픽 대회.

【运动量】yùndòngliàng 名〈物〉〈體〉운동량 =〔运动负荷fùhé〕

【运动衫】yùndòngshān 名 스포츠 셔츠. 운동 셔츠.

【运动神经】yùndòng shénjīng 名組〈生理〉운동신경 =〔传chuán出神经〕→〔感gǎn觉神经〕

【运动鞋】yùndòngxié 名 운동화. ¶白色的～ | 백색의 운동화 →〔跑pǎo鞋〕〔球qiú鞋〕

2【运动员】yùndòngyuán 名 ❶〈體〉운동 선수. ¶业余yèyú～ | 아마추어 운동 선수. ❷(선거 등의) 운동원.

【运动战】yùndòngzhàn 名〈軍〉운동전.

【运费】yùnfèi 名 운임. 운송비. ¶～表 | 운임표. ¶～到付 | 운임 도착 지불 =〔运价jià〕

【运河】yùnhé 名 운하. ¶苏伊士Sūyīshì～ | 수에즈 운하. ¶巴拿马Bānámǎ～ | 파나마 운하. ¶大～ | 대운하 =〔書 漕cáo沟〕〔書 漕渠qú〕

【运货】yùn huò 화물을 운반하다. ¶～车 | 화물 트럭.

【运价】yùnjià 名 운송비⇒〔运费yùnfèi〕

【运斤成风】yùn jīn chéng fēng 成 기예가 신기에 가깝다. 기술·기능이 최고 절정에 이르다.

3【运气】ⓐ yùn/qì 動 ❶ 힘을 (몸의 한 부분에) 모으다. ¶运足了气 | 십분 힘을 모았다. ❷ 俗 화를 내다. ¶别跟我～呀! | 나에게 화를 내지 마!
ⓑ yùn·qi ❶ 名 운명. 운세. 운수. ¶靠kào～ | 운에 맡기다. ¶～背 | 운이 트이지 않다. ¶走～ | 운이 트이다 =〔运道ⓑ〕〔命运〕 ❷ 形 운이 좋다. 행운이다. ¶你真～! | 넌 정말 운이 좋다!

【运球】yùnqiú 名動〈體〉(구기에서) 드리블(하다) ¶两次～ 더블 드리블.

2【运输】yùnshū 名動 운수(하다). 운송(하다). 수송(하다) ¶陆上～ | 육상 운수. ¶传送带～ | 컨베이어 수송. ¶～公司 | 운수 회사. ¶～工具 | 운송 도구〔수단〕

【运数】yùnshù 書 名 운수. 운명.

【运思】yùnsī 書 動 구상하다. 사색하다 [주로 시문(詩文)을 짓는 것을 가리킴] ¶～精妙jīngmiào | 구상이 정교하고 오묘하다.

4【运送】yùnsòng 動 (사람 물자 등을) 운송하다. 수송하다. ¶～肥料féiliào | 비료를 운송하다. ¶～大军南下 | 대군을 남으로 수송하다.

4【运算】yùnsuàn ❶ 名動〈數〉운산(하다) ❷ 名〈電算〉연산(演算). 오퍼레이션(operation). 조작(操作) ¶～指令 | 연산 명령. ¶～子 | 연산자(演算子)

【运算器】yùnsuànqì 名〈電算〉연산 장치.

【运销】yùnxiāo 名動 운송판매(하다) ¶～各地 | 각지에 운송하여 팔다. ¶～国外 | 국외로 운송판매하다.

4【运行】yùnxíng 動 운행하다. ¶人造行星的～轨道 | 인공 위성의 운행 궤도. ¶缩短suōduǎn列车的～时间 | 열차의 운행 시간을 단축하다. ¶列车～示意图 | 열차 운행 안내도.

【运营】yùnyíng 名 (차량·선박 등의) 운행과 영업. ¶从事火车～ | 열차의 운행과 영업에 종사하다.

2【运用】yùnyòng 名動 운용(하다). 활용(하다) ¶～语料研究语法 | 언어 자료를 이용하여 어법을 연구하다. ¶～自如 | 成 자유자재로 운용하다. ¶～之妙, 存于一心 | 成 (전략) 운용의 묘는 (기지와 융통성이 있는) 마음 하나에 달려 있다.

【运载】yùnzài ❶ 動 실어 나르다. 탑재 운반하다. ¶～货物 | 화물을 실어 나르다. ❷ 名 적재. 탑재 운반. ¶～量 | 적재량.

【运载火箭】yùnzài huǒjiàn 名組 탑재 로케트. ¶发射fāshè～ | 탑재 로케트를 발사하다.

3【运转】yùnzhuàn ⓧ yùnzhuǎn) 動 ❶ 회전하다. 돌다. 운행하다. ¶行星都绕着太阳～ | 행성은 모두 태양 주위를 돈다. ❷ (기계가) 돌아가다. (기계를) 운전하다. ¶机器～正常 | 기계가 정상적으로 돌아가다. ❸ 운송하다.

4【酝(醞)】yùn 빚을 온, 술 온 ❶ 書 動 술을 빚다. 양조하다 =〔口 酿niàng酒〕 ❷ 名 轉 술. ❸ 일을 발전시킬 기초나 힘이 발달하고 성장하다. ¶～酿着新战争 | 새 전쟁의 위기를 내포하고 있다.

4【酝酿】yùnniàng 動 ❶ 술을 빚다. 양조하다. ❷ 내포하다. 배태하다. 성숙되어 가다. 양성(釀成)하다. ¶这场大辩论～已久 | 이번의 대논쟁은 배태

된 지 이미 오래다. ¶～着新战争 | 새로운 전쟁을 양성하고 있다. ❸ 미리 준비하다. 조성하다. (생각 등을) 가다듬다. 예비 토의하다. ¶～候选人hòuxuǎnrén名单 | 선거의 후보자 명단을 예비 토의하다. ¶那个问题还没～好 | 그 문제는 아직 충분히 토의되지 않았다. ❹ ㊀(사물을) 알맞게 조화하다. ❺ ㊀ 무근한 죄를 날조하다.

【均】yùn ☞ 均 jūn Ⓑ

【员】yùn ☞ 员 yuán Ⓒ

【郓(鄆)】Yùn 고을이름 운
名 ❶〈地〉운읍(鄆邑) [춘추(春秋)시대 노(魯)나라의 읍이름] ❷ 성(姓)

【恽(惲)】yùn 중후할 운
❶ ㊀ 形 중후하다. 무겁다. ❷ (Yùn) 名 성(姓)

【晕】yùn ☞ 晕 yūn Ⓑ

【愠】yùn 성낼 온
㊀ 動 화내다. 성내다. 노(怒)하다. ¶面有～色 | 얼굴에 노기를 띠다.

【愠脑】yùnnǎo 動 화를 내다. 성을 내다.

【愠容】yùnróng ⇒[㊀愠色]

【愠色】yùnsè 名 노기. 성난 기색. ¶面有～ | 얼굴에 노기를 띠다＝[㊀愠容]

【缊(縕)】yùn 솜옷 온
❶ ㊀ 名 햇솜과 묵은 솜이 섞인 솜. ❷ ㊀ 名 지스러기 삼. ❸「蕴」과 통용⇒[蕴yùn②]

【缊袍】yùnpáo ㊀ 名 헌솜으로 만든 옷. 허름한 의복. 낡은 옷.

【榅】yùn ☞ 榅 wēn Ⓑ

【韫(韞)】yùn 쌓을 온
「蕴」과 같음⇒[蕴yùn①]

4【蕴(蘊)】yùn 쌓을 온
㊀ ❶ 動 포함하다. 내포하다. 매장(埋藏)하다. ¶石中～玉 | 돌 속에 옥이 박혀 있다＝[韫] ❷ 形 깊다. 심오하다. ¶精～ | 정밀하고 심오하다＝[缊③] ❸ 形 온자(蘊藉)하다. 너그럽다.

4【蕴藏】yùncáng ㊀ 動 묻히다. 간직해 두다. 매장되다. 잠재하다. ¶～胸中 | 가슴 속에 간직해 두다. ¶中国各地～的铁矿很丰富 | 중국 각지에 매장된 철광은 매우 풍부하다.

【蕴涵】yùnhán ❶ ㊀ 動 포함하다. 내포하다. ¶前提～着结论 | 전제는 결론을 내포하고 있다＝[蕴含][包含] ❷ 名〈論〉내포. 함의. 전·후 두 명제의 조건 관계.

【蕴含】yùnhán ⇒[蕴涵①]

【蕴藉】yùnjiè ㊀ 貶 ❶ (언어·문자·표정에)함축성이 있다. ¶意味～ | 의미에 함축성이 있다. ¶～的微笑 | 의미있는 미소. ❷ 마음이 너그럽고 온화하다 ‖＝[酝藉]

【蕴蓄】yùnxù ❶ 動 온축하다. (학문·기술 등을) 축적하여 겉으로 드러내지 않다. ¶地下～着许多矿物 | 지하에는 많은 광물이 매장되어 있다. ❷ 名 온축. 학문이나 기예의 소양 ‖＝[积蕴]

4【韵〈韻〉】yùn 운 운
❶ 名〈言〉운 [음운학에서「同韵」이라 함은 주요 모음(韻腹)과 운미(韻尾)가 같음을 뜻함] ¶押yā～ | 압운하다. ¶顶～ | 각 말의 처음에 같은 운자(韻字)를 쓰는 것→[韵母] ❷ 듣기 좋은 소리. 고운 음성. ¶琴～悠扬 | 거문고 소리가 구성지다. ❸ 운치. 정취. ¶风～ | 풍류와 운치. ❹ (Yùn) 名 성(姓)

【韵白】yùnbái〈演映〉❶ 名 경극(京劇)에서 전통적인 독법(讀法)으로 읽는「道白」(대사) ❷ 희곡 중에서 가지런하게 압운한「道白」

【韵腹】yùnfù 名〈言〉운복 [「韵母」에서의 중심 모음]→[韵母]

【韵脚】yùnjiǎo 名〈言〉운각.

【韵律】yùnlǜ 名 ❶ 운율. 시가에서 평측(平仄)과 압운의 운용에 관한 규칙. ¶讲究～ | 운율을 따지다. ❷〈天〉주기성(周期性)

【韵母】yùnmǔ 名〈言〉운모 [한어 자음(漢語字音)에서「声母」와「声调」이외의 부분.「韵母」는 다시「韵头」「韵腹」「韵尾」로 나뉘어짐. 예를 들면「娘niáng」의「韵母」는 iang이며, 이중에서 i는「韵头」(介音), a는「韵腹」(中心母音),ng는「韵尾」임]→[元yuán音]

【韵事】yùnshì ㊀ 名 운사. 풍아(風雅)한 일

【韵书】yùnshū 名 운서. 운(韻)에 따라 분류한 자전(字典). 음운(音韻)에 관한 서적.

【韵头】yùntóu 名〈言〉운두. 개음(介音)→[韵母]

【韵尾】yùnwěi 名〈言〉운미→[韵母]

【韵味】yùnwèi ㊀ 名 풍아한[우아한] 맛. 아취. 정취.

【韵文】yùnwén 名 운문→[散sǎn文]

【韵学】yùnxué 名〈言〉운학. 음운학.

【韵语】yùnyǔ 名 운어. 압운한 어구 [시·사(詞)·부(賦) 등을 가리킴]

【韵辙】yùnzhé 名 가곡(歌曲)의 가사(歌詞)에 쓰이는 운(韻)

【熨】yùn yù 다리미 위, 다릴 울

Ⓐ yùn ❶ 動 다리다. 다리미질하다. ¶把衣服～一～ | 옷을 다리다→[烫tàng③] ❷ ⇒[熨斗dǒu]

Ⓑ yù ❶ 名 데운 약물로 환부(患部)를 문지르는 치료법. ¶酒～ | 소주를 데워 그것을 헝겊에 묻혀 환부를 닦는 치료법. ❷ ⇒[熨帖]

Ⓐ yùn

【熨斗】yùndǒu ⓧ yùn·tou) 名 다리미. 인두. ¶电～ | 전기 다리미＝[㊄熨头][㊄火斗huǒdǒu][麟lín首][烫tàng斗]

【熨头】yùn·tou ⇒[熨斗]

Ⓑ yù

【熨帖】yùtiē 形 ❶ (말이나 글의 사용이) 적절하다. 알맞다. ¶这个词用得很～ | 이 말은 아주 적절하게 쓰였다. ❷ 마음이 평정(平靜)하다. 편안하고 즐겁다. ¶这一番诚恳chéngkěn的谈话，说得他心里十分～ | 이번의 성실한 대화로그의 마음은 충분히 안정되었다. ❸ ㊄ (일이) 완전히 처리되다. 완료하다. ¶还没有做～呢 | 아직 다 끝

내지 못했어요. ❹온당하다. 공평 타당하다. ¶ 只请他一个人, 怕不～ | 그 한 사람만을 초청하는 것이 온당할는지 모르겠다 ‖ ＝〔熨贴〕

【熨贴】yùtiē ⇒〔熨帖tiē〕

Z

zā ㄗㄚ

【扎】zā ☞ 扎 zhā [D]

【匝〈帀〉】zā 둘레 잡
[書]❶[名]주위. 둘레. ¶周～ | 주위. ❷[量]바퀴. ¶绕树三～, 何枝可依 | 나무 위를 세 바퀴 돌면서 어느 가지에 앉을가를 살핀다. ❸[形]빽빽하다. 꽉 차다. ¶～月↓ ¶密密～～ | 조밀하다.

【匝地】zādì [書][動]온 땅에 두루 미치다. 각처에 있다. ¶柳荫liǔyìn～ | 도처에 버드나무 그늘이 드리워지다.

【匝月】zāyuè [書][名]만 1개월.

【匝匝】zāzā [狀]가득 차다. 빽빽하다. ¶种zhòng得～的 | 빽빽하게 심었다.

【咂】zā 빨 잡
[動]❶(칭찬·부러움·놀라움 등으로 인해) 혀끝을 입천장에 대었다 떼면서 소리를 내다. ¶他惊讶jīngyà地～了一下舌头 | 그는 놀라서 혀를 한번 찼다. ¶～嘴(儿)↓ ❷맛보다. ¶～滋味 | 맛을 보다. ❸(입으로) 빨다. 마시다. ¶～一口酒 | 술을 한 모금 마시다. ❹ ⇒〔咂儿〕

【咂摸】zā·mo [動][方](맛·의미 등을) 음미하다. ¶～了半天才明白 | 한참 음미하고서야 비로소 분명해지다 =〔咂摩·mo〕

【咂儿】zār [名][京]젖꼭지. ¶给小孩儿～吃 | 아이에게 젖을 물리다〔먹이다〕=〔咂头儿〕〔咂咂儿〕〔咂咂头儿〕〔乳头①〕

【咂头儿】zā·tóur ⇒〔咂儿〕

【咂咂儿】zā·zar ⇒〔咂儿〕

【咂咂头儿】zā·zatóur ⇒〔咂儿〕

【咂咂嘴儿】zā·zazuǐr ⇒〔奶nǎi嘴(儿)〕

【咂嘴(儿)】zā/zuǐ(r) [動](칭찬·부러움·놀라움의 표시로) 혀끝을 입천장에 대었다 떼면서 소리를 내다. ¶她一直点头～而已 | 그녀는 줄곧 고개를 끄덕이며 혀를 찰 뿐이었다. ¶听了这话他直～ | 이 말을 듣자 그는 자꾸 혀를 찼다.

【拶】zā ☞ 拶 zǎn [B]

zá ㄗㄚˊ

1【杂(雜)〈襍〉】zá 섞일 잡
❶[形]가지각색이다. 잡스럽다. 잡다하다. 잡되다. ¶工作太～ | 일이 너무 잡다하다. ¶～粮↓ ❷[動](뒤)섞(이)다. ¶搀chān～ | 섞다. ¶草丛中还～有粉红色的野花 | 풀숲에는 또 분홍색의 들꽃이 섞여 있다. ❸[名]〈演映〉중국 전통극의 단역. 잡역.

【杂八凑(儿)】zá·bācòu(r) ❶[名][方]이것저것 잡동사니를 긁어모은 것. ❷이것 저것 긁어모으다. ¶～的菜 | 이것 저것 섞은 요리.

【杂巴】zá·ba [狀]어수선한. 너저분한. 혼잡한. ¶～商场 | 어수선한 시장.

【杂班】zábān [名]〈演映〉❶간략한 희극 [「二黄」「相声」「蹦蹦儿戏」등 여러 가지를 섞어 만든 것] ❷(잡역부·사환역의) 단역.

【杂拌儿】zábànr [名]❶설탕에 잰 과일이나 갖가지 건과(乾果) 등을 한데 곁들인 것 [설 음식으로 씀] ❷[喩]이것저것 뒤섞여 된 것. 여러가지를 종합한 것. ¶这个集子是个～, 有诗, 有杂文, 有游记, 还有短篇小说 | 이 문집은 여러 가지를 모은 것으로 시·잡문·기행문 거기다가 단편 소설도 있다. ❸여러 가지 담배잎을 섞어서 만든 하등품 잎담배.

【杂处】záchǔ [動](갖가지의 사람들이) 뒤섞여 살다. 잡거하다. ¶五方～ | [成]각지 사람이 뒤섞여 살다.

【杂凑】zácòu [動](사람이나 사물을) 긁어모으다. [어법]「杂凑」는「서로 다른 사람이나 사물을 억지로 긁어모으다」의 의미로 사용되나,「杂糅」는 사람에 대해서는 쓸 수 없고, 단지 사물이「한데 섞여있는」의미로 쓰임. ¶～成章 | 이것저것 주워 모아 글을 짓다. ¶由流氓、土匪等～成的叛军 | 부랑자·토비 등이 모여 구성된 반란군. ¶这个临时机构是各单位的人员～在一起的 | 이 임시 기구는 각 부서의 사람들로 짜맞추어진 기구이다.

【杂肥】záféi [名]〈農〉잡비료. 주요 비료 이외의 비료. ¶堆积～ | 잡비료를 쌓아 놓다.

【杂费】záfèi [名]❶잡비. ❷(학교의) 잡부금. ¶交了不少～ | 많은 잡부금을 내었다.

【杂感】zágǎn [名]❶이러저러한 느낌. 잡다한 감상. ❷감상문. ¶写了一篇～ | 감상문을 한 편 썼다.

【杂合面儿】zá·hemiànr ⇒〔杂和·huo面儿〕

【杂花面儿】záhuāmiànr ⇒〔杂和·huo面儿〕

【杂烩】záhuì [名]❶〈食〉잡채. 각종 재료를 섞어서 볶은 음식. ¶荤～ | 고기 잡채. ¶素～ | 채소 잡채. ❷[喩]여러 가지를 모아 만든 것. 잡동사니. ¶这本语法书是个大～ | 이 문법책은 여러 가지를 모아 만든 것이다.

【杂货】záhuò [名]❶잡화. ¶～店 =〔杂货铺〕| 잡화점 . ❷마른 식품.

【杂和菜】zá·huocài [名]남은 음식으로 만든 반찬 =〔杂合hé菜①〕〔杂烩huì菜〕

【杂和面儿】zá·huomiànr [名組]〈食〉콩가루를 조금 넣고 만든 옥수수 가루 =〔杂合面儿〕〔杂花面儿〕〔棒bàng子面儿〕

【杂记】zájì [名]❶잡기 [풍경·신변 잡사·감상 등을 적은 글로 문체의 일종] ❷잡기. 잡록. 이것저것 적은 것. ¶学习～ | 학습 잡기.

【杂技】zájì [名]잡기. 여러 가지 곡예 [「车技」(자전거 곡예)·「口技」(입내)·「顶碗」(버나)·「走钢丝」(줄타기)·「狮子舞」(사자춤)·「魔术mó shù」(마술) 등의 총칭임] ¶～团 | 곡예단. 서커스단. ¶表演～ | 곡예를 공연하다 =〔百戏〕

【杂家】Zájiā [名]❶잡가 [춘추 전국 시대에 유가(儒家)·묵가(墨家)·법가(法家) 등 제가(諸家)의 학설을 종합·참작한 학파] ❷(zájiā) [喩]잡학자(雜學者). 다방면의 지식을 가진 사람.

【杂件(儿)】zájiàn(r) [名]허드렛 물건. 잡다한 물건. ¶地下室中堆着～ | 지하실에 허드렛 물건이

쌓여져 있다.
【杂交】zájiāo 名動〈生〉잡교(하다). 교잡(하다). ¶～种 |〈農〉잡종.
【杂居】zájū 動 (둘 이상의 민족이) 뒤섞여 살다. ¶少数民族～地区 | 소수 민족 잡거 지역.
【杂剧】zájù 名〈演映〉잡극 [중국 전통극의 일종]
【杂类】zálèi 名 ❶ 이것저것 뒤섞인 것. ❷ 잡류. 잡배. 하찮은 인간.
【杂粮】záliáng 名 (쌀·밀 이외의) 잡곡. ¶～店 =〔杂粮行〕| 잡곡상. ¶吃的是五谷～ | 다섯 가지 잡곡을 먹다. ¶小～ | 생산량이 적은 잡곡.
【杂乱】záluàn 形 난잡하다. 무질서하다. ¶抽屉chōu·ti里的东西很～ | 서랍 속에 있는 물건들이 매우 난잡하다.
【杂乱无章】zá luàn wú zhāng 成 난잡하여 조리가 없다. 무질서하다. 뒤죽박죽이다. ¶这文章写得～ | 이 문장은 난잡하여 조리가 없다.
【杂面】zámiàn ❶ 名 녹두·팥 등을 섞어 만든 가루. ❷⇒〔杂面条(儿)〕
【杂面条(儿)】zámiàntiáo(r) 名 녹두가루·팥가루 등을 섞어서 만든 국수 =〔杂面②〕
【杂念】zániàn 名 잡념. 잡생각. ¶克服私心～ | 사사로운 마음과 잡념을 극복하다.
【杂牌(儿, 子)】zápái(r·zi) 名 ❶ (유명하지 않은) 무명 상표. ¶～货 | 무명 상표 제품 =〔杂色④〕〔次牌〕❷ (골패 등의) 좋지 않은 패. 너절한 패.
【杂牌军】zápáijūn 名 잡군(雜軍). 정규군이 아닌 잡동사니 군대 →〔正规军〕
【杂品】zápǐn 名 여러 가지 일용 잡화.
【杂七杂八】zá qī zá bā 成 뒤죽박죽이다. ¶他～地写了几千字 | 그는 뒤죽박죽 몇천자를 썼다.
【杂糅】záróu 動 (사물이) 한데 뒤섞이다. 뒤엉키다. ¶古今～ | 成 옛것과 현대의 것이 뒤섞이다. ¶不要把新旧～在一起 | 새것과 옛것을 한데 뒤섞어 놓지 말아라. ¶他的这种表现～着庆幸和失望的心情 | 그의 이런 표현에는 다행스러움과 실망이 뒤엉켜있다.
【杂色】zásè ❶ 名 잡색. 여러 가지 색〔종류〕. ❷ 名〈演映〉(배우의) 단역(端役). ❸ 名 잡동사니. ¶～部队 | 잡동사니 부대. ❹⇒〔杂牌(儿, 子)①〕
【杂史】záshǐ 名 잡사 [「正史」의 자료가 될 수 없는 정사 이외의 각종 사서(史書) 또는 개인의 사전(史傳) 등의 총칭]
【杂事(儿)】záshì(r) 名 잡일. 자질구레한 일. ¶成天忙一些～ | 온종일 몇가지 자질구레한 일로 바쁘다.
【杂耍(儿)】záshuǎ(r) 名 (큰 거리나 대중 연예장 등에서 하는) 가무·요술·성대 모사(聲帶模寫)·만담 등의 잡기(雜技). ¶～馆(子) =〔杂耍场子〕| 잡기를 공연하는 집.
【杂税】záshuì 名 잡세. ¶苛捐～ | 成 가혹한 잡세. 과중한 세금.
【杂说】záshuō 名 ❶ 잡설. 여러 가지 설. ¶～不一 | 각양 각색의 설이 일치하지 않다. ❷ 書 잡문(雜文).
【杂碎】zá·sui ❶ 形 번거롭다. 자질구레하다. ❷ 名 삶아서 잘게 썬 소나 양의 내장. ¶牛～ | 삶아서 잘게 썬 소의 내장. ❸ 名 罵 변변치 못한 놈. 잡놈. ¶他没安着好～ | 그는 심보가 좋지 않다.
【杂沓】zátà 貶 난잡하다. 소란스럽다. ¶门外传来～的脚步声 | 문 밖에서 소란한 발자국 소리가 들려왔다. ¶人声～ | 사람들이 웅성대고 있다 =〔杂乱〕〔沓杂〕
【杂文】záwén 名 잡문. ¶鲁迅的～很有战斗性 | 노신의 잡문은 매우 전투적이다.
【杂务】záwù 名 잡무. ¶料理～ | 잡무를 처리하다. ¶～人员 | 잡무원.
【杂物】záwù 名 잡물.
【杂音】záyīn 名 비정상적인 소리. 이상한 소리. 어법 「杂音」은 물체의 비정상적인 소리를 의미하고, 「噪zào音」은 시끄러운 잡음을 의미함. ¶收音机～很大 | 라디오가 잡음이 많다. ¶心脏～ |〈醫〉심장의 잡음.
【杂院儿】záyuànr 名 공동 주택. 하나의 뜰을 중심으로 하여 여러 가족이 모여 사는 주거 형태. ¶她打小儿长在～中 | 그녀는 어려서부터 공동 주택에서 자랐다 =〔大杂院儿〕
【杂志】zázhì 名 ❶ 잡지. ¶～架jià | 잡지꽂이 ❷ 잡기(雜記) [주로 서명(書名)에 쓰임] ¶读书～ | 독서 잡기.
【杂质】zázhì 名 ❶ 불순물. ¶过滤去掉～ | 여과해서 불순물을 없애다. ❷ 각종 잡다한 물질 또는 잡다한 성분.
【杂种】zázhǒng 名 ❶〈生〉잡종. ¶～优势 |〈生〉잡종 강세. ❷ 罵 잡종. 망종. ¶～羔gāo子 | 罵 잡종새끼. 망종. ¶你这个野～ | 너 이 잡종새끼.

1【咱】zá ☞ 咱 zán Ⓑ

3【砸】zá 칠 잡, 박을 잡

動 ❶ (무거운 것으로 두드리거나 떨어뜨려서) 박다. 찧다. 다지다. 으스러뜨리다. ¶～钉子 | 못을 박다. ¶～地基 | 기초를 다지다. ¶房子倒了, ～死人了 | 집이 무너져서 사람을 압사시켰다. ❷ 부수다. 깨뜨리다. 못쓰게 만들다. ¶玻璃杯被～了 | 유리잔이 깨어졌다. ¶下雹子báozi～了庄稼 | 우박이 내려 농작물을 못쓰게 만들었다. ❸ 方 실패하다. 망치다. 어법 주로 보어로 쓰임. ¶这件事搞～了 | 이 일은 망쳤다. ¶买～了 | 잘못 샀다. ❹ 적체(積滯)되다. 정체되다. ¶错过了时机, 货就～到手里 | 시기를 놓쳐서 상품이 수중에 쌓이고 말았다. ❺ 가볍게 치다. 활기를 불어 넣다. 등을 두드리다. ¶把他～过来了 | 활기를 불어 넣어 그를 소생시켰다.
【砸巴】zá·ba 動 方 깨다. 부수다. ¶把土块儿～碎了 | 흙덩어리를 잘게 부수었다.
【砸扁】zábiǎn 動 (때리거나 눌러서) 납작하게 만들다. ¶我恨不得把你～了 | 나는 너를 납작하게 만들 수 없는 것이 한스럽다 =〔砸瘪biě〕
【砸瘪】zábiě ⇒〔砸扁〕
【砸地脚】zá dìjiǎo ⇒〔砸根底〕
【砸根底】zá gēndǐ 動組 터를 다지다. 기초를 닦다 =〔砸地脚〕
【砸锅】zá/guō 動 方 ❶ 밥줄을〔밥벌이를〕 잃다. ❷ 喩 일을 그르치다〔망치다〕. 사업이 실패되다.

¶砸了锅你负责吗? | 일을 그르치면 네가 책임지겠느냐? ¶这回的试验又～了 | 이 번 시험을 또 실패했다.

【砸锅卖铁】zá guō mài tiě 惯 ❶ 자기가 가지고 있는 모든 것을 다 내놓다. 빈털터리가 되다. ❷ 마지막 수를 쓰다.

【砸门】zá mén 動 (문을) 세게〔마구〕 치다〔두드리다〕. ¶有人在外面～ | 어떤 사람이 밖에서 문을 두드리다.

【砸招牌】zá zhāo·pai 動組 ❶ 간판에 흠을 내다. ❷ 轉 남의 명예를 실추시키다. ¶这种产品要～的 | 이런 상품은 명예를 실추시킬 것이다→〔摔shuāi牌〕

zǎ ㄗㄚˇ

4【咋】zǎ ☞ 咋 zhà B

zāi ㄗㄞ

2【灾(災)〈菑〉】zāi 재앙 재
名 ❶ 재해. 재난. ¶天～ | 천연 재해. ¶洪水成～ | 홍수가 재해를 가져오다. ❷ 피해. 화. 불행한 일. ¶招～惹祸rěhuò | 스스로 화를 자초하다. ¶三～八难, 五痨七伤 | 갖은 재난. 난관. 질병 ‖＝〔甾zāi〕〔菑zī〕

【灾变】zāibiàn 書 名 재해와 사변(事變). 이변(異變). ¶发生～ | 이변이 발생하다.

【灾害】zāihài 名 재해 ＝〔灾患〕

【灾患】zāihuàn 名 재해. 재난. ¶～频仍pínréng | 재해가 빈번하다 ＝〔灾害hài〕

【灾荒】zāihuāng 名 (수해·한해 등으로 인한) 흉작. 흉년. ¶闹nào～ | 흉작〔흉년〕이 들다.

【灾祸】zāihuò 名 재앙. 재난. 재해. ¶战胜～ | 재난을 이겨내다.

【灾民】zāimín 名 이재민. ¶救济～ | 이재민을 구제하다 ＝〔書 灾黎lí〕

【灾难】zāinàn 名 재난. 불운. 어법 「灾难」은 주로 「深重」의 수식을 받고, 「灾害」는 「灾难」보다 의미가 약하며 주로 「预防·防止」등의 목적어로 쓰임. ¶受～ | 재난을 입다. ¶避免一场大～ | 큰 재난을 피하다.

【灾年】zāinián 名 재난이나 재황(災荒)이 든 해.

【灾情】zāiqíng 名 이재 상황. 피해 상황. ¶了解～ | 피해 상황을 파악하다. ¶～严重 | 재해 상황이 심각하다 ＝〔灾状zhuàng〕

【灾区】zāiqū 名 재해 지역. ¶水～ | 수해 지역.

【灾星】zāixīng 名 액운. 악운. (미신의) 재난 ＝〔恶è运〕

【灾殃】zāiyāng 書 名 재앙. 재액(災厄) ＝〔灾戾lì〕

【甾】zāi 재앙 재
❶「灾」와 통용⇒〔灾zāi〕 ❷ 名〈化〉스테로이드(steroid) 유기 화합물의 총칭. ¶胆dǎn～醇chún | 콜레스테롤.

【菑】zāi ☞ 菑 zī B

【哉】zāi 어조사 재
書 助 ❶ 의문사와 함께 쓰여 의문 또는 반문을 나타냄. ¶谓之何～ | 이것을 무엇이라 하는가《詩經·北門》 ¶如此而已, 岂有他～ | 이와 같을 뿐이다, 어찌 다른 것이 있겠는가. ❷ 감탄의 어기(語氣)를 나타냄. ¶呜呼哀～ | 아아! 슬프도다.

3【栽】zāi 심을 재
❶ 動 심다. 재배하다. ¶～花 | 꽃을 심다. ❷ 動 꽂다. 박다. ¶～刷子 | 칫솔에 털을 꽂다. ¶～电线杆 | 전신주를 세우다. ❸ 動 넘어지다. ¶～了一跤 | 넘어졌다. ❹ 動 喻 실패하다. ¶这一下子他算～了 | 이번에 그는 실패한 셈이다. ❺ 動 죄를〔누명을〕 씌우다. ¶～上了罪名 | 죄를 뒤집어 씌우다. ❻ (～子) 名 모. 모종. ¶稻dào～ | 볏모→〔苗miáo①〕

【栽插】zāichā 動 (모종 등을) 심다. 이식하다. ¶～秧苗yāngmiáo | 모를 이식하다.

【栽跟头】zāi gēn·tou 動組 ❶ 쓰러지다. 뒤집히다. 곤두박히다. ❷ 喻 실패하다. ¶我的跟头栽大了 | 나는 크게 실패를 했다. ¶栽了大跟头 | 크게 실패하다. ¶你这样做迟早要～的 | 너 이렇게 하면 조만간 실패하게 된다 ＝〔栽筋jīn头〕〔栽斤jīn头〕

【栽培】zāipéi 動 ❶ 심어 가꾸다. 배양하다. 재배하다. ¶～果树 | 과수를 심어 가꾸다. ❷ 인재를 기르다. 양성하다. 돌보다. 어법 대개 목적어를 동반하지 않음. ¶以后还希望张科长多多～ | 앞으로도 장과장님께서 많이 돌봐 주시기 바랍니다. ¶请今后多多～ | 이후로 많이 키워주세요. ¶感谢领导对我～ | 지도자께서 저를 많이 생각해주셔서 감사합니다.

【栽培植物】zāipéi zhíwù 名組〈植〉재배 식물. ¶水稻dào是～ | 논벼는 재배 식물이다.

【栽绒】zāiróng 名〈紡〉겉면에 털〔실〕이 돋게 짠 융단의 한 종류.

【栽树】zāi/shù 動 나무를 심다. ¶前人～, 后人乘凉chéngliáng | 앞사람이 나무를 심어놓으면, 뒷사람이 서늘한 바람을 쐰다.

【栽赃】zāi/zāng 動 ❶ 훔친 물건을 남의 집에 가져다 놓고 그에게 죄를 뒤집어씌우다. ❷ (명예롭지 못한 일을 날조하여) 트집을 잡다.

【栽植】zāizhí 動 ❶ 書 심다. 재배하다. ¶～树木 | 나무를 재배하다. ❷ 喻 인재를 양성하다.

【栽种】zāizhòng 動 재배하다. 심다. ¶～了各种树木 | 각종의 나무를 심었다 ＝〔种植〕

【栽子】zāi·zi 名 모종. 모. ¶树～ | 묘목.

zǎi ㄗㄞˇ

【仔】zǎi ☞ 仔 zǐ C

【囝】zǎi ☞ 囝 jiǎn C

4【宰】zǎi 주관할 재, 재상 재
❶ 動 (가축을) 잡다. 도살하다. ¶杀猪～羊 | 돼지나 양을 잡다. ❷ 주관〔주재〕하다. ¶主～ | 주재하다. ❸ 名 옛날 관직 이름 [은(殷)나라 때는 가사(家事)나 가노(家奴)를 관장하던 벼슬. 서주(西周)부터는 왕의 옆에서 왕가(王

Z

家)의 일이나 왕명(王命)에 관계하던 벼슬] ¶太～ | 재상. ❹ (Zǎi) 名 성(姓).

【宰父】Zǎifǔ 名 복성(複姓).

【宰割】zǎigē 動 ❶ 貶 침략하고 압박하고 착취하다. 유린하다. ¶强国任意～弱国 | 강대국이 제멋대로 약소국을 유린하다. ¶受人～ | 침략과 착취를 당하다. ❷ 분할하다. 잘라내다. ¶～天下,分裂山河 | 천하를 나누고 산하를 갈라놓다.

【宰杀】zǎishā 動 (가축을) 잡다. 도살하다. ¶～牛羊 | 소와 양을 도살하다.

【宰牲节】Zǎishēng Jié 名〈宗〉이슬람교의 가장 중요한 제일(祭日)의 하나 [이슬람력 12월 10일에 해당하며 이날 소·양·낙타 등을 죽여 신에게 바침] ＝〔古尔邦节〕〔牺牲节〕

【宰相】zǎixiàng 名 재상. ¶～肚子能行船 | 諺 재상의 배(도량)는 하도 커서 배가 다 다닐 수 있다. 큰 인물은 도량이 크다.

【宰制】zǎizhì 動 통괄해서 지배하다.

3【载】zǎi ☞ 载 zài B

【崽】zǎi 새끼 자

(～儿, ～子) 名 方 ❶ 아들. 아이. ❷ (동물의) 새끼. ¶下～ | 새끼를 낳다 ‖→〔仔zǎi〕 ❸ 轉 사람을 욕하는 말. ¶王八～子＝〔兔tù崽子〕〔猴hóu儿崽子〕 | 쌍놈. 개자식.

【崽子】zǎi·zi 名 ❶ 아이. ❷ 짐승새끼 [욕하는 말로 많이 쓰임] ¶狗～ | 개새끼.

zài ㄗㄞˋ

1【再】zài 두번 재

副 ❶ 다시. 재차. 또(한번). 거듭. ¶今天来了,明天～来 | 오늘 오고 내일 또 온다. ¶我还能～见到你吗? | 나 다시 또 너를 만날 수 있겠니? ¶这事情一拖tuō～拖, 到现在还没结束 | 이 일은 끌고 또 끌어서 지금까지 끝나지 않았다. ¶～来一个 | 한번 더 하시오. 앙코르(encore;프) ❷ (만약) 다시 더…한다면. 어법 가정문(假設句)에 가정을 표시하는 접속사(連詞) 없이도 쓰임. 뒤에 「就」「都」등이 호응 함. ¶你(要是)～哭, 小朋友就都不跟你玩儿了 | 너 다시 더 울면, 애들이 너하고 놀지 않을꺼야. ¶你(如果)～推辞, 大家就有意见了 | 너 또 거절한다면 모두들 가만 있지 않을꺼야. ❸ (설사) …한다 해도. 다시 더 …한다 해도. 어법 양보(讓步)를 나타내는 접속사(連詞) 없이도 쓰임. 뒤에 「也」「还是」등이 호응함. ¶你～怎么劝, 他还是不听 | 네가 다시 더 권한다해도 그는 여전히 듣지 않을꺼야. ¶～等也是这几个人, 别等了呢 | 더 기다려 봐야 이 몇사람이다, 기다리지 말자→〔最zuì①〕 ❹ 그 위에 더. 더욱더. 더 이상. 다시 더 어법 형용사 앞에 쓰여, 정도가 증가함을 나타냄. ⓐ「(比…)＋再＋形」의 형태로 쓰이며 형용사 뒤에 「一些」「一点儿」등이 쓰임. ¶难道没有(比这个)～合适一点儿的吗? | 설마 (이것보다) 더 적합한 것이 없단 말인가? ¶还可以写得(比这个)～精练些 | (이것 보다) 더 세련되게 쓸 수 있다. ⓑ 「再＋形＋(也)没有了〔不过了〕」의 형태로 쓰임. 이는「没有比…更…」의 형태와 같음. ¶你跟我一块去吗? 那～好也没有了〔不过了〕| 너 나와 함께 가겠니? 그렇다면 더 이상 좋은 것이 없겠다. ¶把军民关系比作鱼水关系, 是～恰当不过了〔也没有了〕| 군과 민의 관계를 고기와 물의 관계로 비유하는 것 이상 적당한 것이 없다. ⓒ「形＋得＋不能＋再＋形＋了」로 쓰여 그 정도가 가장 극심함을 나타냄. 이는「形＋得＋到极点了」의 의미와 같음. ¶已经甜得不能～甜了 | 이미 더 이상 달 수 없게 달다. 지극히 달다. ¶他们俩好极了, 好得不能～好了 | 그들 둘은 사이가 극히 좋다. 다시 더 좋을 수 없을 만큼 좋다. ❺ 따로. 다른. 또. 별도로. 어법 ⓐ「再一个」나「再一次」의 형태로 쓰임. ¶超额完成任务的, 一个是印染厂, 一个是变压器厂, ～一个是齿轮厂 | 임무를 초과 달성한 곳은, 하나는 염색 공장, 또하나는 변압기 공장, 다른 하나는 톱니바퀴 공장이다. ¶这件事～一次说明了一个真理 | 이 일은 따로 한가지 진리를 설명해 주었다. ⓑ「再＋没有〔还有〕〔就是〕」의 형태로 쓰임. ¶只有改革开放能够救中国, 此外～没有出路 | 개혁과 개방 만이 중국을 구제할 수 있다. 이외에 다른 길은 없다. ¶懂英语的有小王,小李,老张, ～就是老金 | 영어를 아는 사람은 왕군·이군·장씨가 있고, 그외에는 김씨이다. 어법 ⓐ 「再」와 「又」는 모두 동작의 중복이나 계속을 나타내지만 「再」는 아직 실현되지 않았고 앞으로 중복될 동작에, 「又」는 이미 실현(중복)된 동작에 쓰임. ¶再唱一个 | 다시 하나 더 불러라. ¶又唱了一个 | 또 하나 더 불렀다. ¶再躺一会儿 | 다시 더 누워 있거라. ¶又躺了会儿 | 또 더 누워 있었다. ⓑ 「再」는 동작이 실현되지 않았으나 어떤 시간에 실현될 것임을 나타내는 반면에 「才」는 동작이 실현되었을 뿐 아니라 그 실현이 지연되었음을 강조함. ¶你明天～来呢 | 너 내일 또 오너라. ¶你怎么今天才来 | 너 어떻게 오늘에야 오니?

【再版】zàibǎn 名 動 재판(하다). ¶这本书已经～了五次 | 이 책은 이미 다섯 차례 재판되었다.

【再不】zài·bu 連 口 그렇지 않으면. ¶你快走, ～赶不上了 | 빨리 가세요, 그렇지 않으면 늦습니다. ¶请你去上海办这件事, ～就让他去 | 당신이 상해에 가서 이 일을 처리해주세요, 그렇게 하지 않으시겠다면 그가 가게 시키지요 ＝〔再不然〕

【再次】zàicì 數 量 재차. 또다시. 두 번째. ¶～感谢你们的帮助bāngzhù | 당신들의 도움에 또다시 감사 드립니다.

【再度】zàidù 數 量 두 번째. 또다시. 재차. ¶机构～调整tiáozhěng | 기구를 재조정하다. ¶～当选 | 재당선되다. ¶心脏病～发作 | 심장병이 재발했다. ¶经济危机～发生 | 경제 위기가 또다시 발생했다.

【再犯】zàifàn〈法〉❶ 動 재범하다. ¶～这种罪就要重办 | 재범의 죄는 중벌에 처한다. ❷ 名 재범자. ¶他是～ | 그는 재범자이다.

【再会】zàihuì ⇒〔再见〕

【再婚】zàihūn 名 動 재혼(하다). ¶他又～了 | 그는 또 재혼했다.

Z

【再加上】zàijiā·shang 連 그 위에. 게다가. 더우기. ¶下着大雨, ～道儿不熟, 所以他迟到了 | 큰비가 내리는 데다가 길도 익숙치 않아서 그는 늦게 도착했다 =〔再加〕〔又加上〕

【再嫁】zàijià 名動 재가(하다). ¶她又～了 | 그녀는 또 재가하였다.

1【再见】zàijiàn 套 또 뵙겠습니다. 안녕히 계십시오〔가십시오〕[다시 만날 기일을 말하지 않고 헤어질 때 씀] ¶明天～ | 내일 뵙겠습니다. ¶～吧! | 안녕! =〔再会〕

【再醮】zàijiào 名動 (옛날, 과부가) 재혼(하다).

【再接再厉】zài jiē zài lì 成 한층 더 힘쓰다. 더욱 더 분발하다. ¶～, 克服暂时的困难 | 더욱 더 분발하여, 일시적인 곤란을 이겨내다.

3【再三】zàisān 書副 재삼. 여러번. 어법 주로 동사 앞에서 부사어로 쓰이나, 동사 뒤에서 보어로 쓰일 때는「得」을 붙이지 않음. ¶～要求 | 거듭 요구하다. ¶她～嘱咐zhǔfù我 | 그녀가 내게 신신당부했다. ¶我考虑kǎolǜ～ | 나는 여러번 고려했다. ¶言之～ | 成 거듭거듭 말하다.

【再三再四】zàisān zàisì 副組 재삼 재사. 몇 번이나. 여러번. 거듭거듭. ¶他～写信来要求 | 그는 거듭거듭 편지로 요구하였다 =〔三番fān两次〕〔三番四复①〕〔三番五次〕〔三回五次〕〔两liǎng次三番〕〔一而再, 再而三〕

【再审】zàishěn 名動〈法〉재심(하다). ¶请求～ | 재심을 청구하다.

【再生】zàishēng 動 ❶ 재생하다. 소생하다. ¶人死不能～ | 사람은 한번 죽으면 다시 소생할 수 없다. ❷〈生〉(유기체가 부분적으로) 재생하다. ¶蚯蚓qiūyǐn～能力很强 | 지렁이는 재생 능력이 아주 강하다. ¶～稻dào |〈農〉베어낸 그루터기에서 다시 자라난 벼. ❸ (폐품 등을) 재생시키다. ¶～纸 | 재생지. ¶～材料 | 재생 자재.

4【再生产】zàish ēngch ǎn 名動〈經〉재생산(하다). ¶扩大～ | 확대 재생산.

【再生父母】zàishēng fùmǔ 成喩 생명의 은인(恩人). ¶您老人家是我的～ | 너의 아버님이 내 생명의 은인이시다.=〔重chóng生父母〕

【再衰三竭】zài shuāi sān jié 成 기세(氣勢)가 점차 떨어져 다시 일어날 수 없다. ¶他的气势终於～ | 그의 기세는 결국 다시 일어날 수 없었다.

3【再说】zàishuō 動組 ❶ …한 뒤에 하기로 하다. …한 뒤에 정하다. ¶这事先搁gē一搁, 过两天～ | 이 일은 우선 좀 보류했다가 이틀 후에 다시 하기로 합시다. ❷ 다시 한번 말하다. ¶请您～一遍 | 다시 한번 말씀해 주십시오. ❸ 連 게다가. 덧붙여 말할 것은. ¶去约他, 来不及了, ～他也不一定有功夫 | 그를 부르기에는 이미 시간이 늦었고, 게다가 그가 시간이 있을지도 확실하지 않다. ¶这件事让他去办, ～你也实在抽不出时间 | 이 일은 그가 가서 처리하게 했다. 말이 나왔으니 하는 얘기인데 너도 도무지 시간을 낼 수 없잖아.

【再现】zàixiàn 書動 재현하다. 다시 나타나다. ¶～在眼前 | 눈 앞에 다시 나타나다. ¶～当时的情景 | 당시의 정경이 다시 나타나다.

【再一次】zàiyīcì 副組 다시 한번. 재차. 거듭. ¶～表示由衷的谢意 | 거듭 마음으로부터 사의를 표합니다.

【再造】zàizào 書動 ❶ 다시 이 세상에 태어나다 [주로 커다란 은혜에 감격을 표시할 때 씀] ¶～之恩 | 생명을 구해준 은혜. ❷ 부흥(復興)하다. ¶国家～ | 국가가 부흥하다.

【再则】zàizé 書連 또한. 다음으로. ¶始则拖延, 继则刁难, ～要赖 | 처음에는 지연시키고, 이어서는 트집을 잡고, 다음에는 떼를 쓰다.

【再者】zàizhě ❶ 書連 더군다나. 그위에. 게다가. ¶～没有位子坐 | 게다가 앉을 자리도 없다 =〔且qiě也〕❷ 名札 부언(付言). 추신(追伸). 추이(追而).

【再植】zàizhí 書動 이식하다. ¶断肢～ | 끊어진 사지를 이식하다. ¶～皮肤 | 피부를 이식하다.

【再作冯妇】zài zuò Féng Fù 成 옛날에 익힌 솜씨를 발휘하다. ¶他也没有～的勇气 | 그도 옛날 익힌 솜씨를 발휘할 용기가 없다.

1【在】zài 있을 재

❶ 動 존재하다. 생존하다. 살아 있다. 있다. ¶他父亲不～了, 母亲还～ | 그의 아버지는 돌아 가셨고, 어머니는 아직 살아 계신다. ¶精神永～ | 정신은 영원히 존재한다. ❷ 動 …에 있다. 어법 이미 알고 있어 생략된 경우 외에는 반드시 장소를 나타내는 목적어(賓語)가 와야 함. ¶文件～桌(×) ¶文件～桌上 | 서류는 탁자 위에 있다. ¶小陈～图书馆 | 진군은 도서관에 있다. ¶老张～吗? ～, 请进 | 장선생 계세요? 계십니다. 들어 오세요. ❸ 動 …에 달려 있다. …에 있다. ¶事～人为 | 成 일의 성공 여부는 사람 하기에 달려 있다. ¶兵不～多～精 | 諺 군사력은 숫자가 아니라 정예(精銳) 여부에 달려 있다. ❹ 動 (어떤 단체에) 참여하다〔속하다〕. ¶他～了党 | 그는 입당하였다. ❺ 動 뒤에「所」와 연용하여 무엇이 있음을 강조함. ¶～所不辞↓ ¶～所不惜↓ ❻ 介 …에 [시간을 나타냄] 어법 ⓐ 일반적인 동사의 발생시간은「在…＋시간사」의 형식으로 나타냄. ¶火车～下午三点半到达 | 기차는 오후 3시 반에 도착한다. ¶～当时, 问题还不严重 | 당시에는 문제가 그렇게 심각하지는 않았다. ⓑ 출현·소실 및 불명확한 동작의 발생 시간은「動＋在…」의 형식으로 나타냄. ¶生～一九九一年 | 1991년에 태어났다. ¶时间定～后天上午 | 시간은 모레 오전으로 정했다. ¶事故发生～很久以前 | 사고는 아주 오래 전에 발생하였다. ❼ 介 …에(서) …으로 [처소를 나타냄] 어법 ⓐ 동작의 발생이나 사물의 존재 장소는「在＋처소사」의 형식으로 나타냄. ¶～高空飞翔 | 높은 하늘에서 날고 있다. ¶～黑板上写字 | 칠판에 글을 쓰다. ⓑ 출생·발생·생산·거주 등의 장소는「在…」를 동사의 앞이나 뒤에 모두 쓸 수 있음. ¶住～北京 | 북경에 살고 있다. ¶出生～上海 | 상해에서 출생했다. ¶～广东长大的 | 광동에서 자랐다. ¶～老张家里发生了一件事 | 장씨 집에서 일이 벌어졌다. ⓒ 동작의 도착지는「動＋在…」의 형식으로 나타냄. ¶跳～水里 | 물 속으로 뛰어 들어갔다. ¶掉～地上 | 땅 바닥

에 떨어졌다. ¶一枪打～马肚子上｜총 한 발이 말의 배에 맞았다. ⓓ 어떤 문(句子)에서는 「在…」가 동사 앞에 있을 때와 뒤에 있을 때 뜻이 달라지므로 주의해야 함. ¶～地上跳｜땅바닥에서 뛰다. ¶跳～地上｜땅바닥으로 뛰었다. ¶～马背上打了一枪｜말 등에서 한 발 쏘았다. ¶一枪打～马背上｜말등에 한 발 맞았다. ⓔ 동사 뒤에 동태조사나 보어 등 부가성분이 붙어 있을 때는 「在…」는 동사 앞에 써야 함. ¶坐着～屋里(×) ¶～屋里坐着｜집안에 앉아 있다. ¶写清楚～黑板上(×) ¶～黑板上写清楚｜흑판 위에 똑똑히 쓰다. ❽ 介 …(내)에. …로. …상 [범위를 나타냄] ¶我们～工作中取得了很大成绩｜우리들은 작업 속에서 큰 성과를 거두었다. ¶～这方面,你要多帮助他｜이 방면에 너는 그를 많이 도와주어야 한다. ¶旅客随身行李限制～二十公斤以内｜여객의 휴대화물은 20kg 이내로 제한되어 있다. ❾ 介 …(하)에. …(으)로 [「在 …下」의 형식으로 조건을 나타냄] ¶～大家的帮助下, 他的进步很快｜여러사람의 도움으로 그는 매우 빨리 진보했다. ❿ 介 …로서는. …에게는. …로 말하자면 [행위의 주체를 나타냄] ¶这种生活～他已经十分习惯了｜이러한 생활은 그에게는 이미 충분히 익숙해졌다. ¶～我看来, 问题不难解决｜내가 보기에는 문제 해결이 어렵지는 않을 것 같다. ⓫ 副 지금〔막〕…하고 있다 [동작의 진행을 나타냄] ¶姐姐～做功课｜언니는 공부를 하고 있다. ¶他～吃饭呢｜그는 지금 밥을 먹고 있다. 어법 ⓐ 「在」「正」「正在」의 비교⇒〔正zhèng在〕 ⓑ 「在」와 「当」의 비교⇒〔当dāng〕 ⓒ 「在」와 「有」가 존재를 나타낼 때의 차이⇒〔有yǒu〕 ⓬ (Zài) 名 성(姓).

【在案】zài'àn 動 札 문건에 기록되어 (참고할 수) 있다. ¶记录～｜기록되어 있다.

【在帮】zàibāng 動 옛날, 「帮会」(비밀 결사)에 가담하다. ¶他还～, 不会干这种事的｜그는 아직도 비밀 결사에 가담되어 있어, 이런 일을 할 수 없을 것이다.

【在编人员】zàibiān rényuán 名組 정규 직원〔사원〕 ¶～共五十人｜정규 직원은 모두 오십명이다.

【在场】zàichǎng 動 거기에 있다. 현장에 있다. ¶事情发生的时候, 他也～｜사건이 발생했을 때, 그도 현장에 있었다.

【在朝】zàicháo 動 ❶ 書 조정에 임용되다. ❷ 정권을 쥐다. 여당측이다. ¶～者｜여당 ‖→〔在野〕

【在党】zài/dǎng 動 정당에 참여하다. ¶～的人士｜정당에 참여한 인사.

【在官】zài/guān 書 動 관직에 있다. 벼슬을 하다. ¶那是正～｜그때 그는 관직에 있었다.

【在行】zàiháng ❶ 形 (어떤 일에) 능하다. 익숙하다. 전문가이다. 정통하다. ¶他买东西很～｜그는 물건 사는데 아주 능하다. ¶干这种事他倒～｜이런 일을 하는데는 그가 오히려 전문가이다. ❷ 名 전문가 =〔内行〕

4【在乎】zài·hū ❶ ⇒〔在於〕 ❷ 動 마음에 두다. 개의하다. 문제삼다 [주로 부정 형식에 많이 쓰임] ¶我不～几个小钱｜나는 돈 몇푼에 개의치 않는다. ¶只要能学会, 多学几天倒不～｜배워서 할 수 있게만 된다면, 며칠 더 배운다고 하더라도 개의치 않는다.

【在即】zàijí 動 (어떤 일이나 상황이) 임박하다. 다가오다. 어법 대개 단독으로 술어가 됨. ¶教师节～｜스승의 날이 곧 다가온다. ¶毕业～｜졸업이 다가오다 =〔迫pò近〕

【在家】zài/jiā 動 ❶ 집에 있다. ¶～千日好, 出外一时难｜집에 있으면 항상 편안하지만, 밖에 나가면 곧 고생이 따른다. 喩 내 집처럼 편한 곳은 없다. ❷〈佛〉재가하다. 속세를 떠나지 않다. ¶～人｜보통 사람. 속인(俗人).

【在教】zàijiào 動 回 ❶ 신앙을 가지다. ❷ 이슬람교를 믿다. ¶～的(人) =〔在教门的〕｜이슬람교도.

【在劫难逃】zài jié nán táo 成 팔자에 있는 재난은 피할 수 없다. ¶这回可是～｜이번에는 정말 팔자에 있는 재난을 피할 수 없었다.

【在理】zàilǐ ❶ 形 도리〔이치〕에 맞다. ¶这话说得～｜이 말은 이치에 맞다. ❷ 動 「在理会」에 참가하다 =〔在家理〕〔在理门儿〕〔有理〕〔有门坎kǎn儿〕

【在理会】Zàilǐhuì 名 재리회. 「帮会」(비밀 결사)의 하나 [본래는 청초에 만들어진 반청(反清) 비밀 결사로 후에는 금연·금주를 하는 사람들의 조직이 됨] =〔在理教〕〔俗 在礼数〕〔白衣道〕〔白衣教〕

【在内】zài/nèi 動 내포하다. 포함하다. ¶一包～｜모든 것은 그 속에 포함되어 있다. ¶连房带饭都～｜방세와 식비가 모두 포함되다. ¶包括我～, 一共去了三十人｜나까지 포함하여 모두 서른 명이 갔다 ⇔〔在外①〕

【在世】zàishì 動 살아 있다. 생존하다 [주로 죽은 사람을 회고할 때 사용하는 말임] ¶他妈要是还～, 看到这样的好光景, 该有多高兴啊!｜만약 그의 어머니가 아직 살아 계신다면, 이렇게 훌륭한 광경을 보고 틀림없이 매우 기뻐하셨을텐데!

【在手】zàishǒu 動 손 안에 있다. 수중에 있다. ¶没军器～｜군기가 수중에 있지 않다.

【在所不辞】zài suǒ bù cí 成 결코 사양하지〔거절하지〕 않다. ¶为了完成任务我就是赴fù汤蹈dǎo火也～｜임무를 완수하기 위해서 나는 물불을 가리지 않는다.

【在所不惜】zài suǒ bù xī 成 조금도 아까워하지 않다. ¶为了自由, 即使牺牲生命也～｜자유를 위해서는 목숨을 희생한다해도 조금도 아까워하지 않겠다.

【在所难免】zài suǒ nán miǎn 成 피할 수 없다. 불가피하다. ¶工作没有经验, 出点差错～｜일에 경험이 없으면 약간의 실수는 피할 수 없다 =〔在所不免〕

【在逃】zàitáo 動 (범인이) 도주 중이다. ¶～未获huò｜도주중이며 아직 잡히지 않다. ¶～犯｜도주범.

【在外】zài/wài 動 ❶ 내포하지 않다. 별도이다. ¶零碎的开支～｜자질구레한 지출은 별도이다 ⇔〔在内〕 ❷ 외출하다. ❸ 지방 또는 외국에 가다. 타향으로 가다.

【在望】zàiwàng 書 動 ❶ 시야(視野)에 들어오다. 보이다. 어법 대개 단독으로 술어가 됨. ¶遥见东

Z

方, 黄山～ | 멀리 동쪽을 보니 황산이 보인다. ¶长江大桥遥遥～ | 장강 대교가 멀리 눈에 들어온다. ❷(바라던 좋은 일이) 눈앞에 다가오다. ¶丰收～ | 풍작이 내다보이다. ¶胜利～ | 승리가 눈앞에 다가오다.

【在位】zàiwèi 動 ❶(군주가) 재위하다. ¶他～三十岁, 做了几件好事 | 그는 재위 삼십년동안, 몇가지 좋은 일을 하였다. ❷재직하다. ¶他退休了, 已不～ | 그는 이미 퇴직했으며, 재직하고 있지 않다. ¶～12年 | 12년간 재직하다.

【在握】zàiwò 動 (손에) 쥐고 있다. 파악하다. 자신있다. 어법 대개 단독으로 술어가 됨. ¶胜利～ | 승리는 손 안에 있다. ¶大权～ | 대권을 손에 쥐고 있다.

【在下】zàixià ❶代 近 謙 저. 소생. ¶姓金～ | 소생의 성은 김가입니다. ❷(지위 등이) 아래에 있다.

【在先】zàixiān ❶名 이전. 종전. 어법 주로 문두에서 부사어로 쓰임. ¶～, 这里是一片大沙漠 | 이전에 여기는 넓은 사막이었다 ＝〔在前〕❷動 미리〔우선〕…하다. 앞에서 …해 두다. ¶声明～ | 미리 성명하다. ¶有言～ ＝〔有话〕| 앞에서 언급하다.

【在心】zài/xīn 動 유념하다. 마음에 새기다. 주의하다. ¶我所托的这件事, 请您给我在点儿心 | 제가 부탁드린 일을 부디 유념해 주시기 바랍니다. ¶怀恨～ | 원한을 품다.

【在押】zàiyā 動 〈法〉(범인을) 감금중이다. 구금중이다. ¶～犯人 | 구류중인 범인. ¶～已经三年了 | 구금된 지 이미 3년이 되었다.

【在野】zàiyě 動 ❶재야에 있다. 정치권 밖으로 물러나 있다. ❷야당측이다. ¶国民党执政, 民进党～ | 국민당은 집권을 하고 있고, 민진당은 야당이다. ¶～党 | 야당.

【在业工人】zàiyè gōngrén 名組 취업 노동자.

[4]【在意】zài/yì 動 마음에 새겨두다. 개의하다. 유념하다 [주로 부정 형식에 많이 쓰임] ¶不～ | 마음에 두지 않다.

[3]【在於】zàiyú 動 ❶…에 있다. 어법「正是·就是」에 상당하고, 목적어로 명사·동사(구)·주술구가 올 수 있음. ¶～做不做, 不～能不能 | 문제는 하고자 하는 의지 유무에 있지, 능력 유무에 있지 않다. ¶先进人物的特征就～他们总是把人民的利益放在第一位 | 선진적인 인물의 특징은 바로 그들이 늘 인민의 이익을 첫번째로 두고 있다는 것이다. ❷…에 달려 있다. ¶去不去～你自己 | 가고 안가고는 너에게 달려 있다 ‖ ＝〔在乎hū①〕

【在在】zàizài 名 書 도처에. 곳곳에. 어디든지. ¶～皆有 | 어디든지 다 있다. ¶～可虞yú | 도처에 위험이 있다.

【在职】zàizhí 動 재직하다. ¶～干部 | 현직 간부. ¶～期间 | 재직 기간 ⇔〔离lí职①〕

[3]【在座】zàizuò 動 그 자리에 있다. 재석(在席)하다. 출석하다. ¶～的(人) | 재석자. ¶～的一共有八位 | 자리에 있는 사람은 모두 8명이다. ¶请～的各位多帮忙 | 참석하신 여러분들의 많은 도움을 바랍니다.

3【載(載)】zài zǎi 실을 재, 가득할 재, 해 재

Ⓐ zài ❶動 싣다. ¶～客↓ ¶满～而归 | 가득 싣고 돌아오다. ❷動 (길에) 가득차다. 충만하다. ¶怨声～道 | 원성이 길에 가득차다〔자자하다〕. ¶风雪～途 | 눈보라가 길에 휘몰아치다. 喻 도중(道中)에 어려움을 만나다. ❸書 動 …하면서 …하다. …도 하고 …도 하다. ¶～歌～舞↓ ¶～笑～言 | 웃으면서 말하다. ❹(Zài) 名 성(姓).

Ⓑ zǎi ❶名 해. 년(年). ¶三年五～ | 삼년이나 오년. 수년(數年). ¶抗战八～ | 항전 8년. ❷動 기재하다. ¶～入史册 | 사서(史書)에 기록하다. ¶记～ | 기재하다. ¶登～ | 등재하다. 게재하다.

Ⓐ zài

【载波】zàibō 區 〈物〉 반송파(搬送波). ¶～电话 | 반송 전화.

【载道】zàidào 動 거리에 가득 넘치다. ¶怨声～ | 成 원성이 곳곳에 자자하다. ¶口碑bēi～ | 成 많은 사람의 입에 오르다. 칭송이 자자하다 ＝〔载路〕〔载途tú②〕

【载歌载舞】zài gē zài wǔ 成 노래도 하고 춤도 추다. 노래하며 춤추다. 마음껏 즐기다. ¶～欢庆胜利 | 노래하고 춤추며 승리를 경축하다. ¶晚会上, 人们～笑语不绝 | 만찬회에서 사람들이 노래하고 춤추며 우스갯 소리가 끊이지 않다.

【载荷】zàihè ⇒〔负fù荷④〕

【载客】zàikè ❶名 (차·배의) 승객. ❷(zài/kè) 動 여객(旅客)을 태우다. 여객을 나르다. ¶此船可～三十人 | 이 배는 삼십명의 승객을 태울 수 있다. ¶～率 | 여객 탑승율.

【载流子】zàiliúzǐ 名 〈物〉 대전체(帶電體).

【载人】zàirén 動 사람을 싣다〔태우다〕. ¶～火箭 | 유인 로케트. ¶～宇宙船 | 유인 우주선. ¶自行车不得～ | 자전차는 사람을 태울 수 없다.

【载体】zàitǐ 名 ❶〈物〉 캐리어(carrier). ❷〈化〉 담체(擔體).

【载誉】zàiyù 動 명예를 가득 안다. ¶～归国 | 명예를 안고 귀국하다.

[3]【载重】zàizhòng ❶名 적재량. ¶这辆卡车～多少吨dūn? | 이 트럭의 적재량은 몇 톤이냐? ❷動 짐을 싣다. ¶～ | ¶～汽车 ＝〔货车〕〔卡车〕| 트럭.

Ⓑ zǎi

【载籍】zǎijí 書 名 서적.

zān ㄗㄢ

【糌】zān (又 zán) 참파 잠
⇒〔糌粑〕

【糌粑】zān·ba 名 〈食〉 참파(rtsam—pa) [「青稞kē(麦)」(청과맥)의 볶은 가루를「酥sū油茶」나「青稞酒」(청과맥으로 빚은 술)에 개어 먹는 경단. 티베트족의 주식임]

【簪〈簮〉】zān 비녀 잠
❶(～儿, ～子) 名 비녀. ¶金～ | 금비녀. ¶玉～ | 옥비녀. ❷動 머리에 꽂다. ¶～花 ＝〔戴dài花〕| 꽃을 머리에 꽂다. ¶把一

朵花～在头上｜꽃 한 송이를 머리에 꽂다.
【簪子】zān·zi 名 비녀. ¶玉～｜옥비녀.

zán ㄗㄢˊ

1【咱】zán zá·zan 우리 자

Ⓐ zán Ⓐ 代 ❶ 우리(들) [상대방을 포함] ¶～俩｜우리 두 사람. ¶～穷人都翻身了｜우리 가난한 사람들은 모두 해방되었다→〔咱们〕❷ 方 나. ¶～不懂他的话｜나는 그의 말을 이해할 수 없다.
Ⓑ zá ⇒〔咱家〕
Ⓒ ·zan 尾 方「这咱」(지금. 이때)·「那咱」(그때. 그당시)·「多咱」(언제)에 쓰임 [「早晚(儿)」의 합음(合音)임. 표준어의「什么时候儿」와 같음]
Ⓐ zán
1【咱们】zán·men 代 ❶ 우리(들). ¶～是一家人｜우리들은 한 집안 사람이다. ¶你们是上海人, 我们是北京人, ～都是中国人｜너희는 상해 사람이고 우리는 북경 사람이니, 당신과 우리 모두 중국 사람이다. ¶你来得正好, ～商量一下｜당신 마침 잘 왔어요, 우리 상의해 봅시다. 어법 ⓐ 대화 중의 청자(聽者)를 포함할 때는「咱们」을, 포함하지 않을 때는「我们」을 주로 사용함. ¶我们明天参加运动会, 你要是没事, ～一块儿去｜우리들은 내일 운동회에 참가하는데 일이 없으면 우리 함께 갑시다. ⓑ「咱们」은 북방(北方)의 구어(口語)에 널리 쓰이지만, 엄숙한 장소에서는 쓰지 않음. 서면어(書面語)에는 거의 쓰지 않으며, 때로는「我们」과 구별하지 않을 때도 있음. ❷ 方 나 ¶～是个大老粗, 不会写字｜나는 무식장이라서 글자를 쓸 줄 모릅니다 [여기에서「咱们」은「我」를 지칭함] ❸ 너. 너희들 [「你」「你们」보다 친밀하게 쓰임] ¶宝宝听话, ～别哭, 妈妈出去就回来｜아가야! 착하지. 울지마, 엄마가 나갔다가 곧 돌아올거야 [여기에서「咱们」은 꼬마 아이에 대해 말하는 것으로「你」를 지칭함] ‖→〔我们〕
Ⓑ zá
【咱家】zájiā 代 나. 나라는 사람 [조금 뽐내는 어감을 띠며, 주로 조기 백화(早期白話)에 많이 등장함]

zǎn ㄗㄢˇ

【拶〈桚〉】zǎn zā 손가락형벌 찰, 닥칠 찰

Ⓐ zǎn 名 손가락 사이에 나뭇가지를 끼워서 조이는 형벌 =〔拶zǎn指〕
Ⓑ zā 書 動 핍박하다. 누르다. 조이다. ¶逼bī～｜핍박하다.
【拶指】zǎnzhǐ 名 옛 형벌(刑罰)의 한 가지 [「拶子」를 죄인의 손가락 사이에 끼워서 조이는 고문법]→〔拶子〕
【拶子】zǎn·zi 名 손가락 사이에 나뭇가지를 끼고 끈으로 죄어 고통을 주는 형구(刑具).

【昝】Zǎn 성 참
名 성(姓).

4【攒(攢)〈儧欑B〉】zǎn cuán 모을 찬

Ⓐ zǎn 動 쌓다. 모으다. 저축하다. 축적하다. ¶～粪fèn｜거름을 모으다. ¶他这几年～下了不少的钱｜그는 이 몇년간 적지 않은 돈을 저축했다. ¶～钱罐儿guànr｜저금통.
Ⓑ cuán 動 뭉치다. 모으다. 조립하다. ¶用零件～成一架电视｜부속품을 모아 텔레비전 한 대를 조립하다. ¶眉头子～成一个疙gē瘩｜(고심하여) 미간(眉間)을 찌푸려서 주름이 잡혔다.
Ⓐ zǎn
【攒钱】zǎn qián ☞〔攒钱〕cuán qián
Ⓑ cuán
【攒拌儿】cuánbànr 動 京 많은 사람들이 대들다. ¶这么点儿活儿, 家族一～就完了｜이 정도의 일은 여럿이 한꺼번에 대들면 곧 끝난다.
【攒凑】cuáncòu 動 한 데 모으다. 모아 맞추다. ¶～本钱｜자본금을 모으다. ¶～了一笔钱｜한 몫의 돈을 모아 맞추었다.
【攒底】cuándǐ 又 chuándǐ) 名「相xiàng声」(만담)의 끝맺음을 하는 곳으로서 청중을 가장 웃기는 곳. 줄여서「底」라고도 함.
【攒动】cuándòng 動 떼를 지어 움직이다. ¶只见万头～｜얼핏보니 수만 인파가 무리지어 움직이고 있다. ¶人头～｜사람들이 무리를 지어 움직이다.
【攒份子】cuán fèn·zi 動組 분담하다. 갈라서 내다. ¶大家～｜여럿이 분담하여 자기 몫을 내다 =〔攒分子〕
【攒聚】cuánjù 動 한 곳에 모으다. ¶～力量｜역량을 한 곳에 모으다.
【攒钱】cuán qián 又 zǎn qián) 動 돈을 걷어 모으다.
【攒三聚五】cuán sān jù wǔ 成 삼삼 오오 떼를 지어 모이다. ¶广场上～地站了不少人｜광장에 많은 사람들이 삼삼오오 떼를 지어 서있다.
【攒射】cuánshè 動 (화살이나 총으로) 집중 사격하다. ¶一阵～后, 倒下了一批人｜한 차례 집중사격을 하자, 한무리의 사람들이 쓰러졌다.

【趱(趲)】zǎn 달아날 찬

動 近 ❶ 서두르다. 급히 가다. ¶紧～了一程｜한참을 서둘러 갔다. ❷ 급히 …하다. ¶～马向前｜말을 급히 앞으로 몰아가다. ¶～造↓
【趱造】zǎnzào 動 급히〔빨리〕만들다.

zàn ㄗㄢˋ

2【暂(暫)】zàn 台 zhàn) 잠깐 잠

❶ 副 잠시. 잠깐. 임시로. 당분간. ¶～停开放｜잠시 개방을 중지한다. ¶～不讨论｜잠시 토론을 유보하다. ¶职务由别人～代｜직무는 다른 사람이 당분간 대리한다. ❷ 시간이 짧다. ¶为期短～｜기간이 짧다 ⇔〔久jiǔ ①〕
【暂存器】zàncúnqì 名〈電算〉레지스터(register).
【暂定】zàndìng ❶ 動 임시로 정하다. 잠정적으로 정하다. ¶会期～为十天｜회기는 10일간으로 잠정적으로 정하다. ❷ 區 잠정적인. ¶～办法｜잠정적 방법.

【暂缓】zànhuǎn ㊔動 잠시 유예(猶豫)하다〔늦추다〕. 일시〔잠시〕 연기하다. ¶～作出决定｜결정 내리는 것을 잠시 연기하다. ¶～招生｜학생 모집를 연기하다 =〔暂延yán〕

4【暂且】zànqiě 副 잠시. 잠깐. ¶这话～不提｜이 이야기는 잠깐 보류해 두자. ¶手头的工作～放一放｜하던 일을 잠시 멈추다 =〔权quán且〕〔姑gū且〕

【暂缺】zànquē ㊔動 잠시〔일시〕 비우다. ¶这一部分～｜이 부분은 일시 비워 둔다.

【暂设】zànshè 動 가설(假說)하다. 임시 설치하다. ¶～这个条件成立, 也推不出这种结论｜이 조건이 성립한다고 가정해도, 역시 이런 결론은 추론해낼 수 없다.

2【暂时】zànshí 形 잠깐. 잠시. 일시적인. 어법 단독으로 술어가 되지 못하고, 주로 관형어나 부사어로 쓰임. ¶车辆～禁止通行｜차량 통행을 잠시 금지하다. ¶比赛的胜负是～的, 而友谊是长久的｜경기의 승패는 일시적이지만 우의는 영원한 것이다. ¶业务不熟悉是～的现象｜업무에 밝지 못한 것은 일시적인 현상이다→〔暂且〕

【暂停】zàntíng ❶動 일시 정지하다〔멈추다〕. ¶会议～, 明天继续举行｜잠시 정회(停會)하였다가 내일 속개한다. ¶～营业｜임시 휴업하다. ❷名〈體〉(시합 중 작전 협의 등을 위해 요구되는) 타임. ¶要求～｜타임을 요구하다.

【暂星】zànxīng 名〈天〉신성.

【暂行】zànxíng 區 일시적으로 시행〔실시〕하는. ¶～办法 =〔暂行章程〕〔暂行条例〕｜임시 규칙. ¶～契约 =〔暂行合同〕〔合约〕〔临时合同〕｜가계약(假契約). ¶～试办｜시험적으로 실시하다.

【錾(鏨)】zàn 새길 참 ❶(～子) 名 (조각용의) 작은 끌〔정〕 =〔錾刀〕 ❷動 (금석(金石)에) 새기다〔조각하다〕. ¶～上几个字｜몇 글자 새기다→〔凿záo〕 ❸ ⇒〔錾菜〕

【錾菜】zàncài 名〈植〉송장풀 =〔俗 龙须菜③〕

【錾刀】zàndāo 名 (금은(金銀) 조각용의) 조각도.

【錾子】zàn·zi 名 (금석(金石) 조각용의) 작은 끌 또는 정.

2【赞(贊)〈賛讚2.3〉】zàn 도울 찬, 기릴 찬 ❶動 돕다. 협력하다. 지원하다. ¶～助↓ ❷動 칭찬하다. 찬양하다. ¶称～｜칭찬하다. ¶～不绝口↓ ❸名〈文〉찬 [옛날 문체(文體)의 하나. 인물을 칭송하고 논평하는 내용의 것이나 서화의 옆에 쓰는 글] ¶像～｜초상화의 찬제(贊題).

【赞比亚】Zànbǐyà 名 外〈地〉잠비아(Zambia) [아프리카 중남부에 있는 공화국. 수도는「卢萨卡lúsàkǎ」(루사카;Lusaka)]

【赞不绝口】zàn bù jué kǒu 成 끝없이 칭찬하다. 칭찬이 자자하다. ¶他对这种菜～｜그는 이 요리에 대해 끝없이 칭찬한다.

2【赞成】zànchéng ❶動 찬성하다). 동의하다. ¶ ¶双手～｜두 손 들어 찬성하다. ¶付表决得到过半数的～｜표결에 부친 결과 과반수의 찬성을 얻었다. ¶我～你的意见｜나는 너의 의견에 찬성한다. ¶大家～你去出席大会｜모두 네가 대회에 참석하는 것을 찬성한다. ❷㊔動 성공하도록 도와주다. 도와서 성공시키다.

【赞歌】zàngē 名 찬가. ¶唱～｜찬가를 부르다.

【赞礼】zànlǐ ❶動 관혼상제 때 의식(儀式)의 차례를 읽고 사회를 맡아 진행하다. ❷名 (옛날 의식의) 사회자.

3【赞美】zànměi 動 찬미하다. ¶～伟大的祖国｜위대한 조국을 찬미하다.

【赞佩】zànpèi ㊔動 칭찬하며 탄복하다. 찬탄하다. ¶很～你的勇气｜너의 용기를 매우 칭찬하며 탄복하다 =〔赞服fú〕

4【赞赏】zànshǎng 動 褒 찬양하다. 잘한다고 칭찬하다. ¶我们非常～你们在这件事情上所持的正义立场｜우리는 당신들이 이 일에서 견지하고 있는 정의로운 입장을 매우 높이 사고 있다. ¶对这一友好行动表示～｜이런 우호적인 행동에 대해 찬사를 표하다. ¶中国粤yuè菜的独特风味受到外宾的～｜중국 광동 요리의 독특한 맛이 외빈의 찬사를 받았다.

【赞颂】zànsòng 動 칭찬하다. 찬양하다. ¶～祖国的锦绣江山｜조국의 금수 강산을 찬양하다. ¶这种舍己为人的精神值得～｜남을 위해 자신을 희생하는 이러한 정신은 찬양할 가치가 있다.

4【赞叹】zàntàn 動 감탄하여 찬양하다. 찬탄하다. ¶～不已｜찬탄해 마지 않다. ¶～的话语｜찬탄의 말. ¶他～地说:「啊!黄山实在美!」｜그는 감탄하는 목소리로 말했다:「아! 황산은 정말 아름다워!」 어법「赞叹」은「发出·引起」의 목적어가 되나,「赞许」는「赞叹」보다 그 정도가 약하며 주로「受到·获得·加以」의 목적어로 쓰임. ¶他每门功课学得都很好, 同学们发出由衷的～｜그는 매 과목 모두 공부를 잘해서 학우들이 진심에서 우러나오는 찬탄의 소리를 냈다.

4【赞同】zàntóng 名動 찬동(하다). ¶我们～这项决议｜우리들은 이 결의에 찬동한다. ¶这篇文章的观点, 我完全～｜이 글의 관점에 대해 나는 완전히 찬동한다. ¶大家都～他当班长｜모두들 그가 반장이 되는 것을 찬동한다 =〔赞和〕

【赞许】zànxǔ 動 칭찬하다. 찬동하다. 지지하다. ¶大家～他的行动｜모두가 그의 행위를 칭찬했다. ¶做了好事, 受到人们的～｜좋은 일을 해서 사람들의 칭찬을 받았다.

3【赞扬】zànyáng 動 찬양하다. 칭찬하다. 어법「赞扬」은 사람이나 사람의 생각·정신 등에 대해 사용되나,「赞美」는 주로 구체적인 사물에 대한 표현으로 쓰임. ¶～这种为人民服务的精神｜이런 백성을 위해 봉사하는 정신을 찬양하다. ¶领导～你们做得好｜지도자가 너희들이 일을 잘 했다고 칭찬했다. ¶他学习成绩很出色, 受到大家的～｜그는 학업 성적이 아주 뛰어나 모두의 칭찬을 받았다.

【赞语】zànyǔ 名 찬사. 칭찬하는 말.

【赞誉】zànyù 動 찬양하고 호평하다. ¶这种助人为乐的精神, 人人～｜남 돕기를 즐거움으로 삼는 이러한 정신을 사람들은 모두 찬양한다.

4【赞助】zànzhù 動 지지하다. 찬조하다. 협조하다.

¶修筑这条公路，需要各单位积极～ | 이 도로를 건설하는 데에 각 부서의 적극적인 찬조가 필요하다. ¶当地群众大力～教育事业 | 그곳의 군중들이 대대적으로 교육 사업을 찬조했다. ¶～会员 | 찬조 회원. ¶～演出 | 찬조 출연.

【瓒(瓚)】zàn 술그릇 찬 名 옥으로 만든 술잔 [주로 인명에 쓰임]

·zan ㄗㄢ˙

1【咱】·zan ☞ 咱 zán Ⓒ

zāng ㄗㄤ

1【脏(髒)〈𦢊臢〉】① zāng 더러울 장, 〈더러울 잠〉 形 불결하다. 더럽다. 더럽게 하다. ¶衣服～了 | 옷이 더러워졌다. ¶～活儿↓

【脏话】zānghuà 名 욕지거리. 불결한 말. 더러운 말. ¶不许说～ | 욕지거리를 해서는 안된다.

【脏活儿】zānghuór 名 더러운 일. ¶他不怕干～ | 그는 더러운 일 하는 것을 겁내지 않는다.

【脏水】zāngshuǐ 名 더러운 물. 하수(下水) ¶～沟 | 하수구.

【脏土】zāngtǔ 名 먼지·쓰레기 등. ¶清除～ | 쓰레기를 치우다.

【脏字(儿)】zāngzì(r) 名 喻 저속한 말. 더러운 욕. ¶说话别带～ | 더러운 욕지거리를 입에 담지 말아라.

【脏(臟)】② zàng 오장 장 名 〈生理〉 내장(內臟). ¶心～ | 심장. ¶胃～ | 위장. ¶五～六腑 | 오장육부.

【脏腑】zàngfǔ 名 ❶ 오장 육부. ❷ 가슴속. 마음속.

【脏器】zàngqì 名 〈醫〉 장기. 내장의 여러 기관. ¶～有病 | 장기에 병이 있다.

【脏躁症】zàngzàozhèng 名 〈醫〉 히스테리(hysteria) =〔瘉yì病〕

【赃(贓)】zāng 장물 장 名 ❶ 장물(臟物). ¶贼zéi～ | 장물. ¶销xiāo～ | 장물을 처분하다. ¶分～ | 장물을 나누다. ❷ 뇌물. ¶贪～ | 뇌물을 탐하다.

【赃官】zāngguān 名 탐관 오리(貪官汚吏) ¶扫除～ | 탐관 오리를 없애다 =〔贪官污wū吏〕

【赃款】zāngkuǎn 名 훔친 돈. 부정한 돈. 뇌물로 받은 돈 =〔赃银yín〕

【赃物】zāngwù 名 장물. (훔쳤거나 뇌물로 받은) 부정한 재물 =〔赃货huò〕

【牂】zāng 암양 장 書 ❶ 動 〈動〉 양의 암컷. ❷ ⇨〔牂牂〕

【牂牂】zāngzāng 書 貶 무성하다. 왕성하다. ¶其叶yè～ | 그 잎이 무성하다.

【臧】zāng 착할 장 ❶ 書 形 좋다. 착하다. 훌륭하다. ¶其言也微而～ | 그 말은 하잘것 없지만 훌륭하다. ❷ ⇨〔臧获〕 ❸ (Zāng) 名 성(姓). ❹ 복성(複姓) 중의 한 자(字). ¶～孙↓

【臧获】zānghuò 書 名 노비(奴碑) =〔臧甬yǒng〕

【臧否】zāngpǐ 書 ❶ 名 좋고 나쁨. 가부(可否). ❷ 動 좋고 나쁨을 비판〔비평〕하다.

【臧孙】Zāngsūn 名 복성(複姓).

zǎng ㄗㄤˇ

【驵(駔)】zǎng 준마 장, 중도위 장 書 ❶ 名 준마(駿馬). 좋은 말. ❷ 形 거칠다. 거세다. 장대하다. ¶～子↓ ❸ 名 마시(馬市)의 중개인. ¶～侩↓

【驵侩】zǎngkuài 書 名 말의 거간꾼. 轉 거간꾼. 중개인. 중개상. 브로커(broker).

【驵子】zǎng·zi 名 무뢰한 불량배. 건달꾼.

zàng ㄗㄤˋ

【脏】zàng ☞ 脏 zāng ②

【奘】zàng zhuǎng 클 장

Ⓐ zàng 形 ❶ 書 크다. 장대하다 [주로 인명에 쓰임] ¶玄～ | 현장 법사 [당대(唐代)의 승려] ❷ 方 말이 거칠고 태도가 딱딱하다.

Ⓑ zhuǎng 形 方 굵고 크다. ¶身高腰～ | 키가 크고 허리가 굵다. ¶～胳膊gēbó | 굵은 팔. 벅찬 상대. ¶这棵树很～ | 이 나무는 매우 굵고 크다.

4【葬】zàng 장사지낼 장 動 ❶ 매장하다. 묻다. 장사 지내다. ¶～在山上 | 산에 묻다. ¶～了先父 | 돌아가신 아버지를 장사 지냈다. ¶埋mái～ | 매장하다. ¶火～ | 화장하다. ¶～在公墓 | 공동묘지에 묻다. ❷ 俗 내버려두다. ¶别～这儿了，快拾掇shí·duo吧 | 이 곳에 내버려두지 말고 빨리 치워라.

4【葬礼】zànglǐ 名 장례식. ¶总统参加了～ | 대통령이 장례식에 참석했다 =〔葬仪yí〕

【葬埋】zàngmái 動 매장하다. 파묻다.

【葬身】zàngshēn 動 시체를 매장하다. 몸을 묻다. ¶死无～之地 | 죽어도 몸을 묻을 곳이 없다. ¶～鱼腹 | (강·바다에) 몸을 던지다. 고기밥이 되다. (배 등이) 침몰하여 죽다.

【葬送】zàngsòng 動 ❶ 매장하다. 사람을 모함하다. 파멸시키다. ¶～了青年人的幸福生活 | 젊은이의 행복한 생활을 파멸시키다. ¶白白地～了一条性命 | 헛되이 한 생명을 잃게 했다. ❷ (지위·금전 등을) 완전히 상실하다.

【藏】zàng ☞ 藏 cáng Ⓑ

zāo ㄗㄠ

2【遭】zāo 만날 조 ❶ 動 (불행이나 불리한 일 등을) 만나다. 당하다. 입다. ¶～了毒手 | 마수에 걸려들었다. 피살되다. ¶～过水灾 | 수해를 입었다. ❷ (～儿) 量 번. 회. 째. ¶一～生，两～熟 | 처음에는 서먹서먹했는데 두번째는 익숙하다. ❸ 量 바퀴. 둘레. ¶用绳子绕rào了几～ | 끈으로 몇 바퀴 감았다. ¶我去转了一～ | 나는 한 바퀴 돌았다.

【遭报】zāo/bào 動 벌을〔업보를〕 받다. ¶这样做

定会～ | 이렇게 하면 반드시 벌을 받을 것이다.

2【遭到】zāodào 動 (불행·불리한 일을) 만나다. 당하다. 부닥치다. ¶～强烈反对 | 강렬한 반대에 부딪치다. ¶～惨败cǎnbài | 참패를 당하다.

【遭逢】zāoféng 動 조우하다. (우연히) 만나다. ¶～对手 | 적수를 만나다. ¶～盛世 | 번영의 시대를 만나다. ¶～不幸 | 불행을 당하다. ¶～意外的事情 | 뜻밖의 일을 만나다.

【遭际】zāojì ❶ 名 경우. 처지. 처경(處境). ¶死者的～和他截然jiérán不同 | 죽은 이의 경우는 그와 전혀 달랐다. ¶叙说了自己的～ | 자신이 처한 처지를 풀어 말했다. ¶坎坷kǎnkě～ | 불우한 경우. ❷ 動 (우연히) 만나다. 조우하다. ¶高俅自此～端王, 每日跟随, 寸步不离 | 고구는 여기서 단왕을 만나고부터 매일 따라다니며 조금도 떨어지지 않았다《水滸傳》

【遭劫】zāo/jié 動 ❶ 재난을 만나다. 화를 입다. ¶～在数 | 악운을 만나는 것은 운명에 달려 있다. ❷ 강도를 만나다.

【遭抢】zāo/qiǎng 動 약탈당하다. ¶金家～了 | 김씨네가 약탈당하였다.

【遭事】zāo/shì 動 方 불행한 일을 만나다.

2【遭受】zāoshòu 動 받다. (불행·손해를) 만나다. 받다. 당하다. 부닥치다. 어법 「遭受」는 자신이 당한 것을 나타내나, 「遭遇」는 어떤 행동 중에 부닥친 것을 나타냄. ¶～打击 | 타격을 입다. ¶～歧视qíshì | 차별 대우를 받다. ¶～迫害 | 박해를 당하다.

【遭水】zāo/shuǐ 動 홍수를 만나다. 물 피해를 입다. ¶他家去年～了 | 그의 집은 작년에 수해를 입었다.

4【遭殃】zāo/yāng 動 재난을 만나다. 불행을 당하다. ¶他又～了 | 그는 또 재난을 만났다. 당하다.

3【遭遇】zāoyù ❶ 動 조우하다. (적 또는 불행 불리한 일을) 만나다. 맞닥뜨리다. ¶工作中～了不少困难 | 작업하는 과정에서 적잖은 난관을 만났다. ¶这个老人～的苦难几天也说不完 | 이 노인이 겪은 고난은 몇일을 이야기해도 다 끝낼 수 없다. ❷ 名 처지. 경우. 경험. 운명 [주로 불행한 것을 가리킴] ¶悲惨的～ | 비참한 운명. ¶她过去的～真可怜 | 그 여자의 과거 운명은 실로 가련했다.

【遭遇战】zāoyùzhàn 名 〈軍〉 조우전. ¶两军发生了～ | 양 군간에 조우전이 발생했다.

【遭致】zāozhì 書 動 (결과에) 이르다. (결과를) 당하다. ¶～更惨的失败 | 더욱 비참한 실패를 당하다.

【遭罪】zāo/zuì 動 ❶ 죄를 입다. 벌을 받다. ❷ 고생하다. 애를 먹다. 혼나다. 고통을 받다. ¶遭老罪 | 혼쭐이 나다. ¶这些年他可遭了不少罪啊! | 요 몇년 그가 적잖게 고생을 했군!

2【糟〈蹧5〉】zāo 지게미 조

❶ 名 (술이나 초의) 지게미. 재강. ¶酒～ | 술지게미. ¶醋cù～ | 초지게미. ❷ 動 술이나 지게미에 담그다[절이다]. ¶～肉↓ ¶～蛋↓ ❸ 動 썩다. 못쓰게 되다. ¶木头～了 | 나무가 썩었다. ¶布～了 | 천이 못쓰게 되었다. ❹ 形 (몸이) 약하다. 부실하다. ¶～出病来 | 몸이 약해 병이 오다. ¶他的身体很～ | 그의 몸은 아주 약하다. ❺ 形 잘못되다. 야단나다. 그르치다. ¶～了, 我忘了 | 야단났구나, 잊어버렸어! ¶事情弄得很～ | 일이 아주 잘못되다.

【糟蛋】zāodàn 名 ❶ (술지게미·소금·초에 50일 정도) 절인 오리알 또는 달걀→[皮pí蛋①] ❷ 罵 병신 같은 놈. 쓰레기 같은 놈 [주로 남방 사람을 욕할 때 씀]

【糟改】zāogǎi 動 方 비꼬다. 놀리다. 빈정거리다. 야유하다. ¶你别～我了 | 나를 놀리지 마라.

2【糟糕】zāo/gāo ⓘ ❶ 形 못쓰게 되다. 엉망진창이다. 망치다. ¶这事办得糟了糕了 | 이 일은 망쳐 버렸다. ¶这人太～了 | 이 사람은 매우 엉망진창이 되었다. ❷ (zāogāo) 嘆 아뿔싸. 아차. 야단났군. 제기랄.

【糟害】zāo·hài 動 方 손상하다. 해치다. 망치다. ¶～身子 | 몸을 망치다. ¶野兔～庄稼zhuāng·jia | 산토끼가 농작물을 해치다.

【糟行】zāoháng 名 양조장 =[糟坊fāng]

【糟货】zāohuò ⇒[劣liè货①]

【糟践】zāo·jian 動 方 짓밟다. 유린하다. 능욕하다. 비방하다. 못쓰게 만들다. ¶～女子 | 부녀자를 능욕하다. ¶～人 | 함부로 남을 헐뜯다.

【糟糠】zāokāng 名 지게미와 쌀겨. 喻 거친 음식. ¶～之妻 | 조강지처.

【糟老头子】zāolǎotóu·zi 名組 ❶ 늙은이. ❷ 罵 늙다리. ¶你这个～! | 너 이 늙은 놈아!

【糟了】zāo·le 嘆 아차! 아뿔사! 망쳤다! 낭패다! ¶这件事办～! | 이일은 망쳤다!

【糟粕】zāopò 名 지게미. 찌꺼기. 찌끼. 喻 쓸모없는 것. 가치가 없는 것. ¶弃其～, 取其精华 | 찌꺼기는 버리고 알맹이를 취하다. 나쁜 것은 버리고 좋은 것은 취하다 ⇔[精华]

【糟肉】zāoròu 名 (술)지게미에 절인 고기.

4【糟蹋】zāo·ta 動 ❶ 낭비하다. 함부로 하다. 못쓰게 하다. 손상하다. 망치다. 부수다. ¶因为生活不规律, 所以～坏了身体 | 생활이 불규칙했기 때문에 몸을 해쳤다. ¶这阵大风～了不少果子 | 이번 큰바람에 적잖은 과일이 상했다 =[淘渌] ❷ 모욕하다. 짓밟다. 유린하다. 어법 「糟踏」은 구체적이거나 추상적인 사물 및 사람에 대해 업신여겨서 해를 입히고 모욕을 주는 것을 말하고, 「蹂躏róulìn」은 국가·민족·인민 등 주로 구체적인 것에 대해 멋대로 폭력을 휘둘러 능멸하고 모욕을 주는 것을 말함. ¶不该～别人的人格 | 남의 인격을 무시하고 모욕해서는 안된다. ¶他存心～我 | 그는 고의로 나를 모욕했다. ❸ 못쓰게 되다. 타락하다 =[作挞][作塌][作踏] ‖=[糟踏][遭塌][遭跶dá]

【糟透】zāotòu 狀 (수습할 수 없게) 엉망진창이 되다. 난처하게 되다. ¶情况～了 | 상황이 난처하게 되었다.

【糟心】zāo/xīn 動 ❶ 속상하다. 걱정하다. 짜증나다. 기분을 잡치다. ¶可糟了心了 | 정말 속상하다. ¶这事儿真叫人～ | 이 일은 사람을 짜증나게 한다. ❷ 야단 나다. 망치다. 엉망이 되다.

Z

【糟糟拉拉】zāo·zaolālā 狀 조잡하다. 엉성하다. ¶你不要弄得～ | 너 함부로 조잡하게 하지 마라.
【糟蒸】zāozhēng 圖 술지게미로 찐. ¶～糕gāo | 술지게미로 찐 떡.

záo ㄗㄠˊ

3【凿(鑿)】záo zuò 끌 착, 팔 착, 뚫을 착, 구멍 조
Ⓐ záo ❶ (～子) 名 끌. ¶平～ | 평끌. ¶热～ | 열간(熱間) 가공에 쓰이는 끌. ❷ (～子) 名 정. ¶圆～ | 둥근 정. ❸ 動 구멍을 파다〔뚫다〕. ¶～一个窟窿kūlóng | 구멍 하나를 뚫다. ¶开～ | 파다 =〔凿眼〕❹ 動 轉 자세히 파헤치다. ¶～着脑袋nǎodài干 | 몰두하다. ❺ 動 요란하게 두들기다. ¶有人～大门 | 어떤 사람이 요란하게 대문을 두드리다.
Ⓑ zuò ❶「凿záo」의 문어음(文語音). ❷ 名 장부 구멍. ¶方～圆枘ruì | 네모난 장부 구멍과 둥근 장부 구멍. 사물이 서로 잘 맞지 않다 =〔卯mǎo眼〕❸ 形 확실하다. 명확하다. ¶言之～～ | 말하는 것이 매우 확실하다. ¶确～不移 | 확고부동하다. ❹ (이치에 맞지 않는 말로) 억지를 부리다. ¶穿～ | 억지로 맞추다. ❺ 정백(精白)하다.
Ⓐ záo
【凿壁偷光】záo bì tōu guāng 成 벽에 구멍을 뚫고 빛을 훔치다. 각고(刻苦)하여 면학(勉學)에 힘쓰다 ¶要学习古人～的求学精神 | 옛 사람의 각고 면학의 학문 정신을 배워야한다 =〔穿chuān壁引光〕
【凿井】záo/jǐng 動 우물을 파다. ¶～匠 | 착정공. ¶～机 | 착정기. 보링 머신(boring machine) =〔打井〕〔挖wā井〕
【凿开】záokāi 動 개착(開鑿)하다. 뚫어서 통하게 하다. ¶～水泥地面 | 시멘트 지면을 개착하다.
【凿空】ⓐ záokōng 動 착공하다. 구멍을 뚫다.
ⓑ zuòkōng 書 狀 억지를 부리다. 견강 부회(牽强附會)하다. ¶～之论 | 견강 부회한 의론.
【凿通】záotōng 動 구멍을 뚫다. 터널을 뚫다〔내다〕. ¶那条隧道suìdào费了一年的工夫才～了 | 저 터널은 1년이나 걸려 겨우 뚫었다.
【凿岩机】záoyánjī 名〈機〉착암기.
【凿子】záo·zi 名 끌. 정. ¶～钝了 | 끌이 무디어졌다.
Ⓑ zuò
【凿空】zuòkōng ☞〔凿空〕zàokōng ⓑ
【凿枘】zuòruì 書 形 ❶ 장부 구멍과 장부. 喩 적합하다. ❷ 簡 둥근 장부 구멍과 네모난 장부. 喩 사물이 서로 잘 맞지 않다 =〔枘凿〕〔圆凿方枘〕
【凿凿】zuòzuò 書 狀 확실하다. ¶言之～ | 말이 확실하다. ¶～有据 | 근거가 확실하다. 움직일 수 없는 증거가 있다.

zǎo ㄗㄠˇ

1【早】zǎo 새벽 조, 일찍 조
❶ 名 아침. ¶从～到晚 | 아침부터 저녁까지. ¶今儿起了一个大～ | 오늘 아주 이른 아침에 일어났다 ⇔〔晚〕→〔朝zhāo〕❷ 形 조기의. (시간적으로) 앞선. 빠른. 이르다. ¶～期↓ ¶他～年在四川任教 | 그는 왕년에 사천에서 교편을 잡았었다. ¶天还～, 再坐会儿 | 날이 아직 이르니, 조금 더 앉아 있지요. ¶起得很～ | 일찍 일어났다. ❸ 形 빠르다. 앞서다. 일찍. 전(前)〔지금이나 어떤 시간에 비교하여 앞섬을 나타냄〕¶你来得比我～ | 네가 나보다 일찍 왔다. ¶～三天来过 | 사흘 전에 왔었다. ❹ 副 벌써. 일찌기. 이미. 오래 전에. ¶他～来了 | 그는 벌써 왔었다. ¶他～已不在这儿了 | 그는 오래전부터 이곳에 없었다. 어법 ⓐ「早」가「得」를 동반하고 보어(補語)로 쓰이면 어떤 동작의 결과가 단순히 일찍 나타났음을 나타냄. ¶他来得最～ | 그가 가장 일찍 왔다. ⓑ「早」가 직접 동사 뒤에 붙어 쓰이면 동작의 결과가「너무 이름」을 나타냄. ¶来～了, 还没开门 | 너무 일찍 와서 아직 문을 열지 않았다. ¶买～了 | 너무 일찍 샀다. ⓒ「早」가 직접 동사 앞에 쓰이면 가정의 의미를 지니고「지금으로서는 너무 늦었음」을 나타냄. ¶～知道你要来我就不去了 | 네가 오려고 한다는 걸 미리 알았다면 내가 가지 않았을 것이다. ¶要～去就好了 | 일찍 갔었더라면 좋았을 것이다. ⓓ「早」가 부사로서 동사 앞에 쓰일 때는「벌써」「훨씬 전에」의 의미로 동작의 발생이 지금보다 앞서 나타남을 나타내고 문(句子) 끝에 항상「了」가 오거나「早」뒤에「已」「就」등이 옴. ¶他～来了 | 그는 벌써 왔다. ¶我们～知道了 | 우리는 이미 알고 있었다. ¶我～就准备好了 | 나는 일찍이 준비를 끝냈다. ❺ 套 안녕하십니까〔아침에 만났을 때 하는 인사말〕¶老师～! 선생님 안녕하십니까? ‖ =〔書 蚤zǎo②〕
【早安】zǎoān ❶ 밤새 안녕하셨습니까? 안녕히 주무셨습니까?〔아침 인사 말〕¶老师～! | 선생님 안녕히 주무셨습니까? ❷ 札 (편지의 맺음말에 쓰여) 아침문안을 올리며 붓을 놓습니다.
【早班(儿)】zǎobān(r) ❶ 名 아침 근무반.아침 교대〔당번〕. ¶～车 =〔早车〕| 아침 열차. 아침 차 →〔晚wǎn班(儿)〕〔中zhōng班(儿)②〕❷ 套 方 일찍 나오셨군요〔아침에 만났을 때 하는 인사의 일종〕¶你真～啊! | 참 일찍 나오셨군요!
【早半天(儿)】zǎobàntiān(r) 名 ⓪ 오전(午前) =〔早半晌shǎng(儿)〕〔上shàng半天(儿)〕
【早报】zǎobào 名 조간 신문. ¶他订了一份～ | 그는 조간 신문을 구독 신청했다 =〔晨chén报〕
【早参】zǎocān 名〈佛〉아침 참선(參禪).
【早餐】zǎocān ⇒〔早饭〕
【早操】zǎocāo 名 ❶ 아침 체조. ¶做～ | 아침 체조를 하다. ❷ 아침 훈련〔연습〕.
【早茶】zǎochá 名 아침 차(茶)〔때로는 아침 식사 때 취하는 가벼운 음식물도 함께 가리킴〕¶～饼干bǐnggān | 아침 차와 비스킷.
【早茬(子)】zǎochá(·zi) 名 ❶ 조생종(早生種)작물. ❷ 이른 봄에 나는 작물.
【早产】zǎochǎn 名 動〈醫〉조산(하다). ¶～儿 | 조산아.
【早场】zǎochǎng 名 (영화·연극 등의) 오전 공연. ¶赶～ | 오전 공연에 가다.

Z

【早潮】zǎocháo 名 아침의 간조〔만조〕.
【早车】zǎochē 名 아침 열차. ¶乘~进城 | 아침 열차를 타고 시내에 가다 =〔早班车〕
1【早晨】zǎo·chén 名 이른 아침. 새벽. ¶~九点 | 아침 아홉 시. ¶青年人就像~八九点钟的太阳 | 젊은이는 아침 8,9시경의 태양과 같다 =〔方 早晌shǎng〕〔吳 早晨头〕〔方 早起·qi〕〔早上〕
【早出晚归】zǎo chū wǎn guī 威 아침 일찍 나가서 밤 늦게 돌아오다. 부지런히 일하다. ¶他们每天~, 实在太辛苦了 | 그들은 아침 일찍 출근해서 밤 늦게 돌아오니 정말 너무 고생이다.
【早春】zǎochūn 名 이른 봄. 초봄. ¶~二月 | 이른 봄 이월.
【早稻】zǎodào 名〈農〉올벼. 조양(早穰).조종(早種) =〔冈禾〕
4【早点】zǎodiǎn 名 (간단한) 아침 식사. ¶做~ | 간단한 아침식사를 만들다.
1【早饭】zǎofàn 名 조반. 아침밥 =〔早餐cān〕〔書 早膳shàn〕
【早婚】zǎohūn 名 動 조혼(하다).
【早间】zǎojiān 名 (이른) 아침.
【早觉】zǎojiào 名 아침잠. 늦잠. ¶睡shuì~ | 늦잠을 자다.
【早就】zǎojiù 副 벌써. 이미. 일찍이. ¶~知道 | 진작부터 알고 있었다 =〔書 早经〕
【早年(间)】zǎonián(jiān) 名 ❶ 여러해전. 이전. 오래전. 왕년. ❷ 젊었을 때. ¶他~曾经当过教师 | 그는 젊었을 때 선생님을 한 적이 있다 ‖ =〔早岁suì〕
3【早期】zǎoqī 名 이른 시기. 초기. ¶~政治活动 | 조기의 정치 활동. ¶~作品 | 초기 작품. ¶~食道癌ái | 조기 식도암. ¶~诊断 | 조기 진단.
【早期白话】zǎoqī báihuà 名組 조기 백화 [당송(唐宋) 시대부터 5·4운동 전까지의 백화] ¶只有在~中才有这种用法 | 단지 조기 백화에만 이런 용법이 있다.
【早起】ⓐ zǎoqǐ 動 일찍 일어나다. ¶~三朝当一工 =〔三天早起当一工〕〔早起三光, 晚起三慌〕| 諺 부지런하면 어떻든 이득이 있다.
ⓑ zǎo·qi ⇒〔早晨〕
【早起晚睡】zǎo qǐ wǎn shuì 威 아침 일찍 일어나서 밤 늦게 자다. 부지런히 일하다 ¶他~地干活 | 그는 아침 일찍부터 밤늦게까지 일한다 =〔夙sù兴夜寐〕
【早秋】zǎoqiū 名 초가을. 이른 가을.
4【早日】zǎorì 名 조기(早期). 조속한 시일〔시간〕. ¶~完工 | 조기에 완공하다. ¶祝你~恢复健康! | 당신의 건강이 빨리 회복되기를 빕니다.
【早晌】zǎoshǎng ⇒〔早晨chén〕
【早上】zǎo·shang ⇒〔早晨〕
【早市】zǎoshì 名 ❶ 아침 시장. 아침 장. ❷ 아침 영업. 오전영업 ❸〈經〉(거래소에서의) 전장(前場). 오전중 거래 =〔前盘〕
【早逝】zǎoshì 動 婉 일찍 죽다. ¶不幸~ | 불행히도 일찍 죽다.
【早熟】zǎoshú ❶ 名 形 조숙(하다). ❷ 名〈農〉조생(早生). ¶~作物 | 조생 작물. ¶~品种 | 조생종.
【早衰】zǎoshuāi 動 일찍 노쇠(老衰)하다. ¶父亲~了 | 아버지께서 일찍 노쇠해지셨다.
【早霜】zǎoshuāng 名 철보다 일찍 내리는 서리. ¶~害 | 때 이른 서리 피해. ¶雪白的~ | 하얀 서리.
【早睡】zǎoshuì 動 일찍 자다. ¶~惯了 | 일찍 자는 것이 버릇이 되다. ¶~早起身体好 | 일찍 자고 일찍 일어나면 몸에 좋다.
【早岁】zǎosuì ⇒〔早年(间)〕
【早退】zǎotuì 動 조퇴하다. 중도에 나가다. ¶没有一个人迟到~ | 지각조퇴하는 사람이 하나도 없다.
3【早晚(儿)】zǎowǎn(r) ❶ 名 아침과 저녁. ¶他每天~蹈练太极拳 | 그는 매일 아침 저녁으로 태극권을 연습한다. ❷ 副 조만간. 언젠가는. ¶他~得去 | 그는 조만간 가야만 한다. ❸ 名 무렵. 때. 시간. ¶你怎么这~才来? | 너는 어떻게 이제서야 오니? ¶多~ =〔多咱〕| 언제. 어느 때. ¶他一清早就走了, 这~多半已经到家了 | 그는 이른 아침에 떠났는데, 이맘때 쯤에는 벌써 집에 다다랐을 것이다. ❹ 副 方 언제. 다음에. 앞으로 [미래의 어느 시점을 가리킴] ¶你~上城里来, 请到我家里来玩 | 요다음에라도 시내에 나오면, 우리집에 놀러 오십시오.
【早霞】zǎoxiá 名 아침 노을. ¶~不出门, 晚霞行千里 | 諺 아침 노을이 지면 외출을 삼가하고, 저녁 노을이 지면 멀리 놀러 가다. 아침 노을이 지면 일기가 나빠지고, 저녁 노을이 지면 맑게 갠다 →〔晚wǎn霞〕
【早先】zǎoxiān 名 이전. 옛날. ¶看你写的字比~好多了 | 네가 쓴 글씨를 보니 이전보다 훨씬 좋아졌다 =〔方 早已②〕
3【早已】zǎoyǐ ❶ 副 훨씬 전에. 이미. 일찍이. 벌써. ¶你要的东西, 我~给你准备好了 | 네가 필요로 하는 물건을 이미 다 준비해 놓았다. ❷ ⇒〔早先〕
【早早儿】zǎozǎor 狀 일찌감치. 일찍부터. 빨리. 일찍. ¶要来, 明天~来 | 오려면 내일 일찍 오너라. ¶他~地等在门口 | 그가 일찌감치 입구에서 기다리다.
【早着呢】zǎo·zhe·ne 狀組 京 아직 이르다. 아직 멀었다. ¶这座楼房刚打基础, 离完工还~ | 이 빌딩은 기초 공사가 막 끝났을 뿐, 완공되기까지는 아직도 멀었다.
【早知今日, 悔不当初】zǎo zhī jīn rì, huǐ bù dāng chū 威 일찍이 오늘같은 일이 있을줄 알았다면 애당초 그렇게 하지 않았을텐데. 지금의 일을 생각해 보면 당초의 잘못이 후회스럽다.

4【枣(棗)】zǎo 대추 조
名 ❶ (~儿, ~子)〈植〉대추. ¶干~ =〔红枣〕〔大枣〕| 말린 대추. ❷〈植〉대추나무. ❸ (Zǎo) 성(姓).
【枣(儿)红】zǎo(r)hóng 名〈色〉대추색. ¶~战马 | 대추색 전투마.
【枣核(儿)】zǎohú(r) 名 대추씨. ¶坚硬jiānyìng的~ | 딱딱한 대추씨.

【枣泥】zǎoní 名〈食〉대추를 고아 만든 소.
【枣椰】zǎoyē ⇒〔海hǎi枣①〕

【蚤】zǎo 벼룩 조, 일찍 조
❶名〈蟲〉벼룩 =〔俗虼蚤〕〔跳蚤〕 ❷「早zǎo」와 통용 ⇒〔早zǎo〕
【蚤休】zǎoxiū 名〈植〉감수 =〔重chóng楼金线〕〔紫河车②〕

1【澡】zǎo 씻을 조
書動 목욕하다. 몸을 씻다. ¶～身而浴德 | 몸을 씻고 덕을 닦다. ¶洗～ | 목욕하다.
【澡帕】zǎopà 名方 목욕 수건.
【澡盆】zǎopén 名 목욕통. 욕조 =〔浴盆〕
【澡堂(子)】zǎotáng(·zi) 名 (영업 목적의) 대중 목욕탕. ¶他爱泡～ | 그는 대중탕에서 목욕하기를 좋아한다 =〔澡塘táng②〕〔洗澡堂〕〔洗澡塘〕
【澡塘】zǎotáng ❶名 욕조 =〔浴池①〕 ❷⇒〔澡堂(子)〕

【缲】zǎo ☞ 缲 qiāo C

【藻】zǎo 조류 조
❶名〈植〉말. ¶水～ | 수조. ¶海～ | 바닷말. ❷名〈植〉수초(水草)의 총칭. 물 속에서 자라는 녹색 식물을 가리킴. ❸轉 시가·문장 등의 미사여구(美辭麗句). ¶辞～ | 화려한 문.
【藻采】zǎocǎi ❶形 (문장의) 표현이 아름답다. 수식이 화려하다. ❷名 아름다운 필치〔표현〕. 화려한 수식.
【藻绘】zǎohuì 書名動 수식 묘사(하다).
【藻井】zǎojǐng 名〈建〉무늬로 장식한 천정
【藻类】zǎolèi 名〈植〉조류. 말. ¶～学 | 조류학.
【藻类植物】zǎolèi zhíwù 名組〈植〉조류 식물.
【藻饰】zǎoshì 書動名 ❶ 문장을 수식하다. ¶～华丽 | 문장의 수식이 화려하다. ❷몸단장을 하다. 외모를 꾸미다.

【缫】zǎo ☞ 缫 sāo B

zào ㄗㄠˋ

4【灶(竈)】zào 부엌 조, 부엌귀신 조
名 ❶ 부뚜막. ¶一座～ | 부뚜막 하나. ❷轉 부엌. 주방. 식당. ¶职工～ | 직원 식당. ¶在学生～吃饭 | 학생 식당에서 식사하다.
【灶火】zào·huo 名 ❶ 부뚜막. ¶～坑kēng =〔灶眼yǎn〕〔灶窝wō〕 | 아궁이. ¶生～ | 아궁이에 불을 지피다. ❷方 부엌. 주방.
【灶具】zàojù 名方 취사도구. 주방기구. ¶新置了～ | 새로이 주방기구를 설치하였다.
【灶君】Zàojūn ⇒〔灶神〕
【灶马(儿, 子)】zào·mǎ(r·zi) 名〈蟲〉조마. 꼽등이 =〔灶鸡jī〕〔灶蚂儿〕
【灶披间】zàopījiān 名 ㊀ 부엌(방). ¶搭dā了～ | 주방을 만들다 →〔厨chú房①〕
【灶神】Zàoshén 名〈神〉부뚜막의 신. 조왕신(竈王神). 조왕대신 =〔灶君〕〔灶王〕〔灶王爷〕
【灶王爷】Zào·wangyé ⇒〔灶神〕

【皂〈阜〉】zào 검을 조, 구유 조
❶名〈色〉검은 색. ¶不分～白 | 흑백을 가리지 않다. ¶～鞋 | 검은 신 →〔黑hēi①〕 ❷名〈植〉쥐엄나무 [열매는 세탁할 때 쓰임] ❸ 차역(差役). 하인. ¶～隶↓ ❹名 비누. ¶肥～ | 빨래비누. ¶香～ | 세수비누. ❺名 구유 [마소의 먹이를 담는 그릇] =〔皂枥lì〕 ¶牛骥jì同～ | 成 소와 준마를 한 구유에서 기르다. 현자(賢者)와 어리석은 사람을 한데 섞어 놓다.
【皂白】zàobái 名 흑백. 喻 시비(是非). 선악. ¶～不分 =〔不分皂白〕 | 시비를 분간하지 않다.
【皂粉】zàofěn 名 가루비누.
【皂化】zàohuà 名〈化〉감화(鹼化). 비누화
【皂荚】zàojiá 名〈植〉❶ 쥐엄나무. ❷ 쥐엄나무의 협과(莢果) ‖ =〔皂角jiǎo〕
【皂隶】zàolì 名 옛날, 하급 관노(官奴). 노복(奴僕) [죄인의 처형이나 사형의 집행 등 천역(賤役)을 맡았던 자] =〔皂班bān〕〔皂役yì〕
【皂洗】zàoxǐ 名〈紡〉소핑(soaping). ¶～机 | 소퍼(soaper).

【唣】zào 요란할 조
⇒〔啰luó唣〕

2【造】zào 지을 조, 시작할 조
❶動 만들다. 제조(製造)하다. ¶创～ | 창조하다. ¶～预算 | 예산을 세우다. ¶～名册 | 명부를 만들다. ❷動 날조하다. 위조하다. ¶～谣yáo惑众 | 유언 비어를 퍼뜨려 대중을 미혹시키다. ¶～谣yáo言 | 유언비어를 퍼뜨리다. ❸量方 농작물의 수확 또는 수확의 횟수를 나타냄 [농작물을 심고 수확할 때 까지를「一造」라고 함] ¶晚～ | 늦수확. ¶一年三～皆丰收 | 일년 세차례의 수확이 모두 풍작이다. ❹ 양성하다. 기르다. ¶可～之才 | 양성할만한 가치가 있는 인재. 動 찾아가다. 도달하다. ¶～门拜访 | 집을 방문하다. ¶登峰～极 | 정상에 도달하다. ❺ 성과(成果). 조예(造詣). ¶深～ | 깊은 조예. ❻ (소송의) 당사자. 쌍방. ¶两～ | 소송의 원고와 피고. ¶乙～ | 을측. ❼書動 발단(發端)을 열다. 창시하다. ¶～端↓ ¶国家肇zhào～ | 국가의 기원(紀元).
【造表】zào biǎo 動組 표를 작성하다. ¶每月都要～ | 매월마다 표를 작성하려 하다.
【造册】zàocè 動 (장부·통계 문서 등의) 서류를 만들다. ¶每周～ | 매주 서류를 만들다.
【造成】zàochéng 動 ❶ (구체적인 사물을) 만들다. 조성하다. 창조하다. ¶酒便是这样～的 | 술은 바로 이렇게 만들어진 것이다. ¶～各种各样的武器 | 각종 무기를 만들다. ¶～新国家 | 새 나라를 건설하다. ¶～舆论 | 여론을 조성하다. ❷ (추상적인 사물을) 초래하다. 형성시키다. 야기시키다. 어법 명사·동사·주술구를 목적어로 가질 수 있음. ¶～严重的污染 | 극심한 오염을 초래하다. ¶～很坏的影响 | 아주 나쁜 영향을 초래하다. ¶过量地抽取地下水, ～地面下沉 | 과도하게 지하수를 뽑아냈기 때문에 지면의 침하를 야기시켰다.
【造船】zào/chuán 動 배를 만들다. ¶这家公司专营～ | 이 회사는 배를 전문적으로 만든다.

【造次】zàocì 書 副 ❶ 급작스럽다. 황망하다. 총망하다. ¶～之间 | 황망한 가운데. 창졸간에 =〔草次〕〔迁次〕〔取次②〕 ❷ 경솔하다. 무책임하다. 덤벙대다. ¶～行事 | 일을 아무렇게나 하다.

【造端】zàoduān 書 ❶ 名 시작. 발단(發端). ¶事情的～是这样的 | 사건의 발단은 이러하다. ❷ 動 발단을 열다. 시작하다 ‖ =〔書 造始shǐ〕

4【造反】zào/fǎn 動 ❶ 반란을 일으키다. 반역하다. ¶～派 | 혁명파. ¶他在狱中还动员牢头～ | 그는 옥중에서도 간수를 동원해서 반란을 일으켰다. ❷ 俗 아이들이 말썽을 일으키다. 소란을 피우다. ¶大人不在家, 孩子们就～了 | 어른들이 집에 없으면 애들은 말썽을 피우기 마련이다.

【造饭】zào/fàn 動 近 밥을 짓다 ¶升火～ | 불을 피워 밥을 짓다 =〔做饭fàn〕

【造访】zàofǎng 書 動 방문하다. ¶登门～ | 댁으로 찾아뵙겠습니다.

【造福】zào/fú ❶ 動 행복을 가져오다. 행복하게 하다. ¶为老百姓～ | 백성을 행복하게 해 주다. ¶～后代 | 후세를 행복하게 하다. ❷ (zàofú) 名 形 행복(하다).

【造府】zàofǔ 書 動 札 찾아뵙다. 댁에 찾아가다. ¶～请教 | 댁으로 찾아뵙다 =〔造潭tán〕〔造谒yè〕〔書 造诣yì②〕

【造化】ⓐ zàohuà 書 名 조화. 대자연. ¶～主 | 조물주.
ⓑ zào·hua 名 俗 행운. 운. 운명. ¶～不浅qiǎn | 운이 좋다. ¶～小儿 | 운명의 신.

4【造价】zàojià ❶ 名 (건축물·철도·도로 등의) 건설비. (자동차·선박·기계 등의) 제조비. ¶～比较低 | 건설비가 비교적 싸다. ¶降低～ | 제작비를 내리다. ❷ (zào/jià) 動 가격〔비용〕을 견적하다.

【造就】zàojiù ❶ 動 육성하다. 양성하다. ¶～人材 | 인재를 양성하다→〔培péi养②〕 ❷ 書 動 찾아가 뵙다. ❸ 名 조예. 성취 [주로 젊은이에 대하여 쓰임] =〔造诣yì①〕

2【造句】zào/jù 動 글을 짓다. ¶～法 =〔句法〕 | 통사법(統辭法). 신택스(syntax).

【造林】zào/lín 動 조림하다. ¶植树～ | 나무를 심어 조림하다.

【造陆运动】zàolù yùndòng 名組 〈地質〉 조륙운동.

【造孽】zào/niè 動 〈佛〉 죄받을 짓을 하다. 나쁜 짓을 하다 =〔作孽〕

【造山运动】zàoshān yùndòng 名組 〈地質〉 조산운동.

【造物】zàowù 名 만물을 창조하는 신력(神力).

【造物主】zàowùzhǔ 名 조물주. 하느님.

【造像】zàoxiàng ❶ 名 조상(彫像). ❷ 動 상(像)을 만들다.

4【造型】zàoxíng ❶ 名 조형. 만들어낸 물체의 형상. ¶这些玩具～简单 | 이 장난감은 모양이 단순하다. ❷ 動 조형하다.

【造型艺术】zàoxíng yìshù 名組 〈美〉 조형 예술. 미술 =〔美术①〕

【造谣】zào/yáo ❶ 動 유언 비어를 퍼뜨리다. ¶～生事 | 威 유언 비어를 퍼뜨려 사건을 일으키다. ¶～惑众 | 威 유언 비어를 퍼뜨려 사람들을 혼란시키다. ❷ (zàō yáo) 名 요언. 유언 비어 ‖ =〔造言〕

【造诣】zàoyì ❶ 書 名 조예. ¶他在力学方面有很深的～ | 그는 역학 방면에 깊은 조예가 있다 =〔造就③〕 ❷ ⇒〔造府fǔ〕

【造影】zàoyǐng 名 〈醫〉 방사선 사진.

【造作】ⓐ zàozuò 動 만들다. 제조하다 =〔制造〕
ⓑ zào·zuo 動 조작하다. 어색하게 꾸며내다. 부자연스럽게 행동하다. ¶矫揉jiǎoróu～ | 부자연스럽게 행동하다 =〔做作〕

【簉】

zào ⓧ chòu) 버금자리 추, 첩 추
書 形 부속의. 부차적인. ¶～室↓

【簉室】zàoshì 書 名 첩(妾). 소실→〔妾〕

4【噪〈譟1〉】

zào 떠들썩할 조
動 ❶ 큰 소리로 떠들다. 떠들썩하다. ¶名～一时 | 명성이 한때 세상에 자자했다 =〔鼓gǔ噪〕〔聒guō噪〕 ❷ (벌레·새 등이) 울다. ¶蝉chán～ | 매미가 울다. ¶群鸦乱～ | 까마귀떼가 시끄럽게 우짖다.

【噪聒】zàoguō 形 方 시끄럽다. 떠들썩하다. ¶你别在我耳边～了 | 너는 내 귓가에서 떠들지마라.

【噪嚷】zàorǎng 動 시끄럽게 큰 소리로 떠들다〔외쳐대다〕. ¶～不已 | 시끄러운 소리가 끊이지 않다.

【噪扰】zàorǎo 動 떠들어 소란을 피우다. 야단법석이다. ¶他老～我 | 그는 언제나 내게 야단법석이다.

【噪声】zàoshēng 名 소음. 잡음. ¶～监视仪 | (가두의) 소음 측정기 =〔噪音②〕

4【噪音】zàoyīn ❶ 名 조음. 비악음(非樂音). ¶降低～ | 조음을 줄이다. ❷ ⇒〔噪声〕

【噪杂】zàozá 形 떠들썩하다. 야단법석이다.

【噪噪】zàozào 貶 떠들썩하다. 시끄럽다.

2【燥】

zào 마를 조
形 건조하다. 마르다. ¶天气很旱, 太～了 | 날씨가 가물어 몹시 건조하다. ¶干～ | 건조하다. ¶山高地～ | 산이 높고 땅이 건조하다.

【燥裂】zàoliè 動 건조하여 갈라지다. 말라 터지다. ¶皮肤都～了 | 피부가 온통 말라 터졌다.

3【躁〈趮〉】

zào 성급할 조
形 성급하다. 조급히 굴다. ¶性子～ | 성질이 급하다. ¶烦～ | 초조해 하다. ¶性情急～ | 성질이 급하다. ¶戒骄戒～ | 교만함과 성급함을 경계하다.

【躁动】zàodòng 動 ❶ 조급하게 돌아다니다. ¶～不安 | 조급하게 돌아다니며 편안하지 못하다. ❷ 쉬지 않고 뛰어다니다.

【躁性】zàoxìng 名 ❶ 성급한 성질. 경박한 성격. ¶他的～还没改 | 그의 성급함은 아직 고쳐지지 않았다. ❷ 성급한 사람.

zé ㄗㄜˊ

2【则(則)】

zé 곧 즉, 법칙 칙
書 ❶ 副 바로〔곧〕. ¶他平时忙于工作, 假日～补习外语 | 그는 평일에는 업무로 바쁘지만 휴일만 되면 외국어를 보충 학습한다 =〔便〕〔就〕 ❷ 副 그런데 비해서 [전후 문장

Z

을 대조적으로 만듬] ¶我们几个水平相仿, 小朴~比谁都强 | 우리 몇은 수준이 대체로 비슷하지만 박군은 어느 누구보다도 뛰어나다 =〔却〕 ❸ 連 그러면. [앞 문장에서 말한 조건에 따라 뒷 문장의 결과가 나옴을 의미함] ¶隐患如不及时消毒, ~后果不堪设想 | 잠복해 있는 병을 제때에 제거하지 않으면, 그 결과는 상상조차 할 수 없다. ❹ 連 …하기는 한데 [두개의 동일한 단음절 동사나 형용사 사이에 놓여 양보를 나타냄] ¶有~有, 只是不多 | 있긴 있는데, 다만 많지 않다. ¶多~多矣, 但质量仍不佳 | 많긴 많으나 품질이 아무래도 좋지 않다. ❺ 量 단락. 편 [문장(文章)을 헤아리는 데 쓰임] ¶试题四~ | 시험 네 문제. ¶新闻一~ | 뉴스 한 단락. ¶笑话两~ | 우스운 이야기 두 편→〔条tiáo〕 ❻ 量 …째 [「一」「二(再)」「三」 등의 뒤에 사용하여 원인이나 이유를 열거하는 역할을 함] ¶一~…, 二(再)~…, 三~… | 첫째로는 …, 둘째로는 …, 세째로는 …. ¶这篇文章一~太长, 二~太难 | 이 문장은 첫째 너무 길고 둘째 너무 어렵다. ❼ 動 본받다. 따르다. ¶~先烈之遗风 | 선열의 유풍을 따르다 =〔效法〕〔遵照〕 ❽ 動 …이다 [긍정적인 판단을 나타냄] ¶此~岳阳楼之大观也 | 이것이 바로 악양루의 경관이다. ❾ 규범. 모범. ¶以身作~ | 成 몸소 모범을 보이다. ¶楷kǎi~ | 書 법칙. ❿ 규칙. 제도. 규정. ¶总~ | 총칙. ¶学~ | 학칙. ¶细~ | 세칙.

【则甚】 zéshèn 近 形組 어찌 하랴? 무엇 하겠는가! ¶千年往事已沉沉, 闲管兴亡~ | 아주 오랜 옛일은 이미 까마득히 묻혀버렸으니, 세상 흥망에 괜히 상관해서 무엇 하겠는가 =〔做什么〕〔作甚〕

【则声】 zéshēng 動 소리를 내다. ¶不要~! | 소리 내지 마라.

1【责(責)】 zé 책임 책, 꾸짖을 책

❶ 名 책임. 책무. 의무. ¶尽~ | 책임을 다하다. ¶爱护公物, 人人有~ | 공공기물을 아끼는 것은 모든 사람의 책임이다. ❷ 書 動 요구하다. 책임지우다. ¶求全~备 | 완전무결할 것을 요구하다. ¶~人从宽, ~己从严 | 남에게는 관대하고,자기에게는 엄하게 요구하다. ❸ 動 꾸짖다. 나무라다. ¶杖~ | 때리며 꾸짖다. ❹ 動 따지다. 힐문하다. 질문하다. ¶诘~ | 힐책하다. ¶~问↓

3【责备】 zébèi 動 비난하다. 탓하다. 책망하다. 꾸짖다. ¶~他的不正行为 | 그의 옳지 못한 행위를 나무라다. ¶受到良心liángxīn的~ | 양심의 가책을 받다.

【责成】 zéchéng 書 動 책임지고 완성하게 하다. 책임을 지우다. ¶~他办理 | 그에게 책임을 지고 하게 하다. ¶~有关部门处理 | 관련 부문의 처리를 책임지고 완성하게 하다.

【责斥】 zéchì 書 動 책망하여 꾸짖다. 질책하다. ¶他常~下属 | 그는 언제나 아랫 사람을 질책한다.

【责对】 zéduì 書 動 질문하다. 따지고 묻다. ¶请转向该号~以明真相 | 부디 그 가게에 문의한 다음에 진상을 밝혀주세요.

【责罚】 zéfá 書 動 처벌하다. 책벌하다. 징벌하다. ¶~肇事者 | 일을 저지른 사람을 처벌하다.

4【责怪】 zéguài 動 책망하다. 원망하다. 나무라다. ¶你别~我 | 너는 나를 원망하지 마라.

【责令】 zélìng 動 책임을 과하다. 책임지고 하도록 명령하다. ¶~返工 | 책임을 지고 다시 만들게 하다.

【责骂】 zémà 動 호되게 욕하다〔꾸짖다〕. 엄한 어조로 나무라다.

【责难】 zénàn 動 따져 책망하다. 따져 비난하다. ¶~旁人的态度 | 남의 태도를 비난하다.

2【责任】 zérèn 名 책임. ¶担负~ | 책임을 지다. ¶~重大 | 책임이 무겁다.

【责任感】 zérèngǎn 名 책임감 =〔责任心〕

【责任事故】 zérèn shìgù 名組 (책임감이 없거나 규율을 위반함으로써 생긴) 업무상 과실로 인한 사고.

【责任田】 zérèntián 名〈農〉개개 농가가 국가나 집단에 대해 책임을 지고 경작하는 전지(田地).

4【责任制】 zérènzhì 名 책임제. ¶承包生产~ | 청부 생산 책임제.

【责问】 zéwèn 動 나무라며 묻다. 힐문하다. 문책하다. ¶厉声~ | 성난 목소리로 힐문하다.

【责无旁贷】 zé wú páng dài 成 자기가 져야 할 책임은 남에게 전가할 수 없다. 자기의 책임은 자기가 져야 한다. ¶援助贵校在我们是~的 | 귀교를 원조하는 것은 우리가 져야할 책임이다.

【责有攸归】 zé yǒu yōu guī 成 책임은 귀속되는 바가 있다. 각자가 짊어져야 할 책임이 있다.

【啧(嘖)】 zé 혀찰 책

❶ 擬 쯧쯧. 저런. 혀를 차는 소리 [찬미 또는 애석한 기분을 나타냄] ¶~~! 他真能干 | 저런 저런! 그는 참 잘한다. ❷ 書 動 시끄럽게 지껄이다. 법석이다. ❸「赜」와 통용 ⇒〔赜zé〕

【啧有烦言】 zé yǒu fán yán 成 여러 사람이 입을 모아 비난하다. 비난하는 소리가 그칠 줄 모르다. 불평과 원망으로 가득차다.

【啧啧】 zézé 擬 ❶ 많은 사람이 칭찬〔평판〕하는 소리. ¶~不已 | 연신 칭찬하며 기리다. ¶~称奇chēngqí | 칭찬이 자자하다. ❷ 말하는 소리. ¶~争言zhēngyán | 시끄럽게 말다툼하다. ❸ 짹짹. 찍찍 [새 울음 소리]

【啧嘴】 zé/zuǐ 動 혀를 차다.

【帻(幘)】 zé 머리싸개 책

名 고대(古代) 두건의 일종.

【箦(簀)】 zé 대자리 책

書 名 ❶ 대나무 등으로 엮은 깔개〔자리〕. ❷ 침대 위의 깔개.

【赜(賾)】 zé 깊은이치 색

書 形 깊다. 심오하다. ¶探~索隐 | 심오한 이치를 탐구하다 =〔啧③〕

2【择(擇)】 zé zhái 가릴 택

Ⓐ zé 動 선택하다. 고르다. ¶不~手段 | 수단을 가리지 않다. ¶选~ | 선택하다. ¶饥不~食 | 배가 고프면 먹을 것을 가리지 않는다.

Ⓑ zhái「择zé」의 구어음(口語音).

Ⓐ zé

【择菜】ⓐ zé/cài 動 반찬을 가려 먹다. ⓑ zhái/cài 動 채소를 다듬다. ¶把菜择一择 | 채소를 좀 다듬어라.

【择定】zédìng 動 선정하다. 골라 정하다 =〔择订dìng〕〔选xuǎn定〕

【择吉】zéjí 動 길일을 택하다〔고르다〕. ¶～迎娶 | 길일을 택하여 혼례를 치르다.

【择交】zéjiāo 動 ❶ 좋은 벗을 골라 사귀다. ¶慎重～ | 신중히 친구를 선택하다. ❷ 국교를 맺을 나라를 택하다.

【择偶】zé'ǒu 動 배우자를 고르다.

【择善而从】zé shàn ér cóng 成 좋은 것을 택하여 그대로 따르다. 훌륭한 사람을 골라 그 사람을 좇다. 좋은 점을 따라 배우다.

【择优】zéyōu 動 우수한 인재를 (임용하기 위해) 선택하다. ¶～选拔了一批军官 | 약간의 장교를 선택하여 선발하였다.

【择优录取】zé yōu lù qǔ 成 우수한 사람을 선택하여 채용하다. ¶～了一批新生 | 몇몇 우수한 신인을 선택하여 채용하다.

Ⓑ zhái

【择不开】zhái ·bu kāi 動組 ❶ 가려낼 수 없다. 나눌 수 없다. 풀 수 없다. ¶线乱成了一团, 怎么也～了 | 실이 한덩어리로 얽혀서 아무래도 풀 수가 없다. ❷ (시간·신체 등을) 빼어 낼 수 없다. 벗어날 수가 없다. 피할 수 없다. ¶我忙得一点儿工夫也～ | 나는 바빠서 잠시도 짬을 낼 수가 없다 ‖ ⇔〔择得开〕

【择菜】zhái/cài ☞〔择菜〕zé/cài ⓑ

【择食】zháishí 動 편식하다. 음식을 가려 먹다. ¶什么吃的都行, 他不～ | 무엇이든 먹을 것이면 다 좋습니다. 그는 음식을 가리지 않습니다.

【择席】zháixí 動 잠자리를 가리다. 잠자리가 바뀌면 잠을 못자다. ¶我从来不～ | 나는 잠자리를 가려 본 적이 없다 =〔摘zhāi席〕

3【泽(澤)】zé 못 택, 윤 택

❶ 늪. 호수. 못. ¶大～ | 큰 호수. ¶沼zhǎo～ | 늪과 못. ¶水乡～国 | 물이 많은 고장. ❷ 윤기. 광택. ¶色～俱佳 | 빛깔과 광택이 모두 좋다 =〔光泽〕 ❸ 은혜. 은덕. ¶～及枯骨↓ =〔恩泽〕 ❹ 습하다. 축축하다. ¶润～ | 윤습하다.

【泽国】zéguó 書 名 ❶ 호수나 늪이 많은 지방. 수향(水鄉). ❷ 물피해 지역. 수해 지역.

【泽及】zéjí 書 動 은택이 미치다. ¶～后人 | 뒷사람에게 은택이 미치다.

【泽及枯骨】zé jí kū gǔ 成 은택이 널리 죽은 사람에게까지 미치다.

【泽兰】zélán 名 ❶〈植〉등골나물 =〔大泽兰〕 ❷〈植〉〈藥〉택란. 쉽싸리 =〔小泽兰〕

【泽手】zéshǒu 動 쓰다듬다. 손으로 문지르다. 어루만지다.

【迮】Zé ⓧ zuò) 닥칠 책

名 성(姓).

【笮〈筰B〉】Zé zuó 짤 자, 전통 착, 바 작

Ⓐ Zé 名 성(姓).

Ⓑ zuó 名 대오리로 꼰 굵은 밧줄. 배를 끄는 밧줄. ¶～桥 | 대오리 밧줄로 만든 다리.

【舴】zé 배 책

⇒〔舴艋〕

【舴艋】zéměng 名 작은 배. 거룻배. ¶一艘sōu～ | 한 척의 거룻배.

zè ㄗㄜˋ

【仄】zè 기울 측, 측운 측

❶ 書 形 기울다. ¶日～ | 해가 기울다. ¶倾～ | (품행이) 바르지 못하다. ❷ 書 形 좁다. ¶～路 | 좁은 길. ❸ 書 形 (마음이) 불안하다. ¶歉～ | 미안하게 생각하다. ❹ 名〈言〉측성. ¶～声↓ =〔侧zè〕

【仄声】zèshēng 名〈言〉한자(漢字) 측성 [「上shǎng声」「去qù声」「入rù声」을 「平声」과 대비하여 「仄声」이라 함] =〔侧声〕

【仄头仄脑】zètóu zènǎo 狀組 머리를 갸웃거리다. 고개를 갸웃거리다.

【仄韵】zèyùn 名〈言〉측운 [측성에 속하는 운자(韻字)] ¶～诗 | 측운을 사용한 시.

【昃】zè 기울 측

書 動 해가 서쪽으로 기울다 [「日仄」의 합성자]

【侧】zè ☞ 侧 cè Ⓑ

zéi ㄗㄟˊ

4【贼(賊)】zéi 도둑 적

❶ 名 도둑. ¶闹～ | 도둑이 들다. ¶做～心虚 | 도둑이 제 발 저리다. ❷ 形 方 교활하다. 약다. ¶老鼠真～ | 쥐는 참으로 교활하다. ¶这池子里的鱼, 现在可比从前～了 | 이 연못의 고기들은 지금 예전보다 더 약아졌다 =〔狡猾jiǎohuá〕 ❸ 적. 반역자. 악인. ¶卖国～ | 매국노. ¶李～ | 罵 이가놈. ¶～军 | 적군. ❹ 形 나쁜. 부정(不正)한. 사악한. ¶～眼↓ ¶～心眼儿 | 나쁜 심보. ❺ 매우. 아주. 몹시 어법 주로 불만이나 비정상적인 상황에 사용됨. ¶～亮↓ ¶～冷 | 몹시 춥다.

【贼吃贼喝】zéi chī zéi hē 成 ❶ 몰래 훔쳐 먹다. ¶他在厨房里常～ | 그는 주방에서 항상 훔쳐 먹는다. ❷ 게걸스럽게 먹다. 닥치는대로 먹다.

【贼船】zéichuán ❶ 名 도둑배. 해적선. ¶上了～下不来 | 해적선을 타면 내릴 수 없다. ❷ 名 喻 아편·담배·술 등의 금제품이나 그밖의 유해한 물품. ¶上～ | 중독이 되다. ❸ 動 喻 협박이나 유인에 걸려 나쁜 짓을 하다.

【贼风】zéifēng 名 문바람. 표나지 않게 틈에서 들어오는 바람. ¶头痛恐是受～吹了 | 머리가 아픈데 아마 문바람을 맞은 것 같다.

【贼骨头】zéigǔ·tou 名 罵 方 ❶ 도둑 근성이 몸에 밴 놈. ¶他是个天生～, 竟偷人家的东西 | 그는 도둑놈 마음보를 타고난 놈이라서, 남의 물건을 훔치기만 한다. ❷ 교활한 놈. 도둑놈. 더러운 놈.

【贼喊捉贼】zéi hǎn zhuō zéi 成 도둑이 도둑을 잡으라고 소리치다. 제 죄상(罪狀)을 감추려고 남의 이목을 다른 데로 돌리다. ¶他这种做法是~｜그의 이런 방법은 죄를 감추려고 이목을 다른 데로 돌리려는 것이다.

【贼寇】zéikòu 名 ❶ 반역자. 모반자. ❷ 강도. 도적. ¶抗击kàngjī~｜강도에게 저항하여 반격하다.

【贼亮】zéiliàng 狀 京 눈부시게 밝다. 눈부시게 빛나다. 유난히 반들반들하다. ¶把皮鞋擦得~~的｜구두를 반들반들하게 닦다.

【贼溜溜】zéiliūliū 狀 (눈초리가) 음흉하게 번뜩이다. 몰래 수작을 부리다. ¶两只~的眼睛｜음흉하게 희번덕 거리는 두 눈동자.

【贼眉溜眼】zéi méi liū yǎn 成 두리번거리다. 눈을 이리저리 굴리다.

【贼眉鼠眼】zéi méi shǔ yǎn 成 ❶ 도둑놈 상판. 도둑놈 눈초리. ¶他长得~的｜그는 도둑놈같이 생겼다. ❷ 두리번거리다. 침착하지 않다.

【贼模溜滑】zéimú liūhuá 狀組 교활하다. ¶我早就知道他那个人心里~的｜나는 벌써부터 그의 인간됨이 교활하다는 것을 알았다.

【贼腔】zéiqiāng 名 도둑꼴. 도둑 모습. ¶他爱做~｜그는 도둑놈 꼴을 잘 짓는다.

【贼去关门】zéi qù guān mén 諺 도둑이 간 뒤에 문을 잠그다. 소 잃고 외양간 고치다 =〔贼出关门〕〔贼走(了)关门〕

【贼人】zéirén 名 도둑. ¶杀退了~｜도둑을 싸워 물리쳤다.

【贼人胆虚】zéi rén dǎn xū 諺 나쁜 짓을 한 자가 마음 속으로 불안해 하다. 도둑이 제 발 저리다 ¶他毕竟~, 见势不妙miào就开溜｜그는 틀림없이 도둑이 제 발 저려, 사태가 불리한 것을 보고는 몰래 도망갔다 =〔諺 贼胆心虚〕

【贼肉】zéiròu 名 ❶ 貶 피둥피둥하게 찐 살. ¶长一身~｜피둥피둥하게 살이 찌다. ❷ 보기보다 훨씬 살진 몸. ❸ 罵 철부지. 장난꾸러기.

【贼头贼脑】zéi tóu zéi nǎo 成 ❶ 거동이 침착하지 못하다. 행동이 떳떳하지 못하고 수상하다. ¶别~地东张西望｜떳떳하지 못하고 수상스럽게 여기저기 두리번거리지 마라. ❷ 얼굴이 험상궂고 수상한 사람. 악당처럼 보이는 사람.

【贼心】zéixīn 名 ❶ 사악한 생각. 흉계. ❷ 도둑놈 심보.

【贼星】zéixīng 名 ❶ 俗 유성(流星). ❷ 악인(惡人). ❸ 요성(妖星). ❹ 악운(惡運).

【贼性】zéixìng 名 ❶ 약삭빠른 성질. ❷ 사악(邪惡)한 성질. ❸ 도둑 근성. ¶~不改｜도둑 근성을 고치지 못하다.

【贼眼】zéiyǎn 名 의심 많은 눈초리. 흘끗흘끗 보는 도둑 같은 눈매. 음흉한 눈길.

【贼咬一口, 入骨三分】zéi yǎo yī kǒu, rù gǔ sān fēn 諺 도둑에게 물리면 뼛속까지 곪는다. 악인의 모함에 걸리면 치명적인 타격을 받는다 =〔贼攀pān一口, 入骨三分〕

【贼赃】zéizāng 名 장물.

【贼走(了)关门】zéi zǒu(·le) guānmén ⇒〔贼去关门〕

【鲗(鰂)】zéi 오징어 즉 名〈魚貝〉오징어 =〔乌wū贼〕〔俗 墨mò(斗)鱼〕

zěn ㄗㄣˇ

1【怎】zěn 어찌 즘 代 方 왜. 어째서. 어떻게. ¶~办?｜어떻게 할까? ¶~不早说呀｜어째서 일찍 말하지 않았소? →〔怎么〕

【怎的】zěn·di 代 近 方 ❶ 왜. 어째서. ¶这程子你~不见?｜요즘 왜 보이지 않니? ❷ 어떻게 하다. ¶他就是不去, 我能~?｜그가 가지 않는데 내가 어떻게 하니? ❸ 어떠한. 어떻게. ¶只见一个先生入来, ~打扮…｜얼핏보니 한 사람이 들어오는데, 어떤 복장이었냐 하면….

【怎敢】zěngǎn 動組 어찌 감히. 어떻게 감히. ¶~违命｜어찌 감히 명령을 어기겠습니까.

【怎好】zěnhǎo 어찌 …하기 쉽겠는가. 도저히 …할 수 없다. ¶如今~和他提呢!｜이제와서 어찌 그에게 말을 꺼낼 수 있겠는가!

1【怎么】zěn·me 代 ❶ 어떻게. 어째서. 왜 어법 ⓐ 술어가 되거나 동사·형용사 앞에 쓰여, 상황·방식·원인 등을 물음. ¶~了?｜어떻게 되었느냐? ¶这是~回事?｜이 일은 어떻게 된 것이지? ¶这件事~办才好?｜이 일은 어떻게 하면 좋겠습니까? ⓑ「怎么+个+動+法」의 형태로 쓰임. ¶棉花是~个种法｜면화는 어떻게 심습니까? ¶这种笛子~个吹法?｜이런 피리는 어떻게 붑니까? ❷ 어떻게 …해도. 아무리 …해도. 어법 뒤에「也」「都」와 호응하고 앞에「不论」「无论」「不管」등을 써서 조건을 나타냄. ¶~让他唱他也不唱｜아무리 그에게 노래를 시켜도 그는 노래를 부르지 않는다. ¶无论~用功, 也考不中｜아무리 공부를 열심히 해도 합격이 안 된다. ¶他非要冒雨回家, ~留也留不住｜그는 비를 맞으면서라도 집에 돌아가겠다고 고집하여 아무리 해도 붙잡을 수가 없다 =〔怎么样③〕 ❸ 어떤. 무슨 어법「怎么(一)+量+名」의 형태로 쓰여 상태에 대해 물음. ¶~个人?｜어떤 사람이냐? ¶~回事?｜무슨 일이냐? ❹ 어쨌다고? 뭐라고? [문(句子)의 앞에 쓰여 놀람을 나타냄] ¶~? 你还要强词夺理吗｜뭐라고? 너는 아직도 어거지로 우겨대겠다는 거냐? ¶~? 奇怪!｜뭐라고? 이상하구나! ❺ 왜. (어찌) …하랴 [반문을 나타냄] ¶~没有呢?｜어찌 없을 리가 있겠느냐? ❻ 그다지. 별로 [「不」「没(有)」뒤에 사용되어 일정한 정도를 표시함] ¶我和他认识, 可没~说过话｜나는 그와 면식이 있지만, 별로 말을 나눈 적은 없다. ¶这首歌我刚学, 还不~会唱｜이 노래는 금방 배워서 아직 그다지 잘 못 부른다. ¶今天不~舒服｜오늘은 기분이 그다지 좋지 않다. ❼ …하는대로 …하다 어법「怎么」를 앞뒤에 연용하여 조건관계를 나타냄. ¶~说~答应｜뭐라 하든 말하는 대로 들어주다. ¶你爱~办, 就~办｜네가 하고 싶은 대로 해라 =〔怎么样④〕 ❽ 어? 어라? 아니! ¶~, 你又改变主意了?｜어? 너 또 생각이 바뀌었구나?

【怎么得了】zěn·me déliǎo 動組 어찌할 것인가. 큰일이구나. ¶小孩子这样闹～?｜어린 아이들이 이렇게 떠들어대니 어떡하지?

1【怎么样】zěn·meyàng ❶⇒〔怎样〕 ❷代 어떠하다. 어떻게 하다. 어법「不怎么样」의 형태로 쓰여「별로 …하지 않다」의 뜻을 나타내기도 함. ¶这文章不～｜이 글은 별것 아니다. ¶你把他～?｜자네 그를 어떻게 할 셈인가? ❸⇒〔怎么②〕 ❹⇒〔怎么⑦〕

4【怎(么)着】zěn(·me)·zhe 代 (어떤 동작·형편에 대한 물음이나 그것을 가리켜) 어떻게 하다. ¶我们都报名参加了, 你打算～?｜우리는 모두 참가하려고 등록했는데 너는 어떻게 하겠니? ¶她半天不做声, 是生气了还是～｜그녀는 한참 동안 말을 않던데 화가 났나 아니면 어찌 된 것인가. ¶一个人不能想～就～｜누구나 자기가 하고 싶은 대로 다 할 수는 없다→〔怎么〕

【怎奈】zěnnài 副 近 어찌하랴.

【怎能】zěnnéng 代 어찌 …할 수 있으랴 =〔怎么能〕→〔怎么〕〔哪nǎ能〕〔岂qǐ能〕

【怎生】zěnshēng 代 近 어떻게 하면. ¶～是好?｜어떻게 하면 좋겠니?

1【怎样】zěnyàng 代 어떠하다. 어떻게. 어법 성질·상황·방식 등을 묻거나 가리킬 때 씀. ¶～好?｜어찌면 좋은가? ¶你们的话剧排得～了｜너희들 연극 연습은 잘 되어 가니? ¶想想从前～, 再看看现在～｜과거를 돌이켜보아 오늘에 재조명하다 ‖ =〔怎么样①〕

zèn ㄗㄣˋ

【谮(譖)】zèn 하리놀 참

書 動 헐뜯다. 모략하다.

【谮言】zènyán 書 名 남을 헐뜯는 말. 모해하는 말. ¶～伤人｜말로 남을 모해하다.

zēng ㄗㄥ

【曾】zēng céng 거듭할 증, 일찍 증

Ⓐ zēng ❶ 頭 증 [혈연 관계에서, 두 세대를 사이에 둔 항렬] ¶～孙↓ ¶～祖↓ ❷ 書「增」과 통용⇒〔增〕 ❸ (Zēng) 名 성(姓).

Ⓑ céng 副 이미. 이전에. 일찍이. ¶不～听见｜이전에 들은 적이 없다. ¶～看见｜이미 보았다. ¶他～去北京两次｜그는 일찍이 북경에 두번 갔었다.

Ⓐ zēng

【曾孙】zēngsūn 名 ❶ 증손(자). ¶～妇｜증손부. ❷ 손자 이하의 총칭.

【曾孙女】zēngsūnnǚ 名 증손녀.

【曾祖】zēngzǔ 名 증조부 =〔曾大父〕〔曾父〕〔曾祖父〕〔曾祖王父〕〔大王父①〕

【曾祖父】zēngzǔfù ⇒〔曾祖〕

【曾祖母】zēngzǔmǔ 名 증조모.

Ⓑ céng

【曾几何时】céng jǐ hé shí 成 (시간이) 얼마되지 않아. 오래지 않아. ¶～, 老李也做了一篇文章｜오래지 않아, 이씨도 글을 한편 지었다.

【曾经】céngjīng 副 일찌기. 이전에. 이미. 벌써. 어법 ⓐ「曾经」뒤에는 시간사(時間詞)가 있지 않은 경우 부정형이 올수 없음. ¶～不出门(×) ¶为了搞试验, ～三个月不出门｜실험을 하느라고 삼개월 동안 문밖에 나가지 못했다. ⓑ「已经」과「曾经」의 차이⇒〔已yǐ经〕

【曾经沧海】céng jīng cāng hǎi 成 경험이 많아서 세상 일에 밝다. (큰 일을 많이 겪고 보았기에) 보통의 일에 대해서는 대수롭지 않게 여기다. ¶～难为水｜일찌기 큰 바다를 본 적이 있어서, 보통 하천은 대수롭게 여기지 않다.

【曾任】céngrèn ❶ 動 이전에 …의 직무를 맡았다. ¶～外交部亚洲局长｜이전에 외무부 아주 국장을 지냈다→〔前任〕 ❷ 名 이전에 역임한 관직〔직책〕→〔现xiàn任〕

1 【增】zēng 불을 증, 늘 증

動 늘다. 증가하다. 많아지다. ¶～为三倍以上｜3배 이상 늘어났다. ¶有～无减｜증가일로(一路)이다. ¶～加了一倍半｜1배반 증가했다.

【增白剂】zēngbáijì 名〈化〉광택제. ¶洗衣时多放一些～｜빨래 할때, 광택제를 더 많이 넣어라.

【增拨】zēngbō 動 증가 지출하다. ¶决定～军费｜군사비의 증가 지출을 결정하다.

【增补】zēngbǔ 動 (내용을) 증보하다. (인원을) 보충하다. ¶～本｜증보판. ¶人员最近略有～｜인원이 최근 약간 보충되었다. ¶工作人员～得太多｜작업 인원이 너무 많이 보충되었다. ¶该书内容有所～｜그 책은 내용이 증보되었다. ¶文章的内容要～｜글의 내용은 보충되어야 한다.

3【增产】zēng/chǎn ❶ 動 증산하다. ¶～节约运动｜증산과 절약 운동. ¶～措施｜증산 조치. ¶～粮食｜양식을 증산하다. ❷ (zēngchǎn) 名 증산.

【增大】zēngdà 動 증대하다. ¶～队伍｜대오를 늘이다.

【增订】zēngdìng 動 ❶ 증정하다. 수정 증보하다. ¶～本｜증정본 =〔增修xiū〕 ❷ 추가 주문하다.

【增多】zēngduō 動 많아지다. 증가하다. ¶人口～了｜인구가 늘었다. ¶日益～｜나날이 증가하다.

【增高】zēnggāo 動 ❶ 높아지다. 오르다. 늘어나다. ¶农业产量～｜농업 생산량이 늘어나다. ¶温度～五度｜온도가 5도 높아지다. ❷ 높이다.

【增光】zēngguāng ❶⇒〔增辉huī〕 ❷ 動 명예를 더욱 빛내다. 면목을 세우다. ¶为祖国～｜조국의 영예를 더욱 빛내다. ¶毕业后要好好工作, 为母校～｜졸업 후에 열심히 일해서 모교의 영예를 더욱 빛내야 한다.

【增广】zēngguǎng 動 더 넓히다. 확대하다. ¶～见闻｜견문을 더 넓히다. ¶～知识｜지식을 확대하다.

【增辉】zēnghuī 動 빛을 더하다 ¶为国～｜나라를 위해 빛을 더하다 =〔增光①〕〔增色sè〕

1【增加】zēngjiā 動 증가하다. 더하다. 늘리다. ¶产量在逐年～｜생산량이 해마다 증가하고 있다. ¶在校学生由800～到1000｜재학생수가 800명에서 1000명으로 늘어났다 ⇔〔减jiǎn少〕

【增减】zēngjiǎn 名 動 증감(하다).

Z

3【增进】zēngjìn 動 증진하다. 증진시키다. ¶～相互之间的友谊 | 서로간의 우의를 증진하다. ¶～健康jiànkāng | 건강을 증진시키다.

【增刊】zēngkān ❶ 名 증간. ❷ (zēng/kān) 動 증간하다.

【增量】zēngliàng ❶ 名〈數〉증분(增分). ❷ 動 증량하다.

3【增强】zēngqiáng 動 증강하다. 강화하다. ¶发展体育运动,～国民体质 | 체육 운동을 발전시켜 국민의 체력을 증진시키다.

【增色】zēngsè ⇒〔增辉huī〕

【增删】zēngshān ❶ 動 첨삭하다. 수정하다. ❷ 名 첨삭. 수정. ¶做～ | 첨삭하다.

4【增设】zēngshè 動 증설하다. 늘리다. ¶～了专业课 | 전공 과목을 늘렸다.

【增生】zēngshēng 動〈醫〉〈生〉증식(增殖)하다. ¶骨质～ | 뼈를 구성하는 물질이 증식하다 =〔增殖zhí②〕

【增收节支】zēng shōu jié zhī 動組 수입을 늘리고 지출을 줄이다. ¶做好～工作 | 수입을 늘이고 지출을 줄이는 사업을 하다.

4【增添】zēngtiān 動 더하다. 늘리다. 첨가하다. ¶～力量 | 역량을 보태다. ¶～设备 | 설비를 늘리다. ¶～麻烦má·fan | 번거로움을 더하다. ¶～活力 | 활력을 더하다.

【增益】zēngyì ❶ 書 動 (수익이나 지식을) 보태다. 더하다. 늘리다 =〔曾益〕 ❷ 名〈電氣〉이득(利得). 게인(gain) [증폭기의 입력에 대한 출력의 비율] ¶～控制kòngzhì | 이득 제어〔조절〕(장치).

4【增援】zēngyuán 動 증원하다 [주로 군사 용어로 쓰임] ¶～部队 | 증원 부대.

2【增长】zēngzhǎng 動 늘어나다. 증가하다. 신장(伸長)하다. ¶～知识 | 지식을 늘리다. ¶行háng市～ | 시세가 오르다.

【增值】zēngzhí 動〈經〉평가절상하다 =〔升shēng值〕⇔〔贬biǎn值〕

【增殖】zēngzhí ❶ 動 증식하다. 번식하다. ¶～耕牛 | 농우(農牛)를 번식시키다. ¶～家产 | 재산을 증식하다. ¶～率 | 증식율. ❷ ⇒〔增生〕

【增殖腺】zēngzhíxiàn 名〈生理〉인두 편도선(咽頭扁桃腺).

【憎】 zēng 미워할 증

미워하다. 증오하다. ¶～恨↓ ¶面目可～ | 밉살스러운 얼굴이다.

【憎称】zēngchēng 名 증오 (憎惡)·혐오(嫌惡)를 표시하는 호칭. ¶鬼子是对日本兵的～ | 귀신은 일본군에 대한 증오를 표시하는 호칭이다.

【憎恨】zēnghèn ❶ 動 증오하다. 미워하다. ¶～敌军 | 적군을 미워하다. ❷ 名 증오.

【憎恶】zēngwù 動 미워하다. 증오하다. ¶～壞人 | 나쁜 사람을 미워하다.

【缯(繒)】 zēng zèng 명주 증, 비단증

Ⓐ zēng 名 ❶ 고대(古代), 견직물의 총칭. ¶～彩 | 오색 비단. ❷ (Zēng) 성(姓).

Ⓑ zèng 動 方 (단단히) 묶다. 동여매다 =〔扎zā①〕〔捆kǔn①〕

【罾】 zēng ☞ 罾 zèng Ⓑ

zèng ㄗㄥˋ

【综】 zèng ☞ 综 zōng Ⓑ

【锃(鋥)】 zèng 빛날 정

方 (닦아서) 반짝반짝하다. 번지르르하다.

【锃光瓦亮】zèng guāng wǎ liàng ⇒〔甑zèng光瓦亮〕

【锃亮】zèngliàng 狀 (기물이) 반짝반짝 윤이 나다. ¶茶壶茶碗擦得～ | 차주전자와 차그릇이 잘 닦여져 반짝반짝 윤이 난다 =〔甑zèng亮〕

【甑】 zèng 시루 증

名 ❶ (～子)시루 [술밥 또는 떡을 찌는 그릇]→〔蒸zhēng笼〕 ❷ 증류기 [증류 또는 물체를 분해시키는 데 쓰는 기구] ¶曲颈～ | 레토르트(retort).

【甑光瓦亮】zèngguāng wǎliàng 狀組 반들반들 윤기가 나다. ¶头梳shū得～的 | 머리를 반들반들 윤기나게 빗다 =〔锃zèng光瓦亮〕

【甑儿糕】zèngrgāo 名 쌀가루에 사탕·팥·대추 등을 넣고 찐 과자.

【甑子】zèng·zi 名 시루.

【缯】 zèng ☞ 缯 zēng Ⓑ

3【赠(贈)】 zèng 줄 증

❶ 動 주다. 증정하다. ¶函索即～ | 우편으로 청구하면 즉시 증정합니다. ¶奉～ | 증정하다. ❷ 書 名 죽은 후에 조정(朝庭)에서 내린 벼슬. 추서.

【赠别】zèngbié 書 動 ❶ 예물이나 시문을 멀리 떠나는 사람에게 주다. ❷ 송별하다.

【赠答】zèngdá 動 (예물·시문 등을) 주고 받다. ¶以小诗～ | 소시를 주고 받다.

【赠给】zèng·gei 動 …에게 증정하다. ¶～他一面锦旗 | 그에게 우승기를 증정하다.

【赠礼】zènglǐ ❶ 名 선물. ❷ 動 예물을 증정하다. 선물하다.

【赠品】zèngpǐn 名 ❶ 선물. ¶收到不少～ | 많은 선물을 받다. ❷ 증정품. 경품.

3【赠送】zèngsòng 動 증정하다. 선사하다. 증여하다. ¶～礼品 | 선물〔경품〕을 증정하다. ¶～仪式 | 증정식.

【赠言】zèngyán 書 ❶ 名 이별에 즈음하여 보내는 충고나 격려의 말. ❷ 動 헤어질 때 충고나 격려의 말을 남기다. ¶临别～ | 이별에 즈음해 충고〔격려〕의 말을 남기다.

【赠予】zèngyǔ ⇒〔赠与〕

【赠与】zèngyǔ 動 증여하다 =〔赠予〕

【赠阅】zèngyuè 動 출판사에서 책을 증정한다. 서적을 기증하다. ¶～图书 | 책을 기증하다. 기증한 책.

【罾】 zèng zēng 그물 증

Ⓐ zèng ❶ 名 그물의 매듭. ❷ 動 단단히 묶다. 동여매다. ¶用绳子~住 | 새끼로 단단히 묶다.
Ⓑ zēng 名 반두 [물고기를 잡는 그물의 일종] ¶投~ | 반두를 내리다. ¶拉~ | 반두를 끌어올리다.

zhā ㄓㄚ

2【扎〈紮劄 A1〉】zhā zhá zā 뺄 찰, 묶을 찰
Ⓐ zhā 動 ❶ 찌르다. ¶~花(儿)↓ ¶~预防针 | 예방주사를 놓다. ¶树枝儿把手~破了 | 나뭇가지에 손을 찔렸다→〔刺cì①〕 ❷ 方 잠기다. 파묻히다. 뚫고 들어가다. ¶~在人群里 | 여러 사람 틈속에 끼어 들다. ¶小孩儿~在母亲怀里 | 어린애가 어머니 품속으로 파고들다 =〔钻zuān进去〕 ❸ 方 일을 (맡아)하다. ¶~过一回短工 | 한번 날품팔이를 한적이 있다. ❹ (몹시 차서) 뼈속까지 스며들다. ¶这水~得慌 | 이물은 뼈가 시릴 정도로 차다. ❺ 京 넓다. ¶~肩膀jiānbǎng | 넓은 어깨. ¶上头~下头窄zhǎi | 위가 넓고 밑이 좁다. ❻ 뿌리를 내리다. ¶~根(儿)↓ ¶~根农村 | 농촌에 정착하다.
Ⓑ zhá ❶ ⇒〔扎挣〕 ❷ ⇒〔挣扎〕 ❸ 動 머물다. 주둔(駐屯)하다. ¶~营↓
Ⓒ zā ❶ 動 묶다. 매다. 동이다. ¶腰里~一条皮带 | 허리에 혁대를 매다. ¶~彩↓ =〔绘zèng〕 ❷ 動 몰래 이간질하다. ¶有人给他~了 | 어떤 사람이 그를 몰래 이간질했다. ❸ 量 묶음. 단. 다발. ¶一~韭菜jiǔcài | 부추 한단 ¶一~线 | 실 한 묶음.

Ⓐ zhā

【扎耳朵】zhā ěr·duo 形 口 귀에 따갑다. 귀에 거슬리다. ¶他老说些泄xiè气的话, 我听一声就~ | 그는 늘 맥빠지는 소리만 하는데 난 듣기만 해도 귀에 거슬린다 =〔扎耳〕〔刺cì耳〕

【扎根(儿)】zhā/gēn(r) 動 ❶ (식물이) 뿌리를 내리다. ❷ 喩 (사람·사물 가운데 깊이 들어가) 뿌리를 내리다. 든든한 근거를 마련하다. ¶作家应~於群众之中 | 작가는 대중 속에 뿌리를 내려야 한다. ❸ 정해진 운세가 돌아오다 [옛날의 미신으로, 사람은 정해진 어느 나이에 액운이나 길운을 만난 다음에야 비로소 수명을 누릴 수 있다고 생각하였음] ¶这个孩子十五岁才~, 现在得经心呢 | 이 아이는 열다섯살이 되어야 운세가 돌아오니, 지금은 조심해야만 된다.

【扎工】zhā/gōng 動 품앗이하다 [합작화(合作化)가 이루어지기전 서북(西北) 지역 농민들의 노동 상부 상조 방식] ¶他们四家~种地 | 그들 네 집이 품앗이하며 경작하다.

【扎花(儿)】zhā/huā(r) 動 方 수(綉)놓다. 자수하다. ¶她很会~ | 그녀는 수를 매우 잘 놓는다.

【扎喇扎哄】zhā·la zhāhōng 狀 方 야단법석을 떨다. 떠들어대다. ¶你那么~地干什么? | 넌 그렇게 야단법석을 떨며 무얼하고 있어?

【扎嘞扎煞】zhā·le zhāshā 狀 가지가 이리저리 뻗어있다. 거추장 스럽다. ¶这棵树~的不好搬运bānyùn | 이 나무는 가지가 이리저리 뻗어 있어 옮기기가 쉽지 않다.

【扎猛子】zhā měng·zi 動組 ❶ 方 뛰어 들다. 다이빙하다. ¶~到水底下 | 물 속에 뛰어 들다 =〔扎蒙měng子〕 ❷ 파고들다. 깊이 빠져 들어가다. ¶他对一件事一死儿地往里~ | 그는 한사코 한가지 일에 깊이 빠져 들어간다.

【扎煞】zhā·shā 方 ❶ 動 펴다. 벌리다. 뻗다. ¶他只得~着两只手说没有办法 | 그는 양 손을 벌린채 방법이 없다고 말할 수밖에 없었다. ¶昨天一下雨, 草也~起来了 | 어제 비가 내리자 풀들도 잎을 쭉 폈다. ¶猫一见狗, 尾巴都~起来了 | 고양이는 개를 만나자 꼬리까지 빳빳하게 폈다. ❷ 動 (머리카락이) 곤두서다. 쭈뼛해지다. ¶我吓xià得两手~着, 头发也觉得~起来了 | 나는 놀라서 두 손이 뻣뻣해지고, 머리털도 곤두서는 것 같았다. ❸ 動 (구멍 등을) 벌리다. 넓히다. ¶~鼻孔 =〔扎煞鼻子〕〔撑chēng鼻子〕 | 코를 벌름거리다. ❹ 動 흐트러지다. (옷의 앞가슴이) 벌어지다. ¶~着头发 | 머리칼이 헝클어져 있다. ¶~着怀 | 가슴을 풀어 헤치고 있다 ‖ =〔扎zhā挲〕

【扎挲】zhā·sha ⇒〔扎煞·sha〕

3【扎实】zhā·shi 形 ❶ 튼튼하다. 견고하다. ¶菜篮编得很~ | 채소바구니는 아주 튼튼하게 짜졌다. ¶这栋房子盖得很~ | 이 집은 아주 견고하게 지어졌다 =〔贴tiē实①〕 ❷ (학문·일 하는 태도 등이) 착실하다. 성실하다. ¶这门基础课她学得很~ | 이 기초 과목을 그녀는 아주 착실하게 배웠다. ¶扎扎实实地做学问 | 아주 착실하게 학문을 하다.

【扎手】zhā/shǒu ❶ 動 (가시 등에) 손을 찔리다. 손을 찌르다. ¶树枝上有刺, 当心~ | 나무가지에 가시가 있으니 손에 찔리지 않도록 조심해라. ¶扎了手了 | 손을 찔렸다. ❷ (zhāshǒu) 形 喩 다루기 어렵다. (손 대기) 곤란하다. ¶这事儿很~ | 이 일은 매우 다루기 어렵다. ❸ 動 (손바닥을 앞으로 하여) 손을 펴다. ❹ 動 (추위 등이) 손에 스며들다. 차서 손이 시리다 ‖ =〔刺cì手〕

【扎眼】zhā/yǎn 動 ❶ (광선·빛깔 등이) 눈을 자극하다. 눈부시게 하다. ¶这块布的花色太~ | 이 천의 무늬는 너무 눈부시다. ¶光线太~了 | 광선이 매우 눈을 자극한다. ❷ 貶 남의 주의를 끌다. 눈에 거슬리다. ¶~的东西 | 눈에 거슬리는 물건. ¶你这样好表现, 真~! | 너 이러니 정말 꼴 좋구나!

【扎伊尔】Zhāyī'ěr 名 外 〈地〉자이르(Zaire) [아프리카 중부에 있는 공화국. 수도는 「金沙萨」(킨샤사;Kinshasa)] =〔扎zā伊尔〕

【扎营】zhā/yíng 動 야영(野營)하다. 주둔(駐屯)하다. ¶下午在那里~了 | 오후에 그 곳에서 야영하였다.

Ⓑ zhá

【扎挣】zhá·zheng 動 方 억지로 견디다. (육체의 고통을 무릅쓰고) 무리를 하다. 참다. ¶病刚好就~着上课去 | 병이 낫자마자 무리를 하여 수업에 들어가다. ¶我肚子疼, 可真~不住 | 나는 배가 아파서 정말로 못 견디겠다.

Ⓒ zā

【扎彩】zā/cǎi 動 (경축 행사 등에서) 오색천을 드

Z

리워 장식하다. ¶～敬祝春节｜오색천으로 장식하여 설날을 경축하다.

【扎带】zā/dài 動 띠·허리띠·밴드·리본 등을 매다〔묶다〕.

【扎腿】zā/tuǐ ❶動 바짓부리를 묶다. ¶他为了赶路方便就～了｜그는 길을 빨리 가기 위해 바짓부리를 묶었다. ❷(zātuǐ) 名 바짓부리를 묶은 바지.

【吒】zhā ☞ 吒 zhà Ⓑ

4【咋】zhā ☞ 咋 Ⓒ

【查】zhā ☞ 查 chá Ⓑ

【喳】zhā ☞ 喳 chā Ⓑ

【揸】zhā 집을 사
動 方 ❶(손가락으로) 집다. 잡다. ¶～几颗米粒｜쌀을 몇 톨 집다. ❷손가락을 펴다. ¶五指～开｜다섯 손가락을 펴다. ¶～开手指｜손가락을 펴다.

3【渣】zhā 찌끼 사
(～儿, ～子) 名 ❶찌꺼기. ¶豆腐～｜비지. ¶滤lǜ～｜거른 찌꺼기. 앙금. ❷부스러기. ¶面包～儿｜빵 부스러기.

【渣末(儿)】zhā·mo(r) 名 찌꺼기. 앙금. 부스러기. ¶把～倒dào了｜찌꺼기를 쏟아 버렸다.

【渣儿】zhār 名 부스러기. 찌꺼기. ¶面包～儿｜빵 부스러기 ¶草药～｜초약 찌꺼기 =〔口渣子〕

【渣滓】zhāzǐ 名 ❶찌꺼기. 침전물. 앙금. ¶锅里头的药澄dèng出来了, 竟剩～｜냄비 속의 약은 가라앉혀 맑은 웃물만을 받아내니, 결국 찌꺼기만 남았다. ❷喻 사회에 해를 끼치는 쓸모없는 인간. ¶社会～｜인간 쓰레기.

【渣子】zhā·zi ⇒〔渣儿〕

【楂〈樝〉】zhā chá 풀명자나무 사
Ⓐ zhā ❶(～子) 名〈植〉풀명자 나무. ❷ ⇒〔山shān楂〕 ❸ ⇒〔榠míng楂〕
Ⓑ chá ❶「茬」와 통용 ⇒〔茬chá〕 ❷ 書 名 뗏목 =〔查chá⑤〕〔槎chá①〕

【皶〈皻〉】zhā 비사증 사
「齇」와 같음 ⇒〔齇〕

【齇〈齄〉】zhā 주부코 사/차
名 주부코 반점 [비사증(鼻齇症) 콧등의 붉은 반점] ¶酒～鼻｜주부코 =〔皶zhā〕

【觇】zhā ☞ 觇 chān

【哳】zhā 지저귈 찰
⇒〔啁zhāo哳〕

zhá

2【扎】zhá ☞ 扎 zhā Ⓑ

【札】zhá 패 찰, 편지 찰
❶ 名 목간(木簡) [옛날, 글씨를 적는데 사용한 얇고 작은 나무 조각] =〔牍dú①〕→〔简jiǎn②〕 ❷ 名 편지. ¶手～｜친필 편지. 친서. ¶接读来～｜보내신 글월 잘 받아 보았습니다. ❸(～子) 名 옛날, (하급관청으로 보내는) 공문서의 일종 =〔录lù子〕

【札格拉布】Zhágélābù 名 外〈地〉자그레브(Zagreb) [「克罗埃西亚」(크로아티아;Croatia)의 수도]

【札记】zhájì 名 찰기. 차기(劄記) [독서하여 얻은 바나 생각·견문 등을 조목조목 기록한 글] ¶记～｜찰기를 적다. ¶边看书边做～｜한편으로 책을 읽으며, 한편으로 찰기를 적는다.

4【轧】zhá ☞ 轧 yà Ⓑ

4【闸(閘)〈牐〉】zhá 물문 갑
❶ 名 수문(水門). ¶船～｜(항해용) 수문. ¶说话开了～似的｜喻 말이 청산유수이다. ❷ 名 口 스위치. 개폐기. ¶电话的搬～儿｜전화의 변환 스위치 →〔开关〕 ❸ 名 댐(dam). ¶分水～ =〔节制闸〕｜조절댐 →〔水库〕 ❹ 動 (물을) 막다. ¶～上水｜물을 막다. ❺ 名 브레이크. 제동기. ¶边～｜사이드 브레이크. ¶捏niē～｜브레이크를 걸다. ❻ 名 (철도의) 전철기(轉轍機). ¶路～｜전철기.

【闸板】zhábǎn 名 ❶수문의 문짝. ❷덧문. ¶上～ =〔关闸板〕｜덧문을 닫다.

【闸盒(儿)】zháhé(r) 名〈電氣〉안전 개폐기. ¶银灰色的～｜은회색의 안전 개폐기.

【闸口】zhákǒu 名 ❶수문구(水門口). ❷(Zhákǒu)〈地〉갑구 [항주(杭州)시 교외의 전당강(錢塘江) 가에 있는 지명]

【闸门】zhámén 名 ❶갑문. 수문 =〔堰yàn闸〕 ❷〈機〉절기판(節汽瓣, throttle valve).

【炸】zhá ☞ 炸 zhà Ⓑ

【喋】zhá ☞ 喋 dié Ⓑ

【铡(鍘)】zhá 작두 칙
❶ 名 작두. ❷ 動 작두로 썰다. 작두질하다. ¶～草↓ ¶～床 =〔搜sōu铡〕｜〈機〉슬로터(slotter).

【铡草】zhá cǎo 動 풀을 작두질하다. ¶他每天晚上～｜그는 매일 저녁 풀을 작두질한다.

【铡刀】zhádāo 名 작두. ¶磨～｜작두를 갈다.

zhǎ ㄓㄚˇ

2【扎】zhǎ ☞ 扎 zhā Ⓒ

【砟】zhǎ 자갈 자
(～儿, ～子) 名 단단하고 작은 덩어리. ¶道～｜길에 까는 자갈. ¶煤～子｜(땔감용) 작은 괴탄.

【鲊(鮓)〈鮺〉】zhǎ 젓 자
名〈食〉❶젓갈. 소금에 절인 생선 ❷ 方 소금과 기타 조미료를 넣고 쌀가루·밀가루 등으로 버무린, 저장할 수 있는 식품. ¶茄子～｜가지 버무림. ❸ ⇒〔鲊肉〕〔鲊鱼〕

【鲊肉】zhǎròu ⇒〔米mǐ粉肉〕

【苴】zhǎ ☞ 苴 jū Ⓒ

4【眨】zhǎ 눈깜박일 자
動(눈을) 깜짝이다. 깜박거리다. ¶一～眼的工夫｜눈 깜박할 사이. 일순간. ¶眼睛也不～一～｜눈도 한번 깜박거리지 않다.

【眨巴】zhǎ·ba 動 方(눈을) 깜박거리다. 깜박이다. ¶别老～眼睛｜자꾸 눈을 깜박거리지 마라. ¶那孩子听不明白, 眼睛直～｜그 아이는 듣고 이해할 수 없어 눈만 계속 깜박거린다.

【眨巴眼儿】zhǎ·ba yǎnr 動組 方 눈을 깜박거리다. 喻(별이) 깜박이다. ¶他朝着我～, 要我别答应这件事｜그는 나를 향해 이 일을 응낙하지 말도록 눈짓을 했다. ¶晚上天上的星星直～｜밤하늘의 별이 내내 깜박인다 =〔展巴眼儿〕

【眨眼】zhǎ/yǎn 動 눈을 깜박거리다. 눈을 깜짝이다. ¶这么多的东西, 看着都～了｜이렇게 많은 물건을 보고는 (놀라서) 모두 눈을 깜박거릴 뿐이었다. ¶她不停地～｜그녀는 쉬지 않고 눈을 깜짝인다. ¶他是杀人不～的人｜그는 사람을 죽이고도 눈 하나 깜박이지 않는 사람이다.

zhà ㄓㄚˋ

【乍】zhà 언뜻 사
❶ 副 방금. 처음에. ¶新来～到｜방금 오다. ¶他满头白发, ～一看, 像五六十岁了｜그는 온 머리가 백발이어서, 언뜻 보면 오륙십 세처럼 보인다. ❷ 副 언뜻. 갑자기. 돌연히. 어법 반드시「乍～乍～」형식으로 표현됨. ¶～冷～热｜갑자기 추웠다 더웠다 하다→〔忽①〕 ❸ 動 펼치다. 벌리다. ¶～翅↓ ¶～着胆子↓ ❹(Zhà) 名 성(姓).

【乍翅】zhà/chì 動 ❶ 갑작스레 날개를 펼치다. ❷ 喻 반항하다. 소란을 피우다 ‖ =〔炸翅儿〕〔乍刺(儿)〕

【乍到】zhàdào 動 갓 오다. ¶新来～的人｜갓 온 풋내기. 신참.

【乍得】Zhàdé 名 外〈地〉차드(Chad) [아프리카 중부에 있는 공화국. 수도는「恩贾梅纳」(은자메나;Ndjamena)]

【乍猛的】zhàměng·de 副 方 갑자기. 돌연히. ¶他～问我, 倒想不起来了｜그가 갑자기 내게 물으니, 오히려 생각이 나지 않는다.

【乍听】zhàtīng 動 처음 듣다. 들은 지 얼마 안되다. 갑자기 듣다. ¶～这句话, 一点儿也不懂｜이 말을 갑자기 들으니 조금도 모르겠다. ¶这话～起来很刺耳｜이 말은 처음 듣자하니 매우 귀에 거슬린다.

【乍学】zhàxué 動 갓 배우다. 처음으로 배우다. ¶我的汉语是～的｜나의 중국어는 이제 막 배운 것이다.

【乍着胆子】zhà·zhe dǎn·zi 動組 대담하게 용기를 내다. ¶只得～进去｜크게 용기를 내어 들어가야만 했다.

4【诈(詐)】zhà 속일 사, 거짓 사
動 ❶ 속이다. 기만하다. ¶你别～人, 没有人会上你的当｜사기치지 마라, 너에게 사기 당할 사람이 없다. ¶～人钱财｜남의 재물을 사기치다. ¶～财↓ ❷ 위장〔가장〕하다. 체하다. ¶～降↓ ¶～死↓ →〔装zhuāng〕 ❸ (거짓말로) 떠보다. ¶用话～了他一～, 就入了圈套都说出来了｜말로 그를 떠보자 꾐에 빠져 다 털어놓았다. ¶他故意拿话～我｜그는 고의로 나를 떠본다.

【诈病】zhà/bìng ❶ 動 꾀병하다. ¶他老～不上课｜그는 늘상 꾀병으로 수업에 가지 않는다. ❷ (zhàbìng) 名 꾀병.

【诈财】zhà/cái 動 재물을 사취하다.

【诈哭】zhàkū 動 우는 체하다. ¶小孩子爱～｜어린 아이는 잘 우는 체한다.

4【诈骗】zhàpiàn 動 속이다. 사취하다. 협잡하다. ¶～犯｜협잡꾼. ¶～罪｜사기죄. ¶～别人的钱财, 这是犯罪行为｜남의 돈을 사취하는 것은 범죄행위이다.

【诈取】zhàqǔ 動 사취하다. 속여 빼앗다. ¶～钱财｜재화를 사취하다.

【诈尸】zhā/shī 動 ❶ 시체가 벌떡 일어나다. ❷ 罵 方 갑자기 떠들다. ¶大家这么安安静静的, 干么你～啊?｜모두들 이렇게 조용한데 어째서 너만 떠들어대냐?

【诈死】zhàsǐ 動 죽은 체하다.

【诈降】zhàxiáng 動 항복하는 체하다. 위장 투항하다. ¶敌人企图～｜적군이 위장 투항을 기도하다.

【诈语】zhà·yǔ 名 거짓말. 기만하는 말. ¶这是～, 别听他的｜이건 거짓말이니 그의 말을 듣지 마라.

4【咋】zhà zǎ zhā 갑자기 사, 깨물 색, 큰소리 색
Ⓐ zhà 書 動 깨물다. ¶孤豚gūtún之～虎｜새끼돼지가 범을 물었다. ¶～舌↓
Ⓑ zǎ 代 方 어떻게. 어째서. 왜. ¶情况～样｜상태가 어떠한가? ¶你～不去?｜넌 어째서 가지 않는가? ¶你认为～好?｜너는 어찌 했으면 좋겠나? =〔怎〕〔怎么〕
Ⓒ zhā 書 動 큰소리로 떠들다. 외치다. 목소리가 크다. 날뛰다. ¶～呼↓

Ⓐ zhà

【咋舌】zhàshé 動(놀라거나 두려워) 말문이 막히다. 혀가 굳어지다. 어안이 벙벙하다. ¶杂技演员的惊险动作使观众为之～｜곡예사의 아슬아슬한 동작은 관중의 말문을 막히게 했다. ¶吓得张口～｜하도 놀라서 입이 쩍 벌어지고 말문이 다 막혔다.

Ⓑ zǎ

【咋个】zǎ·ge 代 方 어찌. 어떻게. 왜. 어떤. 어느 =〔怎么〕〔怎么个〕

【咋来】zǎ·lái 代 方 어찌. 어떻게. 왜 =〔怎么〕

【咋样】zǎyàng 代 ❶ 어떠한가. ❷ 方 어떤. 어떠한 =〔怎么样〕

Ⓒ zhā

【咋呼】zhā·hu 動 方 ❶ 소리지르다. 떠들다. 외치다. ¶看他～得实在不像样｜그가 고함치는 저 꼴불견 좀 봐라. ❷ 과시하다. 뽐내다. ¶那人只知～, 不着实｜그는 뽐낼 줄만 알지 성실하지 못

하다. ¶这个人就爱在别人面前～自己｜이 사람은 남들 앞에서 자신을 과시하기를 아주 좋아한다＝[咋唬][诈呼][诈唬][炸唬]

【咋唬】zhā·hu ⇒[咋呼]

【柞】zhà ☞ 柞 zuò Ⓑ

3【炸〈煠B〉】zhà zhá 터질 작, 튀길 작

Ⓐ zhà 動 ❶ 파열하다. 깨지다[터지다]. ¶玻离瓶子灌上热水容易～｜유리병은 더운 물을 부으면 잘 깨진다. ¶爆～｜폭발하다. ❷ 폭파하다. 폭격하다. ¶用炸药～碉堡diāobǎo｜폭약으로 보루를 폭파하다. ❸ 口 격노(激怒)하다. ¶他一听就～了｜그는 듣자마자 왈칵 화를 냈다. ❹ 方 (놀라서) 사방으로 달아나다[흩어지다]. ¶枪声一响, 鸟儿都～了窝｜총소리가 나자 새들은 모두 놀라서 뿔뿔이 날아갔다. ❺ 발작하다. (땀띠가) 갑자기 가려워지다. 심해지다. ¶痱子fèizi～了｜땀띠가 갑자기 심해졌다.

Ⓑ zhá 動 ❶ 기름에 튀기다. ¶干～｜가루를 묻혀 기름에 튀기다. ¶这种鱼～了才能吃｜이런 생선은 기름에 튀겨야 먹을 수 있다→[油条] ❷ 方 데치다. ¶把菠菜～一下｜시금치를 살짝 데치다. ❸ 俗 (구실을 만들어) 빼앗다. 강탈하다. ¶不能硬～人家的｜남의 것을 억지로 가로채면 안 된다.

Ⓐ zhà

【炸沉】zhàchén 動 격침(擊沉)하다. ¶～了两艘sōu敌船｜적함 두 척을 격침시켰다.

4【炸弹】zhàdàn 名〈軍〉폭탄. ¶爆破～｜폭파용 폭탄. ¶杀伤～｜살상용 폭탄. ¶定时～｜시한 폭탄. ¶～坑｜폭탄 구멍. ¶氢气～＝[氢qīng弹]｜수소 폭탄. ¶扔～｜폭탄을 떨어뜨리다. ¶挂上～｜(비행기 등에) 폭탄을 적재하다.

【炸雷】zhàléi 名 (하늘이 깨질듯이 울리는) 우레[천둥]. ¶～似的声响｜우레같은 소리.

【炸裂】zhàliè 動 작렬하다. 터지다. 파열하다. 폭발하다. ¶瓦斯管～｜가스관이 터지다. ¶锅炉～了｜보일러가 터졌다.

【炸坍】zhàtān 動 폭격으로 무너지다. ¶房子～了｜집이 폭격으로 무너졌다. ¶～了水塔｜급수탑을 폭격으로 무너뜨렸다.

4【炸药】zhàyào 名 폭약(爆藥). ¶～筒tǒng｜폭약통. ¶烈性～｜고성능 폭약. ¶甘油～｜다이너마이트. ¶～包｜폭약 주머니.

Ⓑ zhá

【炸糕】zhágāo 名〈食〉(팥·설탕 등의 소를 넣어) 튀긴 찹쌀떡. ¶做～｜튀긴 찹쌀떡을 만들다.

【炸酱】zhá/jiàng ❶ 動 떼어먹다. 슬그머니 가져가다. ¶那点钱被人炸了酱了｜그 돈을 남에게 떼었다＝[诈zhà匠] ❷ 動 위압하다. ❸ (zhájiàng) 名〈食〉짜장. ¶～面｜짜장면.

【炸牛排】zhániúpái 名〈食〉비프 커틀릿(beef cutlet).

【炸猪排】zházhūpái 名〈食〉포크 커틀릿(pork cutlet).

【痄】zhà 아물지않는부스럼 차
⇒[痄腮]

【痄腮】zhà·sai 名〈醫〉항아리 손님 [유행성 이하선염(耳下腺炎)의 통칭]＝[痄腮红肿]

【蚱】zhà 말매미 책, 벼메뚜기 책
⇒[蚱蜢]→[蝗]

【蚱蜢】zhàměng 名〈蟲〉(벼)메뚜기 ¶草丛中的～｜풀더미 속의 메뚜기.

4【榨〈搾〉】zhà 짤 자
❶ 動 (기름·술 등의 즙을) 짜다. ¶～油↓ ¶压～｜압착하다. ❷ 名〈機〉압착기. ¶酒～｜술주자. ¶油～｜기름틀→[酢zuò]

【榨菜】zhàcài 名 ❶〈植〉2년생 초본(草本)식물 [사천성(四川省)에서 나는 「芥菜」의 변종(變種)] ❷〈食〉「榨菜」의 뿌리 줄기를 그늘에 말려 소금에 절인 다음 눌러 짜 물기를 뺀 뒤 다시 고추·산초 열매·생강·감초·회향(茴香)·소주 등을 넣어 절인 식품.

【榨寮】zhàliáo 名 粵 재래식 제당 공장＝[糖房]

【榨取】zhàqǔ 動 ❶ 짜 내다. ¶～汁液zhīyè｜즙을 짜내다. ❷ 喩 貶 착취하다. 가혹하게 빼앗다. ¶～人民的血汗｜백성의 피와 땀을 착취하다.

【榨油】zhàyóu ❶ 名 짜낸 기름. ❷ (zhà/yóu) 動 기름을 짜다. 착취하다. ¶榨工人的油｜노동자를 착취하다.

【吒】zhà zhā 꾸짖을 타, 입맛다실 타

Ⓐ zhà ❶ 動 꾸짖다. 질책하다. ¶叱chì～｜질타하다. ❷ 擬 쩝쩝 [입맛 다시는 소리] ¶～食｜쩝쩝거리며 먹다 ‖＝[咤zhà]

Ⓑ zhā 신화(神話)에서 인명에 쓰이는 글자. ¶金～｜금타. ¶木～｜목타.

【咤】zhà 꾸짖을 타, 입맛다실 타
「吒」와 같음⇒[吒zhà]

【蛇】zhà 해파리 차
名 方〈動〉해파리＝[海蜇hǎizhé][水母]

【栅】zhà shān 울짱 책

Ⓐ zhà 名 울타리. 울짱. ¶篱笆líbā～儿｜바자울.

Ⓑ shān ⇒[栅极]

Ⓐ zhà

【栅栏(儿)】zhà·lan(r) 名 울짱. ¶～网｜수중 철망. 항구·항도(航道)의 수면아래 설치하는 철망. ¶铁路～｜차단기＝[栏栅]

【栅子】zhà·zi 名 方 (짐승을 가두는데 쓰는) 대나무나 갈대 등으로 만든 울타리.

Ⓑ shān

【栅极】shānjí 名〈電氣〉그리드(grid). ¶抑制～｜제어 그리드.

【蜡】zhà ☞ 蜡 là ②

zhāi ㄓㄞ

【齐】zhāi ☞ 齐 qí Ⓑ

【斋(齋)】zhāi 방 재, 재계할 재, 식사 재
❶ 名 방(房) [서재·기숙사 또는 상점의 명칭 등에 쓰임] ¶书～｜서재. ¶荣

宝～ | 영보재 [북경(北京)의 유명한 서화 골동품 가게 이름] ¶宿舍第二～ | 기숙사 제2동. ❷ 재계(齋戒)하다. ¶～戒↓ ❸名〈宗〉정진 요리(精進料理). 소식(素食). ¶吃～ | 정진 요리를 먹다. 소식하다. ❹動 음식을 시주〔보시(布施)〕하다. ¶～僧↓ ¶～主↓
【斋饭】zhāifàn 名 승려가 탁발(托鉢)하여 얻은 밥.
【斋果】zhāiguǒ 名 方 제물(祭物). ¶放～供奉祖先 | 제물을 놓고 조상님께 바치다.
【斋戒】zhāijiè ❶ 名 動 재계(하다) [제사를 지내기 전에 목욕하고 옷을 갈아 입고 술이나 냄새 나는 음식을 먹지 않는 일] ¶沐浴～五日 | 닷새동안 목욕 재계하다. ❷ 名〈宗〉사움(saum;아) [이슬람교의 기본 계율. 회교력(回教曆) 9월 한 달 동안 낮에는 먹지 않고 밤에는 방사(房事)를 하지 않는 등의 일]
【斋僧】zhāisēng 動 승려에게 시주하다.
【斋月】zhāiyuè 名〈宗〉❶ 라마단(ramadan) [이슬람교에서 이슬람력 9월에 실시되는, 단식 등을 하며 재계(齋戒)하는 달] ❷ 불교에서 음식과 언행을 삼가며 수행하는 음력 정월·오월·구월.
【斋主】zhāizhǔ 名〈佛〉❶ 승려에게 음식을 시주한 사람. ❷ 재주. 불공을 올리는 그 주인.

【侧】zhāi ☞ 侧 cè Ⓒ

2【摘】zhāi (㊀ zhé) 딸 적, 들추어낼 적
動 ❶ 따다. 떼다. 벗다. ¶～棉花 | 목화송이를 따다. ¶把灯泡～下来 | 전구를 빼어내다. ¶～眼镜yǎnjìng(儿) | 안경을 벗다. ❷ 가려 뽑다. 발췌하다. ¶从诗集里～了几首精彩的 | 시집에서 빼어난 시 몇 수를 발췌했다→〔择zhái〕 ❸ 빌다. 꾸다. ¶～几个钱用 | 돈을 조금 빌어 쓰다. ¶东～西借 | 곳곳에서 (돈을) 빌리다.
【摘编】zhāibiān 動 발췌 편집하다. ¶新闻～ | 신문을 발췌 편집하다.
【摘记】zhāijì ❶ 動 적기하다. 요점만을 기록하다. ¶报告很长, 我只～了几个要点 | 보고가 매우 길어서 나는 몇 가지 요점만을 간추려 적었다. ❷ ⇒〔摘录①〕 ❸ 名 적기한〔적록한〕것. ¶做～ | 적기를 만들다.
【摘借】zhāijiè 動 돈을 빌다〔꾸다〕. ¶～无门 | (급해서) 꾸려해도 꿀 곳이 없다. ¶向朋友～ | 친구에게서 돈을 빌다.
【摘录】zhāilù ❶ 動 적록하다. (글의 일부분을) 따서 적다. ¶这篇文章很好, 我特地～了几段 | 이 글이 퍽 좋아서 나는 특별히 몇 단락을 추려서 적었다 ＝〔摘记jì②〕 ❷ 名 적록한 것. 발췌문 ¶看看～就行了 | 발췌문만 보면 된다. ‖ ＝〔摘抄chāo〕
【摘取】zhāiqǔ 動 ❶ 빼내다. 골라내다. ¶～片言只语 | 한두 마디를 골라내다. ¶～若干要点 | 약간의 요점을 골라내다. ❷ 따다. 꺾다. ¶～蔷薇qiángwēi | 덩쿨장미를 꺾다.
4【摘要】zhāiyào ❶ 動 적요하다. 요점만을 따서 적다. ¶～发表 | 요점을 따서 발표하다. ¶～刊登kāndēng | 요점만을 뽑아 게재하다. ❷ 名 적요. 요점만을 따서 적은 기록. ¶谈话～ | 담화요지. ¶社论～ | 사설(社說) 적요.
【摘引】zhāiyǐn ❶ 動 발췌 인용하다. ¶～名家谈话 | 명사들의 담화를 발췌 인용하다. ❷ 名 발췌 인용문.
【摘由(儿)】zhāi/yóu(r) ❶ 動 공문서의 주요 내용을 간추려 요약하다 [「由(儿)」은 「事由」(공문서의 주요 내용)를 뜻함] ❷ (zhāiyóu(r)) 名 (적바림한) 공문 요지.

zhái ㄓㄞˊ

3【宅】zhái 집 택, 묏자리 택
名 (비교적 큰) 집. 주택. ¶住～ | 주택. ¶赵～ | 조씨 댁. ¶深～大院 | 成 깊숙히 자리잡고 있는 광대한 저택. ¶家～ | 가택. ¶～院↓
【宅第】zháidì 書 名 관리의 저택. ¶～森然 | 관리의 저택이 빽빽하게 늘어서 있다 ＝〔第宅〕
【宅基】zháijī 名 ❶ 택지. 부지. ¶～很大 | 택지가 매우 크다. ❷ 집안. 가문(家門).
【宅门】zháimén 名 ❶ 저택의 대문. ❷ (～儿) 저택. ❸ (～儿, ～子) 저택에 사는 사람. ¶这胡同里有好几个～儿 | 이 골목 안에는 저택에 사는 이가 여럿이나 있다.
【宅院】zháiyuàn 名 ❶ 「院子」(가운데 뜰)를 가진 저택. ¶虽不是个大大～, 却也精致 | 비록 큰 저택은 아니지만, 오히려 정교하다. ❷ 轉 저택.
【宅子】zhái·zi 名 口 주택. 집. ¶光～就有好几所, 怎么不算富农 | 주택만도 몇 채나 있는데 어찌 부농이 아니겠는가.

2【择】zhái ☞ 择 zé Ⓑ

【翟】Zhái dí 꿩 적, 무적 적
Ⓐ Zhái 名 성(姓).
Ⓑ dí ❶ 名 꽁지가 긴 꿩 ＝〔长尾雉zhì〕 ❷ 名 꿩의 깃. 무적(舞翟) [무악(舞樂)에 씀] ❸ 인명에 쓰이는 글자.

zhǎi ㄓㄞˇ

2【窄】zhǎi 좁을 착
形 ❶ (폭이) 좁다. ¶路太～ | 길이 매우 좁다 ⇔〔宽kuān①〕 ❷ (마음이)좁다. 옹졸하다. ¶心眼儿～ | 도량이 좁다. ¶你别竟往～里想 | 옹졸하게만 생각하지 마시오. ❸ (생활이) 넉넉하지 못하다. 구차하다. ¶以前的日子很～, 现在可好了 | 이전의 생활은 매우 구차하였지만 지금은 좋아졌다.
【窄巴】zhǎi·ba 形 方 ❶ 좁다. ¶这间屋子太～了 | 이 방은 매우 좁다. ❷ (생활이) 옹색하다.

zhài ㄓㄞˋ

3【债(債)】zhài 빚 채
名 빚. 부채. ¶还huán～ | 빚을 갚다. ¶借～ | 빚을 얻다. ¶放～ | 빚을 놓다. ¶讨～ | 빚을 독촉하다. ¶诗～ | 시 빚. 남에게 시를 선사받고 아직 답례를 하지 아니한 빚.
【债户】zhàihù 名 채무자. ¶向～催还钱款 | 채무자에게 돈을 갚으라고 재촉하다 ＝〔站qiàn主

(儿)〕〔站户〕⇔〔债主(儿, 子)〕
【债利】zhàilì 名 빚을 놓아 받은 이자. ¶获很高的~ | 높은 이자를 받다.
【债权】zhàiquán 名〈法〉채권. ¶~国 | 채권국. ¶~人 |〈法〉채권자.
【债券】zhàiquàn 名 채권. ¶发行~ | 채권을 발행하다. ¶公~ | 공채 =〔債票piào〕
【债台高筑】zhài tái gāo zhù 成 빚이 산더미 같다. 빚더미에 올라앉다. ¶他已经~了 | 그는 이미 빚더미에 올라앉았다.
4【债务】zhàiwù 名〈法〉채무. ¶~国 | 채무국. ¶~人 |〈法〉채무자.
【债主(儿, 子)】zhàizhǔ(r·zi) 名 채권자 ¶~又上门讨钱来了 | 채권자가 또 돈을 받으러 왔다. =〔债家〕〔债权人〕⇔〔债户hù〕

【砦】zhài 진터 채
名 ❶ 돌로 축성한 보루. ❷ 방책(防柵) =〔寨zhài①〕 ❸ (Zhài) 성(姓).

【祭】Zhài ☞ 祭 jì Ⓑ

【瘵】zhài 앓을 채
書 名 ❶ 병(病). ❷ ⇒〔痨láo瘵〕

4【寨】zhài 나무우리 채
名 ❶ 방책(防柵). ¶山~ | 산채 =〔砦zhài②〕 ❷ 옛날, 병영. ¶安营扎~ | 병영을 짓고 주둔하다. ❸ (~子) 울타리를〔방책을〕 둘러친 마을. ¶本村本~ | 이 마을.
【寨主】zhàizhǔ 名 산적(山賊) 두목. ¶他是~ | 그는 산적 두목이다.
【寨子】zhài·zi 名 ❶ 사방을 둘러친 울타리. ❷ 울타리를 둘러친 산간 마을.

zhān ㄓㄢ

1【占〈佔B1, 2〉】zhān zhàn 점칠 점, 입으로부를 점, 차지할 점
Ⓐ zhān ❶ 動 점치다. ¶~了一卦 | 점을 쳤다. ❷ (Zhān) 名 성(姓).
Ⓑ zhàn 動 ❶ 점령〔점거〕하다. 점유하다. ¶多吃多~ | 더 많이 차지하다. ¶攻~ | 공략하다. ¶霸bà~ | 강점하다. ❷ (어떤 지위·상황에) 처하다. 차지하다. ¶~优势 | 우세한 상황에 있다. ¶赞成的~多数 | 찬성하는 사람이 다수를 차지하다.
Ⓐ zhān
【占卜】zhān/bǔ 動 점치다. ¶~吉凶 | 길흉을 점치다. ¶咱们占占卜，他的病到底怎么样 | 그의 병이 도대체 어떤지 우리 점 한번 쳐 보자.
【占卦】zhān/guà 動 (괘를 풀이하여) 점치다. ¶占了一卦 | 점을 한 번 쳤다. ¶~的 =〔占卦先生〕| 점쟁이.
【占课】zhān/kè 動 (점술용 동전을 던져) 점치다. ¶你可以占它一课，倒看看这次的彩票有点儿边儿没有? | 이번 복권이 좀 가망이 있는지 점쳐 보면 어때? =〔起课〕
【占梦】zhān/mèng 動 꿈으로 점을 치다. 해몽하다. ¶她想请人~ | 그녀는 사람을 청하여 해몽하려 한다.
【占算】zhānsuàn 動 점치다. ¶~命运 | 운명을 점치다.
【占星】zhān/xīng 動 별의 모양을 보고 점치다. 별점을 보다. ¶~术 | 점성술.
Ⓑ zhàn
【占地方】zhàn dì·fang 動組 ❶ 자리〔장소〕를 차지하다. ¶这件行李太大，~ | 이 짐은 너무 커서 자리를 많이 차지한다. ❷ 영향력이 있다. 세력을 떨치다.
4【占据】zhànjù 動 (지역·장소 등을) 점거하다. 차지하다. ¶~有利yǒulì地位dìwèi | 유리한 자리를 차지하다.
【占理】zhàn/lǐ ❶ 動 뒤에 구실을 댈 수 있도록 선수(先手)를 치다〔쓰다〕. ❷ 動 도리·사리·이치에 맞다. 일리가 있다. ¶说话~ | 말이 이치에 맞다 =〔占铺pù儿〕〔占婆儿〕
3【占领】zhànlǐng 動 점령하다. ¶~军 | 점령군. ¶~区 | 점령지역.
【占便宜】zhàn pián·yi 動組 ❶ 이익을 보다. 잇속〔실속〕을 차리다. ¶占小便宜 | 약간의 이익을 챙기다. ¶占人家的便宜 | 남의 덕을 보다→〔捞lāo稻草①〕 ❷ 喩 유리한 조건을 지니다. 유리하다. ¶你个子高，打篮球~ | 너는 키가 커서, 농구하는 데 유리하다.
【占上风】zhàn shàngfēng 動組 우세를 차지하다. 우위를 점하다. ¶那一次办交涉也是他们~ | 그때 교섭에서도 그들이 우위를 차지했다.
【占先】zhàn/xiān 動 선수(先手)를 치다. 앞지르다. 앞서나가다. ¶他无论做什么事情老想~ | 그는 무슨 일을 하든지 늘 앞장서려 한다.
3【占有】zhànyǒu 動 ❶ 점유하다. 점거하다. ¶~土地 | 토지를 점유하다. ❷ (어떤 지위를) 차지하다. ¶~重要地位 | 중요한 지위를 차지하고 있다. ❸ 소유하다. 장악하다. 보유하다. ¶科学研究必须~大量材料 | 과학 연구에는 반드시 많은 자료가 있어야 한다.
【占着茅坑不拉屎】zhàn·zhe máokēng bù lāshǐ 諺 변소를 차지하고서 똥을 누지 않다. 일부러 자리를 차지하고서 심술을 부리다. 직위(職位)를 차지하고 일은 안하다. ¶你别~，要做好本职工作才是 | 너는 자리를 차지하고 심술을 부리지 말고, 본디 해야할 일만 잘하면 된다.

【怗】zhān ☞ 怗 tiē Ⓑ

3【沾〈霑1, 2〉】zhān 젖을 첨, 적실 첨, 엿볼 점 ❶ 動 젖다. 적시다. ¶~衣 | 옷이 젖다. ¶教永~襟 | 가르침이 영원히 옷깃을 적시다. ¶汗出~背 | 땀이 나서 등을 적시다. ❷ 動 묻다. 배다. 찍다. ¶~上点儿泥 | 진흙이 조금 묻었다. ¶拿酱油~着吃 | 간장에 찍어〔묻혀〕 먹다. ¶味~在身上 | 냄새가 몸에 배다. ❸ 動 닿다. 접촉하다. 스치다. ¶脚不~地 | 발이 땅에 닿지 않다. ¶~边儿↓ ❹ 動 관계하다. 상관하다. ¶躲duǒ避不~ | 피하여 관계하지 않다. ¶~上嫌疑 | 혐의를 받다. ❺ 動 (사상·기풍·습관 등에) 물들다. 섞이다. ¶~染恶习 | 나쁜 습관에 물들다. ¶说话~点儿土音 | 말에 사

Z

투리가 약간 섞이다. ❻動(은혜나 혜택·덕을) 입다. ¶大家都~了他的光了 | 모두가 그의 덕을 입었다. ¶利益均~ | 이익을 고르게 누리다. ❼形方좋다. 훌륭하다 [표준어의「行」「好」「成」과 같이 쓰임] ¶这个人很~ | 이 사람은 아주 잘 한다. ¶他记性不~ | 그는 기억력이 좋지 않다. ❽지명에 쓰이는 글자. ¶~化县 | 점화현 [산동성(山東省)에 있는 현이름] ¶~益县 | 점익현 [운남성(雲南省)에 있는 현이름] ❾고대(古代)에「觇」과 통용 ⇒[觇chān]

【沾边(儿)】zhān/biān(r) 動❶(가볍게) 접촉하다. 건드리다. 관계하다. ¶这种事儿他从不~ | 이런 일에 그는 지금까지 관계하지 않았다. ❷사실에 가깝다. 일정한 수준에 근접하다. ¶她勉强说了几句, 也是空空洞洞, 一点儿也沾不上边儿 | 그 여자는 어거지로 몇 마디 하기는 했으나, 내용도 없고 얼토당토 아니했다. ❸(옛날, 기녀와) 관계를 갖다. ¶那个刘姑娘, 你沾过边儿没有? | 그 유낭자와 너는 관계를 가진 적이 있느냐? ‖ ＝[着边(儿)]

4【沾光】zhān/guāng 動 덕을 보다. 은혜를 입다. 신세를 지다. ¶他也~了 | 그도 신세를 졌다. ¶连我也~不少 | 저까지도 적지 않게 덕을 보았습니다. ¶沾他的光 | 그의 덕을 보다. ¶他也想来沾沾光 | 그도 와서 좀 덕을 보려고 한다.

【沾花惹草】zhānhuā rěcǎo 成喻 이성[여성]을 유혹하다. ¶老王喜欢~的 | 왕씨는 여자 유혹하기를 좋아하다.

【沾亲】zhān/qīn 動 친척 관계에 있다 [비교적 먼 친척 사이에 씀] ¶我跟他沾点儿亲 | 그와 나는 친척 관계이다.

【沾亲带故】zhān qīn dài gù 成 친척이나 친구로서의 관계가 있다. 조금 관계가 있다. ¶我跟她还真有点儿~ | 나는 그녀와 아직도 조금 관계가 있다. ¶一不沾亲, 二不带故 | 친척 관계도 친구 관계도 없다 ＝[沾亲带友]

【沾染】zhānrǎn 動❶더러운 것이 묻다. 감염되다. 오염되다. ¶身上~了不少油灰 | 몸에 폐유 찌꺼기가 잔뜩 묻었다. ¶伤口~了细菌xìjūn | 상처에 세균이 들어갔다. ¶~剂jì | 오염 물질. ¶~区 | 오염 지역. ❷물들다. 감화를 받아 나빠지다. ¶要是常跟他在一块儿没有不~坏了的 | 그와 늘 같이 있는다면, 물들어 버리지 않을 사람이 없다. ¶孩子~了坏习气 | 아이가 나쁜 풍조에 물들었다. ¶他~上赌博的恶习 | 그는 도박의 나쁜 습관이 배었다. ❸정을 통하다. 남녀 관계를 갖다. ¶他们两个有点儿~ | 그들 둘은 관계가 좀 있다. ❹손대다. ¶公家的钱我们是不能~分毫的 | 공금에는 우리가 조금도 손댈 수 없다.

【沾手】zhān/shǒu 動❶손에 대다[닿다]. ¶雪花一~就化了 | 눈송이는 손에 닿자마자 녹아버렸다. ❷喻 관계하다. 관여하다. 참여하다. ¶这事我沾不上手 | 이 일에 나는 참여할 수가 없다. ¶这等事儿我从不~ | 이런 일에 나는 아직까지 관여하지 않았다.

【沾沾自喜】zhān zhān zì xǐ 成 득의양양하며 스스로 즐거워하다. 우쭐거리며 뽐내다. ¶~於一得之功 | 조그마한 성공에 우쭐거리며 뽐내다.

【毡(氈)】zhān 모전 전 (~子) 名 모전(毛氈). 펠트(felt). ¶擀gǎn~ | 모전을 만들다. ¶炕kàng~ | 온돌에 까는 모전.

【毡房】zhānfáng 名 파오 [몽골인이 사는 천막으로 만든 이동 가옥]

【毡帽】zhānmào 名❶전모. 모전으로[펠트로] 만든 모자 [모자의 가를 접어 올리게 되어 있음] ❷중절모. ¶他带着旧~ | 그는 옛날 중절모를 쓰고 있다.

【毡毯】zhāntǎn 名 모전. 양탄자. ¶客厅中铺pū着~ | 거실에 양탄자가 깔려 있다.

【毡条】zhāntiáo 名方(침대 등에 까는) 모전.

【毡子】zhān·zi 名 모전(毛氈). 펠트(felt).

2【粘】zhān ⓧ nián) 차질 점, 붙을 점 주의「nián」의 경우는「黏」으로,「zhān」의 경우는「粘」으로 구별하기도 했으나 지금은 모두「粘」으로 씀.

Ⓐ zhān 주의「nián」으로 읽기도 함. 動❶(점성이 있는 것이 서로) 붙다. (…에) 달라 붙다. ¶这糖不~牙 | 이 사탕은 이에 붙지 않는다. ¶~在一块儿 | 한데 달라 붙다. ❷(풀 등으로) 붙이다. 부착하다. ¶~信封 | 편지 봉투를 붙이다. ¶把海报~在墙上 | 포스터를 벽에 붙이다.

Ⓑ nián ❶形 차지다. 끈적끈적하다. 찐득찐득하다. 점성이 있다. ¶这浆糊不~ | 이 풀은 끈기가 없다. ¶胶水jiāoshuǐ很~ | 고무풀은 점성이 매우 좋다. ¶~米↓ ❷名 조화(調和) [시구(詩句)의 평측(平仄)이 잘 조화 된 것을「粘」이라 함] ¶失~ | (시구의) 평측이 맞지 않다. ❸ⓧ zhān) 動(풀 등으로) 붙이다. 부착하다. ¶~邮票 | 우표를 붙이다.

Ⓐ zhān

【粘连】zhānlián 動❶〈醫〉유착(癒着)하다. ¶腹膜和肠管chángguǎn~在一起了 | 복막과 창자가 하나로 유착되었다. ❷붙이다.

【粘贴】zhāntiē ⓧ niántiē) 動(풀 등으로) 붙이다. 바르다. ¶在墙上~标语 | 벽에 표어를 붙이다. ¶~邮票 | 우표를 붙이다.

【粘牙】zhān yá ⓧ niányá) 動❶이에 달라 붙다. ¶麦芽糖吃起来有点~ | 엿을 먹으면 이에 좀 붙는다. ❷喻 말하기 거북하다. ❸喻 발음이 어색하다. 말투가 불분명하다. ¶这句话我连学说一遍都觉得~ | 이 말은 한번 흉내내서 말하기조차 부자연스럽다 ‖ ＝[沾牙]

【粘牙搭齿】zhānyá dāchǐ 動組喻 말투가 불분명하다.

Ⓑ nián

【粘巴】niánbā 狀 끈적끈적하다. 달라붙다. ¶手上有点儿~ | 손이 조금 끈적끈적하다.

【粘巴达】niánbādá 名外〈舞〉람바다(rāmbada) [남미(南美)의 선정적인 춤]

【粘补】niánbǔ ⓧ zhānbǔ) 動 종이로 바르다. ¶这书破得不成样子了, 有功夫你把它~好了 | 이 책이 너덜너덜하게 되었는데, 네가 시간이 있을 때 종이로 잘 붙여라.

【粘虫】niánchóng 名 ❶〈蟲〉거염벌레. 야도충＝〔行军虫〕〔剃tì枝虫〕〔芽yá枝虫〕 ❷ 罵 느림보. ❸ 끈질긴 사람.

【粘叨叨絮叨叨】niándāodāo xùdāodāo 狀組 잔소리가 많다. 장황하다. 마구 지껄이다. ¶这婆pó子整天～的｜이 할머니는 온종일 중얼거린다.

【粘度】niándù 名〈物〉점도(粘度). 끈기. ¶恩氏～｜엥글러 점도.

【粘附】niánfù 動 점착(粘着)하다. ¶～力｜점착력. ¶～在一起｜한꺼번에 붙이다.

【粘合】niánhé 動〈化〉접착시키다. ¶～剂｜접착제. ¶把两块板～起来｜두개의 판자를 접착제로 붙이다.

【粘糊】nián·hu ❶ 形 方 끈적끈적하다. 차지다. ¶这桶涂料真～｜이 페인트는 정말 끈적끈적하다. ¶这饭怎么烧得粘糊糊的｜이 밥은 어떻게 했길래 이렇게 차지지. ❷ 形 꾸물거리다. 행동이 굼뜨다. 우물쭈물하다. ¶别看他平时很～, 有事的时候比谁都利索｜그는 평소에는 매우 꾸물거리지만 일이 있을 때는 누구보다도 민첩하다. ¶老王近来变得很～, 不爱说话｜왕씨는 요즘 동작이 꿈뜨고 멍하니 잘 말도 안한다＝〔粘糊糊(儿)〕 ❸ 動 붙이다. 바르다. ¶这孩子把糨子～得哪儿哪儿都是｜이 아이가 아무데나 온통 풀을 발라 놓았다‖＝〔腻nì糊〕

【粘糊糊(儿)】niánhúhú(r) 狀 우물쭈물하다. 분명하지 못하다. 달라붙어 있다. ¶外面～的像个浑人, 里面的胆子却大了｜겉으로는 우물쭈물 바보같으나, 내면의 담력은 크다＝〔粘糊②〕

【粘胶】niánjiāo 名〈化〉비스코스(viscose). ¶～长丝｜비스코스 필라멘트 얀(viscose filament yarn). ¶～短纤维｜비스코스 스테이플 파이버(viscose staple fibre). ¶～丝｜비스코스 인견. 인조 견사.

【粘结】niánjié 動 단단히 달라붙다. 접착하다. ¶富於～性｜접착성이 강하다. ¶～力｜접착력.

【粘菌】niánjūn 名〈植〉점균.

【粘连】niánlián 動 착 들러붙다. ¶两块糖～在一块儿｜사탕 두 개가 함께 착 들러붙었다.

【粘米】niánmǐ 名 ❶ 찹쌀. ¶～饭很好吃｜찹쌀밥이 매우 맛있다. ❷ 方 수수. 기장→〔糯nuò米〕

【粘膜】niánmó 名〈生理〉점막. ¶～炎｜〈醫〉점막염.

【粘儿】niánr 名 方 ❶ 풀이나 고무 등의 반유 동물(反流動物). ❷ 끈기. 찰기. ¶起了～了｜끈기가 생겼다. ❸ 진. 수지(樹脂). ¶枣zǎo～｜대추나무 진.

【粘手】niánshǒu 動 ❶ 간섭하다. ❷ 하기 힘들다. 애먹다. ¶～货｜팔기 힘든 물건. ¶这事可～呢｜이 일은 정말 하기 힘들다.

【粘土】niántǔ 名 점토. ¶耐火～｜내화 점토. ¶～岩｜점토암.

【粘涎】nián·xian 形 方 (말·동작·연기 등이) 시원스럽지 못하다. 치근치근하다. 끈덕지다. 지루하고 재미가 없다. ¶他这人真～, 别理他了｜저 사람은 정말 끈덕지니, 상대하지 말아라. ¶他醉得说话透着～｜그는 취해서 말하는 것이 장황하다. ¶～人｜끈덕진 사람. ¶这台节目编排得真～｜이 채널의 프로그램은 정말 지루하고 재미없게 편성되어 있다＝〔粘粘涎涎〕

【粘涎子】niánxián·zi 名 方 침. 군침 ¶～都淌tǎng下来了｜군침이 온통 흘러내렸다＝〔哈喇子〕

【粘液】niányè 名〈生理〉점액. ¶～质｜점액질. ¶流出了～｜점액이 유출되었다.

【粘着】niánzhuó 動 ❶ (접착제로 물체를) 꽉 붙이다. 접착시키다. 착 달라붙다. ¶～力＝〔附fù着力〕｜접착력. ❷ 귀찮게 달라붙다. 성가시게 따라다니다.

【粘着语】niánzhuóyǔ 名〈言〉교착어(膠着語).

【黏】zhān ⓧ nián) 차질 점, 붙을 점
주의 「nián」의 경우는 「黏」으로, 「zhān」의 경우는 「粘」으로 구별했으나 지금은 「粘」으로 씀.

Ⓐ zhān 「粘」과 같음 ⇒〔粘zhān〕

Ⓑ nián 「粘」과 같음 ⇒〔粘nián〕

【旃〈旜〉】zhān 기 전
書 ❶ 名 비단으로 만든 깃발과 기드림이 달린 무늬 없는 붉은 기. ❷ 고서(古書)에서 「毡」과 통용⇒〔毡zhān〕 ❸ 助 …하라〔할지어다〕 [문말조사(文末助詞)「之焉zhīyān」의 합음(合音)] ¶勉～｜노력하라. ¶慎～｜조심하라.

【旃檀】zhāntán 名〈植〉단향목(檀香木).

【詹】zhān 이를 첨, 수다스러울 첨
❶ 음역어에 쓰임. ¶～姆斯＝〔詹姆士〕｜제임스. ❷ (Zhān) 名 성(姓).

【詹姆斯敦】zhānmǔsīdūn 名 外〈地〉제임즈 타운(Jamestown) [「圣赫勒拿岛和阿森松岛等」(세인트헬레나섬, 아센션섬;St. Helena, Ascension Island, etc)의 수도]

【谵(譫)〈噡₁〉】zhān 헛소리 섬
❶ 수다를 떨다. 말을 많이 하다. ❷ 헛소리하다. ¶打～｜헛소리를 하다.

【谵妄】zhānwàng 動〈醫〉섬망 [의식 장애의 하나] ¶他已进入～的状态｜그는 이미 섬망의 상태에 접어들었다.

【谵语】zhānyǔ 名〈漢醫〉헛소리. 앓는 사람이 정신을 잃고 중얼거리는 소리. ¶满口～｜온통 헛소리만 한다.

4【瞻】zhān 볼 첨
❶ 書 動 내다보다. 쳐다보다. 우러러 보다. ¶观～｜바라보다. ¶高～远瞩zhǔ｜멀리 앞을 내다보다. ❷ (Zhān) 名 성(姓).

【瞻顾】zhāngù 動 ❶ 書 이리저리 살피다. 喻 이리저리 앞뒤를 생각하다. 우유부단하다. ¶徘徊pái-huái～｜成 주저하며 결정을 내리지 못하다. ❷ 喻 보살피다. 돌보아주다. 뒷바라지하다. ¶我有一点儿钱要～～他｜나는 돈이 약간 있으니까 그를 좀 뒷바라지해야겠다.

【瞻礼】zhānlǐ 名〈宗〉❶ 예배일. ❷ 천주교의 축일(祝日). ❸ (천주교에서) 요일 [천주교에서는 일요일을 「主日」라고 하고, 나머지 6일을 차례로 「瞻礼二」에서 「瞻礼七」까지로 부름]

Z

【瞻念】zhānniàn 動 (앞일 등을) 전망하다. 내다보다. ¶～前途 | 앞날을 생각하다.

【瞻前顾后】zhān qián gù hòu 成 앞뒤를 살피다. ❶사전에 매우 신중히 생각하다. ¶他老是～的 | 그는 언제나 신중하다. ❷우유부단하다.

【瞻望】zhānwàng 書 動 멀리 바라보다. 喻 장래를 내다보다. ¶抬头～ | 머리를 들어 멀리 바라보다. ¶～前途 | 전도를 생각하다.

4【瞻仰】zhānyǎng 動 ❶우러러 바라보다. ❷배견(拜見)하다. 참배하다. ¶～烈士陵园 | 열사의 묘역을 참배하다. ¶～遗容 | 사자의 모습을 배견하다 ‖ ＝[瞻拜bài] ❸ 轉 배청(拜聽)하다. 경청(敬聽)하다. ¶您尽管发挥议论, 好让他～～ | 마음껏 의견을 말씀하셔서 그에게 들려 주십시오 ‖ ＝[仰瞻]

【鳣(鱣)】zhān shàn 철갑상어 전, 두렁허리 선

Ⓐ zhān 名 〈魚貝〉 철갑상어 ＝[鳇huáng鱼]

Ⓑ shàn 名 〈魚貝〉 두렁허리 ＝[鳝shàn]

【鹯(鸇)】zhān 송골매 전

名 〈鳥〉 고서(古書)에 나오는 새매와 비슷한 맹금(猛禽)의 하나.

zhǎn ㄓㄢˇ

4【斩(斬)】zhǎn 벨 참

❶ 動 베다. 끊다. 자르다. ¶～首↓ ¶披pī荆～棘 | 成 가시를 베어내다. 곤란을 극복하고 장애를 제거하다. ❷ ⇒[斩斩]

4【斩草除根】zhǎn cǎo chú gēn 成 풀을 베고 뿌리를 뽑다. 화근을 철저히 뿌리뽑다 ¶～, 不把病根拔gēnbō了, 你的身体好不了 | 화근은 철저히 뿌리뽑아야만 하는것이니, 병의 근원을 다스리지 않으면, 너의 건강은 좋아질 수 없다 ＝[拔bō本塞源][剪jiǎn草除根]

【斩除】zhǎnchú 動 제거하다. 소멸시키다. 없애다. ¶～顽敌 | 완강한 적을 소탕하다.

4【斩钉截铁】zhǎn dīng jié tiě 成 결단성 있고 단호하다. ¶他说得～ | 그는 딱 잘라 말했다. ¶他～地回答 | 그가 단호히 대답하다.

【斩首】zhǎnshǒu 名 動 참수(하다). ¶～示众 | 참수하여 대중에게 공개하다.

【斩斩】zhǎnzhǎn 形 가지런하다. 엄숙하다. 단정하다.

【斩罪】zhǎnzuì 名 참죄. ¶判处pànchǔ～ | 판결하여 참죄에 처하다.

3【崭(嶄)】zhǎn 가파를 참

❶높고 가파르다. ❷ 方 뛰어나다. 훌륭하다. 월등하다. ¶滋味真～! | 맛이 정말 좋다.

【崭然】zhǎnrán 書 形 우뚝하다. 높이 솟아있다. ¶新栖～屹立在村子中央 | 새건물이 마을 중앙에 우뚝 솟아 있다.

3【崭新】zhǎnxīn 形 참신하다. 아주 새롭다. ¶文艺界呈现出一派～的气象 | 문예계에 한 가닥 참신한 기풍이 나타나다 ＝[斩新]

1【展】zhǎn 펼 전

❶펴다. 펼치다. 전개하다. ¶～开斗争 | 투쟁을 전개하다. ¶～卷一读 | 책을 펼쳐서 일독하다. ❷연기하다. 미루다. 늦추다. ¶～限 | 기한을 연장하다. ¶～期开会 | 개회를 연기하다. ❸발휘하다. 드러내다. ¶大～奇才 | 뛰어난 재능을 크게 발휘하다. ¶一筹chóu莫～ | 成 아무런 방법도 생각나지 않다. ❹진열하다. 전람하다. ¶～出↓ ¶预～ | 전람회 전(前)의 특별 초대. ¶画～ | 미술 전람회. ❺「辗」과 통용 ⇒[辗zhǎn] ❻(Zhǎn) 名 성(姓).

【展翅】zhǎnchì 動 날개를 펼치다. ¶雄鹰xióngyīng～ | 독수리가 날개를 펼치다.

2【展出】zhǎnchū 動 전시하다. 진열하다. ¶～的展品 | 진열된 전시품. ¶展览会上～了唐朝的壁画 | 전람회에 당대(唐代)의 벽화를 전시했다. ¶他的书画已～多次 | 그의 서화 작품은 이미 여러 차례 전시되었다.

【展读】zhǎndú 動 (책·편지 등을) 펴서 읽다. ¶～家信 | 집에서 온 편지를 펴서 읽다 ＝[展诵]

【展馆】zhǎnguǎn 名 簡 「展览馆」(전시관)의 약칭. ¶～落成了 | 전시관이 완공되었다.

【展缓】zhǎnhuǎn 動 (기한을) 연기하다. 늦추다. ¶行期又～了 | 출발 날짜가 또 연기되었다.

2【展开】zhǎn/kāi 動 ❶펴다. 펼치다. 넓히다. ¶～翅膀 | 날개를 펼치다. ¶把地图～ | 지도를 펼치다. ❷(대규모로) 진행하다. 벌이다. 전개하다. ¶～省电运动 | 절전운동을 벌이다. ¶工作展不开 | 작업을 전개할 수 없다.

1【展览】zhǎnlǎn ❶ 動 전람하다. 전시하다. ¶～馆 | 전시관. ¶新出土的文物正在国外～ | 새로 출토된 유물이 국외에서 전시되고 있다. ❷ 名 전람회. ¶摄影～ | 사진 전시회.

2【展览会】zhǎnlǎnhuì 名 전람회. 전시회. ¶举办书法～ | 서예 전시회를 개최하다.

【展览品】zhǎnlǎnpǐn 名 전시품. ¶购买～ | 전시품을 구매하다.

【展露】zhǎnlù 動 표면에 내놓다[공개하다]. 드러내다. ¶～才华 | 재능을 드러내다.

【展卖】zhǎnmài 動 전시 판매하다. ¶～工艺品 | 공예품을 전시 판매하다.

【展品】zhǎnpǐn 名 전시품. ¶请勿抚摸fǔmō～ | 전시품에 손대지 마시오.

【展评】zhǎnpíng 動 전시판매를 통하여 평가비교하다. ¶～会 | 전시[전람] 품평회.

【展期】zhǎnqī ❶ 動 (기한을) 늦추다. 연기하다. 연장하다. ¶演出～一个月 | 공연은 1개월 연기한다. ❷ 動 〈商〉 (신용장 등의) 기한을 연장하다. ¶信用证～的问题 | 신용장 기한 연기 문제. ❸ 名 (전람회 등의) 전시 기간. 전람 기간. ¶此次美展, ～为一个月 | 이번 미전은 전시 기간이 한 달이다

4【展示】zhǎnshì 動 분명하게 드러내 보이다. 펼쳐 보이다. ¶～出文字起源的真相 | 문자 기원의 진상을 분명하게 드러내다.

【展室】zhǎnshì 名 전람실.

【展视】zhǎnshì 書 動 눈길을 보내다. 바라보다. ¶～祖国万里山川 | 조국의 광활한 산천을 바라보다.

4【展望】zhǎnwàng ❶動(먼 곳이나 미래를) 전망하다. 두루 바라보다. ¶他爬上山顶, 向四周～ | 그는 산꼭대기에 올라가 사방을 두루 바라보았다. ¶～未来, 我们充满信心 | 미래를 전망하고 우리는 자신에 가득찼다. ¶～世界局势 | 세계 정세를 전망하다. ❷名 전망. 미래상. ¶二十一世纪～ | 21세기의 전망〔미래상〕.

4【展现】zhǎnxiàn 動(눈앞에) 전개되다. 펼쳐지다. ¶新局面～在我们眼前 | 새로운 국면이 우리의 눈앞에 펼쳐지다.

4【展销】zhǎnxiāo ❶動 전시 판매하다. ¶～毛织品 | 모직품을 전시 판매하다. ❷⇒〔展销会〕

【展销会】zhǎnxiāohuì 名(상품을 즉석에서 파는) 전시 판매회 =〔展销xiāo②〕

【展性】zhǎnxìng 名〈物〉(금속 등의) 전성.

【展眼】zhǎnyǎn ❶動 눈을 들어 (멀리) 보다. ¶～四望 | 눈을 들어 사방을 바라보다. ❷名 눈깜짝할 사이. 잠깐. ¶～间已是秋初 | 눈깜짝할 사이에 어느덧 초가을이다.

【展转】zhǎnzhuǎn ⇒〔辗zhǎn转〕

【搌】zhǎn 닦을 전
動(물기를) 가볍게 문지르거나 눌러서 닦아내다〔빨아들이다〕. 살짝 닦아내다. ¶～布 ↓ ¶用药棉花～一～ | 탈지면으로 살짝 닦아내다. ¶纸上落了一滴墨水, 快拿吸墨纸～一～吧 | 종이에 잉크 한 방울이 떨어졌으니 빨리 압지(押紙)로 눌러 빨아 들여라.

【搌布】zhǎn·bu 名 행주. 걸레. ¶干gān净～ | 깨끗한 것을 닦는 행주. ¶脏zāng～ | 더러운 것을 닦는 행주. ¶包花的～ | ㊉ 천에 솜을 넣은 걸레 =〔擦cā桌布〕

【辗(輾)】zhǎn niǎn 돌 전, 구를 전, 연자매 년

Ⓐ zhǎn ⇒〔辗转〕

Ⓑ niǎn「碾」와 같음 ⇒〔碾niǎn〕

【辗转】zhǎnzhuǎn 動 ❶(몸을) 엎치락뒤치락하다. 뒤척이다. ¶～不眠 | 뒤척이며 잠을 못 이루다. ❷ 여러 사람의 손이나 혹은 여러 장소를 거치다〔경과하다〕. ¶～流传 | 많은 사람의 손을 거쳐 전해지다. ¶他从上海～到达陕北 | 그는 상해로부터 여러 곳을 거쳐서 섬서성 북부에 도착했다 ‖ =〔展转〕〔宛wǎn转①〕

【辗转反侧】zhǎn zhuǎn fǎn cè 國 전전반측. 몸을 엎치락뒤치락하며 잠을 이루지 못하다. 몇번이나 몸을 뒤척이다. ¶他躺在床上～, 怎么也睡不着觉 | 그는 침대에 누워서 엎치락뒤치락하며 좀처럼 잠들지 못했다.

3【盏(盞)〈琖醆〉】zhǎn 잔 잔
❶名 잔. 轉 술잔. ¶酒～ | 술잔. ¶玻bō离～ | 유리잔. ❷量 등. 개 [등(燈)을 세는 데 쓰임] ¶一～灯 | 등 하나. ¶这屋子里得安两～灯 | 이 방에는 전등 두 개를 달아야 한다.

zhàn ㄓㄢˋ

1【占】zhàn ☞ 占 zhān Ⓑ

2【战(戰)】zhàn 싸움 전
❶名 싸움. 전쟁. 轉 경쟁. 시합. ¶宣～ | 선전포고하다. ¶世界大～ | 세계대전. ¶作～ | 전투(하다). ¶叫～ =〔索suǒ战〕〔挑tiǎo战〕| 도전하다. ¶棋qí～ | 바둑 시합. ¶球～ | 구기(球技) 시합. ❷動 싸우다. 투쟁하다. 전쟁하다. ¶为祖国～ | 조국을 위해 싸우다. ¶百～百胜 | 백전백승하다. ¶愈～愈勇 | 싸우면 싸울수록 용감해지다. ¶勇～洪水 | 홍수와 용감히 싸우다. ❸ 떨다. ¶冷得打～ | 추워서 떨다. ¶胆～心惊 | 무섭고 놀라 벌벌 떨다. ❹(Zhàn) 名 성(姓).

【战败】zhànbài 動 ❶ 싸움에서 지다. ¶～国 | 패전국. ¶铁扇公主～了 | 철선 공주는 싸움에서 졌다. ❷(적을) 패배시키다. 전승하다. ¶～敌人 | 적을 패배시키다.

【战报】zhànbào 名 ❶ 전보. 전황 보도. 전쟁 기사. ❷ 轉(생산·방재(防災) 등에 있어서의) 성과·상황 보도. ¶生产～ | 생산 실적 보도. ¶抗灾～ | 방재(防災) 상황 보도.

【战备】zhànbèi 名 전쟁 준비. ¶加强～ | 전쟁 준비를 강화하다. ¶～状态 | 전쟁 준비 상태. 임전태세. ¶做好～工作 | 전쟁 준비 작업을 하다.

3【战场】zhànchǎng 名 ❶ 싸움터. ¶奔赴～ | 싸움터로 달려가다. ❷(노동·생산의) 현장. ¶治水改土的～ | 치수 토지 개량의 현장.

【战车】zhànchē 名 ❶(군사용·작전용) 차량. 군용차. ¶～奔驰 | 군용차가 달려가다. ❷ 탱크의 옛 이름 =〔坦tǎn克(车)〕❸ 옛날의 병거(兵車).

【战船】zhànchuán 名 전함. 군함 ¶～开航了 | 군함이 항해를 시작했다 =〔军jūn舰〕

【战刀】zhàndāo 名 군도(軍刀) [기병이 돌격시 쓰는 긴 칼] ¶挥舞～ | 군도를 휘두르며 춤추다.

【战地】zhàndì 名 싸움터. 전쟁터. 전선. ¶～记者 | 종군 기자. ¶～指挥部 | 야전 사령부.

【战抖】zhàndǒu 動(무섭거나 추워서) 부들부들 떨다. ¶他冷得全身～ | 그는 추워서 온몸을 부들부들 떤다 =〔战战抖抖〕〔颤chàn抖〕

2【战斗】zhàndòu 名動 ❶ 전투(하다). ¶～部队 | 전투 부대. ¶～队形 | 전투 대형. ¶～轰炸机 | 전폭기. ¶～舰艇 | 전투 함정. ¶作好～准备 | 전투 준비가 다 되었다. ❷ 투쟁(하다). ¶～口号 | 전투적〔투쟁적〕구호. ¶～纲领 | 투쟁 강령.

【战斗机】zhàndòujī 名〈軍〉전투기 =〔歼jiān击机〕

【战斗力】zhàndòulì 名 ❶ 전투력. 작전〔전투〕능력. ¶增强～ | 전투력을 증강하다. ❷(정당·조직 등의) 투쟁력〔전투력〕.

【战斗员】zhàndòuyuán 名〈軍〉전투원. ¶非～ | 비전투원.

【战犯】zhànfàn 名 전쟁 범죄자.

【战俘】zhànfú 名 전쟁 포로. ¶遣返～ | 전쟁포로를 송환시키다. ¶～营yíng | 포로 수용소.

【战歌】zhàngē 名 ❶ 군가(軍歌). ❷ 투쟁의 노래.

【战功】zhàngōng 名 전공. ¶立～ | 전공을 세우다. ¶赫赫～ | 혁혁한 전공.

【战鼓】zhàngǔ 名 ❶ 전고 [진중(陣中)에 치던

Z

북] ❷ 전투 개시의 신호.
【战国】Zhànguó 名〈史〉전국 시대(475～221B.C)
【战果】zhànguǒ 名 싸워서 얻은 성과. ¶～辉煌huīhuáng | 전과가 눈부시다.
【战壕】zhànháo 名〈軍〉참호(塹壕). ¶～丘＝[胸xiōng墙] | 참호 앞에 쌓은 흙(벽).
【战后】zhànhòu 名 전후. 싸움이 끝난 뒤. ¶～世代 | 전후 세대.
【战火】zhànhuǒ 名 전화. 전쟁의 불길.
【战祸】zhànhuò 名 전화. 전쟁의 재난[피해]. ¶遭受～ | 전화를 입다
【战机】zhànjī 名 전투[전쟁]의 유리한 시기[기회]. 승리할 수 있는 기회. ¶丧失～ | 이길 기회를 잃다.
【战绩】zhànjī 名 ❶ 전적. 전과(戰果). ¶～辉煌 | 전적이 눈부시다. ❷ 시합의 성적.
【战局】zhànjú 名 전쟁 국면. ¶～已定 | 전쟁의 국면이 이미 정해지다.
【战具】zhànjù 名 전투 용구. 무기.
【战利品】zhànlìpǐn 名 전리품. ¶得到不少～ | 많은 전리품을 얻다.
【战例】zhànlì 名 전쟁[전투]의 사례[선례]. ¶有名的～ | 유명한 전투 사례.
【战栗】zhànlì 動 전율하다. 벌벌 떨다. ¶吓得全体～ | 두려워서 온몸을 부들부들 떨다＝[战抖][颤栗][战慄]
【战列舰】zhànlièjiàn 名〈軍〉주력함. 전투함＝[主zhǔ力舰][战斗舰]
【战乱】zhànluàn 名 전란.
3【战略】zhànlüè 名 ❶〈軍〉전략. ¶～家 | 전략가. ¶～学 | 전략학. ¶～转移 | 전략적 이동. ¶～防御 | 전략적 방어. ¶～退却 | 전략적 후퇴. ¶～反攻 | 전략적 반격. ¶～要地 | 전략적 요지. ❷ 喩 전략 [투쟁의 전반적인 기본 방침] ¶革命～ | 혁명 전략.
【战略物资】zhànlüè wùzī 名〈軍〉전략 물자. ¶筹集chóují～ | 전략 물자를 모으다.
【战马】zhànmǎ 名 군마(軍馬). ¶～嘶鸣 | 군마가 울부짖다.
【战前】zhànqián 名 전쟁전. 전전. ¶大大超过了～水平 | 전전 수준을 훨씬 능가하다.
【战勤】zhànqín 名 전시 근무 [전시에 민간인이 전지(戰地)에 각종 근무를 하며 전투를 직접 지원하는 일]
【战区】zhànqū 名〈軍〉작전 구역. 전투 구역.
【战神】zhànshén 名〈神〉군신(軍神)의 무운(武運)을 맡은 신.
2【战胜】zhànshèng 動 싸워 이기다. 승리를 거두다. 극복하다. ¶～国 | 전승국. ¶～困难 | 어려움을 이겨내다. ¶～自然灾害 | 자연 재해를 극복하다.
【战时】zhànshí 名 전시. ¶～编制 | 전시 편제. ¶～内阁 | 전시 내각.
2【战士】zhànshì 名 ❶ 병사. 전사. ❷ 투사. 전사. ¶白衣～ | 백의의 전사. 간호원. ¶抗日～ | 항일 투사.
【战事】zhànshì 名 전쟁과 관련된 각종 활동. 전쟁. ¶～结束 | 전쟁이 끝나다. ¶～消息xiāoxī | 전쟁 뉴스.
3【战术】zhànshù 名 ❶〈軍〉전술. ¶～学 | 전술학. ¶～训练 | 전술 훈련. ¶～核武器 | 전술 핵무기. ❷ 喩 전술. 효과적으로 어떤 목적을 이루기 위한 방법.
【战天斗地】zhàn tiān dòu dì 成 자연(自然)과 투쟁하다. 자연계의 이변으로 생긴 재해와 싸우다.
【战无不胜】zhàn wú bù shèng 成 싸우면 반드시 이기다. 백전백승(百戰百勝). ¶这是一支～的铁军 | 이 부대는 백전백승의 강군이다.
3【战线】zhànxiàn 名 전선. ¶缩短～ | 전선을 축소하다. ¶统一～ | 통일 전선.
4【战役】zhànyì 名〈軍〉전역 [일정한 전략 목적을 실현하기 위해, 통일된 작전 계획에 의해 일정한 방향과 시간 내에 행하는 전투] ¶淮海～ | 회해 전역. ¶第一次～ | 제1차 전역. 1단계 작전.
【战鹰】zhànyīng 名 하늘의 사나운 독수리. 전투기. ¶～飞翔 | 전투기가 비상하다.
3【战友】zhànyǒu 名 ❶ 전우. ¶老～ | 오랜 전우. ¶～的情谊 | 전우애. ❷ 轉 동무. 친구. 동료.
【战云】zhànyún 名 전운. 전쟁의 기미. ¶～密布 | 전운이 짙게 감돌다.
【战战兢兢】zhànzhànjīngjīng 貺 ❶ 두려워서 벌벌 떨다. 전전 긍긍하다. ¶她～地回答了 | 그녀는 겁먹은 듯 떨며 대답했다＝[書战兢兢] ❷ 조심스럽다. ¶～地拿在手里 | 조심스럽게 손에 쥐다.
2【战争】zhànzhēng 名 전쟁. ¶～升级 | 전쟁의 단계적 확대. ¶～降级 | 전쟁의 단계적 축소. ¶全面～ | 전면 전쟁. ¶～创伤 | 전쟁의 상처. ¶～艺术 | 전술. 전법. 전쟁 기술.
【战争贩子】zhànzhēngfàn·zi 名組 전쟁 상인. 전쟁 도발자 ¶日本帝国主义是～ | 일본제국주의는 전쟁 도발자이다＝[战贩fàn]

1【站】zhàn 설 참, 역마을 참
❶ 動 서다. ¶～起来 | 일어서다. ¶～在这儿干什么 | 여기 서서 뭘 하느냐. ¶请大家坐着, 不要～起来 | 여러분 앉아 계시고, 일어서지 마세요. ❷ 動 멈추다. 멈춰서다. 정지하다. ¶车～住了 | 차가 섰다. ¶不怕慢, 只怕～ | 느린 것은 걱정하지 말고 멈추는 것을 걱정해라. ¶车还没～稳, 他就跳下去了 | 차가 채 멈추기도 전에 그는 뛰어내렸다. ❸ 動 …의 입장[편]에 서다. ¶～在朋友这一方面说话 | 친구 편에 서서 말하다. ❹ 動 지탱하다. 견디다. ¶这所房子能～几十年 | 이 집은 수십년은 지탱할 수 있다. ¶颜色～不住 | 퇴색하다. ¶他的理论, 在现在的事实面前, 已经～不住了 | 그의 이론은 현재의 사실 앞에서는 이미 지탱할 수 없다. ❺ 動 근거하다. …에 의거하다. ¶～理↓ ❻ 名 정류소. 정거장. 역. ¶火车～ | 역. ¶公共汽车～ | 버스 정류소. ¶终点～ | 종점. 종착역. ❼ 名 (어떤 업무를 위해 설치된) 기관. 기구. 사무소. ¶保健～ | 보건소. ¶水电～ | 수력 발전소. ¶观测～ | 관측소. ¶气象～ | 기상 관측소. ¶医疗～ | 의료소. ¶福利～ | 복지 센터. ¶服务～ | 서비스 센터.
【站班】zhàn/bān ❶ 動 보초서다. ¶今天他～ |

Z

오늘 그가 보초서다. ❷(zhànbān) 名 보초. 입초(立哨).

【站得高, 看得远】zhàn·de gāo, kàn·de yuǎn 諺 높은 곳에 서면 멀리까지 보인다. 식견이 있어야먼 장래까지 내다볼 수 있다. ¶领导者要~才行｜지도자는 장래를 내다 볼 수 있는 식견이 있어야 한다 =〔站得高, 望得远〕

【站队】zhàn/duì 動 ❶ 줄지어 바르게 서다. 정렬하다. ¶入场时请站好队｜입장할 때 잘 정렬해주십시오. ¶~排小孩正在操场上｜한 줄의 어린아이들이 지금 운동장에 정렬하고 있다. ❷…의 입장에〔편에〕서다. ¶他站什么队?｜그는 어떤 입장에 서 있느냐?

4【站岗】zhàn/gǎng 動 보초 서다. ¶今天晚上我~｜오늘 저녁은 내가 보초를 선다. ¶派人~放哨fàngshào｜사람을 파견하여 보초를 세우다.

【站柜台】zhàn guìtái 動組 점원이 카운터 앞에 서서 손님을 접대하다. 점원일을 하다. ¶他也站过柜台｜그도 점원을 하였다.

【站理】zhàn/lǐ 動 이치에 입각하다. 근거가 있다. 이치가 있다. ¶这件事我满~｜나는 이 일에 대해 충분한 근거가 있다.

【站立】zhànlì 動 서다. 일어서다. ¶没有人~起来｜일어서는 사람이 없다. ¶~席｜입석.

【站票】zhànpiào 名 (극장이나 교통편 등의) 입석권. ¶~观众｜입석 관람객. ¶我们来得太晚了, 只好买~吧｜우리가 너무 늦게 왔으니, 별수없이 입석표를 사도록 하자.

【站台】zhàntái 名 플랫폼(platform). ¶~上堆duī着行李｜플랫폼에 짐이 쌓여 있다.

【站台票】zhàntáipiào 名 (역의) 입장권 ¶买~送人上车｜입장권을 사서 들어가 차에 타는 데까지 전송하다 =〔月台票〕

【站稳】zhànwěn 動 ❶ 똑바로 서다. 굳게 서다. (체조 등에서) 안정되게 착지를 하다 ¶他没~｜그가 안정된 착지를 하지 못하다 =〔站住③〕 ❷(어느 위치나 입장에) 확고히 서다. 굳건히 서다. ¶~立场｜입장을 공고히 서다. ❸(사람·차량 등이) 멈추다. 정지하다. ¶等车~了再下｜차가 멈추거든 내려라.

【站住】zhàn/·zhù 動 ❶(사람·차량 등이) 정지하다. 멈춰서다. ¶表~了｜시계가 멈췄다. ¶~, 要不就开枪了!｜서라, 그렇지 않으면 총을 쏘겠다! →〔立lì定②〕 ❷ 안정되다. 유지하다. ¶~地位｜자리를 유지하다. ¶米价~不涨｜쌀값이 안정되어 오르지 않는다. ❸ 제대로 서다. 바로 서다. ¶他病刚好, 虽说腿很软, 但已能~了｜그는 병이 이제 막 나아서 비록 다릿심이 별로 없지만 이미 바로 서 있을 수 있게 되었다 =〔站稳①〕 ❹ 어떤 한 곳에서 붙어 살다. 정착하다. ¶语言不通, 他们到哪里也站不住｜말이 안 통해서 그들이 어디를 가든 정착할 수 없다. ❺(이유 등이) 성립하다. 이치에 맞게 되다. 조리있다. ¶这个论点能~｜이 논점은 성립할 수 있다. ¶这种理由实在站不住｜이런 이유는 전혀 이치에 맞지 않는다. ❻ 方 (색깔·칠 등이) 붙어서 떨어지지 않다. ¶墙面太光, 抹的灰站不住｜벽면이 너무 반질반질해서 석회를 발라도 붙어 있지 않는다 ‖ ⇔〔站不住〕

【站住脚】zhàn ·zhù jiǎo 動組 ❶ 단단히 서다. (행동·운동을) 멈추다. ¶他跑得太快, 一下子站不住脚｜그는 너무나 빨리 뛰어 단번에 멈출 수가 없었다. ❷ 한곳에 머무르다. 체재하다. ¶忙得站不住脚｜바빠서 머무를 틈이 없다. ¶他已在那个地方~了｜그는 이미 그곳에서 정착했다. ❸ 토대를〔거점을〕 마련하다. ¶我们向敌人猛烈攻击, 打得他们站不住脚｜우리는 적들을 맹렬히 공격하여, 그들이 거점을 확보하지 못하도록 쳐부수었다. ❹(이유 등이) 성립하다. ¶这些论点没有一个是站得住脚的｜이러한 논점은 한 군데도 성립되는 곳이 없다. ¶你说的这些道理也许能~｜네가 말한 이런 이치는 아마도 성립할 수 있을 것이다.

【栈(棧)】zhàn 창고 잔, 잔교 잔

名 ❶ 화물(貨物) 저장용 또는 여행자 숙박용 건물. ¶货~｜화물 창고. ¶粮~｜곡물 창고. ¶客~｜여인숙. ❷(가축을 넣어두는) 우리. ¶马~｜마구간. ¶羊~｜양 우리. ¶恋~｜말이 마구간을 그리워하다. 관리가 자기의 자리에 연연하다. ❸ 절벽이나 양쪽에 세운 기둥에 연결된 다리나 길. ¶~道↓ ¶~桥↓ ❹(Zhàn) 성(姓).

【栈道】zhàndào 名 잔도 =〔栈阁gé〕

【栈房】zhànfáng 名 ❶ 창고. ¶~里堆着货物｜창고 안에 화물을 쌓여 있다 =〔栈坊fāng〕 ❷ 方 여관. 주막. 여인숙.

【栈桥】zhànqiáo 名 (역·공장·부두 등의) 적하(積荷)장. (공항의) 로딩 브리지(loading bridge).

【绽(綻)】zhàn 솔기터질 탄

❶ 動 해지다. 터지다. ¶他的鞋开~了｜그의 신발이 해졌다. ¶皮开肉~｜가죽이 갈라지고 살이 터지다. ¶破~｜옷 솔기의 터진 자리. ❷ 量 군데. 자리 [터져서 구멍이 난 곳을 세는 양사] ¶鞋底破了一~｜구두창이 한 군데 터졌다. ❸ 轉 파탄. 결함. 결점 =〔破pò绽〕

【绽开】zhànkāi 動 터지다. ¶缝口~了｜솔기가 터졌다. ¶花蕾lěi~｜꽃망울이 터지다 ¶脸上~了笑容｜얼굴에 웃음이 피었다 =〔绽裂liè②〕

【绽裂】zhànliè ❶ 動 터지다. 해지다. 찢어지다. ¶衣裳~｜옷이 해지다. ¶皮肉~｜살가죽이 터지다. ❷ ⇒〔绽开kāi〕

【绽露】zhànlù 動 드러내다. 띠다. 나타내다. 머금다. ¶~笑容｜얼굴에 웃음을 머금다. 웃는 얼굴을 하다.

【绽线】zhàn/xiàn 動 실밥이 터지다. ¶裤子~了｜바지의 실밥이 터졌다.

【湛】zhàn 깊을 잠, 맑을 잠, 잠길 침

❶ 形 깊다. ¶精~｜정밀하고 깊다. 자세하고 깊이 있게 알다. ❷ 形 맑다. ¶~~青天｜맑고 푸른 하늘. ❸(Zhàn) 名 성(姓).

【湛蓝】zhànlán 狀 짙은 남색이다. 짙푸르다. ¶~的海水｜짙은 남색의 바닷물.

【暂】zhàn ☞ 暂 zàn

Z

【颤】zhàn ☞ 颤 chàn Ⓑ

【蘸】zhàn 담글 잠
動(물건을 액체·분말·풀 등에) 담그다. 찍다. 묻히다. ¶～水钢笔 | (잉크를 찍어서 쓰는) 철필. ¶～糖吃 | 설탕을 묻혀 먹다. ¶大葱～大酱 | 파를 된장에 찍다→〔沾zhān ①〕

【蘸火】zhàn/huǒ 動〈金〉담금질하다. ¶～法 | 담금질 법 =〔淬cuì火〕

zhāng ㄓㄤ

1【张(張)】zhāng 펼 장, 베풀 장
❶動 열다. 펼치다. 펴다. ¶～开 | 열어 젖히다. ¶翅膀chìbǎng～开来了 | 날개를 활짝 폈다. ¶须发皆～ | (화가 나서) 수염과 머리카락이 모두 곤두서다. ¶～弓射箭 | 활시위를 당겨 화살을 쏘다. ❷動 늘어 놓다. 베풀다. ¶大～筵席 | 큰 연회를 베풀다. ¶屋里～了一盏灯 | 방에 등불을 하나 놓아두다. ❺方動(바라)보다. ¶东～西望 | 이리저리 두리번거리며 바라보다. ¶向门缝儿里～一～ | 문틈으로 엿보다. ❻量 ⓐ (종이·가죽·책상·침대 등과 같이) 평면(平面)이 있는 것을 세는 말. ¶三～桌子 | 탁자 세 개. ¶两～沙发 | 소파 두 개. ¶～～笑脸迎亲人 | 웃음 띤 얼굴들이 친지를 맞이한다. ¶两～纸 | 종이 두 장. ¶一～皮子 | 가죽 한 장. ⓑ 열었다 닫았다 하거나 둘둘 말 수 있는 것을 세는 말. ¶一～嘴 | 입 하나. ¶这～弓谁都拉不动 | 이 활은 누구도 당길 수 없다. ⓒ 농기구·악기를 세는 말. ¶一～步犁lí | 가래 한 대. ¶一～古琴 | 칠현금 하나. ❼名〈天〉장성(張星) [28수(二八宿)의 하나] ❽ 당황하다. ¶～皇失措 | 당황해서 어찌할 바를 모르다 =〔慌huāng张〕 ❾ 개업하다. ¶新～ | 새롭게 가게를 열다. ¶开～ | 개업하다. ¶闭～ | 폐점하다. ❿ 확대하다. 과장하다. ¶虚～声势 | 실속없이 떠벌리며 허세를 부리다. ¶夸～ | 과장하다. ⓫ (Zhāng) 名 성(姓).

【张榜】zhāng/bǎng 動 게시(揭示)하다. 공시(公示)하다. 발표하다. ¶～招贤 | 게시하여 현사를 초빙하다. ¶～公布 | 게시 공포하다.

【张本】zhāngběn ❶動 어떤 일을 위해 사전 조치를 취해 두다. ¶到处宣扬xuānyáng成绩, 为邀yāo功～ | 여기저기 다니며 성적을 떠벌리며, 공을 가로채기 위해서 사전 조치를 취하다. ¶为结局～ | 결말을 위해 사전 조치를 취하다. ❷動 문장 중에서 복선(伏線)이나 암시를 두다. ¶详述前情, 为后事～ | 앞의 정황을 상세히 서술하여 뒷일의 암시를 두다. ❸名 기본. 모범. 본보기. ¶提倡农村特殊习俗, 作为移风易俗的～ | 농촌의 고유한 풍속을 장려하여 낡은 풍속 습관을 고치는 기본으로 삼다.

【张楚】Zhāngchǔ 名〈史〉장초. 진말(秦末) 진승(陳勝)이 세운 나라.

【张大】zhāngdà 書 動 확대하다. 과장하다. ¶～其事 =〔张大其词〕| 成 사실을 과장하다.

【张挂】zhāngguà 動(그림·휘장 등을) 내걸다. ¶～彩条儿 | 오색 종이 테이프를 내걸다.

【张冠李戴】zhāng guān lǐ dài 成 장가의 갓을 이가가 쓰다. 갑을 을로 착각하다. 사실을 잘못 알다 =〔张家帽儿李家戴〕

【张皇】zhānghuáng 書 ❶ 眖 당황하다. ¶～失措 | 成 당황해서 어찌할 바를 모르다 =〔慌huāng张①〕〔惊jīng慌〕 ❷動 과장하다. 위세를 부리다. 확대하다 ‖ =〔章zhāng皇〕

【张家长李家短】zhāng jiā cháng lǐ jiā duǎn 俗 이렇다 저렇다 남의 뒷소리를 하다. 뒤에서 수근거리다 ¶女人们就爱～地议论 | 여자들이란 뒤에서 이러쿵저러쿵 남에 대해 이야기하는 것을 좋아한다 =〔张不长李不短〕

【张开】zhāng/kāi 動 열다. 벌리다. 펼치다. 사이가 벌어지다. ¶张不开口 | 입을 열 수 없다. ¶降落伞jiàngluòsǎn自动～ | 낙하산이 자동으로 펼쳐지다. ¶鞋底～了 | 신발 밑창이 터졌다.

【张口】zhāng/kǒu ❶動 입을 열다. (의견을) 말하다. ¶叫我难nán於～ | 내가 입을 떼기 곤란하게 한다. ❷動 터지다. (해져서) 아가리가 벌어지다. ¶脚上穿着～的鞋子 | 발에는 아가리가 터진 신을 신고 있다. ❸動 입을 다물지 못하다. 입을 헤벌리다. ¶气得他半天没～ | 그는 화가 나서 한참 동안 입을 다물지 못했다. ❹名 方 하품. ¶打～ | 하품을 하다 =〔哈欠hāqiàn〕

【张口结舌】zhāngkǒu jié shé 成(이치가 닿지 않거나 두려워서) 말문이 막히다. ¶他被我问得～说不出来什么 | 내가 물으니 그는 말문이 막혀 아무 말도 못했다. ¶这几个问题把他问得～, 一句话也讲不出来 | 이 몇 문제가 그의 말문을 막아, 한 마디도 말하지 못하게 했다.

【张狂】zhāngkuáng 形 경박하다. 방종하다. ¶看他～得简直不像话 | 그의 이루 말할 수 없이 방종한 꼴을 좀 보라. ¶他一得志就～起来 | 그는 뭔가 좀 잘되면 바로 경망하게 법석을 떤다 =〔獐zhāng狂〕

【张力】zhānglì 名〈物〉장력. ¶表面～ | 표면 장력 =〔拉力①〕→〔牵qiān引力〕

【张量】zhāngliàng 名〈數〉텐서(tensor).

【张罗】ⓐ zhāngluó 書 動(새를 잡기 위해) 그물을 치다.
ⓑ zhāng·luo 動 ❶ 처리하다. ¶家里家外他～得很想个样子 | 집 안팎에서 그가 일을 아주 그럴듯하게 잘 처리한다. ❷ 준비하다. ¶要带的东西早点收拾好, 不要临时～ | 가지고 갈 물건들을 미리 잘 챙겨 두어라, 닥쳐서 준비하지 말고 =〔料理〕 ❸(돈을) 마련하다. 변통하다. ¶～一笔钱 | 돈을 좀 마련하다. ❹ 돌보다. 신경쓰다. 접대하다. 시중들다. ¶请你去替我～客人 | 당신이 가서 내 대신 손님을 접대해 주세요. ¶他还没有对象, 您给～～ | 그는 아직 짝이 없으니, 당신이 좀 신경써 주시오. ¶她正忙着～客人 | 그녀는 지금 바삐 손님 접대하고 있다. ¶顾客很多, 一个售货员～不过来 | 손님이 많아 점원 한 사람이 다 신경쓸 수가 없다 =〔接待〕〔应酬chóu〕 ❺…하려고 하다. ¶他～要去, 我也不好拦他 | 그가 가려 하니, 나 역시 그를 막기가 곤란하다.

【张目】zhāngmù 動 ❶ 눈을 크게 뜨다. 눈을 부릅뜨다. ¶～而视｜눈을 부릅뜨고 보다. ❷ 남의 명성이나 세력을 부추기다. 남의 앞잡이가 되다. ¶为某人～｜남을 부추기다. 남의 앞잡이가 되다.

【张三李四】zhāng sān lǐ sì 成 장삼 이사. 흔히 어디에나 있는 평범한 사람(들). ¶不管～, 一律不准进｜어느 누구를 막론하고 일체 들어갈 수 없다. ¶～来了一群人｜평범한 사람들 한무리가 왔다.

【张贴】zhāngtiē 動 (광고·표어 등을) 붙이다. ¶～通告｜게시를 붙이다. ¶禁止～｜게시 금지 ¶～标语｜표어를 붙이다＝〔粘zhān贴〕

3【张望】zhāngwàng 動 ❶ (좁은 틈이나 구멍으로) 엿보다. 들여다 보다. ¶探头～｜머리를 내밀고 엿보다. ❷ 사방을 둘러보다. 두리번 거리다. ¶四面～不见人影｜사방을 둘러보았으나 사람의 그림자도 없다.

【张牙舞爪】zhāng yá wǔ zhǎo 成 (야수가) 이를 드러내고 발톱을 치켜세우다. 위력으로〔흉포하게〕사람을 위협하다. ¶你别～地要shuǎ威风｜너는 흉포하게 위세를 부리지 마라.

【张扬】zhāngyáng 動 (비밀이나 알릴 필요가 없는 일을) 떠벌리다. 퍼뜨리다. ¶四处～｜사방으로 떠벌리다. ¶这件事还没有做最后决定, 不要～出去｜이 일은 아직 최종적인 결정이 나지 않았으니, 퍼뜨리지 마라. ¶这事～去对大家不利｜이 일은 나가 사람들에게 떠벌리면 모두가 불리하다.

【张嘴】zhāng/zuǐ 動 ❶ 입을 열다. 말을 하다. ¶～伤人｜남의 욕을 하다 ¶她～就骂｜그녀가 입만 뻥긋하면 욕을 한다. ❷ 轉 간절히 부탁하다. 돈을 꾸어 달라고 부탁하다. ¶我和他没有多大交情, 他竟和我～｜나는 그와 별로 친하지도 않은데, 그는 뜻밖에도 나에게 부탁을 한다. ¶他是不轻易跟人～的｜그는 쉽사리 남에게 부탁하지 않는다.

1【章】zhāng 장 장, 법 장, 글 장

❶ 名 簡 도장. ¶名～｜이름을 새긴 도장. ¶一共盖gài了三个～｜모두 세 개의 도장을 찍었다＝〔图tú章〕 ❷ 名 시가(詩歌)나 문장(文章) 등의 단락. 장. ¶第一～｜제1장. ¶全书有十二～｜책 전체는 열두 장이다. ¶乐～｜악장. ❸ 규정. 규칙. 법규. ¶简～｜간략한 규정. ¶规～｜규칙. ❹ 조리(條理). 질서. ¶杂乱无～｜成 혼란하여 질서가 없다. ❺ 書 상소문＝〔奏zòu章〕 ❻ 휘장. 표식. ¶臂～｜완장＝〔徽huī章〕 ❼ (Zhāng) 名 성(姓). ❽ 복성(複姓) 중의 한 자(字). ¶～仇chóu↓

【章草】zhāngcǎo 名 장초. 「草书」(초서)의 일종. ¶他会写～｜그는 장초를 쓸 수 있다→〔草书〕

4【章程】ⓐ zhāngchéng 名 장정. 조목별로 정한 규정. ¶协会的～｜협회의 규정.
ⓑ zhāng·cheng 名 方 방법. 방도(方途). ¶现在我该怎么办, 我没了～了｜지금 나는 어떻게 해야 할지 방도가 없다＝〔办法〕

【章仇】Zhāngchóu 名 복성(複姓).

【章法】zhāngfǎ 名 ❶ (글이나 그림의) 구성. 구도. ❷ 喩 (일의) 순서. 절차. ¶他虽然很老练, 这时候也有点乱了～｜그는 아주 노련하지만 이번에는 (일하는게) 좀 조리가 없었다.

【章回体】zhānghuítǐ 名 장회체［장편 소설에서, 횟수를 나누어 매회마다 표제를 붙여 소설 전체의 내용을 개괄해 볼 수 있게 한 체재의 하나］¶～小说｜장회체 소설.

【章节】zhāngjié 名 장절. 장과 절. ¶～太多｜장과 절이 너무 많다.

【章句】zhāngjù 名 장구. ❶ 고서의 「章节」(장절)과 「句读」(구두). ❷ 장구의 분석과 해석. ¶～之学｜장구지학.

【章鱼】zh āngyú 名〈動〉문어＝〔八带鱼〕〔八角鱼〕〔八脚鱼〕〔射shè踏子〕〔石shí拒〕

【章则】zhāngzé 名 규약. 규칙. ¶修改一下现行的～｜현행의 규약을 고치다.

【鄣】Zhāng 고을이름 장

名〈地〉주대(周代)의 나라 이름［지금의 산동성(山東省) 동평현(東平縣)의 동쪽에 있었음］

【嫜】zhāng 시부 장

書 名 시아버지. ¶姑～｜시부모.

4【彰】zhāng 밝을 창, 드러낼 창

❶ 현저하다. 분명하다. ¶昭～｜뚜렷하다. ¶欲盖弥～｜감추려고 하면 오히려 더 잘 드러난다. ❷ 표창하다. ¶以～其功｜그 공적을 표창하다＝〔表biǎo彰〕 ❸ (Zhāng) 名 성(姓).

【彰明较著】zhāngmíng jiào zhù 成 아주 뚜렷하다. 매우 명백하다. ¶你的罪行～, 不必再狡辩jiǎobiàn了｜네 죄는 명백하니, 더 이상 변명해 봐야 소용없다＝〔彰明昭著〕

【彰善瘅恶】zhāng shàn dàn è 成 착한 것을 표창하고 악한 것을 미워하다. ¶社会舆论要～｜사회 여론이 착한 것을 표창하고 악한 것을 미워하려 한다.

【漳】Zhāng 물이름 장

名〈地〉❶ 장하(漳河)［산서성(山西省)에서 발원하여 위하(衛河)로 흘러 들어감］❷ 장강(漳江)［복건성(福建省)에서 발원하여 동남쪽으로 운소현(雲霄縣)을 거쳐 바다로 흘러 들어감］

【獐〈麞〉】zhāng 노루 장

名〈動〉❶ (～子) 노루의 일종［양자강 유역 특산의 노루로 작고 암수 모두 뿔이 없음］＝〔河麂jǐ〕〔黄羊②〕〔牙yá獐〕 ❷ 사향노루＝〔香xiāng獐〕

【獐头鼠目】zhāng tóu shǔ mù 成 노루의 머리와 쥐의 눈. 용모가 추악하고 마음 씀씀이가 교활한 사람［주로 악인(惡人)을 가리킴］¶这人长得～的｜이 사람은 추악하고 교활하게 생겼다.

【獐子】zhāng·zi 名〈動〉노루.

【樟】zhāng 녹나무 장

名〈植〉장목. 녹나무＝〔香樟〕〔樟树〕

【樟蚕】zhāngcán 名〈蟲〉밤나무산누에나방.

【樟脑】zhāngnǎo 名〈化〉장뇌. ¶～酊xǔ＝〔樟脑精〕〔樟脑酊dǐng〕｜장뇌정기＝〔潮cháo脑〕

【樟脑丸】zhāngnǎowán 名 方 나프탈렌(naphthalene). ¶衣柜里搁gē几颗～｜옷장 안에 나프탈렌을 몇 개 놓아 두다＝〔卫wèi生球(儿)〕

【璋】zhāng 홀 장
名 옥 끝의 반을 깎아 뾰족하게 한 홀(笏) →〔弄nòng璋〕

【蟑】zhāng 바퀴벌레 장
⇨〔蟑螂〕

【蟑螂】zhāng·lang 名〈蟲〉바퀴벌레＝〔樟zhāng螂〕〔茶婆〕〔飞蠊〕〔蜚fěi蠊〕

zhǎng ㄓㄤˇ

【仉】Zhǎng 성 장
❶ 名 성(姓). ❷ 복성(複姓) 중의 한 자(字).

【仉督】Zhǎngdū 名 복성(複姓).

1【长】zhǎng ☞ 长 cháng Ⓑ

2【涨(漲)】zhǎng zhàng 불을 창, 찰 창
Ⓐ zhǎng 動 ❶ 물이 붇다. 수위(水位)가 높아지다. ¶河里～水了｜강물이 불었다. ¶水～船高｜成 물이 불어나면 배도 높이 뜬다. ❷ 물가(物價)가 오르다＝〔涨价〕〔涨钱〕
Ⓑ zhàng 動 ❶ 팽창하다. 부피가 커지다. ¶膨péng～｜팽창하다. ¶豆子泡～了｜콩이 물에 불었다. ❷ 고조되다. 앙양되다. 가득차다. ¶她气得～红了脸｜그녀는 화가나서 얼굴이 빨개졌다. ¶热情高～｜열정이 드높아지다. ❸ 더 나오다. 초과하다. ¶～出两块钱｜2원이 더 나왔다. ¶钱花～了｜(돈을 써서) 예산이 초과하다. ¶把布一量, ～出了半尺｜천을 재 보니, 반 자나 더 나왔다.

Ⓐ zhǎng

【涨潮】zhǎng/cháo ❶ 動 만조(滿潮)가 되다. ¶大海～了｜바다가 만조가 되었다. ❷ (zhǎngcháo) 名 만조. 밀물 ‖→〔退tuì潮〕

【涨风】zhǎngfēng 名 (물가의) 등세(騰勢). 오름세.

4【涨价】zhǎng/jià 動 값이 오르다. ¶这回台风一过建筑材料又该～了｜이번 태풍이 지나가기만 하면, 건축 자재는 또 값이 오르겠지. ¶老百姓对～已适应了｜백성들이 가격 오름에 이미 적응하였다＝〔起价〕〔提价〕〔增价〕⇔〔下xià跌〕→〔跌diē价〕〔落luò价〕

【涨落】zhǎngluò ❶ 名 밀물과 썰물. 간만(干滿). ¶潮水的～｜조수의 간만. ❷ 名 (물가나 시세의) 등락. 오르고 내림. ¶价格的～｜가격의 등락. ❸ 動 (물가·수위(水位) 등이) 오르락 내리락하다. ¶行市～｜시세가 오르락 내리락 하다 ¶股价～太大｜주식 가격이 너무 오르락 내리락 한다. ‖＝〔涨跌diē〕

Ⓑ zhàng

【涨膨】zhàngpéng 動 붇다. 부풀다. 팽창하다＝〔膨péng涨〕

1【掌】zhǎng 손바닥 장, 맡을 장
❶ 名 손바닥. ¶鼓gǔ～｜박수치다. ¶～声↓ ¶易如反～｜손바닥을 뒤집듯이 쉽다. 식은 죽 먹기. ¶了如指～｜손금 보듯 환히 알다＝〔手掌〕〔巴bā掌〕 ❷ 名 轉 (짐승의) 발바닥. ¶脚～子｜발바닥. ¶鸭～｜오리 발바닥. ❸ (～儿) 名 구두창. ¶前～儿｜구두의 앞창. ¶后～儿｜구두의 뒷창. ❹ 名 편자. (말)굽쇠. ¶马～｜말편자. ¶钉～｜편자를 달다＝〔掌子(面)②〕 ❺ ⇨〔掌子(面)①〕 ❻ 動 손바닥으로 치다〔때리다〕. ¶～其频jiá｜손바닥으로 따귀를 때리다. ¶～嘴↓ ❼ 動 장악하다. 주관하다. ¶～兵权｜병권을 장악하다. ❽ 動 손으로 다루다. ¶～舵↓ ❾ 動 方 구두창을 수리하다. ¶～鞋｜구두창을 수리하다. ❿ 動 方 (기름·소금 등을) 치다. ¶～点酱油｜간장을 조금 치다. ⓫ 介 方 …을〔를〕〔표준어의「把」와 같이 쓰임〕 ¶～门关上｜문을 닫다. ⓬ (Zhǎng) 名 성(姓).

【掌案儿的】zhǎng'ànr·de 名組 옛날, 푸줏간에서 고기 써는 일을 하던 사람 ¶张师傅是～｜장씨는 백정이다＝〔掌刀儿的〕

【掌班(的)】zhǎngbān(·de) 名 ❶ 옛날, 극단이나 기원(妓院)의 관리인. ❷ 우두머리. 수령.

【掌鞭(的)】zhǎngbiān(·de) 名 方 마부 ¶老王是～｜왕씨는 마부이다＝〔赶gǎn车的〕

【掌灯】zhǎng/dēng 動 ❶ 손에 등불을 (켜)들다. ¶夜里在山间小道行走要～｜밤에 산속의 오솔길을 걸어갈 때는 등불을 가지고 가야 한다. ❷ 등불을 켜다. ¶天黑了, 该掌一盏zhǎn灯｜날이 아두워졌으니, 등불을 하나 켜야겠다. ¶还没到～的时候｜아직 등불을 때가 아니다.

【掌舵】zhǎng/duò ❶ 動 (배의) 키를 잡다. 喻 방향을 잡다〔정하다〕 ¶这事由老张～｜이 일은 장씨가 결정한다＝〔掌柁tuó〕〔把bǎ舵〕〔操cāo舵〕〔推tuī舵〕 ❷ (zhǎngduò) 名 조타수(操舵手). 키잡이＝〔掌舵的〕 ❸ 名 영도자. 지도자.

【掌骨】zhǎnggǔ 名〈生理〉장골. 손뼈.

【掌故】zhǎnggù 名 장고. 고실(故實). 전고(典故). 연혁(沿革). 역사적 사실. ¶文坛～｜문단의 연혁. ¶他很熟悉shúxī北京的～｜그는 북경의 역사적 사실에 매우 밝다.

4【掌管】zhǎngguǎn 動 관리하다. 맡아보다. 주관하다. ¶～财政｜재정을 관리하다. ¶各项事务都有专人～｜각 항의 사무는 전문가가 주관한다.

【掌柜(的)】zhǎngguì(·de) 名 ❶ 옛날, 상점의 주인. ¶内～｜안주인. ¶领东～｜지배인. ¶了lião事～｜지배인을 대리하여 일을 맡아보는 사람. ¶股份gǔfèn～｜이익 배당을 받는 지배인 →〔老lǎo板①〕 ❷ 俗 남편. ¶我们家～的｜우리 집 남편.

【掌权】zhǎng/quán 動 권력을 장악하다. 집권하다. ¶掌国家大权｜국가의 권력을 장악하다.

【掌上明珠】zhǎng shàng míng zhū 成 애지중지하는 딸 또는 매우 아끼는 물건〔사람〕. ¶夫妻俩爱女儿如～｜부부는 딸을 애지중지하고 있다＝〔掌上珠〕〔掌中珠〕〔掌珠〕

【掌勺儿】zhǎng/sháor 動 요리를 맡아하다. ¶～的｜요리사. 주방장. 주부〔해학적으로 쓰임〕 ¶他在饭店～｜그는 호텔에서 요리를 맡아한다.

3【掌声】zhǎngshēng 名 박수 소리. ¶～如雷｜우

Z

레와 같은 박수 소리. ¶~四起 | 박수 소리가 사방에서 들려오다.

1【掌握】zhǎng·wò 動❶ 파악하다. 정복하다. 숙달하다. 정통하다. ¶情况~得很清楚 | 상황을 아주 정확하게 파악했다. ¶~一门外国语 | 외국어 하나를 정복하다. ¶~技术 | 기술에 정통하다. ❷ 장악하다. 지배하다. 관리하다. 주관하다. ¶~党权 | 당권을 장악하다. ¶~自己的命运 | 자신의 운명을 스스로 장악하다. ¶~会议 | 회의를 주관하다.

【掌心】zhǎngxīn 名❶ 손바닥의 한 가운데. ❷ 喩 지배〔통제〕의 범위. ¶孙悟空跳不出如来佛的~ | 손오공은 석가 여래불의 손안을 벗어나지 못한다.

【掌印】zhǎng/yìn 動 도장을 관리하다. 轉 사무를 맡아보다. 일을 주관하다. 정권(政權)을 장악하다. ¶如今是共产党~ | 지금은 공산당이 정권을 장악하고 있다.

【掌灶(儿)】zhǎng/zào(r) 動 요리사가 음식을 맡아하다. ¶~的 | 요리사. 주방장→〔厨chú师〕〔灶儿上的〕

【掌子(面)】zhǎng·zi(miàn) 名❶〈鑛〉막장. ❷ (말굽의) 편자. 말굽쇠.

【掌嘴】zhǎng/zuǐ 動 손바닥으로 뺨을 치다. 따귀를 때리다 =〔⑥掌频jiá〕〔打嘴巴〕→〔巴bā掌②〕

zhàng ㄓㄤˋ

2【丈】zhàng 장 장, 길이 장
❶ 量〈度〉길이의 단위 [1「丈」은 10「尺」. 3.33미터] ❷ 動 (길이·면적 등을) 측량(測量)하다. ¶清~ | 자세히 측량하다. ¶那块地已经~完 | 저 토지는 이미 측량을 끝냈다. ❸ 名 옛날, 나이 지긋한 남자에 대한 존칭. ¶老~ | 영감. 남편. ¶金~ | 김노인. ❹ 名 (친족의) 남편. ¶姐~ | 형부. 자형. ¶姨~ | 이모부. ❺ 아내의 부모. ¶~人↓ ¶~母↓ ¶叔~ | 처삼촌→〔岳yuè父〕

【丈二和尚】zhàng'èr hé·shang 歇 1장 2척의 중의 머리(는 만져볼 수도 없다). 내막을 도저히 알 수 없다 [뒤에「摸不着头脑」가 오기도 함] =〔丈二金刚〕

2【丈夫】ⓐ zhàngfū 名 성년 남자. 사나이. 대장부. ¶大~ | 대장부. ¶~泪 | 사나이의 눈물. ¶要有一点~的气概qìgài | 대장부의 기개가 좀 있어야 한다. ¶~一言, 驷马难追 | 諺 장부 일언은 중천금이다. ¶~做事不二过 | 諺 사나이는 두번 실수하지 않는다.

ⓑ zhàng·fu 名 남편. ¶她死了~ | 그녀는 남편을 여의었다.

【丈量】zhàngliáng 動 땅을 측량하다. ¶~地亩 | 전답을 측량하다. ¶~宅基 | 택지를 측량하다.

【丈母】zhàng·mu 名❶ 書 부인 [나이 많은 여자에 대한 존칭] =〔伯bó母〕 ❷ 장모 =〔丈母娘〕

【丈人】ⓐ zhàngrén 書 名❶ 옛날, 노인에 대한 높임말. ❷ 가장. 주인. ❸ 남편 [옛날, 부인이 자기의 남편을 부르던 말] ❹ 할아버지.

ⓑ zhàng·ren 名 장인 ¶他~是医生 | 그의 장인은 의사이다 =〔岳yuè父〕

3【仗】zhàng 병장기 장, 기댈 장
❶ 名 병기(兵器). ¶明火执~ | 횃불을 켜고 무기를 손에 쥐다. 강도〔약탈〕질하다. ❷ 名 전쟁. 싸움. 시합. ¶这一~打得真漂亮 | 이번 시합은 정말 훌륭했다. ¶打~ | 전쟁을 하다. ¶败~ | 전쟁에 패하다. ❸ 動 기대다. 믿다. 의지하다. ¶~着大家的力量 | 여러 사람들의 힘에 의지하다. ¶狗~人势 | 成 개가 주인의 힘만 믿고 남을 위협하다. 세력을 믿고 설치다. ❹ 動 (무기를) 손에 잡다〔쥐다〕.

【仗胆(儿)】zhàng/dǎn(r) 動 마음을 든든하게 하다. 마음을 굳게 먹다. ¶~做下去吧! | 마음을 굳게 먹고 해봐라! ¶我~摸进地下室 | 나는 마음을 굳게 먹고 지하실로 더듬어 들어간다 =〔壮zhuàng胆(儿, 子)〕

【仗恃】zhàngshì 動 의지하다. 의존하다. 믿다. ¶~枪杆子威胁人 | 총으로 남을 위협하다.

【仗势】zhàng/shì 動 세력을 믿다. 세력에 의지하다. ¶他爱~欺瞒别人 | 그는 세력을 믿고 남을 잘 기만한다 =〔倚yǐ势〕

【仗义】zhàngyì 書 形❶ 정의(正義)를 좇아 행동하다. 정의를 받들다 =〔扶fú义〕 ❷ 의리를 지키다. ¶你们再要胡闹, 可别怪我不~ | 너희들이 다시 소란을 피우면 내가 의리를 지키지 않는다고 탓하지 마라. ¶老李一向很~ | 이형은 언제나 매우 정의롭게 행동한다.

【仗义疏财】zhàng yì shū cái 成 의를 중히 여기고 재물을 가볍게 보다. 자신의 재물을 내어 의로운 일을 하다 =〔疏shū财仗义〕

【仗义执言】zhàng yì zhí yán 成 정의를 위해 공정한 말을 하다.

3【杖】zhàng 지팡이 장
名❶ 지팡이. ¶扶~而行 | 지팡이를 짚고 가다. ❷ 막대기. ¶擀gǎn面~ | (밀가루 반죽 등을 미는) 밀방망이. ¶拿刀动~ | 칼이나 막대기를 휘두르다. 폭력·무력에 호소하다. ❸ 장형(杖刑) [곤장으로 치는 형(刑)으로 고대의 오형(五刑)의 하나]

【杖头木偶】zhàngtóu mù'ǒu 名組 인형극의 일종 [나무 막대로 인형을 조정함] ¶现在老金是~, 全由老王操纵cāozòng | 지금 김씨는 꼭두각시에 불과하며, 모든 것은 왕씨가 조종한다 =〔托tuō偶〕

【杖子】zhàng·zi ❶ ⇒〔障zhàng子〕 ❷ 名 울타리. 담 [장벽의 의미로 주로 지명에 쓰임] ¶大~ | 〈地〉대장자 [하북성(河北省)에 있음] ¶宋~ | 〈地〉송장자 [요녕성(遼寧省)에 있음]

1【长】zhàng ☞ 长 cháng Ⓒ

3【帐(帳)】zhàng 장막 장, 장부 장
名❶ (~儿) (장)막. 휘장. ¶蚊~ | 모기장. ¶床~ | 침대 휘장. ❷ 군영. 막사. ¶营~ | 막사. ¶中军~ =〔虎帐〕 | 본영. 사령부. ❸ 계산. 회계. 계산장부. ¶记~ | 장부에 기재하다. ¶结~ | 결산하다. ¶流水~ | 금전출납부 =〔账zhàng〕 ❹ 빚. 부채. ¶站~ | 빚을 지

다. ¶追～ | 빚을 독촉하다. ¶不认～ | 채무를 인정하지 않다. 자신의 잘못을 시인하지 않다 =〔账zhàng〕

【帐本(儿, 子)】zhàngběn(r·zi) ⇒〔帐簿〕

【帐簿】zhàngbù 名 장부(책) ¶硬面的～ | 하드커버로 된 장부책 =〔帐本(儿, 子)〕〔帐册〕

【帐册】zhàngcè ⇒〔帐簿〕

【帐单(儿, 子)】zhàngdān(r·zi) 名 계산서. 명세서 ¶购物的～ | 물품 구매 명세서 =〔帐目单〕〔帐条儿〕〔帐帖儿〕

【帐房(儿)】zhàngfáng(r) ❶ 名 옛날, 기업·지주 집안에서 회계를 맡아 보던 곳. 계산대. ¶做～ | 회계를 맡아 보다. ¶～员 | 회계원 =〔柜房(儿)〕〔柜上②〕 ❷ 名 俗 喻 사무실. ❸ 名 회계원. 경리. ❹ ⇒〔帐篷〕

【帐户】zhànghù 名 ❶ (계정) 계좌. 구좌. ¶在银行开立～ | 은행에 계좌를 개설하다. ¶销xiāo了～ | 계좌를 없애다. ❷ 거래(선). ❸ 계정 과목. 수입 지출의 명세.

【帐目】zhàngmù 名 ❶ 장부의 항목. 계정 과목. 계정 계좌 ¶～清楚 | 장부의 항목을 분명히 하다 =〔帐面(儿)〕〔方 帐头(儿)①〕 ❷ 장부의 계산. 회계. ¶清理～ | 장부 계산을 청산하다. ¶定期公布～ | 정기적으로 회계를 공고하다. ¶～公开 | 회계 공고. ¶银钱～的事 | 회계 사무.

【帐幕】zhàngmù ⇒〔帐篷péng〕

【帐篷】zhàng·péng 名 장막. 천막. 텐트(tent). ¶搭～ | 천막을 치다. ¶拆chāi～ | 천막을 걷다 ¶他们住在～里 | 그들은 천막 안에서 산다 =〔帐房fáng(儿)④〕〔帐幕mù〕〔帐棚péng〕

【帐主(儿, 子)】zhàngzhǔ(r·zi) 名 方 빚쟁이. 채권자→〔债zhài主(儿, 子)〕

【帐子】zhàng·zi 名 ❶ (침대 또는 방안에 치는) 휘장. ❷ 모기장 ¶天热了, 蚊子也多了, 该挂～了 | 날씨가 더워져, 모기도 많아지자, 꼭 모기장을 쳤다 =〔蚊wén帐〕

3【胀(脹)】zhàng 배부를 창
動 ❶ 늘어나다. 팽창하다. ¶热～冷缩 | 뜨거워지면 팽창하고 차워지면 수축한다 ⇔〔缩suō〕 ❷ 불러오다. 부풀다. 몸이 편안치 않다. ¶肚子～ | 배가 부르다. ¶头昏脑～ | 머리가 어질어질하고 띵하다 ‖ →〔涨zhàng〕

【胀痛】zhàngtòng 名 소화 불량 등으로 생기는 창만(脹滿) 통증. ¶肚子～ | 배에 창만 통증이 있다.

【账(賬)】zhàng 장부 장
「帐」과 같음 ⇒〔帐zhàng③④〕

2【涨】zhàng ☞ 涨 zhǎng B

3【障】zhàng 막을 장
❶ 막다. 방해하다. ¶～碍↓ ❷ 막이. 병풍. 장애물. ¶屏～ | 병풍. ¶风～ | 바람막이. ¶～子↓ ❸ 지키다. 보장하다. ¶保～人民的幸福生活 | 국민의 행복한 생활을 보장하다 =〔幛②〕

3【障碍】zhàng'ài ❶ 名 장애(물) ¶扫清～ | 장애를 깨끗이 제거하다. ¶没有不可逾越的～ | 뛰어넘지 못할 장애는 없다. ¶～物 | 장애물. ¶语言～ | 언어 장애. ❷ 動 방해하다. 막다. ¶我们的事业任何人～不了 | 우리의 사업은 어느 누구도 방해할 수 없다 ‖ 어법 「障碍」는 동사로 쓰일 때 「阻zǔ碍」보다 적게 쓰임. 명사로 쓰일 때는 「障碍」는 주로 「排除·扫清」등과 어울리고, 「阻碍」는 주로 「克服·减少」등과 어울림. 「障碍」는 조어력이 있어 「障碍物」등 단어를 파생시킬 수 있지만 「阻碍」는 불가능함.

【障碍赛跑】zhàng'ài sàipǎo 名組 〈體〉 장애물 경주 ¶参加～ | 장애물 경주에 참가하다 =〔障碍竞走〕

【障蔽】zhàngbì 書 動 장폐하다. 덮(어서 숨기)다. 막다. 가리다. ¶～视线 | 시선을 가리다.

【障眼法】zhàngyǎnfǎ 名 속임수. ¶玩弄～ | 속임수를 쓰다 ¶王师傅使的是～ | 왕사부가 부리는 것은 속임수이다 =〔遮zhē眼法〕

【障子】zhàng·zi 名 (울)바자. 파자. 울타리 역할하는 군생(群生)의 관목. ¶篱笆～ | 울바자. ¶灰砖高墙的下边, 是柳树～ | 회칠한 높은 벽돌담 아래에는 버드나무 울타리가 있다 =〔杖子①〕

【嶂】zhàng 산봉우리 장
書 名 병풍처럼 둘러선 험한 산봉우리. ¶连～ | 연이어 솟은 산봉우리.

【幛】zhàng 포백 장, 만장 장
❶ (～子) 名 축하 또는 애도의 글을 쓴 포백〔기〕. ¶喜～ | 경축의 글을 붙인 포백. ¶寿～ | 생일축기. ¶挽wǎn～ | 만장. ❷ 「障」과 통용 ⇒〔障zhàng③〕

【幛子】zhàng·zi 名 축하 또는 애도의 글을 써 붙인 기.

【瘴】zhàng 장기 장
名 장기. 장독 [축축하고 더운 땅에서 생기는 독기(毒氣). 「青草瘴」「春瘴」(음력 2·3월의 장기)·「黄梅瘴」(음력 4·5월)·「新水瘴」(음력 6·7월)·「黄茅瘴」(음력 8·9월) 등이 있음] ¶～雨蛮mán烟 | 장기를 머금은 비와 연기. 남방(南方)의 매우 나쁜 기후 =〔瘴气〕

【瘴疠】zhànglì 名 〈漢醫〉 장려 [주로 아열대의 습지대에서 발생하는 악성 말라리아 등의 전염병]

【瘴气】zhàngqì 名 장기. 장독 [축축하고 더운 땅에서 나는 독기. 옛날부터 「瘴疠lì」(장려)의 원인으로 여겨 왔음] ¶～弥满mímǎn | 장기가 가득하다.

zhāo ㄓㄠ

【钊(釗)】zhāo 힘쓸 조/소, 사람이름 교, 쇠 쇠
❶ 書 動 노력하다. 힘쓰다. ❷ 書 形 멀다. ❸ (Zhāo) 名 성(姓).

2【招】zhāo 부를 초, 구할 초, 들 교
❶ 動 손짓하다. 손을 흔들다. ¶把手一～, 他就来了 | 손짓을 했더니, 그는 바로 왔다. ❷ 動 (광고·통지 등의 공개적 방법으로) 모집하다. 모으다. ¶～收学生 | 학생을 모집하다. ¶～集↓ ❸ 動 (주로 좋지 않은 것을) 불러 일으키다. 야기하다. 자아내다. ¶～事↓ ¶～人疑惑 |

Z

남의 의혹을 사다. ¶~人的笑儿 | 사람들의 웃음을 자아내다→〔惹rě③〕 ❹ 動 (좋지 않은 사물이) 꾀어들다. 달라붙다. ¶~苍蝇 | 파리가 꾀어들다. ¶~狂蜂浪蝶 | (딸에게) 신통치 않은 상대가 생기다. ❺ 動 건드리다. 집적거리다. 어법 주로 부정문에 씀. ¶这个人不讲道理, 别~他 | 이 사람은 사리를 전혀 모르는 사람이니 그를 건드리지 마라. ¶这孩子爱哭, 别~他 | 이 아이는 울기를 잘하니, 건드리지 마라→〔惹②〕 ❻ 動 사랑·미움 등 감정의 반응을 일으키다. 어법 주로 겸어문으로 쓰임. ¶这孩子~人喜欢 | 이 아이는 사람들의 귀여움을 받는다. ¶别~人讨厌tǎoyàn | 남의 미움을 사지 마라. ❼ 動 方 전염하다. ¶这病~人 | 이 병은 사람에게 전염된다. ❽ 動 자백하다. ¶不打自~ | 고문하지 않았는데 자백하다. ¶犯罪事实他都~出来了 | 범죄 사실을 그가 모두 자백했다. ❾ 動 교제하다. 상대하다. ¶谁也不肯~他 | 아무도 그와 교제하려 들지 않다. ❿ 動 (양념을) 치다. ¶再~点儿醋吧 | 식초를 좀 더 쳐라. ⓫ 書 動 높이 치켜 들다. 펄럭이다. ⓬ (~儿) 名 (간판 등의) 이목을 끌기 위한 표지(標識). ¶布~ | 광고 깃발. ¶~牌↓ ⓭ (~儿) 名 (바둑·장기의) 수 ¶高~儿 | 고수. 묘수. ¶别支~儿 | 훈수 두지 마시오 =〔着zhāo①〕 ⓮ (~儿) 名 계책. 수단. 방법. ¶使~儿 | 한 수 쓰다. ¶没~儿 | 방법이 없다 =〔着zhāo②〕 ⓯ (Zhāo) 名 성(姓).

【招安】zhāo'ān 動 속임수로 꾀여 투항하게 하다. 귀순시키다. ¶皇帝~, 宋江便归顺了朝廷 | 황제가 투항하도록 속임수로 사면하여 송강이 조정에 귀순했다. ¶梁山农民起义军已经接受~ | 양산의 농민의병대는 이미 무마용 사면을 받아들였다 =〔招抚fǔ〕

【招标】zhāo/biāo 動 입찰 공고를 하다. 청부 입찰자를 모집하다 ¶~拍卖 | 입찰 공고를 하여 경매하다 =〔招票piào〕

【招兵】zhāo/bīng 動 병사를 모집하다.

【招兵买马】zhāo bīng mǎi mǎ 成 군사력을 증강시키다. 인원을 조직 확충하다. 전쟁 준비를 하다 ¶中国正在~ | 중국은 군사력을 증강중이다 =〔招兵聚将jiàng〕〔招军买马〕

【招财进宝】zhāo cái jìn bǎo 成 남의 돈벌이를 축원하는 상서로운 말.

2【招待】zhāodài 動 환대하다. 초대〔초청〕하여 접대하다. 대접하다. ¶外宾来了, 要派人~ | 외국 손님이 왔으니 사람을 보내 환대해야 한다. ¶~了三天 | 삼일 동안 대접하다. ¶~他一顿饭 | 그에게 식사 한끼를 대접하다. ¶~你们看电影 | 너희들에게 영화 관람을 시켜주다. ¶谢谢你们的热情~ | 당신들의 열렬한 환대에 감사합니다. ¶你去~~女宾 | 네가 가서 여자 손님을 좀 접대해라. ¶~费 | 접대비.

2【招待会】zhāodàihuì 名 초대회. 연회. 환영회. 리셉션(reception). ¶冷餐~ | 뷔페 리셉션. ¶国庆~ | 국경절 리셉션. ¶记者~ | 기자 회견. ¶电影~ | 영화 감상회.

【招待所】zhāodàisuǒ 名 ❶ (관공서·공장 등의) 숙박 시설〔접대소〕. ¶住在~ | 초대소에서 머물다. ❷ (홍콩의) 간이 숙박소.

【招风】zhāo/fēng 動 ❶ 남의 주목을 끌어 문제를 일으키다. 말썽을 일으키다. 비난이 커지다. ¶树大~ | 가지 많은 나무에 바람 잘 날 없다. ¶地位一高就越发~ | 지위가 높아지면 비난도 많이 받게 된다. ¶你这样好出头露面, 容易~惹rě事 | 너 이렇게 나서기를 좋아하면, 쉽게 말썽꺼리가 될꺼다. ❷ 書 바람을 일으키다.

【招风耳】zhāofēng'ěr 名 俗 바깥쪽으로 튀어나온 귀. ¶他天生一对~ | 그는 선천적으로 바깥으로 튀어나온 귀 한쌍을 지녔다.

【招抚】zhāofǔ ⇒〔招安ān〕

【招工】zhāo/gōng 動 일꾼〔직공〕을 모집하다. ¶到农村~ | 농촌에 가서 일꾼을 모집하다.

【招供】zhāo/gòng 動 (범인이) 자백하다. 자인하다. ¶他最后还是~了 | 그가 최후에는 이처럼 자백했다.

【招股】zhāo/gǔ 動 주식(株式)을 모집하다. ¶~章程 | 주식 모집 규정 =〔集jí股〕〔募mù股〕

2【招呼】zhāo·hu 動 ❶ 부르다. ¶他在大声~你呢 | 그가 큰 소리로 너를 부르고 있다. ¶你~他快过来 | 그가 빨리 오도록 불러라. ❷ 분부하다. 지시하다. 알리다. 통지하다. ¶听我~就行啦! | 나의 지시대로 하면 되는 것이다. ¶他来了, 给我打个~ | 그가 오면, 나에게 알려다오. ❸ 시중들다. 돌보다. 접대하다. ¶医院里对病人~得很周到 | 병원에서는 환자들을 매우 빈틈없이 돌보아 준다. ¶他亲自~病人吃药 | 그가 직접 환자가 약을 먹는 것을 돌본다 =〔招扶fú〕 ❹ 인사하다. 안부를 묻다. 아는 체하다. ¶进门先~爷爷 | 안에 들어가 먼저 할아버지께 인사하다. ¶他向我~了一声 | 그는 나에게 인사를 한마디 건넸다. ¶因为没有工夫说话就打个~就去了 | 말할 틈이 없어서 인사만 하고 떠났다. ❺ 方 조심하다. 주의하다. ¶小心开车, ~撞车 | 추돌하지 않도록 조심스럽게 운전해라. ❻ 완력을 겨루다. 싸우다. 다투다. ¶他们俩碴chá了, ~上了 | 그 두 사람은 이야기가 결렬되어 싸우게 되었다. ❼ 하다. 당하다 [「来lái」「弄nòng」 등의 뜻으로 쓰임] ¶他们俩拿起木棍闹着玩儿要打, 不料真~上了 | 그들 두 사람은 막대기를 들고 장난하다가, 뜻밖에 정말로 때리고 말았다.

【招魂】zhāo/hún 動 죽은 사람의 혼을 불러오다. 멸망한 것을 부활시키다 [주로 비유적으로 많이 쓰임]

【招集】zhāojí 動 소집하다. 집합시키다. 모집하다. ¶把大家~起来 | 모두를 집합시키다. ¶~股东gǔdōng开股东大会 | 주주(株主)를 소집하여 주주 총회를 열다 =〔招聚jù〕→〔召zhào开〕

【招架】zhāojià 動 ❶ 당해내다. 막아내다. 저항하다. 상대하다. ¶很难~ | 매우 상대하기 힘들다. ¶~不住这样强大的攻势 | 이렇게 강한 공세를 당해낼 수 없다. ❷ 近 일정하다. 승인하다. 승복하다. ❸ 近 대응하다. 대꾸하다. 아는 체 하다.

【招考】zhāo/kǎo 動 시험을 쳐서 모집하다. ¶~新生 | 신입생을 시험쳐서 모집하다.

【招来】zhāolái 動 초대하(여 모으)다.

【招徕】zhāolái 書 動 불러들이다. 끌다. 어법「招徕」과「招揽」은 주로「顾客·游客·观众」등 사람에 대해 쓰이나,「招徕」만「生意」와는 결합하지 않음. ¶～顾客 | 고객을 불러들이다→〔招揽lǎn〕

【招揽】zhāolǎn 動 불러들이다. ¶～主顾 | 단골 고객을 끌다. ¶把生意～过来 | 장사를 잘되게 하다→〔招徕〕

【招领】zhāolǐng 動 ❶ (공고하여) 잃어버린 물건을 찾아가게 하다. ¶～失物 | 유실물을 공고하다. ¶失(拾)物～处 | 유실물 보관소. ¶迷路儿童～处 | 미아 보호소. ❷ 공시하여 불하(拂下)하다.

【招猫逗狗】zhāo māo dòu gǒu 動組 고양이를 건드리고 개를 놀리다. 喩 (어린애와 같은) 익살을 부리다. 짓궂게 장난치다. ¶他就喜欢～ | 그는 짓궂게 장난치기를 좋아한다.

【招募】zhāomù 動 (사람을) 모집하다. ¶～学生 | 학생을 모집하다＝〔召zhào募〕

【招女婿】zhāo nǚ·xu 動組 데릴사위를 맞아들이다. ¶舍不得把女儿嫁jià出去, 只好～ | 딸을 시집보내가기 섭섭하면, 데릴사위를 들이는 수밖에 없다＝〔招门纳婿〕〔招婿〕〔招赘zhuì〕→〔入赘〕〔小人儿②〕

【招牌】zhāo·pai 名 ❶ 간판. ¶金字～ | 금분(今粉)으로 쓴 간판. ¶挂～ | 간판을 내걸다. ❷ 喩 貶 빌린 어떤 명목(名目)이나 호칭. 어법 주로「打·挂」등 동사의 목적어로 쓰임. ¶这家伙打着记者的～, 到处招摇撞骗 | 이 녀석은 기자를 사칭하고 도처에서 남들을 현혹해 사기를 치고 다닌다. ¶挂着爱国者的～的叛徒pàntú | 애국자라는 가면을 쓴 반역자. ❸ 喩 얼굴. 장기(長技). ¶她～好 | 그 여자는 곱게 생겼다. ¶这首是他的～歌 | 이 노래는 그의 장기이다. ❹ 喩 체면. 명예. ¶砸zá～ | 명예를 떨어뜨리다＝〔摔shuāi牌〕❺ (연극 등의) 포스터.

【招盘】zhāopán 動 상점의 집기·상품 등을 통째로 양도하여 경영을 계속하게 하다＝〔召盘〕

4【招聘】zhāopìn 動 (공모(公募)의 방식으로) 초빙〔초대〕하다. ¶～专家 | 전문가를 초빙하다. ¶～各种人才 | 각 방면의 인재를 초빙하다.

【招亲】zhāo/qīn 動 ❶ 데릴사위를 삼다. ¶张家想给女儿～ | 장씨 집안에서 데릴사위를 삼으려 한다. ❷ 데릴사위가 되다. ¶小金打算～到李家去 | 김군은 이씨 집안에 데릴사위로 들어가려 한다. ❸ 부모의 동의나 중매 없이 몰래 결혼하다.

【招儿】zhāor ❶ 名 생각. 방법. 계획. ¶好～ | 좋은 생각. 좋은 수. ¶花～ | 교묘한 방법. 악랄한 수단. ❷ 名 책략＝〔着儿〕❸ ⇒〔招贴tiē〕❹ 名 간판.

【招惹】zhāo·re 動 ❶ 일으키다. 야기(惹起)하다. ¶～是非 | 시비를 야기하다. ¶你不管也好, 免得～麻烦 | 네가 상관하지 않는 것도 좋겠지, 괜히 번거로운 일을 만들지 않을 수 있을테니. ❷ 方 건드리다. 집적거리다. 놀리다 어법 주로 금지나 부정문에 쓰임. ¶这个人可～不得 | 이 사람은 정말 건드리면 안된다. ¶没人～他, 不知道他生谁的气 | 아무도 그를 건드리지 않았는데 그는 누구 때문에 화가 났는지 모르겠다. ¶你最好别～他 | 가장 좋기는 그를 건드리지 않는 거야＝〔勾gōu惹〕〔沾zhān惹〕❸ (웃음·화·눈물 등을) 유발하다.

【招人喜爱】zhāorén xǐ'ài 動組 남에게 사랑받다. (무엇인가로) 모두의 호감을 사다. ¶这小孩长得～ | 이 어린 아이는 호감을 갖게 생겼다.

【招认】zhāorèn 動 죄를 인정하다. 자백하다. ¶始终他不肯～ | 끝내 그는 자백하려 하지 않는다. ¶他的罪行基本上都～了 | 그는 죄행을 기본적으로 다 자백했다＝〔招承chéng〕

【招商】zhāoshāng 動 상인을 모으다. ¶～集股 | 상인으로부터 주식을 모으다. ¶～承领 | 상인에게 불하하다. ¶～承办 | 상인에게 청부를 주다.

4【招生】zhāo/shēng 動 簡 (학교가) 신입생을 모집하다〔「招考新生」의 약칭〕¶～广告 | 학생 모집 광고. ¶～简章 | 신입생 모집 요강. ¶～名额 | 학생 모집 정원. ¶～制度 | 학생 모집 제도.

【招事】zhāo/shì 動 말썽을 자초하다. ¶他爱多嘴, 好～ | 그는 말이 많아서, 화를 잘 자초한다＝〔惹rě事〕

4【招收】zhāoshōu 動 (학생·견습공 등을) 모집하다. 받아들이다. ¶～新生 | 신입생을 모집하다.

3【招手(儿)】zhāo/shǒu(r) 動 손짓하며 부르다. 손을 흔들다. ¶他～叫我了 | 그는 손짓하며 나를 불렀다. ¶～致捏 | 손을 흔들어 인사를 보내다＝〔点diǎn手(儿)〕

【招术】zhāoshù 名 수단. 방법. ¶坏～ | 나쁜 수단. ¶老王的～多着呢 | 왕씨의 방법은 많이 있다.

【招贴】zhāotiē 名 (벽 등에 붙여진) 광고. 포스터. 벽보. ¶墙上有一张～ | 벽에 벽보가 한장 붙어 있다. ¶不准zhǔn～ | 광고〔벽보〕를 붙이지 마시오.

【招贴画】zhāotiēhuà 名 선전용 그림. 포스터(poster)＝〔宣xuān传画〕

【招贤纳士】zhāo xián nà shì 成 인재를 끌어들이다. 지식인들을 모으다. ¶他善於～ | 그는 인재를 잘 끌어모은다.

【招降】zhāo/xiáng 動 투항(投降)을 권유하여 받아들이다.

【招降纳叛】zhāo xiáng nà pàn 成 貶 악당들을 긁어모아 패거리를 만들다.

【招笑儿】zhāo/xiàor 動 京 사람을 웃기다. 웃음을 자아내다. ¶并没有新鲜～的 | 참신하고 웃음을 자아낼 만한 것이 별로 없다.

【招眼】zhāo/yǎn 動 남의 이목을〔주의를〕끌다. ¶他的打扮与众不同, 很～ | 그의 옷차림은 특이해서 매우 이목을 끈다.

【招摇】zhāoyáo 動 의도적으로 자신을 과시하여 남의 이목을 끌다. ¶这件事铺张pūzhāng起来太～, 还是简单着办好 | 이 일을 지나치게 꾸미면 너무 이목을 끌게 되니까 역시 간단하게 처리하는 것이 좋겠다.

【招摇过市】zhāo yáo guò shì 成 많은 사람들 앞에서 눈을 끌기 위해 자신을 과시하다. ¶县长带着护兵～ | 현장이 호위병을 거느리고 과시하며 시내를 지나가다.

Z

【招摇撞骗】zhāo yáo zhuàng piàn 成 명의를 사칭하여 허장 성세로 사기를 치고 다니다.
【招引】zhāoyǐn 動 ❶ (몸짓·소리·색·냄새·맛 등으로) 꾀어 들이다. 유혹하다. 꾀(어내)다. ¶灯光～蛾子 | 불빛이 나방을 불러들인다. ¶用饵ěr～ | 미끼로 꾀어 내다. ¶他用玩具～孩子 | 그는 장난감으로 아이들을 꾀어 들인다. ❷ 부르다. 초대하다. ¶～宾客 | 손님을 초대하다.
【招灾】zhāo/zāi 動 재난을 초래하다. ¶这样做会～的 | 이렇게 하면 재난을 초래할 것이다.
【招展】zhāozhǎn 動 펄럭이다. 나부끼다. 어법 「招展」은 주로 깃발이 공중에서 흔들리며 사람의 주목을 끄는 것을 강조하는 반면, 「飘piāo动」은 깃발·연기·종이 등이 공중에서 흔들리거나 가볍게 이동하는 것을 말하나 사람의 주목을 끄는 데 초점이 있는 것은 아님. ¶旗杆上有奥林匹克会旗迎风～ | 깃대 위에는 올림픽기가 바람에 펄럭이고 있다. ¶花枝～ | 成 (부인이) 화려하게 치장하다.
【招致】zhāozhì 書 動 ❶ (사람을) 불러 모으다. ¶～人才 | 인재를 불러모으다 ＝〔招延yán〕 ❷ (나쁜 결과를) 일으키다. 초래하다. 어법 주로 동사(구)를 목적어로 취함. ¶由于疏忽大意, ～严重损失 | 소홀하고 세심하지 않아서 심각한 손실을 초래했다. ¶～意见分歧 | 의견의 불일치를 초래하다.
【招赘】zhāozhuì ⇒〔招女婿xù〕
【招租】zhāozū ❶ 動 (집 등을) 세놓다. ¶吉房～ | (재수) 좋은 셋집 있음. ¶这几间房～吧 | 이 방 몇 간을 세놓다. ❷ 名 (가옥 등의) 임대 광고 ‖ ＝〔召zhào租〕

【昭】 zhāo 밝을 소
❶ 뚜렷하다. 현저하다. 환하다. ¶～著↓ ¶～示↓ ❷ (Zhāo) 名 성(姓).
【昭然】zhāorán 書 狀 매우 분명하다.
【昭然若揭】zhāo rán ruò jiē 成 (진상이) 완전히 드러나다. ¶他们的罪行, ～ | 그들의 죄행이 완전히 드러났다.
【昭示】zhāoshì 書 動 명시하다. 공시하다. 선포하다. ¶～全国 | 전국에 선포하다.
【昭雪】zhāoxuě 書 動 억울한 누명을 벗고 명예를 되찾다. 어법 주로 「平反(오류를 바로잡다)」와 같이 쓰임. ¶凡属冤案yuān'àn, 都应平反～ | 억울한 사건인 것은 모두 바로잡아 누명을 벗기고 명예를 되찾아 주어야 한다. ¶～了几十年的冤案 | 수십년 동안의 억울한 소송 사건이 밝혀졌다.
【昭彰】zhāozhāng 書 形 뚜렷하다. 분명하다. ¶罪恶～ | 成 죄상이 아주 뚜렷하다. ¶天理～ | 成 자연의 이치가 분명하다 ＝〔明显xiǎn〕〔显著zhù〕
【昭著】zhāozhù 形 현저하다. 뚜렷하다. ¶功绩～ | 공적이 현저하다. ¶臭名chòumíng～ | 成 악명이 높다.

【晁】 zhāo ☞ 晁 cháo B

【啁】 zhāo zhōu 울 조, 새소리 주
A zhāo ⇒〔啁哳〕
B zhōu ⇒〔啁啾〕
A zhāo
【啁哳】zhāozhā 書 形 재잘재잘하다. 소리가 번잡스럽고 자잘한 것을 형용하는 말 ＝〔嘲zhāo哳〕
B zhōu
【啁啾】zhōujiū 擬 짹짹[새 우는 소리] ¶小鸟儿～ | 작은 새가 짹짹거리다.

1【朝】 zhāo ☞ cháo B

【嘲】 zhāo ☞ 嘲 cháo B

1【着】 zhāo ☞ 着 ·zhe D

2【著】 zhāo ☞ 著 zhù C

zháo ㄓㄠˊ

1【着】 zháo ☞ 着· zhe C

2【著】 zháo ☞ 著 zhù D

zhǎo, ㄓㄠˇ

【爪】 zhǎo zhuǎ 손톱 조
A zhǎo 名 ❶ (사람의) 손톱. 발톱. ❷ (동물의) 발톱. 발. ¶张牙舞～ | 成 어금니를 드러내고 발톱을 휘두르다. 맹수처럼 난폭하고 흉악하다. ¶鹰的～很尖锐jiānruì | 매의 발톱은 아주 뾰족하고 날카롭다.
B zhuǎ 名 ❶ (～儿, ～子) 날카로운 발톱이 있는 짐승의 발. ¶鸡～子 | 닭발. ¶狗～儿 | 개발. ❷ (～儿) 짐승의 발처럼 생긴 것. ¶这个锅guō有三个～儿 | 이 솥은 발이 셋 달렸다. ❸ 〈機〉 기계의 손. 래치트(ratchet). ¶绞车～ | 권양기〔윈치〕의 래치트. ¶弹簧～ | 스프링의 훅.
A zhǎo
【爪哇】Zhǎowā 名 ❶ 外 〈地〉 자바(Java)
【爪哇猿人】Zhǎowā yuánrén 名組 〈考古〉 자바(Java) 원인 [1981년 인도네시아 자바섬에서 발견된 구석기시대 원인. 세계에서 가장 먼저 발견된 원인 화석]
【爪牙】zhǎoyá 名 ❶ (짐승의) 발톱과 이빨. ❷ 喻 (악인의) 앞잡이. 수하. 부하. ¶这个地头蛇手下有许多～, 干尽了伤天害理的事 | 이 지역 깡패 두목 밑에는 패거리들이 많아서 온갖 나쁜 짓은 다 한다. ¶充当资本家的～ | 자본가의 앞잡이가 되다 ‖ ＝〔牙爪〕
B zhuǎ
【爪尖儿】zhuǎjiānr 名 〈食〉 족발. ¶红烧～ | 간장·설탕 등으로 양념을 하여 삶은 족발.
【爪儿】zhuǎr 名 口 ❶ 작은 짐승의 발. ❷ 喻 (기물의) 다리. ¶一根～折shé了 | 다리 하나가 부러졌다. ¶三～锅 | 세 발 달린 솥.
4【爪子】zhuǎ·zi 名 口 짐승의 발. ¶猫～ | 고양이 발. ¶鸡～ | 닭발.

1【找】zhǎo 찾을 조
動❶찾다. 구하다. ¶～东西｜물건을 찾다. ¶～工作｜일거리를 찾다. ❷방문하다. ¶～朋友｜친구를 방문하다. ¶你～谁呀?｜누구를 찾으십니까? ❸부족한 것을 채우다. ¶～补↓ ❹거슬러 주다. 남은 것을 돌려주다. ¶～给你五块钱｜5원을 너에게 거슬러주다. ¶～不出来｜돈을 거슬러 줄 수 없다. ❹자초하다. 스스로 자진해서 부닥치다. ¶自～苦吃｜사서 고생하다. ¶自～死路｜죽음을 자초하다.

【找别扭】zhǎo biè·niu 動組 곤란한 문제를 마구 일으키다. 귀찮게 하다. 시끄럽게〔언짢게〕굴다. ¶别跟他～｜그를 귀찮게 하지 마라. ¶自～｜거북한 일을 자초하다.

【找病】zhǎo/bìng 動❶사서 고생하다. 부질없는 고생을 하다. ¶这岂不是～吗?｜이 어찌 사서 고생하는 일이 아니겠는가? ❷트집을 잡다. ¶他竟找我的病｜그는 언제나 내게 트집을 잡는다.

【找补】zhǎo·bu 動 보충하다. 채워 넣다. ¶钱不够可以～点儿｜돈이 모자라면 좀 보태줄 수 있다. ¶这段文章的意思不够完整, 要～几句｜이 단락은 글의 뜻이 완전히 정리되지 않았으니, 몇 마디를 더 보태야 한다. ¶话没说完, 还得～几句｜말을 다 못했으니 몇 마디 더 보충해야겠다.

【找茬儿】zhǎo/chár 動 고의로 남의 흠을 찾다. 트집을 잡다. ¶没茬儿～｜생트집을 잡다 ¶他爱～｜그는 트집잡기를 좋아하다＝〔找碴chá儿〕

【找倒霉】zhǎo dǎoméi 動組 불운을 자초하다. ¶不是～吗?｜불운을 자초하는 것이 아니냐?

【找对象】zhǎo duìxiàng 動組 (결혼) 상대를 찾다. 배우자를 찾다 ¶小儿子也到了～的年龄了｜작은 아들도 상대를 찾아야할 나이가 되었다→〔找主儿①〕

【找缝子】zhǎo fèng·zi 動組 ❶트집 잡을 구실을 찾다. ¶～打架｜트집을 잡아 싸움을 하다. ❷틈을 엿보다〔노리다〕. ¶患难中～才逃出来了｜어려움 속에서 틈을 엿보아 겨우 도망쳐 나왔다 ‖＝〔找岔子〕〔找空子〕→〔找茬儿〕

【找回】zhǎohuí 動❶되돌리다. 회복하다. ¶把丢了的体面～来｜잃었던 체면을 회복하다. ❷거스름돈을 받다〔내다〕. ¶给十块的票子～七毛钱毛票了｜10원짜리를 주고 70전을 거슬러 받았다.

【找借口】zhǎo jièkǒu 動組 구실을 찾다. ¶找各种借口不来上课｜여러가지 구실을 이유로 하여 수업에 나가지 않다. ¶她很会～｜그녀는 구실을 잘 찾는다.

【找麻烦】zhǎo má·fan 動組 ❶(스스로) 골칫거리를 만들다. ¶别自己～｜스스로 골칫거리를 만들지 마라. ❷귀찮게 하다. 폐를 끼치다. ¶对不起, 给你们～了｜미안합니다, 여러분들을 귀찮게 해 드렸군요.

【找平】zhǎopíng 動 (벽돌을 쌓거나 대패질을 할 때) 표면을 고르게〔평평하게〕하다. ¶右手边儿还差两层砖zhuān, 先～了再一起往上砌｜오른쪽에 아직 벽돌 두충이 모자라니 먼저 평평히 한 뒤 쌓아 올리자.

【找婆家】zhǎo pójiā 動組 시집갈 집〔짝〕을 찾다 ¶快给闺guī女～吧｜처녀에게 빨리 시집갈 짝을 찾아줘라＝〔找门儿亲事〕

【找齐(儿)】zhǎoqí(r) 動❶고저(高低)나 장단(長短)을 고르게 하다. 가지런하게 하다. ¶篱笆lí bā编成了, 顶上还要～｜울타리는 다 엮었는데, 꼭대기를 좀 더 가지런하게 해야겠다. ❷보충〔보완〕하다. ¶今天先给你一部分, 差多少明天～｜오늘 우선 일부분을 주고, 모자라는 것은 내일 보충해 주겠다.

【找钱】zhǎo/qián ❶動 거슬러 주다. ¶～给我｜거스름돈을 주시오. ❷動 돈을 마련하다. ❸(zhǎoqián) 名 거스름돈 ¶我忘了拿～｜나는 거스름돈 가져가는 것을 잊었다＝〔找头①〕

【找事】zhǎo/shì 動❶일자리를 찾다. 직업을 구하다. ¶他每天出去～做｜그는 매일 나가 일자리를 찾는다. ❷트집을 잡다. 고의로 문제를 일으키다. ¶没事～｜생트집을 잡다. ¶你别给我～了｜너는 내게 트집을 잡지마라.

【找死】zhǎosǐ 動 스스로 죽음을 자초하다. 죽는 길을 택하다 [주로 한탄하거나 욕을 할 때 쓰는 말] ¶他老不戒烟jiēyān, 这不是～吗?｜그는 줄곧 아편을 끊지 않는데 이는 죽음을 자초하는 것이 아니겠는가? ¶你～吗!｜너 죽고 싶어!

【找台阶(儿)】zhǎo táijiē(r) 動組 喩 기회를 찾다. 빠져나갈 길을 모색하다. 모면할 방도를 찾다. ¶这样他势成骑虎, 不过要找个台阶儿下｜이처럼 그는 범을 탄 듯 불안한 입장이어서, 어떻게든 기회를 잡아 빠져나가려 하고 있다.

【找头】zhǎo·tou 名❶거스름돈. ¶这是给你的～｜여기 거스름돈이 있습니다. ❷여분의 이익. ¶这里头有点儿～呢｜여기에 여분의 이익이 조금 있다.

【找寻】ⓐzhǎoxún 動 찾다. ¶城里城外～遍了也没有～到｜도시 안팎을 다 뒤져보았지만 찾지 못했다. ¶～真理｜진리를 추구하다. ¶～走失的孩子｜실종된 아이를 찾다＝〔寻找〕
ⓑzhǎo·xun 動 方 고의로 결점을 들추어 내어 난감하게 만들다. 트집을 잡다. ¶大家并没再～他｜모두들 더 이상은 그에게 트집을 잡지 않았다.

【找主儿】zhǎo/zhǔr 動 方 ❶신랑감을 구하다. ¶她都二十好几了, 也该找个主儿啦｜그녀도 스무살이 훨씬 넘었으니 신랑감을 구해야 한다→〔找对象〕❷살 사람을 찾다. ¶我这架钢琴gāngqín想～卖出去｜나는 살 사람을 찾아서 이 피아노를 팔아버리려고 한다.

4【沼】zhǎo 늪 소
名 늪. 못 [원형의 것을「池chí」, 굽어진 것을「沼」라 함] ¶泥～｜수렁. 늪→〔水池(子)①〕

【沼气】zhǎoqì 名〈化〉메탄 가스(methane gas). ¶利用～做饭｜메탄 가스를 이용하여 밥을 짓다＝〔㊀坑kēng气〕〔甲烷wán气体〕

4【沼泽】zhǎozé 名 소택. ¶～地｜소택지.

zhào ㄓㄠˋ

2【召】zhào Shào 부를 소, 땅이름 소

Ⓐ zhào 動 (사람을) 부르다. 소집하다. 초래하다. 일으키다. ¶你去～人, 我来整理会场 | 너는 가서 사람을 불러라, 나는 회의장을 정리할테니. ¶祸福无门, 唯人所召 | 화와 복은 오는 문이 따로 없다. 사람이 스스로 불러들인 것이다. ¶～开会议 | 회의를 소집하다.

Ⓑ Shào 名 ❶〈史〉주대(周代)의 나라 이름 [지금의 섬서성(陝西省) 봉상현(鳳翔縣) 일대에 있었음] ❷ 성(姓).

【召唤】zhàohuàn 動 부르다. 불러 모으다. 어법「召唤」은 사람에게는 잘 쓰이지 않고 주로 추상적인 사물에 대해 쓰이는 반면,「招呼」주로 사람에 대해 쓰임. 또「召唤」에는「招呼」에 있는「问候·吩咐·照料」등의 뜻이 없음. ¶新的生活在～着我们 | 새로운 생활이 우리를 부르고 있다. ¶祖国在向我们～ | 조국이 우리를 부르고 있다. ¶伟大的理想～着我们 | 위대한 이상이 우리를 부르고 있다.

【召祸】zhào/huò 書 動 재난을 초래하다. ¶你别～! | 너는 재난을 초래하지 마!

3【召集】zhàojí 動 소집하다. 사람들에게 모이도록 통지하다. ¶把大家～在操场上 | 모두에게 통지하여 운동장에 모이게 하다. ¶～代表大会 | 대표 대회를 소집하다. ¶～人 | (회의) 소집인.

【召见】zhàojiàn ❶ 動 옛날, 윗사람이 아랫사람을 불러서 만나다. ¶国王～下臣 | 국왕이 신하를 불러서 만나다. ❷〈外〉외무부가 어떤 의견이나 항의를 전달하기 위해, 자국(自國)에 주재하는 각국 사절을 불러서 만나다. ¶～外交使节 | 외교 사절을 소견하다.

2【召开】zhàokāi 動 (회의 등을) 열다[소집하다]. 어법「召开」의 직접적인 대상은 사람이 아니라 회의이지만,「召集」은 그 대상이 사람이나 회의 모두 될 수 있음. ¶～会议 | 회의를 소집하다. ¶职工代表大会即将～ | 직공 대표자 대회가 곧 소집될 예정이다.

【召之即来】zhào zhī jí lái 成 부르는 즉시 오다. 명령을 내리면 즉시 따르다 ¶我是他～的助手 | 나는 그가 부르면 즉시 가야하는 조수이다 ＝[召之即来, 挥之即去]

【诏(詔)】zhào 가르칠 조, 조서 조
書 ❶ 動 고하다. 훈계하다. 가르쳐 인도하다. ¶为人父者, 必～其子 | 아비된 사람은 반드시 그 자식을 가르쳐 인도해야 한다《莊子·盜跖》❷ 名 천자의 명령. 조서. ¶下～ | 조서를 내리다 ＝[诏书]

【诏板】zhàobǎn ⇒[诏书]

【诏书】zhàoshū 名 조서 ¶皇帝下～ | 황제가 조서를 내리다 ＝[書 诏板bǎn]

1【照〈炤₁〉】zhào 비칠 조, 비출 조
❶ 動 (빛이) 비치다. 빛나다. (빛을) 비추다. (빛으로) 쪼이다. ¶阳光～在窗上 | 햇빛이 창가에 비치다. ¶月亮～得如同白昼zhòu一样 | 달빛이 대낮처럼 환하게 비치다. ¶太阳普～天下 | 태양이 천하를 고루 비추다. ¶用手电筒～一～ | 손전등으로 비추어 보다. ¶正～ | 바로 비추다. ¶反～ | 반사하다. ¶假票子向光线～一～就看出来 | 위폐는 빛에 쪼여 보면 알 수 있다. ❷ 動 (거울에) 비추다. ¶～镜子 | 거울에 비추어 보다. ❸ 動 (사진을) 찍다. 촬영하다. ¶～了一张相 | 사진 한 장을 찍다. ¶这镜头可不容易～ | 이 장면은 매우 찍기 어렵다. ❹ 介 …을 향하여 [「照着」의 형태로 쓰일 수 있음] ¶～这个方向走 | 이 방향으로 가시오. ¶～(着)脸打了一把掌 | 얼굴을 정면으로 때렸다 ＝[向][朝cháo] ❺ 介 …대로. …에 따라. ¶～计划执行 | 계획대로 집행하라. ¶～(着)样本做 | 견본대로 하라. ¶～常上课 | 평소대로 수업한다→[按][依] ❻ 介 …에 의하면. …하기에는. ¶～我看 | 내가 보기엔. ¶～你这么说 | 네가 이렇게 말하는 것에 의하면. 어법 ⓐ「照」는 기한(期限)이나 시간 등의 한계를 나타내는 말 앞에는 올 수 없음. ¶照期举行(×) ¶按期举行 | 기간에 맞춰 시행한다. ¶照月结算(×) ¶按月结算 | 월별 결산하다. ⓑ「照」는「모방하다」「따라 하다」등의 의미가 있으나「按」은 없음. ¶按我的样儿踢球(×) ¶照我的样儿踢球 | 나를 따라 [나 처럼] 공을 차라. ¶照着字帖一笔一笔地写 | 서첩을 모방하여 한 획 한 획씩 쓰라. ❼ 사진. ¶小～ | 인물 사진. ¶留念～ | 기념 사진. ¶近～ | 근영. 최근 사진. ¶遗～ | 죽기 전의 사진. ¶剧～ | 스틸(still). ❽ 면허증. 감찰(鑑札). 증명서. ¶车～ | 차량 운행증. ¶驾驶执～ | 운전 면허증. ¶护～ | 여권. ¶牌～ | 영업 허가증. ¶地～ | 땅문서. ❾ 돌보다. 지켜보다. ¶～料↓ ¶～顾↓ ❿ 이해하다. 알다. ¶心～不宣 | 成 속으로 알면서도 말하지 않다. ⓫ 통지하다. 알리다. ¶～会↓ ¶知～ | 알려주다.

【照搬】zhàobān 動 (방법·경험·교재 등을) 답습하다. 모방하다. 원용(原用)하다. ¶全盘～人家的经验 | 다른 사람의 경험을 전부 그대로 따르다 ＝[照抄chāo②]

【照办】zhào/bàn 動 그대로 처리하다. ¶如有吩咐, 一切～ | 분부를 하시면, 그대로 처리하겠습니다.

【照本宣科】zhào běn xuān kē 成 책에 쓰인 대로 경(經)을 읽다. 문장이나 원고를 쓰인 그대로 읽다. 융통성 없이 틀에 박힌 대로 하다. 본질을 체득하지 못하다. ¶他只会～地文件 | 그는 단지 본질을 체득하지 못하고 서류를 읽다.

【照壁】zhàobì 名 밖에서 대문안이 들여다 보이지 않도록 대문을 가린 벽. ¶院里修一墙～ | 뜰 안에 조벽을 세우다 ＝[照壁墙qiáng][照墙①][影壁(墙)①]

2【照常】zhàocháng 形 평소와 같다. 평소대로 하다. 어법 서술적 용법으로만 쓰이며, 주로 부사어로 쓰임. ¶一切～ | 모든 것이 평소와 같다. ¶星期天上课时间～ | 일요일 수업시간은 평소와 같다. ¶节日期间～营业 | 명절 때에도 평소대로 영업하다. ¶如下雨, ～出发 | 비가 오면 평소대로 출발한다. ¶～上班 | 평소대로 출근하다.

【照抄】zhàochāo ❶ 動 그대로 인용하다. 모사(模寫)하다. ¶这一段～新华社的电讯 | 이 단락은

신화사의 전문을 그대로 모사한 것이다. ❷⇒〔照搬〕

【照此】zhàocǐ 副 이에 따르다. 이에 비추다. ¶～看来｜이렇게 보면. 그렇다면. ¶～进行｜그대로 추진하다.

【照度】zhàodù 名 簡〈物〉조(명)도＝〔光照度〕

【照发】zhàofā 動 ❶ (공문서·전보 등을) 신청한〔지시〕대로 발송하다 [주로 공문에서 지시 또는 하달의 용어로 쓰임] ❷ 원래대로 지급하다. ¶女工产假期间工资～｜여공의 산후 휴가 기간에도 임금은 그대로 지급된다.

【照方(儿)抓药】zhào fāng(r) zhuā yào 俗 ❶ 처방전대로 약을 짓다. ❷ 먼저〔틀이 박힌〕대로 하다. ¶～没有什么新奇xīnqí｜예전대로이고 별다른 신기한 것이 없다 ‖＝〔照方炮制〕→〔依yī样画葫芦〕

【照拂】zhàofú 書 動 보살펴 주다. 배려하다. 관심을 기울이다. ¶这两个孩子, 请你费心～｜이 두 아이를 잘 보살펴 주십시오.

【照付】zhàofù 動 그대로〔액면대로〕지불하다. ¶房费～｜방값을 지불하다.

¹【照顾】zhào·gù 動 ❶ 고려하다. 주의하다. 생각하다. ¶各方面的工作都要～到｜각 부문의 작업을 다 고려해야 한다. ¶～到两国的友好关系｜두 나라의 우호 관계를 고려하다. ¶应该～～全局｜마땅히 전체적인 국면을 고려해 보아야 한다. ¶～脚下｜발 밑을 주의하다. ❷ 돌보다. 보살펴주다. 배려하다. 정신을 쏟다. ¶～病人｜환자를 돌보다. ¶对老年人要好好～｜노인들에 대해서 신경을 많이 써야 한다. ¶工厂对我们～得无微不至｜공장은 작은 일에까지 세심하게 우리들을 보살펴 준다→〔关guān照①〕〔张罗zhāng·luo③〕〔周zhōu旋③〕 ❸ 상점으로 손님이 물건을 사러오다. ¶请您多多～｜많이 찾아 주십시오. ¶我～你们店的生意好几次了｜내가 너네 가게에 장사를 얼마나 많이 시켜주었는데.

【照管】zhàoguǎn 動 돌보다. 관리하다. ¶这事没人～｜이 일은 아무도 돌보는 사람이 없다. ¶帮我～一下小孩｜나를 도와 어린 아이를 돌보다.

【照葫芦画瓢】zhào hú·lu huà piáo 成 호로를 모방하여 표주박을 그리다. 모양을 모방하다. 그럭저럭 모습만 갖추다. 대충 되는 대로 일을 처리하다 ¶他只会～｜그는 단지 대충 일을 처리한다→〔照猫画虎〕

【照护】zhàohù 動 (부상자·환자 등을) 돌보다. 보살펴 주다. ¶～病人｜환자를 돌보다.

⁴【照会】zhàohuì ❶ 名 動〈外〉각서(를 보내다). ¶交换～｜각서를 교환하다. ¶正式～｜정식 각서. ❷ 名 면허장. 감찰(監札). ❸ 名 動 조회(하다). ❹ 名 貶 낯짝. 꼴. ¶～不错｜낯짝이 괜찮다.

⁴【照旧】zhàojiù 形 예전대로〔종전대로〕 하다〔따르다〕. 어법 정도부사의 수식을 받을 수 없고, 주로 서술적 용법으로만 쓰이며, 부사어로도 쓰임. ¶生活里起过小小的波浪, 如今平静下来了, 一切～｜생활 속에 일었던 작은 풍파가 요즘은 가라앉아서 모든 것이 예전과 같다. ¶今年人士没有变动, 一切～｜금년은 인사 이동 없이 모두 예전 그대로다. ¶跟没有发生什么事一样, 他～上班｜마치 아무 일도 없었던 것처럼 그는 예전처럼 출근한다＝〔依yī旧〕

【照看】zhàokàn 動 돌보아 주다. 보살피다. ¶请你给我～着门｜집을 좀 봐 주십시오.

【照理】zhàolǐ 動 이치에 따르면. 이치로 보면. ¶～他现在该来了｜이치로 보면 그는 지금 응당 와야만 한다＝〔按àn理〕

³【照例】zhào/lì 動 관례에 따르다. 예전대로 하다. ¶春节～放假三天｜설에는 관례대로 삼일동안 쉰다.

⁴【照料】zhàoliào 動 (사람을) 세심히 보살피다. 뒷바라지하다. (일을) 세심히 처리하다. 어법 「照料」는 사람·사물에 두루 다 쓰이지만,「照顾」는 주로 사람에 대해서 쓰임. ¶经过他的精心～, 都恢复了健康｜그의 정성스러운 보살핌으로 건강을 완전히 회복하였다. ¶～家务｜가사를 돌보다. ¶对牲口shēngkǒu～得很细心｜가축을 아주 세심히 돌본다.

【照临】zhàolín 書 動 (해·달·별 등의 빛이) 비추다. 비치다. ¶曙光～大地｜서광이 대지를 비추다.

【照猫画虎】zhào māo huà hǔ 成 고양이를 본떠 호랑이를 그리다. 비슷하게 대충 모방하다→〔照葫hú芦画瓢〕

【照面(儿)】zhào/miàn(r) 動 ❶ 우연히 마주치다. 어법 단지「打」의 목적어로만 쓰임. ¶那天我跟他打了个～｜그날 나는 그와 우연히 마주쳤다. ❷ 얼굴을 내밀다. 나타나다. 만나다. 어법 주로 부정문에 쓰임. ¶这个人始终不～｜이 사람은 시종 얼굴을 보이지 않는다. ¶互不～｜서로 만나지 못하다. ¶你应该跟大家照照面儿｜너는 마땅이 모두들에게 얼굴을 좀 내밀어야 한다. ¶我不愿意照他的面儿｜나는 그와 얼굴을 마주치고 싶지 않다.

⁴【照明】zhàomíng 動 불빛으로 물체나 장소를 비추어 밝게 하다. 조명하다. ¶用灯光～｜불빛으로 밝게하다. ¶火炬huǒjù～了前进的道路｜횃불이 앞으로 나갈 길을 밝게 비추었다. ¶舞台～｜무대조명. ¶～设备｜조명 시설.

【照明弹】zhàomíngdàn 名〈軍〉조명탄.

²【照片】zhàopiàn 名 사진. ¶一张～｜사진 한 장. ¶彩色～｜컬러 사진＝〔相xiàng片〕

【照墙】zhàoqiáng ❶⇒〔照壁bì〕 ❷ 名 법정(法庭)의 벽.

⁴【照射】zhàoshè ❶ 動 (빛을) 비추다. 쪼이다. ¶太阳～屋子｜햇빛이 방안을 밝게 비추다. ¶灯光～在墙壁上｜등불이 벽(담)을 비추고 있다. ¶探照灯～着敌机｜탐조등이 적기를 비추고 있다. ❷ 名〈物〉조사. 쪼임.

【照说】zhàoshuō 動 사실〔이치〕대로라면. 제대로 말하자면. 사실은. 대체로. 일반적으로. ¶他补习了几个月, ～这试问应该能做出来｜그는 몇개월 동안 학원에 다녔는데, 이치대로 하면 이 문제는 마땅이 풀 수 있어야 한다＝〔方 照讲jiǎng〕

¹【照相】zhào/xiàng ❶ 動 사진을 찍다. ¶我们星期天～去｜우리 일요일에 사진 찍으러 가자＝〔拍pāi照〕 ❷ (zhàoxiàng) 名 사진. ¶～的｜사

진사. ¶～馆 | 사진관. ¶～架子 | 사진기의 삼각대. ¶～镜 | 사진기 (렌즈). ¶～快镜 | 고속렌즈. ¶～片piàn | (한 장 한 장의) 사진. ¶～术 | 사진술. ¶～望远镜头 | 사진기의 망원 렌즈. ¶着zhuó色～ | (흑백 사진에 색을 칠한 구식의) 착색 사진. ¶彩色～ =〔有色照相〕〔五彩照相〕| 컬러 사진 ‖ =〔照像xiàng〕

【照相版】zhàoxiàngbǎn 名 (인쇄의) 사진판. ¶～古书 | 고서 사진판 =〔影yǐng印版〕→〔珂kē罗版〕

3【照相机】zhàoxiàngjī 名 사진기. 카메라. ¶反射式～ | 반사식 사진기. ¶立体～ | 입체 사진기. ¶小型～ | 소형 사진기. ¶全景～ | 파노라마(panorama) 사진기 =〔照相匣子〕〔照相箱〕〔照像机〕〔㊥ 开kāi麦拉〕〔摄shè影机①〕〔相xiàng机①〕

【照相纸】zhàoxiàngzhǐ 名 인화지(印畫紙)의 총칭(總稱). ¶买了一些～ | 인화지를 약간 샀다.

3【照样(儿)】zhàoyàng(r) ❶ 副 여전히. 예전대로. ¶～办理 | 하던대로 처리하다. ¶天气虽然很冷, 街道上～很热闹 | 날씨는 비록 추웠지만 거리는 여전히 벅적거렸다. ❷ (zhào/yàng(r)) 動 양식〔견본〕에 따르다. 어법 주로 다른 동사와 연용됨. ¶照这个样儿做 | 이 견본대로 만드시오. ¶这是～做出来的复制品 | 이것은 견본대로 만든 복제품이다. ¶照姐姐衣服的样儿给我做一件 | 언니 옷 스타일과 같게 해서 내게 한벌 만들어 주세요.

【照妖镜】zhàoyāojìng 名 마귀에게 비추어 정체를 나타나게 한다는 요술 거울 [지금은 주로 비유적으로 쓰임] ¶这种理论是～, 帮助人办别真伪 | 이런 이론은 요술 거울같은 것이어서, 사람들이 진위 판별하는 것을 도와준다.

3【照耀】zhàoyào 動 ❶ (빛을) 밝게 비추다. 눈부시게 비치다. ¶阳光～着大地 | 햇빛이 대지를 눈부시게 비추고 있다. ¶在灯光的～下一切都看得清清楚楚 | 등불조명 아래에는 모든 것이 아주 분명하게 보인다. ❷ 喩 이끌다. 지도(인도)하다. ¶真理～着我们前进 | 진리가 우리를 앞으로 나아가게 하고있다.

4【照应】ⓐ zhàoyìng 動 호응하다. 어울리다. 호흡이 맞다. ¶这幅画上的景物互相～ | 이 그림의 정물은 서로 잘 어울린다. ¶文章要前后～ | 글은 앞뒤가 서로 어울려야 한다. ¶这句话～了开头的一段 | 이 말은 서두의 한 단락과 호응이 잘 된다.

ⓑ zhào·ying 動 돌보다. 보살펴 주다. ¶一路上我全靠您～, 真不知如何感谢为好 | 오는 동안 내내 전적으로 당신이 잘 보살펴 주어서, 정말 제가 어떻게 감사를 드려야 좋을지 모르겠습니다. ¶火车上乘务员对旅客～得很好 | 기차에서 승무원이 여행객들을 잘 돌보아 준다. ¶事情多人太少, 我一人恐怕～不到 | 일은 많고 일손은 너무 모자라, 나 혼자로서는 아마 다 돌볼 수가 없을 것입니다 =〔关照①〕

【照准】zhàozhǔn 動 ❶ 札 (하급 기관이) 원하는 대로 허가하다 [공문서 용어로 쓰임] ❷ 動 조준하다. 겨누다. 목표로 하다. ¶～他的头上打下去了 | 그의 머리를 겨누고 내리쳤다. ¶～门上射一箭以示警告 | 문을 조준하여 화살을 쏘아 경고하다.

4【兆】zhào 조짐 조, 조 조
❶ 名 動 징조〔전조〕(가 되다). 미리 알리다. ¶不吉之～ =〔不祥xiáng之兆〕| 불길한 징조. ¶瑞雪～丰年 | 서설은 풍년 들 징조이다. ❷ 數 메가(M ; mega) [미터법의 단위 이름 앞에 붙여 그「백만 배」의 뜻을 나타내는 말] ¶～瓦↓ ❸ 數 ⓐ 백만. ⓑ 조(兆). ❹ (Zhào) 名 성(姓).

【兆赫】zhàohè 量〈物〉메가헤르츠(megahērtz). 메가사이클.

【兆头】zhào·tou 名 징조. 징후. 전조. ¶暴风雨的～ | 폭풍우가 몰아칠 징조. ¶好～ | 좋은 징조 =〔预yù兆〕

【兆瓦】zhàowǎ 量〈物〉메가와트(megawatt).

【兆周】zhàozhōu 量〈物〉메가사이클(megacycle). 메가헤르츠(megahertz).

【赵(趙)】zhào 조나라 조
❶ (Zhào) 名〈史〉전국시대(戰國時代)의 나라 이름 [지금의 하북성(河北省) 서부·남부와 산서성(山西省) 북부·중부에 있었음] ❷ (Zhào) 名〈地〉(옛 시문(詩文)에서) 하북성(河北省) 남부. ❸ ⇒〔归guī赵〕 ❹ (Zhào) 名 성(姓).

【赵公元帅】Zhào Gōng Yuánshuài 名組 조공명(趙公明). 조공 원수 [재산을 관할한다는 중국 민간 전설의 귀신]

【赵体】Zhàotǐ 名 원대(元代) 조맹부(趙孟頫)의 글씨체. ¶他会写～ | 그는 조맹부체를 쓸 수 있다.

【笊】zhào 조리 조
⇒〔笊篱〕

【笊篱】zhào·li 名 조리. ¶用～捞lāo东西 | 조리로 물체를 건지다 =〔笸pǒ箩〕〔洒sǎ篱〕

【棹〈艄A 櫂A〉】zhào zhuō 노 도, 노 저을 도
Ⓐ zhào 㫆 ❶ 名 (배의) 노. ¶鼓～前进 | 노를 저으며 앞으로 나가다 =〔桨jiǎng〕 ❷ 名 動 轉 배(를 젓다). ¶归～ | 배를 돌려보내다. 배가 되돌아가다.
Ⓑ zhuō「桌」와 통용 ⇒〔桌zhuō①〕

3【罩】zhào 가릴 조, 쌀 조
❶ 動 덮다. 씌우다. 가리우다. ¶白雪～住大地 | 흰 눈이 대지를 덮다. ¶桌面再～一层油漆 | 탁자에다 다시 한번 페인트를 덧칠하다. ❷ 動 껴입다. 덧입다. ¶外面再～上一件衣服 | 겉에 옷을 한 벌 더 껴입다. ❸ 動 轉 억누르다. 세력 밑에 두다. ¶有你～, 谁敢偷懒 | 네가 버티고 있는데 누가 감히 꾀를 부리겠느냐. ❹ (～儿, ～子) 名 덮개. 씌우개. 가리개. ¶灯～儿 | 등갓. ¶口～儿 | 마스크. ¶胸～ | 브래지어. ❺ (～儿) 名 덧옷. 겉옷. ¶袍páo～儿 | 두루마기 위에 입는 덧옷. ❻ 名 양계용(養鷄用)의 작은 우리. ❼ 名 (고기를 잡는) 가리.

【罩码】zhàomǎ 名〈電算〉마스크(mask) =〔罩

膜mó〕

【罩袍】zhàopáo 名「袍子」의 겉에 입는 긴 옷 ¶身穿～ | 몸에 긴 겉옷을 걸치다 =〔袍罩儿〕→〔罩衣〕

【罩棚】zhàopéng 名 (갈대나 참대로) 문앞이나 뜨락에 지은 차양 또는 막[비나 해를 가리기 위한 것]

【罩衫】zhàoshān ⇒〔罩衣〕

【罩袖】zhàoxiù 名 方 토시. 팔뚝에 끼는 방한(防寒) 제구. ¶上～ | 토시를 끼다 =〔套tào袖〕

【罩衣】zhàoyī 名 솜옷 위에 걸치는 겹으로 된 덧옷 ¶黑色的～ | 검은 색의 덧옷 =〔罩褂guà儿〕〔方 罩衫shān〕

【罩子】zhào·zi 名 덮개. 씌우개. 가리개. 커버(cover) =〔罩儿①〕

【肇】zhào 비롯할 조

❶ 시작하다. 개시하다. ¶～始↓ ❷ 일으키다. 발생시키다. 저지르다. ¶～祸 | 화를 불러일으키다. ❸ (Zhào) 名 성(姓).

【肇端】zhào/duān 書 ❶ 動 (일을) 내다. 저지르다. 야기하다. ❷ (zhàoduān) 名 시작. 발단. 계기. ¶此乃万物之～ | 이는 만물의 발단이다 =〔开kāi端〕

【肇始】zhàoshǐ 書 動 시작하다. 개시하다. ¶这就是文学的～ | 이는 문학의 시작이다.

【肇事】zhàoshì ❶ 動 일을 저지르다. 사고를〔소동을〕 일으키다. ¶谁～, 谁负责 | 누구든 일을 저지른 사람이 책임을 진다. ¶～者 | 일을 저지른 사람. 사고를 친 사람 =〔闹事(儿)〕 ❷ 名 사고. 소동.

zhē ㄓㄜ

【折】zhē ☞ 折 zhé ①Ⓒ

【蜇】zhē ☞ 蜇 zhé Ⓑ

3【遮】zhē zhě 가릴 차, 막을 차

Ⓐ zhē 動 ❶ 가리다. ¶把脸～起来 | 얼굴을 가리다. ¶山高～不住太阳 | 諺 산이 높다 하더라도 해를 가리지는 못한다. ❷ (가로)막다. ¶大树～住了我的视线 | 큰 나무가 나의 시선을 가렸다. ¶横héng～竖拦shùlán | 가로 세로 막아서다. ❸ 감추다. 속이다. ¶～人耳目 | 남의 눈을 속이다. ¶～不住内心的喜悦 | 마음 속의 기쁨을 감추지 못하다.

Ⓑ zhě 動 京 ❶ 슬쩍 넘기다. (잘못 등을) 감추다. ¶～场面↓ ❷ 기분을 달래다. ¶心里烦, 溜liū达溜达～过去 | 기분이 울적해서 슬슬 걸으면서 마음을 달래다.

【遮蔽】zhēbì ❶ 動 덮다. ¶云～天空 | 구름이 하늘을 덮다. ❷ 動 (시선 등을) 가리다. ¶一片森林～了我们的视线 | 끝없이 펼쳐진 나무숲이 우리의 시선을 가렸다. ❸ 動 〈軍〉 차폐하다. ¶～物 | 차폐물. ¶～阵地 | 차폐 진지 ‖ =〔翼yì蔽〕

【遮藏】zhēcáng 動 (덮어) 가리다. 감추다. 숨기다. 은폐하다. ¶这事是～不了的 | 이 일은 숨길 수 없다. ¶这事儿不必～ | 이 일은 숨길 필요가 없다.

【遮场面】zhē chǎng·miàn 白 zhě chǎng·miàn) 動組 ❶ 그 장면을 어물어물 넘기다. 그 자리를 그럴싸하게 얼버무리다. 미봉(彌縫)하다. ¶用这种法子来～ | 이런 방법으로 그 자리를 어물어물 넘기다. ¶我也帮他～了 | 나도 그를 도와 그 자리를 그럴싸하게 얼버무렸다. ❷ 체면을 차리다. 체면을 세우다.

【遮丑(儿)】zhē/chǒu(r) ❶ 動 말이나 행동으로 결점·실수·부족한 곳을 가리다〔엄폐하다〕. ¶他说的这些漂亮话, 无非是想为自己～ | 그가 하는 이 허울 좋은 말들은 자신의 결점을 가리기 위한 생각에서이다. ¶她还想为丈夫～ | 그녀는 아직도 남편의 결점을 가리려한다. ❷ ⇒〔遮羞xiū(儿)②〕

【遮挡】zhēdǎng ❶ 動 막다. 저지하다. ¶～眼帘lián | 시야을 가리다. ¶我说不过他, 请你给我～～ | 나는 말로는 그에게 당하지 못하니, 네가 좀 막아다오 =〔遮没②〕 ❷ 名 차단물. 차폐물. 방해물.

【遮盖】zhēgài 動 ❶ 덮다. 가리다. ¶山间的小路全给大雪～住了 | 산속의 오솔길들이 모두 큰 눈에 뒤덮혀 가려졌다. ¶把这碗菜～～好, 免得苍蝇飞上去 | 이 그릇에 담긴 음식을 덮어두어야 좋겠다, 파리가 날라들지 않도록. ❷ (추상적이거나 좋지 않은 것을) 숨기다. 감추다. 은폐하다. ¶错误是～不住的 | 잘못이란 완전히 숨길 수 없는 법이다. ¶不要～自己的错误 | 자신의 잘못을 숨기려하지 마라. ¶这种事是～不住的 | 이런 일은 숨길 수 없다 ‖ 어법 「遮盖」는 주로 위를 덮어 가리는 것을 말하는 반면, 「遮蔽」는 위 뿐 아니라 좌우 등을 가리는 것도 의미하나 「숨기다」의 뜻은 없음.

【遮拦】zhēlán ❶ 動 (가로)막다. 저지하다. ¶防风林可以～大风 | 방풍림은 큰 바람을 막을 수 있다. ¶高墙～住了吹来的寒风 | 높은 담이 불어오는 겨울바람을 막았다. ¶这顶帐子连蚊子都～不住 | 이 장막은 모기조차도 막을 수 없다 =〔遮截〕〔阻挡〕 ❷ 名 가로막는 것. 차단물. ¶这儿光秃秃tū的毫无～ | 이 곳은 민둥민둥한 곳이어서 털끝만한 차단물도 없다.

【遮三掩四】zhē sān yǎn sì 成 (말·일 등을) 가리다. 과장하다. 어물어물 눈가림하다. 솔직하지 못하다. ¶别～了, 快说吧 | 어물어물 눈가림하려하지 말고, 빨리 말해.

【遮羞(儿)】zhē/xiū(r) ❶ 動 몸의 치부(耻部)를 감추다. ¶用芭蕉叶～ | 파초의 잎으로 치부를 감추다. ❷ 動 교묘한 말로 부끄러움을 가리다. 수치를 감추다. ¶～解嘲 | 남의 웃음을 사지 않으려고 어물어물 넘기다 =〔遮丑chǒu(儿)②〕〔遮羞脸(儿)〕 ❸ (zhēxiū(r)) 名 보잘것 없는 선물.

【遮羞布】zhēxiūbù 名 ❶ 허리에 걸어 음부(陰部)를 가리는 천. ❷ 부끄러움을 가리는 것. 결함을 감추는 것.

【遮掩】zhēyǎn 動 ❶ 덮어 가리다. ¶密密的树林～了小山庄 | 빽빽한 나무숲이 작은 산장을 가렸

다. ¶远山被雨雾～, 变得朦胧了 | 먼 산이 비와 안개로 가려져 어렴풋해졌다. ❷(과오나 결함 등을) 숨기다. 감추다. ¶别再～自己的错误了 | 더 이상 자신의 잘못을 감추려 하지 말아라. ¶大胆地承认错误, 不要遮遮掩掩 | 대담하게 잘못을 인정하고, 숨기려 하지 말아라 =〔遮瞒mán〕

【遮眼法】zhēyǎnfǎ ⇒〔障zhàng眼法〕

【遮阳】zhēyáng ❶動 햇빛을 가리다. ¶～镜 | 선글라스. ❷名 (볕을 가리는) 차양. ¶有～的帽子 | 차양이 있는 모자.

【遮阴】zhēnyīn 動 햇빛을 가려 서늘〔시원〕하게 하다. ¶这树能～ | 이 나무는 햇빛을 가려줄 수 있다 =〔遮荫yìn〕

【遮住】zhēzhù 動 막다. 가리다. ¶云彩把太阳～了 | 구름이 태양을 가렸다.

【螫】zhē ⓧ shì) 쏠 석
❶動 (벌·전갈 등이 사람을) 쏘다 =〔蜇①〕 ❷名 독해(毒害).

zhé ㄓㄜˊ

【乇】zhé ☞ 乇 tuō Ⓑ

2【折】① zhé shé zhē 꺾을 절, 깎을 절

Ⓐ zhé ❶動 꺾다. 부러뜨리다. ¶～断了腿 | 다리를 부러뜨리다. ¶请勿攀～花木 | 꽃이나 나무를 꺾지 마시오. ¶骨～ | 골절. ❷ⓧ shé) 動 손해보다. 손실하다. ¶～了本钱 | 본전을 밑지다. ¶损兵～将 | 병사와 장군을 잃다. 전력를 손실하다. ❸ⓧ zhē) 動 되돌아오다. 방향을 바꾸다. ¶走到半路又～回来了 | 절반쯤 가다가 다시 되돌아오다. ❹動 환산하다. 상계하다. ¶一个牛工～两个人工 | 소 한마리의 품을 두 사람의 품으로 환산하다. ❺名動 할인(하다) [할인율을 나타내는 방법이 한국어와는 다름] ¶七～ | 3할 할인. ¶打八～ | 20% 할인하다. ¶七～八扣kòu | 喻 할인한 위에 다시 할인하다. ❻名 막. 절 [원대(元代) 잡극(雜劇)의 한 막을 「折」라 했음] ¶元朝的戏剧xìjù普通四～就是一本戏 | 원대의 극은 보통 4막으로 되어 있다. ❼ 심복(心服)하다. 감복(感服)하다. ¶心～ | 충심으로 경복하다. ❽ 젊어서 죽다. ¶夭yǎo～ | 요절하다. ❾動 굽히다. 구부리다. 꺾이다. 굴하다. ¶百～不挠náo | 成 백절불굴. 연이은 좌절에도 꺾이지 않다. ¶～节↓ ¶～腰↓ ❿(Zhé) 名 성(姓).

Ⓑ shé 動 口 ❶ 끊어지다. 부러지다. ¶椅子腿儿～了 | 의자 다리가 부러졌다. ¶把绳子拉～了 | 줄을 당겨서 끊어졌다. ❷ⓧ zhé) 손해보다. 밑지다. ¶～本(儿)↓

Ⓒ zhē 動 ❶(몸을) 뒤집다. 엎치락 뒤치락거리다. ❷쏟다. 뒤집어 엎다. ¶一筐子kuāngzi梨都～了 | 광주리의 배를 모두 쏟았다. ¶把抽屉chōuti～了个过儿 | 서랍을 뒤집어 엎었다. ❸ 부었다 쏟았다 하며 식히다. (다른 그릇에) 옮겨 담아 식히다. ¶来回地～水 | 이리저리 옮겨 담으며 물을 식히다. ❹(무거운 물건을) 내려놓다. 메어치다. ¶把麻袋～在地上 | 마대를 땅위에 메어치다.

Ⓐ zhé

【折半】zhébàn 動 둘로 나누다. (값을) 절반 깎다. ¶照原价～出售 | 원가의 반값으로 팔다.

【折变】zhébiàn 動 方 (물건 등을) 팔아서 돈으로 바꾸다. 환금하다. ¶房子,地都～了还不够还债huánzhài的 | 집이나 토지를 다 팔아도 아직 빚을 갚기에는 부족하다 =〔折卖〕〔变价①〕〔变卖〕〔变销xiāo〕

【折冲】zhéchōng 書 動 ❶ 절충하다. ¶与对方～ | 상대방과 절충하다. ❷ 적을 제압하여 승리하다. ¶～御侮 | 成 적을 제압하고 승리하여 멸시받지 않게 되다.

【折冲樽俎】zhé chōng zūn zǔ 成 연회에서 술잔을 주고 받으며 적을 제압하다. 뛰어난 외교〔사교〕활동으로 상대를 제압하다 =〔折冲尊俎〕

【折兑】zhéduì 動 (금·은을 그 함유량·중량에 따라) 태환(兌換)하다.

【折服】zhéfú 動 ❶ 굴복시키다. 설복시키다. ¶艰难困苦也～不了他 | 어려움과 괴로움도 그를 굴복시킬 수는 없다 =〔折伏fú〕 ❷ 믿고 복종하다. 신복(信服)하다. ¶令人～ | 사람을 신복케 하다. ¶大为～ | 크게 신복하다 =〔信服〕

【折福】zhé/fú 動 (과분한 향락이나 부당한 재물을 가져) 복을 차버리다. 轉 (불경하여) 죄를 받다. ¶这么浪费不但～还要破家 | 이렇게 낭비를 해서는 복을 차버리게 될 뿐만 아니라 패가 망신하게 된다.

【折干(儿)】zhé/gān(r) 動 예물 대신 돈을 보내다〔주다〕. ¶送东西太麻烦,不如～倒好 | 물건을 보내는 것은 너무 번거로우니 차라리 돈을 보내는 것이 좋다.

【折光】zhéguāng 名〈物〉❶ 빛의 굴절. ❷ 편광(偏光).

3【折合】zhéhé 動 ❶ 환산하다. ¶水泥每包50公斤,～市斤,刚好100斤 | 시멘트는 한 포에 50킬로인데 근수로 환산하면 딱 100근이다. ¶把美元～成瑞士法郎 | 달러를 스위스 프랑으로 환산하다. ¶～率 | 환산율. ¶请～一下, 100日元等于多少人民币 | 100엔은 인민폐로 얼마에 상당하는 지 환산해 보시오. ❷ 맞먹다. 상당하다. ¶当时的一个工资分～一斤小米 | 당시의 (실물표준 노임단위의) 노동 점수 1점은 좁쌀 한근에 상당한다.

【折回】zhéhuí 動 되돌아가다〔오다〕. ¶他走了一里多路便～来了 | 그는 일 리 남짓 갔다가 곧 되돌아왔다 =〔折返fǎn〕

【折戟沉沙】zhé jǐ chén shā 成 전쟁때 부러진 창이 땅속에 묻혀 고철로 변하다. 喻 참담한 실패.

【折价】zhé/jià ❶動 돈으로 환산하다. ❷動 깎다. 할인하다. ¶商品～处理 | ⓐ 상품은 현금으로 환산하여 처리한다. ⓑ 상품은 할인하여 처분한다 =〔折扣kòu〕 ❸(zhéjià) 名 환산 가격. ❹(zhéjià) 名 할인 가격.

【折节】zhéjié 書 動 ❶(어떤 일에 있어서) 자신의 신분을 낮추다. ❷ 평소의 뜻이나 행동을 바꾸다.

【折旧】zhéjiù 動〈經〉(고정 자산의) 감가 상각을 하다. ¶～费 | 감가 상각비. ¶～基金 | 감가 상각 적립금. ¶～率 | 감가상각율.

【折扣】zhé·kòu 名 動 할인(하다). 에누리(하다). ¶～工资 | 임금을 깎다. ¶能不能打～? | 깎아 줄 수 없겠습니까? ¶～单 | 할인표. ¶～价格 | 할인 가격 =〔折价②〕

3【折磨】zhé·mo ❶ 動 (육체·정신적으로) 못살게 굴다. 구박하다. 학대하다. 괴롭히다. ¶你别～我了 | 너는 나를 괴롭히지 마라. ¶痛苦的生活把他～得喘不过气来 | 고통스런 생활이 그를 숨도 제대로 쉬지 못할 정도로 괴롭혔다. ¶这种病很～人 | 이런 병은 아주 사람을 못살게 군다. ❷ 名 고통. 괴로움. 시달림. ¶受尽了～ | 갖은 고생을 다했다 ‖ =〔锯jū磨〕

【折辱】zhérǔ 書 動 굴욕을 주다. 욕보이다. ¶受～ | 굴욕을 받다. 욕보다.

【折杀】zhé·shā ⇒〔折受〕

【折扇】zhéshàn 名 접선. 쥘부채

【折射】zhéshè 名 動 〈物〉 굴절(하다). ¶～波 | 굴절파. ¶～角 | 굴절각. ¶～率 | 굴절율.

【折实】zhéshí 動 ❶ 실질적인 가격으로 할인하다. ¶～计算他的财产 | 실질적인 가격으로 할인하여 그의 재산을 계산하다. ❷ 실물 가격으로 환산하다.

【折寿】zhé/shòu 動 ❶ (미신에서) 과분하게 누려 목숨이 줄다. ❷ 요절하다. ¶这样胡吃乱海塞要～的 | 이렇게 마구 처먹어 대면 요절할 것이다.

【折受】zhé·shou 動 方 (과분한 대우를 하거나 해서) 황송하게 하다. ¶您这样优待我, 未免太～我了 | 저를 이토록 우대해 주시니, 너무 황송하게 하십니다 =〔折杀〕

【折算】zhésuàn 動 환산하다. ¶～起来还是不上算 | 환산해 보니 역시 수지가 맞지 않는다. ¶请你～一下, 用100斤大米换山芋shānyù需要贴多少钱 | 쌀 100근으로 고구마 500근과 바꾸면 돈 얼마를 보태야 하는 지 환산해 보세요. ¶将美元～成人民币 | 미국 달러를 인민폐로 환산하다.

【折头】zhé·tou 名 方 할인액. 에누리. ¶打掉dǎdiào一些～ | 약간의 할인액을 없애다 =〔扣kòu头〕〔让头〕→〔折扣kòu〕

【折线】zhéxiàn 名 〈數〉 꺾은선. ¶～图 | 꺾은선 그래프(graph).

【折腰】zhéyāo 書 動 허리를 굽히다〔굽혀 절하다〕. 굽실거리다. ¶不向权贵～ | 집권자를 향해 허리를 굽히지 않다.

【折帐】zhé/zhàng 動 물건으로 빚을 갚다.

【折中】zhézhōng 名 動 절충(하다). ¶～方案 | 절충안 =〔折衷zhōng〕

【折子戏】zhé·zixì 名 〈演映〉 단독으로 상연할 수 있는 원잡극(元雜劇)의 「一折」이나 명청전기(明清傳奇)의 「一出」(단막) =〔单dān折戏〕→〔全本(儿)①〕

【折罪】zhézuì 動 속죄하다. 죄를 갚다. 과오를 보상하다. ¶将功～ | 俗 공을 세워 죄를 보상하다.

Ⓑ shé

【折本(儿)】shé/běn(r) ⓧ zhé/běn(r)) 動 손해를 보다. 본전을 밑지다. ¶～的生意不能做 | 밑지는 장사는 할 수 없다. ¶他一做生意就～ | 그는 장사만 했다하면 곧 손해를 본다.

【折秤】shé/chèng 動 축나다. 축가다. 좀 모자라다. ¶因损耗而～ | 소모되어 축나다.

【折耗】shéhào ❶ 名 손실. 감모(減耗). 축. 손해. 소모. 결손. ¶货物卖不出去, 一定会有～ | 상품이 팔리지 않으면 반드시 손해를 보게 될 것이다. ❷ 動 손해보다. 밑지다.

Ⓒ zhē

4【折腾】zhē·teng 動 口 ❶ (잠자리에서) 뒤치락거리다. 엎치락 뒤치락하다. ¶他～了好机个钟头才睡着 | 그는 여러 시간을 뒤척이다 비로소 잠이 들었다. ❷ (무의미한 일을) 되풀이하다. 반복하다. ¶这个电视他拆了又装, 装了又拆, 整整～了一天 | 그는 이 텔레비젼을 뜯었다가 조립하고 조립했다가 또 뜯고하며 온 종일 되풀이했다. ❸ 고민〔번민〕하다. 괴로와하다. ¶半夜里～起来了 | 한밤중에 고민하기 시작했다. ❹ 괴롭히다. 들볶다. ¶慢性病～人 | 만성병은 사람을 괴롭힌다. ❺ 고생하다. ¶～出俩钱儿 | 고생하여 돈을 조금 만들다. ❻ 마구 떠들다. 소란을 피우다. ¶小孩儿瞎xiā～ | 아이가 마구 떠들어댄다. ❼ 낭비하다. 헛되이 쓰다. ¶那点家当都被他～光了 | 그는 얼마 안되는 재산을 몽땅 탕진했다.

2【折(摺)】② zhé zhě 접을 접, 주름 접

주의 「摺」는 「简化字总表」에는 「折」로 간화하고 있으나 국가 표준 코드에는 들어가 있음.

Ⓐ zhé ❶ 動 접다. ¶把纸～起来 | 종이를 접다. ¶～衣服 | 옷을 개다. ❷ 名 한장의 종이를 여러 면(面)이 되도록 접은 책이나 필기장. ¶～子↓ ¶奏～ | 상주서. ¶存～儿 | 예금 통장. ❸ 書 動 부러뜨리다. ¶～齿 | 이를 부러뜨리다.

Ⓑ zhě 名 접어서 생긴 흔적. 주름. ¶～子↓ ¶～纹↓

Ⓐ zhé

【折叠】zhé dié 動 접다. 개다. ¶衣服～得整整齐齐的 | 옷이 가지런히 개어있다.

【折扇(儿)】zhéshàn(r) 名 접선. 쥘부채 =〔聚jù头扇〕〔撒sǎ扇〕→〔团tuán扇①〕

【折纹】ⓐ (～儿) zhéwén(r) 名 (한자 부수의) 뒤져올 치(夂)변 =〔出头久(儿)〕〔冬字头(儿)〕〔没脚冬(儿)〕

ⓑ zhěwén 名 주름(살). 접은금 =〔褶zhě纹〕

【折子】ⓐ zhé·zi 名 ❶ 접본. 접어 개는 식으로 만든 책. ❷ 옛날, 상주서(上奏書). ❸ (접게 되어 있는) 통장. ¶房～ | 집세를 받는 통장. ¶白～ | 백지(白紙)를 접어 만든 통지서. 부고(訃告).

ⓑ zhě·zi 名 주름(살). 구김살. ¶衣服压了好些～ | 옷에 주름이 가득 갔다 =〔褶zhě子①〕

Ⓑ zhě

【折纹】zhěwén ☞ 〔折纹〕 zhéwén ⓑ

【折线】zhěxiàn 名 주름(살). 접은 금. ¶裤子的～ | 바지의 주름.

【折皱】zhězhòu 名 주름. ¶手上的～ | 손주름 =〔褶zhě皱②〕

【折子】zhě·zi ☞ 〔折子〕 zhé·zi ⓑ

2【哲〈喆〉】zhé 밝을 철

❶ 사리(事理)에 밝고 현명하다. 지혜〔슬기〕롭다. ¶～人↓ ¶明～ | 명철하

다. ❷ 지자(智者). 지혜로운 사람. 현명한 사람. ¶圣～ | 성철. ❸ 철학. ¶～学 | 철학. ¶文史～ | 문학·사학·철학.

【哲艾】zhé'ài 書 名 명철한 노인.

【哲夫】zhéfū 書 名 지혜로운 사람. 지모(智媒)가 있는 남자. ¶～成城, 哲妇倾城 | 諺 지모있는 남자는 성을 쌓지만, 똑똑한 여자는 성을 무너뜨린다. 여자가 지나치게 똑똑하면 오히려 화를 부른다.

【哲妇】zhéfù 書 名 ❶ 슬기로운 부인. ❷ 貶 (지나치게) 똑똑한 여자→〔哲夫〕

【哲匠】zhéjiàng 書 名 喩 현명하고 재예(才藝)가 있는 사람. ❶ 현명한 신하. ❷ 문인. ❸ 화가.

【哲理】zhélǐ 名 철리. ¶深刻的～ | 심각한 철리.

【哲人】zhérén 書 名 철인. ¶～的智慧zhìhuì | 철인의 지혜.

2【哲学】zhéxué ❶ 名 철학. ¶～家 | 철학자. ¶～史 | 철학사. ❷ 名 俗 철학. ¶活命～ | 생활 철학.

【蜇】zhé zhē 해파리 철, 쏠 철

A zhé ⇒〔海hǎi蜇〕

B zhē 動 ❶ (벌·전갈 등이) 쏘다. ¶手叫马蜂～了 | 손이 말벌에게 쏘였다 =〔谄①〕〔螫①〕 ❷ (피부가 자극을 받아) 쓰리다. 아리다. ¶这种药水擦在伤口上～得慌 | 이 물약은 상처에 바르면 몹시 아리다. ¶切洋葱～眼睛 | 양파를 자르면 눈이 아리다.

【蜇针】zhēzhēn ❶ 動 (곤충이 침으로) 쏘다. ¶被蝎xiē子～了 | 전갈에게 쏘였다. ❷ 名 (곤충의 침).

【蛰(蟄)】zhé ⓧ zhí) 숨을 칩

書 ❶ 동면(冬眠)하다. ¶惊～ | 경칩. ¶～伏↓ →〔启qǐ蛰〕 ❷ 喩 (사람이) 숨다. 밖으로 나오지 않다. ¶～居↓

【蛰伏】zhéfú 動 ❶ (동물이) 동면(冬眠)하다. ❷ 칩복하다. 칩거(蟄居)하다 ¶他～在森林中 | 그는 살림속에서 칩거하다 =〔蛰藏cáng〕〔蛰居〕

【蛰居】zhéjū 書 動 칩거하다. ¶～书斋shūzhāi | 서재에 칩거하다. 喩 공부에 몰두하다 =〔蛰伏fú②〕

【辄(輒)〈輙〉】zhé 번번이 첩

書 ❶ 副 곧. 즉시. ¶浅尝～止 | 成 조금 해 보고는 곧 그만두다. 깊이 파고들지 않다. ❷ 副 늘. 언제나. 항상. ¶每思往事, ～惭愧cánkuì不胜 | 지난 일을 생각할 때마다 항상 부끄럽기 그지없다. ¶动～得咎jiù | 成 움직이기만 하면 언제나 질책받다. 하는 일마다 질책받다.

【慑】zhé ☞ 慑 shè

【谪(謫)〈讁〉】zhé 귀양갈 적

書 動 ❶ 귀양가다. 먼 곳으로 좌천되다. ¶贬biǎn～ | 좌천되다. ❷ 꾸짖다. 견책(譴責)하다. ¶众人交～ | 여러 사람이 꾸짖다.

【谪居】zhéjū 動 귀양살이를 하다. ¶柳宗元曾～永州 | 유종원은 일찌기 영주에서 귀양살이를 했다.

【摘】zhé ☞ 摘 zhāi

【磔】zhé 찢을 책, 파임 책

❶ 書 名 動 지체(肢體)를 찢는 형벌(에 처하다). ¶～於市 | 저자 거리에서 사지를 찢어 죽이다. ❷ 名 파임 [한자의 오른쪽으로 삐치는 필법. 「㇏」. 지금은 「捺nà」라고 함] ❸ ⇒〔磔磔〕

【磔磔】zhézhé 擬 짹짹 [새 지저귀는 소리]

4【辙(轍)】zhé ⓐ chè) 바퀴자국 철

(～儿) 名 ❶ 바퀴자국. ¶覆fù～ | 전철(前轍). ¶顺着旧～走 | 옛 바퀴자국을 따라가다. ❷ 차길. 차도. 궤도(軌道). ¶火车出了～了 | 기차가 탈선했다. ¶你这样的行动似乎有点儿出～吧 | 너의 이러한 행동은 약간 궤도를 벗어난 것 같다. ❸ 차량운행의 방향. 노선. 코스. 진로. ¶上下～ | 상하행선. ¶戗qiāng～儿 | 역(逆)방향. ❹ 가사(歌詞)·희곡·잡곡(雜曲)의 운(韻). ¶～口↓ ¶合～ | 운이 잘 맞다. ❺ 京 방법. 수단. 생각 [주로「有」「没」뒤에 많이 쓰임] ¶没～了 | 방법이 없다. ¶我这儿有～ | 내게 방도가 있다.

【辙口】zhékǒu 名 (잡곡(雜曲)·가사(歌詞) 등의) 압운한 운(韻). ¶这一段词儿换换～就容易唱了 | 이 부분의 가사는 운을 좀 바꾸면 쉽게 노래할 수 있을 것이다.

zhě ㄓㄜˇ

2【折】zhě ☞ 折 zhé 2 B

1【者〈者〉】zhě 놈 자

❶ 尾 (…하는) 자. 것. 어법 ⓐ 명사·동사·형용사 뒤에 쓰여, 어떤 신앙을 가지고 있는 사람·어떤 일에 종사하는 사람·어떤 특성이 있는 사람이나 사물을 나타내는 명사를 만듦. ¶记～ | 기자. ¶读～ | 독자. ¶老～ | 노인. ¶弱～ | 약자. ¶符合标准～ | 표준에 부합되는 것〔자〕. ¶唯物论～ | 유물론자. ¶共产主义～ | 공산주의자. ¶医务工作～ | 의료〔의무〕종사자. ⓑ「前」「后」등의 시간을 나타내는 말의 뒤에 쓰여 명사를 만듦. ¶前～ | 전자. ¶近～ | 근래〔근자〕에. ¶古～ | 옛날에. ⓒ 수사(數詞) 뒤에 쓰여 앞에서 말한 사람이나 사물을 가리키는 명사를 만듦. ¶此四～天下之穷民 | 이 넷은 천하의 (가장) 가난한 사람이다. ¶两～缺一不可 | 둘 중 어느 하나가 빠져도 안된다. ❷ 書 助 …라는 자는〔것은〕[낱말이나 구(小句)의 뒤에 쓰여 문맥의 잠시 멈추는 부분을 나타냄] ¶陈胜～, 阳城人也 | 진승이란 자는 양성 사람이다. ¶三光～, 日月星 | 삼광이란 것은 해·달·별이다. ❸ 助 近 문(句子)의 끝에 쓰여 명령의 어기(語氣)를 나타냄. ¶路上小心在意～ | 도중에 조심해라. ❹ 代 近 이. 이것 [현대어의「这zhè」와 같은 뜻임] ¶～番↓ ¶无事过～一夏 | 아무일 없이 이 여름을 보냈다.

【者番】zhěfān 代 近 이번. 금번 =〔者回〕

【锗(鍺)】zhě (게르마늄 저)

名〈化〉화학 원소명. 게르마늄(Ge ; germanium).

【赭】zhě 붉은빛 자, 붉은흙 자 名❶〈色〉홍갈색. ❷홍갈색 흙.

【赭石】zhěshí 名〈鑛〉황토. 오커(ocher) [안료의 원료로 쓰임]

【褶〈襵〉】zhě ㊀ zhé) 주름 접, 겹옷 첩, 사마치 습 (～儿, ～子) 名(의복 등의) 주름(살). 주름살. 구김살. ¶百～裙 | 주름 치마. ¶大衣的腰身儿拿个～儿 | 외투의 허리에 주름을 잡다. ¶衣服上净是～ | 옷이 주름투성이다.

【褶皱】zhězhòu 名❶〈地質〉습곡(褶曲). ¶～山脉 | 습곡 산맥 =〔褶曲〕❷(피부의) 주름살 =〔折zhě皱〕

【褶子】ⓐ zhě·zi 名❶(옷·천·종이·얼굴 등의) 주름. 주름살. 구김살. ¶裙子上的～ | 치마의 주름. ¶满脸都是～ | 얼굴이 온통 주름살투성이다 =〔折zhě子〕❷京 일을 그르침〔망침〕. ¶这次考试可～了 | 이번 시험은 정말 망쳤어. ¶事情办～了 | 일이 글러 버렸다.
ⓑ xí·zi 名 중국 전통극에서 평민이나 제왕 등이 입는 웃옷.
Ⓒ xí

【褶子】xí·zi ☞〔褶子〕zhě·zi ⓑ

3【遮】zhě ☞ 遮 zhē Ⓑ

zhè ㄓㄜˋ

【宅】zhè ☞ 宅 zhái Ⓑ

1【这(這)】zhè ⓧ zhèi) 이 저 ❶代 이. 어법 지시대사(指示代詞)로 쓰여 말하는 사람으로 부터 가까이 있는 사람이나 사물을 가리킴. ⓐ 명사나 수량사(數量詞) 앞에 쓰임. ¶～孩子 | 이 아이. ¶～几个人 | 이 몇 사람. ¶我们都同意～三点意见 | 우리들은 모두 이 세가지 의견에 동의한다. ⓑ「这(＋數＋量)＋名」의 형태로 앞의 사람이나 사물을 가리킴. ¶他们～几位是新来的 | 그들 몇 분은 새로 온 사람이다. ¶茶叶～东西最容易染上别的气味 | 차(라는 이 물건)는 딴 맛이 배어 들기 가장 쉽다. ⓒ 주로 서면어(書面語)에서「这＋一」의 형태로 쌍음절 추상명사 앞에 쓰여 앞의 글을 가리킴. ¶～一事实 | 이러한 사실. ¶～一现象 | 이러한 현상. ⓓ 동사나 형용사 앞에「这＋一」의 형태로 쓰여「这么」「这样」과 같이 어기를 강조함. ¶你～一说我就明白了 | 네가 이렇게 말하여 잘 알게 되었다. ¶～一转眼才几年, 你都成大人了 | 이 눈깜짝할 사이의 몇 년 만에 너는 어른이 되었구나. ⓔ 주로 구어(口語)에서, 동사나 형용사 앞에 쓰여 과장의 어기를 나타냄. ¶他干起活儿来～猛啊, 谁也比不上 | 그가 일을 했다하면 아주 맹렬하여 누구도 당할 수 없다. ¶瞧你～喊, 谁听得清你说的什么? | 네가 이렇게 고함지르는 걸 봐라, 네가 무얼 말하는지 누가 알아 들을 수 있겠니? ❷代 이것. 이 사람. 어법 단독으로 대사(代詞)로 쓰여, 가까이 있는 사람이나 사물을 가리킴. ⓐ 사람을 가리킬 때는「是」앞에 주어로만 쓰임. ¶～是张先生 | 이 분은 장선생이다. ¶～是新来的朋友 | 이 분은 새로 온 친구이다. ⓑ 사물을 가리킬 때는 주로 주어로 쓰이거나 쌍음절(雙音節) 방위사(方位詞) 앞에 쓰임. ¶～很便宜 | 이것은 아주 싸다. ¶～我知道 | 이것은 내가 안다. ¶～上面有花纹 | 이것 위에는 무늬가 있다. ⓒ「那」와 대칭적으로 쓰여, 불특정의 다수를 나타냄. ¶怕～怕那 | 이것도 겁내고 저것도 겁낸다. ¶到了植物园, ～也看, 那也看, 一双眼睛都忙不过来了 | 식물원에 오게 되자, 이것 보랴, 저것 보랴, 두 눈이 한 없이 바쁘게 되었다. ⓓ「那」와 대칭적으로 쓰이는 경우와「这」다음에 다른 동사가 이어지는 경우를 제외하고는「这」단독으로 목적어(賓語)로 쓰일 수 없음. 목적으로 쓸 때는「那个」와 같이「那」다음에 양사(量詞)가 있어야 함. ¶你问～做什么? | 이것은 물어 뭐 할 거냐? ¶他们拿～做原料 | 그들은 이것을 비료로 썼다. 이것으로 비료를 만들었다. ¶我要用这(×) ¶我要用这个 | 나는 이것을 쓰겠다. ❸뒷 절(小句)의 머리에 쓰여, 앞 절을 가리킴. ¶你觉得热, ～是因为你第一次到南方 | 네가 덥다고 느끼는 것은 네가 처음으로 남쪽에 왔기 때문이다. ¶你也来了这儿, ～究竟是怎么回事? | 너도 이 곳에 오다니, 이게 어떻게 된 일이냐? ❹副 이때. 이제. 지금. 어법 주로 구어(口語)에서 어기를 강조하며, 뒤에「就」「才」「都」등이 옴. ¶他～就来 | 그는 지금 막 왔다. ¶～都几点了, 你还不休息 | 지금이 몇 시인데 아직 쉬지 않느냐? ❺「这」뒤에「儿」이나「里」가 붙어 장소를 나타내는 대사(代詞)가 됨 ⇒〔这儿〕〔这里〕 어법「zhèi」는「这一zhèyī＋量」의 형태에서「一」를 생략하여 쓰면서「zhè」의「e」가「i」의 영향을 받아「ei」로 변한 음임. 대체로「这」는 단독으로 쓰거나 뒤에 직접 양사가 붙을 때는「zhè」로 발음하고, 뒤에 수량사(數量詞) 혹은 양사가 있을 때는「zhèi」로 발음함.「这程子」「这个」「这会儿」「这些」「这样」등은 구어(口語)에서「zhèi」로 발음하는 경우가 많음.

2【这边(儿)】zhè·biān(r) 代 이쪽. 여기. ¶到～来 | 이쪽으로 와라. ¶请你～坐 | 여기 앉으십시오.

【这程子】zhèchéng·zi ⇒〔这些日子①〕

【这搭(儿)】zhè·da(r) 名 方 이곳. 여기 [섬서(陝西)·산서성(山西省) 방언 및 조기 백화(早期白話)에 쓰임] ¶敢问～是何处 | 近 감히 여쭈어보건데 여기가 어딥니까 =〔这儿①〕

【这等】zhèděng 書 ❶代 이런 따위의. 이런 유(類)의. 이와 같은. 이런. ¶～事问他什么? | 이런 일을 그에게 물으면 뭘해? ¶天下哪有～事 | 세상 어디에 이 따위 일이 있느냐 =〔这等样〕❷副 이렇게. 이다지도. 이와 같이. ¶我素来和你没有冤仇, 你为何～害我? | 나는 평소 너와 원한이 없는데 어째서 이렇게 나를 해치려 하느냐?

1【这个】zhè·ge ❶ 이. 이것. ¶～地步 | 이 지경. ¶～人 | 이 사람. ¶～时候儿 | 이때. 지금. ¶你要～吗? 我看那个比这个好 | 이것을 원하느냐? 내가 보기엔 저것이 이것보다 좋다. ¶我攒zǎn钱就是为的～ | 내가 돈을 모으는 것은 바로 이

것 때문이다 =〔这一个〕 ❷(口)(동사·형용사의 앞에 쓰여) 과장의 뜻을 나타냄. ¶大家～乐啊! | 모두들 대단히 좋아하는군! ¶你看孩子～哭啊 | 너 아이가 이렇게 우는 것을 봐라. ❸「个」로 셀 수 없는 것을 가리켜서,「这种」(이런 종류의)의 뜻을 나타냄. ¶～天, 我怕水冷 | 이런 날씨에는 물이 찰까 걱정된다.

[3]【这会儿】 zhèhuìr (台) zhèhuǐr) 名組 (口) ❶ (과거나 미래 중의) 이때. 지금. 이맘때. ¶等到后天～你就到家了 | 모래 이맘때쯤이면 너는 이미 집에 도착했겠지. ¶去年～我正在广州 | 작년 이맘때 나는 바로 광주에 있었다. ❷지금. 현재. 요즘. 근래. 오늘날. ¶你～到哪儿去? | 너 지금 어디 가니? ¶～不是聊天的时候 | 지금은 한가하게 잡담이나 하고 있을 때가 아니다. ¶～雪下得更大了 | 요즘은 눈이 더 많이 내린다. ¶～妇女的地位提高了 | 요즘 여성의 지위가 높아졌다 ‖ =〔(京)这会子〕

[1]【这里】 zhè·lǐ 代 여기. 이곳. ¶～有一个山洞 | 여기에 산굴이 하나 있다. ¶～就是金老师的家 | 여기가 바로 김선생님의 집이다. ¶请到我～来一趟 | 나한테 한번 다녀 가세요. ¶我们～一年两季稻子 | 우리 이곳은 1년에 벼 이모작을 한다 =〔这儿①〕

[1]【这么】 zhè·me 代 ❶ 이러한. 이와 같은. 이렇게. ¶～个缘故yuángù | 이러한 연고. ¶根本没有～回事 | 본래 이러한 일이 없었다. ¶大家都～说 | 모두들 이렇게 말한다. ¶～冷的天, 还去游泳 | 이렇게 추운 날씨에 그래도 수영을 하러 가겠다고. ¶这件事就～办吧 | 이 일은 이렇게 하자. ¶～看起来 | 이렇게 생각해 보면. ¶～合适 | 아주 꼭 맞는다. 아주 적절하다. ¶没(有)～容易 | 그리 쉽지는 않다. ❷이쪽 [「往这么」의 형태로 쓰임] ¶小平是在那儿换车往～来的 | 소평이 그곳에서 차를 갈아 타고 여기로 왔다. ❸(수량사와 연용하여) 수·양이 적음을 강조함. ¶利息就在～一分上下 | 이자는 겨우 1할 정도 된다. ¶我有～一个孩子 | 나는 이 아이 하나뿐이다. ❹「这么了」의 형태나 혹은 어기 조사의 도움을 받아 술어로 사용됨. ¶行, 就～吧! | 좋다. 그럼 그렇게 하자! 어법「这么」「这么着」「这样」의 차이점. ⓐ「这样」은 보어로 쓰일 수 있으나,「这么」「这么着」는 쓰일 수 없음. ¶忙得这么(×) ¶忙得这样 | 이렇게나 바쁘다. ⓑ「这么」는 정도·방식·수량을 나타내고「这样」은 정도·방식·성질·상태를 나타냄.「这么着」는 방식만 나타냄. ⓒ「这样」은 명사·동사·형용사를 수식하고,「这么」「这么着」는 동사·형용사만 수식함. 어법 구어(口語)에서 보통「zè·me」로 발음되는데,「这么点儿」「这么些」「这么样」「这么着」의 경우에도 동일함 ‖ =〔这末〕

【这么点儿】 zhè·mediǎnr 名組 요만큼. 요만한 것. 얼마 안 되는 것. ¶～水, 怕不够这么些人喝 | 요 정도의 물은, 이렇게 많은 사람이 마시기에는 부족할 것 같다. ¶～事儿也还不会干 | 요만한 일도 아직 하지 못한다. ¶～路一会儿就走到了 | 요 정도 길은 잠깐이면 갈 수 있다. ¶就～啊, 太少了 | 요만큼이야, 너무 적다. 어법 ⓐ「这点儿」은 명사를 수식할 때「的」를 동반하지 않으나,「这么点儿」은「的」을 동반함. ⓑ「这么点儿」은「여기」라는 뜻이 없으나,「这点儿」은「여기」라는 뜻으로 쓰임.

【这么些】 zhè·mexiē 名組 이만큼. 이렇게 많은 것. ¶～事儿得有个人帮帮你吧? | 이렇게 많은 일은 누군가 도와주는 사람이 있어야겠지? ¶～人坐得开吗? | 이렇게 많은 사람이 다 앉을 수 있을까? ¶～孩子都怎么办呢? | 이렇게 많은 아이들을 모두 어떻게 하지?

【这么样(儿)】 zhè·me·yàng(r) 代 이와 같다. 이렇다. ¶～的一个事情 | 이와 같은 일. ¶～办 | 이렇게 하다.

【这么一来】 zhè·me yīlái 動組 이런 이유로. 이런 사정으로. 이렇게 되면. ¶这个事情～非打起来不行 | 이 일이 이렇게 되면 싸움이 일어나지 않을 수 없다.

[4]【这么着】 zhè·me·zhe 代 이와 같이. 이렇게. 그래서. 이리하여. 그러면. 이렇다면. ¶你看, ～好不好? | 네가 보기에 이렇게 하는 것이 어떻겠느냐? ¶我看该～ | 나는 반드시 이렇게 해야 한다고 생각한다. ¶今天图书馆没开馆, ～我就回来了 | 오늘은 도서관이 개관하지 않아서, 나는 그대로 돌아왔다. ¶～, 你明天来, 咱们一块儿去吧 | 그러면 내일 네가 와서 우리 함께 가자. ¶咱们就～吧 | 우리는 이렇게 하자. 어법「这么」「这么着」「这样」의 차이 ⇒〔这么〕

[1]【这儿】 zhèr 代 (口) ❶ 여기〔이곳〕. 거기〔그곳〕. ¶～有人吗? | 여기 사람 있습니까? ¶～的景致jǐngzhì真好 | 이곳 경치는 정말 좋다 =〔(方)这搭(儿)〕〔这里〕 ❷지금. 이제. 이때 어법 주로 전치사「打·从·由」의 다음에 쓰임. ¶打～起我每天坚持锻炼身体 | 이제부터 나는 매일 신체 단련을 계속하겠다. ¶从～以后我们成了知心朋友 | 이때부터 우리는 서로 마음이 통하는 친구가 되었다. ❸…하고 있다. 어법 동사 앞에 놓여 동작·행위의 진행을 나타냄. ¶我(在)～说他的历史呢 | 나는 그의 이력(履歷)을 얘기하고 있는 중이다.

【这山望着那山高】 zhè shān wàng·zhe nà shān gāo 諺 이 산에서 보면 저 산이 더 높아 보인다. 남의 떡이 더 커 보인다. ¶她就是～, 永远不会满足 | 그녀는 이 산에 앉아 저 산을 보기에, 영원토록 만족하지 못할 것이다.

[1]【这些(个)】 zhè·xiē(·ge) 名組 이런 것들. 이들. 이러한. 이만한. 어법 ⓐ 비교적 가까이 있는 둘 이상의 사람이나 사물을 가리킴. ¶～就是我们的意见 | 이러한 것들이 바로 우리의 의견이다. ¶～土豆送给你了 | 이런 감자를 네게 보내다. ¶～天老是下雨 | 요사이는 늘 비만 온다. ⓑ「这些」가 의문문에 주어로 쓰인 경우에는 주로 사물을 가리키고, 사람을 가리킬 때는 뒤에「人」을 붙임. ¶这些是什么? | 이것들은 무엇이냐? ¶这些是谁? (×) ¶这些人是谁? | 이 분들은 누구인가?

【这些日子】 zhè·xiē rì·zi 名組 ❶ 요즘 =〔这程子〕〔这阵(儿, 子)①〕 ❷ 이렇게 긴 시일.

¹【这样(儿, 子)】zhèyàng(r·zi) 代 이렇다. 이와 같다. 이렇게. 이래서. 어법 성질·상태·정도·방식 등을 대신함. ¶～的事情经常发生 | 이런 일은 늘 발생한다. ¶～好媳妇打哪儿去找? | 이렇게 좋은 며느리를 어디서 찾겠는가? ¶就～处理 | 바로 이렇게 처리하다. ¶当然应该～ | 당연히 이래야지. ¶～是对的 | 이렇게 하는 것이 맞다. 어법「这么」「这么着」「这样」의 차이⇒〔这么〕

³【这样一来】zhèyàng yīlái 이렇게 되어〔하여〕.

【这种】zhèzhǒng 名組 이런 종류(의). 이와 같은. ¶～方法 | 이와 같은 방법. ¶～人 | 이런 사람. 어법 본래「这一种」으로, 어떤 종류를 가리키는데 쓰였으나, 오늘날에는「这么个」「这样的」와 같은 뜻으로 쓰이는 경우가 많음.

【柘】zhè 산뽕나무 자

名 ❶〈植〉산뽕나무. ¶～蚕↓ ❷〈色〉황색. ❸ (Zhè) 성(姓).

【柘蚕】zhècán 名 산뽕나무 잎으로 기른 누에.

【浙〈淛〉】Zhè 물이름 절

名〈地〉❶ 절강(浙江) [절강성(浙江省)에 있는 강이름] ❷ 簡「浙江省」(절강성)의 약칭. ¶江～ | 강소성(江蘇省)과 절강성. ¶～花 | 절강성에서 산출되는 면화.

4【蔗】zhè 사탕수수 자

名〈植〉사탕수수 ¶～糖↓ ＝〔甘gān蔗〕→〔糖①〕

【蔗农】zhènóng 名 사탕수수를 재배하는 농민. ¶他父亲是～ | 그의 아버지는 사탕수수를 재배하는 농민이다.

【蔗糖】zhètáng 名 ❶〈化〉자당. 사카로즈(saccharose;프). ❷〈食〉사탕수수 즙을 끓여 만든 사탕.

【蔗渣】zhèzhā 名 사탕수수 즙을 짜고 남은 찌꺼기 [종이·술 등을 만드는 원료가 됨] ¶～可以造纸 | 사탕수수 즙을 짜고 남은 찌꺼기는 종이를 만들 수 있다.

【䗪】zhè 흙바퀴 자

⇒〔䗪虫〕

【䗪虫】zhèchóng 名〈蟲〉흙바퀴 ¶捉zhuō～ | 흙바퀴를 잡다 ＝〔地鳖〕

【鹧(鷓)】zhè 자고 자

⇒〔鹧鸪〕〔鹧鸪菜〕

【鹧鸪】zhègū 名〈鳥〉자고. ¶～声声 | 자고가 지저귀다.

【鹧鸪菜】zhègūcài 名〈植〉해인초.

·zhe ㄓㄜ˙

1【着】·zhe zhuó zháo zhāo 나타날 저, 입을 착

주의 본래「著」로 썼으나 음(音)과 의(義)를 구별하기 위하여「著」가「zhù」로 읽힐 때만「著」로 쓰고 그 외는「着」로 씀. 대만(臺灣)에서는「着」를「著」의 속자(俗字)로 보고 있음⇒〔著zhù〕

Ⓐ ·zhe ❶ 助 …하고 있다. …하고 있는 중이다 [동사의 뒤에 동태조사(動態助詞)로 쓰여, 동작의 진행을 나타냄] ¶他们谈～话呢 | 그들은 이야기를 하고 있다. ❷ 助 …해 있다. …한 채로 있다 [상태의 지속을 나타냄] ¶屋里的灯还亮～ | 방 안의 등이 아직 켜져 있다. 어법 ⓐ 동작의 진행이나 상태의 지속을 나타낼 때 문(句子)의 끝에 어기조사「呢」를 쓸 수 있음. ⓑ「正」「正在」「在」는 동작의 진행을 돋보이게 하는 부사이므로 동작의 진행을 나타낼 때는 동사 앞에 쓸 수 있지만 상태의 지속을 나타낼 때는 쓸 수 없음. ¶他正穿～衣服呢 | 그는 옷을 입고 있는 중이다. ¶他穿～新衣服呢 | 그는 새 옷을 입고 있다. ¶他正开～门呢 | 그는 막 문을 열고 있다. ¶门开～呢 | 문이 열려 있다. ⓒ「처소사＋動＋着＋名」의 형식으로 어떠한 사물이 어느 장소에 존재하고 있음을 나타냄. ¶椅子上坐～一对老年夫妇 | 의자에 노부부가 앉아 있다. ¶外面下～大雨 | 밖에 큰 비가 오고 있다. ¶手上拿～一本汉语词典 | 손에 한어 사전을 한 권 들고 있다. ¶墙上挂～一幅水墨画 | 벽에 수묵화 한 폭이 걸려 있다. ❸ 助 …하면서 …하다. …하고 …하다. …해서 …하다. …하고 보니 …하다. 어법「動＋着＋動」의 형식으로 연동식(連動式)에 쓰여 두 동사 사이를 여러가지 의미로 연결시켜 주는 작용을 함. ⓐ 두 동사가 동시에 진행됨을 나타냄. 이때 대개 앞 동사는 뒷 동사의 방식을 나타냄. ¶坐～讲 | 앉아서 말한다. ¶红～脸说 | 얼굴을 붉히고 말한다. ⓑ 두 동사가 수단과 목적의 관계에 있음을 나타냄. ¶急～上班 | 서둘러 출근하다. ¶藏～不肯拿出来 | 감추어 두고 내놓지 않는다. ¶这碗饭留～给爸爸吃 | 이 밥은 남겨두어 아버지께서 잡수시도록 드려라. ⓒ 앞 동사의 진행 중에 뒷 동사의 동작이 출현함을 나타냄. ¶想～想～笑了起来 | 생각하다가 웃기 시작하였다. ¶走～走～天色已经暗了下来 | 걷다보니 하늘이 어두워졌다. ⓓ 앞 동사가 뒷 동사의 조건임을 나타냄. ¶说～容易, 做～难 | 말하기는 쉬우나 행하기는 어렵다. ¶吃～好吃 | 먹어보니 맛있다. ❹ 助 (좀 더) …하라 [정도를 더해 가라는 의미의 명령이나 환기의 의미를 나타냄] ¶你听～ | 귀담아 들어라. ¶步子大～点儿 | 걸음걸이를 크게 하여라. ¶这事儿你记～点儿 | 이 일을 좀 기억하여라. ❺ 助 단순히 동작을 강조하거나 말하는 사람이 확정적으로 알고 있음을 나타냄. ¶我亲眼看～他偷了人家的东西 | 나는 그가 남의 물건을 훔치는 것을 직접 보았다. ¶我知道他在我背后议论～我 | 그가 내 뒤에서 나에 대해 이러쿵저러쿵 말하고 있다는 것을 알고 있다. ❻ 尾 일부의 동사 뒤에 붙어 그 동사가 전치사(介詞)가 되게 함. ¶顺～ | …에 따라. …와 같은 방향으로. ¶沿～ | …을 따라서. ¶朝～ | …을 향하여. ¶照～ | …대로. ¶按～ | …에 따라. ¶随～ | …에 따라서. ¶就～ | …에 의하여. ❼「着呢」의 형태로 어기조사(語氣助詞)가 됨⇒〔着呢〕 ❽「来着」의 형태로 어기조사(語氣助詞)가 됨⇒〔来着〕‖＝〔著〕

Ⓑ zhuó ❶ 書 動 (옷을) 입다. 몸에 걸치다. 착용하다. ¶～衣 | 옷을 입다. ¶穿～整齐 | 복장이 단정하다. ¶吃～不愁 | 먹고 입는 것은 걱정이 없다. ❷ ⊗ zháo) 動 접촉하다. 닿다. 이어지다. 부착하다. 붙다. 덧붙이다 [「地」「天」「水」「边际」

등의 목적어(賓語)만 올 수 있음] ¶上不~天, 下不~地 | 하늘에도 땅에도 닿지 않다. ¶手上的烫tàng伤一~水就疼 | 손에 입은 화상이 물에 닿기만 하면 아프다. ¶附~ | 부착하다. ¶~色 | 착색하다. ¶~陆 | 착륙하다. ¶说话不~边际 | 말이 두서가 없다. ¶不~痕迹 | 흔적도 남기지 않다. ❸ ⓧ zháo) 動 (힘을) 더 하다. (힘을) 쓰다. 역량을 한 곳으로 모으다. ¶大处~眼小处~手 | 큰 것에는 눈으로 작은 것에는 손으로 하라. ¶再~一把力 | 다시 힘을 쓰라. ❹ 書 動 …하게 하다. …하시오 [주로 공문(公文)에 쓰임] ¶~该科长先行调查 | 그 과장에게 먼저 조사하도록 하시오. ¶~即施行 | 즉시 시행하도록 하시오 =〔使〕〔叫〕 ❺ 名 행방. 간 곳. ¶寻找无~ | 찾아도 행방이 묘연하다. ❻ 動 장기를 두다. 바둑을 두다. ¶~棋↓ =〔著〕→〔棋qí〕

Ⓒ zháo 動 ❶ ⓧ zhāo) 받다. 맞다. 감수하다 [반드시 명사·형용사가 목적어(賓語)가 됨] ¶~凉了 | 감기가 들었다. ¶心里~了慌 | 마음이 당황스러워졌다. ¶~风 | 바람을 맞다. ❷ 불이 붙다〔나다〕. 불이 켜지다. ¶~火啦! | 불이야! ¶电灯~了 | 전등이 켜졌다 ⇔〔灭miè〕 ❸ 方 잠들다. 자다 [「睡着」를 줄여서 한 말] ¶躺tǎng下就~了 | 눕자 곧 잠들었다. ❹ 동사 뒤에 결과 보어(結果補語)로 쓰여 목적을 달성했거나 결과나 영향이 있었음을 나타냄. ¶猜~了 | 알아 맞추었다. ¶睡~了 | 잠들었다. ¶灯点~了 | 불이 켜졌다. ¶累不~ | 피곤해지지 않다. ❺「zhuó」의 우독(又讀) ⇒〔着zhuó②③〕 ‖ =〔著〕

Ⓓ zhāo ❶ (~儿) 名 (바둑·장기 등의) 수. ¶高~儿 | 묘수. ¶支~儿 | 훈수 =〔招zhāo⑫〕 ❷ 名 轉 계책. 방법. ¶硬~子 | 강경책. ¶软~子 | 회유책. ¶没~儿 | 좋은 수가 없다 =〔招zhāo⑬〕 ❸ 動 方 넣다. ¶~点儿盐yán | 소금을 조금 넣다 =〔放fàng〕 ❹ 嘆 方 그렇지. 그래. 좋아 [동의를 나타내는 말] ¶~, 你说得真对! | 그래, 네가 한 말이 정말 옳아. ¶~啊! 这样正好 | 그렇지! 이렇게 하는게 딱 좋겠군. ❺「zháo」의 우독(又讀) ⇒〔着zháo①〕 ‖ =〔著〕

Ⓐ ·zhe

【着哩】·zhe·li ⇒〔着呢〕

【着呢】·zhe·ne 助 형용사나 형용사 성격을 지닌 구(詞組) 뒤에 쓰여, 어떤 성질이나 상태에 대해 긍정·강조·과장의 의미를 나타냄. 어법 ⓐ 형용사 다음에「着呢」를 붙인 뒤에는 정도부사나 정도를 나타내는 보어(補語)를 쓸 수 없음. ¶长安街宽~ | 장안가는 넓기도 하지. ¶他的钱多~ | 그는 돈이 많고 말고. ¶好~ | 돈이 아주 많다. ¶时间还早~ | 시간이 아직 이르다니까. ⓑ「動+着(동태조사)+呢(어기조사)」의 형태가 동작의 지속을 나타내는 것과는 다름. ¶他在屋里坐着呢 | 그는 방 안에 앉아 있다. ¶天还早~ | 시간이 아직 일러. ¶他画得可像~ | 그는 아주 비슷하게 그렸다 =〔方 着哩〕

Ⓑ zhuó

【着笔】zhuó/bǐ ⓧ zháo/bǐ) 動 붓을 들다. 붓을 대다 =〔落luò笔〕

【着花】zhuóhuā 動 ❶ 꽃이 피다. ¶柳树已经~了 | 버드나무에 이미 꽃이 피었다. ❷ 꽃봉오리가 나오다.

【着力】zhuó/lì 動 ❶ 힘을 쓰다. 애쓰다. ¶无从~ | 힘써 볼 데가 없다. ¶~於培养人才 | 인재 양성에 힘쓰다. ❷ 진력하다. ¶一定~去做 | 반드시 힘을 다해서 해야 한다 ¶~培养年轻人 | 전력을 다해 젊은 사람을 양성하다 ‖ =〔着劲儿jìnr〕

【着陆】zhuó/lù ❶ 動 착륙하다. ¶~场 | 착륙장. ❷ 動 〈體〉(스키에서) 착지하다. ❸ 動 〈體〉 터치다운(touchdown)하다. ¶~接地 | 터치다운하다. ❹ (zhuólù) 名 〈體〉 착지. ❺ (zhuólù) 名 〈體〉 터치다운.

【着落】zhuó·luò ❶ 名 행방. 간 곳. ¶遗失的行李已经有了~了 | 잃어버린 물건의 행방을 알게 되었다. ❷ 名 귀결(歸結). 결말. ¶那事还没~ | 그 일은 아직 결말이 나지 않았다 ‖ =〔着落儿zhuólàor〕〔下落① ②〕 ❸ 名 나올 곳. 생길 곳. 의지할 곳. ¶这笔经费还没有~ | 이 비용은 아직 나올 곳이 없다. ❹ 動 (결국) 돌아오다. 떨어지다. ¶这件事情就~在你身上了 | 이 일은 결국 네 앞으로 떨어졌다.

【着魔】zhuó/mó ⓧ zháo/mó) 動 귀신에게 홀리다. 마귀에 씌다. ¶他这几天练桌球像着了魔似的 | 그는 요며칠 마치 귀신에 홀린 듯이 탁구 연습을 한다.

【着棋】zhuó/qí 動 方 ❶ 바둑을 두다. ❷ 장기를 두다 ‖ =〔下xià棋〕

【着色】zhuó/sè 動 착색하다. 색칠하다. ¶近来的食品大都是~的 | 요즘의 식품은 대부분 착색한 것이다. ¶~的照片 | 착색한 사진.

【着实】zhuóshí 副 ❶ 참으로. 정말로. 확실히. ¶秋夜的凉风吹在身上, ~有些寒意了 | 가을밤의 찬바람이 몸에 와 닿으니 확실히 조금 추운 느낌이 든다. ❷ 톡톡히. 단단히. ¶~教训了他一顿 | 그를 단단히 혼내 주었다. 그에게 버릇을 톡톡히 가르쳐 주었다.

[3]【着手】zhuó/shǒu 動 착수하다. 시작하다. 손을 대다. ¶那件事已经~了 | 그 일은 이미 시작하였다. ¶从何~? | 어디서부터 착수하겠는가?

【着手成春】zhuó shǒu chéng chūn 成 의술이 뛰어나 금방 환자의 병을 고친다. ¶张大夫医术高超, ~, 手到病除 | 닥터 장은 의술이 뛰어나 그의 손만 가면 병이 낫는다 =〔着手回春〕〔妙手回春〕〔起手回春〕

[4]【着想】zhuóxiǎng ⓧ zháoxiǎng) 動 (어떤 사람·일의 이익을) 고려하다. 생각하다. 어법 대개「为」전치사구가 부사어로 오며, 목적어를 취할 수 없음. ¶她是为你~才劝你少喝酒的 | 그녀는 너를 위해서 술을 조금 마시라고 권하였다. ¶为大众的利益~ | 대중의 이익을 고려하다.

【着眼】zhuó/yǎn 動 (어떤 일에 대해) 착안하다. 고려하다 어법 주로 앞에는「从」, 뒤에는「於」가 쓰임. ¶考虑问题要从全局~ | 문제를 고려할 때는 전체적인 국면에서부터 살펴야한다. ¶~国家利益 | 국가 이익에 착안하다. ¶~点 | 착안점. ¶大处~, 小处下手 | 큰 것에 착안하되, 작은

것부터 착수하다. 착안은 크게 하고 시작은 작은 것부터 하다. ¶～於今后的发展 | 이후의 발전을 고려하다.

【着意】zhuó/yì 動 주의하다. 신경을 쓰다. 정성을 들이다. ¶～经营jīngyíng | 신경을 써서 경영하다. ¶～打扮了一番 | 정성껏 단장하다.

3【着重】zhuó/zhòng 動 ❶ 힘을 주다. 강조하다. ¶～指出 | 힘주어 지적하다. ❷ (…에) 치중하다. 중점을 두다. 중시하다. ¶只～形式 | 단지 형식만을 중시하다.

【着重号】zhuózhònghào 名 방점. 곁점 →〔标biāo点符号〕

【着装】zhuózhuāng ❶ 動 (옷을) 입다. (모자를) 쓰다. ❷ 名 복장. 의장. ¶整理zhěnglǐ～ | 복장을 정리하다.

【着着】zhuózhuó 副 ❶ 착착. 하나하나. 한걸음씩. ¶～进步 | 착착 진보하다. ¶～进逼bī | 한걸음 한걸음 압박해 오다.

Ⓒ zháo

【着慌】zháo/huāng 動 허둥대다. 당황해하다. ¶你先准备吧, 省得到了时候儿～ | 그때 가서 당황해하지 않도록 미리 준비를 해 두어라 ¶她一下子～了 | 그녀는 갑자기 놀랐다 =〔着忙〕

【着火】zháo/huǒ 動 ❶ 불나다. ¶～了! | 불이야! ¶防止fángzhǐ～ | 화재를 방지하다 =〔失火〕❷ 발화하다. 착화하다.

【着火点】zháohuǒdiǎn 名〈化〉발화점(發火點) =〔燃rán点〕

1【着急】zháo/jí 動 조급해하다. 안달하다. 걱정하다. ¶别～, 有问题商量解决 | 조급해하지 말고 문제가 있으면 상의해서 해결하자. ¶着什么急呢? | 뭘 그리 안달이냐? ¶他～儿子的前途 | 그는 아들의 장래를 걱정하고 있다. ¶我不～别的, 就～孩子不求上进 | 나는 다른 게 걱정이 아니라, 바로 자식이 진학하려 하지 않을까봐 걱정이다. ¶得知母亲病重, 他很～ | 어머니께서 위독하시다는 것을 알고 그는 아주 안절부절이다→〔猴hóu急〕

【着家】zháo/jiā 動 집에 있다. ¶他整天不～ | 그는 하루 종일 집에 붙어 있질 않는다.

3【着凉】zháo/liáng 動 감기에 걸리다. ¶外面挺冷的, 当心～! | 밖이 몹시 추우니, 감기에 걸리지 않도록 조심해라 =〔伤shāng风①〕〔受shòu凉〕

【着忙】zháo/máng 動 놀라서 허둥대다. 서두르다. ¶像个着了忙的鸭子 | 마치 놀라 허둥대는 오리같다. ¶离上车时间还早, 别～ | 차 탈 시간까지는 아직 시간이 있으니 너무 서두르지 말아라 =〔着慌〕

【着迷】zháo/mí 動 …에 정신을 팔다. …에 몰두하다. …에 사로잡히다. ¶他对於跳舞着了迷了 | 그는 춤에 정신이 팔려 버렸다. ¶他一看电视就～了 | 그는 텔레비전을 보기만 하면 정신이 팔려 버린다. ¶～到废寝忘食的地步 | 너무 몰두하여 자고 먹는 것도 다 잊을 지경이다.

【着魔】zháo/mó ☞〔着魔〕zhuó/mó

【着三不着两】zháo sān bù zháo liǎng 慣 가장 중요한 것이 빠져 있다. 치밀하지 못하다. 얼빠지다. ¶你这个人做事老是这么～的 | 네 녀석이 하는 일이란 언제나 이처럼 치밀하지 못하다.

【着水】zháo shuǐ 動 물에 젖다. 물이 묻다. ¶这张纸～了 | 이 종이는 물에 젖었다. ¶这衣料～以后会缩 | 이 옷감은 물에 젖어서 후에 줄어들 것이다.

【着想】zháoxiǎng ☞〔着想〕zhuóxiǎng

Ⓓ zhāo

【着法】zhāofǎ 名 ❶ (바둑·장기의) 행마법. ❷ 무술의 동작. ❸ 喩 계책. 수단. 방법 ¶你又有什么新的～ | 너는 또 무슨 새로운 계책이 있니. ‖ =〔着数〕〔招法〕〔招数〕

【着数】zhāoshù ⇒〔着法〕

2【著】·zhe ☞ 著 zhù Ⓔ

zhèi ㄓㄟˋ

1【这】zhèi ☞ 这 zhè

zhēn ㄓㄣ

4【贞(貞)】zhēn 곧을 정, 점칠 정 ❶ 지조가 있다. 의지가 굳다. 곧고 바르다. ¶坚～不屈 | 慣 굳건한 지조로 굽히지 않다. ¶忠～ | 충정하다. ❷ (여자의) 정조. 정절. ¶节妇～女 | 정조를 지키는 여자. ❸ 옛날, 점(치다). ¶要bǔ～ | 점치다. ¶～人 | 은대(殷代)의 점치는 사람.

【贞操】zhēncāo 名 정조. 정절. ¶她坚守～ | 그녀는 정조를 굳건히 지킨다.

【贞观】Zhēnguàn 名〈史〉정관 [당(唐) 태종(太宗)의 연호(627～649)]

【贞洁】zhēnjié 形 정결하다. ¶少女的～ | 소녀의 정결.

【贞节】zhēnjié 書 名 ❶ 굳고 바른 절개. ❷ 정절. ¶保持～ | 정절을 보존하다.

【贞烈】zhēnliè 形 정조를 끝까지 지키다. ¶～的女子 | 정절을 끝까지 지킨 여인.

4【侦(偵)〈遉〉】zhēn 염탐할 정 염탐하다. 몰래살피다. ¶～知 | 염탐하여 알다.

【侦查】zhēnchá 動〈法〉사건을 수사하다. 조사하다. ¶～案情ànqíng | 사건의 경위를 조사하다.

4【侦察】zhēnchá 動〈軍〉정찰하다. ¶～敌情 | 적정을 정찰하다. ¶火力～ | 화력 정찰. ¶～部队 | 정찰 부대. ¶～员 | 정찰병.

【侦察兵】zhēnchábīng 名〈軍〉정찰병.

【侦察机】zhēnchájī 名〈軍〉정찰기.

【侦缉】zhēnjī ❶ 動 조사하여 체포하다. ¶～队 | 순찰대. 경비대 =〔侦查缉捕〕❷ 名 형사(刑事).

4【侦探】zhēntàn ❶ 動 정탐하다. ¶～敌情 | 적정을 정탐하다. ¶你去～一番吧 | 네가 가서 한번 정탐해봐라. ❷ 名 밀정(密偵). 간첩. 스파이. ¶村里来了两个～ | 마을에 간첩이 두 명 나타났다 =〔包bāo探〕‖ =〔侦谍dié〕

【帧(幀)】zhēn 족자 정 ❶ 量 폭. 점 [그림이나 족자를

세는 데 쓰임] ¶一~画 | 그림 한 폭. ❷ ⇒〔装zhuāng帧〕

【帧频】zhēnpín 名〈電子〉(텔레비전의) 프레임(frame) 주파수.

【浈(湞)】Zhēn 물이름 정 名〈地〉정수(湞水) [광동성(廣東省)에 있는 강 이름]

【桢(楨)】zhēn 담치는나무 정 書名 ❶ 단단한 나무. ❷ 옛날에, 담을 쌓을 때 담의 양 끝에 세우는 기둥. 喩 유능한 인재(人材). ¶~干↓

【桢干】zhēn'gàn 書名喩 중요〔핵심〕 인물. 유능한 인재.

【祯(禎)】zhēn 상서 정 書名 행운. 길상(吉祥). ¶~瑞ruì | 길조(吉兆). ¶~祥xiáng | 길상.

2【针(針)〈鍼〉】zhēn 바늘 침 ❶ 名 바늘. ¶一根~ | 바늘 한 개. ¶毛线~ | 뜨개질 바늘. ❷ 名 주사. ¶打~ | 주사를 놓다. ¶防疫~ | 예방 주사. ❸ 動〈漢醫〉침으로 질병을 치료하다. ¶~灸jiǔ疗法 | 침구 요법. ❹ 바늘 모양의 물건. ¶松~ | 솔잎. ¶如意~ | 안전핀. ¶秧yāng~ | 싹. ❺ 量 대. 땀. 코 [주사의 횟수·바느질의 땀 등을 세는 데 쓰임] ¶打两~ | 주사를 두 대 놓다. ¶一~线 | 바느질 한 땀. ¶织漏一~ | (편물에서) 한 코 빠뜨리다.

【针鼻儿】zhēnbír 名 바늘귀 =〔针眼yǎn①〕

【针砭】zhēnbiān 動 ❶「针」(침)과「砭」(석침)으로 치료하다. ❷ 잘못을 지적하여 시정하도록 하다. 훈계하다. 경고하다. ¶~时弊 | 시대적 폐단을 경고하다. ¶痛下~ | 國 호되게 꾸지람하다. 엄하게 훈계하다 ‖ =〔箴zhēn砭〕

【针插不进, 水泼不进】zhēn chā bù jìn, shuǐ pō bù jìn 國 바늘이 들어갈 틈과 물샐 틈이 없다. 도저히 들어갈 수 없다. 씨알도 먹히지 않는다. ¶~的独立王国 | 도저히 뚫고 들어갈 수 없는 독립 왕국.

【针刺麻醉】zhēncì mázuì 名組〈漢醫〉침술 마취. ¶~心脏手术 | 침술 마취(에 의한) 심장 수술 =〔簡针麻〕

2【针对】zhēnduì 動 ❶ 겨누다. 견주다. 대하다. 맞추다. 조준하다. ¶~儿童的心理特点进行教育 | 어린이의 심리 특성에 맞추어 교육을 하다. ¶这些话都是~着这个问题说的 | 이 말들은 모두 이 문제에 대한 것이다→〔对准①〕 ❷ 정곡을〔급소를〕 찌르다. ¶~缺点 | 결점을 찌르다.

【针锋相对】zhēn fēng xiāng duì 國 바늘끝과 바늘끝이 마주 대하다. (의견·행동 등이) 첨예하게 대립하다. ¶两个人的意见~, 谁也说服不了谁 | 두 사람의 의견이 서로 날카롭게 맞서 어느 쪽도 상대를 설득할 수 없다. ¶他们~地展开了辩论 | 그들은 바늘 끝을 서로 맞대듯 변론을 전개했다.

【针箍(儿)】zhēngū(r) 名 方 골무 =〔顶针儿①〕

【针剂】zhēnjì 名〈藥〉주사약. ¶还是用~吧 | 그래도 역시 주사약을 쓰자 =〔针药〕

【针尖(儿)】zhēnjiān(r) 名 바늘끝. 喩 미세한 것. 아주 작은 것. ¶~般大的小事也介意, 真小心眼 | 바늘끝만한 사소한 일에도 개의하다니, 정말로 소심하군.

【针尖儿对麦芒儿】zhēn jiānr duì mài mángr 國 바늘끝이 보리 까끄라기와 맞서다. 날카로운 사람끼리 맞서다. ¶~谁也不让谁 | 날카로운 사람끼리 맞서 어느쪽도 양보하지 않다 =〔针芒相对〕

【针脚(儿)】zhēn·jiao(r) 名 ❶ 바느질 자리. ¶棉袄mián'ǎo上面有一道一道的~ | 솜옷에 한 줄 한 줄 바느질 자리가 있다. 喩 일의 실마리를 찾다. ❷ (바느질의) 땀. ¶~又密mì又匀yún | 바늘 땀이 촘촘하고도 고르다.

3【针灸】zhēnjiǔ 名〈漢醫〉침구. 침질과 뜸질. ¶~有治病去痛的神奇效果 | 침과 뜸은 병을 치료하고 통증을 없애주는 신기한 효과가 있다.

【针头】zhēntóu 名〈醫〉주사 바늘. 주사침. ¶~太粗 | 주사 바늘이 매우 굵다.

【针头线脑(儿)】zhēntóu xiànnǎo(r) 名組 口 바늘·실 등의 재봉 용구. 喩 자질구레한 일상용품. ¶打下粮食来, 不卖吧, 又怎么买些~的呢 | 추수를 끝낸 뒤 팔지 않으면 도대체 어떻게 일용품을 살 수 있는가《老舍·四世同當》

【针线】ⓐ zhēnxiàn 名 바늘과 실. ⓑ zhēn·xian 名 바느질·재봉·자수의 총칭. ¶学~ | 바느질을 배우다. ¶~包 | 휴대용 반짇고리. ¶~盒 | 반짇고리. ¶~活儿 | 바느질.

【针眼】ⓐ zhēnyǎn ❶ ⇒〔针鼻bír儿〕 ❷ (~儿) 名 침맞은 자리. 바늘로 찌른 구멍. ¶~很密 | 침맞은 자리가 매우 빽빽하다. ⓑ zhēn·yan 名〈醫〉다래끼. ¶害~ | 다래끼가 나다 =〔麦mài粒肿〕

【针叶树】zhēnyèshù 名〈植〉침엽수→〔阔kuò叶树〕

【针织】zhēnzhī 名 편직(물). 편물. 메리야스. ¶~布 | 메리야스천. ¶~厂商 | 편물 업자. ¶~机 | 편물 기계. ¶~毛衫 | 편물 스웨터. ¶~衣裤 | 편직의류.

【针织品】zhēnzhīpǐn 名 메리야스 제품. 편직물 ¶韩国的~很贵 | 한국의 메리야스 제품은 매우 비싸다→〔棉mián毛衫〕

1【真】zhēn 참 진 ❶ 形 진실하다. 참되다. 정말이다. ¶信以为~ | 國 진실이라고 믿다. ¶去伪存~ | 國 허위를 버리고 진실을 남기다. 어법「真」은 단독으로 술어(謂語)가 될 수 없음. ¶这很真(×) ¶这是真的 | 이것은 진짜이다 ⇔〔假jiǎ①〕〔伪wěi①〕 ❷ 形 분명하다. 확실하다. 똑똑하다. 명료하다. 어법「動+得」의 형식으로 쓰이는데 동사는「看」「听」등의 소수(少數)에 한(限)함. ¶看得很~ | 아주 똑똑히 보인다. ¶没错儿, 我听得特别~ | 틀림없어, 내가 아주 분명히 들었어. ❸ 名 진서(眞書) [해서(楷書)의 다른 이름] ¶~书↓ →〔楷kǎi①〕 ❹ 副 정말로. 확실히. 참으로. ¶这话~有意思 | 이 이야기는 정말 재미있다. ¶时间过得~快 | 시간이 정말 빨리 지나간다. ❺ 名 진면목. 실제의 모습. 진실. ¶逼bī~ | 실제에 가깝다. ¶传闻失~ | 소문이 진실에서 벗어나

다. ❻(Zhēn) 名 성(姓).
【真才实学】zhēn cái shí xué 成 진정한 재능과 견실한 학문. 진정한 재간. ¶他确实有～ | 그는 분명 진정한 재능과 견실한 학문을 지니고 있다.
4【真诚】zhēnchéng 形 진실하다. 성실하다. ¶～的愿望 | 진실한 바램. ¶～悔过 | 진정으로 잘못을 뉘우치다.
【真传】zhēnchuán ❶ 動 (예술·학술 방면에 있어서 개인 혹은 한 파의) 진수를 전수하다. ❷ 名 진수의 전수. ¶他得到了师傅shīfù的～ | 그는 스승의 전수를 받았다.
【真刀真枪】zhēn dāo zhēn qiāng 成 진짜 칼과 진짜 총. 실전(實戰). 실질적인 것. 실속이 있는 것. ¶我们都～地干 | 우리는 모두 진지하게 처리한다.
【真谛】zhēndì 名 진의. 참뜻. ¶人生的～ | 인생의 참뜻. ¶体味其中的～ | 그 안의 참뜻을 체득하여 맛보다.
【真鲷】zhēndiāo 名〈魚貝〉참돔 =〔加jiā级鱼〕
【真分数】zhēnfēnshù 名〈數〉진분수.
【真个】zhēngè 副 ㊄ 정말로. 실로. 확실히. ¶这个地方～是变了 | 이곳은 정말로 변했다. ¶～了liǎo不起 | 정말로 대단하다.
【真果】zhēnguǒ 名〈植〉진과→〔假jiǎ果〕
【真迹】zhēnjì 名 진적. 진필(眞筆). ¶这幅画彩色精印, 几与～无异 | 이 그림은 색채가 선명하게 잘 인쇄되어 거의 진적과 다름이 없다.
【真假】zhēnjiǎ 名 진위(眞僞). 진짜와 가짜. ¶～难辨 | 진위를 구별하기 어렵다. ¶看不出～来 | 진위를 분별해내지 못하다.
【真金不怕火炼】zhēnjīn bù pà huǒ liàn 諺 의지가 굳고 정직한 사람은 어떠한 시련도 극복할 수 있다 =〔真金不怕火〕
【真菌】zhēnjūn 名〈植〉진균.
【真可以】zhēnkěyǐ 정말 대단하다 [찬탄·경탄·비난 등에 쓰임] ¶那个人～, 一声不言语就把事儿办了 | 저 사람은 정말 대단하군, 한마디도 않고 일을 해 버리다니.
【真空】zhēnkōng 名 ❶〈物〉진공. ¶～处理 | 〈金〉진공 처리. ¶～吸尘器 | 진공 청소기. ❷ 진공. ¶我们不是生活在～里 | 우리는 진공 속에서 사는 것이 아니다. ❸〈佛〉진공. 일체의 색상(色相)을 초월한 참으로 공허한 경지.
【真空管】zhēnkōngguǎn 名〈物〉진공관 =〔电子管〕
2【真理】zhēnlǐ 名 진리. ¶～标准 | 진리의 기준.
【真面目】zhēnmiànmù 名 진면목. 참 모습. 진상. 본색. ¶～还没有暴pù露 | 진상은 아직 폭로되지 않았다.
【真名实姓】zhēn míng shí xìng 成 본명 본성. 진짜 이름. ¶他说出了自己的～ | 그가 자신의 본명을 말하였다.
【真皮】zhēnpí 名〈生理〉진피.
【真凭实据】zhēn píng shí jù 成 확실한〔움직일 수 없는〕증거. ¶这儿有～, 你还敢抵dǐ赖吗? | 여기에 확실한 증거가 있는데도 너는 감히 발뺌을 하려 드느냐?
【真枪实弹】zhēn qiāng shí dàn 成 진짜 총에 진짜 총알. ❶ 진짜 무기. ❷ 진실되고 믿을만한 논거(論據). ❸ 실전(實戰). 격렬한 전투. ¶～的演习 | 실전 연습.
【真切】zhēnqiè 形 ❶ 뚜렷하다. 분명하다. 선명하다. 똑똑하다. 핍진하다. ¶听得真真切切 | 아주 똑똑하게 들리다. ¶演员演得～动人 | 배우가 연기를 핍진하게 하여 감동을 주다 =〔真确②〕❷ 성실하다. 진지하다. 진실하다. 참되다. ¶无论做什么事, 总要～ | 무슨 일을 하든 언제나 진지해야 한다.
【真情】zhēnqíng 名 ❶ 실상. 실정. 실태. 진상. ¶～实况 | 진정한 사정. 실상. ¶你不了解这儿的～ | 너는 이곳의 실정을 이해하지 못한다. ❷ 진심. 진정. ¶他俩没有～实感 | 그들 둘은 진실한 감정이 없다. ¶流露liúlù了～ | 진심이 드러났다.
【真确】zhēnquè ❶ 形 틀림없다. 확실하다. 정확하다. ¶～的消息xiāoxī | 확실한 소식. ¶您知道得比我～ | 당신은 나보다 정확하게 알고 있다. ❷ ⇒〔真切①〕
【真人】zhēnrén 名 ❶ 진인 [도가(道家)에서 참된 도를 체득한 사람을 일컫는 말로, 주로 호칭으로 쓰임] ❷ 실재의 인물.
【真人不露相】zhēnrén bù lòu xiàng 諺 실력있는 사람은 자기를 드러내지 않는다.
【真人真事】zhēn rén zhēn shì 成 실재의 인물과 사실. ¶作品中的事都是～ | 작품 중의 사건은 모두 실재의 인물과 사실이다.
【真溶液】zhēnróngyè 名〈化〉진용액. 분자 용액 =〔分fēn子溶液〕
【真身】zhēnshēn 名〈佛〉진신.
2【真实】zhēnshí 形 진실하다. 허위로 꾸미지 않고 사실과 조금도 다름이 없다. ¶～地描写当时的情景 | 당시의 정경을 사실대로 묘사하다. ¶～的故事 | 진실된 이야기. 실화. ¶～感 | 진실감. ¶～情况 | 진상(眞相). ¶～性 | 진실성.
【真释】zhēnshì 名 참되고 바른 해석.
3【真是】zhēn·shi 副 ❶ 정말. 참 어법 불만을 나타내며, 문두나 주어 뒤 혹은 문말에 올 수 있음. ¶～, 你这样做太不应该了 | 정말이지, 네가 이렇게 하는 것은 도저히 그래서는 안되는 것이야. ¶你也～, 连灯也没关, 就走了 | 너도 참, 불도 끄지 않고 가다니. ¶雨下了两天还不停, ～ | 비가 이틀 동안 내리고도 그치지 않다니, 참! ❷ 정말. 확실히. 사실상. ¶～自寻烦恼 | 정말 골치 아픈 일을 자초하는군. ¶我～不知道的 | 나는 정말 모른다.
4【真是的】zhēn·shi·de 정말. 정말이지→〔真是〕
【真书】zhēnshū 名 진서. 해서(楷書) =〔真字〕〔楷kǎi书〕
【真率】zhēnshuài 形 진솔하다. 솔직하다. ¶他总是那么～, 毫不做假 | 그는 늘 그렇게 솔직하여 조금도 꾸밈이 없다.
【真松假刁】zhēnsōng jiǎdiāo 狀組 아주 무르다. 기개가 전혀 없다. 야무지지 못하다.
【真伪】zhēnwěi 名 진위. 참과 거짓. 진짜와 가짜 ¶辨别～ | 진위를 변별하다 =〔書 真赝〕

4【真相】zhēnxiàng 名 진상. ¶了解～ | 진상을 파악하다. ¶不露～ | 진상이 드러나지 않다. ¶～大白 | 진상이 확연히 드러나다 =〔真像①〕

4【真心】zhēnxīn 名 진심. ¶～悔改 | 진심으로 뉘우치다. ¶～话 | 진심으로 하는 말. ¶她对你是一片～ | 그녀가 너한테는 오로지 진심뿐이야.

【真心实意】zhēn xīn shí yì 成 진심. 성심 성의. ¶～地支持zhīchí | 성심 성의껏 지지하다 =〔真心诚意〕〔情实③〕

【真性】zhēnxìng ❶ 區 진성의. ¶～霍乱huòluàn |〈醫〉진성 콜레라. ❷ 名 진성. 천성.

【真影】zhēnyǐng 名 (제사 지낼 때 거는) 조상의 화상(畵像). 영정(影幀).

【真有你的】zhēn yǒu nǐ·de 俗 너는 정말 대단하다. ¶～, 那么难办的事都给解决了! | 너는 참 대단하군, 그렇게 하기 어려운 일을 모두 해결하다니!

【真真儿】zhēnzhēnr 狀 분명하다. 확실하다. 틀림없다. ¶我听得～的, 一定是枪qiāng声 | 나는 분명하게 들었는데 틀림없이 총성이다.

【真真假假】zhēn·zhenjiǎjiǎ 狀 진실과 거짓이 섞여 있다. ¶虚虚实实, ～的态度 | 이리저리 숨기면서 진실치 못한 태도.

【真真亮亮】zhēn·zhenliàngliàng 狀 분명하다. 확실하다. 환하다. ¶看得～ | 틀림엇이 보았다.

【真真正正】zhēn·zhenzhèngzhèng 狀 올바르다. 참되다. 정당하다.

1【真正】zhēnzhèng ❶ 狀 진정한. 명실상부(名實相符)한. 진실되고 거짓이 없다. ¶～的朋友 | 진정한 친구. ¶～的英雄 | 명실상부한 영웅. ❷ 副 진실로. 참으로. 정말로. ¶～是好人 | 정말로 좋은 사람이다. ¶他已～认识了错误 | 그는 이미 진실로 잘못을 깨달았다.

【真知】zhēnzhī 名 참된 지식. ¶一切～都是从直接经验发源的 | 모든 참된 지식은 모두 직접적인 경험에서 나오는 것이다.

【真知灼见】zhēn zhī zhuó jiàn 成 정확하고 투철한 견해. 확실한 소견.

【真挚】zhēnzhì 形 진지하다. 진실하다. 어법 「真挚」는 주로 감정에 대해 쓰이고, 「真诚」은 감정뿐 아니라 사람의 태도도 가리킴. ¶感情很～ | 감정이 아주 진지하다. 진실되다. ¶～的友谊 | 진실한 우의.

【真珠】zhēnzhū 名 진주 =〔珍zhēn珠〕

【真主】Zhēnzhǔ 名〈宗〉알라(Allah) [이슬람교의 신] ¶愿～保佑 | 알라신의 가호가 있기를 바라다.

【胗】zhēn 새밥통 진, 순종 진
(～儿) 名 조류(鳥類)의 위(胃) ¶鸭～ | 오리의 위 =〔肫zhūn〕→〔下水xià·shuǐ〕

【胗肝儿】zhēngānr 名 조류의 위(胃)와 간(肝). ¶鸡jī～ | 닭의 위와 간. ¶鸭yā～ | 오리의 위와 간.

3【珍〈珎〉】zhēn 보배 진
❶ 보물. 귀중한 물건. ¶奇～异宝 | 진귀한 보물. ¶山～海味 | 成 산해 진미. ❷ 귀중하다. 진귀하다. 귀중히 여기다. ¶～品↓ ¶～视↓ →〔珍重zhòng〕

【珍爱】zhēn'ài 動 아끼고 사랑하다. 귀중히 여기다. ¶～同生死共患难的战友 | 생사 고락을 함께 하는 전우를 아끼고 사랑하다. ¶他很～这礼物 | 그는 이 선물을 귀중히 여긴다.

【珍宝】zhēnbǎo 名 진귀한 보물〔보배〕. ¶如获～ | 보물을 얻은 듯하다.

【珍宝喷射机】zhēnbǎo pēnshèjī 名組 外〈航〉점보(jumbo) 제트기.

【珍本】zhēnběn 名 진본. 진서(珍書). ¶这可是难得的～ | 이는 정말 얻기 어려운 진본이다.

【珍藏】zhēncáng 動 진장하다. 소중히 보존하다 ¶他还～着这张照片 | 그는 아직도 이 사진을 간직하고 있다 =〔珍存〕

3【珍贵】zhēnguì ❶ 形 진귀하다. 보배롭고 귀중하다. ¶～的参考资料 | 귀중한 참고 자료 =〔金贵〕 ❷ 動 귀중히 여기다. 아끼고 사랑하다. ¶～我们的幸福 | 우리의 행복을 귀중히 여기다.

【珍品】zhēnpǐn 名 진품. 진귀한 물건. ¶蒙赐～, 谢谢! | 진귀한 물건을 주셔서 감사합니다! ¶艺术～ | 예술 진품.

【珍奇】zhēnqí 形 진기하다. ¶熊猫xióngmāo是～的动物 | 팬더는 진기한 동물이다.

【珍禽】zhēnqín 名 진기한 조류(鳥類). ¶保护～ | 진귀한 조류를 보호하다.

【珍视】zhēnshì 書 動 귀중히〔소중히〕 여기다. ¶～南北韩的友谊 | 남북한의 우의를 소중히 여기다.

【珍玩】zhēnwán 書 名 진귀한 노리개. 진기한 완상물(玩賞物). 진귀한 골동품. ¶他收藏～ | 그는 진귀한 골동품을 소장하고 있다.

【珍闻】zhēnwén 書 名 진귀한 소식〔소문〕. ¶世界～ | 세계 토픽.

3【珍惜】zhēnxī 動 진귀하게 여겨 아끼다. 소중히 여기다. ¶～宝贵的时间 | 귀중한 시간을 아끼다. ¶～您所见到的! | 당신이 보고 얻은 것을 소중히 여기십시오! ¶非常～祖国的文化遗产 | 조국의 문화 유산을 대단히 소중하게 여기다.

【珍馐】zhēnxiū 書 名 진수. 진기한〔진귀한〕 음식. 가장 맛 좋은 음식 =〔珍羞xiū〕〔珍腴yú〕

【珍异】zhēnyì 形 진귀하고 특이하다. ¶～的礼物 | 진귀하고 특이한 선물.

【珍重】zhēn·zhòng ❶ 動 (귀중품이나 희귀물을) 소중히 간직하다. 아끼고 잘 보살피다. 어법 의미가 「珍惜」보다 강함. ¶对祖国的文化遗产应该～ | 조국의 문화 유산은 마땅이 소중히 여겨야 한다. ❷ (몸을) 보중(保重)하다. 몸을 소중히 하다. 자중하다. 어법 주로 헤어질 때 쓰는 인사말. ¶望老师多多～自己的身体 | 선생님 더욱 몸을 보중하십시오. ¶两人紧紧握手, 互道～ | 두 사람은 손을 굳게 잡고, 서로 몸조심하라고 말하였다→〔保bǎo重〕

3【珍珠】zhēnzhū 名 진주. ¶假jiǎ～ | 모조 진주 =〔真珠〕

【珍珠贝】zhēnzhūbèi 名〈魚貝〉진주조개 =〔珍珠母贝〕

【珍珠鸡】zhēnzhūjī 名〈鳥〉뿔닭 [아프리카 북부

에서 나며 검은 털에 진주와 같은 흰 반점이 있음] =〔珠鸡〕
【珍珠梅】zhēnzhūméi 名〈植〉쉬땅나무.
【珍珠米】zhēnzhūmǐ 名 方 옥수수 =〔玉米〕
【珍珠霜】zhēnzhūshuāng 名 外 펄 크림(pearl cream) [진주의 분말을 섞어 만든 화장품]

【砧〈碪〉】zhēn 다듬잇돌 침
❶ 名 다듬잇돌. ❷ 名 모루. 철침(鐵砧). ❸ 名 (중국식의) 도마. ❹ ⇒〔砧座〕‖ =〔椹zhēn〕
【砧板】zhēnbǎn 名 도마 ¶ 塑料sùliào～ | 플라스틱 도마 =〔切qiē菜板〕
【砧骨】zhēngǔ 名〈生理〉침골.
【砧木】zhēnmù 名〈植〉접본(接本). 대목(臺木) →〔接jiē穗〕
【砧子】zhēn·zi 名 口 모루 =〔俗 墩dūn子②〕〔墩座〕

【箴】zhēn 바늘 잠, 경계할 잠
書 ❶ 名 바늘. 침. ❷ 名〈文〉잠 [한문의 한 체(體). 경계하는 뜻을 서술한 글로서 대개는 운문(韻文)임] ❸ 경계하다. 권고하다. ¶ ～言↓ ¶ 以勤勉相～ | 근면으로써 훈계하다.
【箴言】zhēnyán 名 잠언. ¶ 他一直以此为～ | 그는 줄곧 이것을 잠언으로 삼았다.

【溱】Zhēn qín 물이름 진
Ⓐ Zhēn 名〈地〉진수(溱水) [옛날, 하남성(河南省)에서 발원하는 강 이름] ¶ ～头河 | 진두하. 하남성에 있는 강 이름
Ⓑ qín 지명에 쓰이는 글자. ¶ ～潼tóng | 진동 [강소성(江蘇省)에 있는 진(鎭) 이름]

【蓁】zhēn qín 숲 진, 우거질 진
❶ ⇒〔蓁蓁〕 ❷「榛」과 통용 ⇒〔榛zhēn②〕
Ⓐ zhēn
【蓁蓁】zhēnzhēn ⇒〔榛zhēn榛〕
Ⓑ qín
【蓁椒】qínjiāo 名〈植〉산초 =〔花椒〕

【榛】zhēn 개암나무 진, 덤불 진
❶ (～子) 名〈植〉개암나무. ❷ 書 名 덤불 =〔蓁zhēn〕〔荆jīng榛〕〔榛莽〕 ❸ ⇒〔榛榛〕
【榛莽】zhēnmǎng 書 名 더부룩하게 난 초목 ¶ 一片～ | 더부룩하게 난 초목 한 무더기.
【榛榛】zhēnzhēn 書 貶 초목이 무성하다. 덤불이 빽빽하다 =〔蓁zhēn蓁〕
【榛子】zhēn·zi 名 ❶〈植〉개암나무. ❷ 개암

【臻】zhēn 이를 진
書 動 이르다. 도달하다. 미치다. ¶ 日～完善 | 나날이 완성되어 가다. ¶ 渐～佳境 | 점점 훌륭한 경지에 이르다.

【斟】zhēn 술따를 짐, 짐작할 짐
❶ 動 (술이나 차 등을 술잔이나 찻잔에) 따르다. 붓다. ¶ 给我～上碗水 | 물 한 잔 따라 주십시오. ¶ ～满一杯酒 | 술을 한 잔 가득히 따르다 →〔倒dào②〕 ❷ 사물이나 문자의 적부를 고려하다. 짐작하다. ¶ ～酌↓
【斟酌】zhēnzhuó 動 ❶ 짐작하다. 헤아리다. 고려하다. 숙고하다. ¶ 请您～办理 | 당신이 잘 판단해서 처리하시오. ¶ 这件事要再～一番 | 이 일은 다시 한번 숙고해 봐야 한다 →〔估gū量〕 ❷ 상의하다. 의논하다. ¶ 这是要紧的事, 我和他再～一下 | 이것은 중요한 일이니, 그와 다시 한번 의논해 보겠소.

【椹】zhēn shèn 모탕 침, 오디 심, 버섯 심
Ⓐ zhēn「砧」과 같음 ⇒〔砧zhēn〕
Ⓑ shèn ❶「葚」과 통용 ⇒〔葚shèn〕 ❷ 名 나무에서 돋는 버섯.

【甄】zhēn 살필 진, 질그릇구울 견
❶ 書 動 식별하다. 선별하다. 심사하다. ¶ ～别↓ ¶ ～选↓ ❷ 書 動 질그릇을 만들다. ❸ (Zhēn) 名 성(姓).
【甄别】zhēnbié 書 動 (우열·진위·능력 등을) 심사하여 가리다. 선별하다. ¶ ～人才 | 인재를 선별하다. ¶ ～真伪 | 진위를 가리다. ¶ ～考试 | 선발 시험.
【甄选】zhēnxuǎn 動 심사하여 선정〔선발〕하다.

zhěn ㄓㄣˇ

3【诊(診)】zhěn 볼 진
(병을) 진찰하다. 진찰 받다. ¶ 出～ | 왕진(하다). ¶ 初～ | 초진. ¶ 复～ | 재진하다. ¶ 会～ | 공동으로 진찰하다. ¶ 门～ | 외래 진찰(하다). ¶ ～那个医生 | 그 의사한테 진찰받다 =〔诊病〕
【诊察】zhěnchá 動 진찰하다. ¶ 到底有什么病, 要请医生好好～ | 도대체 무슨 병인지 의사에게 잘 좀 진찰해 달라고 해야겠다 =〔書 诊候hòu〕
4【诊断】zhěnduàn 動 진단하다. ¶ 对他的病～得很准确 | 그의 병에 대해서 아주 정확하게 진단을 내렸다. ¶ ～疾病 | 질병을 진단하다. ¶ ～书 | 진단서. ¶ 医生～这病是胸膜炎 | 의사는 이 병이 늑막염이라고 진단했다. ¶ 医生～他得了癌症áizhèng | 의사는 그가 암에 걸렸다고 진단했다. ¶ 作出～ | 진단을 내리다.
【诊疗】zhěnliáo 名 動 진료(하다) ¶ 及时～ | 즉시 진료하다 =〔诊治〕
【诊脉】zhěn/mài 動 진맥하다. 맥을 짚다 =〔诊切qiē〕〔按àn脉〕〔案àn脉〕〔方 把bǎ脉〕〔看脉〕
【诊视】zhěnshì 名 動 진찰(하다).
【诊所】zhěnsuǒ 名 진료소. ¶ 李大夫开了一个～ | 닥터 이가 진료소를 개업했다.
【诊治】zhěnzhì ⇒〔诊疗liáo〕

【袗(軫)】zhěn 수레뒤턱나무 진
❶ 書 名 수레의 뒤에 있는 가로나무. 轉 수레. ❷ 마음 아파하다. 슬퍼하다. ¶ ～悼↓ ¶ ～怀↓ ❸ 名〈天〉진 [28수(二八宿)의 하나]
【袗悼】zhěndào 書 動 (주로 임금이) 슬퍼하여 애도하다. 애통해 하다.
【袗怀】zhěnhuái 書 動 비통한 마음으로 걱정하다〔염려하다〕.
【袗念】zhěnniàn 書 動 비통한 마음으로 염려하다. ¶ ～先师 | 세상을 떠난 스승님을 비통한 마

음으로 염려하다.

【畛】 zhěn 두둑 진, 지경 진
書名❶두둑. ❷轉경계(境界). 지경. 한계.

【畛域】 zhěnyù 書名한계. 경계. ¶不分～｜경계를 나누지 않다. ¶～分明｜경계가 분명하다.

【疹】 zhěn 홍역 진, 앓을 진
名〈醫〉발진(發疹). ¶痲～｜홍역. ¶湿～｜습진. ¶～粟↓ ¶荨麻～｜두드러기.

【疹粟】 zhěnsù 名(추위 등으로 돋아난) 소름.

【疹子】 zhěn·zi 名〈醫〉홍역의 통칭. ¶小孩出～了｜어린 아이가 홍역을 치렀다＝〔麻má疹〕

3【枕】 zhěn 베개 침, 벨 침
❶(～头) 名베개. ¶气～(头)｜공기 베개. ¶凉liáng～｜여름에 베는 시원한 베개. ❷動배개를 베다. ¶～着胳膊睡觉shuìjiào｜팔을 베고 자다. ❸굄목. ¶～木｜굄목. ❹量꿈을 세는 말. ¶一～黄粱梦｜일장춘몽＝〔场〕

【枕戈待旦】 zhěn gē dài dàn 威창을 베고 자면서 아침을 기다리다. 적에 대한 경계를 게을리하지 않고 전투 태세를 갖추다 ¶战士们～｜병사들이 경계를 게을리하지 않고 전투 태세를 갖추고 있다＝〔枕戈以待〕

【枕骨】 zhěngǔ 名〈生理〉침골. ¶～爱损伤｜침골은 잘 손상된다.

【枕藉】 zhěnjiè 書動❶(물건 등을) 포개어 베다. ❷서로 베개를 삼고 어지럽게 누워서 자다. ❸뒤엉켜 쓰러지다. 포개어 넘어지다. ¶敌人伤亡～, 全军覆没mò｜적군은 부상을 당하거나 죽어서 마구 겹쳐 쓰러져 전군이 궤멸했다.

【枕巾】 zhěnjīn 名베갯수건. 베개 위에 덮는 수건. ¶绣花的～｜꽃무늬를 수놓은 베갯수건.

【枕套】 zhěntào 名베갯잇. ¶丝织的～｜비단 베갯잇＝〔枕头笼布〕〔枕头套〕

[3]【枕头】 zhěn·tou 名베개. ¶给他枕上～｜그에게 베개를 베어 주다.

【枕头箱】 zhěn·touxiāng 名(패물·계약서 등의 귀중품을 넣어) 늘 침실 머리맡에 놓아 두는 작은 함.

【枕席】 zhěnxí 名침석. ¶竹编的～｜대나무로 만든 침석.

【枕心(儿)】 zhěnxīn(r) 名베갯속＝〔枕头心儿〕

【稹】 zhěn 모일 진, 고울 진
❶書形초목이 무성하다. ❷「缜」과 통용⇒〔缜zhěn〕【稹纷】 zhěnfēn 書形빽빽하다. 무성하다＝〔缜zhěn纷〕

【缜(縝)】 zhěn 고울 진
書形치밀하다. 세밀하다＝〔稹zhěn②〕

【缜密】 zhěnmì 書形세밀하다. 치밀하다. ¶心思～｜생각이 치밀하다. ¶～研究｜세밀하게 연구하다＝〔缜致zhì〕

【缜致】 zhěnzhì⇒〔缜密mì〕

zhèn ㄓㄣˋ

2【阵(陣)】 zhèn 진 진, 한바탕 진
❶名(～儿, ～子) 잠깐 동안의 시간을 가리킴. 어법 수사(數詞)는 「一」에 한함. ¶他等了一～儿就走了｜그는 잠시 기다렸다 가버렸다. ¶那～儿｜그 때. ¶说了一～子话｜잠시동안 말했다. ❷量잠시 동안 지속되는 일이나 현상을 세는 단위. 어법 주로 비·바람·소리·감각 등에 쓰임. ¶一～冷风｜한차례 차가운 바람. ¶一～剧烈的疼痛｜한차례의 극렬한 아픔. ¶几～雨｜여러 차례의 비. ❸진(陣). 진영(陣營). ¶严～以待｜威진영을 확고히 갖비하고 적을 기다리다. ¶一字长蛇～｜일자형의 장사진＝〔阵营yíng〕 ❷진지(陣地). 진터. 喩전장(戰場). 싸움터. ¶～地↓ ¶地雷～｜지뢰를 매설한 진지. ¶上～杀敌｜싸움터에 나가 적을 죽이다.

[3]【阵地】 zhèndì 名〈軍〉❶진지. ¶～攻击｜진지 공격. ¶人在～在｜사람도 진지도 모두 무사하다. ¶秘密mìmì地进入～｜몰래 진지로 진입하다. ❷喩일하는 곳. 활동의 장(場). ¶文艺～｜문예 활동의 장.

【阵风】 zhènfēng 名갑자기 세차게 몰아치다가 잠시 후에 그치는 바람. ¶刮～｜세찬 바람이 불다.

【阵脚】 zhènjiǎo 名진지의 최전방. 최전선. 轉태세 보조. ¶他们队就采用快攻打乱了对方～, 连续射入两球｜그들 팀은 속공법을 써서 상대팀의 최전방을 교란시키고 연속해서 두 골을 넣었다. ¶压住～｜진두를 제압하다.

[4]【阵容】 zhènróng 名❶진용. 진세(陣勢)의 형편이나 상태. 진을 친 모양새. ¶部队～整齐而威严｜부대의 진용이 반듯하고 위엄이 있다. ❷한 단체의 구성원들의 짜임새. 라인업(lineup). ¶这个球队的～很强｜이 운동 팀의 진용이 강대하다. ¶演员～整齐｜배우의 진용이 고르다.

【阵式】 ⓐzhènshì 名진형. 전투 배치. ¶摆开～｜진형을 펼치다.
ⓑzhèn·shi 名엄숙한 장면. (정식의) 장면. (중대한) 국면. ¶没见过大～｜공식〔명예로운〕 장소에 나간 적이 없다＝〔阵势ⓑ〕

【阵势】 ⓐzhènshì 名❶진형. 전투 배치. 진지의 상황. ¶敌人的～｜적의 진형. ❷상황. 정세. ¶走近了, 才看清楚这里的～｜가까이 가서야 이곳의 상황을 똑똑히 보았다.
ⓑzhèn·shi⇒〔阵式ⓑ〕

【阵痛】 zhèntòng 名〈醫〉진통. ¶有～的感觉｜진통의 느낌이 있다.

【阵亡】 zhènwáng 動진망하다. 전사하다. 전몰하다. ¶～将士｜전몰 장병. ¶她儿子在抗日战争中～了｜그녀의 아들은 항일전쟁 중에 전사했다. ¶～了50多人｜50여명이 전사했다＝〔战殁〕〔殒yǔn阵〕

[4]【阵线】 zhènxiàn 名전선. ¶革命～｜혁명 전선. ¶民族统一～｜민족 통일 전선.

[4]【阵营】 zhènyíng 名진영. 집단. ¶和平～｜평화를 추구하는 집단.

【阵雨】 zhènyǔ 名소나기. 갑자기 내리는 비. ¶常常有～｜소나기가 잘 온다. ¶下～｜소나기가 내린다.

【阵子】 zhèn·zi 方❶名한때. 한동안. ¶前几天忙了一～｜며칠전에는 한동안 바빴다. ❷量바탕. 차례. 번.

【圳】zhèn ㊀ jùn zùn) 밭도랑 수/천/진
❶名方(논·밭 사이의) 도랑 [광동(廣東)·복건(福建)·대만(臺灣) 등에서 이렇게 부름] ❷지명에 쓰이는 글자. ¶深～ | 심수. 광동성(廣東省)에 있는 경제 특구. ¶～口 | 수구. 광동성에 있는 지명.

3【振】zhèn 떨칠 진, 움직일 진
❶動 분기하다. 떨쳐 일어나다. ¶士气大～ | 사기가 크게 진작하다. ¶～起精神来 | 기운을 내다. ❷흔들(리)다. 휘두르다. ¶～衣 | 옷을 떨다. ¶～铃↓ ¶～动↓

【振拔】zhènbá 書動 (나쁜 일·습관으로부터) 떨쳐 벗어나다. 분발하여 발을 빼다[손을 씻다]. ¶及早～ | 일찌감치 손을 씻다. ¶不自～ | 스스로 분발하여 벗어나지 못하다.

【振臂】zhènbì 書動 팔을 휘두르다 [분기(奮起)하거나 격앙함을 나타냄] ¶～高呼 | 威 팔을 치켜 올리며 소리높이 외치다. 분발하여 외치다. ¶～一呼 | 威 분기하여 대중에게 외치다.

【振荡】zhèndàng ❶⇒[振动] ❷名〈電氣〉전류의 주기적(周期的)인 변화. ¶～电路 | 진동 회로. ¶寄生～ | 기생 진동.

3【振动】zhèndòng 名動〈物〉진동(하다). ¶～计 | 진동계. ¶～频率 | 진동 주파수. ¶简谐～ | 단진동. ¶～谱 | 진동 스펙트럼 =[振荡①]

4【振奋】zhènfèn ❶動 분기(奮起)하다. 분발하다. 진작(振作)하다. ¶人人～, 个个当先 | 모두들 분기하여 너도나도 앞장서다. ¶士气～ | 사기가 진작되다. ❷動 분기시키다. 분발시키다. 진작시키다. ¶～人心 | 威 사람의 마음을 흥분시키다. ❸名 (기분의) 고조. 고양. 분기. 분발. ¶心里产生一种说不出来的～ | 마음속에 말로 표현할 수 없는 분발심이 솟아올랐다.

【振幅】zhènfú 名〈物〉진폭 ¶～不大 | 진폭이 크지 않다 =[振动幅][摆bǎi幅]

【振铃】zhènlíng 書動 방울을 흔들다.

【振聋发聩】zhèn lóng fā kuì 威 귀머거리도 귀청이 울릴 정도로[들을 수 있도록] 크게 말하다. 말이나 글로 어리석은 사람을 크게 깨우쳐주다. ¶喊出了～的呼声 | 귀청이 울릴 정도의 큰소리로 외쳤다 =[振聋起聩][发聋赈聩]

【振刷】zhènshuā 書動 진작(振作)하다. 분발하다. ¶～精神 | 정신을 진작하다.

4【振兴】zhènxīng 動 떨쳐 일으키다. 흥성하게 하다. ¶～家势 | 가세를 일으키다. ¶～工业 | 공업을 진흥시키다.

【振振】zhènzhèn 書 貺 ❶마음이 어질고 도탑다. ❷혼자 잘난 체 우쭐거리다. ❸왕성하다.

【振振有词】zhèn zhèn yǒu cí ⇒[振振有辞]

【振振有辞】zhèn zhèn yǒu cí 威 거침없이 말하다. 당당하게 말하다. ¶～地陈述理由 | 이유를 거침없이 진술하다 =[振振有词]

【振作】zhènzuò 動 진작하다. 분발하다. ¶～精神 | 정신을 가다듬다.

【赈(賑)】zhèn 구휼할 진
書名動 구제(하다). 구원(救援)(하다). ¶放～ | 구호품을 내놓다. ¶以工代～ | 일거리를 주는 것으로 구휼을 대신하다.

【赈济】zhènjì 書動 (양식·금품 등으로) 구제하다. 진휼하다. ¶～灾民 | 이재민을 구제하다. ¶～米 | 진휼미 =[振zhèn济]

【赈灾】zhènzāi 動 이재민을 구제하다 =[書 振zhèn灾]

3【震】zhèn 진괘 진, 떨칠 진
❶動 진동하다. 흔들리다. ¶地～ | 지진. ¶把玻璃～碎了 | 진동으로 유리가 부서졌다. ❷動 轉 떨치다. 울려 퍼지다. ¶名～全球 | 명성이 온 세상에 울려 퍼지다. ¶威～四方 | 위엄이 사방에 떨치다. ❸지나치게 흥분하다. ¶～惊↓ ¶～怒↓ ❹形 俗 京 (수완·능력 등이) 뛰어나다. 훌륭하다 =[镇⑬] 어법 「震了」 혹은 「镇了」의 형태로 젊은이 사이에 유행함. ❺名 팔괘(八卦)의 하나 [우레를 상징하며, 상형(象形)은 「☳」임] →[八卦]

【震波】zhènbō 名〈地質〉지진파. ¶～传得很远 | 지진파가 매우 멀리 전해지다 =[地震波]

【震颤】zhènchàn 動 ❶〈醫〉진전하다 [파킨슨 증후군 등의 원인에 의해 무의식적으로 머리·손·몸에 근육의 불규칙한 운동으로 경련이 일어남] ¶～病 | 진전병. ¶～性麻痹mábì | 진전성 마비. ❷떨다[떨리다]. 전율하다. ¶浑身～ | 온몸이 떨리다.

4【震荡】zhèndàng 動 뒤흔들다. 진동하다. ¶大炮的轰鸣～着海峡两岸 | 대포의 굉음이 해협 양안을 뒤흔들고 있다.

3【震动】zhèndòng ❶動 진동하다. 떨다. 울리다. 흔들리다. (뒤)흔들다. ¶春雷～山谷 | 춘뢰가 산골짜기를 진동하다. ¶他的身子微微～了一下 | 그의 몸이 가볍게 한번 흔들렸다. ¶机器开动后, 地面～不停 | 기기가 발동된 후로 땅이 계속해서 흔들리고 있다. ❷動 (중대한 사건·뉴스 등이 사람의 마음을) 움직이다. 충격을[쇼크를] 주다. ¶他的学术报告, ～了科学界 | 그의 학술보고는 과학계를 뒤흔들었다. ¶～全国 | 전국을 진동하다. ¶这件事～人心 | 이 일은 민심을 뒤흔들어 놓았다. ¶他的意见引起了～ | 그의 의견은 반향을 불러 일으켰다. ¶他母亲受到了很大的～ | 그의 어머니께서 매우 큰 충격을 받으셨다.

【震耳欲聋】zhèn ěr yù lóng 威 귀가 멀 정도로 귀를 진동하다. 귀가 멍멍할 정도로 소리가 크다. ¶～的爆炸声 | 귀가 멍멍할 정도의 폭발음.

【震古烁今】zhèn gǔ shuò jīn 威 옛사람을 놀래고 당대에 빛나다. 업적이 매우 위대하다 ¶开创～的伟大事业 | 세상에 빛나는 위대한 사업 =[震古铄今]

【震撼】zhènhàn 書動 진동하다. 뒤흔들다. ¶～人心 | 威 사람을 감동시키다. 흉금을 울리다.

【震级】zhènjí 名 簡〈地質〉「地震震级」(매그니튜드, magnitude)의 약칭.

4【震惊】zhènjīng 動 ❶몹시 놀라게 하다[놀래다]. ¶我们的胜利～了世界 | 우리의 승리가 세상을 깜짝 놀라게 했다. ❷대단히 놀라다. ¶大为～ | 크게 놀라다. ¶听到这个不幸的消息, 朋

友们无不为之～ | 이 불행한 소식을 듣고, 크게 놀라지 않는 친구가 없었다. ¶这一血腥的屠杀, 使许多人都感到～ | 이 피비릿내 나는 도살로 인해 많은 사람들이 모두 경악을 금치 못했다.

【震怒】zhènnù 動 진노하다. 대노(大怒)하다. 크게 화내다. ¶他～拍案 | 그가 진노하여 책상을 치다.

【震慑】zhènshè 動 무서워 떨게 하다. 두려워 떨다. ¶～日本军 | 일본군을 두려워 떨게 하다.

【震悚】zhènsǒng 書 動 두려워 떨다. 몹시 놀라다.

【震天动地】zhèn tiān dòng dì 成 하늘을 진동시키고 땅을 뒤흔들다. 소리나 위세가 대단해서 사람을 놀라게 하다. ¶欢呼声～ | 환호성이 천지를 뒤흔들다 ＝〔震天撼地〕〔震撼天地〕

【震源】zhènyuán 名〈地質〉진원. ¶～不在釜山 | 진원은 부산에 있지 않다.

【震中】zhènzhōng 名〈地質〉진앙(震央). ¶～是仁川 | 진앙지는 인천이다.

【朕】zhèn 나 짐, 조짐 짐
❶ 名 황제의 자칭(自稱) [원래 일반의 자칭이었으나 진시황 이후로 천자(天子)의 자칭으로만 쓰이게 되었음] ❷ 書 名 전조. 조짐 ＝〔朕兆zhào〕

【朕兆】zhènzhào 書 名 조짐. 징조. ¶有～可寻xún | 알 만한 징조가 있다.

【鸩(鴆)】zhèn 짐새 짐
❶ 名〈鳥〉짐새 [광동성(廣東省)에서 사는 독조(毒鳥)로 그 깃을 담근 술을 마시면 죽는다 함] ❷ 名 (짐새의 깃을 담근) 독주. ¶饮～止渴kě | 成 독주를 마시어 갈증을 해소하다. 임시 모면을 위해 장차의 큰 화를 돌보지 않다. ❸ 書 動 (독주로) 독살(毒殺)하다.

【鸩酒】zhènjiǔ 名 독주(毒酒).

【鸩杀】zhènshā 動 독주로 독살하다. 짐주로 독살하다.

3【镇(鎮)】zhèn 누를 진, 고을 진
❶ 動 (억)누르다. 제압하다. 진압하다. ¶～痛↓ ¶～压反革命 | 반혁명을 진압하다. ¶～纸↓ ❷ 動 (음료를 얼음이나 냉수로) 차게 하다. 채우다. ¶冰～西瓜 | 얼음에 채워둔 수박. ❸ 名 비교적 크고 번화한 마을 [대부분 성벽이 없음] ¶城～ | 도시와 읍. ❹ 名 진. 중국행정 단위의 하나 [「乡」「民族乡」등과 함께 「县」아래의 행정 단위] ❺ 지키다. ¶坐～ | (관리가) 현지에 주재하며 지키다. ❻ 안정시키다. 진정시키다. ¶～定↓ ❼ 군대를 주둔시켜 수비하는 곳. ¶军事重～ | 군사상 중요한 지역. ❽ 形 俗 京 멋지다. 훌륭하다 ＝〔震zhèn④〕 어법 「镇了」혹은 「震了」의 형태로 젊은이 사이에 유행함. ❾ (Zhèn) 名 성(姓).

【镇尺】zhènchǐ ⇒〔镇纸zhǐ〕

4【镇定】zhèndìng ❶ 形 (긴박한 상황에서도) 침착하다. 냉정하다. 차분하다. ¶神色～ | 얼굴빛이 침착하다. ¶～自若 | 침착하여 보통때와 조금도 다름이 없다. ❷ 動 진정하다. 마음을 가라앉히다. ¶在考场上必须～自己的情绪 | 시험장에서는 자신의 마음을 가라앉혀야 한다. ❸ 名 평정. 침착. 안정. 냉정. ¶他失去了～ | 그는 평정을 잃었다. ¶保持～ | 냉정을 유지하다.

【镇反】zhènfǎn 動 반혁명(反革命)을 진압하다. ¶开展～运动 | 반혁명진압 운동을 전개하다.

3【镇静】zhènjìng ❶ 形 침착하다. 냉정하다. 차분하다. ¶依然～如常 | 여전히 평소처럼 차분하다. ¶在刑场上, 她毫不畏惧, 神态非常～ | 형장에서 그녀는 조금도 두려움없이 침착하고 태연했다. ❷ 動 진정하다. 마음을 가라앉히다. ¶努力～下来 | 애써 진정하다. ❸ 名 평정. 침착 ‖ 어법 「镇静」은 사용범위가 좁아 주로 사람의 마음에 대해 사용되나, 「平静」은 사용범위가 넓어 주위 환경에 대해서도 사용됨.

【镇静剂】zhènjìngjì 名〈藥〉진정제. ¶打了一针～ | 진정제를 한 대 맞았다.

【镇流器】zhènliúqì 名〈電氣〉안정기(安定器).

【镇守】zhènshǒu 動 군대를 주재시켜 요처(要處)를 지키다. 진지를 지키다. ¶～边关 | 변경의 요충지를 지키다.

【镇痛】zhèntòng ❶ 動 진통하다. 통증을 가라앉히다. ¶大麻可以～ | 대마는 통증을 가라앉혀준다. ❷ 名 진통. ¶～剂jì | 진통제. ¶针刺～ | 침을 이용한 진통. ¶～效果 | 진통 효과.

【镇星】zhènxīng 名〈天〉「土星」(토성)의 다른 이름.

3【镇压】zhènyā 動 ❶ 진압하다. (무력·위세 등으로) 진정시키다. 억누르다. ¶～叛乱 | 반란을 진압하다. ¶暴乱很快被～下去了 | 폭동은 아주 빨리 진압되었다 ＝〔镇押yā〕 ❷ 口 처단하다. 처결하다. ¶那个杀人犯已经依法～了 | 그 살인범은 이미 법에 의거해서 처단되었다. ❸〈農〉(파종·식목 후에 수분·양분 등의 흡수를 돕기 위해 이랑이나 나무 사이를) 다져 주다. 밟아 주다.

【镇纸】zhènzhǐ 名 서진(書鎭). 문진(文鎭) ＝〔镇尺chǐ〕〔镇尙diàn〕〔压yā尺〕〔压纸zhǐ〕

【镇子】zhèn·zi 名 方 소읍(小邑). 소도시.

zhēng ㄓㄥ

【丁】zhēng ☞ 丁 dīng Ⓑ

1【正】zhēng ☞ 正 zhèng Ⓑ

【怔】zhēng zhèng 황겁할 정

Ⓐ zhēng ⇒〔怔忡〕〔怔营〕〔怔忪〕

Ⓑ zhèng 形 方 얼이 빠져 멀거니 있다. 멍청해지다.

Ⓐ zhēng

【怔忡】zhēngchōng ❶ 名〈漢醫〉정충. 공연히 가슴이 울렁거리며 불안해 하는 증세. ❷ 形 두려워하며 걱정하다. ¶内心～ | 내심 두려워하며 걱정하다.

【怔营】zhēngyíng 書 貶 두려워 어쩔 줄 모르다. 절절매다 ＝〔征zhēng营〕〔正营〕

【怔忪】zhēngzhōng 書 貶 두려워하다. 겁내다.

Ⓑ zhèng

【怔怔】zhèngzhèng 貶 方 얼이 빠지다. 멍청하다. ¶～地站着 | 멍청히 서 있다.

2【征】① zhēng 칠 정
❶ 정벌하다. 토벌하다. ¶出～ | 출정하다. ¶～讨↓ ❷ (주로 군대가) 먼길을 가다. ¶二十万里长～ | 20만리 장정. ¶踏上～途 | 정도에 오르다.

【征程】zhēngchéng 名 정도(程途) [주로 추상적인 의미로 쓰임] ¶踏上～ | 정도에 오르다.

【征伐】zhēngfá ⇒〔征讨tǎo〕

【征帆】zhēngfān 書 名 멀리 가는 배.

3【征服】zhēngfú 動 ❶ 무력으로 다른 국가나 민족을 굴복하게 하다. 정복하다. ❷ (자연·인심·어려움 등을) 극복하다. 정복하다. ¶～自然 | 자연을 정복하다. ¶他们下决心～这一片沙漠 | 그들은 이 사막을 정복하기로 결심했다 ‖ 어법「征服」은 주로 무력을 사용하는 것으로 의미가 강하나,「制服」는 힘으로 누르거나 제압하는 의미로 그 의미가 비교적 약하며 주로 사람·맹수에 대해 쓰임.

【征讨】zhēngtǎo 名 動 정토(하다). 토벌(하다). 정벌(하다) ¶～叛逆 | 반역자를 토벌하다 =〔征伐fá〕〔讨伐〕

【征途】zhēngtú 名 ❶ 행정(行程). 여정(旅程). ¶踏tà上～ | 여정에 오르다. ¶艰难的～ | 험난한 행정. ❷ 정벌하는 길.

2【征(徵)】② zhēng 부를 징
주의「征」을「徵」의 간체자로 대용하지 않는 경우가 있음 ⇒〔徵zhǐ〕 ❶ 징집하다. 징발하다. ¶应～入伍 | 징집에 응하여 입대하다. ¶～兵↓ ❷ 거두다. 징수하다. ¶～税 | 징세하다. ¶～粮 | 식량을 징수하다. ❸ 구하다. 모집하다. ¶～求意见 | 의견을 구하다. ¶应～ | 응모하다. ¶～人 | 사람을 모집하다. ❹ 증명하다. 검증하다. ¶足～其伪 | 거짓이라는 것을 여실히 증명하다. ¶信而有～ | 威 확실하고 증거가 있다. ❺ 징조. 조짐. 현상. ¶特～ | 특징. ¶败～ | 패배의 징조.

【征兵】zhēng/bīng 動 징병하다. ¶～制 | 징병제. ¶～法 | 징병법. ¶～年龄 | 징병 연령.

【征答】zhēngdá 書 動 회답을 구하다. ¶问题～ | 문제의 회답을 구하다.

【征得】zhēngdé 動 (의견·동의 등을) 구하다. ¶～意见 | 의견을 구하다.

【征调】zhēngdiào ❶ 動 (정부가) 인원·물자를 징집하거나 징발하여 사용하거나 조달하다〔배급하다〕. ¶～船舶 | 선박을 징발하여 사용하다. ❷ 名 징용(徵用). 징집(徵集).

【征发】zhēngfā 動 (정부가 인력이나 물자를) 징발하다.

【征稿】zhēng/gǎo ❶ 動 원고를 모집하다. ❷ (zhēnggǎo) 名 원고 모집.

【征购】zhēnggòu ❶ 動 (농산물·토지 등을) 정부가 민간으로부터 사들이다. 매상(買上)하다. ¶国家～粮食 | 국가가 식량을 매상하다. ❷ 名 매상.

【征集】zhēngjí 動 ❶ (자료나 사물을) 널리 구하다. 수집하다. ¶～资料 | 자료를 널리 구해 모으다. ¶～学生 | 학생을 모집하다. ¶～签名qiānmíng | 서명 운동을 하다. ❷ 〈軍〉(병사나 재물을) 징집하다. 징모하다. ¶～新兵 | 신병을 징집하다. ¶定期～和退役 | 정기적인 징집과 퇴역.

【征募】zhēngmù 動 (병사 등을) 징모하다. 징집하다. ¶～士兵 | 사병을 징집하다.

【征派】zhēngpài 名 動 징세(하다). ¶～军粮 | 군량을 징세하다.

【征聘】zhēngpìn 動 징빙하다. 초빙하다. ¶～家庭教师 | 가정 교사를 초빙하다. ¶～校长 | 교장선생님을 초빙하다.

3【征求】zhēngqiú 動 ❶ (서면(書面)이나 구두(口頭)의 형식으로) 널리 구하다. ¶把意见～上来 | 의견을 알아보고 보고하다. ¶要好好～～群众意见 | 대중의 의견을 널리 구해야 한다. ❷ 모집하다. ¶悬赏～ | 현상 모집. ¶～报纸订户 | 신문의 정기 구독자를 모집하다→〔招zhāo募〕

4【征收】zhēngshōu 動 (정부가 공출 곡식이나 세금을) 징수하다. ¶～公粮 | 공출미를 징수하다. ¶～商业税 | 영업세를 징수하다.

【征税】zhēng/shuì ❶ 動 세금을 거두다. 징세하다. ¶向市民～ | 시민들에게 세금을 거두다. ❷ (zhēngshuì) 名 징세.

【征文】zhēng/wén 動 글을 모집하다. ¶～启事 | 원고 모집 공고〔광고〕.

【征询】zhēngxún 動 의견을 널리 구하다. ¶他就～别人的意见 | 그가 다른 사람의 의견을 널리 구하다.

【征用】zhēngyòng 動 징용하다. 수용(收用)하다. 징발하여 쓰다. ¶～民宅 | 민가를 징발하여 쓰다.

【征召】zhēngzhào 動 ❶ 징소하다. 징집하다. (병사를) 소집하다. ¶～兵员 | 군인을 소집하다. ¶～入伍 | (병사를) 소집하여 입대시키다. ¶响应～ | 징병에 응하다. ❷ 書 관직을 주다. 불러서 임용(任用)하다.

【征兆】zhēngzhào 名 징조. 조짐. 징후. ¶不祥～ | 조짐이 상서롭지 못하다.

【钲(鉦)】zhēng 징 정
名 〈音〉 징 [행군할 때 치는 동(銅)으로 만든 고대의 악기] =〔铮zhēng①〕

2【争(爭)】zhēng zhèng 다툴 쟁
Ⓐ zhēng ❶ 動 (무엇을 획득하거나 실현시키기 위해) 다투다. 경쟁하다. ¶～冠军 | 우승을 다투다. ¶在运动场上, 你～我夺, 互不相让 | 운동장에선 서로 경쟁하며 조금도 양보를 하지 않는다. ¶大家～着报名 | 모두 경쟁적으로 신청하다. ❷ 動 (서로 양보하지 않고) 다투다. 논쟁하다. ¶～吵↓ ¶别～了, ～不出什么名堂来了 | 다투지 마라, 그런다고 무슨 성과가 나오겠느냐. ❸ 動 方 차이나다. 모자라다. ¶总数还～多少? | 총수는 아직 얼마나 부족한가 =〔差chā〕〔站zhàn〕 ¶～点儿摔shuāi了一交 | 하마터면 넘어질 뻔하였다. ❹ 代 近 어찌하여. 어떻게 [주로 시(詩)·사(詞)·곡(曲) 등에 많이 쓰임] =〔怎么〕〔如何〕

Ⓑ zhèng 書 動 간쟁하다. 간언(諫言)하다 =〔诤〕

【争霸】zhēng/bà 動 쟁패하다. 패권을 다투다. ¶五国～中原 | 다섯 나라가 중원을 쟁패하다.

【争辩】zhēngbiàn 動 쟁론하다. 논쟁하다. ¶不容～的事实 | 논쟁의 여지가 없는 사실.

4【争吵】zhēngchǎo 動 말다툼하다. ¶～不休 | 언쟁이 그치지 않다. ¶为这件事他们俩～过不止一次了 | 그들 둘은 이 일 때문에 말 다툼한 적이 한 두번이 아니다 =〔争闹nào〕

【争持】zhēngchí 動 고집부리다. ¶～不下 | 고집하여 양보하지 않다.

【争宠】zhēngchǒng 動 총애를 (받으려고 서로) 다투다. ¶～邀功 | 다투어 총애와 공훈을 얻으려고 하다.

【争得】ⓐ zhēngdé 動 얻으려 하다〔애쓰다〕. ¶～民众的利益 | 민중의 이익을 얻으려고 애쓰다.

ⓑ zhēng·de 代 近 어떻게. ¶～朱颜依旧 | 어떻게 홍안(紅顔)을 그대로 간직할 수 있을까?《晏殊·秋蕊香詞》

【争斗】zhēngdòu 動 ❶ 다투다. 싸우다. ¶双方～不息 | ❷ 투쟁하다→〔斗争〕

4【争端】zhēngduān 名 싸움의 발단. 분쟁의 실마리. ¶国际～ | 국제 분쟁의 발단. ¶消除xiāochú～ | 분쟁의 실마리를 없애다. ¶调解两国～ | 양국의 분쟁의 실마리를 조정하여 해결하다.

3【争夺】zhēngduó 動 쟁탈하다. 다투다. 싸워 빼앗다. 어법 「争夺」은 「争取」보다 행위가 더 격렬하고 의미가 강함. 「争夺」의 대상은 주로 진지·우승·시장 등 구체적인 것인 반면, 「争取」의 대상은 시간·자유·독립·승리 등 비교적 추상적인 것임. ¶阵地～战 | 진지 쟁탈전. ¶～霸权 | 패권을 다투다. ¶～冠军 | 우승을 쟁탈하다. ¶双方各不相让, ～得很激烈jīliè | 쌍방은 서로 양보하지 않고 매우 격렬하게 싸운다.

【争肥】zhēngféi 動 살찐〔맛좋은〕 것을 다투어 먹으려 하다. ¶～捡瘦 | 음식을 가려 먹다. 轉 흠〔허물〕을 들추어 내다.

【争分夺秒】zhēng fēn duó miǎo 成 분초를 다투다. 1분 1초라도 헛되이 쓰지 않다. ¶～地搞建设 | 촌각을 다투며 건설하다.

【争风吃醋】zhēng fēng chī cù 成 남녀 관계로 인하여 서로 시기·질투하다. ¶老李和老金从不～ | 이씨와 김씨는 남녀 관계로 인해 서로 시기 질투한 적이 없다.

【争光】zhēng/guāng 動 영광을〔영예를〕 쟁취하다〔빛내다, 떨치다〕. ¶为祖国～ | 조국을 위해 영광을 다투다. ¶～露脸 | 영광을 쟁취하여 세상에 알려지다 =〔争光荣〕

【争衡】zhēnghéng 動 힘이나 기량을 겨루다. 승패를 다투다. ¶两雄～ | 두 수컷이 힘을 겨루다.

【争竞】zhēng·jing 動 方 ❶ 언쟁하다. 논쟁하다. ❷ (까다롭게) 따지다. 다투다. 승강이하다. 옥신각신하다. ¶～工钱 | 임금을 가지고 다투다.

【争脸】zhēng/liǎn 動 영광이나 영예를 얻어 체면〔면목〕을 세우다. 얼굴을 빛내다 ¶这回你可～了 | 이번에 너는 정말 체면을 세웠다 =〔争面子〕

2【争论】zhēnglùn 動 쟁론하다. 논쟁하다. ¶～一件事 | 어떤 한 가지 일에 대해 논쟁하다. ¶同学们正在～这篇文章的主题思想 | 학우들은 지금 이 글의 주제 사상에 대해 논쟁을 벌이고 있다. ¶展开～ | 논쟁을 펼치다. ¶～不休 | 논쟁이 그치지 않다. ¶他们常为无谓的事情～ | 그들은 언제나 하찮은 일로 언쟁한다. ¶～之点 | 쟁점. ¶有了问题, 大家在一起～～有好处 | 문제가 생기면 모두들 같이 모여 논쟁하는 것도 좋은 점이 있다.

【争名夺利】zhēng míng duó lì 成 명성과 이익을 다투다.

【争鸣】zhēngmíng 書 動 ❶ 많은 사람이 다투어 의견을 발표하다. 喩 학술상의 논쟁을 하다. ¶百bǎi家～ | 成 백가 쟁명. ❷ 많은 조수(鳥獸) 또는 곤충이 다투어 울다.

【争奇斗艳】zhēng qí dòu yàn 成 기이함과 아름다움을 다투다. ¶各种花儿～ | 각종 꽃이 기이함과 아름다움을 다투다.

4【争气】zhēng/qì ❶ 動 지지 않으려고 애쓰다〔발분(发愤)하다〕. ¶他自己不～, 却怪人家 | 그는 스스로 힘써 노력하지 않고, 도리어 남을 탓한다. ¶这个足球队为祖国争了气 | 이 축구팀은 조국을 위해 패하지 않으려고 발분 노력했다. ¶他们很～, 工作做得很好 | 그들은 아주 열심히 노력하여 작업을 훌륭히 해냈다. ¶～产品 | 공들여 만든 (뛰어난) 제품. ❷ (zhēngqì) 書 名 남에게 지기 싫어하는 기질. 경쟁심.

【争强】zhēngqiáng 動 ❶ 향상(向上)을 바라다. ❷ 이기려고 애쓰다. ¶～夺胜 | 成 이기려고 하다. 경쟁하다. ¶～好hào胜 | 成 경쟁심이 강하다. ¶～赌胜 | 成 이기려고 하다. 경쟁하다 =〔争雄〕

【争抢】zhēngqiǎng ❶ 動 다투어 빼앗다. 쟁탈하다. ¶～激烈jīliè | 격렬히 다투어 빼앗다. ❷⇒〔争先〕

【争球】zhēngqiú 名〈體〉❶ (농구에서) 헬드볼. ❷ (핸드볼에서) 레퍼리 드로우 볼(referee throw ball).

2【争取】zhēngqǔ 動 ❶ 쟁취하다. 획득하다. 이룩하다. 노력하여 목적을 달성하다. ¶把金牌～过来 | 금메달을 쟁취해오다. ¶～对方的同意 | 상대방의 동의를 얻다. ¶～亚洲和平 | 아시아의 평화를 이룩하다. ¶～主动 | 주도권을 잡다. ❷ …을 목표로 노력하다. …을 실현하기 위해 노력하다. ¶～提前完成任务 | 임무을 앞당겨 완수하기 위해 노력하다. ¶～他们早日归队 | 그들은 일찍 귀대하기 위해 노력했다.

【争权夺利】zhēng quán duó lì 成 권력다툼을 하다. 권세를 다투다. ¶他一向～ | 그는 계속하여 권력다툼을 한다.

【争胜】zhēng/shèng 動 (시합에서) 우승을〔승리를〕 다투다. ¶我无意～ | 나는 우승할 뜻이 없다.

【争先】zhēng/xiān 動 앞을 다투다. ¶～购买 | 앞을 다투어 사다. ¶人人跃进, 个个～ | 사람마다 약진하고 모두 앞을 다투다 =〔争抢②〕

4【争先恐后】zhēng xiān kǒng hòu 成 뒤질세라 앞을 다투다. ¶～地往外逃 | 뒤질세라 앞을 다투어 밖으로 도망쳤다.

【争雄】zhēngxióng ⇒〔争强qiáng②〕

4【争议】zhēngyì 書 動 쟁의하다. 논쟁하다. ¶会上～了几个问题 | 회의에서 몇 가지 문제를 논쟁

했다. ¶这件事已～过一番 | 이 일은 이미 한차례 논쟁한 적이 있다. ¶有～的条款 | 논쟁이 되는 조항(條項). ¶有～时, 要受第三国的仲裁 | 분쟁이 있을 때에는 제삼국의 중재를 받아야 한다. ¶谈到分工问题时, 会上发生了～ | 분업 문제까지 언급되었을 때, 회의장에서 논쟁이 발생했다. ¶这事尚有～, 不能作结论 | 이 일은 아직 논쟁의 여지가 있으니 결론을 내릴 수 없다.

【争执】zhēngzhí ❶動 서로 고집 부리며 양보하지 않다〔우기다〕. ¶各持己见, ～不下 | 각자가 자기의 의견을 고집하며 팽팽히 맞서다. ¶两人又为一点小事～起来 | 두 사람은 또 작은 일 때문에 서로 맞서서 고집을 부리고 있다. ❷名 논쟁. 의견의 충돌. 고집. ¶～点 | 쟁점.

【争嘴】zhēng/zuǐ 動 方 ❶ 먹을 것을 가지고 서로 다투다. ¶他知道老父亲并不～ | 그는 노부(老父)께서 먹을 것을 가지고 결코 다투지 않는다는 것을 알고 있었다《老舍·四世同堂》❷ 말다툼하다. 논쟁하다. ¶～学舌 | 이러니 저러니 하며 말썽을 일으키다. ¶这个问题, 往往引起～ | 이 문제는 때때로 논쟁을 일으킨다.

B zhèng

【争臣】zhèngchén ⇒〔诤zhèng臣〕

【诤】zhēng ☞ 诤 zhèng

【峥(崢)】zhēng 가파를 쟁 ⇒〔峥嵘〕

【峥嵘】zhēngróng 貶 ❶ 산세(山勢)가 높고 험준하다. ¶崖壁yábì～ | 절벽이 높고 가파르다. ❷ 喻 품격이 뛰어나다. 우수하다. ¶头角～ | 두각을 나타내다. ¶才气～ | 재기가 뛰어나다. ❸ 혹독하게 춥다. ¶寒hán气～ | 추위가 혹독하다.

3【挣(掙)】zhēng zhèng 찌를 쟁

A zhēng ⇒〔挣扎zhá〕〔扎挣〕

B zhèng 動 ❶ (지장이나 굴레를 벗어나려고) 필사적으로 애쓰다〔힘쓰다〕. ¶～脱枷锁 | 필사적으로 애써서 속박에서 벗어나다. ❷ 動 (돈을) 일하여 벌다〔얻다〕. ¶～饭(吃) | 밥벌이를 하다. 생활비를 벌다. ¶～多少花多少 | 버는 대로 쓰다 =〔赚zhuàn①〕

A zhēng

3【挣扎】zhēngzhá 動 힘써 지탱하다. 발버둥치다. 몸부림치다. ¶他在地上～着, 想爬起来 | 그는 땅바닥에서 힘을 다해 버티며 몸을 일으켜 세우려 한다. ¶敌人正在作垂chuí死的～ | 적은 지금 결사적으로 버티고 있다. ¶他病了, 还～着工作 | 그는 병이 들었지만 그래도 억지로 버티며 일한다 =〔挣揣chuài〕→〔扎挣〕

B zhèng

【挣揣】zhèngchuài 書 動 애를 쓰다. 기를 쓰다. 발버둥치다. 발악하다 =〔挣扎zhā〕

【挣断】zhèngduàn 動 애써서 속박을 끊어 버리다. ¶这马把缰绳jiāngshéng～了 | 이 말이 바동거리며 고삐를 끊었다. ¶～了锁链suǒliàn | 기를 쓰고 쇠사슬을 끊었다.

【挣命(儿)】zhèngmìng(r) 動 목숨을 부지하려고 애쓰다. 살아가려고 몸부림치다〔발버둥치다〕. ¶阔kuò人争名, 穷人～ | 부자들은 명예를 다투지만, 가난한 사람들은 살기 위하여 발버둥친다.

【挣钱】zhèng/qián 動 (애써서) 돈을 벌다. ¶挣来的钱 | 벌어온 돈. ¶他～养活一家老小 | 그가 돈을 벌어 일가족을 부양한다.

【挣脱】zhèngtuō 動 필사적으로 벗어나다. 빠져나가다. ¶她～了他的纠缠 | 그 여자는 그의 치근거림에서 힘겹게 벗어났다.

【挣项】zhèng·xiang 名 번돈. 수입(收入). ¶每月～是不少, 可是工作很苦 | 매달 수입은 적지 않지만, 일은 매우 고되다.

【狰(猙)】zhēng 사나울 쟁 ⇒〔狰狞〕

【狰狞】zhēngníng 形 (생김새가) 흉악하다. ¶面目～ | 얼굴 생김새가 흉악하다.

2【睁(睜)】zhēng 눈알 정 動 눈을 뜨다. ¶眼睛～不开 | 눈을 뜰 수 없다. ¶～眼看 | 눈을 뜨고 보다.

【睁不开(眼)】zhēng·bu kāi(yǎn) 動組 ❶ 눈을 뜰 수 없다. ¶睏得眼睛都睁不开了 | 졸려서 눈을 뜰 수 없었다. ❷ 보고 있을 수 없다. 보기에 역겹다.

【睁开】zhēngkāi 動 눈을 뜨다 ¶～眼睛 | 눈을 뜨다→〔睁眼(儿)〕

【睁眼(儿)】zhēng/yǎn(r) 動 눈을 뜨다. ¶你～看一看 | 너 눈을 뜨고 보렴. ¶睁眼儿瞎xiā子 | 눈뜬 소경. ¶睁眼儿竟是个窟窿kū·long | 諺 눈을 뜨고 보니 구멍〔적자〕투성이다 =〔睁眼睛〕

【睁眼瞎(子)】zhēngyǎn xiā(·zi) 名組 ❶ 눈뜬 장님. 당달봉사. ❷ 喻 문맹(文盲). ¶政治上受压迫, 经济上受剥削bōxuē, 文化上是～ | 정치적으로 압박받고, 경제적으로 착취당하고, 문화적으로는 문맹이다.

【睁只眼, 闭只眼】zhēngzhīyǎn, bìzhīyǎn 動組 보고도 못 본 척하다. 喻 관대히 보아주다. 수수방관하다. ¶这件事小金你就～吧 | 이 일은 김군 자네가 보고도 못 본척 하게나.

【铮(錚)】zhēng zhèng 쇳소리 쟁/징

A zhēng ❶「鉦」과 같음⇒〔钲zhēng〕❷⇒〔铮铮〕

B zhèng 形 方 (기물(器物)이) 반짝반짝 윤이 나다. 광택이 있다.

【铮铮】zhēngzhēng 書 ❶ 擬 쟁쟁 〔쇠붙이가 부딪쳐 울리는 소리〕¶～有声 | 쟁쟁 소리가 들리다. ❷ 名 喻 뛰어난 사람. 두드러지게 우수한 것. ¶铁中～ | 成 철중 쟁쟁. 같은 동아리 가운데 가장 뛰어난 사람.

4【筝(箏)】zhēng 쟁 쟁, 연 쟁 名 ❶〈音〉쟁(箏) 〔거문고와 비슷한 고대 현악기의 하나로 처음에는 5줄이었는데 후에 13줄이 되었음〕=〔古筝〕❷ 연 =〔风fēng筝〕

【症】zhēng ☞ 症 zhèng ②

【烝】zhēng 김오를 증 書 ❶ 動 김이 오르다. 김으로 찌다〔고서

(古書)에서「蒸」과 통용]⇒〔蒸zhēng〕❷形 많은. 여러. ¶～民｜백성. 서민→〔蒸③〕

3【蒸】zhēng 찔 증
❶動 김이 오르다. 증발하다. ¶～气↓ ❷動 찌다. 데우다. ¶把剩饭～一～｜식은 밥을 쪄라.

【蒸饼(儿)】zhēngbǐng(r) 名〈食〉증병. 증편＝〔笼lóng炊〕

3【蒸发】zhēngfā 名動〈物〉증발(하다). ¶水都～干了｜물이 모두 증발하여 말라버렸다.

【蒸饺(儿, 子)】zhēngjiǎo(r·zi) ❶名 찐만두. ¶除夕吃～｜섯달 그믐날 밤에 찐만두를 먹는다. ❷(zhēng jiǎo(r,·zi)) 만두를 찌다.

【蒸馏】zhēngliú 名動〈物〉증류(하다). ¶真空～｜진공 증류. ¶常压～｜상압 증류.

【蒸馏水】zhēngliúshuǐ 名 증류수. ¶他爱喝～｜그는 증류수를 즐겨 마신다.

【蒸笼】zhēnglóng 名 시루. 찜통. ¶这屋里～似的, 热得都出不来气儿了｜이 방은 찜통 같아, 더워서 숨도 못쉴 지경이다.

3【蒸汽】zhēngqì 名 증기. 스팀(steam). ¶～供暖｜증기 난방. ¶～绞车｜증기 권양기. 스팀 윈치(winch). ¶～滚路机｜(도로용) 스팀 롤러(steam roller)＝〔㊕水shuǐ汀〕

【蒸汽锤】zhēngqìchuí 名〈工〉증기 망치. 스팀 해머(steam hammer)＝〔汽锤〕

【蒸汽机】zhēngqìjī 名 증기 기관. 스팀 엔진(steam engine). ¶瓦特发明了～｜와트가 증기 기관을 발명했다.

【蒸气】zhēngqì 名〈物〉증기. ¶水～｜수증기.

【蒸食】zhēng·shi 名(만두 등의) 쪄서 만든 식품의 총칭.

【蒸腾】zhēngténg 動(열기·증기 등이) 오르다. ¶热气～｜열기가 오르다.

【蒸蒸】zhēngzhēng 貺❶사물이 왕성하게 일어나다. ❷진보하다. 앞으로 나아가다 ‖＝〔烝zhēng烝〕

【蒸蒸日上】zhēng zhēng rì shàng 成 나날이 향상 발전하다〔번성하다〕. 날로 진보하다. ¶他的事业～｜그의 사업은 나날이 발전하고 있다 ¶建设事业～｜건설 사업이 날로 번성한다＝〔烝烝日上〕

【鲭】zhēng ☞ 鲭 qīng Ⓑ

zhěng ㄓㄥˇ

1【正】zhěng ☞ 正 zhèng Ⓒ

1【整】zhěng 가지런할 정
❶形 완전하다. 옹글다. 어법 정도부사의 수식을 받지 않고, 주로 관형어나 부사어로 쓰이며, 수량사 앞뒤에 모두 올 수 있음. ¶～天↓ ¶完～无缺｜완전무결하다. ¶十二点～｜정각 열두시. ¶恰好～一年｜바로 꼭 1년. ¶零存～取｜푼돈으로 저축하여 목돈으로 찾다⇔〔零líng〕 ❷形 질서정연하다. 단정하다. 어법 주로 부정문에 쓰임. ¶仪容不～｜몸가짐이 단정하지 못하다. ¶～然有序｜질서 정연하다. ❸動 바로잡다. 정리하다. ¶把衣裳～一～｜옷매무새를 바로하다. ¶～风↓ ❹動 고치다. 수리하다. ¶衣柜坏了～一～｜옷장이 망가져 고치다. ¶～旧如新｜옛것을 고쳐 새것 같이 만들다. ❺動 혼내다. 못살게 굴다. 족치다. ¶旧社会～得我们穷人好苦｜옛날 사회는 우리 가난한 사람을 아주 못살게 굴었다. ❻動 ㊄…하다. 만들다. 손에 넣다. ¶绳shéng子～断了｜새끼줄이 끊어졌다. ¶～到一只兔子｜토끼 한 마리를 잡았다＝〔搞gǎo〕〔弄nòng〕 ❼尾 정 [돈의 액수 뒤에 붙이는 말] 주의 중국에서는「正」으로 씀⇒〔正zhěng〕 ¶一百元～＝〔一百元正〕｜일백원정.

【整版】zhěngbǎn ❶名(신문·서적 등의) 온 페이지. ¶～篇幅｜전면. 전폭. ❷⇒〔排pái版〕

【整备】zhěngbèi 名動 정비(하다). ¶～阵容｜진용을 정비하다.

【整编】zhěngbiān 動(군대 등의 조직을) 재편성하다. 정리 개편하다. ¶～党的组织｜당의 조직을 개편하다. ¶队伍需要～｜대오의 재편성이 필요하다.

【整补】zhěngbǔ ❶動(군대를) 정리 보충하다. ¶～军队｜군대를 정리 보충하다. ❷名 정돈 보충.

【整饬】zhěngchì ❶動 정돈하다. 정연하게 하다. ¶～纪律｜기율을 바로잡다. ¶～阵容｜진용을 정돈하다. ❷形 질서 정연하다. 단정하다. 바르다. 조리있다. ¶服装～｜복장이 단정하다. ¶礼仪～｜예의가 바르다.

【整除】zhěngchú 動〈數〉정제하다. 나누어 떨어지다.

【整党】zhěng/dǎng ❶動 당을 (조직과 사상면에 있어서) 개선 정비하다. ¶严格～｜엄격히 당을 정비하다. ❷(zhěngdǎng) 名 당의 정돈. ¶搞gǎo～｜당 정돈을 하다.

【整倒】zhěngdǎo 動 넘어뜨리다. 타도하다. ¶～了恶霸｜악당의 우두머리를 타도했다.

【整地】zhěng/dì〈農〉❶動 정지하다. ❷(zhěngdì) 名 정지. ❸(zhěngdì) 名 정지한 땅.

【整队】zhěng/duì 動 대오를 정돈하다. 정렬하다. ¶～出发｜정렬하여 출발하다. ¶～入场｜정렬하여 입장하다.

3【整顿】zhěngdùn 名動(조직·규율·작풍(作風) 등을) 정돈(하다). 숙정(하다). 정비(하다). ¶～服装｜복장을 단정히 하다. ¶～文风｜문풍을 바로잡다. ¶～秩序zhìxù｜질서를 바로잡다. ¶～组织｜조직을 정비하다. ¶我们的足球队要好好～一下｜우리 축구팀은 한차례 잘 정비해야 한다. ¶～党风｜당풍을 숙정하다 ‖ 어법「停顿」은 어지러진 것을 가지런히 하는 것 뿐 아니라, 불건전한 것을 건전하게 하고 비정상적인 것을 정상적으로 하는 의미도 있으나,「整理」에는 이런 의미는 없음.「停顿」의 대상은 주로 기강·태도·풍기·조직 등 비교적 추상적인 것인데 반해,「整理」는 그 대상이 주로 책·재료·짐·집안 등 비교적 구체적인 것과 생각·업무 등 추상적인 것이 다 해당됨.

【整发液】zhěngfàyè 名㊕ 무스(mousse).

[3]【整风】zhěng/fēng ❶ 動 (생각이나 작업 태도 등을) 정풍하다. 기풍을 바로잡다. ¶党内要定期～｜당 내부는 정기적으로 기풍을 바로잡아야 한다. ¶整了一次风｜한 차례 기풍을 바로 잡았다. ¶你们单位需要整整风｜너희 부서는 좀 기풍을 바로잡아야 하겠다. ❷ (zhěngfēng) 名 정풍. ¶开展～运动｜정풍 운동을 전개하다.

[2]【整个(儿)】zhěnggè(r) 區 전체의. 전부의. 온. 전반적인. ¶～会场响xiǎng起热烈的掌声｜온 회의장에 열렬한 박수 소리가 울리다. ¶～国民经济｜전체 국민 경제. ¶从～说来｜전체적으로 말하면 ＝〔全个(儿)〕

[4]【整洁】zhěngjié 形 단정하고 깨끗하다. 가지런하고 말끔하다. ¶屋子里收拾得非常～｜방 안은 매우 말끔하게 치워져 있다. ¶教室里很～｜교실 안은 아주 정리정돈이 잘 되어 있다. ¶～的街道｜가지런하고 깨끗한 길거리 어법「整洁」는 깨끗한 것 외에도 가지런하고 정돈이 잘 되어 있는 의미가 있는 반면,「清洁」은 단지 깨끗하다는 의미 밖에 없음. 따라서 정리를 할 수 없는 사물에 대해서는「整洁」을 쓸 수 없음. ¶河水很～(×). ¶河水很清洁｜강물이 아주 깨끗하다(O).

【整垮】zhěngkuǎ 動 파괴하다. 못쓰게 만들다. 밥줄을 끊다. ¶～他的身体｜그의 몸을 못쓰게 만들다. ¶～柱石｜주춧돌을 무너뜨리다.

【整块】zhěngkuài 名 形 통째(의). 옹근덩이(의). 덩어리째(의). ¶这只能～地卖｜이것은 통째로 팔 수밖에 없다.

[2]【整理】zhěnglǐ 動 정리하다. 정돈하다. 어법「整理」의 대상은 주로 구체적이고 작은 일이지만,「收拾」은 그 대상이 추상적일 수도 있고 큰 일을 가리킬 수도 있음.「收拾」에는「修理·惩罚」의 뜻이 있지만,「整理」에는 없음. ¶把衣服～好｜옷을 가지런히 정리하다. ¶～资料｜자료를 정리하다. ¶搜集～民歌｜민요를 수집 정리하다. ¶教室里的桌倚要～～｜교실안의 탁자와 의자를 좀 정리해야 한다.

【整料】zhěngliào 名 규격에 맞는 재료. ¶用～做家具｜규격에 맞는 재료로 가구를 만들다.

【整流】zhěngliú 名〈電氣〉정류. ¶～管｜정류관.

【整流器】zhěngliúqì 名〈電氣〉정류기. ¶硅～｜실리콘(silicon) 정류기. ¶硅可控～｜다이리스터(thyristor).

[1]【整齐】zhěngqí ❶ 形 질서가 정연하다. 조리가 있다. 흐트러지지 않다. 단정하다. ¶～的步伐｜질서가 정연한 발걸음. ¶队伍排得整整齐齐的｜대열이 아주 정연하다. ¶服装～｜복장이 단정하다. ¶～划一｜정연하고 한결같다 ＝〔整庄zhuāng②〕 ❷ 形 (외형이) 규칙적이고 가지런하다. 쪽고르다. 한결같다. 나란하다. ¶山下有一排～的瓦房｜산 아래에는 가지런하게 늘어선 기와집들이 있다. ¶字写得整整齐齐, 很好看｜글자를 아주 쪽고르게 써서 아주 보기 좋다. ❸ 形 (수준이) 고르다. 비슷하다. (크기나 길이가) 비슷하다. ¶这个班学生的水平比较～｜이 반 학생들의 수준은 비교적 고르다. ¶这一筐kuāng苹果píngguǒ整整齐齐, 大小差不多｜이 한 광주리에 담긴 사과는 고만고만해서 크기가 비슷하다. ❹ 動 맞추다. 질서있게 하다. 조리있게 하다. 정연하게 하다. ¶要～步调, 队伍才有精神jīng·shen｜보조를 잘 맞추어야만 대열이 원기왕성해 보인다.

【整儿】zhěngr ❶ ⇒〔整数①〕 ❷ ⇒〔整生日〕

【整人】zhěng/rén 動 ❶ (정당하지 못한 방법으로) 사람을 괴롭히다. 사람을 고생시키다. ¶这是变着法儿压人, ～哪!｜이는 어떻게 해서라도 사람을 짓눌러 괴롭히려는 것이다! ¶不要随便～｜제멋대로 사람 괴롭히지 마라. ¶他很会～｜그는 사람을 잘 괴롭힌다. ❷ 사람을 죽이다.

【整日】zhěngrì 名 온종일. 진종일. ¶～闲着不做事｜온종일 어슬렁거리며 일을 하지 않다 ＝〔整日家·jie〕〔整日价·jie〕

【整容】zhěng/róng ❶ 動 용모를 단정히 하다. 이발이나 면도를 하다. ¶～后再进入教室｜먼저 용모를 단정히 한 후에 교실에 들어가다. ¶他～去了｜그는 이발하러 갔다 ＝〔美容〕 ❷ 動 수술로 언청이·곰보 등 얼굴의 결함을 고치거나, 쌍꺼풀 수술 등으로 예쁘게 하다. ❸ (zhěngróng) 名〈演映〉경극(京劇)에서 무예에 소질이 있는 여자 배우가 머리에서 이마로 늘어뜨린 장식물.

【整生日】zhěngshēngrì 名 (50·60처럼) 끝수가 안붙는 나이의 생일 [매해의 생일을「散sǎn生日」「小生日」라고 함] ¶明天是金先生的～, 你不去吗?｜내일은 김선생의 생일인데, 가지 않겠느냐? ＝〔整儿②〕〔整寿〕

【整式】zhěngshì 名〈數〉정식.

【整售】zhěngshòu 動 모개로 팔다. 통째로 팔다.

[4]【整数】zhěngshù 名 ❶ (우수리가 없는) 일정 단위의 수 ＝〔方 整儿①〕〔齐头数〕→〔成数①〕〔零数〕 ❷〈數〉정수→〔少数(儿)〕

【整肃】zhěngsù 書 ❶ 名 動 정화(하다). 숙청(하다). 추방(하다). ¶解除～｜숙청을 해제하다. ❷ 動 정돈하다. 정리하다. ¶～衣冠｜의관을 정리하다. ¶～军纪｜군기를 정돈하다. ❸ 形 엄(숙)하다. ¶法纪～｜법질서가 엄하다.

【整套】zhěngtào 온전한 한벌(의). 체계를 갖춘 일련(의). ¶这种家具～多少钱?｜이런 가구는 한 세트에 얼마나 합니까? ¶～书｜옹근 한 질의 책. ¶这是他们的一～观点｜이것이 그들의 총체적인 관점이다.

[3]【整体】zhěngtǐ 名 (집단·사물의) 전체. 총체. ¶别因为一点儿小问题影响～｜사소한 문제로 인해 전체에 영향을 끼치지 말라. ¶～利益｜전체의 이익.

[4]【整天】zhěngtiān 名 온종일. 진종일. ¶他整天忙着～庄稼｜그는 종일 농사일에 바쁘다. ¶这件工作要今天一～才可以完成｜이 일은 오늘 종일 해야 끝날 수 있다. ¶等了你一～｜너를 온종일 기다렸다 ＝〔整天际〕〔整天家·jie〕〔整天价·jie〕〔竟天价①〕

【整天际】zhěngtiān·ji ⇒〔整天〕

【整天家】zhěngtiān·jie ⇒〔整天〕

【整天价】zhěngtiān·jie ⇒〔整天〕

【整形】zhěng/xíng〈醫〉❶ 動 정형하다. 모양을

바르게 고치다. ¶～手术 | 정형 수술. ¶～外科 | 정형 외과. ❷(zhěngxíng) 名 정형.

【整修】zhěngxiū 動 손질하다. 보수하다. 수리하다. 수선하다. ¶～街道 | 가로를 정비하다. ¶～水利工程 | 수리 공사 보수를 하다.

【整训】zhěngxùn ❶ 動 정돈하고 훈련하다. ¶～干部队伍 | 간부들의 대오를 정돈하고 훈련하다. ❷ 名 정돈과 훈련.

【整夜】zhěngyè 名 온밤. 하룻밤. 밤새도록. ¶韩国人爱～念书 | 한국 사람들은 밤새도록 공부하기를 좋아한다 ＝〔竟夜〕

【整衣】zhěngyī 動 옷 매무시를 바로잡다. 옷차림을 단정히 하다.

【整整齐齐】zhěng·zhengqíqí ⓧ zhěng·zhengqīqī) 貶 가지런하다. 질서정연하다→〔整齐〕

【整枝】zhěng/zhī 〈農〉❶ 動 정지하다. ¶～打切 | (면화 등을) 정지하여 고르게 하다. ❷(zhěngzhī) 名 정지. ¶棉花～ | 면화의 정지. ¶葡萄pútáo～ | 포도의 정지.

【整治】zhěngzhì 動 ❶ 손질하다. 수선하다. 정비하다. ¶机器有了毛病, 要请师傅来～ | 기계가 고장났으면 기술자를 불러서 고쳐야 한다. ¶这几天他正忙着～帐目 | 요며칠 그는 바쁘게 장부를 정리하고 있다. ❷(통제나 처벌하고자) 고생시키다. 혼내주다. ¶这坏蛋得～一下 | 이 나쁜 놈은 한번 혼이 나야 되겠다. ¶先把他～! | 우선 그를 혼내주자! ¶小流氓liúmáng要好好～～ | 어린 불량배들은 따끔하게 혼을 좀 내야 한다. ❸(일을) 하다. ¶你快回去～晚饭吧 | 너 빨리 돌아가서 저녁 밥을 해라.

【整装】zhěngzhuāng 動 복장을 단정히 하다. 복장을 갖추다. 여행채비를 차리다. ¶～待命 | 준비를 하고 명령을 기다리다.

【整装待发】zhěng zhuāng dài fā 成 행장〔무장〕을 꾸리고〔갖추고〕 출발을 기다리다. ¶战士们～ | 전사들은 무장을 하고 출발을 기다리고 있다.

【拯】zhěng 건질 증
구하다. 구원하다. 구제하다. ¶～救落水的人 | 물에 빠진 사람을 구하다.

【拯救】zhěngjiù 動 구제하다. 구조하다. 구출하다. 건지다. 구원하다. ¶～人类脱离制造浩劫hàojié的核子战争的威胁 | 인류를 구원하여 큰 재난을 만드는 핵전쟁의 위협에서 벗어나게 하다. ¶～文化遗产 | 문화유산을 구하다. ¶～落水的人 | 물에 빠진 사람을 구조하다. 喩 급할 때 구원의 손길을 뻗다.

zhèng ㄓㄥˋ

1【正】zhèng zhēng zhěng 바를 정

Ⓐ zhèng ❶ 副 마침〔한창〕〔바야흐로〕〔막〕(…하고 있다). 어법 ⓐ「正＋動〔形〕＋着＋呢」의 형태로 쓰여 동작이 진행 중이거나 상태가 지속 중임을 나타냄. 단음절의 동사나 형용사에서는「着」를 반드시 붙이지만 쌍음절 이상에서는 생략할 수도 있으며, 동사 앞이나 뒤에 전치사구(介賓詞組)가 있을 때는「呢」를 생략할 수도 있음. ¶现在～上着课呢 | 지금 수업 중이다. ¶我们～讨论呢 | 우리들은 마침 토론하고 있는 중이다. ¶我去的时候, 他～从楼上下来 | 내가 갔을 때 그는 막 윗층에서 내려오고 있었다. ⓑ「正＋動〔形〕＋着」의 형태로 복문(複句)의 앞 절(小句)에 쓰여 한 동작이 진행 중에 다른 동작이 발생함을 나타냄. ¶～走着, 听见后头有人叫我 | 막 걷고 있는데 뒤에서 누가 부르는 소리가 들렸다. ⓒ「正」「正在」「在」의 차이점 ⇒〔正在〕❷ 副 마침. 꼭. 딱. 바로 [꼭 들어 맞거나 그러함을 강조함] ¶～出门, 车就来了 | 막 문을 나서는데 차가 왔다. ¶时钟～打十二点 | 시계가 마침 12시를 쳤다. ¶大小～好 | 크기가 꼭 맞다. ❸ 形 곧다. 바르다. ¶～南 | 정남. ¶～前方 | 똑바로 앞쪽. ¶这幅画挂得不～ | 이 그림은 비뚤게 걸렸다 ⇔〔歪wāi〕❹ 形 (빛깔이나 맛이) 순수하다. 순정하다. 어법 주로 부정문에 쓰임. ¶颜色不～ | 빛깔이 깨끗하지 않다. ¶～红 | 순홍색. ❺ 形 정직하다. 정당하다. 옳다. 어법 주로 부정문에 쓰임. ¶这个人的作风不～ | 이 사람의 태도는 정직하지 않다. ❻ 區 앞면(의). 정면(의). 표면(의). ¶这张纸～反都很光洁 | 이 종이는 앞뒷면이 모두 윤기 있고 깨끗하다. ¶布的～面 | 천의 앞면 ⇔〔反fǎn〕❼ 區 정. 기본의. 중요한. 으뜸인. ¶～主任 | 정주임. ¶～文 | 본문 ⇔〔副〕❽ 區 〈數〉도형의 각과 변이 모두 같은 것. ¶～方形 | 정방형. ¶～三角形 | 정삼각형. ❾ 區 (위치가) 중간(의). 한가운데. ¶～房↓ ¶～院儿 | 가운데 정원 ⇔〔侧cè〕〔偏piān〕❿ 動 轉 단정하게 하다. 바로 잡다. 바르게 하다. ¶～一～帽子 | 모자를 바로 쓰다. ¶～人心 | 인심을 바로잡다. ¶给他～音 | 그의 발음을 교정해 주다. ¶～视听 | 견문을 바로 잡다. ⓫(시각이) 정각이다. ¶～午 | 정오. ¶十二点～ | 12시 정각. ⓬(서체 등이) 법도에 맞다. 단정하다. ¶～体↓ ¶～楷kǎi↓ ⓭〈數〉〈電子〉플러스. 정. 정수. 양(陽). ¶～数 | 정수. ¶负乘负得～ | 마이너스 곱하기 마이너스는 플러스다. ¶～电 | 양전기. ¶～极 | 양극 ⇔〔负⑨〕⓮(Zhèng) 名 성(姓).

Ⓑ zhēng 정월. 음력 1월. ¶新～ | (음력) 정월. ¶～旦↓ ¶～月↓

Ⓒ zhěng 尾 정 [돈의 액수 뒤에 붙임] 주의 원래「整」인데 중국에서는 이 글자도 많이 씀 ‖ ⇒〔整zhěng〕¶五百元～ | 오백원 정.

Ⓐ zhèng

【正本】zhèngběn ❶ 名 정본. 원본(原本). ¶查核～ | 원본을 자세히 조사한 뒤에 결재하다→〔福本〕❷ 名 원판. 초판. ❸ 名 문서의 정본. ❹ 書 動 근본을 바로잡다. 근본적으로 고치다.

【正本清源】zhèng běn qīng yuán 成 근본적으로 개혁하다. 근본부터 뜯어 고치다. 문제를 근본적으로 해결하다. ¶～的措施 | 근본적인 개혁 조치 ＝〔拔bá本塞源〕

4【正比】zhèngbǐ ❶ 名〈數〉정비. ❷ ⇒〔正比例〕

【正比例】zhèngbǐlì 名〈數〉정비례 ＝〔簡 正比〕

【正步】zhèngbù 名〈軍〉바른 걸음. ¶～走! | 바른걸음으로 가!

【正茬】zhèngchá 名〈農〉(윤작에서의) 원그루. 주된 작물. ¶～大麦｜원그루로 심는 보리.

【正长石】zhèngchángshí 名〈鑛〉정장석.

²【正常】zhèngcháng 形 정상(적)이다. ¶生活～｜생활이 정상적이다. ¶发育很～｜발육이 아주 정상이다. ¶～体温｜정상 체온. ¶两国关系～化｜양국 관계의 정상화. ¶例会～进行｜정례모임이 정상적으로 진행되다.

【正常化】zhèngchánghuà ❶ 動 정상화하다 ¶邦交～了｜국교가 정상화 되었다. ¶中韩两国关系～了｜중국과 한국 양국 관계가 정상화 되었다. ❷ 名〈工〉노멀라이징(normalizing)＝〔常化〕

【正大】zhèngdà 形 정대하다. (언행이) 정당하고 사사로움이 없다. ¶～的理由｜정당한 이유.

【正大光明】zhèng dà guāng míng 成 광명정대하다. ¶做人要～｜사람됨이 광명정대 해야 한다. ¶他一向～｜그는 언제나 광명정대하다＝〔光明正大〕

【正旦】ⓐ zhèngdàn 名〈演映〉정단［중국의 고대극(劇)에서 현모·절부(節婦) 등의 긍정적인 인물로 분장하는 여자 주인공］→〔正生〕

ⓑ zhēngdàn 書 名 원단(元旦). 정월 초하루.

³【正当】ⓐ zhèngdāng 動 어떤 시기나 단계에 처해져 있다. 막 …할 때. 어법 반드시 목적어를 동반함. ¶小明～发育时期｜소명이는 지금 발육시기이다. ¶～客人要走的时候, 父亲回来了｜손님들이 막 가려고 할 때에 아버지가 돌아오셨다.

ⓑ zhèngdàng 形 ❶ 정당하다. 적절하다. 합리적이고 합법적이다. ¶我们的采取的措置完全是～的｜우리가 취한 조치는 완전히 정당한 것이다. ¶～防卫｜〈法〉정당방위. ¶如无～理由, 不准请假｜정당한 이유가 없으면, 휴가를 허가하지 않는다. ❷ (인품이) 바르고 곧다〔단정하다〕.

【正当年】zhèngdāngnián 動組 ❶ 한창 나이. 젊고 건장한 나이. ¶十七十八力不全, 二十七八～｜17·8세면 힘이 온전하지 못하고, 27·8세면 한창 나이이다. ❷ 꼭 알맞은 때〔시기〕.

【正当时】zhèngdāngshí 動組 꼭 알맞은 시기. 적당한 시절. 적시(適時). ¶秋分种麦～｜추분이 밀을 심기에 가장 적당한 시기이다.

【正当中】zhèngdāngzhōng 名 한가운데. 정중앙. ¶月亮在天空的～｜달이 하늘 한가운데 있다＝〔正中〕

【正道】ⓐ zhèngdào 名 ❶ 정도. 바른 길. ¶要走～｜정도를 걸어야 한다. ❷ 분명한 이치. 도리. 사리. ¶他讲的全是～｜그가 말하는 것은 모두 이치가 분명한 것이다.

ⓑ zhèng·dao 形 바르다. 올바르다.

【正德】Zhèngdé 名〈史〉정덕［명대(明代) 무종(無宗)의 연호(年號)(1509～1521)］

【正点】zhèngdiǎn ❶ 名 정시. 정각(定刻). 일정한 시각［차량·선박·비행기 등이 규정된 시간에 따라 출발·도착하는 것을 말함］¶～运行｜정시(定時) 운행. ¶火车～到达｜기차가 정시에 도착하다. ❷ 形 俗 (용모·몸매가) 표준이다. 매력적이다.

【正殿】zhèngdiàn 名 정전［황제가 조참(朝參)을 받고 정령(政令)을 반포하며 외국사신을 맞이하던 곳］

【正电】zhèngdiàn 名〈物〉양전기(陽電氣)＝〔阳电〕

【正电子】zhèngdiànzǐ 名〈物〉양전자(陽電子).

【正多边形】zhèngduōbiānxíng 名組〈數〉정다변형＝〔正多角形〕

【正儿八摆】zhèng'ér bābǎi ⇒〔正经八百〕

【正儿八经】zhèng'ér bājīng ⇒〔正经八百〕

【正儿巴经】zhèng'ér bājīng ⇒〔正经八百〕

【正耳刀(儿)】zhèng'ěrdāo(r) ⇒〔右耳刀(儿)〕

【正二八摆】zhèng'èr bābǎi ⇒〔正经八百〕

【正二巴经】zhèng'èr bājīng ⇒〔正经八百〕

【正法】zhèng/fǎ ❶ 動 사형을 집행하다. 처형하다. ¶绑赴法场～｜묶어서 형장으로 끌고 가 처형하다. ¶～了两名凶犯｜흉악범 두 명을 처형하다. ❷ (zhèngfǎ) 書 名 정법. 올바른 법칙.

【正反】zhèngfǎn 名〈論〉정과 반. 긍정과 부정. ¶～两方面的看法｜정반 양 방면의 견해.

【正犯】zhèngfàn 名〈法〉정범. 주범(主犯)→〔从犯〕

【正方】zhèngfāng 名 정방. 바른 사각. ¶～盒子｜정방형 곽.

【正方体】zhèngfāngtǐ 名 입방체＝〔立方体〕

【正方形】zhèngfāngxíng 名 정방형. 정사각형. ¶画了一个～｜정사각형을 하나 그렸다.

【正房】zhèngfáng 名 ❶ 정방. 원채. 본채 ¶夫妻俩住在～中｜부부 두 사람이 본채 안에 산다＝〔正所儿〕〔正屋〕〔上房①〕〔上屋〕〔堂屋②〕〔主房〕→〔四合房(儿)〕〔厢xiāng房①〕 ❷ 본처. 정실＝〔妻〕

【正告】zhènggào 動 엄숙하게 통고하다〔알리다〕. ¶～敌人发动侵略战争决没有好下场｜침략 전쟁을 일으킨다면 결단코 나쁜 결과가 올 것이라고 적들에게 엄숙히 경고하다. ¶严厉～背反者｜배반자에게 엄중히 통고하다.

【正割】zhènggē 名〈數〉정할. 시컨트(secant). 세크(sec)＝〔外西根〕

【正格】zhènggé 書 名 ❶ 바른 격식. ❷ 정격［한시(漢詩) 작법상(作法上) 절구(絶句)·율시(律詩) 등에 있어서 구(句)의 둘째 자(字)가 측성(仄聲)인 것］

【正格(儿)的】zhènggé(r) 名 진짜. 정말 참된 것. 진지한 것. 진실된 것. ¶咱们谈～｜우리 진짜를 이야기합시다→〔正经 ⓑ〕

【正骨】zhènggǔ 名〈漢醫〉정골(整骨). 접골(接骨). ¶～科｜정골과. 접골과.

⁴【正规】zhēngguī 形 정규적인. 정식의. ¶～部队｜정규부대. ¶～化｜정규화. ¶～教育｜정식교육. ¶～地说起来｜정식으로 말하다.

【正规军】zhèngguījūn 名 정규군. ¶缩小～的编制｜정규군의 편제를 축소하다.

【正轨】zhèngguǐ 名 ❶ 정상적인 궤도. ¶按～健全发展｜정상적인 궤도에 따라 건전하게 발전하다. ¶纳入～｜정상적인 궤도에 올려놓다. ❷ 올바른 길. 정도(正道). ¶走上～｜정도를 걷다.

【正果】zhèngguǒ 名〈佛〉정과. 성과(聖果). 수행

함으로써 얻은 깨달음의 결과. ¶終於修成～了 | 수행하여 마침내 정과를 얻었다 =〔圣shèng果〕

²【正好】zhènghǎo ❶副(시간·위치·체적·수량·정도 등이) 꼭 알맞다. 딱 좋다. ¶你来得～ | 너 마침 잘 왔다. ¶这双鞋我穿～ | 이 신발은 나한테 꼭 맞는다. ¶那笔钱～买台抽水机 | 그 돈은 펌프를 사기에 딱 알맞다. ¶天气不冷不热, ～出去旅行 | 날씨가 춥지도 덥지도 않아 여행하기에 딱 알맞다. ❷副 마침. 때마침. 공교롭게도. ¶这次见到康老师, ～当面向他请教 | 이번에 강선생님을 만나서 마침 직접 그에게 가르침을 청했다. ¶我身边～有五块钱 | 나에게 마침 5원이 있다.

【正号(儿)】zhènghào(r) 名〈數〉플러스 부호. 즉「+」.

【正极】zhèngjí ⇒〔阳yáng极〕

【正教】zhèngjiào 名〈宗〉정교(회) ¶他信奉～ | 그는 정교를 신봉한다 =〔东正教〕

【正襟危坐】zhèng jīn wēi zuò 成 옷깃을 바로 하고 단정하게 앉다. 엄숙하고 경건한 태도를 취하다. ¶他～在那儿 | 그는 옷깃을 단정히 하고 그곳에 앉아 있다.

³【正经】ⓐ zhèng·jing ❶形(품행이나 태도가) 올바르다. 곧다. 진실하다. ¶这个人很～ | 이 사람은 아주 올바르다. ¶他一向是正正经经的, 从不越轨 | 그는 여태 아주 올바랐고 한번도 궤도에서 벗어난 적이 없다. ¶假～ | 점잖은〔얌전한〕체하다. ❷形 정당한. 바른. ¶这是件～事儿 | 이것은 정당한 일이다. ¶这笔钱没有用在～地方 | 이 돈은 정당한 곳에 쓰이지 않았다. ❸形 정식의. 일정한 규격이나 표준에 맞는. ¶～货 | 규격 상품. ¶他现在没有～的工作 | 그는 지금 정식 직업이 없다. ❹副 方 실로. 정말로. 참으로. 확실히. ¶这黄瓜长得～不错呢! | 이 오이는 참으로 잘 자랐군!

ⓑ zhèngjīng 名 옛날,「十三经」(13경)을 일컬음. ¶～正史 | 13경과 24사.

【正经八百】zhèngjīngbābǎi 成 方 성실한. 착실한. 엄숙하고 진지한. 정식의. 정당한. 바른. ¶这话是～地跟我说的, 决不是开玩笑 | 이 말은 나에게 엄숙하고 진지하게 한 것이지 결코 농담이 아니다 ¶我喜欢～的人 | 나는 성실한 사람을 좋아한다 =〔正经八摆〕〔正经八板〕〔正经八本〕〔正经八道〕〔正二八摆〕〔正二巴经〕〔正南巴北〕〔正儿八摆〕〔正儿八经〕〔正儿巴经〕

【正经八摆】zhèngjīngbābǎi ⇒〔正经八百〕

【正经八板】zhèngjīngbābǎn ⇒〔正经八百〕

【正经八本】zhèngjīngbāběn ⇒〔正经八百〕

【正经八道】zhèngjīngbādào ⇒〔正经八百〕

【正剧】zhèngjù 名〈演映〉정극. ¶他写了一部～ | 그가 정극을 한 편 썼다.

【正楷】zhèngkǎi 名 해서(楷書). ¶写～ | 해서를 쓰다 =〔正书〕

【正理】zhènglǐ 名 올바른 도리. ¶这样办倒是～ | 이렇게 하는 것이 오히려 올바른 도리이다.

【正梁】zhèngliáng 名〈建〉대들보 =〔脊jǐ檩〕

【正路】zhènglù 名 ❶ 정도(正道). 바른 길. ¶那孩子不走～ | 저 아이는 정도를 걷지 않는다. ❷ 출처가 정확한 것. 본바닥의 것. ¶～野参 | 본바닥의 산삼.

【正论】zhènglùn 名 정론.

【正门】zhèngmén 名 정문. ¶走～ | 정문으로 걸어갔다.

³【正面(儿)】zhèngmiàn(r) ❶名(물체의) 정면. ¶大楼的～有八根大理石的柱子 | 빌딩의 정면에는 8개의 대리석 기둥이 서 있다. ¶从～进攻 | 정면으로부터 공격하다. ¶～冲突 | 정면 충돌 ⇔〔侧cè面(儿)〕 ❷名(종이 같은 평면 물체의) 앞면. 표면. 겉. ¶硬币yìngbì的～ | 동전의 앞면. ¶皮革的～ | 가죽의 겉. ¶牛皮纸的～比较光滑 | 크라프트지(craft紙)의 표면은 비교적 매끌매끌하다. ¶～的花纹比反面的好看 | 앞면의 무늬가 뒷면의 무늬보다 보기 좋다 ⇔〔背bèi面①〕〔反面〕 ❸名(일이나 사정 등의) 직접 드러나는 면. 표면. ¶从～提问题 | 일의 드러난 면에서부터 문제를 제기하다. ¶不但要看问题的～, 还要看问题的反面 | 문제의 표면을 보아야 할 뿐만 아니라 그 이면(裏面)도 보아야 한다 ⇔〔反面〕 ❹形 긍정적인. 적극적인. 좋은. ¶～人物 | 긍정적인 인물. ¶要～鼓励gǔlì | 적극적으로 장려해야 한다. ¶～教育 | 적극적인 교육. ¶～效果 | 긍정적인 효과. ¶～阐明自己的观点 | 자신의 관점을 적극 천명하다 ⇔〔反面〕 ❺ 정면으로. 직접. 어법 주로 부사어로 쓰임. ¶有意见～提出来, 别绕rào弯子wānzi | 문제가 있으면 정면으로 제기하지 빙빙 돌려 말하지 말라 ‖ 어법 형용사로 쓰이는 경우, 정도부사의 수식을 받을 수 없고, 단독으로 술어가 될 수 없음.

【正面人物】zhèngmiàn rénwù 名組(문학·예술 작품에서의) 긍정적인 인물. ¶要多宣传～ | 긍정적인 인물을 많이 선전해야 한다.

【正面图】zhèngmiàntú 名 정면도 =〔主视图〕

【正名】zhèngmíng ❶動〈哲〉이름을 바로 잡다. 명분을 분명히 하다. ¶为致富～ | 돈을 벌기 위해 이름을 바로 잡다. ¶～定分 | 成 명분을 분명히 하다. ❷(～儿) 名 진짜〔바른〕이름.

【正派】zhèngpài 形(품행·태도가) 올바르다. 곧다. 진실하다. ¶～人物 | 진실한 사람. (연극·영화 등의) 착한 역. ¶作风～ | 태도가 올바르다. ¶他是个～人, 从来不做坏事 | 그는 올바른 사람으로 여태껏 나쁜 일을 한 적이 없다 =〔正道ⓑ〕

【正片儿】zhèngpiānr ⇒〔正片〕

【正片】zhèngpiàn 名〈撮〉❶ 포지티브 필름(positive film) →〔负片〕 ❷(영화의) 프린트(print). 카피(copy) =〔拷贝②〕 ❸(영화 상영시의) 본편〔뉴스·문화영화 등을 제외한 본 영화를 가리킴〕‖ =〔口 正片儿〕

【正品】zhèngpǐn 名(공업제품의) 규격품. 합격품. ¶这是～, 所以比较贵 | 이는 규격품이어서, 비교적 비싸다. ¶～玛瑙 | 규격에 맞는 마노.

⁴【正气】zhèngqì 名 ❶ 정기. 바른 기운〔기풍〕. ¶发扬革命～ | 혁명의 정기를 발양하다. ¶～上升, 邪气下降 | 바른 기풍이 올라오고, 나쁜 기풍은 없어지다. ❷〈漢醫〉생명의 원기(元氣).

【正桥】zhèngqiáo 名〈建〉(다리의 주요 부분을 이루고 있는) 본교(本橋).

[4]【正巧】zhèngqiǎo 副 마침. 때마침. 공교롭게도. ¶～在路上碰到了他｜공교롭게도 길에서 그를 우연히 만났다. ¶你来得～，我就要出发了｜너 마침 잘 왔다. 내가 막 떠나려던 참이다 ＝〔刚巧〕〔正好〕

【正切】zhèngqiē 名〈數〉탄젠트(tangent).

【正取】zhèngqǔ 動 정식 채용하다. ¶被清华大学～了｜청화 대학에 정식으로 채용되었다.

[1]【正确】zhèngquè 形 정확하다. 틀림없다. 올바르다. 옳다. ¶这主张是很～的｜이 주장은 대단히 올바르다. ¶他的答案完全～｜그의 답안은 대단히 정확하다. ¶～估计客观形势｜객관적인 형세를 정확하게 평가하다. ¶你判断得很～｜너는 아주 정확하게 판단했다.

【正儿八经】zhèngrbājīng 狀 方 (품행·태도가) 단정하다. 엄숙하고 진지하다. ¶～地向他们宣传计划生育的好处｜엄숙하고 진지하게 그들에게 계획생육의 장점을 선전하였다. ¶老李是个～的人｜이씨는 엄숙하고 진지한 사람이다.

【正人君子】zhèngrén jūn zǐ 成 ❶ 행실이 올바르며 학식과 덕행이 높고 어진 사람. 품행이 단정한 사람. ❷ 지금은 인격자로 가장한 사람. 점잖은 체하는 위선적인 인간. ¶他也不是什么～｜그 역시 어떤 위선적인 인간이 아니다.

【正三角形】zhèngsānjiǎoxíng 名組〈數〉정삼각형 ＝〔等边三角形〕

【正色】zhèngsè ❶ 書 名 원색(原色). 곧 적(赤)·황(黃)·백(白)·청(靑)·흑(黑). ❷ 名 動 정색(하다). 엄정한 태도(를 보이다). ¶～拒绝｜정색을 하고 거절하다.

【正身】zhèngshēn 名 (장)본인. ¶验明～｜본인임을 조사하여 밝히다.

【正史】zhèngshǐ 名 정사 [사기(史記)·한서(漢書) 등 기전체(紀傳體)의 역사서인 이십사사(二十四史)를 말함] ¶他不相信～｜그는 정사를 믿지 않는다.

[2]【正式】zhèngshì ❶ 區 정식의. 공식의. ¶～婚姻｜정식 결혼. ¶～比赛bǐsài｜정식 시합. ¶～声明｜공식 성명. ❷ 副 정식으로. 공식적으로. ¶合同已～签订｜계약은 이미 정식으로 체결되었다.

【正事】zhèngshì 名 ❶ 정당한 사업. 올바른 일. ¶正人～｜올바른 사람의 정당한 일. ❷ 직무〔책임〕상 당연히 해야 할 일. 공적인 일. ¶～要紧｜공적인 일이 중요하다. ¶有碍～｜본무(本務)에 지장이 있다.

【正视】zhèngshì 動 정시하다. 똑바로 보다. 직시(直視)하다. ¶～现实｜현실을 직시 하다. ¶～自己的缺点｜자신의 결점을 직시하다.

【正视图】zhèngshìtú 名 정면도 ＝〔主视图〕

【正室】zhèngshì 名 정실. 본처 ＝〔妻qī〕

【正是】zhèng·shì 動 마침 …이다. 바로 그러하다. ¶～时候儿｜바로 그 시기이다. ¶～这样｜바로 그렇다. ¶不是别人，～他｜다른 사람 아닌 바로 그 사람이다.

【正手】zhèngshǒu 名 ❶ 정원(正員). 정식 멤버(member) →〔副fù手〕 ❷ 전문가. ❸〈體〉(탁구·배드민턴 등에서의) 포핸드(forehand). ❹ (악당의) 우두머리. 두목.

【正书】zhèngshū 名 ❶ 해서(楷書) ＝〔正楷〕 ❷〈演映〉희곡에서 정식으로 표현하고자 하는 내용.

【正数】zhèngshù 名〈數〉정수. 양수(陽數) ⇔〔负fù数〕

【正似】zhèngsì ⇒〔恰qià如〕

【正堂】zhèngtáng 名 ❶ 몸채의 대청. 안당 ＝〔正厅①〕 ❷ 옛날, 관공서의 대청. ❸ 청대(淸代)의 지현(知縣).

【正题】zhèngtí 名 ❶ 본제. 주제. 중심내용. ¶前面是开场白，下面转入～｜이상은 서론(혹은 개막사)였고, 지금부터 본제로 들어간다. ¶离开～｜주제를 벗어나다. ❷〈哲〉명제.

【正体】zhèngtǐ 名 ❶ 한자의 정자체(正字體). ❷ 해서(楷書) ＝〔正楷〕 ❸「表音文字」(표음문자)의 활자체. ❹ 바른 자세.

【正厅】zhèngtīng ❶ ⇒〔正堂①〕 ❷ 名 (극장의) 정면 관람석.

【正统】zhèngtǒng 形 정통. ¶～观念｜정통 관념. ¶～思想｜정통 사상.

【正文(儿)】zhèngwén(r) 名 정문. 본문(本文). ¶请参看～｜본문을 참조하세요.

【正午】zhèngwǔ 名 정오. ¶～时分｜정오 무렵 ＝〔中午〕〔方 晌shǎng午〕

【正误】zhèngwù ❶ 名 옳은 것과 틀린 것. ❷ 動 틀린 것을 바로잡다. ¶～表 ＝〔勘kān误表〕｜정오표.

【正弦】zhèngxián 名〈數〉사인(sin). ¶～波｜사인파. ¶～曲线｜사인 곡선.

【正凶】zhèngxiōng 名 (살인 사건의) 주범(主犯). ¶严惩～｜주범을 엄격히 징계하다 ⇔〔帮bāng凶②〕

【正盐】zhèngyán 名〈化〉정염. 중성염 ＝〔中性盐〕

【正业】zhèngyè 名 정당한 직업〔일〕. ¶不务～｜정당한 직업에 종사하지 않다.

[3]【正义】zhèngyì ❶ 名 정의. ¶主持～｜정의를 지키다. ¶为～而献身｜정의를 위해 몸을 바치다. ¶～之师｜정의의 군대. ❷ 區 정의로운. 공정하고 이치에 맞는. ¶～的事业｜정의로운 사업. ❸ 書 名 정확한〔올바른〕해석 [옛날 서명(書名)에 많이 쓰였음] ¶史记～｜〈書〉사기 정의.

【正音】zhèng/yīn ❶ 動 발음을 교정하다. ¶给学生～辨误｜학생에게 발음을 교정시켜 틀린 것을 분별하게 하다. ❷ (zhèngyīn) 名 표준음(標準音).

[1]【正在】zhèngzài 副 마침〔한창〕(…하고 있는 중이다). 어법 ⓐ「正在＋動〔形〕」의 형식으로 쓰여, 동작의 진행이나 지속을 나타냄. ¶～讨论许多问题｜많은 문제를 토론하고 있는 중이다. ⓑ 부정은「不是」로 해야 함. ¶我不～发言(×) ¶我不是～发言，我已经发过言｜나는 발언하고 있는 것이 아니라 이미 발언한 적이 있다. ⓒ「正」「在」「正在」의 차이. ㉠「正」은 시간적 진행을, 「在」는 상태의 지속을, 「正在」는 시간과 상태의 지속을 동시에 나타내는 경향이 짙음. ㉡「正」뒤에는 동사 홀로 쓰일 수 없음. ¶我们正讨论

(×) ¶我们正讨论着呢. ¶我们(正)在讨论 | 우리는 토론하고 있는 중이다. ㉢「在」다음에는 전치사(介詞)「从」을 쓸 수 없으나「正在」는 제한이 없음. ¶红日在从地平线升起(×) ¶红日正(在)从地平线升起 | 붉은 태양이 지평선에서 떠오르고 있다. ㉣「在」는 반복 진행되거나 장기간 지속되는 것을 나타낼 수 있으나,「正」「正在」는 나타낼 수 없음. ¶一直正(在)考虑(×) ¶一直在考虑 | 계속해서 고려 중이다. ¶经常正(在)注意(×) ¶经常在注意 | 항상 주의하고 있다⇒〔正〕〔在〕

【正则】zhèngzé 圖 정치(의). 정규(의). ¶~投货 |〈經〉배가 위기에 닥쳤을 때 위기를 벗어나기 위해서 하주의 승인을 얻어 화물을 바다로 던지는 행위.

【正正经经】zhèng·zhengjīngjīng 眖 착실하다. 진지하다. 성실하다. 정당하다→〔正经〕

【正直】zhèngzhí 形 마음씨가 바르고 곧다. 정직하다. 어법「正直」은 주로 성격에 대한 표현으로 쓰이고,「正派」는 주로 품행이나 태도에 대한 표현으로 쓰임. ¶他~无私 | 그는 정직하고 사심이 없다. ¶为人非常~ | 사람됨이 대단히 올바르다. ¶~地写 | 똑바로〔있는 그대로〕쓰다. ¶他是一个很~的人 | 그는 매우 정직한 사람이다.

【正值】zhèngzhí 書 動 바야흐로〔마침〕…인 때를 맞다〔만나다〕. ¶~桃花盛开的时节 | 마침 복숭아꽃이 활짝 핀 때를 만나다 =〔正适shì〕

【正职】zhèngzhí 名 정직. 중국에서 실장·시장직을 맡은 사람 [부실장·부시장직을 맡은 사람을「副职」간부라 함] ¶老金任~, 老李任副职 | 김씨는 정직을 맡고 있고, 이씨는 부직을 맡고 있다.

【正中】zhèngzhōng 名 정중앙. 한가운데. 중앙. ¶把茶具chájù放在桌子~ | 차도구를 탁자의 한가운데 놓다 =〔正当中〕

【正中下怀】zhèng zhōng xià huái 成 바로 내가 생각하는 바와 꼭 들어맞다. 예상하는 대로 되다. 바로 희망하는 대로. ¶正中美国下怀 | 바로 미국이 생각하는 대로.

【正字】zhèng/zì ❶ 動 자형(字形)을 바로잡다. ❷ (zhèngzì) 名 해서(楷書)의 다른 이름 [보통「楷kǎi书」라고 함] ❸ (zhèngzì) 名 정자. 본자. 표준 자형(字形) [「俗字」에 대(對)해서 이르는 말] =〔本字〕

【正字法】zhèngzìfǎ 名 정자법. 정서법. ¶学习~ | 정서법을 학습하다.

【正宗】zhèngzōng 名 ❶〈佛〉정종. ❷ 정통(파). ¶~学生 | 정통 제자. ¶~北京烤鸭kǎoyā | 정통 북경 오리구이.

【正座(儿)】zhèngzuò(r) 名 ❶ 극장 무대의 정면 좌석. ❷ 옛날, 한 짝으로 된 문에 붙이는「门神」.

Ⓑ zhēng

【正旦】zhēngdàn ☞ 〔正旦〕zhèngdàn ⓑ

⁴【正月】zhēngyuè 名 정월. ¶~初一 | 정월 초하루. ¶~十五雪打灯 | 諺 정월 대보름에 눈이 등롱에 쌓이다. 호사다마(好事多魔)하다.

2【证(證)】zhèng 증명할 증 ❶ 증명하다. ¶~人↓ ¶论~ | 논증하다. ❷ 증명서. 증거. ¶工作~ | 신분증. ¶以此为~ | 이것을 증거로 삼다. ❸ 名〈漢醫〉병상(病狀)[발열·설사 등] =〔症①〕→〔病证〕

【证词】zhèngcí 名 증언 =〔证辞cí〕

【证婚人】zhènghūnrén 名 결혼의 증인.

³【证件(儿)】zhèngjiàn(r) 名 (신분·경력 등의) 증명서. 증거물. 증거 서류 [학생증·신분증·졸업증명서 등을 가리킴] ¶学生~ | 학생증. ¶请出示~ | 신분증을 제시해 주십시오.

³【证据】zhèngjù 名 증거. 근거. ¶搜集~ | 증거를 수집하다. ¶直接~ |〈法〉직접 증거. ¶~确凿quèzáo | 증거가 확실하다.

²【证明】zhèngmíng ❶ 名 動 증명(하다). ¶他的身份我能~ | 그의 신분을 내가 증명할 수 있다. ¶事实~这个判断是正确的 | 사실들이 이 판단이 정확하다는 것을 증명해 준다. ¶我~他出生于贫农家庭 | 나는 그가 빈농의 가정에서 출생했다는 것을 증명할 수 있다. ¶~文件 | 증명 서류. ¶~单 | 증명서. ❷ 名 증명서. ¶出入国~ | 출입국 증명서. ¶医生~ | 의사의 진단서. ¶凭~取货 | 증명서에 의거하여 화물을 수취하다.

【证券】zhèngquàn 名〈經〉유가 증권. ¶~交易所 | 증권 거래소. ¶~市场 | 증권 시장.

【证人】zhèngrén 名 증인. ¶~席 | 증인석. ¶作~ | 증인이 되다.

³【证实】zhèngshí 動 실증(實證)하다. 사실임을 확인하다. 어법「证实」는 가설이나 예언이 확실히 믿을 만한 것임을 강조하고,「证明」은 근거에 의거해서 사물의 진실성을 판단하지만 그 결과는 맞을 수도 있고 틀릴 수도 있음. ¶~本质 | 본질을 실증하다. ¶他的推断被事实完全~了 | 그의 추론은 사실에 의해 완전히 실증되었다. ¶要通过实践来~真理 | 실천을 통해서 진리를 실증해야 한다. ¶这个报导还没~ | 이 보도는 아직 사실 여부가 확인되지 않았다 =〔征zhēng实②〕

³【证书】zhèngshū 名 증서. 증명서. ¶结婚~ | 결혼 증명서. ¶毕业~ | 졸업증서. ¶发~ | 증명서를 발급하다.

【证物】zhèngwù 名〈法〉증거물. ¶出示~ | 증거물을 제시하다.

【证验】zhèngyàn 動 실증(하다). 실효(를 얻다). ¶课外活动可以~课堂学习的知识 | 과외 활동은 교실에서 배운 지식을 실증할 수 있다. ¶已经有了~ | 이미 효과가 나고 있다.

【证章】zhèngzhāng 名 배지(badge). 휘장(徽章).

【怔】zhèng ☞ 怔 zhēng Ⓑ

1【政】zhèng 정사 정 ❶ 정치. 정사(政事). ¶参cān~ | 정치에 참여하다. ¶议~ | 정치를 논의하다. ❷ 행정. ¶财~ | 재정. ❸ 가정·단체의 사무(事務). ¶校~ | 학교 사무. ❹ (Zhèng) 名 성(姓).

⁴【政变】zhèngbiàn 名 정변. 쿠데타. ¶他们的~没有得逞déchěng | 그들의 쿠데타는 실현되지 못했다. ¶发动~ | 쿠데타를 일으키다. ¶发生武装~ | 무장 쿠데타가 일어나다.

【政柄】zhèngbǐng 書 名 정권. ¶把持bǎchí~ |

정권을 틀어쥐다.

2【政策】zhèngcè 名 정책. ¶教育～｜교육 정책. ¶～限界｜정책상의 한계.

3【政党】zhèngdǎng 名 정당. ¶成立～｜정당을 설립하다.

【政敌】zhèngdí 名 정적.

【政法】zhèngfǎ 名 정치와 법률.

1【政府】zhèngfǔ 名 ❶ 정부. ¶～机构｜정부 기구. ¶～机关｜정부 기관. ¶～人士｜정부 인사. ¶～首脑｜정부 수뇌. ❷ 관청. ¶市～｜시청. ¶县～｜현청. ❸ 書 당·송대에 재상이 정무를 보던 곳.

【政纲】zhènggāng 名〈政〉정치 강령. ¶制订～｜정치 강령을 제정하다.

【政绩】zhèngjì 名 정치〔행정〕상의 업적. 관리의 재직 기간 중의 공적. ¶～颇丰｜정치상의 업적이 자못 풍성하다.

【政见】zhèngjiàn 名 정견. ¶发表～｜정견을 발표하다.

【政界】zhèngjiè 名 정계. ¶退出～｜정계에서 은퇴하다.

【政局】zhèngjú 名 정국. ¶～不稳wěn｜정국이 불안정하다.

【政客】zhèngkè 名 정객.

【政令】zhènglìng 名 정령.

【政论】zhènglùn 名 정론. ¶～家｜정론가.

【政派】zhèngpài 名 정파.

3【政权】zhèngquán 名 ❶ 정권. ¶建立革命～｜혁명정권을 세우다. ¶掌握～｜정권을 장악하다. ¶推翻傀儡kuǐlěi～｜괴뢰 정권을 무너뜨리다. ¶夺取～｜정권을 탈취하다. ❷ 정권 기관＝〔政权机关〕

【政审】zhèngshěn 動 (입학·군입대 또는 간부로 취임할 때에 사상성이나 정치성을 심사하는) 정치 심사. ¶对干部进行～｜간부들에 대해 정치 심사를 실시하다.

【政事】zhèngshì 名 정사. 정무(政務).

【政体】zhèngtǐ 名 정체. ¶专制～｜전제 정체. ¶立宪～｜입헌 정체. ¶君主～｜군주 정체. ¶民主～｜민주 정체.

【政通人和】zhèng tōng rén hé 成 정치가 잘 되면 인심이 온화해진다. 선정(善政)은 인심을 부드럽게 한다. ¶这几年～, 形势xíngshì很好｜요 몇년간 정치가 잘 되고 인심이 온화해져, 상황이 매우 좋다.

【政委】zhèngwěi 名 簡「政治委员」(정치 위원)의 약칭

【政务】zhèngwù 名 정무. ¶～繁忙fánmáng｜정무가 바쁘다.

【政务院】zhèngwùyuàn 名 정무원〔인민 대표 대회(人民代表大會)가 성립되기 이전 국가 정무의 최고 집행 기관〕

4【政协】zhèngxié 名 簡「政治协商会议」(정치 협상 회의)의 약칭.

1【政治】zhèngzhì 名 ❶ 정치. ¶～纲领｜정치 강령. ¶～流氓｜정치 깡패. ¶～立场｜정치 입장. ¶～舞台｜정치 무대. ¶～态度｜정치적 태도. ❷ 書 국가의 시책. 국사(國事).

【政治避难】zhèngzhì bìnàn 名組 정치적 망명(亡命).

【政治犯】zhèngzhìfàn 名組 정치범.

【政治家】zhèngzhìjiā 名 정치가.

【政治经济学】zhèngzhì jīngjìxué 名組 정치 경제학.

【政治局】zhèngzhìjú 名 정치국. ¶～常务委员｜정치국 상무 위원. ¶～委员｜정치국 위원.

【政治面目】zhèngzhì miànmù 名組 ❶ 개인의 정치적 입장·정치 활동 및 정치와 관련된 여러가지 사회 관계. ¶他的～不明朗｜그의 정치적 입장이 분명하지 않다. ❷ (이력서 등의) 소속 정당(란).

【政治委员】zhèngzhì wěiyuán 名組 정치 위원〔중국 인민 해방군 연대(聯隊) 이상의 부대나 독립 대대(大隊)의 정치 공작원〕¶～会｜정치 위원회＝〔簡 政委〕

【政治协商会议】zhèngzhì xiéshāng huìyì 名組 정치 협상 회의. 중국의 민주 통일 전선(民主統一戰線)의 조직 형태〔전국적인 조직을「中国人民政治协商会议」라고 하며 각 지방에는 각급(各級)의 정치 협상 회의가 있음〕＝〔簡 政协〕

3【症】 ① zhèng 증세 증
❶ 병. 병세. 병증. 병의 증상. ¶急jí～｜급병. ¶对～下药｜병의 증상에 따라 약처방을 하다→〔证zhèng③〕 ❷ 方 해(害)〔섬서성(陝西省) 방언임〕¶他真受～了｜그는 심한 해를 입었다.

【症候】zhèng·hou 名 ❶ 질병. ❷ 증후. 증상. ¶有许多～｜많은 증상이 있다.＝〔证zhèng候①〕

3【症状】zhèngzhuàng 名 (병의) 증상. 증세. ¶早期～｜초기 증상. ¶出现了～｜증세를 드러냈다.

【症(癥)】 ② zhēng 증세 증
⇒〔症结〕

【症结】zhēngjié 名 ❶〈漢醫〉적취(積聚). 적기(積氣). ❷ 喩 (일의) 문제점. 애로. 장애. 난점. 매듭. ¶问题的～｜문제의 난점. ¶找出～所在, 事情就好办了｜문제점이 어디 있는 지 알아내면 일은 처리하기 쉬워진다.

4【郑(鄭)】 zhèng 정나라 정
❶ 名〈史〉정나라〔춘추시대(春秋時代)의 나라 이름. 지금의 하남성(河南省) 신정현(新鄭縣) 일대에 있었음〕❷ (Zhèng) 名 성(姓). ❸ ⇒〔郑重〕

4【郑重】zhèngzhòng 形 ❶ 정중하다. 신중하다. 엄숙하다. 진지하다. ¶态度～｜태도가 진지하다. ¶话说得很～｜매우 정중하게 말하다. ❷ 심각하다. 중대하다. ¶事态～｜일이 매우 심각하다.

【郑重其事】zhèng zhòng qí shì 成 정중하게〔엄숙하게〕대하다. ¶他～地提出了申请｜그가 정중하게 신청을 하였다.

【诤(諍)】 zhèng ⓧ zhēng) 간할 쟁
간하다. 간쟁하다＝〔争zhèng〕

【诤臣】zhèngchén 名 간신(諫臣)＝〔争臣〕

【诤言】zhèngyán 書 名 직언(直言). 간언(諫言). ¶直陈～｜바로 직언을 하다.

3【挣】zhèng☞挣 zhēng Ⓑ

【铮】zhèng☞铮 zhēng Ⓑ

【趟】zhèng☞趟 tàng

zhī ㄓ

1【之〈㞢〉】zhī 갈 지, 이를 지 ❶㊕㊹그. 이. 그 사람. 그것. 그 곳. 어법「之」는 고대 한어로부터 전해 내려온 대사(代詞)로서 현대 한어의 서면어(書面語)에서도 종종 씀. ⓐ 사람이나 사물을 대신하여 목적어(賓語)로 많이 쓰임. ¶虽有天下易生之物也, 一日暴～, 十日寒～, 未能生者也｜비록 천하에서 가장 잘 자라는 식물이 있다 하여도 그것을 하루 동안 빛에 쪼이고 열흘 동안 추위에 얼게하면 자랄 수 있는 것은 없다《孟子·告子上》¶不学自知, 不问自晓, 古今行事, 未～有也｜배우지 않고 스스로 알고 묻지 않고도 스스로 깨닫는 경우는 옛날이나 지금이나 일을 함에는 있은 적이 없다 [「之」는「有」의 목적어이나 부정사「未」때문에 도치된 것임] ⓑ 주로 관용구에서 동사의 뒤에 쓰여, 동작의 지속이나 그 동작 행위를 강조함. ¶久而久～｜기나긴 시간이 지나가다.오래되었다. ⓒ 명사 앞에 지시대사(指示代詞)로 쓰임. ¶～二虫又何知?｜이 두 벌레가 무엇을 알겠습니까《莊子·逍遙游》¶异哉, ～歌者非常人也｜과연 다르구나, 노래를 부르는 이 사람은 보통 사람이 아니다. ❷㊕㊺고대 한어에 많이 쓰이던 구조조사(結構助詞)로 현대 한어에도 많이 쓰임. 어법 ⓐ 수식어와 피수식어 사이에 쓰여 수식구조(修飾結構)를 만듦. ¶人～患在好为人师｜사람의 근심은 다른 사람의 스승이 되길 좋아하는 데 있다《孟子·離婁上》ⓑ 동사와 목적어 사이에 쓰여 목적어를 동사 앞으로 도치시키면서 강조함. ¶前事之不忘, 后事之师｜지난 일을 잊지 않는 것이 앞으로의 일에 교훈이 된다. ⓒ 시간을 나타내는 부사 뒤에 쓰여 시간의 지속 등의 상태를 나타냄. ¶怅恨久～｜번뇌와 분노는 오랫동안 계속되었다. ¶顷～, 烟炎张天, 人马烧溺死者甚众｜얼마되지 않아, 연기와 불꽃이 하늘에 가득차고, 타 죽고 빠져 죽은 사람과 말이 많았다. ⓓ 주어와 술어(謂語) 사이에 쓰여,「主＋之＋謂」의 형식이 독립된 문(句子)이 아니고, 한 문 속의 성분임을 나타냄. ¶将军～举武昌, 若摧枯拉朽｜장군이 무창을 공략하는 것은 마치 마른 나무를 부수고 썩은 가지를 꺾는 것과 같은 것이오. ¶这次技术革新运动范围～广泛, 影响～深远, 都是前所未有的｜이번 기술 혁신 운동은 그 범위의 넓음이나 그 영향의 지대함으로 보아 이전에는 없었던 일이다. ⓔ 문(句子)의 앞에 있는 부사의 뒤에 쓰여 어기를 강조하거나 어조를 지연시킴. ¶故小～名卑地削, 大～国亡身危｜그러므로 적게는 명성이 낮아지고 토지를 박탈당하게 될 것이고, 크게는 나라가 망하고 목숨이 위태할 것이다. ⓕ 문의 끝에 쓰여 감탄의 어기와 더불어 운율(韻律)을 고르게 함. ¶不觉手之舞～, 足之蹈～｜너무 좋아 손발이 저절로 춤을 추는구나. ❸㊕㊴…와. 과. ¶皇父～二子死焉｜황부와 두 아이는 그곳에서 죽었다. ❹㊕㊷가다. 이르다. 도달하다. 향하다. ¶商鞅欲～他国｜상앙(商鞅)은 다른 나라에 가려고 한다. ¶～死失靡它｜죽어도 다른 마음이 없음을 맹세한다. 죽어도 그 뜻을 바꾸지 않는다. 어법「之」는 고대 한어에 쓰였던 조사로서 현대 한어의「的」와 흡사하지만 다음의 경우는 현대 한어에서도「之」를 쓰고「的」는 쓰지 않음. ⓐ「…之一」(…중의 하나)·「…之二」(…중의 둘) 등의 형식일 때. ¶这是亟得解决问题～一｜이것은 시급히 해결해야 할 문제 중의 하나이다. ⓑ 분수를 나타내는「…(分)之…」(몇 분의 몇)의 형식일 때. ¶三分～一｜3분의 1. ¶十～八九｜십 중 팔구. ⓒ「動＋…之＋所＋動」의 형식일 때. ¶想群众～所想, 急群众～所急｜군중이 생각하는 것을 생각하고, 군중이 급히 필요해 하는 것에 대해 서둘러라. ⓓ「…之於…」(…한 것에 대해)의 형식일 때. ¶学习～於我们, 就象阳光和空气一样重要｜학습은 우리들에게 빛이나 공기처럼 중요하다. ⓔ「…之所以…」(…이 …한 까닭은)의 형식일 때. ¶鲁迅先生～所以放弃医学, 从事文学活动, 正是为了唤醒人民, 有力地同反动势力斗争｜노신 선생이 의학을 버리고 문학 활동에 종사한 까닭은 인민들을 각성시키고 힘차게 반동세력들과 투쟁하기 위함이었다. ⓕ「…之流」(…의 부류)·「…之」(…의 종류)의 형식일 때. ¶袁世凯～流的人物, 历史上屡见不鲜｜원세개와 같은 부류의 인물은 역사상 드물지 않다. ⓖ「…之多」(많기가 …에 이르다)·「…之久」(…이나 오래되다)·「…之极」(극에 이르다)·「…之至」(몹시 …하게 되다)의 형식일 때. ¶产量已达三亿斤～多｜생산량은 이미 3억 근에 이른다. ¶大约四千年～久｜약 4천년이나 되었다. ¶得意～极｜극히 만족해하다. ¶感激～至｜지극히 감격해 하다. ⓗ「非常之…」(몹시 …하다)의 형식일 때. ¶非常～正确｜아주 정확하다. ¶非常～厚｜몹시 두껍다.

2【之后】zhīhòu ㊕…후. …뒤. …다음 어법 명사(구)·동사(구)·절 등의 뒤에 올수 있고, 시간·장소에 다 해당되나 주로 시간에 대해서 쓰임. 「以后」와는 달리 명사 용법이 없고,「很久」「不久」뒤에는 쓰이지 못함. ¶他去年来过～, 我就再没见到他｜그가 작년에 왔다 간 이후로, 나는 그를 다시는 만나지 못했다. ¶仪仗队～是少先队员｜의장대 뒤에는 소년선봉대원들이다→〔以后〕

【之乎者也】zhī hū zhě yě ㊗옛날 말투(로 쓰여진 문장). 크게 지식이나 있는 것처럼 어려운 문구들만 떠벌리다. 공자왈 맹자왈 하다. ¶写文章要通俗易懂, 不要满篇～, 使人费解｜글은 통속적으로 알기 쉽게 써야지 옛날 말투를 가득 써서 이해하기 어렵게 해서는 안된다. ¶他又～起来了｜그는 또 케케묵은 지식을 자랑하기 시작했다.

1【之间】zhījiān …사이(에). ¶北京和上海～｜북

경과 상해 사이. ¶人与人～｜사람과 사람 사이. ¶室温保持在摄氏22度到摄氏24度～｜실내 온도가 섭씨 22도에서 섭씨 24도 사이에서 유지된다. 어법「之间」「中间」「中」의 비교⇒〔中间〕

3【之类】zhīlèi …의 종류. ¶由于弦的振动而发音的乐器叫絃乐器, 如琵琶·提琴～｜현의 진동으로 소리가 나는 악기를 현악기라고 하는데, 예를 들면 비파·바이올린 같은 종류가 그것이다.

3【之内】zhīnèi …의 안〔속〕. …의 내. ¶包括在费用～｜비용 안에 포함된다→〔以内〕

2【之前】zhīqián 書 …의 앞. …의 전 어법 시간과 장소 모두를 나타내지만 주로 시간에 많이 쓰임.「以前」과는 달리 명사 용법이 없고,「很久」「不久」뒤에는 쓰이지 못함. ¶三个月～我还遇到过他｜석 달 전에 나는 또 그와 만난 적이 있다. ¶考试～｜시험전. ¶天亮～｜날이 밝기 전에. ¶钟楼～有几棵古柏｜종루 앞에 해묵은 측백나무가 몇 그루 있다→〔以前〕

2【之上】zhīshàng 名 …의 위. ¶他的本事在我～｜그의 솜씨는 나보다 낫다. 어법 단음절 명사는「之上」앞에 올 수 없음.「以上」과는 달리 단독으로 사용될 수 없고, 수량사 다음에 쓰이지 않음. ¶～是我对这个问题的看法(×). ¶以上是我对这个问题的看法｜이상이 이 문제에 대한 나의 견해이다. ¶三十岁～的人(×) ¶三十岁～的人｜30세 이상인 사람. 주의「六十分～｜60분 이상」「三十岁～｜30세 이상」이 두 문장이「60분」과「30세」를 포함하는 지 여부가 명확하지 못한 경우가 있음. 정확하게 구분하고자 할 경우 대개「六十分以及六十分～」「满三十周岁」로 표현함→〔以上〕

【之所以】zhīsuǒyǐ 連 …의 이유. …한 까닭 [뒤에「是(由於)」「是(因为)」「是(为了)」등의 말을 수반함] ¶他～能这样, 是因为他没有忘记战友的委托｜그가 이렇게 할 수 있는 까닭은 전우의 부탁을 잊지 않았기 때문이다.

3【之外】zhīwài …의 이외. 어법 용법은 기본적으로「以外」와 같으나, 연령에 대해서는「之外」를 사용하지 않음→〔以外〕

2【之下】zhīxià …의 아래. …의 밑〔하〕 ¶在这种压迫～真受不了liǎo!｜이런 압박하에서는 정말 견딜 수 없어! ¶他的才能不在你～｜그의 재능은 너보다 못하지 않아. 어법 단음절 명사는「之下」앞에 올 수 없음.「以下」와는 달리 명사 용법이 없고, 수량사 다음에 쓰이지 않음. 주의「六十分～｜60분 이하」「三十岁～｜30세 이하」이 두 문장이「60분」과「30세」를 포함하는 지 여부가 명확하지 못한 경우가 있음. 정확하게 구분하고자 할 경우 대개「六十分以及六十分～」「不满三十周岁」로 표현함→〔以下〕

3【之一】zhīyī …중의 하나. ¶中国大陆海岸线和岛屿海岸线绵延miányán曲折, 总计长度超过32,000多公里, 为世界上海岸线最长的国家～｜중국은 대륙 해안선과 도서 해안선이 끊임없이 구불구불 이어져 있으며 총 길이가 32,000여 킬로를 넘어, 세계에서 해안선이 가장 긴 나라의 하나이다.

2【之中】zhīzhōng 名 …의 안에. …중에. ¶家庭～｜가정 안에. 어법「之中」「中」의 비교⇒〔中〕

4【芝】zhī 영지 지

名〈植〉❶ 영지(靈芝). 지초(芝草) [「灵líng芝」의 옛 이름] ❷ 구리때 =〔芷zhǐ〕→〔白bái芷〕

【芝加哥】Zhījiāgē 名 外〈地〉시카고(Chīcago)

【芝兰】zhīlán 名 지초와 난초 [모두 향초(香草)임] 喩 고상한 덕성. 훌륭한 품행. 돈독한 우정. 좋은 환경.

4【芝麻】zhī·ma ❶ 名〈植〉참깨 [「胡麻」는 학명임] ¶～开花｜참깨에 꽃이 피다 =〔油麻①〕〔脂zhī麻〕 ❷ 形 喩 깨알 같다. 아주 작다. ¶～绿豆｜사소한 것. 자질구레한 것.

【芝麻饼】zhī·mabǐng 名 ❶〈植〉개떡. ❷ (비료로 쓰는) 깻묵.

【芝麻酱】zhī·majiàng 名〈食〉깨장. 깨양념장 ¶沾了～吃饼｜깨장에 찍어 떡을 먹다 =〔麻酱〕

【芝麻油】zhī·mayóu 名〈食〉참기름. ¶～拌黄瓜片｜참기름에 무친 오이 조각 =〔麻油〕

1【支〈搘₁〉】zhī 가지 지

❶ 動 (막대기 등으로) 괴다. 받치다. 버티다. ¶～帐篷｜장막을 치다. ¶用凳子把木板～起来｜걸상으로 나무 판자를 받치다. ¶把帘子～起来｜발을 치다→〔撑chēng①〕 ❷ 動 뻗다. 세우다. ¶两只虎牙朝两边～着｜송곳니 두개가 양쪽으로 삐드러져 나와 있다. ¶～着耳朵听｜귀를 쫑긋 세우고 듣고 있다. ❸ 動 지탱하다. 버티다. 견디다. 참다. ¶～持↓ ¶～援↓ ¶体力不～｜체력이 버티어 내지 못하다. ¶乐不可～｜못견디게 좋다. ¶疼得实在～不住｜아파서 견딜 수가 없다. ❹ 動 …하게 하다. 시키다. ¶～配↓ ¶～使↓ ¶把他们～开｜그들을 떠나게 했다. ¶好不容易把他～走了｜간신히 그를 가게 했다. ¶这事不必～别人了, 你自个儿去吧｜이 일은 다른 사람을 시킬 필요 없다, 네가 직접 가거라. ❺ 動 (예금 등을) 지불하다. 수령하다. ¶～出↓ ¶～取↓ ¶每月～五十元的薪水｜월급 50원을 받다〔주다〕. ¶他已经～了工资｜그는 벌써 노임을 받았다〔주었다〕. ❻ 動 늦추다. 연기하다. 연장하다. ¶一天一天他～日子｜하루하루 날짜를 늦추다. ¶由上月～到本月｜지난달에서 이 달까지 연기하다. ❼ 量 자루 [가늘고 긴 물건을 세는 단위] ¶一～毛笔｜붓 한 자루. ¶一～枪｜총 한 자루 =〔枝zhī③〕 ❽ 量 단. 무리. 열. 대오 [대오나 부대를 세는 단위] ¶一～军队｜한 무리의 군대. ¶一～文化队伍｜하나의 문예공연단. ❾ 量 곡(曲) [노래나 악곡을 세는 단위] ¶一～歌｜노래 한 곡. ¶一～乐曲｜악곡 하나. ❿ 量 갈래. 가닥. 오리 [실의 갈래를 세는 단위] ¶一～棉线｜무명실 한 가닥. ⓫ 量 번수(番手) [실의 굵기를 나타내는 단위. 섬유가 가늘수록 지수(支數)는 커짐] ¶八十～纱｜80번수의 면사 =〔支数〕 ⓬ 量 촉 [촉광을 나타내는 단위] ¶六十～光的灯泡｜60촉 짜리 전구 =〔烛〕 ⓭ 갈라진 것. 나누어져 나간 것. ¶～流↓ ¶～线↓ ⓮ 지지(地支)→〔干支〕 ⓯ (Zhī) 名 성(姓).

[4]【支部】zhībù 名 ❶ 지부. ¶～委员会＝〔簡 支委会〕| 지부 위원회. ¶～大会 | 지부 대회. ❷ 공산당의 말단 조직〔지부〕.

【支部书记】zhībù shūjì 名組 공산당〔공산주의 청년단〕의 지부장(支部長)＝〔簡 支书〕

【支差】zhī/chāi 動 일을 시키다. 파견하다. ¶支苦差 | 힘든 일을 시키다. ¶他又～去了 | 그는 또 파견되어 갔다.

[4]【支撑】zhī·cheng ❶ 動 버티다. 떠받치다. 지탱하다. ¶房顶靠柱子～ | 천정은 기둥으로 받쳐진다. ¶能～这么重的压力 | 이렇게 센 압력을 견딜 수 있다＝〔支承②〕 ❷ 動 가까스로 지탱하다. 힘써 견디다. ¶他～着坐起来, 头还在发晕 | 그는 가까스로 일어나 앉았으나 머리는 여전히 어질어질하였다. ¶靠他一个人的工资～着一家四口的生活 | 그 사람 혼자의 월급에 의지해서 네 식구의 생활을 가까스로 유지하고 있다. ¶～门户 | 가문을 지키다. ❸ 名〈建〉지주(支柱). 버팀목. 버팀대 ‖＝〔枝zhī撑〕

[2]【支持】zhīchí 動 ❶ 지지하다. 후원하다. ¶得到群众的～ | 대중의 지지를 받다. ¶互相～ | 서로 지지하다. ¶他的意见没有人～ | 그의 의견은 지지하는 사람이 없다. ¶请你～～我们 | 당신이 우리를 좀 지지해 주세요. ¶他们对我很～ | 그들은 나를 아주 지지한다. ❷ 힘써 견디어내다. 지탱하다. ¶全家生活靠他一人～着 | 전가족의 생활이 그 한 사람에 의지해서 가까스로 유지되고 있다. ¶他冻得～不住了 | 그는 얼어서〔추워서〕견딜 수 없었다. ¶打起精神继续～下去 | 정신을 가다듬고 계속 견뎌내다.

[4]【支出】zhīchū ❶ 名 지출. ¶收入和～ | 수입과 지출. ¶尽量控制非生产性的～ | 비생산적인 지출을 극력 줄이다. ❷ 動 지출하다. ¶这个月又～了不少 | 이 달에도 적지않게 지출하였다.

【支绌】zhīchù 書 動 (돈·물자 등이) 부족하다. ¶经费～ | 경비가 부족하다.

【支点】zhīdiǎn 名 ❶〈物〉지점. 지렛목. ❷〈軍〉거점(據點).

【支队】zhīduì 名〈軍〉❶ 지대. ¶游击～ | 게릴라 지대 ❷ 작전시 임시로 조직하는 부대. ¶先遣～ | 선견대.

[4]【支付】zhīfù 名 動 지불(하다). ¶～费用 | 비용을 지불하다. ¶定期～工钱 | 기간이 되어 임금을 지불하다＝〔付出〕

【支架】zhījià ❶ 名 지지대. 받침대. ¶固定～ | 고정 받침대. ❷ 動 받치다. ¶把顶棚dǐngpéng～住 | 천장을 바치고 있다.

【支解】zhījiě ❶ 名 지해 [팔·다리를 찢어 죽이는 형벌] ❷ 動 (조직 등을) 해체하다. ❸ 動 轉 영토를 분할하다 ‖＝〔肢解〕〔枝解〕

【支开】zhīkāi 動 ❶ 받쳐서 열다. ¶～窗户 | 창문을 받쳐서 열다. ❷ (구실을 붙이거나 꼬투리를 잡아) 따돌리다. ¶巧妙地把敌人～ | 적군을 교묘하게 따돌리다＝〔支走〕

【支款】zhī/kuǎn 動 ❶ 돈을 수취하다. ❷ 돈을 지불〔지출〕하다.

【支棱】zhī·leng 方 ❶ 動 바로〔곧추〕 세우다. ¶～着耳朵ěr·duo听 | 귀를 쫑긋 세우고 듣다. ❷ 形 꼿꼿이 서 있다. 싱싱하다. ¶花儿～起来了 | 꽃이 싱싱하게 피어 올랐다. ¶树长得很茂盛, 枝叶都支支棱棱的 | 나무가 무성하게 자라 가지도 잎도 아주 싱싱하다 ‖＝〔支楞〕

【支楞】zhī·leng ⇒〔支棱〕

【支离】zhīlí 貶 ❶ 흩어져 있다. ¶～灭裂 | 지리멸렬하다. ❷ (말이나 글이) 통일성이 없다. 조리가 없다. ¶言语～ | 말이 조리가 없다 ‖＝〔支支离离〕

【支离破碎】zhī lí pò suì 成 갈기갈기 찢기다. 산산 조각나다. 사분 오열되다. 산산이 흩어지다. ¶文中的语句～的 | 문장 중의 어구가 사분오열되어 있다.

【支链反应】zhīliàn fǎnyìng 名組〈化〉연쇄 반응＝〔链liàn式反应〕

【支流】zhīliú 名 ❶ 지류. ¶汉江的～ | 한강의 지류＝〔支水〕 ❷ 喩 부차적인〔지엽적인〕일. ¶看问题要分清主流和～ | 문제의 본질적 면과 지엽적인 면을 분명히 가려야 한다.

【支炉儿】zhīlúr 名 밑바닥에 잔 구멍이 있는 지짐판[「烙lào饼」을 굽는 데에 쓰임]＝〔炙zhì炉儿〕

【支脉】zhīmài 名 지맥. ¶天山的～ | 천산 산맥의 지맥.

【支派】ⓐ zhīpài 名 지파. 분파 ¶曹溪宗是佛教的一个～ | 조계종은 불교의 한 분파이다＝〔分支〕〔流liú派①〕

ⓑ zhī·pài 動 파견하다. 보내다. (심부름을) 시키다. 지시하다. ¶～人 | 사람을 파견하다. ¶他不喜欢听人～ | 그는 다른 사람한테 지시받는 것을 싫어한다＝〔支使〕

[3]【支配】zhīpèi 動 ❶ 안배하다. 배치하다. 배분하다. 할당하다. ¶这几个人干什么事由你～ | 이 몇 사람들이 무슨 일을 할지 네가 잘 안배해라. ¶合理～时间 | 합리적으로 시간을 할당하다. ❷ 지배하다. 지도하다. 좌우하다. ¶思想～行动 | 생각은 행동을 지배한다. ¶这几个人我～不动 | 이 몇 사람은 내가 어떻게 할 수가 없다. ¶这种思想～他去冒险màoxiǎn | 이런 생각이 그가 모험을 하러 가도록 만들었다.

[4]【支票】zhīpiào 名 수표. ¶开～ | 수표를 끊다〔떼다〕. ¶划huà线～＝〔画线支票〕| 횡성 수표. ¶空白～ | 백지 수표(白紙手票). ¶空头～ | 공수표. ¶保付～＝〔保证兑现支票〕| 지급 보증 수표. ¶旅行～ | 여행자 수표. ¶～簿＝〔支票本子〕| 수표장(手標帳). ¶无记铭～＝〔见票即付支票〕| 지참인 지급 수표. ¶记铭～＝〔抬头人支票〕| 기명 수표＝〔支单〕

【支气管】zhīqìguǎn 名〈生理〉기관지. ¶～扩张 | 기관지 확장(증). ¶～炎 | 기관지염＝〔气qì管支〕

【支渠】zhīqú 名 간선 수로로부터 갈라져 나온 수로. ¶修了两条～ | 두 개의 수로를 수리했다.

【支取】zhīqǔ 動 (돈을) 받다〔타다〕. ¶～工资 | 임금을 받다. ¶～存款 | 예금을 찾다.

【支使】zhī·shi ⇒〔支派 ⓑ〕

【支书】zhīshū ⇒〔支部书记〕

【支吾】zhī·wu 動 얼버무리다. 이야기의 앞뒤가 맞지 않다. 말끝을 흐리다. 조리가 없다. 이리저리 둘러대다. ¶～其词 | 成 말을 어물어물해 넘기다. 얼버무리다. ¶一味～ | 얼버무리기만 하다. ¶他～了半天也说不清 | 그는 한참동안 이리저리 둘러대고서도 정확하게 말하지 않는다. ¶言语～, 很可疑 | 말이 앞뒤가 맞지 않으니 심히 의심스럽다. ¶～了liǎo事 | 얼버무려 일을 끝내 버리다＝〔支巴bā②〕〔支唔wú〕〔書枝梧〕〔書枝捂〕

【支线】zhīxiàn 名 ❶ 지선 ⇔〔干线〕 ❷ 인입선(引入線)

【支应】zhī·yìng 動 ❶ 대응하다. 대처하다. ¶那时候, 光是吃饭, 也～不下来 | 그때는 먹는 것조차도 꾸려나가기가 어려웠다. ❷ 지시를 기다리다. 대기하다. ¶～门户 | 문에서 대기하다. ¶今天晚上我来～, 你们去睡好了 | 오늘밤은 내가 대기할테니 너희들은 자러 가도 된다. ❸ 적당히 처리하다. 얼버무리다. ¶把他～着回家 | 그를 적당히 처리해서 돌려 보내라.

2【支援】zhīyuán 動 褒 지원하다. ¶把这批物资～给灾区人民 | 이 물자를 수해지구 사람들에게 지원해 주다. ¶～他们一批原料 | 그들에게 원료 한 무더기를 지원하다. ¶无偿～ | 무상 원조. ¶～非洲人民 | 아프리카 주민을 지원하다.

【支着儿】zhīzhāor 動 ❶ (바둑·장기에서) 훈수하다. ¶我们俩下一盘棋见个高低, 诸位千万别～ | 우리 둘이 바둑을〔장기를〕 한 판 겨룰텐데 여러분은 절대로 훈수하지 마시오. ❷ 꾀를 일러주다. ¶你别胡～, 他自己有办法 | 쓸데없이 옆에서 꾀를 일러 주지 마라. 그 나름대로 방법이 있다 ‖＝〔支招zhāo儿〕

4【支柱】zhīzhù 名 ❶ 지주. 버팀대. 받침대. ¶房屋的～ | 방의 받침대. ❷ 喩 지주. 기둥. 동량. ¶精神～ | 정신적인 지주. ¶国家的～ | 나라의 기둥. ¶这几位教授可以说是我们学校教学工作的～ | 이 몇 분의 교수들이 우리 학교 교육 업무의 기둥이라고 말할 수 있다.

【支子】ⓐ zhīzǐ 書 名 서자(庶子)＝〔别子biézǐ〕 ⓑ zhī·zi 名 ❶ 받침대. ¶火～ | 삼발이. ❷ 석쇠. 적철.

【支嘴儿】zhī/zuǐr 動 方 조언(助言)하다. 꾀를 일러주다. 훈수하다. ¶只替他们出个主意支个嘴儿 | 그들을 위해 방도를 생각해 내서 조언할 따름이다.

【吱】zhī zī 삐걱소리날 지

Ⓐ zhī 擬 삐걱. 끼익. 철석. 철커덕. ¶门～地一声开了 | 문이 철커덕하고 열렸다. ¶这个抽屉chōuti拉出来的时候～吻地响 | 이 서랍은 열 때 삐걱삐걱 소리가 난다.

Ⓑ zī ❶ 動 소리를 내다. ¶他连一句话都没～一声 | 그는 한마디도 하지 않았다. ❷ 擬 짹짹. 찍찍 [참새나 쥐 등의 작은 동물의 울음소리] ¶小鸟儿～～地叫 | 작은 새가 짹짹거리며 울다. ¶老鼠～的一声跑了 | 쥐가 찍찍하며 도망쳤다.

【吱声(儿)】zī/shēng(r) ⇒〔滋zī声儿〕

【吱歪】zīwāi 狀 힘들어 비틀거리다. 녹초가 되다. ¶累得～的 | 지쳐 비틀거리다.

3
【枝】zhī 가지 지, 흩어질 지, 육손이 기

❶ (～儿, ～子) 名 (나무의) 가지. ¶本固～荣 | 成 줄기가 튼튼하면 가지도 무성해진다. ¶嫩～ | 어린 가지. ❷ 量 가지 [꽃이 달린 가지를 세는 단위] ¶一～梅花 | 매화 한 가지. ❸ 量 자루. 대. 정 [가늘고 긴 물건을 세는 단위]＝〔支⑦〕 ¶一～枪 | 총 한 자루. ¶一～蜡烛làzhú | 양초 한 자루.

【枝杈】zhīchà 名 가장귀. 나뭇가지의 갈라진 곳. ¶～横生 | 가장귀가 가로로 자라다. ¶喜鹊xǐquè落在～上氰fú氰地叫 | 까치가 가장귀에 앉아 깍깍 우짖다＝〔枝丫yā〕〔枝桠yā〕

【枝接】zhījiē 動〈農〉접지(接枝)하다. 접수(接穗)하다. 접목하다. ¶～技术 | 접지 기술.

【枝节】zhījié 名 나뭇가지와 마디. 喩 ❶ 지엽적인 일. 부차적인 문제. 하찮은 것. 사소한 일. ¶～问题 | 지엽적인 문제. ¶不要被那些枝枝节节的琐事蒙住了眼睛, 转移了视线 | 그러한 지엽적이고 자질구레한 일 때문에 눈이 멀어, 다른 데로 시선을 돌리지 마라. ¶别生～ | 지엽적인 문제를 만들지 마라. ¶～问题随后再解决 | 지엽적인 문제는 후에 다시 해결합시다. ❷ 귀찮은 일. 어려움. 난관. 곤란. ¶横生～ | 成 뜻하지 않은 어려움이 생기다.

【枝解】zhījiě ⇒〔支zhī解〕

【枝柯】zhīkē 書 名 나뭇가지. ¶砍伐kǎnfá～ | 나뭇가지를 자르다＝〔树枝(儿, 子)〕

【枝蔓】zhīmàn ❶ 名 가지와 마디. ❷ 形 喩 번잡하다. 번거롭고 어수선하다. ¶文字～, 不得要领 | 글이 번잡하여 요령을 얻을 수 없다 ‖＝〔支zhī蔓〕

【枝条】zhītiáo 名 (나뭇)가지. ¶修剪～ | 나뭇가지를 가위질하여 다듬다.

【枝桠】zhīyā ⇒〔枝杈〕

【枝叶】zhīyè 名 ❶ 나뭇가지와 잎. ¶～繁茂 | 나뭇가지와 잎이 무성하다. ❷ 喩 지엽적인 일. 여분의 것. 자질구레한 일＝〔枝节〕 ❸ 喩 자손. ¶～相持 | 成 자손이 서로 도우며 의지하다.

【枝子】zhī·zi ❶ 名 나뭇가지. ¶干树～ | 마른 나뭇가지＝〔枝儿〕 ❷ 量 부대(部隊). ¶一～军队 | 1개 부대.

【肢】zhī 팔다리 지

名 팔다리. 손발. 사지(四肢). ¶四～无力 | 사지가 무력하다.

【肢解】zhījiě ⇒〔支zhī解〕

【肢势】zhīshì 名〈牧〉가축이 서 있는 자세 [가축의 사역 능력을 평가하는 중요한 근거]

【肢体】zhītǐ 名〈生理〉사지(四肢). 신체. ¶～有病 | 몸에 병이 있다.

【氏】zhī ☞ 氏 shì Ⓑ

【胝】zhī 못박일 지, 틀 지

⇒〔胼pián胝〕

【祗】zhī 공경할 지

書 動 삼가다. 공경하다. ¶～候光临 | 삼가 왕림해 주시기 바랍니다.

4【汁】zhī 즙 즙 (～儿, ～子) 名즙(액). ¶果～(儿)｜과일즙→〔浆jiāng①〕〔液yè〕
【汁儿】zhīr 名즙(액). ¶花梗子流白～｜꽃대에서 흰 즙이 나오다＝〔方汁水(儿)〕〔汁液〕
【汁水(儿)】zhī·shui(r) ⇒〔汁儿〕
【汁液】zhīyè ⇒〔汁儿〕
【卮〈巵〉】zhī 잔 치 ❶名고대(古代)의 술잔. ¶漏～｜새는 술잔. 轉이권(利權)이 밖으로 흘러 나가다. ❷ ⇒〔卮子〕
【卮子】zhī·zi 名〈植〉치자나무. ¶～花｜치자꽃＝〔栀子〕
【栀〈梔〉】zhī 치자나무 치 ⇒〔栀子〕
【栀子】zhī·zi 名〈植〉치자나무. ¶～开花满园红｜치자나무에 꽃이 피어 온 뜰이 붉다＝〔方水横枝〕〔越桃〕〔卮zhī子〕
1【知】zhī 알 지 ❶動알다. 깨닫다. ¶只～其一, 不～其二｜하나만 알고 둘은 모른다. ¶毫háo无所～｜조금도 아는 바가 없다. ¶这话不～是谁说的｜이 말은 누가 했는지 모르겠다. ❷名지식. ¶求～｜지식을 탐구하다. ❸알리다. 알게 하다. ¶通～｜통지하다. ¶～会↓ ❹주관하다. ¶～县↓ ¶～客↓
【知彼知己】zhī bǐ zhī jǐ 成상대편과 자신의 사정을 다 알다. 지피 지기＝〔知己知彼〕
【知宾】zhībīn ⇒〔知客②〕
1【知道】zhī·dao 動알다. 이해하다. 깨닫다. ¶他们～问题的严重性｜그들은 문제의 심각성을 안다. ¶谁～?｜누가 아는가? 누가 어찌 알겠는가?→〔认识〕〔了liǎo解〕 어법 ⓐ「没」로 부정할 수 없음. ⓑ「不知道」에서는「zhīdào」로 발음되며 긍정·부정의 중복형을 흔히「知不知道」로 씀.
【知底】zhī/dǐ 動상세한 내막〔내용〕을 알다. 본바탕을 잘 알다. ¶这个我最～｜이건 내가 상세한 내막을 제일 잘 안다. ¶对此我可不～｜이 일에 대해 나는 정말 상세한 내막을 모른다＝〔知根(儿)〕〔知根知底(儿)〕
【知法犯法】zhī fǎ fàn fǎ 成법을 알면서 고의로 법을 어기다. ¶他这样做是～｜그가 이렇게 하는 것은 고의로 법을 어기는 것이다.
【知府】zhīfǔ 名부지사(府知事)〔명청(明清) 시대 부(府)의 장관〕 ¶～大人｜부지사 어른＝〔大尊〕
【知会】zhī·hui 動❶口(말로) 통지하다. 알리다. ¶你～学生了吗?｜너는 학생에게 통지했느냐? ❷(상급 관청이 소관 기관 및 직원에게) 통고하다.
【知己】zhījǐ ❶名지기. 절친한 친구. ¶对这些革命同志他都是引为～｜그는 이 혁명 동지들을 지기로 여긴다. ¶士为～者死｜선비는 자기를 알아주는 사람을 위해서 죽는다. ¶酒逢～千杯少｜술이란 지기를 만나면 천잔도 모자라는 것이다. ¶视为～｜지기로 여기다＝〔知交〕 ❷形서로를 잘 알고 지내며 아주 절친하다. 막역하다. ¶～话｜숨김없이 터놓고 하는 말. ¶我和他很～｜나는 그와 매우 막역하다. ¶～朋友｜아주 절친한 친구＝〔知心①〕
【知己知彼】zhī jǐ zhī bǐ ⇒〔知彼知己〕
【知交】zhījiāo ⇒〔知己②〕
4【知觉】zhījué 名❶〈心〉지각. ❷감각. 의식. ¶失去了～｜의식을 잃었다.
【知客】zhī·kè 名❶〈佛〉지객. 접대를 담당하는 스님＝〔知客僧sēng〕〔典diǎn客〕 ❷(옛날, 혼례·상례 등의 손님을 접대하는) 접대인＝〔方知宾〕
【知名】zhīmíng ❶書形유명하다. 저명하다〔주로 사람에게 쓰임〕 ¶～人士｜저명 인사. ¶海内～｜천하에 이름나다. ¶～作家｜유명 작가. ❷動서로 이름을 알다.
【知名度】zhīmíngdù 名지명도. ¶他是个～很高的人｜그는 지명도가 매우 높은 사람이다.
【知母】zhīmǔ 名〈植〉지모〔뿌리와 줄기는 진해제(鎭咳劑)·해열제로 쓰임〕＝〔地参〕〔儿草〕
【知难而进】zhī nán ér jìn 成곤란을 알면서도 무릅쓰고 앞으로 나아가다. 난관에 굴하지 않고 박차고 나아가다. ¶他愣是～｜그는 무모하게도 어려움을 알면서도 앞으로 나아간다.
【知难而退】zhī nán ér tuì 成곤란한 것을 알고 물러서다. 안될 일은 억지로 하지 않는다. 자기의 역량을 알고 물러서다. ¶他懂得～｜그는 곤란함을 알고서 물러서야 함을 알았다.
【知其一, 不知其二】zhī qí yī, bù zhī qí èr 成하나만 알고 둘은 모른다. 이면(裏面)의 사리(事理)나 내면(內面)의 이치를 모르다. 식견이 좁다＝〔知其一, 未知其一〕
【知青】zhīqīng 名簡지식 청년〔「知识青年」의 약칭〕
【知情】zhī/qíng 動❶(다른 사람의 호의나 우정에 대하여) 감격을 표시하다. 뜻을 헤아리다. ¶你整天为这件事操心, 谁知你的情!｜너는 이 일로 온종일 마음을 쓰지만, 누가 너의 뜻을 헤아려 주겠느냐! ❷(zhīqíng) (사건의) 내막을 알다. 사정을 알다〔주로 범죄 사건에 많이 쓰임〕 ¶～不报｜범죄의 내막을 알고도 고발하지 않다. ¶这件事只有我～｜이 일은 나만이 내막을 안다.
【知情达理】zhī qíng dá lǐ 成인정스럽고 사리에 밝다. ¶她温文尔雅, ～, 大家都喜欢她｜그녀는 온화하고 품위가 있으며 인정스럽고 사리에 밝아, 모두들 그녀를 좋아한다.
【知趣(儿)】zhīqù(r) 動눈치가 있다. 상대방의 기분을 잘 알아차리다. 약삭빠르게 굴다.
【知人论世】zhī rén lùn shì 成역사상의 인물을 이해하기 위해 그가 처했던 시대 배경을 연구하다. 인물을 평가하고 세사(世事)의 득실을 논하다. ¶李先生善於～｜이선생은 인물을 평가하고 세상을 논하는데 뛰어나다.
【知人善任】zhī rén shàn rèn 成사람을 잘 알아보고 적재 적소에 쓰다.
【知人之明】zhī rén zhī míng 成사람을 알아보는 안력. 사람의 됨됨이를 꿰뚫어 보는 눈. ¶有～｜사람을 잘 본다.
【知人知面不知心】zhīrén zhīmiàn bùzhīxīn 諺

사람을 알고 얼굴도 알지만 그 마음은 모른다. 사람은 겉만 보고 모른다. 열길 물속은 알아도 한길 사람의 속은 모른다.

【知事】zhīshì 名 지사 [중화민국 초기, 현(縣)의 장관] =〔县知事〕

1【知识】zhī·shi 名 지식. ¶科学~ | 과학 지식 =〔智识〕

【知识产业】zhī·shi chǎnyè 名組 지식산업 [예를 들면, 교육부문·과학연구부문·통신부문 등] ¶开发~ | 지식 산업을 개발하다 =〔智力产业〕

3【知识分子】zhī·shi fènzǐ 名組 지식 분자. 인텔리.

【知识工程】zhī·shi gōngchéng 名組 상품에 대한 생산과 지식을 제공해 주는 공학. ¶建设~ | 지식 공정을 건설하다.

【知识青年】zhī·shi qīngnián 名組 지식 청년 [문화 대혁명 기간 중에 사용된 용어로 보통「初chū级中学」(중학교) 이상「高gāo级中学」(고등학교) 졸업까지의 교육을 받은 청년 남녀를 가리킴. 고교(高校)나 중학(中學)을 졸업하고 난 뒤, 「빈농(贫农)이나 하층중농(下层中农)의 재교육을 받아라」고 하는 모택동의 지시에 의거, 농촌이나 생산 현장의 노동에 직접 참여했던 젊은이들을 말하며 흔히「知青」으로 총칭되기도 함]

【知疼着热】zhī téng zháo rè 成 남〔상대방〕의 아픔을 알아주고 따뜻이 보살펴주다. 서로 아끼고 사랑하다 [주로 부부간에 쓰임]

【知无不言, 言无不尽】zhī wú bù yán, yán wú bù jìn 成 아는 것은 모두 다 말하고 할 말은 서슴없이 끝까지 하다. ¶在会议中, 大家本着「~」的精神, 广泛guǎngfàn讨论了各方面的业务 | 회의중에 모든 사람은 알고 있는 것은 모두 다 말하고 할말은 남김없이 다한다는 정신에 입각해서 광범하게 각 방면의 업무를 논의하다.

【知悉】zhīxī 動 알다. ¶均已~ | 이미 모든 것을 알고 있다. ¶无从~ | 알 도리가 없다.

【知县】zhīxiàn 名 지현 [「知某县事」의 약칭으로 송(宋)대에는 중앙 기관의 관리가 현관(縣官)에 임명되는 것을 가리켰으며, 명청(明淸)시대는 현(縣)의 지사를 말함]

【知晓】zhīxiǎo 動 알다. 이해하다. ¶无法~内情 | 내부 사정을 알 방법이 없다.

【知心】zhīxīn 形 절친하다. 마음을 미루어 이해하다. ¶~朋友 | 마음을 터놓은 절친한 친구. ¶只有他与我最~ | 오직 그만이 나와 가장 절친하다. ¶~贴肉 | 成 마음을 알 만큼 절친한 사이. ¶~人 | 지기. 마음을 알아주는 친구 =〔知己①〕

【知心话】zhīxīnhuà 名 친근한 말. 터놓고 하는 말. 남의 기분을 잘 분별한 말. ¶跟你说~吧 | 당신하고 터놓고 이야기하지.

【知行合一】zhīxíng héyī 〈哲〉지행 합일 [왕양명(王陽明)의 학설로「致知」의「知」는「良知」라고 하여, 지식을 사물의 위에 두지 않고 내 마음에서 구하며 참지식은 반드시 실행이 따른다는 학설] ¶他倡导chàngdǎo~ | 그가 지행합일을 창도하다.

【知音】zhīyīn 名 ❶ 음률에 정통한 사람. ❷ 자신의 장점이나 특기를 잘 알아주는 사람. 지기(知己). ¶他研究经学多年, 今日方遇~ | 그는 경학을 다년간 연구해오다가, 오늘 비로소 자신을 알아주는 사람을 만났다. ¶~识趣 | 의기 투합하다.

【知遇】zhīyù 書 動 자기의 인격이나 학식을 남이 알고 아주 후하게 대우하다. 지우를 입다. 지우하다. ¶甚感~之恩 | 지우의 은혜에 깊히 감사하다.

【知照】zhīzhào 動 알리다. 통지하다 [주로 하행 공문(下行公文)에 쓰임] ¶请各~ | 여러분께 알립니다.

【知足】zhīzú 書 形 지족하다. 분수를 지키어 만족할 줄을 알다. ¶她是一个很~的小妇人 | 그녀는 대단히 분수를 지킬줄 아는 여인네이다. ¶~者常乐, 能忍者自安 | 諺 지족한 사람은 항상 즐겁고, 참을 줄 아는 사람은 스스로 안락하다. ¶~不辱rǔ | 成 만족할줄 알면 욕을 당하지 않는다.

4【蜘】zhī 거미 지
⇒〔蜘蛛〕

4【蜘蛛】zhīzhū 名〈動〉거미. ¶~结网 | 거미가 집을 짓다. ¶~丝 | 거미줄. ¶~网 =〔蜘网wǎng〕 | 거미집. 거미줄 =〔蛛zhū蛛〕〔社公④〕〔网虫〕

【蜘蛛抱蛋】zhīzhūbàodàn 名〈植〉엽란.

【只(隻)】 ① zhī 하나 척, 짝 척

❶ 量 쪽. 짝 [짝을 이루거나 대칭된 물건의 한 쪽을 세는 단위] ¶一~手 | 한 손. ¶两~耳朵 | 양쪽 귀. ❷ 量 마리 [동물을 세는 단위] ¶一~鸟 | 새 한 마리. ¶一~老虎 | 호랑이 한 마리. ¶两~蜻蜓 | 잠자리 두 마리. ❸ 量 척 [배를 세는 단위] ¶一~船 | 배 한 척. ❹ 量 개 [일용품을 세는 단위] ¶一~箱子 | 상자 한 개 ¶一~手表 | 손목 시계 하나. ❺ 量 골 [구기 경기에서 골(쇼)을 세는 단위] ¶打了半天, 一~球也没投进 | 한참 쳤으나 한 골도 넣지 못했다. ❻ 단독의. 단일의. 한 쪽의. ¶片言~语 | 한 마디의 말. 일언 반구. ¶独具~眼 | 독자적인 안목을 갖추다.

【只身】zhīshēn 名 단신. 홀몸. ¶~独往 | 홀로 가다. ¶~在外 | 외지에서 홀몸으로 살다. ¶~赴任 | 단신으로 부임하다.

【只手】zhīshǒu 名 한 (쪽) 손.

【只言片语】zhī yán piàn yǔ 成 일언 반구(一言半句). 한두 마디의 말. ¶未留下~ | 한마디 말도 남기지 않다.

【只眼】zhīyǎn 書 名 ❶ 외눈. 애꾸눈. ❷ 독자적 견해. 남다른 견해. 탁견(卓見). ¶独具~ | 독특한 견해를 가지고 있다.

【只字不露】zhī zì bù lù 成 한 마디도 누설하지 않다. ¶对此事他~ | 이 일에 대해 그는 한마디도 누설하지 않다.

【只字不提】zhī zì bù tí 成 단 한 마디도 언급하지 않다〔말하지 않다〕. ¶他在发言中, 只提自己的缺点, 对於自己的优点, 则~ | 그는 토론에서 자기의 결점만 이야기하고, 자기의 장점에 대해서는 일언 반구도 말하지 않았다 =〔只字不谈〕

1【只〈祇〉】 ② zhǐ 다만 지

❶ 副 단지. 다만. 오직. 겨우. 한갓. ¶~有一个 | 오직 하나 있다. ¶~见树木,

不见森林 | 諺 나무만 보고 숲을 못 보다. 부분만 보고 전체를 보지 못하다. ¶～去过一次 | 단지 한번 가보았다. ¶我～学过英语 | 나는 단지 영어만 배웠다. ¶～这么说, 没别的话 | 다만 이렇게 말했을 뿐이지 다른 말은 없었다. ¶十几年的工作, ～用几年便完成了 | 십수년이 걸려야 할 일을 단지 몇년 만에 완성했다. ❷ 副 오직〔단지〕…밖에 없다. 오직 …하여야만. 어법 명사 앞에 놓여 사물의 수량이나 종류를 제한함. 「只」 뒤에 「有」「是」「要」 등의 동사가 있는 것과 같음. ¶～你一个人去行吗? | 너 혼자만 가도 되니? ¶家里～我一个 | 집에는 단지 나 혼자 뿐이다. ¶～玉米就收了20万斤 | 옥수수만 20만근 거두어 들였다. ❸ 連 그러나. 다만. ¶我想去看, ～是没时间 | 나는 보러 가고 싶지만, 시간이 없다. ¶这东西好是好, ～贵了些 | 이 물건은 좋기는 한데, 좀 비싸다. ❹ (Zhǐ) 名 성(姓).

【只此一家】 zhǐ cǐ yījiā 動組 단지 이 한 집만 있고 다른 곳에는 없다. ¶中文电脑在韩国是～ | 중국어 컴퓨터 프로그램이 한국에서는 단지 이 집 뿐이다 =〔只此一家, 别无分店〕〔只此一家, 别无分出〕

3【只得】 zhǐ·dé ⓧ zhǐděi) 能 부득이. 부득불. 할 수 없이. ¶他们～把会议延期了 | 그들은 회의를 연기할 수밖에 없었다. ¶明天要下大雨, 运动会～推迟 | 내일 비가 많이 온다면 운동회는 뒤로 미루어질 수 밖에 없다 =〔只好〕〔只可〕〔近 只索〕〔止得〕→〔不bù得不〕

【只读存储器】 zhǐdú cúnchǔqì 名組 〈電算〉(컴퓨터의) 롬(ROM) =〔台 唯读记忆〕

4【只顾】 zhǐgù 動組 오로지 …에만 열중하다〔전념하다〕. ¶他话也不答, 头也不回, ～低着头干他的事 | 그는 대답도 하지 않고 머리도 돌리지 않고 오로지 머리를 숙인 채 제 일만 한다. ¶他～往前走, 我叫他也不理 | 그는 오로지 앞만 보고 걸으며 내가 불러도 들은 척도 안한다 =〔竟jìng顾〕

4【只管】 zhǐguǎn ❶ 副 얼마든지. 마음대로. 주저하지 않고. ¶你有意见～提出来 | 의견이 있으면 주저하지 말고 이야기해라. ¶如果我的看法不对, 你～批评帮助 | 내 견해가 옳지 않으면 네가 지적해주고 도와줘 =〔尽管〕 ❷ 動 오로지〔다만〕…만 돌보다〔고려하다〕. 어법 「只管」 뒤에 명사나 대체사가 올 경우, 이 때의 「只」가 「管」을 수식하는 두 단어임. ¶他～往下讲, 不管别人听不听 | 다른 사람들이 듣건 말건 그는 오로지 계속해서 말했다. ¶～读书, 不顾一切 | 오로지 공부만 할 뿐, 다른 일은 전혀 돌보지 않다.

1【只好】 zhǐhǎo 副 부득불. …할 수 밖에 없다. ¶妻子出差chūchāi去了, 饭菜～自己做 | 안사람이 출장가서 밥과 반찬을 스스로 할 수 밖에 없다. ¶篇幅有限, 文章～简单些 | 편폭이 제한되어 글을 좀 간단하게 쓸 수 밖에 없다⇒〔只得·dě〕

4【只能】 zhǐnéng 動組 다만〔겨우, 기껏해야〕…할 수 있을 뿐이다. ¶他～骂几声 | 그는 겨우 몇마디 욕만 할 수 있을 뿐이다.

2【只是】 zhǐshì ❶ 副 다만. 단지 …에 불과하다. 어법 조사 「罢了·而已」와 같이 쓰이기도 함. ¶我～做了分内的事, 不值得表扬 | 난 단지 맡은 일을 했을 뿐이어서 칭찬받을 만하지 않다. ¶我～来跟你聊聊天而已 | 나는 단지 너와 한담하러 왔을 뿐이다. ❷ 副 오직. 오로지〔동작이나 행위가 어떤 상황에서도 변하지 않음을 나타냄〕 ¶你不要在下面～讲话, 影响别人听讲 | 아래에서 떠들기만 하지 마라, 다른 사람이 수업을 듣는데 지장이 있다. ¶这孩子～吃饭, 不吃菜 | 이 아이는 오로지 밥만 먹고, 반찬은 먹으려 하지 않는다→〔就是〕〔总是〕 ❸ 連 그런데. 그렇지만. 어법 「不过」보다 의미가 약함. 「不过」와는 달리 「只是」 앞에 양보를 나타내는 「虽然·尽管」 등이 호응될 수 없음. ¶这东西好是好, ～贵了点 | 이 물건은 좋기는 좋은데 좀 비싸다 =〔但是〕 ❹ 連 조건을 표시함. 어법 앞 절의 문두에 와서 조건을 나타내며, 뒷 절은 이로 인한 결과를 설명함. 대개 「才」와 호응함. ¶～由于封建制度的日益腐朽fǔxiǔ和帝国主义的侵略, 才使中国在近代落后了 | 나날이 더해가는 봉건제도의 부패와 제국주의 침략이 있었기 때문에 중국이 근대시기에 낙후되었다. ❺ 連 원인을 설명함. ¶我早就想到你那儿去看看, ～没有抽出时间来 | 나는 벌써 너한테 한번 가보려고 했는데 시간을 낼 수가 없었다.

【只须】 zhǐxū 다만 …만 하면. ¶～你拿出证据来, 我就相信 | 단지 네가 증거만 제시한다면, 나는 믿겠다 =〔但dàn凡②〕〔但分①〕〔但使〕〔但须〕

【只许州官放火, 不许百姓点灯】 zhǐ xǔ zhōu guān fànghuǒ, bù xǔ bǎi xìng diǎn dēng 成 관리는 방화도 할 수 있지만, 백성은 등불을 켜는 것조차 허락되지 않는다. 통치자나 권력자가 제멋대로 전횡을 부리지만, 백성들에게는 조금의 자유〔권리〕도 주지 않다. ¶他这种做法是, ～, ～ | 그의 이런 방법은 백성들에게는 조금의 자유도 주지 않는 것이다.

2【只要】 zhǐyào 連 …하기만 하면. 오직…라면. 어법 ⓐ 주로 뒤에 「就·便·总」 등이 와서 호응함. ¶～虚心, 就会进步 | 허심하면 진보할 것이다. ¶～大家同意便行 | 모두가 동의하기만 하면 된다. ⓑ 「只要」는 어떤 조건 외에 다른 조건이 있을 수 있음을 나타내고 「只有」는 유일한 조건임을 나타냄. ¶只要打两针青霉素, 你这病就能好 | 페니실린 주사 두 대만 맞으면 너의 이 병은 고칠 수 있다. ¶只有打青霉素, 你这病才能好 | 페니실린 주사를 맞아야만 너의 이 병은 고칠 수 있다 =〔北 只消xiāo〕

【只要功夫深, 铁杵磨成针】 zhǐyào gōng·fushēn, tiěchǔ mó chéng zhēn 諺 공을 들여 열심히 노력하면 절굿공이도 갈아서 바늘을 만들 수 있다. 지성이면 감천이다. ¶～, ～, 下了功夫什么都可以学会 | 지성이면 감천이라고, 노력하면 무엇이든 배울 수 있다.

2【只有】 zhǐyǒu ❶ 連 …해야만 (…이다). 어법 ⓐ 뒤에 주로 「才」 또는 「方」을 수반함. ¶～依靠专家, 才能把事情办好 | 전문가에 의뢰해야만 일을 처리할 수 있다. ¶～如此分析, 方能得其答案 | 이렇게 분석해야만, 비로소 그 답안을 얻을 수 있다. ⓑ 단문에 쓰이면 유일한 사람 혹은 상황임을 강조함. ¶～这个办法切实可行 | 오로지 이 방법

만이 확실하고 쓸만하다. ⓒ「只要」와「只有」의 차이⇒〔只要〕❷副 부득불. 할 수 없이. …할 수 밖에 없다. ¶对这个问题你如果不予以处理, 那么～请你向上级反映了｜이 문제에 대해서 네가 처리해주지 않는다면, 네가 상급기관에 보고하라고 할 수 밖에 없다. ❸(zhǐ yǒu) 오직 …만 있다. ¶我们～这个方法｜우리에게는 오직 이 방법밖에 없다. 어법「只有」뒤에 명사나 대체사가 오는 이 경우는 두 개의 단어임. ¶～你｜너 밖에 없다.

【只争朝夕】zhǐ zhēng zhāo xī 成 촌음(寸陰)을 아끼다. 분초를 다투다.

1【织(織)】**zhī 짤 직, 직물 직** 動❶(직물을) 짜다. 엮다. ¶纺～｜방직하다. ¶蜘蛛～网｜거미가 (거미)줄을 치다. ❷뜨개질하다. ¶～毛衣｜털옷을 짜다. ❸喩 교착하다. 엇갈리다. ¶几个想头交～在一起｜몇가지 생각이 한데 뒤엉키다.

【织补】zhībǔ 動 (옷의 해진 데를) 짜깁다. (구멍난 데를) 깁다. ¶～袜wà子｜양말을 깁다.

【织布】zhī bù 〈紡〉베를〔옷감을〕짜다. ¶～厂｜직조 공장. ¶～工｜직공(織工).

【织锦】zhījǐn 名〈紡〉❶여러가지 채색 무늬를 넣은 공단〔비단〕. ¶风景如～｜풍경이 채색 비단 같다. ❷(자수한 것 같이) 도안·그림이 있는 채색 견직물.

【织女】zhīnǚ 名❶베짜는 여인. ❷〈天〉직녀성(織女星) ＝〔织女星〕

【织女星】zhīnǚxīng 名〈天〉직녀성 ＝〔织女②〕

【织品】zhīpǐn 名 직물.

【织物】zhīwù 名〈紡〉직물. ¶经销jīngxiāo～｜직물을 위탁 판매하다.

【脂】**zhī 비계 지, 연지 지** ❶名 기름. 지방. ¶～肪fáng｜지방. ¶松～｜송진. ❷연지. ¶胭～｜연지. ¶～粉↓

4【脂肪】zhīfáng 名〈生化〉지방. ¶动物～｜동물지방. ¶植物～｜식물 지방.

【脂肪酸】zhīfángsuān 名〈生化〉지방산 ＝〔脂酸〕

【脂粉】zhīfěn 名 연지와 분. 喩 여인.

【脂粉气】zhīfěnqì 名 지분의 냄새. 喩 여성적인 태도〔분위기〕. ¶你怎么～十足?｜너는 어떻게 여성적인 분위기가 흘러넘치니?

【脂膏】zhīgāo 名❶〈生化〉지고. 지방. ❷喩 백성의 피와 땀의 결정〔성과〕. 고혈(膏血). ❸喩 튼튼하고 풍족한 지위.

【脂麻】zhī·ma ⇒〔芝zhī麻①〕

【脂油】zhīyóu 名 方❶지방유. ❷돼지 기름. 라드. ¶～饼｜돼지 기름을 발라 구운 빵 ＝〔板bǎn油〕〔猪zhū油〕❸書 지성(脂性)·유성(油性)의 화장품.

【脂质】zhīzhì 名〈生化〉지질. 지방·납(蠟)·유지질(類脂質)의 총칭. ¶～化妆品｜지성 화장품.

zhí ㄓˊ

2【执(執)】**zhí 잡을 집** ❶動 붙잡다. 체포하다. ¶战败被～｜전쟁에 패하여 붙잡히다. ¶～罪犯一人｜범인 한 명을 체포하다. ❷잡다. 쥐다. 들다. ¶～笔↓ ❸장악하다. ¶～政↓ ❹(의견을) 고집하다. 견지(堅持)하다. ¶固～｜고집하다. ¶各～一词｜각자 자기 말을 고집하다〔우기다〕. ❺집행하다. 실행하다. ¶～行↓ ¶～弟子礼｜제자의 예를 행하다. ❻증(명)서. ¶回～ ＝〔收执〕｜영수증. ❼(Zhí) 名 성(姓).

【执笔】zhíbǐ 動 집필하다. ¶本文由金老师～｜본문은 김선생님이 집필하다.

【执别】zhíbié 動 악수하고 헤어지다〔작별하다〕 ¶朋友～｜친구와 악수하고 헤어지다 ＝〔握wò别〕

4【执法】zhífǎ 動 법을 집행하다. ¶～如山｜成 엄격히 법을 집행하다.

【执绋】zhífú 動 영구차의 동아줄을 잡다〔끌다〕. 轉 장송(葬送)하다. 발인하다 ＝〔发引〕

【执教】zhíjiào 書 動 교직을 맡다. 교편을 잡다. ¶他在外贸学院～多年｜그는 대외무역대학에서 다년간 교편을 잡고 있다.

【执迷不悟】zhí mí bù wù 成 잘못을 고집하여〔완미(頑迷)하여〕 깨닫지 못하다. ¶他就是～｜그는 잘못을 고집하여 깨닫지 못하고 있다.

【执泥】zhínì 動 고집하다. 얽매이다. 구애되다.

【执牛耳】zhí niú'ěr 成 喩 맹주의〔지도적〕 지위에 오르다. 주도권을 잡다 [제후들이 맹약을 할 때, 맹주가 소의 귀를 잘라 그 피를 각자 나누어 마신데서 나옴] ¶本次大赛, 不知谁会～｜이번 대회에서는 누가 주도권을 잡을 지 모르겠다.

【执拗】zhíniù ❶形 喩 고집스럽다. 집요하다. ¶脾气píqì～｜성질이 집요하다. ❷動 고집스레〔집요하게〕 굴다. ¶他～着说了｜그는 고집스레 말했다.

4【执勤】zhí/qín ❶動 근무하다. 당직을 맡다. ¶今天老刘～｜오늘은 유씨가 근무를 한다. ¶～一天｜당직을 하루동안 하다. ❷(zhíqín) 名 당직.

【执事】ⓐzhíshì 書 名 집사. ❶주인 곁에서 그집 일을 맡아 보는 사람. ❷札 편지 겉봉의 택호(宅號) 밑에「시하인(侍下人)」의 뜻으로 쓰는 말 ＝〔左右④〕

ⓑzhí·shi 名 俗 의장(儀仗). ¶打～的｜의장을 드는 사람.

2【执行】zhíxíng 動 (정책·법률·계획·명령 등을) 집행하다. 실행하다. ¶这项命令要立即～｜이 명령은 즉각 집행해야 된다. ¶已经～一年多了｜이미 1년 넘게 실행되었다. ¶此项决定由你监督～｜이 결정은 네가 집행을 감독해라. ¶严格～｜엄격히 집행하다. ¶～政策｜정책을 집행하다. ¶～机构｜집행 기구. ¶～机关｜집행 기관.

【执行主席】zhíxíng zhǔxí 名組 의장단에서 선출하여 돌아가며 회의를 주재하는 의장. ¶李老师是本次大会的～｜이선생님이 이번 대회의 의장이다.

【执意】zhíyì 動 자신의 의견을 고집하다. ¶～不肯｜고집을 부려 승낙하지 않다. ¶～要去｜고집스레 가려 하다 ＝〔坚jiān意〕

【执友】zhíyǒu 書 名 뜻을 같이 하는 벗. 친한 친구. ¶他是我的～｜그는 나의 친한 친구이다.

【执掌】zhízhǎng 動 장악하다. 관장하다. 관리하다. ¶～大权 | 대권을 장악하다. ¶～簿书 | 장부를 관장하다.

4【执照(儿)】zhí·zhào(r) 名 허가증. 면허증. 증서. ¶施工～ | 시공 허가증. ¶驾驶jiàshǐ～ | 운전 면허증. ¶营业～ | 영업 허가증. ¶土地～ | 토지 증서.

4【执政】zhízhèng 動 정권을 잡다. 집권하다. ¶～党 | 집권당. 여당. ¶～者 | 집권자. ¶这个国家由多党轮流～ | 이 나라는 복수 정당이 돌아가며 집권한다. ¶他～40年 | 그는 40년 동안 집권했다.

【执着】zhízhuó 形 집착하다. ¶他太～了 | 그는 매우 집착하였다.

【絷(縶)】zhí 맬 칩, 잡을 칩 書 ❶ 動 매다. 묶다. ¶～马 | 말을 묶다. ❷ 動 가두다. 구금(拘禁)하다. ❸ 動 잡다. 체포하다. ❹ 名 말고삐.

【蛰】zhí ☞ 蛰 zhé

1【直】zhí 곧을 직, 바로잡을 직 ❶ 形 곧다. 똑바르다. ¶～线 | 직선. ¶把铁丝拉～ | 철사를 곧게 펴다. ¶这棵树长得～ | 이 나무는 곧게 자랐다 ⇔〔曲qū〕 ❷ 形 공정하다. 바르다. 이치에 맞다. ¶理～气壮 | 成 이유가 이치에 맞고 충분하여 (말하는) 기세가 당당하다. ❸ 形 솔직하다. 정직하고 시원시원하다. ¶～性子↓ ¶～言不讳↓ ¶他嘴很～, 一句话也藏不住 | 그는 말을 솔직하게 해서 한 마디도 숨기지 못한다. ❹ 形 지면과 수직이다. ¶～升(飞)机↓ ⇔〔横〕 ❺ 形 세로의 ¶～行的文字 | 세로로 쓴 글자. ¶由上到下～着念 | 위에서 아래로 읽다 ⇔〔横héng〕 ❻ 動 곧게 하다. 바르게 펴다. ¶～起腰来 | 허리를 곧게 펴다. ❼ 動 굳어지다. 뻣뻣해지다. ¶手指都冻～了 | 손가락이 모두 얼어서 뻣뻣해졌다. ¶两腿发～ | 두 다리가 뻣뻣해지다. ❽ 副 줄곧. 계속해서. 자꾸. ¶看着他～笑 | 그를 보며 계속해서 웃고 있다. ¶～下了三天的雨 | 3일간 줄곧 비가 내렸다. ¶我冷得～哆嗦 | 나는 추워서 줄곧 떨었다. ❾ 副 그야말로. 완전히. 실로. ¶痛得～像刀子扎在心窝里一般 | 칼로 가슴을 찌르는 것과 같이 아프다. ¶他的脾气～像孩子一样 | 그의 성질은 실로 어린아이와 같다. ❿ 副 곧장. (곧)바로. ¶～达北京 | 북경으로 직행하다. ¶～走 | 곧바로 가다. ⓫ 名 한자의 위에서 아래로 내린 필획으로「丨」(뚫을 곤) =〔竖shù〕 ⓬ (Zhí) 名 성(姓).

4【直播】zhíbō 名動 ❶〈農〉직파(하다). ❷〈新放〉생방송(하다). ¶～比赛 | 시합을 생중계하다.

【直肠】zhícháng 名 ❶〈生理〉직장. ¶～癌 | 직장암. ¶～炎 | 직장염 =〔肛gāng肠〕 ❷(～儿) 솔직한 성질. 정직한 성질. 우직한 성질. 순진한 성질. ¶你这～的哥儿会吃亏的 | 너같이 이렇게 성미가 곧은 녀석은 손해를 입을 것이다.

【直肠子】zhícháng·zi 名 口 곧은 창자. 喩 솔직한〔소탈한〕사람. ¶老王是个～ | 왕씨는 솔직한 사람이다.

【直陈】zhíchén 動 단도직입적으로 진술하다. 명쾌하게 서술하다. ¶～见解 | 견해를 명쾌하게 서술하다.

【直尺】zhíchǐ 名 직선자 =〔直规guī〕〔画线板〕

【直翅目】zhíchìmù 名〈蟲〉메뚜기목(目). 직시류(直翅類).

【直矗矗】zhíchùchù 狀 우뚝 솟아 있다. 곧추 서 있다.

3【直达】zhídá 動 곧바로 가다. 직통하다. 직행하다. ¶这是去北京的～飞机 | 이것은 북경행 직항 비행기다. ¶到上海有车～ | 상해까지 곧바로 가는 차가 있다. ¶～路线 | 직통 노선.

【直达快车】zhídá kuàichē 名組 직통 급행 (열)차=〔簡 直快〕

【直待】zhídài 動 (어떤 시간·단계 등에 이르기까지) 줄곧〔내내〕기다리다. ¶～天晴才出门 | 날이 개이길 내내 기다렸다가 비로소 외출하다.

2【直到】zhídào 動 ❶ 쭉 …에 이르다 [주로 시간을 나타냄] ¶这事～现在我才知道 | 이 일을 나는 지금에서야 비로소 알게 되었다. ❷ 직행하다. 곧바로 도착하다 ‖ =〔直至〕

【直道(儿)】zhídào(r) 書 名 ❶ 똑바른〔곧은〕길. ❷ 정도(正道). ¶年轻人应该走～ | 젊은 사람은 반드시 정도를 걸어야 한다.

【直瞪瞪】zhídèngdèng ⇒〔直勾勾gōu勾〕

【直瞪直瞪】zhídèngzhídèng 狀 멍청히 응시하다.

【直掇】zhíduō ⇒〔直裰〕

【直裰】zhíduō 名 도포 [관리의 평상복. 중·도사가 입는 긴 옷] =〔直掇duō〕

【直飞】zhífēi 動 비행기로 직행하다. ¶北京的飞机可～汉城 | 북경의 비행기가 서울로 직행할 수 있다.

【直根】zhígēn 名〈植〉곧은 뿌리.

【直贡呢】zhígòngní 名〈紡〉베니션(Venetian) =〔泰西缎〕

【直勾勾】zhígōugōu 狀 한 곳을 뚫어지게 응시하다. ¶两只眼～地盯dīng着那个跳舞的 | 두 눈을 바로 뜨고 뚫어지게 춤추는 사람을 바라보고 있다 =〔直瞪瞪〕

【直观】zhíguān 形 직관(하다). ¶～教具 | 직관 교수에 필요한 교육 자료〔도구〕.

【直话】zhíhuà 名 직언(直言). 바른 말. 정직한 말. ¶～直说 | 사실 그대로〔바른대로〕말하다.

【直僵僵】zhíjiāngjiāng 狀 뻣뻣하다. 딱딱하다. 굳어 있다. ¶～地躺tǎng在地下 | 뻣뻣이 땅에 누워 있다 =〔直撅juē撅〕〔直蹶jué蹶〕

【直角】zhíjiǎo 名〈數〉직각. ¶～尺chǐ | 직각자

【直角三角形】zhíjiǎo sānjiǎoxíng 名組〈數〉직각 삼각형 =〔勾gōu股形〕

2【直接】zhíjiē 形 직접(의). 직접적(인). 어법 주로 관형어로 쓰이고, 부사어로 쓰일 경우에는 대개「地」를 붙이지 않음. ¶我与他没有～的关系 | 나는 그와 직접적인 관계가 없다. ¶亲自调查后才有了～的感受 | 직접 가서 조사해 보고난 후에야 직접적인 느낌이 있었다. ¶～阅读外文书籍 | 외국서적을 직접 읽다. ¶有什么事你可～找他 | 무슨 일이 있으면 직접 그를 찾아봐라. ¶～宾语 | 〈言〉직접 목적어. ¶～任意球 | 〈體〉(수

구에서) 페널티 드로우(penalty throw). ¶～原因 | 직접 원인 ⇔〔间jiān接〕
【直接肥料】zhíjiē féiliào 名組〈農〉직접 비료 [인분(人糞)·유안(硫安) 등을 말함] ¶多积～ | 직접 비료를 많이 쌓아두다.
【直接经验】zhíjiē jīngyàn 名組 직접 경험. ¶获得了一些～ | 다소간의 직접 경험을 얻었다.
【直接税】zhíjiēshuì 名 직접세.
【直接推理】zhíjiē tuīlǐ 名組〈論〉직접 추리.
【直接选举】zhíjiē xuǎnjǔ 名組〈法〉직접 선거. ¶进行～ | 직접 선거를 실시하다.
【直截】zhíjié ❶ 形 (말이나 일을 하는 것이) 시원시원하다. 단도직입적이다. 단순 명쾌하다. ¶～地说这个作品是二流作品 | 이 작품은 이류 작품이라고 단도직입적으로 말하다. ¶他的话～而明白 | 그의 말은 시원시원하고 분명하다→〔直截了当〕 ❷ 副 정말. 그야말로. 완전히. ¶～把我逼得要死 | 완전히 나를 죽을 지경으로 몰아 붙였다 ‖ =〔直捷〕
【直截了当】zhí jié liǎo dàng 成 (일이나 말이) 단도직입적이다. 시원시원하다. 단순 명쾌하다. ¶有意见～地说出来 | 의견이 있으면 단도직입적으로 말하시오. ¶说话不～ | 말하는 게 명쾌하지 않다 =〔直接了当〕〔直捷jié了当〕
3【直径】zhíjìng 名 ❶〈數〉직경→〔半bàn径〕 ❷ 書 똑바른 길.
【直撅撅】zhíjuējuē ⇒〔直僵jiāng僵〕
【直蹶蹶】zhíjuéjué ⇒〔直僵jiāng僵〕
【直觉】zhíjué 名〈哲〉직각. 직관. ¶凭～下判断 | 직관에 의해 판단하다.
【直快】zhíkuài ⇒〔直达快车〕
【直来直去】zhílái zhíqù 動組 ❶ 곧바로 갔다가 곧바로 돌아오다. ❷ 끊임없이〔빈번히〕왕래하다. ❸ 喩 성격이 시원시원하여 (말을) 둘러대지 않고 솔직히 말하다. ¶他是个～的人, 说话有口无心 | 그는 성격이 시원시원하여 둘러대지 않고 솔직히 말하는 사람이어서 말할 때 사심이 없다 ‖ =〔直来直往〕〔直去直来〕
【直立】zhílì 動 직립하다. 똑바로 서다.
【直立茎】zhílìjīng 名〈植〉직립경. 곧은 줄기
【直立立】zhílìlì 狀 꼿꼿이 서 있다. 똑바로 서 있다.
【直溜溜】zhíliūliū 狀 꼿꼿하다. 곧다. 바르다. ¶～地站着 | 꼿꼿이 서 있다. ¶～的大马路 | 곧은 한길.
【直流】zhíliú 名〈電氣〉직류 =〔直流电(流)〕
【直流电(流)】zhíliú diàn(liú) ⇒〔直流〕
【直溜(儿)】zhí·liu(r) 形 꼿꼿하다. 곧다. ¶你看这棵小树, 长得多～儿 | 이 작은 나무가 얼마나 꼿꼿하게 자랐는가를 봐라. ¶～的棍子 | 곧은 막대기.
【直路】zhílù 名 곧은 길. ¶这是一条～ | 이는 곧은 길이다.
【直落】zhíluò 動〈體〉연승하다. 내리 이기다. ¶韩国女排～三局胜中国队 | 한국 여자 배구는 중국팀에게 3세트를 내리 이겼다.
【直眉瞪眼】zhíméi dèngyǎn 狀組 눈을 부라리다. 눈을 멀뚱거리다. ¶你别～的! | 너는 눈만 멀뚱거리지 마라!
【直拍】zhípāi 名〈體〉(탁구에서의) 펜 홀더 그립(penholder grip). ¶握wò～ | 펜 홀더 그립을 쥐다.
【直拳】zhíquán 名〈體〉(권투에서의) 스트레이트(straight). ¶用～进攻 | 스트레이트로 공격하다.
【直升(飞)机】zhíshēng(fēi)jī 名 헬리콥터(helicopter) =〔直升旋xuán翼(飞)机〕〔奖jiǎng升飞机〕〔旋xuán翼飞机〕
【直属】zhíshǔ ❶ 動 직속하다. ¶这个机构是～建设部的 | 이 기구는 건설부에 직속되어 있다. ❷ 區 직속의. 직접 관할하는. ¶～部队 | 직속 부대. ¶～机关 | 직속 기관. ¶该校是省里的～中学 | 이 학교는 성(省)에서 직접 관할하는 중고등학교이다.
【直率】zhíshuài 形 솔직하다. (말이나 일을) 거리낌이 없고 시원시원하게 하다. 직설적이다. ¶写得～ | 솔직하게 쓰다. ¶他是一个热情而～的青年 | 그는 열정적이고 솔직한 청년이다. ¶他说话很～ | 그는 말하는 것이 아주 시원시원하다. ¶他～地指出了我的缺点 | 그는 나의 결점을 직설적으로 지적했다. 어법「直率」은 말을 에두르지 않고 거리낌이 하는 것을 의미하고,「坦tǎn率」는 숨김없이 탁터놓고 다 말하는 것을 의미함.
【直爽】zhíshuǎng 形 (성격이나 언행이) 정직하고 시원시원하다. 솔직 담백하다. 소탈하다. 어법「直爽」은 거리낌이 없는 것이라면「坦白」는 숨김없는 것으로 비교될 수 있음. ¶这个人挺～, 有啥说啥 | 이 사람은 아주 시원시원하여 할 말이 있으면 다 한다. ¶性格很～ | 성격이 아주 시원시원하다 =〔爽直〕
【直挺挺】zhítǐngtǐng ⓧ zhítǐngtǐng 狀 꼿꼿하다. 빳빳하다. ¶他坐得～的像一根柱子 | 그는 마치 세워놓은 기둥처럼 꼿꼿이 앉아 있었다. ¶～的尸首 | 빳빳한 시체.
【直系亲(属)】zhíxì qīn(shǔ) 名組〈法〉직계 친족.
【直辖】zhíxiá 區 직할의. 직접 관할하는. ¶～机构 | 직할 기구.
4【直辖市】zhíxiáshì 名 직할시. ¶中国现共有3中央直辖市·23省·5自治区～ | 중국에는 지금 모두 중앙직할시 셋, 성 23, 자치구 5개가 있다.
4【直线】zhíxiàn 名〈數〉직선. ¶两点间只能引一条～ | 두 점 사이에는 한개의 직선만이 올 수 있다. ¶～是两点之间最短的线 | 직선은 두 점 사이에서 가장 짧은 선이다. ¶捕鱼量～上升 | 어획량이 직선을 그으며 급격히 상승하다.
【直心眼儿】zhíxīnyǎnr ⓘ ❶ 名 솔직한 성질〔마음씨〕. 대쪽같은 성질(의 사람). ¶他长的是～ | 그는 솔직한 마음씨를 지녔다. ❷ 形 솔직하다. 마음이 곧다.
【直性(儿)】zhíxìng(r) ❶ 形 솔직하고 시원시원하다. 정직하다. ¶他是个～人, 有什么说什么 | 그는 솔직하고 시원시원한 사람이어서 있으면 있는 대로 말한다. ❷ 名 솔직하고 시원시원한〔곧은〕성미〔성질〕. ¶他就是这么个～儿, 心里

搁不住一点事｜그는 이렇게 솔직하고 시원시원한 성미여서 조그마한 일도 속에 품고 있지 못한다 ‖＝〔直性子①〕

【直性子】zhíxìng·zi ❶⇒〔直性(儿)〕 ❷名 솔직하고 시원시원한 사람 ¶他天生一副～｜그는 천성이 솔직하고 시원시원한 사람이다. ‖＝〔直脾气píqì(儿)〕

【直言】zhíyán ❶動 직언하다. 숨기지 않고 솔직히 말하다. ¶～指责｜직언하여 질책하다. ❷名 정직한 말. 직언.

【直言不讳】zhí yán bù huì 成 거리낌없이〔기탄없이〕 솔직히 말하다. ¶他～地指出了我的缺点｜그는 나의 결점을 기탄없이 지적했다.

【直译】zhíyì 名動 직역(하다) ¶用～的方式｜직역을 사용한 방식→〔意yì译①〕

【直音】zhíyīn 名〈言〉직음 [「反切」이 나오기 전에 한자음을 동음자(同音字)로 나타내던 중국 전통의 음표기(音標記) 방법. 예를 들면,「冶, 音也」「直, 音职」등]

4【直至】zhízhì⇒〔直到〕

2【值】zhí 값 치, 만날 치

❶名 가격. 가치. ¶绝对～｜절대치. ¶二物之～相等｜두 물건의 가치는 서로 같다. ❷名〈數〉값. 수치(數值). ¶求～｜값을 구하다. ❸動 …가치에 상당하다. 값〔가격〕이 …이다. ¶这双皮鞋～十五块钱｜이 구두는 15원이다. ❹動 …할 가치〔의의〕가 있다. 어법 단독으로 쓰이지 않고 주로「不值」「值得」의 형식으로 쓰임. ¶不～一提｜제기할 가치가 없다. ¶不～一文钱｜한푼의 값어치도 없다. ¶不～得一看｜볼 만한 가치도 없다＝〔值得〕 ❺動 당번(當番)하다. ¶～班(儿)↓ ¶～宿↓ ❻動 …에 부딪치다. …를 만나다. 마주치다. 맞이하다. ¶特意访问他, 正～外出｜특별히 그를 방문했는데 마침 외출중이었다. ¶国庆日恰～星期日｜국경일이 공교롭게도 일요일이다.

4【值班(儿)】zhí/bān(r) ❶動 당번이 되다. 당직〔당번〕을 맡다〔서다〕. ¶今天老金～｜오늘은 김씨가 당직이다. ¶值白班｜일직을 맡다. ¶值夜班｜숙직하다. ❷(zhíbān(r)) 名 당번. 당직 ‖＝〔当dāng班(儿)〕〔当直〕〔当值〕→〔交jiāo班〕〔歇xiē班(儿)〕

【值不当】zhí·budàng⇒〔值不得①〕

【值不得】zhí·bu·de 動組 ❶…할 만한 가치가 없다. …할 만한 것이 못되다. ¶～大惊小怪｜뭐 크게 놀랄 것은 못 된다＝〔㊄值不当〕 ❷공연히. 괜히. 쓸데없이. ¶他原来是个好人, 就是～喝醉了酒骂人｜그는 원래 좋은 사람인데, 괜히 술에 취하면 남을 욕한다.

【值当】zhídàng 形 ㊄…할 만한 가치가 있다. …할 만하다. ¶这个问题～研究｜이 문제는 연구할 만하다. ¶这样做太不～了｜이렇게 하면 매우 적당하지 못하다.

2【值得】zhí/·de 動 ❶값에〔값이〕 상응하다〔맞다〕. …할 만하다. 어법 동사를 목적어로 취할 수 있음. ¶东西好, 价钱又便宜, ～买｜물건도 좋고, 값도 싸니 살 만하다. ¶这条鱼两元一斤, ～｜이 물고기는 한 근에 2원씩하니 살만하다. ❷…할 만한 가치가 있다. …할 의의가 있다. ¶他的行动～表扬｜그의 행동은 표창할 만하다. ¶这本书～一读｜이 책은 한번 읽을 만 하다. ¶这样生动感人的题材, ～作家们去大写特写｜이렇게 생동감있고 감동적인 제재는 작가들이 대서특필할 가치가 있다. 어법 목적어로 동사나 절을 취할 수 있으며, 부정형은「不值得」이나 가끔「值不得」로도 씀. ¶不值得讨论｜토론할 가치가 없다. ¶这点小事值不得争吵｜이 작은 일로 다툴 가치가 없다＝〔值④〕〔㊄值个儿〕〔㊄值过儿①〕

【值更】zhí/gēng 動 ㊄ 야간 당직을 서다. ¶～的｜야간 당직자.

【值钱】zhíqián 形 값어치가 있다. 값나가다. ¶这古董很～｜이 골동품은 꽤 값이 나간다 ¶收拾了一些～的东西｜값나가는 물건을 다소 챙겼다＝〔㊄值价〕〔直钱〕

【值勤】zhí/qín 動 (치안·부대·교통 관계부서의 요원이) 당직하다〔당번을 서다〕. ¶今天是王处长～｜오는은 왕처장이 당직이다. ¶～人员｜당직자.

【值日】zhírì ❶名 당직일. ❷動 당직하다. ¶今天谁～打扫教室?｜오늘은 누가 교실 청소 당번이냐? ¶～表｜당직표. ¶～官｜당직 사관(當直士官). ¶～生｜당번 학생 ‖＝〔直日〕

【值宿】zhísù 名動 숙직(하다)＝〔值夜〕

【值星】zhíxīng 名動〈軍〉주번(을 맡다). ¶～班长｜주번 하사관. ¶～官｜주번 사관. ¶～排长｜주번 소대장. ¶本周小王～｜이번 주는 왕군이 주번을 맡는다.

【值遇】zhíyù 書 動 ❶조우(遭遇)하다. 우연히 만나다. ❷지우(知遇)를 만나(서 중용되)다.

【埴】zhí 찰흙 지/식

書 名 점토(粘土). ¶～土｜점토질(粘土質)의 토지. ¶埏shān～为器｜점토를 빚어서 그릇을 만들다.

2【植】zhí 심을 식, 세울 식

❶식물. ¶～物↓ ❷動 (나무를) 심다. 재배하다. ¶种～＝〔植树〕｜재배하다. ¶密～｜밀식하다. 빽빽히 심다. ❸인재를 양성하다. ¶培～人材｜인재를 양성하다. ❹書 動 세우다. 수립하다. ¶～党营私↓ ¶～其锄於门侧｜호미를 문 옆에 세워 놓다.

【植被】zhíbèi 名〈植〉식피. 식생(植生). ¶～图｜식생도. ¶～面积｜식생 면적.

【植党营私】zhí dǎng yíng sī 成 당파를 만들어 사리(私利)를 꾀하다.

【植根】zhígēn 動 喩 뿌리 박다. 뿌리를 내리다. ¶～在群众生活中｜대중의 생활 속에 뿌리를 내리다.

【植苗】zhí/miáo 動〈林〉묘목을 심다.

【植皮】zhí/pí 動〈醫〉피부를 이식하다.

【植树】zhí/shù ❶動 식수하다. ¶～造林｜나무를 심어 조림하다. ❷(zhíshù) 名 식수.

2【植物】zhíwù 名 식물. ¶～界｜식물계. ¶～盐yán基｜식물 염기. 알칼로이드(alkaloid). ¶～志｜식물지.

【植物群落】zhíwù qúnluò 名組〈植〉식물 군락
【植物纤维】zhíwù xiānwéi 名組〈植〉식물 섬유
【植物性神经】zhíwùxìng shénjīng 名組〈生理〉식물성 신경. 자율 신경 =〔自主神经〕
【植物学】zhíwùxué 名〈植〉식물학.
【植物油】zhíwùyóu 名〈植〉식물유 =〔俗 青qīng油〕〔俗 子油〕
【植物园】zhíwùyuán 名 식물원. ¶营造～ | 식물원을 조성하다.
【植株】zhízhū 名〈農〉(뿌리·줄기·잎을 갖춘 성장한) 식물체.

3【殖】zhí ·shi 자랄 식, 번성할 식, 불을 식

Ⓐzhí ❶번식하다. 증식하다. ¶繁fán～ | 번식하다. ¶牲畜增～计划 | 가축 증식 계획. ❷書動 붇다. 불리다. 이식(利殖)하다. ¶货～ | 재산이 붇다.
Ⓑ·shi ⇒〔骨gǔ殖〕
【殖民】zhímín 名 식민. ¶～统治 | 식민 통치. ¶～战争 | 식민 전쟁. ¶～政策 | 식민 정책.
3【殖民地】zhímíndì 名 식민지.
4【殖民主义】zhímín zhǔyì 名 식민주의. ¶新～ | 신식민주의.

4【侄〈姪妷〉】zhí 조카 질

(～儿, ～子) 名❶조카. ¶亲～ | 친조카. ¶堂～女 | 당질녀. ¶叔～ | 숙질. ❷친한 친구의 아들 ‖→〔甥shēng〕
【侄妇】zhífù ⇒〔侄媳妇(儿)〕
【侄女(儿)】zhí·nǚ(r) 名❶질녀. 조카딸. ❷친구의 딸.
【侄(女)婿】zhí(nǚ)·xu 名 질서(侄婿). 조카 사위.
【侄孙】zhísūn 名 질손. 종손(從孫).
【侄孙女(儿)】zhísūn·nǚ(r) 名 종손녀(從孫女).
【侄媳妇(儿)】zhíxí·fu(r) 名 조카 며느리. 질부 =〔書 侄妇〕
4【侄子】zhí·zi 名❶조카. ❷친구의 아들 ‖ =〔侄儿〕

2【职(職)】zhí 구실 직

❶名 직무. 직책. 직분. ¶尽～ | 직무를 다하다. ¶有～有权 | 직무에 상응하는 직권이 있다. ❷名 직위(職位). 직업. ¶撤chè～ | 면직하다. ¶调～ | 전임(轉任)하다. ❸名 簡「职员」(직원)의 약칭. ¶～工 | 직원과 공원. ❹名 簡「职业学校」(직업 학교)의 약칭. ¶商～ | 상업 학교. ¶工～ | 공업 학교. ❺書 名 札 나. 소직(小職) [옛날의 공문 용어(公文用語)로, 하급관리가 상사(上司)에 대한, 또는 어느 부국(部局)이 그 소속 상급 관청에 대한 자칭(自稱)] ¶～等奉命… | 저는 명령을 받들어…. ¶～政府 | 하급 정부가 상급 정부에 대한 자칭→〔钧jūn②〕 ❻관장(管掌)하다. ¶～掌↓
【职别】zhíbié 名 직무별. 직업별. ¶不分～大小 | 직무상의 크고 작은 것을 구별하지 않다.
4【职称】zhíchēng 名 직명(職名). 직무상의 칭호. ¶她的～是副教授 | 그녀의 직명은 부교수이다.
【职分】zhífèn 名❶직분. ¶尽教师的～ | 교사의 직분을 다하다. ❷관직.
2【职工】zhígōng 名❶직원과 공원 [관리직과 생산직의 직원을 말함]→〔员yuán工〕 ❷옛날, 직공. 노동자. ¶～学校 | 근로자 학교→〔工人〕
【职官】zhíguān 名 직관. 각급 관리의 총칭 ¶各级～, 要行动起来 | 각급 관리들이 행동하려 하다.
4【职能】zhínéng 名 직능. (사람·사물·기구 등의) 기능. 공능. 효용. ¶这个机构的～是什么? | 이 기구의 기능은 무엇입니까? ¶货币的～ | 화폐의 기능→〔功gōng能〕〔机jī能〕〔效xiào能〕〔作zuò用③〕
4【职权】zhíquán 名 직권. ¶滥làn用～ | 직권을 남용하다. ¶超越～ | 월권하다. ¶行使厂长～ | 공장장의 직권을 행사하다. ¶这是我～范围之内的事 | 이것은 내 직권 범위 안에 있는 일이다.
【职守】zhíshǒu 名 직무. 직분. 직장(職場). ¶忠於自己的～ | 자신의 직분에 충실하다. ¶擅shàn离～ | 마음대로 직장을 이탈하다 =〔职掌①〕
【职位】zhí·wèi 名 직위. ¶老金比我～高 | 김씨는 나보다 직위가 높다.
4【职务】zhí·wù 名 직무. ¶履lǚ行～ | 직무를 이행하다. ¶～繁多 | 직무가 잡다하니 많다. ¶撤销chèxiāo～ | 면직하다 =〔职事①〕
【职衔】zhíxián 名 직함. ¶评审～ | 직함을 평가 심사하다.
2【职业】zhíyè 名 직업. ¶寻找～ | 직업을 찾다. ¶我的～是小学教师 | 내 직업은 초등학교 교사이다. ¶～中学 | 중등 직업 학교 =〔职事②〕
【职业病】zhíyèbìng 名 직업병.
3【职员】zhíyuán 名 직원. 사무원. ¶公司～ | 회사 직원.
【职责】zhízé 名 직책. ¶应尽的～ | 마땅히 다 해야 할 직책.
【职掌】zhízhǎng ❶書 名 직무상 관장하는 일. 직무. 직분. ¶总务工作是他的～ | 총무 일이 그의 직무이다 =〔职守shǒu〕 ❷動 관장하다. (직무를) 맡아보다〔담당하다〕. ¶～财务 | 재무를 관장하다 ‖ =〔职司〕
【职志】zhízhì 書 名 직책. 사명. ¶以教育为～ | 교육을 사명으로 삼다.

【跖〈蹠1,2,3〉】zhí 발바닥 척, 사람이름 척

❶名 척골. ¶～骨↓ ❷名 발바닥 =〔脚jiǎo掌〕 ❸書 動 밟다 ❷(Zhí) 名〈人〉척 [고대 의적(義賊)의 이름]
【跖骨】zhígǔ 名〈生理〉척골.
【跖犬吠尧】zhí quǎn fèi yáo 成 큰 도적 척의 개는 요순(堯舜)과 같이 어진 사람을 보고도 짖는다. 분별없이 맹목적으로 충실하다 =〔桀犬吠尧〕

【摭】zhí 주울 척

書 動 줍다. ¶～取 | 줍다. ¶～拾↓
【摭拾】zhíshí 書 動 줍다 [주로 사례나 어구(語句)를 습용(襲用)하는 것을 말함] ¶～故事 | 고사를 모으다.
【摭言】zhíyán 名 잡록(雜錄).

【踯(躑)】zhí 머뭇거릴 척

⇒〔踯躅〕
【踯躅】zhízhú ❶書 動 배회하다. 왔다갔다 하다 ¶在路口～ | 길목에서 배회하다. ❷名〈植〉철쭉. ¶山～ | 철쭉.

zhǐ ㄓˇ

2【止】zhǐ **그칠 지**
❶動 정지하다. 그치다. 멈추다. ¶血流不～ | 출혈이 멎지 않다. ¶适可而～ | 적당한 정도에서 멈추다. ❷그만두게 하다. 금지하다. 멈추게 하다. ¶行人～步 | 통행 금지. ¶～痛药 | 진통제. ¶禁～ | 금지하다. ❸(「到」「至」와 호응하여)…까지. ¶从一月一日起至一月七日～ | 1월1일에서 1월7일까지. ❹副 다만. 단지. ¶～有一个 | 단지 한개밖에 없다. ¶问题还不～此 | 문제는 다만 이것 뿐만이 아니다 =〔谨〕〔只〕

【止步】zhǐ/bù ❶動 출입을 금지하다 [게시문에 많이 쓰임] ¶闲者～=〔闲人免进〕| 관계자외 출입 금지. ¶男宾～ | 남성 출입 금지. ¶～不前 | 걸음을 멈추고 나아가지 않다. 제자리 걸음을 하다. ❷名 끝. 마지막. ¶做到那件事就算～ | 그 일까지 하면 끝나는 셈이다.

【止不住】zhǐ ·bu zhù 動組 멈출〔억제할〕 수 없다. ¶～流泪 | 눈물을 멈출 수 없다 ⇔〔止得住〕

【止境】zhǐjìng 名 그치는 곳. 끝. 한도. ¶学无～ | 학문에는 끝이 없다. ¶欲望没有～ | 욕망은 한이 없다 =〔尽jìn头〕

【止咳】zhǐké 動 기침을 멎게 하다. ¶～糖浆 | 기침을 멎게 하는 시럽(syrup). ¶这种药可以～ | 이 약은 기침을 멎게 한다.

【止痛】zhǐ/tòng 動 아픔〔통증〕을 멈추게 하다. ¶吗啡mǎfēi可以～ | 모르핀은 통증을 멈추게 한다. ¶～药=〔止痛药剂〕| 진통제.

【止息】zhǐxī 動 ❶그치다. 멈추다. ¶天黑了, 炮声也～了 | 날이 저물자 포성도 그쳤다. ❷숨을 멈추다.

【止血】zhǐ/xuè 動〈醫〉지혈하다. ¶～的措施cuòshī | 지혈 조치.

【止住】zhǐzhù 動 멈추다. 억제하다. ¶疼痛～了 | 아픔이 멎었다. ¶他～我不叫动身 | 그는 나를 붙들고 떠나지 못하게 했다.

2【址〈阯〉】zhǐ **터 지**
名 지점(地點). 소재지. ¶住～ | 주소. ¶校～ | 학교 소재지. ¶遗yí～ | 건축물 등의 유적.

【沚】zhǐ **물가 지**
❶名 물가의 작은 모래톱. 작은 섬. ❷지명에 쓰이는 글자. ¶湾wān～ | 만지 [안휘성(安徽省) 무호(蕪湖)의 남쪽에 있음]

【芷】zhǐ **어수리 지**
名〈植〉구리때. 어수리 =〔白芷〕

【祉】zhǐ **복 지**
書名 행복 [서간문(書簡文)에 쓰여 상대방의 행복을 축복하던 말] ¶顺颂时～ | 札 아울러 행복하시길 빕니다→〔安ān⑥〕

【趾】zhǐ **발 지**
名 ❶발가락 [특히 동물의 것을 가리킴] ¶蛙的后肢有五～ | 개구리의 뒷발에는 발가락이 다섯개 있다→〔脚jiǎo指头〕 ❷발. ¶请移玉～ | 札 부디 와 주시기 바랍니다. ¶圆颅lú方～ | 둥근 머리와 네모진 발. 喻 인간.

【趾高气扬】zhǐ gāo qì yáng 成 의기양양하다. 득의양양하다. 우쭐거리다. 잘난 체하다. ¶你别～了 | 너는 잘난체 하지 마라.

【趾骨】zhǐgǔ 名〈生理〉지골. 발가락뼈. ¶～损伤 | 발가락뼈가 손상되다.

【趾甲】zhǐjiǎ 名〈生理〉발톱.

【只】zhǐ ☞ 只 zhī ②

【枳】zhǐ **탱자나무 지**
❶名〈植〉탱자나무 =〔枸gōu橘〕〔臭chòu橘〕 ❷「轵」와 통용 ⇒〔轵zhǐ②〕

【枳壳】zhǐqiào 名〈漢藥〉익은 구연(枸櫞)이나 탱자 등을 말린 것.

【枳实】zhǐshí 名〈漢藥〉덜 익은 구연(枸櫞)이나 탱자 등의 열매. ¶～可以入药 | 덜 익은 탱자 열매는 약제로 쓸 수 있다.

【咫】zhǐ **여덟치 지**
書 ❶量 8치 [주대(周代)의 척도로 8촌(八寸)의 길이] ❷名 轉 아주 가까운 거리. ¶～闻↓

【咫尺】zhǐchǐ 書名 지척. 아주 가까운 거리. ¶近在～ | 아주 가까이 있다. ¶不辨～ | 한치 앞도 분간하지 못하다. ¶～之间 | 지척지간.

【咫尺天涯】zhǐ chǐ tiān yá 成 매우 가까이 있으면서도 하늘 끝에 있는 것처럼 만나보기 어렵다. 지척이 천리다. ¶他们两人虽然住得很近, 但～很少见面 | 그 두 사람은 매우 가까이 살고 있으나 지척이 천리인양 자주 만나지 않는다.

【咫闻】zhǐwén 書動 아주 가까이에서 듣다. 지척지간에서 듣다.

【轵(軹)】zhǐ **굴대끝 지, 두갈래 지**
❶書名 굴대 끝. ❷분기(分岐)하다. 갈라지다. ¶～首蛇↓ =〔枳②〕 ❸지명에 쓰이는 글자. ¶～城↓

【轵城】Zhǐchéng 名〈地〉지성 [하남성(河南省) 제원현(濟源縣)에 있는 진(鎮) 이름]

【轵首蛇】zhǐshǒushé 名〈動〉양두사(兩頭蛇) =〔两头儿蛇①〕〔枳首蛇〕

4【旨〈恉₁〉】zhǐ **뜻 지, 맛있을 지**
❶名 뜻. 취지(趣旨). 목적. ¶要～ | 요지. ¶主～=〔宗旨〕| 주된 취지 =〔指⑧〕 ❷名 (봉건 사회에서) 황제(皇帝)의 명령. ¶圣～ | 성지. ¶谕～ | 유지. ❸맛있다. 맛이 좋다. ¶甘～ | 맛이 좋다. ¶菜肴～且多 | 요리가 맛있고 양도 많다.

【旨趣】zhǐqù 書名 종지(宗旨). 취지. 목적. ¶本刊的～在发刊词中已经说过了 | 이 간행물의 취지는 이미 발간사에서 설명하였다 ¶他的～不在这儿 | 그의 목적은 여기에 있지 않다 =〔趣旨〕〔指zhǐ趣〕

【旨意】zhǐyì 名 뜻. 취지. 의미. 의도. ¶他们此行的～不明确 | 그들의 이번 의도가 분명하지 않다.

1【指】zhǐ zhī zhí **손발가락 지, 가리킬 지**
Ⓐ zhǐ ❶(～头) 名 손가락. ¶食～ | 식지. ¶首屈一～ | 成 첫 손가락에 꼽히다 =〔手指头〕 ❷量 손가락 굵기 [깊이·넓이 등을 계산할 때 쓰임]

¶两～宽的纸条 | 손가락 두개 정도 폭의 종이 쪽지. ¶下了两～雨 | 두 손가락 두께의 비가 왔다. ❸動 가리키다. 지시하다. ¶他～着黑板上的字问「这是什么字?」| 그는 칠판 위의 글자를 가리키며, 「이것은 무슨 글자입니까?」라고 물었다. ¶新来的康老师是谁? 你～给我看看 | 새로 온 강선생님이 어느 분이신가? 내게 좀 가리켜 주렴. ❹動 가르쳐주다. 지적하다. 지도하다. ¶～导↓ ¶～明方向 | 방향을 명확히 지적하다. ¶同志们把问题都～出来了 | 동지들은 문제를 모두 지적해냈다. ❺動(「着」를 동반하여)기대하다. 의지하다. 믿다. ¶好好干, 全村都～着你呢! | 잘해라, 모든 마을이 너를 믿고 있다. ¶你别～着了 | 너는 남에게 의지해서는 안 된다. ❻(머리카락이) 곤두서다. ¶发～ | 머리카락이 곤두서다. ❼바라다. 희망하다. ¶～望↓ ❽「旨」와 통용 ⇒〔旨zhǐ①〕

Ⓑ zhī「指甲」에 나타나는 북경의 이독음(異讀音) ⇒〔指zhǐ甲〕

Ⓒ zhí「指头」에 나타나는 북경의 이독음(異讀音) ⇒〔指zhǐ头〕

3【指标】zhǐbiāo 名 ❶지표. 목표. ¶数量～ | 수량 지표. ¶质量～ | 품질 지표. ¶生产～ | 생산 지표 =〔指定目标〕❷그래프(graph)의 눈금.

【指不胜屈】zhǐ bù shèng qū 成(너무 많아) 이루 다 헤아릴 수 없다. ¶这儿的人多得～ | 이 곳에 사람이 많아 이루 다 헤아릴 수 없다 =〔指不胜举〕〔数shǔ不来〕

【指不定】zhǐ·budìng ⇒〔不bù一定〕

【指斥】zhǐchì 書 動 질책(叱責)하다. 지적하다. 지탄(指彈)하다 ¶～这种无耻行经 | 이런 염치없는 행동을 지탄하다 =〔斥责〕

2【指出】zhǐchū 動 가리키다. 지적하다. ¶～明确的方向 | 뚜렷한 방향을 가리켜 주다. ¶～缺点 | 결점을 지적하다.

【指代词】zhǐdàicí ⇒〔指示代词〕

2【指导】zhǐdǎo 名 動 지도(하다). 어법「指导」는 사람 뿐 아니라 사람의 생각·행동 및 구체적인 작업까지 해당되는데 반해,「教导」는 주로 사람에게만 쓰이고 중첩할 수 없음. ¶～方针 | 지도 방침. ¶～教师〔授〕| 지도 교사〔교수〕. ¶～思想 | 지도 사상. ¶请老师多多～ | 선생님께서 많이 가르쳐 주십시오. ¶教师正在～学生做实验 | 교사가 지금 학생에게 실험하는 것을 지도하고 있다. ¶你要好好～～我 | 너 나를 잘 좀 가르쳐 주어야 된다 =〔指点引导〕〔指示教导〕→〔辅fǔ导〕〔领lǐng导〕

【指导员】zhǐdǎoyuán 名 ❶지도원. 정치 지도원의 통칭 ¶他当～了 | 그는 지도원을 맡았다. ❷코치(coach) =〔教jiào练②〕

3【指点】zhǐdiǎn ❶動 지시하(여 가리키)다. 지적하(여 알려주)다. 지도하다. ¶他给我～论文的缺点 | 그는 나에게 논문의 결점을 지적해 주었다. ¶大家朝他～的方向看 | 모두들 그가 가리키는 방향을 바라본다. ❷動 결점을 들춰내다. 트집잡다. 뒤에서 헐뜯다. ¶有意见当面提, 别在背后指指点点 | 불만이 있으면 앞에 나와서 말해야지, 뒤에서 이러쿵저러쿵 트집 잡지 말라. ¶这个人并不正派, 大家都在背后～他 | 이 사람은 결코 바르지 않다, 모두들 뒤에서 그의 결점을 들춰내어 수군거리니→〔指正〕❸名 지시. 지적 ‖ =〔敲qiāo,点〕

4【指定】zhǐdìng 動(어떤 일의 시간·장소·사람 등을) 지정하다. 확정하다. ¶～他做大会发言人 | 그를 대회 발언자로 지정하다. ¶到～地点集会 | 지정한 지점에 집합하다. ¶领导上～他当班长 | 지도자 계급에서 그를 반장으로 지정했다.

【指法】zhǐfǎ 名 ❶〈音〉운지법(運指法). ¶～灵巧 | 운지법이 민첩하고 교묘하다. ❿〈演映〉손가락의 미묘한 동작.

【指缝(儿)】zhǐfèng(r) 名 손아귀. 손가락 사이. ¶从～漏下一点儿 | 손가락 사이로 약간 새어나오다.

【指骨】zhǐgǔ 名〈生理〉지골. 손가락뼈. ¶拇mǔ指～ | 엄지 손가락뼈.

【指归】zhǐguī 書 名 ❶많은 사람의 마음이 쏠리는 곳. ❷많은 사람이 숭배하는 사람.

【指画】zhǐhuà ❶動 손가락으로 가리키다. 손가락질하다. ❿名 손가락끝·손톱·손바닥 등에 먹물 혹은 안료를 묻혀 그리는 중국화 화법의 일종. ❸名〈美〉②와 같이 하여 그린 그림.

2【指挥】zhǐhuī ❶動 지휘하다. ¶这支部队由他～ | 이 부대는 그가 지휘한다. ¶～棒bàng |〈音〉지휘봉 =〔指麾huī〕❷名 지휘자. ¶他是工程总～ | 그는 공사 총지휘자이다. ¶许老师是乐队～ | 허선생님이 악단의 지휘자이시다.

【指挥刀】zhūhuīdāo 名〈軍〉지휘도. ¶舞动～ | 지휘도를 휘두르다.

【指挥员】zhǐhuīyuán 名 ❶〈軍〉지휘관. ❷지휘자.

【指甲】zhǐ·jia 京 zhījiǎ) ⇒〔指zhī甲〕

【指教】zhǐjiào 套 ❶動 지도하다. 가르치다. ¶请您多多～ | 많이 지도하여 주십시오. ❷名 가르침. 지도. ¶多蒙duōméng～ | 많은 지도를 받다 →〔请教〕

【指靠】zhǐkào 動(생활을 남에게) 의지하다. 기대다. 의존하다. 의거하다. ¶这件事我们就～你了 | 이 일에 대해 우리는 너만 믿고 있다 =〔依靠〕

【指控】zhǐkòng 名 動 죄상을 열거하여 고발(하다). ¶有人～他纳贿 | 어떤 사람이 그를 뇌물수수죄로 고발했다.

4【指令】zhǐlìng ❶動 지시하다. 명령하다. 어법 주로 겸어문에 쓰임. ¶老师～他去完成这项任务 | 선생님이 그가 이 임무를 완수하도록 지시하셨다. ❷書 名 옛날, 상급 기관에서 하급 기관에 하달하던 공문서(公文書)의 일종. ¶上级的～ | 상급 부서의 지령. ❸名〈電算〉(컴퓨터) 명령. ¶～代码 | 명령 코드.

【指鹿为马】zhǐ lù wéi mǎ 成 사슴을 말이라고 하다. 흑백을 전도하다.

【指名(儿)】zhǐ/míng(r) 動 지명하다. 어법 대개 다른 동사와 연용하여 쓰임. ¶～要我发言 | 내가 발언하도록 지명하다. ¶～批评了他 | 그를 지명하여 비판했다.

【指名道姓】zhǐ míng dào xìng 成 성명을 똑똑히

대다〔지적하다〕. 지명하다.

4【指明】zhǐmíng ㊕動 분명히 지적하다. 확실히 가리켜 주다. ¶～两者之间的差别 | 양자간의 차이를 명확히 지적하다. ¶～了前进的方向 | 앞으로 나아갈 방향을 분명히 가리켜 주었다. ¶他的话给我们～了方向 | 그의 말은 우리에게 방향을 분명히 지시해 주었다.

【指南】zhǐnán ❶ 名 지침(指針). ❷ 名 지침서. 입문서. ¶行动的～ | 행동 지침서. ❸ 動 지도하다.

3【指南针】zhǐnánzhēn 名 ❶ 나침반 =〔㊉定dìng南针〕〔罗luó盘〕〔向xiàng盘〕 ❷ 喩 지침.

【指派】zhǐpài 動 (사람을) 지정해서 파견하다. ¶临lín时～的人员 | 임시 파견한 인원. ¶～他当领队lǐngduì | 그를 인솔자로 파견하다. ¶有什么任务, 可以～我 | 무슨 임무가 있으면 나를 파견해도 된다. ¶老师～我去领新书 | 선생님께서 나가 가서 새책을 받아오도록 파견하셨다.

【指日可待】zhǐ rì kě dài 成 머지않아 실현되다. 실현될 날이 머지않다. ¶这座大桥全部峻工已经～ | 이 대교의 전체 완공은 머지않아 이루어질 것이다. ¶他的成功～了 | 그의 성공이 실현될 날이 머지않았다.

【指使】zhǐshǐ 名動 貶 사주(하다). 교사(하다). ¶这一定是他～的 | 이것은 틀림없이 그가 사주한 것이다.

2【指示】zhǐshì ❶ 動 가리키다. 지적해서 보여주다. ¶为了～航行的方向, 我们在海边造了一座灯塔 | 운항 방향을 가리켜주기 위해, 우리는 해변에 등대를 하나 만들었다. ❷ 動 (상급기관에서 하급기관에) 지시하다. ¶上级～我留在地方工作 | 상급기관에서 내가 지방에 남아 일할 것을 지시했다. ❸ 名 지시. ¶这是校长的～ | 이것은 총장의 지시이다. ¶中央的～完全正确 | 중앙의 지시가 완전히 정확했다.

【指示代词】zhǐshì dàicí 名組 〈言〉 지시 대명사 =〔簡 指代词〕

【指示灯】zhǐshìdēng 名 〈電氣〉 조명등. 표시등. 파일럿 램프(pilot lamp) ¶～亮了一下儿 | 표시등을 밝게 하였다 =〔指路灯〕

【指示剂】zhǐshìjì 名 〈化〉 지시약. 인디케이터(indicator).

【指事】zhǐshì 名 〈言〉 지사 [한자(漢字)의 육서(六書)의 하나]

【指手画脚】zhǐ shǒu huà jiǎo ⇒〔指手划脚〕

4【指手划脚】zhǐ shǒu huà jiǎo 成 ❶ (아주 득의만만하여) 손짓 발짓 등 여러 가지 몸짓하면서 말하다. ❷ 喩 옆에서 함부로 비난하고 헐뜯다. ¶他一来就～地批评大家, 这也不对, 那也不对 | 그는 오자마자 제멋대로 이것도 아니고 저것도 틀렸다라고 하며 이러쿵저러쿵 모두를 비난한다. ¶你别～了 | 너는 무책임하게 함부로 이러쿵저러쿵 하지 마라. ‖ =〔指手画脚〕〔舞舞爪爪〕

【指数】zhǐshù 名 ❶ 〈數〉 지수. ❷ 〈經〉 지수. ¶物价～ | 물가 지수.

【指头】zhǐ·tou ㊇ zhí·tou) ⇒〔指zhí头〕

4【指望】zhǐ·wàng ❶ 動 (한마음으로) 기대하다. 꼭 믿다. ¶～今年有个好收成 | 올해 풍작이 될 것을 일심(一心)으로 바라다. ❷ (～儿) 名 기대. 가망. 희망. ¶他的病还有～儿 | 그의 병은 아직 가망이 있다.

【指纹】zhǐwén 名 지문. 손가락 무늬. ¶根据～算命 | 손금에 근거해 운명을 판단하다. ¶～卡 | 지문 카드 =〔指印yìn(儿)②〕〔斗dǒu箕〕〔螺luó纹③〕〔手指模〕

【指向】zhǐxiàng ❶ 動 향하다. ¶～天空 | 하늘로 향하다. ❷ 動 지향하다. ¶～未来 | 미래로 지향하다. ❸ 名 가리키는 방향. ¶我顺着他的～望去 | 나는 그가 가리키는 방향을 바라보았다.

3【指引】zhǐyǐn 動 지도하다. 인도하다. 안내하다. 이끌다. 어법 「指引」은 주로 방향을 지적하여 목표를 분명히 하는 것이고, 「指导」는 가르쳐서 이끄는 것을 강조함. 「指引」은 사람 뿐만 아니라 차·배 혹은 운동·혁명 등의 추상적인 사물에도 쓰이나, 「指导」는 주로 사람과 사람의 활동에 대해서 쓰임. ¶沿着他～的方向走 | 그가 안내하는 방향을 따라 걸어가다.

【指印(儿)】zhǐyìn(r) 名 ❶ 무인(拇印). 손도장. 지장(指章). ¶打～ =〔按àn指印(儿)〕 | 지장을 찍다 =〔㊉指模〕〔指头印子〕 ❷ 지문(指紋). ¶留～ | 지문을 남기다 =〔指纹〕

【指责】zhǐzé 名動 지적(하다). 지탄(하다). 질책(하다). 책망(하다). 비난(하다). ¶受到舆论的～ | 여론의 지탄을 받다. ¶加予～ | 비난을 가하다.

【指摘】zhǐzhāi 名動 ❶ 지적(하여 비판하다). ¶别老是～别人 | ❷ (글·말 등에서) 주의(를) 환기(하다).

【指战员】zhǐzhànyuán 名 〈軍〉 ❶ 簡 지휘관과 전투원을 합쳐 부르는 이름. 장병(將兵). ¶全体～一起上阵 | 전 장병이 함께 전투에 나서다. ❷ 전투 지휘자.

【指着】zhǐ·zhe 動 ❶ (손가락으로) 가리키다. 손가락질하다. ¶～你说的 | 손가락질하며 비난하다. ❷ 의지하다. 기대다. ¶全家都～他养活 | 온 가족이 그에 의지해서 살아가고 있다. ¶～什么过日子? | 무엇으로 생계를 꾸려가고 있는가?

4【指针(儿)】zhǐzhēn(r) 名 ❶ (계기(計器)나 시계 등의) 바늘. ❷ 喩 지침. 안내. 지도. ¶行动的～ | 행동 지침.

【指正】zhǐzhèng 動 (잘못을) 지적하여 바로 잡다. 시정하다. 질정(叱正)하다 [자신의 작품·의견에 대한 비평을 남에게 청할 때 쓰임] ¶有不对的地方, 请大家～! | 잘못된 점이 있으면 많은 질정 있으시기 바랍니다 =〔教正〕

Ⓑ zhī

4【指甲】zhījiǎ 名 (사람의) 손톱. ¶修～ | 손톱을 다듬다. ¶剪jiǎn～ | 손톱을 깎다 =〔指zhǐ甲〕

Ⓒ zhí

3【指头】zhí·tou 名 손〔발〕가락. ¶手～ =〔手指〕 | 손가락. ¶脚～ =〔脚趾zhǐ〕 | 발가락. ¶～印 | 무인(拇印). 손도장 =〔指zhǐ头〕

【酯】 zhǐ (에스테르 지)

名 〈化〉 에스테르(Ester;독). ¶聚jù～ | 폴리에스테르(polyester) =〔㊉爱司他〕〔㊉

耶yē司脱]
【酯树胶】zhǐshùjiāo 名 에스테르 고무.
1【纸(紙)〈帋〉】zhǐ 종이 지 ❶ 名 종이. ¶一张～ | 종이 한 장. ¶薄～ | 얇은 종이. ¶宣～ | 화선지. ❷ 量 장. 매 [편지·서류의 매수(枚數)를 세는 단위] ¶一～公文 | 공문 한 장. ¶收据shōujù五～ | 영수증 5장.
【纸板】zhǐbǎn 名 판지(板紙)＝[板纸][咭jī纸]
【纸版】zhǐbǎn 名〈印出〉지형(紙型). ¶打～ | 지형을 만들다＝[纸模mú子][纸型xíng]
【纸币】zhǐbì 名 지폐. ¶不兑现～ | 법정 불환 지폐. ¶印刷～ | 지폐를 인쇄하다＝[软ruǎn币①]
【纸浆】zhǐjiāng 名〈紡〉펄프. ¶牛皮～ | 크라프트 펄프＝[纤xiān维纸料]
【纸老虎】zhǐlǎohǔ 名 종이 호랑이. 喩 겉보기에 강한 듯하지만 실제로 힘이 없는 사람 또는 집단 ¶日本帝国主义是～ | 일본 제국주의는 종이 호랑이이다＝[纸糊hú老虎]
【纸篓(子)】zhǐlǒu(·zi) 名 종이 휴지통 ¶把它扔进～去 | 그것을 종이 휴지통에 던져 넣다＝[烂lān纸篓子]
【纸马(儿)】zhǐmǎ(r) 名 (제사 때 태우는) 신상(神像)이 그려져 있는 종이. 또는 종이로 만든 말＝[甲马②][神马儿][神纸马儿]
【纸媒儿】zhǐméir 名 불씨 종이 [초석을 바른 종이로 끈 모양으로 만들어 불을 붙일 때 씀]＝[纸枚méi儿][纸煤méi儿][纸捻niǎn(儿)②][火huǒ纸媒儿]
【纸煤儿】zhǐméir ⇒[纸媒儿]
【纸捻(儿)】zhǐniǎn(r) ⇒[纸媒méi儿]
【纸牌】zhǐpái 名 화투·트럼프 등에 쓰이는 카드. ¶几个小孩在玩～ | 몇명의 아이들이 카드 놀이를 하고 있다＝[方 纸叶子]
【纸片(儿)】zhǐpiàn(r) 名 ❶ 종이 조각. ❷ 지폐.
【纸钱(儿)】zhǐqián(r) 名 (제사 때 태우는) 종이돈. ¶烧～ | 종이돈을 태우다＝[纸锭dìng][纸馃guǒ][楮chǔ锭][楮钱][楮镪][钱纸]
【纸上得来终觉浅】zhǐshàng dé lái zhōng jué qiǎn 威 학문은 만책으로 완성되지 않으며 실천과 결합되어야 한다 [뒤에 「绝知此事要躬行」이 이어지기도 함]
【纸上谈兵】zhǐ shàng tán bīng 威 탁상 공론. ¶他只会～, 不会实干 | 그는 단지 탁상 공론만 할 줄 알지, 실행할 줄 모른다.
【纸头】zhǐtóu 名 ❶ 奥 종이. ❷ (～儿) 종이 조각.
【纸箱】zhǐxiāng 名 (상품을 포장하는 데 쓰는) 마분지 상자. ¶把书装在～中 | 책을 상자에 싸두다＝[纸版bǎn盒][纸板bǎn箱]
【纸型】zhǐxíng ⇒[纸版]
【纸烟】zhǐyān 名 궐련. ¶～夹＝[纸烟盒子] | 궐련갑. ¶～嘴儿＝[烟嘴儿] | 궐련 물부리＝[北 烟卷儿]
【纸鹞】zhǐyào 名 연. ¶放～ | 연을 날리다＝[风fēng筝①]
【纸叶子】zhǐyè·zi ⇒[纸牌]
【纸鸢】zhǐyuān 名 연＝[风fēng筝①]
4【纸张】zhǐzhāng 名 종이의 총칭 [「张」은 「纸」의 양사에서 전화(轉化)한 것임] ¶～又涨价了 | 종이 가격이 또 올랐다.
【纸醉金迷】zhǐ zuì jīn mí 威 호화롭고 사치스런 생활에 빠지다＝[金迷纸醉]

【砥】zhǐ ☞ 砥 dǐ

【茝】zhǐ ☞ 茝 chǎi Ⓑ

【黹】zhǐ 바느질할 치, 수 치
書 名 바느질. 자수＝[针黹]
【黹敬】zhǐjìng 書 名 결혼 축하금. 축의금.

【徵】zhǐ 음율이름 치
주의 이 항목의 「徵」는 「征」으로 간화하지 않음 ⇒[征zhēng❷] 名〈音〉치 [오음(五音) 「宫商角徵羽」의 하나]→[五音]

zhì ㄓˋ

2【至】zhì 이를 지 지극히 지
書 ❶ 副 가장. 대단히. 극히. 지나치게. ¶～为感激 | 대단히 감격하다. ❷ 介 …까지. …에 이르러. 어법 시간·처소·수량 등을 나타내는 목적어와 함께 술어의 앞 뒤에 쓰여 한도를 나타냄. ¶～七月, 与白马王还国 | 7월에 이르러 백마왕과 함께 봉국(封國)으로 돌아왔다. ¶自始～终 | 처음부터 끝까지. ¶由南～北 | 남에서 북까지→[最zuì①] ❸ 連 …에 대해서. …에 관해서. …와 같은. ¶诸将易得耳, ～如信者, 国士无双 | 보통의 장군은 쉽게 얻을 수 있으나 한신(韓信)과 같은 장군은 국내에 다시 더 없습니다. ¶欢迎之～ | 최고로 환영하다. ¶感激之～ | 감격의 극치. ¶～迟下星期内 | 늦어도 다음 주 중에→[至於]
【至宝】zhìbǎo 名 지극히 귀중한 보물. ¶如获～ | 더 없이 귀한 보물을 얻은 것 같다.
【至不济】zhìbùjì 副 口 아무리 못해도. 적어도. 최소 한도. ¶他们当中有的会三, 四种外语, ～也会说一种外语 | 그들 중 어떤 사람은 서네가지 외국어를 할 수 있는데, 적어도 한가지 외국어는 말할 수 있는 셈이다.
【至诚】ⓐ zhìchéng 名 지성. ¶一片～ | 지성. 진심. ¶出於～ | 지성에서 우러나다.
ⓑ zhì·cheng 狀 성실하다. 진실하다. ¶他是个～人 | 그는 진실한 사람이다＝[诚恳]
【至此】zhì cǐ 動組 ❶ 여기에 이르다. 이 지경에 이르다. ¶文章～为止 | 문장이 여기에 이르러 끝나다. ¶事已～ | 일이 이미 이 지경에 이르다. ❷ 이 때에 이르다. ¶～, 事情才逐渐有了眉目 | 이 때에 이르러서야 비로소 사태는 윤곽이 잡혔다.
4【至多】zhìduō 副 많아야. 기껏해야. 고작해야. ¶他～不过四十岁 | 그는 많아야 40살을 넘지 않는다 ¶你～还能干十年 | 너는 기껏해야 십년 더 할 수 있다＝[顶dǐng多②]
【至高无上】zhì gāo wú shàng 威 더할 수 없이 높다. 지고 지상이다. ¶～的权力 | 최고[절대] 권력. ¶～的地位 | 더할 수 없이 높은 지위.

【至关紧要】zhìguān jǐn yào 成 지극히 중요하다. ¶～的话｜지극히 중요한 이야기. ¶搞好经济是～的｜성공적인 경제 건설은 지극히 중요한 일이다.

【至好】zhìhǎo ❶ 形 절친하다. ¶～的朋友｜절친한 친구. ❷⇒〔至交〕 ❸ 副 아주 좋아도. 기껏해야. ¶～也不过如此｜기껏해야 이 정도에 불과하다.

【至交】zhìjiāo 名 우정이 두터운 벗〔친구〕 ¶老康跟老李是～｜강형과 이형은 우정이 두터운 친구 사이 이다＝〔至好②〕〔至契②〕〔至友〕

2【至今】zhìjīn 動 지금〔현재〕에 이르다. 어법 주로 다른 동사(구)와 연용됨. ¶他～还没有来信｜그는 지금에 이르도록 편지가 없다. ¶这件事～才算有了眉目｜이 일은 지금에 와서야 두서가 좀 잡힌다고 하겠다.

【至理名言】zhìlǐmíngyán 成 지당한 이치와 명언.

【至亲】zhìqīn 名 지친. 육친. ¶～好友｜지친과 절친한 친구. ¶骨肉～｜골육지친 ＝〔至戚qī〕

【至上】zhìshàng 形 (지위·권력 등이) 가장 높다. 최고이다.

2【至少】zhìshǎo 副 최소한. 적어도. ¶完成这个任务, ～要一个月｜이 임무를 완수하려면 적어도 한달은 필요하다. ¶今天到会的～有三千人｜오늘 회의에 온 사람은 최소한 삼천 명이다＝〔顶dǐng少②〕

【至死】zhìsǐ 動 죽음에 이르다. ¶～忘不了你的恩情｜죽어도 너의 은혜를 잊을 수 없다. ¶～不悟｜成 죽을 때까지 깨닫지 못하다.

【至为】zhìwéi 書 副 크게 …하다. ¶～欢迎｜크게 환영하다.

【至友】zhìyǒu ⇒〔至交〕

3【至於】zhìyú ❶ 動 …의 정도에 이르다. …한 결과에 달하다. …할 지경이다. 어법 대개 동사(구)가 목적어로 오며, 주로 부정문이나 반어문에 쓰임. 또한 앞에 「才」「还」「总」「该」를 동반하는 경우가 많음. ¶他说了要来的, 也许晚一些, 不～不来吧｜그가 온다고 했으니, 조금 늦을지도 모르지만, 안오기야 하겠는가. ¶这本书很通俗, 他不～看不懂吧｜이 책은 아주 통속적이니 그가 못 읽을 정도는 아니겠지. ¶如果他不是酒后开车, 不～出车祸｜만일 그가 음주운전만 아니었면 차사고를 내지는 않았을텐데. ¶要是早请大夫看, 何～病成这样｜만일 일찍 의시에게 보였더라면 어찌 병이 이지경까지 이르렀겠는가. ¶这么点儿事, 还～发脾气?｜이런 일로 화낼 게 뭐야? ❷ 連 화제를 바꾸거나 제시할 때 쓰임. 어법 「至於」는 대개 부사 「就」와 함께 쓰임. ¶这个村已经新盖住房的有100多户, ～全乡, 就更可观了｜이 마을엔 이미 새로 지은 집이 100여 가구나 되는데, 마을 전체로 보자면 더욱 보기 좋아졌다고 하겠다. ¶他只想到救人, ～个人的安危, 他早置之度外了｜그는 오로지 사람을 구할 생각만 들었는데, 개인의 안위에 대해서 말하자면 그는 일찌감치 의중에 두지 않았다.

【至尊】zhìzūn 名 ❶ 천자(天子). ¶禀报bǐngbào～｜천자에게 보고하다. ❷ 종교의 시조.

【郅】zhì 고을이름 질, 이를 질 ❶ 書 副 지극히. 대단히. 가장. ¶～治之世｜더 없이 정치를 잘하는 세상. ❷ (Zhì) 名 성(姓).

【郅隆】zhìlóng 書 名 흥성한 시대. 태평한 시대.

【郅治】zhìzhì 書 名 태평 시대의 정치. 안정기의 치세

2【致】① zhì 보낼 치, 다할 치, 부를 치 ❷ 動 주다. (예절·감정 등을) 표시하다. 보내다. ¶向大会～热烈的祝贺｜대회에 대하여 열렬한 축하를 보내다. ¶～欢迎词｜환영사를 하다. ¶此～李同志｜札 이와 같이 이 동지께 드립니다. ❷ 애쓰다. 다하다. ¶～力於革命｜혁명에 힘을 다하다. ¶专心～志｜심혈을 기울이다. ❸ 초래하다. 가져오다. (…한) 결과가 되다. ¶～病｜병을 초래하다. ¶招～失败｜실패를 초래하다. ¶措辞晦涩huìsè, ～使人误解本意｜어휘 선택을 애매하게 하여 사람들에게 본뜻까지 오해하게 만들었다. ¶因公～伤｜공무로 부상 당하다＝〔以致〕 ❹ 달성하다. 실현하다. ¶～富↓ ❺ 정취(情趣). 취미. 흥미. ¶兴～｜흥미. ¶景～｜경치. ¶别～｜특별한 정취가 풍기다. ❼ 관직을 사퇴하다. 반환하다. ¶～仕↓ ¶～政↓ ¶谢～｜관직을 사퇴하다.

【致病菌】zhìbìngjūn 名〈醫〉병원균. ¶杀死～｜병원균을 죽이다＝〔病菌〕

【致残】zhìcán 動 장애자로 만들다.

4【致词】zhì/cí ❶ 動 (의식에서 축사·답사·환영·애도 등의) 연설〔인사 말〕을 하다. ¶由主席～｜의장〔주석〕이 인사말을 하다. ¶在毕业典礼上, 先请校长～｜졸업식에서 먼저 교장님의 인사말을 청하다. ¶大会主席致了词｜대회의 의장이 치사를 했다. ❷ (zhìcí) 名 치사. ¶新年～｜신년 축사 ‖＝〔致辞〕

【致辞】zhì/cí ⇒〔致词〕

4【致电】zhì/diàn 動 전보를 치다〔보내다〕. ¶～表示祝贺｜축하 전보를 보내다.

4【致富】zhìfù 動 부유한 수준에 이르다. 부를 이룩하다. ¶发家～｜가업을 발전시키고 부를 이루다. ¶勤劳～｜열심히 일해서 부자가 되다.

【致函】zhìhán 動 편지를 보내다. ¶大陆海峡两岸关系协会～台湾海峡两岸基金会｜대륙 해협 양안 관계 협회에서 대만 해협 양안 기금회에 편지를 보내다.

【致贺】zhìhè 動 치하〔축하〕하다.

4【致敬】zhì/jìng 書 動 경의를 표하다. ¶请允许我代表我们代表团向你们～!｜우리들의 대표단을 대표하여 여러분께 경의를 표하고자 합니다! ¶～尽礼｜成 경의를 표하며 예를 다하다.

【致力】zhìlì 書 動 진력하다. 애쓰다. 힘쓰다. ¶～於世界和平｜세계 평화에 힘쓰다. ¶～超导研究｜초전도 연구에 전력하다.

【致命】zhìmìng 動 ❶ 치명적이다. 죽을 정도에 이르다. ¶～的弱点｜치명적 약점. ¶～处｜급소. ¶～伤｜치명상. ❷ 목숨을 걸다〔던지다〕. ¶君子以～遂志｜군자는 생명을 걸고 의지를 관철한다.

【致歉】zhìqiàn 書 動 사과하다. 유감(의 뜻)을 전하다. ¶老王向小金～｜왕씨가 김군에게 유감의

뜻을 전하다.

4【致使】zhìshǐ ㊔動 …하여 …되다. …한 탓으로 …하다 어법 뒷 절의 맨 앞에 와서, 앞 절과 인과 관계로 인한 결과를 나타냄. ¶由於准备工作没做好, ~试验无法进行 | 준비 작업이 완료되지 않아서, 실험을 진행할 수 없다. ¶他平时不注意锻炼身体, ~体质下降, 经常生病 | 그는 평소에 신체를 단련하는 것에 유의하지 않았기 때문에, 체질이 저하되어 늘 병이 난다 =〔以致〕

【致仕】zhìshì ㊔動 사직(辭職)하다.

【致死】zhìsǐ 動 치사하다. 죽음에 이르다. ¶他被敌人毒打~ | 그는 적에게 모질게 두르려맞아서 죽었다. ¶因伤~ | 부상으로 죽다. ¶过失~ | 〈法〉과실치사. ¶~原因 | 치사 원인.

【致谢】zhì/xiè 動 사의를 표하다. 감사드리다. ¶我向你们~ | 저는 여러분께 사의를 표합니다.

【致以】zhìyǐ 動 (…의 뜻을) 나타내다〔전하다〕. ¶~热烈的祝贺 | 열렬한 축하의 뜻을 표하다. ¶~敬意 | 경의를 표하다.

【致意】zhìyì 動 안부를 전하다. 인사〔문안〕드리다. ¶您替我向他~吧 | 그에게 안부를 전해 주십시오. ¶以目光~ | 눈으로 인사하다→〔问好〕

【致政】zhìzhèng ㊔動 ❶ 정권을 군주에게 되돌려 주다. ❷ 사직하다.

【致(緻)】 ② zhì 고울 치, 찬찬할 치

세밀하다. 치밀하다. ¶工~ | 정교하고 섬세하다 =〔致密〕〔精致〕〔细致〕

【致密】zhìmì ㊔形 치밀(하다). ¶结构~ | 구조가 치밀하다.

【致细】zhìxì 形 세심하다. 꼼꼼하다. ¶检查要~! | 검사는 세심하게 해야한다!

【桎】 zhì 차꼬 질

㊔名 ❶ 차꼬 [형구(刑具)의 한 가지] =〔㊀脚镣〕 ❷ 쐐기 [틈새에 박아서 사개가 물러나지 못하게 하는 물건]

【桎梏】zhìgù ㊔名 ❶ 질곡. ¶打破dǎpò各种~ | 각종 질곡을 타파하다. ❷ 차꼬와 수갑.

【轾(輊)】 zhì 낮을 지

❶ 名 수레 뒤의 낮은 부분 [앞의 높은 부분을「轩xuān」이라 함] ❷ 轉 낮음→〔轩轾〕

【窒】 zhì 막을 질, 막힐 질

❶ 막(히)다. 메다. ¶把和平运动~死 | 평화운동을 질식사 시키다. ¶~息↓ ❷ 억제하다. ¶~欲 | 금욕(禁欲)하다.

【窒碍】zhì'ài 名動 장애(가 있다). ¶~难行 | 장애가 있어 실행하기 어렵다 =〔滞zhì碍〕

【窒塞】zhìsè 動 막(히)다. ¶时时有一阵热风吹来, 使人的呼吸都要~ | 때때로 더운 바람이 불어와, 사람의 숨을 막히게 한다.

【窒息】zhìxī 動 ❶ 질식하다. 숨막히다. 喩 정체(停滯)되다. ¶因~而死 | 숨이 막혀 죽다. ¶~状态 | 질식 상태. ¶~民主 | 민주주의가 정체되다. ❷ 숨을 죽이다. ¶~而待 | 숨을 죽이고 기다리다.

【蛭】 zhì 거머리 질

❶ 名〈動〉거머리 =〔水蛭〕〔俗 蚂mǎ蟞〕〔俗 蚂蟥huáng〕 ❷ 名〈微〉간디스토마→〔肝蛭〕 ❸ ⇒〔蛭石〕

【蛭石】zhìshí 名〈鑛〉질석.

【膣】 zhì 보지 질

名〈生理〉(여자 생식기의) 질. 음도(陰道).

【识】 zhì ☞ 识 shí Ⓑ

3【帜(幟)】 zhì 표기 치

㊔名 ❶ 기. 깃발. ¶旗~ | 기치. ¶独树一~ | 成 독자적으로 파를 이루다. ❷ 표지(標識). 표적. 기호.

【忮】 zhì 해칠 기, 거스를 기

❶ ㊔動 시기하다. 질투하다. ¶不~不求 | 시기하지도 않고 욕심부리지도 않다. ¶~心↓ ❷ 완강하다 =〔强忮〕

【忮心】zhìxīn ㊔名 질투심.

1【志〈誌3, 4, 5, 6〉】 zhì 뜻 지, 기억할 지

❶ 名 뜻. 의지. 바람. 목표. ¶立~ | 뜻을 세우다. ¶得~ | 뜻을 이루다. ¶心怀大~ | 마음 속에 큰 야망을 품다. ❷ 動 方 무게를 달다. 길이를 재다. ¶用秤~~ | 저울로 달다. ❸ 기억하다. 마음속에 새기다. ¶永~不忘 | 영원히 기억하여 잊지 않다→〔记〕 ❹ (잊지 않을 것을) 표시하다. 나타내다. ¶~哀↓ ¶~喜↓ ❺ 어떤 일에 대해 기록한 책이나 문장. 문. ¶杂~ | 잡지. ¶三国~ | 〈書〉삼국지. ❻ 기호(記號). ¶标~ | 표지. ¶款~ =〔款识〕| 관지 =〔识②〕 ❼ (Zhì) 名 성(姓).

【志哀】zhì/āi 動 애도의 뜻을 표하다. ¶下半旗~ | 조기를 걸고 애도의 뜻을 표하다 =〔致哀〕

【志大才疏】zhì dà cái shū 成 뜻은 크지만 재능이 없다. ¶他是一个~的人 | 그는 뜻은 크지만 재능이 없는 사람이다 =〔才疏志大〕

【志悼】zhì/dào 動 애도의 뜻을 표하다. ¶鸣枪~ | 총을 쏘아 애도의 뜻은 표하다.

【志得意满】zhì dé yì mǎn 成 뜻이 실현되어 만족해하다 ¶老李最近~ | 이형은 최근 뜻이 실현되어 만족해 하고 있다 =〔志满捏niē得〕

【志留纪】zhìliújì 名 外〈地質〉실루리아(Siluria; 라)기 [고생대(古生代) 제3기]

【志留系】zhìliúxì 名〈地質〉실루리아(Siluria; 라)계 [실루리아 기(紀)의 지층]

4【志气】zhì·qi 名 패기. 기개. 의기. 심지. ¶~昂扬ángyáng | 패기가 넘치다. ¶有~ | 심지가 강하다. ¶立~ | 뜻을 세우다. 기개를 지키다.

【志趣】zhìqù ㊔名 지향(志向). 흥취(興趣). 뜻. ¶~相投 | 의기 투합하다.

【志士】zhìshì 名 지사. 큰 뜻을 품은 사람. 절조있는 사람. ¶忧国~ | 우국 지사. ¶~仁人 | 成 숭고한 뜻을 가진 사람과 덕이 있는 사람.

【志同道合】zhì tóng dào hé 成 서로 뜻이 같고 신념이 일치하다. 배짱이맞다. ¶他俩是~的朋友 | 그들 둘은 뜻이 같고 신념이 일치하는 친구이다.

【志喜】zhìxǐ ㊔動 기쁨을 표하다. 혼사를 축하하다. ¶开业~ | 개업을 축하하다.

【志向】zhì·xiang 名 포부. 장래의 의향. ¶青少年一定要有远大的～｜청소년은 반드시 원대한 포부가 있어야 한다.

3【志愿】zhìyuàn ❶ 名 포부. 희망. 염원. ¶共同的～｜공동의 희망. ¶确定～｜장래의 희망을 확실히 정하다. ❷ 動 자원하다. 지원하다. ¶～参加｜자발적으로 참가하다. ¶我～到边疆工作｜나는 변경으로 가서 일할 것을 자원했다. ¶～书｜원서. 지원서. ¶～中止输出水泥｜시멘트 수출을 자발적으로 중지하다 ‖ 어법「志愿」은「心愿」보다 더 크고 의지가 더 강하며,「确定·放弃fàngqì·达到」와 결합할 수 있으나,「心愿」은 불가능함.

【志在必成】zhì zài bì chéng 成 반드시 성취하려고 마음을 굳게 먹다.

【志在千里】zhì zài qiān lǐ 成 원대한 포부를 가지다 =〔志在四方〕

【痣】zhì 사마귀 지 名〈醫〉사마귀 [흑색·갈색·청색·홍색 등의 모반(母斑)의 일종] =〔黑痣〕〔黑子〕 ¶红～｜붉은 사마귀.

【豸〈廌1〉】zhì 벌레 치, 풀릴 치, 해태 채 ❶ 書 名 해태 [옳고 그름과 선악을 가릴줄 안다고 하는 상상의 신기한 짐승] =〔獬xiè豸〕 ❷ 名 한자 부수의 돼지시(豸)변. ❸ 書 名 발 없는 벌레 [원래 척추가 긴 동물을 가리켰음. 발이 있는 것은「虫」이라 함] ¶～虫｜곤충의 총칭. ❹ 書 動 해결하다. 풀다. ¶庶shù有～乎｜해결의 가망이 있다《左傳》

2【制】① zhì 정할 제, 금할 제, 법 제 ❶ 규정하다. 제정하다. ¶～定↓ ¶因地～宜｜그 지역에 알맞도록 규정하다. ❷ 한정하다. 제지하다. 제약하다. ¶限～｜제한하다. ¶压～｜압박하여 제지하다. ❸ 법도. 법칙. 제도. ¶民主集中～｜민주주의 중앙집권제. ¶八小时工作～｜8시간 노동제.

4【制裁】zhìcái 動 제재하다. ¶依法～｜법에 의거해서 제재하다. ¶受到法律～｜법률의 제재를 받다. ¶严厉～不法分子｜불법분자를 엄격히 제재하다. ¶～奸商｜간악한 장사꾼을 제재하다. ¶对他～得很及时｜그에 대해서 아주 적시에 제재를 가했다.

【制导】zhìdǎo 動〈軍〉(무선 장치 등을 이용하여 미사일 등을) 제어하고 유도하다. ¶～系统｜유도 장치. ¶～炸弹｜유도 폭탄.

2【制订】zhìdìng 動 연구 검토를 거쳐 (조약·계약·계획 등을) 세우다. 어법「制订」은 창안하여 초안을 세우는 과정을 포괄하는 반면,「制定」은 동작이 이미 완성되었음을 나타냄. ¶～汉语拼音方案｜한어 병음 방안을 세우다. ¶～施工方案｜시공 방안을 세우다. ¶具体措置cuòzhì要赶快～出来｜구체적인 조치를 빨리 검토해서 만들어야 한다.

2【制定】zhìdìng 動 (강령·법령·결의·정책·헌장 등을) 제정하다. 만들어 정하다. ¶～宪法｜헌법을 제정하다. ¶年度生产计划要及早～｜연간 생산 계획을 빨리 만들어 정해야 한다. ¶远景计划～得很好｜장기 계획이 아주 잘 만들어졌다. ¶～学习计划｜학습 계획을 작성하다.

【制动】zhìdòng ❶ 名 動 제동(하다). ¶～距离｜제동 거리. ❷ 動 (로케트가) 역추진(逆推進)하다. ¶～火箭｜역추진 로케트.

【制动器】zhìdòngqì 名〈機〉제동기. 브레이크(brake). ¶紧急～｜긴급 제동기. ¶手～｜수동식 제동기. 핸드 브레이크. ¶液压式～｜유압식 제동기. ¶气压～｜공기 제동기. ¶～片｜제동자(制動子) =〔俗 刹shā车③〕

2【制度】zhìdù 名 제도. 규정. ¶社会主义～｜사회주의 제도. ¶选举～｜선거 제도. ¶封建～｜봉건 제도. ¶工作～｜작업 규정.

【制伏】zhì/fú 動 굴복시키다. 제압하다. 정복하다. ¶～敌人｜적을 굴복시키다. ¶～了自然｜자연을 정복했다 =〔制服③〕〔治服〕

4【制服】zhìfú ❶ 名 (군인·학생 등의) 제복. ❷ ⇒〔制伏〕

【制服呢】zhìfúní 名〈紡〉발이 굵은 모직 천 [주로 추동용 제복을 만드는 데 쓰임]

【制高点】zhìgāodiǎn 名〈軍〉감제 고지. ¶抢占～｜감제 고지를 앞을 다투어 점령하다.

【制海权】zhìhǎiquán 名〈軍〉제해권 =〔海上权〕

【制菌作用】zhìjūn zuòyòng 名組〈醫〉세균 발육 억제 작용 =〔抑yì菌作用〕

【制空权】zhìkōngquán 名〈軍〉제공권.

【制冷】zhìlěng 動 냉동하다. 냉각하다. ¶～机｜냉동기 =〔致zhì冷〕

【制胜】zhìshèng 動 이기다. 승리하다. ¶出奇～｜成 (상대방의) 의표를 찔러 승리하다 =〔取胜〕〔战胜〕

【制式】zhìshì 名 규정된 양식〔법식〕 ¶～军服｜규정 양식의 군복.

【制艺】zhìyì 書 名 팔고문(八股文) =〔制义yì〕

4【制约】zhìyuē 動 제약하다. ¶世界上的各种事物都是互相联系，互相～着的｜세계의 각종 사물은 모두 서로 연계되어 있고 서로 제약하고 있다. ¶人的观念，受到社会和时代的～｜사람의 관념은 사회와 시대의 제약을 받는다. ¶气温的变化～着作物的生长｜기온의 변화는 작물의 생장을 제약한다.

3【制止】zhìzhǐ 動 강력하게 막다. 제지하다. 저지하다. ¶学生抽烟必须坚决～｜학생 흡연은 반드시 결단코 제지되어야 한다. ¶要求上级严加～｜상급 부서에 엄한 제지를 가하라고 요구하다. ¶～侵略战争｜침략전쟁을 다시 일어나지 않도록 강력하게 막다. ¶～赌博｜도박을 못하게 금지시키다. ¶～他继续偷窃tōuqiè｜그가 계속 도둑질을 하지 못하도록 막다.

2【制(製)】② zhì 만들 제 動 만들다. 제조(製造)하다. ¶新～的｜새로 만든것. ¶缝～｜봉제하다. ¶英国～｜영국제. ¶这个厂专～枪炮｜이 공장은 총포류를 전문적으로 만든다. ¶图表～好了｜도표를 다 만들었다.

【制版】zhì/bǎn ❶ 動〈印出〉제판하다. ❷ (zhìbǎn) 名 제판. ¶～车间｜제판 공장 ‖ =〔制板〕

【制币】zhì/bì 動 화폐를 만들다. ¶~厂 | 조폐 공사.
【制表】zhì/biǎo ❶ 動 (통계)표를 작성하다. ❷ (zhìbiǎo) 名 표(의 작성).
【制成品】zhìchéngpǐn 名 완제품.
【制剂】zhìjì 名〈藥〉제제. ¶中药~ | 한약 제제 →〔酊dīng剂〕〔血xuè清(儿)〕〔疫yì苗〕
【制模】zhìmó 動 주형(鑄型)을 만들다.
4【制品】zhìpǐn 名 제품. ¶乳~ | 유제품. ¶化学~ | 화학 제품. ¶竹~ | 대나무 제품. ¶~目录 | 제품 목록.
【制图】zhì/tú 名動 제도(하다). ¶~学 | 제도학. ¶~员 | 제도공. ¶~纸 | 제도지.
【制药】zhìyào 名動 제약(하다). ¶~厂 | 제약 공장. ¶~学 | 제약학.
2【制造】zhìzào 動 ❶ 제조하다. 만들다. ¶~飞机 | 비행기를 제조하다. ¶机器~得很灵巧 | 기계를 아주 기능적으로 잘 만들었다. ❷ 貶 (인위적으로 어떤 나쁜 상황이나 국면을) 만들다. 조성하다. 조장하다. ¶~紧张气氛 | 긴장된 분위기를 조성하다. ¶~纠纷 | 분규를 조장하다. ¶~摩擦mócā | 마찰을 빚다.
3【制作】zhìzuò 動 제작하다. 제조하다. 어법「制作」은 주로 가구·모형·장난감 등 작은 물건을 만드는데 쓰고,「制造」는 크고 작은 물건에 다 사용됨. ¶~家具 | 가구를 제작하다. ¶这些漆器~得很精致jīngzhì | 이 칠기들은 아주 정교하게 만들어졌다.

2【质(質)】zhì 바탕 질, 물을 질
❶ 名 성질. 속성. 본질. ¶~的变化 | 본질의 변화. ¶实~ | 실질. ¶本~ | 본질. ¶性~ | 성질. ❷ 名 질. 품질. ¶~量并重 | 질과 양을 다같이 중시하다. ❸ 動 저당잡히다. ¶以衣服~钱 | 옷을 저당잡히다. ❹ 물질. 사물의 본체. ¶铁~的家具 | 철재로 만든 가구. ¶流~的 | 유동체의. ❺ 소박하다. 질박하다. 솔직하다. ¶~朴↓ ¶~言之 | 솔직히 말하면. ❻ 질문하다. 캐묻다. ¶~问↓ ¶~责 | 꾸짖다. 질책하다. ❼ 저당물. 인질. ¶人~ | 인질. ¶以人为~ | 인질로 삼다.
4【质变】zhìbiàn 名〈哲〉질적 변화. ¶~和量变 | 질적 변화와 양적 변화. ¶发生了~ | 질적 변화가 발생했다. ¶~的过程 | 질적 변화의 과정.
【质地】zhìdì 名 ❶ (물건의) 속성. 품질. 재질(材質). (피륙의) 바탕. ¶这种布~优良 | 이런 천은 재질이 아주 좋다. ¶~精美 | 원단이 정교하고 아름답다. ¶~坚固 | 재질이 견고하다. ❷ 인품(人品). 자질. ¶这届新生~较好 | 이번 신입생은 자질이 비교적 좋다.
【质点】zhìdiǎn 名〈物〉질점.
【质对】zhìduì 動〈法〉대증(對證)하다. 대질하다.
【质感】zhìgǎn 名〈美〉질감. ¶这东西~很好 | 이 물건은 질감이 매우 좋다.
【质检】zhìjiǎn 名 품질 검사. ¶~人员 | 품질 검사 요원.
2【质量】zhìliàng 名 ❶〈物〉질량 →〔重zhòng量〕 ❷ 질과 양. ❸ 질(적인 내용). 품질. ¶工程~ | 공사의 질. ¶提高~ | 질을 높이다. ¶他的论文~很高 | 그의 논문은 수준이 매우 높다. ¶~检查制度 | 품질 검사 제도. ❹ 인격. 품성.
【质量数】zhìliàngshù 名 질량수.
【质料】zhìliào 名 재료. 원료. ¶这套衣服的~很好 | 이 옷의 옷감은 아주 좋다.
【质难】zhìnàn 動 문책하다. 비난하다. ¶老向我~ | 언재나 내게 문책하다.
4【质朴】zhìpǔ 形 褒 질박하다. 소박하다. ¶为人~忠厚 | 사람됨이 질박하고 충후하다. ¶他是一位~而又博学的学者 | 그는 소박하고 박학한 학자이다. ¶家中陈设非常~ | 집안을 꾸며 놓은 것이 대단히 소박하다.
【质谱】zhìpǔ 名〈物〉질량 스펙트럼. ¶~分析 | 질량 스펙트럼 분석.
【质数】zhìshù 名〈數〉소수 =〔素sù数〕
【质问】zhìwèn 動 사실에 근거하여 시비를 따져 묻다. 나무라듯 따져 묻다. 힐문하다. ¶~对方 | 상대방에게 따져 묻다. ¶大家~总务处为什么伙食这样差 | 모두들 무엇 때문에 단체 식사가 이렇게 형편없는 지 총무처에 따져 물었다. ¶厉声~ | 성난 목소리로 따져 묻다 =〔责zé问〕 ❷ 질의하다 =〔质询xún〕〔质疑yí〕 ‖ 어법「质问」은 비난하고 꾸짖는 어감이 있으나,「问」에는 이러한 것이 없음.
【质询】zhìxún 動 질의(質疑)하다. ¶欢迎~ | 질의하는 것을 환영하다 =〔质问②〕
【质疑】zhìyí 動 질의하다. 의문을 제기하다. ¶大胆~ | 대담하게 질의하다 =〔质问②〕
【质因数】zhìyīnshù 名〈數〉소인수(素因數).
【质子】zhìzǐ 名 ❶〈物〉양자. 프로톤(proton). ❷ 書 볼모. 인질로 보낸 아들.

【锧(鑕)〈鑕〉】zhì 모탕 질
書 名 ❶ 도마 =〔砧zhēn板〕 ❷ 모탕 [사람을 벨 때 쓰는 고대 형구(刑具)]

【踬(躓)】zhì 넘어질 지/질
書 動 ❶ (물건에) 걸려 넘어지다. ¶颠diān~ | 걸려 넘어지다. ❷ 喩 (일이) 꼬이다. 좌절하다. ¶屡试屡~ | 여러번 시도하고 그때마다 좌절하다.

【帙〈袟〉】zhì 책갑 질, 책 질
❶ 書 名 서질(書帙). 책갑 =〔书帙〕 ❷ 量 질 [서질을 세는 단위]

2【秩】zhì 차례 질, 십년 질, 녹 질
❶ 書 量 10년. ¶六~正寿 | 60세 생신. ¶七~寿辰 | 칠순 생신. ❷ 질서. 순서. 상도(常度). 상태(常態). ¶~序↓
【秩序】zhìxù 名 질서. 순서. ¶遵守会场~ | 회의장의 질서를 준수하다. ¶~混乱 | 질서가 혼란스럽다.

1【治】zhì 다스릴 치
❶ 動 다스리다. 관리하다. 처리하다. ¶~国↓ ¶自~ | 자치. ¶统~ | 통치하다. ❷ 動 정리하다. 다루다. 치수공사(治水工事)를 하다. ¶~河 | 치수공사를 하다. ¶~丧↓ ❸ 動 치료하다. (병을) 고치다. ¶不~之症 | 불치의 병. ¶我的病已经~好了 | 나의 병은 이미 다 나았

다. ❹動轉(농작물의 병충해를) 퇴치하다. 방제(防除)하다. ¶～蚜虫yáchóng | 진딧물을 박멸하다. ¶～蝗huáng | 누리를 없애다. ❺書動연구하다. ¶专～近代史 | 근대사를 전공하다. ❻처벌하다. 범죄를 재판하다. ¶惩～ | 징벌하다. ¶处～ | 처벌하다. ❼안정되다. 안정시키다. 태평하다. ¶长～久安 | 오랫동안 안정되다. ¶天下大～ | 천하가 태평하게 되다 ⇔〔乱luàn①〕 ❽옛날, 지방 정부의 소재지. ¶县～ | 현청 소재지. ¶省～ | 성정부 소재지. ❾(Zhì) 名성(姓).

4【治安】zhì'ān 名치안. 사회의 안녕과 질서. ¶维持～ | 치안을 유지하다. ¶加强～ | 치안을 강화하다. ¶扰乱rǎoluàn～ | 치안을 어지럽히다. ¶～民警逻队 | (치안 경관) 순찰대.

【治本】zhì/běn 動근본을 치료하다. 근본적으로 다스리다 ¶治理污染必须～ | 오염을 정리할 때는 반드시 근본적으로 처리해야 한다. ¶这帖药治不了本 | 이 약 한첩으로 병을 뿌리까지 치료할 수 없다 ⇔〔治标〕

【治标】zhì/biāo 動현상만 치료하다. 겉만 일시적으로 바로잡다. ¶这种药～, 不能治本 | 이런 약은 겉만 치료하지 근본까지 치료하지 못한다⇔〔治本〕

【治病】zhì/bìng 動〈醫〉병을 고치다. 치료하다. ¶治得了病, 治不了命 | 諺병은 고칠 수 있지만, 운명은 고칠 수 없다.

【治病救人】zhì bìng jiù rén 成병을 치료하여 사람을 구하다. 남의 잘못〔결점〕을 지적하여 고치도록 하다. ¶～, 实行shíxíng人道主义 | 병을 치료하여 사람을 구하는 것은 인도주의를 실천하는 것이다.

【治服】zhì/fú 動다스리다. 제압하다. 굴복시키다. ¶他治不服自己的老婆 | 그는 자기 마누라를 다스리지 못한다. ¶～了黄河 | 황하를 다스렸다 =〔制zhì伏〕〔制服③〕

【治国】zhìguó 動나라를 다스리다. ¶～安邦 | 나라를 다스려 안정시키다.

【治国安民】zhì guó ān mín 成나라를 잘 다스려 백성을 편안하게 하다. ¶他有～的天才 | 그는 나라를 잘 다스리고 백성을 편안하게 하는 재능을 지니고 있다.

4【治理】zhìlǐ 動❶통치하다. 다스리다. 관리하다. ¶～国家 | 국가를 통치하다. ¶～家务 | 집안 일을 관리하다. ¶她把这个班级～得井井有条 | 그녀가 이 반을 아주 질서있게 잘 관리한다. ❷(강·하천을) 정리하다. 치수(治水)하다. ¶～河流 | 하천을 정리하다.

3【治疗】zhìliáo 動(약물이나 수술등으로) 치료하다. ¶这种病须要住院～ | 이런 병은 입원해서 치료해야 한다. ¶他的病～了几个月才见好 | 그의 병은 수개월 동안 치료하고 나서야 좋아졌다. ¶长期～ | 장기 치료. ¶免费～ | 무상 치료. ¶隔离～ | 격리 치료.

【治丧】zhì/sāng 動장례를 치르다. ¶他回家～ | 그는 집으로 돌아가 장례를 치르다. ¶～费 | 장례비. ¶～委员会 | 장례 위원회.

【治水】zhì/shuǐ 動치수하다. ¶努力～ | 애써 치수하다. ¶～工程 | 치수 공사.

【治丝益棼】zhì sī yì fén 成실을 풀려다가 더욱 엉키게 하다. 문제 해결의 방법이 틀려 더욱 복잡하게 만들다.

【治外法权】zhìwài fǎquán 名組〈法〉❶치외 법권. ❷俗영사 재판권(領事裁判權).

【治学】zhì/xué 書動학문을 연구하다. ¶～态度严谨 | 학문 연구의 태도가 근엄하다. ¶勤奋～ | 부지런히 학문을 연구하다.

【治装】zhìzhuāng 書動행장을 차리다. 여장(旅裝)을 갖추다.

【治罪】zhì/zuì 動죄를 다스리다. 처벌하다. ¶把他拘留起来, 准备～ | 그를 구류하여 처벌하려 한다 =〔处罚〕

【炙】zhì 구울 자/적
書❶動불에 굽다 =〔口烤kǎo〕❷名구운 고기. ❸動喩영향을 받다. 가르침을 받다. ¶亲～ | 직접 가르침을 받다.

【炙手可热】zhì shǒu kě rè 成손을 델 만큼 뜨겁다. 권세가 대단하다.

【峙】zhì shì 우뚝솟을 치

Ⓐzhì 書動우뚝 솟다. ¶两峰相～ | 두 봉우리가 서로 우뚝 솟아있다.

Ⓑshì 지명에 쓰이는 글자. ¶繁～ | 산서성(山西省)에 있는 현(縣) 이름.

【峙立】zhìlì 動우뚝 솟(아 있)다. ¶两山隔河～ | 두 산이 강을 사이에 두고 우뚝 솟아 있다.

【畤】zhì 제터 치
書名천지의 신령과 고대 제왕의 제사를 지내던 장소.

【痔】zhì 치질 치
名〈醫〉치질. ¶～疮↓ ¶内～ | 암치질.

【痔疮】zhìchuāng 名〈醫〉치질. ¶治疗～ | 치질을 치료하다 =〔痔〕

【痔漏】zhìlòu 名〈醫〉치루 ¶他得了～ | 그는 치루가 생겼다 =〔肛gāng瘘〕〔瘘lòu疮〕〔〈汉医〉偏piān漏〕

【陟】zhì 오를 척
書動❶오르다. ¶～彼高山 | 저 높은 산에 오르다. ¶～降↓ ❷올리다. 승진시키다. ¶～罚 | 관위(官位)를 승진시켜 상주는 일과 떨어뜨려 벌하는 일.

【陟降】zhìjiàng 書動오르내리다.

【骘(騭)】zhì 정할 즐
書❶名수말. 말의 수컷. ❷動정(定)하다. 배정하다. ¶评～高低 | 고저를 평정하다.

【栉(櫛)】zhì 台jié) 빗 즐, 빗을 즐
書❶빗의 총칭. ❷(머리를) 빗다. ¶～发 | 머리를 빗다. ¶～风沐雨↓ =〔口梳头〕

【栉比】zhìbǐ 書動즐비하다. ¶高楼～ | 빌딩이 즐비하다.

【栉风沐雨】zhì fēng mù yǔ 成바람으로 머리를 빗질하고 비로 머리를 감다. 갖은 고생을 하며 바삐 돌아다니다 =〔沐雨栉风〕

4【挚(摯)】zhì 지극할 지 ❶성실하다. 진실하다. 친밀하다. ¶恳～ | 성실하다. ¶真～ | 진실하다. ❷(Zhì) 名 성(姓).

【挚爱】zhì'ài 書 名 진실한 사랑. ¶深情～ | 깊은 정과 진지한 사랑.

【挚忱】zhìchén 名 성심 성의. 지성.

【挚诚】zhìchéng 形 진지하고 성실하다. ¶～的友爱 | 진지하고 성실한 우애.

【挚友】zhìyǒu 書 名 진실한 벗. 참된 벗. ¶老李是我的～ | 이형은 나의 진실한 벗이다.

【贽(贄)】zhì 폐백 지 書 名 폐백(幣帛) [처음으로 어른을 뵐 때 올리는 예물]

【贽见】zhìjiàn 動 폐백을 지참하고 만나 뵙다. ¶～礼 | 찾아가 만날 때 주는 예물.

【贽敬】zhìjìng 書 名 제자가 스승을 모실 때 올리는 예물.

【鸷(鷙)】zhì 맹금 지 書 ❶名 (독수리·매와 같은) 사나운 새. ❷形 (성질이) 사납다. 흉맹(凶猛)하다.

【鸷鸟】zhìniǎo 名 사나운 새. 맹금(猛禽).

4【掷(擲)】zhì 던질 척 動 ❶던지다. ¶～手榴弹 | 수류탄을 던지다. ¶弃～ | 내팽개치다 ＝〔扔rēng〕 ❷札 謙 건네주다. 내려주다. ¶请交来人～下 | 심부름 온 사람에게 전하여 주십시오.

【掷弹筒】zhìdàntǒng 名〈軍〉척탄통.

【掷还】zhìhuán 動 札 套 되돌려 주다. ¶前请审阅之件, 请早日～为荷 | 요전에 심의를 부탁한 문서를 빠른 시일내로 되돌려주시면 감사하겠습니다 ＝〔掷回〕

3【智】zhì 슬기 지, 슬기로울 지 ❶현명하다. 총명하다. ¶明～ | 현명하다. ¶大～大仁的人 | 대단히 지혜롭고 어진 사람. ❷지혜. 견식(見識). ¶吃一堑, 长一～ | 諺 난관에 부닥칠 때마다 그만큼 더 지혜로와진다. ¶足～多谋 | 成 지혜가 풍부하고 계책이 많다. ❸(Zhì) 名 성(姓).

【智齿】zhìchǐ 名 사랑니 ＝〔智牙〕

【智斗】zhìdòu 動 지혜〔꾀〕로 싸우다. ¶～顽敌 | 완강한 적을 지혜로 싸우다.

【智多星】Zhìduōxīng 名 수호전(水滸傳)에 나오는 오용(吳用)의 별명. 轉 지모(智謀)가 뛰어난 사람. ¶他是我们学校的～ | 그는 우리 학교의 지략가이다.

3【智慧】zhìhuì 名 지혜. 슬기. ¶群众的～是无穷的 | 군중의 지혜는 무궁하다.

4【智力】zhìlì 名 지력. ¶他的～不错 | 그의 지력이 좋다. ¶～低下 | 지력이 저하되다. ¶～超群 | 지력이 남보다 아주 월등하다.

【智力开发】zhìlì kāifā 名組 지능 개발.

【智力商数】zhìlì shāngshù 名組〈心〉지능 지수. 아이큐(IQ) ＝〔簡 智商〕

【智力投资】zhìlì tóuzī 名 교육 투자.

【智利】Zhìlì 名〈地〉칠레(Chile) [남아메리카 남서부의 공화국. 수도는「圣地亚哥」(산티아고; Santiago)]

【智略】zhìlüè 名 지략. 지모와 책략.

【智谋】zhìmóu 名 지모. 지혜와 계략. ¶人多～高 | 諺 사람이 많으면 지모도 높다. 여럿이 모이면 좋은 의견이 나오게 마련이다.

【智囊】zhìnáng 名 지낭. 슬기〔꾀〕주머니. 지혜가 많은 사람. 브레인(brain). ¶他是个～, 没有他不知道的 | 그는 꾀주머니여서 모르는 것이 없다.

【智囊团】zhìnángtuán 名 브레인 트러스트(brain trust). 고문단 ＝〔头脑托辣斯〕

4【智能】zhìnéng 名 ❶지능. 지력과 능력. ¶培养péiyǎng～ | 지능을 기르다. ¶～的高低同受教育的多少有关 | 지능의 고저는 교육을 얼마나 많이 받았느냐와 연관이 있다. ❷어떤 사물이 갖고 있는 일정 정도의 지능. ¶～机器人 | 지능 로보트.

【智能终端】zhìnéng zhōngduān 名〈電算〉(컴퓨터의) 인텔리전트 터미널(intelligent terminal).

【智取】zhìqǔ 動 지략으로 취하다. 머리를 써서 이루다. ¶只可～, 不可强攻 | 지략을 써서 해야지 힘으로 공격해서는 안된다.

【智商】zhìshāng ⇒〔智力商数〕

【智牙】zhìyá ⇒〔智齿chǐ〕

【智勇双全】zhì yǒng shuāng quán 成 지혜와 용기를 겸비하다. ¶他是一个～的大将军 | 그는 지혜와 용기를 겸비한 장군이다.

【智育】zhìyù 名〈教〉지적 교육 [단순히 문화·과학 지식의 교육을 가리키기도 함]

【智者千虑, 必有一失】zhì zhě qiān lǜ, bì yǒu yī shī 成 지혜로운 사람이라도 천 번의 생각 중에 반드시 한 번쯤은 실수를 한다. 원숭이도 나무에서 떨어질 때가 있다 ＝〔千虑一失〕→〔千虑一得〕

【彘】zhì 돼지 체 書 名 돼지.

【雉】zhì 꿩 치, 담 치 ❶名〈鳥〉꿩 ＝〔野鸡〕〔方 山鸡〕 ❷量 고대 성벽의 크기를 나타내는 단위로, 길이 3장(丈), 높이 1장(丈)을「一雉」라 함.

【雉堞】zhìdié 名〈軍〉성첩. 성가퀴 ＝〔雉墙qiáng〕〔女nǚ(儿)墙①〕

【雉鸡】zhìjī 名〈鳥〉꿩.

3【稚〈穉〉】zhì 어릴 치 어리다. 유치하다. ¶～气↓ ¶幼yòu～ | 유치하다.

【稚嫩】zhìnèn 形 ❶앳되고 아리땁다. ¶～的心灵 | 앳되고 아리따운 마음씨. ❷유치하다. 어리다. 성숙하지 못하다.

【稚气】zhì·qì ❶形 어린애 티가 나다. 유치하다. 치기가 있다. ¶一脸～ | 얼굴에 온통 어린애 티가 가득하다. ¶你太～了, 连这种问题也要问 | 너 너무 유치하구나, 이런 문제까지 묻다니. ❷名 치기. 애티. ¶～尚存 | 아직도 애티가 난다 ‖ ＝〔孩子气〕

【稚拙】zhìzhuō 形 치졸하다. 유치하고 투박하다. ¶～的作品 | 치졸한 작품. ¶这泥玩具～ | 이 점토 완구는 유치하고 졸렬하다.

【稚子】zhìzǐ 名 어린 아이.

2【置〈寘〉】zhì 둘 치 ❶書動 두다. 놓다. ¶～於桌子上｜책상 위에 놓다. ¶～之不理｜그대로 내버려두다. ❷動 (부동산이나 비교적 오래쓸 수 있는 비싼 물건을) 사다.구입하다. 장만하다. ¶～一辆车｜차를 한 대 사다. ¶～了一身衣裳｜옷 한 벌을 장만하다. ❸ 설립하다. 설치하다. ¶装～电话｜전화를 놓다〔설치하다〕. ¶设～｜설치하다.

【置办】zhìbàn 動 ❶ 구입하다. 마련하다. ¶～了必需的东西｜필요한 물건을 구입했다. ❷ 조처하다. 대처하다.

【置备】zhìbèi 動 (가구 등을) 구입하다. 마련하다. ¶～缝衣儿｜재봉틀을 구입하다.

【置辩】zhìbiàn 書動 변론하다. 항변(抗辯)하다. 해명하다 [주로 부정문에 쓰임] ¶不屑～｜변론할 여지가 없다. ¶不容～｜해명을 용납하지 않다.

【置放】zhìfàng 動 방치하다. 내버려 두다. 갖다 두다. ¶把电视机～在小桌子上｜텔레비전을 작은 탁자 위에 갖다 두다 ＝〔放置〕

【置换】zhìhuàn 動 ❶〈化〉치환하다. ❷ 바꾸다. 교환하다.

【置喙】zhìhuì 書動 말참견하다 [주로 부정문에 쓰임] ¶不容～｜말참견을 용납하지 않다.

【置酒】zhìjiǔ 書動 술상을 차리다. 주연(酒宴)을 베풀다. ¶～款待｜주연을 베풀어 환대하다.

【置若罔闻】zhì ruò wǎng wén 成 들은체 만체하다. 못들은 척하다. ¶对这个事实, 政府方面竟～｜이 사실에 대해 정부측에서는 끝까지 못들은 척한다.

【置身】zhìshēn 書動 몸을 두다 [주로「於」앞에 쓰임] ¶～於艺术界｜예술계에 몸을 두다. ¶～无地｜몸 둘 곳이 없다.

【置身事外】zhì shēn shì wài 成 전혀 관여하지 않다. ¶他始终～, 无意介入｜그는 줄곧 관여하지 않으며, 개입할 의사가 없다.

【置田买地】zhìtián mǎidì 動組 논밭을 사들이다. ¶他～, 想重振家业｜그는 논밭을 사들여, 가업을 일으키려 한다.

【置信】zhìxìn 書動 믿다 [주로 부정문에 쓰임] ¶不可轻易～｜경솔하게 믿어서는 안된다. ¶难以～｜믿기 어렵다.

【置疑】zhìyí 書動 회의하다. 의심하다 [주로 부정문에 쓰임] ¶无可～｜의심할 바가 없다.

【置之不顾】zhì zhī bù gù 成 내버려 두고 돌보지 않다. 본체 만체하다. ¶对此他们竟～｜이에 대해 그들은 끝까지 본체 만체한다.

【置之不理】zhì zhī bù lǐ 成 내버려 두고 상관하지 않다. 방치하다. ¶人家如此热情招呼, 你怎能～｜사람들이 이렇게 다정하게 부르는데, 네가 어찌 내버려두고 모른 채할 수가 있겠느냐.

【置之度外】zhì zhī dù wài 成 (생사·이해 등을) 도외시하다. 안중〔의중〕에 두지 않다. ¶他早已把生死～了｜그는 이미 일찌기 생사를 안중에 두지 않았다.

【置之死地而后快】zhì zhī sǐ dì ér hòu kuài 成 남을 사지에 몰아 넣고서야 속시원해하다. 마음이 매우 악독하다.

4【滞(滯)】zhì 쌓일 체, 막힐 체 정체(停滯)하다. 쌓이다. 유통(流通)되지 않다. ¶～货↓

【滞后】zhìhòu 名〈物〉히스테레지스(Hystēresis). ¶～效应｜히스테레지스 효과.

【滞货】zhìhuò 名〈商〉❶ 팔리지 않아 적체된 상품. ❷ 팔다가 남은 상품.

【滞留】zhìliú 書動 체류하다. 정체하다. ¶他长期～外国｜그는 외국에 장기 체류한다.

【滞纳金】zhìnàjīn 名〈經〉체납금.

【滞涩】zhìsè 形 ❶ 둔하다. 느리다. 민첩하지 못하다. 무디다. ¶举止～｜행동이 느리다. ¶目光～｜눈빛이 무디다. ❷ 유창하지 못하다. 막히다. ¶这篇文章有一些～的地方, 要修改一下｜이 문장은 유창하지 못한 데가 다소 있어 수정을 해야 한다.

【滞销】zhìxiāo 動〈商〉판매가 부진하다. 상품이 적체(積滯)되다. ¶～削价｜판매가 부진하여 값을 내리다. ¶商品～｜상품 판매가 부진하다. ¶～货｜체화(滯貨).

【瘈】zhì (舊 jì) chì 미칠 계

Ⓐ zhì 書動 (개가) 미치다.

Ⓑ chì「瘛」와 통용 ⇒〔瘛chì〕

【瘈疭】chìzòng 名〈漢醫〉계종 ＝〔瘛疭〕

【觯(觶)】zhì 잔 치 書名 고대(古代)의 술잔.

zhōng ㄓㄨㄥ

1【中】zhōng zhòng 가운데 중

Ⓐ zhōng ❶ 名 내. 안. 중. 속. 어법 ⓐ「名＋中」의 형태로 서면어(書面語)에 방위사(方位詞)로 쓰임. 구어(口語)의「里」와 같음. ㉠ 장소를 나타냄. ¶家～无人｜집에 사람이 없다. ¶跳入水～｜물 속에 뛰어 들어 갔다. ㉡ 시간을 나타냄. ¶假期～｜휴가 기간 중. ¶两年～｜2년 동안. ㉢ 범위를 나타냄. ¶计划～没有这个项目｜계획 안에 이 항목은 없다. ¶从群众～来｜군중 속에서 왔다. ㉣ 상황·상태 등을 나타냄. ¶病人从昏迷～苏醒过来｜환자는 혼미한 상태로부터 깨어났다. ¶欢乐的气氛～｜환희의 기분 상태. ⓑ「動＋中」의 형태로 과정이나 상태가 지속중임을 나타냄. ¶讨论～发现了一些新的问题｜토론 과정에서 몇 가지 새로운 문제를 발견하였다. ¶战斗在进行～｜전투가 진행중이다. ⓒ「中＋名」의 형태로 형용사처럼 쓰여, 어느 한 쪽에 치우치지 않음을 나타냄. ㉠ 위치를 나타냄. ¶～途｜중도에. ¶长江～游｜양자강 중류. ㉡ 시간을 나타냄. ¶～旬｜중순. ¶～年｜중년. ㉢ 등급·규모 등을 나타냄. ¶～学｜중학. ¶～篇小说｜중편 소설. ⓓ「…中」과「…之中」은 같은 뜻으로 쓰이나「…之中」은 단음절(單音節) 낱말 뒤에는 쓰지 않음. ¶家之中(×) ¶家中｜집 안. ¶水之中(×) ¶水中｜수중. ⓔ「中」「之间」「中间」의 비교 ⇒〔中间〕❷ 名 중개인. 소개인. ¶作～｜중개

인이 되다. ¶～人↓ ❸ 지나치지 않다. 치우치지 않다. ¶适～ | 적당하다. ❹ …하기 꼭 좋다. 꼭 맞다. 적합하다 [「zhòng」의 구어음(口語音)임] ¶～用↓ ¶～看↓ ❺ 形 方 좋다. 괜찮다. 되다. 좋다 [하북성(河北省) 일대의 방언] ¶～不～? | 되겠습니까? ¶这个办法～ | 이 방법이 좋다 →〔好〕〔成〕〔可以〕〔行〕 ❻ 금석문(金石文)에서 「忠」과 통용 ⇒〔忠zhōng〕 ❼ (Zhōng) 名 簡 「中国」(중국)의 약칭. ¶～韩两国 | 중·한 양국. ¶～文↓ ❽ (Zhōng) 名 성(姓).

B zhòng 動 ❶ 맞히다. 명중하다. 들어맞다. 합격하다 어법 주로 동사의 보어로 쓰임. ¶白发白～ | 백발백중. ¶打～了目标 | 목표를 맞혔다. ¶这个迷语他猜～了 | 이 수수께끼를 그가 알아 맞혔다. ¶他考～了 | 그는 (시험에) 합격했다. ❷ (좋지 않은 일을) 당하다. 입다. 맞다. ¶～毒↓ ¶腿上～了一枪 | 다리에 총을 한방 맞았다. ❸ 적합하다. …하기 꼭 좋다. 꼭 맞다. ¶～意↓ ¶～肯↓

A zhōng

【中巴】zhōngbā 名 簡 「中型巴士」(중형 버스)의 약칭.

【中班(儿)】zhōngbān(r) 名 ❶ (유치원에서 5세부터 6세까지의 어린이로 편성된) 중급반. ❷ (3교대제에서의) 중간 교대 [보통 오후 4시에서 밤 12시까지 임. 「二班」「小夜班」이라고도 함] ¶上～ | 중간 근무를 하러가다→〔晚班(儿)〕〔早班(儿)①〕

【中保】zhōngbǎo 名〈經〉중개인과 보증인.

【中饱】zhōngbǎo 動 (부당한 방법으로) 중간에서 착취〔착복〕하다. ¶～私囊 | 國 중간에서 사복을 채우다 =〔中肥féi〕

【中表】zhōngbiǎo 名 (친척 관계로서의) 내종·외종·이종.

【中表亲】zhōngbiǎoqīn 名 내종·외종·이종 사촌과 관련된 친척 ¶他俩是～ | 그 두 사람은 내외종 간이다 =〔表亲〕

【中波】zhōngbō 名〈通〉중파 =〔广播段〕

3【中部】zhōngbù 名 중(앙)부. ¶大庆市在黑龙江省西南部, 松嫩平原～ | 대경시는 흑룡강성 서남부와 송눈평원 중부에 있다.

【中不溜儿】zhōng·buliūr 狀 口 보통이다. 중간 정도이다. 적당하다. ¶他拿起一条～的鲤鱼 | 그는 중간치의 잉어 한 마리를 들어올렸다 =〔中不溜溜〕〔中溜儿〕

2【中餐】zhōngcān 名 ❶ 중국 음식. 중국 요리. ¶今天是你的生日, 我请你吃～ | 오늘은 네 생일이니 내가 중국 요리를 한턱 낼께. ¶～厅 | 중국 요리점 ⇔〔西餐〕❷ 점심. 오찬.

【中草药】zhōngcǎoyào 名 「中药」(한방약)와 「草药」(민간약)을 통틀어 일컫는 말.

【中策】zhōngcè 名 중간 정도의 계책. 보통의 꾀 →〔上策〕〔下策〕

【中层】zhōngcéng 名 ❶ (기구·조직·계층 등의) 중간층. ❷ (가옥의) 중채 ‖ =〔内层〕→〔后院(儿)①〕〔正zhèng房①〕

【中产阶级】zhōngchǎn jiējí 名 簡 「中等资产阶级」(중산 계급)의 약칭. ¶他们是～ | 그들은 중산 계급이다.

【中长跑】zhōngchángpǎo ⇒〔中距离跑〕

【中常】zhōngcháng 名 보통이다. 중간 정도이다. 평범하다. ¶老人用了～的声音 | 노인은 보통 목소리를 내었다. ¶成绩～ | 성적이 중간 정도이다. ¶～年景 | (농사의) 평년작→〔平常〕

【中成药】zhōngchéngyào 名 (한방으로 된) 제약(製藥). 제제(製劑). ¶家用～ | (한방으로 된) 가정약 [보통 「丸」이나 「丹」의 글자가 이름에 붙어 있음] ¶服用～ | 한방 제제를 복용하다.

【中垂线】zhōngchuíxiàn 名〈數〉수직 이등 분선.

【中辍】zhōngchuò 書 動 (일을) 중지하다. 중도에서 그만두다. ¶运动会因雨～ | 운동회는 비 때문에 중지하였다.

【中词】zhōngcí 名〈論〉(삼단 논법의) 매사(媒辭)→〔三段论(法)〕

【中道】zhōngdào 名 ❶ 중도. 도중. ¶～而废 | 중도에서 그만두다〔폐지하다〕. ❷ 書 중용(中庸)의 도.

【中稻】zhōngdào 名〈農〉올벼도 늦벼도 아닌 중올벼.

4【中等】zhōngděng 圖 ❶ 중등의. 중급의. ¶～货 | 중등품. ❷ (신체의 크기가) 중간인. ¶～个儿 | 중키.

【中等教育】zhōngděng jiàoyù 名組〈教〉중등교육.

【中点】zhōngdiǎn 名 ❶〈數〉중점. ❷ 簡 「中国点心」(중국식의 간식)의 약칭.

【中东】Zhōngdōng 名〈地〉중동. ¶研究～问题 | 중동 문제를 연구하다.

【中短波】zhōngduǎnbō 名〈通〉중단파→〔短波〕

3【中断】zhōngduàn ❶ 動 중단하다. 끊(기)다. ¶会谈～了 | 회담이 중단되었다. ¶当时他因家庭经济困难, 学习～了 | 당시 그는 가정형편이 곤란하여 공부를 중단했다. ¶～了联系 | 연락을 중단했다. ¶不该～治疗 | 치료를 중단해서는 안된다. ¶消息xiāoxī～ | 소식이 끊어지다. ❷ 名〈電算〉(컴퓨터의) 개입 중단.

【中队】zhōngduì 名 중대.

【中耳】zhōng'ěr 名〈生理〉중이 =〔鼓室〕

【中耳炎】zhōng'ěryán 名〈醫〉중이염.

【中饭】zhōngfàn 名 江 점심 =〔午饭〕

【中幡】zhōng·fan 名〈演映〉깃발이 달린 깃대를 자유 자재로 놀리는 곡예의 일종.

【中非共和国】Zhōngfēi Gònghéguó 名〈地〉중앙아프리카공화국(Central African Republic) [아프리카 중앙부에 있는 공화국. 수도는 「班吉」(방기;Bangui)]

【中锋】zhōngfēng 名 ❶〈體〉(구기 경기의) 중견 공격수. 센터 포워드(center forward). ❷ (서예의) 중봉 [획을 그을 때 붓 끝이 획 안에서 유지되는 운필법] ¶用～ | 중봉으로 쓰다→〔圆笔〕

【中缝】zhōngfèng 名 ❶ 신문의 면과 면 사이에 접는 여백 부분 [이곳에 광고를 싣는 신문도 있음] ❷ 판심(版心)의 정중(正中). ❸ 솔기.

【中伏】zhōngfú 名 ❶ 중복. ❷ 중복(中伏)에서 말복(末伏) 전날까지의 기간 ‖ =〔二伏〕→〔三伏〕

【中耕】zhōnggēng 名動〈農〉사이갈이(하다).

【中古】zhōnggǔ 名〈史〉❶ 중고 [중국에서는 위진 남북조(魏晋南北朝)시대에서 당대(唐代)까지를 가리킴] ¶～文学史 | 중고 문학사. ❷ 봉건시대.

【中国话】zhōngguóhuà 名俗 중국어. 중국말. ¶他会说～ | 그는 중국어를 할 줄 안다→〔中文〕〔汉hàn语〕

【中国画(儿)】zhōngguóhuà(r) 名 중국화. 중국 고유의 전통 회화. ¶他擅长shàncháng～ | 그는 중국화에 정통하다＝〔国画〕

【中国科学院】Zhōngguó Kēxuéyuàn 名 중국 과학원 [중국의 자연 과학 연구의 최고 학술 기관] →〔中国社会科学院〕

【中国人民解放军】Zhōngguó Rénmín Jiěfàngjūn 名組 중국 인민 해방군 [1927년 8월 1일에 창설된 중국 공산당의 군대로 「中国工农红军」「八路军」및 「新四军」등으로 불리다가 1947년 중국 인민 해방군으로 이름함]＝〔解放军〕〔人民解放军〕

【中国社会科学院】Zhōngguó Shèhuì Kēxuéyuàn 名 중국 사회 과학원 [중국의 인문·사회 과학 연구의 최고 학술 기관으로 1977년에「中国科学院」으로부터 분리 독립함]

【中国通】Zhōngguótōng 名 중국에 정통(精通)한 사람. 중국통. ¶李教授是～ | 이 교수는 중국통이다.

【中国字】Zhōngguózì 名 중국 문자 [특히 한자(漢字)를 가리킴] ¶她会写～ | 그녀는 한자를 쓸 줄 안다.

【中果皮】zhōngguǒpí 名〈植〉중과피.

【中行】Zhōngháng 名 복성(複姓).

【中和】zhōnghé ❶ 名〈化〉〈物〉중화. ¶～剂jì | 중화제. ❷ 動 중화하다. ❸ 形 바르고 온화하다. 온건하다. ¶～派 | 온건파.

【中华】Zhōnghuá 名 중국의 옛 이름. ¶～大地 | 중국 대지＝〔华夏〕

【中华民国】Zhōnghuá Mínguó 名 중화민국(Republic of China) [임시 수도는 「台北」(타이베이;Taibei), 정식 수도는 「南京」(난징;Nanjing)]

【中华民族】ZhōnghuáMínzú 名組 중화 민족. 중국 민족. ¶振兴～ | 중국 민족을 진흥하다.

【中级】zhōngjí 區 중급의. 중등의. ¶～会话 | 중급 회화. ¶～人民法院 | 중급 인민 법원.

【中继】zhōngjì 動 중계하다. ¶～器 | 중계기.

【中继线】zhōngjìxiàn 名 (전화국 상호간 또는 사용 전화를 서로 이어주는) 중계선.

【中继站】zhōngjìzhàn 名 (무선 전신 등의) 중계소. ¶设立～ | 중계소를 설립하다.

1【中间】zhōngjiān 名 ❶ 양 끝과 같은 거리에 있는 위치나 양 끝의 범위 안. 가운데. ¶报告长达5小时, 在～休息了两次 | 보고는 무려 5시간이 걸렸는데 그 사이에 두 번 쉬었다. ¶处在～状态 | 중간 상태에 처해있다. ❷ 주위와 같은 거리에 있는 위치나 주위 경계의 범위 안. 한가운데. 중앙. 중간. 중심. ¶那些树～有半数是李树 | 저 나무들 중에 반은 오얏나무이다. ¶湖底像锅底, 越到～越深 | 호수 밑바닥이 가마솥 바닥처럼 되어 중심으로 들어갈수록 더 깊다. ¶这只是初步方案, ～有些问题还要研究 | 이것은 단지 초보적인 방안이므로, 속에 있는 문제들을 더 연구해야 된다 ‖ 어법 「中间」은 두 지점의 사이나 일정한 범위의 속을 모두 나타낼 수 있지만, 「之间」은 두 지점의 사이만 나타낼 수 있고, 「中」은 일정한 범위의 속 만을 나타냄. ¶大田在汉城和釜山中(×) ¶大田在汉城和釜山中〔之〕间 | 대전은 서울과 부산의 사이에 있다. ¶～人群之间发出一声喊叫(×) ¶人群中(间)发出一声喊叫 | 사람들 속에서 한마디 외치는 소리가 나왔다 ‖＝〔口 中间jiàn儿〕

【中间派】zhōngjiānpài 名 중간파. 회색파(灰色派). 제3 세력. ¶他一直是～ | 그는 언제나 중간파이다.

【中间人】zhōngjiānrén 名 중재인. 중개인. ¶让他作～ | 그를 중개인으로 하다.

【中坚】zhōngjiān 名 ❶ 중견. ¶～分子fènzǐ | 중견인. ¶～人物 | 중견 인물. ❷〈體〉(럭비·축구 등의) 센터하프(center half)→〔中卫〕

【中间儿】zhōngjiànr ⇒〔中间jiān〕

【中将】zhōngjiàng 名〈軍〉중장.

【中焦】zhōngjiāo 名〈漢醫〉중초→〔三焦〕

【中介】zhōngjiè 名動 중개(하다). ¶以民间组职为～ | 민간 조직으로 중개하다.

【中距离跑】zhōngjùlípǎo ⇒〔中跑〕

【中看】zhōngkàn ⊗ zhòngkàn) 形 보기 좋다. ¶～不中吃 | 보기는 좋으나 먹기는 나쁘다. ¶这块布很～, 但不经穿 | 이 천은 보기는 아주 좋지만 질기지는 않다. 喩 빛 좋은 개살구. ¶～不中用 | 보기는 좋으나 쓸모가 없다.

【中馈】zhōngkuì 書 名 ❶ (부녀자들의) 부엌일. ¶～得人 | 國 부엌일이 제 사람을 만나다. 장가들다. ❷ 轉 처. 아내. ¶～犹虚 | 國 아직 아내가 없다. 아직 장가들지 않다.

【中栏】zhōnglán 名〈體〉400m 허들(hurdle).

4【中立】zhōnglì 動 어느 한쪽으로 치우치지 않고 중간에 있다. ¶持～立场 | 중립적 입장을 취하다. ¶～区 | 중립 지대. ¶～不倚yǐ | 國 중립을 취하여 치우치지 않다. ¶严守～ | 중립을 굳게 지키다. ¶保持～ | 중립을 유지하다.

【中立国】zhōnglìguó 名 중립국.

【中立主义】zhōnglìzhǔyì 名 중립주의. ¶奉行fèngxíng～ | 중립주의를 신봉하다.

【中流】zhōngliú 名 ❶ (강의) 중류. ¶他们暂居～ | 그들이 잠시 강의 중류에 머무르다＝〔中游①〕❷ 흐름의 복판. ❸ 중류. 중등(中等). ¶～社会 | 중류 사회.

【中流砥柱】zhōng liú dǐ zhù 國 황하(黃河) 가운데의 지주산(砥柱山). 역경에 굴하지 않는 튼튼한 기둥〔인물〕＝〔中流底柱〕〔砥柱〕

【中路】zhōnglù ❶ 名 길의 한가운데. ❷ 名 중도(中途). ¶徘徊páihuái～ | 중도에서 배회하다. ❸ (～儿) 區 중등. 보통. ¶～货 | 중등품.

【中路梆子】zhōnglù bāng·zi ⇒〔晋jìn剧〕

【中落】zhōngluò 書 動 (집안이) 중도에 몰락하다〔쇠락하다〕. ¶家道～ | 가운(家運)이 중도에서 쇠락하다.
【中拇指】zhōng·muzhǐ ⇒〔中指〕
【中脑】zhōngnǎo 名〈生理〉중뇌. ¶～有病 | 중뇌에 병이 있다.
[3]【中年】zhōngnián 名 중년. ¶～男子 | 중년 남자. ¶～指四五十岁的年龄niánlíng | 중년이란 4,50세의 연령을 가리킨다. ¶人到～ | 중년 나이가 되다.
【中农】zhōngnóng 名〈農〉중농. 경제적인 지위가 빈농과 부농 사이에 있는 농민.
【中跑】zhōngpǎo 名〈體〉중거리 경주 =〔中长跑〕〔中距离跑〕
【中篇小说】zhōngpiān xiǎoshuō 名組〈文〉중편소설.
【中频】zhōngpín 名〈通〉중파(中波). 중간 주파수(intermediate frequency).
【中期】zhōngqī 名 중기. ¶～规划 | 중기 계획. ¶二十世纪～ | 20 세기 중기.
[4]【中秋】Zhōngqiū 名 한가위. 추석. ¶农历八月十五日是～节, 是我国民间的一个重大的传统节日 | 음력 8월 15일은 추석 명절로, 우리나라 민간의 중대한 전통 명절이다. ¶人逢喜事精神爽, 月到～分fèn外明 | 諺 사람은 기쁜 일을 만나면 마음이 상쾌해지고, 달은 추석이 되면 유난히 밝다 =〔中秋节〕〔八月节〕〔秋节〕〔团圆节〕
【中秋节】Zhōngqiūjié ⇒〔中秋〕
【中人】zhōngrén 名 ❶ 중매인. 중개자. 주선자. 소개인. ¶让一个～作证 | 중매인으로 하여 증명하다. ❷ 書 중등 인물. 보통 사람. ¶～以上 | 보통 사람 이상. ¶不及～ | 보통 사람도 못되다. ❸ 중류 가정 =〔中户人家〕 ❹ 환관. 내시 =〔宦huàn官〕
【中山狼】zhōngshānláng 名 喩 은혜를 저버린 사람. 배은 망덕한 사람 [송(宋)대 사량(謝良)이 지은 「中山狼传」(중산랑전)에, 중산(中山)에서 사냥꾼에게 잡힐 뻔한 늑대가 살려 준 동곽(東郭) 선생을 잡아 먹으려 했다는 데서 나온 말] ¶这小子是～ | 이 아이는 배은 망덕한 녀석이다.
【中山装】zhōngshānzhuāng 名 중산복. 인민복[중국의 남성복의 하나로, 손문(孫文)이 제창·제작했다 하여 붙은 이름] ¶身穿～ | 인민복을 입고 있다 =〔中山服〕〔人rén民服〕
【中生代】Zhōngshēngdài 名〈地質〉중생대.
【中生界】Zhōngshēngjiè 名〈地質〉중생층.
【中师】zhōngshī 名 簡「中等师范学校」(중등사범학교)의 약칭.
【中士】zhōngshì 名 ❶〈軍〉중사. ❷ 書 중등 정도의 사람.
【中世纪】zhōngshìjì 名〈史〉중세기(Middle Ages) [일반적으로 유럽의 봉건 시대를 가리킴]
【中式】ⓐ zhōngshì 區 중국식의. 중국풍의. ¶～服装 | 중국식 복장 =〔中国式样〕
ⓑ zhòng/shì 動 옛날, 과거에 급제하다.
【中枢】zhōngshū 書 名 ❶ 중추. 중심. ¶交通～ | 교통 중심. ¶神经～ | 신경 중추. ❷ 중앙 정부.
【中枢神经】zhōngshū shénjīng 名〈生理〉중추신경 [뇌와 척수를 포함함] =〔神经中枢〕
【中水期】zhōngshuǐqī 名 (강물의) 정상 수위(正常水位)인 시기 =〔平水期〕
【中碳钢】zhōngtàngāng 名〈工〉중탄소강 [탄소 함유량이 약 0.25～0.6%인 탄소강]
【中堂】ⓐ zhōngtáng 名 ❶ (～儿) 거실의 정면 중앙에 거는 폭이 넓고 긴 족자. ¶大厅中间挂的那幅～, 气韵生动, 引人注目 | 홀 중앙에 걸려 있는 저 족자는 살아 움직이는 듯한 기운으로 사람의 주목을 끈다. ❷ 書 전당(殿堂)의 중앙.
ⓑ zhōng·tang 名〈史〉❶ 중당. 당(唐) 이후 재상의 다른 이름. ❷ 명청(明清) 시대의 내각대학사(內閣大學士)의 다른 이름.
【中提琴】zhōngtíqín 名〈音〉비올라 =〔中音梵哦玲〕〔维哦拉〕→〔小提琴〕
【中听】zhōngtīng 形 ❶ 듣기 좋다. ¶这话很～ | 이 말은 정말 듣기 좋다. ¶不～ =〔不入耳〕| 書 귀에 거슬린다. ❷ 음성이 좋다.
【中统】Zhōngtǒng 名 ❶ 簡「中国国民党中央执行委员会调查统计局」(중국국민당 중앙집행위원회 조사통계국)의 약칭. ❷〈史〉원(元) 세조(世祖)의 연호(1260～1264).
[4]【中途】zhōngtú 名 중도. 도중. ¶在回家的～下起小雨来了 | 귀가하는 도중에 비가 조금 오기 시작했다. ¶汽车在～抛pāo了锚máo | 자동차가 도중에 고장이 나서 멈춰졌다. ¶我原先是学医的, ～才改行搞文艺 | 나는 원래 의학 공부를 먼저했으나, 한참 지나서야 진로를 바꾸어 문예 방면에 종사한다. ¶～而废 | 成 중도에서 그만두다 =〔半路〕
【中土】zhōngtǔ 書 名 ❶ 중국. ❷ 중원(中原) [하남성(河南省) 일대 또는 황하(黃河)의 하류를 말함] ¶血战～ | 중원에서 혈전하다.
【中外】zhōngwài 名 ❶ 중국과 외국. ¶古今～ | 成 고금 동서. ¶～闻名 | 成 국내외에 이름이 알려지다. ❷ 중앙과 지방.
【中外比】zhōngwàibǐ 名〈數〉황금분할 =〔黄金分割〕
【中纬度】zhōngwěidù 名〈地〉중위도→〔纬度〕
【中尉】zhōngwèi 名〈軍〉중위.
【中卫】zhōngwèi 名〈體〉(축구·송구 등의) 센터 하프(center half).
[1]【中文】Zhōngwén 名 중국어. ¶～电脑 | 중국어 컴퓨터(프로그램).
【中文语词处理机】zhōngwén yǔcí chǔlǐjī 名〈電算〉중국어 워드 프로세서(word processor).
[1]【中午】zhōngwǔ 名 ❶ 한낮. ❷ 정오. 낮 12시 전후. ¶～有半个钟头的休息 | 정오에 30분간의 휴식이 있다 =〔方 晌shǎng午〕〔正午〕
【中西】zhōngxī 名 簡 중국과 서양. ¶～医结合 | 중의(中醫)와 양의(洋醫)의 결합.
【中西合璧】zhōngxīhébì 成 중국과 서양의 장점을 취하여 합하다.
【中线】zhōngxiàn 名 ❶〈數〉중선. ❷〈體〉(핸드볼·럭비·축구 등의) 하프 라인(half line). ❸〈體〉(배구·농구 등의) 센터 라인(center line).

【中校】zhōngxiào 名〈軍〉중령. ¶荣升～ | 중령으로 승진하다.

2【中心】zhōngxīn 名❶(～儿) 중심. 복판. 한가운데. ¶广场guǎngchǎng～耸立sǒnglì着英雄战士的铜像tóngxiàng | 광장 중앙에 영웅 전사의 동상이 우뚝 세워져 있다. ¶小船chuán在湖的～ | 작은 배가 호수 한가운데에 있다. ❷중심. 사물의 주요 부분. ¶～思想 | 중심 사상. ¶～问题 | 중요한 문제. ❸중심지. 중요 지역. 센터(center). ¶政治～ | 정치의 중심지. ¶文化～ | 문화 중심지〔센터〕. ¶～区 | 중심 지역〔지구〕. ❹書 심중(心中). 마음.

【中心角】zhōngxīnjiǎo 名〈數〉중심각. 원심각 =〔圆心角〕

【中心思想】zhōngxīn sīxiǎng 名組 중심 사상. ¶文章的～ | 문장의 중심 사상.

【中兴】zhōngxīng ❶動(주로 국가가) 중흥하다. ¶家道～ | 집안이 중흥하다. ❷(Zhōngxīng) 名〈史〉ⓐ 남제(南齊) 화제(和帝)의 연호(501). ⓑ 북위(北魏) 안정왕(安定王)의 연호(503). ⓒ 서연(南燕) 모용영(慕容永)의 연호(386～394).

4【中型】zhōngxíng 區 중형. ¶～汽车 | 중형자동차. ¶～词典 | 중형 사전.

【中性】zhōngxìng 名❶〈化〉중성. ❷〈言〉중성〔어떤 언어에는 명사가 남성·여성·중성으로 나뉘어져 있음〕 ¶～名词 | 중성 명사.

【中性岩】zhōngxìngyán 名〈鑛〉중성암〔이산화규소가 52～65% 함유된 화성암·섬장암(閃長岩)·안산암(安山岩) 등〕

【中休】zhōngxiū 名 중간 휴식.

1【中学】zhōngxué 名❶중고등학교. 중등학교. ¶初级～ | 중학교. ¶高级～ | 고등학교. ❷중국 학술. 한학(漢學)〔청말(清末) 중국의 전통 학술을 일컫던 말〕→〔西学〕

【中学生】zhōngxuéshēng 名 중고등학생.

3【中旬】zhōngxún 名 중순. ¶八月～ | 8월 중순 =〔中浣huàn〕

2【中央】zhōngyāng 名❶중앙. 가운데. 복판. ¶房子～放着一张大餐桌 | 방 중앙에 큰 식탁이 하나 놓여져 있다. ¶湖的～有个亭子 | 호수의 복판에 정자가 하나 있다. ❷정부의 최고 기관. ¶党～ | 중국 공산당 중앙 위원회.

【中央处理机】zhōngyāngchǔlǐjī 名組〈電算〉(컴퓨터의) 중앙 처리 장치(CPU) =〔台 中央处理单元〕〔台 中央处理器〕

2【中药】zhōngyào 名 한방약(漢方藥). 한약. 중국 의약 ¶用～治病 | 중국 의약으로 병을 치료하다 =〔国药〕→〔西药〕

【中夜】zhōngyè 書 名 한밤중 =〔中宵〕〔宵中〕

【中叶】zhōngyè 名 중기(中期). 중엽. ¶明代～ | 명대 중기. ¶二十世纪～ | 20세기 중엽.

3【中医】zhōngyī 名❶한방의(漢方醫). 중국의학. ❷한의사 ¶他父亲是～ | 그의 부친은 한의사이다. ‖ =〔国医〕→〔西医〕

【中庸】zhōngyōng ❶名 중용. ¶～之道 | 중용지도. ❷書 形 평범하다. ¶他一向～ | 그는 언제나 평범하다.

【中用】zhōng/yòng ⊗ zhòng/yòng) 動 쓸모 있다. 유용하다〔주로 부정에 쓰임〕¶你连这点小事都办不了, 太不～了 | 너는 이런 작은 일조차 처리하지 못하니, 너무 쓸모가 없구나. ¶一个～的都没有 | 하나도 쓸모 있는 게 없다. ¶中什么用? | 무슨 소용이 있는가?→〔顶事〕〔管用〕

【中油】zhōngyóu 名〈化〉중유.

4【中游】zhōngyóu 名❶(강의) 중류. ¶牡丹江市位于黑龙江省东南部, 牡丹江～沿岸 | 모란강시는 흑룡강성 동남부와 모란강 중류 연안에 위치하고 있다. ❷喩 중간 상태. ¶不能甘居～, 要力争上游 | 중간에 머무르는 것에 만족하지 말고, 힘을 다해 위로 올라가야 한다. ¶～思想 | 중간쯤 있으면 안전하다는 생각.

【中雨】zhōngyǔ 名〈氣〉24시간 내 강우량이 10～25㎜인 비.

【中元(节)】Zhōngyuán(jié) 名 중원. 백중날〔음력 7월 보름날〕=〔七月十五〕〔盂yú兰盆节〕

4【中原】Zhōngyuán 名❶〈地〉중원〔황하(黃河)의 중류·하류에 걸친 땅으로 하남성(河南省) 대부분과 산동성(山東省) 서부 및 하북(河北)·산서성(山西省) 남부를 포괄함〕❷(zhōngyuán) 각축장. 경쟁장.

【中原逐鹿】zhōng yuán zhú lù 成 군웅(群雄)이 사방에서 일어나 천하를 다투다 ¶群雄～, 谁胜谁负还不明朗 | 군웅이 사방에서 일어나 천하를 다투는데, 누가 승리하고 누가 패배할지 아직 분명하지 않다 =〔逐鹿中原〕

【中乐】zhōngyuè 名 중국 음악→〔西乐〕

【中云】Zhōngyún 名〈天〉중층운(中層雲).

【中允】zhōngyǔn 書 形 공정하다. 성실하다. ¶貌似～ | 겉으로는 공정한 듯하다.

【中灶(儿)】zhōngzào(r) 名(단체 식사에서) 중간 수준의 식사.

【中诏】zhōngzhào 書 名 궁중에서 나온 조칙〔칙령〕=〔中旨〕

【中止】zhōngzhǐ 動 도중에 그만두다. 중단하다 ¶谈判～了 | 담판을 중단하였다. ¶雨越下越大, 运动会不得不～ | 비가 내릴수록 거세져 운동회를 중단할 수 밖에 없다 =〔中途停止〕

【中指】zhōngzhǐ 名 중지. 장지. 가운데 손가락 =〔中拇指〕〔将jiàng指①〕〔方 三拇指〕〔三指〕→〔指头〕

【中州】Zhōngzhōu 名〈地〉중주. 하남성(河南省)의 옛 이름.

【中州韵】zhōngzhōuyùn 名 중주운. 중국 희곡에 사용되던 운의 하나.

【中专】zhōngzhuān 名 簡「高中程度专科学校」(중등 전문학교)의 약칭〔중등 전문학교로서 중졸 혹은 고졸 학력을 지닌 사람을 대상으로 2년간의 실무 교육을 행함.「大专」과 구별함〕

【中转】zhōngzhuǎn 動(기차나 비행기를) 도중에 갈아 타다. ¶～签字 =〔中签qiān〕| 갈아 타는 수속〔「签字」는 갈아 탈 열차를 지정받아 열차 번호를 기입 또는 날인하는 것을 가리킴〕¶～站 | 갈아 타는 역. ¶货物到徐州～ | 화물은

서주역에 도착해서 기차를 바꾸어 운송된다. ¶从这架飞机上下来的大多是～旅客 | 이 비행기에서 내리는 사람들 대부분은 도중에 비행기를 갈아타려는 승객들이다.
【中装】zhōngzhuāng 名 중국의 전통 복장 =〔中服〕→〔西装〕
【中子】zhōngzǐ 名〈物〉중성자.
【中子弹】zhōngzǐdàn 名〈軍〉중성자탄. ¶试制～ | 중성자탄을 시험 제작하다.
【中子星】zhōngzǐxīng 名〈天〉중성자성.
B zhòng
【中弹】zhòng/dàn 動 탄환을 맞다. 총에 맞다. ¶～阵亡 | 총에 맞아 전사하다.
【中的】zhòng/dì 動 ❶ 표적에 명중하다. ❷ 轉 핵심을 찌르다 ‖ =〔中鹄〕
【中电】zhòng/diàn 名 動 감전(感電)(되다) ¶～身亡 | 감전되어 죽다 =〔触chù电〕
【中毒】zhòng/dú ❶ 動 중독되다. ❷ 動 해를 입다. 나쁜 영향을 받다. ¶食物～ | 식물이 해를 입다. ¶中了假名士的毒 | 가짜 명사의 해를 받다. ¶中了黄色小说的毒 | 음란 소설의 악영향을 받았다. ❸ (～儿) 動 㑻 남의 미움을 받다. ¶说这话未免～ | 이런 말을 하면 미움을 받지 않을 수 없다 =〔种zhǒng毒(儿)〕 ❹ (zhòngdú) 名 중독. ¶食物～ | 식중독. ¶酒精～ | 알콜 중독. ¶煤气～ | 가스 중독.
【中风】zhòng/fēng ❶ 動 중풍에 걸리다. ¶那个人～多年了 | 그는 수년 동안 중풍에 걸렸었다. ¶他中了风 | 그는 중풍에 걸렸다. ❷ (zhòngfēng) 名〈漢醫〉중풍 ‖ =〔卒中〕
【中计】zhòng/jì 動 계략에 빠지다. ¶他又～了 | 그는 또 계략에 빠졌다. ¶别中了敌人的计 | 적의 계략에 빠지지 말아라.
【中奖】zhòng/jiǎng 動 (복권 등에) 당첨되다. ¶中头奖 | 일등상에 당첨되다. ¶～号码 | 당첨 번호.
【中肯】zhòngkěn ❶ 形 (말이) 들어맞다. 적확하다. 정곡을 찌르다. ¶～的批评 | 정곡을 찌르는 비평. ¶他的意见提得很～ | 그가 제기한 의견은 아주 적확하다. ¶回答简单而～ | 대답은 간단하지만 딱 들어맞다. ¶作出～的分析 | 적확한 분석을 하다. ❷ 名〈物〉임계(臨界). ¶～质量 | 임계 질량.
【中魔】zhòng/mó 動 마귀에게 홀리다. 마가 끼다. 귀신 들리다 =〔中邪〕
【中签】zhòng/qiān 動 (분기별로 환급 추첨을 하는 공채권이) 당첨되다.
【中伤】zhòngshāng 動 중상하다. 헐뜯다. ¶造谣～ | 요언(謠言)을 날조하여 중상하다.
【中式】zhòng/shì ☞〔中式〕zhōngshì b
【中暑】zhòng/shǔ ❶ 動 더위 먹다. 일사병에 걸리다. ¶天气太热, 容易～ | 날씨가 너무 더워 일사병에 걸리기 쉽다. ¶他中了暑 | 그는 일사병에 걸렸다 =〔方 发痧〕 ❷ (zhòngshǔ) 名 일사병 =〔日射病〕
【中邪】zhòng/xié ⇒〔中魔mó〕
【中选】zhòng/xuǎn 動 뽑히다. 선발되다. 선택되다. ¶他中了选, 可是他自己还不知道 | 그는 당선이 되었는데도 아직 모르고 있다.
【中用】zhòng/yòng ☞〔中用〕zhōng/yòng
【中意】zhòng/yì 動 마음에 들다. ¶这东西他不～ | 이 물건은 그가 마음에 들어하지 않는다.

3【忠】zhōng 충성할 충
形 온 마음과 힘을 다하다. 충성스럽다. 충실하다. ¶对国家不～ | 나라에 충성을 다하지 않다. ¶～於国王 | 국왕에게 충성하다.
【忠臣】zhōngchén 名 충신. ¶～不事二主, 烈女不嫁二夫 | 諺 충신은 두 임금을 섬기지 않고, 열녀는 두 남자에게 시집가지 않는다.
3【忠诚】zhōngchéng 褒 ❶ 形 충성스럽다. 충실하다. 성실하다. ¶～老实 | 충성스럽고 정직하다. ¶对祖国无限～ | 조국에 대해 대단히 충성스럽다. ❷ 動 충성하다. ¶～于人民的教育事业 | 인민의 교육 사업에 충성을 다하다.
【忠告】zhōnggào ❶ 動 충고하다. ¶我曾对他～过, 可是他偏不听 | 나는 이미 그에게 충고한 적이 있지만 그는 전혀 들으려 하지 않는다. ¶我～他, 希望他迅速改正错误 | 나는 그에게 충고하기를 빨리 잘못을 고치기를 희망한다고 했다. ❷ 名 충고. 충고의 말. ¶听从～ | 충고를 듣고 따르다. ¶我接受你的～ | 나는 너의 충고를 받아들이겠다.
【忠厚】zhōnghòu ❶ 形 충후하다. 충직하고 온후(溫厚)하다 =〔忠实厚道〕 ❷ 진실하고 순후하다.
【忠魂】zhōnghún 名 충혼. 충정을 다하고 죽은 신하〔사람〕의 혼백.
【忠烈】zhōngliè ❶ 動 충성을 다하여 생명도 기꺼이 희생하다. ❷ 形 충성스럽고 의열하다. ¶～之士 | 충신지사. ❸ 名 충렬. 충성을 다한 열사.
3【忠实】zhōngshí 形 ❶ 충실하다. 충직하고 성실하다. ¶为人很～ | 사람됨이 아주 충직하다. ¶～於原文 | 원문에 충실하다. ¶～的走狗 | 충실한 앞잡이. ❷ 사실적이다. 완전히 같다. ¶～的记录 | 사실적인 기록. ¶本节目是当时情景的～写照 | 본 프로그램은 당시 상황을 사실적으로 묘사한 것이다. ¶译文不太～于原著 | 번역문이 원작과 그다지 같지 않다.
【忠顺】zhōngshùn 形 貶 충순하다. 충직하고 양순하다. ¶～的奴仆 | 충순한 노복.
【忠孝双全】zhōng xiào shuāng quán 威 충성과 효도를 겸비하다. ¶他是一个～的人 | 그는 충성과 효도를 겸비한 사람이다.
【忠心】zhōngxīn 名 충(성)심. ¶一片～ | 일편 충성심.
【忠心耿耿】zhōng xīn gěng gěng 威 지극히 충성스럽다. 충성심에 불타다. ¶～地为国家服务 | 국가를 위하여 충성스럽게 일하다.
【忠言】zhōngyán 名 충언. 충고하는 말. ¶他就是不听～ | 그는 충언을 듣지 않는다.
【忠言逆耳】zhōng yán nì ěr 威 충언은 귀에 거슬린다. ¶～, 利於行 | 諺 충언은 귀에 거슬리지만 행동에는 이롭다. ¶良药苦口, ～ | 諺 좋은 약은 입에 쓰고, 충언은 귀에 거슬린다.
【忠义】zhōngyì 名 ❶ 충성스럽고 정의로운 인격이나 품행. ¶～之士 | 충의지사. ❷ 충신과 의사

(義士).

【忠勇】zhōngyǒng 形 충성스럽고 용감하다. ¶多么～啊!｜얼마나 충성스럽고 용감한가!

4【忠於】zhōngyú 動 (…에) 충성(을 다)하다. …에 충실하다. ¶～祖国｜조국에 충성하다. ¶～事业｜사업에 충실하다.

4【忠贞】zhōngzhēn 形 충정하다. 충성스럽고 절의가 있다. 어법 대개 부정 형식인 고정어구에 쓰임. ¶～不贰｜成 한 마음으로 충절(忠節)을 다하다. ¶～不屈｜成 충절을 다하여 굽히지 않다. ¶～不渝｜成 변함없이 충성과 지조를 다하다.

【盅】zhōng 잔 중, 빌 충
❶ (～儿, ～子) 名 (작은) 잔. ¶酒～儿｜술잔. ¶小茶～｜작은 찻잔. ❷ 量 잔 [술이나 차(茶)의 잔 수를 나타내는 단위] ¶斟zhēn一～酒｜술을 한 잔 따르다. ¶喝两～去｜술 한 잔 하러 가다.

【盅子】zhōng·zi 名口 작은 잔.

1【钟(鍾)】1 zhōng 모을 종, 술잔 종
❶ (감정 등을) 집중하다. 한 곳으로 모으다. ¶～爱↓ ¶～情↓ ❷ 名 고대(古代)의 술이나 곡식을 담는 용기. ❸ 量 종 [옛날, 용량(容量)의 단위] ❹「钟」과 통용 ⇒[钟zhōng①] ❺ (Zhōng) 名 성(姓). ❻ 복성(複姓) 중의 한 자(字). ¶～离↓

【钟爱】zhōng'ài 書 動 총애하다. 특별히 사랑하다. ¶他很～小儿子｜그는 어린 아들을 특별히 사랑한다.

【钟馗】Zhōngkuí 名 〈神〉 종규 [중국에서 역귀(疫鬼)를 쫓아낸다는 신] ¶～捉zhuō鬼｜종규가 귀신을 잡다 =[锺葵kuí]

【钟离】Zhōnglí 名 ❶ 〈地〉 춘추(春秋)시대의 현(縣) 이름 [지금의 안휘성 봉양현(鳳陽縣) 동북쪽] ❷ 복성(複姓).

【钟灵毓秀】zhōng líng yù xiù 成 좋은 환경에서 훌륭한 인물이 나온다 ¶釜山是～之地｜부산은 훌륭한 인물이 많이 나오는 고장이다 =[锺灵育秀]

【钟情】zhōngqíng 動 애정을 기울이다. 사랑에 빠지다. ¶一见～｜한번 보고 사랑에 빠지다. 첫눈에 반하다.

【钟乳石】zhōngrǔshí 名 〈地質〉 종유석 =[石锺乳]

1【钟(鐘)】2 zhōng 종 종
名 ❶ 종. ¶打～ =[敲钟]｜종을 치다. ¶一座～｜종 하나 =[锺④] ❷ 시계 [소리를 내서 시각을 알리는 괘종·탁상 시계를 가리킴] ¶挂～｜괘종시계. 벽시계. ¶座～｜탁상시계. ❸ 시간. ¶五点～｜5시. ¶十分～｜10분(간).

【钟摆】zhōngbǎi 名 시계추.

4【钟表】zhōngbiǎo 名 시계의 총칭. ¶～铺 =[钟表行háng]｜시계점. 시계포. ¶～匠 =[表匠]｜시계공.

4【钟点(儿)】zhōngdiǎn(r) 名口 ❶ 시각. 정해진 시간. ¶上课的～到了, 快走吧｜수업 시간이 됐으니, 빨리 가자. ¶不误～儿｜시간을 어기지 마라. ❷ 시간 (동안). ¶我等了他两个～, 还未来｜나는 그를 두 시간이나 기다렸는데, 아직 오지 않았다 =[钟头]

【钟点讲师】zhōngdiǎn jiǎngshī 名組 시간 강사.

【钟鼎文】zhōngdǐngwén 名 금문(金文). 금석문(金石文) [옛 동기(銅器) 등에 새겨져 있는 글자] ¶郭沫若研究过～｜곽말약은 금석문을 연구하였다 =[金jīn文]

【钟鸣鼎食】zhōng míng dǐng shí 成 喻 호사스러운 생활을 하다. 부귀 영화를 누리다. ¶金家是一个～的大家族｜김씨 집안은 호사스런 생활을 하는 큰 가문이다.

1【钟头】zhōngtóu 名口 시간. ¶三个～｜세 시간. ¶一个半～｜한시간 반 =[钟点(儿)②]

3【衷】zhōng 참마음 충, 알맞을 충
❶ 속마음. 진심. ¶苦～｜고충. ¶由～之言｜진심에서 나온 말. ❷ 중간. 가운데. ¶折～｜절충하다. ❸ (Zhōng) 名 성(姓).

【衷肠】zhōngcháng 書 名 진심. 속마음. 의중. ¶畅尧～｜진심을 털어놓다. ¶一诉～｜의중을 털어놓다. 흉금을 털어놓다. ¶～话｜진심으로 하는 말 =[衷藏cáng]

【衷情】zhōngqíng 名 충정. 진정(眞情). 내심. 속생각. ¶久别重逢, 互诉～｜오랜만에 다시 만나서, 서로 진정을 털어놓다. ¶倾吐～｜내심을 털어놓다 =[書衷曲][曲衷]

【衷曲】zhōngqū ⇒[衷情]

3【衷心】zhōngxīn 區 속마음에서 우러나오는. 충심의. 진심의. ¶～希望你赴会｜당신이 모임에 오시기를 충심으로 바랍니다. ¶表示～的感谢｜충심으로 감사하다. ¶～拥护这个决议｜이 결의를 진심으로 옹호하다.

【忪】zhōng ☞ 忪 sōng B

2【終(終)】zhōng 끝 종, 마칠 종
❶ 副 마침내. 결국. ¶～必成功｜결국은 반드시 성공할 것이다. ¶～将见效｜마침내 효력이 나타나려 한다→[終於] ❷ 종말. 끝(나다). 轉 죽음 ¶全曲已～｜전곡이 이미 끝나다. ¶年～｜연말. ¶临～｜임종(하다) ⇔[始] ❸ 처음부터 끝까지. 모든 시간의. ¶～年↓ ¶～日↓ ❹ (Zhōng) 名 성(姓).

【终场】zhōngchǎng ❶ 動 (연극·구기 등이) 끝나다. ¶当～落幕的时候, 在观众响起了热烈的掌声｜연극이 끝나고 막이 내릴 때 관중들 속에서 열렬한 박수 소리가 터져나왔다. ❷ 名 (일의) 결말. 종국(終局). ❸ 名 옛날, 과거(科擧)의 종장.

4【终点】zhōngdiǎn 名 ❶ 종점. ¶～站｜종착역. ¶这一趟列车的～是上海站｜이 열차의 종점은 상해역이다. ❷ 〈體〉 결승점. ¶～线｜결승선. 골라인. ¶我坚持跑到了～｜나는 끝까지 달려서 결승점에 도달했다.

4【终端】zhōngduān 名 ❶ 〈電氣〉 단자(端子). ¶～电缆｜단자 케이블. ❷ 〈電算〉 (컴퓨터의) 단말. 터미널(terminal). ¶～设备｜단말기 설비.

【终端机】zhōngduānjī 名 〈電算〉 단말기.

【终伏】zhōngfú 名 말복 =[末伏][三伏②]

【终古】zhōnggǔ 書 名 副 영원(히). 영구(히). ¶

这虽是一句老话，却令人感到～常新｜이는 비록 늘 하는 말이지만 사람으로 하여금 영원히 항상 새로움을 느끼게 한다. ¶他那为民献身的精神～长存｜그의 그 인민을 위해 헌신하는 정신을 영원히 보전하다 =〔久远〕〔永远〕

【终归】zhōngguī 副 끝내. 결국. 마침내. ¶～无效｜끝내 효과를 보지 못했다. ¶这件事～会解决的｜이 사건은 결국 해결될 것이다 =〔毕bì竟〕〔到底②〕〔总归〕

【终极】zhōngjí 書 名 최종. 최후. 마지막. ¶～目标｜최종 목표. ¶～目的｜최종 목적 =〔最后〕〔最终〕

【终结】zhōngjié 動 종결하다. 종결시키다. ¶这盘棋已经～｜이 바둑은 이미 종결되었다. ¶会议～以后开始聚餐jùcān｜회의가 끝난 다음 회식이 시작된다. ¶～了争论｜논쟁을 종결시켰다.

[4]【终究】zhōngjiū 副 결국. 필경. ¶一个人的力量～有限｜한 사람의 힘은 결국 한계가 있다. ¶你～会明白的｜너는 결국에는 알게 될 것이다. ¶他～是个孩子，有些事还不懂｜그는 결국 아이이다, 어떤 일들은 아직도 이해 못하다니. ¶春天～是春天，不再像冬天那样冷了｜결국 봄은 봄이다, 이젠 더이상 겨울처럼 춥지 않다 =〔终久〕

【终久】zhōngjiǔ ⇒〔终究〕

【终局】zhōngjú ❶ 名 종국. 결말. 마지막. ¶战争的～｜전쟁의 결말. ¶～裁判｜최종 재판 =〔结局〕 ❷ 動 일을 마치다. 결속짓다. 끝내다.

【终了】zhōngliǎo ❶ 動 종료하다. 끝나다. ¶比赛～｜시합이 끝나다. ¶学期～｜학기가 끝나다 =〔结束〕〔完了〕 ❷ 名 죽음. ¶～的征兆｜죽음의 징조.

【终南捷径】zhōng nán jié jìng 成 관리가 되는 첩경. 성공에 이르는 지름길 [당(唐)의 노장용(盧藏用)이 관리가 되는 기회를 엿보며 수도 장안(長安) 부근의 종남산(終南山)에 은거하였는데, 후에 은자라는 큰 명성을 얻고, 마침내 왕의 부름을 받아 높은 관리가 되었다는 고사에서 유래됨] ¶在学术上没有什么～｜학술상에서는 어떠한 지름길도 없다.

[4]【终年】zhōngnián 名 ❶ 일년간. 일년 내내. ¶山顶～积厢｜산꼭대기는 일년 내내 눈이 쌓여 있다 =〔终岁〕〔全年〕〔整年〕 ❷ 名 일기. 향년. ¶～八十五岁｜향년 85세 =〔享xiǎng年〕

【终日】zhōngrì 書 名 (온)종일. 하루 종일. 어법 주로 부사어로 쓰임. ¶～下了大雨｜온종일 큰 비가 왔다. ¶～打柴，～烧｜諺 하루 종일 나무를 하여 하루에 다 때 버리다. 그날 그날 적당히 살아가다. ¶～打雁，叫雁扦qiān了眼 =〔终日打雁，叫雁啄了眼了〕｜諺 하루 종일 기러기를 잡다가 기러기에게 눈을 쪼이다. 원숭이도 나무에서 떨어질 때가 있다 =〔竟日〕〔整天〕

[3]【终身】zhōngshēn 名 종신. 일생. 평생. ¶～的事业｜평생의 사업. ¶～伴侣｜일생의 반려. ¶一张考卷定～，这种高考招生办法应当改变｜한 장의 시험지로 평생을 결정하는 이런 대학입시 신입생 선발 방법은 마땅이 바뀌어져야 한다.

【终身大事】zhōng shēn dà shì 成 일생의 큰 일. 결혼. ¶～要慎重｜결혼은 신중을 기해야 한다.

【终生】zhōngshēng 書 名 일생. 평생. ¶～莫忘 =〔终生难忘〕｜成 평생 잊지 못하다. ¶～难忘导师｜평생 지도 교수를 잊지 못하다 =〔终世〕〔终天②〕〔一辈子〕

【终霜】zhōngshuāng 名〈氣〉마감 서리 [입춘(立春)후 마지막으로 내리는 서리]

【终岁】zhōngsuì ⇒〔终年①〕

【终天】zhōngtiān ❶ 名 (온)종일. ¶～不停地写｜종일 쉬지 않고 쓰다 =〔整zhěng天〕 ❷ ⇒〔终生〕

[2]【终於】zhōngyú 副 결국. 마침내. 끝내. ¶试验～成功了｜실험이 결국 성공했다. ¶她多次想说，但～没说出口｜그녀는 여러 차례 말하려 했으나 끝내 말하지 못했다. 어법 ⓐ 「終於」는 서면어(書面語)에 많이 쓰이고 「到底」는 서면어나 구어(口語)에 두루 쓰임. ⓑ 「到底」가 수식하는 동사는 반드시 「了」가 있어야 함. ¶问题到底解决了｜문제는 마침내 해결되었다. ⓒ 「到底」는 의문문에 쓰여 어기를 강조할 수 있으나 「終於」는 그러하지 못함. ¶你终於去不去?(×) ¶你到底去不去?｜너 도대체 갈래 안 갈래?

[4]【终止】zhōngzhǐ ❶ 動 끝나다. 정지하다. 어법 「终止」는 동작·행위나 사물의 발전 변화가 끝남을 의미하는 반면, 「中止」는 도중에 끝남을 강조함. 이 두 단어는 경우에 따라 호환될 수 있음. ¶演出到此～｜공연이 여기에서 끝나다. ¶这场纠纷还没～｜이 분규는 아직도 끝나지 않았다. ¶因病～了学习｜병으로 인해 공부를 그만두었다. ¶～所有的军事行动｜일체의 군사 행동을 그만두다. ¶～条约通知书｜조약 종지 통지서. ❷ 名〈音〉카덴차(cadenza;이).

【螽】zhōng 배짱이 종 ⇒〔螽斯〕

【螽斯】zhōngsī 名〈蟲〉여치. 베짱이 =〔俗 蝈guō蝈儿〕〔方 叫哥哥〕

zhǒng ㄓㄨㄥˇ

3【肿(腫)】zhǒng 부스럼 종 ❶ 動 붓다. 부어 오르다. ¶冷得脸都冻～了｜추워서 얼굴이 다 얼어 부었다. ❷ 名 부기. 종기. 혹. ¶浮～｜부종. ¶癌～｜암종.

【肿骨鹿】zhǒnggǔlù 名〈動〉특히 잇몸이 큰 고대(古代) 사슴의 일종 [북경(北京) 주구점(周口店)에서 그 화석이 발견되었음]

[4]【肿瘤】zhǒngliú 名〈醫〉혹. 종양. ¶恶性～｜악성 종양. ¶良性～｜양성 종양.

【肿痛】zhǒngtòng 動 부어 오르고 아프다 =〔肿疼téng〕

【肿胀】zhǒngzhàng ❶ 動 붓다. 부어 오르다. ¶眼睛～｜눈이 부어 오르다. ❷ 名〈漢醫〉부종으로 인한 복부 팽창.

1【种(種)】[1] zhǒng zhòng 씨 종, 심을 종

Ⓐ zhǒng ❶ (～儿, ～子) 名 씨(앗). 종자. ¶撒～｜씨앗을 뿌리다. ¶选～｜선종하다. ❷ 名 종. 혈통. ¶这匹马是阿拉伯～｜이 말은 아랍종이다. ¶绝～｜혈통이 끊기다. ❸ 名〈生〉종 [생물

분류의 기초 단위] ¶小麦是单子叶植物禾本科小麦属的一~ | 밀은 단자엽 식물 화본과 밀속의 한 종이다. ❹ 인종. ¶白~ | 백인종. ❺ 名 배짱. 담력. 패기 [「有」「没(有)」와 함께 쓰임] ¶你有~! | 배짱 좋구나! ❻ 量 종류. 부류. 가지. ¶三~布 | 세 종류의 천. ¶两~人 | 두 부류의 사람. ¶各~情况 | 각종 상황. 어법 「种」과 「样」의 차이 ⇒〔样yàng〕 ❼ (Zhǒng) 名 성(姓).

B zhòng 動 ❶ 심다. 재배하다. 씨를 뿌리다. ¶~种zhǒng子 | 씨를 뿌리다. ¶移~ | 이식(하다). ¶~庄稼↓ ❷〈醫〉접종하다. ¶接~牛痘 | 우두를 접종하다.

A zhǒng

【种差】zhǒngchā 名〈生〉종차. 종(種)과 종(種)의 다른 속성.

【种畜】zhǒngchù 名 종축. 씨짐승. ¶~场 | 종축장. ¶~事业 | 종축 사업.

3【种类】zhǒnglèi 名 종류. ¶~齐全 | 종류를 다 갖추다. ¶~不多 | 종류가 많지 않다.

【种麻】zhǒngmá ⇒〔苴jū麻〕

【种禽】zhǒngqín 名 종금. 집에서 기르는 종자용 날짐승.

【种仁】zhǒngrén 名〈植〉(과실씨 등의) 속살. 씨에서 종피를 제외한 나머지 부분.

【种姓(制度)】zhǒngxìng(zhìdù) 名組 종성. 사성(四姓). 카스트(caste) [인도의 세습 신분제도로, 처음 「婆罗门」「刹帝利」「吠舍」「首陀罗」의 네 계급이었다가 후에 「贱民」이 첨가됨] ¶~制度 | 카스트 제도.

4【种种】zhǒngzhǒng 量 갖가지. 여러 가지. 각종. ¶使用~手段 | 여러 가지 수단을 사용하다. ¶~原因 | 각종 원인. ¶大家在会上提出了~意见和建议 | 여러 사람들이 회의에서 각종의 의견과 건의를 내놓았다.

2【种子】zhǒng·zi 名 ❶ 종자. 씨(앗). ¶下~ =〔种zhòng种子〕| 씨를 뿌리다. ¶~处理 | 종자 처리. ¶~植物 | 종자 식물. ¶革命的~ | 혁명의 씨앗 =〔种籽〕 ❷〈體〉(토너먼트경기의) 시드(seed). ¶~队 | 시드팀. ¶~选手 | 시드 선수.

【种子地】zhǒng·zidì 名〈農〉씨받이 밭. 채종전(採種田) =〔留liú种地〕

4【种族】zhǒngzú 名 종족. 인종.

【种族隔离】zhǒngzú gélí 名組 인종 격리.

【种族歧视】zhǒngzú qíshì 名組 인종 차별. ¶采取~政策 | 인종 차별 정책을 채택하다.

【种族主义】zhǒngzú zhǔyì 名組 인종주의.

B zhòng

4【种地】zhòng/dì 動 농사짓다. ¶~的 =〔种地人〕| 농부. 농민 =〔种田〕

【种痘】zhòng/dòu 動〈醫〉종두하다. 우두를 놓다. ¶这孩子~了吗? | 이 아이는 우두를 맞았느냐? =〔种花②〕〔种牛痘〕

【种瓜得瓜, 种豆得豆】zhòng guā dé guā, zhòng dòu dé dòu 國 콩 심은 데 콩 나고, 팥 심은 데 팥 난다 ¶~, ~, 下功夫总能有收获 | 콩 심은 데 콩 나고, 팥 심은 데 팥 나는 것이니, 노력하면 결국 수확을 거둘 수 있다 =〔种豆得豆〕〔种麦得麦〕

【种花】zhòng/huā 動 ❶ (~儿) 꽃을 심다〔가꾸다〕. ❷ (~儿) 方 종두하다 =〔种痘〕 ❸ 方 면화를 심다.

【种牛痘】zhòng niúdòu ⇒〔种痘〕

【种田】zhòng/tián ⇒〔种地〕

3【种植】zhòngzhí 動 ❶ 씨를 땅에 묻거나 묘목을 땅에 옮겨 심다. ¶秧苗yāngmiáo~得太密 | 모를 너무 촘촘히 옮겨 심었다. ❷ 재배하다. ¶~果树 | 과수를 심다. ¶~面积 | 재배 면적. ¶~园 | 농원(農園).

【种庄稼】zhòng zhuāng·jia 動組 농작물을 재배하다. 농사를 짓다. ¶~的 | 농민.

【种】

2 Chóng 성 충
名 성(姓).

【冢〈塚1,2〉】

zhǒng 무덤 총, 산꼭대기 총, 맏 총 名 ❶ (높고 큰) 무덤. ¶古~ | 고총. ¶荒~ | 황폐한 무덤 =〔冢zhǒng〕→〔坟fén〕 ❷ 書 산꼭대기. ❸ 書 장(長). 맏이.

【冢妇】zhǒngfù 書 名 정실(正室). 조부(宗婦).

【冢孙】zhǒngsūn 書 名 적장손(嫡長孫).

【冢中枯骨】zhǒng zhōng kū gǔ 國 무덤 속의 해골. 쓸모없는 사람.

【冢子】zhǒngzǐ 書 名 적장자(嫡長子).

【踵】

zhǒng 발꿈치 종, 뒤밟을 종
書 ❶ 名 발꿈치. ¶举~而观 | 발돋움하고 보다 =〔口 脚(后)跟〕 ❷ 動 몸소〔친히〕 이르다. ¶~门而谢 | 찾아뵙고 감사 드리다. ❸ 動 뒤따르다. ¶~其后 | 그 뒤를 따르다.

【踵事增华】zhǒng shì zēng huá 國 하던 일을 이어 더욱 발전시키다. ¶他当总统以后~, 国力有了加强 | 그가 대통령이 된 후 더욱 하던 일을 이어 발전시켜, 국력이 증강되었다.

【踵武】zhǒngwǔ 書 動 남의 발자국을 뒤따르다. 喩 모방하다. 답습하다. ¶~前贤 | 선현(先賢)을 따르다.

zhòng ㄓㄨㄥˋ

1【中】

zhòng ☞ zhōng B

【仲】

zhòng 버금 중, 가운데 중
❶ 형제 서열상의 둘째. ¶~兄↓ ❷ 한 절기의 두번째 달. ¶~秋↓ ❸ 중간에 서다. ¶~裁↓ ❹ (Zhòng) 名 성(姓).

【仲裁】zhòngcái 動 중재하다. ¶~程序 | 중재 절차. ¶~人 | 중재인. ¶~协定 | 중재 협정.

【仲长】Zhòngcháng 名 복성(複姓).

【仲春】zhòngchūn 名 봄의 두번째 달. 음력 2월. ¶~出游 | 음력 2월에 여행을 가다.

【仲冬】zhòngdōng 名 겨울의 두번째 달. 음력 11월.

【仲家(族)】Zhòngjiā(zú) 名〈民〉(중국의 소수민족인) 「布依族」(포의족)의 옛 이름.

【仲秋】zhòngqiū 名 가을의 두번째 달. 음력 8월. ¶~节 =〔中秋节〕| 중추절.

【仲孙】Zhòngsūn 名 복성(複姓).

【仲夏】zhòngxià 名 여름의 두번째 달. 음력 5월. ¶闷热的~ | 무더운 음력 5월.

【仲兄】zhòngxiōng 書 名 둘째 형.

2【众(衆)】zhòng 무리 중 ❶ 많다. ¶～多↓ ¶寡不敌～ | 중과부적 ⇔〔寡guǎ〕 ❷ 많은 사람. ¶群～ | 군중. ¶从～ | 많은 사람들의 의견을 따르다. ❸ 복성(複姓) 중의 한 자(字).

4【众多】zhòngduō 形 (주로 사람이) 매우 많다. 어법 정도부사의 수식을 받을 수 없음. ¶人口～, 资源丰富 | 인구가 많고, 자원이 풍부하다. ¶议题～的会议 | 의제가 많은 회의.

【众口难调】zhòng kǒu nán tiáo 威 많은 사람의 구미를 다 맞추기는 어렵다. ❶ 많은 사람을 다 만족시키기는 어렵다. ❷ 많은 사람의 의견을 일치시키기는 어렵다. ¶一个班这么多人, 真是～啊 | 이 반은 이렇게 사람이 많아, 정말 의견 일치시키기가 어렵다.

【众口铄金】zhòng kǒu shuò jīn 威 뭇 사람〔대중〕의 입은 쇠도 녹인다. 원래 여론의 힘이 크다의 의미였으나, 현재는 여러 사람이 이말 저말 하기 때문에 시비를 가리기 힘들다의 의미로 쓰임. ¶～, 积毁销xiāo骨, 对于流言蜚fēi语, 我们决不可等闲视之 | 떠도는 말이 많아 시비를 가리기 힘들고, 비난이 거듭되면 사람도 잡을 수 있으니, 이러한 유언비어에 대해서 우리는 결코 등한시 해서는 안된다.

【众口一词】zhòng kǒu yī cí 威 모든 사람의 말이 꼭 같다. 이구동성으로 말하다 ＝〔众口如一〕〔众口一调〕〔众口金同〕

【众目睽睽】zhòng mù kuí kuí 威 많은 사람들이 주시하다. 여러 사람이 지켜보고 있으니 나쁜 짓을 숨길 수 없다. ¶厚颜之徒在～之下, 不得不供认犯罪事实 | 낯가죽이 두꺼운 놈들도 많은 사람들이 지켜보고 있으니, 범죄 사실을 자백하지 않을 수가 없었다 ＝〔万目睽睽〕

【众怒】zhòngnù 名 대중의 분노. ¶别触发～ | 대중의 분노를 유발시키지 마라.

【众叛亲离】zhòng pàn qīn lí 威 여러 사람들이 배반하고 측근들도 떠나다. 인심을 잃어 완전히 고립되다. ¶他终于落得个～, 彻底chèdǐ失败的下场 | 그는 결국 측근마저 떠나 완전히 고립되어 철저하게 실패한 말로에 처하게 되었다.

【众擎易举】zhòng qíng yì jǔ 威 여러 사람이 힘을 합치면 무거운 물건도 쉽게 들어 올릴 수 있다. 힘을 합하면 쉽게 일을 이룰 수 있다. ¶这任务虽然艰巨, 然而～, 只要发动群众, 就能胜利完成 | 이 임무는 비록 어렵고도 막중하지만, 여러 사람이 힘을 합치면 쉽게 이룰 수 있으니, 단지 군중들을 움직이기만 하면 성공적으로 임무를 완수할 수 있다.

4【众人】zhòngrén 名 많은 사람. 여러 사람. 뭇사람. ¶～一条心, 黄土变成金 | 諺 모두가 한 마음이면, 황토도 금이 된다. 많은 사람이 단결하면 큰 힘을 발휘할 수 있다. ¶～背叛, 亲信离弃 | 여러 사람이 등을 돌리고, 측근들도 떠나버리다.

【众生】zhòngshēng 名 ❶ 〈佛〉 중생. ¶芸芸～ | 수많은 중생. ❷ 轉 짐승. ¶你这个～! | 이 짐승 같은 놈아!

【众矢之的】zhòng shǐ zhī dì 威 뭇 사람의 비난의 대상. ¶老金一下子成了～ | 김씨가 졸지에 대중의 비난 대상이 되었다.

【众说】zhòngshuō 名 뭇 사람의 설. 여러 사람의 의견. ¶～纷纭 | 威 의론이 분분하다.

4【众所周知】zhòng suǒ zhōu zhī 威 모든 사람이 다 알고 있다〔주지하고 있다〕. ¶这是～的事实 | 이것은 주지의 사실이다.

【众望】zhòngwàng 名 뭇 사람의 희망〔신망〕. 여망(輿望). 어법 주로 고정어구에 쓰임. ¶～所归 | 威 뭇 사람이 기대하는 바이다. 뭇 사람의 촉망이 쏠리다. 인망이 높다.

【众位】zhòngwèi 名 여러분 →〔诸zhū位〕

4【众议院】zhòngyìyuàn 名 중의원. ¶这个提案～已通过了 | 이 제안이 중의원에서 이미 통과되었다.

【众志成城】zhòng zhì chéng chéng 威 모두가 한마음 한뜻이면 견고한 성과 같이 허물어지지 않는다 ＝〔众心成城〕

1【重】zhòngchóng 무거울 중, 중할 중, 겹칠 중

Ⓐ zhòng ❶ 形 무겁다. ¶铁比木头～ | 쇠는 나무보다 무겁다 ⇔〔轻①〕 ❷ 形 정도가 심하다. ¶罪～ | 죄가 크다. ¶情意～ | 정의가 두텁다. ¶病～ | 병이 심하다. ¶颜色太～ | 색이 너무 진하다. ¶毛发～ | 털이 많다. ❸ 名 무게. 중량. ¶有多～? | 무게가 얼마인가? ¶～有二十吨 | 중량이 20톤이다. ❹ 形 비싸다. ¶～价收买 | 비싼 값으로 사들이다. ❺ 動 중요시하다. ¶不应该～男轻女 | 남자를 중시하고 여자를 경시해서는 안된다. ¶只～形式, 不～内容是错误的 | 형식만 중요시하고 내용은 중요시하지 않는 것은 잘못된 것이다. ❻ 신중하다. ¶慎～ | 신중하다. ¶老成持～ | 노숙하며 신중하다. ❼ 중요하다. ¶～任 | 중책.

Ⓑ chóng ❶ 動 중복하다. 겹치다. 어법 주로 단음절 동사 뒤에서 보어로 쓰임. ¶书买～了 | 책을 사고 보니 중복되었다. ¶这～样儿的不要了 | 중복된 이것은 필요없다. ¶杀出～围 | 겹겹의 포위를 뚫고 나오다. ❷ 副 거듭. 다시. ¶～唱一遍 | 다시 한번 더 노래하다. ❸ 量 층(層). 겹. ¶五～塔tǎ | 5층 탑. ¶两～人格 | 이중 인격. ¶突破一～又一～难关 | 난관을 하나하나씩 돌파하다.

Ⓐ zhòng

【重办】zhòngbàn 動 (범인을) 엄벌하다. 중벌에 처하다.

【重臂】zhòngbì 名 〈物〉 지레의 중점과 지점 사이의 거리.

【重兵】zhòngbīng 名 대군. 많은〔강력한〕 군대. ¶派驻～ | 대군을 파견하여 주둔시키다.

【重病】zhòngbìng 名 중병. ¶得了～ | 중병에 걸렸다. ¶他～在身 | 그는 몸에 중병이 있다.

【重创】zhòngchuāng 名 動 중상(을 입히다). 심한 타격(을 주다). ¶～敌军 | 적군에게 심한 타격을 주다.

【重唇音】zhòngchúnyīn 名 〈言〉 중순음 [양순음의 성운학 용어]

2【重大】zhòngdà 形 중대하다. 매우 크다. ¶～问

题｜중대한 문제. ¶～成果｜중대한 성과. ¶意义～｜의의가 크다. ¶事故～｜사고가 아주 크다.

【重担(子)】zhòngdàn(·zi) 名 무거운 짐. 중책. 중임. ¶担起～｜중책을 맡다. ¶肩负～｜어깨에 무거운 짐을 메다. 중임을 맡다. ¶抢挑～｜앞다투어 중책을 지다 ＝〔俗 沉chén重(儿)〕

【重地】zhòngdì 名 중요한 장소. 요해처. 요(충)지. ¶工程～｜중요한 공사장. ¶军事～｜군사 요충지. ¶仓库～, 闲人免进｜창고는 중요한 장소여서, 아무나 들어갈 수 없다.

[2]【重点】zhòngdiǎn ❶ 名〈物〉중점. ❷ 名 중점. 중요한 부분. ¶工业建设的～｜공업 건설의 중요한 부분. ¶～要突出｜중점을 두드러지게 해야 한다. ❸ 圖 중점의. 중요한. 주요. ¶～工作｜중점 사업. 주요 사업. ¶～学校｜중점 학교. ¶～试验区｜중점적인 실험 지역. ¶～文物保护单位｜중요 보호 문화재. ¶～发展｜중점적으로 발전시키다.

【重甸甸】zhòngdiàndiàn 貺 묵직하다. 둔중하다.

【重读】zhòngdú 動〈言〉강세를 주어 읽다. 강하게 발음하다 [「石头」「棍子」 등은 제1음절에, 「老三」은 제2음절에 강세를 주어 읽으며, 또 「过年」은 「过」에 강세를 주면 「내년」이란 뜻이 되고, 「年」에 강세를 주면 「새해를 맞다」는 뜻이 됨] ¶～音节｜강세 음절. ¶这个字要～｜이 글자는 강세를 주어 읽어야 한다 ＝〔重念〕→〔轻qīng读〕

【重罚】zhòngfá 名動 중벌. 엄벌(하다). 엄중한 책벌. ¶～主犯｜주범을 엄벌하다.

【重负】zhòngfù 名 중책. 무거운 부담. ¶如释～｜成 무거운 짐을 벗은 듯 가뿐하다.

[4]【重工业】zhònggōngyè 名 중공업 →〔轻工业〕

【重活(儿)】zhònghuó(r) 名 힘든 일. 중노동. ¶～累活｜어렵고 힘든 일. 고달픈 일.

【重机关枪】zhòngjīguānqiāng 名組〈軍〉중기관총 ＝〔重机枪〕

【重价】zhòngjià 名 고가. 비싼 값. ¶～收买｜비싼 값으로 수매하다. ¶～悬求｜고가로 구하다.

【重金属】zhòngjīnshǔ 名〈化〉중금속.

【重晶石】zhòngjīngshí 名〈鑛〉중정석.

【重力】zhònglì 名〈物〉중력. ¶～坝｜중력댐. ¶～场｜중력장. ¶～拱坝｜중력 아치댐. ¶～加速度｜중력 가속도. ¶～水｜중력수. ¶～选矿｜〈鑛〉중력 선광. 비중 선광. ¶～仪｜중력 편차계. ¶～异常｜중력 이상.

【重利】ⓐ zhònglì ❶ 名 고리. 높은 이자. ❷ 名 큰〔막대한〕이윤. ¶牟取～｜큰 이윤을 취하다. ❸ 書 動 이익〔이해 득실〕을 중시하다. ¶商人～轻义｜상인은 이익을 중시하고 의리를 경시한다.

ⓑ chónglì 名〈經〉복리(複利) ＝〔复fù利(息)〕

[2]【重量】zhòngliàng 名〈物〉중량. 무게. ¶～单｜중량표. ¶～证明书｜중량 증명서.

【重名】ⓐ zhòngmíng ❶ 名 성명(盛名). 훌륭한 명망. ❷ 書 動 명예를 중시하다.

ⓑ (～儿, ～子) chóngmíng(r,·zi) 名 동명(同名). 같은 이름. ¶他和我～｜그와 나는 이름이 같다. ¶～重姓｜동성동명.

【重男轻女】zhòng nán qīng nǚ 成 남자를 중시하고 여자를 경시하다. 남존 여비. ¶中国一向～｜중국은 줄곧 남자를 중시하고 여자를 경시해 오고 있다.

【重炮】zhòngpào 名〈軍〉중포. ¶用～猛轰｜중포를 이용해 맹폭하다.

【重氢】zhòngqīng 名〈化〉중수소. ¶超～｜3중수소 ＝〔氘dāo〕→〔氢〕

【重情】zhòngqíng ❶ 名 후의. 두터운 정. ❷ (zhòng/qíng) 形 정을 중하게 여기다. ¶他很～｜그는 매우 정을 중하게 여긴다.

【重任】zhòngrèn 名 중임. 중책. ¶身负～｜중임을 맡다.

【重身子】zhòngshēn·zi 名 ❶ 무거운〔임신한〕몸. ❷ 임신한 여자.

[2]【重视】zhòngshì 動 중시하다. 중요시하다. ¶～人才｜인재을 중시하다. ¶～农村问题｜농촌 문제를 중요시하다. ¶对公司～得还不够｜회사에 대해서 중시하는 것이 아직 부족하다. ¶～培养接班人｜후계자 양성을 중시하다. ¶政府对发展教育事业很～｜정부는 교육 사업을 발전시키는 데에 대해서 아주 중시하고 있다.

【重水】zhòngshuǐ 名〈化〉중수. ¶～工厂｜중수 공장 ＝〔氧yǎng化氘〕

【重听】zhòngtīng 形 귀가 먹다. ¶爷爷有点～, 你说话得大声点儿｜할아버지는 가는귀가 먹었으니, 좀 큰 소리로 말해야 한다.

【重头戏】zhòngtóuxì 名〈演映〉❶ 노래와 동작 또는 표정이 강하게 표현되는 연극. ❷ (극이나 영화에서의) 절정. 클라이맥스(climax). ¶两兄弟在公堂争死, 这是片中的一幕～｜두 형제가 법정에서 결사적으로 싸우는 이것이 영화의 절정이다.

【重托】zhòngtuō 名 ❶ 중대한 부탁. 중요한 위탁. ¶我们决不辜负gūfù学生对我们的～｜우리는 학생들이 우리들에게 거는 바램을 결코 저버리지 않겠다. ¶这是领导对你的～｜이것이 지도자께서 너에게 준 중대한 부탁이다. ❷ 유언. 임종때에 하는 부탁.

【重望】zhòngwàng 名 ❶ 훌륭한 명망. ¶负～｜훌륭한 명망을 업다. ❷ 큰 기대〔바램〕. ¶辜负了父亲的～｜부친의 큰 기대를 저버리다.

【重武器】zhòngwǔqì 名〈軍〉중무기.

[4]【重心】zhòngxīn 名 ❶〈物〉중심. 무게 중심. 질량 중심. 중력의 중심. ¶～下移｜중심이 아래로 움직이다. ❷〈數〉중심. 무게 중심. ❸ (일 등의) 중심. 중요한 부분. 핵심. 중점. ¶问题的～｜문제의 핵심.

[4]【重型】zhòngxíng 圖 (기계·무기 등의) 중형. 대형. 중량급. ¶～汽车｜중형 자동차. ¶～坦克｜중전차(重戰車). ¶～车床｜대형 선반. ¶～卡车｜대형 화물 트럭.

[1]【重要】zhòngyào 形 중요하다. ¶～内容｜중요한 내용. ¶～问题｜중요한 문제. ¶这论文很～｜이 논문은 매우 중요하다.

【重音】zhòngyīn 名 ❶〈言〉악센트(accent). ❷〈音〉강음. 악센트. ¶～符号｜강음 부호.

【重用】zhòngyòng 動 중용하다. 중요한 자리에 임용하다. ¶～能人 | 능력 있는 사람을 중용하다. ¶得到～ | 중용되다.
【重油】zhòngyóu 名〈化〉중유 =〔柴cháiì油〕
【重元素】zhòngyuánsù 名〈化〉중원소. 헤비 엘리멘트(heavy element).
【重镇】zhòngzhèn 名 요충지. 군사상 요지. 주요 도시. ¶军事～ | 군사 요충지.
【重重】ⓐ zhòngzhòng 貶 ❶ 무겁다. 묵직하다. ¶～的东西 | 무거운 물건. ❷ 대단하다. 심하다. 호되다. ¶～地打 | 호되게 때리다.
ⓑ chóngchóng 貶 겹치다. 거듭되다. 투성이다. ¶顾虑gùlǜ～ | 근심이 쌓이다. ¶矛盾máodùn～ | 모순 투성이다. ¶～见喜 | 잇달아 경사스런 일이 생기다. ¶克服～困难 | 겹겹이 쌓인 곤란을 극복하다.
【重罪】zhòngzuì 名 중죄. ¶他有～在身 | 그는 중죄인의 몸이다.
Ⓑ chóng
【重版】chóngbǎn 名 動 중판(하다). 재판(하다).
【重瓣胃】chóngbànwèi 名〈生理〉중판위. 겹주름 위 =〔瓣胃〕〔百叶胃〕
【重播】chóngbō 名 動 ❶〈演映〉재방송(하다). ¶相隔一段时间又～这个新闻 | 한참 후에 이 뉴스를 또 재방송한다. ❷ 재파종(하다).
【重茬】chóngchá 名 動〈農〉연작(連作)(하다) =〔连lián作〕
【重唱】chóngchàng 名 動〈音〉중창(하다). ¶二～ | 이중창.
【重重】chóngchóng ☞〔重重〕zhòngzhòng ⓑ
【重重叠叠】chóng·chongdiédié 貶 겹쳐지다. 중첩되다. 겹겹이 쌓이다 =〔重重落落〕
【重重落落】chóng·chong luòluò =〔重重叠叠〕
【重出】chóngchū 動 (글자·문구가) 거듭나오다. 중복되다. ¶这种现象多次～ | 이런 현상은 여러 차례 중복된다.
【重蹈覆辙】chóng dǎo fù zhé 成 전철(前轍)을 밟다. 잘못·실패를 거듭하다. ¶要认真吸取历史教训, 以免～ | 진지하게 역사의 교훈을 받아들여 전철을 밟지 말아야 한다.
【重叠】chóngdié 動 중첩〔중복〕되다. ¶山峦shānluán～ | 산이 겹겹이 이어지다. ¶精简～的行政机构 | 중복된 행정 기구를 간소화하다. ¶两个图像～在一起了 | 두개의 그림이 한데 겹쳐졌다.
【重返】chóngfǎn 動 되돌아오다〔가다〕. 복귀하다. ¶～家园 | 고향으로 돌아가다.
【重逢】chóngféng 動 다시 만나다. 재회하다. ¶久别～ | 오래 헤어졌다가 재회하다. ¶～老同学 | 옛 급우를 다시 만나다.
【重复】chóngfù 動 ❶ 중복하다. ¶这一段的意思跟第二段～了 | 이 단락의 뜻은 둘째 단락과 중복된다. ¶两个句子～了 | 두 문장이 중복되었다. ❷ 한번 더 반복하다. ¶他把昨天的话又～了一遍 | 그는 어제 한 말을 또 한차례 되풀이하였다. ¶他～着刚才妈妈讲过的话 | 그는 방금 엄마가 한 말을 한번 더 되뇌고 있다. ¶任何历史现象都不会是简单的～ | 어떠한 역사 현상도 단순한 반복일 수는 없다 ‖ 어법 「重复」은 원래대로 한 번 더 하는 것을 말하고, 「反复」은 반드시 원래대로가 아니더라도 그것을 여러 차례 중복하는 것을 말함.
【重归旧好】chóng guī jiù hǎo 成 옛날의 관계로 되돌아가다. 다시 사이좋게 되다. ¶老金和老李～ | 김씨와 이씨는 다시 사이가 좋아졌다.
【重合】chónghé ❶ 動〈數〉합동되다. ¶这两条线段～了 | 이 두 선분이 합동되었다. ❷ 名〈紡〉T 합사(合絲). ❸ 動 포개어 합쳐지다. (상처 등이) 아물다. ¶伤口已经～了 | 상처 자리가 이미 아물었다. ❹ 名〈化〉중합(polymerization).
【重婚】chónghūn ❶ 名 動〈法〉중혼(하다). ¶～罪 | 중혼죄. ❷ 名 겹혼인.
【重趼】chóngjiǎn 書 名 (손과 발의) 못. 굳은 살. 변지(趼胝) =〔重茧jiǎn②〕
【重茧】chóngjiǎn ❶ 書 名 두툼한 솜옷 =〔厚缟gǎo衣〕❷ ⇒〔重趼jiǎn〕
【重建】chóngjiàn 動 재건(再建)하다. ¶战后的～工作 | 전후의 재건 작업. ¶～祖国 | 조국을 재건하다.
【重九】Chóngjiǔ ⇒〔重阳(节)〕
【重利】chónglì ☞〔重利〕zhònglì ⓑ
【重落】chóng·luo 動 方 병이 도지다. ¶他的病前几天显着好一点儿, 现在又～了 | 그의 병은 며칠 전에는 다소 좋아졌다가, 지금 다시 도졌다.
【重名(儿, 子)】chóngmíng(r·zi) ☞〔重名zhòngmíngⓑ〕
【重设】chóngshè 名〈電算〉리세트(reset).
【重申】chóngshēn 動 거듭 말하다. 거듭 천명〔선언, 표명〕하다. ¶～韩国政府的一贯立场 | 한국 정부의 일관된 입장을 거듭 천명하다.
【重审】chóngshěn 名 動〈法〉재심(하다). ¶～此案 | 이 안건을 재심하다.
【重生父母】chóng shēng fù mǔ 成 생명의 은인 =〔再生父母〕
【重孙(子)】chóngsūn(·zi) 名 口 증손자 =〔曾zēng孙①〕
【重孙女(儿)】chóngsūnnǚ(r) 名 口 증손녀 =〔曾zēng孙女〕
【重提】chóngtí 動 다시 제기하다. (이야기를) 다시 꺼내다. 다시 문제삼다. ¶旧事～ | 지난 일을 다시 끄집어내다.
【重围】chóngwéi 名 이중 삼중의 포위망. 겹겹의 포위. 엄중한 포위. ¶冲chōng出～ | 엄중한 포위망을 뚫고 나오다.
【重温旧梦】chóng wēn jiù mèng 成 다시 한 번 옛 꿈을 꾸다. 과거의 일〔경험〕을 되새기다. ¶他还想～ | 그는 아직도 옛 일을 되새기며 생각한다.
【重文】chóngwén 書 名 이체자(異體字) =〔异yì体字〕
【重午】chóngwǔ 書 名 단오절 =〔重五〕〔端duān午(节)〕
【重现】chóngxiàn 動 다시 나타나다. 재현(再現)하다. ¶我的眼前, 立刻～了那场令人悲愤的情景 | 내 눈앞에 곧바로 비분을 금치 못하게 하는 그

정경이 재현되었다 =〔再zài(出)现〕

【重霄】chóngxiāo 書 名 높은 하늘. ¶飞上～ | 높은 하늘로 날아오르다 =〔九重霄〕

【重新】chóngxīn 副 (처음부터) 다시. 새로이. 재차. ¶～开业 | 새로이 개업하다. ¶～考虑 | 재고하다. ¶～做人 | 成 새 사람이 되다. ¶～做一个新的计划 | 다시 새 계획을 세우다. ¶～评价 | 재평가(하다) 어법 「重chóng」은 단음절 단어만 수식하지만, 「重复」는 이음절 단어도 수식함.

【重修旧好】chóng xiū jiù hǎo 成 이전의 교분을 회복하다. 사이가 다시 좋아지다. ¶他们虽曾闹过意见, 但如今已～ | 그들은 전에 비록 의견이 맞지 않았었지만, 지금은 이미 사이가 다시 좋아졌다. ¶两国决心～ | 양국은 이전의 교분을 회복하기로 결정했다.

【重言】chóngyán ❶ 動 되씹어 말하다. ❷ 名〈言〉 중언. 낱자(單字)를 중첩하여 묘사의 효과를 강하게 하는 수사법(修辭法). ¶高高的山, 清清的水 | 높고 높은 산, 맑고 맑은 물.

【重演】chóngyǎn ❶ 名 動 (연극 등에서) 재연(再演)(하다). ¶要求～ | 재연을 요청하다. ❷ 動 (행했던 일을) 되풀이하다. ¶历史的悲剧不许～ | 역사적 비극은 다시 되풀이해서는 안된다.

【重洋】chóngyáng 名 먼 바다. ¶远涉～ | 멀리 대양을 건너다. ¶远隔～ | 멀리 바다를 격해 있다. 먼 바다의 저쪽에 있다.

【重阳(节)】chóngyáng(jié) 名 중양절. 음력 9월 9일 =〔重九〕〔登高节〕〔九jiū节辰〕〔九月九〕

【重译】chóngyì 動 ❶ 이중 번역〔통역〕하다. ¶这书～了好几次 | 이 책은 여러차례 다시 번역되었다. ❷ 처음부터 다시 번역하다.

【重印】chóngyìn 名 動 재판(再版)(하다). ¶这本书出版后不久, 又～了 | 이 책은 출판된 지 얼마되지 않아 또 재판했다. ¶～本 | 재판본.

【重圆】chóngyuán 動 다시 한데 만나다. 재차 상봉하다. ¶乱离之后, 夫妻～ | 난리가 끝난후 부부는 재차 상봉했다.

【重张】chóngzhāng 動 (상점 수리를 끝내고) 다시 (장사를) 시작하다. ¶这商店明日～ | 이 상점은 내일 다시 장사를 시작한다.

【重振】chóngzhèn 書 動 다시 진작하다. ¶～精神, 再次投入比赛 | 다시 기운을 내어 재차 경기에 뛰어 들다.

【重整旗鼓】chóng zhěng qí gǔ 成 실패한 후에 다시 진용(陣容)을 정비하다. 재기를 꾀〔도모〕하다.

【重奏】chóngzòu 名〈音〉 중주. ¶二～ | 이중주.

【重足侧目】chóng zú cè mù 成 두 발을 모으고 곁눈질하다. 몹시 두려워하다 =〔重足而立(侧目而视)〕

【重足而立(侧目而视)】chóng zú ér lì (cè mù ér shì) ⇒〔重足侧目〕

【重做】chóngzuò 動 다시 한번 하다. 거듭해서 하다.

1【种】zhòng ☞ 种 zhǒng ① B

zhōu ㄓㄡ

4【州】zhōu 고을 주

名 ❶ 주 [지방행정 구획의 단위. 현재는 「苗族」「布依族」「藏族」「回族」등의 소수민족 「自治州」가 있음] ❷ 주 [고대(古代)의 호구(戸口)편제. 「五党」이 「一州」로 2천5백가(家)] ❸ (Zhōu) 춘추(春秋)시대의 나라 이름. ❹ (Zhōu) 성(姓).

4【洲】zhōu 물 주, 모래톱 주

名 ❶ 대륙 및 그 부속 도서의 총칭. ¶亚～ | 아시아주. ¶非～ | 아프리카주. ❷ (강 가운데의) 모래톱. 섬. ¶沙～ | 사주. ¶三角～ | 삼각주.

【洲际】zhōujì 區 대륙간. 대륙과 대륙사이. ¶～会议 | 대륙간 회의.

【洲际弹道导弹】zhōujì dàndào dǎodàn 名〈軍〉 대륙간 탄도 유도탄(I.C.B.M) =〔洲际导弹〕〔洲际飞弹〕〔洲际火箭〕

【洲际导弹】zhōujì dǎodàn ⇒〔洲际弹道导弹〕

4【舟】zhōu 배 주

書 名 배. ¶一叶扁～ | 일엽 편주. ¶泛fàn～ | 배를 띄우다.

【舟车】zhōuchē 名 ❶ 배와 차. ❷ 여행. ¶～劳顿 | 여행으로 지치다.

【舟楫】zhōují 書 名 ❶ 배와 노. 轉 배. ¶～之利 | 수운(水運)의 이로움〔편리함〕=〔船chuán只〕 ❷ 轉 나라의 어려움을 구하는 현신.

【舟资】zhōuzī 名 배삯. 선임(船賃). ¶～不足 | 배삯이 모자라다.

【舟子】zhōuzǐ 書 名 뱃사공 ¶雇～撑chēng船 | 뱃사공을 고용하여 상앗대질하다 =〔舟人〕

【诌(謅)】zhōu 又 zōu) 농 초

動 (말을) 꾸며대다. 허튼 소리를 하다. ¶不要胡～! | 되는대로 지껄이지 마라!

【诌咧】zhōuliē 動 함부로 지껄이다. 벌소리를 하다 =〔瞎诌胡咧〕

【诌着玩儿】zhōu·zhe wánr 動組 되는대로 지껄이다. 함부로 떠들다. 허튼소리를 하다. ¶你别～! | 너 함부로 지껄이지 마라!

1【周〈週6, 7〉】zhōu 두루 주, 주나라 주

❶ 形 주도 면밀하다. 세밀하다. 세심하다. 어법 주로 부정문에 쓰임. ¶招待不～ | 접대가 고루 미치지 못하다. ❷ 量 바퀴 [일정한 궤도를 따라 도는 단위] ¶地球绕rào太阳一～ | 지구가 태양을 한 바퀴 돌다. ❸ 量 만 1년. 일년마다 돌아오는 주기. ¶两～岁 | 만 두살. ¶三十～年 | 30주년. ❹ 名 주(일). ¶～刊↓ ¶上～ | 지난 주. ❺ 名 簡 「周波」(〈物〉 주파)의 약칭. ❻ 전부. 완전한. 보편적인. ¶众所～知 | 여러 사람이 다 알다. ¶～身↓ ❼ 주위. 둘레. ¶圆～ | 원주. ¶四～ | 둘레. ❽ 교제하다. ¶～旋xuán↓ ❾ 구제하다. ¶～济↓ =〔赒zhōu〕 ❿ (Zhōu) 名〈史〉 주나라 [B.C. 11세기에 무왕(武王) 희발(姬發)이 은(殷)나라를 멸하고 세운 왕조(王朝)] ⓫ 북주(北周)→〔北周〕 ⓯ 후주(後周)→〔后周〕 ⓬ (Zhōu) 주 [당대(唐代) 측천무후(則天武后)가 개칭했던 나라이름] ⓭ (Zhōu) 名 성(姓).

【周报】zhōubào 名 주간 신문〔잡지〕. ¶创造～ |

창조 주보.

【周边】zhōubiān 名 ❶ 주변. ¶ ~地区 | 주변 지역. ❷〈數〉둘레. 다변형(多邊形)의 각 변의 합. ❸ 끝부분. 말단.

【周遍】zhōubiàn 形 보편적〔일반적〕이다. 두루 미치다 =〔普pǔ遍〕

【周长】zhōucháng 名 둘레(길이). ¶ 湖的~十二公里 | 호수의 둘레는 12km이다.

2【周到】zhōudào 形 (근무·써비스·보살핌·말 등이) 주도면밀하다. 꼼꼼하다. 세심하다. 빈틈없다. 어법「周到」는 전면적이고 빠뜨림이 없는 것을 말하고,「周密」는 아주 엄밀하여 결함이 없는 것을 강조함. ¶ 他考虑问题一向很~ | 그는 문제를 고려하는 것이 여태 아주 주도 면밀하다 ¶ 服务~ | 근무(써비스)가 빈틈없다 =〔周至zhì〕

【周而复始】zhōu ér fù shǐ 成 한 바퀴 돌고 다시 시작하다. 돌고 또 돌다. 부단히 순환하다 ¶ 每天~地干这些事儿 | 매일 부단히 순환하며 이런 일을 한다 =〔终而复始〕

【周忌】zhōujì 名 주기 [사람의 사후 해마다 돌아오는 그 죽은 날] =〔周年②〕

【周济】zhōujì 動 (물질적으로) 구제하다. 돕다. ¶ ~穷人 | 가난한 사람을 구제하다 =〔近 周接〕〔赒zhōu济〕

【周刊】zhōukān 名 (신문·잡지 등의) 주간 ¶ ~新闻 | 주간 신문.

【周率】zhōulǜ 名〈物〉주파수.

4【周密】zhōumì 形 (계획·관찰·생각·준비·설치 등이) 주도 면밀하다. 세심하다. 빈틈없다. ¶ 计划~ | 계획이 주도 면밀하다. ¶ ~的调查 | 주밀한 조사.

3【周末】zhōumò 名 주말(週末). ¶ ~旅行 | 주말 여행. ¶ 他约我~去春游 | 그는 나에게 주말에 봄나들이 가자고 청했다.

3【周年】zhōunián ❶ 名 만1년. 주년. ¶ ~纪念 | 1주년 기념. ❷ ⇒〔周忌jì〕

4【周期】zhōuqī 名 주기. ¶ 出现了几个~ | 몇 개의 주기가 나타났다.

【周期律】zhōuqīlǜ 名〈化〉(원소) 주기율.

【周期性】zhōuqīxìng 名 주기성. ¶ ~循环 | 주기적 순환. ¶ ~经济危机 | 주기적 경제 위기. ¶ 呈chéng~ | 주기성이 나타나다.

【周全】zhōuquán ❶ 形 주도 면밀하다. 전면적이다. ¶ 计划订得~ | 계획이 주밀하게 세워지다. ¶ 他的话说得不太~ | 그의 말은 그다지 전면적이지 않다. ❷ 動 보살피다. 돌보다. 주선하다. 어법 목적어를 반드시 동반함. ¶ 他常~人 | 그는 늘 남을 보살펴 준다. ¶ 你就~他这一次吧 | 이 한번만 그를 좀 도와주어라.

【周儿】zhōur ⇒〔周岁〕

【周身】zhōushēn 名 온몸. 전신 ¶ 他~是病 | 그는 전신에 병이 들었다 =〔浑hún身〕

【周生】Zhōushēng 名 복성(複姓).

【周岁】zhōusuì 名 ❶ 한 돌. 만 1년. ¶ 不满~的孩子 | 돌도 되지 않은 아이. ❷ 만 …살. 어법 직접 수사와 결합함. ¶ 这孩子才三~ | 이 아이는 겨우 만 3살이다. ¶ 我今年~35 | 나는 금년에 만 35세이다 =〔足zú岁〕‖ =〔俗 周儿〕

1【周围】zhōuwéi 名 주위. 둘레. ¶ ~种了许多树木 | 사방에 많은 나무를 심었다. ¶ ~的环境 | 주위의 환경 =〔書 周回①〕

【周围神经】zhōuwéi shénjīng 名組〈生理〉말초 신경.

【周详】zhōuxiáng 形 (이해·대답·논술·안배·보살핌 등이) 주도 면밀하고 상세하다. 세밀하다. 자세하다. ¶ ~报道 | 빠짐없이 상세하게 보도하다. ¶ 安排得很~ | 매우 주도 면밀하게 안배하다. ¶ 这层意思他论述得很~ | 이 뜻에 대해 그는 아주 자세하게 논술했다.

【周恤】zhōuxù 書 動 구휼(救恤)하다. ¶ ~穷人 | 가난한 사람을 구휼하다.

【周旋】zhōuxuán 動 ❶ 주위를 돌다. 맴돌다. ¶ 一只老鹰在蓝天上~着 | 한 마리의 늙은 매가 푸른 하늘에서 맴돌고 있다. ¶ ~无端 | 끝없이 선회하다 =〔盘pán旋〕 ❷ 접대하다. 교제하다. ¶ 他善于同老板~ | 그는 사장에게 접대하는 것을 잘한다. ¶ 你去同他~~吧 | 네가 가서 그를 좀 접대해라. ¶ 与客人~ | 손님과 상대하다. ❹ (적과) 대항하다. 공방전을 전개하다. ¶ 这样儿跟敌人~了几个月 | 이렇게 적과 여러 달을 일진 일퇴하며 싸웠다.

【周延】zhōuyán 名〈論〉주연.

【周阳】Zhōuyáng 名 복성(複姓).

【周易】Zhōuyì 名〈書〉주역 =〔易经〕

【周游】zhōuyóu 動 주유하다. 여러 곳을 돌아다니다. ¶ 孔子~列国 | 공자가 여러 나라를 주유하다.

【周缘】zhōuyuán 名 가장자리. 테두리. ¶ 车轮的~沾满了泥 | 차바퀴의 가장자리에 진흙이 많이 묻었다.

【周遭】zhōuzāo ❶ 名 둘레. 주위. 사방. ¶ 寒夜里~听不见虫鸣 | 싸늘한 밤이라 주위에는 벌레의 울음소리도 들리지 않는다. ❷ 量 바퀴 [주의를 한 바퀴 도는 횟수를 나타냄] ¶ 跑了个~ | 한 바퀴를 뛰었다.

【周章】zhōuzhāng ❶ 形 매우 당황하다. 어쩔 줄 모르다. ¶ 狼狈~ | 낭패하여 당황하다. ¶ ~失措 | 매우 당황하여 어찌할 바를 모르다. ❷ 名 고심하다. ¶ 煞费~ | 노심 초사하다.

4【周折】zhōuzhé 名 우여곡절. 고심. 어법 일의 진행이 순조롭지 못함을 나타내며, 주로「经·费」의 목적어로 쓰임. ¶ 这件事~很多 | 이 일은 곡절이 아주 많다. ¶ 事情陂费~ | 일이 꽤 애를 먹인다. ¶ 几经~, 终于办成了这件事 | 몇 차례 우여곡절을 겪고, 마침내 이 일을 성사시켰다.

【周正】zhōu·zheng 形 方 단정하다. ¶ 把帽子戴~ | 모자를 단정하게 써라. ¶ 容貌~ | 용모가 단정하다.

【周至】zhōuzhì ⇒〔周到〕

4【周转】zhōuzhuǎn ❶ 動 (자금·물건 등이) 돌다. 유통되다. 운용되다. 회전되다. ¶ 资金~不过来 | 자금이 회전되지 않다. ¶ ~不开 =〔到不开〕| 변통이 잘 안되다. ¶ ~不灵 | (자본 등의) 운용이 활발치 않다. ¶ 借一百万元~~ | 백만원을 빌려서 좀 회전시켜봐라. ❷ 名〈經〉(자본의) 회전.

【啁】zhōu ☞ 啁 zhāo Ⓑ

【赒(賙)】zhōu 진휼할 주
書 動 구제하다. 돕다 ¶济人之贫苦pínkǔ, ～人之急｜남의 가난과 위급함을 구제하다《水滸傳》

【赒济】zhōujì 動 구제하다. 돕다. ¶～他人的危wēi急｜위급해진 타인을 돕다 ＝〔㊟周接〕〔周济〕

【诪(譸)】zhōu 속일 주
書 動 ❶ 저주하다. ❷ 속이다. 기만하다.

【诪张】zhōuzhāng 動 속이다. 기만하다. ¶～为幻huàn｜기만하여 환상을 가지게 하다.

3【粥】zhōu yù 죽 죽, 팔 육
Ⓐ zhōu 名 죽. ¶喝～｜죽을 먹다. ¶熬áo～｜죽을 쑤다.
Ⓑ yù ❶ 書 動 기르다. ❷「鬻」와 같음 ⇒〔鬻yù〕

【粥少僧多】zhōu shǎo sēng duō 成 죽은 적고 중은 많다. 나눠 줄 물건은 적은데, 줄 사람은 너무 많다 ¶这儿～, 不能再进入了｜이 곳은 물건은 적고 사람은 많아서, 다시 들어갈 수 없다 ＝〔僧多粥少〕

【粥粥】zhōuzhōu 貶 무르다. 죽같다. 연하다. 부드럽다.

zhóu ㄓㄡˊ

【妯】zhóu 동서 축
⇒〔妯娌〕

【妯娌】zhóu·lǐ 名 동서 [형제의 아내끼리 서로 부르는 호칭] ¶她们三个是～｜그들 셋은 동서이다.

【妯妯】zhóuzhóu 名 동서 [동서 상호간의 호칭]

【轴(軸)】zhóu zhòu 굴대 축
Ⓐ zhóu ❶ 名〈機〉굴대. 차축. ¶车～｜차축. ❷ (～儿, ～子) 차축처럼 생긴 것. ¶线～儿｜실패. ¶画～｜족자. ❸ 名〈數〉축 [평면 또는 입체를 대칭으로 가르는 직선] ❹ 量 축. 토리 [축에 감은 서화·실 등을 세는 단위] ¶古画二～｜고화 두 축. ¶两～丝线｜두 토리의 견사. ❺ 形 京 완고하다. 외고집이다. ¶脾气píqì很～｜성격이 매우 외고집이다.
Ⓑ zhòu ⇒〔大dà轴子〕〔压yā轴子〕

【轴衬】zhóuchèn ⇒〔轴瓦〕

【轴承】zhóuchéng 名〈機〉베어링(bearing). ¶滚滚柱～｜롤러 베어링(roller bearing). ¶滚珠～｜볼 베어링(ball bearing). ¶滚针～｜니들 베어링(needle bearing) ＝〔㊌轴架〕〔㊋㊕培令〕〔㊋㊕培林〕

【轴对称】zhóuduìchèn 名〈數〉선대칭. ¶～图形｜선대칭 도형.

【轴瓦】zhóuwǎ 名〈機〉부싱(bushing) ＝〔轴衬〕〔轴套〕

【轴心】zhóuxīn 名 ❶〈機〉바퀴축. 차축(車軸). ¶车轮的～｜바퀴의 축. ❷ 두루마리의 축(軸). 권축(卷軸) ❸ 축. 중심. ¶价格总是以价值为～｜가격은 언제나 가치를 중심으로 한다. ❹ 제국주의 국가간의 연합 전선. 추축. ¶～国｜추축국(樞軸國) [제2차 세계 대전 때에 일본·독일·이탈리아 3국 동맹의 편에 속했던 나라]

【轴子】zhóu·zi 名 ❶ (족자의) 권축(卷軸). ❷〈機〉굴대. 차축(車軸). ❸ (현악기의 줄을 조이는) 축. ❹ 方 완고한 사람.

【碡】zhóu 舊 dú) 고무래 독
⇒〔碌liù碡〕

zhǒu ㄓㄡˇ

【肘】zhǒu 팔꿈치 주
名 ❶ (～儿, ～子) 팔꿈치 ＝〔胳gē膊肘〕 ¶掣chè～｜저지하다. 누르다. ¶悬xuán～写大字｜팔꿈치를 들고 큰 글자를 쓰다. ❷ 돼지의 허벅지 →〔肘子②〕

【肘窝】zhǒuwō 名 팔꿈치 관절의 안쪽. ¶～痒痒yǎng的｜팔꿈치 관절 안쪽이 가렵다.

【肘腋】zhǒuyè 書 名 ❶〈生理〉팔꿈치와 겨드랑이. ❷ 轉 지극히 가까운 곳. ¶～相交｜喩 매우 친한 사이. ¶变生～｜사변(事變)이 가까운 곳에서 일어나다.

【肘子】zhǒu·zi 名 ❶〈生理〉팔꿈치. ❷ 돼지의 허벅지 고기. ¶水晶～｜〈食〉돼지 허벅다리를 오래 고아 만든 요리.

【帚〈箒〉】zhǒu 비 추
名 비. 빗자루 ¶炊chuī～｜(설거지용) 수세미. ¶笤tiáo～ ＝〔扫sào帚〕｜빗자루.

【帚星】zhǒuxīng 名 혜성(慧星). 살별 ＝〔扫sào帚星〕

【帚子黍】zhǒu·zishǔ 名〈植〉비를 만드는 수수. 가는 수수.

zhòu ㄓㄡˋ

【纣(紂)】zhòu 껑거리끈 주
名 ❶ 書 밀치끈 [마소의 꼬리 밑의 밀치에 걸어, 안장 또는 길마에 잡아매는 끈] ❷ (Zhòu)〈人〉주왕(紂王) [은(殷)나라 최후의 임금. 주(周)나라 무왕(武王)에게 살해됨. 악한 임금의 전형으로 하(夏)나라의 걸왕(桀王)과 함께「桀纣」(걸주)라 일컬어짐]

【纣棍(儿)】zhòugùn(r) 名 밀치.

【酎】zhòu 전국술 주, 주금 주
❶ 書 名 독한 술. 여러 번 빚은 순주(醇酒). ❷ ⇒〔酎金〕

【酎金】zhòujīn 書 名 옛날, 제후(諸侯)가 제사용으로 황제에게 내던 헌상금(獻上金).

【葤(蒣)】zhòu 꾸러미 주
方 ❶ 動 짚으로 싸다〔묶다〕. ❷ 量 묶음. 꾸러미 [찻잔·접시 등을 새끼로 묶은 것을 세는 말] ¶一～碗｜사발 한 묶음.

3【宙】zhòu 때 주, 하늘 주
名 ❶ 書 (과거·현재·미래의) 무한한 시간. ❷ 書 동량(棟梁) →〔宇yǔ宙〕 ❸〈地質〉주 [지질 년대의 최대 단위]

【宙斯】Zhòusī 名 ㊕〈神〉제우스(Zeus).

【轴】zhòu ☞ 轴 zhóu Ⓑ

【咒〈呪〉】zhòu 방자 주, 방자할 주
❶名 주문. ¶符～ | 주문. 주술. ¶念了几句～ | 몇마디 주문을 외웠다. ❷動 저주하다. 주문을 외다. ¶你这不是～人吗? | 너 이것은 다른 사람을 저주하는 것 아니냐? ¶为什么这样～我 | 왜 이렇게 나를 저주하느냐?

【咒骂】zhòumà 動 악담을 퍼붓다. 저주하는 말로 욕을 퍼붓다. ¶肆意～别人 | 마음대로 다른 사람에게 악담을 퍼붓다.

【咒语】zhòuyǔ 名 ❶ 악담. 저주하는 말. ¶大发～ | 악담을 마구하다. ❷ 주문(呪文).

【胄】zhòu 투구 주
名 ❶ 투구. ¶甲jiǎ～ | 갑옷과 투구. 갑주. ❷ (고대 왕후귀족(王侯貴族)의) 자손. 후예. ¶贵～ ＝〔华胄〕| 귀족의 후예.

4【昼(晝)】zhòu 낮 주
名 낮. 대낮. ¶～夜不停 | 밤낮으로 쉬지 않다. ¶灯光如～ | 불빛이 대낮같이 환하다. ¶～长夜短 | 낮은 길고 밤은 짧다 ⇔〔夜yè〕

4【昼夜】zhòuyè 名 주야. 밤낮. ¶～不停 ＝〔昼夜不息xī〕| 밤낮으로 쉬지 않다. ¶～看守 | 주야로 지키다.

【绉(縐)】zhòu 주름질 추
名 ❶ 주름 ＝〔皱①〕❷〈紡〉크레이프(crape) [바탕에 잔주름이 생기도록 짠 비단의 한가지] ¶湖hú～ | 절강성(浙江省) 호주(湖州)에서 나는 크레이프.

【绉布】zhòubù 名〈紡〉면 크레이프(crape) [오글쪼글한 주름이 있는 면직품] ¶买了一些～回来 | 면직품을 사서 돌아왔다.

【绉绸】zhòuchóu 名〈紡〉바탕이 오글쪼글한 견직품 ＝〔俗 绉纱②〕

【绉纱】zhòushā ❶ 名〈紡〉크레이프(crape) 강연사(强撚絲)를 씨실로 짠 오글쪼글한 직물. ❷ ⇒〔绉绸chóu〕

3【皱(皺)】zhòu 주름 추
❶ 名 (얼굴이나 옷의) 주름. 주름살. 轉 구김살. ¶上了年纪脸上就会起～ | 나이가 들면 얼굴에 주름살이 생긴다. ¶这条裙有很多～ | 이 치마는 주름이 많이 있다. ¶～纹(儿)↓ ＝〔绉①〕❷ 動 찡그리다. 찌푸리다. 구기다. ¶～眉头 | 눈살을 찌푸리다. ¶衣裳～了 | 옷이 구겨졌다.

【皱巴巴】zhòubābā 貶 (얼굴이) 주름살 투성이다. 쭈글쭈글하다. (옷이) 구깃구깃하다 ¶～衣服 | 구겨진 옷 ＝〔皱皱巴巴〕

【皱襞】zhòubì 書 名 주름. 접은 자국. 구김살.

【皱痕】zhòuhén 名 주름살. 구김살.

【皱胃】zhòuwèi 名〈生理〉추위. 주름위.

3【皱纹(儿)】zhòuwén(r) 名 주름. 구김살. ¶张大爷饱经风霜的脸上布满了～ | 장씨 아저씨의 온갖 풍상을 겪은 얼굴엔 주름살이 가득하다.

【皱折(儿)】zhòuzhé(r) 名 (옷의) 구김. 구김살. ¶满是～的西服, 怎么能穿出去? | 구김살 투성이의 양복을 어떻게 입고 나갈 수 있겠니?

【皱皱巴巴】zhòu·zhoubābā ⇒〔皱巴巴〕

【甃】zhòu 벽돌 추
書 ❶ 名 우물의 벽. ❷ 動 (우물 등을) 벽돌로 쌓다.

【繇】zhòu ☞ 繇 yáo Ⓒ

【籀】zhòu 주문 주
❶ 名 주문 ＝〔籀文〕❷ 書 動 읽다. 읊다. ¶～读 | 읽다.

【籀文】zhòuwén 名 주문. 대전(大篆) [한자 서체(書體)의 일종] ¶他研究过～ | 그는 대전을 연구하였다 ＝〔大篆〕〔簡 籀①〕〔籀书〕

3【骤(驟)】zhòu 台 zòu) 달릴 취
❶ 副 돌연히. 갑자기. 급히. ¶气温～降 | 기온이 갑자기 떨어지다. ¶～然而来 | 갑자기 오다. ❷ 빨리 달리다. 질주하다. ¶驰chí～ | 질주하다. ❸ 거세다. 빠르다. ¶～雨↓

【骤冷】zhòulěng 動〈化〉급랭하다. ¶天气～ | 날씨가 갑자기 추워지다.

【骤然】zhòurán 副 돌연히. 갑자기. 불시에. ¶气温～下降 | 기온이 갑자기 뚝떨어졌다. ¶老人～一惊 | 노인이 깜짝 놀라다. ¶～离去 | 갑자기 떠나가다. ¶～而来 | 갑작스레 오다 ＝〔突tū然〕〔忽hū然〕

【骤雨】zhòuyǔ 名 소나기 ＝〔急jí雨〕

【鬻】zhòu ☞ 鬻 yù

zhū ㄓㄨ

【朱】1 zhū 붉을 주, 붉은빛 주
名 ❶〈色〉주홍색. ❷ (Zhū) 성(姓).

【朱笔】zhūbǐ 名 ❶ 붉은 색을 찍어 쓰는 붓. ❷ 수정·평가한 글〔문장〕.

【朱顶(雀)】zhūdǐng(què) 名〈鳥〉홍방울새 ＝〔贮zhù点红〕

【朱古力(糖)】zhūgǔlì(táng) ⇒〔巧qiǎo克力〕

【朱红】zhūhóng 名〈色〉주홍.

【朱槿】zhūjǐn 名〈植〉불상화(佛桑花) ＝〔赤chì槿〕〔佛fó桑〕〔扶fú桑③〕

【朱门】zhūmén 名 주문. 붉은 칠을 한 대문. 喻 지위가 높은 관리의 집. 부귀한 집. ¶～酒肉臭, 路有冻死骨 | 부잣집에서는 술과 고기 썩는 냄새가 나는데, 길가에는 얼어 죽은 시체가 널려있다.

【朱墨】zhūmò 名 ❶ 붉은 색과 검은 색. ¶～加批 | 붉은 색과 검은 색으로 평을 써 넣다. ¶～套印 | 붉은 색과 검은 색의 색도 인쇄. ❷ 주사먹. 붉은 빛깔의 먹.

【朱批】zhūpī 名 주필로 쓴 비평어.

【朱漆】zhūqī 名 붉은 칠. ¶～大门 | 붉은 칠을 한 대문. 喻 부잣집.

【朱雀】zhūquè 名 ❶〈鳥〉붉은 양지니. 양지니 ＝〔红麻料儿〕❷〈天〉이십팔수(二十八宿) 중의 남방(南方) 7수(七宿)인 정(井)·귀(鬼)·유(柳)·성(星)·장(張)·익(翼)·진(軫)의 총칭 ＝〔朱鸟〕❸〈神〉주작 [도교(道教)에서 모시는 남방(南方)의 신(神)]

【朱文】zhūwén 名 인감. 인장(印章)의 양문(陽文). ¶刻～ | 양각(陽刻)으로 파다 ⇔〔白文〕

【朱(硃)】2 zhū 주사 주
名〈鑛〉주사(朱砂). 단사(丹砂). ¶近～者赤, 近墨者黑 | 威 주사를 가까이하면 붉게 되고, 먹을 가까이 하면 검어진다. 묵근자흑(墨近者黑).

【朱砂】zhūshā 名〈鑛〉주사. 진사 [인조품은「银朱」라고 함] =〔辰chén砂〕〔丹dān砂〕〔硃砂〕

【朱砂笺】zhūshājiān 名 주사(朱砂)를 칠한 붉은 종이 [「春chūn联(儿)」「对duì联(儿)」등을 쓰는 데 사용됨] =〔朱笺〕

【侏】zhū 난장이 주
키가 작다. ¶～儒↓

【侏罗纪】Zhūluójì 名 外〈地質〉쥐라(Jura)기.

【侏罗系】Zhūluóxì 名 外〈地質〉쥐라(Jura)계.

【侏儒】zhūrú 名 주유. 난장이. ¶老金是一个～ | 김씨는 난장이이다 =〔朱儒〕

【诛(誅)】zhū 벨 주, 책할 주
❶ (죄인을) 죽이다. 처형하다. ¶罪zhuì不容～ | 威 죄가 무거워 죽어도 그 죄과를 다 씻지 못하다. ¶伏～ | 사형당하다. ❷ 꾸짖다. 질책하다. 책망하다. ¶口～笔伐 | 威 말과 글로써 주벌하다.

【诛锄异己】zhū chú yì jǐ 威 (정치상) 자기의 의견과 맞지 않는 자를 죽여 없애다. ¶他急於～ | 그는 정치적으로 의견이 맞지않는 자를 죽이기에 급하다.

【诛戮】zhūlù 書 動 죽이다. 벌하여 죽이다 ¶～政敌 | 정적을 죽이다 =〔诛杀〕

【诛求】zhūqiú 書 動 (세금과 재물을) 강요하다. 강제로 빼앗다〔착취하다〕. ¶苛敛kēliǎn～ | 威 가렴주구하다. ¶～无厌 | 끊임없이 착취하다 =〔勒索〕

【诛心之论】zhū xīn zhī lùn 威 ❶ 실제 죄상은 어떻든 그 동기만 따져 죄를 정하다. ❷ 남의 의도를 신랄하게 폭로하는 깊이 있는 비판〔의론〕.

【邾】Zhū 나라이름 주
名 ❶〈史〉주(邾)나라 [주대(周代)의 나라「邹zōu」(추)의 옛 이름. 현재의 산동성(山東省) 추현(鄒縣)일대에 있었음] ❷ 성(姓).

【洙】Zhū ⓧ shū) 물이름 수
名〈地〉수수(洙水) [산동성(山東省) 곡부현(曲阜縣)에 있는 강 이름으로「泗水」(사수)의 지류]

【茱】zhū 수유나무 수
⇒〔茱萸〕

【茱萸】zhūyú 名〈植〉산수유나무.

2【株】zhū 그루 주
❶ 量 그루 [식물을 세는데 쓰임] ¶松柏千～ | 소나무와 잣나무 천 그루. ¶一～梨树 | 배나무 한 그루. ❷ 名 (나무의) 그루. ¶守～待兔 | 威 나무그루에 토끼가 부딪혀 잡히기를 기다리다. 노력하지 않고서 좋은 결과를 기다리다. ❸ 名 (곡식의) 포기. ¶幼～ | 어린 포기. ¶～距↓

【株距】zhūjù 名 그루 사이. 포기 간격. ¶～不匀, 底肥不足 | 포기 사이는 고르지 못하고, 밑거름도 부족하다.

【株连】zhūlián 動 연좌하다. 연루되다. 끌려 들어가다.

【株守】zhūshǒu ⇒〔守株待兔〕

【株选】zhūxuǎn 名 動〈農〉우량한 그루의 종자를 받아 뿌리거나 번식시켜 신품종으로 개량하는 선종(選種) 방법의 하나. ¶搞好～工作 | 품종개량 작업을 하다.

2【珠】zhū 구슬 주
名 ❶ (～子) 진주. 구슬. ¶真～ =〔珍zhēn珠〕| 진주. ¶夜明～ | 야명주. ❷ (～儿) 구슬〔진주〕처럼 둥글게 생긴 것. ¶眼～儿 | 안구(眼球). 눈망울. ¶水～ | 물방울. ¶泪～儿 | 눈물방울.

【珠宝】zhūbǎo 名 진주·보석류의 장식물. ¶～商 | 보석상. ¶～店 | 금은 보석방.

【珠翠】zhūcuì 名 ❶ 진주와 비취. ❷ 보석. ¶～满头 | (화려하게 치장하여) 보석이 머리에 가득하다.

【珠光宝气】zhū guāng bǎo qì 威 진주나 보석이 휘황하게 빛나다. 주옥과 보석으로 단장하다. ¶～的年轻太太 | 진주와 보석으로 화려하게 꾸민 젊은 부인.

【珠还合浦】zhū huán hé pǔ 威 ❶ 청렴한 관리. ❷ 잃었던 보배를 다시 찾다. ❸ 나갔던 사람이 다시 돌아오다. ¶这回可是～ | 이번에는 정말 잃었던 보배를 다시 찾았다.

【珠玑】zhūjī 書 名 주옥(珠玉). 喩 아름다운 문장〔시구〕. 주옥 같은 글귀. ¶字字～ | 글자마다 주옥 같다. ¶满腹～ | 威 주옥 같은 글귀가 가슴 속에 가득하다.

【珠联璧合】zhū lián bì hé 威 진주가 한데 꿰이고 옥이 한데 모이다. 금은보화가 한곳에 쌓이다. 출중한 인재〔좋은 물건〕들이 한데 모이다 [혼인 축하에 많이 쓰임] ¶李先生和康小姐是～ | 이선생과 미스 강은 천생연분이다.

【珠儿】zhūr 名 구슬알. 방울. ¶算盘～ | 주판알. ¶水～ | 물방울. ¶汗～ | 땀방울.

【珠算】zhūsuàn 名 動 주산(하다). ¶他会～ | 그는주산을 할 줄 안다.

【珠圆玉润】zhū yuán yù rùn 威 구슬같이 둥글고 옥같이 매끄럽다. ❶ 노래 소리가 옥구슬 구르듯 아름답다. ¶她那～的歌声gēshēng | 주옥같은 그녀의 노래소리. ❷ 문장이 아름답고 매끄럽다 =〔玉润珠圆〕

4【珠子】zhū·zi 名 ❶ 구슬. 진주. ❷ 구슬 모양의 것. ¶汗hàn～ =〔汗珠儿〕| 땀방울.

4【蛛】zhū 거미 주
名〈動〉거미 =〔蜘zhī蛛〕

【蛛丝马迹】zhū sī mǎ jì 威 거미줄과 말발자국. 흐릿한 단서(端緖). 실마리. ¶最近已经发现了一些～, 破案的希望越来越大了 | 최근 이미 약간의 단서를 발견하여 사건 해결의 희망이 점점 커졌다.

【蛛网】zhūwǎng 名 거미줄〔집〕 ¶～上粘着几只蚊子 | 거미줄에 모기 몇마리가 붙어 있다 =〔蜘zhī网〕〔蛛蛛网〕

【蛛蛛】zhū·zhu 名 俗〈動〉거미 =〔蜘zhī蛛〕

【铢(銖)】zhū 중량이름 수
❶量 고대 중량(重量) 단위 [1「两」의 24분의 1] ❷量〈錢〉바트(baht) [태국 화폐단위] ❸ 지극히 가벼운 것→〔錙zī铢〕

【铢积寸累】zhū jī cùn lěi 成 작은 것이 조금씩 조금씩 축적되어 많아지다. ¶这个资金是～起来的 | 이 자금은 한푼 두푼 모은 것이다. ¶读书要持之以恒héng, ～, 知识就会越来越丰富 | 독서를 끊임없이 해야 조금씩 축적되는 것이 있어, 지식이 갈수록 풍부해질 것이다 =〔积铢累寸〕

【铢两悉称】zhū liǎng xī chèn 成 ❶ 쌍방 무게가 꼭 같다. ❷ 우열이 서로 같다. ¶他俩的棋艺可以说～, 难分高下 | 그들 둘의 바둑 수준은 똑같아서 고하를 구분하기 힘들다고 하겠다.

4【诸(諸)】zhū 모든 제, 어조사 제
❶形 여러. 많은. 모든. ¶～位↓ ¶～子百家 | 춘추전국시대(春秋戰國時代)의 여러 학파. ❷書 代 그것. 이것. ¶不忍食～ | 차마 그것을 먹을 수 없다. ❸「之於」또는「之乎」의 합음(合音). ¶君子求～己, 小人求～人 | 군자는 자신을 탓하고, 소인은 남을 탓한다《論語·衛靈公》. ¶传闻之事有～? | 전해들은 일이 실제로 있느냐. ❹ (Zhū) 名 성(姓). ❺ 복성(複姓)중의 한 자(字). ¶～葛↓

【诸多】zhūduō 書 數 量 많은. 허다한. 여러가지의. ¶～妨碍fángài | 수많은 방해. ¶～不便 | 여러가지 불편.

【诸葛】Zhūgě 名 복성(複姓).

【诸葛亮】Zhūgě liàng 名 ❶〈人〉제갈량 [삼국(三國)시대 지모가 뛰어난 촉한(蜀漢)의 정치가. 자(字)는 공명(孔明). 유비(劉備)의 삼고지례(三顧之禮)에 감복, 그를 도와 촉한을 세움] ❷ 喻 지모(智謀)가 뛰어난 사람.

【诸葛亮会】zhūgěliànghuì 名組 喻 중지(衆知)를 모으는 회의. ¶开一个～ | 중지를 모으는 회의를 열다.

【诸宫调】zhūgōngdiào 名〈文〉제궁조 [송(宋)·금(金)·원(元) 시대에 성행된 설창 문학의 일종]

【诸侯】zhūhóu 名 제후 ¶～回朝廷述职 | 제후가 조정에 돌아와 업무를 보고하다 =〔守臣〕

【诸如】zhūrú 連 예컨대 …따위. 이를테면 …같은 것들 어법「诸如」는 서면어에 주로 쓰이며 그 뒤에 예를 한가지만 들 수 없으나,「例如」는 한 예만 들 수 있고 주로 구어에 쓰임. ¶贵重金属指价格高的金属, ～金、银、铂bó、铱yī | 귀금속은 가격이 비싼 금속을 가리키는데, 예를 들면 금·은·백금·이리듐 등이 있다.

4【诸如此类】zhū rú cǐ lèi 成 대개 이런 것들과 같다. 이와 같은 여러가지(것들). ¶～, 不胜枚méi举 | 이와 같은 여러 가지 것들은 이루 다 열거할 수 없다.

4【诸位】zhūwèi 名 敬 제위. 여러분. ¶～有何意见, 请尽量发表 | 여러분께서 무슨 의견이 있으시면, 무엇이든 다 발표해 주십시오. ¶～女士～先生! | 신사 숙녀 여러분! ¶向～请教 | 여러분에게 가르침을 청하다.

【诸子】zhūzǐ 名 ❶ 제자 [춘추전국시대 각파 학자의 통칭] ¶熟读～散文 | 제자 산문을 숙독하다 →〔诸子百家〕❷ 여러 학파의 학술 저작.

【诸子百家】zhū zǐ bǎi jiā 成 제자 백가. 춘추 전국(春秋戰國)시대의 뭇 학파 ¶～, 各有高论gāolùn | 제자 백가마다 각기 훌륭한 학설이 있다 =〔百家〕

1【猪〈豬〉】zhū 돼지 저
名〈動〉돼지. ¶野yě～ | 멧돼지. ¶公～ =〔方 猪哥〕〔方 猪郎〕| 수퇘지. ¶母～ =〔方 猪母〕| 암퇘지

【猪八戒照镜子】Zhūbājiè zhào jìng·zi 歇 저팔계가 거울을 보다. ❶ 어디서든 호평을 받지 못하고 지탄만 받다 [뒤에「里外不是人」이 이어짐] ¶我忙了半天, 劳而无功, 还闹个～, 里外不是人了 | 나는 한참을 바빴지만 고생만 하고 아무런 공도 없을뿐더러 좋은 말은 커녕 지탄만 받으니 사람도 아냐. ❷ 스스로 난처함을 자초하다 [뒤에 自找难堪kān이 이어짐] ❸ 상대방 면전에서 좋지 않은 얼굴색을 보이다 [뒤에「当面给他个难看」이 이어짐]

【猪不吃, 狗不啃】zhū bù chī, gǒu bù kěn 諺 돼지도 안 먹고 개도 안 물다. 喻 개 돼지도 거들떠 보지 않다. 아무도 상대를 안함 ¶她是一个～, ～的丑婆娘 | 그녀는 아무도 상대해주지 않는 추한 노파이다 =〔猪不吃, 狗不拉〕

【猪倌(儿)】zhūguān(r) 名 돼지 치는 사람. ¶他还当过～呢 | 그는 여진히 돼지 치는 일을 맡고 있다.

【猪獾】zhūhuān 名〈動〉산오소리 =〔沙獾〕

【猪圈】zhūjuàn 名 ❶ 돼지 우리. 돈사(豚舍). ¶～里养不出千里马, 花盆里长不了参天树 | 諺 돼지 우리에서 좋은 말이 나올 수 없고, 화분에서 하늘을 찌르는 나무가 자랄 수 없다. 환경이 중요하다. ❷ 喻 돼지 우리같이 더러운 곳. 누추한 집 ‖ =〔猪栏lán〕〔猪棚péng〕〔猪舍〕

【猪苓】zhūlíng 名〈植〉저령. 주령(朱苓) =〔豕shǐ零〕

【猪笼草】zhūlóngcǎo 名〈植〉전통덩굴.

【猪猡】zhūluó 名 方 ❶ 돼지. ❷ 轉 罵 얼뜨기.

【猪排】zhūpái 名 ❶ 돼지 갈비. ❷ 포크 커틀릿 =〔炸zhá猪排〕

【猪婆龙】zhūpólóng 名〈動〉양자강의 악어 =〔鼍tuó〕

【猪瘟】zhūwēn 名 돼지 콜레라. ¶防治～ | 돼지 콜레라를 예방 치료하다.

【猪油】zhūyóu 名 돼지 기름. 라드(lard) =〔猪脂zhī〕〔北 大油〕〔北 荤hūn油〕〔脂油〕

【猪油果】zhūyóuguǒ 名〈植〉왕쥐참외아재비 =〔油瓜〕〔油渣zhā果〕

【猪鬃】zhūzōng 名 돼지털. ¶～刷子 | 돼지털로 만든 솔.

【猪鬃草】zhūzōngcǎo ⇒〔铁tiě线蕨〕

【潴〈瀦〉】zhū 웅덩이 저
書 ❶ 動 (물이) 괴다. ❷ 名 웅덩이.

【潴留】zhūliú 名〈醫〉분비폐지. ¶尿～ | 요폐(尿閉)

【橥〈櫫〉】zhū 말뚝 저
書名(가축을 매는) 말뚝.

【槠(櫧)】zhū 종가시나무 저
名〈植〉종가시나무 [너도밤나무과에 속하는 상록활엽 교목]

zhú ㄓㄨˊ

【朮】zhú 삽주 출
주의「朮」와 혼동하기 쉬움 →〔术shù〕
❶ ⇒〔苍cāng朮〕❷ ⇒〔白bái朮〕

2【竹】zhú 대 죽
名❶〈植〉대나무. ¶～林｜대나무숲. 죽림. ❷ 대나무로 만든 악기의 소리 [팔음(八音)의 하나]→〔八音〕❸ (Zhú) 성(姓).

【竹板书】zhúbǎnshū 名 죽판서 [「산동(山东)지방 곡예(曲艺)의 일종으로, 「呱嗒板」과 「节子板」(7개의 작은 대쪽을 엮어 만든 리듬 악기)을 빠른 박자로 치며 간혹 대사를 섞어 노래함] =〔山东快书〕

【竹编】zhúbiān 名 대나무로 만든 공예품. ¶～经销jīngxiāo｜대나무 공예품을 위탁 판매하다.

【竹鞭】zhúbiān 名❶ 대나무 땅속줄기. ❷ 대나무로 손잡이를 만든 채찍. ¶挥动～｜손잡이가 대나무로 된 채찍을 휘두르다.

【竹帛】zhúbó 名 죽간(竹簡)과 포백(布帛). 옛날 여기에 글을 적었음. 轉 서적. 전적. ¶著之～｜書 책을 저술하다. ¶功垂～｜공적이 서적〔역사〕에 길이 남다.

【竹布】zhúbù 名〈紡〉린네르 천. 옥당목. ¶白～｜흰색 린네르 천. 흰 옥당목.

【竹雕】zhúdiāo 名❶ 대나무 조각. ❷ 대나무 조각 공예품. ¶生产～商品｜대나무 조각 공예품을 생산하다.

【竹筏】zhúfá 名 대나무로 엮어 만든 뗏목. ¶～顺流而下｜대나무 뗏목이 순조로히 흘러 내려가다 =〔竹筏子〕

【竹竿(儿)】zhúgān(r) 名 대나무 장대. ¶把衣服晾liàng在～上｜옷을 대나무 장대에 걸어서 말리다.

【竹黄】zhúhuáng 名 대나무 공예품의 일종 =〔竹簧huáng〕〔翻fān黄〕〔翻簧〕

【竹鸡】zhújī 名〈鳥〉자고평. ¶打了几只～回来｜자고평을 몇마리 잡아 돌아오다 =〔竹鹧鸪〕〔茶花鸡〕〔泥滑滑〕

【竹筴鱼】zhújiāyú 名〈魚貝〉전갱이 =〔竹筴鱼〕〔刺cì鲅〕〔鱼筴鱼〕

【竹简】zhújiǎn 名 죽간 [종이 발명이전 문자를 적는 데 쓰인 대쪽]

【竹节】zhújié 名 대의 마디.

【竹节虫】zhújiéchóng 名〈蟲〉죽절충. 대벌레.

【竹刻】zhúkè 名 대나무 조각(彫刻).

【竹蓝打水】zhúlán dǎshuǐ 歇 대바구니로 물을 푸다. 헛수고를 하다 [뒤에 「(落了)一场空」이 이어지기도 함] ¶他这回闹了一个～一場空｜그는 이번에 한바탕 헛수고를 했다.

【竹篱茅舍】zhú lí máo shè 威 대나무 울타리와 초가집. 시골집.

【竹马(儿)】zhúmǎ(r) 名❶ 죽마. 대말. ¶骑qí～｜죽마를 타며 놀다. ¶青梅～｜威 남녀 아이들이 천진난만하게 소꿉장난하다. ❷ 민간 가무에 쓰이는 도구 [대나무·종이·헝겊 등으로 말 모양을 만든 것으로, 가운데가 비어 사람이 그 속에 들어가 상반신을 내밀고 손에는 말채찍을 들고 노래를 부르며 뛰어다님]

【竹器】zhúqì 名 대로 만든 그릇. ¶他很会编～｜그는 매우 대그릇을 잘 엮는다.

【竹笋】zhúsǔn 名 죽순 =〔笋①〕

【竹榻】zhútà 名 대나무 침대. ¶他爱睡～｜그는 대나무 침대에서 잘 잔다.

【竹筒(儿)】zhútǒng(r) 名❶ 죽통. 대통. ¶～倒豆子｜歇 대나무 통에서 콩을 쏟아내다. 마음 속에 있는 말을 쏙쏙들이 털어놓다 [뒤에 「全抖出来」가 이어지기도 함] ❷ 머리가 텅 빈 사람.

【竹席】zhúxí 名 대로 엮은 자리. 대자리 ¶～比草席凉快｜대자리는 초석자리보다 시원하다 =〔竹簟diàn〕

【竹叶青】zhúyèqīng ❶ 名〈動〉살무사 =〔青竹蛇儿〕❷ 名 죽엽청 [「汾fén酒」를 원주(原酒)로 하여 여러 가지 약재를 넣어 만든 황록색을 띤 술] ❸ 名 죽엽청 [「绍shào兴酒」의 일종으로 담황색을 띤 술] ❹ 名〈色〉청록색.

【竹芋】zhúyù 名❶〈植〉울금. 심황. ❷ 심황의 근경(根莖).

【竹枝词】zhúzhīcí 名 죽지사 [민가(民歌) 색채가 짙은 시체(詩體)의 일종] =〔竹枝辞〕

【竹纸】zhúzhǐ 名 (여린) 대나무로 만든 종이 [얇고 빛깔은 희며 지면에 광택이 있음]

2【竹子】zhú·zi 名〈植〉대(나무). ¶翠绿的～｜청록색의 대나무.

【竺】zhú 나라이름 축
❶ ⇒〔天tiān竺〕❷ (Zhú) 名 성(姓).

【轴】zhú ☞ 轴 zhóu Ⓒ

【舳】zhú 고물 축
書名 고물. 선미(船尾).

【舳舻】zhúlú 書名 배의 고물과 이물. 선미(船尾)와 선두(船頭). 轉 장방형(長方形)의 배. ¶～相衔 =〔舳舻相继〕｜배들이 꼬리를 물고 잇닿다. ¶～千里｜배들이 꼬리를 물고 길게 잇닿다 =〔轴zhóu舻〕

2【逐】zhú 쫓을 축
❶ 動 쫓아내다. 몰아내다. ¶把他～出门外｜그를 문밖으로 쫓아내다. ¶他竟～妻出门｜그는 결국 아내를 문밖으로 쫓아냈다. ¶～出境外｜국외로 추방하다. ❷ 차례로. 순서를 따라. ¶～步↓ ¶～字讲解｜한자한자 해석하다. ¶～条说明｜조목조목 설명하다. ❸ 쫓다. 쫓아가다. ¶追zhuī～｜쫓아 가다. ¶相～为戏｜서로 쫓아 다니며 놀다. ¶追亡～北｜패적(敗敵)을 추격하다. ❹ 副 점점. 점차. 차츰. ¶～见起色｜점차 활기를 띠다. ¶～渐发展｜점점 발전하다.

2【逐步】zhúbù 副 한 걸음 한 걸음. 차츰차츰. ¶～提高｜차츰차츰 향상되다. ¶速度～慢下来｜속도가 차츰 떨어진다. ¶～发展和扩大队伍｜차츰

차츰 대오를 발전 확대하다. 어법「逐步」와「逐渐」의 비교⇒〔逐渐〕

【逐臭之夫】zhú chòu zhī fū 成 喻 ❶ 괴팍한 성미가 있는 사람. ❷ 공명이나 이익만을 추구하는 사람. ¶他不过是一个～ | 그는 공명을 추구하는 사람에 불과하다.

【逐个(儿)】zhúgè(r) 副 하나하나. 차례차례. ¶～清点 | 차례차례 철저히 점검하다

²【逐渐】zhújiàn 副 점차. 차츰차츰. 어법 ⓐ 자연스런 변화는「逐渐」을 쓰고 의식적이고 단계가 있는 변화는「逐步」를 씀. ¶逐步忘了这件事(×) ¶逐渐忘了这件事 | 점차 이 일을 잊었다. ⓑ「逐步」는 형용사를 수식할 수 없음. ¶逐步冷了起来(×) ¶逐渐冷了起来 | 점차 추워지기 시작했다. ¶天色～暗了下来 | 날이 점점 어두워졌다 =〔書 积渐〕

【逐客令】zhúkèlìng 名 축객령. 손님을 내쫓는 명령〔말〕[진시황(秦始皇)이 객경(客卿)을 추방하라고 내린 명령에서 연유함] ¶下～ | 손님을 내쫓다. ¶他竟对我下起～来了 | 그는 결국 내게 축객령을 내렸다.

【逐鹿】zhúlù 書 動 사슴을 쫓다. 喻 정권 쟁탈전을 벌이다. 정권·지위를 뺏으려고 다투다. ¶～中原 | 成 천하를 다투다. ¶群雄～ | 군웅이 천하를 다투다.

⁴【逐年】zhúnián 副 매년. 해마다. ¶产量～增长 | 생산량이 매년 증가하다. ¶人数～减少 | 사람 수가 매년 감소하다.

【逐日】zhúrì 副 나날이. 날마다. 매일매일. ¶～往来存款 | 소액 당좌 예금. ¶废品率～下降 | 폐품률이 하루하루 줄어들다.

【逐一】zhúyī 書 副 하나하나. 일일이. ¶～审查 | 하나하나 심사하다. ¶～指示 | 일일이 지시를 하다. ¶对这几个问题～举例说明 | 이 몇 가지 문제에 대하여 하나하나 예를 들며 설명하다.

【逐字逐句】zhú zì zhú jù 한 글자 한 문구씩. 매 글자 매 문구마다. ¶～仔细讲解 | 한 글자 한 문구씩 자세히 해설을 가(加)하다. ¶～地推敲 | 한 글자 한 문구씩 퇴고하다.

【瘃】zhú 동창 촉
書 名〈醫〉가벼운 동상(凍傷). 동창(凍瘡) =〔口 冻疮chuāng〕

3【烛(燭)】zhú 초 촉
❶ 名 초. 양초. ¶蜡là～ | 양초. ¶小心火～ | 불조심 [게시(揭示)용어] ❷ 量〈物〉촉. 촉광 [전구의 광도(光度) 단위] ¶六十～(光)的电灯 | 60촉의 전등. ❸ 書 動 비추다. 간파하다. ¶火光～天 | 불빛이 하늘을 붉게 물들이다. ¶洞～其奸 | 간계를 간파하다.

【烛光】zhúguāng 名 ❶ 양초가 타면서 내는 빛. ❷〈物〉촉광 [빛의 세기의 단위. 와트(W)]

【烛花】zhúhuā 名 ❶ 등심(燈心)이 타고 남은 불똥. ❷ 촛불·등불의 불꽃 ‖ =〔書 烛穗〕

【烛泪】zhúlèi 名 촉루. 촛농. 납루(蠟淚).

【烛台】zhútái 名 촛대. ¶银色的～ | 은색 촛대.

【烛照】zhúzhào 書 動 밝게 비추다. ¶太阳光～大地 | 햇빛이 대지를 밝게 비추다.

【筑】zhú ☞ 筑 zhù

【蠋】zhú 나비애벌레 촉
名〈蟲〉나비나 나방 등의 유충(幼蟲).

【躅】zhú 머뭇거릴 촉, 자취 탁
⇒〔踯zhí躅〕

zhǔ ㄓㄨˇ

1【主】zhǔ 주인 주, 임금 주
❶ 名 주인. ¶宾～ | 손님과 주인. ¶东道～ | 주최자 ⇔〔宾bīn〕〔客kè〕 ❷ 名 (권력·재물 등의) 소유자. ¶当家作～ | 주인 노릇을 하다. ¶物～ | 물주. ❸ 名 당사자. 관계자. ¶卖～ | 판매자. ¶失～ | 분실자. ¶事～ | 형사 사건의 피해자. ❹ 名 (옛날, 신하나 노비에 대한) 군주. 상전. ¶奴隶～ | 노예주. ❺ 名 (기독교의) 하느님. (이슬람교의) 알라. ❻ 名 方 결혼 상대자. 남성. ¶我已经有～了 | 나는 이미 결혼 상대가 생겼다. ❼ 名 주견(主見) [「没主」의 형태로 쓰임] ¶她心里没～ | 그녀는 주견이 없다. ❽ 名 위패(位牌) =〔木主〕〔神主〕 ❾ 動 주장하다. 스스로 결정하다. ¶～和↓ ¶婚姻自～ | 혼인은 스스로 결정하다. ❿ 動 예시하다. 예보하다. ¶早霞～雨, 晚霞～晴 | 아침 노을은 비를, 저녁 노을은 개일 징조를 나타낸다. ⓫ 책임을 지다. 주관하다. ¶作～ | 책임지고 결정하다. ⓬ 가장 중요한. 주된. ¶～力↓ ¶～要人物 | 주요인물. ⓭ 자기 의식상의. ¶～观↓ ⓮ (Zhǔ) 名 성(姓).

⁴【主办】zhǔbàn 動 주최하다. ¶展览会将由外贸部～ | 전람회는 대외 무역부에서 주최할 것이다. ¶～了两次 | 두번 주최했다. ¶～单位 | 주최측 =〔主持办理〕

【主笔】zhǔbǐ ❶ 名 주필. ¶敏老师是文学评论的～ | 민선생님은 문학평론의 주필이시다. ❷⇒〔主编②〕

⁴【主编】zhǔbiān ❶ 動 편집을 주관하다. 책임지고 편집하다. ¶这本书由康先生～ | 이 책은 강선생이 편집을 주관하다. ❷ 名 편집장. 주간(主幹). ¶他是～ | 그가 편집장이다. ¶副fù～ | 부편집장 =〔主笔②〕

【主宾】zhǔbīn 名 주빈. ¶～席 | 주빈석. ¶分清～ | 주빈을 분명히 하다.

³【主持】zhǔchí 動 ❶ 주관하다. 책임지고 집행하다. 주재(主宰)하다. ¶～人 | ⓐ 주최자. ⓑ (라디오·텔레비전 등에서) 프로그램 진행자. 사회자 =〔节目主持人〕 ¶会议由校长～ | 회의는 총장이 주재한다. ❷ 주장하다. 옹호〔수호〕하다. 지지하다. ¶一力～ | 전력으로 지지하다. ¶～公道 | 공정한 태도를 옹호하다. ¶～正义 | 정의를 주장하다. ❸ (절의) 주지를 맡다. ¶庙miào内～ | 그 절에서 주지 노릇을 하다.

【主厨】zhǔchú ❶ 動 부엌일을 맡아하다. ¶今天由老张～ | 오늘은 장씨가 부엌일을 맡아한다. ❷ 名 (호텔·식당 등의) 요리사. 주방장.

【主词】zhǔcí 名〈論〉주사(主辭) =〔主辞〕

【主次】zhǔcì 名 (일의) 경중(輕重). 본말(本末). 주된 것과 부차적인 것. ¶分清～ | (일의) 경중

을 분명히 가리다. ¶～不分｜본말을 구별하지 않다.
【主从】zhǔcóng 名 ❶ 주체와 종속. ¶～关系｜주종 관계. ❷ 주인과 종자(從者).
【主存储器】zhǔcún chǔqì 名〈電算〉주기억 장치.
【主单位】zhǔdānwèi 名(도량형의) 기본 단위.
【主刀】zhǔdāo ❶ 名〈醫〉(수술할 때의) 집도의(執刀醫). ❷ 動(의사가) 몸소 집도하여 수술하다.
4【主导】zhǔdǎo ❶ 區 주도적인. ¶～作用｜주도적 역할. ¶～思想｜주도적 사상. ❷ 名 주도적인 것. ¶以农业为基础, 工业为～｜농업을 기초로 하고, 공업을 주도적인 것으로 삼다.
【主调】zhǔdiào ❶ 名〈音〉주조. 기조(基調). ¶～音乐｜주조 음악. 단선율 가곡. ❷ 名 주요 논조. ¶会议的～是积极的｜회의의 주요논조는 적극적이다.
【主动】zhǔdòng ❶ 形 능동적이다. 자발적이다. 적극적이다. ¶～性｜능동성. ¶～帮助别人｜자발적으로 남을 돕다. ¶这个要求是他～提出的｜이 요구는 그가 자발적으로 제기한 것이다. ¶～争取｜자발적으로 쟁취하다→〔被动①〕 ❷ 形 주동적이다. 주도적이다. ¶～权｜주도권. ¶～者｜주동자. ¶处於～地位｜주동적 지위에 서다→〔被动②〕 ❸ 名〈機〉(차바퀴의) 전동력(電動力). 추진력.
【主动脉】zhǔdòngmài 名〈生理〉대동맥 =〔大动脉〕
【主队】zhǔduì 名〈體〉홈 팀 ¶～胜了｜홈 팀이 이겼다 ⇔〔客队〕
【主发动机】zhǔfādòngjī 名 ❶〈機〉주엔진. 메인 엔진(main engine) =〔主机②〕 ❷〈航〉(우주선 로케트의) 주엔진.
【主伐】zhǔfá 名〈林〉주벌.
【主犯】zhǔfàn 名〈法〉주범. 주모자. ¶～逮dǎi住了｜주범이 체포되었다.
【主峰】zhǔfēng 名 주봉. 최고봉.
【主父】zhǔfù 名 ❶ 書 바깥 양반 [남편에 대한 아내의 호칭] ❷ (Zhǔfù) 복성(複姓).
【主妇】zhǔfù 名 주부. ¶家庭～｜가정 주부
【主干】zhǔgàn 名 ❶〈植〉기본. 줄기. ❷ 주요한 힘. 결정적인 작용을 하는 힘.
【主根】zhǔgēn 名〈植〉주근. 제뿌리.
【主攻】zhǔgōng 名〈軍〉주공(격). ¶～部队｜주공격 부대.
【主顾】zhǔ·gù 名 고객. ¶老～｜단골 손님 =〔照zhào顾主(儿)〕〔顾gù客〕〔顾主〕
2【主观】zhǔguān 名 形 주관(적이다). ¶～力｜자기의 힘. 도그머적 경향. ¶～意识｜주관 의식. ¶你在工作中太～｜너는 일하는 데 있어 너무 주관적이다 ⇔〔客观〕
【主观主义】zhǔguān zhǔyì 名 주관주의. ¶犯了～的错误｜주관주의의 착오를 범하였다.
4【主管】zhǔguǎn ❶ 動 주관하다. 관할하다. ¶～部门｜관할 부문. ¶总务zǒngwù工作由他～｜총무 일은 그가 주관한다. ¶这项xiàng工作我～过两年｜이 작업은 내가 2년 동안 주관했다. ❷ 名 주관자.
【主光轴】zhǔguāngzhóu 名〈物〉광축.
【主和】zhǔhé 動 화평을 주장하다. ¶～派｜주화파.
【主婚】zhǔhūn 動 혼사를 주관하다 [보통 쌍방의 부모가 맡음] ¶～人｜주혼자.
【主机】zhǔjī ❶ 名〈軍〉편대장기(編隊長機) =〔长zhǎng机〕 ❷ ⇒〔主发动机①〕
【主祭】zhǔjì 動 제사를 주관하다. ¶～人｜주제자.
【主见】zhǔjiàn 名 주견. ¶没～｜자기의 생각이 없다.
【主讲】zhǔjiǎng ❶ 動 강연·강의를 담당하다. ¶今晚由金教授～｜오늘 저녁 김교수님이 강연을 하신다. ❷ 名 강연〔강의〕자.
【主将】zhǔjiàng 名 ❶〈軍〉주장. 사령관 =〔主帅〕〔统帅〕 ❷〈體〉주장 =〔队duì长①〕
【主焦点】zhǔjiāodiǎn 名〈物〉초점 =〔焦点〕〔烧shāo点〕
【主焦煤】zhǔjiāoméi ⇒〔焦煤〕
【主教】zhǔjiào 名〈宗〉주교. ¶红衣～｜붉은 옷의 주교.
【主句】zhǔjù 名〈言〉주절(主節).
【主角(儿)】zhǔjué(r) ⓧ zhǔjiǎo(r)) 名 ❶〈演映〉주역. 주인공. ¶女～｜여자 주인공 =〔主脚(儿)〕→〔配角(儿)①〕〔戏子〕 ❷ 중심 인물. 주요 인물.
【主考】zhǔkǎo ❶ 動 시험을 주관하다. ❷ 名 주임 시험관→〔监jiān考〕
【主课】zhǔkè 名 ❶ 주요 학습 과목. ❷ 주요 교과 과정. ❸ 주요 수업. ❹ 주요 과제.
3【主力】zhǔlì 名 주력. ¶～部队｜주력 부대. ¶她是女排的～｜그녀가 여자 배구의 주력이다.
【主力军】zhǔlìjūn 名 ❶〈軍〉주력 부대. ❷ 喻 주력(主力). 중심이 되는 세력.
【主粮】zhǔliáng 名(한 지역에서 생산·소비되는) 주요 식량.
4【主流】zhǔliú 名 ❶ 주류 =〔干gàn流〕 ❷ 喻 주류. 주요 추세. 주된 경향. ¶我们必须bìxū分清～和支流zhīliú｜우리는 주류와 지류를 분명히 해야 한다.
【主麻】zhǔmá 名 外〈宗〉주마(Djumah;아) [이슬람교에서 매주 금요일 행해지는 예배]
【主谋】zhǔmóu ❶ ⇒〔主使〕 ❷ 名 주모자. ¶他是这件事的～｜그는 이 사건의 주모자이다.
【主脑】zhǔnǎo 名 ❶ 사물의 주요 부문. ❷ 주뇌. 수뇌.
3【主权】zhǔquán 名 주권. ¶领土～｜영토 주권. ¶～国家｜주권 국가. ¶侵犯～｜주권을 침범하다.
【主儿】zhǔr 名 方 ❶ 주인. ❷ 모종(某種)의 사람. ¶这～真不讲理｜이런 종류의 사람은 정말 경우 없이 군다. ❸ 주인. 신랑감. ¶她快三十了, 她该找～｜그녀는 곧 서른살이 되니 꼭 신랑감을 찾아야만 한다.
2【主人】zhǔ·ren 名 주인. ❶ 손님을 접대하는 사람→〔客人〕 ❷ 옛날, 가정 교사·회계원을 고용하거나 하인을 거느린 사람. ¶看～脸色行事｜주인의 안색을 살펴 일을 하다→〔主子〕 ❸ 소유주. 임자. ¶房子～｜집주인. ❹ 중심적인 인물〔존재〕. ¶国家的～｜국가의 주인. ❺ 본 고장 사

람. 당사자. ¶我们是～, 你们是旅客 | 우리는 이 고장 사람이요, 너희는 여행자이다.

【主人公】zhǔréngōng 名 ❶ (문학 작품·연극 등의) 주인공. ¶孙悟空是《西游记》中的～ | 손오공이《서유기》중의 주인공이다 =〔主人翁②〕 ❷ 書 주인장 [주인에 대한 존칭]

4【主人翁】zhǔrénwēng ❶ 名 주인. ¶人民是国家的～ | 인민이 국가의 주인이다. ¶～思想 | 주인의식. ❷ ⇒〔主人公①〕 ❸ 名 주인장 [손님의 그 집 주인에 대한 존칭]

2【主任】zhǔrèn 名 주임. ¶～裁判员 | (야구의) 구심(球審). ¶办公室～ | 사무실 주임. ¶车间～ | 직장(職長). ¶系～ | 학과주임. 학과장.

【主审】zhǔshěn 名 재판장.

4【主食】zhǔshí 名 주식. ¶韩国人的～是米饭 | 한국 사람의 주식은 쌀밥이다.

【主使】zhǔshǐ 動 주모하다. 꼬드기다. 교사(教唆)하다 =〔主谋①〕〔指使〕

【主视图】zhǔshìtú 名 정면도 =〔正视图〕〔正面图〕

4【主题】zhǔtí 名 주제.

【主题歌】zhǔtígē 名 주제가.

4【主体】zhǔtǐ 名 ❶ 주체. (사물의) 주요 부분. ¶～工程 | 핵심 공정. ¶农民是国家的～ | 농민은 국가의 중요한 부분이다. ❷〈哲〉주체 ⇔〔客体〕

【主谓】zhǔwèi 名〈言〉주어와 술어(述語).

【主谓词组】zhǔ wèi cízǔ 名〈言〉주술구.

【主谓句】zhǔwèijù 名〈言〉주어 술어문.

【主文】zhǔwén 名〈法〉판결 주문.

2【主席】zhǔxí 名 ❶ (회의 등의) 의장. ¶大会～ | 대회 의장. ❷ 국가·국가기관·당·단체의 최고 지도자. 주석. 위원장. ¶党dǎng～ | 당 주석. ¶国家～ | 국가 주석. ¶学生～ | 학생회장. ❸ (연회에서) 주인의 자리.

【主席团】zhǔxítuán 名 의장단(議長團). ¶～坐在台上 | 의장단이 단상에 앉아 있다.

【主线】zhǔxiàn 名 ❶ 대요(大要). 대강(大綱)의 줄거리. ¶影片以一个流氓的遭遇作为～ | 영화는 어느 유랑자의 운명을 대강의 줄거리로 하고 있다. ❷ 간선(幹線).

【主心骨(儿)】zhǔxīngǔ(r) 名 ❶ 주견(主見) 줏대. ¶他没～, 人家说东就东, 说西就西 | 그는 줏대가 없어 남 하는 대로 한다. ❷ 의지할 만한 사물이나 사람. 기둥. ¶父亲是我们家的～ | 아버지는 우리 집의 기둥이시다.

【主星】zhǔxīng 名〈天〉주성.

【主刑】zhǔxíng 名〈法〉주형.

【主修】zhǔxiū 動 ❶ 전공하다. ¶～生物 | 생물을 전공하다. ¶～科目 | 전공 과목. ❷ 수리를 책임지다. ¶王师傅～这台磨床 | 왕사장(師匠)이 선반의 수리를 책임지고 있다.

【主旋律】zhǔxuánlǜ 名〈音〉주선율. ¶～很激昂 | 주선율이 매우 격앙되어 있다.

【主演】zhǔyǎn 名 動 주연(하다). ¶这部电影由她～ | 이 영화는 그녀가 주연한다.

1【主要】zhǔyào ❶ 區 가장 중요하고 결정적인 역할을 하는. 주요. 어법「主要」는 가장 우선되는 것을 말하므로 중요하다고 할 수 있지만,「重要」는 반드시「主要」하다고 할 수 없음. ¶～原因 | 주요 원인. ¶～人物 | 주요 인물. ❷ 副 주로. 대부분. ¶城市的发展～还是衣靠我国经济不断的进展 | 도시의 발전은 대부분 아직도 우리나라 경제의 부단한 발전에 달려있다.

【主医员】zhǔyīyuán 名 주치의(主治醫) =〔主治大夫〕〔主治医生〕

4【主义】zhǔyì 名 주의. ❶ 자연계·사회 및 학술 문제 등에 대해 가지고 있는 체계적인 이론이나 주장. ¶马克思列宁～ | 마르크스 레닌주의. ¶现实～ | 현실주의. ¶浪漫～ | 낭만주의. ¶自由～ | 자유주의. ❷ 사회제도나 정치 경제 체제. ¶社会～ | 사회주의. ¶资本～ | 자본주의. ❸ 어떤 생각·품성·태도 등을 나타냄. ¶集体～ | 집단주의. ¶主观～ | 주관주의.

1【主意】zhǔ·yi 名 확실히 정한 의견이나 방법. ¶这个～是个馊sōu～ | 이 의견은 형편없는 의견이다. ¶拿不定～ | 마음을 정하지 못하다. ¶打～ | 생각을 정하다. ¶他是怎么个～ | 그는 어떤 생각인가? ¶大家出了个好～ | 모두들 좋은 의견을 내놓았다. ¶这个～不错 | 이 방법〔생각〕이 괜찮다. ¶好～! | 좋은 생각이다!

【主语】zhǔyǔ 名〈言〉주어.

【主宰】zhǔzǎi ❶ 動 주재하다. 지배하다. 좌지우지하다. ¶人的命运是由上天～的 | 인간의 운명은 하늘이 주재하는 것이다. ❷ 名 주재자. 지배자. (사람·사물을) 좌우(左右)하는 힘. ¶思想是人们行动的～ | 사상은 인간의 행동을 좌우하는 힘이다.

【主战】zhǔzhàn 動 전쟁을 주장하다. ¶有人～, 有人主和 | 어떤 사람은 전쟁을 주장하고, 어떤 사람은 화친을 주장한다.

2【主张】zhǔzhāng ❶ 動 名 주장. 견해. 의견. ¶自作～ | 스스로 결정하다. ¶这两种～都有理由 | 이 두 견해는 모두 일리가 있다. ❷ 動 주장하다. 결정하다. 어법 주로 동사(구)를 목적어로 취함. ¶我们～平等互利 | 우리는 호혜 평등을 주장한다. ¶我～马上行动 | 나는 바로 행동을 취할 것을 주장한다. ¶我～老王当主任 | 나는 왕씨가 주임이 되기를 주장한다. ¶他～立即讨论这个问题 | 그는 즉각 이 문제를 토론할 것을 주장한다 =〔作主〕

【主旨】zhǔzhǐ 名 주지. 요지. 취지. ¶他们这篇文章的～是什么? | 그들의 이 문장의 취지는 무엇이니?

【主治医生】zhǔzhì yīshēng ⇒〔主医员〕

【主轴】zhǔzhóu 名 ❶ 簡〈物〉「主光轴」(광축)의 약칭. ❷〈機〉주축. 스핀들(spindle) =〔㊀ 车头轴〕〔㊀ 车头心子〕

【主子】zhǔ·zi 名 貶 주인. 우두머리. 상전 [노복이 주인을 부르던 말로 쓰이다가 지금은 나쁜 일을 교사(教唆)하는 사람이란 뜻으로 쓰임] ¶讨得～的欢心 | 두목의 환심을 사다.

4【拄】zhǔ 버틸 주

動 (지팡이를) 짚다. (지팡이 등으로 몸을) 지탱하다. ¶～着拐棍儿guǎigùnr走 | 지팡이를 짚고 가다. ¶～颐yí | 손으로 턱을 괴다.

【拄要儿】zhǔyāor 名 코르셋 ＝〔紧腰衣〕

【麈】zhǔ 고라니 주
書 名 ❶〈動〉고라니 [사슴과에 속하는 짐승으로 머리는 사슴, 다리는 소, 꼬리는 나귀, 목은 낙타를 닮았다 하여 속칭(俗稱)「四不像」이라 함] ❷ 簡 (고라니의 꼬리로 만든) 먼지떨이 [「麈尾」의 약칭] ¶挥huī～ | 먼지떨이로 먼지를 털다.

【渚】zhǔ 사주 저
❶ 書 名 모래로 이루어진 작은 섬. ❷ 지명에 쓰이는 글자. ¶张～ | 강소성(江蘇省)에 있는 지명.

2【煮〈煑〉】zhǔ 끓일 자
動 삶다. 끓이다. 익히다. ¶～面 | 국수를 삶다. ¶～饭↓ ¶病人的碗筷每餐之后要～一下 | 환자의 식기는 매 식사 후에는 끓여야 한다.

【煮豆燃萁】zhǔ dòu rán qí 成 콩깍지를 태워 콩을 삶다. 골육 상잔(骨肉相殘). 형제끼리 물고 뜯고 하다. ¶不能干～的事儿 | 골육상잔의 일은 할 수 없다.

【煮饭】zhǔ/fàn 動 밥을 짓다.

【煮鹤焚琴】zhǔ hè fén qín 成 학을 삶아 먹고 거문고를 땔감으로 때다. 좋은 것을 마구 없애다. 아름다운 것을 못쓰게 만들다 ¶这样做实在是～大煞shà风景 | 이렇게 하는 것은 사실상 학을 삶고 거문고를 태우는 것으로, 경치를 마구 해치는 것이다 ＝〔焚琴煮鹤〕

【煮夹生饭】zhǔ jiāshēngfàn 動組 ❶ 설익은 밥을 짓다. ¶他这回又～了 | 그는 이번에도 설익은 밥을 지었다. ❷ 喩 불충분하다. 애매하다. 철저하지 않다.

【煮熟了的鸭子飞了】zhǔshú·le·de yā·zi fēi·le 諺 삶은 오리가 날아가다. 기대가 어긋나다. 손안에 든 것을 놓치다. ¶放心吧, 难道会有～的事吗? | 안심해, 설마 삶은 오리가 날아가는 일이야 있겠니?

【褚】zhǔ ☞ 褚 Chǔ B

【属】zhǔ ☞ 属 shǔ B

3【嘱(囑)】zhǔ 청촉할 촉
書 動 의뢰하다. 명령하다. 부탁하다 ＝〔嘱咐fù〕 ¶遗yí～ | 유언. ¶以事相～ | 일을 의뢰하다.

3【嘱咐】zhǔ·fù 動 ❶ 분부하다. 당부하다. 알아듣게 말하다. ¶妈妈常～孩子, 要他在学校里好好听讲 | 엄마는 늘 아이에게 학교에서 수업을 열심히 들어야 한다고 당부하신다. ¶再三～ | 신신 당부하다. ¶对他～了一番 | 그에게 한 차례 당부했다. ¶临终～ | 임종하여서 분부하다. ❷ 부탁하다 ‖ ＝〔方 安咐〕

4【嘱托】zhǔtuō 動 의뢰하다. 부탁하다. ¶他把这件事～给朋友了 | 그는 이 일을 친구에게 부탁했다. ¶～他一件事 | 그에게 일 한 건을 부탁하다. ¶～小张代买一件衣服 | 장군에게 옷 한벌을 대신 사달라고 부탁했다 ＝〔属托〕

4【瞩(矚)】zhǔ 볼 촉
눈여겨보다. 주시(注視)하다. ¶高瞻zhān远～ | 成 높이 바라보고 멀리 내다보다. 식견이 높다.

【瞩目】zhǔmù 書 動 눈여겨 보다. 주목(注目)하다. ¶为世人所～ | 세상 사람의 주목을 받다. ¶举世～ | 成 온 세상 사람이 모두 주목하다 ＝〔属zhǔ目〕

【瞩望】zhǔwàng ❶⇒〔属zhǔ望〕 ❷ 書 動 주시(注視)하다. ¶～良久 | 아주 오랫동안 주시하다.

zhù ㄓㄨˋ

【伫〈佇竚〉】zhù 우두커니설 저
(오랫동안) 멈추어 서다. ¶～立↓

【伫候】zhùhòu 書 動 ❶ 서서 기다리다. ❷ 기대하다. ¶～回音 | 회답을 기다리다. ¶～佳音 | 기쁜 소식을 기다리다 ‖ ＝〔伫俟sì〕

【伫立】zhùlì 書 動 (오랫동안) 서 있다. ¶～凝níng思 | 서서 골똘히 생각하다.

【伫俟】zhùsì ⇒〔伫候〕

【苎〈苧紵〉】zhù 모시풀 저
名〈植〉모시풀 ＝〔苧麻〕

【苎麻】zhùmá 名〈植〉모시풀. 저포(紵布) ＝〔山苎〕

【贮(貯)】zhù 쌓을 저, 둘 저
動 저축하다. 모아 두다. ¶～水池 | 저수지. ¶～草三万斤 | 사료 3만근을 저장하다.

【贮备】zhùbèi 動 저축하다. 저장하다. ¶～粮食 | 양식을 저장하다.

【贮藏】zhùcáng 動 저장하다 ¶把东西～起来 | 물건을 저장하기 시작하다 ＝〔储藏①〕

【贮存】zhùcún 動 저축해 두다. 저장하다. ¶～期 | 저장기 ＝〔储chǔ存①〕

【贮点红】zhùdiǎnhóng ⇒〔朱zhū顶(雀)〕

1【住】zhù 머무를 주
動 ❶ 살다. 거주하다. 어법 ⓐ 직접 장소나 면적을 나타내는 목적어(賓語)를 가질 수 있음. ¶我～楼上, 他～楼下 | 나는 윗층에 살고, 그는 아래층에 산다. ¶我～东城 | 나는 시(市)의 동부에 산다. ¶他～三间屋 | 그는 세 칸 집에 산다. ¶～五十平方米 | 50㎡에 산다. ⓑ「在+장소를 나타내는 말」의 형식을「住」의 앞이나 뒤에 쓸 수 있음. ¶～在北京. ¶在北京～ | 북경에 산다. ¶我～在这儿三年了. ¶我在这儿～了三年了 | 나는 여기에 3년 동안 살았다. ❷ 숙박하다. 머무르다. ¶他～了一夜 | 그는 하룻밤을 머물렀다. ¶你在北京～多少日子 | 너는 북경에서 며칠 동안 머무르니? ❸ 멎다. 그치다. 정지하다. 어법 주어로「雨」「风」「雷」「声」등이 오거나, 목적어로「口」「嘴」「手」「脚」「声」등이 옴. ¶风停雨～ | 바람이 멎고 비가 그치다. ¶枪声渐渐～了 | 총소리가 차츰 멈추었다. ¶～手, 不许打人 | 멈추어라, 사람을 때리지 마라. ¶他刚说到这儿就～了口 | 그는 여기까지 말하고는 멈추었다. ❹ 동사 뒤에 보어로 쓰임. 어법 ⓐ 정지나 더 이상

진행할 수 없음을 나타냄.「得」「不」를 삽입할 수 있음. ¶挡dǎng~去路｜갈 길을 막았다. ¶客人留得~吗?｜손님을 잡아 둘 수 있겠니? ¶遮zhē~了视线｜시선을 막았다. ⓑ 견고하거나 안정적임을 나타냄.「得」「不」를 삽입할 수 있음. ¶拿~｜꽉 잡다. ¶站~｜(단단히) 서다. ¶捉~｜꽉 잡다. 체포하다. ⓒ 가능보어(可能補語)로 쓰여, 무엇인가 해 낼 힘이 있는지를 나타냄. 반드시「得」나「不」를 써야 함. ¶支待不~｜지탱할 수 없다. ¶靠得~｜기댈 수 있다. 믿을 수 있다. ¶禁得~风吹雨打｜비바람을 견딜 수 있다. ¶天热了, 毛衣穿不~了｜날이 더워 털옷을 입을 수 없다.

【住持】zhùchí 名動 주지(住持)(가 되다). ¶~道｜도교 사원을 관리하는 도사(道士)＝〔住僧〕〔当家的②〕→〔主zhǔ持③〕

【住处】zhù·chù ❶名 머무르는 곳. 거주지. ¶他的~不明｜그의 거주지가 분명하지 않다. ❷⇒〔住址zhǐ〕

【住地】zhùdì 名 거주하는 곳.

【住读】zhùdú 動 (학교의) 기숙사에 들어가서 공부하다. 기숙생으로서 공부하다. ¶~的＝〔住读生〕〔寄宿生〕｜기숙생.

4【住房】zhùfáng 名 ❶ 주택. ¶~的＝〔房客〕｜세든 사람. ¶~问题｜주택 문제. ¶~支出｜주택비. ❷ 거실.

【住户】zhùhù 名 주민. 거주자. 세대. 가구. 가정. ¶院子里有三家~｜울안에는 세 가구가 있다＝〔住家主儿〕

【住家】zhùjiā ❶動 살다. 거주하다. ¶我在郊区~｜나는 교외에 산다. ❷(~儿)名 주택. 세대. ¶~不少｜세대수가 적지 않다＝〔住宅〕

【住居】zhùjū 動 거주하다. 살다. ¶少数民族~的地区｜소수 민족이 거주하는 지구.

【住口】zhù/kǒu ⇒〔住嘴zuǐ〕

【住声】zhù/shēng 動 울음·웃음을 그치다. ¶这几个人有说有笑, 老半天没有~｜이 몇 사람은 웃고 떠들기를 한참 동안 그치지 않았다.

【住手】zhù/shǒu 動 손〔일〕을 멈추다. 동작을 멈추다. 일을 그만두다. ¶他不做完不肯~｜그는 일을 끝내지 않으면 손을 떼려 하지 않는다. ¶~! 有话好说, 不要动手动脚?｜그만해! 할 말이 있으면 좋게 말로 해, 주먹질 발길질 하지 말고＝〔停tíng手〕

【住宿】zhùsù 動 묵다. 숙박하다. ¶学生大部分在校~｜학생들은 대부분 학교에서 숙박한다＝〔歇xiē宿〕〔止宿〕→〔寄jì宿〕

4【住所】zhùsuǒ 名 ❶ 주소. 소재지. ❷ 체재지. 숙박소. ¶他的~中没有暖气设备｜그의 숙박소에는 난방 설비가 되있지 않다. 어법「住址」(주소지)와는 달리 막연한 장소를 지칭함.

【住校】zhù/xiào 動 학교의 기숙사에 살다. ¶他想~｜그는 학교 기숙사에 살려고 한다.

2【住院】zhù/yuàn 動 입원하다. ¶~病人｜입원환자. ¶~费｜입원비. ¶~期间｜입원 기간. ¶住了三天院｜3일간 입원하였다.

3【住宅】zhùzhái 名 (규모가 비교적 큰) 주택 ¶这一片是居民~｜이 일대는 모두 거주민 주택들이다. ¶在他的~中发现了毒品｜그의 저택에서 독극물이 발견되었다＝〔住家②〕

【住址】zhùzhǐ 名 주소. ¶请留下您的~｜당신의 주소를 남겨 두시기 바랍니다＝〔住处②〕〔住脚儿〕〔居jū址〕

【住嘴】zhù/zuǐ 動 ❶ 말을 그만두다. 입을 다물다. ¶老太太扯chě起东邻西舍的闲事, 总是不~｜노부인은 이웃집의 쓸데 없는 잡담을 늘어 놓으면서 좀처럼 입을 다물지 않았다. ❷ 罵 입 닥쳐! ¶~! 赶快给我滚!｜입 닥쳐! 빨리 꺼져! ‖＝〔住口〕〔少shǎo说话〕

1【注〈註5, 6〉】zhù 부을 주, 모일 주, 주 주 ❶動 붓다. 주입하다. 쏟아넣다. ¶大雨如~｜成 큰 비가 억수로 쏟아지다. ¶~油｜기름을 주입하다. ¶~入↓ ¶把铅~在模里｜납을 거푸집에다 붓다. ❷動 한 곳에 집중하다〔모으다〕. ¶引人~目｜成 사람들의 주목을 끌다. ❸量 차. 번. 뭉치 [금전·거래를 세는 말] ¶一两~交易｜한 두 번 거래. ¶一~钱｜한 뭉치의 돈→〔笔bǐ〕 ❹名 도박에 거는 돈. ¶下~｜돈을 걸다. ¶孤~一掷｜成 노름꾼이 남은 밑천을 다 걸고 단판내기를 하다＝〔赌dǔ注〕 ❺名動 주석(注釋)(하다). ¶加~＝〔附fù注〕｜주석을 달다. ¶双行夹~｜두 줄 사이에 주석을 달다→〔疏shū〕 ❻動 기재하다. 등록하다. ¶~册↓ ¶~音↓

4【注册】zhùcè 動 등기하다. 등록하다. ¶~费｜등기료. ¶~商标｜등록 상표. ¶~银行｜등록은행. ¶新生报到~从三月一日开始｜신입생 등록은 3월 1일부터 시작한다. ¶在中国, 新生要在九月一日前到校报到~｜중국에서 신입생은 9월 1일 이전에 학교에 도착해서 보고하고 등록해야 한다＝〔登dēng簿〕〔登册〕〔登录〕→〔登记〕

【注定】zhùdìng 動 미리 정해져 있다. 어법 주로 동사(구)가 목적어로 오며, 주술구도 목적어로 취할 수 있음. ¶命中~｜운명 속에 미리 정해져 있다. ¶他~是要失败的｜그는 반드시 실패할 것이다. ¶历史的规律~独裁者必然要灭亡｜역사의 법칙에 독재자는 반드시 멸망하게 되어있다.

【注脚】zhùjiǎo 名 주해. 주석.

4【注解】zhùjiě ❶動 주해하다. 주석하다. ¶这篇文章中的难字难句, 李老师已一一~了｜이 글 중의 어려운 글자나 문장을 이선생님이 벌써 하나하나 주해했다. ¶~古籍｜고서에 주해하다. ❷名 주해. 주석. ¶凡是书内难懂的字句, 都有~和翻译｜무릇 책 속의 이해하기 어려운 자구에는 모두 주해와 번역이 달려 있다＝〔注释〕

【注明】zhùmíng 動 상세히 주를 달다. 주석하여 밝히다. ¶~出处｜출처를 주석하여 밝히다.

4【注目】zhùmù 動 주목하다. 주시하다. 어법 목적어를 동반하지 않음. ¶她的打扮, 太引人~了｜그녀의 치장은 너무 사람의 주목을 끈다. ¶他~地望着渐渐离去的列车｜그는 점점 멀어져 가는 열차를 시선을 집중해서 바라보고 있다. ¶他是个不太~的人物｜그는 그다지 주목받지 못하는 인물이다.

【注儿】zhùr 名 주석. 주해. ¶加几个～ | 주석을 덧붙이다 =〔小注(儿)〕
【注入】zhùrù 動 ❶ 주입하다. 불어 넣다. ¶～新鲜血液 | 신선한 혈액을 주입하다. ❷ 유입하다. 흘러 들어가다. ¶洛东江～南海 | 낙동강은 남해로 흘러 들어간다.
3【注射】zhùshè 動〈醫〉주사하다. ¶～青霉素 | 페니실린을 주사하다. ¶把药物～进去 | 약물을 주사해서 넣다. ¶～液 | 주사액. ¶静脉～ | 정맥 주사. ¶皮pí下～ | 피하 주사. ¶肌jī肉～ =〔肌内注射〕| 근육 주사 =〔打针〕→〔ㅁkǒu服〕
3【注视】zhùshì 動 주시하다. 주의깊게 지켜보다. 어법「注视」는 유의해서 보는 것이고,「注目」은 시선을 한 사물에 집중하여 보는 것임.「注视」는 목적어를 동반하지만,「注目」은 동반하지 않음. ¶他目不转睛地～着窗外 | 그는 뚫어지게 창 밖을 주시하고 있다. ¶王师傅一眼不眨zhǎ地～着运转的机床 | 왕기사는 눈도 한번 깜빡거리지 않고 돌아가고 있는 선반을 주의깊게 지켜보고 있다 =〔瞩zhǔ望②〕
4【注释】zhùshì ⇒〔注解〕
【注疏】zhùshū 書 名 주소. 주와 소. ¶十三经～ | 13경 주소.
【注塑】zhùsù 名 動 사출 성형(射出成形)(하다).
【注文】zhùwén 名 주해〔주석〕한 글. ¶解释～ | 주해한 글을 해석하다.
【注销】zhùxiāo 動 (기록한 것을) 취소하다. 무효로 하다. ¶这笔帐已经～了 | 이 빚은 이미 청산되었다. ¶学生退学后, 即～在校的学籍 | 학생이 퇴학하면, 곧 학적이 말소된다.
1【注意】zhù/yì ❶ 動 주의하다. 유의하다. ¶你要～, 恐怕内有文章 | 조심해라. 무슨 꿍꿍이가 있는 듯하다. ¶～安全 | 안전에 주의하다. ¶提醒～ | 주의를 환기시키다. ¶产品质量必须～, 不可忽视 | 생산품의 품질에 대해 반드시 유의해야 한다, 소홀해서는 안된다. ¶～他是怎么起跑的 | 그가 어떻게 스타트를 했는지 유의하다. ¶她很～清洁卫生 | 그녀는 청결 위생에 아주 유의한다. ❷ (zhùyì) 名 주의. 조심.
【注音】zhù/yīn 動 (문자·부호로) 발음을 표시하다. 발음 기호를 달다. ¶给汉字～ | 한자에 발음을 표시하다.
【注音符号】zhùyīn fúhào ⇒〔注音字母〕
【注音字母】zhùyīn zìmǔ 名組〈言〉주음 자모 [1918년 7월 중국 교육부가 독음(讀音)을 통일하기 위해 제정 공포한, 북경어를 표준음으로 하여 만든 음표. 성모(聲母) 24개, 운모(韻母) 16개로 구성되어 있음. 후에「注音符号」로 개칭함] =〔注音符号〕〔国音字母〕
4【注重】zhùzhòng 動 중시하다. ¶～实际 | 실제를 중시하다. ¶他们比较～人才的培养péiyǎng | 그들은 비교적 인재 양성을 중시한다. ¶～发展农业 | 농업을 발전시키는 데 중점을 두다. ¶～理论联系liánxì实践 | 이론과 실천을 연계시키는 것을 중시하다.

3【驻(駐)】zhù 머무를 주
動 ❶ (군대·공공기관 등이) 머무르다. 주둔하다. 주류(駐留)하다. ¶一连～在黄村 | 일중대가 황촌에 주둔해 있다. ¶～京办事处 | 북경 주재 사무소. ¶～兵 | 병사를 주둔시키다. ❷ 書 멈추다. 정지하다. ¶～足 | 잠시 멈추다. ¶敌～我扰 | 적이 멈추면, 우리는 공격하여 괴롭힌다.
【驻地】zhùdì 名 ❶ 주둔지. ❷ (지방 행정 기관의) 소재지.
【驻防】zhùfáng 動 주둔하여 지키다. ¶～军 | 주둔군.
【驻军】zhù/jūn ❶ 動 군대를 주둔시키다. ❷ (zhùjūn) 名 주군. 주병(駐兵). ¶美国～ | 미국 주둔군.
【驻守】zhùshǒu 動 주둔하여 지키다. ¶边防军～在边境地区 | 국경 경비대가 변방 지역에 주둔하여 지키다.
【驻外使节】zhùwài shǐjié 名 외국 주재 사절.
4【驻扎】zhùzhá 動 ❶ 군대가 주둔하다. ¶山区～了好多部队 | 산간지역에 많은 부대가 주둔했다. ¶～在村里 | 마을에 주둔하다. ¶～兵力 | 주둔 병력. ❷ 관리가 임지에 주재하여 근무하다.
【驻足】zhùzú 動 (발)걸음을 멈추다. ¶～而观 | 걸음을 멈추고 바라보다.

3【柱】zhù 기둥 주
❶ (～子) 名 기둥. ¶支～ | 지주. ¶竖一根～子 | 기둥 하나를 세우다. ❷ 기둥처럼 생긴 물건. ¶冰～ | 고드름. ¶花～ |〈植〉암술대. ¶琴～ |〈音〉기러기발. ❸ 名〈數〉원기둥.
【柱础】zhùchǔ 名 주춧돌. 초석 =〔柱顶石〕〔柱脚石〕〔柱石①〕
【柱石】zhùshí ❶ ⇒〔柱础chǔ〕 ¶军队是国安定的～ | 군대는 국가 안정의 초석이다. ❷ 名 喩 나라의 중임을 떠맡은 사람.
【柱头】zhùtóu 名 ❶〈建〉기둥 머리. ❷ 㓚 기둥. ❸〈植〉주두. 암술머리.
3【柱子】zhù·zi 名 기둥. ¶木头～ | 나무 기둥.

【炷】zhù 심지 주
❶ 書 名 심지. 등심(燈心). ¶灯～将尽 | 등잔 심지가 다 타려 하고 있다. ❷ 書 動 태우다. 피우다. ¶～香↓ ¶以火～艾 | 쑥에 불을 붙이다. ❸ 量 대. 개 [불 붙인 향(香)을 세는 단위] ¶一～香 | 불 붙인 향 하나.
【炷香】zhùxiāng 動 선향(線香)을 피우다 =〔烧shāo香〕

【疰】zhù 더위먹을 주
⇒〔疰夏〕
【疰夏】zhùxià ❶ 名〈漢醫〉주하증. 하위증(夏痿症). 더위 먹음. ❷ 動 方 여름을 타다. 더위를 먹다 ¶他常～ | 그는 항상 더위를 먹는다. ‖ =〔苦夏〕

【蛀】zhù 나무굼벵이 주
❶ 名〈蟲〉나무굼벵이. 좀. ¶～米虫 | 喩 식충이. 밥벌레. ❷ 動 벌레 먹다. 좀먹다. ¶这块木头被虫～了 | 이 나무는 벌레 먹었다.
【蛀齿】zhùchǐ 名 충치. ¶拔bá了几颗kē～ | 충치를 몇 개 뽑았다 =〔蛀牙yá〕〔虫吃牙〕〔龋qǔ齿〕
【蛀虫】zhùchóng 名 ❶〈蟲〉좀(벌레). ❷ (조직 등을 파괴하는) 악질 분자.

【蛀心虫】zhùxīnchóng 名〈蟲〉마디충 ¶杀灭～ | 마디충을 박멸하다 =〔钻心虫〕

1【助】zhù 도울 조
돕다. 협조하다. 원조하다. ¶互～ | 서로 돕다. ¶拔刀相～ | 칼을 뽑아 가세(加勢)하다 =〔帮助〕

【助产士】zhùchǎnshì 名 조산원. 산파→〔接生婆〕

【助词】zhùcí 名〈言〉조사.

【助动词】zhùdòngcí 名〈言〉조동사.

【助攻】zhùgōng 名 動〈軍〉보조 공격(하다) ¶由三连～ | 삼중대가 보조 공격하다→〔主功〕

【助记忆码】zhùjìyìmǎ 名〈電算〉(컴퓨터의) 니모닉 코드(nemonic code).

【助教】zhùjiào 名 (대학의) 연구조교 [전임강사보다 한단계 낮으며, 강의도 하고 학과의 행정업무도 봄] ¶她丈夫是～ | 그녀의 남편은 대학 조교이다.

【助桀为虐】zhù Jié wéi nüè 成 걸왕(桀王)을 도와 잔학한 짓을 하다. 악인을 도와 나쁜 일을 하다 =〔助纣为虐〕

4【助理】zhùlǐ 名 보조. 조수. ¶住院～医生 | 인턴. ¶～研究员 | 보조 연구원. ¶～工程士 | 보조 기사.

【助跑】zhùpǎo 名 動〈體〉도움닫기(하다) [「急jí行跳远」(도움닫기 넓이뛰기)·「急行跳高」(도움닫기 높이뛰기) 등을 일컬음]

【助拳】zhùquán 動 싸움에 가세하다. ¶请两位朋友～ | 그는 두 친구에게 싸움에 가세기를 청하다.

【助燃】zhùrán 動〈化〉잘 타게 하다. 연소를 돕다.

3【助手】zhùshǒu 名 조수. ¶得力～ | 유능한 조수. 손발이 맞는 조수.

【助听器】zhùtīngqì 名 보청기(補聽器).

【助威】zhù/wēi 動 응원하다. 성원하다. 기세를 돕다. ¶呐喊nàhǎn～ | 함성을 지르며 응원하다 =〔助战②〕〔拉lā拉队〕〔声shēng援〕

【助兴】zhù/xìng 動 흥을〔흥취를〕돋우다. ¶请你前去～ | 당신이 앞에 가서 흥을 돋우어 주시오.

【助学金】zhùxuéjīn 名 (생활이 곤란한 학생에게 지급하는) 장학금→〔奖jiǎng学金〕

【助一臂之力】zhù yī bì zhī lì 成 좀 도와 주다. 한몫 도와 주다. 한몫 거들다. ¶你千万要～ | 너는 꼭 도와줘야 한다.

【助益】zhùyì 名 도움〔보탬〕과 이익. ¶你这样做对他是毫无～的 | 네가 이렇게 그를 대하면 아무런 도움이나 이익이 못 된다.

【助战】zhù/zhàn ❶ 動 전쟁〔싸움〕을 돕다. ❷⇒〔助威〕

【助长】zhùzhǎng 動 (주로 좋지 않은 것을) 조장하다. ¶～了文艺创作中的公式化, 概念化 | 문예창작에의 공식화·개념화 경향을 조장했다.

【助纣为虐】zhù Zhòu wéi nüè ⇒〔助桀Jié为虐〕

【杼】zhù 북 저
名〈紡〉❶ 베틀의 북. ¶竹～ | 참대 북 =〔机jī杼〕→〔梭suō①〕 ❷ 바디 =〔筘kòu①〕

【杼轴】zhùzhóu 書 名 ❶ (베틀의) 바디집. ❷ 喻 문장의 짜임새.

1【祝】zhù 빌 축, 하례할 축
❶ 動 빌다. 축원하다. 기원하다. ¶～胜利 | 승리를 기원하다. ¶～你一路平安 | 여행 중 평안하시길 빕니다. ¶～您身体健康 | 당신의 건강을 기원합니다. ❷ 動 축하하다. 축복하다. ¶～寿 | 생신을 축하하다. ¶敬～ | 삼가 축하하다 =〔祝贺〕〔庆祝〕 ❸ (Zhù) 名 성(姓).

【祝词】zhùcí 名 ❶ 축문(祝文). 제사(祭文). ❷ 축사. ¶致～ | 축사를 하다.

4【祝福】zhùfú ❶ 動 축복하다. 어법 주로 주술구를 목적어로 취함. ¶～你前程似锦 | 전도가 양양하길 빕니다. ¶～伟大祖国繁荣昌盛 | 위대한 조국이 번영하길 빈다. ❷ 섣달 그믐날에 천지(天地)에 제사지내며 복을 빌던 강남(江南) 일대의 옛 풍습. ¶四叔家正在～ | 네째 삼촌 집에서 지금 제사를 지내고 있다.

2【祝贺】zhùhè 名 動 축하(하다). ¶～他的生日 | 그의 생일을 축하하다. ¶～张老头八十大寿 | 장노인의 팔순을 축하하다. ¶向他～了一番 | 그에게 한차례 축하했다. ¶～大会胜利召开 | 대회의 성공적인 개최를 축하하다. ¶向他表示衷心的～ | 그에게 진심으로 축하하다. 어법 「祝贺」는 일반적으로 축하를 받을 사람에 대해서 하는 말이지만, 「庆祝」은 이 뿐 아니라 공동의 기쁨에 대해서도 쓸 수 있음. 「祝贺」는 아직 이루어지지 않은 일에도 쓸 수 있지만, 「庆祝」은 대개 이미 성사된 일에 대해 쓰임.

【祝捷】zhùjié 動 승리를 축하하다. ¶设宴shèyàn～ | 연회를 열어 승리를 축하하다.

【祝酒】zhù/jiǔ 動 축배를 들다. ¶总理出席chūxí宴会yànhuì并～ | 총리는 연회에 참석하여 축배를 제의하였다. ¶致zhì～词 | 축배사를 하다.

【祝寿】zhù/shòu 動 생일을 축하하다 ¶给父亲～ | 부친께 생신을 축하드리다 =〔拜bài寿〕

【祝颂】zhùsòng 書 動 축하하다. 축원하다. ¶宾主互相～ | 손님과 주인이 서로 축하하다.

3【祝愿】zhùyuàn 動 축원하다. 어법 대개 주술구를 목적어로 취함. ¶～各位健康 | 여러분의 건강을 축원합니다. ¶～你学业进步 | 너의 학업이 진보되길 축원한다.

2【著】zhù zhuó zhāo zháo ·zhe 나타낼 저, 지을 저, 어조사 착 주의 「zhù」의 경우에는 「著」로 쓰고 「zhuó」「zhāo」「zháo」「·zhe」의 경우에는 음(音)과 의(義)를 구별하기 위하여 「着」로 씀. 대만(臺灣)에서는 아직 「著」로 쓰기도 함 ⇒〔着·zhe〕

Ⓐ zhù ❶ 書 動 나타내다. 드러내다. ¶颇～成效 | 상당한 효과를 나타내다. ❷ 動 저술하다. 저작하다. ¶他～了不少的书 | 그는 많은 책을 썼다. ¶编～ | 편저하다. ¶～书立说↓ ❸ 현저하다. 분명하다. 저명하다. ¶昭～ | 분명하다. ¶卓～ | 매우 뚜렷하다. ❹ 名 저작(著作). 저술. ¶名～ | 명저. ¶译～ | 역저.

Ⓑ zhuó 「着」와 같음 ⇒〔着zhuó〕

Ⓒ zhāo 「着」와 같음 ⇒〔着zhāo〕

Ⓓ zháo 「着」와 같음 ⇒〔着zháo〕

Ⓔ ·zhe 「着」와 같음 ⇒〔着·zhe〕

【著称】zhùchēng 動 이름나다. 유명하다. ¶釜山以海云台～於世 | 부산은 해운대로 세상에 유명

하다.

【著录】zhùlù 名動 기재(하다). 기록(하다). ¶见於古人～｜옛 사람들의 저술 속에 보인다.

2【著名】zhùmíng 形 저명하다. 유명하다. ¶～作家｜저명한 작가. ¶～人物｜저명 인물. ¶韩国的人蔘在世界上很～｜한국의 인삼은 세계에서 아주 유명하다→〔驰chí名〕

【著书】zhù/shū ❶ 動 책을 쓰다. ¶他勤奋qínfèn～｜그는 부지런히 책을 쓴다. ❷ (zhùshū) 名 저서.

【著述】zhùshù 名動 저술(하다). ¶～极为丰富｜저술이 매우 많다＝〔撰zhuàn述〕

【著者】zhùzhě 名 저자. ¶～不明｜저자가 분명하지 않다.

2【著作】zhùzuò ❶ 名 저작. 저작물. ¶文艺～｜문예 저작(물). ¶～等身｜喩 저작이 많다. ¶埋头於～｜저작에 몰두하다. ❷ 動 글을 쓰다. 저술하다. 어법 목적어를 취하지 않고, 술어나 관형어로 쓰임. ¶苦心～一辈子｜평생동안 고심하며 글을 쓰다. ¶这本书已～三年｜이 책은 이미 삼년 동안 저술해 왔다. ¶～生涯｜저작 생애. ¶现在他正在～的一篇长文, 题目是《春》｜지금 그가 쓰고 있는 장편은 제목이《봄》이다.

【著作权】zhùzuòquán 名〈法〉저작권.

【箸〈筯〉】zhù 젓가락 저
書 名 젓가락. ¶一份匙～｜수저 한 벌. ¶印～｜인주를 개는 넓적한 젓가락. ¶下～｜젓가락질하다＝〔回 筷kuài子〕

【箸匙】zhùchí 名 수저.

【翥】zhù 날 저
書 動 새가 날아 오르다. ¶龙翔凤～｜용이 날고 봉황이 춤을 추다. 필세(筆勢)가 강하고 분방하다.

【筑】① zhù 又 zhú) 악기이름 축
名 ❶〈音〉축 [거문고와 흡사한 13현의 악기] ❷ (Zhù)〈地〉「贵阳」의 다른 이름.

2【筑(築)】② zhù 又 zhú) 쌓을 축, 지을 축
動 건축하다. 건설하다. ¶～一座桥qiáo｜다리 하나를 놓다. ¶建～｜건축하다.

【筑室道谋】zhù shì dào móu 成 집을 짓는 것을 길가는 사람과 상의하다. 이론(異論)이 많아서 일이 제대로 진척되지 않다. ¶～, 三年不成｜成 喩 서로 다른 의견이 너무 많아서, 삼년이 지나도 일을 이룰 수 없다. ¶这样做无异於～｜이렇게 하는 것은 집을 짓는 것을 길가는 사람에게 상의하는 것과 다를 바가 없다.

3【铸(鑄)】zhù 부어만들 주
動 주조(鑄造)하다. ¶～一口铁锅｜쇠남비를 하나 주조하다 ＝〔铸造〕

【铸币】zhùbì ❶ 動 화폐를 주조하다. ❷ 名 금속화폐＝〔金jīn属货币〕

【铸成大错】zhù chéng dà cuò 成 잘못으로 큰 돈을 만들어버리다. 큰 잘못을 저지르다 [「错」는 「错刀」로 고대의 돈의 일종] ¶这下他终於～｜이번에 그는 결국 큰 잘못을 저질렀다.

【铸错】zhùcuò 書 動 중대한 과오를 범하다

【铸工】zhùgōng 名 ❶ 주물 작업. ¶～车间｜주물 공장. ❷ 주물공. 주조공.

【铸件】zhùjiàn 名 주조물. 주물.

【铸模】zhùmú ⇒〔砂shā型〕

【铸石】zhùshí 名 천연의 현무암·휘록암 또는 석탄을 주원료로 하여 만들어진 돌 [내마모성(耐磨耗性)이 뛰어나 강재(鋼材) 대용으로 쓰임]

【铸铁】zhùtiě 名 주철. 선철(銑鐵). 무쇠＝〔俗 生shēng铁〕〔铣xiǎn铁〕→〔熟铁〕

4【铸造】zhùzào 動 주조하다. ¶这尊铜像是他们厂～的｜이 동상은 그들 공장에서 주조한 것이다. ¶～机器零件｜기계 부품을 주조하다. ¶～车间｜주조 공장(작업장). ¶他那坚强的意志好像是用钢铁～成的｜그의 그 강인한 의지는 마치 강철로 주조해 만든 것 같다.

【铸字】zhù/zì ❶ 動 주자하다. ❷ (zhùzì) 名 주자.

zhuā ㄓㄨㄚ

2【抓】zhuā 긁을 조, 움킬 조
動 ❶ 긁다. ¶～痒yǎng(痒)↓ ❷ 할퀴다. ¶她手上被猫～破了一块皮｜그녀는 손 한군데가 고양이에게 할퀴어 찢어졌다. ❸ 잡다. 쥐다. ¶～一把米｜쌀을 한 움큼 쥐다. ¶～住要点｜요점을 파악하다＝〔挝zhuā②〕 ❹ 轉 체포하다. 붙잡다. ¶～贼｜도적을 붙잡다. ¶老鹰～走了一只小鸡儿｜매가 병아리 한 마리를 채 갔다. ❺ 轉 놓치지 않다. 짜내다. ¶～工夫↓ ❻ 특별히 주의하다. (어떤 방면을) 특히 강조하다. 틀어쥐다. ¶首先～农业生产｜우선 농업생산에 중점을 두다. ¶～重点｜중요한 것을 강조하다. ¶～思想问题｜사상 문제를 특히 주의하다. ❼ 다투어 하다. 서둘러 하다. ¶这几天里就把工作～完了｜이 며칠 사이에 일을 서둘러 끝내버렸다. ❽ (사람의 주의를) 끌다. (사람의 마음을) 사로잡다. ¶这部小说～住了读者｜이 소설은 독자의 주의를 끌었다. ¶她一出场就～住了观众｜그녀는 등장하자마자 관중을 사로잡았다.

【抓辫子】zhuā biàn·zi 動組 (남의) 약점을 잡다. ¶他最爱～｜그는 남의 약점 잡기를 잘한다.

【抓膘】zhuā/biāo 動 (가축을) 살찌우다. 살을 올리다. ¶放青～｜가축을 방목하여살찌우다→〔蹲dūn膘(儿)〕

【抓茬儿】zhuā/chár 動 方 (고의로 남의) 사소한 잘못을 꼬집다. 흠〔트집, 구실〕을 잡다. ¶～打架｜트집을 잡아 싸우다＝〔抓碴chár儿〕〔找zhǎo茬儿〕〔找碴儿〕

【抓碴儿】zhuā/chár ⇒〔抓茬儿〕

【抓差】zhuāchāi 動 ❶ 옛날, 인부를 뽑다. 사역을 징발하다＝〔抓公差〕 ❷ 轉 흔히, 본직 이외의 일을 시키다〔하게 하다〕. ¶他又被老师～了｜그는 또 선생님에게 본직 이외의 일을 시켰다.

【抓耳挠腮】zhuā ěr náo sāi 成 귀를 긁다가 턱을 쓰다듬다가 하다. 喩 몹시 기뻐하거나, 초조 당황하거나, 난처하여 어쩌지 못하다. ¶他急得～的｜그는 급하여 어쩌지를 못하다.

【抓夫】zhuā/fū 動 강제로 인부를 징발하다 ¶四处～｜사방에서 강제로 인부를 징발하다＝〔拉夫①〕

【抓哏】zhuā/gén 動 (희극배우·만담가 등이) 우스갯 소리를 하(여 관중·청중을 웃기)다. ¶～凑趣儿còuqùr | 남을 웃음거리로 삼아 모두를 웃기다.

【抓工夫(儿)】zhuā gōng·fu(r) 動組 틈〔시간〕을 내다. 여가를 찾다〔마련하다〕. ¶～读报看书 | 틈을 내어 신문을 읽고 책을 보다. ¶～复习功课 | 틈을 내어 학과를 복습하다 =〔俗 抓空(儿)kòng(r)〕〔俗 抓空kòng子〕〔抓时间〕〔抽空(儿)〕〔挤jǐ时间〕

【抓获】zhuāhuò 動 붙잡다. ¶～了两个凶犯 | 두 명의 흉악범을 붙잡았다.

2【抓紧】zhuā/jǐn 動 ❶ 꽉 쥐다. 단단히 잡다. 힘을 쏟다. ¶在工业方面, 必须首先～钢铁工业 | 공업 분야에서는, 먼저 철강 공업에 힘을 쏟아야 한다. ❷ (방법·훈련 등을) 다잡다. 꽉 틀어쥐다. 다그치다. ¶如果教育工作抓不紧, 也还会发生贪污浪费等情况 | 교육 지도를 바짝 다잡지 않으면, 횡령이나 낭비 등의 상황이 나타날 수도 있다. ¶要～搞好计划生育工作 | 산아 제한 정책을 다그쳐 나가야 한다.

【抓阄(儿)】zhuā/jiū(r) 動 제비(를) 뽑다. ¶抓纸阄儿 | 종이로 돌돌 만 제비를 뽑다 ¶～定胜负 | 제비를 뽑아 승부를 정하다 =〔抽chōu签(儿)②〕〔拈niān阄(儿)〕

【抓举】zhuājǔ 名〈體〉(역도의) 인상 →〔举重①〕

【抓空子】zhuā kòng·zi ⇒〔抓工夫(儿)〕

【抓两头, 带中间】zhuā liǎngtóu, dài zhōngjiān 動組 양 끝을 붙잡고 중간을 이끌다 [정치 운동이나 그 밖의 활동을 해나가는 데 있어,「先进」과「落后」의 처지에 있는 사람들을 잘 조정함으로써 대다수의 중간층을 이끌어가는 것을 일컬음]

【抓破脸(儿)】zhuā pò liǎn(r) 動組 口 ❶ 喻 감정이 폭발하다. 불화가 표면화하다. 정면 충돌하다. 사이가 틀어지다. ¶抓破了脸儿叫人家笑话 | 불화가 표면화되면 남에게 웃음거리가 된다. ¶还是好好商量, 一～反而不好办了 | 잘 의논해야지 한번 정면 충돌을 하게 되면 처리하기가 곤란하다 =〔抓脸〕❷ 서로 체면을 잃다. ❸ 꽃에 붉은 반점이 박혀 있다. ¶那朵花儿是～的 | 저 꽃은 붉은 반점이 들어 있다.

【抓痒(痒)】zhuā/yǎng(·yang) 動 가려운 곳을 긁다.

【抓药】zhuā/yào 動 ❶ 약을 사다 [한방(漢方)에서 탕약을 살 때 손으로 집어서 양을 헤아리므로 이렇게 이름] ¶老李进城～去了 | 이씨가 시내에 약을 사러 갔다. ¶抓一剂药吃 | 약을 사서 (달여) 먹다. ❷ (한약방에서) 약을 짓다 →〔配pèi药〕❸ (한약방에서) 약을 팔다.

【抓住】zhuā·zhu 動 ❶ 붙잡다. 움켜 잡다. 틀어쥐다. ¶～不放 | 붙잡고 놓지 않다. ¶～机会 | 기회를 잡다. ¶～本质 | 본질을 쥐다. ❷ (마음을) 사로잡다. 매혹하다. ¶他的话～了学生们 | 그의 말은 학생들을 사로잡았다. ❸ 체포하다. 붙잡다. ¶犯人被～了 | 범인은 붙잡혔다. ¶～了几个毒品走私犯 | 마약 밀수범 몇명을 체포하였다.

【抓走】zhuāzǒu 動 잡아가다. 끌고 가다. 붙들어 가다. ¶叫法院～了 | 법원으로 잡혀갔다. ¶儿子被土匪～了 | 아들이 도적들에게 끌려갔다.

【挝(撾)】zhuā wō 칠 과

Ⓐ zhuā 動 ❶ 두드리다. 치다. ¶～鼓 | 북을 치다. ❷ (붙)잡다 =〔抓zhuā③〕

Ⓑ wō ⇒〔老Lǎo挝〕

zhuǎ ㄓㄨㄚˇ

4 【爪】zhuǎ ☞ 爪 zhǎo Ⓑ

zhuāi ㄓㄨㄞ

【拽】zhuāi ☞ 拽 zhuài Ⓑ

zhuǎi ㄓㄨㄞˇ

2 【转】zhuǎi ☞ 转 zhuǎn Ⓒ

zhuài ㄓㄨㄞˋ

4 【拽〈擺A〉】zhuài zhuāi yè 끌 예/열

Ⓐ zhuài 動 (갑자기 세게) 잡아당기다. (힘들여) 잡아 끌다. ¶把门～开 | 문을 잡아 당겨 열다. ¶生拉硬～ | 억지로 잡아 당기다.

Ⓑ zhuāi 動 ❶ 方 힘껏 던지다. 팽개치다. ¶把球～过去 | 공을 던지다. ¶～在脖子后头 | 목뒤로 던져 버리다. 喻 까맣게 잊어 먹다. ❷ (다쳐서) 팔을 잘 쓰지 못하다. 팔놀림이 자유롭지 못하다. ¶左胳臂～了 | 왼쪽 팔을 잘 쓰지 못하다. ❸ 속이 더부룩하다〔메스껍다〕. ¶心里老～得慌 | 늘 속이 메스껍다.

Ⓒ yè「曳」와 같음 ⇒〔曳yè〕

Ⓐ zhuài

【拽开】zhuàikāi 動 잡아서 떼어 놓다. 잡아당겨 열다.

Ⓑ zhuāi

【拽子】zhuāi·zi 名 俗 팔병신. 팔을 못쓰는 사람.

zhuān ㄓㄨㄢ

2 【专(專)】zhuān 오로지 전

❶ 전문적이다. 특별하다. ¶～家↓ ¶～车↓ ❷ 副 오로지. 전문적으로. ¶～爱弄玩笑 | 오로지 농담만 좋아하다. ¶～办各种汽车零件 | 각종 자동차의 부속품을 전문적으로 취급하다. ❸ 독점하다. 독차지하다. ¶～权↓ ¶～卖↓ ❹ 전념(專念)하다. 몰두하다. ¶用心太～ | 한가지 일에 지나치게 열중하다. ❺ (Zhuān) 名 성(姓).

【专案】zhuān'àn 名 전문 안건〔사건〕. 특별 안건. ¶～小组 | 특수반. ¶～组 | 특별 수사 본부.

【专差】zhuānchāi ❶ 動 특별히 파견하다. ¶他～去天津 | 그는 천진에 특별히 파견되어 갔다. ❷ 名 특사(特使) =〔专足〕❸ 名 전임자(專任者). 전문적인 담당자.

4【专长】zhuānchánɡ ❶名 특수 기능. 전문 기술. 특기. 어법「专长」은 주로「学问·技能」에 대한 전문 분야를 의미하고,「特长」은 주로「技能·工作经验」에 대해 특별히 잘하는 부문을 가리킴. ¶学有～｜전문 기술을 갖추고 있다＝〔专门③〕→〔特长〕 ❷形 특히 뛰어나다. ¶他～唱歌｜그는 노래에 특별히 뛰어나다.

【专场】zhuānchǎnɡ 名 특별 공연. 초대 공연. ¶～电影｜특별 상영 영화. ¶儿童～｜어린이를 위한 특별 공연.

【专车】zhuānchē 名 특별(열)차. 전용(열)차. ¶乘坐～抵达庆州｜특별열차를 타고 경주에 도착하다.

【专诚】zhuānchénɡ 副 정성을 다하여. 특별히. ¶～特来道喜｜정성스럽게 특별히 와서 축하하다. ¶～拜访｜특별히 찾아뵙다.

4【专程】zhuānchénɡ 副 특별히. 전적으로 [전적으로 어느 한 가지 일을 위해서 어디에 감] ¶我是～到北京来开会的｜나는 전적으로 북경에 회의를 하러 왔다. ¶～到仁川去迎接客人｜특별히 인천에 가서 손님을 영접하다. ¶～护送｜특별 호송(하다).

【专此】zhuāncǐ 札 이에 특별히. 우선. ¶～奉谢｜이에 특별히 감사드립니다. ¶～奉达｜우선 알려드립니다. ¶～奉复｜우선 회답을 올립니다. ¶～奉贺｜이에 축하드립니다. ¶～奉候｜이에 문안드립니다＝〔专泐lè〕

【专电】zhuāndiàn 名 (특파원 등의 기자가 보내는) 특별 송고. 특별 송신. 특별 전문. ¶发～祝贺｜특별 전문을 보내 축하하다.

【专断】zhuānduàn 動 독단으로 결정〔처리〕하다. ¶～独行＝〔独断专行〕｜독단적으로 처리하고 행동하다. ¶他事太～了｜그는 일 처리를 매우 독단적으로 결정해 버렸다.

【专攻】zhuānɡōnɡ 名動 전공(하다). ¶他是～中国文学的｜그는 중국 문학을 전공했다.

【专管】zhuānɡuǎn 書動 전문적으로 관리〔관장〕하다. ¶他～偷税漏税一类事务｜그는 탈세등의 업무를 전문적으로 관장한다.

【专号】zhuānhào 名 특집호. ¶陶渊明研究～｜도연명 연구 특집호.

【专横】zhuānhènɡ 形 독단〔전횡〕적이다. 제멋대로이다. ¶～跋扈báhù｜成 제멋대로 횡포하게 날뛰다. ¶～的行为｜독단적인 행위. ¶那个人非常～, 大家都不愿意跟他在一起工作｜그 사람은 대단히 독단적이어서, 모두들 그와 같이 일하기를 원하지 않는다.

【专机】zhuānjī 名 ❶ 특별기. ¶他乘～去香港了｜그는 특별기를 타고 홍콩으로 갔다. ❷ 전용기.

2【专家】zhuānjiā 名 전문가. ¶要多听听～的意见｜전문가의 의견을 많이 들어보아야 한다. ¶相信科学, 尊重～｜과학을 믿고 전문가를 존중하다＝〔专门家〕

【专刊】zhuānkān 名 (신문·잡지·학술지 등의) 특집(호). ¶报纸发表了社论和～｜신문에 사설과 특집이 발표되었다.

4【专科】zhuānkē ❶名 전문 과목. 전문 분야. ¶～医生｜전문 과목 의사. ❷⇒〔专科学校〕

【专科学校】zhuānkē xuéxiào 名組 전문 대학. 전문 학교 ¶他在～任教｜그는 전문 대학에서 교편을 잡고 있다＝〔簡 专科②〕

【专款】zhuānkuǎn 名 특수 비용. 특별 비용. ¶～专用｜특별 비용을 전용하다.

【专栏】zhuānlán 名 (신문·잡지의) 특별란. 컬럼(column). ¶～作家｜특별란 집필자. 컬럼니스트(columnist).

【专力】zhuānlì 副 전력을 다하다. 온 힘을 기울이다. ¶他正～研究教材｜그는 온 힘을 기울여 교재를 연구하고 있다.

4【专利】zhuānlì ❶名 (전매) 특허. ¶给～十五年｜15년간 특허권을 주다. ¶～品｜특허품. ¶享有～｜특허권을 가지다. ¶～产品, 不得仿fǎnɡ制｜특허 상품은 복제할 수 없다. ❷動 이익을 독점하다.

【专利权】zhuānlìquán 名〈法〉특허권.

【专列】zhuānliè 名 簡「专用列车」(전용 열차)의 약칭.

【专卖】zhuānmài 動 전매하다. 독점 판매하다. ¶～品｜전매품.

【专美】zhuānměi 書動 명성을 독차지하다. 혼자서 미명(美名)을 누리다. ¶～於前｜이전 시기에 명성을 독차지하다.

2【专门】zhuānmén ❶區 전문적인. ¶～教育｜전문 교육. ¶～机构｜전문 기구. ❷副 전문적으로. 오로지. 일부러. ¶他～研究中国语学｜그는 전문적으로 중국 어학을 연구한다. ¶我今天是～来找你的｜나는 오늘 전적으로 너를 보려고 왔다. ❸⇒〔专长chánɡ①〕

【专门家】zhuānménjiā⇒〔专家〕

【专名】zhuānmínɡ ❶名 (인명·지명 등의) 고유 명칭. ❷⇒〔专有名词〕

【专名号】zhuānmínɡhào 名 중국식 문장 부호(文章符號)의 하나 [고유 명사 아래에 밑줄을 그어 다른 어휘와 구별하는 방법]＝〔私名号〕→〔标biāo点符号〕

【专区】zhuānqū 名 중국의 행정 구역의 한 단위 [성(省)과 현(縣)의 중간에 위치함. 필요에 따라「专区」가 없는 성도 있음]

【专权】zhuān/quán ❶動 대권(大權)을 혼자 장악하다. 권력을 독점하다. ¶佞臣～｜간신이 권력을 독점하다. ❷ (zhuānquán) 名 전권.

4【专人】zhuānrén 名 ❶ 전담자. ¶指定～负责｜전담자를 지정하여 책임지게 하다. ¶这项工作要由～负责｜이 일은 전담자가 책임을 져야 한다. ❷ 특파원. 특별히 파견한 사람. ¶派～解决问题｜특파원을 파견하여 문제를 해결하다.

【专任】zhuānrèn 名動 전임(하다). ¶～教员｜전임 교원→〔兼任①〕〔特邀〕

【专擅】zhuānshàn 書 ❶動 제멋대로 하다. 독단적으로 행동하다. ¶重大事情要集体讨论, 切勿wù～｜중대한 일은 단체로 토론해야지 독단적으로 처리해서는 안된다. ¶这个人～行事, 很难合作｜이 사람은 독단적으로 일을 해서 같이 일하기 힘들다. ❷形 잘하다. 뛰어나다. ¶～汉语

|중국어에 뛰어나다.

【专使】zhuānshǐ 名 ❶ 전사. 특사. ¶派～去慰问 | 특사로 파견되어 위문 가다. ❷ 특명전권 대사〔공사〕.

【专署】zhuānshǔ 名 簡「专员公署」(전원공서)의 약칭.

4【专题】zhuāntí 名 특정한 제목. 특별 제목. 전문적인 테마. ¶把人口问题列为～进行研究 | 인구 문제를 특별 제목에 넣어 연구를 하다. ¶～讨论 | 특정한 제목에 대한 토론. 세미나(seminar). ¶～调查 | 특별한 제목의 조사 활동. ¶～研究 | 특정 제목에 대한 연구.

【专线】zhuānxiàn 名 (철도·전화 등의) 전용선. ¶～电话 | 전용선 전화.

2【专心】zhuān/xīn 形 몰두하다. 열중하다. 주의력을 집중하다. 어법「专心」은 진지하고 엄숙하며 주의력을 집중하는 것이고,「用心」역시 주의력을 집중하다는 것이나 조심하다는 뜻이 내포되어 있음. ¶～听讲 | 집중해서 수업을 듣다. ¶练习必须～ | 연습은 반드시 몰두해서 해야 한다 →〔潜qián心〕

【专心致志】zhuān xīn zhì zhì 成 온 마음을 다 기울이다. 전심 전력으로 몰두하다 ¶～地听课 | 온 마음을 기울여 수업을 듣다＝〔专心一致〕〔专心致意〕

【专修】zhuānxiū 動 전수하다. 전문으로 배우다. 특별히 연수하다. ¶他在大学～经济学 | 그는 대학에서 경제학을 특별히 연수한다. ¶～科 | 대학의 단기 특별 연수 과정. ¶～科目 | 전수 과목.

2【专业】zhuānyè 名 ❶ 전공 (학과). ¶中文～ | 중국어 전공. ¶～科目 | 전공 과목. ¶～剧团 | 전문 극단. ¶外语系设六个～ | 외국어 계열에는 6개의 전공이 설치되어 있다. ❷ 전문 (업종).

4【专业户】zhuānyèhù' 名〈農〉특정 업종 경영 농가. ¶养鸡～ | 양계 전문 농가.

【专业课】zhuānyèkè 名 전공 과목. ¶他教～ | 그는 전공 과목을 가르친다.

【专一】zhuānyī 形 한결같다. 어법 주로 술어로 쓰임. ¶爱情～ | 애정이 한결같다. ¶读书时心思要很～ | 책을 읽을 때는 마음이 아주 한결같아야 한다.

4【专用】zhuānyòng 動 전용하다. ¶～电话 | 전용 전화. ¶～商标 | 전용 상표. ¶～汽车 | 특수 특장차.

【专有】zhuānyǒu 動 전유하다. 독점하다. ¶～权 | 전유권.

【专有名词】zhuānyǒu míngcí 名組〈言〉고유 명사＝〔专名②〕〔固有名词〕〔特有名词〕

【专员】zhuānyuán 名 ❶ 성(省)·자치구(自治區)에서 파견한「专区」의 책임자. ❷ 전문 요원. 전문 인원. ❸〈外〉아타셰(attaché;프) [대사관원·공사관원으로서 파견된 전문 직원]

【专员公署】zhuānyuán gōngshǔ 名組 성(省)·자치구(自治區)에서 몇몇 현(縣)이나 시(市)를 관할하기 위해서 설치했던 파출 기구 [지금은「专区」로 개편됨]＝〔簡 专署〕→〔专区〕

【专责】zhuānzé 名動 전문적인 책임(을 지다). 전문적인 책임(을 지다). ¶分工明确, 各有～ | 일의 분담이 뚜렷하여 각기 전문적인 책임이 있다.

3【专政】zhuān/zhèng ❶ 動 독재를 하다. 독재 정치를 하다. ¶对坏人实行～ | 나쁜 사람에게 독재를 실시하다. ❷ (zhuānzhèng) 名 독재 정치.

【专职】zhuānzhí ❶ 名 전임. ¶研究所内暂分五个组, 设～研究员十个人 | 연구소를 잠정적으로 다섯개의 조로 나누고 전임 연구원 10명을 두다. ❷ 動 전적으로 담당하다. ¶～搞这个工作 | 이 일을 전적으로 담당하다.

4【专制】zhuānzhì ❶ 形 名 전제(적인) 정치. 독재(적인) 정치. ¶他是个非常～的皇帝 | 그는 대단히 독재적인 황제였다. ¶君主～ | 군주 전제 정치. ¶～帝王 | 전제 군주. ❷ 形 독단적이다. 전횡적이다. ¶李老师很～, 听不进学生的意见 | 이 선생님은 아주 독단적이라서 학생들의 의견을 들으려 하지 않는다.

【专注】zhuānzhù 動 ❶ 집중하다. 전념하다. ¶心神～ | 정신을 집중하다. ❷ (목표를) 주시하다.

【专著】zhuānzhù 名 전문 저서. 전문 저작. ¶他出版了五本～ | 그는 다섯 권의 전문 저서를 출판하였다＝〔专书〕

【专座】zhuānzuò 名 특별석. ¶老人～ | 노인 특별석.

3【砖(磚)〈甎塼〉】zhuān 벽돌 전

❶ 名 벽돌. ¶一块～ | 한 장의 벽돌. ¶瓷～ | 타일. ¶砌qì～ | 벽돌을 쌓다. ❷ 벽돌 모양의 것. ¶茶～ | 덩어리차. ¶冰～ | (종이갑 속에 넣은 네모난 덩어리의) 아이스크림.

【砖茶】zhuānchá 名〈食〉전차(磚茶) [찻잎을 쪄서 벽돌 모양으로 단단하게 굳힌 차로, 몽골인이 상용함]＝〔茶砖〕

【砖坯】zhuānpī 名 (아직 굽지 않은) 날벽돌. ¶打制～ | 날벽돌을 만들다.

【砖头】ⓐ zhuāntóu 名 벽돌 조각. 벽돌 부스러기. ¶红～ | 붉은 벽돌 조각＝〔碎suì砖〕 ⓑ zhuān·tou 名 方 벽돌. 연와. ¶～颜色 | 벽돌색.

【砖窑】zhuānyáo 名 ❶ 벽돌(을 굽는) 가마. ❷ 벽돌 공장. 벽돌 가마터. ¶他家开了一个～ | 그의 집에서 벽돌 공장을 열었다. ‖＝〔砖瓦窑〕

【颛(顓)】zhuān 어리석을 전

❶ 書 形 어리석다. 선량하다. ❷ 書 動 제멋대로 하다. ¶～兵↓ ❸ 書 副 오로지＝〔专zhuān②〕 ❹ (Zhuān) 名 성(姓).

【颛兵】zhuānbīng 書 動 병권(兵權)을 제멋대로 휘두르다.

【颛孙】Zhuānsūn 名 복성(複姓).

【颛顼】Zhuānxū 名〈人〉전욱. 전설상의 고대(古代) 제왕의 이름 [황제(黃帝)의 손자]

【颛臾】Zhuānyú 名〈史〉전유. 춘추(春秋)시대의 나라 이름 [지금의 산동성(山東省) 비현(費縣) 일대에 위치했음]

zhuǎn ㄓㄨㄢˇ

2【转(轉)】zhuǎn zhuàn zhuǎi 바꿀 전 구를 전

Ⓐ zhuǎn ❶ 動 (방향·위치·형세·정황 등이) 달라지다. 바뀌다. (자동차·몸 등의 방향을) 돌리다. ¶向右～ | 우회전 하시오. ¶病况好～ | 병세가 호전되다. ¶晴～多云 | 갠 후 구름이 많이 낌. ❷ 動 (우편물·전갈·물품 등을) 중간에서 전하다. ¶这封信由我～给他好了 | 이 편지는 내가 그에게 전달해 주는 것이 좋겠다. ¶～达↓ ¶～播↓

Ⓑ zhuàn ❶ 動 돌다. 회전하다. (어떤 물체를 둘러싸고) 돌(아가)다. 선회하다. ¶团团～ | 뱅글뱅글 돌다. ¶轮子～得很快 | 바퀴가 매우 빠르게 돈다. ¶～圈子 | 둘레를 돌다. ¶地球绕着太阳～ | 지구는 태양의 둘레를 돈다. ❷ 動 들르다. 얼굴을 내밀다. 돌아다니다. ¶有空我们那里也不来～～? | 시간이 있으면 우리에게도 좀 들러 주시지 않겠습니까? ¶～来～去↓ =〔狂kuáng〕〔遛liù〕 ❸ 量 회전. 바퀴 [도는 횟수를 세는 말] ¶绕一～ | 한 바퀴 돌다.

Ⓒ zhuǎi 「转文」에 나타나는 이독음(異讀音) ⇒〔转zhuǎi文〕

Ⓐ

【转氨基酶】zhuǎn'ānjīméi 名組 〈化〉 트랜스아미나제 =〔簡 转氨酶〕

【转败为胜】zhuǎn bài wéi shèng 成 패배를 승리로 바꾸다〔전환시키다〕. ¶中国队始终没能～ | 중국 팀은 끝내 패배를 승리로 바꾸지 못하였다.

2【转变】zhuǎnbiàn 動 한 상황이 바뀌어 다른 사황으로 되다. 전변하다. 전환(轉換)하다. 변환하다. 어법 「转变」은 발전 방향에 대한 근본적인 변화를 말하고, 「改变」은 원상태와 약간의 차이나 변동이 있음을 의미함. 「转变」은 주로 「思想·形势·情况」등에 대해 쓰이나, 「改变」은 이것들 뿐 아니라 「面貌·方法·关系·计划·措置」등 그 사용범위가 훨씬 넓음. ¶这种被动的局面必须～ | 이런 피동적인 국면은 반드시 전환되어야 한다. ¶他的思想也逐渐地～了 | 그의 사상도 점차 바뀌었다. ¶历史～时期 | 역사의 전환기 →〔改变〕

【转拨】zhuǎnbō 動 이월(移越)하다. 돌리다. 넘기다. ¶～到下半年度去继续使用 | 하반기로 이월시켜 계속 사용하다.

3【转播】zhuǎnbō 動 중계 방송하다. ¶足球比赛实况由省电视台～ | 축구 시합 실황이 성(省) 방송국에서 중계 방송한다. ¶实况～ | 실황 중계 방송. ¶～线路 | 중계 방송 루트.

【转产】zhuǎn/chǎn 動 전환 생산하다. ¶工厂～电子商品了 | 공장에서 전자상품을 전환 생산한다.

【转抄】zhuǎnchāo 動 옮겨 쓰다. 전사(轉寫)하다. ¶几经～, 有不少脱误 | 여러차례 옮겨 써, 많은 탈자와 오자가 있다.

【转车】zhuǎn/chē 動 ❶ (차를) 갈아타다 ¶在南浦洞～ | 남포동에서 차를 갈아타다 =〔换huàn车〕〔倒车〕 ❷ 차를 턴(turn)하다. 진로를 바꾸다.

【转呈】zhuǎnchéng 動 札 문서를 남의 손을 거쳐 제출하다. ¶请～李主席 | 이주석께 제출해 주십시요.

【转储】zhuǎnchǔ 名 〈電算〉 (컴퓨터에서) 덤프(dump) [기억장치의 내용을 다른 기억장치에 전사(轉寫)함]

3【转达】zhuǎndá 動 (말을) 전달하다. ¶请把这个意思～给他 | 이 뜻을 그에게 전달해 주시오. ¶你的意思我一定～ | 너의 뜻을 내가 반드시 전달하겠다. ¶向他～了老师的问候 | 그에게 선생님의 안부를 전했다.

【转道】zhuǎn/dào ❶ 動 길을 돌아가다. (…을) 경유하다. ¶我们将～天津去延吉 | 우리는 천진을 경유해서 연길로 갈 것이다. ❷ (zhuǎndào) 書 名 식량을 운반하는 길.

【转调】zhuǎndiào 名 動 ❶ 〈音〉 전조(하다). 조바꿈(하다) =〔变调⑤〕〔移调①〕 ❷ 전근(하다).

3【转动】ⓐ zhuǎndòng 動 (몸이나 물체의 일부분을 자유자재로) 돌려 움직이다. 방향을 바꾸다. ¶我的颈子痛, 头不能～ | 목이 아파 머리를 마음대로 돌릴 수 없다. ¶～身子 | 몸을 돌리다. ¶这个螺母luómǔ～不下来 | 이 암나사는 돌려서 빼낼 수 없다.

ⓑ zhuàndòng 動 (물체가 한 점을 중심으로 혹은 일직선을 축으로) 원주 운동을 하다. 회전하다〔시키다〕. ¶石磨在～ | 맷돌이 돌아가고 있다. ¶～辘轳把儿 | 윈치 손잡이를 돌리다. ¶轮子～得很快 | 바퀴가 돌아가는 것이 아주 빠르다.

【转动子】ⓐ zhuǎndòng·zi 名 〈機〉 전동기. 모터(motor).

ⓑ zhuàndòng·zi 名 〈機〉 ❶ (유도 전동기의) 회전자. ❷ (증기 터빈의) 로터(rōtor). 회전부 ‖ =〔转zhuàn子〕

【转而】zhuǎn'ér 書 連 방향을 바꾸어. ¶～实行新贸易政策 | 방향을 바꾸어 새로운 무역 정책을 실행하다. ¶～一想 | 뒤집어 생각해 보다.

【转干】zhuǎngàn 動 (편제를) 간부편제로 개편하다. ¶他去年才～的 | 그는 작년에 비로소 간부편제로 개편하였다.

2【转告】zhuǎngào 動 전하여 알리다. 전달하다. ¶你的意见, 我已经～他了 | 당신의 의견은 이미 그에게 전달했소.

【转关系】zhuǎn guān·xi 動組 ❶ 연줄에 의지하다. ❷ 사이를 중개〔주선〕하다. ❸ 전직(轉職)하다. 직업을 바꾸다. ❹ (당원이나 단원이) 소속을 옮기다.

3【转化】zhuǎnhuà 動 한 사물이 변해서 다른 사물로 되다. 대립하는 사물이 서로 뒤바뀌다. 전화하다. ¶目前的形势xíngshì正向着有利于我们的方向～ | 지금의 형세는 우리에게 유리한 방향으로 바뀌고 있다. ¶好事和坏事在一定条件下可以互相～ | 좋은 일과 나쁜 일은 일정한 조건 아래에서 서로 뒤바뀔 수 있다. ¶不利因素yīnsù可以～成有利因素 | 불리한 요인도 유리한 요인으로 뒤바뀔 수 있다.

【转圜】zhuǎnhuán 動 ❶ 만회하다. ¶有～的余地 | 만회할 여지가 있다 =〔挽wǎn回①〕 ❷ 조정〔주선, 알선, 중재〕하다. ¶你给他从中～ | 자네가 그를 위해 중간에서 어떻게든 중재해 주게.

4【转换】zhuǎnhuàn 動 전환하다. 바꾸다. ¶～方向 | 방향을 바꾸다. ¶～话题 | 화제를 바꾸다. ¶～期 | 전환기. ¶电视机天线的方向要～一下 |

텔레지전 안테나의 방향을 조금 바꾸어야 된다.
【转换器】zhuǎnhuànqì 名〈電算〉변환기. 트랜스듀서(transducer).
【转机】zhuǎnjī ❶ 名 전기. ¶病见~了 | 병에 호전의 조짐이 보이다. ¶以此为~ | 이것을 전기로 삼다. ❷ (zhuǎn/jī) 動 비행기를 갈아타다 ¶我打算在香港~ | 그는 홍콩에서 비행기를 갈아탈 계획이다 =〔换机〕
【转寄】zhuǎnjì 動 (우편물을) 전송(轉送)하다. ¶他已搬走了, 请把此信~到他的新住址去 | 그가 이사를 했으니 이 편지를 새 주소로 전달해 주시오.
【转嫁】zhuǎnjià 動 ❶ 다시 시집가다. 재가(再嫁)하다. ¶她又~给他弟弟 | 그녀는 또 그의 동생에게 재가한다 =〔改嫁〕 ❷ (책임 등을) 전가하다. 뒤집어씌우다. 떠넘기다. ¶把责任~别人 | 책임을 남에게 전가하다.
4【转交】zhuǎnjiāo 動 (물건을) 전달하다. 전해주다. 어법 「转交」의 대상은 주로 사물이고, 「转达」의 대상은 주로 말임. ¶把两本书~给他 | 책 두권을 그에게 전달해 주다. ¶请你代我~一封信 | 나 대신 편지 한 통을 전해주세요 =〔转递dì〕
【转角(儿)】zhuǎn jiǎo(r) ❶ 길모퉁이를 돌다. ❷ (zhuǎnjiǎo(r)) 名 길모퉁이.
【转借】zhuǎnjiè 動 ❶ 이중으로 빌다. 빈 것을 다시 빌다. ❷ 빈 것을 다시 빌려 주다. 전대(轉貸)하다. ¶这本书是老金借给我的, 现在我把它~给你 | 이 책은 김씨가 내게 빌려 준 것인데 지금 내가 너에게 다시 빌려 주겠다.
【转科】zhuǎn/kē 動 ❶ (환자가 병원에서) 과(科)를 옮기다. ¶他今天又~了 | 그는 오늘 또 과를 옮겼다. ❷ (학생이) 전과하다. 학과를 옮기다.
【转口】zhuǎn/kǒu 動 ❶ 번복하다. 말을 뒤집다. 식언(食言)하다. ❷ (zhuǎnkǒu) (상품을) 한 항구를 경유해서 다른 항구로 반출하다. 이 나라에서 저 나라로 실어가다 =〔转港gǎng〕
【转亏为盈】zhuǎn kuī wéi yíng 國 손실을 이득으로 바꾸다. ¶工厂终於~ | 공장이 결국 손실을 이득으로 바꾸었다.
【转脸】zhuǎn/liǎn 動 ❶ 얼굴을 돌리다. 외면하다. ¶他~就走了 | 그는 외면하고 홱 가버렸다. ¶她转过脸去擦泪 | 그녀는 얼굴을 돌리고 눈물을 닦았다. ❷ (~儿) 喻 잠깐 사이. ¶他刚才还在这儿, 怎么~就不见了? | 그는 방금까지 여기에 있었는데 어째서 잠깐 사이에 보이지 않느냐?
【转捩】zhuǎnliè ⇒〔转折①〕
【转捩点】zhuǎnlièdiǎn ⇒〔转折点〕
【转卖】zhuǎnmài 動 전매하다. 되팔다. ¶他把词典~给我 | 그는 사전을 내게 되팔았다.
【转年】zhuǎn/nián ❶ 動 해가 바뀌다. 다음 해가 되다. ¶转过年来就暖和了 | 해가 바뀌면 따뜻해진다. ❷ (zhuǎnnián) 名 方 (주로 지나간 어떤 해의) 그 이듬해. ❸ (zhuǎnnián) 名 方 내년. 다음해.
【转念】zhuǎn/niàn 動 ❶ 생각을 바꾸다. 다시 생각하다. ¶~一想, 还是去吧 | 다시 생각해 보니, 역시 가야할 것 같다. ❷ 정신을 차리다. 제정신이 들다. ¶等我转过念来, 那汽车已经擦身而过 | 내가 정신을 차려보니, 그 차가 이미 몸을 스쳐 지나갔다.
【转蓬】zhuǎnpéng 書 動 쑥이 뿌리째 뽑히어 바람 부는대로 굴러다니다. 喻 일정한 곳이 없이 떠돌아 다니다.
4【转让】zhuǎnràng 動 (물건이나 권리를) 넘겨주다. 양도하다. ¶~, 出售或用其它方式来处chǔ置 | 양도·매각하거나 혹은 다른 방법으로 처분하다. ¶技术~ | 기술 이전. ¶这证件只许本人使用, 不得~ | 이 증서는 본인만 사용할 수 있고 타인에게 양도해서는 안된다. ¶~股权gǔquán | 주주의 권리를 양도하다.
3【转入】zhuǎnrù 動 전입하다. 이월하다. 넘어가다. 들어가다. ¶~下页 | 다음 페이지로 넘어가다. ¶不久他~了另外一个中学 | 얼마 안되어서 그는 다른 중학교로 전입했다. ¶这个工作从明天起~最后阶段 | 이 작업은 내일부터 최종 단계에 들어선다. ¶~下一个项目 | 다음 항목으로 이월하다.
【转身】zhuǎn/shēn 動 ❶ 몸의 방향을 바꾸다. 몸을 돌리다. 돌아서다. ¶信还没有看完, 他就~向屋里跑去 | 편지를 다 읽지도 않았는데, 그는 몸을 돌려 집안으로 뛰어 들어갔다. ❷ (농구에서의) 피보트 플레이(pivot play)를 하다. ¶急停~ | 스톱 앤드 피보트 플레이(stop and pivot play). ❸ (수영에서) 턴(turn)하다. ¶摆动~ | 크롤(crawl)의 턴. ¶侧滚翻~ | 배영의 턴.
【转生】zhuǎnshēng ⇒〔转世②〕
【转世】zhuǎnshì 動 ❶ 〈宗〉(라마교에서) 활불(活佛)의 후계자를 결정하다. ¶~活佛 | 활불의 후계자를 정하다. ❷ 다른 것으로 다시 태어나다. ¶~为好人 | 착한 사람으로 싹 달라지다 =〔转生〕→〔托tuō生〕
【转手】zhuǎn/shǒu 動 ❶ 손을 뒤집다. 喻 ⓐ 쉽다. ⓑ 잠깐 사이에. ❷ (상품 등이) 남의 손을 거치다. ¶把货买来再卖出去, 在这一~之间所得利益不过二分 | 물건을 사다가 다시 내다 파는데, 이렇게 손을 거치는 동안에 얻는 이익은 2%에 불과하다. ¶~货 | 중개품.
【转述】zhuǎnshù 動 ❶ (남의 말을) 전하다. 전달하다. ¶这是~老师的话, 不是我自己的意思 | 이는 선생님의 말씀을 전하는 것이지, 나 자신의 의사는 아니다. ❷ (문장·보고 등의 내용을 자신의 말로) 전하다. 서술하다.
【转瞬】zhuǎnshùn 動 눈을 깜짝이다. ¶~之间 | 눈깜짝할 사이. 잠시. 순식간에. ¶国庆节~就要到了 | 국경일이 어느덧 다가왔다 →〔瞬息〕
【转送】zhuǎnsòng 動 ❶ 간접으로 남의 손을 거쳐 물건을 보내다. ¶托人把信~给他 | 다른 사람에게 부탁하여 편지를 그에게 보내다. ❷ (선물 받은 것을) 다시 남에게 선물하다. ¶他把礼物~给我 | 그는 선물을 나에게 다시 보내다 =〔转赠zèng〕
【转体】zhuǎntǐ〈體〉❶ 名 (체조 등에서의) 몸을 비트는 동작. ¶~跳 | 몸을 비틀면서 도약하다. ❷ 動 몸을 비트는 동작을 하다.
【转托】zhuǎntuō 動 간접으로 부탁하다. ¶这件

事我虽然不能帮忙，但可以设法替你～一个人 | 이 일은 비록 내가 도와 줄 수 없어도, 다른 사람에게 부탁해 줄 수는 있다.

³【转弯(儿)】ⓐ zhuǎn/wān(r) 動 ❶ 모퉁이를 돌다. ¶这儿离学校很近，一～儿就到了 | 여기서 학교까지는 아주 가까워서, 모퉁이를 돌기만 하면 도착한다. ¶一直走就可到学校，不要～ | 똑바로 가면 바로 학교에 도착할 수 있으니 모퉁이를 돌지 마라. ❷ 에두르다. 말머리를 돌리다. ¶他是个直性子，说话不会～儿 | 그는 곧은 성미여서 말을 돌려할 줄 모른다. ¶转了几弯才说到正题上 | 말을 몇 번이나 돌리다가 그제서야 본론을 꺼낸다. ¶他知道自己失言了，立刻转个弯儿说到别的事情上去了 | 그는 자신이 실언한 것을 알자, 즉시 말머리를 돌려 다른 일을 끄집어 냈다. ❸ 한 바퀴 돌다. 돌아서 오다. 잠시 시간을 두다. ¶他不在家，你转个弯儿再来吧! | 그가 집에 없으니, 조금 있다가 다시 오세요! ❹ 중간에서 화해시키다. 중재하다. ¶这件事只有请你去～，或许还有点希望 | 이 일에 대해서는 오직 당신에게 중재를 좀 해 달라고 할 수 밖에 없는데, 그러면 희망이 조금 있을 지도 모른다. ❺ 생각을 고치다. (태도·사상 등을) 전환하다. ¶心里转了个弯 | 마음 속으로 생각을 바꾸었다.

ⓑ zhuàn/wān(r) 動 ❶ 돌다. 회전하다. ¶龙卷风不住地～ | 회오리 바람이 계속해서 맴돌다. ❷ 이러저러한 수단을 다하다. ¶这孩子～气人 | 이 아이는 이리저리 사람을 화나게 한다. ❸ 에두르다. ¶转着弯儿骂人 | 에둘러 남을 욕하다. ❹ ㊄ 알다. 이해하다. ¶怎么样，转过弯儿来了吗? | 어떠냐, 알아 들었으냐?

【转弯抹角(儿)】zhuǎn wān mò jiǎo(r) 成 ❶ 모퉁이를 돌다. ❷ 길이 꼬불꼬불하다. 꼬불꼬불한 길을 가다. ¶这条路～的，可难走了 | 이 길은 꼬불꼬불해서 걷기가 매우 힘들다. ❸ 빙 둘러서 말하다. 에두르다. ¶有什么意见就痛快说，别这么～的 | 무슨 의견이 있으면 빙빙 에두르지 말고 속시원히 말하시오.

【转弯子】zhuǎn wān·zi 動組 빙 돌려서 말하다. 에두르다. ¶不要～骂人 | 에둘러서 욕하지 마라. ¶你～太多 | 너는 빙 돌려서 말하는 것이 너무 많다.

【转危为安】zhuǎn wēi wéi ān 成 (정세나 병세 등이) 위험한 상태를 벗어나 안전하게 되다. ¶病人终於～ | 환자가 마침내 위험한 상태에서 안전하게 되다.

【转文】zhuǎn/wén ⊗ zhuǎi/wén) 動 (유식한 체하며) 말끝마다 문자를 쓰다. ¶他爱～ | 그는 문자를 쓰기 좋아한다 =〔抖dǒu文〕〔掉diào文②〕〔掉diào书袋〕

【转系】zhuǎn/xì 動 전과(轉科)하다. ¶小张想～ | 장군이 전과하려 하다.

⁴【转向】ⓐ zhuǎn/xiàng 動 ❶ 방향을 바꾸다. ¶他忘了～了 | 그는 잊고서 방향을 바꾸었다. ¶这条路走不通，要赶快～ | 이 길은 통하지 않으니 빨리 방향을 바꾸어야겠다. ❷ (zhuǎnxiàng) 전향하다. 정치적 입장을 바꾸다. ¶一些青年军官纷纷～，参加了革命 | 몇명의 청년 장교들이 분분히 전향하여 혁명에 참가했다.

ⓑ (～儿) zhuàn/xiàng(r) 動 방향을 잃다. ¶我一到生地方就～ | 나는 낯선 고장에 도착하자마자 방향을 잃었다. ¶七转八转弄得我晕yūn头～ | 수없이 맴을 돌아서 어지럽고 방향감각을 잃었다 =〔掉向(儿)②〕

【转学】zhuǎn/xué ❶ 動 전학하다. ¶他又～了 | 그는 또 전학했다. ❷ (zhuǎnxué) 名 전학.

【转眼】zhuǎn/yǎn 動 눈을 돌리다. 시선을 옮기다. 喻 눈 깜짝할 사이. 잠깐 사이. 어느덧. 순식간에. ¶～的工夫 | 잠깐 사이. ¶人生在世～百年 | 인생은 눈 깜짝할 사이에 백년이 지나고 만다 ‖ =〔转盼pàn〕

【转业】zhuǎn/yè 動 ❶ 전업하다. ❷ (군대에서) 제대하다. ¶他～后回到农村种zhòng田 | 그는 제대 후에 농촌으로 돌아가 농사를 짓는다.

³【转移】zhuǎnyí ❶ 動 위치를 바꾸다. 옮기다. 이동하다. ¶～视线 | 시선을 돌리다. ¶～方向 | 방향을 바꾸다. ¶～伤员 | 부상자를 옮기다. ¶把注意力～到学习上来 | 주의력을 공부하는 데로 옮겨오다. ❷ 動 변화하다(시키다). 변천하다(시키다). ¶时代～ | 시대가 변천하다. ¶～工作重点 | 작업의 중점을 바꾸다. ¶～社会风气 | 사회 기풍을 변화시키다. ❸ 動 〈醫〉 전이하다. ¶癌～到肺部了 | 암이 폐부로 전이되었다. ❹ 名 전환. 이동. ‖ 어법 「转移」는 위치의 변환이나 상황의 변화를 의미하나, 「移动」은 주로 위치의 변환만을 의미함.

【转义】zhuǎn/yì ❶ 動 전의하다. 뜻이 바뀌다. ❷ (zhuǎnyì) 名 전의. 바뀐 뜻.

【转运】zhuǎn/yùn 動 ❶ 운이 트이다. ❷ (zhuǎnyùn) 운반되어 온 물건을 다시 다른 곳으로 운반하다. 중계 운송하다. ¶～基地 | 중계 운송 기지. ¶～公司 | 운송 회사.

【转载】ⓐ zhuǎnzǎi 動 전재하다. (출판물에 글이나 그림을) 옮겨 싣다. ¶各报都～了这篇报道 | 각 신문은 모두 이 보도를 옮겨 실었다.

ⓑ zhuǎnzài 動 (짐을) 옮겨 싣다.

【转赠】zhuǎnzèng ⇒〔转送②〕

【转战】zhuǎnzhàn 動 전전하다. 이동하며 싸우다. ¶～南北 | 남북을 전전하다.

【转帐】zhuǎn/zhàng 〈經〉 ❶ 動 대체하다. ❷ (zhuǎnzhàng) 名 대체. ¶以～办法订货 | 대체의 방법으로 주문하다 ‖ =〔划huà帐〕

⁴【转折】zhuǎnzhé ❶ 動 (사물의 발전 방향이) 바뀌다. 전환하다. ¶人的出现是自然界发展中最大的～之一 | 인간의 출현은 자연계의 발전중 가장 큰 전환의 하나이다 =〔转捩liè〕 ❷ 動 각설(却說)하다. ❸ 名 곡절. ¶心里有～ | 마음 속에 곡절이 있다.

【转折点】zhuǎnzhédiǎn 名 전환점. ¶我们时代的新的～ | 우리 시대의 새로운 전환점 =〔转捩点〕

【转正】zhuǎn/zhèng 動 ❶ 정식 성원이 되다. 정식으로 가입하다〔채용하다〕. ¶豫备党员～为正式党员 | 예비 당원이 정식 당원이 되다. ¶～临时工 | 임시공을 정식으로 채용하다. ¶～定级 |

정식 사원이 되어 급이 정해지다. ❷(zhuǎnzhèng)(방향을) 바로잡다.
【转注】zhuǎnzhù 名〈言〉전주 [어떤 글자의 뜻을 그 글자와 같은 분류 안에서 다른 의미로 전용하는 것. 이를테면「恶è」(나쁘다)를「恶wù」라 읽고「미워하다」의 뜻으로 쓰는 것 등]→〔六书①〕
【转租】zhuǎnzū 動(토지·가옥을) 전대(轉貸)하다. ¶～给别人 | 다른 사람에게 전대하다.
B zhuàn
【转筋】zhuàn/jīn〈漢醫〉❶動 경련하다. 쥐가 나다. ¶他累得都～了 | 그가 피곤하여 쥐가 났다. ❷(zhuànjīn) 名 전근. 쥐가 나서 근육이 오그라짐→〔抽chōu筋(儿)〕
【转来转去】zhuànlái zhuànqù 이리저리 왔다갔다 하다.
【转炉】zhuànlú 名〈工〉전로. 회전로. ¶柏思麦～＝〔贝bèi氏炉〕| 베세머 전로. ¶～炼钢法 | 전로법＝〔吹chuī风炉〕
【转轮手枪】zhuànlún shǒuqiāng 名組 리볼버(revolver). 탄창이 회전식으로 된 연발 권총.
【转磨】zhuàn/mò 動 方 ❶ 연자매를 맴돌다. ❷轉(다급해서) 뱅뱅 돌다. 우왕좌왕하다. 어찌할 바를 모르다. ¶找不着地方,转了半天磨了 | 장소를 찾지 못해 한참동안 뱅뱅 돌았다. ¶急得直～ | 급해서 어찌할 바를 모르다→〔打转(儿)〕
【转盘】zhuànpán 名 ❶〈機〉(전축 등의) 턴테이블(turn bable). ❷〈交〉전차대(轉車臺). ❸〈體〉자이언트 스트라이드(gīant stride). 운동용 회전 그네. ❹(곡예의) 버나. ❺(석유 유정 굴착에 쓰는 회전 천공기의) 회전 테이블. ❻〈交〉로터리(rotary). ❼룰레트(roulette). ❽「唱片(儿)」(음반)의 옛 이름.
【转速】zhuànsù 名 회전 속도. ¶～太快 | 회전 속도가 매우 빠르다.
【转速比】zhuànsùbǐ ⇒〔传chuán动比〕
【转台】zhuàntái 名〈演映〉회전 무대.
【转向(儿)】zhuàn/xiàng(r) ☞ 〔转向〕zhuǎn/xiàng ⓑ
【转椅(子)】zhuànyǐ(·zi) 名 회전 의자. ¶她买了一把～ | 그녀는 회전 의자를 하나 샀다.
【转悠】zhuàn·you 動 口 ❶(빙글빙글) 돌다. 맴돌다. ¶气得眼珠子yǎnzhūzi直～ | 너무나 화가 나서 눈알이 계속 빙빙 돌 지경이다. ❷왔다갔다 하다. 어정거리다. 어슬렁거리다. ¶在大街dàjiē上～了半天 | 거리에서 한참동안 어정거렸다 ‖＝〔转游yóu〕
【转轴】zhuànzhóu 名〈機〉회전축.
【转子】zhuànzǐ 名〈機〉❶(유도 전동기의) 회전자. ❷(증기 터빈의) 로터(rotor). 회전부 ‖＝〔转zhuàn动子〕〔旋转部〕
C zhuǎi
【转文】zhuǎi/wén ☞〔转文〕zhuǎn/wén

zhuàn ㄓㄨㄢˋ

【沌】Zhuàn ☞ 沌 dùn B
【传】zhuàn ☞ 传 chuán B
【转】zhuàn ☞ 转 zhuǎn B
【啭(囀)】zhuàn 지저귈 전
書 動 (새가) 지저귀다.
【啭喉】zhuànhóu 名 부드러워 듣기 좋은 목소리.
【篆】zhuàn 전자 전
❶名 전자(篆字) [한자 서체(書體)의 하나로「大篆」과「小篆」이 있음] ❷動 轉 전서체 글씨를 쓰다. ❸名 轉 도장 [도장에 전자를 주로 사용 한데 연유함] ¶接～ | 관인을 넘겨 받다. 喻 직무 인계를 하다. ¶卸～ | 해임하다. ❹名 轉 敬 다른 사람에 대한 경칭. ¶雅～ | 아호(雅號).
【篆刻】zhuànkè ❶動 전각하다. 도장을 새기다 [전자(篆字)를 많이 사용 했기에 이렇게 이름] ¶他会～ | 그는 도장을 새길 줄 안다. ¶～了一方图章 | 도장을 하나 새겼다. ❷名 전각한 도장. 낙관. ¶～展览 | 전각 전시회.
【篆书】zhuànshū 名 전서 [한자 서체의 하나] ¶他研究过～ | 그는 전서를 연구하였다.
【撰〈譔₁〉】zhuàn 지을 찬, 가릴 선
動 글을 짓다. 저술하다. ¶精心结～ | 정성들여 글을 짓다. ¶～稿 | 원고를 쓰다.
【撰述】zhuànshù 名 動 찬술(하다). 저술(하다). ¶他～了事情的经过 | 그는 사건의 경과를 찬술하였다.
【撰文】zhuànwén 動 글을 짓다. ¶我曾～评论pínglùn过此事 | 나는 일찌기 글을 지어 이 일을 평론하였다.
【撰写】zhuànxiě 動 (문장을) 쓰다. 짓다.
【撰著】zhuànzhù 動 저작하다. 저술하다.
【馔(饌)〈籑〉】zhuàn 음식 찬, 여섯 냥 선 書 名 음식 ¶用～ | 식사하다. ¶盛～ | 성찬. 푸짐한 음식. ¶肴～ | 요리.
【馔具】zhuànjù 名 식기. 찬구. 찬을 담는 그릇.
3【赚(賺)】zhuàn zuàn 속일 잠
A zhuàn ❶動 (상업에서) 벌다. (돈을) 벌다. 이윤을 얻다. ¶～钱 | 돈을 벌다. ¶有～无赔 | 이익은 있어도 손해는 없다＝〔挣zhèng②〕⇔〔赔péi〕❷(～儿) 名 方 이윤. 이익.
B zuàn 方 속이다. ¶～人 | 남을 속이다.
A zhuàn
【赚钱】zhuàn/qián 動 ❶ 이문을 남기다. 이윤을 얻다 ¶这回他～不少 | 이번에 그는 많은 이윤을 남겼다 ⇔〔赔péi钱〕❷方 돈을 벌다→〔挣zhèng钱〕
【赚头(儿)】zhuàn·tou(r) 名 口 이윤. ¶这买卖没多大～ | 이 장사는 이익이 얼마 안된다 ¶这生意大有～ | 이 사업은 큰 이윤이 있다＝〔赚儿〕
B zuàn
【赚弄】zuànnòng 動 속이다. ¶别受人～ | 남에게 속지 말라.

zhuāng ㄓㄨㄤ

4【妆(妝)〈粧〉】zhuāng 단장할 장 ❶화장하다. 치장하다. ¶梳shū～ | 머리를 빗고 화장하다 =〔打扮〕 ❷치장. 분장[화장]. 장식품. ¶卸xiè～ | 화장을 지우다. 장신구를 풀다. ❸(신부의) 혼수. ¶送～ | 혼수를 보내다. ¶迎～ | 혼수를 받다.

【妆奁】zhuānglián 名❶화장 상자. 화장함. ❷轉(여자의) 혼수. ¶父母给了她不少～ | 부모님이 그녀에게 많은 혼수를 주었다 =〔嫁jià妆〕

【妆饰】zhuāngshì ❶動 화장하다. 단장하다. 멋부리다. ¶～面容 | 얼굴을 화장하다. ❷名 화장한 모습. 단장한 모양. ¶～新奇 | 화장한 모습이 새롭다.

【妆新】zhuāngxīn 名 方 신혼용의 의복·침구 등.

2【庄(莊)】zhuāng 가게 장, 엄할 장 ❶(～儿) 名 마을. 촌락. 부락. ¶村～ | 마을. ¶～户↓ ❷장원(莊園). 영지(領地). ¶皇～ | 황제의 장원. ❸名(노름·도박의)선. ¶是谁的～? | 누가 선이냐? ¶这局我做～ | 이번 판에는 내가 선이다. ❹상점. 가게 [도매나 비교적 규모가 큰 곳을 가리킴] ¶布～ | 포목점. ¶饭～ | 요리집. ¶茶～ | 찻집. ❺상품의 매입·매출을 위해 원산지나 소비지에 설치한 대리점 또는 출장소. ¶分～ | 분점. ¶设～ | 대리점 또는 출장소를 설치하다. ❻…물. 상품 [상품의 원산지·계절·판로 등을 나타내는 말] ¶秋～ | 가을 산물. ¶广～ | 판로가 광동인 상품. ❼장중하다. 정중하다. ¶亦～亦谐 | 장중하면서도 해학적이다. ¶～重↓ ❽(Zhuāng) 名 성(姓).

【庄户】zhuānghù 名 농가. ¶～人 | 농부.

【庄家】zhuāng·jia 名❶(노름에서) 선→〔坐庄〕 ❷농가(農家). ¶～汉 | 농부.

2【庄稼】zhuāng·jia 名 농작물 [주로 곡물을 가리킴] ¶种zhòng～ | 작물을 심다. 농사를 짓다. ¶收～ | 작물을 거두어 들이다.

【庄稼地】zhuāng·jiadì 名 口 농지. 농토.

【庄稼汉】zhuāng·jiahàn 名 口 농군. 농부 [남자를 가리킴] ¶我只是一个～ | 나는 단지 일개 농부이다.

【庄稼活儿】zhuāng·jiahuór 名 口 농사일. ¶全家都在田里做～ | 온 가족이 밭에서 농사일을 하다.

【庄稼人】zhuāng·jiarén 名 口 농민.

【庄客】zhuāngkè 名❶머슴. 소작인. ❷물건을 사들이기 위해서 어떤 곳에 머무르는 사람 =〔号客〕

2【庄严】zhuāngyán 形 장중하고 엄숙하다. ¶追悼会会场～肃穆 | 추도회 회장이 장중하고 엄숙하다. ¶～的气氛 | 장엄하고 엄숙한 분위기.

【庄园】zhuāngyuán 名 장원. ¶他家有一个大～ | 그의 집에는 큰 장원이 하나 있다.

4【庄重】zhuāngzhòng 形 (언행이) 장중하다. 정중하다. ¶～而有威严 | 정중하면서 위엄이 있다. ¶举止～ | 행동 거지가 정중하다.

【庄子】ⓐ Zhuāngzǐ 名❶〈人〉장자 [춘추 전국(春秋戰國)시대의 사상가·도학자. 이름은 주(周)] ❷〈書〉장자 [《老子》와 더불어 도가(道家)의 대표작인 장자가 지었다는 책]

ⓑ zhuāng·zi 名 口 ❶마을. 촌락. 부락. ¶他们是我们～里的人 | 그들은 우리 마을 사람들이다. ❷농촌의 큰 저택. ❸바래지 않은 조포(粗布). ❹음식점. 요릿집.

3【桩(樁)】zhuāng 말뚝 장 ❶(～子) 名 말뚝. ¶打～ | 말뚝을 박다. ¶牲口～ | 가축을 매는 말뚝. ¶稿～ | 교각. ❷量 건. 가지 [사건이나 일을 세는 말] ¶一～事 | 한 가지 사건.

【桩柱】zhuāngzhù 名 말뚝.

【桩子】zhuāng·zi 名 말뚝. 기둥. 파일(pīle). ¶拴shuān马的～ | 말을 묶는 말뚝.

1【装(裝)】zhuāng 차릴 장, 꾸밀 장 ❶動 분장하다. 치장하다. 화장하다. ¶他～老头儿 | 그는 노인으로 분장했다. ❷動 …인양 하다. 가장하다. ¶～听不见 | 못들은 체 하다. ¶不要～懂! | 아는 체 하지 마라. ❸動 장치하다. 설치하다. 轉 조립하다. ¶～电灯 | 전등을 설치하다. ¶～了一架机器 | 기계 한 대를 조립하다. ❹動 (물품을) 담다. 싣다. ¶～在箱子里 | 상자에 집어 넣다. ¶～货↓ ❺動 (남을) 끌어 넣다. 말려들게 하다. ¶往里～ | 남을 연루시키다. ❻(책·서화(書畵)를) 장정(하다). ¶精～ | 양장. 특별제본. ¶平～ | 평장. 보통의 장정. ¶～订↓ ❼복장. 옷차림. 여장(旅裝). ¶西～ | 양복. ¶整～出发 | 복장을 갖추고 출발하다. ¶治～ | 여장을 갖추다. ❽(배우의) 분장. 의상. 분장 용구. ¶上～ | 분장을 하다. ¶下～ | 분장을 벗기다.

【装扮】zhuāngbàn 動❶몸치장하다. 단장하다. 장식하다 ¶她很会～ | 그녀는 몸치장을 매우 잘 한다 =〔打dǎ扮①〕〔妆zhuāng扮〕 ❷분장하다. 변장하다. ❸가장하다. …인 체하다. ¶～成一个商人 | 상인으로 가장하다 =〔假装〕

3【装备】zhuāngbèi 動〈軍〉(무기·기자재·기술역량 등을) 잘 갖추다. 장치하다. 설치하다. ¶给部队～了新式武器 | 부대에 신식 무기를 갖추어 주었다. ❷名 장비. 기자재. ¶军事～ | 군사장비. ¶部队的～精良 | 부대의 장비가 정교하고 훌륭하다.

【装褙】zhuāngbèi ⇒〔装裱biǎo〕

【装裱】zhuāngbiǎo 動 (그림·글씨를) 표구하다. 표장(表裝)하다. 장황(裝潢)하다 ¶～图书 | 책을 표장하다 =〔装褙bèi〕

【装病】zhuāngbìng 動 꾀병을 부리다. ¶你别～了 | 너는 꾀병을 부리지 마라 =〔妆病〕

【装车】zhuāng/chē 動 차에 싣다.

【装出】zhuāngchū ❶⇒〔起运〕 ❷動 가장하다. ¶～一付怜相 | 가련한 체하다.

【装船】zhuāng/chuán ❶動 선적(船積)하다. ¶什么时候能～? | 언제 선적할 수 있는가? ❷名(zhuāngchuán)선적. ¶～费 | 선적 비용. ¶～发票 | 선적 송장(送狀). ¶～单据 | 선적 서류.

【装点】zhuāngdiǎn ❶動 (집 등을) 꾸미다. 장식하다. 치레하다. ¶～园林 | 정원의 나무들을 꾸

미다. ¶商店的门面要好好～ | 가게의 외부를 잘 장식해야 한다. ❷名 장식(품). ¶屋里没有什么～, 只有几件简单的家具 | 집안에는 아무런 장식도 없고 다만 몇 가지 간단한 가구만 있다 ‖＝〔妆点②〕

【装订】zhuāngdìng 名動 장정(하다). ¶～器qì＝〔订书器〕| 호치키스. ¶～车间 | 장정 공장. ¶～机 | 제본기. ¶皮面～ | 가죽 표지 장정. ¶硬面～ | 하드 카바(hard cover) 장정.

【装疯卖傻】zhuāng fēngmài shǎ 成 일부러 미친 척하다. 멍청한 척하다. 바보인 체하다＝〔装憨hān卖傻〕

【装裹】zhuāng·guo ❶動 수의(壽衣)를 입히다. ❷名 수의 ‖＝〔方 婉 装老〕

【装糊涂】zhuānghú·tu 動組 모르는 체하다. 멍청한 체 하다. 시치미떼다. ¶他还不知道吗? ～呢 | 그가 아직 모르고 있어, 시치미떼고 있는 거야. ¶他很会～ | 그는 매우 시치미를 잘 뗀다.

【装潢】zhuānghuáng ❶動 장식하다. 꾸미다. ¶彩车～得非常漂亮 | 꽃차의 장식이 매우 아름답다. ❷動 (글이나 그림을) 표구하다. 표장(表裝)하다. ¶墙上挂着一幅新～的山水画 | 벽에 한폭의 새로 표구한 산수화가 걸려 있다＝〔裱biǎo①〕❸名 (포장·외장 등의) 장식. ¶这个罐头guàn·tou的～非常讲究 | 이 통조림의 장식은 매우 공이 들어있다 ‖＝〔装璜huáng〕

【装璜】zhuānghuáng ⇒〔装潢huáng〕

【装货】zhuānghuò ❶ 화물을 적재하다. ❷ (zhuānghuò) 名 (화물의) 적재. ¶～费 | 선적 비용. ¶～港 | 적하항(積荷港). 적출항(積出港). ¶～通知单 | 선적 통지서 ‖＝〔搭货〕〔載货〕

【装机】zhuāng/jī 動 기계를 설치하다. ¶～容量 | 〈電氣〉설비용량.

【装甲】zhuāngjiǎ 名 ❶ 장갑. ¶～列车 | 장갑 열차. ❷ 장갑판.

【装甲车】zhuāngjiǎchē 名 〈軍〉장갑차＝〔铁tiě甲车〕

【装甲轮送车】zhuāngjiǎ shūsòngchē 名組 〈軍〉장갑수송차.

【装假】zhuāng/jiǎ 動 ❶ 사양하다. ¶我不会～ | 나는 사양할 줄 모릅니다. ❷ …인 체하다. 가장하다. 시치미떼다. ¶这个人爱～ | 이 사람은 허세를 잘 부린다. ¶～不知道的样子 | 모르는 체 하다.

【装进】zhuāngjìn 動 물건을 챙겨〔채워〕넣다 ¶把钱～口袋 | 돈을 주머니에 챙겨 넣다＝〔装入〕

【装殓】zhuāng/liàn 動 염(殮)하여 입관(入棺)하다. ¶及时～入棺 | 때에 맞춰 염하여 입관하다.

【装聋作哑】zhuānglóng zuò yǎ 成 귀머거리나 벙어리인 척하다. 들리지 않는 시늉을 하다. 모르는 체하다. ¶我们对於这个问题～若无其事 | 우리는 이 문제에 대해서는 모르는 체하고, 그런 일이 있었느냐는 듯한 얼굴을 하고 있다.

【装门面】zhuāngmén·miàn 動組 듣기 좋은〔그럴싸한〕말로 (자신을) 가식하다. ¶这样做是为了～ | 이렇게 하는 것은 자신을 가식하는 것이 된다＝〔装幌huǎng子〕

【装模作样】zhuāngmú zuò yàng 成 허장성세하다. 티를 내다. 거드름 피우다. 젠체하다 ¶他就是爱～ | 그는 허장성세하기를 좋아한다＝〔装眉作样〕

4【装配】zhuāngpèi 動 (기계·부품 등을) 조립하다. 맞추다. 설치하다. ¶～机器的零件 | 기계 부품을 조립하다. ¶～了一辆自行车 | 자전거를 한 대 조립했다. ¶～房屋 | 조립식 주택. ¶～作zuō坊 | 조립 작업장. ¶～工 | 조립공.

【装配线】zhuāngpèixiàn 名 조립 라인. 어셈블리(assembly) 라인＝〔组zǔ装生产线〕

【装腔作势】zhuāng qiāng zuò shì 成 ❶ 실속없이 뽐내다. 거드름 피우다. 허장성세하다. ¶我认为那位演员～, 演得有些过火 | 나는 그 배우가 좀 지나치게 과장된 연기를 한다고 생각한다＝〔作腔作势〕❷ …인 체하다. 제스처를 보이다.

【装穷】zhuāngqióng 動 궁한 체하다. 가난한 체하다. ¶她总是～ | 그녀는 언제나 가난한 체한다. ¶～卖苦 | 成 궁상을 떨다.

【装人】zhuāngrén 動 京 사람을 함정에 빠뜨리다. (남의) 얼굴에 먹칠을 하다. (남의) 체면을 깎다. ¶你干对不住人的事, 可别往里～ | 너절한 짓을 저질러 남의 얼굴에 먹칠을 하지 마라.

【装傻】zhuāng/shǎ 動 멍청한 척하다. 짐짓 시치미를 떼다. ¶他喜欢～ | 그는 시치미 떼기를 좋아한다＝〔装憨hān儿〕

【装神弄鬼】zhuāng shén nòng guǐ 成 도깨비 모양으로 가장하다. 잔꾀를 부리다. 농간을 부리다. 능청을 부리다. 사람의 눈을 현혹하다. ¶你们别和我～ | 너희들 내게 농간부리지 마라＝〔装神扮bàn鬼〕

3【装饰】zhuāngshì ❶動 치장하다. 장식하다. ¶她不爱～ | 그 여자는 꾸미는 것을 좋아하지 않는다. ❷名 장식(품). ¶～图案 | 장식 도안. ¶～音 | 〈音〉장식음. ¶有了这些～, 大厅更显得富丽当皇了 | 이런 장식(품)들이 있어, 홀이 더욱 화려하고 웅장해 보인다 ‖ 어법 「装饰」은 사람과 건축물에도 쓰이지만, 「修饰」은 주로 글을 고치고 다듬는데 쓰임.

【装饰品】zhuāngshìpǐn 名 장식품. ¶墙上挂着～ | 벽에 장식품이 걸려 있다.

【装束】zhuāngshù ❶名 옷차림. 몸차림. ¶她的～朴pǔ素大方 | 옷차림이 수수하면서도 우아하다. ¶～入时 | 몸차림이 유행에 맞다. ¶工人～的人 | 노동자 차림의 사람. ❷書動 여장을 꾸리다. 행장을 갖추다. ¶他已经～完毕, 准备出发 | 그는 이미 여장을 다 꾸렸고 떠나려고 한다.

【装死】zhuāngsǐ 動 죽은 체하다. ¶她躺在地上～ | 그녀가 땅에 누워 죽은 체하다.

【装蒜】zhuāng/suàn 動 ❶ 시치미떼다. 알면서도 모르는 체하다. ¶你比谁都明白, 别～啦! | 너는 누구보다도 잘 알고 있으면서, 모르는 체하지마! ❷ 거드름 피우다. 잘난 체하다. ¶你别在这儿～了! | 너 여기서 잘난체 하지마. ¶装大头蒜 | 매우 거드름 피우다 ‖＝〔装洋蒜〕

【装孙子】zhuāng sūn·zi 動組 ❶ 가련한 척하다. ❷ 애송이인 체하다. 알면서도 모르는 체하다.

【装箱(儿)】zhuāng/xiāng(r) ❶動 포장하다. 상자에 넣다. ¶这些机器今晚～ | 이 기계들은 오늘 저녁 포장한다. ❷(zhuāngxiāng(r)) 名 포장.

【装相(儿)】zhuāngxiàng(r) 動 그럴듯하게 꾸며대다. 일부러 그런 체하다＝[装象(儿)]

4【装卸】zhuāngxiè ❶動 짐을 싣고 부리다. 하역하다. ¶～工人 | 하역부. ¶～货物 | 화물을 싣고 부리다. ¶～工作 | 하역작업. ¶一船的货物, 码头的工人半天就～完了 | 배 한 척의 화물을 부두의 하역부들이 반나절에 하역을 마쳤다. ❷動 조립하고 분해하다. 분해 결합하다. ¶他会～自行车 | 그는 자전거를 조립하고 분해할 줄 안다. ¶好好一座钟叫小儿子～坏了 | 잘만 가던 벽시계를 어린 아들이 분해하다가 망쳤다.

【装修】ⓐ zhuāngxiū 動 인테리어하다. (집 등의) 부대 공사를 하다. 설치하다 [도장(塗裝), 창문 가설, 전기·수도 설치 등의 공사를 가리킴] ¶～客厅 | 거실을 인테리어하다. ¶～门面 | 喩 겉치레를 하다.

ⓑ zhuāng·xiu 名 내장 공사. 내부 장치. 내부 설비. ¶这房子的～很讲究 | 이 집의 내부 장치는 매우 정교하다.

【装佯】zhuāng/yáng 動 ㊟ 짐짓 시치미를 떼다. 모르는 척하다. 그럴듯하게 꾸며대다.

【装样子】zhuāng yàng·zi 動組 허세를 부리다. 젠체하다.

【装运】zhuāngyùn 動 실어 나르다. ¶～粮食 | 양식을 실어 나르다.

【装载】zhuāngzài 動 (짐을) 싣다. 적재하다. ¶～过重 | 과적(過積)하다. ¶～机 | 동력삽. 파워 셔블(power shovel). ¶～量 | 적재량.

【装帧】zhuāngzhēng 名動 장정(하다). ¶一本～精美的书 | 장정이 정교하고 아름다운 책 한 권.

3【装置】zhuāngzhì ❶動 설치하다. 장치하다. 조립하다. ¶～了一台抽水机 | 양수기를 한대 설치했다. ¶空调设备已经～好了 | 에어컨 설비는 이미 다 설치 되었다→[安ān装] ❷名 장치. 설비. ¶雷达～ | 레이다 장치. ¶保险～ | 안전 장치. ❸名〈電算〉디바이스(device) [혹은「元件」이라고도 함]

zhuǎng ㄓㄨㄤˇ

【奘】zhuǎng ☞ 奘 zàng Ⓑ

zhuàng ㄓㄨㄤˋ

3【壮(壯)】zhuàng 왕성할 장 ❶形 강하다. 튼튼하다. 건장하다. ¶年经力～ | 젊고 힘도 세다. ¶庄稼长得很～ | 농작물이 실하게 자라다. ❷形 크다. 웅장하다. ¶～志↓ ❸動 기력(氣力)이나 담력[용기]을 늘리다. ¶～胆子 | 담력을 크게하다. 용기를 북돋우다. ¶以～声热 | 기세를 돋구다. ❹動 ㊄ 충만하다. 가득차게 되다. ¶～满了煤, 上足了水, 单等开车了 | 석탄과 물을 가득 싣고 단지 발차하기를 기다릴 뿐이다. ❺(Zhuàng) 名 장족(壯族) [중국 소수 민족의 하나]＝[壮族]

3【壮大】zhuàngdà ❶動 장대해지다. 강대해지다. ¶第三世界的力量日益～ | 제3세계의 역량이 나날이 더 강대해지다. ❷動 강화하다. ¶～了自己的力量 | 자신의 역량을 강화했다. ❸形 굵고 튼튼하다. ¶他手脚～, 身材魁梧kuíwú | 그는 손발이 크고, 몸집이 우람하다.

【壮胆(儿, 子)】zhuàng/dǎn(r·zi) 動 용기를 내다. 대담해지다. 기력을 북돋우다. ¶壮壮胆 | 대담해지다. ¶喝了酒真～, 有天大的事出来都不怕 | 술을 마시면 대담해져 아무리 큰 일이 일어나도 무섭지 않다 ¶他壮着胆子走进屋里～ | 그가 마음을 굳건히하여 방으로 걸어 들어가다.＝[仗zhàng胆]

【壮丁】zhuàngdīng 名 혈기 왕성한 젊은 남자. 징병(徵兵) 연령에 이른 남자. ¶抓zhuā～＝[抓丁][拉丁] | 장정을 잡아 군인으로 만들다.

【壮工】zhuànggōng 名 단순 육체 노동자. 미숙련 노동자 [「小工(儿)」은 구칭(舊稱)임]

4【壮观】zhuàngguān ❶形 장관이다. ¶用数不清的国旗装饰起来的汉江大桥, 显得格外～ | 헤아릴 수 없이 많은 국기로 장식된 한강 대교는 정말 장관이었다. ❷名 웅장한 경치. 장관. ¶一大～ | 일대 장관. 굉장한 풍광.

【壮汉】zhuànghàn 名 장년의 남자. 건장한 남자. ¶来了几个～ | 몇 명의 건장한 남자가 왔다.

【壮健】zhuàngjiàn 形 건장하다. ¶～的小伙子 | 건장한 젊은이.

【壮锦】zhuàngjǐn 名 장족(壯族)의 부녀자가 손으로 짠 비단.

【壮举】zhuàngjǔ 名 장거. ¶历史上无前例的～ | 역사상 전례가 없는 장거.

【壮阔】zhuàngkuò 形 ❶ 웅장하고 넓다. 광활하다. ¶太平洋波澜～ | 태평양의 파도가 웅장하다. ❷ 웅대하다. 크다. 굉장하다. ¶规模～ | 규모가 웅대하다.

3【壮丽】zhuànglì 形 장려하다. 웅장하고 아름답다. ¶山河～ | 산하가 장대하고 아름답다. ¶一篇～的史诗 | 한 편의 장려한 서사시. ¶他投身于民族复兴的～事业 | 그는 민족 부흥이라는 장려한 사업에 투신했다.

4【壮烈】zhuàngliè 形 장렬하다. 용감하고 기백이 있다. ¶坚贞不屈, ～牺牲 | 굴하지 않고 정절을 지키며 장렬하게 희생하다.

【壮美】zhuàngměi 形 웅장하고 아름답다. ¶～的山河 | 웅장하고 아름다운 산하.

【壮苗】zhuàngmiáo 名〈農〉튼튼한[실한] 모

【壮年】zhuàngnián 名 장년. ¶～有为的时候 | 장년은 한창 일할 때다. ¶他正当～ | 그는 마침 장년이다.

【壮实】zhuàng·shi 形 튼튼하다. 실하다. 힘차다. ¶他很～ | 그는 매우 튼튼하다.

【壮士】zhuàngshì 名 장사. ¶～一去不复还 | 장사는 한 번 가면 다시 돌아오지 않는다. ¶～断腕＝[壮士解腕] | 成 손이 독사에게 물렸을때 용감한 자는 독이 몸에 퍼지기 전에 손목을 스스로 끊어 버린다. 작은 것을 희생하고 큰 것을 보전시키다. 일을 과단성있게 처리하다.

【壮戏】Zhuàngxì 名 장족(壯族) 전통극(傳統劇)의 하나 [장족산가(壯族山歌)와 설창(說唱)이 발전한 것으로, 광서(廣西) 장족자치구(壯族自治區)와 운남(雲南) 장족 거주지역에서 유행함]

【壮心】zhuàngxīn ⇒〔壮志〕

4【壮志】zhuàngzhì 名 웅대한 뜻〔계획〕. ¶～豪情 | 國 큰 뜻. 웅대한 포부. ¶雄心～ | 웅대한 뜻. 원대한 포부 =〔壮心〕

【壮志凌云】zhuàng zhì líng yún 國 하늘을 찌를 듯한 큰 뜻. 포부가 원대하다 ¶革命战士～ | 혁명 전사는 포부가 원대하다 =〔壮志凌霄〕

【壮志未酬】zhuàng zhì wèi chóu 國 원대한 포부가 아직 실현되지 않다.

【壮族】Zhuàngzú 名〈民〉장족 [중국 소수 민족의 하나. 광서성(廣西省)·운남성(雲南省) 및 광동성(廣東省) 일대에 분포함]

2【状(狀)】zhuàng 모양 상, 문서 장 ❶ 형상. 모양. 형태. 상태. ¶～态↓ ¶奇形怪～ | 괴상한 모양. ❷ 상황. 형편. 정황. ¶～况↓ ¶病～ | 병세. ¶罪～ | 죄상. ❸ 진술하다. 형언하다. ¶不可名～ | 이루 형언할 수 없다. ¶～其事 | 그 일을 진술하다. ❹ 사건이나 사적(事迹)을 서술한 문장. ¶行～ | 행장. ❺ 고소장. ¶诉～ | 고소장. ¶告～ | 고소하다. ❻ (여러 서식(書式)의) 증서. ¶奖～ | 상장. ¶委任～ | 위임장. ❼ 量 차. 번 [고소하는 횟수를 세는 말] ¶告了一～ | 한번 고소했다.

2【状况】zhuàngkuàng 名 상황. 정황. 형편. 상태. ¶经济～ | 경제 상황. ¶生活～ | 생활 상황. ¶可以乐观的～ | 낙관할 수 있는 상황. ¶身体～ | 건강 상태.

【状貌】zhuàngmào 名 모양. 용모. 형태. ¶小伙子～粗陋cūlòu | 젊은이의 용모가 볼품없다.

2【状态】zhuàngtài 名 상태. ¶固体～ | 고체 상태. ¶中间～ | 중간 상태. ¶一种有病的～ | 일종의 질환이 있는 상태. ¶竞技～不佳 | 경기 컨디션이 좋지 않다. ¶战时～ | 전시 상태 어법「状态」는 드러난 형태를 가리키고,「状况」은 구체적인 상황을 의미함.

【状语】zhuàngyǔ 名〈言〉부사어. 상황어 [동사·형용사 앞에서 상태·정도·시간·장소 등을 나타내는 수식 성분]→〔定语〕〔句子成分〕

【状元】zhuàng·yuán 名 ❶ 장원 [옛날, 과거의 최고 시험인「殿diàn试」에서 제1위로 합격한 사람으로, 제2위는「榜bǎng眼」, 제3위는「探tàn花」라 함] =〔大魁〕〔魁甲〕〔龙头⑤〕〔廷魁〕 ❷ (어떤 분야의) 제일인 자. 성적이 가장 좋은 사람. ¶行háng行出～ | 무슨 일을 해도 (노력하면) 성공할 수 있다. ¶～酒 |「绍兴酒」의 일종.

【状元红】zhuàngyuánhóng 名 ❶〈食〉「绍shào兴酒」의 일종. ❷〈植〉「桊zǐ茉莉」(분꽃)의 다른 이름. ❸ 주사위 놀이에서 주사위 5개를 던져서 전부(붉게 색칠해져 있는) 1이 나오는 경우를 말함.

【状纸】zhuàngzhǐ 名 옛날, 법원 소정의 소장(訴狀) 용지(用紙). ¶写了一份～ | 소장 용지를 한 부 썼다.

【状子】zhuàng·zi 名 口 소장(訴狀).

【僮】Zhuàng ☞ 僮 tóng B

3【幢】zhuàng ☞ 幢 chuáng B

2【撞】zhuàng 칠 당, 부딪칠 당
動 ❶ (세게) 치다. 때리다. ¶～球↓ ¶～钟↓ ❷ 부딪치다. 충돌하다. ¶别让汽车～上 | 차와 충돌하지 않게 하시오. ¶被手推车～倒了 | 손수레에 부딪쳐 넘어졌다. ❸ 뜻밖에 만나다. 서로 맞닥뜨리다. ¶让我～见了 | 나와 뜻밖에 맞닥뜨렸다. ❹ (갑자기) 뛰어들다. 돌진하다. ¶横冲直～ | 종횡무진 돌진하다. ¶从门外～进一个人来 | 문밖에서 한 사람이 뛰어들어 오다. ❺ 시험해 보다. 부딪쳐 보다. ¶～运气↓ ❻ 속이다. 사기치다. ¶招摇～骗 | 허풍치면서 사람을 속이다.

【撞车】zhuàng/chē 動 ❶ 차가 서로 충돌하다. ¶～事故 | 차량 충돌 사고. ❷ 차에 부딪히다. ❸ 喩 (언행·논리 등이) 서로 모순〔충돌〕을 일으키다. ¶你所说的和所做的是～的 | 너의 말과 행동은 서로 모순되는 것이다.

【撞击】zhuàngjī 動 ❶ 충돌하다. 부딪치다. ¶波浪～岩石 | 파도가 바위에 부딪치다. ❷ (센 힘으로) 치다. 찌르다. ¶激动的感情～着大脑 | 끓어오르는 감정이 대뇌를 찌르고 있다.

【撞见】zhuàng·jiàn 動 (뜻밖에) 만나다〔마주치다〕. ¶让我～了 | 나는 뜻밖에 딱 마주치고 말았다. ¶又没有私弊sībì, 怕什么人～ | 양심에 가책되는 일도 없는데 누구와 만나는 것을 두려워할 것인가.

【撞骗】zhuàngpiàn 動 (도처에서) 사기를 치다. 사기칠 기회를 노리다. ¶招摇～ | 그럴듯한 말로 등치다. 남의 명의로 사기치다. ¶他四处～ | 그는 사방에서 사기를 치다.

【撞球】zhuàngqiú ⇒〔台táí球①②〕

【撞锁】zhuàngsuǒ ❶ 名 용수철 자물쇠. ¶买了一把～ | 용수철 자물쇠를 하나 샀다. ❷ 動 喩 부재중에 방문하다. 헛걸음하다 =〔撞锁头〕〔碰pèng锁〕

【撞运气】zhuàng yùn·qi 動組 운(運)을 시험해 보다. 결과야 어떻든 부딪쳐 보다. ¶让他去～吧 | 그에게 운을 시험해보게 하자.

【撞针】zhuàngzhēn 名 (총의) 격침. ¶～断了 | 격침이 끊어졌다.

【撞钟】zhuàng/zhōng ❶ 動 종을 치다. ❷ (zhuàngzhōng) 名 (어린이 놀이의 일종으로) 따나 [바람벽에 부딪쳐서 하는 동전치기 놀이]

【戆(戇)】zhuàng gàng 어리석을 당

A zhuàng 書 形 고지식하다. 우직(愚直)하다. ¶为人～直 | 사람됨이 우직하다.

B gàng 形 方 경솔하다. 무모하다. 거칠다. ¶～头～脑 | 덤벙덤벙하다.

【戆直】zhuàngzhí 書 形 우직하고 강직하다. ¶他人很～ | 그는 사람이 매우 우직하고 강직하다.

zhuī ㄓㄨㄟ

【隹】zhuī 새 추
書名 조류. 새. 꽁지가 짧은 새의 총칭(總稱).

【骓(騅)】zhuī 오추마 추
書名 ❶ 오추마(烏騅馬) [검푸른 털에 흰 털이 섞인 말] ❷ 초(楚)나라 항우(項羽)의 애마(愛馬) 이름.

【椎】zhuī ☞ 椎 chuí Ⓑ

【锥(錐)】zhuī 송곳 추
❶ (~子) 名 송곳. ¶无立~之地 | 송곳을 꽂을 만한 땅도 없다. 입추의 여지가 없다. ❷ (~儿, ~子)(송곳처럼) 끝 뾰족한 것. ¶改~ = 〔杆gǎn锥〕 | 드라이버. ¶冰~ | 고드름. ¶毛~ | 붓. ❸ 名〈機〉드릴(thril).

【锥处囊中】zhuī chǔ náng zhōng 威 송곳이 자루에 들다. 재능있는 사람은 두각을 드러내게 마련이다. ¶他是~, 早晚会脱颖tuōyǐng而出的 | 그는 송곳이 자루에 든 상태이어서, 조만간 끝이 삐죽이 뚫고 나올 것이다.

【锥度】zhuīdù 名〈物〉원통도(圓筒度). 테이퍼도(taper 度) [직경의 감소량과 길이와의 비] = 〔哨shào度〕〔梢sào度〕〔推拔度〕〔退拔度〕

【锥栗】zhuīlì 名〈植〉산밤(나무).

【锥探】zhuītàn 名 원추 탐사. 송곳 모양의 공구로 하는 지층 탐사.

【锥形】zhuīxíng 名〈機〉❶ 원뿔꼴. 원추형. ¶~销xiāo | 원추형 핀. ¶~绞刀 | 원추형 리머. ¶~烧杯 | 삼각 비커. ¶~烧瓶 | 삼각 플라스크 = 〔拔梢〕〔拔哨〕〔拔拔〕〔外退拔〕 ❷ 크리스마스 트리. 석유 갱구에 부착시키는 밸브.

【锥子】zhuī·zi 名 송곳. ¶用~扎一下 | 송곳으로 한차례 찌르다.

2【追】zhuī 쫓을 추
❶ 動 (뒤)쫓다. 쫓아가다. 따라잡다. ¶急起直~ | 威 분발하여 앞선 것을 바싹 쫓아가다. ❷ 動 캐다. 추궁하다. ¶这件事不必再~了 | 이 일은 더 이상 추궁할 필요가 없다. ❸ 動 (추)구하다. ¶~名逐利 | 명리를 추구하다. ❹ 추후에 보충하다. 추가하다. ¶~认↓ ❺ 회고〔회상〕하다. 돌이켜보다. ¶~念↓ ❻ 動 (빌려준 돈·도난품 등을) 되찾다. ¶把原赃~回来了 | 도둑맞은 물건을 되찾았다.

【追奔逐北】zhuī bēn zhú běi 威 패주하는 적을 추격하다. ¶乘势~, 扫灭残敌 | 세를 몰아 패주하는 적을 추격하여, 잔적을 소탕하다 = 〔追亡逐北〕

【追本穷源】zhuī běn qióng yuán 威 사물의 근원을 탐구하다. 어떤 사건의 근본적 원인을 찾다 = 〔追本溯sù源〕〔追根gēn溯源〕〔追根寻xún源〕

【追本溯源】zhuī běn sù yuán ⇒〔追本穷源〕

【追逼】zhuībī 動 ❶ 끝까지 몰아 붙이다. 바짝 추격하다. ¶敌军不战而逃, 我军乘胜~ | 적군은 싸우지도 않고 도망치고, 아군은 승세를 타고 끝까지 몰아 붙인다. ❷ 협박하며 추궁하다. 끈덕지게 따지다. 엄하게 재촉하다. ¶~他还钱 | 돈을 갚으라고 그에게 몹시 재촉하다.

【追兵】zhuībīng 名 추격병. 추격 부대. ¶~将至 | 추격병이 다가오다.

【追捕】zhuībǔ 動 추적〔추격〕하여 붙잡다 ¶~逃犯 | 도망범을 추격하여 붙잡다.

【追补】zhuībǔ 動 ❶ 추가하다. 보태다. ¶~豫算 | 추보〔가〕 예산. ❷ 추서하여 보상해주다.

4【追查】zhuīchá 動 추궁하다. 추적 조사하다. ¶~责任 | 책임을 추궁하다. ¶~事故原因 | 사고 원인을 추적 조사하다. ¶~谣言 | 헛소문의 근원지를 캐다.

4【追悼】zhuīdào 動 추도하다. ¶~爱国烈士 | 애국 열사를 추도하다.

【追悼会】zhuīdàohuì 名 추도회. ¶举行~ | 추도회를 거행하다.

【追肥】zhuī/féi ❶ 動 추비하다. 뒷거름을 주다. ¶及时~ | 때에 맞춰 거름을 주다. ❷ (zhuīféi) 名〈農〉추비. 뒷거름. ¶施是~ | 추비를 충분히 주다.

4【追赶】zhuīgǎn 動 ❶ (뒤)쫓다. 쫓아가다. 따라잡다. ¶~小偷 | 도둑을 뒤쫓다. ¶你已经落后了, 要加紧~ | 너는 이미 뒤떨어졌으니 더 바짝 쫓아가야 한다. ¶他已走远, 你~不上了 | 그는 벌써 멀리 갔으므로, 너는 따라잡을 수 없다. ❷ 재촉하다. 몰아 붙이다. 다그치다. ¶把我~得一天一点儿工夫都没有 | 일에 쫓기어 온종일 약간의 틈도 없다.

【追根(儿)】zhuī/gēn(r) 動 끝까지 추궁하다. 꼬치꼬치 캐묻다. ¶他就是爱~ | 그는 꼬치꼬치 캐묻기를 좋아한다 = 〔刨根儿〕

【追根究底(儿)】zhuī gēn jiū dǐ(r) 威 꼬치꼬치 캐묻다. 근원을 끝까지 밝히다. 진상을 추구하다. ¶这件事一定得~ | 이 일은 반드시 철저하게 진상을 밝혀야 한다 = 〔追根问底〕〔拔树寻根〕〔究根问底〕〔刨根儿问底儿〕〔寻根问底〕〔寻根究底〕〔盘根究底〕

【追根问底】zhuī gēn wèn dǐ ⇒〔追根究底(儿)〕

【追怀】zhuīhuái 動 회상하다. 추억하다. ¶~往事 | 지난 일을 회상하다.

【追还】zhuīhuán 動 ❶ 도로 갖다 놓다. ❷ 원래 주인에게 되돌려 주다. ¶~赊物 | 장물을 되돌려 주다 ‖ = 〔追回〕

【追回】zhuīhuí ⇒〔追还〕

【追悔】zhuīhuǐ ⇒〔后hòu悔〕

【追击】zhuījī 名動 추격(하다). ¶~战 | 추격전. ¶~敌人 | 적을 추격하다.

【追记】zhuījì 名動 ❶ 사후(事後) 기재(하다). ¶世界杯足球赛~ | 월드컵 축구 추기. ❷ 추서(追堯)(하다). ¶~特等功 | 수훈을 추서하다.

【追加】zhuījiā 名 추가하다. ¶~建设投资 | 건설 투자를 추가하다. ¶~资金 | 자금을 추가하다.

4【追究】zhuījiū 動 (문제가 생긴 원인·책임 등을) 규명하다. 추궁하다. ¶~事件的责任 | 사건의 책임을 추궁하다. ¶~真伪 | 진위를 규명하다. ¶必须~他的责任 | 그의 책임을 반드시 규명해야 한다. ¶事故的原因必须~清楚 | 사고의 원인을 반드시 철저히 규명되어야 한다.

【追念】zhuīniàn 動 추념하다. 추상하다. 회상하다. 추억하다.

3【追求】zhuīqiú 動 ❶ 추구하다. 탐구하다. ¶～开放和改革 | 개방과 개혁을 추구하다. ¶～利润 | 이윤을 추구하다. ❷ 사랑을 추구하다. 구애하다. ¶她是个很俊美的人物, ～她的人也不在少数 | 그녀는 대단히 아름다운 인물로, 그녀에게 구애하는 사람 또한 적지 않다.

【追认】zhuīrèn 動 ❶ 추인하다. (죽은) 후에 인정하다. 소급하여 인정하다. ¶～他为党员 | 그를 죽은 뒤에 당원으로 추인했다. ❷ (죽은 뒤에 법령·결의 등을) 인가하다. ¶～此项决议为合法 | 이 결의를 후에 인가하는 것은 합법적이다.

【追上】zhuī·shang 動 따라잡다. ¶～先进国 | 선진국을 따라잡다.

【追述】zhuīshù 動 (지나간 일을) 추억하며 이야기하다. ¶～往事 | 과거의 일을 회상하며 이야기하다＝〔追叙xù①〕

【追思】zhuīsī ⇒〔追想〕

【追诉】zhuīsù 動〈法〉추소하다. ¶～其刑事责任 | 그 형사책임을 추소하다.

【追溯】zhuīsù 動 거슬러 올라가다. 회상하다. ¶这个传说可以～到遥远的过去 | 이 전설은 아득한 옛날까지 거슬러 올라간다. ¶～往事, 不禁感慨万端 | 지난 일을 회상하니, 금할 수 없이 감개가 무량하다.

【追随】zhuīsuí 動 추종하다. 뒤좇아 따르다. ¶～子 | 추종자. ¶～潮流 | 세태를 따르다. ¶～不舍 | 떨어지지 않고 따르다.

4【追问】zhuīwèn 動 캐묻다. 추궁하다. ¶我们～他渔船失踪shīzōng的原因 | 우리는 그에게 어선이 실종된 원인을 추궁했다. ¶～下落 | 행방을 추궁하다＝〔追询xún〕〔钉dīng问〕〔叮dīng问〕

【追想】zhuīxiǎng 動 ❶ 추상하다. 추억하다. ❷ 더듬어 생각하다. 다시 생각해 보다. ¶再细细～所需何物 | 무슨 물건이 필요한 지 다시 자세하게 생각해 보다 ‖＝〔追思〕

【追叙】zhuīxù ❶ ⇒〔追述〕 ❷ 名 결과를 먼저 쓴 다음에 과정을 쓰는 문장 서술 방법. 회상 형식. 도서법(倒叙法). ¶这一段是～ | 이 단락은 회상의 형식이다.

【追寻】zhuīxún 動 추적하다. 캐다. 따지다. ¶～原因 | 원인을 추적하다. ¶～小过 | 사소한 잘못까지도 따지다.

【追询】zhuīxún ⇒〔追问〕

【追忆】zhuīyì 動 추억하다. 어법 「追忆」은 지난 일을 회상하는 것인데, 대개 그 일들의 전후 관계는 따지지 않는 반면, 「追溯」는 지난 일의 전후 경과나 순서를 연관지어 회상하는 것을 말함. ¶～往事, 历历犹在眼前 | 지난 일을 회상하니 눈앞에 역력하다. ¶含泪～过去的苦难 | 눈물을 머금은 채 옛날의 고난을 회상하다.

【追赃】zhuī/zāng 動 장물을 되찾다. 도난품을 돌려주게 하다. ¶外出～ | 외출하여 장물을 되찾다.

【追赠】zhuīzèng 動 ❶ 추가로 주다. ❷ 죽은 뒤에 벼슬을 추서하다. ¶～谥号 | 시호를 추서하다.

【追逐】zhuīzhú 動 ❶ 서로 세력을 다투다. 쫓고 쫓기며 하다. ❷ (추)구하다. ¶企业～最大限度的利润 | 기업은 최대한의 이윤을 추구한다. ❸ 쫓다. ¶～野兽 | 야수를 뒤쫓아 가다.

【追踪】zhuīzōng 動 ❶ 추적하다. 행방을 쫓다. ¶～物 | 트레이서(tracer). 추적자. ¶～罪犯 | 범인을 추적하다. ¶沿着脚印～野兽 | 발자국을 따라 야수를 쫓아가다＝〔書 追蹑niè〕 ❷ 喻 (지위와 권세 있는 사람을) 추종하다. (이전 사람을) 본받다.

【追踪器】zhuīzōngqì 名〈電算〉트레이서(tracer).

zhui ㄓㄨㄟˋ

【队】zhuì ☞ 队 duì Ⓑ

【坠(墜)】zhuì 떨어질 추 ❶ 書 動 떨어지다. ¶摇摇欲～ | 成 흔들흔들하여 곧 떨어질〔무너질〕 것 같다. ❷ 動 매달리다. 드리우다. ¶挂钟下面～着一个摆 | 괘종시계 아래에 시계추가 매달려 있다. ❸ 動 (아래로) 늘어지다. 처지다. ¶丰满的谷穗～下头去 | 풍성한 벼이삭이 고개를 숙이다. ❹ (～儿) 名 드리운 것. 매달린 물건. ¶扇shàn～儿 | 부채의 손잡이에 단 장식 ‖＝〔書 队zhuì〕

【坠地】zhuìdì 書 動 ❶ 태어나다. 탄생하다. ¶小儿子呱呱guā～ | 어린 아들이 앙앙울며 태어나다. ❷ 땅에 떨어지다. ¶巨石～ | 큰 돌이 땅에 떨어지다. ❸ 喻 (권세·명성 등이) 쇠락하다. 쇠해지다.

【坠毁】zhuìhuǐ 動 (비행기 등이) 추락하여 부서지다〔파괴되다〕.

【坠楼】zhuìlóu 動 높은 건물〔옥상〕에서 떨어지다. ¶～自杀 | 높은 건물에서 떨어져 자살하다.

【坠落】zhuìluò 動 떨어지다. ¶照明弹慢慢～下来 | 조명탄이 천천히 떨어져 내리다.

【坠马】zhuì/mǎ 動 낙마(落馬)하다. ¶～受伤 | 낙마하여 부상을 입다.

【坠子】zhuì·zi 名 方 ❶ (장식으로) 드리우는 물건. 귀걸이. ¶耳～ | 귀걸이. ¶扇～ | 부채에 매단 장식. ❷ 簡 「河南坠子」의 약칭. ❸ 「河南坠子」에 사용하는 악기 [몸체는 오동나무로 되어 있으며 활로 켜는 2현(弦) 악기]＝〔二线xiàn〕

【惴】zhuì 두려워할 췌 書 形 근심하고 두려워하다.

【惴栗】zhuìlì 書 動 무서워 벌벌 떨다. ¶～不已 | 두려움이 그치지 않다.

【惴惴】zhuìzhuì 書 貌 걱정하고 겁내다. ¶～不安 | 벌벌 떨며 불안해 하다.

【缒(縋)】zhuì 매달릴 추 動 (사람·물건을) 줄에 매달다. 줄을 타고 내려가다. ¶从楼顶上把空桶～下来 | 지붕위에서 빈 통을 줄에 매달아 내려보내다. ¶～城而出 | 줄을 타고 성벽을 내려서 나오다.

4【缀(綴)】zhuì 꿰맬 철 ❶ 動 꿰매다. 깁다. ¶～上几针 | 몇 바늘 꿰매다. ❷ 動 잇다. 엮다. 짓다. ¶～辑↓ ¶～字成文 | 글자를 엮어 문장을 짓다.

❸ 장식하다. ¶点～ | 장식하다.

【缀补】zhuìbǔ 動 (옷을) 깁다. ¶～渔网 | 어망을 기우다.

【缀合】zhuìhé 動 한데 꿰매다. 연결시키다. 짜맞추다. ¶～辞句 | 사구를 연결시키다.

【缀辑】zhuìjí 動 편집하다.

【缀文】zhuìwén 動 문장을 짓다. 작문하다. ¶执笔～ | 붓을 들어 글을 짓다. ¶～纪念先师 | 돌아가신 선생님을 기리며 글을 짓다.

【赘(贅)】zhuì 군더더기 췌

❶ 形 여분의. 쓸데없는. 불필요한. ¶累léi～ | 번거롭다. ¶语不多～ | 군말이 적다. ❷ 動 方 귀찮게[성가시게] 하다. 부담이 되다. ¶这孩子总～着我 | 이 아이는 언제나 나를 귀찮게 한다. ❸ 데릴 사위가 되다. 데릴 사위를 삼다. ¶～婿↓

【赘瘤】zhuìliú 名 쓸데없는[여분의] 물건. 군더더기 ¶此乃～, 毫无háowú用处yòngchù | 이는 쓸데없는 물건이어서, 털끝만큼도 쓸 데가 없다 =[赘疣yóu②]

【赘述】zhuìshù 動 (쓸데 없는 것을) 장황하게 늘어놓다. 군말을 하다. ¶不必一一～ | 일일이 늘어놓을 필요 없다 =[赘陈][赘叙]

【赘婿】zhuìxù 名 데릴사위 ¶他是～ | 그는 데릴사위이다 =[赘夫][入舍女婿]

【赘言】zhuìyán ❶ 名 쓸데없는 말 =[赘词] ❷ 動 쓸데없는 말[군말]을 하다. ¶不再～ | 다시는 군말하지 마라. ¶要删shān去～ | 군더더기말을 삭제해야 한다.

【赘疣】zhuìyóu 名 ❶ 혹. 사마귀. ❷ 喻 쓸데없는 물건. 무용지물. 군더더기 =[赘瘤liú][疣赘]

zhūn ㄓㄨㄣ

【屯】zhūn ☞ 屯 tún B

【肫】zhūn 정성스러울 순

❶ 名 조류(鳥類)의 위(胃). 모래주머니. ¶鸡～ | 닭의 위 =[胗] ❷ 書 形 성실하다. 간절하다.

【窀】zhūn 광중 둔

⇒[窀穸]

【窀穸】zhūnxī 書 名 묘혈(墓穴). 묘.

【谆(諄)】zhūn 지성스러울 순

❶ 形 간절[간곡]하다. 진지하다. ¶～恳kěn | 간절히 부탁하다. ❷ 書 動 돕다. 보좌하다.

【谆谆】zhūnzhūn 狀 (윗사람이 아랫사람에게) 정성스럽게 가르치다. 타이르다. ¶～告诫 | 간곡하게 타이르다. ¶老师的～教导, 使我永生难忘 | 스승님의 정성스러운 가르침은 제가 평생 잊지 못할 것입니다. ¶言者～听者藐藐miǎo | 말하는 사람은 진지한데 듣는 사람은 귀담아 듣지 않는다.

zhǔn ㄓㄨㄣˇ

【纯】zhǔn ☞ 纯 chún B

1【准】① zhǔn 비준할 준, 윤허할 준

❶ 動 허락하다. 허가하다. 비준하다. ¶～他再试一次 | 그에게 다시 한 번 해 보도록 허락 하다. ¶不～吸烟 | 금연. ¶不～随地吐痰tǔtán | 함부로 아무데나 침을 뱉지 마라. ❷「准②」와 통용⇒[准②]

【准考证】zhǔnkǎozhèng 名 수험표. 응시 허가서. ¶领取lǐngqǔ～ | 수험표를 수령하다.

4【准许】zhǔnxǔ 動 허가하다. 허락하다. 재가하다. 어법「准许」는 대개 자신은 목적어로 쓰이지 않으나, 동사(구)를 목적어로 취할 수 있고, 겸어문에도 쓰임. 「准许」는 위에서 아래로 허가함을 의미하나,「允许」는 제한이 없고,「准许」가 주로 사람의 허가를 의미하나,「允许」는 이 뿐만 아니라 상황·시간·날씨 등의 허가도 의미함. ¶～入学 | 입학을 허가하다. ¶我想去公园玩, 妈妈不～ | 나는 공원에 가서 놀고 싶은데 엄마가 허락하지 않으신다. ¶～请假qǐngjià | 휴가 신청을 허가하다. 휴가를 허락하다. ¶这次出差chūchāi, 只～去两个人 | 이번 출장에 두 사람만 허락이 되었다 =[准予]

【准予】zhǔnyǔ 動 札 허가하다. 재가하다. [공문서에서 주로 씀] ¶～给假jià二日 | 이틀간의 휴가를 허가하다. 휴가를 이틀 허가해 주다. ¶～入境rùjìng | 입국을 허가하다 ¶～入学 | 입학을 허가하다 =[准许]

1【准(準)】② zhǔn 법도 준

❶ 名 표준. 기준. ¶水～ | 수준. ¶以此为～ | 이것을 표준으로 삼다. ❷ 動 …에 준하다. 의거하다 =[准②] ¶～前例处理chǔlǐ | 전례대로 처리하다. ❸ 頭 준 어법 명사 앞에 붙어 그 명사에 비길만한 구실이나 자격을 가졌음을 나타냄. ¶～会员 | 준회원. ¶我只能算是一个～大学生 | 나는 다만 대학생에 준한다고 할 수 있을 뿐이다 =[准②] ❹ 形 정확하다. ¶钟走得不～ | 시계가 정확하지 않다. ❺ 副 반드시. 꼭. 틀림없이. ¶任务～能完成 | 임무는 틀림없이 완수할 수 있다. ❻ 書 名 평정기(平正器)→[准绳] ❼ 書 名 코. ¶隆～ | 높은 코→[准头] ❽ (Zhǔn) 名 성(姓).

【准保】zhǔnbǎo 副 반드시. 틀림없이. 꼭. ¶～没错儿 | 틀림없이 맞다. ¶～得心应yìng手 | 꼭 생각대로 될것이다.

1【准备】zhǔnbèi ❶ 動 준비하다. ¶心里～ | 마음의 준비를 하다. ¶～发言提要 | 발언 요지를 준비하다. ❷ 能 …하려고 하다. …할 작정[계획]이다. ¶你～什么时候出发 | 언제 출발할 계획이냐. ¶春节我～回家 | 설에 나는 집에 갈 작정이다 =[打算]

【准此】zhǔncǐ 札 …에 관한 것 잘 받았습니다 [동급 관청간의 공문서에 사용되는 말] ¶…等由～ | …에 관한 취지는 양지하였습니다 =[准此] →[奉fèng此][据jù此②]

【准将】zhǔnjiàng 名〈軍〉준장 ¶他父亲是～ | 그의 부친은 준장이다 =[准将]

【准平原】zhǔnpíngyuán 名〈地質〉준평원 [융기한 지면이 장시간의 침식에 의해 형성된 평원]

=〔准平原〕

²【准确】zhǔnquè 形 확실하다. 틀림 없다. 정확하다. ¶估计的数目是～的｜어림잡은 숫자는 정확하다. ¶～的统计｜정확한 통계. ¶枪打得很～｜총을 매우 정확하게 쏜다.

【准儿】zhǔnr 名 확실한 생각 [주로「有」나「没有」의 뒤에 쓰임] ¶心里有～｜확실한 생각이 있다. ¶他到底来不来, 还没有～｜그가 올지 안 올지는 아직 확실하지 않다 =〔准谱pǔ儿〕

【准绳】zhǔnshéng 名 ❶ 수평과 수직을 재는 줄. ❷ 喩 기준. 표준. 근거. ¶以法律为～｜법률을 기준으로 삼다. ❸ 먹줄.

²【准时】zhǔnshí 形 시간을 정확히 지키다. ¶～起飞｜정시에 이륙하다. ¶火车～到达｜기차가 정시에 도착하다.

【准是】zhǔnshì 副 반드시. 틀림없이. 꼭. ¶～家里出了事｜틀림없이 집에 일이 일어났다. ¶他～回家了｜그는 틀림없이 집으로 돌아갔을 것이다.

【准头】ⓐ zhǔntóu 名 코끝→〔鼻bí①〕
ⓑ zhǔn·tou 名 口 확실한 전망. (사격·말 등의) 정확성. 확실성. 확실한 잠작. ¶说话很有～｜말에 확실성이 있다. ¶枪法挺有～｜사격의 기술이 매우 정확하다.

【准尉】zhǔnwèi 名〈軍〉준위 =〔准尉〕

【准信(儿)】zhǔnxìn(r) 名 확실한 소식. 믿을만한 전언(傳言). ¶你明天给我一个～｜너는 내일 내게 정확한 소식을 줘.

【准星】zhǔnxīng 名 (총의) 가늠쇠.

⁴【准则】zhǔnzé 名 준칙. ¶行动～｜행동 준칙. ¶国际关系～｜국제 관계 준칙.

zhuō ㄓㄨㄛ

4【卓】zhuō ☞ 卓 zhuó

【倬】zhuō 환할 탁, 클 탁
❶ 書 形 현저하다. ❷ 書 形 크다. ❸ 지명에 쓰이는 글자. ¶～依乡｜탁의향. 운남성(雲南省)에 있는 지명.

1【桌】zhuō 탁자 탁
❶ (～儿, ～子) 名 테이블. 탁자. 주의 한국 한자「卓」은 중국에서는「탁자」라는 의미로는 쓰이지 않음. ¶书～｜책상 =〔棹zhuō〕 ❷ 量 상 [요리상을 세는데 쓰임] ¶一～菜｜요리 한 상. ¶三～客人｜세 테이블 분의 손님

【桌案】zhuō'àn 名 方 큰 탁자. ¶狭长的～｜좁고 긴 탁자.

【桌布】zhuōbù 名 테이블 보 =〔台布〕

【桌灯】zhuōdēng 名 (램프) 스탠드 =〔台灯〕

【桌凳】zhuōdèng 名 탁자와 걸상. ¶木制的～｜나무 탁자와 걸상.

【桌面(儿)】zhuōmiàn(r) ❶ 名 고정된 혹은 움직이는 탁자 윗면. ¶圆～｜둥근 탁자(면). ¶～是大理石的｜테이블 윗면은 대리석으로 되어 있다. ❷ 轉 회의 석상. 공개 석상. 어법 주로「上」을 뒤에 덧붙임. ¶～上的话｜공개적인 자리에서 하는 말. ¶～上的人物｜얼굴이 잘 알려진 인물. ¶这个理由摆bǎi不到～上｜이런 이유는 공개 석상에 늘어놓을 수 없다.

【桌面儿上】zhuōmiànr·shang 名組 喩 공개 석상. 교제상. ¶～的话｜교제상의 이야기. ¶有什么问题最好摆bǎi到～来谈谈｜무슨 문제가 있다면, 공개 석상에 꺼내놓고 서로 이야기해보는 것이 제일 좋다.

【桌椅】zhuōyǐ 名 테이블과 의자. ¶～铺pù｜책걸상 가구점. ¶～自备bèi｜책걸상을 스스로 준비하다

【桌椅板凳】zhuōyǐ bǎndèng 名組 가구의 총칭. ¶配备pèibèi～｜가구를 분배하다.

【桌子】zhuō·zi 名 탁자. 테이블. ¶一张～｜탁자 하나. ¶～腿tuǐ｜테이블 다리 =〔桌儿〕

【淖】zhuō ☞ 淖 nào Ⓒ

【棹】zhuō ☞ 棹 zhào Ⓑ

【焯】zhuō chāo 빛날 작, 밝을 작

Ⓐ zhuō 書 形 밝게 빛나다. 뚜렷하다. 분명하다 =〔灼zhuó②③〕
Ⓑ chāo 動 (야채 등을) 데치다. ¶～菠bō菜｜시금치를 데치다 =〔绰chāo②〕

4【拙】zhuō 졸할 졸
❶ 形 서투르다. 우둔하다. 졸렬하다. ¶勤qín能补～｜부지런하면 둔한 것을 메꿀 수 있다. ¶弄巧成～｜成 지나치게 꾀를 부리다가 도리어 일을 망치다. ¶这件事, 他办～了｜이 일은 그가 망쳤다. ❷ 謙 자기의 작품·의견 등에 쓰임. ¶～著↓ ¶～见↓

【拙笨】zhuōbèn 形 우둔하다. 서투르다. 솜씨가 없다. ¶字写得～｜글씨가 솜씨가 없다. ¶口齿～｜말이 서투르다.

【拙笔】zhuōbǐ 名 謙 졸필.

【拙稿】zhuōgǎo 名 謙 졸고. ¶感谢您审阅～｜당신이 졸고를 자세히 검토해 주신데 대해 감사드립니다.

【拙见】zhuōjiàn 名 졸견. 우견(愚見). ¶依我～莫若如此｜저의 졸견으로는 이렇게 하는 것이 제일이라고 생각합니다.

【拙荆】zhuōjīng 書 名 札 우처(愚妻) =〔拙妻〕〔贱jiàn内〕

【拙口笨舌】zhuōkǒu bènshé ⇒〔拙嘴zuǐ笨舌〕

【拙劣】zhuōliè 形 졸렬하다. ¶文笔～｜문필이 졸렬하다. ¶～的态度｜졸렬한 태도.

【拙妻】zhuōqī ⇒〔拙荆jīng〕

【拙涩】zhuōsè 形 졸렬하고 거칠다. ¶译文～｜번역문이 졸렬하고 매끄럽지 못하다.

【拙著】zhuōzhù 書 名 謙 졸저 ¶敬赠～一本, 请兄正之｜저의 졸저를 한 권 드리오니, 잘못된 곳을 바로잡아 주십시오 =〔拙作〕

【拙嘴笨舌】zhuō zuǐ bèn shé 成 말주변이 없다. 말재주가 없다 ¶我～的, 不会讲话｜나는 말주변이 없어, 연설을 하지 못한다 =〔拙口笨舌〕〔拙嘴笨腮〕〔拙嘴笨腮〕

【拙作】zhuōzuò ⇒〔拙著〕

2【捉】zhuō 잡을 착
❶動 붙잡다. 체포하다. ¶猫～老鼠 | 고양이가 쥐를 잡다. ¶活～ | 생포하다. ❷(손에) 들다〔쥐다〕. ¶～笔作书 | 집필하다.

【捉刀】zhuōdāo ❶書動 글을 대작(代作)하다. 대필하다. ¶～代笔 | 威 남을 대신해서 글을 써주다. ¶代写论文的～人 | 논문의 대필자. ❷(zhuō dāo) 칼을 잡다. 날붙이를 잡다.

【捉奸】zhuō/jiān 動 간통 현장을 덮치다. ¶～捉双, 捉贼zéi捉赃zāng | 諺 간통범을 잡으려면 둘 다 잡아야 하고, 도둑을 잡으려면 훔친 물건까지 찾아야 한다.

【捉襟见肘】zhuō jīn jiàn zhǒu 威 옷깃을 여미니 팔꿈치가 나온다. 옷이 작아 몸을 충분히 가리지 못하다. 변통하기가 어렵다. 어려움에 빠지다.곤경에 처하다. ¶依靠微薄wēibó薪金维持生活的大批公教人员, 不但难以赡养家口, 就连个人的日常消费, 也～ | 박봉으로 생활하는 많은 공무원·교원들은, 가족을 부양하는 일이 곤란할 뿐만 아니라, 본인의 일상 용돈마저도 부족한 상태이다 ＝〔捉襟肘见〕〔左zuǒ支右绌〕

【捉迷藏】zhuō mícáng ❶ 숨바꼭질 하다. ❷(zhuōmícáng) 名 숨바꼭질. ¶孩子们在玩～ | 아이들이 숨바꼭질을 하고 있다 ‖＝〔捉藏猫〕〔捉猫猫〕〔藏猫儿〕〔方 藏闷儿〕〔藏蒙儿〕〔藏蒙哥儿〕〔藏觅歌儿〕〔蒙老瞎〕 ❸喻 말이나 행동을 숨바꼭질하듯 하다. 에두르다. ¶你直截了当地说吧, 不要跟我～了 | 단도 직입적으로 딱 잘라서 말해라, 숨바꼭질같은 말장난은 하지 말고.

【捉摸】zhuōmō 動 추측하다. 짐작하다. 파악하다 어법 주로 부정문에 쓰임. ¶～不住要点 | 요점을 잡을 수 없다. ¶别人的心很难～ | 남의 마음은 여간해서 짐작하기 어렵다.

【捉摸不透】zhuō·mo·butòu 動組 확실히 간파할 수 없다. 정확히 알 수가 없다 ¶我～他的意思 | 나는 그의 생각이 어떠한지 알 수가 없다.

【捉拿】zhuōná 動 (범인을) 붙잡다. 체포하다. ¶～凶手 | 흉악범을 붙잡다. ¶～逃犯 | 도주범을 붙잡다. ¶将犯人～归案 | 범인을 체포하여 재판에 회부하다 ＝〔捉捕〕〔捉获〕

【捉弄】zhuōnòng 動 희롱하다. 농락하다. ¶你别～人, 我才不上你的当呢! | 사람을 농락하지 말라. 난 너에게 넘어가지 않는다! ¶他喜欢～老实人 | 그는 성실한 사람 조롱하기를 좋아한다.

【捉贼】zhuō/zéi 動 도둑을 잡다. ¶深夜～ | 심야에 도둑을 잡다.

【涿】zhuō 칠 탁, 물방울 탁
❶書動 치다. 때리다. ❷書名 물방울. ❸(Zhuō) 名 탁주(涿州) [당대(唐代)의 주(州)]

【棁】zhuō 동자기둥 절
書名〈建〉동자 기둥. 동바리 [들보위에 세우는 짧은 기둥]

zhuó ㄓㄨㄛˊ

【灼】zhuó 사를 작, 빛날 작, 밝을 작
❶動 태우다. 굽다. ¶心如火～ | 마음이 불타는듯 하다. ¶皮肤为火～伤 | 피부가 불에 화상을 입다. ❷形 빛나다. ¶目光～～ | 눈빛이 반짝반짝 빛난다 ＝〔焯zhuō〕 ❸ 분명하다. 명백하다. 밝다. ¶～见 | 명철한 견해. ¶真知～见 | 威 정확하고 명철한 견해 ＝〔焯zhuō〕

【灼见】zhuójiàn 名 명철한 견해. ¶有一些～ | 명철한 견해를 지니고 있다.

【灼热】zhuórè 形 몹시 뜨겁다. 이글이글하다. 화끈화끈하다. ¶～的太阳 | 이글거리는 태양.

【灼灼】zhuózhuó 書 狀 반짝거리다. 밝게 빛나다. ¶目光～ | 눈이 반짝반짝 빛나다.

4【酌】zhuó 따를 작
❶ 술을 따르다. 술을 마시다. ¶自～自饮 | 혼자서 술을 따라 마시다. 자작하다→〔斟zhēn〕 ❷ 연회. 주연(酒宴). ¶便～ ＝〔小酌〕 | 조촐한 연회. ¶喜～ | 축하연. ❸ 참작하다. 고려하다. 짐작하다. ¶斟～ | 짐작하다. ¶～量↓

【酌办】zhuóbàn 動 사정을 참작하여 처리하다. ¶此事由你们～ | 이 일은 너희들이 사정을 참작하여 처리해라.

【酌改】zhuógǎi 動 참작하여 고치다. ¶我～了一些词句 | 나는 약간의 어구를 참작하여 고쳤다.

【酌给】zhuógěi 動 적당히 지급하다. ¶～口粮 | 적당히 식량을 지급하다.

【酌量】zhuó·liáng 動 참작하다. 헤아리다. 가늠하다. ¶～补助 | 헤아려 보고 도와주다. ¶你～着办吧 | 참작하여 처리하시오.

4【酌情】zhuóqíng 動 (사정·상황·상태·조건 등을) 참작하다. 정상을 고려하다. 어법 목적어를 취하지 않고 주로 부사어로 쓰임. ¶～处理 | 정상을 참작하여 처리하다.

【酌予】zhuóyǔ 書動 사정을 참작하여 …해 드리다. 참작하여 주다. 고려해 주다. ¶～补助 | 사정을 감안하여 보조해 주다. ¶～调整 | 사정을 참작하여 조정해 주다.

4【卓】zhuó ⓐ zhuō) 높을 탁
주의 「卓」은 한국에서는 「탁자」라는 의미로 쓰이나, 중국에서는 「탁자」라는 의미로는 쓰이지 않음. ❶ 높고 곧다. ¶～立↓ ❷轉 뛰어나다. 탁월하다. ¶～然不群 | 탁월하여 비길데가 없다. ¶～越↓ ❸(Zhuō) 名 성(姓).

【卓尔不群】zhuó ěr bù qún 威 특출하여 뭇사람과 다르다. 비범하다. ¶他现在是～ | 그는 지금 특출하여 뭇사람과 다르다.

【卓见】zhuójiàn 名 탁견. 고견. ¶文章中颇有～ | 분장 중에 자못 탁견이 있다 ＝〔卓识〕

【卓立】zhuólì 動 높이 우뚝 서다. 홀로 우뚝서다.

【卓论】zhuólùn 名 뛰어난 견해〔의견〕. ¶发表～ | 뛰어난 견해를 발표하다.

【卓荦】zhuóluò ⇒〔卓跞〕

【卓跞】zhuóluò 書形 특별히 뛰어나다. 탁월하다. ¶英才～ | 재능이 탁월하다 ＝〔卓荦〕

【卓然】zhuórán 狀 탁월하다. 뛰어나다. ¶成绩～ | 성적이 뛰어나다 ＝〔卓尔〕〔卓绝〕〔卓卓〕

【卓识】zhuóshí ⇒〔卓见〕

【卓午】zhuówǔ 書名 정오(正午).

【卓异】zhuóyì 形 탁월하다. 월등하다. 남달리 우수하다. ¶成绩～ | 성적이 남달리 아주 뛰어나

다. ¶～的贡献 | 월등한 공헌.

【卓有成效】zhuó yǒu chéng xiào 成 훌륭한 성과를 거두다. 성적·효과가 탁월하다. ¶这种方法～ | 이 방법은 효과가 탁월하다.

4【卓越】zhuóyuè 形 탁월하다. ¶～的成绩 | 탁월한 성적. ¶～的科学家 | 탁월한 과학자. ¶作出了～的贡献 | 탁월한 공헌을 세웠다. 어법 「卓越」은 사람과 「才能·成就·贡献·见识」등 사람에 대한 추상적인 사물에 대해 쓰이는 반면, 「杰出」은 이 뿐만 아니라 작품에 대해서도 사용되며 주로 「人才·领袖·人物·代表·创造·智慧·作品」과 잘 어울림.

【卓著】zhuózhù 書 形 탁월하다. 현저하게 뛰어나다. ¶功绩～ | 공적이 탁월하다.

【茁】zhuó 싹 절, 자랄 촬, 따이름 줄
❶ 무럭무럭 자라다. 무성하게 자라다. ¶～然↓ ❷ 轉 튼튼하다. 늠름하다. 씩씩하다. ¶～实↓ ¶～壮↓

【茁然】zhuórán 書 狀 무럭무럭 자라다. 왕성하다.

【茁实】zhuó·shi 形 方 실팍하다. 튼튼하다. 실하고 단단하다. ¶这房子的骨架很～ | 이 집의 뼈대는 매우 실하고 단단하다. ¶他的身体很～ | 그의 몸은 튼튼하다 =〔拙zhuō实〕

【茁长】zhuózhǎng 動 (동식물이) 왕성하게 자라다. 무성하게 자라다. 무럭무럭 자라다. ¶两岸竹林～ | 양쪽 언덕에 대숲이 무성하다.

【茁壮】zhuózhuàng 形 (동식물·사람이) 건장하다. 튼튼하다. 실하다. 늠름하다. ¶棉花长得很～ | 목화가 튼튼하게 자랐다. ¶伸出一只～的手来 | 건장한 손을 내밀다.

【斫】zhuó 찍을 작
書 動 (칼이나 도끼 등으로) 패다. 찍다. 자르다. ¶～为两半 | 둘로 자르다. ¶～木为舟 | 나무를 찍어서 배를 만들다.

【斫伐】zhuófá 動 벌채(伐採)하다. ¶～树木 | 나무를 벌채하다.

4【浊(濁)】zhuó 흐릴 탁
❶ 탁하다. 흐리다. ¶～水 | 흐린 물. ¶混hùn～ | 혼탁하다. ¶激～扬清 | 成 나쁜 것을 없애고 좋은 것을 널리 알리다 ⇔〔清qīng〕❷ (세상이) 혼란하다. 어지럽다. ¶～世 | 난세. ❸ 轉 우매하다. 어리석다. 멍청하다. ¶～人 | 어리석은 사람. ❹ (소리가) 탁하다. 굵고 거칠다. ¶说话～声～气的 | 말소리가 탁하다. ❺ 名 〈言〉 탁음(濁音) =〔浊音〕

【浊浪】zhuólàng 名 혼탁한 물결. ¶～滔tāo天 | 혼탁한 물결이 하늘을 덮을 듯하다.

【浊流】zhuóliú 名 ❶ 탁류. ❷ 書 喩 저질인간. 비열한 사람. 소인배. ¶～涌动yǒngdòng | 소인배 무리들이 술렁거리다. ❸ 喩 부패하고 암담한 시대 조류. ¶社会的～ | 사회의 탁류.

【浊世】zhuóshì 名 ❶ 〈佛〉 속세 ¶远离～ | 속세을 멀리 떠나다 =〔尘世〕❷ 난세(亂世).

【浊音】zhuóyīn 名 〈語〉 탁음. 유성음(有聲音) [전통적으로는 전탁(全濁), 즉 유성(有聲)의 「塞音」「擦音」「塞擦音」과 차탁(次濁), 즉 유성(有聲)의 「鼻音, 边音」 및 「半元音」으로 나눔] ⇔〔清音〕

【浊重】zhuózhòng 形 탁하고 무겁다. ¶～的鼻音 | 탁하고 무거운 비음.

【浞】zhuó 담글 착
❶ 動 젖다. 적시다. ¶让雨～了 | 비에 젖었다. ❷ (Zhuó) 名 〈地〉 착하(浞河) [산동성(山東省)에 있는 강 이름]

【诼(諑)】zhuó 참소할 착
書 動 비방하다. 헐뜯다. 중상하다. ¶谣yáo～ | 헛소문을 퍼뜨려 비방중상하다.

4【啄〈噣₁〉】zhuó 쪼을 탁
❶ 動 부리로 쪼다. ¶小鸡一出壳kē就能～食 | 병아리는 껍질에서 나오자마자 모이를 쪼아 먹을 수 있다. ❷ 名 탁. 좌별(左撇) [서법(書法)의 하나. 「永字八法」(영자팔법) 중의 일곱번 째] ❸ ⇒〔啄啄〕

【啄木鸟】zhuómùniǎo 名 딱다구리 ¶～是益鸟 | 딱다구리는 이로운 새이다 =〔凿záo木鸟〕

【啄啄】zhuózhuó 擬 ❶ 똑똑 [문을 두드리는 소리] =〔剥bō剥〕❷ 톡톡 [닭이 모이를 쪼는 소리]

【椓】zhuó 칠 탁, 궁형 탁
❶ 書 動 치다. 두드리다. ¶～之丁zhēng丁 | 쩡쩡하며 나무를 치다《詩經·周南·兎罝》❷ 名 궁형(宮刑). 부형(腐刑) [오형(五刑)의 한가지. 남성의 생식기를 잘라내는 형벌.

4【琢】zhuó zuó 쫄 탁, 닦을 탁

Ⓐ zhuó 動 ❶ 옥(玉)을 갈다. 옥을 다듬다. ¶精雕细～ | 정밀하고 섬세하게 조각하다. ¶玉不～, 不成器 | 諺 옥도 다듬지 않으면 그릇이 되지 않는다. 아무리 재능있는 사람이라도 수양하지 않으면 훌륭한 인재가 될 수 없다. ❷ 轉 시문(詩文)의 문구(文句)를 다듬다. ¶修～诗文 | 시문을 다듬다.

Ⓑ zuó 「琢磨」에 나타나는 이독음(異讀音) ⇒〔琢zuó磨〕

Ⓐ zhuó

【琢磨】ⓐ zhuómó 動 ❶ (옥/돌을) 갈다〔다듬다〕. ¶这样精巧的东西, 工人们是怎么～出来的? | 이런 정교한 물건을 노동자들이 어떻게 다듬어 냈을까? ❷ (글이나 말을) 다듬다. ¶文字上～得还不够 | 문자에 있어 다듬는 것이 아직 부족하다. ¶这篇论文还得好好～ | 이 논문은 좀더 잘 다듬어야겠다.

ⓑ zuó·mo 動 ❶ 곰곰히 생각하다. 사색하다. 음미하다. 궁리하다. ¶他的话我～了很久 | 그의 말을 나는 한참동안 곰곰히 생각해 보았다. ¶你～这里面还有什么问题 | 여기에 또 무슨 문제가 있는지 잘 생각해봐라 →〔捉摸zhuōmō〕❷ 약점을 찾다. 흠을 들추어 내다. ¶心眼窄, 专～人 | 소견이 좁아서 남의 약점만 찾아 낸다 ‖ =〔作摩〕

Ⓑ zuó

【琢磨】zuó·mo ☞〔琢磨〕zhuó·mo ⓑ

1【着】zhuó ☞ 着 ·zhe Ⓑ

2【著】zhuó ☞ 著 zhù Ⓑ

【禚】Zhuó 땅이름 작
名〈地〉춘추(春秋)시대 제(齊)나라의 지명 [산동성(山東省) 장청현(長淸縣) 부근]

【缴】zhuó ☞ 缴 jiǎo Ⓑ

【擢】zhuó 뽑을 탁
書 動 ❶ 뽑다. ¶～发难数↓ ❷ 선발하다. 발탁하다. ¶～之於群众之中 | 많은 사람들 중에서 선발하다.

【擢发难数】zhuó fà nán shǔ 成 머리카락을 뽑아 다 헤아리기가 어렵다. 죄악이 너무 많아 이루 헤아릴 수 없을 정도다 ¶他的罪行～ | 그의 죄는 너무많아 이루 헤아릴 수가 없다 ＝[擢发莫数]

【擢升】zhuóshēng 書 動 승진되다[시키다]. 진급되다[시키다]. ¶依功～部分战士 | 공에 의거하여 일부 전사를 진급시키다.

【擢用】zhuóyòng 書 動 발탁하여 채용하다. ¶～能人 | 능력 있는 사람을 발탁하여 채용하다.

【濯】zhuó 씻을 탁
❶ 書 動 씻다. ¶洗～ | 씻다. ¶～手 | 손을 씻다. ❷ ⇒[濯濯] ❸ (Zhuó) 名 성(姓).

【濯濯】zhuózhuó 書 狀 (산이) 벌거벗다. 적나라하다.

【镯(鐲)〈鋜〉】zhuó 징 탁
名 ❶ 작은 징 [고대 군중(軍中) 악기의 하나] ❷ (～子) 팔찌. 발찌. ¶手～ | 팔찌. ¶钗chāi～ | 비녀와 팔찌[발찌] ＝[镯头][書 镯钏chuàn]

zī ㄗ

【仔】zī ☞ 仔 zǐ Ⓑ

【孖】zī mā 쌍동이 자

Ⓐ zī 書 ❶ 名 쌍둥이. 쌍생아(雙生兒) ＝[孪luán生(子)] ❷ 形 무성하게 자라다 ＝[滋]

Ⓑ mā ❶ 動 粵 짝[쌍]을 이루다[짓다]. ¶～仔↓ ❷ 지명에 쓰이는 글자. ¶～髻山 | 광동성(廣東省)에 있는 산 이름.

Ⓐ zī

【孖虫】zīchóng 名〈動〉연형(蠕形) 동물의 흡충류(吸蟲類)에 속하는 벌레 [물고기의 아가미에 기생함]

Ⓑ mā

【孖仔】māzǎi 名 粵 쌍둥이.

【孜】zī 부지런할 자
⇒[孜孜]

【孜孜】zīzī 狀 부지런하다. 근면하다. ¶～不息地工作 | 쉬지 않고 부지런히 일하다. ¶日夜～ | 늘 근면하다. ¶～兀wù兀 | 전력을 다해 열심히 노력하다 ＝[孳孳zī]

【孜孜不倦】zī zī bù juàn 成 부지런하게 꾸준히 노력하다. ¶小张～地学习汉语 | 장군이 꾸준히 노력하여 중국어를 학습하다. ¶他～地努力学习, 所以他的成绩很好 | 그는 부지런히 공부했기 때문에 성적이 매우 좋다 ＝[孜孜矻kū矻]

【齐】zī ☞ 齐 qí Ⓒ

【吱】zī ☞ 吱 zhī Ⓑ

4【咨】zī 물을 자, 탄식할 자
❶ 動 상담하다. 자문하다. 의논하다 ＝[谘zī] ❷ 擬 아 [탄식하는 소리] ¶～嗟↓ ❸ 名 札 옛날, 동급 관청 간이나 예속 관계가 없는 단체와 관청 사이에 왕래되던 공문 ＝[咨文①]→[饬chì③]

【咨嗟】zījiē 書 動 ❶ 한숨을 쉬다. 안식하다. ❷ 찬탄하다.

【咨文】zīwén 名 ❶ 札 (옛날, 대등한 관청간의) 공문 ＝[咨③] ❷ 대통령의 교서(教書).

4【咨询】zīxún 書 ❶ 動 자문하다. 상의하다. 의견을 구하다. 어법 관형어로 쓰일 때「的」가 불필요함. ¶这项重大政策问题须要向顾问们～ | 이 중대한 정책 문제는 고문들에게 자문해야 한다. ¶～有关生产的问题 | 생산과 관련된 문제를 자문하다. ¶你最好找医学专家～一下 | 너는 의학 전문가를 찾아가 자문을 구하는 것이 제일 좋겠다. ¶法律系的大学生走上街道, 为群众提供～服务 | 법률학과의 대학생들이 길거리로 나아가, 군중들을 위해 자문 써비스를 제공한다. ¶～机关 | 자문 기관. ¶～委员会 | 자문 위원회 ＝[商询] ❷ 名〈經〉콘설턴트(consultant). ¶～服务公司 | 콘설턴트 회사 ‖ ＝[谘询]

3【姿】zī 맵시 자
❶ 모습. 용모. 생김새. ¶雄～ | 웅장한 모습. ❷ 자세. 자태. ¶舞～ | 춤추는 자태.

【姿容】zīróng 名 용모. 모습. 자태. ¶～秀美 | 용모가 빼어나게 아름답다.

【姿色】zīsè 名 자색. (여성의) 아름다운 용모[자태]. ¶有几分～ | 용모가 꽤 예쁘다

3【姿势】zīshì 名 자세. 모양. 형(型). ¶～端正 | 자세가 단정하다. ¶他们摆好了～, 等记者给他们照相 | 그들은 자세를 다 갖추고 기자들이 사진 찍어 주기를 기다린다. ¶起跑的～极好 | 달리기의 출발 자세가 지극히 좋다. ¶立正的～ | 차려 자세.

【姿势语】zīshìyǔ 名〈言〉몸짓 언어. 바디 랭귀지 (body language) ＝[肢体语言][手势语]

3【姿态】zītài 名 ❶ 자태. 모습. ¶每个石狮子的～各不相同 | 모든 돌사자의 모습이 서로 다 다르다. ❷ 태도. 자세. ¶干部要以普通工人的～到车间劳动 | 간부들도 보통 노동자의 자세로 작업장에서 일해야 한다. ¶他的～比较高, 有谦让精神 | 그의 태도가 좀더 높다, 겸양 정신이 있으니.

2【资(資)】zī 재물 자
❶ 動 제공하다. 어법 반드시 동사를 목적어로 취함. ¶以～参考 | 참고로 제공하다. ¶可～借 | 본보기로 제공될 만하다. ❷ 재물. 자원. 재화. ¶投～ | 투자하다. ¶物～ | 물자 ＝[赀zī②] ❷ 금전. 비용. ¶工～ | 노동임금. ¶车～ | 차비. ¶川～ | 여비 ＝[赀②] ❸ 지혜. 능력. ¶天～ | 천성. 타고난 자질. ¶～质↓ ❺ 지위. 명성. 경험. 경력. ¶～格↓ ¶～历 |

자격과 경력. ❻ 書 動 돕다. ¶～敌行为 | 이적행위(利敵行爲). ❼ 名 簡 「资本家」(자본가)의 약칭. ¶劳～两利 | 노동자와 자본가 양쪽이 다 이익이 된다. ❽ (Zī) 名 성(姓).

[3]【资本】zīběn 名 ❶〈經〉자본. ¶外国～ | 외국 자본. ¶～市场 | 자본 시장. ❷ 轉 밑천. 본전. ¶zhà取政治～ | 정치 자금을 착취하다.

[3]【资本家】zīběnjiā 名 자본가. ¶～残酷地剥削bōxuē工人 | 자본가가 노동자를 잔혹하게 착취하다.

[3]【资本主义】zīběn zhǔyì 名 자본주의. ¶～国家 | 자본주의 국가. ¶～制度 | 자본주의 제도.

【资材】zīcái 名 물자와 기재(器材). ¶～没收 | 물자와 기계를 몰수하다.

【资财】zīcái 名 자재. ¶清点～ | 자재를 점검하다.

[4]【资产】zīchǎn 名 자산.

【资产负债表】zīchǎn fùzhài biǎo 名組〈經〉자산 부채표. 대차 대조표 =〔资产平衡pínghéng表〕〔收shōu支平衡表〕

[3]【资产阶级】zīchǎn jiējí 名 자본(가) 계급. 부르주와지 ⇔〔无产阶级〕→〔资本家〕〔布尔乔亚齐〕

【资方】zīfāng 名 사용자측. 자본가측. 경영자측 ⇔〔劳方〕

[3]【资格】zī·gé 名 ❶ 자격. ¶审查～ | 자격을 심사하다. ¶取消～ | 자격을 취소하다. ¶不够～ | 자격이 모자라다. ¶你没有～说这个话 | 너는 이 말 할 자격이 없다. ❷ 경력. 관록(貫祿). ¶老～ | 연공을 쌓은 사람. 경력자.

[3]【资金】zījīn 名〈經〉자금. ¶建设～ | 건설 자금

【资力】zīlì 名 재력(財力). ¶～雄厚 | 재력이 막대하다.

【资历】zīlì 名 자격과 경력. 이력(履歷) ¶～很深 | 자격과 경력이 매우 풍부하다 =〔资履〕

[2]【资料】zīliào 名 ❶ (생산의) 수단. (생활의) 필수품. ¶生产～ | 생산 수단. ¶生活～ | 생활필수품. ❷ 자료. ¶参考～ | 참고 자료. ¶统计～ | 통계 자료. ¶搜集～ | 자료를 수집하다.

【资料库】zīliàokù 名〈電算〉데이터 뱅크(data bank), 혹은 데이타 베이스(data base).

【资望】zīwàng 名 자격과 명망.

[2]【资源】zīyuán 名 ❶ 자원. ¶地下～ | 지하 자원. ¶水力～ | 수력 자원. ¶开发～ | 자원을 개발하다. ❷ (Zīyuán)〈地〉광서성(廣西省)에 있는 현(縣) 이름.

【资治】zīzhì 書 名 나라를 다스리는 자료.

【资质】zīzhì 名 성질. 소질. 천품 =〔资性〕

[4]【资助】zīzhù 動 재물로 돕다. ¶～埃及政府水坝建设工程 | 이집트 정부의 댐 건설 공사에 출자(出資)하여 원조하다. ¶～困难户 | 어려운 가정에 경제적인 도움을 주다. ¶～物理学会1000美元 | 물리학회에 1000달러를 지원하다.

【资资本本】zī·ziběnběn 形 순진하다. 착실하다. 단정하다.

【粢】 zī 기장 자, 곡식 자

名 곡물. 곡식. ¶六～ | 육곡(六穀).

【谘(諮)】 zī 물을 자

動 상의하다. 의논하다. 자문하다. ¶～问 | 자문하다 =〔咨zī①〕

【谘询】zīxún ⇒〔咨zī询〕

【谘议】zīyì ❶ 動 의논하다. 상의〔상담〕하다. ❷ 動 자문하다. 남의 의견을 구하다. ❸ 名 고문관(顧問官)〔남북조(南北朝)이래 청(清)·중화민국에 이르기까지 두었던 관직의 이름〕

【赼〈趦〉】 zī 머뭇거릴 자

⇒〔赼趄〕

【赼趄】zījū 書 動 ❶ 걷기 힘들다. ❷ 머뭇머뭇하다. 꾸물거리다. ¶～不前 | 주저하며 앞으로 나아가지 못하다.

【呲】 zī ☞ 呲 cī Ⓒ

【赀(貲)】 zī 셀 자, 재물 자

❶ 動 계산하다〔흔히 부정(否定)에 쓰임〕 ¶所费不～ | 비용을 계산할 수 없다. ¶价值不～ | 가치는 계산할 수 없다. ¶不～ | 계산할 수 없다. 轉 무수(無數)하다. ❷「资」와 통용 ⇒〔资①②〕

【訾】 zī ☞ 訾 zǐ Ⓑ

【觜】 zī zuǐ 별이름 자, 부리 취

Ⓐ zī 名 ❶〈天〉자성(觜星)〔28수(宿)의 하나〕 ❷ 書 우각(羽角)〔부엉이 등의 새 머리 위에 뿔처럼 난 털〕

Ⓑ zuǐ「嘴」와 통용 ⇒〔嘴〕

【龇(齜)】 zī 이내놓을 자

動 ⓞ (이를) 드러내다 =〔呲zī〕

【龇牙咧嘴】zī yá liězuǐ 成 이를 드러내고 입을 일그러뜨리다. ❶ 매우 흉악한 몰골을 짓다. ¶他长得～的, 十分可怕 | 그는 흉악하게 생겨 대단히 무섭다. ❷ 이를 악물다. ¶冷得～ | 추워서 이를 악물다 ‖ =〔龇牙裂嘴〕〔疵cī牙裂嘴〕〔雌cī牙露嘴〕

【龇牙裂嘴】zī yá liězuǐ ⇒〔龇牙咧嘴〕

【髭】 zī 웃수염 자

❶ 名 콧수염. 코밑수염 =〔胡hú髭〕→〔胡hú须〕 ❷ 動 털이 곤두서다〔일어서다〕. ¶～着短头发 | 밤송이 같은 짧은 머리를 하고 있다. ¶～～着↓ ❸ 문제를 일으키다. ¶～事 | 일을 내다.

【髭髭着】zīzī·zhe 形 털이 덥수룩하다. ¶刚起来, 头发～ | 막 일어나서, 머리는 덥수룩하다.

【兹〈玆〉】 zī cí 이 자, 해 자

Ⓐ zī 書 ❶ 代 이. 이것. ¶～事体大 | 이것은 중대한 사건이다. ¶～理易明 | 이 이치는 알기 쉽다. ¶念～在～ | 늘 생각하며 잊지 않다. ❷ 名 해. 년(年). ¶今～ | 금년. ¶来～ | 내년. ❸ 副 이제. 지금. 여기에. ¶～启者 | 札 여기에 삼가 아룁니다. ¶～定於七月一日上午九时举行第五十届毕业典礼 | 7월 1일 오전 9시에 제50회 졸업식을 거행하기로 이제 결정하였습니다. ❹ 副 더욱 더. ¶历年～多 | 해마다 더욱 더 많아진다.

Ⓑ cí ⇒〔龟qiū兹〕

【兹罗提】zīluótí 名 外〈錢〉즐로티(zloty)〔폴란드의 화폐단위〕

【孳】 zī 불을 자, 우거질 자

❶ 번식하다. (초목이) 무성해지다. ¶繁

fán~ | 번식하다. ❷ ⇒〔孳孳〕
【孳乳】zīrǔ 書 動 ❶ (포유 동물이) 번식하다. ❷ 파생(派生)하다. ¶ ~字 | 문자가 증가하다. ¶ ~万物 | 만물이 증식하다.
【孳生】zīshēng ⇒〔滋zī生①〕
【孳孳】zīzī ⇒〔孜zī孜〕

【嵫】zī 해지는산이름 자
⇒〔崦yān嵫〕

4【滋】zī 불을 자, 자랄 자
❶ 나다. 생기다. 발생하다. 자라다. ¶ ~事↓ ¶ 花草~芽儿了 | 화초의 싹이 텄다. ❷ 증가하다. 늘다. 번식하다. ¶ ~益 | 많아지다. ¶ 股票行市~上去了 | 주가(株價)가 올랐다. ❸ 맛. ¶ ~味↓ ❹ 촉촉하다. 젖어 있다. ¶ ~润↓ ❺ 영양. 자양. ¶ ~补↓ ❻ 動 方 뿜어 내다. 분사(憤射)하다. ¶ 从水管子往外~水 | 수도관에서 밖으로 물을 뿜어내다. ¶ 电线~火 | 전선이 불꽃을 튀기다.
【滋补】zībǔ 動 자양하다. 보양하다. ¶ ~药品 | 보양 약품. ¶ 鹿茸lùróng是~身体的药品 | 녹용은 몸을 보양하는 약이다.
【滋蔓】zīmàn 書 動 ❶ (잡초 등이) 무성하다. 만연(蔓延)하다. ¶ 湖中水藻~ | 호수에 물풀이 무성히 자라고 있다. ¶ 邪风~ | 사악한 풍조가 만연하다. ❷ 轉 권력이 강력해지다.
【滋扰】zīrǎo 動 요란을 떨다. 소란을 피우다 ¶ ~生事 | 소란을 피워 일을 만들다.
【滋润】zī·rùn ❶ 形 젖어 있다. 촉촉하다. ¶ 皮肤~ | 피부가 촉촉하다. ❷ 動 촉촉하게 하다. 축이다. 적시다. ¶ 附近的湖水~着牧场的青草 | 부근의 호수가 목장의 푸른 풀을 축축히 적셔 준다. ¶ 喝一点水, ~~嗓子 | 물을 조금 마셔 목을 축이다. ❸ 形 입맛에 맞다. ¶ 今天这顿饭吃得真~ | 오늘 이 식사는 정말 입맛에 맞다. ❹ 形 方 편안하다.
【滋生】zīshēng 動 ❶ 번식하다. ¶ 防止蚊蝇~ | 파리·모기의 번식을 방지하다 =〔孳生〕 ❷ (좋지 않은 일을) 일으키다. 야기시키다. ¶ ~事端 | 문제를 일으키다.
【滋声儿】zī/shēngr 動 소리를 내다. 투덜거리다 =〔吱声(儿)〕
【滋事】zī/shì 動 ❶ 소동을 일으키다.성가시게 하다. ❷ 모반(謀叛)하다. 분규(紛糾)를 일으키다. ¶ ~头儿 | 모반의 장본인.
4【滋味(儿)】zī·wèi(r) 名 ❶ 맛. ¶ 尝cháng~ | 맛보다. ¶ 吃得有滋有味儿的 | 아주 맛있게 먹었다. ❷ 재미. 흥취. ¶ 别有一番~ | 또 따른 흥취가 있다. ❸ 기분. 심정. 마음.
【滋芽(儿)】zī/yá(r) 動 方 발아하다. 싹이 나오다. ¶ 滋出芽儿来了 | 싹이 트기 시작했다 =〔孳zī芽〕〔吐tǔ芽儿〕
【滋养】zīyǎng ❶ 動 자양하다. 영양을 공급하다. ¶ ~万物 | 만물에 영양을 공급하다. ¶ 这种药能~心肺 | 이런 약은 심장과 폐를 보양한다. ¶ 你的身体要好好~~ | 너의 몸을 잘 보양해야겠다. ❷ 名 자양. 영양. ¶ ~料 | 자양분. ¶ 这种食品的~丰富 | 이런 음식은 영양이 풍부하다.
【滋养品】zīyǎngpǐn 名 자양품. 자양물. ¶ 病应多吃多~ | 병을 앓으면 반드시 자양물을 많이 먹어야 한다.
4【滋长】zīzhǎng 動 貶 (주로 추상적이고 좋지 않은 사물이) 자라다. 생기다. 성장하다. ¶ 要防止~骄傲jiāoào自满的情绪 | 교만해지고 자만에 빠지는 감정이 자라지 못하게 해야 한다.

【镃(鎡)】zī 호미 자

【淄】zī 물이름 치 검은빛 치
❶「缁」와 통용 ⇒〔缁zī〕 ❷ (Zī) 名 〈地〉 치하(淄河) [산동성(山東省)에 있는 강 이름]

【菑】zī zāi 묵정밭 치, 재앙 재
Ⓐ zī 書 ❶ 名 새로 일군 밭. ❷ 動 풀을 베다.
Ⓑ zāi「灾」와 통용 ⇒〔灾zāi〕

【缁(緇)】zī 검을 치, 검은빛 치
名 ❶ 書 〈色〉 검은 색. 흑색. ¶ 涅niè而不~ | 검게 물들여도 물들지 않다. 喩 고결하다 =〔淄zī①〕 ❷ 轉 스님. 승복. ¶ ~黄↓
【缁黄】zīhuáng 名 승려와 도사 [승려는 검은 옷을 입고, 도사는 노란 모자를 씀]

【辎(輜)】zī 짐수레 치
書 名 ❶ 고대(古代)의 휘장을 두른 수레. ❷ 짐수레. 군사용 수레. ¶ ~车 | 군수품 운반용 수레.
【辎重】zīzhòng 名 군수품. ¶ ~兵 | 치중병. ¶ ~部队 | 치중 부대.

【锱(錙)】zī 중량이름 치
❶ 量 〈度〉 고대 중량(重量)의 단위 [「六铢」는「一锱」이고,「四锱」는「一两」임] ❷ 근소한 양. ¶ ~铢↓
【锱铢】zīzhū 名 아주 미세한 것. 매우 사소한 일이나 돈.
【锱铢必较】zī zhū bì jiào 成 매우 적은 돈이나 하찮은 일까지도 꼼꼼하게 따지다. ¶ 他这个人很小气, ~ | 그 사람은 너무 째째해서, 아주 하찮은 일까지도 꼼꼼하게 따진다.

【鲻(鯔)】zī 숭어 치
名 〈魚貝〉 숭어 =〔鲻鱼〕〔方 白bái眼②〕

【甾】zī 옹달솥 재
書 名 옹달솥. 옹솥. 주둥이가 작은 세발 솥.

zǐ ㄗˇ

1【子】zǐ ·zi 아들 자, 어조사 자
Ⓐ zǐ ❶ 書 名 아들. 사내아이 [옛날에는 자식을 가리킴] ¶ 父~ | 부자. ¶ 独生~ | 독자. ❷ 書 名 사람. 사람의 통칭(通稱). ¶ 男~ | 남자. ¶ 女~ | 여자. ¶ 此~为谁 | 이 사람은 누구입니까? ❸ 고대, 학문이나 도덕이 높은 남자를 가리킴. 남자에 대한 미칭(美稱). ¶ 孔~ | 공자. ¶ 诸~百家 | 제자백가. ❹ 어떤 직업인에 대한 호칭(呼稱). ¶ 舟~ | 뱃사공. ¶ 门~ | 문지기. ❺ 書 代 당신. 그대. ¶ ~为谁? | 당신은 누구십니까. ¶ ~以为奚? | 그대는 어떻게 생각하시오? ❻ 어리다. ¶

～鸡｜병아리. ¶～猪｜돼지 새끼 =〔仔zǐ①〕 ❼모체에서 생겨난 것. 기본적인 것에서 갈라져 나온 것. ¶分～｜분자. ¶～金↓ ⇔〔母mǔ〕 ❽(사람·물건의) 일부분. ¶一分～｜한 구성원. ¶～目↓ ❾名 자방(子方) [24방위의 하나. 정북을 중심으로 한 15도 각도 안의 방위] ❿名 자시(子時) [밤 11시부터 새벽 1시까지] ⓫名 자작(子爵) [봉건제도(封建制度)의 5등급 작위(爵位)의 제4등(等).「公」「侯」「伯」의 다음] ¶～爵↓ ⓬(～儿, ～子) 量 묶음. 타래. 다발 [손으로 움켜 잡을 수 있는 한 묶음의 가늘고 긴 것을 세는데 쓰는 말] ¶一～儿线｜실 한 타래. ¶十～(儿)挂面｜열 다발의 마른 국수. ⓭(～儿) 名 ⓐ 종자. 씨. 열매. ¶花～儿｜꽃씨. ¶结～儿了｜열매를 맺다 =〔籽〕 ⓑ (동물의) 알. ¶鱼～｜물고기 알. ¶鸡～儿｜계란. ⓮(～儿) 名 작고 단단한 덩어리 또는 알맹이 모양의 것. ¶棋～儿｜바둑알. ¶算盘～儿｜주판알. ¶石头～儿｜돌멩이. ⓯名 중국 고서(古書)의 4가지 분류법(「經」「史」「子」「集」)의 하나. ¶～部↓ ⓰(～儿) 名 동전. ¶大～儿｜옛날 20문(文)의 동전. ¶小～儿｜옛날, 10문(文)의 동전. ¶铜～儿=〔铜元〕｜동전. ⓱名〈物〉입자(粒子). ¶中～｜중성자. ¶质～｜양자. ¶核～｜핵자. ¶电～｜전자. ⓲名 자(子) [12지(十二支)의 첫째]→〔干gān支〕 ⓳(Zǐ) 名 성(姓). ⓴名 복성(複姓) 중의 한 자(字). ¶～车↓ ¶～服↓

Ⓑ ·zi 尾 명사·양사·동사·형용사 등의 뒤에 붙어 명사를 만듦. 어법 ⓐ 명사 뒤에 붙음. ¶桌～｜탁자. ¶帽～｜모자. ¶旗～｜깃발. ⓑ 양사(量詞) 뒤에 붙음. ¶个～｜키. ¶根～｜뿌리. ¶一下～｜한 번. ⓒ 형용사 뒤에 붙음. ㉠ 사람의 생리 특징을 가리키며 경시의 뜻이 많이 포함됨. ¶胖～｜뚱보. ¶麻～｜곰보. ¶聋～｜귀머거리. ㉡ 사람의 아명이나 기르는 개·고양이 등 동물의 이름. ¶黑～｜검둥이. ¶黄～｜누렁이. ㉢ 사물을 가리키거나 드물게는 사람을 가리킴. ¶辣～｜망나니. ¶猛～｜자맥질. ¶冷～｜진눈깨비. ¶他是我们的业务尖～｜그는 우리 업무의 뛰어난 사람이다. ⓓ 동사 뒤에 붙음. ¶剪～｜가위. ¶梳～｜빗. ¶骗～｜사기꾼. ⓔ「名＋動」의 형태 뒤에 붙음. ¶灯罩～｜등갓. ¶鞋拔～｜구두 주걱. ⓕ 접미사(後綴)「子」를 쓰고,쓰지 않고는 완전히 습관에 의해 결정됨. ¶肠子｜창자. ¶肺子(×) ¶狮子｜사자. ¶虎子(×) ⓖ 접미사「子」가 붙은 명사는「旗子」「旗」「刀子」「刀」와 같은 극소수 외에는「子」를 생략할 수 없으나 접미사「儿」은 서면어(书面语)에서는 자주 생략함. ⓗ 접미사「儿」은「작다」는 의미가 있으나「子」는 이런 의미가 없음. ⓘ「子」가「儿」보다는 경시하는 의미를 가지는 경우가 많음. ¶老头儿｜노인장. ¶老头子｜영감쟁이. ¶小孩儿｜어린이. ¶小孩子｜어린 녀석. 아이.

【子不嫌母丑】zǐ bùxián mǔ chǒu 諺 자식은 어머니의 못생긴 얼굴을 탓하지 않는다. 생물은 모두 그 근본에 보답하는 천진한 양심이 있다. ¶～, 人不该嫌家贫｜자식은 어머니의 못생긴 얼굴을 탓해서는 안되며, 사람은 집안이 가난함을 혐오해서는 안된다.

【子部】zǐbù 名 자부 [「经·史·子·集」의 하나] =〔丙部〕→〔子书〕

【子厂】zǐchǎng 名「母厂」에서 떨어져 나온 작은 공장. 하청 공장.

【子车】Zǐchē 名 복성(複姓).

【子城】zǐchéng 名 자성 [본성(本城)에 부속되어 있는 작은 성] ¶～壕｜성 안에 있는 호.

【子程序】zǐchéngxù 名〈電算〉(컴퓨터의) 서브루틴(subroutine).

【子丑寅卯】zǐ chǒu yín mǎo 成 喩 일사불란한 질서나 사물의 조리〔이치〕. ¶他吱唔了半天, 也没有说出个～来｜그는 한참을 중얼거렸어도 사물의 이치를 말하지 못하였다.

【子畜】zǐchù 名 어린 가축. 새끼. ¶繁殖～｜새끼를 번식하다.

【子代】zǐdài 名 자식 대(代). 다음 대(代) ¶～获得了亲代的若干特征｜자식 대에서 부모 대의 약간의 특징을 획득했다→〔亲qīn代〕

²【子弹】zǐdàn 名 俗 총탄. 탄알. ¶～带｜탄띠. ¶～壳儿kér｜탄피. ¶装～｜장탄하다 =〔枪弹〕〔枪qiāng子(儿)〕

【子堤】zǐdī ⇒〔子埝niàn〕

⁴【子弟】zǐdì 名 ❶ 자제. 아들딸. ¶职工～｜직공의 자제. ¶工农～｜노동자 농민의 아들딸. ❷ 젊은이. 청년. ❸ 오입장이. ❹ 어릴 적부터 맡아서 기른 젊은 배우.

【子弟兵】zǐdìbīng 名 ❶ 향토의 청년 병사. 아들딸로 구성된 병사 [지금은 군대를 친근하게 일컫는 말] ¶人民～｜인민의 아들딸로 구성된 병사. ❷ 어릴 적부터 기른 선수.

【子弟书】zǐdìshū 名 자제서 [청(清)의 건륭(乾隆)시대 팔기 자제(八旗子弟)들에 의하여 창시된 문예형식으로, 당시의 작가 및 연창자(演唱者)의 대다수는 비직업적인「票piào友(儿)」였으므로「清音子弟书」라 일컬었음]

【子房】zǐfáng 名〈植〉자방. 씨방. 자실. ¶～培养｜자방 배양.

【子服】Zǐfú 名 복성(複姓).

【子妇】zǐfù 名 ❶ 자부. 며느리 ¶他～回娘家了｜그의 며느리는 친정으로 돌아갔다 =〔㊐儿媳妇(儿)〕 ❷ 자식과 며느리.

【子公司】zǐgōngsī 名〈經〉자회사(子會社) =〔附fù属公司〕

【子宫】zǐgōng 名〈生理〉자궁. ¶～癌ái｜자궁암. ¶～外孕yùn｜자궁외 임신. ¶～炎｜자궁염.

【子规】zǐguī 名〈鳥〉두견새 ¶～啼哭tíkū｜두견새가 큰 소리로 울다 =〔杜dù鹃①〕

【子金】zǐjīn 名 이자. 이식(利息) =〔利息〕〔母钱〕

【子爵】zǐjué 名 자작. ¶～夫人｜자작 부인

【子口】ⓐ zǐkǒu 名 ❶ 마개. 관과 관을 연결할 때 다른 관 속으로 삽입되는 부분. ❷ (내륙의) 세관. ⓑ zǐ·kou 名 (병·깡통 등의) 뚜껑과 맞닿은 부분. 아가리.

【子粒(儿)】zǐlì(r) ⇒〔子实〕

【子棉】zǐmián ⇒〔籽zǐ棉〕

【子母弹】zǐmǔdàn 名〈軍〉유산탄 =〔榴liú霰弹〕
【子母扣儿】zǐmǔkòur 名 똑딱 단추. 스냅(snap) 단추 ¶安了～ | 똑딱 단추를 달았다 =〔按扣〕〔揿qìn钮〕
【子母钟】zǐmǔzhōng 名 특정한 기업·역·관공서 등에서 사용하는, 큰 시계 속에 작은 시계가 들어 있는 시계 [다른 시계의 작동을 제어하는 것을 「母钟」이라 하며, 「母钟」의 제어를 받는 시계를 「子钟」이라 함]
【子目】zǐmù 名 (서적·조례 등의 총 강목 중) 세목(細目). 자세한 조목. ¶丛书～ | 총서 세목.
【子囊】zǐnáng 名〈植〉자낭.
【子埝】zǐniàn 名 (홍수로 물이 제방을 넘으려 할 때) 제방 위에 임시로 덧쌓는 작은 둑 =〔子堤〕
【子女】zǐnǚ 名 자녀. 아들과 딸. 자식. ¶他的～都长大成人了 | 그의 자식들은 모두 자라 성인이 되었다.
【子儿】zǐr ❶ 名 (어린 아이의 놀이에 사용하는) 유리 구슬·잔돌 따위. ❷ 名 (식물의) 종자. 씨. ❸ 名 (동물의) 알. ¶鸡～ | 달걀. ❹ 名 작고 단단한 덩어리 또는 알맹이 모양의 것. ¶石头～ | 자갈.돌멩이. ❺ 名 동전. ¶铜～ | 동전. ❻ 量 (가늘고 긴 물건의) 묶음〔다발, 타래〕. ¶一～面条 | 한 다발의 국수.
【子时】zǐshí ⇒〔子夜〕
【子实】zǐshí 名 곡식의 낟알. 식물의 씨앗 =〔子粒(儿)〕〔籽zǐ实〕
【子叔】Zǐshū 名 복성(複姓).
【子书】zǐshū 名 ❶ 제자 백가(諸子百家)의 글. ¶他熟读～ | 그는 제자 백가를 숙독하다. ❷ 일가를 이룬 저서 ‖→〔子部〕
【子嗣】zǐsì 書 名 (대를 이을) 아들. 후예. ¶他的～都没出息 | 그의 아들은 모두 장래성이 없다.
4【子孙】zǐsūn 名 자손.
【子孙满堂】zǐsūn mǎntáng 成 자손이 집에 가득하다. 자손이 번영하다. 후손이 많다. ¶那个老头子～ | 저 노인은 자손이 많다.
【子午莲】zǐwǔlián 名〈植〉수련 =〔睡shuì莲〕
【子午线】zǐwǔxiàn 名〈天〉자오선. ¶本初～ | 본초 자오선.
【子息】zǐxī 名 ❶ 자식. 아들딸. ¶没有～ | 자식이 없다. ❷ 書 이식. 이자.
【子系统】zǐxìtǒng 名 (시스템 공학의) 서브시스템(subsystem). ¶各个～各相牵制 | 각개 서브시스템이 서로 가각 견제를 한다.
【子细】zǐxì ⇒〔仔zǐ细〕
【子弦】zǐxián 名 현악기의 가는 줄.
【子痫】zǐxián 名〈醫〉자간(子癎).
【子虚】zǐxū 書 名 공허한 일. 거짓. 허구. ¶事属～ | 이 일은 거짓말이다. 이 일은 허구에 속한다. ¶～乌有 | 거짓말.
【子婿】zǐxù ❶ ⇒〔女nǚ婿〕 ❷ 名 장인·장모에 대한 사위의 자칭.
【子夜】zǐyè 名 자야. 자시(子時) [밤 11시부터 1시까지의 사이] ¶～时分 | 자시 무렵 =〔子时〕→〔半bàn夜〕〔夜里(头)〕
【子叶】zǐyè 名〈植〉자엽. 떡잎. ¶单～ | 단자엽. ¶双～ | 쌍자엽.
【子音】zǐyīn 名〈言〉자음 =〔辅fǔ音〕→〔母音〕
【子子孙孙】zǐzǐ sūnsūn 成 자자 손손. 대대 손손.

2【仔】 zǐ zī zǎi 자세할 자, 새끼 자

Ⓐ zǐ ❶ (가축 등이)어리다. ¶～鸡 | 병아리. ¶～猪↓ =〔子zǐ⑥〕 ❷ 자세하다. 촘촘하다. 꼼꼼하다. ¶～细↓ ¶～密↓
Ⓑ zī ⇒〔仔肩〕
Ⓒ zǎi 名 粵 ❶ 자식. 아들. ❷ (～子)(가축 등의) 새끼. 작은 것. ¶下～ | 새끼를 낳다. ¶火船～ | 작은 증기선 ‖→〔崽①〕〔儿ér①〕 ❸ 轉 사람을 욕하는 말. ¶日本～ | 일본인을 얕보아 이르는 말 ‖=〔囝〕

Ⓐ zǐ
【仔虫】zǐchóng 名〈蟲〉자충. 유충. ¶杀灭～ | 유충을 죽이다.
【仔畜】zǐchù 名 (짐승의 갓난) 새끼. ¶繁殖～ | 새끼를 번식하다.
【仔密】zǐmì 形 (직물 등이) 촘촘하다. 탁탁하다. ¶这双袜子织得很～ | 이 양말은 매우 촘촘하게 짰다.
2【仔细】zǐxì ❶ 形 꼼꼼하다. 자세하다. 세밀하다. ¶～一看 | 자세히 보다. ¶～研究 | 세밀히 연구하다 =〔过细〕〔细心〕→〔粗cū略〕〔马虎〕 ❷ 動 주의하다. 정신차리다. 조심하다. ¶你～拿 | 조심해서 들어라. ¶路很滑, ～点儿! | 길이 미끄러우니, 조심해라! =〔留心〕〔小心①〕 ❸ 形 方 알뜰하다. ¶他花钱很～ | 그는 씀씀이가 매우 알뜰하다 =〔俭jiǎn省〕.
【仔猪】zǐzhū 名〈動〉갓난 돼지. 돼지 새끼. ¶养了几十只～ | 돼지 새끼를 몇십 마리 길렀다.=〔苗miáo猪〕

Ⓑ zī
【仔肩】zījiān 書 名 책임. 부담. ¶卸xiè～ | 책임을 벗다. 직장을 그만 두다.

4【籽】 zǐ 씨앗 자

(～儿) 名 식물의 씨앗. 종자. ¶～粒 | (곡물의) 낟알. ¶花～儿 | 꽃씨. ¶稻dào～ | 볍씨 =〔子⑬〕
【籽棉】zǐmián 名 실면(實棉) =〔子棉〕〔实shí棉〕

【耔】 zǐ 북돋울 자

書 動 배토(培土)하다. 북을 돋우다.

【姊〈姉〉】 zǐ 맏누이 자

名 누나. 언니 =〔姐jiě①〕
【姊妹】zǐmèi 名 자매 =〔姐jiě妹〕
【姊妹城】zǐmèichéng 名 자매 도시.

【秭】 zǐ 만억 자

❶ 數 조(兆) [억(億)의 만 배]→〔亿yì①〕 ❷ 지명에 쓰이는 글자. ¶～归 | 자귀. 호북성(湖北省)에 있는 현(縣) 이름.

【笫】 zǐ 대자리 자

書 名 ❶ 대자리. ❷ 轉 침대. ¶床～之言 =〔口 枕边儿上的话〕| 규중(閨中)의 다정한 이야기.

【玼】 zǐ ☞ 玼 chái Ⓒ

2【紫】zǐ 자줏빛 자
❶图〈色〉자색. ¶葡萄～ | 적자색. ¶～斑病↓ ❷(Zǐ) 图성(姓).

【紫斑病】zǐbānbìng 图〈醫〉자반병.

【紫菜】zǐcài 图〈植〉김. 해태(海苔) [「甘紫菜」(김)의 통칭] ¶炒～吃 | 김을 구워 먹다.

【紫菜苔】zǐcàitái 图〈植〉자주갓.

【紫草茸】zǐcǎoróng ⇒[虫chóng胶①]

【紫癜(疯)】zǐdiàn(fēng) 图〈醫〉자반병(紫斑病)→[白癜疯]

【紫貂】zǐdiāo 图〈動〉검은담비 =[黑貂]

【紫丁香】zǐdīngxiāng 图〈植〉자정향. 라일락. ¶～花开了 | 라일락 꽃이 피었다.

【紫毫】zǐháo 图❶짙은 자색 토끼털. ❷짙은 자색 토끼털로 만든 붓 [끝이 날카로와 작은 해서체(楷書體)를 쓰는 데 알맞음]

【紫河车】zǐhéchē ❶图〈漢醫〉자하거 [「胞衣」(포의)의 다른 이름] ❷⇒[蚤zǎo休]

【紫红】zǐhóng 图〈色〉자홍색. ¶～的上衣 | 자홍색 상의.

【紫花】zǐ·huā 图❶〈色〉담자색(淡赭色). 옅은 자색. ¶～裤kù子 | 담자색 바지. ❷강남 지방에서 생산되는 면화.

【紫花地丁】zǐhuā dìdīng ⇒[地丁②]

【紫花苜蓿】zǐhuāmù·xu 名組〈植〉자주개자리 =[紫苜蓿][苜蓿②]

【紫胶虫】zǐjiāochóng 图〈蟲〉라크깍지진디 [아열대 나무에 기생하는 곤충으로 유충은 붉은 색의「虫胶」(셸락)를 분비함]

【紫金牛】zǐjīnniú 图〈植〉자금우 =[平地木]

【紫禁】zǐjìn 图 대궐. 궁궐 [자색(紫色)은 일반 백성을 나타내므로 일반 백성의 금구(禁區) 라는 뜻]→[故宫]

【紫禁城】Zǐjìnchéng 图 자금성 [현재의 고궁(故宮)]

【紫荆】zǐjīng 图〈植〉박태기나무 =[箩luó筐树][裸luǒ枝树]

【紫罗兰】zǐluólán ❶图〈植〉바이올렛. 제비꽃. ¶～花开了 | 바이올렛 꽃이 피었다. ❷图 바이올렛의 꽃. ❸⇒[鸢yuān尾(花)]

【紫茉莉】zǐmò·li 图〈植〉분꽃 =[白粉花][草茉莉][胭yān脂花][夜繁花][状zhuàng元红②]

【紫萍】zǐpíng 图〈植〉개구리밥. 부평초 =[浮fú萍(草)][水萍]

【紫气】zǐqì 图 상서로운 기운. 서기(瑞氣) [제왕·성현·보물이 나타날 징후로 여김] ¶～东来 | 圈 상서로운 기운이 동쪽에서 오다.

【紫色】zǐsè 图〈色〉자색. 자줏빛. ¶～裤kù子 | 자줏빛 바지.

【紫杉】zǐshān 图〈植〉주목(朱木) =[赤柏松]

【紫石英】zǐshíyīng 图〈鑛〉자석영. 자수정 =[紫宝石][紫水晶][紫玉]

【紫苏】zǐsū 图〈植〉차조기. ¶炒chǎo～ | 차조기를 굽다. ¶～子 | 차조기 열매 =[苏①][赤苏]

【紫穗槐】zǐsuìhuái 图〈植〉족제비싸리.

【紫檀】zǐtán 图〈植〉자단 [목질이 단단해서 고급가구 재료로 쓰임]

【紫藤】zǐténg 图〈植〉자등 =[藤萝]

【紫铜】zǐtóng 图〈鑛〉자동. 적동 [붉은 색을 띤 질 좋은 동] =[赤chì铜][北红铜①]→[黄huáng铜]

【紫外线】zǐwàixiàn 图〈物〉자외선 =[紫外光][黑光]→[红hóng外线][化huà学线]

【紫菀】zǐwǎn 图〈植〉자완. 개미취. 탱알 [뿌리는 약재로 쓰임] =[紫苑][返fǎn魂草]

【紫葳】zǐwēi 图〈植〉능소화 =[俗鬼目①][凌líng霄花][陵líng时][陵苕][苕tiáo]

【紫薇】zǐwēi 图〈植〉백일홍 ¶～花开 | 백일홍 꽃이 피다 =[百bǎi日红]

【紫药水】zǐyàoshuǐ 图〈藥〉「龙lóng胆紫」(겐티안바이올레트)의 통칭.

【紫云英】zǐyúnyīng 图〈植〉자운영. ¶一片红色的～花 | 붉은색 자운영 꽃 =[紫云草][红花草][方花草②]

【紫芝】zǐzhī 图〈植〉「灵芝」(영지)와 비슷한 검은 버섯.

【紫竹】zǐzhú 图〈植〉오죽(烏竹). ¶修长xiūcháng的～ | 기다란 오죽 =[黑竹]

【訾】zǐ zī 헐뜯을 자

Ⓐzǐ ❶書動 비방하다. 악담하다. ¶不苟～议 | 남을 함부로 헐뜯지 않는다. ❷(Zǐ) 图 성(姓). ❸복성(複姓) 중의 한 자(字). ¶～陬↓

Ⓑzī ❶「赀」와 통용 ⇒[赀zī①] ❷(Zī) 图 성(姓).

【訾议】zǐyì 書動 트집잡다. 비난하다. ¶无可～ | 하나도 트집잡을 데가 없다.

【訾陬】Zǐzōu 图 복성(複姓).

【梓】zǐ 가래나무 재, 목수 재
图❶〈植〉가래나무 =[梓树]→[楸qiū] ❷판목(版木). 판각(版刻). ¶付～ =[上梓][梓行] | 출판하다. ❸목수. ¶～匠↓ ❹書 고향. ¶～里↓

【梓匠】zǐjiàng 图❶목공(木工). 목수. ❷판목장이 ‖ =[梓人]

【梓里】zǐlǐ 書图 향리. 고향. ¶英归～ | 영웅이 고향으로 돌아가다 =[桑sāng梓]

【滓】zǐ 앙금 재, 찌끼 재
图❶찌꺼기. 앙금. ¶渣zhā～ | 찌꺼기 =[口渣子] ❷書 더러움. 혼탁. ¶～秽↓

【滓秽】zǐhuì 書❶图 더러움. 오점 ❷動 더럽히다. ¶～名教 | 명교를 더럽히다.

zì ㄗˋ

1【字】zì 글자 자, 자 자, 사랑할 자
❶(～儿) 图 글자. 문자. ¶常用～ | 상용자. ¶文～ | 문자. 문장. 언어 →[词cí①][句jù①] ❷图轉 글자의 발음. ¶咬～清楚 | 발음이 정확하다. ❸(～儿) 图 단어. 낱말. ¶那个～是常用的 | 그 단어는 늘 쓰는 말이다 =[字眼] ❹图 자(字) [장가든 성인을 호칭할 때 본 이름 대신 사용함] ¶刘备～玄德 | 유비의 자는 현덕이다→[号hào③] ❺(～儿) 图 증서. 증거 문건. 계약서. ¶立～为凭píng | 증서를 작성하여 증

거로 삼다. ❻ (~儿) 名 학문. ¶你别看她不言不语的, ~可深了! | 너는 그녀가 아무 말도 않는다고 업신여기면 안된다. 학문은 대단하단다! ❼ (~儿) 名 통지. 편지. 소식. ¶多给个~儿吧! | 되는대로 소식을 주십시오! ❽ 名 서체(書體). ¶篆~ | 전서체. ¶斜体~ | 이탤릭체 =〔字体〕 ❾ 名 서예(작품). ¶卖~为生 | 서예작품을 팔아서 생활을 하다. ¶他的~很不错 | 그의 서예 작품은 아주 훌륭하다. ❿ 書 動 옛날, 여자들이 결혼을 승낙하다. ¶未~ | 아직 결혼을 하지 않다. ¶许~ | 신랑감을 정하다. ⓫ 書 動 사랑하다. 귀여워하다. ¶父~其子 | 아버지가 아들을 귀여워하다.

【字处理程式】zì chǔlǐ chéngshì 名〈電算〉워드 프로세서(word processor) =〔字处理器〕

【字处理器】zì chǔlǐqì ⇒〔字处理程式〕

3【字典】zìdiǎn 名 자전. ¶查~ | 자전을 찾아보다 ¶编写~ | 자전을 편찬하다→〔词典〕

【字调】zìdiào 名〈言〉성조 =〔声调②〕→〔四声〕

【字符】zìfú 名〈電算〉알파벳(alphabet)·숫자·각종 부호의 통칭.

【字符识别】zìfú shíbié 名〈電算〉(컴퓨터의) 문자 인식(文字認識).

【字号】ⓐ zìhào ❶ 名 문자 부호. ❷ (~儿) 名 (남의) 권세. ¶仗~ | 남의 권세에 의지하다.

ⓑ zì·hao 名 ❶ 상호(商號). 옥호(屋號). ¶宝~怎么称呼? | 귀상점의 이름은 무엇입니까? ¶大~ | 큰 상점 =〔牌pái号(儿)②〕〔商号③〕 ❷ 명성. 명망. 평판. ¶~铺儿 | 이름난 가게.

【字画】zìhuà 名 ❶ 글자의 획수. 필획 =〔字划〕 ❷ (~儿) 서화. 글씨와 그림.

【字汇】zìhuì 名 자전. 사전 등의 참고서류. ¶同音字~ | 동음자 자전.

【字迹】zìjì 名 필적. 글자의 자취〔흔적〕. ¶~工整 | 필적이 정연하다. ¶有些~模糊看不清了 | 어떤 글자는 흐릿하여 잘 볼 수가 없다.

【字节】zìjié 名〈電算〉바이트(byte) [컴퓨터 기억용량의 단위] ¶~机 | 바이트 머신 [데이터 처리 단위가 바이트인 중·대형 컴퓨터]

【字句】zìjù 名 자구. 문자와 어구. 문맥. ¶~通顺 | 문맥이 잘 통하다. ¶推敲~ | 자구를 퇴고하다.

【字据】zì·jù 名 증(명)서. 증거 문건. ¶借款~ | 차용 증서. ¶~写好, 各存一张 | 증서를 써서, 각기 한 장씩 보존하다.

【字里行间】zì lǐ háng jiān 成 행간마다. 구절 구절. 문장의 여기저기. ¶~充满了乐观主义精神 | 구절 구절마다 낙관주의 정신이 충만되어 있다.

【字码儿】zìmǎr 名 口 숫자 =〔数shù字①〕

【字谜】zìmí 名 글자 수수께끼 [예를 들면 「拿不出手」의 답은 「合」와 같은 것임]

【字面(儿)】zìmiàn(r) 名 (문장속에서의) 글자. ¶单从~上讲, 没有那个意思 | 글자상으로만 볼 때에는 그런 뜻은 없다.

【字模(儿)】zìmú(r) 名〈印出〉자형(字型) =〔铜tóng模①〕

3【字母】zìmǔ 名 ❶〈言〉자모. 철음(綴音)의 근본이 되는 글자. ❷〈言〉한자(漢字) 성모(聲母)의 대표자 [예를 들면 「明」은 「m」 성모를 대표하는 자임] ❸〈印出〉활자의 모형.

【字幕】zìmù 名 (영화 등의) 자막.

【字儿】zìr 名 ❶ 글자. 글씨. 문자. ¶他的~不怎么样 | 그의 글씨는 별로 신통치 않다. ❷ 쪽지. 적바림. (간단한) 증서. ¶留个~ | 쪽지를 남기다 →〔便条(儿)〕 ❸ 동전의 앞쪽 [금액이 표시되어 있는 쪽을 말함] ⇔〔闷mèn儿〕 ❹ 京 학문. ¶你别看他不言不语儿的, ~可深了 | 그가 아무말도 못하고 있다고 보면 안된다, 학문이 정말 깊어. ❺ 簡 운. 운수. 팔자 [「八字儿」의 약칭] ¶碰上这么个好机会, 算他走~ | 이런 좋은 기회를 만났으니, 그도 운수가 트인 셈이다.

【字书】zìshū 名 ❶〈書〉자서 [설문해자(說文解字)·이아(爾雅)·광운(廣韻) 등의 형(形)·음(音)·의(義)를 해석한 책] ¶查看~ | 자서를 찾아 보다→〔六书①〕 ❷ 俗 아동용의 간단한 소설 [초등학생이 쓰는 말임] ¶我喜欢看~, 小人儿书没劲儿 | 나는 소설이 좋고, 그림책은 시시하다.

【字素】zìsù 名 자소 [글자를 구성하는 요소. 「去」의 자소는 「土」와 「厶」라든지 「李」의 자소는 「十」「八」「子」라고 하는 등]

【字体】zìtǐ 名 ❶ 자체. 글자체 [고딕체·명조체·송조체 등] ❷ (서예의) 서파(書派) [안진경(顔眞卿)체 =(顔體)·유공권(柳公權)체 =(柳體) 등을 말함]

【字条(儿)】zìtiáo(r) 名 글쪽지. 메모. ¶留个~ | 메모를 남기다.

【字帖】ⓐ (~儿) zìtiě(r) 名 글쪽지·메모·적바림 등의 총칭. ¶按~学字 | 자첩에 의거해 글을 쓰다→〔字条(儿)〕〔字儿②〕〔帖tiě儿〕

ⓑ zìtiè 名 글씨본→〔帖tiè〕

【字形】zìxíng 名 자형. 글자의 모양.

【字眼(儿)】zìyǎn(r) 名 ❶ 글자. 어휘. 말. ¶挑~ | 말꼬리를 잡다. ¶找个适当的~来表达 | 적당한 어휘를 찾아 표현하다. ❷ 시문중에서 주안(主眼)이 되는 중요한 글자.

【字样】zìyàng 名 ❶ 글씨의 본보기. ❷ 자구(字句). 문구. ¶门上写着, 「闲人免进」的~ | 문에 「관계자외 출입 금지」란 문구가 쓰여 있다.

【字元】zìyuán 名〈電算〉문자(character).

【字斟句酌】zì zhēn jù zhuó 成 말이나 글을 세심하고 신중히 잘 다듬다. ¶词典上的每一句话都必须~, 力求准确无误 | 사전의 모든 문구들을 모두 신중하고 세심히 잘 다듬어, 잘못이 없이 정확하도록 노력해야 한다.

【字正腔圆】zì zhèng qiāng yuán 成 발음이 정확하고 곡조가 원만하며 구성지다. ¶他念起书素~, 十分动听 | 그가 책을 읽으면 발음이 정확하고 곡조가 원만하여, 대단히 감동적이다.

【字纸】zìzhǐ 名 파지(破紙). 휴지.

【字纸篓(儿)】zìzhǐlǒu(r) 名 휴지통 =〔字纸簏lù〕

【字字珠玉】zì zì zhū yù 成 한 마디 한 마디가 주옥 같다.

1【自】zì 몸 자, 스스로 자, 부터 자

❶ 書 代 자기. 자신. ¶小人之论也, 专

意～是｜소인이 의견을 발표할 때는, 주관적으로 자기가 옳다고 여긴다《韓詩外傳卷九》¶不～量力｜成 자신의 힘을 가늠할 줄 모르다. 주제넘다. ¶反躬～省｜자신을 돌이켜 반성해 보다. ❷ 顯 몸소. 스스로. 어법 동사 앞에 쓰여 동작이 자기로 부터 출발하여 자기에게 미치거나 외부의 힘에 의지하지 않고 추진됨을 나타냄. ¶～爱↓ ¶～治↓ ¶～动↓ ¶～行处理｜스스로 처리하다. ❸ 副 자연히. 당연히. ¶久别重逢, ～有许多话说｜오래간만에 다시 만났으니, 당연히 할 얘기가 많다. ¶公道～在人心｜바른 도리는 당연히 사람의 마음 속에 있다＝〔自然〕〔当然〕❹ 介 …부터. …에서. 어법 ⓐ 장소의 출발점을 나타냄. ¶慰问信～全国各地纷纷寄来｜위문편지가 전국 각지로부터 빈번히 날아 왔다. ⓑ「寄」「来」「选」「出」「抄」「录」「摘」「译」「引」등의 일부 동사 뒤에 쓰임. ¶寄～上海｜상해에서 부치다. ¶来～农村｜농촌에서 오다. ⓒ 시간의 출발점을 나타냄. ¶～此以后｜이제부터 앞으로는. ¶本办法～公布之日起施行｜본 법률은 공포일로부터 시행한다→〔从cóng〕〔打dǎ〕〔解jiě⑨〕〔起qǐ⑫〕〔由yóu①〕❺ 形 方 흘가분하다. 마음이 자유롭고 편안하다. ¶多～啊!｜참으로 즐겁구나! ❻ 尾 일부 낱말에 붙음. ❼ 書 副 달리. 별도로. ¶此间～有人管理｜여기는 별도로 관리하는 사람이 있다＝〔别自〕〔另自〕

【自爱】zì'ài 動 자애하다. 자중하다 ¶请多加～｜더 자중해 주십시오＝〔自好hào〕

【自拔】zìbá 動 (고통이나 죄악에서) 스스로 벗어나다〔헤어나다〕. ¶不能～｜(고통이나 죄악에서) 스스로 벗어날 수 없다.

【自白】zìbái ❶ 動 스스로 자신의 의견을 설명하다. 자백하다. 어법 목적어를 취하지 않음. ¶让我来～清楚｜내가 스스로 분명히 해명하도록 해 달라. ¶向政府～｜정부에게 자신의 의견을 설명하다. ¶～书｜자백서. ❷ 名 자신의 의견을 표명함 또는 그 진술. ¶这段～, 表现了一位革命战士宁死不屈的崇高气节｜그가 스스로 진술한 이 한 단락은 혁명전사의 죽어도 굴복하지 않겠다는 숭고한 기백이 표현되어 있다.

【自报家门】zìbào jiāmén 成 (전통 희극에서) 주연이 무대에 나가 성명·고향·출신 등의 자기소개를 하다. ¶他一见我就～｜그가 나를 보자 나는 곧 자기소개를 했다.

【自暴自弃】zì bào zì qì 成 자포 자기하다. ¶你千万别～｜너는 절대로 자포 자기해서는 안된다.

4【自卑】zìbēi 動 스스로 낮추다. 열등감을 갖다. 비굴하다. ¶你不要太～, 要相信自己能做好工作｜너무 열등감을 갖지 말고, 자기도 일을 잘 할 수 있다고 믿어야 된다. ¶不自满, 也不～｜자만하지도 않고 비굴하지도 않다.

【自卑感】zìbēigǎn 名 자비심. 비굴감. 열등감.

【自备】zìbèi 動 스스로 갖추다〔준비하다〕. ¶～汽车｜마이카. 자가용차.

【自编自导】zì biān zì dǎo 成 자기가 대본을 쓰고 자기가 연출하다. 북치고 장구치고 다 하다＝〔自编自演yǎn〕

【自便】zìbiàn 動 자기의 편리를 도모하다. 자기 좋도록〔편한 대로〕하다. ¶听其～｜자기 편리한 대로 하게 하다. ¶咱们～吧!｜ⓐ 피차 좋도록〔편한 대로〕합시다. ⓑ 여기서 헤어집시다. ¶您～吧, 我就不陪您了｜당신 편한대로 하세요, 저는 그만 자리를 먼저 뜨겠습니다.

【自变量】zìbiànliàng ⇒〔自变数〕

【自变数】zìbiànshù 名〈數〉(자) 변수＝〔自变量〕

【自不待言】zì bù dài yán 成 두말 할 나위도 없다.

【自裁】zìcái 書 名 動 자재(하다). 자결(하다).

【自惭形秽】zì cán xíng huì 成 남보다 못함을 스스로 부끄러워하다＝〔自觉形秽〕

【自测】zìcè 名 動 자아측정(을 하다). ¶～视力｜시력을 스스로 측정하다.

【自查】zìchá 動 자아 검사. ¶～财产｜재산을 스스로 검사하다.

【自产自销】zìchǎn zìxiāo 動組 직접 생산과 직접 판매.

【自称】zìchēng ❶ 代 자칭. 일인칭 [인칭 대명사의 일종으로, 대칭(對稱)이나 타칭(他稱)에 상대되는 말] ❷ 動 스스로 일컫다. ¶项羽～西楚霸王｜항우는 서초의 패왕이라 스스로 일컬었다. ❸ 動 貶 (우쭐대려고 과장하여) 자칭 …라고 하다. 스스로 자신을 칭찬하다. ¶他～是名门子弟｜그는 자칭 명문자제라고 한다. ¶这个骗子～自己是记者｜이 사기꾼이 자신이 기자라고 자칭하다. ¶～自赞｜자화자찬하다.

【自成一家】zì chéng yī jiā 成 (남을 모방하지 않고) 스스로 일가를 이루다. ¶他研究音韵学已～了｜그의 음운학연구는 이미 스스로 일가를 이루었다.

【自乘】zìchéng 名 動〈數〉제곱(하다).

【自持】zìchí ❶ 動 자제(自制)하다. ¶他再也不能～了｜그는 더 이상 자제할 수가 없었다. ❷ 名 긍지. 자랑.

【自出机杼】zì chū jī zhù 成 독창적인 새로운 맛이 있는 문장을 짓다. ¶他的文章立意新奇～｜그의 문장이 착상이 신기하여 독창적이고 새로운 맛이 있다.

【自吹自擂】zì chuī zì léi 成 자기 혼자 나팔불고 북치다. 자기 자랑을 하다. 자화자찬하다. ¶～, 称王称霸｜세상에 자기밖에 없는 것처럼 자기 자랑을 하다.

【自此】zìcǐ 副 ❶ 지금부터. 이제부터. ¶～以往｜이제부터 앞으로는. 금후 앞으로는＝〔自后〕❷ 여기부터. 이로부터 ‖＝〔从此〕

2【自从】zìcóng 介 …에서. …부터. 어법 과거의 시간 기점만을 나타냄. ¶～开办以来已有六十年的历史｜창립 이래 60년의 역사를 가지고 있다. ¶～五月份以后, 我就没收到他的信｜5월 이후로 그의 편지를 받지 못했다→〔自〕〔从〕〔自打〕〔打〕〔由〕

【自打】zìdǎ 介 方 …부터. …에서 [「自从」보다 다소 속된 말임] ¶～你走了以后, 孩子天天哭着要找爸爸｜네가 가고 나서부터, 아이가 매일같이 울면서 아빠를 찾는다＝〔从打〕

【自打嘴巴】zìdǎ zuǐ·ba 動組 자기 스스로 자신의

뺨을 때리다. 喻 이치에 맞지 않다. 모순되다. 자가 당착(自家撞着)에 빠지다. ¶岂不是～? | 어찌 자기가 자신의 뺨을 때리는 격이 아니라고 하겠는가?

【自大】zìdà 形 제 잘난 체하다. 우쭐거리다. 뽐내다. 뻐기다. 어법 대개 고정어구에 쓰임. ¶夜郎～ | 成 좁은 식견에 분수를 모르고 제 잘났다고 뽐내다. ¶～是一个臭字 | 諺 「自大」라 쓰면 「臭」자가 된다. 잘난 체하면 미움받는다 =〔自尊②〕→〔拿ná大〕

【自得】zìdé 動 ❶ 스스로 얻다. ❷ 득의하다. 스스로 만족하다. ¶颇为～ | 대단히 만족해 하다. ¶洋洋～ | 成 득의 만면하다

2【自动】zìdòng 形 어법 주로 부사어나 관형어로 쓰임. ❶ 자발적이다. 주체적이다. ¶～参加 | 자발적으로 참가하다. ¶～撤回 | 스스로 철회하다 =〔主动〕〔自觉〕❷ 저절로 움직이다. 자연적으로 움직이다. ¶水～流到地里 | 물이 저절로 땅으로 흐른다. ¶～发火 | 자연적으로 발화하다. ❸ 기계가 자동이다. ¶～售货机 | 자동판매기. ¶连包装也～? | 포장까지 자동이라고? →〔被动〕

【自动步枪】zìdòng bùqiāng 名組 자동 소총.

【自动词】zìdòngcí 名〈言〉자동사 =〔不及物动词〕〔内动词〕

【自动化】zìdònghuà 名 자동화.

【自动控制】zìdòng kòngzhì 動組 자동 제어 =〔簡 自控〕

【自动铅笔】zìdòng qiānbǐ 名組 샤프 펜슬 =〔活动铅笔〕〔活心铅笔〕〔螺luó丝铅笔〕〔转铅笔〕

【自动闸】zìdòngzhá 名 자동 제동 장치. ¶船上的～就会使船停住 | 배의 자동 제동 장치는 배를 정지시킬 수가 있다.

【自渎】zìdú 書 名 수음(手淫). 자위(自慰) ¶～并不是恶习 | 자위는 나쁜 습관이 아니다 =〔手淫〕

4【自发】zìfā 區 ❶ 자발적인. ¶～性 | 자발성. ¶学生们～的要求 | 학생들의 자발적인 요구. ❷ 자연 발생적인. ¶～势力 | 자연 발생적인 세력.

【自伐其功】zì fá qí gōng 成 자기의 공적을 자랑하다. ¶他喜欢～ | 그는 자기의 공적 자랑하기를 좋아하다.

【自肥】zìféi 動 자기의 잇속만 채우다. 사리사욕을 채우다 =〔肥己〕

2【自费】zìfèi 名 자비. 자기 부담. ¶～旅行 | 자비 여행. ¶他～读完了大学 | 그는 자비로 대학을 마쳤다. ¶她们是～留学生 | 그녀들은 자비유학생이다. ¶～电话 | 발신인 지불 전화 ⇔〔公费〕

【自焚】zìfén 動 분신자살하다 [주로 비유에 쓰임] ¶玩火者, 必～ | 불 장난하면 제 불에 타 죽는다. 喻 나쁜 짓을 하면 그 죄과를 받는다.

【自分】zìfèn 書 動 스스로 자신을 추량하다. 자기를 …라 여기다. 어법 주로 동사구나 주술구를 목적어로 취함. ¶～能完成这项任务 | 스스로 이 임무를 완수할 수 있다고 여기다. ¶～不足以当重任 | 스스로 중임을 맡기에 부족하다고 여기다.

【自封】zìfēng 動 ❶ 貶 자임하다. 자처하다. 자칭하다. ¶～为专家 | 전문가로 자처하다. ❷ 자신을 제한하다. 자신을 억제하다.

【自奉】zìfèng 書 動 생활하다. ¶～甚俭 | 생활이 매우 검소하다.

【自负】zìfù ❶ 動 스스로 책임지다. ¶文责～ | 글에 대한 책임을 자기가 지다. ❷ 形 貶 (맹목적으로) 자신을 대단하게 여기다. ¶这个人太～ | 이 사람은 자신을 너무 대단하다고 여기고 있다. ¶他不虚心, 是个很～的人 | 그는 겸허하지 않고 아주 자신을 대단하고 여기는 사람이다→〔自豪〕

4【自负盈亏】zì fù yíngkuī 成 손익(損益)을 자기가 책임지다. ¶各个子公司要～ | 각 자회사가 손익을 스스로 책임지다.

【自甘堕落】zì gān duòluò 動組 스스로 타락하다. ¶他现在～ | 그는 지금 스스로 타락의 길을 걷고 있다.

【自感应】zìgǎnyìng 名〈物〉자기 유도(自己誘導). 자기 감응(自己感應) =〔自感〕

【自高自大】zì gāo zì dà 成 스스로 잘난 체하다. 자부하다. 자만하다.

【自告奋勇】zì gào fèn yǒng 成 스스로 맡아 나서다. 자진해서 나서다. 자발적으로 떨쳐나서다 =〔自报奋勇〕

【自各儿】zìgěr ⇒〔自己个儿〕

【自个儿】zìgěr ⇒〔自己个儿〕

【自耕农】zìgēngnóng 名 자작농(自作農).

【自供】zìgòng 動 자백하다 =〔自我供状〕

4【自古】zìgǔ 副 자고로. 예로부터. ¶～至今 | 옛날부터 지금까지. ¶～以来 | 예로부터.

【自顾不暇】zì gù bù xiá 成 자신의 일만으로도 힘에 벅차다. 남을 돌볼 틈이 없다. ¶他～, 没有力量帮助别人 | 그는 자기 일만으로도 힘에 겨워 남을 도와줄 수가 없다.

【自顾自】zìgùzì 動組 자기의 이익만을 꾀하고 남의 일은 상관하지 아니하다. 자기만 돌보다. 자기 생각만 하다. ¶老西儿拉胡琴儿, ～ | 歇 산서(山西) 사람이 호금을 타는데, 제멋대로다. 제멋대로 하다 [뒤의 「自顾自」는 흔히 생략함] =〔自管自〕

【自管】zìguǎn ❶ 動 자제하다. ❷ 副 오로지. 개의할 것 없이. 주저치 말고. ¶你～放心吧! | 자네, 부디 안심하게! =〔管自〕→〔只zhǐ管②〕

3【自豪】zìháo 形 褒 자부하다. 스스로 긍지를 느끼다. 자랑으로 여기다. 어법 「自豪」는 좋은 뜻으로 쓰이고, 「自负②」는 나쁜 뜻으로 쓰이며, 「骄傲」는 두가지 다 가능한 중성 단어임. 「自豪」는 대개 「…以…而自豪」의 격식으로 쓰이고, 「感到·觉得」의 목적어로도 쓰임. ¶我们以祖国有悠久的文化遗产而～ | 우리는 조국이 유구한 문화유산을 보유하고 있다는 데 자부심을 느낀다. ¶～地说 | 스스로 긍지를 가지고 말하다. ¶李明参加全国中学生数学竞赛得了第一名, 全家人都感到很～ | 이명은 전국 중고등학생 수학경시대회에서 일등을 하여 온가족이 모두 자랑스러워다. ¶～感 | 긍지. 자부심.

【自好】zìhào ⇒〔自爱〕

【自核对】zìhéduì 名〈電算〉자기 진단. 셀프 체크(self check).

【自花传粉】zìhuā chuánfěn 名組〈植〉자가수분

(自家受粉)＝〔自家授粉〕

1【自己】ⓐzìjǐ 代 자기. 자신. ¶改造～｜자신을 개조하다. ¶这个包让我～拿｜이 가방은 제가 직접 들께요. ¶瓶子不会～倒下来, 准是有人碰了它｜병이 스스로 넘어졌을 리는 없고, 틀림없이 누군가가 그것을 넘어뜨렸을 것이다. ¶～动手｜자기 스스로 하다. ¶～的事～做, 不要依赖别人｜자신의 일은 자신이 해라, 남에게 신세지지 말고. ¶～身正, 不怕影斜｜諺 자기가 올바르면 두려울 것이 없다. ¶～运动｜〈物〉자기 운동. ⓑzì·jǐ 名 자기 쪽에 속해 있는 사람·장소·부서 등. 어법 주로 조사「的」없이 관형어로만 쓰임. ¶～弟兄｜자기 형제. 형제지간. ¶～学校｜자기 학교. ¶～家里｜자기 집안.

【自己人(儿)】zìjǐrén(r) 名 매우 친한 사이. 집안 사람. 자기 편. 한패. ¶咱们是～, 别客气｜우리는 한 식구와 같은 사이니, 사양하지 말아라＝〔方 自家人〕

【自己各儿】zì·jigěr ⇒〔自己个儿〕

【自己个儿】zì·jigěr 名 方 자기(자신). ¶家里的人都出去了, 只剩下我～｜집안 식구들이 모두 외출하고 나 혼자만 남았다＝〔自各儿〕〔自个儿〕〔自己各儿〕

【自给】zìjǐ 名 動 자급(하다). ¶粮食～有余｜식량은 자급하고도 여유가 있다.

【自给自足】zì jǐ zì zú 成 자급 자족하다. ¶～的自然经济｜자급 자족의 자연 경제.

【自家】zìjiā 名 ❶ 方 자기. 자신. ❷ 자기 집.

【自家人】zìjiārén ⇒〔自己人(儿)〕

【自禁】zìjìn 動 스스로 감정을 억제〔자제〕하다 [주로 부정으로 쓰임] ¶情不～｜감정을 스스로 억제하지 못하다.

【自尽】zìjìn 動 자살하다. ¶悬梁xuánliáng～｜들보에 목을 매어 자살하다.

【自经】zìjīng 書 動 목매어 죽다. ¶畏罪～｜죄를 두려워하여 목메어 죽다.

【自咎】zìjiù 動 자책(自責)하다. ¶他常常～｜그는 항상 자책한다.

【自救】zìjiù 動 자구하다. ¶团结～｜단결하여 자구하다. ¶生产～｜생산하여 자구하다.

【自居】zìjū 動 자처하다. 스스로 …라고 여기다. 행세하다. ¶以功臣～｜공신으로 자처하다.

【自决】zìjué ❶ 動 자기 스스로 결정하다. ¶民族～｜민족 자결. ¶～权｜자결권. ❷ 名 動 자살(하다). 자결(하다)＝〔自裁〕

【自绝】zìjué 動 ❶ 스스로 끊다. 스스로 배척하다. ¶～了再会的机会｜스스로 재회의 기회를 끊었다. ❷ 자멸하다. ¶～生路｜스스로 멸망의 길을 걷다.

2【自觉】zìjué ❶ 動 스스로 느끼다. 어법 동사구나 주술구를 목적어로 취할 수 있음. ¶犯了错误他自己还不～｜잘못을 저질러 놓고도 그는 아직도 스스로 알아차리지 못한다. ¶我～难以完成这项任务｜나는 이 임무를 완수하기 어렵다는 것을 스스로 느낀다. ¶～病情严重｜병세가 심각하다는 것을 스스로 알다. ¶我～无愧｜나는 스스로 부끄러운 것이 없다고 느낀다. ❷ 形 스스로 느껴 자발적으로 하다. 자발적이다. 어법「自觉」은 스스로 깨닫고 인식하는 것에 중점이 있고,「自动」은 스스로 행동하는 것에 중점이 있음.「自觉」은 사람에 대해서만 쓰고 술어로 쓸 수 있지만,「主动」은 사람과 사물에 대해 다 쓰이고 술어로는 잘 쓰이지 않음. ¶小明练钢琴很～｜소명은 피아노 연습에 아주 자발적이다. ¶每个公民都要～地遵守法纪｜모든 공민은 법률과 규율을 자발적으로 준수해야 한다. ¶他参军是完全～自愿的｜그가 입대한 것은 완전히 자발적인 것이다＝〔自意识〕

【自觉自愿】zìjué zìyuàn 狀組 자각하여 스스로 원하다. 자발적이다. ¶这是他～送来的｜이는 그가 자발적으로 보내온 것이다.

【自夸】zìkuā 動 자만하다. 과시하다. 뽐내다. ¶老王卖瓜, 自卖～｜歇 왕서방이 오이를 팔다. 제 것이 제일 좋다고 하다. 자화자찬하다. ¶～门第高贵｜문벌이 고귀함을 과시하다.

【自郐以下】zì kuài yǐ xià 成 (그) 이하〔나머지〕는 말할 가치〔것〕도 없다.

【自来】zìlái 副 원래. 본래 →〔原来〕

【自来火】zìláihuǒ 名 方 ❶ 성냥＝〔火柴chái〕 ❷ 라이터＝〔打火机〕 ❸ 가스＝〔煤méi气①〕

【自来铅笔】zìlái qiānbǐ 名 샤프 펜슬(sharp pencil).

3【自来水(儿)】zìláishuǐ(r) 名 ❶ 상수도. ¶～厂｜정수장(淨水場). ¶～管｜수도관. ❷ 수돗물.

【自来水笔】zìláishuǐbǐ 名組 만년필＝〔钢gāng笔②〕→〔金jīn笔〕

【自理】zìlǐ 動 스스로 처리하다. 스스로 부담하다. ¶费用～｜비용을 스스로 부담하다. ¶伙食～｜식사를 손수 해결하다. ¶李老年逾古稀, 尚能～生活｜이씨 어르신께서는 연세가 일흔이 넘었는데도 아직 생활을 손수 꾸려 나가실 수 있다.

4【自力更生】zì lì gēng shēng 成 자력 갱생하다. ¶～重建家园｜자력 갱생으로 살림을 다시 꾸리다. ¶发扬艰苦奋斗～的精神｜고난을 견디며 분투하고 스스로의 힘으로 다시 일어서는 정신을 발휘하자.

【自量】zìliàng 動 자신의 힘을 헤아리다. (자기의) 분수를 알다. ¶人不知～, 必受诽谤｜사람이 분수를 모르면, 반드시 비방을 받는다.

【自料】zìliào 名 (손님이 직접 가지고 온) 자기의 재료 [주로 양복점 등에서 쓰임] ¶～加工｜자기의 재료로 가공하다.

【自流】zìliú 動 ❶ 저절로 흐르다. ❷ 喩 내버려 두다. 그대로 맡기다. 제멋대로 굴다. ¶放任～｜방임해 두다. ¶自愿不是～｜자발적이란 제멋대로 구는 것이 아니다. ¶听其～｜제멋대로 맡겨 두다.

【自流灌溉】zìliú guàngài 名組 〈農〉 천연 관개.

【自流井】zìliújǐng 名 ❶ 저절로 솟아나는 우물. ❷ 천연 유정(天然油井). ❸ (Zìliújǐng) 〈地〉 사천성(四川省)에 있는 소금 산지 이름.

【自留】zìliú 動 개인 소유로 경영하게 하거나 사용하게 하다.

【自留地】zìliúdì 名 자류지. 개인 보유의 땅 [사회

주의 국가에서 농업 집체화 이후에 농민 개인이 경영할 수 있도록 한 약간의 자유 경작지] ¶在～上种西瓜 | 자류지에 수박을 심다.

【自卖自夸】zì mài zì kuā 成 자화 자찬하다 ¶她爱～ | 그녀는 자화 자찬하기를 좋아한다 =〔自我吹嘘〕

[3]【自满】zìmǎn 形 자만하다. 자기 만족하다. ¶～的人不会进步 | 자만하는 사람은 발전할 수가 없다. ¶太骄傲～ | 너무 교만하고 자만한다. ¶有了成就也不该～ | 업적이 있다고 해도 자만해서는 안된다. ¶言语中流露出～情绪 | 말중에 자만하는 마음이 흘러 나왔다.

【自明】zìmíng 動 자명하다. 분명하다. 설명할 필요가 없다. ¶其理～ | 그 이치가 자명하다. ¶含义～, 无须多说 | 내포된 뜻이 자명한 것이어서, 더 설명이 필요 없다.

【自明之理】zì míng zhī lǐ 成 자명한 이치. ¶这是不用解释的～ | 이는 설명이 필요없는 자명한 이치이다.

【自鸣得意】zì míng dé yì 成 貶 자진이 대단하다고 여기다. 뽐내다. 자만하다. 제 자랑하다. ¶这下他又～了 | 이번에 그는 또 제 자랑을 했다. ¶他刚取得了一点成绩就～起来 | 그는 방금 성과를 좀 거두었다고 바로 뽐내기 시작한다.

【自鸣钟】zìmíngzhōng 名 자명종.

【自命】zìmìng 動 스스로 인정하다. 자처하다. ¶～为历史学家 | 역사학자로 자처하다.

【自命不凡】zì mìng bù fán 成 貶 자기 스스로 자기가 훌륭하다고 생각하다. ¶这个人～, 其实并没有什么了不起的本领 | 이사람은 스스로 잘났다고 생각하는 모양인데 사실은 뭐 그리 대단한 능력이랄게 전혀 없어 =〔自看自高〕

【自馁】zìněi 動 (자신이 없어) 용기를 잃다. 기가〔풀이〕죽다. 맥이 빠지다. 낙심하다. ¶这次你考得不好, 但不要～, 应该加倍努力, 争取下次考好 | 이번에 네가 시험을 잘 치지 못했지만, 기죽지 마라, 마땅이 더욱더 노력을 해서 다음번엔 시험을 잘 보도록 해야지.

【自遣】zìqiǎn 書 動 스스로 마음을 달래다. ¶高歌聊～ | 큰 소리로 노래를 불러 다소 마음을 달래다. ¶无以～ | 마음을 달랠 길이 없다.

【自戕】zìqiāng 書 名 動 자살(하다) =〔自杀〕

【自强】zìqiáng 動 스스로 노력하여 향상하다. 자기를 강하게 하다.

【自强不息】zì qiáng bù xī 成 스스로 노력하여 게을리 하지 않다.

【自轻自贱】zìqīng zìjiàn 成 스스로 비하하다.

【自取灭亡】zì qǔ miè wáng 成 멸망을 자초하다. ¶这样做只能～ | 이렇게 하면 단지 멸망을 자초할 따름이다.

【自取其咎】zì qǔ qí jiù 成 자업 자득(自業自得). 자승 자박(自繩自縛).

[2]【自然】ⓐ zìrán ❶ 名 자연(계). 천연. ¶征服～ | 자연을 정복하다. ¶～保护区 | 자연 보호 구역 →〔天tiān然〕 ¶～辩证法 | 자연 변증법. ¶～地理学 | 자연 지리학. ¶～光 | 자연광. ¶～现象 | 자연 현상. ¶～资源 | 천연 자원. ❷ 形 자유스럽게 발전하다. 저절로. 자연히. ¶听其～ | 자연스럽게 맡겨두다. ¶你先别问, 到时候～明白 | 지금은 묻지 말아라, 때가 되면 저절로 알게 된다. ¶功到～成 | 諺 노력이 쌓이면, 성공은 저절로 이루어진다. 열번 찍어 안 넘어가는 나무 없다. ❸ 副 물론. 응당. 당연. ¶只要认真学习, ～会取得好成绩 | 착실하게 공부하기만 한다면, 당연히 좋은 성적을 얻을 수 있을 것이다. ¶工作～有不足之处 | 작업에 당연히 부족한 곳이 있을 것이다.

ⓑ zì·ran 形 (어색하지 않고) 자연스럽다. 꾸밈이 없다. 무리가 없다. ¶态度～ | 태도가 자연스럽다. ¶他是初次演出, 但是演得很～ | 그는 초연임에도 불구하고 연기가 아주 자연스럽다. ¶嘴角露出～的微笑 | 입가에 꾸밈없는 미소를 띠었다 ⇔〔拘束②〕

【自然村】zìráncūn 名 자연 부락. ¶以～为单位 | 자연 부락을 단위로 하다.

【自然而然】zìrán érrán 狀組 자연히. 저절로. ¶他父亲去世后, 他～地成为这家公司的老板 | 그의 아버지가 돌아가시자, 그가 저절로 이 회사의 사장이 되었다.

【自然规律】zìrán guīlǜ 名組 名 자연 법칙 =〔自然法则〕

【自然界】zìránjiè 名 자연계.

【自然经济】zìrán jīngjì 名組 자연 경제.

【自然科学】zìrán kēxué 名組 자연 과학.

【自然力】zìránlì 名 자연력.

【自然免疫】zìrán miǎnyì ⇒〔天tiān然免疫〕

【自然人】zìránrén 名〈法〉자연인 →〔法人〕

【自然数】zìránshù 名〈數〉자연수.

【自然台】zìrántái ⇒〔混hùn合台〕

【自然铜】zìrántóng 名〈鑛〉자연동. 천연동.

【自然选择】zìrán xuǎnzé 名組 자연 선택. 자연도태(淘汰).

【自然灾害】zìrán zāihài 名組 자연 재해.

【自然主义】zìrán zhǔyì 名 자연주의.

【自燃】zìrán 名〈化〉자연 발화.

【自认晦气】zì rèn huì qì 成 스스로 불운하다고 생각하다. ¶这下他只能～了 | 이번에 그는 단지 스스로 불운했다고 생각했다.

【自如】zìrú 書 形 마음대로다. 자유 자재하다. ¶旋转～ | 자유 자재로 돌다. ¶运用～ | 자유 자재로 운용하다.

【自若】zìruò 書 形 (어떤 일에) 흔들리지 않고 태연하다. 태연 자약하다. ¶神色～ | 기색이 태연하다. ¶谈笑～ | 자연스럽게 담소하다.

[4]【自杀】zìshā 動 자살하다. ¶小王～了 | 왕군이 자살했다 →〔轻生〕

【自伤】zìshāng ❶ 動 스스로 슬픔에 젖다. ¶～幼年丧母 | 어려서 어머니를 여읜 것을 슬퍼하다. ❷ 名〈法〉자해(自害).

[3]【自身】zìshēn 代 자신. 본인. 어법 다른 사람(물건)이 아님을 강조함. ¶～难保 | 바로 자신조차 보전하기 어렵다. ¶每个人都要加强～的道德修养 | 모든 사람은 자기 자신의 도덕 수양부터 강화해야 한다.

【自生自灭】zì shēng zì miè 成 자생하고 자멸하다. ¶任其～＝〔听其自生自灭〕| 자생하고 자멸하도록 내버려두다. 될대로 되라고 내버려두다.

【自食其果】zì shí qí guǒ 成 자기가 저지른 죄악의 결과를 자기가 받다. 자업 자득 ¶他终於～| 그는 결국 자기가 저지른 죄과를 자신이 받았다＝〔自食恶果〕

【自食其力】zì shí qí lì 成 자기 힘으로 생활하다. ¶使他们在劳动中改造成为～的公民 | 그들을 노동하는 가운데 개조시켜 자기 힘으로 생활하는 사회인이 되게 하다＝〔歇蜻蜓咬尾巴, (自吃自)〕

【自食其言】zì shí qí yán 成 식언(食言)하다

3【自始至终】zì shǐ zhì zhōng 成 처음부터 끝까지. 시종 일관. 자초 지종→〔从头至尾〕

【自恃】zìshì 動 ❶ (지나치게 자신하여) 교만하게 굴다. ❷ 書 기대다. 의지하다. (유리한 조건에) 의거하다. ¶～功高 | 자신의 공적이 높은 것만 믿다.

【自是】zìshì 書 ❶ 副 당연히. ¶久别重逢chóngféng, ～高兴 | 오랫동안 헤어졌다가 다시 만나니 당연히 기쁘다. ❷ 形 자기가 옳다고 여기다. ¶你别太～, 要谦虚些 | 너무 자신만 옳다고 여겨서는 안된다. 좀 겸손해야지. ❸ 이로부터. 이곳부터. ¶～以后 | 이제부터→〔从cóng此〕

【自视】zìshì 動 자신을 …하다고 여기다. ¶～甚高 | 스스로 매우 고명하다고 여기다.

【自首】zìshǒu 動〈法〉자수하다. ¶投案～| 경찰이나 사법 기관에 자수하다. ¶所有犯罪分子必须主动～, 争取宽大处理 | 모든 범죄자들은 반드시 자발적으로 자수하여, 관대한 처분을 받도록 하라.

【自赎】zìshú 動 자신의 죄를 씻다. 스스로 속죄하다. 어법 주로「立功」과 같이 쓰임. ¶所有案犯均应主动立功～| 모든 사건 범인들은 모두 자발적으로 공을 세워 속죄해야 한다.

【自述】zìshù 書 ❶ 動 스스로 말하다. ¶他～了个人生平 | 그는 스스로 개인의 생애를 말했다. ❷ 名 자서전(自叙傳).

3【自私】zìsī 形 이기적이다. ¶这个人很～| 이 사람은 아주 이기적이다. ¶～心 | 이기심. ¶～鬼 | 이기적인 놈. 방자한 녀석.

4【自私自利】zìsī zìlì 成 자신의 이익만을 위하다. 이기적이다. ¶要多想想集体和他人, 不能～自利, 光为自己考虑 | 단체나 남을 좀 더 많이 생각해 주어야 하며, 자신의 이익만을 챙기고, 단지 자기 자신만을 위해서 (모든 일을) 고려해서는 안된다.

【自诉】zìsù 名 動〈法〉자소(하다). ¶～人 |〈法〉자소인→〔公gōng诉〕

【自叹不如】zì tàn bù rú 成 남만 못함을 자탄하다. ¶他只得～| 그는 단지 남만 못함을 자탄하다.

【自讨苦吃】zì tǎo kǔ chī 成 스스로 사서 고생하다 ¶你这样做只能～| 네가 이렇게 하는 것은 단지 스스로 사서 고생하는 것이다＝〔自讨其苦〕

【自投罗网】zì tóu luó wǎng 成 喻 스스로 덫에 걸려들다. 스스로 죽음의 길로 빠지다.

【自外】zìwài 動 의식적으로 어떤 범위의 밖에 위치하거나 반대의 입장에 서다.

【自为阶级】zì wéi jiējí 名組 자위 계급 [자기의 역사적인 입장이나 사명을 의식하고 행동하는 각성된 프롤레타리아 계급]→〔自在阶级〕

4【自卫】zìwèi 動 자위하다. 스스로 지키다. ¶～还击 | 스스로 지키며 반격하다. ¶～军 | 자위군. ¶～战争 | 자위 전쟁.

【自慰】zìwèi 書 動 자위하다. ¶聊以～| 成 잠시나마 스스로를 위안하다.

【自刎】zìwěn 書 動 스스로 목을 자르다〔베어 죽다〕¶老王～了 | 왕씨가 스스로 목을 베어 죽었다＝〔自颈jǐng〕

【自问】zìwèn 動 ❶ 자문하다. 스스로 묻다. ¶～自答 | 자문 자답하다. ¶反躬～| 자신에게 스스로 묻다. ¶扪mén心～| 가슴에 손을 얹고 스스로 묻다. ❷ 스스로 재보다〔판단하다〕. 자성(自省)하다. ¶我～无愧 | 나는 스스로 생각해도 부끄럽지 않다.

2【自我】zìwǒ ❶ 代 (스스로) 자기 자신(을). 어법 주로 쌍음절 동사 앞에 쓰여, 행위의 주체가 자기이며 동시에 그 대상도 자기임을 나타냄. ¶～反省 | 스스로 자신을 반성하다. ¶～夸张 | 자신을 과장하다. ¶～介绍 | 스스로 자신을 소개하다. ¶～陶醉 | 스스로 자신에 도취되다. ¶～批评 | 스스로 자신을 비판하다. ¶～牺牲 | 스스로 자신을 희생하다. ❷ 名〈哲〉자아.

【自我安慰】zìwǒ ānwèi 動組 자기 위안하다. ¶这只不过是一种～| 이것은 일종의 자기 위안에 불과하다.

【自我辩解】zìwǒ biànjiě 動組 자기 변명(하다).

【自我表现】zìwǒ biǎoxiàn 動組 자기 현시(顯示)를 하다.

【自我吹嘘】zì wǒ chuī xū ⇒〔自卖自夸〕

【自我服务】zìwǒ fúwù 名 셀프서비스(selfservice).

【自我教育】zìwǒ jiàoyù 動組 자기 수양하다. ¶大家要进行～| 여러분은 자기 수양을 해야한다.

【自我解嘲】zì wǒ jiě cháo 成 남의 조소를 면하기 위해 자신을 변명하다. 자기의 멋적음을 감추다. ¶这不过是一种无聊的～而已 | 이것은 멋적은 자기 변명에 불과하다.

【自我介绍】zìwǒ jiè·shao 動組 자기 소개하다. ¶他一见我就～| 그가 나를 보자 곧바로 자기 소개를 했다.

【自我批评】zìwǒ pīpíng 動組 자기 비판(하다).

【自我陶醉】zì wǒ táo zuì 成 貶 자기 도취하다. ¶他有了一点进步, 就～起来 | 그는 조그만 진보만 있으면 바로 자기 도취하기 시작한다.

【自我作古】zì wǒ zuò gǔ 成 옛 격식에 구애받지 않고 손수 새로운 방법을 만들어 내다＝〔自我作故〕

【自习】zìxí 名 動 자습(하다).

【自相残杀】zì xiāng cán shā 成 자기 편끼리 서로 죽이다. ¶一家人千万别～| 한 집안 사람끼리 절대로 서로 죽여서는 안된다.

3【自相矛盾】zì xiāng máo dùn 成 喻 자가 당착이다. 자체 모순이다. ¶论文观点要前后一致, 不能

～ | 논문의 관점은 앞뒤가 일치해야지 서로 모순이 되어서는 안된다.

【自销】zìxiāo 名 직접 판매.

【自新】zìxīn 動 갱생하다. 스스로 잘못을 고치고 새롭게 행동하다. ¶悔过～ | 成 스스로 잘못을 뉘우치고 새출발하다.

[3]【自信】zìxìn ❶ 動 자신을 믿다. 자신하다. 스스로 믿다. ¶～心 | 자부심. 자신감. ¶他～能够完成这个任务 | 그는 이 임무를 완성할 수 있다고 자신한다. ¶我～我的观点是正确的 | 나는 내 관점이 정확하다고 자신한다. ❷ 形 자신감에 넘치다. 자신만만하다. ¶不要太～, 要多听听大家的意见 | 너무 자신만만해 하지 말고 여러 사람들의 의견을 많이 들어 보아야 한다. ¶她对自己的记忆力很～ | 그녀는 자기의 기억력에 대하여 자신 만만해 한다. ¶他非常～地回答 | 그는 아주 자신만만하게 대답한다.

[4]【自行】zìxíng ❶ 副 스스로. 자체로. 저절로. ¶～解决 | 스스로〔자체로〕해결하다. ¶～自首 | 스스로 자수하다. ❷ 名〈天〉고유 운행.

[1]【自行车】zìxíngchē 名 자전거. ¶～把 | 자전거의 핸들. ¶～拖车 | 자전거용 견인차 =〔㊁ 脚jiǎo踏车〕〔粵 单dān车〕

【自行火炮】zìxíng huǒpào 名組〈軍〉자주포(自走砲).

【自修】zìxiū 動 ❶ 자습하다. 독학하다. ¶下午学生有两个小时～的时间 | 오후에 학생들은 두 시간의 자습 시간이 있다. ❷ 스스로 수양을 쌓다.

【自许】zìxǔ 書 動 ❶ 자부하다. 자처하다. ¶他常以天才～ | 그는 늘 천재로 자부한다→〔自负fù②〕❷ 자칭하다. ¶他～为古董 | 그는 자칭 골동품이라고 부른다. ❸ 다만 …을 허락〔허용〕하다. ¶～州官放火, 不许百姓点灯 | 諺 벼슬아치는 불을 내도 괜찮은데, 백성은 불을 켜는 것조차 금한다 =〔只zhǐ许〕

【自诩】zìxǔ 書 動 자만(自慢)하다. 허풍을 떨다→〔自夸kuā〕

【自序】zìxù 名 ❶ (문장·책 등의) 자서. ❷ 자서전 ‖ =〔自叙〕

【自选】zìxuǎn 區 선택의. 자유의. ¶～动作 | 〈體〉자유 동작. ¶～手枪五十米赛 | 〈體〉자유 권총 50m 경기.

[2]【自学】zìxué 動 (교사의 지도 없이) 혼자서 공부하다. 독학하다. ¶他～了音韵学 | 그는 음운학을 독학했다. ¶～中文专业的各门课程 | 중문학 전공의 각 교과과정을 독학하다. ¶每天～到深夜 | 매일 늦은 밤까지 독학하다.

【自寻烦恼】zì xún fán nǎo 成 스스로 걱정 거리를 만들다. ¶你别～ | 너는 스스로 걱정 거리를 만들지 마라.

[3]【自言自语】zì yán zì yǔ 成 혼잣말을 하다. 중얼거리다.

【自养】zìyǎng ❶ 名 形 자양(의). 독립 영양(의). 자주 영양(의). ❷ 書 動 자활하다. 스스로 생활하다.

【自以为是】zì yǐ wéi shì 成 貶 스스로 옳다고 여기다. 독선적이다. ¶他一向～ | 그는 언제나 스스로 옳다고만 여긴다.

【自缢】zìyì 書 動 목매어 죽다.

【自用】zìyòng ❶ 書 形 자기가〔스스로〕 옳다고 믿다〔여기다〕. 어법 주로 고정어구에 쓰임. ¶刚愎～ | 고집스레 스스로만 옳다고 믿는다. ¶愚而好～ | 미련해서 자기밖에 없다고 여기다. ¶师心～ | 자기만 옳다고 고집하다→〔自以为是〕❷ 區 개인이 사용하는. 자가용의. ¶～汽车 | 자가용차.

[2]【自由】ⓐ zìyóu 名 形 자유(롭다). ¶～平等的权利 | 자유 평등의 권리. ¶谁愿意谁可以～参加 | 누구든 희망하면 자유롭게 참가할 수 있다. ¶活动很～ | 활동이 아주 자유스럽다.

ⓑ zì·you ⇒〔自在zài〕

【自由电子】zìyóu diànzǐ 名組〈物〉자유 전자 =〔游离电子〕

【自由港】zìyóugǎng 名〈經〉자유(무역)항.

【自由竞争】zìyóu jìngzhēng 動組〈經〉자유 경쟁.

【自由恋爱】zìyóu liàn'ài 動組 자유 연애. ¶别搞这种～ | 이런 자유 연애를 하지 마라.

【自由落体运动】zìyóu luòtǐ yùn·dòng 名組〈物〉자유 낙하 운동.

【自由民】zìyóumín 名 자유민［고대 사회에서 노예 이외의 사람, 즉 토지를 소유한 농민과 생산도구를 점유한 수공업자를 가리킴］

【自由诗】zìyóushī 名〈文〉자유시.

[4]【自由市场】zìyóu shìchǎng 名 자유시장 =〔集市贸易〕

【自由式】zìyóushì 名〈體〉자유형.

【自由体操】zìyóu tǐcāo 名〈體〉(체조의) 마루운동. ¶参加～比赛 | 마루 운동 경기에 참가하다.

【自由王国】zìyóu wángguó 名組〈哲〉자유의 왕국. ¶人类的历史, 就是一个不断地从必然王国向～发展的历史 | 인류 역사는 필연의 왕국으로부터 자유의 왕국으로 끊임없이 발전해 가는 역사이다→〔必bì然王国〕

【自由泳】zìyóuyǒng 名〈體〉❶ (수영의) 자유형 경영. ❷ (수영의) 자유형 영법 ‖→〔爬pá泳〕〔游yóu泳〕

【自由职业】zìyóu zhíyè 名 자유 직업. 자유업. ¶他喜欢～ | 그는 자유업을 좋아한다 =〔自由业〕

【自由主义】zìyóu zhǔyì 名 ❶ 자유주의. ❷ 잘못된 개인주의의 산물인 사상과 기풍. 방임주의. ¶反对～ | 방종한 기풍에 반대하다.

【自由自在】zì yóu zì zài 成 자유 자재(하다). 조금도 제한이나 속박이 없는 상태. ¶他希望xīwàng能活得～ | 그는 자유로운 상태에서 살기를 희망한다.

【自有】zìyǒu ❶ 動 저절로 …이 있다. 자연히 …이 있다. 본래〔응당〕…이 있다. ¶～公论 | (일에는) 자연히 세간의 공론이 있기 마련이다. ¶～天知 | 응당 하늘이 알 것이다. ❷ 名 西北 종래(從來).

【自娱】zìyú 動 스스로 즐기다.

【自圆其说】zì yuán qí shuō 成 자기의 견해를 빈틈이 없도록 주도면밀하게 표현하다. ¶不能～,

露出破绽pòzhàn来了 | 자기 주장을 완벽하게 할 수가 없어 결점이 드러났다. ¶他的话前后矛盾, 不能～ | 그의 말은 앞뒤가 모순이 되어, 자기의 주장을 완벽하게 할 수 없다.

【自怨自艾】zì yuàn zì yì 成 ❶ 자신의 잘못을 후회하고 허물을 고치다. ❷ (잘못을 고치지는 않고) 자기의 잘못을 뉘우치다. ¶他一想起自己所犯的严重错误, 就不禁～, 痛哭流涕tì | 그는 자기가 저지른 큰 잘못을 떠올리기만 하면, 자신의 잘못에 대해 후회스러움을 금할 수 없어 눈물을 흘리며 통곡한다.

[3]【自愿】zìyuàn 動 자원하다. 스스로 원하다. ¶学习要自觉～ | 공부는 자발적이어야 한다. ¶他俩结婚是双方～的 | 그 둘의 결혼은 쌍방이 스스로 원한 것이다. ¶～参加 | 자발적으로 참가하다. ¶他～报考师范 | 그는 자발적으로 사범학교에 응시했다.

【自在】ⓐ zìzài 形 자유롭다. ¶逍遥xiāoyáo～ | 아무런 구속을 받지 않고 유유 자적하다. ¶在空中自由～地飞翔fēixiáng | 공중에서 자유자재로 날다 =〔自由·you〕⇔〔拘jū束①〕

ⓑ zì·zai 形 편안하다. 안락하다. ¶主人太客气了, 反而使他有些不～ | 주인이 너무 정중하여 오히려 그는 좀 거북하였다. ¶新房子宽敞明亮, 全家人都感到很～ | 새 집이 넓고 밝아서 온 가족이 모두 편안해 한다. ¶身体有点不～ | 몸이 좀 불편하다.

【自在阶级】zìzài jiējí 名 자재 계급 [계급적 자각과 자기의 정당(正黨)을 분명히 의식하지 않고 있는 무산 계급]→〔自为阶级〕

【自找】zìzhǎo 動 스스로 찾다. 자초하다. ¶你～嘛! | 네가 자초한 것 아닌가!

【自找苦吃】zì zhǎo kǔ chī 成 고생을 자초하다. ¶这简直是～, 不能怨别人 | 이것은 네가 고생을 자초한 것이니, 남을 원망해서는 안된다.

【自找麻烦】zì zhǎo má fán 成 스스로 성가신〔시끄러운〕일을 자초하다.

【自责】zìzé 動 자책하다.

【自珍】zìzhēn 動 스스로를 아끼다.

【自斟自饮】zì zhēn zì yǐn =〔自斟自酌〕

【自斟自酌】zì zhēn zì zhuó 成 ❶ 혼자 술을 부어 혼자 마시다. 자작 자음하다. 독작하다. ❷ 제 뜻대로 결정하다. 마음대로 처리하다 ‖ =〔自斟自饮〕〔自酌自饮〕

【自知之明】zì zhī zhī míng 成 자신에 대해서 정확히 알다. 자신(의 결점)을 정확히 알다. ¶人贵有～ | 사람이 훌륭하다는 것은 자기 자신에 대해서 정확히 평가할 수 있다는 것이다. ¶这个人盲目自大, 没有～ | 이사람은 맹목적으로 자신을 과대 평가하는데, 자기 자신을 잘 모르고 있다.

【自制】zìzhì 動 자신을 억제하다. 자제(自制)하다. ¶不能～ | 자제할 수 없다.

【自制】zìzhì 動 자기 스스로 만들다. 자제(自製)하다. ¶这台床是我们厂～的 | 이 침대는 우리 공장에서 직접 만든 것이다.

[3]【自治】zìzhì 動 자치하다. ¶～权 | 자치권. ¶实行民族～ | 민족 자치를 실행하다.

【自治机关】zìzhì jīguān 名組 자치 기관.

【自治领】zìzhìlǐng 名 자치령.

[3]【自治区】zìzhìqū 名 자치구 [소수 민족이 다수 거주하는 지방의 제일급 행정 단위로 성(省)에 해당함.「内蒙古自治区」등이 있음]

【自治县】zìzhìxiàn 名 자치현 [청해성(青海省)의「门源回族自治县」등이 있음]

【自治州】zìzhìzhōu 名 자치주 [자치구와 자치현의 중간크기로 호남성(湖南省)의「湘西土家族苗族自治州」등이 있음]

【自重】zìzhòng ❶ 動 자중하다. 말이나 행동을 신중히 하다. ¶年轻人要自珍～ | 젊은 사람은 스스로 자중해야 한다. ❷ 자체 무게〔중량〕.

[3]【自主】zìzhǔ ❶ 動 자기 마음대로 하다. 자주적으로 하다. ¶不由～ | 자기 생각대로 못하다. ❷ 名 자주. ¶～观点 | 자주적 관점.

【自主神经】zìzhǔ shénjīng ⇒〔植zhí物性神经〕

【自助餐】zìzhùcān 名 셀프서비스(self service)식의 식사. 뷔페(buffet;프).

【自传】zìzhuàn 名 자서전.

【自转】zìzhuàn 動〈天〉자전하다. ¶～轴 |〈天〉자전축. ¶～周期 | 자전 주기 →〔公gōng转〕

【自组合器】zìzǔhéqì 名〈電算〉셀프 어셈블러(Self assembler).

【自尊】zìzūn ❶ 名 形 자존(하다). ❷ ⇒〔自大〕

【自作聪明】zì zuò cōngmíng 成 스스로 총명하다고 여기다. ¶这件事必须照领导的指示去办, 不能～, 另搞一套 | 이 일은 반드시 책임자의 지시대로 처리해야지, 자기가 잘났다고 달리 재주를 부리면 안된다.

【自作自受】zì zuò zì shòu 成 자업 자득. 제가 놓은 덫에 걸리다 ¶他这次受处分, 真是～ | 그가 이번에 처벌받은 것은 정말 자업자득이다 =〔作法自毙〕

【恣】zì 방자할 자

제멋대로 굴다. 방종하다. ¶～杀牲禽 | 멋대로 짐승을 죽이다. ¶得以自～ | 기분 내키는 대로 할 수 있다. ¶放～ | 방자하다.

【恣情】zìqíng 動 ❶ 하고 싶은 바를 다하다. 한껏〔마음껏〕하다. ¶～欢笑 | 마음껏 즐거워 웃다. ❷ 제멋대로 굴다. 마음 내키는 대로 하다. ¶钱拿到手别～胡花 | 돈이 손에 있다해서 제멋대로 낭비하지 말아라.

【恣肆】zìsì 書 形 ❶ 제멋대로이다. 방자하다. 방종하다. ¶骄横～ | 교만하고 방자하다. ❷ (문필이) 호방하여 구애됨이 없다. ¶文笔～ | 문필이 호방하다.

【恣睢】zìsuī 書 形 방종하다. 방자하다. 멋대로 하다. ¶暴戾bàolì～ | 포악하고 제멋대로이다.

【恣行无忌】zì xíng wú jì 成 아무 거리끼는 바 없이 방자하게 행동하다. ¶他当官后便～ | 그는 관리가 된 후 아무 거리끼는 바 없이 방자하게 행동한다.

【恣意】zìyì 形 자의적이다. 방자하다. 제멋대로이다. ¶～而为 | 자의적으로 하다. ¶～践踏 | 마음대로 짓밟다 =〔恣心〕

【恣意妄为】zì yì wàng wéi 成 자의적으로 망동하

다. 제멋대로 행동하다. ¶千万别～ | 절대로 자의적으로 망동하지 마라.

【眦〈眥〉】zì 눈초리 제
名 눈초리. 안각(眼角). ¶外～ | 눈초리. ¶内～ | 눈구석. ¶目～尽裂 | 國 눈초리가 모두 찢어지다. 몹시 노하다→〔眼角(儿)〕

【眦裂发指】zì liè fà zhǐ 國 눈을 부릅뜨고 머리칼을 쭈뼛세우다. 매우 성내다. ¶他气得～ | 그가 화가 나서 눈을 부릅뜨고 머리칼을 쭈뼛세우다.

【胔】zì 썩은고기 자, 짐승의뼈 자
書 名 ❶ 썩은 고기. ❷ 썩어가는 시체. ¶掩骼埋～ | 뼈와 시체를 매장하다. ❸ 새나 짐승의 살이 붙어 있는 뼈다귀.

【胾】zì 산적점 자
書 名 크게 자른 고깃덩어리 [잘게 자른 것은「脔luán」이라고 함]

【渍(漬)】zì 담글 지, 물들 지
❶ 動 잠기다. 담그다. 스미다. ¶～麻 | 삼을 물에 담그다. ¶白衬衣被汗水～黄了 | 흰 셔츠가 땀으로 누렇게 됐다→〔沤òu〕 ❷ 動 (기름때 등이) 끼다. 엉겨 붙다. ¶烟袋yāndài里～了很多油子 | 담뱃대 안에 진이 잔뜩 끼었다. ¶机器一停～上油泥 | 기계가 일단 멎으면 기름때가 낀다. ❸ (물이) 고이다. ¶～水↓ ❹ 名 方 때. ¶油～ | 기름때. ¶茶～ | 찻물의 때. ¶～痕 | 땟자국.

【渍水】zì/shuǐ ❶ 動 침수하다. ¶～品 | 물에 잠긴 물품. ❷ (zìshuǐ) 名 괸 물.

zi ㄗ˙

【子】·zi ☞ 子 zǐ Ⓑ

zōng ㄗㄨㄥ

【枞】zōng ☞ 枞 cōng Ⓑ

3【宗】zōng 겨레 종, 갈래 종, 높일 종
❶ 名 티베트의 옛 행정 구획 단위 [대체로「县」(현)에 상당함] ❷ 量 덩어리 [대량의 일·상품·문건 등을 세는 말] ¶一～心事 | 하나의 걱정거리. ¶大～货物 | 대량의 물품. ❸ 선조. 조상. ¶列祖列～ | 역대의 조상 =〔祖宗〕 ❹ 동족(同族). 일족(一族). 동성(同姓). ¶同～ | 동종. ¶～兄↓ ❺ 종파(宗派). 파별(派別). 유파(流派). ¶正～ | 정통파. ¶禅～ | 선종. ❻ 주지(主旨). 주요한 의의·목적. ¶开～明义 | 國 첫머리에 요지를 명백히 밝히다. ¶不失其～ | 그 종지를 벗어나지 않다. ❼ 모범으로 존경받는 인물. ¶文～ | 모범으로 존경받는 문인. ❽ 존경하다. 존숭(尊崇)하다. ¶～仰↓ ¶万人～之 | 만인이 그를 우러러 받들다. ❾ (Zōng) 名 성(姓). ❿ 복성(複姓) 중의 한 자(字). ¶～伯③↓ ¶～政↓

【宗伯】zōngbó ❶ ⇒〔族zú伯〕 ❷ 名 종백 [주(周) 종실의 사무를 관장하는 관리로 육경(六卿)의 하나] ❸ (Zōngbó) 名 복성(複姓).

【宗祠】zōngcí 名 일족의 조상을 함께 모시는 사당 ¶整修～ | 조상의 사당을 수리하다 =〔家祠〕

【宗法】zōngfǎ 名 종법. ¶～制度 | 종법 제도. ¶～社会 | 종법 사회.

【宗国】zōngguó 書 名 ❶ 종주국 =〔宗主国〕 ❷ 동성(同姓)의 제후국(諸侯國).

【宗匠】zōngjiàng 名 ❶ 거장. 대가. ¶画坛～ | 화단(畵壇)의 거장. ❷ 덕망있는 교육자.

3【宗教】zōngjiào 名 종교. ¶～画 | 종교화. ¶研究～ | 종교를 연구하다.

【宗教改革】zōngjiào gǎigé 名組 종교 개혁. ¶进行～ | 종교 개혁을 진행하다.

【宗门】zōngmén 名 ❶ 일족(一族). 종가(宗家)의 문중(門中). ❷〈佛〉종파.

【宗庙】zōngmiào 名 종묘. ¶到～中议事 | 종묘에 가서 일을 논의하다.

3【宗派】zōngpài 名 종파. 파벌. 유파. 섹트(sect). 어법 현재는 부정적인 의미로도 쓰임. ¶～情绪 | 파벌 감정. ¶～活动 | 분파적으로 활동하다.

【宗派主义】zōngpài zhǔyì 名 종파주의. 분파주의. 섹트주의. 섹셔널리즘(sectionalism) =〔小团体主义〕

【宗师】zōngshī 名 대가. 종사. 숭앙받는 사장(師匠). ¶一代～ | 일대 종사.

【宗室】zōngshì 名 황족. 종실.

【宗祧】zōngtiāo 書 名 ❶ 일족(一族)의 세계(世係). ❷ 종묘(宗廟).

【宗兄】zōngxiōng 書 名 ❶ 종형 [동족 또는 동성 중에서 같은 항렬에 자기보다 나이가 많은 사람] ❷ 敬 같은 성을 가진 이를 일컫는 말. ❸ 서자(庶子)가 연장(年長)의 적자(嫡子)를 이르는 말.

【宗仰】zōngyǎng 書 動 우러러 존경하다. 경모(敬慕)하다. ¶海内～ | 세상이 다 우러러 존경하다.

【宗政】Zōngzhèng 名 복성(複姓).

4【宗旨】zōngzhǐ 名 종지. 주지(主旨). ¶说明会议的～ | 회의의 주지를 설명하다.

【宗主国】zōngzhǔguó ⇒〔宗国①〕

【宗主权】zōngzhǔquán 名 종주권.

【宗族】zōngzú 名 ❶ 종족. 부계(父系)의 일족(一族). 동종(同宗)의 겨레붙이. ❷ (출가한 여성을 제외한) 부계 가족의 성원(成員).

2【综(綜)】zōng zèng ⓧ zòng) 모을 종, 바디 종
Ⓐ zōng 한데 모으다. 종합하다. ¶错～ | 교착(交錯)하다. ¶～上所述 | 위에서 서술한 것을 종합하면.
Ⓑ zèng 名〈紡〉베틀의 잉아 [베틀의 날실을 끌어올리도록 맨 굵은 줄]

【综观】zōngguān 動 종합〔총괄〕하여 보다. ¶～全局 | 전체의 국면을 총괄하여 보다.

2【综合】zōnghé 動 종합하다. ¶～各方面材料 | 각방면의 재료를 종합하다. ¶把不同意见～在一起 | 다른 의견을 한데 종합하다. ¶～管理系统 | 토틀 시스템(totle system). 종합 관리 체제. ¶～社会教育 | 종합적인 사회 교육. ¶～结论 | 종합적인 결론. ¶～报导 | 종합 보도.

【综合大学】zōnghé dàxué 名組 종합 대학. ¶青华大学是一所～ | 청화 대학은 종합대학이다.

【综合利用】zōnghé lìyòng 動組 (자원의) 종합적 이용(하다). ¶～各种材料｜각종 재료를 종합적으로 이용하다.
【综合语】zōnghéyǔ 名〈言〉굴절어 =〔屈折语〕
【综计】zōngjì 動 총계(總計)하다.
【综括】zōngkuò ⇒〔总zǒng括〕
【综揽】zōnglǎn ⇒〔总zǒng揽〕
【综述】zōngshù 動 종합하여 서술하다. ¶会议情况～｜회의 상황을 종합하여 서술하다.

【腙】zōng (하이드라존 종)
名〈化〉하이드라존(hydrazone).

4【棕〈椶〉】zōng 종려나무 종
❶ 名〈植〉종려나무. ¶～树↓ =〔棕榈lǘ〕 ❷ 종려털. 종려섬유. ¶～毛↓ ❸〈色〉갈색. ¶～色↓
【棕编】zōngbiān 名 종려털로 짠 공예품. ¶出售～｜종려털로 된 공예품을 팔다.
【棕垫】zōngdiàn 名 종려 방석. ¶买了一个～｜종려 방석을 하나 샀다.
【棕红】zōnghóng 名〈色〉밤색. 고동색.
【棕榈】zōnglǘ 名〈植〉종려(나무).
【棕榈树】zōnglǘshù 名〈植〉종려 나무 =〔棕树〕
【棕毛】zōngmáo 名 종려모. 종려털.
4【棕色】zōngsè 名〈色〉갈색. 다갈색. ¶～的皮肤｜갈색 피부.
【棕绳】zōngshéng 名 ❶ 종려털로 꼰 노끈. ❷ 코이어 로프(coir rope) [야자나무 껍질의 섬유로 만든 밧줄. 종려승과 혼돈되며, 마닐라 로프라고 불림] =〔白bái棕绳〕〔吕lǚ宋索〕
【棕树】zōngshù ⇒〔棕榈lǘ树〕
【棕熊】zōngxióng 名〈動〉갈색곰 [「棕色」(다갈색)이므로 이렇게 부름. 동북 지방에서는 보통 「人rén熊」, 사천(四川)에서는 「马mǎ熊」이라고 함] =〔罴pí〕

4【踪〈蹤〉】zōng 자취 종
(사람이나 동물의) 발자취. 자취. ¶失～｜자취를 감추다. ¶追～｜추종하다→〔脚jiǎo印(儿)〕
4【踪迹】zōngjì 名 종적. 자취. 발자취. ¶～渺茫miǎománg｜종적이 묘연하다. ¶～全无｜아무런 종적이 없다. ¶我们在山林里发现了熊猫的～｜우리는 산림 속에서 팬더곰의 종적을 발견했다.
【踪绪】zōngxù 書 名 행방. 종적. ¶全无～｜행방이 묘연하다.
【踪影】zōngyǐng 名 형적(形迹). 영적(影迹). 행방. 자취 [주로 찾는 대상을 가리키며, 부정문에 많이 쓰임] ¶毫无～=〔踪影全无〕｜成 형적이 전혀 없다. ¶好几天看不见他的～｜여러 날 동안 그의 그림자도 보이지 않다 =〔影踪zōng〕
【踪由】zōngyóu 書 名 원인과 경과. 경위(涇渭).
【踪踪】zōngzōng 書 動 뒤를 밟다. 추적하다. ¶～实验｜추적 실험.

【鬃〈鬉騣〉】zōng 갈기 종
名 (말의) 갈기. (돼지의) 강모(剛毛). ¶马～｜말갈기. ¶猪～｜돼지의 강모.
【鬃毛】zōngmáo 名 (말의) 갈기 →〔鬃〕
【鬃刷】zōngshuā 名 돼지의 강모(剛毛)로 만든 솔.

zǒng ㄗㄨㄥˇ

1【总(總)〈緫〉】zǒng 합할 총
❶ 動 합치다. 한데 모으다. 총괄하다. 취합하다. ¶～在一起算｜한데 모아서 계산하다. ¶～起来说｜총괄하여 말하다. ¶～其大成↓→〔共gòng①〕 ❷ 區 전면적인. 전체의. 전부의. ¶～攻击gōngjī｜총공격. ¶～成绩｜전체 성적. ¶～的情况｜전반적인 상황. ❸ 副 늘. 언제나. 언제까지나. 어법 「总」과 「老」는 같은 의미로 쓰이나, 「总」은 「매우」「대단히」란 의미가 없음. ¶总高的个子(×) ¶老高的个子｜매우 큰 키. ¶天～不放晴｜날이 줄곧 개지 않다. ¶中秋的月亮, ～(是)那么明亮｜중추절의 달은 언제나 저렇게 밝다. ❹ 副 반드시. 결코. 예외없이. ¶我～不灰心｜나는 결코 낙담하지 않는다. ¶她～没知道｜그녀는 전혀 몰랐다 =〔一定〕〔无论如何〕 ❺ 副 필경. 결국은. 어쨌든. ¶事实～是事实｜사실은 어디까지나 사실이다. ¶我～得去｜나는 어쨌든 가야 한다. ¶以后～会知道｜언젠가는 결국 알게 될 것이다. ❻ 副 대체로. 대략. 추측컨데. ¶这房子盖了～有二十多年了｜이 집은 지은 지 대략 20여 년 쯤 된다. ¶明天他～要到了｜내일쯤 그가 도착할 것이다. ❼ 총괄적인. 전체를 개괄하는. ¶～纲↓ ¶～则↓ ❽ 주요한. 지도적인. ¶～司令↓ ¶～店↓
【总罢工】zǒngbàgōng 名 총파업 =〔大罢工〕
【总办】zǒngbàn ❶ 名 총재(總裁) [일을 총괄하여 처리하는 사람] ❷ 動 (일을) 총괄하여 처리하다.
【总报告】zǒngbàogào 名 기조(基調) 보고.
【总崩溃】zǒngbēnghuì 名 전면적 붕괴.
【总编辑】zǒngbiān·ji 名 편집장 =〔主zhǔ编②〕
【总兵】zǒngbīng 名 총병 [명대(明代) 통수군(統帥軍)에 속한 장령(將領)]
【总部】zǒngbù 名 총본부. 총사령부. ¶这个组织的～在上海｜이 조직의 총본부는 상해에 있다.
【总裁】zǒngcái 名 ❶ 청대(淸代) 중앙 편찬기관의 주관 관원과 관리등용 시험을 주재하는 대신. ❷ (정당·기업의) 총재.
【总参】zǒngcān ⇒〔总参谋部〕
【总参谋部】zǒngcānmóubù 名組〈軍〉총참모부 =〔簡 总参〕
【总参谋长】zǒngcānmóuzhǎng 名〈軍〉참모총장 =〔簡 总长〕
【总产】zǒngchǎn ⇒〔总产量〕
【总产量】zǒngchǎnliàng 名〈經〉총생산량 ¶国营企业的～｜국영 기업의 총생산량 =〔簡 总产〕
【总产值】zǒngchǎnzhí 名〈經〉총생산액.
【总厂】zǒngchǎng 名 ❶ (자공장에 대한) 본공장(本工場). ❷ 콤비나트(kombinat;러). ¶石油化学～｜석유 화학 콤비나트.
【总称】zǒngchēng 名 총칭.
【总成】zǒngchéng ❶ 名 각 부품을 전부 맞춘 기계의 전체 →〔装zhuāng配〕 ❷ 動 近 (남을) 도와서 일을 이루게 해주다 =〔总承〕

【总承】zǒngchéng⇒〔总成②〕
【总代表】zǒngdàibiǎo 名 총대(總代). 전체의 대표.
【总代理】zǒngdàilǐ 名 총대리인. 총대리점 =〔总经理②〕〔独家经理〕〔独家代理〕→〔代理(商)〕
【总单】zǒngdān 名 총목록.
【总的】zǒng·de 名 전반적인. 일반적인. 총체적인. 전체의. ¶～趋势 | 전반적인 추세.
4【总的来说】zǒng·de lái shuō 動組 전반적으로 말하면. 종합적으로 말하면.
3【总得】zǒngděi 能 (이치나 정리상으로 보아) 반드시 …해야 한다. ¶你～去看望她一次 | 네가 아무래도 그녀에게 한번 찾아가 봐야겠다.
【总店】zǒngdiàn 名 본점(本店).
【总电门】zǒngdiànmén 名 (전지의) 주개폐기.
【总董】zǒngdǒng 名 옛날, 총주임(總主任).
【总动员】zǒngdòngyuán 名 動 총동원(하다). ¶实行全军～ | 전군의 총동원을 실시하다.
4【总督】zǒngdū 名 ❶ 총독 [명청(明清)시대의 성(省)의 장관. 성내의 정무·군무를 관장하였음] ¶两广～ | 양광 총독 =〔督堂〕〔督宪xiàn〕〔督院〕 ❷ (식민지의) 총독.
4【总额】zǒng'é 名 총액. ¶存款～ | 예금 총액. ¶工资～ | 임금 총액. ¶算出～ | 총액을 산출하다.
3【总而言之】zǒng ér yán zhī 成 총괄적으로 말하면. 요컨대. 한마디로 말하여 =〔簡 总之〕
【总发】zǒngfà ⇒〔总角jiǎo〕
【总方针】zǒngfāngzhēn 名 전반적인 방침. 주요 방침. ¶经济工作的～ | 경제 활동의 전반적인 방침. ¶外交政策～ | 외교 정책의 주요 방침.
【总分】zǒngfēn 名〈體〉총득점.
【总覆信】zǒngfùxìn 名 관계되는 여러 사람에게 보내는 (관계자 일동의) 회신.
【总该】zǒnggāi 助 어쨌든〔당연히, 아무튼〕…해야 한다. 반드시 …일 것이다. ¶这个时候儿～来了 | 지금쯤이면 무슨 일이 있어도 올 것이다.
【总概念】zǒnggàiniàn 名 전반적 개념.
【总纲】zǒnggāng 名 대강(大綱). 전체적인 강령. ¶宪法的～ | 헌법의 대강.
【总工会】zǒnggōnghuì 名 노동 조합 총연합회. 노총.
【总公司】zǒnggōngsī 名 본사(本社) ¶～的经理 | 본사의 경리→〔分fēn公司〕
【总攻】zǒnggōng 名 動 簡〈軍〉총공격(하다). ¶展开～ | 총공격을 전개하다. ¶马上就要～ | 곧 총공격할 것이다.
3【总共】zǒnggòng 副 모두. 전부. 합쳐서. ¶～多少钱? | 전부 얼마니? =〔一共〕
【总管】zǒngguǎn ❶ 動 총관하다. ¶校内事务一时无人～ | 학교업무가 한때 아무도 총관하는 사람이 없다. ❷ 名〈機〉메인 파이프(mainpipe). ❸ 名 총관리인. 총지배인. 매니저.
【总归】zǒngguī 副 결국. 어쨌든. 아무튼. 아무래도. ¶事实～是事实 | 사실은 어쨌든 사실이다. ¶困麿～是可以克服的 | 곤란은 결국 극복할 수 있는 것이다.
【总行】zǒngháng 名 (은행의) 본점 ¶～设在釜山 | 은행 본점을 부산에 설치하다 ⇔〔分行〕
【总号】zǒnghào 名 ❶ 본점. ❷ 콜론(colon). 쌍점. 이중점「:」.
【总合】zǒnghé 動 총합하다. 종합하다 ⇔〔分析〕
4【总和】zǒnghé 名 총화. 총수. 총계. ¶力量的～ | 역량의 총화. ¶生产关系的～ | 생산 관계의 총체.
【总和计】zǒnghéjì 名 총(합)계.
【总后方】zǒnghòufāng 名〈軍〉전쟁시 최고 사령부가 소재하는 후방.
【总后勤部】zǒnghòuqínbù 名〈軍〉총병참부.
【总汇】zǒnghuì ❶ 動 (물이) 모이다. 합류하다. ¶～入海 | 합류하여 바다로 들어가다 =〔会合〕 ❷ 名 한데 모인 사물〔것〕. 총체. 집합지. 집결지. ¶词汇是某语言的词的～ | 사휘는 어떤 언어의 단어의 총체이다.
【总会】zǒnghuì 名 ❶ 총회. ❷ 클럽(club). ¶夜yè～ | 나이트 클럽. ❸ 총회. (공익 사단법인 등의) 최고 의결 기관.
【总机】zǒngjī 名 대표 전화. 교환대 →〔分机〕
【总集】zǒngjí 名 총집 →〔别集〕
4【总计】zǒngjì 動 총계하다. 합계하다. 어법 수량사 목적어가 있어야 함. 수량사가 있는 동사구도 목적어가 될 수 있음. ¶图书～10万册 | 도서는 10만책으로 합계된다. ¶大会～出席500多人 | 대회에서 500여명이 출석했다고 합계하였다. ¶观众～有十万人 | 관중은 합계 10만인이 된다.
【总价】zǒngjià 名 총가격.
【总监】zǒngjiān 名 총감독.
【总角】zǒngjiǎo 書 名 총각 [옛날, 머리를 양쪽으로 갈라 빗어 올려 귀 뒤에서 두 개의 뿔같이 묶어맨 어린 아이들의 머리 모양] 轉 미성년. 어린 아이 =〔总发〕
【总角之交】zǒng jiǎo zhī jiāo 成 어릴 적부터의 친구. 소꿉놀이 친구. 죽마 고우 =〔总角之好〕
2【总结】zǒngjié 名 動 총괄(하다). 총화(하다). 총결산(하다). ¶～会议的结果 | 회의의 결과를 총괄하다. ¶帐目要～一次 | 장부는 한 번 총결산해야 한다.
【总经理】zǒngjīnglǐ 名 ❶ 총지배인. ❷ ⇒〔总代理〕
【总开关】zǒngkāiguān 名 주개폐기. 메인 스위치(main switch).
【总口号】zǒngkǒuhào 名 전체적 구호.
【总括】zǒngkuò 名 動 총괄(하다). 통괄(하다). 개괄(하다). ¶～起来说 | 총괄하여 말하면 =〔综zōng括〕
【总揽】zǒnglǎn 動 총람하다. 한 손에 장악하다. ¶～大权 | 대권을 한 손에 쥐다 =〔综zōng揽〕
2【总理】zǒnglǐ ❶ 名 총리. ¶国务院～ | 국무원 총리. ¶内阁～ | 내각 총리. ¶～大臣 | 총리 대신. ❷ 書 動 전체를 관리하다. ¶～朝廷 | 조정을 총관리하다.
【总利】zǒnglì 名 총이익.
【总量】zǒngliàng ⇒〔毛máo重①〕
【总领队】zǒnglǐngduì 名 인솔 총책임자.
【总领事】zǒnglǐngshì 名〈外〉총영사. ¶驻韩～ | 주한 총영사.
【总路线】zǒnglùxiàn 名 ❶ (역사상 일정한 기간

에 제정한 각 방면의 활동을 지도하는) 기본적 방침과 준칙. ❷〈史〉총노선. 모택동(毛澤東)이 1952년 제창한 자본주의에서 사회주의에 이르는 과도기의 기본적인 방침 [즉, 1949년 신민주주의(新民主主義)의 달성으로부터 사회주의 혁명에 이르는 상당 기간내에 농업·공업·상업·수공업 등에 대한 사회주의적 개조를 실현하는 것] ❸〈史〉총노선. 모택동(毛澤東)이 제정하여 1958년 5월의 제8차 당대회 2차 회의에서 통과된 사회주의 건설을 위한 전반적인 정책.

【总论】zǒnglùn 名 ❶총론. 총설. ❷서론(緖論).

【总目】zǒngmù 名 총목(록). ¶四库全书～ | 사고 전서 총목.

【总评】zǒngpíng 名 총평. 총평가. ¶年终～ | 연말 총평가.

【总其大成】zǒng qí dà chéng 成 각 방면의 사무를 총괄하다. 집대성하다. ¶他～, 编成煌煌巨著 | 그는 집대성하여, 빛나는 대저서를 편집하다.

【总鳍鱼】zǒngqíyú 名〈魚貝〉총기어.

1【总是】zǒngshì 副 ❶반드시. 꼭. 절대로. 전연. ¶～要办的 | 꼭 해야 한다. ¶一再相劝, 他～不听 | 재삼 권고해도 그는 전혀 듣지 않는다. ❷결국. 아무튼. 어쨌든. 아무래도. ¶～装不好 | 아무래도 잘 넣어지지 않다. ❸늘. 줄곧. 언제나.

4【总数(儿)】zǒngshù(r) 名 총수. ¶算出～ | 총수를 산출하다.

4【总司令】zǒngsīlìng 名〈軍〉총사령관.

3【总算】zǒngsuàn 副 ❶다행히. ¶一连下了几天的雨, 今天～晴了 | 며칠 동안 계속해서 비가 오더니, 오늘 다행히 개였다. ¶今年春节～没下雨 | 올 설에는 다행히 비가 오지 않았다. ❷어렵사리. 간신히. 마침내. ¶艰难的岁月～过去了 | 어려운 시절이 어렵사리 지나갔다. ¶～松了一口气 | 마침내 안심했다. ❸대체로 충분함을 나타냄. ¶小孩子的字能写成这样, ～不错了 | 어린이의 글씨가 이 정도로 쓸 수 있다면 대체로 괜찮은 편이다.

【总体】zǒngtǐ 名 총체. 전체. ¶～规划 | 총체적 기획. ¶～设计 | 총체적 설계. 전체 설계. ¶从～来说＝[总体上说] | 총체적으로 말하여. 전체적으로 말하면.

2【总统】zǒngtǒng 名 총통. 대통령. ¶～政策 | 대통령 정책. ¶前～ | 전대통령.

4【总务】zǒngwù 名 ❶어떤 기관이나 학교 등의 행정업무. ¶～科 | 총무과. ❷행정업무를 맡은 사람. ¶他是我们单位的～ | 그가 우리 부서의 총무이다.

【总星系】zǒngxīngxì 名〈天〉은하계 및 이미 발견된 모든 외부 은하계의 총칭.

【总则】zǒngzé 名 총칙. ¶民法的～ | 민법 총칙.

【总站】zǒngzhàn 名 중앙역(中央驛). ¶～在市中心 | 중앙역이 시가지 중심에 있다.

【总长】zǒngzhǎng 名 ❶북양 군벌(北洋軍閥) 시기의 중앙 정부 각 부의 장관(長官). ❷簡 참모총장. ¶陆军～ | 육군 참모총장.

【总帐】zǒngzhàng ❶名〈商〉원장(元帳). 대장(臺帳). 원부(元簿). ❷名 動 총결산(하다).

【总政治部】zǒngzhèngzhìbù 名組 (중국 인민 해방군의) 총정치부. ¶～主任 | 총정치부 주임＝[簡 总政部]→[总参cān谋部]

3【总之】zǒngzhī ⇒[总而言之]

【总值】zǒngzhí 名 총액. ¶国民生产～ | 국민 총생산액. ¶贸易～ | 무역총액.

【总状花序】zǒngzhuàng huāxù 名組〈植〉총상화서. 송이꽃차례.

【偬(傯)】 zǒng 바쁠 총
⇒[倥kǒng偬]

zòng ㄗㄨㄥˋ

3 **【纵(縱)】** zòng 세로 종, 놓을 종 ❶形 세로의. 종의. ⓐ 지리상의 남북방향의 세로. ¶～贯河北省 | 하북성을 종관하다. ⓑ 앞에서 뒤의 세로. ¶排成～队 | 종대로 배열하다. ¶～边五尺, 横边三尺 | 세로 다섯자, 가로 석자. ⓒ 물체의 긴 변(邊)과 평행하는 세로. ¶～剖面↓ ‖＝[横héng] ❷形 方 주름이 가다. 쭈글쭈글하다. ¶衣服压～了 | 옷이 눌려 주름이 졌다. ❸動 (앞이나 위로) 몸을 훌쩍 날리다. 뛰어 오르다. 어법 대개 「一～就…」의 형식으로 쓰임. ¶一～身就过去了 | 몸을 훌쩍 날려 뛰어 넘어 갔다. ¶猫向前一～, 就把老鼠捕住了 | 고양이가 앞으로 몸을 날려 쥐를 잡았다. ❹書 連 설령[설사] …일지라도[이라 하더라도]. ¶～不能有大贡献, 也可以有些成绩 | 비록 크게 공헌은 못할지라도 다소의 성과는 있다＝[纵使shǐ][即jí使] ❺풀어 놓아 주다. 석방하다. ¶～虎归山↓ ❻마음대로 하게 두다. 방임하다. ¶放～ | 방임하다. ¶～情↓

【纵波】zòngbō 名 종파. ❶배의 진행 방향과 평행한 파도. ❷〈物〉매질(媒質) 진동 방향이 파동의 방향에 일치하는 파동.

【纵步】zòngbù ❶動 (큰) 걸음을 내딛다. 성큼성큼 걷다. ¶～向前走去 | 성큼성큼 앞으로 걸어가다. ❷名 앞으로 껑충 뛰는 걸음. 앞으로의 도약. ¶他一个～跳过了小河 | 그는 껑충 뛰어 개울을 건넜다.

【纵断面】zòngduànmiàn ⇒[纵剖pōu面]

【纵队】zòngduì 名 ❶종대. ¶四路～ | 사열 종대. ❷〈軍〉국공 내전(國共內戰) 때의 중국인민 해방군(中國人民解放軍)의 편제의 하나로 「军」(군단)에 상당함.

【纵隔】zònggé 名〈生理〉종격. ¶～炎yán | 종격염.

4【纵横】zònghéng ❶形 가로 세로로 교차하다. 종횡으로 엇갈리다. ¶～交错的公路 | 가로 세로 교차하는 도로. ¶车站里铁路～, 像蛛网zhūwǎng一般 | 역에는 철로가 종횡으로 놓여 마치 거미줄 같다. ❷形 (글·그림 등이) 자유 자재다. 분방하다. ¶笔意～ | 필치가 자유 분방하다. ❸動 거침없이 내닫다. 종횡 무진하다. ¶宋江等三十六人～於山东一带 | 송강등 36인은 산동 일대를 종횡 무진하였다. ¶这支建桥队伍～于大江南北, 建造了十几座桥梁 | 이 교량 건설 부대는 큰 강을 남북으로 종횡 무진하며 교량 열 몇 개를 건설하였다. ❹名〈史〉합종(合縱)과 연횡(連橫).

【纵横捭阖】zònghéngbǎihé 成(정치·외교상) 수완을 부려 연합·분열·이간·포섭을 하다.
【纵横驰骋】zònghéng chíchěng 成 거침없이 사방으로 내달리다. 용감하여 가는 곳마다 대항할 적이 없다. ¶这支部队在中国大陆～ | 이 부대는 중국 대륙에서 용감하여 대항할 적이 없다.
【纵虎归山】zòng hǔ guī shān 成 호랑이를 풀어놓아 산으로 돌아가게 하다. 적을〔나쁜 놈을〕 놓아 주어 화근을 남기다 =〔放虎归山〕
【纵酒】zòngjiǔ 動 술독에 빠지다. 술을 마구 마시다.
【纵览】zònglǎn 動 ❶ 종람하다. 마음대로 보다〔열람하다〕. ¶～四周 | 사방을 종람하다. ¶～群书 | 군서를 종람하다 =〔纵观〕 ❷ (형세 등을) 살피다. 관망하다. ¶～时势 | 시세를 관망하다.
【纵令】zònglìng ❶ 連 설령〔설사〕…하더라도〔일지라도〕. ¶你～不说，我也知道 | 설령 네가 말을 안해도 나는 안다 =〔纵使〕 ❷ 動 方 방임하다. 내버려 두다. ¶不得～坏人逃脱 | 악인을 도망가게 내버려 두면 안된다.
【纵论】zònglùn 動 방담(放談)하다. 터놓고 이야기하다. 마음껏 의론하다. ¶～天下大事 | 천하대사를 마음껏 의론하다.
【纵剖面】zòngpōumiàn 名 종단면. ¶检视其～ | 그 종단면을 검시하다 =〔纵断面〕〔纵切面〕
【纵切面】zòngqiēmiàn ⇒〔纵剖面〕
【纵情】zòngqíng 副 하고 싶은 바를 한껏〔마음껏〕하다. ¶～欢乐 | 마음껏 즐기다. ¶～歌唱 | 실컷 노래하다.
【纵容】zòngróng ❶ 動 방임하다. 내버려 두다. 용인하다. 눈감아 주다. ¶～战争 | 전쟁을 용인하다. ¶受到～和庇护 | 용인과 비호를 받다. ❷ 形 제멋대로다.
【纵身(儿)】zòng/shēn(r) 動 몸을 훌쩍 솟구치다〔날리다〕. ¶～一跳 | 훌쩍 뛰어오르다. ¶～上马 | 훌쩍 뛰어 말에 오르다.
【纵深】zòngshēn 名〈軍〉종심 [전선에 배치된 부대의 최전선에서 후방 부대까지의 세로의 선] ¶～阵地 | 종심 진지. ¶～战 | 적진 깊숙한 곳에서의 전투. ¶～防御 | 종심 방어.
【纵使】zòngshǐ 連 설사〔설령〕…일지라도〔하더라도〕. ¶～有好先生教给你，然而自己也得用功 | 설사 좋은 선생이 너를 가르쳐 준다 해도, 스스로 열심히 공부해야 한다 =〔纵令①〕〔纵然〕
【纵谈】zòngtán 動 방담하다. 거리낌없이 말하다. 터놓고 이야기하다. ¶大家～祖国的建设，感到十分兴奋 | 모두들 조국의 건설에 대해 기탄없이 이야기하면서 대단한 흥분을 느꼈다.
【纵欲】zòngyù 書 動 육욕(肉慾)에 빠져 절제하지 않다. ¶老李～过渡，身体虚弱 | 이씨는 육욕이 과도하여 신체가 허약하다.
【纵坐标】zòngzuòbiāo 名〈數〉세로 좌표.

【瘲(瘲)】zòng 경풍 종
⇒〔瘛chì疭〕〔瘈chì疭〕

【综】zòng ☞ 综 zōng

【粽〈糭〉】zòng 각서 종
名〈食〉주악. 각서(角黍) [단오절에 먹는 떡의 일종] →〔粽子〕
【粽粑】zòngbā ⇒〔粽子〕
【粽子】zòng·zi 名〈食〉종자. 주악. 각서 [찹쌀을 댓잎이나 갈잎에 싸서 쪄 먹는 단오날 먹는 음식. 만드는 방법은 각지방마다 조금씩 다름] ¶端午节吃～ | 단오절에 종자를 먹다 =〔方 粽粑〕〔角jué黍〕

zōu ㄗㄡ

【诌】zōu ☞ 诌 zhōu

【邹(鄒)】Zōu 나라이름 추
❶ 名〈地〉추. 주대(周代)의 나라 이름 [산동성(山東省) 추현(鄒縣) 일대. 「邾Zhū」는 옛 이름] ❷ 名 성(姓). ❸ 복성(複姓) 중의 한 자(字). ¶～屠↓
【邹屠】Zōutú 名 복성(複姓).

【驺(騶)】zōu 마부 추
名 ❶ 고대의 귀족관료가 행차할 때의 말탄 시종. ❷ 고대의 마부를 관장하던 벼슬. ❸ (Zōu) 성(姓).
【驺唱】zōuchàng 書 動 길을 비키라고 외치다. ¶～而入官门 | 길을 비키라고 외치며 궁문으로 들어가다.
【驺从】zōucóng 書 名 옛날, 고관 귀족들의 말탄 시종.

【诹(諏)】zōu 물을 추
書 動 ❶ 상의하다. 의논하다. ¶咨～ | 자문하다. ❷ (의논하여) 고르다. 택하다. ¶～吉↓
【诹吉】zōují 書 動 의논하여 길일을 택하다.

【陬】zōu 구석 추, 정월 추
書 名 ❶ 구석. ¶～隅yú | 구석. ❷ 산기슭. 산골짜기. ¶山～海澨shì | 喩 멀리 떨어져 외진 곳. ❸ 정월(正月). ¶～月↓
【陬月】zōuyuè 書 名 음력 정월의 다른 이름.

【鄹〈郰〉】Zōu 고을이름 추
名〈地〉추. 춘추(春秋)시대, 노(魯)나라의 지명 [지금의 산동성(山東省) 곡부현(曲阜縣) 부근으로, 공자(孔子)의 고향임]

【鲰(鯫)】zōu 돌잉어 추, 소견좁을 추
書 ❶ 名〈魚貝〉잡어(雜魚). ❷ 形 작다. ¶～生↓
【鲰生】zōushēng 書 名 ❶ 소인. 도량이 좁은 사람. ❷ 謙 소생. 소인. 저.

zǒu ㄗㄡˇ

1【走】zǒu 달릴 주, 달아날 주
❶ 動 걷다. (걸어)가다. ¶～得快 | 빨리 걷다. ¶一直往前～ | 곧장 앞으로 가다. ¶这孩子还不会～ | 이 아이는 아직 걸을 줄 모른다. ¶这个车一个钟头能～三十里 | 이 차는 한 시간에 30리를 갈 수 있다. ❷ 動 떠나다. 출발하다. ¶车刚～ | 차는 방금 떠났다. ¶咱们～吧! | 출발합시다. ¶潮～了 | 조수가 빠지다. ❸ 動 움직이다. 이동하다. ¶钟不～了 | 시계가 움직이지 않는다. ¶这步棋～坏了 | 이 (장기) 수는 잘못

두었다. ❹動(친척이나 친우사이에) 왕래하다. 오가다. 교제하다. ¶～亲戚 | 친척 집에 가다. ¶他们两家～得很近 | 그들 양가는 아주 가깝게 지낸다. ❺動통과하다. 거치다. 경과하다. ¶咱们～这个门出去吧 | 우리 이 문으로 나갑시다. ¶这笔钱不～帐了 | 이 돈은 장부에 기입하지 않았다. ❻動새다. 누출하다. ¶车胎～气 | 타이어의 공기가 빠지다. ¶说～了嘴 | 실언하였다. ¶～漏风声 | 소문이 새나가다. ❼動원래의 모양이나 맛이 변하다. (원래의 것을) 잃다. ¶衣服～样子了 | 옷이 모양새가 변했다. ¶～了颜色了 | 빛이 바랬다. ¶～了味儿了 | 맛이 변해 버렸다. ❽動(운이) 닿다. (운을) 만나다. ¶～好运 | 좋은 운을 만나다. ❾動〈漢醫〉약효나 증상이 나타나다. …에 효력이 있다. ❿書代謙저 [「下走」의 약칭로 자기를 낮추는 말] ¶～虽不敏, 庶斯达矣 | 제가 비록 둔하긴 하지만 거기엔 이를 것 같습니다《張衡·東京賦》

【走板】zǒu/bǎn ❶動가락이〔곡조가〕맞지 않다. 박자가 어긋나다 [극에서 배우의 창이 반주의 박자와 맞지 않게 되는 것을 일컬음] ❷(～儿) 動이야기가 주제에서 벗어나다. ¶这人说话爱～ | 이 사람은 말을 할 때마다 곧잘 주제에서 벗어난다 =〔走板眼〕 ❸動언행(言行)이 상도에서 벗어나다. 흥분하여 침착을 잃다. ❹(zǒubǎn) 名〈體〉(다이빙에서) 입수(入水) 직전까지의 준비단계.

【走笔】zǒubǐ 書動❶빨리 쓰다. ❷붓을 놀리다〔움직이다〕. 운필하다. ¶小平写字很会～ | 소평은 글씨쓰는 데 운필을 잘 한다.

【走边】zǒubiān ❶名動〈演映〉활극(活劇)에서, 야간 잠행(夜間潛行) 또는 길가를 질주하는 동작(을 하다). ❷(zǒu/biān) 動옷의 선을 두르다.

【走遍】zǒubiàn 動두루 (돌아)다니다. ¶～了全国各地 | 전국 각지를 두루 돌아다녔다.

【走镖】zǒubiāo 動옛날「保镖」가 화물을 호송하다.

【走不开】zǒu ·bu kāi 動組❶장소에서 떠날〔벗어날, 몸을 뺄〕수가 없다. ¶他正忙呢, ～ | 그는 한창 바빠서 몸을 뺄 수가 없다. ❷좁아서 차가 다닐 수가 없다. ¶胡同儿太窄zhǎi, ～车 | 골목이 너무 좁아서 차가 다닐 수 없다.

【走场(的)】zǒuchǎng(·de) 名〈演映〉무대에서 배우를 위해서 일하는 사람. 소품 담당. ¶我不过是～ | 그는 소품 담당에 불과하다.

²【走道】zǒudào 名보도(步道). 인도(人道). ¶～和车道 | 인도와 차도.

【走道儿】zǒu/dàor 動❶口(길을) 걷다. 길을 가다. ¶小孩儿刚会～ | 어린애가 갓 걸을 줄 안다. ¶～要小心 | 길을 걸을 때는 조심해야 한다. ❷轉여행하다. ❸方개가(改嫁)하다. 재혼하다 ‖ =〔走道路〕 ❹⇒〔走门路〕 ❺近해임하다. ❻近음모를 꾸미다.

【走调儿】zǒu/diàor 動곡조가 맞지 않다. 가락이 어긋나다. ¶他一唱就～ | 그가 노래하기만 하면 곡조가 안맞는다.

【走动】zǒudòng 動❶거닐다. 움직이다. ¶出去～～, 别老坐在屋里 | 나가서 좀 거닐어라, 늘 방안에 앉아 있지만 말고. ❷(친척·친구 간에) 서로 왕래하다. 교제하다. ¶那两家关系不错, 常常～ | 저 두 집은 사이가 좋아 서로 자주 왕래한다 =〔走发〕 ❸옛날, 지주(地主) 등이 관리 등과 결탁하다. ¶～官府 | 관청과 결탁하다. ❹北대변보다. 변소에 가다. ¶一天～几次? | 하루에 몇번이나 대변을 보느냐?

【走读】zǒudú 動통학하다. ¶去年他住读, 今年改为～了 | 지난해에 그는 기숙사 생활을 하면서 공부했는데 금년에는 통학으로 바꾸었다→〔住zhù读〕〔寄宿②〕

【走读生】zǒudúshēng 名통학생 ¶他当过三年～ | 그는 삼년간 통학을 했다 =〔走读的〕〔通学生〕

⁴【走访】zǒufǎng 動방문하다. 인터뷰(interview)하다. ¶他到朋友家去～了 | 그는 친구집을 방문했다. ¶～学生家长 | 학부형을 방문하다.

【走风】zǒu/fēng 動❶정보를 누설하다. ¶这事已经～了 | 이 일은 이미 정보가 누설되었다. ❷정보가〔비밀이〕새다. ❸소문이 나다.

【走钢丝】zǒu gāngsī 動組❶줄타기하다. 줄타다. ¶杂技演员～ | 곡예사가 줄타기를 하다. ❷(zǒugāngsī) 名줄타기. ¶～外交 | 줄타기 외교.

⁴【走狗】zǒugǒu 名❶사냥개. ❷주구. 앞잡이. 꼭두각시. 괴뢰. ¶他给军阀当～ | 그는 군벌의 꼭두각시 노릇을 한다 =〔狗腿tuǐ子〕〔腿子②〕〔小爬pá虫〕

【走过场】zǒu guò chǎng 成대강대강〔건성으로〕해치우다. ¶这样做是～ | 이렇게 하는 것은 대강대강 해치우는 것이다 =〔过场②〕

【走好】zǒuhǎo 動套잘 가십시오. 안녕히 가십시오 [배웅할 때의 인사말] ¶您～啊 | 안녕히 가십시오.

【走红】zǒu/hóng 形운수가 트이다. 호운(好運)을 만나다 ¶她在影视圈中很～ | 그녀는 연예계에서 운수가 트였다 =〔走红运〕

³【走后门(儿)】zǒu hòumén(r) 動組개인적인 친분이나 정당치 못한 방법으로 일을 처리하다. 뒷거래를 하다. ¶纠正～之类的不正之风 | 뒷거래하는 등의 그릇된 풍조를 바로 잡다. ¶招生要严格遵行择优录取的原则, 严禁～ | 신입생 선발은 우수한 자를 선발한다는 원칙을 엄격하게 준수 시행하여 뒷거래를 엄금해야 한다.

【走话】zǒuhuà 動方말이 새다. 비밀이 새다. ¶当心～ | 말이 새지 않도록 조심해라.

【走回头路】zǒu huítóulù 動組온 길을 다시 돌아가다. 옛길을 다시 걷다 [보통 옛날의 참혹했던 생활로 되돌아가는 것을 일컬음] ¶坚决不～ | 결단코 옛길을 다시 걷지 않다.

【走火】zǒu/huǒ 動❶(～儿) (총포 등이) 폭발하다. 발화(發火)하다. 오발하다. ¶手枪～了 | 권총이 오발되었다. ❷(～儿) (누전으로 전선에) 불이 나다〔붙다〕. ¶电线～引起火灾 | 전선에 불이 나서 화재를 일으키다. ❸(～儿) 말이 지나치다〔과도하다〕. ¶他意识到说～了 | 그는 말이 지나쳤다 싶은 생각이 들었다. ❹(～儿) 발끈하다. 발끈 화를 내다. ❺불이 나다 =〔走水 shuǐ③〕〔失火〕

【走江湖】zǒu jiāng·hú 動組 ❶ 강호에 묻혀 살다. 초야에 은거하다. ❷ (곡예사·점쟁이 등이 생계를 위해) 세상을 떠돌아 다니다. ¶他是～的老油子lǎoyóuzi｜그는 세상을 떠돌아 다닌 닳고 닳은 사람이다.

【走开】zǒukāi 動 떠나다. 물러나다. 비키다. 피하다. ¶请你～｜좀 비키시오. ¶你～, 别跟我捣dǎo乱了｜꺼져! 나한테 귀찮게 굴지 말고. ¶安静的～｜종용히 떠나다.

3【走廊】zǒuláng 名 ❶ 복도. 회랑(回廊) ¶～里椅子｜복도의 의자→〔廊子②〕〔回廊〕 ❷ 喻 회랑 지대(回廊地帶). 두 지역을 연결하는 좁고 긴 지대. ¶河西～｜하서의 회랑 지대.

4【走漏】zǒulòu 動 ❶ (비밀·소문·소식 등이) 새나가다. 누설하다. ¶～消息｜소식이 새나가다. ¶～风声｜威 소문이 새나가다. 소문을 내다→〔走风〕 ❷ 簡 밀수를 하여 탈세하다〔「走私漏税」의 약칭〕 ¶严防～｜탈세를 엄격히 방지하다. ❸ (물건 중에서 일부가) 도난당하다〔새나가다〕.

【走马】zǒumǎ ❶ 動 말을 달리다. 말을 타고 빨리 내닫다. ¶平原～｜평원에서 말을 달리다. ¶～上阵｜ⓐ 출진(出陣)하다. ⓑ 취임하다. ❷ 名 잘 달리는 말. ❸ 名 (싸움터를) 달리는 말.

【走马(儿)灯】zǒumǎ(r)dēng 名 주마등. ¶前几年的事, 像～似地浮现在眼前了｜몇 년전의 일이 주마등처럼 눈앞에 떠올랐다.

【走马疳】zǒumǎgān 名〈漢醫〉주마감 ＝〔走马牙疳〕〔光马(牙)疳〕〔牙疳②〕

【走马观花】zǒu mǎ guān huā ⇒〔走马看花〕

【走马看花】zǒu mǎ kàn huā 威 말을 달리면서 꽃구경하다. 貶 대강 훑어보다. 주마 간산 ＝〔走马观花〕〔跑马观花〕

【走马上任】zǒu mǎ shàng rèn 威 관리가 임지로 가다. 부임하다 ¶他接到调令diàolìng后就～｜그는 이동 명령을 받고 부임했다 ＝〔走马到任〕

【走门串户】zǒumén chuànhù 威 이집 저집 돌아다니다. 마을을 다니다 ¶他爱～｜그는 이집 저집 돌아다니기를 좋아한다 ＝〔走家串户〕

【走门路】zǒu mén·lu 動組 청탁이나 뇌물로 목적을 달성하려 하다. ¶他成天～, 就想升官发财｜그는 온종일 청탁이나 뇌물을 바쳐가며 출세하고 돈벌 생각만 하고 있다 ＝〔走道儿④〕〔走路子〕〔走门子〕

【走南闯北】zǒu nán chuǎng běi 威 각지를 돌아다니다. ¶他一辈子～｜그는 한평생 각지를 돌아다니다.

【走内线】zǒu nèixiàn 연줄을 찾아가다. 상대방의 가족이나 측근을 통하여 운동하다〔공작하다, 로비 활동을 하다〕 ¶老金善於～｜김형은 로비 활동을 잘한다.

【走俏】zǒuqiào 形 (상품의) 시세가 매우 좋다. 팔림새가 좋다.

【走亲戚】zǒu qīn·qi 動組 ❶ 친척과 왕래하다. ❷ 친척을 방문하다. ¶这几天母亲～了｜요며칠 어머님은 친척을 방문하러 가셨다.

【走禽】zǒuqín 名〈鳥〉주금〔닭·타조 등의 날지 못하는 새〕 ¶捕杀～｜주금을 잡아 죽이다.

【走人】zǒurén 動 口 ❶ 떠나다. 가 버리다. ¶咱们～, 不等他了｜우리 가 버리고, 그를 기다리지 말자. ❷ 사람을 가게 하다. 내쫓다. ¶叫他卷铺盖～｜그에게 이불을 개게해서 내쫓아라.

【走色(儿)】zǒu/shǎi(r) 動 색이 날다〔바래다〕. 퇴색하다. ¶这件衣服穿了两年了, 还没有～｜이 옷은 2년이나 입었는데도 아직 색이 바래지 않았다 ＝〔落lào色〕

【走扇】zǒu/shàn 動 문이 꼭 맞지 않다. ¶这门～了, 所以关不上｜이 문이 꼭 맞지 않아, 닫을 수 없다.

【走墒】zǒu/shāng ⇒〔跑pǎo墒〕

【走神(儿)】zǒu/shén(r) 動 ❶ 정신이 나가다. 얼이 빠지다. 멍해지다. 주의력이 분산되다. ¶别尽～!｜멍청하게 있지 말아라! ❷ 기운이〔원기가〕 쇠퇴하다〔떨어지다〕. ¶他近来常～｜그는 요즘 늘 기운이 떨어져 있다.

【走绳】zǒu/shéng ❶ 動 줄타기하다. ❷ (zǒushéng) 名 줄타기 ‖ ＝〔走索(子)〕

【走失】zǒushī 動 ❶ 길을 잃다. 행방 불명되다. 실종되다. ¶找到～的人｜행방 불명된 사람을 찾아 내다. ¶在森林里很容易～方向｜깊은 숲 속에서는 방향을 잃기 쉽다. ¶有几只羊～了, 快找｜양 몇 마리가 행방 불명되었다, 빨리 찾아라. ¶谁～了小孩, 快到服务台来认领｜아이를 잃어버린 사람이 있으면 빨리 안내석으로 와서 확인하고 찾아가라. ❷ (원래의 모양이나 뜻을) 잃다. (원 모습을) 잃다. ¶译文～了原意｜번역문이 원뜻을 잃었다.

【走时】zǒushí 動 方 때를 만나다. 운수가 트이다. 운이 좋다 ＝〔走时气〕〔走时运〕→〔走运〕

【走势】zǒushì 動 (가격 등의) 동향. 추세. ¶各货～连续翻升｜여러가지 상품의 시세가 계속 오르고 있다.

【走兽】zǒushòu ❶ 名 길짐승. ¶飞禽～｜금수. 새와 길짐승. ¶遍地～｜곳곳에 길짐승이다. ❷ ⇒〔蹲dūn兽〕

【走水】ⓐ zǒu/shuǐ 動 ❶ 물이 새다. ¶房顶～了｜천장에서 물이 샌다. ❷ 물이 흐르다. ¶渠道～很通畅｜용수로〔도랑〕의 물이 거침없이 흐른다. ❸ 轉 불이 나다. ¶～了!｜불이야! ＝〔走火⑤〕 ⓑ zǒu·shui 名 方 (휘장이나 커튼의 윗부분에 친) 장식띠.

4【走私】zǒu/sī 動 ❶ 밀수하다. 암거래하다. ¶严防奸商～｜악덕 상인의 밀수를 엄밀히 막다. ¶这家伙～了几箱手表, 被查获了｜이녀석이 손목시계를 몇 상자 밀수했다가 체포되었다. ¶～货品｜밀수품. ¶～漏税｜밀수하여 탈세하다. ❷ 몰래 떠나다. 도망가다. ¶～行为｜도망가는 행위.

【走索(子)】zǒu/suǒ(·zi) ❶ 動 줄타기하다. ¶走钢索＝〔走钢丝〕｜쇠줄타기(를 하다). ❷ (zǒusuǒ·(zi)) 名 줄타기 ‖ ＝〔走软绳〕〔走绳〕

【走投无路】zǒu tóu wú lù 威 앞길이 막히다. 막다른 골목에 이르다. 궁지에 빠지다. ¶她被赶出家门后, ～, 投河自杀了｜그녀는 집에서 쫓겨난 뒤, 의지할 곳이 없어 강에 투신하여 자살했다. ¶你

逼得我～｜너는 나를 꼼짝 못하게 만들었다.

3【走弯路】zǒu wānlù 動組 ❶ 길을 돌아가다. ¶这里有条近路, 何必～呢?｜여기 지름길이 있는데 무엇때문에 돌아가겠소? ＝〔走远路〕→〔绕rào道(儿)〕❷ ⇒〔走弯儿〕❸ 喻 (일이나 학습 등의) 방법이 나빠 시간을 낭비하다. ¶这样可以在工作中少～｜이는 작업 중에 다소 시간을 낭비하는 것이다.

【走弯儿】zǒu·wanr 動 비뚤어지다. 나쁜 길로 빠지다. 타락하다. ¶这孩子真有出息, 一点儿～都没有｜이 아이는 정말 장래성이 있군, 조금도 나쁜 길로 빠지는 일이 없다 ＝〔走弯路②〕

【走味(儿)】zǒu/wèi(r) 動 맛이 변하다〔가다〕. 제 맛을 잃다. ¶醋搁得日子太长, 就～了｜식초를 너무 오래두어 맛이 갔다. ¶菜～了｜요리가 맛이 갔다.

4【走向】zǒuxiàng ❶ 名〈地〉주향. 층향. 방향. ¶～继层｜주향 단층. ¶矿脉～｜광맥의 방향. ❷ 名 산맥의 이어진 방향. ¶昆仑山的～是从西北往东南｜곤륜산맥의 방향은 서북쪽에서 동남쪽으로 이어져 있다. ❷ 動組 …로 향해 가다. ¶～和平之大道｜평화의 큰 길로 나아가다. ¶～光明幸福｜광명과 행복을 향해 나아가다.

【走形(儿)】zǒu/xíng(r) 動 원형을 잃다. 변형되다. ¶用潮湿木料做成的家具容易～｜젖은 목재로 만든 가구는 쉽게 변형된다.

【走眼】zǒu/yǎn 動 빗보다. 잘못 보다. 눈이 삐다. ¶拿着好货当次货, 你可看走了眼了｜좋은 물건을 열등품으로 생각했으니 당신 정말 잘못 보았소.

【走样(儿, 子)】zǒu/yàng(r·zi) 動 ❶ (모양이) 망가지다〔찌그러지다, 달라지다〕. ¶不出褶皱, 也不～｜주름이 생기지 않고 모양도 변하지 않는다. ¶衣服和一晒就～了｜옷이 햇빛을 쬐자마자 곧 쭈그러졌다. ❷ 원형〔본래 모습〕을 잃다. ¶这事让他给说～了｜이 일은 그에 의해서 왜곡되었다.

【走油】zǒu/yóu 動 ❶ (기물의) 칠이 날다〔바래다〕. ❷ (기름기 있는 물질에서) 기름기가 빠지다. ❸ 기름에 튀기다 ＝〔过油〕

【走运】zǒu/yùn 形 口 운이 좋다. 운수가 트이다. ¶我很～, 一学习就遇上了这样的好老师｜나는 정말 운이 좋아, 공부를 시작하자마자 이렇게 좋은 스승을 만나게 되었다니. ¶你没去算～了｜너는 가지 않아서 운이 좋았다 ＝〔方 走八字(儿)〕〔走时〕〔走子午〕〔方 走字(儿)〕

【走帐】zǒu/zhàng 動 기장(記帳)하다. 장부에 올리다. ¶这笔钱不～了｜이 돈은 장부에 올리지 않는 것으로 한다. ¶这些东西要按规定～｜이 물건들은 규정에 의거하여 기장해야 한다.

【走着瞧】zǒu·zhe qiáo 口 (마음 속으로 불복하여) 두고 보다. ¶谁是英雄, 咱们～｜누가 영웅인지 우리 두고 보자 ＝〔走着看〕

【走卒】zǒuzú 書 名 심부름꾼. 졸개. ¶他不过是一个～｜그는 졸개에 불과하다.

【走嘴】zǒu/zuǐ 動 ❶ 입을 잘못 놀리다. 비밀을 누설하다. ¶那件事是机密事, 你可千万别～｜그 일은 비밀이니 너는 절대로 누설해서는 안된다. ❷ 말이 빗나가다. 말을 잘못하다. 실언하다. ¶说走了嘴｜말이 빗나갔다. 실언을 했다 ‖ ＝〔方 走口〕→〔走话〕

zòu ㄗㄡˋ

4【奏】zòu 아뢸 주, 상소 주
❶ 動 연주하다. ¶～国歌｜국가를 연주하다. ¶伴～｜반주하다. ¶合～｜합주하다. ¶小提琴独～｜바이올린 독주. ❷ 動 名 (봉건시대) 신하가 임금에게 상주하다〔아뢰다〕. 또는 아뢰는 글〔상주문〕. ¶～上一本｜왕에게 상주문을 올리다. ❸ 動 (효과·결과가) 나타나다. 가져오다. ¶～效↓ ¶大～奇功｜큰 공을 세우다.

【奏本】zòu/běn ❶ 動 상주(上奏)하다. 상소하다. ¶向皇上～｜황제에게 상소하다. ❷ (zòuběn) ⇒〔奏章〕

【奏对】zòuduì 動 천자의 물음에 대답하다. 답신(答申)하다. ¶他在皇帝面前～｜그는 황제의 면전에서 물음에 답하다.

【奏捷】zòujié 書 動 ❶ 승리의 소식을 아뢰다. ❷ 승리하다. 이기다. ¶～归来｜승리하고 돌아오다.

【奏凯】zòukǎi 動 ❶ 승전고를 울리다. ❷ 우승하다. ¶～者除获奖金外, 并有金牌｜우승자는 상금외에 금메달도 탄다.

【奏鸣曲】zòumíngqǔ 名〈音〉소나타(sonata). ¶田园～｜전원 소나타.

【奏疏】zòushū ⇒〔奏章〕

【奏效】zòu/xiào 動 주효하다. 효과가〔효력이〕 나타나다. ¶这药一服就能～｜이 약은 한 번 먹으면 곧바로 효과가 나타난다 ＝〔奏功〕

【奏乐】zòu/yuè 動 음악을 연주하다. ¶快～, 唱国歌｜빨리 음악을 연주하여, 국가를 부르다.

【奏章】zòuzhāng 名 상주문(上奏文). 상주서 ＝〔奏本②〕〔奏疏shū〕〔奏折zhé〕〔表章②〕〔章表〕〔章奏〕

【奏折】zòuzhé ⇒〔奏章〕

4【揍】zòu 때릴 주, 해칠 주
動 ❶ 口 (사람을) 때리다. 치다. ¶挨～｜얻어 맞다. ¶把他～一顿｜그를 한바탕 때리다. ❷ 方 깨뜨리다. 부수다. ¶小心别把玻璃～了｜유리를 깨지 않도록 조심해라. ¶把茶碗给～了｜찻잔을 깨뜨렸다. ❸ 손상하다. 해치다. ¶～人的鸦片｜사람을 해치는 아편.

【揍扁】zòubiǎn 動 (호되게) 후려갈기다. 때려 눕히다. ¶我非得～这个忘本的东西!｜나는 이 근본도 잊어먹은 놈을 후려 갈기지 않으면 안되겠다.

【揍死】zòusǐ 動 ❶ 때려 죽이다. ❷ 호되게 때리다. ¶你不说实话, 我要～你!｜사실을 말하지 않으면 호되게 때리겠다!

【骤】zòu ☞ 骤 zhòu

zū ㄗㄨ

1【租】zū 빌 조, 세 조
❶ 動 세내다. 임차하다. ¶～家具｜가구를 세내다. ¶～房子住｜집을 세 얻어 살다. ❷ 動 세놓다. 빌려주다. 임대하다. ¶～出去｜빌려주다. ¶出～｜세를 받고 빌려주다. ¶～给人

｜남에게 세를 놓다. ¶吉房招～｜좋은 집 세 놓습니다 [광고의 글귀] ❸名 임대료. 세. ¶房～｜방세. ¶收～｜세를 받다. ❹(～子) 名 소작료. 지조(地租).
【租佃】zūdiàn 動 소작 주다. ¶～制度｜소작 제도.
【租户】zūhù 名 (토지·가옥 등의) 차주(借主). 임차인(賃借人) ¶向～收租｜임차인에게서 세를 받다 ⇔〔租主〕
【租价】zū jià ⇒〔租金〕
【租界】zū jiè 名 조계 [외국이 중국 각지에 보유하고 있던「租界地」(조계지)를 말함] ¶公共～｜공동 조계지. ¶法国～｜프랑스 조계지.
【租借】zū jiè 動 차용하다. 빌어 쓰다.
【租借地】zū jièdì 名 조차지. ¶香港是英帝国主义的～｜홍콩은 영국 제국주의의 조차지이다.
4【租金】zū jīn 名 임대료. 차임(借賃). ¶这房子的～是每月一百元｜이 집의 세는 매월 100원이다 =〔租费〕〔租价〕〔租钱〕
【租粮】zūliáng 名 소작미 =〔租米〕
【租赁】zūlìn 動 ❶ (토지·가옥 등을) 빌어쓰다. ❷ 빌려주다.
【租米】zūmǐ ⇒〔租粮liáng〕
【租钱】zū·qián ⇒〔租金〕
【租税】zūshuì 名〈法〉세. 조세. ¶交纳～｜조세를 납부하다.
【租用】zūyòng 動 세내어 쓰다. ¶～民间船舶｜민간 선박을 세내어 쓰다.
【租约】zūyuē 名 임대차 계약. ¶住客不履行～条件时, 业主有权收回楼房｜거주자가 임대차 계약 조건을 이행하지 않을 경우 가옥주는 가옥을 회수할 권리가 있다.
【租主】zūzhǔ 名 (토지·가옥 등의) 대주(貸主). 임대인(賃貸人) ¶向～退租｜임대인에게서 세를 돌려 받다 ⇔〔租户〕
【租子】zū·zi 名 口 지대(地代). 소작료. ¶靠～生活 =〔吃租子〕｜소작료로 살아가다.

【菹〈葅〉】zū 절일 저, 늪 자
書 ❶ 名 야채 절임→〔酸suān菜〕 ❷ 名 수초(水草)가 많은 늪. ❸ 動 (야채·고기 등을) 잘게 부수어 절이다.
【菹草】zūcǎo 名〈植〉말즘 [다년생 수초]
【菹醢】zūhǎi 名 저염형 [사람의 가죽을 벗겨 육젓을 담는 고대의 혹형(酷刑)]

zú ㄗㄨˊ

1【足】zú 발 족, 족할 족
❶ 形 족하다. 충분하다. ¶大家的干劲很～｜모두의 열의가 충분하다. ¶证据不～, 不能下结论｜증거가 충분치 않아서 결론을 내릴 수 없다. ❷ 副 충분히. 족히. ¶有三天～可以完｜삼일이면 충분히 끝낼 수 있다. ¶这条鱼～有三公斤｜이 물고기는 족히 3킬로가 된다. ¶～玩了一天｜하루 동안 실컷 놀았다. ❸ 발. 다리. ¶～迹↓ ¶赤～｜맨발. ¶画蛇添～｜(쓸데없이) 사족을 달다 =〔口 脚jiǎo〕 ❹(～儿) 名 기물(器物)의 발. ¶鼎～｜솥의 발. ❺ 족히 …할 만하다. …할 가치가 있다. ¶微不～道｜미미해서 말할 가치조차 없다. ¶不～为奇｜진기해할 정도의 것은 아니다 =〔值得〕 ❻ 書 名 제자. ¶高～｜수제자.
【足赤(金)】zúchì(jīn) 名 순금. 24K. ¶这戒指jièzhǐ是～的｜이 반지는 순금이다 ¶金无～, 人无完人｜금은 순금이 없고, 사람은 완벽한 사람이 없다 =〔足金〕〔赤金①〕〔纯chún金〕〔十足金〕
【足够】zúgòu 狀 ❶ 족하다. 충분하다. ¶～一个人吃的｜혼자 먹기에는 충분하다. ¶～的认识｜충분한 인식. ¶已经有这么多了, ～了｜이미 이렇게 많이 생겼으니, 이젠 충분하다. ❷ 만족하다.
【足迹】zú jì 名 족적. 발자취. ¶祖国各个角落都有勘探kāntàn队员的～｜조국의 방방 곡곡에 탐사 대원들의 발자취가 남아 있다 ¶踏tà着前辈的～前进｜선배의 발자취를 밟으며 전진하다→〔脚印(儿)〕
【足见】zú jiàn 動 볼 수 있다. 충분히 알 수 있다. ¶可以～这证明他的理论根据｜이것은 그의 이론적 근거를 증명함을 충분히 알 수 있을 것이다 →〔可见〕
【足金】zú jīn ⇒〔足赤(金)〕
【足力】zúlì 名 두다리의 힘 ¶凭他的～, 可以爬山智异山｜그의 두다리 힘에 의거해, 지리산을 오를 수 있다 =〔脚力〕
1【足球】zúqiú 名 ❶ 축구. ¶美式～｜미식 축구. ¶～比赛｜축구 시합. ¶～队｜축구 팀. ¶～迷mí｜축구 팬. ❷ 축구공. ¶～壳kē｜축구공의 가죽.
【足色】zúsè 區 (금·은 등의) 함유량이 충분한. 순수한. ¶～金条jīntiáo｜순수한 (막대형) 금괴 →〔成色〕
【足实】ⓐ zúshí 形 실하다. 튼튼하다. ¶他很～｜그는 아주 튼튼하다. ¶这盆菊花儿是插枝儿的, 所以这么～｜이 국화는 꺾꽂이로 키운 것이기 때문에 이렇게 실하다.
ⓑ zú·shi 形 方 ❶ 충분하다. 넉넉하다. 충족하다. ¶这两个人力气都很～｜이 두 사람의 힘은 모두 매우 충분하다. ❷ 풍만하다. 올차다. ¶大花生粒粒～｜땅콩이 알알이 올차다.
【足数】zúshù 形 수가 충분하다. 수량이 넉넉하다.
【足岁】zúsuì 名 만연령(滿年齡). 만나이. ¶他现在十七岁, ～未满十六｜그는 현재 17세지만, 만으로는 16세가 되지 않는다 =〔足龄〕〔周岁②〕
【足下】zúxià 名 札 족하. 귀하. ¶请～多包涵｜귀하의 많은 양해를 바랍니다.
4【足以】zúyǐ 副 충분히 …할 수 있다. …하기에 족하다. ¶～说明问题｜충분히 문제를 설명할 수 있다. ¶不～说服他｜그를 설복시키기에 충분하지 않다.
【足音】zúyīn 名 (사람의) 발자국 소리.
【足银】zúyín 名 순은(純銀). ¶给了他一锭～｜그에게 순은 덩어리 하나를 주었다 =〔足纹wén〕〔烂làn银〕
【足月】zúyuè ❶ 動 (태아의) 달이 차다. 산월(産月)이 되다. ¶他媳妇～了｜그의 며느리가 산월이 되었다. ❷ 名 산월.
【足智多谋】zú zhì duō móu 成 지혜가 풍부하고

계략이 많다. ¶他是一个～的人 | 그는 지혜가 풍부하고 계략이 많은 사람이다.

【足字旁】zúzìpáng 名 한자 부수의 발족(足) 변.

【足足】zúzú 副 족히. 충분히 어법 부사「足」보다 그 정도가 높음. ¶这件行李～有50公斤 | 이 짐은 50킬로가 되고도 남는다. ¶我们在车站等了～一个小时 | 우리는 역에서 한 시간도 넘게 기다렸다.

【卒】zú cù 군사 졸, 하인졸, 마칠 졸

Ⓐ zú 書 ❶ 動 죽다. ¶病～ | 병으로 죽다. ¶生～年月 | 출생과 사망 연월. ¶～于1990年10月1日 | 1990년 10월 1일에 죽다. ❷ 副 드디어. 마침내. 결국. ¶～胜敌军 | 마침내 적군을 이겼다. ¶～底於成 | 드디어 성공하다 =〔究jiū竟〕〔終zhōng於〕 ❸ 名 병사. 병졸. ¶小～ | 병졸. ¶马前～ | 호위병사. ❹ (～子) 名 (중국 장기의) 졸. ❺ 하인. ¶走～ | 심부름꾼. ❻ 끝내다. 마치다. ¶～其事 | 그 일을 끝내다. ¶～业↓

Ⓑ cù ❶ 書 副 갑자기. 돌연히. ¶～起变化 | 갑자기 변화가 일어나다 =〔猝cù〕 ❷ ⇒〔卒卒〕

Ⓐ zú

【卒岁】zúsuì 書 動 해를 마치다〔보내다〕.

【卒业】zúyè 動 졸업하다. ¶他在大学读了近四年, 即将～ | 그는 대학교를 근 4년 동안 다녔고 이제 곧 졸업한다. ¶1996年冬天～蔚大中文系 | 1996년 겨울에 울산대 중문과를 졸업했다 =〔毕bì业〕

Ⓑ cù

【卒卒】cùcù 書 形 분주하다. ¶～无须臾yú之暇xiá | 분주하여 조그마한 짬도 없다.

【卒中】cùzhòng 名〈漢醫〉중풍 =〔中风〕

1【族】zú 겨레 족, 무리 족

❶ 종족(種族). 민족. ¶汉～ | 한족. ❷ 가족. 친족. ¶宗～ | 종족. 일족. ¶家～ | 가족. ¶遗～ | 유족. ❸ 名 족 [사물의 공통 속성으로 분류한 대분류] ¶芳香～ | 방향족. ¶水～ | 수족. ❹ 名 족형(族刑) [일가를 몰살시키는 옛날 혹형의 하나]

【族伯】zúbó 名「族父」중 아버지보다 손위인 사람 =〔宗伯①〕

【族规】zúguī 名 (종법 사회에서) 가족 공동체의 규약. ¶她违反了～ | 그녀는 가족 공동체의 규약을 위반했다.

【族权】zúquán 名 족장의 권력. 가장권. ¶尊重～ | 가장권을 존중하다.

【族人】zúrén 名 족인.

【族长】zúzhǎng 名 족장. ¶～制 | 족장제.

【镞(鏃)】zú ⓧ cù) 살촉 족

書 ❶ 名 화살촉. ¶箭jiàn～ | 화살촉. ❷ 形 날카롭다.

zǔ ㄗㄨˇ

【诅(詛)】zǔ 저주할 조, 맹세할 조

❶ 저주하다. ¶～咒↓ ❷ 맹세하다. ¶～盟↓

【诅盟】zǔméng 書 名 動 맹세(하다). 서약(하다).

【诅咒】zǔzhòu 動 저주하다. ¶～敌人 | 적을 저주하다.

3【阻】zǔ 막을 조, 험할 조

(가로) 막다. 저지〔방해〕하다. ¶劝～ | 충고하여 그만두게 하다. ¶通行无～ | 통행이 자유롭다→〔拦〕

3【阻碍】zǔ'ài 名 動 방해(하다). 장애(가 되다). ¶你别～他们的学习 | 너는 그들의 학습을 방해하지 말라. ¶～发展 | 발전하는데 장애가 되다. ¶骄傲自满的思想～你继续前进 | 교만하고 자만하는 생각이 네가 계속 발전해 나아가는 것을 방해한다. ¶毫无～ | 조금도 장애가 되지 않다.

4【阻挡】zǔdǎng 動 (사람·사물·도로·진행 등을) 저지하다. 가로막다. ¶～历史发展的潮流 | 역사 발전의 흐름을 막다. ¶把他们～在门外 | 그들을 저지해서 문밖에 있게 하다. ¶没有任何力量能～我们走向胜利 | 어떤 힘도 우리가 승리를 향해 가는 것을 막을 수 없다→〔阻挠〕

【阻断】zǔduàn 動 (흐름·추세 등을) 저지하다. 막다. ¶交通～ | 교통 흐름이 막히다.

【阻遏】zǔ'è ⇒〔阻止zhǐ〕

【阻隔】zǔgé 動 가로막혀 격리되다. 가로막다. ¶山川～, 平时甚少往来 | 산과 강으로 가로막혀 평소에 왕래가 아주 드물다. ¶千山万水能～交通, 但是～不断我们两国人民之间的友谊 | 수많은 산과 강이 왕래를 막아도, 우리 두 나라 인민 사이의 우정은 막아 끊을 수 없다.

【阻梗】zǔgěng 書 動 (가로) 막히다. 두절되다. ¶交通～ | 교통이 막히다 =〔阻塞sāi〕

【阻击】zǔjī 動〈軍〉(적의 진격·보급·퇴각 등을) 저지하다. 억제하다. ¶～敌人 | 적군을 저지하다.

【阻截】zǔjié 動 가로막다. 저지하다. 방해하다. ¶围攻～ | 진로를 가로막고 포위 공격하다. ¶到山口去～败逃的敌兵 | 산 입구로 가서 패주하는 적군을 가로막다.

【阻抗】zǔkàng 名〈電氣〉저항. 임피던스(impedance).

4【阻拦】zǔlán 動 (사람이나 동물을) 저지하다. 제지하다. 억제하다. 방해하다. 어법「阻拦」은 사람(사물)의 행동(움직임)을 막아서 어떤 역할을 하지 못하게 하는 것이고,「阻挡」은 장애물을 설치해서 앞으로 못가게 함. ¶母亲见他一定要走, 也就不再～ | 어머니는 그가 꼭 가겠다고 하자 더 이상 막지 않으셨다. ¶受到了父亲的～ | 아버지의 제지를 받았다 ‖ =〔拦阻〕

3【阻力】zǔlì 名 ❶〈物〉저항. 항력. 저항력. ¶空气～ | 공기 항력. ¶水的～ | 물의 항력→〔电阻〕 ❷ 장애. 저지. 제지. ¶冲破各种～ | 온갖 장애를 타파하다. ¶遇到多方面的～ | 다방면의 저지를 받다.

【阻难】zǔnàn 動 저지하여 어렵게 만들다. 가로막아 방해하다. ¶多方～ | 여러 모로 가로막고 방해하다.

4【阻挠】zǔnáo 動 貶 저지하다. 방해하다. 제지하다. 억제하다. 어법「阻挠」의 주요 목적은 다른 사람의 일이 성공하지 못하게 하는 것이고,「阻拦」은 다른 사람이 계속 행동하지 못하게 하는데

목적이 있음. ¶修建公路的计划一出来，他们就出来～｜도로를 건설한다는 계획이 나오자 마자 그들이 나와 성사되지 못하게 저지했다. ¶谁也～不了两国人民之间的友好交往｜누구도 양국 인민의 우호적인 교류를 방해할 수 없다. ¶条约的履行受到了～｜조약을 이행하는 데에 방해를 받았다

【阻尼】zǔní 名〈物〉(진동의) 감쇠. ¶～振动｜감쇠 진동.

【阻塞】zǔsè 動 가로막(히)다. 두절되다. ¶交通～｜교통이 막히다. ¶一大群人把马路～起来了｜엄청나게 많은 사람 한 무리가 길을 막았다＝〔阻梗gěng〕

【阻雨】zǔyǔ 書 動 비 때문에 막히다. ¶因～而缓行｜비 때문에 막혀 서행하다.

【阻援】zǔyuán 動 적의 증원군을 저지하다.

【阻值】zǔzhí 名〈電氣〉전기 저항값 [단위는 옴(Ω)]

3【阻止】zǔzhǐ 動 저지하다. 가로막다. ¶我想干的事，请你别～｜내가 하고자 하는 일을 막지 마시오. ¶～发言｜발언을 막다. ¶～学生上课时随便讲话｜학생들이 수업 시간에 함부로 말하는 것을 막다. ¶～敌人的前进｜적군의 전진을 저지하다＝〔阻厄è〕〔阻扼è〕〔阻遏è〕

1【组(組)】zǔ 짤 조
❶ 動 짜다. 조직〔구성〕하다. ¶改～｜개조하다. ¶～成一队｜하나의 대열을 구성하다. ❷ 名 조. 그룹. 팀. ¶学习小～｜스터디 그룹. ¶人事～｜인사계(係). ❸ 量 조. 벌. 세트. ¶分为两～｜두 조로 나누다. ¶两～电池｜두 조의 전지. ❹ 조를 이룬 문학·예술 작품. ¶～诗｜연작시. ¶～舞｜군무(群舞).

【组胺】zǔ'àn 名〈化〉히스타민(histamine)＝〔组织胺〕〔间二氮dàn茂mào乙胺〕

3【组成】zǔchéng 動 구성하다. 조직하다. 편성하다. 결성하다. ¶委员会由七人～｜위원회는 7인으로 편성되어 있다. ¶～单位｜구성 단위.

【组成部分】zǔchéngbù·fen 名組 구성 부분.

【组队】zǔ/duì 動 팀을 짜다〔구성하다〕. ¶～访问美国｜팀을 구성하여 미국을 방문하다.

【组分】zǔfèn 名 (구성)성분.

【组稿】zǔ/gǎo 動 편집자가 원고를 의뢰하다. ¶外出～｜외출하여 원고를 의뢰하다.

【组歌】zǔgē 名 같은 주제에 대해 연작의 형태로 이루어진 일련의 노래.

【组阁】zǔ/gé 動 내각을 구성하다→〔内阁〕

4【组合】zǔhé ❶ 動 조합하다. 짜 맞추다. 한데 묶다. ¶～调查来的材料｜조사해온 자료를 조합하다. ¶机器是由许多零部件～起来的｜기계는 수많은 부품들은 한데 조합해서 만든 것이다. ❷ 名 조합. ¶劳动～｜노동 조합 [「工会」의 옛 이름] ❸ 名〈數〉조합.

【组件】zǔjiàn 名 ❶〈機〉조립. ❷〈電氣〉회로 소자. ¶微型～｜(인공 위성 등에 쓰는) 초소형 전자 회로. ❸ 부속품. 부분품.

【组建】zǔjiàn 動 조직하다. 편성하다. ¶～剧团｜극단을 조직하다.

【组曲】zǔqǔ 名〈音〉조곡. 모음곡.

【组态】zǔtài 名〈電算〉구성(configuration).

【组译器】zǔyìqì 名〈電算〉어셈블러(assembler). ¶～语言｜어셈블러 언어.

3【组长】zǔzhǎng 名 조장. 반장.

1【组织】zǔzhī ❶ 動 조직하다. 짜다. 구성하다. 결성하다. ¶联欢晚会请你去～｜친목 만찬은 당신이 좀 짜주세요. ¶合理～人力物力｜합리적으로 인력과 물력을 조직하다. ¶这篇文章～得很好｜이 글은 구성이 잘 되어 있다. ❷ 名 조직. ¶政府～｜정부 조직. ¶细胞xìbāo～｜세포 조직. ¶肌肉jīròu～｜근육 조직. ❸ 名 구성. 짜임새. 계통. ¶这本专著～严密｜이 전문서는 구성이 엄밀하다. ¶这个领导班子的～很松散，没有战斗力｜이 지도집단의 짜임새가 엉성하여 전투력이 없다.

【组织胺】zǔzhī'àn ⇒〔组胺〕

【组织生活】zǔzhī shēnghuó 名組 조직 생활. 단체 생활.

【组织液】zǔzhīyè 名〈生理〉조직액.

【组装】zǔzhuāng 動 조립하다. 짜맞추다. ¶某些进口家电用品在国内～｜어떤 수입 가전제품은 국내에서 조립한다.

【俎】zǔ 적대 조, 도마 조
名 ❶ 적대(炙臺) [제향(祭享) 또는 향연(饗宴) 때 음식을 담는 그릇] ¶～豆↓ ❷ 書 도마. ¶刀～｜칼과 도마＝〔口 砧zhēn板〕〔切qiē菜板〕→〔墩dūn子〕 ❸ (Zǔ) 성(姓).

【俎豆】zǔdòu 名 ❶ 적대(炙臺)와 접시. 제기(祭器). ❷ 轉 제사(祭祀).

【俎上肉】zǔ shàngròu 成 도마에 오른 고기. ¶我们已经成为他们的～｜우리들은 이미 그들에게 도마에 오른 고기가 되었다.

1【祖】zǔ 할아버지 조, 선조 조
❶ 할아버지와 같은 항렬의 친족. ¶伯～｜큰할아버지. ¶外～母｜외할머니. ❷ 선조. 조상. ¶远～｜먼 조상. ❸ 창시자. 시조. ¶鼻bí～｜비조. ¶炼金术实乃近代化学之～｜연금술은 실로 근대 화학의 기원이다. ❹ (Zǔ) 名 성(姓).

【祖辈(儿)】zǔbèi(r) 名 ❶ 선조. 조상 ¶他的～是广东人｜그의 조상은 광동 사람이다＝〔上辈(儿)①〕 ❷ 할아버지 대(의 사람).

【祖本】zǔběn 名 초판본. 최초의 책.

【祖产】zǔchǎn 名 선조의 유산. 조상 대대로 물려받은 재산. ¶他家有不少～｜그의 집에는 적지 않은 선조의 유산이 있다.

【祖传】zǔchuán 動 조상 대대로 전해지다. ¶～秘方｜조상 전래의 비방＝〔祖遗〕

【祖代】zǔdài 名 조상 대대. ¶～务农｜조상 대대로 농업에 종사하다.

【祖坟】zǔfén 名 조상의 무덤. ¶重修～｜조상의 무덤을 고치다.

3【祖父】zǔfù 名 조부. 할아버지. ¶～已80岁了｜조부께서 이미 여든이 되셨다＝〔大父①〕〔大王父②〕〔方 公公②〕〔王父〕〔口 爷爷〕

1【祖国】zǔguó 名 조국. ¶热爱～｜조국을 열렬히

사랑하다. ¶保卫～ | 조국을 지키다. ¶～的怀抱 | 조국의 품. ¶～的花朵 | 조국의 꽃봉오리. 喻(나라의 앞날을 짊어질) 어린이.
【祖籍】zǔjí 名 본적(지). ¶～德州人氏 | 본적이 덕주인 사람 →[寄jì籍]
【祖居】zǔjū ❶名조상대대로 살아 온 땅. ❷名적관(籍貫). 본적. ❸動조상 대대로 살다[거주하다].
【祖庙】zǔmiào 名 조상의 신주를 모신 사당.
3【祖母】zǔmǔ 名조모. 할머니 [고어(古語)로는「大母」라고 함] ¶令lìng～ | (당신의) 조모님. ¶家～ | 우리 조모. ¶我是～一手抚养fǔyǎng成人的 | 나는 할머니 혼자서 길러주셨다 =[回 奶奶]
【祖上】zǔshàng 名 조상. 선조. ¶你～是从哪儿搬来的? | 너의 조상은 어디에서 이주해 왔니?.
【祖师】zǔshī 名 창시자. 개조(開祖). 원조(元祖) ¶祭～ | 개조의 제사를 지내다 =[貶 祖师爷]
【祖师爷】zǔshīyé ⇒[祖师]
【祖述】zǔshù 動 이전 사람이 말한것을 모체로 해서 뜻을 펴 서술하다. 조술하다.
【祖孙】zǔsūn 名 조부모와 손자. ¶～三代 | 조손삼대.
3【祖先】zǔxiān 名❶ 선조. 조상. ¶祭祀～ | 선조의 제사를 지내다. ¶我们的～很早就创造了灿烂的文明 | 우리의 선조께서 일찌기 찬란한 문명을 창조하셨다. ❷ 원조. 조상. 원생물. ¶始祖鸟是鸟类的～ | 시조새는 조류의 조상이다.
【祖宗】zǔ·zong 名 선조. 조상. ¶～板子 | 선조의 위패. ¶～三代 | 조상 3대. ¶祭祀～ | 선조의 제사를 지내다. ¶～单子 | 선조의 성명을 기입한 위패를 족자처럼 나란하게 걸어놓은 것. ¶～匣xiá子 | 위패를 넣는 함.
【祖祖辈辈】zǔzǔbèibèi 名 조상 대대. ¶我家～是农民 | 우리집은 조상 대대로 농민이었다. ¶我们民族～就生活在这块土地上 | 우리 민족은 조상 대대로 이 땅덩이 위에서 살아왔다.

zuān ㄗㄨㄢ

2【钻(鑽)】zuān zuàn 뚫을 찬, 송곳 찬

Ⓐ zuān 動 ❶ (구멍을) 뚫다. ¶～木头 | 나무에 구멍을 뚫다. ¶～一个洞[＝眼儿] | 구멍을 하나 뚫다. ❷ (뚫고) 들어가다[지나가다]. ¶～山洞 | 산의 동굴로 들어가다. ¶～树林子 | 숲을 뚫고 지나가다. ¶～到水里去了 | 물 속으로 들어갔다. ❸ 깊이 연구하다. 파고들다. ¶光～书本不行 | 책만 파고 들어서는 안된다. ¶他整天～在外语里 | 그는 하루 내내 외국어 속에 파묻혀 있다. ❹ 이것저것 생각하다[상상하다]. ¶我看书爱胡～ | 나는 책을 읽으면 곧잘 여러가지 상상을 하곤 한다. ❺ 아첨하다. ¶他不会～ | 그는 남에게 아첨할 줄 모른다.
Ⓑ zuàn ❶ (～子) 名 송곳. 드릴(drill). ¶电～ | 전기 드릴. ❷ 名 금강석. 다이아몬드. ¶～戒↓ =[钻石] ❸ 量 시계 축받이의 다이어 수(數). ¶十七～的手表 | 17석(石)의 손목시계.
Ⓐ zuān
【钻缝】zuān/fèng 動 틈을 파고들다. ¶他羞得直想～ | 그는 부끄러워 쥐구멍이라도 비집고 들어가려 하다.
【钻狗洞】zuān gǒudòng 動組 喻 ❶ 부정행위를 저지르다. ❷ (몰래 옳지 못한 짓으로) 권력자의 환심을 사다 ¶我们会～, 深得了他们的事秘密 | 우리는 권력자의 환심을 사서, 그들의 비밀을 알아냈다 =[回 钻门子]
【钻劲(儿)】zuānjìn(r) 名 탐구심. 탐구[연구] ¶他有一股子～ | 그는 탐구심을 지니고 있다. 의욕.
【钻进】zuānjìn 動 뚫고[파고] 들어가다. ¶～人群里 | 군중 속으로 파고 들어가다.
【钻空子】zuān kòng·zi 動組 빈틈을[기회를] 타다. 약점을 노리다. ¶钻这个空子搞了很多钱 | 이 틈을 타서 많은 돈을 벌었다 ¶他很会～ | 그는 기회를 잘 노린다 =[钻弄nòng]
【钻门子】zuān mén·zi ⇒[钻狗gǒu洞②]
【钻谋】zuānmóu ⇒[钻营yíng]
【钻牛角(尖)】zuān niújiǎo(jiān) 動組 喻 연구할 가치가 없거나 해결할 도리가 없는 문제에 애써 끝까지 매달리다 ¶你怎么总是～ | 너는 어떻게 언제나 가치 없는 일에 끝까지 매달리니 =[钻牛犄角]
【钻探】zuāntàn 動 시추(試錐)하다. 보링(boring)하다. ¶这一带到底有没有石油, 必须～后才能知道 | 이 일대에 도대체 석유가 있는지 없는지는 시추를 해보아야만 알 수 있다. ¶地质～ | 지질의 보링 조사 →[探井jǐng]
【钻探机】zuāntànjī 名〈機〉착정기. 보링 머신(boring machine) =[钻zuàn机]
【钻天柳】zuāntiānliǔ 名〈植〉새양버들. 채양버들 →[垂chuí杨柳]
【钻天杨】zuāntiānyáng 名〈植〉미루나무 ¶笔直的～ | 매우 곧은 미루나무 =[笔杨][美国圆杨] →[杨][白杨]
【钻头】ⓐ zuān·tou 名 연구할 가치. 파고들[몰두할] 만한 값어치. ¶没有～ | 연구할 가치가 없다
ⓑ zuàn·tóu 名〈機〉드릴의 비트(bit) =[划钻]
【钻心】ⓐ zuānxīn 動 ❶ 가슴[뼈]에 사무치다. ¶疼得～ | 몹시 아프다. ¶～入骨 =[钻心透tòu骨] | 뼈에 사무치다. ❷ 내부로 파고 들다.
ⓑ zuànxīn 名〈機〉드릴의 뾰족한 끝부분.
【钻心虫】zuānxīnchóng 名〈蟲〉마디충 [「螟虫」(명충)의 총칭] =[蛀zhù心虫]
2【钻研】zuānyán 動 (깊이) 연구하다. 탐구하다. ¶这个问题有待大家～ | 이 문제를 여러분들이 깊이 연구해주길 기다린다. ¶深入～ | 깊이 연구하다. ¶刻苦～ | 각고하여 연구하다. ¶～理论 | 이론을 탐구하다 =[钻营yíng②]
【钻营】zuān·yíng ❶ 動 貶 권세에 빌붙어 사욕을 꾀하다[취하다]. ¶旧社会里人不会～就永远出不了头 | 낡은 사회(1949년이전)에서는, 권세에 빌붙지 않고서는 영원히 출세 못했다 ¶他善於～ | 그는 권세에 빌붙어 이익을 취하는데 뛰어나다. ❷ ⇒[钻研yán] ‖ =[钻谋móu]
Ⓑ zuàn
【钻床】zuànchuáng 名〈機〉보르반(Bohr盤;독). 드릴링 머신(drilling machine). ¶旋xuán臂～

| 레이디얼 드릴링 머신. ¶多轴～ | 다축 드릴링 머신.

【钻机】zuànjī ⇒〔钻zuān探机〕

【钻戒】zuànjiè 名 다이아몬드 반지. ¶昂贵的～ | 가격이 비싼 다이아몬드 반지.

【钻石】zuànshí 名 ❶ 다이아몬드. 금강석. ¶～婚 | 결혼 60주년 ＝〔金刚石〕〔金刚钻③〕 ❷ 공업용 다이아몬드. ❸ 석(石) [시계·정밀 기계 등의 베어링용 보석] ¶这块表是21～的 | 이 시계는 21석이다 ＝〔簡 钻〕

【钻塔】zuàntǎ 名 〈鑛〉 시추탑(試錐塔). 보링탑(boring 塔). ¶高高儿的～ | 높다란 시추탑.

【钻头】zuàn·tóu ☞〔钻头〕zuān·tou b

【钻子】zuàn·zi 名 ❶ 송곳. 드릴 ¶用～钻zuān | 송곳으로 구멍을 뚫다. ❷ (송곳 모양의) 병 따개.

【躜】zuān 치솟을 찬
動 치솟아 오르다. 뚫고 나가다. ¶燕子～天儿 | 제비가 하늘로 치솟아 오르다. ¶跳跳～～ | 깡총깡총 뛰다. 마구 날뛰다.

【躜程】zuānchéng 書 動 갈 길을 재촉하다.

zuǎn ㄗㄨㄢˇ

【缵(纘)】zuǎn 이을 찬
書 動 이어받다. 계승하다. ¶～先烈之业 | 선열의 유업(遺業)을 이어받다.

【纂〈篹〉】zuǎn 모을 찬
❶ 書 動 편집하다. 편찬하다. ¶编～ | 편집하다. ¶～著zhù | 편저하다. ❷ 動 轉 꾸미다. 꾸며내다. ¶我不便胡～ | 나는 함부로 꾸며댈 수 없다. ❸ (～儿) 名 方 쪽 [부녀자들의 뒤로 틀어올린 머리] ¶把头发挽wǎn个～儿 | 머리를 틀어올리다.

【纂辑】zuǎnjí 動 (자료·작품 등을) 정리·편집하다.

【纂述】zuǎnshù 書 動 저술하다. 편찬하다.

zuàn ㄗㄨㄢˋ

2【钻】zuàn ☞ 钻 zuān B

3【赚】zuàn ☞ 赚 zhuàn B

【攥〈揝〉】zuàn 잡을 찬
❶ 動 口 잡다. 쥐다. ¶～着不撒sā手 | 잡고 놓아주지 않다. ¶手里～着一把汗 | 손에 땀을 쥐다. ❷ 名 손잡이. 자루. ¶刀～ | 칼자루.

【攥仨猜俩】zuàn sā cāi liǎ 成 셋을 쥐고도 둘이라고 생각하다. 의심이 매우 많다. ¶他那个人是～的, 和他说实话也疑惑 | 그는 의심이 많아 사실을 말해도 의심만 한다.

【攥住】zuàn·zhu 動 꽉 쥐다. 단단히 붙잡다. ¶～手腕wàn子 | 손목을 꽉 붙잡다.

zuī ㄗㄨㄟ

【堆】zuī ☞ 堆 duī B

【朘】zuī ☞ 朘 juān B

zuǐ ㄗㄨㄟˇ

【咀】zuǐ ☞ 咀 jǔ B

【觜】zuǐ ☞ 觜 zī B

1【嘴】zuǐ 부리 취
名 ❶ 입(의 통칭). ¶把～张开 | 입을 벌리다. ¶闭～ | 입을 다물다. ❷ (～儿, ～子) 기물(器物)의 아가리. ¶瓶～(儿) | 병 아가리. ¶烟～ | 물부리. 담배 필터. ❸ 부리처럼 돌출한 지형. ¶山～(子) | 산부리. ❹ 말. 입버릇. 말씨. ¶碎suì～子 | 장황하게 지껄이다. ¶插～ | 말참견하다. ¶别多～ | 잔말하지 말라. ¶这个人的～真甜, 让你听了乐滋滋的 | 이사람은 말을 정말 좋게 해서, 네가 들으면 기분 좋을 것이다. ❺ 생계. 생활. ¶想法子顾～才行 | 생계를 꾸려나갈 방법을 생각해내야만 된다.

4【嘴巴】zuǐ·ba 名 ❶ 口 볼. 뺨. ¶打一个～ ＝〔给一个嘴巴〕〔抽一个嘴巴〕〔批一个嘴巴〕 | 뺨을 한 대 때리다. ¶挨ái了一个～ | 뺨을 한 대 맞았다. 어법 「巴」는 「吧」로도 씀. ❷ 方 입. 구변. ¶张开～ | 입을 벌리다. ¶他好hào传舌, ～不好 | 그는 말을 옮기기를 좋아하고, 입버릇이 좋지 않다. ¶她～会说着呢 | 그녀는 입을 잘 놀린다.

【嘴笨】zuǐbèn 形 말솜씨가〔말주변이〕 없다. ¶他～, 登时还不出话来 | 그는 말주변이 없어, 즉시 말을 하지 못하다 ＝〔拙zhuō嘴笨腮sāi〕

【嘴边】zuǐbiān 名 입가. 입언저리. ¶刚才我的话就在～上 | 방금 나는 말이 입가에 맴돌고 있었다. ¶～上的话 | 입에 침바른 말〔소리〕. ¶话到～又缩了回去 | 말을 하려 하다가 그만 두었다.

【嘴馋】zuǐ chán 形 군침을 흘리다. 먹을 욕심을 부리다. ¶见了人家吃东西就～ | 다른 사람이 먹는 것만 보면 군침을 흘린다. ¶他很～ | 그는 매우 먹을 욕심이 많다.

3【嘴唇(儿, 子)】zuǐchún(r·zi) 名 입술. ¶上～ | 윗입술. ¶下～ | 아랫입술. ¶厚～ | 두툼한 입술. ¶说破了～ | 입술이 닳도록 말했다. ¶～微微颤动zhàndòng | 입술이 바르르 떨리다.

【嘴刁】zuǐdiāo 形 ❶ 입이 짧다. ¶难怪这孩子不胖呢, 太～了! | 이 아이가 살찌지 않는 것도 이상할 게 없지, 너무 입이 짧으니까! ❷ 수다스럽다. ❸ 쓸데없이 따지기 좋아하다. 당치않은 이유를 내세우기 좋아하다.

【嘴乖】zuǐguāi 動組 (어린애가) 깜찍하게 말을 잘하다. ¶这个女孩儿～, 讨人喜欢 | 이 여자 아이는 말을 깜찍하게 잘해서, 사람들의 귀여움을 받는다.

【嘴尖】zuǐjiān 形 말하는 것이 매정하다〔신랄하다〕. ¶他这个人～, 说的话真刺耳 | 이 사람은 말하는 것이 신랄해서 말마다 정말 귀를 찌른다. ¶～的人容易得罪dézui人 | 말을 매정하게 하는 사람은 사람들의 미움을 잘 산다. ¶这个人～得很, 简直让人受不了 | 이사람은 말을 아주 매정해서 정말 사람을 못살게 군다.

【嘴角(边)】zuǐjiǎo(biān) 名 입가. 입언저리. 입아귀. ¶～上带笑 | 입가에 웃음을 띄우고 있다 =〔方 嘴岔chǎ(儿)〕

【嘴紧】zuǐjǐn 形 말을 조심하고 신중히 하다. 입이 무겁다. ¶那个人～, 什么事也问不出来 | 그 사람은 입이 무거워, 어떤 일도 물어서 알아낼 수가 없다 =〔嘴严yán〕

【嘴快】zuǐkuài 形 입이 싸다〔가볍다〕. ¶他的～, 真能给人添麻烦 | 그는 입이 가벼워서 정말 사람 골치 아프게 한다. ¶～心直 =〔心直嘴快〕〔心直口快〕| 말은 참지 못하고 속은 곧다. ¶这个人～, 刚讨论的问题一出门就说出去了 | 이사람은 입이 싸서, 방금 토론한 문제를 문을 나가자 마자 입밖에 내버렸다.

【嘴脸(儿)】zuǐliǎn(r) 名 ❶ 贬 얼굴 모습. 용모. 상판. 낯짝. 몰골. ¶两副～, 一个腔调 | 두개의 얼굴, 한가지 말투. 얼굴은〔사람은〕다르지만 하는 말은 같다. ¶她那张～, 怎么打扮也好看不到哪儿去 | 그녀의 그 낯짝은 아무리 꾸며도 예쁜 구석이라고는 찾아볼 수 없다. ¶我这样～, 可真不好去见他 | 이런 꼴을 해가지고서 그를 만나러 가는 것은 정말 좋지 않다. ❷ 喻 의향. 기분. 태도. 안색. ¶求人就得看人的～ | 남에게 부탁할 때는 그 사람의 기분을 살펴보아야 한다.

【嘴皮子】zuǐpí·zi 名 口 입술. 입심. 변설. ¶～厉害lìhài | 입이 매섭다. ¶斗～ | 말다툼을 하다. ¶要shuǎ～ | 입만 잘 놀리다. ¶他那两片～可能说了 | 그는 말솜씨가 능란하다.

【嘴巧】zuǐqiǎo 形 말을 잘하다. ¶～舌能 | 말솜씨가 좋다. ¶他很～ | 그는 매우 말을 잘한다.

【嘴勤】zuǐqín 形 말이 많다. 수다스럽다. ¶～腿懒 | 成 입은 부지런하지만 발은 게으르다. 말뿐이지 실행은 따르지 않다.

【嘴软】zuǐruǎn 形 말씨가 부드럽다. 입이 여리다. ¶吃别人的东西～ | 남에게 신세를 지면 입이 여려진다〔심한 말을 하지 못한다〕.

【嘴上没毛, 办事不牢】zuǐ·shang méimáo, bàn shì bù láo 谚 입가에 수염도 안난 젊은이들은 일하는 것이 미덥지 않다. ¶怎么? 那点小事都还没办? 真是～! | 뭐? 그 얼마 안되는 일을 아직도 안했다고? 정말 젊은 것들은 일하는 것도 미덥지 않군!

【嘴碎】zuǐsuì ❶ 形 말이 많다. 잔소리가 많다. ¶～唠叨láodāo | 장황하게 잔소리를 하다 ¶她就是～ | 그녀는 말이 많다. ❷ 動 염두에 두었다가 주의를 주다. 여러번 말을 하다. ¶多亏他～, 不然我耽误时间了 | 그가 말을 해 주었으니 망정이지 그렇지 않았으면 시간에 늦을 뻔했다.

【嘴损】zuǐsǔn 動 方 입이 걸다〔거칠다〕. 입버릇이 나쁘다. 말하는 것이 각박하다. ¶他太～了 | 그는 정말 입이 걸다.

【嘴套】zuǐtào 名 마스크(mask) =〔口罩(儿)〕

【嘴甜】zuǐtián 形 말이 달콤하다.

【嘴头(儿, 子)】zuǐtóu(r·zi) 名 方 ❶ (말할 때의) 입. ¶话在～可一时说不出来 | 말이 입속에서 맴도는데 잠시 제대로 표현해내지 못하다. ❷ 입심. 입버릇. ¶他～真行 | 그사람 입심 한번 정말 대단해. ❸ 먹성. ¶他～壮 | 그는 먹성이 굉장하다.

【嘴稳】zuǐwěn 形 입이 무겁다. 말하는 것이 신중하다.

【嘴严】zuǐyán 形 입이 무겁다. ¶～心不坏 | 입이 무겁고 마음도 나쁘지 않다 =〔嘴紧jǐn〕

【嘴硬】zuǐyìng 形 잘못이나 패배를 알고도 인정하려 하지 않다. 억지로 우기다. ¶明明错了, 你还～什么? | 분명히 틀렸다는 것을 알면서도 무엇을 그리 억지로 우기느냐? =〔嘴强jiàng〕〔嘴倔jué〕〔口强〕

【嘴脏】zuǐzāng 形 ❶ 말소리가 아름답지 못하다. ❷ 입이 더럽다〔걸다〕.

【嘴直】zuǐzhí 形 말이 솔직하다. 입이 바르다. ¶他是一个～的人 | 그는 입이 바른 사람이다.

【嘴子】zuǐ·zi 名 ❶ 方 (기물의) 주둥이. 아가리. 부리. ¶山～ | 산부리. ❷〈音〉(악기의) 부는 구멍 ‖ =〔嘴嘴〕

【嘴嘴】zuǐzuǐ ⇒〔嘴子〕

zuì ㄗㄨㄟˋ

2【醉】zuì 취할 취, 취하게할 취

動 ❶ 취하(게 하)다. ¶他才喝了两杯就～了 | 그는 겨우 두 잔을 마시고는 취했다. ¶他～得连话都说不清楚了 | 그는 하도 취해서 말도 제대로 못한다. ¶无酒三分～ | 마시지도 않았는데 반은 취해 있다. 喻 이치에 닿지 않는 말을 하다. ¶～人不～心 | (술은) 사람을 취하게 할 수는 있어도, 마음을 취하게 할 수는 없다. ❷ 깊이 빠지다〔미혹되다〕. ¶～心↓ ¶风景～人 | 경치가 사람을 취하게 한다. ¶别整天～于下棋 | 온종일 바둑에만 빠져있지 말라. ❸ 술에 담그다. ¶～了一碗虾xiā招待客人 | 새우를 한 대접 술에 담가서 손님을 대접했다. ¶枣子～了一个月 | 대추를 술에 한달 동안 담구었다.

【醉步】zuìbù 名 술에 취한 사람의 비틀거리는 걸음걸이 =〔醉脚jiǎo〕

【醉打】zuìdǎ 動 취하여 사람을 때리다.

【醉鬼】zuìguǐ 名 술꾼. 주당(酒黨). 술도깨비 [싫어하는 어감으로 표현함] ¶这个～今天又喝醉了 | 이놈의 술도깨비 오늘도 취했군.

【醉汉】zuìhàn 名 취한. 술 취한 남자.

【醉后无状】zuì hòu wú zhuàng 成 술에 취하여 정신이 없다.

【醉马草】zuìmǎcǎo 名〈植〉애기두메자운의 통칭 =〔小花棘豆jídòu〕

【醉猫儿(子)】zuìmāor(·zi) 名 喻 술버릇이 나빠 취하면 술주정을 하는 사람. ¶喝醉了, 不是乱唱就是胡吵, 竟闹～ | 취하기만 하면 고성방가 아니면 고함을 질러대며 끝내 술주정으로 법석을 떤다.

【醉拳】zuìquán 名 취권. ¶他很会打～ | 그는 취권을 잘 할 줄 안다.

【醉生梦死】zuì shēng mèng sǐ 成 취생몽사. 헛되이 생애를〔일생을〕보내다 ¶他过着～的生活 | 그는 취생몽사의 생활을 하고 있다 =〔醉死梦生〕

【醉态】zuìtài 名 (술에) 취한 꼴.

【醉翁之意不在酒】zuì wēng zhī yì bù zài jiǔ 谚

취옹의 뜻은 술에 있는 것이 아니다. 본심〔본뜻〕은 딴 데 있다《歐陽修·醉翁亭記》¶他表面上同意我的意见，但实际上～｜그는 겉으로는 내 의견에 동의하지만 사실은 본심은 딴데 있다.

【醉卧】zuìwò 動 술에 취하여 아무렇게나 드러눕다. ¶他常～路边｜그는 항상 술에 취하여 길가에 드러 눕다.

【醉乡】zuìxiāng 名 술이 취하여 몽롱한 상태. ¶沉入～｜술에 취해 몽롱한 상태이다.

【醉心】zuìxīn 動 심취하다. 몰두하다. 어법 대개 전치사구가 보어로 옴. ¶他～于物理学研究｜그는 물리학 연구에 몰두해 있다. ¶他一向～于书法｜그는 줄곧 서예에 심취해 있다. ¶～於历史｜역사에 몰두하다.

【醉醺醺】zuìxūnxūn 狀 취해서 곤드레만드레 하다. ¶每个人都喝得～的｜모든 사람들이 다 많이 마셔서 곤드게만드레 한다.

【醉眼】zuìyǎn 名 方 술에 취하여 몽롱한 눈. ¶～朦胧｜술에 취하여 눈이 몽롱하다.

【醉意】zuìyì 名 취기. ¶他已经有三分～了｜그는 이미 어느 정도 취했다. ¶不能再喝了，我已经有～了｜더 마시면 안되겠다, 나는 이미 취기가 온다.

1【最〈冣寂〉】zuì 가장 최
副 가장. 최고로. 매우. ¶～要紧｜가장 중요하다. ¶～可爱的人｜매우 사랑스러운 사람→〔很〕〔极〕〔太〕 어법 ⓐ「最」와「顶」은 기본적으로 같으나「顶」은 구어(口語)에 주로 쓰임. ⓑ「最＋形」의 형식은 직접 명사를 수식할 수 있으나,「顶＋形」의 형식은 직접 명사를 수식할 수 없음. ¶顶大限度(×) ¶最大限度｜최대 한도. ⓒ「先」「后」「前」「本质」「新式」등의 형용사 앞에는「最」만 쓸 수 있음. ⓓ「最＋形」의 형식이 시간이나 수량을 나타내는 말의 수식을 받는 동사를 수식할 때「最」는「再」로 바꾸어 쓸 수 있음. ¶最〔再〕快也得三个钟头才能赶到｜가장 빨라야 세 시간 걸려 겨우 도착할 수 있다. ⓔ「多」「少」앞의「最」는「至」로 바꾸어 쓸 수 있음. ¶最〔至〕多｜최대로. 많아야.

1【最初】zuìchū 名 (맨) 처음. 최초. 맨 먼저. ¶～的情况｜최초의 상황. ¶这是我～上学的地方｜여기가 내가 맨처음 학교를 다녔던 곳이다. ¶他～是理发员，后来就当了教师｜그는 처음에는 이발사이었으나 나중에 교사가 되었다. ¶中国人的祖先～定居在黄河流域｜중국인들의 조상은 처음에 황하 유역에 자리를 잡고 살았다.

【最大】zuìdà 狀 가장〔제일〕크다. 최대이다. ¶把能力～限度地发挥出来｜최대한의 능력을 발휘해 내다. ¶～多数人的～的幸福｜최대 다수의 최대 행복.

【最大公约数】zuìdà gōngyuēshù 名組〈數〉최대공약수 ＝〔最大公因数〕

【最低】zuìdī 狀 가장 낮다. 최저이다. ¶～速度｜최저 속도. ¶～价格｜최저 가격. ¶～温度｜최저 온도. ¶投票率创了～记录｜투표율은 최저를 기록하였다.

【最多】zuìduō ❶ 狀 가장〔제일〕많다. ❷ 副 많더라도, 기껏해야. ¶我这儿～有三个｜나한테는 기껏해야 3개 있다.

【最高】zuìgāo 區 가장〔제일〕높다. 최고이다. ¶～法院｜최고 법원. ¶～国家权力机关｜국가 최고 권력 기관. ¶～峰｜최고봉. 절정. ¶～负责人｜최고 책임자. ¶～纲领｜최고 강령. ¶～记录｜최고 기록. ¶～价格｜최고 가격. ¶～温度｜최고 온도.

2【最好】zuìhǎo ❶ 副 가장〔제일〕좋기는. ¶～是你亲自办｜가장 좋기는 네 자신이 직접 처리하는 것이다. ❷ 가장〔제일〕좋다. ¶～的办法｜가장 좋은 방법. ¶～不过｜더할 나위 없이 좋다.

1【最后】zuìhòu 名 최후. 맨 마지막. ¶这是～的一次机会｜이것이 마지막 기회이다. ¶我们一定能取得～的胜利｜우리는 반드시 최후의 승리를 차지할 수 있을 것이다. ¶他～终于同意了｜그는 마지막에 결국 동의했다. ¶～，我才想出一个好办法来｜마지막에 나는 겨우 좋은 방법 한가지를 생각해 냈다. ¶他等到～才走｜그는 기다렸다 맨 마지막에 갔다.

【最后通牒】zuìhòu tōngdié 名組 최후 통첩 ¶发出～｜최후 통첩을 하다 ＝〔哀的美敦书〕

【最惠国】zuìhuìguó 名〈法〉최혜국. ¶～条款｜최혜국 조항.

【最惠国待遇】zuìhuìguó dàiyù 名組〈經〉최혜국 대우.

【最佳】zuìjiā 區 가장 적당하다. 최적이다. ¶～产量｜최적 생산량. ¶～谐振｜최적 공명(最適共鳴). ¶～数｜가장 적당한 수. ¶～作品｜아주 훌륭한 작품.

1【最近】zuìjìn 名 최근. 요즈음. 일간 [미래에 관해서도 쓰임] ¶～的消息｜최근의 소식. ¶～我到北京去了一趟｜최근에 나는 북경에 다녀 왔다. ¶这个戏～就要上演了｜이 극은 일간 상연될 예정이다.

【最起码】zuìqǐmǎ 副 적어도. 최소한. ¶买一件大衣，～要500元｜외투를 한벌 사는데 최소한 500원은 든다.

【最为】zuìwéi 副 가장 …하다. 어법 쌍음절 형용사 혹은 동사 앞에 쓰임. ¶～重要｜가장 중요하다. ¶～可疑｜가장 의심스럽다.

【最小】zuìxiǎo 狀 가장〔제일〕작다. 최소이다. ¶他的个子～｜그의 키가 제일 작다.

【最小公倍数】zuìxiǎo gōngbèishù 名組〈數〉최소공배수.

【最新】zuìxīn 狀 가장 새롭다. 최신이다. ¶采纳～技术｜최신 기술을 받아들이다. ¶～的情报｜최신 정보. ¶～式｜최신식.

【最终】zuìzhōng 區 맨 마지막(의). 최종(의). 최후(의). 궁극(의). ¶～自的｜최종 목적. 궁극 목적. ¶～地消除｜궁극적으로 청산하다.

【蕞】zuì 작을 최, 모일 최
⇒〔蕞尔〕〔蕞毛〕〔蕞芮〕

【蕞尔】zuì'ěr 書 形 (지역이) 비좁다. 손바닥 만하다.

【蕞毛】zuìmáo 名 잔 털.

【蕞芮】zuìruì 書 狀 모여들다. 함께 모이다.

3【罪】zuì 허물 죄
❶ 名 죄. 범죄. ¶犯～｜죄를 범하다.

¶死～｜죽을 죄. ¶他是有～的｜그는 유죄이다. ❷과실. 잘못. ¶～过↓ ¶归guī～於人｜남에게 잘못을 뒤집어 씌우다. ❸고통. 고난. ¶遭zāo～＝〔受～〕｜고생하다. ❹탓하다. 죄를 뒤집어 씌우다.

【罪案】zuì'àn 名 범죄 사건. ¶派人去了解～｜범죄 사건을 해결하기 위해 사람을 파견해 보냈다.

【罪不容诛】zuì bù róng zhū 成 죄가 무거워서, 주살을 당해도 모자랄 지경이다. 죽여도 시원찮은 죄이다＝〔罪不容死〕

【罪大恶极】zuì dà è jí 成 죄악이 극도에 달하다. 극악무도하다.

3【罪恶】zuì'è 名 죄악. ¶他的～不小, 可能要判10年以上徒刑túxíng｜그는 죄가 많아 징역 10년 이상으로 판결될 것이다.

4【罪犯】zuìfàn 名 범인. 죄인. ¶战争～｜전쟁 범죄인. 전범. ¶少年～｜소년범.

【罪该万死】zuì gāi wàn sǐ 成 죄로 보아 천만 번 죽어 마땅하다.

【罪过】zuì·guo ❶ 名 죄과. 잘못. 죄악. ¶是我的～｜나의 잘못이다. ¶你们批判他, 请问他有什么～｜너희들이 그를 비난하는데, 그가 무슨 잘못이 있는지 물어보자. ¶浪费是～｜낭비는 죄악이다＝〔罪愆qiān〕 ❷ 形 謙 송구스럽습니다. 황송합니다. ¶刘老, 您也亲自来看望我, ～～｜유씨 어르신께서도 친히 저를 보러 오시다니, 정말 송구스럽습니다.

【罪魁】zuìkuí 名 원흉. 괴수. ¶～祸首｜두목. 괴수. 장본인.

【罪戾】zuìlì 書 名 죄과. 잘못. 죄악.

4【罪名】zuì·míng 名 ❶ 죄명. ¶给他定了几条～｜그에게 몇 가지 죄명이 정해졌다. ¶证据不足, 这个～不能成立｜증거가 부족하여 이 죄명은 성립될 수 없다. ¶罗织～｜죄명을 날조하여 뒤집어 씌우다. ¶～难逃｜죄명을 피할 수 없다. ❷ 처벌. ¶必有～｜반드시 처벌을 받게 된다.

【罪孽】zuìniè 名 죄업. ¶～深重｜죄업이 무겁다.

【罪人】zuìrén ❶ 名 죄인. ¶历史的～｜역사적 죄인. ❷ 書 動 남에게 죄를 덮어 씌우다.

【罪上加罪】zuì shàng jiā zuì 成 죄를 거듭짓다.

3【罪行】zuìxíng 名 범죄〔범법〕 행위. ¶犯下了～｜범행을 저질렀다. ¶他因～严重, 被判处无期徒刑｜그는 죄가 무거워, 무기 징역에 처해졌다.

【罪尤】zuìyóu 書 名 죄과. 과실. 잘못.

【罪有应得】zuì yǒu yīng dé 成 벌을 받아 마땅하다. ¶他被判刑是～｜그는 판결을 받았기에 벌을 받아 마땅하다.

【罪责】zuìzé 名 죄과. ¶～难逃｜죄과를 벗어날 수 없다.

【罪证】zuìzhèng 名 범죄의 증거. ¶收集他的～｜그의 범죄 증거를 수집하다.

4【罪状】zuìzhuàng 名 죄상. ¶查明～｜죄상을 조사하여 밝히다. ¶罗列了十大～｜10대 죄상을 나열했다. ¶宣布～｜죄상을 선포하다.

【檇〈槜〉】 zuì 과실이름 취

⇒〔檇李〕

【檇李】zuìlǐ 名〈植〉자두(나무).

zūn ㄗㄨㄣ

2 **【尊】** zūn 높을 존, 술그릇 준

❶ (지위·항렬이) 높다. ¶～长↓ ❷ 존경하다. ¶自～｜자존(심). ¶～师爱徒｜스승을 존경하고 제자를 사랑하다. ❸ 敬 귀하. 그대〔상대방 또는 상대방과 관계있는 사람·사물을 이를 때에 쓰임〕 ¶令～｜춘부장. ¶～便↓ ❹ 名 옛날, 지방관에 대한 존칭. ¶县～｜현령님. ❺ 量 ⓐ 기(基)〔불상(佛像)을 세는 단위〕 ¶一～佛像｜불상 1기. ⓑ 문(門)〔대포를 세는 단위〕 ¶一～大炮｜대포 1문.

【尊便】zūnbiàn 名 札 당신의 형편〔편리〕. ¶悉听～｜편하신 대로 하십시오.

【尊称】zūnchēng 名 動 존칭(하다). ¶～他为老师｜그를 스승이라고 존칭하다. ¶「您」是「你」的～｜「您」은「你」의 존칭이다.

【尊崇】zūnchóng 動 우러러 모시다. 존경하다. ¶～长辈｜손윗사람을 우러러 모시다.

【尊从】zūncóng 動 존경하며 따르다. ¶～父母之命｜부모의 명을 존경하며 따르다.

【尊夫人】zūnfū·rén 名 敬 사모님. 영부인.

【尊贵】zūnguì 形 존귀하다. ¶～的客人｜귀한 손님＝〔高贵②〕⇔〔卑bēi贱〕

2【尊敬】zūnjìng 動 존경하다. ¶受到群众的～｜군중의 존경을 받다. ¶对长辈要～｜아버지 연배의 어른들을 존경해야 된다. ¶我所～的老师｜내가 존경하는 선생님.

【尊老爱幼】zūn lǎo ài yòu 成 노인을 존경하고, 어린이를 사랑하다. ¶大家要～｜여러분은 노인을 존경하고 어린이를 사랑해야 한다.

【尊亲(属)】zūnqīn(shǔ) 名 (친족의) 웃어른. 손윗사람＝〔尊属〕〔尊族〕⇔〔卑(亲)属〕

【尊容】zūnróng 名 諷 존용(尊容). ¶瞧他那副～, 还打扮呢!｜그의 얼굴을 한번 보라구, 화장까지 했잖아!

【尊师】zūnshī ❶ 動 (제자가) 스승을 존경하다. ¶～重道｜스승을 존경하고 도리를 존중하다. ❷ 名 敬 스승. 도사(道士).

【尊姓】zūnxìng 名 敬 귀하의 성. ¶～大名｜귀하의 성함. 존함＝〔贵姓〕

4【尊严】zūnyán ❶ 形 존엄하다. 존귀하고 엄숙하다. ¶～的讲台｜높고 엄숙한 연단. ¶～的法庭｜존엄한 법정. ❷ 名 존엄(성). ¶民族的～｜민족적 존엄성. ¶法律的～｜법률의 존엄성.

【尊意】zūnyì 名 敬 고견. 명견(明見). ¶不知～如何?｜귀하의 고견이 어떠하신지 모르겠군요?

【尊长】zūnzhǎng 名 ❶ (친척의) 웃어른. 손윗사람. ¶热爱～｜웃어른을 열렬히 좋아하다. ❷ (일반적으로) 손윗사람. 선배.

3【尊重】zūnzhòng ❶ 動 존중하다. 중시하다. ¶互相～｜서로 존중하다. ¶～个人意见｜개인의 의견을 존중하다. ❷ 形 엄숙하고 무게가 있다. 점잖다. ¶请放～些!｜좀 점잖게 구시오.

【樽〈罇〉】 zūn 술그릇 준

名 ❶ 술잔. 술그릇. (아가리가 큰) 술단지. ❷ 粵 병. ¶玻璃～｜유리병.

【樽俎】zūnzǔ 名 술잔과 안주 그릇. 轉 연회. 주연(酒宴). ¶决胜於～之间 | 술좌석에서 승패를 정하다 =〔尊俎〕

2【遵】zūn 좇을 준, 따라갈 준
따르다. 좇다. 지키다. ¶～纪爱民 | 기율을 따르고 백성을 사랑하다. ¶～行↓ ¶～大路而行 | 큰길을 따라 가다.

【遵从】zūncóng 動 따르다. 복종하다. ¶～决议 | 결의에 따르다.

【遵奉】zūnfèng 書 動 준수하다. 받들어 따르다. ¶～上峰的命令 | 상관의 명령을 받들어 따르다.

【遵命】zūnmìng 動 敬 명령에 따르다〔복종하다〕. ¶～～! | 분부대로 하겠습니다→〔从cóng命〕

2【遵守】zūnshǒu 動 (법령·제도·규칙·질서·공약 등을) 준수하다. 지키다. ¶～纪律 | 규율을 지키다. ¶～交通规则 | 교통 규칙을 준수하다. ¶大家都很～时间 | 모두들 시간을 아주 잘 지킨다.

【遵行】zūnxíng 動 (습관·규칙·명령 등을) 그대로 실행하다〔따르다〕. ¶早起早睡是他一贯～的生活规律 | 일찍 자고 일찍 일어나는 것은 그의 일관된 생활 규칙이다.

4【遵循】zūnxún 動 (원칙·방향·정책·노선·방법 등을) 따르다. 지키다. ¶～老师教导 | 선생님의 가르침을 따르다. ¶～原则进行工作 | 원칙에 따라 일을 진행하다. ¶～领袖指引的方向前进 | 대표가 이끄는 방향을 따라 전진하다. ¶这是我们必须～的原则 | 이것이 우리가 반드시 따라야 하는 원칙이다.

4【遵照】zūnzhào 動 따르다. …대로 하다. ¶这个问题的处理, 我们完全～了上级的指示 | 이 문제의 처리는 완전히 상급기관의 지시를 따랐다. ¶～命令 | 명령대로 하다. ¶～规定的条款去办 | 규정된 조항에 따라 처리하다. ¶～的党的政策办事 | 당의 정책에 따라 일을 하다 =〔尊依〕

【镈(鐏)】zūn 창고달 준
書 名 창고달. 창의 물미 [창 자루끝을 싸는 쇠붙이로 만든 원추형의 물건]

【鳟(鱒)】zūn 송어 준
名〈魚貝〉송어 =〔鳟鱼〕

zǔn ㄗㄨㄣˇ

【撙】zǔn 모일 준
動 절약하다. 모으다. ¶钱要～着用 | 돈은 절약해서 써야 한다. ¶～下来买一辆汽车 | 절약하여 차를 한 대 사다.

【撙节】zǔnjié 動 절약하다. ¶～财用 | 비용을 절약하다.

zùn ㄗㄨㄣˋ

【圳】zùn ☞ 圳 zhèn

zuō ㄗㄨㄛ

1【作】zuō ☞ 作 zuò Ⓑ

【嘬】zuō chuài 한입에넣을 최, 물 최
Ⓐ zuō 動 ⓞ (입술을 오므리고) 빨다. ¶小孩儿～奶 | 어린애가 젖을 빨다. ¶～血 | 피를 빨다.
Ⓑ chuài 書 動 씹다. 깨물다. 한 입에 삼키다.

【嘬奶】zuōnǎi 動 젖을 빨다. ¶小孩子正用力～呢 | 어린 아이가 힘껏 젖을 빨고 있다.

【嘬嘴】zuōzuǐ 動 입을 오므리다. ¶他听了以后直～ | 그가 듣고난 이후에 곧바로 입을 오므리다.

zuó ㄗㄨㄛˊ

1【作】zuó ☞ 作 zuò Ⓒ

1【昨】zuó 어제 작, 옛 작
❶ 어제. ¶～天 | 어제. ¶～午 | 어제 낮. ¶～已会面 | 어제 이미 만났다. ❷ 이전. 옛날 [과거의 시간을 나타냄] ¶～者↓ ¶光景如～ | 상황이 옛날과 같다.

【昨儿(个)】zuór(·ge) ⇒〔昨天〕

【昨日】zuórì ⇒〔昨天〕

1【昨天】zuótiān 名 어제 ¶～他进城了 | 어제 그는 시내로 들어갔다 =〔京 昨儿(个)〕〔江 昨日〕

【昨叶何草】zuóyèhécǎo 名〈植〉지부지기 =〔瓦wǎ松〕

【昨者】zuózhě 書 名 전번. 지난 번. 일전.

【笮】zuó ☞ 笮 zé Ⓑ

【琢】zuó ☞ 琢 zhuó Ⓑ

zuǒ ㄗㄨㄛˇ

1【左】zuǒ 왼 좌, 그를 좌, 증거 좌
❶ 名 왼쪽. ¶向～转 | 왼쪽으로 돌다. 좌향좌. ¶靠～走 | 좌측 통행 ⇔〔右yòu〕 ❷ 名 동쪽. ¶山～ | 태행산(太行山)의 동쪽. 산동성(山東省)을 말함. ¶江～ | 양자강(揚子江)의 동쪽. 강소성(江蘇省)을 말함. ❸ 形 틀리다. ¶越说越～ | 말할수록 틀린다. ¶你想～了 | 네 생각이 틀렸다 =〔错〕 ❹ 形 어긋나다. 맞지 않다. ¶意见相～ | 의견이 서로 맞지 않다. ❺ (정치·사상·학술상으로) 좌익(左翼)이다. 혁명적이다. 진보적이다. ¶～派 | 좌파. ¶～翼作家 | 좌익 작가. ¶思想极～ | 사상이 극좌이다. ❻ (Zuǒ) 名 성(姓).

【左膀右臂】zuǒ bǎng yòu bì 喻 유능한 조수(助手). ¶他俩成了老板的～ | 그들 둘은 주인의 유능한 조수가 되었다.

2【左边(儿)】zuǒ·biān(r) 名 좌측. 왼쪽. ¶靠～走 | 좌측 통행(하다).

【左不过】zuǒ·bùguò 副 ❶ 어쨌든. 결국은. 어차피. ¶不是我去, 就是你来, ～是这么一回事 | 어쨌든 내가 가든지 네가 오든지 해야만 될 일이다 =〔左右⑨〕〔反正〕 ❷ 겨우 …에 지나지 않는다. 그저 …일 뿐〔따름〕이다. ¶这篇文章～是他的小论文 | 이 글은 그의 소논문에 지나지 않는다 ‖ =〔左不〕〔左不是〕

【左猜右想】zuǒ cāi yòu xiǎng 成 이리저리 추측해 보다. ¶他～也弄不明白 | 그는 이리저리 생각해 보아도 분명히 알 수가 없었다. ¶他们～就

是猜不到｜그들은 이리 저리 추측해 보아도 알 수 없었다.

【左道旁门】zuǒ dào pángmén ⇒〔旁门左道〕

【左等右等】zuǒ děng yòu děng 成 이제나 저제나 하고 초조하게 기다리다. ¶我在家里～她没回来｜나는 집에서 그녀가 돌아오지 않아 이제나 저제나 하고 초조하게 기다리다.

【左顾右盼】zuǒ gù yòu pàn 成 ❶ 이리저리 두리번거리다. 사방을 살피다. ¶他～, 像是在找人｜그는 이리저리 두리번거리며 누군가를 찾고 있는 듯하다. ❷ 주저하다. 머뭇거리다. 이러지도 저러지도 못하다. ¶别在这儿～了｜이 곳에서 머뭇거리지 마라.

【左近】zuǒjìn 名 근처. 부근. ¶房子～有北京大学｜집 근처에 북경 대학이 있다.

【左轮】zuǒlún 名 리볼버(revolver). 회전식 연발 권총. ¶手持～一支｜손에 리볼버 한 자루를 갖고 있다＝〔左轮手枪〕〔外 莲lián蓬枪〕

【左面(儿)】zuǒmiàn(r) 名 좌측. ¶房子的～是菜园｜집의 좌측은 채마전이다.

【左派】zuǒpài 名 좌(익)파. 급진파. 과격파. ¶～幼稚病｜좌익 소아병.

【左撇子】zuǒpiě·zi 名 왼손잡이 ¶他是一个～｜그는 왼손잡이이다＝〔左臂bì列〕〔左撇piě拔〕〔左撇手〕→〔左手〕

【左倾】zuǒqīng 形 ❶ 褒 (사상이나 정치적 경향이) 진보적이다. 혁명적이다. ¶思想～, 拥护yōnghù革命｜생각이 진보적이라서 혁명을 옹호하다. ❷ 贬 극좌적(極左的)인 편향이다. 어법 대개 인용부호로 구분함. ¶「左」倾机会主义｜극좌적인 기회주의 ‖→〔右yòu倾〕

【左券】zuǒquàn 名 ❶ 옛날, 둘로 나눈 계약서의 왼쪽 것. ❷ 轉 증거. 증서. ¶可操～｜成 성공이 확실하다. 자신이 있다. ❸ 書 이미 결정된 일. 기정 사실 ‖＝〔左契qì〕

【左嗓子】zuǒsǎng·zi ❶ 名〈演映〉목소리가 새되면서, 낮고 침착한 음성이 나지 않는 목. ❷ 名〈音〉가락이 맞지 않음. 음치. ¶～没法儿学声乐｜음치는 성악을 배울 수 없다.

【左手】zuǒshǒu ❶ 名 왼손. ¶～得力＝〔左手得劲儿〕｜왼손이 잘 듣다. 왼손잡이다. ❷ ⇒〔左首〕

【左首】zuǒshǒu 名 (자리의) 왼쪽. ¶～坐着一位老太太｜왼쪽자리에 한 할머님이 앉아 있다＝〔左手②〕

【左思右想】zuǒ sī yòu xiǎng 成 이리저리 생각하다. 곰곰히 생각하다. ¶他～还是想不明白｜그는 곰곰히 생각해 보아도 여전히 분명치가 않았다.

【左袒】zuǒtǎn 書 動 ❶ 왼쪽 어깨를 드러내다. ❷ 轉 편들다. 두둔하다. 가세하다.

【左翼】zuǒyì 名 ❶〈軍〉좌익. ¶以十三军为～｜13군을 좌익으로 삼다. ❷ 轉 (학술·사상·정치 등의) 좌익. ❸〈體〉(구기의) 레프트 윙(left wing)→〔右yòu翼〕

²【左右】zuǒyòu ❶ 名 좌와 우. ¶校门～, 彩旗飘扬piāoyáng｜교문의 양측에 오색 깃발이 나부끼고 있다. ¶ ¶不要～摇摆yáobǎi｜좌우로 흔들지 말라. ❷ 名 옆. 곁. ¶～有两行垂柳｜양옆에는 수양버들이 나란히 줄지어져 있다. ❸ 名 시종. 측근. ¶屏bǐng退～｜곁에 있는 사람을 물리치다. ¶他向～使了个眼色｜그는 측근들을 향해 눈짓을 한번 했다. ❹ 名 札 시사(侍史). 좌하(座下) [편지 겉봉에 존경하는 뜻으로 상대방의 이름 아래에 쓰는 말] ¶…先生～｜…님＝〔执zhí事②〕 ❺ 書 動 돕다. 보좌하다. ❻ 書 名 거역하는 일과 따르는 일. 향배(向背). ❼ 動 지배하다. 조종하다. 좌우하다. ¶～局势｜정세를 좌우하다. ❽ 名 전후〔내외〕. 쯤. 가량. 안팎. ¶7月10日～｜7월 10일 전후. ¶下午三点～｜오후 세 시쯤. ¶他身高一米七～｜그는 키가 1미터 70센티 정도이다. ¶年纪在三十～｜나이가 서른 안팎이다. ¶今天最高气温25度～｜오늘 최고 기온은 25도 가량된다→〔开kāi外〕 어법 「左右」와 「上下」의 차이⇒〔上下〕 ❾ 副 方 어차피. 좌우간. 어쨌든. 결국. ¶我～闲着没事, 就陪你走吧｜어차피 나저 별 일 없이 한가하니, 당신을 모시고 가겠습니다. ¶～是这样｜어쨌든 이렇다.

【左…右…】zuǒ… yòu… 동작이 여러번 반복됨을 나타냄. ❶ 이리저리 자꾸. 이래도 저래도. 어법 「左」＋動₁＋「右」＋動₂. 이 경우 두 동사는 같은 동사이거나 유의어임. ¶左思右想｜이리저리 생각하다. ¶左说右说, 总算说通了｜이리저리 말해서 결국 말이 통했다. ¶左看右看, 越看越喜欢｜이리저리 보다보니 볼 수록 마음에 든다. ¶左劝右劝｜이리저리 자꾸 권해 보다. ¶左也不是, 右也不是, 怎么办?｜이래도 아니고, 저래도 아니니 어떻게 하지? ¶左说不听, 右说也不听｜이래도 저래도 말을 듣지 않다. ¶～等也不来, 右等也不来｜아무리 기다려도 오지않다. ❷ 자꾸만. 저쪽에서도 이쪽에서도. 어법 「左」＋「一」＋量〔＋名₁〕＋「右」＋「一」＋量〔＋名₂〕의 격식으로 쓰임. ¶左一趟, 右一趟, 跑了足有十几趟｜이렇게 한번 저렇게 한번 다녀온 것이 족히 열 몇 번은 된다. ¶左一封信, 右一封信, 催他回来｜자꾸만 편지를 해서 그가 돌아오게 재촉하다. ¶～一题, 右一题, 出了不少题｜이 문제, 저 문제 많은 문제를 냈다.

【左右逢源】zuǒ yòu féng yuán 成 도처에서 수원(水源)을 얻다. 가까이 있는 사물이 학문수양의 원천이 되다. 일이 모두 순조롭다.

【左右开弓】zuǒ yòu kāi gōng 成 어느 손으로도 활을 쏠 수 있다. ❶ 두 손을 번갈아 가며 동일한 동작을 하다. ¶他手持双枪, ～, 一连打死了几个敌人｜그는 손에 쌍권총을 쥐고, 왼손 오른손으로 번갈아 총을 쏘아, 연달아 몇 명의 적을 사살했다. ❷ 몇 가지 일을 동시에 진행하다. ¶他一手打算盘, 一手用笔记帐, ～, 非常熟练, 令人歎服｜그는 한 손으로 수판을 놓고 다른 한 손으로는 펜으로 장부를 적고 이렇게 동시에 두 가지 일을 하는데, 아주 숙련되어 사람들로 하여금 탄복하게 한다.

【左右儿】zuǒyòur 名 (연령·지위 등의) 서열. ¶分～｜서열을 나누다.

【左右手】zuǒyòushǒu 名 喻 유력〔유능〕한 조수. ¶他是校长的～｜그는 교장의 유능한 조수이다.

【左右为难】zuǒ yòu wéi nán 成 이러지도 저러지도 못하다. 진퇴양난. 어느 쪽으로 해도 난처하다. 딜레마에 빠지다. ¶他感到～, 半天拿不定主意 | 그는 딜레마에 빠졌음을 느끼고 한참동안을 생각을 정하지 못하였다 ＝〔左右两难〕

【左证】zuǒzhèng 名 증거. ¶这是有力的～ | 이것은 유력한 증거이다. ¶～其谬miù | 증거를 갖고 그 잘못을 증명하다 ＝〔佐证〕

【左支右绌】zuǒ zhī yòu chù ⇒〔捉zhuō襟见肘〕

【佐】 zuǒ 도울 좌

書 ❶ 動 돕다. 보좌하다. ¶以～王治国 | 왕을 도와 나라를 다스리다. ¶辅～ | 보좌하다. ¶～理↓ ❷ 名 보좌관. 보좌인. ¶僚liáo～ | 관청에서 일을 돕는 관리. ¶～贰èr之官 | 보좌관.

【佐餐】zuǒcān 書 動 ❶ 반찬으로 하다 ¶韩国人爱用辣椒làjiāo～ | 한국인은 고추를 사용하여 반찬하기를 좋아한다 →〔下xià饭③〕 ❷ 식욕을 돋구다. ¶～酒 | 식욕을 돋구는 술 ‖ ＝〔佐膳〕

【佐理】zuǒlǐ 書 動 보좌하다. 같이 거들어서 정리하다. 도와서 처리하다.

【佐料】zuǒliào ⇒〔作zuǒ料(儿)〕

【佐证】zuǒzhèng ⇒〔左zuǒ证〕

【撮】 zuǒ ☞ 撮 cuō B

zuò ㄗㄨㄛˋ

1【作】 zuò zuō zuó 일으킬 작, 지을 작, 일할 작

주의 「作」와「做」의 관계 ⇒〔做zuò〕

A zuò ❶ 動 행하다. 실행하다. 거행하다. 어법 대개 동사를 목적어로 삼음. ¶～报告 | 보고를 하다. ¶～斗争 | 투쟁하다. ¶～了很大的努力 | 많은 노력을 했다 ＝〔做〕 ❷ 動 창작하다. 제작(製作)하다. 글을 쓰다. ¶～文 | 글을 쓰다. 작문하다. ¶～画 | 그림을 그리다. ❸ 動 (…로) 하다. …로 여기다〔삼다〕. 어법 대개 겸어(兼語) 뒤의 술어로 쓰임. ¶拜他～老师 | 그분을 스승으로 삼다. ❹ 일어나다. 분발하다. 고무하다. ¶日出而～ | 해가 뜨면 일어나 일하다. ¶振～精神 | 정신을 가다듬다. ¶变色而～ | 안색이 변하며 일어나다. ¶枪声大～ | 총소리가 크게 나다. ❺ 작품. ¶大～ | 대작. ¶杰～ | 걸작. ¶精心之～ | 정성들인 작품. ❻ 꾸미다. 가장(假裝)하다. …인 체하다. ¶～怒容 | 성난 얼굴을 하다. ¶装模～样 ＝〔装腔作势〕 | 허장성세하다. 허세를 부리다 ＝〔做〕 ❼ 動 일하다. ¶～工 | 일하다. ❽ 動 나다. 발작하다. ¶～呕↓ ¶～怪↓

B zuō ❶ 名 작업장. 세공장(細工場). ¶瓦wǎ～ | 기와 굽는 곳. 미장공. ¶木～ | 목공소. ¶石～ | 석공의 일터. ❷ 動 (어떤 활동에) 종사하다. (어떤 일을) 하다. ¶～揖yī | 읍하다. ¶～弄 | 놀리다. ¶自～自受 | 자업자득.

C zuó 「作料」「作兴」「作践」에 나타나는 이독음(異讀音) ⇒〔作料〕〔作兴〕〔作践〕

A zuò

4【作案】zuò/àn 動 (개인이나 단체가) 범죄를 저지르다. 범죄 행위를 하다. ¶这一流氓liúmáng团伙在江南一带～多起 | 이 깡패 조직의 패거리들이 강남 일대에서 범죄 행위를 많이 저지르고 있다. ¶～时被捕 | 범죄 현장에서 체포당하다. ¶他又～了 | 이녀석이 또 죄를 저질렀다.

【作罢】zuòbà 動 취소하다. 중지하다. 그만두다. ¶就此～ | 여기서 중지하다. ¶既然双方都不同意, 这件事就只好～了 | 쌍방이 모두 동의하지 않는 바에야 이 일은 그만둘 수밖에 없다 ＝〔作为罢论〕〔拉倒①〕→〔吹chuī⑥〕

【作伴(儿)】zuò/bàn(r) ⇒〔做伴(儿)〕

【作保】zuò/bǎo 動 보증인이 되다. 보증을 서다. ¶～的 ＝〔作保人〕 | 보증인. ¶托他作一个保 | 그에게 보증 좀 서 달라고 부탁하다.

【作保见】zuò bǎojiàn 動組 보증인과 증인이 되다. ¶请人～ | 다른 사람에게 증인을 청하다.

【作报】zuòbào 動 方 전보·전신을 접수·발송하다.

【作弊】zuò/bì 動 ❶ (속임수를 써서) 법이나 규정을 어기다. 속임수를 쓰다. ¶他多次～ | 그가 여러차례 속임수를 쓰다. ¶通同～ | 서로 결탁하여 위법행위를 하다 ＝〔舞wǔ弊〕 ❷ (시험에서) 부정 행위를 하다. 커닝하다.

【作壁上观】zuò bì shàng guān 成 도와주지 않고 남의 싸움을 구경만하다. 수수 방관하다. 강 건너 불 보듯하다. ¶我们决不能置之不理, ～ | 우리는 이것을 버려둔 채 강건너 불구경하듯하는 일을 할 수 없다.

【作别】zuòbié 書 動 이별을 고하다. 작별하다. ¶他在大路口跟我～ | 그는 큰길 입구에서 나와 작별했다. ¶她作过别, 慢慢地走去 | 그녀는 작별을 고하고 천천히 걸어갔다.

【作成】zuòchéng 動 ❶ 方 남을 도와 성공시키다. 도와서 성사시키다. ¶你一定要努力～他们俩! | 그들 두사람사이가 원만해지도록 힘을 써야 한다 ＝〔做成①〕 ❷ 사귀다. ❸ 보살피다. 돌보다.

【作抵】zuòdǐ 動 담보물로 하다. 저당 잡히다. ¶用房屋～ | 가옥을 저당 잡히다.

【作东(儿)】zuò/dōng(r) 動 주인 노릇을 하다. 초대하다. 한턱 내다. ¶今天我～ | 오늘 내가 한턱 낸다. ¶晚餐由他～ | 저녁 식사는 그가 대접한다 ＝〔作东道〕〔做东(儿)〕

【作对】zuò/duì 動 맞서다. 대립하다. 대적하다. 대항하다. ¶他没有理由和你～ | 그는 너에게 맞설 이유가 없다. ¶他老是跟我们～ | 그는 늘 우리와 대립한다. ¶你跟我作什么对? | 너는 나와 맞서긴 무얼 맞서냐?

【作恶】zuò/è 動 ❶ 나쁜 짓을 하다. ¶他长cháng年～ | 그는 일년 내내 나쁜 짓을 한다. ¶～多端 | 成 온갖 나쁜 짓을 다하다. ❷ 書 우울해하다.

【作恶人(儿)】zuò èrén(r) 動組 원망받는 자가 되다. 나쁜 사람이 되다. ¶我可不愿～ | 나는 정말 원망받는 사람이 되기를 원하지 않는다.

【作伐】zuòfá 書 動 중신을 들다. 중매를 서다 ¶请老王～ | 왕씨에게 중매를 청하다.

4【作法】zuò/fǎ ❶ 動 옛날, 도사가 도술을 부리다. ¶道士正在～ | 도사가 지금 도술을 부리고 있다. ❷ (zuòfǎ) 名 (글의) 작법. ¶文章～ | 문장 작법. ❸ (zuòfǎ) 名 (처리하는) 방법. 만드는 법. ¶～不妥 | 방법이 타당하지 않다. ¶这是怎

么个～? | 이것은 어떻게 만듭니까? ¶这种～已经很普遍 | 이런 방법은 이미 보편화되었다 =〔做法〕 ❹ (zuòfǎ) 書 動 법률〔규칙〕을 정하다〔세우다〕. ❺ (zuòfǎ) 動 법술〔미신〕을 쓰다.

【作法自毙】zuò fǎ zì bì 成 제가 만든 그물에 자기가 걸리다. 자승자박. 자업자득 ¶这个人是～ | 이 사람은 제가 만든 그물에 자기가 걸렸다 =〔作茧jiǎn〕〔作茧自毙〕〔作茧自缚〕〔自作自受〕

4【作废】zuò/fèi 動 폐지〔폐기〕하다. 무효로 하다. 어법 목적어를 취하지 않음. ¶过期～ | 기한이 지나 폐기하다. ¶～的文件 | 폐기된 서류. ¶保修单一年内有效, 现在还作不了废 | 아프터 서비스 증서는 일년 안에는 유효하므로, 지금은 아직 무효로 할 수 없다.

3【作风】zuòfēng 名 ❶ (일·생활에 있어 일관된) 태도. 풍조. 수법. ¶生活～ | 생활 태도. ¶工作～ | 작업 태도. ¶～正派 | 품행이 바르다. ❷ (글의) 풍격. 작풍. ¶作家各有的～ | 작가에게는 저마다의 작풍이 있다. ¶这篇文章～朴实pǔshí | 이 글의 풍격은 질박하다.

【作梗】zuògěng 動 방해하다. 저지하다. 훼방놓다. ¶从中～ | 중간에서 방해하다.

【作工】zuò/gōng 動 일하다. ¶作八小时的工 | 8시간 일하다 =〔干活儿〕〔做工〕

【作古】zuògǔ 書 動 婉 작고하다. 고인이 되다 ¶现在老王已经～了 | 지금 왕씨는 이미 고인이 되었다 =〔去世〕

【作怪】zuòguài ❶ 動 못되게 굴다. 장난치다. ¶离远点, 少在这～ | 저리 가, 여기서 소란피우지 말고. ❷ 動 방해하다. 훼방을 놓다. 나쁜 영향을 끼치다. ¶他不接受大家的批评是由於他的错误cuòwù思想～ | 그가 여러 사람의 비평을 받아들이지 않는 것은 그의 잘못된 생각이 훼방을 놓고 있기 때문이다. ❸ 形 이상하다. 괴상하다. ¶～的 | 괴상망측한. ¶此事真有点～ | 이 일은 정말 좀 이상하다. ❹ 動 스스로 고통을 초래하다. 자업자득이다.

【作官(儿)】zuò/guān(r) ⇒〔做官(儿)〕

2【作家】zuòjiā 名 작가. 저술가. ¶小说～ | 소설 작가. ¶～协会 | 저술가 협회.

【作假】zuò/jiǎ 動 ❶ 속이다. 가짜 물건을 만들다. 가짜를 섞다. ❷ 거짓을 꾸미다. 농간을 부려 속이다. 속임수를 쓰다. 시치미를 떼다 ¶～骗人 | 농간을 부려 사람을 속이다 =〔做zuò假〕 ❸ 사양하(는 척하)다. 체면 차리다. ¶我随便吃, 我不会～ | 마음대로 먹겠습니다. 나는 체면차릴 줄 모릅니다 =〔作客③〕

【作价】zuò/jià 動 값을 정하다〔매기다〕. ¶如果把这个东西～, 值多少钱? | 만일 이 물건을 값을 매긴다면, 얼마나 치는가? ¶～赔偿 | 값을 쳐서 변상하다. ¶～出售 | 값을 매겨 팔다. ¶合理～, 公平交易 | 합리적으로 값을 정하고 공평하게 교역하다.

【作嫁】zuòjià 動 남을 위하여 일하다. 남 좋은 일을 하다 ¶他不愿为人～ | 그는 남을 위해 일하기를 원하지 않는다→〔为wèi人作嫁〕

【作奸犯科】zuò jiān fàn kē 成 법을 어기는 짓을 하다. 나쁜 짓을 하여 법을 어기다. ¶他～, 锒铛lángdāng入狱 | 그가 나쁜 짓을 하여 법을 어겨, 쇠사슬로 묶어서 감옥에 집어넣다.

【作茧自缚】zuò jiǎn zì fù ⇒〔作法自毙〕

【作件】zuòjiàn 名 가공중의 부분품〔부속품일감, 원자재〕=〔工作件〕〔制zhì件〕

【作践】zuò·jian ⓧ zuō·jian) 動 口 ❶ 못쓰게 만들다. 낭비하다. ¶不能～东西 | 물건을 못쓰게 해서는 안된다. ¶别～粮食 | 식량을 낭비하지 말라. ❷ 짓밟다. (사람을) 학대하다. 중상하다. 헐뜯다. ¶一说话就～人, 怎么这么嘴损呢 | 말만 하면 남을 중상모략하니, 어떻게 이렇게 입이 거치냐. ¶叫他给～死了 | 그에게 학대받아 죽었다. ❸ 못쓰게 되다. 타락하다. ¶自己～自己 | 스스로 타락하다 ‖ =〔作贱〕〔糟蹋zāo·ta〕

【作客】zuò/kè ❶ 書 動 객지에 머물다. ¶～他乡 | 타향에 머물다. ❷ 動 객이 되다. ¶我是给您帮忙儿来的, 不是～来的 | 나는 너를 돕기 위해 온 것이지 손님으로 온 것은 아니다 =〔做客〕 ❸ ⇒〔作假③〕

【作客思想】zuòkè sīxiǎng 名組 적극성·주체성이 없는 생각이나 태도. 객의 입장. ¶他有～ | 그는 객의 입장을 지니고 있다.

【作乐(儿)】zuòlè(r) 動 ❶ 즐기다. 향락을 누리다. ¶寻xún欢～ | 향락만을 추구하다. ❷ 관광 유람하다.

【作脸(儿)】zuò/liǎn(r) 動 方 영예를 빛내다. 체면을 세우다. 면목을 세우다. ¶你也不给我作作脸, 把这件事办得好一点儿 | 너도 내 체면 좀 세워주지 않겠느냐, 이 일을 좀 잘 처리해줘 =〔做脸(儿)〕

【作料(儿)】zuò·liao(r) ⓧ zuō·liao(r)) 名 京 양념(감). 조미료. ¶在汤里多放一些～ | 국에 약간의 양념을 더 넣다.

【作乱】zuòluàn 動 무장 반란을 일으키다.

【作媒】zuò/méi 動 ❶ 중매를 서다 =〔做媒〕 ❷ 야바위 치다.

【作美】zuòměi 動 (날씨 등이) 일이 잘 되도록 도와 주다. ¶春游那天, 天公不～, 突然下起雨来, 弄得大家很扫兴 | 봄나들이 간 그날, 하늘도 무심하지, 갑자기 비가 내려서 모두들 흥이 싹 가시게 했다. ¶我去的那日, 天也～, 突然放晴 | 내가 간 그날, 하늘이 도와서 갑자기 날씨가 개였다.

【作梦】zuò/mèng ⇒〔做zuò梦〕

【作难】zuò/nán 動 ❶ 곤란해 하다. 당혹하다. ¶我们更作了难 | 우리는 더욱 곤란해 했다. ❷ 곤란하게 하다. 당혹시키다. 트집을 잡아.

【作孽】zuò/niè 動 죄를 짓다. ¶啊! 我们女人真～呀 | 아아! 우리 여인네들이 정말 죄를 짓는 구나!

【作呕】zuò'ǒu 動 ❶ 구토하다. 구역질하다. 메스껍다. ¶令人～ | 구역질나게 하다. ¶令人～的气味 | 구토할것 같은 냄새. ❷ 轉 극도로 역겹다. 구역질이 날 정도로 싫다 =〔恶ě心〕

【作陪】zuòpéi 動 (손님을) 모시다. 동행하다. ¶晚宴由金司长～ | 저녁 연회에 김사장이 손님을 모시다. ¶出席～ | 참석하여 자리를 같이하다 =〔当陪客〕

[2]【作品】zuòpǐn 名 작품. ¶文学～ | 문학 작품. ¶艺术～ | 예술 작품. ¶他一生写过不少～ | 그는 평생동안 많은 작품을 썼다.

【作曲】zuò/qǔ 動 작곡하다. ¶他爱好～ | 그는 작곡을 좋아한다. ¶～家 | 작곡가.

【作如是观】zuò rú shì guān 威 이러한 견해를 취하다. 이와 같이 보다.

【作色】zuòsè 動 (화가 나서) 안색이 변하다. ¶愤然～ | 벌컥 화를 내며 얼굴색이 변하다.

【作势】zuòshì 動 자세를 취하다. 몸짓을 해보이다. 젠체하다. ¶装腔～ | 허장성세 하다. ¶举起手来, ～要打 | 손을 들어 때릴 듯한 자세를 취하다 =〔做势〕

【作数】zuò/shù 動 계산하다. (유효하다고) 인정하다. 셈에 넣다. 효력이 있다. 어김없다. ¶这个怎么不～呢? | 이것은 왜 셈에 넣지 않느냐? =〔作准①〕

【作祟】zuòsuì 動 ❶ (귀신이) 앙화를 입히다. ❷ 훼방을 놓다. 방해하다. 나쁜 영향을 주다. ¶这种名利思想在头脑中～ | 이런 명리사상이 머리속에서 나쁜 영향을 주다.

【作损】zuò/sǔn 動 악랄한 짓을 하다. 손해를 입히다.

【作态】zuòtài 動 고의로 어떤 태도나 표정을 짓다. ¶我讨厌她的忸怩niǔní～ | 나는 그녀의 수줍어 우물쭈물 하는 태도를 싫어한다. ¶惶惶～ | 거짓 태도를 취하다.

【作威作福】zuò wēi zuò fú 威 권력을 남용하며 세도를 부리다. 전횡하다. ¶～, 欺压人民 | 전횡하며 인민을 억압하다 =〔作福作威〕

[2]【作为】zuòwéi ❶ 名 행위. 짓. ¶他的～证明他的立场是坚定的 | 그의 행동거지가 그의 입장이 굳은 것을 증명한다. ❷ 動 재능을 발휘하거나 성과를 내다. ¶青年人应当有所～ | 젊은이들은 마땅이 능력을 발휘해서 성과를 내야 한다. ❸ 動 …로 하다. …으로 삼다. …로 여기다〔간주하다〕. 어법 대개 「把」자구 중에서 쓰임. ¶要把表扬～一种动力 | 칭찬을 일종의 원동력으로 삼아야 한다. ¶把书法～一种业余爱好 | 서예를 취미활동의 하나로 삼다. ¶把好hào吵架chǎojià～缺乏修养来看待 | 다투기 좋아하는 것을 수양이 결핍된으로 간주하다. ¶如果不来参加选举, 就～你自动弃权qìquán | 만일 선거하러 오지 않는다면, 네가 자발적으로 기권한 것으로 간주하겠다. ❹ 介 (사람의) …의 신분〔자격〕으로서. (사물의) …의 성격으로서. 어법 대개 개사구로 구성되어 문두에 옴. ¶～主任, 我应该负fù全部责任 | 주임의 신분으로서 나는 마땅이 모든 책임을 져야한다. ¶～艺术品, 石雕·木雕·牙雕各有特色, 难分高低 | 예술품으로서는 석각·목가·상아조각은 각기 특색이 있어 그 고저를 구분하기 어렵다. ¶这是～一个新中国的公民对国家应尽的义务 | 이것은 신중국 공민의 한 사람으로서 나라에 대하여 응당 다해야 하는 의무이다.

【作伪】zuòwěi 動 (주로 문물·저작 등의) 가짜를 만들다. 위조하다. ¶他很会～ | 그는 위조를 잘 할 줄 안다.

[2]【作文】zuò/wén ❶ 動 글쓰기를 하다. 작문하다. ¶他正在认真～ | 그는 지금 열심히 작문을 하고 있다. ¶操笔～ | 붓을 움직여 작문하다. ❷ (zuòwén) 名 작문. 학생들이 글쓰기 연습으로 쓴 글. ¶这篇～写得很有文采wéncǎi | 이 작문은 아주 잘써서 문학적 재능이 보인다.

[3]【作物】zuòwù 名 농작물. ¶经济～ | 경제 작물. ¶高产～ | 다수확 작물. ¶粮食～ | 양식 작물.

【作息】zuòxī 動 일하고 휴식하다. ¶按时～ | 시간에 맞추어 작업과 휴식을 취하다. ¶～时间表 | 일과 시간표. ¶他的～时间像钟表一样准确zhǔnquè | 그의 작업하고 휴식하는 시간은 시계처럼 정확하다.

【作兴】zuò·xing ⓧ zuó·xing) 方 ❶ 動 (인정과 이치상으로 볼 때) 가능하다. 허락하다. 어법 대개 부정문에 쓰임. ¶不～动手打人 | 주먹을 휘둘러 사람을 때려서는 안된다. ❷ 副 어쩌면. 아마도. ¶我～明天就去台北 | 나는 어쩌면 내일 대북시에 갈꺼다.

【作样(儿)】zuò/yàng(r) 動 겉모양을 꾸미다. 모양을 내다. ¶他这样做纯粹chúncuì是～ | 그가 이렇게 하는 것은 순수하게 겉모양을 꾸미는 것이다. ¶小本子放在一边, 只不过作个样儿, 他看都没看 | 작은 노트를 한쪽에 두었지만 그저 모양으로 놓아 둔 것이라서 그는 거들떠 보기조차 하지 않았다.

[1]【作业】zuòyè ❶ 名 (학생들의) 숙제. 과제(물). ¶家庭～ | 숙제. ¶～本 | 연습노트. ¶布置～ | 숙제를 내다. ❷ 名 (군사상의) 훈련. (생산현장의) 작업. ¶野外～ | 야외 훈련. ¶～计划 | 작업 계획 ❸ 動 (군사) 훈련하다. (생산) 작업하다. ¶三连到野外～去了 | 3중대는 야외로 훈련하러 갔다. ¶在高空～ | 고공에서 작업을 하다.

【作业系统】zuòyèxìtǒng 名 〈電算〉 오퍼레이팅 시스템(operating system).

[2]【作用】zuòyòng ❶ 動 작용하다. 다른 사물에 영향을 미치다. 어법 목적어를 취하지 않고, 주로 전치사구를 보어로 취함. ¶客观～于主观 | 객관은 주관에 영향을 미친다. ❷ 名 작용. 영향. 역할. ¶产生光合～ | 광합성 작용이 일어나다. ¶同化～ | 화학 작용. ¶发挥积极～ | 적극적인 역할을 발휘하다. ¶起～ | 역할을 하다. 효과가〔영향이〕생기다. ¶丧失～ | 효과를 상실하다. ¶副～ | 부작용. ❸ 名 저의(底意). 의도(意圖). ¶他刚才说的那番话是有～的 | 그가 방금 한 그 말에는 저의가 들어 있다.

【作用力】zuòyònglì 名 작용력. 영향력. ¶～很大 | 영향력이 매우 크다.

【作乐】zuòyuè 書 動 ❶ 연주하다. ❷ 악률을 정하다. ¶制礼～ | 예악(禮樂)의 제도를 제정하다.

[3]【作战】zuò/zhàn 動 전투하다. 작전하다. 투쟁하다. 어법 목적어를 취하지 않음. ¶对倭寇～ | 왜구들과 전투하다. ¶这支部队～得很勇敢 | 이 부대는 아주 용감하게 전투한다. ¶～部队 | 전투부대. ¶～命令 | 작전 명령. ¶～技术 | 전투 기술. ¶～方针 | 작전 방침. ¶～效能 | 작전 능력. ¶作了几次战 | 몇 번 전투를 했다.

[2]【作者】zuòzhě 名 작자. 필자. ¶本书～ | 이 책의 작자.
【作主】zuò/zhǔ ⇒〔做zuò主〕
【作准】zuòzhǔn ❶ ⇒〔作数〕 ❷ 動 기준〔표준〕으로 삼다. ¶刚才我讲的话是仅供参考，还是以主任讲的话～ | 방금 내가 한 말은 단지 참고로 제공한 것일 뿐이니, 역시 주임이 한 말을 기준으로 삼는 것이 좋겠다.
B zuō
【作坊】zuō·fang 名 (수공업) 작업장〔공장〕. ¶木～ | 목공소. ¶漆器～ | 칠기공장 ‖ =〔作厂〕〔作场〕
【作揖】zuō/yī 動 읍하다 [두 손을 맞잡아 얼굴 앞으로 들고 허리를 공손히 앞으로 구부렸다 펴면서 두 손은 내리는 인사] =〔打拱〕
C zuó
【作践】zuó/jian ☞〔作践〕zuò/jian
【作料】zuó/liao ☞〔作料〕zuò/liao
【作兴】zuó/xing ☞〔作兴〕zuò/xing

【阼】zuò 섬돌 조, 보위 조
書 名 ❶ 동쪽 계단〔섬돌〕 ¶～阶 | 동쪽 계단. ❷ 천자(天子)의 자리. 제위(帝位). ¶践jiàn～ | 제위에 오르다 =〔祚③〕

【怍】zuò 부끄러워할 작
書 動 부끄러워하다. ¶仰yǎng不愧kuì於天，俯fǔ不～於地 | 하늘을 우러러도 부끄럽지 않고, 땅을 굽어보아도 부끄럽지 않다.

【迮】zuò ☞ 迮zé

【胙】zuò 제육 조
書 名 ❶ 고대, 제사에 쓰인 고기. ❷ 복(福) =〔祚①〕

【柞】zuò zhà 떡갈나무 작
A zuò 名〈植〉❶ 상수리나무. 참나무 =〔柞树〕〔蒙méng子树〕 ❷ 떡갈나무.
B Zhà 지명에 쓰이는 글자. ¶～水 | 작수 [섬서성(陝西省)에 있는 현(縣)이름]
【柞蚕】zuòcán 名〈蟲〉멧누에. ¶喂养wèiyǎng～ | 멧누에를 사육하다.
【柞丝绸】zuòsīchóu 名 멧누에 명주로 짠 비단 ¶买了一段～ | 멧누에 명주로 된 비단을 샀다.

【祚】zuò 복 조, 해 조, 자리 조
書 名 ❶ 복(福) =〔胙②〕 ❷ 해. 연(年). 연대(年代). ¶初岁元～ | 원단(元旦). ❸ 제위(帝位). ¶帝～ | 제위. ¶践～ | 제위에 오르다 =〔阼②〕

【酢】zuò cù 잔돌릴 작, 초 초
A zuò 書 動 ❶ 받은 술잔을 되돌려 권하다. ¶酬chóu～ | 주인과 손님이 서로 술잔을 주고 받다. 喩 응대(應對)하다. ❷ 신불(神佛)에 제사 지내다.
B cù ❶「醋」의 본자(本字) ⇒〔醋〕 ❷ ⇒〔酢浆草〕
【酢浆草】cùjiāngcǎo 名〈植〉작장초. 괭이밥. 괴승아. 산거초(酸車草) =〔醋浆草〕

1【坐】zuò 앉을 좌, 자리 좌
❶ 動 앉다. ¶请～ | 앉으세요. ¶～沙发 | 소파에 앉다. ¶他～在河边钓鱼 | 그는 강가에 앉아서 낚시질하고 있다. ❷ 動 (탈 것에) 타다. 탑승하다. ¶～飞机 | 비행기를 타다. ¶我是～船去的 | 나는 배를 타고 갔다. ¶～了一天汽车，～得我累死了 | 온 종일 버스를 타서 피곤해 죽겠다 →〔骑qí①〕〔乘chéng〕〔搭dā〕 ❸ 動 (건축물이) …에 (등지고) 위치하다. ¶那座大楼是～北朝南的 | 그 빌딩은 남향이다 →〔坐标〕〔坐落〕 ❹ 動 (총포류가) 반동력이 있어 뒤로 밀리다. (건물이 기초가 부실해) 내려 앉다. 어법 목적어를 취하지 않음. ¶开枪时枪身会向后～ | 총을 쏠 때, 총이 뒤로 밀릴 수 있다. ¶这座塔在向下～ | 이 탑은 아래로 내려 앉고 있다. ❺ 動 (솥·남비·주전자 등을) 불에 얹다〔올려 놓다〕. ¶炉子上～着一把水壶 | 난로 위에 물 주전자를 하나 올려져 있다. ¶火旺wàng了，快把锅～上 | 화력이 세니 솥을 빨리 올려라. ❻ 動 가만히 앉아 있다. 아무것도 하지 않다. ¶～失良机 | 가만히 앉아서 좋은 기회를 놓치다. ¶～收成果 | 아무것도 하지 않고 성과를 거두다. ❼ 動 열매를 맺다. 어법 주로「瓜·果」이 목적어로 옴. ¶这棵树～了一树的果儿 | 이 나무 한 그루에 열매가 잔뜩 달려 있다. ¶～瓜 | 오이가 열리다. ❽ (～儿) 名 좌석. 자리. ¶汽车上没有空～儿 | 버스에 빈자리가 없다. ¶各归原～ | 각기 제 자리로 돌아가다 =〔座〕 ❾ 書 連 ‥때문에〔이유로〕. (…로)인하여. ¶～此解职 | 이로 인하여 해직되다. ❿ 書 副 이유없이. 저절로. 공연히. ¶孤蓬自振，惊砂～飞 | 외로운 쑥은 홀로 흔들거리고, 놀란 모래는 공연히 흩날리는구나. ⓫ 문죄 당하다. 처벌받다. ¶连～ | 연좌되다. ¶～以杀人之罪 | 살인죄로 문죄당하다.
[2]【坐班】zuò/bān 動 (매일) 정시에 출퇴근하다. 어법 목적어를 취하지 않음. ¶每天去办公室～ | 매일 출근은 정시에 하고 있다. ¶～制 | 정시 출퇴근제. ¶大学教授一般不～ | 대학교 교수는 일반적으로 정시에 출퇴근을 하지 않는다.
【坐班房】zuòbānfáng 動組 감옥에 갇히다. ¶他偷东西～了 | 그는 물건을 훔쳐 감옥에 갇혔다.
【坐标】zuòbiāo 名〈數〉좌표. ¶纵zòng～ | (해석기하의) 세로 좌표. ¶横héng～ | 가로 좌표. ¶～轴 | 좌표축. ¶～图 =〔曲线图解〕 | 그래프 =〔座zuò标〕
【坐不安，站不稳】zuò·bú'ān, zhàn·buwěn 動組 좌불안석하다. 안절부절 못하다. ¶你老老实实坐会儿行不行，别～的 | 너 좀 얌전히 앉아 있으면 안되니, 안절부절하지 말고 ¶为了这事儿他～，～ | 이 일을 위해서 그가 좌불안석하다 =〔坐不安，睡不宁〕〔坐不宁，站不安〕〔坐立不安〕
【坐车】zuò chē ❶ 차를 타다 ¶他～进城了 | 그가 차를 타고 시내로 들어갔다 =〔搭dā车〕 ❷ 喩 자기의 힘을 들이거나 생각을 정하지 않고 남의 의견에 따라 함께 행동함. ¶你已经坐了好几次车了，这次总结，由你来執笔写吧 | 너는 이미 몇번이나 네 주장없이 지냈으니, 이번 결론은 네가 쓰기바란다.
【坐吃山空】zuò chī shān kōng 成 먹고 놀기만 하

면 태산같은 재산도 밑창이 난다. 아무리 재산이 많아도 놀고 먹으면 없어진다 ¶其结果必然是～｜그 결과는 반드시 아무리 재산이 많아도 먹고 놀기만 하면 없어진다는 것이다. ＝〔坐吃山崩〕〔坐食山空〕〔坐吃山空, 立吃地陷〕

【坐春风】zuò chūnfēng 動組 춘풍에 앉다. 喩 스승의 훌륭한 가르침을 받다. 좋은 영향을 받다. ¶现在他如～｜지금 그는 좋은 영향을 받고 있는 것같다.

【坐次】zuòcì 名 자리의 순서. 석차. ¶～表｜석차표. ¶安排～｜순서를 배열하다 ＝〔座次〕

【坐待】zuòdài ⇒〔坐等(儿)〕

【坐等(儿)】zuòděng(r) 動 (가만히) 앉아서 기다리다. 노력하지 않고 바라다. ¶他们在厂里～原料｜그들은 공장에 가만히 앉아서 원료를 기다린다. ¶不知何时分配, 我只得在家～｜언제 분배할 지 몰라서 나는 집에 가만 앉아 기다릴 수 밖에 없다. ¶～医生来打针｜의사가 와서 주사 놓는 것을 앉아서 기다리다 ＝〔坐待〕

【坐地分赃】zuò dì fēn zāng 威 ❶ (도적패의 두목이) 그 자리에서 장물의 배분을 하다. ❷ (도둑 두목이나 장물아비가) 가만히 집에 앉아서 졸개가 훔쳐온 장물을 나누어 가지다. ¶他们最后～｜그들이 최후에는 가만히 앉아 졸개가 훔쳐온 장물을 나누어 가진다. ‖ ＝〔坐地分肥féi〕

【坐地虎】zuòdìhǔ 名 喩 方 토박이 깡패. 동네 깡패. 그 지방의 건달〔불량배〕

【坐垫(儿, 子)】zuòdiàn(r,·zi) 名 의자에 까는 방석. ¶铺pū～｜방석을 깔다. ¶海绵～｜스폰지 방석 ＝〔坐褥rù〕〔褥rù垫〕〔软ruǎn垫〕〔软垫〕〔座zuò垫(儿)〕

【坐蔸】zuòdōu 動 〈農〉 (어린 벼의 모가 저온·비료 부족 등으로) 노래지면서 자라지 못하다.

【坐而论道】zuò ér lùn dào 威 앉아서 도를 논하다. 앉아서 큰소리만 하다. 탁상 공론하다. ¶他们不动手干, 光是～｜그들은 일은 하지 않고, 단지 앉아 탁상 공론만 한다.

【坐骨】zuògǔ 名 〈生理〉 좌골 ＝〔坐髀〕〔尻kāo骨〕〔座骨〕→〔耻chǐ骨〕〔髂qià骨〕〔髋kuān骨〕

【坐骨神经】zuògǔ shénjīng 名組 좌골 신경. ¶他的～有病｜그의 좌골 신경에 병이 있다.

【坐观成败】zuò guān chéng bài 威 타인의 성패를 수수방관하다. ¶他在一旁～｜그가 곁에서 타인의 성패를 수수방관하다.

【坐化】zuòhuà 動 좌화하다. (중이) 앉은 채로 죽다 [승려의 죽음을 말함]

【坐怀不乱】zuò huái bù luàn 威 이성이 품에 안겨도 마음이 흐트러지지 않다. 남성이 여성들과 늘 접촉하여도 비도덕적 행위를 하지않다. 관계가 도덕적으로 깨끗하다. ¶他是一个～的君子｜그는 관계가 도덕적으로 깨끗한 군자이다.

【坐禁闭】zuò jìnbì 動組 감금〔구금〕 되다. 금고〔감금〕 처분을 받다. 구류 당하다.

【坐井观天】zuò jǐng guān tiān 威 우물에 앉아 하늘을 보다. 견문〔견식〕이 매우 좁다. 우물 안 개구리. ¶他们～, 目光狭小｜그들은 우물 안 개구리여서, 시야가 매우 좁다 ＝〔井中观天〕

【坐具】zuòjù 名 ❶ 중이 쓰는 방석. ¶木制～｜목제 방석. ❷ 의자·걸상 등의 총칭 ＝〔坐位②〕

【坐科】zuò/kē 動 〈演映〉 옛날, 「科kē班」(중국 전통극 배우 양성소)에서 훈련을 받다. 배우 수업을 받다〔하다〕. ¶他是～出身的｜그는 과반(科班) 출신이다.

【坐困】zuòkùn 動 (한군데서) 꼼짝 못하다. 궁지에 처하여 어찌할 바를 모르다. ¶～金陵一年余｜일년여 동안 금릉에서 (갇혀) 꼼짝 못하다. ¶～愁城｜근심 걱정으로부터 헤어나지 못하다.

【坐腊】zuòlà ❶ 名 〈佛〉 여름도를 닦음. 하안거. 일하안거(一夏安居) ＝〔坐夏〕〔腊坐〕 ❷ (zuò/là) 動 京 곤경에 빠지다. 난처하게 되다. 생고생을 시키다.

【坐牢】zuò/láo 動 수감되다. 감옥살이하다. ¶他～五年, 最近才获释｜그는 5년 동안 수감되었다가 최근에야 석방되었다 ¶不怕～, 不怕剁头｜감옥살이를 두려워하지 않고, 목 베이는 것을 무서워하지 않는다 ＝〔坐监〕〔坐狱〕

【坐冷板凳】zuò lěng bǎn dèng 威 (임명되지 않아) 한직으로 내쫓기다. 대기 인원이 되다. ❶ 밖에서 오래 기다리다. 냉대를 받다. ¶人要耐得住～｜사람은 냉대 받는 것을 참아야 한다. ❷ 꼼짝하지 않다.

【坐力】zuòlì 名 〈物〉 반동력. ¶无～炮｜무반동포 ＝〔反fǎn冲力〕

【坐立不安】zuò lì bù ān 威 서도 앉아도 편안하지 않다. 안절부절 못하다. ¶他～, 心里很紧张｜그는 안절부절하며, 매우 긴장해있다.

【坐落】zuòluò ❶ 名 (건물·가옥의) 위치. ❷ 動 건물이 …에 자리잡다〔위치하다〕. ¶我们的学校～在环境幽静的市郊｜우리 학교는 환경이 조용하고 한적한 교외에 자리잡고 있다. ¶我的家～在路南｜우리 집은 길 남쪽에 자리잡고 있다 ‖ ＝〔座落〕

【坐骑】zuòqí 名 타는 말. (낙타·나귀 등의) 타는 짐승 ＝〔坐骥jì〕

【坐蓐】zuòrù ⇒〔坐月子〕

【坐山雕】zuòshāndiāo ⇒〔秃tū鹫〕

【坐山观虎斗】zuò shān guān hǔ dòu 威 산에 앉아서 범이 싸우는 것을 보다. 옆에서 싸움을 구경하다가 이익을 보다. 어부지리를 취하다. ¶他想～｜그는 어부지리를 취하려하다.

【坐商】zuòshāng 名 좌상. 앉은 장사 ¶他是一个～｜그는 좌상이다 ＝〔書 坐贾〕

【坐失】zuòshī 動 (시기를) 빤히 보면서 놓치다. 앉아서 잃다. ¶～时机｜앉아서 때를 놓치다.

【坐失良机】zuò shī liáng jī 威 아무런 조치를 취하지 않고 가만히 앉아서 좋은 기회를 놓쳐 버리다. ¶終於～｜결국 앉아서 좋은 기회를 놓쳐 버렸다.

【坐视】zuòshì 動 앉아서 구경만 하다. 수수방관하다. 좌시하다. ¶～不理｜앉아 구경만 하고 상관하지 않다. ¶～不救｜수수방관하며 구해주지 않다. ¶对这种不良现象, 我们决不能～｜이런 좋지 못한 현상에 대해 우리는 결코 앉아서 구경만 해서는 안된다. ¶不该～国家财产遭受损失｜

국가의 재산이 손실을 입는 것을 좌시해서는 안 된다.

【坐收渔利】zuò shōu yú lì ❶ 成 앉아서〔아무일도 하지 않고〕어부지리를 얻다. ¶他巧妙地～ | 그는 교묘하게 앉아서 어부지리를 얻다. ❷ 喩 다른 사람간의 싸움을 이용하여 이익을 얻다 ‖＝〔渔人得利〕

【坐探】zuòtàn 名 (적의 기관·단체 등에 박혀 있는) 정탐꾼. 밀정. 스파이. ¶派了～ | 정탐꾼을 보냈다.

【坐位】zuò·wèi ⇒〔座zuò位〕

【坐误】zuòwù 動 뻔히 알면서 시기를 놓치다. 앉아서 때를 놓치다. ¶因循～ | 꾸물거리다가 앉아서 시기를 놓치다.

【坐席】zuòxí ❶ 動 (연회 등에서) 착석하다. 연회에 참가하다. ¶请村里的男人们～ | 마을 남자들을 연회에 참석하도록 청하다. ❷ 名 좌석. 자리.

【坐享其成】zuò xiǎng qí chéng 成 가만히 앉아서 남이 고생해서 얻은 성과를 누리다. 남의 덕에 편안히 보내다.

【坐药】zuòyào 名〈漢醫〉좌약. 좌제 ＝〔栓shuān剂〕

【坐以待毙】zuò yǐ dài bì 成 앉아서 죽기를 기다리다.

【坐月子】zuò yuè·zi 動組 ⓓ 몸을 풀다. (한달 간) 산욕(기)에 들다. 몸조리 하다. ¶他媳妇正在～ | 그의 며느리는 몸조리를 하고 있다. ¶他家儿媳～忌生人 | 그의 집 며느리는 산욕에 들어 있어서 낯선 사람을 꺼린다 ＝〔坐草〕〔坐蓐rù〕〔作月子〕〔喝粥③〕〔猫月子〕〔書 在草〕

【坐赃】zuò/zāng 動 方 장물이나 금제품(禁制品)을 남의 집에 갖다 놓고 그 집에 죄를 뒤집어 씌우다. 轉 덮어 씌우다 ¶他还想～ | 그는 아직도 죄를 남에게 덮어씌우려고 한다＝〔栽赃〕

【坐镇】zuò/zhèn 動 (관리가) 현지에 주재하며 지키다. ¶首长亲自～指挥 | 장관이 친히 주재하며 지휘하다. ¶～南京督dū战 | 남경에 주재하며 전투를 독려하다.

【坐庄】zuò/zhuāng 動 ❶ 생산지에서 구입하다. ❷ 낙제하다. 유급되다. ❸ 도박에서 계속 선을 잡다→〔庄家〕❹ 머물러 앉다. 버티고 앉다. 주인이 되다. ¶民主党和共和党轮流～的所谓两党制 | 민주당과 공화당이 번갈아 가며 정권을 잡는 소위 양당제.

【唑】zuò (음역자 좌)
화학 명칭을 나타내는 외래어의 음역자(音譯字)로만 쓰임. ¶噻sāi～ |〈化〉티아졸(thiazole). ¶四～ |〈化〉테트라졸(tetrazole). ¶咔kǎ～ |〈化〉카르바졸(carbazole).

1【座】zuò 자리 좌
❶ (～儿) 名 자리. 좌석. ¶入～儿 | 자리에 앉다. ¶满～儿 | 자리가 가득차다. 만원이다. ¶客～ | 객석. 손님자리 ＝〔坐⑧〕❷ (～儿, ～子) 名 받침(대). 물건을 안치하는 대(臺). ¶花瓶～ | 화병 받침. ¶茶碗～儿 | 차그릇 받침. ¶自行车～ | 자전거의 안장. ❸ 名〈天〉성좌(星座). 별자리. ¶大熊～ | 큰곰자리. ¶天琴～ | 거문고자리. ❹ 量 동.좌.기 [산·건축물·다리·대포 등의 위치가 고정되고 비교적 크고 움직이지 않는 것을 세는데 쓰임] ¶一～山 | 산 하나. ¶一～大楼 | 빌딩 한 동. ¶一～桥 | 다리 하나.

【座次】zuòcì 名 자리 순서. 좌석 배치〔배열〕. ¶～表 | 좌석 차례표 ¶分别～ | 좌석 배치를 따로 하다 ＝〔坐次〕

【座号】zuòhào 名 (열차·극장등 공공 장소 의자의) 좌석 번호. ¶标明～ | 좌석 번호를 명기하다.

3【座儿】zuòr ❶ ⇒〔座①②〕❷ 名 손님. 고객. ¶见了～, 他还想拉 | 손님을 보면 그는 그래도 또 (인력거를) 끌려 했다《老舍·駱駝祥子》＝〔坐儿②〕

【座上客】zuòshàngkè 名 상객(上客) [일반적으로는 초대 손님을 가리킴] ¶他是李教授的～ | 그는 이교수님의 상객이다.

2【座谈】zuòtán 動 (형식에 구애받지 않고) 이야기를 나누다. 좌담하다. 간담하다. ¶请大家来～一下形势 | 여러 사람을 청하여 정세에 관해 좌담을 하다. ¶大家在一起～ | 모두가 한데 모여 이야기를 나누다.

【座谈会】zuòtánhuì 名 좌담회.

2【座位】zuò·wèi 名 ❶ (주로 공공 장소의) 좌석. 자리. ¶票已经卖完, 一个～也没有了 | 표가 다 팔려서 좌석이 하나도 없습니다. ¶咱们俩换个～, 好不好? | 우리 둘이 서로 자리를 바꾸는 것이 어떻겠습니까? ❷ (～儿) 앉을 것. 앉는 것. ¶搬个～儿来 | 앉을 것을 좀 가져 오시오 ＝〔坐具②〕‖＝〔坐zuò位〕

【座无虚席】zuò wú xū xí 成 손님이 많아 빈자리가 없다. (관객·청중 등이) 초만원을 이루다. ¶两千多座位的大厅～ | 2천여 석의 홀이 초만원을 이루다.

4【座右铭】zuòyòumíng 名 좌우명. ¶他把勤勉作为自己的～ | 그는 근면을 자신의 좌우명으로 삼았다.

【座钟】zuòzhōng 名 탁상 시계. ¶他买了一个～ | 그는 탁상 시계 하나를 샀다.

【座子】zuò·zi ❶ ⇒〔座②〕❷ 名 (자전거 등의) 안장 ¶东的～了 | ＝〔鞍座〕〔车座子〕

1【做】zuò 지을 주
주의 ⓐ「做」는 원래「作」와 다른 음(音)의 글자였으나, 현대 보통화(普通話)에서 어음상(語音上)의 차이가 없어지면서 그 의미의 구별도 어렵게 됨. ⓑ 습관적으로 구체적인 물건의 제작에는「做」를 씀. ¶做桌子 | 탁자를 만들다. ¶做衣服 | 옷을 만들다. ¶做文章 | 글을 쓰다. ⓒ 조금 추상적이거나 서면어(書面語)의 색채가 짙은 말, 특히 성어(成語)에서는「作」를 씀. ¶作罢 | 취소하다. ¶作废 | 폐기하다. ¶作怪 | 못되게 굴다. ¶装模作样 | 허세를 부리다. ¶认贼作父 | 원수를 아비로 섬기다. ⓓ「做」는 단독으로「(연극의) 동작」이라는 의미의 명사로 쓰이는 경우 외에는 명사적으로 쓰이지 않음. ¶大做(×) ¶大作 | 대작. ¶杰作 | 걸작. ¶工作 | 일. 작업. ❶ 動 만들다. 제작(製作)하다. 제조(製造)하다. 짓다. ¶～了一对沙发 | 소파 한 세트를 만들었다. ¶饭菜我都～好了 | 내가 밥과

반찬을 모두 만들었다. ¶～衣服 | 옷을 짓다. ❷ 動 (일을) 하다. 종사하다. 활동하다. ¶～工作 | 일을 하다. ¶这个报告～得很好 | 이 보고는 아주 잘 되었다→〔办bàn〕〔干gàn〕 ❸ 動 (글을) 쓰다〔짓다〕. ¶～文章 | 글을 쓰다. ¶～了一首诗 | 시 한수를 지었다. ❹ 動 …이 되다. 맡다. 담당하다. ¶选他～代表 | 그를 뽑아 대표로 하다. ¶～母亲的怎么能不为儿女操心呢! | 어머니된 자가 어찌 자식을 위해 걱정하지 않을 수 있겠는가? ❺ 動 (집안의 축하〔기념〕행사를) 행하다. ¶～生日↓ ❻ 動 …인 체하다. (…을) 가장(假裝)하다. ¶～好～歹↓ ❼ 動 …로 쓰다〔삼다〕. ¶树皮可以～造纸的原料 | 나무껍질은 종이 만드는 원료로 쓸 수 있다. ¶这篇文章可以～教材 | 이 문장은 교재로 쓸 수 있다. ❽ 動 관계를 맺다. …의 관계가 되다. ¶～朋友 | 친구가 되다. ¶～对手 | 적대 관계가 되다. ❾ 動 (동사 뒤에 보어로 쓰여)…으로 하다. ¶把他看～英雄 | 그를 영웅으로 간주하다. ¶北京人管番茄叫～西红柿 | 북경사람은 토마토를 「西红柿」라 한다. ❿ 動 …인 체하다. …으로 가장하다. ¶～个老人家说谎 | 노인인 척하며 거짓말하다. ⓫ 動 轉 우롱하다. 조롱하다. ¶我们那时不是老～他吗? | 우리가 그때 항상 그를 조롱하지 않았느냐? ⓬ 動 轉 때리다. 해치우다. 죽이다. ¶里头的那个已经给我～了一顿, 全说出来了 | 안에 있는 그 놈은 나한테 터지고서야 모두 불었다. ¶那个小子竟给他～掉啦 | 그 녀석은 뜻밖에도 그에게 당해버렸다. ⓭ 名 〈演映〉 배우의 몸짓. 동작.

【做伴(儿)】 zuò/bàn(r) 動 같이 있다. 함께하다. 동무가 되다. ¶他常和母亲～ | 그는 항상 어머니와 같이 있다. ¶奶奶生病, 需要有个人～ | 할머니께서 병이 나셨으니, 곁에 같이 있을 사람이 필요하다 =〔作伴(儿)〕

【做操】 zuòcāo 動 체조를 하다. ¶每天早上～ | 매일 아침 체조를 하다.

【做成】 zuòchéng ❶ ⇒〔作zuò成①〕 ❷ 動 성취하다. 달성하다. 이루다. ¶～了一件好事 | 좋은 일을 한가지 이루었다 =〔做成功〕

【做出】 zuòchū 動 만들어 내다. 이룩하다. …을 하다. ¶～(来)两道题 =〔做出两道题来〕 | 두 문제를 풀다. ¶为和平事业～更大的贡献 | 평화 운동에 더욱 큰 공헌을 하다. ¶～了科学结论 | 과학적인 결론을 도출해 냈다 =〔作出〕

【做到】 zuòdào 動 성취하다. 달성하다. (…한 정도·상태까지) 해내다. ¶有的产品～了自给有余 | 어떤 생산품은 자급하고 남을 정도까지 되었다. ¶我保证～ | 내가 틀림없이 달성하겠다.

【做得】 ⓐ zuòdé 動 해내다. 이루다. 성취하다. ¶才～了 | 비로소 해냈다. ¶饭～了 | 밥이 다 되었다.
ⓑ zuò·de 할 수 있다. 해도 좋다.

【做东(儿)】 zuò/dōng(r) ⇒〔作东(儿)〕

²【做法】 zuòfǎ 名 (만드는) 방법. (하는) 식. ¶惯常的～ | 습관적인 방법. ¶这种～不合适 | 이런 방법은 적합하지 않다.

⁴【做工】 zuò/gōng ❶ 動 일하다. 노동하다 〔주로 육체노동을 가리킴〕 ¶她在纺纱厂～ | 그 여자는 방적 공장에서 일한다. ¶做了一天工 | 하루 동안 일했다 =〔做活儿①〕〔作工〕 ❷ (～儿)(zuògōngr) ⇒〔做功(儿)〕

【做功(儿)】 zuògōng(r) 名 〈演映〉 연기. (배우의) 동작과 표정 〔「唱chàng工(儿)」(노래)에 대비하여 말함〕 ¶～戏 | 노래는 없이 동작과 표정만으로 하는 극. ¶她的～很好 | 그녀의 연기가 매우 훌륭하다. ¶从无形, 做到有形, 就是～的表现 | 무형에서 유형을 만들어 내는 것이 바로 동작과 표정의 표현이다 =〔做工(儿)②〕〔做派①〕〔方 打工〕

【做官(儿)】 zuò/guān(r) 動 관리가 되다. 벼슬하다. ¶～的 | 관리. ¶～当老爷 | 관리가 되어 나리 티를 내다. ¶在北京～ | 북경에서 벼슬살이하다. ¶～为宦 | 벼슬길에 오르다 =〔作官(儿)〕

【做鬼(儿)】 zuò/guǐ(r) 動 속임수〔술수〕를 쓰다. 부정한 짓을 하다. (뒤에서) 장난질하다. ¶他在考试的时候常～ | 그는 시험을 볼 때마다 늘 부정 행위를 한다 =〔作鬼(儿)〕〔耍shuǎ鬼(儿)〕

【做好】 zuòhǎo 動 ❶ (일을) 해내다. 이루다. 성취하다. ¶只用三天就～了 | 단 사흘 동안에 끝냈다. ¶～各项工作 | 각종 사업을 해내다. ❷ 해놓다. 해두다. ¶～准备 | 준비를 차질없이 해놓다. ❸ 자선을 행하다.

【做好做歹】 zuò hǎo zuò dǎi 成 ❶ 각종 방식이나 이유를 사용하여 중재하거나 권고하다. 이렇게도 말해보고 저렇게도 말해보다. ❷ 좋게 대하기도 하고, 나쁘게 대하기도 한다 =〔做好做恶〕〔作好作歹〕〔做刚做柔〕

【做活儿】 zuò/huór 動 ❶ 일하다. 육체 노동을 하다. ¶在厂里～ | 공장에서 일하다 =〔做工①〕→〔办bàn事〕 ❷ 바느질하다 ¶妈妈在灯下～ | 어머니가 등불 아래에서 바느질하시다 =〔做针线活〕 ‖ =〔作活(儿)〕〔做活〕

²【做客】 zuò/kè 動 남을 방문하여 손님이 되다. ¶我去老师家～ | 나는 선생님댁에 손님으로 갔다. ¶到他家做了一次客 | 그의 집에 손님으로 한번 갔었다. ¶我昨天到一个老朋友家里去～ | 나는 어제 오랜 친구의 집에 손님으로 갔었다 =〔作客②〕

【做媒】 zuò/méi 動 중매하다 ¶我想给他们～ | 나는 그들을 중매하려 한다 =〔作媒〕〔说媒〕

²【做梦】 zuò/mèng 動 ❶ 꿈을 꾸다. ¶昨晚我做了个奇怪的梦 | 어제밤에 나는 이상한 꿈을 꾸었다. ¶祝你做好梦 | 좋은 꿈 꾸세요. ¶～也想不到 | 꿈에도 생각하지 못하다. ❷ 喻 (어떤 바램이 이루어지기를) 꿈 꾸다. 환상하다. 상상하다. ¶你的愿望是不可能实现的, 别在这儿～ | 너의 바램은 실현 불가능한 것이야, 여기서 괜히 꿈 꾸지마. ¶他从小就做当作家的梦, 现在果然实现了! | 그는 어려서부터 작가가 되겠다는 꿈을 꾸어왔는데, 지금 과연 꿈이 이루어졌구나! ¶白日～ | 대낮에 꿈을 꾸다. ¶做春梦 | 망상(妄想)하다. 백일몽. ❸ (다섯 사람이 마작을 할 경우) 순차적으로 한 사람씩 쉬다 ‖ =〔作梦〕

【做派】 zuò·pài ❶ ⇒〔做功(儿)〕 ❷ 動 가식하다. 거드름 피우다. 젠체하다. ¶他全靠～维持个虚

架子｜그는 젠체하는 것만으로 체면을 유지하고 있다 ‖ =〔作派〕

【做亲】zuò/qīn 動 사돈을 맺다. 친척관계를 맺다. ¶金家不想跟李家～｜김씨 집안은 이씨 집안과 사돈을 맺으려 하지 않는다. ¶他们两家～｜그들 두 집안은 혼인을 맺는다 =〔作亲〕

【做人】zuòrén ❶ 動 사람이나 사물을 대하다. 처세하다. ¶她很会～, 待人热情真诚｜그녀는 처세를 아주 잘한다, 사람에게 친절하고 진실하게 대한다. ¶这叫我怎～呢?｜나더러 어떻게 처세하라는 것이냐? ¶懂得如何～处世｜어떻게 처세해야 하는지를 알다. ❷ 動 (올바른) 사람이 되다. 인간답게 행동하다. 사람구실을 하다 [주로 큰 잘못을 저지른 사람에 대해 하는 말] ¶你一定要痛改前非, 重新～｜너는 지난 잘못을 철저히 고쳐 다시 새로이 올바른 사람이 되어야 한다. ❸ 名 사람됨됨이.

【做生日】zuò shēng·ri 動組 생일을 축하하다. ¶他今天给儿子～｜그는 오늘 아들에게 생일을 축하하다 =〔做生〕

【做声(儿)】zuòshēng(r) 動 (말이나 기침 등으로) 소리를 내다. ¶别～!｜소리 내지마! ¶默不～｜묵묵히 말을 하지 않다. ¶我问了他几遍, 他就是不～｜내가 그에게 몇 번을 물어보았지만, 그는 아무런 소리도 내지 않고 있을 뿐이다 =〔作声(儿)〕

【做事】zuò/shì 動 ❶ 일을 하다. 용무를 보다. 일을 처리하다. ¶～在人, 成事在天｜諺 일을 하는 것은 사람에게 달렸지만, 그 성공 여부는 하늘에 달렸다. ❷ (고정된 직장에서) 근무하다. 종사하다. ¶你现在在哪儿～?｜너는 지금 어디에서 근무하고 있느냐? ¶这个人换了好几个单位, 做什么事都不行｜이사람은 직장을 여러 번 바꾸었으며, 무슨 일을 하더라도(어떤 직장을 다니더라도) 배겨내지 못한다.

【做手脚】zuò shǒujiǎo 動組 ❶ 몰래 손쓰다〔안배하다〕. 몰래 간계를 꾸미다. 암암리에 나쁜 짓을 하다. ¶他很会～｜그는 몰래 간계를 잘 꾸민다. ❷ (남의) 손발이 되다.

【做寿】zuò/shòu 動 (나이 든 사람의) 생신을 축하하다. 생일잔치를 차리다. ¶大家给爷爷～｜사람들이 할아버지의 생신을 축하하다 =〔办寿〕〔方 过guò寿〕〔作寿〕

【做文章】zuò wénzhāng 動組 ❶ 글을 짓다. ❷ (어떤 일에 대하여) 의견을 발표하거나 정하다. 관심을 쏟다〔두다〕. ¶他心里在做着什么文章?｜그는 무슨 관심을 그리 쏟고 있느냐? ¶应该在节约能源上多～｜마땅이 에너지를 절약하는 데에 많이 의견을 내야 한다→〔文章〕 ❸ 喩 구실을 잡다. 트집을 잡다 ¶他很会～｜그는 매우 트집을 잘 잡는다. ¶别抓住人家一点辫子biàn·zi就来～｜남의 조그만 약점을 잡고서 트집을 잡지 마라 =〔作文章〕

【做学问】zuòxué·wen 動組 학문을 연마하다. ¶他是～的人, 不会做买卖｜그는 학문을 연구하는 사람이지, 장사하는 사람은 아니다 =〔作学问〕

【做一天和尚, 撞一天钟】zuò yī tiān hé·shang zhuàng yī tiān zhōng 諺 하루 중이 되면, 하루 종을 치다. 그저 그러한 식의 소극적인 태도로 일을 처리하다. 그럭저럭 무의미한 나날을 보내다. ¶他在北京也不过是～｜그는 북경에서도 그럭저럭 무의미한 나날을 보내고 있을 뿐이다.

【做贼心虚】zuò zéi xīn xū 成 도둑이 제 발 저리다. 도적이 제 발자취에 놀란다. ¶他这样说是～｜그가 이렇게 말하는 것은 도둑이 제 발 저린 것이다 =〔作贼心虚〕

【做主】zuò/zhǔ 動 어떤 일에 완전히 책임을 지고 결정을 하다. 어법 목적어를 취하지 않음. ¶当家～｜주인이 되다. 주인 노릇을 하다. ¶这件事我～｜이 일은 내가 책임지고 결정한다. ¶做一半主｜반쯤을 자기 생각대로 처리하다. ¶我的婚事是父母～的｜나의 혼사는 부모님께서 전적으로 맡아서 하신다. ¶这件事我做不了主｜이 일은 내 마음대로 결정할 수가 없다 =〔作主〕

【做作】zuò·zuo ❶ 形 貶 (동작이나 표정이) 자연스럽지 못하고 진실되지 않다. 가식적이다. 짐짓…인 체하다. 겉모양을 꾸미다. ¶太～了, 反而交不着zháo真朋友｜너무 가식적으로 굴면, 오히려 진정한 친구로 사귈 수가 없다. ¶这个人的表演十分～｜이사람의 연기는 아주 자연스럽지 못하다. ¶这个演员太～了, 不自然｜이 배우는 연기가 너무 지나쳐서, 자연스럽지 않다 =〔造作〕 ❷ 名 꾸밈. 가식. ❸ 名 행동. 작위(作爲). ❹ 名 모범. 본보기. ❺ 動 近 남몰래 모해(謀害)하다. 노리다.

【凿】zuò ☞ 凿záo Ⓑ

부록 목차

(1) 汉语拼音方案

＊1957年 11月1日 國務院全體會議 第60次 會議에 통과함
1958年 2月11日 第一屆 全國人民代表大會 第五次 會議에서 비준됨.

一. 字母表

字母:	Aa	Bb	Cc	Dd	Ee	Ff	Gg
名称:	ㄚ	ㄅㄝ	ㄘㄝ	ㄉㄝ	ㄜ	ㄝㄈ	ㄍㄝ
	Hh	Ii	Jj	Kk	Ll	Mm	Nn
	ㄏㄚ	ㄧ	ㄐㄧㄝ	ㄎㄝ	ㄝㄌ	ㄞㄇ	ㄋㄝ
	Oo	Pp	Qq	Rr	Ss	Tt	
	ㄛ	ㄆㄝ	ㄑㄧㄡ	ㄚㄦ	ㄝㄙ	ㄊㄝ	
	Uu	Vv	Ww	Xx	Yy	Zz	
	ㄨ	ㄪㄝ	ㄨㄚ	ㄒㄧ	ㄧㄚ	ㄗㄝ	

＊「v」는 외래어·소수 민족 언어·방언 등에만 쓰임. 자모(字母)의 필기체는 라틴 자모의 일반적인 자체를 따름.

二. 声母表

b	p	m	f	d	t	n	l
ㄅ玻	ㄆ坡	ㄇ摸	ㄈ佛	ㄉ得	ㄊ特	ㄋ讷	ㄌ勒
g	k	h		j	q	x	
ㄍ哥	ㄎ科	ㄏ喝		ㄐ基	ㄑ欺	ㄒ希	
zh	ch	sh	r	z	c	s	
ㄓ知	ㄔ蚩	ㄕ诗	ㄖ日	ㄗ资	ㄘ雌	ㄙ思	

＊발음을 표시할 때, zh ch sh는 ẑ ĉ ŝ 로 표기하기도 함.

三. 韵母表

	i ㄧ衣	u ㄨ乌	ü ㄩ迂
a ㄚ啊	ia ㄧㄚ呀	ua ㄨㄚ蛙	
o ㄛ喔		uo ㄨㄛ窝	
e ㄜ鹅	ie ㄧㄝ耶		üe ㄩㄝ约
ai ㄞ哀		uai ㄨㄞ歪	
ei ㄟ欸		uei ㄨㄟ威	
ao ㄠ熬	iao ㄧㄠ腰		
ou ㄡ欧	iou ㄧㄡ忧		
an ㄢ安	ian ㄧㄢ烟	uan ㄨㄢ弯	uan ㄩㄢ冤
en ㄣ恩	in ㄧㄣ因	uen ㄨㄣ温	un ㄩㄣ晕
ang ㄤ昂	iang ㄧㄤ央	uang ㄨㄤ汪	
eng ㄥ亨의 韵母	ing ㄧㄥ英	ueng ㄨㄥ翁	
ong (ㄨㄥ)轰의 韵母	iong ㄩㄥ雍		

(1)「知」「蚩」「诗」「日」「资」「雌」「思」등의 운모는 i를 씀. 즉 이들의 음은 zhi, chi, shi, ri, zi, ci, si 등으로 병음(拼音)함.

(2) 운모 儿은 er로 표기하며, 운미(韵尾)로 쓰일때는 r로 표기함. 예를 들면, 「儿童」은 ertong,「花儿」은 huar로 병음함.

(3) 운모 ㄝ가 단독으로 쓰일 때는 ê 로 표기함.

(4) i행(行)의 운모는 앞에 성모(声母)가 없을 때는 yi(衣), ya(呀), ye(耶), yao(腰), you(忧), yan(烟), yin(因), yang(央), ying(英), yong(雍) 등으로 표기함.

u행의 운모는 앞에 성모가 없을 때는 wu(乌), wa(蛙), wo(窝), wai(歪), wei(威), wan(弯), wen(温), wang(汪), weng(翁) 등으로 표기함.

ü행의 운모는 앞에 성모가 없을 때는 yu(迂), yue(约), yuan(冤), yun(晕) 등으로 표기하여 ü위의「¨」를 생략함.

ü행의 운모가 성모 j, q, x와 함께 병음될 때는 ju(居), qu(区), xu(虚)등으로 표기하여 ü위의「¨」를 생략함. 그러나, 성모 n, l과 함께 병음될 때는 생략하지 않고 nü(女), lü(吕)로 표기함.

(5) iou, uei, uen의 앞에 성모가 첨가될 때는 iu, ui, un으로 표기함. 예를 들면, niu(牛), gui(归), lun(论) 따위.

(6) 발음을 표시할 때, ng는 ŋ로 표기하기도 함.

四. 声调符号

阴平	阳平	上声	去声
ˉ	ˊ	ˇ	ˋ

성조부호는 음절의 주요 모음 위에 표시하며, 경성은 표시하지 않음. 예를 들면:

妈mā	麻má	马mǎ	骂mà	吗ma
(陰平)	(陽平)	(上聲)	(去聲)	(輕聲)

五. 隔音符号

a, o, e로 시작하는 음절이 다른 음절 뒤에 이어져, 음절 구분이 혼동되기 쉬운 곳에는 격음 부호(')로 한계를 명확히 함. 예를 들면 pí'ǎo(皮袄), míng'è(名额) 따위.

(2)〈普通话异读词审音表〉에 의한 修正音一覽

중국「国家语言文字工作委员会」에서 1985년 12월 수정 공포한〈普通话异读词审音表〉에 의한 수정음은 다음과 같음.

보기: 1. ⇒: 구음이 전부 수정음으로 바뀐 경우를 표시함.
2. →: 구음중 일부 음이 수정음으로 바뀐 경우를 표시함.
3. ㊫: 문어음(文語音), ㊐: 구어음(口語音)을 나타냄.

修正音對象漢字	舊音	修正音	該當語·例語	비고
呆	ái	⇒ dāi	呆板 áibǎn dāibǎn	
秘	bì	→ mì	便秘 biànbì→biànmì	「秘鲁」는 Bìlǔ
魄	bó	⇒ pò	落魄 luòbó→luòpò	「落泊」는 luòbó,「落拓」는 luòtuò
橙	chén	⇒ chéng	橙子 chén·zi→chéng·zi	
臭	chòu	→ xiù	乳臭 rǔchòu→rǔxiù	「香臭」는 xiāngchòu
闯	chuàng	⇒ chuǎng	闯荡 chuàngdàng→chuǎngdàng	
从	cōng	⇒ cóng	从容 cōngróng→cóngróng	
幅	fǔ	⇒ fú	幅儿 fǔr→fúr	
葛	gé	→ gě	诸葛 Zhūgé→Zhūgě	성(姓)에서는 모두 Gě
骨	gú	→ gǔ	骨头 gú·tou→gǔ·tou	「骨朵」는 gū·duo,「骨碌」gū·lu
迹	jī	⇒ jì	踪迹 zōngjī→zōngjì	
绩	jī	⇒ jì	成绩 chéngjī→chéngjì	
汲	jī	⇒ jí	汲取 jīqǔ→jíqǔ	
脊	jí	⇒ jǐ	脊梁 jí·liang→jǐ·liang	
嗟	jiē (又讀 juē)	⇒ jiē	嗟嘆 jiētàn (又讀juētàn)→jiētàn	
蓝	·la	→·lan	苤蓝 piě·la→piě·lan	
擂	lèi	→ léi	擂鼓 lèigǔ→léigǔ	「擂台」「打擂」에서는 lèi
潦	liǎo	⇒ liáo	潦草 liǎocǎo→liáocǎo	
拎	līng	⇒ līn		
嬷	mā	⇒mó	嬷嬷 mā·ma→ mó·mo	
牤	máng	⇒ māng		máng은 속음(俗音)
眯	mǐ	mí		「눈에 티가 들어가다」는 뜻일 때는 mǐ에서 mí로 수정
盟	míng	⇒ méng	盟誓 míngshì→méngshì	
澎	pēng	⇒ péng	澎湃 pēngpǎi→péngpài	
曝	pù	→ bào	曝光 pùguāng→bàoguāng	「一曝十寒」에서는 pù
槭	qī	⇒ qì	槭树 qīshù→qìshù	
荨	qián	⇒ qián㊫ ⇒ xún㊐	荨麻 qiánmá㊫ xúnmá㊐	
绕	rǎo	⇒ rào	缠绕 chánrǎo→chánrào	
霰	sǎn	⇒ xiàn	榴霰弹 liúsǎndàn→liúxiàndàn	
啥	shà	⇒ shá	为啥 wèishà→wèishá	
胜	shēng	⇒ shèng	胜任 shēngrèn→shèngrèn	
螫	shì	shì㊫ zhē㊐		
芒	wáng	⇒ máng	麦芒 màiwáng→màimáng	
往	wàng	⇒ wǎng		전치사(介词)인 경우도 wǎng
萎	wēi	⇒ wěi		
唯	wěi	⇒ wéi	唯唯诺诺 wěiwěi nuònuò→wéiwéi nuònuò	
哮	xiāo	⇒ xiào	咆哮 páoxiāo→páoxiào	
寻	xín	⇒ xún	寻思 xínsī→xúnsī	
驯	xún	⇒ xùn	驯服 xúnfú→xùnfú	

沿	yàn	⇒ yán	河沿 héyàn→héyán	
荫	yīn	⇒ yìn	荫蔽 yīnbì→yìnbì	「林荫道」「树荫」의 「荫」은 「阴」으로 씀
猹	zhā	⇒ chā		
帧	zhèng	⇒ zhēn	装帧 zhuāngzhèng →zhuāngzhēn	
指	zhī	⇒ zhǐ	指甲 zhī·jia→zhǐ·jia	
	zhí	⇒ zhǐ	指头 zhí·tou→zhǐ·tou	
筑	zhú	⇒ zhù		
築	zhú	⇒ zhù		
卓	zhuō	⇒ zhuó	卓见 zhuōjiàn→zhuójiàn	
作	zuō	→ zuò	自作自受 zì zuō zì shòu→ zì zuò zì shòu	「作坊」에서는 zuō
凿	zuò	⇒ záo	穿凿 chuānzuò→chuānzáo	

(3) 중국어 학교문법용어 통일안

「한국중국어학회」에서는 1990년 2월 3일 부산대학교에서 열린 제2차 정기 총회에서 중국어 교육에 필요한 문법용어의 한국어 대역어 통일 시안을 제출하였고, 여기에서 검토 소위원회를 구성하여 장기간 조정한 후, 1991년 6월 15일 경기대학교에서 개최된 제3차 정기 총회에서 아래와 같은 통일안이 통과되었음.

중 국 어	통 일 안	본사전의 표기
语素 语位 词素	형태소(morpheme)	형태소(詞素)
自由语素	자립형태소(free morpheme)	자립형태소(自由語素)
不自由语素	의존형태소(bound morpheme)	의존형태소(不自由語素)
字	글자	글자
词	단어(word)·낱말	낱말(詞)
单纯词	단순어	단순어(單純詞)
合成词	합성어	합성어(合成詞)
复合词	복합어	복합어(複合詞)
派生词	파생어	파생어(派生詞)
词根	어근	어근(語根)
词缀	접사	접사(詞綴)
前缀 词头	접두사	접두사(前綴)
后缀 词尾	접미사	접미사(後綴)
词组 短语 仂语	구	구(詞組)
名词词组	명사구	명사구(名詞詞組)
动词词组	동사구	동사구(動詞詞組)
形容词词组	형용사구	형용사구(形容詞詞組)
数量词组	수량구	수량구(數量詞組)
主谓词组	주술구	주술구(主謂詞組)
介宾词组	전치사구	전치사구(介賓詞組)
固定词组	관용구	관용구(固定詞組)
复指词组	동격구	동격구(複指詞組)
句 句子	문	문(句子)
句群	문결합	문결합(句群)
词类	품사	품사(詞類)
实词	실사	실사(實詞)
虚词	허사	허사(虛詞)
名词	명사	명사(名詞)
方位词	방위사	방위사(方位詞)
时间词	시간사	시간사(時間詞)
处所词	처소사	처소사(處所詞)
代词	대사	대사(代詞)
人称代词	인칭대사	인칭대사(人稱代詞)
指示代词	지시대사	지시대사(指示代詞)
疑问代词	의문대사	의문대사(疑問代詞)
数词	수사	수사(數詞)
量词	양사	양사(量詞)
数量词	수량사	수량사(數量詞)

动量词	동량사	동량사(動量詞)
动词	동사	동사(動詞)
能愿动词 助动词	조동사	조동사(助動詞)
趋向动词	방향동사	방향동사(趨向動詞)
及物动词	타동사	타동사(及物動詞)
不及物动词	자동사	자동사(不及物動詞)
形容词	형용사	형용사(形容詞)
副词	부사	부사(副詞)
介词	전치사	전치사(介詞)
连词	접속사	접속사(連詞)
助词	조사	조사(助詞)
动态助词	동태조사	동태조사(動態助詞)
结构助词	구조조사	구조조사(結構助詞)
语气助词	어기조사	어기조사(語氣助詞)
叹词	감탄사	감탄사(感嘆詞)
拟声词	의성사	의성사(擬聲詞)
句子成分	문장성분	문장성분(句子成分)
独立成分	독립성분	독립성분(獨立成分)
主语	주어	주어(主語)
谓语	술어	술어(謂語)
宾语	목적어	목적어(賓語)
定语	관형어	관형어(定語)
状语	부사어	부사어(狀語)
补语	보어	보어(補語)
趋向补语	방향보어	방향보어(趨向補語)
结果补语	결과보어	결과보어(結果補語)
程度补语	정도보어	정도보어(程度補語)
可能补语	가능보어	가능보어(可能補語)
数量补语	수량보어	수량보어(數量補語)
介词词组补语	전치사구보어	전치사구보어(介詞詞組補語)
单句	단문	단문(單句)
复句	복문	복문(複句)
主谓句	주술문	주술문(主謂句)
动词谓语句	동사술어문	동사술어문(動詞謂語句)
「是」字句	「是」구문	「是」구문(「是」字句)
「有」字句	「有」구문	「有」구문(「有」字句)
「把」字句	「把」구문	「把」구문(「把」字句)
连动句	연동문	연동문(連動句)
兼语句	겸어문	겸어문(兼語句)
存现句	존현문	존현문(存現句)
被动句 「被」字句	피동문	피동문(被動句)
形容词谓语句	형용사술어문	형용사술어문(形容詞謂語句)
名词谓语句	명사술어문	명사술어문(名詞謂語句)
主谓谓语句	주술술어문	주술술어문(主謂謂語句)
特殊句式	특수문형	특수문형(特殊句式)
「是...的」句	「是...的」구문	「是...的」구문(「是...的」句)
疑问句	의문문	의문문(疑問句)
反问句	반어문	반어문(反問句)
陈述句	진술문	진술문(陳述句)
祈使句	명령문	명령문(祈使句)
感叹句	감탄문	감탄문(感嘆句)
无主句	무주어문	무주어문(無主句)
独词句	단어문	단어문(獨詞句)
紧缩句	축약문	축약문(緊縮句)
主句	주절	주절(主句)
从句	종속절	종속절(從句)
结构	구조	구조(結構)
并列结构	병렬구조	병렬구조(幷列結構)
偏正结构(单文)	수식구조	수식구조(修飾結構)
偏正结构(复文)	주종구조	주종구조(主從結構)
主谓结构	주술구조	주술구조(主謂結構)
补充结构	보충구조	보충구조(補充結構)

动补结构	동보구조	동보구조(動補結構)
形补结构	형보구조	형보구조(形補結構)
动宾结构	동목구조	동목구조(動賓結構)
介宾结构	전목구조	전목구조(介賓結構)
递进	점층	점층(遞進)
转折	전환	전환(轉折)
因果	인과	인과(因果)
假说	가정	가정(假說)
条件	조건	조건(條件)
承接	연접	연접(承接)
标点符号	문장부호	문장부호(標點符號)
句号	마침표	마침표(句號)
逗号	쉼표	쉼표(逗號)
顿号	작은쉼표	작은쉼표(頓號)
分号	쌍반점	쌍반점(分號)
冒号	쌍점	쌍점(冒號)
问号	물음표	물음표(問號)
感叹号	느낌표	느낌표(感嘆號)

(4) 상용 문장부호(標點符號) 용법표

명칭		부호	용법	용례
중국어	한국어			
句 号 jùhào	마 침 표	。/.	하나의 문(句子)이 완결되었음을 나타냄.	一九九二年韩中两国已经建交了。
逗 号 dòuhào	쉼 표	，	하나의 문 안에서의 휴지(休止)를 나타냄.	全世界各国人民的正义斗争，都是互相支持的。
顿 号 dùnhào	작은쉼표	、	병렬된 낱말(詞)이나 구(詞組) 사이의 휴지를 나타냄.	能源是发展农业、工业、国防、科学技术的重要物质基础。
分 号 fēnhào	쌍 반 점	；	병렬된 문과 문 사이의 휴지를 나타냄.	不批判唯心论，就不能发展唯物论；不批判形而上学，就不能发展唯物辩证法。
冒 号 màohào	쌍 점	：	앞 뒤의 문이 나타내는 의미가 서로 같거나 앞 문이 뒤의 문을 이끌어낼 때 쓰임. 편지나 원고 등의 사람 칭호 뒤에 쓰임.	民主主义，有两大网目：一是平均地权，一是节制资本。俗语说：一年之计在於春，一日之计在於晨。小平仁兄：来信收到了。
问 号 wènhào	물 음 표	？	의문문임을 나타냄.	这句话的意思你明白了吗？
感情号 gǎnqínghào (感叹号，惊叹号)	느 낌 표	！	강렬한 정서·희망·명령·질책·절규 등을 나타냄.	说来说去，原来你还没听懂啊！朋友！仔细想想吧！

双引号 shuāngyǐnhào	따 옴 표	“ ”	인용문을 표시하며, 가로쓰기에는 “ ” ‘ ’를 쓰고, 세로쓰기에는 『 』와 「 」를 씀. 인용어 속에 또 다른 인용어가 있을 때는 “ ”나 『 』를 먼저 쓰고 ‘ ’와 「 」를 속에 씀. 특별히 들어내 보이거나 책이름표 대신에 이 기호를 쓰기도 함.	他一再说:“大家应该牢记‘有请为成功之本’这句话。” 「咖啡」跟「沙发」一样，都是「外来语」。
	겹 낫 표	『 』		
单引号 dānyǐnhào	작은따옴표	‘ ’		
	낫 표	「 」		
小〔圆〕括号 xiǎo〔yuán〕kuòhào	소 괄 호	( )	주석이나 간단한 설명을 보탤 때 적당한 크기의 괄호를 골라 씀.	大海中的海水温差蕴含着巨大的能量(约有四十万亿千瓦)，可以用来发电。
中〔方〕括号 zhōng〔fāng〕kuòhào	중 괄 호	〔 〕		
大〔花〕括号 dà〔huā〕kuòhào	대 괄 호	{ }		
双括号 shuāngkuòhào	쌍 괄 호	(( ))		
省略号 shěnglüèhào	줄 임 표	……	말이 생략되었거나 다하지 않은 말이 있음을 나타냄. 6개 점으로 두 글자의 길이와 같음.	这个工厂现在可以生产车床,电机,电线……上百种产品。
破折号 pòzhéhào	말바꿈표	——	말의 내용이 바뀌었거나 뜻이 점차적으로 확대되어 갈 때를 표시함. 괄호대신에 쓰이기도 하고 따옴표 대신에 쓰이기도 함. 두 글자의 길이 만큼 길게 그음.	全队同志捧出铁人老队长留给他们的无价宝——《矛盾论》和《实践论》读了起来。 团结——批评和自我批评——团结。
连接号 liánjiēhào	붙 임 표	—	시간·장소·숫자 등의 앞에 쓰이거나, 서로 관련된 사람이나 사물을 표시함. 한글자의 길이 만큼 그음.	抗日战争时期(1937年—1945年)，“北京—上海”直达快车。 今晚球赛:北京队—广东队。

双书名号 shuāng shūmínghào	책이름표	《 》	서적·문서·신문·저작물·문장 등의 이름에 쓰이며 이러한 문헌 속에 다시 서명을 인용하거나 그속에 있는 편명을 나타낼 때는《 》를 먼저 쓰고 속에 〈 〉를 씀.	《毛泽东选集》《人民日报》《学习〈为人民服务〉》
单书名号 dānshūm ínghào		〈 〉		
间隔号 jiāngéhào	가운데점	·	월(月)과 날짜 사이에 쓰임. 음역된 외국인명의 이름과 성 사이에 씀.	“五·四”运动 诺尔曼·白求恩
着重号 zhuó zhònghào	힘줌표	.	특별히 강조할 부분의 글자 아래 쓰임.	党不仅要向前迈进，而且要带领千百万群众。

(5) 상용 명사·양사(量詞) 배합표

1. 일반 명사를 위주로 선택함.
2. 양사「个」와「种」만을 취하는 명사는 제외하였음.
3.「瓶」「车」「碗」등과 같은 임시양사(臨時量詞)와「堆」「捆」「群」과 같은 집합양사(集合量詞) 및「斤」「尺」「升」과 같은 도량형양사(度量衡量詞)는 제외함.
4. 수사(數詞)「一」만 취할 수 있는 양사는 (一)로 표시하였음.

名詞	量詞
板	块
办法	个 套
报社	家 个
报纸	张 份
碑	块 个 座
被单	条 床
被面	条 床 幅
被子	条 床
鼻涕	条 (一)把
鼻子	个 只
比赛	场 项
笔	枝 支 管
鞭炮	个 挂 串
鞭子	条 根
扁担	根 条
标语	条 幅
表	张 个
表	只 块 个
冰	块 层
冰雹	场 颗 粒
饼干	块
病	场
玻璃	块
布	块 幅 匹
布告	张 个
布景	堂 套 台
菜	棵
蚕	条
苍蝇	只 个
草	棵 株 根 墩 丛 片
铲子	把
肠子	根 条
唱片	张 套
钞票	张 沓 叠
车	辆
车床	台
车厢	节 个
车站	个 座
成绩	分 项
城	座
城市	座 个
秤	杆 台
尺	把
翅膀	只 个 对 双
虫	条(长形的) 个(非长形的)
锄头	把
船	条 只 艘 个
窗户	扇 个
窗帘	块
床	张 个
词(语词)	个 条
词(诗词)	首 阕
葱	棵 根
锉	把
掸子	把
刀	把
岛	个 座
稻草	根
稻子	株 墩
灯	盏 个
灯管	根 支
凳子	张 个 条(长形的)
笛子	枝 支 管
地	块 片
地雷	颗 个
地图	张 幅 本 册
点心	块
电池	节 对
电线	条 段 截 卷
电影	个 场 部
钉子	个 颗 枚
东西	件 样
豆腐	块
豆子	粒 颗
队伍	支 路
耳朵	个 只 对 双
耳环	个 只 对 副
饭	顿 餐 份 桌 口
饭店	家 个
房间	个
房子	所 间 栋 幢
飞机	架
肥皂	块 条
坟	座 个
风	场 阵 股
风景	处
缝纫机	台 架
斧子	把
甘蔗	根 节
缸	口 个
膏药	张 块 贴
镐	把
胳臂	条 只 个 双
歌	首 支 个
革命	场 次
工厂	个 家 座
工具	件 样
工人	个 名

工序	道
工资	份
工作	件 项 个
弓	张
功课	门
宫殿	座
沟	条 道
狗	条 只
骨头	根 节 块
鼓	个 面
故事	个 段 篇
瓜	个
瓜子儿	颗 粒
挂面	把
关口	道
棺材	口 个 具
管子	根 段 截
光	道
锅	口 个
汗	滴
汗珠	颗 滴
河	条
河堤	道
虹	条 道
狐狸	只 个
胡子	撇 撮 绺 把
蝴蝶	只 个 对
花儿	朵 枝 瓣 束 簇
花生	粒 颗
话句	段 (一)席
	(一)番
画	张 幅 轴 套
黄瓜	条
灰	把 撮 层
火	团 把
火柴	根 盒 包
火车	列 节
火箭	支 枝
货物	件 批
机器	台
机枪	挺
鸡	只 个
计划	个 项
技术	门 项
家具	件 样 套 堂
肩膀	个 双
剪子	把
剑	口 把
箭	枝 支
江	条
姜	块
交易	笔 宗
教室	间 个
角	个 只 对
脚	只 双
轿子	顶 乘 抬
街	条 道
筋	根 条
劲儿	把 股
井	眼 口 个
镜子	面 块 个
橘子	个 瓣
剧院	家 座

锯	把
军队	支
军舰	艘 只 条
炕	铺 个
客人	位 个
课	堂 节 门
课程	门
口袋	条(大的)
	个(小的)
口号	个 句
裤子	条
筷子	枝 支 根 双 把
筐	个 副
矿山	个 座
垃圾	堆
喇叭	个 支
蜡烛	枝 支 根
篮子	只 个
狼	只 条 个
老虎	只 个
老鼠	只 个
烙饼	张 块 牙
雷	个 声
犁	张
篱笆	道
礼堂	个 座
礼物	件 份
理由	个 条 点
力量	股
帘子	个 挂
粮食	颗 粒
楼	层
楼房	座 栋 所 幢
路	条
路线	条 个
露水	滴 颗
驴	头 条
旅馆	家 个 座
轮子	只 个
锣	面 个
骡子	匹 头
骆驼	匹 峰 个
麻	株 缕
麻袋	条 个
马	匹
马达	台 个
码头	个 座
麦子	棵 株
馒头	个
猫	只 个
毛	根 绺 撮
毛线	根 支 团 股
矛盾	个 对
帽子	顶 个
眉毛	道 双 对
门	扇 个 道
米	粒
蜜蜂	只
棉花	株 棵 团
名胜	处
命	条
命令	道 个 条
磨	盘 个 眼

墨	块 锭
木头	块 根
泥	块 摊 坨
碾子	盘 个
鸟	只 个
尿	泡
牛	头 条
藕	节 根
螃蟹	只 个
炮	门 尊
炮艇	艘 只
皮	块 张
琵琶	面 个
劈柴	块
票	张
牌	副 张
葡萄	粒 颗 串 架 棵
棋	副 盘
棋子儿	个
旗	面 杆
企业	个 家
气	股 团 缕
钱	笔
枪	枝 支 杆 条
墙	堵 垛 道
锹	把
桥	座 个
亲戚	个 门 家 处
琴	把(胡琴·提琴)
	个 架(钢琴·风琴)
青蛙	只 个
蜻蜓	只 个
蛆	条
裙子	条
人	个 帮 伙
	口(计算人口用)
人家	个 户 家
任务	项 个
日记	篇 段 本
肉	块 片
伞	把
嗓子	副 个 条
扫帚	把
森林	个 处 片
砂子	粒 把 撮
山	座
山口	道 个
山脉	条 道
闪电	道
扇子	把
伤	处 块
伤疤	块 条 道
商店	个 家
商品	个 件 批
上衣	件
烧饼	个 块
勺子	把 个
舌头	条 个
蛇	条
神经	根 条
牲口	头
绳子	条 根
尸体	个 具

명사	양사
诗	首 句 行
石头	块
屎	泡
收入	笔 项
收音机	台 个
手巾	块 条
手榴弹	颗 个
手套	副 双 只
手镯	个 只 对 副
书	本 册 部 卷 套 摞
书店	家 个
梳子	把
树	棵 株 行
树枝	根 枝
刷子	把 个
霜	场
水	滴 汪 摊
水泵	台
水车	台 架
水库	个 座
水桶	个 只 副
丝	根 缕
塑像	个 座 尊
蒜	头 瓣
算盘	把 个
隧道	个 孔
唢呐	个 支
锁	把
塔	座
台阶	级 个
痰	口
坦克	辆
毯子	条
糖(糖果)	块 颗
梯子	个 架
题	道 个
蹄子	个 只
田	块
铁丝	根 段 条 截 卷
头发	根 绺 撮
头巾	块 条
图章	个 颗 方
土	把 撮 层
兔子	只 个
腿	条 只 双
拖拉机	台
唾沫	口
瓦	块 片 垄
碗	个 摞
围巾	条
尾巴	条 根
味儿	股
文件	个 份 叠
文章	篇 段
蚊帐	顶 个
蚊子	只 个
屋子	间
武器	件 批
西瓜	个 块 牙
席子	领 张 卷
戏	出 台 个 场
虾	只 个

명사	양사
霞	片 朵
弦	根
线	条 根 股 支 轴 子 团 桄 条(画条线)
香	盘(盘香) 支 根 子(线香)
香肠	根
香蕉	根 个 把
香烟	支 根 盒 包 条 筒
箱子	个 口
相片	张 帧 幅
象	头
消息	个 条 则
箫	枝 支
小说	篇 本 部
笑容	(一)丝 (一)副
笑脸	(一)副
鞋	双 只
心	颗 个 条
心意	(一)片 (一)番
信	封
信箱	个 只
星	颗 个
行李	件
凶器	件 把
学问	门
学校	所 个
血	滴 滩 片
雪	场 片
鸭子	只 个
牙齿	颗 个 排 口
牙膏	支 管
牙刷	把 支
烟	股 缕
眼睛	只 个 双 对
眼镜	副
眼泪	滴 串 行 (一)把
砚台	块 个 方
雁	只 行
秧苗	根 棵 株
羊	只 头
腰带	根 条
药	副 服 剂 味 丸(以上中药), 片 粒(以上片剂)
钥匙	把
叶子	片 张
衣服	件 身 套
医院	所 家 个 座
仪器	台 架 件
仪式	项
椅子	把 个
意见	个 条 点
影片	部 个
影子	条 个
银行	个 所 家
邮票	张 枚 套
鱼	条 尾
鱼网	个 副 张
雨	阵 场 滴

명사	양사
鸳鸯	对 只 个
原则	个 项 条
月饼	个 块 牙
乐器	件
乐曲	首 支 段
云	朵 块 片 团
运动(体育)	场 项
运动(政治)	场 次
杂志	本 份 期 卷
灾荒	场 次
水闸	道 座
炸弹	颗 个
债务	笔
战斗	场 次
战线	条
战争	场 次
帐	本 笔
针	根 个 枚
枕头	个 对
政策	项 个 条
职业	项
纸	张 片 刀 沓
制度	条 项 个
钟	个 座
种子	颗 粒
珠子	粒 颗 串 挂
猪	口 头
竹子	根 节
主张	项 个
柱子	根
砖	块 摞
锥子	把
桌子	张 个
子弹	粒 颗 发
字	个 行 笔
钻	台 把
钻石	粒 颗
嘴	张 个

⑹ 형용사(形容詞) 중첩 형식표

ⓐ 중첩된 형용사가 명사를 수식할 때는 반드시「的」를 붙임. ¶清清的水｜맑디 맑은 물. ¶干干净净的衣服｜깔끔한 옷.
ⓑ수량사(數量詞)의 수식을 받고 있는 명사를 수식할 때는「的」를 생략할 수 있음. 단,「ABAB」식(式)은 생략할 수 없음. ¶薄薄一层冰｜얇디 얇은 얼음 한 겹. ¶短短两小时｜짧디 짧은 두 시간. ¶冰凉冰凉的一杯水｜얼음같이 차디 찬 물 한 잔.
ⓒ 동사를 수식할 때는 극소수를 제외하고는「地」를 붙이나,「ABAB」식은 동사를 수식할 수 없음. ¶慢慢地走过来｜천천히 걸어오다. ¶慢慢说｜천천히 말해라. ¶高高兴兴地唱了起来｜기쁘게 노래 부르기 시작했다. ¶白白跑了一趟｜완전히 한 번 헛걸음 쳤다.
ⓓ 술어(謂語)로 쓰일 때는「的」를 붙임. ¶眼睛大大的｜눈이 큼지막하다. ¶小脸红红的｜작은 얼굴이 빨갛다.
ⓔ 보어(補語)로 쓰일 때는 앞에「得」를 붙여야 하며,「AABB」식 외엔 반드시 뒤에「的」를 붙여야 함. ¶洗得干干净净的｜깨끗하게 씻었다. ¶烫得平平的｜팽팽하게 다림질했다.

1. 단음절 형용사 중첩(「A」→「AA」식)
⑴ 중첩 후 제2음절은 제1성으로 발음하고「儿化」하게 됨. ¶红红儿的 hónghōngr·de ¶小小儿的 xiǎoxiāor·de
⑵「＋」기호가 있는 형식으로 중첩하게 됨.

A	AA	AA的	AĀ儿
矮		＋	＋
暗	＋	＋	＋
白	＋	＋	＋
棒		＋	＋
薄		＋	＋
饱		＋	＋
扁		＋	＋
瘪		＋	
糙		＋	＋
草	＋	＋	＋
颤		＋	＋
长		＋	＋
潮		＋	＋
稠		＋	＋
臭		＋	＋
纯		＋	
蠢		＋	
粗	＋	＋	＋
脆		＋	＋
大	＋	＋	＋
单	＋		
淡	＋	＋	＋
低		＋	
毒		＋	
短	＋	＋	＋
多	＋	＋	＋
方		＋	＋
肥		＋	＋
粉		＋	＋
干		＋	＋
高	＋	＋	＋
鼓		＋	＋
乖	＋	＋	＋
光		＋	＋
好	＋	＋	＋
黑		＋	＋
狠	＋	＋	＋
红		＋	＋
厚		＋	＋
黄		＋	＋
灰		＋	
活	＋	＋	＋
尖		＋	＋
僵		＋	＋
焦		＋	＋
紧	＋	＋	＋
近		＋	＋
净			＋
静		＋	＋
俊			＋
空		＋	＋
苦	＋	＋	
快	＋	＋	＋
宽		＋	＋
辣		＋	＋
蓝		＋	＋
烂		＋	＋
老			＋
冷		＋	＋
凉		＋	＋
亮		＋	＋
绿		＋	＋
乱		＋	＋
满	＋	＋	＋
慢	＋	＋	＋
美		＋	＋
闷		＋	＋
猛			＋
密		＋	＋
面			＋
难			＋
嫩		＋	＋
蔫			＋
粘		＋	＋
暖		＋	＋
胖		＋	＋
平		＋	＋
浅		＋	＋
俏	＋	＋	＋
青		＋	＋
轻	＋	＋	＋
清		＋	＋
全			＋
热		＋	＋
软		＋	＋
傻			＋
深	＋	＋	＋
生		＋	＋
湿		＋	
熟			＋
瘦		＋	＋
死	＋	＋	
松		＋	＋
酥		＋	
素			＋
酸		＋	＋
碎		＋	＋
烫			＋
甜		＋	＋
秃		＋	
歪		＋	
弯		＋	
晚		＋	＋
旺		＋	＋
微	＋	＋	
稳		＋	＋
稀		＋	＋
细	＋	＋	＋
咸		＋	＋
香		＋	＋
响		＋	＋
小		＋	＋
斜			＋

新		+	+	远	+	+	+	整	+	+	+
严		+	+	匀		+	+	正		+	+
酽		+	+	脏		+		直		+	
阴			+	早	+	+	+	皱		+	
硬		+	+	窄		+	+	重		+	+
油			+	涨		+		准			+
圆	+	+	+	真	+	+					

2. 단음절 형용사+접미사(後綴)(「A」 → 「ABB」「ABC」식)

(1) 중첩된 접미사(「BB」)는 제1성으로 읽음. ¶慢腾腾的màntēngtēng·de ¶红通通的hóngtōngtōng·de

(2) 중첩 접미사에 따라 의미나 용법이 다른 것은 「비고」란에 밝혔음.

(3) 「ABB」의 「A」는 대체로 형용사이나 동사나 명사도 가끔 있음. ¶水淋淋(젖어서 물이) 뚝뚝 떨어지다. ¶笑哈哈(「하하」하고) 활짝 웃다.

(4) 「ABB」식의 「BB」는 같은 의미이면서 다른 글자를 쓰는 경우가 많은데, 이때는 그 중의 하나만 선택하였음.

(5) 북경구어(北京口語)에 주로 나타나는 「ABC」식의 「B」는 모두 경성(輕聲)으로 발음되는 「得·de」 혹은 「不·bu」이고 「C」는 제1성으로 발음됨. ¶圆得乎的 | 끝이 둥글다. ¶美不滋儿的 | (속으로) 득의하다. (내심) 기뻐하다.

(6) 접미사 「得乎」「不叽」는 「乎乎」「了呱叽」와 같으므로 아래 표에서는 생략함. 「乎乎」「不叽」는 폄의(貶義)를 지니고, 「儿化」한 후의 「乎儿乎儿」「得乎儿」「不叽儿」「不叽儿叽儿」은 포의(褒義)를 지님. ¶这个长得胖乎乎的 | 이 사람은 뚜룩뚜룩 뚱뚱이다. ¶小脸儿胖乎儿乎儿的 | 작은 얼굴이 통통하다.

A	A+後綴	비고
矮	矮墩墩	작으면서 굵고 비대하다
暗	暗沉沉	음침하다
白	白皑皑	(눈이) 새하얗다
	白苍苍	두발이나 얼굴이 창백하다
	白乎乎	뽀얗다. 하얗다
	白花花	은이나 물의 빛처럼 하얗다
	白晃晃	윤기나는 흰색을 형용
	白净净	사람의 피부를 형용
	白茫茫	구름·안개·홍수 따위가 끝이 보이지 않게 희뿌옇다
	白蒙蒙	안개·습기가 짙은 모습
	白不呲咧	색깔이 연하거나 맛이 싱겁다
悲	悲惨惨	비참하다
	悲凄凄	문언에 주로 쓰임
	悲切切	문언에 주로 쓰임
笨	笨了呱叽	우둔하다. 멍청하다
碧	碧油油	윤기나는 초록색
病	病歪歪	병색이 짙음을 형용
	病恹恹	병색이 짙음을 형용
	病殃殃	병색이 짙음을 형용
颤	颤巍巍	노인이나 병자의 동작을 형용. 비틀거리다
	颤悠悠	부들부들 떨다
潮	潮乎乎	축축히 젖다
赤	赤裸裸	있는 그대로 들어내 보이다
	赤条条	발가벗은 모양
沉	沉甸甸	물체가 무겁다
稠	稠乎乎	촘촘하다.
臭	臭乎乎	쿠쿠하다. 악취가 심하다
	臭烘烘	구리다. 악취가 심하다
喘	喘吁吁	(숨을) 헐떡이다
蠢	蠢了呱叽	꿈틀거리다. 굼뜨다
粗	粗墩墩	굵고 작다
	脆生生	목소리가 나긋나긋하거나 음식이 입에서 살살녹다
大	大咧咧	행동에 거침이 없다
呆	呆愣愣	멍청하다
淡	淡巴巴	싱겁다. 맹탕이다
毒	毒花花	햇볕이 매섭게 따갑다
短	短巴巴	짤막하다. 짧다
	短出出	몽땅하다. 짧다
	短撅撅	수염이나 양꼬리 같이 몽땅한 몸체에 위로 치켜 솟다
	短秃秃	껑뚱하다. 짧다
恶	恶狠狠	포악하다
肥	肥墩墩	작고 뚱뚱하다
	肥滚滚	둥글둥글하게 살찌다
	肥乎乎	통통하게 살찌다
	肥囊囊	볼록하게 살찌다
	肥得噜儿	비계살이 많다
	肥咕囊	불뚝나오게 살찌다
粉	粉扑扑	피부색이 불그스럼하다
疯	疯颠颠	미친 듯 날뛰다
	疯了呱叽	미친 듯 날뛰다
干	干梆梆	마르고 딱딱하다
	干瘪瘪	바싹말라 쭈글쭈글하다
孤	孤单单	고독하고 외롭다
	孤零零	고독하고 외롭다
鼓	鼓囊囊	주머니가 불룩하다
光	光灿灿	번쩍번쩍 빛나다
	光乎儿乎儿	빛나다. 번쩍이다
	光亮亮	반들반들하다. 빛나다
	光闪闪	번쩍이다. 빛나다
	光秃秃	(머리가 벗겨져) 번쩍이다
汗	汗津津	땀이 송글송글 나다
好	好端端	좋은 상태〔상황〕 아래서
	好生生	좋은 상태〔상황〕 아래서

黑	黑	糁	糁	안색이나 수염이 검다
	黑	墩	墩	(사람이) 검고 작다
	黑	乎	乎	어둡고 모호하다
	黑	茫	茫	(밤이)끝없이 캄캄한 밤을 형용하다
	黑	漆	漆	칠흙같이 어둡다
	黑	黢	黢	새까맣다
	黑	压	压	사람들이 밀집한 모습
	黑	魆	魆	어두컴컴하다
	黑	油	油	까맣고 번지르하다
	黑 不	溜	秋	안색이나 물체의 빛깔이 어둡다
	黑 咕	隆	冬	빛이 어둡다
红	红	光	光	안색이 좋다
	红	乎	乎	불그스레하다
	红	扑	扑	안색이 좋다
	红	通	通	새빨갛다
	红	彤	彤	(일출이나 일몰 때의) 불그스레하다
	红	艳	艳	붉고 곱다
厚	厚	墩	墩	두텁고 작다
	厚	实	实	두텁고 튼튼하다
花	花 里	胡	梢	갖가지 화려한 빛깔 혹은 화려하나 견실하지 못하다
滑	滑	溜	溜	윤기있고 매끄럽다
	滑 不	唧	溜	고기 등과 같이 미끄러워서 손에 가지고 가기가 어렵거나 길이 미끄러워서 걷기 어렵다
慌	慌	乱	乱	(인심이) 흉흉하다
	慌	张	张	허둥대다. 정신없다
黄	黄	澄	澄	금이나 곡식이 싯누렇고 금빛 찬란하다
	黄	乎	乎	누렇고 흐릿하여 선명하게 보이지 않다
灰	灰	沉	沉	침침하다
	灰	乎	乎	어슴푸레하다. 희뿌옇다
	灰	溜	溜	고개가 늘어지고 맥이 풀리어 의기 소침하다
	灰	蒙	蒙	늘 안개나 먼지가 희뿌옇게 끼어 있는 거리의 모양
	灰 了	呱	叽	회색투성이다
	灰 不	溜	秋	빛깔이 침침하다
浑	浑 得	噜	儿	어린애나 소년이 소박하고 귀엽다
活	活	生	生	빤히 눈 앞에서 보듯 생동적이다
火	火	辣	辣	몹시 뜨겁다. 얼얼하다. 화끈거리다
急	急	湍	湍	물이 급하게 흐르는 모양
	急	冲	冲	급해서 행동이 신속한 모양
	急	喘	喘	숨이 넘어갈 듯이 급한 모양
	急	乎	乎	허둥거리다. 안절부절못하다
假	假	惺	惺	위선적인 모양
尖	尖	溜	溜	목소리가 날카롭다. 물체가 뾰쪽하다
娇	娇	滴	滴	여자의 목소리나 자태가 나긋나긋하다
	娇	嫩	嫩	야들야들하다. 보들보들하다
金	金	灿	灿	금빛 찬란하다
	金	煌	煌	휘황찬란하다
	金	晃	晃	눈부시게 찬란하다
	金	闪	闪	황금빛으로 번쩍이다
紧	紧	巴	巴	잔뜩 긴장하다. 잔뜩 조이다
	紧	梆	梆	바짝 조이다
	紧	绷	绷	팽팽하게 조이다
	紧	箍	箍	옷이나 모자가 솔고 꼭 끼다
净	净	光	光	씻은 듯이 하나도 없다
静	静	悄	悄	아주 고요하다
	静	悠	悠	고요하고 한적하다
空	空	荡	荡	텅 비어 아무 것도 없다
	空	洞	洞	집이나 동굴이 텅비다. 문장이나 이야기가 내용이 없고 공허하다
	空	旷	旷	아주 넓다. 시원하게 넓다
	空	落	落	텅 비다. 다 가져가고 없다
苦	苦	英	英	약간 쓰다
	苦	森	森	몹시 쓰다
辣	辣	乎	乎	화끈거리게 맵다
	辣	丝	丝	약간 맵다
	辣	酥	酥	약간 맵다
蓝	蓝	英	英	안색이 푸르스름하다
	蓝	莹	莹	푸르고 투명하게 빛나다
	蓝	闪	闪	광채 있게 푸르다
懒	懒	散	散	나태하고 산만한 모양
	懒	洋	洋	마음이 내키지 않는 모양
烂	烂	乎	乎	물렁물렁하다. 푹 익다
乐	乐	呵	呵	유쾌하다
	乐	悠	悠	즐겁고 만족하다
	乐	滋	滋	내심 기뻐하다
泪	泪	汪	汪	눈물이 글썽글썽하다
冷	冷	冰	冰	차갑다. 싸늘하다
	冷	清	清	쓸쓸하고 적막하다
	冷	森	森	냉기가 파고들어 으스스하다
	冷	丝	丝	약간 싸늘하다
	冷	飕	飕	바람이 차갑다
	冷	古	丁	갑자기. 후다닥. 뜻밖에
愣	愣	磕	磕	멍청하게 어기적거리다
凉	凉	丝	丝	날씨가 약간 서늘하다. 음식이 조금 차다
	凉	飕	飕	바람이 서늘하다
	凉	苏	苏	날씨가 약간 서늘하다. 음식이 조금 차다
亮	亮	光	光	번쩍번쩍 빛나다
	亮	晶	晶	빛이 찬란하다
	亮	堂	堂	집안에 빛이 가득한 모습
绿	绿	葱	葱	식물이 싱싱하고 무성하다
	绿	茸	茸	새싹이 빽빽하다. 솜털처럼 보송보송하다
	绿	茵	茵	(초원이) 시퍼렇게 넓게 깔려 있는 모습
	绿	莹	莹	새파랗게 빛나다
	绿	油	油	파랗게 반들거리다
	乱	纷	纷	어수선하다
	乱	哄	哄	어지럽고 시끄럽다
	乱	乎	乎	혼잡하다. 어수선하다

乱	乱蓬蓬	머리카락 등이 쑥처럼 어지럽게 흐트러지다
	乱腾腾	혼란하다. 시끌시끌하다
	乱糟糟	난잡하다. 엉망이다
麻	麻酥酥	저릿하다. 조금 마비되다
满	满当当	가득 차다
	满登登	가득 차다
慢	慢腾腾	느릿느릿하다
	慢吞吞	꾸물꾸물하다
	慢悠悠	동작이 느리고 침착하다
毛	毛糙糙	조잡하거나 거칠다
	毛烘烘	털이 많고 빽빽하다
	毛乎乎	털이 많고 빽빽하다
	毛茸茸	가는 털이 촘촘하다
	毛楂楂	머리카락이 뻣뻣하고 산만하다
美	美丝丝	내심 기쁘고 즐겁다
	美滋滋	내심 기쁘고 즐겁다
	美不滋儿	내심 기쁘고 즐겁다
密	密麻麻	빽빽하게 몰려있다
	密匝匝	보리나 옥수수의 낟알처럼 조밀하다
面	面团团	얼굴이 둥글고 통통하다
面	面乎乎	전분이 많아 먹기에 부드럽다
明	明灿灿	햇빛이 찬란하다
	明光光	밝게 빛나다
	明晃晃	번뜩이다
	明亮亮	밝게 반짝이다
闹	闹哄哄	복잡하고 왁자지껄하다
	闹嚷嚷	복잡하고 왁자지껄하다
粘	粘乎乎	달라붙거나 찐득찐득하다
怒	怒冲冲	화가 잔뜩 나다
暖	暖烘烘	훈훈하다
	暖乎乎	따뜻하다
	暖融融	문언에 쓰여 햇빛이 따뜻하다
	暖洋洋	햇볕 아래서 따뜻함을 느끼다
胖	胖墩墩	뚱뚱하고 작다
	胖乎乎	뚱뚱하다
	胖不伦墩	뚱뚱하고 멍청하다
蓬	蓬茸茸	머리카락이 더부룩하고 부드럽다
	蓬松松	머리카락이나 수염이 흐트러지고 더부룩하다
贫	贫了呱叽	수다스럽다. 말이 많다
平	平稳稳	평온하다. 안정되다
	平展展	땅이나 도로가 평탄하다
凄	凄惨惨	처참하다
	凄凉凉	처량하다
	凄切切	목소리가 처량하다
气	气昂昂	화가 치밀다
	气冲冲	화가 몹시 나다
	气喘喘	급해서 숨이 가쁘다
	气鼓鼓	몹시 화나다
	气哼哼	몹시 화나다
	气乎乎	몹시 화나다
	气囊囊	몹시 화나다

	气吁吁	숨이 넘어갈 듯 급하다
怯	怯生生	담이 작고 소심하다
呜	呜凌凌	물이 맑고 물결이 일다
	呜幽幽	그윽하고 고요하다
轻	轻悄悄	가볍다. 경쾌하다
	轻飘飘	가볍다. 즐거워 자신을 잊다
晴	晴朗朗	맑다. 쾌청하다
穷	穷光光	가난하여 아무 것도 없다
热	热滚滚	물이나 눈물등이 뜨겁다
	热辣辣	뜨겁고 짜릿하다
	热烘烘	후끈후끈하다
	热乎乎	뜨끈뜨끈하다
	热腾腾	뜨거워서 김이 서리다
软	软和和	부드럽고 연하다
	软乎乎	보들보들하다
	软溜溜	나긋나긋하다
	软绵绵	솜처럼 부드럽다. 동작·곡조 등이 힘이 없다
	软囊囊	말랑말랑하게 부어오르다
	软塌塌	축쳐져 곧지 아니하다
	软不塌	축져져 곧지 아니하다
	软古囊	말랑말랑하게 부어오르다
臊	臊(sāo)烘烘	비린내가 나다
	臊(sāo)乎乎	비린내가 나다
	臊(sào)不搭	몹시 부끄럽다
沙	沙朗儿朗儿	음식맛이 수박처럼 사각사각하다
傻	傻呵呵	약간 멍청하다
	傻乎乎	약간 멍청하다
	傻不愣登	어리석다. 바보같다
湿	湿乎乎	축축하다
	湿淋淋	흠뻑 젖다
	湿漉漉	흠뻑 젖다
瘦	瘦溜溜	여위고 호리호리하다
水	水叽叽	물이 지나치게 많이 배다
	水淋淋	젖어 물방울이 떨어지다
	水灵灵	물기가 많아 싱싱하다
	水汪汪	맑고 생기가 있다
顺	顺当当	순조롭다
	顺溜溜	고분고분하다
死	死巴巴	꽉 막혀 생동적이지 못하다
	死板板	꽉 막혀 생동적이지 못하다
松	松垮垮	헐렁하다. 태도가 느슨하다
	松散散	느슨하다
素	素了呱叽	기름기가 없다. 너무 평범하다
酸	酸乎儿乎儿	시큼하다
	酸溜溜	시다. 시큼하다
甜	甜乎儿乎儿	달착지근하다
	甜津津	달콤하다
	甜溜溜	달콤하다
	甜蜜蜜	꿀처럼 달다
	甜丝丝	달콤하다
	甜滋滋	달콤하다
	甜不丝儿	달콤하다
秃	秃光光	아무 것도 없이 번들번들하다
弯	弯曲曲	구불구불하다
雾	雾蒙蒙	어슴푸레하다

	雾腾腾	어슴푸레하다
文	文绉绉	글이 우아하고 고상하다
稳	稳当当	온당하다
	稳扎扎	꼭 동여매다. 묵중하다
稀	稀乎儿乎儿	액체가 묽다
	稀拉拉	듬성듬성하다. 드물다
	稀溜溜	죽이나 국처럼 묽다
	稀得溜儿	죽이나 국처럼 묽다
喜	喜冲冲	즐겁게 뛰어가다
	喜洋洋	기쁨이 가득하다
	喜滋滋	속으로 기뻐하다
细	细溜溜	방망이나 솜이 가늘고 호리호리하다
	细条条	몸이 여위고 호리호리하다
瞎	瞎了呱叽	되는 대로. 마구 지껄이다
鹹	鹹乎乎	간간하다
	鹹津津	짭짤하다
	鹹不丝儿	조금 짜다
香	香馥馥	향기가 짙다
	香乎儿乎儿	향기가 짙다
	香喷喷	향기가 코를 찌를 듯이 짙다
	香扑扑	향기가 코를 찌를 듯이 짙다
响	响当当	잘 울리다
笑	笑哈哈	하하 하고 크게 웃다
	笑呵呵	크게 웃다
	笑乎儿乎儿	크게 웃다
	笑眯眯	눈을 가늘게 뜨고 웃다
	笑嘻嘻	미소 짓다
	笑吟吟	은근히 웃다
	笑盈盈	미소 짓다
斜	斜不呛儿	위치나 방향이 약간 기울다
血	血乎乎	허풍 떨다. 피가 흥건하다
	血淋淋	선혈이 낭자하다
	血丝胡拉	선혈이 낭자하다
兴	兴冲冲	기뻐서 덤비다
羞	羞答答	수줍어하다
虚	虚飘飘	들뜨다. 흔들리다
雄	雄纠纠	위풍당당하다
喧	喧腾腾	사람들이 떠들썩하다
暄	暄腾腾	만두나 빵처럼 물렁물렁 하면서도 탄력이 있다
眼	眼巴巴	간절히 바라거나 혹은 어쩔 수 없다
	眼睁睁	빤히 보면서도 어쩔 수 없다
硬	硬梆梆	견고하고 튼튼하다
	硬撅撅	수염 등이 빳빳하게 솟아나다
	硬朗朗	노인의 신체가 튼튼하다
油	油光光	반들반들하고 윤이 나다
	油乎乎	기름지다. 번들번들하다
	油花花	기름에 튀긴 음식물처럼 표면에 기름이 많다
	油腻腻	기름기가 많다
	油汪汪	기름투성이다
圆	圆滚滚	둥글고 통통하다
	圆乎乎	얼굴의 윤곽 등이 둥글다
	圆溜溜	동글동글하다
	圆得胡儿	조금 둥글다
	圆得溜儿	조금 둥글다
	圆咕隆冬	둥글고 육중하다
晕	晕乎乎	머리가 어지럽다
匀	匀乎儿乎儿	굵기·크기 등이 균등하다
	匀溜溜	굵기·크기 등이 균등하다
	匀溜溜儿	굵기·크기 등이 균등하다
髒	髒乎乎	지저분하다
贼	贼咕咕	음흉하고 교활하다
	贼溜溜	음흉하고 교활하다
直	直瞪瞪	눈을 부릅뜨고 바라보다
	直盯盯	눈을 부릅뜨고 바라보다
	直勾勾	눈을 뜨고 멍하니 바라보다
	直撅撅	수염처럼 꼿꼿하다
	直溜溜	붓처럼 꼿꼿하다
	直挑挑	신체가 크고 곧게 자라다
	直挺挺	똑바로 서거나 누워서 움직이지 않다
	直统统	단도 직입적이거나 혹은 성격이 솔직하다
皱	皱巴巴	주름지다
	皱古囊	주름이 지고 비대하다
醉	醉醺醺	얼큰하게 취하다

3. 쌍음절 형용사의 중첩(「AABB」「A里AB」「ABAB」식)

(1) 「BB」는 제1성으로, 두 번째 「A」는 경성(輕聲)으로 발음하고, 또 두 번째 「B」는 「儿化」함. ¶慢慢腾腾的 màn·mantēngtēng·de ¶干干净净儿的gāng·ganjīngjīngr·de

(2) 극소수의 「AABB」식으로 중첩하는 쌍음절 동사도 아래 표에 포함시킴. ¶对对付付的 | 대응하는 형세로, 맞서는 태세로. ¶来来往往的 | 왔다갔다 하며.

(3) 수식 성분이 앞에 붙은 형용사(「AB」식)는 음절(音節)간 중첩(「ABAB」식)하고, 첫째의 「A」에 중음(重音;stress)이 실리게 됨. ¶笔直笔直的 | 똑바른. 쭉 곧은. ¶冰凉冰凉的 | (얼음같이) 차디 찬.

(4) 「+」 기호가 있는 형식으로 중첩함.

AB	AABB	A里AB	BB는 제1성	두번째B는 B는「儿化」
矮小	+			
安定	+			
安分	+			
安静	+		+	+
安全	+			
安稳	+			
暗淡	+			
肮脏		+		
白净	+		+	+
彆扭	+	+	+	
草率	+			
颤悠	+		+	+
吵闹	+			
吵嚷	+		+	

诚恳	+			
迟疑	+			
充裕	+			
稠蜜	+			
纯粹	+			
瓷实	+		+	+
从容	+			
匆忙	+			
粗糙	+			
粗拉	+		+	
粗实	+		+	+
粗壮	+			
脆生	+		+	+
搭讪	+		+	+
打闹	+			
大方	+		+	+
道地	+			
地道	+		+	+
对付	+		+	+
墩实	+	+	+	+
哆嗦	+	+	+	+
恩爱	+			
方正	+			
肥胖	+			
肥大	+		+	+
肥壮	+			
肥实	+		+	+
敷衍	+		+	+
伏帖	+		+	+
富泰	+		+	
富裕	+		+	
疙瘩	+	+	+	
干巴	+			
干脆	+			
干净	+		+	+
高大	+			
高兴	+			
工整	+			
公平	+			
公正	+			
恭敬	+			
勾搭	+		+	
孤单	+		+	+
孤零	+		+	+
古怪	+	+		
光溜	+		+	+
规矩	+		+	
鬼祟	+			
憨厚	+			
寒酸	+			
含胡	+		+	
含混	+			
浩荡	+			
和蔼	+			
和睦	+			
和气	+		+	
和顺	+			
厚道	+			
厚实	+		+	+

糊涂	+	+	+	
花梢	+		+	+
欢实	+		+	+
缓慢	+			
荒凉	+			
恍惚	+			
晃荡	+	+	+	
活泼	+		+	
豁亮	+		+	+
机灵	+		+	+
简单	+		+	
娇气	+	+		
结实	+		+	+
结巴	+	+	+	
紧凑	+			
谨慎	+			
精神	+		+	+
客气	+		+	
恳切	+			
空洞	+			
空旷	+			
快乐	+		+	+
宽敞	+		+	+
宽绰	+		+	+
拉扯	+			
拉杂	+			
来往	+			
烂胡	+		+	+
踉跄	+			
牢靠	+		+	+
老气		+		
冷淡	+			
冷静	+			
冷落	+			
冷清	+		+	
利落	+		+	+
利索	+		+	+
凉快	+		+	+
亮堂	+		+	+
潦草	+			
伶俐	+			
零碎	+			
零星	+		+	+
蹓跶	+		+	+
笼统	+			
流气		+		
搂抱	+			
啰唆	+	+	+	
麻利	+		+	+
马虎	+	+	+	
蹒跚	+			
莽撞	+			
毛糙	+	+	+	
冒失	+		+	
蒙眬	+			
懵懂	+		+	
迷糊	+	+	+	
密实	+		+	
勉强	+		+	

苗条	+			
渺茫	+			
明亮	+			
模糊	+	+	+	
摸索	+		+	
磨蹭	+		+	
磨咕	+		+	
粘糊	+	+	+	
念叨	+			
扭捏	+			
蓬勃	+			
蓬松	+			
漂亮	+		+	+
拼凑	+			
平安	+		+	
平淡	+			
平静	+		+	+
平坦	+			
平稳	+			
平庸	+			
破烂	+			
普通	+		+	
朴实	+		+	
朴素	+			
凄凉	+			
凄惨	+			
凄切	+			
齐全	+		+	
齐整	+			
奇怪	+			
敲打	+			
切实	+			
亲密	+			
亲切	+			
亲热	+		+	+
勤快	+		+	+
清白	+			
清楚	+		+	
清静	+		+	+
清凉	+		+	+
清爽	+			
轻松	+		+	+
轻易	+			
曲折	+			
热乎	+		+	+
软乎	+		+	+
散漫	+			
商量	+		+	+
实在	+			
爽快	+			
顺当	+		+	+
顺溜	+		+	+
斯文	+			
死板	+			
松快	+		+	+
松软	+			
素净	+		+	+
琐碎	+		+	
随便	+			
踏实	+		+	
太平	+		+	+
堂皇	+			
甜密	+			
痛快	+		+	+
吞吐	+			
拖沓	+			
妥当	+		+	+
弯曲	+			
完全	+		+	
完整	+			
畏缩	+			
温和	+			
文雅	+			
稳当	+		+	+
稳妥	+			
稳重	+			
详尽	+			
详细	+			
幸苦	+			
虚假	+			
严密	+			
严实	+		+	+
阴沉	+			
阴森	+			
隐约	+			
硬朗	+		+	+
庸碌	+			
犹豫	+		+	
圆满	+			
扎实	+		+	
遮掩	+		+	
争吵	+			
整齐	+		+	
正当	+		+	
枝节				+
支吾	+		+	
忠厚	+			
壮实	+		+	
仔细	+			
自然	+		+	

(7) 한자(漢字) 편방(偏旁) 명칭표

偏旁	名稱	例字
冫	两点水儿liǎngdiǎnshuǐr	次 冷 准
冖	秃宝盖儿tūbǎogàir	写 军 冠
言(讠)	言字旁儿yánzìpángr	计 论 识
厂	偏厂儿piānchǎngr	厍 历 厚
匚	三匡栏儿sānkuānglánr 三匡儿sānkuāngr	区 匠 匣
刂	立刀旁儿lìdāopángr 立刀儿lìdāor	列 别 剑
冂	同字匡儿tóngzìkuāngr	冈 网 周
亻	单人旁儿dānrénpángr 单立人儿dānlìrénr	仁 位 你
勹	包字头儿bāozìtóur	勺 勾 旬
厶	私字儿sīzìr	允 去 矣
廴	建之旁儿jiànzhīpángr	廷 延 建
卩	单耳旁儿dān' ěrpángr 单耳刀儿dān' ěrdāor	即 印 却
阝	双耳旁儿shuāng' ěrpángr 双耳刀儿shuāng' ěrdāor 右耳刀儿yòu' ěrdāor 左耳刀儿zuǒ' ěrdāor	邦 那 郊 防 阻 院
氵	三点水儿sāndiǎnshuǐr	江 汪 活
丬(爿)	将字旁儿jiàngzìpángr	壮 状 将
忄	竖心旁儿shùxīnpángr 竖心儿shùxīnr	怀 快 性
宀	宝盖儿bǎogàir	宇 定 宾
广	广字旁儿guǎngzìpángr	座 店 席
辶(辶)	走之儿zǒuzhīr	过 还 送
土	提土旁儿títǔpángr 剔土旁儿tītǔpángr	地 场 城
艹	草字头儿cǎozìtóur 草头儿cǎotóur	艾 花 英
廾	弄字底儿nòngzìdǐr	弄 弁 弊
尢	尤字旁儿yóuzìpángr	尤 尨 就
扌	提手旁儿tíshǒupángr 剔手旁儿tīshǒupángr	扛 提 摘
囗	方匡儿fāngkuāngr	因 国 图
彳	双人旁儿shuāngrénpángr 双立人儿shuānglìrénr	行 征 徒
彡	三撇儿sānpiěr	形 参 须
＊夂	折文儿zhéwénr	冬 复 夏
犭	反犬旁儿fǎnquǎnpángr 犬犹儿quǎnyóur	狂 独 狠
饣(食)	食字旁儿shízìpángr	饮 饲 饰
子	子字旁儿zǐzìpángr	孔 孙 孩
纟(糸)	绞丝旁儿jiǎosīpángr 乱绞丝儿luànjiǎosīr	红 约 纯
巛	三拐儿sānguǎir	巠 邕 巢
灬	四点儿sìdiǎnr	杰 焦 热
火	火字旁儿huǒzìpángr	灯 烛 灿
礻(示)	示字旁儿shìzìpángr 示补儿shìbǔr	礼 社 祖
王	王字旁儿wángzìpángr 斜玉旁儿xiéyùpángr	玩 珍 班
木	木字旁儿mùzìpángr	朴 杜 栋
牜	牛字旁儿niúzìpángr 剔牛儿tīniúr	牡 物 牲
攵	反文旁儿fǎnwénpángr 反文儿fǎnwénr	收 政 教
疒	病字旁儿bìngzìpángr 病旁儿bìngpángr	症 疼 痕
衤	衣字旁儿yīzìpángr 衣补儿yībǔr	初 袖 被
＊𡗗	春字头儿chūnzìtóur	奉 奏 泰
罒	四字头儿sìzìtóur	罗 罢 罪
皿	皿字底儿mǐnzìdǐ 皿墩儿mǐndūnr	盂 益 盔
钅(金)	金字旁儿jīnzìpángr	钉 钢 铃
禾	禾木旁儿hémùpángr	和 秋 种
癶	登字头儿dēngzìtóur	癸 登 发
龹	卷字头儿juànzìtóur	券 拳 眷
米	米字旁儿mǐzìpángr	粉 料 粮
虍	虎字头儿hǔzìtóur	虏 虐 虚
竹	竹字头儿zhúzìtóur	笑 笔 笛
足	足字旁儿(zúzìpángr)	跟 距 蹄

1. 중요한 것만 골라 설명하였음.
2. ＊표는 실제로 부수로 쓰이지 않음.

(8) 一簡化字·複數繁體字 구별표

簡	繁	구　별	비　고
厂	厂	암자. 인명에 쓰임.	
	廠	공장. 사업장.	
广	广	암자. 인명에 쓰임.	
	廣	넓다.	
摆	擺	나누다. 흔들다.	
	襬	치마. 옷의 아랫단.	
表	表	표.	
	錶	시계.	
别	別	구별하다.	
	彆	꼬다. 틀어지다. 구부리다.	
卜	卜	점(치다)	
	蔔	蘿卜(무우)	
才	才	재능. 재주. 비로소. 겨우.	*「才」와「纔」가「비로소」「겨우」의 뜻일 때는 통용. 고서(古書)에서는 명확하게 구별. 통용되지 않
	纔	잿빛. 비로소. 겨우.	
冲	沖	공허하다. 어리다. 위로치 솟다.	
	衝	부딪치다. 要路. 대로.	
丑	丑	十二支의 명칭.	
	醜	보기 흉함. 미워함. 무리. 유사함.	
淀	淀	얕은 호수.	
	澱	침전하다. 앙금. 침전물.	
冬	冬	겨울.	
	鼕	북소리.	
斗	斗	말(곡물의 양을 재는 단위).	
	鬪	싸우다. 전투(하다)	
发	發	발사하다. 출발하다.	
	髮	머리카락.	
范	范	성(姓)	
	範	규범. 모범.	
丰	丰	풍채.	
	豐	풍부(하다).	*「豐」은「豊」으로 많이 씀.
复	復	반복(하다). 재차.	*「復」「複」「覆」는 고대에는 통용되지 않았으나,「複」의「겹치다」「중복되다」의 의미와「覆」의「뒤집다」의 의미일 때 간혹「復」로 쓰임. 複道→復道. 反覆→反復
	複	겹옷. 중복(하다). 복잡하다. 겹치다.	
	覆	덮다. 전복되다. 뒤집다.	
干	干	옛날의 방패.	
	幹	나무의 줄기.	
	乾	마르다.	*「乾坤」(하늘과 땅)에서는「qián」으로 발음하며「干」으로 간화할 수 없음.
谷	谷	골짜기.	
	穀	곡식. 곡물.	
刮	刮	갈다. 깎다.	
	颳	(바람이) 불다.	
后	后	군주. 왕후. 후비.	
	後	뒤. 후.	
画	畫	그림(그리다). 도면.	
	劃	필획	
拴	劃	(칼로)쪼개다. 가르다.	
	拴	배를 젓다.	
汇	匯	모으다.	
	彙	종류.	
伙	伙	동료	*「伙」와「夥」는 많이 통용함.
	夥	매우 많다.	
获	獲	획득(하다).	
	穫	(농작물을) 수확하다.	
几	几	작은 탁자.	
	幾	얼마. 몇 개.	
机	机	궤나무.	
	機	기계. 틀.	
饥	飢	배고프다. 굶주리다.	
	饑	흉작. 기근(이 들다).	

家	家	집안. 가정.	
	傢	가구. 기구.	
价	价	하인. 심부름꾼.	
	價	값. 가격.	
荐	荐	짚방석. 천거하다. 추천하다.	
	薦	꼴. 짐승이 먹는 풀. 추천하다. 천거하다.	
姜	姜	성(姓).	
	薑	생강.	
借	借	빌리다. 차용하다.	*「狼藉」(낭자하다)의 경우는 「jí」로 발음하며「借」로 간화할 수 없음.
	藉	의지하다.	
卷	卷	책. 말다.	
	捲	말다.	
克	克	이기다. 능히 ……할 수 있다.	
	剋	억제하다.	
夸	夸	사치하다. 자만(하다).	
	誇	과장하다. 자만(하다).	*「과장하다. 자만하」다의 뜻으로는 통용.
腊	腊	「xī」 말린 고기.	
	臘	음력 12월	
蜡	蜡	「zhà」 납제. 옛날의 제사 이름.	
	蠟	밀랍. 양초.	
累	累	모이다. 묶다. 연루시키다.	*「묶다」의 의미로서 서로 통용.
	纍	밧줄. 묶다.	
里	里	마을.	
	裏	옷의 안쪽. 내부.	
历	曆	역술. 역법.	*「역술」「역법」의 의미에서는 통용.
	歷	경과(하다). 경력. 역술. 역법.	
隶	隶	미치다. 도달하다.	
	隸	종. 예속(되다). 예서(서체의 일종).	
帘	帘	고대 술집을 나타내는 깃발.	
	簾	(방문에 치는) 발.	
了	了	알다. 명확하다. 조사(助詞).	
	瞭	눈동자가 맑음.	*「瞭」가「liào」로 발음될 때는 간화하지 않음.「瞭望」
么	幺	「yāo」「幺」(작다. 막내)의 속자.	*「yāo」로 발음할 때는 「幺」로 써야 함. 「麽」가 「mé」로 발음될 때는 간화하지 않음. 「幺麽小丑」
	麼	「·me」 접미사.	
蒙	蒙	덮다. (도움을) 받다.	
	濛	가랑비가 오는 모양.	
	懞	어리석음.	
	矇	눈이 멀다. 소경.	
弥	彌	차다. 보충하다. 더욱.	
	瀰	충만하다. 물이 가득 차다.	
面	面	얼굴	
	麵	밀가루.	
蔑	蔑	경시하다. 경멸하다.	
	衊	더럽히다. 무고하다.	
宁	宁	zhù 오랫동안 서 있다	
	寧	평안하다. 남경(南京)의 약칭.	
辟	辟	법. 형벌(을 주다). 군왕.	*「辟」와 「闢」는 상고 시대에는 통용.
	闢	개간하다.	
苹	苹	쑥.	
	蘋	네가래.	
朴	朴	나무껍질. 큰 목재. 소박함. 성(姓).	*「朴」와 「樸」는 「소박하다」의 의미에서는 통용.
	樸	가공하지 않은 목재. 소박함. 순박함.	
千	千	천. 백의 열 배.	
	韆	그네.	
签	簽	서명(하다).	
	籤	제비. 꼬챙이.	
秋	秋	가을	
	鞦	그네.	
洒	洒	「洒」는 「洗」의 본자(本字).	
洒	灑	(을 따위를) 뿌리다. 쏟다.	
舍	舍	객사. 거실. 버리다.	
	捨	버리다.	

簡化字	繁體字	의미	비고
沈	沈	성(姓).	*「가라앉다」의 의미에서는「沉」으로 씀.
	瀋	즙. 지명(地名)인「瀋陽」은「沈陽」으로 씀.	
胜	胜	펩타이드[유기화합의 일종]	
	勝	승리하다. 물리치다.	
适	适	「kuò」사람 이름.	*사람 이름에 쓰인 경우는「适」로 써서 분별함.
	適	가다. 도달하다.	
术	朮	zhú 삽주(엉거시과에 속하는 다년초)	
	術	기술. 학술. 학설. 방법.	
松	松	소나무	
	鬆	느슨하다. 관대하다.	
台	台	「yí」나. 1인칭 대명사. 어찌. 성(姓)	
	台	「tái」별 이름. 삼태성(三台星).	
	臺	누대.	
	檯	탁자.	
	颱	태풍.	
坛	壇	흙으로 쌓은 단.	
	罎	주둥이가 작은 항아리.	
听	听	「yǐn」입을 벌리고 웃는 모양.	
	聽	듣다.	
系	系	계보.	
	係	관계.「是」(…이다)와 같이 쓰임.	
咸	咸	모두.	
	鹹	짜다.	
向	向	향하다.	
	嚮	인도하다.「嚮」과 통용.	
痒	痒	병명(病名).	
	癢	가렵다.	
叶	叶	「xié」「協」과 같은 글자.	
	葉	나뭇잎	
余	余	나. 제1인칭 대사.	
	餘	남다. 잉여.	
御	御	(말 따위를) 타다.	
	禦	방어(하다).	
吁	吁	「xū」탄식하는 소리.	
	籲	부르다. 호소하다.	
郁	郁	문채가 있는 모양. 향기가 짙음.	
	鬱	울창함. 초목이 무성함. 우울하다.	
云	云	이르다. 말하다.	
	雲	구름.	
折	折	절단하다. 구부리다. 꺾다.	
	摺	접다.	
征	征	정벌하다. 징세하다. 멀리가다.	*「五音」(宫·商·角·徵·羽)의「徵zhǐ」는「征」으로 간화하지 않음.
	徵	모집하다. 취하다. 구하다. 징세하다.	
症	症	증세.	
	癥	「zhēng」뱃속에 혹이 생기는 병.	
只	只	어기사(語氣詞). 겨우. 단지.	
	祇	겨우. 단지.	
	隻	척.(배 따위를 세는) 양사(量詞).	
致	致	이르다.	
	緻	세밀하다.	
	鍾	주기(酒器). 모으다. 성(姓).	
	鐘	쇠북. 시계.	
朱	朱	홍색. 붉은 색.	
	硃	주사(안료로 쓰는 광물).	
筑	筑	축(고대 악기명)	
	築	담을 쌓다.	
钻	鉆	집게. 마차에 기름을 치는 기구.	
	鑽	구멍을 내다. 깊이 연구하다.	

(9) 간지표(干支表)

天干	發音	地支	發音	動物	時刻
甲	jiǎ	子	zǐ	鼠(shǔ)	11~1a.m.
乙	yǐ	丑	chǒu	牛(niú)	1~3
丙	bǐng	寅	yǐn	虎(hǔ)	3~5
丁	dīng	卯	mǎo	兔(tù)	5~7
戊	wù	辰	chén	龙(lóng)	7~9
己	jǐ	巳	sì	蛇(shé)	9~11
庚	gēng	午	wǔ	马(mǎ)	11~1p.m.
辛	xīn	未	wèi	羊(yáng)	1~3
壬	rèn	申	shēn	猴(hóu)	3~5
癸	guǐ	酉	yǒu	鸡(jī)	5~7
		戌	xū	狗(gǒu)	7~9
		亥	hài	猪(zhū)	9~11

(10) 二十四節氣表

季節	節氣名	發音	陽曆	季節	節氣	名發音	陽曆
春	立春	lìchūn	2月 3日~ 5日	秋	立秋	lìqiū	8月 7日~ 9日
	雨水	yǔshuǐ	2月18日~20日		處暑	chǔshǔ	8月22日~24日
	驚蟄	jīngzhé	3月 5日~ 7日		白露	báilù	9月 7日~ 9日
	春分	chūnfēn	3月20日~22日		秋分	qiūfēn	9月22日~24日
	清明	qīngmíng	4月 4日~ 6日		寒露	hánlù	10月 8日~ 9日
	穀雨	gǔyǔ	4月19日~21日		霜降	shuāngjiàng	10月23日~24日
夏	立夏	lìxià	5月 5日~ 7日	冬	立冬	lìdōng	11月 7日~ 8日
	小滿	xiǎomǎn	5月20日~22日		小雪	xiǎoxuě	11月22日~23日
	芒種	mángzhǒng	6月 5日~ 7日		大雪	dàxuě	12月 6日~ 8日
	夏至	xiàzhì	6月21日~22日		冬至	dōngzhì	12月21日~23日
	小暑	xiǎoshǔ	7月 6日~ 8日		小寒	xiǎohán	1月 5日~ 7日
	大暑	dàshǔ	7月22日~24日		大寒	dàhán	1月20日~21日

(11) 주요 기념일 비교표

일자(양력)	세계 및 중국의 기념일	한국의 기념일
1. 6	皖南事变纪念日〈환남 사변(1941) 기념일〉	
1.15	遵义会议纪念日〈준의 회의(1935.1.15-17: 중공 중앙의 정치국 확대회의) 기념일〉	
1.28	128事变纪念日〈128 사변(1932) 기념일〉	
2. 7	27大罢工纪念日 〈京漢鐵路 노동자 파업(1921) 기념일〉	
2.28	台湾228事件纪念日〈대만 2.28사건(1947) 기념일〉	
3. 8	国际劳动妇女节〈국제 노동 부녀자의 날〉	
3.12	植树节〈식목일〉	
3.13		해운의 날
3.20		상공의 날
3.23		기상의 날
4. 6		향토예비군의 날
4. 7		보건의 날
4.12	412反革命政变纪念日〈412반혁명정변 기념일〉	
4.13		임시정부 수립 기념일
4.20		장애자의 날
4.21		과학의 날
4.22	世界地球日〈세계 지구의 날〉	
5. 1	国际劳动节〈국제 노동자의 날〉	노동자의 날

5. 4	中国青年节〈중국 청년의 날 (1919년 五四운동을 기념하기 위한 날)〉	
5. 5		어린이날
5. 8	世界红十字日〈세계 적십자의 날〉	어버이날. 재향군인의 날
5.12	国际护士节〈국제 간호사의 날〉	
5.15		스승의 날
5.20		성년의 날
5월 세째주 일요일	全国助残日〈전국 장애자의 날〉	
5.24		석가탄신일
6. 1	国际儿童节〈세계 어린이의 날〉	
6. 5	世界环境日〈세계 환경의 날〉	
6. 6		현충일(顯忠日)
6.18		건설의 날
6.25		6.25사변일
6.26	世界禁毒日〈세계 마약류 퇴치의 날〉	
7. 1	中国共产党诞生纪念日 〈중국 공산당 탄생(1921) 기념일〉	
7. 1	世界建筑日〈세계 건축의 날〉	
7. 7	芦沟桥事变纪念日〈노구교 사변(1937) 기념일〉	
7.11	世界人口日〈세계 인구의 날〉	
7.17		제헌절(制憲節)
8. 1	中国人民解放军建军节 〈중국 인민해방군 건군일(1927)〉	
8.15		광복절(光復節)
9. 3	中国人民抗日战争胜利纪念日 〈중국 항일전쟁 승리(1945) 기념일〉	
9. 8	国际扫盲日〈국제 문맹 퇴치의 날〉	
9.10	教师节〈스승의 날〉	
9.18	918事变纪念日〈柳條溝事變(1931) 기념일〉	철도의 날
9.27		관광의 날
10. 1	中华人民共和国国庆节 〈중화인민공화국 수립(1949) 경축일〉	국군의 날
10. 1	国际老人节〈국제 노인의 날〉	
10. 3		개천절(開天節)
10. 9	世界邮政日〈세계 우정일〉	한글날
10.10	辛亥革命纪念日〈신해혁명 기념일〉	
10.13	中国少年先锋队建队纪念日 〈중국 소년선봉대 창단 기념일〉	
10.14	世界标准日〈세계 표준의 날〉	
10.15		체육의 날
10.16	世界粮食日〈세계 양식의 날〉	
10.20		문화의 날
10.21		경찰의 날
10.24	联合国日〈유엔의 날〉	국제연합일
10.27		대한적십자 창립일
10.29		저축의 날
10.30		항공의 날
11. 3		학생의 날
11. 9		소방의 날
11.30		무역의 날
12. 5		국민교육헌장 선포일
12. 9	北京学生救国纪念日〈북경학생 구국(1935) 기념일〉	
12.10	世界人权日〈세계 인권의 날〉	세계 인권 선언일
12.11	广州起义纪念日〈광주 의거 기념일〉	
12.12	西安事变纪念日〈서안사변(1936) 기념일〉	
12.13	南京大屠杀纪念日〈남경 대학살(1937) 기념일〉	
12.25		성탄절

(12) 주요 전통 명절

節名	別稱	時間	한국의 명절
元旦	新年(양력)(양력)	1.1	신정
春节	新年(음력)	(음력)1.1	설, 설날, 元旦, 歲首
元宵节	上元节, 灯节, 燃灯会	(음력)1.15	정월 대보름
二月二	春龙节, 踏青节, 龙抬头日	(음력)2.2	
上巳节	三巳, 重三, 三月三	(음력)3.3	삼월 삼짇날
清明节	植树节, 踏青节	(양력) 4.5 전후	청명
浴佛节	乌饭节	(음력)4.8	(석가 탄신일)
端午节	重午, 重五, 端阳, 天中节	(음력)5.5	단오절
六月六	天赐节, 晒虫节	(음력)6.6	
	(음력)6.15	유두(流頭)	
七夕	乞巧节, 女儿节, 双七节	(음력)7.7	칠석
中元节	盂兰盆节, 鬼节, 半年节	(음력)7.15	백종일(百種日)
仲秋节	团圆节, 八月节, 秋节	(음력)8.15	추석, 중추절
重阳节	重九节, 登高节, 茱萸节	(음력)9.9	중양절
冬至节	冬节, 交冬	(양력)12.22 전후	동지(冬至)
除夕	除夜, 年三十, 代年夜	(음력) 12월 마지막 밤	수세(守歲), 제석(除夕)

(13) 친족 칭호

一. 父系

우리말 호칭	성별	관계	호칭
할아버지, 조부	남	祖父	爷爷yéyė
할머니, 조모	여	祖母	奶奶nǎinǎi
아버지, 부친	남	父亲	爸爸bàbà, 爹diē
어머니, 모친	여	母亲	妈妈māmā, 娘niáng
형	남	兄	哥哥gēgė
형수	여	嫂	嫂子sǎozi, 嫂嫂sǎosǎo
누나	여	姐	姐姐jiějiė
자형	남	姐夫	姐夫jiěfū
남동생	남	弟	弟弟dìdi
제수, 계수	여	弟妹, 弟媳妇	弟妹
여동생	여	妹妹	妹妹mèimèi
매부, 매형	남	妹夫	妹夫mèifū
아들	남	儿子	
며느리, 자부(子妇)	여	儿媳妇儿, 媳妇儿	
딸	여	女儿	
사위	남	女婿, 姑爷	
큰아버지, 백부	남	伯父	伯伯bóbò, 大爷dàyė
큰어머니, 백모	여	伯母	大娘dàniáng, 大妈dàmā
작은아버지, 숙부	남	叔父	叔叔shūshū
작은어머니, 숙모	여	叔母	婶婶shěnshèn, 婶娘shěnniáng, 婶子shěnzi, 婶儿shěnr
고모	여	姑母	姑姑gūgū, 姑妈gūmā
고모부	남	姑父	姑父gūfū
사촌형, 종형(从兄)	남	堂兄, 叔伯哥哥	哥哥gēgė
사촌형수, 종형수(从兄嫂)	여	堂嫂	嫂嫂sǎosǎo, 嫂子sǎozi
사촌누나, 종자(从姊)	여	堂姊	姐姐jiějiė
사촌자형	남	堂姐夫	姐夫
사촌남동생, 종제(从弟)	남	堂弟, 叔伯兄弟	弟弟dìdi
사촌제수, 종제수(从弟嫂)	여	堂弟妹	弟妹dìmèi
사촌여동생, 종매(从妹)	여	堂妹	妹妹mèimėi

사촌매부	남	堂妹夫	妹夫mèifù
고종형, 내종형(内从兄)	남	姑表兄	表哥biǎogē
고종형수, 내종형수	여	姑表嫂	表嫂biǎosǎo
고종자, 내종자(内从姊)	여	姑表姐	表姐biǎojiě
고종자형	남	姑表姐夫	表姐夫biǎojiěfù
고종제, 내종제(内从弟)	남	姑表弟	表弟biǎodì
고종제수, 내종제수	여	姑表弟妹	表弟妹biǎodìmèi
고종매, 내종매(内从妹)	여	姑表妹	表妹biǎomèi
고종매부	남	姑表妹夫	表妹夫biǎomèifù
조카, 종자(从子)	남	侄儿, 侄子	
조카며느리, 질부(姪妇)	여	侄媳妇儿	
조카딸, 질녀(姪女)	여	侄女儿	
조카사위, 질서(姪壻)	남	侄女婿	
생질(甥姪)	남	外甥	
생질부(甥姪妇)	여	外甥媳妇儿	
생질녀(甥姪女)	여	外甥女儿	
생질서(甥姪壻)	남	外甥女婿	
손자	남	孙子	
손자며느리, 손부(孙妇)	여	孙媳妇儿	
손녀	여	孙女儿	
손녀사위, 손서(孙壻)	남	孙女婿	
외손자	남	外孙子	
외손부(外孙妇)	여	外孙媳妇儿	
외손녀	여	外孙女	
외손서(外孙壻)	남	外孙女婿	

二. 母　系

외할아버지, 외조부	남	外祖父	外公wàigōng, 老爷lǎoyė
외할머니, 외조모	여	外祖母	外婆wàipó, 姥姥lǎolào
외삼촌, 외숙부	남	舅父	舅舅jiùjiù
외숙모	여	舅母	舅母jiùmù, 舅妈jiùmā
이모	여	姨母	姨妈yímā, 姨yí
이모부	남	姨夫	姨夫yífù
외사촌형, 외종형(外从兄)	남	舅表兄	表哥biǎogė
외사촌형수, 외종형수(外从兄嫂)	여	舅表嫂	表嫂biǎosǎo
외사촌누나, 외종자(外从姊)	여	舅表姐	表姐biǎojiě
외사촌자형	남	舅表姐夫	表姐夫biǎojiěfù
외사촌남동생, 외종제(外从弟)	남	舅表弟	表弟biǎodì
외사촌제수, 외종제수(外从弟嫂)	여	舅表弟妹	表弟妹biǎodìmèi
외사촌여동생, 외종매(外从妹)	여	舅表妹	表妹biǎomèi
외사촌매부	남	舅表妹夫	表妹夫biǎomèifù
이종사촌형	남	姨表兄	表哥biǎogė
이종사촌형수	여	姨表嫂	表嫂biǎosǎo
이종사촌누나	여	姨表姐	表姐biǎojiě
이종사촌자형	남	姨表姐夫	表姐夫biǎojiěfù
이종사촌남동생	남	姨表弟	表弟biǎodì
이종사촌제수	여	姨表弟妹	表弟妹biǎodìmèi
이종사촌여동생	여	姨表妹	表妹biǎomèi
이종사촌매부	남	姨表妹夫	表妹夫biǎomèifù

三. 夫 婦 系

(一) 夫 系

시아버지, 시부(媤父)	남	公公	爸爸bàbȧ, 爹diē
시어머니, (媤母)	여	婆婆	妈妈māmȧ, 娘niáng
시아주버니	남	大伯	哥哥gēgė
시누이(손위)	여	大姑子	姐姐jiějiė
남편	남	丈夫, 爱人	
시동생	남	小叔子	弟弟dìdi
시누이(손아래)	여	小姑子	妹妹mèimėi

(二) 妻 系

장인	남	岳父	爸爸bàbȧ, 爹diē
장모	여	岳母, 丈母娘	妈妈māmȧ, 娘niáng
처남(손위)	남	内兄, 大舅子	哥哥gēgė
손위 처남댁	여	内嫂	嫂嫂sǎosȧo, 嫂子sǎozi
처형	여	大姨子	姐姐jiějiė
처자형	남	襟兄	姐夫jiěfu
처, 부인	여	妻子, 爱人,(我,你,他)媳妇儿	

처남(손아래)	남	内弟, 小舅子	弟弟dìdi
손아래 처남댁	여	内弟妹	弟妹dìmèi
처제	여	小姨子	妹妹mèimėi
처매부	남	襟弟	妹夫mèifu
처조카, 처질(妻姪)	남	内侄	
처조카딸, 처질녀(妻姪女)	여	内侄女儿	

(三) 기 타

바깥사돈	남	亲家	亲家qīnjiȧ
안사돈	여	亲家母	亲家qīnjiȧ
수양아버지	남	干爹, 干爸	干爹gāndiē, 干爸gānbȧ
수양어머니	여	干妈, 干娘	干妈gānmā, 干娘gānniáng
수양아들	남	干儿	
수양딸	여	干女儿	
의붓아버지	남	继父	继父jìfù
의붓어머니	여	继母, 后妈	继母jìmǔ, 后妈hòumā
의붓아들	남	义子	
의붓딸	여	义女	

⒁ 주요 성씨

二画	卜	복	Bǔ
	丁	정	Dīng
	刁	조	Diāo
三画	弓	궁	Gōng
	马	마	Mǎ
	上官	상관	Shàngguān
	千	천	Qiān
四画	孔	공	Kǒng
	公孙	공손	Gōngsūn
	仇	구	Qiú
	区	구	Ōu
	邓	등	Dēng
	毛	모	Máo
	文	문	Wén
	方	방	Fāng
	卞	변	Biàn
	水	수	Shuǐ
	王	왕	Wáng
	尤	우	Yóu
	牛	우	Niú
	韦	위	Wéi
	尹	윤	Yǐn
	仉	장	Zhǎng
	从	종	Cóng
	车	차	Chē
	贝	패	Bèi
	丰	풍	Fēng
五画	甘	감	Gān

	古	고	Gǔ
	邝	광	Kuàng
	乐	낙	Lè
	卢	노	Lú
	白	백	Bái
	边	변	Biān
	史	사	Shǐ
	司	사	Sī
	司马	사마	Sīmǎ
	司徒	사도	Sītú
	石	석	Shí
	帅	수	Shuài
	申	신	Shēn
	乐	악	Yuè
	艾	애	Ài
	厉	여	Lì
	冉	염	Rǎn
	叶	엽	Yè
	甯	영	Nìng
	龙	용	Lóng
	印	인	Yìn
	田	전	Tián
	左	좌	Zuǒ
	包	포	Bāo
	冯	풍	Féng
	皮	피	Pí
	弘	홍	Hóng
六画	江	강	Jiāng
	曲	곡	Qū
	巩	공	Gǒng
	关	관	Guān
	匡	광	Kuāng
	乔	교	Qiáo
	纪	기	Jǐ
	祁	기	Qí
	吉	길	Jí
	那	나	Nà
	年	년	Nián
	农	농	Nóng
	达	달	Dá
	米	미	Mǐ
	朴	박	Piáo
	师	사	Shī
	成	성	Chéng
	孙	손	Sūn
	安	안	Ān
	吕	여	Lǚ
	延	연	Yán
	邬	오	Wū
	伍	오	Wǔ
	阮	원	Ruǎn
	刘	유	Liú
	戎	융	Róng
	阴	음	Yīn
	伊	이	Yī
	任	임	Rén
	全	전	Quán
	齐	제	Qí
	朱	주	Zhū
	仲	중	Zhòng
	池	지	Chí
	汤	탕	Tāng
	毕	필	Bì
	向	향	Xiàng
	许	허	Xǔ
	邢	형	Xíng
	华	화	Huà(又讀 Huá)
七画	谷	곡	Gǔ
	贡	공	Gòng
	邱	구	Qiū
	来	내	Lái
	冷	냉	Lěng
	劳	노	Láo
	佟	동	Tóng
	杜	두	Dù
	麦	맥	Mài
	巫	무	Wū
	闵	민	Mǐn
	佘	사	Shé
	沙	사	Shā
	邵	소	Shào
	苏	소	Sū
	萧	소	Xiāo
	宋	송	Sòng
	时	시	Shí
	辛	신	Xīn
	沈	심	Shěn
	杨	양	Yáng
	严	엄	Yán
	余	여	Yú
	连	연	Lián
	芮	예	Ruì
	吴	오	Wú
	沃	옥	Wò
	陆	육	Lù
	汪	왕	Wāng
	应	응	Yīng
	李	이	Lǐ
	岑	잠	Cén
	张	장	Zhāng
	狄	적	Dí
	迟	지	Chí
	陈	진	Chén
	邹	추	Zōu
	邰	태	Tái
	何	하	Hé
	轩辕	헌원	Xuānyuán
	花	화	Huā
八画	居	거	Jū
	经	경	Jīng
	季	계	Jì
	欧	구	Ōu
	欧阳	구양	Ōuyáng
	国	국	Guó
	屈	굴	Qū
	金	김	Jīn
	罗	나	Luó
	郎	낭	Láng

	孟	맹	Mèng
	茅	모	Máo
	苗	묘	Miáo
	武	무	Wǔ
	宓	밀	Mì
	房	방	Fáng
	庞	방	Páng
	范	범	Fàn
	法	법	Fǎ
	尚	상	Shàng
	单	선	Shàn
	冼	선	Xiǎn
	岳	악	Yuè
	郁	욱	Yù
	易	이	Yì
	林	임	Lín
	郑	정	Zhèng
	宗	종	Zōng
	周	주	Zhōu
	竺	축	Zhú
	卓	탁	Zhuō
	杭	항	Háng
九画	柯	가	Kē
	姜	강	Jiāng
	宫	궁	Gōng
	骆	낙	Luò
	娄	누	Lóu
	段	단	Duàn
	闻	문	Wén
	栢	백	Bǎi
	封	봉	Fēng
	费	비	Fèi
	查	사	Zhā
	胥	서	Xū
	宣	선	Xuān
	荀	순	Xún
	施	시	Shī
	荣	영	Róng
	饶	요	Ráo
	姚	요	Yáo
	禹	우	Yǔ
	柳	유	Liǔ
	俞	유	Yú
	赵	조	Zhào
	祖	조	Zǔ
	种	종	Chóng
		종	Zhōng
	祝	축	Zhù
	郗	치	Xī
	贺	하	Hè
	郝	학	Hǎo
	项	항	Xiàng
	革	혁	Gé
	荆	형	Jīng
	胡	호	Hú
	洪	홍	Hóng
	宦	환	Huàn
	侯	후	Hóu
十画	贾	가	Jiǎ
	耿	경	Gěng
	顾	고	Gù
	高	고	Gāo
	郭	곽	Guō
	栾	난	Luán
	凌	능	Líng
	谈	담	Tán
	党	당	Dǎng
	唐	당	Táng
	陶	도	Táo
	莫	막	Mò
	班	반	Bān
	秘	비	Mì
	桑	상	Sāng
	徐	서	Xú
	席	석	Xí
	聂	섭	Niè
	柴	시	Chái
	晏	안	Yàn
	倪	예	Ní
	敖	오	Áo
	翁	옹	Wēng
	容	용	Róng
	原	원	Yuán
	袁	원	Yuán
	殷	은	Yīn
	恩	은	Ēn
	钱	전	Qián
	诸	제	Zhū
	诸葛	제갈	Zhūgé
	晁	조	Cháo
	晋	진	Jìn
	秦	진	Qín
	铁	철	Tiě
	浦	포	Pǔ
	夏	하	Xià
	海	해	Hǎi
	奚	해	Xī
	姬	희	Jī
十一画	康	강	Kāng
	龚	공	Gōng
	寇	구	Kòu
	鹿	녹	Lù
	屠	도	Tú
	麻	마	Má
	梅	매	Méi
	盘	반	Pán
	符	부	Fú
	萨	살	Sà
	常	상	Cháng
	盛	성	Shèng
	续	속	Xù
	梁	양	Liáng
	阎	염	Yán
	隗	외	Wěi
	隗	외	Kuí
	尉	위	Wèi
	隆	융	Lóng
	章	장	Zhāng

획수	한자	한글	병음
	曹	조	Cáo
	戚	척	Qī
	崔	최	Cuī
	扈	호	Hù
	黄	황	Huáng
十二画	葛	갈	Gě
	景	경	Jǐng
	鲁	노	Lǔ
	覃	담	Qín
	覃	담	Tán
	董	동	Dǒng
	童	동	Tóng
	傅	부	Fù
	富	부	Fù
	谢	사	Xiè
	舒	서	Shū
	粟	속	Sù
	温	온	Wēn
	越	월	Yuè
	游	유	Yóu
	蒋	장	Jiǎng
	储	저	Chǔ
	程	정	Chéng
	曾	증	Zēng
	遆	체	Tí
	焦	초	Jiāo
	彭	팽	Péng
	韩	한	Hán
	嵇	혜	Jī
十三画	蒯	괴	Kuǎi
	裘	구	Qiú
	靳	근	Jìn
	蓝	남	Lán
	路	노	Lù
	赖	뇌	Lài
	雷	뇌	Léi
	窦	두	Dòu
	腾	등	Téng
	蒙	몽	Méng
	筱	소	Xiǎo
	廉	염	Lián
	雍	옹	Yōng
	虞	우	Yú
	褚	저	Chǔ
	甄	진	Zhēn
	詹	첨	Zhān
	楚	초	Chǔ
	鲍	포	Bào
	蒲	포	Pú
	解	해	Xiè
十四画	管	관	Guǎn
	谭	담	Tán
	缪	무	Miào
	裴	배	Péi
	廖	요	Liào
	熊	웅	Xióng
	蔺	인	Lìn
	臧	장	Zāng
	翟	적	Zhái
	蔡	채	Cài
十五画	稽	계	Jī
	滕	등	Téng
	潘	반	Pān
	樊	번	Fán
	颜	안	Yán
	黎	여	Lí
十六画	冀	기	Jì
	霍	곽	Huò
	穆	목	Mù
	薄	박	Bó
	薛	설	Xuē
	燕	연	Yān
十七画	鞠	국	Jū
	戴	대	Dài
	糜	미	Mí
	魏	위	Wèi
十八画이상	瞿	구	Qú
	酆	풍	Fēng

(15) 인체 각부 명칭

머리 꼭지	头顶tóudǐng
머리 털	头发tóufà
두피, 머리 부분의 피부	头皮tóupí
비듬	头皮屑tóupíxiè, 头皮tóupí
뒤통수	后脑勺(儿,子)hòunǎosháo(r,zi), 脑勺子nǎosháozi, 脑瓢儿nǎopiáor
뇌, 골	脑袋nǎodài, 脑袋瓜nǎodàiguā
머리통, 골(통)	脑壳nǎoké
얼굴	脸liǎn, 面部miànbù
이마	额头étóu, 脑门子nǎoménzi, 前额qián'é
태양혈	太阳穴tàiyángxué
눈	眼睛yǎnjing
눈곱	眼屎yǎnshǐ, 眼渣yǎnzhā
눈까풀, 눈가죽	眼皮yǎnpí, 眼睑yǎnjiǎn, 眼帘yǎnlián
윗눈까풀	上眼皮shàngyǎnpí
아랫눈까풀	下眼皮xiàyǎnpí

눈동자	瞳孔tóngkǒng, 瞳仁tóngrén, 眸子móuzi
눈두덩	眼泡儿yǎnpāor, 上眼皮shàngyǎnpí
눈썹	眼眉yǎnméi, 眉毛méimáo
눈썹 윗언저리	眉宇méiyǔ
속눈썹	睫毛jiémáo, 眼睫毛yǎnjiémáo
눈썹꼬리	眉梢(儿)méishāo(r)
눈알, 안구, 눈망울	眼球yǎnqiú, 眼珠(子)yǎnzhū(zi)
흰자위	白眼球báiyǎnqiú
검은자위	黑眼球hēiyǎnqiú
눈언저리, 눈가, 눈시울	眼眶(子)yǎnkuàng(zi), 眼圈(儿,子)yǎnquān(r,zi)
미간	眉心méixīn, 眉头(儿,子)méitóu(r,zi)
눈살	眉间méijiān, 眉间皱纹méijiānzhòuwén
광대뼈	颧骨quángǔ, 孤拐gūguǎi
볼, 뺨	面颊miànjiá, 颊辅jiáfǔ
보조개	酒窝儿jiǔwōr, 酒涡儿jiǔwōr
구렛나룻	颊须jiáxū
귀	耳朵ěrduo
귀뿌리, 귀밑	耳根ěrgēn
귓가	耳边ěrbiān
귓구멍	耳孔ěrkǒng, 耳朵眼儿ěrduoyǎnr
귓바퀴	耳郭ěrguō, 耳廓ěrkuò, 耳轮ěrlún
귓볼	耳垂(儿)ěrchuí(r)
귀지	耳垢ěrgòu, 耳屎ěrshǐ
살쩍, 귀밑머리	鬓发bìnfà
귀밑머리나는 곳	鬓角bìnjiǎo
코	鼻子bízi
코끝	鼻尖bíjiān, 鼻子尖(儿)bízijiān(r), 鼻端bíduān, 鼻准bízhǔn
코털	鼻毛bímáo
코딱지	鼻屎bíshǐ, 鼻垢bígòu, 鼻牛儿bíniúr
콧구멍	鼻孔bíkǒng, 鼻子眼儿bíziyǎnr
콧대, 콧날, 콧잔등	鼻梁儿bíliángr
콧방울	鼻翅(儿)bíchì(r), 鼻翼bíyì
콧수염	髭胡zīhú
인중	人中rénzhōng
입	嘴zuǐ, 嘴巴zuǐba, 口kǒu
입가, 입언저리	口角kǒujiǎo, 嘴角zuǐjiǎo, 嘴巴儿zuǐbar
입술	嘴唇zuǐchún
윗입술	上嘴唇shàngzuǐchún
아랫입술	下嘴唇xiàzuǐchún
입아귀	嘴丫子zuǐyāzi
이	牙齿yáchǐ
잇몸	齿龈chǐyín, 牙龈yáyín, 牙床(子)yáchuáng(zi)
앞니, 문치	门牙ményá, 切牙qièyá, 门齿ménchǐ
송곳니	尖牙jiānyá, 犬齿quǎnchǐ, 犬牙quǎnyá
어금니	磨牙móyá, 臼齿jiùchǐ, 槽牙cáoyá, 大牙dàyá
사랑니, 막니	智齿zhìchǐ, 智牙zhìyá
입천장	腭è
센입천장, 경구개	硬腭yìng'è
여린입천장, 연구개	软腭ruǎn'è
목젖	小舌(儿)xiǎoshé(r), 悬雍垂xuányōngchuí
혀	舌shé, 舌头shétou
혀끝	舌尖shéjiān
혀뿌리	舌根shégēn
턱	下巴xiàbā, 下巴颏儿xiàbakēr
턱수염	胳腮胡子gēsāihúzi, 腮胡子sāihúzi, 颏下绦kēxiàtāo
목	脖子bózi, 颈jǐng, 颈脖子jǐngbózi
목구멍	喉咙hóu·lóng, 咽喉yānhóu, 咽头yāntóu
울대뼈, 결후, 후골	喉结hóujié, 颏勒嗉kēlèsù, 苹果核儿píngguǒhér, 扁桃体biǎntáotǐ

목덜미	后颈hòujǐng
어깨	肩jiān, 肩膀jiānbǎng, 肩胛jiānjiǎ, 肩头jiāntóu
겨드랑이	腋下yèxià, 腋窝yèwō
겨드랑이털	腋毛yèmáo
가슴	胸部xiōngbù, 胸脯(子)xiōngpú(zi), 胸膛xiōngtáng
유방, 젖가슴	乳房rǔfáng, 奶膀子nǎipāngzi
유두, 젖꼭지	乳头rǔtóu, 奶头儿nǎitóur
배, 복부	腹部fùbù, 肚子dùzi
명치	心窝xīnwō, 心口xīnkǒu
배꼽	脐qí, 肚脐dùqí
윗배	上腹部shàngfùbù
아랫배	下腹部xiàfùbù, 小腹xiǎofù, 小肚子xiǎodùzi
등	背bèi, 背脊bèijǐ, 脊背jǐbèi, 脊梁jǐliáng
등뼈	脊梁骨jǐliánggǔ,脊梁jǐliáng
엉덩이	臀部túnbù, 屁股pì·gǔ, 腚dìng
엉덩판, 볼기	屁股蛋儿pìgudànr
항문, 똥구멍	肛门gāngmén, 屁股眼儿pìguyǎnr, 屁眼子pìyǎnzi
사타구니	胯kuà, 胯股kuàgǔ, 大腿叉dàtuǐchā
자지	男性生殖器nánxìng shēngzhíqì, 阴茎yīnjīng, 鸡巴jība
불알, 고환	睾丸gāowán
보지	女性生殖器nǚxìng shēngzhíqì, 屄bī, 阴户yīnhù
팔	胳臂gēbei, 胳膊gēbo
팔꿈치	肘(儿,子)zhǒu(r,zi), 胳膊肘儿gēbozhǒur, 鹰嘴yīngzuǐ
팔죽지, 상박	膀子bǎngzi, 大膊dàbó, 上臂shàngbì
팔뚝	小胳膊xiǎogēbo, 前臂qiánbì
팔목	手腕shǒuwàn, 胳膊腕子gēbowànzi
손	手shǒu
주먹	拳头quántou
손등	手背shǒubèi
손바닥	手心shǒuxīn, 手掌shǒuzhǎng, 巴掌bāzhǎng, 手掌心shǒuzhǎngxīn
손아귀	(手)虎口(shǒu)hǔkǒu
손가락	指头zhǐtou, 手指shǒuzhǐ, 手指头shǒuzhǐtou
엄지손가락	拇指mǔzhǐ, 大拇指dàmǔzhǐ, 大拇哥dàmǔgē
검지, 집게손가락	食指shízhǐ, 二拇指èrmǔzhǐ
중지, 가운데손가락	中指zhōngzhǐ, 三拇指sānmǔzhǐ, 中拇指zhōngmǔzhǐ
약지, 무명지, 약손가락	无名指wúmíngzhǐ, 四拇指sìmǔzhǐ
소지, 새끼손가락	小指xiǎozhǐ, 小拇指xiǎomǔzhǐ, 小拇哥儿xiǎomǔgēr
손톱	手指甲shǒuzhǐ·jiǎ, 指甲zhǐ·jiǎ
손끝	手指尖shǒuzhǐjiān
손꼽	指甲污垢zhǐjiǎwūgòu
지문	指纹zhǐwén, 手指模shǒuzhǐmó
손금	掌纹zhǎngwén
넙적다리, 대퇴, 허벅지	大腿dàtuǐ
무릎	膝xī, 膝盖xīgài
종지뼈	髌bìn, 髌骨bìngǔ, 膝盖骨xīgàigǔ
종아리	小腿
장딴지	小腿肚子xiǎotuǐdùzi, 腿肚子tuǐdùzi
발	脚jiǎo, 足zú
발목	脚腕(子)jiǎowàn(zi), 脚脖子jiǎobózi, 腿腕子tuǐwànzi
복사뼈	外踝wàihuái(바깥쪽), 内踝nèihuái(안쪽)
발꿈치, 발뒤꿈치	脚跟jiǎogēn, 脚后跟jiǎohòugēn, 脚踵jiǎozhǒng
아킬레스건	跟腱gēnjiàn
발등	脚背jiǎobèi
발바닥	脚心jiǎoxīn, 脚掌jiǎozhǎng, 脚掌心jiǎozhǎngxīn
발가락	脚趾jiǎozhǐ, 脚趾头jiǎozhǐtou, 脚丫子jiǎoyāzi
엄지발가락	拇趾mǔzhǐ
둘째발가락	二趾èrzhǐ
가운데발가락	中趾zhōngzhǐ

네째발가락	四趾sìzhǐ
새끼발가락	小趾xiǎozhǐ
발샅, 발새	脚趾缝儿jiǎozhǐfèngr, 脚丫缝儿jiǎoyāfèngr
발끝	脚尖jiǎojiān
발톱	脚指甲jiǎozhǐjia, 趾甲zhǐjia
간장	肝gān, 肝脏gānzàng
심장	心脏xīnzàng
비장	脾脏pízàng
폐장	肺fèi, 肺脏fèizàng
신장	肾脏shènzàng
위	胃wèi
식도	食管shíguǎn, 食道shídào
기도	气管qìguǎn
쓸개, 담낭	胆囊dǎnnáng
췌장, 이자	胰yí
십이지장	十二指肠shíèrzhǐcháng
대장	大肠dàcháng
맹장	盲肠mángcháng
결장	结肠jiécháng
직장	直肠zhícháng
방광	膀胱pángguāng
요도	尿道niàodào, 尿管niàoguǎn

(16) 색채(色彩) 명칭

검은색	黑色hēisè
회색	灰色huīsè
은회색	银灰yínhuī
은색	银色yínsè
흰색	白色báisè
심홍색, 진홍색	大红dàhóng, 绯红fēihóng, 深红shēnhóng, 暗红ànhóng
빨강	红hóng, 品红pǐnhóng
담홍	淡红dànhóng
금홍색, 금빛 빨강	金红jīnhóng
주홍	朱红zhūhóng, 硃砂zhūshā
감빛색, 시색(柿色)	柿黄shìhuáng
주황, 오랜지색, 등황색	桔黄júhuáng, 橘黄júhuáng, 橙黄chénghuáng
개나리색, 크롬 황색	铬黄gèhuáng
노랑	黄huáng
레몬색	柠檬黄níngménghuáng
녹두색	豆绿dòulǜ
올리브색, 황록색	橄榄绿gǎnlǎnlǜ, 茶青cháqīng, 黄绿huánglǜ
풀색	草绿cǎolǜ
연두색, 연록색	淡绿dànlǜ, 浅绿qiǎnlǜ, 湖绿húlǜ, 瓜皮色guāpísè, 淡果绿dànguǒlǜ, 湖色húsè
녹색	绿lǜ
짙은 녹색	深绿shēnlǜ
분청(粉青), 연청록	粉青fěnqīng, 淡青dànqīng
청록색	青绿qīnglǜ, 淡青dànqīng
암청록색	暗青绿ànqīnglǜ
피콕 그린	孔雀绿kǒngquèlǜ
비취색, 에머랄드 녹색	翠绿cuìlǜ
흰빛이 도는 하늘색	白湖色báihúsè
밝은 하늘색	湖蓝húlán
하늘색	天蓝tiānlán, 蔚蓝wèilán, 淡蓝dànlán
밝은 파랑	淡青dànqīng
파랑, 청색	蓝lán
코발트 블루	钴蓝gǔlán

남색	深蓝shēnlán, 普蓝pǔlán
감청색	绀青gànqīng
감색, 짙은 남색	天青tiānqīng, 藏青Zàngqīng
군청색	群青qúnqīng, 佛青fóqīng, 深蓝shēnlán
강철색(钢铁色)	钢青gāngqīng, 普蓝pǔlán, 墨绿mòlǜ
남자색(蓝紫色)	品蓝pǐnlán
보라	紫zǐ, 紫红zǐhóng
연보라	淡紫色dànzǐsè, 淡青莲dànqīnglián
분홍	粉红fěnhóng, 桃红táohóng
연분홍	淡桃红dàntáohóng, 肉红ròuhóng
홍매색	玫瑰红méiguīhóng
연지색, 양홍색(洋红色)	臙脂红yānzhīhóng
모란색	牡丹红mǔdānhóng
자주색	紫红zǐhóng
바이올렛 보라, 연한 자홍색	蓝紫lánzǐ, 紫罗兰色zǐluólánsè
붉은 빛의 자색	藕合ǒuhé, 藕荷ǒuhé
미색, 상아색	米黄mǐhuáng, 米色mǐsè, 象牙色xiàngyásè, 蛋壳色dànkésè, 乳白色rǔbáisè, 蛋青色dànqīngsè
황토색	土黄tǔhuáng
황갈색	黄褐huánghè
엷은 갈색	浅棕色qiǎnzōngsè, 浅驼qiǎntuó
갈색	棕色zōngsè, 褐色hèsè
다갈색	茶褐色cháhèsè, 茶色chásè, 鸢色yuānsè
낙타빛 다갈색	棕驼zōngtuó
고동색	红棕色hóngzōngsè, 凡戴克棕fándàikèzōng
적갈색, 홍갈색	赭色zhěsè, 红褐色hónghèsè, 暗棕色ànzōngsè
암갈색	棕黑zōnghēi

⑰ 가전 제품 명칭

냉장고	电冰箱diànbīngxiāng
녹음기	录音机lùyīnjī
라디오	收音机shōuyīnjī
비디오 테이프 레코더	(磁带)录像机(cídài)lùxiàngjī
사진기, 카메라	照相机zhàoxiàngjī
선풍기	电扇diànshàn
세탁기	洗衣机xǐyījī
에어컨	空调kōngtiáo, 冷气机lěngqìjī
전구	(电)灯泡(diàn)dēngpào
소형전구	电珠diànzhū
전기 곤로	电炉diànlú
전기 다리미	电熨斗diànyùndǒu
전기 드라이어	电吹风diànchuīfēng, 吹风机chuīfēngjī
전기 라지에터	电热油汀diànrèyóutíng
전기 면도기	电动剃须刀diàndòng tìxūdāo, 电剃刀diàntìdāo
전기 믹서	电搅拌机diànjiǎobànjī, 电粉碎机diànfěnsuìjī,
녹즙기	榨汁机zhàzhījī
전기 밥솥	电(饭)锅diàn(fàn)guō, 电饭煲diànfànbāo
전기 스토브	电暖器diànnuǎnqì
전기 오븐	电烤炉diànkǎolú
전기 장판	电热毯diànrètǎn, 电热褥diànrèrù
전기 재봉틀	电动缝纫机diàndòng féngrènjī
전기 토스터	面包炉miànbāolú
전기 히터	电暖炉diànnuǎnlú
컴퓨터	计算机jìsuànjī, 电脑diànnǎo, 微机wēijī
노트북	笔记本电脑bǐjìběndiànnǎo, 携带电脑xiédàidiànnǎo
전자 렌지	微波炉wēibōlú

전축	电唱机diànchàngjī
전화	电话diànhuà
팩시밀리	传真chuánzhēn
진공청소기	吸尘器xīchénqì
커피 포터	电热杯diànrèbēi, 电咖啡壶diànkāfēihú, 电茶壶diànchāhú
탁상등, 전기스텐드	台灯táidēng, 桌灯zhuōdēng
텔레비전	电视机diànshìjī
핸드폰	大哥大dàgēdà, 无线电话wúxiàndiànhuà, 手机shǒujī
형광등	日光灯rìguāngdēng, 萤光灯yíngguāngdēng
호출기, 삐삐, 페이져	寻呼机xúnhūjī, 铐机kàojī, 哔哔机bībìjī
회중전등, 손전등	电筒diàntǒng

⑱ 의료 관계 용어

내 과

혈관	血管xuèguǎn
혈액순환	血液循环 xuèyèxúnhuán
피	血xuè
고막	鼓膜gǔmó
담·가래	痰tán
똥	粪fèn, 屎shǐ
똥누다	大便dàbiàn
맥박	脉搏màibó
모세혈관	毛细血管 máoxìxuèguǎn
뼈	骨头gǔ·tou
살	肌肉jīròu
소장	小肠xiǎocháng
슬개골	膝盖骨xīgàigǔ
늑골(갈빗대)	肋骨lèigǔ
담낭	胆囊dǎnnáng
동맥	动脉dòngmài
옆구리	胁下xiéxià
정강이(소퇴부)	胫jìng, 小腿xiǎotuǐ
털	毛máo
허리	腰yāo
식욕	食欲shíyù
신경	神经shénjīng
오줌누다	小便xiǎobiàn
정맥	静脉jìngmài
척추	脊椎jǐzhuī
침	唾沫tuòmò
(가슴에) 맺히다, 엉키다	郁结yùjié
간경화	肝硬化gānyìnghuā
간암	肝癌gān'ái
간염	肝炎gānyán
간질	癫痫diānxián, 癫狂diānkuáng
감기	感冒gǎnmào
결장암	结肠癌jiéchángái
결흉증	结胸jiéxiōng
경련등의 증세를 수반하는 열병	痉病jìngbìng
경련을 일으키다	痉挛jìngluán
고혈압	高血压gāoxuèyā
관상동맥경화증	冠心病guànxīnbìng
구토하다	呕吐ǒutù
기침	咳嗽késòu
늑막염	胁痛xiétòng
담결석증	胆结石dǎnjiéshí
담궐	痰厥tánjué
담음	痰饮tányǐn
당뇨병	糖尿病tángniàobìng
도한	盗汗dàohàn
두통	头痛tóutòng
딸꾹질하다	打呃逆dǎ ěnì
류마티즘	风湿fēngshī
마른기침	干咳嗽gānkésòu
맹장염·충수염	阑尾炎lánwěiyán
발기불능	阳痿yángwěi
배탈설사	腹泻fùxiè 泄痢xièlì
백혈병	白血病báixuèbìng
변비	便秘biànmì
변혈	腹膜炎fǔmóyán
복막염	便血biànxiě
복통	腹痛fùtòng
부종	水肿shuǐzhǒng
불면증	失眠shīmián
빈혈	贫血pínxuè
빈혈증(혈허)	血虚xuèxū
사지무력	四肢无力sìzhīwúlì
선천성심장병	先天性心脏病 xiāntiānxìn-xīnzàngbìng
설사하다	泄泻xièxiè
소변불통	癃闭lóngbì
수화불량	消化不良 xiāohuā bùliáng
수포·물집	水疱shuǐpào
식도암	食道癌shídàoái
식욕이 없다	厌食yànshí
식은땀	自汗zìhàn
식체	食积shíjī
신(콩팥)기능 쇠약	肾功能衰竭 shèngōngnéng shuāijié
신경쇠약	神经衰弱 shénjīngshuāiruò
신우염	肾盂肾炎

	shènyúshènyán
신장염	肾炎shènyán
심계	心悸xīnjì
심근경색	心肌梗塞xīnjīgěngsè
십이지장궤양	十二脂肠溃疡 shíèrzhǐcháng kuìyáng
암	癌ái
어깨·등이 뻐근하다	肩背痛jiānbèitòng
어혈	瘀血yūxuè
요통	腰痛yāotòng
요혈	尿血niàoxiě
원기허약	气虚qìxū
위궤양	胃溃疡wèikuìyáng
위산과다	胃酸过多 wèisuānguòduō
위암	胃癌wèiái
위염	胃炎wèiyán
위통	胃痛wèitòng
유정	遗精yíjīng 滑精huájīng
유행성감기	流行性感冒 liúxíngxìng gǎnmào
이뇨	遗尿yíniào
이질	痢疾lìjí
일사병	中暑zhòngshǔ
재채기를 하다	打喷嚏dǎpēntì
저혈압	低血压dīxuèyā
조루	早泄zǎoxiè
중풍	中风zhòngfēng
천공	穿孔chuānkǒng
천식(기관지천식)	哮喘xiàochuǎn
콜레라(곽란)	霍乱huòluàn
토혈·상혈	吐血tùxiě
트름을(하다)	打嗝儿dǎgér
파상풍	破伤风pòshāngfēng
편두통	偏头痛piāntóutòng
폐결핵	肺结核fèijiéhé
폐암	肺癌fèiái
폐염	肺炎fèiyán
허리가 시큰시큰하다	腰酸yāosuān
현기증	头晕tóuyūn 眩晕xuànyūn
혈전	血栓xuèshuān
협심증	心绞痛xīnjiǎotòng, 真心痛zhēnxīntòng, 心痛xīntòng
황달	黄疸huàngdǎn
흉막염	胸膜炎xīongmóyán

산부인과

낙태	人工流产 réngōngliúchǎn
남성불임	不育症búyùzhèng
대하	带下dàixià
방광결석증	癃闭lóngbì
백대하	白带báidài
불임증	不孕症búyùnzhèng
빈뇨증	尿频niàopín
산후 대변곤란	产后大便难 chǎnhòu dàbiànnán
산후 소변 이상	产后排尿异常 chǎnhòupáiniàyìcháng
수뇨관	输尿管shǔniàoguǎn
수란관	输卵管shūluǎnguǎn
오로	恶露èlù
요도감염	尿路感染 niàolùgǎnrǎn
월경과다	月经过多 yuèjīng guòduō
월경과소	月经过少 yuèjīng guò shǎo
월경구토	月经呕吐 yuèjīng ǒutù
월경복통	月经腹痛 yuèjīng fùtòng
월경조기현상	月经先期 yuèjīng xīanqī
월경통	痛经tòngjīng
월경후기현상	月经后期 yuèjīnghòuqī
유방염	乳腺炎rǔxiànyán
유방장통	乳房胀痛 rǔfángzhàngtòng
유산	流产liúchǎn
음부 가려움증	外阴搔痒 wàiyīn sāoyáng
임신중독증	妊娠痫症 rènshēn xiánzhèng
임신하다	妊娠rènshēn, 怀孕huáiyùn
입덧	恶阻èzǔ, 子烦zǐfán
자간	子痫zǐxián
자궁외임신	异位妊娠yìwèirènshēn, 子宫外孕zǐgōngwàiyùn
자궁암	子宫癌zǐgōngái
자궁출혈	崩漏bēnglóu
적백대하	素白带chìbáidài
젖이 안나옴	乳汁不行rǔzhībùxíng
조산	早产zǎochǎn
폐경	闭经bìjīng
피임	避孕bìyùn
황대하	黄带huángdài

외 과

결석	结石jiéshí
골절	骨折gǔzhé
관절염	关节炎guānjiéyán
궤양	溃疡kuìyáng
기브스	石膏绷带shígāobēngdài
기흉	气胸qìxiōng
내출혈	内衄血nèichūxuè
농양	脓肿nóngzhǒng
마취	麻醉mázuì
삐다, 접질리다	扭伤niǔshāng
산중독	酸中毒suānzhòngdú
쇼크	休克xiūkè

쇼크받다, 의식을 잃다	昏厥hūnjué
암치질	内痔nèizhì
어깨부위염증	肩周炎jiānzhōuyán
외치, 수치질	外痔wàizhì
접골, 뼈 맞추다	接骨jiēgǔ
종양	肿瘤zhǒngliú
척추염	脊柱炎jǐzhùyán
치질	痔疮zhìchuāng
탈구하다	脱臼tuō jiù, 脱位tuō wèi
탈수(증상)	脱水tuō shuǐ
탈항	脱肛tuōgāng
편평족(평발)	扁平足biǎnpíngzú
항문열상(肛門裂傷)	肛裂gānglie
혈관종(염)	脉管炎màiguǎnyán

소 아 과

감	疳gān
경풍·경기	惊风jīngfēng
디프테리아	白喉báihóu
밤에 놀래 울다	夜啼yètí
백일해	百日咳bǎirìké, 顿咳dùnké
비만증	肥胖症féipàngzhèng
빈뇨·삭뇨증	尿频niàopín
새가슴	鸡胸jīxiōng
소아마비증	小儿麻痹证 xiǎoérmábìzhèng
수두	水痘shuǐ dòu
신생아 용혈증	新生儿溶血症 xīnshēngér róngxuězhèng
신생아 폐염	新生儿肺炎 xīnshēngér fèiyán
영아설사	婴儿腹泻yīngér fùxiè
요충	蛲虫náochóng
유행성이하선염, 볼거리	痄腮zhàsāi, 腮腺炎sāixiànyān
적체	积滞jīzhì
파상풍	破伤风pòshāngfēng
풍진	风疹fēngzhěn
홍역	麻疹mázhěn
회충	蛔虫huíchóng

이비인후과·치과·안과

각막염	角膜炎jiǎomóyán
결막염	结膜炎jiémóyán
구강염	口腔炎kǒuqiāngyán
구미	口糜kǒumí
구취	口臭kǒuchòu
귀를 먹다	耳聋ěrlóng
근시	近视jìnshì
녹내장	青光眼qīngguāngyǎn
누낭염	泪囊炎lèinángyán
눈꺼풀이 떨리다	眼皮跳yǎnpítiào
눈물이 흘러내리다	流泪liúlèi
눈앞이 아찔거리다	目昏mùhūn
다래끼	麦粒肿màilìzhǒng
딸기코	酒糟鼻jiǔzāobí
목이 건조하다	咽干yāngān
목이 붓고 아픈병	喉风hóufēng
백내장	白内障báinèizhàng
비염	鼻炎bíyán
사시, 사팔뜨기	斜视xiéshì
아구창	鹅口疮ékǒuchuāng
원시	远视yuǎnshì
이명	耳鸣ěrmíng
이출혈	耳衄ěrnǜ
인후염	咽喉炎yānhóuyán
입가에 생긴 부스럼	口疔kǒudīng
입 궤양	口疮kǒuchuāng
잇몸	牙龈yáyín
잇몸출혈	牙龈出血yáyínchūxuè
중이염	中耳炎zhōngěryán
축농증	鼻渊bíyuān
충치	龋齿qǔchǐ
충혈	目赤mùchì
치통	牙痛yátòng
코끝에 생기는 부스럼	鼻疔bídīng
코딱지	鼻屎bíshǐ
코를 골다	鼻鼾bíhān, 打呼噜dǎhū·lu
코막힘	鼻塞bísāi
코피를 흘리다	鼻衄bínǜ, 鼻血bíxuè
콧구멍	鼻孔bíkǒng
콧물	鼻涕bítì
트라코마	沙眼shāyǎn
편도선염	扁桃腺炎 biǎntáoxiànyán

피 부 과

피부	皮肤pífū
피부 소양, 가렵다	皮肤搔痒pífū sāoyǎng
건선	牛皮癣niúpíxuǎn
고름, 농액	脓水nóngshuǐ
농포진	脓疱病nóngpàobìng
대머리	秃子tū·zi
두부백선	头癣tóuxuǎn
땀띠	痱子fèi·zi
무좀	脚气jiǎoqì
비듬	头皮屑tóupíxiè
손, 발에 생기는 무좀	手足癣shǒuzúxuǎn
습진	湿疹shīzhěn
여드름	青春痘qīngchūndòu, 痤疮zhuòchuāng
옴	疥疮jièchuāng
원형탈모증	斑秃bāntū
피부알레르기	皮肤过敏pífūguòmǐn
피부염	皮炎píyán

비뇨기과

에이즈(AIDS)	爱滋病àizībìng
고환	睾丸gǎowán
매독	梅毒méidú

발기불능	阳痿yángwěi, 不起bùqǐ
성병	性病xìngbìng
신염	肾盂肾炎shènyúshènyán
신우염	输尿管shūniàoguǎn
수뇨관	肾炎shènyán
신장결석	肾结石shènjiēshí
오줌소태	淋溲lìnsǒu, 小便不利xiǎobiànbúlì
음경	阴茎yīnjìng
임질	淋病lìnbìng
조루	早泄zǎoxiè
난자	卵子luǎnzǐ
정자	精子jīngzǐ
콘돔	避孕套bìyùntào, 保险套bǎoxiǎntào

병원 이용시 알아야 할 용어

간호원	护士hùshì
간호하다	护理hùlǐ
감염	感染gǎnrǎn
검사실	化验室huàyànshì
뇌전도	脑电图diànnǎotú
마취	麻醉mázuì
맥박	脉搏màibó
면역혈청	免疫血清miǎnyìxuèqīng
병력	病历bìnglì
병상	病床bìngchuáng
병실	病房bìngfáng
병인	病因bìngyīn
복용하다	服用fúyòng
봉합하다	缝合fénghé
설태	舌苔shétāi
수술	手术shǒushù, 开刀kāidāo
수혈	输血shūxuè
시력	视力shìlì
심전도	心电图xīndiàntú
안내소	咨询台zīxúntái
안마	按摩ànmó
약 반는곳	发药fāyào
예방	预防yùfáng
위내시경	胃镜wèijìng
응급실	急诊室jízhěnshì
입원	住院zhùyuàn
재진	复诊fùzhěn
전문의	专家zhuānjiā
접수처	挂号处guàhàochù
정맥주사(닝겔)	点滴diǎndī
주사놓다	打针dǎzhēn
주치의	主治医zhǔzhìyī
중환자실	中心治疗室zhōngxīnzhìliáoshì
진단	诊断zhěnduàn
진료 접수처	门诊挂号处ménzhěnguàhàochù
진맥	诊脉zhěnmài
처방전 내는 곳	收方shōufāng
체온	体温tǐwēn
체중	体重tǐzhòng
추나	推拿tuīná
침놓다	扎针zhāzhēn
키	个子gèzi
퇴원	出院chūyuàn
피 뽑다	抽血chōuxuè
항원	抗原kàngyuán
항체	抗体kàngtǐ
헌혈	献血xiànxuè
혈액검사	血液检查xuèyèjiǎnchá
환부	病位bìngwèi
휴진	停诊tíngzhěn

⒆ 역대 왕조 기원표

夏 Xià			約前21C ~約前16C
商 Shāng			約前16C ~約前11C
周 Zhōu	西周 Xī Zhōu		約前11C ~前771
	东周 Dōng Zhōu	春秋 Chūn Qiū	前770 ~前476
		战国 Zhàn Guó	前475 ~前221
秦 Qín			前221 ~前206
汉 Hàn	西汉 Xī Hàn		前206 ~公元25
	东汉 Dōng Hàn		25 ~220
三国 Sān Guó	魏 Wèi		220 ~265
	蜀汉 Shǔ Hàn		221 ~263
	吴 Wú		222 ~280
晋 Jìn	西晋 Xī Jìn		265 ~316
	东晋 Dōng Jìn		317 ~420
南北朝 Nán Běi Cháo	南朝 Nán Cháo	宋 Sòng	420 479
		齐 Qí	479 ~502
		梁 Liáng	502 ~557
		陈 Chén	557 ~589
	北朝 Běi Cháo	北魏 Běi Wèi	386 ~534
		东魏 DōngWèi	534 ~550
		北齐 Běi Qí	550 ~577
		西魏 Xī Wèi	535 ~556
		北周 Běi Zhōu	557 ~581
隋 Suí			581 ~618
唐 Táng			618 ~907
五代 Wǔ Dài	后梁 Hòu Liáng		907 ~923
	后唐 Hòu Táng		923 ~936
五	后晋 Hòu Jìn		936 ~946
	后汉 Hòu Hàn		947 ~950
	后周 Hòu Zhōu		951 ~960
宋 Sòng	北宋 Běi Sòng		960 ~1127
	南宋 Nán Sòng		1127 ~1279
辽 Liáo			916 ~1125
金 Jīn			1115 ~1234
元 Yuán			1271 ~1368
明 Míng			1368 ~1644
清 Qīng			1644 ~1911
中华民国 Zhōnghuá Mínguó			1912 ~
中华人民共和国 Zhōnghuá Rénmín Gònghéguó			1949 ~

⒇ 中华人民共和国 행정 조직도

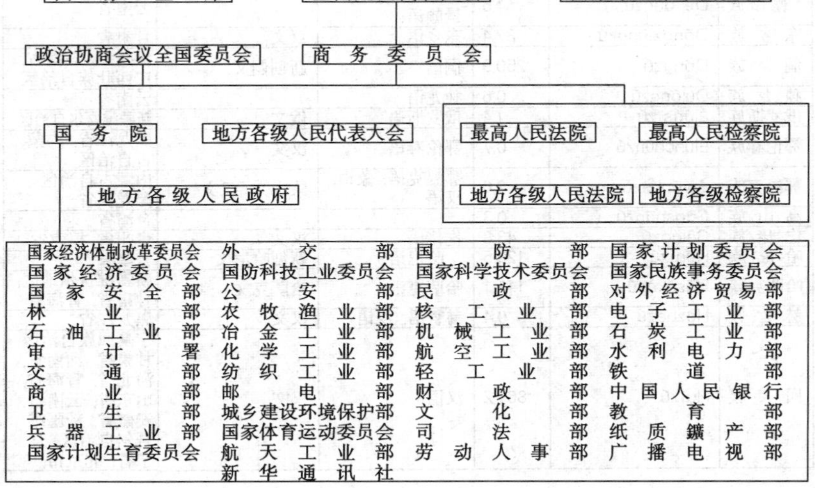

(21) 省·自治区·直辖市 약칭표

名 稱	簡稱·別 稱	所在地	名 稱	簡稱·別 稱	所在地
北京市	京Jīng	北京 Běijīng	河南省	豫Yù	郑州 Zhèngzhōu
天津市	津Jīn	天津 Tiānjīn	湖北省	鄂È	武汉 Wǔhàn
河北省	冀Jì	石家庄 Shíjiāzhuāng	湖南省	湘Xiāng	长沙 Chángshā
山西省	晋Jìn	太原 Tàiyuán	广东省	粤Yuè	广州 Guǎngzhōu
内蒙古自治区	内蒙古Nèiměnggǔ	呼和浩特 Hūhéhàotè	广西壮族自治区	桂Guì	南宁 Nánníng
辽宁省	辽Liáo	沈阳 Shěnyáng	海南省	琼Qióng	海口 Hǎikǒu
吉林省	吉Jí	长春 Chángchūn	四川省	川Chuān 蜀Shǔ	成都 Chéngdū
黑龙江省	黑Hēi	哈尔滨 Hāěrbīn	贵州省	贵Guì 黔Qián	贵阳 Guìyáng
上海市	沪Hù	上海 Shànghǎi	云南省	云Yún 滇Diān	昆明 Kūnmíng
江苏省	苏Sū	南京 Nánjīng	西藏自治区	藏Zàng	拉萨 Lāsà
浙江省	浙Zhè	杭州 Hángzhōu	陕西省	陕Shǎn 秦Qín	西安 Xīān
安徽省	皖Wán	合肥 Héféi	甘肃省	甘Gān 陇Lǒng	兰州 Lánzhōu
福建省	闽Mǐn	福州 Fúzhōu	青海省	青Qīng	西宁 Xīníng
江西省	赣Gàn	南昌 Nánchāng	宁夏回族自治区	宁Níng	银川 Yínchuān
山东省	鲁Lǔ	济南 Jǐnán	新疆维吾尔自治区	新Xīn	乌鲁木齐 Wūlǔmùqí
			台湾省	台Tái	台北 Táiběi

(22) 소수민족표

〈1990년 7월 제4차 인구통계. 단위:만명〉

民族名	汉语拼音	人口	通用语	通用文字	分布地区
阿昌族	Āchāngzú	2.8	阿昌语	汉文	云南省
白 族	Báizú	159.8	白语	汉文	云南省
保安族	Bǎo'ānzú	1.2	保安语	汉文	甘肃省
布朗族	Bùlǎngzú	8.2	布朗语, 傣语	傣文	云南省
布依族	Bùyīzú	254.8	布依语	新创布依文, 汉文	贵州省
朝鲜族	Cháoxiānzú	192.3	朝鲜语	朝鲜文	吉林省, 黑龙江省, 辽宁省
达斡尔族	Dáwò'ěrzú	12.1	达斡尔语	蒙古文, 汉文	内蒙古自治区 黑龙江省, 新疆维吾尔自治区
傣 族	Dǎizú	102.5	傣语	傣文	云南省
*德昂族	Dé'āngzú	1.5	德昂语, 傣语, 景颇语		云南省
东乡族	Dōngxiāngzú	37.4	东乡语	汉文	甘肃省
侗 族	Dòngzú	250.9	侗语	新创侗文	贵州省, 湖南省, 广西壮族自治区
独龙族	Dúlóngzú	0.6	独龙语		云南省
俄罗斯族	Éluósīzú	1.4	俄罗斯语	俄文	新疆维吾尔自治区
鄂伦春族	Èlúnchūnzú	0.7	鄂伦春语	汉文	黑龙江省, 内蒙古自治区
鄂温克族	Èwēnkèzú	2.6	鄂温克语, 蒙语, 汉语	蒙古文, 汉文	内蒙古自治区, 黑龙江省
高山族	Gāoshānzú	0.3			台湾省
仡佬族	Gēlǎozú	43.8	仡佬语	汉文	贵州省 福建省
哈尼族	Hānízú	125.5	哈尼语	新创哈尼文	云南省
哈萨克族	Hāsàkèzú	111.1	哈萨克语	哈萨克文	新疆维吾尔地区, 甘肃省, 青海省
赫哲族	Hèzhézú	0.4	赫哲语, 汉语	汉文	黑龙江省
回 族	Huízú	861.2	汉语	汉文	宁夏回族自治区, 甘肃省, 河南省, 河北省, 青海省, 山东省, 云南省, 安徽省, 新疆维吾尔自治区, 辽宁省, 北京市,

					天津市等
基诺族	Jīnuòzú	1.8	基诺语		云南省
京族	Jīngzú	1.9	京语	汉文	广西壮族自治区
景颇族	Jīngpōzú	11.9	景颇语	新创景颇文	云南省
柯尔克孜族	Kē'ěrkèzīzú	14.4	柯尔克孜语	柯尔克孜文	新疆维吾尔自治区
拉祜族	Lāhùzú	41.2	拉祜语	新创拉祜文	云南省
黎族	Lízú	111.2	黎语	新创黎文	广东省
傈僳族	Lìsùzú	57.9	傈僳语	新创傈僳文	云南省
珞巴族	Luòbāzú	0.2	珞巴语		西藏自治区
满族	Mǎnzú	985.7	满语，汉语	汉文	辽宁省，黑龙江省，吉林省，河北省，北京市，内蒙古自治区
毛难族(毛南族)	Máonánzú	7.2	毛难语	汉文	广西壮族自治区
门巴族	Ménbāzú	0.7	门巴语，藏语	藏文	西藏自治区
蒙古族	Měnggǔzú	480.2	蒙古语	蒙古文	内蒙古自治区，辽宁省，新疆维吾尔自治区，吉林省，黑龙江省 甘肃省，青海省，河北省，河南省
苗族	Miáozú	738.4	苗语	新创苗文	贵州省，湖南省，云南省，广壮族自治区，四川省，广东省
仫佬族	Mùlǎozú	16.1	仫佬语	汉文	广西壮族自治区
纳西族	Nàxīzú	27.8	纳西语	新创纳西文	云南省
怒族	Nùzú	2.7	怒语	汉文	云南省
普米族	Pǔmǐzú	3.0	普米语	汉文	云南省
羌族	Qiāngzú	19.8	羌语，汉语	汉文	四川省
撒拉族	Sālāzú	8.8	撒拉语	汉文	四川省
畲族	Shēzú	63.5	畲语	汉文	福建省，浙江省，江西省，广东省
水族	Shuǐzú	34.7	水语		贵州省
塔吉克族	Tǎjíkèzú	3.3	塔吉克语	维文	新疆维吾尔自治区
塔塔尔族	Tǎtǎ'ěrzú	0.5	塔塔尔语	塔塔尔文	新疆维吾尔自治区
土族	Tǔzú	19.3	土语	汉文	青海省
土家族	Tǔjiāzú	572.5	土家语，汉语	汉文	湖南省，湖北省
佤族	Wǎzú	35.2	佤语	新创佤文	云南省
维吾尔族	Wéiwú'ěrzú	720.7	维语	维文	新疆维吾尔自治区
乌孜别克族	Wūzībiékèzú	1.5	乌孜别克语，维语，哈语	乌孜别克文，维文，哈文	新疆维吾尔自治区
锡伯族	Xībózú	17.3	锡伯语，汉语	锡伯文，汉文	新疆维吾尔自治区，辽宁省
瑶族	Yáozú	213.7	瑶语	汉文	广西壮族自治区，湖南省，云南省，广东省，贵州省
彝族	Yízú	657.9	彝语	彝文	云南省，四川省，贵州省
裕固族	Yùgùzú	1.2	尧乎尔语，恩格尔语，汉语		甘肃省
藏族	Zàngzú	459.3	藏语	藏文	西藏自治区，青海省，四川省，甘肃省，云南省
壮族	Zhuàngzú	1,555.6	壮语，汉语	新壮文，汉文	广西壮族自治区，云南省，广东省

*德昂族은 1985년 9월에 崩龙(Bēnglóng)族에서 德昂族으로 개칭됨.

⒁ 주요 철로(鐵路) 이정표 (단위:km)

幹線名稱	起點	終點	長度(公里)
京山(JīngShān)线			419
京承(JīngChéng)线	北京	承德	286
京包(JīngBāo)线	北京	包头	828
京原(JīngYuán)线	北京	原平	419
集二(JíÈr)线	集宁	二连浩特	333
包兰(BāoLán)线	包头	兰州	1006
京沪(JīngHù)线	北京	上海	1460
胶济(JiāoJǐ)线			393
淮南(HuáiNán)线			263
京广(JīngGuǎng)线	北京	广州	2302
石德(ShíDé)线	石家庄	德州	180
石太(ShíTài)线	石家庄	太原	251
侯西(HóuXī)线	侯马	西安	289
北同蒲(BěiTóngPú)线			347
南同蒲(NánTóngPú)线			503
衮石(GǔnShí)线			308
新衮(XīnGǔn)线			315
汉丹(HànDān)线	武汉	丹江口	416
襄渝(XiāngYú)线	襄樊	重庆	850
皖赣(WǎnGàn)线			541
沪杭(HùHáng)线	上海	杭州	186
浙赣(ZhèGàn)线	杭州	株州	947
鹰厦(YīngXià)线	鹰潭	厦门	694
湘黔(XiāngQián)线	株州	贵阳	821
湘桂(XiāngGuì)线	衡阳	凭祥	607
黎湛(LíZhàn)线	黎塘	湛江	318
黔桂(QiánGuì)线	贵阳	柳州	607
陇海(LǒngHǎi)线	兰州	连云港	1770
兰新(LánXīn)线	兰州	乌鲁木齐	2144
兰青(LánQīng)线	兰州	西宁	205
青藏(QīngZàng)线	西宁	拉萨	814
南疆(NánJiāng)线			457
焦柳(JiāoLiǔ)线	焦作	柳州	1645
太新(TàiXīn)线			497
宝成(BǎoChéng)线	宝鸡	成都	673
成渝(ChéngYú)线	成都	重庆	504
川黔(ChuānQián)线	重庆	贵阳	463
成昆(ChéngKūn)线	成都	昆明	1108
贵昆(GuìKūn)线	贵阳	昆明	644
京通(JīngTōng)线	北京	通辽	836
通霍(TōngHuǒ)线			417
京哈(JīngHā)线	北京	哈尔滨	1388
京秦(JīngQín)线	秦皇岛	北京	299
渖吉(ShěnJí)线	渖阳	吉林	446
锦承(JǐnChéng)线	锦州	承德	437
大郑(DàZhèng)线			370
渖大(ShěnDà)线	渖阳	大连	397
渖丹(ShěnDān)线	渖阳	丹东	261
长白(ChángBái)线			333
平齐(PíngQí)线			571
通让(TōngRàng)线			421
滨洲(BīnZhōu)线	哈尔滨	满州里	950
牙林(YáLín)线			474
富西(FùXī)线			860
滨北(BīnBěi)线			333
哈佳(HāJiā)线	哈尔滨	佳木斯	506
牡佳(MǔJiā)线	牡丹江	佳木斯	332
林东(LínDōng)线			331
滨绥(BīnSuí)线	哈尔滨	绥芬河	548
牡图(MǔTú)线			248
拉滨(LāBīn)线			266
长图(ChángTú)线			529
梅集(MéiJí)线			245
台湾纵贯(Táiwān zòngguàn)线	基隆	高雄	409

⑵④ 세계 국가·수도·화폐 명칭

한국 국명(영어) 중국 국명	수도명(영어) 중국 수도명	위치(洲) 화폐 단위
가나(Ghana) 加纳Jiānà	아크라(Accra) 阿克拉Ākèlā	非 新塞地(new cedi:N₵)
가봉(Gabon) 加蓬Jiāpéng	리브르빌(Libreville) 利伯维尔Lìbówéi'ěr	非 (非洲金融共同体)法郎(franc:CFAF)
가이아나(Guyana) 圭亚那Guīyànà	조지타운(Georgetown) 乔治敦Qiáozhìdūn	拉美
감비아(Gambia) 冈比亚Gāngbǐyà	반줄(Banjul) 班株尔Bānzhū'ěr	非 达拉西(dalasi:GD)
과테말라(Guatemala) 危地马拉Wēidìmǎlā	과테말라(Guatemala) 危地马拉Wēidìmǎlā	拉美 格查尔(quetzal:Q)
그레나다(Grenada) 格林纳达Gélínnàdá	세인트조지즈(St. George's) 圣乔治Shèngqiáozhì	拉美 (东加勒比)元(dallar:EC＄)
그루지야(Gruzija) 格鲁吉亚Gélǔjíyà	트빌리시(Tbilisi) 第比利斯Dìbǐlìsī	欧
그리스(Greece) 希腊Xīlà	아테네(Athine) 雅典Yǎdiǎn	欧
기니(Guinea) 几内亚Jīnèiyà	코나크리(Conakry) 科纳克里Kēnàkèlǐ	非 西里(syli:Syli)
기니비사우(Guinea Bissau) 几内亚比绍Jīnèiyà Bǐshào	비사우(Bissau) 比绍Bǐshào	非 (几内亚比绍)比索(peso:PG)
나미비아(Namibia) 纳米比亚Nàmǐbǐyà	빈트후크(Windhoek) 温得和克Wēndéhékè	非 (南非)兰特(rand:R)
나우루(Nauru) 瑙鲁Nǎolǔ	나우루(Nauru) 瑙鲁Nǎolǔ	大洋 (澳大利亚)元(dallar:＄A)
나이지리아(Nigeria) 尼日利亚Nírìlìyà	라고스(Lagos) 拉各斯Lāgèsī	非 奈拉(naira:N)
남아프리카공화국(South Africa) 南非(阿扎尼亚)Nánfēi(Āzāníyà)	프리토리아(Pretoria) 比勒陀利Bǐlètuólì	非 (南非)兰特(rand:R)
네덜란드(Netherlands) 荷兰Hélán	암스테르담(Amsterdam) 阿姆斯特丹Āmǔsītèdān	欧 (荷兰)盾(guilder:f), 福林(florin:Fl)
네덜란드령 앤틸리즈제도 (Netherlands Antilles) 安的列斯群岛(荷属)Āndìlièsī Qúndǎo	윌렘스테드(Willemstad) 威廉斯塔德Wēiliánsītǎdé	拉美 (安的列斯)盾(guilder:Antf)
네팔(Nepal) 尼泊尔Níbó'ěr	카트만두(Kathmandu) 加德满都Jiādémǎndū	亚 (尼泊尔)卢比(rupee:NRs)
노르웨이(Norway) 挪威Nuówēi	오슬로(Olso) 奥斯陆Àosīlù	欧 (挪威)克郎(krone:NKr)
뉴질랜드(New Zealand) 新西兰Xīnxīlán	웰링턴(Wellington) 惠灵顿Huìlíngdùn	大洋 (新西兰)元(dallar:NZ＄)
니우에 섬(Niue Island) 纽埃岛Niǔ'āidǎo	알로피(Alofi) 阿洛菲Āluòfēi	大洋
니제르(Niger) 尼日尔Nírì'ěr	니아메이(Niamey) 尼亚美Níyàměi	非 (非洲金融共同体)法郎(franc:CFAF)
니카라과(Nicaragua) 尼加拉瓜Níjiālāguā	마나과(Managua) 马那瓜Mǎnàguā	拉美 科多巴(cordoba:C＄)
대한민국(Korea) 大韩民国Dàhánmínguó	서울(Seoul) 汉城Hànchéng	亚 圆(won:₩)
덴마크(Denmark) 丹麦Dānmài	코펜하겐(Copenhagen) 哥本哈根Gēběnhāgēn	欧 (丹麦)克郎(krone:DKr)
도미니카공화국(The Dominican Republic) 多米尼加共和国Duōmǐníjiā Gònghéguó	산토도밍고(Santo Domingo) 圣多明各Shèngduōmínggè	拉美 (多米尼加)比索(peso:RD＄)
도미니카연방 (Commonwealth of Dominica) 多米尼加联邦Duōmǐníjiā Liánbāng	로조(Roseau) 罗索Luósuǒ	拉美 (东加勒比)元(dallar:EC＄)
독립국가연합 (Community of Independent States) 独立国家国协Dúlìguójiāguóxié	민스크(Minsk) 名斯克Míngsīkè	欧
독일(Germany) 德国Déguó	베를린(Berlin) 柏林Bólín	欧 马克(mark:M)
동 티모르(East Timor) 东帝汶Dōng Dìwèn	딜리(Dili) 帝力Dìlì	亚 (东帝汶)埃斯库多(escudo:Esc T)

라오스(Laos) 老挝Lǎowō	브앙트얀(Vientiane) 万象Wànxiàng	亚 基普(kip:K)
라이베리아(Liberia) 利比里亚Lìbǐlǐyà	몬로비아(Monrovia) 蒙罗维亚Méngluówéiyà	非 (利比里亚)元(dallar:L $)
라트비아(Latvia) 拉脱维亚Lātuōwéiyà	리가(Riga) 里加Lǐjiā	欧
러시아(Russia) 俄罗斯Éluósī	모스크바(Moscow) 莫斯科Mòsīkē	欧 卢布(rouble:R, Rub, Rbl)
레바논(Lebanon) 黎巴嫩Líbānèn	베이루트(Beirut) 贝鲁特Bèilǔtè	亚 (黎巴嫩)镑(pound:LL)
레소토(Lesotho) 莱索托Láisuǒtuō	마세루(Maseru) 马塞卢Mǎsāilú	非 兰特(rand:R)
로디지아(Rhodesia) 罗得西亚Luódéxīyà	솔즈버리(Salisbury) 索尔兹伯里Suǒ'ěrzībólǐ	非 (罗得西亚)元(dallar:R $)
루마니아(Rumania) 罗马尼亚Luómǎníyà	부쿠레슈티(Bacuresti) 布加勒斯特Bùjiālèsītè	欧 列伊(leu:L)
룩셈부르크(Luxemburg) 卢森堡Lúsēnbǎo	룩셈부르크(Luxemburg) 卢森堡Lúsēnbǎo	欧 (卢森堡)法郎(franc:Lux.F)
르안다(Rwanda) 卢旺达Lúwàngdá	키갈리(Kigali) 基加利jījiālì	非 (卢旺达)法郎(franc:RF)
리비아(Libya) 利比亚Lìbǐyà	트리폴리(Tripoli) 的黎波里Dìlíbōlǐ	非 (利比亚)第纳尔(dinar:LD)
리투아니아(Lithuania) 立陶宛Lìtáowān	빌뉴스(Vilnyus) 维尔纽斯Wéi'ěrniǔsī	欧
리히텐슈타인(Liechtenstein) 列支敦士登Lièzhīdūnshìdēng	파두츠(Vaduz) 瓦杜兹Wǎdùzī	欧 (瑞士)法郎(franc:SF)
마다가스카르(Madagascar) 马达加斯加Mǎdájiāsījiā	타나나리보(Tananarivo) 塔那那利佛Tǎnànàlìfó	非 (马达加斯加)法郎(franc:FMG)
마리아나제도(Mariana Islands) 马里亚纳群岛Mǎlǐyànà Qúndǎo	사이판(Saipan) 塞班Sāibān	大洋 (美国)元(dallar:US $)
마셜제도(Marshall Islands) 马绍尔群岛Mǎshào' ěr Qúndǎo	사이판(Saipan) 塞班Sāibān	大洋 (美国)元(dallar:US $)
말라위(Malawi) 马拉维Mǎlāwéi	릴롱궤(Lilongwe) 利隆圭Lìlóngguī	非 (马拉维)克瓦查(kwacha:MK)
말레이시아(Malaysia) 马来西亚Mǎláixīyà	콸라룸푸르(Kuala Lumpur) 吉隆坡Jílóngpō	亚 (马来西亚)元(dallar:M $)
말리(Mali) 马里Mǎlǐ	바마코(Bamako) 巴马科Bāmǎkē	非 (马里)法郎(franc:MF)
말비나스제도(Islas Malvinas) (马尔维纳斯群岛)(Mǎ' ěrwéinàsī Qúndǎo)	스탠리(Stanley) 斯坦利港Sītǎnlìgǎng	拉美
멕시코(Mexico) 墨西哥Mòxīgē	멕시코시티(Mexico City) 墨西哥城拉美Mòxīgēchénglāměi	(墨西哥)比索(peso:Mex $)
모나코(Monaco) 摩纳哥Mónàgē	모나코(Monaco) 摩纳哥Mónàgē	欧 (法国)法郎(franc:FF)
모로코(Morocco) 摩洛哥Móluògē	라바트(Rabat) 拉巴特Lābātè	非 (摩洛哥)迪拉姆(dirham:DH)
모리셔스(Mauritius) 毛里求斯Máolǐqiúsī	포트루이스(Port Louis) 路易港Lùyìgǎng	非 (毛里求斯)卢比(rupee:MRs)
모리타니(Mauritnie) 毛里塔尼亚Máolǐtǎníyà	누악쇼트(Nouakchott) 努瓦克肖特Nǔwǎkèxiàotè	非 乌吉亚(ouguiya:UM)
모잠비크(Mozambique) 莫桑比克Mòsāngbǐkè	마푸토(Maputo) 马普托Mǎpǔtuō	非 (莫桑比克)埃斯库多(escudo: M Esc)
몰도바(Moldavia) 摩尔达维亚Mó' ěrdáwéiyà	키시네프(Kishinev) 基什尼奥夫Jīshíní'àofū	欧
몰디브(Maldives) 马尔代夫Mǎ' ěrdàifū	말레(Malé) 马累Mǎlèi	亚 (马尔代夫)卢比(rupee:Mal Re)
몰타(Malta) 马耳他Mǎ' ěrtā	발레타(Valletta) 瓦莱塔Wǎláitǎ	欧 (马耳他)镑(pound:£M)
몽골(Mongolia) 蒙古Měnggǔ	울란바토르(Ulan Bator) 乌兰巴托Wūlánbātuō	亚 图格里克(tugrik:Tug)
미국(United States of America) 美国Měiguó	워싱턴(Washington) 华盛顿Huáshèngdùn	北美 (美国)元(dallar:US $)
미국령 괌(Guam) 关岛(美)Guāndǎo	아가나(Agana) 阿加尼亚Ājiāníyà	大洋 (美国)元(dallar:US $)

미국령 동사모아(Eastern Samoa) 东萨摩亚(美)Dōng Sàmóyà	파고파고(Pago Pago) 帕果帕果Pàguǒpàguǒ	大洋 (美国)元(dallar:US＄)
미국령 푸에르토리코(Puerto Rico) 波多黎各岛(美)Bōduōlígèdǎo	산후안(San Juan) 圣胡安Shènghú'ān	拉美 (美国)元(dallar:US＄)
미국령버진제도(Virgin Islands) 美属维尔京群岛Měishǔ Wéi' ěrjīng Qúndǎo	샤를로트아말리(Charlotte Amalie) 夏洛特阿马利亚Xiàluòtèāmǎlìyà	拉美
미얀마(Myanmar) 缅甸Miǎndiàn	양곤(Yangon) 仰光Yǎngguāng	亚 (缅甸)元(kyat:K)
바누아투(Vanuatu) 瓦努阿图Wǎnǔ' ātú	빌라(Vila) 维拉港Wéilāgǎng	大洋
바레인(Bahrain) 巴林Bālín	마나마(Manama) 麦纳麦Màinàmài	亚 (巴林)第纳尔(dinar:BD)
바베이도즈(Barbados) 巴巴多斯Bābāduōsī	브리지타운(Bridgetown) 布里奇顿Bùlǐqídùn	拉美 (巴巴多斯)元(dallar:BDS＄)
바티칸 시국(市国)(Vatican City State) 梵蒂冈(城国)Fàndìgāng(chéngguó)	바티칸시(Vatican City) 梵蒂冈城Fàndìgāngchéng	(梵蒂冈)里拉(lira)
바하마(Bahamas) 巴哈马Bāhāmǎ	나소(Nassau) 拿骚Násāo	拉美 (巴哈马)元(dallar:B＄)
방글라데시(Bangladesh) 孟加拉国Mèngjiālāguó	다카(Dacca) 达卡Dákǎ	亚 塔卡(taka:TK)
베닝(Benin) 贝宁Bèiníng	포르토노보(Porto Novo) 波多诺伏Bōduōnuòfú	非 (非洲金融共同体)法郎(franc:CFAF)
베네수엘라(Venezuela) 委内瑞拉Wěinèiruìlā	카라카스(Caracas) 加拉加斯Jiālājiāsī	拉美 博利瓦(bolivar)
베트남(Vietnam) 越南Yuènán	하노이(Hanoi) 河内Hénèi	亚 (越南)盾(dong:D)
벨기에(Belgie) 比利时Bǐlìshí	브루셀(Brussel) 布鲁塞尔Bùlǔsāi'ěr	欧 (比利时)法郎(franc:BF)
벨로루시(Belorussia) 白俄罗斯Bái' éluósī	민스크(Minsk) 名斯克Míngsīkè	欧
벨리즈(Belize) 伯利兹Bólìcī	벨모판(Belmopan) 贝尔莫潘Bèi'ěrmòpān	拉美 (伯利兹)元(dallar:B＄)
보츠와나(Botswana) 博茨瓦纳Bócíwǎnà	가보로네(Gaborone) 哈博罗内Hābóluónèi	非 普拉(pula:P)
볼리비아(Bolivia) 玻利维亚Bōlìwéiyà	라파스(La Paz), 수크레(Sucre) 拉巴斯Lābāsī, 苏克雷Sūkèléi	拉美 (玻利维亚)比索(peso:＄b)
부룬디(Burundi) 布隆迪Bùlóngdí	부줌부라(Bujumbura) 布琼布拉Bùqióngbùlā	非 (布隆迪)法郎(franc:FBu)
부르키나파소(Burkina Faso) 布吉那法索Bùjínàfǎsuǒ	와가두구(Ouagadougou) 瓦加杜古Wǎjiādùgǔ	非
부탄(Bhutan) 不丹Bùdān	팀부(Thimbu) 廷布Tíngbù	亚 努尔特鲁姆(ngultrum:Nu)
불가리아(Bulgaria) 保加利亚Bǎojiālìyà	소피아(Sofia) 索非亚Suǒfēiyà	欧 列弗(lev:Lv)
브라질(Brazil) 巴西Bāxī	브라질리아(Brasilia) 巴西利亚Bāxīlìyà	拉美 克鲁赛罗(cruzeiro:Cr＄)
브루나이(Brunei) 文莱Wénlái	반다르세리베가완 (Bandar Seri Begawan) 斯里巴加湾市Sīlǐbājiāwānshì	亚 (文莱)元
사우디아라비아(Saudi Arabia) 沙特阿拉伯Shātè Ālābó	리야드(Riyadh) 利雅得Lìyǎdé	亚 (沙特阿拉)里亚尔(riyal:SRls)
산마리노(San Marino) 圣马力诺Shèngmǎlìnuò	산마리노(San Marino) 圣马力诺Shèngmǎlìnuò	欧 (意大利)里拉(lira:Lit)
상투메프린시페(Sa～oTomé and Principe) 圣多美和普林西比Shèngduōměihé Pǔlínxībǎ	상투메(SãoTomé) 圣多美Shèngduōměi	非 多布拉(dobra)
서사모아(Western Samoa) 西萨摩亚Xī Sàmóyà	아피아(Apia) 阿皮亚Āpíyà	大洋 塔拉(tala:S＄)
서사하라(Western Sahara) 西撒哈拉Xī Sāhālā	엘아이운(El Aiún) 阿尤因Āyóuyīn	非
세네갈(Senegal) 塞内加尔Sàinèijiā' ěr	다카르(Dakar) 达喀尔Dákā'ěr	非 (非洲金融共同体)法郎(franc:CFAF)
세이셸(Seychelles) 塞舌尔Sàishé' ěr	빅토리아(Victoria) 维多利亚Wéiduōlìyà	非 (塞舌尔)卢比(rupee:Sey Re)
세인트루시아(St. Lucia) 圣卢西亚岛Shènglúxīyàdǎo	캐스트리스(Castries) 卡斯特里Kǎsītèlǐ	拉美 (东加勒比)元(dallar:EC＄)

세인트빈센트그레나딘 (St. Vincent and the Grenadines) 圣文森特和格林纳丁斯 Shèngwénsēntèhé Gélínnàdīngsī	킹스타운(Kingstown) 金斯敦Jīnsīdūn	拉美
세인트크리스토퍼네비스 (St. Christopher andNevis) 圣克里斯托弗Shèngkèlǐsītuōfú	바스테르(Basseterre) 巴斯特尔Bāsītè'ěr	拉美 (东加勒比)元(dallar:EC$)
세인트헬레나섬, 아센션섬 (St. Helena, Ascension Island, etc.) 圣赫勒拿岛和阿森松岛 Shènghèlènádǎohé Āsēnsōngdǎo	제임즈타운(Jamestown) 詹姆斯敦Zhānmǔsīdūn	非 英镑(pound:£)
소말리아(Somalia) 索马里Suǒmǎlǐ	모가디슈(Mogadishu) 摩加迪沙Mójiādíshā	非 (索马里)先令(shilling:ShSh)
솔로몬(Solom) 所罗门Suǒluómén	호니아라(Honiara) 藿尼亚拉Huòníyàlā	大洋 (澳大利亚)元(dallar:$A)
수단(Sudan) 苏丹Sūdān	하르툼(Khartoum) 喀土穆Kātǔmù	非 (苏丹)镑(pound:£S)
수리남(Surinam) 苏里南Sūlǐnán	파라마리보(Paramaribo) 帕拉马里博Pàlāmǎlǐbó	拉美 (苏里南)盾(guilder:Sur f)
스리랑카(Sri Lanka) 斯里兰卡Sīlǐlánkǎ	콜롬보(Colombo) 科伦坡Kēlúnpō	亚 (斯里兰卡)卢比(rupee:SRs)
스와질랜드(Swaziland) 斯威士兰Sīwēishìlán	음바바네(Mbabane) 姆巴巴纳Mǔbābānà	非 里兰吉尼(lilangeni:E)
스웨덴(Sweden) 瑞典Ruìdiǎn	스톡홀름(Stochholm) 斯德哥尔摩Sīdégē'ěrmó	欧 (瑞典)克郎(krona:SKr)
스위스(Switzerland) 瑞士Ruìshì	베른(Bern) 伯尔尼Bó'ěrní	欧 (瑞士)法郎(franc:SF)
스페인(Spain) 西班牙Xībānyá	마드리드(Madrid) 马德里Mǎdélǐ	欧 (西班牙)比塞塔(Peseta:Ptas)
스페인령 카나리아제도(Canary Islands) 加那利群岛(西) Jiānàlì Qúndǎo	라스팔마스(Las Palmas) 拉斯帕耳马斯Lāsīpà'ěrmǎsī	非 (西班牙)比塞塔(Peseta:Ptas)
슬로바키아 공화국(Slovakia) 斯洛伐克Sīluòfákè	브라티슬라바(Bratislava) 布拉迪斯拉发欧Bùlādísīlāfā'ōu	欧
슬로베니아(Slovenia) 斯洛凡尼亚Sīluòfánníyà	류블랴나(Ljubljana) 卢布拉那Lúbùlānà	欧
시리아(Syria) 叙利亚Xùlìyà	다마스쿠스(Damascus) 大马士革Dàmǎshìgé	亚 (叙利亚)镑(pound:LS)
시에라리온(Sierra Leone) 塞拉利昂Sàilālì' áng	프리타운(Freetown) 弗里敦Fúlǐdūn	非 利昂(leone:Le)
시킴(Sikkim) 锡金Xījīn	강톡(Gangtok) 甘托克Gāntuōkè	亚
싱가포르(Singapore) 新加坡Xīnjiāpō	싱가포르(Singapore) 新加坡Xīnjiāpō	亚 (新加坡)元(dallar:S$)
아랍 에미리트(Arab Emirates) 阿拉伯联合酋长国ĀlābóLiánhéQiúzhǎngguó	아부다비(Abu Dhabi) 阿布扎比Ābùzhābǐ	亚 迪拉姆(dirham:DH)
아르메니아(Armenia) 亚美尼亚Yàměiníyà	예레반(Yrevan) 埃里温Āilǐwēn	欧
아르헨티나(Argentina) 阿根廷Āgēntíng	부에노스 아이레스(Buenos Aires) 布宜诺斯艾斯Bùyínuòsī'àisī	拉美 (阿根廷)比索(peso:$)
아이보리코스트(Thelvory Coast) 象牙海岸Xiàngyá Hǎi' àn	아비장(Abidjan) 阿比让Ābǐràng	非 (非洲金融共同体)法郎(franc:CFAF)
아이슬란드(Iceland) 冰岛Bīngdǎo	레이캬비크(Reykjavik) 雷克雅未克Léikèyǎwèikè	欧 (冰岛)克郎(krona:IKr)
아이티(Haiti) 海地Hǎidì	포르토프랭스(Port au Prince) 太子港Tàizǐgǎng	拉美 古德(gourde:G)
아일랜드(Ireland) 爱尔兰Ài' ěrlán	더블린(Dublin) 都柏林Dūbólín	欧 (爱尔兰)镑(pound:£Ir)
아제르바이잔(Azerbaizhan) 阿塞拜疆Āsàibàijiāng	바쿠(Baku) 巴库Bākù	欧
아프가니스탄(Afghanistan) 阿富汗Āfùhàn	카불(Kabul) 喀布尔Kābù'ěr	亚 阿富汗尼(afghani:Af)
안도라(Andorra) 安道尔Āndào' ěr	안도라(Andorra) 安道尔Āndào'ěr	欧 (法国)法郎(franc:FF),(西班牙)比塞塔(Peseta:Ptas)
알바니아(Albania) 阿尔巴尼亚Ā' ěrbāníyà	티라나(Tirana) 地拉那Dìlānà	欧 列克(lek:Lek)

알제리(Algeria) 阿尔及利亚Ā' ěrjílìyà	알제(Alger) 阿尔及尔Ā'ěrjí'ěr	非 (阿尔及利亚)第纳尔(dinar:DA)
앙골라(Angola) 安哥拉Āngēlā	루안다(Luanda) 罗安达Luó'āndá	非 (安哥拉)埃斯库多(escudo:A Esc)
앤티가 바부다(Antigua and Barbuda) 安提瓜和巴布达Āntíguāhé Bābùdá	세인트존즈(St. John's) 圣约翰Shèngyuēh'àn	拉美 (东加勒比)元(dallar:EC $)
에스토니아(Estonia) 爱沙尼亚Àishāníyà	탈린(Tallinn) 塔林Tǎlín	欧
에콰도르(Ecuador) 厄瓜多尔Èguāduō' ěr	키토(Quito) 基多Jīduō	拉美 苏克雷(sucre:S)
에티오피아(Ethiopia) 埃塞俄比亚Āisài' ébǐyà	아디스 아바바(Addis Ababa) 亚的斯亚贝巴Yàdìsīyàbèibā	非 (埃塞俄比亚)元(dallar: $Eth)
엘살바도르(El Salvador) 萨尔瓦多Sà' ěrwǎduō	산살바도르(San Salvador) 圣萨尔瓦多Shèngsà'ěrwǎduō	拉美 (萨尔瓦多)科郎(colon:₡)
영국(Britain) 英国Yīngguó	런던(London) 伦敦Lúndūn	欧 (英国)镑(pound:£,£Stg)
영령 몬트세라트섬(Montserrat Island) 蒙特塞拉特岛(英)Měngtèsàilātèdǎo	플리머스(Plymouth) 普利茅斯Pǔlìmáosī	拉美 (东加勒比)元(dallar:EC $)
영령 버뮤다제도(Bermuda Is.) 百慕大群岛(英)Bǎimùdà Qúndǎo	해밀턴(Hamilton) 汉密尔顿Hànmì'ěrdùn	北美 (百慕大)元(dallar:BD $)
영령 버진제도(British Virgin Islands) 英属维尔京群岛Yīngshǔ Wéi' ěrjīng Qúndǎo	로드타운(Road Town) 罗德城Luódéchéng	拉美
영령 케이만제도(Cayman Islands) 开曼群岛(英)Kāimàn Qúndǎo	조지타운(Georgetown) 乔治敦Qiáozhìdūn	拉美 (开曼岛)元(dallar:CI $)
영령 터크스 앤드 카이코스 제도 (Turks and Caicos Islands) 特克斯群岛和凯科斯群岛(英) Tèkèsī Qúndǎohé Kǎikēsī Qúndǎo	코크번타운(Cockburn Town) 科伯恩城Kēbóēnchéng	拉美 (美国)元(dallar:US $)
영령 피트케언섬(Pitcairn Island) 皮特克恩岛(英)Pítèkè' ēndǎo	아담스타운(Adamstown) 亚当斯敦Yàdāngsīdūn	大洋
예멘민주공화국(Democratic Yemen) 民主也门Mínzhǔ Yěmén	아덴(Aden) 亚丁Yàdīng	亚
예멘아랍공화국(Yemen Arab Republic) 也门Yěmén	사나(Sana) 萨那Sànà	亚 (阿拉伯也门共和国)里亚尔(riyal:YRls)
오만(Oman) 阿曼Āmàn	무스카트(Muscat) 马斯喀特Mǎsīkātè	亚 (阿曼)里亚尔(rial:Ro)
오스트레일리아(Australia) 澳大利亚Àodàlìyà	캔버라(Canberra) 堪培拉Kānpéilā	大洋 (澳大利亚)元(dallar: $A)
오스트레일리아령 노퍽섬(Norfolk Island) 诺福克岛(澳)Nuòfúkèdǎo	킹스턴(Kingston) 金斯敦Jīnsīdūn	大洋
오스트리아(Austria) 奥地利Àodìlì	빈(Wien) 维也纳Wéiyěnà	欧 (奥地利)先令(schilln:Sch)
온두라스(Honduras) 洪都拉斯Hóngdūlāsī	테구시갈파(Tegucigalpa) 特古西加尔巴tègǔxījiā'ěrbā	拉美 伦皮拉(lempira:L)
요르단(Jordan) 约旦Yuēdàn	암만(Amman) 安曼Ānmàn	亚 (约旦)第纳尔(dinar:JD)
우간다(Uganda) 乌干达Wūgāndá	캄팔라(Kampala) 坎帕拉Kǎnpàlā	非 (乌干达)先令(shilling:USh)
우루과이(Uruguay) 乌拉圭Wūlāguī	몬테비데오(Montevideo) 蒙得维的亚Méngdéwéidèyà	拉美 (乌拉圭)比索(peso:Ur $)
우즈베크(Uzbeck) 乌兹别克Wūzībiékè	타슈켄트(Tashkent) 塔什干Tǎshígān	亚
우크라이나(Ukraina) 乌克兰Wūkèlán	키에프(Kiev) 基辅Jīfǔ	欧
유고슬라비아(Yugoslavia) 南斯拉夫Nánsīlāfū	베오그라드(Beograd) 贝尔格莱德Bèi'ěrgéláidé	欧 (南斯拉夫)第纳尔(dinar:Din)
이라크(Iraq) 伊拉克Yīlākè	바그다드(Baghdad) 巴格达Bāgédá	亚 (伊拉克)第纳尔(dinar:ID)
이란(Iran) 伊朗Yīlǎng	테헤란(Teheran) 德黑兰Déhēilán	亚 (伊朗)里亚尔(rial:Rls)
이스라엘(Israel) 以色列Yǐsèliè	예루살렘(Jerusalem) 耶路撒冷Yélùsālěng	亚 (以色列)镑(pound:I£)
이집트(Egypt) 埃及Āijí	카이로(Cairo) 开罗Kāiluó	非 (埃及)镑(pound:LE)
이탈리아(Italia) 意大利Yìdàlì	로마(Roma) 罗马Luómǎ	欧 里拉(lira:L)

인도네시아(Indonesia) 印度尼西亚Yìndùníxīyà	자카르타(Jakarta) 雅加达Yǎjiādá	亚 (印度尼西亚)卢比(rupiah:Rp)
인디아(India) 印度Yìndù	뉴델리(New Delhi) 新德里Xīndélǐ	亚 (印度)卢比(rupee:Rs)
일본(Japan) 日本Rìběn	도쿄(Tokyo) 东京Dōngjīng	亚 日元(yen:¥)
자메이카(Jamaica) 牙买加Yámǎijiā	킹스턴(Kingston) 金斯敦Jīnsīdūn	拉美 (牙买加)元(dallar:J$)
자이르(Zaire) 扎伊尔Zhāyī'ěr	킨샤사(Kinshasa) 金沙萨Jīnshāsà	非 扎伊尔(zaire:Z)
잠비아(Zambia) 赞比亚Zànbǐyà	루사카(Lusaka) 卢萨卡Lúsàkǎ	非 (赞比亚)克瓦查(kwacha:MK)
적도 기니(Equatorial Guinea) 赤道几内亚Chìdào Jīnèiyà	말라보(Malabo) 马拉博Mǎlābó	非 (赤道几内亚)埃奎勒(ekuele: EK)
중앙아프리카공화국 (Central African Republic) 中非共和国Zhōng Fēi Gònghéguó	방기(Bangui) 班吉Bānjí	非 (非洲金融共同体)法郎(franc:CFAF)
중화민국(Republic of China) 中华民国Zhōnghuá Mínguó	타이베이(Taipei),난징(Nanjing) 台北Táiběi, 南京Nánjīng	亚 新台币(New Taiwan Dollar), 元(NT$)
중화인민공화국(People's Republic of China) 中华人民共和国Zhōnghuá Rénmín Gònghéguó	베이징(Beijing) 北京Běijīng	亚 人民币(Renminbi),元(Yuan:RMBY)
지부티(Djibouti) 吉布提Jíbùtí	지부티(Djibouti) 吉布提jíbùtí	非 (吉布提)法郎(franc:FD)
짐바브웨(Zimbabwe) 津巴布韦Jīnbābùwéi	하라레(Harare) 哈拉雷Hālāléi	非 (罗得西亚)元(dallar:R$)
차드(Chad) 乍得Zhàdé	은자메나(N'djamena) 恩贾梅纳Ēngǔméinà	非 (非洲金融共同体)法郎(franc:CFAF)
체코 공화국(Czecho) 捷克Jiékè	프라하(Praha) 布拉格Bùlāgé	欧 (捷克)克郎(koruna:Kcs)
체코와 슬로바키아연방공화국 (Czechoslovakia) 捷克斯洛伐克Jiékèsīluòfákè	프라하(Praha) 布拉格Bùlāgé	欧 (捷克)克郎(koruna:Kcs)
칠레(Chile) 智利Zhìlì	산티아고(Santiago) 圣地亚哥Shèngdìyàgē	拉美 (智利)比索(peso:Ch$)
카메룬(Cameroon) 喀麦隆Kāmàilóng	야운데(Yaoundé) 雅温得Yǎwēndé	非 (非洲金融共同体)法郎(franc:CFAF)
카보베르데(Cabo Verde, CapeVerde) 佛得角Fódéjiǎo	프라이아(Praia) 普拉亚Pǔlāyà	非 (佛得角)埃斯库多(escudo: CV Esc)
카빈다(Cabinda) 卡奔达Kǎbēndá	카빈다(Cabinda) 卡奔达Kǎbēndá	非
카자흐(Kazakh) 哈萨克Hāsākè	알마아타(AlmaAta) 阿拉木图Ālāmùtú	亚
카타르(Qatar) 卡塔尔Kǎtǎ'ěr	도하(Doha) 多哈Duōhā	亚 (卡塔尔)里亚尔(riyal:QR)
캄푸치아(Kampuchea) 柬埔寨Jiǎnpǔzhài	프놈펜(Phnom penh) 金边Jīnbiān	亚 瑞尔(riel)
캐나다(Canada) 加拿大Jiānádà	오타와(Ottawa) 渥太华Wòtàihuá	北美 (加拿大)元(dallar:Can$)
캐롤라인제도(Caroline Islands) 加罗林群岛Jiāluólín Qúndǎo	사이판(Saipan) 塞班Sāibān	大洋 (美国)元(dallar:US$)
케냐(Kenya) 肯尼亚Kěnníyà	나이로비(Nairobi) 内罗毕Nèiluóbì	非 (肯尼亚)先令(shilling:Sh)
코모로(Comoros) 科摩罗Kēmóluó	모로니(Moroni) 莫罗尼Mòluóní	非 (非洲金融共同体)法郎(franc:CFAF)
코스타리카(Costa Rica) 哥斯达黎加Gēsīdálíjiā	산호세(San José) 圣约瑟Shèngyuēsè	拉美 (哥斯达黎加)科郎(colon:₡)
콜롬비아(Colombia) 哥伦比亚Gēlúnbǐyà	보고타(Bogota) 波哥大Bōgēdà	拉美 (哥伦比亚)比索(peso:Col$)
콩고(Congo) 刚果Gāngguǒ	브라자빌(Brazzaville) 布拉柴维尔Bùlācháiwéi'ěr	非 (非洲金融共同体)法郎(franc:CFAF)
쿠바(Cuba) 古巴Gǔbā	아바나(Havana) 哈瓦那Hāwǎnà	拉美 (古巴)比索(peso:Cub$)
쿠웨이트(Kuwait) 科威特Kēwēitè	쿠웨이트(Kuwait) 科威特Kēwēitè	亚 (科威特)第纳尔(dinar:KD)
쿡 제도(Cook Islands) 库克群岛Kùkè Qúndǎo	아바루아(Avarua) 阿瓦鲁阿Āwǎlǔ'ā	大洋

크로아티아(Croatia) 克罗埃西亚Kèluó' āixīyà	자그레브(Zagreb) 札格拉布Zhāgélābù	欧
키르기스(Kirgiz) 吉尔吉斯Jí' ěrjísī	프룬제(Frunze) 伏龙芝Fúlóngzhī	亚
키리바시(Kiribati) 基里巴斯Jīlǐbāsī	타라와(Tarawa) 塔拉瓦Tǎlāwǎ	大洋
키프로스(Kypros) 塞浦路斯Sàipǔlùsī	니코시아(Nicosia) 尼科西亚Níkēxīyà	亚 (塞浦路斯)镑(pound:£C)
타지크(Tadzhik) 塔吉克Tǎjíkè	듀샴베(Dyushambe) 杜尚别Dùshàngbié	亚
탄자니아(Tanzania) 坦桑尼亚Tǎnsāngníyà	다르에스살람(Dar es Salaam) 达累斯萨拉姆Dálèisīsàlāmǔ	非 (坦桑尼亚)先令(shilling:TSh)
태국(Thailand) 泰国Tàiguó	방콕(Bangkok) 曼谷Màngǔ	亚 铢(baht:B)방콕(Bangkok)
터키(Turkey) 土耳其Tǔ' ěrqí	앙카라(Ankara) 安卡拉Ānkǎlā	亚 (土耳其)里拉(lira:LT),镑
토고(Togo) 多哥Duōgē	로메(Lomé) 洛美Luòměi	非 (非洲金融共同体)法郎(franc:CFAF)
토켈라우제도(Tokelau Islands) 托克劳群岛Tuōkèláo Qúndǎo	파카오포(Fakaofo) 法考福Fǎkǎofú	大洋
통가(Tonga) 汤加Tāngjiā	누쿠알로파(Nukualofa) 努库阿洛法Nǔkù'āluòfǎ	大洋 邦加(pa'anga:T$)
투르크멘(Turkmen) 土库曼Tǔkùmàn	아슈하바트(Ashkhabad) 阿什哈巴特Āshíhābātè	亚
투발루(Tuvalu) 图瓦卢Túwǎlú	푸나푸티(Funafuti) 富纳富提Fùnàfùtí	大洋
튀니지(Tunisie) 突尼斯Tūnísī	튀니스(Tunis) 突尼斯Tūnísī	非 (突尼斯)第纳尔(dinar:D)
트리니다드토바고(Trinidad and Tobago) 特立尼达和多巴哥TèlìnídáhéDuōbāgē	포트오브스페인(Port of Spain) 西班牙港Xībānyágǎng	拉美 (特立尼达和多巴哥)元(dallar:TT$)
파나마(Panama) 巴拿马Bānámǎ	파나마(Panama) 巴拿马Bānámǎ	拉美 巴波亚(balboa:B)
파라과이(Paraguay) 巴拉圭Bālāguī	아순시온(Asuncion) 亚松森Yǎsōngsēn	拉美 瓜拉尼(guarani:G)
파키스탄(Pakistan) 巴基斯坦Bājīsītǎn	이슬라마바드(Islamabad) 伊斯兰堡Yīsīlánbǎo	亚 (巴基斯坦)卢比(rupee:PRs)
파푸아뉴기니(Papua New Guinea) 巴布亚新几内亚Bābùyà Xīnjīnèiyà	포트모르즈비(Port Moresby) 莫尔兹比港Mò'ěrzībǐgǎng	大洋 基那(kina:K)
팔레스타인(Palestine) 巴勒斯坦Bālèsītǎn		亚
페루(Peru) 秘鲁Bìlǔ	리마(Lima) 利马Lìmǎ	拉美 索尔(sol:S)
포르투갈(Portugal) 葡萄牙Pútáoyá	리스본(Lisbon) 里斯本Lǐsīběn	欧 (葡萄牙)埃斯库多(escudo: Esc)
포클랜드제도(Falkland Islands) 福克兰群岛Fúkèlán Qúndǎo	스탠리(Stanley) 斯坦利港Sītǎnlìgǎng	拉美
폴란드(Poland) 波兰Bōlán	바르샤바(Warszawa) 华沙Huáshā	欧 兹罗提(zloty:Zl)
프랑스(France) 法国Fǎguó	파리(Paris) 巴黎Bālí	欧 (法国)法郎(franc:FF)
프랑스령 과델루프 섬(Guadeloupe) 瓜德罗普岛(法)Guādéluópǔdǎo	바스테르(Basse Terre) 巴斯特尔Bāsītè'ěr	拉美 (法国)法郎(franc:FF)
프랑스령 기아나(Guiana) 圭亚那(法)Guīyànà	카옌(Cayenne) 卡宴Kǎyàn	拉美 (法国)法郎(franc:FF)
프랑스령 뉴칼레도니아섬(New Caledonia) 新喀里多尼亚(法)Xīnkālǐduōníyà	누메아(Nouméa) 努美阿Nǔměi'ā	大洋 (太平洋法兰西共同体)法郎(franc:CFPC)
프랑스령 레위니옹(Réunion) 留尼汪岛(法)Liúníwāngdǎo	생드니(Saint Denis) 圣但尼Shèngdànní	非 (法国)法郎(franc:FF)
프랑스령 마르티니크섬(Martinique) 马提尼克岛(法)Mǎtíníkèdǎo	포르드프랑스(ForēdēFrance) 法兰西堡Fǎlánxībǎo	拉美 (法国)法郎(franc:FF)
프랑스령 생피에르미클롱 제도 (St.,Pierre and Miquelon Islands) 圣皮埃尔岛和密克隆岛(法) Shèngpí' āi' ěrdǎohé Mìkèlóngdǎo	생피에르 (St. Pierre) 圣皮埃尔Shèngpíāi'ěr	北美
프랑스령 폴리네시아(French Polynesia) 法属波利尼西亚Fǎshǔ Bōlǐníxīyà	파피티(Papeete) 帕皮提Pàpítí	大洋 (太平洋法兰西共同体)法郎(franc:CFPC)

프랑스령윌리스푸투나섬(Wallis andFutuna) 瓦利斯群岛和富图纳群岛(法) Wǎlìsī Qúndǎohé Fùtúnà Qúndǎo	마타우투(Mata Utu) 马塔乌图Mǎtǎwūtú	大洋
피지(Fiji) 斐济Fěijì	수바(Suva) 苏瓦Sūwǎ	大洋 (斐济)元(dallar:F$)
핀란드(Finland) 芬兰Fēnlán	헬싱키(Helsinki) 赫尔辛基Hè'ěrxīnjī	欧 (芬兰)马克(mark:Fmk)
필리핀(Philippines) 菲律宾Fēilǜbīn	마닐라(Manila) 马尼拉Mǎnílā	亚 (菲律宾)比索(peso:P)
헝가리(Hungary) 匈牙利Xiōngyálì	부다페스트(Budapest) 布达佩斯Bùdápèisī	欧 福林(forint:Ft)

(25) 도량형(度量衡) 일람표

1. 公制(미터법)

길　이

微 微 米	埃	毫 微 米	微　米	忽　米	丝　米
마이크로미크롱	옹스트롬	밀리미크롱	미크롱	센티밀리미터	데시밀리미터
$\mu\mu$	Å	mμ	μ	cmm	dmm
10^{-12}m	10^{-10}m	10^{-8}m	10^{-6}m	10^{-5}m	10^{-4}m
毫　米	**厘　米**	**分　米**	**米**	**公　里**	**海　里〔浬〕**
밀리미터	센티미터	데시미터	미터	킬로미터	해리
mm	cm	dm	m	km	n.m
10^{-3}m	10^{-2}m	10^{-1}m	1m	1,000m	1,852m

면　적

平方毫米	平方厘米	平方分米	平 方 米	平方十米〔公亩〕	平方百米〔公顷〕	平方公里
mm^2	cm^2	dm^2	m^2	a	ha	km^2
10^{-6}㎡	10^{-4}㎡	0.01㎡	1㎡	100㎡	10^5㎡	10^6㎡

체　적

立 方 毫 米	立 方 厘 米	立 方 分 米	立 方 米
입방밀리미터	입방센티미터	입방데시미터	입방미터
mm^3	cm^3	dm^3	m^3
$10^{-9}m^3$	$10^{-6}m^3$	$0.001m^3$	$1m^3$

용　량

微升	毫升	厘升	分升	升	十升	百升	千升
마이크로리터	밀리리터	센티리터	데시리터	리터	데카리터	헥토리터	킬로리터
$\mu\ell$	mℓ	cℓ	dℓ	ℓ	Dℓ	hℓ	kℓ
$10^{-6}\ell$	0.001ℓ	0.01ℓ	0.1ℓ	1ℓ	10ℓ	100ℓ	1000ℓ

중　량

微克	毫克	厘克	分克	克	十克	百克	公斤〔千克〕	公担	吨
마이크로그램	밀리그램	센티그램	데시그램	그램	데카그램	헥토그램	킬로그램	퀸틀	톤
μg	mg	cg	dg	g	Dg	hg	kg	q	t
10^{-9}kg	10^{-6}kg	10^{-5}kg	10^{-4}kg	0.001kg	0.01kg	0.1kg	1kg	100kg	1,000kg

2. 市 制

길 이

市 毫	市 厘	市 分	市 寸	市 尺	市 丈	市 引	市 里
	10市毫	10市厘	10市分	10市寸	10市尺	10市丈	150市丈
0.003333cm	0.03333cm	0.33333cm	3.3333cm	0.3333m	3.3333m	33.333m	0.500km

면 적

平方市寸	平方市尺	平方市丈	平方市里	市 分	市 亩	市 顷
	100平方市寸	100平方市尺	22,500平方市丈	6平方市丈	10市分	100市亩
11.11㎠	0.1111㎡	11.1111㎡	0.2500㎢	66.6666㎡	6.6667a	6.6667ha

체 적

立 方 市 寸	立 方 市 尺	立 方 市 丈
1.000立方市分	1,000立方市寸	1,000立方市尺
37cm³	0.0370m³	37,0370m³

용 량

市 撮	市 勺	市 合	市 升	市 斗	市 石
	10市撮	10市勺	10市合	10市升	10市斗
0.001 ℓ	0.01 ℓ	0.1 ℓ	1 ℓ	10 ℓ	100 ℓ

중 량

市 丝	市 毫	市 厘	市 分	市 钱	市 两	市 斤	市 担
	10市丝	10市毫	10市厘	10市分	10市钱	10市两	100市斤
0.0005g	0.005g	0.05g	0.5g	5g	50g	0.5000kg	0.5000q

(26) 도량형(度量衡) 비교표

	公 制	市 (用) 制	旧营造库平制	英 制(码磅制)
长度	1 公里(km)	2 市里	1.736 营造里	0.621 英里
	1 米 (m)	3 市尺	3.125 营造尺	3.281 英尺
	0.5 公里	1 市里	0.868 营造里	0.311 英里
	0.333 米	1 市尺	1.042 营造尺	1.094 英尺
	0.576 公里	1.152 市里	1 营造里	0.358 英里
	0.32 米	0.96 市尺	1 营造尺	1.050 英尺
	1.609 公里	3.219 市里	2.794 营造里	1 英里(mile)
	0.305 米	0.915 市尺	0.953 营造尺	1 英尺(feet)
地积	1 公顷(ha)	15 市亩	16.28 营造顷	2.471 英亩
	1 公亩(a)	0.15 市亩	0.163 营造顷	0.025 英亩
	6.667 公顷	1 市顷	1.085 营造亩	16.177 英亩
	6.667 公亩	1 市顷	1.085 营造亩	0.165 英亩
	6.144 公亩	0.922 市亩	1 营造亩	0.152 英亩
	40.468 公亩	6.072 市亩	6.587 营造亩	1 英亩(acre)
容量	1 升 (l)	1 市升	0.966 营造升	0.220 英加仑
	1 升(l)	1 市升	0.966 营造升	0.220 英加仑
	1.036 升	1.036 市升	1 营造升	0.228 英加仑
	4.546 升	4.546 市升	4.390 营造升	1 英加仑(gallon)
重量	1 公斤(kg)	2 市斤	1.673 库平斤	2.205 英磅
	0.5 公斤	1 市斤(10市两)	0.838 库平斤	1.102 英磅
	0.597 公斤	1.194 市斤	1 库平斤(16两)	1.316 英磅
	0.454 公斤	0.907 市斤	0.760 库平斤	1 英磅(pound)

(27) 화학 원소표

한국명	기호	번호	중국명	한어병음
가돌리늄	Gd	64	钆	gá
갈륨	Ga	31	镓	jiā
게르마늄	Ge	32	锗	zhě
구리	Cu	29	铜	tóng
규소	Si	14	硅	guī
금	Au	79	金	jīn
나트륨	Na	11	钠	nà
납	Pb	82	铅	qiān
네오디뮴	Nd	60	钕	nǚ
네온	Ne	10	氖	nǎi
넵투늄	Np	93	镎	ná
노벨륨	No	102	锘	nuò
니오븀	Nb	41	铌	ní
니켈	Ni	28	镍	niè
디스프로슘	Dy	66	镝	dī
라돈	Rn	86	氡	dōng
라듐	Ra	88	镭	léi
란타늄	La	57	镧	lán
레늄	Re	75	铼	lái
로듐	Rh	45	铑	lǎo
로렌슘	Lw	103	铹	láo
루비듐	Rb	37	铷	rú
루테늄	Ru	44	钌	liǎo
루테르포르듐	Rf	104	鑪	lú
루테튬	Lu	71	镥	lǔ
리튬	Li	3	锂	lǐ
마그네슘	Mg	12	镁	měi
망간	Mn	25	锰	měng
멘델레븀	Md	101	钔	mén
몰리브덴	Mo	42	钼	mù
바나듐	V	23	钒	fán
바륨	Ba	56	钡	bèi
백금	Pt	78	铂	bó
버클륨	Bk	97	锫	péi
베릴륨	Be	4	铍	pí
불소	F	9	氟	fú
붕소	B	5	硼	péng
브롬	Br	35	溴	xiù
비소	As	33	砷	shēn
비스무트	Bi	83	铋	bì
사마륨	Sm	62	钐	shān
산소	O	8	氧	yǎng
세륨	Ce	58	铈	shì
세슘	Cs	55	铯	sè
셀레늄	Se	34	硒	xī
수소	H	1	氢	qīng
수은	Hg	80	汞	gǒng
스칸듐	Sc	21	钪	kàng
스트론튬	Sr	38	锶	sī
아르곤	Ar	18	氩	yà
아메리슘	Am	95	镅	méi
아스타틴	At	85	砹	ài
아연	Zn	30	锌	xīn
아인슈타이늄	Es	99	锿	āi
악티늄	Ac	89	锕	ā
안티몬	Sb	51	锑	tī
알루미늄	Al	13	铝	lǚ
에르븀	Er	68	铒	ěr
염소	Cl	17	氯	lǜ
오스뮴	Os	76	锇	é
요드	I	53	碘	diǎn
우라늄	U	92	铀	yǒu
유로퓸	Eu	63	铕	yǒu
은	Ag	47	银	yín
이리듐	Ir	77	铱	yī
이테르븀	Yb	70	镱	yì
이트륨	Y	39	钇	yǐ
인	P	15	磷	lín
인듐	In	49	铟	yīn
주석	Sn	50	锡	xī
지르코늄	Zr	40	锆	gào
질소	N	7	氮	dàn
철	Fe	26	铁	tiě
카드뮴	Cd	48	镉	gé
칼륨	K	19	钾	jiǎ
칼리포르늄	Cf	98	锎	kāi
칼슘	Ca	20	钙	gài
코발트	Co	27	钴	gǔ
큐륨	Cm	96	锔	jú
크롬	Cr	24	铬	gè
크립톤	Kr	36	氪	kè
크세논	Xe	54	氙	xiān
탄소	C	6	碳	tàn
탄탈	Ta	73	钽	tǎn
탈륨	Tl	81	铊	tā
텅스텐	W	74	钨	wū
테르븀	Tb	65	铽	tè
테크네튬	Tc	43	锝	dé
텔루륨	Te	52	碲	dì
토륨	Th	90	钍	tǔ
툴륨	Tm	69	铥	diū
티타늄	Ti	22	钛	tài
팔라듐	Pd	46	钯	bǎ
페르뮴	Fm	100	镄	fèi
폴로늄	Po	84	钋	pō
프라세오디뮴	Pr	59	镨	pǔ
프란슘	Fr	87	钫	fāng
프로메튬	Pm	61	钷	pǒ
프로탁티늄	Pa	91	镤	pú
플루토늄	Pu	94	钚	bù
하늄	Ha	105	銲	hǎn
하프늄	Hf	72	铪	hā
헬륨	He	2	氦	hài
홀뮴	Ho	67	钬	huǒ
황	S	16	硫	liú

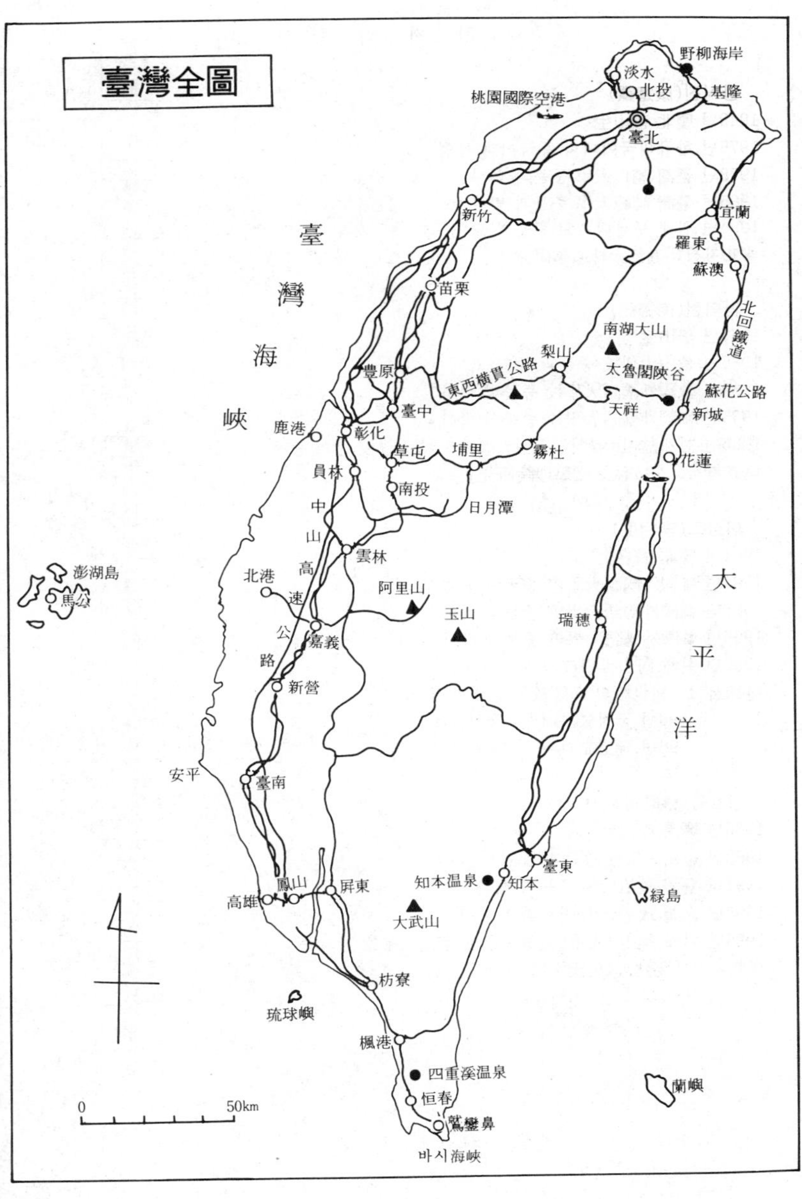

臺灣全圖
野柳海岸
淡水
北投
基隆
桃園國際空港
臺北
宜蘭
羅東
蘇澳
北回鐵道
新竹
苗栗
臺灣海峽
南湖大山
梨山
太魯閣陝谷
東西橫貫公路
蘇花公路
豐原
臺中
天祥
新城
鹿港
彰化
草屯
埔里
霧杜
花蓮
員林
南投
日月潭
中山高速公路
雲林
澎湖島
馬公
北港
阿里山
玉山
太平洋
瑞穗
嘉義
新營
安平
臺南
臺東
知本温泉
知本
綠島
高雄
鳳山
屏東
大武山
枋寮
琉球嶼
楓港
四重溪温泉
蘭嶼
0
50km
恒春
鵞鑾鼻
바시海峽

편 자 약 력

강식진(康寔鎭)

1949년 慶北 善山生
1975년 한국외국어대학 중국어과 졸업
1978년 臺灣 輔仁大學 중문과 석사
1985년 臺灣 師範大學 중문과 박사
1996년 현재 부산대학교 중문과 교수
대표저서:「老乞大朴通事研究」

남덕현(南德鉉)

1964년 釜山生
1986년 釜山大學校 중문과 졸업
1989년 韓國外國語大學校 중문학 석사
1995년 韓國外國語大學校 중문학 박사
1996년 현재 釜山大學校 東亞大學校 仁濟大學校 강의 중
대표저서:「公安派之文學理論研究」

이상도(李相度)

1961년 慶北 醴泉生
1984년 韓國外國語大學校 중국어과 졸업
1986년 韓國外國語大學校 중문학 석사
1995년 韓國外國語大學校 중문학 박사
1996년 현재 蔚山大學校 중문과 교수
대표저서:「崔世診의 漢語教學에 대한 研究」
96년 국정교과서「중국어독해」
96년 국정교과서「중국문화」

장호득(張皓得)

1966년 慶南 南海生
1988년 釜山大學校 중문과 졸업
1991년 臺灣 政治大學 중문과 석사
1993년 臺灣 政治大學 박사과정 수료
1996년 현재 釜山大學校 釜慶大學校 東亞大學校 강의중
대표저서:「馬建忠《馬氏文通》之研究」

진명 중한사전

초판발행 | 1997년 1월 10일
초판 14쇄 발행 | 2002년 5월 31일 (5,000권)

편자 | 강식진, 남덕현, 이상도, 장호득
발행 | (주)진명출판사
등록 | 1994년 4월 4일 제10-959호
연락 | 서울　서울 마포구 상수동 321-1 ㊦ 121-829
TEL 338-6011 FAX 338-6017
E-MAIL seoul@jinmyong.com
동경　TEL/FAX 3200-9353
WEB SITE jinmyong.com
제작2팀장 | 우삭균
생산 | 한지훈
용지 | (주)타라유통
면지 - 레자크지 120g/㎡ 1.4연
본문 - 라이온코트지 42g/㎡ 417연
케이스 - 아트지 150g/㎡ 3.5연
판권 - 아트지 100g/㎡ 0.4연
인쇄 | 면지 · 케이스 · 판권 - (주)중앙P&L
본문 - 신일기획문화(주)
라미네이팅 | (주)중앙P&L
케이스가공 | 대흥지기
재킷비닐제작 | 삼화비닐산업사
제책 | (주)명지문화

ISBN 89-8010-228-3

정가 55,000원

*잘못된 책은 바꾸어 드립니다.
*본 사전은 (주)진명출판사가 세계 최초로 개발한
서체 · 전산시스템으로 출판하였습니다.

中國政區
比例尺
1:20,740,000
0
300
600 公里
蘇
緬
甸
曼德勒
泰
國
汶萊
沙巴
南海諸島

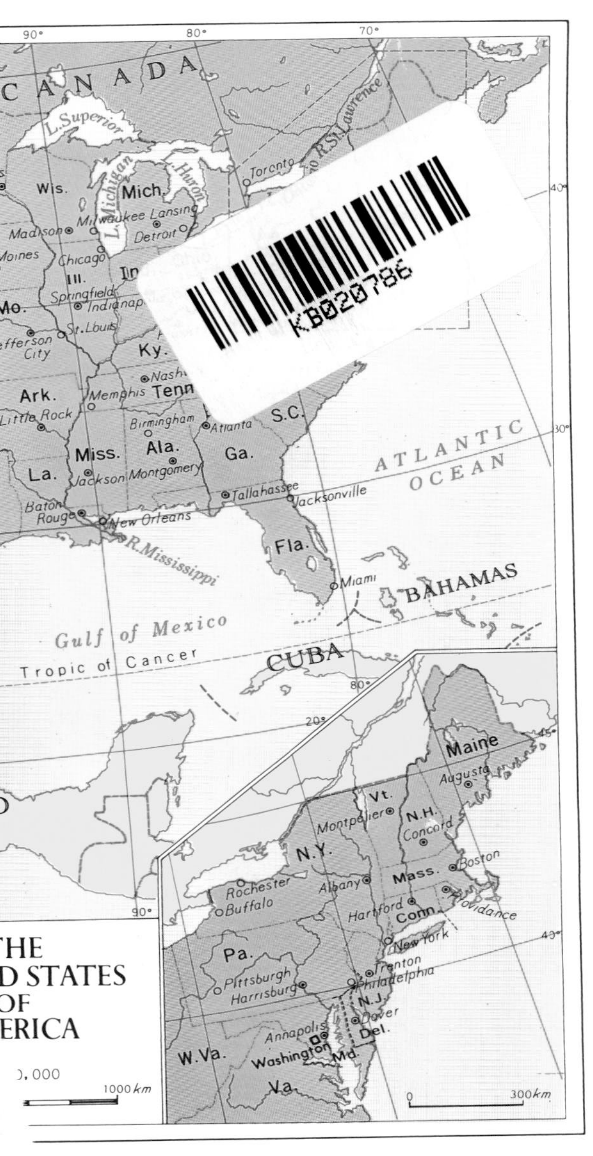

CANADA
L.Superior
L.Michigan
L.Huron
R.St.Lawrence
Toronto
Wis.
Mich.
Milwaukee
Lansing
Madison
Detroit
Moines
Chicago
Ill.
Springfield
Indianap
Mo.
St.Louis
Jefferson City
Ky.
Nash
Ark.
Memphis
Tenn
Little Rock
Birmingham
Atlanta
S.C.
Miss.
Ala.
Ga.
La.
Jackson
Montgomery
Tallahassee
Jacksonville
Baton Rouge
New Orleans
R.Mississippi
Fla.
Miami
ATLANTIC OCEAN
BAHAMAS
Gulf of Mexico
Tropic of Cancer
CUBA
90°
80°
70°
40°
30°
20°
45°
Maine
Augusta
Vt.
Montpelier
N.H.
Concord
N.Y.
Boston
Mass.
Rochester
Albany
Buffalo
Hartford
Conn.
Providence
New York
Pa.
Trenton
Pittsburgh
Philadelphia
Harrisburg
N.J.
Dover
Annapolis
Del.
Washington
Md.
W.Va.
Va.
THE
ED STATES
OF
ERICA
1000 km
0
300 km

머 리 말

— 포켓판 제 2 판을 내면서 —

휴대에 간편한 신영한 소사전을 간행한지도 어언 40여 년의 세월이 흘렀다. 그 동안 독자들의 끊임없는 격려에 힘입어 꾸준히 개정을 거듭하면서 작금에 이르렀는데, 이제 또한 급변하는 오늘의 문화 전반에 걸친 발전에 발맞추기 위하여 또다시 개정의 작업을 감행하였다.

한편 독자들의 시력 문제 역시 출판사로서는 최대의 관심사이니만큼, 국민 시력 보호의 측면에 서서 소사전이지만 휴대에 지장이 없는 한도 내에서 판을 키워 〈포켓판〉이라 칭하여 따로이 간행하였던 바 독자들의 긍정적인 반응이 있었기에, 이번에도 개편한 소사전과 병행하여 〈포켓판〉 제2판을 간행하기에 이른 것이다.

어느 쪽이든 독자들이 보기에 편리하고 필요에 맞는 쪽으로 선택하여 이용해주기 바라며, 앞으로도 계속 꾸준한 애용과 편달을 빌어마지 않는다. 자그마하나마 이 사전이 독자들의 영어 생활에 일조가 되기를 바라는 마음 간절하다.

민중서림 편집국

일 러 두 기

A. 표 제 어

1. 일반 영어는 고딕체로 나타내고, 충분히 영어화되지 않은 외래어는 이탤릭 고딕체로 나타내었다.

보기: **boy** ……… 일반 영어 ***gar·çon*** ………… 외래어

2. 표제어의 배열은 알파벳순으로 하였다.

3. 같은 철자의 표제어라도 어원이 다른 말은 따로따로 내고, 어깨 번호를 붙여 구분하였다.

보기: **host**[1] 주인, … **host**[2] 많은 떼, …

4. 표제어의 분철은 음성학적 원리에 의하여 [·]로 표시하였다.

보기: **at·tor·ney** **in·de·pend·ent**

5. 두 단어 이상으로 된 복합어나 연어 따위의 표제어에서는 그 각각의 낱말이 표제어로 나와 있어 특별히 분철·발음을 보일 필요가 없을 경우에는 이를 생략하고, 악센트만 표시하였으며, 단독 표제어로 나와 있지 않은 단어에는 분철·발음을 표시하였다.

보기: **háir·drèsser**
ábsentee ínterview
ác·ti·nide sèries[ǽktənàid-]

6. 특히 중요한 표제어에는 3단계의 표시(†, ‡, *)를 하여 학습상의 편의를 도모하였다.

보기: †**ac·tion** (중학 정도)……………………………1,500어
‡**im·pres·sive** (고교 정도) …………………4,500어
***mo·bile** (대학 교양 정도)……………………5,600어

7. 영·미 철자가 다른 경우에는 미식을 우선하여 들었고, 다음에 《英》으로써 영식 철자를 보였으며, 필요할 때에는 영식 철자를 따로 들었다.

보기: †**la·bor,** 《英》 **-bour**[léibər]
‡**de·fence**[diféns] ***n.*** 《英》 =DEFENSE.

이에 미국·영국의 어미의 상위점을 예시하여 둔다.

《美》	...nse	*defense*	《美》	...ter	*center*
《英》	...nce	*defence*	《英》	...tre	*centre*
《美》	...old	*mold*	《美》	...l...	*traveler*
《英》	...ould	*mould*	《英》	...ll...	*traveller*
《美》	...or	*color*			
《英》	...our	*colour*			

8. 표제어 중의 ( )는 그 부분이 생략될 수 있음을 나타내는 경우와, 아래 두번째 보기에서와 같이 두 형태가 있음을 보인다.

보기: **Géi·ger(-Mül·ler) cóunter**
blame·less(·ly) *a.* (*ad.*) → **blame·less** *a.,* **blame·less·ly** *ad.*

9. 파생어는 가급적 본원어 표제어 항에 몰아 넣었으며, 이때 ~는 표제자어에 해당되며, 발음·음절 구분·악센트의 위치가 다른 것은 되도록 철자 전부를 보였고, 악센트 부호·발음 기호도 필요에 따라 명시하였다.

보기: **am·big·u·ous**[æmbígjuəs] *a.* …….. **~·ly** *ad.*
av·id[ǽvid] *a.* ……..**a·vid·i·ty**[əvídəti] *n.*

10. 동일어로서 철자가 다른 것은 콤마로 구분 병기하였으며, 뒤의 낱말은 분철에 따라 하이픈으로 일부를 생략하기로 하였다. 이는 파생어에서도 적용한 것이 있다.

보기: **Mu·zhik, -zjik.**
au·to·bi·og·ra·phy[ɔ̀:təbaiɑ́grəfi/-ɔ́g-] *n.* …….. **-pher** *n.*

11. 뜻이 같은 언어는 사용도가 높은 것을 보이고 나머지는 〔 〕로 표시하였다.

보기: **fáith cùre** 〔**hèaling**〕

B. 발 음

발음에 관해서는 발음 약해(p.6) 및 발음 기호 일람표(p.7) 참조.

C. 품사 구별과 관용구 및 예문

1. 품사명은 원칙적으로 발음 기호 뒤에, 또는 — 뒤에 약호로 표시하였으며, 한 낱말이 두 가지 이상의 품사로 쓰이는 경우에는 지면 절약을 위해 병기한 것도 많다. (약어표(p.8) 참조)

보기: †**fif·teen**[fíftíːn] ***n., a.***

2. 연어 표제어는 대개 명사이므로 품사 표시를 생략하였다.

3. 관용구는 이탤릭 고딕체, 예문은 괄호 안에 이탤릭체로 나타내었다.

4. 관용구·예문 중에서는 표제어를 되풀이하는 대신에 ~ 기호를 사용하였다. 단, 되풀이되는 표제어의 첫 글자가 대문자일 경우에는 그 대문자를 쓰고 하이픈으로 이었다.

보기: **bless** 항 중 ***be ~ed*** =***be blessed,*** ***B- me!*** =***Bless me!***

D. 명사의 복수형

1. 명사의 복수꼴 변화는 다음과 같이 보였다.

보기: **goose**[guːs] ***n.*** (*pl.* ***geese***)

deer[diər] ***n.*** (*pl.* **~, ~s**)는 복수꼴이 ***deer,*** 때로는 ***deers*** 임을 나타낸다.

2. 자음+o로 끝나는 낱말의 복수꼴은 다음과 같이 표시했다.

보기: **piano**[1][piǽnou, pjǽn-] ***n.*** (*pl.* **~s**)

mos·qui·to[məskíːtou] ***n.*** (*pl.* ~(**e**)**s**)는 ***mosquitoes*** 와 ***mosquitos*** 의 두 가지 꼴이 있음을 나타낸다.

3. 규칙 변화하는 낱말이라도 주의해야 할 것은 모조리 보였다.

보기: **house**[haus] ***n.*** (*pl.* ***houses***[háuziz]) 《발음상의 주의》

bus[bʌs] ***n.*** (*pl.* ~(**s**)**es**)는 ***busses*** 와 ***buses*** 의 두 가지 꼴이 있음을 나타낸다.

4. 복합어 중 특히 주의를 요하는 것은 다음과 같이 표시하였다.

보기: **síster-in-làw** ***n.*** (*pl.* ***sisters-***)

E. 불규칙동사의 과거 · 과거분사형

1. 동사의 과거·과거분사의 변화형은 다음과 같이 표시하였다.

보기: **sing** *vi., vt.* (***sang,*** 《古》《稀》 ***sung; sung***)은 과거형이 ***sang*** (단, 고어나 드물게는 ***sung***), 과거분사는 ***sung*** 임을 나타낸다.

feel *vt.* (***felt***)는 과거·과거분사가 다 같이 ***felt*** 임을 나타낸다.

kneel *vi.* (***knelt, ~ed***)는 ***kneel, knelt, knelt,*** 또는 ***kneel, kneeled, kneeled*** 의 2종류가 있음을 나타낸다.

2. 끝 자음이 겹칠 때에는 다음과 같이 표시하였다.

보기: **cut** *v.* (***-tt-***)에서 (***-tt-***)는 ***cutter, cutting.***

refer *v.* (***-rr-***)에서 (***-rr-***)는 ***referred, referring.***

mimic *v.* (***-ck-***)에서 (***-ck-***)는 ***mimicked, mimicking.***

travel *v.* (《英》 ***-ll-***)는 《美》 ***traveled, traveling,*** 《英》 ***travelled, travelling.***

F. 형용사 · 부사의 비교급 · 최상급

1음절어는 -er; -est를 붙이고, 2음절 이상의 낱말에는 more; most가 붙는 것이 원칙이나, 그렇지 않은 것 또는 철자상 주의해야 할 것 따위는 다음처럼 표시하였다.

보기: **good**[gud] *a.* (***better; best***)

lit·tle[lítl] *a.* (***less, lesser; least;*** 《口》 ***~r; ~st***)는 비교급이 ***less*** 또는 ***lesser*** 이고 최상급이 ***least*** 이나, 구어로는 비교급이 ***littler,*** 최상급이 ***littlest*** 로도 쓰임을 나타내었다.

2. 끝의 자음이 겹치는 것은 동사의 경우에 준하였다.

보기: **hot** *a.* (***-tt-***)에서 (***-tt-***)는 ***hotter; hottest*** 임을 나타낸다.

G. 셀 수 있는 명사와 셀 수 없는 명사

셀 수 있는 명사(countable), 셀 수 없는 명사(uncountable)에는 각각 Ⓒ, Ⓤ를 붙여 구별을 분명히 해 주었다.

1. 원칙적으로 고유명사(특별한 것은 예외) 이외의 모든 명사에는 어의에 따라 Ⓒ, Ⓤ를 보였다.

2. 어의 중에 Ⓒ와 Ⓤ 양쪽으로 쓰일 경우에는 그 주됨에 따라 [U,C] 또는 [C,U]로 표시하였다.

3. Ⓒ, Ⓤ 이외에 필요한 경우에는 (a ~), (the ~), (*pl.*), (*sing.*) 따위로 그 명사가 쓰이는 형태를 명시하였다.

보기: **life**...... ① [U,C] 생명, 목숨. ② Ⓒ 생애, 일생. ③ Ⓤ 일생; 《집합적》 생물. ④ [C,U] 생활, 생계......

rage...... ① Ⓤ 격노; 격렬...... ② (*sing.*) 열망, 열광. ③ (the ~) 대유행(하는 것)......

H. 주 석

1. 어의를 우리말로 옮기는 데에 있어 주어·목적어·보어 등은 생략하고, 조사와 더불어 쓰이는 경우에는 '…이', '…은', '…과' 같이 나타내었다.

2. 주요 단어에 한하여 뜻 구분을 ①, ② ...로 뭉뚱그렸고, 또한 주요 어의를 고딕체로 하여 보는 데 도움이 되게 하였다.

3. 표제어가 어떤 어의에서는 그 첫 글자가 대문자에서 소문자로, 또는 소문자에서 대문자로 바뀌는 경우에는 (　) 안에 다음과 같이 이를 명시하였다.

보기: **Ben·e·dic·i·te**[bènədísəti/-dáis-] *n.* .... (b-) 축복의 기도......

:cath·o·lic[kǽθəlik] *a.* .... — *n.* (C-) 가톨릭 교도; ......

4. 주석 속에 영자가 소형 대문자로 들어 있는 것은 그 영자가 표제어로 나와 있으며, 그 낱말과 같거나 참고하라는 뜻이며, 또 관용구 중에 소형 대문자가 들어 있는 것은 그 관용구의 주석이 소형 대문자로 표시된 항에 나옴을 보인다.

보기: **hum·ble·bee** ....=BUMBLEBEE.

have 항에서 ~ ***got*** ⇨GET.

5. 파생어에서는 어미나 품사만을 보이고 그 풀이를 생략한 경우가 흔히 있다. 이는 표제어의 풀이로 보아 능히 그 뜻을 유추할 수 있는 것으로 믿기 때문이다.

I. 괄호 용법

1. (　)의 용법

a. 주석 바로 앞에서 뜻을 구체적으로 설명할 때.

보기: **bob**[1][bɑb/-ɔ-] *n.* ① (시계·저울 따위의) 추.

b. 영어의 동의어를 보일 때.

보기: **boor**[buər] *n.* 시골뜨기(rustic).

c. 주석 바로 뒤에서 그 낱말이 함께 쓰이는 전치사나 구문을 설명할 때.

보기: **loath**[louθ] *pred. a.* 꺼려서(*to* do; *that*)

d. 참조할 낱말 및 반의어를 보일 때.

보기: **sásh wíndow** 내리닫이 창(cf. casement window)
mo·nog·a·my[...] *n.* Ⓤ 일부 일처제〔주의〕(opp. polygamy)

e. 지면 절약을 위하여.

보기: 조각 (작품) =조각, 조각 작품
눕(히)다 =눕다, 눕히다.

2. 〔 〕의 용법

앞말과 바꾸어 놓을 수 있음을 나타낸다.

보기: 응전〔도전〕하다=응전하다, 도전하다.

3. 《 》의 용법

a. 주석 뒤에서 그 뜻을 부연 또는 설명할 때 썼다.

보기: **Saul**[sɔːl] *n.* 〖聖〗 사울《이스라엘의 초대왕》.

b. 그 낱말의 쓰임·용법을 나타내는 데 썼다.

보기: **accommodátion tràin** 《美》 완행 열차.
ab·strac·tion ...... ④ 《婉曲》 절취 ......

4. 《 》의 용법

흔히 주석 앞에서 관련되는 문법적 형태나 문법적 설명 또는 세분된 뜻 구별 따위를 보였다.

보기: **get**[get] ......; 《～+O+p.p.의 형으로》 …시키다.
for[...] *prep.* ......; 《이유·원인》 …때문에

5. 〖 〗의 용법

학술어·전문어를 표시하는 데 썼다.

보기: 〖天〗, 〖聖〗, 〖建〗

6. ' '의 용법

주석 속에 ' '로 묶인 것은 전문어·직역어(職域語)로서는 그 역어 또는 음역어(音譯語)가 보통임을 나타낸다.

보기: ***mét·ier***[...] *n.* (F.)......, (화가의) '메티에'
ópen sésame '열려라 참깨'

J. 기 타

1. <의 용법

<는 어원을 나타낸다.

2. ⇨의 용법

⇨는 그것이 가리키는 낱말과 관련이 있음을 나타낸다.

보기: **Márk Twáin** ⇨TWAIN.
lády bèetle =⇩. 다음 항 **lády·bìrd**와 뜻이 같음을 나타낸다.

발 음 약 해

(주의를 요하는 것만 다룸)

1	**box** [bɑks/-ɔ-]	빗금의 왼쪽이 美音으로 [bɑks], 오른쪽이 英音으로 [bɔks]임을 나타낸다. 발음 표시는 최신의 각종 발음사전 및 영영사전 등을 참고하여, 국제 음성기호를 사용하여 표기하였으되, 한 낱말에 너무 많은 발음 방식이 있는 것은 그 대표적인 것을 두셋 실었다.
2	**ex·pe·di·tion** [èkspədíʃən]	[èkspədíʃən]의 [è]는 제2 악센트를, [í]는 제1 악센트를 표시한다. 대체로 제1 악센트가 있는 음절의 하나 걸러 앞 또는 뒤의 음절에는 리듬 관계로 제2 악센트가 올 때가 많다.
3	**du·ral·u·min** [d*j*uərǽljəmin]	=[djuərǽljəmin, durǽljəmin]. 곧 이탤릭체는 생략할 수 있음을 보인다.
4	**girl** [gəː*r*l]	[gəː*r*l]. [əː*r*]는 美音으로, 혓바닥의 중앙을 높이 하여 [ə]발음을 하는 기분으로 낸다. 英音에는 이러한 발음이 없어 [gəːl]이라고 한다.
5	**floor·ing** [´iŋ] **steer·age** [´idʒ]	floor의 항에 [flɔː*r*]로 발음 기호가 나와 있으므로 지면 절약을 위해 **flooring**의 발음을 [´iŋ]으로 간략 표시했지만, 이 때 [flɔ́ː*r*iŋ]이 아니고 [flɔ́ːriŋ]이다. 마찬가지로, **steer** [stiə*r*]의 다음항 **steerage** [´idʒ]는 [stíəridʒ]이다.
6	**phew** [ɸː, fjuː] **faugh** [pɸː, fɔː]	[ɸ]는 양입술을 가볍게 합치고 그 사이로 내는 무성마찰음. 우리말 「후」[ɸɯ]음에 가깝다.
7	**Bach** [bɑːx, bɑːk] **loch** [lɑk, lɑx/lɔk, lɔx]	[x]는 혀의 뒷면과 연구개 사이에서 이루어지는 마찰음. [bɑːx]는 대체로 「바아하」에 가깝고, [lɔx]는 「로호」에 가깝다.
8	***hüt·te*** [hýtə]	[ʏ]는 [u]를 발음할 때와 같이 입술을 오므리고 혀의 위치는 [i]처럼 하여 내는 모음. 인명 **Hüsch**는 「휘시」에 가깝다.
9	**Ca·mus** [kamý]	[y]는 전항 [Y]의 조음(調音)에 가까우나 혀의 위치는 [iː]처럼 하여 내는 모음.
10	**chut** [ʇ, tʃʌt] **tut** [ʇ]	[ʇ]는 [t]를 발음할 때와 같은 혀의 위치로 내는 혀차는 소리.
11	**Houyhn·hnm** [hwínˀmˀmˀm...]	[ˀ]는 기침 소리 [ˀəhəˀəh] 등에 나타나는 목구멍소리이며, 입을 다문 채로 웃을 때 따위에도 난다.
12	***pen·si·on*** [pɑ̃́ːŋsiɔ̃ːŋ] **humph** [hə̃h]	[ɑ̃, ɛ̃, ə̃, ɔ̃] (콧소리 모음)은 [ɑ, ɛ, ə, ɔ]를 입과 코의 양쪽으로 숨을 내쉬는 것처럼 하여 발음한 것. 프랑스 말에서 종종 볼 수 있다.
13	**a·hem** [mm̥m, m̥m] **whew** [ẙː]	발음기호의 위 또는 아래의 [˚][˳]은 유성음의 무성화를 표시한다. [m̥]은 성대의 진동을 뺀 자음을 보인다.
14	**no** [울림어조로 빨리 말할 때 noupº]	[p][k] 따위의 오른쪽에 있는 [º]은 파열음의 조음 때 전반(前半)에서 중지되고, 입은 다린 채로 파열이 안 되고 끝남을 나타낸다.

발 음 기 호 일 람 표

VOWELS 모음			
종류	모음 기호	철 자	발 음
Simple Vowels 단모음	i	**hill**	hil
	i:	**seat**	si:t
	e	**net**	net
	e:	**fairy**	fé(:)ri
	æ	**map**	mæp
	ə	**about**	əbáut
	ər (ə˞)	**singer**	síŋər
	ə:r	**girl**	gə:rl
	ʌ	**cup**	kʌp
	ɑ	**ox**	ɑks
	ɑ:	**palm**	pɑ:m
	ɔ	**dog**	dɔg
	ɔ:	**ball**	bɔ:l
	u	**foot**	fut
	u:	**food**	fu:d
Diphthongs 이중모음	iə	**near**	niə《英》
	iər	〃	niər
	ei	**day**	dei
	ɛə	**care**	kɛə《英》
	ɛər	〃	kɛər
	ai	**high**	hai
	au	**cow**	kau
	ɔi	**toy**	tɔi
	ou	**go**	gou
	[illegible]	**poor**	puə《英》
	[illegible]		puər

CONSONANTS 자음			
종류	자음 기호	철 자	발 음
파열음	p	**pipe**	paip
	b	**baby**	béibi
	t	**tent**	tent
	d	**did**	did
	k	**kick**	kik
	g	**gag**	gæg
비음	m	**mum**	mʌm
	n	**noon**	nu:n
	ŋ	**sing**	siŋ
측음	l	**little**	lítl
마찰음	f	**face**	feis
	v	**valve**	vælv
	θ	**thick**	θik
	ð	**this**	ðis
	s	**six**	siks
	z	**zoo**	zu:
	ʃ	**shoe**	ʃu:
	ʒ	**measure**	méʒər
	h	**hand**	hænd
	j	**yes**	jes
	w	**wish**	wiʃ
	r	**rest**	rest
파찰음	tʃ	**choice**	tʃɔis
	dʒ	**judge**	dʒʌdʒ

약 어 표

(자명한 것은 생략함)

a.	adjective (형용사)
ad.	adverb (부사)
aux. v.	auxiliary verb (조동사)
c.	circa (대략)
cf.	compare (참조하라)
conj.	conjunction (접속사)
def. art.	definite article (정관사)
fem.	feminine (여성)
fl.	flourished (활약한)
indef. art.	indefinite article (부정관사)
int.	interjection (감탄사)
masc.	masculine (남성)
n.	noun (명사)
p.	past (과거형)
pl.	plural (복수형)
p.p.	past participle (과거분사형)
pred. a.	predicative adjective (서술형용사)
pref.	prefix (접두사)
prep.	preposition (전치사)
pron.	pronoun (대명사)
rel. ad. 〔*pron.*〕	relative adverb 〔pronoun〕 (관계부사〔대명사〕)
Sh(ak).	Shakespeare
sing.	singular (단수형)
suf.	suffix (접미사)
v.	verb (동사)
vi.	intransitive verb (자동사)
vt.	transitive verb (타동사)

《Ir.》	(아일랜드)
《Sc.》	(스코틀랜드)
《濠》	(오스트레일리아)
《印英》	(인도英語)
《南아》	(南아프리카)
《諧》	(해학어)
《雅》	(아어, 문어)
《方》	(방언)
《兒》	(소아어)
《古》	(고어)
《口》	(구어)
《俗》	(속어)
《廢》	(폐어)
《卑》	(비어)
《蔑》	(경멸적)
《反語》	(반어적)
《一般》	(일반적)
《稀》	(드물게)

Am. Sp.	American Spanish
Ar.	Arabic
Chin.	Chinese
Du.	Dutch
F.	French
G.	German
Gk.	Greek
Heb.	Hebrew
Hind.	Hindustani
Ind.	Indian
Ir.	Irish
It.	Italian
L.	Latin
Port.	Portuguese
Russ.	Russian
Skt.	Sanskrit
Slav.	Slavic
Sp.	Spanish
Sw.	Swedish
Turk.	Turkish

〖競〗	(競技)
〖考〗	(考古學)
〖古그〗	(옛그리스)
〖古로〗	(옛로마)
〖그神〗	(그리스神話)
〖幾〗	(幾何學)
〖基〗	(基督教)
〖氣〗	(氣象)
〖代〗	(代數學)
〖로神〗	(로마神話)
〖文〗	(文法)
〖病〗	(病理)
〖生〗	(生物·生理學)
〖菌〗	(細菌學)
〖修〗	(修辭學)
〖神〗	(神學)
〖治〗	(治金)
〖野〗	(野球)
〖言〗	(言語學)
〖染〗	(染色)
〖外〗	(外科)
〖窯〗	(窯業)
〖韻〗	(韻律學)
〖理〗	(物理學)
〖印〗	(印刷)
〖電〗	(電氣)
〖鳥〗	(鳥類)
〖證〗	(證券)
〖地〗	(地理·地質學)
〖採〗	(採鑛)
〖天〗	(天文學)
〖鐵〗	(鐵道)
〖哲〗	(哲學)
〖蹴〗	[illegible]
〖土〗	[illegible]
〖解〗	[illegible]

ENGLISH-KOREAN DICTIONARY

A

A, a[1] [ei] *n.* (*pl.* ***A's, a's***[-z]) Ⓤ 〖樂〗 가음(音), 가조(調); Ⓒ 첫째(의 것); (A) 《美》 (학업 성적의) 수(秀); A 사이즈《구두나 브래지어의 크기; B 보다 작고, AA보다 큼》.

†**a**[2] [強 ei, 弱 ə] *indef. art.* 《모음의 앞에서는 an[1]》 ① 하나의. ② 어느 하나의. ③ 어떤(a certain). ④ 같은(*girls of an age* 동갑의 소녀들). ⑤ 한〔매〕 …에(*twice a week* 주 2회). ⑥ 《고유명사에 붙여》 …와 같은 사람, …의 작품(*a Napoleon* 나폴레옹 같은 사람).

a-[1] [ə] *pref.* 《古·方·俗》 on의 변형 (*He went a-fishing.* 낚시질하러 갔다).

a-[2] *pref.* ① on, to, in의 뜻: *a*bed, *a*blaze, *a*fire, *a*shore. ② [ei, æ, ə] (Gk.) '비(非)…, 무(無)…'의 뜻: *a*moral, *a*sexual.

A ampere; angstrom (unit); argon; attack plane. **A.** Absolute; Academy; 〖映〗 (for) adults (only); America(n); April. **A., a.** acre; answer; artillery. **a.** about; adjective; alto; area; at.

AA[1] AA사이즈《구두나 브래지어의 치수; A보다 작음》; 《英》 14세 이하 관람 금지 영화의 표시《현재는 PG》.

AA[2] Afro-Asian; Asian-African; automatic approval. **A.A.** Alcoholics Anonymous; antiaircraft (artillery); Automobile Association. **A.A.A.** Amateur Athletic Association; American Automobile Association; Anti-Aircraft Artillery. **AAAA** Amateur Athletic Association of America. **A.A.A.L.** American Academy of Arts and Letters. **A.A.A.S.** American Association for the Advancement of Science. **A.A.C.** Afro-Asian Conference. **AACM** Afro-Asian Common Market. **AF** Army Air Forces. **AAM** -to-air missile.

vark [á:*r*dvá:*r*k] *n.* Ⓒ 〖動〗 아프리카산》.

n, ǽr-] *n.* 〖聖〗 아론 대교 최초의 제사장》.

miae Americanae Fellow of the American Academy). **A'asia** Australasia. **A.A.U.P.** American Association of University Professors.

ab- [əb, æb] *pref.* '이탈, 분리'의 뜻: *ab*normal, *ab*use.

AB air base. **A.B.** able-bodied seaman; *Artium Baccalaureus* (L.=Bachelor of Arts). **ab.** about; 〖野〗 at bat 타수, 타석.

a·ba·ca [à:bəká:, ǽbə-] *n.* Ⓤ 마닐라삼.

a·back [əbǽk] *ad.* 뒤로, 후방으로; 돛이 거꾸로. ***be taken* ~** 뜻밖에〔느닷없이〕 당하다; 깜짝 놀라다.

ab·a·cus** [ǽbəkəs] *n.* (*pl.* **~*es, ***-ci***[-sài]) Ⓒ 수판; 〖建〗 (둥근 기둥의) 관판(冠板), 대접 받침.

a·baft [əbǽft, -á:-] *ad., prep.* 뒤로, 뒤에; 고물〔선미〕에(aft). 「복.

ab·a·lo·ne [æ̀bəlóuni] *n.* Ⓒ 〖貝〗 전

:**a·ban·don** [əbǽndən] *vt.* ① 버리다, 버려두다, 단념하다. ② (내)맡기다; (집·동네를) 떠나다. ③ 〖法〗 유기하다. **~ *oneself to*** (*drinking, despair*) (술)에 젖다, (절망)에 빠지다. ― *n.* Ⓤ 방자, 방종. ***with* ~** 거리낌없이, 마음껏. **~ed** [-d] *a.* 버림받은; 자포 자기한. **~·ment** *n.* Ⓤ 방기, 포기; 〖法〗 유기; 퇴거; 방자.

à bas [ɑ:bá:] (F.) …타도!

a·base [əbéis] *vt.* 낮추다, (지위나 품위를) 떨어뜨리다(degrade); (창피를) 주다. **~·ment** *n.* Ⓤ 저하, 좌천, 영락, 굴욕.

a·bash [əbǽʃ] *vt.* 부끄럽게 하다; 당황케 하다(embarrass). ***be* ~*ed*** 거북해하다, 어쩔 줄 모르다. **~·ment** *n.*

***a·bate** [əbéit] *vt.* 감하다, 내리다, 할인하다, 덜다, 누그러뜨리다. ― *vi.* 줄다, 약해지다, 누그러지다.

a·bate·ment [-mənt] *n.* Ⓤ 인하, 감소; Ⓒ 감세액; Ⓤ 〖法〗 배제, 중지.

ab·a·tis, -at·tis [ǽbətis, -tì:] *n.* (*pl.* ~ [-tì:z], ***-tises***[-tisiz]) Ⓒ 〖軍〗 녹채(鹿砦), 가시울타리; 철조망.

ab·at·toir [æ̀bətwá:*r*] *n.* (F.) Ⓒ 공설 도축장, 도살장.

abb. abbess; abbey; abbot.

Ab·ba [ǽbə] *n.* 〖聖〗 아버지《기도에서의 하느님; 마가 XIV:36》; Ⓒ (a-)

A

사부님.
ab·ba·cy [ǽbəsi] *n.* Ⓒ abbot의 직〔관구, 임기〕.
ab·ba·tial [əbéiʃəl] *a.* 대수도원(장)의; 대수녀원(장)의.
ab·be [æbéi] *n.* (F.) Ⓒ (프랑스의) 대수도원장; 신부.
ab·bess [ǽbis] *n.* Ⓒ 여자 수녀원장(cf. abbot).
:ab·bey [ǽbi] *n.* Ⓒ 수도원.
***ab·bot** [ǽbət] *n.* Ⓒ 수도원장.
abbr. abbreviated; abbreviation.
:ab·bre·vi·ate [əbríːvièit] *vt.* 줄이다, 단축하다. **:-a·tion** [−⌐−éiʃən] *n.* Ⓤ (말의) 생략; Ⓒ 약어, 약자.
***ABC**[1] [éibìːsíː] *n.* (*pl.* **∼'s** [-z]) =ALPHABET; (the ∼('s)) 초보, 입문.
ABC[2] Aerated Bread Company('s shop); American Broadcasting Company; Argentina, Brazil and Chile. **ABCC** Atomic Bomb Casualties Commission 원폭 상해 조사 위원회.
ab·di·cate [ǽbdikèit] *vt., vi.* ① (권리 등을)포기하다. ② 양위하다, 퇴임하다. **àb·di·cá·tion** *n.* Ⓤ 포기, 기권; 양위; 퇴관.
***ab·do·men** [ǽbdəmən, æbdóu-] *n.* Ⓒ 배, 복부. **ab·dom·i·nal** [æbdámənəl/-ɔ́-] *a.*
ab·duct [æbdʌ́kt] *vt.* 유괴하다; 〖生〗 외전(外轉)시키다. **ab·dúc·tion** *n.* **ab·dúc·tor** *n.* Ⓒ 유괴자.
Abe [eib] *n.* Abraham의 통칭.
a·beam [əbíːm] *ad.* (배의 용골에) 가로로《선체와 T자를 이루어》.
a·be·ce·dar·i·an [èibi(ː)si(ː)dέəriən] *n.* Ⓒ《美》초학〔심〕자. ── *a.* 알파벳(순)의; 초보의, 기본의; 아무것도 모르는.
a·bed [əbéd] *ad.*《雅》잠자리에.
A·bel [éibəl] *n.* 〖聖〗 아벨《Adam의 둘째 아들, 형 가인에게 살해됨》.
Ab·er·deen [æ̀bərdíːn] *n.* 스코틀랜드의 북동부의 도시; Ⓒ 스코치테리어개.
ab·er·rant [æbérənt] *a.* 정도를〔바른 길을〕 벗어난. **-rance, -ran·cy** *n.*
ab·er·ra·tion [æ̀bəréiʃən] *n.* Ⓤ,Ⓒ 바른 길을 벗어남; 〖醫〗 정신 이상; (렌즈의) 수차(收差).
a·bet [əbét] *vt.* (**-tt-**) (부)추기다. ***aid and* ∼** 〖法〗 교사(教唆)하다. **∼·ment** *n.* Ⓤ 교사, 선동. **∼·ter, -tor** *n.* Ⓒ 교사자, 선동자.
a·bey·ance [əbéiəns] *n.* Ⓤ 중절, 정지.
***ab·hor** [æbhɔ́ːr] *vt.* (**-rr-**) 몹시 싫어하다, 혐오하다(detest).
ab·hor·rence [əbhɔ́ːrəns, -á-/-ɔ́-] *n.* Ⓤ 혐오; Ⓒ 아주 싫은 것. ***have an* ∼ *of*** …을 몹시 싫어하다. **-rent** [-rənt] *a.* 싫은(*to* me); 몹시 싫은(*of* it); 서로 용납하지〔맞지〕 않는(*to, from*).
a·bid·ance [əbáidəns] *n.* Ⓤ ① 지속. ② 거주, 체재. ③ (…의) 준수.
:a·bide [əbáid] *vi.* (***abode,* ∼*d***) ① 머무르다, 살다. ② 지탱〔지속〕하다. ── *vt.* 기다리다, 대기하다; 참다, 감수하다; 맞서다, 대항하다. **∼ *by*** …을 굳게 지키다, …에 따르다. **∼ *with*** …와 동거하다. **a·bíd·ing** *a.* 영속적인.
ab·i·gail [ǽbəgèil] *n.* Ⓒ 시녀(侍女), 몸종.
:a·bil·i·ty [əbíləti] *n.* ① Ⓤ 능력, 수완(*to* do). ② (*pl.*) 재능. ***a man of* ∼** 수완가. ***to the best of one's* ∼** 힘이 닿는 한, 힘껏.
a·bi·o·chem·is·try [æ̀biou*k*émistri, èibai-] *n.* Ⓤ 무기 화학.
a·bi·o·gen·e·sis [-dʒénəsis] *n.* Ⓤ〖生〗 자연 발생(론).
a·bi·ot·ic [èibaiátik/-ɔ́-] *a.* 생명〔생물〕에 관계 없는; 비생물적인.
***ab·ject** [ǽbdʒekt, −⌐] *a.* 비참한; 비열한. **∼·ly** *ad.*
ab·jec·tion [æbdʒékʃən] *n.* Ⓤ 영락(零落); 비열함.
ab·jure [æbdʒúər, əb-] *vt.* 맹세코 그만두다; (주의·의견 등을) 버리다.
ab·ju·ra·tion [⌐dʒəréiʃən] *n.*
abl. ablative.
ab·la·tion [æbléiʃən] *n.* Ⓤ 제거; 〖地〗 삭마(削磨); 〖로켓〗 융제(融除)《우주선의 대기권 재돌입시 피복물질의 녹음》.
ab·la·tive [ǽblətiv] *n., a.* (the ∼) 〖라틴文〗 탈격(奪格)(의). **∼ *absolute*** 탈격 독립구.
ab·la·tor [æbléitər] *n.* Ⓒ 〖로켓〗 융제(融除) 물질.
ab·laut [áːblaut, ǽb-] *n.* (G.) Ⓤ 〖言〗 모음 전환(gradation)《보기: s*i*ng-s*a*ng-s*u*ng》.
a·blaze [əbléiz] *ad., pred. a.* 불타올라, 격(激)하여. ***set* ∼** 불태우다.
†a·ble [éibəl] *a.* ① 재능 있는, 유능한. ② …할 수 있는. ***be* ∼ *to*** (do) …할 수 있다.
-a·ble [əbl] *suf.* 기능을 나타내는 형용사를 만듦: admir*able*, comfort*able*.
áble-bódied *a.* 강장〔강건〕한, 튼튼한(***an* ∼ *seaman*** 적임〔일등〕 선원). ***the* ∼**《집합적; 복수 취급》 강건한 사람들. 「어〔는〕.
a·bloom [əblúːm] *ad., a.* 꽃이 피
a·blush [əblʌ́ʃ] *ad., a.* 얼굴을 붉혀〔붉히는〕.
ab·lu·tion [əblúːʃən] *n.* Ⓤ (몸을) 깨끗이 씻음; 목욕 재계, 세정식(洗淨式); 깨끗이 씻는 물.
a·bly [éibli] *ad.* 훌륭히; 교묘히; 유능히.
ABM antiballistic missile 탄도탄 요격 미사일.
ab·ne·gate [ǽbnigèit] *v*[illegible] 등을) 버리다; 자제하다; [illegible] 끊다. **-ga·tion** [⌐−géiʃ[illegible]
:ab·nor·mal [æbnɔ́ːr[illegible] 인, 이상(異常)의; [illegible]
∼ *psychology* [illegible]
[⌐−mǽləti] *n.* [illegible]

병신, 불구.

ab·nor·mi·ty [æbnɔ́:rməti] *n.* Ⓤ 이상; 변칙, 변태; Ⓒ 기형.

Ab·o, ab·o [ǽbou] *n.* 《濠口》 = ABORIGINAL.

:a·board [əbɔ́:rd] *ad., prep.* 배 안에, 차내에, …을 타고.

:a·bode [əbóud] *v.* abide의 과거(분사). ── *n.* ① Ⓒ 거주; 주거. ② Ⓤ 체류. ***make*** 〔***take up***〕 ***one's*** ~ 거주하다, 체재하다.

***a·bol·ish** [əbáliʃ/-ɔ́-] *vt.* (관례·제도 등을) 폐지〔철폐〕하다; 완전히 파괴하다. **~·a·ble** *a.* **~·ment** *n.* Ⓤ 폐지, 철폐.

***ab·o·li·tion** [æbəlíʃən] *n.* Ⓤ 폐지; 노예 폐지. **~·ism** [-ìzəm] *n.* Ⓤ (노예) 폐지론. **~·ist** *n.* Ⓒ (노예) 폐지론자.

ab·o·ma·sum [æbəméisəm], **-sus** [-səs] *n.* Ⓒ 추위(皺胃)《반추동물의 제4위(胃): cf. omasum》.

A-bomb [éibàm/-bɔ̀m] (< *a*tomic *bomb*) *n.* Ⓒ 원자 폭탄; 《美俗》 고속용으로 개조한 중고차(hot rod).

a·bom·i·na·ble** [əbámənəbəl/-ɔ́m-] *a.* 싫은, 지겨운; 《口》 지독한. ***the ~ snowman (히말라야의) 설인(雪人). **-bly** *ad.* 미울 정도로; 지겹게.

a·bom·i·nate [əbámənèit/-ɔ́-] *vt.* 몹시 싫어하다, 혐오하다. ***-na·tion** [-ㅗ-néiʃən] *n.* Ⓤ 혐오, 증오; Ⓒ 싫은 일〔것〕.

ab·o·rig·i·nal [æbərídʒənəl] *a.* 처음부터의, 원주(原住)의; 토착(민)의. ── *n.* Ⓒ 원주민, 토인; 토착의 동식물. **-nes** [-nì:z] *n. pl.* 원주민, 토(착)민.

a·born·ing [əbɔ́:rniŋ] *ad.* 태어나려하고 있는; 수행되기 전에.

a·bort [əbɔ́:rt] *vi.* 유산〔조산〕하다; 실패하다; 발육이 안 된 채 끝나다; (로켓의) 비행이 중단되다; 〖컴〗 중단하다. ── *n.* Ⓤ,Ⓒ 미사일〔로켓〕의 비행 중지; 〖컴〗 중단.

a·bor·ti·fa·cient [əbɔ̀:rtəféiʃənt] *a., n.* 유산을 촉진하는; Ⓤ,Ⓒ 낙태약.

a·bor·tion [əbɔ́:rʃən] *n.* Ⓤ,Ⓒ 유산; 조산; 낙태; 실패; 발육부전; Ⓒ 기형물; 불구. ***artificial*** ~ 인공 유산. **~·ist** *n.* Ⓒ 낙태의(醫). **-tive** *a.* 유산의; 조산의; 실패의.

ABÓ sỳstem, the (혈액형의) ABO식 분류(법).

a·bou·li·a [əbú:liə] *n.* =ABULIA.

***a·bound** [əbáund] *vi.* (…이) 많다 (*Trout ~ in this lake.* = *This lake ~s with trout.* 이 호수에는 송[…]가 많다). **~·ing** *a.* **~·ing·ly** *ad.*

[…]**ut** [əbáut] *prep.* ① …에 관[…]여. ② …쯤, 경(~ *five* […] 5시경). ③ …의 가까이에; […] …하려고 하여(*to*); …에 […]ng)(*What are you ~?* […]나). ── *ad.* ① 거의, […] ~ *right.* 대강 맞는 […]처〕에〔를〕(*There is* […]에는 아무도 없다).

③ 활동하여, 퍼져. ~ ***and*** ~ 《美》 어금지금〔비슷비슷〕하여. ***be*** ~ 움직이고 있다, 활동하고 있다; 일어나 있다; 퍼지고〔유행되고〕 있다(*Rumors are ~ that* …이라는 풍문이다). ***go a long way*** ~ 멀리 돌아가다. ***out and*** ~ (병후 등에) 활동하여. ***turn and turn*** ~ 차례로. ── *vi.* (배의) 침로를 바꾸다. ***A- ship!*** (배를) 바람쪽으로 돌려〔돌릴 준비〕!

abóut-fáce *vi., n.* Ⓒ (보통 *sing.*) 뒤로 돌다〔돌기〕; (사상 따위) 전향(하다).

†a·bove [əbʌ́v] *ad.* ① 위에, 위로; 상급에. ② 전술에. ── *pred.* ① …의 위에; …보다 높이〔멀리〕. ② …이상으로, …을 초월하여. ~ ***all*** (***things***) 그중에서도, 특히. ~ ***oneself*** 우쭐하여. ── *a.* 상기(上記)의, 앞에 말한 (*the ~ facts* 전술한 사실). ── *n.* Ⓤ ① (the ~) 전술(한 것). ② 위쪽; 하늘. ***from*** ~ 하늘에서.

abóve·bòard *ad., pred. a.* 있는 그대로(의), 공명히〔한〕.

abóve·gròund *ad., pred. a.* 지상에〔의〕; 매장되지 않은; 생존하여.

abóve-méntioned *a.* 상술(上述)한, 앞에 말한.

ab ó·vo [æb óuvou] (L. =from the egg) 처음부터.

ABP., abp. archbishop. **abr.** abridged; abridg(e)ment.

ab·ra·ca·dab·ra [æbrəkədǽbrə] *n.* Ⓒ 이 말을 삼각형으로 거듭 쓴 (병 예방의) 부적; 주문; 뜻 모를 말(gibberish).

a·brade [əbréid] *vt., vi.* 닳(리)다, 문대어 벗(기)다. **a·brád·er** *n.* Ⓒ 연삭기(硏削器).

A·bra·ham [éibrəhæ̀m, -həm] *n.* 남자 이름; 〖聖〗 아브라함《유대인의 조상》.

a·bran·chi·ate [eibrǽŋkiit, -èit] *n., a.* Ⓒ 아가미 없는 (동물).

a·bra·sion [əbréiʒən] *n.* Ⓤ 문질러 닦음, 벗겨짐; 마멸; Ⓒ 찰과상; Ⓒ 마멸된 곳.

ab·ra·sive [əbréisiv] *a.* 연마의; 피부를 긁히는 (듯한), 꺼칠꺼칠한; 마찰 있는《인간 관계》. ── *n.* Ⓤ,Ⓒ 연마제.

ab·re·act [æbriǽkt] *vt.* 〖精神醫〗 (…을) 해제하다, 정화하다《억압된 감정을》.

ab·re·ac·tion [æbriǽkʃən] *n.* Ⓤ 〖精神分析〗 (억압 감정) 해방, 소산(消散).

a·breast** [əbrést] *ad.* 나란히, 어깨를 나란히 하여. ***keep ~ of 〔***with***〕 (*the times*) (시세)에 뒤지지 않고 따라가다.

***a·bridge** [əbrídʒ] *vt.* ① 단축하다; 적요(摘要)하다, 간추리다; 줄이다. ② (…으로부터 …을) 빼앗다(deprive)(*of*). **a·brídg(e)·ment** *n.*

a·broach [əbróutʃ] *ad., pred. a.* (통의) 마개를 따고; 퍼져서.

:a·broad [əbrɔ́:d] *ad.* ① 밖에〔으

로]; 집 밖에; 해외에. ② (소문 등이) 퍼져서. ③ 틀려서. ***be all ~*** 전혀 잘못 생각하고 있다; 《口》 (어찌) 할 바를 모르다. ***from ~*** 해외로부터. ***get ~*** 외출하다; 세상에 알려지다.

ab·ro·gate [ǽbrəgèit] *vi.* 취소하다(cancel), 폐지하다. **-ga·tion** [ˌ--géiʃən] *n.* Ⓤ 폐지.

***ab·rupt** [əbrʌ́pt] *a.* ① 느닷없는. ② 험준한. ③ 퉁명스러운. ④ (문체가) 비약적인, 급전하는. * **~·ly** *ad.*

a·brup·tion [əbrʌ́pʃən] *n.* Ⓤ (급격한) 분열, 분리.

A.B.S. American Bible Society; anti-lock brake [braking] system. **abs.** absent; absolute(ly); abstract.

Ab·sa·lom [ǽbsələm] *n.* 〖聖〗 압살롬《다윗의 세째 아들; 부왕을 배반했음》.

ab·scess [ǽbses] *n.* Ⓒ 농양(膿瘍), 종기.

ab·scis·sa [æbsísə] *n.* (*pl.* **~s, -sae** [-si:]) Ⓒ 〖數〗 가로 좌표, 횡선.

ab·scis·sion [æbsíʒən] *n.* Ⓤ 절단; 〖修〗 돈단법(頓斷法).

ab·scond [æbskɑ́nd/-ɔ́-] *vi.* 도망하다(~ *with the money* 돈을 가지고 도망치다). **~·ence** *n.* Ⓤ 도망, 실종.

ab·seil [ɑ́:pzail] *n.* Ⓒ (등산에서 자일을 쓰는) 현수 하강. — *vi.* 현수 하강을 하다.

:**ab·sence** [ǽbsəns] *n.* ① Ⓤ,Ⓒ 부재(不在), 결석(*from*); 결핍, 없음(*of*). ② Ⓤ 방심. ***~ of mind*** 방심. ***in the ~ of*** …이 없기 때문에, …이 없을 경우에.

†**ab·sent** [ǽbsənt] *a.* ① 부재(不在)의, 결석의, 없는. ② 멍(청)한. — [æbsént] *vt.* 결석시키다. ***~ oneself from*** …을 비우다, …에 결석하다. **~·ly** *ad.* 멍하여, 멍하게.

ab·sen·tee [æ̀bsəntí:] *n.* Ⓒ 부재자; 부재 지주. — *a.* 《美》 부재 투표자의[를 위한]. **~·ism** *n.* Ⓤ 부재 지주 제도; 사보타주 전술.

ábsentee bállot 부재 투표 용지.

ábsentee ínterview 결근자 면접《결근 방지를 목적으로 하는》.

ábsentee lándlord 부재 지주.

ábsentee vóte 부재자 투표.

ábsent(ee) vóter 부재 투표자.

ábsentee vóting 부재자 투표.

:**ábsent-mínded** *a.* 방심 상태의, 멍(청)한. **~ly** *ad.*

ab·sinth(e) [ǽbsinθ] *n.* Ⓤ 압생트《독한 술》. **ab·sinth·ism** [-θìzəm] *n.* Ⓤ 압생트 중독.

ab·sit o·men [ǽbsit óumen] (L.) (제발) 이것이 흉조가 아니길! 맙소사 맙소사.

:**ab·so·lute** [ǽbsəlù:t] *a.* ① 절대의; 순수한. ② 무조건의; 전제의. ③ 절대 온도[고도]의. ④ 〖컴〗 기계어로 쓰인. — *n.* Ⓤ (보통 the A-) 절대적인 것[존재]; 절대자, 신; Ⓒ 절대 불변의 원리; 〖컴〗 절대. :**~·ly** *ad.* 절대로, 완전히; 《口》 아주; 《俗》 맞았어, 그래. **~·ness** *n.*

ábsolute áddress 〖컴〗 절대 번지.

ábsolute álcohol 무수(無水) 알코올.

ábsolute áltitude 〖空〗 절대 고도.

ábsolute céiling 〖空〗 절대 상승 한도《안전 비행이 가능한》.

ábsolute constrúction 〖文〗 독립 구문.

ábsolute humídity 절대 습도.

ábsolute infínitive [**párticiple**] 〖文〗 독립 부정사[분사].

ábsolute majórity 절대 다수.

ábsolute mágnitude 〖天〗 절대 등급.

ábsolute mónarchy 전제 군주 정체.

ábsolute músic 절대 음악《표제 음악에 대해서》.

ábsolute pítch 〖樂〗 절대 음고[음감].

ábsolute témperature 절대 온도.

ábsolute válue 〖數·컴〗 절대값.

ábsolute zéro 〖理〗 절대 영도 《−273°C.》.

***ab·so·lu·tion** [æ̀bsəlú:ʃən] *n.* Ⓤ,Ⓒ (회개한 자의) 면죄; 책임 해제.

ab·so·lut·ism [ǽbsəlù:tizəm] *n.* Ⓤ 전제주의, 독재 정치. **~·ist** *n.*

ab·solve** [əbzɑ́lv, -sɑ́-/-zɔ́-] *vt.* ① 용서하다, 면제하다. ② 해제하다, 무죄를 언도하다. ~ (*a person*) ***from (*his promise; the blame*) (약속)을 해제하다; (책임)을 면하다. ~ (*a person*) ***of*** (*a sin*) (죄)를 용서하다.

ab·so·nant [ǽbsənənt] *a.* 조화되지 않는.

:**ab·sorb** [əbsɔ́:rb, -z-] *vt.* ① 흡수하다; 병합하다; 동화하다. ② (흥미로) 이끌다. ***be ~ed by*** …에 흡수[병합]되다. ***be ~ed in*** …에 몰두[열중]하다. **~·a·ble** [-əbl] *a.* 흡수되는; 흡수되기 쉬운. **~·a·bil·i·ty** [-əbíləti] *n.* Ⓤ 흡수됨, 피(被)흡수성. **~·en·cy** [-ənsi] *n.* Ⓤ 흡수성. **~·ent** [-ənt] *a., n.* 흡수성의; Ⓤ,Ⓒ 흡수제. **~·ing** *a.* 흡수하는; 흥미 진진한.

ab·sor·be·fa·cient [æbsɔ̀:rbəféiʃənt] *a.* 흡수성의. — *n.* Ⓤ,Ⓒ 흡수제.

absórbent cótton 탈지면.

absórbent páper 압지(押紙).

***ab·sorp·tion** [əbsɔ́:rpʃən, -z-] *n.* Ⓤ 흡수; 몰두(*in*). **-tive** *a.*

absórption bànd 〖理〗 흡수대.

absórption spèctrum 〖理〗 스펙트럼.

***ab·stain** [æbstéin] *vi.* 끊 하다, 삼가다(*from*); 금주 **er** *n.* Ⓒ 절제가, 금주가

ab·ste·mi·ous [æ 절제하는(*an ~ die*

ab·sten·tion [əbs 제, 자제(*from*); [

ab·sterge [æbst

다〔없애다〕, 깨끗이 하다. **ab·stér·gent** *a., n.* 세척력이 있는, 깨끗이 하는; [U,C] 세제.
ab·sti·nence [ǽbstənəns] *n.* [U] 금욕, 절제, 금주. **-nent** *a.*
:**ab·stract** [æbstrǽkt, ∠–] *a.* ① 추상적인, 공상적인; 심원한. ② 방심한. ③ 〖美術〗 추상파의. — [∠–] *n.* ① [C] 대요(大要); [U] 추상적인 관념; [C] 발췌. ② [C] 〖美術〗 추상적인 작품. *in the ~* 추상적으로, 이론상. *make an ~ of* (논문·책)을 요약하다. — [–∠] *vt.* ① 빼내다, 떼내다, 추출(抽出)하다, 발췌하다. ② (마음을) 빼앗다. **~·ed** [-id] *a.* 방심한, 멍한. **~(·ed)·ly** *ad.*
***ab·strac·tion** [æbstrǽkʃən] *n.* ① [U] 추상, 추출; [C] 추상 개념. ② [C] 추상파의 작품. ③ [U] 방심. ④ [U] 《婉曲》 절취. **~·ism** [-ìzəm] *n.* [U] 〖美術〗 추상주의.
ábstract nóun 추상 명사.
ab·struse [æbstrúːs] *a.* 난해〔심원〕한.
:**ab·surd** [əbsə́ːrd, -z-] *a.* 부조리한; 엉터리 없는, 우스꽝스런. ***~·i·ty** *n.* [U] 부조리; [C] 엉터리 없는 일〔것, 이야기〕. **~·ism** *n.* [U] 부조리주의. **~·ly** *ad.*
ABU Asian-Pacific Broadcasters Union.
a·bu·li·a [əbjúːliə] *n.* [U] 〖心〗 의지 상실.
:**a·bun·dance** [əbʌ́ndəns] *n.* ① [U] 풍부, 윤택; [C] 다수. ② [U] 부유, 유복. **:-dant** *a.* 풍부한, 남아돌 정도의. **-dant·ly** *ad.*
:**a·buse** [əbjúːz] *vt.* ① 남용〔악용〕하다. ② 학대하다. ③ 욕하다. — [-s] *n.* ① [U,C] 악용, 남용. ② [U] 학대. ③ [U] 욕(설). ④ [C] 악습, 폐해. **a·bus·age** [-sidʒ/-zi-] *n.* [U] 말의 오용. **a·bu·sive** [-siv] *a.* 입사나운.
a·but [əbʌ́t] *vi., vt.* (*-tt-*) (인)접하다(*on, upon*); 기대다(*against*). **~·ment** *n.* [C] 인접(점); 교대(橋臺); 홍예 받침대. **~·tal** [-tl] *n.* (*pl.*) 경계; 인접. **~·ting** *a.* 인접하는.
a·but·ter [əbʌ́tər] *n.* [C] 〖法〗 인접 지주.
a·buzz [əbʌ́z] *ad., pred. a.* 와글와글, 활기 넘쳐, 활발히.
ABWR advanced boiling water reactor 개량형 비등수형(沸騰水型) 원자로.
a·bysm [əbízəm], ***a·byss** [əbís] … C 심연(深淵), 심원; [U] 끝없이 … 옹 나락. **a·bys·mal** [-z-] *a.*
… ic Charter. **AC, A.C.,** … current. **A.C.** … Corps; air- … actinium. … current. … 아카시 … ㄴ아. … **ac·a-** … 《雅》 … 계〔생

활〕. *the grove(s) of academe* 대학의 숲《대학을 둘러싼 환경》.
***ac·a·dem·ic** [æ̀kədémik] *a.* ① 학문의, 대학의; academy의. ② 학구적인, 비현실적인. ③ 《美》 인문과의, 일반 교양적인. ④ 형식 존중의, 진부한. ⑤ (A-) 플라톤학파의. — *n.* [C] 대학생; 학구적인 사람.
ac·a·dem·i·cal [-əl] *a.* =⇧. — *n.* (*pl.*) 대학 예복.
académic cóstume 〔**dréss**〕 대학 예복.
académic fréedom (대학 따위에서의) 학문의 자유.
a·cad·e·mi·cian [əkæ̀dəmíʃən, æ̀kə-] *n.* [C] 학회〔학술원·미술원〕 회원.
académic ínterests 학교 경영 「단체.
ac·a·dem·i·cism [æ̀kədéməsìzəm], **a·cad·e·mism** [əkǽdəmìzəm] *n.* [U] 예술〔학술〕원풍; 형식주의.
académic yéar 학년(도).
:**a·cad·e·my** [əkǽdəmi] *n.* [C] ① 학원(學院); 학원(學園); 《美》 (사립의) 고등 학교. ② 전문 학교. ③ 학회; 학술원; 예〔미〕술원. ④ (the A-) 아카데미아《플라톤이 철학을 강의한 아테네 근교의 올리브 숲》; (A-) 플라톤 학파〔철학〕. *military ~* 육군 사관 학교; 《美》 (사립의) 군대 훈련 학교. *the Royal A- (of Arts)* 《英》 왕립 미술원.
Acádemy Awárd 〖映〗 아카데미 「상.
acádemy bòard (유화의) 판지(板紙) 캔버스.
A·ca·di·a [əkéidiə] *n.* 캐나다 남동부의 지방.
a·can·thus [əkǽnθəs] *n.* (*pl.* *~es, -thi* [-θai]) [C] 〖植〗 아칸서스; 〖建〗 아칸서스 잎 장식《그리스 건축의 주두(柱頭)의》.
a·ca(p)·pel·la [àːkəpélə] *ad., a.* (It.) 〖樂〗 무반주로〔의〕.
ac·a·rid [ǽkərid] *n.* [C] 진드기.
a·car·pous [eikáːrpəs] *a.* 〖植〗 열매 맺지 않는.
a·cat·a·lep·sy [eikǽtəlèpsi] *n.* [U] 〖哲〗 불가지론.
acc. accept; account(ant); accusative.
ac·cede [æksíːd] *vi.* (직(職)에) 취임하다, 앉다(*to*); (요구에) 동의하다, 따르다; (조약 따위에) 참가하다.
accel. accelerando.
ac·cel·er·an·do [æksèlərάːndou, -æ-] *ad., a.* (It.) 〖樂〗 점점 빠르게〔빠른〕.
ac·cel·er·ant [æksélərənt] *n.* [C] 촉진제; 촉매(觸媒).
***ac·cel·er·ate** [æksélərèit] *vt., vi.* 빨리하다, 빨라지다; 속도를 늘리다. ***-a·tion** [–ˋ–éiʃən] *n.* [U] 가속(도). **-a·tive** [-rèitiv/-rə-] *a.* 가속의. **-a·tor** *n.* [C] 가속자〔물〕; (자동차의) 가속 장치; 〖化·寫〗 촉진제; 〖理〗 가속기.
ac·cel·er·om·e·ter [æksèlərάm-

A

itər/-rɔ́m-] *n.* Ⓒ (항공기·유도탄의) 가속도계.

:ac·cent [ǽksent/-sənt] *n.* Ⓒ ① 악센트(부호); 강조. ② 어조, 말투. ③ (*pl.*) 《詩》 음성, 말, 시구(詩句). ***in tender ~s*** 부드러운 어조로. — [æksént, ⌐—] *vt.* (…에) 악센트를 두다; (음·색채 따위를) 강하게 하다. **ac·cen·tu·al** [-tʃuəl/-tju-] *a.*

ac·cen·tu·ate [ækséntʃuèit] *vt.* (…에) 악센트를 두다, 악센트 부호를 붙이다; 두드러지게 하다; (…을) 역설하다. **-a·tion** [—⌐—éiʃən] *n.*

†ac·cept [æksépt] *vt.* 받(아들이)다, 떠맡다, 용인하다. **: ~·a·ble** *a.* 받을[받아들일] 수 있는; 좋은. ***~·ance** *n.* U,C 수령; 〖商〗 어음의 인수. **ac·cep·ta·tion** [æ̀kseptéiʃən] *n.* Ⓒ (어구의) 보통의 뜻; Ⓤ 받아들임; 신앙. **ac·cép·tor** *n.* Ⓒ 어음 인수인.

:ac·cess [ǽkses] *n.* ① Ⓤ 접근(의 기회); 〖컴〗 접근; Ⓒ 접근하는 길. ② Ⓒ 발작. ***be easy of ~*** 접근[가까이]하기 쉽다. ***gain ~ to*** …에 접근하다, …에 접하다. ***man of easy ~*** 가까이하기 쉬운 사람. — *vt.* (…에) 다가가다; 〖컴〗 접근하다.

áccess àrm 〖컴〗 접근막대.

***ac·ces·sa·ry** [æksésəri] *a., n.* = ACCESSORY.

áccess contròl régister 〖컴〗 접근 제어 레지스터.

ac·ces·si·ble** [æksésəbl] *a.* ① 접근[가까이]하기 쉬운. ② 얻기 쉬운. ***~ to reason 사리를 아는. **-bly** *ad.*

ac·ces·si·bil·i·ty [—⌐—bíləti] *n.* Ⓤ 도달 가능성; 다가갈 수 있음; 〖地〗 접근성.

***ac·ces·sion** [ækséʃən] *n.* ① Ⓤ 접근; 도달. ② Ⓤ 즉위, 취임. ③ Ⓤ 계승; 상속. ④ Ⓤ 증가; Ⓒ 증가물; (도서관의) 수납(受納) 도서. ⑤ Ⓤ (종업원의) 신규 채용. 「납 번호.

accéssion nùmber (도서의) 수

áccess mèthod 〖컴〗 접근법.

ac·ces·so·rial [æ̀ksəsɔ́:riəl] *a.* 보조의; 〖法〗 종범의. **~·ly** *ad.*

ac·ces·so·rize [æksésəràiz] *vt., vi.* (부속품·악세서리를) 공급하다, 비치하다; (의복에 악세서리를) 달다.

***ac·ces·so·ry** [æksésəri] *a.* ① 부속의; 보조의. ② 종범(從犯)의. — *n.* Ⓒ ① 부속물; (여성의) 액세서리. ② 종범자. 「로.

áccess ròad (어느 시설에의) 진입

áccess tìme 〖컴〗 접근 시간《기억 장치에 정보를 기록·해독하게 하기 위한 시간》.

ac·ci·dence [ǽksədəns] *n.* = MORPHOLOGY.

:ac·ci·dent [ǽksidənt] *n.* Ⓒ 우연히 일어난 일, 사고, 재난. ***by ~*** 우연히. ***chapter of ~s*** (the ~) 예상할 수 없는 일련의 일; (a ~) 계속되는 불행. ***without ~*** 무사히.

***ac·ci·den·tal** [æ̀ksidéntl] *a., n.* ① 우연의, 우발적인. ② Ⓒ 〖樂〗 임시 기호.

accidéntal cólo(u)rs 보색 잔상, 우생색.

accidéntal érror 우연 오차.

***ac·ci·den·tal·ly** [æ̀ksidéntəli] *ad.* 우연히, 뜻밖에(*~-on-purpose* 《俗》 우연을 가장하여 고의로).

áccident insùrance 상해 보험.

áccident-pròne *a.* 사고를 일으키기 쉬운.

ac·ci·die [ǽksidi] *n.* Ⓤ 게으름, 무위(無爲).

***ac·claim** [əkléim] *n., vt.* Ⓤ 갈채(를 보내다), 환호(하여 맞이하다). — *vi.* 갈채하다.

ac·cla·ma·tion [æ̀kləméiʃən] *n.* Ⓤ (보통 *pl.*) 환호, 갈채; 환호 투표.

ac·clam·a·to·ry [əklǽmətɔ̀:ri] *a.*

ac·cli·mate [əkláimit, ǽkləmèit], 《英》 **-ma·tize** [-mətàiz] *vt., vi.* 풍토에 순화시키다. **-ma·tion** [æ̀kləméiʃən], **-ti·za·tion** [əklàimətizéiʃən/-tai-] *n.* Ⓤ (풍토) 순응.

ac·cliv·i·ty [əklívəti] *n.* Ⓒ 치받이 (*opp.* declivity).

ac·co·lade [ǽkəlèid, ⌐—⌐] *n.* Ⓒ 나이트작(爵) 수여식(cf. dub[1]); 칭찬; 명예.

:ac·com·mo·date [əkάmədèit/-ɔ́-] *vt.* ① (…에) 적응시키다, 조절하다(adapt)(*to*). ② 화해시키다. ③ 공급[지급]하다, 빌려주다(*with*). ④ 숙박시키다, 수용하다. **-da·tor** *n.* Ⓒ 적응[조절, 융통]자(者); 조절기; 《美》 가정부.

ac·com·mo·dat·ing [əkάmədèitiŋ/əkɔ́m-] *a.* 친절한; (성질이) 신선한.

:ac·com·mo·da·tion [əkὰmədéiʃən/-ɔ̀-] *n.* ① Ⓤ 적응, 순응. ② U,C 화해, 조정. ③ Ⓤ 융통, 대부금. ④ U,C 편의. ⑤ Ⓤ (호텔·병원·선박 등의) 설비, 숙박 설비.

accommodátion bìll [**dràft, pàper**] 융통 어음.

accommodátion làdder (배·여객기의) 트랩《승강 계단》. 「로.

accommodátion ròad 특설 도

accommodátion tràin 《美》 완행 열차. 「용어》.

accommodátion ùnit 주택《관청

:ac·com·pa·ni·ment [əkʌ́mpənimənt] *n.* Ⓒ ① 수반하는 물건. ② 〖樂〗 반주. ***to the ~ of*** …의 반주로.

:ac·com·pa·ny [əkʌ́mpəni] (…와) 동반하다, 함께 가다 (*be accompanied by* [*with a thing* 다. **-nist** *n*

ac·com· Ⓒ 공범자

:ac·co ① 완 ②(

***ac·** *a.*

이 있는(*in*). ~ ***fact*** 기정 사실.

*__ac·com·plish·ment__ [-mənt] *n.* Ⓤ 성취, 수행; Ⓒ (종종 *pl.*) 재예(才藝), 소양, 교양.

⁑**ac·cord** [əkɔ́ːrd] *n., vi.* Ⓤ 일치(하다), 맞다, 조화(하다)(*with*). ***be in*** ~ ***with*** …와 일치하다. ***of one's own*** ~ 자발적으로; 자연히. ***with one*** ~ 일제히. — *vt.* 일치시키다; 주다, 허락하다.

*__ac·cord·ance__ [əkɔ́ːrdəns] *n.* Ⓤ 일치, 조화. ***in*** ~ ***with*** …에 따라서, …대로. ***out in*** ~ ***with*** …와 부조화하여. **-ant** *a.* 일치한, 화합한 (*to, with*). **-ant·ly** *ad.*

†**ac·cord·ing** [əkɔ́ːrdiŋ] *ad.* 따라서. ~ ***as*** (…함)에 따라서. ~ ***to*** …에 의하면, …에 따라. ⁑~**·ly** *ad.* 그에 따라; 그러므로.

⁑**ac·cor·di·on** [əkɔ́ːrdiən] *n.* Ⓒ 아코디언. ~**·ist** *n.* Ⓒ 아코디언 연주자.

accórdion dóor 접었다 폈다 하는 문.

accórdion pléats (스커트의) 잔 「주름.

ac·cost [əkɔ́ːst, əkɑ́st] *vt.* (…에게) 말을 걸다.

ac·couche·ment [əkúːʃmɑ̃ːŋ, -mənt] *n.* (F.) Ⓤ 분만, 출산.

†**ac·count** [əkáunt] *n.* ① Ⓒ 계산(서), 셈. ② Ⓒ 설명, 변명. ③ Ⓒ 기사(記事), 이야기. ④ Ⓤ 이유, 근거. ⑤ Ⓤ 평가. ⑥ Ⓤ 가치. ⑦ Ⓤ 이익. ***be much*** ~ 《口》 대단한 것이다. ***bring*** 〔***call***〕 ***a person to*** ~ 설명〔해명〕을 요구하다; 책임을 묻다; 꾸짖다. ***by*** 〔***from***〕 ***all*** ~***s*** 누구에게〔어디에서〕 들어도. ***cast*** ~***s*** 계산하다. ***close an*** ~ ***with*** …와 거래를 끊다. ***for*** ~ ***of*** (*a person*) (아무의) 셈으로. ***give a good*** ~ ***of*** …을 좋게 말하다; (승부에서) …을 패배시키다; (사냥에서) …을 잡다. ***go to one's*** (***long***) ~, or 《美》 ***hand in one's*** ~(***s***) 죽다. ***keep*** ~***s*** 장부를 기장하다; 회계일을 보다. ***make*** ~ ***of*** …을 중(요)시하다. ***make no*** ~ ***of*** …을 경시하다. ***of*** ~ 중대한. ***of no*** ~ 하찮은. ***on*** ~ 계약금으로서. ***on*** ~ ***of*** …때문에. ***on all*** ~***s,*** or ***on every*** ~ 모든 점에서; 꼭, 무슨 일이 있어도. ***on a person's*** ~ (아무의) 비용으로; (아무를) 위해. ***on no*** ~ 아무리 해도 …않다. ***on one's own*** ~ 자기 이익을 위하[illegible] 독립하여. ***on that*** ~ 그 때문[illegible] 그러므로. ***render an*** ~ ***of*** … [illegible]한 보고를 하다; …을 개진〔답변〕 [illegible] ***stand*** (***high***) ***in a person's*** [illegible]의) 존경을 받다, 높이 평가 [illegible]***ke*** ~ ***of*** …을 고려하다, … [illegible]두다. ***take ... into*** ~ …을 [illegible] ***take no*** ~ ***of*** …을 무시 [illegible] ***great*** ~ 최후의 심판 [illegible]***to*** (***good***) ~ 이용하다. [illegible] …라고 생각하다, …로 보 [illegible] 계산하다, 셈하다. ~ [illegible]하다, …의 이유이다, (행위)에 책임을 지다. ***be much*** 〔***little***〕 ~***ed of*** 중시〔경시〕되다.

*__ac·count·a·ble__ [əkáuntəbəl] *a.* 설명할 수 있는; 책임 있는. **-a·bil·i·ty** [-ˌ-bíləti] *n.* Ⓤ 책임.

*__ac·count·ant__ [əkáuntənt] *n.* Ⓒ 회계원, 회계사, 계리사.

accóuntant géneral 회계〔경리〕과장; 경리국장〔부장〕.

accóuntant bòok 회계 장부.

accóuntant cúrrent 교호(交互) 계산.

accóuntant dày 결산일.

accóuntant exècutive (광고·서비스 회사의) 섭외 부장.

ac·count·ing [əkáuntiŋ] *n.* Ⓤ 회계(학).

accóunt páyable 지불 계정.

accóunt recéivable 수납 계정.

accóunt réndered 대차 청산서; 지급 청구서.

accóunt sàles (위탁 판매의) 매상 계산(서); 외상 판매.

ac·cou·ter, 《英》 **-tre** [əkúːtər] *vt.* 차려 입다(*with, in*); 군장시키다.

ac·cou·ter·ments, 《英》 **-tre-** [əkúːtərmənts] *n. pl.* 복장; (군복·무기 이외의) 장구(裝具).

ac·cred·it [əkrédit] *vt.* ① 믿다, 신뢰〔신임〕하다; 신임장을 주어 파견하다. ② (어떤 행위를 남에게) 돌리다, (아무의) 짓으로 돌리다(~ *him with an action* = ~ *an action to him*).

ac·crete [əkríːt] *vi., vt.* (…에) 부착하다〔시키다〕.

ac·cre·tion [əkríːʃən] *n.* ① Ⓤ (부가에 의한) 증대. ② Ⓒ 부가물. **-tive** *a.* 부착에 의한.

ac·cru·al [əkrúːəl] *n.* ① Ⓤ 발생; 수익을 얻음. ② Ⓒ 이자.

ac·crue [əkrúː] *vi.* (이자 따위가) 생기다, 발생하다.

acct. account; accountant.

ac·cul·tur·ate [əkʌ́ltʃərèit] *vt., vi.* 〖社〗 문화 이입(移入)에 의하여 변용시키다〔하다〕, 문화를 이입하다. **-a·tion** [-ˌ-éiʃən] *n.*

⁑**ac·cu·mu·late** [əkjúːmjəlèit] *vt., vi.* 쌓다, 모으다; 쌓이다, 모이다. ~***d fund*** 적립금. **-la·tive** [-lèitiv/-lə-] *a.* ⁑**-la·tion** [-ˌ-léiʃən] *n.* Ⓤ 집적(集積), 축적.

ac·cu·mu·la·tor [əkjúːmjəlèitər] *n.* Ⓒ ① 모으는 물건〔사람〕, 축재가. ② 《英》 축전지. ③ 〖컴〗 누산기.

⁑**ac·cu·ra·cy** [ǽkjərəsi] *n.* Ⓤ 정확, 정밀.

⁑**ac·cu·rate** [ǽkjərit] *a.* 정확〔정밀〕한. *~**·ly** *ad.*

*__ac·curs·ed__ [əkə́ːrsid, -st], **ac·curst** [-st] *a.* 저주받은; 지겨운, 진저리나는.

accus. accusative.

*__ac·cu·sa·tion__ [æ̀kjuzéiʃən] *n.* Ⓤ,Ⓒ ① 비난, 힐책. ② 고소, 고발. ③ 죄, 죄명.

A

ac·cu·sa·tive [əkjúːzətiv] *n., a.* (the ～) 〖文〗 대격(對格)(의).

ac·cu·sa·to·ry [əkjúːzətɔ̀ːri/ -təri] *a.* 비난의; 고소의.

:ac·cuse [əkjúːz] *vt.* ① 고발〔고소〕하다. ② 비난하다, 책하다. ～ (*a person*) **of** (*theft*) (아무를) (절도죄)로 고소하다. ***the ～d*** 피고. **ac·cús·er** *n.* Ⓒ 고소인, 원고.

:ac·cus·tom [əkʌ́stəm] *vt.* 익히다. ***be ～ed to*** …에 익숙해지다.

:ac·cus·tomed [əkʌ́stəmd] *a.* ① 예(例)의, 늘 하는 식의, 습관의. ② 익숙한, 익숙해져서. ***become*** 〔***get***〕 ～ ***to*** …에 익숙해지다.

AC/DC, ac/dc alternating current/direct current 교류·직류(의), 교직 양용(의); 《俗》 양성애(兩性愛)의.

ace**[1] [eis] *n.* Ⓒ ① (카드 따위의) 1, (게임에서) 1점. ② 《美俗》 1달러 지폐. ③ 능수, 명인, (어느 분야의) 제1인자; 우수 선수; 하늘의 용사. ***within an ～ of ... 자칫〔까딱〕 …할 뻔하여. ── *a.* 우수한, 명인(급)의, 일류의.

ace[2] (＜*a*utomatic *c*omputing *e*ngine) *n.* Ⓒ 자동 계산기.

ACE American Council on Education.

a·ce·di·a [əsíːdiə] *n.* ＝ACCIDIE.

áce-hígh *a.* 《美》 크게 인기 있는, 우수한.

A·cel·da·ma [əséldəmə, əkél-] *n.* 〖聖〗 (가리옷) 유다가 자살한 곳.

a·cen·tric [eiséntrik] *a.* 중심이 없는〔을 벗어난〕.

a·ceph·a·lous [eiséfələs] *a.* 무두(無頭)의; 지도자가 없는.

a·cerb [əsə́ːrb], **a·cer·bic** [-ik] *a.* ① 신, 쓴, 떫은. ② (말·태도·기질이) 엄한, 격한, 통렬한.

ac·er·bate [ǽsərbèit] *vt.* (…을) 성나게 하다, 괴롭히다.

a·cer·bi·ty [əsə́ːrbəti] *n.* Ⓤ 신맛; 쓴맛; 통렬함, 신랄함.

ac·e·tal [ǽsətæ̀l] *n.* Ⓤ 아세탈《수면제》.

ac·et·al·de·hyde [æ̀sətǽldəhàid] *n.* Ⓤ 〖化〗 아세트알데히드.

ac·et·an·i·lid[æ̀sətǽnəlid], **-lide** [-làid] *n.* Ⓤ 〖化〗 아세트아닐리드《진통·해열제》.

ac·e·tate [ǽsətèit] *n.* Ⓤ 〖化〗 초산염.

ácetate ráyon 아세테이트《인조견사의 일종》.

a·ce·tic [əsíːtik, -sé-] *a.* 초(醋)〔초산〕의.

acétic ácid 초산(醋酸).

acétic anhýdride 무수(無水) 초산.

a·cet·i·fy [əsétəfài] *vt., vi.* 초과(되게) 하다, 시게 하다〔되다〕.

ac·e·tone [ǽsətòun] *n.* Ⓤ 〖化〗 아세톤《휘발성·가연성의 액체; 용제·무연 화약·니스 등에 쓰임》.

ac·e·tous [ǽsətəs, əsíː-] *a.* 초의, 초 같은, (맛이) 신.

a·ce·tyl [əsíːtl, əsétl] *n.* Ⓤ 〖化〗 아세틸.

a·ce·tyl·cho·line [əsìːtəlkóuliːn] *n.* Ⓤ 〖生化〗 아세틸콜린.

a·cet·y·lene [əsétəliːn] *n.* Ⓤ 〖化〗 아세틸렌.

a·cè·tyl·sal·i·cyl·ic ácid [əsíː-təlsæ̀ləsílik-, ǽsə-] ＝ASPIRIN.

A·chae·a [əkíːə], **A·cha·ia** [əkáiə] *n.* 아카이아《고대 그리스 남부의 땅》. **-an, -chái·an** *a., n.* Ⓒ 아카이아의 (사람), 그리스의; 그리스 사람.

A·cha·tes [əkéitiːz] *n.* Aeneas의 충실한 벗《Virgil작 *Aeneid* 중의 인물》.

:ache [eik] *vi.* ① 아프다, 쑤시다. ② 《口》 간망(懇望)하다. ── *n.* Ⓒ 아픔.

Ach·er·on [ǽkərɑ̀n/-rɔ̀n] *n.* 〖그·로神〗 아케론 강《삼도내》; Ⓤ 저승.

à che·val [ɑ̀ːʃəvɑ́ːl] (F.) 걸치고; (도박에서) 양다리 걸치고.

:a·chieve [ətʃíːv] *vt.* ① 성취하다, 이루다, (목적을) 달하다. ② (명성을) 얻다.

:a·chieve·ment [ətʃíːvmənt] *n.* ① Ⓤ 성취. ② Ⓒ 업적, 위업.

achíevement àge 〖心〗 학업 성취 연령.

achíevement quòtient 〖心〗 성취〔성적〕 지수《생략 A.Q.》.

achíevement tèst 학력 검사.

Ach·il·le·an [æ̀kəlíːən] *a.* Achilles 의〔같은〕.

A·chil·les [əkíliːz] *n.* 〖그神〗 아킬레스《Homer작 *Iliad* 에서 발빠른 용사》. ***heel of ～*** 유일한 약점.

Achílles(') téndon 〖醫〗 아킬레스건(腱).

ach·lu·o·pho·bi·a [æ̀kluəfóubiə] *n.* Ⓤ 〖心〗 암흑 공포증.

ach·ro·mat·ic [æ̀krəmǽtik] *a.* 색이 없는; 색을 없앤.

a·chro·ma·tize [eikróumətàiz] *vt.* (…의) 색을 없애다; (렌즈의) 색수차를 없애다.

:ac·id [ǽsid] *n., a.* Ⓤ,Ⓒ 산(酸); 신맛(이 있는), 신; 찌무룩한, 부루퉁한; 《美俗》 ＝LSD.

ácid-fàst *a.* 항산성의, 산에 퇴색하지 않는.

ácid-hèad *n.* Ⓒ 《美俗》 LSD 상용자(常用者).

ácid hòuse 《英》 애시드 하우스《신시사이저 따위의 전자 악기를 쓰며 비트가 빠른 음악》.

a·cid·i·fy [əsídəfài] *vt., vi.* 시[illegible] 다; 시어지다, 산(성)화하다.

[illegible] **i·ty** [əsídəti] *n.* Ⓤ 산성, 신[illegible]

ac·i·dóph·i·lus m[illegible] dɑ́fələs-/-dɔ́f-] 유산균 우[illegible]

ac·i·do·sis [æ̀sədóusis[illegible] 산성증.

ácid tést 산(酸)시험; [illegible]

ácid tríp 《美俗》 LS[illegible] 체험.

a·cid·u·lous [əsídʒə[illegible] 소 신맛이 있는. ② 찌[illegible] 은. ～**·ly** *ad.*

ack. acknowledge; acknowledg(e)ment. 「(의 포화).
ack-ack[ǽkæ̀k] *n.* Ⓒ 《俗》 고사포
ack em·ma[ǽk émə] 《英俗》 오전(에); 《英軍俗》 비행기 수리공.
ackgt. acknowledg(e)ment.
‡**ac·knowl·edge** [əknɑ́lidʒ/-ɔ́-] *vt.* ① 인정하다, 승인하다. ② 감사하다. ③ (편지 따위의) 받았음을 알리다. **~d** [-d] *a.* 정평이 있는.
***ac·knowl·edg·ment,** 《英》 **-edge·ment**[æknɑ́lidʒmənt, ik-/-nɔ́l-] *n.* ① Ⓤ 자인(自認), 승인. ② Ⓒ (접수의) 확인. ③ Ⓤ 감사; Ⓒ 답례장.
A.C.L.S. American Council of Learned Societies.
ac·me[ǽkmi] *n.* Ⓒ (보통 the ~) 결정, 극치(climax).
ac·ne[ǽkni] *n.* Ⓤ 여드
a·cock[əkɑ́k/-ɔ́-] *pred* 모자의) 챙을 세워서.
ac·o·lyte[ǽkəlàit] 복사(服事); 조수.
ac·o·nite[ǽkən 곳; 『藥』 아코니 취한 진통제》.
‡**a·corn**[éik 리.
ácorn sh
ácorn t 토리 모양
a·cous·ti *a.* 청각(聽 학의. **a** *n.* Ⓒ 음 유향한

ac·quis·i·tive [əkwízətiv] *a.* 습득성이 있는; 얻[갖]고 싶어하는(*of*); 욕심 많은. **~·ly** *ad.*
ac·quit** [əkwít] *vt.* (**-tt-**) ① 석방[방면]하다, 면제하다. ② 다하다. ~ (*a person*) ***of (*his responsibility*) (그의 책임을) 해제하다. ~ ***oneself of*** (*one's duty*) (의무를) 다하다. ~ ***oneself*** (*well*) (훌륭히) 행동하다. **~·tal** [-l] *n.* Ⓤ,Ⓒ 석방; 변제(辨濟); 수행. **~·tance** *n.* Ⓤ 변제; 영수증(證).
†**a·cre** [éikər] *n.* ① Ⓒ 에이커《약 4046.8 m²》. ② (*pl.*) 토지, 경작지. ***God's A-*** 묘지(墓地).
a·cre·age [éikəridʒ] *n.* Ⓤ 에이커 수(數), 토지.
ac·rid [ǽkrid] *a.* 매운; 쓴; (코를) 톡 쏘는; (피부에) 스미는; 짓궂은; 신랄한. **a·crid·i·ty** [ækrídəti] *n.*
ac·ri·mo·ni·ous [æ̀krəmóuniəs] *a.* (말·태도가) 매서운, 격렬한, 신랄한(bitter). **~·ly** *ad.* **-ny** [ǽkrəmòuni] *n.*
c·ro- [ǽkrou, -rə] '최고의, 끝의; 변족한'의 뜻의 결합사.
·ro·bat [ǽkrəbæ̀t] *n.* Ⓒ 곡예사; 의주의자. **ac·ro·bat·ic** [æ̀krəbǽt- *a.* **àc·ro·bát·ics** *n.* 《단수 취급》 곡예; 《복수 취급》 곡예의 연기.
·meg·a·ly [æ̀krəmégəli] *n.* 醫』 말단 거대(증). **-me·gal·ic** gǽlik] *a.*
·nym [ǽkrənìm] *n.* Ⓒ 두문 頭文字語)《머리 글자만 모아 만 UNESCO 따위》.
pho·bi·a [æ̀krəfóubiə] *n.* 고소(高所) 공포증.
o·lis [əkrɑ́pəlis/-ɔ́-] *n.* Ⓒ 리스 도시의) 성채(城砦);) 아테네의 성채.
[əkrɔ́ːs/-ɔ́-] *ad., prep.* ① 로질러, (…을) 건너서, (… 건너편]에. ② 엇갈리어, 교 지름[직경]으로. ***come*** 뜻하지 않게 …을 만나다. 다, 넘다; 화[짜증]나게 ~ 엇갈리다, 거꾸로 되 수행(遂行)하다; 잘 알도 俗》 속이다.
bóard *a.* 전면적 *ion* 전면적 감세)
:stik, -ɔ́/-ɔ́-] *a.,* 처음과 (시)
크릴. Ⓤ 아크릴의.

(서); [법령. ~ **and deed** 증거물. ~ **of God** 〖法〗 불가항력. ~ **of grace** 은전, 특전; (A-) 일반 사면령(令). **in the** (**very**) ~ (**of**) (…의) 현행중에, (…하는) 현장에서. **the Acts** (**of the Apostles**) 〖新約〗 사도행전. — *vt.* 행하다, 하다; (…의) 시늉을[체를] 하다; (역을) 맡아[연기]하다, (극을) 상연하다. — *vi.* ① 행동하다. ② 작용하다(*on*). ③ 연기하다(*as*). ④《美》 판결을 내리다(*on*). ~ **for** …의 대리가 되다[대리를 보다]. ~ **on** [**upon**] …에 따라 행동하다; (뇌 따위)에 작용하다, 영향을 미치다. ~ **the part of** …의 역(할)을 하다. ~ **up** 《美口》허세[허영] 부리다; 건방진 태도를 취하다; (못된) 장난을 하다. ~ **up to** (주의·주장)을 실행하다, …을 고수하다, (약속을) 지키다. **~·a·ble**[ǽktəbl] *a.* 상연[실행] 가능한.

actg. acting.

ACTH [éisì:tì:éitʃ, ækθ] *n.* Ⓤ (관절염·류머티즘 등에 유효한) (뇌하수체) 호르몬의 일종(<*a*dreno*c*or-tico*t*rophic *h*ormone).

ac·tin [ǽktin] *n.* Ⓤ 〖生化〗 악틴《단백질의 일종》.

:act·ing [ǽktiŋ] *a., n.* 대리의; Ⓤ 행함, 연기. ~ **chief** 과장 대리. ~ **copy** 〖劇〗 대본. ~ **manager** 지배인 대리. ~ **principal** 교장 대리.

ac·tin·ic [æktínik] *a.* 화학선(작용)의. ~ **rays** 화학선.

ác·ti·nide sèries [ǽktənàid-] 〖化〗 악티니드 계열《원자 번호 89인 악티늄부터 103인 로렌슘까지의 방사성 원소의 총칭》.

ac·tin·ism [ǽktənìzəm] *n.* Ⓤ 화학선 작용.

ac·tin·i·um [æktíniəm] *n.* Ⓤ 〖化〗 악티늄《방사성 원소》.

ac·ti·nom·e·ter [æktənɑ́mitər/-ɔ́mi-] *n.* 〖化〗 광량계; 〖寫〗 노출계.

ac·ti·no·my·cete [æktənoumáisi:t] *n.* Ⓒ 〖生〗 방(사)선균.

ac·ti·no·my·cin [æktənoumáisin] *n.* Ⓤ 〖生化〗 악티노마이신《항생 물질의 하나》.

ac·ti·non [ǽktənɑ̀n] *n.* Ⓤ 〖化〗 악티논《라돈과 동위의 방사원소; 기호 …》.

a[c·ti]·no·ther·a·py [æktənouθérəpi] … 방사선 치료.

†ac·ti[on] [… ǽkʃən] *n.* ① Ⓤ 활동 … 용. … 몸짓, 행동, 행위. ③ Ⓤ … ⑤ Ⓒ 기능, 작용. … 거리(의 ⑥ Ⓤ … 전투력을 … **bring** [**take**] … 기소(起訴)하다 … (기계 … 다. …

áction commìttee 행동 위원회.

áction-pàcked *a.* 《口》 (영화 등이) 액션으로 꽉 찬.

áction pàinting 행동 회화《그림 물감을 뿌리는 등의 전위 회화》.

áction rèplay 《英》 =INSTANT REPLAY.

áction stàtion 〖軍〗 전투 배치.

ac·ti·vate [ǽktəvèit] *vt.* 활동적으로 하다; 〖美軍〗 (부대를) 전시 편성하다; 동원(動員)하다; 〖理〗 방사능을 부여하다; 〖化〗 활성화하다; (하수를) 정화하다. **-va·tion** [ˌ-ˊ-véiʃən] *n.* Ⓤ 활발하게 함, 자극; 활성화; 전시 편성. **ác·ti·và·tor** *n.* Ⓒ 활발하게 만드는 사람[것]; 〖化〗 활성제.

áctivated slúdge 하수 정화니(淨化泥).

:ac·tive [ǽktiv] *a.* ① 활동적인, 적극적인; 힘센. ② 〖文〗 능동의. ③ 〖軍〗 현역의. ***~·ly** *ad.*

áctive cápital 활동 자본.

áctive dúty [**sérvice**] 현역 근무.

áctive vóice 〖文〗 능동태.

áctive volcáno 활화산(活火山).

ac·tiv·ism [ǽktivìzəm] *n.* Ⓤ (적극적인) 행동주의. **-ist** *n.* Ⓒ 행동주의자; 행동대원; (정치[학생] 운동 등의) 활동가.

:ac·tiv·i·ty [æktívəti] *n.* ① Ⓤ 활동, 활약. ② Ⓤ 활기, 활황(活況); 능동성. ③ Ⓒ (종종 *pl.*) 활동(범위).

:ac·tor [ǽktər] *n.* Ⓒ 배우; 행위자.

:ac·tress [ǽktris] *n.* Ⓒ 여(배)우.

:ac·tu·al [ǽktʃuəl] *a.* 현실의, 실제의; 현재의. ~ **capacity** 실(實)능력; 실용량. ~ **locality** 현지. ~ **money** 현금. **:~·ly**[-li] *ad.* 현실적으로, 실제로.

***ac·tu·al·i·ty** [æktʃuǽləti] *n.* ① Ⓤ 현실(성). ② Ⓒ (종종 *pl.*) 현상 실태, 진상. **in ~** 현실로.

ac·tu·al·ize [ǽktʃuəlàiz] *vt.* 실…하다(make actual).

ac·tu·ar·y [ǽktʃuèri/-tjuəri] … Ⓒ 보험 회계사; 《古》 (법정 … **-ar·i·al** [æktʃuέəriəl] *a* …

ac·tu·ate [ǽktʃuèi…] … 움직이다; (남을) …

a·cu·i·ty [ə…] … 력; 신랄 …

a·cu …

《duce 다음의 1점》.

ad. adverb; advertisement.

:A.D. [éidíː] 서력…(<*Anno Domini*).

A/D analog-to-digital. **A.D.A.** Americans for Democratic Action; Atomic Development Authority 원자력 응용 개발 기관.

ad·age [ǽdidʒ] *n.* Ⓒ 격언, 속담.

a·da·gi·o [ədáːdʒou, -dʒiòu] *ad., a., n.* (*pl.* **~s**) (It.) 〖樂〗 느리게, 느린; Ⓒ 아다지오장(章)〔곡〕.

·Ad·am [ǽdəm] *n.* 〖聖〗 아담.

ad·a·mant [ǽdəmənt, -mæ̀nt] *a., n.* Ⓤ 대단히 단단한 (물건); (의지가) 견고한. **-man·tine** [ˌ–mǽntain, -ti(ː)n] *a.* 견고한, 단단한.

Ad·am·ite [ǽdəmàit] *n.* Ⓒ Adam의 자손, 인간; 벌거숭이; 나체주의자.

Ádam's ále 〔**wíne**〕《口》 물.

Ádam's àpple 결후(結喉).

:a·dapt [ədǽpt] *vt.* ① 적응〔적합〕시키다(*to*). ② 개작〔수정〕하다; 번안하다. **~·ed** [-id] *a.*

a·dapt·a·ble [ədǽptəbəl] *a.* 적응〔순응〕할 수 있는(*to*); 각색할 수 있는(*for*). **-bil·i·ty** [–ˌ–bíləti] *n.* Ⓤ 적응〔순응〕성; 각색의 가능성.

:ad·ap·ta·tion [æ̀dəptéiʃən] *n.* ① Ⓤ 적응. ② Ⓤ,Ⓒ 개작, 각색.

a·dapt·er, a·dap·tor [ədǽptər] *n.* Ⓒ 각색자; 번안자; 가감 장치; 〖電·機〗 어댑터, 연결관〔기〕; 〖컴〗 접속기.

a·dap·tion [ədǽpʃən] *n.* =ADAPTATION.

a·dap·tive [ədǽptiv] *a.* 적합한, 적응한; 적합할 수 있는.

ADB Asian Development Bank.

A.D.C. aid(e)-de-camp; Amateur Dramatic Club.

ad cap·tan·dum (vul·gus) [æd kæptǽndəm (vʌ́lgəs)] (L.) 인기를 끌기 위해.

Ád·cock antènna [ǽdkɑk-/-ɔ-] 〖電〗 애드콕 안테나《방향 탐지용 안테나》.

A/D convérter 〖컴〗 아날로그 디지털 변환기.

ad·craft [ǽdkræ̀ft/-kràːft] *n.* 《美》《집합적》 광고 취급업자.

†add [æd] *vt., vi.* ① 더하다, 더해지다, 늘다. ② 가산하다. **~ *to*** …을 더하다, 증가하다. **~ *up*** 합계하다; 계산이 맞다. ***to* ~ *to*** …에 더하여. — *n.* Ⓤ,Ⓒ 〖컴〗 더하기(addition).

add. addenda; addendum; ad-

n. Ⓤ nal; address.

깊은 지식 **-válue táx** =VALUE-

AC Atlantic.

a.c. alternating ədénd] *n.* Ⓒ

Air Corps; Army

craftman. **Ac** 〖化〗 리 *n.* (*pl.*

a/c account; account 추가.

a·ca·cia [əkéiʃə] *n.* Ⓒ 〖植〗 살무사의

acad. academic; academy.

ac·a·deme [ǽkədìːm], NE; Ⓒ

de·mi·a [æ̀kədíːmiə] *n.* Ⓤ 산기.

① =ACADEMY ①. ② 학자의 세지계]

하다(~ *oneself to*). ***be* ~*ed to*** …에 빠지다. — [ǽdikt] *n.* Ⓒ (마약 따위의) 상습자, 중독자. **ad·dic·tion** [əd-] *n.* Ⓤ,Ⓒ 탐닉, 빠짐.

ad·dic·tive [ədíktiv] *a.* (약 따위가) 습관성의, 중독되기 쉬운.

ádding machìne 가산기(加算器), 계산기.

Ád·di·son's disèase [ǽdisnz-] 애디슨병《부신(副腎) 이상에 의한》.

:ad·di·tion [ədíʃən] *n.* ① Ⓤ 부가, 증가; Ⓤ,Ⓒ 가산(加算). ② Ⓒ 부가물; 증축. ***in* ~ (*to*)** (…에) 더하여, 그 위에. **:~·al** *a.* 부가의 (*an ~al tax* 부가세). **~·al·ly** *ad.* 그 위에 (더).

ad·di·tive [ǽdətiv] *a.* 부가적인; 첨가의. — *n.* Ⓒ 부가〔첨가〕물.

ad·dle [ǽdl] *a.* 썩은, 혼탁한. — *vt., vi.* 썩(히)다, 혼란시키다〔하다〕.

áddle·bràined, -hèaded *a.* 투미한, 우둔한.

ádd-òn *n.* Ⓒ 추가물; (기계에 대한) 부가 장치.

ádd-on mémory 〖컴〗 덧기억 장치(裝置).

ádd operátion 〖컴〗 덧셈.

†ad·dress [ədrés] *n.* ① Ⓒ 연설; 말을 걺; 인사《공식의》; 제언; 청원. ② Ⓤ 말투, 응대(의 멋짐). ③ Ⓤ 교묘, 솜씨(좋음). ④ Ⓒ [《美》 ǽdres] 수신인 이름·주소; 〖컴〗 번지. ⑤ (*pl.*) 구혼. ⑥ Ⓒ 《美》 대통령의 교서. ***a funeral* ~** 조사. ***an* ~ *of thanks*** 치사. ***pay one's* ~*es to*** …에게 구혼하다. ***with* ~** 솜씨 좋게. — *vt.* ① (…에게) 말을 걸다; (…을 향하여) 연설하다(~ *an audience*). ② (편지 등의) 겉봉을 쓰다; …앞으로 보내다. ③ 신청하다《구두·서면으로》. ④ (문제에) 파고 들다; 다루다. ⑤ 〖골프〗 (공을) 칠 준비 태세로 들다. **~ *oneself to*** …에 (본격적으로) 달려붙다; …에게 말을 걸다; 편지 쓰다. **~·a·ble** *a.* 〖컴〗 번지로 끄집어낼 수 있는. **~·er, -dres·sor** *n.* Ⓒ 발신인.

áddress bùs 〖컴〗 번지 버스.

ad·dress·ee [æ̀dresíː] *n.* Ⓒ (우편물·메시지의) 수신인.

addréssing machìne 주소 성명 자동 인쇄기.

「방식.

addréssing mòde 〖컴〗 번지지정

Ad·dres·so·graph [ədrésəgræ̀f, -gràːf] *n.* 〖商標〗 =ADDRESSING MACHINE.

áddress spàce 〖컴〗 번지공간《CPU, OS, 응용(application) 등이 접근(access)할 수 있는 기억 번지(memory address)의 범위》.

ad·duce [ədjúːs] *vt.* 인용하다, 증거로서 들다. **ad·duc·tion** [-dʌ́k-] *n.*

ad·duct [ədʌ́kt] *vt.* 〖生〗 (손·발을) 내전(內轉)시키다.

ad·e·nine [ǽdənìːn] *n.* Ⓤ 〖化〗 아데닌《췌장 등 동물 조직 중의 염기》.

ad·e·no·car·ci·no·ma [ǽdənou-kàːrsinóumə] *n.* (*pl.* **~s, -mata**

A

[-mətə]) Ⓒ 〖醫〗 선(腺)암.
ad·e·noids [ǽdənɔ̀idz] *n.* Ⓤ 〖醫〗 아데노이즈《인두편도(咽頭扁桃)의 비대증》.
ad·e·no·ma [æ̀dənóumə] *n.* Ⓒ 〖醫〗 선종(腺腫).
a·den·o·sine [ədénəsìːn, -sin] *n.* Ⓤ 〖生化〗 아데노신《리보 핵산의 효소 분해에 의하여 얻어짐》.
adénosine di·phós·phate [-difásfeit/-fɔ́s-] 〖生化〗 아데노신 2인산(燐酸)《ATP에서 하나의 인산을 뺀 구조를 갖는 물질; 생략 ADP》.
adénosine mo·no·phós·phate [-mɑ̀nəfásfeit/-mɔ̀nəfɔ́s-] 〖生化〗 아데노신 1인산.
adénosine tri·phós·phate [-traifásfeit/-fɔ́s-] 〖生化〗 아데노신 3인산《생체 내에서 에너지의 획득·이용에 중요한 작용을 하는 물질; 생략 ATP》.
ad·e·no·vi·rus [æ̀dənouváirəs] *n.* Ⓒ 〖醫〗 아데노바이러스.
ad·ept [ǽdept, ədépt] *n.* Ⓒ 숙련자(expert). ── [ədépt] *a.* 숙련된 (*in, at*).
ad·e·qua·cy [ǽdikwəsi] *n.* Ⓤ 적당[충분]함; 타당.
:ad·e·quate [-kwit] *a.* 적당[충분]한. *~·ly *ad.*
à deux [ɑːdɔ́ː] (F.) 둘(만)이서[의].
A.D.F. automatic direction finder.
:ad·here [ædhíər] *vi.* ① 들러붙다, 접착하다(*to*). ② (신념을) 굳게 지키다, 집착하다.
***ad·her·ent** [ædhíərənt] *a.* 들러붙는, 집착하는, 붙어 떨어지지 않는. ── *n.* Ⓒ 지지자; 귀의자(歸依者); 졸개, 부하. **-ence** *n.* Ⓤ 집착, 경도(傾倒), 귀의.
ad·he·sion [ædhíːʒən] *n.* Ⓤ 점착; 집착; 유착(癒着). **-sive** [-siv] *a., n.* 「한[히].
ad hoc [ǽd hák/-hɔ́k] (L.) 특별
ad ho·mi·nem [ǽd hámənèm/-hɔ́-] (L.) 감정에 호소한[하여]; 개인적인[으로].
ad·i·a·bat·ic [æ̀diəbǽtik] *a.* 〖理〗 단열(斷熱)의.
ADI acceptable daily intake (식품 첨가물의) 1일 섭취 허용량.
***a·dieu** [ədjúː/ədjúː] *int., n.* (*pl.* *~s, ~x* [-z]) (F.) Ⓒ 안녕; 이별.
ad inf. *ad infinitum.*
ad in·fi·ni·tum [æd ìnfənáitəm] (L.) 무한히, 무궁하게(forever).
ad int. *ad interim.*
ad in·te·rim [æd íntərim] (L.) 임시의, 당분간의; 그 사이에.
ad·i·os [æ̀dióus, ɑ̀ːdi-] *int., n.* (Sp.) ＝ADIEU. 「방(脂肪)(의).
ad·i·pose [ǽdəpòus] *n., a.* Ⓤ 지
ad·i·pos·i·ty [æ̀dəpásəti] *n.* Ⓤ 지방 과다; 비만. 「(橫坑).
ad·it [ǽdit] *n.* Ⓒ 입구; 〖鑛〗 횡갱
ADIZ [éidiz] air defense identification zone 방공 식별권(圈)《여기에 소속 불명의 비행기가 들어오면 긴급 발진함》.
adj. adjacent; adjective; adjunct; adjustment.
***ad·ja·cent** [ədʒéisənt] *a.* 부근의, 인접하는(*to*). **-cen·cy** [-sənsi] *n.* Ⓤ 근접, 인접; Ⓒ 인접지[물].
ad·jec·ti·val [æ̀dʒiktáivəl] *a.* 〖文〗 형용사(적)인. ── *n.* Ⓒ 형용사적 어구.
:ad·jec·tive [ǽdʒiktiv] *n.* Ⓒ 형용사. ── *a.* 형용사의[적인]. ~ ***clause*** [***phrase***] 형용사절[구]. ~ ***infinitive*** 형용사적 부정사.
:ad·join [ədʒɔ́in] *vi., vt.* 인접하다, 서로 이웃하다. **:~·ing** *a.* 인접하는, 이웃의.
:ad·journ [ədʒə́ːrn] *vt., vi.* ① 연기하다. ② (회를) 휴지하다; 휴회하다. **~·ment** *n.*
adjt. adjutant.
ad·judge [ədʒʌ́dʒ] *vt.* 판결하다; 심판하다; 심판하여 (상을) 주다, 교부하다. **ad·judg(e)·ment** *n.*
ad·ju·di·cate [ədʒúːdikèit] *vt., vi.* 판결[재정]하다. **-ca·tion** [─ˌ─kéiʃən] *n.*
***ad·junct** [ǽdʒʌŋkt] *n.* Ⓒ 부가물; 〖文〗 부가사(詞); 〖論〗 첨성(添性). ── *a.* 부속의. **ad·junc·tive** [ədʒʌ́ŋktiv] *a.* 부수적인.
ádjunct proféssor 《美》 조교수.
ad·jure [ədʒúər] *vt.* 엄명하다; 탄원하다. **ad·ju·ra·tion** [æ̀dʒəréiʃən] *n.*
:ad·just [ədʒʌ́st] *vt.* ① 맞추다, 조정(調整)[조절]하다. ② 조정(調停)하다, 화해시키다. **~·a·ble** *a.* **:~·ment** *n.*
ad·just·er, -jus·tor [ədʒʌ́stər] *n.* Ⓒ ① 조정자; 조절기. ② 〖保險〗 손해 사정인.
ad·ju·tant [ǽdʒətənt] *a.* 보조의. ── *n.* Ⓒ 부관(副官), 조수; 〖鳥〗 (인도·아프리카산의) 무수리. **-tan·cy** [-tənsi] *n.* Ⓤ 부관의 직.
ádjutant géneral (*pl.* ***adjutants g-***) 고급 부관. 「따위).
ad·less [ǽdlis] *a.* 광고 없는《잡지
ad-lib [ædlíb, ǽd-] *vt., vi.* (***-bb-***) 《口》 대본에 없는 대사를 말하다; 즉흥적으로 노래하다[연주하다].
ad lib *ad libitum.* 「드리버.
àd-líb·ber 즉흥적 재즈 연주가, 애
ad lib·i·tum [æd líbətəm] (L.) 〖樂〗 마음대로.
ADM air-launched decoy missile 공중 발사 유인 미사일. **Adm.** Admiral(ty).
ad·man [ǽdmæ̀n, -mən] *n.* Ⓒ 《美口》 광고업자[권유원]; 광고 문안 제작자.
ad·mass [ǽdmæ̀s] *n.* Ⓤ 《英》 매스컴에 좌우되기 쉬운 일반 대중.
ad·meas·ure [ædméʒər] *vt.* 할당하다; 달다, 재다, 계량(計量)하다. **~·ment** *n.*
***ad·min·is·ter** [ædmínəstər] *vt.* ① 관리[처리]하다, (법률을) 시행[집

행]하다. ② (타격 따위를) 주다. ③ (치료를) 하다, 베풀다. — *vi.* ① 관리하다. ② 돕다; 주다; (…에) 도움[소용]이 되다(*to*). ~ ***an oath to*** …에게 선서시키다.

ad·min·is·trate [ædmínəstrèit] *vt.* 《美》 관리[지배]하다(administer).

:ad·min·is·tra·tion [ædmìnəstréiʃən, əd-] *n.* ① Ⓤ 관리, 경영, 행정, 시정(施政), 통치. ② Ⓒ《집합적》 관리자측, 경영진; 《美》 정부; Ⓤ 관료[대통령]의 임기. ③ Ⓤ,Ⓒ 줌; 시행; 투약(投藥). ~ ***of justice*** 법의 집행, 처형. ***board of*** ~ 이사회. ***civil*** [***military***] ~ 민[군]정.

***ad·min·is·tra·tive** [ædmínəstrèitiv] *a.* 관리[경영]상의; 행정[통치·시정]상의.

ad·min·is·tra·tor [ədmínəstrèitər] *n.* (*fem.* ***-trix*** [–⌐–tréitriks]; *fem. pl.* ***-trices*** [-trisì:z]) Ⓒ 관리[관재]인; 행정관. **~·ship** [-ʃip] *n.* Ⓤ 위의 직.

***ad·mi·ra·ble** [ǽdmərəbəl] *a.* 훌륭한. **-bly** *ad.* 훌륭히.

ad·mi·ral** [ǽdmərəl] *n.* Ⓒ ① 해군 대장, 제독; 해군 장성《대·중·소장》; (해군의) 사령관. ② 기함(旗艦). ③ 〖蟲〗 나비의 일종. ***fleet ~, 《英》 ~ ***of the fleet*** 해군 원수. ***Lord High A-*** 해군 장관. ***rear*** ~ 해군 소장. ***vice*** ~ 해군 중장.

ádmiral·shìp *n.* Ⓤ 해군 대장의 직[지위].

ad·mi·ral·ty [ǽdmərəlti] *n.* Ⓤ 해군 대장의 직; Ⓒ 해사 재판소; (the A-) 《英》 해군성[본부]. ***Board of A-*** 《英》 해군 본부. ***First Lord of the A-*** 《英》 해상(海相).

ádmiralty cóurt 해사 재판소.

:ad·mi·ra·tion [ædməréiʃən] *n.* ① Ⓤ 감탄, 칭찬(*for*). ② (the ~) 찬미의 대상.

:ad·mire [ædmáiər] *vt., vi.* ① 감탄[찬미]하다. ②《口》 칭찬하다. ③ 《美》 기뻐하다, 좋아하다. **:ad·mír·er** *n.* Ⓒ 숭배자; 감탄자; 구애자, 구혼자. ***ad·mír·ing** *a.*

ad·mis·si·ble [ədmísəbəl] *a.* (의견·기획 등이) 용인될 수 있는; (지위에) 취임할 자격 있는(*to*); 〖法〗 증거로 인용(認容)할 수 있는. **-bly** *ad.* **-bil·i·ty** [–⌐–bíləti] *n.*

:ad·mis·sion [ædmíʃən] *n.* ① Ⓤ 입장[입학, 입회](허가). ② Ⓤ 입장료, 입회금. ③ Ⓒ 자인, 자백, 고백. ~ ***free*** 입장 무료. ~ ***to the bar*** 《美》 변호사 개업 허가.

***a·bcmission Dày** 《美》 (주(州)의) [대]학국 편입 기념일(⇨TERRITORY). *o'clock,* **-sion tìcket** 입장권.

주위에. ④ **-sive** [ædmísiv] *a.* 입장[입종사하여(do: 허용[승인]의.

무엇을 하고 있mít] *vt.* (***-tt-***) ① 인정하대략(*That's* ; 진실[유효]임을 인정하다). ② 둘레(근permit). ② 들이다, *nobody* ~. 근처 허용하다. ③ 수용할 수 있다. — *vi.* 인정하다, (…의) 여지가 있다(*of*), …할 수 있다. ~ ***to the bar*** 《美》 변호사 개업을 허가하다. **~·ta·ble** [-əbəl] *a.* 들어갈 자격 있는. **~·ted·ly** [-idli] *ad.* 일반에게 인정되어; 분명히; 인정하듯이.

ad·mit·tance [-əns] *n.* Ⓤ 입장[입회](권(權)). ~ ***free*** 입장 무료. ***gain*** [***get***] ~ ***to*** …에 입장이 허락되다[입장하다]. ***No*** ~. 입장 사절.

ad·mix [ædmíks, əd-] *vt.* 혼합하다, 섞다(*with*). **~·ture** *n.* Ⓤ 혼합; Ⓒ 혼합물.

***ad·mon·ish** [ədmániʃ/-5-] *vt.* ① 훈계하다, 타이르다, 깨우치다, 충고[권고]하다(*to do; that*). ② 알리다(*of; that*). **~·ment** *n.*

ad·mo·ni·tion [ædməníʃən] *n.* Ⓤ,Ⓒ 타이름, 훈계, 충고. **ad·mon·i·to·ry** [ədmánitɔ̀:ri/-mɔ́nitəri] *a.* 훈계의.

ad·nate [ǽdneit] *a.* 〖生〗 착생한.

ad nau·se·am[æd nɔ́:ziæ̀m, -si-] (L.)싫증 날 정도로, 구역질 날 만큼.

a·do** [ədú:] *n.* Ⓤ 법석(fuss); 소동. ***much ~ about nothing 공연한 소동[법석]. ***without more*** ~ 다음은 순조로이.

a·do·be [ədóubi] *n., a.* Ⓤ 《美》 햇볕에 말린 어도비 찰흙[벽돌](의), 멕시코 벽돌(로 지은).

ad·o·les·cence [æ̀dəlésəns] *n.* Ⓤ 청년기《남자는 14-25세, 여자는 12-21세》; 청춘. **-cent** *a., n.* Ⓒ 청년기의 (사람), 젊은이.

A·do·nis[ədánis, -óu-] *n.* 〖그神〗 Venus가 사랑한 소년; Ⓒ 미소년, 미남자.

***a·dopt** [ədápt/-5-] *vt.* 채택[채용]하다; 양자로 삼다. **~·a·ble** *a.* **~·ed** [-id] *a.* 양자가[채용이] 된(*an ~ed child* 양자). **a·dóp·tion** *n.* Ⓤ,Ⓒ 채용; 양자 결연. **a·dóp·tive** *a.* 채용의; 양자 관계의.

a·dopt·ee [ədɑptí:/-ɔp-] *n.* Ⓒ 채용된 사람; 양자.

a·dor·a·ble [ədɔ́:rəbəl] *a.* 숭배[경모]할 만한; 《口》 귀여운.

ad·o·ra·tion [æ̀dəréiʃən] *n.* Ⓤ 숭배, 경모; 애모, 동경.

:a·dore [ədɔ́:r] *vt.* ① 숭배하다; 경모하다. ② 《口》 무척 좋아하다. **a·dór·er** *n.* **a·dór·ing**(**·ly**) *a.* (*ad.*)

:a·dorn [ədɔ́:rn] *vt.* 꾸미다; 미관을[광채를] 더하다. **~·ment** *n.* Ⓤ 장식.

a·down [ədáun] *ad.* 《詩》 =DOWN.

ADP adenosine diphosphate; automatic data processing.

ADPS 〖컴〗 automatic data processing system.

ADR American Depositary Receipt 미국 예탁(預託) 증권.

ad-rate [ǽdrèit] *n.* Ⓒ 광고료.

ad·re·nal [ədrí:nəl] *a., n.* 신장[콩팥]에 가까운, Ⓒ 부신(副腎)(의).

adrénal glànds 부신(副腎).

ad·ren·al·in(**e**) [ədrénəlin] *n.* Ⓤ 아드레날린《부신에서 분비되는 호

르몬》; (A-) 〖商標〗 아드레날린제《강심제·지혈제》.

ad·ré·no·cor·ti·co·tróph·ic hórmone [ədríːnoukɔ̀ːrtikoutrǽfik-/-trɔ́fik-] 부신피질 자극 호르몬《생략 ACTH》. 「아드리아 해.

A·dri·át·ic Séa [èidriǽtik-], **the**

a·drift [ədríft] *ad., pred. a.* 표류하여; 떠돌아, (정처없이) 헤매어; 일정한 직업 없이; 어찌할 바를 몰라. ***go*** ~ (배가) 표류하다; 방황하다; 물건이 없어지다, 도둑맞다.

a·droit[ədrɔ́it] *a.* 교묘한. **~·ly** *ad.*

ad·sci·ti·tious [æ̀dsətíʃəs] *a.* 외부로부터의, 본래적이 아닌, 부가적인; 보유의.

ADSL asymmetrical digital-subscriber line.

ad·smith [ǽdsmìθ] *n.* Ⓒ 《美》 광고 문안 작성자. 「키다.

ad·sorb [ædsɔ́ːrb] *vt.* 〖化〗 흡착시

ad·sorp·tion [ædsɔ́ːrpʃən] *n.* Ⓒ 흡착(작용).

ad·u·late [ǽdʒəlèit] *vt.* 아첨하다. **-la·tion** [⸗—léiʃən] *n.* **-la·to·ry** [⸗—lətɔ̀ːri/-lèitəri] *a.*

:a·dult [ədʌ́lt, ǽdʌlt] *n., a.* Ⓒ 성인(의), 어른(의); 〖法〗 성년자. ***Adults Only*** 미성년자 사절《게시》. **~·hood** [-hùd] *n.*

adúlt contémporary 어덜트 컨템포러리《발라드 중심의 비교적 조용한 록음악》.

adúlt educátion 성인 교육.

a·dul·ter·ant [ədʌ́ltərənt] *n., a.* Ⓒ 혼합물(의); 섞음질에 쓰는.

a·dul·ter·ate [-rèit] *vt.* 섞음질하다, 질을 떨어뜨리다. ― [-rət] *a.* 섞음질한. **-a·tion** [-⸗—éiʃən] *n.* Ⓤ 섞음질; Ⓒ 조악품, 막치.

a·dul·ter·er [-rər] *n.* Ⓒ 간부(姦夫), 샛서방. 「婦).

a·dul·ter·ess [-ris] *n.* Ⓒ 간부(姦

a·dul·ter·ine [ədʌ́ltəriːn, -ràin] *a.* =ADULTERATE.

a·dul·ter·y [-ri] *n.* Ⓤ 간통, 간음. **-ter·ous**[-tərəs] *a.* 간통의; 불순한 (*adulterous wine* 섞음질한 포도주).

ad·um·brate [ædʌ́mbreit, ǽdəm-] *vt.* 어렴풋이 보이다; 예시(豫示)하다; 그늘지게[어둡게] 하다.

a·dust [ədʌ́st] *a.* ① 바싹 마른[건조한]; 해에 그을린. ② 우울한.

adv. *ad valorem;* adverb.

ad va·lo·rem [æ̀d vəlɔ́ːrəm] (L.) 〖商〗 가격에 따라서, 종가(從價)의.

†ad·vance [ədvǽns, -áː-] *vt.* ① 나아가게 하다. ② 승진시키다. ③ (값을) 올리다. ④ (의견을) 내다. ⑤ 선불(先拂)[선대(先貸)]하다. ― *vi.* ① 나아가다. ② (밤이) 으슥해지다. ③ 승진하다. ④ (값이) 오르다. ⑤ (문답·게임 등에서) 다음 차례로 진행하다(*A-!* 자, 다음!). ― *n.* ① Ⓒ 전진; 진군. ② Ⓤ,Ⓒ 진보; (때의) 진행; 승진. ③ Ⓒ 선불[가불·입체]금. ④ (*pl.*) (친하려는) 접근; 신청. ***in*** ~ 사전에, 미리; 선금으로; 앞서서. ***make ~s*** 입체하다; 환심 사다; 구애하다; 신청하다. ― *a.* 앞의; 사전의, 미리의. ~ ***base*** 전진 기지. ~ ***sale*** (표의) 예매(豫賣). ~ ***ticket*** 예매권. **:~d**[-t] *a.* 나아간, 진보한; 고등의; 늙은; (밤이) 깊은. ***~d country*** 선진국. ***~d credit*** 타교(他校)에서의 과목 수료로 인정된 것. ***~d standing*** 타교에서 딴 수료 과목의 승인《받아들이는 학교측의》. ***~·ment** *n.* Ⓤ 전진, 발달; 승진; 선불, 선대(先貸).

advánce ágent 《美》 (강연·흥행의) 준비원, 주선인.

advánce cópy 신간 서적의 견본《평론가 등에게 보내는》.

advánce lével 《英》 상급 학력 시험《대학 입학 자격 등에 필요함; A level》. 「파.

advánce guárd 전위(부대); 전위

advánce màn =ADVANCE AGENT; 《美》 입후보자를 위한 사전

advánce párty 선발대. ∟공작원.

advánce shéets 견본쇄(刷)《제본하지 않은》.

:ad·van·tage [ædvǽntidʒ, -áː-] *n.* ① Ⓤ 이익, 편의, 유리. ② Ⓒ 이점, 강점; 유리한 입장. ③ 〖테니스〗 =VANTAGE. ***take ~ of*** …을 이용하다, …을 틈타다. ***take a person at ~*** 불시에 타격을 가하다, 기습하다. ***to ~*** 유리하게, 형편 좋게; 뛰어나게, 훌륭하게. ***turn to ~*** 이용하다. ***with ~*** 유리[유효]하게. ***You have the ~ of me.*** 글쎄 전 누구신지 모르겠네요《교제를 구해 오는 이에 대한 완곡한 사절》. ― *vt.* 이익을 주다; 돕다.

***ad·van·ta·geous** [æ̀dvəntéidʒəs] *a.* 유리한; 형편이 좋은. **~·ly** *ad.*

Ad·vent** [ǽdvent, -vənt] *n.* ① 예수의 강림, 강림절《크리스마스 전의 약 4주간》. ② (the a-) 출현, 도래. ***the Second ~ 예수의 재림. **~·ism**[-ìzəm] *n.* Ⓤ 예수 재림론. **~·ist** *n.*

ad·ven·ti·tious [æ̀dvəntíʃəs] *a.* 우발[외래]의; 〖植·動〗 부정(不定)의, 우생(偶生)의. 「來)종의.

ad·ven·tive [ædvéntiv] *a.* 외래(外

:ad·ven·ture [ædvéntʃər] *n.* ① Ⓤ 모험. ② Ⓒ 흔치 않은 체험. ③ Ⓤ,Ⓒ 투기. ― *vt., vi.* =VENTURE. ***-tur·er** *n.* Ⓒ 모험가, 투기가. ***-tur·ous, ~·some**[-səm] *a.* 모험적인, 모험을 즐기는.

ad·ven·tur·ism[ædvéntʃərizm] *n.* Ⓤ (정치·외교면에서의) 모험주의.

:ad·verb [ǽdvəːrb] *n.* Ⓒ 〖文〗 부사. ~ ***clause*** [***phrase***] 부사절[구]. ***relative ~*** 관계 부사. **ad·ver·bi·al** [ædvə́ːrbiəl] *a.*

ad ver·bum [æ̀d və́ːrbəm] (L.) 축어적(逐語的)으로[인].

***ad·ver·sar·y** [ǽdvərsèri/-səri] *n.* Ⓒ 적; (경기 따위의) 상대(방); (the A-) 마왕(魔王).

ad·ver·sa·tive [ædvə́ːrsətiv] *a.*

반대의(뜻의). ~ ***conjunction*** 〖文〗 반의(反意) 접속사《*but, yet* 따위》.

*__ad·verse__ [ædvə́ːrs, ⌐—] *a.* ① 역(逆)의, 거꾸로의, 반대의(*an* ~ *wind* 역풍, 맞바람). ② 적의(敵意)가 있는. ③ 불리한; 유해한. ~**·ly** *ad.* 역으로; 불리하게.

*__ad·ver·si·ty__ [ædvə́ːrsəti, əd-] *n.* Ⓤ 역경, 불운; Ⓒ 불행한 일, 재난.

ad·vert[1] [ædvə́ːrt, əd-] *vi.* (…에) 주의를 돌리다(*to*); (…에) 언급하다(*to*).

ad·vert[2] [ǽdvəːrt] *n.*《英》=ADVERTISEMENT.

:**ad·ver·tise, -tize** [ǽdvərtàiz] *vt., vi.* 광고〔공고〕하다. ~ ***for*** …을 광고 모집하다. :~**·ment** [æ̀dvərtáizmənt, ædvə́ːrtis-, -tiz-] *n.* Ⓤ,Ⓒ 광고(*an* ~*ment column* 광고란/~*ment mail* 광고 우편). *-**tis·ing** *n.* Ⓤ 광고(업).

*__ad·ver·tis·er__ [-ər] *n.* Ⓒ 광고자〔주〕; (A-) …신문.

ádvertising àgency 광고 대리업(자).

ádvertising màn 광고 담당자〔업자〕(adman).

ad·ver·to·ri·al [æ̀dvərtɔ́ːriəl] *n.* Ⓒ 기사 형식을 취한 광고, PR 페이지.

†**ad·vice** [ædváis] *n.* ① Ⓤ 충고, 조언, 의견. ② Ⓒ (보통 *pl.*) 보도, 보고; 〖商〗 통지, 안내(*a letter of* ~ 통지서). ~ ***note*** 안내장. ~ ***slip*** 통지 전표.

*__ad·vis·a·ble__ [ædváizəbəl] *a.* 권할 만한, 적당한; 현명한, 분별 있는. **-bil·i·ty** [–⌐–bíləti] *n.* Ⓤ 권할 만함, 적당함; 득책.

:**ad·vise** [ædváiz] *vt.* 충고〔조언〕하다; 알리다(*of; that*). — *vi.* 상담〔의논〕하다(*with*). ~**·ment** *n.* Ⓤ 고려. ~**d** [-d] *a.* 곰곰이 생각한 끝의, (안 따위) 신중히 고려된; 정보를 얻은. **ad·vís·ed·ly** [-idli] *ad.* 숙고를 거듭한 끝에; 고의로. ***ad·ví·ser, -ví·sor** *n.* Ⓒ 조언자, 상담역, 고문.

ad·vi·so·ry [ædváizəri] *a.* 충고〔조언〕의; 고문의. ~ ***committee*** 자문 위원회.

*__ad·vo·cate__ [ǽdvəkit, -kèit] *n.* Ⓒ 변호인; 주장자, 옹호자. — [-kèit] *vt.* 변호〔옹호〕하다; 주장하다. **ad·vo·ca·cy** [-kəsi] *n.* Ⓤ,Ⓒ 변호; 주장; 지지. 「창도자.

ad·vo·ca·tor [-tər] *n.* Ⓒ 주창자,

advt. advertisement. 「작성업자.

ád-wrìter *n.* Ⓒ《美俗》광고 문안

ad·y·na·mi·a [æ̀dinéimiə] *n.* Ⓤ 〖醫〗 쇠약. 「다).

adz(**e**) [ædz] *n., vt.* Ⓒ 까뀌(로 깎

AEA Atomic Energy Agreement; Atomic Energy Authority.

A.E. and P. Ambassador Extraordinary and Plenipotentiary.

AEC Atomic Energy Commission.

A.E.F. American Expeditionary Force(s).

air- aard- 땅돼지《남 Aar·on [ɛ́ər- 《모세의 형, 유 **Séa** [i(ː)dʒíːən-], ***the*** A.A.S. *Acade* 도해. *Socius* (L. = *n.* Ⓒ 〖英大學〗 진단

서.

ae·gis [íːdʒis] *n.* (*the* ~) 〖그神〗 Zeus의 방패; Ⓒ 보호, 옹호.

Ae·ne·as [iníːəs] *n.* 〖그神〗 Troy의 용사.

Ae·o·li·an [iːóuliən] *a.* Aeolus의; (a-) 바람에 의한.

Aeólian hárp 〔**lýre**〕 풍명금(風鳴琴). 「신(神).

Ae·o·lus [íːələs] *n.* 〖그神〗 바람의

ae·on [íːən] *n.* Ⓒ 영겁(永劫).

ae·py·or·nis [iːpiɔ́ːrnis] *n.* Ⓒ 〖鳥〗 융조(隆鳥)《타조 비슷한 거대한 새; 지금은 멸종》.

aer·ate [éiərèit, ɛ́ə-] *vt.* 공기에 쐬다〔를 넣다〕; 탄산가스(따위)를 넣다. ~***d bread*** 무효모 빵. ~***d waters*** 탄산수. **aer·a·tion** [⌐éiʃən] *n.* Ⓤ 통기(通氣), 통풍; 탄산가스 넣기. **áer·a·tor** *n.* Ⓒ 통풍기; 탄산수 제조기(機).

A.E.R.E. Atomic Energy Research Establishment 원자력 연구소.

:**aer·i·al** [ɛ́əriəl] *a.* ① 공중의; 항공의. ② 기체의; 공기의〔같은〕, 희박한. ③ 공상적인, 가공의. ④ 공중에 치솟은; 공중에 생기는; 공중 조작의. — *n.* Ⓒ 안테나. ~**·ist** *n.* Ⓒ (공중 그네) 곡예사;《俗》지붕을 타고 들어가는 강도.

áerial bòmb 투하 폭탄.

áerial cúrrent 기류. 「다리.

áerial làdder (소방용) 접(摺)사닥

áerial mìne 공중 폭뢰(爆雷).

áerial plánt 기생(氣生) 식물.

áerial photógraphy 항공 사진(술).

áerial ráilroad 〔《英》**ráilway**〕 가공(架空) 철도, 삭도(索道).

áerial róot 〖植〗 기근(氣根).

áerial tánker 공중 급유기.

áerial torpédo 공(중 어)뢰.

áerial trámway 공중 케이블, 삭도(索道).

ae·rie, aer·y [ɛ́əri, íəri] *n.* Ⓒ (매 따위의) 보금자리; 그 어린 새끼; 높은 곳에 있는 집.

aer·i·form [ɛ́ərəfɔ̀ːrm] *a.* 공기〔가스〕상(狀)의, 기체의; 무형의, 실체 없는.

aer·i·fy [ɛ́ərəfài] *vt.* 공기와 혼합시키다; 공기에 쐬다; 기화하다. **-fi·ca·tion** [⌐–fikéiʃən] *n.*

aer·o- [ɛ́ərou, -rə] '공기, 공중, 항공(기)'의 뜻의 결합사.

aer·o·bal·lis·tics [ɛ̀əroubəlístiks] *n.* Ⓤ 항공 탄도학.

aer·o·bat·ics [ɛ̀ərəbǽtiks] *n.* Ⓤ 곡예비행술;《복수 취급》곡예 비행.

aer·obe [ɛ́əroub] *n.* Ⓒ 호기성(好氣性) 미생물. **aer·ó·bic** *a.* 호기성의.

aer·o·bics [ɛəróubiks] *n.* Ⓤ 에어로빅스《운동으로 체내의 산소 소비량을 늘리는 건강법》.

àero·biólogy *n.* Ⓤ 공중 생물학.

áero·bòat *n.* Ⓒ 수상 비행기, 비행정(艇).

A

áero·bùs *n.* Ⓒ《口》 합승 비행기, 근거리 여객기.
áero·cámera *n.* Ⓒ 비행기용〔항공〕 사진기.
aer·o·cy·cle [ɛ́ərousàikəl] *n.* Ⓒ 〖美陸軍〗 소형 헬리콥터.
aer·o·do·net·ics [ɛ̀əroudənétiks] *n.* Ⓤ (글라이더의) 활공 역학, 비행 안전 역학.
aer·o·drome [ɛ́ərədròum] *n.*《英》 =AIRDROME.
àero·dynámics *n.* Ⓤ 기체 동역학; 공기 역학.
aer·o·dyne [ɛ́ərədàin] *n.* Ⓒ 〖空〗 중(重)항공기《기구·비행선 따위에 대해서》.
àero·dynámic *a.* 공기 역학(상)의. **-dynámically** *ad.*
aer·o·em·bol·ism [ɛ̀ərouémbəlìzəm] *n.* Ⓤ 〖醫〗 항공 색전증(塞栓症).
áero·èngine *n.* Ⓒ 항공 발동기.
áero·fòil *n.*《英》 =AIRFOIL.
aer·o·gram(me) [ɛ́ərəgræ̀m] *n.* Ⓒ 항공 서한;《英》무선 전보.
aer·o·graph [-græ̀f, -grɑ̀:f] *n.* Ⓒ 〖氣〗 (고층의 기온·기압·습도 등의) 자동 기록기.
àero·hýdroplane *n.* Ⓒ 수상 비행기.
aer·o·lite [ɛ́ərəlàit] *n.* Ⓒ 운석(隕石).
aer·ol·o·gy [ɛərɑ́lədʒi/ɛərɔ́l-] *n.* Ⓤ 고층 기상학. **-gist** *n.* Ⓒ 고층 기상학자.
àero·magnétic *a.* 〖理〗 공중자기(학)의.
àero·maríne *a.* 〖空〗 해양 비행의.
àero·mechánics *n.* Ⓤ 항공 역학.
àero·médicine *n.* Ⓤ 항공 의학.
aero·meter *n.* Ⓒ 기량계(氣量計), 기체계.
áero·mòtor *n.* Ⓒ 항공기용 (경)발동기.
aer·o·naut [ɛ́ərənɔ̀:t] *n.* Ⓒ 비행선〔경기구〕 조종사. **-nau·tic** [⌐–nɔ́:tik], **-ti·cal** [-əl] *a.* 비행가〔술〕의, 항공의.
àero·náutics *n.* Ⓤ 항공학〔술〕.
aer·o·neu·ro·sis [ɛ̀ərounjuəróusis] *n.* Ⓤ 〖醫〗 항공 신경증.
ae·ron·o·my [ɛərɑ́nəmi/ɛərɔ́n-] *n.* Ⓤ 초고층 대기 물리학.
áer·o·o·ti·tis média [ɛ́ərououtáitis-] 항공 중이염(中耳炎).
áero·pàuse *n.* Ⓤ 대기계면(大氣界面)《지상 약 20-23km간의 공기층》.
áero·phóbia *n.* Ⓤ 고소 공포증, 공기증(恐氣症), 혐기증(嫌氣症).
áero·phóne *n.* Ⓒ (공습에 대비한) 접근 탐지 청음기.
aer·o·phore [ɛ́əroufɔ̀:r] *n.* Ⓒ 인공 호흡기; (탄갱 등에의) 송풍기.
áero·phòto *n.* Ⓒ 항공 사진.
àero·photógraphy *n.* Ⓤ 항공 사진술.
*__áero·plàne__ *n.*《英》 =AIRPLANE.
àero·pólitics *n.* Ⓤ 항공 정책.
áero·scòpe *n.* Ⓒ 대기검사기《대기 중의 극미한 물질을 수집하는 장치》.
aer·o·sol [ɛ́ərəsɔ̀:l, -sɑ̀l/ɛ́ərəsɔ̀l] *n.* Ⓤ 〖化〗 연무질(煙霧質), 에어로솔.
áerosol bòmb 살충제 분무기.
áero·spàce *n., a.* Ⓤ 대기권과 우주(의); 항공 우주(의).
áero·sphère *n.* Ⓤ 대기권.
àero·státics *n.* Ⓤ 기체 정역학(靜力學); 기구 항공학.
àero·státion *n.* Ⓤ 경항공기 조정법.
àero·thermodynámics *n.* Ⓤ 공기 열역학.
àero·tráin *n.* Ⓒ 에어러트레인《프랑스에서 개발한 공기 분사로 부상하는 고속 열차》.
ae·ru·gi·nous [irú:dʒənəs] *a.* 녹청(綠靑)의; 청〔초〕록색의.
aer·y[1] [ɛ́əri, éiəri] *a.* =AERIAL.
aer·y[2] [ɛ́əri, íəri] *n.* =AERIE.
Aes·chy·lus [éskələs, í:skə-] *n.* (525−456 B.C.) 그리스의 비극 시인.
Aes·cu·la·pi·us [èskjəléipiəs/ì:s-] *n.* 〖로神〗 의료(醫療)의 신.
⁑**Ae·sop** [í:sɑp, -səp/-sɔp] *n.* 이솝《고대 그리스의 우화 작가·노예》(~*'s Fables* 이솝 이야기).
Ae·so·pi·an [i(:)sóupiən] *a.* 이솝 이야기 같은; 우의(寓意)적인.
aes·thete [ésθi:t/í:s-] *n.* Ⓒ 미학자, 탐미주의자; 탐미가, …통(通).
*__aes·thet·ic__ [esθétik/i:s-] *a.* 미(美)의, 미술(학)의; 심미적인, 미를 아는; 심미안이 있는. **~s** *n.* Ⓤ 미학(美學).
aes·thet·i·cal·ly [esθétikəli] *ad.* 미학적으로; 심미적으로.
aesthétic dístance 미적 거리(美的距離).
aet., aetat. *aetatis.*
ae·ta·tis [i:téitis] *a.* (L.=of his *or* her age) …세〔살〕의.
ae·ther, ae·the·real =ETHER, ETHEREAL.
ae·ti·ol·o·gy [ì:tiɑ́lədʒi/-ɔ́l-] *n.* =ETIOLOGY.
Aet·na [étnə] *n.* =ETNA.
A.F. Air Force; Allied Forces; Anglo-French. **A.F., a.f.** audio frequency.
*__a·far__ [əfɑ́:r] *ad.*《詩》 멀리, 아득히. ~ ***off*** 멀리 떨어져서, 원방에. ***from*** ~ 멀리서, 원방에서.
AFB Air Force Base. **AFBSD** Air Force Ballistic System Division. **AFC** automatic flight control 자동 비행 제어; automatic frequency control 주파수 자동 제어. **AFDC, A.F.D.C.**《美》 Aid to Families with Dependent Children 아동 부양 세대 보조.
af·fa·bil·i·ty [æ̀fəbíləti] *n.* Ⓤ 상냥함, 붙임성 있는, 사근사근함.
af·fa·ble [ǽfəbəl] *a.* 상냥한, 붙임성 있는; 부드러운. **-bly** *ad.*
†**af·fair** [əfɛ́ər] *n.* Ⓒ ① 일, 사건. ② (*pl.*) 사무, 일. ③ (막연히) 것, 하기(*It is an ~ of ten minutes' walk.* 걸어서 10분 정도의 거리다). ④ 관심사(*That's none of your ~.* 그건 네가 알바 아니다). ~ ***of honor*** 결투(duel). **~s *of State*** 국사(國

事). **framed** 〔**getup**〕 ~ 짬짜미 경기《승부를 미리 결정하고 하는》. **love** ~ 정사, 로맨스. **man of ~s** 사무〔실무〕가. **state of ~s** 사태, 형세.
af·fair de coeur [əfέər də kə́ːr] (F.) 정사(情事), 로맨스(love affair).
:af·fect [əfékt] *vt.* ① (…에게) 영향을 주다, (보통 나쁘게) 작용하다(act on). ② (병이) 침범하다. ③ 감동시키다. ④ 좋아하다, 즐겨 …하고 싶어하다. ⑤ (어떤 형태를) 취하기 쉽다. ⑥ (짐승이) 즐겨 (…에) 살다. ⑦ …체〔연〕하다, 짐짓 …체하다. **~·ing** *a.* 감동시키는, 애처로운. — [ǽfekt] *n.* Ⓤ 〖心〗 감동, 정서.
af·fec·ta·tion [æ̀fektéiʃən] *n.* Ⓤ,Ⓒ …체〔연〕함, 짐짓 꾸밈.
af·fect·ed [əféktid] *a.* ① 영향을 받은, 침범된, 걸린. ② 감동한; …한 기분으로 있는. ③ …체〔연〕하는, 짐짓 꾸민; 일부러인 것 같은, 부자연스러운. **~·ly** *ad.* 짐짓 꾸며.
:af·fec·tion [əfékʃən] *n.* ① Ⓤ 애정; (종종 *pl.*) 감정. ② Ⓤ,Ⓒ 영향. ③ Ⓒ 병. ④ Ⓒ 성질, 특성.
:af·fec·tion·ate [əfékʃənit] *a.* ① 애정 있는〔어린〕. ② 깊이 사랑하고 있는. **:~·ly** *ad.* 애정을 다하여, 애정이 넘치게(*Yours ~ly*).
af·fec·tive [əféktiv] *a.* 감정의, 감정적인.
af·fen·pin·scher [ǽfənpinʃər] *n.* Ⓒ 아펜핀셔《털이 복슬복슬한 애완용 작은 개》.
af·fer·ent [ǽfərənt] *a.* 〖生〗 (기관, 혈관, 신경으로) 인도되는.
af·fi·ance [əfáiəns] *n.* Ⓤ 신뢰(*in*); 약혼. — *vt.* (…와) 약혼시키다. **~d** [-t] *a.* 약혼한(*to*).
af·fi·ant [əfáiənt] *n.* Ⓒ 《美》 선서진술인.
「선서 진술서.
af·fi·da·vit [æ̀fədéivit] *n.* Ⓒ 〖法〗
af·fil·i·ate [əfílièit] *vt.* ① (…에) 가입〔관계〕시키다, 회원으로 하다; 합병하다. ② 양자로 삼다; 〖法〗 (사생아의) 아버지를 결정하다(*on*). ③ …으로 돌리다(*to, upon*). — *vi.* ① 《美》 관계하다, 가입하다; 제휴하다. ② 친밀히 하다. **~d company** 방계〔계열〕 회사.
af·fil·i·á·tion òrder [əfìliéiʃən-] 〖英法〗 비(非)적출자 부양 명령.
af·fined [əfáind] *a.* 연고가 닿는, 일가의; 동맹한.
·af·fin·i·ty [əfínəti] *n.* Ⓤ,Ⓒ ① 친척(관계). ② (타고난) 취미, 기호(*for*). ③ 유사, 친근(성). ④ 〖生〗 근연(近緣); (종종 *pl.*) 〖化〗 친화력.
:af·firm [əfə́ːrm] *vt., vi.* (…에게) 단언하다, 확언하다; 〖法〗 확인하다. **~·a·ble** *a.* 단언할 수 있는. **·af·fir·ma·tion** [æ̀fəːrméiʃən] *n.* Ⓤ,Ⓒ [illegible]; 긍정.
[illegible]**rm·ant** [əfə́ːrmənt] *a., n.* Ⓒ [illegible] (사람); 확인하는 (사람).
[illegible]**a·tive** [-ətiv] *a., n.* 확정[illegible]; Ⓒ 긍정문〔어〕; 찬성자[illegible]tive). **answer in the** ~ '그렇다'고 대답하다.
af·fix [əfíks] *vt.* (…에) 첨부하다, 붙이다(*to, on*); 도장을 누르다; (책임·비난 따위를) 씌우다. — [ǽfiks] *n.* Ⓒ 첨부물; 〖文〗 접(두·미)사. **~·ture** [əfíkstʃər] *n.* Ⓤ 첨부, 첨가; Ⓒ 첨부물, 첨가물.
「영감.
af·fla·tus [əfléitəs] *n.* Ⓤ (시인의)
:af·flict [əflíkt] *vt.* 괴롭히다(*with*). **·af·flíc·tion** *n.* Ⓤ,Ⓒ 고난, 고뇌.
af·flu·ence [ǽflu(ː)əns] *n.* Ⓤ 풍부; 풍부한 공급; 부유. **-ent** *a., n.* Ⓤ 풍부〔부유〕(한); Ⓒ 지류(支流).
af·flux [ǽflʌks] *n.* Ⓤ 유입, 쇄도; 충혈.
:af·ford [əfɔ́ːrd] *vt.* ① 《can, may에 수반되어》 …할〔…을 가질〕 여유가 있다, …할 수 있다(*I cannot ~* (*to keep*) *a yacht.* 요트 따위를 가질 만한 여유는 없다). ② 산출하다, 나다(yield); 주다.
af·for·est [əfɔ́ːrist, -á-/æfɔ́r-] *vt.* 식림(植林)하다. **-es·ta·tion** [—̀—éiʃən] *n.*
「방하다.
af·fran·chise [əfrǽntʃaiz] *vt.* 해
af·fray [əfréi] *n.* Ⓒ 〖法〗 싸움, 법석.
af·freight [əfréit] *vt.* (배를) 화물선으로 용선(傭船)하다. **~·ment** *n.*
af·fri·cate [ǽfrikit] *n.* Ⓒ 〖音聲〗 파찰음(破擦音)《tʃ, dʒ, ts, dz, tr, dr》.
af·fright [əfráit] *vt., n.* 《古》 무서워하게 하다, 놀래다; Ⓤ 공포; 놀람; 을러멤, 협박.
·af·front [əfrʌ́nt] *n., vt.* Ⓒ (공공연한) 경멸; 모욕(하다); 직면〔반항〕하다.
af·fu·sion [əfjúːʒən] *n.* Ⓤ 〖基〗 주수(注水)《세례식의》.
Af·ghan [ǽfgæn, -gən] *n., a.* Ⓒ 아프가니스탄 사람〔족〕(의); Ⓤ 아프가니스탄어(의); (a-) Ⓒ 담요·어깨걸이의 일종.
Af·ghan·i·stan [æfgǽnəstæ̀n] *n.* 아프가니스탄《인도 서북의 공화국》.
a·fi·cio·na·do [əfìʃiənáːdou] *n.* (Sp.) Ⓒ 열애자, 팬, 애호가.
a·field [əfíːld] *ad.* 들〔벌판〕에, 들로; 싸움터에서〔로〕; 집에서 떨어져; 헤매어; 상궤를 벗어나.
「서.
a·fire [əfáiər] *ad., pred. a.* 불타
AFKN American Forces Korea Network.
「타올라.
a·flame [əfléim] *ad., pred. a.* (불)
af·la·tox·in [æ̀flətáksin/-tɔ́k-] *n.* Ⓤ 애플러톡신《곰팡이에서 생기는 발암물질》.
AFL-CIO American Federation of Labor and Congress of Industrial Organizations 미국 노동 총연맹 산업별 회의.
·a·float [əflóut] *ad., pred. a.* ① (물위에) 떠서, 떠돌아. ② 해상에, 배위에. ③ (강이) 범람하여. ④ (소문이) 퍼져; (어음이) 유통되어. **keep ~** 가라앉지 않고 있다; 빚을 안 지(게 하)다.
a·flut·ter [əflʌ́tər] *ad., pred. a.* 팔락〔펄럭〕이어.

à fond [ɑ fɔ̃] (F.) 철저하게.
a·foot** [əfút] *ad., pred. a.* 걸어서; 진행중에. ***set ~ (계획 등을) 세우다.
a·fore [əfɔ́:r] *ad., prep., conj.* 〖海〗 (…의) 앞에; 《古·方》 이전에.
afóre·mèntioned, afóre·sàid *a.* 전술(前述)한.
afóre·thòught *a.* 미리〔사전에〕 생각된, 고의의, 계획적인. ***malice*** ~ 살의(殺意).
afóre·tìme *ad., a.* 이전에〔의〕.
a for·ti·o·ri [éi fɔ̀:rʃiɔ́:rài] (L.) 한층 더한 이유로, 더욱.
a·foul [əfául] *ad., pred. a.* 충돌하여, 뒤엉켜. ***run*** ~ ***of*** …와 말썽〔귀찮은 일〕을 일으키다.
†**a·fraid** [əfréid] *pred. a.* 두려워하여 (*of* a thing; *to* do); 근심〔걱정〕하여(*of* do*ing; that, lest*). ***be*** ~ (***that***) 유감이〔미안하〕지만 …라고 생각하다. ***I am*** ~ ***not.*** 아마 …아니리라(*"Will he come?" "I'm* ~ *not."* '그 사람 올까' '아마 안 올걸').
***a·fresh** [əfréʃ] *ad.* 새로이, 다시 한 번(again).
†**Af·ri·ca** [ǽfrikə] *n.* 아프리카. ***Áf·ri·can** *a., n.* Ⓒ 아프리카의 (토인); 《美》 니그로〔흑인〕의.
Af·ri·kaans [æ̀frikɑ́:ns, -z] *n.* Ⓤ 남아프리카의 공용 네덜란드 말.
Af·ri·kan·der [æ̀frikǽndər] *n.* Ⓒ 남아프리카 태생의 백인《네덜란드계》.
Af·ro [ǽfrou] *a., n.* Ⓤ (아프리카 니그로식의) 아프로형 두발(頭髮)(의).
Af·ro- [ǽfrou] '아프리카 (태생의); 아프리카 및'의 뜻의 결합사.
Áfro-Américan *n., a.* Ⓒ 아프리카계 아메리카인(의); 아메리카 흑인(의).
Áfro-Ásian *a.* 아시아 아프리카의.
Àfro-Asiátic *a., n.* Ⓤ 아시아 아프리카어족(語族)(의).
Af·ro·ism [ǽfrouìzəm] *n.* Ⓤ 아프리카 흑인(중심)주의.
AFS American Field Service 에이에프에스《고교생 교환 유학을 행하는 국제 문화 교류 재단; 본부는 미국》.
aft [æft, ɑ:ft] *ad.* 〖海·空〗 고물쪽에〔으로〕, (비행기의) 후미에〔로〕.
†**af·ter** [ǽftər, ɑ́:f-] *ad.* 뒤에(behind); 나중〔후〕에(later). ── *prep.* ① …의 뒤에. ② …의 뒤를 좇아, …을 찾아; …에 관〔대〕하여; …보다 뒤에; …에 잇따라, 다음에. ③ (…한) 이상〔바〕에는. ④ …에도 불구하고(~ ***all his effort*** 모처럼 있는 애를 다 썼건만). ⑤ …에 따라서; …을 흉내내어(*a painting* ~ *Matisse* 마티스풍의 그림); …에 연유하여, …을 따라. ── *conj.* (…한) 뒤에. ── *a.* 뒤〔후〕의; 〖海〗 (배의) 뒤의. ~ ***years*** 후년. ── *n.* Ⓤ,Ⓒ 《美俗》 오후.
áfter·bìrth *n.* Ⓤ 〖醫〗 후산(後産).
áfter·bòdy *n.* Ⓒ 〖海〗 고물; 〖로켓〗 (미사일의 nose cone 배후의) 동체.
áfter·bràin *n.* Ⓒ 〖醫〗 후뇌.
áfter·bùrner *n.* Ⓒ (제트엔진의) 강력 재연(再燃) 장치.
áfter·càre *n.* Ⓤ 치료 후의 몸조리; 애프터케어.
áfter·clàp *n.* Ⓤ,Ⓒ 도짐, 후탈, 뜻밖의 재발.
áfter·cròp *n.* Ⓒ 그루갈이.
áfter·dàmp *n.* Ⓤ 잔류 가스《갱내의 폭발〔화재〕 뒤에 발생하는 유독 가스》.
áfter-dàrk *a.* 해진 뒤의, 밤의. ~ ***hangout*** 밤의 환락가. ~ ***spot*** 밤의 유흥장.
áfter·dèck *n.* Ⓒ 후갑판.
áfter-dínner *a.* 식후의.
áfter·effèct *n.* Ⓒ 뒤에 남는 영향, 여파; (약의) 후작용.
áfter·glòw *n.* Ⓤ 저녁놀.
áfter·gràss *n.* Ⓤ 두번갈이(의 풀).
áfter·gròwth *n.* Ⓒ 두번째 나는 것 《곡물·목초 등》.
áfter·hèat *n.* Ⓤ 〖理〗 여열(餘熱).
áfter-hòurs *a.* 영업시간 후의, 폐점시간의《영업 등》.
áfter·ìmage *n.* Ⓒ 〖心〗 잔상(殘像).
áfter·lìfe *n.* Ⓒ 내세; Ⓤ 여생.
áfter·lìght *n.* Ⓤ 저녁놀, 때〔뒤〕 늦은 생각〔꾀〕.
áfter·màrket *n.* Ⓒ 《美》 수리용 부품 시장.
áfter·màth *n.* Ⓒ (보통 *sing.*) (농작물의) 두번째 거둠; (사건 등의) 여파.
áfter·mèntioned *a.* 뒤에 말한, 후술〔후기〕한.
áfter·mòst *a.* 최후미의.
†**af·ter·noon** [æ̀ftərnú:n, ɑ̀:f-] *n., a.* Ⓒ 오후(의). ~ ***dress*** 애프터눈 드레스. ~ ***paper*** 석간. ~ ***sleep*** 낮잠. ~ ***tea*** 오후의 차〔다과회〕. ~**·er** [-ər] *n.* Ⓒ 《俗》 석간(신문).
áfter·pàins *n. pl.* 산후 진통.
áfter·pìece *n.* Ⓒ 〖劇〗 (본 연극 뒤에 하는) 익살맞은 촌극.
af·ters [ǽftərz] *n. pl.* 《英口》 디저트.
áfter-sáles sèrvice 《英》 애프터서비스.
áfter·shàve *a., n.* Ⓤ,Ⓒ 면도 후의 (로션)(~ lotion).
áfter·shòck *n.* Ⓒ 여진(餘震).
áfter·tàste *n.* Ⓒ (an ~) (특히, 불쾌한) 뒷맛, 여운.
áfter·tàx *a.* 세금 공제의, 실수령의.
áfter·thòught *n.* Ⓒ ① 되씹어 생각함; 고쳐 생각함. ② 때〔뒤〕 늦은 생각, 뒷궁리.
áfter·tìme *n.* Ⓤ 금후, 장차.
áfter·wàr *a.* 전후(戰後)의.
:**áfter·ward(s)** *ad.* 뒤에, 나중〔후〕에, 그 후.
áfter·wòrd *n.* Ⓒ 발문(跋文); 후기.
Ag 〖化〗 *argentum*(L.=silver).
Ag. agent; agreement; Augus[t]
A.G. Adjusted General; A[ttor]ney General.
†**a·gain** [əgén, əgéin] *ad.* ① [다]시, 또. ② (대)답하여; [되]돌려(*answer* ~ 말대꾸[하다]) … 하여(*ring* ~ 메아리[치다])

다); 본디 상태〔있던 곳으〕로 (되돌아 와)(*be home* ~). ③ …만큼 반복하여 배(倍)의. ④ 그 위에(besides) (*A-, I* must say…). ⑤ 또 한편. **~ and ~,** or **time and ~** 여러 번, 몇번이고. **as much** 〔**many**〕 **~** (**as**) 다시 그만큼, 두 배만큼 (**all**) **over ~** 되풀이하여. **be oneself ~** 원상태로〔원래대로〕 되다, 완쾌하다. **ever and ~** 때때로. **You can say that ~!** 틀림없어!, 맞았어!

†**a·gainst** [əgénst, -géin-] *prep.* ① …에 대해서, …을 향하여, …에 거슬러서. ② …와 대조하여, 또렷이(~ *the blue sky* 푸른 하늘에 또렷이). ③ …에 부딪쳐, …에 기대서(*upon*) (~ *a wall* 벽에 기대서). ④ …에 대비하여(~ *a rainy day* 유사시에 대비하여). **~ all chances** 가망이 없는. **~ one's heart** 〔**will**〕 마음에 없으면서, 마지 못해서. **~ the stream** 시세를 거슬러. **~ time** (규정된) 얼마 안 되는 짧은 시간에 (마치고자 하여); 전속력으로.

Ag·a·mem·non [æ̀gəmémnɑn, -ən] *n.* 〖그神〗 아가멤논《미케네(Mycenae)의 왕; 트로이 전쟁의 지휘관》.

ag·a·mo·gen·e·sis [æ̀gəmoudʒénəsis] *n.* Ⓤ 〖生〗 무성 생식.

ag·a·mous [ǽgəməs] *a.* 〖生〗 무성(無性)의; 무성 생식의; 〖植〗 은화(隱花)의.

a·gape[1] [əgéip, əgǽp] *ad., pred. a.* 입을 (딱) 벌리고, 아연하여.

a·ga·pe[2] [ɑːgɑ́ːpei, ǽgəpei] *n.* (*pl.* **-pae** [-pài, -pìː]) =LOVE FEAST.

a·gar [ɑ́ːgɑːr, ǽgər] *n.* Ⓤ 우뭇가사리; 한천.

ágar-ágar *n.* =⇧.

ag·a·ric [ǽgərik, əgǽrik] *n.* Ⓒ 버섯.

ag·ate [ǽgit] *n.* ① Ⓤ 마노(瑪瑙). ② Ⓒ (유희용) 튀김돌. ③ Ⓒ《美》 애깃형 활자(ruby)《5.5포인트》.

a·ga·ve [əgéiv] *n.* Ⓒ 〖植〗 용설란.

a·gaze [əgéiz] *ad., a.* 응시하여, 바라보고.

†**age** [eidʒ] *n.* ① Ⓤ 연령(*a boy* (*of*) *your* ~ 너와 같은 나이의 소년). ② Ⓤ 노년(老年). ③ Ⓒ 세대; 시대. ④ Ⓤ 성년, 정년(丁年). ⑤ Ⓒ (종종 *pl.*) 오랫동안(*It is ~s since I saw you last.* =*I haven't seen you for an* ~. 이거 꽤 오래간만이군요). **come of ~** 성년에 달하다. **for one's ~** 나이에 비해서(는). **full ~** 정년, 성년. **in all ~s** 예나 지금이나. **the golden ~** 황금 시대. **under ~** 미성년. — *vi., vt.* (**ag**(**e**)**ing**) 나이를 먹(게 하)다, 늙(게 하)다. **∠·less** *a.* 늙지 않는.

áge bràcket 연령층.

‡**a·ged** [éidʒid] *a.* ① 나이먹은, 오래된, 낡은. ② [eidʒd] …살의.

áge-gràde *n.* =⇩.

áge-gròup *n.* Ⓒ 같은 연령층(의 사람들).

áge·ism [éidʒizəm] *n.* Ⓤ (노인에 대한) 연령 차별.

áge·less *a.* 늙지 않는; 영원의. **~·ly** *ad.* **~·ness** *n.*

áge lìmit 연령 제한, 정년(停年).

áge·lòng *a.* 오랫동안의, 영속하는 (everlasting).

‡**a·gen·cy** [éidʒənsi] *n.* ① Ⓒ 대리점; Ⓤ 대리(권). ② Ⓤ 일, 작용. ③ Ⓤ 매개, 주선(*an employment* ~ 직업 소개소). ④ Ⓒ《美》(정부의) 기관, 청, 국.

ágency shòp 에이전시 숍《미가입자도 조합비를 무는 노동 조합 형태의 하나》.

a·gen·da [ədʒéndə] *n. pl.* 회의 사항; 의제(議題).

ag·ene [éidʒiːn] *n.* Ⓤ 〖化〗 3염화 질소《밀가루 표백에 쓰임》.

‡**a·gent** [éidʒənt] *n.* Ⓒ ① 대리인; 주선인; 행위〔동작〕자. ② 동인(動因), 작인(作因). **commission ~** 위탁 판매인, 객주. **general ~** 총대리인. **house ~** 가옥 소개업자. **literary ~**《英》 문예 주선업자《신인 작품을 출판사에 알선하는 기관》. **road ~** 노상 강도. **secret ~** 비밀 탐정, 스파이.

áge-óld *a.* 예부터의, 오랜.

AGF Asian Games Federation 아시아 경기 연맹.

ag·glom·er·ate [əglɑ́mərèit/-ɔ́-] *n., a.* Ⓤ 덩이(진), 뭉쳐진, 모인. — [-rèit] *vt., vi.* 덩어리짓다〔지다〕. **-a·tion** [-∸-éiʃən] *n.*

ag·glu·ti·nant [əglúːtənənt] *n., a.* Ⓒ 교착제; 교착성의.

ag·glu·ti·nate [əglúːtənèit] *vt., vi.* 교착〔유착〕시키다〔하다〕. **-ti·na·tion** [-∸-néiʃən] *n.*

ag·glu·ti·nin [əglúːtənin] *n.* Ⓤ 〖生化〗 (혈액 등의) 응집소.

ag·gran·dize [əgrǽndaiz, ǽgrəndàiz] *vt.* 증대〔확대〕하다, (힘·부(富) 따위를) 늘리다, (계급을) 올리다. **~·ment** [-dizmənt] *n.*

***ag·gra·vate** [ǽgrəvèit] *vt.* ① 악화시키다, 심하게 하다. ②《口》 괴롭히다; 노하게 하다.

ag·gra·vat·ing [ǽgrəvèitiŋ] *a.* 악화시키는; 《口》 아니꼬운, 부아나는.

ag·gra·va·tion [æ̀grəvéiʃən] *n.* Ⓤ,Ⓒ 악화; 도발; 격발.

***ag·gre·gate** [ǽgrigit, -gèit] *n., a.* Ⓤ,Ⓒ 집합(의), 집성(의); 총계(의); 집합체. **in the ~** 전체로. — [-gèit] *vt., vi.* 모으다, 모이다; 결합하다; 총합계 …이 되다.

ag·gre·ga·tion [æ̀grigéiʃən] *n.* Ⓤ,Ⓒ 집합(체), 집성.

ag·gress [əgrés] *vi.* 공격으로 나오다, 싸움을 걸다.

‡**ag·gres·sion** [əgréʃən] *n.* Ⓤ,Ⓒ 침략, 침해; (부당한) 공격.

‡**ag·gres·sive** [əgrésiv] *a.* 침략적인; 공세의. **take** 〔**assume**〕 **the ~** 공세를 취하다; 도전하다. **~·ly** *ad.*

ag·gres·sor [∸ər] *n.* Ⓒ 침략자〔국〕.

aggréssor nàtion 침략국.

ag·grieve [əgríːv] *vt.* 괴롭히다; 학

A

대하다, 압박하다(oppress). **be** 〔**feel**〕 **~d at** 〔**by**〕 …을 분개하다, …을 불쾌하게 느끼다.

a·ghast [əgǽst, -ɑ́:-] *pred. a.* 질겁하여, 두려워 떨며(*at*); 어안이 벙벙하여.

ag·ile [ǽdʒəl/ǽdʒail] *a.* 재빠른, 민활한. **a·gil·i·ty** [ədʒíləti] *n.* Ⓤ 민첩, 경쾌; 예민함, 민활함.

a·gin [əgín] *prep.* 《諧·方》…에 대하여(against); …에 반대하여.

:ag·i·tate [ǽdʒitèit] *vt., vi.* ① 몹시 뒤흔들다, 휘젓다. ② (마음을) 들썩이다, 흥분시키다. ③ (…을) 격론하다. ④ 여론을 환기하다, 선동하다(~ *for the raise of pay* 임금 인상을 외치다).

:ag·i·ta·tion[∸–téiʃən] *n.* Ⓤ,Ⓒ 동요; 흥분, 동란; 선동.

a·gi·ta·to [æ̀dʒətɑ́:tou] *ad.* (It.) 〖樂〗 격하여, 흥분하여.

***ag·i·ta·tor**[ǽdʒətèitər] *n.* Ⓒ 선동가; 교반기(攪拌器).

ag·it·prop [ǽdʒitprɑ̀p/-ɔ̀-] *a., n.* Ⓒ (공산주의를 위한) 선동과 선전의, 아지프로의 (베테랑).

a·glow [əglóu] *ad., pred. a.* (이글이글) 타올라, 빛나서.

AGM air-to-ground missile.

ag·nail [ǽgnèil] *n.* Ⓒ (손톱의) 거스러미.

ag·nate [ǽgneit] *a., n.* Ⓒ 부친쪽의 (친족); 동족의 (사람). **ag·nat·ic** [ægnǽtik] *a.* 남계친(男系親)의. **ag·na·tion** [-néiʃən] *n.* Ⓒ 남계친.

ag·nos·tic [ægnɑ́stik/-ɔ́-] *a., n.* Ⓒ 〖神·哲〗 불가지론의; 불가지론자. **-ti·cism** [-təsìzəm] *n.* Ⓤ 불가지론.

Ag·nus De·i [ǽgnəs dì:ai, ɑ́:njus déi:] (L.=Lamb of God) Ⓒ 어린 양의 상(像)《예수의 상징》.

†a·go [əgóu] *ad.* (지금부터) …전에.

a·gog [əgɑ́g/-ɔ́-] *ad., pred. a.* (기대 따위로) 마음 부풀어, 들먹들먹하여; 법석을 떨며(*to*). 「컷.

à go-go [ə góugòu] *ad.* 마음껏; 실

a·go·ing [əgóuiŋ] *ad.* 움직여, 진행하여. **set ~** (…을) 움직이다〔작용하다〕; (…을) 시작〔착수〕하다.

ag·o·nis·tic [æ̀gənístik] *a.* ① 논쟁의〔을 좋아하는〕; 승벽의. ② 효과를 노린; 무리한《포즈 따위》. ③ (고대 그리스의) 경기의.

***ag·o·nize** [ǽgənàiz] *vt., vi.* 몹시 번민〔고민〕케 하다, 번민〔고민〕하다. **-niz·ing**[-iŋ] *a.* 괴롭히는, 고민하는.

:ag·o·ny [ǽgəni] *n.* ① Ⓤ 고통; 고뇌. ② Ⓒ 단말마의 괴로움; (희비의) 극치(*in an ~ of joy* 미칠 듯이 기뻐).

ágony còlumn 〖新聞〗 (찾는 사람 따위의) 사사(私事) 광고란.

ag·o·ra [ǽgərə] *n.* (*pl.* **-rae** [-rì:], **-ras**) Ⓒ 〖古그〗 공공 광장.

ag·o·ra·pho·bi·a [æ̀gərəfóubiə] *n.* Ⓤ 〖心〗 광장〔군중〕 공포증.

a·gou·ti [əgú:ti] *n.* (*pl.* **~(e)s**) Ⓒ 아구티《라틴 아메리카산 설치류》.

agr. agricultural; agriculture.

a·grar·i·an [əgrɛ́əriən] *a.* 토지〔경지〕의; 토지에 관한; 농민을 위한(*the A- Party* 농민당); 야생의. — *n.* Ⓒ 농지 개혁론자. **~ reform** 농지 개혁.

a·gra·vic [əgrǽvik, ei-] *a.* 무중력 상태〔지대〕의.

†a·gree [əgrí:] *vi.* ① 동의하다(*with*), 찬성하다(*to*). ② 일치하다(*with*). ③ 합의에 달하다(*upon*). **Agreed!** 좋아!(그렇게 합시다). **~ to differ** 〔**disagree**〕 견해의 차이라고 서로 시인하다. **:~·ment** *n.* ① Ⓒ 협정; 계약. ② Ⓤ 일치, 호응.

:a·gree·a·ble [əgrí:əbəl/-ríə-] *a.* ① 유쾌한, 기분 좋은; 마음에 드는. ② 쾌히 응하는(*to*). ③ 맞는, 어울리는(*to*). **~ to** (*the promise*) (약속)한 대로. **make oneself ~ to** …와 장단을 맞추다. **-bly** *ad.* 쾌히; (…을) 좇아서(*to*).

a·gré·ment [ɑ̀:greimɑ́:ŋ/əgréimɔ́:ŋ] *n.* (F.) Ⓒ 〖外交〗 아그레망《대·공사 파견에 앞서 상대국에 구하는 승인》.

ag·ri·busi·ness [ǽgrəbìznis] *n.* Ⓤ 농업 관련 사업.

:ag·ri·cul·ture [ǽgrikʌ̀ltʃər] *n.* Ⓤ ① 농업, 농예. ② 농학. **:-tur·al** [∸–kʌ́l-] *a.* 농업의. **agricultural chemistry** 농예 화학. **ag·ri·cúl·tur·ist,** 《美》 **-tur·al·ist** *n.* Ⓒ 농업 경영자, 농가; 농학자.

ag·ri·mo·ny [ǽgrəmòuni] *n.* Ⓒ 〖植〗 짚신나물.

ag·ri·mo·tor [ǽgrəmòutər] *n.* Ⓒ 농경용 트랙터.

ag·ri·ol·o·gy [æ̀griɑ́lədʒi/-ɔ́-] *n.* Ⓤ 원시 종족의 비교 연구.

ag·ro- [ǽgrou, -rə] *pref.* '토양, 농업의'의 뜻의 결합사.

àgro·biólogy *n.* Ⓤ 농업 생물학.

àgro·chémical *n.* Ⓒ 농약.

àgro·económic *a.* 농업 경제의.

a·grol·o·gy [əgrɑ́lədʒi/-ɔ́-] *n.* Ⓤ 농업〔응용〕 토양학.

ag·ro·nom·ics [æ̀grənɑ́miks/-ɔ́-] *n.* Ⓤ 농경학.

a·gron·o·my [əgrɑ́nəmi/-ɔ́-] *n.* Ⓤ 농경학〔법〕, 농업 경영.

a·ground [əgráund] *ad.* 지상(地上)에; 좌초되어. **go** 〔**run, strike**〕 **~** (배가) 좌초되다.

agt. agent.

a·gue [éigju:] *n.* Ⓤ,Ⓒ 학질, 오한(惡寒). **á·gu·ish** [-iʃ] *a.* 학질의〔에 걸린〕; (몸을) 와들와들 떠는.

:ah [ɑ:] *int.* 아아!《고통·놀라움·연민·한탄·혐오·기쁨 등을 나타냄》.

AH, a.h. ampere-hour.

***a·ha** [ɑ(:)hɑ́:] *int.* 아하!《기쁨·만족·승리 따위를 나타냄》.

ah·choo [ɑ:tʃú:] *int., n.* Ⓒ 에치《재채기 소리》.

:a·head [əhéd] *ad.* ① 앞에〔으로〕; 앞서서, ② 앞질러, 나아가, 우세하여. ③ 《美》 (게임에) 이겨, 벌어. **get ~** (*in the world*) 《美口》 성공하

다; 출세하다. ***get ~ of***《美》…을 앞지르다, 능가하다. ***go ~*** 나아가다; 진보하다; (…의) 앞을 가다(*of*); (…을) 나아가게 하다(*with*). ***Go ~!*** 〖海〗 전진!; 《口》 좋아, 해라!, 계속하시오!, 자 가라!, (재촉하여) 그래서? ***straight ~*** 곧장.

a·hem [mm̀m, hm, əhém] *int.* 으흠!; 에헴!; 에에!《[m̀]은 책머리의 '발음 약해' 참조》.

a·his·tor·ic [èihistɔ́:rik, -á-/-ɔ́-] *a.* 비역사의; 역사에 무관한; 역사적이 아닌.

a·hoy [əhɔ́i] *int.* 〖海〗 어어이!《먼 배를 부를 때》.

à huis clos [ɑ: wí: klóu] *ad.* (F.= with closed doors) 비밀히, 방청 금지로.

a·hull [əhʌ́l] *ad.* 〖海〗 돛을 걷고 키 손잡이를 바람맞이 쪽으로 잡아《폭풍우에 대한 대비》.

AI artificial insemination; artificial intelligence.

ai [ai] *int.* 아아!《고통·슬픔·연민 등을 나타내는 소리》.

A.I.A. American Institute of Architects.

aid** [eid] *vt., vi.* 돕다, 거들다(help), 원조하다; 조성하다, 촉진하다. ***~ and ABET. ── *n.* Ⓤ 도움, 조력, 지지; Ⓒ 조수, 보좌역; 《美》 =AID(E)-DE-CAMP.

AID Agency for International Development (미국) 국제 개발처; artificial insemination by donor 비배우자간 인공 수정.

aide [eid] *n.* 《美》 =⇩.

aid(e)-de-camp [éiddəkǽmp, -kɑ́ŋ] *n.* (*pl.* ***aid(e)s-***) (F.) Ⓒ 〖軍〗 부관.

aide-mé·moire [éidmeimwɑ́:*r*] *n.* (*pl.* ***aid(e)s-*** [éidz-]) Ⓒ 비망록; (외교) 각서.

aid·man [éidmæ̀n, -mən] *n.* Ⓒ (야전 부대 소속) 육군 위생병.

AIDS [eidz] (< *a*cquired *i*mmuno*d*eficiency *s*yndrome) *n.* Ⓤ 〖醫〗 후천성 면역 결핍 증후군.

Áid Society 《美》 여성 자선 협회.

áid stàtion 〖軍〗 전방 응급 치료소.

ÁIDS vìrus 에이즈 바이러스《HIV를 가리킴》.

ai·gret(te) [éigret, ─ˊ] *n.* Ⓒ 해오라기; (투구의) 꼬꼬마; (부인 모자의) 장식털; 〖植〗 관모(冠毛).

ai·guille [eigwí:l, ˊ─] *n.* (F.= needle) Ⓒ 뾰족한 (산)봉우리《특히 알프스의》.

AIH, A.I.H. artificial insemination by husband 배우자간 인공 수정.

***ail** [eil] *vt., vi.* 괴롭히다, 괴로워하다; 앓다. ***~·ment** *n.* Ⓒ 병.

AIL Alien Immigration Law.

ai·ler·on [éilərɑ̀n/-rɔ̀n] *n.* Ⓒ (비행기의) 보조익(翼).

:aim [eim] *vi., vt.* 겨누다, 노리다 1. (*at*); 목표로〔목적으로〕 하다, 뜻하다 (*at, to do*). ***~ (a gun) at*** (총)을 …에게 돌리다. ── *n.* Ⓤ 겨눔; Ⓒ 목적, 의도. ***take ~*** 노리다, 겨누다 (*at*). *ˊ**·less(·ly)** *a.* (*ad.*)

AIM Air Interceptor Missile 공대공 요격 미사일.

aî·ne [enéi] *n.* (F.) Ⓒ 형(쪽) (*Schlegel ~* 형인 슐레겔)(opp. cadet).

***ain't** [eint] 《口》 =am not, are not, is not; 《俗》 =has not, have not.

Ai·nu [áinu:], **Ai·no** [-nou] *n., a.* Ⓒ 아이누 사람(의); Ⓤ 아이누 말.

†**air** [ɛə*r*] *n.* ① Ⓤ 공기. ② (the ~) 대기, 공중; 하늘. ③ Ⓤ,Ⓒ 산들바람. ④ Ⓒ 선율, 가락, 노래. ⑤ Ⓒ 모양, 태도; (*pl.*) 짐짓 …체함; 공표 (*give ~ to one's feelings* 기분을 말하다). ***~s and graces*** 젠체함, 점잔뺌. ***beat the ~*** 허공을 치다, 헛된 짓을 하다. ***breath of ~*** 산들바람. ***by ~*** 비행기로; 무전으로. ***change of ~*** 전지(轉地). ***get ~*** 널리 퍼지다, 알려지다. ***get the ~*** 《美俗》 해고당하다; 버림받다. ***give oneself ~s*** 젠체하다; 점잔 빼다. ***give (a person) the ~*** 《美俗》 해고하다. ***hit the ~*** 《美俗》 방송하다. ***hot ~*** 열기; 《俗》 희떠운 소리, 호언장담. ***in the ~*** 공중에; (소문 따위가) 퍼지어; (안이) 결정되지 않고. ***off the ~*** 방송되지 않고; (컴퓨터가) 연산중이 아닌. ***on the ~*** 방송(중)에; (컴퓨터가) 연산중에. ***open ~*** 집밖, 야외. ***put on ~s*** 젠체하다, 점잔 빼다. ***take ~*** 알려지다, 퍼지다. ***take the ~*** 산책하다; 방송을 시작하다; 이륙하다. ***tread*** 〔***walk***〕 ***on*** 〔***upon***〕 ***the ~*** 몹시 기뻐하다. ***up in the ~*** (계획·의안 따위가) 결정을 못 보고; 《美口》 흥분하여, 성나서. ***with an ~*** 자신을 갖고; 거드름을 피우며. ── *vt.* 공기에 쐬다; 바람을 넣다; 건조시키다; 공표하다, 널리 퍼뜨리다(*~ a person's secret* 비밀을 누설하다); 자랑해 보이다(*~ one's jewels* 보석을 자랑해 보이다); 《美》 방송하다. ***~ oneself*** 바깥 공기를 쐬다, 산책하다.

áir alèrt 공습 경보〔경계〕.

áir attàck 공습.

áir bàg 에어백《자동차 충돌 때의 안전 장치》.

áir bàll 〔**ballòon**〕 풍선.

áir bàse 공군 기지.

àir bàth 〖機〗 공기욕《공기를 매체로 하는 가열 장치》. 「공기 베드.

áir·bèd *n.* Ⓒ 공기가 든 매트리스,

áir blàdder (물고기의) 부레.

áir blàst 공기 블라스트, 인공 분사기류. 「정.

áir·bòat *n.* Ⓒ 수상기; 초계 비행

áir·bòrne *a.* 공수(空輸)된; 바람에 의해 운반된(*~ seeds* 풍매(風媒) 종자).

áir bràke (압착) 공기 제동기.

áir-brèathe *vi.* (제트기 따위가 연

A

료 산화를 위해) 공기를 빨아들이다.
áir-brèather *n.* Ⓒ 제트기, 미사일; 육서(陸棲) 동물.
áir·brùsh *n.* Ⓒ 에어브러시《칠·사진 수정용》. ── *vt.* 에어브러시로 처리하다.
「대형 여객기》.
áir·bùs *n.* Ⓒ 에어버스《중단거리용
áir càrgo 공수(空輸) 화물.
áir càrrier 항공 회사; 항공기, (화물) 수송기.
áir càstle 공중 누각; 몽상.
áir chàmber 기포; (수압 기관의) 기실(氣室).
「장.
áir chìef márshal 《英》 공군 대
áir còach (저요금의) 대중 여객기.
áir còck 공기 콕〔마개〕
áir commànd 〖美空軍〗 공군 사령부, 항공군 집단.
áir cómmodore 《英》 공군 준장.
áir-condìtion *vt.* (실내의) 공기를 조절하다. **~ed** *a.* 냉난방 장치를 한.
áir condìtioner 냉난방〔공기 조절〕 장치.
***áir condìtioning** 공기 조절《실내 온도·습도의》; 냉난방 장치.
áir contròl 제공(권); 항공 (교통) 관제.
áir contròller 항공 (교통) 관제관; 〖軍〗 항공 통제관.
「제원.
áir contròlman 〖美海軍〗 항공 관
áir-còol *vt.* 공랭(空冷)하다. **~ed** *a.* 공랭식의. **~ing** *n.* Ⓤ 공기 냉각법.
áir còrridor 항공 회랑《특히 제2차 세계 대전 후의 동베를린·서독간의》.
áir còver =AIR UMBRELLA.
áir·cràft** *n.* (*pl.* ~) Ⓒ 항공기(*an ~ carrier* 항공 모함). ***by ~ 항공기로《무관사》.
áir·cràft(s)man *n.* Ⓒ 《英》 항공병《1·2등병》.
áir·crèw *n.* Ⓒ 항공기 승무원.
áir cùrrent 기류
áir cùrtain 에어커튼《공기벽으로 실내의 조절한 공기와 외기를 차단함》.
áir cùshion 공기 방석〔베개〕; 〖機〗 에어쿠션《압축 공기를 쓴 완충 장치》.
áir cùshion vèhicle 에어쿠션정(艇), 호버크라프트.
「공.
áir defènse 〔《英》 **defènce**〕 방
áir divìsion 〖美空軍〗 항공 사단.
áir dòor =AIR CURTAIN.
áir·drome *n.* Ⓒ 비행장, 공항.
áir·dròp *n., vt.* Ⓒ (낙하산으로) 공중 투하(하다).
áir-dùct *n.* Ⓒ 통풍〔송풍〕관.
Aire·dale [ɛ́ərdèil] *n.* Ⓒ 에어데일개《테리어의 일종》.
áir edìtion 〖新聞〗 라디오판(版)《항해 중인 배 안 등에서 무전으로 뉴스를 받아 발행함》.
áir exprèss 공수 소하물; 소하물 공수; 항공 속달.
áir·fàre *n.* Ⓒ 항공 운임.
:áir·field *n.* Ⓒ 비행장.
áir·fight *n.* Ⓒ 공중전.
áir flèet (대규모의) 항공기 편대.
áir·flòw *n.* (*sing.*) (비행기·자동차 등이 일으키는) 기류.
「날개.
áir·fòil *n.* Ⓒ 〖空〗 날개, 프로펠러
áir fòrce (육·해군의) 항공 부대; (A- F-) 공군.
áir·fràme *n.* Ⓒ ... 기·로켓의) 기체(機體).
áir·frèight *n.* Ⓤ ... 화물. **~er** *n.* Ⓒ 화물 수송기
áir gàuge 기압계
áir·glòw *n.* Ⓤ ... 기권 상공에서 태양 광선의 ... 받아 원자·분자가 발광하는 ...
áir·gràph *n.* Ⓒ ... 이크로필름에 의한) 항공 ... 우편.
áir gùn 공기총; ... JSH.
áir hàmmer 공...
áir·hèad *n.* Ⓒ ... 공두보(空頭堡)《공수 부대가 ... 적지내의 거점》; 전선 공군 기...
「어포켓.
áir hòle 빙상(氷... 구멍; 〖軍〗 에
áir hòstess (여객... 의) 스튜어디스.
air·ing [ɛ́əriŋ] *n.* ① Ⓤ,Ⓒ 공기에 쐼, 바람에 말림. ② Ⓒ 산책, 야외 운동; 드라이브; 공표; 방송.
áir jàcket 자켓식 구명대(救命袋).
「쁜.
áir làne 공로(空路).
áir·less *a.* 바람이 없는; 환기가 나
áir lètter 항공 우편; 항공 서한.
áir lìft 공수(空輸) (보급).
***áir·lìne** *n.* Ⓒ (정기) 항공로; 항공 회사; 《주로 美》 직행로.
áir-lìne *a.* 항공로의; 직행(로)의.
***áir·lìner** *n.* Ⓒ 정기 여객기.
áir lòck 〖土〗 기갑(氣閘); 잠함(潛函)의 기밀실.
áir lòg 〖空〗 비행 거리계; (유도탄의) 비행 거리 조정 장치.
:áir màil 항공 우편 (제도). ***Via A-*** 항공편으로《봉함 엽서에》.
áir-màil edítion (신문의) 공수판(空輸版).
***air·man** [⌐mən] *n.* Ⓒ 비행가〔사〕.
áir màp 항공 사진(을 사용한 지도).
áir màrshal 《英》 공군 중장.
áir mìle 공로 마일《약 1852 미터》.
áir·mìnded *a.* 항공(사업)에 관심을 가진; 비행 여행을 즐기는.
Áir Mìnistry 《英》 공군성.
áir mòtor 압착 공기 발동기.
áir·pàrk *n.* Ⓒ 작은 공항.
áir patròl 공중 정찰; 비행 정찰대.
áir pìracy 하이잭, 공적(空賊) 행위.
†air·plane [⌐plèin] *n.* Ⓒ 《美》 비행기《영국에서는 보통 aeroplane》.
áirplane clòth 비행기 익포(翼布); (셔츠·파자마용) 무명.
áir plànt 공기〔착생〕 식물.
áir pòcket 〖空〗 에어포켓, 직강(直降) 기류.
áir pollùtion 대기 오염.
†áir·pòrt *n.* Ⓒ 공항.
áir pówer 공군(력).
áir prèssure 기압.
áir·pròof *a.* 공기를 통하지 않는, 내기성(耐氣性)의, 밀봉의.
áir pùmp 공기 펌프.
áir ràid 공습.
áir rìfle 공기총.

áir rìght 〖法〗 공중권.
áir ròute 항공로.
áir sàc (새의) 기낭(氣囊).
áir·scàpe *n.* Ⓒ 공감도(空瞰圖); 항공 사진.
áir scòut 정찰기; 비행 정찰병.
áir·scrèw *n.* Ⓒ 《英》 프로펠러.
áir-sèa *a.* 해공(협동)의.
áir sèrvice 항공 수송; 〖軍〗 항공부.
áir shàft 통풍공(孔).
:**áir·shìp** *n.* Ⓒ 비행선(dirigible) (*by* ~ 비행선으로 《무관사》).
áir·sìck *a.* 고공병〔항공병〕에 걸린, 비행기 멀미가 난. **~ness** *n.* Ⓒ 고〔항〕공병. 「공.
áir spàce (실내의) 공적(空積); 영
áir spèed 〖空〗 대기(對氣) 속도 (opp. ground speed).
áir sprìng 공기 스프링.
áir stèwardess =AIR HOSTESS.
áir stòp (항공기의) 기항지; 《英》 헬리포트.
áir·strèam *n.* Ⓒ 기류.
áir·strìp *n.* Ⓒ 임시〔가설〕 활주로.
áir tèrminal 에어 터미널《항공 승객이 출입하는 건물》.
áir·tìght *a.* 기밀(氣密)의, 공기가 통하지 않는; (방비가) 철통 같은, 물샐틈 없는.
áir-to-áir *a.* 공대공의, 기상(機上) 발사의(*an ~ rocket* 공대공 로켓); (비행 중인) 두 비행기 간의(*~ refueling* 연료 공중 보급).
áir-to-gróund, áir-to-súrface *a.* 공대지의(*an ~ missile* 공대지 미사일).
áir-to-únderwàter *a.* 공대수중(空對水中)의(*an ~ missile* 공대수중 미사일).
áir trànsport 공중 수송, 공수.
áir tràp 〖機〗 공기 트랩, 방취판(防臭瓣).
áir umbrèlla 항공 원호〔엄호〕대.
áir vàlve 공기판(瓣).
Áir Vice-Márshal 《英》 공군 소장.
áir wàrden 공습 경비원.
*****áir·wày** *n.* Ⓒ 항공로; 통풍〔환기〕 구멍; (*pl.*) 항공 회사(airlines).
áirway béacon 항공 표지등〔등대〕.
áir wéll (빌딩의) 통풍 구멍.
áir·wìse *a.* 항공에 정통한〔환한〕.
áir·wòman *n.* Ⓒ 여자 비행사.
áir·wòrthy *a.* (항공기가) 내공성(耐空性)이 있는(cf. seaworthy). **-wòrthiness** *n.* Ⓤ 내공성.
*****air·y** [έəri] *a.* ① 공기의; 공중의〔같은〕. ② 바람이 잘 통하는. ③ 경쾌한, 쾌활한; 우미(優美)한; 엷은. ④ 경솔한; 자연스럽지 못한; 젠체하는; 공허한. **áir·i·ly** *ad.*
*****aisle** [ail] *n.* Ⓒ (교회당의) 측랑(側廊); (좌석·객차·여객기의) 통로; 복도; (뜰·숲속의) 길. ***down the ~*** 《口》 결혼식에서 제단을 향하여. **~d** [-d] *a.* 측랑이〔에〕 있는.
áisle sèat 통로쪽의 자리.
aitch [eitʃ] *n.* H〔h〕 글자; h음.
a·jar[1] [ədʒáːr] *ad.* (문이) 조금 열려.
a·jar[2] *ad.* 조화되지 않아(*with*).
A·jax [éidʒæks] *n.* 〖그神〗 트로이 전쟁의 그리스군의 용사.
AKA American-Korean Association 한미 협회. **AKF** American-Korean Foundation 한미 재단. 「허리에 대고.
a·kim·bo [əkímbou] *ad.* 두 손을
*****a·kin** [əkín] *pred. a.* 혈족의(*to*); 동종의, 같은, 비슷한(*to*).
AL, A.L. American League, American Legion, Arab League.
Al 〖化〗 alumin(i)um.
al-[əl, æl] *pref.* = AD- 《1 앞에 올 때의 꼴》: *al*lude.
-al[əl] *suf.* ① 《형용사 어미》 상태·관계 따위를 나타냄: annu*al*, nation*al*, numer*al*, reg*al*. ② 《명사 어미》 deni*al*, refus*al*.
à la, a la [áː lə, -lɑː] (F.) …풍의〔으로〕.
a·la [éilə] *n.* (*pl.* ***alae*** [éiliː]) Ⓒ 〖生〗 날개; 날개처럼 생긴 부분.
ALA, A.L.A. American Library Association. **Ala.** Alabama.
*****Al·a·bam·a** [æləbǽmə] *n.* 미국 남부의 주《생략 Ala.》. **-bám·an, -bam·i·an**[-bæmiən] *a., n.* Ⓒ 앨라배마주의 (사람).
*****al·a·bas·ter** [ǽləbæ̀stər, -àː-] *n., a.* Ⓤ 설화(雪花) 석고(의, 같이 흰).
à la carte[àː lə káːrt, æ̀ lə-] (F.) 정가표〔차림표〕에 따라, 일품 요리의 (opp. *table d'hôte*(정식)).
a·lack(·a·day) [əlǽk(ədèi)] *int.* 《古》 =ALAS.
a·lac·ri·tous[əlǽkritəs] *a.* 민활한, 팔팔한.
a·lac·ri·ty[əlǽkrəti] *n.* Ⓤ 활발, 민활(*with ~* 척척).
*****A·lad·din**[əlǽdən] *n.* 알라딘《마법의 램프를 발견한 '아라비안 나이트' 중의 소년》.
Aláddin's làmp (소원대로 된다는) 알라딘의 램프.
a·lae[éiliː] *n.* ala의 복수.
à la king [àː lə kíŋ, æ̀ lə-] (F.) 《美》 고추(pimiento) 등을 넣고 크림을 친.
al·a·mo[ǽləmòu, áːl-] *n.* (*pl.* **~s**) Ⓒ 〖植〗 포플라, 사시나무.
al·a·mode [ǽləmòud] *n.* Ⓤ (스카프용의 윤기 있는) 얇은 비단. — *ad., a.* =⇩.
à la mode, a la mode [àː lə móud, æ̀ lə-] (F.) 유행의〔을 따라서〕; (디저트가) 아이스크림을 곁들인〔곁들여〕; (쇠고기의) 야채찜의.
:**a·larm** [əláːrm] *n.* ① Ⓤ 놀람, 공포. ② Ⓒ 경보; 경보기(器), 자명종. ***give* 〔*raise*〕 *the ~*** 경보를 발하다, 위급을 알리다. ***in ~*** 놀라서. ***take (the) ~*** 깜짝 놀라다. — *vt.* (…에게) 위급을 고하다, 경보를 울리다; 놀래다, 겁먹게 하다(*~ oneself* 겁먹다). ***be ~ed for*** …을 근심하다.
alárm bèll 경종(警鐘).
:**alárm clòck** 자명종.

A

***a·larm·ing** [əlɑ́:rmiŋ] *a.* 놀랄 정도의. ~·**ly** *ad.* 놀랄 만큼.
a·larm·ism [-izəm] *n.* Ⓤ (공연히) 사람을 놀램, 법석; 기우.
a·larm·ist [-ist] *n.* Ⓒ 걸핏하면 놀라는[놀래는] 사람, 법석꾼.
alárm sìgnal 비상 경보(기).
a·lar·um [əlǽrəm, -lɑ́:r-] *n.* 《古》 = ALARM ①; Ⓒ 《英》 자명종(alarm).
alárum clòck 《英》 =ALARM CLOCK. 「지고!
:a·las [əlǽs/əlɑ́:s] *int.* 아아!; 슬픈
Alas. Alaska.
***A·las·ka** [əlǽskə] *n.* 북아메리카 서북단의 주《주도 Juneau; 생략 Alas.》. **-kan** *a., n.* Ⓒ 알래스카의 (사람).
a·late [éileit], **a·lat·ed** [-id] *a.* 날개가 있는. 「白衣).
alb [ælb] *n.* Ⓒ 【가톨릭】 장백의(長
al·ba·core [ǽlbəkɔ̀:r] *n.* Ⓒ 【魚】 다랑어의 무리(cf. tunny).
Al·ba·ni·a [ælbéiniə, -njə] *n.* 유고슬라비아와 그리스 사이의 공화국; 《詩》 스코틀랜드(cf. Caledonia). **-ni·an** *a., n.* 알바니아(사람·말)의; Ⓒ 알바니아 사람; Ⓤ 알바니아 말.
Al·ba·ny [ɔ̀:lbəni] *n.* New York 주의 주도.
al·ba·ta [ælbéitə] *n.* Ⓤ 양은(German silver).
al·ba·tross [ǽlbətrɔ̀:s/-rɔ̀s] *n.* Ⓒ ① 【鳥】 신천옹. ② 【골프】 앨버트로스《한 홀에서 기준 타수보다 3타 적은 스코어》.
al·be·do [ælbí:dou] *n.* Ⓤ,Ⓒ 【理】 알베도《원자로내의 반사체에 의해 반사되는 중성자의 비율》. 「THOUGH.
al·be·it [ɔ:lbí:it] *conj.* 《古》 =AL-
al·bi·no [ælbáinou/-bí:-] *n.* (*pl.* ~*s*) Ⓒ 백피증(白皮症)의 사람; (동물의) 백변종(白變種). **-nism** [ǽlbənìzəm] *n.* Ⓤ 색소 결핍증.
Al·bi·on [ǽlbiən] *n.* 《雅》 =ENGLAND. 「(曹長石).
al·bite [ǽlbait] *n.* Ⓤ 【鑛】 조장석
ALBM air-launched ballistic missile.
†**al·bum** [ǽlbəm] *n.* Ⓒ 앨범.
al·bum·en [ælbjú:mən] *n.* Ⓤ 흰자위; 단백질(albumin); 【植】 배유(胚乳).
al·bu·min [ælbjú:mən] *n.* Ⓤ 알부민《단백질의 일종》. **-mi·nous** *a.*
al·bu·mi·nu·ri·a [ælbjù:mənjúəriə] *n.* Ⓤ 단백뇨(尿).
al·bur·num [ælbə́:rnəm] *n.* Ⓤ 백재(白材), 백목질(opp. duramen).
Ál·can Híghway [ǽlkæn-] Alaska Highway의 통칭.
Al·ca·traz [ǽlkətræ̀z] *n.* 미국 San Francisco 만의 작은 섬(의 형무소).
***al·che·my** [ǽlkəmi] *n.* Ⓤ 연금술《중세의 화학》, 연단술. ***-mist** *n.* Ⓒ 연금술사.
:al·co·hol [ǽlkəhɔ̀:l, -hɑ̀l/-hɔ̀l] *n.* Ⓤ,Ⓒ 알코올. ~·**ism** *n.* Ⓤ 알코올 중독. ~·**ist** *n.* Ⓒ 알코올 중독자.
***al·co·hol·ic** [æ̀lkəhɔ́:lik, -hɑ́l-/-hɔ́l-] *a.* 알코올성의; 알코올(함유·중독)의. 「*n.* =KORAN.
Al·co·ran [æ̀lkouræ̃n, -rɑ́:n/-kɔ-]
al·cove [ǽlkouv] *n.* Ⓒ (큰 방 깊숙이 딸린) 골방; 구석진 칸; (정원의) 정자. 「알데히드.
al·de·hyde [ǽldəhàid] *n.* Ⓤ 【化】
al·der [ɔ́:ldər] *n.* Ⓒ 【植】 오리나무.
al·der·man [ɔ́:ldərmən] *n.* Ⓒ (영국과 아일랜드의) 시참사회원, 부시장; 《美》 시의원.
Al·der·ney [ɔ́:ldərni] *n.* 젖소의 일종《영국 ~섬의 원산》.
Ald(m). Alderman.
:ale [eil] *n.* Ⓤ,Ⓒ (쓴맛이 강한) 맥주. ***small*** ~ 약한 맥주.
a·le·a·to·ry [éiliətɔ̀:ri/-təri] *a.* 우연에 의한, 사행(射倖)적인, 도박적인.
a·lee [əlí:] *ad.* 【海】 바람맞이 쪽으로(opp. aweather).
ále·hòuse *n.* Ⓒ 비어 홀.
a·lem·bic [əlémbik] *n.* Ⓒ (옛날의) 증류기(器); 정련[정화]시키는 것.
:a·lert [ələ́:rt] *a., n.* Ⓒ 방심 않는, 민활한; 경계; 경계 경보(의 상태). — *vt.* 경계시키다; 경보를 발하다. ***on the*** ~ 경계하여. ~·**ly** *ad.*
Al·eut [əlú:t, ǽliù:t] *n.* Ⓒ (얼류션 군도의) 에스키모 토인.
A·leu·tians [əlú:ʃənz] *n. pl.* 알래스카 남서부의 군도《미국령》.
Á lèvel 《英》 ① =ADVANCED LEVEL. ② 상급 과정 과목 중의 합격 과목(cf. S level).
ále·wìfe *n.* Ⓒ 《美》 청어의 일종.
Al·ex·án·der (the Gréat) [æ̀ligzǽndər(-), -zɑ́:n-] 마케도니아의 왕 (356-323 B.C.; 재위 336-323 B.C.).
Al·ex·an·dri·a [æ̀ligzǽndriə, -zɑ́:n-] *n.* 이집트 나일강 어귀의 항구. **-dri·an** [-n] *a.* ~의, 알렉산더 대왕의.
Al·ex·an·drine [æ̀ligzǽndri(:)n, -zɑ́:n-] *n.* Ⓒ 알렉산더 구격(句格)(의 시)《억양 6시각(詩脚)》.
a·lex·i·a [əléksiə] *n.* Ⓤ 【醫】 독서 불능증, 실독증. 「균소(素).
a·lex·in [əléksin] *n.* Ⓤ 알렉신, 살
a·lex·i·phar·mic [əlèksəfɑ́:rmik] *a.* 해독의.
ALF 《英》 Animal Liberation Front 동물 해방 전선.
al·fal·fa [ælfǽlfə] *n.* Ⓤ 《美》 【植】 자주개자리(lucerne)《목초》.
Al Fa·tah [ɑ̀:l fa:tɑ́:] (Arab.) 알파타《반이스라엘 아랍 특공대의 하나》.
Ál·fred (the Gréat) [ǽlfrid(-)] West Saxon의 왕(848-899; 재위 871-899). 「외의[에].
al·fres·co [ælfréskou] *a., ad.* 야
alg. algebra.
al·ga [ǽlgə] *n.* (*pl.* ***-gae*** [-dʒi:]) Ⓒ (보통 *pl.*) 해조(海藻). **al·gal** [-l] *a.* 해조의.
:al·ge·bra [ǽldʒəbrə] *n.* Ⓤ 대수(학). ~·**ic** [æ̀ldʒəbréiik], **-i·cal** [-əl] *a.* ~·**ist** [ǽldʒəbrèiist] *n.*

A

Al·ge·ri·a [ældʒíəriə] *n.* 아프리카 북부의 공화국(1962 독립). **-an** [-n] *a., n.* 알제리의; Ⓒ 알제리 사람(의).
Al·giers [ældʒíərz] *n.* 알제《알제리의 수도》; =ALGERIA의 구칭.
al·gín·ic ácid [ældʒínik-] 〖化〗 알긴산(酸).
ALGOL [ǽlgɑl, -gɔːl/-gɔl] *n.* Ⓤ 〖컴〗 셈말, 알골《과학·기술 계산용 프로그램 언어》(<*algo*rithmic *l*anguage).
al·gol·o·gist [ælgɑ́lədʒist] *n.* Ⓒ 조류(藻類)학자. **-gol·o·gy** [-lədʒi] *n.* Ⓤ 조류학.
Al·gon·qui·an [ælgɑ́ŋkwiən/-ɔ́-] *n., a.* Ⓒ 알곤키족(의)《북아메리카 토인 중 가장 널리 분포된 어족》. **-quin** [-kwin] *n.* Ⓒ 알곤키족의 토인; Ⓤ 알곤키족 언어.
al·go·pho·bi·a [ælgəfóubiə] *n.* Ⓤ,Ⓒ 〖醫〗 동통(疼痛) 공포증.
al·go·rism [ǽlgərìzəm] *n.* Ⓤ 아라비아 기수법(記數法)《1, 2, …, 9, 0을 쓰는》; 산수; =⇩.
al·go·rithm [ǽlgərìðəm] *n.* Ⓤ 〖數〗 연산(演算) 방식; 〖컴〗 알고리즘. **-rith·mic** [⌒-ríðmik] *a.*
al·gua·zil [ælgwəzíːl] *n.* (Sp.) Ⓒ 「경찰관.
al·gum [ǽlgəm] *n.* Ⓤ 백단향 무리.
Al·ham·bra [ælhǽmbrə] *n.* 스페인의 Granada에 있는 무어족 여러 왕의 궁전.
a·li·as [éiliəs] *n., ad.* Ⓒ 별명(으로).
al·i·bi** [ǽləbài] *n.* Ⓒ 알리바이, 현장 부재 증명; 변명. ***A- Ike [aik] 《美俗》 변명꾼. ── *vi.* 《美口》 변명하다.
Al·ice [ǽlis] *n.* 여자 이름.
al·i·cy·clic [æləsáiklik, -sík-] *a.* 〖化〗 지환식(脂環式)의, 지환식 화합물의.
al·i·dade [ǽlədèid], **-dad** [-dæ̀d] *n.* Ⓒ 〖測〗 조준의(照準儀).
***al·ien** [éiljən, -liən] *a.* 외국(인)의; 다른(*from*); 반대의, 조화되지 않는 (*to*). ── *n.* Ⓒ 외국인. **~·a·ble** *a.* 양도할 수 있는; 멀리할 수 있는. **~·ate** [-èit] *vt.* 멀리하다, 불화하게 하다(*from*); 양도하다. **~·a·tion** [⌒-éiʃən] *n.* Ⓤ 격리, 이간; 양도; 증여; 정신병. **~·ee** [⌒-íː] *n.* Ⓒ 〖法〗 양수인(讓受人). **~·ist** *n.* Ⓒ 정신병의(醫).
:a·light[1] [əláit] *vi.* (**~*ed***, 《詩》 ***alit***) ① 내리다; 하차〔하마〕하다. ② 〖空〗 착륙〔착수〕하다, (새가) 앉다 (*on*). ③ (…을) 우연히 만나다(*on*).
a·light[2] *ad., pred. a.* 비치어, 빛나; 불타서.
a·lign [əláin] *vt., vi.* 일렬로 (나란히) 세우다〔서다〕, 정렬〔정돈〕시키다〔되다〕; 제휴시키다(*with*); 〖컴〗 줄맞추다. **~·ment** *n.* Ⓤ 정렬, 정돈; 〖土〗 노선 설정; 제휴; 〖컴〗 줄맞춤.
:a·like [əláik] *pred. a., ad.* (똑)같은, (똑)같이; (똑)같아; 같게. **~·ness** *n.*
al·i·ment [ǽləmənt] *n.* Ⓤ,Ⓒ 영양물; 음식(물). **-men·tal** [æ̀ləméntl] *a.* 음식물의, 영양물의.
al·i·men·ta·ry [æ̀ləméntəri] *a.* 영양의; 음식(물)의.
aliméntary canál 소화관.
al·i·men·ta·tion [æ̀ləmentéiʃən] *n.* Ⓤ 영양; 자양물; 부양.
al·i·men·to·ther·a·py [æ̀ləméntouθérəpi] *n.* Ⓤ,Ⓒ 식이 요법.
al·i·mo·ny [ǽləmòuni/-məni] *n.* Ⓤ 〖法〗 (아내에의) 별거〔이혼〕 수당.
a·line [əláin] *vt., vi.* =ALIGN.
Á-lìne *a.* A라인의《여성복이 A자처럼 위가 좁고 밑이 퍼진》. ── *n.* Ⓒ A 라인(의 의상).
al·i·phat·ic [æ̀ləfǽtik] *a.* 〖化〗 지방족(脂肪族)의, 지방질의.
al·i·quant [ǽləkwənt] *a.* 정제되지 〔나누어 떨어지지〕 않는.
al·i·quot [ǽləkwət] *a.* 정제되는, 나누어 떨어지는. 「사).
a·lit [əlít] *v.* 《詩》 alight[1]의 과거(분
:a·live [əláiv] *pred. a.* 살아서; 혈기 왕성하여; 활기를 띠어(*with*); (…에) 민감하여, (…을) 감지하여(*to*); 현존의(*the greatest painter* ~ 현존 최고의 화가). ***~ and kicking*** 기운이 넘쳐. ***Heart*** 〔***Man***〕 ***~!*** 어렵쇼!, 뭐라고! ***keep ~*** 살려 두다; (권리를) 소멸시키지 않고 두다. ***Look ~!*** =HURRY UP!
a·liz·a·rin [əlízərin] *n.* Ⓤ 알리자린《적색 물감》.
al·ka·hest [ǽlkəhèst] *n.* Ⓤ (연금술사가 구하던) 만물 용해약.
***al·ka·li** [ǽlkəlài] *n.* Ⓤ,Ⓒ 알칼리. **-line** *a.* 알칼리(성)의(~ *earth metals* 알칼리 토류(土類) 금속).
al·ka·li·fy [ǽlkələfài, ælkǽl-] *vt., vi.* 알칼리성으로 하다〔되다〕.
al·ka·lin·i·ty [æ̀lkəlínəti] *n.* Ⓤ 알칼리성(질).
al·ka·lize [ǽlkəlàiz] *vt.* 알칼리성으로 하다. 「로이드(의)
al·ka·loid [ǽlkəlɔ̀id] *n., a.* Ⓒ 알칼
al·ka·net [ǽlkənèt] *n.* Ⓒ 알카넷《anchusa bugloss 무리의 지칫과(科)의 식물》; Ⓤ (그 뿌리에서 뽑는) 붉은 물감.
al·kyd [ǽlkid] *n.* Ⓤ,Ⓒ 〖化〗 알키드 수지(~ resin).
†all [ɔːl] *a.* 모든, 전부의; 전, 온(~ *words and no thought* 공허한 말). ***~ the go*** 〔***rage***〕 《美》 대유행하여. ***and ~ that*** 기타 여러 가지, …등(등) (and so on). ***for*** 〔***with***〕 ~ …에도 불구하고. ***on ~ fours*** 네 발로 기어; 꼭〔잘〕 맞아. ── *n.* (one's ~) 전부, 전소유물. ***~ and sundry*** 각기 모두(each and all). ***~ in ~*** 전부, 모두; 무엇보다 소중한 것; 대체로. ***~ of*** 전부, 모두; 각기; 《美》 좋이(~ *of five hours* 좋이 다섯 시간). ***~ told*** 전부(해서). ***... and ~*** …도 함께, 송두리째(*head and* ~ 머리째). ***at ~*** 조금도; 도대체(*Do you know it at ~?* 도대체 자넨 그것을 알고 있나); 일단 …할 바에는(*If you do it*

A

at ~, *do it quick.* 하는 바에는 빨리 해라). **be ~ one** (어떻든) 전혀 같다[매한가지다]; 아무래도 좋다(*It's ~ one to me.* 나는 그 어느 쪽이든 상관 없다). **in ~** 전부해서, 합계. **not at ~** 조금도 …않다. **That's ~.** 그것으로 전부다[끝이다]; (결국) 그게 전부야. — *ad.* 전혀; 《口》 아주, 몹시; 〖競〗 쌍방 모두; 《詩》 바야흐로, 막(~ *as the sun began to rise* 막 해가 뜨려던 때). **~ along** (그동안) 죽; 내내. ~ ALONG **of.** **~ at once** 돌연. **~ but** 거의 (nearly). **~ in** 《美口》 몹시 지쳐 (cf. all-in). **~ over** 온 몸이; 《美》 도처에, 어디나; 아주 끝나; 《口》 아주(*She is her mother ~ over.* 그 어머니를 빼쏘았다). **~ right** 좋아; 무사하여(*All right!* 좋아; 《反語》 어디 두고 보자). **~ the better** 도리어 좋게[좋은]. **~ the further** 《美俗》 힘껏. **~ there** 《口》 제정신으로(*Are you ~ there?* 자네 돌지 않았는가); 《俗》 빈틈없이; 기민하여. **~ the same** 전혀 같은, 아무래도 좋은; (그래도) 역시. **~ too** 아주, 너무나. **~ up** 《口》 틀어져, 가망이 없어. **~ very fine** [**well**] 《비꼼》 무척 좋아.

Al·lah [ǽlə] *n.* 알라《이슬람교의 신》.

áll-Américan *a., n.* 전미(全美)(대표)의; 미국인으로만 된; Ⓒ 미국 제일의 (사람).

áll-aróund *a.* =ALL-ROUND.

*__al·lay__ [əléi] *vt.* 가라앉히다(quiet), 누그러뜨리다.

áll cléar 공습 경보 해제 신호.

áll-dáy *a.* 하루 걸리는, 종일의.

:**al·lege** [əlédʒ] *vt.* 단언하다; 증거 없이 주장하다. **~d** [-d] *a.* (증거 없이) 주장된; 추정[단정]된. **al·leg·ed·ly** [-idli] *ad.* 주장하는 바에 의하면. **al·le·ga·tion** [æ̀ligéiʃən] *n.* Ⓒ 확언, 주장; 진술; 변명.

Al·le·ghe·nies [æ̀ligéiniz] *n. pl.* 앨리게이니 산맥《미국 동부의 산맥》.

*__al·le·giance__ [əlí:dʒəns] *n.* Ⓤ,Ⓒ (군주·조국에의) 충성; 충실; 전념.

al·le·go·rize [ǽligəràiz] *vt., vi.* 우화[비유]적으로 말하다; 비유를 쓰다.

al·le·go·ry [ǽligɔ̀:ri/-gəri] *n.* Ⓤ 비유; Ⓒ 우화, 비유담. *__-gor·ic__ [æ̀ligɔ́:rik, -á-/-ɔ́-], **-gor·i·cal** [-əl] *a.* 우화의, 우화적인.

al·le·gret·to [æ̀ligrétou] *ad.* (It.) 〖樂〗 좀 빠르게《*allegro*와 *andante* 와의 중간》.

al·le·gro [əléigrou] *ad., n.* (It.) 〖樂〗 빠르게; Ⓒ 급속조(調).

al·le·lu·ia [æ̀ləlú:jə] *n., int.* = HALLELUJAH.

áll-embrácing *a.* 포괄적인.

al·ler·gen [ǽlərdʒən] *n.* Ⓤ,Ⓒ 〖醫〗 알러젠《알레르기를 일으키는 물질》.

al·ler·gen·ic [æ̀lərdʒénik] *a.* 알레르기를 일으키는.

al·ler·gic [ələ́:rdʒik] *a.* 알레르기의; 《俗》 몹시 싫은(*to*).

al·ler·gol·o·gy [æ̀lərdʒálədʒi/-ɔ́-] *n.* Ⓤ 알레르기학.

*__al·ler·gy__ [ǽlərdʒi] *n.* Ⓒ 알레르기(체질); 《俗》 질색, 반감.

al·le·vi·ate [əlí:vièit] *vt.* 경감[완화]하다. **-a·tion** [─̀─éi─] *n.* **al·lé·vi·à·tive** *a., n.* Ⓒ 완화하는 (것).

áll-expénse tòur =PACKAGE TOUR.

*__al·ley__ [ǽli] *n.* Ⓒ 《美》 뒷골목; 뒷길; 《英》 좁은 길; 샛길; 두렁길.

álley càt 도둑고양이; 《美》 매춘부.

álley·wày *n.* Ⓒ 《美》 (도시의) (뒷)골목길; 좁은 통로.

áll-fired *a., ad.* 《美俗》 무서운, 무섭게; 굉장한.

Áll Fóols' Dày 만우절(April Fools' Day)《4월 1일》.

All-hal·lows [ɔ̀:lhǽlouz] *n.* = ALL SAINTS' DAY.

*__al·li·ance__ [əláiəns] *n.* ① Ⓒ,Ⓤ 동맹, 결연; 인척 관계. ② Ⓒ,Ⓤ 협력, 협조. ③ Ⓒ 동맹자[국], 연합국. ***Holy A-*** 〖史〗 (1815년의) 신성 동맹. ***in ~ with*** …와 연합[동맹]하여.

:**al·lied** [əláid, ǽlaid] *a.* 동맹[연합]한; 연합국의; 결연한; (동·식물 등) 동류의. ***the A-*** [ǽlaid] ***Forces*** 연합군.

*__Al·lies__ [ǽlaiz, əláiz] *n.* (the ~) (1·2차 대전의) 연합국; NATO 가맹국.

*__al·li·ga·tor__ [ǽligèitər] *n.* ① Ⓒ (미국·중국산의) 악어; Ⓤ 악어 가죽. ② Ⓒ 악어 입처럼 생긴 맞물리는 각종 기계.

áll-impòrtant *a.* 극히 중요한.

áll-ín *a.* 《주로 英》 모든 것을 포함한; 《美口》 기진맥진하여, 무일푼이 되어; 〖레슬링〗 자유형의.

áll-inclùsive *a.* 모든 것을 포함한, 포괄적인.

áll-in wréstling 자유형 레슬링.

al·lit·er·a·tion [əlìtəréiʃən] *n.* Ⓤ 두운(頭韻)(법). **-ate** [əlítərèit] *vi., vt.* 두운이 맞다; 두운을 맞추다. **al·lít·er·a·tive** *a.*

áll-knówing *a.* 전지(全知)의.

áll-máins *a.* (수신기가) 어떤 전압에도 쓸 수 있는.

*__áll-níght__ *a.* 철야(영업)의.

áll-níghter *n.* Ⓒ 《口》 밤새껏 계속되는 것《회의·경기 따위》; 철야 영업소.

al·lo·cate [ǽləkèit] *vt.* 할당하다, 배분하다; 배치하다; 〖컴〗 배정하다. **-ca·tor** *n.* **-ca·tion** [─̀─kéiʃən] *n.* Ⓤ 배정.

al·lo·ca·tee [æ̀ləkeití:] *n.* Ⓒ (자료 등을) 배급받는 사람, 수급자.

al·log·a·my [əlágəmi/-ɔ́-] *n.* Ⓤ 〖植〗 타가(他家) 생식, 타화 수정(수분).

al·lo·morph [ǽləmɔ̀:rf] *n.* Ⓒ 〖言〗 이형태(異形態).

al·lop·a·thy [əlápəθi/-ɔ́-] *n.* Ⓤ 대증(對症)요법(opp. homeopathy).

al·lo·path [ǽləpæ̀θ], **-thist** [əlɑ́pəθist/-ɔ́-] *n.* Ⓒ 대증 요법가.

al·lo·phone [ǽləfòun] *n.* Ⓒ 〖音聲〗 이음(異音)《예컨대 *do*의 *d*와 *dry*의 *d*는 phoneme/d/의 allophones》.

áll-or-nóne *a.* 전부냐 전무(全無)냐의(~ *law* 실무율(悉無律)).

áll-or-nóthing *a.* 《口》 절대적인, 타협의 여지가 없는, 전부가 아니면 아예 포기하는.

:al·lot [əlɑ́t/-ɔ́-] *vt.* (*-tt-*) 분배하다; 할당하다(*to*); 충당하다(*for*). — *vi.* 《美》 기대하다, 믿다; 생각하다, (…할) 작정이다(*upon* do*ing*). ***~·ment** *n.* Ⓤ 분배; 할당; Ⓒ 배당, 몫.

al·lo·trope [ǽlətròup] *n.* Ⓒ 〖化〗 동소체(同素體). **-trop·ic** [æ̀lətrɑ́pik/-ɔ́-] *a.* 〖化〗 동소의; 동질이형(同質異形)의. **al·lot·ro·pism** [əlɑ́trəpìzəm/-lɔ́-], **al·lot·ro·py** [-trəpi] *n.* Ⓤ 〖化〗 동소(성).

áll-óut *a.* 《美口》 전력을 다한; 전면적인.

áll-oúter *n.* Ⓒ 《美口》 극단론자.

áll·òver *a., n.* (무늬 따위가) 전면에 걸친; Ⓤ 전면 무늬의 (천).

áll-òverish *a.* 《口》 (어쩐지) 불안한; 몸이 불편한.

†al·low [əláu] *vt.* ① 허(용)하다. ② (학비·수당을) 주다. ③ 인정하다; 참작하다. ④ 빼다(*for*), 할인하다. ⑤ 《美口》 말하다; …라고 여기다. ⑥ (재해 따위) 일어나게 내버려 두다. **~ *for*** …을 고려하다. **~ *of*** …을 허용하다, …할 수 있다. **~·a·ble** *a.* 허용[인정]할 수 있는. **~·a·bly** *ad.*

:al·low·ance [əláuəns] *n.* ① Ⓒ 수당, 지급하는 돈. ② Ⓒ 공제, 할인. ③ Ⓤ 승인, 용인. ④ Ⓤ (종종 *pl.*) 참작, 작량. ***make* ~(*s*)** 참작하다(*for*).

al·low·ed·ly [əláuidli] *ad.* 인정되어; 명백히.

***al·loy** [ǽlɔi, əlɔ́i] *n.* Ⓤ,Ⓒ 합금; (합금에 쓰는) 비(卑)금속; 섞음질(하는 물건); (금·은의) 품위. — [əlɔ́i] *vt., vi.* 합금하다; 섞음질하다; 품질을 떨어뜨리다.

áll-pòints búlletin (경찰의) 전국 지명 수배《생략 APB》.

áll-posséssed *a.* 《美口》 악마에 홀린 듯한, 열중해 있는.

áll-pówerful *a.* 최강의, 전능(全能)의.

áll-púrpose *a.* 무엇에든 쓸 수 있는, 만능의.

áll-róund *a.* 《口》 다방면에 걸친, 만능의; 융통성 있는.

áll-róunder *n.* Ⓒ 만능인 사람, 만능 선수; 《俗》 양성애자.

Áll Sáints' Dày 〖가톨릭·聖公會〗 제성첨례(諸聖瞻禮)《11월 1일》.

Áll Sóuls' Dày 〖가톨릭〗 위령의 날; 〖聖公會〗 제령일(諸靈日)《11월 2일》.

áll·spìce *n.* Ⓤ (서인도산의) 향료.

áll-stàr *a.* 《美》 인기 배우 총출연의; (팀이) 일류 선수로 짜인. — *n.* Ⓒ 선발 팀 선수.

áll-terráin vèhicle 전지형(全地形) 만능차《생략 ATV》.

áll-tìme *a.* 전시간(근무)의(full-time); 공전의, 기록적인. ***an ~ high* [*low*]** 최고[최저] 기록.

***al·lude** [əlúːd] *vi.* 넌지시 비추다, …에 관해 말하다(*to*) (cf. allusion).

áll-ùp wéight (항공기의) 총중량.

***al·lure** [əlúər] *vt.* 꾀다, 낚다; 부추기다(tempt) (*to, into*); 매혹하다(charm). — *n.* Ⓤ 매력. **~·ment** *n.* **al·lur·ing** [əlúəriŋ] *a.*

***al·lu·sion** [əlúːʒən] *n.* Ⓤ,Ⓒ 변죽울림, 암시; 약간의 언급; 〖修〗 인유(引喩). **-sive** [-siv] *a.*

al·lu·vi·al [əlúːviəl] *a.* 충적(沖積)(기)의. **-vi·um** [-viəm] *n.* Ⓤ,Ⓒ 충적층[토].

allúvial góld 사금(砂金).

áll-wàve recéiver 전파(全波) 수신기.

áll-wèather *a.* 어떤 날씨에도 사용할 수 있는, 전천후의.

áll-whíte *a.* 백인만의; 백인 전용의.

:al·ly [əlái] *vt., vi.* 동맹[연합]하다; 결연하다, 맺다. ***be allied with* [*to*]** …와 동맹하고[관련이] 있다; …와 친척이다. — [ǽlai] *n.* Ⓒ 동맹자[국]; 원조자; 동류(의 동·식물).

Al·ma Ma·ter, a- m- [ǽlmə mɑ́ːtər, -méi-] (L. =fostering mother) 모교.

***al·ma·nac** [ɔ́ːlmənæ̀k, ǽl-] *n.* Ⓒ 달력, 책력; 연감.

:al·might·y [ɔːlmáiti] *a., ad.* 전능한; 《美口》 대단한[히]. ***the A-*** 전능자, 신.

***al·mond** [ɑ́ːmənd, ǽlm-] *n.* Ⓒ,Ⓤ 편도(扁桃), 아몬드; Ⓒ 그 나무.

álmond-èyed *a.* 편도형의 눈을 가진《몽골 인종의 특징》.

al·mon·er [ǽlmənər, ɑ́ːm-] *n.* Ⓒ (왕가·수도원 등의) 구휼품(救恤品) 분배관.

al·mon·ry [ǽlmənri, ɑ́ːm-] *n.* Ⓒ 구휼품 분배소.

†al·most [ɔ́ːlmoust; 美+ ⌐–⌐] *ad.* 거의.

***alms** [ɑːmz] *n. sing.* & *pl.* 보시(布施), 베풀어 주는 물건.

álms bòx 《英》 자선함.

álms·gìver *n.* Ⓒ 시주(施主), 자선가.

álms·gìving *n.* Ⓤ (금품을) 베풂, 자선.

álms·hòuse *n.* Ⓒ 《美》 공립 구빈원; 《英》 사립 구빈[양로]원.

alms·man [⌐mən] *n.* Ⓒ 피(被)구호자.

al·oe [ǽlou] *n.* ① Ⓒ 〖植〗 알로에, 노회(蘆薈). ② (*pl.*) 《단수 취급》 침향(沈香); 노회즙《하제》. ③ =AMERICAN ~.

***a·loft** [əlɔ́ːft/əlɔ́ft] *ad.* 높이, 위(쪽)에, 위로; 돛대 꼭대기에. ***go* ~** 천국에 가다; 죽다.

a·log·i·cal [eilɑ́dʒikəl/-ɔ́-] *a.* 비논리적인; 논리에 반하는.

a·lo·ha [əlóuə, ɑːlóuhɑː] *n.* (Hawaiian =love) Ⓒ (송영(送迎)의) 인사; 안녕. — *int.* 어서 오세

요!, 안녕! ~·oe[ɑːlòuhɑːɔ́i, -óui] *int.* 안녕!
alóha shírt 알로하 셔츠.
Alóha Státe, the Hawaii주의 딴 「이름.
†**a·lone**[əlóun] *pred. a., ad.* (실제로 또는 감정적으로) 홀로, 혼자; 단지; 다만 …뿐[만]. ***leave*** ~ 내버려 두다. ***let*** ~ …은 말할 것도 없고; =LEAVE[1] ~.
†**a·long**[əlɔ́ːŋ/əlɔ́ŋ] *prep.* …을 따라 [끼고]. ― *ad.* 앞으로, 거침없이; 함께; (동반자로) 데리고. ALL(*ad.*) ~. (***all***) ~ ***of***《美方》…의 탓으로. ~ ***with*** …와 함께[더불어]. ***be*** ~ 《美口》다른 사람을 뒤따라 미치다. GET ~. RIGHT (*ad.*) ~.
alóng·shóre *ad.* 해안을 따라.
*__a·long·side__[-sáid] *ad., prep.* (…의) 곁[옆]에; (…에) 옆으로 대어; (…와) 나란히(*of*).
a·loof[əlúːf] *ad.* 떨어져서. ***keep*** [***stand, hold***] ~ (…에서) 떨어져 있다, (…에) 초연해 있다(*from*). ― *pred. a.* 초연한, 무관심의. ~·**ly** *ad.* ~·**ness** *n.*
al·o·pe·ci·a[æ̀ləpíːʃiə] *n.* Ⓤ【醫】탈모증, 독두증.
‡**a·loud**[əláud] *ad.* 소리를 내어; 큰 소리로; 《口》 똑똑히. THINK ~.
alp[ælp] *n.* Ⓒ 높은 산; (알프스 산 중턱의) 목초지.
ALP, A.L.P. American Labor 「Party.
al·pa·ca[ælpǽkə] *n.* Ⓒ【動】알파카; Ⓤ 그 털[천].
al·pen·horn[ǽlpənhɔ̀ːrn] *n.* Ⓒ (스위스 사람의) 목제 나팔.
al·pen·stock[-stɑ̀k/-ɔ̀-] *n.* Ⓒ 등산 지팡이.
al·pha[ǽlfə] *n.* Ⓤ,Ⓒ 그리스 자모의 첫째 글자《*A, α*; 영어의 A, a에 해당》. ~ ***and omega*** 처음과 끝, 전부.
†**al·pha·bet**[ǽlfəbèt/-bit] *n.* Ⓒ 알파벳; (the ~) 초보; 【컴】영문자. ‡~·**ic**[ˋ-bétik], -**i·cal**[-əl] *a.* ~·**ize**[-bətàiz] *vt.* 알파벳순으로 하다; 알파벳으로 표기하다.
álphabet sóup 알파벳 글자 모양의 국수가 든 수프; 《美俗》(특히 관청의) 약어《FBI 따위》.
al·pha·nu·mer·ic[æ̀lfənjuːmérik] *a.* 【컴】영숫자의, 알파벳 등의 문자와 숫자로 된, 문자·숫자 양용의.
álpha pàrticle【理】알파 입자(粒 「子).
álpha plùs 최고급의.
álpha ràys【理】알파선.
álpha rhỳthm【生】(뇌파의) 알파 리듬.
álpha tèst【心】알파 지능 테스트.
álpha wàve 알파파(波)《정상인의 안정한 때의 뇌파》.
*__Al·pine__[ǽlpain, -pin] *a.* 알프스의; (a-) 고산의(~ *flora* 고산 식물); 대단히 높은. **al·pin·ist**[ǽlpənist] *n.* Ⓒ 등산가.
‡**Alps**[ælps] *n. pl.* 알프스 산맥.
†**al·read·y**[ɔːlrédi] *ad.* 이미, 벌써; 《美俗》곧(*Let's go ~!* 어서 가자).
al·right[ɔːlráit] *ad.* 《俗》=ALL right.
ALS Automatic Landing System 【空】자동 착륙 장치.
Al·sace[ǽlsæs] *n.* 알사스《프랑스 북동부의 지방; 포도주 산지》.
Al·sa·tian[ælséiʃən] *a.* Alsace(사람)의. ― *n.* Ⓒ Alsace 사람; 독일종 셰퍼드.
†**al·so**[ɔ́ːlsou] *ad.* …도 또한, 역시(too); 그 위에.
álso-ràn *n.* Ⓒ (경마의) 등외(等外)말; 낙선자; 실패자, 범재(凡才).
alt[ælt] *n.* =ALTO.
alt. alternate; altitude; alto.
Al·ta·ic[æltéiik] *n.* Ⓤ 알타이어족. ― *a.* 알타이어족의; 알타이 산맥의.
Ál·tai Móuntains[ǽltai-/ɑ́ːl-] (the ~) 알타이 산맥.
Al·tair[æltέər] *n.* 【天】견우성.
‡**al·tar**[ɔ́ːltər] *n.* Ⓒ 제단(祭壇). ***lead*** (***her***) ***to the*** ~ 아내로 삼다.
áltar bòy (미사의) 복사(服事).
áltar·pìece *n.* Ⓒ 제단의 뒷장식.
áltar ràil 제단 앞의 난간.
‡**al·ter**[ɔ́ːltər] *vt., vi.* 바꾸다; 바뀌다; 《美口》거세하다. ~·**a·ble**[-əbl] *a.* 변경할 수 있는. *~·**a·tion**[ˋ-éiʃən] *n.* Ⓒ,Ⓤ 변경. ~·**a·tive**[-èitiv, -rət-] *a.* 변화[변질]하는.
al·ter·cate[ɔ́ːltərkèit] *vi.* 언쟁[말다툼]하다(*with*). -**ca·tion**[ˋ-ˊ-ʃən] *n.*
al·ter e·go[ɔ́ːltər íːgou, ǽl-] (L.) 「타아(他我); 친구.
al·ter·nant[ɔ́ːltərnənt, ǽl-] *n.* 【言】=ALLOMORPH.
*__al·ter·nate__[ɔ́ːltərnit, ǽl-] *a.* 번갈아서의; 【植】호생(互生)의. ***on*** ~ ***days*** 하루 걸러. ― *n.* Ⓒ 교체; 《美》대리(위원); 교체원; 【컴】교체. ― [-nèit] *vt., vi.* 번갈아 하다[되다], 교체하다(*with*); 【電】교류(交流)하다. ~·**ly** *ad.*
álternate kéy 【컴】교체(글)쇠, 교체 키.
álternating cúrrent 【電】교류.
al·ter·na·tion[ɔ̀ːltərnéiʃən] *n.* Ⓤ,Ⓒ 교호(交互), 번갈음. ~ ***of generations*** 【生】세대 교번(交番).
‡**al·ter·na·tive**[ɔːltə́ːrnətiv] *a.* 어느 한 쪽의, 둘(이상) 중 하나를 택해야 할; 다른, 별개의《관청 용어》. ― *n.* Ⓒ 양자 택일; 어느 한 쪽; 다른 수단, 달리 택할 길[방도]. ~·**ly** *ad.* 양자 택일로, 대신으로; 혹은, 또는.
altérnative conjúnction 【文】선택 접속사.
altérnative júdgment 【論】양자 택일적 판단.
altérnative médicine 대체 의학《침구술 같이 서양 의학에 들지 않는 것》.
altérnative quéstion 【文】선택 「의문(문).
al·ter·na·tor[ɔ́ːltərnèitər] *n.* Ⓒ 교류 발전기.
alt·horn[ǽlthɔ̀ːrn] *n.* Ⓒ 알토 호 「른.
†**al·though,** 《美》**al·tho**[ɔːlðóu]

conj. =THOUGH.
al·ti·graph [ǽltəgræ̀f, -grɑ̀:f] *n.* Ⓒ 자동 고도 표시기.
al·tim·e·ter [æltímitər/ǽltimì:tər] *n.* Ⓒ 고도 측량기; 〖空〗 고도계.
al·tim·e·try [æltímətri] *n.* Ⓤ 측고법(測高法).
:al·ti·tude [ǽltətjù:d] *n.* ① Ⓤ,Ⓒ 높이, 고도; 표고, 해발. ② Ⓒ (보통 *pl.*) 높은 곳.
áltitude flìght 고도 비행.
áltitude rècord 고도 기록.
áltitude sìckness 고공(高空)〔고산〕병.
ÁLT 〔Ált〕 kèy [ɔ́:lt-] 〖컴〗 알트 키 「(alternate key).
al·to [ǽltou] *n.* (*pl.* **~s**) (It.) 〖樂〗 Ⓤ 알토; Ⓒ 알토 가수.
álto clèf 〖樂〗 알토 음자리표《제 3 선의 '다' 음자리표》.
:al·to·geth·er [ɔ̀:ltəgéðər] *ad.* 아주, 전혀; 전부해서; 대체로. ── *n.* Ⓤ 전체(적 효과). ***the*** ~ 《口》 알몸.
álto hórn =ALTHORN.
al·to-re·lie·vo [ǽltourilí:vou] *n.* (*pl.* **~s**) Ⓤ,Ⓒ 두드러진 양각(陽刻), 높은 돋을새김(high relief).
al·tru·ism [ǽltruìzəm] *n.* Ⓤ 애타〔이타〕주의. **-ist** *n.* **-is·tic** [∸–ístik] *n.* **-ís·ti·cal·ly** *ad.*
al·um [ǽləm] *n.* Ⓤ 명반(明礬).
a·lu·mi·na [əlú:mənə] *n.* Ⓤ 알루미나, 반토(礬土).
al·u·mi·nize [əlú:mənàiz] *vt.* (…에) 알루미늄을 입히다; (…을) 알루미늄으로 처리하다.
a·lu·mi·nous [əlú:mənəs] *a.* 명반(alum)의; 알루미나의.
:a·lu·mi·num [əlú:mənəm], 《英》 **al·u·min·i·um** [æ̀ljumíniəm] *n.* Ⓤ 알루미늄.
a·lum·nus [əlʌ́mnəs] *n.* (*pl.* **-ni** [-nai]; *fem.* **-na** [-nə], *pl.* **-nae** [-ni:]) Ⓒ 《美》 졸업생; 교우(*an alumni association* 동창회); 《口》 (운동 팀의) 구멤버; 《英》 학생; 생도.
al·ve·o·lar [ælví:ələr] *a.* 폐포(肺胞)의; 〖音聲〗 치조(齒槽)의. ── *n.* Ⓒ 치경음(齒莖音)《t, d, n, l, s, z, ʃ, ʒ, r》. **-late** [-lit, -lèit] *a.* 벌집 모양의, 작은 구멍이〔기포가〕 있는.
al·ve·o·lus [ælví:ələs] *n.* (*pl.* **-li** [-lài]) Ⓒ 벌집(모양)의 작은 구멍; 치조(齒槽).
†al·ways [ɔ́:lwiz, -weiz, -wəz] *ad.* 언제나, 늘. ***not*** ~ 반드시 … 한 것은 아니다.
Álz·hei·mer's disèase [ɑ́:lts-hàimərz-, ǽl-, ɔ́:l-] 알츠하이머병《노인에게 일어나는 치매; 뇌동맥 경화증·신경의 퇴화를 수반함》.
AM amplitude modulation(cf. FM). **Am** 〖化〗 americium.
†am [強 æm, 弱 əm] *v.* be의 1인칭·단수·직설법 현재.
Am. America(n). **A.M.** *Artium Magister* (L. =Master of Arts). **:A.M., a.m.** *ante meridiem* (L. =before noon). **AMA** American Medical Association.
a·mah [ɑ́:mə] *n.* Ⓒ 어멈, 유모, 아이 보는 여자, 하녀《중국·인도의》.
a·main [əméin] *ad.* 《詩》 힘껏; 전속력으로.
a·mal·gam [əmǽlgəm] *n.* ① Ⓤ,Ⓒ 아말감《수은과 딴 금속의 합금》. ② Ⓒ 혼합물.
a·mal·ga·mate [əmǽlgəmèit] *vt., vi.* 수은과 섞다, 아말감으로 하다; 합동〔합병〕하다. **-gam·a·tion** [–∸–méiʃən] *n.* Ⓤ,Ⓒ 아말감화(化); 〖人類〗 이인종(異人種)의 융합; 《美》 흑인과 백인의 혼혈.
a·man·u·en·sis [əmæ̀njuénsis] *n.* (*pl.* **-ses** [-si:z]) Ⓒ 필기자; 비서.
am·a·ranth [ǽmərænθ] *n.* Ⓒ (전설의) 시들지 않는다는 꽃; 〖法〗 비름속의 식물; Ⓤ 자줏빛. **-ran·thine** [∸–rǽnθin, -θain] *a.*
am·a·ryl·lis [æ̀mərílis] *n.* Ⓒ 〖植〗 아마릴리스.
a·mass [əmǽs] *vt.* 쌓다; 모으다; 저축하다. **~·ment** *n.* Ⓤ,Ⓒ 축적, 축재.
:am·a·teur [ǽmətʃùər, -tʃər, -tər, æ̀mətə́:r] *n., a.* Ⓒ 아마추어(의), 비직업적(인), 취미의. **~·ish**(**·ly**) [æ̀mətʃúəriʃ(li), -tjúə-, -tə́:r-] *a.* (*ad.*). **~·ism** [-ìzəm] *n.* Ⓤ 아마추어 재주, 서투름. 「의.
am·a·tive [ǽmətiv] *a.* 연애〔호색〕
am·a·to·ry [ǽmətɔ̀:ri/-təri] *a.* 연애의(~ *poems* 사랑의 노래); 호색적인(*an* ~ *look* 추파).
am·au·ro·sis [æ̀mɔ:róusis] *n.* Ⓤ 〖醫〗 흑내장, 청맹과니.
:a·maze [əméiz] *vt.* 놀래다, 깜짝 놀라게 하다; 경이감을 품게 하다. ***be*** **~d** 깜짝 놀라다. ── *n.* 《詩》 =AMAZEMENT. **a·maz·ed·ly** [-idli] *ad.* 기급을 하여. **:~·ment** *n.* Ⓤ (깜짝) 놀람, 소스라침; 《廢》 아연함. **:a·máz·ing**(**·ly**) *a.* (*ad.*)
***Am·a·zon** [ǽməzən, -zɑ̀n] *n.* ① Ⓒ 〖그神〗 아마존《흑해 부근에 있던 용감한 여장부(의 하나)》; (*or* a-) 여장부. ② (the ~) 아마존 강. **-zo·ni·an** [æ̀məzóuniən] *a.*
Ámazon ánt 〖蟲〗 불개미의 일종《유럽·북아메리카산》.
Amb. ambassador.
:am·bas·sa·dor [æmbǽsədər] *n.* Ⓒ 대사; 사절. ~ ***extraordinary*** (***and plenipotentiary***) 특명 (전권) 대사. ~ ***at large*** 《美》 무임소 대사, 특사. **-do·ri·al** [æmbæ̀sədɔ́:riəl] *a.* **~·ship** [-ʃip] *n.* Ⓒ 대사의 신분〔직, 자격〕. **-dress** [-dris] *n.* Ⓒ 여자 대사〔사절〕; 대사 부인.
am·ber [ǽmbər] *n., a.* Ⓤ 호박(琥珀); 호박색(의).
am·ber·gris [-grì(:)s] *n.* Ⓤ 용연향(龍涎香)《향유고래의 장(腸)에서 얻는 향료의 원료》.
am·bi- [ǽmbi] *pref.* '양쪽, 둘레' 따위의 뜻.
am·bi·dex·ter·i·ty [æ̀mbideks-térəti] *n.* Ⓤ 양손잡이; 비범한 손재

A

주; 표리 부동, 두 마음을 품음.
am·bi·dex·trous [æ̀mbidékstrəs] *a.* 양손잡이의; 교묘한; 두 마음을 품은. **~·ly** *ad.* **~·ness** *n.*
am·bi·ence, -ance [ǽmbiəns] *n.* Ⓒ 환경; (장소의) 분위기.
am·bi·ent [ǽmbiənt] *a.* 주위의〔를 둘러싸는〕.
***am·bi·gu·i·ty** [æ̀mbigjú:əti] *n.* ① Ⓤ 애매〔모호〕함, 다의(多義). ② Ⓒ 애매한 말〔표현〕.
***am·big·u·ous** [æmbígjuəs] *a.* 두 가지 뜻으로 해석할 수 있는(equivocal), 불명료한, 모호한. **~·ly** *ad.* **~·ness** *n.*
am·bi·sex·trous [æ̀mbisékstrəs] *a.* 《美》 남녀 구별이 어려운《복장》; 남녀 혼합의《모임》.
am·bit [ǽmbit] *n.* Ⓒ (흔히 *pl.*) 주위, 범위; 경계.
:**am·bi·tion** [æmbíʃən] *n.* Ⓤ,Ⓒ 야심, 대망; Ⓒ 야심의 대상.
:**am·bi·tious** [æmbíʃəs] *a.* 야심적인, 대망(大望)이 있는. **~·ly** *ad.*
am·biv·a·lence [æmbívələns] *n.* Ⓤ 〖心〗 양면 가치《동일 대상에 대한 반대 감정 병존》. **-lent** *a.*
am·bi·vert [ǽmbivə̀:rt] *n.* Ⓒ 〖心〗 양향성(兩向性) 성격자(cf. introvert, extrovert).
am·ble [ǽmbəl] *n., vi.* (an ~) 〖馬術〗 측대(側對)걸음《같은 쪽의 양발을 한 쪽씩 동시에 들고 걷는 느린 걸음》(으로 걷다); 완보(緩步)(하다).
am·bly·o·pi·a [æ̀mblióupiə] *n.* Ⓤ 〖醫〗 약시(弱視).
am·bro·sia [æmbróuʒiə] *n.* Ⓤ 〖그·로神〗 신의 음식(cf. nectar); 대단히 맛있는〔냄새 좋은〕 것. **~l** *a.* 맛있는; 향기로운; 거룩한.
***am·bu·lance** [ǽmbjuləns] *n.* Ⓒ 상병자 운반차〔선·기〕, 구급차; 야전병원.
ámbulance chàser 《美口》 사고의 피해자를 부추겨 소송을 제기하게 하여 돈벌이하는 변호사; 《一般》 악덕 변호사.
am·bu·lant [ǽmbjulənt] *a.* 걸을 수 있는.
am·bu·late [ǽmbjulèit] *vi.* 걸어다니다, 걷다; 이동하다. **-la·tion** [⌐–léiʃən] *n.* Ⓤ 보행, 이동.
am·bu·la·to·ry [ǽmbjulətɔ̀:ri/-təri] *a., n.* 보행(용)의; 이동하는; Ⓒ 유보장(遊步場); 회랑.
am·bus·cade [æ̀mbəskéid, ⌐–⌐] *n., vt., vi.* 〖軍〗 = ⇩.
am·bush** [ǽmbuʃ] *n.* ① Ⓤ 매복, 잠복. ② Ⓒ 매복 장소; 《집합적》 복병. ***fall into an ~ 복병을 만나다. ***lie*** 〔***wait***〕 ***in*** ~ 매복하다. — *vt., vi.* 매복하다.
a·me·ba [əmí:bə] *n.* =AMOEBA.
âme dam·née [á:m dɑ:néi] (F.) 맹종자.
a·mel·io·rate [əmí:ljərèit] *vt.* 개선〔개량〕하다. — *vi.* 좋아〔나아〕지다. **-ra·ble** [-rəbəl] *a.* **-ra·tion** [–⌐–réiʃən] *n.*
a·men** [éimén, ɑ́:-] *int., n.* 아멘(=So be it! 그러할지어다); Ⓤ 동의, 찬동(say*** ~ ***to*** …에 찬성하다).
a·me·na·ble [əmí:nəbəl, əmén-] *a.* 복종해야 할; (…을) 받아들이는, (…에) 순종하는(*to*); (법률에) 따라야 할; (법률에) 맞는. **-bly** *ad.* **-bil·i·ty** [–⌐–bíləti] *n.* Ⓤ 복종해야 함; 순종.
ámen còrner 《美》 교회의 설교단 옆 자리; 《口》 집회장.
:**a·mend** [əménd] *vt.* 고치다, 정정〔수정·개정〕하다.
a·mende ho·no·ra·ble [əmémd ɔnɔrɑ́:bl] (F.) 공식적 사죄〔배상〕.
:**a·mend·ment** [-mənt] *n.* ① Ⓤ,Ⓒ 변경, 개정, 교정. ② Ⓒ 수정안; (A-) (미국 헌법의) 수정 조항.
***a·mends** [əméndz] *n. pl.* 《단·복수 취급》 배상, 벌충(*for*).
***a·men·i·ty** [əménəti, -mí:-] *n.* ① Ⓤ (인품이) 호감을 줌, 온아함; (*pl.*) 예의. ② Ⓤ (환경·건물의) 아늑함, 쾌적. ③ (*pl.*) (가정의) 즐거움.
a·men·or·rhe·a [eimènərí:ə, ɑ:-] *n.* Ⓤ 무월경(無月經).
a·men·tia [eiménʃiə/əmén-] *n.* Ⓤ (선천성) 백치(白痴), 정신 박약.
Amer. America(n).
A·mer·a·sian [æ̀məréiʒən, -ʃən] *n.* Ⓒ 미국인과 동양인의 혼혈아〔인〕.
a·merce [əmə́:rs] *vt.* 벌하다.
†**A·mer·i·ca** [əmérikə] *n.* 미국; 북아메리카; 남아메리카.
†**A·mer·i·can** [-n] *a.* 미국(인)의; 아메리카(인)의. — *n.* Ⓒ 미국인; 미국 원주민; Ⓤ 미어(美語).
A·mer·i·ca·na [əmèrəkǽnə, -kɑ́:-] *n. pl.* 미국 문헌, 미국지(誌).
Américan Áirlines 아메리칸 항공《미국의 민간 항공사》.
Américan áloe 〖植〗 용설란(century plant).
Américan Bár Associátion 미국 법률가 협회.
Américan Béauty 〖植〗 붉은 장미의 일종《미국산》.
Américan Cívil Wár, the 〖美史〗 남북 전쟁(1861-65).
Américan clòth 〔**léather**〕 《英》 광택 있는 유포(油布)《의자 커버 따위로 쓰임》.
Américan dréam 아메리카의 꿈《물질적 번영과 성공》.
Américan éagle 〖鳥〗 흰머리수리《북아메라카산》; 미국의 문장(紋章).
Américan Énglish 미국 영어, 미어(美語)(cf. British English).
Américan Fóotball 미식 축구.
Américan Fóotball Cónference 아메리칸 풋볼 콘퍼런스《NFL 산하의 미국 풋볼 리그; 생략 AFC》.
Américan Índian 아메리카 인디언(어).
A·mer·i·can·ism [əmérikənìzəm] *n.* Ⓒ 미국어(법); Ⓤ,Ⓒ 미국풍〔식〕; Ⓤ 미국 숭배.
A·mer·i·can·ize [əmérikənàiz]

vt., vi. 미국화(化)하다; 미국 말을 하다. **-i·za·tion** [–⌐––izéiʃən/-naiz-] *n.* Ⓤ 미국화.
Américan lánguage =AMERICAN ENGLISH.
Américan Léague, the 아메리칸 리그《미국 프로 야구 2대 리그의 하나》.
Américan Légion, the 미국 재향 군인회.
Américan plàn 《美》 (호텔의) 미국식 계산《숙비·식비·봉사료를 합산》 (cf. European plan).
Américan Revolútion 《美》 미국 독립 전쟁(1775-83).
Américan Stándards Association 미국 규격 협회《생략 ASA》.
Américan Stándard Vérsion, the 미국 표준역 성서《생략 ASV》.
Américan tíger =JAGUAR.
am·er·ic·i·um [æ̀mərí∫iəm] *n.* Ⓤ 〖化〗 아메리슘《방사성 원소; 기호 Am》.
Am·er·ind [ǽmərind] *n.* Ⓒ 《美》 아메리카 원주민(<*Amer*ican *Ind*ian).
am·e·thyst [ǽməθist] *n.* Ⓤ,Ⓒ 자석영(紫石英), 자수정.
am·e·tro·pi·a [æ̀mətróupiə] *n.* Ⓤ 〖醫〗 비정시(視)《난시·근시·원시의 총칭》.
a·mi [æmíː] *n.* (F.) Ⓒ 남자 친구[애인](cf. amie).
***a·mi·a·ble** [éimiəbəl] *a.* 귀여운; 호감을 주는; 마음씨가 상냥한; 온후한. * **-bly** *ad.* **-bil·i·ty** [⌐––bíləti] *n.*
***am·i·ca·ble** [ǽmikəbəl] *a.* 우호적인, 친화[평화]적인. **-bly** *ad.* **-bil·i·ty** [–⌐–bíləti] *n.*
am·ice [ǽmis] *n.* Ⓒ 〖가톨릭〗 개두포(蓋頭布).
:a·mid [əmíd] *prep.* …의 한가운데에; 한창 …하는 중에.
amíd·shìp(s) *ad.* 배의 중앙에[을 향해].
:a·midst [əmídst] *prep.* =AMID.
a·mie [æmíː] *n.* (F.) Ⓒ 여자 친구[애인](cf. ami).
a·mi·go [əmíːgou, ɑː-] *n.* (*pl.* **~s**) (Sp.) Ⓒ 《美》 친구.
a·mine [əmíːn, ǽmin] *n.* Ⓤ 〖化〗 아민.
a·mi·no [əmíːnou, ǽmənòu] *a.* 〖化〗 아민의.
amíno ácid 〖化〗 아미노산.
a·mì·no·ben·zó·ic ácid [əmìːnoubenzóuik-] 〖化〗 아미노 안식향산.
A·mish [ɑ́ːmiʃ, ǽm-] *a.* 《美》 아미시의《17세기말 J. Ammann과 함께 도미한 그리스도교도》. — *n.* (the ~) 《복수 취급》 아미시파의 사람들.
a·miss** [əmís] *ad.* 빗나가서, 어긋나서, 형편 사납게; 잘못되어; 탈이 나서. ***come ~ 달갑지 않게[신통치 않게] 되다. ***do ~*** 그르치다, 죄를 범하다. ***go ~*** (일이) 잘 안 돼 가다, 어긋나다. ***not ~*** 나쁘지 않은, 괜찮은. ***take (it) ~*** 나쁘게 해석하다; 기분을 상하다. — *a.* 빗나간, 어긋난; 틀린.
am·i·ty [ǽməti] *n.* Ⓤ,Ⓒ 친목, 친화, 친선.
AMM, A.M.M. anti-missile missile.
Am·man [ɑ́ːmmɑːn, –⌐] *n.* 암만《요르단의 수도》.
am·me·ter [ǽmmìːtər] *n.* Ⓒ 전류계.
am·mo [ǽmou] *n.* Ⓤ 《俗》 =AMMUNITION.
am·mo·nal [ǽmənæ̀l] *n.* Ⓤ 암모날《폭약의 일종》.
***am·mo·nia** [əmóunjə, -niə] *n.* Ⓤ 〖化〗 암모니아.
am·mo·ni·ac [əmóuniæ̀k] *a.* 암모니아의[같은]. — *n.* Ⓤ 암모니아 고무.
ammónia wàter [solùtion] 〖化〗 암모니아수.
am·mo·nite [ǽmənàit] *n.* Ⓒ 〖古生〗 암몬조개, 국석(菊石).
am·mo·ni·um [əmóuniəm] *n.* Ⓤ 〖化〗 암모늄.
ammónium chlóride 염화암모늄.
am·mu·ni·tion** [æ̀mjuníʃən] *n., a.* Ⓤ 탄약; 군수품; 《英》 군용의. ***~ belt 탄띠. ***~ boots*** 군화. ***~ bread*** 군용빵. ***~ box [chest]*** 탄약 상자. ***~ industry*** 군수 산업.
am·ne·sia [æmníːʒə] *n.* Ⓤ 〖醫〗 건망증.
am·nes·ty [ǽmnəsti] *n., vt.* Ⓤ 〖法〗 대사(大赦), 특사(하다).
Ámnesty Internátional 국제 앰네스티, 국제 사면 위원회《사상범·정치범의 석방 운동을 위한 국제 조직》.
am·ni·o·cen·te·sis [æ̀mniousentíːsəs] *n.* (*pl.* **-ses** [-siːz]) Ⓒ 〖醫〗 양수천자(羊水穿刺)《태아의 성별을 진단함》.
a·moe·ba [əmíːbə] *n.* (*pl.* **~s, -bae** [-biː]) Ⓒ 아메바. **-bic** [-bik] *a.* 아메바의[같은], 아메바성의. **-boid** [-bɔid] *a.* 아메바 비슷한.
a·mok [əmʌ́k, -ɑ́-/-ɔ́-] *n.* Ⓤ (말레이 지방의) 광열병(狂熱病). — *ad.* =AMUCK.
†a·mong(st) [əmʌ́ŋ(st)] *prep.* …의 가운데[속]에, …의 사이에; …중에서는(cf. between). ***~ others [other things]*** (그 중에서도) 특히. ***~ the*** REST². ***from ~*** …의 중에서, …속으로부터.
a·mor·al [eimɔ́ːrəl, æm-/-mɔ́r-] *a.* 초(超)도덕의, 도덕에 관계 없는 (nonmoral)(cf. immoral).
am·o·rous [ǽmərəs] *a.* 호색의; 연애의; 연애를[사랑을] 하고 있는; 사랑을 표시하는, 요염한. **~·ly** *ad.*
a·mor·phism [əmɔ́ːrfizəm] *n.* Ⓤ 무형(無形), 무정형(無定形); 비결정(非結晶), 무조직.
a·mor·phous [əmɔ́ːrfəs] *a.* 무형의; 비결정(질)의; 무조직의. ***~ sentence*** 〖文〗 무형문(無形文).
am·or·ti·za·tion [æ̀mərtəzéiʃən]

A

n. Ⓤ 〖經〗 (감채 기금에 의한) 할부 변제(금); 〖法〗 (부동산의) 양도.
am·or·tize [ǽmərtàiz, əmɔ́:-] *vt.* (감채 기금으로) 상각[상환]하다; 〖古英法〗 (부동산을) 법인에게 양도하다.
A·mos [éiməs/-mɔs] *n.* 〖舊約〗 아모스《헤브라이 예언자》; 아모스서(書).
†**a·mount** [əmáunt] *vi.* 총계 …이 되다(*to*); 결국 …이 되다, (…과) 같다, 한가지다; (어느 상태에) 이르다. ── *n.* (the ~) 합계, 총액(sum total); (an ~) 양(量); 결국, 원리 합계. ***in* ~** 총계; 결국, 요컨대. ***to the* ~ *of*** 총계 …까지 (이르는); …정도나 되는.
a·mour [əmúər] *n.* Ⓒ 연애; 정사(情事).
a·mour-pro·pre [əmûərprɔ́:pr/ǽmuərprɔ́pr] *n.* (F.) 자존심, 자부심.
AMP adenosine monophosphate. **amp.** ampere.
am·per·age [ǽmpəridʒ] *n.* Ⓤ 〖電〗 암페어수(數)
*****am·pere*** [ǽmpiər/─́─] *n.* Ⓒ 〖電〗 암페어.
ámpere-hóur *n.* Ⓒ 〖電〗 암페어시(時).
ámpere-tùrn *n.* Ⓒ 〖電〗 암페어 횟수.
am·per·sand [ǽmpərsæ̀nd] *n.* Ⓒ '&'(=and)(의 명칭).
am·phet·a·mine [æmfétəmì:n] *n.* Ⓤ 〖藥〗 암페타민《중추 신경을 자극하는 각성제》; Ⓒ 암페타민 알약.
am·phi- [ǽmfi, -fə] *pref.* '양(兩)…, 두 가지; 원형, 주위'의 뜻.
Am·phib·i·a [æmfíbiə] *n. pl.* 〖動〗 양서류.
am·phib·i·an [æmfíbiən] *a., n.* Ⓒ 양서류의 (동물); 수륙 양서(兩棲)의 (식물); 수륙 양용의 (탱크·비행기). **-i·ous** *a.* 수륙 양서[양용]의; 두 가지 성질을 가진; =TRIPHIBIOUS.
am·phi·mix·is [ǽmfəmíksis] *n.* (*pl.* ***-mixes*** [-míksì:z]) Ⓤ,Ⓒ 〖生〗 양성(兩性) 혼합; 교배(交配).
ámphi·thèater, 《英》 **-tre** *n.* Ⓒ (고대 로마의) 원형 극장, 투기장(cf. Colosseum); (근대 극장의) 계단식 관람석; 계단식 (수술 실습) 교실.
am·pho·ra [ǽmfərə] *n.* (*pl.* ***-rae*** [-rì:]) Ⓒ 그리스·로마 시대의 족자리 둘 달린 긴 항아리.
am·pho·ter·ic [æ̀mfətérik] *a.* 쌍방에 작용하는; 〖化〗 (산성과 염기성의) 양쪽 성질을 가지고 있는.
am·pi·cil·lin [æ̀mpəsílin] *n.* Ⓤ 암피실린《페니실린 비슷한 항생물질》.
‡**am·ple** [ǽmpl] *a.* ① 넓은, 광대한. ② 풍부한; 충분한. **~·ness** *n.*
am·pli·fi·er [ǽmpləfàiər] *n.* Ⓒ 확대하는 물건[사람]; 확대경; 〖電·컴〗 증폭기, 앰프.
‡**am·pli·fy** [ǽmpləfài] *vt., vi.* (…을) 넓게 하다, 넓어지다, 확대하다; (학설을) 부연하다. **-fi·ca·tion** [∸─fikéiʃən] *n.*
am·pli·tude [ǽmplitjù:d] *n.* Ⓤ 폭; 넓이; 크기; 풍부함, 충분; 〖理〗 진폭.
ámplitude modulátion 〖電子〗 진폭 변조(變調)《생략 AM》(opp. frequency modulation).
am·ply [ǽmpli] *ad.* 충분히; 널리.
am·poule[ǽmpu:l], **-pule**[-pju:l] *n.* (F.) Ⓒ 앰플《1회분의 주사액을 넣은》.
am·pu·tate [ǽmpjutèit] *vt.* (…을) 절단하다.
am·pu·ta·tion [æ̀mpjutéiʃən] *n.* Ⓤ,Ⓒ 자름, 절단(수술). **-pu·tee** [-tí:] *n.* Ⓒ 절단 환자.
AMSA Advanced Manned Strategic Aircraft 유인(有人) 전략 항공기.
Am·ster·dam [ǽmstərdæ̀m] *n.* 네덜란드의 수도.
am·trac [ǽmtræ̀k] (＜*am*phibious *trac*tor) *n.* Ⓒ 《軍俗》 수륙 양용차.
Am·trak [ǽmtræ̀k] *n.* 앰트랙《전미국 철도 여객 수송 공사의 애칭》.
AMU atomic mass unit 원자 질량 단위.
a·muck [əmʌ́k] *ad.* 미친 듯이 날뛰어. ***run* ~** 함부로 날뛰다[설치다].
am·u·let [ǽmjəlit] *n.* Ⓒ 부적.
‡**a·muse** [əmjú:z] *vt.* 즐겁게[재미있게] 하다; 위안하다. ***~ oneself*** 즐기다, 놀다(*by, with*). ***be ~d*** (…을) 재미있어 하다, 즐기다(*at, by, with*). **~d** *a.* 즐기는, 흥겨운. ‡ **~·ment** *n.* Ⓤ 즐거움, 위안, 오락(*~ment center* 환락가/*~ment park* 유원지/*~ment tax* 유흥세). ‡**a·mús·ing** *a.* 재미있는, 우스운.
AMVETS, Amvets [ǽmvèts] American Veterans 미국 재향 군인회.
am·yl [ǽmil] *n.* Ⓤ,Ⓒ 〖化〗 아밀《유기근(有機根)의 명칭》.
am·yl·ase [ǽməlèis] *n.* Ⓤ 〖生化〗 아밀라아제《전분 당화 효소》.
am·y·lose [ǽməlòus] *n.* Ⓒ 〖生化〗 아밀로오스.
†**an**[1] [強 æn, 弱 ən] *indef. art.* ⇨A[2].
an[2], **an'** [強 æn, 弱 ən] *conj.* 《方·口》 =AND; 《古》 =IF. ⌈ways.
ANA Australian National Air-
a·na [ɑ́:nə, éinə] *n.* Ⓒ (어떤 사람의) 담화집, 어록(語錄); 《집합적》 일화(집).
An·a·bap·tist [æ̀nəbǽptist] *n.* Ⓒ 재침례파 (교도).
an·a·bas [ǽnəbæ̀s] *n.* Ⓒ 〖魚〗 아나바스.
a·nab·a·sis [ənǽbəsis] *n.* (*pl.* ***-ses*** [-sì:z]) Ⓤ,Ⓒ (내륙으로의) 진군; 원정; 〖醫〗 병세 악화[증진].
an·a·bat·ic [æ̀nəbǽtik] *a.* 상승(기류)의.
an·a·bi·o·sis [æ̀nəbaióusis] *n.* Ⓤ 소생(蘇生).
a·nab·o·lism [ənǽbəlìzəm] *n.* Ⓤ 〖生〗 동화 작용(opp. catabolism).

an·a·bol·ic[æ̀nəbálik/-bɔ́l-] *a.*
a·nach·ro·nism[ənǽkrənìzəm] *n.* U,C 시대착오(적인 것). **-nis·tic** [–˗–nístik] *a.*
an·a·clas·tic [æ̀nəklǽstik] *a.* 〖光〗 굴절(성)의.
an·a·co·lu·thon [æ̀nəkəlúːθan/-θɔn] *n.* (*pl.* **-tha** [-θə]) C 〖文〗 파격 구문.
an·a·con·da[æ̀nəkándə/-ɔ́-] *n.* C 〖動〗 (남아메리카의) 아나콘다 뱀; 《一般》 큰 뱀《boa, python 따위》.
A·nac·re·on·tic [ənæ̀kriántik/-ɔ́n-] *a.* (고대 그리스의) 아나크레온풍의.
a·nad·ro·mous[ənǽdrəməs] *a.* (고기가) 소하성(溯河性)의《연어 따위》.
a·nae·mi·a, -mic =ANEMIA, ANEMIC.
an·aer·obe[ænέəroub] *n.* C 혐기성(嫌氣性) 생물《박테리아 따위》. **-o·bic**[˗–óubik] *a.*
an·aes·the·sia, &c. =ANESTHESIA, &c.
an·a·gram[ǽnəgræ̀m] *n.* C 글자 바꿈 수수께끼《time을 바꿔 써서 'emit', 'mite' 등으로 하는 따위》; (*pl.*) 《단수 취급》 글자 바꿈 수수께끼 놀이.
a·nal [éinəl] (<**anus**) *a.* 항문(肛門)의, 항문 부근의.
an·a·lects[ǽnəlèkts] *n. pl.* 선집(選集), 어록(語錄). ***the A- of Confucius*** 논어.
an·al·ge·si·a [æ̀nəldʒíːziə] *n.* U 〖醫〗 무통각증. **-sic** [-zik, -dʒésik] *a., n.* 진통의; U,C 진통제.
an·a·log[ǽnəlɔ̀ːg, -làg/-lɔ̀g] *n.* 《美》 =ANALOGUE. — *a.* 상사형(相似型)의, 연속형의, 아날로그의.
ánalog compùter 〖컴〗 아날로그 컴퓨터, 연속형 전산기.
an·a·log·ic[æ̀nəládʒik/-ɔ́-], **-i·cal** [-əl] *a.* 유사한; 유추의. **-cal·ly** *ad.*
a·nal·o·gize[ənǽlədʒàiz] *vt., vi.* ① (…을) 유추에 의해 설명하다, 유추하다. ② (…와) 유사하다(*with*).
*__a·nal·o·gous__[ənǽləgəs] *a.* 유사한, 상사의. **~·ly** *ad.*
an·a·logue [ǽnəlɔ̀ːg, -làg/-lɔ̀g] *n.* C 유사물; 〖生〗 상사기관; 〖컴〗 연속형, 아날로그.
:a·nal·o·gy[ənǽlədʒi] *n.* C 유사; U 유추(*false* ~ 그릇된 유추/*forced* ~ 억지로 갖다 붙임, 견강부회); 〖生〗 (기관·기능 따위의) 상사(相似). ***on the ~ of*** …로 유추하여 〔미루어〕.
a·nal·y·sand[ənǽləsæ̀nd] *n.* C 정신 분석을 받는 사람.
:an·a·lyse[ǽnəlàiz] *v.* 《英》 =ANALYZE.
:a·nal·y·sis[ənǽləsis] *n.* (*pl.* **-ses** [-sìːz]) U,C ① 분해(opp. synthesis); 분석. ② 해석(解析)(학). ③ 〖컴·文〗 분석. ***in* 〔*on*〕 *the last* 〔*final*〕 ~,** or ***on*** ~ 요컨대, 결국.

*__an·a·lyst__[ǽnəlist] *n.* C ① 분해자; 분석자, 해석학자. ② 정신 분석학자. ③ 경제〔정치〕 분석가. ④ 〖컴〗 분석가, 시스템 분석가.
*__an·a·lyt·ic__[æ̀nəlítik], **-i·cal** [-əl] *a.* 분석〔분해·해석〕의; 분석〔해석〕적인.
analýtical chémistry 분석 화학.
analýtic geómetry 해석 기하학.
analýtic psychólogy 〖心〗 분석 심리학.
an·a·lyt·ics[æ̀nəlítiks] *n.* U 분석〔해석〕학; 〖文〗 분석론.
:an·a·lyze, 《英》 **-lyse**[ǽnəlàiz] *vt.* 분석〔분해·해석〕하다; (문장을) 분석하다. *__-lyz〔s〕·er__[-ər] *n.* C 분석하는 사람〔물건〕.
an·a·mor·pho·sis[æ̀nəmɔ́ːrfəsis] *n.* C 〖光學〗 왜상(歪像); 〖植〗 기형, 변체《꽃, 잎 등》; 〖生〗 점변(漸變) 진화.
an·a·nas[ǽnənæ̀s, ənáːnəs] *n.* C 《稀》 〖植〗 아나나스, 파인애플.
An·a·ni·as[æ̀nənáiəs] *n.* 〖聖〗 아나니아《거짓말을 하여 벌받아 죽은 남자》.
an·a·p(a)est[ǽnəpèst] *n.* C 〖韻〗 약약강격(弱弱強格)《××˗》. **-paes·tic, -pes-** [˗–péstik/-píːs-] *a.*
a·naph·o·ra[ənǽfərə] *n.* C 〖修〗 수어(首語)(구) 반복; 〖文〗 (반복을 피하기 위한 대명사·대동사 등의) 대용어.
an·a·phor·ic [æ̀nəfɔ́ːrik/-fɔ́r-] *a.* 〖그正教〗 성찬식의; 〖文〗 전방조응(前方照應)의.
an·aph·ro·dis·i·ac [ænæ̀frədízi-æ̀k] *a.* 성욕 억제의.
an·a·plas·ty[ǽnəplæ̀sti] *n.* U 〖外科〗 성형 수술.
an·a·rak[ǽnəræ̀k] *n.* =ANORAK.
an·arch[ǽnaːrk] *n.* =ANARCHIST.
an·ar·chism[ǽnərkìzəm] *n.* U 무정부주의〔상태〕, 무질서; 테러 행위. **-chist** *n.* C 무정부주의자〔당원〕.
*__an·ar·chy__[ǽnərki] *n.* U 무정부(상태), (사회의) 무질서, 혼란; 무질서론. **-chic** [ænáːrkik], **-chi·cal** [-əl] *a.*
a·nas·to·mose[ənǽstəmòuz] *vt., vi.* 합류시키다〔하다〕, 접합시키다〔하다〕; 〖外科〗 문합(吻合)시키다〔하다〕.
a·nath·e·ma[ənǽθəmə] *n.* U,C 파문; C 저주; 저주받은 물건〔사람〕.
:a·nat·o·my[ənǽtəmi] *n.* U 해부(술·학); C 분석; (동·식물의) 구조.
an·a·tom·ic[æ̀nətámik/-ɔ́-], **-i·cal**[-əl] *a.* **-mist** *n.* C 해부학자. **-mize** [-màiz] *vt.* 해부〔분석〕하다.
:an·ces·tor[ǽnsestər, -səs-] *n.* (*fem.* **-tress**) C 조상. *__-tral__ [ænséstrəl] *a.* 조상〔선조〕(전래)의. *__-try__ [-tri] *n.* U 《집합적》 조상; 집안; 가계(lineage).
:an·chor[ǽŋkər] *n.* C 닻; 힘이〔의지가〕 되는 것; (릴레이의) 최종 주자(走者). ***at*** ~ 정박하여. ***cast* 〔*drop*〕** ~ 닻을 내리다. ***drag*** ~ 표류하다.

A

weight ~ 닻을 올리다, 출범하다. — *vt., vi.* (…에) 닻을 내리다, 정박하다. ~ ***one's hope in*** 〔***on***〕 …에 희망을 걸다. *~**·age**[-idʒ] *n.* Ⓤ,Ⓒ 닻을 내림; 정박(지·세).

an·cho·ress [ǽŋkəris] *n.* Ⓒ 여은자(女隱者).

an·cho·ret [ǽŋkərit, -rèt], **-rite** [-ràit] *n.* Ⓒ 은자(隱者)(hermit), 속세를 떠난 사람 (recluse).

ánchor·màn *n.* Ⓒ ① 중심 인물; 최종 주자. ② (*fem.* ***-woman***) (방송의) 앵커맨.

ánchor·pèrson *n.* Ⓒ (뉴스 프로의) 종합 사회자.

an·cho·vy [ǽntʃouvi, -tʃə-] *n.* Ⓒ 〚魚〛 안초비《지중해산 멸치류》. ~ ***paste*** 안초비를 풀처럼 갠 식품.

an·cienne no·blesse [ɑ̃:sjén nɔblés] (F.) (혁명 전의) 구(舊)귀족.

an·cien ré·gime [ɑ̃:sjǽ reiʒí:m] (F.) 구제도《특히 혁명 이전 프랑스의 정치·사회 조직》.

:an·cient[1] [éinʃənt] *a.* 고대의, 옛날의; 고래(古來)의; 늙은(very old) (*The A- Mariner* 노(老)선원 《Coleridge 작의 시의 제목》); 구식의; 낡은. — *n.* Ⓒ 고전 작가; 노인. ***the ~s*** 고대인《그리스·로마 사람 등》. ***the A- of Days*** 〚聖〛 옛적부터 항상 계신 이《하느님》. ~**·ly** *ad.* 옛날에는.

an·cient[2] *n.* Ⓒ 《古》 기(旗); 기수.

áncient hístory 고대사(史); 《俗》 주지의 사실.

áncient líghts 〚法〛 채광권(採光權).

an·cil·lar·y [ǽnsəlèri/ænsíləri] *a.* 보조의.

†and [強 ænd, 弱 ənd, nd] *conj.* ① 그리고, 및, 또한; 그러자. ② 《명령문 뒤에서》 그러면. ***and/or*** =and *or* or (*newspapers and/or magazines* 신문 및〔또는〕 잡지). ~ ALL (*n.*). ~ ***all that,*** or ~ ***so on*** 〔***forth***〕, or ~ ***what not*** …따위, …등등. ~ ***that*** 더우기, 게다가. ~ ***yet*** 그럼에도 불구하고. ***try*** ~ 해보다(*Try* ~ *do it.* 해 봐라).

AND [ænd] *n.* 〚컴〛 또, 논리곱.

an·dan·te [ændǽnti] *a., ad., n.* (It.) 〚樂〛 안단테《보통 빠르기》의〔로〕; Ⓒ 안단테의 곡.

an·dan·ti·no [ændæntí:nou] *a., ad., n.* (It.) 〚樂〛 안단티노《안단테보다 좀 빠른 속도》의〔로〕; Ⓒ 그런 곡.

ÁND cìrcuit 〚컴〛 논리곱〔앤드〕 회로.

An·de·an [ændí:ən, ǽndiən] *a., n.* Andes 산맥의; Ⓒ 안데스 사람.

·An·der·sen [ǽndərsn], **Hans Christian**(1805-75) 덴마크의 동화작가.

An·des [ǽndi:z] *n. pl.* (the ~) 안데스 산맥.

an·des·ite [ǽndizàit] *n.* Ⓤ 〚地〛 안산암(安山岩).

ÁND gàte 〚컴〛 또〔앤드〕문.

and·i·ron [ǽndàiərn] *n.* Ⓒ (보통 *pl.*) (난로의) 철제 장작 받침.

An·dor·ra [ændɔ́:rə, -dɑ́rə/-dɔ́rə] *n.* 안도라《프랑스·스페인 국경에 있는 공화국, 또는 그 수도》.

ÁND operàtion 〚컴〛 또셈, 앤드셈.

an·dro·gen [ǽndrədʒən] *n.* Ⓤ 〚生化〛 안드로겐《남성 호르몬》.

an·drog·y·nous [ændrɑ́dʒənəs/ -ɔ́-] *a.* 〚植〛 자웅화(雌雄花) 동체(同體)의; 남녀추니의; 양성(兩性)의.

an·droid [ǽndrɔid] *n.* Ⓒ (SF에서) 인간 모양의 로봇.

An·drom·e·da [ændrɑ́midə/-ɔ́-] *n.* 〚그神〛 바다괴물의 산 제물이 될 뻔한 것을 Perseus에게 구조된 이디오피아 공주; 〚天〛 안드로메다 자리.

Andrómeda gàlaxy 〚天〛 안드로메다 성운(星雲).

an·ec·dot·age [ǽnikdòutidʒ] *n.* Ⓤ 일화(집); 옛 이야기를 하고 싶어하는 나이《dotage에 붙혀 만든 말》.

:an·ec·dote [ǽnikdòut] *n.* Ⓒ 일화(逸話); 기담(奇譚). **-do·tal** [ㅅ-dóutl, ㅅ-ㅅ-] *a.* **-dot·ic** [ㅅ-dɑ́tik/ -ɔ́-], **-i·cal** [-əl] *a.*

an·e·cho·ic [ænəkóuik] *a.* 무반향의, 소리 없는.

a·ne·mi·a [əní:miə] *n.* Ⓤ 빈혈증. **-mic** [-mik] *a.*

an·e·mo- [ǽnəmou, -mə] *pref.* '바람, 흡입'이란 뜻의 결합사.

ane·mom·e·ter [ænəmɑ́mitər/ -ɔ́mi-] *n.* Ⓒ 풍력계.

·a·nem·o·ne [ənéməni] *n.* Ⓒ 〚植〛 아네모네; 〚動〛 말미잘(sea ~).

an·e·moph·i·lous [ænəmɑ́fələs/ -ɔ́-] *a.* 〚植〛 풍매(風媒)의(cf. entomophilous).

a·nent [ənént] *prep.* 《古·Sc.》 …에 관하여; 《方》 …의 곁에(beside).

an·er·oid [ǽnərɔ̀id] *a.* 액체를 이용하지 않는, 무액(無液)의. — *n.* Ⓒ아네로이드〔무액〕 청우계.

an·es·the·sia [ænəsθí:ʒə, -ziə] *n.* Ⓤ 마취. ***general*** 〔***local***〕 ~ 전신〔국소〕 마취. **-thet·ic** [-θétik] *a., n.* 마취의〔를 일으키는〕; Ⓤ,Ⓒ 마취제. **-the·tist** [ənésθətist/əní:s-] *n.* Ⓒ (수술할 때의) 마취사. **-the·tize** [-tàiz] *vt.* 마취를 걸다; 마비시키다.

an·es·the·si·ol·o·gy [ænisθì:ziɑ́lədʒi/-ɔ́-] *n.* Ⓤ 마취학.

an·eu·rysm, -rism [ǽnjurìzəm] *n.* Ⓒ 〚醫〛 동맥류(瘤).

·a·new [ənjú:] *ad.* 다시, 재차; 새로이.

A.N.G. American Newspaper Guild.

an·ga·ry [ǽŋgəri] *n.* Ⓤ 〚國際法〛 전시 수용권《교전국이 군사적 필요로 중립국의 재산을 수용할 수 있는 권리; 전후 완전 배상의 의무가 있음》.

:an·gel [éindʒəl] *n.* Ⓒ ① 천사(같은 사람). ② 영국의 옛금화. ③《美俗》 (배우·극장 등의) 재정적 후원자. ~ (***'s***) ***visit*** 귀한 손님; 좀처럼 없는 일. ***evil*** 〔***fallen***〕 ~ 악마.

ángel càke 《美》 흰 카스테라의 일

종.

ángel·fìsh *n.* Ⓒ 전자리상어《angelshark라고도 함》; 에인절피시.

***an·gel·ic**[ændʒélik], **-i·cal**[-əl] *a.* 천사의〔같은〕.

an·gel·i·ca[ændʒélikə] *n.* Ⓤ,Ⓒ 안젤리카《멧두릅속의 식물; 요리·약용》; 그 줄기의 설탕절임; (안젤리카로 맛을 낸) 일종의 리큐르술.

An·ge·lus[ǽndʒələs] *n.* 〖가톨릭〗 도고(禱告) 기도; 그 시간을 알리는 종(～ bell)《아침·정오·해질녘에 울림》.

‡an·ger[ǽŋgər] *n., vt.* Ⓤ 노염, 성, 화(나게 하다). ***be ～ed by*** 〔***at***〕 …에 화내다. ***in ～*** 노하여, 성내어.

An·ge·vin[ǽndʒəvin] *a., n.* Ⓒ Anjou 지방의 (사람); Anjou 왕가의 (사람)《영국왕 Henry Ⅱ에서 Richard Ⅱ 까지》.

an·gi·na[ændʒáinə] *n.* Ⓤ 〖醫〗 인후통, 앙기나.

angína péc·to·ris[-péktəris] 협심증(狹心症).

an·gi·ol·o·gy[æ̀ndʒiɑ́lədʒi] *n.* Ⓤ 〖醫〗 맥관학(脈管學).

an·gi·o·sperm [æ̀ndʒiəspə̀ːrm] *n.* Ⓒ 피자(被子) 식물(cf. gymnosperm).

‡an·gle[1][ǽŋgl] *n.* Ⓒ ① 모(퉁이), 귀퉁이. ② 각(도). ③ 관점, 견지. ***～ of depression*** 〔***elevation***〕 〖數〗 내려본〔올려본〕각. — *vt., vi.* (각지게) 구브리다, 각을 이루다; 굽다; (보도를) 왜곡하다.

an·gle[2] *vi.* 낚시질하다; 낚다(～ *for trout*); (교묘히) 꾀어내다(～*for an invitation to a party* 파티에 초청되도록 획책하다). ***án·gler** *n.* Ⓒ 낚시꾼; 〖魚〗 아귀.

ángle·dòzer *n.* Ⓒ 사판식(斜板式) 불도저.

ángle ìron 앵글철(鐵).

ángle pàrking (자동차의) 비스듬한 주차《주로 길가에서》.

An·gles[ǽŋglz] *n. pl.* 앵글족(族)《5세기경 영국에 이주한 튜턴 민족》(cf. Anglo-Saxon).

ángle·wòrm *n.* Ⓒ (낚싯밥용) 지렁이.

An·gli·an[ǽŋgliən] *a., n.* 앵글족의; Ⓒ 앵글 사람; Ⓤ 앵글어.

***An·gli·can**[ǽŋglikən] *a.* 영국 국교의, 영국 성공회의; 《美》 잉글랜드의. — *n.* Ⓒ 영국 국교도. **～·ism** [-ìzəm] *n.* Ⓤ 영국 국교; (특히) 고교회(高敎會)(High Church)파주의.

Ánglican Chúrch, the = CHURCH OF ENGLAND.

An·gli·ce, a-[ǽŋgləsi] *ad.* (L.) 영어로(는).

An·gli·cism[-sìzəm] *n.* Ⓤ 영국풍〔식〕; =BRITICISM.

An·gli·cist[-sist] *n.* Ⓒ 영국통, 영어 영문학자.

An·gli·cize, -cise[-sàiz] *vt., vi.* 영국〔영어〕화하다.

an·gling[-iŋ] *n.* Ⓤ 낚시질.

An·glis·tics[æŋglístiks] *n.* Ⓤ 영어〔영문〕학.

An·glo-[ǽŋglou] '영국(의), 영국 및'의 뜻의 결합사.

***Ánglo-Américan** *a., n.* 영미(英美)의; Ⓒ 영국계 미국인(의).

Ánglo-Cathólicism *n.* Ⓤ 영국 국교회 가톨릭주의.

Ánglo-Frénch *a., n.* 영불(英佛)의; =ANGLO-NORMAN.

An·glo·ma·ni·a [æ̀ŋgləméiniə, -njə] *n.* Ⓤ 영국 심취. **-ni·ac**[-niæ̀k] *n.* Ⓒ 영국 심취자.

Ánglo-Nórman *n., a.* Ⓒ (영국 정복(1066) 후 영국에 이주한) 노르만 사람(의); Ⓤ 앵글로노르만어(의).

An·glo·phile[ǽŋgləfàil], **-phil** [-fìl] *n.* Ⓒ 친영(親英)파 사람.

An·glo·phobe[-fòub] *n.* Ⓒ 영국을 싫어하는 사람, 반영(反英)주의자. **-pho·bi·a**[⌐—fóubiə, -bjə] *n.* Ⓤ 영국 혐오; 공영(恐英) 사상.

An·glo·phone[ǽŋgləfòun] *a., n.* Ⓒ 영어 상용의〔자〕《영어 외에도 공용어가 있는 나라에서》.

‡Ánglo-Sáxon *n.* (the ～s) 앵글로색슨 민족; Ⓤ 앵글로색슨어. — *a.* 앵글로색슨의.

An·go·la[æŋgóulə] *n.* 아프리카 남서부의 한 공화국.

An·go·ra[æŋgɔ́ːrə] *n.* Ⓒ 앙고라고양이〔염소·토끼〕; [ǽŋgourə] = ANKARA.

†an·gry[ǽŋgri] *a.* ① 성난, 성나 있는(*at, with*). ② 몹시 쑤시는. ③ (색깔 등이) 강렬한, 타는 듯한. ***get ～*** 성내다. **‡án·gri·ly** *ad.*

Ángry Yòung Mén '성난 젊은이들'《1950년대 후반 기성 문단에 항거하여 일어선 영국의 청년 작가들》.

angst[ɑːŋkst] *n.* (G.) Ⓤ 불안, 염세.

ang·strom (únit)[ǽŋstrəm(-)] *n.* Ⓒ 〖理〗 옹스트롬《파장 단위: 1cm의 1억분의 1》.

an·guish**[ǽŋgwiʃ] *n.* Ⓤ 격통, 고뇌. ***in ～ 괴로워서, 괴로운 나머지. **～ed**[-t] *a.* 고뇌에 찬.

***an·gu·lar**[ǽŋgjələr] *a.* 각이 있는, 모난; (사람이) 말라빠진; (태도가) 무뚝뚝한. **～·i·ty**[⌐—lǽrəti] *n.* Ⓤ 모남, 모짐; 무뚝뚝함.

ángular moméntum 〖理〗 각운동량.

ángular velócity 〖理〗 각속도.

an·gu·late[ǽŋgjəlit, -lèit] *a.* 모가 난. — *vt.* [-lèit] (…에) 모를 내다. **-la·tion**[⌐—léiʃən] *n.*

an·ile[ǽnail, éi-] *a.* 노파의〔같은〕.

an·i·line[ǽnəlin -làin], **-lin**[-lin] *n.* Ⓤ 〖化〗 아닐린.

ániline dýe 아닐린 물감.

a·nil·i·ty[əníləti, æn-] *n.* Ⓤ 망령, 노쇠.

an·i·ma[ǽnəmə] *n.* Ⓤ,Ⓒ 영혼, 생명; 〖心〗 내적 개성; 남성의 여성적 요소.

an·i·mad·vert[æ̀nəmædvə́ːrt] *vi.*

비평하다; 혹평〔비난〕하다(*upon*). **-ver·sion**[-vә́:rʃәn, -ʒәn] *n.*
†**an·i·mal**[ǽnәmәl] *n.* Ⓒ 동물; 《俗》 짐승; 금수(brute). — *a.* 동물의; 육체〔육욕〕적인. **~·ism**[-ìzәm] *n.* Ⓤ 동물적 생활; 수성(獸性), 수욕(獸欲); 인간 수성설. **~·i·ty**[æ̀nәmǽlәti] *n.* Ⓤ 동물성, 수성.
ánimal cóurage 만용.
an·i·mal·cule[æ̀nәmǽlkju:l] *n.* Ⓒ 극미(極微) 동물. **-cu·lism**[-kjulìzәm] *n.* Ⓤ (병원(病原) 따위의) 극미 동물설.
ánimal húsbandry 축산(업).
ánimal kìngdom 동물계.
ánimal mágnetism 최면력; 성적 매력.
ánimal spírits 생기, 원기.
***an·i·mate**[ǽnәmèit] *vt.* 살리다, 생명을 주다; 활기〔생기〕 띠게 하다; 격려하다. — [-mit] *a.* 산, 활기〔생기〕 있는(~ *nature* 생물계).
an·i·mat·ed[-id] *a.* 기운찬, 싱싱한; 살아 있는. 「영화.
ánimated cartóon 〔**fílm**〕 만화
an·i·ma·tion**[æ̀nәméiʃәn] *n.* Ⓤ 생기, 원기, 활발; 만화 영화 제작; 〖컴〗 움직꼴, 애니메이션. ***with ~ 활발히, 힘차게.
a·ni·ma·to[ɑ̀:nәmɑ́:tou] *a., ad.* (It.) 〖樂〗 힘차게〔찬〕; 활발하게〔한〕.
an·i·ma·tor[ǽnәmèitәr] *n.* Ⓒ 생기를 주는 것; 〖映〗 만화 영화 제작자.
a·ni·mé[ǽnimèi] *n.* (F.) Ⓤ 아니메《남아메리카 열대산의 수지; 니스 원료》.
an·i·mism[ǽnәmìzәm] *n.* Ⓤ 물활설(物活說)《만물에 영혼이 있다는》.
an·i·mos·i·ty[æ̀nәmɑ́sәti/-ɔ́-] *n.* Ⓤ,Ⓒ 격심한 증오〔적의〕(*against, toward*). 「의.
an·i·mus[ǽnәmәs] *n.* Ⓤ 의도; 적
an·i·on[ǽnaiәn] *n.* Ⓒ 음(陰)이온.
an·ise[ǽnis] *n.* Ⓒ 〖植〗 아니스《지중해 지방의 약초》; =⇩.
an·i·seed[ǽnәsì:d] *n.* Ⓤ anise의 열매《향료》. 「술.
an·i·sette[æ̀nәzét] *n.* Ⓤ 아니스
an·i·so·trop·ic[ænàisәtrɑ́pik] *a.* 〖理〗 이방성(異方性)의.
An·jou[ǽndʒu:] *n.* 프랑스 서부의 옛 공령(公領)(cf. Angevin).
An·ka·ra[ǽŋkәrә] *n.* 터키의 수도.
‡**an·kle**[ǽŋkl] *n.* Ⓒ 발목.
ánkle·bòne *n.* Ⓒ 복사뼈.
an·klet[ǽŋklit] *n.* Ⓒ (보통 *pl.*) 발목 장식, (여자용의) 짧은 양말, 속스.
an·ky·lo·sis, an·chy-[æ̀ŋkәlóusis] *n.* Ⓤ (뼈와 뼈의) 교착; 〖醫〗 (관절의) 강직.
an·na[ǽnә] *n.* Ⓒ 아나《인도의 화폐; 1 rupee의 16분의 1》.
an·nal·ist[ǽnәlist] *n.* Ⓒ 연대기(年代記)의 편자(編者); 연보 작가.
***an·nals**[ǽnәlz] *n. pl.* 연대기; 연보; 연감; (때로 *sing.*) (학회 따위의) 기록, 역사.
An·nam[әnǽm] *n.* 안남(安南)《Viet Nam의 일부》. **An·na·mese**[æ̀nәmí:z, -s] *a., n.*
An·nap·o·lis[әnǽpәlis] *n.* 미국 Maryland 주(州)의 항시(港市)《해군 사관 학교가 있음》.
Anne[æn] *n.* 여자 이름; 영국의 여왕(1665–1714; 재위 1702–14).
an·neal[әní:l] *vt.* (유리·금속 등을) 달구어 서서히 식히다; (유리에 색을) 구워 넣다; (정신을) 단련하다.
an·ne·lid[ǽnәlid] *n., a.* Ⓒ 환충(環蟲)《지렁이·거머리 따위》(의).
***an·nex**[әnéks] *vt.* 부가〔추가〕하다(*to*); (영토 따위를) 병합하다; 착복하다(*The city* ~*ed those villages.* 시는 그 마을들을 병합했다). — [ǽneks] *n.* Ⓒ 추가물, 부록; 증축(增築)(*an* ~ *to a hotel* 호텔의 별관). **~·a·tion**[æ̀nekséiʃәn] *n.* Ⓤ 병합; Ⓒ 부가물, 병합지.
an·nexe[ǽneks] *n.* 《英》 =ANNEX.
An·nie Oak·ley[ǽni óukli] 《美俗》 무료 입장권〔승차권〕; 우대권.
***an·ni·hi·late**[әnáiәlèit] *vt.* 전멸〔근절〕시키다, 〖理〗 (입자를) 소멸시키다, (야심 따위를) 꺾다, 좌절시키다, 무시하다. ***-la·tion**[–⌒–léi-] *n.*
‡**an·ni·ver·sa·ry**[æ̀nәvә́:rsәri] *n., a.* Ⓒ 기념일, 축전; 예년의; 기념일의.
an·no Dom·i·ni[ǽnou dɑ́mәnài, -nì:/-dɔ́minài] (L.) 서기(in the year of our Lord)《생략 A.D. (cf. B.C)》; 《俗》 나이.
an·no·tate[ǽnәtèit] *vt., vi.* 주석(註釋)하다. **-ta·tor** *n.* Ⓒ 주석자. **-ta·tion**[æ̀nәtéiʃәn] *n.* Ⓤ,Ⓒ 주석, 주해.
†**an·nounce**[әnáuns] *vt.* 발표하다; 고지(告知)하다; 알리다; (…이) 왔음을 알리다. ‡**~·ment** *n.* ‡**announ·cer** *n.*
‡**an·noy**[әnɔ́i] *vt.* 성〔짜증〕나게 하다, 속태우다; 당황케 하다; 괴롭히다; 해치다. ***get*** ~***ed*** 귀찮다, 애먹다. ***~·ance** *n.* Ⓤ 노염, 당황, 난처; Ⓒ 곤란한 것〔사람〕. ***~·ing** *a.* 괘씸한; 성가신; 귀찮은; 지겨운. **~·ing·ly** *ad.* 성가시게.
‡**an·nu·al**[ǽnjuәl] *a.* ① 1년의. ② 예년(例年)의; 매해의; 연(年) 1회의. ③ 〖植〗 1년생의. ~ ***message*** 《美》 연두 교서. ~ ***pension*** 연금. ~ ***report*** 연보(年譜). ~ ***ring*** (나무의) 나이테, 연륜. * **~·ly** *ad.* 매년. 「금 타는 사람.
an·nu·i·tant[әnjú:әtәnt] *n.* Ⓒ 연
an·nu·i·ty[әnjú:әti] *n.* Ⓒ 연금.
an·nul[әnʌ́l] *vt.* (**-ll-**) 무효로 하다, 취소하다. **~·ment** *n.*
an·nu·lar[ǽnjәlәr] *a.* 고리(모양)의, 윤형(輪形)의. 「環飾).
ánnular eclípse 〖天〗 금환식(金
an·nu·let[ǽnjәlit] *n.* Ⓒ 작은 고리; 〖建〗 (원주의) 고리 모양 테두리〔띠〕.
an·nu·lus[ǽnjәlәs] *n.* (*pl.* ~***es***, ***-li***[-lài]) Ⓒ 〖動·植〗 환대(環帶).

an·num[ǽnəm] *n.* (L.) Ⓒ 해, 연. ***per*** **~** 한〔매〕해, 매년.
an·nun·ci·ate[ənʌ́nsièit] *vt.* 고지(告知)하다. **~·a·tion**[–ʌ̀–éiʃən] *n.* Ⓤ,Ⓒ 통고; 포고; (A-) 성수태 고지(절)《천사 Gabriel이 예수 수태를 알린 3월 25일》. **-a·tor** *n.* Ⓒ 고지자; 《美》 (벨 번호) 표시기.
an·nus mi·ra·bi·lis[ǽnəs mərǽbəlis] (L.) 경이〔재액〕의 해.
an·ode[ǽnoud] *n.* Ⓒ 〖電〗 (전자관·전해조의) 양극; (축전지 따위의) 음극.
ánode ràу 〖理〗 양극선.
an·o·dize[ǽnədàiz] *vt.* 양극(陽極) 처리하다《금속에》.
an·o·dyne[ǽnoudàin] *a., n.* 진통의; Ⓒ 진통제; 완화물; 기분〔감정〕을 누그러뜨리는(soothing).
a·noint**[ənɔ́int] *vt.* ① 기름을 바르다. ② (세례식·취임식 따위에서) 기름을 뿌리다, 기름을 뿌려 신성하게 하다. ***the (***Lord's***) ***Anointed*** 예수; 고대 유대의 왕. **~·ment** *n.* Ⓤ,Ⓒ 도유(塗油)(식). **~·er** *n.* Ⓒ 기름을 붓는〔바르는〕 사람.
a·nom·a·lous[ənɑ́mələs/-ɔ́-] *a.* 변칙의; 이례의, 파격의, 예외적인.
anómalous fínite 〖文〗 변칙 정(형)동사.
anómalous vérb 〖文〗 변칙 동사.
a·nom·a·ly[ənɑ́məli/-ɔ́-] *n.* Ⓤ 불규칙, 변칙(irregularity); Ⓒ 이상한 것.
a·no·mi·a[ənóumiə] *n.* Ⓤ 〖醫〗 건망성 실어증(失語症).
a·non[ənɑ́n/-ɔ́-] *ad.* 《古》 이내, (곧) 얼마 안 있어; 다시; 언젠가. ***ever and*** **~** 가끔.
anon. anonymous.
an·o·nym[ǽnənim] *n.* Ⓒ 가명; 익명.
an·o·nym·i·ty[æ̀nənímәti] *n.* Ⓤ 익명, 무명; 작자 불명.
***a·non·y·mous**[ənɑ́nəməs/-ɔ́-] *a.* 익명(匿名)의; 작자 불명의; 개성 없는; 무명의, 세상에 알려져 있지 않은. **~·ly** *ad.* **~·ness** *n.*
a·noph·e·les[ənɑ́fəlì:z/-ɔ́-] *n. sing. & pl.* 말라리아 모기.
a·no·rak[ǽnəræ̀k, ɑ́:nərɑ̀:k] *n.* Ⓒ 아노락《후드 달린 방한용 재킷》.
an·o·rec·tic[æ̀nəréktik], **an·o·ret·ic**[-rétik] *a.* 식욕이 없는, 식욕을 감퇴시키는. 「욕부진.
an·o·rex·i·a[æ̀nəréksiə] *n.* Ⓤ 식
anoréxia ner·vó·sa[-nə:rvóusə] 신경성 식욕 부진.
an·os·mi·a [ænɑ́zmiə, ænɑ́s-/ænɔ́s-] *n.* Ⓤ 〖醫〗 후각 상실.
†an·oth·er[ənʌ́ðər] *a.* 다른, 또〔다른〕 하나의, 별개의. — *pron.* 다른〔별개의〕 것〔사람〕, 또〔다른〕 하나의 것〔사람〕(*"You're a liar." "You're* ~.*"* '너는 거짓말쟁이야' '너도 마찬가지야'). **~ *thing*** 〔***question***〕 별문제. ***one after*** **~** 하나〔한 사람〕씩, 차례로, 속속. ***one*** **~** 서로 (each other). ***such*** **~** 그와 같은 사람〔것〕. ***taken one with*** **~** 이것 저것 생각해 보니, 대체로 보아. ***Tell me*** **~** (***one***)***!*** 《口》 말도 안 돼, 거짓말 마.
an·ov·u·lant [ænɑ́vjulənt/ænɔ́-] *n.* Ⓤ 〖藥〗 배란 억제제.
an·ox·i·a[ænɑ́ksiə/-ɔ́-] *n.* Ⓤ 〖醫〗 산소 결핍(증).
ANS American Nuclear Society.
ans. answer.
an·ser·ine[ǽnsəràin, -rin], **an·ser·ous**[ǽnsərəs] *a.* 거위의〔같은〕; 어리석은.
ANSI American National Standards Institute 미국립 표준국.
†an·swer[ǽnsər, ɑ́:n-] *n.* Ⓒ ① (대)답; 〖컴〗 응답. ② (문제의) 해답. ③ 〖法〗 답변. ***know all the*** **~*s*** 《口》 머리가 좋다; 만사에 정통하다. ***What's the*** **~*?*** 어쩌면 좋으냐. — *vt.* 대답하다; 풀다; 갚다; 도움되다(~ *the purpose*). — *vi.* ① (대)답하다(*to*). ② 책임을 지다, 보증하다(*for*). ③ 일치하다, 맞다(*to*). ④ 도움〔소용〕되다; 성공하다. **~ *back*** 《口》 말대답〔말대꾸〕하다. ***~·a·ble** *a.* 책임이 있는(*for conducts; to persons*); 어울리는, 맞는(*to*); 대답할 수 있는. **~·er** *n.* Ⓒ 대답〔회답〕자.
ánswering machìne (부재시의) 전화 자동 응답 장치.
ánswering pénnant 〖海〗 (만국 선박 신호의) 응답기(旗).
†ant[ænt] *n.* Ⓒ 개미.
an't[ænt, eint, ɑ:nt/ɑ:nt] 《口》 = are 〔am〕 not; 《方》 =is 〔has, have〕 not.
ant. antenna; antiquary; antonym.
-ant[ənt] *suf.* ① 《형용사 어미》 '성(性)의, …을 하는'의 뜻; malig*nant*, ramp*ant*. ② 《명사 어미》 '…하는 이〔물건〕'의 뜻: serv*ant*, stimul*ant*.
ant·ac·id[æntǽsid] *a., n.* 산(酸)을 중화하는, 제산(制酸)성의; Ⓤ,Ⓒ 산중화제; 〖醫〗 제산제.
an·tag·o·nism**[æntǽgənìzəm] *n.* Ⓤ,Ⓒ 적대, 적개심, 적극적 반항 (*against, to, between*). ***in **~ *to*** …에 반대〔대항〕하여. ***-nist** *n.* Ⓒ 적대자, 대립자. **-nis·tic**[æntæ̀gənístik] *a.* 상반(相反)하는; 적대하는, 대립하는, 반대의.
an·tag·o·nize[æntǽgənàiz] *vt.* 적대〔대항〕하다; 적으로 돌리다; 반작용하다, (힘을) 상쇄하다; (어떤 약이 딴 약을) 중화하다.
:ant·arc·tic[æntɑ́:rktik] *a., n.* (opp. arctic) 남극의; (the A-) 남극; 남빙양.
Ant·arc·ti·ca[æntɑ́:rktikə] *n.* 남극 대륙《남극 주변의 무인 지대》.
Antárctic Círcle, the 남극권.
Antárctic Ócean, the 남빙양(南氷洋).
Antárctic Póle, the 남극.
Antárctic Tréaty, the 남극 조약《남위 60° 이남의 대륙과 공해의 비

군사화, 조사 연구의 자유를 협정》.

An·tar·es[æntέəri:z, -tǽr-] *n.* 〚天〛 안타레스《전갈(全蠍)자리의 주성; 붉은 일등 별》.

an·te[ǽnti] *n., vi.* Ⓒ (포커의) 태우는 돈(을 미리 내다); (몫을) 내다.

an·te-[ǽnti] before의 뜻의 결합사.

ánt·èater *n.* Ⓒ 개미핥기.

an·te·bel·lum[æ̀ntibéləm] *a.* 전전(戰前)의; 《美》 남북전쟁 전의; 아방게르의(opp. postbellum).

an·te·cede[æ̀ntəsí:d] *vt.* (…에) 선행하다.

:an·te·ced·ent[æ̀ntəsí:dənt] *a.* ① 앞서는, 선행의, 앞의(*to*). ② 가정의. — *n.* Ⓒ ① 선례. ② 선행자; 앞선 사건; 전항(前項). ③ 〚文〛 선행사. ④ (*pl.*) 경력; 조상. **-ence, -en·cy** *n.* Ⓤ 앞섬(priority); 선행; 〚天〛 역행.

ánte·chàmber *n.* Ⓒ (큰 방으로 통하는) 앞방, 대기실.

an·te·date[ǽntidèit] *vt.* (실제보다) 앞의 날짜를 매기다; (…보다) 앞서다; 내다보다, 예상하다. — *n.* Ⓒ 전일부(前日付).

an·te·di·lu·vi·an[æ̀ntidilú:viən/-vjən] *a., n.* Ⓒ 노아의 홍수 이전의 (사람, 생물); 시대에 뒤진 (사람); 노인.

an·te·lope[ǽntəlòup] *n.* Ⓒ 영양(羚羊); 《美》 =PRONGHORN.

an·te me·rid·i·em[æ̀nti mərídiəm] (L.) 오전《생략 a.m.》.

an·te·na·tal[æ̀ntinéitl] *a.* 출생 전의.

:an·ten·na[ænténə] *n.* Ⓒ ① (*pl.* ***-nae***[-ni:]) 〚動〛 더듬이, 촉각. ② (*pl.* ~*s*) 안테나, 공중선.

anténna círcuit 〚電〛 안테나 회로.

an·te·nup·tial[æ̀ntinʌ́pʃəl] *a.* 결혼 전의.

an·te·pe·nult[æ̀ntipinʌ́lt, -pí-nəlt] *n.* Ⓒ 어미에서 세번째의 음절. — *a.* 끝에서 세번째의. **-nul·ti·mate**[-nʌ́ltəmit] *a., n.* Ⓒ 끝에서 세번째의 (음절).

˙an·te·ri·or[æntíəriər] *a.* 전의; 앞의, (…에) 앞서는, 선행하는(*to*); 전면의, 전부(前部)의(*to*)(opp. posterior).

:an·them[ǽnθəm] *n.* Ⓒ 찬미가, 성가; 축하의 노래. ***national*** ~ 국가.

an·ther[ǽnθər] *n.* Ⓒ 〚植〛 약(葯).

ánt hìll 개밋둑.

˙an·thol·o·gy[ænθálədʒi/-ɔ́-] *n.* Ⓒ 명시선(名詩選), 명문집(集), 사화집(詞華集). **-gist** *n.* Ⓒ 그 편자.

An·tho·ny[ǽntəni, -θə-], **St.** 이집트의 은자·수도원 제도 창시자(251?-356?). ***St.*** ~***'s fire*** 〚醫〛 단독(丹毒)(erysipelas).

an·thra·cite[ǽnθrəsàit] *n.* Ⓤ 무연탄.

an·thrax[ǽnθræks] *n.* Ⓤ 〚醫〛 비탈저(脾脫疽); 탄저열(炭疽熱); 부스럼.

an·thro·po·cen·tric [æ̀nθrəpou-séntrik] *a.* 인간 중심적인. **-trism** *n.* Ⓤ 인간 중심주의.

an·thro·pog·ra·phy[æ̀nθrəpágrəfi/-pɔ́g-] *n.* Ⓒ 인류지(誌).

an·thro·poid[ǽnθrəpɔ̀id] *a.* 인간〔인류〕 비슷한. — *n.* Ⓒ 유인원.

˙an·thro·pol·o·gy[æ̀nθrəpálədʒi/-ɔ́-] *n.* Ⓤ 인류학. **-po·log·i·cal**[-pəládʒikəl/-ɔ́-] *a.* **˙-gist** *n.* Ⓒ 인류학자.

an·thro·pom·e·try [-pámətri/-ɔ́-] *n.* Ⓤ 인체 측정(학).

an·thro·po·mor·phism [-pəmɔ́:rfizəm] *n.* Ⓤ 신인(神人) 동형 동성설.

an·thro·poph·a·gi[-páfədʒài/-pɔ́fəgài] *n. pl.* 식인종.

an·ti[ǽnti, -tai] *n.* Ⓒ 《口》 반대론자. — *a.* 반대의〔하는〕.

an·ti-[ǽnti] *pref.* '반대, 비(非), 역, 대(對)'의 뜻.

ànti·áir *a.* 《口》 =⇩.

ànti·áircraft *a.* 대(對)항공기의, 고사(高射)(용)의, 방공(용)의(***an*** ~ ***gun*** 고사포).

ànti·allérgic *a.* 〚醫〛 항알레르기의.

ànti·árt *n., a.* Ⓤ 반예술(의).

ànti·ballístic míssile 탄도탄 요격 미사일.

an·ti·bi·o·sis[-baióusis] *n.* Ⓤ 항생(抗生) 작용.

an·ti·bi·ot·ic[-baiátik/-ɔ́-] *n., a.* Ⓒ 항생물질(의). ~**s** *n.* Ⓤ 항생 물질학.

an·ti·bod·y[ǽntibàdi/-ɔ̀-] *n.* Ⓒ (혈액중의) 항체(抗體).

an·tic[ǽntik] *a.* 이상한, 야릇한, 기괴한(grotesque). — *n.* Ⓒ (종종 *pl.*) 익살맞은 짓. — *vi.* (**-ck-**) 익살떨다.

ànti·cáncer *a.* 제암(制癌)성의.

ànti·cáthode[æ̀ntikǽθoud] *n.* Ⓒ 〚電〛 (엑스선관의) 대음극(對陰極); (진공관의) 양극.

ánti·chrìst *n.* Ⓒ 그리스도(교)의 적〔반대자〕. **ànti·chrístian** *a., n.*

an·tic·i·pant[æntísəpənt] *a.* 예기한; 앞을 내다본; 기대한(*of*).

:an·tic·i·pate[æntísəpèit] *vt.* ① 예기〔예상〕하다; 기대하다; 예견하다. ② (수입을) 믿고 미리 쓰다. ③ 내다보고 근심하다. ④ 앞지르다, 선수 쓰다; 이르게 하다.

:an·tic·i·pa·tion[æntìsəpéiʃən] *n.* Ⓤ ① 예기, 예상. ② 미리 씀. ③ 앞지름; 예방. ***in*** 〔***by***〕 ~ 미리, 앞을 내다 보고. ***in*** ~ ***of*** …을 미리 내다 보고.

an·tic·i·pa·tive[æntísəpèitiv], **-pa·to·ry**[-pətɔ̀:ri, -tòu-] *a.* 예상의.

ànti·clérical *a.* 교권 개입에 반대하는; 반교권적인.

ànti·clímax *n.* Ⓤ 〚修〛 점강법(漸降法)(bathos); Ⓒ 용두사미(의 일·사건).

ànti·clóckwise *ad., a.* =COUNTERCLOCKWISE.

ànti·coágulant *a., n.* U,C 〖藥〗 항응혈(抗凝血)약(의).
ànti-cómmunist *a.* 반공(反共)의, 반공주의의.
ànti·cýclone *n.* C 〖氣〗 고기압.
ànti·depréssant *a., n.* 〖醫〗 항우울의; U,C 항우울제.
***an·ti·dote**[ǽntidòut] *n.* C 해독제; 교정 수단(*to, against, for*). **-dot·al**[-l] *a.*
ànti-dúmping *a.* 덤핑〔투매〕 방지의.
ànti·estáblishment *a.* 반체제(反體制)의.
ànti·fébrile *a.* 해열의. ―― *n.* C 해열제.
ànti·fóreignism *n.* U 배외(排外)사상.
ánti·frèeze *n.* U 《美》 부동제(不凍劑).
ánti·gàs *a.* 독가스 방지용의.
an·ti·gen[ǽntidʒən] *n.* C 〖生化〗 항원(抗原)《혈액 중에 antibody의 형성을 촉진하는 물질》.
An·tig·o·ne[æntígənìː] *n.* 〖그神〗 안티고네《Oedipus와 그 어머니 Jocasta와의 사이의 딸》.
ànti·góvernment *a.* 반정부의, 반정부 세력의.
ànti-Ǵ sùit 〖空〗 내(耐)중력복(服).
ánti·hèro *n.* C 〖文學〗 주인공답지 않은 주인공.
ànti·hístamine *n.* U,C 항(抗)히스타민제《알레르기나 감기 치료용》.
ànti·hyperténsive *a.* 〖醫〗 항고혈압의, 강압성의. ―― *n.* U,C 항고혈압약, 강압약《이뇨제 따위》.
ànti·knóck *n.* U 안티녹〔폭연(爆燃) 방지)〕제.
ànti-lóck bràke 앤티록 브레이크《자동차의 급브레이크 때 바퀴의 로크를 막음》.
ánti·lógarithm *n.* C 〖數〗 진수(眞數).
an·ti·ma·cas·sar[æ̀ntiməkǽsər] *n.* C 의자덮개.
ánti·màtter *n.* U 〖理〗 반(反)물질.
ànti·mílitarìsm *n.* U 반군국주의.
ànti·míssile *a.* 미사일 방어용의 (*an ~ missile* 미사일 요격용 미사일).
an·ti·mo·ny[ǽntəmòuni] *n.* U 〖化〗 안티몬, 안티모니《기호 Sb》.
ànti-Négro *a.* 반흑인의.
ànti·néutron *n.* C 〖理〗 반중성자.
an·ti·no·mi·an·ism[æ̀ntinóumiənìzəm] *n.* U 도덕률 폐기〔신앙 지상〕론.
an·tin·o·my[æntínəmi] *n.* U,C 모순, 당착; 이율 배반.
ánti·nòvel *n.* U 반소설《비전통적인 수법의》.
ànti·núclear *a.* 핵무기 반대의, 반핵의.
ànti·núke *a.* 《口》 =ANTINUCLEAR.
ánti·pàrticle *n.* C 〖理〗 반입자.
an·ti·pas·to[æ̀ntipǽstou] *n.* (*pl.* *~s*) (It.) C 전채(前菜), 오르되브르.
an·tip·a·thy[æntípəθi] *n.* U,C 반감, 전저리냄; C 몹시 싫은 것(opp. sympathy). **an·ti·pa·thet·ic**[æntipəθétik], **-i·cal**[-əl] *a.* 웬 일인지 싫은(*to*).
ànti·pérsonnel *a.* 대인(對人) 살상용의(*~ bombs* 대인 폭탄).
an·ti·per·spi·rant[æ̀ntipə́ːrspərənt] *n.* U,C 발한 억제제.
an·ti·phon[ǽntifɑ̀n/-fɔ̀n] *n.* C 〖樂〗 응답송가; 〖가톨릭〗 (번갈아 부르는) 교송가(交誦歌).
an·tiph·ra·sis[æntífrəsis] *n.* (*pl.* *-ses*[-sìːz]) U,C 〖修〗 어의 반용(語意反用)(cf. irony).
an·ti·pode[ǽntəpòud] *n.* C 정반대의 것. **an·tip·o·des**[æntípədìːz] *n. pl.* (지구상의) 대척지(對蹠地)(의 사람들); 정반대의 일(*of, to*). **an·tip·o·dal**[æntípədl] *a.*
ánti·pòle *n.* C 반대의 극; 정반대의 것(*of, to*).
ànti·pollútion *a.* 공해 방지의.
ànti·póverty *n., a.* U 빈곤 퇴치(의).
ànti·próton *n.* C 〖理〗 반양자.
an·ti·py·ret·ic[æ̀ntipairétik] *a., n.* 해열의; U,C 해열제.
an·ti·py·rin(e)[-páirin, -tai-] *n.* U 안티피린《해열·진통제》.
an·ti·quar·i·an[-kwɛ́əriən] *a., n.* C 고물 연구〔수집〕(의); =⇩.
an·ti·quar·y[ǽntikwèri] *n.* C 고물 연구가, 고물〔골동〕 수집가.
an·ti·quate[ǽntikwèit] *vt.* 낡게〔시대에 뒤지게〕 하다. **-quat·ed**[-id] *a.* 낡은, 고풍의.
***an·tique**[æntíːk] *a.* 고풍의, 낡은; 고대 그리스〔로마〕의; 고래로부터의. ―― *n.* C 고물, 고기(古器).
***an·tiq·ui·ty**[æntíkwəti] *n.* ① U 오래됨, 낡음. ② U 고대. ③ C (보통 *pl.*) 고대의 풍습〔제도〕; (*pl.*) 고기(古器), 고물.
an·ti·ra·chit·ic[æ̀ntirəkítik] *a.* 리케차〔구루병〕 치료〔예방〕의.
ànti·rácism *n.* U 인종 차별 반대주의.
ànti·rácist *n.* C 인종 차별 반대주의자. ―― *a.* 인종차별반대주의(자)의.
ànti·sátellite *a.* (적의) 위성 파괴용의(*an ~ interceptor* 인공 위성 공격 미사일).
ànti·scíence *a.* 인간성을 무시한 과학에 반대하는. ―― *n.* U 반과학(주의).
an·ti·scor·bu·tic [æ̀ntiskɔːrbjúːtik] *a.* 괴혈병 치료의. ―― *n.* U 항(抗) 괴혈병제〔식품〕.
ànti-Semític *a.* 반(反)셈〔유대〕(주의)의.
ànti-Sémitìsm *n.* U 셈족〔유대인〕 배척(운동). **-Sémite** *n.* C 유대인 배척자.
an·ti·sep·tic[æ̀ntiséptik] *a., n.* 방부(防腐)의; U,C 방부제.
an·ti·se·rum[ǽntisìərəm] *n.* C 〖醫〗 항(抗)혈청.

A

ànti·slávery *n., a.* Ⓤ 노예 제도 반대(의).
ànti·smóg *a.* 스모그 방지의.
ànti·sócial *a.* 반사회적인; 사교를 싫어하는. **~ist** *n.* Ⓒ 반사회주의자; 비사교가.
an·ti·spas·mod·ic [æ̀ntispæzmɑ́dik/-mɔ́d-] *a.* 경련을 멈추는; 진경제의. 「《직물 등》.
ànti·státic *a.* 대전(帶電) 방지의
an·tis·tro·phe [æntístrəfi] *n.* Ⓒ 〚古그劇〛 응답 가장(歌章); 〚樂〛 대조 악절(樂節); 〚修〛 역용논법.
an·ti·sub·ma·rine [æ̀ntisʌ́bməri:n] *a.* 대(對)잠수함의.
an·ti·sub·ver·sive [-sʌbvə́:rsiv] *a.* 파괴 활동 방지의.
ànti·tánk *a.* 대(對)전차용의.
an·tith·e·sis [æntíθəsis] *n.* (*pl.* ***-ses*** [-sì:z]) Ⓤ 정반대(*of*); 대조(*of, between*); 〚修〛 대조법; Ⓒ 〚哲〛 (변증법에서 정(正)에 대하여) 반(反), 안티테제(cf. thesis, synthesis).
anti·tóxin *n.* Ⓤ,Ⓒ 항독소. **-tóxic** *a.* 항독소의.
an·ti·trades [ǽntitrèidz] *n. pl.* 반대 무역풍, 역항풍(逆恒風).
ànti·trúst *a.* 트러스트 반대의. ~ ***law*** 독점 금지법.
an·ti·tu·mor [æ̀ntitjú:mər] *a.* 제암(制癌)성의, 항(抗)종양성의.
an·ti·vi·ral [-váiərəl, -tai-] *a.* 항바이러스의.
an·ti·viv·i·sec·tion [æ̀ntivìvəsékʃən, -tai-] *n.* Ⓤ 생체해부 반대, 동물 실험 반대. **~·ism** *n.* **~·ist** *n.*
ànti·wár *a.* 반전(反戰)의. ~ ***movement*** 반전 운동. 「(反)세계.
ánti·wòrld *n.* Ⓒ (종종 *pl.*) 〚理〛 반
ant·ler [ǽntlər] *n.* Ⓒ (보통 *pl.*) (사슴의) 가지진 뿔.
ánt lìon 개미귀신.
An·toi·nette [æ̀ntwənét, -twɑ:-], **Marie** (1755-93) Louis XVI의 왕비, 프랑스 혁명 때 사형당함.
an·to·no·ma·sia [æ̀ntənouméiʒə/-ziə] *n.* Ⓤ,Ⓒ 〚修〛 환칭(換稱)《보기: a Daniel = a wise judge》.
:an·to·nym [ǽntənim] *n.* Ⓒ 반의어 (cf. synonym).
ant·sy [ǽntsi:] *a.* 《美俗》 초조한, 침착성이 없는.
Ant·werp [ǽntwə:rp] *n.* 벨기에의 주(州); 그 주의 항구 도시. 「문.
a·nus [éinəs] *n.* (L. =ring) Ⓒ 항
an·vil** [ǽnvil] *n.* Ⓒ (대장간용의) 모루. ***on the ~ (계획 등이) 심의 〔준비〕 중에.
:anx·i·e·ty [æŋzáiəti] *n.* ① Ⓤ 근심, 걱정, 불안; Ⓒ 걱정거리. ② Ⓤ 열망(eager desire)(*for; to* do).
:anx·ious [ǽŋkʃəs] *a.* ① 걱정스러운, 불안한(*about*). ② 열망하는, 몹시 …하고 싶어하는(*for; to* do). *** ~·ly** *ad.* 걱정하여, 갈망하여.
†an·y [éni] *a., pron.* ① 《긍정》 무엇이나, 누구든, 얼마든지. ② 《의문·조건》 무엇인가, 누군가, 얼마인가. ③《부정》 아무 것도, 아무도, 조금도. — *ad.* 얼마간〔좀〕은, 조금은, 조금(이라)도. ~ ***longer*** 이제 이 이상(은). ~ ***more*** 이 이상(은), 이제(는). ~ ***one*** = ANYONE. ~ ***time*** 언제든지〔라도〕. ***if*** ~ 만일 있다면; 설사 있다손치더라도. ***in*** ~ ***case*** 어떤 경우에든, 여하튼.
†an·y·bod·y [-bɑ̀di, -bʌ̀di/-bɔ̀di] *pron.* ①《의문·조건》 누군가. ②《부정》 누구도, 아무도. ③《긍정》 누구나. — *n.* Ⓤ 어엿한 인물(*Is he ~?*); (*pl.*) 보통 사람.
:an·y·how [-hàu] *ad.* 어떻게든(in any way whatever); 어쨌든(in any case); 적어도; 적당히, 되는 대로(carelessly). ***feel*** ~ 몸이 좋지 않다.
†an·y·one [-wʌ̀n, -wən] *pron.* ① 누구(라)도. ②《부정》 누구도. ③ 《의문·조건》 누군가. 「라도.
ány·plàce *ad.* 《美口》 어디나, 어디
†an·y·thing [-θìŋ] *pron.* ①《긍정》 무엇이든. ②《의문·조건》 무엇인가. ③《부정》 아무 것도. ~ ***but*** …외에는 무엇이든; …는 커녕, 어림도 없는 (far from)(*He is ~ but a poet.* 그는 결코 시인이라고 할 수 없다). ***as...as*** ~ 대단히… (*He is as proud as ~.* 아주 뽐내고 있다). ***for*** ~ 결단코(*I will not do it for ~.* 그런 일은 절대로 않는다). ***if*** ~ 어느 편이냐 하면, 좀. ***like*** ~《口》 아주, 몹시. ***not*** ~ ***like*** 전혀 … 아니다.
an·y·thing·ar·i·an [èniθiŋgέəriən] *n.* Ⓒ 일정한 신념〔신조·신앙〕이 없는 사람.
:an·y·way [éniwèi] *ad.* 여하튼, 어쨌든; 어떻게 해서든.
:an·y·where [-*h*wὲər] *ad.* ①《부정》 어디(에)든. ②《의문·조건》 어디엔가. ③《긍정》 어디(에)나.
an·y·wise [-wàiz] *ad.* 아무리 해도; 결코.
An·zac, ANZAC [ǽnzæk] (< *A*ustralian and *N*ew *Z*ealand *A*rmy *C*orps) *n.* Ⓒ 오스트레일리아·뉴질랜드 연합군.
ANZUS [ǽnzəs] (< *A*ustralia, *N*ew *Z*ealand & the *U.S.*) *n.* 앤저스《미국·오스트레일리아·뉴질랜드 공동 방위 체제》.
A/O, a/o account of. **AOA** American Overseas Airlines. **AOB** 《英》 any other business (의제 이외의) 기타. **AOC** Airport Operators Committee; Association of Olympic Committees.
A-OK, A-O·kay [èioukéi] *a.* 《美口》 완전한, 더할 나위 없는. 「근.
A.O.L. absent over leave 휴가 결
Á óne 제1등급《로이드 선급(船級) 협회의 선박 등급 매김》; 《口》 일류의, 극상의. 「定) 과거.
a·o·rist [éiərist] *n.* 〚그文〛 부정(不
a·or·ta [eiɔ́:rtə] *n.* (*pl.* **~s, -tae**

[-tiː]) Ⓒ 〖解〗 대동맥.
AOSO Advanced Orbiting Solar Observatory 고등 태양 관측 위성.
AP, A.P. Associated Press.
Ap. Apostle; April. **APA** American Press Association.
*__a·pace__[əpéis] *ad.* 빨리, 신속히.
A·pach·e[əpǽtʃi] *n.* Ⓒ 아파치《아메리카 토인의 한 종족》.
a·pache[əpáːʃ, -ǽ-] *n.* Ⓒ (파리의) 깡패, 조직 폭력배.
:**a·part**[əpáːrt] *ad.* 떨어져; 별개로, 떼어서. ***~ from*** …은 별문제로 하고. ***come ~*** 흐트러지다. ***joking ~*** 농담은 집어치우고. ***take ~*** 분해하다; 비난하다.
a·part·heid [əpáːrtheit, -hait/-heit, -heid] *n.* (Du.) Ⓤ 《南아》 민족 격리; 인종 차별 정책.
:**a·part·ment**[əpáːrtmənt] *n.* Ⓒ 방; 아파트; (*pl.*) (공동 주택내의) 한 세대의 방.
apártment hotél 《美》 아파트식 호텔《장기 체재용의 호텔; 일반 호텔보다 싼 편임》.
apártment hòuse 《美》 아파트.
ap·a·thy[ǽpəθi] *n.* Ⓤ 무감동; 냉담, 무관심. **-thet·ic**[ㅗ-θétik] *a.*
ap·a·tite[ǽpətàit] *n.* Ⓤ 〖鑛〗 인회석.
APB 《美》 all-points bulletin 전국 지명 수배서.
*__ape__[eip] *n.* Ⓒ (꼬리 없는) 원숭이 《침팬지·고릴라·오랑우탄·긴팔원숭이 따위》; 《一般》 원숭이. ***go ~*** 《美俗》 발광하다; 열광하다. ***play the ~*** 서툴게 흉내내다. — *vt.* 흉내내다.
APEC[éipek] Asia-Pacific Economic Cooperation 아시아 태평양 경제 협력.
ápe-màn *n.* (*pl.* ***-men***) Ⓒ 원인(猿人).
Ap·en·nines[ǽpənàinz] *n. pl.* (the ~)(이탈리아의) 아펜니노 산맥.
a·per·çu[æ̀pərsjúː] *n.* (F.) 대요(大要)《논문 따위의》.
a·pe·ri·ent[əpíəriənt] *a., n.* Ⓤ,Ⓒ 용변을 순하게 하는 (약), 완하제.
a·pé·ri·tif[ɑːpèritíːf] *n.* (F.) Ⓒ 식전(食前) 술《식욕 촉진을 위한》.
ap·er·ture[ǽpərtʃùər, -tʃər] *n.* Ⓒ 빠끔히 벌어진 데(opening), 구멍, 틈새(gap); 렌즈의 구경.
APEX, Apex[éipeks] advance purchase excursion 에이펙스《항공 운임의 사전 구입 할인제》.
a·pex [éipeks] *n.* (*pl.* ***~es, apices***) Ⓒ 선단(先端), 꼭대기, 정점; 절정.
a·pha·sia[əféiʒiə] *n.* Ⓤ 〖醫〗 실어증(失語症).
a·pha·si·ac[əféiziæ̀k], **a·pha·sic**[-zik] *a., n.* Ⓒ 실어증의 (환자).
a·phe·li·on[æfíːliən] *n.* (*pl.* ***-lia***[-liə]) Ⓒ 〖天〗 원일점(opp. perihelion).
a·phe·li·o·trop·ic[æfìːliətrápik/-rɔ́p-] *a.* 배광성(背光性)의.
aph·i·cide[ǽfəsàid] *n.* Ⓤ,Ⓒ 살충제《진디용》.
a·phid[éifid, ǽf-] *n.* =⇩.
a·phis[éifis, ǽf-] *n.* (*pl.* ***aphides***[-fədìːz]) Ⓒ 진디(plant louse).
aph·o·rism[ǽfərìzəm] *n.* Ⓒ 격언; 경구(警句). **-ris·tic**[æ̀fərístik], **-ti·cal**[-əl] *a.* 격언이 풍부한.
a·pho·tic[eifóutik] *a.* 빛이 없는, 무광의; (심해의) 무광층의; 빛 없이 자라는.
aph·ro·dis·i·ac[æ̀froudíziæ̀k] *a.* 최음의. — *n.* Ⓤ,Ⓒ 최음제, 미약(媚藥).
Aph·ro·di·te[æ̀frədáiti] *n.* 〖그神〗 사랑과 미의 여신《로마 신화에서는 Venus》.
aph·tha[ǽfθə] *n.* (*pl.* ***-thae***[-θiː]) Ⓤ,Ⓒ 〖醫〗 아구창(牙口瘡).
a·pi·an[éipiən] *a.* 꿀벌의.
a·pi·ar·y[éipièri, -əri] *n.* Ⓒ 양봉장(養蜂場). **a·pi·a·rist**[éipiərist] *n.* Ⓒ 양봉가.
a·pi·cal[ǽpikəl éi-] *a., n.* 정점〔정상〕의; Ⓒ 〖音聲〗 설단음(舌端音)(의).
ap·i·ces[ǽpəsìːz, éip-] *n.* apex 의 복수.
a·pi·cul·ture[éipəkʌ̀ltʃər] *n.* Ⓤ 양봉(養蜂).
*__a·piece__[əpíːs] *ad.* 한 사람〔하나〕에 대하여, 제각기, 각각.
ap·ish[éipiʃ] *a.* 원숭이(ape) 같은; 어리석은.
Apl. April.
a·plás·tic anáemia[eiplǽstik-] 〖醫〗 재생 불량〔불능〕성 빈혈.
a·plen·ty [əplénti] *ad.* 《美口》 많이.
a·plomb[əplám/-lɔ́m] *n.* (F.) Ⓤ 수직, 평형; 태연자약, 침착, 평정.
APO Army Post Office; Asian Productivity Organization.
a·poc·a·lypse[əpákəlìps/-ɔ́-] *n.* Ⓒ ① 묵시(默示), 천계(天啓); (the A-) 〖新約〗 계시록(the Revelation). ② 대재해, 대참사. **-lyp·tic**[-ㅗ-líptik] *a.*
a·poc·o·pe[əpákəpi/-ɔ́-] *n.* Ⓤ 〖言〗 끝음(절) 생략《***my*** <mine; ***curio(sity)***》.
A·poc·ry·pha [əpákrəfə/-ɔ́-] *n. pl.*《종종 단수 취급》 (구약 성서의) 경외전(經外典); (a-) 출처가 의심스러운 문서, 위서(僞書). **-phal**[-fəl] *a.* 경외전의; (a-) 출처가 의심스러운.
a·pod·o·sis[əpádəsis/-ɔ́-] *n.* Ⓒ 〖文〗 (조건문의) 귀결절(opp. protasis).
ap·o·gee[ǽpədʒìː] *n.* Ⓒ 최고점; 정상; 〖天〗 원(遠)지점(opp. perigee).
a·po·lit·i·cal[èipəlítikəl] *a.* 정치에 무관심〔무관계〕한.
:**A·pol·lo**[əpálou/-ɔ́-] *n.* ① 〖그·로神〗 아폴로《태양·시·음악·예언·의료의 신》; 《詩》 태양. ② Ⓒ (*or* a-) 미남. ③ (미국의) 아폴로 우주선〔계획〕.
A·pol·lyon[əpáljən/-ɔ́-] *n.* 〖聖〗 악마(the Devil).
*__a·pol·o·get·ic__[əpɑ̀lədʒétik/-ɔ̀-] *a.* 사죄의, 변명의. — *n.* Ⓒ 변명;

(*pl.*) 〖神〗 변증론. **-i·cal**[-əl] *a.*
a·pol·o·gist [əpálədʒist/-ɔ́-] *n.* Ⓒ 변명〔변호〕자; (기독교의) 변증〔호교론〕자.
:a·pol·o·gize[-dʒàiz] *vi.* 사죄〔사과〕하다(*to* him *for* that); 변명〔해명〕하다.
ap·o·logue[ǽpəlɔ̀:g -lὰg/-lɔ̀g] *n.* Ⓒ 교훈담, 우화《보기: *Aesop's Fables*》.
:a·pol·o·gy[əpálədʒi/-ɔ́-] *n.* Ⓒ ① 사죄, 사과; 해명, 변명(defence) (*for*). ② 《俗》 명색뿐인 것(*a mere* ~ *for a library* 단지 이름만의 도서실).
ap·o·lune[ǽpəlù:n] *n.* Ⓒ 원월점 「(遠月點).
ap·o·phthegm[ǽpəθèm] *n.* = APOTHEGM.
ap·o·plex·y[ǽpəplèksi] *n.* Ⓤ 〖醫〗 졸중(풍). ***cerebral*** ~ 뇌일혈. **ap·o·plec·tic**[æ̀pəpléktik] *a.* 졸중(풍)의〔에 걸리기 쉬운〕.
ap·o·si·o·pe·sis[æ̀pəsàiəpí:sis] *n.* (*pl.* ***-ses***[-si:z]) Ⓒ 〖修〗 돈절법(頓絶法), 중단법.
a·pos·ta·sy[əpástəsi/-ɔ́-] *n.* Ⓤ,Ⓒ 배교(背敎); 배신, 변절; 탈당. **-tate** [-teit, -tit] *n.* Ⓒ 배교자; 변절자; 탈당자. **-ta·tize**[-tàiz] *vt.* 신앙을 버리다; 변절하다(*from, to*).
a pos·te·ri·o·ri[éi pastì:riɔ́:rai/-pɔstèr-] (L.) 후천적〔귀납적〕인〔으로〕(opp. *a priori*).
***a·pos·tle**[əpásl/-ɔ́-] *n.* Ⓒ ① (A-) 사도《예수의 12 제자의 한 사람》. ② (한 나라·한 지방의) 최초의 전도자. ③ (주의·정책·운동의) 주창자. **ap·os·tol·ic**[æ̀pəstálik/-ɔ́-] *a.* 사도의, 사도적인; 로마 교황의(papal).
Apóstles' Créed, the 사도 신경(信經).
a·pos·to·late [əpástəlit, -lèit/əpɔ́s-] *n.* Ⓤ 사도직; 교황의 직.
ap·os·tol·ic[æ̀pəstálik/-tɔ́l-] *a.* ① 사도의; 사도와 동시대의. ② 사도의 신앙〔가르침〕에 관한. ③ (베드로의 계승자로서의) 교황의.
:a·pos·tro·phe[əpástrəfi/-ɔ́-] *n.* Ⓒ 아포스트로피, 생략〔소유격〕 기호《'》; Ⓤ 〖修〗 돈호(頓呼)법. **-phize** [-fàiz] *vt., vi.*
apóthecaries' wèight 약용식 중량, 약제용 형량법(衡量法).
a·poth·e·car·y[əpάθəkèri/əpɔ́θəkə-] *n.* Ⓒ 약종상(druggist); 《古》 약제사.
ap·o·thegm[ǽpəθèm] *n.* Ⓒ 경구; 격언. **-theg·mat·ic**[æ̀pəθegmǽtik], **-i·cal**[-əl] *a.*
a·poth·e·o·sis[əpὰθióusis/əpɔ̀θ-] *n.* (*pl.* ***-ses***[-si:z]) Ⓤ,Ⓒ 신으로 모심; 찬미, 숭배.
a·po·tro·pa·ic[æ̀pətrəpéiik] *a.* 마귀를 쫓는 (힘이 있는).
app. apparent(ly); appendix; applied; appointed; approved.
Ap·pa·la·chi·ans[æ̀pəléitʃiənz, -lǽtʃi-] *n. pl.* (the ~) 애팔래치아 산맥《북아메리카 동해안의》.
ap·pal(l)**[əpɔ́:l] (<pale) *vt.* (-ll-***) 섬뜩하게 하다. ***ap·páll·ing** *a.* 섬뜩한, 무서운; 끔찍한; 《俗》 심한, 대단한.
Ap·pa·loo·sa[æ̀pəlú:sə] *n.* Ⓒ 북아메리카산의 말《흰 털에 검은 반점이 있음》.
ap·pa·nage[ǽpənidʒ] *n.* Ⓒ 왕자의 녹(祿), 왕자령(領); 속지(屬地); (사람의) 속성.
ap·pa·rat[æ̀pərǽt, ὰ:pərά:t] *n.* (Russ.) Ⓒ,Ⓤ (옛 소련 등의) 공산당의 기관〔조직〕.
:ap·pa·rat·us [æ̀pərǽtəs, -réi-] *n.* (*pl.* ~(***es***)) Ⓤ,Ⓒ (한 벌의) 기구, 장치; 〖生〗 여러 기관(의 종합).
ap·par·el**[əpǽrəl] *n.* Ⓤ 의복; 제복(祭服)의 장식수(繡). — *vt.* (-ll-***) 입히다, 차리다, 꾸미다.
:ap·par·ent[əpǽrənt] *a.* ① 보이는; 명백한(*to*). ② 겉꾸밈의, 외견의, 거죽만의. **:** ~**·ly** *ad.* 겉보기에는, 일견(하여); 명백히.
appárent tìme (해시계 등의) 태양의 위치로 측정하는 시간.
***ap·pa·ri·tion**[æ̀pəríʃən] *n.* Ⓒ 유령(ghost); 환영(幻影)(phantom); 요괴(specter); (초자연적인) 출현물; Ⓤ (별의) 출현. ~**·al**[-əl] *a.* 환영 같은.
:ap·peal[əpí:l] *vi.* ① 항소〔상고〕하다(*to*). ② (무력·여론·양심에) 호소하다, 애원〔애소〕하다(*to*). ③ 감동시키다, 흥미를 끌다, 마음에 들다(*to*). — *vt.* 《美》 항소〔상고〕하다. ~ ***to the country*** (의회를 해산하고) 국민의 총의를 묻다. — *n.* ① Ⓤ,Ⓒ 소원(訴願); 항소. ② Ⓤ,Ⓒ (여론에) 호소하기; 애소(哀訴). ③ Ⓤ (마음을 움직이는) 힘, 매력. ***court of*** ~ 〔《美》 ~***s***〕 상고〔항소〕하다. ***make an*** ~ ***to*** …에 호소하다. ~**·ing** *a.* 호소하는 듯한. ~**·ing·ly** *ad.*
†ap·pear[əpíər] *vi.* ① 나타나다, 나오다, 보이다. ② 공표〔발표〕되다. ③ 출두하다. ④ …같다.
:ap·pear·ance[əpíərəns] *n.* Ⓤ,Ⓒ ① 출현(出現); 출두; 등장, 출연; 발간. ② 외관, 풍채, 겉보기; 모양. ③ (*pl.*) 상황, 형세. ***for*** ~***'s sake*** 체면상. ***keep up*** 〔***save***〕 ~***s*** 허세 피우다, (무리하게) 체면을 유지하다. ***make*** 〔***enter, put in***〕 ***an*** ~ 나타나다, 얼굴을 내밀다. ***to*** 〔***by***〕 ***all*** ~(***s***) 아무리〔어느 모로〕 보아도; 얼핏 보아.
***ap·pease**[əpí:z] *vt.* ① 가라앉히다, 달래다, 누그러지게 하다(quiet). ② (식욕·요구 따위를) 채우다. ③ 유화〔양보〕하다. ~**·ment** *n.* **ap·péas·a·ble** *a.*
ap·pel·lant[əpélənt] *n.* Ⓒ 항소인, 상고인; 청원자. — *a.* =⇩.
ap·pel·late[əpélit] *a.* 항소〔상고〕의.
appéllate cóurt 항소〔상고〕 법원.
ap·pel·la·tion[æ̀pəléiʃən] *n.* Ⓒ

명칭; 호칭.

ap·pel·la·tive[əpélətiv] *n., a.* Ⓒ 명칭(의), 명의(의); 〖文〗 보통 명사.

ap·pel·lee[æpəlíː] *n.* Ⓒ 〖法〗 피항소인.

ap·pend[əpénd] *vt.* (표찰 등을) 붙이다, 달다(attach); 부가[첨가]하다(add); 〖컴〗 추가하다. **~·age**[-idʒ] *n.* Ⓒ 부가물; 부속 기관《다리·꼬리·지느러미 따위》.

ap·pend·ant, -ent[əpéndənt] *a.* 추가의, 부가의(*to*). — *n.* Ⓒ 부속물[인].

ap·pen·dec·to·my[æ̀pəndéktəmi] *n.* Ⓤ,Ⓒ 충양돌기 절제술.

ap·pen·di·ci·tis[əpèndəsáitis] *n.* Ⓤ 맹장염.

ːap·pen·dix[əpéndiks] *n.* (*pl.* **~es, -dices**[-dəsìːz]) Ⓒ ① 부속물, 부록. ② 〖解〗 충양돌기.

ap·per·cep·tion[æ̀pərsépʃən] *n.* Ⓤ 〖心〗 통각(統覺)(작용); 유화(類化).

ap·per·tain[æ̀pərtéin] *vi.* 속하다; 관계하다(*to*).

ap·pe·tence[ǽpitəns], **-cy**[-si] *n.* Ⓤ,Ⓒ ① 〖心〗 강렬한 욕망[욕구]. ② 경향, 성향. ③ 〖化〗 친화력. **-tent**[-tənt] *a.*

ːap·pe·tite[ǽpitàit] *n.* Ⓒ,Ⓤ ① 식욕. ② 욕구, 욕망; 기호(*for*). **-tiz·er**[ǽpətàizər] *n.* Ⓒ 식욕을 돋우는 음식[술].

Áp·pi·an wáy[ǽpiən-] (the ~) (로마의) 아피아 가도.

appl. applied.

ːap·plaud[əplɔ́ːd] *vt., vi.* 박수갈채하다; 찬성[칭찬]하다.

ːap·plause[əplɔ́ːz] *n.* Ⓤ 박수갈채; 찬성; 칭찬. ***general*** **~** 만장의 박수. ***win*** **~** 갈채를 받다.

†ap·ple[ǽpl] *n.* Ⓒ ① 사과《열매·나무》. ② 《口》 야구공. ③ 《美俗》 대도시; 지구. **~ *of discord*** 분쟁의 불씨《황금 사과가 트로이 전쟁의 원인이 됐다는 그리스 전설에서》. **~ *of Sodom*** (집으면 재가 되는) 소돔의 사과; 실망거리. **~ *of the eye*** 눈동자; 귀중한 것.

ápple brándy =APPLEJACK.

ápple·càrt *n.* Ⓒ 사과 운반 수레. ***upset the*** [***a person's***] **~** 계획을 망쳐놓다.

ápple dúmpling 사과를 넣은 경단.

ápple gréen 밝은 황록색.

ápple·jàck *n.* Ⓤ 《美》 사과브랜디.

ápple knòcker 《美俗》 무경험자, 촌사람.

ápple píe 사과 파이.

ápple-pie bèd 시트를 접어 넣어 발이 나오지 않게 한 침대.

ápple-pie órder 《口》 질서 있음, 정돈; 양호한 상태.

ápple-pòlish *vi., vt.* 《口》 (…의, …에게) 비위 맞추다.

ápple-pòlisher *n.* Ⓒ 《口》 아첨 잘 하는 사람.

ápple·sàuce *n.* Ⓤ ① 《美》 사과소스《저민 사과의 설탕절임》. ② 《俗》 허튼소리; 마음에도 없는 아첨. ***A-!*** 제발 그만해.

Áp·ple·ton láyer[ǽpltən-] 애플턴층《지구 고층권 중, 헤비사이드층 너머의 전리층 상층부》.

***ap·pli·ance**[əpláiəns] *n.* Ⓒ 기구, 기계; 장치(device); Ⓤ,Ⓒ 응용, 적용.

***ap·pli·ca·ble**[ǽplikəbəl] *a.* 응용[적용]할 수 있는; 적절한(suitable). **-bly** *ad.* **-bil·i·ty**[⌐—bíləti] *n.* Ⓤ 적응성, 적당, 적절.

***ap·pli·cant**[ǽplikənt] *n.* Ⓒ 신청자; 응모자, 지원자, 후보자(*for*).

ːap·pli·ca·tion[æ̀plikéiʃən] *n.* ① Ⓤ 적용, 응용. ② Ⓤ,Ⓒ 신청, 출원(出願), 지원(*for*); Ⓒ 원서, 신청서. ③ Ⓤ (약의) 도포(塗布); Ⓒ 바르는 (고)약. ④ Ⓤ 부지런함, 열심(*a man of close* ~ 열심가). ⑤ 〖컴〗 응용《컴퓨터에 의한 실무처리 등에 적합한 특정 업무, 또는 그 프로그램》. ***make an*** **~** ***for*** (***help***) ***to*** (***a person***) (아무)에게 (원조)를 부탁하다. ***on*** **~** 신청하는 대로(*to*).

applicátion pàckage 〖컴〗 응용 패키지《특정 응용 분야의 프로그램을 모은 소프트웨어의 집합체》.

applicátion prògram 〖컴〗 응용 프로그램.

applicátion sòftware 〖컴〗 응용 소프트웨어《소프트웨어를 그 용도에 따라 두 개로 대별했을 때 application이 속하는 카테고리》.

ap·pli·ca·tor[ǽplikèitər] *n.* Ⓒ 도포구(塗布具); (화장용) 솔, 도구《아이새도 등을 펴기 위한》.

ap·plied** [əpláid] *a.* 응용된. **~ *chemistry 응용 화학.

ap·pli·qué[æ̀plikéi] *n., vt.* (F.) Ⓤ 아플리케(를 달다[붙이다]).

ːap·ply[əplái] *vt.* ① 적용하다, 응용하다. ② (물건을) 대다, 붙이다, (약·페인트를) 바르다, 칠하다. ③ (열·힘 따위를) 가하다. ④ (용도에) 쓰다; 돌리다. — *vi.* ① 적합하다, 꼭 들어맞다. ② 신청[지원]하다(*for*). ③ 부탁[요청]하다(~ *to* him *for* help). **~ *oneself to*** …에 전념하다.

ap·pog·gia·tu·ra [əpɑ̀dʒətúərə/ əpɔ̀dʒətúərə] *n.* (It.) Ⓒ 〖樂〗 앞꾸밈음《장식음의 일종》.

ːap·point[əpɔ́int] *vt.* ① 임명하다; 지명하다. ② (날짜·장소를) 지정하다. ③ 〖法〗 귀속을 정하다. ***~·ed**[-id] *a.* 지정된; 약속의; 설비된. **~·er, ap·póin·tor** *n.* Ⓒ 임명자. **ː~·ment** *n.* Ⓒ,Ⓤ 임명, 선정, 지정; Ⓒ 관직, 지위; (회합의) 약속; (*pl.*) 설비, 장구(裝具).

ap·point·ee[əpɔ̀intíː, æ̀pɔin-] *n.* Ⓒ 피임명자.

ap·poin·tive[əpɔ́intiv] *a.* 《美》 (관직 따위) 임명에 의한(opp. elective). **~ *power*** 임명권.

ap·port[əpɔ́ːrt] *n.* Ⓒ 〖心靈〗 환자

A

(幻姿).

ap·por·tion[əpɔ́:rʃən] *vt.* 할당하다, 벼르다, 나누다; 배분하다. **~·ment** *n.* [U,C] 할당, 배분.

ap·pose[æpóuz] *vt.* 곁[다음]에 놓다; 늘어놓다, 병치(竝置)하다.

ap·po·site[ǽpəzit] *a.* 적당[적절]한(*to*). **~·ly** *ad.* **~·ness** *n.*

:ap·po·si·tion[æ̀pəzíʃən] *n.* [U] ① 병치(竝置), 나란히 놓음. ② 『文』 동격. **~·al** *a.* 병치한; 『文』 동격의.

ap·pos·i·tive[əpɑ́zətiv/-ɔ́-] *a., n.* [C] 동격의 (어구). **~·ly** *ad.*

ap·prais·al[əpréizəl] *n.* [U,C] 평가, 감정.

ap·praise [əpréiz] *vt.* 평가하다 (estimate); 감정하다. **ap·práis·er** *n.* [C] 평가〔감정〕인; 《美》 (세관의) 사정관.

***ap·pre·ci·a·ble**[əprí:ʃiəbəl] *a.* 평가할 수 있는; 느낄 수 있을 정도의; 다소의. **-bly** *ad.*

:ap·pre·ci·ate[əprí:ʃièit] *vt., vi.* ① 평가하다(opp. depreciate); 판단하다, …의 진가를 인정하다. ② 음미하다, 감상하다. ③ (좋음을) 이해하다; 감사하다. ④ 시세가 오르다.

:ap·pre·ci·a·tion[əprì:ʃiéiʃən] *n.* [U] ① 평가; 진가의 인정. ② 감상, 맛봄. ③ 인식; 감사. ④ (가격의) 등귀; 증가. ***in ~ of*** …을 인정하여, …을 감사하여.

***ap·pre·ci·a·tive** [əprí:ʃiətiv, -ʃièi-] *a.* 감상안(眼)이 있는, 눈이 높은(~ *audience* 눈높은 관객〔청중〕); 감상적(鑑賞的)인; 감사의(~ *remarks* 감사의 말). **~·ly** *ad.* **~·ness** *n.*

ap·pre·ci·a·tor [əprí:ʃièitər] *n.* [C] 진가를 아는 사람; 감상자.

ap·pre·ci·a·to·ry[əprí:ʃiətɔ̀:ri/-təri] *a.* 평가의; 감상적(鑑賞的)인.

***ap·pre·hend**[æ̀prihénd] *vt.* ① 염려〔우려〕하다. ② (붙)잡다, 체포하다. ③ (뜻을) 이해하다, 감지하다. — *vi.* 이해하다; 우려하다. **-hen·si·ble**[-səbəl] *a.* 이해할 수 있는.

***ap·pre·hen·sion**[æ̀prihénʃən] *n.* [U] ① 파악; 이해(력). ② 체포. ③ (종종 *pl.*) 우려, 걱정, 두려움. ***-hén·sive** *a.* 근심〔우려〕하는(*for, of*); 이해가 빠른. **-hén·sive·ly** *ad.*

ap·pren·tice**[əpréntis] *n., vt.* [C] 도제〔계시〕(로 삼다); 견습(으로 보내다). ***be bound ~ to …의 도제가 되다. **~·ship**[-ʃip] *n.* [U,C] 도제살이(*at*); 도제의 신분; [C] 도제 기간.

ap·prise, ap·prize[1][əpráiz] *vt.* 알리다(~ *him of it*).

ap·prize[2] *vt.* 《古》 =APPRAISE.

ap·pro[ǽprou] *n.* 《英》 『商』 = APPROVAL. ***on ~*** =on APPROVAL.

:ap·proach[əpróutʃ] *vt.* ① (…에) 접근하다; 접근시키다. ② (아무에게 이야기를) 꺼내다, (교섭을) 개시하다 (*on, with*); (매수 따위의 속셈으로) 접근하다. ③ (문제 해결에) 착수하다. — *vi.* ① 접근하다. ② 거의 …와 같다. — *n.* ① [U] 접근, 다가감 (~ *to the moon* 달에의 접근). ② [U] 유사, 근사. ③ [C] 길, 입구(*to*); (학문 따위에의) 입문. ④ [C] (종종 *pl.*) (아무에의) 접근; 구애; 교제의 제의. ***make one's ~es*** 환심을 사려고 하다. **~·a·ble** *a.* **~·ing** *a.*

appróach ròad (고속 도로에의) 진입로.

appróach shòt 『골프』 어프로치 샷《퍼팅그린(putting green)에 공을 올리기 위한 샷》.

ap·pro·bate[ǽprəbèit] *vt.* 《美》 인가〔면허〕하다, 시인〔찬동〕하다.

***ap·pro·ba·tion**[æ̀proubéiʃən] *n.* [U] 허가; 시인; 칭찬.

:ap·pro·pri·ate[əpróupriit] *a.* 적당한(*to, for*); 특유한, 고유의(*to*). — [-prièit] *vt.* ① 착복하다, 도용하다, 후무리다. ② (어떤 목적에) 돌리다, 충당하다. ***~ a thing to oneself*** 물건을 횡령하다. **~·ly** *ad.*

ap·pro·pri·a·tion**[əpròupriéiʃən] *n.* ① [U] 사용(私用), 도용(盜用), 착복. ② [U,C] 충당, 충당금; 세출 예산. ***~ bill 세출 예산안.

ap·pro·pri·a·tor [əpróuprièitər] *n.* [C] 전용자, 사용자; 도용자.

ap·prov·a·ble[əprú:vəbəl] *a.* 인정할 수 있는.

:ap·prov·al[əprú:vəl] *n.* [U] ① 시인; 찬성. ② 인가. ***on ~*** 『商』 반품할 수 있는 (조건으로).

appróval ràting (대통령 등에 대한) 지지율.

:ap·prove[əprú:v] *vt.* ① 시인하다, 찬성하다, 마음에 들다. ② 인가하다; 실증하다, 보여주다(~ *oneself* ...). — *vt.* 시인〔찬성〕하다. **~d** *a.* 시인〔인가〕된; 정평 있는. **~·er** *n.* **~·ing** *a.* 시인하는, 찬성의.

approx. approximate(ly).

***ap·prox·i·mate**[əprɑ́ksəmit/-ɔ́k-] *a.* 근사한, 대체의. — [-mèit] *vt., vi.* 접근시키다〔하다〕. **:~·ly** *ad.* 대체로, 대략. ***-ma·tion**[-⌐-méiʃən] *n.* [U,C] 접근; [C] 『數』 근사치.

appt. appoint(ed); appointment.

ap·pur·te·nance [əpɔ́:rtənəns] *n.* [C] (보통 *pl.*) 부속품〔물〕; 기계장치; 『法』 종물(從物). **-nant** *a., n.* 부속의〔된〕(*to*); [C] 부속물.

Apr. April.

***ap·ri·cot**[ǽprəkɑ̀t, éip-/éiprikɔ̀t] *n.* [C] 살구; [U] 살구빛.

†A·pril[éiprəl, -pril] *n.* 4월.

Ápril fóol 에이프릴 풀《만우절에 속아 넘어간 사람》; 그 장난.

Ápril Fóols' Dày =ALL FOOL'S DAY.

a pri·o·ri [éi praiɔ́:rai, ɑ: pri:ɔ́:ri] (L.) 연역(演繹)적으로〔인〕, 선천적으로〔인〕(opp. *a posteriori*).

:a·pron[éiprən] *n.* [C] 에이프런(같은 것); 불쑥 나온 앞무대; 《美俗》 바텐더; 『空』 격납고 앞의 광장. — *vt.* (…에) 에이프런을〔앞치마를〕 두르다.

ápron strìng 앞치마의 끈. ***be tied to one's wife's ~s*** 아내에게 쥐어 살다.
ap·ro·pos[æ̀prəpóu] *ad.* (F.) 적당히, 적절히, 때맞춰. ***~ of*** …에 대하여, …의 이야기로 생각나는데 (talking of). ***~ of nothing*** 느닷없이, 불쑥. — *a.* 적당한, 적절한.
APS American Press Society; Ascent Propulsion System.
apse[æps] *n.* Ⓒ 〖建〗(교회 동쪽 끝의) 쑥 내민 반원〔다각〕형의 부분.
ap·sis[ǽpsis] *n.* (*pl.* ***-sides*** [-sedìːz]) Ⓒ 〖天〗원일점; 근일점.
:apt[æpt] *a.* ① (자칫) …하기 쉬운 (*to*). ② 적당한. ③ 이해가 빠른. ***˙∠.ly*** *ad.* 적절히; 잘. ***∠.ness*** *n.* Ⓤ 적절함; 성향; 재능.
ap·ter·ous[ǽptərəs] *a.* 날개 없는.
ap·ter·yx[ǽptəriks] *n.* 〖鳥〗= KIWI.
˙ap·ti·tude[ǽptitùːd/-titjùːd] *n.* Ⓤ,Ⓒ ① 적절함. ② 경향; 재능, 소질. ③ 적성. 「ion.
APU Asian Parliamentary Un-
a·py·ret·ic[èipairétik] *a.* 〖醫〗열이 없는, 무열(성)의. 「IQ).
A.Q. achievement quotient(cf.
aq·ua[ǽkwə, áːk-] *n.* (L.) Ⓤ 물; 용액; 옥색. 「복 차림의 미인.
aq·ua·belle[ǽkwəbèl] *n.* Ⓒ 수영
aq·ua·cade[ǽkwəkèid] *n.* Ⓒ 《美》수중(水中)〔수상〕쇼.
aq·ua·cul·ture[ǽkwəkʌ̀ltʃər] *n.* =AQUICULTURE; Ⓤ 양어, 양식(養殖). 「어장, 양식장.
aq·ua·farm[ǽkwəfàːrm] *n.* Ⓒ 양
áqua fórtis 〖化〗질산.
Aq·ua·lung[-lʌ̀ŋ] *n.* Ⓒ 〖商標〗애쿼렁《잠수용 수중 호흡기》(cf. skin-dive).
aq·ua·ma·rine[æ̀kwəmərìːn] *n.* ① Ⓤ,Ⓒ 〖寶石〗남옥(藍玉)《beryl의 일종》. ② Ⓤ 청녹색.
aq·ua·naut[ǽkwənɔ̀ːt] *n.* Ⓒ 해저 탐험가; 잠수 기술자; =SKIN-DIVER.
aq·ua·plane[ǽkwəplèin] *n., vi.* Ⓒ 수상 스키(를 타다).
áqua ré·gi·a[-ríːdʒiə] 〖化〗왕수(王水). 「채화(법).
aq·ua·relle[æ̀kwərél] *n.* Ⓒ,Ⓤ 수
aq·ua·ro·bics[æ̀kwəróubiks] *n.* Ⓤ 애쿼로빅스《수영과 에어로빅 댄스를 합친 건강법》.
˙a·quar·i·um[əkwɛ́əriəm] *n.* (*pl.* ***~s, -ia***[-riə]) Ⓒ ① 양어지(養魚池)〔조(槽)〕. ② 수족관.
A·quar·i·us[əkwɛ́əriəs] *n.* 〖天〗물병자리; 보병궁(寶甁宮).
a·quat·ic[əkwǽtik, -kwɑ́-] *a.* 물의, 수중(水中)〔수상〕의; 물속에 사는〔생장하는〕. — *n.* ① Ⓒ 수생 동〔식〕물. ② (*pl.*) 수중〔수상〕경기.
aq·ua·tint[ǽkwətìnt] *n.* ① Ⓤ 애쿼틴트, 동판 부식법의 일종. ② Ⓒ 그 판화. 「술.
áqua ví·tae[-váitiː] 알콜; 독한
aq·ue·duct[ǽkwədʌ̀kt] *n.* Ⓒ 도수관(導水管), 수도; 수도교(橋); 〖生〗(체내의) 관(管)(canal).
a·que·ous[éikwiəs, ǽk-] *a.* 물의〔같은〕; 〖地質〗수성(水成)의.
áqueous húmo(u)r 〖生〗(눈의) 수양액(水樣液).
áqueous róck 수성암.
aq·ui·cul·ture[ǽkwəkʌ̀ltʃər] *n.* Ⓤ 수경법(水耕法).
aq·ui·fer[ǽkwəfər] *n.* Ⓤ 〖地〗대수층(帶水層)《지하수를 함유한 삼투성 지층》.
aq·ui·line[ǽkwəlàin] *a.* 수리의〔같은〕; 독수리 부리 같은, 갈고리 모양의(*an* ~ *nose* 매부리코).
A·qui·nas[əkwáinæs, -nəs], **St. Thomas**(1225?-74) 이탈리아의 철학자·가톨릭교(教)의 신학자.
AR 〖美郵便〗Arkansas. **Ar** 〖化〗argon. **Ar.** Arabic; Aramic.
A.R.A. Associate of the Royal Academy; American Railway Association.
:Ar·ab[ǽrəb] *n.* Ⓒ 아라비아〔아랍〕사람; 아라비아종의 말; (*or* a-) 부랑아(street ~). — *a.* 아라비아〔아랍〕(사람)의.
ar·a·besque[æ̀rəbésk] *n.* Ⓒ ① 당초무늬. ② 〖발레〗아라베스크《양손을 앞뒤로 뻗치고 한 발로 섬》. — *a.* 당초무늬의; 이상한; 정교한.
:A·ra·bi·a[əréibiə] *n.* 아라비아.
:A·ra·bi·an[-n] *a., n.* 아라비아(사람)의; Ⓒ 아라비아 사람〔말(馬)〕.
Arábian bìrd 불사조(phoenix).
˙Ar·a·bic[ǽrəbik] *a.* 아라비아의; 아라비아 사람〔어(語)〕의. — *n.* Ⓤ 아라비아어.
Árabic númerals〔**fígures**〕아라비아 숫자.
Ar·ab·ism[ǽrəbìzəm] *n.* Ⓤ ① 아라비아풍. ② 아랍어법. ③ 아랍 민족주의.
Ar·ab·ist[ǽrəbist] *n.* Ⓒ 아랍학자.
ar·a·ble[ǽrəbəl] *a.* 경작에 적합한.
Árab Léague, the 아랍 연맹.
Árab Repúblic of Égypt, the 이집트 아랍 공화국.
a·rach·nid[əræ̀knid] *n.* Ⓒ 〖動〗거미 무리의 동물.
A·ra·gon[ǽrəgɑ̀n, -gən] *n.* 스페인의 북동부 지방《본디 왕국》.
Ar·al·dite[ǽrəldàit] *n.* Ⓒ 〖商標〗애럴다이트《접착제》.
Ár·al Séa[ǽrəl-] (the ~) 애랄해(海)《카스피 해 동쪽의 내해》.
Ar·a·ma·ic[æ̀rəméiik] *n.* Ⓤ 아람어(語)《셈어(語)에 속하는 고대어》.
ARAMCO[ɑːrǽmkou] the Arabian-American Oil Company.
ar·ba·lest, -list[ɑ́ːrbəlist] *n.* Ⓒ (중세의) 노궁(弩弓), 석궁(cf. crossbow).
ar·bi·ter[ɑ́ːrbitər] *n.* Ⓒ 중재인.
ár·bi·tra·ble *a.* 중재할 수 있는.
árbiter e·le·gan·ti·á·rum[-èligæ̀nʃiɑ́ːrəm] (L.) (심미안·예법·에티켓의) 권위자.

ar·bi·trage[á:rbitridʒ] *n.* [U] 〖商〗 시세차를 이용한 되넘기기 거래.

ar·bi·tral[á:rbitrəl] *a.* 중재의.

ar·bit·ra·ment[ɑ:rbítrəmənt] *n.* [U,C] 중재(에 의한 재결).

***ar·bi·trar·y**[á:rbitrèri/-bitrəri] *a.* ① 제 마음〔멋〕대로의; 기분내키는 대로의. ② 횡포한, 전횡(專橫)의, 독단적인. **-trar·i·ly** *ad.* **-i·ness** *n.*

ar·bi·trate[á:rbətrèit] *vt., vi.* 중재하다; 재정(裁定)하다; 중재 재판에 제소하다. ~ ***between*** (two parties) ***in*** (a dispute) (분쟁에) 관해 두사이를 중재하다. **-tra·tor** *n.*

ar·bi·tra·tion [à:rbətréiʃən] *n.* [U,C] 중재; 조정; 중재(재판)《노동법에서는 arbitration(중재), conciliation(알선), mediation(조정)을 구별해서 씀》.

ar·bor**[1], 《英》 **-bour**[á:rbər] *n.* [C] ① 정자. ② 나무 그늘의 휴게소. ***grape ~ 포도 시렁. **ar·bo·re·al** [ɑ:rbɔ́:riəl] *a.* 수목(樹木)의〔에 나는, 에 사는〕; 교목성(喬木性)의.

ar·bor[2] *n.* [C] 〖機〗 주축(主軸)(main axle).

Árbor Dày 《美》 식목일《4, 5월경 각 주(州)에서 행함》.

ar·bo·res·cent[à:rbərésnt] *a.* 나무 같은; 나뭇가지 모양의.

ar·bo·re·tum[à:rbərí:təm] *n.* (*pl.* *~s, -ta*[-tə]) [C] 수목원(樹木園).

árbor ví·tae[-váiti:] 수목 모양의 구조; 〖解〗 소뇌 활수(小腦活樹).

ar·bor·vi·tae[à:rbərváiti:] *n.* [C] 〖植〗 지빵나무; =ARBOR VITAE.

ar·bo·vi·rus[à:rbəváirəs] *n.* [C] 〖醫〗 절지 동물 바이러스《뇌염 등을 일으키는 바이러스의 총칭》.

ar·bu·tus[ɑ:rbjú:təs] *n.* [C] ① 〖植〗 (북아메리카산의) 철쭉과의 일종. ② (남유럽산의) 소귀나무, 마취목(무리).

:arc[ɑ:rk] *n.* [C] ① 호(弧). ② 〖電〗 전호(電弧), 아크.

ARC, A.R.C. American Red Cross 미국 적십자.

***ar·cade**[ɑ:rkéid] *n.* [C] ① 아케이드 《유개(有蓋) 도로 또는 상가》. ② 〖建〗 줄지은 홍예랑(紅霓廊).

Ar·ca·di·a[ɑ:rkéidiə] *n.* 아르카디아《고대 그리스 산간의 목가적 전원》; [C] 평화로운 이상적 전원. **~n** *a., n.* 아르카디아의〔같은〕; 전원의; 목가적인; [C] 순박한 시골 사람.

Ar·ca·dy[á:rkədi] *n.* 《詩》 =ARCADIA.

ar·ca·num [ɑ:rkéinəm] *n.* (*pl.* *~s, -na*[-nə]) [C] (보통 *pl.*) 비밀; 신비; 비방약.

:arch[1][ɑ:rtʃ] *n.* [C] ① 〖建〗 아치, 홍예, 아치문(*a triumphal ~* 개선문). ② 호(弧), 궁형(弓形). — *vt., vi.* 활 모양으로 굽(히)다; 홍예를 틀다.

arch[2] *a.* ① 주된. ② 장난〔익살〕스러운; 교활한. **∠·ly** *ad.* 장난스럽게, 짓궂게. **∠·ness** *n.*

***ar·ch(a)e·ol·o·gy** [à:rkiálədʒi/-ɔ́-] *n.* [U] 고고(考古)학. **-o·log·i·cal**[-kiəládʒikəl/-ɔ́-] *a.* **-cal·ly** *ad.* **-gist** *n.*

***ar·cha·ic**[ɑ:rkéiik] *a.* 고대의; 고풍의; 고문체의; (A-) 고대 그리스풍의.

ar·cha·ism[á:rkiìzəm, -kei-] *n.* ① [C] 고어(古語). ② [U] 고풍의 문장〔말투〕; 고풍; 의고(擬古)주의.

arch·an·gel[á:rkèindʒəl] *n.* [C] 대천사(大天使).

***arch·bish·op**[à:rtʃbíʃəp] *n.* [C] (신교의) 대감독; (가톨릭·성공회의) 대주교. **~·ric**[∸∠-rik] *n.* [U,C] 위의 직〔교구〕.

árch brìdge 아치교(橋).

àrch·déacon *n.* [C] (신교의) 부감독; 〖가톨릭〗 부주교. **~·ry**[∸∠-ri] *n.* [U,C] 그 직〔교구, 저택〕.

àrch·díocese *n.* [C] archbishop의 교구.

árch·dúchess *n.* [C] 대공비(大公妃).

árch·dúchy *n.* [C] 대공(大公)국, 대공령(領)《archduke의》.

árch·dúke *n.* [C] 대공(大公)《옛 오스트리아의 왕자》.

Ar·che·an[ɑ:rkí:ən] *n., a.* (the ~) 〖地〗 시생대(始生代)(의).

arched[ɑ:rtʃt] *a.* 아치형의; 홍예가 있는.

àrch·énemy *n.* [C] 대적(大敵); =SATAN.

Ar·che·o·zo·ic[à:rkiəzóuik] *n., a.* (the ~) 시생대(始生代)(의).

***arch·er**[á:rtʃər] *n.* ① [C] 사수(射手)《활의》, 궁술가. ② (A-) 〖天〗 사수(射手)자리(Sagittarius). ***~·y** [-ri] *n.* [U] 궁술; 《집합적》 사수대(射手隊).

ar·che·typ·al[á:rkitàipəl] *a.* 원형의; 전형적인.

ar·che·type[á:rkitàip] *n.* [C] 원형(原型); 전형.

àrch·fíend *n.* (the ~) 마왕(Satan).

arch·foe[á:rtʃfòu] *n.* =ARCHENEMY.

ar·chi·bald[á:rtʃəbɔ̀:ld, -bəld] *n.* [C] 《英俗》 고사포.

ar·chi·e·pis·co·pal [à:rkiipískəpəl] *a.* archbishop의.

Ar·chi·me·de·an[à:rkəmí:diən, -mədí:ən] *a.* 아르키메데스 원리의.

Ar·chi·me·des[à:rkəmí:di:z] *n.* 아르키메데스《고대 그리스의 수학·물리학자(287?-212 B.C)》.

Árchimédes' prínciple 〖理〗 아르키메데스의 원리.

ar·chi·pel·a·go[à:rkəpéləgòu] *n.* (*pl.* ~(*e*)*s*) [C] 군도(群島); 다도해; (the A-) 에게 해(海).

:ar·chi·tect[á:rkətèkt] *n.* ① [C] 건축가; 건축 기사(*a naval ~* 조선(造船) 기사); 제작자. ② (the A-) 조물주(Creator)(*of*).

ar·chi·tec·ton·ic[à:rkətektánik/-kitektɔ́n-] *a.* 건축〔설계〕의, 건축이〔설계가〕 교묘한; 조직〔구성〕적인; 체계적 지식의.

A

:ar·chi·tec·ture[ɑ́:rkətèktʃər] *n.* ① Ⓤ 건축술; 《집합적》 건조물. ② Ⓤ,Ⓒ 건축 양식; 구성. ③ 〖컴〗 구조. ***-tur·al**[─téktʃərəl] *a.* 건축학〔술〕의, 건축(상)의.
ar·chi·trave[ɑ́:rkətrèiv] *n.* Ⓒ 평방(平枋)《entablature의 최하부》; 처마도리.
ar·chives[ɑ́:rkaivz] *n. pl.* ① 공문서 보관소. ② 공문서, 고(古)기록. ③ 문서 기록. **ar·chí·val** *a.* **ar·chi·vist**[ɑ́:rkəvist] *n.*
ar·chon[ɑ́:rkɑn, -kən] *n.* Ⓒ 담임 목사; 〖가톨릭〗 주석(主席) 사제.
árch·wày *n.* Ⓒ 아치 길.
árch·wìse *ad.* 아치 꼴로.
ar·ci·form[ɑ́:rsəfɔ̀:rm] *a.* 활〔아치〕 모양의.
árc làmp 〔**lìght**〕 〖電〗 호광등(弧光燈), 아크등.
:arc·tic[ɑ́:rktik] *a.* 북극(지방)의; 극한(極寒)의. — *n.* (the A-) 북극(지방); (*pl.*) 방한(防寒) 덧신.
Árctic Círcle, the 북극권.
Árctic Ócean, the 북빙양(北氷洋).
Árctic Zòne, the 북극대(帶).
Arc·tu·rus[ɑ:rkt*j*úərəs] *n.* 〖天〗 대각성(大角星)《목자자리의 가장 큰 별》.
ARD acute respiratory disease 급성 호흡기병.
***ar·dent**[ɑ́:rdənt] *a.* ① 열심인, 열렬한. ② 불같은, 타는 듯한, 뜨거운; 빛나는. ***~·ly** *ad.* **~·ness** *n.* **ár·den·cy** *n.* Ⓤ 열렬(함).
árdent spírits 독한 술.
***ar·dor,** 《英》 **-dour**[ɑ́:rdər] *n.* Ⓤ 열정; 열심, 열의(zeal).
***ar·du·ous**[ɑ́:rdʒuəs/-dju-] *a.* 힘드는; 부지런한; 험악한. **~·ly** *ad.*
†are[1][強 ɑ:r, 弱 ər] *v.* be의 2인칭 단수〔1·2·3인칭 복수〕의 직설법 현재.
are[2][ɑ:r, ɛər] *n.* (F.) Ⓒ 아르《100 m^2》(cf. hectare).
:ar·e·a[ɛ́əriə] *n.* ① Ⓤ,Ⓒ 면적, 공간. ② Ⓒ 지역, 지방; 영역; 범위; 〖컴〗 영역. ③ Ⓒ 공지; 《英》 지하철 출입구.
área bòmbing (전)지역 폭격.
área còde (전화의) 시의 국번《미국은 숫자 3자리》.
ar·e·al[ɛ́əriəl] *a.* 면적의; 지역의.
área·wày *n.* Ⓒ 《美》 건물 사이의 통로.
***a·re·na**[ərí:nə] *n.* Ⓒ ① (원형 극장 복판의 모래를 깐) 투기장(鬪技場). ② 《一般》 경기장; 활동 장소, (투쟁 등의) 무대.
ar·e·na·ceous[æ̀rənéiʃəs] *a.* 모래같은; 모래(땅)에 자라는.
aréna théater 《美》 원형 극장.
†aren't[ɑ:rnt] are not의 단축.
Ar·e·op·a·git·i·ca[æ̀riɑ̀pədʒítəkə/-ɔ̀pədʒíti-] *n.* Milton이 출판의 자유를 주장한 팸플릿(1644)의 제목.
Ar·es[ɛ́əri:z] *n.* 〖그神〗 아레스《군신(軍神); 로마 신화의 Mars》.
a·rête[əréit] *n.* (F.) Ⓒ 〖地〗 험준한 산등성이《빙하 침식 등에 의한》.
ARF ASEAN Regional Forum 아세안 지역 포럼.
arg[ɑ:rg] *n.* 〖컴〗 =ARGUMENT.
Arg. Argentina.
ar·gent[ɑ́:rdʒənt] *n., a.* Ⓤ 《古·詩》 은(銀)(의).
ar·gen·tif·er·ous[ɑ̀:rdʒəntífərəs] *a.* 은을 함유한.
***Ar·gen·ti·na**[ɑ̀:rdʒəntí:nə] *n.* 아르헨티나《남아메리카 남부의 공화국》.
***Ar·gen·tine**[ɑ́:rdʒəntì:n, -tàin] *a., n.* 아르헨티나의; Ⓒ 아르헨티나 사람; (a-) 은(빛)의.
ar·gen·tite[ɑ́:rdʒəntàit] *n.* Ⓤ 휘은광(輝銀鑛).
ar·gil[ɑ́:rdʒil] *n.* Ⓤ 백점토(白粘土), 도토(陶土).
ar·gi·nine[ɑ́:rdʒənì:n, -nàin] *n.* Ⓤ 〖生〗 아르기닌《아미노산의 일종》.
Ar·give[ɑ́:rdʒaiv, -gaiv] *a., n.* Ⓒ 그리스의 (사람).
Ar·go[ɑ́:rgou] *n.* 〖그神〗 아르고선(船)《Jason이 금 양털을 찾으러 간 배》; 〖天〗 아르고자리.
ar·gon[ɑ́:rgɑn/-gɔn] *n.* Ⓤ 〖化〗 아르곤.
Ar·go·naut[ɑ́:rgənɔ̀:t] *n.* 〖그神〗 아르고선(船) 승무원; =FORTY-NINER.
ar·go·sy[ɑ́:rgəsi] *n.* Ⓒ 대(大)상선(대); 《詩》 배.
ar·got[ɑ́:rgou, -gət] *n.* Ⓤ 은어(隱語).
:ar·gue[ɑ́:rgju:] *vi.* 논하다, 논쟁하다(*about, on*); (…에) 찬성〔반대〕론을 주장하다. — *vt.* ① 논하다(~ *it away* 〔*off*〕 논파(論破)하다). ② 주장하다; 찬부(贊否)의 이유를 말하다(*against, for*). ③ 입증하다, 보이다. ④ 설득하여 …시키다(*into, out of*). ~ (*a person*) ***down*** (아무를) 설복시키다. ~ ***it away*** 〔***off***〕 논파하다, 말로 녹이다. **ár·gu·a·ble** *a.* 논할 수 있는.
:ar·gu·ment[ɑ́:rgjəmənt] *n.* Ⓤ,Ⓒ 논의, 논증; (논문 등의) 개요; 〖컴〗 인수(引數). **-men·ta·tion**[─mentéiʃən] *n.* Ⓤ,Ⓒ 논의, 논쟁; 토의; 입론(立論). **ar·gu·men·ta·tive**[ɑ̀:rgjəméntətiv] *a.* 논쟁적인; 논쟁을 좋아하는.
Ar·gus[ɑ́:rgəs] *n.* ① 〖그神〗 아르고스《백안(百眼)의 거인》. ② Ⓒ 엄중한 감시인.
Árgus-éyed *a.* 눈이 날카로운; 방심 않는, 경계하는.
ar·gy-bar·gy[ɑ́:rgibɑ́:rgi] *n.* Ⓤ,Ⓒ 《英口》 입씨름(argument), 언쟁.
ar·gyle[ɑ́:rgail] *n.* Ⓒ (편물의) 마름모 색무늬; 그 무늬의 양말.
a·ri·a[ɑ́:riə, ɛ́ər-] *n.* (It.) Ⓒ 〖樂〗 아리아, 영창(詠唱).
Ar·i·ad·ne [æ̀riǽdni] *n.* 〖그神〗 Minos 왕의 딸《Theseus를 미궁에서 탈출케 함》.
Ar·i·an[1][ɛ́əriən] *a., n.* 아리우스의; Ⓒ 아리우스파의 (사람). **~·ism** [-ìzəm] *n.*

A

Ar·i·an[2] *a., n.* =ARYAN.
ar·id[ǽrid] *a.* (토지 따위가) 건조한; 불모의; 무미 건조한. **~·ness, a·rid·i·ty**[ərídəti, æ-] *n.*
Ar·ies[ɛ́əri:z, -riì:z] *n.* 〖天〗 양자리; (황도의) 백양궁(the Ram).
*__a·right__[əráit] *ad.* 바르게; 정확히.
a·ri·o·so[à:rióusou, æ̀r-] *a., ad.* (It.) 영서창(詠敍唱)의〔으로〕.
:**a·rise**[əráiz] *vi.* (**arose; arisen**[ərízn]) ① 일어나다, 나타나다, (사건 따위가) 발생하다. ② (태양·연기 등이) 솟아 오르다. ③ (먼지·바람이) 일다. ④ 《詩》 부활〔소생〕하다. ⑤ (잠자리 따위에서) 일어나다.
*__a·ris·en__[ərízn] *v.* arise의 과거분사.
*__ar·is·toc·ra·cy__[æ̀rəstákrəsi/-ɔ́-] *n.* Ⓒ 귀족(주의자). *__a·ris·to·crat·ic__[ərìstəkrǽtik, æ̀rəs-] *a.* 귀족(주의자)의.
Ar·is·toph·a·nes[æ̀ristáfənì:z/-ɔ́-] *n.* 그리스의 시인·희극 작가(448?-380? B.C.).
Ar·is·tot·le[ǽristàtl/-tɔ̀tl] *n.* 아리스토텔레스《그리스의 철학자; Plato의 제자(384-322 B.C.)》. **Ar·is·to·te·li·an**[æ̀ristətí:liən, -ljən/-tɔt-] *a., n.*
arith. arithmetic(al).
:**a·rith·me·tic**[əríθmətik] *n.* Ⓤ 산수; 계산; Ⓒ 산수책. :**ar·ith·met·i·cal**[æ̀riθmétikəl] *a.* **a·rith·me·ti·cian**[əriθmətíʃən, æ̀riθ-] *n.* Ⓒ 산술가, 산술 잘하는 사람.
arithmétic/lógic ùnit 〖컴〗 산술 논리 장치《생략 ALU》.
arithmétic progréssion 등차 수열.
arithmétic séries 등차 급수.
Ariz. Arizona.
*__Ar·i·zo·na__[æ̀rəzóunə] *n.* 미국 남서부의 주(州)《생략 Ariz.》.
*__ark__[ɑ:rk] *n.* Ⓒ ① 〖聖〗 (Noah의) 방주(方舟); 계약의 궤《모세의 십계명을 새긴 두 개의 석판을 넣어 둔》. ② 《口》 볼품 없는 큰 배. ***Noah's*** **~** 노아의 방주; (동물 장난감을 넣은) 방주. ***touch the*** **~** 신성한 것을 모독하다.
Ark. Arkansas.
*__Ar·kan·sas__[á:rkənsɔ̀:] *n.* 미국 중남부의 주(州)《생략 Ark.》; [*+ɑ:rkǽnzəs] (the ~) 그 주에 있는 강《Mississippi 강의 지류》.
Ar·kie[á:rki] *n.* Ⓒ 《美口》 Arkansas 주 출신의 방랑 농민.
Ár·ling·ton Nátional Céme·tery [á:rliŋtən-] 알링턴 국립 묘지.
ARM anti-radiation missile 대전자파(對電磁波) 미사일.
†**arm**[1][ɑ:rm] *n.* ① Ⓒ 팔; (동물의) 앞발, 전지(前肢). ② Ⓒ 팔 모양의 것; 까치발; (의자의) 팔걸이; 큰 가지; 후미, 내포(內浦)(~ of the sea). ③ Ⓤ 힘, 권력. ④ Ⓒ 유력한 일익(一翼). **~ *in* ~** 팔을 끼고. ***better*** **~** 오른팔. ***child in ~s*** 갓난애. ***fold one's ~s*** 팔짱을 끼다. ***keep (a person) at ~'s length*** 경원하다. ***make a long*** **~** 팔을 뻗치다. ***one's right*** **~** 오른팔; 유력한 부하. ***with folded ~s*** 팔짱을 낀 채; 방관만 하여. ***with open ~s*** 두 손을 벌려, 환영하여.
:**arm**[2] ① Ⓒ (보통 *pl.*) 무기, 병기. ② Ⓒ 병과(兵科). ③ (*pl.*) 군사, 전쟁; 무력. ④ (*pl.*) (방패·기 따위의) 문장(紋章). ***bear ~s*** 무기를 들다, 병역에 복무하다. ***be up in ~s*** 무장 궐기하다; 반기를 들다. ***carry ~s*** 무기를 지니다(*Carry ~s!* 어깨에 총!). ***go to ~s*** 무력에 호소하다. ***in ~s*** 무장하고. ***lie upon one's ~s*** 무장한 채로 자다. ***Presents ~s*** 받들어 총! ***small ~s*** 휴대무기《권총·소총·기관총 따위》. ***To ~s*** 전투 준비!(의 나팔). ***under ~s*** 무장하고. — *vt., vi.* 무장시키다〔하다〕, 장갑시키다; 무기〔기구〕를 쥐(게 하)다. **~ *against*** (…에) 대한 방위〔예방〕책을 세우다. ***be ~ed to the teeth*** 충분히 무장을 갖추다.
*__ar·ma·da__[ɑ:rmá:də, -méi-] *n.* Ⓒ 함대; 비행대. ***the*** (***Invincible***) ***A-*** (스페인의) 무적 함대《1588년 영국 함대에 격파됨》.
ar·ma·dil·lo[à:rmədílou] *n.* (*pl.* **~s**) Ⓒ 〖動〗 아르마딜로《라틴 아메리카산》.
Ar·ma·ged·don[à:rməgédən] *n.* ① 〖聖〗 아마게돈《세계의 종말 때 선(善)과 악(惡)의 대결전장》. ② Ⓒ (국제적인) 대결전, 대동란.
*__ar·ma·ment__[á:rməmənt] *n.* Ⓤ,Ⓒ 군비, 병력; 병기; (진지·군함 등의) 장비.
ar·ma·ture[á:rmətʃər, -tʃùər] *n.* Ⓒ 갑옷(armor); 장갑(裝甲), 방호물; 〖建〗 보강 철재; (해저 전선의) 외장(外裝); 발전자《발전기의 회전부》; (계전기(繼電器)의) 접편(接片); 전기자(電氣子).
árm·bànd *n.* Ⓒ 완장; 상장(喪章).
:**arm·chair**[á:rmtʃɛ̀ər/ㅅㅅ] *n.* Ⓒ 팔걸이 의자, 안락 의자.
arme blanche[á:rm blɑ̃:ʃ] *n.* (F.) Ⓒ 백병기(白兵器)《기병도(刀)·기병창》; 《집합적》 기병.
*__armed__[ɑ:rmd] *a.* 무장한(*an* ~ *robber* 무장 강도).
ármed fórce 〔**sérvices**〕 군대《육·해·공의》.
ármed neutrálity 무장 중립.
ármed péace 무장 평화.
Ar·me·ni·a[ɑ:rmí:niə, -njə] *n.* 아르메니아《이란 서부의 한 공화국》. **-ni·an** *n., a.*
arm·ful[á:rmfùl] *n.* Ⓒ 한 아름의 분량, 한 팔 (또는 두 팔) 그득.
árm·hòle *n.* Ⓒ (옷의) 진동.
ar·mi·ger[á:rmidʒər] *n.* Ⓒ 기사의 종자; 대향사(大鄕士)《문장이 달린 무기를 가질 자격이 있음》.
arm·ing[á:rmiŋ] *n.* Ⓤ 무장; (자석의) 접극자(接極子).
Ar·min·i·us[ɑ:rmíniəs], **Jacobus** (1560-1609) 네덜란드의 반 Calvin 파 신학자.
*__ar·mi·stice__[á:rməstis] *n.* Ⓒ 휴전.

Ármistice Dày (제1차 대전의) 휴전 기념일《11월 11일》.
arm·let[á:rmlit] *n.* Ⓒ 팔찌; 좁은 후미.
:ar·mor, 《英》 **-mour**[á:rmər] *n.* Ⓤ ① 갑옷(투구), 갑주. ② (군함·요새 따위의) 철갑. ③ 방호복(*a submarine* ~ 잠수복). ④ (동식물의) 방호 기관. ⑤ 기갑부대. — *vt.* 장갑하다.
ar·mo·ri·al[ɑ:rmɔ́:riəl] *a.* 문장(紋章)의.
armórial béarings 문장(紋章).
***ar·mor·y,** 《英》 **-mour·y**[á:rməri] *n.* ① Ⓒ 병기고. ② Ⓒ 《美》 병기 공장; 병기류. ③ Ⓤ 문장학(紋章學); 문장 화법(blazonry).
ármo(u)r-bèarer *n.* Ⓒ 중세 기사의 시종《갑옷을 들고 다님》.
ármo(u)r-clàd *a.* =⇩.
armo(u)red[á:rmərd] *a.* 무장한, 장갑한, 외장을 한.
ármo(u)red cáble 외장(外裝) 케이블.
ármo(u)red cár (군용·현금 수송용) 장갑차.
ármo(u)red fórces 기갑 부대.
ar·mo(u)r·er[á:rmərər] *n.* Ⓒ 무구(武具) 장색; 병기 제작자; (군대의) 병기계(係).
ármo(u)r plàte 장갑판(板).
árm·pìt *n.* Ⓒ 겨드랑이.
árms contròl 군비 관리〔제한〕.
árms ràce 군비 경쟁.
árm-twìsting *n.* Ⓤ (개인적인) 압력. — *a.* 강압적인.
†ar·my[á:rmi] *n.* Ⓒ 육군; 군대; 군(부); 대군(大軍). ***standing*** 〔***reserve***〕 ~ 상비〔예비〕군.
ármy còrps 군단.
Ármy Lìst 〔**Règister**〕 《美》 육해군 현역 장교 명부.
Ármy Póst Óffice 《美》 육군 우체국《생략 A.P.O.》.
Ármy Sérvice Còrps 《英》 육군 병참단.
ármy·wòrm *n.* Ⓒ 거염벌레《농작물의 해충》.
ar·ni·ca[á:rnikə] *n.* ① Ⓒ 아르니카《약초》. ② Ⓤ 아르니카 팅크《외상용》.
Ar·nold[á:rnəld], **Mattew**(1822–88) 영국의 시인·비평가.
a·roint[ərɔ́int] *int.* 《古》《다음 용법뿐》 ***A- thee!*** 꺼져라!, 물러가라!
a·ro·ma[əróumə] *n.* Ⓒ 방향(芳香); (예술 작품의) 기품, 묘미. **ar·o·mat·ic**[æ̀rəmǽtik] *a.* 향기로운.
aròma·thérapy *n.* Ⓤ 방향 요법.
:a·rose[əróuz] *v.* arise의 과거.
†a·round[əráund] *prep., ad.* ① (…의) 주변〔둘레〕에. ② (…의) 사방에. ③《美》 (…을) 돌아; (…의) 여기저기〔이곳저곳〕에〔으로〕. ④ (…의) 근처에. ⑤ 약, 대략. ***all*** ~ 사면(팔방)에, 도처에(서); 일동에게. ***be*** ~ 《美》 기상(起床)하다; 오다; 유행하고 있다. ***have been*** ~ 《口》 여러 경험을 쌓고 있다, 세상일을 환히 알고 있다.
:a·rouse[əráuz] *vt.* ① 깨우다, 일으키다(awaken). ② 자극하다, 격려하다; 분발시키다(excite).
ARP., A.R.P. air-raid precautions. **ARPA** Advanced Research Projects Agency 고등(우주) 연구 계획국.
ar·peg·gi·o[ɑ:rpédʒiou] *n.* (It.) (*pl.* ~***s***) Ⓒ 〖樂〗 아르페지오《화음을 이루는 음을 연속해서 급속히 연주하는 법》.
ar·que·bus[á:rkwəbəs] *n.* =HARQUEBUS.
ar·raign[əréin] *vt.* 〖法〗 (법정에) 소환하다, 공소 사실의 사실 여부를 묻다; 나무라다, 문책〔비난〕하다. ~**·ment** *n.* Ⓤ,Ⓒ 죄상 인부(罪狀認否)(의 절차); 비난, 힐난, 문책.
:ar·range[əréindʒ] *vt.* ① 가지런히 하다, 정리〔정돈〕하다, 배열하다. ② (분쟁을) 해결하다; 조정〔처리〕하다. ③ 계획〔준비〕하다. ④ 각색〔편곡〕하다. — *vi.* 타합하다, 마련〔정〕하다, (사전) 준비하다(*for, about*).
:ar·range·ment[-mənt] *n.* ① Ⓤ,Ⓒ 정돈, 정리. ② Ⓤ,Ⓒ 배열, 배치(*flower* ~ 꽃꽂이); 배합, 분류. ③ (*pl.*) 준비(preparation)(*for, with*). ④ Ⓒ,Ⓤ 화해, 협정. ⑤ Ⓤ 각색, 편곡.
ar·rant[ǽrənt] *a.* 전적인(*an* ~ *lie* 새빨간 거짓말); 악명 높은, 극악한.
ar·ras[ǽrəs] *n.* Ⓤ (프랑스의) 애러스천; Ⓒ 애러스천 벽걸이.
ar·ray**[əréi] *vt.* ① 차리다, 성장(盛裝)시키다. ② 배열〔정렬〕시키다; (배심원을) 소집하다. — *n.* Ⓤ ① 정렬; 벌여세움; 군세(軍勢). ② 의장(衣裝), 치장. ③ 〖컴〗 배열《일정한 프로그램으로 배열된 정보군(群)》. ***in proud ~ 당당히.
ar·rear[əríər] *n.* (*pl.*) (일·지불의) 밀림; 미불(未佛) 잔금; 잔무(殘務). ***in*** ~(***s***) 밀려서, 미불되어. ***in*** ~ ***of*** …에 뒤져서. ***in*** ~(***s***) ***with*** (*work*) (일)이 지체되어. ~**·age**[əríəridʒ] *n.* Ⓤ,Ⓒ 연체(延滯)(금); 부채; 잔무.
:ar·rest[ərést] *vt.* ① 체포하다, 붙들다. ② 막다, 저지하다. ③ (마음을) 끌다(attract). — *n.* Ⓤ,Ⓒ 저지; 체포, 구속, 구류. ***under*** ~ 구류중. ~**·er** *n.* Ⓒ 체포하는 사람; 방지장치; 피뢰기(避雷器). ~**·ment** *n.*
arréster hòok 속도 제동 장치《항공 모함의 비행기 착함용》.
ar·rest·ing[əréstiŋ] *a.* 주의를 끄는, 깜짝 놀라게 하는《목소리 등》; 인상적인, 눈부신.
arrésting gèar 착함기의 속도를 늦추기 위해 모함 갑판에 친 강색.
ar·ris[ǽris] *n.* Ⓒ 〖建〗 모서리, 귀퉁이.
:ar·ri·val[əráivəl] *n.* ① Ⓤ,Ⓒ 도착; 출현. ② Ⓒ 도착자〔물〕, 도달; 달성. ③ Ⓒ 《口》 출생, 신생아.
†ar·rive[əráiv] *vi.* ① 도착하다(*at,*

in). ② (연령·시기 따위에) 달하다(*at*). ③ 명성을[지위를] 얻다(*a pianist who has ~d* 잘 팔리는[인기 있는] 피아니스트); (시기가) 오다.

ar·ri·viste[æ̀riví:st] *n.* (F.) Ⓒ (목적을 위해 수단을 안 가리는) 야심가; 벼락 출세한 사람, 벼락부자.

*__ar·ro·gant__[ǽrəgənt] *a.* 거만한, 건방진. *__-gance, -gan·cy__ *n.* Ⓤ 오만, 거만. **~·ly** *ad.*

ar·ro·gate[ǽrəgèit] *vt.* (칭호 등을) 사칭하다; 멋대로 제것으로 하다; 정당한 이유 없이 (…을 남에게) 돌리다. **-ga·tion**[≥–géiʃən] *n.* Ⓤ,Ⓒ 사칭, 가로챔; 참람(僭濫), 월권(행위).

‡**ar·row**[ǽrou] *n.* Ⓒ 화살; 화살표; 굵은 화살표《영국 관유품 표시; 보통 BROAD ~ 라고 함》.

árrow·hèad *n.* Ⓒ 화살촉; 쇠귀나물속(屬)의 식물.

árrow kèy 〖컴〗 화살표 키.

árrow·ròot *n.* ① Ⓒ〖植〗 칡의 일종. ② Ⓤ 갈분.

ar·row·y[-i] *a.* 화살의[같은]; 빠른.

arse[ɑ:rs] *n.* Ⓒ《俗》 궁둥이(ass).

ar·se·nal[á:rsənəl] *n.* Ⓒ 병기고, 군수품 창고; 조병창.

ar·se·nate[á:rsənit] *n.* Ⓤ〖化〗 비산염(砒酸鹽).

ar·se·nic[á:rsənik] *n.* Ⓤ〖化〗 비소. — [ɑ:rsénik] *a.* 비소의.

arsénic ácid 비산.

ar·se·ni·ous[ɑ:rsí:niəs], **ar·se·nous**[á:rsənəs] *a.* 아비(亞砒)의.

arsénious ácid 아비산.

ar·son[á:rsn] *n.* Ⓤ〖法〗 방화(죄). **~·ist** *n.* Ⓒ 방화범.

ars·phen·a·mine[ɑ:rsfénəmì:n] *n.* Ⓤ〖藥〗 살바르산.

ARSR air route surveillance radar 항공로 감시 레이더.

art[1][ɑ:rt] *vi.*《古·詩》(thou가 주어일 때) be의 2인칭·단수·직설법 현재.

†**art**[2] *n.* ① Ⓤ 예술; (종종 *pl.*) 미술. ② Ⓒ 기술, 기능. ③ (*pl.*) 과목, 교양 과목(liberal arts). ④ Ⓤ 인공, 기교, 숙련. ⑤ Ⓒ (종종 *pl.*) 술책(trickery), 책략. ***applied ~*** 응용미술. ***~ and part***〖法〗 방조죄, 종범(*in*). ***~s and crafts*** 공예 미술. ***~ editor*** 예술란 담당 편집자. ***Bachelor*** [***Master***] ***of Arts*** 문학자[석사]. ***black ~*** 마술. ***fine ~s*** 미술. ***the ~ preservative of all ~s*** 인쇄술. ***work of ~*** 예술품; 걸작. — *vt.* (영화·소설 등에) 기교를 가하다(*up*).

ARTC air route traffic control 항공로 교통 관제.

árt crìtic 미술 평론가.

árt déaler 미술상, 화상(畫商).

árt dirèctor 〖映〗 미술 감독.

ar·te·fact[á:rtəfæ̀kt] *n.* =ARTIFACT.

Ar·te·mis[á:rtəmis] *n.* 〖그神〗 아르테미스《달·수렵의 여신; 로마 신화의 Diana》.

ar·te·ri·al[ɑ:rtíəriəl] *a.* 동맥의[같은]; 동맥혈의.

ar·te·ri·og·ra·phy[ɑ:rtìəriágrəfi/-ɔ́g-] *n.* Ⓤ〖醫〗 조영법.

ar·te·ri·o·scle·ro·sis [ɑ:rtìəriousklərόusis] *n.* Ⓤ 동맥 경화증.

ar·te·ri·tis[à:rtəráitis] *n.* Ⓤ〖醫〗 동맥염.

*__ar·ter·y__[á:rtəri] *n.* Ⓒ 동맥; 간선도로.

ar·té·sian wéll[ɑ:rtí:ʒən-/-ziən-] (물 줄기 있는 데까지) 깊이 판 우물.

árt fílm 예술 영화.

*__art·ful__[á:rtfəl] *a.* 교활한(sly). **~·ly** *ad.*

árt gàllery 미술관.

ar·thri·tis[ɑ:rθráitis] *n.* Ⓤ 관절염.

ar·thro·pod[á:rθrəpàd/-pɔ̀d] *n., a.* Ⓒ 절지 동물(의).

Ar·thur[á:rθər] *n.* 남자 이름. ***King ~*** 고대 영국의 전설적인 왕. **Ar·thu·ri·an**[ɑ:rθjúəriən] *a.*

ar·ti·choke[á:rtitʃòuk] *n.* Ⓒ 흰꽃엉겅퀴《꽃의 일부는 식용》. ***Jerusalem ~*** 뚱딴지《뿌리는 식용》.

†**ar·ti·cle**[á:rtikəl] *n.* Ⓒ ① (신문·잡지의) 논설, 기사. ② (같은 종류의 물건의) 한 품목; 한 개(*an ~ of furniture* 가구(家具) 한 점). ③ 물품. ④ 조목, 조항. ⑤ (*pl.*) 계약, 규약. ⑥〖文〗 관사. ***~s of association*** 정관(定款). ***~s of war*** 군율. ***definite*** [***indefinite***] ***~*** 정[부정]관사. — *vt.* ① 조목별로 쓰다, 나열하다. ② 계약하여 도제로 삼다. ③ (죄상을 열거하여) 고발하다. — *vi.* 고발하다(*against*). **~d**[-d] *a.* 연기(年期) 도제 계약의.

ar·tic·u·lar[ɑ:rtíkjələr] *a.* 관절의.

*__ar·tic·u·late__[ɑ:rtíkjəlit] *a.* ① (언어가) 음절이 있는. ② (논설이) 이론 정연한; 분명한, 또렷한. ③ 의견을 분명히 말할 수 있는. ④ 관절이 있는; 구분[마디] 있는. — [-lèit] *vt., vi.* 똑똑히 발음[표현]하다; 관절로 잇다[이어지다].

ar·tic·u·la·tion[ɑ:rtìkjəléiʃən] *n.* Ⓒ 마디, 관절; Ⓤ 분절(分節); 접합; 똑똑히 발음함; 발음(법).

ar·ti·fact[á:rtəfæ̀kt] *n.* Ⓒ 가공품; (유사 이전의) 고기물(古器物).

ar·ti·fice[á:rtəfis] *n.* Ⓤ 책략; 모략; Ⓒ 기교, 고안(device). **ar·tif·i·cer**[ɑ:rtífəsər] *n.* Ⓒ 기술가[공]; 장색(匠色), 장인(匠人)(craftsman); 제작자(*the Great ~r* 조물주, 하느님).

‡**ar·ti·fi·cial**[à:rtəfíʃəl] *a.* ① 인공[인조]의(*an ~ eye* [*leg, tooth*] 의안[의족, 의치]). ② 부자연스러운, 일부러 꾸민 것 같은(*an ~ smile* 거짓웃음). **-ci·al·i·ty**[à:rtəfìʃiǽləti] *n.* Ⓤ 인공; Ⓒ 인공물.

artifícial flówers 조화(造花).

artifícial horízon 〖空〗 인공 수평의(儀).

artifícial inseminátion 인공 수정《생략 AI》.

artifícial intélligence 〖컴〗 인공지능《인간의 뇌에 가까운 역할을 하므로 '제5세대 컴퓨터'라 불림; 생략 AI》.

artifícial kídney 〖醫〗 인공 신장.
artifícial lánguage 〖컴〗 인공 언어; 기계어.
artifícial léather 인조 피혁.
artifícial pérson 〖法〗 법인.
artifícial respirátion 인공 호흡.
artifícial sátellite 인공 위성.
artifícial seléction 인위 도태.
artifícial sílk 인조견.
***ar·til·ler·y**[ɑːrtíləri] *n.* Ⓤ ① 《집합적》 대포(cannon). ② 포병(대). ③ 포술, 포학(砲學). **~·man, -ler·ist**[-rist] *n.* Ⓒ 포병.
ar·ti·san[áːrtəzən/àːtizǽn] *n.* Ⓒ 장색(匠色).
:**art·ist**[áːrtist] *n.* Ⓒ 예술가, 화가.
ar·tiste[ɑːrtíːst] *n.* (F.) Ⓒ 예술인; 《戱》 명인, 달인.
:**ar·tis·tic**[ɑːrtístik], **-ti·cal**[-əl] *a.* ① 기술의, 예술(가)의; 미술(가)의. ② 예술〔미술〕적인, 멋〔풍류〕있는.
art·ist·ry[áːrtistri] *n.* Ⓤ 예술적 기교; 예술성.
art·less[áːrtlis] *a.* 무기교(無技巧)의; 단순한; 천진스러운; 자연스러운; 서투른; 어리석은. **~·ly** *ad.*
árt pàper 아트지(紙).
art·y[áːrti] *a.* 《口》 예술가연(然)하는.
A.R.U. American Railway Union.
A.R.V. American (Standard) Revised Version (of the Bible).
Ar·y·an[έəriən] *a., n.* 인도이란어의; 아리아족(族)〔민족〕의; Ⓒ 아리아 사람; Ⓤ 아리아 말; 인도이란어.
As 〖化〗 arsenic.
†**as**[強 æz, 弱 əz] *ad., conj.* ① 같을 만큼, 그만큼《as... as...의 앞의 as는 *ad.*, 뒤의 as는 *conj.*》. ② (*conj.*) 그러나, …이〔하〕지만; …이〔하〕므로(*young as he is* 젊지만). ③ …처럼〔같이〕, …대로(*At Rome, do as Rome does.* 《속담》 입향순속(入鄕循俗)). ④ 《*prep.* 처럼 써서》 …로서(는)(*live as a saint* 성인 같은 생활을 하다/*act as chairman* 의장 노릇을 하다). ⑤ …하고 있을 때 (when). ⑥ …하면서, …함에 따라 (while). ⑦ (*conj.*) 《口》 =THAT. — *rel. pron.* 《such, the same, as에 수반되어》 …한 바의(*such people as have seen it* 그것을 본 사람들/*as many books as I bought* 내가 산 책이란 책은 모두). ***as ever*** 변함 없이, 여전히. ***as for*** …에 관하여서는, …따위는(as regards). ***as if*** 마치 …처럼. ***as it is*** 〔***was***〕 있는 그대로; 그러나 실제로는 (이에 반(反)하여). ***as it were*** 말하자면. ***as of*** …현재(로)(*as of Jan.* 1, 1991, 1991년 1월 1일 현재). ***as though*** =as if. ***as to*** =as for. ***as who should say*** 마치 …라고 할 것처럼, …라고 말하려는 듯이.
A.S. Anglo-Saxon. **A.S., A/S** 〖商〗 account sales. **As.** Asia(n); Asiatic. **a.s.** 〖商〗 at sight. **ASA** American Standards Association. **A.S.A.** American Statistical Association; 《英》 Amateur Swimming Association.
as·a·fet·i·da, -foet-[æ̀səfétədə] *n.* Ⓒ 〖植〗 아위; Ⓤ 그 수지에서 얻은 진정제.
a.s.a.p., ASAP as soon as possible.
as·bes·tine[æsbéstin, æz-] *a.* 석면(石綿)의〔같은〕, 불연성(不燃性)의.
as·bes·tos, -tus[æzbéstəs, æs-] *n.* Ⓤ 석면, 돌솜.
as·bes·to·sis[æ̀sbestóusis] *n.* Ⓤ 〖醫〗 석면증.
ASC, A.S.C Air Service Command; American Standards Committee. **ASCAP**[ǽskæp] American Society of Composers, Authors and Publishers 미국 작곡가 작사자 출판사 협회.
as·ca·rid[ǽskərid] *n.* (*pl.* ***-rids, -carides***) Ⓒ 회충(蛔蟲).
:**as·cend**[əsénd] *vi.* ① 올라가다; 오르다; 오르막이 되다. ② (시대가) 거슬러 올라가다. **~·ance, ~·ence, ~·an·cy, ~·en·cy** *n.* Ⓤ 우세, 우월, 우위, 주권(*over*). **~·ing** *a.*
as·cend·ant, -ent[əséndənt] *a.* 상승(上昇)하는; 우세〔우월〕한. — *n.* Ⓤ 우위, 우세.
ascénding órder 〖컴〗 오름차순.
ascénding sórt 〖컴〗 오름차순 정렬.
as·cen·sion[əsénʃən] *n.* Ⓤ 상승; 즉위; (the A-)(예수의) 승천.
Ascénsion Dày 예수 승천일 《Easter 후 40일째의 목요일》.
:**as·cent**[əsént] *n.* Ⓤ,Ⓒ 상승, 오름, 등산; Ⓒ 오르막(길).
ascént propúlsion sỳstem 우주 정거장 귀환용 로켓 엔진.
***as·cer·tain**[æ̀sərtéin] *vt.* 확인하다; 알아내다, 조사하다. **~·a·ble** *a.* **~·ment** *n.*
as·cet·ic[əsétik] *n.* Ⓒ 고행자, 금욕 생활자. — *a.* 고행의, 금욕적인. **-i·cism**[-təsìzəm] *n.* Ⓤ 금욕주의, 고행〔수도〕 생활.
ASCII[ǽskiː] 〖컴〗 American Standard Code for Information Interchange 미국 정보 교환 표준 부호. **ASCM** antiship cruise missile 대함(對艦) 순항 미사일. **ASCOM** Army Service Command 〖美軍〗 육군 기지창.
a·scór·bic ácid[əskɔ́ːrbik-] 〖生化〗 아스코르빈산《비타민 C의 별명》.
As·cot[ǽskət] *n.* 영국 Ascot의 경마장; 애스컷 경마《6월 제 3 주에 행함》; (a-) Ⓒ (스카프 모양의) 넥타이.
***as·cribe**[əskráib] *vt.* (…에) 돌리다, (…의) 탓으로 하다(*to*). **as·crib·a·ble**[-əbl] *a.* (…에(게)) 돌릴 수 있는, (…에) 의한(*to*). **as·crip·tion**[əskrípʃən] *n.* Ⓤ 돌림, 이유 붙임; 송영(頌詠)《설교 끝에 행하는 신의 찬미》.
as·cus[ǽskəs] *n.* (*pl.* ***-ci*** [ǽsai]) Ⓒ 〖植〗 (자낭균류의) 자낭.

as·dic[ǽzdik] *n.* Ⓒ 잠수함 탐지기.
ASEAN[ǽsiən, eizíːən] Association of Southeast Asian Nations.
a·sep·sis[əsépsis, ei-] *n.* Ⓤ 무균(無菌) 상태; 〖醫〗 무균법. **a·sép·tic** *a.* 균이 없는, 방부성(防腐性)의.
a·sex·u·al[eisékʃuəl] *a.* 〖生〗 성별(性別)이〔성기가〕 없는, 무성(無性)의. **~·i·ty** *n.* Ⓤ 무성.
As·gard[ǽsgɑːrd, áːs-] *n.* 〖北歐神話〗 아스가르드《신들의 천상의 거처》.
ash[1][æʃ] *n.* Ⓒ 〖植〗 양물푸레나무.
:ash[2] *n.* Ⓤ ① (보통 *pl.*) 재. ② (*pl.*) 유골; 《詩》 (*pl.*) 유해; 폐허. ***be ruduced*** 〔***burnt***〕 ***to ~es*** 타서 재가 되다.
:a·shamed[əʃéimd] *a.* 부끄러이 여겨(*of*), 낯을 붉히어; 부끄러워하여(*to* do).
ásh càn 《美》 재 담는 통, 쓰레기통; 《口》 폭뢰(爆雷).
ásh càrt 쓰레기 운반차.
ash·en[ǽʃən] *a.* ① 양물푸레나무(ash[1])(제(製))의. ② 재(ash[2])의 〔같은〕; 회색의, 창백한.
a·shiv·er[əʃívər] *a.* 몸을 떠는 (듯한), 떨고 있는.
ash·lar, -ler[ǽʃlər] *n.* Ⓒ,Ⓤ 〖建〗 떠내어 다듬은 돌; Ⓤ 그 돌을 쌓기.
ash·man[ǽʃmæ̀n] *n.* Ⓒ 《美》 쓰레기 청소부.
:a·shore[əʃɔ́ːr] *ad.* 해변에, 물가에. ***go ~*** 상륙하다. ***run ~*** 좌초되다.
ásh·trày *n.* Ⓒ 재떨이.
Ásh Wédnesday 성회(聖灰) 수요일《Lent의 첫날》.
ash·y[ǽʃi] *a.* 재의〔같은〕; 회색의; 재투성이의.
†A·sia[éiʒə, -ʃə] *n.* 아시아.
A·si·ad[éiʒiæ̀d, -ʃi-] *n.* =ASIAN GAMES.
Ásia Mínor 소아시아.
:A·sian[éiʒən, -ʃən] *a., n.* 아시아(풍)의; Ⓒ 아시아 사람. ***A·si·at·ic** [èiʒiǽtik, -ʃi-] *a., n.* =ASIAN.
Ásian-Áfrican *n., a.* 아시아 아프리카(의).
Ásian Gàmes, the 아시아 경기대회.
:a·side[əsáid] *ad.* 옆〔곁〕에; 떼어서, 떨어져서. ***~ from*** 《美》 …은 차치〔별문제로〕 하고, …외에; 《美》 …은 제외하고. — *n.* Ⓒ 〖劇〗 방백(傍白); 여담, 잡담.
as·i·nine[ǽsənàin] *a.* 나귀의〔같은〕; 어리석은.
†ask[æsk, ɑːsk] *vt., vi.* ① 묻다, 물어보다(*about, of; if*). ② 부탁하다, (요)청하다. ③ 초청하다; 필요로 하다. ④ 《古》 (…의) 결혼 예고를 발표하다. ***~ after*** …의 일을 묻다, …의 안부를 묻다. ***~ for*** …을 요구〔청구〕하다; …을 찾다〔방문하다〕; …을 요하다. ***~*** (***a** person*) ***in*** (아무를) 불러 들이다, 들이다. ***~ ... of*** (***a** person*) (아무에게) …을 묻다〔부탁하다〕. ***be ~ed out*** 초대받다. ***for the ~ing*** 청구하는 대로, 거저.
a·skance[əskǽns], **a·skant**[-t] *ad.* 옆으로, 비스듬히; 곁눈질로. ***look ~ at*** …을 곁눈질로 흘기다; 의심쩍게 보다.
a·skew[əskjúː] *ad., pred. a.* 한쪽에〔으로〕 (쏠리어); 반대로 뒤틀리어; 일그러져; 옆으로; 비스듬히.
a·slant[əslǽnt, əsláːnt] *ad., pred. a.* 비스듬히, 기울어져. — *prep.* …을 비스듬히, …을 가로질러.
†a·sleep[əslíːp] *ad., pred. a.* ① 잠들어. ② 영면(永眠)하여. ③ 활발치 않아; (몸이) 마비되어. ④ (팽이가) 서서. ***fall ~*** 잠들다.
ASM air-to-surface missile.
A.S.N.E. American Society of Newspaper Editors.
a·so·cial[eisóuʃəl] *a.* 비사교적인; 《口》 이기적인.
asp[1][æsp] *n.* Ⓒ 독사《남유럽·아프리카 산》; 이집트 코브라.
asp[2] *n.* =ASPEN.
ASPAC Asian and Pacific Council.
***as·par·a·gus**[əspǽrəgəs] *n.* Ⓤ 〖植〗 아스파라거스.
as·par·tame[æspáːrtèim] *n.* Ⓤ 강력한 인공 감미료의 일종.
A.S.P.C.A. American Society for the Prevention of Cruelty to Animals 미국 동물 학대 방지회.
:as·pect[ǽspekt] *n.* ① Ⓒ 국면, 양상; 광경. ② Ⓤ,Ⓒ 모습, 얼굴 생김새. ③ Ⓤ,Ⓒ 〖文〗 (동사의) 상(相). ④ Ⓒ 방향, 방위, 향.
as·pen[ǽspən] *n.* Ⓒ 사시나무. — *a.* 사시나무의; (와들와들) 떠는.
as·per·i·ty[æspérəti] *n.* Ⓤ 꺼칠꺼칠함; (말의) 격렬함, 퉁명스러움.
as·perse[əspə́ːrs] *vt.* 나쁜 소문을 퍼뜨리다, 중상하다; (세례의) 물을 뿌리다. **as·pérs·er** *n.* **as·per·sion** [əspə́ːrʃən, -ʒən] *n.*
***as·phalt**[ǽsfælt, -fɔːlt], **as·phal·tum**[æsfɔ́ːltəm/-fǽl-] *n.* Ⓤ 아스팔트.
ásphalt jùngle 아스팔트 정글《약육 강식장으로서의 대도시》.
as·pho·del[ǽsfədèl] *n.* Ⓒ 아스포델《백합과의 식물; 남유럽산》; 〖그神〗 극락의 꽃; 《詩》 =DAFFODIL.
as·phyx·i·a[æsfíksiə] *n.* Ⓤ 〖病〗 질식, 가사(假死).
as·phyx·i·ate[æsfíksièit] *vt.* 질식시키다. **-a·tion**[–̀–éiʃən] *n.*
as·pic[ǽspik] *n.* Ⓤ 고기젤리.
as·pi·dis·tra[æ̀spədístrə] *n.* Ⓒ 〖植〗 엽란(葉蘭).
as·pir·ant [əspáiərənt, ǽspər-] *a., n.* Ⓒ (높은 지위 등을) 갈망하는 (사람), 지망자(*to, after, for*).
as·pi·rate[ǽspərit] *n., a.* Ⓒ 기음(氣音)(의), 기식음(의), [h]음(의). — [-pərèit] *vt.* 기식음으로 발음하다, [h]음을 넣어 발음하다.
:as·pi·ra·tion[æ̀spəréiʃən] *n.* Ⓤ,Ⓒ ① 갈망, 대망, 포부(*for, after*). ② 〖醫〗 빨아냄(suction); 기음(발음).
as·pi·ra·tor[ǽspərèitər] *n.* Ⓒ

〖化〗 아스퍼레이터; 〖醫〗 흡인기.

:as·pire[əspáiər] *vi.* ① 대망을 품다; 갈망하다; 동경하다(*to, after, for; to* do). ② 《詩》 올라가다; 치솟다.

***as·pi·rin**[ǽspərin] *n.* Ⓤ 〖藥〗 아스피린; Ⓒ 아스피린정(錠).

as·pir·ing[əspáiəriŋ] *a.* 열망[갈망]하는, 큰 뜻이 있는.

ASQC American Society for Quality Control 미국 품질 관리 협회.

a·squint[əskwínt] *ad., pred. a.* 곁눈질로[의], 흘긋; 비스듬히[한].

ASR airport surveillance radar 대공 감시 레이더; automatic sendreceive (set) 〖컴〗 자동송수신(장치).

:ass[æs] *n.* Ⓒ ① 당나귀. ② [英+ɑ:s] 바보; 외고집쟁이. ③ 《卑》 엉덩이. ***~es' bridge*** 못난이들이 못 건너는 다리《이등변 삼각형의 두 밑각은 서로 같다는 정리》. ***make an ~ of*** …을 우롱하다.

as·sa·fet·i·da, -foet-[æ̀səfét-idə] *n.* =ASAFETIDA.

as·sa·gai, as·se-[ǽsəgài] *n.* Ⓒ 《南阿》 (토인의) 창.

as·sa·i[əsɑ́:i] *ad.* (It.) 〖樂〗 매우. ***allegro ~*** 매우 빠르게.

***as·sail**[əséil] *vt.* ① 습격[엄습]하다; 논란하다. ② (…에) 감연히 부닥치다. **~·a·ble** *a.* ***~·ant, ~·er** *n.* **~·ment** *n.*

***as·sas·sin**[əsǽsin] *n.* Ⓒ 암살자, (고용된) 자객. **-si·nate**[-sənèit] *vt.* 암살하다. ***-si·na·tion**[-ˋ-néiʃən] *n.* Ⓤ,Ⓒ 암살. **-si·na·tor**[-ˋ-néitər] *n.* Ⓒ 암살자.

:as·sault[əsɔ́:lt] *n.* Ⓒ 습격, 강습; 돌격; Ⓤ,Ⓒ 강간; 〖法〗 폭행, 협박. — *vt.* 강습하다, (…에게) 폭행을 가하다; 공격하다.

as·say[æséi, ǽsei] *n., vt.* Ⓒ 시금(試金)(하다); 분석(하다); 분석물. **~·a·ble** *a.* **~·er** *n.*

***as·sem·blage**[əsémblidʒ] *n.* ① Ⓒ 《집합적》 회중(會衆), 집단; 집합, 집회(assembly), 수집. ② Ⓤ (기계의 부품) 조립.

:as·sem·ble[əsémbəl] *vt., vi.* 모으다, 모이다, 집합하다; (*vt.*) (기계를) 짜맞추다, 조립하다; 〖컴〗 어셈블하다.

as·sem·bler[əsémblər] *n.* Ⓒ 조립자; 〖컴〗 어셈블러, 기호 변환 프로그램.

:as·sem·bly[əsémbəli] *n.* ① Ⓒ 집합, 집회; 무도회; 회의. ② Ⓒ (A-) 입법의회; 《美》 (주의회의) 하원. ③ Ⓒ 집합 신호[나팔]. ④ Ⓤ (자동차 등 부품의) 조립; Ⓒ 조립 부품. ***General A-*** (UN의) 총회; 《美》 주(州)의회. ***National A-*** 〖프史〗 국민의회; 국회.

assémbly hàll 회의장; 조립 공장.

assémbly lànguage 〖컴〗 어셈블리 언어.

assémbly lìne 《美》 일관 작업 조직《인원과 기계》.

as·sem·bly·man[-mən] *n.* Ⓒ 의원; (A-) 《美》 (주의회) 하원의원.

assémbly plànt [shòp] 조립 공장.

assémbly prògram 〖컴〗 어셈블리 프로그램.

assémbly ròom 집회실, 회의실; 무도장; 조립실.

assémbly ròutine 〖컴〗 어셈블리 루틴.

assémbly tìme 〖컴〗 어셈블리 타임《어셈블러가 기호 언어를 기계어 명령으로 번역함에 요하는 시간》.

as·sém·bly·wom·an[-wùmən] *n.* (*pl.* ***-women***) Ⓒ 여성 의원; (A-) (미국 일부 주(州)의) 여성 하원 의원.

as·sent**[əsént] *n., vi.* Ⓤ 승낙[동의](하다)(agree)(*to*). ***by common ~ 전원 일치로. ***give one's ~ to*** …에 동의하다. ***Royal ~*** (국왕의) 비준, 재가. **as·sén·tor** *n.* Ⓒ 동의[찬성]자.

:as·sert[əsɔ́:rt] *vt.* 주장하다; 단언하다. **~ *oneself*** 자설(自說)을 주장하다; 주제넘게 굴다. ***as·sér·tion** *n.* Ⓤ,Ⓒ 주장, 단언; 독단. **as·sér·tive** *a.*

as·sess[əsés] *vt.* (과세를 위해) 사정(査定)하다, 평가하다; 과세하다; 할당하다. **~·a·ble** *a.* 평가할 수 있는. ***~·ment** *n.* Ⓤ 재산 평가, 수입 사정; Ⓒ 사정액, 할당액. **as·sés·sor** *n.* Ⓒ 재산[과세] 평가인.

as·set**[ǽset] *n.* ① Ⓒ 자산의 한 항목; 가치 있는 것(*a cultural ~* 문화재). ② (*pl.*) 자산, 재산. ***~s and liabilities 자산과 부채. ***personal [real] ~s*** 동[부동]산.

as·sev·er·ate[əsévərèit] *vt.* 서언(誓言)하다; 단언하다(state positively). **-a·tion**[əsèvəréiʃən] *n.* Ⓤ,Ⓒ 서언, 단언.

as·si·du·i·ty[æ̀sidjú:əti] *n.* Ⓤ 근면; Ⓒ (보통 *pl.*) (아무에의) 배려.

as·sid·u·ous[əsídʒuəs] *a.* 근면[부지런]한; 빈틈없이 손이 미치는. **~·ly** *ad.* **~·ness** *n.*

:as·sign[əsáin] *vt.* ① 할당[배당]하다. ② (구실을) 명하다, 맡기다; 지정하다; 돌리다(*to*). ③ (재산·권리 등을) 양도하다(transfer). ***~·ment** *n.* Ⓤ 할당; 지정; 임무; 양도; Ⓒ 연구 과제; 〖컴〗 지정.

as·sig·na·tion[æ̀signéiʃən] *n.* Ⓒ 회합(의 약속); (특히, 연인끼리의) 밀회; Ⓤ 〖法〗 양도.

as·sign·ee[əsàiní:, æ̀siní:] *n.* Ⓒ 〖法〗 양수인; 수탁자; 파산 관재인(管財人).

as·sign·or[əsáinər] *n.* Ⓒ 양도인.

as·sim·i·la·ble[əsímələbəl] *a.* 동화할 수 있는.

***as·sim·i·late**[əsímələ̀it] *vt.* ① 동화(同化)하다, 흡수하다. ② 소화하다; 이해하다; 비교하다(*with*). — *vi.* 동화하다; 비슷해지다. — *n.* Ⓒ 《美》 동화된 물건[사람]. ***-la·tion**[-ˋ-léiʃən] *n.* Ⓤ 동화 (작용). **-la·tive**

[-lèitiv] *a.* 동화의, 동화력 있는. **-la·tor** *n.*
:as·sist[əsíst] *vt., vi.* 돕다, 거들다; 참석하다(*at*). — *n.* Ⓒ 조력; 〖野〗 보살(補殺); 〖籠〗 어시스트.
:as·sist·ant[əsístənt] *a., n.* 보조의; Ⓒ 조수; 점원. **:-ance** *n.* Ⓤ 조력, 원조.
assístant proféssor 조교수.
as·size[əsáiz] *n.* Ⓒ 재판; (*pl.*) 《英》 순회 재판. ***the Great A-*** 최후의 심판.
assn., assoc. association.
as·so·ci·a·ble[əsóuʃiəbəl] *a.* 연상되는(*with*); 〖醫〗 교감성의.
:as·so·ci·ate[əsóuʃièit] *vt.* ① 연합시키다(unite). ② 연상하다. — *vi.* 교제하다(*with*). — [-ʃiit] *n.* Ⓒ ① 동료, 한동아리; 준(準)회원. ② 연상되는 것. — *a.* 동아리〔동료〕의, 연합한; 준(準)….
assóciate degrèe 《美》 준학사 《전문대 졸업생에게 수여함》.
assóciate júdge 배심 판사.
assóciate proféssor 부교수.
:as·so·ci·a·tion[əsòusiéiʃən, -ʃi-] *n.* ① Ⓤ 연합, 합동, 결합. ② Ⓒ 조합, 협회. ③ ⓊⒸ 연상; Ⓤ 관념 연합. ④ Ⓤ 교제, 친밀. **~·al** *a.*
associátion fóotball 《英》 축구, 사커(soccer).
as·so·ci·a·tive[əsóuʃièitiv, -ʃə-] *a.* 연합의, 결합하는; 연상의.
as·soil[əsɔ́il] *vt.* 《古》 사면〔석방〕하다; 속(贖)하다, 보상하다.
as·so·nance[ǽsənəns] *a.* 유음(類音), 협음(協音); 〖韻〗 모운(母韻) 《모음만의 압운: m*a*ke-r*a*ce 따위》. **-nant** *a.*
as·sort[əsɔ́:rt] *vt.* 분류하다; 갖추다; 짝〔골라〕맞추다. — *vi.* 맞다, 갖춰지다, 일치하다; 교제하다(*with*). ***~·ed**[-id] *a.* 유별(類別)한; (각종) 구색을 갖춘(*~ed chocolates* (한 상자에) 여러 가지로 구색을 갖춘 초콜릿). ***~·ment** *n.* Ⓤ 종별, 유별; Ⓒ (각종의) 구색 맞춤.
Asst., asst. assistant.
as·suage[əswéidʒ] *vt.* 누그러지게 하다, 가라앉히다. **~·ment** *n.* Ⓤ 경감, 완화.
as·sua·sive[əswéisiv] *a.* 누그러지게 하는, 진정시키는.
:as·sume[əsjú:m] *vt.* ① (책임을) 지다; (임무를) 떠맡다. ② 짐짓 (…을) 가장하다(pretend). ③ 가로채다(usurp). ④ 생각〔가정〕하다, 미루어 헤아리다. ⑤ 몸에 차리다〔지니다〕, (양상을) 띠다. — *vi.* 주제넘게 굴다. **as·súm·a·ble** *a.* 미루어 헤아릴 수 있는, 생각할 수 있는. **-bly** *ad.* 아마. ***~d**[-d] *a.* 짐짓 꾸민 (*an ~d voice* 꾸민 목소리); 가짜의(*an ~d name* 가명). **as·sum·ed·ly**[-idli] *ad.* 아마, 필시. **as·súm·ing** *a.* 주제 넘은, 건방진.
***as·sump·tion**[əsʌ́mpʃən] *n.* ① ⓊⒸ (임무·책임의) 떠맡음; 횡령. ② ⓊⒸ 짐짓 꾸밈, 가장. ③ Ⓒ 가정, 억설, 가설. ④ Ⓤ 건방짐, 주제넘음. ⑤ (the A-) 성모 승천 (대축일). **-tive** *a.* 가정의, 가설의; 건방진; 짐짓 꾸민.
:as·sur·ance[əʃúərəns] *n.* ① Ⓒ 보증. ② Ⓤ 확신, 자신; 철면피. ③ Ⓤ 《英》 보험. ***have the ~ to*** (do) 뻔뻔스럽게도 …하다. ***life ~*** 《英》 생명보험. ***make ~ doubly*** 〔***double***〕 ***sure*** 재삼 다짐하여 틀림없게 하다.
:as·sure[əʃúər] *vt.* ① (…에게) 보증하다, 확신시키다, 납득〔안심〕시키다. ② 보험에 넣다(insure). ③ 확실히 하다. ***~ oneself of*** …을 확인하다. ***I ~ you.*** 확실히, 틀림없이. ***~d**[-d] *a.* 확실한; 자신 있는; 보험에 부친. ***as·sur·ed·ly**[əʃú:əridli] *ad.* 확실하게; 자신 있게, 대담히.
as·sured·ness[-dnis] *n.* Ⓒ 확실, 확신; 철면피; 대담 무쌍.
As·syr·i·a[əsíriə] *n.* (고대) 아시리아. **~n** *a., n.* 아시리아의; Ⓒ 아시리아 사람(의); Ⓤ 아시리아 말(의).
As·syr·i·ol·o·gy[əsìriálədʒi/-ɔ́l-] *n.* Ⓤ 아시리아학(學)〔연구〕.
as·ta·tic[eistǽtik, æs-] *a.* 불안정한; 〖理〗 무정위(無定位)의. ***~ galvanometer*** 무정위 전류계. ***~ needle*** 무정위(자)침.
as·ta·tine[ǽstətì:n] *n.* Ⓤ 〖化〗 아스타틴《방사성 원소; 기호 At》.
as·ter[ǽstər] *n.* Ⓒ ① 〖植〗 과꽃; 탱알. ② 〖生〗 (핵분열의) 성상체(星狀體).
as·ter·isk[ǽstərìsk] *n., vt.* Ⓒ 별표《*》(를 달다).
as·ter·ism[ǽstərìzəm] *n.* Ⓒ 세별표《⁂》; 〖天〗 성군(星群), 별자리.
a·stern[əstə́:rn] *ad.* 〖海〗 고물에〔쪽으로〕; 뒤에〔로〕. ***drop*** 〔***fall***〕 ***~*** 딴 배에 뒤처지다〔앞질리다〕. ***Go ~!*** 후진(後進)! 《구령》.
as·ter·oid[ǽstərɔ̀id] *a., n.* 별 모양의; Ⓒ (화성과 목성 궤도간의) 작은 유성; 〖動〗 불가사리.
ásteroid bèlt 〖天〗 소행성대《대부분의 소행성이 존재하는 화성과 목성 궤도 사이의 영역》.
as·the·ni·a[æsθí:niə] *n.* Ⓤ 〖醫〗 무력증, 쇠약.
as·the·no·pi·a[æ̀sθənóupiə] *n.* Ⓤ 〖醫〗 안정(眼睛) 피로. 「천식.
asth·ma [ǽzmə, ǽs-] *n.* Ⓤ 〖醫〗
asth·mat·ic[æzmǽtik, æs-] *a.* 천식의. — *n.* Ⓒ 천식 환자.
as·tig·mat·ic[æ̀stigmǽtik] *a.* 난시(亂視)의, 난시 교정(용)의.
a·stig·ma·tism[əstígmətìzəm] *n.* Ⓤ 난시; 비점수차(非點收差).
a·stir[əstə́:r] *ad., a.* 움직여; 일어나; 술렁거려; 활동하여.
:as·ton·ish[əstániʃ/-tɔ́n-] *vt.* 놀라게 하다. ***~·ing** *a.* **~·ing·ly** *ad.* **:~·ment** *n.* Ⓤ 경악(*in* 〔*with*〕 *~ment* 놀라서).
***as·tound**[əstáund] *vt.* (깜짝) 놀라

게 하다. ～·ing *a.*
ASTP Army Specialized Training Program.
a·strad·dle[əstrǽdl] *ad., a.* 걸치어; 걸친.
as·tra·khan[ǽstrəkən/æ̀strəkǽn] *n.* Ⓤ 아스트라칸《러시아 Astrakhan 지방산 새끼양의 털가죽》; Ⓒ 아스트라칸을 모조한 직물.
as·tral[ǽstrəl] *a.* 별의, 별이 많은; 별로부터의.
ástral lámp 무영등(無影燈).
*__a·stray__[əstréi] *a., ad.* 길을 잃어; 타락하여. ***go*** ～ 길을 잃다, 잘못하다; 타락하다.
a·stride[əstráid] *ad., prep.* (…에) 걸터앉아, (…에) 걸치어.
as·trin·gent[əstríndʒənt] *a., n.* 수렴성의[이 있는]; 엄(격)한; Ⓤ,Ⓒ 수렴제. **-gen·cy** *n.* Ⓤ 수렴성.
as·tri·on·ics[æ̀striɑ́niks/-ɔ́n-] *n.* Ⓤ 〖로켓〗 우주 전자 공학.
as·tro-[ǽstrou, -trə] '별·우주'의 뜻의 결합사.
àstro·biólogy *n.* Ⓤ 천체 생물학.
ástro·còmpass *n.* Ⓒ 〖海〗 성측(星測) 나침반, 천측 컴퍼스.
as·tro·dome[ǽstrədòum] *n.* Ⓒ 〖空〗 (기상(機上)의) 천체 관측실.
àstro·dynámics *n.* Ⓤ 천체 역학.
as·tro·ga·tion[æ̀strougéiʃən] *n.* Ⓤ 우주 여행(연구).
àstro·geólogy *n.* Ⓤ 천체 지질학.
ástro·hàtch *n.* =ASTRODOME.
as·tro·labe [ǽstrəlèib] *n.* Ⓒ (고대의) 천체 관측의(儀).
as·trol·o·ger [əstrɑ́lədʒər/-ɔ́-] *n.* Ⓒ 점성가(占星家).
*__as·trol·o·gy__[əstrɑ́lədʒi/-ɔ́-] *n.* Ⓤ 점성학[술]. **as·tro·log·i·cal**[æ̀strəlɑ́dʒikəl/-ɔ́-] *a.*
àstro·meteorólogy *n.* Ⓤ 천체 기상학.
*__as·tro·naut__[ǽstrənɔ̀:t] *n.* Ⓒ 우주 비행사[여행자].
as·tro·nau·tics[æ̀strənɔ́:tiks] *n.* Ⓤ 항주학, 우주 비행술[항행학].
àstro·navigátion *n.* Ⓤ 천측 항법; 〖空〗 우주 비행.
:**as·tron·o·mer**[əstrɑ́nəmər/-ɔ́-] *n.* Ⓒ 천문학자.
*__as·tro·nom·i·cal__ [æ̀strənɑ́mikəl/-ɔ́-] *a.* 천문학(상)의; (숫자가) 천문학적인, 거대한. 「문대.
astronómical obsérvatory 천
astronómical tíme [**yéar**] 천문시(天文時)[년(年)].
:**as·tron·o·my**[əstrɑ́nəmi/-ɔ́-] *n.* Ⓤ 천문학. 「진술.
àstro·photógraphy *n.* Ⓤ 천체 사
àstro·phýsics *n.* Ⓤ 천체 물리학.
As·tro·turf[ǽstrətə̀:rf] *n.* 〖商標〗 인공 잔디.
as·tute[əstjú:t] *a.* 날카로운, 기민한(shrewd); 교활한(crafty). ～·ly *ad.*
a·sty·lar[eistáilər] *a.* 〖建〗 무주식(無柱式)의.
A·sun·ción[əsù:nsióun] *n.* 파라과이의 수도.
*__a·sun·der__[əsʌ́ndər] *ad.* 따로따로, 떨어져(apart); 조각조각[토막토막, 동강동강]으로, 따로따로 떨어져[흩어져](in pieces). ***break*** ～ 둘로 쪼개지다. ***come*** ～ 산산이 흩어지다. ***fall*** ～ 무너지다. ***whole worlds*** ～ 하늘과 땅만큼 떨어져서.
A.S.V. American Standard Version (of the Bible).
As·wan[ɑ:swɑ́:n, æs-] *n.* 이집트 남동부의 도시; 그 부근의 댐.
*__a·sy·lum__[əsáiləm] *n.* Ⓒ ① 수용소, 양육원; 정신 병원. ② 도피처(refuge).
a·sym·me·try[eisímətri, æs-] *n.* Ⓤ 불균정(不均整), 비대칭(非對稱)(opp. symmetry). **-met·ric**[⌐--mét-], **-met·ri·cal**[-əl] *a.*
as·ymp·tote[ǽsimptòut] *n.* Ⓒ 〖數〗 점근선(漸近線).
a·syn·chro·nism[eisíŋkrənìzəm/æs-] *n.* Ⓤ 비(非)동시성.
a·syn·chro·nous [eisíŋkrənəs, æs-] *a.* 비(非)동시성의; 〖컴·電〗 비동기(非同期)의(～ *communication* 비동기 통신).
†**at**[強 æt, 弱 ət] *prep.* ①《위치》…에(서)(*at home*). ②《시간·시절·나이》…(때)에(*at noon/at* (*the age*) *of fifteen*). ③《상태·정황·종사》…하는 중에, …하여[하고](*at peace/at work*). ④《방향·목표》…에 대하여, …을 향하여(*look at it*). ⑤《경로》…을 통하여; …에 의하여, …로부터(*come in* [*out*] *at the window* 창으로 들어가다[나오다]). ⑥《원인》…에 접하여, …을 보고[듣고], …으로(because of)(*rejoice at the news* 그 소식을 듣고 기뻐하다). ⑦《가격·비율》…로(*at a lower price* 더 싼 값으로). ⑧《자유·임의》…로, …에 따라서(*at will* 마음대로). ⑨《동작의 모양》…하게, …으로(*at a gallop* 전속력으로).
At 〖化〗 astatine. **at.** atmosphere; atomic; attorney. **AT, A.T.** Air Transport(ation); ampere turn; anti-tank. **AT & T** American Telephone and Telegraph Company.
at·a·vism[ǽtəvìzəm] *n.* Ⓤ 〖生〗 격세 유전.
a·tax·i·a[ətǽksiə], **a·tax·y**[-si] *n.* Ⓤ 〖醫〗 운동 실조, 기능 장애《특히 손발의》.
at bat[æt bǽt] (*pl.* ～**s**) 〖野〗 타수《생략 a.b.》.
ATC Air Traffic Control; Air Transport Command; automatic train control. **A.T.C.O.** Air Traffic Controllers Organization.
†**ate**[eit/et] *v.* eat의 과거.
-ate[1][éit, èit] *suf.* '…시키다, …(이 되게) 하다, …을 부여하다' 따위의 뜻: loc*ate,* concentr*ate,* evapo-

rate.

-ate²[ət, èit] *suf.* ① 어미가 ate인 동사의 과거분사에 상당하는 형용사를 만듦: anim*ate*(anim*ated*), situ*ate*(situ*ated*). ② '…의 특징을 갖는, (특징으로) …을 갖는, …의'의 뜻: passion*ate*, collegi*ate*.

-ate³[ət, èit] *suf.* ① '직위, 지위'의 뜻: consul*ate*. ② '어떤 행위의 산물'의 뜻: leg*ate*, mand*ate*. ③ 〖化〗 '…산염(酸鹽)'의 뜻: sulf*ate*.

at·el·ier[ǽtəljèi] *n.* Ⓒ 아틀리에, (화가·조각가의) 작업실.

a tem·po[ɑːtémpou] (It.) 〖樂〗 보통〔원래〕 속도로.

Ath·a·na·sius[æ̀θənéiʃəs], **Saint** (296?-373) Alexandria의 대주교로 아리우스교(敎)(Arianism)의 반대자. **-sian**[-ʒən, -ʃən] *a.*

***a·the·ism**[éiθiìzəm] *n.* Ⓤ 무신론. ***-ist** *n.* **-is·tic**[èiθiístik] *a.*

A·the·na[əθíːnə], **-ne**[-niː] *n.* 〖그神〗 지혜·예술·전술의 여신《로마 신화의 Minerva》.

Ath·e·n(a)e·um [æ̀θiníːəm] *n.* (the ~) 아테네 신전《시인·학자가 모였음》; (a-) Ⓒ 문예〔과학〕 연구회; (a-) 독서실, 도서실.

***A·the·ni·an**[əθíːniən] *a., n.* Ⓒ 아테네의 (사람).

***Ath·ens**[ǽθinz] *n.* 아테네《그리스의 수도》.

ath·er·o·scle·ro·sis[æ̀θərouskləróusis] *n.* Ⓤ 〖醫〗 동맥 경화증.

a·thirst[əθə́ːrst] *pred. a.* 목이 타서〔말라서〕; 갈망하여.

***ath·lete**[ǽθliːt] *n.* Ⓒ 운동가, 경기자; 강건한 사람.

áthlete's fóot (발의) 무좀.

:ath·let·ic[æθlétik] *a.* 운동〔경기〕의; 운동가같은; 강장(强壯)한. ~ ***meet(ing)*** 운동〔경기〕회. ***~s**[-s] *n.* Ⓤ 운동, 경기; 체육; 체육 실기〔원리〕.

ath·o·dyd[ǽθədìd] *n.* Ⓒ 도관(導管) 제트(엔진).

at-hóme *n.* Ⓒ (보통 오후의) 면회; (가정적인) 초대(회). ~ ***day*** 면회일, 집에서 손님을 접대하는 날.

a·thwart[əθwɔ́ːrt] *ad., prep.* (…을) 가로〔건너〕질러(across); (…에) 거슬러, (…에) 반하여(against).

a·tin·gle[ətíŋgl] *pred. a.* =TINGLING.

-a·tion[éiʃən] *suf.* 《명사어미》 '동작·결과'의 상태를 뜻함: medit*ation*, occup*ation*.

a·ti·shoo[ətíʃuː, ətjúː] *int.* 에취《재채기 소리》. — *n.* Ⓒ 재채기.

Atl. Atlantic.

at·lan·tes[ətlǽntiːz] *n. pl.* 〖建〗 남상(男像) 기둥.

:At·lan·tic[ətlǽntik] *n., a.* (the ~) 대서양(의).

Atlántic Chárter, the 대서양 헌장《1941년 8월 14일 북대서양상에서 선언됨》.

At·lan·ti·cism[ətlǽntəsìzəm] *n.* Ⓤ 범대서양주의.

:Atlántic Ócean, the 대서양.

Atlántic Páct, the 대서양 동맹.

Atlántic (Stándard) Tíme 대서양 표준시.

At·lan·tis[ətlǽntis] *n.* 신의 벌을 받아 바다 밑으로 가라앉았다는 전설적인 대서양의 섬.

***at·las**[ǽtləs] *n.* ① Ⓒ 지도책. ② (A-) 〖그神〗 아틀라스《신의 벌로 하늘을 어깨에 짊어졌다는 거인》. ③ 《美》 (A-) 수폭 탄두를 적재한 대륙간 탄도 유도탄.

Átlas Móuntains, the 아프리카 북서부의 산맥.

ATM asychronous transfer mode 비동기 전송 방식; automated-teller machine. **atm.** atmosphere; atmospheric.

:at·mos·phere[ǽtməsfìər] *n.* ① (the ~) 대기; (*sing.*) 공기. ② (*sing.*) 분위기; 주위의 정황, 기분. ③ Ⓒ 〖理〗 기압; 천체를 싸고 있는 가스체. ④ (*sing.*) (예술 작품의) 풍격, 운치.

at·mos·pher·ic** [æ̀tməsférik], **-i·cal**[-əl] *a.* 대기의, 대기 중의 (atmospheric pressure*** 기압).

at·mos·pher·ics[-s] *n.* ① *pl.* 〖電〗 공전(空電). ② Ⓤ 공전학. ③ *pl.* (회담·교섭 등의) 분위기.

at. no. atomic number.

at·oll[ǽtɔːl, ətɑ́l/ǽtɔl, ətɔ́l] *n.* Ⓒ 환초(環礁).

:at·om[ǽtəm] *n.* Ⓒ 원자; 미진; (an ~ of) 미량. **~·ism**[-ìzəm] *n.* Ⓤ 원자론〔설〕. 「(cf. nuclear).

:a·tom·ic[ətɑ́mik/-ɔ́-] *a.* 원자의

atómic áge, the 원자력 시대.

atómic áirplàne 원자력 비행기.

atóm(ic) bómb 원자 폭탄.

atómic cárrier 원자력 항공 모함.

atómic clóck 원자 시계.

atómic clóud (원자폭탄에 의한) 원자운(雲), 버섯 구름.

atómic cócktàil 《美》 (암 치료용의) 방사성 내복약.

atómic contról 원자력 관리.

atómic disintegrátion 〖理〗 원자 붕괴.

atómic diséase 원자병.

atómic dúst 원자진(原子塵).

atómic electrícity 원자력 전기.

atómic énergy 원자력.

Atómic Énergy Authòrity 《英》 원자력 공사《생략 AEA》.

atómic físsion 원자핵 분열.

atómic fórmula 〖化〗 원자식〔설〕.

atómic fúsion 원자핵 융합.

atómic gún 원자포.

atómic máss 〖化〗 원자 질량(質量).

atómic máss ùnit 원자 질량 단위《생략 AMU》.

atómic númber 원자 번호.

atómic píle 원자로《NUCLEAR REACTOR의 구칭》.

atómic plánt 원자력 공장.

atómic pówer 원자력 (발전).

atómic pówer plànt [**stàtion**] 원자력 발전소.
atómic propúlsion 원자력 추진.
atómic reáction 원자핵 반응.
atómic shíp 원자력 함선. 「함.
atómic súbmarine 원자력 잠수
atómic théory 원자론. 「계.
atómic tíme clòck 원자 연대 시
atómic válue 〖化〗 원자가.
atómic wárfare 원자력 전쟁.
atómic wárhead 원자 탄두.
atómic wéapon 원자 병기.
atómic wéight 원자량.
at·om·is·tic [æ̀təmístik] *a.* 원자(론)의; 별개의 독립군(群)으로 이루어진.
at·om·ize [ǽtəmàiz] *vt.* 원자[미분자]로 만들다; 《俗》 원자 폭탄으로 분쇄하다; 분무(噴霧)하다. **-iz·er** *n.* Ⓒ 분무기; 향수 뿌리개.
átom smàsher 원자핵 파괴 장치.
a·ton·al [eitóunl/æ-] *a.* 〖樂〗 무조(無調)의. **-i·ty** [⌐–nǽləti] *n.* Ⓤ 〖樂〗 무조성[주의].
***a·tone** [ətóun] *vt., vi.* 보상[속(贖)]하다, 배상하다(*for*); 속죄하다. * **~·ment** *n.* Ⓤ,Ⓒ 보상; (the A-) (예수의) 속죄.
a·ton·ic [eitánik/ætɔ́n-] *a.* 〖音聲〗 악센트 없는; 무강세의; 〖醫〗 활력 없는; 이완(증)의.
a·top [ətáp/-ɔ́-] *ad., prep.* (…의) 꼭대기에(서).
at·o·py [ǽtəpi] *n.* Ⓤ 〖醫〗 아토피성(체질)《천식·습진 등에 걸리기 쉬운 일종의 알레르기 체질》.
ATP adenosine triphosphate.
ATR advanced thermal (converter) reactor 신형 열전환 원자로; audio tape recording.
at·ra·bil·ious [æ̀trəbíljəs] *a.* 우울증[성]의; 침울한, 까다로운.
***a·tro·cious** [ətróuʃəs] *a.* ① 흉악한; 흉포한, 잔학한. ② 지독한, 지겨운, 서투른. ***a·troc·i·ty** [ətrásəti/-ɔ́-] *n.* Ⓤ 극악; Ⓒ (보통 *pl.*) 잔학행위; Ⓒ 《俗》 지독함.
at·ro·phy [ǽtrəfi] *n., vi., vt.* Ⓤ,Ⓒ 〖醫〗 쇠약[위축](하다, 하게 하다).
at·ro·pine [ǽtrəpi:n, -pin] *n.* Ⓤ 〖化〗 아트로핀《진경제(鎭痙劑)로 쓰이는 독약》.
ATS, A.T.S. American Temperance Society; Army Transport Service; Auxiliary Territorial Service 《英》 여자 국방군. **att.** attention; attorney.
at·ta·boy [ǽtəbɔ̀i] *int.* 《美俗》 좋아, 됐어, 잘한다!
:**at·tach** [ətǽtʃ] *vt.* ① 붙이다, 달다(fasten). ② (서명 따위를) 곁들이다(affix). ③ 부착하다, 소속[부속]시키다, 돌리다(attribute). ④ (중요성 따위를) 두다. ⑤ 애정으로 맺다; 이끌다. ⑥ 〖法〗 구속하다, 압류하다(seize). **~ *oneself to*** …에 가입하다; …에 애착을 느끼다. **~·a·ble** *a.* * **~·ment** *n.* ① Ⓤ 부착, 접착, 붙임; Ⓒ 부속물[품], 닮. ② Ⓒ 애정, 사모, 애착(*for, to*). ③ Ⓤ 〖法〗 체포; 압류.
at·ta·ché [æ̀təʃéi, ətǽʃei] *n.* (F.) Ⓒ (대사·공사 등의) 수행원; 대[공]사관원. **~ *case*** 소형 서류 가방의 일종. ***military*** [***naval***] **~** 대[공]사관부 육[해]군 무관.
:**at·tack** [ətǽk] *vt.* ① 공격하다, 습격[엄습]하다. ② (병이) 침범하다. ③ (일에 기운차게) 착수하다. **—** *n.* ① Ⓤ,Ⓒ 공격; 비난. ② Ⓒ 발작(fit).
at·ta·gal [ǽtəgæl], **-girl** [-gə́:rl] *int.* 《美俗》 좋아, 잘한다(cf. attaboy).
:**at·tain** [ətéin] *vt., vi.* ① (목적을) 이루다, 달성하다. ② (장소·위치 따위에) 이르다, 도달하다. * **~·a·ble** *a.* * **~·ment** *n.* Ⓤ 달성, (기술 등의) 터득; Ⓒ (보통 *pl.*) 학식, 예능.
at·tain·der [ətéindər] *n.* Ⓤ 〖法〗 공권(公權)[사권(私權)] 상실.
at·taint [ətéint] *vt.* 〖法〗 (…의) 공권[사권]을 상실케 하다; (명예를) 더럽히다. **—** *n.* Ⓤ 오명, 치욕.
at·tar [ǽtər] *n.* Ⓤ 꽃의 정(精); 장미 향수.
†**at·tempt** [ətémpt] *vt.* ① 시도하다, 해보다, 꾀하다. ② (생명을) 노리다. **—** *n.* Ⓒ 시도, 노력; 습격.
†**at·tend** [əténd] *vt., vi.* ① (…에) 출석하다, (학교 등에) 다니다. ② 모시다, 섬기다; 간호하다(*on, upon*). ③ 주의하다, 주의하여 듣다. ④ 수행하다(go with). ⑤ 노력하다(*to*).
:**at·tend·ance** [əténdəns] *n.* ① Ⓤ,Ⓒ 출석, 출근, 참석(*at*). ② Ⓤ 시중, 돌봄, 간호(*on, upon*). ③ Ⓒ 출석[참석]자. ***in* ~** 봉사하여, 섬기어. ***dance* ~ *on*** …을 모시다; …에게 아첨하다.
atténdance allòwance 《英》 간호수당《신체 장애자 간호에 국가가 지급하는 특별 수당》.
atténdance bòok 출근[출석]부.
atténdance cèntre 《英》 청소년 보호 관찰 센터.
:**at·tend·ant** [-ənt] *a.* ① 시중드는, 수행의. ② 부수의, 따르는(*on, upon*). ③ 출석의. **—** *n.* Ⓒ 곁에 따르는 사람, 수행원; 출석[참석]자; 《주로 英》 점원, 안내인.
at·tend·ee [ətèndí:] *n.* Ⓒ 출석자.
†**at·ten·tion** [ətén∫ən] *n.* Ⓤ ① 주의, 주목; 주의력. ② 고려, 배려; 보살핌, 돌봄. ③ 친절, 정중. ④ (보통 *pl.*) 정중한 행위; (구혼자의) 정중한 몸가짐, 구혼. ⑤ 응급 치료; (고객에 대한) 응대. ***A-!*** 차려《구령》. ***call away the* ~** 주의를 딴 곳으로 돌리다. ***come to*** [***stand at***] **~** 차려 자세를 취하다[하고 있다]. ***with* ~** 주의하여; 정중하게.
:**at·ten·tive** [əténtiv] *a.* ① 주의 깊은. ② 경청하는(*to*). ③ 정중한, 친절한(*to*). **~·ly** *ad.*
at·ten·u·ate [əténjuèit] *vt., vi.* 얇게[가늘게] 하다[되다]; 묽게[희박하

게] 하다(dilute); 약화하다[되다]. **-a·tion**[―ˌ―éiʃən] *n.* Ⓤ 엷게[묽게]함, 희박화; (전류·전압 등의) 감쇠, 저하. **-à·tor** *n.*

***at·test**[ətést] *vt., vi.* 증명[증언]하다; 맹세[선서]시키다. **at·tes·ta·tion** [æ̀testéiʃən] *n.* Ⓤ 증명; 증거; Ⓒ 증명서. **~·er, at·tés·tor** *n.*

Att. Gen. Attorney General.

At·tic[ǽtik] *a.* (옛 그리스의) Attica (Athens)의; 아테네풍의; 고전풍의, 고아한. ― *n.* Ⓤ Attica어(語)《Plato나 Sophocles의 일상어》.

:at·tic[ǽtik] *n.* Ⓒ 다락방; 고미다락.

At·ti·ca[ǽtikə] *n.* 고대 그리스의 한 지방.

Áttic fáith 굳은 신의.

Áttic órder 〖建〗 아티카식《각주식》.

Áttic sált 〔**wít**〕, **the** 기지, 점잖은 익살.

At·ti·la [ǽtilə] *n.* 훈족(族)의 왕 (406?-453).

:at·tire[ətáiər] *n.* Ⓤ 옷차림새; 의복, 복장. ― *vt.* 차려 입다, 차리다. **~·ment** *n.* Ⓤ 《廢》 의복, 복장.

:at·ti·tude[ǽtitjù:d] *n.* Ⓒ ① 자세, 몸가짐; 태도(*toward*). ② 〖空〗 비행 자세. ③ 〖컴〗 속성. ***strike an* ~** 짐짓 (점잔) 빼다, 젠체하다. **-tu·di·nize**[ˌ―ˌ―ˊdənàiz] *vi.* 짐짓 (점잔) 빼다.

at·tor·ney**[ətə́:rni] *n.* Ⓒ 변호사; 대리인. **~ *at law 변호사. ***by* ~** 대리인으로. ***letter*** 〔***warrant***〕 ***of* ~** 위임장. ***power of* ~** (위임에 의한) 대리권.

attórney géneral 법무 장관.

:at·tract[ətrǽkt] *vt.* ① 끌다, 끌어당기다. ② 매혹하다, 유혹하다. **~·a·ble** *a.* 끌리는.

at·tract·ant[ətrǽktənt] *a., n.* (특히 벌레를) 유인하는; Ⓒ 유인 물질, 잡아끄는 것.

:at·trac·tion[ətrǽkʃən] *n.* ① Ⓤ 끄는 힘, 유혹, 흡인(력); 〖理〗 인력. ② Ⓒ 매력; 인기거리. ③ Ⓤ 〖文〗 견인(牽引).

:at·trac·tive[ətrǽktiv] *a.* ① 사람의 마음을 끄는; 관심을 끄는. ② 인력이 있는. **~·ly** *ad.* **~·ness** *n.*

at·trib·ut·a·ble[ətríbjutəbəl] *a.* (…에) 돌릴 수 있는, 기인하는(*to*).

:at·trib·ute[ətríbju:t] *vt.* (…에) 돌리다, (…의) 탓으로 돌리다. ― [ǽtribjù:t] *n.* Ⓒ 속성, 특질; 붙어다니는 것《Neptune이 갖고 있는 trident 따위》; 표지; 〖文〗 한정사.

at·tri·bu·tion[æ̀trəbjú:ʃən] *n.* Ⓤ 귀속, 귀인(歸因); Ⓒ 속성.

at·trib·u·tive[ətríbjətiv] *a.* 속성의; 속성을 나타내는; 〖文〗 한정적인, 관형적인(opp. predicative). ― *n.* Ⓒ 〖文〗 한정사.

at·tri·tion[ətríʃən] *n.* Ⓤ 마찰; 마손(摩損). ***war of* ~** 소모전.

at·tune[ətjú:n] *vt.* 가락을[음조를] 맞추다; 〖無電〗 (파장에) 맞추다.

atty. attorney. **atty. gen.** attorney general. **ATV** all-terrain vehicle 전지형(全地形) 만능차. **at. vol.** atomic volume.

a·twit·ter[ətwítər] *a.* 안절부절 못하여, 흥분하여.

at. wt. atomic weight. **AU** astronomical unit. **Au** 〖化〗 aurum(L.= gold). **Au., A.U., a.u.** angstrom unit.

au·bade[oubɑ́:d] *n.* (F.) Ⓒ 아침의 (악)곡. 「(의).

***au·burn**[ɔ́:bərn] *n., a.* Ⓤ 적갈색

***auc·tion**[ɔ́:kʃən] *n., vt.* Ⓤ,Ⓒ 공매, 경매(하다).

áuction brídge 〖카드〗 으뜸패를 경락시키는 브리지.

auc·tion·eer[ɔ̀:kʃəníər] *n.* Ⓒ 경매인. ― *vt.* 경매하다.

au·da·cious[ɔ:déiʃəs] *a.* 대담한; 뻔뻔스러운. **~·ly** *ad.* ***au·dac·i·ty**[ɔ:dǽsəti] *n.* Ⓤ 대담; Ⓒ 뻔뻔스러움; 무례; (보통 *pl.*) 대담한 행위.

***au·di·ble**[ɔ́:dəbəl] *a.* 들리는, 청취할 수 있는. **-bly** *ad.*

:au·di·ence[ɔ́:diəns/-djə-] *n.* ① Ⓒ 청중, 관객; (라디오·텔레비전의) 청취[시청]자; 독자(들). ② Ⓒ 알현; Ⓤ 들음, 청취. ***be received in* ~** 알현이 허가되다. ***give*** 〔***grant***〕 ***an* ~ *to*** …에게 알현[접견]을 허락하다.

áudience chàmber 〔**room**〕 알현[접견]실.

áudience ràting (텔레비전·라디오의) 시청률.

au·di·o[ɔ́:diòu] *a.* 〖無電〗 저(低)[가청(可聽)]주파의; 〖TV〗 음성의. ― *n.* (*pl.* **-dios**) Ⓤ 〖컴〗 들림(띠), 오디오.

áudio frèquency 저[가청]주파.

au·di·om·e·ter[ɔ̀:diɑ́mitər/-ɔ́m-] *n.* Ⓒ 청력계; 음향 측정기.

au·di·o·phile[ɔ́:dioufàil] *n.* Ⓒ 고급 라디오; 하이파이 애호가.

áudio respónse ùnit 〖컴〗 음성 응답 장치.

áudio·tàpe *n.* Ⓒ 음성 녹음 테이프 (cf. video tape).

àudio-vísual *a.* 시청각의(~ *education* 시청각 교육).

audio-vísual áids 시청각 교육 용구《환등·레코드·8밀리 영화·테이프리코더 따위》.

au·dit[ɔ́:dit] *n.* Ⓒ 회계 감사; (회사의) 감사; 결산 (보고서). ― *vt., vi.* (회계를) 감사하다; 《美》 청강생으로 출석하다.

au·di·tion[ɔ:díʃən] *n., vt., vi.* Ⓤ 청력, 청각; Ⓒ (가수의) 오디션; 시청(試聽) 테스트를 하다[받다].

***au·di·tor**[ɔ́:ditər] *n.* Ⓒ 방청자; 회계 감사관; 검사; 《美》 청강생. **~·ship**[-ʃìp] *n.* Ⓤ 검사역의 직.

:au·di·to·ri·um[ɔ̀:ditɔ́:riəm] *n.* (*pl.* **~s, -ria**[-riə]) Ⓒ 방청[청중]석; 《美》 강당; 공회당.

au·di·tor·y[ɔ́:ditɔ̀:ri/-təri] *a.* 귀의, 청각의. ― *n. pl.* 《古》 청중(석).

au fait[ou féi] (F.) 숙련하여, 정

통하여 ; 유능하여.
au fond[ou fɔ̃:ŋ] (F.) 근본적으로는, 실제는.
auf Wie·der·seh·en[àuf ví:dərzèiən] (G.) 안녕.
*__Aug.__ August. **aug.** augmentative; augmented.
au·ger[ɔ́:gər] *n.* Ⓒ 큰 송곳, 타래〔나사〕송곳.
*__aught__[1][ɔ:t] *n., ad.*《古》⇨ ANYTHING. ***for ~ I care*** 내게는 관심이 없다; 아무래도 상관 없다. ***for ~ I know*** 내가 알고 있는 한, 아마.
aught[2] *n.* Ⓒ 제로, 영, 무(無).
*__aug·ment__[ɔ:gmént] *vt., vi.* 늘(리)다, 증대〔증가〕하다. **~·a·ble** *a.*
aug·men·ta·tion[ɔ̀:gmentéiʃən] *n.* Ⓤ 증대; 증가율; Ⓒ 첨가물.
aug·men·ta·tive[ɔ:gméntətiv] *a.* 느는, 증대〔증가〕하는;〖言〗확대의. — *n.* Ⓒ〖文〗확대사(辭).
au grand sé·rieux[ou grɔ̃:ŋ seriə́:] (F.) 진지하게.
au gra·tin[ou grǽtin, -grætæ̃ŋ] (F.) 그라탱 요리의(***prawns*** **~** 새우 그라탱).
au·gur[ɔ́:gər] *n.* Ⓒ (고대 로마의) 복점관(卜占官); 예언자(prophet). — *vt., vi.* 점치다, 예언〔예지(豫知)〕하다; (사건·현상이) 조짐이 되다. **~ *well*** 〔***ill***〕 (재)수가 좋다〔나쁘다〕.
au·gu·ry[ɔ́:gjuri] *n.* Ⓤ 점; Ⓒ 전조(omen).
au·gu·ral[ɔ́:gjərəl] *a.* 점의, 예언의; 전조의.
†__Au·gust__[ɔ́:gəst] *n.* 8월.
*__au·gust__[ɔ:gʌ́st] *a.* 당당한; 존귀한.
Au·gus·tan[ɔ:gʌ́stən] *a., n.* Ⓒ 로마황제 Augustus(시대)의 (작가).
Augústan Áge 아우구스투스 시대《라틴 문학의 황금 시대》;《一般》문운(文運) 융성 시대《영국에서는 특히 Queen Anne의 시대(1702-14)를 포함한 반세기(1700-50)》.
Au·gus·tine[ɔ́:gəstì:n, əgʌ́stin, ɔ:gʌ́stin], **Saint** (354-430) 성아우구스티누스《초기 교회의 지도자》.
Au·gus·tus[ɔ:gʌ́stəs] (63 B.C.-14 A.D.) 로마 최초의 황제(재위 27 B.C.-14 A.D.)(cf. Augustan Age).
au jus[ou dʒú:s] (F.) (고기 요리에서) 고깃국물을 부은.
auk[ɔ:k] *n.* Ⓒ 바다쇠오리.
auk·let[ɔ́:klit] *n.* Ⓒ 작은 바다쇠오리.
auld[ɔ:ld] *a.*《Sc.》= OLD.
auld lang syne[ɔ́:ld læŋ záin, -sáin] 그리운 옛날.
AUM air-to-underwater missile.
au na·tu·rel[ou nætʃərél] (F.) 자연 그대로의; 간단히 요리한.
†__aunt__[ænt/ɑ:nt] *n.* Ⓒ 아주머니, 숙모, 백모, 이모, 고모(cf. uncle).
aunt·ie, aunt·y[ǽnti, ɑ́:nti] *n.* Ⓒ 아줌마《aunt의 애칭》;《俗》요격용 미사일.
Áunt Sálly《英》파이프를 떨어뜨리는 놀이; (공격의) 표적.
au pair[òu pέər] (F.) 상호 원조의.
àu páir gírl《英》영어 공부를 위해 가사를 돕는 것을 조건으로 영국 가정에서 기거하는 외국인 여학생.
au pied de la lettre[ou pjé də lɑ: létr] (F.) 문자(그)대로.
au·ra[ɔ́:rə] *a.* (*pl.* ***~s, -rae***[-ri:]) Ⓒ (사람이나 물체로부터의) 발기체(發氣體); 미묘한 분위기.
au·ral[ɔ́:rəl] *a.* 귀의; 청력의, 청각의(***an ~ aid*** 보청기).
au·ra·min(e)[ɔ́:rəmì:n, -min] *n.* Ⓤ〖化〗아우라민《황색 물감》.
au·re·ate[ɔ́:riit, -èit] *a.* 금빛(도금)의, 번쩍이는; 미사 여구를 늘어놓은, 화려한.
Au·re·li·us[ɔ:rí:liəs] (***Marcus ~ Antoninus***) (121-180) 로마 황제(재위 161-180), 스토아파의 철학자.
au·re·ole[ɔ́:riòul] *n.* Ⓒ 후광; (해·달의) 무리(halo).
Au·re·o·my·cin[ɔ̀:rioumáisin] *n.* Ⓤ〖商標〗오레오마이신《항생 물질약》.
au re·voir[òu rəvwɑ́:r] (F.) 안녕《헤어질 때의 인사》. 「의.
au·ric[ɔ́:rik] *a.* 금의;〖化〗제 2 금
au·ri·cle[ɔ́:rikl] *n.* Ⓒ〖解〗귓바퀴, 외이(外耳); (심장의) 심이(心耳); 귀 비슷한 것〔부분〕.
au·ric·u·lar[ɔ:ríkjələr] *a.* 귀〔심이(心耳)〕의〔같은〕; 청각의; 귓속말의, 가만히 말한.
au·rif·er·ous[ɔ:rífərəs] *a.* 금을 산출〔함유〕하는.
au·ri·form[ɔ́:rəfɔ̀:rm] *a.* 귀 모양의. 「리.
Au·ri·ga[ɔ:ráigə] *n.*〖天〗마차꾼자
au·ri·scope[ɔ́:rəskòup] *n.* Ⓒ 검이경(檢耳鏡).
au·rochs[ɔ́:rɑks/-rɔks] *n. sing. & pl.* (유럽산(産)의) 들소.
*__au·ro·ra__[ərɔ́:rə, ɔ:r-] *n.* ① Ⓒ 극광; 서광. ② (A-)〖로神〗오로라《새벽의 여신》. **-ral** *a.* 극광의; 새벽의; 빛나는.
auróra aus·trá·lis[-ɔ:stréilis] (L.) 남극광(光).
auróra bo·re·ál·is [-bɔ̀:riǽlis, -éilis] (L.) 북극광.
aur·ous[ɔ́:rəs] *a.* 금의; 금을 함유한;〖化〗제 1 금의.
au·rum[ɔ́:rəm] *n.* (L.) Ⓤ〖化〗금《금속 원소; 기호 Au》.
AUS, A.U.S. Army of the United States. **Aus.** Austria(n); Australia(n).
aus·cul·ta·tion[ɔ̀:skəltéiʃən] *n.* Ⓤ〖醫〗청진; 들음.
aus·land·er[áuslændər] *n.* (G.) Ⓒ 외국인.
*__aus·pice__[ɔ́:spis] *n.* ① Ⓤ (새의 나는 모양으로 판단하는) 점. ② Ⓒ (종종 *pl.*) 조짐, 길조(omen); 유리한 정세. ③ (*pl.*) 후원, 찬조(patronage). ***under the ~s of*** …의 찬조〔후원·주최〕로.
aus·pi·cious[ɔ:spíʃəs] *a.* 길조의, 상서로운; 행운의. **~·ly** *ad.*

A

Aus·sie[ɔ́:si/ɔ́(:)zi] *n.* Ⓒ《俗》 오스트레일리아 (사람).
Aust. Austria(n).
Aus·ten[ɔ́:stən], **Jane**(1775-1817) 영국의 여류 소설가.
***aus·tere**[ɔ:stíər] *a.* ① 엄(격)한; 가혹한. ② (문체가) 극도로 간결한. ③ (맛이) 신; 떫은.
***aus·ter·i·ty**[ɔ:stérəti] *n.* ① Ⓤ 엄격, 준엄; 간소, 내핍. ② Ⓒ (보통 *pl.*) 금욕 생활; 내핍 생활.
austérity prógram 〖經〗 내핍 계획《국내 소비 억제, 수출 증대로 국민 경제를 개조하려는 계획》.
aus·tral[ɔ́:strəl] *a.* 남쪽의; (A-) 오스트레일리아의.
Aus·tral·a·sia[ɔ̀:strəléiʒə, -ʃə] *n.* 오스트랄라시아, 남양주《오스트레일리아 및 그 부근 여러 섬의 총칭》. **~n** *a., n.* Ⓒ 오스트랄라시아의 (사람).
†**Aus·tral·ia**[ɔ:stréiljə] *n.* 오스트레일리아. **:~n**[-n] *a., n.* Ⓒ 오스트레일리아의 (사람).
Austrálian bállot 《美》 전(全)후보자 이름이 기재된 투표 용지에 표를 하는 방식.
Austrálian Rùles 18명이 하는 럭비 비슷한 구기.
Aus·tra·lo·pith·e·cus [ɔ:strèiloupíθəkəs] *n.* 오스트랄로피테쿠스《화석으로 남은 원인(猿人)》.
:Aus·tri·a[ɔ́:striə] *n.* 오스트리아.
:Aus·tri·an[-n] *a., n.* Ⓒ 오스트리아의 (사람).
Áustria-Húngary *n.* 오스트리아 헝가리《옛 연합 왕국》.
Aus·tro·ne·sia[ɔ̀:strouní:ʒə] *n.* 오스트로네시아《태평양 중남부의 군도》. **~n**[-ʒən] *a.* 오스트로네시아(인, 어족)의. ── *n.* Ⓤ 오스트로네시아 어족.
au·tarch[ɔ́:tɑ:rk] *n.* Ⓒ 독재자.
au·tar·chy[ɔ́:tɑ:rki] *n.* Ⓤ 절대 주권; 전제 정치; 자치; =AUTARKY. **au·tár·chic, -chi·cal** *a.*
au·tar·ky[ɔ́:tɑ:rki] *n.* Ⓤ 〖經〗 경제적 자급 자족, 경제 자립 정책; Ⓒ 경제 자립국.
***au·then·tic**[ɔ:θéntik] *a.* 믿을 만한, 확실한; 진짜의, 진정한; 권위 있는. **-ti·cal·ly** *ad.* 확실히. **~·i·ty** [ɔ̀:θentísəti] *n.* Ⓤ 진실성.
au·then·ti·cate[ɔ:θéntikèit] *vt.* 확증〔증명〕하다(prove). **-ca·tion** [-ˋ-kéiʃən] *n.* Ⓤ 확증, 증명.
:au·thor[ɔ́:θər] *n.* Ⓒ ① 저자. ② 창시자. ③ 하수인, 본인. ④ 저작. **~·ess**[ɔ́:θəris] *n.* Ⓒ 여류 작가 《'author'로 씀이 보통임》. **~·ship** [-ʃìp] *n.*
au·thor·i·tar·i·an[əθɔ̀:rətέəriən, -θɑ̀r-/ɔ:θɔ̀ritέər-] *a.* (민주주의에 대하여) 권위〔독재〕주의의. ── *n.* Ⓒ 권위〔독재〕주의자. **~·ism**[-ìzəm] *n.* Ⓤ 권위주의.
***au·thor·i·ta·tive** [əθɔ́:rətèitiv, -θɑ́-/ɔ(:)θɔ́ritətiv] *a.* 권위 있는, 믿을 만한(*an* ~ *source*); 관헌의, 당국의; 명령적인. **~·ly** *ad.*
:au·thor·i·ty [əθɔ́:riti, əθɑ́r-/əθɔ́ri-] *n.* ① Ⓤ 권위, 권력(*over, with*). ② Ⓤ 권능, 권한. ③ Ⓒ,Ⓤ 전거(典據). ④ Ⓒ 권위자, 대가(*on*). ⑤ Ⓒ (보통 *pl.*) 관헌; 당국, 요로, 소식통. ***on good*** **~** 권위〔근거〕 있는 출처에서. ***on one's own*** **~** 독단으로. ***the authorities concerned,*** or ***the proper authorities*** 관계 관청, 당국.
***au·thor·ize**[ɔ́:θəràiz] *vt.* ① 권한〔권능〕을 주다; 위임하다. ② 인가하다. ③ 정당하다고 인정하다. **-i·za·tion**[ˋ-izéiʃən] *n.* Ⓤ 위임; 인가; Ⓒ 허가서.
***au·thor·ized**[-d] *a.* 권한을 부여받은, 공인된, 검정필의.
Áuthorized Vérsion, the 흠정역(欽定譯) 성서《1611년 영국왕 James I의 명령으로 된; 생략 A.V.》.
au·tism[ɔ́:tizəm] *n.* Ⓤ 〖心〗 자폐증. **au·tis·tic**[ɔ:tístik] *a.*
:au·to[ɔ́:tou] *n.* (*pl.* **~s**) *n., vi.* Ⓒ 《口》 자동차(automobile)(로 가다); Ⓤ 〖컴〗 자동.
au·to-[ɔ́:tə] '자신의, 자기…; 자동차'의 뜻의 결합사.
àuto·ánalyzer *n.* Ⓒ 〖化〗 자동 분석기.
Au·to·bahn[áutobà:n, ɔ́:t-] *n.* (*pl.* **~s, ~en**[-bà:nən]) (G.) Ⓒ 아우토반《독일의 고속 도로》.
***au·to·bi·og·ra·phy**[ɔ̀:təbaiágrəfi/-ɔ́g-] *n.* Ⓒ 자서전. **-pher** *n.* Ⓒ 자서전 작자. **-o·graph·ic**[ɔ̀:təbàiəgrǽfik], **-i·cal**[-əl] *a.*
áuto·bòat *n.* Ⓒ 발동기선.
áuto·bùs *n.* Ⓒ 버스.
Au·to·CAD[ɔ́:təkæd] *n.* 〖컴〗 전산 설계 소프트웨어《상표 이름》.
au·to·ceph·a·lous[ɔ̀:təséfələs] *a.* 자주적인; (교회 따위가) 독립한.
áuto-chànger *n.* Ⓒ (레코드를 자동적으로 바꾸는) 자동 연속 연주 장치(달린 플레이어).
au·toch·thon[ɔ:tákθən/-ɔ́-] *n.* (*pl.* **~(e)s**) Ⓒ 토착인(人); 토착 동물〔식물〕.
au·toch·tho·nous[-θənəs] *a.* 토생(土生)의, 토착의(aboriginal).
au·to·cide[ɔ́:tousàid] *n.* Ⓤ,Ⓒ (충돌에 의한) 자동차 자살.
au·to·clave[ɔ́:təklèiv] *n.* Ⓒ 압력솥〔냄비〕.
áuto còurt =MOTEL.
***au·toc·ra·cy**[ɔ:tákrəsi/-ɔ́-] *n.* Ⓤ 독재〔전제〕 정치. ***au·to·crat** [ɔ́:təkræ̀t] *n.* Ⓒ 독재〔전제〕 군주; 독재자. **-crat·ic**[ɔ̀:təkrǽtik], **-i·cal** [-əl] *a.*
áuto·cròss *n.* Ⓒ (벌판 따위를 달려 시간을 겨루는) 자동차 경주.
Au·to·cue[ɔ́:toukjù:] *n.* Ⓒ 〖商標〗 오토큐《텔레비전 방송의 자동 프롬프터 장치》.
áuto·cỳcle *n.* Ⓒ 오토바이.
au·to-da-fé[ɔ́:toudəféi] *n.* (*pl.* ***autos-***[-z-]) (Port.) Ⓒ 종교 재판소

의 판결; 그 처형《보통 화형(火刑)》.
àuto·érotism *n.* Ⓤ 〖心〗 자기 색정, 자기 발정(發情).
áuto·fòcus *a.* (카메라가) 자동 초점의.
au·to·gi·ro, -gy·ro[ɔ̀:toudʒáirou/-dʒáiər-] *n.* (*pl.* ~**s**) Ⓒ 오토자이로. 「(片).
áuto·gràft *n.* Ⓒ 〖醫〗 자가 이식편
au·to·graph[ɔ́:təgræ̀f, -ɑ̀:-] *n., a.* Ⓒ 자필(의), 자필 서명(한); 자필 원고. — *vt.* 자필로 쓰다; 자서(自署)하다. ~·**ic**[ɔ̀:təgrǽfik], **-i·cal** [-əl] *a.*
áutograph àlbum 〔**bòok**〕 사인첩(帖).
au·to·hyp·no·sis[ɔ̀:touhipnóusis] *n.* Ⓤ 자기 최면.
au·to·in·oc·u·la·tion [-inɑ̀kjuléiʃən/-ɔ̀k-] *n.* Ⓤ 자가 접종(接種).
àuto·intoxicátion *n.* Ⓤ 자가 중독.
au·to·ist[ɔ́:touist] *n.* =MOTORIST.
au·to·mat[ɔ́:təmæ̀t] *n.* Ⓒ 《美》 자동 판매기; 자동 판매식 음식점.
au·tom·a·ta [ɔ:tɑ́mətə/-ɔ́-] *n.* automaton의 복수.
au·to·mate[ɔ́:təmèit] *vt.* 오토메이션화하다, 자동화하다. — *vi.* 자동 장치를 갖추다.
áutomated-téller machìne 《美》 현금 자동 지급기《생략 ATM》 (《英》 cash dispenser).
:au·to·mat·ic[ɔ̀:təmǽtik] *a.* 자동(식)의; 기계적인, 무의식적인, 습관적인. — *n.* Ⓒ 자동 기계〔장치, 권총〕. ***-i·cal·ly** *ad.* 「출.
automátic cálling 〖電話〗 자동 호
automátic dáta prócessing 자동 정보 처리《생략 ADP》.
automátic dríve 〔**transmíssion**〕 자동 변속 장치.
automátic interplanétary státion 자동 행성간 스테이션《우주 로켓에 대한 옛 소련 호칭》.
automátic operátion 자동 조작.
automátic pílot 〖空〗 자동 조종 장치.
automátic télephone 자동 전화.
automátic tráin contròl 열차 자동 제어 (장치).
automátic tráin stòp 열차 자동 정지 장치.
:au·to·ma·tion[ɔ̀:təméiʃən] (< *autom*(atic)+(oper)*ation*) *n.* Ⓤ 오토메이션, 자동 조작; 〖컴〗 자동화.
au·tom·a·tism[ɔ:tɑ́mətìzəm/-ɔ́-] *n.* Ⓤ 자동 (작용), 자동 현상; 〖心〗 무의식 행동.
au·tom·a·ton[ɔ:tɑ́mətɑ̀n/-tɔ́mətən] *n.* (*pl.* ~**s, -ta**) Ⓒ 자동 인형〔장치〕; 기계적으로 행동하는 사람; 〖컴〗 자동장치.
:au·to·mo·bile[ɔ́:təməbì:l, ⌐–⌐, ɔ̀:təmóubi:l] *n.* Ⓒ 자동차. — *vi.* 자동차에 타다〔로 가다〕. — *a.* 자동(식)의. **-bil·ist**[ɔ̀:təməbí:list, -móubil-] *n.* 《美》 =MOTORIST.
au·to·mo·tive[ɔ̀:təmóutiv] *a.* 자동차의; 자동적인.
au·to·nom·ic[ɔ̀:tənɑ́mik/-ɔ́-], **-i·cal**[-əl] *a.* 자치적인; 자율적인 (*the* ~ *nervous system* 자율신경계).
au·ton·o·mist [ɔ:tɑ́nəmist/-ɔ́-] *n.* Ⓒ 자치론자, 자치주의자.
au·ton·o·mous [ɔ:tɑ́nəməs/-ɔ́-] *a.* 자치적인, 독립된. ***-my**[-nəmi] *n.* Ⓤ 자치(권); Ⓒ 자치체.
áuto·phòne *n.* Ⓒ 자동 전화.
áuto·pìlot *n.* Ⓒ 〖空〗 자동 조정 장치(automatic pilot).
au·to·plas·ty[ɔ́:təplæ̀sti] *n.* Ⓤ 〖醫〗 자기 조직 이식술《피부의 이식 따위》.
au·top·sy[ɔ́:tɑpsi, -təp-/-tɔp-] *n.* Ⓒ 검시(檢屍), 부검.
au·to·ra·di·o·graph[ɔ̀:touréidiəgræ̀f, -grɑ̀:f] *n.* Ⓤ 방사선 사진.
àuto·suggéstion *n.* Ⓤ 〖心〗 자기 암시.
au·to·tron·ic[ɔ̀:toutrɑ́nik/-trɔ́n-] *a.* (엘리베이터가) 자동 전자 장치인.
áuto·trùck *n.* Ⓒ 《美》 화물 자동차, 트럭.
au·to·type[ɔ́:tətàip] *n.* Ⓤ 오토타이프, 단색 사진(법). — *vt.* 오토타이프로 복사 하다.
†au·tumn[ɔ́:təm] *n.* Ⓤ 가을. ***au·tum·nal**[ɔ:tʌ́mnəl] *a.*
aux., auxil. auxiliary.
:aux·il·ia·ry[ɔ:gzíljəri] *a.* 보조의, 추가의. — *n.* Ⓒ 보조자〔물〕; 〖文〗 조동사; (*pl.*) 외인 부대.
auxíliary mémory 〔**stòrage**〕 〖컴〗 보조 기억 장치.
auxíliary vérb 조동사.
av. avenue; average; avoirdupois. **A.V.** Authorized Version (of the Bible). **a.v., a/v** (L.) *ad valorem.*
:a·vail[əvéil] *vt., vi.* 이롭다, 도움〔소용〕이 되다, 가치가 있다. ~ ***oneself of*** …을 이용하다. — *n.* Ⓤ 이익, 효용. ***be of*** ~ 〔***no*** ~〕 도움이 되다〔되지 않다〕, 쓸모 있다〔없다〕. ***to no*** ~, or ***without*** ~ 보람 없이, 무익하게.
:a·vail·a·ble[-əbəl] *a.* ① 이용할 수 있는; 유효한(*for, to*). ② 손에 넣을 수 있는. ③ (일 따위에) 전심할 수 있는, 여가가 있는. **-bil·i·ty**[–⌐–bíləti] *n.* Ⓤ 유효성, 유익, 도움, 쓸모.
***av·a·lanche**[ǽvəlæ̀ntʃ, -lɑ̀:nʃ] *n., vi.* Ⓒ (눈·산)사태 (나다); 쇄도(하다).
a·vant-garde[əvɑ̀:ntgɑ́:rd] *n.* (F.) Ⓒ (예술상의) 전위, 아방가르드.
***av·a·rice**[ǽvəris] *n.* Ⓤ 탐욕. ***-ri·cious**[æ̀vəríʃəs] *a.* 탐욕스러운, 욕심 사나운.
a·vast[əvǽst, -ɑ́:-] *int.* 〖海〗 그만!, 멈춰!
av·a·tar[æ̀vətɑ́:r] *n.* Ⓒ 〖印神〗 화신, 권화(權化).

a·vaunt[əvɔ́:nt] *int.* 《古》 가라!, 물러가라!
AVC, A.V.C. American Veterans' Committee; Army Veterinary Corps. **avdp.** avoirdupois.
a·ve[á:vi, á:vei] *int.* 어서 오세요!; 안녕!, 자 그럼! ── *n.* (A-) = AVE MARIA.
Ave. Avenue.
Ave Ma·ri·a[-mərí:ə] 아베마리아 《성모에의 기도》(의 시각).
*__a·venge__[əvéndʒ] *vt., vi.* (…의) 원수를 갚다, (…을 위해) 복수하다, 대갚음하다(~ *one's father* 아버지의 원수를 갚다) (cf. revenge). ~ ***oneself,*** or ***be ~d*** (…에게) 복수하다(*on, upon*). **a·véng·er** *n.*
:**av·e·nue**[ǽvənjù:] *n.* Ⓒ ① 가로수 길; 가로. ② 《美》(번화한) 큰 거리《특히 남북으로 뻗은》(cf. street); (성공 따위에의) 길, 수단.
*__a·ver__[əvə́:r] *vt.* (*-rr-*) 단언하다, 주장하다. ~**·ment** *n.* ⓊⒸ 주장, 단언.
:**av·er·age**[ǽvəridʒ] *n., a.* ⒸⓊ ① 평균(의); 표준(의), 보통(의). ② 〖商〗 해손(海損). ***on an*** 〔***the***〕 ~ 평균하여; 대개는. ── *vt., vi.* 평균하다, 평균 …이 되다. ~ ***down*** 〔***up***〕 (증권 따위를 매매하여) 평균 값을 내리다〔올리다〕.
áverage áccess tìme 〖컴〗 평균 접근 시간.
A·ver·nus[əvə́:rnəs] *n.* 이탈리아의 나폴리 부근의 호수《지옥의 입구로 불려졌음》; 〖로神〗 지옥.
*__a·verse__[əvə́:rs] *a.* 싫어하여; 반대하여(*to*).
*__a·ver·sion__[əvə́:rʒən, -ʃən] *n.* Ⓤ 혐오, 반감; Ⓒ 싫은 물건〔사람〕.
*__a·vert__[əvə́:rt] *vt.* 돌리다, 피하다; 막다.
a·vi·ar·y[éivièri] *n.* Ⓒ 새장, 조류 사육장.
*__a·vi·a·tion__[èiviéiʃən] *n.* Ⓤ 비행술.
aviátion bàdge 항공 기장.
aviátion còrps 항공대.
aviátion gròund 비행장.
aviátion médicine 항공 의학.
aviátion spìrit 항공 가솔린.
*__a·vi·a·tor__[éivièitər] *n.* (*fem.* *-tress, -trix*) Ⓒ 비행사, 비행가.
áviator glàsses 플라스틱제 착색 렌즈의 안경.
áviator's éar 고공 비행성 중이염(中耳炎).
a·vi·cul·ture[éivəkʌ̀ltʃər] *n.* Ⓤ 조류 사육(鳥類飼育).
av·id[ǽvid] *a.* 탐욕스런; 갈망하는(*for, of*). **a·vid·i·ty**[əvídəti] *n.* Ⓤ 갈망, 탐욕. ~**·ly** *ad.*
a·vi·on·ics[èiviániks/-ɔ́n-] *n.* Ⓤ 항공 전자 공학.
a·vi·so[əváizou] *n.* (*pl.* ~*s*) (Sp.) Ⓒ 통보함(艦).
AVM Automatic Vehicle Monitoring. **A.V.M.** 《英》 air vice-marshal.
av·o·ca·do[æ̀vəká:dou] *n.* (*pl.* ~(*e*)*s*) Ⓒ 〖植〗 아보카도《열대 아메리카산; 그 과실》.
av·o·ca·tion[æ̀voukéiʃən] *n.* Ⓒ 부업; 여기(餘技), 취미; 직업; 본직(本職).
av·o·cet[ǽvəsèt] *n.* Ⓒ 〖鳥〗 뒷부리장다리떼새.
:**a·void**[əvɔ́id] *vt.* ① 피하다, 회피하다(do*ing*). ② 〖法〗 무효로 하다 (annul). * ~**·a·ble**[-əbl] *a.* * ~**·ance**[-əns] *n.* Ⓤ 도피, 회피, 무효.
av·oir·du·pois[æ̀vərdəpɔ́iz] *n.* Ⓒ 상형(常衡)《16 온스를 1 파운드로 정한 형량(衡量); 생략 avoir., avdp.》 (cf. troy); 《美口》 체중, 몸무게.
A·von[éivən, ǽ-] *n.* (the ~) 영국 중부의 강; 잉글랜드 남서부의 주 《1974년 신설》.
a·vo·set *n.* =AVOCET.
a·vouch[əváutʃ] *vt.* (진실하다고) 공언하다; 단언〔확언〕하다; 보증하다; 인정하다, 자백하다. ~**·ment** *n.* ⓊⒸ 단언, 주장.
a·vow[əváu] *vt.* 공언하다; 시인하다. ~**·al** *n.* ⓊⒸ 공언; 자백; 시인. ~**·ed·ly**[-idli] *ad.* 공공연히; 명백히.
AVR automatic voltage regulator 자동 전압 조정기.
a·vun·cu·lar[əvʌ́ŋkjulər] *a.* 아저씨〔백부·숙부〕의〔같은〕.
aw[ɔ:] *int.* 오오!《항의·혐오의 기분》.
A.W. atomic weight. **A/W** actual weight; all water.
AWACS 《美》 Airborne Warning and Control System 공중 경보 조정 장치.
:**a·wait**[əwéit] *vt.* (…을) 기다리다.
†**a·wake**[əwéik] *vt.* (***awoke; awoke, ~d***) 일으키다, 깨우다(arouse); 자각시키다(*to*). ── *vi.* 눈뜨다, 깨다; 깨닫다; 분기하다(*to*). ── *a.* 깨어서, 방심 않는; 잘 알아채어(*to*). ~ ***or asleep*** 자나 깨나.
:**a·wak·en**[əwéikən] *vt., vi.* = AWAKE.
a·wak·en·ing[-iŋ] *a.* 눈뜨게 하는, 각성의. ── *n.* ⓊⒸ 눈뜸, 각성.
:**a·ward**[əwɔ́:rd] *vt.* ① 심사하여 주다, 수여하다. ② 재정(裁定)하다. ── *n.* Ⓒ 심판, 판정; 상품. ~**·ee** [əwɔ̀:rdí:, ─́─́] *n.* Ⓒ 수상자.
:**a·ware**[əwέər] *pred. a.* 깨닫고, 알아차리고(*of; that*). * ~**·ness** *n.*
†**a·way**[əwéi] *ad.* ① 떨어져서, 멀리; 저쪽으로. ② 부재(不在)하여. ③ 점점 소멸하여, 없어져. ④ 끊임없이, 착착(*work* ~). ~ ***back*** 《美口》 훨씬 이전; 훨씬 멀리에. ***A- with ... !*** …을 쫓아버려라, 제거하라(*A- with him!* 그를 쫓아버려라/*A- with you!* 비켜라, 물러나라, 가라). ***do*** 〔***make***〕 ~ ***with*** …을 없애다; 처리〔처분〕하다, 죽이다. ***far*** 〔***out***〕 ***and*** ~ (***the best***) 단연〔남을 훨씬 앞질러〕(일등). ***right*** 〔***straight***〕 ~ 곧, 즉각.

:awe[ɔ:] *n., vt.* Ⓤ 경외(敬畏)(시키다). ***stand in ~ of*** …을 경외[두려워]하다. **∠·less** *a.*
Á-wèapon *n.* Ⓒ 원자 무기.
a·wear·y[əwíəri] *a.* 《詩》=WEARY.
a·weath·er[əwéðər] *ad.* 〖海〗 바람 불어 오는 쪽에[으로](opp. alee).
áwe-inspìring *a.* 두려운 마음이 일게 하는, 옷깃을 바로잡게 하는, 엄숙한. 「운.
awe·some[∠səm] *a.* 두려운, 무서
áwe-strìcken[**-strùck**] *a.* 두려운 감이 들어, 두려워 하여.
***aw·ful**[ɔ́:fəl] *a.* ① 두려운; 장엄한. ② [ɔ́:fl] 《口》 대단한, 무서운, 굉장한. **:~·ly** *ad.* ① 무섭게. ② [ɔ́:fli] 《口》 굉장히(very).
AWG American Wire Gauge.
***a·while**[əhwáil] *ad.* 잠시(for a while).
:awk·ward[ɔ́:kwərd] *a.* ① 보기 흉한; 섣부른, 서투른; 약빠르지 못한; …하기 어려운(*to* do); 어색한. ② 사용하기 거북한(*an ~ tool*); 다루기 어려운, 어거하기 힘든, 깔볼 수 없는. **~·ly** *ad.* **~·ness** *n.*
awl[ɔ:l] *n.* Ⓒ (구둣방 따위의) 송곳. 「승낙 결근.
A.W.L., a.w.l. absent with leave
awn[ɔ:n] *n.* Ⓒ 〖植〗 (보리 따위의) 꺼끄러기.
***awn·ing**[ɔ́:niŋ] *n.* Ⓒ (창에 단) 차일, 비막이; (갑판의) 천막.
:a·woke[əwóuk] *v.* awake의 과거(분사).
AWOL, a·wol[éiɔ:l] *n., a.* absent without leave 무단 결근의; Ⓒ 무단 결근[외출]한 사람.
a·wry[ərái] *pred. a., ad.* 뒤틀린, 뒤틀리어, 일그러진[져]; 잘못되어. ***go*** [***run***] ***~*** 실패하다. ***look ~*** 스쳐[곁눈질로] 보다.
AWVS American Women's Volunteer Services.
:ax, 《英》 **axe**[æks] *n.* (*pl.* ***axes*** [∠iz]), *vt.* Ⓒ ① 도끼(로 자르다). ② (인원·예산 따위를) 삭감(하다). ③ 《口》 면직[해고](하다). ***have an ~ to grind*** 《美》 속 배포가 있다, 생각하는 바가 있다. ***put the ~ in the helve*** 수수께끼를 풀다.
ax. axiom.
ax·el[ǽksəl] *n.* Ⓒ (스케이트에서) 액슬《점프하여 공중에서 1회전 반》.
a·xen·ic[eizénik, -zí:n-] *a.* 〖生〗 무균의, 무기생물(無寄生物)의.
áx-grìnder *n.* Ⓒ 음모가; 속 배포가 있는 사람.
ax·i·al[ǽksiəl] *a.* 굴대의, 축(軸)의(둘레의).
ax·il[ǽksil] *n.* Ⓒ 〖植〗 잎겨드랑이. **~·lar·y**[ǽksəlèri] *a.*
ax·il·la[æksílə] *n.* (*pl.* ***-lae***[-li:]) Ⓒ 〖解〗 겨드랑이(armpit); 〖植〗 잎겨드랑이.
ax·i·ol·o·gy[æksiálədʒi/-ɔ́l-] *n.* Ⓤ 〖哲〗 가치론, 가치 철학.
ax·i·om[ǽksiəm] *n.* Ⓒ 공리(公理), 자명한 이치. **-o·mat·ic**[æksiəmǽtik] **-i·cal**[-əl] *a.*
ax·is**[ǽksis] *n.* (*pl.* ***axes[ǽksi:z]) Ⓒ 굴대, 축; 추축(樞軸). ***the A-*** (2차 대전 당시의) 추축국《독일·이탈리아·일본》.
***ax·le**[ǽksəl] *n.* Ⓒ 굴대, 축(軸); =**∠·trèe** 차축(車軸).
ax·o·lotl[ǽksəlàtl/æksəlɔ́tl] *n.* Ⓒ 아홀로틀《멕시코산 도롱뇽의 총칭》.
:ay[1], aye[1][ai] *int.* =YES. — *n.* Ⓤ 찬성; Ⓒ 찬성자.
ay[2], aye[2][ei] *ad.* 《詩·方》 언제나, 늘. ***for ~*** 영구히, 영원히.
a·yah[á:jə, áiə] *n.* 《Ind.》 Ⓒ 하녀, 유모.
a·ya·tol·lah[à:jətóulɑ:] *n.* Ⓒ 아야톨라《이란의 이슬람 최고 지도자의 호칭》.
AYC American Youth Congress.
aye-aye[áiài] *n.* Ⓒ 〖動〗 다람쥐원숭이《Madagascar 섬산》.
AYH American Youth Hostels.
A.Y.L. As You Like It. 《Shak.》.
a·zal·ea[əzéiljə] *n.* Ⓒ 진달래.
Az·er·bai·jan, -dzhan[à:zərbaidʒá:n, æz-] *n.* 아제르바이잔《독립국 연합의 공화국의 하나; 카스피해 연안에 있음》.
A·zil·ian[əzí:ljən] *a.* 아질기(期)의 《구석기 시대와 신석기 시대 중간》.
az·i·muth[ǽzəməθ] *n.* Ⓒ 〖天·海〗 방위, 방위각(角).
a·zo·ic[əzóuik] *a.* 무생의; (*or* A-) 〖地〗 무생물 시대의.
A·zores[əzɔ́:rz, éizɔrz] *n. pl.* (the ~) 아조레스 제도《북대서양 중부; 포르투갈령》.
A·zov[ǽ:zɔf, éi-], ***the Sea of*** 아조프해(海)《흑해의 북동쪽》.
Az·tec[ǽztek] *n.* Ⓒ 아즈텍인(人) 《1519년 스페인에 정복된 멕시코 원주민》.
***az·ure**[ǽʒər] *n., a.* Ⓤ 하늘빛(의); (the ~) 《詩》 푸른 하늘. 「銅鑛).
az·ur·ite[ǽʒəràit] *n.* Ⓤ 남동광(藍

B

B, b[bi:] *n.* (*pl.* ***B's, b's***[-z]) Ⓤ 〖樂〗 나음, 나조(調); Ⓒ B자 모양의 것.
B 〖체스〗 bishop; black《연필 따위의 흑색 농도》; 〖化〗 boron. **B.** Bay; Bible; British; Brotherhood. **b.** bachelor; 〖野〗 base; baseman; bass; basso; bay; blended;

blend of; book; born; bowled; breadth; brother. **B-** bomber 《미군 폭격기; B-52 따위》. **B/-** 〖商〗 bag; bale. **Ba** 〖化〗 barium. **B.A.** Bachelor of Arts(=A.B.)문학사; British Academy.
baa[bɑː] *n.* Ⓒ 매《양의 울음 소리》. — *vi.* (*~ed, ~'d*) 매 하고 울다.
Ba·al[béiəl] *n.* (*pl.* *~im*[-im]) 바알신(神)《고대 Phoenicia 사람의》; Ⓒ (때로 b-) 사신(邪神). 「이름》.
báa-làmb *n.* Ⓒ 《兒》 매애《새끼양을
B.A.A.S. British Association for the Advancement of Science.
Bab·bitt[bǽbit] *n.* S. Lewis 작의 소설(의 주인공); Ⓒ (*or* b-) 속물. *~·ry* *n.* Ⓤ (저속한) 실업가 기질.
bab·bitt *n.* Ⓤ 《美》 배빗합금《주석·안티몬·구리·납의 합금으로 마찰 방지용》.
***bab·ble**[bǽbəl] *n., vi., vt.* Ⓤ (어린이 등이) 떠듬거리는 말(을 하다); 허튼소리(를 하다), 수다(떨다) (*about*); 지껄여 누설하다(*out*); (시냇물의) 졸졸거림, (시냇물이) 졸졸 흐르다. *~r* *n.* Ⓒ 수다쟁이, 입이 싼 사람; 〖鳥〗 꼬리치레(의 일종).
:babe[beib] *n.* 《詩》=BABY; Ⓒ 천진난만한 사람; (귀여운) 계집아이; 아가씨.
Ba·bel[béibəl, bǽb-] *n.* Shinar의 고도(古都); 바벨 탑(the Tower of Babel)《옛날 Babylon에서 하늘까지 닿도록 쌓으려다 실패한 탑; 창세기 11:9》; Ⓤ (*or* b-) 언어의 혼란, 소란(한 장소).
ba·bies'-breath[béibizbrèθ] *n.* Ⓒ 〖植〗 대나물; 광대나물.
ba·boo, -bu[bɑ́ːbuː] *n.* (Ind.) Ⓒ =MR.; 영어를 쓸 줄 아는 서기; 영국물이 든 인도인.
***ba·boon**[bæbúːn/bə-] *n.* Ⓒ 비비(狒狒); 보기 싫은 놈.
ba·bush·ka[bəbúːʃkə] *n.* (Russ.) Ⓒ 세모꼴의 여자들 머리쓰개.
†ba·by[béibi] *n.* Ⓒ 갓난애; 어린애 같은 사람, 작은 동물〔물건〕; 《美》 젊은 여자, 소녀; 애인. ***hold the ~*** 성가신 것을 떠맡다. ***pass the ~*** 책임 회피하다.
báby blúe 옅은 푸른 색.
báby bòom 베이비 붐《제2차 세계 대전 후 미국에서 출생률이 급격히 상승한 현상》.
báby bòomer 베이비 붐 세대.
báby càrriage 《美》 유모차.
báby fàrm 육아원, 탁아소.
báby gránd 소형 그랜드 피아노.
báby·hòod *n.* Ⓤ 유아기; 《집합적》 젖먹이.
ba·by·ish[béibiiʃ] *a.* 갓난애〔어린애〕 같은; 유치한, 어리석은.
Bab·y·lon [bǽbələn] *n.* 바빌론 《Babylonia의 수도》; Ⓒ 화려한 도회; 타락한 도시.
Bab·y·lo·ni·a[bæ̀bəlóuniə, -njə] *n.* 아시아 남서부의 고대 제국. **-ni·an** *a.*
báby-sìt *vi.* (*-sat; -tt-*) (시간제, 유료로) 어린애를 보아주다. **:~ter** *n.* Ⓒ (시간제의) 어린애 봐주는 사람.
báby tàlk 유아 말.
bac·ca·lau·re·ate[bæ̀kəlɔ́ːriit] *n.* Ⓒ 학사(bachelor)의 학위; (대학 졸업생에 대한) 송별 설교(~ sermon).
bac·ca·ra(t)[bæ̀kərɑ́ː, ⌐—⌐] *n.* (F.) Ⓤ 바카라《도박용 카드놀이의 일종》.
bac·cha·nal[bǽkənl] *a.* (*or* B-) 주신(酒神) 바커스의〔같은〕; 바커스 예찬의. — [bɑ̀ːkənɑ́l, bæ̀kənǽl, bǽkənl] *n.* Ⓒ 바커스 예찬자; 주정꾼; (B-) (*pl.*) =⇩.
Bac·cha·na·li·a [bæ̀kənéiliə, -ljə] *n. pl.* (고대 로마의) 주신제(祭); Ⓒ (b-) 큰 술잔치; 야단법석. *~n*[-n] *a., n.* =BACCHANAL.
bac·chant[bǽkənt] *n.* (*fem.* *~e*) Ⓒ 주신 Bacchus의 사제(司祭); 술 마시고 떠드는 사람.
Bac·chic[bǽkik] *a.* 주신 Bacchus의; 만취한.
Bac·chus[bǽkəs] *n.* 〖그·로神〗 바커스《술의 신》.
bac·co[bǽkou], **bac·cy**[bǽki] *n.* Ⓤ,Ⓒ 《英口》 담배.
bach[bætʃ] *n., vi.* Ⓒ 《美俗》 독신자; 독신 생활을 하다.
Bach[bɑːx, bɑːk], **Johann Sebastian**(1685-1750) 독일의 작곡가.
:bach·e·lor[bǽtʃələr] *n.* Ⓒ 독신자; 학사.
bach·e·lor·dom[-dəm] *n.* Ⓤ (남자의) 독신(의 신분), 독신 기질; 《집합적》 독신자.
báchelor gìrl 《口》 (자활하고 있는) 젊은 독신 여성.
báchelor·hòod *n.* Ⓤ 독신(생활), 독신 시절.
báchelor's bùtton 수레국화(cornflower) 따위.
báchelor·shìp *n.* Ⓤ (남자의) 독신(bachelorhood); 학사의 자격.
bac·il·lar·y[bǽsəlèri] *a.* 간상(桿狀)의; 간균(桿菌)의〔에 의한〕.
***ba·cil·lus**[bəsíləs] *n.* (*pl.* *-li* [-lai]) Ⓒ 간상균(桿狀菌); 세균.
†back[bæk] *n.* ① Ⓒ 등, 잔등. ② Ⓒ 뒤; 후부, 안; (손발의) 등; (의자의) 등널. ③ Ⓒ 등뼈. ④ Ⓒ 산등성이. ⑤ Ⓒ,Ⓤ 〖球技〗 후위(後衛). ***at the ~ of*** …의 뒤에; 후원자로서. ***~ and belly*** 의식(衣食). ***behind a person's ~*** 아무가 없는 데서. ***break the ~ of*** …을 이겨내다; …을 꺾다〔죽이다〕; (어려운 일의) 고비를 넘기다. ***get one's*** 〔***a person's***〕 ***~ up*** 성내다〔나게하다〕. ***on one's ~*** 등에 지고; 벌떡 누워; 몸져 누워, 무력하여. ***on the ~ of*** …의 등뒤에; …에 더하여. ***put one's ~ into*** …에 헌신하여 노력〔일〕하다. ***put*** 〔***set***〕 ***a person's ~ up*** 노하게 하다. ***see the ~ of*** …을 쫓아버리

다; 면하다. **turn one's ~** 도망치다. **turn the** [**one's**] **~ on** …을 저버리다, …에서 달아나다. **with one's ~ to the wall** 궁지에 빠져.
— *a.* ① 뒤의, 배후의; 안의, 속의. ② 벽지의. ③ 거꾸로의; 밀린; 이전[과거]의. **~ number** 달을 넘긴 잡지; 시대에 뒤진 사람[사상, 방법]. **~ slum** 빈민굴. **~ vowel** 후설 모음《u, ɔ, ɑ 따위》.
— *ad.* ① 뒤로, 뒤쪽으로, 뒤에; 되돌아가서. ② 소급하여; (몇 년) 전에. **~ and forth** 앞뒤로, 오락가락. **~ of** 《美》 …의 뒤에; …을 지지하여. **go ~ on** [《英》 **from**] …을 어기다, 배반하다. **keep ~** 누르다, 숨겨두다.
— *vi.* 후퇴하다. — *vt.* ① 후퇴시키다. ② (책 따위의) 등을 붙이다, 뒤를 대다. ③ (…에) 대하여 배경이 되다. ④ 원조[지지]하다. ⑤ (말에) 타다; (내기에) 걸다. ⑥ (어음에) 배서하다; 《口》 업어 나르다. **~ and fill** 〖海〗 갈지자로 나아가다; 《美口》 변덕부리다; 우물쭈물하다, (마음이) 동요하다. **~ down** 물러서다, 포기하다. **~ out** (**of**) 《口》 (…에서) 손을 떼다, (…을) 취소하다, 위약하다. **~ up** 돕다; 〖球技〗 뒤를 지키다; 《美》 후퇴하다. **~ water** (배를) 후진시키다; 《美口》 손떼다, 한 말을 취소하다.

báck·àche *n.* U,C 등의 통증.
báck-álley *a.* 은밀한, 음성적인; 뒤가 구린.
báck·bénch(**er**) *n.* C 《英》 하원 뒷자리(에 앉은 평의원).
báck·bìte *vt., vi.* (**-bit; -bitten,** 《口》 **-bit**) (없는 데서) 험담하다.
báck·bòard *n.* C (짐차의) 뒤판; (농구의) 백보드; 〖醫〗 (어린이의) 척추 교정판.
:**back·bone**[⁄bòun] *n.* ① C 등뼈. ② U 기골(氣骨).
báck·brèaker *n.* C 몹시 힘드는 일, 중노동.
báck·brèaking *a.* 몹시 힘드는.
báck·chàt *n.* U 《口》 말대꾸, 대답; (만담 따위의) 수작; 모욕.
báck cóuntry 《美》 벽촌.
báck·còurt *n.* C 〖테니스·籠〗 백코트.
báck dóor 뒷문.
báck·dóor *a.* C 은밀한; 교활한.
báck·dròp *n.* C 배경(막).
backed[bækt] *a.* 등[안]을 댄; 〖商〗 배서가 있는.
báck·er *n.* C 후원자.
báck·fìeld *n.* U 〖蹴〗 후위(後衛) 《quarterback, halfback, fullback》; 〖野〗 외야.
báck·fìre *n.* C (산불을 끄기 위한) 맞불; (내연기관의) 역화(逆火).
báck formàtion 〖言〗 역성(逆成), 역성어《editor 로부터 동사 *edit*가 만들어진 것 따위》.
back·gam·mon[⁄gæ̀mən, ⌐⌐–] *n.* U 서양 주사위 놀이.
:**back·ground**[⁄gràund] *n.* ① C 배경; 이면. ② U (의복의) 바탕색. ③ C (무대의) 배경. ④ U,C (사람의) 경력, 소양. ⑤ U (연극·영화·방송 등의) 음악 효과, 반주 음악. ⑥ 〖컴〗 뒷면. **in the ~** 표면에 나서지 않고, 흑막 속에서.
báck·hànd *a., n.* ＝BACKHANDED; C (테니스 따위의) 역타(逆打); 왼쪽으로 기운 필적(筆跡).
báck·hánded *a.* 손등으로의; (필적이) 왼쪽으로 기운; 서투른; 간접적인; 성의 없는; 빈정대는.
báck·hòuse *n.* C 《美》 옥외변소.
báck·ing *n.* U (제본의) 등붙이기; 지원; 배서; 속널.
báck·làsh *n.* U,C (기계·톱니바퀴 등의 느슨해지거나 마모된 곳의) 덜거덕거림; 격한 반동, 반발. **white ~** 흑인에 대한 백인의 반격.
báck·lìst *n.* C (출판사의) 재고 서적 목록.
báck·lòg *n.* C 《美》 (난로 속 깊숙이 넣는) 큰 장작; 《口》 주문 잔고, 체화(滯貨); 잔무; 축적, 예비.
báck númber ⇨ BACK(*a.*).
báck òut 《美口》 철회, 탈퇴; 변절.
báck·pàck *n., vi.* C 배낭(을 지고 여행하다).
báck pássage 《口》 직장(直腸).
báck·pèdal *vi.* (자전거) 페달을 뒤로 밟다; 후퇴하다《특히 권투에서》.
báck ròom 뒷방; 비밀 연구소.
báck-room bóy 《英口》 비밀 연구원[공작원]. 「의) 후방 산란.
báck·scàttering *n.* U (방사선 등
báck·scràtcher *n.* C 등긁이; 《口》 타산적인 사람; 아첨꾼.
báck·séat *n.* C 뒷자리; 말석, 하찮은 지위.
báckseat dríver 운전수에게 지시를 하는 승객; 간섭 좋아하는 사람.
báck·sìde *n.* C 등, 뒤쪽; (보통 *pl.*) 궁둥이(rump).
báck slàng 철자나 발음을 거꾸로 하는 속어.
báck·slìde *vi.* (**-slid; -slid, -slidden**) 다시 과오에 빠지다, (신앙적으로) 타락하다.
báck·spàce *n.* C (보통 *sing.*) 〖컴〗 뒷(글)쇠(＝~ key).
báck·spìn *n.* C 백스핀《테니스 따위에서 공의 역회전》.
báck·stàge *n., a.* C 무대 뒤(의).
báck stáirs 뒷계단; 음모.
báck·stày *n.* C (종종 *pl.*) 〖海〗 (마스트의) 뒤쪽 버팀줄; U 《一般》 버팀.
báck·stòp *n.* C 〖野〗 백네트.
báck·strèet *n.* C 뒷골목.
báck·strétch *n.* C 〖競技〗 백스트레치《장방형 코스의 homestretch와 반대쪽 부분》.
báck·stròke *n.* C 되치기; 〖테니스〗 역타(逆打); U 배영(背泳).
báck·swórd *n.* C 한쪽 날의 검; (펜싱용의) 목검.
báck tàlk 말대꾸.
báck-to-báck *a.* 잇따른; 등을 맞

대고 선《주로 연립주택에서》.

báck-to-schóol *a.* 신학기의.

báck·tràck *vi.* 《美》 물러나다, 되돌아가다.

báck·ùp *n.* Ⓤ 뒷받침; 후원; 저장; Ⓒ (차량 따위의) 정체(停滯); 여벌, 〖컴〗 여벌받기, 백업(~ *file* 여벌(기록)철, 백업파일).

:back·ward[bǽkwərd] *a.* ① 뒤로의, 거꾸로의(reversed). ② 싫어하는. ③ 개악의; 퇴보의; 뒤떨어진; 진보가 느린〔뒤늦은〕. ④ 수줍은, 내향적인. ⑤ 철 늦은. **—** *ad.* 뒤로, 후방으로; 거꾸로; 퇴보하여. **~·ly** *ad.* 마지못해; 늦어져. **~·ness** *n.* **: ~s** *ad.* =BACKWARD.

back·ward·a·tion[bæ̀kwərdéiʃən] *n.* Ⓤ《美》〖證〗 수도(受渡) 유예(금·날변).

báck·wàsh *n.* Ⓒ 역류; 노로 저은 물; (사건의) 여파.

báck·wàter *n.* Ⓤ 되밀리는 물, 역수; Ⓒ (문화의) 침체, 정체.

báck·wóods *n. pl.* 《美》 변경의 삼림지, 오지(奧地).

báck·wóods·man [-mən] *n.* Ⓒ 《美》 변경 개척자.

back·yard[´já:rd] *n.* Ⓒ 《美》 뒤뜰; 늘 가는 곳.

***Ba·con**[béikən], **Francis**(1561-1626) 영국의 (경험학파의) 철학자·수필가·정치가.

:ba·con[béikən] *n.* Ⓤ 베이컨; 《美俗》 이익, 벌이. ***bring home the ~*** 《口》 성공하다. ***save one's ~*** 《口》 손해를 모면하다.

Ba·co·ni·an[beikóuniən] *a.* Bacon (학설)의.

:bac·te·ri·a[bæktíəriə] *n. pl.* (*sing.* ***-rium***) 박테리아. **-al** *a.*

bac·te·ri·cide[bæktíərəsàid] *n.* Ⓤ,Ⓒ 살균제. **-cid·al**[-´-´sáidl] *a.* 살균(제)의.

bac·te·ri·o·gen·ic[bæktìəriədʒénik] *a.* 세균성의, 세균이 원인인.

bac·te·ri·ol·o·gy[bæktìəriálədʒi/-ɔ́l-] *n.* Ⓤ 세균학. **-gist** *n.* **-ri·o·log·i·cal**[-riəládʒikəl/-ɔ́-] *a.*

***bac·te·ri·um** [bæktíəriəm] *n.* bacteria의 단수형.

†bad[1][bæd] *a.* (***worse; worst***) ① 나쁜, 불량한; 부정한, 불길한. ② 나쁘게 된, 썩은. ③ 서투른, 시원치 않은, 형편이 좋지 않은. ④ 아픈; 악성의, 심한. ⑤ 무효의. ⑥ 《美》 적의가 있는, 위험한(*a ~ man* 악한). ***feel ~*** 편찮다; 불쾌하게 느끼다, 유감스럽게 생각하다(*about*). ***go ~*** 썩다, 못쓰게 되다. ***have a ~ time*** (***of it***) 혼나다. ***in a ~ way*** 《口》 중병으로; 경기가 좋지 않아. ***not ~,*** or ***not half*** 〔***so***〕 ~ 《口》 과히 나쁘지 않은, 꽤 좋은. **—** *n.* Ⓤ 나쁜 것〔상태〕, 악운. ***be in ~*** 《美口》 …의 호감을 못 사다. ***go from ~ to worse*** 점점 나빠지다. ***go to the ~*** 파멸〔영락, 타락〕하다. (*$1,000*) ***to the ~*** (천 달러) 결손이 되어. **´·ness** *n.*

bad[2] *v.* 《古》 bid의 과거.

bád blóod 나쁜 감정, 증오.

bád débt 대손(貸損)(금).

bád débt expènse 대손(貸損) 상각.

:bade[bæd/beid] *v.* bid의 과거.

bád égg 《俗》 악인, 신용 없는 인물.

BADGE[bædʒ] Base Air Defense Ground Environment 반자동 방공 경계 관제 조직.

:badge[bædʒ] *n.* Ⓒ 기장(記章), 휘장, 배지; 표.

***badg·er**[bǽdʒər] *n.* Ⓒ 오소리; Ⓤ 그 모피. **—** *vt.* (…으로) 지분대다, 괴롭히다.

Bádger Státe, the 미국 Wisconsin주의 딴 이름.

bád hát 《英俗》 깡패.

bad·i·nage[bæ̀diná:ʒ] *n., vt.* (F.) Ⓤ 농담, 놀림; 놀리며 집적거리다.

bád·lànds *n. pl.* 불모의 땅, 황무지; 암흑가.

:bad·ly[bǽdli] *ad.* (***worse; worst***) 나쁘게, 서투르게, 심하게. ***be ~ off*** 살림이 어렵다.

bad·min·ton[bǽdmintən] *n.* Ⓤ 배드민턴; 소다수로 만든 청량 음료.

bád-mòuth *vt.* 《美》 혹평하다, 헐뜯다.

bád-témpered *a.* 기분이 언짢은, 꾀까다로운; 심술궂은.

bád tíme 곤경.

Bae·de·ker[béidikər] *n.* Ⓒ (베데커의) 여행 안내서.

***baf·fle**[bǽfəl] *vt.* 좌절시키다, 깨뜨리다, 꺾다, 방해하다; 감당할 수 없게 되다. **—** *vi.* (…에) 애태우다, 허우적거리다. **—** *n.* Ⓒ (수류·기류·음향 따위의) 방지 장치. **~·ment** *n.* **-fling** *a.* 방해하는; 이해하기 어려운; 당황케 하는; (바람이) 일정 방향으로 불지 않는.

baff·y[bǽfi] *n.* Ⓒ 〖골프〗 배피《클럽의 일종; wood의 4번》.

†bag[bæg] *n.* ① Ⓒ 자루; 가방, 손가방; 지갑. ② Ⓒ 주머니 모양의 것; (동물 체내의) 낭(囊)(sac); 눈 밑의 처진 살, 소의 젖통; (*pl.*) 음낭(陰囊). ③ (*pl.*) 《英俗》 (헐렁한) 바지. ④ Ⓒ《美》〖野〗 베이스, 누(壘). ⑤ Ⓒ 사냥감. ***~ and baggage*** 소지품 일체; 짐을 모두 꾸려서, 몽땅. ***bear the ~*** 재정권을 쥐다, 돈을 마음대로 쓰게 되다. ***empty the ~*** 애깃거리가 다 떨어지다. ***get the ~*** 해고당하다. ***give a person the ~*** (…을) 해고하다; 《俗》 …에게 말 없이 가버리다; (구혼자에게) 단호히 거절하다. ***give*** 〔***leave***〕 ***a person the ~ to hold*** 곤란을 당하여 아무를 돌보지 않다; 책임을 지우다. ***hold the ~*** 혼자 책임을 뒤집어쓰다; 빈털터리가 되다. ***in the ~*** 《口》 확실한; 손에 넣은(것이나 마찬가지인). ***make a good ~*** 사

냥감을 많이 잡다. ***the whole ~ of tricks*** 온갖 술책〔수단〕. ― *vt.* (-gg-) 자루에 넣다; 《口》잡다, 죽이다, 훔치다(steal). ― *vi.* 자루처럼 부풀다(swell).

bag·a·telle[bæ̀gətél] *n.* (F.) Ⓒ 사소한 일〔물건〕(a mere trifle); (피아노용의) 소곡(小曲); Ⓤ 배거텔 놀이《당구의 일종》.

ba·gel[béigəl] *n.* Ⓒ,Ⓤ 도넛형의 굳은 빵.

bag·ful[bǽgfùl] *n.* Ⓒ 자루 하나 가득(의 분량).

:bag·gage[bǽgidʒ] *n.* ① Ⓤ 《美》 수화물(《英》 luggage); 《英》 군용 행낭. ② Ⓒ 말괄량이; 닳고 닳은 여자, 논다니.

bággage càr 《美》 수화물차.

bággage chèck 《美》 수〔소〕화물표.

bággage clàim (공항의) 수화물 찾는 곳.

bággage ràck 《美》 (열차 등의) 그물 선반.

bággage ròom 《美》 =CLOAK-ROOM.

bággage tàg 《美》 꼬리표.

bag·ger[bǽgər] *n.* Ⓒ 《野俗》 …루타(*a three-* ~ 삼루타).

bag·ging[bǽgiŋ] *n.* Ⓒ 자루 만드는 재료.

bag·gy[bǽgi] *a.* 자루 같은; 헐렁한; 불룩한. **-gi·ly** *ad.* **-gi·ness** *n.*

Bag(h)·dad[bǽgdæd, ⌐⌐] *n.* 이라크의 수도.

bág·man[-mən] *n.* Ⓒ 《英》 외판원, 세일즈맨.

bagn·io[bǽnjou, -áː-] *n.* (*pl.* ~*s*) Ⓒ (동양풍의) 목욕탕; (노예를 가두는 터키의) 감옥; 매춘굴.

:bág·pìpe *n.* Ⓒ (종종 *pl.*) 백파이프《스코틀랜드 고지 사람이 부는 피리》. **-pìper** *n.*

ba·guet(te)[bægét] *n.* Ⓒ 길쭉한 네모〔골패짝〕꼴(로 깎은 보석).

bág·wòrm *n.* Ⓒ 도롱이 벌레.

bah[bɑː] *int.* 《蔑》 바보같은!; 흥!

Ba·ha·ism[bəháːizəm] *n.* Ⓤ 바하이교(敎)《세계 평화를 창도하는 페르시아에서 일어난 종교》.

Ba·ha·mas[bəháːməz] *n. pl.* 바하마《미국 플로리다 반도 동남쪽에 있는 독립국》.

Bah·rein, -rain[bɑːréin] *n.* 바레인《페르시아만 서부의 독립국》.

baht[bɑːt] *n.* (*pl.* ~(*s*)) Ⓒ 태국의 화폐 단위.

bai·gnoire[beinwáːr/⌐⌐] *n.* (F.) Ⓒ (극장의) 특별석.

bail**[1][beil] *n.* Ⓤ 보석; Ⓒ 보석금; 보석 보증인. ***accept 〔***allow,*** or ***admit***〕 ***to take***〕 ~ 보석을 허가하다. ***give leg*** ~ 탈주하다. ***go*** ~ ***for*** …의 보석 보증인이 되다, …을 보증하다. ***out on*** ~ 보석〔출옥〕중. ― *vt.* (보증인이 수감자를) 보석받게 하다(*out*); (화물을) 위탁하다. **∠·a·ble** *a.* 보석할 수 있는; 죄가 가벼운. **∠·ment** *n.* Ⓤ,Ⓒ 보석; 위탁. **∠·or** *n.* Ⓒ 위탁인.

bail[2] *n.* Ⓒ 〖크리켓〗 삼주문 위의 가로 나무.

bail[3] *vt., vi., n.* (뱃바닥에 괸 물을) 퍼내다(*out*); Ⓒ그 물을 퍼내는 기구; 《口》 낙하산으로 뛰어내리다(*out*).

bail[4] *n.* Ⓒ (냄비·주전자 따위의) 들손, 손잡이(arched handle).

bail·ee[beilíː] *n.* Ⓒ 수탁자(受託者).

bail·er[béilər] *n.* Ⓒ 뱃바닥에 괸 물을 퍼내는 사람; 파래박; 〖크리켓〗 bail[2]에 맞는 공.

bai·ley[béili] *n.* Ⓒ 성벽; 성안의 뜰.

bail·ie[béili] *n.* Ⓒ 《Sc.》 시참사(市參事) 회원.

bail·iff[béilif] *n.* Ⓒ sheriff 밑의 집행관; 법정내의 간수; (지주의) 집사(執事); 《英》 (시의) 집행관.

bail·i·wick[béiləwìk] *n.* Ⓒ bailie 또는 bailiff의 관할 구역; (전문) 분야, 영역.

báil·òut *n.* Ⓒ 낙하산에 의한 탈출; 긴급 구조. ― *a.* 탈출의〔을 위한〕.

bails·man[béilzmən] *n.* Ⓒ 보석 보증인.

bairn[bɛərn] *n.* Ⓒ 《Sc.》 어린이.

:bait[beit] *n.* Ⓤ 미끼, 먹이; 유혹. ― *vt.* 미끼를 달다; 유혹하다; 개를 추겨 (동물을) 지분거리다(cf. bear-baiting); 구박하다, 괴롭히다. ― *vi.* 《古》 (동물이) 먹이를 먹다; 여행 중 (식사를 위해) 쉬다.

baize[beiz] *n.* Ⓤ 일종의 나사(羅紗)《책상보·커튼용》.

:bake[beik] *vt.* (빵을) 굽다, 구워 만들다; (벽돌을) 구워 굳히다. ― *vi.* (빵이) 구워지다. ― *n.* Ⓒ (한 번) 굽기; 《美》 회식《즉석에서 구워 내놓는》.

báke·hòuse *n.* Ⓒ 제빵소.

Ba·ke·lite[béikəlàit] *n.* Ⓒ 〖商標〗 베이클라이트《그릇·절연체용 합성수지》.

:bak·er[béikər] *n.* Ⓒ 빵집, 빵 굽는 사람, 빵 제조업자; 《美》 휴대용 빵 굽는 기구. ***~·y** *n.* Ⓒ 제빵소, 빵집.

báker's dózen 13개.

***bak·ing**[béikiŋ] *n.* Ⓤ 빵굽기; Ⓒ 한 번 굽기. ― *a., ad.* 《俗》 태워버릴 것 같은〔같아〕.

báking pòwder 베이킹 파우더.

báking sòda 탄산수소나트륨.

bak·sheesh, -shish[bǽkʃiːʃ] *n.* Ⓤ 행하, 팁《터키·이집트·인도 등지에서》.

bal. balance; balancing.

bal·a·lai·ka[bæ̀ləláikə] *n.* Ⓒ 발랄라이카《기타 비슷한 삼각형의 러시아 악기》.

:bal·ance[bǽləns] *n.* ① Ⓒ 저울, 천칭(天秤). ② Ⓤ 균형, 평형, 조화; 비교, 대조. ③ (B-) 〖天〗 천칭(天秤) 자리. ④ Ⓤ 〖商〗 수지; Ⓒ 차액, 잔액; 《美口》 나머지. ~ ***due***

(…에) 대출(*from*), (…으로부터의) 차입(*to*). ~ ***of international payments*** 국제 수지. ~ ***of power*** 세력 균형. ~ ***of trade*** 무역 수지. ***be*** 〔***hang, tremble***〕 ***in the*** ~ 미결(상태)이다; 위기에 처해 있다. ***on*** (***the***) ~ 차감하여, 결국. ***strike a*** ~ 수지를 결산하다. ── ***vt., vi.*** (…의) 균형을 잡다; 저울로 달다; 대조하다; 차감하다; 결산하다; 망설이다, 주저하다(*between*). ~ ***oneself*** 몸의 균형을 잡다. ~**d**[-t] ***a.*** 균형이 잡힌(~*d diet* 완전 영양식).
bál·anc·er ***n.*** Ⓒ 다는 사람; 청산인; 평형기; 곡예사.

bálance bèam 저울대; (체조의) 평균대.

bálanced búdget 균형 예산.

bálance shèet 〖商〗 대차대조표.

bal·a·ta[bǽlətə] ***n.*** Ⓒ 열대나무의 일종《발라타고무를 채취함》; Ⓤ 발라타고무《껌용》.

bal·brig·gan[bælbrígən] ***n.*** Ⓤ 무명 메리야스의 일종; (흔히 ***pl.***) 그것으로 만든 속옷·파자마 등.

:bal·co·ny[bǽlkəni] ***n.*** Ⓒ 발코니; (이층의) 노대(露臺); (극장의) 이층 특별석(gallery).

:bald[bɔ:ld] ***a.*** 벗어진, 털 없는, 대머리의; 노출된(bare); 있는 그대로의(plain); (문체가) 단조로운. **∠·ing *a.*** (약간) 벗어진. **∠·ly *ad.*** 노골적으로. **∠·ness *n.***

báld cóot 대머리; 〖鳥〗 큰물닭.

báld éagle 흰머리독수리《미국의 국장(國章)》.

bal·der·dash [bɔ́:ldərdæ̀ʃ] ***n.*** Ⓤ 헛소리.

báld-fàced *a.* (말 등의) 얼굴에 흰 반점이 있는.

báld·hèad *n.* Ⓒ 대머리(의 사람). **-héaded *a.*** 대머리의.

báld·pàte *n.* Ⓒ 대머리인 사람; 〖鳥〗 아메리카 홍머리오리.

bal·dric[bɔ́:ldrik] ***n.*** Ⓒ (어깨에서 비스듬히 걸치는) 장식띠《칼·나팔 따위를 다는》.

bale**[1][beil] ***n., vt. Ⓒ (상품을 꾸린) 짐짝, 가마니, 섬; 포장하다.

bale[2] ***n.*** Ⓤ 《詩·古》 재앙, 악(惡), 해; 슬픔; 고통. **∠·ful *a.*** 해로운.

bale[3] ***v., n.*** =BAIL[3].

ba·leen[bəlí:n] ***n.*** Ⓤ 고래 수염, 고래뼈.

bále·fìre *n.* Ⓒ 봉화; 모닥불; 《廢》 화장용의 장작더미.

balk, baulk**[bɔ:k] ***n. Ⓒ 장애, 방해; 《廢》 실책; 〖野〗 보크; 〖建〗 (귀를 둥글린) 각재(角材), 들보감. ── ***vt.*** 방해하다; 좌절시키다(*in*), 실망시키다(*in*); (기회를) 놓치다. ── ***vi.*** (말이 뒷걸음질 쳐) 급히 멈추다(jib); 진퇴양난이 되다.

Bal·kan**[bɔ́:lkən] ***a. 발칸 반도의; 발칸 제국(민)의〔에 관한〕. ***the*** ~ ***Peninsula*** 발칸 반도. ***the*** ~***s,*** or ***the*** ~ ***States*** 발칸 제국. ~**·ize** [-àiz] ***vt.*** 작은 나라로 분열시키다.

balk·y[bɔ́:ki] ***a.*** 《美》 (말이) 움직이지 않는.

†ball[1][bɔ:l] ***n.*** Ⓒ 공, 구(球); Ⓤ 구기, 야구; Ⓒ 〖野〗 볼(cf. strike); 탄알, 포탄; 둥근 것《눈알 따위》; (고기·과자 등의) 덩어리; 천체, 지구. ~ ***and chain*** 《美》 쇳덩이가 달린 차꼬《죄수의 족쇄》. ***catch*** 〔***take***〕 ***the*** ~ ***before the bound*** 선수를 쓰다. ***have the*** ~ ***at one's feet*** 〔***before one***〕 성공할 기회를 눈앞에 두다. ***keep the*** ~ ***rolling,*** or ***keep up the*** ~ (좌석이 심심해지지 않도록) 이야기를 계속하다. ***play*** ~ 경기를 시작하다; 행동을 개시하다; 《美》 협력하다(*with*). ***take up the*** ~ …의 이야기를 받아서 계속하다. ── ***vt., vi.*** 공(모양)으로 만들다〔되다〕.

:ball[2] ***n.*** Ⓒ (공식의) 대무도회.

bal·lad**[bǽləd] ***n. Ⓒ 민요; 전설 가요, 발라드.

bal·last**[bǽləst] ***n. Ⓤ 밸러스트, 바닥짐; (기구의) 모래 주머니; 자갈, 쇄석; (마음의) 안정, 침착성(을 주는 것). ***in*** ~ (배가) 바닥짐만으로, 실은 짐 없이. ── ***vt.*** 바닥짐을 싣다; (철도·도로에) 자갈을 깔다; 안정시키다. ~**·ing *n.*** Ⓤ 바닥짐 재료; 자갈.

bállast tànk 밸러스트 탱크《바닥짐으로서 물을 저장하는 탱크》.

báll béaring 〖機〗 볼베어링.

báll bòy 공 줍는 소년.

báll cártridge 실탄.

báll còck 부구(浮球) 콕《물탱크 등의 유출조절》.

bal·le·ri·na[bæ̀lərí:nə] ***n.*** (***pl.*** ~***s,*** ***-ne*** [-ni])(It.) Ⓒ 발레리나《여자 발레 무용가》.

bal·let**[bǽlei, bæléi] ***n. Ⓤ 발레, 발레단〔음악〕.

bal·lis·ta[bəlístə] ***n.*** (***pl. -tae*** [-ti:]) Ⓒ 〖史〗 투석포(投石砲).

bal·lís·tic míssile[bəlístik-] 탄도 병기, 탄도탄.

bal·lis·tics[bəlístiks] ***n.*** Ⓤ 〖軍〗 탄도학.

bal·lon d'es·sai [balɔ̃: desé] (F.) 관측 기구(氣球), 시험 기구; 탐색(kite)《여론의 반응을 알기 위한 성명·행동 따위》.

:bal·loon[bəlú:n] ***n., vi.*** Ⓒ 기구, 풍선(처럼 부풀다); 기구(를 타고 올라가다). ~**·er,** ~**·ist *n.***

ballóon barràge 조색(阻塞)〔방공〕 기구망.

ballóon tìre 저압(低壓) 타이어.

bal·lot**[bǽlət] ***n. Ⓒ 투표 용지, 투표용의 작은 공; Ⓤ (무기명) 투표; Ⓒ 투표 총수; Ⓤ 제비, 추첨; 투표권; Ⓒ 입후보자 명단. ── ***vi.*** (무기명) 투표하다(*for, against*); 추첨으로 결정하다(~ *for a place* 추첨으로 장소를 정하다). ~**·age**[-à:ʒ, ⌐-⌐] ***n.*** Ⓤ 결선 투표.

bállot bòx 투표함.

bállot pàper 투표 용지.

báll pàrk 《美》 야구장.

báll pén =BALL-POINT (PEN).
báll·plàyer *n.* Ⓒ 야구선수; 구기를 하는 사람.
báll-point (pén) *n.* Ⓒ 볼펜.
báll·pròof *a.* 방탄의.
báll·ròom *n.* Ⓒ 무도장.
bal·lute[bəlúːt] (<*ball*oon+parach*ute*) *n.* Ⓒ (우주선 귀환용) 기구 낙하산.
bal·ly[bǽli] *a., ad.* 《英俗》 지독한; 지독하게; 정말로.
bal·ly·hoo[bǽlihùː] *n.* Ⓤ 《美》 (요란스러운) 대선전; 야단법석(uproar); 떠벌려 퍼뜨림. — [⌐–⌐, ⌐–⌐] *vt., vi.* 대선전하다.
balm**[bɑːm] *n.* ① Ⓤ,Ⓒ 향유; 방향수지; 방향. ② Ⓤ,Ⓒ 진통제; 위안물. ③ Ⓒ 【植】 멜리사, 서양 박하. ~ ***of Gilead [gíliæd] 감람과의 상록수; (그 나무에서 채취되는) 향유.
***balm·y**[1] [bɑ́ːmi] *a.* 향기로운; 진통의(soothing), 기분 좋은, 상쾌한(refreshing). **bálm·i·ly** *ad.*
balm·y[2] *a.* 《俗》 바보 같은; 머리가 돈.
bal·ne·ol·o·gy[bæ̀lniɑ́lədʒi/-ɔ́-] *n.* Ⓤ 【醫】 온천학, 광천학.
bal·sa[bɔ́ːlsə, bɑ́ːl-] *n.* ① Ⓒ 발사 《열대 아메리카산의 상록교목》; Ⓤ 발사재(材)《가볍고 강함》. ② Ⓒ 그 뗏목(raft).
bal·sam[bɔ́ːlsəm] *n.* ① Ⓤ 발삼, 방향 수지. ② Ⓒ 진통제; 봉선화.
bálsam fír 발삼전나무《북아메리카산의 상록수, 테레빈이 채취됨》; 발삼전나무 재목.
bal·se·ro[bɑlsérɔ] *n.* (Sp.) Ⓒ 뗏목 타는 사람.
Bal·tic**[bɔ́ːltik] *a.* 발트해의. ***the ~ Sea 발트해. ***the ~ States*** 발트 제국.
Bál·ti·more chóp[bɔ́ːltəmɔ̀ːr-] 【野】 높은 바운드의 내야 안타.
Báltimore óriole 북미산(産) oriole의 일종《빛깔은 오렌지색과 흑색》.
bal·us·ter[bǽləstər] *n.* Ⓒ 난간 동자《난간의 작은 기둥》.
bal·us·trade[bǽləstrèid, ⌐–⌐] *n.* Ⓒ 난간. **-trad·ed**[-id] *a.* 난간이 달린.
Bal·zac[bǽlzæk, bɔ́ːl-], **Honoré de** (1799-1850) 프랑스의 소설가.
bam·bi·no[bæmbíːnou] *n.* (*pl.* ***~s, -ni***[-niː]) (It.) Ⓒ ① 어린 아이. ② 아기 예수의 상(象).
:bam·boo[bæmbúː] *n.* Ⓒ 대, 대나무; Ⓤ 죽재. — *a.* 대나무로 만든; 대나무의.
bámboo cúrtain, the (이전의 중공의) 죽의 장막.
bambóo shòot (**spròut**) 죽순.
bámboo télegraph 대양주 원주민들의 정보 전달 방법(grapevine telegraph).
bam·boo·zle[bæmbúːzəl] *vt., vi.* 《口》 속이다; 어리둥절하게 만들다, 당황하게 하다. **~·ment** *n.*

ban**[bæn] *vt.* (-nn-***) 금지하다(forbid); 【宗】 파문하다. — *n.* Ⓒ 금지(령); 파문; 【史】 소집령. ***lift*** (***remove***) ***a ~*** 해금(解禁)하다. ***nuclear test ~*** (***treaty***) 핵실험 금지(조약). ***place*** (***put***) ***under a ~*** 금지하다.
ba·nal[bənǽl, bənɑ́ːl] *a.* 평범한(commonplace). **~·ly** *ad.* **~·i·ty** [bənǽləti] *n.*
:ba·nan·a[bənǽnə] *n.* Ⓒ 바나나 《열매·나무》.
banána bèlt 《美·Can 俗》 온대 지역.
banána repùblic 《蔑》 바나나 공화국《국가 경제를 바나나 수출·외자(外資)에 의존하는 중남미의 소국》.
ba·nan·as[bənǽnəz] *a.* 《美俗》 미친, 흥분한, 몰두한. — *int.* 쓸데없는 소리!
:band[bænd] *n.* Ⓒ ① 끈, 밴드, 띠; 테. ② 일대(一隊), 집단, 군(群). ③ 악대, 악단(*a jazz ~*). ④ 【라디오】 밴드, 주파수대(帶); 【컴】 자기(磁氣) 드럼의 채널. ***beat the ~*** 뛰어나다. — *vi., vt.* 단결하다(시키다)(*together*).
:band·age[bǽndidʒ] *n., vt.* Ⓒ 붕대(를 감다); 안대(眼帶); 포대(布帶), 띠.
Bánd-Àid *n.* ① Ⓤ,Ⓒ 【商標】 반창고의 일종. ② Ⓒ (b- a-) (문제·사건 등의) 임시 방편, 미봉책; 《형용사적》 임시 방편의.
ban·dan·(n)a[bændǽnə] *n.* Ⓒ 무늬 있는 큰 비단 손수건.
b. & b. bed and breakfast 《英》 아침밥이 딸린 일박.
bánd·bòx *n.* Ⓒ (모자 따위를 넣는) 종이 상자. ***look as if one came*** (***had come***) ***out of a ~*** 말끔한 차림을 하다.
ban·deau[bǽndou, ⌐⌐] *n.* (*pl.* ***~x***[-z]) Ⓒ 여자용 머리띠, 가는 리본.
ban·de·rol(e)[bǽndəròul] *n.* Ⓒ 작은 기; 조기(弔旗); 명(銘)을 써 넣은 리본.
ban·dit**[bǽndit] *n.* (*pl.* ***~s, ~ti [bændíti]) Ⓒ 산적, 노상 강도; 도둑, 악당. **~·ry** *n.* Ⓤ 산적 행위; 《집합적》 산적단.
bánd·màster *n.* Ⓒ 악장(樂長).
ban·dog[bǽndɔ̀ːg/-ɔ̀-] (<band dog) *n.* Ⓒ (사슬에 매인) 사나운 개, 탐정견.
ban·do·leer, -lier[bæ̀ndəlíər] *n.* Ⓒ 【軍】 (어깨에 걸쳐 띠는) 탄띠.
bánd sàw 띠톱.
bánd shèll (야외) 음악당.
bands·man[bǽn*d*zmən] *n.* Ⓒ 악사, 악단 대원, 밴드맨.
bánd·stànd *n.* Ⓒ (야외) 연주대.
bánd·wàgon *n.* Ⓒ 《美》 (행렬 선두의) 악대차; 《口》 (선거·경기 따위에서) 우세한 쪽; 사람의 눈을 끄는 것; 유행.
bánd·wìdth *n.* Ⓤ 【通信·컴】 대역폭(帶域幅), 띠너비.

ban·dy[bǽndi] *vt.* ① 서로 (공 따위를) 던지고 받고 하다, 주고 받다. ② (소문을) 퍼뜨리다(*about*). ~ ***compliments with*** …와 인사를 나누다. ~ ***words*** 〔***blows***〕 ***with*** … 와 언쟁〔주먹질〕하다. — *a.* 안짱다리의.

bándy-lègged *a.* 안짱다리의(bow-legged).

B

bane[bein] *n.* Ⓤ 독; 해; 파멸. ~**·ful** [béinfəl] *a.* 해로운, 유독한. ∠**·ful·ly** *ad.* ∠**·ful·ness** *n.*

:**bang**[bæŋ] *n.* Ⓒ 강타하는 소리《탕, 쾅, 탁》; 돌연한 음향; 강타; 원기(vigor); 《美俗》 스릴, 흥분. ***in a*** ~ 급하게. — *vt., vi.* 쿵쿵〔탁〕 치다, 쾅 닫다〔닫히다〕, 탕 발사하다〔울리다〕; 《俗》 (머리에) 주입시키다; 《美俗》 (여자와) 성교하다. — *ad.* 쾅하고, 탁하고, 갑자기; 모두; 꼭. ***go*** ~ 뻥〔탕〕 울리다; 쾅 닫히다.

bán·ga·lore torpédo[bǽŋgəlɔ̀ːr-] (TNT를 채운) 폭약 철관《철조망 파괴용》.

Bang·kok[bǽŋkɑk, —∠/bæŋkɔ́k, ∠—] *n.* 방콕《태국의 수도》.

Ban·gla·desh[bæ̀ŋglədéʃ] *n.* 방글라데시《1971년 파키스탄에서 분리·독립한 공화국》.

ban·gle[bǽŋgəl] *n.* Ⓒ 팔찌; 손〔발〕목걸이.

báng-ùp *a.* 《美俗》 최고의.

ban·ian[bǽnjən] *n.* =BANYAN.

:**ban·ish**[bǽniʃ] *vt.* 추방하다(exile); (근심 따위를) 떨어 버리다. ~**·ment** *n.* Ⓤ 추방.

ban·is·ter[bǽnəstər] *n.* =BALUSTER; Ⓒ (때로 *pl.*) 난간.

ban·jo [bǽndʒou] *n.* (*pl.* ~(*e*)*s*) Ⓒ 밴조《손가락 또는 깍지로 타는 현악기》. ~**·ist** *n.*

:**bank**[1][bæŋk] *n.* Ⓒ 둑, 제방; 퇴적, 쌓여 오른 것(*a* ~ *of cloud* 층운); 강변; 모래톱, 얕은 여울; 언덕; 〖空〗 '뱅크' 가로 경사. — *vi.* 둑이 되다; 〖空〗 '뱅크' 하다. ∠**·ing** *n.* Ⓤ 둑 쌓기.

†**bank**[2] *n.* Ⓒ 은행; 저장소; (the ~) (노름의) 판돈; 노름의 물주. — *vt.* 은행에 맡기다. — *vi.* 은행을 경영하다; 은행과 거래하다. ~ ***on*** 〔***upon***〕 《口》 (…을) 믿다〔의지하다〕. ***break the*** ~ (도박에서) 물주를 파산시키다; (…을) 무일푼으로 하다. :∠**·er** *n.* ⇨BANKER[1]. *∠**·ing** *n.* Ⓤ 은행업.

bank[3] *n.* Ⓒ (갤리선의) 노 젓는 자리; 한줄로 늘어선 노; (건반의) 한 줄; (신문의) 부제목.

bank·a·ble[∠əbəl] *a.* 은행에 담보할 수 있는. 「예금.

bánk accòunt 은행 계정; 당좌

bánk bìll 《英》 은행 어음; 《美》 지폐.

bánk·bòok *n.* Ⓒ 예금 통장.

bánk dìscount (은행의) 어음 할인.

:**bank·er**[1][∠ər] *n.* Ⓒ 은행가〔업자〕; (도박의) 물주; Ⓤ 카드놀이의 일종.

bank·er[2] *n.* Ⓒ 대구잡이 배; 〖獵〗 둑을 뛰어 넘을 수 있는 말.

Bánk for Internátional Séttlements, the 국제 결제 은행《생략 BIS》.

*__bánk hòliday__ 《美》 (일요일 이외의) 은행 공휴일; 《英》 일반 공휴일.

*__bánk nòte__ 은행권, 지폐.

bánk ràte 어음 할인율; 은행 일변(日邊).

bánk·ròll *n.* Ⓒ 《美》 자금(원(源)), 자본. — *vt.* 《美》 경제적으로 지지〔지원〕하다.

*__bank·rupt__[bǽŋkrʌpt, -rəpt] *n.* Ⓒ 파산자. — *a.* 파산한, 지불 능력이 없는; (신용·명예 등을) 잃은. ***go*** ~ 파산하다. — *vt.* 파산시키다.

*__bank·rupt·cy__[bǽŋkrʌptsi, -rəpt-] *n.* Ⓤ,Ⓒ 파산, 파탄.

:**ban·ner**[bǽnər] *n.* Ⓒ 기, 군기; 기치; 주장; 전단 표제. ***carry the*** ~ 선두에 서다, 앞장서다. ***unfurl one's*** ~ 주장을 밝히다. — *a.* 《美》 일류의, 제 1위의; 주요한.

ban·ner·et[bæ̀nərét] *n.* Ⓒ 작은 기.

ban·nock[bǽnək] *n.* Ⓒ 《Sc.》 빵.

banns[bænz] *n. pl.* (교회에서 연속 3회 행하는) 결혼 거행의 예고. ***ask*** 〔***call, publish***〕 ***the*** ~ 결혼을 예고하다. ***forbid the*** ~ 결혼에 이의를 제기하다.

:**ban·quet**[bǽŋkwit] *n.* Ⓒ 연회, 향연. — *vt., vi.* 향응하다, 향응을 받다. ~**·er** *n.*

ban·quette[bæŋkét] *n.* Ⓒ ① (성벽 안 쪽의) 사격용 발판. ② 《美》 보도(步道).

ban·shee, -shie[bǽnʃiː, —∠] *n.* Ⓒ 《Sc., Ir.》 가족의 죽음을 예고한다는 요정(妖精).

bánshee wàil 《英俗》 공습 경보.

ban·tam[bǽntəm] *n.* Ⓒ 밴텀닭, 당(唐)닭; 암팡지고 싸움 좋아하는 사람; 《美》 =JEEP. — *a.* 몸집이 작은; 가벼운; 공격적인; 〖拳〗 밴텀급의.

bántam·wèight *n.* Ⓒ 밴텀급 선수《권투·레슬링 따위》.

ban·ter[bǽntər] *n., vt., vi.* Ⓤ 놀림, 놀리다(joke), 조롱(하다)(chaff).

ban·ting(·ism) [bǽntiŋ(ìzəm)] *n.* Ⓤ 《英》 (지방·당분의 감량에 의한) 체중 감량법.

bant·ling[bǽntliŋ] *n.* Ⓒ 《蔑》 꼬마, 풋내기(greenhorn).

Ban·tu[bǽntuː] *n.* (*pl.* ~(*s*)) ① Ⓒ 반투족의 토인《아프리카 남·중부의》. ② Ⓤ 반투어(語).

ban·yan[bǽnjən] *n.* Ⓒ (인도산의) 벵골 보리수(~ tree).

ba·o·bab[béioubæ̀b, bɑ́ː-] *n.* Ⓒ 바오밥나무《아프리카산의 거목》.

Bap., Bapt. Baptist. **bapt.** baptized.

*__bap·tism__[bǽptizəm] *n.* Ⓤ,Ⓒ 세례, 침례; 명명(식). ~ ***of blood*** 피의 세례, 순교. ~ ***of fire*** 포화의 세례, 첫 출전〔시련〕. 「의.

bap·tis·mal[bæptízməl] *a.* 세례

*__Bap·tist__[bǽptist] *n.* Ⓒ 침례교도; 세례자《요한》.
Báptist Chúrch 침례교회.
bap·tis·try[bǽptistri], **-ter·y**[-təri] *n.* Ⓒ 세례장, 세례실; 세례용 물통.
*__bap·tize__[bæptáiz, ∠-] *vt., vi.* (…에게) 세례를 베풀다, 침례를 행하다, 명명하다(christen).
:__bar__[1][baːr] *n.* Ⓒ ① 막대기; 막대 모양의 것(*a ~ of soap* 비누한 개, 막대 비누/*a chocolate ~* 판(板)초콜렛); 쇠지레(crowbar); 가로장, (문) 빗장, 동살, 칸막이의 가로 나무. ② 줄(무늬), (빛깔의) 띠; 〚紋〛 가로줄. ③ 술집, 카운터, 술청, 목로, 바. ④ 〚樂〛 소절, 종선(縱線). ⑤ (강어귀의) 모래톱. ⑥ 장애, 장벽, 관문, (통행 금지의) 차단봉; (난간의) 돌난대. ⑦ (법정안의) 난간; (the ~) 법정; 피고석. ⑧ (the ~)《집합적》변호사들, 법조계. *~ **association*** 변호사 협회, 법조 협회. *~ **gold*** 막대 금, 금덩어리. ***be admitted*** [《英》 ***called***] ***to the ~*** 변호사 자격을 얻다. ***behind ~s*** 옥에 갇혀. ***in ~ of*** 〚法〛 …을 방지하기 위하여. ***let down the ~s*** 장애를 제거하다. ***the ~ of public opinion*** 여론의 제재. ***trial at ~*** 전(全)판사 참석 심리. — *vt.* (**-rr-**) (…에) 빗장을 지르다, (가로대로) 잠그다; (길을) 막다; 금하다, 방해하다, 제외하다; 줄을 치다, 줄무늬를 넣다. *~ **in*** 가두다. *~ **out*** 내쫓다. — *prep.* …을 제하고. *~ **none*** 예외 없이(cf. barring).
bar[2] *n.* Ⓒ 〚理〛 바《압력의 단위》.
bar[3] *n.* Ⓒ 《美》 모기장.
BAR, B.A.R. Browning automatic rifle 〚軍〛 자동 소총. **bar.** barometer; barometric; barrel; barrister.
barb[1][baːrb] *n.* Ⓒ (낚시 끝의) 미늘; (철조망의) 가시; (물고기의) 수염. — *vt.* (…에) 가시를 달다. *~**ed***[-d] *a.* 미늘이[가시가] 있는. *~**ed wire*** 가시 철사, 철조망.
barb[2] *n.* Ⓒ 바버리 말《Barbary산의 좋은 말》.
Bar·ba·dos[baːrbéidouz] *n.* 바르바도스《서인도 제도에 속하는 섬; 영 연방내의 독립국》.
*__bar·bar·i·an__[baːrbέəriən] *n.* Ⓒ 야만인; (말이 통하지 않는) 외국인; 교양 없는 사람. — *a.* 야만적인, 미개한.
bar·bar·ic[baːrbǽrik] *a.* 야만적인, 조야(粗野)한.
*__bar·ba·rism__[báːrbərìzəm] *n.* ① Ⓤ 야만, 미개(상태); 조야. ② Ⓒ 거친 행동[말투].
bar·bar·i·ty[baːrbǽrəti] *n.* Ⓤ,Ⓒ 만행; 잔인(한 행위); 조야.
bar·ba·rize[báːrbəràiz] *vt., vi.* 야만화하다.
*__bar·ba·rous__[báːrbərəs] *a.* ① 야만[미개]의; 잔인한, 조야한; 무식한. ② 이국어(語)의; 이국의; 파격적인. *~·**ly*** *ad.*
Bar·ba·ry[báːrbəri] *n.* 바버리《이집트를 제외한 북아프리카 북부 지방》.
Bárbary ápe 꼬리 없는 원숭이.
Bárbary Státes, the 바버리 제국《옛 Morocco, Algeria, Tunis, Tripoli 등의 회교국》.
*__bar·be·cue__[báːrbikjùː] *n.* Ⓤ,Ⓒ 〚料理〛 바비큐; Ⓒ (돼지 등의) 통구이; Ⓒ 고기 굽는 틀; 통돼지 구이가 나오는 연회. — *vt.* 통째로 굽다; 직접 불에 굽다; (고기를) 바비큐 소스로 간하다.
bárbecue man(o)éuver [**ròll**] (우주선의) 바비큐 비행《태양열·냉기를 고루 받도록 1시간에 2번씩 자전하며 비행》.
bar·bel[báːrbəl] *n.* Ⓒ 수염이 있는 물고기《잉어 따위》.
bár·bèll *n.* Ⓒ 바벨《역도용》.
:__bar·ber__[báːrbər] *n., vt.* Ⓒ 이발사; 이발하다; (…의) 수염을 깎다. *~**'s itch*** [***rash***] 〚醫〛 모창(毛瘡), 이발소 습진.
bar·ber·ry[báːrbèri, -bəri] *n.* Ⓒ 〚植〛 매발톱나무; 그 열매.
bárber·shòp *n.* Ⓒ 이발소. 「등.
bárber('s) pòle 이발소의 간판 기
bar·bi·can[báːrbikən] *n.* Ⓒ (도시·요새의) 외보(外堡); (성문 따위의) 망루, 성문탑.
bar·bi·tal[báːrbitɔ̀ːl, -tæ̀l] *n.* Ⓤ 〚藥〛 바르비탈《진정·수면제; 商標名: 베로날(veronal)》.
bar·bi·tu·rate[baːrbítʃurit/-tju-] *n.* Ⓤ 〚化〛 바르비투르산염(酸鹽)《수면제》.
bar·bi·tú·ric ácid [bàːrbətjúərik-] 〚化〛 바르비투르산.
bar·ca·rol(l)e[báːrkəròul] *n.* Ⓒ (Venice의) 뱃노래; 뱃노래풍의 곡.
bár còde 바코드.
*__bard__[baːrd] *n.* Ⓒ (고대 Celt족의) 음유(吟遊) 시인; 시인(*the B- of Avon* =SHAKESPEARE).
:__bare__[bεər] *a.* ① 벌거벗은, 알몸의, 노출된, 드러낸; 노골적인. ② 장식[가구] 없는; …이 없는(*of*). ③ 닳아빠진(cf. threadbare), 써서 낡은. ④ 부족한, 결핍된. ⑤ 가까스로의, 간신히 …한(*a ~ majority* 간신히 이뤄진 과반수); 다만 그것뿐인(mere). ***at the ~ thought (of…)*** (…을) 생각만 해도. *~ **livelihood*** 겨우 먹고사는 생활. *~ **of*** …이 없는. ***lay ~*** 털어놓다, 폭로하다. ***under ~ poles*** 돛을 올리지 않고; 벌거숭이로. ***with ~ feet*** 맨발로. ***with ~ life*** 겨우 목숨만 건지고. — *vt.* 발가벗기다, 벗기다(strip) (*of*); 들춰내다, 폭로하다. *∠·**ness*** *n.*
báre·bàck(ed) *a., ad.* 안장 없는 말의; 안장 없이; 맨발에. ***ride ~*** 안장 없는 말에 타다.
báre·fàced *a.* 맨얼굴의; 후안(무치)의. **-fàcedly** *ad.* 뻔뻔스럽게.

*báre·fòot a., ad. 맨발의〔로〕.
*báre·fòoted a., ad. =⇧.
báre·hánded a., ad. 맨손의; 맨손으로.
báre·hèad, báre·héaded a., ad. 맨머리 바람의〔으로〕.
báre·légged a., ad. 양말을 신지 않은〔않고〕.
:bare·ly[ˊli] ad. 간신히, 겨우; 거의 …않고; 드러내놓고, 꾸밈없이.
barf[bɑːrf] vi., vt. 《美俗》 토하다.
bár·flỳ n. Ⓒ 《口》 술집의 단골; 술꾼.
*bar·gain[báːrgən] n. Ⓒ 매매, 거래; (매매) 계약; 매득(買得)(부사적으로 써서: I got this a ~. 싸게 샀다). bad 〔good〕 ~ 비싸게〔싸게〕 산 물건. ~ counter 특매장. ~ day 염가 판매일. ~ sale 대염가 판매. buy at a (good) ~ 싸게 사다. drive a hard ~ 심하게 값을 깎다(with). Dutch〔wet〕 ~ 술자리에서의 계약. into the ~ 그 위에, 게다가. make 〔strike〕 a ~ 매매 계약을 맺다. make the best of a bad ~ 역경에 견디다. ── vi., vt. (매매의) 약속을 하다, 흥정하다, 교섭하다(with, that). ~ away 헐값으로 팔아버리다. ~ for …을 기대하다, …을 믿다(expect). ~·ing n. Ⓤ 거래, 계약; 교섭.
*barge[bɑːrdʒ] n. Ⓒ ① 거룻배, 바지《바닥이 편편한 화물선》. ② (의식용의) 유람선; 집배(houseboat). ── vt., vi. 거룻배로 나르다; 거칠게 내닫다; 《口》 주제넘게 나서다. ~ into 〔against〕 …에 난폭하게 부딪치다. ˊ·man, bar·gee[bɑːrdʒíː] n. Ⓒ barge의 사공.
bárge·bòard n. Ⓒ 〖建〗 박공(널).
bár·hòp vi. (-pp-) 《美口》 여러 술집을 돌아다니며 마시다. ── n. Ⓒ 술집 밖의 손님에게 음식을 나르는 웨이트리스. ~per n.
bar·i·at·rics[bæriǽtriks] n. Ⓤ 비만병학. 「을 함유한.
bar·ic[bǽrik] a. 〖化〗 바륨의, 바륨
bar·i·tone, 《英》 bar·y-[bǽrətòun] n. Ⓤ 바리톤; Ⓒ 바리톤 (가수). ── a. 바리톤의.
bar·i·um[bɛ́əriəm] n. Ⓤ 〖化〗 바륨《금속 원소》. ~ meal 바륨액《소화관 X선 촬영용 조영제(造影劑)》.
:bark[1][bɑːrk] vi. ① 짖다; 소리지르다(at). ② (총성이) 울리다. ③ 《美俗》 소리치며 손님을 끌다. ── vt. 소리지르며 말하다. ~ at the moon 쓸데없이 떠들어대다. ~ up the wrong tree 《美》 헛물켜다, 헛다리 짚다. ── n. Ⓒ 짖는 소리; 기침 소리; 포성, 총성. His ~ is worse than his bite. 입은 거칠지만 나쁜 사람이 아니다.
*bark[2] n. Ⓤ 나무껍질, 기나피(quinine); 《俗》 피부. man with the ~ on 《美口》 우락부락한 사나이. ── vt. (나무에서) 껍질을 벗기다; 나무껍질로 덮다; 《俗》 (…의 피부를) 까다; (가죽을) 무두질하다.
bark[3], barque[bɑːrk] n. Ⓒ 바크배《세대박이》; 《詩》 (돛)배.
bár·kèep(er) n. Ⓒ 술집 주인; 바텐더.
bark·en·tine, -quen-[báːrkəntìːn] n. Ⓒ 〖海〗 세대박이 돛배의 일종.
bark·er[1][báːrkər] n. Ⓒ 짖는 동물; 소리 지르는 사람; (가게·구경거리 등의) 여리꾼.
bark·er[2] n. Ⓒ (나무)껍질 벗기는 사람〔기구〕. ~·y n. Ⓒ 무두질 공장, 가죽 다루는 곳(tanyard).
:bar·ley[báːrli] n. Ⓤ 보리.
bárley·bràke, -brèak n. 남녀 3인씩 편짜는 술래잡기.
bárley·còrn n. Ⓒ 보리알; 《古》 길이의 단위《1/3 inch; 보리알의 길이에서》. John B- '술'의 별명.
barm[bɑːrm] n. Ⓤ 누룩, 효모(yeast).
bár·màid n. Ⓒ 술집의 여급.
bar·man[ˊmən] n. = BARKEEP(ER).
Bár·me·cide féast [báːrməsàid-] 말뿐인 잔치〔친절〕.
bar mítz·vah[-mítsvə] (종종 B-M-) 13세에 행하는 유대교의 남자 성년식.
barm·y [báːrmi] a. 발효하는; 《英俗》 머리가 돈, 어리석은. go ~ 머리가 돌다, 멍청해지다.
:barn[bɑːrn] n. Ⓒ ① (농가의) 헛간, 광; 《美》 가축 우리 겸용 헛간. ② 전차〔버스〕차고. ③ 텅빈 건물.
bar·na·cle[báːrnəkəl] n. Ⓒ ① 조개삿갓, 따개비. ② (지위에) 붙들고 늘어지는 사람, 무능한 관리.
bárn dànce 《美》 농가의 댄스 파티.
bárn dòor 헛간에 큰 문. cannot hit a ~ 사격이 매우 서투르다.
bárn-door fówl 닭.
bárn·stòrm vi. 《美口》 지방 순회 공연하다; 지방 유세하다.
bárn·stòrmer n. Ⓒ 지방 순회 배우; 지방 유세자.
*bárn·yàrd n. Ⓒ 《美》 헛간의 앞마당; 농가의 안뜰.
bar·(o)-[bǽr(ə)] pref. '중량·기압'의 뜻: barometer.
bar·o·gram [bǽrəgræ̀m] n. Ⓒ 〖氣〗 자기(自記) 기압 기록.
bar·o·graph[-græ̀f, -àː-] n. Ⓒ 자기 기압계〔청우계〕.
:ba·rom·e·ter[bərámətər/-rɔ́mi-] n. Ⓒ ① 기압계, 청우계. ② (여론 등의) 표준, 지표. bar·o·met·ric [bæ̀rəmétrik], -ri·cal[-əl] a.
*bar·on[bǽrən] n. Ⓒ ① 남작. ② 《美》 산업〔금융〕계의 거물(an oil ~ 석유왕). ③ 《英》 (영지를 받은) 귀족. ~·age[-idʒ] n. Ⓤ ① 남작의 지위. ② 《집합적》 남작들; 귀족. ~·ess n. Ⓒ 남작 부인; 여남작. ~·et[bǽrənit, -èt] n. Ⓒ 준남작《baron의 아래, knight의 위》. ~·et·cy n. Ⓒ 준남작의 작위.

ba·ro·ni·al[bəróuniəl] *a.* 남작의, 남작다운; (건물 등이) 당당한.
bar·o·ny[bǽrəni] *n.* Ⓒ 남작의 작위; 남작령(領).
·**ba·roque**[bəróuk] *n., a.* Ⓒ 〖建〗 (16-18세기의) 바로크식(의); 기괴[기이]한(양식·작품)(cf. rococo).
ba·rouche[bərúːʃ] *n.* Ⓒ 4인승 대형 4륜 마차. 「핀).
bár pìn 가늘고 긴 브로치《장식용
barque ⇨BARK[3].
bar·quen·tine[báːrkəntìːn] *n.* = BARKENTINE.
·**bar·rack**[1][bǽrək] *n., vt.* Ⓒ (보통 *pl.*) 병사(兵舍); 병영(에 수용하다); 가(假) 막사, 바라크(식 건물).
bar·rack[2] *vi., vt.* 《英·濠》 (상대편 경기자를) 야유하다.
bárracks bàg 〖軍〗 잡낭(雜囊).
bar·ra·cu·da[bæ̀rəkúːdə] *n.* Ⓒ 〖魚〗 (서인도산의) 창꼬치의 무리.
bar·rage[bəráːdʒ/bǽrɑːʒ] *n.* Ⓒ ① 〖軍〗 탄막. ② (질문 등의) 연속. ③ [báːridʒ] 댐[제방] 공사.
barráge ballòon (보통 *pl.*) 조색(阻塞) 기구.
bar·ran·ca[bərǽŋkə] *n.* (*pl.* ~*s*) (Sp.) Ⓒ 협곡.
bar·ra·try[bǽrətri] *n.* Ⓤ 교사(敎唆); 소송 교사(죄). **-trous**[bǽrətrəs] *a.*
barred[bɑːrd] *a.* 빗장(bar)이 있는 (*a ~ window*); 줄(무늬) 있는; 모래톱이 있는.
:**bar·rel**[bǽrəl] *n.* Ⓒ ① 통; 한 통의 분량, 1배럴《미국에서는 31.5갤런, 영국에서는 36.18 또는 9갤런》. ② 통 모양의 것《북통 따위》. ③ (소·말의) 몸통(trunk). ④ 총신(銃身). ***a ~ of*** 《美口》 하나 가득의, 많은. — *vt.* (《英》 ***-ll-***) (…을) 통에 담다.
bárrel chàir (등널이 둥근) 안락의자. 「술집, 대폿집.
bárrel hòuse 《美·古俗》 싸구려
bárrel òrgan 손으로 돌려 연주하는 풍금(hand ~).
bárrel ròll 〖空〗 (비행기의) 통돌이, 연속 횡전(橫轉).
:**bar·ren**[bǽrən] *a.* ① (땅이) 불모의, 메마른; (식물이) 열매를 맺지 않는. ② 임신 못 하는. ③ 빈약한 (meager), 신통찮은(dull); 무능한. ④ …을 결한, …이 없는(*of*). — *n.* (보통 *pl.*) 메마른 땅, 불모 지대. **~·ly** *ad.* **~·ness** *n.*
bar·rette[bərét] *n.* Ⓒ 《美》 (여성용의) 머리핀.
·**bar·ri·cade** [bǽrəkèid, ˌ–ˊ], **-cádo**[ˌ–kéidou] *n.* (*pl.* ***-does***) Ⓤ,Ⓒ 방책, 바리케이드; 통행 차단물, 장애물. — *vt.* 방책을 만들다, 막다, 방해하다.
:**bar·ri·er**[bǽriər] *n.* Ⓒ ① 울타리; 방벽; 관문; (국경의) 성채. ② 장벽, 장애(물), 방해(*to*)(*language* ~ 언어 장벽/*trade* [*tariff*] ~ 무역[관세] 장벽).
bárrier rèef 보초(堡礁)《해안과 나란히 뻗은 산호초》.
bar·ring[báːriŋ] *prep.* =EXCEPT.
bar·ri·o[báːriòu] *n.* (*pl.* ~*s*) (미국의) 스페인어 통용 지역.
bar·ris·ter[bǽrəstər] (<bar) *n.* Ⓒ 《英》 법정(法廷) 변호사; 《美口》 변호사, 법률가.
bár·ròom *n.* Ⓒ 《美》 (호텔 따위의) 바, 바가 있는 방.
bar·row[1][bǽrou] *n.* Ⓒ (2륜) 손수레; (1륜) 손수레(wheelbarrow); 들것식의 하물 운반대.
bar·row[2] *n.* Ⓒ 무덤《봉분, 또는 석총(石塚)》.
bárrow bòy 《英》 손수레 행상인.
Bart. Baronet.
bár·tènder *n.* Ⓒ 《美》 바텐더(《英》 barman).
·**bar·ter**[báːrtər] *vi.* 물물교환하다 (*for*); 교역하다. — *vt.* (이익에 현혹되어 영예·지위 따위를) 팔다 (*away*). — *n.* Ⓤ 물물 교환(품).
bárter sỳstem 〖經〗 바터제.
Bar·thol·o·mew [bɑːrθɑ́ləmjùː/-ɔ́-] *n.* 〖聖〗 바르톨로뮤《예수의 12제자 중 하나》.
bar·ti·zan[báːrtəzən, bɑ̀ːtizǽn] *n.* Ⓒ 〖建〗 (옥상의) 퇴(退)망루.
bar·ton[báːrtn] *n.* Ⓒ 《英方》 농가의 뜰.
bar·y·on[bǽriɑ̀n/-ɔ̀n] *n.* 〖理〗 바리온《neutron, proton, hyperon을 함유하는 소립자의 일종》.
ba·ry·ta[bəráitə] *n.* Ⓤ 〖化〗 각종의 바륨 화합물.
ba·ry·tes[bəráitiːz] *n.* Ⓤ 중정석 (重晶石). 「TONE.
bar·y·tone[bǽrətòun] *n.* =BARI-
bas·al[béisəl] *a.* 기초의, 근본의. ***~ metabolism*** 기초 대사(代謝).
ba·salt[bəsɔ́ːlt, bǽsɔːlt] *n.* Ⓤ 현무암(玄武岩). 「STOCKING.
bas bleu[bɑːbləː] (F.) =BLUE-
bas·cule[bǽskjuːl] *n.* 〖土〗 도개(跳開) 장치.
báscule brìdge 도개교(跳開橋).
†**base**[1][beis] *n.* Ⓒ 기초, 기부(基部), 기저(基底); 밑변; 토대(foundation); 기슭(foot); 기지; 〖競〗 출발점; 〖野〗 누(壘); 〖化〗 염기; 〖數〗 기수(基數); 색이 날지 않게 하는 약; 어간(stem); 〖植·動〗 기각(基脚), 기부; 〖測〗 기선; (복합물 중의) 주요소; 〖컴〗 기준. — *vt.* (…에) 기초를 두다(*on*).
:**base**[2] *a.* ① 천한, 비열한(mean[2]); 비속한(~ *Latin* 통속 라틴어). ② (금속이) 열등한; (주화가) 조악한. ③ 〖樂〗 저음의. ④ 《古》 (태생이) 천한, 사생아의(bastard). ***~ coin*** 악화(惡貨)(debased coin), 위조 화폐 (counterfeit coin). — *n.* Ⓤ 〖樂〗 저음(bass). **ˊ·ly** *ad.* **ˊ·ness** *n.*
báse àddress 〖컴〗 기준 번지.
†**base·ball**[béisbɔ̀ːl] *n.* Ⓤ 야구; Ⓒ 야구공.
báse·bòard *n.* Ⓒ 〖建〗 (벽 아랫부

분의) 굽도리 널.
báse·bórn *a.* 태생이 비천한.
báse·bréd *a.* 천하게 자라난.
báse·búrner *n.* Ⓒ《美》(위에서 연료가 자동적으로 보급되는) 자동식 난로.
Bá·se·dow's disèase [bá:zədòuz-] 바제도 병.
báse exchànge (미 공군의) 매점, 주보《생략 BX》.
báse hít 안타.
báse·less *a.* 기초〔근거〕 없는. ～**·ly** *ad.*
báse lìne 기(준)선, 〖野〗 누선(壘線); 〖컴〗 기준선.
base·man [⌐mən] *n.* Ⓒ 내야수, 「누수(壘手).
:báse·ment *n.* Ⓒ 지하실, 지계(地階).
báse métal 비(卑)금속.
báse rùnner 주자.
báse rùnning 주루(走壘).
ba·ses[1] [béisi:z] *n.* basis의 복수.
bas·es[2] [béisiz] *n.* base[1]의 복수.
báse stèaling 도루.
báse úmpire 누심(壘審).
bash [bæʃ] *vt., n.* 《口》 후려갈기다, Ⓒ 후려갈김; 일격(을 가하다).
ba·shaw [bəʃɔ́:] *n.* Ⓒ《口》 고관; 거만한 사람〔관리〕; =PASHA.
***bash·ful** [bǽʃfəl] *a.* 수줍어하는, 수줍은(shy) 부끄러워 하는, 숫기 없는. ～**·ly** *ad.* ～**·ness** *n.*
:ba·sic [béisik] *a.* 기초의, 근본의; 〖化〗 염기성의. ── *n.* (B-)《口》= BASIC ENGLISH. ***-si·cal·ly** [-əli] *ad.* 기본〔근본〕적으로, 원래.
BASIC, Ba·sic [béisik] *n.* Ⓒ 베이식《대화형의 프로그램 언어》 (< *B*eginner's *A*ll-purpose *S*ymbolic *I*nstruction *C*ode).
básic dréss 기본형 드레스《액세서리 따위의 변화로 다양하게 입을 수 있는 옷》.
Básic Énglish 베이식 영어《Ogden이 고안한 간이영어; 어휘 850》.
ba·sic·i·ty [beisísəti] *n.* Ⓤ 〖化〗 염기도(鹽基度).
bas·il [bǽzəl] *n.* Ⓤ 〖植〗 박하 비슷한 향기 높은 식물《향미료》.
bas·i·lar [bǽsələr] *a.* 기초의, 기부(基部)의.
ba·sil·i·ca [bəsílikə, -zíl-] *n.* Ⓒ 〖古로〗 (장방형의) 공회당; (초기) 그리스도 교회당.
ba·sil·i·con [bəsílikən, -zíl-] *n.* Ⓤ 연고(軟膏)의 일종《송진에서 채취한 로진으로 만든》.
bas·i·lisk [bǽsəlìsk, -z-] *n.* Ⓒ 〖그·로神〗 괴사(怪蛇)《그 눈빛·독기는 사람을 죽임》; (열대 아메리카산의) 등지느러미 도마뱀; 《古》 뱀무늬가 있는 옛날 대포.
:ba·sin [béisən] *n.* Ⓒ 대야; 세면기; 한 대야 가득한 분량; 웅덩이(pool), 못; 분지; 유역; 내만(內灣); 〖船〗 독.
:ba·sis [béisis] *n.* (*pl.* **-ses**) Ⓒ 기초, 근거(지); 근본 원리; 주성분. ***on a first-come first-served*** ～ 선착순으로. ***on the war*** ～ 전시 체제로.
***bask** [bæsk, -ɑ:-] *vi.* (햇볕·불을) 쬐다, 몸을 녹이다; (은혜 따위를) 입다, 행복한 처지에 있다(*in*).
†bas·ket [bǽskit, -á:-] *n.* Ⓒ 바구니, 광주리; 한 바구니(의 분량) (*a* ～ *of apples*); 바구니 모양의 것; (농구의) 네트. *～**·ful** [-fùl] *n.* Ⓒ 한 바구니 가득(한 분량).
:básket·bàll *n.* Ⓤ 농구; Ⓒ 농구공.
básket càse 《俗》 (수술 등으로) 사지가 절단된 환자.
bas·ket·ry [-ri] *n.* Ⓤ 바구니 세공법; 《집합적》 바구니 세공품. 「(품).
básket·wòrk *n.* Ⓤ 바구니 세공
ba·so·phil [béisəfil], **-phile** [-fàil] *n.* Ⓒ 〖生〗 염기성 백혈구.
Basque [bæsk] *n., a.* Ⓒ 바스크 사람《스페인 및 프랑스의 피레네 산맥 서부지방에 삶》(의); Ⓤ 바스크 말(의); Ⓒ (b-) 여자용의 꼭맞는 웃옷(의).
bas-re·lief [bà:rilí:f, bæ̀s-] *n.* (*pl.* ～*s*) Ⓤ,Ⓒ 얕은 돋을새김.
***bass**[1] [beis] *n.* Ⓤ 〖樂〗 저음(부); Ⓒ 베이스 (가수); Ⓒ 저음 악기. ── *a.* 저음의.
bass[2] [bæs] *n.* Ⓒ 〖魚〗 농어의 일종.
bass[3] *n.* =BASSWOOD; =BAST.
báss drúm [béis-] (관현악용의) 큰 북. 「짧은 사냥개).
bas·set [bǽsit] *n.* Ⓒ 바셋《다리가
bas·si·net [bæ̀sənét] *n.* Ⓒ (포장 달린) 요람; 그 모양의 유모차.
bass·ist [béisist] *n.* Ⓒ 베이스 악기 주자.
bas·so [bǽsou] *n.* (*pl.* ～*s*, **-si** [-si:]) (It.) Ⓒ 〖樂〗 저음(부); 저음 가수.
bas·soon [bəsú:n] *n.* Ⓒ 바순《저음 목관 악기》. ～**·ist** *n.* 「gamba.
báss víol [béis-] =VIOLA da
bass·wood [bǽswùd] *n.* Ⓒ 참피나무; Ⓤ 그 재목.
bast [bæst] *n.* Ⓤ 〖植〗 인피부(靭皮部); (참피나무의) 속껍질《돗자리·바구니의 재료》.
***bas·tard** [bǽstərd] *n.* Ⓒ 서자, 사생아; 가짜. ── *a.* 서출의; 가짜의(sham); 열등한; 모양이 이상한, 비정상인. ～**·ize** [-àiz] *vt., vi.* 서자로 인정하다; 조악하게 하다, 나빠지다. ～**·ly** *a.* 서출의, 사생의; 가짜의. **-tar·dy** *n.*
baste[1] [beist] *vt.* 시침질하다. **bást·ing** *n.* Ⓤ 가봉, 시침질; Ⓒ (보통 *pl.*) 시침질한 바늘 땀.
baste[2] *vt.* (고기를 구울 때) 기름을 치다, 버터를 바르다.
baste[3] *vt.* 치다, 때리다(thrash).
Ba·stil(l)e [bæstí:l, (F.) bastij] *n.* (the ～)(파리의) 바스티유 감옥; (b-) Ⓒ 감옥, 형무소. ～ ***Day*** 프랑스 혁명 기념일《7월 14일》.
bas·ti·na·do [bæ̀stənéidou, -ná:-] *vt., n.* (*pl.* ～*es*) 발바닥을 때리다, 곤장 치다; Ⓒ 그 형벌; 매, 곤장.
bas·tion [bǽstʃən, -tiən] *n.* Ⓒ

(성의) 능보(稜堡); 요새(要塞).

†**bat**[1] [bæt] *n.* Ⓒ (구기의) 배트; 타봉, (크리켓의) 타자; 《口》 일격(blow); 덩어리, (벽돌·진흙 따위의) 조각; 《美俗》 야단 법석(spree). ***cross ~s with*** 《俗》 (…와) 시합하다. ***go on a ~*** 《美俗》 법석을 떨다. ***go to ~ for*** 《美口》 (…을) 위하여 지지〔변호〕하다; 〖野〗 …의 대타를 하다. ***off one's own ~*** 자력으로; 혼자 힘으로. ***(right) off the ~*** 《美口》 즉시. ***times at ~*** 〖野〗 타수(打數). ― *vi., vt.* (*-tt-*) 배트로 치다; …의 타율을 얻다. ***~ around*** 〔***back and forth***〕 상세히 논의〔검토〕하다.

:**bat**[2] *n.* Ⓒ 박쥐. ***(as) blind as a ~*** 장님이나 다름없는. ***have ~s in the belfry*** 머리가 돌다.

bat[3] *vt.* (*-tt-*) 《口》 (눈을) 깜박이다(wink). ***never ~ an eyelid*** 한숨도 자지 않다. ***not ~ an eye*** 꿈쩍도 안 하다, 놀라지 않다.

bat[4] *n.* Ⓒ,Ⓤ 《英俗》 속력, 속도, 보속(步速). ***go full ~*** 전속력으로 가다.

bat., batt. battalion; battery.

bát·bòy *n.* Ⓒ 〖野球〗 배트보이《팀의 잡일을 하는 소년》.

batch [bætʃ] *n.* Ⓒ (빵·도기 따위의) 한 번 굽기; 한 번 구운 분량; 한 떼(의 손님), 한 묶음(의 편지)(따위); 〖컴〗 묶음, 배치.

bátch pròcessing 〖컴〗 자료의 일괄 처리.

bátch prodùction 간헐적 생산(연속 생산에 대하여).

bate[1] [beit] *vt.* 덜다, 줄이다(lessen); 약하게 하다(weaken). ― *vi.* 줄다; 약해지다. ***with ~d breath*** 숨을 죽이고.

bate[2] *n.* Ⓤ 《英俗》 분개, 노여움.

bate[3] *n., vt.* Ⓤ (무두질용의) 알칼리액(에 담그다).

ba·teau [bætóu] *n.* (*pl.* ***~x*** [-z]) Ⓒ 《美》 바닥이 평평한 작은 배.

bát·èyed *a.* 장님 같은.

bát·fòwl *vi.* (밤에 등불로) 눈이 부시게 하여 새를 잡다.

Bath [bæθ, bɑːθ] *n.* 잉글랜드 Somerset주의 도시·온천장; 바스 훈위〔훈장〕. ***Go to ~!*** 썩 나가! ***the Order of the ~*** 《英》 바스 훈위〔훈장〕.

†**bath** *n.* (*pl.* ***~s*** [bæðz, bɑːðz]) Ⓒ 목욕; 목욕통(bathtub); 목욕실; (때로 *pl.*) 목욕탕; 탕치장(湯治場), 온천장; Ⓤ,Ⓒ 침액(浸液), 용액(의 그릇). ― *vi., vt.* 《英》 목욕하다〔시키다〕. 「씀》.

Báth brìck 배스 숫돌《금속 닦는데

Báth chàir (환자 외출용의) 바퀴 달린 의자.

:**bathe** [beið] *vt., vi.* 잠그다, 적시다, 끼얹다, 씻다; (빛·열 따위가) …을 덮다; 목욕하다; 헤엄치다. ***~ oneself in the sun*** 일광욕하다. ― *n.* Ⓤ 《英》 해수욕, 미역(***take*** 〔***have***〕 ***a ~***). **báth·er** *n.* Ⓒ 해수욕자, 미역감는 사람; 온천 요양객.

:**báth·ing** *n.* Ⓤ 목욕, 수영, 멱감기(*a bathing beauty* (미인 대회에 나오는) 수영복 차림의 미인).

báth·hòuse *n.* Ⓒ 목욕탕; (수영장 따위의) 탈의장.

Bath·i·nette [bæθənét, bɑ̀ːθ-] *n.* 〖商標〗 유아용 접이식 휴대 욕조.

báthing càp 수영모.

báthing dràwers 《廢》 수영 팬츠. 「ING SUIT.

báthing drèss 《주로英》 =BATH-

báthing machìne 이동 탈의차.

báthing plàce 해수욕장; 수영장.

báthing sùit (여성) 수영복.

báthing trùnks (남성) 수영 팬츠.

báth màt (욕실용의) 발 닦는 매트.

ba·thom·e·ter [bəθámitər/-θɔ́m-] *n.* Ⓒ 수심 측량계. 「MAX.

ba·thos [béiθɑs/-θɔs] *n.* =ANTICLI-

báth·ròbe *n.* Ⓒ 화장복《욕실용》.

:**bath·room** [∠rù(ː)m] *n.* Ⓒ 욕실; 《婉曲》 변소.

báth sàlt 목욕용의 소금.

Báth stòne 〖建〗 배스석(재).

báth·tùb *n.* Ⓒ 욕조.

bath·y·scaph(e) [bǽθiskèif, -skæ̀f] *n.* (F.) Ⓒ 배시스케이프《해저 탐험용 잠수정》.

bath·y·sphere [bǽθəsfìər] *n.* Ⓒ (심해 생물조사용의) 구형 잠수기(器).

ba·tik [bətíːk, bǽtik] *n., a.* Ⓤ 납결(臘纈) 염색(법), 납결 염색한(천).

bat·man [bǽtmən] *n.* Ⓒ 《英》 장교의 당번병.

* **ba·ton** [bətán, bæ-, bǽtən] *n.* Ⓒ (관직을 상징하는) 지팡이; 지휘봉; 경찰봉; (릴레이의) 배턴.

báton chàrge 《英》 (폭동 등에서 경찰의) 경찰봉 공격.

báton twìrler (행렬의) 지휘봉 흔드는 사람(cf. drum majorette).

ba·tra·chi·an [bətréikiən] *a., n.* Ⓒ 〖動〗 꼬리 없는 양서류의 (동물)《개구리류》.

bats [bæts] *a.* 《俗》 머리가 돈.

* **báts·man** [bǽtsmən] *n.* =BATTER[1]; 착함(着艦)유도선.

batt. battalion; battery.

* **bat·tal·i·on** [bətǽljən] *n.* Ⓒ 〖軍〗 포병〔보병〕대대; 대부대; 육군(army); (*pl.*) 대군(armies).

bat·tels [bǽtlz] *n. pl.* 《英》 (Oxf. 대학의) 식비; 학비.

bat·ten[1] [bǽtn] *vi., vt.* 살찌(게 하)다; 많이 먹다(*on*).

bat·ten[2] *n., vt.* Ⓒ 〖建〗 (마루청용의) 작은 널빤지(를 깔다); 마루청(을 깔다); 작은 오리목(으로 누르다); 〖海〗 누름대(로 막다).

:**bat·ter**[1] [bǽtər] *n.* Ⓒ 〖野〗 타자.

:**bat·ter**[2] *vt., vi.* ① 연타〔난타〕하다(pound)(*about, at*), 쳐부수다. ② 상하게 하다, 써서 헐게 만들다. ③ 학대하다, 혹평하다. ④ 포격하다. **~ed** [-d] *a.* 써서 낡은, 찌그러진, 마멸된.

bat·ter[3] *n.* Ⓤ 〖料理〗 (우유·달걀·버

터·밀가루 등의) 반죽.
báttered báby 어른들의 학대를 받는 아이.
báttered wífe 남편에게 학대받는 아내.
báttering ràm 〖史〗 파성(破城)용의 큰 망치.
*__bat·ter·y__[bǽtəri] *n.* ① Ⓤ 〖法〗 구타. ② Ⓒ 포열, 포대; (군함의) 비포(備砲); Ⓒ 포병 중대. ③ Ⓒ 한 벌의 기구; 전지; 〖野〗 배터리(《투수와 포수》).
*__bat·ting__[bǽtiŋ] *n.* Ⓤ ① 〖野·크리켓〗 타격, 배팅(~ *order*). ② 탄 솜, 이불 솜.
bátting àverage 〖野〗 타율; 《美口》 성공률, 성적.
bátting òrder 〖野·크리켓〗 타순(打順).
†**bat·tle**[bǽtl] *n.* Ⓤ 싸움, 전투(*a close* ~ 접전); Ⓒ 투쟁; (the ~) 승리, 성공. ***accept*** 〔***give***〕 ~ 응전〔도전〕하다. ***general's*** 〔***soldier's***〕 ~ 전략〔무력〕전. ***line of*** ~ 전선.
báttle arrày 전투 대형, 진용.
báttle-àx(e) *n.* Ⓒ (중세의) 전투용 도끼.
báttle crùiser 순양 전함.
báttle crỳ 함성; 표어, 슬로건.
bat·tle·dore[bǽtldɔ̀ːr] *n.* Ⓒ 깃털 제기채; 빨랫방망이. ~ ***and shuttlecock*** 깃털 제기차기.
báttle drèss 전투복.
báttle fatìgue 전선에서 생기는 일종의 신경 쇠약.
*__báttle·fìeld__ *n.* Ⓒ 싸움터, 전장.
báttle·frònt *n.* Ⓒ 전선.
báttle·gròund *n.* Ⓒ 전쟁터; 논쟁의 원인.
báttle lìne 전선.
bat·tle·ment[bǽtlmənt] *n.* Ⓒ (보통 *pl.*) 〖築城〗 (총안(銃眼)이 있는) 흉벽.
báttle pìece 전쟁화(畫).
báttle·plàne *n.* Ⓒ 《廢》 전투기.
báttle·rèady *a.* 전투 준비가 된.
báttle róyal 난전; 대논전〔논쟁〕.
báttle-scàrred *a.* 부상을 입은; (군함 등이) 역전(歷戰)을 말해주는.
*__báttle·shìp__ *n.* Ⓒ 전함.
báttle·wàgon *n.* Ⓒ 《美俗》 전함.
bat·ty[bǽti] *a.* 박쥐 같은; 《俗》 머리가 돈(crazy).
bau·ble[bɔ́ːbəl] *n.* Ⓒ 〖史〗 (광대가 가지는) 지팡이; 값 싸고 번지르르한 물건(gewgaw).
baud[bɔːd] *n.* Ⓒ 〖컴〗 자료 처리 속도의 단위(《1초에 1bit》).
Bau·de·laire[boudəlέər] **Charles Pierre** (1821-67) 프랑스의 시인.
baulk[bɔːk] *v., n.* ＝BALK.
baux·ite[bɔ́ːksait/bóuzait] *n.* Ⓤ 〖鑛〗 보크사이트(《알루미늄의 원광》).
bawd[bɔːd] *n.* Ⓒ 유곽의 포주(《여주인》). **báw·dry** *n.* Ⓤ 외설(행위). **∠·y** *a.* 음탕한.
*__bawl__[bɔːl] *vt., vi.* 고함지르다; 《美口》 호통치다. ~ ***out*** 고함지르다; 《美口》 야단치다(scold). ── *n.* Ⓒ 고함, 호통 소리.
bay[1][bei] *n.* Ⓒ 〖植〗 월계수(laurel tree); (*pl.*) 월계관; 영예.
‡**bay**[2] *n.* Ⓒ 만(《gulf보다 작음》), (바다·호수의) 내포(內浦), 후미; 산모롱이; 〖軍〗 (참호 안의) 좀 넓은 곳; 〖空〗 (기체 내의) 격실(隔室).
*__bay__[3] *n.* Ⓤ 궁지; (사냥개의 길고도 굵은) 짖는 소리; 쫓겨서 몰린 상태. ***be*** 〔***stand***〕 ***at*** ~ 궁지에 빠져 있다. ***bring*** 〔***drive***〕 ***to*** ~ 궁지로 몰다. ***turn*** 〔***come***〕 ***to*** ~ 궁지에 몰려 반항하다. ── *vi., vt.* 짖다, 짖어대며 덤비다; 소리지르다. ~ ***a defiance*** 큰 소리로 반항하다. ~ (***at***) ***the moon*** 달을 보고 짖다(《무익한 일》).
bay[4] *n.* Ⓒ 〖建〗 기둥과 기둥 사이의 우묵 들어간 벽면.
bay[5] *a., n.* Ⓒ 밤색의 (말).
bay·ber·ry[béibəri -bèri] *n.* Ⓒ (북아메리카산의) 소귀나무의 무리, 그 열매; (서인도산의) 베이베리 나무(《그 잎으로 bay rum을 만듦》).
báy lìne 〖鐵〗 대피선, 측선.
*__bay·o·net__[béiənit] *n., vt.* Ⓒ 총검(으로 찌르다); (the ~) 무력(으로 강요〔강박〕하다). ***Fix*** 〔***Unfix***〕 ~***s!*** 꽂아〔빼어〕 칼!(《구령》).
bay·ou[báiuː] *n.* Ⓒ 《美南部》 (강·호수 따위의) 늪 같은 후미, 내포.
báyou blúe 《美俗》 값싼 술, 밀주.
báy rúm 베이럼(《머릿기름》).
báy wíndow 퇴창(退窓), 내민 창.
báy·wrèath *n.* Ⓒ 월계관.
*__ba·za(a)r__[bəzɑ́ːr] *n.* Ⓒ (동양의) 상점가, 시장; (백화점·큰 상점의) 특매장; 바자. ***charity*** ~ 자선시.
ba·zoo·ka[bəzúːkə] *n.* Ⓒ 〖軍〗 바주카포(《전차 공격용의 휴대 로켓포》).
B.B. Blue Book.
B̀ bàttery 〖電〗 B 전지.
B.B.C. Baseball Club; British Broadcasting Corporation. **bbl.** (*pl.* ***bbls.***) barrel.
B-bop[bíːbɑ̀p/-bɔ̀p] *n.* Ⓤ 《俗》 ＝BEBOP.
BBS 〖컴〗 bulletin board system 게시판 체제.
‡**B.C.** Bachelor of Chemistry 〔Commerce〕; Before Christ 기원전; Bicycle Club; Boat Club; British Columbia. **BCD** 〖컴〗 binary-coded decimal 이진화 십진수. **BCG** Bacillus Calmette-Guérin (vaccine). **B.C.L.** Bachelor of Civil Law. **B. Com.** Bachelor of Commerce. **bd.** (*pl.* ***bds.***) band; board; bond; bound; bundle. **B.D.** Bachelor of Divinity. **B/D** bank draft; brought down 차기(次期) 이월. **Bde.** Brigade. **bd. ft.** board foot 〔feet〕. **bdg.** binding 제본. **bdl.** bundle. **B.D.S.T.** British Double Summer Time. **Be.** 〖化〗 beryllium.
†**be**[強 biː, 弱 bi] *vi., aux. v.* (⇨권말 변화표) …이다; 있다, 존재하다

(exist).
be-[bi, bə] *pref.* '전면에'의 뜻(*be*sprinkle); '아주'의 뜻(*be*dazzle); '…으로 만들다'의 뜻(*be*little, *be*foul); '…을 붙들다'의 뜻(*be*jewel); 타동사로 만듦(*be*smile).
B.E. Order of the British Empire. **B/E, b.e.** bill of exchange.
B.E.A.(C.) British European Airways (Corporation).
†**beach**[bi:tʃ] *n.* Ⓒ 바닷가, 물가, 해변; 냇가, 호반; 《집합적》 (해변의) 모래, 조약돌. ***on the*** ~ 초라해져. — *vi., vt.* 바닷가에 얹히다[얹히게 하다]; 바닷가에 끌어 올리다.
béach bàll 비치볼.
béach bùggy 비치버기《큰 타이어의 해변용 자동차》.
béach·còmber *n.* Ⓒ (바닷가의) 큰 파도; (부둣가의) 부랑자.
béach flèa 갯벼룩(sand hopper).
béach·hèad *n.* Ⓒ 〖軍〗 상륙 거점, 교두보.
beach-la-mar[bi:tʃləmá:r] *n.* Ⓤ (남서 태평양 제도에서 쓰이는) 사투리 영어. 「솔.
béach umbrèlla 《美》 비치파라
béach wàg(g)on STATION-WAG(G)ON의 구칭.
béach·wèar *n.* Ⓤ 해변복.
***bea·con**[bí:kən] *n.* Ⓒ 횃불, 봉화; 등대; 수로[항로] 표지. — *vt., vi.* (…에게) 봉화를 올리다, 봉화로 신호하다; (비추어) 인도하다; 경고하다.
béacon fire [**lìght**] 신호의 횃불[표지등].
bead**[bi:d] *n.* Ⓒ 구슬, 염주알; (*pl.*) 염주, 로자리오(rosary); (이슬·땀의) 방울; 거품; (총의) 가늠쇠. ***count [***say, tell***] ***one's*** ~***s*** 염주알을 돌리며 기도를 올리다. ***draw a*** ~ ***on*** …을 겨누다. — *vt.* 염주알을 꿰(어 장식하)다. — *vi.* 염주 모양이 되다; 거품이 일다(sparkle). **∠·ing** *n.* Ⓤ,Ⓒ 구슬 세공; 구슬선(장식); 거품. **∠·y**[bí:di] *a.* 구슬 같은, 구슬이 달린(~***y eyes*** 또렷또렷한 눈); 거품이 인.
bead·ed[∠id] *a.* (땀·거품 등) 구슬 모양의, 방울진; 구슬이 달려 있는, 구슬 모양으로 된; 거품이 인; 땀방울이 맺힌.
bea·dle[bí:dl] *n.* Ⓒ 《英》 (교구(敎區)·법정의) 하급 관리; (행렬의 선두에 서서) 대학 총장 등의 권표(mace)를 받드는 사람.
béad·wòrk *n.* Ⓤ 구슬 세공, 염주알 장식; 〖建〗 구슬선.
bea·gle[bí:gəl] *n.* Ⓒ 작은 사냥개.
‡**beak**[1][bi:k] *n.* Ⓒ (맹조 따위의) 부리(cf. bill[2]); (거북·낙지 등의) 주둥이; (주전자 따위의) 귀때; (옛 전함의) 격돌 함수(擊突艦首); 《俗》 (매부리) 코; 〖建〗 누조(漏槽); 《英俗》 치안 판사; 교사. **beaked**[bi:kt] *a.* 부리가 있는; 부리 비슷한.
beak[2] *n.* Ⓒ 《英俗》 치안 판사; 교사, (특히) 교장.
beak·er[bí:kər] *n.* Ⓒ 비커; 굽 달린 큰 잔.
bé-all and énd-all (the ~) 요점, 정수; 중요부.
‡**beam**[bi:m] *n.* Ⓒ ① (대)들보, 도리; (배의) 가로 들보; 선폭(船幅). ② (천칭의) 대; (쟁기의) 성에. ③ 광선; 방향 지시 전파; (확성기·마이크로폰의) 유효 가청(可聽) 범위. ④ 밝은 표정, 미소. ***fly*** [***ride***] ***the*** ~ 신호 전파에 따라 비행하다. ***kick the*** ~ (저울 한쪽이 가벼워) 저울대를 뛰어오르게 하다, 가볍다; 압도되다. ***off the*** ~ 〖空〗 지시 전파로부터 벗어나서; 《俗》 잘못되어. ***on the*** ~ 〖海〗 용골과 직각으로, 정 옆으로; 〖空〗 지시 전파를 따라, 옳게 조종하여; 《俗》 바르게. ***on the*** [***one's***] ~(***'s***) ***ends*** 거의 전복되어; 위험에 처하여. ***the*** ~ ***in one's*** (***own***) ***eye*** 〖聖〗 제 눈속에 있는 들보, 스스로 깨닫지 못하는 큰 결점. — *vt., vi.* (빛을) 발하다, 빛나다, 번쩍이다; 미소짓다(*upon*); 신호 전파를 발하다; 방송하다; 레이다로 탐지하다. ***∠·ing** *a.* 빛나는; 웃음을 띤.
béam còmpass 빔 컴퍼스《대형 원을 그리기 위함》.
béam rìder 전자 유도 미사일.
béam wìnd 〖海〗 옆바람.
‡**bean**[bi:n] *n.* Ⓒ (pea와 구별하여) (납작) 콩《강남콩·잠두류》; (콩 비슷한) 열매; 하찮은 것; 사소한 일; (*pl.*) 《口》 조금, 약간; (*pl.*) 《俗》 힐책, 벌; 《美俗》 머리; 《俗》 경화(硬貨). ***full of*** ~***s*** 원기 왕성하여(cf. ~ fed). ***give a person*** ~***s*** 《俗》 꾸짖다. ***not care a*** ~ 《俗》 조금도 개의치 않다. ***not know*** ~***s*** 아무것도 모르다. ***Old*** ~***!*** 《英》 야 이 사람아! — *vt.* 《俗》 (공으로) (…의) 머리를 때리다.
béan·bàg *n.* Ⓤ 콩 따위를 헝겊으로 싼 공기.
béan·bàll *n.* Ⓒ 〖野〗 빈볼《고의로 타자의 머리를 겨눈 공》.
béan càke 콩깻묵.
béan còunter 《口》 (관청·기업의) 회계통[사]; 통계학자.
béan cùrd [**chèese**] 두부.
bean·er·y[bí:nəri] *n.* Ⓒ 《美俗》 싼 음식점.
béan·fèast *n.* Ⓒ 《英》 (연 1회의) 고용인에게 베푸는 잔치; 《俗》 즐거운 잔치. 「왕성한.
béan-fèd *a.* 콩으로 키워진; 원기
béan·hèad *n.* Ⓒ 천치, 바보.
bean·ie[bí:ni] *n.* Ⓒ 빵모자.
bean·o[bí:nou] *n.* (*pl.* ~***s***) Ⓒ 《美俗》 =BEANFEAST; =BINGO.
béan·pòd *n.* Ⓒ 콩꼬투리.
béan pòle 콩줄기를 받치는 막대기; 《口》 키다리.
béan sòup 콩 수프.
béan spròut 콩나물.
béan·stàlk *n.* Ⓒ 콩줄기, 콩대.
bean·y[bí:ni] *a.* 원기 왕성한.
†**bear**[1][bɛər] *n.* Ⓒ 곰; 난폭자, 거동

이 거친 사람; 〚證〛(값 따위가) 내려갈 기세; 파는 편, 매도측(側), 함부로 파는 사람(opp. bull[1]). ***a ~ market*** 하락세, 약세. ***the Great* 〔*Little*〕 *B-*** 〚天〛 큰〔작은〕곰자리. — *vt., vi.* 팔아치우다.

†**bear**[2] *vt.* (***bore,*** 《古》 ***bare; borne, born***) ① 나르다. ② 지니다; (이름·특징 따위를) 가지다. ③ 견디다; 받치다; …하기에 족하다, 적합하다. ④ (의무·책임을) 지다; (비용을) 부담하다; 경험하다, (비난·벌을) 받다. ⑤ (열매를) 맺다, 산출하다(yield); (애를) 낳다(*born in Seoul/borne by Mary/She has borne two sons.*). ⑥ (불평·원한을) 품다. ⑦ 밀다, 좇다. ⑧ 허락하다. — *vi.* ① 지탱하다, 배겨내다; 견디다. ② 덮치다, 누르다, 밀다; 기대다; 다가가다(*on, upon*). ③ 영향을 주다, 관계하다, 목표하다(*on, upon*). ④ …의 방향을 잡다, 나아가다(go) (*~ south*); …의 방향에 있다 (*The island ~s due east.* 섬은 정동에 있다). ***~ a hand*** 거들어 주다. ***~ a part*** 참가〔협력〕하다(*in*). ***~ away*** 가지고 가버리다; (상을) 타다; 〚海〛 진로를 변경하다, 출항하다. ***~ back*** (군중 등을) 밀쳐내다. ***~ a person company*** …와 동행하다; …의 상대를 하다. ***~ down*** 압도하다; 넘어뜨리다, 내리누르다; 용쓰다. ***~ down on* 〔*upon*〕** …을 엄습하다; …을 내리누르다; 〚海〛…에 접근하다. ***~ hard* 〔*heavy, heavily*〕 *upon*** …을 압박하다. ***~ in mind*** 기억하다. ***~ off*** 견디다; (상 따위를) 타다(carry off); 빼앗다. ***~ on* 〔*upon*〕** …을 압박하다; …쪽을 향하다; …에 관계가〔영향이〕 있다. ***~ oneself*** (*erectly*) 자세를 (바로) 잡다; 행동하다. ***~ out*** 지탱하다, 견디다; 합세〔변호〕하다; 증명하다. ***~ up*** 지지하다; (자락을) 걷어 올리다; (불행에) 굴하지 않다(*under*). ***~ with*** …을 참다. ***be borne in upon*** …가 확신하기에 이르다(*It was borne in upon us that...* (우리는) …이라고 확신하고 있다). **∠·a·ble** *a.* 참을 수 있는; 지탱할 수 있는.

béar·bàiting *n.* Ⓤ 〚英史〛(개를 덤비게 하는) 곰 놀리기.

bear·ber·ry[bέərbèri, -bəri] *n.* Ⓒ 까막월귤; 덩굴월귤(cranberry); =HOLLY.

‡**beard**[biərd] *n.* Ⓒ (턱)수염; (낚시의) 미늘; (보리 따위의) 꺼끄러기(awn). ***in spite of a person's ~*** …의 뜻을 거역하여. ***speak in one's ~*** 중얼거리다. ***take by the ~*** 대담하게 공격하다. ***to a person's ~*** (…의) 면전에서; (…의) 면전을 꺼리지 않고. — *vt.* 수염을 잡다〔뽑다〕; 공공연히 반항하다(defy), 대담하게 대들다. ***~ the lion in his den*** 상대의 영역에 들어가 과감히 맞서다, 호랑이 굴에 들어가다.

∠·ed[∠id] *a.* 수염 있는; (화살·낚시 따위) 미늘 있는; 꺼끄러기 있는. **∠·less** *a.* 수염 없는; 젊은, 애송이의.

***bear·er**[bέərər] *n.* Ⓒ 나르는〔가지고 있는〕 사람; 짐꾼; (소개장·수표의) 지참인; (공직의) 재임자; 꽃피는〔열매 맺는〕 나무.

béarer còmpany 〚軍〛 들것 부대.

béarer secúrity 무기명 증권.

béar gàrden (bearbaiting용의) 곰 사육장; 시끄러운 곳.

béar·hùg *n.* Ⓒ (힘찬) 포옹.

bear·ing**[bέəriŋ] *n.* Ⓒ 태도(manner), 거동(behavior); Ⓤ 관계, 관련(*on, upon*); 말뜻; 인내; Ⓒ (보통 *pl.*) 방위(方位); 〚機〛 축받이; 〚紋〛 단문(單紋)(*armorial ~s* 문장). ***beyond* 〔*past*〕 *all ~s 도저히 참을 수 없는. ***bring* (*a person*) *to his ~s*** (…에게) 제 분수를 알게 하다; 반성시키다. ***lose one's ~s*** 방향을 잃다, 어찌할 바를 모르다. ***take one's* 〔*the*〕 *~s*** 자기의 위치를 확인하다.

bear·ish[bέəriʃ] *a.* 곰 같은; 우락부락한; 〚證〛 약세의(cf. bullish).

béar lèader (부호의 자제 곁을 따르는) 가정 교사.

béar·skìn *n.* ① Ⓤ 곰 가죽(제품). ② Ⓒ (영국 근위병의) 검은 털모자.

Béar Státe Arkansas 주의 딴이름.

‡**beast**[biːst] *n.* Ⓒ 짐승, 가축, 《英》 식용 소; 짐승 같은 놈, 비인간; (the ~)(인간의) 야수성. ***~ of burden* 〔*draft*〕** 짐 나르는 짐승《마소 따위》. ***∠·ly**[-li] *a., ad.* 짐승 같은, 잔인한; 더러운(dirty); 《口》 불쾌한, 지겨운(*~ly weather* 고약한 날씨); 심히, 대단히(*~ly drunk* 곤드레 만드레 취하여). **béast·li·ness** *n.*

beast·ings[bíːstiŋz] *n. pl.* 《美》 =BEESTINGS.

†**beat**[biːt] *vt.* (***beat; ~en***) ① (계속해서) 치다; 매질하다; (금속을) 두들겨 펴다; (길을) 밟아 고르다; 쳐서 울리다; 날개치다. ② (달걀을) 휘젓다. ③ 〚樂〛(…의) 박자를 맞추다. ④ 지게 하다; (…을) 앞지르다; 녹초가 되게 하다; 《俗》 쩔쩔매게 만들다. ⑤ 《美口》 속이다. ⑥ 《美俗》 면하다; 공짜로 타다. — *vi.* ① 연거푸 치다(*at*); 때리다, 내리치다, 불어치다, 내리쬐다(*at*). ② (심장·맥박이) 뛰다. ③ (북이) 울리다. ④ 날개치다. ⑤ 〚海〛 돛에 바람을 비스듬히 받아 나아가다. ⑥ 《口》(경기에서) 이기다. ***~ about*** 찾아 헤매다; 〚海〛 돛에 바람을 비스듬히 받아 나아가다. ***~ about the bush*** 넌지시 떠보다. ***~ a retreat*** 퇴각의 북을 울리다; 퇴각하다. ***~ away*** 계속해 치다; 두드려 털다. ***~ down*** 타파하다; 값을 깎다; 실망시키다. ***~ it*** 《俗》 도망치다. ***~ off*** 좇아버리다. ***~ one's way*** 《美》 부정 입장하다, (기차 따위에) 무임 승차하다. ***~ out*** (금속을) 두들겨 펴다; (뜻을) 분

명히 하다; 해결하다; 몹시 지치게 하다. ~ ***the band*** 〔***the devil***〕 빼어나다, 모든면에서 우월하다. ~ (*a person*) ***to it*** 《美》(아무를) 앞지르다. ~ ***up*** 기습하다; 북을 울려 소집하다; (달걀을) 휘저어 거품 일게 하다; 순회하다; 때리다. ~ ***up and down*** 여기저기 뛰어 돌아다니다. — ***n.*** Ⓒ ① 계속해서 치기; 치는〔두들기는〕 소리; 고동; 『樂』 박자. ② 순찰 (구역); 세력권. ③ 《美》(신문사 사이의) 특종기사 앞지르기(scoop), 특종기사. ④ 《美俗》 이긴 사람〔경기, 내기〕. ⑤ 《美俗》 거지, 부랑자; = BEATNIK. ***be in*** 〔***out of, off***〕 ***one's*** ~ 전문〔전문밖〕이다. — ***a.*** 《口》 지친; 놀란; 비트족의. **∠·dom** ***n.*** Ⓤ 《口》 비트족의 사회. **∠·er** ***n.*** Ⓒ 치는 사람; 우승자; 뒤섞는 기구.

:beat·en[bí:tn] *v.* beat의 과거분사. — ***a.*** 두들겨 맞은; 두들겨 편 (~ *gold* 금박); 진; 밟아 다져진. ~ ***track*** 상도(常道), 관례.

béat generátion 비트족(의 세대).

be·a·tif·ic[bì:ətífik], **-i·cal**[-əl] *a.* 축복을 주는〔줄 수 있는〕; 행복에 넘친(blissful). **-i·cal·ly** *ad.*

be·at·i·fy[bi:ǽtəfài] *vt.* 축복하다 (bless); 『가톨릭』 시복(諡福)하다. **-fi·ca·tion**[–⌒–fikéiʃən] *n.*

·beat·ing[bí:tiŋ] *n.* Ⓤ 때림; Ⓒ 매질; 타파; Ⓤ (심장의) 고동; 날개치기; 『海』 바람을 비스듬히 받아 배가 나아감; (금속을) 두들겨 펴기.

be·at·i·tude[bi:ǽtətjù:d] *n.* Ⓤ 지복(至福); (the B-) 『聖』 지복, 팔복《마태복음 5:3-11》.

Bea·tles[bí:tlz] *n. pl.* (the ~) 비틀스《영국의 록 그룹; 1962-70》.

beat·nik[bí:tnik] *n.* Ⓒ 《口》 비트족의 사람(cf. beat generation).

Be·a·trice[bí:ətris] *n.* 베아트리체《단테가 애인을 모델로 한 이상의 여성》.

béat-ùp *a.* 《美口》 낡은.

beau[1][bou] *n.* (*pl.* ~*s*, ~*x*) Ⓒ 멋쟁이 남자(dandy); 구혼자, 애인.

beau[2] *a.* (F.) 아름다운, 좋은.

Béau·fort scále[bóufərt-] 보퍼트 풍력 계급《풍력을 0-12의 13계급으로 나눔》.

beau geste[bouʒést] 아름다운 행위, 겉치레뿐인 친절.

béau idéal 미의 극치; 최고의 이상.

Beau·jo·lais[bòuʒəléi] *n.* Ⓤ 프랑스 Beaujolais산의 빨간〔백〕 포도주.

beau monde [bóu mánd/-mɔ́nd] 사교계, 상류 사회.

beaut[bju:t] *n.* Ⓒ 《美俗》 고운〔멋진〕 것〔사람〕.

·beau·te·ous[bjú:tiəs] *a.* 《詩》 아름다운(beautiful).

beau·ti·cian[bju:tíʃən] *n.* Ⓒ 《美》 미용사.

†beau·ti·ful[bjú:təfəl] *a.* 아름다운; 훌륭한, 우수한. ***the*** ~ 아름다움. **:~·ly** *ad.*

·beau·ti·fy[bjú:təfài] *vt., vi.* 아름답게 하다; 아름다워지다. **-fi·ca·tion** [⌒–fikéiʃən] *n.*

:beau·ty[bjú:ti] *n.* Ⓤ 아름다움, 미(美); 미모; (the ~) 미점, 좋은점; Ⓒ 아름다운 것; 미인; 아름다운 동물.

béauty cóntest 미인 선발 대회.

béauty pàrlor 〔**sàlon, shòp**〕 《美》 미장원.

béauty quèen 미인 대회의 여왕.

béauty slèep 《口》 초저녁잠.

béauty spòt 명승지, 아름다운 경치; 애교점《곱게 보이려고 붙인》.

beaux[bouz] *n.* beau[1]의 복수.

beaux-arts[bòuzá:r] *n. pl.* (F.) 미술.

beaux yeux[bóuzjə́:] *pl.* (F. = pretty eyes) 명모(名眸), 미모. ***for your*** ~ 당신을 기쁘게 해주려고.

:bea·ver[1][bí:vər] *n.* Ⓒ 비버, 해리(海狸); Ⓤ 비버 모피; Ⓒ 그 모피로 만든 실크해트; 《美口》 부지런한 사람. ***eager*** ~ 《俗》 노력가.

bea·ver[2] *n.* Ⓒ 턱가리개《투구의 얼굴을 보호하는 것》; 《俗》 턱수염(beard).

béaver bòard 섬유로 만든 가벼운 널《건축 재료》.

be·bop[bí:bàp/-ɔ̀-] *n.* Ⓤ 비밥《재즈의 일종》. **~·per** *n.* Ⓒ 비밥 연주자〔가수〕.

be·calm[biká:m] *vt.* 잠잠하게〔가라앉게〕 하다; 바람이 자서 (배를) 정지시키다.

†be·came[bikéim] *v.* become의 과거.

†be·cause [bikɔ́:z, -káz, -kʌ́z / -kɔ̀z] *conj.* (왜냐하면) …이므로〔하므로〕, …라는 이유로〔는〕, …이라고 해서. — ***ad.*** ~ ***of*** …때문에.

bec·ca·fi·co[bèkəfí:kou] *n.* (*pl.* ~***s***) Ⓒ 휘파람새 비슷한 철새《이탈리아에서 식용함》.

be·cha·mel[béiʃəmèl] *n.* Ⓤ 흰 소스의 일종.

be·chance[bitʃǽns, -á:-] *vi., vt.* (…에) 우연히 일어나다.

bêche-de-mer[bèiʃdəméər] *n.* (F.) ① Ⓒ 『動』 해삼. ② =BEACH-LA-MAR.

beck[bek] *n.* Ⓒ 손짓, (사람을 부르기 위한) 고갯짓(nod). ***be at a person's*** ~ ***and call*** 아무가 시키는 대로 하다. ***have a person at one's*** ~ 아무를 마음대로 부리다.

·beck·on[békən] *vi., vt.* 손짓〔고갯짓·몸짓〕으로 부르다, (손·털으로) 신호하다(*to*); 유인〔유혹〕하다.

be·cloud[bikláud] *vt.* 흐리게 하다; 애매하게 하다.

†be·come [bikʌ́m] *vi.* (***-came; -come***) …이 되다. — ***vt.*** (…에) 어울리다, (…에) 적합하다(suit). ~ ***of*** (물건·사람이) 되어 가다(*What has* ~ *of that book?* 그 책은 어떻게 되었나).

·be·com·ing[-iŋ] *a.* 어울리는; 알맞은.

Béc·que·rel ràys[bekərél-] 베크렐선《방사선》.

†**bed** [bed] *n.* Ⓒ 침대; =MATTRESS; 동물의 잠자리(lair); Ⓤ 취침; Ⓒ 숙박; 묘상(苗床), 화단; 하상(河床), 강바닥; 토대; 지층, 층(*a coal* ~ 탄층); 무덤. ***be brought to*** ~ ***of*** (*a child*) 해산하다. ***be confined to one's*** ~ 병상에 누워 있다. ~ ***and board*** 침식(을 같이하기), 부부 관계(*separate from* ~ *and board* 별거하다). ~ ***of downs*** 〔***flowers, roses***〕 안락한 환경. ~ ***of dust*** 무덤. ***die in one's*** ~ 제명에 죽다. ***get out of*** ~ ***on the right*** 〔***wrong***〕 ***side*** 기분이 좋다〔나쁘다〕. ***go to*** ~ 자다. ***keep one's*** ~ 몸져 누워 있다. ***lie in*** 〔***on***〕 ***the*** ~ ***one has made*** 자업자득하다. ***make a*** 〔***the***〕 ~ 잠자리를 깔다〔개다〕. NARROW ~. ***take to one's*** ~ 병 나다. ── *vt., vi.* (***-dd-***) 재우다; 자다; 화단에 심다(*out*); 고정시키다, 판판하게 놓다(lay flat); (벽돌 따위를) 쌓아 올리다.

be·dab·ble [bidǽbəl] *vt.* (물을) 튀기다, 튀겨 더럽히다.

be·dad [bidǽd] *int.* (Ir.) =BEGAD.

be·daub [bidɔ́:b] *vt.* 더덕더덕 칠하다; 지나치게 꾸미다.

be·daz·zle [bidǽzl] *vt.* 현혹시키다, 당혹하게 하다.

béd·bùg *n.* Ⓒ 《美》 빈대.

béd·chàmber *n.* Ⓒ 《古》 침실(*a Lady of the* ~ 궁녀).

béd·clòthes *n. pl.* 침구《요를 제외한 시트나 모포 따위》.

béd·còver *n.* =BEDSPREAD.

bed·ding [bédiŋ] *n.* Ⓤ 《집합적》 침구(류); (마소에 깔아 주는) 깃; 토대, 기반; 〖地〗 성층(成層).

bédding plànt 화단용의 화초.

be·deck [bidék] *vt.* 장식하다 (adorn).

be·dev·il [bidévəl] *vt.* (《英》 ***-ll-***) 귀신들리게 하다; 매혹하다; 괴롭히다. ~**·ment** *n.* Ⓤ 귀신들림, 광란.

be·dew [bidjú:] *vt.* (이슬·눈물로) 적시다.

bed·fast [bédfæ̀st, -à:-] *a.* = BEDRIDDEN.

béd·fèllow *n.* Ⓒ 잠자리를 같이하는 사람, 친구; 아내.

Béd·ford córd [bédfərd-] 코르덴 비슷한 두터운 천.

Bed·ford·shire [bédfərdʃìər, -ʃər] *n.* 영국 중부의 주. ***go to*** ~ 《兒》 코하다, 자다.

be·dight [bidáit] *vt.* (~; ~(***ed***)) 《古》 장식하다(adorn).

be·dim [bidím] *vt.* (***-mm-***) (눈 따위를) 흐리게 하다; 어슴푸레하게 하다.

be·di·zen [bidáizən -dízən] *vt.* (잔뜩) 꾸미다(*with*). ~**·ment** *n.*

bed·lam [bédləm] *n.* Ⓒ 정신 병원; Ⓤ 큰소동; 혼란; (B-) 런던 베들레헴 정신 병원의 속칭. ~**·ite** [-àit] *n.* Ⓒ 미친 사람.

béd lìnen 시트와 베갯잇.

béd·màking *n.* Ⓤ (취침을 위한) 침대 정돈.

Bed·ou·in [béduin] *n.* (the ~(s)) 베두인족《아랍계의 유목민》; Ⓒ 베두인족의 사람; 유랑인, 방랑자.

béd·pàn *n.* Ⓒ (환자용의) 변기; 탕파(湯婆).

béd·plàte *n.* Ⓒ 〖機〗 대(臺), 받침판.

béd·pòst *n.* Ⓒ 침대 기둥《네귀의》 (BETWEEN *you and me and the* ~). ***in the twinkling of a*** ~ 순식간에.

be·drag·gle [bidrǽgəl] *vt.* 질질 끌어 적시다〔더럽히다〕.

bed·rid(**·den**) [bédrìd(n)] *a.* 자리보전하고 있는.

béd·ròck *n.* Ⓤ 〖地〗 기반(基盤)(암); 암상(岩床); 기초, 바닥; 기본원리(*the* ~ *price* 최저 가격/*get down to* ~ 진상을 조사하다; 돈이 바닥나다).

béd·ròll *n.* Ⓒ 《美》 (똘똘 만) 휴대용 침구.

‡**béd·ròom** *n.* Ⓒ 침실.

Beds. Bedfordshire.

béd·sìde** *n., a.* Ⓒ 베갯머리(의), 침대 곁(의), (환자의) 머리맡(의). ***have a good ~ ***manner*** (의사가) 환자를 잘 다루다.

béd-sítting ròom 《英》 침실 겸 거실.

béd·sòck *n.* Ⓒ (보통 *pl.*) 침대용 두툼한 양말.

béd·sòre *n.* Ⓒ (병상에 오래 누워 생기는) 욕창(褥瘡).

béd·sprèad *n.* Ⓒ 침대보.

béd·sprìng *n.* Ⓒ 침대의 스프링; 《美俗》 미사일의 레이더 안테나.

béd·stèad *n.* Ⓒ 침대(의 뼈대).

béd·stràw *n.* Ⓤ 갈퀴덩굴의 무리; 깔짚; 욧속의 짚.

bed·tick [∠tìk] *n.* Ⓒ 욧잇.

***béd·tìme** *n.* Ⓤ 잘 시각.

bédtime stòry (아이들에게) 취침 때 들려주는 옛날 이야기.

béd·wètting, béd-wètting *n.* Ⓤ 자면서 오줌싸기.

†**bee** [bi:] *n.* Ⓒ 꿀벌, 일꾼; 《美》 (유희·공동 작업 따위를 위한) 모임(*a spelling* ~ 철자 경기회). ***have a*** ~ ***in one's bonnet*** 〔***head***〕 열중해 있다; 머리가 돌아 있다.

bée·brèad *n.* Ⓤ 새끼 꿀벌의 먹이 《벌집에 모은 꽃가루 반죽》.

***beech** [bi:tʃ] *n.* Ⓒ 너도밤나무; Ⓤ 그 재목. ∠**·en** *a.* 너도밤나무(재목)의.

béech·nùt *n.* Ⓒ 너도밤나무의 열매.

bée cùlture 양봉.

‡**beef** [bi:f] *n.* Ⓤ 쇠고기; (*pl.* ***beeves***) Ⓒ 식용우(牛); Ⓤ 《口》 근육, 체력, 완력; 《俗》 무게; (*pl.* ~***s***) Ⓒ 《美俗》 불평. ── *vi.* 《美俗》 불평을 하다. ∠**·y** *a.* 건장한, 뚱뚱한.

béef·càke *n.* Ⓤ 《집합적》 《美俗》 남성의 근육미 사진(cf. cheesecake).

béef càttle 식육용 소.

béef·èater *n.* (종종 B-) Ⓒ 런던탑

의 수위; (왕의) 호위병.
béef éxtract 쇠고기 엑스트랙트.
:béef·stèak *n.* U,C 두껍게 저민 쇠고깃점; 비프스테이크.
béef téa 진한 쇠고기 수프, 고깃국.
béef-wìtted *a.* 굼뜬, 둔한.
bée·hìve *n.* C 꿀벌통; 사람이 붐비는 장소.
Béehive Státe, the Utah주의 딴 이름.
bée·kèeper *n.* C 양봉가(家).
bée kèeping 양봉.
bée·lìne *n.* C 직선, 최단 거리 (*make* [*take*] *a* ~ 일직선으로 가다). — *vi.* 《美口》 직행하다.
Be·el·ze·bub [bi:élzəbʌb] *n.* 〖聖〗 =DEVIL.
bée·màster *n.* C 양봉가.
†been [bin/bi(:)n] *v.* be의 과거분사.
beep [bi:p] *n.* C 삑하는 소리; 경적; 통화가 녹음 중임을 알리는 소리; (인공 위성의) 발신음. — *vi., vt.* ~를 울리다[발신하다]. **∠·er** *n.* C ~를 하는 장치; 무선 호출기.
:beer [biər] *n.* U 맥주. **~ *and skittles*** 편안(한 생활). ***black*** [***draught***] **~** 흑[생]맥주. ***small* ~** 약한 맥주; 시시한 것. ***think small* ~ *of...*** …을 깔보다(*She thinks no small ~ of herself.* 자신 만만하다). **~·y** [bíəri] *a.* 맥주 같은; 얼근히 취한.
béer bùst 《美俗》 맥주 파티.
béer gàrden 비어 가든《옥외에서 청량 음료·맥주 등을 파는 가게》.
béer hàll 《美》 비어 홀.
béer·hòuse *n.* C 《英》 비어 홀.
bée's knées 《俗》 최상급의 것; 월등히 좋은 것[일].
beest·ings [bí:stiŋz] *n. pl.* 《단수 취급》 (새끼 낳은 암소의) 초유(初乳).
bees·wax [bí:zwæ̀ks] *n., vt.* U 밀, (…에) 밀랍(蜜蠟)(을 바르다).
bees·wing [bí:zwìŋ] *n.* U 묵은 포도주; 그 위의 얇은 더껑이.
beet** [bi:t] *n.* C 비트《근대·사탕무 따위》. ***red* ~** 붉은 순무. ***white [***sugar***] **~** 사탕무.
***Bee·tho·ven** [béitouvən], **Lud·wig van** (1770-1827) 독일의 작곡가.
:bee·tle[1] [bí:tl] *n.* C 투구벌레(류), 딱정벌레; 《俗》 =VOLKSWAGEN. — *vi., a.* 돌출하다(project); 돌출한.
bee·tle[2] *n., vt.* C 나무메, 큰 망치(로 치다).
béetle-bròwed *a.* 눈썹이 굵은; 상을 찌푸린, 뚱한.
béetle-crùsher *n.* C 《英口》 큰 발; 큰 장화; 《英》 경관.
béetle·hèad *n.* C 바보.
bee·tling [bí:tliŋ] *a.* 불거진《벼랑·눈썹 따위》.
béet·ròot *n.* C,U 《英》 사탕무 뿌리《샐러드 용》.
béet sùgar 사탕무 설탕.
beeves [bi:vz] *n.* beef(식용 소)의 「복수.
bef. before. **B.E.F.** British Expeditionary Force(s) 영국 해외 파견군.
be·fall** [bifɔ́:l] *vt., vi.* (-fell; -fallen***) (…의 신상에) 일어나다; (재난 따위가) 닥치다(happen to).
be·fit [bifít] *vt.* (***-tt-***) (…에) 어울리다, 적합하다(suit). **~·ting** *a.* 알맞은, 어울리는.
be·fog [bifɔ́:g, -á-/-ɔ́-] *vt.* (***-gg-***) 안개로 덮다; 얼떨떨하게 하다; (설명 등을) 모호하게 하다(obscure).
be·fool [bifú:l] *vt.* 놀리다, 우롱하다; 속이다.
†be·fore [bifɔ́:r] *prep.* …의 앞(쪽)에; …의 이전에. — *ad.* 앞(쪽)에; 이전에. — *conj.* …보다 이전에. **~ *everything*** 무엇보다 먼저. **~ *God*** 하늘에 맹세코. **~ *I was aware*** 모르는 사이에. **~ *long*** 오래지 않아. **~ *a person's face*** 면전에서, 공공연히.
:befóre·hànd *ad.* 전부터, 미리. ***be* ~ *with*** …에 앞서다(forestall), …에 대비하다, …을 예기하다. ***be* ~ *with the world*** 여유가 있다; 현금을 가지고 있다.
befóre·mèntioned *a.* 전술한.
befóre-tàx *a.* 세금이 포함된.
be·foul [bifául] *vt.* 더럽히다, 부정(不淨)하게 하다; 헐뜯다.
be·friend [bifrénd] *vt.* (…의) 친구가 되다; 돕다.
be·fud·dle [bifʌ́dl] *vt.* 억병으로 취하게하다; 어리둥절하게[당황하게]하다. **~·ment** *n.*
:beg [beg] *vt., vi.* (***-gg-***) 빌다(ask); 구걸하다, 빌어먹다; (개가) 앞발을 들고 서다(*B-!* 앞발 들고 섯). **~ *for*** …을 빌다, 바라다. **~ (*leave*) *to*** 실례지만(*I ~ to disagree.* 미안하지만 찬성할 수 없습니다). **~ *of* (*a person*)** (아무에게) 부탁[간청]하다. **~ *off*** (의무·약속 따위를) 사정하여 면하다, 정중하게 거절하다. **~ *the question*** 〖論〗 증명되지 않은 일에 근거하여 논하다. ***go* ~*ging*** 살 [맡을] 사람이 없다.
be·gad [bigǽd] *int.* 맹세코!
†be·gan [bigǽn] *v.* begin의 과거.
be·get** [bigét] *vt.* (-got;*** 《古》 ***-gat; -gotten, -got; -tt-***) (아버지가 자식을) 보다; 낳다(become the father of); 생기다.
:beg·gar [bégər] *n.* C 거지; 가난뱅이; 악한; 놈; 자식(fellow). — *vt.* 거지로 만들다, 가난하게 하다; 무력[빈약]하게 하다(*It ~s description.* 필설로 표현하기 힘들다). ***I'll be ~ed if...*** 절대로 …하지 않다. **~·li·ness** *n.* U 빈궁, 빈약. **~·ly** *a.* 거지 같은, 빈약한.
beg·gar·dom [bégərdəm] *n.* U 거지 생활; 거지 패거리.
béggar-my-néighbor *n.* U 카드놀이의 일종《상대의 패를 다 딸 때까지 함》. — *a.* 자기 중심적인, 남의 손해에 의해 이득을 보는, 근린 궁핍적인, 보호주의 적인.

béggar('s)-lìce *n. pl.* 옷에 열매가 달라붙는 식물의 열매《쇠무릎지기·뱀도랏 따위》.
beg·gar·y[bégəri] *n.* Ⓤ 극빈, 거지 생활; 《집합적》 거지.
†**be·gin**[bigín] *vi., vt.* (*-gan; -gun; -nn-*) 시작하다(*She began singing* [*to sing*].); 시작되다; 착수하다. **~ by** (do*ing*) …하기부터 시작하다, 우선 …하다. **~ with** …부터 시작하다. **not ~ to** (do) 《美口》 …할 정도가 아니다(*They don't ~ to speak English.* 영어의 영자도 지껄이지 못한다). **to ~ with** 우선 제일 먼저. **:~·ner** *n.* Ⓒ 초심자, 초학자; 창시자. †**~·ning** *n.* Ⓒ 시작, 개시; 처음; 발단.
be·gird[bigə́:rd] *vt.* (*begirt,* **~·ed**) 띠로 감다; 두르다, 둘러싸다 (surround). **be·girt**[-gə́:rt] *a.* 둘러싸인.
be·gone[bigɔ́:n, -á-/-ɔ́-] *int.* 《보통 명령형으로》 가라.
be·go·ni·a[bigóuniə, -njə] *n.* Ⓒ 〖植〗 베고니아, 추해당.
***be·got**[bigát/-ɔ́-] *v.* beget의 과거(분사). ***~·ten** *v.* beget의 과거분사.
be·grime[bigráim] *vt.* (…으로) 더럽히다.
be·grudge[bigrʌ́dʒ] *vt.* 아까워하다; 시기하다.
***be·guile**[bigáil] *vt.* ① 현혹시키다; 사취하다. ② 즐겁게 하다(amuse); 지루함[지루한 시간]을 잊게 하다.
be·guil·ing[-́iŋ] *a.* 속이는; 기분을 전환시키는.
be·guine[bəgí:n, bei-] *n.* Ⓤ 베긴 《서인도 제도 Martinique섬 토인의 춤》; Ⓒ 베긴풍의 곡.
be·gum[bí:gəm, béi-] *n.* Ⓒ (인도 회교도의) 여왕, 공주.
†**be·gun**[bigʌ́n] *v.* begin의 과거분사.
:be·half[bihǽf, -á:-] *n.* Ⓤ 이익 (interest). **in ~ of...** …을 위하여. **on ~ of...** …을 위하여(in ~ of); …을 대신하여(representing).
:be·have[bihéiv] *vt., vi.* 처신하다; 행동하다(*toward, to*); 예모 있게 행동하다; 올바르게 행동하다; (기계가) 돌아가다; (약 따위가) 작용하다, 반응하다. **~ oneself** 행동하다(*like*); 예모 있게 행동하다.
:be·hav·ior, 《英》 **-iour**[bihéivjər] *n.* Ⓤ ① 행실, 품행. ② 태도, 행동. ③ (기계의) 돌아가는 상태, 움직임. ④ (약의) 효능. ⑤ 〖心〗 행동, 습성. **on** [**upon**] **one's good ~** 얌전히 하고; 수습 중으로. **~·al** [-əl] *a.* 행동의[에 관한]. **~·ism** [-ìzəm] *n.* Ⓤ 〖心〗 행동주의.
behávioral scíence 행동 과학《인간 행동의 법칙을 탐구하는 심리학·사회학·인류학 따위》.
behávior pàttern 〖社〗 행동 양식.
behávior thèrapy 〖醫〗 행동 요법《정신병 환자의 행동 반응을 훈련시켜 치료함》.
Béh·çet's sỳndrome [**disèase**] [béitʃets-] 〖醫〗 베세트증후군[병] 《눈·입의 점막, 음부에 병이 생김》.
be·head[bihéd] *vt.* (…의) 목을 베다.
:be·held[bihéld] *v.* behold의 과거·과거분사.
be·he·moth [bihí:məθ, bí:əmɑθ/bihí:mɔθ] *n.* (종종 B-) Ⓤ 〖聖〗 큰 짐승《욥기 40장에 나오는 초식 짐승; 하마인 듯함》.
be·hest[bihést] *n.* Ⓒ 명령.
†**be·hind**[biháind] *ad.* 뒤에[를], 뒤로, 나중에; 그늘에. **— *prep.*** …의 나중[뒤, 그늘]에; …에 늦어서(~ *time* 시간에 늦어서/ ~ *the* TIMES). **from ~** 뒤로부터.
behínd·hànd *ad., pred. a.* 늦어, 늦게 되어; (지불이) 밀려(*in, with*).
behínd-the-scénes *a.* 공개 안된, 비밀리의; 흑막의(~ *conference* 비밀 회담).
:be·hold[bihóuld] *vt., vi.* (*-held; -held,* 《古》 *-holden*) 보다(look at). **Lo and ~!** 이 어찌된 셈인가! **~·en** *a.* 은혜를 입은(*to*).
be·hoof[bihú:f] *n.* Ⓤ 《古》 이익 《다음 성구로만》. **in** [**for, to, on**] *a person's* **~** 아무를 위하여.
be·hoove[bihú:v], 《英》 **-hove** [-hóuv] *vt.* (…함이) 당연하다, 의무이다《보통 it을 주어로》(*It ~s you to refuse such a proposal.* 이런 제안은 거절해야 마땅하다).
beige[beiʒ] *n., a.* Ⓤ 원모(原毛)로 짠 나사; 밝은 회갈색(의).
Bei·jing[béidʒiŋ] *n.* =PEKING.
:be·ing[bí:iŋ] *v.* be의 현재분사. **— *n.*** Ⓤ 존재, 실재; 생존; Ⓒ 생물 (creature), 사람; Ⓤ 본질, 본체 (nature); (B-) 신(神). **for the time ~** 당분간. **in ~** 존재하는, 현존의.
Bei·rut[beirú:t, ́-] *n.* 레바논의 수도.
be·jan[bí:dʒən] *n.* =⇩.
be·jaune[bidʒɔ́:n] *n.* (*fem.* **-jauna** [-dʒɔ́:nə]) Ⓒ (대학의) 신입생.
be·jew·el[bidʒú:əl] *vt.* (《英》 *-ll-*) 보석으로 장식하다.
bel[bel] *n.* Ⓒ 〖理〗 벨《전압·전류나 소리의 강도의 단위; 실용상은 decibel이 쓰임》.
be·la·bor, 《英》 **-bour**[biléibər] *vt.* 세게 치다, 때리다(thrash); 욕설하다, 호통치다.
be·lat·ed[biléitid] *a.* 늦은; 뒤늦은; 시대에 뒤진; 《古》 길이 저문.
Be·lau[bəláu] *n.* 벨라우《서태평양상의 여러 섬으로 이룩된 공화국》.
be·laud[bilɔ́:d] *vt.* 격찬하다.
be·lay[biléi] *vt., vi.* 〖海·登山〗 (밧줄걸이 따위에) 밧줄[자일]을 감아 매다.
beláying pìn 〖船〗 밧줄걸이.
bel can·to[bèl ká:ntou, -kǽn-] (It.) 〖樂〗 벨칸토 창법.
***belch**[beltʃ] *n., vi., vt.* Ⓒ 트림(하다); (연기·불을) 내뿜다; 분출(하다); (폭언을) 퍼붓다.
be·lea·guer[bilí:gər] *vt.* 포위하다; 둘러싸다; 괴롭히다.

Bel·fast[bélfæst, ─ˊ, belfɑ́:st] *n.* 북아일랜드의 수도·항구.
bel·fry[bélfri] *n.* Ⓒ 종각, 종루(bell tower); 《俗》 머리.
Belg. Belgian; Belgium.
***Bel·gium** [béldʒəm] *n.* 벨기에. ***-gian**[-dʒən] *a., n.* 벨기에의; Ⓒ 벨기에 사람(의)
Bel·grade[belgréid, ˊ─] *n.* 베오그라드《신유고 연방의 수도; 현지명 Beograd》.
Bel·gra·vi·a[belgréiviə] *n.* 런던 Hyde Park 부근의 상류 주택 구역; 《英》 신흥 상류〔중류〕계급.
Be·li·al[bí:liəl, -ljəl] *n.* 〖聖〗 사탄, 악마(the Devil); 타락 천사 중 한 사람(*men of* ~ 악당들).
be·lie[bilái] *vt.* (***belying***) 속이다, 왜곡하여 전하다; (희망에) 어긋나다, (약속을) 어기다, 배반하다; (…와) 일치하지 않다.
‡be·lief [bilí:f] *n.* Ⓤ 믿음; 신념(conviction); Ⓒ 신앙(faith); Ⓤ 신용(trust). ***to the best of my*** ~ 확실히.
†be·lieve[bilí:v] *vt., vi.* ① 믿다, 신용하다; 신앙하다(*in*). ② 생각하다(think); …이라야 한다고〔…이 좋다고〕 생각하다(*in*). ***B- me.*** 《口》 정말입니다. ***make*** ~ …인 체하다.
be·líev·a·ble *a.* ***be·líev·er** *n.* Ⓒ 신자(*in*).
be·like[biláik] *ad.* 《古》 아마.
Be·lí·sha béacon[bilí:ʃə-] 《英》 (황색의) 횡단로 표지.
be·lit·tle[bilítl] *vt.* 얕보다; 헐뜯다; 작게 하다, 작아 보이게 하다.
†bell[1] [bel] *n.* Ⓒ 종; 방울, 초인종; 종〔방울〕 소리; 종 모양의 것; (보통 *pl.*) 〖海〗 (30 분마다의) 시종(時鐘). ***bear*** 〔***carry***〕 ***away the*** ~ 상품을 타다, 승리를 얻다. ***curse by*** ~, ***book, and candle*** 〖가톨릭〗 (종을 울리고, 파문 선고서를 읽은 후, 촛불을 끔으로써) 정식으로 파문하다. ── *vt.* (…에) 방울을 달다. ~ ***the cat*** 어려운 일을 맡다. ── *vi.* 종 모양으로 되다〔벌어지다〕.
bell[2] *n., vi., vt.* Ⓒ (교미기의) 수사슴 울음 소리(처럼 울다).
Bell, Graham[gréiəm] (1847-1922) 미국의 과학자《전화의 발명자》.
bel·la·don·na[bèlədɑ́nə/-ɔ́-] *n.* Ⓒ 벨라도나《가짓과의 유독 식물; 아트로핀의 원료》.
béll-bòttom *a.* 바지 가랑이가 넓은; 판탈롱의. ~**s** *n. pl.* 나팔바지, 판탈롱.
béll·bòy *n.* Ⓒ 《美》 (호텔이나 클럽의) 급사, 보이.
béll bùoy 〖海〗 타종 부표(打鐘浮標)《파도에 흔들리어 울림》.
béll càptain (호텔의) 급사장.
***belle**[bel] *n.* Ⓒ 미인; (the ~) (어떤 자리에서) 가장 예쁜 소녀.
belles-let·tres[bellétər, bellétr] *n. pl.* (F.) 순문학.
béll·flòwer *n.* Ⓒ 초롱꽃.
béll fòunder 종 만드는 사람.
béll glàss 종 모양의 유리 그릇.
béll·hòp *n.* 《美口》 =BELLBOY.
bel·li·cose[bélikòus] *a.* 호전적인(warlike). **-cos·i·ty** [bèlikɑ́səti/-ɔ́-] *n.*
***bel·lig·er·ent**[bilídʒərənt] *a.* 교전 중의, 교전국의; 호전적인. ── *n.* Ⓒ 교전국; 교전자. **-ence**[-əns] *n.* Ⓤ 호전성; 교전. **-en·cy**[-ənsi] *n.* Ⓤ 교전 상태; 호전성.
bell·man[bélmən] *n.* Ⓒ 종 치는 사람; (어떤 일을 동네에) 알리고 다니는 사람. 「주석의 합금」.
béll mètal 종청동(鐘靑銅)《구리와
Bel·lo·na[bəlóunə] *n.* 〖로神〗 전쟁의 여신; Ⓒ 키가 큰 미인.
***bel·low**[bélou] *vi., vt.* (황소가) 울다, (사람이) 고함을 지르다. ── *n.* Ⓒ (황소의) 우는 소리; 노한 목소리.
bel·lows**[bélouz] *n. sing. & pl.* 풀무; (사진기의) 주름 상자; 폐. ***have ~ ***to mend*** (말이) 헐떡거리
béll tòwer 종루(belfry). 「다.
béll·wèther *n.* Ⓒ (선도의) 방울 달린 양; 선도자.
béll·wòrt *n.* Ⓒ 초롱꽃속의 식물.
***bel·ly**[béli] *n.* Ⓒ 배, 복부; 위; 식욕; (병 따위의) 불룩한 부분, 배; 내부; 태내, 자궁. ── *vt., vi.* 부풀(게 하)다.
bélly·àche *n.* Ⓤ,Ⓒ 《口》 복통; 푸념 ── *vi.* 《俗》 불평을 말하다.
bélly·bùtton *n.* Ⓒ 《美口》 배꼽.
bélly dànce 벨리 댄스, 배꼽춤《중동 여성의 춤》.
bélly-flòp *n., vi.* (**-pp-**) Ⓒ 《口》 배로 수면을 치면서 뛰어 들기〔들다〕.
bélly-lànd *vi.* 〖空〗 (고장으로) 동체(胴體) 착륙하다.
bélly lànding 〖空〗 (고장으로 인한) 동체 착륙. 「소.
bélly làugh 《美俗》 웃음거리, 홍
bélly-úp *a.* 《다음 성구로》 ***go*** ~ 《美俗》 뻗다, 죽다, (사회 등이) 무너지다.
†be·long[bilɔ́:ŋ/-lɔ́ŋ] *vi.* (…에) 속하다, (…의) 것이다(*to, in*)(*Where do you* ~ (*to*)? 어디 사십니까?/ *You don't* ~ *here.* 여기는 네가 있을 곳이 못 된다). * ~**·ings** *n. pl.* 소지품; 재산; 성질, 재능.
‡be·lov·ed[bilʌ́vid] *a.* 가장 사랑하는; 소중한. ── [-lʌ́vd] *n.* Ⓒ 가장 사랑하는 사람, 애인; 남편, 아내.
†be·low[bilóu] *ad.* ① 아래에, 아래로; 지상에, 이승에; 지옥에; 아래층에. ② 하위〔하류〕에. ③ 후단(後段)(의 장)에. ***down*** ~ 아래로; 땅속〔무덤·지옥〕에; 해저에; 밑바닥에. ***here*** ~ 지상에, 현세에서. ── *prep.* ① …의 아래에. ② …의 하위〔아래쪽, 하류〕에. ③ …보다 못하여. ④ …의 가치가 없어.
belów-the-líne *ad., a.* 〖經〗 특별 회계로〔의〕.
‡belt[belt] *n.* Ⓒ 띠, 혁대; 〖機〗 피대, 벨트; 지대, 지방; 해협. ***below***

B

***the* ~** 부정한, 부정하게; 비겁한, 비겁하게도. ***tighten one's* ~** 내핍 생활을 하다《허리띠를 졸라매어 배고픔을 잊다》. ― *vt.* (…에) 띠를 두르다[매다]; (혁대로) 때리다. **∠·ing** *n.* Ⓤ 띠의 재료; 벨트 종류.

bélt convéyor 벨트 컨베이어.

bélt hìghwày 《美》 (도시 주변의) 순환[환상] 도로.

bélt lìne (도시 주변 전동차·버스의) 순환선.

bélt tìghtening 긴축 (정책); 내핍(생활).

bélt·wày *n.* =BELT HIGHWAY.

bel·ve·dere [bélvədìər] *n.* Ⓒ 전망대; (정원 등) 전망용 정자; (the B-) (로마의) 바티칸 미술관.

B.E.M. British Empire Medal; Bachelor of Engineering of Mines.

Bem·berg [bémbəːrg] *n.* Ⓤ 〖商標〗 벰베르크《인조견의 일종》.

be·mire [bimáiər] *vt.* 진흙투성이로 만들다.

be·moan [bimóun] *vt., vi.* 비탄하다.

be·mock [bimák/-ɔ́-] *vt.* 비웃다.

be·muse [bimjúːz] *vt.* 멍하게 하다.

Ben. Benjamin.

†bench [bentʃ] *n.* ① Ⓒ 벤치. ② Ⓒ (개의) 진열대; 작업대. ③ (the ~) 판사석; 법정; Ⓤ 《집합적》 판사들, 재판관. ④ Ⓒ 의석; 〖野〗 '벤치', 선수석. **~ *and bar*** 법관과 변호사. ***be raised to the* ~** 판사[《英》 주교]로 임명되다. ***sit* [*be*] *on the* ~** 법관 자리에 있다; 심리 중이다; (보결 선수로서) 대기하고 있다. ― *vt.* (…에) 벤치를 놓다; (어떤) 지위에 앉히다; 〖競〗 (선수를) 퇴장시키다. **∠·er** *n.* Ⓒ 벤치에 앉는 사람; 《英》 법학원(the Inns of Court)의 간부.

bénch jòckey 《美俗》 벤치에서 상대 팀을 야유하는 선수.

bénch·màrk *n.* Ⓒ 〖컴〗 견주기《여러가지 컴퓨터의 성능을 비교·평가하기 위해 쓰이는 표준 문제》.

bénch shòw 개 품평회.

bénch wàrmer 〖野〗 보결 선수.

bénch wàrrant 구속 영장.

:bend [bend] *vt.* (***bent,*** 《古》 **~*ed***) 구부리다; (무릎을) 굽히다; (활을) 당기다; 굴복시키다; (마음을) 기울이다, 주시하다(*to, toward*); 〖海〗 (돛·닻줄을) 잡아매다. ― *vi.* 굽다; 굽히다(*down, over*); 굴복하다(*to, before*); 힘을 쏟다(~ *to the oars* 힘껏 노를 젓다). **~ *oneself to*** …에 정력을 쏟다. ***on* ~*ed knees*** 무릎 꿇고, 간절히. ― ***n.*** Ⓒ 굽이, 굴곡(부); 경향; 〖海〗 결삭(結索)(법) (cf. knot); 〖紋〗 평행사선. ***the* ~*s*** 케이슨병(caisson disease), 항공병. **∠·er** *n.* Ⓒ 구부리는 것[사람]; 곡구(曲球); 《美口》 주홍, 야단법석; 《英俗》 6펜스 은화.

bénd sínister 〖紋章〗 좌경 평행선 《서출(庶出)의 표》.

ben·e- [bénə] 'well'의 뜻의 결합사: *bene*factor, *bene*volent(cf. mal-).

:be·neath [biníːθ] *ad.* 아래쪽에; …보다 못하여. ― ***prep.*** …의 아래에 (below, under); …에 어울리지 않는; …의 가치(조차) 없는.

Ben·e·dic·i·te [bènədísəti/-dáis-] *n.* (L.) (the ~) 만물의 송(頌); 그 악곡; (b-) Ⓤ,Ⓒ 축복의 기도, 식전의 감사 기도. ― ***int.*** 그대[나·우리들]에게 천복 있기를!

ben·e·dick [bénədik], **-dict** [-dìkt] *n.* Ⓒ (오랜 독신 생활 후의) 새 신랑; 기혼 남자.

Ben·e·dict [bénədìkt], **St.** (480?-543?) 베네딕트회를 창시한 이탈리아의 수도사.

Ben·e·dic·tine [bènədíktin] *a.* St. Benedict의; 베네딕트회의. ― ***n.*** Ⓒ 베네딕트회의 수사; [-tiːn] (b-) Ⓤ (프랑스의 Fécamp산의) 달콤한 리큐어 술.

ben·e·dic·tion [bènədíkʃən] *n.* Ⓤ,Ⓒ 축복(blessing); (예배 후의) 축도; (식사 전후의) 감사의 기도; (B-) 〖가톨릭〗 성체 강복식.

Ben·e·dic·tus [bènədíktəs] *n.* (the ~) 라틴어 찬송가의 하나.

ben·e·fac·tion [bènəfǽkʃən] *n.* Ⓤ,Ⓒ 은혜; 선행, 자선(慈善).

***ben·e·fac·tor** [bénəfæ̀ktər, ㅡㅡ∠ㅡ] *n.* (*fem.* **-tress**) Ⓒ 은인; 후원자, 보호자(patron); 기증자.

ben·e·fice [bénəfis] *n.* Ⓒ 〖英國國敎〗 목사록(祿); 〖가톨릭〗 성직록(church living).

***be·nef·i·cent** [binéfəsənt] *a.* 인정 많은, 자선을 베푸는. **~·ly** *ad.* ***-cence** *n.* Ⓤ 선행, 친절; Ⓒ 시여물(施與物).

***ben·e·fi·cial** [bènəfíʃəl] *a.* 유익[유리]한.

ben·e·fi·ci·ar·y [bènəfíʃièri, -ʃəri] *n.* Ⓒ 봉록[은혜·이익]을 받는 사람; 수익자; (연금·보험금 따위의) 수취인.

ben·e·fi·ci·ate [bènəfíʃièit] *vt.* (원료·광석 등을) 정련하다.

:ben·e·fit [bénəfit] *n.* Ⓤ,Ⓒ 이익; 은혜, 은전(favor); Ⓒ 자선 흥행; Ⓤ,Ⓒ (사회 보장 제도에 의한 각종의) 급부, 연금; Ⓤ 《美》 세금 면제(relief). **~ *of clergy*** 〖史〗 성직자 특권《범죄를 범하여도 보통의 재판을 받지 않고, 또한 초범인 경우에는 사형을 받지 않음》; (결혼 따위의) 교회의 승인. ***for the* ~ *of*** …을 위하여; 《反語》 …을 곯리기 위하여, …에 빗대어. ***give* (*a person*) *the* ~ *of the doubt*** 〖法〗 (피고의) 의심스러운 점을 유리하게 해석하여 주다. ― ***vt., vi.*** 이익을 주다; 도움을 받다(profit)(*by*).

bénefit socìety [**associàtion,** 《英》 **clùb**] 공제 조합.

Ben·e·lux [bénəlʌ̀ks] *n.* 베네룩스 3국《관세 동맹(1948)을 맺고 있는 *Be*lgium, *Ne*therlands, *Lux*emburg의 총칭》.

***be·nev·o·lent** [binévələnt] *a.*

자비스러운(charitable), 친절한. *-lence n. Ⓤ 자비심, 인정; 덕행, 자선.
Beng. Bengali. **B. Eng.** Bachelor of Engineering.
Ben·gal [beŋgɔ́:l, ben-] n. 벵골《본래 인도 중부의 주》; Ⓤ 벵골 비단《견모 교직》.
Ben·gal·ee, -gal·i [beŋgɔ́:li, ben-] a., n. 벵골의; Ⓒ 벵골 사람(의); Ⓤ 벵골 말(의).
Ben·ga·lese [bèŋgəlí:z, bèn-] n., a. Ⓒ 벵골 사람; 벵골의.
be·night·ed [bináitid] a. 길이 저문(*a ~ traveler*); 무지한; 미개의.
be·nign [bináin] a. 인정 많은, 친절한; (기후가) 온화한(mild); 〖醫〗 병·종기 따위가) 양성(良性)의(opp. malign). **be·nig·ni·ty** [binígnəti] n. Ⓤ 친절, 자비; 온화.
be·nig·nant [binígnənt] a. 인정 많은, 인자한; 유익한; 〖醫〗 =BENIGN. **~·ly** ad. **-nan·cy** n.
Be·nin [benín] n. 아프리카 서부의 공화국《1975년 Dahomey를 개칭》.
Ben·ja·min [béndʒəmin] n. 〖聖〗 이스라엘 12지파(支派)의 하나; 〖聖〗 Jacob의 막내아들; 막내, 귀동이. ***~'s mess*** 큰 몫.
Ben Ne·vis [bèn névis, -ní:vis] 스코틀랜드 중서부에 있는 영국 최고의 산《1343m》.
ben·ny [béni] n. Ⓒ 《美俗》 Benzedrine 정제.
bent**[1] [bent] v. bend의 과거(분사). — a. 굽은; 허리가 굽은; 마음을 기울인, 열심인. ***be ~ on 〔***upon***〕 … 을 결심〔…에 열중〕하고 있다. — n. Ⓒ 기호(taste); 경향; 성벽, 성질; 《古》 굴곡. ***to the top of one's ~*** 실컷.
bent[2] n. Ⓤ,Ⓒ 〖植〗 겨이삭속 또는 그와 비슷한 볏과의 잡초, 그 줄기; 《英方》 황야, 초원(moor).
Ben·tham [béntəm, -θəm], **Jeremy** (1748-1832) 영국의 철학자·법학자. **~·ism** [-ìzəm] n. Ⓤ 공리주의. **~·ite** [-àit] n. Ⓒ 공리주의자. 「사는」.
ben·thic [bénθik] a. 심해저의〔에
ben·ton·ite [béntənàit] n. Ⓤ 〖鑛〗 벤토나이트《화산재의 분해로 된 점토》. **-it·ic** [bèntənítik] a.
ben tro·va·to [bèn trouvɑ́:tou] (It.) 교묘한, 그럴 듯한.
bént·wòod a. 나무를 휘어 만든《의자 등》. — n. Ⓤ 굽은 나무.
be·numb [binʌ́m] vt. 감각을 잃게 하다(make numb); 마비시키다, 저리게 하다.
Benz [bents] n. 벤츠《독일의 자동차명·제조자》.
Ben·ze·drine [bénzədrì:n] n. Ⓤ 〖藥〗 amphetamine의 상표명《각성제》.
ben·zene [bénzi:n, ─́] n. Ⓤ 〖化〗 벤젠. 「벤진.
ben·zine [bénzi:n, ─́] n. Ⓤ 〖化〗
ben·zo·ic [benzóuik] a. 안식향의.
ben·zo·in [bénzouin] n. Ⓤ 안식향, 벤조인 수지.
ben·zol [bénzɑl, -zɔ(:)l], **-zole** [-zoul, -zɑl] n. =BENZENE; Ⓤ 벤졸, 조제(粗製) 벤젠.
ben·zyl [bénzil] n. Ⓤ 〖化〗 벤질.
Be·o·wulf [béiəwùlf] n. 8세기초에 써어진 고대 영어의 서사시; 그 시 속의 영웅 이름.
***be·queath** [bikwí:ð, -θ] vt. (이름 작품 따위를) 남기다; (후세에) 전하다(hand down); (재산을) 유증하다. **~·al** n. Ⓤ 유증.
be·quest [bikwést] n. Ⓤ 〖法〗 유증; Ⓒ 유산, 유물. 「단치다.
be·rate [biréit] vt. 《美》 꾸짖다, 야
Ber·ber [bə́:rbər] n., a. Ⓒ 베르베르(Barbary)사람(의); Ⓤ 베르베르 말(의).
***be·reave** [birí:v] vt. (**~d, bereft**) 빼앗다(deprive)(*be ~d of one's mother* 어머니를 여의다/*be bereft of hope* 희망을 잃다). 《주의》 사람의 경우는 *bereaved*, 그 이외는 *bereft* 의 형식. **~·ment** n. Ⓤ,Ⓒ 사별.
be·reft** [biréft] v. bereave의 과거(분사). ***be utterly ~ 어찌할 바를 모르고 있다.
be·ret [bəréi, bérei] n. (F.) Ⓒ 베레모; 《英》 베레형 군모(*a green ~* 《美》〖軍〗 특전 부대원).
berg [bə:rg] n. Ⓒ 빙산(iceberg).
ber·ga·mot [bə́:rgəmɑ̀t/-mɔ̀t] n. Ⓒ 베르가모트《귤의 일종》; Ⓤ 그 껍질에서 채취하는 향유.
Berg·son [bə́:rgsən, bɛ́ərg-], **Henri** (1859-1941) 베르그송《프랑스의 철학자》.
be·rhyme, -rime [biráim] vt. 시로 짓다, 운문으로 하다.
be·rib·boned [biríbənd] a. (많은) 리본으로 장식한; 훈장을 단.
ber·i·ber·i [béribéri] n. Ⓤ 〖醫〗 각기(병).
Bér·ing Séa [bíəriŋ-, bɛ́ər-/bér-], (the ~) 베링 해(海).
Béring Stráit, the 베링 해협.
berke·li·um [bə́:rkliəm] n. Ⓤ 〖化〗 버클륨《알파 방사성 원소》.
Berks. Berkshire.
Berk·shire [bə́:rkʃiər/bɑ́:k-] n. 잉글랜드 남부의 주《생략 Berks.》; Ⓒ 버크셔종의 돼지.
‡**Ber·lin** [bə:rlín] n. 베를린《독일의 수도》; =**∠ wóol** 질 좋은 가는 털실. **~·er** [-ər] n. Ⓒ 베를린 시민.
Ber·li·oz [bɛ́ərliòuz], **Hector** (1803-69) 프랑스의 작곡가.
Ber·mu·da [bə(:)rmjú:də] n. 버뮤다《대서양의 영령(英領) 군도》.
Ber·nard [bə́:rnərd], **St.** 프랑스의 10-12세기에 살았던 세 성인.
Bern(e) [bə:rn] n. 베른《스위스의 수도》.
Ber·nóul·li's príncìple [bər-nú:li:z-] 〖理〗 베르누이의 정리.
‡**ber·ry** [béri] n. Ⓒ (딸기의) 열매;

(커피의) 열매; (물고기·새우의) 알. — *vi.* 열매가 열리다; 열매를 따다.

ber·sa·glie·re[bὲərsɑːlijέəri] *n.* (*pl.* *-ri*[-ri]) (It.) Ⓒ (이탈리아의) 저격병.

ber·serk[bə(ː)rsə́ːrk] *a., ad.* 광포한〔하게〕, 사납게. **~·er** *n.* Ⓒ 〖北歐傳說〗 사나운 전사; 폭한(暴漢).

*__berth__[bəːrθ] *n.* (*pl.* *~s*[-θs, -ðz]) Ⓒ (선박·기차의) 침대; 정박지; 조선여지(操船餘地) (sea room); 숙소; 《口》 지위, 직업. ***give a wide ~ to,*** or ***keep a wide ~ of*** …에서 멀리 떨어져 있다, …을 피하다. — *vi., vt.* 정박하다; 정박시키다.

ber·tha[bə́ːrθə] *n.* Ⓒ (여자옷의) 넓은 장식 깃.

Bér·til·lon sýstem[bə́ːrtəlɑ̀n-/-tilɔ̀n-] 베르티용식 범인 식별법《지문을 중시》.

ber·yl[bérəl] *n.* Ⓤ 〖鑛〗 녹주석(綠柱石); 연한 청색.

be·ryl·li·um[bərílliəm] *n.* Ⓤ 〖化〗 베릴륨《금속 원소의 하나》.

*__be·seech__[bisíːtʃ] *vt.* (***besought***) 간청〔탄원〕하다. **~·ing·ly** *ad.* 탄원〔애원〕하듯이.

be·seem[bisíːm] *vt.* (…에) 어울리다, 적당하다.

*__be·set__[bisét] *vt.* (*~; -tt-*) 둘러싸다; 방해하다; 공격하다, 괴롭히다; 꾸미다, 박아넣다. **~·ting** *a.* 끊임없이 괴롭히는, 범하기〔빠지기〕 쉬운《죄·나쁜 버릇·유혹 따위》.

be·shrew[biʃrúː] *vt.* 《古》 저주하다(curse). ***B- me!*** 지겨워!

†__be·side__[bisáid] *prep.* …의 곁에(near); …와 비교하여; …의 외에; …을 벗어나서, …을 떨어져서. ***be ~ oneself*** 정신이 없다, 머리가 돌다. ***~ the mark*** 과녁〔대중〕을 벗어나서.

‡__be·sides__[bisáidz] *ad.* 그 위에, 게다가. — *prep.* …외에〔의〕, …에 더하여; 《부정문 속에서》 …을 제외하고 (except).

*__be·siege__[bisíːdʒ] *vt.* (장기간) 포위하다; (질문·요구 따위로) 몰아세우다. **~·ment** *n.*

be·slav·er[bislǽvər] *vt.* 군침투성이가 되게 하다; 지나치게 아첨하다.

be·slob·ber[bislɑ́bər/-ɔ́-] *vt.* = ⇧; 키스를 퍼붓다.

be·smear[bismíər] *vt.* 뒤바르다.

be·smirch[bismə́rtʃ] *vt.* 더럽히다, 때 묻히다.

be·som[bíːzəm] *n.* Ⓒ 마당비; 〖植〗 금작화(broom)《빗자루 용》; 닮고 닳은 여자.

be·sot·ted[bisɑ́tid/-ɔ́-] *a.* 정신을 못 가누게 된; 취해버린.

*__be·sought__[bisɔ́ːt] *v.* beseech의 과거(분사).

be·spake[bispéik] *v.* 《古》 bespeak의 과거.

be·span·gle[bispǽŋɡəl] *vt.* 금박〔은박〕으로 장식하다, 번쩍거리게 하다.

be·spat·ter[bispǽtər] *vt.* 튀기(어 더럽히)다; 욕설하다(slander).

be·speak[bispíːk] *vt.* (***-spoke,*** 《古》 ***-spake; -spoken, -spoke***) 예약하다(reserve), 주문하다; 의뢰하다; 입증하다, 나타내다; 예시하다; 《詩》 말을 걸다.

be·spec·ta·cled[bispéktəkəld] *a.* 안경을 낀.

be·spoke[bispóuk] *v.* bespeak의 과거(분사).

be·spo·ken[bispóukən] *v.* bespeak의 과거분사.

be·spread[bispréd] *vt.* (***-spread***) 펼치다, 덮다.

be·sprin·kle[bispríŋkəl] *vt.* 흩뿌리다, 살포하다.

Bés·se·mer stéel[bésəmər-] 베세머강(鋼)《Bessemer의 전로(轉爐)로 만들어 낸 강철》.

†__best__[best] *a.* 《good, well의 최상급》 가장 좋은, 최상의(*the ~ liar* 지독한 거짓말쟁이). — *n.* (the ~) 최량, 최선; 전력. — *ad.* 《well의 최상급》 가장 잘, 제일; 《口》 심하게, 몹시. — *vt.* (…에게) 이기다. ***at*** (***the***) ***~*** 기껏해야, 잘해야. ***~ of all*** 무엇보다도, 첫째로. ***for the ~*** 최선의 결과를 얻고자(*All for the ~.* 만사는 하느님의 뜻이다《체념의 말》). ***got*** 〔***have***〕 ***the ~ of it*** 이기다; (거래에서) 잘 해내다. ***give it ~*** 《英》 단념하다. ***had ~*** (do) …하는 것이 제일 좋다(cf. had BETTER[1]). ***make the ~ of*** …을 될 수 있는 대로 이용하다; …로 때우다, 참다. ***make the ~ of one's way*** 길을 서둘다. ***one's ~ days*** 전성기. ***one's*** (***Sunday***) ***~*** 나들이옷. ***the ~ part of*** …의 대부분. ***to the ~ of one's*** (*ability* 〔*power*〕) (힘)이 미치는 한. ***with the ~*** 누구에게도 지지 않고.

bést-before dáte (포장 식품 따위의) 최고 보증 기한의 일부(日付) (cf. use-by date).

bést búy 가장 싸게 잘 산 물건.

be·stead[bistéd] *vt., vi.* (*~ed; ~ed,* or *~*) 돕다; 소용에 닿다.

bes·ti·ar·y[béstʃièri/-tiəri] *n.* Ⓒ (중세의) 동물 우화집.

be·stir[bistə́ːr] *vt.* (*-rr-*) 분기시키다. ***~ oneself*** 분기하다.

bést-knówn *a.* 가장 유명한.

bést mán 최적임자; 신랑 들러리 (groomsman).

‡__be·stow__[bistóu] *vt.* 주다, 수여하다 (give)(*on*); 쓰다; 《古》 (간직하여) 두다; 《古》 숙박시키다. **~·al** *n.*

be·strad·dle[bistrǽdl] *vt.* = BESTRIDE.

be·strew[bistrúː] *vt.* (*~ed; ~ed, ~n*[-n]) 흩뿌리다.

be·strid·den[bistrídn] *v.* bestride의 과거분사.

be·stride[bistráid] *vt.* (***-strode, -strid; -strid***(***den***)) (…에) 걸터타다; 가랑이를 벌리고 건너 뛰다.

be·strode [bistróud] *v.* bestride의 과거.
bést séller 베스트셀러《일정 기간에 가장 많이 팔린 책·레코드》; 그 저자〔작자〕.
best·sell·er·dom [béstsélərdəm] *n.* Ⓤ《집합적》베스트셀러.
bést-sélling *a.* 베스트셀러의.
:bet [bet] *n.* Ⓒ 내기, 건 돈〔것〕. ── *vi.* (*bet, betted; -tt-*) 내기를 하다; 걸다(*on, against*). **~ *a nickel*** 《美口》…을 확신하다. ***hedge one's ~s*** (내기에서) 양쪽에 걸다; 양다리 걸치다. ***I ~ you*** 《美口》꼭 틀림 없이. ***You ~!*** 《口》정말이야; 꼭. ***You ~?*** 《口》정말이지?
bet., betw. between.
be·ta [bí:tə, béi-] *n.* Ⓤ,Ⓒ 베타《그리스어 알파벳의 둘째 자 *B, β*》.
be·take [bitéik] *vt.* (*-took; -taken*) **~ *oneself to*** 《古》(…로) 가다; 《古》(…에) 호소하다, (…에) 의지하다; 착수하다. **~ *oneself to one's heels*** 냅다 줄행랑치다.
be·tak·en [bitéikən] *v.* betake의 과거분사.
béta mínus〔**plús**〕 2류의 하〔상〕; 2류보다 좀 못한〔나은〕.
béta pàrticle 〖理〗 베타 입자.
béta ràys 〖理〗 (방사선 물질의) 베타선.
béta rhýthm〔**wáve**〕 〖生〗 베타 리듬〔파〕《매초 10이상의 뇌파의 맥동》.
be·ta·tron [béitətràn/bí:tətrɔ̀n] *n.* Ⓒ 〖理〗 베타트론《전자 가속 장치》.
be·tel [bí:təl] *n.* Ⓒ 구장(蒟醬)《후춧과의 나무; 인도 사람은 그 잎에 ~ nut를 싸서 씹음》.
bétel nùt 빈랑나무의 열매.
bétel pàlm 〖植〗 빈랑나무(말레이 원산; 야자과).
Be·tel·geuse [bí:təldʒù:z] *n.* 〖天〗 오리온자리 중의 적색 일등성.
bête noire [béit nwá:r] (F.= black beast) 무서운〔질색인〕것.
beth·el [béθəl] *n.* Ⓒ (종종 B-)《美》(선원의) 수상〔해안〕예배당; 《英》비국교도 예배당.
***be·think** [biθíŋk] *vt.* (*-thought*) (~ oneself) 생각하다; 숙고하다; 생각해내다(*of*).
Beth·le·hem [béθliəm -lihèm] *n.* 베들레헴《Palestine의 옛 도읍; 예수의 탄생지》.
be·thought [biθɔ́:t] *v.* bethink의 과거(분사).
be·tide [bitáid] *vt., vi.* 발생하다, 생기다; (…에게) 닥치다.
be·times [bitáimz] *ad.* 일찍.
be·to·ken [bitóukən] *vt.* 보이다, 나타내다; (…의) 전조이다, 예시하다.
be·took [bitúk] *v.* betake의 과거.
:be·tray [bitréi] *vt.* ① 배반하다 (sell), 저버리다. ② (여자를) 유괴하다(seduce). ③ (비밀을) 누설하다(reveal). ④ (약점 따위를) 무심코 나타내다. **~ *oneself*** 무심코 드러내다. **~·al** *n.* Ⓤ 배반, 배신. **~·er** *n.*
be·troth** [bitrɔ́:θ, -tróuð] *vt.* 약혼하다. **~ *oneself to …와 약혼하다. ***be ~ed to*** …와 약혼 중이다. **~·al** *n.* Ⓒ,Ⓤ 약혼(식).
†bet·ter[1] [bétər] *a.* 《good, well의 비교급》더 좋은. ── *n.* Ⓤ 더 좋은 것〔일〕; (보통 *pl.*) 손윗 사람, 선배. ── *ad.* 《well의 비교급》더 좋게; 더욱; 오히려. ***be ~ off*** 전보다 더 잘 지내다. ***be ~ than one's word*** 약속 이상으로 잘 해주다. ***be the ~ for*** …때문에 오히려 좋다. ***for ~*** (***or***) ***for worse*** 좋든 나쁘든, 어떤 일이 있어도. ***for the ~*** 나은 쪽으로(*change for the ~* 호전하다). ***get*** 〔***have***〕 ***the ~ of*** …에 이기다. ***had ~*** (do) …하는 편이 좋다(cf. had BEST). ***know ~*** 더 분별이 있다(*I know ~ than to quarrel.* 싸움할 정도로 바보는 아니다). ***no ~ than*** …도 마찬가지; …에 지나지 않다. ***not ~ than*** …보다 좋지 않다, …에 지나지 않다. ***one's ~ feelings*** 본심, 양심. ***one's ~ half*** 《口》아내. ***one's ~ self*** 양심, 분별. ***so much the ~*** 더욱 좋다. ***the ~ part*** 대부분. ***think ~ of*** …을 고쳐 생각하다. ***think the ~ of*** (생각보다 좋다고) 다시 보다. ── *vt., vi.* 개선하다; …보다 낫다. **~ *oneself*** 승진하다. **~·ment** *n.* Ⓤ,Ⓒ 개선; 출세.
bet·ter[2], **-tor** [bétər] *n.* Ⓒ 내기하는 사람.
Bétter Góvernment Associàtion 《美》정부 개혁 협회《정부의 예산 낭비·부정 등을 조사하는 민간 단체; 생략 BGA》.
bétter hánd 오른손.
bétter-óff *a.* 부유한, 유복한(*the ~ people*).
†be·tween [bitwí:n] *prep., ad.* (두 물건)의 사이에, …사이를; (성질이) …의 중간으로. **~ *A and B,*** A니 B니 해서(*~ work and worry* 일이다 걱정이다 하여). **~ *ourselves,*** or **~ *you and me*** (***and the bed-*** 〔***gate-, lamp-***〕***post***) 우리끼리 이야기지만. **~ *the cup and the lip*** 다 되어 가던 판에. ***choose ~ A and B,*** A나 B중 어느 하나를 고르다. (***few and***) ***far ~*** 극히 드물게. ***in ~*** 중간에, 사이에.
betwéen dècks 〖船〗 중창(中艙)《두 갑판 사이의 공간》.
betwéen·màid *n.* Ⓒ 허드렛일 하는 하녀.
betwéen·tìmes, -whìles *ad.* 틈틈이, 때때로.
be·twixt [bitwíkst] *prep., ad.* 《古》=BETWEEN. **~ *and between*** 중간에, 이도저도 아니게.
BeV, Bev, bev [bev] billion electron volt 〖理〗 10억 전자 볼트.
bev·a·tron [bévətràn/-trɔ̀n] *n.* Ⓒ 〖理〗 베바트론《고성능 싱크로트론》.
bev·el [bévəl] *n., a.* Ⓒ 사각(斜角)

(의); 경사(진); =⊿ **square** 각도자. — *vt.* (《英》 *-ll-*) 사각을 만들다, 엇베다, 비스듬하게 하다.
bével gèar 〖機〗 베벨기어《우산 모양의 톱니바퀴》.
***bev·er·age**[bévəridʒ] *n.* Ⓒ 음료. *alcoholic* ~ 알콜 음료. *cooling* ~ 청량 음료.
bev·y[bévi] *n.* Ⓒ (작은 새·사슴·미인 따위의) 떼.
***be·wail**[biwéil] *vt., vi.* 비탄하다, 슬퍼하다.
:be·ware[biwέər] *vi., vt.* 주의[조심]하다《명령법·부정사로서, 또는 조동사의 다음에만》(*B- of pickpockets!* 소매치기 조심 하시오!).
be·wigged[biwígd] *a.* 가발을 쓴.
:be·wil·der[biwíldər] *vt.* 당황하게 하다(confuse). ~**·ing** *a.* *~**·ingly** *ad.* *~**·ment** *n.*
***be·witch**[biwítʃ] *vt.* 마법을 걸다(enchant); 매혹하다(charm). ~**·ing** *a.* 황홀하게 하는, 매력 있는. ~**·ment** *n.*
†be·yond[bijánd/-ɔ́-] *prep.* ① …의 저쪽[저편]에; …을 넘어서. ② …이 미치지 않는, …보다 우수한. ③ …외에. ④ (시간을) 지나서, 늦어서. ~ ***doubt*** 의심할 여지 없이. ***go*** ~ ***oneself*** 자제력을 잃다; 평소보다 잘 하다. ***It's*** (***gone***) ~ ***a joke.*** 《口》 그것은 농담이 아니다, 진담이다. — *ad.* 저쪽[저편]에; 외에. — *n.* (the ~) 저편(의 것); 내세. ***the back of*** ~ 세계의 끝.
bez·el[bézəl] *n.* Ⓒ (날붙이의) 날의 사면(斜面); (보석의) 사면; (반지의) 보석 물리는 데, 거미발; (시계의) 유리 끼우는 홈.
be·zique[bəzí:k] *n.* Ⓤ 카드놀이의 일종.
B/F brought forward 〖簿〗 앞에서 이월(移越). **bf., b.f.** boldfaced (type). **B.F.O.** British Foreign Office 영국 외무성. **bg.** bag(s). **bGH** bovine growth hormone.
B-gìrl *n.* Ⓒ (바의) 여급.
B.G.(M.) back ground (music) 〖樂〗 반주 음악, 배경 음악.
B.H. BILL[1] of health. **BHA** butylated hydroxyanisole《지방 등의 산화 방지제의 일종》.
bhang, bang(ue)[bæŋ] *n.* Ⓤ 인도 대마; (그 잎을 말린) 마취약.
B.H.C. benzene hexachloride
B.H.P., b.h.p. brake horsepower.
Bhu·tan[bu:tá:n] *n.* 부탄《인도 북동부의 Himalaya 산맥중의 왕국》.
Bi 〖化〗 bismuth.
bi[bai] *a.* 《俗》 양성애(兩性愛)의.
bi-[bai] *pref.* '둘, 쌍, 복, 등분, 2배, 2기 1회, 1기 2회' 따위의 뜻: *bi*valve, *bi*sect, *bi*carbonate, *bi*weekly.
B.I. British India.
bi·a·ce·tyl[bàiəsí:tl, -sétl] *n.* Ⓤ 〖化〗 비아세틸《초·커피 등의 풍미를 높이는 데 씀》.
bi·an·nu·al[baiǽnjuəl] *a.* 연 2회의, 반년마다의.
***bi·as**[báiəs] *n.* Ⓤ,Ⓒ (솔기·재단의) 사선, 바이어스; 경사(slanting); 경향, 성벽; 편견; 〖無電〗 '바이어스', 편의(偏倚). — *vt.* (《英》 *-ss-*) 기울이다, 치우치게 하다, 편견을 갖게 하다. ~(**s**)**ed**[-t] *a.* 비스듬한, 편견을 가진.
bías tàpe 바이어스 테이프《가는 천 테이프》.
bi·ath·lete[baiǽθli:t] *n.* Ⓒ 동계 올림픽 2종 경기 선수.
bi·ath·lon[baiǽθlɑn/-lɔn] *n.* Ⓤ 〖競〗 바이애슬론《스키의 장거리 레이스에 사격을 겸함》.
bi·ax·i·al[baiǽksiəl] *a.* 〖理〗 축(軸)이 둘 있는.
bib[bib] *n.* Ⓒ 《古》 턱받이; (에이프런 따위의) 가슴 부분. ***one's best*** ~ ***and tucker*** 나들이옷.
Bib., bi. Bible; Biblical.
bíb·còck *n.* Ⓒ 수도꼭지.
bi·be·lot[bí:blou] *n.* Ⓒ ① 소형의 실내 장식품, 소골동품. ② 초소형판[본].
Bibl., bibl. Biblical; bibliographical.
:Bi·ble[báibəl] *n.* (the ~) 성서; Ⓒ (*or* b-) 성전; (b-) 권위 있는 참고서(*the golfer's b-*). **Bib·li·cal, b-**[bíblikəl] *a.*
Bíble Bèlt, the 미국 남부의 신앙이 두터운 지역《fundamentalism을 굳게 믿음》.
Bib·li·cist[bíbləsist] *n.* Ⓒ 성서학자; 성서의 내용을 그대로 믿는 사람.
bib·li·o-[bíbliou, -liə] '책의, 성서의' 뜻의 결합사.
bibliog. bibliographer; bibliography.
bib·li·og·ra·phy[bìbliɑ́grəfi/-ɔ́-] *n.* Ⓒ 참고서[문헌] 목록; Ⓤ 서지학(書誌學). **-pher** *n.* Ⓒ 서지학자. **-o·graph·ic**[bìbliəgrǽfik], **-i·cal**[-əl] *a.*
bib·li·ol·a·ter[bìbliɑ́lətər/-ɔ́-] *n.* Ⓒ 서적[성서] 숭배자. **-trous** *a.* **-try** *n.*
bìblio·mánia *n.* Ⓤ 장서벽(藏書癖). **-mániac** *a., n.* Ⓒ 장서광의 (사람).
bib·li·o·phile[bíbliəfàil], **-phil**[-fil] *n.* Ⓒ 애서가, 서적 수집가.
bib·u·lous[bíbjələs] *a.* 술꾼의, 술을 좋아하는; 흡수성의(absorbent).
bi·cam·er·al[baikǽmərəl] *a.* 〖政〗 양원제(兩院制)의. 「트륨.
bi·carb[baikɑ́:rb] *n.* Ⓤ 중탄산 나
bi·car·bo·nate[baikɑ́:rbənit, -nèit] *n.* Ⓤ 〖化〗 중탄산염; 중조. ~ ***of soda*** 중탄산나트륨.
bi·cen·te·nar·y[baiséntənèri/bàisentí:nəri] *a., n.* =⇩.
bi·cen·ten·ni·al[bàisentén… *a., n.* 200년(째)의; Ⓒ 200년… (의); 200년기(忌)(의).
bi·cen·tric[baiséntrik…

의, 쌍심(雙心)의.
bi·ceph·a·lous[baiséfələs] *a.* 쌍두(雙頭)의.
bi·ceps[báiseps] *n.* Ⓒ 〖解〗 이두근(二頭筋); 《口》 근력.
bi·chlo·ride[baiklɔ́:raid] *n.* Ⓤ 〖化〗 이염화물(二鹽化物). ~ *of mercur* 염화 제 2 수은, 승홍(昇汞).
bi·chro·mate[baikróumeit] *n.* Ⓤ 〖化〗 중크롬산염; 중크롬산칼륨.
bi·cip·i·tal[baisípətəl] *a.* 머리가 두 개인; 〖解〗 이두근(二頭筋)의.
bick·er[bíkər] *n.* Ⓒ 말다툼; (불꽃이) 반짝거림; 후드득거림. — *vi.* 말다툼하다; 반짝거리다; (비가) 후드득 떨어지다.
bi·cron[báikrɑn/-krɔn] *n.* Ⓒ 〖理〗 비크론《1m의 10억 분의 1》.
bi·cul·tur·al[baikʌ́ltʃərəl] *a.* 두 문화(병존)의.
bi·cus·pid[baikʌ́spid] *n.* Ⓒ 〖解〗 앞어금니, 소구치. — *a.* (이가) 뾰족한 끝이 둘 있는.
†**bi·cy·cle**[báisikəl] *n., vi.* Ⓒ 자전거(에 타다). **-clist** *n.* Ⓒ 자전거 타는 사람.
‡**bid**[bid] *vt.* (***bade, bad, bid; bidden, bid; -dd-***) ① (…에게) 명하다(~ *him* (*to*) do). ② (인사를) 말하다(~ *him farewell, welcome, etc.*). ③ 값매기다, 입찰하다, 값을 다투다《이 뜻의 과거(분사)는 *bid*》. ④ 초대하다; 공고하다. ⑤ (카드놀이에서) 선언하다. — *vi.* 값을 매기다, 입찰하다. ~ ***fair to*** …할 가망이 있다, 유망하다. ~ ***for*** = ~ on. ~ ***in*** (임자가) 자기 앞으로 낙찰시키다. ~ ***off*** 낙찰시키다. ~ ***on*** …의 입찰을 하다. ~ ***up*** 경매에서 값을 올리다. — *n.* Ⓒ 부른 값, 입찰; 제안; (호의를 얻는) 노력; 시도. ***call for ~s on*** …의 입찰을 하다. ***make a*** [***one's***] ~ ***for*** …에 값을 매기다; (호의를) 얻으려고 노력하다. **∠·da·ble** *a.* 유순한; 〖카드〗 겨룰 수 있는. **∠·der** *n.*
***bid·den**[∠n] *v.* bid의 과거분사.
***bid·ding**[bídiŋ] *n.* Ⓤ ① 입찰, 값다투기. ② 명령. ③ 초대. ④ 공고; 선언.
bid·dy[bídi] *n.* Ⓒ 암탉(hen); 《美》 하녀; 《俗》 여선생.
bide**[baid] *vt., vi.* (~d***, ***bode***; ~***d***) 기다리다(~ *one's time* 좋은 기회를 기다리다); 《古》 참다; 《古》 살다, 머물다.
bi·det[bidét/bí:dei] *n.* (F.) Ⓒ 비데《국부 세척기》.
bi·di·rec·tion·al[bàidirékʃənəl, -dai-] *a.* (안테나·마이크 등이) 양지향성(兩指向性)의.
bi·en·ni·al[baiéniəl] *a., n.* 2년에 한 번의; 2년간의; Ⓒ 〖植〗 2년생의 (식물); 2년마다 여는 전람회, '비엔날레'; 2년마다 보는 시험《따위》.
다(re *ad.*
보이다, ·ər] *n.* Ⓒ 관가(棺架); 영구
코 본성을 棺臺).

Bierce[biərs], **Ambross**(1842-1914?) 미국의 단편 작가.
biff[bif] *n., vt.* Ⓒ 《俗》 강타(하다).
bif·fin[bífin] *n.* Ⓒ 《英》 요리용의 검붉은 사과.
bi·fid[báifid] *a.* 〖植〗 둘로 갈라진.
bi·fo·cal[baifóukəl] *a., n.* 이중 초점의; (*pl.*) 이중 초점 안경.
bi·fo·li·ate[baifóuliit] *a.* 〖植〗 쌍엽의.
bi·fur·cate[*v.* báifərkèit, ─∠─; *a.* -kit] *a., vt., vi.* 두 갈래진; 두 갈래로 가르다[갈리다].
†**big**[big] *a.* (***-gg-***) ① 큰; 성장한(grown-up). ② 중요한, 높은. ③ 잘난 체하는, 뽐내는(boastful)(*get too ~ for one's boots* 뽐내다); 임신한(*She is ~ with child.*). — *ad.* 《口》 뽐내며 잘난 듯이; 다량으로, 크게; 《美口》 성공하여.
big·a·my[bígəmi] *n.* Ⓤ 〖法〗 중혼(重婚)(죄), 이중 결혼(cf. digamy).
bíg báng, Bíg Báng, the 〖天〗 (우주 생성 때의) 대폭발.
bíg báng thèory 〖天〗 (우주 생성의) 폭발 기원설.
bíg bést, the 록 음악.
Bíg Bén 영국 국회 의사당 탑 위의 큰 시계(종).
Bíg Bóard 《美口》 뉴욕 증권 거래소 (상장의 주식 시세표).
bíg bróther 형; (때로 B- B-) (고아·불량 소년 등을 선도하는) 형 대신이 되는 남자; 독재 국가의 독재자.
bíg búg [**chéese, gún, nóise, númber, shòt, whéel**] 《俗》 중요 인물, 거물(bigwig).
bíg búsiness 《口》 (종종 나쁜 뜻의) 대기업, 재벌.
bíg déal 《美俗》 하찮은 것.
Bíg Dípper, the ⇨DIPPER.
bigg[big] *n.* Ⓤ 《英》 보리의 일종.
bíg gáme 큰 시합; 큰 사냥감《범 따위》; 큰 목표.
big·gie[bígi] *n.* Ⓒ 《美俗》 훌륭하신 분, 거물; 대단한 것.
big·gish[bígiʃ] *a.* 좀 큰; 젠체하는.
bíg góvernment 큰 정부《보통 중앙 집권화된 정부의 기능과 거액의 재정 지출, 이에 따른 많은 세금을 비판하는 말》.
bíg·hèad *n.* Ⓤ,Ⓒ 〖病〗 두부 팽창증《양(羊) 머리의 심한 염증》; 《美俗》 숙취; 《口》 자기 도취; Ⓒ 《美俗》 그런 사람; 우두머리.
bíg-héarted *a.* 친절한; 관대한.
bight[bait] *n.* Ⓒ 후미; 만곡부.
bíg náme 《口》 명사(名士), 중요 인물; 일류 배우.
big·ot[bígət] *n.* Ⓒ 완고한 사람; 광신자; 괴팍스런 사람. **~·ed**[-id] *a.* 편협한, 완고한. **~·ry** *n.* Ⓤ 편협; 완미한 신앙.
Bíg Scíence 거대 과학《대규모의 과학 연구》.
bíg shòt 《口》 거물, 중요 인물.
bíg síster 누나; (때로 B- S-) (고아·불량 소녀 등을 선도하는) 언니 구

B

실을 하는 여자.
bíg stíck 《美》 (정치·군사적) 압력, 힘의 과시(*a ~ policy* 힘의 정책).
bíg tálk 《俗》 호언 장담, 허풍.
bíg tícket *a.* 《美口》 비싼 가격표가 붙은, 비싼, 고가의.
bíg-tíme *a.* 《美俗》 일류의.
bíg tóe 엄지 발가락.
bíg trèe =SEQUOIA.
bíg·wìg *n.* Ⓒ 《口·蔑》 높은 사람, 거물, 요인.
bi·jou [bíːʒuː] *n.* (*pl.* *~x*[-z]) (F.) Ⓒ 보석(jewel); 작고 아름다운 장식. —*a.* 주옥 같은, 작고 우미한.
bi·jou·te·rie [biːʒúːtəri] *n.* Ⓤ 보석류; 자잘구레한 장신구.
bike [baik] *n.*, *v.* 《口》 =BICYCLE.
bíke·wày *n.* Ⓒ 《美》 (공원 등의) 자전거 전용 도로.
Bi·ki·ni [bikíːni] *n.* 비키니 환초(環礁)《마샬 군도의》; Ⓒ (*or* b-) (투피스의) 여자 수영복.
bi·la·bi·al [bailéibiəl] *a.*, *n.* 『音聲』 두 입술로 발음하는; Ⓒ 양순음(兩脣音)《b, p, m, w 따위》.
bi·lat·er·al [bailǽtərəl] *a.* 양측〔양면〕이 있는; 양자간의; 『法』 쌍무적인 (cf. unilateral).
bil·ber·ry [bílbèri, -bəri] *n.* Ⓒ 월귤나무속(屬)의 일종.
bile [bail] *n.* Ⓤ 담즙; 기분이 언짢음, 짜증. ***black ~*** 우울.
bíle·stòne *n.* Ⓤ,Ⓒ 『醫』 담석.
bi-lev·el [bailévəl] *a.*, *n.* 상하 2층의; Ⓒ 《美》 반지하 2층의 (가옥).
bilge [bildʒ] *n.* Ⓒ (배 밑의) 만곡부; Ⓒ (통의) 중배; Ⓤ 《俗》 허튼 소리(rot); =**∠ wàter** 배 밑에 괸 더러운 물. — *vt.*, *vi.* (배 밑에) 구멍을 뚫다; 구멍이 뚫리다; 불룩하게 하다, 불룩해지다(bulge).
bil·i·ar·y [bílièri] *a.* 담즙의; 담즙 이상에 의한.
bi·lin·e·ar [bailíniər] *a.* 『數』 쌍일차(雙一次)의.
***bi·lin·gual** [bailíŋgwəl] *a.* 두 나라 말을 하는, 두 나라 말을 쓴.
bil·ious [bíljəs] *a.* 담즙(bile)(질)의; 까다로운.
bilk [bilk] *vt.* (빚·셈을) 떼먹다, 떼먹고 도망치다. — *n.* Ⓒ 사기꾼.
†**bill**[1] [bil] *n.* Ⓒ ① 계산서. ② 목록. ③ 벽보; 전단, 포스터. ④ 《美》 지폐; 증서; 환어음. ⑤ 의안, 법안. ⑥ 『法』 소장(訴狀). ⑦ (연극의) 프로(printed program). — *vt.* 광고하다, 프로에 짜넣다; 예고하다; 청구서를 보내다. ***~ of exchange*** 환어음. ***~ of fare*** 식단표, 메뉴. ***~ of health*** 『船』 건강 증명서. ***~ of lading*** 선하 증권《생략 B/L》. ***~ of mortality*** 사망 통계표. ***B- of Rights*** 《美》 (정부가 기본적 인권을 보장하는) 권리 장전, 《英》 권리 선언(1689). ***~ of sale*** 『商』 매도 증서. ***fill the ~*** 《口》 요구를 충족시키다; 효과가 있다.
:**bill**[2] *n.* Ⓒ 부리(모양의 것) (cf. beak). — *vi.* (비둘기가) 부리를 맞대다. ***~ and coo*** (남녀가) 서로 애무하며 사랑을 속삭이다.
bill[3] *n.* Ⓒ (옛날의) 갈고리 창; =**∠-hòok** 밑낫.
bíll·bòard *n.* Ⓒ 게시판, 공고판.
bíll·bòok *n.* Ⓒ 어음장.
bíll bròker 증권〔어음〕 중매인.
bil·let[1] [bílit] *n.* Ⓒ 『軍』 (민가에 대한) 숙사 할당 명령서; (병영 이외의) 숙사(宿舍); 일자리, 직업. — *vt.* (병사에게) 숙사를 할당하다.
bil·let[2] *n.* Ⓒ 굵은 장작; 강편(鋼片).
bil·let-doux [bílidúː, -lei-] *n.* (*pl.* ***billets-doux***[-z-]) (F.) Ⓒ 연애 편지.
bíll·fòld *n.* Ⓒ 《美》 (둘로 접게 된) 지갑(wallet).
bil·liard [bíljərd] *a.* 당구(용)의. **~·ist** *n.* Ⓒ 당구가.
bílliard ròom 〔**tàble**〕 당구장〔대〕.
***bil·liards** [bíljərdz] *n. pl.* 당구.
bill·ing [bíliŋ] *n.* Ⓤ 게시, 광고; 『劇』 (배우의) 프로에서의 서열.
bílling machìne 자동 경리 계산기.
Bil·lings·gate [bíliŋzgèit/-git] *n.* 런던의 어시장; (b-) Ⓤ 폭언, 상말.
***bil·lion** [bíljən] *n.*, *a.* Ⓒ 《美·프》 10억(의); 《英·獨》 1조(兆)(의).
bil·lion·aire [bìljənéər, ∠-∠] *n.* Ⓒ 억만장자.
***bil·low** [bílou] *n.*, *vi.* Ⓒ 큰 파도(가 일다), 놀치다. **~·y** *a.* 너울의, 물결이 높은.
bíllow clòud 『氣』 파도구름.
bíll·pòster, bíll·stìcker *n.* Ⓒ 삐라 붙이는 사람.
bil·ly[1] [bíli] *n.* Ⓒ 곤봉; 《口》 경찰봉; =BILLY GOAT.
bil·ly[2] *n.* Ⓒ 《濠》 (양철) 주전자.
bílly·còck *n.* Ⓒ 《英》 중절모(帽).
bílly gòat 《兒》 숫염소.
bil·ly-o(h) [-òu] *n.* 《英俗》 《다음 성구로만》 ***like ~*** 맹렬하게.
bil·tong [bíltɔ̀ŋ/-ɔ̀-] *n.* Ⓤ 《南아》 육포(肉脯).
bi·mes·tri·al [baiméstriəl] *a.* 2개월간의; 두 달에 한 번의.
bi·me·tal [baimétl] *a.* =BIMETALLIC. — *n.* Ⓒ 바이메탈, 두 가지 금속으로 된 물질.
bi·me·tal·lic [bàimətǽlik] *a.* 두 금속의〔으로 된〕; (금은) 복본위제의.
bi·met·al·lism [baimétəlìzəm] *n.* Ⓤ (금은) 복(複)본위제〔주의〕.
bi·month·ly [baimʌ́nθli] *a.*, *ad.* 2개월에 한 번(의), 한 달 걸러서. — *n.* Ⓒ 격월〔월 2회〕 발행지(誌).
***bin** [bin] *n.* Ⓒ (뚜껑있는) 큰 상자; 《英》 쓰레기통; 빵을 넣는 큰 통; (울을 친) 저장소; (the ~) 《俗》 정신병원.
bi·na·ry [báinəri] *a.*, *n.* Ⓒ 둘의; 둘〔두 요소〕로 된 (것); 『컴』 2진수의; =**∠ stár** 『天』 연성(連星).
bínary-coded décimal 『컴』 2진화 10진수.
bínary séarch 『컴』 2진 검색.

bin·au·ral[bainɔ́:rəl] *a.* 두 귀의, 두 귀에 쓰는; 입체 음향〔방송〕의(cf. monaural).

:bind[baind] *vt.* (*bound*) 동이다, 매다; 감다; 제본하다; 속박〔구속〕하다; 의무를 지우다; (타르·시멘트 따위로) 굳히다; 변비를 일으키게 하다 (constipate). — *vi.* 동이다; 굳어지다; 구속하다. ***be bound to*** 꼭 …하다. ***be in duty bound to*** … 할 의무가 있다. ***~ oneself to*** … 할 것을 맹세하다. ***~ up*** 붕대를 감다, 단으로 묶다. — *n.* Ⓒ 묶는 것; (a ~) 《口》 난처한 입장, 곤경; 〖樂〗 연결선(tie). *~.er *n.* Ⓒ 묶는 것〔사람〕, 끈; 제본인; 굳히는 것; (서류 따위를) 철하는 표지. ~.er.y [-əri] *n.* Ⓒ 제본소. *~.ing *a., n.* 묶는, Ⓤ,Ⓒ 동이는 (것, 일); 제본; 붕대; 구속력이 있는, 의무적인.

bínding ènergy 〖理〗 결합 에너지.

bin·dle[bíndəl] *n.* Ⓒ 《美俗》 (부랑자의) 의류·취사 도구의 꾸러미.

bíndle stìff 《美俗》 (침구를 갖고 다니는) 부랑인.

bínd·wèed *n.* Ⓤ 메꽃(무리의 덩「굴풀).

bine[bain] *n.* Ⓒ 〖植〗 덩굴《특히, hop의》; 〖植〗 인동덩굴의 일종.

Bi·nét-Sí·mon tèst[binéisáimən-] 〖心〗 비네시몽식 지능 검사법.

binge[bindʒ] *n.* Ⓒ 《口》 법석대는 술잔치.

bin·go[bíŋgou] *n.* Ⓤ 빙고《lotto의「일종》.

bin·na·cle[bínəkəl] *n.* Ⓒ 〖海〗 나침함(羅針函).

bin·o·cle[bínəkəl] *n.* Ⓒ 쌍안경.

bin·oc·u·lar[bənɑ́kjələr, bai-/-ɔ́-] *a., n.* 두 눈(용)의; (*pl.*) 쌍안경(opera glass).

bi·no·mi·al[bainóumiəl] *n., a.* Ⓒ 〖數〗 이항식(二項式)(의); 〖生〗 이명식(二名式)의, 이명식 이름. ***~ nomenclature*** (속(屬)명과 종(種)명과의) 2명법《보기: *Homo sapiens* 사람》. ***~ theorem*** 이항 정리.

bi·nom·i·nal[bainɑ́mənəl/-nɔ́m-] *a.* 〖生〗 ＝BINOMIAL.

bint[bint] Ⓒ 《英俗》 여자.

bi·o-[báiou, báiə] '생명'의 뜻의 결합사.

bi·o·as·say[bàiouəséi] *n.* Ⓒ 생물학적 정량(定量).

bìo·astronáutics *n.* Ⓤ 우주 생리「학.

bìo·availabílity *n.* Ⓤ 생물학적 이용 효능.

bi·o·ce·nol·o·gy[bàiousənɑ́lədʒi/-ɔ́-] *n.* Ⓤ 생물 군집학(群集學).

bìo·chémical *a.* 생화학의. ***~ oxygen demand*** 생화학적 산소요구량. 「**-chémist** *n.*

bìo·chémistry *n.* Ⓤ 생화학.

bi·o·cide[báiəsàid] *n.* Ⓤ,Ⓒ 생명 파괴제, 살(殺)생물제(劑). 「학.

bìo·climàtológy *n.* Ⓤ 생물 기후

bìo·degráde *vi.* (미생물에 의해) 생물 분해하다《세제 등을》.

bi·o·de·grad·a·ble [-digréidəbəl] *a.* 미생물로 분해되는.

bìo·dynámic *a.* 생활 기능학의〔기능학적인〕. **~s** *n.* Ⓤ 생활 기능학.

bìo·ecólogy *n.* Ⓤ 생물 생태학.

bìo·electrónics *n.* Ⓤ 생체 전자 공학《생체의 전자의 역할을 연구함》; 생체 전자학《진단·치료 따위의 전자 장치의 응용》.

bìo·engineéring *n.* Ⓤ 생의학 공학(biomedical engineering).

bìo·éthics *n.* Ⓤ 생명 윤리(학)《유전자 공학이나 심장 이식 등에 관해 야기되는》.

bìo·féedback Ⓤ 바이오피드백《뇌파계를 따라 알파파(波)를 조절, 안정된 정신 상태를 얻는 방법》.

bìo·génesis *n.* Ⓤ 생물 발생설(發生說)《생물은 생물에서 발생한다는 설》.

bìo·geochémistry *n.* Ⓤ 생물 지구 화학.

bìo·geógraphy *n.* Ⓤ 생물 지리학.

***bi·og·ra·pher**[baiɑ́grəfər/-ɔ́-] *n.* Ⓒ 전기(傳記) 작가.

:bi·og·raph·y[baiɑ́grəfi/-ɔ́-] *n.* Ⓒ 전기(life). ***bi·o·graph·ic**[bàiougræ̀fik], **-i·cal**[-əl] *a.*

biol. biological; biologist; biology.

***bi·o·log·ic**[bàiəlɑ́dʒik/-ɔ́-], **-i·cal**[-əl] *a.* 생물학(상)의; 응용 생물학의.

biológical clóck (생물의) 생체 시계.

biológical contról 생물학적 방제(防除)《천적을 도입하여 유해 생물을 억제》. 「균전.

biológical wárfare 생물학전, 세

***bi·ol·o·gist**[baiɑ́lədʒist/-ɔ́-] *n.* Ⓒ 생물학자. 「물학.

:bi·ol·o·gy[baiɑ́lədʒi/-ɔ́-] *n.* Ⓤ 생

bìo·luminéscence *n.* Ⓤ (반딧불 등의) 생물 발광(發光).

bi·ol·y·sis[baiɑ́ləsis/-ɔ́-] *n.* Ⓤ (생물체의) 미생물에 의한 분해.

bío·màss *n.* Ⓤ 〖生態〗 생물량.

bìo·mechánics *n.* Ⓤ 생물 역학. **-mechánical** *a.*

bìo·médical *a.* 생물 의학의. ***~ engineering*** 생의학 공학(bioengineering).

bìo·médicine *n.* Ⓤ 생물 의학.

bi·o·met·rics[bàioumétriks] *n.* Ⓤ 생물 측정학.

bi·om·e·try[baiɑ́mətri/-ɔ́-] *n.* Ⓤ 수명 측정(법); ＝⇧.

bìo·mólecule *n.* Ⓒ 유생 분자(有生分子)《바이러스처럼 생명 있는》.

bi·on·ics[baiɑ́niks/-ɔ́-] *n.* Ⓤ 생체 공학《인간·동물의 행동 양식을 연구하여 컴퓨터 설계에 응용하는 학문》.

bi·o·nom·ics[bàiounɑ́miks/-ɔ́-] *n.* Ⓤ 생태학.

bi·on·o·my[baiɑ́nəmi/-ɔ́-] *n.* Ⓤ 생명학; 생리학; 생태학.

bìo·phýsics *n.* Ⓤ 생물 물리학.

bio·plasm[báiouplæ̀zəm] *n.* Ⓤ 〖生〗 원생질(原生質). **-plast**[-plæ̀st] *n.* Ⓒ 원생체, 원생질 세포.

bi·op·sy [báiɑpsi/-ɔ-] *n.* Ⓤ 〖醫〗 생검(生檢), 생체 조직 검사.

bìo·psychíatry *n.* Ⓤ 생체 정신 의학.
bìo·rhýthm *n.* Ⓤ,Ⓒ 바이오리듬《생체의 주기성》.
bío·règion *n.* Ⓒ 〖生〗 자연의 생태적 군집을 이루는 지역. **~al** *a.*
BIOS[báiɑs/-ɔs] basic input/output system 기본 입출력 시스템《키보드·디스크 장치·표시 화면 등의 입출력 장치를 제어하는 루틴의 집합으로 보통 ROM 위에 놓임》.
bìo·sátellite *n.* Ⓒ 생물 위성.
bío·scìence *n.* Ⓤ 생물 과학; 우주 생물학.
bi·os·co·py[baiάskəpi/-ɔ́-] *n.* Ⓤ 생사(生死) 반응 검사.
bío·sphère *n.* 〖生〗 (the ~) 생물권(圈).
bìo·státics *n.* Ⓤ 생물 정(靜)역학.
bìo·sýnthesis *n.* Ⓤ 〖生化〗 생합성(生合成).
bìo·synthétic *a.* 생합성의.
bìo·technólogy *n.* Ⓤ 생명 공학.
bi·o·te·lem·e·try[bàiouteléməatri] *n.* Ⓤ 〖宇宙〗 생물 원격 측정법.
bi·ot·ic[baiάtik/-ɔ́-], **-i·cal**[-əl] *a.* 생명에 관한; 생명의. *~ formation* 〖生態〗 생물 군계(群系).
bi·o·tin[báiətin] *n.* Ⓤ 〖生化〗 비오틴《비타민 B 복합체》.
bi·o·tite[báiətàit] *n.* Ⓤ 〖鑛〗 흑운모(黑雲母).
bi·o·tope[báiətòup] *n.* Ⓒ 〖生〗 소(小)생활권.
bi·o·vu·lar [baiάvjələr/-ɔ́v-] *a.* 〖生〗 이란생의《쌍생아》(cf. monovular).
bi·par·ti·san, -zan[baipά:rtəzən] *a.* 양당(兩黨)의.
bi·par·tite[baipά:rtait] *a.* 2부로〔2통으로〕 된; 〖植〗 (잎이) 두 갈래로 째진.
bi·ped[báiped] *n.* Ⓒ 두 발 동물. ── *a.* 두 발의.
bi·plane[báiplèin] *n.* Ⓒ 복엽(複葉)(비행)기.
bi·po·lar[baipóulər] *a.* 〖電〗 2극이 있는; (의견·성질이) 정반대의.
***birch**[bə:rtʃ] *n., vt.* Ⓒ 자작나무; Ⓤ 그 재목; Ⓒ 자작나무 회초리(로 때리다).
†**bird**[bə:rd] *n.* Ⓒ 새; 엽조; 《俗》 녀석(*a queer ~* 괴짜), 계집아이; (the ~) 《俗》 (청중의) 야유《휘파람이나 쉿쉿하는 소리》(*give him a ~* 야유하다); 《口》 비행기; 《美俗》 로케트; 인공 위성. *~ in the hand* 〔*bush*〕 확실〔불확실〕한 것. *~ of paradise* 극락조. *~ of passage* 철새; 방랑자. *~ of peace* 비둘기. *~ of prey* 맹금(猛禽). *~s of a feather* 동류〔동호〕인. *eat like a ~* 적게 먹다. *get the ~* 《俗》 야유당하다; 해고되다. *kill two ~s with one stone* 일석 이조를 얻다, 일거양득하다. ── *vi.* 들새를 관찰하다; 새를 잡다.
bírd·bràin *n.* Ⓒ 《俗》 얼간이.
bírd càge 새장.
bírd càll 새소리; 새소리가 나는 피리.
bírd dòg 새 사냥개.
bírd·dòg *vt.* 《美》 뒤를 밟다, 감시하다.
bird·er[⌐ər] *n.* Ⓒ (특히 직업적) 새 사냥꾼; 들새 관찰자.
bírd-èyed *a.* 눈이 날카로운; 잘 놀라는.
bírd fàncier 조류 애호가; 새장수.
bírd·hòuse *n.* Ⓒ 새장; 새집.
***bird·ie**[bə́:rdi] *n.* Ⓒ 《兒》 새, 작은 새.
bírd·lìme *n.* Ⓤ (새 잡는) 끈끈이; 올무.
bird·man[⌐mæ̀n, -mən] *n.* Ⓒ 조류 전문가, 관찰자; 《口》 비행가.
bírd·sèed *n.* Ⓤ 새 모이.
bírd's-èye *a.* 위에서 본, 조감적(鳥瞰的)인(*a ~ view* 조감도); 새눈(무늬)의. ── *n.* Ⓤ 새눈 무늬의 무명.
bírd's-nèst *n.* Ⓒ 새 둥지. *~ soup* 바다제비집 수프《중국 요리》.
bírd strìke 항공기와 새떼의 충돌.
bírd wàtcher 들새 관찰자; 로켓〔위성〕 관측자.
bi·ret·ta[birétə] *n.* 〖가톨릭〗 비레타, 모관(毛冠)《4각의 성직모》.
***Bir·ming·ham**[bə́:rmiŋəm] *n.* 영국 중부의 공업 도시.
Bi·ro[báirou] *n.* Ⓒ 《英》 (종종 b-) 〖商標〗 바이로《볼펜의 일종》.
⁑**birth**[bə:rθ] *n.* Ⓤ,Ⓒ 출생, 탄생; 출산; Ⓤ 태생, 혈통, 가문(descent); Ⓒ 태어난 것; Ⓤ 기원. *by ~* 태생은; 타고난. *give ~ to* …을 낳다, 생기게 하다. *new ~* 신생, 갱생, 재생.
bírth certìficate 출생 증명서.
bírth contròl 산아 제한.
†**birth·day**[bə́:rθdèi] *n.* 생일(*a ~ cake* 생일 케이크).
bírthday hónours 《英》 국왕〔여왕〕 생일에 행해지는 서훈(敍勳).
bírthday sùit 《口》 알몸. *in one's ~* 알몸으로.
bírth·màrk *n.* Ⓒ 모반(母斑), (날 때부터 몸에 지닌) 점.
bírth pàng (출산의) 진통; (*pl.*) (사회 변화에 따른) 일시적 혼란, 불행한 사태.
bírth pìll 경구(經口) 피임약.
***bírth·plàce** *n.* Ⓒ 출생지, 발생지.
bírth ràte 출생율.
bírth·rìght *n.* Ⓤ,Ⓒ 생득권(生得權); 장자 상속권.
bírth·stòne *n.* Ⓒ 탄생석《난 달을 상징하는 보석》.
bis. bissextile. **BIS, B.I.S.** Bank for International Settlements 국제 결제(決濟) 은행. British Information Service 영국 정보부.
Bis·cay[bískei, -ki], **the Bay of** 비스케이만《프랑스 서해안에 있는 큰 만》.
⁑**bis·cuit**[bískit] *n.* Ⓒ 《英》 비스킷(《美》 cookie, cracker); Ⓤ 비스킷

색; Ⓒ《英俗》 매트리스. **take the ~** 《英俗》 일등상을 타다. **~ ware** 애벌구이 오지그릇.

bi·sect[baisékt] *vt.* 2(등)분하다. **bi·séc·tion** *n.* **bi·sec·tor**[-séktər] *n.* Ⓒ 〖數〗 2등분선.

bi·sex·u·al[baisékʃuəl] *a.* 양성(兩性)의; 양성을 갖춘.

:bish·op[bíʃəp] *n.* Ⓒ 〖聖公會·가톨릭〗 (종종 B-) 주교; 감독; 〖체스〗 비숍《모자꼴의 말》. **~·less** *a.* **~·ric** [-rik] *n.* Ⓒ 비숍의 직〔교구〕.

Bíshop's ríng 〖氣〗 비숍 고리《화산 폭발·원폭 실험 등으로 공중의 미소한 먼지에 의한 태양 주위의 암적색 둥근 테》.

Bis·mark[bízmɑːrk], **Otto von** (1815-98) 독일 제국을 건설한 프러시아 정치가.

bis·muth[bízməθ] *n.* Ⓤ 〖化〗 비스무트, 창연(蒼鉛)《금속원소; 기호 Bi》.

bi·son[báisən] *n.* (*pl.* ~) Ⓒ 들소 《유럽·북아메리카산》.

bisque[1][bisk] *n.* Ⓤ 애벌 구운 오지 그릇.

bisque[2] *n.* Ⓒ (테니스 따위에서) 1점의 핸디캡.

bis·sex·tile [baisékstəl, bi-/-tail] *n., a.* Ⓤ,Ⓒ 〖天〗 윤년(의).

bis·ter, 《英》 **-tre**[bístər] *n.* Ⓤ 비스터《고동색 그림물감》.

bis·tort[bístɔːrt] *n.* Ⓒ 〖植〗 범꼬리.

bis·tou·ry[bístəri] *n.* Ⓒ 외과용 메스.

bis·tro[bístrou] *n.* (*pl.* **~s**) Ⓒ 비스트로《소형 바·나이트클럽》.

bi·sul·fate, -phate[baisʌ́lfeit] *n.* Ⓤ,Ⓒ 〖化〗 중황산염(重黃酸鹽).

bi·sul·fide, -phide[baisʌ́lfaid, -fid], **-fid, -phid**[-fid] *n.* Ⓤ,Ⓒ 〖化〗 이황화물(二黃化物).

†bit[1][bit] *n.* Ⓒ 작은 조각; (a ~) 조금, 소량; 잠시(*Wait a* ~); 잔돈; 《美俗》 12센트 반; (음식의) 한 입거리. ***a ~ of a...*** 어느 편인가 하면, 좀. ***a good ~*** 오랫동안; 대단히. ***a nice ~ of*** 많은. ***~ by ~*** 점점, 조금씩. ***do one's ~*** 《口》 본분을 다하다. ***give a ~ of one's mind*** 잔소리하다. ***not a ~*** 《口》 조금도 …않다.

bit[2] *n.* Ⓒ (말의) 재갈; 구속(물); (송곳의) 끄트머리; (대패의) 날. ***draw ~*** 말을 세우다; 삼가다. ***get*** 〔***take***〕 ***the ~ between the teeth*** (말이) 날뛰다; 반항하다. ― *vt.* (***-tt-***) (…에게) 재갈을 물리다; 구속하다.

bit[3](<*bi*nary digi*t*) *n.* Ⓒ (보통 *pl.*) 〖컴〗 두값, 비트《정보량의 최소 단위》.

bit[4] bite의 과거(분사).

bitch[bitʃ] *n.* Ⓒ (개·이리·여우의) 암컷; 《俗》 개년; 갈보, 매춘부; 아주 싫은〔어려운〕 일.

:bite[bait] *vt.* (***bit; bitten, bit***) ① 물다, 물어뜯다. ② (추위가) 스미다. ③ (벼룩·모기가) 물다; (게가) 물다; (물고기가) 덥석 물다. ④ (톱니바퀴가) 맞물다(grip). ⑤ 《美》《수동형으로》 속이다. ⑥ (산이) 부식하다(eat into). ― *vi.* 물다, 대들어 물다(*at*); 부식하다; 피부에 스미다; 먹이를 덥석 물다; 유혹에 빠지다. ***be bitten with*** …에 열중하다. ***~ away*** 〔***off***〕 물어 끊다. ***~ off more than one can chew*** 힘에 부치는 일을 하려고 들다. ***~ one's nails*** 분해하다, 안달하다. ***~ the dust*** 〔***ground***〕 쓰러지다; 지다; 전사하다. ― *n.* 한 번 묾〔깨묾〕, 한 입; 물린〔쏘인〕 상처; (물고기가) 미끼를 물기; 부식. ***(a) ~ and (a) sup*** 급히 먹는 식사. ***make two ~s at*** 〔***of***〕 ***a*** CHERRY. **bít·er** *n.* Ⓒ 물어 뜯는 개; 무는 사람; 사기꾼(*The biter* (*is*) *bit.* 《美談》 남잡이가 제잡이). ***bít·ing** *a.* 찌르는 듯한, 날카로운; 부식성의.

bít màp 〖컴〗 두값본.

bít pàrt (연극·영화의) 단역.

bitt[bit] *n.* Ⓒ (보통 *pl.*) 〖船〗 계주(繫柱)《닻줄 따위를 매는》.

***bit·ten**[bítn] *v.* bite의 과거분사.

:bit·ter[bítər] *a.* ① 쓴; 격심한 (~ *cold* 몹시 추운). ② 가엾은; 비참한. ③ 모진(harsh). ***to the ~ end*** 끝까지. ― *n.* Ⓤ 쓴맛; 《英》 쓴 맥주; (*pl.*) 고미제(苦味劑)《키니네 따위》. **:~·ly** *ad.* ***~·ness** *n.*

bítter-énder *n.* Ⓒ 《美口》 끝까지 견디는 사람, 철저한 항전론자.

bit·tern[bítə(ː)rn] *n.* Ⓒ 〖鳥〗 알락해오라기.

bítter·ròot *n.* Ⓒ 쇠비름과의 화초.

bítter·swèet *a., n.* Ⓒ 쓰고도 단(것); 고생스럽고도 즐거운; 〖植〗 배풍등.

bit·ty[bíti] *a.* 단편적인, 가늘게 자른.

bi·tu·men[baitjúːmən, bítjumən] *n.* Ⓤ 가연(可燃) 광물《아스팔트·석유·피치 따위》.

bi·tu·mi·nous[baitjúːmənəs, bi-] *a.* 역청(瀝青)의. **~ coal** 역청탄; 연탄(軟炭).

bi·va·lent[baivéilənt, bívə-] *a.* 〖化·生〗 2가지의, 2가 염색체의. **-lence** *n.*

bi·valve[báivæ̀lv] *n., a.* Ⓒ 쌍각(雙殼) 조개(의); 굴; 양판(兩瓣)의.

biv·ou·ac[bívuæ̀k] *n., vi.* Ⓒ (***-ack-***) 텐트 없는 야영(을 하다), 〖登山〗 비부아크(하다).

bívouac shéet (야영용) 천막《등산가용》.

bi·week·ly[bàiwíːkli] *a., ad.* 격주(隔週)의〔로〕; 주 2회(의) (semi-weekly). ― *n.* Ⓒ 격주〔주 2회〕 간행물.

bi·year·ly[bàijíərli] *a., ad.* 1년에 두 번(의); 2년에 한 번(의).

biz[biz] *n.* 《口》 =BUSINESS.

bi·zarre[bizáːr] *a.* 기괴한; 기묘한.

Björn·son[bjə́ːrnsn], **Björn-stjerne** (1832-1910) 뵤른손《노르

웨이의 시인·소설가·극작가》.

BK 〖化〗 berkelium. **bk.** bank; block; book. **bkpt.** bankrupt. **bks.** banks; books; barracks. **B.L.** Bachelor of Laws. **bl.** bale; barrel; black. **B/L, b.l.** bill of lading.

blab[blæb] *vt., vi.* (*-bb-*), *n.* 지절거리다, 비밀을 누설하다; Ⓒ 지절거리는〔비밀을 누설하는〕 사람; Ⓤ 지절거림, 수다.

blab·ber(·mouth)[blǽbər(màuθ)] *n.* Ⓒ 수다쟁이.

†**black**[blæk] *a.* ① 검은; 더러운. ② 암담한(dismal). ③ 지르퉁한 (～ *in the face* 안색을 변하여). ④ 불길한. ⑤ 사악한(wicked)(～ *cruelty* 굉장한 잔학). ⑥ 험악한. ⑦《口》 철저한. ***beat ～ and blue*** 멍이 들도록 때리다. ***～ and white*** 흑백 얼룩의〔으로〕; 분명(한); 인쇄된. ***say ～ in one's eye*** 비난하다. ── *n.* ① Ⓤ,Ⓒ 검정, 흑색(물감) 흑점; 검은 그림물감〔잉크〕. ② Ⓒ 흑인. ③ Ⓒ 상복. ***～ and white*** 글씨 쓴 것; 인쇄(된 것); 흑백 사진〔TV〕. ***in ～ and white*** (글씨로) 써서; 인쇄되어; 흰 바탕에 검게. ── *vt., vi.* ① 검게 하다〔되다〕, (구두를) 닦다. ② 더럽히다. ***～ out*** …을 온통 검게 칠하다; 무대를 어둡게 하다; 등화 관제하다(cf. DIM out); blackout를 일으키다. **∠·ly** *ad.* ***∠·ness** *n.*

black·a·moor[∠əmùər] *n.* Ⓒ 흑인(Negro), (특히) 아프리카 흑인; 피부색이 검은 사람.

bláck-and-blúe *a.* 맞아서 멍이든.

black árt 마술, 마법.

bláck·bàll *n., vt.* Ⓒ 반대(투표)(하다); (사회에서) 배척하다.

bláck·bèetle *n.* Ⓒ 〖蟲〗 바퀴.

Bláck Bèlt ①《美》 (남부의) 흑인 지대. ② [∠∠] (유도·태권의) 검은 띠, 유단자.

***bláck·bèrry** *n.* Ⓒ 검은 딸기.

***bláck·bìrd** *n.* Ⓒ《美》 찌르레기(의 무리);《英》 지빠귀(의 무리).

†**black·board**[∠bɔ̀ːrd] *n.* Ⓒ 칠판.

black bòok 블랙리스트, 요시찰인 명부.

black bóx 블랙박스《자동제어 장치·비행기록 장치 따위》.

black bréad (호밀제의) 흑빵.

bláck·càp *n.* Ⓒ (머리가 검은 유럽산의) 찌꼬리의 무리; (미국산의) 박새의 무리;《美》 (열매가 검은) 나무딸기류(類).

Bláck Chámber (정부의) 첩보 기관.

bláck·còat *n.* Ⓒ (검은 옷을 입는) 성직자;《英》 월급쟁이.

black cómedy 블랙 코메디《블랙 유머를 쓰는 희극》.

Bláck Còuntry, the (잉글랜드 중부의 Birmingham을 중심한) 대공업지대.

bláck·dàmp *n.* Ⓤ (탄갱 안의) 질식 가스.

Bláck Déath, the 흑사병, 페스트《14세기 유럽에 유행》.

black díamond 석탄.

bláck dóg《口》 우울, 기분이 언짢음.

***black·en**[∠ən] *vt., vi.* ① 검게〔어둡게〕 하다〔되다〕. ② (남의 인격·평판을) 비방하다.

Bláck Énglish (미국의) 흑인 영어.

bláck éye (맞아서 생긴) 눈언저리의 멍.

bláck·fàce *n.* Ⓒ 흑인으로 분장한 배우〔가수〕; Ⓤ 〖印〗 굵은〔블랙〕 활자.

bláck·fàced *a.* 얼굴이 까만; 음침한 얼굴을 한; 〖印〗 굵은 활자의.

bláck·fìsh *n.* Ⓒ 둥근 머리의 돌고래; 검은 물고기《농어 따위》.

Bláck Fórest 독일 서남부의 삼림지대.

bláck flág (해골을 그린) 해적기.

bláck Fríday 불길한 금요일《예수가 처형된》.

black góld 석유.

black·guard[blǽgərd, -gɑːrd] *n., vt.* Ⓒ 악한(惡漢)(*You* ～! 이 나쁜 놈); 욕지거리하다.

Bláck Hánd《美》 흑수단(黑手團)《범죄를 일삼던 이탈리아계 미국인의 비밀 단체》;《一般》 폭력단.

bláck·hèad *a.* 뱃속 검은.

bláck-héarted *a.* 뱃속이 검은.

bláck húmo(u)r 블랙 유머《빈정거리며 냉소적인 유머》.

black·ing[∠iŋ] *n.* Ⓤ 흑색 도료; 구두약.

bláck ínk 검정 잉크;《美》 흑자, 대변(貸邊).

bláck·jàck *n., vt.* Ⓒ 큰 잔, 조끼(jug); 해적기;《美》 곤봉(으로 때리다); 협박하다.

bláck léad[-léd] 흑연.

bláck·lèg *n.* Ⓒ《俗》 사기꾼;《英》 파업 파괴자.

bláck létter 〖印〗 고딕 활자.

bláck líe 악의 있는 거짓말.

bláck·lìst *n.* Ⓒ 요주의 인물 명부.

bláck lùng (탄진에 의한) 흑폐증(黑肺症).

bláck mágic 마술, 요술.

bláck·màil *n., vt.* Ⓤ 갈취(한 돈), 공갈(하다).

Bláck María《俗》 죄수 호송차.

bláck márk 흑점《벌점》.

bláck márket 암시장; 암거래.

bláck marketéer 〔**márketer**〕 암거래 상인.

Bláck Mónday《學生俗》 방학 후의 첫 등교일.

Bláck Múslim 흑백인의 완전 격리를 주장하는 흑인 회교 단체.

bláck nátionalism (미국의) 흑인 민족주의.

bláck·òut *n.* Ⓒ (무대의) 암전(暗轉); 등화 관제; 〖空〗 (방향 급변 따위로 인한) 일시적 시력〔의식〕 상실.

Bláck Pánther 검은 표범《미국의 흑인 과격파 당원》.

bláck pépper 후춧가루《겁질째 빻은》.

bláck póint (보리의) 흑수병.
Bláck Pówer 《美》 흑인 (지위 향상) 운동.
bláck pùdding 검은 소시지《돼지의 피나 기름을 넣어 만듦》.
Bláck Séa, the 흑해.
bláck shéep (가문·단체의) 귀찮은 존재.
Bláck Shírt 검은 셔츠 당원《이탈리아의 Fascist의 별명》.
:**bláck·smìth** *n.* Ⓒ 대장장이.
bláck·snàke *n.* Ⓒ (북아메리카의) 먹구렁이; 《美》 쇠가죽 채찍.
bláck spót 위험 구역.
Bláck Stréam 〔**Cúrrent**〕, **the** 흑조(黑潮).
bláck stúdies 《美》 흑인 연구 (코스).
bláck téa 홍차.
bláck·thòrn *n.* Ⓒ 자두나무《유럽산》; 산사나무《미국산》.
bláck tíe 검은 넥타이; 신사.
bláck·tòp *n., a.* Ⓤ 아스팔트 포장(의). — *vt.* (도로를) 아스팔트로 포장하다.
black·wash[⊿wɑ̀ʃ/⊿wɔ̀ʃ] *vt.* 폭로하다.
Bláck Wátch 《英》 스코틀랜드 고지 제 42연대.
bláck·water féver 〖醫〗 흑수열《악성 말라리아》.
blad·der[blǽdər] *n.* Ⓒ 방광(膀胱); (물고기의) 부레.
blad·der·wort[⊿wə̀ːrt] *n.* Ⓒ 〖植〗 통발속의 식물.
:**blade**[bleid] *n.* Ⓒ ① (풀의) 잎. ② 칼날, 칼. ③ 검객(劍客); 멋쟁이. ④ (노의) 노깃, (프로펠러의) 날개. ⑤ 견갑골(骨)(scapula).
bláde·bòne *n.* Ⓒ 견갑골.
blah[blɑː] *int.* 《美俗》 바보같이! — *n.* Ⓤ 허튼 소리, 어리석은 짓.
blain[blein] *n.* Ⓒ 〖病〗 수포(水疱), 종기; 농포(膿疱).
Blake[bleik], **William**(1757-1827) 영국의 시인·화가.
blam·a·ble[bléiməbəl] *a.* 비난할 만한.
:**blame**[bleim] *vt.* ① 나무라다, 비난하다(*for*). ② (…의) 탓으로 돌리다(*on, upon*). ***be to*** ~ 책임을 져야 마땅하다(*You are to* ~. 네가 나쁘다). — *n.* Ⓤ 비난; 책임; 허물. **⊿·ful**(**·ly**) *a.* (*ad.*) ***⊿·less**(**·ly**) *a.* (*ad.*)
bláme·wòrthy *a.* 나무랄 만한.
blanch**[blæntʃ, blɑːntʃ] *vt., vi.* ① 희게 하다〔되다〕(whiten), 표백하다. ② (얼굴을) 창백하게 하다, 창백해지다. ~ ***over (과실 따위를) 둘러대다.
blanc·mange[bləmɑ́ːndʒ/-mɔ́ndʒ] *n.* Ⓤ,Ⓒ 블라망주《우유가 든 흰 젤리; 디저트용》.
***bland**[blænd] *a.* ① 온화한, 부드러운. ② 기분 좋은《산들바람 따위》. ③ 상냥한(suave). ④ 순한(sweet)《담배·약 등》.
blan·dish[blǽndiʃ] *vt.* 비위를 맞추다, 아첨하다; (교묘하게) 설득하다(coax). ~**·ment** *n.* (*pl.*) 추종, 아첨.
:**blank**[blæŋk] *a.* ① 백지의. ② 공허한; 흥미 없는, 단조로운. ③ (벽 따위) 문이나 창이 없는. ④ 무표정한, 멍한. ⑤ 순전한(~ *stupidity*). — *n.* Ⓒ 백지; 《美》 기입 용지(《英》 form); 여백, 공백; 공허; 대시(—) (*Mr.* — ('Mr. Blank'라 읽음) 모씨(某氏)); 〖컴〗 빈자리. ***draw a*** ~ 《口》 꽝을 뽑다; 실패하다. ***in*** ~ 공백인 채로. — *vt.* 비우다, 공백으로〔무효로〕 하다; 《美口》 영패(零敗)시키다. ***B- him!*** 염병할! **⊿·ly** *ad.* 단호히; 멍하니.
blánk cártridge 공포탄.
blánk chéck 백지 수표. ***give a person a*** ~ 얼마든지 돈을 주다; 멋대로 하게 하다.
:**blan·ket**[blǽŋkit] *n.* Ⓒ 담요, 모포. ***be born on the wrong side of the*** ~ 사생아로 태어나다. ***wet*** ~ 흥을 깨뜨리는 것〔사람〕; 탈을 잡는 사람. — *a.* 총괄적인; 차별하지 않는; 일률적인. — *vt.* ① 담요에 싸(서 헹가래하)다. ② 《口》 (사건을) 덮어 버리다(obscure). ③ 《美》 (전화를) 방해하다. ④ 《口》 숨기다. ⑤ (법률이) (…에) 대하여 총괄적으로 적용되다.
blánket àrea (방송국 주변의) 난청 지역.
blánket bómbing 《美》 융단〔무차별, 전면〕 폭격.
blánket chèst 이불장.
blánket insúrance 《美》 전종(全種) 보험.
blánket vìsa 일괄 사증《세관이 선객 전부에게 일괄하여 주는 비자》.
blank·e·ty(**-blank**) [blǽŋkəti(-blǽŋk)] *a., ad.* 《口》 괘씸한; 괘씸하게도.
blánk fòrm 기입 용지.
blánk vérse 무운시(無韻詩)《보통 5각약강격(五脚弱強格)》.
blan·quette[blɑːŋkét] *n.* (F.) Ⓤ,Ⓒ 블랑케트《화이트 소스로 조리한 송아지 고기 스튜》.
blare[blɛər] *vi.* (나팔이) 울려 퍼지다; 외치다, (동물이 굵은 소리로) 울다. — *vt.* 울리다. — *n.* (*sing.*) 울림; 외치는〔우는〕 소리.
blar·ney[blɑ́ːrni] *n., vt., vi.* Ⓤ 알랑대는 말(을 하다). 「지친.
bla·sé[blɑːzéi, ⊿⊿] *a.* (F.) 환락에
***blas·pheme**[blæsfíːm, ⊿⊿] *vt., vi.* ① (신에 대하여) 불경한 언사를 쓰다. ② (…에) 험담을 하다. **-phém·er** *n.* Ⓒ 모독자. ***-phe·my**[blǽsfəmi] *n.* Ⓤ 불경, 모독. **-phe·mous**(**-ly**) *a.* (*ad.*)
:**blast**[blæst, -ɑː-] *n.* Ⓒ ① 한 바탕 부는 바람, 돌풍(gust). ② (나팔 따위의) 소리, 울려 퍼짐, 송풍(送風). ③ 발파, 폭파; 폭약. ④ (독기·악평의) 해독. ***at a*** 〔***one***〕 ~ 단숨

에. **in** (**full**) ~ 한창 (송풍되어, 활약하여). **give** (*a person*) **a** ~ 《口》(아무를) 호되게 비난하다. **out of** ~ 송풍이 멎어; 활약을 중지하여. — *vt., vi.* ① 폭파하다. ② 시들(게 하)다; 마르(게 하)다. ③ 파멸시키다〔하다〕 (*B- him!* 뒈져라!/*B- it!* 빌어먹을!). ~**·ed**[∠id] *a.* 시든; 결단난; 저주받은.

blást fùrnace 용광로, 고로(高爐).

blást-òff *n.* Ⓤ (로켓 등의) 발사.

blást pìpe 송풍〔배기〕관.

blat[blæt] *vt., vi.* (**-tt-**) (송아지·양이) 울다; 《口》 시끄럽게 지껄이다 (blurt out).

bla·tant[bléitənt] *a.* 소란스러운; 성가시게 참견하는; (차림이) 야한. **-tan·cy** *n.*

blath·er[blǽðər] *vt., vi., n.* 지껄여대다; Ⓤ 허튼 소리(를 하다).

blath·er·skite[-skàit] *n.* Ⓒ 《口》 허튼 소리를 하는 사람; 떠버리.

:blaze[1][bleiz] *n.* ① (*sing.*) 화염, (강한) 빛, 광휘(光輝). ② (*sing.*) (명성의) 드날림. ③ (*sing.*) (감정의) 격발(*in a* ~ 불끈 성나). ④ (*pl.*) 《俗》 지옥(hell) (*Go to ~s!* 뒈져라!). **like ~s** 《俗》 맹렬히. — *vi.* 불타다(*up*), 빛나다; 불같이 노하다(*up*). ~ **away** 펑펑 쏘아대다, 부지런히 일하다(*at*). ~ **out** 〔**up**〕 확 타오르다; 격노하다.

blaze[2] *n., vt.* Ⓒ (길잡이로 나무껍질을 벗긴) 안표(眼標)(를 만들다, 로 표시하다); (가축 얼굴의) 흰 점〔줄〕.

blaze[3] *vt.* 포고하다(proclaim), (널리) 알리다.

blaz·er[bléizər] *n.* Ⓒ 블레이저 코트《화려한 빛깔의 스포츠용 상의》.

blaz·ing[bléiziŋ] *a.* 타는 (듯한); 강렬한, 심한.

blázing stár 리아트리스속의 식물; 《古》 흥미의 대상《사람·물건》.

bla·zon[bléizən] *n.* Ⓒ 문장(紋章); 문장 묘사〔기술〕(법); 과시. — *vt.* 문장을 그리다, 문장으로 장식하다; 말을 퍼뜨리다, 공표하다. ~**·ry**[-ri] *n.* Ⓤ 문장; 미관.

bldg. building.

***bleach**[bli:tʃ] *vt.* 표백하다, 마전하다. ~**ing powder** 표백분. ∠**·er** *n.* Ⓒ 마전장이, 표백기; (*pl.*) 《美》 (야구장 따위의) 노천 관람석.

bleach·er·ite [blí:tʃəràit] *n.* Ⓒ 《美》 외야석(外野席)의 구경꾼.

***bleak**[bli:k] *a.* ① 황폐한, 황량한. ② 으스스 추운, 쌀쌀한. ③ 쓸쓸한 (dreary). ∠**·ly** *ad.* ∠**·ness** *n.*

blear[bliər] *a.* 흐린, 침침한(~ *eyes*); 몽롱한(dim). — *vt.* 흐리게 하다. ~**·y**[blíəri] *a.* 눈이 흐린; 몽롱한.

bléar-éyed *a.* 흐린 눈의; 눈이 잘 보이지 않는.

***bleat**[bli:t] *vt.* (염소·송아지 따위가) 매애 울다. — *n.* Ⓒ (염소 따위의) 매애 우는 소리.

bleb[bleb] *n.* Ⓒ 〖醫〗 물집; 기포(氣泡).

bled[bled] *v.* bleed의 과거(분사).

:bleed[bli:d] *vi.* (**bled**) ① 출혈하다. ② 피흘리다《나라를 위하여 따위》. ③ 슬퍼하다(*for* him). — *vt.* ① (환자의) 피를 뽑다. ② 돈을 우려내다. ③ 〖製本〗 (잘못하여) 인쇄면의 한 끝을 잘라내다; (사진판에 미적 효과를 주려고) 페이지의 가를 자르다. — *n.* Ⓒ 〖印〗 찍힌 부분까지도 자른 사진; 인쇄된 부분까지도 자른 페이지. ∠**·ing** *n.* Ⓤ 출혈; 방혈(放血) (blood-letting).

bleed·er[blí:dər] *n.* Ⓒ 피를 잘 흘리는 사람; 혈우병자(血友病者); 《俗·蔑》 (역겨운) 인물, 놈.

bléeding héart 〖植〗 금낭화.

bleep[bli:p] *n.* Ⓒ 삐익하는 소리《휴대용 라디오 등에서 나는》. — *vi.* 삐익 소리를 내다.

***blem·ish**[blémiʃ] *n., vt.* Ⓒ 흠, 결점(defect); 손상하다(injure).

blench[1][blentʃ] *vi.* 뒷걸음치다, 주춤하다(flinch).

blench[2] *vi., vt.* 희어〔푸르러〕지다, 희게〔푸르게〕 하다.

:blend[blend] *vt., vi.* (**~ed, blent**) 섞(이)다, 융화〔조화〕하다(harmonize). — *n.* Ⓒ 혼합(물). ∠**·ing** *n.* ① Ⓤ 혼합; 〖言〗 혼성. ② Ⓒ 혼성어.

blende[blend] *n.* Ⓤ 〖鑛〗 섬아연광.

blénded whískey 블렌드 위스키 《보통 malt whiskey와 grain whiskey를 혼합한 것》.

blend·er[bléndər] *n.* Ⓒ ① 혼합하는 사람〔것〕. ② 《美》 믹서《주방용품》.

blent[blent] *v.* blend의 과거(분사).

bleph·a·ri·tis[blèfəráitis] *n.* Ⓤ 안검염(眼瞼炎).

:bless[bles] *vt.* (**blest, ~ed**) ① 정화(淨化)하다. ② (신을) 찬미하다(glorify). ③ (신이) 은총을 내리다. ④ 수호하다. ⑤ (…의) 행복을 빌다; 행운을 감사하다. ⑥ 《反語》 저주하다. **be ~ed with** …을 누리고 있다; 《反語》 …으로 곤란을 받고 있다. **B- me!** 야단났구나!; 당치도 않다. ~ **oneself** 이마와 가슴에 십자를 긋다. ~ **one's stars** 행운을 감사하다. **God ~ you!** 신의 가호가 있기를!; 고맙습니다!; 이런! **:∠·ing** *n.* Ⓒ (신의) 가호, 은총; 축복; 식전〔식후〕의 기도; 행복; 고마운 것.

***bless·ed**[blésid] *a.* ① 신성한. ② 복된, 축복을 받은, 행복한. ③ 《反語》 저주받은(cursed). **not a ~ one** 《俗》 하나〔한 사람〕도 없는. (*my father*) **of ~ memory** 돌아가신 (우리 아버지).

***blest**[blest] *v.* bless의 과거(분사). — *a.* =BLESSED.

:blew[blu:] *v.* blow[1, 2]의 과거.

blg. building.

***blight**[blait] *n.* ① Ⓤ 〖植〗 말라 죽는 병. ② (a ~) (식물의) 병균, 해충. ③ Ⓒ 파멸을〔실패를〕 초래하는

것; 암영. ***cast a ~ over*** …에 어두운 그림자를 던지다. — *vt.* ① 말라 죽게 하다. ② 파멸시키다(ruin).

blimp[blimp] *n.* Ⓒ 《口》 소형 연식 비행선; 《俗》 완고한 보수주의자; 《美俗》 뚱뚱보.

†**blind**[blaind] *a.* ① 장님의; 눈먼. ② 맹목적인, 어리석은, 이성을 잃은. ③ 숨은(*a ~ ditch* 암거(暗渠)). ④ 문〔창〕이 없는《벽 따위》. ⑤ 무감각한 (*a ~ stupor* 망연 자실). ⑥ 막다른 (*a ~ alley*). ***be ~ of an eye,*** or ***be ~ in*** 〔***of***〕 ***one eye*** 한 눈이 보이지 않다. ***go ~*** 장님이 되다. ***go it ~*** 맹목적으로 하다. — *vt.* 눈멀게 하다; 속이다. — *n.* Ⓒ 블라인드, 커튼, 발, 차일. **∠·er** *n.* Ⓒ (보통 *pl.*) 《美》 (말의) 눈가리개 (blinkers). ***∠·ly** *ad.* **:∠·ness** *n.*

blínd álley 막다른 골목; 막바지; 전도가 없는 형세《직업·지위 등》.

blínd dáte 《口》 (소개에 의한) 서로 모르는 남녀간의 데이트 (상대).

blínd flýing 〖空〗 계기 비행.

blínd·fòld *vt.* (…의) 눈을 가리다; 어찌할 바를 모르게 하다; 속이다. — *a., ad.* 눈이 가려진〔가려져〕; 무모한〔하게〕. **~·ed**[-id] *a.*

blínd lánding 〖空〗 계기 착륙.

blínd màn 장님.

blind·man[∠mən] *n.* Ⓒ (우체국의) 수신인 주소 성명 판독계원.

blíndman's búff 소경놀이.

blínd píg 〔**tíger**〕 《廢·美俗》 주류 밀매점.

blínd-rèader *n.* =BLINDMAN.

blínd shéll 불발탄.

blínd spòt (눈·주의의) 맹점; 〖無電〗 수신 감도가 나쁜 지역.

blínd·wòrm *n.* Ⓒ 〖動〗 발 없는 도마뱀의 일종《유럽산》.

***blink**[bliŋk] *vi., vt.* ① 깜박거리(게 하)다; (등불이) 반짝거리다. ② 힐끔 보다; 무시하다(ignore) (*at*). — *n.* Ⓒ ① 깜박거림. ② 힐끔 봄. ③ 섬광. **∠·er** *n., vt.* Ⓒ 명멸(明滅) 신호등; (*pl.*) =BLINDER; (*pl.*) 보안용 안경; (말에) 눈마리개를 하다.

blink·ing[blíŋkiŋ] *a.* 반짝이는, 명멸하는; 《英》 지독한, 심한. **~·ly** *ad.*

blintz[blints], **blin·tze**[blíntsə] *n.* Ⓒ 《美》 엷은 핫 케이크.

blip[blip] *n.* Ⓒ (레이더의) 영상.

:bliss[blis] *n.* Ⓤ 더없는 행복〔기쁨〕, 지복(至福)(heavenly joy). ***∠·ful** (**-ly**) *a.* (*ad.*)

blis·ter**[blístər] *n., vt., vi.* Ⓒ ① (화상 따위) 물집(이 생기(게 하)다). ② 돌출부. ③ (독설 따위로) 중상하다. ***~ gas 독가스의 일종《피부를 상하게 함》.

blíster còpper 〖冶〗 조동(粗銅).

***blithe** [blaið], **blithe·some** [∠səm] *a.* 명랑〔쾌활〕한, 유쾌한; 행복한.

…**·er·ing**[blíðəriŋ] *a.* 허튼 소리 …《口》 철저한; 수다스러운.

blitz[blits], **blitz·krieg**[∠krì:g] *n., vt.* (G.) Ⓒ 전격전(을 가하다), 급습(하다).

bliz·zard[blízərd] *n.* Ⓒ 심한 눈보라; 쇄도; 구타; 일제 사격.

bloat[blout] *vi., vt.* 부풀(리)다 (swell); 자부하(게 하)다; (*vt.*) (청어를) 훈제하다. **~·ed**[∠id] *a.* 부풀은; 우쭐대는. **∠·er** *n.* Ⓒ 훈제한 청어.

blob[blab/-ɔ-] *n.* Ⓒ (걸쭉한 액체의) 한 방울; 작은 얼룩점; 〖크리켓〗 영점. — *vi., vt.* (**-bb-**) (…에) 한 방울 튀기다〔들다〕, 떨어지다, 튀다.

***bloc**[blak/-ɔ-] *n.* (F.) Ⓒ (정치·경제상의) 블록, …권(圈); 《美》 의원 연합.

:block[blak/-ɔ-] *n.* Ⓒ ① 덩어리, 토막. ② 받침(나무); 경매대(競賣臺); 단두대. ③ 모탕; 조선대; 모자골; 목판; 각석(角石). ④ 《英》 (큰 건축의) 한 채. ⑤ 《美》 (시가의) 한 구획; 한 벌. ⑥ 한 장씩 떼어 쓰게 된 것. ⑦ 활차, 도르래. ⑧ 장애, 방해. ⑨ 〖컴〗 블록《한 단위로 취급되는 연속된 언어의 집단》. ***as like as two ~s*** 아주 닮은, 쏙 빼. ***~ and tackle*** 고패와 고팻줄. ***go to the ~*** 단두대로 가다; 경매에 부쳐지다. — *vt.* ① 방해하다; (길을) 막다 (*up*). ② 봉쇄하다. ***~ in*** 〔***out***〕 약도를 그리다, (대체의) 설계를 하다. ***~ off*** 저지하다(check).

block·ade**[blakéid/blɔk-] *n.* Ⓒ 봉쇄, (항만) 폐쇄, 교통 차단; 경제 봉쇄. ***raise 〔***break***〕 ***a ~*** 봉쇄를 풀다〔깨뜨리다〕. — *vt.* 봉쇄하다.

blockáde-rùnner *n.* Ⓒ 밀항자.

blóck·bàll *n.* Ⓒ 〖野〗 장애구.

blóck·bùster *n.* Ⓒ 《口》 고성능의 대형 폭탄; 유력자; (신문의) 광고.

blóck dìagram (기기(器機)의) 분해 조립도; 〖컴〗 구역 도표.

blóck·hèad *n.* Ⓒ 바보.

blóck·hòuse *n.* Ⓒ 토치카; 작은 목조 요새; 로켓 발사 관제소.

block·ish[∠iʃ] *a.* 목석 같은, 어리석은.

blóck lètter 〖印〗 블록 자체.

blóck prìnting 목판 인쇄.

block·y[∠i] *a.* 뭉툭한; 농담(濃淡)의 채가 있는《사진 등》.

bloke [blouk] *n.* Ⓒ 《英俗》 놈 (fellow, chap).

:blond(**e**) [bland/-ɔ-] *a., n.* Ⓒ 블론드(의) (사람)《금발에 흰 피부임; 원래 blond는 남성형, blonde는 여성형》.

†**blood**[blʌd] *n.* ① Ⓤ 피, 혈액. ② Ⓤ 유혈, 살육. ③ Ⓤ 혈통, 가문; 순종. ④ (the ~) 왕족. ⑤ Ⓒ 《英》 혈기 왕성한 사람, 멋쟁이. ***bad*** 〔***ill***〕 ***~*** 적의(敵意). ***~ and thunder*** (통속 소설의) 유혈과 소동〔폭력〕. ***in*** 〔***out of***〕 ***~*** 기운차게〔없이〕. ***in cold ~*** 냉정히; 침착하게. ***in hot*** 〔***warm***〕 ***~*** 핏대를 올리고, 성나서. ***let ~*** 〖醫〗 방혈(放血)하다. ***make***

a person's ~ ***run cold*** (아무를) 겁에 질리게 하다.
blóod bànk 혈액 은행.
blóod bàth 대학살. 「은 형제.
blóod bróther 친형제; 피로써 맺
blóod cèll 〔**còpuscle**〕 혈구.
blóod clót 〖醫〗 혈병(血餠), (응) 혈괴((凝)血塊).
blóod cóunt 혈구수 측정.
blóod·cùrdling *a.* 소름 끼치는, 등골이 오싹하는.
blóod dònor 헌혈자.
blood·ed [blʌ́did] *a.* ① …의 피를 지닌. ② (가축 등의) 순종의, 혈통이 좋은.
blóod gròup 〔**tỳpe**〕 혈액형.
blóod·guìlty *a.* 사람을 죽인.
blóod hèat 혈온《인간의 표준 체온; 보통 37℃》.
blóod·hòrse *n.* Ⓒ 순종의 말.
blóod·hòund *n.* Ⓒ (후각이 예민한 영국산의) 경찰견; 《俗》 탐정.
blood·less [ˊ-lis] *a.* 핏기 없는; 피 흘리지 않는, 무혈의; 기운 없는; 무정한.
blóod·lètting *n.* Ⓤ 방혈(phlebotomy); 유혈.
blóod màrk 핏자국.
blóod·mobìle *n.* Ⓒ 《美》 채혈차(採血車), 긴급 혈액 수송차.
blóod mòney 살인 사례금; 《軍俗》 (적기를 격추한 자에게 주는) 공로금; 피살자의 근친에게 주는 위자료.
blóod pòisoning 패혈증(敗血症).
blóod prèssure 혈압.
blóod relátion 〔**rèlative**〕 혈족.
blóod·ròot *n.* Ⓒ 양귀비과의 식물.
blóod róyal 왕족.
***blóod·shèd** *n.* Ⓤ 유혈(의 참사); 살해; 학살.
blóod·shòt *a.* 충혈된. 「한.
blóod·stàined *a.* 피 묻은; 살인을
blóod·stòck *n.* Ⓤ 《집합적》 순종의 말. 「(血玉髓).
blóod·stòne *n.* Ⓒ,Ⓤ 〖鑛〗 혈옥수
blóod·sùcker *n.* =LEECH; 고혈을 빠는 사람, 흡혈귀; 식객.
blóod tèst 혈액 검사.
blóod·thìrsty *a.* 피에 굶주린.
blóod transfùsion 수혈(법).
blood tỳpe =BLOOD GROUP.
blóod vèssel 혈관.
blóod·wòrm *n.* Ⓒ 붉은 지렁이《낚싯밥용》.
:**blood·y** [ˊ-i] *a.* ① 피의, 피 같은; 피투성이의. ② 잔인한. ③ 《英俗》 심한《꺼리어 b—(d)y라고도 씀》. — *vt.* 피투성이를 만들다.
Blóody Máry 보드카와 토마토 주스를 섞어 만든 칵테일. 「난.
bloo·ey, -ie [blúːi] *a.* 《美俗》 고장
:**bloom**[1] [bluːm] *n.* ① Ⓒ (관상용의) 꽃. ② Ⓤ 《집합적》 (특정 장소·식물·철의) 꽃. ③ Ⓤ 개화기, 한창; (기운·아름다움의) 전성기(prime). ④ Ⓤ 건강한 얼굴빛, 앵두빛. ⑤ Ⓤ (포도 따위의 껍질의) 뿌연 가루. ***in*** (***full***) ~ 꽃이 피어; 만발하여. — *vi.* 피다; 번영하다.
bloom[2] *n.* Ⓒ 〖冶〗 쇳덩이.
bloom·er [blúːmər] *n.* 《英俗》 = BONER.
bloom·ers [blúːmərz] *n. pl.* (여자용의) 블루머《운동용 팬츠》.
***bloom·ing** [blúːmiŋ] *a.* ① 활짝 핀 (in bloom). ② 한창인, 청춘의. ③ 번영하는. ④ 《英口》 지독한. ⑤ 《反語》 어처구니 없는. ~**·ly** *ad.*
bloop [bluːp] *vt.* 〖野〗 텍사스 히트를 치다.
bloop·er [blúːpər] *n.* Ⓒ 《俗》 큰 실수; 〖野〗 역회전의 높은 공; 텍사스 히트.
:**blos·som** [blɑ́səm/-ɔ́-] *n.* ① Ⓒ (과실 나무의) 꽃(cf. flower). ② Ⓤ 《집합적》 (한 과실 나무의) 꽃(전체). ③ Ⓤ 개화(기); 청춘. ***in*** ~ 꽃이 피어. ***in full*** ~ 만발하여. — *vi.* 피다; 번영하다; (낙하산이) 펼쳐지다.
:**blot** [blɑt/-ɔ-] *n.* Ⓒ ① (잉크 따위의) 얼룩, 때(stain). ② 오점, 오명, 결점(*on*). — *vt.* (**-tt-**) ① 더럽히다. ② (글씨를) 지우다. ③ (잉크를) 빨아들이다. ~ ***out*** 지우다; 감추다. **blót·ter** *n.* Ⓒ 압지(壓紙); 기록부.
blotch [blɑtʃ/-ɔ-] *n.* Ⓒ (큼직한) 얼룩; 점, 종기(boil).
:**blótting pàper** 압지.
blot·to [blɑ́tou/-ɔ́-] *a.* 《俗》 곤드레만드레 취한.
***blouse** [blauz, -s] *n.* Ⓒ 블라우스《여자·어린이용의 셔츠식의 웃옷》; 《美》 군복의 상의(上衣).
blou·son [bláusɑ̀n, blúːzɑn, blúːzɔn] *n.* Ⓒ 여성용 재킷《허리 부분을 고무나 벨트로 대어 불룩하게 한 옷》.
†**blow**[1] [blou] *vi.* (***blew; blown,*** 《俗》 ~***ed***) ① (입으로) 불다. ② (바람이) 불다(*It is ~ing.* = *The wind is ~ing.*). ③ 바람에 날리다(*The dust ~s.*). ④ (퓨즈·진공관이) 끊어지다. ⑤ (피리가) 울리다. ⑥ 헐떡이다(pant). ⑦ (고래가) 숨을 내뿜다(spout air). ⑧ 폭발하다. ⑨ 《口》 자랑하다, 풍떨다(brag). — *vt.* ① 불다, 휘몰아치다(puff). ② (유리 그릇·비누 방울을) 불어서 만들다. ③ 취주하다. ④ 말을 퍼뜨리다. ⑤ 《美俗》 실패하다. ⑥ (파리가 쉬를) 슬다. ⑦ 《俗》 (…에) 돈을 쓰다; 한턱 내다. ⑧ 《俗》 비밀을 누설하다, 고자질하다. ⑨ (퓨즈를) 끊어지게 하다(melt). ⑩ 《俗》 저주하다(*B- it!* 빌어먹을!/*I'm ~ed if I do.* 절대 하지 않는다). ⑪ (코를) 풀다. ⑫ 《美俗》 마리화나를 피우다. ~ ***hot and cold*** 좋게 말했다 나쁘게 말했다 하다, 변덕스럽다. ~ ***in*** 《俗》 난데없이 나타나다; 들르다(drop in). ~ ***off*** 불어 날리다; (물·증기를) 내뿜다. ~ ***out*** 불어 끄다; 태풍이 멎다; (불이) 꺼지다; (용광로의) 운전을 정[지]하다, (용광로가) 활동을 정지[하다]; 펑크가 나다. ~ ***over*** (바람[이)]

다; (불행이) 지나가 버리다; (소문이) 잊혀지다. ~ ***sky-high*** 끽소리 못 하게 욱박지르다. ~ ***up*** 부풀게 하다, 《비유》 부풀다; 폭발[폭파]하다; 못쓰게 하다; (바람이) 점점 세게 불다; 〖寫〗 확대하다; 일어나다 (arise); 《口》 노하다; 꾸짖다. — *n.* Ⓒ ① (바람이) 한 번 불기. ② 취주. ③ (고래의) 숨뿜기. ④ 《口》 자만, 허풍. ⑤ 《口》 휴식, 산책.

blow² *n., vi.* (***blew; blown***) Ⓤ 개화(開花); 꽃피다(bloom¹).

:blow³ *n.* Ⓒ ① 강타, 타격(hard hit). ② 불행. ***at one*** ~ 일격에; 단번에. ***come*** [***fall***] ***to*** ~***s*** 주먹다짐을 시작하다.

blów-by-blów *a.* 상세한.

blow·er[´-ər] *n.* Ⓒ 부는 사람[것]; 송풍기; 유리를 불어 만드는 사람; (the ~) 《英俗》 전화.

blów·flỳ *n.* Ⓒ 금파리.

blów·hàrd *n.* Ⓒ 《俗》 허풍선이.

blów·làmp *n.* =BLOWTORCH.

:blown[bloun] *v.* blow¹·²의 과거분사.

blów·òut *n.* Ⓒ (공기·물의) 분출, 펑크; (퓨즈의) 용해; 《俗》 큰 잔치, 대향연. 「제트기.

blów·pìpe *n.* Ⓒ 취관(吹管); 《空俗》

blów·tòrch *n.* Ⓒ (파이프공의) 발염(發炎) 장치, 토치램프.

blów·ùp *n.* Ⓒ 폭발; 발끈 화냄; 《美》 파산; 〖寫〗 확대.

blów wàsh (제트 엔진의) 뜨거운 가스의 분출.

blow·y[blóui] *a.* =WINDY.

blowz·y[bláuzi] *a.* 단정치 못한 (untidy); 봉두난발의; 지저분한; 고상하지 못한; 얼굴이 불그레한.

blub·ber¹[blʌ́bər] *vt., vi., n.* Ⓤ 엉엉 욺; 엉엉 울다; (얼굴을) 눈물로 얼룩지게 하다, 울며 말하다.

blub·ber² *n.* Ⓤ (고래의) 기름.

blúbber lìp 두꺼운 입술.

blu·chers[blúːtʃərz] *n. pl.* (구식의) 한 장의 가죽으로 된 구두.

bludg·eon[blʌ́dʒən] *n.* Ⓒ 곤봉.

†blue[bluː] *a.* ① 푸른. ② 음울한, 우울한, 낙담한. ③ (추위·공포 따위로) 새파래진, 창백한(livid). ④ 푸른 옷을 입은. ⑤ 인텔리의《여자》. ⑥ 《口》 외설한(obscene). ⑦ 엄한《법률 따위가》. ***a ~ moon*** 거의 없는 일, 어리석은 일. ***like ~ murder*** 전속력으로. ***look*** ~ 우울해 보이다. ***once in a ~ moon*** 극히 드물게 (cf. a ~ moon). ***till all is ~*** 철저하게, 끝까지(*drink till all is* ~ 곤드레만드레 취하다). ***true*** ~ 충실한. — *n.* ① ⓊⒸ 파랑 (*dark* ~ 암청색), 남빛. ② (the ~) 푸른 하늘[바다]. ③ (*pl.*) 우울. ④ (*pl.*) 블루스《우울한 곡조의 재즈곡》. ***out of the*** ~ (청천 벽력같이) 뜻밖에, 불시의.

blúe bàby 〖醫〗 청색아《선천성 심질환·폐확장 부전의 유아》.

Blúe·bèard *n.* ① 푸른 수염《6명의 아내를 죽였다는 전설의 남자》. ② Ⓒ 잔인한 남편.

***blúe·bèll** *n.* Ⓒ 종 모양의 푸른 꽃이 피는 풀《야생의 히아신스·초롱꽃 따위》. 「그 열매.

***blúe·bèrry** *n.* Ⓒ 월귤나무의 일종;

***blúe·bìrd** *n.* Ⓒ 《一般》 푸른 새; (특히) 지빠귓과의 일종《미국산》.

blúe-bláck *a.* 암청색의.

blúe blòod 명문(名門)《피부가 희고 정맥이 비쳐 보이는 데서》; 《口》 귀족.

blúe·bònnet *n.* Ⓒ 스코틀랜드병(兵); 수레국화.

blúe bòok 영국 의회 보고서; (미국 대학 입시용의) 푸른 표지 답안지철; 《口》 신사록; 《美》 자동차 도로 안내서.

blúe·bòttle *n.* Ⓒ 〖蟲〗 금파리; 〖植〗 수레국화.

blúe-brick univérsity 《英》 전통 있는 대학.

blúe·còat *n.* Ⓒ 《美》 경관; (19세기의) 병사.

blúe-cóllar *a.* 육체 노동의, 작업복의(*a ~ worker* 공장 노동자)(cf. white-collar).

blúe dévils 우울(증).

blúe·fish *n.* Ⓒ 〖魚〗 전갱이(의 무리; 푸른 빛깔).

blúe·gràss *n.* Ⓤ 〖植〗 새포아풀속의 목초(牧草).

blúe·jàcket *n.* Ⓒ 수병.

blúe jèans 청바지《jean 또는 denim 제(製)》.

blúe làws 《美》 청교도적 금법(禁法)《주일의 오락·근로를 금지한 식민지 시대의 청교도적인 법률》.

blúe Mónday 사순절(Lent) 전의 월요일; 《美口》 우울한 월요일.

blúe·nòse *n.* Ⓒ 극단적인 도덕가, 잔소리꾼.

blúe-péncil *vt.* (《英》 ***-ll-***) (편집자가) 파란 연필로 원고를 수정하다, 정정하다.

Blúe Péter 출범기(出帆旗).

blúe·prìnt *n., vt.* Ⓒ 청사진; 계획(하다).

blúe rácer 뱀의 일종《무해》.

blúe ríbbon (가터 훈장의) 푸른 리본; 일등상, 최고의 명예; 금주회 회원장(章). 「의.

blúe-ríbbon *a.* 《口》 일류의, 최고

blúe-ríbbon júry (중대 형사 사건의) 특별 배심원.

blúe rúin 《口》 질이 낮은 진술.

blúe ský 푸른 하늘; 《美》 가짜 증권. 「단속법.

blúe-ský láw 《美》 부정 증권 거래

blúe·stòcking *n.* Ⓒ (18세기 런던의) 청탑(青鞜)회원; 여류 문학자.

blúe·stòne *n.* Ⓤ 황산동; 푸른 돌 《청회색의 바닥돌; 건축 재료》.

blúe stréak 《美口》 번개, 전광석화(같이 빠른 것).

***bluff¹**[blʌf] *n., a.* ① Ⓒ 절벽(의). ② 무뚝뚝하나 진실한. ③ 솔직한. ∠·ly *ad.*

bluff[2] *n., vt., vi.* [U,C] 허세(부리다); 속임; 속이다(cheat).
blu·ing[blú:iŋ] *n.* [U] (흰 천 세탁용) 청색 물감《표백제의 일종》.
***blu·ish**[blú:iʃ] *a.* 푸르스름한.
***blun·der**[blʌ́ndər] *n., vi., vt.* [C] 실책(을 하다), 큰 실수(를 하다); 잘못 …하다, 머뭇머뭇하다.
blun·der·buss[blʌ́ndərbʌ̀s] *n.* [C] (17-8세기의) 나팔총.

B

:blunt[blʌnt] *a.* ① 날 없는, 날이 무딘, 들지 않는(dull). ② (이해력이) 둔한(dull). ③ 거리낌 없는(outspoken). — *vt., vi.* 무디게 하다, 무디어지다. ***∠·ly** *ad.*
***blur**[blə:r] *vt., vi.* (*-rr-*) ① 더럽히다; 더러워지다. ② 흐리게 하다; 흐려지다. — *n.* [C] ① 더러움. ② 몽롱, 흐림. ③ 오점, 오명.
blurb[blərb] *n.* [C]《口》(신간 서적의 커버(jacket)에 실린) 선전[광고] 문구. 「(*out*).
blurt[blə:rt] *vt.* 무심결에 말하다
:blush[blʌʃ] *n., vi.* ① [C] 얼굴을 붉힘[붉히다]. ② 부끄러워하다. ③ 빨개지다. ***at*** (***the***) ***first*** ~ 언뜻 보아. ***put to the*** ~ 얼굴을 붉히게 만들다. ***spare a person's ~es*** 《口》수치심을 주지 않도록 하다 (*spare my ~es* 너무 칭찬 마라).
***blus·ter**[blʌ́stər] *vi., n.* [U] ① (파도·바람이) 휘몰아치다[침], 거세게 일다[일기]. ② 떠들어대다[댐], 허세부리다[부림].
Blvd. boulevard. **B.M.** Bachelor of Medicine 의학사; Bachelor of Music 음악사; ballistic missile; British Museum. **BMEWS**《美》Ballistic Missile Early Warning System 미사일 조기 경보망. **B.M.O.C.** big man on campus 인기가 있는 유력한 학생. **B. Mus.** Bachelor of Music 음악사. **Bn.** Baron. **bn.** battalion. **b.n.** bank note. **B.O.** Board of Ordnance; body odo(u)r. **b.o.** back order; bad order; box office; branch office; broker's order; buyer's option. **b/o**〖簿〗brought over.
bo·a[bóuə] *n.* [C] 큰 구렁이; 보아《모피로 만든 긴 목도리》. ~ ***constrictor*** (아메리카산의) 큰 구렁이.
B.O.A.C. British Overseas Airways Corporation.
***boar**[bɔ:r] *n.* ① [C] 수퇘지; 멧돼지 (wild ~). ② [U] 그 고기.
†**board**[bɔ:rd] *n.* ① [C] 널판. ② [C] 대판(臺板). ③ [C,U] 판지(板紙), 마분지(pasteboard). ④ [C] 식탁. ⑤ [U] 식사. ⑥ [C] 회의(council); 평의원회, 위원회. ⑦ [C] 부(部), 청, 국, 원, 처. ⑧ [C]〖海〗뱃전; [U] 배안;《美》(버스·열차 따위의) 차안, 차간. ⑨ (*pl.*) 무대. ⑩ [C]《美》증권 거래소. ⑪ [C]〖컴〗기판, 판. ***above*** ~ 공명 정대하게. ~ ***and*** [***on***] ~ (두 배가) 뱃전이 맞닿을 정도로 나란히. ~ ***and lodging*** 식사를 제공하는 하숙. ~ ***of directors*** 중역[평의원]회. ***B- of Education***《美》교육위원회;《英》교육국《구칭; 지금은 the Ministry of Education》. ~ ***of health*** 보건국. ~ ***of trade***《美》실업(추진) 연맹《chamber of commerce 비슷한 딴 기구》; (B- of T-)《英》상무성(商務省). ***go by the*** ~ (돛대가 부러져) 배 밖으로 떨어지다; 실패하다. ***on*** ~ 배[차]를 타고. ***tread the ~s*** 무대를 밟다, 배우가 되다.
— *vt.* ① (…에) 널을 대다. ② 식사를 주다. ③ 승차하다. — *vi.* ① 하숙하다(*with*). ② 식사하다(*at*). ~ ***out*** (하숙인이) 외식하다(dine out). **:∠·er** *n.* [C] 하숙인, 기숙생.
***board·ing**[∠iŋ] *n.* [U] ① (널)판장. ② 기숙.
bóarding hòuse 하숙집; 기숙사.
bóarding lìst *n.* [C] (여객기의) 승객 명부, (여객선의) 승선 명부.
bóarding òut 외식.
bóarding schóol 기숙사제 학교.
bóard mèeting 중역[이사·평의원]회.
bóard·ròom *n.* [C] (주로) 중역 회의실. 「도.
bóard·wàlk *n.* [C]《美》널을 깐 보
boar·ish[bɔ́:riʃ] *a.* 돼지 같은; 잔인한; 음욕이 성한.
:boast[boust] *vi., vt.* ① 자랑하다 (*of, about; that*). ② (…을) 가졌음을 자랑하다, 가지고 있다. **∠·er** *n.* **∠·ful** *a.* **∠·ful·ly** *ad.* **∠·ful·ness** *n.*
†**boat**[bout] *n.* [C] ① 보트. ② 기선. ③ 배 모양의 그릇(*a sauce* ~). ***burn one's ~s*** 배수의 진을 치다. ***in the same*** ~ 같은 처지에. ***take*** ~ 배를 타다. — *vi., vt.* ① 배로 가다[나르다]. ② 배에 싣다. ~ ***it*** 배로 가다. **∠·ing** *n.* [U] 뱃놀이.
boat·el[boutél] *n.* [C]《美》보텔《자가용 배로 여행하는 사람을 위한 물가의 호텔》.
bóat·hòuse *n.* [C] 보트 창고.
bóat·lòad *n.* [C] 배의 적재량; 배 한 척분의 화물.
***boat·man**[∠mən] *n.* [C] ① 뱃사공, 보트 젓는 사람. ② 보트 세 놓는 사람.
bóat·ràce *n.* [C] 보트 경조(競漕).
boat·rock·er[∠rɑ̀kər/-rɔ̀k-] *n.* [C] 문제를 일으키는 인물.
boat·swain[bóusən, bóutswèin] *n.* [C] (상선의) 갑판장; (군함의) 병조장(兵曹長).
***bob**[1][bɑb/-ɔ-] *n.* [C] ① (시계·저울 따위의) 추. ② (낚시의) 찌. ③ 홱 움직임. ④ =CURTSY. ⑤ 한 번 흔듦. ⑥ 단발(cf. shingle). ⑦ (말의) 자른 꼬리. ⑧ = BOBSLED. — *vt.* (*-bb-*) ① 홱 움직이다. ② 짧게 자르다. ③ 단발하다. — *vi.* ① 홱 움직이다, 둥실거리다. ② 홱 머리를 들다(*up*). ③ 제물낚시로 낚다(*for*)

④ 꾸벅 절〔인사〕하다(*at*).

bob[2] *n., vt.* (*-bb-*) Ⓒ 가볍게 침〔치다〕(tap[1]).

bob[3] *n.* Ⓒ《美口》실링(shilling).

bob·ber[bábər/bɔ́b-] *n.* Ⓒ《美》낚시찌.

bob·bin[bábin/-ɔ́-] *n.* Ⓒ 실감개, 보빈; 가는 실; 〖電〗(코일) 감는 틀.

bob·bish[bábiʃ/-ɔ́-] *a.*《英俗》기분 좋은; 기운찬.

bob·ble[bábəl/bɔ́b-] *vi., vt.*《美口》깐닥깐닥 상하로 움직이다; (공을) 놓치다.

「경.

bob·by[bábi/-ɔ́-] *n.* Ⓒ《英口》순

bóbby pìn《美》머리핀의 일종.

bóbby·sòcks *n. pl.*《美口》양말《발목까지 오는 소녀용》.

bóbby·sòx·er[-sàksər/-ɔ̀-] *n.* Ⓒ《口》(유행을 따르는) 10대 소녀.

bób·càt *n.* Ⓒ (아메리카산(產)의) 살쾡이(lynx).

bob·o·link[bábəlìŋk/-ɔ́-] *n.* Ⓒ〖鳥〗쌀새류《미국산》.

bób·slèd, -slèigh *n.* Ⓒ 연결 썰매; 봅슬레이 경기용 썰매. ― *vi.* ～를 타다.

bób·stày *n.* Ⓒ〖海〗제1사장(斜檣) 버팀《밧줄·쇠줄》.

bób·tàil *n.* Ⓒ 자른 꼬리(의 말·개).

bob·white[bábhwáit/bɔ́b-] *n.* Ⓒ 메추라기의 일종《북아메리카산(產)》.

Boc·cac·ci·o[boukáːtʃiòu/bɔk-], **Giovanni**(1313-75) 이탈리아의 작가·시인.

bóck (bèer)[bak(-)/bɔk(-)] *n.* Ⓤ,Ⓒ 독한 흑맥주.

「(body).

bod[bad/bɔd] *n.* Ⓒ《美俗》몸

BOD biochemical oxygen demand 생화학적 산소 요구량.

bode[1][boud] *vt., vi.* (…의) 조짐을 나타내다〔이 되다〕(～ *ill* 〔*well*〕 징조가 나쁘다〔좋다〕).

bode[2] *v.* bide의 과거.

bod·ice[bádis/-ɔ́-] *n.* Ⓒ 여성복의 몸통 부분《꽉 끼는》, 보디스.

bod·i·less[bádilis/-ɔ́-] *a.* 몸통이 없는; 실체가 없는; 무형의.

:**bod·i·ly**[bádəli/-ɔ́-] *a.* ① 몸의. ② 육체적인. ― *ad.* ① 몸소. ② 통째로, 모조리.

bod·kin[bádkin/-ɔ́-] *n.* Ⓒ 돗바늘, 송곳 바늘; 긴 머리 핀. *sit* ～ 두 사람 사이에 끼어 앉다.

†**bod·y**[bádi/-ɔ́-] *n.* ① Ⓒ 몸, 육체. ② Ⓒ 몸통 (부분). ③ Ⓒ 동의(胴衣). ④ Ⓒ 시체. ⑤ Ⓒ 주부(主部). ⑥ Ⓒ 본문《서문·일러두기·부록 따위에 대하여》. ⑦ Ⓒ 대(隊), 떼. ⑧ Ⓒ《口》사람(*an honest* ～ 정직한 사람). ⑨ Ⓒ〖理〗물체. ⑩ Ⓤ 실질, 농도(density)(*wine of a good* ～ 독한 포도주). ⑪ Ⓒ 차체, 선체. [illegible] Ⓒ 덩이(mass)(*a* ～ *of water,* [illegible] *etc.*). ～ ***and breeches*** 《美 [illegible] 완전히. ～ ***corporate*** 법 [illegible] ***Christ*** 성체 성사용의 빵. [illegible]치 통일체, 국가. ***in a*** [illegible] ***in*** ～ 몸소, 스스로. ***keep*** ～ ***and soul together*** 겨우 생계를 유지하다. ― *vt.* 형체를 주다. ～ ***forth*** 표상하다; 체현하다(embody); (…을) 마음에 그리다.

bódy·bùilder *n.* Ⓒ 보디빌딩용 기구; 보디빌딩하는 사람; 영양식; 차체 제작공. **-bùilding** *n.*

bódy·guàrd *n.* Ⓒ 호위(병).

bódy lànguage 보디 랭귀지, 신체 언어《몸짓·표정 따위 의사 소통의 수단》.

bódy shòp 차체 (수리) 공장.

bódy stòcking 보디스타킹《꼭 맞는 스타킹식의 속옷》.

bódy·wòrk *n.* Ⓤ 차체; 차체의 제작〔수리〕.

Boe·o·tian[bióuʃən] *a., n.* Ⓒ 보에오티아《고대 그리스의 한 지방》의 (사람); 느리광이(의).

Boer[bɔːr, bouər] *n.* Ⓒ 보어 사람《남아프리카 Transvaal등지의 네덜란드계의 백인》.

「은행.

B. of E. Bank of England 영국

boff[baf/bɔf] *n.* Ⓒ《美俗》큰 웃음; 폭소를 노린 대사〔짓〕; 히트(친 연극, 노래 따위).

bof·fin[báfin/-ɔ́-] *n.* Ⓒ《英俗》과학자, (군사) 연구원.

bof·fo[báfou/bɔ́f-] *a., n.*《美俗》히트의; =BOFF.

B. of H. Band of Hope 금주단(禁酒團); Board of Health 위생국.

Bó·fors (gùn)[bóufɔːrz(-), -s(-)] *n.* Ⓒ 2연장(聯裝) 자동 고사포.

B. of T. Board of Trade (영국) 상무성.

***bog**[bag, bɔ(ː)g] *n., vi., vt.* (*-gg-*) Ⓤ,Ⓒ 소택지, 수렁(에 가라앉다, 가라앉히다)(*be* ～*ged* 수렁에 빠지다; 궁지에 빠져 꼼짝 못 하다). **∠·gy** *a.* 수렁이 많은, 소택지의.

bo·gey, bo·gie[bóugi] *n.* = BOGY; Ⓒ〖골프〗기준 타수(par) 보다 하나 더 많은 타수.

bog·gle[bágəl/-ɔ́-] *vi.* 주춤거리다, 머뭇거리다(*at, about*); (말이) 겁에 질려 멈춰서다, 펄쩍 뛰어 물러서다(shy); 속이다; 시미치 떼다; 《口》실수하다.

bo·gle [bágəl/-ɔ́-] *n.* Ⓒ 도깨비, 귀신, 요괴.

Bo·go·tá[bòugətáː] *n.* 남아메리카 콜롬비아 공화국의 수도.

bog·trot·ter[bágtràtər/bɔ́gtrɔ̀-] *n.*《蔑》=IRISHMAN.

bo·gus[bóugəs] *a.*《美》가짜의, 엉터리의(sham).

bóg·wòod *n.* Ⓤ 묻힌 나무.

bo·gy[bóugi] *n.* Ⓒ 도깨비, 귀신; 유령; 《軍俗》국적 불명의 항공기.

Bo·he·mi·a[bouhíːmiə] *n.* 체코공화국 서부의 주. *～**n**[-n] *a., n.* Ⓒ 보헤미아의; 보헤미아 사람(의); Ⓤ《古》체코 말(의); 방랑의; Ⓒ (종종 b-) 방랑자; 태평스러운 (사람); 습관에 구애받지 않는.

:**boil**[1][bɔil] *vi., vt.* ① 끓(이)다; 비등하다〔시키다〕. ② 삶(아지)다, 데치

(어 지)다. ③ 격분하다. ~ *down* 졸이다; 요약하다(digest). ~ *over* 끓어 넘다; 분통을 터뜨리다. ── *n.* (the ~) 비등(상태). *at* [*on*] *the* ~ 비등하여. *∠·**er** *n.* Ⓒ 보일러; 끓이는 그릇《냄비·솥》.

boil[2] *n.* Ⓒ 〖醫〗 종기, 부스럼(cf. carbuncle).

***boil·ing**[∠iŋ] *n., a.* Ⓤ 끓음; 비등(하는); (바다가) 거칠고 사나운. *the whole* ~ 《口》 전체, 전부.

bóiling pòint 끓는점.

bóil-òff *n.* Ⓤ 〖宇宙〗 (로켓의 count-down 중의) 연료의 증발.

***bois·ter·ous**[bɔ́istərəs] *a.* ① (비바람이) 사납게 몰아치는(stormy). ② 소란스러운; 난폭한(rough); 야단법석의. ~·**ly** *ad.*

bo·ko[bóukou] *n.* (*pl.* ~**s**) Ⓒ 《英俗》 코.

bo·la(s)[bóulə(s)] *n.* (Sp.) Ⓒ (쇠뭉치가 달린) 올가미.

:bold[bould] *a.* ① 대담한. ② 거리낌 없는(forward). ③ (글씨·윤곽 따위) 굵은; 〖印〗 볼드체의; 뚜렷한. ④ 가파른(steep). *in* ~ *outline against* (*the sky*) (하늘)에 뚜렷이. *make* ~ *to* (do) 감히 …하다. *∠·**ly** *ad.* *∠·**ness** *n.*

bóld·fàce *n.* Ⓤ 〖印·컴〗 굵은 글자, 볼드체 활자.

bole[boul] *n.* Ⓒ 나무 줄기(trunk).

bo·le·ro[bəléərou] *n.* (*pl.* ~**s**) (Sp.) Ⓒ 볼레로《경쾌한 스페인 무도(곡)》; 볼레로《여자의 짧고 앞이 트인 웃옷》.

bol·i·var[bálivər/-ɔ́-] *n.* Ⓒ Venezuela 은화·화폐 단위.

***Bo·liv·i·a**[bəlíviə] *n.* ① 남아메리카의 공화국. ② Ⓤ (b-) 부드러운 모직물의 일종.

boll[boul] *n.* Ⓒ (목화·아마 따위의) 둥근 꼬투리.

bol·lard[báləлrd/-ɔ́-] *n.* Ⓒ 〖海〗 배 매는 기둥.

bol·lix[báliks/bɔ́l-] *vt.* 《俗》 엉망이 되게 하다.

boll·worm[bóulwə̀ːrm] *n.* Ⓒ 솜벌레의 유충《목화씨를 먹음》.

Bo·lo·gna[bəlóunjə] *n.* 이탈리아 북부 도시; (b-) Ⓒ,Ⓤ 볼로나 소시지《굵고 네모짐》.

bo·lom·e·ter[boulámitər/-ɔ́-] *n.* Ⓒ 〖理〗 저항 방사열계.

bo·lo·ney[bəlóuni] *n.* Ⓤ 헛소리.

***Bol·she·vik, b-**[bálʃəvìk, bóul-, bɔ́(ː)l-] *a., n.* Ⓒ 볼셰비키, 다수파[과격파]의 (당원). **-vik·i**[bálʃəvìkiː/-ɔ́-] *n. pl.* 다수파, 과격파《러시아 사회 민주당의 급진파, 러시아 공산당(1918-)의 모체》(cf. Mensheviki).

Bol·she·vism[-vìzəm] *n.* Ⓤ 과격주의[사상]. **-vist** *n.*

bol·ster[bóulstər] *n., vt., vi.* Ⓒ 긴 베개《시트 밑의》; 받침(을 대다); 메우는 물건, 메우다. ~ *up* 지지하다, (사기를) 북돋우다.

:bolt[1][boult] *n.* Ⓒ ① 빗장. ② 볼트. ③ 전광, 번갯불. ④ (큰 활의) 굵은 화살. ⑤ 도주. ⑥ (도배지·천 등의) 한 통[필]. ⑦ 《美》 탈당, 자당(自黨)의 정책[후보]에 대한 지지 거절. *a* ~ *from the blue* 청천 벽력, 아닌 밤중의 홍두깨. ── *vi.* ① 뛰어 나가다. ② 도망하다. ③ 《美》 자당(의 후보·정책)으로부터 이탈하다. ── *vt.* ① 빗장으로 걸다. ② 볼트로 죄다. ③ 《美》 탈퇴하다, 이탈하다. ④ (씹지 않고) 삼키다. ~ *in* 가두다. ~ *out* 내쫓다. ∠·**er**[1] *n.*

bolt[2] *vt.* 체질하다. ∠·**er**[2] *n.* Ⓒ 체.

bo·lus[bóuləs] *n.* Ⓒ 큰 알약《수의용》.

:bomb[bɑm/-ɔ-] *n.* ① Ⓒ 폭탄, 수류탄. ② (the ~) 원자[수소] 폭탄. ③ Ⓒ 《美俗》 (흥행의) 큰 실패. ── *vt.* 폭격하다(*be* ~*ed out* 공습으로 집을 잃다). ~ *up* (비행기에) 폭탄을 싣다. ∠·**er** *n.* Ⓒ 폭격기.

***bom·bard**[bɑmbáːrd/bɔm-] *vt.* ① 포격[공격]하다. ② 욕하다, 비방하다. *~·**ment** *n.*

bom·bar·dier[bɑ̀mbərdíər/bɔ̀m-] *n.* Ⓒ 폭격수; 《英》 포병 하사관.

bom·bast[bámbæst/-ɔ́-] *n.* Ⓤ 호언 장담. ── *a.* 《廢》 과장된. **bom·bás·tic** *a.*

bómb bày (폭격기의) 폭탄실.

bómb dispòsal 불발탄 처리.

bombed[bɑmd/-ɔ-] *a.* 《俗》 술이나 마약에 취한; 공습을 받은.

bómbing plàne 폭격기.

bómb lòad (비행기의) 폭탄 적재량.

bómb·pròof *a.* 폭탄에 견디는.

bómb ràck (비행기의) 폭탄 부착장치.

bómb·shèll *n.* Ⓒ 폭탄; 돌발 사건.

bómb·sìght *n.* Ⓒ 폭격 조준기.

bómb·sìte *n.* Ⓒ 공습 피해 지역.

bon[bɔ(ː)n, bɔ̃] *a.* (F.) =GOOD. ~ ***jour***[ʒúər] 안녕하십니까《아침·낮 인사》. ~ ***mot***[móu] 명언. ~ ***soir*** [swáːr] 안녕하십니까《저녁 인사》. ~ ***ton***[tɔ́ːn] 고상함; 상류 사회. ~ ***voyage***[vwɑːjáːʒ] (길 떠나는 사람에게) 여행 중 부디 안녕히.

bo·na fi·de[bóunə fáidi; -fàid] (L.) 진실한; 성의 있는.

bo·nan·za[bounǽnzə] *n.* (Sp.) Ⓒ (금·은의) 노다지 광맥; 《口》 대성공, 큰벌이(거리). *in* ~ 크게 수지맞아.

Bo·na·parte[bóunəpɑ̀ːrt] *n.* = NAPOLEON ~.

bon·bon[bánbɑ̀n/bɔ́nbɔ̀n] *n.* (F.) Ⓒ 봉봉《과자》.

bon·bon·nière [bɑ̀nbaníər/bɔ̀nbɔnjéər] *n.* (F.) Ⓒ 봉봉 그릇.

:bond[1][band/-ɔ-] *n.* ① Ⓒ 묶는 것, 끈, 새끼. ② Ⓒ 유대, 맺음, 인[연] (tie); (종종 *pl.*) 속박, 쇠고랑(s[hack]les); 감금. ③ Ⓒ 계약. ④ [Ⓒ] 증권, 공채 증서, 채권. [⑤ …] 인. ⑥ Ⓤ (세금 납입까[지 …]고 유치. ⑦ Ⓒ 접착[…]

따위의) 쌓는 법. ⑨ Ⓒ 〖化〗 (원자의) 결합수(結合手), 가표(價標). — *vt.* ① 채권으로 대체하다(～ *a debt*), 저당잡하다. ② 보세 창고에 넣다. ③ 결합하다. ④ (벽돌·돌을) 엇물림으로 쌓다.

bond² *a.* 사로잡힌, 노예의.

***bond·age**[´idʒ] *n.* Ⓤ 노예의 신분; 속박.

bónded fáctory 〔**míll**〕 보세 공장.

bónded wárehouse 보세 창고.

bónd·hòlder *n.* Ⓒ 공〔사(社)〕채권 소유자.

bond·man[bándmən/-ɔ́-] *n.* Ⓒ 노예; (중세의) 농노(serf).

bonds·man[´zmən] *n.* Ⓒ 보증인; =BONDMAN.

bónd·stòne *n.* Ⓒ 〖建〗 받침돌, 이음돌.

†**bone**[boun] *n.* ① Ⓒ,Ⓤ 뼈, 뼈로 만든 것. ② (*pl.*) 해골, 시체. ③ (*pl.*) 골격, 몸. ④ (*pl.*) 캐스터네츠. ⑤ Ⓒ 코르셋 따위의 뼈대, 우산의 살. ⑥ 《美俗》 (*pl.*) 주사위(dice). ～ ***of contention*** 분쟁의 씨. ***have a*** ～ ***to pick*** (*with*) (…에게) 할 말〔불만〕이 있다. ***make no*** ～***s of*** …을 태연히 하다, …을 주저하지 않다. ***make old*** ～***s*** 장수하다. ***to the*** ～ 골수까지, 완전히. — *vt.* ① 뼈를 발라내다; 골분 비료를 주다. ② 《英俗》 훔치다. — *vi.* 《俗》 공부만 들이파다(*up*).

bóne-drý *a.* 《口》 바싹 마른; 《口》 절대 금주의.

bóne dùst 골분《비료·사료》.

bóne·hèad *n.* Ⓒ 《俗》 얼간이, 바보.

bónehead pláy 〖野〗 실책.

bóne mèal (비료·사료용의) 골분.

bon·er[bóunər] *n.* Ⓒ 《俗》 큰 실수, 실책.

bóne·sètter *n.* Ⓒ (무면허) 접골사.

bóne·yàrd *n.* Ⓒ 폐차장; 《俗》 묘지.

***bon·fire**[bánfàiər/-ɔ́-] *n.* Ⓒ ① (경축의) 화톳불. ② 모닥불(*make a* ～ *of* …을 태워 버리다).

Bónfire Nìght 《英》 11월 15일의 밤(cf. guy²).

bon·go¹[báŋgou/-ɔ́-] *n.* (*pl.* ～***s***) Ⓒ 영양(羚羊)의 일종《아프리카산》.

bon·go² *n.* (*pl.* ～(***e***)***s***) Ⓒ 봉고《손으로 두드리는 세로로 긴 북, 2개 한 벌》.

bon·ho·mie [bànəmíː, ´-´/ bɔ́nɔmìː] *n.* (F.) Ⓤ 온용(溫容); 붙임성.

Bon·i·face[bánəfèis/bɔ́n-] *n.* (*or* b-) Ⓒ 여인숙의 주인.

bo·ni·to[bəníːtou] *n.* (*pl.* ～(***e***)***s***) Ⓒ 〖魚〗 가다랭이.

bon jour, bon mot ⇨BON.

***Bonn**[ban/bɔn] *n.* 구서독의 수도.

‡**bon·net**[bánit/-ɔ́-] *n.* Ⓒ ① 보닛《여자·어린애의 턱끈 있는 모자》. ② 《Sc.》 남자 모자. ③ (기계의) 덮개.

bon·ny, bon·nie[báni/-ɔ́-] *a.* 《주로 Sc.》 (혈색 좋고) 아름다운; 건강해 보이는. **bon·ni·ly** *ad.* 《英方》 아름답게; 즐거운 듯이.

bon soir, bon ton ⇨BON.

***bo·nus**[bóunəs] *n.* Ⓒ ① 보너스, 상여〔위로〕금. ② 특별 배당금, 할증금(割增金), 리베이트, 경품.

bon voyage ⇨BON.

***bon·y**[bóuni] *a.* ① 뼈의, 골질(骨質)의. ② 뼈만 앙상한, 말라 빠진.

bonze[banz/-ɔ-] *n.* Ⓒ (불교의) 중, 승려.

boo¹[buː] *int., vi., vt.* 피이!《비난·경멸·남을 놀라게 할 때 지르는 소리》; (…에게) 피이하다.

boo² *n.* Ⓤ 《美俗》 마리화나.

boob [buːb] *n.* Ⓒ 《美俗》 멍청이(fool).

bóob tùbe 《美俗》 텔레비전.

boo·by[búːbi] *n.* Ⓒ 〖鳥〗 가마우지의 일종; 멍청이(fool).

bóoby hàtch 《美俗》 정신 병원.

bóoby prìze (경기 등에서) 꼴찌상.

bóoby tràp 장난으로 꾸며 놓은 함정 장치; 〖軍〗 위장 폭탄.

bóoby-tràp *vt.* (**-*pp-***) booby trap을 장치하다.

boo·dle[búːdl] *n.* Ⓤ 뇌물; 부정이득; 많은 돈. ***the whole*** (***kit and***) ～ 모두; 누구나 다.

boo·dler[búːdlər] *n.* Ⓒ 《美俗》 독직 공무원; 수회자(收賄者).

boog·ie-woog·ie[bú(ː)giwú(ː)gi] *n.* Ⓤ 〖樂〗 부기우기《재즈피아노곡의 일종》.

boo·hoo[bùːhúː] *vi., n.* Ⓒ 엉엉 울다〔울어댐〕.

†**book**[buk] *n.* ① Ⓒ 책; (the B-) 성서. ② Ⓒ 권, 편. ③ Ⓒ 대본. ④ Ⓒ 장부; (*pl.*) 회계부. ⑤ (*pl.*) 명부. ⑥ (the ～) 기준, 규칙; 설명서. ***be at one's*** ～***s*** 공부하고 있는 중이다. ～ ***of life*** '생명 책'《천국에 들어갈 사람들의 기록》. ***bring a person to*** ～ 힐문하다. ***close the*** ～***s*** (회계) 장부를 마감하다. ***God's*** 〔***the Good***〕 ～ 성서. ***in a person's good*** 〔***bad, black***〕 ～***s*** 아무의 귀염을 받아〔마음에 들지 않아〕. ***keep*** ～***s*** 치부하다. ***like a*** ～ 정확하게; 충분히. ***on the*** ～***s*** 명부에 올라. ***speak by the*** ～ 전거를 들어 (정확하게) 이야기하다. ***suit a person's*** ～ 뜻에 맞다. ***the B- of Books*** 성서. ***without*** ～ 암기하여; 전거 없이. — *vt.* ① (장부에) 기입하다. ② (좌석을) 예약하다. ③ (…행의) 표를 사다. ④ 《口》 (행동을) 예정하다, 약속시키다. — *vi.* 좌석을 예약하다. ***be*** ～***ed*** (***for it***) 붙들려 꼼짝 못하다. ***be*** ～***ed for*** 〔***to***〕 …가는 표를 사 가지고 있다. ***be*** ～***ed up*** 예매가 매진되다; 선약이 있다.

bóok àgent 《美》 서적 외판원.

bóok·bìnder *n.* Ⓒ 제본업자〔공〕.

bóok·bìndery *n.* Ⓤ 제본(술); Ⓒ 제본소.

bóok·bìnding *n.* Ⓤ 제본(술).

B

bóok bùrning 분서(焚書), 금서; 사상 탄압.
:**bóok·càse** *n.* Ⓒ 책장, 책꽂이.
bóok clùb 도서 클럽; 독서회.
bóok concèrn 《美》 출판사.
bóok ènd 북엔드《책버팀대의 일종》.
book·ie[´i] *n.* Ⓒ 《口》 마권업자.
*__bóok·ing__ *n.* Ⓤ,Ⓒ ① 치부, 기입. ② 예약, 출연 계약; 출찰(出札). ~ *clerk* 《英》 출찰계. ~ *office* 《英》 출찰소, 매표소.
book·ish[´iʃ] *a.* 책의, 책을 좋아하는, 학식이 많은; 학자연하는; 서적상(上)의, 탁상의.
bóok jàcket 책 커버.
*__bóok·kèeper__ *n.* Ⓒ 장부계원.
bóok·kèeping *n.* Ⓤ 부기.
bóok lèarning 〔**knòwledge**〕 = BOOKLORE.
book·let[´lit] *n.* Ⓒ 팸플릿, 작은 책자.
book·lore[´lɔ̀:r] *n.* Ⓤ 탁상의 학문.
bóok lòuse 〖蟲〗 책좀.
bóok·màker *n.* Ⓒ (이익 본위의) 저작자, 편집자; 마권업자.
bóok·màking *n.* Ⓤ ① (이익 본위의) 저작; 서적 제조. ② 마권 영업.
book·man[´mən] *n.* Ⓒ 학자, 문인; 출판업자; 제본소.
bóok·màrk(er) *n.* Ⓒ 서표(書標).
bóok màtches 종이 성냥.
book·mo·bile[´moubì:l] *n.* Ⓒ 《美》 이동 도서관.
bóok nòtice (신문·잡지의) 신간 도서 안내.
bóok·plàte *n.* Ⓒ 장서표(藏書票) (*ex libris*).
bóok·ràck *n.* Ⓒ 책장, 책꽂이; 독서대(臺).
bóok ràte 《美》 서적 우편〔소포〕요금.
bóok·rèst *n.* Ⓒ 독서대, 서안(書案).
bóok reviѐw 서평.
*__bóok·sèller__ *n.* Ⓒ 책장수.
*__bóok·shèlf__ *n.* (*pl.* ***-shelves***) Ⓒ 서가, 책선반.
bóok·stàll *n.* Ⓒ 헌 책 파는 노점.
bóok·stànd *n.* Ⓒ 《美》 서가(書架); = BOOKSTALL.
:**bóok·stòre,** :**-shòp** *n.* Ⓒ 서점.
book·sy[búksi] *a.* 《口》 책〔학문〕을 좋아하는 척하는.
bóok tòken 《英》 도서 구입권.
bóok vàlue 장부 가격.
bóok·wòrk *n.* Ⓤ 서적〔교과서〕에 의한 연구; 서적 인쇄.
*__bóok·wòrm__ *n.* Ⓒ 좀; 독서광.
:**boom**[1][bu:m] *n.* Ⓒ ① (종·대포·파도·먼 데서 울리는 천둥 따위의) 쿵〔콩〕 소리, 울림. ② 벼락 경기, 붐. ③ 급등. — *vi.* ① 진동하다, 울리다. ② 경기〔인기〕가 오르다. — *vt.* 경기가 일게 하다; (후보자를) 추어올리다, 선전하다. ´**·ing** *a.*
boom[2] *n.* Ⓒ 〖海〗 돛의 아래 활대; (항구의) 방재(防材); 기중기의 가로대.
bóom-and-búst *n.* Ⓒ 《口》 (불경기 전후에 일어나는) 벼락 경기, 일시적 호황.
boom·er[bú:mər] *n.* Ⓒ 《특히 美》 신흥 지역으로 모이는 사람; 뜨내기 노동자; 《濠俗》 큰 수캥거루.
*__boom·er·ang__[bú:məræ̀ŋ] *n.* Ⓒ 부메랑《던진 자리로 되돌아오는 오스트레일리아 토인의 무기》; 하늘에 대고 침뱉기, 긁어부스럼.
bóom tòwn (벼락 경기로 생긴) 신흥 도시.
*__boon__[1][bu:n] *n.* Ⓒ ① 은혜, 혜택, 이익. ② 《古》 부탁.
boon[2] *a.* 유쾌한(merry), 명랑한 (gay); 《雅》 (날씨가) 기분이 좋은.
boon·dog·gle[bú:ndɑ̀gəl/-ɔ̀-] *n., vi.* Ⓒ 《口》 쓸데 없는 짓(을 하다).
boor[buər] *n.* Ⓒ 시골뜨기(rustic), 농사꾼; 우락부락한 사나이. ~**·ish** [búəriʃ] *a.*
*__boost__[bu:st] *n., vt.* Ⓒ ① 뒤에서 밂〔밀다〕. ② (값을) 인상함〔하다〕.
boost·er[bú:stər] *n.* Ⓒ 《美》 후원자(supporter); 〖電〗 승압기; (텔레비전·라디오 등의) 증폭기; 〖로켓〗 부스터《미사일·로켓의 보조 추진 장치》, 보조 로켓. ~ ***shot*** 〖醫〗 두 번째의 예방 주사.
bóoster ròcket 부스터로켓《로켓·미사일의 추진·증속(增速)에 쓰는 보조로켓》.
:**boot**[1][bu:t] *n., vt.* Ⓒ ① (보통 *pl.*) 《美》 장화(를 신기다); 《英》 목 긴 구두(를 신다). ② 구둣발질(하다). ③ 《口》 해고(하다). ④ 《俗》 (미해군의) 신병. ⑤ 칼집 모양으로 된 보호 커버. ⑥ 〖컴〗 띄우다(*up*)《(운영 체제를) 컴퓨터에 판독시키다; 그 조작으로 가동할 수 있는 상태로 하다》. ***big in one's ~s*** 뽐내어. ***die in one's ~s*** 변사하다(die by violence). ***get*** 〔***give***〕 ***the ~*** 《口》 해고되다〔하다〕. ***have one's heart in one's ~s*** 겁을 집어먹다; 깜짝 놀라다. ***lick the ~s of*** …에게 아첨하다. ***like old ~s*** 《美俗》 맹렬〔철저〕히. ***Over shoes, over ~s*** 《속담》 이왕 내친 걸음이면 끝까지. ***The ~ is on the other leg.*** 사실은 정반대다; 당치도 않다. ***wipe one's ~s on*** …을 모욕하다.
boot[2] *n.* Ⓤ 《古·方》 덤. ***to ~*** 덤으로. — *vt.* 《古·詩》 쓸모 있다.
bóot·blàck *n.* Ⓒ 《美》 구두닦이.
bóot càmp 《口》 (미국 해군의) 신병 훈련소.
boot·ee[bú:ti:, —´] *n.* Ⓒ (보통 *pl.*) 여자용의 목긴 구두; 어린이용의 부드러운 털실 신.
Bo·ö·tes[bouóuti:z] *n.* 〖天〗 목자자리《일등성 Arcturus를 포함하는 북방 별자리》.
bóot-fàced *a.* 엄한 표정의, 무표정한, 무뚝뚝한.
:**booth**[bu:θ/bu:ð] *n.* (*pl.* ~***s*** [bu:ðz]) Ⓒ ① 오두막. ② 노점, 매점. ③ 공중 전화 박스; (선거용) 가설 기표소.
bóot·jàck *n.* Ⓒ 장화 벗는 기구.

bóot·làce *n.* Ⓒ《주로 英》 구두끈.
bóot·lèg *vt.* (*-gg-*), *n.*《美》(주류를) 밀매[밀수]하다; Ⓤ 밀매[밀수]주. **~ger** *n.* Ⓒ 밀매[밀수]자.
boot·less[búːtlis] *a.* 무익한.
bóot·lìck *vt., vi.*《美俗》 아첨하다.
bóot·stràp *n.* Ⓒ (보통 *pl.*) ① 편상화의 손잡이 가죽. ②〖컴〗 부트스트랩《예비 명령에 의해 프로그램을 로딩(loading)하는》.
bóot trèe 구둣골.
*__boo·ty__[búːti] *n.* Ⓤ《집합적》① 전리품; 포획물. ② (사업의) 이득.
booze[buːz] *n., vi., vt.* Ⓤ《口》 술(을 들이키다)(drink deep); Ⓒ 주연. **bóoz·y** *a.*《口》 술취한.
bop[bɑp/-ɔ-] *n.* = BEBOP.
bo·peep[boupíːp] *n.* Ⓤ '아웅 깍꿍' 놀이. ***play ~*** 아웅놀이하다, (행동이) 신출 귀몰하다, (좀처럼) 정체를 드러내지 않다.
BOQ Bachelor Officers' Quarters; Battalion Officers' Quarters. **bor.**〖化〗 boron; borough.
bo·ra[bɔ́ːrə] *n.* Ⓒ ① 보라《아드리아해 연안 겨울의 건조한 북동 한풍》. ②《濠》 원주민의 성인식.
bo·rac·ic[bərǽsik] *a.*〖化〗 =BORIC.
bor·age[bə́ːridʒ, bɔ́(ː)-, bɑ́-] *n.* Ⓤ〖植〗 서양지치.
bo·rate[bɔ́ureit, bɔ́ː-] *n., vt.* Ⓤ 붕산염(으로 처리하다).
bo·rax[bɔ́urəks, bɔ́ː-] *n., a.* Ⓤ〖化〗 붕사;《俗》 값싸고 번쩍이는 (것).
bo·ra·zon[bɔ́ːrəzɑ̀n/-zɔ̀n] *n.* Ⓤ〖化〗 보라존《다이아몬드보다 굳은 질화붕소의 결정체》.
Bor·deaux[bɔːrdóu] *n.* 보르도《프랑스 남서부의 항구 도시》; Ⓤ 보르도(산의) 포도주. **~ *mixture*** 보르도액《살충·살균제》.
†**bor·der**[bɔ́ːrdər] *n.* Ⓒ ① 가, 가장자리; 가선. ② 경계(boundary); 국경, 변경. ― *vt., vi.* ① 접하다. ② 가를 두르다. **~ *on* [*upon*]** …에 접하다; …와 비슷하다(resemble).
bor·de·reau[bɔ̀ːrdəróu] *n.* Ⓒ 명세서, 각서. 「대.
bórder·lànd *n.* Ⓒ 국경[중간] 지
*__bórder·lìne__ *n., a.* ① Ⓒ 경계선(의). ② 이것도 저것도 아닌(*a ~ case* 이것도 저것도 아닌 것[경우]).
:**bore**[1][bɔːr] *v.* bear[2]의 과거.
:**bore**[2] *n., vt., vi.* Ⓒ ① 송곳 구멍, 시굴공(試掘孔). ② 총구멍; 구경. ③ 구멍(을 뚫다). ④ 싫증[넌더리]나게 하다; 싫증나게 하는 사람[일]. **∠·some** *a.* 싫증나는.
bore[3] *n.* Ⓒ 밀물, 해일.
bo·re·al[bɔ́ːriəl] *a.* 북쪽의; 북풍의.
Bo·re·as[bɔ́ːriəs] *n.*〖그神〗 북풍의 신; Ⓤ《詩》 북풍.
*__bore·dom__[bɔ́ːrdəm] *n.* Ⓤ 권태; Ⓒ 지루한 것.
bo·ric[bɔ́ːrik] *a.* 붕소(硼素)의, 붕소를 함유하는. **~ *acid*** 붕산.
bo·ride[bɔ́ːraid] *n.* Ⓤ〖化〗 붕화물(硼化物).
*__bor·ing__[bɔ́ːriŋ] *n.* Ⓤ 구멍뚫기; (채광의) 시굴, 보링. ― *a.* 싫증[진저리]나게 하는.
†**born**[bɔːrn] *v.* bear[2]의 과거분사. ― *a.* 태어난; 타고난. ***~ and bred,*** or ***bred and ~*** 토박이의, 순수한. ***~ of woman*** 무릇 인간으로 태어난. ***in all one's ~ days*** 나서 지금까지.
:**borne**[bɔːrn] *v.* bear[2]의 과거분사.
Bor·ne·o [bɔ́ːrniòu] *n.* 보르네오(섬).
bo·ron[bɔ́ːrɑn/-rɔn] *n.* Ⓤ〖化〗 붕소(硼素).
*__bor·ough__[bə́ːrou/bʌ́rə] *n.* Ⓒ ①《美》 자치 읍·면; (New York 시의) 독립구. ②《英》 자치 도시; 국회의원 선거구(로서의 시). ③ (the B-)(런던의) Southwark 자치구.
†**bor·row**[bɔ́ːrou, bɑ́r-/bɔ́r-] *vt., vi.* 빌리다, 차용하다. ***~ troubles*** 부질없이 걱정을 하다. ***~·er*** *n.*
bort[bɔːrt] *n.* Ⓤ 저품질의 다이아몬드《공업용》; 다이아몬드 부스러기.
bor·zoi[bɔ́ːrzɔi] *n.* Ⓒ (러시아의) 보르조이 개. 「SENSE.
bosh[bɑʃ/-ɔ-] *n., int.*《口》 =NON-
bos'n[bóusn] *n.*〖海〗 =BOATSWAIN.
Bos·ni·a and Her·ze·go·vi·na [bɑ́zniə ɑnd hɛ̀ərtsəgouvíːnə/bɔ́z-] 보스니아 헤르체고비아《옛 유고슬라비아 연방에서 독립한 공화국》.
:**bos·om**[búzəm, búː-] *n.* Ⓒ ① 가슴. ② (의복의) 흉부, 품;《美》 셔츠의 가슴(dickey). ③ 가슴속, 내부. ④ (바다·호수의) 표면. ― *a.* 믿고 있는(*a ~ friend* 친구). ― *vt.* 껴안다; 마음속에 간직하다.
:**boss**[1][bɔːs, bɑs/bɔs] *n., vt., vi.* Ⓒ《口》 두목, 보스; 감독(하다); (…의) 우두머리가 되다. **∠·y**[1] *a.*
boss[2] *n.* Ⓒ 둥근 돌기, 사마귀;〖建〗 둥근 돋을새김, 양각 장식. **∠·y**[2] *a.*
bos·sa no·va [bɑ́sə nóuvə/bɔ́s-] 보사노바《브라질 기원의 재즈·춤》.
bóss-èyed *a.*《英俗》 애꾸눈의; 사팔뜨기의; 일방적인.
bóss shót《英俗》 잘못 쏨; 실수; 서투른 기획.
:**Bos·ton** [bɔ́ːstən, bɑ́s-/bɔ́s-] *n.* 보스턴《미국 Massachusetts주의 주도》.
Bóston Téa Pàrty, the〖美史〗 보스턴 차(茶) 사건(1773).
BOT balance of trade; beginning of tape〖컴〗 테이프 시작.
B.O.T. Board of Trade.
*__bo·tan·i·cal__[bətǽnikəl] *a.* 식물학의.
botánical gárden(s) 식물원.
:**bot·a·ny**[bɑ́təni/-ɔ́-] *n.* Ⓤ 식물학. ***-nist** *n.* **-nize**[-nàiz] *vi.* 식물을 채집[연구]하다.
botch[bɑtʃ/-ɔ-] *vt.* 서투르게 수선하다(*up*); 망치다(spoil). ― *n.* Ⓒ 서투른 수선, 흉한 기움질.
bótch-ùp *n.*《口》 =BOTCH.

bo·tel[boutél] *n.* =BOATEL.
bot·fly[bátflài/-ɔ́-] *n.* Ⓒ 말파리.
†**both**[bouθ] *pron., a.* 둘 다(의), 쌍방(의). ― *ad.* 다같이(alike). ~ ***...and...*** …이기도 하고 …이기도 하다, …도 …도.
:**both·er**[báðər/-ɔ́-] *vt., n.* ① (…을) 괴롭히다, 귀찮게[성가시게] 하다; Ⓒ 귀찮은 사람[일]. ② Ⓤ 법석(fuss). ― *vi.* 괴로워하다, 번민하다. ***B-*** (*it*)! 귀찮아!, 지긋지긋하다! ~**·a·tion**[bàðəréiʃən/bɔ̀ð-] *n., int.* =BOTHER. (*n.*); 귀찮아!
both·er·some[báðərsəm/bɔ́ð-] *a.* 귀찮은, 성가신.
bó trèe[bóu-] (인도의) 보리수.
Bot·swa·na[batswɑ́:nə/bɔts-] *n.* 아프리카 남부의 독립국《수도는 Gaborone》.
†**bot·tle**[bátl/-ɔ́-] *n.* ① Ⓒ 병. ② Ⓒ 젖병. ③ (the ~) 술. ― *vi.* ① 병에 담다. ②《英俗》(범인을) 붙잡다. ③ (감정을) 억누르다(*up*).
bóttle bàby 우유로 키운 아이.
bóttle-fèd *a.* 인공 영양의, 우유로 자란.
bóttle·nèck *n.* Ⓒ 애로; 장애.
bóttle·nòse *n.* Ⓒ 〖動〗 돌고래의 일종《약 3 미터》; 주먹코, (술꾼의) 주부코. 「파티.
bóttle pàrty 술을 각자 지참하는
bóttle-wàsher *n.* Ⓒ 병 씻는 사람[기계];《英口》잡역부; (신분이나 지위의) 말석.
†**bot·tom**[bátəm/-ɔ́-] *n.* ① Ⓒ (밑) 바닥, 기초. ② Ⓒ 바다 밑, 물밑. ③ Ⓒ 근거, 원인. ④ Ⓒ 배 밑; 배, 선복(船腹). ⑤ Ⓒ (의자의) 앉는 부분, (바지의) 궁둥이. ⑥ Ⓤ 말석, 꼴찌. ⑦ (the ~)《稀》저력, 끈기. ⑧ Ⓒ 〖野〗 한 회(回)의 말(*the ~ of the fifth,* 5회 말). ***at*** (***the***) ~ 실제로는, 마음속은. ~ ***up*** 거꾸로. ***go to the*** ~ 가라앉다; 탐구하다. ***stand on one's own*** ~ 독립하다. ***touch*** ~ 바닥에 닿다, (값이) 밑바닥으로 떨어지다; 좌초하다. ― *vt.* 바닥을 대다; (…을) 근거로 하다. ― *vi.* 기초를 두다, 기인하다(rest) (*on*). ― *a.* 바닥의, 최저의(*the ~ price* 최저 가격/*the ~ doller* 마지막 1달러). *~**·less** *a.* 「의.
bóttom·mòst *a.* 제일 밑의, 최저
bóttom líne, the 최저값; 수지 결산; (계상된) 순이익, 손실; 최종 결과[결정];《口》요점.
bot·u·lin[bátʃəlin/bɔ́-] *n.* Ⓤ 〖醫〗 보툴리누스 (독소)《식중독의 원인이 됨》.
bot·u·lism[bátʃəlìzəm/bɔ́tju-] *n.* Ⓤ 보툴리누스 중독.
bou·doir[bú:dwɑ:r] *n.* (F.) Ⓒ (상류) 부인의 침실.
bouf·fant[bu:fɑ́:nt] *a.* (소매나 스커트 등이) 불룩한.
bou·gain·vil·lae·a[bù:gənvíliə] *n.* Ⓒ 〖植〗 부겐빌리아《빨간 꽃이 피는 열대 식물》.
:**bough**[bau] *n.* Ⓒ 큰 가지.
†**bought**[bɔ:t] *v.* buy의 과거(분사).
bouil·lon[búljɑn/búljɔn] *n.* (F.) Ⓤ 부용《소·닭고기의 맑은 수프》.
boul·der[bóuldər] *n.* Ⓒ 크고 둥근 돌, 옥석.
Bou·le[bú:li:] *n.* Ⓒ (근대 그리스의) 의회, 하원; (b-) 〖古그〗 입법 의회.
boul·e·vard[bú(:)ləvɑ̀:rd] *n.* (F.) Ⓒ 불바르, (가로수가 있는) 넓은 길;《美》큰길, 대로.
boul·e·var·dier[bù(:)ləvɑ:rdíər] *n.* Ⓒ 파리의 카페 단골; 플레이보이.
***bounce**[bauns] *vi.* ① 뛰어오르다, 껑충 뛰다(jump). ② 튀다. ③《주로 英》허풍을 치다(talk big). ― *vt.* ① 튀어 돌아오게 하다. ②《口》꾸짖다. ③《英》을러서 …시키다 (*into, out of*). ④《美俗》해고하다. ― *n.* Ⓒ 튀어 올라옴, 되튐; Ⓤ 원기;《英俗》허풍, 허세; (the ~)《美俗》해고. ― *ad.* 툭 튀어; 불쑥, 갑자기. **bóunc·er** *n.* Ⓒ 거대한 것; 뛰는 사람[것]; 허풍;《英俗》허풍선이;《美俗》경호인《나이트클럽 따위의》. **bóunc·ing** *a.* 튀는; 거대한; 강한; 기운찬, 원기 왕성한; 허풍떠는.
:**bound**[1][baund] *n.* Ⓒ ① 경계. ② (보통 *pl.*) 한계, 범위, 한도(limits). ***keep within ~s*** 절도(節度)가 있다, 도를 지나치지 않다. ***know no ~s*** 끝이 없다, 심하다. ― *vt.* ① 한정하다(limit). ② 경계를 접하다. ― *vi.* (…와) 인접하다(*on*).
:**bound**[2] *n.* Ⓤ,Ⓒ 뜀; (공 따위가) 되튐; 탄력. ― *vi., vt.* 뛰다; 되튀(게 하)다, 튀다.
:**bound**[3] *v.* bind의 과거(분사). ― *a.* (…할) 의무가 있는(*to* do); 제본한; 확실한;《美口》결심을 한. ~ ***up*** 열중하여(*in*); 밀접한 관계에 (*with*). ***I'll be ~.*** 틀림없어.
:**bound**[4] *a.* …행의(*for*); …에 가는 (*Where are you ~?* 어디 가십니까?). 「한계.
:**bound·a·ry**[báundəri] *n.* Ⓒ 경계,
bound·en[báundən] *a.*《英古》책임[의무] 있는;《古》은혜를 입고 (*to*). ***one's ~ duty*** 본분.
bóund·er *n.* Ⓒ《英口》버릇 없는 사람, 벼락 출세자(upstart).
***bóund·less** *a.* 한없는.
***boun·te·ous**[báuntiəs] *a.* 활수한 (generous); 풍부한.
boun·ti·ful[báuntifəl] *a.* =⇧.
***boun·ty**[báunti] *n.* ① Ⓤ 활수함, 관대(generosity). ② Ⓒ 하사품(gift); 장려금; 보수.
bóunty hùnter 현상금을 탈 목적으로 범인을[맹수를] 쫓는 사람.
***bou·quet**[boukéi, bu:-] *n.* Ⓒ 꽃다발; Ⓤ,Ⓒ 향기(aroma).
Bour·bon[búərbən, bɔ́:r-] *n.* Ⓒ (프랑스의) 부르봉 왕가의 사람;《蔑》완고한 보수(정치)가; (b-)[bɔ́:r-] Ⓤ,Ⓒ 버본 위스키.

*__bour·geois__[buərʒwɑ́:, ⌐—] *a., n.* (F.) (*pl.* ~) ① Ⓒ 〖프史〗 중산 계급의 (사람). ② Ⓒ (현대의) 유산 계급의 (사람), 부르조아(의) (opp. proletariat).

bour·geoi·sie[bùərʒwɑ:zí:] *n.* (F.) (the ~) 〖史〗 중산 계급; (무산 계급에 대한) 유산〔부르조아〕 계급.

Bour·ki·na Fas·so[buərkí:nə fɑ́:sou] *n.* 부르키나파소《아프리카 서부의 공화국》.

bourn(e)[1][buərn, bɔ:rn] *n.* Ⓒ 시내, 개울. 「(지).

bourn(e)[2] *n.* Ⓒ《古》경계; 목적

bourse[buərs] *n.* (F.) Ⓒ (특히 파리의) 증권 거래소.

bou·stro·phe·don[bù:strəfí:dən, bàu-] *n., a., ad.* Ⓤ 첫행을 우측에서 좌측으로 다음 행을 좌측에서 우측으로 번갈아 쓰는 초기 그리스어의 서법(의, 으로).

*__bout__[baut] *n.* Ⓒ (일·발작 따위의) 한 바탕, 한참(spell); 한판. ***drinking*** ~ 주연.

bou·tique[bu:tí:k] *n.* Ⓒ 가게; 여성복 장식품점.

bou·ton·nière[bù:təníər] *n.* (F.) Ⓒ 단추 구멍에 꽂는 꽃.

bou·zou·ki[buzú:ki] *n.* Ⓒ 부주키《만돌린 비슷한 그리스의 현악기》.

bo·vine[bóuvain] *a., n.* Ⓒ 소과의 (동물); 소의; 소 같은, 느린.

bóvine grówth hòrmone 소의 성장 호르몬(제)《생략 bGH》.

Bov·ril[bɑ́vril/-ɔ́-] *n.* Ⓤ 〖商標〗 (쇠)고기 정(精).

bov·ver[bɑ́vər/bɔ́v-] *n.* Ⓒ《英俗》(불량 소년들에 의한) 소란, 싸움, 폭력 사건.

bóvver bòot (보통 *pl.*)《英俗》(불량 소년이 신는) 바닥에 징을 박은 구두.

:**bow**[1][bou] *n.* Ⓒ ① 활. ② (현악기의) 활(의 한 번 당기기). ③ 나비 넥타이(bow tie); =BOWKNOT. ④ 만곡부. ***bend*** 〔***draw***〕 ***the*** 〔***a***〕 ***long*** ~ 허풍 떨다. — *vt., vi.* 활 모양으로 휘(어지)다; (현악기를) 켜다. ⌐·**ing** *n.* Ⓤ (현악기의) 운궁법(運弓法).

:**bow**[2][bau] *n.* Ⓒ, *vi.* ① 인사(하다), 절(하다), 머리를 숙이다. ② 몸을 굽힘〔굽히다〕. ③ 굴복하다(yield)(*to*). ~ ***and scrape*** 절을 하며 왼쪽 발을 뒤로 빼다《옛날의 정중한 인사》; 지나치게 굽신굽신하다; 아첨하다. ~ ***down*** 인사하다(*to*). — *vt.* 구부리다(bend); 굴복시키다. 「리.

*__bow__[3][bau] *n.* Ⓒ 이물, 함수, 뱃머

Bów bélls[bóu-] (런던 구시내의) St. Mary-le-Bow 성당의 종; 그 종소리가 들리는 범위; 런던 토박이.

bowd·ler·ize[báudləràiz, bóud-] *vt.* (책의) 속악한〔상스러운〕 곳을 삭제하다(expurgate).

:**bow·el**[báuəl] *n.* ① Ⓒ 장(腸)의 일부. ② (*pl.*) 창자; 내부. ③ (*pl.*)《古》동정. ~***s of mercy*** 자비심. ***move the*** ~***s*** 대변을 보게 하다.

bówel mòvement 배변(排便), 변통(便通)《생략 BM》.

bow·er[1][báuər] *n.* Ⓒ 정자; 나무 그늘; 내실; 침실. ~·**y**[báuəri] *a.* 나무 그늘의.

bow·er[2] *n.* Ⓒ 이물닻, 주묘(主錨).

bow·er[3] *n.* (euchre에서) 최고의 패. ***the best*** ~ 조커. ***the left*** ~ 으뜸패와 같은 빛의 다른 잭. ***the right*** ~ 으뜸패의 잭.

bow·er[4] *n.* Ⓒ 절하는 사람; 굴복자.

bow·fin[bóufìn] *n.* =MUDFISH.

bów·ie (**knìfe**)[bóui(-), bú:i(-)] *n.* Ⓒ (외날의) 사냥칼.

bów·knòt[bóu-] *n.* Ⓒ 나비매듭.

:**bowl**[1][boul] *n.* Ⓒ ① 대접, 사발, 공기(의 양); 큰 잔. ② (the ~) 음주, 주연. ③ 저울의 접시, (숟가락의) 오목한 부분, (파이프의) 대통. ④ 축구 경기장.

:**bowl**[2] *n.* ① Ⓒ (bowling 등의) 나무공. ② (*pl.*) (잔디에서 하는) 볼링 경기. — *vt.* ① (공을) 굴리다, 볼링을 하다. ② (차를) 굴리다. ③ 〖크리켓〗 투구하다. ④ (마차가) 미끄러지듯 달리다(*along*). ~ ***down*** 〔***over***〕 쓰러뜨리다; 당황하게 하다. ~ ***out*** 〖크리켓〗 아웃시키다; 지우다. *⌐·**ing** *n.* Ⓤ 볼링《구기》. ~***ing alley*** 볼링장, 볼링공의 주로(走路). ~***ing green*** 잔디 볼링장.

bowl·der[bóuldər] *n.* =BOULDER.

bow·leg[bóulèg] *n.* Ⓒ 앙가발, O형 다리, 내반슬. ~·**ged**[-id] *a.* 앙가발이의. 「모.

bowl·er[1][bóulər] *n.* Ⓒ《英》중산

bowl·er[2] *n.* Ⓒ 공 굴리는〔볼링하는〕 사람; 〖크리켓〗 투수.

bow·line[bóulin, -làin] *n.* Ⓒ 〖海〗 (가로돛의 양끝을 팽팽하게) 당기는 밧줄; =⌐ **knòt** 일종의 옭매듭.

bow·man[bóumən] *n.* Ⓒ 활잡이, 궁술가(archer).

bow·ser[báuzər] *n.* Ⓒ (공항의) 급유용 트럭;《濠》급유용 펌프.

bów·shòt[bóu-] *n.* Ⓒ 화살이 닿는 거리, 사정 거리.

bow·sprit[bóusprìt, báu-] *n.* Ⓒ 〖船〗 제일사장(第一斜檣).

bow·string [bóustrìŋ] *n., vt.* (~***ed*** or -***strung***) Ⓒ (활) 시위; 교수용 밧줄; 교살(하다).

bów tíe[bóu-] 나비 넥타이.

bów wíndow[bóu-] 활 모양의 퇴(退)창.

*__bow·wow__[báuwáu] *n., vi.* Ⓒ 멍멍(짖다).

box[1][bɑks/-ɔ-] *n.* Ⓤ,Ⓒ 〖植〗 회양목; Ⓤ 그 재목.

†**box**[2] *n.* Ⓒ ① 상자. ② (상자에 든) 선물(*a Xmas* ~). ③ 상자 모양의 것. ④ (신문·잡지의) 선을 두른 기사. ⑤ 마부석; (극장의) 특등석; 배심〔증인〕석(席); 〖野〗 타자석. ⑥ 초막(哨幕)(booth). ⑦《美》사서함. ⑧《美俗》여성의 성기. ⑨《俗》텔레비전. ***be in a*** (***tight***) ~ 어찌할 바를 모르고 있다. ~ ***and needle***

나침반. ***in the same ~*** 같이 곤란한 입장으로. ***in the wrong ~*** 장소를 잘못 알아, 잘못하여. — *vt., vi.* 상자에 넣다(*up*); 상자 모양으로 만들다; 칸막다; 상자를 달다. ***~ off*** 칸막다; 〖海〗 뱃머리를 돌리다. ***~ the compass*** (토론이) 결국 원점으로 되돌아 가다.

box³ *n., vt., vi.* Ⓒ 따귀(를 갈기다); 손〔주먹〕으로 갈기다; 권투하다. ***~ on the ear(s)*** 빰따귀를 때리다. *****∠·er** *n.* **‡∠·ing** *n.* Ⓤ 권투.

Bóx and Cóx 동시에는 안 나타나는 두 사람; 한 역할을 교대로 하는 두 사람《J. M. Morton의 희극 중의 인물에서》.

bóx·càr *n.* Ⓒ 유개 화차.

bóxer shòrts 《美》 허리에 고무를 넣은 헐렁한 남성 바지.

Bóxing Dày 《英》 크리스마스의 이튿날《고용인·우편 배달부에게 Xmas box를 줌》.

bóxing glòve 권투 장갑, 글러브.

bóxing wèight 권투 선수의 체중 등급.

bóx jùnction 《英》 (교차점의) 정지 금지 구역《격자형의 노란선이 그어져 있음》.

bóx·kèeper *n.* Ⓒ (극장의) 좌석계원.

bóx kìte 상자 모양의 연《주로 기상 「관측용》.

bóx lùnch 《美》 (특히 주문받아 만드는 샌드위치, 튀김 닭, 과일 등의) 도시락.

bóx nùmber 《美》 사서함 번호; (신문의) 광고 반신용 번호《익명 광고주의 주소 대용임》.

bóx òffice 매표소.

bóx-òffice *a.* (연극·영화 따위가) 인기 있는, 크게 히트한.

bóx-office succéss (흥행의) 대성공.

bóx séat (극장 따위의) 박스석, 특별 좌석.

bóx sùpper 《美》 box lunch를 팔아 기금을 모으는 자선 단체·교회가 주최하는 파티.

†boy[bɔi] *n.* Ⓒ ① 사내아이, 소년. ② 남(자)학생(*a college ~* 대학생). ③ (친숙하게) 놈, 녀석. ④ 급사, 보이. ***my ~*** 애《호칭》. **‡∠·hood** *n.* Ⓤ 소년기; 소년 사회. *** ∠·ish** *a.*

***boy·cott**[bɔ́ikɑt/-kɔt] *vt.* 불매(不買)동맹을 하다, 배척〔보이콧〕하다. — *n.* Ⓒ 보이콧, 불매동맹.

‡boy·friend[bɔ́ifrènd] *n.* Ⓒ 《口》 (여성의) 애인, 남자 친구.

***bóy scòut** 소년단원《the Boy Scouts의 단원》.

bp. baptized; birthplace; bishop. **B/P** bills payable 지급어음 (cf. B/R). **b.p.** boiling point. **B.Ph., B.Phil.** Bachelor of Philosopy. **BPI** 〖컴〗 Bits Per Inch 인치당 비트 수. **BPS** 〖컴〗 Bits Per Second 초당 비트 수. **Br** 〖化〗 bromine. **Br.** Britain; British. **B/R** bills receivable 받을어음(cf. B/P).

bra[brɑ:] *n.* 《美口》 =BRASSIERE.

brace**[breis] *n.* Ⓒ ① 지주(支柱), 버팀대(prop). ② 〖建〗 거멀장; 꺾쇠; 죄는 끈; (보통 *pl.*) 중괄호(《{ }》). ③ (사냥개 따위의) 한 쌍. ④ (보통 *pl.*) 《英》 바지멜빵. ⑤ 〖醫〗 부목(副木); (보통 *pl.*) 치열 교정기(齒列矯正器). ***~ and bit 손잡이가 굽은 송곳, 회전 송곳. — *vt., vi.* ① 버티다, 죄다. ② 긴장시키다. ③ 〖印〗{ }로 묶다. ***~ (oneself) up*** 기운을 내다. **brác·er** *n.* Ⓒ 밧줄, 띠; 《口》 술, 흥분제. *** ∠·let** *n.* Ⓒ 팔찌.

brác·ing *a.* 죄는, 긴장시키는; 상쾌한.

brach·y·ce·phal·ic [brӕkisəfǽlik] *a.* 〖解〗 단두(短頭)의(cf. dolichocephalic).

brack·en[brǽkən] *n.* Ⓤ 《英》 고사리(의 숲).

***brack·et**[brǽkit] *n.* Ⓒ ① 까치발; 선반받이; 돌출한 전등의 받침대. ② (보통 *pl.*) 모난 괄호(《[ ], 〔 〕》)(cf. braces, parenthesis). ③ 동류, 부류; (어떤) 계층(*high income ~s* 고소득층). — *vt.* ① ~으로 받치다. ② 괄호로 묶다. ③ 일괄해서 다루다, 하나로 몰아 다루다.

brack·ish[brǽkiʃ] *a.* 소금기 있는; 맛없는.

brad[brӕd] *n.* Ⓒ 곡정(曲釘), 대가리가 작고 가는 못. 「탈; 산허리.

brae[brei] *n.* 《Sc.》 Ⓒ 가파른 비

***brag**[brӕg] *vt., vi.* (*-gg-*) 자랑하다, 허풍떨다(*of, about*). — *n.* Ⓤ 자랑, 흰소리; Ⓒ 허풍선이.

brag·ga·do·ci·o [brӕgədóuʃiòu/-tʃi-] *n.* Ⓤ 자랑; Ⓒ 자랑꾼.

brag·gart[brǽgərt] *n., a.* Ⓒ 자랑꾼(의).

Brah·ma[brɑ́:mə] *n.* (Skt.) 범천(梵天)《창조의 신》.

Brah·man[brɑ́:mən] *n.* (*pl.* **~s**) Ⓒ 브라만《인도의 사성(四姓) 중 최고의 caste》.

Brah·min[brɑ́:min] *n.* =BRAHMAN; Ⓒ 《美》 지식인.

Brahms [brɑ:mz], **Johannes** (1833-97) 독일의 작곡가.

***braid**[breid] *n.* ① Ⓤ 끈 끈, 땋은 끈; 몰. ② Ⓒ 땋은 머리. — *vt.* (끈을) 꼬다, 땋다(plait); 끈목으로 장식하다.

Braille, b-[breil] *n.* Ⓤ 브레일식 점자(법)《소경용》.

†brain[brein] *n.* ① Ⓒ 뇌. ② (보통 *pl.*) 두뇌, 지력. ***beat* 〔*cudgel, rack*〕 *one's ~s* (*out*)** 머리를 짜내다. ***crack one's ~s*** 발광하다, 미쳐버리다. **∠·less** *a.* 어리석은.

bráin cèll 뇌신경 세포.

bráin chìld 《美口》 생각, 계획; 두뇌의 소산, 작품.

bráin dràin 두뇌 유출.

bráin fèver 뇌막염.

bráin màpping 뇌사상(腦寫像) 촬 └영.

bráin·pàn *n.* 《口》 =SKULL.

bráin pìcker 남의 지혜를 이용하는 사람.
bráin scàn 〖醫〗 뇌 신티그램(scintigram)《방사성 동위원소를 써서 뇌의 혈류량·뇌종양 등을 조사하는 방법》.
bráin·sìck *a.* 미친, 광기의.
bráin stòrm (발작적인) 정신 착란; 《口》 갑자기 떠오른 묘안, 영감.
bráin·stòrming *n.* Ⓤ 브레인스토밍《회의에서 각자 의견을 제출하여 최선책을 결정하는 일》.
bráins trùst 〖放〗 (청취자의 질문에 대답하는) 응답 위원단; ＝BRAIN TRUST.
bráin sùrgery 뇌수술. 「퀴즈.
bráin tèaser 《口》 어려운 문제,
bráin trùst 《美》 브레인트러스트《정부의 정책 고문단》.
bráin trùster 《美》 정책 고문.
bráin·wàshing *n.* Ⓤ 세뇌(洗腦).
bráin wàve 〖醫〗 뇌파; 《口》 영감, 묘안.
bráin wòrk(er) 정신 노동(자).
brain·y[⊿i] *a.* 머리가 좋은.
braise[breiz] *vt.* (고기·채소를) 기름에 살짝 튀긴 후 약한 불에 끓이다.
:brake[1][breik] *n., vt., vi.* Ⓒ 브레이크(를 걸다).
brake[2] *n.* Ⓤ 양치(羊齒)의 무리; 고사리(bracken).
brake[3] *n.* Ⓒ 덤불(bush); 수풀(thicket).
brake[4] *v.* 《古》 break의 과거.
brake·man[⊿mən], 《英》 **brakes-**[⊿smən] *n.* Ⓒ 제동수(制動手).
bra·less[brɑ́:lis] *a.* 《口》 브래지어를 하지 않은, 노브라의.
bram·ble[brǽmbəl] *n.* Ⓒ 가시나무, 찔레나무; 《英方》 검은딸기, 나무딸기. **-bly** *a.* bramble이 무성한.
bran[bræn] *n.* Ⓤ 밀기울, 겨, 왕겨.
†branch[bræntʃ, brɑ:ntʃ] *n.* Ⓒ ① 가지 (모양의 것). ② 분파, 분가, 지류, 지맥, 지선, 지점, 출장소; 부문. ③ 〖言〗 어족(語族). ④ 〖컴〗 (프로그램의) 가지, 분기. ― *vi.* ① 가지를 내다. ② 갈라지다(*away, off, out*).
bran·chi·al[brǽŋkiəl] *a.* 아가미의, 아가미 같은.
:brand[brænd] *n.* Ⓒ ① 상표, 상품명; 품질. ② 타는 나무, 타다 남은 나무(동강). ③ (가축에 찍은) 낙인; 그 인두; 오명. ④ 《詩》 검(劍). ― *vt.* 낙인을 찍다; 오명을 씌우다; (…라고) 단정하다(*as*); (가슴에) 강하게 새겨두다.
bran·dish[brǽndiʃ] *vt.* (칼 따위를) 휘두르다(flourish).
brand-new[brǽnd*n*jú:] *a.* 아주 새것인.
***bran·dy**[brǽndi] *n.* Ⓤ,Ⓒ 브랜디.
brant[brænt] *n.* Ⓒ 〖鳥〗 (북아메리카·북유럽산의) 흑기러기.
Braque[bræk], **Georges** (1882-1963) 프랑스의 화가(cf. Fauvism).
brash[bræʃ] *a.* 《美》 성마른; 성급한; 경솔한; 뻔뻔스러운; 무른.
bra·sier[bréiʒər] *n.* ＝BRAZIER.
Bra·sil·ia[brəzí(:)ljə] *n.* 브라질의 수도.
:brass[bræs, -ɑ:-] *n.* ① Ⓤ 놋쇠, 황동; Ⓒ 놋제품. ② Ⓒ 금관악기(*a ~ band* 취주악단). ③ Ⓤ 《英俗》 금전; 《口》 철면피. ④ Ⓤ 《美俗》 《집합적》 고급 장교.
bráss fárthing 《口》 하찮은 것; 조금. 「관리.
bráss hát 《俗》 고급 장교; 고급
brass·ie[brǽsi, -ɑ́:-] *n.* Ⓒ 바닥에 놋쇠를 붙인 골프채.
bras·siere, *bras·sière*[brəzíər] *n.* (F.) Ⓒ 브래지어.
bráss tácks 놋쇠 못; 《口》 요점, 실제 문제.
brass·ware[brǽswὲər], **-work** [-wə̀:rk] *n.* Ⓤ 놋그릇, 유기.
bráss wìnds 금관악기.
brass·y[brǽsi, -ɑ́:-] *a.* (빛깔·소리가) 놋쇠 같은; 뻔뻔스런. ― *n.* ＝BRASSIE. 「숭.
brat[bræt] *n.* Ⓒ 《蔑》 꼬마놈, 선머
brat·ty[brǽti] *a.* 《口》 건방진, 개구쟁이의.
braun·ite[bráunait] *n.* Ⓤ 브라운광(鑛), 갈(褐)망간광. 「관.
Bráun tùbe[bráun-] 〖電〗 브라운
bra·va·do [brəvɑ́:dou] *n.* (*pl.* ~(*e*)*s*) Ⓤ 허세.
†brave[breiv] *a.* ① 용감한. ② 화려한(showy). ③ 《古》 훌륭한. ― *n.* Ⓒ 용사; 북아메리카 토인의 전사. ― *vt.* 용감하게 해내다; 도전하다. *~ it out* 태연히 밀고 나가다. **:⊿·ly** *ad.* **⊿·ness** *n.* Ⓤ 용감(성).
:brav·er·y[⊿əri] *n.* Ⓤ 용감; 화려.
bra·vo[1] [brɑ́:vou, ⊿⊿] *n.* (*pl.* ~(*e*)*s*) Ⓒ 갈채, 브라보를 외치는 소리. ― *int.* 잘한다!; 좋다!; 브라보!
bra·vo[2] *n.* (*pl.* ~(*e*)*s*) Ⓒ 폭한(暴漢), 자객.
bra·vu·ra[brəvjúərə] *n.* (It.) Ⓤ 화려한 곡〔연주〕; 용맹; 의기(意氣).
brawl[brɔ:l] *n., vi.* Ⓒ 말다툼〔싸움〕(하다). 「**⊿·y** *a.*
brawn[brɔ:n] *n.* Ⓤ 근육, 완력.
bray[1][brei] *n.* Ⓒ 나귀의 울음소리; 나팔 소리. ― *vi.* (나귀가) 울다; (나팔 소리가) 울리다.
bray[2] *vt.* 으깨다, 찧다, 찧어 바수다(pound).
Braz. Brazil; Brazilian.
braze[1][breiz] *vt.* 놋쇠로 만들다〔장식하다〕; 놋쇠빛으로 하다.
braze[2] *vt.* (놋쇠·납으로) 땜질하다.
***bra·zen**[bréizən] *a.* ① 놋쇠로 만든. ② 놋쇠빛의, 놋쇠처럼 단단한; 시끄러운. ③ 뻔뻔스러운(impudent). ― *vt.* 뻔뻔스럽게 …하다. *~ it out* 뻔뻔스럽게 해내다. **~·ly** *ad.* 뻔뻔스럽게. **~·ness** *n.*
brázen·fàce *n.* Ⓒ 철면피.
brázen-fàced *a.* 뻔뻔스러운, 염치없는.

bra·zier, -sier[bréiʒər] *n.* Ⓒ 화로; 놋갓장이.

:Bra·zil[brəzíl] *n.* 브라질. ***~·ian** *a., n.* 브라질의; Ⓒ 브라질 사람.

Br. Col. British Columbia.

B.R.C.S. British Red Cross Society.

***breach**[bri:tʃ] *n.* ① Ⓤ,Ⓒ (법률·도덕·약속 따위의) 위반, 파기. ② Ⓒ 절교; 불화. **~ of duty** 〔**faith**〕 배임〔배신〕. **~ of promise** 파약(破約); 〚法〛 약혼 불이행. **~ of the peace** 치안 방해, 폭동. **stand in the ~** 적의 정면에 서다, 난국에 처하다. **—** *vt.* 깨뜨리다.

†bread[bred] *n.* Ⓤ ① 빵; 먹을 것, 양식. ② 생계. ***beg one's ~*** 빌어먹다. ***~ and butter*** 버터 바른 빵; 《口》 생계. ***~ and scrape*** 버터를 조금 바른 빵. ***~ buttered on both sides*** 매우 넉넉한 처지. ***break ~*** 식사를 같이 하다(*with*); 성체성사에 참례하다. ***know*** (***on***) ***which side one's ~ is buttered*** 빈틈없다. ***take the ~ out of*** (*a person's*) ***mouth*** 남의 밥줄을 끊다.

bréad-and-bútter *a.* 생계를 위한; 《주로 英》 한창 먹을 나이의〔자라는〕; 환대에 감사하는(*a ~ letter* 대접에 대한 사례장).

bréad·bàsket *n.* Ⓒ 빵광주리; (the ~) 《美》 보리(따위)의 산지, '곡창'; 《俗》 위, 밥통; Ⓒ 《俗》 소이탄.

bréad·bòard *n.* Ⓒ 밀가루 반죽하는 대(臺); 빵을 써는 도마.

bréad·bòarding *n.* Ⓤ 평평한 실험대 위의 회로 조립. 「매.

bréad·frùit *n.* Ⓒ 빵나무; Ⓤ 그 열

bréad lìne 《美》 빵 배급을 받는 사람(의 열).

bréad mò(u)ld (빵에 생기는) 검은 곰팡이.

bréad·stùff *n.* Ⓒ (보통 *pl.*) 빵의 원료; Ⓤ (각종의) 빵.

:breadth[bredθ, bretθ] *n.* ① Ⓤ,Ⓒ 폭, 나비. ② Ⓤ 넓은 도량. ***by a hair's ~*** 아슬아슬하게. ***to a hair's ~*** 한 치도 안 틀리게, 정확히.

bréad·wìnner *n.* Ⓒ (집안의) 벌는 사람.

†break[breik] *vt.* (***broke,*** 《古》 ***brake; broken,*** 《古》 ***broke***) ① 부수다, 깨뜨리다. ② (뼈를) 부러뜨리다, (기를) 꺾다. ③ 타박상을 내다 (bruise). ④ 억지로 열다; 끊어지게 하다. ⑤ (약속·법규·질서를) 어기다, 깨뜨리다. ⑥ (땅을) 갈다. ⑦ (기계를) 고장내다. ⑧ (말을) 길들이다; 교정하다. ⑨ 누설하다, 털어놓다. ⑩ (돈을) 헐다, 잔돈으로 바꾸다. ⑪ 파산〔파멸〕시키다; 해직하다; 좌천〔강등〕시키다. ⑫ (공을) 커브시키다. **—** *vi.* ① 부서지다, 깨지다, 꺾어지다. ② 침입하다(*into*); 탈출하다; 나타나다. ③ 돌발하다; 급변하다, 변성(變聲)하다. ④ 교제〔관계〕를 끊다. ⑤ 헤치고 나아가다. ⑥ (압력·무게로) 무너지다. ⑦ (주가가) 폭락하다, (구름 따위가) 쪼개지다, 흩어지다. ⑧ 도망치다, 내달리다(dash) (*for, to*). ⑨ 싹이 트다. ⑩ (공이) 커브하다. **~ *away*** 도망치다, 이탈하다(*from*). **~ *down*** 파괴하다, 으스러뜨리다; 분류〔분해〕하다; 부서지다, 으스러지다, 실패하다; (몸이) 쇠약해지다; 울음을 터뜨리다; 정전(停電)되다. **~ *even*** 《美口》 득실이 없게 되다. **~ *forth*** 돌연 …하다; 떠들기〔지껄이기〕 시작하다. **~ *in*** 침입하다; (말을) 길들이다; 말참견하다; 갑자기 나타나다. **~ *into*** …에 침입하다; 갑자기 …하기 시작하다 (*~ into tears*). **~ *in upon*** 갑자기 엄습하다, 방해하다; 퍼뜩 머리에 떠오르다. **~ *off*** 꺾다; 끊다; 부러지다, 갈라지다; 갑자기 그치다. **~ *out*** 일어나다, 돌발하다; (부스럼 따위가) 내돋다; 시작하다. **~ *through*** (…을) 헤치고 나아가다; (구멍을) 뚫다; (햇빛이) …사이에서 새나다; 돌파하다. **~ *up*** (*vt., vi.*) 분쇄하다, 해산하다, 쇠약하(게 하)다; 끝나게 하다; 《英》 방학이 되다. **~ *with*** …와 절교하다; (낡은 사고 방식을) 버리다.

— *n.* Ⓒ ① 깨진 틈. ② 변환점. ③ 변성(變聲). ④ 중단. ⑤ 《美》 폭락. ⑥ 《美》 도망, 탈주; 개시. ⑦ 《口》 실책, 실언. ⑧ 《口》 운, 운명, 행운, 기회(*an even ~* 비김, 동점, 공평한 기회/*a bad ~* 불운, 실언, 실수). ⑨ 대형 4륜마차. ⑩ 〚컴〛 (일시) 정지. ***~ of day*** 새벽. ***Give me a ~!*** 《美口》 그만해; (한 번 더) 기회를 다오. **∠·a·ble** *a.* ***∠·er** *n.* Ⓒ 깨뜨리는 사람〔기계〕; (암초를 나타내는) 부서지는 파도; 말을 길들이는 사람, 조마사(調馬師)(cf. ~ in).

break·age[bréikidʒ] *n.* Ⓤ 파손; Ⓒ 파손물; 파손(배상)액. 「추다.

bréak-dànce *vi.* 브레이크 댄스를

bréak dàncing 브레이크 댄스.

***bréak·dòwn** *n.* Ⓒ ① (기계의) 고장, 사고; 붕괴; 쇠약. ② 분해, 분석, 분류. ③ 《美》 요란스러운 댄스. ④ 〚電〛 방전.

bréak-éven *a.* 수입과 지출이 맞먹는; 이익도 손해도 없는.

bréak-éven pòint 채산점(採算點), 손익 분기점.

†break·fast[brékfəst] *n.* Ⓤ,Ⓒ 조반. **—** *vt., vi.* 조반을 먹다〔내다〕. **~er** *n.* Ⓒ 조반을 먹는 사람.

bréak·ìn *n.* Ⓒ (건물에의) 침입; 연습 운전.

break·ing[bréikiŋ] *n.* Ⓤ 파괴; 〚電〛 단선; (말의) 길들이기.

bréaking pòint, the 극한; 한계점; 파괴점.

bréak·nèck *a.* 목이 부러질 것 같은, 위험한. ***at ~ speed*** 무서운 속도로. 「〔탈출〕.

bréak·òut *n.* Ⓒ 〚軍〛 포위진 돌파

bréak·thròugh *n.* Ⓒ 〚軍〛 적진 돌파; (난국의) 타개.

bréak·ùp *n.* Ⓒ 해산; 붕괴; 종말.
bréak·wàter *n.* Ⓒ 방파제.
bream[bri:m] *n.* Ⓒ 잉어과의 담수어; 도미 비슷한 바다물고기.
:breast[brest] *n.* Ⓒ ① 가슴, 흉부. ② 유방(*a child at* 〔*past*〕 *the* ~ 젖먹이〔젖 떨어진 아이〕); 마음(속). ***beat the*** ~ 가슴을 치며 슬퍼하다. ***give the*** ~ ***to*** …에게 젖을 먹이다. ***make a clean*** ~ ***of*** …을 몽땅 털어놓다〔고백하다〕. — *vt.* ① 가슴에 받다. ② 무릅쓰다; 감연히 맞서다(face).
bréast-bèating *n.* Ⓤ 가슴을 치면서 호소함, 강력히 항의함.
bréast·bòne *n.* Ⓒ 흉골(胸骨).
bréast·fèd *a.* 모유로 키운(cf. bottle-fed).
bréast-fèed *vt.* 모유로 기르다.
bréast-hígh *a., ad.* 가슴 높이의〔로〕.
bréast·pìn *n.* Ⓒ 브로치(brooch).
bréast·plàte *n.* Ⓒ (갑옷의) 가슴받이.
bréast stròke 개구리 헤엄.
bréast wàll (제방의) 흉벽(胸壁).
bréast·wòrk *n.* Ⓒ 〖軍〗 (급히 만든) 흉벽.
˙breath[breθ] *n.* ① Ⓤ 숨, 호흡 (작용). ② Ⓒ 한 호흡, 한 숨. ③ Ⓒ 순간. ④ Ⓒ (바람의) 선들거림(*a* ~ *of air*); 속삭임. ⑤ Ⓒ (은근한) 향기(whiff). ⑥ Ⓤ 〖音聲〗 숨, 무성음(cf. voice). ⑦ Ⓤ 생기; 생명. ***at a*** ~ 단숨에. ***below*** 〔***under***〕 ***one's*** ~ 소곤소곤. ~ ***of life*** 〔***one's nostrils***〕 귀중한〔불가결의〕 것. ***catch*** 〔***hold***〕 ***one's*** ~ (움찔하여) 숨을 죽이다; 한차례 쉬다. ***draw*** ~ 숨 쉬다. ***gather*** ~ 숨을 돌리다. ***get out of*** ~, or ***lose one's*** ~ 숨차다. ***give up the*** ~ 죽다. ***in a*** ~ 이구 동성으로; 단숨에. ***in the same*** ~ 동시에. ***save*** 〔***spend, waste***〕 ***one's*** ~ 잠자코 있다〔쓸데없이 지껄이다〕. ***take*** ~ 쉬다. ***take a person's*** ~ (***away***) …을 깜짝 놀라게 하다. ***with one's last*** ~ 임종시에(도); 최후까지.
breath·a·lyz·er, -lys·er[bréθəlàizər] *n.* Ⓒ 〖商標〗 몸속 알코올분 측정기.
:breathe[bri:ð] *vi.* ① 호흡하다, 살아 있다. ② 휴식하다, 쉬다(rest). ③ 선들거리다, (향기가) 풍기다. — *vt.* ① 호흡하다. ② (생기·생명을) 불어넣다(infuse) (*into*). ③ 휴식시키다. ④ (향기를) 풍기다; 속삭이다. ⑤ (불평을) 털어놓다; 발언하다. ⑥ (나팔 따위를) 불다. ⑦ 〖音聲〗 무성음으로 발음하다(cf. voice). ~ ***again*** 〔***freely***〕 마음 놓다, 안심하다. ~ ***one's last*** 죽다. ~ ***upon*** (…에) 입김을 내뿜다, (…을) 흐리게 하다; 더럽히다; 나쁘게 말하다.
breathed[breθt, bri:ðd] *a.* 〖音聲〗 무성음의(voiceless). ~ ***sound*** 무성음(p, t, k, s, ʃ, f, θ 따위).
breath·er[brí:ðər] *n.* Ⓒ 심한 운동; 《口》 한 숨 돌리기; (숨쉬는) 생물; (잠수부에의) 송기 장치; 환기 구멍.
bréath gròup 〖音聲〗 기식군(氣息群)《단숨에 발음하는 음군(音群)》.
˙breath·ing[brí:ðiŋ] *n.* Ⓤ ① 호흡(*deep* ~ 심호흡). ② 휴식; 미풍. ③ 발성, 말. ④ 열망, 동경. ⑤ [h] 음, 기음(氣音).
bréathing capàcity 폐활량.
bréathing spàce 휴식할 기회; 숨돌릴 짬.
˙bréath·less *a.* ① 숨가쁜. ② 죽은. ③ 숨을 죽인. ④ 바람 없는. ~**·ly** *ad.*
˙bréath·tàking *a.* 깜짝 놀랄 만한, 손에 땀을 쥐게 하는, 흥분시키는(thrilling).
bréath tèst 《英》 주기(酒氣) 검사.
bred[bred] *v.* breed의 과거(분사). — *a.* …하게 자란(*well-*~ 뱀뱀이 좋게 자란).
breech[bri:tʃ] *n.* Ⓒ 궁둥이; 뒷부분; 총미(銃尾), 포미(砲尾).
bréech·clòth, -clòut *n.* Ⓒ 《美》(인디언의) 허리에 두른 천.
˙breech·es[brítʃiz] *n. pl.* ① 반바지. ② (승마용) 바지. ~ ***buoy*** (바지 모양의) 구명대. ***wear the*** ~ 남편을 깔아 뭉개다.
bréech·lòader *n.* Ⓒ 후장총(後裝銃).
:breed[bri:d] *vt., vi.* (***bred***) ① (새끼를) 낳다; 알을 까다. ② 기르다, 키우다(raise); 길들이다. ③ 번식시키다〔하다〕. ④ (…을) 야기하다. ~ ***from*** (좋은 말 등)의 씨를 받다. ~ ***in and in*** 동종 교배를〔근친 결혼을〕 반복하다. — *n.* Ⓒ 품종, 종류. ***happy*** ~ 행복한 종족《영국인을 가리킴(Sh(ak).의 문장에서)》. **˙∠·er** *n.* Ⓒ 사육자; 종축(種畜); 장본인.
bréeder reàctor 〖理〗 증식형(增殖型) 원자로.
˙breed·ing[∠iŋ] *n.* Ⓤ ① 번식. ② 사육. ③ 교양, 예의범절. ④ 〖理〗 증식 작용.
bréeding gròund 양식장, 사육장.
:breeze[bri:z] *n.* ① Ⓤ,Ⓒ 산들바람. ② Ⓒ 소문. ③ Ⓒ 《英口》 법석, 소동, 싸움(*kick up a* ~ 소동을 일으키다). — *vi.* ① 산들바람이 불다. ② 거침없이〔힘차게〕 나아가다〔행동하다〕. ~ ***through*** 획 지나치다; 대강 훑어보다. **bréez·y** *a.* 산들바람이 부는; 쾌활〔유쾌〕한.
Brén (gùn)[bren(-)] *n.* Ⓒ 《英》 경기관총의 일종.
brer, br'er[brə:r] *n.* Ⓒ 《美南部》 형제《brother의 간략형》.
:breth·ren[bréðrən] *n. pl.* 《brother의 옛 복수형》 (종교상의) 형제; 동포; 회원, 동인.
Bret·on[brétən] *a., n.* Ⓒ (프랑스의) 브리타니(Brittany; (F.) Bre-

tagne)의 사람; Ⓤ 브리타니어(語).
breve[bri:v] *n.* Ⓒ 단모음 기호 《ŏ, ĭ 따위의 ~》; 〖樂〗 2온음표.
bre·vet[brəvét, brévit] *n., vt.* Ⓒ 〖軍〗 (봉급은 그대로인) 명예 진급(을 시키다); 그 사령.
bre·vi·ar·y[brí:vièri, brév-] *n.* Ⓒ 〖가톨릭〗 성무 일도서(聖務日禱書).
***brev·i·ty**[brévəti] *n.* Ⓤ (문장 따위의) 간결(簡潔), 짧음.
brew**[bru:] *vt.* ① 양조하다; (음료를) 조합(調合)하다. ② (차를) 끓이다. ③ (음모를) 꾸미다. — *vi.* ① 양조하다. ② 조짐이 보이다; (폭풍우가) 일어나려 하다. ***drink as one has ~ed 자업자득하다. — *n.* Ⓤ 양조; Ⓒ 양조량. **~·age** [⌐idʒ] *n.* Ⓤ 양조(주). **⌐·er** *n.* Ⓒ (맥주) 양조업자. ***⌐·er·y** *n.* Ⓒ 양조장. **⌐·ing** *n.* Ⓤ (맥주) 양조; Ⓒ 양조량.
Brezh·nev[brézʒnef], **Leonid** (1906-82) 옛 소련 공산당 서기장.
***bri·ar**[bráiər] *n.* =BRIER[1,2].
:bribe[braib] *n., vt., vi.* Ⓒ 뇌물(로 매수하다), (…에게) 증회하다. **bríb·a·ble** *a.* 매수할 수 있는. **bríb·er** *n.* Ⓒ 증회자. ***bríb·er·y** *n.* Ⓤ 증수회.
bric-a-brac[bríkəbræ̀k] *n.* (F.) Ⓤ《집합적》골동품, 고물 (장식품).
:brick[brik] *n.* ① Ⓤ,Ⓒ 벽돌. ② Ⓒ 벽돌 모양의 것; (장난감의) 집짓기 나무. ③ Ⓒ《口》서글서글한 사람, 호인. — *vt.* 벽돌로 둘러싸다[막다] (*in, up*); 벽돌로 짓다; 벽돌을 깔다. ***drop a ~*** 실수하다; 실언하다. ***feel like ~s***《美口》비참한 생각이 들다. ***have a ~ in one's hat*** 취해 있다. ***like a ~,*** or ***like ~s*** 활발히, 맹렬히(*like a hundred of ~s* 맹렬한 기세로).
bríck·bàt *n.* Ⓒ 벽돌 조각[부스러기]; 《口》통렬한 비평.
brick chéese《美》벽돌 모양의 치즈.
brick field《英》벽돌 공장.
bríck·kìln *n.* Ⓒ 벽돌 가마.
bríck·làyer *n.* Ⓒ 벽돌공.
bríck-réd *a.* 붉은 벽돌색의.
bríck·wòrk *n.* Ⓒ 벽돌로 지은 것 [집]; Ⓤ 벽돌쌓기[공사].
bríck·yàrd *n.* Ⓒ《美》벽돌 공장.
***brid·al**[bráidl] *n., a.* Ⓒ 혼례(의), 새색시의, 신부의.
brídal wrèath 조팝나무.
:bride[braid] *n.* Ⓒ 새색시, 신부.
bríde·càke *n.* =WEDDING CAKE.
:bride·groom[⌐grù(:)m] *n.* Ⓒ 신랑.
brides·maid[bráidzmèid] *n.* Ⓒ 신부 들러리《미혼 여성》.
brides·man[-mən] *n.* Ⓒ 신랑 들러리《미혼 남성》.
†**bridge**[1][bridʒ] *n.* Ⓒ ① 다리. ② 선교(船橋), 함교(艦橋). ③ 콧대; 가공의치(架工義齒); (바이올린 등의) 기러기발; (안경 중앙의) 브리지. ④ (방송국 등의 장면과 장면을 잇는) 연결 음악. ⑤ (당구의) 큐대. ***burn one's ~s*** 배수의 진을 치다. — *vt.* ① 다리 놓다. ② 중개역을 하다.
bridge[2] *n.* Ⓤ 브리지《카드놀이의 일종》.
brídge·hèad *n.* Ⓒ 교두보.
brídge lòan 브리지 론《갱신 가능 단기 차관》.
brídge tòll 다리 통행세.
brídge·wòrk *n.* Ⓤ교량 공사; 〖齒〗 가공(架工) 의치(술).
:bri·dle[bráidl] *n.* Ⓒ 굴레 《고삐·재갈 따위의 총칭》, 고삐; 구속(물). ***put a ~ on a person's tongue*** 아무에게 말조심시키다. — *vt.* 굴레를 씌우다, 고삐를 매다; 구속하다. — *vi.* 몸을 뒤로 젖히다(*up*) 《자랑·경멸·분개의 표정》.
brídle pàth 승마길.
brídle rèin 고삐.
Brie[bri:] *n.* Ⓤ 희고 말랑말랑한 프랑스산의 치즈.
:brief[bri:f] *a.* 짧은; 단시간의; 간결한. ***to be ~*** 간단히 말하면. — *n.* Ⓒ ① 대의, 요령; 〖法〗 (소송 사실의) 적요서(*have plenty of ~s* (변호사가) 사건 의뢰를 많이 받다); (원고·피고의) 신청서; 영장(writ). ② (로마 교황의) 훈령. ③ =BRIEFING. ***hold a ~ for*** …을 신속히 처리하다. — *vt.* ① 요약하다. ② (변호사에게) 소송 사실 적요서를 제출하다; 변호를 의뢰하다. ③ 명령(briefing)을 내리다. **⌐·less** *a.* 의뢰자 없는 (*a ~less lawyer*). **:⌐·ly** *ad.*
brief càse 서류 가방.
brief·ing[⌐iŋ] *n.* Ⓤ,Ⓒ (출발 전에 전투기 탑승원에게 주는) 간결한 명령(서); (간추린) 보고서.
***bri·er**[1], **-ar**[1][bráiər] *n.* Ⓒ 찔레나무; 들장미(wild rose).
***bri·er**[2], **-ar**[2] *n.* Ⓒ (철쭉과의) 브라이어 나무; (그 뿌리로 만든) 파이프.
brig[1][brig] *n.* Ⓒ 두대박이 범선.
brig[2] *n.* Ⓒ《美》(군함의) 영창(營倉).
bri·gade**[brigéid] *n., vt.* Ⓒ 대(隊), 여단; 대로[여단으로] 편성하다. ***a fire ~ 소방대.
brig·a·dier[brìgədíər] *n.* Ⓒ《英》여단장; 《美》=⌐ **géneral** 육군 준장.
brig·and[brígənd] *n.* Ⓒ 산적, 도둑. **~·age**[-idʒ] *n.* Ⓤ 강탈, 산적 행위; 산적들.
brig·an·tine[brígəntì:n, -tàin] *n.* Ⓒ brig[1] 비슷한 범선.
†**bright**[brait] *a.* ① 환한, 밝게 빛나는; 갠, 화창한. ② 머리가 좋은. ③ (색깔이) 선명한. ④ 쾌활한. ⑤ (액체가) 맑은. ⑥ 유망한; 명성이 있는. ***~ and early*** 아침 일찍이. — *ad.* =BRIGHTLY. **:⌐·ly** *ad.* **:⌐·ness** *n.*
:bright·en[bráitn] *vt., vi.* 반짝이(게 하)다; 밝아지다; 밝게 하다, 상쾌하게 되다[하다].
bright·èyed *a.* 눈이[눈매가] 시원

한〔또렷한〕.
bríght líghts, the 《口》 도시의 환락가.
Bríght's disèase[bráits-] 브라이트병《신장염의 일종》.
brill[bril] *n.* (*pl.* **~(s)**) Ⓒ 〖魚〗 가자미의 무리.
*__bril·liance__[bríljəns], **-lian·cy** [-si] *n.* Ⓤ ① 광휘, 광채; 빛남. ② 훌륭함; 재기. ③ (빛깔의) 명도 (cf. hue, saturation).
:**bril·liant**[-ənt] *a.* ① 찬란하게 빛나는, 번쩍번쩍하는(sparkling). ② 훌륭한(splendid). ③ 재기에 넘치는. — *n.* Ⓒ 브릴리언트형의 다이아몬드. **~·ly** *ad.*
bril·lian·tine[bríljəntì:n] *n.* Ⓤ 포마드의 일종; 알파카 비슷한 천.
:**brim**[brim] *n.* Ⓒ (속에서 본) 가, 가장자리; (모자의) 양테. ***to the ~*** 넘치도록. — *vt., vi.* (*-mm-*) (가장자리까지) 가득 채우다, 넘치다(*over*). **~·ful(l)**[∠fúl] *a.* 넘치는, 넘칠 것 같은.
brim·stone[brímstòun] *n.* =SULFUR《주로 상업 용어》. ***fire and ~*** 제기랄! **-ston·y** *a.*
brin·dle[bríndl] *n.* Ⓒ 얼룩(개), Ⓤ 얼룩진 색. **~d**[-d] *a.* 얼룩진, 얼룩덜룩한, 얼룩 갈색〔회색〕의.
brine[brain] *n.* Ⓤ 소금물, 바닷물; (the ~) 바다. **~ *pan*** 소금 가마.
†**bring**[briŋ] *vt.* (***brought***) ① 가지고〔데리고〕 오다. ② 오게 하다; 초래하다, 일으키다. ③ 이끌다. ④ 낳다. ⑤ (소송 등을) 제기(提起)하다(*against*). ⑥ (이익을) 가져오다. ***~ about*** 야기하다; 수행하다. ***~ around*** 《口》 의식을 회복시키다; 설득하다. ***~ back*** 데리고 돌아오다; 상기시키다. ***~ down*** 내리다, 떨어뜨리다; 넘어뜨리다, 멸망시키다; (자랑을) 꺾다; (기록을) 보유하다. ***~ forth*** 낳다; (열매를) 맺다(bear); 초래하다, (비밀을) 밝히다(reveal). ***~ forward*** 내놓다, 제출하다. ***~ in*** 들여오다; 소개하다, 판결하다; (…만큼의) 수입이 있다; 〖野〗 생환시키다. ***~ on*** (병을) 일으키다; …을 야기하다. ***~ out*** 내놓다; (비밀을) 밝히다; 발표하다; 나타내다. ***~ over*** 넘겨주다; 개종(改宗)시키다; 제편으로 끌어넣다. ***~ round*** 《英》 =~ AROUND. ***~ to*** 의식을 회복시키다; (배를) 멈추다. ***~ to bear*** (영향·압력을) 가하다; (총을) 들이대다, 집중하다. ***~ to pass*** 일으키다. ***~ under*** 진압하다; 억제하다. ***~ up*** 기르다; 훈육〔교육〕하다; 제안하다; 토하다.
brínging-úp *n.* Ⓤ 양육; (가정에서의) 교육.
*__brink__[briŋk] *n.* (the ~) ① (벼랑의) 가장자리. ② 물가. ③ (…할) 찰나, 위기, (…한) 고비(verge[1]). ***on the ~ of ...*** …에 임하여, …의 직전에.
brink·man·ship[∠mənʃìp] *n.* Ⓤ (외교 교섭 등을 위험한 사태까지 몰고 가는) 극한 정책.
brin·y[bráini] *a.* 소금물의; 짠(cf. brine).
bri·oche[brí:ouʃ, -ɑʃ/-ɔʃ] *n.* Ⓒ (F.) 버터와 달걀이 든 빵.
bri·quet(te)[brikét] *n.* Ⓒ 연탄; 조개탄.
:**brisk**[brisk] *a.* ① 기운찬, 활발한, 활기 있는(lively). ② 상쾌한(crisp). **:∠·ly** *ad.*
bris·ket[brískət] *n.* Ⓤ,Ⓒ (짐승의) 가슴(고기).
*__bris·tle__[brísəl] *n.* Ⓒ 강모(剛毛), (돼지 등의) 뻣뻣한 털《브러시용》. ***set up one's*** 〔***a person's***〕 ***~s*** 화내다〔나게 하다〕. — *vt., vi.* 털을 곤두세우다, 털이 곤두서다; 촘촘이 나다(***~ with hair*** 털이 촘촘이 나 있다); 줄을 짓다(***~ with spears*** 창을 죽 늘어 세우다).
brístle·tàil *n.* Ⓒ 〖蟲〗 반대좀.
Brit. Britain; Britannia; British; Briton.
:**Brit·ain**[brítən] *n.* 대(大)브리튼 (Great Britain).
Bri·tan·ni·a [britǽniə, -njə] *n.* 《詩》 =GREAT BRITAIN. **-nic**[-nik] *a.*
Brit·i·cism[brítəsìzəm] *n.* Ⓤ,Ⓒ 영국식 영어(어법).
:**Brit·ish**[brítiʃ] *a.* 영국(인)의. **~·er** *n.* Ⓒ 《美》 영국인.
Brítish Acádemy, the 대영 학사원.
Brítish Cómmonwealth (of Nátions), the 영연방.
Brítish Émpire, the =⇧.
Brítish Énglish 영국 영어.
Brítish Ísles, the 영국 제도.
Brítish Muséum, the 대영 박물관.
Brítish thérmal ùnit 영국 열량 단위《1파운드의 물을 화씨 1도 올리는 열량》.
Brítish wárm 〖英軍〗 짧은 외투.
*__Brit·on__[brítn] *n.* Ⓒ ① 브리튼 사람《로마인 침입 당시의 Britain 남부의 켈트인》. ② 영국인.
Brit·ta·ny[brítəni] *n.* 브리타니《프랑스 북서부의 반도 Bretagne의 영어명》.
*__brit·tle__[brítl] *a.* 부서지기 쉬운; 《詩》 덧없는.
Bro., bro. brother.
broach[broutʃ] *n.* Ⓒ (고기 굽는) 꼬치, 꼬챙이; 송곳; 교회의 뾰족탑 (spire). — *vt., vi.* 꼬챙이에 꿰다; 입을 열다; (이야기를) 꺼내다; 공표하다, 널리 알리다.
†**broad**[brɔ:d] *a.* ① (폭·면적이) 넓은. ② 광대한. ③ 마음이 넓은. ④ 밝은, 명백한, 노골적인, 야비한(*a ~ joke*). ⑤ 대강의, 넓은 뜻의, 일반적인. ***as ~ as it is long*** 《口》 폭과 길이가 같은; 결국 마찬가지인. ***in ~ daylight*** 대낮에, 공공연히. — *n.* Ⓒ 넓은 곳; 《英》 (강이 넓어

진) 호수; 《俗·蔑》 계집(애). ∠·ish *a.* 좀 넓은. *∠·ly *ad.*
bróad árrow 《英》 (관물(官物)·죄수복에 붙이는) 세 갈래의 화살표.
bróad·bànd *a.* 〖電〗 광(주파수) 대역의.
bróad bèan 〖植〗 잠두.
bróad·blòwn *a.* (꽃이) 만발한.
bróad·brìm *n.* Ⓒ 양테가 넓은 모자; (B-) 《美口》 퀘이커 교도.
bróad-brȯw *n.* Ⓒ 《口》 취미나 관심이 광범위한 사람.
:broad·cast [∠kæ̀st, -à:-] *vt., vi.* (~, ~***ed***) ① 방송〔방영〕하다. ② (씨 따위를) 흩뿌리다. — *n.* Ⓒ,Ⓤ ① 방송 (프로). ② (씨) 살포. — *a.* 방송의, 방송된; 살포한. ~·**er** Ⓒ 방송자〔장치〕; 살포기.
***broad·cast·ing** [∠kæ̀stiŋ, -kà:st-] *n.* Ⓤ 방송, 방송 사업.
bróadcasting frèquency 방송 주파수.
bróadcasting stàtion 방송국.
Bróad Chúrch (영국 국교의) 광교회파(廣敎會派).
bróad·clòth *n.* Ⓤ 《英》 (검은) 고급 양복감; 《美》 브로드《셔츠용 포플린》.
***broad·en** [∠n] *vt., vi.* 넓히다; 넓어지다.
bróad·gàuge(d) *a.* 광궤의; 《美》 =BROAD-MINDED.
bróad jùmp 넓이뛰기.
bróad·lòom *a.* 폭 넓게 짠.
***bróad-mínded** *a.* 도량이 넓은, 관대한.
bróad séal 국새; 정부의 관인.
bróad·shèet *n.* Ⓒ 한 면만 인쇄한 대판지(大版紙)《광고·포스터 등》.
bróad·sìde *n.* Ⓒ 뱃전; 한 쪽 뱃전의 대포의 전부; 그의 일제 사격; (비난 따위의) 일제 공격.
bróad-spéctrum *a.* 광역 항균 스펙트럼의《광범위한 미생물에 유효한 약 등에 이름》.
bróad·swòrd *n.* Ⓒ 날 넓은 칼.
***Broad·way** [brɔ́:dwèi] *n.* 뉴욕시의 남북으로 뻗은 번화가《부근에 큰 극장이 많음》.
Brob·ding·nag [brɑ́bdiŋnæ̀g/-ɔ́-] *n.* (걸리버 여행기 중의) 거인국. ~·**i·an** [∠-nǽgiən] *a., n.* 거대한; Ⓒ 거인.
bro·cade [broukéid] *n., vt.* Ⓤ 비단(으로 꾸미다); (…을) 비단으로 짜다.
broc·(c)o·li [brɑ́kəli/-ɔ́-] *n.* Ⓒ,Ⓤ 〖植〗 모란채《cauliflower의 일종; 식용》.
bro·chure [brouʃúər, -ʃɔ́:r] *n.* (F.) Ⓒ 팸플릿, 가철(假綴)한 책.
bro·de·rie ang·laise [broudrí: ɑ:ŋgléiz] (F.) 영국 자수《바탕천을 도려내어 하는》.
brogue[1] [broug] *n.* Ⓒ (생가죽의) 튼튼한 구두.
brogue[2] *n.* Ⓒ 아일랜드 사투리; 시골 사투리.
broi·der [brɔ́idər] *v.* 《古》 =EMBROIDER.
***broil**[1] [brɔil] *vt., vi., n.* 굽다; 쬐다; Ⓤ 굽기; 쬐기; 불고기.
broil[2] *n., vi.* Ⓒ 싸움〔말다툼〕(하다).
broil·er [brɔ́ilər] *n.* Ⓒ 《美》 불고기용 철판〔석쇄〕; 불고기용 영계.
†**broke** [brouk] *v.* break의 과거〔《古》 과거분사〕. — *a.* 《口》 무일푼의; 파산한. ***go for*** ~ 기를 쓰고 해 보다.
†**bro·ken** [bróukən] *v.* break의 과거분사. — *a.* ① 깨진, 부서진; 끊어진, 부러진. ② 파산한, 멸망한, 쇠약한. ③ (말 따위가) 길든(tamed). ④ 울퉁불퉁한. ⑤ (외국어 따위) 서투른, 변칙적인(~ ***English*** 엉터리 영어). ~ ***heart*** 실연(失戀). ~ ***line*** 파선(破線); 절선(折線); 고속 도로의 차선 변경 금지 표지. ~ ***meat*** 먹다 남은 고기, 고깃점. ~ ***money*** 잔돈. ~ ***numbers*** 분수; 우수리. ~ ***time*** 짬짬이 나는 시간; 방해가 된 (근무) 시간. ~ ***weather*** 변덕스러운 날씨.
bróken-dówn *a.* 부서진; 기가 꺽인; 몰락한, 파산한.
bróken-héarted *a.* 슬픔에 잠긴; 실연한.
bróken·nécked *a.* 목뼈가 부러진; 결딴난.
bróken-wínded *a.* (말이) 폐기종에 걸린; 숨찬.
***bro·ker** [bróukər] *n.* Ⓒ 중개인. ~·**age** [-idʒ] *n.* Ⓤ 중개(수수료), 구전.
bro·king [bróukiŋ] *n.* Ⓤ 중개업.
brol·ly [brɑ́li/-ɔ́-] *n.* Ⓒ 《英口》 양산; 《英俗》 낙하산.
bro·mate [bróumeit] *vt., n.* 〖化〗 브롬과 화합시키다; Ⓤ 브롬산염.
bro·mic [bróumik] *a.* 〖化〗 브롬의〔을 함유한〕. ~ ***acid*** 브롬산.
bro·mide [bróumaid] *n.* Ⓤ 브롬화물; 브로마이드 사진〔인화지〕; 《美》 진부한 말, 상투어. **bro·mid·ic** [broumídik] *a.* 《美口》 평범한, 진부한(trite).
bro·mine [bróumi(:)n] *n.* Ⓤ 〖化〗 브롬, 브로민. 「중독.
bro·mism [bróumizəm] *n.* Ⓤ 브롬
bron·chi [brɑ́ŋkai/-ɔ́-], **bron·chi·a** [-kiə] *n. pl.* 기관지. **-chi·al** [-kiəl] *a.* 기관지의. **-chi·tis** [brɑŋkáitis/brɔŋ-] *n.* Ⓤ 기관지염.
bron·c(h)o [brɑ́ŋkou/-ɔ́-] *n.* (*pl.* ~***s***) Ⓒ (미국 서부의) 야생마(wild pony).
bróncho·bùster *n.* Ⓒ 《美俗》 야생마를 길들이는 카우보이.
bron·cho·pneu·mo·nia [-nju:móunjə] *n.* Ⓤ 〖醫〗 기관지 폐렴.
Bron·të [brɑ́nti/-ɔ́-], **Charlotte** (1816-55), **Emily** (1818-48) 영국의 작가 자매.
bron·to·sau·rus [brɑ̀ntəsɔ́:rəs/brɔ̀n-] *n.* Ⓒ 〖古生〗 (아메리카 쥐라기(紀)의) 뇌룡(雷龍).

Bronx [braŋks/-ɔ-] *n.* (the ～) 뉴욕시 북부의 독립구의 하나(cf. borough).
Brónx chéer 《美》 혀를 입술 사이에서 떨어 내는 소리 《경멸을 나타냄》 (cf. raspberry).
:bronze [branz/-ɔ-] *n., a.* Ⓤ 청동; 청동(색)의(*a ～ statue* 동상). — *vt., vi.* 청동색으로 만들다[되다]; (햇볕에 태워) 갈색으로 만들다[되다].
Brónze Àge, the 청동기 시대.
***brooch** [broutʃ, bru:tʃ] *n.* Ⓒ 브로치.
:brood [bru:d] *n.* Ⓒ ① 《집합적》 한 배의 병아리; (동물의) 한 배 새끼. ② 《蔑》 아이들. ③ 종류, 종족(breed). — *vi.* ① 알을 품다[안다]. ② 생각에 잠기다, 곰곰이 생각하다(*on, over*). ③ (구름·걱정이) 내리 덮이다(*over, on*) — *vt.* 숙고하다(～ *vengeance* 복수의 계획을 짜다). **∠·er** *n.* Ⓒ 인공 부화기.
:brook[1] [bruk] *n.* Ⓒ 시내. **∠·let** *n.* Ⓒ 실개천.
brook[2] *vt.* 견디다, 참다(endure).
***Brook·lyn** [brúklin] *n.* 뉴욕시 독립구의 하나(cf. borough).
:broom [bru(:)m] *n., vt.* Ⓒ 비(로 쓸다), 청소하다; 〖植〗 금작화.
bróom·stìck *n.* Ⓒ 빗자루. ***marry* [*jump*] *over the* ～** 내연의 관계를 맺다.
Bros. Brothers.
***broth** [brɔ(:)θ, brɑθ] *n.* Ⓤ,Ⓒ 묽은 수프(thin soup).
broth·el [brɔ́:θəl, brɑ́θ-] *n.* Ⓒ 갈봇집.
†broth·er [brʌ́ðər] *n.* Ⓒ 형제, 친구, 동료; 동지, 동포(cf. brethren). **～*s in arms*** 전우. **～·less** *a.* 형제가 없는. *** ～·ly** *a.* 형제의[같은]; 친절한.
***broth·er·hood** [-hùd] *n.* Ⓤ 형제[동포] 관계; Ⓒ 동료; Ⓒ 친선 단체, 협회, 결사, 조합; Ⓒ 《美》 철도 종업원 조합.
bróther-in-làw** *n.* (*pl.* ***brothers-in-law) Ⓒ 매부, 처남, 시숙 등.
Bróther Jónathan 《英古》 (전형적) 미국인(cf. John Bull).
bróther úterine 이부(異父) 형제.
brough·am [brú:əm] *n.* Ⓒ 브룸《마부·운전사의 자리가 밖에 있는 마차·자동차》.
†brought [brɔ:t] *v.* bring의 과거(분)
brou·ha·ha [blu:hɑ́:hɑ:, ⌒⌒∠] *n.* Ⓤ 소음; (무질서한) 소동; 열광.
:brow [brau] *n.* ① Ⓒ 이마. ② (보통 *pl.*) 눈썹. ③ (the ～) (돌출한) 벼랑 꼭대기. ***bend* [*knit*] *one's* ～*s*** 눈살을 찌푸리다.
brów·bèat *vt.* (*～; ～en*) 노려보다, 위협하다.
†brown [braun] *n.* ① Ⓤ,Ⓒ 다갈색, 밤색. ② Ⓤ 갈색 그림물감. — *a.* 다갈색의; 햇볕에 탄(tanned), 거무스름한. ***do up* ～** 《美俗》 완전히 마무리하다. — *vt., vi.* 갈색이 되(게 하)다; 햇볕에 타다. **～ *off*** 《俗》 지루하게 만들다; 꾸짖다. **～ *out*** 《美》 =DIM out. **∠·ish** *a.*
brówn bétty 사과 푸딩.
brówn bréad 흑빵.
brówn cóal 갈탄.
Brówn·i·an móvement [bráuniən-] 〖理〗 브라운 운동《액체 속의 미립자의 불규칙 운동》.
brown·ie [∠i] *n.* Ⓒ 〖Sc. 傳說〗 (농가의 일을 도와 준다는) 작은 요정(妖精) (brown elf); Ⓒ 땅콩이 든 판(板) 초콜릿; (B-) (소녀단의) 유년단원.
Brown·ing[1] [bráuniŋ] *n.* Ⓒ 브라우닝 자동 권총.
Brown·ing[2], **Robert** (1812-89), **Elizabeth** (1806-61) 영국의 시인 부부.
brown·ish [bráuniʃ] *a.* 갈색을 띤.
brówn·nòse *vt., vi.* 《俗》 (…의) 환심을 사다, 아첨하다.
brówn·òut *n.* =DIMOUT.
brówn páper 갈색 포장지.
brówn ríce 현미.
Brówn Shìrt 나치스 당원.
brówn stúdy 멍하니 생각에 잠김 《brown=gloomy》, 몽상.
brówn súgar 누런 설탕; 《美俗》 동남 아시아산의 저질 헤로인.
***browse** [brauz] *n.* Ⓤ 어린 잎, 새싹; 〖컴〗 훑어보기. — *vi., vt.* (소 따위가 어린 잎을) 먹다(feed)(*on*); 책을 여기저기 읽다.
bru·in [brú(:)in] *n.* Ⓒ ① 곰. ② (B-) (옛날 이야기의) 곰.
:bruise [bru:z] *n.* Ⓒ 타박상; (과일의) 흠. — *vi., vt.* (몸·마음에) 상처나다[내다]; 감정을 상하(게 하)다.
brúis·er *n.* Ⓒ 권투가; 《口》 난폭자.
bruit [bru:t] *vt.* 소문을 내다(*about*). — *n.* Ⓒ 풍설; 소동.
Brum [brʌm] *n.* 《英口》 =BIRMINGHAM.
brunch [brʌntʃ] (<*breakfast*+*lunch*) *n.* Ⓤ,Ⓒ 《口》 늦은 조반, 조반겸 점심.
Bru·nei [brú:nai] *n.* 보르네오 섬 북서부의 독립국.
bru·net(te) [bru:nét] *a., n.* Ⓒ 브루네트의 (사람)《머리와 눈이 검거나 갈색이고 피부색이 거무스름함, 원래 brunet은 남성형, brunette은 여성형》(cf. blond(e)).
brunt [brʌnt] *n.* (the ～) 공격의 주력[예봉]. ***bear the* ～** (…의) 정면에 맞서다(*of*).
:brush[1] [brʌʃ] *n.* ① Ⓒ 브러시, 솔. ② Ⓒ 붓, 화필; (the ～) 미술, 화풍. ③ Ⓒ (여우 따위의) 꼬리(bushy tail). ④ Ⓒ (솔·붓으로) 한 번 문지르기; 찰과(擦過); (작은) 싸움. ***at a* ～** 일거에. ***give ... another* ～** …을 더 공들여 손질하다. — *vt.* (…에) 솔질을 하다; 털다, 비비다(rub); 스치다(*against*). — *vi.* 질주하다. **～ *aside* [*away*]** 털어버리다; 무시

하다. ~ ***over*** 가볍게 칠하다. ~ ***up*** 《口》 멋을 내다; 닦다, (학문 따위를) 다시 하다.
brush[2] *n.* Ⓤ 숲, 잡목림; =BRUSHWOOD; (the ~) 《美》 미개척지.
brúsh-búrn *n.* Ⓒ 찰과상. 「전.
brúsh dìscharge 〖電〗 브러시 방
brúsh-òff *n.* (the ~) 《美俗》 (매정한) 거절; 해소.
brúsh·stròke *n.* Ⓒ (회화·서도의) 일필, 일획, 필법.
***brúsh·ùp** *n.* Ⓒ 닦음, 수리, 손질, 몸단장; 복습.
brúsh·wòod *n.* ① Ⓤ 숲. ② Ⓒ 베어낸 작은 나뭇가지. 「법, 화풍.
brúsh·wòrk *n.* Ⓤ ① 필치. ② 화
brusque[brʌsk/-u-] *a.* 무뚝뚝한.
Brus·sels**[brʌ́səlz] *n.* 브뤼셀《벨기에의 수도》. ~ ***sprouts 평지과의 다년생 초본《양배추의 일종》.
:**bru·tal**[brúːtl] *a.* ① 짐승 같은. ② 모진, 가차 없는; 잔인한. ③ 《美俗》 굉장히 좋은, 대단한. **~·li·ty**[bruːtǽləti] *n.* Ⓤ 야수성, 잔인, 무도. * **~·ly** *ad.*
bru·tal·ize[brúːtəlàiz] *vt., vi.* 짐승같이 만들다[되다]; (…에게) 잔인한 처사를 하다.
:**brute**[bruːt] *n.* ① Ⓒ 짐승. ② Ⓒ 《口》 싫은 놈. ③ (the ~) (인간의) 수성, 수욕. — *a.* ① 야수적인. ② 잔인한, 육욕적인. ③ 감각이 없는 (~ ***matter*** 무생물). **brút·ish** *a.*
B.S. Bachelor of Science [Surgery]. **B/S, b.s.** balance sheet; bill of sale. **B.Sc.** Bachelor of Science. **B.S.T.** British summer time. **Bt.** Baronet. **B.T.U., B.th.u.** British thermal unit.
bub[1][bʌb] *n.* Ⓒ (보통 *pl.*) 유방.
bub[2] *n.* Ⓒ 《美口》 아가, 젊은이《소년·젊은이에 대한 호칭》.
:**bub·ble**[bʌ́bəl] *n.* ① Ⓒ 거품; Ⓤ 거품이는 소리; 끓어 오름. ② Ⓒ 거품같이 허망한 계획. ***burst*** (*a person's*) ~ (아무의) 희망을 깨다. — *vt., vi.* ① 거품 일(어 넘쳐 흐르)다. ② 부글부글 소리 내다. ***a ~ company*** (이내 쓰러지는) 포말(泡沫) 회사. ***blow ~s*** 비눗방울을 불다; 공론(空論)에 열중하다. ~ ***over*** 거품 일어 넘치다; 기를 쓰다. ~ ***gum*** 풍선껌. **búb·bler** *n.* Ⓒ (역 따위의) 분수식 수도.
búbble ecónomy 거품 경제.
bu·bo[bjúːbou] *n.* (*pl.* ***-boes***) Ⓒ 〖醫〗 림프선종(腺腫)《특히 서혜부, 겨드랑이의》.
bu·bon·ic[bjuːbɑ́nik/-ɔ́-] *a.* 〖醫〗 림프선종(腺腫)의. ~ ***plague*** 선(腺)페스트. 「의.
buc·cal[bʌ́kəl] *a.* 입의; 볼(cheek)
buc·ca·neer[bʌ̀kəníər] *n., vi.* Ⓒ 해적(질하다). 「니아의 수도.
Bu·cha·rest[bjùːkərést] *n.* 루마
Buch·man·ism [búkmənìzəm, bʌ́k-] *n.* Ⓤ 미국인 Frank Buchman (1878-1961)이 일으킨 종교 운동《영국에서는 Oxf. Group 운동, 미국에서는 MRA 운동으로 발전》.
buck**[1][bʌk] *n.* Ⓒ ① 수사슴; (토끼·염소 따위의) 수컷. ② 멋쟁이 (남자) (dandy). ③ 《美口》 흑인 남자; 《美俗》 달러. ***as hearty as a ~ 원기 왕성한. ~ ***private*** 《美軍俗》 이등병 —《Pfc.의 아래》.
buck[2] *vi., vt.* (말이 등을 굽히고) 뛰어오르다; (말이 탄 사람을) 날뛰어 떨어뜨리다(*off*); 《美口》 저항하다; 《美》 (머리·뿔로) 받다(butt). ~ ***up*** 《美口》 기운을 내다; 격려하다. — *n.* Ⓒ (말의) 뛰어오름; 도약; 반항.
buck[3] *n.* Ⓒ 《美》 (포커에서) 패를 나눌 차례인 사람 앞에 놓는 표지. ***pass the ~ to*** 《美口》 …에게 책임을 전가하다.
buck·a·roo[bʌ́kərùː, ⌐–⌐] *n.* Ⓒ 《美西部》 목동.
búck bàsket 세탁물 광주리.
:**buck·et**[bʌ́kit] *n.* Ⓒ ① 양동이. ② 피스톤, 물받이. ③ 버킷[양동이] 가득(bucketful). ***a ~ of bolts*** 《美俗》 고물 자동차. ***give*** (*a person*) ***the ~*** 《俗》 (아무를) 해고하다. ***kick the ~*** 《俗》 죽다.
buck·et·ful[bʌ́kitfùl] *n.* (*pl.* ***~s, bucketsful***) Ⓒ 한 양동이 가득. ***come down ~*** 《口》 비가 억수로 쏟아지다.
búcket sèat (자동차 등의) 접의자.
búcket shòp 무허가 중개소; 엉터리 거래소; (주식의) 장외 거래점.
búck·èye *n.* Ⓒ ① 《美》 칠엽수류(七葉樹類). ② (B-) Ohio주 사람.
búck·hòrn *n.* Ⓒ 사슴 뿔.
Búck·ing·ham Pálace[bʌ́kiŋəm-] 버킹엄 궁전《런던의 왕실 궁전》.
Buck·ing·ham·shire[-ʃìər, -ʃər] *n.* 영국의 한 주《생략 Bucks.》.
buck·ish[bʌ́kiʃ] *a.* (남자가) 멋부리는, 플레이보이인.
buck·le**[bʌ́kəl] *n., vt., vi.* ① Ⓒ 혁대장식(으로 채우다), 죔쇠(로 죄다) (*up*). ② 구부리다, 굽다. ③ 뒤틀(리)다. ~ (down***) ***to,*** or ~ ***oneself to*** …에 전력을 기울이다.
buck·ler[bʌ́klər] *n.* Ⓒ 둥근 방패. 「=BULLY[1].
buck·o[bʌ́kou] *n.* (*pl.* ***~es***) 《俗》
búck-pàssing *n., a.* Ⓤ 책임 회피 [전가](의).
buck·ram[bʌ́krəm] *n.* Ⓤ 〖製本〗 아교를 먹인 천.
búck·sàw *n.* Ⓒ 틀톱.
búck·shòt *n.* Ⓤ 녹탄《사슴·꿩 따위의 사냥용 총알》.
búck·skìn *n.* ① Ⓤ 사슴 가죽. ② (*pl.*) 사슴 가죽 바지.
búck·thòrn *n.* Ⓒ 털갈매나무.
búck·tòoth *n.* (*pl.* ***-teeth***) Ⓒ 뻐드렁니. 「밀가루.
búck·whèat *n.* Ⓤ 메밀; 《美》 메
bu·col·ic[bjuːkɑ́lik/-kɔ́l-] *a., n.* 시골[전원]의; 양 치는 사람의, 전원생활의; Ⓒ 목가.
:**bud**[1][bʌd] *n.* Ⓒ 눈, 싹, 꽃봉오리.

nip in the ~ 미연에 방지하다. — *vi., vt.* (**-dd-**) 싹트(게 하)다.
bud² *n.* 《美口》 = BUDDY.
Bu·da·pest[bú:dəpèst, ⌐–⌐] *n.* 부다페스트《헝가리의 수도》.
***Bud·dha**[bú:də] *n.* 부처. ***Búd·dhism** *n.* Ⓤ 불교. ***Búd·dhist** *n.*
bud·dy[bʌ́di] *n.* Ⓒ 《美口》 동료, 소년; 여보게《부르는 말》. **~-~** *a.* 《美俗》 아주 친한.
budge[bʌdʒ] *vi., vt.* 조금 움직이다; 몸을 움직이다.
‡**budg·et**[bʌ́dʒit] *n., vi.* Ⓒ 예산(안); (뉴스·편지 따위의) 한 묶음; 예산을 세우다(*for*). *open the* ~ (의회에) 예산안을 제출하다. **~·ar·y** [-èri/-əri] *a.*
bud·let[bʌ́dlit] *n.* Ⓒ 어린 싹.
Bue·nos Ai·res[bwéinəs áiəriz] 아르헨티나의 수도.
buff¹[bʌf] *n.* ① Ⓤ (물소 따위의) 담황색의 가죽. ② Ⓤ 담황색(dull yellow). ③ (the ~) 《口》 (사람의) 맨살, 알몸. ④ Ⓒ 열광자, 팬, …광(狂). *strip to the* ~ 발가벗기다. — *vt.* 부드러운 가죽으로 닦다.
buff² *vt., vi.* (…의) 충격을 완화하다, 약화시키다. — *n.* Ⓒ 《英方·古》 타격, 찰싹 때림. — *a.* 의연한.
‡**buf·fa·lo**[bʌ́fəlòu] *n.* (*pl.* ~(*e*)*s*, 《집합적》 ~) Ⓒ ① 물소. ② 아메리카 들소(bison). ③ 《軍俗》 수륙 양용 탱크.
buff·er[bʌ́fər] *n.* Ⓒ ① (기차 따위의) 완충기(《美》 bumper). ② 〖컴〗 버퍼. ~ *state* 완충국.
***buf·fet**¹[bʌ́fit] *n.* Ⓒ 일격, 한 대 (blow); (운명·파도·바람의) 타격. — *vt., vi.* 치다, 때리다; (운명·파도·바람과) 싸우다(*with*).
buf·fet²[bəféi, bu-/bʌ́fit] *n.* Ⓒ 찬장(sideboard); [búfei] 뷔페, 간이 식당. ~ *car* 《주로 英》 식당차.
buf·foon[bəfú:n] *n.* Ⓒ 익살꾼, 어릿광대(clown). *play the* ~ 익살떨다. **~·er·y**[-əri] *n.* Ⓤ 익살; 조잡한 농담. **~·ish** *a.*
***bug**[bʌg] *n.* Ⓒ ①《주로 英》 빈대. ② 벌레, 곤충, 딱정벌레. ③《美口》 (기계·조직 따위의) 고장, 결함. ④ 젠체하는 사람. ⑤《美俗》 소형 자동차. ⑥ 〖컴〗《俗》 오류《프로그램 작성 시 뜻하지 않은 잘못》. *big* ~ 《비꼼》 거물, 명사. *go* ~ 발광하다, 미치다. *smell a* ~ 《美》 수상쩍게 여기다.
bug·a·boo[bʌ́gəbù:] *n.* =⇩.
búg·bèar *n.* Ⓒ 도깨비; 무서운 것.
búg-éyed *a.* 《美俗》 (놀라서) 눈알이 튀어나온.
bug·ger[bʌ́gər] *n.* Ⓒ ① 비역쟁이. ② 《卑》 싫은 놈[일]; 《俗》《형용사에 붙어》 (…란) 놈. ~ *all* 《英俗》 전무, 제로. — *vt., vi.* (…와) 비역하다. ~ *about* 《卑》 빈둥빈둥하다; 혼내주다. *B- off!* 《卑》 꺼져.
***bug·gy**¹[bʌ́gi] *n.* Ⓒ 《美》 말 한 필이 끄는 4륜[2륜]마차.
bug·gy² *a.* 빈대가 많은.
búg·hòuse *n.* Ⓒ 《美俗》 정신 병원; 《英俗》 초라한 극장.
búg·hùnting *n.* Ⓤ 곤충 채집.
***bu·gle**[bjú:gəl] *n., vi., vt.* (군대용) Ⓒ 나팔(을 불다, 불어 집합시키다); 《古》 뿔피리. **bú·gler** *n.* Ⓒ 나팔수.
buhl[bu:l] *n.* Ⓤ (별갑(鱉甲)·금은 따위의) 상감(象嵌).
†**build**[bild] *vt.* (*built*) ① 짓다, 세우다, 만들다; (재산·지위 따위를) 쌓아올리다. ② (…에) 의지[의존]하다 (*on, upon*). ~ *in* 붙박이로 짜넣다; (집·벽 따위로) 에워싸다. ~ *up* 빽빽이 세우다; (명성을) 조작하다; (건강을) 증진하다; 고쳐 짓다; 〖劇〗 (최고조로) 돋우어 올리다. — *n.* Ⓤ 만듦새, 구조; ⓊⒸ 체격. ‡**⌐·er** *n.* †**⌐·ing** *n.* Ⓒ 건물, 빌딩 (*the main* ~ 주건물); Ⓤ 건축(술).
búilding blòck (장난감의) 집짓기 나무; (건축용) 블록; 〖컴〗 빌딩 블록.
búilding lìne (도로 따위에 임하는) 건축 제한선.
búilding lòt 건축용 대지(building site).
búild-ùp *n.* Ⓒ 형성; 발전; 선전, 매명(賣名); 〖劇〗 (장면을) 최고조로 돋우어 올리기; 《美口》 날조, 조작.
†**built**[bilt] *v.* build의 과거(분사).
búilt-ìn *a.* 붙박이의, 짜넣은; (성질이) 고유의.
‡**bulb**[bʌlb] *n.* Ⓒ 구근(球根); 구근 식물; 전구, 진공관. **⌐·ous** *a.* 구근(모양)의; 둥글둥글한.
bul·bul[búlbul] *n.* Ⓒ 명금(鳴禽)의 일종《nightingale의 일종으로 페르시아 명칭》; 가수; 시인.
Bulg. Bulgaria(n).
Bul·gar·i·a[bʌlgέəriə] *n.* 불가리아. **-an** *n., a.* Ⓒ 불가리아 사람(의); 불가리아의; Ⓤ 불가리아 말(의).
***bulge**[bʌldʒ] *n.* Ⓒ ① 부푼 것; (물통 따위의) 중배(의 불룩함). ② 《口》 이익, 잇점. ③ 〖海〗 배 밑의 만곡부(bilge). ④ 〖軍〗 (전선의) 돌출부. — *vi.* 부풀다(swell out).
búl·gy *a.*
bu·lim·i·a[bjuːlí(ː)miə] *n.* Ⓤ 〖醫〗 식욕 항진, 병적 기아.
‡**bulk**[bʌlk] *n.* ① Ⓤ 부피(volume); 크기. ② (the ~) 대부분(*of*). ③ Ⓒ 거대한 사람[것]. ④ Ⓤ 적하(積荷). *break* ~ 짐을 부리다. *by* ~ (저울을 쓰지 않고) 눈대중으로. *in* ~ 포장 않은 채로; 대량으로. — *vi., vt.* 부풀(리)다, 쌓아 올리다; 중요하게 보이다. ~ *large* [*small*] 커[작아]지다; 중요하게[하지 않게] 보이다. ***⌐·y** *a.* 부피가 커진, 턱없이 큰, 거대한; 다루기 힘든.
búlk bùying 매점(買占).
búlk càrgo (곡류 따위) 포장 않은 뱃짐.
búlk fàre 단체 여행 할인 항공 운임.
búlk·hèad *n.* Ⓒ (배 따위의) 격벽

B

B

(隔壁); (지하실의) 들어서 여는 문.

:**bull**[1] [bul] *n.* ① Ⓒ 황소; (코끼리·고래 따위의) 수컷(cf. ox). ② (B-) 〖天〗 황소자리(Taurus). ③ Ⓒ 〖證〗 사는 편, 시세가 오르리라고 내다보는 사람(cf. bear[1]). ④ Ⓒ 《美俗》 경관. ⑤ Ⓤ 《俗》 쓸데 없는 소리. ⑥ =BULLDOG. ***a ~ in a china shop*** 남에게 방해가 되는 난폭자. ***shoot the ~*** 《美俗》 기염을 토하다; 허튼 소리를 하다. ***take the ~ by the horn*** 감연히 난국에 맞서다. ── *a.* 수컷과 같은, 황소 같은 센, 큰. **∠·ish** *a.*

bull[2] *n.* Ⓒ (로마 교황의) 교서.

búll·bàiting *n.* Ⓤ (개를 부추겨서 괴롭히는) 소 놀리기(cf. bearbaiting).

***búll·dòg** *n.* Ⓒ 불도그; 용맹〔완강〕한 사람; 《英俗》 학생감 보좌역.

bull·doze[∠dòuz] *vt.* 불도저로 고르다; 《美口》 위협하다; 못살게 굴다; 《美口》 (무리하게) 강행하다.

***bull·doz·er**[búldòuzər] *n.* Ⓒ 불도저; 《美口》 위협자.

:**bul·let**[búlit] *n.* Ⓒ 소총탄.

:**bul·le·tin**[búlətin] *n.* Ⓒ 게시, 공보; 회보. ***~ board*** 게시판. ── *vt.* 공시하다, 게시하다.

búlletin bòard sỳstem 〖컴〗 전자 게시판 시스템《전자 우편이나 파일의 교환을 전화 회선을 이용하여 행함; 생략 BBS》.

búllet·pròof *a.* 방탄의.

búll·fight *n.* Ⓒ 투우. **~er** *n.*

búll·finch *n.* Ⓒ 〖鳥〗 피리새; 높은 산울타리.

búll·fròg *n.* Ⓒ 식용 개구리《북아메리카산》.

búll·hèad *n.* Ⓒ 〖魚〗 둑중개, 메기; 완고한 사람.

búll·héaded *a.* 완고한; 머리가 큰.

búll·hòrn *n.* Ⓒ 《美》 전기 메가폰.

bul·lion[búljən] *n.* Ⓤ 금〔은〕덩어리.

bull·ish[búliʃ] *a.* 수소와 같은; 완고한; 〖證〗 오르는 시세의.

búll-nècked *a.* 목이 굵은.

bul·lock[búlək] *n.* Ⓒ 네 살 이하의 불깐 소(steer).

búll pèn 소의 우리; 《美口》 유치장; 〖野〗 구원 투수 연습장.

búll rìng 투우장.

búll sèssion 《俗》 (비공식) 토론, 자유 토론; 남자끼리의 잡담(모임).

búll's-èye Ⓒ 과녁의 중심점, 정곡; 둥근 창; 볼록 렌즈(가 달린 남포).

búll·shìt *n.* Ⓤ 《卑》 무의미한 일.

búll térrier 불테리어《불독과 테리어의 잡종》.

búll tòngue 《美》 (목화 재배용의) 큰 쟁기.

***bul·ly**[1][búli] *n.* Ⓒ 약자를 괴롭히는 자. ── *vt., vi.* 위협하다; 못살게 굴다(tease). ── *a.* 《口》 훌륭한. ── *int.* 《口》 멋지다!, 장하다!

bul·ly[2] *n.* Ⓤ 통조림 쇠고기.

búlly·ràg *vt.* (**-gg-**) 위협하다, 못살게 굴다.

bul·rush[búlrʌ̀ʃ] *n.* Ⓒ 〖植〗 큰고랭이; 애기부들.

***bul·wark**[búlwərk] *n.* Ⓒ ① 누벽(壘壁). ② 방파제. ③ (보통 *pl.*) (상(上) 갑판의) 뱃전. ── *vt.* 성채로 견고히 하다; 방어하다.

bum[bʌm] *n.* Ⓒ 《美口》 게으름뱅이; 부랑자(tramp). ***get the ~'s rush*** 《美俗》 내쫓기다. ── *a.* 쓸모없는; 품질이 나쁜; 잘못된. ── *vi., vt.* (**-mm-**) 《美口》 빈둥빈둥 놀고 지내다; 술에 빠지다; 《美俗》 떼를 써 빼앗다(sponge on), 조르다.

bum·ble[1][bʌ́mbəl] *vi.* 큰 실수를 하다, 실책을 하다.

bum·ble[2] *vi.* (벌 등이) 윙윙 거리다.

búmble·bèe *n.* Ⓒ 뒝벌.

bumf, bumph[bʌmf] *n.* Ⓤ 《英俗》 화장지; 논문, 신문, 문서.

bum·mer[bʌ́mər] *n.* Ⓒ 《口》 빈둥거리는 자, 부랑자; 《美俗》 불쾌한 경험〔감각, 일〕.

:**bump**[bʌmp] *vt., vi.* ① 부딪치다, 충돌하다(*against, into*). ② 털썩 떨어뜨리다(*down, on*). ③ 덜거덕거리며 나아가다. ***~ off*** 부딪쳐 떨어뜨리다; 《美俗》 죽이다. ── *ad., n.* Ⓒ ① 텅〔쿵〕(하는 소리). ② 때려서 생긴 멍〔혹〕. ③ (수레의) 동요. ④ (보트의) 충돌. ⑤ 악기류(惡氣流), 돌풍. ⑥ 재능, 능력, 육감. ***∠·er** *n., a.* Ⓒ ① 부딪는 (사람·것). ② 범퍼, 완충기. ③ 가득 채운 잔; 초만원(의); 풍작(의)(*~er crop* 대풍작), 풍어의, 대히트(의).

bump·kin[bʌ́mpkin] *n.* Ⓒ 시골뜨기, 뒤틈바리.

bump·tious[bʌ́mpʃəs] *a.* 주제넘은.

bump·y[bʌ́mpi] *a.* (지면이) 울퉁불퉁한(rough); (수레가) 덜커덕거리는(jolting).

bun**[bʌn] *n.* Ⓒ ① 롤빵《건포도를 넣은 단 빵》. ② (롤빵 모양으로) 묶은 머리. ***take the ~ 《美俗》 일등이 되다, 이기다.

Bu·na[bjúːnə] *n.* 〖商標〗 부나《합성 고무의 일종; 천연 고무와 흡사함》.

:**bunch**[bʌntʃ] *n., vi., vt.* Ⓒ (포도 따위) 송이〔다발, 떼〕(가 되다, 로 만들다). **∠·y** *a.*

bun·co[bʌ́ŋkou] *n.* (*pl.* **~s**), *vt.* Ⓒ 《美口》 속임수의 내기; 야바위(치다).

bun·combe, -kum[bʌ́ŋkəm] *n.* Ⓤ 《美》 인기 위주의 연설, 빈 말.

bund[bʌnd] *n.* Ⓒ 바닷가의 거리.

:**bun·dle**[bʌ́ndl] *n., vi., vt.* ① Ⓒ 다발, 꾸러미. ② 꾸리다, 다발지어 묶다, 싸다. ③ 서둘러 떠나(게 하)다(*away, off*). ***~ of nerves*** 굉장히 신경질적인 사람. ***~ oneself up*** (많이) 껴입다.

bún fight 《英俗》 =TEA PARTY.

bung[bʌŋ] *n., vt., vi.* Ⓒ 마개(를 하다), 막다; 《俗》 상처를 입히다, 쳐부수다(*up*).

***bun·ga·low**[bʌ́ŋgəlòu] *n.* Ⓒ 방갈로(식 주택)《베란다 있는 목조 단층

집》.
bun·gee[bʌ́ndʒi] *n.* U,C 번지《고무끈 다발을 무명으로 싼 코드》.
búngee-jùmp *vi.* 번지점프하다.
búngee jùmping 번지점프《발목 같은 데에 신축성 있는 로프를 매고 높은 데서 뛰어내리는 놀이》.
búng·hòle *n.* C 통주둥이.
bun·gle[bʌ́ŋgəl] *n., vt., vi.* C 실수(하다). **bún·gling** *a.* 서투른.
búngle·some *a.* 서툰, 솜씨 없는.
bun·ion[bʌ́njən] *n.* C (엄지발가락 샅의) 염증, 못.
bunk[1][bʌŋk] *n., vi.* C (배·기차 따위의) 침대〔잠자리〕(에서 자다), 등걸잠 자다.
bunk[2] *n.* 《美俗》 =BUNCOMBE.
bunk[3] *n., vi.* C 《英俗》 도망(하다), 빵소니치다. ***do a* ~** 도망하다.
búnk-bèd *n.* C 2단 침대.
bunk·er[bʌ́ŋkər] *n., vt.* C (배의) 연료 창고(에 쌓아 넣다); 〚골프〛 벙커《모래땅의 장애 구역》(에 쳐서 넣다); 〚軍〛 지하 엄폐호.
búnker cóal (석탄 수송선의) 자항용(自航用) 연료탄(炭).
búnker òil 연료유.
búnk·hòuse *n.* C 산막; 합숙소.
bun·ko[bʌ́ŋkou] *n.* 《美口》 =BUNCO.
bun·kum[bʌ́ŋkəm] *n.* =BUNCOMBE.
***bun·ny**[bʌ́ni] *n.* C 《口》 토끼; 《方》 다람쥐.
***bunt**[bʌnt] *vt., vi., n.* C (머리·뿔로) 받다〔받기〕; 가볍게 치다〔침〕; 〚野〛 번트〔연타(軟打)〕(하다).
bun·ting[1][bʌ́ntiŋ] *n.* C 멧새의 무리.
bun·ting[2] *n.* U ① 기(旗) 만드는 천. ② 《집합적》 (장식) 기(flags).
Bun·yan[bʌ́njən], **John**(1628–88) 영국의 목사·작가《*Pilgrim's Progress*》.
:**bu·oy**[búːi, bɔi] *n.* C 부표(浮標), 부이. — *vt., vi.* ① 띄우다. ② 기운을 돋우다, 지지하다(support). ③ 뜨다(*up*).
buoy·an·cy[bɔ́iənsi, búːjən-] *n.* U ① 부력(浮力). ② (타격을 받고도) 쾌활, 경쾌. ③ 〚商〛 (시세 따위의) 오름세.
***buoy·ant**[bɔ́iənt, búːjənt] *a.* ① 부력이 있는. ② 경쾌한(light), 쾌활한(cheerful). ③ (값이) 오름세의.
B.U.P. British United Press.
bur[1][bəːr] *n.* C 우엉의 열매; 가시 있는 식물; 성가신 사람; =BURR[1].
bur[2] *vi., n.* =BURR[2].
Bur·ber·ry[bə́ːrbəri, -bèri] *n.* ① 바바리 코트. ② U 바바리 방수포.
bur·ble[bə́ːrbəl] *vi.* 부글부글 소리나다; 투덜거리다.
:**bur·den**[1] [bə́ːrdn] *n.* ① C 짐(load). ② C 무거운 짐, 부담; 귀찮은 일. ③ U (배의) 적재량. ***~ of proof*** 거증(擧證)의 책임. ***lay down life's ~*** 죽다. — *vt.* (…에게) 무거운 짐을 지우다; 괴로움을 끼치다. **~·some** *a.* 무거운; 귀찮은.
bur·den[2] *n.* ① (the ~) 요지, 요점. ② C (노래의) 반복.
bur·dock[bə́ːrdɑ̀k/-ɔ̀-] *n.* C 〚植〛 우엉.
:**bu·reau**[bjúərou] *n.* (*pl.* **~s, ~x** [-z]) C ① 《美》 경대 붙은 옷장. ② 《英》 양소매〔서랍 달린〕 책상. ③ 사무소(*a ~ of information* 안내소). ④ (관청의) 국, 부.
bu·reauc·ra·cy [bjuərɑ́krəsi/bjuərɔ́-] *n.* ① U 관료 정치. ② (the ~) 관료 사회; 《집합적》 관료(들)(officialdom). **bu·reau·crat** [bjúərəkræ̀t] *n.* C 관료. **bu·reau·crat·ic** [~–krǽtik] *a.* **bu·reau·crat·ism** [bjuərɑ́krətìzəm/bjuərɔ́krӕt-] *n.* U 관료주의.
bu·ret(te) [bjuərét] *n.* C 〚化〛 뷰렛《눈금 있는 유리관》.
burg[bəːrg] *n.* C 《美口》 시, 읍.
bur·geon[bə́ːrdʒən] *n., vi.* C 싹(트다).
burg·er[bə́ːrgər] *n.* C,U 《美口》 햄버거 스테이크(가 든 빵)(hamburger).
bur·gess[bə́ːrdʒis] *n.* C (borough의) 시민.
burgh[bəːrg/bʌ́rə] *n.* 《Sc.》 = BOROUGH. **~·er**[bə́ːrgər] *n.* C (네덜란드·독일의) 시민(citizen).
:**bur·glar**[bə́ːrglər] *n.* C 밤도둑. **~·ize**[-àiz] *vt., vi.* 《口》 (불법으로) 침입하다. **-gla·ry** *n.* U,C 밤도둑(질), (야간의) 불법 주거 침입.
búrglar alàrm 자동 도난 경보기.
búrglar·pròof *a.* 도난 방지의.
bur·gle[bə́ːrgəl] *vt., vi.* 《口》 밤도둑질하다.
bur·go·mas·ter [bə́ːrgəmæ̀stər, -mɑ̀ː-] *n.* C (네덜란드·독일 등지의) 시장, 읍장.
Bur·gun·dy[bə́ːrgəndi] *n.* ① 부르고뉴《프랑스의 남동부 지방》. ② U (종종 b-) 그 곳에서 나는 붉은 포도주, 부르고뉴.
:**bur·i·al**[bériəl] *n.* U,C 매장, 매장식.
búrial gròund 〔**plàce**〕 묘지.
búrial sèrvice 매장식.
bur·i·er[bériər] *n.* C 매장자, 매장 도구.
bu·rin[bjúərin] *n.* C (동판) 조각칼. **~·ist** *n.* C (동판·대리석 등의) 조각사.
burke[bəːrk] *vt.* ① (상처 없이) 질식시켜 죽이다, 몰래 처치하다《사람을》. ② (소문을) 휘지비지해버리다; (의안을) 묵살하다.
Bur·ki·na Fa·so [bəːrkiːnə fɑ́ːsou] 부르키나 파소《아프리카 서부의 공화국; 구칭 Upper Volta》.
burl[bəːrl] *n.* C (실·털실의) 마디; (나무의) 옹이.
bur·lap[bə́ːrlæp] *n.* U (부대용의) 굵은 삼베.
***bur·lesque**[bəːrlésk] *a.* 익살스러운(comic). — *n.* C 익살스런 풍자, (개작한) 해학시(parody); U 《美》 저속한 소극(笑劇)(horseplay). — *vt.* 익살스럽게 흉내내다.
bur·ley[bə́ːrli] *n.* (*or* B-) C 《美》 Kentucky주(부근)산의 담배.

bur·ly[bə́:rli] *a.* 강한, 억센; 덜렁대는.

***Bur·ma**[bə́:rmə] *n.* 버마 (cf. 「Myanmar).

Bur·mese[bə:rmí:z] *a., n.* (*pl.* ~) 버마의; Ⓒ 버마 사람(의); Ⓤ 버마 말(의).

†**burn**[1][bə:rn] *vt., vi.* (~*ed*, **burnt**) ① 태우다; 타다; (불을) 때다; 타게 하다. ② 그슬리다; 그을다. ③ 불에 데다, 얼얼하다. ④ 화끈거리다; 화내다. ⑤ 흥분하다, 열중하다. ⑥ 내리쬐다, 볕에 타다. ⑦ 〖化〗 소작(燒灼)하다. ⑧ 산화시키다. ***be burnt to death*** 타 죽다. ~ ***away*** 태워버리다; 타 없어지다. ~ ***down*** 몽땅 태워버리다; 약해지다. ~ ***for*** (…을) 열광〔동경〕하다. ~ ***one's finger*** 공연히 참견〔당황〕하여 되게 혼나다. ~ ***out*** 타버리다; 다 타다. ~ ***powder*** 발사〔발포〕하다. ~ ***up*** 타버리다, 다 타다; 열광시키다. ***have*** (*books*) ***to*** ~ 《美》 (책이) 주체 못할 만큼 있다. *∠**·er** *n.* Ⓒ 태우는〔굽는〕 사람; 버너. ‡∠**·ing** *a.* (불)타는; 열렬한, 격렬한; 긴급한.

burn[2] *n.* Ⓒ 《北英·Sc.》 시내, 개울(brook).

búrned-óut *a.* ① 타버린, 다 탄; 소진된; (전구 따위가) 타서 끊어진. ② (정력을 다 써) 지친.

búrning glàss 화경(火鏡).

búrning móuntain 화산.

búrning pòint 발화점.

***bur·nish**[bə́:rniʃ] *vt., vi.* 닦다(polish); 광나다, 닦이다. — *n.* Ⓤ 윤, 광택.

bur·noose, -nous[bə:rnú:s] *n.* Ⓒ (아라비아인의) 두건 달린 망토.

burn·sides[bə́:rnsàidz] *n. pl.* 《美》 구레나룻.

***burnt**[bə:rnt] *n.* burn의 과거(분사).

burp[bə:rp] *n., vi.* Ⓒ 《口》 트림(하「다).

búrp gùn 《美》 자동 권총.

***burr**[1][bə:r] *n., vt.* Ⓒ ① (치과 의사 등의) 리머(reamer). ② 깔쭉깔쭉하게 깎다〔깎은 자리〕, 깔쭉깔쭉함.

burr[2] *vi.* 그릉그릉〔윙윙〕하다; 목젖을 울려서 내는 r음《[R]》, 후음(喉音)으로 말하다. — *n.* Ⓒ 그릉그릉, 윙윙하는 소리.

bur·ro[bú:ərou, bə́:r-] *n.* Ⓒ 당나귀(donkey).

***bur·row**[bə́:rou, bʌ́r-] *n.* Ⓒ (토끼 따위의) 굴, 숨어 있는 곳. — *vt., vi.* ① 굴을 파다. ② 굴에 살다; 숨다. ③ 찾다; 탐구하다(*in, into*).

bur·sa[bə́:rsə] *n.* (*pl.* ***-sae***[-si:], ~***s***) Ⓒ 〖動·解〗 낭(囊)(sac).

bur·sar[bə́:rsər] *n.* Ⓒ (대학의) 회계원(treasurer); 《주로 Sc.》 (대학) 장학생.

‡**burst**[bə:rst] *vt., vi.* (**burst**) ① 파열〔폭파〕하다. ② 째(어지)다, 터뜨리다, 터지다. ③ 충만하다. ④ 별안간 나타나다(*forth, out, upon*); 갑자기 …하기 시작하다(break) (*into*). ***be ~ing to*** (do) 《口》 …하고 싶어 못견디다. ~ ***away*** 파열하다; 뛰쳐나가다. ~ ***in*** (문이 안으로) 홱 열리다; 뛰어들다; 말참견하다. ~ ***open*** 홱 열다 ~ ***out laughing*** 웃음을 터뜨리다. ~ ***up*** 폭발하다; 《俗》 파산하다. ~ ***with*** …으로 충만하다 (*She is ~ing with health.*). — *n.* Ⓒ 파열, 폭발; 돌발; 분발.

bur·then[bə́:rðən] *n., v.* =BURDEN[1].

bur·ton[bə́:rtn] *n.* 《英俗》 《다음 성구로》 ***go for a*** ~ 깨지다, 못쓰게 되다; 꺼지다, 죽다.

Bu·run·di[bərʌ́ndi, burú:n-] *n.* 아프리카 중동부의 공화국.

‡**bur·y**[béri] *vt.* ① 묻다, 감추다. ② 매장하다, 장사지내다. ③ 몰두하게 하다(*in*); 초야에 묻히다. **~*ing ground*** 묘지. ~ ***oneself in*** (…에) 몰두하다; (…에) 묻히다.

†**bus**[bʌs] *n.* (*pl.* ~(***s***)***es***) Ⓒ ① 버스. ② 《口》 여객기, (낡은 대형의) 자동차. ③ 〖컴〗 버스《여러 장치 사이를 연결, 신호를 전송하기 위한 공통로》. — *vi.* (***-ss-***) ~ ***it*** 버스에 타고 가다.

bús bòy 〔**gìrl**〕 식당 웨이터의 조수〔여자 조수〕, 접시닦이. 「털모자.

bus·by[bʌ́zbi] *n.* Ⓒ (영국 기병의)

‡**bush**[buʃ] *n.* ① Ⓒ 관목(shrub). ② Ⓒ (관목의) 덤불, 숲. ③ Ⓒ 담쟁이의 가지《옛날의 술집 간판》(*Good wine needs no* ~. 《속담》 좋은 술에 간판은 필요 없다). ④ Ⓤ 삼림지, 오지(奧地). ***beat about the*** ~ 남을 떠보다; 요점을 피하다. ***take to the*** ~ 벽지로 달아나다, 산적이 되다. — *vi., vt.* 무성하게 자라다〔하다〕. ~ ***out*** 미개척지에 길을 내다. ~***·ed***[-t] *a.* 《口》 =WORN-OUT.

‡**bush·el**[1][búʃəl] *n.* Ⓒ 부셸《건량(乾量) 단위; 미국에서는 1.95말, 영국에서는 2.01말》; 부셸 되.

bush·el[2] *vt., vi.* (《英》 ***-ll-***) 《美》 (옷을) 고쳐 만들다; 수선하다.

búsh·fìghter *n.* Ⓒ 유격병, 게릴라.

búsh·fìre *n.* Ⓒ (끄기 힘든) 잡목림 지대의 산불.

bush·ing[búʃiŋ] *n.* Ⓒ 〖機〗 굴대받이통; (구두 따위 끈 꿰는 구멍의) 고리쇠; 〖電〗 투관(套管).

búsh lèague 《俗》 〖野〗 =MINOR LEAGUE.

bush·man[∠mən] *n.* Ⓒ 총림지(叢林地)의 거주민; (B-) (남아프리카의) 부시맨 토인.

búsh·màster *n.* Ⓒ 열대 아메리카산의 큰 독사.

búsh pìlot 《美》 미〔반〕개척지를 비행하는 비행사.

búsh·rànger *n.* Ⓒ (호주의) 산적; 산림 지대에 사는 사람.

búsh tèlegraph (밀림에서의) 정보 전달(법).

búsh wàrbler (오스트레일리아산) 휘파람새의 무리.

búsh·whàck *vi.* 《美》 덤불을 베어

헤쳐 길을 내다. — *vt.* 매복하다, (숲을 이용해) 기습하다. **~·er** *n.* Ⓒ 삼림 지대의 여행에 익숙한 사람.

*__bush·y__[búʃi] *a.* 덤불 같은〔이 많은〕; 털이 많은.

:**bus·i·ly**[bízəli] *ad.* 바쁘게, 분주하게; 열심히, 부지런히.

†**busi·ness**[bíznis] *n.* ① Ⓤ 실업; 상업, 거래. ② Ⓤ 직업, 직무. ③ Ⓤ 사무, 영업. ④ Ⓒ 사업, 점포. ⑤ Ⓤ 용건, 볼일. ⑥ (a ~) 사건, 일. ⑦ Ⓤ (연극의) 몸짓(action). ***Business as usual.*** (금일) 영업합니다《게시》. ***do a big ~*** 장사가 잘 되다, 번창하다. ***enter into ~*** 실업계에 투신하다. ***have no ~ to*** (do) (…할) 권리가 없다. ***make a great ~ of*** …을 감당 못하다. ***make the ~ for*** …을 없애버리다, 해치우다. ***mean ~*** 《口》 진정이다. ***mind one's own ~*** 자기 분수를 지키다, 남의 일에 간섭 않다. ***on ~*** 용무로(*No admittance except on ~.* 관계자외 출입 금지). ***send*** (*a person*) ***about his ~*** (아무를) 꾸짖다; 추방하다; 해고하다.

búsiness àgent 《英》 업무 대리(점).

búsiness càrd 업무용 명함.

búsiness cènter 번화가.

búsiness còllege 〔**schòol**〕《美》 실무 학교《부기·속기·타이프 등을 훈련》.

búsiness correspòndence 상업통신.

búsiness cỳcle 《美》 경기 순환(《英》 trade cycle).

búsiness Ènglish 상업 영어.

búsiness fluctuàtion 경기 변동.

búsiness hòurs 근무〔영업〕 시간.

búsiness lètter 업무용 편지; 업무용〔사무용〕 통신문.

*__búsiness·lìke__ *a.* 사무적〔실제적〕인; 민첩한.

:**busi·ness·man**[-mæ̀n] *n.* Ⓒ 실업가; 사무가, 회사원.

bus·kin[bʌ́skin] *n.* ① Ⓒ (보통 *pl.*) 반장화; (고대 그리스·로마의 비극 배우가 신은) 두꺼운 바닥의 편상화. ② (the ~) 비극.

bús·lòad *n.* Ⓒ 버스에 가득 탄 승객; 버스 한 대분, 버스 가득.

bus·man[bʌ́smən] *n.* Ⓒ 버스 승무원. ***~'s holiday*** 《美》 평상시와 비슷한 일을 하며 보내는 휴일, 이름뿐인 휴일.

bús stòp 버스 정류소.

:**bust**[1][bʌst] *n.* Ⓒ ① 흉상(胸像), 반신상. ② 상반신; (여자의) 가슴.

bust[2] *n.* Ⓒ《俗》파열, 펑크; 실패, 파산; 《口》후려침. — *vt., vi.* 《俗》 =BURST; 《俗》 파산〔실패〕하다; 《口》 좌천하다; (트러스트를 해체하여) 몇 작은 회사로 가르다; 때리다; 길들이다; 《俗》 체포하다.

bus·tard[bʌ́stərd] *n.* Ⓒ 〖鳥〗 능에.

bust·er[bʌ́stər] *n.* Ⓒ ① 거대한〔크게 효과적인, 파괴적인〕 것. ② 《美》 법석, 소란. ③ (종종 B-) 《蔑》 젊은 친구《호칭》.

:**bus·tle**[1][bʌ́sl] *vi., vt.* ① 떠들다; 떠들게 하다. ② 재촉하다; 서두르(게 하)다(*up*). — *n.* (*sing.*) 야단법석. **bus·tling·ly**[bʌ́sliŋli] *ad.* 떠들썩하게; 번잡하게.

bus·tle[2] *n.* Ⓒ (옛날, 여자 스커트를 부풀리는) 허리받이.

búst-ùp *n.* Ⓒ 파열; 해산; 《俗》 싸움; 이혼.

bust·y[bʌ́sti] *a.* 가슴이 큰 《여성》.

†**bus·y**[bízi] *a.* ① 바쁜; (…으로) 분주한(do*ing, at, it, with*). ② (전화가) 통화 중인(*The line is ~.* 통화 중). ③ 교통이 번잡한, 번화한(*a ~ street* 번화가). ④ 참견 잘 하는. — *vt.* 바쁘게 만들다. ***~ oneself at*** 〔***in, with, doing***〕 …하기에 분주하다. ***get ~*** 일에 착수하다. **~·ness** *n.* Ⓤ 바쁨.

búsy·bòdy *n.* Ⓒ 참견하기 좋아하는 사람.

†**but**[強 bʌt, 弱 bət] *conj.* ① 그러나, 그렇지만. ② 《not, never 등과 함께 써서》 (…이) 아니고(*He is not a statesman, ~ a politician.* 정치가가 아니고 정객이다); …하는 것이 아니면(unless)(*It never rains ~ it pours.* 《속담》 왔다하면 장대비다; 화불단행(禍不單行)). ③ ~ = but that …하지 않을 만큼(that… not)(*He is not such a fool ~ he can tell that.* 그것을 모를 만큼 어리석지는 않다). ④ 《부정어 하나 다음에 but (that)이 오면》 ~ = that …not (*It can hardly be ~ that it is intended as a satirical hit.* 그것은 빈정대려고 한 비평이 아닐 리가 없다). ⑤ 《부정어 둘 다음에 but이 오면, 즉 3중의 부정어가 겹치면 but은 뜻이 없어짐》 ~ (that) = that(*It is not impossible ~ such a day as this may come.* 이러한 날이 올 것은 불가능하지 않다). ⑥ 《마찬가지로 부정구문 중에 deny, doubt 따위 부정적 의미의 동사와 함께 써서》 ~ *that* = that (*I don't doubt ~ that*) *they will do it.* 그들은 그것을 꼭 하리라고 생각한다). ⑦ …이외에는, …을 제하고는(*All ~ she went away.* 그 여자 외에는 모두 다 떠났다《이 경우 *All ~ her* 라면 but은 *prep.*》). ⑧ 《무의미한 but》(*Heavens! B- it rains!* 제기랄, 비가 오네!/*B- how nice!* 야, 근사하구나!). — *rel. pron.* 《but =who 〔that〕 …not》(*There is no one ~ knows it.* 모르는 사람은 한 사람도 없다). — *ad.* 다만 …뿐 (*There is ~ one God.* 신은 단 하나다/*He is ~ a child.* 그는 한낱 어린애다). — *prep.* …이외에는 (except) (*All ~ him remained.* 그 사람 외에는 모두 남았다); …을 제외하면, …이 없더라면(*B- that you were there, he would have been drowned.* 네가 없었더라면 그

는 빠져 죽었을 것이다). ***all*** ~ 거의. ***anything*** ~ 《강한 부정》 결코…않다. ~ ***for*** …이 없었더라면(if it were not for; if it had not been for). ~ ***good*** 《美口》 비참히, 아주. ~ ***then*** 그렇지만, 그러나 한편. ***cannot choose*** ~ (do) …하지 않을 수 없다. ***not*** ~ ***that*** 〔***what***〕 …이 아니라는 것은 아니다(*Not* ~ *that* 〔*what*〕 *he thought otherwise.* 그가 다른 생각을 하지 않은 것은 아니나). (***It is***) ***not that …***, ~ ***that …*** …라는 것이 아니고 …인 것이다; …라고 해서가 아니라 …이기 때문이다(*Not that I like this house,* ~ *that I have no other place to live in.* 이 집이 마음에 들어서가 아니고, 이 밖에는 살 집이 없기 때문이다). ***nothing*** ~ …에 지나지 않는다(*It is nothing* ~ *a joke.* 그저 농담에 지나지 않는다). — *vt., n.* '그러나' 라고 말하다; (보통 *pl.*) '그러나' 라는 말(*B- me not* ~*s!* '그러나, 그러나' 라는 말은 그만 둬라).

bu·ta·di·ene[bjùːtədáiiːn, ⌐–⌐] *n.* Ⓤ 〖化〗 부타디엔《합성고무 제조용》.

bu·tane[bjúːtein, –⌐] *n.* Ⓤ 〖化〗 부탄《가연성 탄화수소》.

butch·er[bútʃər] *n.* Ⓒ ① 푸주한; 도살업자. ② 학살자. ③ 《俗》 외과 의사. ④ (열차·관람석에서의) 판매원. ⑤ 권투 선수. — *vt.* (먹기 위해) 도살하다; 학살하다(massacre). ~***'s meat*** 식육. ⌐**·er·y** *n.* Ⓤ 도살, 학살; Ⓒ 《英》 도살장.

bútcher bìrd 때까치.

but·ler**[bʌ́tlər] *n.* Ⓒ ① 집사, 하인 우두머리. ② 식사 담당원. ~'s pantry*** 식기실.

butt[1][bʌt] *n.* Ⓒ 큰 (술)통.

butt[2] *n.* Ⓒ ① 과녁; 무겁; (*pl.*) 사적장(射的場). ② 표적; 비웃음의 대상, 웃음거리.

***butt**[3] *vt., vi.* ① (머리·뿔 따위로) 받다; 부딪치다(*against, into*). ② 불쑥 나오다, 돌출하다(*on, against*).

butt[4] *n.* Ⓒ (막대·총 따위의) 굵은 쪽의 끝; 나무 밑동; 꽁초; 《俗》 궁둥이.

butte[bjuːt] *n.* Ⓒ《美》 외따로 선 산, 독메.

bútt ènd 굵은 쪽의 끝; 그루터기; 남은 부분〔조각〕.

†**but·ter**[1][bʌ́tər] *n., vt.* Ⓤ ① 버터(를 바르다). ② 《口》 아첨(하다)(*up*). ***look as if*** ~ ***would not melt in one's mouth*** 시치미 떼다, 태연하다.

but·ter[2] *n.* Ⓒ 머리〔뿔〕로 받는 짐승; 미는 사람.

***bútter·cùp** *n.* Ⓒ ① 〖植〗 미나리아재비. ② 《美俗》 악의 없는 귀여운 아가씨. ③《俗》 여자역의 호모.

bútter·fàt *n.* Ⓤ 우유의 지방《버터 원료》.

bútter·fìngers *n. sing. & pl.* 물건을 잘 떨어뜨리는 사람; 서투른〔부주의한〕 사람.

bútter·fìsh *n.* Ⓒ 미끈거리는 물고기《미꾸라지 따위》.

:but·ter·fly[-flài] *n.* Ⓒ 나비; 멋쟁이, 바람둥이《여자》.

bútterfly stròke 버터플라이 수영법, 접영(蝶泳).

but·ter·ine[bʌ́tərìːn] *n.* Ⓤ 인조 버터.

bútter knìfe 버터나이프《빵에 버터 바르는》.

bútter·mìlk *n.* Ⓤ 버터밀크《버터를 뺀 후의 우유》.

bútter·nùt *n.* Ⓒ (북미산의) 호두《열매·나무》.

bútter·scòtch *n.* Ⓒ 버터스코치《버터가 든 사탕·버터볼》.

bútter sprèader 버터 바르는 주걱.

but·ter·y[1][bʌ́təri] *a.* 버터 비슷한〔를 함유하는〕; 버터 바른; 《口》 알랑거리는.

but·ter·y[2] *n.* Ⓒ (주류의) 저장실; 식료품 저장실(pantry).

but·tock[bʌ́tək] *n.* Ⓒ (보통 *pl.*) 엉덩이(rump).

:but·ton[bʌ́tn] *n.* ① Ⓒ 단추, 누름단추; 단추 모양의 것. ② (*pl.*) 《주로 英》 급사. — *vt., vi.* (…에) 단추를 달다; 단추를 채우다〔가 채워지다〕.

bóttoned úp 말 없는; 내향성의.

***bútton·hòle** *n., vt.* ① Ⓒ 단추구멍(에 꽂는 꽃). ② 단추구멍을 내다. ③ (아무를) 붙들고 길게 이야기하다.

bútton·hòok *n.* Ⓒ 단추걸이《신 따위의 단추 끼는 고리》.

bútton-ón *a.* 단추로 채우는, 단추식의.

bútton-thròugh *a.* (위에서 아래까지) 단추를 채우는《옷》.

bútton trèe 〔**wòod**〕 플라타너스; 그 재목.

but·ton·y[bʌ́tni] *a.* 단추 같은〔가 많이 달린〕.

but·tress[bʌ́tris] *n., vt.* Ⓒ 〖建〗 버팀벽(으로 버티다); 지지(하다).

but·ty[1][bʌ́ti] *n.* Ⓒ 《英方》 동료; (탄광의) 십장, 감독.

but·ty[2] *n.* Ⓒ 《英方》 버터를 바른 빵한 조각; 샌드위치.

but·yl[bjúːtil] *n.* Ⓤ 부틸《합성고무의 일종》.

bu·tyr·ic[bjuːtírik] *a.* 버터의〔에서 뽑은〕; 〖化〗 낙산(酪酸)의.

butyric ácid 낙산(酪酸).

bux·om[bʌ́ksəm] *a.* (여자가) 토실토실한; 건강하고 쾌활한.

†**buy**[bai] *vt., vi.* (***bought***) ① 사다. ② 매수하다(bribe). ③ (희생을 치르고) 손에 넣다. ④ 한턱 내다(~ *him beer*). ⑤ (아무의) 의견을 받아들이다. ⑥ 선전에 넘어가다. ***B-Americna Policy*** 미국 상품 우선 매입 정책《표어》. ~ ***a pig in a poke*** 물건을 잘 안 보고 사다; 얼결에 맡다. ~ ***back*** 되사다. ~ ***off*** (협박자 등을) 돈을 주어 내쫓다; 돈을 내고 면제받다. ~ ***out*** (권리 따위를) 돈으로 사다. ~ ***over*** 매수하다. ~ ***up*** 매점(買占)하다. — ***n.*** Ⓒ 《口》 구입, 물건 사기; 《美口》 매

득(bargain). ***∠·er** *n.* Ⓒ 사는 사람, 작자; 구매계원.
búyer's màrket 〖經〗(공급 과잉으로 구매자가 유리한) 구매자 시장.
búy·òut, búy-òut *n.* Ⓒ (주식의) 매점(買占).
buzz**[bʌz] *n.* ① Ⓒ (벌레의) 날개 소리(humming); (기계의) 소리; (극장 따위의) 웅성거림. ② (a ~) 《美口》 전화의 호출 소리. ③ Ⓒ 속삭임(whisper); 잡담, 소문. — *vt., vi.* ① 윙윙거리다; 왁자지껄하다, 웅성거리며 퍼뜨리다. ②《口》(…에게) 전화를 걸다. ③〖空〗저공 비행하다. **~ *about 바삐 돌아다니다. **~ *off*** 전화를 끊다, 《英口》 떠나다, 가다.
buz·zard[bʌ́zərd] *n.* Ⓒ 〖鳥〗 말똥가리; 아메리카독수리; 멍청이.
búzz bòmb 폭명탄(爆鳴彈).
buzz·er[bʌ́zər] *n.* Ⓒ 윙윙거리는 벌레; 버저, 사이렌, 경보.
búzz·phràse *n.* Ⓒ (실업가·정치가·학자 등이) 뻐기며 쓰는 말〔전문용어〕.
búzz sàw 《美》 둥근톱(circular saw).
búzz sèssion 소(小)그룹으로 나누어 개개인의 의견을 개진하는 과정.
B.V. Blessed Virgin.
BVD[bì:vi:dí:] *n.* Ⓒ 《美口》 남성용 내의. (<商標)
B.V.M. Blessed Virgin Mary.
bx. (*pl.* **bxs.**) box.
†**by**[1][bai] *ad., prep.* ① (…의) 곁에(near)(*He lives close by.* 바로 이웃에 살고 있다/*south by west* 서쪽으로 약간 치우친 남쪽, 서미남(西微南). ② (…을) 지나서(past)(*Many days went by.* 여러 날이 지났다/*go by the house* 집앞을 지나가다). ③《美口》(지나는 길에) 집으로〔에〕(*at, in, into*)(*Please come by.* 들르십시오); …의 동안에〔은〕(*by day* 낮에는). ④ …까지에는(*by noon*). ⑤ …에 의하여, …을 써서, …으로(*a poem by Poe/by rail* 기차로). ⑥ …로, …씩(*sell by the pound* 1파운드 얼마로 팔다/*by degrees* 차차로). ⑦ …에 대하여, …에 관하여, …은(*my duty by them* 그들에 대한 나의 의무/*Alice by name* 이름은 앨리스/*a doctor by profession* 직업은 의사/2*ft.* by 7 *in.* 길이 2피트 폭 7인치의). ⑧ …에 걸고, …에 맹세코(*By God!* 신에 맹세코, 꼭). — *a.* 부수적인, 우연한; 본도를 벗어난, 궁벽한; 내밀의. ***by and again*** 《美》 때때로. ***by and by*** 곧, 멀지 않아서. ***by and large*** 전반적으로, 어느 모로 보나; 대체로. ***by oneself*** 혼자, 독력으로; 단독으로, 고립하여. ***by the by*** 〔***bye***〕 ⇨BYE. ***close*** 〔***hard, near***〕 ***by*** 바로 곁에. ***stand by*** ⇨STAND.
by[2], **bye**[bai] *n.* Ⓒ (토너먼트 경기에서 짝지을 상대가 없어) 남은 사람〔상태〕 odd man 〔condition〕. ***by the by***(***e***) 말이 난 김에 말이지, 그런데, 그건 그렇고.
by-[bai] *pref.* ① '부수적인'의 뜻: *by*product. ② '옆의, 곁의'의 뜻: *by*stander. ③ '지나간'의 뜻: *by*gone.
by-and-by[báiənd*b*ái] *n.* (the ~) 가까운 미래.
bye-bye[1][báibài] *n.* Ⓤ,Ⓒ 《兒》 잠(sleep). ***go to*** **~** 코하다.
bye-bye[2][∠∠] *int.* 《口》 안녕.
bý(e)-elèction *n.* Ⓒ 중간 선거; 《英》 보궐 선거.
bý·effèct *n.* Ⓒ 부차적 효과, 부작용; 생각지 않은 효과.
bý(e)·làw *n.* Ⓒ 내규; 부칙; 세칙; (지방 단체의) 조례(條例).
bý·gòne** *a., n.* 과거의; (*pl.*) 과거(the past). ***Let ~s be ~s. 《속담》 과거를 묻지 마라.
bý-lìne *n.* Ⓒ (철도의) 병행선; 《美》 (신문·잡지의) 필자명을 적는 줄; 부업; 내직(side-line).
bý-nàme *n.* Ⓒ ① (first name에 대해) 성(姓)(surname). ② 별명.
BYOB bring your own bottle.
***bý-pàss** *n.* Ⓒ ① 우회로, 보조 도로, 측도(側道). ② (수도의) 측관(側管); 〖電〗 측로(shunt). — *vt.* 우회하다; 회피하다; 무시하다; (…에) 측관〔보조관〕을 대다.
bý-pàth *n.* (*pl.* **~s**) Ⓒ 사도(私道); 샛길, 옆길.
bý-plày *n.* Ⓒ 〖劇〗(본 줄거리에서 벗어난) 부수적인 연극; (회화중의) 본제를 벗어난 이야기.
***bý·pròduct** *n.* Ⓒ 부산물.
Byrd[bə:*r*d], **Richard Evelyn** (1888-1957) 미국 해군 장교·극지 탐험가.
byre[báiə*r*] *n.* Ⓒ 외양간.
bý·ròad *n.* Ⓒ 옆길, 샛길.
By·ron[báiərən], **George Gordon**(1788-1824) 영국의 시인.
bys·si·no·sis[bìsənóusis] *n.* Ⓤ 〖醫〗 면폐증(綿肺症). 「국외자.
***bý·stànder** *n.* Ⓒ 방관자, 구경꾼;
bý·strèet *n.* Ⓒ 뒷골목, 뒷거리.
bý-tàlk *n.* Ⓤ 여담; 잡담.
byte[bait] *n.* Ⓒ 〖컴〗 바이트《정보 단위로서 8 bit로 됨》. **~ *mode*** 바이트 단위 전송 방식. **~ *storage*** 바이트 기억기(機).
bý-wày *n.* Ⓒ 옆길; 샛길; (학문·연구 따위의) 별로 알려지지 않은 방면.
bý·wòrd *n.* Ⓒ 우스운 것, 웃음거리; 속담, 격언; (개인의) 말버릇.
bý·wòrk *n.* Ⓤ 부업, 내직(by-line).
Byz·an·tine** [bízəntì:n, -tàin, bizǽntin] *a., n.* Ⓒ 비잔틴(Byzantium)의 (사람); 〖建·美術〗 비잔틴식〔파〕의 (사람). **~ *architecture 비잔틴식 건축. **~ *Empire*** 동로마 제국(395-1453). **-tin·ism**[bizǽntənìzəm] *n.* 비잔틴풍.
By·zan·ti·um[bizǽnʃiəm, -ti:əm] *n.* Constantinople의 옛 이름; 지금의 Istanbul.
Bz. 〖化〗 benzene.

C

C, c[siː] *n.* (*pl.* ***C's, c's***[-z]) Ⓒ 〚樂〛 다음(音); 다조(調); Ⓒ〚數〛 제 3기지수; Ⓤ (로마 숫자의) 백(centum); Ⓒ《美俗》 100달러 (지폐); 제 3의 가정자, 병(丙); C모양의 것; 《美》(학업 성적의) 가(可).

C 〚化〛 carbon; 〚電〛 coulomb. **C.** Cape; Catholic; Celsius; Celtic; Centigrade. **C., c.** candle; capacity; case; catcher; cent; center; centimeter; century; chapter; *circa*(L.=about); cirrus; city; copyright; cost; cubic; current. **©** copyrighted. **Ca** 〚化〛 calcium. **CA, C.A.** chief accountant; chronological age 생활 연령(cf. MA). **C.A.** Central America; Court of Appeal. **C.A., c.a.** chartered accountant. **ca.** cent(i)are; *circa*(L.=about). **C/A** capital account; credit account; current account. **CAA** 《英》 Civil Aeronautics Administration.

:cab[kæb] *n.* Ⓒ 택시(taxi); 승합 마차; 기관사실; 트럭의 운전대(臺); 《英》 자습서. — *vi.* (**-bb-**) 택시로 가다.

CAB 《美》 Civil Aeronautics Board; Consumers' Advisory Board.

ca·bal[kəbǽl] *n., vi.* (**-ll-**) Ⓒ 도당, 비밀 결사; 음모(를 꾸미다)(conspire). 「CABBALA.

cab·a·la[kǽbələ, kəbɑ́ːlə] *n.* =

ca·bal·le·ro[kæbəljέərou] *n.* (Sp.) Ⓒ (스페인의) 신사, 기사; 《美》 말 탄 사람; 여성 숭배자.

ca·ba·na[kəbɑ́ːnə], **ca·ba·ña** [-njə] *n.* Ⓒ 오두막《해변 등의》; 방갈로풍의 집. 「Ⓒ 카바레.

cab·a·ret[kæbəréi/ˊ-ˋ] *n.* (F.)

:cab·bage[1][kǽbidʒ] *n.* Ⓤ,Ⓒ 양배추.

cab·bage[2] *n., vt.* Ⓤ 재단할 때 떼어 먹은 천; 훔치다.

cábbage bùtterfly 배추흰나비.

cábbage pàlm 〔**trèe**〕 〚植〛 야자나무의 일종.

cábbage·wòrm *n.* Ⓒ 배추 벌레, 배추 흰나비의 유충.

cab·ba·la[kǽbələ/kəbɑ́ːlə] *n.* Ⓤ (헤브라이의) 신비 철학; Ⓒ 신비로운 교리(敎理)〔설(說)〕.

cab·by[kǽbi] *n.* Ⓒ《口》 마부(cabman); 택시 운전사.

:cab·in[kǽbin] *n.* Ⓒ (통나무) 오두막; 캐빈《1·2등 선실(船室), 여객기의 객실, 군함의 함장실·사관실, 우주선의 선실 따위》. 「보이, 급사.

cábin bòy (1·2등 선실·사관실의)

cábin clàss (기선의) 특별 2등.

cábin crùiser =CRUISER.

:cab·i·net[kǽbənit] *n.* Ⓒ ① 상자, 용기; 장식장〔찬장〕, 진열장(유리)장, 캐비닛. ② 〚寫〛 카비네판. ③ 회의실, 각의실. ④ (C-) 내각; 《美》 대통령의 고문단; 《古》 사실(私室). ***C-council*** 각의(閣議). ***~ edition*** 카비네판《4·6판》. ***C- government*** 내각 책임제(하의 내각). ***C- member*** 〔***minister***〕 각료.

cábinet·màker *n.* Ⓒ 가구상(家具商), 소목장이; 《英·諧》 (조각(組閣) 중의) 신임 수상. 「사진《4×6》.

cábinet phòtograph 카비네판의

cábinet pìano 소형 피아노.

cábinet pùdding 카스텔라에 달걀·우유를 넣어 만든 푸딩. 「주.

cábinet wìne 독일산의 고급 포도

cábinet·wòrk *n.* Ⓤ 가구《고급의》; 고급 가구 제조.

cábin fèver (인적이 드문 곳에 있음으로써 일어나는) 초조, 소외감, 사람 그리움; 밀실 공포증.

cábin pàssenger 특별 2등 선객.

:ca·ble[kéibəl] *n* Ⓤ,Ⓒ (철사·삼 따위의) 케이블; 굵은 밧줄, 강삭(鋼索); 닻줄; 피복(被覆) 전선; 케이블선(線); Ⓒ 해저 전선〔전신〕, 해외 전보. — *vt., vi.* (통신을) 해저 전신으로 치다; 케이블을 달다; 해저 전신으로 통신하다. ***nothing to ~ home about*** 《口》 평범한, 중요하지 않은.

cáble addréss 해외 전보 수신 약호.

cáble càr 케이블카.

cáble·càst *n.* Ⓒ 유선 TV 방송.

cáble·gràm *n.* Ⓒ 해저 전신〔전보〕.

cáble ràilway 케이블〔강삭〕 철도.

ca·blese[kèibəlíːz] *n.* Ⓤ 해외 전보 용어. 「설선.

cáble shìp 〔**làyer**〕 해저 전선 부

cáble('s) lèngth 〚海〛 연(鏈)《보통 $^1/_{10}$ 해리; 《美》 219m, 《英》 = 185m》.

cáble tránsfer 《美》 (외국) 전신환. 「CATV》.

cáble ŤV 〚컴〛 유선 텔레비전《생략

cáble·vìsion *n.* =CATV. 「블〕.

cáble·wày *n.* Ⓒ 공중 삭도〔케이

cab·man[ˊmən] *n.* Ⓒ 택시 운전사; (cab의) 마부.

ca·boo·dle[kəbúːdl] *n.* Ⓒ《口》 물건〔사람〕의 모임, 무리, 한떼. ***the whole ~*** 모두, 누구든지 다.

ca·boose[kəbúːs] *n.* Ⓒ《美》(화물 열차 끝의) 승무원차; 《英》(상선 갑판 위의) 요리실.

cab·o·tage[kǽbətɑ̀ːʒ, -tidʒ] *n.* Ⓤ 연안 무역〔항행〕; 국내 항공(권).

cab·ri·o·let[kæbriəléi] *n.* Ⓒ 한 필이 끄는 2륜마차; coupé 비슷한 자동차. 「장.

cáb·stànd *n.* Ⓒ (cab의) 주〔승〕차

ca'can·ny[kɑ:kǽni, kɔ:-] *n., vi.* Ⓤ《英》태업;《Sc.》신중히 하다.

ca·ca·o[kəkɑ́:ou, -kéiou] *n.* (*pl.* ~*s*) Ⓒ 카카오나무(의 열매).

cach·a·lot[kǽʃəlɑ̀t, -lòu/-lɔ̀t] *n.* Ⓒ 〖動〗 향유고래.

cache[kæʃ] *n., vi., vt.* Ⓒ (식료 따위의) 감춰 두는 곳(에 저장하다, 감추다)《탐험가·동물 등이》; 〖컴〗 캐시.

cáche mèmory 〖컴〗 캐시 기억 장치.

ca·chet[kæʃéi, ⌐—] *n.* (F.) Ⓒ (편지 따위의) 봉인; 특징; 〖醫〗 교갑 (capsule).

cach·in·nate[kǽkənèit] *vi.* 큰 소리로 웃다. **-na·tion**[⌐—néiʃən] *n.*

ca·chou[kəʃú:, kǽʃu:] *n.* (F.) Ⓒ 구중향정(口中香錠).

ca·cique[kəsí:k] *n.* (Sp.) Ⓒ (서인도 제도의) 추장; (정계의) 보스.

*__cack·le__[kǽkl] *n., vi., vt.* Ⓤ,Ⓒ 꼬꼬댁〔꽥꽥〕하고 우는 소리〔울다〕; 수다(떨다); 새되게 웃는 소리〔웃다〕. ***cut the*** ~ 《俗》 서론을 생략하고 본론으로 들어가다;《명령형》입닥쳐!

CACM Central American Common Market 중앙 아메리카 공동 시장. 「발음.

cac·o·e·py[kǽkouèpi] *n.* Ⓒ 틀린

ca·cog·ra·phy [kækɑ́grəfi/-ɔ́-] *n.* Ⓤ 철자가 틀림, 잘못 씀; 악필.

ca·coph·o·ny[kækɑ́fəni/-ɔ́-] *n.* (*sing.*) 불협화음; 불쾌한 음(조).

cac·tus[kǽktəs] *n.* (*pl.* ~***es, -ti*** [-tai]) Ⓒ 〖植〗 선인장.

CAD/CAM 〖컴〗 computer-aided design〔manufacturing〕 컴퓨터 이용 설계〔생산〕.

cad[kæd] *n.* Ⓒ 비열한 사람.

ca·das·ter, 《美》 **-tre**[kədǽstər] *n.* Ⓒ 토지대장. **-tral** *a.* ***cadastral survey*** 〔***map***〕 과세지 측량〔지도〕.

ca·dav·er·ous[kədǽvərəs] *a.* 송장 같은, 창백한.

cad·die[kǽdi] *n., vi.* Ⓒ 캐디(로 일하다).

cad·dis[1][kǽdis] *n.* Ⓤ 털실의 일종.

cad·dis[2] *n.* =CADDIS WORM.

cáddis flỳ 〖蟲〗 날도래.

cad·dish[kǽdiʃ] *a.* 천한, 비열〔야비〕한(cf. cad). 「미끼).

cáddis wòrm 날도래의 유충《낚시

cad·dy[kǽdi] *n.* Ⓒ 《英》 차통.

*__ca·dence__[kéidəns] *n.* Ⓒ,Ⓤ 운율; (목소리의) 억양; Ⓒ 〖樂〗 종지법.

ca·den·za[kədénzə] *n.* (It.) Ⓒ 〖樂〗 카덴차《협주곡의 장식 악구》.

ca·det[kədét] *n.* Ⓒ 《美》 육군〔해군〕 사관 학교 생도; 상선(商船) 학교 학생; 아우; 차남 이하의 아들, (특히) 막내 아들; [kædéi] 아우(쪽)《이름 뒤에 붙임》(opp. ***aîné***).

cadge[kædʒ] *vi., vt.* 《英》 도부치다, 행상하다; 조르다.

ca·di[kɑ́:di, kéidi] *n.* Ⓒ (회교국의) 하급 재판관.

Cad·il·lac[kǽdilæ̀k] *n.* Ⓒ 〖商標〗 미국제 고급 자동차; Ⓤ 《美俗》 헤로인, 코카인. 「카드뮴.

cad·mi·um[kǽdmiəm] *n.* Ⓤ 〖化〗

ca·dre[kɑ́:drei] *n.* Ⓒ 테두리; 뼈대, 구조, 조직; 개요; [kǽdri] 〖軍〗 간부 (조직), 기간 요원.

ca·du·ceus[kədjú:siəs, -ʃəs] *n.* (*pl.* ***-cei***[-siài]) Ⓒ 〖그神〗 Hermes의 지팡이《두 마리 뱀이 감기고 꼭대기에 작은 날개가 있음; 평화·의술·상업의 상징; 미육군 의무대의 기장》.

cae·cum, ce·cum[sí:kəm] *n.* (*pl.* ***-ca***[-kə]) Ⓒ 〖解〗 맹장.

*__Cae·sar__[1][sí:zər] *n.* 로마 황제; Ⓒ 전제 군주.

Cae·sar[2]**, Gaius Julius**(100-44 B.C.) 로마의 장군·정치가.

Cae·sar·e·an, -i·an[sizɛ́əriən] *a.* 황제의; 카이사르의.

Caesárean operátion 〔**séction**〕 제왕 절개, 개복(開腹) 분만(술).

Cáesar's sàlad (고급) 샐러드의 일종. 「사람.

Cáesar's wìfe 공정함을 요구받는

cae·si·um[sí:ziəm] *n.* =CESIUM.

cae·su·ra[siʒúrə, -zjúrə] *n.* Ⓒ (시행(詩行)의) 중간 휴지.

C.A.F., c.a.f. cost and freight 《美》 운임 포함 가격; cost, assurance and freight 운임 보험료 포함 가격.

*__ca·fé, ca·fe__[kæféi, kə-] *n.* ① Ⓒ 커피점, 다방; 요리점; 바; 술집 (barroom). ② Ⓤ 커피.

CAFEA Commission on Asian and Far Eastern Affairs.

café au lait[kǽfei ou léi] (F.) 우유를 탄 커피. 「피.

café noir[-nwɑ́:r] (F.) 블랙 커

:**caf·e·te·ri·a**[kæ̀fətíəriə] *n.* Ⓒ 《주로 美》 카페테리아《셀프서비스 식당》. ***school*** ~ 교내식당.

cafetéria plàn 카페테리아 방식 《건강보험, 퇴직연금, 특별휴가 등 몇 가지 복지 방식 중 종업원이 선택할 수 있게 한 복지 제도》.

caf·fein(e)[kǽfi:n, ⌐—] *n.* Ⓤ 〖化〗 카페인, 다소(茶素).

caf·tan[kǽftən, kɑ:ftɑ́:n] *n.* Ⓒ 터키〔이집트〕 사람의 긴 소매 옷.

:**cage**[keidʒ] *n.* Ⓒ 새장, 조롱(鳥籠); (동물의) 우리; 감금실; 포로 수용소; 승강기의 칸; 철골 구조. — *vt.* 새장〔우리〕에 넣다; 가두다.

cáge bìrd 새장에 기르는 새.

cáge·ling *n.* Ⓒ 조롱 속의 새.

cag·er[kéidʒər] *n.* Ⓒ 《美俗》 농구 선수; 취한(醉漢).

cag(e)·y[kéidʒi] *a.* 《口》 빈틈없는.

ca·goule, ka·gool[kəgú:l] *n.* Ⓤ 카굴《무릎까지 오는 얇고 가벼운 아노락(anorak)》.

ca·hoot(s) [kəhú:t(s)] *n.* (*pl.*) 《美俗》 공동, 공모. ***go*** ~ 《俗》 한패가 되다; 똑같이 나누다. ***in*** ~ 《俗》 공모하여, 한통속이 되어.

CAI computer-assisted instruction 컴퓨터 보조 교육.

cai·man[kéimən, ⌐—] *n.* (*pl.* ~*s*)

C

=CAYMAN.

Cain[kein] *n.* 〖聖〗 가인《동생 Abel을 죽인 Adam과 Eve의 장남》; Ⓒ 동기살해자. ***raise*** ~ 《俗》 큰 소동을 일으키다.

Cai·no·zo·ic[kàinəzóuik, kèi-] *a.* =CENOZOIC.

Cai·rene[káiəri:n] *a., n.* Cairo(시민)의; Ⓒ Cairo 시민.

cairn[kɛərn] *n.* Ⓒ 돌무더기.

cairn·gorm[⌐gɔ̀:rm] *n.* Ⓤ (스코틀랜드산의) 연수정(煙水晶).

*__Cai·ro__[káiərou] *n.* 이집트의 수도. ***the* ~ *Conference*** 〔***Declaration***〕 카이로 회담〔선언〕.

cais·son[kéisɑn, kéisən/-sɔn] *n.* Ⓒ 탄약 상자〔차〕; 케이슨《수중 공사용 잠함(潛函)》. 「함병.

cáisson disèase 케이슨 병, 잠

cai·tiff[kéitif] *a., n.* (*pl.* **~s**[-s]) Ⓒ 《古·詩》 비열한 (사람).

ca·jole[kədʒóul] *vt.* 구워삶다(flatter); 그럴듯한 말로〔감언으로〕 속이다(*into* do*ing*). **-er·y**[-əri], **~·ment** *n.* Ⓤ 감언, 그럴싸하게 속임.

†**cake**[keik] *n.* ① U,C 케이크, 양과자. ② Ⓒ (딱딱한) 덩어리, (비누 따위의) 한 개. ***a piece of*** **~** 쉽게 할 수 있는 일. **~*s and ale*** 과자와 맥주; 인생의 쾌락; 연회. ***My* ~ *is dough.*** 내 계획은 실패했다. ***take the*** **~** 《口》 상품을 타다, 남보다 빼어나다(excel). ***You cannot eat your* ~ *and have it*** (***too***). 《속담》 동시에 양쪽 다 좋은 일은 할 수 없다. — *vi., vt.* (과자 모양으로) 덩어리지다, 굳다; 굳게 하다.

cáke èater 《俗》 유약한 남자, 쾌락만을 좇는 사람.

cáke·wàlk *n.* Ⓒ 《美》 (남녀 한 쌍의) 걸음걸이 경기《흑인의 경기, 상품은 과자를 줌》; 일종의 스텝댄스.

Cal. California; large calorie(s). **cal.** calendar; caliber; small calorie(s).

cal·a·bash[kǽləbæ̀ʃ] *n.* Ⓒ 〖植〗 호리병박의 일종.

cal·a·boose[kǽləbù:s] *n.* Ⓒ 《美口》 유치장, 교도소.

cal·a·mine[kǽləmàin] *n.* Ⓤ 이극석(異極石); 《英》 능아연석(菱亞鉛石); 〖藥〗 칼라민.

cálamine lótion 칼라민 로션《햇볕에 탄 자리에 바름》.

ca·lam·i·tous[kəlǽmitəs] *a.* 비참한; 재난을 일으키는.

:**ca·lam·i·ty**[kəlǽməti] *n.* C,U 재난; 비참, 참화. **~ *howler*** 《美俗》 불길한 예언만 하는 사람.

cal·a·mus[kǽləməs] *n.* (*pl.* **-mi** [-mài]) Ⓒ 창포; (열대산의) 등(藤).

ca·lan·do[kɑlɑ́:ndou] *a., ad.* (It.) 〖樂〗 점점 느린〔느리게〕; 약한〔하게〕.

ca·lash[kəlǽʃ] *n.* Ⓒ 2륜 포장 마차; 포장(hood).

cal·car·e·ous, -i·ous[kælkɛ́əriəs] *a.* 석회(질)의.

cal·ce·o·lar·i·a[kæ̀lsiəlɛ́əriə] *n.* Ⓒ 〖植〗 칼세올라리아《남아메리카 원산의 현삼과의 관상 식물》.

cal·ces[kǽlsi:z] *n.* calx의 복수.

cal·cic[kǽlsik] *a.* 칼슘의.

cal·cif·er·ol[kælsífəròul, -rɔ̀:l] *n.* Ⓤ 〖生化〗 칼시페롤《비타민 D_2》.

cal·cif·er·ous[kælsífərəs] *a.* 탄산석회를 함유하는〔가 생기는〕.

cal·ci·fy[kǽlsəfài] *vt., vi.* 석회화하다; 석회염류의 침적(沈積)에 의해 경화(硬化)하다. **-fi·ca·tion**[⌐-fikéiʃən] *n.*

cal·ci·mine [kǽlsəmàin, -min] *n., vt.* Ⓤ 칼시민《백색 수성 도료(水性塗料)》(을 바르다).

cal·ci·na·tion [kæ̀lsənéiʃən] *n.* Ⓤ 〖化〗 하소(煆燒), 하소물(物).

cal·cine[kǽlsain, -sin] *vt., vi.* (구워) 생석회로 하다〔가 되다〕, 하소(煆燒)하다. **~*d alum*** 백반(白礬). **~*d lime*** 생석회.

cal·cite[kǽlsait] *n.* Ⓤ 방해석.

*__cal·ci·um__[kǽlsiəm] *n.* Ⓤ 칼슘.

cálcium cárbide 탄화칼슘; (칼슘)카바이드.

cálcium cárbonate 탄산칼슘.

cálcium chlóride 염화칼슘.

cálcium lìght 칼슘광(光), 석회광.

cálcium óxide 산화칼슘, 생석회.

cal·cu·la·ble[kǽlkjələbəl] *a.* 계산〔신뢰〕할 수 있는.

cal·cu·la·graph [kǽlkjələgræ̀f, -grɑ̀:f] *n.* Ⓒ 통화 시간 기록기.

:**cal·cu·late**[kǽlkjəlèit] *vt., vi.* 계산하다; 산정〔추정〕하다; 기대〔전망〕하다(depend)(*on*); 계획하다; …할 작정〔예정〕이다(intend); 《美口》 (…라고) 생각하다; 《보통 수동으로》 (어떤 목적에) 적합시키다(adapt)(*for*). ***be* ~*d to*** (do) …하기에 적합하다; …하도록 계획되어 있다. **-lat·ed**[-id] *a.* 계획적인; 고의적인; 적합한(***a* ~*d crime*** 계획적 범죄/***~d risk*** 산정(算定) 위험률). **-lat·ing** *a.* 계산하는, 타산적인; 빈틈없는. **:-la·tion**[⌐-léiʃən] *n.* U,C 계산; 타산; Ⓒ 계산의 결과; U,C 계획; 예측. **-la·tive**[-lèitiv, -lətiv] *a.* 계산상의; 타산적인; 계획적인. **-la·tor** *n.* Ⓒ 계산자〔기〕; 타산적인 사람; 〖컴〗 계산기.

cal·cu·lous[kǽlkjələs] *a.* 〖病〗 결석(結石)(질)의, 결석증에 걸린, 결석에 의한.

cal·cu·lus [kǽlkjələs] *n.* (*pl.* **-li** [-lài], **~es**) Ⓒ 〖醫〗 결석(stone); Ⓤ 〖數〗 계산법; 미적분학. ***differential*** 〔***integral***〕 **~** 미〔적〕분학.

Cal·cut·ta[kælkʌ́tə] *n.* 인도 동북부의 항구 도시. 「마〕.

cal·dron[kɔ́:ldrən] *n.* Ⓒ 큰 솥〔가

Cal·e·do·ni·a [kæ̀lidóuniə] *n.* 《詩》 =SCOTLAND.

†**cal·en·dar**[kǽləndər] *n.* Ⓒ ① 달력, 역법(曆法). ② (공문서의) 기록부; 일람표; 연중행사 일람; (의회의) 의사 일정(표). ***solar*** 〔***lunar***〕 **~** 태양〔태음〕력. — *vt.* 달력〔연대표〕에 적다; 일람표로 하다.

cálendar àrt (달력 따위에 실린) 값싼 그림.
cálendar clòck 〔**wàtch**〕 날짜 시계《월·일·요일 등도 나타냄》.
cálendar dáy 역일(曆日)《오전 영시부터 다음 날 0시까지의 24시간》.
cálendar gìrl 캘린더에 인쇄된 (건강한 살결의) 미인.
cálendar mónth 역월(曆月).
cálendar yéar 역년(曆年)《1월 1일부터 12월 31일까지의 1년; cf. fiscal year》.
cal·en·der[kǽləndər] ***n., vt.*** Ⓒ 윤내는 기계(에 걸다), 윤을 내다.
cal·ends[kǽləndz] ***n. pl.*** (고대 로마력(曆)의) 초하루.
cal·en·ture[kǽləntʃùər, -tʃər] ***n.*** Ⓤ (열대 지방의) 열병, 열사병.
:**calf**[1][kæf, -ɑː-] ***n.*** (*pl.* ***calves*** [-vz]) Ⓒ 송아지; (코끼리·고래·바다표범 등의) 새끼; 《口》 머리 나쁜 아이; =CALFSKIN; (빙산의) 얼음 덩어리. ***in*** 〔***with***〕 ~ (소가) 새끼를 배어. ***kill the fatted ~ for*** (돌아온 탕아 등을) 환대하다, …의 준비를 하다. ***slip the*** 〔***her***〕 ~ (소가) 유산하다.
calf[2] ***n.*** (*pl.* ***calves***[-vz]) Ⓒ 장딴지, 종아리. 「정한.
cálf·bòund ***a.*** 송아지 가죽으로 장
cálf lòve 풋사랑《소년·소녀의》.
cálf·skìn ***n.*** Ⓒ 송아지 가죽.
*__cal·i·ber,__ 《英》 **-bre**[kǽləbər] ***n.*** ① Ⓒ (총포의) 구경. ② Ⓤ 기량(器量); 재능(ability); 인품. ③ Ⓤ 품질; 등급. **-brate**[kǽləbrèit] ***vt.*** (…의) 구경을 측정하다, 눈금을 조사하다. **-bra·tion**[ˋ--bréiʃən] ***n.*** Ⓤ 구경 측정; (*pl.*) 눈금.
cal·i·bra·tor[kǽləbrèitər] ***n.*** Ⓒ 구경(口徑) 측정기; 눈금 검사기.
*__cal·i·co__[kǽlikòu] ***n.*** (*pl.* ~(***e***)***s***), ***a.*** Ⓤ,Ⓒ 《英》 옥양목(의); 《美》 사라사(무늬)(의).
Calif. California.
:**Cal·i·for·ni·a**[kæ̀ləfɔ́ːrniə, -njə] ***n.*** (미국) 캘리포니아주. ***-an*** ***n., a.***
Califórnia póppy 양귀비(의 일종)《California의 주화(州花)》.
cal·i·for·ni·um [kæ̀ləfɔ́ːrniəm] ***n.*** Ⓤ 〖化〗 칼리포르늄《알파 방사성 원소》.
cal·i·per[kǽləpər] ***n.*** Ⓒ (종종 *pl.*) 캘리퍼스, 양각 측경기(測徑器).
*__ca·liph, -lif__[kéilif, kǽl-] ***n.*** 칼리프《이슬람교국의 왕, Mohammed의 후계자의 칭호, 지금은 폐지》. **ca·li·phate**[kǽləfèit] ***n.*** Ⓒ 그 지위.
cal·is·then·ic[kæ̀ləsθénik] ***a.*** 미용 체조의. **~s** ***n.*** Ⓤ 미용 체조(법).
calk[1][kɔːk] ***vt.*** (뱃널 틈을) 뱃밥(oakum)으로 메우다.
calk[2] ***n., vt.*** Ⓒ (편자의) 뾰족징(을 박다); 《美》 (구두의) 바닥징(을 박다).
cal·kin[kɔ́ːkin] ***n.*** Ⓒ (편자의) 꺾어 구부린 끝; (구두의) 바닥징.
calk·ing[kɔ́ːkiŋ] ***n.*** Ⓒ (편자의) 꺾어 구부린 끝; (구두의) 바닥징.
†**call**[kɔːl] ***vt.*** ① (소리내어) 부르다, (이름을) 부르다, 불러내다; 불러오다; 소집하다; (…에게) 전화를 걸다. ② …라고 이름붙이다; …라고 부르다; …라고 일컫다; 명(命)하다. ③ (주의 따위를) 불러 일으키다; 주의를 주다, 비난하다. ④ …라고 생각하다. ⑤ (리스트 등을) 죽 읽다. ⑥ 〖競〗 (경기를) 중지시키다, (심판이) (…의) 판정을 내리다, (…을) 선언하다; (지불을) 요구하다; (채권 따위의) 상환을 청구하다; (포커에서 쥔 패를) 보이라고 요구하다. — ***vi.*** ① 소리쳐 부르다; (새가) 울다; (나팔이) 울리다. ② 들르다, 방문〔기항〕하다. ③ 전화를 걸다. ④ (포커에서) 든 패를 보일 것을 요구하다. ~ ***after*** (…을) 쫓아가서 부르다; (…을) 따서〔에 연유하여〕 이름짓다. ~ ***at*** (집을) 방문하다. ~ ***away*** (기분을) 풀다(divert), 주의를 딴 데로 돌리다; 불러가다. ~ ***back*** 되불러들이다; 취소하다(revoke); 《美》 (전화 걸린 사람이) 나중에 되걸다. ~ ***down*** (신에게) 기구하다(invoke); (천벌을) 가져오다; 《美俗》 꾸짖다. ~ ***for*** 요구하다; 가지러〔데리러〕 가다. ~ ***forth*** (용기를) 불러 일으키다. ~ ***in*** 회수하다; 불러들이다, 초청하다, (의사를) 부르다. ~ ***in sick*** (근무처에) 전화로 병결(病缺)을 알리다. ~ ***into play*** 작용〔활동케〕하다. ~ ***a person*** NAMES. ~ ***off*** (주의를) 딴 데로 돌리다(divert); 《口》 (약속을) 취소하다; 손을 떼다, 돌아보지 않다; (명부를) 죽 읽다, 열거하다. ~ ***on*** 〔***upon***〕 (***a person***) 방문하다; 부탁〔요구〕하다. ~ ***out*** 큰 소리로 외치다; (경관대·군대 등을) 출동시키다; (…에) 도전하다; 《美口》 (노동자를) 파업에 몰아넣다. ~ ***over*** 점호(點呼)하다. ~ ***round*** (집을) 방문하다, 들르다. ~ ***up*** 불러내다; 전화로 불러내다; 《美》 상기(想起)하다; (군인을) 소집하다. ***what you*** 〔***we, they***〕 ~, or ***what is ~ed*** 소위, 이른바. — ***n.*** Ⓒ ① 외치는 소리; (새의) 울음소리; (나팔·호루라기의) 소리; 부름, (전화의) 불러냄; 초청; 소집; 점호(roll call); 〖컴〗 불러내기. ② 유혹(lure). ③ 요구, 필요. ④ 방문; 기항(寄港). ⑤ 천직(天職)(calling). ***at*** 〔***on***〕 ~ 요구있는 대로. ~ ***of the wild*** 〔***sea***〕 광야(曠野)〔바다〕의 매력. ~ ***to quarters*** 《美軍》 귀영 나팔《소등 나팔 15분전》. ***have the*** ~ 인기〔수요〕가 있다. ***within*** ~ 지호지간에, 지척에, 연락이 되는 곳에; 대기하고.
cál·la (lìly)[kǽlə(-)] ***n.*** Ⓒ 〖植〗 칼라; 토란의 일종.
cáll·bàck ***n.*** Ⓒ (결함 부품 개수를 위한) 제품 회수.
cáll-back pày 비상 초과 근무 수
cáll bèll 초인종. 「당.
cáll bìrd 미끼새, 후림새.
cáll bòx 《美》 (우편의) 사서함; 경찰〔소방〕서의 연락 전화; 《英》 공중전화실; 화재 경보기.
cáll·bòy ***n.*** Ⓒ (배우에게 무대에 나

갈 차례를 알리는) 호출계; 호텔의 보이(bellboy).
cálled gàme 〖野〗 콜드 게임.
:**call·er**[kɔ́:lər] *n.* Ⓒ 방문자, 손님.
cáll-fìre *n.* Ⓒ (상륙군의 요구에 의한) 함포 사격.
cáll fórwarding 착신 전환《걸려온 전화가 자동적으로 지정된 번호로 연결됨》. 「부》.
cáll gìrl 콜걸《전화로 불러내는 매춘
cáll hòuse 콜걸이 사는 집.
cal·lig·ra·phy[kəlígrəfi] *n.* Ⓤ 서예(書藝); 능서(能書).
*__call·ing__[kɔ́:liŋ] *n.* Ⓤ,Ⓒ 부름, 소집, 점호; Ⓒ 신〔하늘〕의 뜻, 천직; 직업.
cálling càrd 《美》 (방문용) 명함(visiting card).
Cal·li·o·pe[kəláiəpi] *n.* 〖그神〗 칼리오페《웅변과 서사시의 여신》.
cal·li·per[kǽləpər] *n.* =CALIPER.
cal·lis·then·ic(s)[kæ̀ləsθénik(s)] *a.* (*n.*) =CALISTHENIC(S).
cáll lètters =CALL SIGN.
cáll lòan 콜론, 콜〔당좌〕 대부금.
cáll mòney (은행간의) 콜머니, 콜〔당좌〕 차입금. 「도서 신청 번호.
cáll nùmber 〔**màrk**〕 (도서관의)
cal·los·i·ty[kælɑ́səti/-ɔ́-] *n.* Ⓤ ① (피부의) 경결(硬結), 못. ② 무감각; 무정, 냉담.
*__cal·lous__[kǽləs] *a.* (피부가) 못이 박힌; 무정한, 무감각한; 냉담한(*to*). ~·**ly** *ad.* ~·**ness** *n.*
cáll-òver *n.* Ⓒ 점호.
cal·low[kǽlou] *a.* 아직 깃털이 다 나지 않은; 미숙한, 풋내기의.
cáll sìgn 〖無線〗 호출 부호.
cáll-ùp *n.* Ⓒ (군대의) 소집 (인원); (특히 매춘부와의) 약속.
cal·lus[kǽləs] *n.* Ⓒ 굳은 살, 피부경결, 못; 〖病〗 가골(假骨); 〖植〗 유합(癒合) 조직.
:**calm**[kɑ:m] *a.* 고요한, 바람이 없는, 평온한; 차분한; 《口》 뻔뻔스러운. ~ ***belt*** 무풍대. — *vt., vi.* 가라앉(히)다(*down*). — *n.* Ⓒ 고요함, 바람 없음, 정온(靜穩). :**∠·ly** *ad.* *__∠·ness__ *n.*
cal·ma·tive[kǽlmətiv, kɑ́:mə-] *a., n.* 〖醫〗 진정시키는; Ⓒ 진정제.
cal·o·mel[kǽləmèl] *n.* Ⓤ 〖化〗 감홍(甘汞), 염화제일수은《하제》.
Cál·or gàs[kǽlər-] 〖商標〗 =BUTANE. 「Ⓤ 열(熱)(의).
ca·lor·ic[kəlɔ́:rik, -ɑ́-/-ɔ́-] *n., a.*
*__cal·o·rie, -ry__[kǽləri] *n.* Ⓒ 칼로리, 열량.
cal·o·rif·ic[kæ̀lərífik] *a.* 열을 내는, 열의. ~ ***value*** 발열량.
cal·o·rim·e·ter[kæ̀lərímitər] *n.* Ⓒ 열량계.
ca·lotte[kəlɑ́t/-ɔ́-] *n.* Ⓒ 〖가톨릭〗 (성직자가 쓰는) 반구형 모자.
cal·u·met[kǽljəmèt] *n.* Ⓒ (북아메리카 토인의) 장식 담뱃대《화친의 표시로 그것을 빪》.
ca·lum·ni·ate[kəlʌ́mnièit] *vt.* 중상(中傷)하다(slander), 비방하다.
-a·tion[kəlʌ̀mniéiʃən], **-ny**[kǽləmni] *n.* Ⓤ,Ⓒ 중상. **-ni·ous**[kəlʌ́mniəs] *a.*
Cal·va·ry[kǽlvəri] *n.* 갈보리, 예수가 못박힌 땅; Ⓒ 십자 고상(十字苦像)《Gol-gotha의 라틴어 역》; (c-) Ⓒ 고통, 수난.
calve[kæv, -ɑ:-] *vt., vi.* (소·고래 등이) 새끼를 낳다; (빙산이) 갈라져 분리되다(cf. calf[1]). 「수.
*__calves__[kævz, -ɑ:-] *n.* calf[1,2]의 복
Cal·vin[kǽlvin], **John**(1509-64) 프랑스의 종교 개혁자. ~·**ism** *n.* ~·**ist** *n.* 「Ⓒ 〖化〗 금속회(灰).
calx[kælks] *n.* (*pl.* ~***es, calces***)
Ca·lyp·so [kəlípsou] *n.* 〖그神〗 Odysseus를 7년간 자기 섬에 잡아 가둔 nymph; (c-) (*pl.* ~***s***) Ⓒ 칼립소《Trinidad 토인의 노래》; 그 리듬을 이용한 재즈곡.
ca·lyx [kéiliks, kǽl-] *n.* (*pl.* ~***es, -lyces***[-lisì:z]) Ⓒ 꽃받침.
cam[kæm] *n.* Ⓒ 〖機〗 캠《회전 운동을 왕복 운동 따위로 바꾸는 장치》.
Cam., Camb. Cambridge.
cam·a·ril·la[kæ̀məríla] *n.* (Sp.) Ⓒ 왕의 사설 고문단; 비밀 결사.
cam·ber[kǽmbər] *n., vi., vt.* Ⓤ,Ⓒ 위로 (붕긋이) 휨〔휘(게 하)다〕.
cam·bist[kǽmbist] *n.* Ⓒ (각국의) 도량형〔화폐〕 비교표; 환전상.
cam·bi·um [kǽmbiəm] *n.* (*pl.* ~***s, -bia***) Ⓒ 〖植〗 형성층.
Cam·bo·di·a[kæmbóudiə] *n.* 캄보디아《인도차이나 남서부의 공화국》.
Cam·bri·a[kǽmbriə] *n.* Wales의 구칭. **-an** *n., a.* Ⓒ 웨일즈의 (사람); 〖地〗 캄브리아기(紀)〔계〕(의).
cam·bric[kéimbrik] *n., a.* ① Ⓤ (상질의 얇은) 아마포(亞麻布)(제의). ② Ⓒ 백마(白麻) 손수건.
cámbric téa 열탕(熱湯)에 우유·설탕을(때로 홍차를) 넣은 음료.
*__Cam·bridge__[kéimbridʒ] *n.* 잉글랜드 중동부의 대학 도시; 케임브리지 대학; (미국의) Harvard, M.I.T. 두 대학 소재지. 「ford blue).
Cámbridge blúe 담청색(cf. Ox-
Cam·bridge·shire [kéimbridʒʃiər, -ʃər] *n.* 잉글랜드 중서부의 주.
Cambs. Cambridgeshire.
†**came**[1][keim] *v.* come의 과거.
came[2] *n.* Ⓒ (격자창 등의) 납으로 만든 틀.
:**cam·el**[kǽməl] *n.* Ⓒ 낙타. ***break the ~'s back*** 차례로 무거운 짐을 지워 견딜 수 없게 하다.
cámel·bàck *n.* Ⓒ 낙타등; 《美》 재생 고무의 일종《타이어 수리용》.
cámel drìver 낙타 모는 사람.
cam·el·eer[kæ̀məlíər] *n.* Ⓒ 낙타 모는 사람; 낙타 기병(騎兵).
ca·mel·lia[kəmí:ljə] *n.* Ⓒ 〖植〗 동백《나무·꽃》.
cámel('s) hàir 낙타털 (모직물).
Cam·em·bert[kǽməmbɛ̀ər] *n.* Ⓤ (프랑스의) 카망베르 치즈《연하고 향기가 강함》.

cam·e·o[kǽmiòu] *n.* (*pl.* **~s**) Ⓒ 카메오 새김(을 한 조가비·마노 등).
cámeo ròle (주연을 돋보이기 위한 유명한 배우의) 특별 출연.
‡**cam·er·a**[kǽmərə] *n.* Ⓒ ① 카메라, 사진기; 텔레비전 카메라; 암실; (구식 사진기의) 어둠 상자. ② (*pl.* **-erae**[-rìː]) 판사의 사실(私室). ***in* ~** 판사의 사실에서, 비밀히.
cámera-cónscious *a.* 《美》 카메라에 익숙지 않은.
cámera gùn 〖空〗 카메라 총《전투기의 사격 연습용》.
cámera·màn *n.* Ⓒ (영화의) 촬영기사; (신문사의) 사진반원. 「는.
cámera-shỳ *a.* 사진 찍기를 싫어하
cámera tùbe 〖TV〗 촬상관(撮像管). 「숙한.
cámera-wìse *a.* 《美》 카메라에 익
Cam·e·roon, -roun [kæ̀mərúːn] *n.* 서아프리카의 공화국.
cam·i·sole[kǽməsòul] *n.* Ⓒ 《英》 여성용의 (소매 없는) 속옷; 여자용 화장옷; 광인(狂人)용 구속복.
cam·let[kǽmlit] *n.* Ⓤ,Ⓒ 〖史〗 낙타[염소] 모직물; 방수포; 명주와 털의 교직.
cam·mies[kǽmiz] *n. pl.* 《美軍俗》 미채복(迷彩服), (얼룩무늬) 전투복.
cam·o·mile[kǽməmàil] *n.* Ⓒ 〖植〗 카밀레의 일종.
***cam·ou·flage**[kǽməflɑ̀ːʒ, kǽmu-] *n., vt.* ① Ⓤ,Ⓒ 〖法〗 위장(僞裝)(하다), 미채(迷彩), 카무플라주. ② Ⓤ 변장, 속임; 속이다, 눈속임(하다).
†**camp**[kæmp] *n.* ① Ⓒ 야영(지); 《美》 캠프(촌). ② Ⓤ 텐트 생활(camping); 군대 생활. ③ Ⓒ 동지(들); 진영. ④ Ⓒ 수용소, 억류소(concentration camp). ***be in the same* [*enemy's*] ~** 동지[적]이다. **~ *school*** 임간 학교. ***change* ~*s*** 주장[입장]을 바꾸다. ***go to* ~** 캠프하러 가다; 자다. ***make* [*pitch*] ~** 텐트를 치다. ***take into* ~** 제것으로 하다; 이기다. — *vi., vt.* 야영하다[시키다](encamp). **~ *out*** 캠프 생활을 하다; 노숙하다. * **∠·er** *n.* Ⓒ 야영하는 사람.
‡**cam·paign**[kæmpéin] *n.* Ⓒ ① (일련의) 군사 행동. ② 종군. ③ (조직적인) 운동, 유세(canvass). ***election* ~** 선거전. — *vi.* 종군[운동, 유세]하다. ***go* ~*ing*** 종군하다; 운동하다. **~·er** *n.*
campáign bàdge 종군 기장.
campáign biógraphy 《美》 (대통령) 후보자 약력.
campáign bùtton 선거 운동 기장《후보자의 이름 따위를 넣은 plate를 지지자 가슴에 닮》.
campáign chèst [**fùnd**] 선거 운동 자금.
campáign clùb 《美》 선거 후원회.
campáign èmblem 《美》 정당의 심볼《미국 공화당의 독수리, 민주당의 수탉 따위》.
campáign mèdal 종군 기장.
cam·pa·ni·le[kæ̀mpəníːli] *n.* (*pl.* **~s, -nili**[-níːliː]) Ⓒ 종루(鐘樓).
cam·pan·u·la[kæmpǽnjələ] *n.* Ⓒ 초롱꽃속의 식물. 「침대.
cámp bèd (캠프용) 접침대; 야전
cámp chàir (캠프용) 접의자.
cámp·cràft *n.* Ⓤ 캠프(생활) 기술.
cámp fèver 야영지에서 발생하는 열병《특히, 티푸스》.
cámp·fìre** *n.* Ⓒ 캠프파이어, 야영의 모닥불(을 둘러싼 모임·친목회) (a* ~ *girl*** 미국 소녀단원).
cámp fòllower 비전투 종군자《노무자, 세탁부, 위안부 등》.
cámp·gròund *n.* Ⓒ 야영지; 야외 전도(傳道) 집회지.
***cam·phor**[kǽmfər] *n.* Ⓤ 장뇌(樟腦). **~·ic**[kæmfɔ́ːrik, -fɑ́r-/-fɔ́r-] *a.* 장뇌질의.
cam·pho·rate[-rèit] *vt.* (…에) 장뇌를 넣다.
cámphor bàll 장뇌[나프탈렌] 알.
cámphor trèe 〖植〗 녹나무.
cam·ping(**-out**) [kǽmpiŋ(-áut)] *n.* Ⓤ 캠프 생활; 야영.
cam·pi·on[kǽmpiən] *n.* Ⓒ 〖植〗 석죽과의 식물《전추라》.
cámp mèeting 야외 전도 집회.
camp·o·ree[kæ̀mpəríː] *n.* Ⓒ 《美》 (보이스카우트의) 지방 대회(cf. jamboree).
cámp-òut *n.* Ⓤ (그룹에 의한) 야영(野營).
cámp·sìte *n.* Ⓒ 캠프장, 야영지.
cámp·stòol *n.* Ⓒ 캠프용 접의자.
‡**cam·pus**[kǽmpəs] *n.* Ⓒ 《美》 (주로 대학의) 교정; 대학 (분교).
cám·shàft *n.* Ⓒ 〖機〗 캠축.
camp·y[kǽmpi] *a.* 《俗》 ① 동성애의; 가냘픈. ② 과장되고 우스운[진부한]; 짐짓 하는 듯한; 낡은.
Ca·mus[kæmjúː], **Albert**(1913–60) 프랑스의 작가.
‡**can**[1][強 kæn, 弱 kən] *aux. v.* (**could**) ① …할 수 있다. ② 해도 좋다(may)(*C- I go now?*). ③ …하고 싶다(feel inclined to); …나 해라(*You* ~ *go to* HELL!). ④ 《부정·의문》 …할[일]리가 없다(*It* ~ *not be true.* 그건 정말 일 리가 없다); …일까, …인지 몰라(*C- it be true?* 정말일까). ***as ... as* ~ *be*** 더(할 나위) 없이. **~*not but*** do …하지 않을 수 없다. **~*not ... too*** 아무리 …하여도 지나치지 않다[지나치단 법은 없다](*We ~not praise the book too much.* 그 책은 아무리 칭찬해도 오히려 부족할 지경이다).
†**can**[2][kæn] *n.* Ⓒ 양철통; 《美》 (통조림 따위의) (깡)통(《英》 tin); 액체를 담는 그릇; 물컵; 변소; 엉덩이; 《美俗》 교도소. ***a* ~ *of worms*** 《口》 귀찮은 문제; 복잡한 사정. ***carry the* ~** 《美俗》 책임지(워지)다. ***in the* ~** 〖映〗 촬영이 끝나; 《一般》 준비가 되어. — *vt.* (**-nn-**) ① 통[병]조림으로 하다(cf. canned). ② 《美俗》 해고하다(fire); 중지하다. CANNED

C

program. ∠·ning n. Ⓤ《美》통〔병〕조림 제조(업).

Can. Canada; Canadian. **can.** cannon; canto.

Ca·naan[kéinən] n. ① 〖聖〗가나안의 땅《Palestine의 서부》. ② Ⓒ 약속된 땅(Land of Promise.). ~·**ite**[-àit] n. Ⓒ 가나안 사람.

†**Can·a·da**[kǽnədə] n. 캐나다.

:**Ca·na·di·an**[kənéidiən] a., n. Ⓒ 캐나다의 (사람).

Canádian Frénch 캐나다 프랑스말《프랑스계 캐나다인이 사용》.

:**ca·nal**[kənǽl] n., vt. (-l(l)-, 《英》 -ll-) Ⓒ ① 운하(를 개설하다); 수로. ②〖解·植〗도관(導管). ~·**ize**[kənǽlaiz, kǽnəlàiz] vt. (…에) 운하〔수로〕를 파다〔내다〕.

cánal·bòat n. Ⓒ (운하용의 좁고 긴) 화물선.

canál ràу 〖電〗양이온선.

Canál Zòne, the 파나마 운하 지대《미국의 조차지》.

ca·na·pé[kǽnəpi, -pèi] n. (F.) Ⓒ 카나페《얇게 썬 토스트에 치즈 얹은 크래커 또는 빵》.

ca·nard[kənɑ́ːrd] n. Ⓒ 허보(虛報).

:**ca·nar·y**[kənέəri] n. ① Ⓒ 〖鳥〗카나리아. ② Ⓤ 카나리아빛《담황색》. ③ Ⓒ《俗》여자 가수. ④ Ⓒ《俗》동료를 파는 범인, 밀고자.

Canáry Íslands, the 카나리아 제도《아프리카 북서 해안의 스페인령; the Canaries》.

canáry sèed 카나리아의 모이〔사료〕.

canáry yéllow 카나리아색.

ca·nas·ta[kənǽstə] n. Ⓤ rummy[2] 비슷한 카드놀이.

Ca·nav·er·al[kənǽvərəl], **Cape** n. ⇨CAPE KENNEDY.

Can·ber·ra[kǽnbərə] n. 캔버라《오스트레일리아의 수도》.

can·can[kǽnkæ̀n] n. (F.) Ⓒ 캉캉《다리를 차올리는 춤》.

:**can·cel**[kǽnsəl] n., vt. (《英》 -ll-) 삭제(하다); 취소(하다); 상쇄〔말소〕(하다); 〖컴〗없앰; 〖印〗(…을) 삭제하다. ~*ed check* 지불필(畢) 수표. ~·**la·tion**[kæ̀nsəléiʃən] n.

:**can·cer**[kǽnsər] n. ① Ⓤ,Ⓒ 〖醫〗암(癌). ② Ⓒ 사회악. ③ (C-) 〖天〗게자리. ~ *of the stomach* 〔*breast*〕위암〔유방암〕. *the Tropic of C-* 북회귀선. ~·**ous** a.

can·cer·pho·bi·a [kæ̀nsərfóubiə], **can·cer·o·pho·bi·a**[-roufóubiə] n. Ⓤ 암공포증.

cáncer stìck 《俗·戲》궐련(cigarette).

can·de·la[kændíːlə] n. Ⓒ 칸델라《광도의 단위, 촉광과 거의 비슷함》.

can·de·la·brum [kæ̀ndilɑ́ːbrəm] n. (pl. ~s, -bra(s) [-brə(z)]) Ⓒ 가지촛대, 큰 촛대.

C. & F., c. & f. cost and freight 운임 포함 가격.

***can·did**[kǽndid] a. 솔직한(frank); 성실한; 공정한; 입바른, 거리낌없는; 〖寫〗자연 그대로의. *to be quite* ~ (*with you*) 솔직히 말하면《일반적으로 문두(文頭)에》 ~·**ly** ad.

can·di·da·cy[kǽndidəsi] n. Ⓤ,Ⓒ 《美》후보 자격, 입후보. **:-date** [kǽndədèit/-dit] n. Ⓒ 후보자; 지원자. **-da·ture**[∠-dətʃùər, -tʃər/ -tʃə] n. 《英》 =CANDIDACY.

cándid cámera 〔**phótograph**〕 소형 스냅 카메라〔사진〕.

can·died[kǽndid] a. 당(분)화된; 설탕을 쓴〔친〕; 말솜씨 교묘한; 달콤한; 결정(結晶)한.

:**can·dle**[kǽndl] n. Ⓒ (양)초, 양초 비슷한 것; 촉광. *burn the ~ at both ends* 재산〔정력〕을 낭비하다. *cannot* 〔*be not fit to*〕 *hold a ~ to* …와는 비교도 안 되다. *hold a ~ to another* 남을 위해 등불을 비추다, 조력하다. *not worth the ~* 애쓴 보람이 없는, 돈 들인 가치가 없는. *sell by the ~* 〔*by inch of*〕 (경매에서) 촛동강이 다 타기 직전의 호가로 팔아 넘기다. —— vt. (달걀을) 불빛에 비춰 조사하다.

cándle ènds 촛동강; (인색한 사람이) 조금씩 주워 모은 잡동사니.

cándle·hòlder n. =CANDLESTICK.

***cándle·lìght** n. Ⓤ 촛불(빛); 불을 켤 무렵, 저녁.

Can·dle·mas[kǽndlməs] n. 〖가톨릭〗성촉절(聖燭節)《2월 2일》.

cándle·pìn n. ① Ⓒ 초 모양의 볼링 핀. ② (pl.) 일종의 볼링.

cándle pòwer 촉광(cf. lux).

***cándle·stìck** n. Ⓒ 촛대.

cándle·wìck n. Ⓒ 초의 심지.

cán-dó a. 《美俗》의욕 있는; 유능한; (어려운 일을) 할 수 있는.

***can·dor,** 《英》 **-dour**[kǽndər] n. Ⓤ 공평함; 솔직; 담백함.

C & W country and western.

†**can·dy**[kǽndi] n. Ⓤ,Ⓒ 《美》사탕, 캔디(《英》 sweets); 《英》얼음 사탕. —— vt., vi. (…에) 설탕절임으로 하다, 설탕으로 끓이다; (말을) 달콤하게 하다(sweeten) (cf. candied).

cándy stòre 《美》과자 가게(《英》 sweetshop).

cándy-strìped a. 흰색과 기타 색과의 줄무늬의.

cándy·tùft n. Ⓒ 〖植〗이베리스꽃《여러 색깔의 꽃이 피는 식물》.

:**cane**[kein] n. Ⓒ (등(藤), 대, 사탕수수 따위의) 줄기; 지팡이, 단장, 회초리; 유리 막대. —— vt. 매로 치다.

cáne·bràke n. Ⓒ 등〔대나무〕숲.

cáne cháir 등(藤)의자.

cáne sùgar 사탕수수 설탕.

cáne·wòrk n. Ⓤ 등(藤)세공(품).

can·ful[kǽnfùl] n. Ⓒ 깡통 가득함〔가득한 분량〕.

Ca·nic·u·la[kəníkjələ] n. 〖天〗천랑성(天狼星).

ca·nine[kéinain] a., n. 개의〔같은〕; Ⓒ 개, 개과(科)의 (동물); =∠·**tòoth** 송곳니.

can·ing[kéiniŋ] *n.* Ⓤ 매질, 태형(笞刑); 등나무로 엮은 앉을 자리.
Ca·nis[kéinis] *n.* (L.) 〖動〗 개속(屬). ~ ***Major*** 〔***Minor***〕 〖天〗 큰〔작은〕 개자리.
can·is·ter[kǽnistər] *n.* Ⓒ 차통, 커피통, 담배〔산탄(散彈)〕통.
*__can·ker__[kǽŋkər] *n.* ① Ⓤ,Ⓒ 〖醫〗 옹(癰), 구암, 구강 궤양. ② Ⓤ 〖獸醫〗 마제암(馬蹄癌); (개·고양이의) 이염(耳炎); 〖植〗 암종(癌腫). ③ Ⓒ 해독; 고민. ― *vi., vt.* (…에) 걸리(게 하)다; 파괴하다, 부패하다〔시키다〕. ~·**ous**[-əs] *a.*
cánker·wòrm *n.* Ⓒ 자벌레.
can·na[kǽnə] *n.* Ⓒ 칸나(꽃).
can·na·bis[kǽnəbis] *n.* Ⓤ 마리화나. **-bìsm** *n.*
*__canned__[kænd] *v.* can¹의 과거(분사). ― *a.* 《美》 통조림으로 한; 《俗》 녹음된; 《俗》 미리 준비한; 《俗》 취한. ~ ***goods*** 통조림 식품. ~ ***heat*** 휴대 연료; 독한 술; 《俗》 폭탄. ~ ***music*** 레코드 음악. ~ ***program*** 〖放〗 녹음〔녹화〕 프로.
can·nel[kǽnl] *n.* Ⓤ 촉탄(燭炭)《활활 타오름》 (=∠ **còal**).
can·ner[kǽnər] *n.* Ⓒ 《美》 통조림업자. ~·**y**[kǽnəri] *n.* Ⓒ 통조림 공장; 교도소.
*__can·ni·bal__[kǽnəbəl] *n., a.* Ⓒ 식인종; 서로 잡아먹는 동물; 식인의, 서로 잡아먹는. ~·**ism**[-ìzəm] *n.* Ⓤ 식인(의 풍습); 잔인한 행위.
can·ni·bal·ize[kǽnəbəlàiz] *vt.* 사람 고기를 먹다; (차·기계 따위를) 해체하다; 뜯어서 짜맞추다〔조립하다〕; 인원을 차출하여 다른 부대를 보충하다. ― *vi.* 수선 조립업을 하다.
can·ni·kin[kǽnəkin] *n.* Ⓒ 작은 양철통; 컵.
can·ning[kǽniŋ] *n.* ⇨CAN².
‡**can·non**[kǽnən] *n.* (*pl.* **~s,** 《집합적》 ~), *vi.* Ⓒ 대포(를 쏘다); 〖空〗 기관포; 《俗》 권총; 《俗》 소매치기; 《英》 〖撞〗 캐넌(《美》 carom)(을 치다); 맹렬히 충돌하다. ~·**ade**[kæ̀nənéid] *n., vt., vi.* Ⓒ 연속 포격(하다). ~·**eer**[kæ̀nəníər] *n.* Ⓒ 포수, 포병. ~·**ry**[kǽnənri] *n.* 《집합적》 포(砲); Ⓤ,Ⓒ 연속, 포격.
cánnon bàll 포탄《본디 구형》; 《美俗》 특급 열차.
cánnon cràcker 대형 꽃불〔폭죽〕.
cánnon fòdder 대포 밥《병졸 등》.
cánnon shòt 포탄; 포격; 착탄 거리.
†**can·not**[kǽnɑt/-ɔt] =can not.
can·ny[kǽni] *a.* 주의 깊은, 조심성 많은, 세심한(cautious); 빈틈없는; 《Sc.》 알뜰한; 조용한. **-ni·ly** *ad.* **-ni·ness** *n.*
‡**ca·noe**[kənúː] *n.* Ⓒ 카누〔마상이〕. ***paddle one's own ~*** 독립 독행하다. ― *vt., vi.* (***-noed; -noeing***) 카누를 젓다; 카누로 가다.
can·on[kǽnən] *n.* ① Ⓒ 교회법. ② Ⓒ (the ~) 정전(正典) (cf. Aocrypha). ③ Ⓒ 성인록(聖人錄). ④ Ⓒ 미사(mass)의 일부; 법전(code). ⑤ Ⓒ 규범, 규준; 전칙곡(典則曲). ⑥ Ⓤ 〖印〗 캐넌 활자《48포인트》. ⑦ Ⓒ 《英》 성직자회 평의원.
ca·ñon[kǽnjən] *n.* (Sp.) = CANYON.
ca·non·i·cal[kənɑ́nikəl/-nɔ́n-] *a.* 교회법의; 정전(正典)의; 정규의. ~**s** *n. pl.* 제복(祭服).
canónical hóurs (하루 7회의) 기도 시간.
can·on·ize[kǽnənàiz] *vt.* 시성(諡聖)하다, 찬미하다; 정전(正典)으로 인정하다. **-i·za·tion**[∸―nizéiʃən/-nai-] *n.*
can·on·ry[kǽnənri] *n.* Ⓤ 성직자회 평의원의 직〔녹〕.
ca·noo·dle[kənúːdl] *vi., vt.* 《美俗》 키스하다, 껴안다, 애무하다(fondle).
cán òpener 《美》 깡통따개(《英》 tin opener); 《美俗》 금고 도둑.
*__can·o·py__[kǽnəpi] *n., vi.* Ⓒ 닫집(으로 덮다); 차양; 하늘. ***under the ~*** 《美俗》 도대체(in the world). **-pied** *a.*
canst[強 kænst, 弱 kənst] *aux. v.* 《古·詩》 can²의 2인칭 현재.
cant[1][kænt] *n.* Ⓤ (거지 등의) 우는 소리; 암호의 말; 변말, 은어(lingo); 유행어; 위선적인 말. ~ ***phrase*** 유행어. ― *vi.* 변말을〔유행어를〕 쓰다; 위선적인 말을 하다.
cant[2] *n., vi., vt.* Ⓒ 경사(면); 기울(이)다; 비스듬이 베다.
†**can't**[kænt, -ɑː-] cannot의 단축.
Cant. Canterbury; Canticles.
Cantab. Cantabrigian.
can·ta·bi·le[kɑːntɑ́ːbilèi, kəntɑ́ːbilei] *a., n., ad.* (It.) Ⓒ 〖樂〗 노래하는 듯한 (느낌의 곡); 노래하듯이.
Can·ta·brig·i·an[kæ̀ntəbrídʒiən] *a., n.* Ⓒ Cambridge 〔Harvard〕 대학의 (재학생, 출신자).
can·ta·loup(e)[kǽntəlòup/-lùːp] *n.* Ⓒ,Ⓤ 멜론의 일종《로마 부근원산》; =MUSKMELON.
can·tan·ker·ous[kæntǽŋkərəs, kən-] *a.* 비꼬인, 툭하면 싸우는, 심술 사나운(ill-natured).
can·ta·ta[kəntɑ́ːtə/kæn-] *n.* (It.) Ⓒ 〖樂〗 칸타타.
cánt·dòg *n.* =PEAV(E)Y.
can·teen[kæntíːn] *n.* Ⓒ ① 《英》 주보; (기지 등의 간이) 식당〔오락장〕). ② 《美》 수통, 빨병. ③ (캠프용) 취사 도구 상자. ***a dry*** 〔***wet***〕 ~ 술을 팔지 않는〔파는〕 군(軍)매점.
can·ter[kǽntər] *n., vi., vt.* (a ~) 〖馬術〗 캔터, (gallop와 trot 중간의) 보통 구보(로 몰다, 나아가다, 달리게 하다).
*__Can·ter·bur·y__[kǽntərbèri/-bəri] *n.* 잉글랜드 남동부의 도시; (c-) Ⓒ 독서대. ***the ~ Tales*** 캔터베리 이야기《중세 영어로 쓰어진 Chaucer 작은 운문 이야기 집》.
Cánterbury bèll 〖植〗 풍경초.

C

cánt hòok 《美》(통나무를 움직이기 위한) 갈고리 지레(cf. peavey).
can·ti·cle[kǽntikəl] *n.* Ⓒ 찬송가. ***the Canticles*** 〖聖〗 아가(雅歌)(the Song of Solomon).
can·ti·lev·er[kǽntəlèvər, -lì:v-] *n.* Ⓒ 〖建〗 외팔보.
can·tle[kǽntl] *n.* Ⓒ 안미(鞍尾)《안장 뒤의 활처럼 휜》; 조각, 끄트러기.
***can·to**[kǽntou] *n.* (*pl.* ~*s*) Ⓒ ① (장편시의) 편(篇)《산문의 chapter에 해당》. ② 《俗》(경기의) 한 이닝〔게임〕, (권투의) 한 라운드.
can·ton[kǽntn, -tɑn/-tɔn] *n.* Ⓒ (스위스의) 주(州); (프랑스의) 군(郡); [-tən] 〖紋〗 소(小)구획. — [kǽntɑn, —⌐/-tɔ́n] *vt.* 주〔군으〕로 나누다; 분할하다; [kæntóun/kəntú:n] 〖軍〗 숙영(宿營)시키다. ~**-ment**[kæntóunmənt, -tɑ́n-/kəntú:n-] *n.* Ⓒ 숙영(지).
Can·ton·ese[kæ̀ntəní:z] *a., n.* 광동(廣東)(사람, 말)의; (*sing.* & *pl.*) Ⓒ 광동 사람; Ⓤ 광동말.
can·tor[kǽntər] *n.* Ⓒ 합창 지휘자; 독창자《유대 교회의》.
Cantuar. *Cantuariensis* (L. =of Canterbury).
Ca·nuck[kənʌ́k] *n.* Ⓒ 《美俗·蔑》(프랑스계) 캐나다 사람.
:can·vas[kǽnvəs] *n.* ① Ⓤ 돛; 범포(帆布). ② Ⓒ 텐트. ③ Ⓒ,Ⓤ 캔버스, 화포. ④ Ⓒ 유화. ***carry too much*** ~ 신분〔능력〕에 맞지 않은 일을 시도하다. ***under*** ~ 돛을 올리고; 〖軍〗 야영하여.
***can·vass**[kǽnvəs] *vt.* 조사하다; 논하다; 선거 운동하며 돌아 다니다; (…에게) 부탁하며 다니다, 주문 맡으러 다니다. — *n., vi.* Ⓒ 선거 운동(하다); 권유(하다); 정사(精査)(하다). ~**·er** *n.* Ⓒ 운동〔권유〕원.
can·yon** [kǽnjən] *n.* Ⓒ 《美》 협곡(canon). ***Grand C- Colorado 강의 대계곡《국립 공원》.
can·zo·ne[kænzóuni/-tsóu-] *n.* (*pl.* ***-ni***[-ni:]) (It.) Ⓒ 칸초네, 민요풍의 가곡.
can·zo·net[kæ̀nzənét] *n.* Ⓒ 칸초네타《서정적인 소(小)가곡》.
caou·tchouc[káutʃuk, kautʃú:k] *n.* Ⓤ 탄성〔생〕 고무.
†**cap**[kæp] *n.* Ⓒ ① (양태 없는) 모자, 제모. ② 뚜껑, 캡, (버섯의) 갓. ③ 정상, 꼭대기. ④ 뇌관; 포장한 소량의 화약; (수리한 타이어의) 지면 접촉 부분. ~ ***and bells*** (어릿광대의) 방울 달린 모자. ~ ***and gown*** (대학의) 식복(式服). ~ ***in hand*** 《口》 모자를 벗고; 겸손하게. ***feather in one's*** ~ 자랑할 만한 공적. ***kiss*** ~***s with*** 아무와 함께 술을 마시다. ***pull*** ~***s*** (맞붙어) 싸우다. ***set one's*** ~ ***for*** 《俗》(여자가 남자에게) 연애를 걸어 오다. — *vt.* (***-pp-***) ① (…에) 모자를〔뚜껑을〕 씌우다. ② (…의) 꼭대기〔위〕를 덮다〔씌우다〕. ③ 탈모하다. ④ (남을) 지게하다; (인용구·익살 따위를) 다투어 꺼내다. — *vi.* 모자를 벗다. ***to*** ~ ***all*** 결국에는, 필경〔마지막〕에는.
CAP computer-aided publishing. **CAP, C.A.P.** Civil Air Patrol. **cap.** capacity; capital; capitalize; captain; *caput* (L.= chapter).
:ca·pa·ble[kéipəbəl] *a.* 유능한; 자격있는(*for*); …할 수 있는, …되기 쉬운(*of*). ***-bil·i·ty**[kèipəbíləti] *n.* Ⓤ,Ⓒ 할 수 있음, 능력; (*pl.*) 뻗을 소질, 장래성. **-bly** *ad.*
***ca·pa·cious**[kəpéiʃəs] *a.* 넓은; 너그러운; 듬뿍 들어가는.
ca·pac·i·tance[kəpǽsətəns] *n.* Ⓤ 〖法〗 (도체의) 용량; Ⓒ 콘덴서.
ca·pac·i·tate[kəpǽsətèit] *vt.* (…을) 가능하게 하다; (…에게) 능력〔자격〕을 주다(*for*).
ca·pac·i·tor[kəpǽsətər] *n.* Ⓒ 〖電〗 축전기(condenser).
:ca·pac·i·ty[kəpǽsəti] *n.* ① Ⓤ 수용력; 용량, 용적. ② Ⓤ 능력, 재능, 역량(ability). ③ Ⓒ 자격, 지위. ④ 〖컴〗 용량. ***be filled to*** ~ 가득 차다. ***be in*** ~ 법률상의 능력이 있다. ~ ***house*** 대만원(의 회장).
cap-a-pie, *cap-à-pie*[kæ̀pəpí:] *ad.* (F.) 머리에서 발끝까지, 완전히, 온몸에(*armed* ~ 완전 무장하여).
ca·par·i·son[kəpǽrisən] *n., vt.* Ⓒ (보통 *pl.*) (중세의 기사·군마의) 성장(盛裝); 미장(美裝)(시키다).
Cap·Com, Cap·com[kǽpkɑ̀m/-kɔ̀m] (<*Cap*sule *com*munica-tor) *n.* Ⓒ 우주선 교신 담당자.
***cape**[1][keip] *n.* Ⓒ 어깨망토; (여성·어린이옷의) 케이프.
:cape[2] *n.* Ⓒ 곶. ***the C-***(***of Good Hope***) (남아프리카의) 희망봉.
Cápe Cólo(u)red 《南아》 백인과 유색 인종과의 혼혈인.
Càpe Kénnedy 미국 Florida 주에 있는 우주 로켓 발사 기지《구칭 Cape Canaveral》.
ca·per**[1][kéipər] *vi., n.* Ⓒ (까불까불) 뛰어다니다〔다님〕, 깡충거리다(frisk)〔거림〕; (종종 *pl.*) 광태(狂態). ***cut ~***s*** 〔***a*** ~〕 깡충거리다; 광태를 다하다.
ca·per[2] *n.* Ⓒ 풍조목(風鳥木)의 관목《지중해 연안산》.
cápe·skìn *n.* Ⓒ (주로 장갑에 쓰이는) 튼튼한 가죽.
Cape·town, Cape Town [kéiptàun] *n.* 케이프타운《남아프리카 공화국의 입법 기관 소재지》.
cap·ful[kǽpfùl] *n.* Ⓒ 모자 가득(한 양). ***a*** ~ ***of wind*** 일진의 바람.
cáp gùn =CAP PISTOL.
cap·il·lar·i·ty[kæ̀pəlǽrəti] *n.* Ⓤ 〖理〗 모세관 현상.
cap·il·lar·y [kǽpəlèri/kəpíləri] *a., n.* 털 같은; Ⓒ 모세관(의); Ⓤ 모관 현상(의).
cápillary attráction 모세관 인력(引力).
cápillary tùbe 모세관.

†**cap·i·tal**[kǽpitl] *a.* ① 주요한, 으뜸[수위]의. ② 《英》 훌륭한. ③ 사형에 처할 만한; 중대한, 대단한(gross). ***C-!*** 됐어!, 좋아! **~ *city*** 수도. **~ *letter*** 대문자, 머릿글자. **~ *punishment*** 사형. —— *n.* ① Ⓒ 수도. ② Ⓒ 머릿글자, 대문자. ③ Ⓤ 자본(금); 자본가측[계급]; 이익. **~ *and labor*** 노자(勞資). ***circulating* [*fixed*] ~** 유동[고정] 자본. ***make* ~ (*out*) *of*** …을 이용하다. ***working* ~** 운전 자본. * **~·ism**[-ìzəm] *n.* Ⓤ 자본주의. * **~·ist** *n.* Ⓒ 자본가[주의자]. **cap·i·tal·is·tic**[⌐−−ístik] *a.* **~·ize**[-àiz] *vt.* 자본화하다; 자본으로 산입[평가]하다; (…에) 투자하다; 《美》(*vt., vi.*) 이용하다(*on*); 《美》 머릿글자[대문자]로 쓰다[인쇄하다]. **~·i·za·tion**[kæ̀pətəlizéiʃən] *n.* **~·ly** *ad.*

cápital flíght 〖經〗 (외국으로의) 자본 도피.

cápital góods 자본재.

cápital-inténsive *a.* 자본 집약적인.

cápital lèvy 자본세(稅).

cápital shìp 주력함(主力艦).

cápital stóck (회사의) 주식 자본.

cap·i·ta·tion[kæ̀pətéiʃən] *n.* Ⓒ 인두세(人頭稅).

***Cap·i·tol**[kǽpətl] *n.* (the ~) (고대 로마의) Jupiter 신전(의 언덕); 《美》 국회[주의회] 의사당.

Cápitol Híll 《美》 국회(의사당이 있는 언덕).

ca·pit·u·late[kəpítʃəlèit] *vi.* (조건부 또는 무조건으로) 항복하다, 굴복하다. **-la·tion**[−⌐−léiʃən] *n.* Ⓤ (조건부 또는 무조건) 항복; Ⓒ 항복 문서; 일람표.

cap'n[kǽpən] *n.* =CAPTAIN.

ca·po[kɑ́:pou] *n.* (It.) Ⓒ (마피아 등의) 조장.

ca·pon[kéipən, -pɑn] *n.* Ⓒ (거세하여 살찌운) 식용 수탉; 《美俗》 여성적인 남자; 면《남색의 상대》(catamite); 《比》 겁쟁이.

cap·o·ral[kǽpərəl, kæ̀pərǽl] *n.* (F.) Ⓤ 프랑스산의 살담배.

cáp pìstol 장난감 권총.

Ca·pri[kɑ́:pri, kæprí:] *n.* 카프리섬 《이탈리아 나폴리만의 명승》.

cáp·ric ácid[kǽprik-] 〖化〗 카프르산(酸).

ca·pric·ci·o[kəprí:tʃiòu] *n.* (*pl.* ***~s, -ci***[-tʃi:]) (It.) Ⓒ 장난(prank); 변덕(caprice); 〖樂〗 기상곡(綺想曲).

***ca·price**[kəprí:s] *n.* Ⓤ,Ⓒ 변덕; 〖樂〗 =CAPRICCIO. ***ca·pri·cious**[kəpríʃəs] *a.*

Cap·ri·corn[kǽprikɔ̀:rn], **Cap·ri·cor·nus**[kæ̀prikɔ́:rnəs] *n.* 〖天〗 염소자리.

cap·ri·ole[kǽpriòul] *n.* Ⓒ 〖馬術〗 도약. —— *vi.* (말이) 도약하다.

ca·pró·ic ácid[kəpróuik-] 〖化〗 카프로산(酸).

caps. capital letters; capsule.

cap·si·cum[kǽpsikəm] *n.* Ⓒ 고추(의 열매).

cap·size[kǽpsaiz, −⌐] *vi., vt.* 전복하다[시키다].

cap·stan[kǽpstən] *n.* Ⓒ 〖海〗 (닻을 감아 올리는) 고패.

cáp·stòne *n.* Ⓒ (돌기둥·담 따위의) 갓돌; 결정.

***cap·sule**[kǽpsəl/-sju:l] *n.* Ⓒ ① (약·우주 로켓 등의) 캡슐. ② 〖植〗 (씨·포자의) 꼬투리, 삭과; 두겁쇠, (코르크 마개를) 덧싼 박(箔); 요약. —— *vt., a.* 요약하다[한].

cap·sul·ize[kǽpsəlàiz/-sju:l-] *vt.* (정보 등을) 요약하다.

Capt. Captain.

†**cap·tain**[kǽptin] *n.* Ⓒ ① 장(長), 수령, 두목. ② 선장, 함장. ③ 육군[공군] 대위; 해군 대령; 군사(軍師). ④ 주장(主將). ***a* ~ *of industry*** 대실업가. **~·cy** *n.* Ⓤ,Ⓒ ~의 지위[임무, 직, 임기].

Cáptain Géneral 총사령관.

cap·tion[kǽpʃən] *n.* Ⓒ (페이지·장 따위의) 표제(title), 제목(heading); (삽화의) 설명; (영화의) 자막. —— *vt.* (…에) 표제를 붙이다; 자막을 넣다.

cap·tious[kǽpʃəs] *a.* 꾀까다로운; 흠[트집]잡는.

cap·ti·vate[kǽptəvèit] *vt.* (…의) 넋을 빼앗다; 황홀하게 하다, 매혹하다(fascinate). **-vát·ing** *a.* **-va·tion**[⌐−véiʃən] *n.*

‡**cap·tive**[kǽptiv] *n.* Ⓒ 포로. —— *a.* 포로가 된; 매혹된. ***cap·tiv·i·ty**[kæptívəti] *n.* Ⓤ (사로) 잡힌 상태[몸]; 감금.

cáptive áudience 싫어도 들어야 하는 청중《스피커 따위를 갖춘 버스의 승객 등》.

cáptive ballóon 계류 기구.

cáptive fíring (로켓의) 지상 분사.

cáptive tèst 로켓 본체를 고정시킨 채 하는 엔진 시험.

cap·tor[kǽptər] *n.* Ⓒ 잡는[빼앗는] 사람; 포획자.

‡**cap·ture**[kǽptʃər] *n., vt.* Ⓤ 잡음, 포획; Ⓒ 포획물; 잡다, 포획[생포]하다, 빼앗다; Ⓤ 〖컴〗 갈무리.

Cap·u·chin[kǽpjutʃin] *n.* Ⓒ (프란체스코파의) 수도사; (c-) (남아메리카의) 꼬리말이원숭이.

ca·put mor·tu·um[kéipət mɔ́:rtʃuəm] (L.) 찌꺼기, 가치가 없는 잔여(殘餘).

CAR Civil Air Regulations.

†**car**[kɑ:r] *n.* Ⓒ ① 자동차; 차. ② 전차, (열차의) 객차. ③ (비행선·경기구의) 객실; 곤돌라.

ca·ra·ba·o[kæ̀rəbáu, kɑ̀:rəbɑ́:ou] *n.* (*pl.* ***~s,*** 《집합적》 ~) Ⓒ (필리핀의) 물소(water buffalo).

car·a·bi·neer, -nier[kæ̀rəbiníər] *n.* Ⓒ 기총병(騎銃兵)(cf. carbine).

Ca·ra·cas[kərɑ́:kəs, -rǽ-] *n.* 카라카스《Venezuela의 수도》.

car·a·cul[kǽrəkəl] *n.* Ⓒ 양의 일종; Ⓤ 카라쿨 모피《새끼양 가죽, 아스트라칸 비슷 함》.

ca·rafe[kərǽf, -ɑ́ː-] *n.* Ⓒ (식탁·침실용 등의) 유리 물병.

***car·a·mel**[kǽrəməl, -mèl] *n.* Ⓤ 캐러멜, 구운 설탕《조미·착색용》; Ⓒ 캐러멜 과자.

car·a·pace[kǽrəpèis] *n.* Ⓒ (거북 따위의) 등딱지; (새우·가재 따위의) 딱지.

***car·at**[kǽrət] *n.* Ⓒ 캐럿《보석의 단위; 1/5 g》; 금위(金位)(*gold* 14 ~*s fine,* 14금).

:car·a·van[kǽrəvæ̀n] *n.* Ⓒ ① (사막의) 대상(隊商). ② (집시·서커스 등의) 포장 마차. ③《英》이동 주택, 하우스 트레일러. **~·sa·ry**[kæ̀rəvǽnsəri], **~·se·rai**[-rài] *n.* Ⓒ 대상 숙박 여관.

cáravan pàrk 〔**sìte**〕《英》이동 주택용 주차장(《美》trailer park).

car·a·vel[kǽrəvèl] *n.* Ⓒ (15-16 세기의) 쾌속 범선《Columbus가 이 것을 탐》.

car·a·way[kǽrəwèi] *n.* Ⓒ 〖植〗 캐러웨이《회향풀의 일종》.

cáraway sèeds 캐러웨이의 열매《향료》.

cár·bàrn *n.* Ⓒ《美》전차〔버스〕차고.

car·bide[kɑ́ːrbaid, -bid] *n.* Ⓤ 〖化〗 탄화물, 카바이드.

car·bine[kɑ́ːrbain, -biːn] *n.* Ⓒ 카빈총, 기병총.

***car·bo·hy·drate**[kɑ̀ːrbouhái-dreit] *n.* Ⓒ 〖化〗 탄수화물, 함수탄소.

car·bo·lat·ed[kɑ́ːrbəlèitid] *a.* 석탄산을 함유한.

***car·bol·ic**[kɑːrbɑ́lik/-ɔ́-] *a.* 탄소〔콜타르〕에서 얻은.

carbólic àcid 석탄산.

car·bo·lize[kɑ́ːrbəlàiz] *vt.* 석탄산을 가하다, 석탄산으로 처리하다.

cár bòmb (테러용의) 자동차 폭탄.

***car·bon**[kɑ́ːrbən] *n.* ① Ⓤ 〖化〗 탄소; Ⓒ 탄소 막대. ② Ⓤ,Ⓒ 카본지; Ⓒ 카본지 복사.

car·bo·na·ceous[kɑ̀ːrbənéiʃəs] *a.* 탄소의〔를 함유한〕.

car·bo·na·do[kɑ̀ːrbənéidou] *n.* (*pl.* ~(*e*)*s*) Ⓒ 흑금강석, 흑다이아몬드의 일종《드릴용》.

car·bon·ate[*n.* kɑ́ːrbənit, -nèit; *v.* -nèit] *n., vt.* 〖化〗 Ⓒ 탄산염(화하다), 탄소화하다.

cárbon blàck 카본 블랙《인쇄 잉크 원료》.

cárbon cópy (복사지에 의한) 복사; 《口》아주 닮은 사람〔물건〕.

cárbon cỳcle (생태계의) 탄소 순환.

cárbon dáting 탄소의 방사성 동위 원소 함유량에 의한 연대 측정.

cárbon dióxide 이산화탄소, 탄산가스(~ *snow* 드라이 아이스).

cárbon 14 탄소의 방사성 동위원소《기호 ^{14}C; 원자량 14; 생물체의 연대 측정에 이용》.

car·bon·ic**[kɑːrbɑ́nik/-ɔ́-] *a.* 탄소〔탄산〕의, 탄소를 함유한. ~ ***acid (***gas***) 탄산 (가스).

car·bon·if·er·ous[kɑ̀ːrbənífərəs] *a.* 석탄을 산출하는; (C-) 〖地〗 석탄기〔계〕의. — *n.* (the C-) 석탄기.

car·bon·ize[kɑ́ːrbənàiz] *vt.* 탄화(炭化)하다; 숯으로 만들다. **-i·za·tion**[kɑ̀ːrbənizéiʃən] *n.*

cárbon monóxide 일산화탄소.

cárbon pàper 〔**tìssue**〕 카본〔탄산〕지《복사용》.

cárbon pìle 탄소 원자로.

cárbon prócess 〖寫〗 카본 인화법.

cárbon stèel 탄소강(鋼)《2% 이하의 탄소와 철의 합금》.

cárbon tetrachlóride 〖化〗 4염화탄소《소화용(消火用)》.

cárbon 13 탄소의 방사성 동위 원소《기호 ^{13}C; 원자량 13; 생체내의 추적 표지(tracer)로써 쓰임》.

car·bo·run·dum[kɑ̀ːrbərʌ́ndəm] *n.* Ⓒ 금강사(砂)《연마재》.

car·boy[kɑ́ːrbɔi] *n.* Ⓒ 상자〔채롱〕에 든 유리병《극약 용기》.

car·bun·cle[kɑ́ːrbʌŋkəl] *n.* Ⓒ 〖鑛〗 홍옥(紅玉)《루비 등》; 석류석; 〖醫〗 정(疔), 뾰루지; (모주의) 붉은 코; Ⓤ 적갈색.

car·bu·ret[kɑ́ːrbərèit, -bjərèt] *vt.* (《英》 *-tt-*) 탄소와 화합시키다; 탄소 화합물《가솔린 따위》을 섞다. **-re(t)·tor** *n.* Ⓒ 기화기(氣化器), 탄화기; (자동차의) 카뷰레터.

***car·cass, -case**[kɑ́ːrkəs] *n.* Ⓒ (짐승의) 시체.

cárcass méat 날고기, 생육(生肉).

car·cin·o·gen[kɑːrsínədʒən] *n.* Ⓒ 〖醫〗 발암(發癌) 물질〔인자〕.

car·ci·no·ma[kɑ̀ːrsənóumə] *n.* (*pl.* ~*s,* ~*ta*[-tə]) Ⓒ 〖醫〗 암(cancer); 악성 종양.

cár còat《美》카코트《짧은 외투》.

card[1][kɑːrd] *n.* Ⓒ 금속빗〔솔〕. — *vt.* (양털·삼 따위를) 빗다, 훑다, 솔질하다. **∠·er** *n.* **∠·ing** *n.*

†card[2] *n.* Ⓒ ① 카드; 판지(板紙); 명함; 엽서; 초대장. ② 트럼프, 카드; (*pl.*) 카드놀이; 프로(그램). ③《口》인물, 놈; 별난 사람, 괴짜. ④《英口》(the ~) 적절한 것(*for*). ***castle*** 〔***house***〕 ***of*** ~***s*** (어린이가 만드는) 카드의 집; 무너지기 쉬운 것, 위태로운 계획. ***have a*** ~ ***up one's sleeve*** 준비가〔비책이〕 있다. ***in*** 〔***on***〕 ***the*** ~***s*** 아마 (…인〔일〕 것 같은) (likely). ***lay*** 〔***place, put***〕 ***one's*** ~***s on the table*** 계획〔비법〕을 밝히다〔말하다〕. ***leave one's*** ~ (***on***) (…에) 명함을 두고 가다. ***play one's best*** ~ 비장의 수법을 쓰다. ***queer*** ~ 괴짜. ***play one's*** ~***s well*** 〔***rightly***〕 재치있게 조치하다, 일 처리를 잘 하다. ***show one's*** ~***s*** (손에) 든 패를 보이다, 계획〔비밀〕을 보이다. ***speak by the*** ~ 정확히 말하다. ***the best*** ~ 인기 있는 것. ***throw*** 〔***fling***〕 ***up one's*** ~***s*** 계획을 포기하다.

Card. Cardinal.

car·da·mom, -mum [kɑ́ːrdəməm], **-mon**[-mən] *n.* Ⓒ 생강과의 식물(의 열매)《향료》.

*__card·board__[ká:rdbɔ̀:rd] *n.* Ⓤ 판지(板紙), 마분지. 「의.
__cárd-càrrying__ *a.* 정식 당원[회원]
__cárd càse__ 명함 케이스; 카드 상자.
__cárd càtalog(ue)__ (도서관의) 카드식 목록.
__car·di·ac__[ká:rdiæ̀k] *a., n.* 심장의; (위(胃)의) 분문(噴門)의; Ⓒ 심장병 환자.
__cárdiac cýcle__ 심장 주기.
__cárdiac glýcoside__ 강심 배당체(強心配糖體).
__car·di·gan__[ká:rdigən] *n.* Ⓒ 카디건《앞을 단추로 채우는 스웨터》.
*__car·di·nal__[ká:rdənl] *a.* 주요한, 기본적인; 붉은, 주[진]홍색의(scarlet). — *n.* Ⓒ 〖가톨릭〗 (교황청의) 추기경《진홍색 옷·모자를 착용》; Ⓤ 진[주]홍색; =∠ __bírd__ (북미산의) 알록참새《finch 무리》. ~·__ate__[-èit, -it] *n.* Ⓤ 추기경의 직[지위].
__cárdinal flòwer__ 〖植〗 빨간로벨리아. 「수(基數).
__cárdinal númber__ [__númeral__] 기
__cárdinal pòints__ 〖天〗 방위 기점(基點)《north, south, east, west》.
__cárdinal vírtues, the__ 기본 도덕《justice, prudence, temperance, fortitude, faith, hope, charity 일곱 가지 덕》.
__cárd ìndex__ 카드식 색인. 「다.
__cárd-ìndex__ *vt.* 카드식 색인을 만들
__car·di·o·gram__[ká:rdiəgræ̀m] *n.* Ⓒ 심전도(心電圖).
__car·di·o·graph__ [ká:rdiəgræ̀f, -grà:f] *n.* Ⓒ 심전계(心電計).
__car·di·ol·o·gy__[kà:rdiáləʒi/-ɔ́-] *n.* Ⓤ 심장학.
__car·di·o·vas·cu·lar__ [kà:rdiou-vǽskjələr] *a.* 심장혈관의. ~ ***disease*** 심장 혈관병.
__cárd·phòne__ *n.* Ⓒ《英》 카드식 전화《동전 대신에 전화 카드(phonecard)를 넣고 통화하는 전화기》.
__cárd·plàyer__ *n.* Ⓒ (흔히) 카드놀이를 하는 사람.
__cárd pùnch__《英》 (컴퓨터 카드의) 천공기. 「기꾼.
__cárd·shàrp(er)__ *n.* Ⓒ 카드놀이 사
__cárd tàble__ 카드놀이용 테이블.
__cárd vòte__《英》 카드 투표《노동 조합 대회 따위에서 대의원이 대표하는 조합원의 수를 명기한 카드로 표수를 정하는 투표》.
__CARE__[kɛər] Cooperative for American Relief to Everywhere, Inc. 미국 대외 원조 물자 발송 협회 (~ *goods* 케어 물자).
†__care__[kɛər] *n.* ① Ⓤ 근심, 걱정(worry); Ⓒ 근심거리. ② Ⓤ 시중, 돌봄, 간호, 감독(charge); 고생(pains). ③ Ⓤ 주의, 조심(caution). ④ Ⓤ 관심; Ⓒ 관심사. ***C-killed the cat.***《속담》 걱정은 몸에 해롭다. ~ ***of*** …방(方)《생략 c/o》. ***take ~,*** or ***have a ~*** 조심하다. ***take ~ of*** …을 돌보다, 소중히 하다; …에 조심하다;《美》…을 다루다. ***take ~ of oneself*** 몸을 조심하다; 자기 일은 자기가 하다. ***under the ~ of*** …의 신세를 지고, …의 보호 밑에. ***with ~*** 조심하여. — *vi.* ① 걱정[근심]하다. ② 돌보다, 시중들다, 병구완하다. ③ 하고자 하다, 좋아하다. ~ ***about*** …을 염려[걱정]하다, …에 주의하다. ~ ***for*** …을 좋아하다, 탐내다; …을 돌보다, 걱정[근심]하다. ~ ***nothing for*** [***about***] …에 전혀 흥미가[관심이] 없다. ***for all I ~*** 나는 알 바 아니나[아니지만]; 어쩌면, 혹시. ***I don't ~ if*** (I go). 《口》 (가도) 괜찮다《권유에 대한 긍정적 대답》. ***Who ~s?*** 알게 뭐야.
__ca·reen__[kəri:n] *vi., vt.* 〖海〗 (배를) 기울이다, (배가) 기울다; (기울여) 수리하다.
‡__ca·reer__[kəríər] *n.* ① Ⓤ 질주; 속력. ② Ⓒ 인생 행로, 생애; 경력, 이력; (교양·훈련을 요하는) 직업. ③ Ⓤ,Ⓒ 성공, 출세. ***in full*** [***mad***] ~ 전속력으로. ***make a ~*** 출세하다. — *a.* 직업적인, 본격적인. ~ ***diplomat*** 직업 외교관. ~ ***woman*** [***girl***] 《口》 (자립하고 있는) 직업 여성. — *vi.* 질주[쾌주]하다(speed) (*about*). ~·__ism__[-ìzəm] *n.* Ⓤ 입신 출세주의. ~·__ist__ *n.*
__caréer's máster__ [__místress__] 학생 진로 지도 교사[여교사].
*__cáre·frèe__ *a.* 근심걱정 없는, 태평한, 행복한, 명랑한.
†__care·ful__[kɛ́ərfəl] *a.* ① 주의 깊은, 조심스런(cautious) (*of*). ② 소중히 하는[여기는](mindful) (*of*). ‡ ~·__ly__ *ad.* * ~·__ness__ *n.*
__cáre làbel__ (의류 따위에 붙인) 취급 주의 라벨.
__cáre-làden__ *a.* 근심[고생]이 많은.
‡__care·less__[kɛ́ərlis] *a.* ① 부주의한, 경솔한. ② 걱정하지 않는(nonchalant). ③《古》 마음 편한(carefree). ***be ~ of*** …을 염두에 두지 않다. * ~·__ly__ *ad.* * ~·__ness__ *n.*
*__ca·ress__[kərés] *n., vt.* Ⓒ 애무《키스·포옹 등》(하다); 어르다.
__ca·ress·ing__[∠iŋ] *a.* 애무하는; 달래는 듯한. ~·__ly__ *ad.*
__car·et__[kǽrət] *n.* Ⓒ 탈자(脫字) 기호, 삽입 기호《∧》.
__cáre·tàker__ *n.* Ⓒ 돌보는 사람, 관리인; 지키는 사람; 《英》 고용원《사환·수위를 점잖게 이르는 말》 (cf. 《美》 custodian). ~ ***government*** 선거 관리 정부[내각]. 「[찌든].
__cáre·wòrn__ *a.* 근심 걱정으로 야윈
__cár·fàre__ *n.* Ⓤ (전차·버스의) 요금.
__cár·fàx__ *n.* Ⓒ《英》 십자로 지대.
__cár fèrry__ 카페리《(1) 열차·자동차 따위를 나르는 배. (2) 바다 따위를 넘어 자동차를 나르는 비행기》.
‡__car·go__[ká:rgou] *n.* (*pl.* ~(*e*)*s*) Ⓒ 뱃짐, 선하, 적하(積荷).
__cárgo bòat__ 화물선. 「송기.
__cárgo lìner__ 정기 화물선, 화물 수
__cár·hòp__ *n.* Ⓒ《美》 (차를 탄 채 들

어가는 식당의) 급사《특히, 여급사》.
Car·ib[kǽrəb] *n.* Ⓒ (서인도 제도의) 카리브 사람; Ⓤ 카리브 말.
Car·ib·be·an[kæ̀rəbíːən, kəríbiən] *a.* 카리브 사람〔해(海)〕의. ***the ~ (Sea)*** 카리브해.
car·i·bou[kǽrəbùː] *n.* (*pl.* **~s** 《집합적》 ~) Ⓒ 북미산 순록(馴鹿).
***car·i·ca·ture**[kǽrikətʃùər, -tʃər] *n.* Ⓒ (풍자) 만화, 풍자 그림〔글〕; Ⓤ,Ⓒ 만화화(化). ── *vt.* 만화화하다. **-tur·ist** *n.*
car·ies[kέəriːz] *n.* (L.) Ⓤ 〖醫〗 카리에스, 골양(骨瘍); 충치.
car·i·ole[kǽriòul] *n.* Ⓒ 말 한 필이 끄는 짐마차; 유개(有蓋) 짐차.
car·i·ous[kέəriəs] *a.* 카리에스에 걸린; 부식한.
cark·ing[kάːrkiŋ] *a.* 마음을 괴롭히는. **~ *cares*** 근심 걱정.
car·jack[kάːrdʒæ̀k] *vt.* (차를) 강탈하다(cf. highjack). **~·ing** *n.* Ⓤ 자동차 강탈.
cár knòcker 철도 차량 검사〔수리〕원.
cár·lòad *n.* Ⓒ 《주로 美》 화차 1량분(輛分)의 화물. 「표준량.
cárload lòt 《美》 화차 대절 취급
cárload ràte 화차 대절 운임(률).
***Car·lyle**[kαːrláil], **Thomas**(1795-1881) 스코틀랜드의 평론가·역사가·사상가.
car·man[kάːrmən] *n.* Ⓒ 승무원; 운전사, 마부.
Car·mel·ite[kάːrməlàit] *n., a.* Ⓒ 카르멜파의 수도사(의).
car·mine[kάːrmain, -min] *n., a.* Ⓤ 양홍(洋紅)색(의). 「학살.
car·nage[kάːrnidʒ] *n.* Ⓤ (대량)
***car·nal**[kάːrnl] *a.* 육체의, 육욕적인, 육감적인(sensual); 물질적인, 현세〔세속〕적인(worldly).
cárnal abúse 〖法〗 (보통 성교가 따르지 않는) 미성년자에 대한 강제 외설 행위; (소녀에 대한) 강간.
cárnal knówledge 성교.
:**car·na·tion**[kαːrnéiʃən] *n., a.* Ⓒ 카네이션; Ⓤ 살빛(의).
***Car·ne·gie**[kάːrnəgi, kαːrnéigi], **Andrew** (1835-1919) 미국의 강철왕·자선가.
Cárnegie Háll 카네기홀《New York 시의 연주회장》.
car·nel·ian[kαːrníːljən] *n.* Ⓒ 〖鑛〗 홍옥수(紅玉髓).
car·net[kαːrnéi] *n.* (F.) Ⓒ (자동차의) 국경 통과 허가증; 회수권철.
car·n(e)y, -nie[kάːrni] *n.* Ⓒ 순회 흥행〔배우〕, 순회 오락장(에서 일하는 사람).
:**car·ni·val**[kάːrnəvəl] *n.* Ⓒ 사육제 《Lent 전의 축제》; Ⓒ 축제, 법석.
Car·niv·o·ra[kαːrnívərə] *n. pl.* (L.) 〖動〗 식육류(食肉類); (c-) 《집합적》 육식 동물.
car·ni·vore[kάːrnəvɔ̀ːr] *n.* Ⓒ 육식 동물; 식충(食蟲) 식물. **-niv·o·rous**[kαːrnívərəs] *a.* 육식성의(cf. herbivorous, omnivorous).
car·ny[kάːrni] *n.* Ⓒ 《美口》 (여흥이나 회전목마가 있는) 순회 흥행; 거기에서 일하는 연예인.
:**car·ol**[kǽrəl] *n.* Ⓒ 기쁨의 노래; 찬(미)가(hymn); 《詩》 새의 지저귐. ── *vi., vt.* (《英》 (**-ll-**)) 기뻐 노래하다, 지저귀다.
Car·o·li·na[kæ̀rəláinə] *n.* 미국 동남부 대서양연안의 두 주《North ~, South ~》.
Car·o·line[kǽrəlàin, -lin] *a.* 영국왕 Charles Ⅰ·Ⅱ (시대)의; =CAROLINGIAN. 「제도.
Cároline Íslands, the 캐롤린
Car·o·lin·gi·an[kæ̀rəlíndʒiən] *a., n.* Ⓒ (프랑스의) Charlemagne 왕조의 (군주).
car·om[kǽrəm] *n., vi.* Ⓒ 《美》 〖撞〗 캐럼《연속해 두 공을 맞힘》(하다).
car·o·tene, -tin[kǽrətìːn] *n.* Ⓤ,Ⓒ 〖化〗 카로틴《일종의 탄수화물》.
ca·rot·id[kərάtid/-ɔ́-] *n., a.* Ⓒ 〖解〗 경(頸)동맥(의).
ca·rous·al[kəráuzəl] *n.* =⇩.
ca·rouse[kəráuz] *n.* Ⓤ 큰 술잔치 (noisy feast). ── *vi., vt.* 통음(痛飮)하다(drink heavily); 술을 마시며 떠들다.
***carp**[1][kαːrp] *n.* (*pl.* **~s,** 《집합적》 ~) Ⓒ 잉어.
carp[2] *vi.* 시끄럽게 잔소리하다; 흠을 찾다, 약점을 잡다, 트집 잡다(*at*). **∠·ing** *a.* 흠〔탈〕잡는.
car·pal[kάːrpəl] *n., a.* 〖解〗 Ⓒ 손목뼈〔완골(腕骨)〕(의).
cár pàrk 《英》 주차장(《美》 parking lot).
Car·pa·thi·ans[kαːrpéiθiənz] *n. pl.* (the ~) (중부 유럽의) 카르파티아 산맥.
:**car·pen·ter**[kάːrpəntər] *n., vi., vt.* Ⓒ 목수(일을 하다). ***~'s rule* 〔*square*〕** 접자〔곱자〕. **-try**[-tri] *n.* Ⓤ 목수직; 목수일; Ⓒ 목공품.
:**car·pet**[kάːrpit] *n.* Ⓒ ① 융단, 양탄자(cf. rug); 깔개. ② (풀의) 온통 깔림. ***call on the ~*** 불러서 꾸짖다. ***on the ~*** 심의〔연구〕 중에; 《口》 야단맞아.
cárpet·bàg *n.* Ⓒ (융단감으로 만든) 여행 가방. **~ger** *n.* Ⓒ (한 몫 보려고 타고장에서 온) 뜨내기; 〖美史〗 《蔑》 (남북전쟁 후의 부흥기에 남부로 건너간) 북부의 야심(정치)가.
cárpet bèdding 융단 무늬로 화단 꾸미기.
cárpet bòmbing 융단〔초토〕 폭격.
cárpet dànce 약식 무도(회).
car·pet·ing[kάːrpitiŋ] *n.* Ⓤ 깔개용 직물, 양탄자감; 깔개.
cárpet knìght 《蔑》 무공〔실전 경험〕 없는 기사; 곰살궂은 사내.
cárpet slìpper (모직천으로 만든) 실내용 슬리퍼.
cárpet swèeper 양탄자 (전기) 청소기. 「이동 전화.
cár·phòne, cár phòne 카폰,

car·pol·o·gy [kaːrpάlədʒi/-pɔ́l-] *n.* Ⓤ 과일(분류)학.
cár pòol (통근 따위에서) 몇 사람이 그룹을 만들어 교대로 자기 차에 태워다 주는 방식.
cár·pòrt *n.* Ⓒ (간이) 자동차 차고.
car·pus [kάːrpəs] *n.* (*pl.* **-pi** [-pai]) Ⓒ 〖解〗 손목; 손목뼈.
car·rel(l) [kǽrəl] *n.* Ⓒ (도서관의) 개인 열람석; 수도원(회랑)의 작은 방.
‡**car·riage** [kǽridʒ] *n.* ① Ⓒ 탈것, 마차; 《英》 (철도의) 객차; 포차(砲車). ② [⁺kǽriidʒ] Ⓤ 운반; 수송(비), 운임. ③ Ⓤ 몸가짐; 자세, 태도. ④ Ⓤ 처리, 경영. ~ ***and pair*** 〔***four***〕 쌍두〔4두〕 4륜 마차.
cárriage drìve 《英》 (대저택·공원 따위의) 마찻길.
cárriage fórward 《英》 운임 수취인 지급으로.
cárriage-frée *ad.* 운임 없이.
cárriage pòrch 차 대는 곳.
cárriage tràde 부자 단골 손님; 부자 상대의 장사.
cárriage·wày *n.* Ⓒ (가로의) 차도. ***dual*** ~ 《英》 중앙 분리대가 있는 도로.
‡**car·ri·er** [kǽriər] *n.* Ⓒ 운반인〔업자〕; 《美》 우편 집배원; 운송 회사; 전서 비둘기; 항공모함; (자전거의) 짐받이; 보균자; =**∠ wàve** 〖無電〗 반송파(搬送波).
cárrier pìgeon 전서(傳書) 비둘기.
car·ri·ole [kǽriòul] *n.* =CARIOLE.
car·ri·on [kǽriən] *n.* Ⓤ 사육(死肉), 썩은 고기; 불결물. — *a.* 썩은 고기의〔같은〕, 썩은 고기를 먹는.
cárrion cròw 〖鳥〗 《英》 까마귀; 《美》 검은 매의 일종.
Car·roll [kǽrəl], **Lewis** (1832-98) 영국의 수학자·동화 작자.
cár·ron òil [kǽrən-] 화상(火傷)에 바르는 기름약.
*__car·rot__ [kǽrət] *n.* Ⓒ 당근. ~ ***and stick*** 회유와 위협 (정책). **~·y** *a.* 당근색의; (머리털이) 붉은.
cárrot·tòp *n.* Ⓒ 《俗》 머리털이 붉은 사람; 빨강머리《종종 애칭》.
car·rou·sel [kæ̀rəsél, -zél] *n.* Ⓒ 《美》 회전 목마(merry-go-round).
†**car·ry** [kǽri] *vt.* ① 운반하다, 나르다; 휴대하다; (아이를) 배다; 버티다; (몸을 어떤 자세로) 유지하다(hold); 행동하다(~ *oneself*). ② (액체를) 이끌다, (소리를) 전하다; 미치다; 연장하다(extend); 감복시키다; (주장·의안 따위를) 통과〔관철〕시키다. ③ 수반하다, (의미 따위를) 띠다; (이자 따위를) 낳다. ④ (진지 따위를) 점령하다; 획득하다. ⑤ 〖簿〗 (다른 장부에) 전기(轉記)하다; 이월하다; 〖數〗 한 자리 올리다; 《美》 (신문에) 싣다; (명부에) 올리다. ⑥ 기억해 두다. ⑦ 가게에 놓다〔팔다〕. — *vi.* 가져가다, 나르다; (소리·총 따위가) 미치다. ~ ***all*** 〔***everything, the world***〕 ***before one*** 파죽지세로 나아가다. ~ ***away*** 앗아〔채어〕가다; 도취시키다. ~ (*a person*) ***back*** 생각나게 하다. ~ ***forward*** (사업 등을) 진행〔추진〕하다; (부기에서) 차기(次期)〔다음 페이지〕로 이월하다. ~ ***off*** 앗아〔채어〕가다, 유괴하다; (상을) 타다; 잠시 견디다(palliate); 해치우다. ~ ***on*** 계속하다; (사업을) 영위하다. ~ ***oneself*** 행동하다. ~ ***out*** 성취하다, 수행하다. ~ ***over*** 이월하다. ~ ***the audience*** 〔***house***〕 청중〔만장〕을 도취시키다. ~ ***the*** DAY. ~ ***through*** 완성하다; 견디어내다, 버티다; 극복하(게 하)다. ~ ***weight*** 중시되다, 유력하다; 〖競馬〗 핸디캡이 붙여지다. ~ *a person* ***with one*** 납득시키다. ~ *something* ***with one*** 어떤 일을 기억하고 있다; …을 수반〔휴대〕하다. — *n.* Ⓤ ① (총포의) 사정; (골프 공 따위가) 날아간 거리. ② 〖컴〗 자리 올림.
cárry·àll *n.* Ⓒ 《美》 마차《4인(이상)승》; (긴 좌석의) 합승 자동차.
cárry-còt *n.* Ⓒ (유아용) 휴대 침대.
cárrying capàcity (차의) 적재량.
cárrying chàrge 운반비; 선불 경비《자산이 이익을 올리지 않는 동안에 치러야 할 경비》.
cárryings-ón *n. pl.* 《口》 (남녀의) 농탕치기, 바람.
cárrying tráde 운송업.
cárry-òn *a., n.* Ⓒ (비행기 안으로) 휴대할 수 있는 (소지품).
cárry-òver *n.* Ⓒ 〖簿〗 이월; 〖放〗 (음악에 의한) 장면 연결.
cár·sìck *a.* 차멀미 난.
‡**cart** [kaːrt] *n., vi.* ① Ⓒ 2륜마차〔손수레〕(로 나르다). ② 수월히 이기다. ~ ***about*** 들고〔끌고〕돌아다니다, 안내하고 다니다. ***in the*** ~ 《英俗》 곤경에 빠져(in a fix). ***put the*** ~ ***before the horse*** 본말을 전도하다. **∠·age** *n.* Ⓤ (짐차) 운송(료). **∠·er** *n.* Ⓒ (짐)마차꾼. **~·ful** [∠fùl] *n.* Ⓒ 한 차(車)분.
carte [kaːrt] *n.* (F.) Ⓒ 명함; 메뉴. ~ ***de vi·site*** [∠ də vizíːt] 명함, 명함판 사진.
carte blanche [kάːrt blάːnʃ] (F.) 백지〔전권〕 위임.
car·tel [kaːrtél] *n.* Ⓒ 〖經〗 카르텔, 기업 연합《가격 유지·시장 독점을 위한》(cf. syndicate, trust); 포로 교환 조약서.
Car·ter [kάːrtər], **James Earl** (1924-) 미국 제 39 대 대통령(재직 1977-81)《애칭 Jimmy》.
Car·te·sian [kaːrtíːʒən] *a., n.* Ⓒ 데카르트(Descartes)(파)의 (학도).
Car·thage [kάːrθidʒ] *n.* 카르타고 《아프리카 북안에 있던 고대 도시 국가》. **Car·tha·gin·i·an** [kὰːrθədʒíniən] *a., n.*
cárt hòrse 짐마차 말.
Car·thu·sian [kaːrθúːʒən] *a., n.* Ⓒ (프랑스의) 카르투지오 교단(教團)의 (수도자).

car·ti·lage[kɑ́ːrtilidʒ] *n.* Ⓤ,Ⓒ 연골(軟骨). **-lag·i·nous**[kɑ̀ːrtilǽdʒənəs] *a.*

cárt·lòad *n.* Ⓒ 한 수레(의 양)(cartful); 《口》 대량.

car·to·gram[kɑ́ːrtəgræ̀m] *n.* Ⓒ 통계 지도.

car·to·graph[kɑ́ːrtəgræ̀f, -grɑ̀ːf] *n.* Ⓒ (그림) 지도. **car·tog·ra·pher**[kɑːrtɑ́grəfər/-tɔ́g-] *n.* Ⓒ 지도 제작자. **car·tóg·ra·phy**[-fi] *n.* Ⓤ 지도 제작(법).

car·ton[kɑ́ːrtən] *n.* Ⓒ 판지(板紙), 마분지; 두꺼운 종이 상자.

*__car·toon__[kɑːrtúːn] *n.* Ⓒ 《美》 (모자이크·벽화 따위의) (실물 크기의) 밑그림; 풍자화, 시사 만화; (연속) 만화, 만화 영화. ― *vt.* 만화로 풍자하다. **~·ist** *n.* Ⓒ 만화가.

cár·tòp *a.* 자동차 지붕 위에 싣기 알맞은(*a* ~ *canoe*). **~per** *n.* Ⓒ 자동차 지붕 위에 싣고 다닐 수 있는 보트(~ boat).

cár-tràcks *n. pl.* 궤도.

*__car·tridge__[kɑ́ːrtridʒ] *n.* Ⓒ 탄약통, 약포(藥包); (카메라의) 필름통(에 든 필름); (전축의) 카트리지《바늘 꽂는 부분》; (내연 기관의) 기동(起動) 장치.

cártridge bèlt 탄띠.

cártridge bòx 탄약 상자.

cártridge càse 약협(藥莢), 탄피.

cártridge clìp 삽탄자(挿彈子).

cártridge pàper 약협(藥莢) 용지; 도화지.

cárt·wày *n.* Ⓒ 짐(마차) 길.

cárt whèel (짐차의) 바퀴; 옆재주넘기.

cárt whìp (짐마차몰이가 쓰는) 굵「은 채찍.

:__carve__[kɑːrv] *vt.* (*~d;* 《詩》 *~n*) ① 자르다, (요리한 고기를) 썰다. ② 파다, 조각하다. ③ (진로를) 트다, 열다. ~ *for oneself* 제멋대로 하다[굴다]. ~ *out* 베어[떼어, 잘라] 내다; 분할하다; 개척하다. ~ *up* (유산·땅 따위를) 가르다. *__cárv·er__ *n.* Ⓒ 조각가; (요리 고기를) 써는 사람; (*pl.*) 고기 써는 나이프와 포크. *__cárv·ing__ *n.* Ⓤ 조각; Ⓒ 조각물; Ⓤ 고기 썰어 놓기.

car·vel[kɑ́ːrvəl] *n.* =CARAVEL.

carv·en[kɑ́ːrvən] *v.* 《詩》 carve의 과거분사. ― *a.* 조각한.

cárving knìfe (식탁용) 고기 썰때 쓰는 큰 나이프.

cár·wàsh *n.* Ⓒ 《美》 세차장; 세차「장치; 세차.

Cas·a·no·va[kæ̀zənóuvə, -sə-] *n.* Ⓒ (or c-) 엽색(獵色)꾼, 색마.

*__cas·cade__[kæskéid] *n., vi.* Ⓒ (계단 모양의) 분기(分岐) 폭포, 작은 폭포(를 이루어 떨어지다); 현애(懸崖)식 가꾸기(의 꽃); 〖電〗 (축전지의) 직렬; 〖컴〗 캐스케이드.

cascáde shòwer 〖理〗 방사선이 단계적으로 입자 수를 늘리어 가는 현상.

cas·car·a[kæskɛ́ərə] *n.* Ⓒ 털갈매나무의 일종.

cascára sa·grá·da[-səgréidə, -grɑ́ː-] 털갈매나무의 껍질《완화제》.

†__case__[1][keis] *n.* ① Ⓒ 경우, 사건. ② 소송. ③ (the ~) 실정, 사정. ④ Ⓒ 실례, 예, 사실(*a* ~ *in point* 적례(適例)). ⑤ Ⓒ 병증(*a bad* [*hard*] ~ 난증(難症)), 환자. ⑥ Ⓒ 〖文〗 격; 《口》 괴짜. *as is often the* ~ *with* …에는 흔히 있는 일이지만. *as the* ~ *may be* 경우에 따라서. *be in good* ~ 어지간히 (잘) 살고 있다. ~ *by* ~ 하나하나, 축조적(逐條的)으로. *drop a* ~ 소송을 취하하다. *in any* ~ 어떤 경우에도, 어떻든, 아무튼. *in* ~ 만일(…한 경우에)(if); …에 대비하여. *in* ~ *of* …한 때[경우]에는. *in nine ~s out of ten* 십중팔구. *in no* ~ 결코 …않다. *in the* ~ *of* …에 관해 말하면, …의 입장에서 말하면.

†__case__[2] *n.* Ⓒ ① 상자, 케이스, 갑. ② (칼)집, 자루, 주머니, 통, 용기, 겉싸개, 외피(外被), (시계의) 딱지; 한벌. ③ 활자 케이스. *upper* [*lower*] ~ 대[소]문자 활자 케이스. ― *vt.* case에 넣다[로 짜다].

cáse·bòok *n.* Ⓒ 판례집, 사례집.

cáse·hàrden *vt.* 〖冶〗 담금질하다《표면을 경화(硬化)하는》; (사람을) 무정하게[무신경하게] 만들다.

cáse hístory [**récord**] 개인 경력[기록]; 병력(病歷).

ca·sein[kéisiːn] *n.* Ⓤ 카세인, 건락소《치즈의 주성분》.

cáse knìfe 집 있는[식탁용] 나이「프.

cáse làw 판례법.

*__case·ment__[kéismənt] *n.* Ⓒ (두짝) 여닫이 창(의 한 쪽)(~ window); 창틀; 《一般》 창.

cáse méthod 사례 연구 교육법; =CASE SYSTEM.

cáse shòt 산탄(散彈).

cáse stúdy 사례(事例) 연구《사회조사법의 하나》.

cáse sýstem 〖美法〗 판례주의 교육법(case method).

*__cáse·wòrk__ *n.* Ⓤ 케이스워크《개인이나 가족의 특수 사정에 따라 개별적으로 원조·지도하는 사회사업 활동》. **~er** *n.* Ⓒ 케이스워크를 하는 사람.

cáse·wòrm *n.* Ⓒ 몸 둘레에 집을 짓는 유충《도롱이벌레 따위》.

CASF composite air strike force 〖美軍〗 혼성 공중 기동 공격군.

:__cash__[kæʃ] *n.* Ⓤ 현금. *be in* [*out of*] ~ 현금을 갖고 있다[있지 않다]. ~ *down* 즉전(卽錢). ~ *in* [*on*] *hand* 현금 시재. ~ *on delivery* 대금 상환 (인도)《생략 C.O.D.》. *hard* ~ 경화(硬貨). ― *vt.* 현금으로 (지불)하다. ~ *in* 《美》 현금으로 바꾸다; 청산하다; 죽다. ~ *in on* 《口》 …로 벌다. ~ *in one's checks* 《美俗》 죽다.

cásh accóunt 현금 계정.

cásh-and-cárry *a.* 《美》 (슈퍼마켓 따위의) 현금 상환 인도의, 현금 판매제의.

cásh·bòok *n.* Ⓒ 현금 출납부.
cásh·bòx *n.* Ⓒ 돈궤, 금고.
cásh càrd 캐시〔현금 인출〕카드.
cásh crédit 당좌 대부.
cásh cròp 바로 현금으로 바꿀 수 있는 농작물.
cásh díscount 현금 할인.
cásh dìspenser 《英》 현금 자동 지급기.
cash·ew[kǽʃuː/—∠] *n.* Ⓒ 캐슈《아메리카 열대 식물; 열매는 식용》.
***cash·ier**[1][kæʃíər] *n.* Ⓒ 출납〔회계〕원(teller); (은행의) 지배인.
cash·ier[2][kæʃíər, kə-] *vt.* (사관·관리를) 면직하다; 내버리다.
cashíer's chéck 자기앞 수표.
cash·mere[kǽʒmiər, kǽʃ-] *n.* Ⓤ (인도 Kashmir 지방산 염소털의) 캐시미어 천.
cásh prìce 현찰 가격.
cásh règister 금전 등록기.
cásh sàle 현찰 판매.
cas·ing[kéisiŋ] *n.* Ⓒ 상자, 싸개; 포장; 창〔문〕틀; 둘러싼 것; 《美》 (타이어의) 외피(外被); Ⓤ 포장재료.
cásing·hèad gàs 유전〔유정(油井)〕 가스.
ca·si·no[kəsíːnou] *n.* (*pl.* **~s**) Ⓒ (춤·도박 따위를 할 수 있는) 오락장, 클럽; =CASSINO.
***cask**[kæsk, -ɑː-] *n.* Ⓒ 통(barrel); 한 통(의 분량).
***cas·ket**[kǽskit, -ɑ́ː-] *n.* Ⓒ (보석·편지용의) 작은 상자; 《美》 관(棺).
Cás·pi·an Séa[kǽspiən-] (the ~) 카스피해, 이해(裏海).
casque[kæsk] *n.* Ⓒ 투구.
Cas·san·dra[kəsǽndrə] *n.* 〖그神〗 카산드라《Troy의 여자 예언자》; Ⓒ 세상에서 믿어 주지 않는 (흉사의) 예언자.
cas·sa·tion[kæséiʃən] *n.* Ⓤ,Ⓒ 〖法〗 파기(破棄). ***Court of C-*** 파기원(院)《프랑스의 최고 법원》.
cas·sa·va[kəsɑ́ːvə] *n.* Ⓒ 〖植〗 카사버《열대 식물; 뿌리의 전분으로 tapioca를 만듦》.
cas·se·role[kǽsəròul] *n.* Ⓒ 뚜껑 달린 찜 냄비; Ⓤ 오지냄비 요리; Ⓒ 《英》 스튜 냄비.
***cas·sette**[kæsét, kə-] *n.* Ⓒ 필름통(cartridge); (보석 따위를 넣는) 작은 상자; (녹음·녹화용의) 카세트.
cassétte tàpe recòrder 카세트식 테이프 리코더.
cas·sia[kǽʃə, -siə] *n.* Ⓤ 계피.
cas·si·mere[kǽsəmìər] *n.* =CASHMERE.
cas·si·no[kəsíːnou] *n.* Ⓤ 카드 놀이의 일종.
Cas·si·o·pe·ia[kæ̀siəpíːə] *n.* 〖天〗 카시오페이아자리.
cas·sock[kǽsək] *n.* Ⓒ (성직자의) 통상복《보통 검은색》.
cas·so·war·y[kǽsəwὲəri] *n.* Ⓒ 〖鳥〗 화식조(火食鳥)《오스트레일리아·뉴기니아산(産)》.
:cast[kæst, -ɑː-] *vt.* (***cast***) ① 던지다(throw); (표를) 던지다; 내던지다, 벗어버리다. ② (광선·그림자·암담한 기분 따위를) 던지다. ③ (눈길을) 향하다, 돌리다. ④ (나무가 덜 익은 과실을) 떨어뜨리다, 짐승이 새끼를 조산하다, 지우다. ⑤ (허물을) 벗다, (뿔을) 갈다(shed). ⑥ (녹인 금속을 거푸집에 부어) 뜨다; 〖印〗 연판으로 뜨다. ⑦ 계산하다. ⑧ 배역(配役)하다. ⑨ 해고하다. — *vi.* ① 주사위를 던지다. ② 낚시줄을 드리우다. ③ 생각〔궁리〕하다; 예상하다. ④ 계산하다. ~ ***about*** 찾다; 생각하다. ~ ACCOUNTS. ~ ***aside*** (내던져) 버리다, 배척하다. ~ ***away*** (내) 버리다; 물리치다; 파선시키다. ~ ***down*** 태질치다; 낙담시키다. ~ ***off*** (벗어) 던지다, (속박에서) 벗어나다; 끝마무르다; 〖海〗 (배를) 풀어놓다. ~ ***on*** 재빨리 입다; (뜨개질의) 첫코를 뜨다〔잡다〕. ~ ***out*** 내던지다; 쫓아내다. ~ ***up*** 던져〔쳐〕올리다; 합계하다(add up). — *n.* Ⓒ ① 던짐; 한 번 던짐; 사정(射程). ② 시도. ③ 거푸집(mold), 주물(鑄物), 주조. ④ 《집합적》 배역. ⑤ 계산, 셈. ⑥ (생긴) 모양; 종류, 타이프. ⑦ 색조, (빛깔의) 기미(tinge). ⑧ (가벼운) 사팔뜨기(slight squint). ~ ***of mind*** 기질. ***have a ~ in the eye*** 사팔눈이다. ***the last ~*** 최후의 모험적 시도. — *a.* (말 따위가) 일어설 수 없는 모양의.
cas·ta·net[kæ̀stənét] *n.* Ⓒ (보통 *pl.*) 〖樂〗 캐스터네츠《손에 쥐고 딱딱 소리내는 두 짝의 나무》.
cást·awày *a., n.* Ⓒ 파선한 (사람); 버림받은 (자); 무뢰한.
caste**[kæst, -ɑː-] *n.* Ⓒ 카스트, (인도의) 사성(四姓); Ⓤ 사성제도; Ⓒ 《一般》 특권 계급; Ⓤ 사회적 지위. ***lose ~ 영락하다.
cast·er[kǽstər, -ɑ́ː-] *n.* Ⓒ cast 하는 사람; =CASTOR[2].
cas·ti·gate[kǽstəgèit] *vt.* 매질하다; 징계하다; 혹평하다. **-ga·tion**[⌒—géiʃən] *n.*
Cas·tíle sóap[kæstíːl-] 캐스틸 비누《올리브유를 주원료로 하는 고급 비누》.
cast·ing[kǽstiŋ, -ɑ́ː-] *n.* Ⓤ 주조; Ⓒ 주물(鑄物); Ⓤ 〖劇〗 배역.
cásting nèt 쟁이, 투망(cast net).
cásting vóte 결정 투표《의장이 던짐》.
cást íron 주철(鑄鐵), 무쇠.
cást·íron *a.* 무쇠로 만든; 견고한, 불굴의; (규칙 따위) 융통성 없는.
†cas·tle[kǽsl, -ɑ́ː-] *n.* ① Ⓒ 성; 큰 저택, 누각; (체스의) 성장(城將) 《차(車)에 해당》. ② (the C-) 《英》 더블린 성, 아일랜드 정청(政廳). ~ ***in the air*** 〔***in Spain***〕 공중 누각, 공상. **~d**[-d] *a.* 성을 두른, 성으로 튼튼히 한, 성이 있는.
cást·òff *a., n.* 벗어버린; Ⓒ 버림받은 사람〔것〕.

Cas·tor[kǽstər, -ɑ́:-] *n.* 〖天〗 쌍둥이자리의 알파성. ~ ***and Pollux*** 〖그神〗 Jupiter의 쌍둥이 아들《뱃사람의 수호신; 우애의 전형》.

cas·tor[1][kǽstər, -ɑ́:-] *n.* [C] 해리(海狸), 비버; 해리 털가죽; 해리 가죽 모자; [U] 해리향(香).

cas·tor[2] *n.* [C] 양념 병(cruet); (가구 다리의) 바퀴.

cástor bèan 《美》 아주까리 열매.

cástor óil 아주까리 기름.

cástor-óil plànt 아주까리, 피마자.

cas·trate[kǽstreit] *vt.* 거세하다(geld); 골자를 빼버리다(mutilate); (마땅치 않은 곳을) 삭제하다. **cas·tra·tion**[kæstréiʃən] *n.*

C

cást stéel 주강(鑄鋼).

:cas·u·al[kǽʒuəl] *a.* ① 우연의. ② 뜻하지 않은, 무심결의. ③ 임시의; 《廢》 불확실한. ④ 태평한. ~ ***labor-er*** 임시 노동자. ~ ***wear*** 약식 평상복《산책·스포츠용 따위》. — *n.* [C] 임시 노동자; (*pl.*) 《英》 임시 구제를 받는 사람들. **~·ize**[-àiz] *vt.* (상시 고용자를) 임시 고용자로 하다. ***~·ly** *ad.*

***cas·u·al·ty**[-ti] *n.* [C] 상해, 재해, 재난(mishap); 사상자〔병〕; (*pl.*) 사상자수.

Cásualty Cléaring Stàtion (소개 지역 내의) 상병(傷病) 군인 임시 수용소.

cásualty insùrance 상해 보험.

cas·u·ist[kǽʒuist] *n.* [C] 〖神〗 결의론자(決疑論者); 궤변가(quibbler). **~·ry** *n.* [U] 결의론《개개의 행위를 비판하는 이론》; 궤변.

cas·u·is·tic[kæ̀ʒuístik], **-ti·cal**[-əl] *a.* 결의론적인; 궤변의. **-ti·cal·ly** *ad.*

ca·sus bel·li[kéisəs bélai, kɑ́:səs béli:] (L.) 개전(開戰)의 이유(가 되는 사건·사태).

CAT Civil Air Transport.

†cat[kæt] *n.* [C] ① 고양이; 고양이속(屬)의 동물《사자·표범·범 따위》. ② 메기(catfish). ③ 심술궂고 앙칼진 여자. ④ =CAT-O'-NINE-TAILS. ⑤ 《美俗》 (열광적인) 스윙 연주가, 재즈광(狂). ⑥ 《美俗》 사내 녀석(fellow), 멋쟁이 사내; 룸펜. ***A ~ has nine lives.*** 《속담》 고양이는 목숨이 아홉《질겨서 좀처럼 안 죽는다》. ***A ~ may look at a king.*** 《속담》 고양이도 상감을 뵐 수 있다《누구나 각자에 상당한 권리가 있다》. CARE ***killed the ~. fight like ~s and dogs*** 쌍방이 쓰러질 때까지 싸우다. ***It is enough to make a ~ speak.*** 《英》 (고양이도 한 마디 없을 수 없을 만큼) 기막힌 맛이다《술 따위》. ***It rains ~s and dogs.*** 억수같이 퍼붓는다. ***let the ~ out of the bag*** 《口》 비밀을 누설하다. ***see which way the ~ jumps*** 형세를 관망하다(sit on the fence). ***The ~ jumps.*** 대세가 결정되다. ***turn the ~ in the pan*** 배신하다.

ca·tab·o·lism[kətǽbəlìzəm] *n.* [U] 〖生〗 이화(異化)〔분해〕 작용(opp. anabolism). **cat·a·bol·ic**[kæ̀təbɑ́lik/-ɔ́-] *a.*

cat·a·chre·sis[kæ̀təkrí:sis] *n.* (*pl.* ***-ses***[-si:z]) [U,C] (말의) 오용.

cat·a·clysm[kǽtəklìzəm] *n.* [C] 홍수(deluge); (지각의) 대변동; (사회·정치상의) 대변혁. **-clys·mal**[kæ̀təklízməl], **-clys·mic**[-mik] *a.*

cat·a·comb[kǽtəkòum] *n.* [C] (보통 *pl.*) 지하 묘지.

ca·tad·ro·mous[kətǽdrəməs] *a.* (물고기가) 강류성(降流性)의.

cat·a·falque[kǽtəfæ̀lk] *n.* [C] 영구대(靈柩臺); 영구차.

cat·a·lase[kǽtəlèis] *n.* [U] 〖生化〗 카탈라아제《과산화수소를 물과 산소로 분해하는 효소》.

cat·a·lec·tic[tæ̀təléktik] *a., n.* [C] 〖韻〗 각운(脚韻)이 1음절 적은 (행).

cat·a·lep·sy[kǽtəlèpsi], **-sis**[kæ̀təlépsis] *n.* [U] 〖醫〗 경직증.

:cat·a·log(**ue**)[kǽtəlɔ̀:g, -lɑ̀g/-lɔ̀g] *n.* [C] 목록, 카탈로그; 《美》 (대학 등의) 편람(便覽); 〖컴〗 목록, 카탈로그. — *vt.* 카탈로그로 만들다〔에 올리다〕; 분류하다.

ca·ta·logue rai·son·né[-rèizənéi] (F.) 해설 붙은 분류 목록.

ca·tal·pa[kətǽlpə] *n.* [C] 〖植〗 개오동 나무.

ca·tal·y·sis[kətǽləsis] *n.* (*pl.* ***-ses***[-sì:z]) [U] 〖化〗 접촉 반응; [C] 유인(誘因). **cat·a·lyst**[kǽtəlist] *n.* [C] 촉매, 접촉 반응제. **cat·a·lyt·ic**[kæ̀təlítik] *a.*

cat·a·lyze[kǽtəlàiz] *vt.* 〖化〗 (…에) 촉매작용을 하다.

cat·a·ma·ran[kæ̀təmərǽn] *n.* [C] 뗏목; (두 척을 나란히 연결한) 안정선(船); 《口》 앙알거리는 여자.

cat·a·me·ni·a[kæ̀təmí:niə] *n. pl.* 월경(menses).

cat·a·mite[kǽtəmàit] *n.* [C] 면《남색의 상대자》, 미동.

cat·a·mount[kǽtəmàunt] *n.* [C] 고양잇과의 야생 동물《퓨마 등》.

cát-and-dóg *a.* 사이가 나쁜(~ *life* 아옹다옹하는 (부부) 생활); 《俗》 (증권 따위가) 투기적인.

cát and móuse 〔**rát**〕(여럿이 원형으로 손을 잡고 도망다니는 아이는 손을 들어 통과시키고 쫓는 아이는 손을 내려 방해하는) 아이들의 놀이.

***cat·a·pult**[kǽtəpʌ̀lt] *n.* [C] 〖史〗 쇠뇌, 투석기(投石機), (돌 던지는) 새총; 〖空〗 캐터펄트《함재기 사출 장치》. — *vi., vt.* 투석기로〔새총으로〕 쏘다; 발사〔사출〕하다.

***cat·a·ract**[kǽtərǽkt] *n.* ① [C] 큰 폭포; 호우(豪雨); 분류(奔流), 홍수. ② [U,C] 〖醫〗 (눈의) 백내장(白內障).

***ca·tarrh**[kətɑ́:r] *n.* [U] 〖醫〗 카타르; 《英》 감기. **~·al**[-əl] *a.*

***ca·tas·tro·phe**[kətǽstrəfi] *n.* [C] ① (희곡의) 대단원(*dénouement*); (비극의) 파국. ② 대이변, 큰 재변,

파멸. **cat·a·stroph·ic**[kæ̀təstráf-ik/-ɔ́-] *a.*

cat·a·to·ni·a[kæ̀tətóuniə] *n.* Ⓤ 〖醫〗 긴장병.

Ca·taw·ba[kətɔ́:bə] *n.* Ⓒ 카토바 포도《북미산》; Ⓤ 카토바 포도주.

cát·bìrd *n.* Ⓒ 〖鳥〗 (북아메리카산의) 개똥지빠귀.

cát·bòat *n.* Ⓒ 외대박이 작은 배.

cát búrglar (2층 따위 높은 곳으로부터 침입하는) 도둑, 강도.

cát·càll *vi., vt.,* 야유하다. ── *n.* Ⓒ (집회·극장 등에서 고양이 소리로) 야유하는 소리, 휘파람.

†**catch**[kætʃ] *vt.* (**caught**) ① (붙)잡다, 붙들다; 집다, 잡다(take). ② (…하고 있는 것을) 발견하다, 보다. ③ 뒤따라 미치다. ④ (폭풍우가) 휩쓸다. ⑤ (기차에) 때맞추다, 대다. ⑥ 움켜잡다, 휘감다; (던진 것을) 받다. ⑦ 맞(히)다, (주먹을) 먹이다(give). ⑧ (…에) 감염하다(~ *a bad cold* 악성 감기에 걸리다). ⑨ 불이 붙다, 불이 옮아 번지다. ⑩ (주의를) 끌다. ⑪ 이해하다, 알다(get). ⑫ (벌을) 받다. ── *vi.* ① (붙)잡으려고 하다, 이해하려고 하다(*at*). ② (자물쇠가) 걸리다; 휘감기다; (목소리가) 잠기다. ③ 불이 붙다. ④ 감염하다. ***be caught in*** (*the rain, a trap*) (비를) 만나다; (함정·올가미에) 걸리다. ***~ as ~ can*** 닥치는 대로〔기를 쓰고〕 붙들다〔덤비다〕. ~ (*a person*) ***a blow on the head*** (아무의) 머리를 치다. ~ ***a person at*** 〔***in*** (do*ing*)〕 …하고 있는 것을 붙들다 (***C- me at it!***=I'll never do it.). ~ ***at a*** STRAW. ~ ***it*** 《口》 야단맞다. ***C- me!*** 내가 그런 일을 할 것 같아! ~ ***off*** 잠들다. ~ ***on*** 《口》 인기를 얻다, (연극이) 히트하다; 《美》 이해하다. ~ ***out*** 〖野〗 (공을 잡아 타자를) 아웃시키다. ~ ***up*** 뒤따라 미치다, 호각(互角)이 되다(*on, to, with*); (이야기하는 사람을) 헤살을 놓다, 질문 공세를 펴다(heckle), (상대방의 말을) 중도에 꺾다. ~ ***you later*** 《口》 안녕. ── *n.* ① Ⓒ (붙)잡음, 포획; 포구(捕球) 포수(捕手); Ⓤ 캐치볼(*play* ~). ② Ⓒ 《口》 좋은 결혼 상대; 발굴물, 횡재. ③ Ⓒ 손잡이; 걸쇠; 《口》 올가미, 함정, 트릭; (목소리·숨의) 걸림. ④ Ⓒ 〖樂〗 윤창곡(輪唱曲), 가곰. ***by ~es*** 때때로. ***no ~ =not much of a ~*** 대단치 않은 물건, 별 것 아닌 것.

cátch·àll *n.* Ⓒ 잡동사니 넣는 그릇, 잡낭; 포괄적인 것.

cátch-as-càtch-cán *n., a.* Ⓤ 랭카셔식 레슬링; 수단을 가리지 않는; 함부로의, 되는 대로의.

‡**catch·er**[´-ər] *n.* Ⓒ 잡는 사람〔도구〕; 〖野〗 포수, 캐처.

catch·ing[´-iŋ] *a.* 전염성의; 마음을 빼앗는. 「제; 선전 문구.

cátch·lìne *n.* Ⓒ (주의를 끄는) 표

catch·ment[´-mənt] *n.* Ⓤ 집수(集水); Ⓒ 집수량(*a ~ area* 집수 지역, 유역); 저수지.

cátch·pènny *n., a.* 값싼, Ⓒ 굴통이(의), 값싸고 번드르르한(것).

cátch phràse 주의를 끄는 문구, 캐치프레이즈, 표어.

cátch-22[´-twèntitú:] *n.* Ⓒ 《俗》 (희생자는 보상받지 못한다는) 딜레마, 곤경《H. Heller의 작품에서》.

catch·up[kǽtʃəp, kétʃ-] *n.* Ⓤ 《美》 케첩(catsup).

cátch-ùp *n.* Ⓤ 격차 해소, 회복.

cátch·wèight *n.* Ⓤ 〖競〗 (규정에 구애받지 않는) 선수의 체중. ── *a., ad.* 무차별제의〔로〕.

cátch·wòrd *n.* Ⓒ 표어(slogan); (연극 대사에서) 상대 배우가 이어받게 되는 계기 말; (사전의) 난외(欄外) 표제어.

catch·y[´-i] *a.* 외우기 쉬운; 매력있는; 미혹시키는.

cate[keit] *n.* Ⓒ (보통 *pl.*) 《古》 진미(珍味), 미식.

cat·e·chet·ic[kæ̀təkétik], **-i·cal**[-əl] *a.* 문답식(교수법)의; 〖宗〗 교리 문답의.

cat·e·chism[kǽtəkìzəm] *n.* Ⓒ 교리 문답서; 문답집; 연속적 질문. **-chist** *n.* Ⓒ 문답 교수자; 전도사.

cat·e·chize, -chise[kǽtəkàiz] *vt.* 문답으로 가르치다; 세세한 점까지 질문하다. **-chiz·er** *n.*

cat·e·chu·men [kæ̀təkjú:mən/-men] *n.* Ⓒ 〖宗〗 (교의(敎義) 수강 중의) 예비 신자; 초심자, 입문자.

cat·e·gor·i·cal[kæ̀təgɔ́:rikəl/-ɔ́-] *a.* 범주(範疇)의; 절대적인, 무조건의; 명백한; 〖論〗 단언적인. **~·ly** *ad.* **~·ness** *n.*

categórical impérative (칸트 철학에서) 지상 명령《양심의》.

***cat·e·go·ry**[kǽtəgɔ̀:ri/-gəri] *n.* Ⓒ 부류, 부문(class); 〖論〗 범주.

cat·e·nar·y[kǽtənèri/kətí:nəri] *n., a.* Ⓒ 쇠사슬 모양(의); 〖數〗 현수선(懸垂線)(의).

cat·e·nate[kǽtənèit] *vt.* 사슬꼴로 연결하다, 연속하여 사슬로 하다, 연쇄하다. **càt·e·ná·tion** *n.*

ca·ter[kéitər] *vi.* 음식을〔식사를〕 조달하다, 제공하다(*for*); 오락을 제공하다(*for, to*). **~·er** *n.* Ⓒ 음식〔식사〕 제공인; 음식점〔다방〕 경영자.

cat·er-cor·nered [kǽtərkɔ̀:r-nərd] *a., ad.* 대각선의〔으로〕.

‡**cat·er·pil·lar**[kǽtərpìlər] *n.* Ⓒ ① 모충(毛蟲), 풀쐐기. ② 욕심쟁이. ③ 무한궤도.

cat·er·waul[kǽtərwɔ̀:l] *vi.* (고양이가) 야옹야옹 울다, 으르렁대다. ── *n.* Ⓒ 고양이의 울음 소리.

cát fight 서로 맹렬히 으르렁거림.

cát·fìsh *n.* Ⓒ 〖魚〗 메기.

cát·gùt *n.* Ⓤ (현악기·라켓의) 줄, 장선, 거트.

***ca·thar·sis**[kəθɑ́:rsis] *n.* Ⓤ,Ⓒ 〖醫〗 (위·장(腸)의) 세척(洗滌), 배변(排便); 〖哲〗 카타르시스, 정화(淨化) (emotional relief)《걸작 비극 등이

C

끼치는 효과》.

Cath. cathedral; catholic.

ca·thar·tic[kəθɑ́ːrtik], **-ti·cal** [-əl] *n.* Ⓒ 하제(下劑). ── *a.* 통리(通利)의, 설사의.

Ca·thay [kæθéi, kə-] *n.* 《古·詩》「=CHINA.

cát·hèad *n.* Ⓒ 〖海〗(이물 양쪽의) 닻걸이, 양묘가(揚錨架).

ca·the·dra[kəθíːdrə] *n.* (L.) Ⓒ (bishop의) 교좌(敎座); 교수의 의자. ***ex*** ~ 권위에 의한.

:ca·the·dral [kəθíːdrəl] *n.* Ⓒ (cathedra가 있는) 대성당; 대회당.

Cath·er[kǽðər], **Willa**(1873-1947) 영국 여류 소설가.

cath·e·ter[kǽθitər] *n.* Ⓒ 〖醫〗 카테터, 도뇨관(導尿管). **~·ize**[-ràiz] *vt.* (…에) 카테터를 꽂다.

cath·ode[kǽθoud] *n.* Ⓒ 〖電〗(전해조·전자관의) 음극(opp. anode); (축전지 따위의) 양극.

cáthode rày 음극선.

cáthode- rày tùbe 브라운관.

:cath·o·lic[kǽθəlik] *a.* 전반[보편]적인; 도량[속]이 넓은, 관대한; (C-) 가톨릭[천주](교)의. ── *n.* Ⓒ (C-) 가톨릭 교도; 구교도. ***Ca·thol·i·cism**[kəθɑ́ləsìzəm/-ɔ́-] *n.* Ⓤ 가톨릭[천주]교(의 교의·신앙·조직). **~·i·ty**[kæ̀θəlísəti] *n.* Ⓤ 보편성; 관용; 도량; (C-) =CATHOLICISM.

Cátholic Chúrch, the (로마) 가톨릭 교회.

Cátholic Epístles 〖聖〗 공동 서한《James, Peter, Jude 및 John 이 평신도에게 준 일곱 가지 교서》.

ca·thol·i·cize[kəθɑ́ləsàiz/-ɔ́-] *vt., vi.* 일반화하다; (C-) 가톨릭교적으로 하다[되다].

cát·hòuse *n.* Ⓒ 《美俗》 매춘굴.

cat·i·on[kǽtàiən] *n.* Ⓒ 〖化〗 양(陽) 이온(cf. anion).

cat·kin[kǽtkin] *n.* Ⓒ 〖植〗(버드나무 따위의) 유제화서(葇荑花序).

cát·lìke *a.* 고양이 같은; 재빠른.

cát·mìnt *n.* 《英》 =CATNIP.

cát·nàp *n., vi.* (*-pp-*) Ⓒ 결잠[풋잠] (들다).

cát·nìp *n.* Ⓤ 〖植〗 개박하.

càt-o'-níne-tàils *n.* Ⓒ *sing.* & *pl.* 아홉 가닥 끈 채찍.

cát's cràdle 실뜨기 (놀이).

cát's-èye *n.* Ⓒ 묘안석(猫眼石); 야간 반사 장치《횡단 보도 표지·자전거 후미(後尾) 따위의》.

cát's mèat 고양이 먹이의 고기《지스러기 고기나 말고기》; 하치 고기.

cát's-pàw *n.* Ⓒ 앞잡이(로 쓰이는 사람)(tool); (해면에 잔 물결을 일으키는) 연풍. 「CATCHUP.

cat·sup [kǽtsəp, kétʃəp] *n.* =

cat('s) whìsker 광석 수신기나 전자 회로 접속용의 가는 철사.

cát·tàil *n.* Ⓒ 〖植〗 부들.

cat·tish[kǽtiʃ] *a.* 고양이 같은; (여성의 언동 등이) 교활한.

:cat·tle[kǽtl] *n.* 《집합적; 복수 취급》 ① 《美》 소, 축우. ② 《稀》 가축(livestock). ③ (사람을 경멸적으로) 개새끼들.

cáttle brèeding 목축(업).

cáttle-càke *n.* Ⓤ 《英》 가축용 고형 사료.

cáttle lèader 쇠코뚜레.

cáttle-lìfter *n.* Ⓒ 소 도둑.

cát·tle·man[-mən] *n.* Ⓒ 《美》 목축업자, 목장 주인.

cáttle pèn 외양간, 가축 우리.

cáttle shòw 축우[가축] 품평회.

cat·tle·ya[kǽtliə] *n.* Ⓒ 〖植〗 카틀레야《양란(洋蘭)의 일종》.

cat·ty[kǽti] *a.* = CATTISH.

cat·ty-cor·nered[kǽtikɔ̀ːrnərd] *a., ad.* 《美》 = CATER-CORNERED.

CATV community antenna television 유선[공동 안테나] 텔레비전.

cát·wàlk *n.* Ⓒ 좁은 도로.

Cau·ca·sia[kɔːkéiʒə, -ʃə/-zjə] *n.* 코카서스《흑해와 카스피해와의 중간 지방》. **~n**[-n] *a., n.* 코카서스의; Ⓒ 코카서스 사람(의); 백인(의).

***Cau·ca·sus**[kɔ́ːkəsəs] *n.* (the ~) 코카서스 산맥[지방].

cau·cus[kɔ́ːkəs] *n., vi.* Ⓒ 《집합적》(정당 따위의) 간부회(를 열다).

cau·dal[kɔ́ːdəl] *a.* 꼬리의[같은](*a* ~ *fin*); 미부의.

cau·date[kɔ́ːdeit] *a.* 꼬리가 있는.

†caught[kɔːt] *v.* catch의 과거·과거분사.

caul[kɔːl] *n.* Ⓒ 〖解〗 대망(大網); (태아의) 양막의 일부; 헤어네트; 부인모(帽)의 후부. 「DRON.

caul·dron [kɔ́ːldrən] *n.* = CAL-

***cau·li·flow·er**[kɔ́ːləflàuər] *n.* Ⓒ 〖植〗 콜리플라워《양배추의 일종》.

cáuliflower éar (권투 선수 등의 상한) 찌그러진 귀.

caulk[kɔːk] *v.* = CALK[1].

caus·al[kɔ́ːzəl] *a.* 원인의, 인과율의. **~·ly** *ad.*

cau·sal·i·ty[kɔːzǽləti] *n.* Ⓤ 원인 작용, 인과 관계. ***law of*** ~ 인과율.

cau·sa·tion[kɔːzéiʃən] *n.* Ⓤ 원인(이 됨); 인과 관계; 결과를 낳음. ***law of*** ~ 인과율.

caus·a·tive[kɔ́ːzətiv] *a.* 원인이 되는, 일으키는(*of*); 〖文〗 사역의. ── *n.* =∠ **vèrb** 사역 동사《make, let, get 따위》. **~·ly** *ad.* 원인으로서; 사역적으로.

†cause[kɔːz] *n.* ① Ⓤ,Ⓒ 원인; Ⓤ 이유, 동기(*for*). ② Ⓒ 소송(의 사유); 사건; 문제. ③ Ⓒ 대의(大義), 주의, 주장; 명분; 운동. ***in the*** ~ ***of*** …을 위해서. ***make common*** ~ ***with*** …와 협력하다, …에(게) 편들다. ***plead a*** ~ 소송의 이유를 개진하다. ***the first*** ~ 제일 원인; (the F- C-) 조물주, 하느님. ── *vt.* 야기시키다; …시키다(~ *him to do...*). **∠·less** *a.* 이유[원인] 없는, 우발적인. **∠·less·ly** *ad.*

cause cé·lè·bre[kɔ́ːz səlébrə] (F.) 유명한 소송 사건.

cau·se·rie[kòuzəríː] *n.* (F.) Ⓒ

한담(閑談)(chat), 담론; 문예 수필.
cause·way[kɔ́:zwèi] *n.* Ⓒ (습지 따위 사이의) 두렁길; (높인) 인도.
caus·tic[kɔ́:stik] *a.* 부식성의(corrosive), 가성(苛性)의; 신랄한, 빈정대는. ~ ***silver*** 질산은(窒酸銀). ~ ***soda*** 가성소다. — *n.* Ⓤ,Ⓒ 부식제(劑); 빈정댐.
cáustic líme 생석회.
cau·ter·ize[kɔ́:təràiz] *vt.* (달군 쇠나 바늘로) 지지다; 마비시키다; 뜸질하다; 부식시키다. **-i·za·tion**[kɔ̀:tərizéiʃən] *n.*
cau·ter·y[kɔ́:təri] *n.* Ⓤ 소작(燒灼)법, 뜸질; Ⓒ 소작 기구.
:cau·tion[kɔ́:ʃən] *n.* ① Ⓤ 조심(스럼), 신중함. ② Ⓒ 경계, 경고. ③ (a ~) 《口》 묘한 녀석; 야릇한[기발한] 것. — *vt.* (…에게) 경고[충고]하다. **~·ar·y**[-èri/-əri] *a.* 경고의, 교훈의.
:cau·tious[kɔ́:ʃəs] *a.* 조심스러운, 신중한. ***~·ly** *ad.* **~·ness** *n.*
cav·al·cade[kæ̀vəlkéid] *n.* Ⓒ 기마 행렬[행진]; 행렬, 퍼레이드.
***cav·a·lier**[kæ̀vəlíər] *n.* Ⓒ ① 기사. ② (귀부인의) 시중 드는 남자, 춤 상대; 명랑하고 스마트한 군인; 상냥한 남자; 정중한 신사. ③ (C-) (Charles 시대의) 왕당원. — *a.* 무관심한, 돈단무심의; 거만한. **~·ly** *ad., a.* 가사답게[다운].
***cav·al·ry**[kǽvəlri] *n.* Ⓤ 《집합적》 기병(대).
cav·al·ry·man[-mən] *n.* Ⓒ 기병.
cav·a·ti·na[kæ̀vətí:nə] *n.* (It.) Ⓒ 〖樂〗 카바티나, 짧은 서정 가곡.
:cave[keiv] *n.* Ⓒ 굴, 동굴; (토지의) 함몰; 《俗》 어두운 말. — *vi., vt.* 함몰하다(*in*); 《口》 항복하다[시키다]; 움푹 들어가(게 하)다.
ca·ve·at[kéiviæ̀t] *n.* (L.) Ⓒ 경고; 〖法〗 절차 정지 신청.
càveat émp·tor[-émptɔ:r] (L.) 〖商〗 매주(買主)의 위험 부담.
cáve dwèller (선사 시대의) 동굴 거주인; 《北》 원시인.
cáve-ìn *n.* Ⓒ 함몰(지점).
cáve màn 혈거인; 야인.
cav·en·dish[kǽvəndiʃ] *n.* Ⓤ 판(板)담배《단맛을 가하여 판처럼 압축한 씹는 담배》.
***cav·ern** [kǽvərn] *n.* Ⓒ 동굴, 굴(large cave). **~·ous** *a.* 동굴이 많은; 움푹 들어간[팬].
cav·i·ar(e)[kǽviɑ̀:r, ╲—╱] *n.* Ⓤ 철갑상어의 알젓. ~ ***to the general*** 너무 고상해 세속에 안 맞는 것.
cav·il[kǽvəl] *n., vi.* (《英》 **-ll-**) Ⓒ 흠[탈]잡음, 흠[탈]잡다(carp)(*at, about*).
***cav·i·ty**[kǽvəti] *n.* Ⓒ 어웅하게 뚫림, 구멍, 굴; 〖解〗 (체)강(腔).
ca·vort[kəvɔ́:rt] *vi.* 《美口·英俗》 껑충거리다, 뛰다; 활약하다.
CAVU ceiling and visibility unlimited 〖空〗 시계(視界) 양호.
ca·vy[kéivi] *n.* Ⓒ 〖動〗 기니피그, 모르모트.
caw[kɔ:] *vi.* (까마귀가) 깍깍 울다. — *n.* Ⓒ 까마귀 우는 소리.
Cax·ton[kǽkstən], **William** (1422?-91) 영국 최초의 인쇄업자.
cay[kei, ki:] *n.* Ⓒ 암초(reef); 낮은 섬, 사주(砂洲).
cay·enne[keién, kai-] *n.* Ⓒ 고추.
cayénne pépper =⇧.
cay·man[kéimən] *n.* (*pl.* **~s**) Ⓒ 〖動〗 아메리카악어.
cay·use[káijuːs, ─╱] *n.* Ⓒ (북미 토인의) 조랑말; 《一般》 말.
CB convertible bonds 전환 사채. **C.B.** Companion of the Bath; confined to barracks. **Cb** 〖化〗 columbium. **CBC** Canadian Broadcasting Corporation. **C.B.D.** cash before delivery 〖商〗 출하(出荷) 전 현금지불.
C-bòmb(<cobalt bomb) *n.* Ⓒ 코발트 폭탄.
CBR chemical, biological and radiological 화생방의. **C.B.S.** Columbia Broadcasting System. **CBW** chemical and biological warfare. **C.C., c.c.** city council; country council; carbon copy. **cc.** chapters. **cc, c.c.** cubic centimeter(s). **CCD** Civil Censorship Department. **C.C.S.** Casualty Clearing Station. **CCTV** closed circuit television. **CCUS** Chamber of Commerce of the United States. **CD** Compact disc. **Cd** 〖化〗 cadmium. **C.D.** 《英》 Civil Defence. **cd.** cord(s). **CDM** cold dark matter. **CDMA** code division multiple access. **Cdr.** Commander. **CD-ROM** compact disc read-only memory. **CDT** 《美》 Central Daylight Time. **CDU, C.D.U.** Christian Democrat(ic) Union. **Ce** 〖化〗 cerium. **C.E.** Church of England; Civil Engineer; Council of Europe 유럽회의. **CEA** 《美》 Council of Economic Advisers.
:cease[si:s] *vi., vt.* 그치다, 끝나다; 그만두다, 멈추다, 중지하다. — *n.* Ⓤ 중지, 중단. ***without*** ~ 끊임없이.
céase-fíre *n.* Ⓒ 정전(停戰).
***cease·less**[sí:slis] *a.* 끊임없는. **~·ly** *ad.* 끊임없이.
ce·cum[sí:kəm] *n.* (*pl.* **-ca**[-kə]) Ⓒ 〖醫〗 맹장.
CED Committee for Economic Development 《美》 경제 개발 위원회.
***ce·dar**[sí:dər] *n.* Ⓒ (히말라야) 삼목.
cédar bìrd [**wáxwìng**] 〖鳥〗 황여새.
ce·darn[sí:dərn] *a.* 《詩》 cedar(s)의, cedar 재의.
cede[si:d] *vt.* (권리 따위를) 이양하다, 양도하다.

ce·dil·la[sidílə] *n.* Ⓒ 세딜라《façade, François 따위의 c 밑의 부호; c가 a, o, u 앞에서 [s]로 발음됨을 표시》.
CEEB 《美》 College Entrance Examination Board 대학 입학 시험 위원회.
ceil[si:l] *vt.* (…에) 천장을 대다.
†**ceil·ing**[sí:liŋ] *n.* Ⓒ ① 천장(널). ② 한계; 〖空〗 상승 한도.
céiling prìce 최고 가격.
cel·a·don[sélədàn, -dn/-dɔ̀n] *n., a.* Ⓤ 청자색(의).
cel·an·dine[séləndàin] *n.* Ⓒ 〖植〗 애기똥풀《노란꽃이 핌》; 미나리아재비의 일종.
Cel·a·nese[sélənì:z, ⌐—⌐] *n.* Ⓤ 〖商標〗 셀러니즈《인견의 일종》.
Cel·e·bes[séləbì:z, səlí:biz] *n.* 셀레베스 섬.
cel·e·brant[séləbrənt] *n.* Ⓒ (미사) 집전 사제(司祭); 축하자.
‡**cel·e·brate**[séləbrèit] *vt.* ① (의식 따위를) 거행하다(perform); 경축하다. ② 찬양〔찬미〕하다; 기리다. — *vi.* 식을 거행하다, 흥청거리며 떠들다. ‡**-brat·ed**[-id] *a.* 유명한. **-bra·tor**[-ər] *n.* Ⓒ 축하하는 사람. ‡**-bra·tion**[⌐—bréiʃən] *n.* Ⓤ 축하; 칭찬; Ⓒ 축전, 의식.
***ce·leb·ri·ty**[səlébrəti] *n.* Ⓤ 명성(fame); Ⓒ 명사(名士).
ce·ler·i·ty[səlérəti] *n.* Ⓤ 빠르기; 속도; 신속.
***cel·er·y**[séləri] *n.* Ⓒ 〖植〗 셀러리.
ce·les·ta[siléstə] *n.* Ⓒ 첼레스타《종소리 같은 소리를 내는 작은 건반 악기》.
ce·les·tial**[səléstʃəl] *a.* 하늘의; 천상(天上)의; 신성한. ~ ***body 천체. — *n.* Ⓒ 천인, 천사; (C-) 중국인. ~·**ly** *ad.*
Celéstial Émpire, the 왕조 시대의 중국.
celéstial guídance 〖로켓〗 천측(天測) 유도.
celéstial mechánics 천체 역학.
celéstial navigátion 천문 항법.
ce·li·ac[sí:liæ̀k] *a.* 〖解〗 복강〔배〕의. ~ ***disease*** 〖醫〗 소아 지방변증.
cel·i·ba·cy[séləbəsi] *n.* Ⓤ 독신 생활.
cel·i·bate[séləbit] *a., n.* 독신(주의)의; Ⓒ 독신자〔주의자〕.
‡**cell**[sel] *n.* Ⓒ ① 작은 방, (교도소의) 독방; 《詩》 무덤. ② (벌집의) 봉방. ③ 전지(電池); 〖化〗 전해조(電解槽). ④ 〖生〗 세포; (정치단체의) 세포. ⑤ 〖컴〗 낱칸, 셀《비트 기억 소자》.
‡**cel·lar**[sélər] *n.* ① Ⓒ 지하실, 땅광. ② Ⓒ 포도주 저장실. ③ Ⓤ 저장 포도주. ***from ~ to attic*** 집안 구석구석 까지. ***keep a good*** 〔***small***〕 ~ 포도주의 저장이 많다〔적다〕. ~·**age**[sélәridʒ] *n.* Ⓤ 《집합적》 지하실(cellars); 지하실 사용료.
céll biólogy 세포 생물학.
céll divìsion 〔**mèmbrane, wàll**〕 세포 분열〔막〕.
cel·list[tʃélist] *n.* Ⓒ 첼로 연주가.
***cel·lo**[tʃélou] *n.* (*pl.* **~s**) Ⓒ 첼로《violoncello의 단축》.
cel·lo·phane[séləfèin] *n.* Ⓤ 셀로판.
cel·lu·lar[séljələr] *a.* 세포로 된, 세포(모양)의; 구획된.
céllular phóne 〔**télephone**〕 소형 휴대 이동 전화기.
cel·lule[sélju:l] *n.* Ⓒ 〖生〗 작은 세포.
***cel·lu·loid**[séljəlɔ̀id] *n.* Ⓤ 셀룰로이드, 영화. — *a.* 《美》 영화의.
***cel·lu·lose**[séljəlous] *n.* Ⓤ 섬유소(素).
cel·lu·lous[séljələs] *a.* 세포가 많은, 세포로 이루어진.
***Celt**[selt, k-] *n.* Ⓒ 켈트 사람, (*the* ~s) 켈트족《Ireland, Wales, Scotland 등지에 삶》. ***Célt·ic** *n., a.* Ⓤ 켈트말(의), 켈트족의.
Celt. Celtic.
‡**ce·ment**[simént] *n.* Ⓤ 시멘트; 접합제; (우정 따위의) 유대. — *vt., vi.* 접합하다, 결합하다(unite); (우정 따위를) 굳게 하다.
‡**cem·e·ter·y**[sémətèri/-tri] *n.* Ⓒ 공동묘지, 매장지(graveyard).
cen. central; century.
ce·no·bite[sénəbàit, sí:-] *n.* Ⓒ 수도사.
cen·o·taph[sénətæ̀f, -ɑ̀:-] *n.* Ⓒ 기념비; (*the* C-) (런던의) 세계대전 영령 기념비.
Ce·no·zo·ic[sì:nəzóuik, sèn-] *n., a.* (*the* ~) 〖地〗 신생대(의), 신생대층.
cen·ser[sénsər] *n.* Ⓒ 향로(香爐)《쇠사슬에 매달아 흔드는》.
***cen·sor**[sénsər] *n.* ① Ⓒ (고대 로마의) 감찰관. ② Ⓒ 검열관; 풍기 단속원, 까다롭게 구는 사람. ③ Ⓤ 〖精神分析〗 잠재의식 억압력(censorship). — *vt.* 검열하다. * ~·**ship** [-ʃip] *n.* Ⓤ 검열; 검열관의 직(무); =CENSOR ③.
cen·so·ri·al[sensɔ́:riəl] *a.* 검열(관)의.
cen·so·ri·ous[-riəs] *a.* 잔소리가 심한, 까다로운; 혹평하는(hypercritical). ~·**ly** *ad.*
cen·sure**[sénʃər] *n.* Ⓤ 비난, 견책, 혹평. ***hint ~ of …을 풍자하다. — *vt.* 비난하다(blame), 견책하다(reprimand); 혹평하다. **cén·sur·a·ble** *a.* 비난할 (만한).
***cen·sus**[sénsəs] *n.* Ⓒ 국세〔인구〕조사.
‡**cent**[sent] *n.* Ⓒ 센트《미국과 캐나다의 화폐 단위; 1센트 동전; 백분의 1달러》. ***feel like two ~s*** 《美》 부끄럽다.
cent. centigrade; central.
cen·taur[séntɔ:r] *n.* Ⓒ 〖그神〗 반인반마(半人半馬)의 괴물; (*the* C-) 〖天〗 켄타우루스자리.

cen·ta·vo[sentá:vou] *n.* (*pl.* ~*s*) Ⓒ 남아메리카 제국(諸國)·필리핀 등지의 화폐 단위《백분의 1 페소》.
cen·ten·a·ri·an [sèntənέəriən/-nέər-] *a., n.* Ⓒ 백 살의 (사람).
*__cen·ten·ary__[senténəri, séntənèri/sentí:nəri] *a.* 백의, 백 년(마다)의. — *n.* Ⓒ 백 년간; 백년제(祭).
*__cen·ten·ni·al__[senténiəl] *a.* 백년제(祭)의; 백 년(마다)의; 백 살[세]의. — *n.* Ⓒ 백년제. ~·**ly** *ad.* 백년마다.
Centénnial Státe, the 《美》 Colorado주의 딴 이름.
†**cen·ter,** 《英》 **-tre**[séntər] *n.* ① Ⓒ (보통 the ~) 중심, 중앙; 핵심, 중추. ② Ⓒ 중심지[인물]. ③ Ⓤ 『政』 중간[중도]파. ***catch on*** (***the***) ~ 《美》 (피스톤이) 중앙에서 서다; 《比》 이러지도 저러지도 못 하게 되다. ~ ***field*** 『野』 센터(필드). ~ ***of gravity*** 중심(重心). — *vi., vt.* 집중하다(*in, at, on, about, around*).
cénter bìt 『機』 타래 송곳.
cénter·fòld *n.* Ⓒ (잡지 따위의) 접어서 넣은 광고; 중앙 페이지의 좌우 양면 광고.
cénter làne 《美》 (홀수 차선의) 중앙 차선, 가변 차선.
cénter·pìece *n.* Ⓒ 식탁 중앙에 놓는 장식물《유리 제품, 레이스 따위》, (천장의) 중앙부 장식.
cen·tes·i·mal[sentésəməl] *a.* 백분의 1의; 백진(법)의.
cen·ti-[sénti, -tə] '100, 100분의 1'의 뜻의 결합사.
*__cénti·gràde__ *a.* 백분도의; 섭씨의《생략 C.》.
céntigrade thermómeter 섭씨 온도계.
cénti·gràm, 《英》 **-gràmme** *n.* Ⓒ 센티그램.
cénti·lìter, 《英》 **-tre** *n.* Ⓒ 센티리터.
cen·time[sɑ̃:nti:m] *n.* (F.) Ⓒ 상팀《백분의 1 프랑》.
:**cénti·mèter,** 《英》 **-tre** *n.* Ⓒ 센티(미터).
cen·ti·mo[séntəmòu] *n.* (*pl.* ~*s*) Ⓒ 스페인·베네수엘라 등의 화폐 단위《백분의 1 페세타》.
*__cen·ti·pede__[-pì:d] *n.* Ⓒ 지네.
CENTO, Cento[séntou] Central Treaty Organization 중앙 조약 기구(1959-79).
:**cen·tral**[séntrəl] *a.* 중심(center)의; 중앙의; 주요한. — *n.* Ⓒ 《美》 전화 교환국; 교환수(operator). ~·**ly** *ad.* 중심[중앙]에.
Céntral Áfrican Repúblic, the 중앙 아프리카 공화국.
céntral alárm sỳstem 중앙 경보 장치《비상시 경찰이나 경비 회사에 자동적으로 통보됨》.
Céntral América 중앙 아메리카.
Céntral Ásia 중앙 아시아.
céntral bánk 중앙 은행.
céntral góvernment (지방 정부에 대해) 중앙 정부.
céntral héating 중앙 난방 (장치).
Céntral Intélligence Àgency 《美》 중앙 정보국《생략 CIA》.
cen·tral·ism[-ìzəm] *n.* Ⓒ 중앙 집권제[주의].
cen·tral·ist[-ist] *n.* Ⓒ 집중화; 중앙 집권주의자.
cen·tral·is·tic[sèntrəlístik] *a.* 중앙 집권주의적인.
cen·tral·ize[séntrəlàiz] *vt., vi.* 집중하다; 중앙 집권화하다. **-i·za·tion**[⌐--izéi-/-laiz-] *n.* Ⓤ 중앙 집권; (인구 등의) 집중(***urban centralization*** 도시 집중).
céntral nérvous sỳstem 『解』 중추 신경계.
Céntral Párk 센트럴 파크《뉴욕시의 대공원》.
céntral prócessing ùnit 『컴』 중앙 처리 장치《생략 CPU》.
céntral reservátion 《英》 (도로의) 중앙 분리대.
Céntral Resérve Bànks 《美》 연방 준비 은행.
Céntral (**Stàndard**) **Tìme** 《美》 중부 표준시.
†**cen·tre**[séntər] *n., v.* 《英》 =CENTER.
cen·tric[séntrik], **-tri·cal**[-əl] *a.* 중심의; 중추적인.
cen·trif·u·gal[sentrífjəgəl] *a.* 원심(성)의(opp. centripetal).
centrífugal fórce 원심력.
cen·tri·fuge[séntrəfjù:dʒ] *n.* Ⓒ 원심 분리기(機).
cen·trip·e·tal[sentrípətl] *a.* 구심(성)의(opp. centrifugal).
centrípetal fórce 구심력.
cen·trism[séntrìzəm] *n.* Ⓤ 중도주의.
cen·trist[séntrist] *n.* Ⓒ 중도파(당원·의원); 온건파.
cen·tro·some [séntrousòum] *n.* Ⓒ 『生』 (세포의) 중심체.
cen·tu·ri·on[sentjúəriən] *n.* Ⓒ (고대 로마의) 백인대장(百人隊長).
†**cen·tu·ry**[séntʃuri] *n.* Ⓒ ① 세기, 백년. ② 백인조; (고대 로마의) 백인대(隊). ③ 《美俗》 백 달러 (지폐).
céntury plànt 『植』 용설란.
CEO chief executive officer 최고 경영자.
ce·phal·ic[səfǽlik] *a.* 머리의, 두부의; 두부에 있는.
ceph·a·lo·pod [séfələpɑ̀d/-pɔ̀d] *n.* Ⓒ 두족류(頭足類)《낙지·오징어 따위》.
ce·ram·ic[sərǽmik] *a.* 도(자)기의, 제도(製陶)(술)의. — *n.* Ⓒ 요업 제품. ~**s** *n.* Ⓤ 제도술[업]; 《복수 취급》 도자기.
cer·a·mist[sérəmist] *n.* Ⓒ 제도가[업자], 도예가(陶藝家).
Cer·ber·us[sə́:rbərəs] *n.* 『그·로神』 케르베로스《머리가 셋, 꼬리는 뱀인 지옥을 지키는 개》; 무서운 문지기.
:**ce·re·al**[síəriəl] (<Ceres) *a.* 곡

물의. —— *n.* (보통 *pl.*) 곡물(류); U,C 《美》 곡물식품《오트밀 따위》.

cer·e·bel·lum [sèrəbéləm] *n.* (*pl.* **~s, -bella**) (L.) C 소뇌(小腦).

cer·e·bral [sérəbrəl, sərí:-] *a.* 뇌의; 대뇌(cerebrum)의. **~ anemia** 뇌빈혈.

cérebral déath 〖醫〗 뇌사(腦死).

cérebral hémorrhage 뇌일혈.

cer·e·brate [sérəbrèit] *vi.* 뇌를 쓰다, 생각하다. **-bra·tion** [sèrəbréiʃən] *n.* U 뇌의 작용; 사고(思考).

cer·e·bri·tis [sèrəbráitis] *n.* U 뇌염.

cer·e·bro·spi·nal [sèrəbrouspáinəl] *a.* 뇌척수의. **~ meningitis** 뇌척수막염.

cer·e·brum [sérəbrəm, sərí:-] *n.* (*pl.* **~s, -bra**) (L.) C 대뇌, 뇌.

cere·ment [síərmənt] *n.* U,C 밀랍입힌 천《시체를 쌈》(cerecloth); 수의.

***cer·e·mo·ni·al** [sèrəmóuniəl] *n., a.* C 의식(의); =⇩. **~·ly** *ad.*

cer·e·mo·ni·ous [-niəs] *a.* 격식[형식]을 차린, 딱딱한(formal). **~·ly** *ad.*

:cer·e·mo·ny [sérəmòuni/-məni] *n.* ① C 식, 의식. ② C 예의, 딱딱함(formality). ***Master of Ceremonies*** 사회자《생략 M.C.》; 《英》 의전(儀典)관. ***stand on* [*upon*] ~** 격식 차리다; 스스러워하다. ***with* ~** 격식을 차려. ***without* ~** 스스럼없이, 마음 편히.

Ce·res [síəri:z] *n.* 〖로神〗 곡물(穀物)의 여신(cf. Demeter; cereal).

ce·rise [sərí:s, -z] *n., a.* (F.) U 연분홍(의).

ce·ri·um [síəriəm] *n.* U 〖化〗 세륨《금속 원소; 기호 Ce》.

CERN (F.) *Conseil Européen pour la Recherche Nucléaire* 유럽 원자핵 공동 연구소.

ce·ro·plas·tic [sìərouplǽstik] *a.* 밀랍으로 형을 뜬.

cert [sə:rt] *n.* C 《英俗》 확실함.

†cer·tain [sə́:rtən] *a.* ① 확실한(sure). ② 틀림없이 …하는. ③ 확신한(convinced) (*of; that*). ④ 신뢰할[믿을] 수 있는. ⑤ (어떤) 일정한, 정해진(fixed); 어떤(some). ***for* ~** 확실히. ***make* ~ *of*** 확인[다짐]하다. **†~·ly** *ad.* 확실히; (대답에서) 알았습니다; 물론이죠, 그렇고 말고요. ***~·ty** *n.* U 확신; 확실(성). ***for* [*of, to*] *a* ~*ty*** 확실히.

:cer·tif·i·cate [sərtífəkit] *n.* C 증명서, 면(허)장, 인가증; 증서; 주권. ***a* ~ *of birth* [*health, death*]** 출생[건강, 사망] 증명서. —— [-kèit] *vt.* (…에게) 증명서를[면허장을] 주다.

***cer·ti·fi·ca·tion** [sə̀:rtəfəkéiʃən] *n.* U 증명, 검정; 증명서 교부, 면허.

cer·ti·fied** [sə́:rtəfàid] *a.* 증명된, 보증된. **~ *check 지불 보증 수표. **~ *milk*** (공인 기준에 맞는) 보증 우유. **~ *public accountant*** 《美》 공인 회계사《생략 C.P.A.》(cf. 《英》 CHARTERed accountant). **-fi·a·ble** [-əbəl] *a.* 증명[보증]할 수 있는. **-fi·er** [-ər] *n.* C 증명자.

***cer·ti·fy** [sə́:rtəfài] *vt., vi.* (정당성·자격 따위를) 증명하다, 보증하다; 《美》 지불을 보증하다.

***cer·ti·tude** [sə́:rtətjù:d] *n.* U 확신(conviction); 확실(성).

ce·ru·le·an [sərú:liən] *n., a.* U 하늘빛(의).

ce·ru·men [sirú:mən/-men] *n.* U 귀지. 「분.

ce·ruse [síəru:s] *n.* U 백연(白鉛);

Cer·van·tes [sərvǽnti:z], **Miguel de** (1547-1616) 스페인의 소설가《*Don Quixote*》.

cer·vi·cal [sə́:rvikəl] *a.* 목의, 경부(頸部)의.

cer·vine [sə́:rvain] *a.* 사슴의[같은]; 진한 고동색의.

ce·si·um [sí:ziəm] *n.* U 〖化〗 세슘《금속 원소; 기호 Cs》.

ces·sa·tion** [seséiʃən] *n.* U,C 중지, 휴지(ceasing). **~ *of diplomatic relations 외교 관계 단절. **~ *of hostilities* [*arms*]** 휴전.

ces·sion [séʃən] *n.* U 할양, 양도(ceding).

ces·sion·ar·y [séʃənèri/-nəri] *n.* C 양수인(讓受人).

cess·pit [séspìt] *n.* C 쓰레기 버리는 구멍; 《英》 쓰레기장.

cess·pool [séspù:l] *n.* C 구정물 웅덩이; 더러운 곳.

c'est la vie [selɑví:] (F.) (=that is life) 그것이 인생이다.

CET Central European Time 중앙 유럽 표준시《파리나 베를린 등의》.

ce·ta·cean [sitéiʃən] *a., n.* C 고래 무리의 (포유 동물).

ce·tane [sí:tein] *n.* U 〖化〗 (석유 속의) 세탄.

cétane nùmber 〖化〗 세탄가(價) (cf. octane number).

ce·te·ris pa·ri·bus [sétəris pǽribəs/sí:-] (L.) 다른 사정이 같다면(other conditions being equal).

cet. par. *ceteris paribus.*

ce·vi·tám·ic ácid [sì:vaitǽmik-] 비타민 C.

Cey·lon [silán/-ɔ́-] *n.* 실론《Sri Lanka 공화국》. **Cey·lo·nese** [sìləní:z] *a., n.* C 실론의 [사람].

Cé·zanne [sizǽn], **Paul** (1839-1906) 프랑스 후기 인상파의 화가.

C.F., c.f. 〖商〗 cost and freight.

Cf californium.

:cf. [sí:éf, kəmpɛ́ər] *confer* (L.=compare). **c.f., cf.** center field(er). **c/f** carried forward 〖簿〗 (다음으로) 이월. **CFC** chlorofluorocarbon. **c.f.c.** 〖商〗 cost, freight and commission. **C.F.I.** cost, freight, and insurance《보통 C.I.F.》. **C.G.** Coast Guards;

Consul General, Commanding General. **cg, cg.** centigram(s). **C.G.M.** Conspicuous Gallantry Medal. **C.G.S., c.g.s.** centimeter-gram-second. **C.G.T.** *Confédération Générale du Travail* (F.= General Confederation of Labor). **ch.** (*pl.* **Chs., chs.**) chapter.

cha-cha(-cha) [tʃáːtʃàː(tʃáː)] *n.* Ⓒ 〖樂〗 차차차《서인도 제도의 4분의 2박자 빠른 무도곡》. ***hot cha-cha*** 핫차차《차차차보다 속도가 빠른 재즈곡》.

cha·conne [ʃəkɔ́ːn] *n.* Ⓒ 샤콘《스페인 기원의 우아한 춤; 또 그 음악》.

Chad [tʃæd] *n.* 아프리카 중북부의 공화국《전 프랑스령; 1959년 독립》.

chad [tʃæd] *n.* Ⓤ 〖컴〗 차드《펀치카드에 구멍을 뚫을 때 생기는 종이 부스러기》, 천공 밥.

cha·dor [tʃʌ́dər] *n.* Ⓒ 차도르《이란 등의 여성이 쓰는 검은 천》.

chafe** [tʃeif] *vt.* ① (손을) 비벼서 녹이다. ② (쓸려서) 벗어지게[닳게] 하다. ③ 성나게 하다. — *vi.* ① 벗겨지다. ② 성나다(*at*). ③ 몸을 비비다(rub)(*against*). **~ *under … 으로 짜증내다. — *n.* ① Ⓒ 찰과상(의 아픔). ② (a ~) 짜증(fret). ***in a ~*** 짜증이 나서.

chaf·er [tʃéifər] *n.* Ⓒ 풍뎅이 (beetle).

chaff**[1] [tʃæf/-ɑː-] *n.* Ⓤ ① (왕)겨; (말먹이) 여물. ② 폐물, 시시한 것. ③ 레이더 탐지 방해용 금속편. ***be caught with ~ 쉽게 속다. **∠·y** *a.* 겨가 많은, 겨 같은; 시시한.

chaff[2] *n., vi., vt.* Ⓤ (악의 없는) 놀림, 놀리다; 농담하다.

cháff·cùtter *n.* Ⓒ 작두.

chaff·er[1] [tʃǽfər/-áː-] *n.* Ⓒ 놀리는 사람.

chaf·fer[2] [tʃǽfər] *vi., vt., n.* 값을 깎다(bargain); Ⓤ 값을 깎음, 흥정. **~·er** *n.* Ⓒ 값을 깎는[흥정하는] 사람.

chaf·finch [tʃǽfintʃ] *n.* Ⓒ 〖鳥〗 검은 방울새, 되새(무리).

cháf·ing dìsh [tʃéifiŋ-] 식탁용 풍로.

Cha·gall [ʃɑːgáːl, ʃə-], **Marc** (1887-1985) 러시아 태생의 프랑스 화가.

cha·grin [ʃəgrín/ʃǽgrin] *n.* Ⓤ,Ⓒ 분함, 유감. — *vt.* 《보통 수동태》 분하게 하다. ***be ~ed*** 분해하다.

†**chain** [tʃein] *n.* Ⓒ ① (쇠)사슬; 연쇄, 연속. ② (보통 *pl.*) 속박, 굴레, 구속; 구속물; 족쇄. ③ 〖測量〗 측쇄(의 길이)《측량용은 66피트, 기술용은 100피트》. ④ 연쇄점 조직. ⑤ 〖化〗 원자의 연쇄; 연쇄 반응. ⑥ 〖컴〗 사슬. ***in ~s*** 감옥에 갇혀. — *vt.* (쇠)사슬로 연결하다; 구속[속박]하다; 투옥하다.

cháin bràke 사슬 브레이크.

cháin brídge 사슬 적교(吊橋).

cháin gàng 《美》 (호송 중의) 한 사슬에 매인 죄수.

cháin lètter 행운의 (연쇄) 편지.

cháin máil 사슬[미늘] 갑옷.

cháin reàction 〖理〗 연쇄 반응.

cháin reàctor 〖理·化〗 연쇄 반응로, 원자로.

cháin-smòke *vi.* 줄담배를 피우다.

cháin smòker 줄담배 피우는 사람.

cháin stìtch (바느질의) 사슬땀.

cháin·stìtch *vt., vi.* 사슬땀으로 바느질하다[뜨다].

***cháin stòre** 《美》 연쇄점, 체인 스토어.

†**chair** [tʃɛər] *n.* ① Ⓒ 의자(cf. stool). ② Ⓒ (대학의) 강좌; 대통령[지사·사장]의 자리; (the ~) 의장[교수]석(席)[직], 의장. ③ Ⓒ《美》 전기 (사형) 의자. ***appeal to the ~*** 의장에게 채결(採決)을 요청하다. ***escape the ~*** 《美》 사형을 모면하다. **~ *socialism*** (실천적이 못되는) 강단 사회주의. ***take a ~*** 참석하다. ***take the ~*** 의장석에 앉다, 개회[사회]하다. — *vt.* 자리[직]에 앉히다; 의자에 앉히어 메고 다니다.

cháir lìft 체어 리프트《등산·스키 따위의 사람을 산 위로 나르는》.

‡**chair·man** [∠mən] *n.* Ⓒ 의장, 사회자, 위원장. **~·ship** [-ʃip] *n.* Ⓤ chairman의 지위[신분·자격].

cháir·wàrmer *n.* Ⓒ 《美俗》 (호텔 로비 따위에서) 의자에 오래 앉아 있는 사람; 게으름뱅이.

cháir·wòman *n.* (*pl.* ***-women*** [-wìmin]) Ⓒ 《주로 英》 여(女)의장[위원장, 사회자]《호칭은 Madame Chairman》.

chaise [ʃeiz] *n.* Ⓒ 2륜[4륜] 경(輕)마차.

cháise lóngue [-lɔ́ːŋ/-lɔ́ŋ] (F.) 긴 의자의 일종.

chal·ced·o·ny [kælsédəni, ∠sidòu-] *n.* Ⓤ,Ⓒ 옥수(玉髓)《보석》.

chal·co·py·rite [kælkoupáirait/-páiə-] *n.* Ⓤ 황동광(黃銅鑛).

Chal·de·a [kældíː(ː)ə] *n.* 칼데아《페르시아만 연안의 옛 왕국》. **-an** [-n] *a., n.* 칼데아(사람)의; Ⓒ 칼데아 사람; Ⓤ 칼데아 말; Ⓒ 점성가(占星家) (astrologer).

Chal·dee [kǽldiː, ─∠] *a., n.* = CHALDEAN.

cha·let [ʃæléi, ∠─] *n.* Ⓒ (스위스 산중의) 양치기의 오두막; 스위스의 농가.

chal·ice [tʃǽlis] *n.* Ⓒ 성작(聖爵) 《굽 달린 큰 잔》; 《詩》 잔 (모양의 꽃) 《나리 따위》.

†**chalk** [tʃɔːk] *n.* Ⓤ,Ⓒ 분필; Ⓤ 백악(白堊)(질). ***by a long ~,*** or ***by long ~s*** 《口》 훨씬(by far). (***He does***) ***not know ~ from cheese.*** 선악을 분간하지 못 하다. — *vt.* 분필로 쓰다[문지르다]. **~ *out*** 윤곽을 뜨다[잡다], 설계하다. **~ *up*** (득점을) 기록하다. **∠·ly** *a.* 백악(질)의.

chálk·bòard *n.* Ⓒ 《美》 칠판.

C

chálk tàlk 칠판에 그림 등을 그려 가며 하는 강연.

:**chal·lenge**[tʃǽlindʒ] *n.* ① Ⓒ 도전(장); 결투의 신청. ② Ⓒ (보초 등의) 수하. ③ Ⓒ 이의 신청. ④ Ⓤ 〖法〗 기피. — *vt.* ① 도전하다, (싸움을) 걸다; (시합을) 신청하다. ② 수하하다. ③ (주의를) 촉구하다. ④ (이의를) 말하다; 기피하다. **~ *attention*** 주의를 끌다; 주의를 요하다. **~ (*a person*) *to a duel*** 격투를 신청하다. **chál·leng·er** *n.* **chál·leng·ing** *a.*

chállenge cùp [**tròphy**] 우승컵.

chal·lis[ʃǽli/-lis], **chal·lie**[ʃǽli] *n.* Ⓤ 메린스 비슷한 여성복의 모직 또는 비단.

cha·lyb·e·ate[kəlíbiit] *a.* (광천이) 철분을 함유하는.

:**cham·ber**[tʃéimbər] *n.* ① Ⓒ 방; 침실. ② (the ~) 회의실. ③ (*pl.*) 변호사[판사] 사무실. ④ Ⓒ 〖解〗 (체내의) 소실(小室). ⑤ Ⓒ (총의) 약실. ⑥ (the ~) 의원(議院)의회. **~ *of commerce*** [***agriculture***] 상업[농업] 회의소. ***the upper*** [***lower***] **~** 상[하]원.

chámber còncert 실내악 연주회.

chámber còuncil 비밀 회의.

chámber còunsel 법률 고문.

cham·ber·lain**[-lin] *n.* Ⓒ 시종, 집사(執事) (steward); (시(市)의) 출납 공무원. ***Lord C- (***of the Household***) 《英》 의전 장관. ***Lord Great C-*** (***of Great Britain***) 《英》 시종 장관.

chámber·màid *n.* Ⓒ 하녀, 시녀.

chámber mùsic [**òrchestra**] 실내악[악단].

chámber òpera 실내 오페라.

chámber pòt 침실용 변기.

cham·bray[ʃǽmbrei] *n.* Ⓤ 굵은 줄[바둑판] 무늬의 (린네르) 천.

cha·me·le·on[kəmíːliən, -ljən] *n.* Ⓒ 카멜레온; 변덕쟁이.

cham·fer[tʃǽmfər] *n.* Ⓒ 〖建〗 목귀《목재·석재 등의 모서리를 둥글린》. — *vt.* 모서리를 깎아내다, 목귀질하다.

cham·ois[ʃǽmi/ʃǽmwɑː] *n.* (*pl.* ~, ***-oix***[-z]) Ⓒ 영양(羚羊)(의 무리); [英+ʃǽmi] Ⓤ 섀미 가죽《영양·사슴·염소 따위의 부드러운 가죽》.

cham·o·mile[kǽməmàil] *n.* = CAMOMILE.

champ[1][tʃæmp] *vt., vi.* 어적어적 씹다; (말이 재갈을) 우적우적 물다.

champ[2] *n.* 《俗》 =CHAMPION.

***cham·pagne**[ʃæmpéin] *n.* Ⓤ 샴페인.

cham·paign[ʃæmpéin] *a., n.* Ⓒ 드넓은[질펀한] (평야), 평원.

***cham·pi·on**[tʃǽmpiən] *n.* Ⓒ ① 투사; (주의의) 옹호자(*for*). ② 우승자, 챔피언, 선수권 보유자. — *vt.* (…을) 대신해 싸우다, 옹호하다. — *a.* 일류의, 선수권을 가진, 더 없는(*a* ~ *idiot* 지독한 바보). **:~·ship** [-ʃip] *n.* Ⓒ 선수권; 우승; Ⓤ 옹호.

champ·le·vé[ʃǽmpləvei] *a.* (F.) 바탕에 새겨 에나멜을 입힌.

Champs É·ly·sées[ʃɑ̃ːnzeilizéi] (F.) 샹젤리제《파리의 번화가》.

Chanc. Chancellor; Chancery.

†**chance**[tʃæns/-ɑː-] *n.* ① Ⓒ 기회, 호기. ② Ⓤ 우연, 운; Ⓒ 우연한 일. ③ Ⓤ,Ⓒ 가망(성); 승산, 가능성. ***by any ~*** 만일. ***by ~*** 우연히(accidentally). ***even ~*** 반반의 가망성. ***game of ~*** 운에 맡긴 승부. ***on the ~ of*** [***that***] …을 기대[예기]하고. ***take ~s*** [***a ~***] 운명에 맡기고 해보다. ***take one's*** [***the***] **~** (…을) 무릅쓰고 해 보다, 추세에 내맡기다. ***the main ~*** 절호의 기회. — *a.* 우연의(casual). **~ *customer*** 뜨내기 손님. **~ *resemblance*** 남남끼리 우연히 닮음. — *vi.* 우연히 발생하다, 공교롭게(도) …하다(happen). — *vt.* 운에 맡기고 해보다. **~ *on*** [***upon***] 우연히 만나다[발견하다].

chan·cel[tʃǽnsəl/-ɑ́ː-] *n.* Ⓒ 성단소(聖壇所), 성상 안치소.

chan·cel·ler·y[tʃǽnsələri] *n.* Ⓒ chancellor의 직[관청]; 대사관[영사관] 사무국.

chan·cel·lor**[tʃǽnsələr/-ɑ́ː-] *n.* Ⓒ ① 《英》 여러 고관의 칭호《장관·대법관·상서(尙書) 등》. ② (독일의) 수상. ③ 《英》 (대학의) 명예 총장. ④ 대사관 1등 서기관. ***Lord (***High***) ***C-*** 《英》 대법관. ***the C- of the Exchequer*** 《英》 재무 장관. **~·ship** [-ʃip] *n.*

chánce-médley *n.* Ⓤ 〖法〗 과실 살상[살인], 방위 살인.

chan·cer·y[tʃǽnsəri/-ɑ́ː-] *n.* Ⓒ 《美》 형평법(衡平法) 재판소(court of equity); (the ~) 《英》 대법관청; Ⓒ 기록소. ***in ~*** 형평법 재판소에서 (소송 중인); 〖拳〗 머리가 상대 겨드랑이에 끼여; 진퇴 양난이 되어.

chan·cre[ʃǽŋkər] *n.* Ⓤ 〖醫〗 하감(下疳).

chan·croid[ʃǽŋkrɔ̀id] *n.* Ⓤ 〖醫〗 연성(軟性) 하감.

chanc·y[tʃǽnsi, tʃɑ́ːn-] *a.* 《口》 불확실한, 위태로운; (Sc.) 행운을 가져오는.

***chan·de·lier**[ʃæ̀ndəlíər] *n.* Ⓒ 샹들리에.

chan·dler[tʃǽndlər/-ɑ́ː-] *n.* Ⓒ 양초 제조인; 양초 상인; 잡화상. **~·y** *n.* Ⓒ 양초 창고; 잡화점; Ⓤ 잡화류.

†**change**[tʃeindʒ] *vt.* ① 변하다, 바꾸다(*into*), 고치다. ② 바꿔치다, 갈다. ③ 환전(換錢)하다; 잔돈으로 바꾸다; (수표를) 현금으로 하다. ④ 갈아타다(~ *cars*); 갈아입다. — *vi.* ① 변하다, 바뀌다. ② 갈아입다; 바꿔타다. ③ 교대하다. **~ *about*** 《口》 변절하다; (지위 등이) 바뀌다. **~ *at*** …에서 갈아타다. **~ *for*** …행으로 갈아타다. **~** (*a* £ 5 *note*) ***for gold***

(5파운드 지폐를) 금화로 바꾸다. ~ **into** …으로 갈아 입다. —— *n.* ① Ⓤ,Ⓒ 변화, 변경, 변천; 바꿈, 갈아입음, 갈아탐, 전지(轉地). ② Ⓤ 거스름돈, 잔돈. ③ Ⓒ (보통 *pl.*) 〖樂〗 편종(編鍾)을〔종소리를〕 다르게 침; 조바꿈, 전조(轉調). ④ (C-) Ⓒ (상업의) 거래소《'Change라고도 씀》. ~ **of air** 전지 요양. ~ **of cars** 갈아탐. ~ **of clothes** 갈아입음. ~ **of heart** 변심; 전향. ~ **of life** (여성의) 갱년기. **for a** ~ 변화를〔기분 전환을〕 위해. **ring the ~s** 여러 가지 명종법(鳴鍾法)을 시도하다; 이리저리 해 보다. **small** ~ 잔돈; 쓸데 없는 것. **take the ~ out of** (*a person*) (…에게) 대갚음하다. **∠·ful** *a.* 변화 많은.

:change·a·ble[tʃéindʒəbəl] *a.* 변화기 쉬운, 불안전한, 변덕스러운(fickle); 가변성의 **~·ness** *n.* **-bly** *ad.* **-bil·i·ty**[⊿—bíləti] *n.*

chánge·less *a.* 변화 없는, 불변의; 단조로운. **~·ly** *ad.*

change·ling[tʃéindʒliŋ] *n.* Ⓒ 바꿔친 아이《요정이 예쁜 아이 대신 두고 가는 못생긴 아이 따위》; 저능아.

chánge·màker *n.* Ⓒ 자동 동전 교환기〔환전기〕.

chánge·òver *n.* Ⓒ (정책) 전환; 개각(改閣).

chánge rìnging 조바꿈 타종(법).

chánge-ùp *n.* Ⓒ 〖野〗 체인지업《투수가 모션을 바꾸지 않고 속도를 낮추어 던지는 공》.

chánging ròom (운동장 따위의) 탈의실.

:chan·nel[tʃǽnəl] *n.* Ⓒ ① 수로, 해협, 강바닥, 하상(河床). ② (문지방 등의) 홈(groove). ③ 루트, 경로 (*through the proper* ~ 정당한 경로로); 계통, (수송의) 수단. ④ 〖放〗 통신로(路), 채널《일정한 주파대(帶)》. ⑤ 〖컴〗 채널. **the** (**English**) **C-** 영국 해협. —— *vt.* (《英》 **-ll-**) (…에) 수로를 트다〔열다〕; 홈을 파다.

Chánnel Íslands, the 채널 제도(諸島)《영국 해협(海峽)의 Alderney, Guernsey 등의 네 섬》.

Chánnel Túnnel, the 영불 해협 터널(Eurotunnel) 《1994년 개통》.

chan·son[ʃǽnsən/ʃɑːŋsɔ́ːŋ] *n.* (F.) Ⓒ 노래; 상송.

˙chant[tʃænt/-ɑː-] *n.* Ⓒ ① 노래; (기도서의) 성가; 영창(詠唱). ② (억양 없는) 음영조(吟詠調); 단조로운 애기투. —— *vt., vi.* ① 노래하다(sing). ② 읊다, 단조롭게 이야기하다, 되풀이하여 말하다. ③ 기리어 노래하다; 크게 찬양하다. ~ **the praises of** …을 되풀이하여 칭찬하다. **∠·er** *n.* Ⓒ 가수, 성가대원〔장〕.

chant·(**e**)**y**[ʃǽnti, tʃǽn-] *n.* Ⓒ (뱃사람의) 노래《일할 때 가락 맞추는》.

chan·ti·cleer[tʃǽntəkliər] *n.* Ⓒ 수탉(rooster); (C-) (의인적(擬人的)으로) 수탉씨(cf. Reynard, Bruin, Puss).

˙cha·os[kéiɑs/-ɔs] *n.* Ⓤ ① (천지 창조 이전의) 혼돈. ② 혼란 (상태); 무질서. **˙cha·ot·ic**[keiɑ́tik/-ɔ́-] *a.*

:chap[1][tʃæp] *n.* Ⓒ 《口》 놈, 녀석.

chap[2] *n.* Ⓒ (보통 *pl.*) (살갗의) 틈, 동창(凍瘡); (목재·지면의) 균열. —— *vt., vi.* (**-pp-**) (추위로) 트(게 하)다.

chap[3] *n.* Ⓒ (보통 *pl.*) (동물·바이스의) 턱(jaws); 뺨(cheeks). **lick one's ~s** 입맛 다시다; 군침을 삼키며 기다리다.

chap. chaplain; chapter.

cha·pa·ra·jos, -re-[tʃæ̀pəréious/tʃɑ̀ːpəréihous] *n. pl.* Ⓒ 《美》 (카우보이의) 두꺼운 가죽 바지.

chap·ar·ral[tʃæ̀pərǽl, ʃæ̀p-] *n.* Ⓒ 《美》 관목 수풀〔덤불〕.

cháp·bòok *n.* Ⓒ (이야기·노래의) 싸구려 책《옛날 행상인이 판》.

:chap·el[tʃǽpəl] *n.* ① Ⓒ (학교·관저 따위의) 부속 예배당(cf. church; chaplain). ② Ⓒ (영국 국교회 이외의) 교회당. ③ Ⓤ (대학에서의) 예배(에의 참석).

chap·er·on(**e**)[ʃǽpəròun] *n., vt.* Ⓒ 샤프롱《사교 석상에 나가는 아가씨에 붙어다니는 (나이 지긋한) 부인》; (…에) 붙어 다니다. **-on·age**[-idʒ] *n.* Ⓤ 샤프롱 노릇.

cháp·fàllen *a.* 풀이 죽은(dispirited), 낙심한(dejected).

˙chap·lain[tʃǽplin] *n.* Ⓒ 목사《chapel 전속의》; 군목(軍牧).

chap·let[tʃǽplit] *n.* Ⓒ 화관(花冠); 〖가톨릭〗 (rosary의 3분 1 길이의) 묵주(默珠).

chap·man[tʃǽpmən] *n.* Ⓒ 《英》 (예전의) 행상인.

chaps[tʃæps] *n. pl.* 《美》 =CHAPARAJOS.

:chap·ter[tʃǽptər] *n.* Ⓒ ① (책의) 장(章). ② 부분; 한 구간, 한 시기; 연속. ③ (조합의) 지부. ④ 《英》 성직자단(의 집회). ~ **and verse** 출처, 전거(典據)《성서의 장과 절(verse)에서》. ~ **of** (*accidents*) (사고)의 연속. **read** (*a person*) **a** ~ 설교를 하다. **to the end of the** ~ 최후까지.

chápter hòuse (cathedral 부속의) 참사회 회의장; 《美》 학생 회관《대학의 fraternity나 sorority의 지부 회관》.

char[1][tʃɑːr] *n.* Ⓤ 숯, 목탄; Ⓒ 까맣게 탄 것. —— *vt., vi.* (**-rr-**) 숯으로 굽다; (새까맣게) 태우다〔타다〕.

char[2] *n., v.* (**-rr-**) =CHARE.

char-à-banc[ʃǽrəbæ̀ŋk] *n.* (F.) Ⓒ 대형 유람 버스〔마차〕.

˙char·ac·ter[kǽriktər] *n.* ① Ⓤ,Ⓒ 인격, 성격; 특질, 특징. ② Ⓒ 인물. ③ Ⓤ,Ⓒ 평판; 명성. ④ Ⓒ 지위, 신분, 자격. ⑤ Ⓒ (소설·극의) 인물, 역(役). ⑥ Ⓒ 괴짜; (전 고용주가 사용인에 주는) 인물 증명서, 추천장. ⑦ Ⓒ 글자, 기호. ⑧ Ⓒ 〖컴〗 문자. **in** ~ 격에 맞아. **man of** ~ 인격자. **out of** ~ 어울리지 않아〔않게〕.

~·less *a.* 특징이 없는.

cháracter àctor 〔**àctress**〕 성격 배우〔여배우〕.

cháracter assassinátion 《美》 인신 공격, 중상.

‡**char·ac·ter·is·tic** [kæriktərístik] *a.* 특색의〔있는, 을 나타내는〕(*of*). — *n.* Ⓒ 특질, 특징. **-ti·cal·ly** *ad.* 독특하게, 특징으로서.

char·ac·ter·i·za·tion [kæriktərizéiʃən] *n.* Ⓤ,Ⓒ 성격 묘사, 특색지움.

***char·ac·ter·ize,** 《英》 **-ise** [kǽriktəràiz] *vt.* 특징을 나타내다〔그리다〕; 특색짓다.

char·ac·ter·ol·o·gy [kæriktərɑ́lədʒi/-ɔ́-] *n.* Ⓤ 〖心〗 성격학.

cháracter skètch 인물〔성격〕묘사.

cha·rade [ʃəréid/-rɑ́:d] *n.* ① (*pl.*) 《단수 취급》 제스처 게임《인형(doll)과 지느러미(fin)의 그림 또는 동작을 보여 'dolphin'을 알아 맞히게 하는 따위》. ② Ⓒ 그 게임의 몸짓(으로 나타내는 말).

chár·bròil *vt.* (고기 따위를) 숯불에 굽다.

***char·coal** [tʃɑ́:rkòul] *n.* ① Ⓤ 숯 (char). ② Ⓒ 목탄화; (목탄화용의) 목탄.

chárcoal bùrner 숯장이.

chárcoal dràwing 목탄화(畫).

chárcoal gràY 〔《英》 **grèy**〕 진회색.

chare [tʃɛər] *n., vi.* Ⓒ (보통 *pl.*) 허드렛일(을 하다); 잡역부(婦)(로 일하다).

†**charge** [tʃɑ:rdʒ] *vt.* ① 채워넣다, (총에) 탄환을 재다(load), 채우다; (전기를) 통하다, (전지를) 충전하다. ② (책임 따위를) 지우다, (임무를) 맡기다(entrust)(*with*); 명하다, 지시하다. ③ 비난하다, (죄를) 씌우다, 고소하다(accuse)(*with*). ④ (지급의 책임을) 지우다; (대금 따위를) 청구〔요구〕하다, (세를) 부과하다. ⑤ 습격〔엄습〕하다, (…을) 향해 돌격하다. — *vi.* 대금〔요금〕을 청구하다 (*for*); 돌격하다(*at, on*); (…라고) 비난하다, 고발하다(*against, that* ...). **~ *high* (*for*)** (…에 대하여) 고액(高額)을 요구하다. **~ *off*** 손해 공제를 하다; (…의) 탓으로 돌리다, (…의) 일부로 보다(*to*). **~ *oneself with*** …을 떠맡다. — *n.* ① Ⓒ 짐, 하물. ② Ⓤ,Ⓒ (총의) 장전; (탄알의) 한 번 잼; 충전(充電). ③ Ⓤ 보호(care); 관리; 책임, 의무; 위탁(trust); Ⓒ 위탁물〔인〕. ④ Ⓤ 명령, 지시. ⑤ Ⓒ 혐의, 소인(訴因), 고소; 비난. ⑥ Ⓒ 부채; 대금; 세; (보통 *pl.*) 비용. ⑦ Ⓒ 돌격, 돌진. ⑧ Ⓒ 문장(紋章)(의 의장(意匠)). ***bring a ~ against*** 고소하다. ***free of ~*** 무료로. ***give in ~*** 맡기다. ***in ~ of*** …을 맡아, …담당〔책임〕의(*the nurse in ~ of the child*); …에게 맡겨져(*the child in ~ of the nurse*). ***in full ~*** 쏜살같이, 곧장. ***on the ~ of*** …의 이유〔혐의〕로. ***take ~*** 《口》 (사물이) 수습할 수 없게 되다. ***take ~ of*** …을 떠맡다, …을 돌보다.

charge·a·ble [tʃɑ́:rdʒəbəl] *a.* (세금·비용·책임·죄 따위가) 부과〔고발〕되어야 할.

chárge accòunt 외상 계정.

chárge càrd 〔**plàte**〕 (특정 업소에서만 통용되는) 크레디트 카드.

char·gé d'af·faires [ʃɑ:rʒéi dəfɛ́ər/⌐–⌐–] (*pl.* ***chargés d'-***) (F.) 대리 공사〔대사〕.

chárge nùrse 《英》 (병동의) 수간호사.

charg·er [tʃɑ́:rdʒər] *n.* Ⓒ (장교용의) 군마; 충전기.

chárge shèet 《英》 (경찰의) 사건부(簿); 고발장, 기소장.

char·i·ly [tʃɛ́ərili] *ad.* 조심스럽게, 소심하게; 아까운 듯이.

char·i·ness [tʃɛ́ərinis] *n.* Ⓤ 조심성; 아까워함.

***char·i·ot** [tʃǽriət] *n.* Ⓒ (옛 그리스·로마의) 2륜 전차; (18세기의) 4륜 경마차.

char·i·ot·eer [tʃæriətíər] *n.* Ⓒ chariot의 마부.

cha·ris·ma [kərízmə] *n.* (*pl.* ***-mata*** [-mətə]) Ⓤ,Ⓒ 카리스마《개인적인 매력, 대중을 끄는 힘》. **char·is·mat·ic** [kærizmǽtik] *a.*

***char·i·ta·ble** [tʃǽrətəbəl] *a.* 자비로운, 인정 많은.

‡**char·i·ty** [tʃǽrəti] *n.* ① Ⓤ 사랑《기독교적인》, 자비. ② Ⓤ,Ⓒ 베풂, 기부(금), 자선 (사업). ③ Ⓒ 양육원. ***be in*** 〔***out of***〕 **~ *with*** …을 가엾게 여기다〔여기지 않다〕. **~ *concert*** 〔***hospital, school***〕 자선 음악회〔병원, 학교〕. ***out of ~*** 가엾이〔딱하게〕 여겨.

cha·riv·a·ri [ʃərìvəríː, ʃìvəríː/ʃɑ̀:rəvɑ́:ri] *n.* Ⓒ 시끄러운 음악; 법석.

char·la·dy [tʃɑ́:rlèidi] *n.* 《英》 = CHARWOMAN.

char·la·tan [ʃɑ́:rlətən] *n.* Ⓒ 흰소리꾼; 사기꾼; 돌팔이 의사(quack). **~·ry** *n.* Ⓤ 아는 체함, 허풍.

Char·le·magne [ʃɑ́:rləmèin] *n.* (742–814) 샤를마뉴 대제(大帝)《프랑크의 왕; 신성 로마 제국을 일으켜 황제(Charles I)가 됨》.

Charles [tʃɑ:rlz] *n.* 남자 이름. **~'s** [⌐iz] ***Wain*** 북두칠성.

Charles·ton [tʃɑ́:rlztən, -stən] *n.* Ⓒ 《美》 찰스턴《fox trot의 일종》.

chár·ley hòrse [tʃɑ́:rli-] 《美俗》 (스포츠 선수 따위의 근육 혹사로 인한 손발(특히 다리)의) 근육 경직.

char·lie [tʃɑ́:rli] *n.* Ⓒ 《英俗》 바보; 《美俗·蔑》 백인; (*pl.*) 유방.

Char·lotte [ʃɑ́:rlət] *n.* ① 여자 이름. ② (c-) Ⓤ,Ⓒ 과일 등을 카스텔라에 싼 푸딩.

chárlotte rússe [-rú:s] (F.) 커스터드가 든 푸딩.

‡**charm** [tʃɑ:rm] *n.* ① Ⓤ,Ⓒ 매력; (보통 *pl.*) (여자의) 애교, 미모. ② Ⓒ 마력, 마법. ③ Ⓒ 주문(呪文); 주

물(呪物), 호부(護符)(amulet). ④ Ⓒ 작은 장식《시곗줄·팔찌 따위》. ― *vt., vi.* ① (…에게) 마법을 걸다, 홀리다, 매혹하다, 황홀케 하다(bewitch); 기쁘게 하다. ② (땅꾼이 피리로 뱀을) 부리다, 길들이다. ***be ~ed with*** …에 넋을 잃다, 열중하다. **∠·er** *n.* Ⓒ 뱀 부리는 사람. ‡**∠·ing** *a.* 매력적인, 아름다운; 즐거운; 재미있는.

char·meuse[ʃɑːrmúːz] *n.* (F.) Ⓤ 샤머즈《수자직(繻子織)의 일종》.

chárm schòol 신부 학교《젊은 여성을 위한 미용·교양·사교 강좌》.

chár·nel hòuse [tʃáːrnl-] 납골당.

Char·on[kέərən] *n.* 〖그神〗 카론《삼도내(Styx)의 뱃사공》; 《諧》 뱃사공(ferryman).

‡**chart**[tʃɑːrt] *n.* Ⓒ ① 그림, 도표. ② 해도(海圖), 수로도. ― *vt.* 그림으로〔도표로〕 나타내다.

‡**char·ter**[tʃáːrtər] *n.* Ⓒ (자치 도시·조합 따위를 만드는) 허가서; 특허장; (국제 연합 등의) 헌장; 계약서; =∠ **pàrty** 용선(傭船) 증서. ***the Atlantic C-*** 대서양 헌장. ***the C- of the United Nations*** 유엔 헌장. ***the Great C-*** =MAGNA C(H)ARTA. ***the People's C-*** 〖英史〗 인민 헌장. ― *vt.* 특허하다; (배를) 빌다. **~ed** [-d] *a.* 특허를 받은; 용선 계약을 한. ***~ed accountant*** 《英》 공인 회계사. ***~ed ship*** 세낸 배, 용선(傭船).

chárter mémber (회사·단체 따위의) 창립 위원.

chart·ism [tʃáːrtizəm] *n.* Ⓤ 〖英史〗 인민 헌장주의〔운동〕(1837-48).

Char·treuse[ʃɑːrtrúːz/-trúːs] *n.* 카르투지오회의 수도원; Ⓤ (c-) 위 수도원제(製)의 리큐어; 연두빛.

chár·wòman *n.* Ⓒ (빌딩의 날품팔이) 잡역부(婦); 《英》 파출부.

char·y[tʃέəri] *a.* 몹시 조심하는; 스스러워하는(shy); 아끼는(*of*).

Cha·ryb·dis[kəríbdis] *n.* Sicily 앞 바다의 큰 소용돌이《배를 삼킴》.

Chas. Charles.

‡**chase**[1][tʃeis] *vt.* ① 뒤쫓다. ② 쫓아〔몰아〕내다, 사냥하다. ― *vi.* 쫓아가다, 부리나케 걷다, 달리다. ― *n.* ① Ⓤ,Ⓒ 추적, 추격. ② (the ~) 사냥, 수렵; Ⓒ《英》 사냥터. ③ Ⓒ 쫓기는 짐승〔배〕. ***give ~ to*** …을 뒤쫓다.

chase[2] *vt.* (금속에) 돋을새김〔섭새김〕하다, (돋을 무늬를) 새겨〔찍어〕내다(emboss).

chase[3] *n.* Ⓒ (벽면의) 홈; 〖印〗 (조판의) 쥠틀.

chas·er[tʃéisər] *n.* Ⓒ 추격자; 사냥꾼; 추격함〔포·기〕; 《口》 (독한 술 다음에 마시는) 입가심 음료《맥주·물 따위》; 조각사(＜chase[2]).

***chasm**[kǽzəm] *n.* Ⓒ (바위·지면의) 깊게 갈라진 틈; 틈새(gap); (감정·의견 따위의) 간격, 차.

chas·sé[ʃæséi/∠―] *n.* (F.) Ⓤ 〖댄스〗 샤세《발을 빨리 앞·옆으로 옮기는 스텝》. ― *vi.* 샤세로 추다.

chas·sis[ʃǽsi] *n.* (*pl.* ~[-z]) Ⓒ (비행기·자동차·마차 따위의) 차대; (포차의) 포대; (라디오·TV의) 조립 밑판.

***chaste**[tʃeist] *a.* ① 정숙〔순결〕한(virtuous). ② (문체·취미 등) 담박한, 수수한(simple), 고아한, 점잖은. **∠·ly** *ad.*

***chas·ten**[tʃéisən] *vt.* (신이) 징계〔응징〕하다; (글을) 다듬다; (열정을) 억제하다; 누그러뜨리다. **~·er** *n.* Ⓒ 응징자〔물〕; 시련자〔물〕.

***chas·tise**[tʃæstáiz] *vt.* 《詩》 응징〔징계〕하다, 벌하다(punish). **~·ment**[tʃæstáizmənt/tʃǽstiz-] *n.*

***chas·ti·ty**[tʃǽstəti] *n.* Ⓤ 정숙, 순결.

chástity bèlt 정조대.

chas·u·ble[tʃǽzjəbəl, tʃǽs-] *n.* Ⓒ (미사 때 사제가 alb 위에 입는 소매 없는) 제의(祭衣).

‡**chat**[tʃæt] *n., vt.* (**-tt-**) ① Ⓤ,Ⓒ (…와) 잡담(하다); 〖컴〗 대화. ② Ⓒ 지빠귓과의 작은 새.

****châ·teau***[ʃætóu] *n.* (*pl.* ~**x**[-z]) (F.) Ⓒ 성; 대저택.

chat·e·laine[ʃǽtəlèin] *n.* Ⓒ 성주(城主)의 부인; 여자 성주; (열쇠·시계 등을 다는) 여자의 허리 장식 사슬.

cha·toy·ant[ʃətɔ́iənt] *a.* 광택이〔색채가〕 변화하는《견직물·보석 따위》.

chat·tel[tʃǽtl] *n.* Ⓒ (보통 *pl.*) 가재(家財); 〖法〗 동산(動産); 《古》 노예.

‡**chat·ter**[tʃǽtər] *vi., n.* Ⓤ ① 재잘거리다; 수다. ② (기계가) 털털거리다〔거리는 소리〕; (이가) 덜덜 떨리다〔떪, 떨리는 소리〕; (새·원숭이가) 시끄럽게 울다〔우는 소리〕. ③ (시냇물이) 졸졸 흐르다〔흐르는 소리〕; 여울.

chátter·bòx *n.* Ⓒ 수다쟁이.

chat·ting[tʃǽtiŋ] *n.* 〖컴〗 채팅《통신망에서 실시간으로 모니터를 통해 대화를 나누는 일》.

chat·ty[tʃǽti] *a.* 수다스러운, 이야기를 좋아하는.

Chau·cer [tʃɔ́ːsər], **Geoffrey** (1340?-1400) 영국의 시인.

***chauf·feur**[ʃóufər, ʃoufə́ːr] *n., vi.* (F.) Ⓒ (자가용의) 운전사 (노릇하다); (자가용차에) 태우고 가다.

chau·tau·qua, C- [ʃətɔ́ːkwə] *n.* Ⓒ 《美》 (성인을 위한) 하기(夏期) 문화 강습회《New York주의 호수(가의 마을) 이름》.

chau·vin·ism[ʃóuvənìzəm] *n.* Ⓤ 맹목적 애국주의, 극우적(極右的) 배타 사상. **-ist** *n.*

chaw[tʃɔː] *vt., vi.* 《俗》 (질겅질겅) 씹다. ~ ***up*** 《美》 완전히 해내다.

Ch.E. Chemical Engineer.

†**cheap**[tʃiːp] *a.* ① 싼; 값싼, 싸구려의, 시시한. ② (인플레 등으로) 값어치가 떨어진. ~ ***money*** 가치가 떨어진 돈. ***feel ~*** 초라하게 느끼다, 풀이 죽다. ***hold*** (*a person*) ~ (아무를) 얕보다. ***on the ~*** 《주로 英》 (값)싸게. ― *ad.* 싸게. **∠·ly** *ad.* **∠·ness** *n.*

cheap·en[tʃíːpən] *vt., vi.* 싸게 하다; 싸지다.

chéap-jàck *n.* Ⓒ 싸구려 행상인. — *a.* 싸구려의.
chéap·skàte *n.* Ⓒ 《美口》 구두쇠.
*:***cheat**[tʃiːt] *vt., vi.* ① 속이다; 속여서 빼앗다. ② (시간을) 보내다(beguile). ③ 용케 피하다(elude). — *n.* Ⓒ 속임, 협잡(꾼). **∠·er** *n.* Ⓒ 협잡[사기]꾼.
†**check**[tʃek] *n.* ① Ⓒ 저지(물), (돌연한) 방해; 정지, 휴지; Ⓤ 억제, 방지. ② Ⓤ 감독, 감시, 관리, 지배. ③ Ⓒ (잘못을 막기 위한) 대조(표), 체크, 점검; 〖컴〗 검사. ④ Ⓒ (하물) 상환표[패], 물표; 수표(《英》 cheque); 《美》(먹은) 음식의 계산서. ⑤ Ⓤ,Ⓒ 바둑판[체크] 무늬; Ⓤ 〖체스〗 장군. **~ bouncer** 부정 수표 남발자. **hold** [**keep**] **in ~** 저지하다; 억제하다. **pass** [**hand**] **in one's ~s** 죽다. — *vt.* ① (갑자기) 제지하다, 방해[억제]하다. ② 〖체스〗 장군 부르다. ③ 〖野〗 견제하다. ④ 〖軍〗 책하다. ⑤ (하물의) 물표[상환표]를 붙이다; 물표를 받고 보내다[맡기다]; 체크표를 하다, 점검[대조·검사]하다. ⑥ 균열[금]을 내다. — *vi.* ① (장애로 인해) 갑자기 멈추다; (사냥개가 냄새를 잃고) 멈춰서다. ② 《美》 수표를 쓰다[떼다]. **~ at** …에게 화를 내다. **~ in** 여관에 들다; 《美俗》 죽다; 《美口》 도착하다; 출근하다. **~ off** 체크하다, 표를 하다. **~ out** 《美》 (셈을 마치고) 여관을 나오다; 《俗》 죽다; 《美口》 물러나다, 퇴근하다. **~ up** 대조[사조(査照)]하다. — *int.* 〖체스〗 장군!; 《美口》 좋아!, 찬성!, 맞았어!
chéck bèam 〖空〗 (착륙하려는 항공기에 보내는) 유도 전파.
chéck·bòok *n.* Ⓒ 수표장(帳).
chéck càrd 《美》 (은행 발행의) 크레디트 카드.
checked[-t] *a.* 체크[바둑판] 무늬의.
***check·er**[tʃékər] *n.* ① Ⓒ 《美》 바둑판[체크] 무늬. ② Ⓒ (체커의) 말; (*pl.*) 《美》 체커《서양 장기》(《英》 draughts). — *vt.* 바둑판 무늬로 하다, 교착(交錯)시키다, 변화를 주다(vary). **~ed**[-d] *a.* 바둑판 무늬의; 교착된, 변화가 많은.
chécker·bòard *n.* Ⓒ 체커판.
chéck-ìn *n.* Ⓤ,Ⓒ (호텔에의) 숙박 수속, 체크인.
chécking accòunt 《美》 당좌 예금《수표로 찾음》.
chéck lìst 《美》 대조표, 일람표; 선거인 명부.
check·mate[∠mèit] *n.* Ⓤ,Ⓒ (체스의) 외통 장군; (사업의) 막힘, 실패; 대패(大敗). — *vt.* 외통 장군을 부르다; 막히게[막다르게] 하다.
chéck·òff *n.* Ⓤ (봉급에서의) 조합비 공제.
chéck·òut *n.* Ⓤ,Ⓒ (호텔에서의) 퇴숙(退宿) 수속; 점검, 검사.
chéck·pòint *n.* Ⓒ 《美》 검문소.
chéck·ròll *n.* Ⓒ 점호 명부; 선거인 열람 명부.
chéck·ròom *n.* Ⓒ 《美》 휴대품 맡기는 곳.
chéck·ùp *n.* Ⓒ 대조, 사조(査照).
chéck·wrìter *n.* Ⓒ 《英》 수표 금액 인자기(印字器).
Ched·dar[tʃédər] *n.* Ⓤ 치즈의 일종(~ cheese).
†**cheek**[tʃiːk] *n.* ① Ⓒ 볼, 뺨. ② Ⓤ 철면피; 건방진 말[태도]. **~ by jowl** 사이좋게 나란히, 친밀히. **have plenty of ~** 낯가죽이 두껍다. **None of your ~s!** 건방진 소리 마라.
chéek·bòne *n.* Ⓒ 광대뼈.
chéek tòoth 어금니.
cheek·y[tʃíːki] *a.* 《口》 건방진. **cheek·i·ly** *ad.* **cheek·i·ness** *n.*
cheep[tʃiːp] *vi.* 삐악삐악 울다. — *n.* Ⓒ 그 소리.
*:***cheer**[tʃiər] *n.* ① Ⓒ 갈채, 환호, 응원. ② Ⓤ 기분, 기운(spirits). ③ Ⓤ 음식, 성찬. **give three ~s for** …을 위해 만세 삼창을 하다. **make good ~** 유쾌하게 음식을 먹다. **of good ~** 명랑한, 기분이 좋은. **The fewer the better ~.** 《속담》 좋은 음식은 사람이 적을수록 좋다. **What ~?** 기분은 어떤가. — *vt., vi.* (…에게) 갈채하다; 격려하다, 기운이 나다, 기운을 북돋우다. **C- up!** 기운을 내라. **~ up at** …을 듣고[보고] 기운이 나다. **~·ing**[tʃí(ː)riŋ/tʃíər-] *n.* Ⓤ 갈채. **∠·less** *a.*
*:***cheer·ful**[∠fəl] *a.* 기분[기운]이 좋은; 즐거운; 유쾌한; 기꺼이 하는. *:***~·ly** *ad.* * **~·ness** *n.*
cheer·i·o(h)[tʃìərióu] *int.* 《英口》 여어(hello); 잘 있게(goodby); 축하한다; 만세(hurrah).
***chéer·lèader** *n.* Ⓒ 응원 단장.
***cheer·y**[tʃíəri] *a.* 기분[기운]좋은. ***cheer·i·ly** *ad.* **cheer·i·ness** *n.*
†**cheese**[1][tʃiːz] *n.* Ⓤ 치즈. **green ~** 생치즈. **make ~s** (여성이) 무릎을 굽히고 인사하다.
cheese[2] *n.* Ⓒ 《俗》 일류품; '대장'; 거짓말; 돈; 대단한[귀중한] 것.
cheese[3] *vt.* 《俗》 그만두다, 멈추다. **C- it!** 멈춰(Have done!); 정신 차려(Take care!); 튀어라(Run away!).
chéese·búrger *n.* Ⓤ,Ⓒ 치즈가 든 햄버거(스테이크) 샌드위치.
chéese·càke *n.* Ⓤ,Ⓒ 치즈·설탕·달걀을 개어서 넣은 케이크; Ⓤ 《俗》 《집합적》 각선미 사진(의 촬영); Ⓒ 매력 있는 여자.
chéese·clòth *n.* Ⓤ 일종의 설핀 무명.
chéese·pàring *n., a.* Ⓤ 치즈 겉껍질을 깎은 지스러기, 하찮은 것; 몹시 인색한[함]; 구두쇠 근성; (*pl.*) 사천.
chees·y[tʃíːzi] *a.* 치즈 같은; 《美俗》 볼품없이 된, 나쁜.
chee·tah[tʃíːtə] *n.* Ⓒ 치타; Ⓤ 그 털가죽.
chef[ʃef] *n.* (F.) Ⓒ 쿡(장(長)), 주방장(廚房長).
chef-d'oeu·vre[ʃeidǽːvər] *n.* (*pl.* **chefs-**[ʃei-]) (F.) Ⓒ 걸작(masterpiece).
Che·khov[tʃékɔːf/-ɔ-], **Anton**

(1860-1904) 러시아의 극작가·단편 작가.

Chel·sea[tʃélsi] *n.* 런던 남서부의 「구.

Chélsea bùn 건포도를 넣은 롤빵.

chem. chemical; chemist; chemistry.

⁑**chem·i·cal**[kémikəl] *a.* 화학(상)의; 화학적인. ~ ***combination*** 화합. ~ ***engineering*** 화학 공업. ~ ***formula*** 〔***warfare***〕 화학식〔전〕. ── *n.* Ⓒ (종종 *pl.*) 화학 약품. **~·ly** *ad.*

chémical Máce[-méis] 〖商標〗 분사식 최루 가스.

chem·i·co·bi·ol·o·gy [kèmikoubaiálədʒi/-ɔ́l-] *n.* Ⓤ 생화학.

***che·mise**[ʃəmíːz] *n.* Ⓒ 슈미즈, 속치마.

chem·i·sette[ʃèmizét] *n.* Ⓒ 슈미젯《여성의 목·가슴을 가리는 속옷》.

⁑**chem·ist**[kémist] *n.* Ⓒ 화학자; 《英》 약제사, 약종상.

⁑**chem·is·try**[-ri] *n.* Ⓤ 화학.

chem·o·sphere [kéməsfìər, kíːm-] *n.* Ⓒ 〖氣〗 화학권《성층권 상부부터 중간권·온도권에 걸친》.

chem·o·syn·the·sis [kèmousínθəsis, kìːm-] *n.* Ⓤ 〖植·生化〗 화학합성.

chem·o·ther·a·py[kèmouθérəpi, kìː-] *n.* Ⓤ 화학 요법.

chem·ur·gy[kéməːrdʒi] *n.* Ⓤ 농산(農産) 화학.

che·nille[ʃəníːl] *n.* Ⓤ (자수용의) 꼰실; 코르덴풍의 골진 피륙《깔개·커튼용》. 「check).

***cheque**[tʃek] *n.* Ⓒ 《英》 수표(《美》

chéque·bòok *n.* Ⓒ 《英》 = CHECKBOOK.

***cheq·uer(ed)** [tʃékər(d)], **&c.** 《英》 =CHECKER(ED), &c.

C(h)e·rén·kov radiátion[tʃəréŋkɔːf-, -kəf-/-kɔf-] 체렌코프 방사《물질 속을 하전 입자가 고속도로 통과할 때 일어나는 에너지 방사》.

⁑**cher·ish**[tʃériʃ] *vt.* ① 귀여워하다; 소중히 하다〔키우다〕. ② (희망·원한을) 품다(foster).

Cher·o·kee [tʃérəkìː, ∸–∸] *n.* (the ~(s)) 체로키족《북아메리카 인디언의 한 종족》. 「여송연.

che·root[ʃərúːt] *n.* Ⓒ 양끝을 자른

⁑**cher·ry**[tʃéri] *n.* ① Ⓒ 벚나무(~ tree); Ⓤ 그 재목. ② Ⓒ 버찌. ③ Ⓤ 체리(색), 선홍색. ④ (*sing.*) 처녀막〔성〕. ***make two bites at*** 〔***of***〕 ***a*** ~ 꾸물거리다. ── *a.* 벚나무 재목으로 만든; 선홍색의.

⁑**chérry blòssom** 벚꽃.

chérry brándy 버찌를 넣어 만든 브랜디.

chérry pìe 버찌〔체리〕가 든 파이; 《美俗》 손쉬운 일〔벌이〕.

chérry stòne 버찌의 씨.

⁑**chérry trèe** 벚나무.

⁑**cher·ub** [tʃérəb] *n.* (*pl.* ~***im*** [-im]) Ⓒ ① 게루빔《둘째 계급의 천사》 (cf. seraph). ② 날개 있는 천동(天童)(의 그림·조상(彫像)). ③ (*pl.* ~***s***) 귀여운 아이; 똥똥하고 순진한 사람. **che·ru·bic**[tʃərúːbik] *a.* 귀여운.

cher·vil[tʃə́ːrvil] *n.* Ⓤ 〖植〗 파슬리의 무리《샐러드용》.

Ches. Cheshire.

Chesh·ire[tʃéʃər] *n.* 영국 서부의 주(州). ***grin like a*** ~ ***cat*** 이유 없이 징그럽게 웃다.

⁑**chess**[tʃes] *n.* Ⓤ 체스, 서양 장기.

chéss·bòard *n.* Ⓒ 체스 판.

chéss·màn *n.* Ⓒ 체스의 말.

⁑**chest**[tʃest] *n.* Ⓒ ① 가슴. ② (뚜껑 있는) 큰 상자, 궤. ~ ***of drawers*** 옷장. ~ ***trouble*** 폐병.

ches·ter·field[tʃéstərfìːld] *n.* Ⓒ (침대 겸용) 큰 소파의 일종; (벨벳 깃을 단) 싱글 외투의 일종.

⁑**chest·nut**[tʃésnʌ̀t, -nət] *n., a.* ① Ⓒ 밤《나무·열매》; Ⓤ 밤나무 재목; =HORSE CHESTNUT. ② Ⓤ 밤색(의); Ⓒ 구렁말(의). ③ Ⓒ 《口》 진부한 이야기〔익살〕.

chést vòice 〖樂〗 흉성(胸聲).

chest·y[tʃésti] *a.* 《俗》 뽐내는; 자만〔자부〕하는. 「울.

che·vál glàss[ʃəvǽl-] 체경, 거

chev·a·lier[ʃèvəlíər] *n.* Ⓒ (중세의) 기사; (프랑스의) 최하위의 레종 도뇌르 훈위(勳位) 소유자; (옛 프랑스 귀족의) 둘째〔셋째〕 아들.

Chev·i·ot[tʃéviət, tʃíːv-] *n.* Ⓒ (Eng.와 Scot.와의 경계의) ~ Hills 원산의 양; (c-) [$^{美+}$ʃév-] Ⓤ 체비엇 모직 (비슷한 무명).

Chev·ro·let[ʃèvrəléi/∸–∸] *n.* Ⓒ 〖商標〗 시보레《자동차 이름》.

chev·ron[ʃévrən] *n.* Ⓒ 갈매기표 무늬《∧》; (부사관·경관 등의) 갈매기표 수장(袖章).

Chev·y[ʃévi] *n.* 《美俗》 =CHEVROLET(cf. Caddy).

chev·y[tʃévi] *n.* Ⓒ 《英》 사냥(의 몰잇소리); 추적(追跡). ── *vt., vi.* 뒤쫓다(chase); 쫓아 다니다; 혹사(酷使)하다, 괴롭히다; 뛰어 다니다.

⁑**chew**[tʃuː] *vt., vi.* ① 씹다, 씹어〔깨물어〕 부수다(cf. crunch, munch). ② 숙고(熟考)하다(*over*). ── *n.* Ⓒ 씹음, 씹는 물건; 한 입, 한 번 씹음

chéwing gùm 껌. 「〔깨뭄〕.

Chey·enne[ʃaién, -ǽn] *n.* (*pl.* ~(***s***)) 샤이엔족《북아메리카 원주민》.

chg. (*pl.* ***chgs.***) change; charge.

chgd. changed; charged.

chi[kai] *n.* Ⓤ,Ⓒ 그리스어 알파벳의 스물 둘째 글자《*X, x*》.

Chiang Kai-shek[tʃæŋ káiʃèk] (1887-1975) 장제스(蔣介石)《중국 총통》.

Chi·an·ti[kiǽnti, -áːn-] *n.* Ⓤ 이탈리아산 붉은 포도주.

chi·a·ro·scu·ro[kiàːrəskjú(ː)rou] *n.* (It.) Ⓤ (그림·문예상의) 명암(明暗)의 배합〔대조〕(법).

chi·as·mus[kaiǽzməs] *n.* 〖修〗 교차 대구법《어구의 X 모양 배열 전

환; 보기: *Grief joys, joy grieves*》.
chic[ʃi(ː)k] *n., a.* (F.) Ⓤ 멋짐, 멋진; 스마트한[함].
:Chi·ca·go[ʃikάːgou, -kɔ́ː-] *n.* 시카고《미국 중부의 대도시》.
chi·cane[ʃikéin] *n.* Ⓤ 책략, 궤변, 속임. — *vt., vi.* 얼버무리다, 어물쩍거리다, 속이다.
chi·can·er·y[-əri] *n.* Ⓤ,Ⓒ 속임(수의 말).
Chi·ca·no[tʃikάːnou] *n.* (*pl.* **~s**) Ⓒ《美》멕시코계 미국인.
chi·chi[tʃíːtʃiː] *a., n.* Ⓤ,Ⓒ 멋진 (스타일), 스마트한 (디자인).
:chick[tʃik] *n.* Ⓒ ① 병아리, 열쭝이. ②《애칭》어린애; (the ~s) 한 집안의 아이들. ③《美俗》젊은 여자.
chick·a·dee[tʃíkədìː] *n.* Ⓒ 박새(무리).
chick·a·ree[tʃíkərìː] *n.* Ⓒ 붉은털의 다람쥐《북미산》.
†chick·en[tʃíkin] *n.* (*pl.* **~(s)**) ① Ⓒ 새새끼, 병아리. ② Ⓒ 닭; Ⓤ 영계 고기, 닭고기. ③ Ⓒ《口》어린애, 풋내기, 계집아이, 약골. ④ Ⓒ 하찮은 일, 거짓말, 성마름. ***go to bed with the ~s*** 일찍 자다. ***play ~***《美俗》상대가 물러서기를 기대하면서 서로 도전하다.
chícken brèast 새가슴. 「잔돈.
chícken fèed《美》닭모이;《美俗》
chícken-héarted *a.* 소심한.
chícken pòx 수두(水痘), 작은 마
chícken yàrd《美》양계장. 「마.
chíck·wèed *n.* Ⓒ〖植〗별꽃.
chí·cle (**gúm**)[tʃíkl(ə)] *n.* Ⓤ《美》치클《껌 원료》.
chic·o·ry[tʃíkəri] *n.* Ⓤ,Ⓒ〖植〗치코리《잎은 샐러드용, 뿌리는 커피 대용》;《英》=ENDIVE.
chid[tʃid] *v.* chide의 과거(분사).
chid·den[tʃídn] *v.* chide의 과거분사.
chide**[tʃaid] *vt., vi.* (chid, ~d; chidden, chid, ~d***) 꾸짖다; 꾸짖어 내쫓다(*away*).
†chief[tʃiːf] *n.* Ⓒ ① 장(長), 수령, 지도자. ② 추장, 족장(族長). ③ 장관, 국장, 소장, 과장(따위). ***~ of staff*** 참모장. ***in ~*** 최고위의; 주로 (*the editor in ~* 편집장). — *a.* ① 첫째의, 제 1위의, 최고의. ② 주요한.
Chíef Exécutive《美》대통령; 행정 장관《주지사·시장 등》.
chíef jústice 재판(소)장; (C- J-) 대법원장.
:chief·ly[tʃíːfli] *ad.* ① 주로. ② 흔히, 대개.
***chief·tain**[tʃíːftən] *n.* Ⓒ 지도자, 두목, 추장, 족장. **~·cy, ~·ship** [-ʃìp] *n.*
chiff·chaff[tʃíftʃæ̀f] *n.* Ⓒ〖鳥〗솔새속(屬)《찌꼬리 무리》의 명금(鳴禽).
chif·fon[ʃifάn/ʃífɔn] *n.* (F.) ① Ⓤ 시퐁《얇은 비단》. ② (*pl.*) 옷의 장식《리본 따위》.
chif·fo·nier[ʃìfəníər] *n.* Ⓒ (거울 달린) 옷장.
chig·ger[tʃígər] *n.* Ⓒ 털진드기; =CHIGOE.
chi·gnon[ʃíːnjαn/ʃiːnjάn] *n.* (F.) Ⓒ (속발(束髮)의) 쪽.
chig·oe[tʃígou] *n.* Ⓒ 모래벼룩《서인도·남미산》, 진드기의 일종.
chil·blain[tʃílblèin] *n.* Ⓒ (보통 *pl.*) 동상(凍傷).
†child[tʃaild] *n.* (*pl.* **~ren**[tʃíldrən]) Ⓒ ① 아이, 어린이, 유아. ② 자식; (*pl.*) 자손. ③ 미숙자. ***a ~ of fortune*** [***the age***] 운명[시대]의 총아, 행운아. ***as a ~*** 어릴 때. ***with ~*** 임신하여. **∠·less** *a.* 아이[어린애] 없는.
chíld·bèaring, chíld·bìrth *n.* Ⓤ,Ⓒ 출산, 해산.
chíld·bèd *n.* Ⓤ 산욕(産褥); 해산.
:child·hood[∠hùd] *n.* Ⓤ ① 유년기, 어림. ② 초기의 시대.
:child·ish[∠iʃ] *a.* 어린애 같은, 앳된, 유치한. **~·ly** *ad.* **~·ness** *n.*
chíld lábo(u)r 미성년자 노동.
***chíld·lìke** *a.* (좋은 뜻으로) 어린애다운, 천진한(cf. childish).
chíld·pròof *a.* 아이는 다룰 수 없는; 어린 아이가 장난칠 수 없는.
chíld psychólogy 아동 심리(학).
†chil·dren[tʃíldrən] *n.* child의 복수.
***Chil·e**[tʃíli] *n.* 칠레《공화국》. **~·an**[tʃíliən] *a., n.* 칠레의; Ⓒ 칠레사람(의). 「(의 일종).
chil·i[tʃíli] *n.* (*pl.* **~es**) Ⓤ,Ⓒ 고추
:chill[tʃil] *n.* Ⓒ ① (보통 *sing.*) 한기(寒氣), 냉기(coldness). ② 으스스함, 오한; 냉담함; 섬뜩함, 두려움. ***cast a ~ over*** …의 흥을 깨다. ***catch*** [***have***] ***a ~*** 오싹[으스스]하다. ***~s and fever***《美》〖醫〗학질, 간헐열. ***take the ~ off*** (음료 따위를) 조금 데우다. — *a.* ① 차가운, 찬. ② 냉담한. — *vt.* ① 차게 하다, 냉동하다. ② 흥을 잡치다; 낙심시키다(dispirit). ③ (용철(熔鐵)을) 냉강(冷剛)하다. ④ (음료를) 알맞게 데우다(cf. mull[3]). — *vi.* 식다, 차가워[추워]지다, 한기가 들다. **~ed**[-d] *a.* 냉각된, 냉장한.
:chíl·ly *a.* 찬, 차가운.
chíll càr《美》냉동차(車).
Chíl·tern Húndreds[tʃíltərn-]《英》영국 북서쪽 구릉 지대인 Chiltern Hills 부근의 왕의 영지. ***accept*** [***apply for***] ***the ~*** 하원 의원을 사퇴하다.
chi·mae·ra[kaimíːrə, ki-] *n.* =CHIMERA.
:chime[tʃaim] *n.* ① Ⓒ 차임《조율(調律)한 한 벌의 종》; (*pl.*) 그 소리; (시보(時報)의) 차임. ② Ⓤ,Ⓒ 조화. ***fall into ~ with*** …와 조화하다. ***keep ~ with*** …와 가락을 맞추다. — *vt., vi.* ① (가락을) 맞추어 울리다; (종·시계가) 아름다운 소리로 울리다. ② 울리어 알리다. ③ 일치[조화]하다, 가락을 맞추다. ***~ in*** 찬성하다, 맞장구치다; (…와) 가락

〔장단〕을 맞추다(*with*); 일치하다.

chi·me·ra[kaimíːrə, ki-] *n.* (*or* C-) 〖그神〗 키메라《사자의 머리, 염소의 몸, 용〔뱀〕의 꼬리를 한 괴물; 입으로 불을 뿜음》; Ⓒ 괴물; 환상. **chi·mer·ic**[-mérik], **-i·cal**[-əl] *a.* 환상의, 정체를 알 수 없는.

:chim·ney[tʃímni] *n.* Ⓒ 굴뚝, (남포의) 등피.

chímney còrner 노변(爐邊), 난롯가.

chímney nòok =CHIMNEY CORNER.

chímney pìece =MANTELPIECE.

chímney pòt 연기 잘 빠지게 굴뚝 위에 얹은 토관; 《美》 실크해트.

chímney stàck 짜맞춘 굴뚝; (공장 따위의) 큰 굴뚝.

chímney stàlk (공장의) 큰 굴뚝; (굴뚝의) 돌출부.

chímney swàllow 《英》 (흔히 볼 수 있는) 제비.

chímney swèep(er) 굴뚝 청소부.

chímney swìft (북미산의) 제비, 칼새.

chimp[tʃimp] *n.* 《口》 =CHIMPANZEE.

***chim·pan·zee**[tʃimpænzíː, ─́─/-pən-, -pæn-] *n.* Ⓒ 침팬지.

:chin[tʃin] *n.* Ⓒ 턱; 턱끝. ***~ in (one's) hand*** 손으로 턱을 괴고. ***keep one's ~*** 버티다, 굴하지 않다. ***wag one's ~*** 지껄이다(talk). ── *vt., vi.* 《美》 지껄이다; (바이올린 따위를) 턱에 대다. ***~ oneself*** (철봉에서) 턱걸이하다. ***C- up!*** 《俗》 기운〔힘〕 내라.

†Chi·na[tʃáinə] *n.* 중국. ***the People's Republic of ~*** 중화 인민 공화국. ***the Republic of ~*** 중화민국. ── *a.* 중국(산)의.

:chi·na *n., a.* Ⓤ 자기(磁器)(의); 《집합적》 도자기(porcelain).

Chína àster 〖植〗 과꽃.

chína clày 도토(陶土), 고령토.

Chína ìnk 먹.

Chi·na·man[-mən] *n.* Ⓒ 《蔑》 중국인(Chinese); (c-) 질그릇 장수.

Chína trèe 〖植〗 멀구슬나무.

chína·wàre *n.* Ⓤ 도자기.

chin·chil·la[tʃintʃílə] *n.* ① Ⓒ 친칠라《남아메리카산》. ② Ⓤ 그 모피. ③ Ⓒ 친칠라 모피 제품.

chin-chin[tʃíntʃìn/─́─́] *int.* 《英》 축배!, 안녕!, 야아!

chin·cough[tʃínkɔ̀ːf, -ɑ̀ː-] *n.* Ⓤ 〖醫〗 백일해.

chine[tʃain] *n.* Ⓒ 등뼈(살); 산등성이, 산마루.

Chi·nee[tʃainíː] *n.* 《俗》 =CHINESE.

†Chi·nese[tʃainíːz, ─́─] *a.* 중국의; 중국어의; 중국인의. ── *n.* (*pl.* ~) Ⓒ 중국인; Ⓤ 중국어.

Chínese béllflower 도라지.

Chínese cháracter 한자.

Chínese ínk 먹.

Chínese lántern 종이 초롱.

Chínese lántern plánt 꽈리.

Chínese púzzle 복잡한 퀴즈; 난문제.

Chínese Wáll 만리 장성.

Chínese whíte 아연백(亞鉛白)《그림물감》.

chink[1][tʃiŋk] *n., vi., vt.* Ⓒ 갈라진 틈; 균열(이 생기다, 을 만들다), 금(이 가다, 이 가게 하다); 《美》 (…의) 틈을 메우다〔막다〕.

chink[2] *vi., vt.* 짤랑짤랑 소리나(게 하)다. ── *n.* ① Ⓒ 그 소리. ② Ⓤ,Ⓒ 《俗》 주화, 돈.

chín mùsic 《美俗》 잡담, 회화.

chi·no[tʃíːnou, ʃíː-] *n.* Ⓤ 질긴 능직 천의 일종; (*pl.*) 그것으로 만든 바지.

Chi·nook[tʃinúk, ʃinúːk] *n.* (*pl.* ~(*s*)) ① Ⓒ 치누크《미국 북서부의 토인》. ② Ⓤ 치누크 언어.

chin·qua·pin[tʃíŋkəpìn] *n.* Ⓒ (북미산) 밤나무의 일종; 그 열매.

chintz[tʃints] *n., a.* Ⓤ (광택을 낸) 사라사 무명(의).

chín-ùp *n.* Ⓒ (철봉에서의) 턱걸이.

chín·wàg *n.* Ⓒ 《俗》 수다, 잡담. ── *vi.* (*-gg-*) 《俗》 수다떨다.

:chip[tʃip] *n.* ① Ⓒ (나무·금속 따위의) 조각, 나무때기. ② Ⓒ 얇은 조각. ③ Ⓒ 사기 그릇 따위의 이빠진 곳〔흠〕; 깨진 조각, 쪼가리. ④ Ⓒ (포커 따위의) 점수패. ⑤ Ⓒ 너절한 것. ⑥ (*pl.*) 《英》 (감자 따위) 얇게 썬 것(의 튀김). ⑦ Ⓒ 가축의 말린 똥《연료용》. ⑧ (*pl.*) 《俗》 돈. ⑨ Ⓒ 〖컴〗 칩. ***a ~ of* 〔*off*〕 *the old block*** 아비 닮은 아들. ***a ~ in porridge* 〔*pottage, broth*〕** 있으나마나 한 것. ***have a ~ on one's shoulder*** 《美口》 시비조다. ***dry as a ~*** 무미 건조한. ***in ~s*** 《俗》 돈많은. ***The ~s are down.*** 《美俗》 주사위는 던져졌다; 결심이 섰다. ***when the ~s are down*** 《口》 위급할 때, 일단 유사시. ── *vt.* (*-pp-*) 자르다, 깎다, 쪼개다. ── *vi.* 떨어져 나가다, 빠지다(*off*). ***~ at*** …에 덤벼〔대〕들다; 독설을 퍼붓다. ***~ in*** 《口》 (이야기 도중에) 말 참견하다; 돈을 추렴하다(contribute).

chíp·bòard *n.* Ⓤ 마분지, 판지.

chip·munk[─́mʌ̀ŋk] *n.* Ⓒ 얼룩다람쥐《북미산》.

chip·per[tʃípər] *a.* 《美口》 쾌활한.

chip·ping[tʃípiŋ] *n.* Ⓒ (보통 *pl.*) 지저깨비.

chípping spàrrow (북미산의) 참새.

chip·py[1][tʃípi] *a.* 지저깨비의; 《俗》 너절한; 《俗》 숙취(宿醉)로 기분이 나쁜; 성마른, 잔뜩 성이 난.

chip·py[2] *n.* Ⓒ chipmunk 및 chipping sparrow의 애칭; 《俗》 갈보.

chirk[tʃəːrk] *a., vi.* 《美俗》 쾌활한〔해지다, 하게 행동하다〕; (문 따위가) 삐걱거리다.

chi·ro·graph[káirougræ̀f] *n.* Ⓒ 증서, 자필 증서.

chi·rog·ra·phy[kairɑ́grəfi/-rɔ́g-] *n.* Ⓤ 글씨, 필체, 필적.

chi·ro·man·cer [káirəmæ̀nsər]

n. Ⓒ 수상가(手相家).

chi·rop·o·dy [kirápədi, kai-/kirɔ́-] *n.* Ⓤ (손)발치료《못·부르튼 곳 등의》.

chi·ro·prac·tic [kàirəprǽktik] *n.* Ⓤ (척추) 지압 요법.

chi·ro·prac·tor [káirəpræ̀ktər] *n.* Ⓒ 지압(指壓) 치료사.

***chirp** [tʃəːrp] *vi.* (새·벌레가) 짹짹〔찍찍〕 울다. ── *n.* Ⓒ 그 우는 소리.

chirr [tʃəːr] *vi.* (귀뚜라미 등이) 귀뚤귀뚤〔찌르찌르〕 울다. ── *n.* Ⓒ 그 우는 소리.

chir·rup [tʃírəp, tʃə́ːr-] *vi.* 지저귀다; (갓난애를) 혀를 차서 어르다; 《俗》(박수 부대가) 박수를 치다. ── *n.* Ⓒ 지저귐; (쯧쯧) 혀 차는 소리.

***chis·el** [tʃízl] *n.* ① Ⓒ 끌, 조각칼. ② Ⓤ (the ~) 조각술. ③ Ⓤ,Ⓒ 《俗》 잔꾀, 사기. ── *vt.* 《英》(*-ll-*) 끌로 깎다〔파다〕; 《美俗》 속이다.

chit[1] [tʃit] *n.* Ⓒ 어린애; (건방진) 계집애; 새끼 고양이.

chit[2] *n.* Ⓒ 짧은 편지, 메모; (식당·다방 따위의) 전표.

chit[3] *n., vi.* (*-tt-*) Ⓒ 싹(을 내다).

chit·chat [tʃíttʃæ̀t] *n.* Ⓤ 잡담; 세상 얘기.

chi·tin [káitin] *n.* Ⓤ 〖生化〗 키틴질(質), 각질(角質)《곤충·갑각류의 겉을 싸는 성분》.

chit·ter·lings [tʃítliŋz] *n. pl.* (돼지 따위의) 곱창《튀김 등으로 씀》.

***chiv·al·rous** [ʃívəlrəs] *a.* 기사적인(knightly), 의협적인, 용감하고 관대한; 여성에게 정중한(gallant). **~·ly** *ad.* 「도」.

***chiv·al·ry** [ʃívəlri] *n.* Ⓤ 기사도〔제

chive [tʃaiv] *n.* Ⓒ 〖植〗 골파.

chiv·(v)y [tʃívi] *n., v.* =CHEVY.

chlo·ral [klɔ́ːrəl] *n.* Ⓤ 〖化〗 클로랄《알데히드의 일종》; =∠ **hýdrate** 포수(抱水) 클로랄《마취제》.

chlo·ram·phen·i·col [klɔ̀ːræmfénikɔ̀ːl] *n.* =CHLOROMYCETIN.

chlo·rate [klɔ́ːreit] *n.* Ⓒ 〖化〗 염소산염.

chlor·dane [klɔ́ːrdein] *n.* Ⓤ,Ⓒ 〖化〗 클로르데인《강력한 살충제》.

chlo·rel·la [klərélə] *n.* Ⓤ,Ⓒ 〖植〗 클로렐라《녹조(綠藻)의 일종》.

chlo·ric [klɔ́ːrik] *a.* 〖化〗 염소를 함유하는. **~ *acid*** 염소산.

chlo·ride [klɔ́ːraid] *n.* Ⓤ 염화물; 《口》 표백분. **~ *of lime*** 표백분.

chlo·rine [klɔ́ːrin] *n.* Ⓤ 〖化〗 염소.

chlórine dióxide 2산화염소《주로 목재 펄프·지방·기름·소맥분의 표백제용》. 「소산염.

chlo·rite[1] [klɔ́ːrait] *n.* Ⓒ 〖化〗 아염

chlo·rite[2] *n.* Ⓤ 〖鑛〗 녹니석.

chlo·ro·dyne [klɔ́ːroudàin] *n.* Ⓤ 클로로다인《진통 마취약》.

chlo·ro·fluor·o·car·bon [klɔ̀ːrouflùroukáːrbən, -flɔ̀ːr-] *n.* Ⓤ,Ⓒ 〖化〗 클로로플루오르카본《Freon을 이름; 생략 CFC》.

chlo·ro·form [klɔ́ːrəfɔ̀ːrm] *n., vt.* Ⓤ 클로로포름(으로 마취시키다).

chlo·ro·my·ce·tin [klɔ̀ːroumaisíːtn] *n.* Ⓤ 〖藥〗 클로로마이세틴《항생 물질의 일종; 티푸스·폐렴약》.

chlo·ro·phyl(l) [klɔ́ːrəfìl] *n.* Ⓤ 엽록소(葉綠素).

chlo·ro·prene [klɔ́ːrouprìːn] *n.* Ⓤ 클로로프렌《합성고무의 원료》.

chlo·rous [klɔ́ːrəs] *a.* 〖化〗 아염소산의.

chlor·prom·a·zine [klɔːrprámәzìːn/-prɔ́m-] *n.* Ⓤ 〖藥〗 클로르프로마진《진정제·구토 억제》.

chock [tʃɑk/-ɔ-] *n., vt.* Ⓒ 굄목; (배의) 밧줄걸이; 쐐기(로 고정시키다); (가구 따위로) 꽉 채우다(*up*) (*~ up a room with furniture*). ── *ad.* 꽉, 빡빡히; 아주.

chock·a·block [tʃákəblák/tʃɔ́kəblɔ́k] *a., ad.* 꽉 찬; 꽉 차서(*with*).

chóck-fúll *a.* 꽉 찬.

‡choc·o·late [tʃɔ́ːkəlit, -á-/-ɔ́-] *n., a.* Ⓤ 초콜릿(과자·빛)(의).

chócolate-bòx *a.* 표면적으로 고운, 번쩍번쩍하는.

chócolate sóldier 전투를 좋아하지 않는 병사.

‡choice [tʃɔis] *n.* ① Ⓤ,Ⓒ 선택(selection); 가림(preference). ② Ⓤ 선택권〔력〕; Ⓒ 선택의 기회. ③ Ⓒ 뽑힌 것〔사람〕, 우량품, 정선(精選)된 것(best part) (*of*). ④ Ⓤ 선택의 범위〔종류〕 (variety)(*We have a large* 〔*great*〕 *~ of ties.* 여러 가지 넥타이가 있습니다). ***at one's own ~*** 좋아하는〔마음〕 대로. ***by ~*** 좋아서, 스스로 택하여. ***~ for the tokens*** 《英俗》 베스트 셀러, 날개돋힌 책. ***for ~*** 어느 쪽인가를 택해야 한다면. ***have no ~*** 가리지 않다《아무 것이나 좋다》; 이것저것 가릴 여지가 없다. ***have no ~ but to*** (do) …할 수밖에 없다. ***have one's ~*** 자유로 선택할 수 있다. ***Hobson's ~*** (주어진 것을 갖느냐 안 갖느냐의) 명색뿐인 선택. ***make ~ of*** …을 고르다. ***without ~*** 가리지 않고, 차별없이. ── *a.* 고르고 고른(select), 우량한.

‡choir [kwaiər] *n.* Ⓒ 《집합적》(교회의) 성가대; (보통 *sing.*) 성가대석.

chóir·bòy *n.* Ⓒ (성가대의) 소년가수.

chóir lòft (교회의 2층) 성가대석.

chóir màster 성가대 지휘자.

chóir òrgan (성가대 반주용) 최저음 파이프 오르간.

‡choke [tʃouk] *vt.* ① 막히게 하다, 질식시키다. ② 목졸라 죽이다; 꽉 채워 넣다(fill), (틀어)막다(block). ③ 멈추다, (불을) 끄다. ④ (감정을) 억제하다. ── *vi.* 숨이 막히다, (목이) 메다(*with*); 막히다. ***~ back*** 억누르다(hold back). ***~ down*** 간신히 삼키다; 꿀꺽 참다. ***~ in*** 〔***up***〕 《美俗》 잠자코 있다. ***~ off*** 질식〔중지〕시키다. ***~ up*** 막다(*with*); 막히게 하다; 말라죽게 하다. ── *n.*

Ⓒ ① 질식. ② (파이프의) 폐색부. **~d**[-t] *a.* 《口》 넌더리 내어, 실망하여.

chóke·dàmp *n.* Ⓤ (탄갱·우물 등의) 탄산〔유독〕 가스.

chóke-fúll *a.* =CHOCK-FULL.

chóke·pòint *n.* Ⓒ 《美》 (교통·항해의) 험난한 곳, (교통) 정체〔병목〕 지점.

chok·er[ˊ-ər] *n.* Ⓒ choke시키는 물건〔사람〕; 《口》 초커《목걸이》.

chok·y[tʃóuki] *a.* 숨막히는, 목이 메는 듯한; 감정을 억제하는.

cho·le·li·thi·a·sis[kòuləliθáiəsis] *n.* Ⓤ 〖醫〗 담석증.

chol·er[kálər/-ɔ́-] *n.* Ⓤ 《古》 담즙(bile); 울화, 노여움, 성마름. **~·ic**[kálərik/-ɔ́-] *a.* 담즙질(質)의; 성마른, 잘 불끈거리는.

chol·er·a**[kálərə/-ɔ́-] *n.* Ⓤ 콜레라. ***Asiatic 〔***epidemic, malignant***〕 **~** 진성 콜레라.

chólera bèlt (보온용의) 복대(腹帶).

cho·les·ter·ol [kəléstəròul, -rɔ̀(:)l] *n.* Ⓤ 〖生化〗 콜레스테롤《혈액·뇌·담즙 등에 있는 지방질》.

cho·line[kóuli:n] *n.* Ⓤ 〖生化〗 콜린《비타민 B복합체의 하나》.

cho·lin·es·ter·ase[kòulənéstərèis, kàl-/kɔ̀l-] *n.* Ⓤ 〖生化〗 콜린에스테라아제《아세틸콜린을 초산과 콜린으로 가수분해하는 효소》.

chon·dri·tis[kandráitis/kɔn-] *n.* Ⓤ 〖醫〗 연골염.

choo-choo[tʃú:tʃù:] *n.* Ⓒ 《美兒》 기차, 칙칙폭폭(《英》 puff-puff).

†**choose**[tʃu:z] *vt., vi.* (***chose; chosen***) ① 고르다(select), 선택하다. ② 선거하다(elect). ③ …하고 싶은 기분이 들다, …하려고 생각하다. ***as you ~*** 좋을〔마음〕대로. ***cannot ~ but*** (do) …하지 않을 수 없다.

choos·(e)y[tʃú:zi] *a.* 《口》 가리는, 까다로운.

‡**chop**[1][tʃap/-ɔ-] *vt.* (***-pp-***) ① 찍다, 쳐〔팍〕 자르다, 싹뚝 베다(hack), 잘게 자르다(mince)(*up*). ② (길을) 트다. ③ 〖테니스〗 (공을) 깎아치다. ── *vi.* ① 자르다; 잘라지다, 가르다; 갈라지다; 금이 가다. ② 중뿔나게 참견하다(*in*). **~ *about*** 난도질하다. **~ *in*** 《口》 불쑥 말참견하다. ── *n.* Ⓒ ① 절단(한 한 조각), 두껍게 베어낸 고깃점. ② 〖테니스〗 (공을) 깎아치기.

chop[2] *n.* Ⓒ (보통 *pl.*) 턱, 뺨; (*pl.*) 입, (항구·골짜기의) 입구, 어귀.

chop[3] *vi., vt.* (***-pp-***) 갑자기 바꾸다〔바뀌다〕. **~ *about*** (바람이) 끊임없이 바뀌다; 갈팡질팡하다, 마음이 바뀌다. **~ *and change*** (생각·직업 따위를) 자꾸 바꾸다. **~ *logic*** 억지 이론〔궤변〕을 늘어놓다. **~ *words*** 언쟁〔말다툼〕하다.

chop[4] *n.* Ⓒ (인도·중국의) 관인(官印), 면허증; 상표; 《印口》 품질, 등급, 품종. ***first ~*** 일급품.

chop-chop[tʃáptʃáp/tʃɔ́ptʃɔ́p] *ad., int.* 《俗》 빨리 빨리, 서둘러.

chóp·fàllen *a.* =CHAPFALLEN.

chóp·hòuse *n.* Ⓒ 고기 요리점; 《古》 (중국의) 세관.

Chopin[ʃóupæn/ʃɔ́pæn], **Frédéric François**(1810-49) 폴란드 태생의 프랑스 작곡가.

chop·per[tʃápər/-ɔ́-] *n.* Ⓒ 자르는〔써는〕 사람; 고기 써는 큰 식칼(cleaver); 《美俗》 헬리콥터; 《俗》 (특히) 의치; 〖電子〗 초퍼《직류나 광선을 단속하는 장치》.

chop·ping[tʃápiŋ/tʃɔ́p-] *a.* 자르는(데 쓰는); (아이가) 크고 뚱뚱한. ── *n.* Ⓒ 패기, 난도질.

chop·py[tʃápi/-ɔ́-] *a.* (바람이) 변하기 쉬운; 삼각파가 이는.

chóp·stìck *n.* Ⓒ (보통 *pl.*) 젓가락.

chóp sú·ey[-sú:i] 잡채.

cho·ral[kɔ́:rəl] *a., n.* Ⓒ 성가대(choir)의; 합창(chorus)의; 합창대, 성가. **~ *service*** 합창 예배.

cho·rale[kərǽl/kɔrá:l] *n.* Ⓒ = CHORAL.

chóral spéaking 〖劇〗 제창(齊唱), 슈프레히코어(G. *Sprechchor*) 《한 떼의 사람이 같은 말을 동시에 하기》.

†**chord**[kɔ:rd] *n.* Ⓒ ① (악기의) 현, 줄(string). ② 화현(和弦), 화음. ③ 심금(心琴), 정서. ④ 〖數〗 (원의) 현(弦).

chor·date[kɔ́:rdeit] 〖生〗 *a.* 척삭(脊索)이 있는; 척삭동물의. ── *n.* Ⓒ 척삭동물.

chore[tʃɔ:r] *n.* Ⓒ 《美》 잡일, 허드렛일, 싫은 일.

cho·re·a[kɔ:rí:ə, kə-] *n.* Ⓤ 무도병(St. Vitus's dance).

cho·re·og·ra·pher[kɔ̀:riágrəfər/kɔ̀:riɔ́-] *n.* Ⓒ 〖발레〗 안무가(按舞家).

cho·re·og·ra·phy [kɔ̀:riágrəfi], 《英》 **cho·reg·ra·phy**[kəré-] *n.* Ⓤ 발레(의 안무); 무용술.

cho·ric[kɔ́:rik/-ɔ́-] *a.* =CHORAL.

cho·rine[kɔ́:ri:n] *n.* 《俗》 =CHORUS GIRL.

chor·is·ter [kɔ́:ristər, -á-/-ɔ́-] *n.* Ⓒ 성가대원; 성가대 지휘자(choir leader).

cho·rog·ra·phy [kɔ:rágrəfi/kɔ:rɔ́g-] *n.* Ⓤ 지방지지(地方地誌), 지세도.

cho·rol·o·gy[kərálədʒi/-rɔ́l-] *n.* Ⓤ 생물 분포학.

chor·tle[tʃɔ́:rtl] *vi.* 의기 양양하게 웃다.

‡**cho·rus**[kɔ́:rəs] *n.* Ⓒ 합창, 코러스; 합창곡〔단〕. ***in ~*** 이구동성으로, 일제히. ── *vt.* 합창하다.

chórus gìrl 코러스 걸《레뷔 가수·무용수》.

‡**chose**[1][tʃouz] *v.* choose의 과거.

chose[2][ʃouz] *n.* Ⓤ 〖法〗 물(物), 재산, 동산.

‡**cho·sen**[tʃóuzn] *v.* choose의 과거분사. ── *a.* 선택된, 뽑힌. ***the ~***

people (신의) 선민《유대인의 자칭》.
chou[ʃu:] *n.* (*pl.* **choux**[ʃu:]) Ⓤ 슈크림.
Chou En-lai[tʃóu énlái] (1898–1976) 저우언라이(周恩來)《중국의 정치가》.
chow[tʃau] *n.* ① Ⓒ (혀가 검은) 중국종 개. ② Ⓤ《美俗》음식, 식사. — *vi.*《美俗》먹다.
chow·der[tʃáudər] *n.* Ⓤ《美》(조개·생선의) 잡탕《요리》.
chòw méin[tʃàu méin] (Chin.) 초면(炒麵).
Chr. Christ; Christian.
chres·tom·a·thy [krestáməθi/-ɔ́-] *n.* Ⓤ (외국어 학습용의) 명문집(名文集).
:Christ[kraist] *n.* 그리스도, 구세주. **∠·ly** *a.* 그리스도의〔같은〕.
·chris·ten[krísn] *vt., vi.* ① 세례를 주다(baptize). ② 세례하여 명명하다; 이름을 붙이다. ③《口》처음으로 사용하다. **~·ing**[-iŋ] *n.* Ⓤ,Ⓒ 세례(식); 명명(식).
Chris·ten·dom[krísndəm] *n.* Ⓤ 《집합적》기독교국〔교도〕.
Christ·er[kráistər] *n.* Ⓒ《美學生俗》술 못 먹는 놈.
:Chris·tian[krístʃən] *n.* Ⓒ ① 기독교도. ②《口》신사, 숙녀, 문명인. ***Let's talk like ~s.*** 점잖게 얘기하자. — *a.* ① 그리스도(교)의. ②《口》신사적인.
Chrístian búrial 교회장(葬).
Chrístian Éra 서력 기원.
Chris·ti·an·i·a[krìstʃiǽniə] *n.* Ⓒ 〖스키〗회전법의 하나.
·Chris·ti·an·i·ty[krìstʃiǽnəti] *n.* Ⓤ 기독교 (신앙).
Chris·tian·ize[krístʃənàiz] *vt.* 기독교화하다. **-i·za·tion** [krìstʃənizéiʃən/-tjənai-, -tʃə-] *n.*
:Chrístian náme 세례명, 이름.
Chrístian Scíence 신앙 치료를 특색으로 하는 미국의 M.B. Eddy 여사가 창시(1866)한 교파.
Chríst·lìke *a.* 그리스도 같은; 그리스도적인.
†Christ·mas[krísməs] *n.* Ⓤ 크리스마스, 성탄절(~ Day)《12월 25일》. **~ *book*** 크리스마스의 읽을거리. ***Merry ~!*** 크리스마스를 축하합니다.
Chrístmas bòx《英》크리스마스 선물《우체부·하인 등에 대한》. 「드.
Chrístmas càrd 크리스마스 카
Chrístmas càrol 크리스마스 송가(頌歌). 「〔전야(제)〕.
Chrístmas Éve 크리스마스 이브
Chrístmas sèal 크리스마스 실.
Chrístmas·tìde *n.* Ⓤ 크리스마스 계절《Dec. 24–Jan. 6》.
Chrístmas trèe 크리스마스 트리.
Chris·tol·o·gy[kristálədʒi/-ɔ́-] *n.* Ⓤ 그리스도론(論). 「크롬산염.
chro·mate[króumeit] *n.* Ⓒ〖化〗
chro·mat·ic[kroumǽtik] *a.* 색(채)의; 염색성의;〖樂〗반음계의(cf. diatonic).
chromátic aberrátion〖光〗색수차(色收差).
chromátic scále 반음계.
chomátic sensátion 색채 감각.
chro·ma·tin [króumətin] *n.* Ⓤ〖生〗염색질, 크로마틴.
chro·ma·to·phore[króumətəfɔ̀:r] *n.* Ⓒ〖動·植〗색소세포, 색소체.
chrome[kroum] *n.* Ⓤ〖化〗크롬, 크로뮴(chromium); 황색 그림물감.
chro·mic[∠ik] *a.* 크롬을 함유하는.
chróme stéel 〔**yéllow**〕 크롬강(鋼)〔황(黃)〕. 「〖化〗크로뮴.
chro·mi·um [króumiəm] *n.* Ⓤ
chro·mo[króumou] *n.*《美》=⇩.
chro·mo·gen[króumədʒən] *n.* Ⓤ 〖化·染〗색원체; 매염 염료의 일종.
chro·mo·lith·o·graph[kròumouliθəgræ̀f, -grɑ̀:f] *n.* Ⓒ 착색 석판화(畫). 「Ⓒ〖生〗염색체.
chro·mo·some[króuməsòum] *n.*
chro·mo·sphere [króuməsfìər] *n.* Ⓒ〖天〗채층(彩層)《태양 주변을 덮는 붉은 색 가스층》.
Chron.〖舊約〗Chronicles.
·chron·ic[kránik/-ɔ́-] *a.* 오래 끄는, 만성의; 고질이 된. **-i·cal·ly** *ad.*
·chron·i·cle[kránikl/-ɔ́-] *n.* Ⓒ 연대기(年代記); 기록; 이야기; (C-) …신문(*The News C-*). ***the Chronicles***〖舊約〗역대기. — *vt.* (연대순으로) 기록하다. **-cler** *n.* Ⓒ 연대기 작자, 기록자.
chrónicle plày 시대극, 사극.
chron(·o)-[krán(ə)/krɔ̀-] '시(時)'의 뜻의 결합사.
chron·o·log·i·cal[krànəládʒikəl/krɔ̀nəlɔ́dʒ-] *a.* 연대순의. **~·ly** *ad.*
chro·nol·o·gy[krənálidʒi/-ɔ́-] *n.* ① Ⓤ 연대학. ② Ⓒ 연대기. **-gist** *n.* Ⓒ 연대학자.
chro·nom·e·ter [krənámitər/-nɔ́mi-] *n.* Ⓒ 크로노미터《항해용 정밀 시계》;《一般》정밀 시계.
chro·nom·e·try [krənámitri/-nɔ́m-] *n.* Ⓤ 시각 측정《과학적인》.
chron·o·pher[kránəfər/-ɔ́-] *n.* Ⓒ 시보(時報) 장치.
chron·o·scope [kránəskòup/krɔ́nə-] *n.* Ⓒ 크로노스코프《전자에 의한 극미 시간 측정기》.
chrys·a·lid[krísəlid] *n., a.* Ⓒ 번데기(의); 준비기(期)(의).
chrys·a·lis[krísəlis] *n.* (*pl.* **~es, -lides**[krisǽlədì:z]) Ⓒ 번데기(chrysalid); 준비기.
·chrys·san·the·mum [krisǽnθəməm] *n.* Ⓒ 국화(꽃).
chrys·o·ber·yl[krísoubèril] *n.* Ⓤ〖鑛〗금록옥(金綠玉).
chrys·o·lite[krísəlàit] *n.* Ⓤ 귀감람석(貴橄欖石).
chrys·o·prase[krísouprèiz] *n.* Ⓤ 〖鑛〗녹옥수(綠玉髓).
chub[tʃʌb] *n.* (*pl.* **~s,**《집합적》**~**) Ⓒ 황어 무리의 민물고기.
chub·by[tʃʌ́bi] *a.* 토실토실 살찐(plump[1]).

*__chuck__[1][tʃʌk] *vt.* ① 가볍게 두드리다 (pat). ② (휙) 던지다. ③ 《英俗》(친구를) 버리다. ④ (턱 밑 따위를 장난삼아) 톡톡 치다. **~ away** 버리다; 낭비하다. ***C- it!*** 집어쳐!, 그만둬!, 닫쳐! **~ oneself away on** 《口》(남이 보아 하찮은 사람)과 결혼[교제]하다; …에 시간[돈, 노력]을 허비하다. **~ out** (성가신 자를) 쫓아내다, 끌어내다; (의안을) 부결하다. **~ up** 그만두다; 포기[방기]하다. ― *n.* Ⓒ 던짐; 가볍게 침; 중지; 투전(投錢). ***get the ~*** 해고당하다. ***give the ~*** 《俗》갑자기 해고하다; (친구를) 뿌리쳐 버리다.

chuck[2] *n., vt.* Ⓒ 〖機〗 척《선반(旋盤)의 물림쇠》; 지퍼(zipper); (소의) 목 부분의 살, 목정; 《美西部俗》 음식; 〖機〗 척에 걸다[으로 죄다].

chuck[3] *vt., vi.* (암탉이 병아리를) 꼬꼬하고 부르다. ― *n.* Ⓒ 그 소리.

chúck·hòle *n.* Ⓒ 도로상의 구멍.

:**chuck·le**[tʃʌ́kl] *vi.* ① 킬킬 웃다. ② (암탉이) 꼬꼬거리다. ― *n.* Ⓒ 낄낄 웃음; 꼬꼬하는 울음 소리.

chúckle·hèad *n.* Ⓒ 《口》 바보, 천치. **~ed** *a.*

chúck wàgon 《美西部》 농장[목장]의 취사(炊事)용 마차.

chuff[tʃʌf] *n.* Ⓒ 시골뜨기; 뒤틈바리; 구두쇠.

chug[tʃʌg] *vi.* (**-gg-**) (발동기 따위가) 칙칙[폭폭] 소리를 내다. ― *n.* Ⓒ 칙칙[폭폭]하는 소리.

*__chum__[tʃʌm] *n., vi.* (**-mm-**) Ⓒ 단짝; 한 방의 동무; 친구; 한 방을 쓰다, 사이 좋게 지내다. **∠·my** *n., a.* Ⓒ 《口》 단짝(의), 사이 좋은.

chump[tʃʌmp] *n.* Ⓒ 큰 나뭇조각[고깃점]; 《口》 멍텅구리, 바보(blockhead); 《俗》 대가리(head).

chunk[tʃʌŋk] *n.* Ⓒ 《口》 큰 덩어리; 땅딸막한 사람[말]. **∠·y** *a.* 《口》 똥똥한, 앙바름한.

chun·ter[tʃʌ́ntər] *vi.* 중얼거리다, 투덜거리다.

†**church**[tʃəːrtʃ] *n.* ① Ⓒ 교회당, 성당. ② Ⓤ (교회에서의) 예배(*early* ~ 새벽 예배). ③ Ⓒ (C-) 교파. ④ Ⓤ 전기독교도; 교권. ⑤ (the C-) 성직(聖職). ***after ~*** 예배 후. ***Anglican C-*** ＝C- of England. ***as poor as a ~ mouse*** 몹시 가난하여. ***at ~*** 예배중에. ***C- of England*** 영국국교회, 성공회. ***C- of Jesus Christ of Latter-day Saints*** 모르몬 교회. ***Eastern C-*** 동방[그리스] 교회. ***English C-*** ＝C- of England. ***enter*** [***go into***] ***the C-*** 성직자[목사]가 되다. ***High*** [***Low***] ***C-*** 고파(高派)[저파(低派)] 교회《의식 등을 중시하는[하지 않는] 영국 국교의 일파》. ***talk ~*** 종교적인 말을 하다; 《俗》 재미 없는 말을 하다. ***Western C-*** 서방[가톨릭] 교회.

chúrch·gòer *n.* Ⓒ (늘) 교회에 다니는 사람.

chúrch·gòing *a., n.* Ⓤ 교회에 다니는[다니기].

*__Church·ill__ [tʃə́ːrtʃil], **Winston** (1874-1965) 영국 보수당의 정치가·수상(1940-45, 1951-55).

church·less[tʃə́ːrtʃlis] *a.* 교회 없는; 교회에 안 다니는.

church·man[∠mən] *n.* Ⓒ 목사.

chúrch·wàrden *n.* Ⓒ 교구위원[집사]; 《英》 긴 사기 담뱃대.

*__chúrch·yàrd__ *n.* Ⓒ 교회의 경내(境內); 교회 묘지.

churl[tʃəːrl] *n.* Ⓒ 촌사람; 야비한 사나이; 구두쇠. **∠·ish** *a.*

churn[tʃəːrn] *n.* Ⓒ 교유기(攪乳器) 《버터를 만드는 대형 통》. ― *vt., vi.* (우유·크림을) 휘젓다(stir); (휘저어) 버터를 만들다; 휘저어지다, 거품일(게 하)다. **∠·er** *n.*

churr[tʃəːr] *vi., n.* ＝CHIRR.

chut[ɿ, tʃʌt] *int.* 쳇, 쯧쯧《마땅찮을 때》.

chute[ʃuːt] *n.* Ⓒ (물·재목 따위의) 활강로(滑降路); 급류, 폭포(rapids); 《口》 낙하산.

chut·ist[ʃúːtist] *n.* Ⓒ 낙하산병.

chut·ney, -nee[tʃʌ́tni] *n.* Ⓤ 처트니《인도의 달콤하고 매운 양념》.

chutz·pa(h)[hútspə] *n.* Ⓤ 《俗》 후안무치; 뻔뻔스러움.

chyle[kail] *n.* Ⓤ 〖生〗 유미(乳糜) 《소장에서 만드는 지방성 임파액》.

chyme[kaim] *n.* Ⓤ 〖生〗 유미죽《위에서 위액으로 변화된 음식》.

C.I. Channel Island. **CIA** 《美》 Central Intelligence Agency.

CIC Counter Intelligence Corps.

ciao[tʃau] *int.* (It.) 여어《인사》; 안녕.

*__ci·ca·da__[sikéidə, -káː-] *n.* (*pl.* **~s, -dae**[-diː]) Ⓒ 매미.

cic·a·trice[síkətris], **-trix**[-triks] *n.* (*pl.* **-trices**[∸–tráisiːz]) Ⓒ 흉터, 상처 자국; 〖植〗 엽흔(葉痕).

cic·a·trize[síkətràiz] *vi., vt.* 흉터가 나(게 하)다; 아물(게 하)다.

Cic·e·ro[sísəròu], **Marcus Tullius** (106-43 B.C.) 키케로《로마의 웅변가·정치가》. **~·ni·an**[sìsəróuniən] *a., n.* 키케로적인; Ⓒ 웅변인, 키케로 숭배자.

cic·e·ro·ne[sìsəróuni, tʃìtʃə-] *n.* (*pl.* **-ni**[-niː], **~s**) (It.) Ⓒ (관광) 안내인.

ci·cis·be·o[tʃìːtʃizbéiou] *n.* (*pl.* **-bei**[-béiiː]) (It.) Ⓒ (특히 18세기 이탈리아의, 유부녀의 공공연한) 애인.

C.I.D. Criminal Investigation Department 《美》 검찰국; 〖軍〗 범죄수사대; 《英》 (런던 경찰국의) 수사과.

*__ci·der__[sáidər] *n.* Ⓤ 사과술《한국의 '사이다'는 탄산수》. ***all talk and no ~*** 공론(空論).

cíder prèss 사과 착즙기(搾汁器).

C.I.F., c.i.f. cost, insurance, and freight 운임 보험료 포함 (가격).

:**ci·gar**[sigáːr] *n.* Ⓒ 엽궐련, 여송연.

:**cig·a·ret(te)**[sìgərét, ∠–∸] *n.* Ⓒ 궐련.

cil·i·a[síliə] *n. pl.* (*sing.* **-ium** [-iəm]) 속눈썹; 〖植·生〗 섬모(纖毛), 솜털.
CIM computer-integrated manufacturing 컴퓨터 통합 생산 체제.
Cim·me·ri·an[simíəriən] *a.* 〖그神〗 (아득한 옛날, 영원한 암흑 세계에 살았다는) 키메르 사람의. ~ ***darkness*** 칠흑, 암흑.
C. in C., C-in-C Commander-in-Chief.
cinch[sintʃ] *n.* Ⓒ 《美》 (말의) 뱃대끈; 《口》 꽉 쥠〔잡음〕; 《俗》 확실한 일, 수월한 일(*That's a* ~. 그런 것은 식은 죽먹기다). — *vt.* 《美》 (말의) 뱃대끈을 죄다; 《俗》 꽉 붙잡다, 확보하다, 확실히 하다.
cin·cho·na[sinkóunə, siŋ-] *n.* Ⓒ 기나 나무; Ⓤ 기나피《키니네를 채취》.
cin·cho·nine[síŋkəni:n] *n.* 〖藥〗 싱코닌《기나피에서 채취한 알칼로이드》.
Cin·cin·nat·i[sìnsənǽti] *n.* 미국 오하이오주의 상공업 도시.
cinc·ture[síŋktʃər] *n.* Ⓒ 《詩》 띠 (girdle), 띠끈; 울. — *vt.* (…을) 띠로 감다, 둘러싸다.
cin·der**[síndər] *n.* ① Ⓤ (석탄 따위의) 타다 남은 찌꺼기; 뜬숯. ② (*pl.*) 타다 남은 것, 재(ashes); = CINDER TRACK. ***burn up the ~s 《美》 (경주에서) 역주하다.
cínder blòck 속이 빈 건축용 블록.
***Cin·der·el·la**[sìndərélə] (<cinder) *n.* ① 신데렐라(=G. *Aschenbrödel;* F. *Cendrillon*). ② Ⓒ 숨은 미인〔재원〕; 하녀; 밤 12시까지만의 무도회(~ dance).
cínder pàth 〔**tràck**〕 경주로.
cin·e-[síni, -nə] 'cinema'의 뜻의 결합사.
cíne·càmera *n.* Ⓒ 영화 촬영기.
cíne·film *n.* Ⓤ 영화용 필름.
:cin·e·ma[sínəmə] *n.* ① 《英》 Ⓤ 영화관(*go to the* ~ 영화 보러 가다). ② Ⓒ (한 편의) 영화. ③ (the ~) 《집합적》 영화(《美》 movies).
cínema cìrcuit 영화관의 흥행 계통.
cin·e·mac·tor[sínəmæ̀ktər] *n.* Ⓒ 《美俗》 영화 배우.
cin·e·mac·tress[-tris] *n.* Ⓒ 《美俗》 영화 여배우.
Cin·e·ma·Scope [sínəməskòup] *n.* Ⓤ,Ⓒ 〖商標〗 시네마스코프《와이드 스크린 방식 영화의 하나》.
cin·e·ma·theque[sìnəməték] *n.* Ⓤ,Ⓒ 실험 영화 극장.
cin·e·mat·o·graph[sìnəmǽtəgræ̀f, -grɑ̀:f] *n.* Ⓒ 《英》 영사기; 촬영기. **-gra·phic**[⌐–⌐–græ̀f] *a.*
cin·e·ma·tog·ra·phy[sìnəmətɑ́grəfi/-ɔ́-] *n.* Ⓤ 영화 촬영 기술〔기법〕.
cin·e·rar·i·a[sìnəréəriə] *n.* Ⓒ 시네라리아《엉거싯과 식물》.
cin·e·rar·i·um[sìnəréəriəm] *n.* (*pl.* **-ia**[-iə]) Ⓒ 납골소(納骨所).
cin·er·a·tor[sínərèitər] *n.* Ⓒ 화장로(爐).
cin·na·bar[sínəbɑ̀:r] *n.* Ⓤ 〖鑛〗 진사(辰砂)《수은 원광》; 선홍색; 주홍.
***cin·na·mon**[sínəmən] *n., a.* Ⓤ 계피; 육계색(肉桂色)의.
cin·que·cen·to[tʃìŋkwitʃéntou] *n.* (It.) Ⓤ 16세기(의 이탈리아 예술). **-cén·tist** *n.*
cinque·foil [síŋkfɔil] *n.* Ⓒ ① 〖植〗 양지꽃속의 식물. ② 〖建〗 매화무늬.
CIO, C.I.O. Congress of Industrial Organizations 《美》 산업별 노동 조합 회의(⇨AFL-CIO).
ci·pher** [sáifər] *n.* ① Ⓒ 영(零) (zero); 하찮은 사람〔것〕; 아라비아 숫자. ② Ⓤ,Ⓒ 암호 (해독서). ***in ~ 암호로. — *vt., vi.* 계산하다; 암호로 쓰다.
cípher kèy 암호 해독법.
cir·ca[sə́:rkə] *prep.* (L.) 약 (…년경)《생략 c., ca.》.
Cir·ce[sə́:rsi] *n.* 〖그神〗 키르케《사람을 돼지로 바꾼 마녀》; Ⓒ 요부.
†cir·cle[sə́:rkl] *n.* Ⓒ ① 원(주) (*draw a* ~ 원을 그리다), 권(圈). ② 원형의 장소. ③ 〖天〗 궤도(orbit); 주기(cycle). ④ (종종 *pl.*) 집단, 사회; …계(界), 범위(*have a large* ~ *of friends* 안면이 넓다). ***come*** 〔***go***〕 ***full*** ~ 일주하다. ***family*** ~ 집안, 가족. ***go round in ~s*** 《口》 제자리를 맴돌다; 노력의 성과가 없다. ***in a*** ~ 둥그렇게, 원을 그리며. ***run round in ~s*** 《口》 하찮은 일에 안달복달하다. ***well-informed ~s*** 소식통. — *vi., vt.* 돌다, 둘러싸다.
cir·clet[sə́:rklit] *n.* Ⓒ 작은 원〔고리〕; 팔찌, 반지, 머리띠.
:cir·cuit[sə́:rkit] *n.* Ⓒ ① 주위, 주행, 순회(구). ② 우회 (도로). ③ 범위. ④ 순회 재판(구). ⑤ 〖電·컴〗 회로. ⑥ 흥행 계통(chain); =CINEMA CIRCUIT. ***closed*** ~ 폐회로. ***go the*** ~ ***of*** …을 일주하다. ***short*** ~ 〖電〗 단락(短絡), 합선. — *vt., vi.* 순회하다.
círcuit bòard 〖컴〗 ① 회로판. ② 회로판 또는 집적 회로를 탑재한 회로 구성 소자.
círcuit brèaker 〖電〗 회로 차단기.
círcuit cóurt 순회 재판소.
círcuit drìve 〖野〗 본루타.
cir·cu·i·tous[sə:rkjú:itəs] *a.* 에움길의, 에두르는, 완곡한(roundabout). **~·ly** *ad.*
círcuit rìder 《美》 (Methodist파의) 순회 목사.
:cir·cu·lar[sə́:rkjələr] *a.* ① 원형(circle)의, 고리 모양〔환상〕의. ② 순환〔순회〕하는. ③ 회람의. — *n.* Ⓒ 회장(回章); 안내장; 광고 전단. **~·ize**[-àiz] *vt.* (…에게) 광고를 돌리다; 원형으로 만들다. 「(回文).
círcular létter 회장(回章), 회문
círcular númber 〖數〗 순환수.
círcular sáw 둥근톱《동력을 씀》.
:cir·cu·late[sə́:rkjəlèit] (<circle) *vi., vt.* ① 돌〔게 하〕다, 순환하다〔시

키다]. ② 유포[유통]하다[시키다]. ③ 널리 미치다. **-lat·ing**[-iŋ] *a.*

circulàting cápital 유동 자본.

circulàting décimal 순환 소수.

circulàting líbrary (회원제) 대출 도서관.

:cir·cu·la·tion[sə̀ːrkjəléiʃən] *n.* ① Ⓤ,Ⓒ 순환; 운행. ② Ⓤ (통화 따위의) 유통; 유포; 배포(配布). ③ (*sing.*) 발행 부수; (도서의) 대출 부수.

cir·cu·la·tor[sə́ːrkjəlèitər] *n.* Ⓒ 소문 퍼뜨리는 사람; 〖數〗 순환 소수.

cir·cu·la·to·ry [sə́ːrkjələtɔ̀ːri/ sə̀ːkjəléitəri] *a.* (혈액) 순환의; 유통의.

cir·cum-[sə́ːrkəm] *pref.* '주(周), 회(回), 여러 방향으로' 의 뜻.

cir·cum·am·bi·ent[sə̀ːrkəmǽmbiənt] *a.* 주위의; 둘러싼.

cir·cum·cise[sə́ːrkəmsàiz] *vt.* (유대교 따위) 할례를 행하다; (마음을) 깨끗이 하다.

cir·cum·ci·sion[sə̀ːrkəmsíʒən] *n.* Ⓤ 할례; 포경 수술.

***cir·cum·fer·ence** [sərkʌ́mfərəns] *n.* Ⓤ,Ⓒ 원주, 주위, 주변. **-en·tial**[sərkʌ̀mfərénʃəl] *a.*

cir·cum·flex[sə́ːrkəmflèks] *a.* 곡절(曲折) 악센트가 있는; 만곡(灣曲)한. — *vt.* (…에) 곡절 악센트를 붙이다; 굽히다.

círcumflex áccent 곡절 악센트 기호《모음 글자 위의 ^, ˇ, ˜》.

cir·cum·lo·cu·tion[sə̀ːrkəmloukjúːʃən] *n.* ① Ⓤ 완곡. ② Ⓒ 완곡한 표현, 에두른 표현. ***-loc·u·to·ry**[-lákjətɔ̀ːri/-lɔ́kjətəri] *a.*

cìrcum·návigate *vt.* (세계를) 일주하다. **-navigátion** *n.*

cir·cum·nu·tate [-njúːtèit] *vi.* 〖植〗 (덩굴손 따위가 자라면서) 둘둘 감기다, 회전 운동을 하다.

cir·cum·scribe[sə́ːrkəmskràib] *vt.* 둘레에 선을 긋다, 한계를 정하다; 에워싸다(surround); 제한하다; 〖幾〗 외접(外接)시키다.

cir·cum·scrip·tion [sə̀ːrkəmskrípʃən] *n.* Ⓤ 한계 설정, 제한; 경계선; 범위; 〖幾〗 외접.

cir·cum·spect[sə́ːrkəmspèkt] *a.* 조심성 많은; 빈틈없는. **-spec·tion** [≥–spékʃən] *n.*

:cir·cum·stance [sə́ːrkəmstæ̀ns/ -əns] *n.* ① (*pl.*) 사정, 정황, 상황; 환경, 처지, 생활 형편. ② Ⓒ 일어난 일; 사건, 사실. ③ Ⓤ 부대 사항, 상세. ④ Ⓤ 형식에 치우침. ***in easy* [*good*] *~s*** 살림이 넉넉하여. ***not a ~ to*** 《俗》 …와 비교가 안 되는. ***the whole ~s*** 자초지종. ***under no ~s*** 여하한 일이 있어도 …않다. ***under* [*in*] *the ~s*** 이러한 사정에서는. ***with ~*** 자세히. ***without ~*** 형식 차리지 않고.

cir·cum·stanced [sə́ːrkəmstænst/-stənst] *a.* (어떤) 사정[처지]에 놓인(*be awkwardly ~d* 거북한 입장에 놓여 있다).

cir·cum·stan·tial [sə̀ːrkəmstǽnʃəl] *a.* 정황에 의한, 추정상의; 상세한(detailed)(*a ~ report*); 우연한, 부수적인, 중요치 않은. ~ ***evidance*** 〖法〗 정황 증거.

cir·cum·stan·ti·ate [sə̀ːrkəmstǽnʃièit] *vt.* (정황에 의해) 실증하다; (…에) 관하여 상술(詳述)하다.

cir·cum·stel·lar[-stélər] *a.* 별 주위의[를 도는].

cir·cum·vent[-vént] *vt.* 선수치다, 속이다, (함정에) 빠뜨리다; 에워싸다. **-vén·tion** *n.*

:cir·cus[sə́ːrkəs] *n.* Ⓒ 서커스, 곡예, 곡마단[장]; (고대 로마의) (원형) 경기장; 《英》 (방사상으로 도로가 모이는) 원형 광장(*Piccadilly ~* (런던의) 피커딜리 광장); 재미있는 사람[일·것].

cirque[səːrk] *n.* Ⓒ 《詩》 천연의 원형 극장; 원형의 공간; 〖地〗 권곡(圈谷).

cir·rho·sis[siróusis] *n.* Ⓤ 〖醫〗 (특히 과음에 의한 간·신장 등의) 경변증(硬變症).

cir·rhot·ic[sirátik/-ɔ́-] *a.* 〖醫〗 경변증의.

cir·ro·cu·mu·lus [sìroukjúːmjələs] *n.* Ⓒ 〖氣〗 권적운(卷積雲), 털쌘구름.

cir·ro·stra·tus [sìroustréitəs, -rǽt-] *n.* (*pl.* ***-ti***[-tai], ~) Ⓒ 권층운(卷層雲), 털층구름.

cir·rus[sírəs] *n.* (*pl.* ***-ri***[-rai]) Ⓒ 〖氣〗 권운(卷雲), 새털구름; 〖植〗 덩굴손(tendril); 〖動〗 촉모(觸毛).

CIS Center for Integrated System; the Commonwealth of Independent States 독립 국가 연합.

cis·al·pine[sisǽlpain, -pin] *a.* (이탈리아 쪽에서 보아) 알프스 산맥의 이편[남쪽]의.

cis·at·lan·tic[sìsətlǽntik] *a.* 대서양의 이편[유럽쪽, 미국쪽]의.

cis·lu·nar[sislúːnər] *a.* 〖天〗 달궤도 안쪽의, 달과 지구 사이의.

cis·mon·tane [sismántein/-ɔ́-] *a.* (독일측에서 본) 알프스 산맥의 이편[북쪽]의.

cis·sy[sísi] *n.* Ⓒ 《口》 무기력한 사내; 《美俗》 동성애의 남자(sissy).

Cis·ter·cian[sistə́ːrʃən] *a., n.* Ⓒ (프랑스의) 시토(Citeaux)파 수도회의 (수사).

***cist·ern**[sístərn] *n.* Ⓒ (흔히, 옥상의) 저수 탱크; 〖解〗 체강(體腔).

cit·a·ble[sáitəbəl] *a.* 인용할 수 있는; 소환할 수 있는.

***cit·a·del**[sítədl, -dèl] *n.* Ⓒ (도시를 지키는) 요새; 거점; 피난처; (군함의) 포탑.

ci·ta·tion[saitéiʃən] *n.* ① Ⓤ 인용; Ⓒ 인용문. ② Ⓤ 소환; Ⓒ 소환장. ③ Ⓒ 〖美軍〗 열기(列記)《수훈 군인, 부대 따위의》, 감사장.

***cite**[sait] *vt.* 인용하다(quote); 〖法〗 소환하다(summon); (훈공 따위를)

열기(列記)하다.

cith·er[síθər] *n.* Ⓒ 옛 그리스의 하프 비슷한 악기; =⇩.

cith·ern[síθərn] *n.* Ⓒ (16-17세기의) 기타 비슷한 악기(cittern).

cit·i·fied[sítəfàid] *a.* 《口》(습관·복장 등이) 도시풍의.

:**cit·i·zen**[sítəzən] *n.* Ⓒ ① 시민, 공민. ② 도회 사람. ③ 《美》 민간인(civilian). ④ 국민(member of a nation). ~ ***of the world*** 세계인(cosmopolitan). ~·**ry** *n.* 《집합적》 시민. *~·**ship**[-ʃip] *n.* Ⓤ 시민의 신분, 공민〔시민〕권; 국적.

CITO Charter of International Trade Organization 국제 무역 헌장.

cit·rate[sítreit, sáit-] *n.* Ⓤ 〖化〗 구연산염.

cit·ric[sítrik] *a.* 레몬의〔에서 채취한〕. ~ ***acid*** 구연산.

cit·rin[sítrin] *n.* Ⓤ 〖生化〗 시트린《비타민 P》.

cit·rine[sítri:n] *a., n.* Ⓤ 레몬색(의), 담황색(의).

cit·ron[sítrən] *n.* ① Ⓒ 〖植〗 시트론, 둥근불수감《나무·열매》; 그 껍질의 사탕절임. ② Ⓤ 레몬빛.

cit·ron·el·la[sìtrənélə] *n.* Ⓤ 시트로넬라유(油)《향료·모기약》.

cit·tern[sítərn] *n.* =CITHERN.

†**cit·y**[síti] *n.* ① Ⓒ 시(市)《미국에서는 주청(州廳)이 인정한 도시; 영국에선 칙허장에 의함, 또 cathedral이 있는 도회》. ② Ⓒ 도시. ③ (the C-) 런던시부(市部)〔상업 지구〕. ***one on the*** ~ 《美俗》 물 한 잔의 주문.

cíty árticle (신문의) 경제 기사.

cíty assèmbly 시의회.

cíty-bòrn *a.* 도시 태생의.

cíty-brèd *a.* 도시에서 자란.

cíty bùster 《口》 원자 폭탄, 수소 폭탄.

cíty cóuncil(or) 시(市) 참사회(원).

cíty delívery 시내 우편 배달.

cíty éditor 〖新聞〗 《美》 사회부장; 《英》 경제부장.

cíty háll 《美》 시청.

cíty màn 《英》 실업가.

cíty mánager 《美》 (시의회 임명의) 시정 관리자; 사무 시장.

cíty plán(ning) 도시 계획.

cíty·scàpe *n.* Ⓒ 도시 풍경(화)《빌딩이 즐비한》.

cíty slícker 《口》 도회지 물이 든 사람, 《美口》 (닳아빠진) 도시인.

cíty·státe *n.* Ⓒ 도시 국가《아테네 따위》.

civ. civil; civilian.

civ·et[sívit] *n.* ① Ⓒ 사향고양이. ② Ⓤ 그것에서 얻는 향료.

*__civ·ic__[sívik] *a.* 시(市)의, 시민〔공민, 국민〕의. ~ ***rights*** 시민〔공민〕권. ~**s** *n.* Ⓤ 공민학〔과〕, 시정학.

cívic cénter 〔《英》 **céntre**〕 시의 중심지.

civ·i·cism[sívəsìzəm] *n.* Ⓤ 시민주의, 시정(市政) 존중.

cívic·mínded *a.* 공덕심이 있는; 사회 복지에 열심인.

:**civ·il**[sívəl] *a.* 시민〔국민〕의; 문관〔민간〕의; 일반인의; 민사〔민법상〕의(cf. criminal); 국내의; 예의 바른; 문명의. ~·**ly** *ad.* 정중히, 예의바르게; 민법상.

cívil áction 〖法〗 민사 소송.

cívil aviátion 민간 항공.

cívil códe 민법.

cívil déath 〖法〗 시민〔공민〕권 박탈〔상실〕.

cívil defénce 〔《英》 **defénse**〕 민간 방위〔방공〕.

cívil disobédience 시민적 저항《반세(反稅) 투쟁 따위》.

cívil enginéer 토목 기사.

cívil enginéering 토목 공학; 토목 공사.

*__ci·vil·ian__[sivíljən] *n.* Ⓒ ① (군인에 대한) 일반인, 민간인; 문관; 비전투원. ② 민법〔로마법〕 학자. — *a.* 일반인〔문민·민간〕의; 문관의.

ci·vil·ian·ize[-àiz] *vt.* 시민권을 주다; 군관리를 민간에 이양하다.

*__ci·vil·i·ty__[sivíləti] *n.* ① Ⓤ 정중함. ② (*pl.*) 정중〔공손〕한 태도.

:**civ·i·li·za·tion**[sìvəlizéiʃən] *n.* ① Ⓤ,Ⓒ 문명. ② Ⓤ 문명 세계〔사회〕. ③ 《집합적》 문명국(민). ④ Ⓤ 교화, 개화.

*__civ·i·lize__[sívəlàiz] *vt.* 문명으로 이끌다; 교화하다. :~**d** *a.* 문명의; 교양 있는, 세련된(refined).

cívil láw 민법; (C- L-) 로마법(法).

cívil líberty 공민의 자유.

cívil márriage 종교 의식에 의하지 않은 신고 결혼.

cívil ríghts (공)민권.

cívil sérvant 《英》 문관, 공무원.

cívil sérvice 문관 근무, 행정 사무; 《집합적》 공무원(~ ***examination*** 공무원 임용 시험).

cívil súit 민사 소송.

*__cívil wár__ 내란; (the C- W-) 《美》 남북 전쟁(1861-65); 《英》 Charles Ⅰ세와 의회와의 분쟁(1642-49).

cívil yéar 역년(曆年).

civ·vy, -vie[sívi] *n.* Ⓒ 《俗》 일반인; 시민; (*pl.*) 평복.

Cívvy Strèet 《英俗》 비전투원의 민간인 생활.

C.J. Chief Justice. **ck.** cask; check; cook. **Cl** 〖化〗 chlorine. **cl.** centiliter; claim; class; clause.

clab·ber[klǽbər] *n.* Ⓤ 상해서 응고한 우유(cf. yog(h)urt). — *vt.* (우유가) 굳어지다; 신 맛이 생기다.

clack[klæk] *n., vi.* (*sing.*) 잘깍〔딱〕소리(내다); 지껄임; 지껄여대다(chatter).

*__clad__[klæd] *v.* 《古·雅》 clothe의 과거(분사). — *a.* 갖춘, 장비한(***iron*** ~ ***vessels*** 철갑선).

:**claim**[kleim] *n.* Ⓒ ① (당연한) 요구, 청구(demand); (권리의) 주장. ② 권리, 자격(title). ③ (보험·보상

금의) 지급 청구, 클레임. ***jump a ~*** 《美》 (남이) 선취한 땅〔채굴권〕을 가로채다. ***lay ~ to*** …의 소유권을 주장하다, …을 요구하다; …라고 자칭하다. ── *vt.* ① 요구〔청구·신청〕하다. ② 주장〔공언·자칭〕하다. ③ (…의) 가치가 있다, 필요로 하다. ── *vi.* 손해 배상을 청구하다(*against*).

***claim·ant**[kléimənt] *n.* Ⓒ 청구자, 신청자.

clair·voy·ance[klɛərvɔ́iəns] *n.* Ⓤ 천리안, 투시(력); 굉장한 통찰력. **-ant** *a., n.* (*fem.* ***-ante***) Ⓒ 천리안의 (사람).

clam**[klæm] *n.* (*pl.* ~(*s*)), *vi.* (-mm-***) Ⓒ 대합조개(를 잡다); 《美口》 과묵한 사람, 뚱보. ~ ***up*** 《美口》 입을 다물다.

cla·mant[kléimənt] *a.* 시끄러운; 긴급한(urgent).

clám·bàke *n.* Ⓒ 《美》 (바닷가에서) 대합을 구워 먹는 피크닉.

***clam·ber**[klǽm*b*ər] (cf. climb) *vi., n.* (a ~) (애를 써서) 기어 오르다〔오름〕.

clam·my[klǽmi] *a.* 끈끈한; (날씨가) 냉습한.

:clam·or, 《英》 **-our**[klǽmər] *n.* (*sing.*) 외치는 소리, 왁자지껄 떠듦, 소란(uproar); (불평·요구 등의) 외침; 들끓는 비판. ── *vi., vt.* 와글와글 떠들다; 시끄럽게 말하다; 떠들어 …시키다. ~ ***down*** 야유를 퍼부어 (연사를) 침묵시키다.

***clam·or·ous**[klǽmərəs] *a.* 시끄러운. ~**·ly** *ad.*

clamp**[1][klæmp] *n., vt.* Ⓒ 죔쇠(로 죄다). ~ ***down 《美口》 탄압하다, 억누르다.

clamp[2] *vi.* 육중한 발걸음으로 쿵쿵거리며 걷다. ── *n.* Ⓒ 그 소리.

clámp·dòwn *n.* Ⓒ 《口》 엄중 단속, 탄압.

clám·shèll *n.* Ⓒ 대합조개의 조가비; 흙 푸는 버킷.

clám·wòrm *n.* Ⓒ 갯지렁이.

***clan**[klæn] *n.* Ⓒ ① 씨족, 일가, 일문; (스코틀랜드 고지 사람의) 일족. ② 당파, 파벌(派閥)(coterie).

clan·des·tine[klændéstin] *a.* 비밀의; 은밀한(underhand)(~ *dealings* 비밀 거래).

***clang**[klæŋ] *vi., vt.* 쾅〔땡그랑〕 울리다. ── *n.* Ⓒ 쩽그렁〔쾅〕하는 등의 소리.

clan·gor, 《英》 **-gour**[klǽŋ*g*ər] *n.* (*sing.*) 쾅쾅〔땡그랑땡그랑〕 울리는 소리. ~**·ous** *a.*

clank[klæŋk] *vi.* (무거운 쇠사슬 따위가) 탁〔철꺽〕 소리를 내다. ── *n.* (*sing.*) 철꺽, 탁(하는 소리).

clan·nish[klǽniʃ] (<clan) *a.* 씨족의; 파벌적인; 배타적인.

clán·shìp *n.* Ⓤ 씨족 제도〔정신〕; 파벌 감정, 애당심.

clans·man[klǽnzmən] *n.* Ⓒ 가문〔일가〕의 한 사람.

:clap[1][klæp] *vt., vi.* (***-pp-***) ① 철썩 때리다, 치다(slap); 날개치다(flap). ② 박수하다. ③ 쾅 닫히다(slam); (돛을) 싹 펴다. ④ 투옥하다. ~ ***eyes on*** …을 보다, 발견하다《보통 부정문에서》. ~ ***hold of*** …을 붙들다. ~ ***up*** 〔***together***〕 서둘러 만들다; (거래를) 재빨리 해치우다. ── *n.* Ⓒ clap하기〔하는 소리〕.

clap[2] *n.* (the ~) 《卑》 임질.

clap·board[klǽpbɔ̀ːrd, klǽbərd] *n.* Ⓤ 《美》 미늘벽 판자.

clap·per[klǽpər] *n.* Ⓒ 박수〔손뼉〕 치는 사람; 종의 추; 딱딱이; 《俗》 혀; 수다쟁이.

cláp·tràp *a., n.* Ⓤ (인기·주목을 끌기 위한) 과장된 (연설, 작품).

claque[klæk] *n.* (F.) Ⓒ 《집합적》 한통속《극장 따위에 고용된 박수 부대》; 빌붙는 패거리.

clar. clarendon (type).

clar·en·don [klǽrəndən] *n.* Ⓤ 〖印〗 클라렌든《약간 길이가 길고 굵은 활자의 일종》.

clar·et[klǽrit] *n.* Ⓤ 클라레《보르도 포도주》; 자줏빛. ── *a.* 자줏빛의.

***clar·i·fy**[klǽrəfài] *vt., vi.* 맑게〔정하게〕 하다, 맑아지다; 명백히 하다〔되다〕. **-fi·ca·tion**[⌐─fikéiʃən] *n.*

***clar·i·net**[klæ̀rənét] *n.* Ⓒ 클라리넷《목관 악기》.

***clar·i·on**[klǽriən] *n.* Ⓒ 클라리언《예전에 전쟁 때 쓰인 나팔》. ── *a.* 낭랑하게 울려 퍼지는.

***clar·i·ty**[klǽrəti] *n.* Ⓤ 맑음, 투명함; 뚜렷함(clearness).

:clash[klæʃ] *n.* ① (*sing.*) 우지끈, 쾅, 쨍강《부딪치는 소리》. ② Ⓒ 충돌; 불일치, 불화(conflict). ── *vt., vi.* ① 쾅〔우지끈, 쨍강〕 울리다. ② 충돌하다(collide)(*against, into, upon*). ③ (의견이) 대립하다(*with*).

:clasp[klæsp, -ɑː-] *n., vt., vi.* Ⓒ 물림쇠(로 물리다), 죔쇠(로 죄다); 악수(하다); 포옹; 껴안다.

clasp·er[klǽspər] *n.* Ⓒ 달라붙는 것〔사람〕; 〖植〗 덩굴손.

clásp knìfe 접칼.

†class[klæs, -ɑː-] *n.* ① Ⓒ,Ⓤ 계급. ② Ⓒ,Ⓤ 학급, 반; 수업 시간. ③ 《美》 《집합적》 동기생, 동기병(兵). ④ Ⓒ 등급. ⑤ (the ~es) 상류 계급. ⑥ Ⓤ 《口》 우수. ⑦ Ⓒ 〖動·植〗 강(綱) 《phylum과 order의 중간》. ***be in a ~ by oneself*** 타의 추종을 불허하다. ***be no ~*** 너절하다. ***in ~*** 수업중. ***the ~es and the masses*** 상류 계급과 일반 대중. ── *vt.* 분류하다, 가르다.

cláss àction 집단〔공동〕 소송.

cláss bòok 《英》 교과서; 《美》 학급 기록부; 졸업생 앨범.

cláss-cónscious *a.* 계급 의식이 있는. ~**·ness** *n.* Ⓤ 계급 의식.

cláss-fèeling *n.* Ⓤ 계급간의 적대 감정.

:clas·sic[klǽsik] *a.* ① 고급의, 명작의; 고상한, 고아한. ② 고전적인, (문학·예술이) 고대 그리스·로마풍

C

의. ③ 유서깊은, 유명한; (복장 등) 유행과 동떨어진. ④《英》멋진; 우수한. ~ ***myth*** 그리스〔로마〕 신화. — ***n.*** ① Ⓒ 고급의 문예, 명작. ② (the ~s)(그리스·로마의) 고전, 고전어; Ⓒ 고전작가. ③ Ⓒ 고전학자; 《古》 고전주의자. ***the ~s*** (그리스·라틴의) 고전어(語)〔문학〕.

:clas·si·cal [klǽsikəl] *a.* ① 그리스·라틴 문학의, 고전적인. ② 고전주의의; (재즈·탱고 따위에 대하여) 고전 음악의. ③ 우수〔고상〕한(classic). **~·ly** *ad.*

clássical educátion 고전어(語) 교육(cf. humanities).

clássical lánguages, the 고전어《그리스·라틴어》.

clássical músic 고전 음악(cf. popular music).

clássical schòol 〖經〗 고전 학파《Adam Smith, Ricardo 등》.

clas·si·cism [klǽsəsìzəm] *n.* Ⓤ 고전주의〔숭배〕; 의고(擬古)주의《고전적 어법, 고전의 지식》(cf. romanticism). **-cist** *n.*

·clas·si·fied [klǽsəfàid] *a.* 분류〔분배〕된; 《美》 (공문서 따위) 기밀의, 기밀 취급으로 지정된; 《俗》 비밀의, 은밀한.

clássified ád 《美》 (구인·구직 따위의) 3행 광고(want ad).

:clas·si·fy [klǽsəfài] *vt.* 분류〔유별〕하다; 등급으로 가르다, (공문서를) 기밀 취급으로 하다. **:-fi·ca·tion** [ˌ–fikéiʃən] *n.* Ⓤ,Ⓒ 분류; 《美》 (정부·군 문서의) 기밀 종별.

class·man [ˊ–mæ̀n] *n.* Ⓒ 《英》 (대학의) 우등 시험 합격자.

:class·mate [ˊ–mèit] *n.* Ⓒ 급우, 동급생.

cláss mèeting 학급회.

cláss nùmber (도서관의) 도서 분류 번호.

†class·room [ˊ–rù(ː)m] *n.* Ⓒ 교실.

cláss strúggle 〔**wár, wárfare**〕 계급 투쟁.

class·y [klǽsi, klɑ́ːsi] *a.* 《美俗》 고급의, 멋있는.

:clat·ter [klǽtər] *n., vi., vt.* Ⓤ 덜걱덜걱〔덜거덕덜거덕〕 소리(나다, 나게 하다); 수다; 재잘거리다.

:clause [klɔːz] *n.* Ⓒ 조목, 조항(*a saving* ~ 단서); 〖文〗 절(節). ***main*** ~ 주절. ***subordinate*** ~ 종속절.

claus·tro·pho·bi·a [klɔ̀ːstrəfóubiə] *n.* Ⓤ 〖醫〗 밀실 공포증.

clave [kleiv] *v.* 《古》 cleave²의 과거.

clav·i·chord [klǽvəkɔ̀ːrd] *n.* Ⓒ 클라비코드《피아노의 전신》.

clav·i·cle [klǽvəkəl] *n.* Ⓒ 〖解·動〗 쇄골(鎖骨).

cla·vier [kləvíər] *n.* Ⓒ 건반 악기.

:claw [klɔː] *n.* Ⓒ ① (새·짐승의) 발톱(이 있는 발); (게의) 집게발. ② 움켜잡음. ③ 《비유》 (공격의) 발톱. ***cut the ~s of*** …에서 공격력을 빼앗다, …을 무력하게 만들다. — ***vt., vi.*** (발톱으로) 할퀴다; (욕심부려) 긁어모으다. ~ ***back*** (애써서) 되찾다; 《英》 (부적절한 급부금 따위를) 부가세 형식으로 회수하다. ~ ***hold of*** …을 꽉 잡다〔움켜잡다〕. ~ ***one's way*** 기듯이 나아가다.

cláw bàr 노루발 지렛대.

cláw hàmmer 노루발 장도리; 《口》 연미복.

:clay [klei] *n.* Ⓤ ① 찰흙, 점토; 흙 (earth). ② 육체. ***potter's*** ~ 도토(陶土). **~·ey** [kléii] *a.* 점토질의; 점토를 바른(clayish).

clay·more [kléimɔ̀ːr] *n.* Ⓒ (고대 스코틀랜드 고지인(人)의) 양날의 큰 칼.

cláymore míne 작은 금속 파편을 비산시키는 지뢰.

cláy pígeon 클레이《사격용으로 공중에 치던지는 둥근 표적》.

cláy pípe 토관(土管); 사기 파이프.

cld. called; cleared; colored.

†clean [kliːn] *a.* ① 깨끗한, 청결한. ② 순결한; 결백한. ③ (산란기를 지나서, 위험 없이) 식용에 적합한(*a ~ fish* 식용어). ④ 미끈한, 균형이 잡힌; 모양이 좋은. ⑤ 흠없는(*a ~ copy* 청서(淸書)/~ *timber* 마디〔옹두리〕 없는 재목). ⑥ 훌륭한, (솜씨가) 멋진(skillful)(*a ~ hit*). ⑦ 마땅한, 당연히 해야 할(*That's the ~ thing for us to do.* 바로 우리들이 해야 할 일이다). ⑧ 완전한(*He lost a ~ 10,000 won.* 고스란히 만 원이나 손해를 보았다). ⑨ 방사성 낙진이 없는〔적은〕; 방사능에 오염이 안 된. ***be ~ in one's person*** 몸차림이 말쑥하다. ~ ***record*** 흠없는 (훌륭한) 경력. ~ ***tongue*** 깨끗한 말씨(쓰기). ***come*** ~ 《俗》 자백〔실토〕하다. ***make a ~*** BREAST ***of. Mr. C-*** 정직한〔청렴 결백한〕 사람《세제(洗劑)의 상표명에서》. ***show a ~ pair of*** HEEL***s.*** — ***ad.*** ① 깨끗이. ② 아주, 완전히. — ***vt.*** ① 깨끗이 하다; 청소하다; 씻다. ② 처치하다, 치우다. ~ ***out*** 깨끗이 청소〔일소〕하다; 다 써버리다; 《俗》 (아무를) 빈털터리로 만들다. ~ ***up*** 치우다; 청소하다, (악인·적을) 일소하다; 《美口》 (돈을) 벌다. **:ˊ~·er** *n.* Ⓒ 청소부〔기〕. **:ˊ~·ing** *n.* Ⓤ 세탁. **ˊ~·ness** *n.* Ⓤ 청결, 결백.

cléan-cút *a.* (윤곽이) 또렷한 (neat); (설명 따위) 명확한, 단정하고 건강한(*a ~ boy*).

cléan-hánded *a.* 결백한.

cléan-límbed *a.* 수족의 균형이 잡힌.

·clean·ly [ˊ–li] *ad.* 청결히, 깨끗이; 완전히(completely). — [klénli] *a.* 깨끗한 것을 좋아하는, 말쑥한(neat). 청결한. ***·-li·ness** [klénlinis] *n.* Ⓤ 깨끗함, 청결; 명백함; 결백.

·cleanse [klenz] *vt.* 청결히 하다; 깨끗이 하다(*from, of*). **cléans·er** *n.* Ⓤ,Ⓒ 세제(洗劑).

cléan-sháven *a.* 깨끗이 면도한.

cleans·ing[klénziŋ] *n.* Ⓤ 깨끗이 함, 정화; (죄의) 청결. ── *a.* 깨끗이하는, 정화하는. ~ ***cream*** 피부의 때빼기 크림. ~ ***department*** (지방자치제의) 청소국.
cléan·ùp *n.* Ⓤ 청소, 정화(淨化), (범죄 등의) 일소; 《俗》 벌이; 이득(profit); Ⓒ 〖野〗 4번 타자.
†**clear**[kliər] *a.* ① 밝은, 맑은, 갠; ((목)소리가) 청아한. ② (머리가) 명석한; 명백한. ③ 가리는 것 없는; 방해받지 않는. ④ 죄 없는; 결점 없는, 더럽혀지지 않는; 흠 없는(clean). ⑤ 순전한, 깔축없는, 정미〔알속〕의(*a ~ hundred dollars* 깔축없는 백 달러). ⑥ 확신을 가진. ⑦ 접촉하지 않은, 떨어진. ***get ~ of*** …에서 떨어지다, 피하다. ***keep ~ of*** …에서 떨어져 있다, …에 접근치 않다. ── *ad.* 분명히; 완전히, 아주. ── *vt.* ① 분명히 하다; 맑게 하다; 깨끗이 하다. ②처치하다, 치우다(*They ~ed the land of* 〔*from*〕 *trees.* 그 토지의 나무를 베어 버렸다). ③ (토지를) 개간하다. ④ (빚을) 갚다. ⑤ (배의) 출항 준비를 하다. ⑥ 뛰어 넘다. ⑦ (정리를 위해) 떨이로 팔다(cf. clearance). ⑧ (어음·셈을) 결제(決濟)하다. ⑨ 순이익을 올리다(*from*). ── *vi.* ① 분명해지다; 맑아지다; 개다. ② 출항 절차를 마치다; 출항하다; 떠나다. ~ ***away*** 처치하다; (안개가) 걷히다; 떠나다, 사라지다. ~ ***out*** 쓸어내다; (급히) 떠나가다. ~ ***the sea*** 소해(掃海)하다. ~ ***up*** (날씨가) 개다; 풀다(solve), 밝히다(explain); 깨끗이 치우다〔처리하다〕; (빚을) 청산하다. ── *n.* Ⓒ 빈 터, 공간; 〖배드민턴〗 클리어 샷; 〖컴〗 지움, 지우기. ***in the ~*** 안목으로; (혐의 등이) 풀리어; 결백하여; 무죄하여; 명문(明文)으로; 《美俗》 빚지지 않고. **:∠·ly** *ad.* 똑똑히, 분명히, 확실히. **:∠·ness** *n.*
***clear·ance**[klíərəns] *n.* ① Ⓤ 제거, 일소; 처치; (상품의) 떨이; 해제. ② Ⓤ (산림지의) 개간; Ⓒ 개간한 곳. ③ Ⓤ (은행간의) 어음 교환(액). ④ Ⓤ 출항 인가, Ⓒ 그 증서; Ⓤ 통관 절차. ⑤ Ⓤ,Ⓒ 〖機〗 빈틈, 여유.
cléarance sàle 재고 정리 매출, 특매.
cléar-cút *a.* 윤곽이 뚜렷한(*a ~ face*); 명쾌한.
cléar-héaded *a.* 머리가 좋은.
***clear·ing**[klíəriŋ] *n.* ① Ⓤ 청소; 제거. ② Ⓒ (산림 속의) 개간지. ③ Ⓤ 어음 교환.
cléaring hòspital 〔**stàtion**〕〖軍〗 야전 병원.
cléaring·hòuse *n.* Ⓒ 〖商〗 어음 교환소; 정보 센터.
cléar-síghted *a.* 눈이 잘 보이는; 명민한; 선견지명 있는.
cléar·wày *n.* Ⓒ 《英》 정차 금지 구간.
cleat[kli:t] *n.* Ⓒ 쐐기 모양의 미끄럼막이; 〖船〗 (볼록한) 밧줄걸이. ── *vt.* 밧줄걸이에 밧줄을 고정시키다.
cleave**[1][kli:v] *vt., vi.* (clove, cleft,*** **~*d*; *cloven, cleft,*** **~*d***) ① 짜개〔빠개〕(지)다, 가르다, 갈라지다. ② 베어 헤치며 나아가다. ③ (물·공기를) 헤치며 나아가다. **cléav·age** *n.* Ⓤ,Ⓒ 갈라짐, 터진 금. **cléav·er** *n.* Ⓒ 고기 써는 식칼.
cleave[2] *vi.* (**~*d,*** 《古》 ***clave, clove;*** **~*d***) 집착하다(stick)(*to*); 단결하다(*together*).
clef[klef] *n.* Ⓒ 〖樂〗 음자리표. ***C*** 〔***F, G***〕 ~ 다〔바, 사〕음자리표, 가온〔낮은, 높은〕음자리표.
cleft**[kleft] *v.* cleave[1]의 과거(분사). ── *a., n.* 짜개진, 갈라진; Ⓒ 갈라진 금〔틈〕(crack, chink). ***in a ~ stick 진퇴양난에 빠져.

cléft líp 〔**pálate**〕 언청이.
clem·a·tis[klémətis] *n.* Ⓒ 〖植〗 참으아리속의 식물《선인장·위령선·사위질빵 무리》.
clem·en·cy[klémənsi] *n.* Ⓤ,Ⓒ 관대함, 인정 많음; 자비로운 행위〔조처〕. **clém·ent** *a.*
clem·en·tine[kléməntàin] *n.* Ⓒ 클레멘타인《오렌지의 일종》.
***clench**[klentʃ] *vt.* ① 꽉 쥐다〔쥐다〕; (이를) 악물다. ② (못의) 대가리를 쳐서 구부리다(clinch). ③ (의론을) 결정짓다. ── *vi.* 단단히 죄어지다. **∠·er** *n.* =CLINCHER.
***Cle·o·pa·tra**[klìəpǽtrə, -pá:-] *n.* (69?-30 B.C.) (절세 미인으로 알려진) 이집트 최후의 여왕.
clere·sto·ry[klíərstɔ̀:ri, -stouri] *n.* Ⓒ 〖建〗 (교회 등의) 고창층(高窓層).
***cler·gy**[klə́:rdʒi] *n.* (the ~) 《집합적》 목사(들), 성직자.
:cler·gy·man[-mən] *n.* Ⓒ 성직자, 목사.
cler·ic[klérik] *n., a.* Ⓒ 목사(의).
cler·ic·al**[-əl] *n., a.* Ⓒ 목사(의), 성직의; 서기의(cf. clerk); 베끼는(데 있어서의)(*a ~ error* 잘못 씀, 오기); (*pl.*) 목사〔성직〕복. ~ ***staff 사무직원. **cler·i·cal·ism**[-əlìzəm] *n.* Ⓤ 성직 존중주의; 성직자의 (정치적) 세력.
†**clerk**[kləːrk/klɑːk] *n.* Ⓒ ① 사무원, 회사원; 서기. ② 《美》 점원, 판매원. ③ 〖宗〗 목사, 성직자(clergyman). ④ 《古》 학자. ~ ***in holy orders*** 목사, 성직자. ***the C- of the weather*** 《美俗》 기상대장. **∠·ship** *n.* Ⓤ,Ⓒ 서기〔사무원〕의 직〔신분〕.
Cleve·land[klí:vlənd] *n.* 잉글랜드 북동부의 주《1974년 신설》.
†**clev·er**[klévər] *a.* ① 영리한, 머리가 좋은. ② 교묘한(*at*).
***clev·er·ly**[-li] *ad.* 영리하게; 솜씨 있게, 잘.
***clev·er·ness**[-nis] *n.* Ⓤ 영리함; 솜씨있음, 교묘.
clev·is[klévis] *n.* Ⓒ U자형 연결기.
clew[klu:] *n., vt.* Ⓒ 실꾸리(로 감

다); =CLUE.

***cli·ché** [kli(:)ʃéi] *n.* (*pl.* **~s** [-z]) (F.) Ⓒ 진부한 문구《'My wife' 대신 'my better half'라고 하는 따위》.

***click** [klik] *n., vi., vt.* Ⓒ 짤까닥〔째깍〕(소리가 나(게 하)다);〖音聲〗혀 차는 소리;《口》크게 히트치다, 성공하다;〖컴〗마우스의 단추를 누르다.

clíck stòp 카메라의 회전 눈금이 새긴 자국에서 찰칵하고 멎는 방식.

cli·ent** [kláiənt] *n.* Ⓒ 변호 의뢰인; 단골, 고객. ~ ***state 무역 상대국.

cli·en·tele [klàiəntél, klì:ɑ:ntéil] *n.* Ⓤ《집합적》소송 의뢰인; 고객, (연극·상점의) 단골 손님(customers).

:cliff [klif] *n.* (*pl.* **~s**) Ⓒ 벼랑, 절벽.

clíff dwèller 암굴에 사는 사람;《口》(도시의) 고층 아파트 주민.

clíff·hànger *n.* Ⓒ 연속〔연재〕스릴러〔소설〕, 대모험물〔담〕.

clíff·hànging *a.* (끝까지) 손에 땀을 쥐게 하는.

cli·mac·ter·ic [klaimǽktərik] *n., a.* Ⓤ 위기(의); 갱년〔폐쇄〕기의; (7년마다 오는) 액년(의).

cli·mac·tic [klaimǽktik], **-ti·cal** [-əl] *a.* 절정(climax)의.

:cli·mate [kláimit] *n.* Ⓒ ① 기후, 풍토. ② (사회·시대의) 풍조, 사조.

cli·mat·ic [klaimǽtik] *a.*

cli·ma·tol·o·gy [klàimətálədʒi/ -ɔ́-] *n.* Ⓤ 기후학, 풍토학.

:cli·max [kláimæks] *n., vi., vt.* Ⓒ ①〖修〗점층법(漸層法). ② 절정〔최고조〕(에 달하다, 달하게 하다).

†climb [klaim] *vt., vi.* ① 기어오르다 (*up*); 오르다(rise). ② (식물이) 기어오르다. ③ 출세하다. ~ ***down*** 기어내리다;《口》물러나다, 양보〔단념〕하다(give in). — *n.* Ⓒ (보통 *sing.*) 오름; 오르는 곳, 비탈; 치받이. ***∠·er** *n.* Ⓒ 오르는 사람, 야심가; 등산자〔가〕; 덩굴 식물. **∠·ing** *a., n.*

clímbing àccident 등반 조난 사고.

clímbing ìrons (등산용) 동철; 쉬타이크아이젠.

clime [klaim] *n.* Ⓒ《詩》풍토; 지방, 나라.

cli·mo·graph [kláimougræ̀f, -grɑ̀:f] *n.* Ⓒ 클라이모그래프, 기후도.

***clinch** [klintʃ] *vt., vi.* ① (빠지지 않도록 못대가리를) 쳐 구부리다; 죄다. ② (의론의) 결말을 짓다. ③〖拳〗(상대를) 껴안다, 클린치하다. — *n.* Ⓒ ① 못대가리를 두드려 구부림. ②〖拳〗클린치. ③ (밧줄의) 매듭(knot). **∠·er** *n.* Ⓒ 두드려 구부리는 연장; 결정적인 의론, 매듭지음.

cline [klain] *n.* Ⓒ 연속〔단계적〕변이《원래 생물학 용어》.

:cling [kliŋ] *vi.* (**clung**) 들러붙다 (stick), 달라붙다(*to*); 고수〔집착〕하다(adhere)(*to*). **~·y** [∠i] *a.*

:clin·ic [klínik] *n.* Ⓒ 임상 강의(실, 클라스); (외래) 진찰실; 진료소.

clin·i·cal** [-əl] *a.* 임상(臨床)의. ~ ***lectures 임상 강의. ~ ***medicine*** 임상 의학. ~ ***thermometer*** 체온계.

clínical trìal 임상 실험.

clin·i·car [klínikɑ̀:r] *n.* Ⓒ 병원 자동차.

cli·ni·cian [kliníʃən] *n.* Ⓒ (실제 경험이 많은) 임상의(醫).

clink[1] [kliŋk] *n., vi., vt.* Ⓤ 쨍〔절그렁〕(소리가 나다〔를 내다〕);《古》각운(脚韻)(rhyme).

clink[2] *n.* Ⓒ《口》교도소; 유치장.

clink·er [klíŋkər] *n.* Ⓤ,Ⓒ (네덜란드식 구이의) 경질(硬質) 벽돌; 교착 벽돌덩이; (용광로 속의) 용재(溶滓)덩이; Ⓒ《英俗》(종종 regular ~) 극상품, 일품(逸品); 뛰어난 인물;《俗》실패(작).

cli·nom·e·ter [klainámətər/ -ɔ́mi-] *n.* Ⓒ 경사계(傾斜計).

Cli·o [kláiou] *n.*〖그神〗역사의 여신《Nine Muses의 그 사람》.

:clip[1] [klip] *vt.* (**-pp-**) ① (가위로) 자르다(cut), 짧게 자르다〔깎다〕(cut short)(*away, off*). ② 바싹 자르다, 잘라〔오려〕내다. ③ (어미의 음을) 발음하지 않다. ④《口》때리다. — *vi.* ① 질주하다, 달리다(cf. clipper). ② (신문을) 오려내다. **~*ped word*** 생략어《'ad' 따위》. — *n.* ① Ⓒ 가위로 잘라냄, 한번 가위질; 벤〔오려낸〕물건. ② Ⓤ 쾌주(快走). ③ Ⓒ《美口》회(回)(*at one* ~ 한번에). ④ Ⓒ〖컴〗오림, 오리기, 클립. **∠·per** *n.* Ⓒ 베는〔깎는〕사람; 가위, 이발기계; 쾌속선(船), 쾌속(여객)기; (C-) 클립퍼기(機). **∠·ping** *n., a.* Ⓤ 깎기, Ⓒ 깎아〔베어〕낸 털〔풀〕; Ⓒ《美》(신문 따위의) 오려낸 것; Ⓒ《口》강타;《俗》굉장한; 일류의.

:clip[2] *n., vt.* (**-pp-**) Ⓒ 클립, 종이 끼우개, 클립(으로 물리다).

clíp·bòard *n.* Ⓒ 종이 끼우개(판);〖컴〗오려둠판, 오림판.

clíp jòint《俗》하급 카바레〔나이트 클럽〕.

clip·pie [klípi] *n.* Ⓒ《英口》(버스·전차의) 여차장.

clipt [klipt] *v.* clip[1,2]의 과거(분사).

clique [kli:k] *n., vi.* Ⓒ 도당(을 짜다), 파벌(을 만들다).

cliq·uy [klí:ki] *a.* 당파심이 강한, 배타적인. **clí·qui·ness** *n.*

clit·ic [klítik] *a., n.* Ⓒ〖言〗접어(接語)(의); (단어가) 접어적인 (cf. enclitic, proclitic).

clit·o·ris [klítəris, kláit-] *n.* Ⓒ〖解〗음핵.

:cloak [klouk] *n.* Ⓒ ① (소매 없는) 외투, 망토. ② 가면; 구실. ***under the ~ of*** …을 빙자〔구실로〕하여; …을 틈타. — *vi., vt.* 외투를 입(히)다; 덮어 가리다.

clóak-and-dágger *a.* (소설·연극이) 음모나 스파이 활동을 다룬, 음모극의.

clóak·ròom *n.* Ⓒ 휴대품 보관소(baggage room); 《美》 (의사당) 의원 휴게실(《英》 lobby); 《英》 변소.
clob·ber[1] [klɑ́bər/-ɔ́-] *n.* Ⓒ 《英·濠俗》 의복, 장비.
clob·ber[2] *vt.* 《俗》 때려 눕히다; 쳐서 이기다; 통렬히 비판하다.
cloche[klouʃ] *n.* Ⓒ 헬멧형 여자 모자; 〖園藝〗 (종 모양의) 유리 덮개.
†**clock**[1] [klɑk/-ɔ-] *n.* Ⓒ 시계《괘종·탁상시계 따위》. ***around the*** **~,** 24 시간 내내, 밤낮없이. ― *vt.* (…의) 시간을 재다〔기록하다〕; 〖競〗 (…의) 속도에 달하다. **~ *in*** 〔***out***〕 타임 리코더로 출〔퇴〕근 시간을 기록하다.
clock[2] *n.* Ⓒ (발목에서 위로 걸쳐서의) 양말의 장식 수.
clóck·fàce *n.* Ⓒ 시계의 문자판.
clóck generátor 〖컴〗 시계 생성기.
clóck·lìke *a.* 시계처럼 정확한, 규칙적인.
clóck wàtcher 퇴근 시간에만 마음 쓰는 사람, 태만한 사람.
clóck·wìse *ad., a.* (시계 바늘처럼) 오른쪽으로 도는〔돌아〕.
clóck·wòrk *n.* Ⓤ 태엽 장치.
***clod**[klɑd/-ɔ-] *n.* Ⓒ 흙덩이; 흙; 투미한〔우둔한〕 사람.
clód·hòpper *n.* Ⓒ 시골뜨기, 농사꾼; (*pl.*) 무겁고 투박한 구두.
clog**[klɑg/-ɔ-] *n.* Ⓒ 방해〔장애〕물; 바퀴멈추개《제동 장치》; (보통 *pl.*) 나무창신(을 신고 추는 춤). ― *vt., vi.* (-gg-***) 방해하다; (틀어)막다; 막히다.
clog·gy[klɑ́gi/klɔ́gi] *a.* 막히기 쉬운; 들러붙는.
cloi·son·né[klɔ̀izənéi/klwɑːzɔ́nei] *n., a.* (F.) Ⓤ 칠보 자기(七寶磁器)(의)(*a* ~ *medal* 칠보 메달).
***clois·ter** [klɔ́istər] *n.* Ⓒ 수도원(monastery), 수녀원(nunnery); 은둔처; (the ~) 은둔 생활; (안뜰을 싼) 회랑.
clois·tered[klɔ́istərd] *a.* 초야에 묻힌; 수도원에 틀어박힌.
clois·tral[-trəl] *a.* 수도원의; 은둔적(隱遁的)인.
clone[kloun] *n.* Ⓒ 〖植〗 영양계(系); 〖動〗 분지계(分枝系); 〖生〗 복제 생물, 빼쏜 것; 〖컴〗 복제품.
clop[klɑp/klɔp] *n.* Ⓒ 따가닥따가닥《말굽 소리; clóp-clòp 라고도 함》.
†**close**[1] [klouz] *vt.* ① 닫다; (눈을) 감다. ② (틀어)막다; 메우다(fill up). ③ 끝내다. ④ (조약을) 체결하다. ⑤ 〖電〗 접속하다. ⑥ 둘러싸다, 에우다; 접근하다, 다가가다. ― *vi.* ① 닫히다. ② 합쳐지다; 막히다, 메이다. ③ 끝나다. ④ 다가들다; (다가들어) 맞붙다(*with*); 일치하다(*on, upon, with*). **~ *about*** 둘러싸다. **~ *an account*** 거래를 끊다; 청산하다. **~ *down*** 폐쇄하다; (반란을) 진압하다; (마약 거래를) 단속하다. **~ *in*** 포위하다; (밤 따위가) 다가오다(*upon*). **~ *out*** (물건을) 떨이로 팔다; (업무를) 폐쇄하다. **~ *the eyes of*** …의 임종을 지켜보다. **~ *the ranks*** 〖軍〗 열의 간격을 좁히다. **~ *up*** 닫다, 폐쇄하다; 밀집하다〔시키다〕; (상처 따위가) 아물다; 낫다. ***with ~d doors*** 비공개로. ― *n.* Ⓒ (보통 *sing.*) 결말, 끝(장); 드잡이; [klous] 구내, 경내(境內); 〖樂〗 마침; 〖컴〗 닫음, 닫기.
†**close**[2] [klous] *a.* ① 가까운, 접근한. ② 닫은(closed), 좁은, 꼭 끼는, 거북한; 갇힌; 바람이 잘 안 통하는, 답답한(stuffy), 무더운(sultry), 밀접한, 밀집된(crowded)(~ *order* 밀집대형); 친밀한. ③ 비밀의; 말없는. ④ 정밀한, (번역 따위가) 정확한. ⑤ 한정된; 금렵(禁獵)의. ⑥ 인색한(stingy)(~ *with one's money* 돈에 인색한). ⑦ 아슬아슬한, 접전(接戰)의. ⑧ 〖音聲〗 폐쇄(음)의(*a* ~ *vowel* 폐모음; [i], [u] 처럼 입을 작게 벌리는 모음). ― *ad.* 밀접하여, 바로 곁에; 가깝게; 친하게; 정밀〔정확〕히. **~ *application*** 정려(精勵). **~ *at hand*** 가까이, 절박하여. **~ *by*** 바로 가까이. **~ *call*** 〔***shave***〕 《口》 위기 일발. **~ *on*** 〔***upon***〕 거의, 대략. **~ *resemblance*** 아주 닮음. ***come to ~ quarters*** 접전이 되다. ***keep*** 〔***lie***〕 **~** 숨어 있다. ***press*** (*a person*) **~** 호되게 곯리다. ***sail ~ to the wind*** 〖海〗 바람을 거의 마주받으며 배를 진행시키다; 법률에 저촉될락말락한 짓을 하다; 음탕한 이야기를 하다. **:** **∠·ly** *ad.* 꼭, 빽빽이, 갑갑하게; 가까이; 면밀히, 찬찬히; 친밀히; 일심으로; 알뜰〔검소〕하게. **∠·ness** *n.*

clóse-crópped *a.* 머리를 짧게 깎은.
clóse-cút *a.* 짧게 깎은〔벤〕.
:**closed**[klouzd] *a.* 폐쇄한.
clósed círcuit 〖電〗 폐회로(閉回路).
clósed-círcuit télevision 〖컴〗 유선〔폐회로〕텔레비전《생략 CCTV》.
clósed(-dóor) sèssion 비밀 회의.
clósed-énd *a.* 〖經〗 (투자 신탁이) 폐쇄〔자본액 고정〕식의, 유니트식의(opp. open-end).
clósed lòop 〖컴〗 닫힌 맴돌이.
clóse·dòwn *n.* Ⓒ 《美》 공장 폐쇄.
clósed séason 《美》 금렵기(《英》 close season).
clósed shóp 노조원 이외는 고용하지 않는 사업장(opp. open shop).
clósed sýllable 폐음절《자음으로 끝나는 음절; melody의 *mel-*》.
clóse-físted *a.* 구두쇠의, 인색한.
clóse-fítting *a.* (옷 따위가) 꼭 맞는.
clóse-gráined *a.* 나뭇결이 고운〔촘촘한〕.
clóse hármony 〖樂〗 밀집 화성.
clóse-háuled *a., ad.* 〖海〗 돛을 바람이 불어오는 쪽으로 (활짝) 편〔펴고〕.
clóse·lípped *a.* 말수가 적은, 입이 무거운.

clóse-móuthed *a.* 좀처럼 입을 떼지 않는, 입이 무거운.
clóse-òut *n.* Ⓒ 《美》 재고떨이 대매출.
***clos·er**[klóuzər] *n.* Ⓒ 닫는 것〔사람〕, 폐색기.
clóse sháve 《口》 위기 일발.
clóse shòt 〖映·TV〗 근접 촬영.
clóse·stòol *n.* Ⓒ 의자식 실내용 변기.
:clos·et[klázit/-ɔ́-] *n.* Ⓒ 벽장, 다락장(cupboard); 작은 방, 사실(私室); 변소. ***of the ~*** 이론상〔뿐〕의. —— *vt.* 사실에 가두다. ***be ~ed with*** …와 밀담하다. —— *a.* 비밀의; 실제적이 아닌, 서재용의.
clóset dràma 서재극(書齋劇), 레제 드라마《읽기 위한 드라마》.
clóset politìcian 비실제적인 정치가.
clóse-ùp *n.* U,C 〖映·TV〗 근접 촬영, 클로즈업; 정사(精査) (close examination).
clóse-wóven *a.* 촘촘히 짠, 피륙이 톡톡한.
clos·ing**[klóuziŋ] *n.* U,C 폐쇄; 마감, 폐점; 종결. —— *a.* 끝의, 마지막의; 폐점〔폐회〕의. ***~ address 폐회사(辭). ***~ price*** 파장 시세. ***~ quotations*** 〖證〗 입회 최종 가격. ***~ time*** 폐점〔폐장〕 시간.
clo·sure[klóuʒər] *n.* U,C 폐쇄, 체결; 울타리; (표결에 들어가기 위한) 토론 종결. —— *vt.* (…에 대하여) 토론 종결을 선언하다.
clot[klat/-ɔ-] (***-tt-***) *n., vi.* 엉기다; Ⓒ (혈액·대변 따위의) 엉긴 덩어리. ***~·ted***[∠id] *a.* 엉겨붙은(*~ted nonsense* 잠꼬대, 허튼 소리).
†cloth[klɔːθ, klɑθ] *n.* (*pl.* ***~s***[-θs, -ðz]) ① Ⓤ 피륙, 옷감. ② Ⓤ 표지(表紙) 헝겊(*~ binding* 클로스 장정). ③ Ⓒ (어떤 용도에 쓰이는) 천, 걸레, 행주, 식탁보. ④ Ⓒ 법의(法衣). ⑤ (the ~) 《집합적》 목사(the clergy), 성직자(clergymen). ***lay*** 〔***draw, remove***〕 ***the ~*** 상을 차리다〔치우다〕.
:clothe[klouð] *vt.* (***~d,*** 《古》 ***clad*** [klæd]) ① (옷을) 주다; 입히다. ② 덮다, 가리다. ③ (권한 따위를) 주다 (furnish)(*with*). ***be ~d*** 〔***clad***〕 ***in*** (…을) 입고 있다. ***~ and feed*** …에 의식(衣食)을 대다.
†clothes[klouðz] *n. pl.* ① 옷(*two suits of ~* 옷 두 벌). ② 침구. ③ 빨랫감. ***in long ~*** 배내옷을 입고, 유치하여.
clóthes bàg 〔**bàsket**〕 세탁물 주머니〔광주리〕.
clóthes·hòrse *n.* Ⓒ 빨래 너는 틀.
clóthes·lìne *n.* Ⓒ 빨랫줄.
clóthes mòth 옷좀나방《그 유충은 옷감을 해침》.
clóthes-pèg, 《英》 **-pìn** *n.* Ⓒ 빨래집게.
clóthes·prèss *n.* Ⓒ 옷장.
clóthes trèe (기둥 모양의) 모자·외투걸이.
cloth·ier[klóuðjər, -ðiər] *n.* Ⓒ 피륙〔옷감〕 장수.
:cloth·ing[klóuðiŋ] *n.* Ⓤ 《집합적》 의류(衣類).
clóthing wòol 방모(紡毛) 사용 양털.
Clo·tho[klóuθou] *n.* 〖그神〗 클로토 《Fates 중의 하나; 생명의 실을 잣는 운명의 신》.
clo·ture[klóutʃər] *n.* =CLOSURE.
†cloud[klaud] *n.* ① U,C 구름. ② Ⓒ 연기, 모래 먼지. ③ Ⓒ (움직이는) 큰 떼(*a ~ of birds* 새 떼). ④ Ⓒ (거울 따위의) 흐림; 구름무늬; 의운(疑雲), 암운, 근심의 빛. ***a ~ of words*** 구름잡는 것 같은 말. ***in the ~s*** 하늘 높이; 비현실적으로, 공상하여; 멍하여. ***on a ~*** 《俗》 행복〔득의〕의 절정에. ***under a ~*** 의혹을 받고; 미움받고(out of favo(u)r), 풀이 죽어(chapfallen). —— ***vi., vt.*** 흐려지(게 하)다, 어두워지(게 하)다. ***~ over*** 〔***up***〕 잔뜩 흐리다. ***~·ed*** [∠id] *a.* 흐린; 구름무늬의.
clóud·bùrst *n.* Ⓒ 호우(豪雨).
clóud-càpped *a.* 구름이 덮인; 구름 위에 솟은.
clóud càstle 몽상, 백일몽.
clóud chàmber 〖理〗 안개상자《원자(럽)의 궤적(軌跡)을 보기 위한》.
clóud-cúckoo-lànd *n.* Ⓤ 이상향.
clóud·lànd *n.* U,C 꿈나라, 몽환경(夢幻境), 선경(仙境).
***clóud·less** *a.* 구름 없는, 맑게 갠; 밝은. **~·ly** *ad.* 구름 한 점 없이.
cloud·let[∠lit] *n.* Ⓒ 조각 구름.
clóud níne 《俗》 행복의 절정, 지복(至福).
clóud sèeding (인공 강우를 위해) 구름에 드라이아이스를 뿌리기.
†cloud·y[kláudi] *a.* 흐린; 똑똑〔또렷〕하지 않은; 탁한; (대리석 따위) 구름 무늬가 있는. **clóud·i·ness** *n.*
clout[klaut] *vt., n.* Ⓒ 《口》 탁 때리다〔때림〕.
clóut nàil 징.
clove[1][klouv] *v.* cleave[1]의 과거.
clove[2] *n.* Ⓒ 정향(丁香)나무《이 나무에서 향료를 채취함》.
clove[3] *n.* Ⓒ 〖植〗 (마늘 따위의) 주아(珠芽), 살눈.
cloven[klóuvən] *v.* cleave[1]의 과거분사. —— *a.* 갈라진, 쪼개진.
clóven-fóoted, -hóofed *a.* 발굽이 갈라진, 악마(의 발) 같은(devilish).
:clo·ver[klóuvər] *n.* U,C 클로버, 토끼풀. ***live in ~*** 호화로운 생활을 즐기다《소에 비유하여》.
clóver·lèaf *n.* Ⓒ 클로버의 잎; (네잎 클로버형의) 입체 교차로.
***clown**[klaun] *n.* Ⓒ 어릿광대(jester); 촌뜨기(rustic), 교양 없는 사람. **∠·er·y** *n.* Ⓤ 익살맞음, 무무함. **∠·ish** *a.*
cloy[klɔi] *vt.* (미식(美食)·열락(悅樂)에) 물리게 하다(satiate)(*with*). **∠·ing** *a.* 넌더리나게 하는.

clóze tèst[klóuz-] 클로즈식 독해 테스트《공란의 문장을 채우는》.

†**club**[klʌb] *n.* Ⓒ ① 곤봉, 굵은 몽둥이; (구기용의) 클럽, 타봉(bat). ② (동지가 모이는) 클럽, 회; 클럽 회관; (트럼프의) 클럽의 패(*the king of ~s*). — *vt.* (**-bb-**) 곤봉으로 치다; (막대 모양으로 어우르다란 뜻에서) 단결시키다; (돈 따위를) 분담하다. — *vi.* 클럽을 조직하다; 협력하다, 돈을 추렴하다(*together, with*).

club·(b)a·ble[-əbəl] *a.* 사교적인, 클럽 회원이 되기에 적합한.

club·by[⌐i] *a.* 사교적인.

clúb chàir [**sòfa**] 낮고 푹신한 안락 의자.

clúb fòot (가구 따위의) 굽은 발.

clúb·fóot *n.* Ⓒ 내반족(內反足). **~ed** *a.*

clúb·hòuse *n.* Ⓒ 클럽 회관.

clúb làw 폭력(주의).

***cluck**[klʌk] *vt., n.* (암탉이) 꼬꼬 울다; Ⓒ 그 우는 소리.

***clue**[klu:] *n.* Ⓒ 단서, 실마리, (해결의) 열쇠; (이야기의) 줄거리(cf. clew).

***clump**[klʌmp] *n., vi.* Ⓒ 풀숲, 덤불(bush), 수풀; 덩어리; 쿵쿵(무겁게 걷다).

***clum·sy**[klʌ́mzi] *a.* 솜씨 없는; 볼품[모양] 없는; 무뚝뚝한; 볼썽사나운; 어설픈(awkward). **-si·ly** *ad.* **-si·ness** *n.*

‡**clung**[klʌŋ] *v.* cling의 과거(분사).

clunk[klʌŋk] *n., vi.* (a ~) 텅하는 소리(를 내다); Ⓒ《口》강타, 일격; 쾅 치다.

clun·ker[klʌ́ŋkər] *n.* Ⓒ《美俗》털털이 기계, 고물 차; 시시한 것.

‡**clus·ter**[klʌ́stər] *n., vi.* Ⓒ 덩어리, 떼(를 이루다), 몰리다; 송이[떨기](bunch)(를 이루다); 〖컴〗다발.

clúster bòmb 집속(集束) 폭탄《폭발시 입탄(粒彈)이 튐》.

clúster còllege《美》(종합 대학 내의 독립된) 교양학부.

‡**clutch**[1][klʌtʃ] *vt., vi.* 꽉[단단히] 붙들다(grasp tightly); 달려들어 움켜 쥐다(snatch)(*at*). — *n.* (a ~) 붙잡음, 파악; Ⓒ 연동기, 클러치; (보통 *pl.*) 움켜잡는 손, (악인 따위의) 독수(毒水), 지배(력)(power).

clutch[2] *n.* Ⓒ 한 번에 품는 알, 한 둥지의 날짐승의 갓깬 새끼.

clut·ter [klʌ́tər] *n.* (a ~) 혼란. *in a ~* 어수선하게 흩뜨리어. — *vt.* 어수선하게 하다, 흩뜨리다(*up*). — *vi.* 후다닥 뛰어가다;《方》떠들다.

Cly·tem·nes·tra[klàitəmnéstrə] *n.* 〖그傳說〗Agamemnon의 부정(不貞)한 아내.

Cm 〖化〗curium. **Cm., Cm** centimeter(s). **Cmdr.** Commander. **C.M.G.** Companion (of the Order) of St. Michael and St. George. **CNN**《美》Cable News Network. **CNO** chief of naval operations. **Co** 〖化〗cobalt. **CO., C.O.** Commanding Officer; conscientious objector. ***Co., CO.** company; county. ***CO., C/O** care of; carried over.

co-[kou] *pref.* 'with, together, joint, equally' 등의 뜻 : *co*operate, *co*-ed.

‡**coach**[koutʃ] *n.* Ⓒ ① 대형의 탈것; 4륜 대형 마차; 객차;《美》=BUS;《英》(장거리용) 대형 버스. ② (경기의) 코치; (수험 준비의) 가정 교사. *~ and four* 사두(四頭) 마차. — *vt.* 코치하다(teach)(*~ swimming/ ~ a team*); 수험 준비를 해 주다; (전투기에) 무전 지령을 하다. **⌐·er** *n.*

cóach bòx 마부석.

cóach-built *a.* (차체가) 목제인.

cóach dòg =DALMATIAN.

***coach·man**[⌐mən] *n.* Ⓒ (coach의) 마부.

cóach·wòrk *n.* Ⓤ 자동차의 설계 [디자인].

co·act[kouǽkt] *vi.* 같이 일하다, 협력하다.

co·ac·tion[kouǽkʃən] *n.* Ⓤ 협동 작용; 〖生態〗(유기체간의) 상호 작용.

co·ad·ju·tant[kouǽdʒətənt] *n.* Ⓒ 협력자, 조수. — *a.* 서로 돕는, 협동하는.

co·ad·ju·tor[kouǽdʒətər, kòuədʒú:tər] *n.* (*fem.* **-tress**) Ⓒ 보좌(역); 부주교, 보좌 신부.

co·a·gen·cy[kouéidʒənsi] *n.* Ⓤ 협동; 공동 작업.

co·ag·u·lant[kouǽgjələnt] *n.* Ⓤ,Ⓒ 응고제.

co·ag·u·late[kouǽgjəlèit] *vi., vt.* 엉겨 굳(게 하)다. **-la·tion**[–⌐–léiʃən] *n.*

co·ag·u·lum[kouǽgjələm] *n.* (*pl.* **-la**[-lə]) Ⓒ 응결[응고]물.

†**coal**[koul] *n.* Ⓤ 석탄; Ⓒ 석탄 덩어리; Ⓤ 숯(charcoal). *call* [*drag, haul, take*] (*a person*) *over the ~s* 호되게 꾸짖다. *carry* [*take*] *~s to Newcastle* 헛수고하다《Newcastle이 탄광지임》. *cold ~ to blow at* 가망이 없는 일. *heap ~s of fire on a person's head* (원수를 은혜로써 갚아) 부끄럽게 하다《로마서 7 : 20》. — *vt.* 태워 숯으로 하다; (…에) 석탄을 공급하다. — *vi.* 석탄을 싣다.

cóal bèd 탄층(炭層).

cóal-bláck *a.* 새까만.

cóal brèaker 쇄탄기(碎炭機), 쇄탄소.

cóal bùnker (배·기차의) 석탄고(庫).

cóal dèpot 저탄장.

co·a·lesce[kòuəlés] *vi.* 합체[합동]하다; 유착하다. **-lés·cence** *n.* **-cent** *a.*

cóal fàce (탄갱의) 막장, 채벽(採壁).

cóal fìeld 탄전(炭田).

cóal gàs 석탄 가스.

cóal hèaver 석탄 인부.

cóaling dèpot 급탄소(給炭所).

cóaling stàtion 급탄역〔항(港)〕.
*__co·a·li·tion__[kòuəlíʃən] *n.* Ⓤ 연합, 합동; Ⓒ (정치적인) 제휴, 연립. ~ *cabinet* 연립 내각.
cóal mèasures 탄층(炭層).
cóal mìne 탄갱.
cóal òil 《美》 등유(燈油).
cóal pìt 탄갱(炭坑).
cóal scùttle (실내용) 석탄 그릇.
cóal tàr 콜타르.
coam·ing[kóumiŋ] *n.* Ⓒ 〖船〗 (갑판 승강구 따위에 해수 침투를 막는) 테두리판(板).
co·ap·ta·tion[kòuæptéiʃən] *n.* Ⓤ 뼈맞추기, 접골.
:**coarse**[kɔːrs] *a.* ① 조잡한, 조악한 (~ *fare* 조식(粗食)). ② 눈〔올, 결〕이 성긴, 거친(rough). ③ 야비〔조야〕한, 음탕한. **∠·ly** *ad.* **cóarsen**[∠n] *vt., vi.* 조악하게〔거칠게〕 하다〔되다〕.
cóarse-gráined *a.* 결이 거친; 조야한.
†**coast**[koust] *n.* ① Ⓒ 해안(seashore); (the ~) 연안 지방. ② (the C-) 《美口》 태평양 연안 지방. ③ 《美·Can.》 (썰매·자전거 따위로의) 내리받이 활주. *from ~ to ~* 《美》 전국〔미국〕 방방곡곡(에). *The ~ is clear.* 해안 감시《방해》가 없다, 이제야말로 호기다. — *vi.* ① 연안을 항행하다. ② (썰매·자전거 따위로) 미끄러져 내려오다. ③ (우주선이) 타력으로 추진하다. **∠·er** *n.* Ⓒ 연안 무역선; 활강 썰매〔자전거〕; = ROLLER COASTER; 작은 쟁반; 컵(을 받치는) 접시. **∠·ing** *n.* Ⓤ 연안 항행; 연안 무역; (썰매·자전거의) 내리받이 활주.
*__coast·al__[∠əl] 연안〔해안〕의, 근해의 (~ *defense* 연안 경비). **~·ly** *ad.*
cóaster bràke (자전거의) 코스터 브레이크《페달을 뒤로 밟아 거는》.
cóast guàrd 해안 경비대(원).
cóasting tràde 연안 무역.
cóast·lànd *n.* Ⓤ 연안 지대.
*__cóast·lìne__ *n.* Ⓒ 해안선.
*__coast·ward(s)__[∠wərd(z)] *ad.* 해안쪽으로.
coast·wise[∠wàiz] *ad., a.* 해안을 따라서; 연안의.
†**coat**[kout] *n.* Ⓒ ① 상의; (여자의) 코트, 외투. ② (동·식물의) 외피(外被); 덮개; (페인트 따위의) 칠, 막(膜). *change* 〔*turn*〕 *one's ~* 변절하다. *~ of arms* 문장(紋章). *~ of mail* 쇠미늘 갑옷. *cut one's ~ according to one's cloth* 수입에 걸맞는 지출을 하다. — *vt.* 덮다; (도료를) 칠하다, 입히다, 도금하다 (*with*).
cóat càrd (트럼프의) 그림 패.
coat·ee[koutíː] *n.* Ⓒ (여성·어린이의) 몸에 착 붙는 짧은 상의.
co·a·ti[kouáːti] *n.* Ⓒ 긴코너구리 《raccoon 비슷하며 코가 뾰족한 라틴 아메리카산》.
*__coat·ing__[kóutiŋ] *n.* ① Ⓤ,Ⓒ 걸칠, 걸입힘, 도금. ② Ⓤ 상의용 옷감.
co·áuthor *n.* Ⓒ 공저자(共著者).
*__coax__[kouks] *vt.* ① 어르다, 달래다; 교묘히 설복하다(persuade softly) (*into* do*ing*; *to* do). ② 감언으로 사취하다(*out of*). ③ (열쇠·관(管)·실 등을) 살살 (잘) 집어넣다.
cò·áxial *a.* 〖理〗 동축(同軸)의.
coáxial cáble 〖電·컴〗 동축 케이블.
cob[kɑb/-ɔ-] *n.* Ⓒ 다리 짧고 튼튼한 조랑말; (석탄·돌 따위의) 둥근 덩이; =COBNUT.
*__co·balt__[kóubɔːlt/―∠] *n.* Ⓤ 코발트《금속 원소》; 코발트색 (그림 물감).
cóbalt blúe 진한 청색.
cóbalt bómb (의학용) 방사성 코발트 용기; 코발트 폭탄《수폭을 코발트로 싼 것》.
cóbalt 60[-síksti] 〖醫〗 방사성 코발트《암치료용》.
cob·ble[1][kɑ́bəl/-ɔ́-] *n., vt.* Ⓒ 조약돌〔자갈〕(을 깔다).
cob·ble[2] *vt.* (구두를) 수선하다 (*up*); 어설프게 꿰매다. *__cób·bler__ *n.* Ⓒ 신기료장수, 구두장이; 서투른 장인(匠人); Ⓤ,Ⓒ 《美》 과일 파이의 일종.
cob·ble·stone[-stòun] *n.* Ⓒ (철도·도로용의) 조약돌, (밤)자갈.
cò·bellígerent *n.* Ⓒ 공동 참전국. — *a.* 협동하여 싸우는.
cób·nùt *n.* Ⓒ 개암나무의 열매《식용》.
COBE[kóubìː] Cosmic Background Explorer satellite.
COBOL, Co·bol[kóuboul] (< *co*mmon *b*usiness *o*riented *l*anguage) *n.* Ⓤ 〖컴〗 코볼《사무 계산용 프로그램 언어》.
*__co·bra (de ca·pel·lo)__[kóubrə (di kəpélou)] *n.* Ⓒ 코브라《인도의 독사》.
*__cob·web__[kɑ́bwèb/-ɔ́-] *n., vt.* (*-bb-*) Ⓒ ① 거미집; 거미줄(로 덮다). ② 올가미, 함정. ③ (*pl.*) (머리의) 혼란.
co·ca[kóukə] *n.* Ⓒ 코카《남아메리카산의 약용 식물》; Ⓤ 《집합적》 코카잎.
Co·ca-Co·la[kòukəkóulə] *n.* Ⓤ,Ⓒ 〖商標〗 코카콜라.
co·cain(e)[koukéin, kóu∸] *n.* Ⓤ 〖化〗 코카인《coca 잎에서 얻는 국소 마취제》. **co·cáin·ism** *n.* Ⓤ 〖醫〗 코카인 중독.
coc·cus[kɑ́kəs/-ɔ́-] *n.* (*pl.* **cocci** [kɑ́ksai/-ɔ́-]) Ⓒ 〖菌〗 구균(球菌); 〖植〗 소건과(小乾果).
coc·cyx[kɑ́ksiks/-ɔ́-] *n.* (*pl.* **-cyges**[kɑksáidʒiːz/kɔk-]) Ⓒ 〖解〗 미저골(尾骶骨).
co·chin, C-[kóutʃin, -ɑ́-] *n.* Ⓒ 코친《닭》.
coch·i·neal[kɑ́tʃəniːl/kóutʃ-] *n.* Ⓒ 연지벌레; Ⓤ 양홍(洋紅)(carmine).
:**cock**[1][kɑk/-ɔ-] *n.* Ⓒ ① 《英》 수탉; (새의) 수컷(cf. peacock). ② 지도자; 두목. ③ =WEATHERCOCK.

④ 마개, 꼭지(faucet). ⑤ (총의) 공이치기, 격철. ⑥ (짐짓 새침을 떠는 코의) 위로 들림; (눈의) 칩떠보기; (모자의) 위로 잦힘. ⑦《卑》 음경(penis). ***at full* 〔*half*〕 ～** (총의) 공이치기를 충분히〔반쯤〕 당기어; 충분히〔반쯤〕 준비하여. **～ *of the loft* 〔*walk*〕** 통솔자, 보스, 두목. ***Old ～!*** 이봐 자네! ***That ～ won't fight.*** 그따위 것〔변명·계획〕으론 통하지 않아, 그렇게 (간단히는) 안 될걸. ── *vt.* ① (총의) 공이치기를 올리다. ② 짐짓 새침떨며 코끝을 위로 치키다. ③ (귀를) 쫑긋 세우다. ④ (눈을) 칩떠보다, 눈짓하다. ── *vi.* 쫑긋 서다.

cock² *n., vt.* Ⓒ 건초 더미(를 쌓아 올리다).

cock·ade[kakéid/kɔ-] *n.* Ⓒ 꽃 모양의 모표.

cock-a-doo·dle-doo[kákədù:-dldú/kɔ́-] *n.* Ⓒ 꼬끼오《닭의 울음》; 《兒》 꼬꼬, 수탉.

cock-a-hoop[kàkəhú:p/kɔ̀-] *a., ad.* 크게 의기 양양한〔하여〕.

cock·a·ma·mie [kákəmèimi/kɔ́k-] *a.* 《美俗》 어처구니 없는, 바보 같은.

cóck-and-búll *a.* 허황된, 황당한 (*a ～ story*).

cóck-and-hén *a.* 《口》 남녀가 섞인《클럽 따위》.

cock·a·too[kàkətú:/kɔ̀-] *n.* Ⓒ (오스트레일리아·동인도 제도산의) 큰 앵무새.

cock·a·trice[kákətris/kɔ́kətràis] *n.* Ⓒ (한 번 노려 사람을 죽인다는 전설상의) 괴사(怪蛇).

cóck·bòat *n.* Ⓒ 부속 소형 보트.

cóck·chàfer *n.* Ⓒ 풍뎅이.

cóck·cròw(ing) *n.* Ⓤ 이른 새벽, 첫새벽, 여명.

cócked hát 정장용 삼각모자; 챙이 젖혀진 모자.

Cock·er[kákər/-ɔ́-] *n.*《다음 성구로》 ***according to* ～** 올바른, 올바르게, 정확하게《수학자 E. Cocker의 이름에서》.

cock·er¹ *vt.* (어린이의) 응석을 받아주다.

cock·er² *n.* Ⓒ 투계 사육자, 투계사; ＝**∠ spáninel** 스파니엘종의 개《사냥·애완용》.

cock·er·el[∠ərəl] *n.* Ⓒ 어린 수탉; 한창 혈기의 젊은이.

cóck·eỳed *a.* 사팔눈의; 《俗》 한쪽으로 쏠린〔뒤틀린〕 (tilted or twisted).

cóck·fighting *n.* Ⓤ 투계(鬪鷄).

cóck·hòrse *n.* Ⓒ (장난감) 말《빗자루, 막대기 따위》.

cock·le¹[kákəl/-ɔ́-] *n.* Ⓒ 새조개(의 조가비); 작은 배, 조각배. **～*s of the* 〔*one's*〕 *heart*** 깊은 마음속.

cock·le² *n., vt., vi.* Ⓒ 주름(잡다, 잡히다).

cóckle·shèll *n.* ＝COCKLE¹.

***cock·ney**[kákni/-ɔ́-] *n.* ① Ⓒ (종종 C-) 런던내기, 런던 토박이《Bow Bells가 들리는 범위내에 태어나, 그곳에 사는 사람》; (East End 방면의) 주민. ② Ⓤ 런던 말투. ── *a.* 런던 내기〔말투〕의. **～·ism**[-ìzəm] *n.* Ⓤ,Ⓒ 런던내기풍; 런던 말씨.

***cóck·pìt** *n.* Ⓒ 투계장, 싸움터; 〖空〗 조종실.

cóckpit vóice recòrder 〖空〗 (사고 원인 규명을 위한) 조종실 음성 녹음 장치《생략 CVR》.

cóck·ròach *n.* Ⓒ 〖蟲〗 바퀴.

cócks·còmb *n.* Ⓒ (수탉의) 볏; 〖植〗 맨드라미; 멋쟁이 사내.

cóck·súre *a.* 확신하여(*of*); 반드시 일어나는〔하는〕(*to* do); 자신 만만한(too sure), 독단적인(dogmatic).

***cock·tail**[∠tèil] *n.* ① Ⓒ 칵테일《얼음 넣은 혼합주》. ② Ⓒ 꼬리 자른 말. ③ Ⓒ,Ⓤ 새우〔굴〕 칵테일《전채용》. ④ Ⓒ 벼락 출세자.

cócktail pàrty 칵테일 파티.

cóck-ùp *n.* Ⓒ《英俗》 실수, 실패; 혼란 상태. 「방진.

cock·y[∠i] *a.* 《口》 젠체하는, 시건

cock·y-leek·y, -ie [kàkilí:ki/kɔ̀k-] *n.* 《Sc.》 Ⓤ 부추가 든 치킨 수프.

co·co, co·coa¹[kóukou] *n.* (*pl.* **～s**) Ⓒ 〖植〗 코코야자《나무·열매》.

***co·coa²**[kóukou] *n.* Ⓤ 코코아(색).

***co·co(a)·nut**[kóukənʌ̀t] *n.* Ⓒ 코코야자 열매.

COCOM[kóukam/-kɔm] *Co*ordinating *Com*mittee for Export to Communist Areas 〔for Export Control〕 코콤《대(對)공산권 수출 통제 위원회》.

co·coon[kəkú:n] *n.* Ⓒ 누에고치.

co·cotte[koukát/-kɔ́t] *n.* Ⓒ 매춘부.

***cod¹**[kad/-ɔ-] *n.* (*pl.* **～s,**《집합적》 **～**) Ⓒ 〖魚〗 대구.

cod² *vt., vi.* (**-dd-**)《俗》 속이다, 우롱하다.

COD chemical oxygen demand 화학적 산소 요구량. **C.O.D., c.o.d.** 〖商〗 collect 〔《英》 cash〕 on delivery.

co·da[kóudə] *n.* (It.) Ⓒ 〖樂〗 코다, 결미구; (연극의) 종결부.

cod·dle[kádl/-ɔ́-] *vt.* 소중히 하다; 어하다(pamper); (달걀 따위를) 뭉근 불에 삶다.

†**code**[koud] *n.* Ⓒ ① 법전. ② 규정 (set of rules); (사교의) 예법, 규율. ③ (전신) 부호(*the Morse ～* 모스 부호); (전문(電文)용) 암호; (수기(手旗)용) 신호. ④ 〖컴〗 코드, 부호; 부호 시스템. ***civil* ～** 민법전. **～ *of honor*** 의례(儀禮); 결투의 예법. ── *vt.* ① 법전으로 만들다. ② 암호(문으)로 고치다(cf. decode). ③ 〖컴〗 (프로그램을) 코드〔부호〕화하다. 「장〕.

códe bòok 전신 암호부(簿)〔약호

co·deine[kóudi:n], **co·de·in** [-diin] *n.* Ⓤ 〖藥〗 코데인《진통·최면

제》.
co·der [kóudər] *n.* Ⓒ 〖컴〗 코더 《coding하는 사람》.
códe tèlegram 암호 전보.
códe wòrd 전신 약호 문자.
co·dex [kóudeks] *n.* (*pl.* ***-dices*** [-disìːz]) Ⓒ 고사본(古寫本)《특히 성서의》.
cód·fìsh *n.* (*pl.* ***~es,*** 《집합적》 ~) =COD[1].
códfish aristòcracy 《美》 (대구잡이로 한몫 본) 벼락부자들; 신흥 계급.
codg·er [kádʒər/-ɔ́-] *n.* Ⓒ 《口》 괴짜, 괴팍한 사람《특히 노인》.
cod·i·cil [kádəsil/kɔ́d-] *n.* Ⓒ 유언 보충서.
cod·i·fy [kádəfài, kóu-/kɔ́-, kóu-] *vt.* 법전으로 편찬하다. **-fi·ca·tion** [ㅗ—fikéiʃən] *n.* **-fi·er** *n.* Ⓒ 법전 편찬자.
cod·ing [kóudiŋ] *n.* Ⓤ 부호화; 〖컴〗 부호화, 코딩《정보를 계산 조작에 편리한 부호로 바꾸는 일》.
cod·ling [kádliŋ/-ɔ́-], **-lin** [-lin] *n.* Ⓒ 덜 익은 사과.
cód-lìver óil 간유.
co·don [kóudɑn/-dɔn] *n.* Ⓒ 〖生〗 코돈《nucleotide 3개로 된 유전 정보 단위》.
co·ed, co-ed [kóuéd] *n.* Ⓒ 《美口》 (대학 등의) 남녀 공학의 여학생.
cò·éditor *n.* Ⓒ 공편자(共編者).
***cò·educátion** *n.* Ⓤ 남녀 공학. **~al** *a.*
cò·effícient *n.* Ⓒ 〖數·理·컴〗 계수. **~ *of expansion*** 팽창 계수.
coe·la·canth [síːləkæ̀nθ] *n.* Ⓒ 실러캔스《현존하는 중생대의 강극어(腔棘魚)의 하나》.
coe·len·ter·ate [siːléntərèit, -rit] *n., a.* Ⓒ 〖動〗 강장동물(의).
co·énzyme *n.* Ⓒ 〖生化〗 보효소(補酵素), 조(助)효소.
co·e·qual [kouíːkwəl] *a., n.* Ⓒ (지위·연령 따위가) 동등한 (사람).
***co·erce** [kouə́ːrs] *vt.* 강제하다 (compel); (권력 따위로) 억누르다 (*into* do*ing, to* do).
co·er·cion [kouə́ːrʃən] *n.* Ⓤ 강제, 위압. **-cive** *a.*
co·e·val [kouíːvəl] *a., n.* Ⓒ 같은 시대의 (사람).
cò·exécutor *n.* (*fem.* ***-trix*** [-triks]) Ⓒ 〖法〗 (유언 따위의) 공동 집행자.
cò·exíst *vi.* 공존하다(*with*). ***~·ence** *n.* **~ent** *a.*
cò·exténd *vi., vt.* 같은 넓이[길이]로 퍼지다[펼치다].
cò·exténsive *a.* 같은 시간[공간]에 걸친.
†**cof·fee** [kɔ́ːfi, -ɑ́-/-ɔ́-] *n.* Ⓤ 커피; Ⓒ 커피 한 잔.
cóffee bèan 커피의 열매.
cóffee brèak (오전·오후의) 차 마시는 시간, 휴게 (시간).
cóffee cùp 커피 잔.
cóffee grìnder [**mìll**] 커피 가는 기계.
cóffee gròunds 커피 (우려낸) 찌끼.
cóffee hòuse (고급) 다방.
cóffee klàt(s)ch [-klætʃ] 간담회(懇談會).
cóffee plànt 커피 나무.
cóffee pòt 커피 (끓이는) 주전자.
cóffee ròom (호텔 따위의 간단한 식당을 겸한) 다실.
cóffee sèt 커피 세트《다구(茶具) 「한 벌》.
cóffee shòp 《美》 다방; =COFFEE ROOM.
cóffee trèe 커피 나무.
cof·fer [kɔ́ːfər, -ɑ́-/-ɔ́-] *n.* Ⓒ (귀중품) 상자; 금고; (*pl.*) 재원(財源) (funds).
‡**cof·fin** [kɔ́ːfin, -ɑ́-/-ɔ́-] *n., vt.* Ⓒ 「관(에 넣다).
cò·fígurative *a.* 각 세대가 독자적인 가치관을 가지는.
cog [kɑg/-ɔ-] *n.* Ⓒ 톱니바퀴(의 톱니); 《口》 (큰 조직 중에서) 별로 중요치 않은 사람. ***slip a ~*** 실수하다, 그르치다.
co·gent [kóudʒənt] *a.* 수긍케 하는, (의론 따위) 설득력 있는. **có·gen·cy** *n.*
cog·i·tate [kádʒətèit/-ɔ́-] *vi., vt.* 숙고(熟考)하다(meditate). **-ta·tion** [ㅗ—téiʃən] *n.*
co·gi·to er·go sum [kádʒitòu ə́ːrgou sʌ́m/kɔ́dʒ-] (L.) =I think, therefore I exist. 나는 생각한다, 그러므로 나는 존재한다《Descartes의 말》.
co·gnac [kóunjæk, kɑ́n-] *n.* Ⓤ,Ⓒ 코냑《프랑스산의 브랜디》.
***cog·nate** [kágneit/-ɔ́-] *a., n.* Ⓒ 동족(同族)의 (사람); 같은 어계(語系)의 (언어); 같은 어원의 (말)《*cap* 과 *chief* 따위》.
cógnate óbject 〖文〗 동족 목적어 《보기 : dream a pleasant *dream*》.
cog·ni·tion [kɑgníʃən/kɔg-] *n.* Ⓤ 인식.
cog·ni·tive [kágnətiv/kɔg-] *a.* 인식상의, 인식력이 있는.
cog·ni·za·ble [kágnəzəbəl/kɔ́g-] *a.* 인식할 수 있는; (범죄가) 재판 관할권내에 있는.
cog·ni·zant [kágnəzənt/kɔ́g-] *a.* 인식하여(*of*). **-zance** *n.*
cog·no·men [kɑgnóumən/kɔgnóu-men] *n.* (*pl.* ***~s, -mia***) Ⓒ 성(surname); (고대 로마인의) 셋째 이름 《보기 : Marcus Tullius *Cicero*》; 별명.
co·gno·scen·te [kànjəʃénti/kɔ̀-] *n.* (*pl.* ***-ti*** [-tiː]) (It.) Ⓒ (미술품의) 감정가(connoisseur).
cóg·ràil *n.* Ⓒ (아프트식 철도의) 톱니 모양의 철로.
cóg·whèel *n.* Ⓒ 톱니바퀴.
co·hab·it [kouhǽbit] *vi.* (흔히 미혼자가 부부처럼) 동거 생활을 하다. **~·ant** *n.* Ⓒ 동서(同棲)자. **-i·ta·tion** [—ㅗ—téiʃən] *n.*
co·heir [kóuɛ́ər] *n.* (*fem.* ***~ess***) Ⓒ 공동 상속인.

co·here[kouhíər] *vi.* 밀착하다(stick together); 응집(凝集)〔결합〕하다; (논리의) 조리가 서다, 동이 닿다(be consistent). ***co·her·ent** [-híərənt] *a.* 밀착하는; 앞뒤의 동이 닿는, 조리가 선. **-ence, -en·cy** *n.*

***co·he·sion**[kouhíːʒən] *n.* Ⓤ 점착(성), 결합(력)(sticking together); 〖理〗(분자의) 응집력(凝集力). * **-sive** *a.* 점착력이 있는; 밀착〔결합〕하는. **-sive·ly** *ad.*

co·hort[kóuhɔːrt] *n.* Ⓒ (고대 로마의) 보병대《legion의 1/10 (300-600명)》; 군대; 집단, 무리; 《美》 동료.

C.O.I. Central Office of Information.

coif[kɔif] *n.* Ⓒ 두건《수녀·병사·변호사 등의》.

coif·feur[kwɑːfə́ːr] *n.* (F.) Ⓒ 이발사(hairdresser).

coif·fure[kwɑːfjúər] *n.* (F.) Ⓒ 머리형, 결발(結髮) (양식) (hairdo).

coign(e)[kɔin] *n.* Ⓒ (돌의) 뾰족 내민 귀. **~ *of vantage*** (관찰·행동에) 유리한 지위〔지점〕.

:coil[kɔil] *n., vi.* Ⓒ 둘둘 감은 것; 둘둘 감(기)다; 사리(다)(*up*); 〖電〗 코일.

†coin[kɔin] *n.* Ⓤ,Ⓒ 경화(硬貨); Ⓤ 《俗》 돈. ***pay*** (*a person*) (***back***) ***in his*** 〔***her***〕 ***own* ~** 앙갚음하다. — *vt.* (화폐를) 주조하다; (신어를) 만들다. **~ *money*** 《口》 돈을 척척 벌다. **~ *one's brains*** 머리를 써 돈을 벌다.

***co·in·cide**[kòuinsáid] *vi.* 일치〔합치〕하다(correspond)(*with*).

***co·in·ci·dence** [kouínsədəns] *n.* ① Ⓤ (우연의) 일치, 부합. ② Ⓤ 동시 발생; Ⓒ 동시에 일어난 사건.

***co·in·ci·dent**[kouínsədənt, -si-] *a.* 일치하는. **-den·tal**[-ˌ-ˊ-déntl] *a.* =COINCIDENT.

cóin machìne 자동 판매기.

co·i·tion[kouíʃən], **-tus**[kóuitəs] *n.* Ⓤ 성교.

coke[1] [kouk] *n., vt., vi.* Ⓤ 코크스(로 만들다, 가 되다).

coke[2] *n.* (종종 C-) =COCA-COLA; 《美》 =COCAIN.

Col. Colombia; Colonel; Colorado; Colossians. **col.** collected; collector; college; colonel; colonial, colony; colo(u)r(ed); column.

col·an·der[kʌ́ləndər, -ɑ́-] *n.* Ⓒ 물 거르는 장치, 여과기(濾過器).

†cold[kould] *a.* ① 추운, 차가운; 한기가 도는. ② 냉정한, 열의 없는 (indifferent). ③ (뉴스 따위가) 좋지 않은, 불쾌한. ④ 〖獵〗 (냄새가) 희미한(faint). ⑤ 한색(寒色)의. ***have* ~ *feet*** 《口》 겁을 먹고 있다. ***in* ~ *blood*** 냉연히, 태연히. — *n.* Ⓤ 추위, 한기; Ⓒ,Ⓤ 감기. ***catch*** 〔***take***〕 (***a***) **~** 감기가 들다. **~ *in the head*** 코감기, 코카타르. **~ *without*** (감미를 가하지 않은) 물 탄 브랜디(cf. WARM with). ***have a* ~** 감기에 걸려 있다. ***leave out in the* ~** 따돌리다, 배돌게 하다. ***of* ~** 빙점하(에서)(*3 degrees of* ~).

cóld-blóoded *a.* 냉혈의; 냉혹한, 태연한.

cóld bóot 〖컴〗 콜드 부트.

cóld chìsel (금속을 쪼는) 정, 끌.

cóld cólors 한색《청·회색 따위》.

cóld crèam (화장용) 콜드크림.

cóld dárk mátter 〖宇宙〗 찬 암흑 물질《암흑 물질 중 구성입자 운동이 광속(光速)에 비하여 무시할 수 있는 것; 생략 CDM》.

cóld frònt 한랭 전선.

cóld-héarted, -lívered *a.* 냉담한, 무정한.

cold·ish[ˊ-iʃ] *a.* 으슬으슬 추운.

cóld líght 무열광(無熱光)《인광·형광 따위》.

:cold·ly[ˊ-li] *ad.* 차게, 춥게; 냉랭하게, 냉정하게.

cóld méat 냉육(冷肉); 《俗》 시체.

:cold·ness[ˊ-nis] *n.* Ⓤ 추위, 차가움; 냉랭함, 냉담.

cóld pàck 냉찜질; (통조림의) 저온 처리법.

cóld-pàck *vt.* 냉찜질을 하다; (과일 따위를) 저온 처리법으로 통조림하다.

cóld-shóulder *vt.* 《口》 냉대〔무시〕하다.

cóld sòre (코감기 때의) 입속〔입언저리〕 발진.

cóld stéel 칼〔날〕붙이.

cóld stórage 냉동; 냉장(고).

cóld swéat 식은 땀.

cóld wár 냉전(冷戰).

cóld wàve 한파; 콜드파마.

co·le·op·ter·ous[kòuliɑ́ptərəs, kɑ̀ː-/kɔ̀liɔ́p-] *a.* 초시류(鞘翅類)《투구벌레 따위》의.

Cole·ridge[kóulridʒ], **Samuel Taylor** (1772-1834) 영국의 시인·비평가.

cole·seed[kóulsìːd] *n.* Ⓤ,Ⓒ 〖植〗 평지의 씨.

cole·slaw[kóulslɔ̀ː] *n.* Ⓤ 《美》 양배추 샐러드.

cole(·wort) [kóul(wə̀ːrt)] *n.* Ⓒ 평지류(類), 양배추(의 일종).

col·ic[kɑ́lik/-ɔ́-] *n., a.* Ⓤ 복통(의), 산통(疝痛)의. **col·ick·y**[-i] *a.*

col·i·se·um[kɑ̀lisíːəm/kɔ̀lisí(ː)əm] *n.* Ⓒ (원형) 대경기장, (원형) 큰 연기장; (C-) =COLOSSEUM.

co·li·tis[kəláitis, kou-/kɔ-] *n.* Ⓤ 결장염, 대장염.

coll. colleague; college; collected; collect(ion); collective(ly); collector; colloquial.

***col·lab·o·rate**[kəlǽbərèit] *vi.* 함께 일하다, 협력하다; 공동 연구하다(*with*); 적측〔점령군〕에 협력하다. **-ra·tor** *n.* * **-ra·tion**[kəlæ̀bəréiʃən] *n.*

col·lage[kəlɑ́ːʒ] *n.* (F.) Ⓤ 〖美術〗 콜라주《신문이나 광고를 오려 붙여 선이나 색채로 처리한 추상적 회화 구성

법》; 그 작품.
col·la·gen[kálədʒən/-ɔ́-] *n.* Ⓤ 〖生化〗 교원질(膠原質). ~ ***disease*** 교원병.
:col·lapse[kəlǽps] *n., vi.* Ⓤ 붕괴(하다); 쇠약(해지다); 실패(하다); 찌부러[무너]지다. **col·láps·i·ble, -a·ble** *a.* 접는 식의.
:col·lar[kálər/-ɔ́-] *n.* Ⓒ ① 칼라, 깃. ② (훈장의) 경식장. ③ 목걸이; 고리 모양의 물건. ***against the*** ~ (말의) 목걸이가 어깨에 스치어; 괴로움[어려움]을 견디어; 마지못해. ***in*** ~ (말이) 목걸이를 걸고; 일할 준비를 하고; 《古》 직업을 얻어. ***out of*** ~《古》실직하여. ***slip the*** ~《口》곤란[힘든 일]에서 벗어나다. ― *vt.* ① (…에) 칼라[목걸이]를 달다. ② 멱살을 잡다, 붙잡다.
cóllar·bòne *n.* Ⓒ 쇄골(鎖骨).
collat. collateral(ly).
col·late[kəléit, kou-, káleit] *vt.* 대조하다, 교합(校合)하다; 〖宗〗 성직을 주다. **col·lá·tion** *n.* Ⓤ,Ⓒ 대조, 사조(査照); 성직 수여; Ⓒ 가벼운 (저녁) 식사. **col·lá·tor** *n.*
˙col·lat·er·al[kəlǽtərəl/kɔ-] *a.* ① 평행하는(parallel); 부차적인. ② 방계의. ③ 증권류를 담보로 한. ― *n.* Ⓒ 방계의 친척; Ⓤ 담보 물건, 부저당품《증권류》. **~·ly** *ad.*
˙col·league[káli:g/-ɔ́-] *n.* Ⓒ 동료; 동아리.
†col·lect[1][kəlékt] *vt.* ① 모으다, 수집하다. ② (세를) 징수하다, 거둬들이다. ③ (기운을) 회복하다, (생각을) 가다듬다. ― *vi.* ① 모으다, 쌓이다. ② 수금하다. ~ ***a horse*** 말을 제어하다. ~ ***one's courage*** 용기를 떨치어 일으키다. ~ ***oneself*** 정신을 가다듬다, 마음을 가라앉히다. ~ ***one's faculties*** [***feelings, emotions, ideas, wits***] 자신(自信)을 되찾다, 제 정신으로 돌아오다. ~ ***one's scattered senses*** 흐트러진 마음을 가다듬다. ― *a., ad.*《美》대금 상환의[으로], 선불의[로]. **~·ed** [-id] *a.* 모은; 침착[냉정]한. **˙col·léc·tor** *n.* Ⓒ 수집가, 수금원, 징수원.
col·lect[2][kálikt, -lekt/-ɔ́-] *n.* Ⓒ 축도(祝禱)《짧은 기도문》.
:col·lec·tion[kəlékʃən] *n.* ① Ⓤ 수집; Ⓒ 수집물, 컬렉션. ② Ⓤ,Ⓒ 수금, 징수. ③ Ⓒ (쓰레기 등의) 더미. ***make a*** ~ ***of*** (*books*) (책)을 모으다.
˙col·lec·tive[-tiv] *a.* 집합적인, 집단[전체]적인. ― *n.* Ⓒ ① 〖文〗 집합명사. ② 집단농장. **~·ly** *ad.* **-tiv·ism**[-ìzəm] *n.* Ⓤ 집단주의. **-tiv·ist** *n.* 「약.
colléctive agréement 단체 협
colléctive bárgaining 단체 교섭. 「행동.
colléctive behávior 〖社〗 집단
colléctive fárm ＝KOLKHOZ.
colléctive nóun 집합 명사.
colléctive secúrity (유엔의) 집단 안전 보장.
colléctive uncónscious 〖心〗 집단적 무의식.
col·leen[káli:n, kalí:n/-ɔ́-] *n.* 《Ir.》 Ⓒ 소녀.
†col·lege[kálidʒ/-ɔ́-] *n.* ① Ⓤ,Ⓒ 단과 대학. ② Ⓒ (특수) 전문학교. ③ Ⓒ《英》(Oxf., Camb. 양대학의) 학료(學寮)(*Balliol* [béiljəl] ~). ④ Ⓒ 단체, 학회.
cóllege bòards (때때로 C- B-) 《美》대학 입학 시험.
cóllege trý 《美》(팀·모교를 위한) 최대한의 노력; 학생 시절을 연상케 하는 노력.
cóllege wìdow 《美口》 대학가에 살면서 학생과 교제하는 미혼 여성.
col·le·gian[kəlí:dʒiən] *n.* Ⓒ 대학생; 전문 학교생. **˙-giate**[-dʒiit] *a.* 대학(생)의.
˙col·lide[kəláid] *vi.* 충돌하다 (*with*); 일치하지 않다.
col·lie[káli/-ɔ́-] *n.* Ⓒ 콜리《원래는 양지키는 개; 스코틀랜드 원산》.
col·lier[káljər/kɔ́liə] *n.* Ⓒ 《주로 英》 석탄 운반선; 탄갱부(coal miner). **~·y** *n.* Ⓒ (지상 시설을 포함한) 탄갱, 채탄소.
col·lins[1][kálinz/-ɔ́-] *n.* Ⓒ 《英口》 방문 후의 인사장.
col·lins[2][kálinz/-ɔ́-] *n.* Ⓒ 칵테일의 일종.
:col·li·sion[kəlíʒən] *n.* Ⓤ,Ⓒ 충돌 (colliding); 〖컴〗 부딪힘.
col·lo·cate[káləkèit/-ɔ́-] *vt.* 함께[나란히] 두다; 배치하다. **˙-ca·tion**[⌐-kéiʃən] *n.* ① Ⓤ 배열, 병치; (문장 속의) 말의 배열. ② Ⓒ 〖文〗 연어(連語).
col·lo·di·on[kəlóudiən], **-di·um** [-diəm] *n.* Ⓤ 〖化〗 콜로디온《긁힌 상처·사진 필름에 바르는 용액》.
col·loid[kálɔid/-ɔ́-] *n., a.* Ⓤ 〖化〗 콜로이드 (모양의), 아교질(의). **col·loi·dal**[kəlɔ́idl] *a.*
colloq. colloquial(ly); colloquialism.
:col·lo·qui·al[kəlóukwiəl] *a.* 구어(체)의. **~·ism**[-ìzəm] *n.* Ⓤ 구어체; Ⓒ 구어적 표현. **~·ly** *ad.*
col·lo·qui·um [kəlóukwiəm] *n.* (*pl.* **~s, -quia**[-kwiə]) Ⓒ 전문가 회의, 세미나.
col·lo·quy[káləkwi/-ɔ́-] *n.* Ⓤ,Ⓒ 대화; 회담; 토의.
col·lo·type[kálou̇tàip/-ɔ́-] *n.* Ⓤ 콜로타이프판; Ⓒ 콜로타이프 인쇄물. ― *vt.* ~로 인쇄하다.
col·lude[kəlú:d] *vi.* 밀의(蜜議)에 가담하다, 공모하다. **col·lu·sion** [-ʒən] *n.* Ⓤ 공모.
col·ly·wob·bles[káliwàblz/kɔ́liwɔ̀b-] *n. pl.* 《口·方》 (배의) 꾸루룩거림(rumbling), 복통.
Col·ney Hatch[kóuni hǽtʃ] 정신 병원《런던의 병원 이름에서》.
Colo. Colorado.
Co·logne[kəlóun] *n.* (독일의) 쾰

른(G. *Köln*); (c-) =EAU DE COLOGNE.

Co·lom·bi·a[kəlʌ́mbiə/-ɔ́-, -ʌ́-] *n.* 콜롬비아《남아메리카의 공화국》. ~**n** *a., n.*

Co·lom·bo [kəlʌ́mbou] *n.* Sri Lanka의 수도. ~ ***Group*** 〔***Powers***〕 콜롬보 그룹《인도·파키스탄·미얀마·인도네시아·스리랑카의 5개 중립국》. ~ ***Plan*** 콜롬보 계획《1950년 Colombo 회의에서 채택된 영연방의 동남아 개발 계획》.

:co·lon[1] [kóulən] *n.* Ⓒ 콜론《:》.

co·lon[2] *n.* (*pl.* ~***s, cola***) Ⓒ 결장(結腸)《대장의 하부》.

:colo·nel[kə́ːrnəl] *n.* Ⓒ 육군 대령; 연대장. ~**·cy,** ~**·ship**[-ʃìp] *n.*

cólonel commándant 《英》 = BRIGADIER.

:co·lo·ni·al[kəlóuniəl/-njəl] *a.* 식민(지)의; (종종 C-)《美》 영국 식민지 시대의, 낡아빠진. —— *n.* Ⓒ 식민지 거주민. ~**·ism** [-ìzəm] *n.*

:col·o·nist[kálənist/-ɔ́-] *n.* Ⓒ 식민(사업)가; 식민지 사람; 이주민; 외래 동〔식〕물.

col·o·nize[kálənàiz/-ɔ́-] *vt.* 식민지로 삼다; 식민하다; 이식하다(transplant). —— *vi.* 개척자가 되다; 입식(入植)하다(settle). **-nìz·er** *n.* Ⓒ 식민지 개척자. **-ni·za·tion**[⌐—nizéiʃən/-nai-] *n.*

col·on·nade [kàlənéid/-ɔ̀-] *n.* Ⓒ 〖建〗 주열(柱列), 주랑(柱廊); 가로수.

:col·o·ny[káləni/-ɔ́-] *n.* Ⓒ 식민지, 거류지, 조계; 식민(단); 거류민(단); …인(人) 거리(*the Chinese* ~ *in California* 캘리포니아주(州)의 중국인 거리); 〖生〗 군체(群體), 군락(群落). ***summer*** 〔***winter***〕 ~ 피서〔피한〕지.

col·o·phon[káləfàn, -fən/kɔ́ləfən] *n.* Ⓒ 책의 간기(刊記); 출판사의 마크.

†col·or, 《英》 **-our** [kʌ́lər] *n.* ① U,C 색, 색채; Ⓤ 채색. ② Ⓒ (보통 *pl.*) 그림 물감. ③ Ⓤ 안색, 혈색. ④ Ⓤ (작품의) 맛, 음조. ⑤ Ⓤ 분위기, 활기, 생채(生彩); (흥미를 돋우는) 곁들이 프로. ⑥ U,C 겉모습, 꼴; 가장, 구실(pretext). ⑦ (*pl.*) 군기(旗), 선〔함〕기(船〔艦〕旗); 국기〔군기〕 게양〔하기〕식. ⑧ (*pl.*) 색리본, 무색옷. ***change*** ~ 안색이 (파랗게, 붉게) 변하다. ***come off with flying*** ~***s*** 군기를 휘날리며 개선하다, 성공을 거두다, 면목을 세우다. ***gain*** ~ 혈색이 좋아지다. ***give*** 〔***lend***〕 ~ ***to ...*** (이야기 따위를) 그럴 듯이 해 보이다. ***local*** ~ 지방〔향토〕색. ***lose*** ~ 창백해지다; 색이 바래다. ***nail one's*** ~***s to the mast*** 주의〔주장〕을 선명하게 하다; 의지를 굽히지 않다. ***off*** ~ 《口》 기운 없는, 건강이 좋지 않은, 《美俗》 상스러운. ***see the*** ~***s of a person's money*** (…에게서 현금으로) 지불을 받다. ***show one's*** ~***s*** 본심을 나타내다, 본성〔본색〕을 드러내다; 의견을 말하다. ***with the*** ~***s*** 병역에 복무하여; 현역인. —— *vt., vi.* ① (…에) 물들이다. ② 윤색(潤色)하여 전하다. ③ 물들다, 얼굴을 붉히다(*up*). ~**·a·ble** *a.* 착색할 수 있는; 그럴 듯한; 겉보기의. ***~ed**[-d] *a.* 채색한, 유색의, 흑인(Negro)의; 윤색한; 편견이 있는. **:~·ful** *a.* 다채로운; (문체를) 꾸민, 화려한(florid). ~**·ist** *n.* Ⓒ 착색〔채색〕의 명수; 미문가(美文家). ***~·less** *a.* 색이 없는; 퇴색한; 공평한.

***Col·o·rad·o** [kàlərǽdou, -áː-/kɔ̀ləráː-] *n.* 미국 서부의 주《생략 Colo., Col.》.

「색제.

col·or·ant[kʌ́lərənt] *n.* Ⓤ 《美》 착

col·o·ra·tion[kʌ̀ləréiʃən] *n.* Ⓤ 착색, 채색; 배색; 색조.

col·o·ra·tu·ra[kʌ̀lərətjúərə/kɔ̀lərətúərə] *n., a.* Ⓤ 콜로라투라《성악의 화려한 장식적 기교》(의); Ⓒ 콜로라투라 가수(의). ~ ***soprano*** 콜로라투라 소프라노 가수.

cólor bàr 백인과 유색 인종과의 법률적·사회적 차별.

cólor-bèarer *n.* Ⓒ 기수(旗手).

cólor-blìnd *a.* 색맹의.

cólor bòx 그림물감 상자.

cólor·càst *n., vt.* (~***ed***) Ⓒ 컬러 텔레비전(으로 방송하다).

cólor fìlm 컬러 필름; 천연색〔컬러〕 영화.

col·or·ing[kʌ́ləriŋ] *n.* ① Ⓤ 착색(법); 채색(법). ② U,C 안료, 그림물감. ③ Ⓤ (살갗, 모발의) 색. ④ Ⓤ 색조. ⑤ Ⓤ 스타일; 윤색. ⑥ Ⓤ 외견; 편견.

cóloring màtter 물감, 안료(顔料), 그림물감.

cólor lìne 《美》 백인과 흑인과의 (사회적·정치적) 차별.

color·man[-mən] *n.* Ⓒ 《英》 그림물감 장수.

cólor phóto 천연색〔컬러〕 사진.

cólor photógraphy 컬러 사진술.

cólor prèjudice 유색 인종(특히 흑인)에 대한 편견.

cólor prìnt 채색 판화.

cólor prìnting 색판 인쇄.

cólor schème (장식 등) 색채의 배합 설계.

cólor sèt 컬러 텔레비전 수상기.

cólor sùpplement (신문 따위의) 컬러 부록 페이지〔면〕.

cólor télevision 컬러 텔레비전 (color TV).

cólor témperature 〖理〗 색온도 《단위 K(elvin)》.

cólor(-)wàsh *n., vi., vt.* Ⓤ 질척한 그림물감(으로 그리다).

***co·los·sal**[kəlásəl/-lɔ́sl] *a.* 거대한; 《口》 굉장한.

Col·os·se·um [kàləsíːəm/kɔ̀ləsí(ː)-] *n.* (the ~) 콜로세움《고대 로마의 원형 대연기장》(의 유적).

Co·los·sians[kəlɑ́ʃənz/-ɔ́-] *n. pl.* 〖聖〗 골로새서(書)《신약의 한 편》.
co·los·sus[kəlɑ́səs/-ɔ́-] *n.* (*pl.* *~es, -si*[-sai]) Ⓒ 거상(巨像), 거인; (C-) (Rhodes 항(港) 어귀에 있던 거대한) Apollo의 동상.
co·los·to·my[kəlɑ́stəmi/-lɔ́s-] *n.* Ⓤ,Ⓒ 〖醫〗 결장 조루술(結腸造瘻術), 인공항문 성형(술).
†**col·our**[kʌ́lər], **&c.** 《美》 =COLOR, &c.
Col. Sergt. Colo(u)r Sergeant 〖軍〗 군기(軍旗) 호위 하사관.
Colt[koult] *n.* Ⓒ 〖商標〗 콜트식 자동 권총(~ revolver).
:**colt**[koult] *n.* Ⓒ (너댓 살까지의 수컷) 망아지; 당나귀 새끼; 미숙한 사람, 풋내기(greenhorn). **∠·ish** *a.* (망아지처럼) 깡총거리는, 까부는.
col·ter[kóultər] *n.* Ⓒ (보습 앞에 단) 풀 베는 날.
cólts·fòot *n.* Ⓒ 〖植〗 머위.
*__Co·lum·bi·a__[kəlʌ́mbiə] *n.* 컬럼비아《미국 S. Carolina주의 주도》; (N.Y. 시의) 컬럼비아 대학; 《詩》 미국(<Columbus). **~n** *a., n.* 미국의; Columbus의; Ⓤ 〖印〗 16포인트 활자.
col·um·bine[kɑ́ləmbàin/-ɔ́-] *n.* Ⓒ 〖植〗 매발톱꽃. — *a.* 비둘기의, 비둘기 같은.
co·lum·bi·um[kəlʌ́mbiəm] *n.* Ⓤ 《古》 〖化〗 콜룸븀《niobium의 구칭》.
:**Co·lum·bus**[kəlʌ́mbəs], **Christopher** (1451?-1506) 이탈리아의 탐험가《서인도 제도 발견》.
Colúmbus Dày 콜럼버스 기념일《10월 12일》.
:**col·umn**[kɑ́ləm/-ɔ́-] *n.* Ⓒ 원주(圓柱)(모양의 물건); (신문의) 난; (군사·군함·숫자 따위의) 종렬(縱列); 〖컴〗 열. **~·ist**[-*n*ist] *n.* Ⓒ (신문 따위의) 기고가.
co·lum·nar[kəlʌ́mnər] *a.* 원주(모양)의; 원주로 된.
Com. Commander; Commission(er); Committee; Commodore. **com.** comedy; common(ly); commerce.
com-[kəm, kam/kəm, kɔm] *pref.* '함께, 전혀'의 뜻《b, p, m의 앞》(*com*bine, *com*pare).
co·ma¹[kóumə] *n.* (*pl.* *-mae* [-miː]) Ⓒ 〖天〗 코마《혜성의 핵둘레의 대기》; 〖植〗 씨(에 난) 솜털.
co·ma² *n.* Ⓤ,Ⓒ 혼수(昏睡)(stupor).
com·a·tose[kóumətòus, kɑ́m-] *a.*
Co·man·che[kəmǽntʃi] *n.* (the ~(s)) (아메리카 인디언의) 코만치족; Ⓒ 코만치 사람; Ⓤ 코만치 말.
:**comb**[koum] *n.* Ⓒ 빗(모양의 것); (닭의) 볏(모양의 것)《산봉우리·물마루 따위》; 벌집. *cut a person's ~* 기를 꺾다. — *vt.* (머리를) 빗다; (양털을) 빗질하여 기르다; 샅샅이 뒤지어 찾다. — *vi.* (놀이) 굽이치다 (roll over), 부서지다(break). *~ out* (머리를) 빗다, 가려내다. **∠·er** *n.* Ⓒ 빗질하는〔훑는〕 사람; 훑는 기계, 소모기(梳毛機); 밀려드는 물결, 길고 흰 파도.
:**com·bat**[kɑ́mbæt, kʌ́m-/kɔ́mbət] *n.* Ⓤ,Ⓒ 격투, 전투(*~ plane* 전투기). *in single ~* 일대일〔맞상대〕 싸움으로. — [kəmbǽt, kɑ́mbæt/kɔ́mbət] *vi., vt.* 격투하다(*with, against*); 분투하다(*for*).
*__com·bat·ant__[kəmbǽtənt, kɑ́mbət-/kɔ́mbətənt, -ʌ́-] *n., a.* Ⓒ 전투원; 싸우는; 전투적인; 호전적인.
cómbat càr 《美》 전차, 탱크.
cómbat cròp 스포츠형 머리.
cómbat fatìgue 전쟁 신경증.
com·ba·tive[kəmbǽtiv, kɑ́mbə-/kɔ́mbə-, kʌ́m-] *a.* 호전적인(bellicose).
cómbat tèam 〖美軍〗 (특정 작전을 위한) 연합 전투 부대.
cómbat ùnit 전투 단위.
combe[kuːm] *n.* =COOMB(E).
:**com·bi·na·tion** [kɑ̀mbənéiʃən/kɔ̀mb-] *n.* ① Ⓤ,Ⓒ 결합, 단결; 공동 동작; 배합, 짝지움. ② Ⓤ 〖化〗 화합; Ⓒ 화합물; (*pl.*) 〖數〗 조합(組合)(cf. permutation). ③ (*pl.*) 콤비네이션《내리닫이 속옷》. ④ Ⓒ (자물쇠의) 이리저리 맞추는 글자〔숫자〕. ⑤ Ⓤ,Ⓒ 〖컴〗 조합. *in ~ with* …와 공동〔협력〕하여.
combinátion càr 《美》 혼합 열차《1·2등 또는 객차와 화차의》.
combinátion drùg 복합약《2종 이상의 항생 물질 등의 혼합약》.
combinátion lòck (금고 따위의) 글자〔숫자〕 맞춤 자물쇠.
:**com·bine**[kəmbáin] *vt.* (…을) 결합〔합동〕시키다; 겸하다, 아우르다, 화합시키다. — *vi.* 결합〔화합〕하다 (*with*). — [kɑ́mbain/-ɔ́-] *n.* Ⓒ 《美口》 기업 합동, 카르텔; 도당; 연합; 복식 수확기, '콤바인'《베기와 탈곡을 동시에 하는 농기구》.
combíning fòrm 〖文〗 결합사《보기: *Anglo-, -phone* 따위; 접두·접미사가 종위적(從位的)임에 대해 이것은 등위적인 연결을 함》.
com·bo[kɑ́mbou/-ɔ́-] *n.* Ⓒ 《美》 소편성의 재즈 악단(<*combination*); 《濠俗》 토인 여자와 동거하는 백인.
comb-out[kóumàut] *n.* Ⓒ 행정 정리; 일제 검사〔검색〕; (신병의) 일제 징집.
com·bus·ti·ble[kəmbʌ́stəbl] *a., n.* Ⓒ 타기 쉬운 (것), 연소성의; 격하기 쉬운(fiery). **-bil·i·ty**[--̀-bíləti] *n.* Ⓤ 가연성(可燃性).
*__com·bus·tion__[kəmbʌ́stʃən] *n.* Ⓤ 연소, (유기물의) 산화(oxidation); 격동, 흥분, 소동.
comdg. commanding. **Comdr.** commander. **Comdt.** commandant.
†**come**[kʌm] *vi.* (*came; come*) ① 오다, (상대쪽으로) 가다(*I will ~ to you tomorrow.* 내일 댁으로 가겠

습니다). ② 일어나다, 생기다(occur), (생각이) 떠오르다. ③ …태생〔출신〕이다(*of, from*). ④ 만들어지다(*The ice cream will not* ~. 아이스크림이 좀처럼 되지 않는다). ⑤ …하게 되다, …해지다(*I have* ~ *to like him.* 그가 좋아졌다). ⑥ 합계〔결국〕 …이 되다(*What you say* ~*s to this.* 너의 말은 결국 이렇게 된다). ⑦ 《형용사, p.p.형의 보어를 수반하여》 …이 되다〔해지다〕, …이다(~ *untied* 풀려지다/*It came true.* 참말이었다〔임을 알았다〕). ⑧ 손에 넣을 수 있다, 살 수 있다(*The suitcases* ~ *in three sizes.* 여행가방에는 세 종류가 있습니다). ⑨ 《명령형》 자! (now then), 이봐, 어이(look), 그만 둬(stop), 좀 삼가라(behave)(*C-,* ~, *don't speak like that!* 어이 이봐, 그런 말투는 삼가는 게 좋다). ⑩ 《가정법 현재형으로》 …이 오면〔되면〕(*She will be ten* ~ *Christmas.* 크리스마스가 오면 열 살이 된다). ⑪ 《美俗》 오르가슴에 이르다. — *vt.* (어떤 나이에) 달하다(*The dog is coming five.*); 하다(do)(*I can't* ~ *that.* 그것은 나로선 못한다); 《口》 …체〔연〕하다(pretend to be)(~ *the moralist* 군자연하다). ~ **about** (사건 따위가) 일어나다; (바람 방향이) 바뀌다. ~ **across** 만나다; 우연히 발견하다; 떠오르다. ~ **again** 다시 한번 말하다. ~ **along** 《口》 《명령형으로》 자 빨리. ~ **apart** 낱낱이 흩어지다, (육체적·정신적으로) 무너지다. ~ **around** = ~ round. ~ **at** (…에) 달하다; (…을) 엄습하다, 덤벼들다; 손에 넣다. ~ **away** 끊어지다, 떨어지다; (자루 따위가) 빠지다. ~ **back** 돌아오다, 《口》 회복하다, 되돌아오다; 《美俗》 되쏘아 주다(retort). ~ **between** 사이에 들다; 사이를 갈라놓다. ~ **by** (…을) 손에 넣다(get); (…의) 옆을 지나다〔에 오다〕; 《美》 들르다(call). ~ **down** 내리다; 《英口》 돈을 지불하다(*with*), 돈을 주다; 전래하다(*from*); 영락하다; 병이 되다. ~ **down on** 〔**upon**〕 불시에 습격하다; 요구하다; 《口》 꾸짖다. ~ **forward** 자진해 나아가다, 지원하다. ~ **from** …의 출신이다. ~ **from behind** 〖競〗 역전승을 거두다. ~ **in** 들(어 가)다; 당선〔취임〕하다; 도착하다; 유행되기 시작하다; (익살 따위의) 재미〔묘미〕가 …에 있다(*Where does the joke* ~ *in?* 그 익살의 묘취(妙趣)는 어디 있지). ~ **in handy** 〔**useful**〕 도움〔소용〕이 되다. ~ **into** 되다; 상속하다(inherit). ~ **off** 떨어지다, 빠지다; 이루다, 이루어지다; 행해지다(be held); …이 되다(turn out)(~ *off a victor* 〔*victorious*〕). ~ **on** 다가오다, 가까워지다, 일어나다; 엄습하다; 등장하다; 진보하다; (의안이) 상정되다; 《口》 자 오너라. ~ **on in** 《美》 들어오다. ~ **out** 나오다; 드러나다; 출판되다; 첫무대〔사교계〕에 나가다; 판명하다; 스트라이크를 하다; 결과가 …이 되다. ~ **out with** 보이다; 입밖에 내다, 누설하다. ~ **over** 오다; (감정이) 엄습하다; 전래하다; (적측에서) 오다, 자기편이 되다. ~ **round** 돌아서 오다; 회복하다; 기분을 고치다; (…의) 기분을〔비위를〕 맞추다; 의견을 바꾸다. ~ **through** 해내다; 지불하다; 성공하다. ~ **to** 합계〔결국〕 …이 되다; 제정신이 들다; (…의) 상태가 되다; 닻을 내리다; (배가) 머물다《to은 ad.》. ~ **to oneself** 제 정신으로 돌아오다. ~ **to pass** 일어나다. ~ **to stay** 영구적인 것이 되다. ~ **up** 오르다; 올라오다; 접근하다, 다가오다; 일어나다; 유행하기 시작하다; 《英》 (대학의) 기숙사에 들다. ~ **upon** 만나다; (…을) 요구하다. ~ **up to** …에 달하다, 필적하다. ~ **up with** …에 따라 붙다; 공급하다; 제안하다. ~ **what may** 무슨 일이 일어나더라도. **First** ~**, first served.** 《諺》 빠른 놈이 장땡이다, 선착자 우선《'come' 은 p.p.》. ***cóm·er** *n.* **:cóm·ing** *n., a.* ⇨COMING.

come-at-able [kʌmǽtəbəl] *a.* 《口》 가까이 하기 쉬운, 교제하기 쉬운; 손에 넣기 쉬운.

cóme·bàck *n.* Ⓒ 《口》 회복, 복귀, 되돌아옴; 《俗》 말대꾸(retort); 《美俗》 불평.

cómeback wín 역전승.

COMECON [kámikàn/kɔ́mikɔ̀n] Council for Mutual Economic Assistance 동유럽 경제 상호 원조 회의.

***co·me·di·an** [kəmíːdiən] *n.* Ⓒ 희극 배우, 희극 작가.

co·me·di·enne [kəmìːdién, -mèid-] *n.* (F.) Ⓒ 희극 여우.

com·e·do [kámədòu/kɔ́m-] *n.* (*pl.* ~**nes** [⌐–dóuniːz], **-dos**) Ⓒ 〖醫〗 여드름.

cóme·dòwn *n.* Ⓒ 《口》 (지위·명예의) 하락, 영락; 퇴보.

:com·e·dy [kámədi/kɔ́m-] *n.* Ⓤ,Ⓒ (1편의) 희극 (영화); 희극 (문학).

còme-híther *a.* (특히 성적으로) 도발적인; 유혹적인. — *n.* Ⓤ 유혹. ~**y** *a.* 매혹적인.

***come·ly** [kʌ́mli] *a.* 자색이 고운, 아름다운; 《古》 적당한; 걸맞는. **-li·ness** *n.*

co·mes·ti·ble [kəméstəbəl] *a., n.* 먹을 수 있는(eatable); Ⓒ (보통 *pl.*) 식료품.

:com·et [kámit/-ɔ́-] *n.* Ⓒ 혜성, 살별.

com·et·ar·y [kámitèri/-təri], **co·met·ic** [kəmétik] *a.* 혜성의, 혜성 같은.

come·up·(p)ance [kʌ̀mʌ́pəns] *n.* Ⓒ (보통 *pl.*) 《美口》 (당연한) 벌.

com·fit [kʌ́mfit] *n.* Ⓒ 사탕, 캔디.

:com·fort [kʌ́mfərt] *n.* ① Ⓤ 위로, 위안(solace); 안락; 마음 편함(ease). ② Ⓒ 위안을〔위로를〕 주는 사람〔것〕, 즐거움; (*pl.*) 생활을 안락

하게 해 주는 것, 위안물《necessities 와 luxuries 와의 중간》. **be of** (**good**) ~ 원기 왕성하다. **cold** ~ 달갑지 않은 위안. — *vt.* 위로[위안]하다(console); (…에게) 원조하다. *~·**er** *n.* Ⓒ 위안하는 사람, 위안물; 조붓하고 긴 털실 목도리; 《美》 이불(comfortable); 《英》 (젖먹이의) 고무 젖꼭지(pacifier); (the C-) 성신(聖神). ~·**less** *a.*

:com·fort·a·ble [kʌ́mfərtəbəl] *a.* 기분 좋은; 안락한, 마음 편한; (수입 따위) 충분한. — *n.* Ⓒ 《美》 이불. *-**bly** *ad.*

cómfort bàg 위문대(袋).

cómfort stàtion [**ròom**] 《美》 공중 변소(rest room).

cómfort stòp 《美》 (버스 여행의) 휴식을 위한 정거.

:com·ic [kámik/-ɔ́-] *a.* 희극의; 우스운(funny). — *n.* Ⓒ 희극 배우; 《口》 만화책(comic book); (*pl.*) 만화(란)(funnies). ***cóm·i·cal** *a.*

cómic bòok 만화책[잡지].

cómic ópera 희가극(cf. musical comedy).

cómic strìp 연재 만화.

Com. in Chf. Commander in Chief.

Com·in·form [káminfɔ̀:rm/-ɔ́-] *n.* (the ~) 코민포름《공산당 정보국(*Com*munist *Inform*ation Bureau); 1947-56》.

:com·ing [kʌ́miŋ] *n., a.* (*sing.*) 도래; 내방(來訪); 다가올, 미래의; 다음의(next); 신진의, 유명해지기 시작한; 지금 팔리기 시작한.

Com·in·tern [kámintə̀:rn/-ɔ́-] *n.* (the ~) 코민테른(*Com*munist *Intern*ational)《제 3 인터내셔널》.

COMISCO [kəmískou] *Com*mittee of *I*nternational *S*ocialist *Co*nference 코미스코《국제 사회주의자 회의 위원회; 1947년 창설》.

com·i·ty [káməti/-ɔ́-] *n.* Ⓤ 예양(禮讓), 겸양(courtesy); 〖國際法〗 국제 예양(~ *of nations*).

:com·ma [kámə/-ɔ́-] *n.* Ⓒ 쉼표, 콤마; 〖樂〗 콤마.

cómma bacìllus 〖醫〗 콤마상(狀)균《아시아 콜레라의 병원균》.

†com·mand [kəmǽnd/-á:-] *vt.* ① (…에게) 명(命)하다, 명령하다. ② 지휘[지배]하다. ③ 마음대로 할 수 있다. ④ (존경·동정 따위를) 얻다. ⑤ 바라보다, 내려다보다(overlook) (~ *a fine view* 좋은 경치가 보이다). ~ ***oneself*** 자제하다. — *vi.* 지휘[명령]하다. — *n.* ① Ⓒ 명령, (컴퓨터에의) 지령; Ⓤ 지휘(권); 지배(력)(*over*). ② Ⓒ 〖軍〗 관구; 관하[예하] 부대[함선]. ③ Ⓤ (말의) 구사력(mastery)(*have a good ~ of French* 프랑스어에 능통하다). ④ Ⓤ 전망. ⑤ Ⓒ 〖컴〗 명령, 지시. ***at*** ~ 손안에 있는. ~ ***of the air*** [***sea***] 제공[제해]권. ***high*** ~ 최고 사령부. ***in*** ~ ***of*** …을 지휘하여. ***officer in*** ~ 지휘관. *~·**ing** *a.* 지휘하는; 위풍당당한; 전망이 좋은. *~·**ment** *n.* Ⓒ 계율(*the Ten Commandments* 〖聖〗 (여호와가 Moses에게 내린) 십계).

com·man·dant [kámandæ̀nt, -dà:-/kɔ̀məndǽnt] *n.* Ⓒ (요새·군항 등의) 사령관.

commánd càr 〖美陸軍〗 사령관 전용차.

com·man·deer [kàməndíər/-ɔ̀-] *vt.* 징발[징용]하다; 《口》 강제로[제멋대로] 뺏다.

:com·man·der [kəmǽndər/-á:-] *n.* Ⓒ 지휘[사령]관; 해군 중령.

commánder in chíef (*pl.* ***-s in chief***) (종종 C- in C-) 총사령관; 최고 사령관.

commánd mòdule 〖宇宙〗 사령선《생략 CM》.

com·man·do [kəmǽndou/-á:-] *n.* (*pl.* ~(***e***)***s***) Ⓒ 남아프리카의 보어 민군(民軍); 전격 특공대.

commánd pàper 《英》 칙령서(勅令書)《생략 Cmd.》.

commánd perfórmance 어전(御前) 연주[연극].

commánd pòst 〖美陸軍〗 (전투) 지휘소《생략 CP》; 〖英軍〗 포격 지휘소.

***com·mem·o·rate** [kəmémərèit] *vt.* (…으로) 기념하다, 축하하다; (…의) 기념이 되다. -**ra·tive** [-rətiv, -rèi-] *a.* -**ra·to·ry** [-rətɔ̀:ri/-təri] *a.* *-**ra·tion** [-ˊ-ˊréiʃən] *n.* Ⓤ 기념; 축전(祝典).

:com·mence [kəméns] *vt., vi.* 개시하다《begin보다 격식을 차린 말》. *~·**ment** *n.* Ⓤ 개시; 학사 학위 수여식[일], 졸업식.

com·mend** [kəménd] *vt.* 칭찬하다(praise); 추천하다(*to*); (…의) 관리를) 위탁하다. ~ ***itself to …에게 인상을 주다. ***C- me to*** 《古》 …에게 안부 전해 주시오; 《古》 오히려 …이 낫다[좋다]; 《諧》《反語》 …이라니 고맙기도 하군, (…은) …이 제일이다 (*C- me to callers on such a busy day!* 이렇게 바쁜 중에 손님이라니 반갑기도 하군). ~·**a·ble** *a.* 권장[추천]할 수 있는.

***com·men·da·tion** [kàməndéiʃən/-ɔ̀-] *n.* Ⓤ 칭찬, 추천; Ⓒ 상, 상장.

com·mend·a·to·ry [kəméndətɔ̀:ri/-təri] *a.* 칭찬의; 추천의.

com·men·sal [kəménsəl] *a., n.* Ⓒ 식탁을 같이 하는 (사람); 공생하는 (동·식물).

com·men·su·ra·ble [kəménʃərəbəl] *a.* 같은 단위로 잴 수 있는, 〖數〗 통약[약분]할 수 있는(*with*); 걸맞는, 균형잡힌.

com·men·su·rate [ˊ-rit] *a.* 같은 양[크기]의(*with*); 균형잡힌(*to, with*).

:com·ment [káment/-ɔ́-] *n.* Ⓤ,Ⓒ 주석(note); 해설; 논평, 의견. ***No*** ~. 의견 없음《신문 기자 등의 질문에

대한 상투 어구》. ― *vi.* 주석〔논평〕하다(*on, upon*).

***com·men·tar·y** [kámәntèri/kɔ́mәntәri] *n.* Ⓒ 주석(서), 논평, 비평; 〖放送〗 시사 해설.

com·men·tate [kámәntèit/kɔ́-men-] *vi.* 해설하다, 논평하다.

***com·men·ta·tor** [kámәntèitәr/kɔ́mәn-] *n.* Ⓒ 주석자; (라디오 따위의) 뉴스 해설자(cf. newscaster).

:com·merce [kámәrs/-ɔ́-] *n.* Ⓤ 상업, 통상, 무역; 교제.

:com·mer·cial [kәmә́:rʃәl] *a.* ① 상업〔통상·무역〕(상)의. ② 판매용의. ③ 돈벌이 위주인(~ *novels*); 《美》 (방송이) 광고용의(*a* ~ *program* 광고 프로/*a* ~ *song* 선전용 노래). ― *n.* Ⓒ 광고 방송, 커머셜; (스폰서의) 제공 프로(cf. SUSTAINing program). **~·ism** [-ʃәlìzәm] *n.* Ⓤ 영리주의; 상관습; Ⓤ,Ⓒ 상용어(법). **~·ize** [-àiz] *vt.* 상업〔상품〕화하다. **~·ly** *ad.*

commércial àgency 상업 신용 조사소.

commércial àgent 상무관(商務官); 대리상(代理商).

commércial attaché (공사관·대사관의) 상무관.

commércial láw 상법.

commércial mèssage 〖TV·라디오〗 광고 방송《보통 CM》.

commércial pàper 상업 어음.

commércial ròom 《美》 세일즈맨 전용 여관〔객실〕.

commércial trável(l)er (지방을 도는) 외판원.

commércial tréaty 통상 조약.

com·mie, C- [kámi/kɔ́-] *n.* = COMMUNIST.

com·mi·na·tion [kàmәnéiʃәn/kɔ̀m-] *n.* Ⓤ 위협; 신벌(神罰)의 선언(denuciation).

com·min·gle [kәmíŋgl/kɔ-] *vt., vi.* 혼합하다; 뒤섞이다.

com·mi·nute [kámәnjù:t/kɔ́m-] *vt.* 잘게 바수다.

com·mis·er·ate [kәmízәrèit] *vt.* 동정하다, 가엾이 여기다(pity). **-a·tion** [-ˌ-éiʃәn] *n.*

com·mis·sar [kámәsà:r/kɔ̀misá:r] *n.* Ⓒ (러시아의) 인민 위원(cf. ⇩) 《지금은 'minister'》.

com·mis·sar·y [kámәsèri/kɔ́mәsәri] *n.* Ⓒ 《美》 (광산·군대 등의) 양식 판매점; 《廢》 〖軍〗 병참 장교; 대표자(deputy).

:com·mis·sion [kәmíʃәn] *n.* ① Ⓤ,Ⓒ 위임(장), (권한·직무의) 위탁. ② Ⓤ (위탁의) 임무, 직권. ③ Ⓒ 위원회. ④ Ⓤ (업무의) 위탁; Ⓒ 대리 수수료. ⑤ Ⓒ 〖軍〗 장교 임명 사령. ⑥ Ⓒ 부탁. ⑦ Ⓤ,Ⓒ 범행, 수행. ***in* 〔*out of*〕 ~** 현역〔퇴역〕의. ― *vt.* (…에게) 위임〔임명〕하다. **~*ed officer*** (육군) 장교, (해군) 사관. **~*ed ship*** 취역함.

commíssion àgent 〔**mèr-chant**〕 위탁 판매인, 객주.

com·mis·sion·aire [kәmìʃәnέәr] *n.* Ⓒ 《英》 (제복의) 수위, 사환.

:com·mis·sion·er [kәmíʃәnәr] *n.* Ⓒ 위원, 이사; 국장, 장관; 판무관; 커미셔너《프로스포츠의 최고 책임자》. ***High C-*** 고등 판무관.

commíssion hòuse 위탁 판매점, 증권 중매점(仲買店).

commíssion sàle 위탁 판매.

:com·mit [kәmít] *vt.* (**-tt-**) ① 저지르다(~ *suicide*/~ *a crime*/~ *an error*). ② 위탁〔위임〕하다, 위원에게 맡기다(entrust)(*to*). ③ (감옥·정신 병원에) 넣다. ④ (체면을) 손상하다. ⑤ 속박하다(~ *oneself to* do..., *to a promise*); 언질을 주다(pledge). **~ *to memory*** 기억해 두다. **~ *to paper*** 적어 두다. **~ *to the earth* 〔*flames*〕** 매장〔소각(燒却)〕하다. **~·tal** *n.* =⇩.

:com·mit·ment [-mәnt] *n.* ① Ⓤ,Ⓒ 범행; (범죄의) 수행. ② Ⓤ 위임; 위원회 회부. ③ Ⓤ,Ⓒ 공약〔서약함〕, 언질을 줌; 혼약; (…한다는) 공약. ④ Ⓤ,Ⓒ 투옥, 구류; 구속(영장).

:com·mit·tee [kәmíti] *n.* Ⓒ ① 위원회; 《집합적》 위원들. ② [kәmíti/kɔ̀mití:] 〖法〗 수탁자(受託者); (미친 사람의) 후견인. **~·man** [-mәn] *n.* Ⓒ 위원(한 사람).

commn. commission.

com·mode [kәmóud] *n.* Ⓒ 옷장, (서랍 있는) 장농; 찬장; 실내 세면대〔변기〕.

com·mo·di·ous [-iәs] *a.* (집·방이) 넓은(roomy); 편리한. **~·ly** *ad.*

:com·mod·i·ty [kәmádәti/-ɔ́-] *n.* Ⓒ 물품, 상품; 필수품, 일용품(~ *prices* 물가).

***com·mo·dore** [kámәdɔ̀:r/-ɔ́-] *n.* Ⓒ《美》 해군 준장; 《英》 전대(戰隊) 사령관; (넓은 뜻의 경칭으로서) 제독.

†com·mon [kámәn/-ɔ́-] *a.* ① 공통의, 공동의, 공유의(*to*). ② 공중의(public). ③ 일반의, 보통의, 흔히 있는. ④ 평범한, 통속적인; 품위없는(~ *manners* 무무함). ***in* ~** 공통으로, 공동하여(*with*). ***make* ~ *cause with*** …와 협력하다. ***the Book of C- Prayer*** (영국 국교회의) 기도서. ― *n.* ① Ⓒ (부락의) 공유지(共有地), 공유지(公有地)《울 없는 들판·황무지》. ② Ⓤ 〖法〗 공유〔공용(公用)〕권, 입회권. ③ (*pl.*) 평민, 서민. ④ (*pl.*) 《집합적》 (C-) (영국·캐나다의) 하원 (의원). ⑤ (*pl.*) 《英》 (대학 따위의 공동 식탁의) 정식; 《一般》 식료. ***out of* (*the*) ~** 보통이 아닌. ***put a person on short* ~*s*** 감식시키다. ***the House of Commons*** 《英》 하원. **~·age** [-idʒ] *n.* Ⓤ 공용권; Ⓒ 공유지. **~·al·ty** *n.* Ⓒ 평민, 대중. **~·er** *n.* Ⓒ 평민; (Oxf. 대학 등의) 자비생(自費生); 토지 공용자; 《英》 하원 의원. **:~·ly** *ad.*

cómmon cárrier 일반 운송 업자〔회사〕; 일반 통신 사업자.

C

cómmon cáse 〖文〗 통격(通格).
cómmon cóuncil 시[읍·면]의회.
cómmon críer 광고하는 사람.
cómmon denóminator 〖數〗 공분모; 공통점[신조].
Cómmon Éra =CHRISTIAN ERA.
cómmon fáctor [**divísor**] 공약수.
cómmon fráction 〖數〗 분수.
cómmon génder 〖文〗 통성(通性) 《남녀 양성에 통용되는 *child, parent* 등》(cf. neuter).
cómmon góod 공익(公益).
cómmon gróund 《美》 (사회 관계·논쟁·상호 이해 등의) 공통 기반.
cómmon knówledge 주지의 사실, 상식.
cómmon làw 관습법.
cómmon-law márriage 내연(관계).
Cómmon Márket, the 유럽 공동 시장.
cómmon méasure [**tíme**] 보통 박자《4분의 4박자, 기호 C》.
cómmon múltiple 〖數〗 공배수(公倍數)(*the lowest* ~).
cómmon nóun 〖文〗 보통 명사.
:**cómmon·plàce** *a., n.* Ⓒ 평범한 (일·말); 비망록(~ book).
cómmon pléas 《美》 민사 재판소; 《英》 〖法〗 민사 소송.
cómmon ròom 교원 휴게실, 담화실, 휴게실.
cómmon schòol 《美》 국립 초등학교.
:**cómmon sénse** 상식, 양식.
cómmon·sénse *a.* 상식적인.
cómmon sóldier 병(졸).
cómmon stóck 《美》 보통주(株).
cómmon trúst fùnd 공동 투자 신탁 기금.
com·mon·weal [´wìːl] *n.* Ⓤ (the ~) 안녕, 공익(公益).
*__com·mon·wealth__ [´wèlθ] *n.* Ⓒ 국가(state); Ⓤ 《집합적》 국민 (전체); Ⓒ 공화국(republic); 《美》 주(州)《Pa., Mass., Va., Ky.의 4주(州)의 공식명; cf. state》; 단체, 연방. ***the*** (***British***) ***C- of Nations*** 영연방. ***the C- of Australia*** 오스트레일리아 연방.
Cómmonwealth Dày 영연방의 날《5월 24일; 구칭 Empire Day》.
cómmon yèar 평년.
*__com·mo·tion__ [kəmóuʃən] *n.* Ⓤ,Ⓒ 동요, 동란, 격동, 폭동.
commr. commissioner; commoner; commander.
com·mu·nal [kəmjúːnəl, kámjə-/kɔ́m-] *a.* 자치 단체의, 공동[공공]의; 사회 일반의. **~·ism** [-nəlìzəm] *n.* **~·ly** *ad.*
*__com·mune__[1] [kəmjúːn] *vi.* 친하게 이야기하다(*with*); 성체(聖體)(Holy Communion)를 영하다. ── [kámjuːn/kɔ́-] *n.* Ⓤ 간담(懇談); 친교; 심사(深思).
com·mune[2] [kámjuːn/kɔ́-] *n.* Ⓒ 코뮌《프랑스·이탈리아·벨기에 등지의 시읍면 자치체(최소 행정 구분)》; (중국의) 인민 공사; 히피 부락.
com·mu·ni·ca·ble [kəmjúːnikəbəl] *a.* 전할 수 있는; 전염성의.
com·mu·ni·cant [-kənt] *n., a.* Ⓒ 성체(聖體)를 영하는 사람; 전달[통지]자, 전달하는.
:**com·mu·ni·cate** [kəmjúːnəkèit] *vt.* (열·동력·사상 따위를) 전하다; 감염시키다(*to*). ── *vi.* 통신[서신왕래]하다(*with*); 통하다; 성체를 영하다. **-ca·tor** *n.* Ⓒ 전달자; 발신기; (차내의) 통보기.
:**com·mu·ni·ca·tion** [kəmjùːnəkéiʃən] *n.* ① Ⓤ 전달, 통신, 서신왕래, 연락. ② Ⓤ,Ⓒ 교통 (기관). ***~s gap*** 연령층·사회 계층 간의 의사 소통 결여. ***~s satellite*** 통신 위성. ***~(s) theory*** 정보 이론. ***means of ~*** 교통 기관.
communicátion engineèring 통신 공학.
communicátion zòne 〖軍〗 (싸움터의) 후방 지대, 병참 지대.
com·mu·ni·ca·tive [kəmjúːnəkèitiv, -kə-] *a.* 얘기를 좋아하는(talkative); 터놓고 이야기하는; 통신(상)의, 전달의.
*__com·mun·ion__ [kəmjúːnjən] *n.* ① Ⓤ 공유(共有)(관계). ② Ⓤ 친교; 간담; 영적인 교섭(*hold ~ with nature* 자연을 마음의 벗으로 삼다). ③ Ⓒ 종교 단체; (C-) 성찬, 영성체.
com·mu·ni·qué [kəmjúːnəkèi, ─´─´] *n.* (F.) Ⓒ 코뮈니케, 공식 발표, 성명.
:**com·mu·nism** [kámjənìzəm/kɔ́-] *n.* Ⓤ 공산주의. :**-nist** *n., a.* Ⓒ 공산주의자; (*or* C-) 공산당원; 공산주의의. **-nis·tic** [´─nístik], **-ti·cal** [-əl] *a.*
Cómmunist Chína 중공(中共) 《중화 인민공화국의 속칭》.
Cómmunist Manifésto, The (Marx와 Engels가 집필한) 공산당 선언《1848》.
Cómmunist Párty, the 공산당.
:**com·mu·ni·ty** [kəmjúːnəti] *n.* Ⓒ (지역) 사회; 공동 생활체; (the C-) 공중; Ⓤ 공유, (사상의) 일치.
commúnity anténna télevision 공동 시청 안테나《생략 CATV》.
commúnity cènter 지역 문화 회관.
commúnity chèst 공동 모금.
commúnity cóllege 지역 주민에게 초급 대학 정도의 직업 교육을 베푸는 기관.
commúnity hòme 《英》 비행 소년 소녀 교정 시설.
commúnity próperty 〖美法〗 (부부의) 공유 재산.
commúnity schòol 《美》 지역 사회 학교《현실 사회 생활을 교재로 함》.
com·mu·nize, -ise [kámjənàiz/kɔ́m-] *vt.* (토지·재산 등을) 공유화하다; 공산화하다.
com·mut·a·ble [kəmjúːtəbəl] *a.* 교환[대체]할 수 있는. **-bil·i·ty** [─´─

bíləti] *n.*
com·mu·tate[kάmjətèit/-ɔ́-] *vt.* 〖電〗(전류를) 정류(整流)하다. **-ta·tor** *n.* Ⓒ 정류자(整流子); 〖數〗 교환자(子); 〖電〗 정류〔교환〕기.
com·mu·ta·tion [kὰmjətéiʃən/-ɔ̀-] *n.* Ⓤ 교환; Ⓒ 교환물; Ⓤ,Ⓒ 대체; 감형; Ⓤ 《美》 정기권 통근.
commutátion tìcket 《美》 정기권.
com·mu·ta·tive[kəmjúːtətiv] *a.* 교호의; 〖數〗 교환의.
com·mute[kəmjúːt] *vt.* (…와) 교환하다; 대상(代償)〔대체〕하다; 감형하다; 대체하다; 〖電〗 정류(整流)하다. ― *vi.* 대상하다; 정기〔회수〕권으로 승차〔통근〕하다. **com·mut·er**[-ər] *n.* Ⓒ (정기권에 의한) 통근자.
comp. comparative; compare; comparison; compilation; compiled; composer; composition; compositor; compound.
:com·pact[1] [kəmpǽkt] *a.* 잔뜩〔꽉〕 찬(firmly packed), 질이 밴; (체격이) 잘 짜인(well-knit), (집·자동차 따위가) 아담한; 간결한; …로 된 (composed)(*of*); (문체가) 간결한. ― *vt.* 잔뜩〔꽉〕 채우다; 빽빽하게〔배게〕 하다, 굳히다, 안정시키다; 결합하여 만들다. ― [kάmpækt/-ɔ́-] *n.* Ⓒ 콤팩트《분갑》; 소형 자동차. **~·ly** *ad.* **~·ness** *n.*
***com·pact**[2] [kάmpækt/-ɔ́-] *n.* Ⓤ,Ⓒ 계약(agreement).
cómpact dísc 〖컴〗 압축판; 짜임(저장)판《생략 CD》.
com·pac·tion[kəmpǽkʃən] *n.* Ⓤ 꽉 채움; 〖컴〗 압축.
com·pact·or[kəmpǽktər] *n.* Ⓒ (흙·쓰레기를) 다지는 기계.
com·pa·dre[kəmpάːdrei] *n.* Ⓒ 《美》 친한 친구; 동아리(buddy).
:com·pan·ion[1] [kəmpǽnjən] *n.* Ⓒ 동료, 동무, 동반자, 반려; 짝; (C-) 최하급의 knight 작(爵)(*C- of the Bath* 바스 훈작사). **~·ship**[-ʃìp] *n.* Ⓤ 교우관계.
com·pan·ion[2] *n.* Ⓒ (배의, 뒷갑판의) 채광창(窓). 「인.
com·pan·ion·ate[-it] *a.* 우애적
compánionate márriage 우애결혼(cf. commonlaw marriage).
compánion·wày *n.* Ⓒ 〖海〗 갑판과 선실의 승강 계단.
†com·pa·ny[kʌ́mpəni] *n.* ① Ⓤ 《집합적》 친구, 동아리; 교제, 교우, 친교(*in* ~ 동행하여). ② Ⓤ 《집합적》 손님(들), 방문자. ③ Ⓒ 《집합적》 일단, 일행, 패거리. ④ Ⓒ 회사, 상사《생략 Co.》. ⑤ Ⓒ 《집합적》 〖軍〗 (보병) 중대(*a* ~ *commander* 중대장); 〖海〗 승무원. ***bear*** 〔***keep***〕 *a person* ~ 동행하다, 교제〔상종〕하다. ***be good*** ~ 사귀어(보아) 재미있다. ***err*** 〔***sin***〕 ***in good*** ~ 높은 양반들도 실패한다(고로 나의 실패도 무리 아니다). ***for*** ~ 교제〔의리〕상, 따라서(*weep for* ~ 따라서 울다). ***keep*** ~ ***with*** …와 사귀다; …와 친밀해지다. ***part*** ~ ***with*** …와 (도중에) 헤어지다; 절교하다. ***Two's*** ~, ***three's none.*** 《속담》 둘은 친구, 셋이면 갈라진다.
cómpany làw 《英》 회사법(《美》 corporation).
cómpany màn (동료를 배신하는) 회사측 종업원, (회사측의) 끄나풀.
cómpany mánners 짐짓 꾸미는 남 앞에서의 예의.
cómpany ófficer 〖軍〗 위관(尉官).
cómpany sécretary (주식 회사의) 총무 담당 중역, 총무부장.
cómpany stóre (회사의) 매점, 구매부. 「시.
cómpany tòwn 한 기업 의존 도
cómpany ùnion 《美》 (한 회사만의) 단독〔어용(御用)〕 노동 조합.
compar. comparative; comparison.
***com·pa·ra·ble**[kάmpərəbəl/-ɔ́-] *a.* 비교할 수 있는(*with*); 필적하는(*to*). **-bly** *ad.*
com·par·a·tor[kάmpərèitər/-ɔ́-] *n.* Ⓒ 〖機〗 컴퍼레이터, 비교 측정기.
:com·pare[kəmpέər] *vt.* (…와) 비교하다(*with*); 참조하다; 비유하다, 비기다(*to*). ― *vi.* 필적하다(*with*). (***as***) **~*d*** ***with*** …와 비교하여. ***cannot*** ~ ***with***, or ***not to be*** **~*d*** ***with*** …와는 비교도 안 되다. ~ ***favorably with*** …와 비교하여 낫다. ― *n.* 《다음 성구로》 ***beyond*** 〔***past, without***〕 ~ 비길 데 없이.
:com·par·i·son[kəmpǽrisən] *n.* Ⓤ,Ⓒ ① 비교(*There is no* ~ *between them.* 비교가 되지 않는다). ② 유사. ③ 〖修〗 비유; 〖文〗 비교 변화. ***bear*** 〔***stand***〕 ~ ***with*** 〔***to***〕 …에 필적하다. ***in*** ~ ***with*** …와 비교하여. ***without*** ~ 비길 데 없이.
compárison shòpper 상품 비교 조사계《경쟁 상대점(店)을 다니며 상품의 종류·품질·가격 등을 조사하는 소매점 종업원》.
***com·part·ment**[kəmpάːrtmənt] *n.* Ⓒ 구획, 구분; (객차·객선내의) 칸막이방.
com·pass**[kʌ́mpəs] *n.* Ⓒ 나침반, 자석; (보통 *pl.*) (제도용) 컴퍼스; Ⓤ,Ⓒ 둘레(circuit); 한계, 범위(limits); Ⓤ,Ⓒ 〖樂〗 음역(音域). BOX[2] ***the ~. ***in small*** ~ 간결하게. ― *vt.* 일주하다; 에우다(*with*); 손에 넣다; 이해하다; 이루다, 달성하다; (음모 따위를) 꾸미다(plot).
cómpass càrd 컴퍼스 카드, (나침반의) 반면(盤面).
***com·pas·sion**[kəmpǽʃən] *n.* Ⓤ 연민(憐憫)(pity), 동정(*on*).
com·pas·sion·ate**[-it] *a.* 자비로운; 온정적인; 정상을 참작한. ~ ***allowance (규정 외의) 특별 수당.
cómpass sàw 실톱.
***com·pat·i·ble**[kəmpǽtəbəl] *a.* 양립할 수 있는(*with*); 〖TV〗 (컬러 방송을 흑백 수상기에서 흑백으로 수상할 수 있는) 겸용식의; 〖컴〗 호환성 있

는. ～ **colo(u)r system** 흑백 겸용식 컬러 텔레비전. **-bil·i·ty**[-ㅡ-bíləti] *n.* Ⓤ 〖컴〗 호환성.
com·pa·tri·ot[kəmpéitriət/-pǽ-] *n., a.* Ⓒ 동국인, 동포; 같은 나라의.
com·peer[kəmpíər, kámpiər/kɔ́-] *n.* Ⓒ 대등한 사람; 동료.
:**com·pel**[kəmpél] *vt.* (**-ll-**) 강제하다(force), 억지로 …시키다; 강요하다. *～**·ling** *a.* 강제적인; 어쩔 수 없게 만드는; 사람을 움직이고야 마는, 마음을 끄는.
com·pen·di·um[kəmpéndiəm] *n.* (*pl.* **～s, -dia**) Ⓒ 대요(大要). **-di·ous** *a.* 간결한.
*__com·pen·sate__[kámpənsèit/-ɔ́-] *vt.* (…에게) 보상하다, 변상하다 (make up for)(～ *a loss* / ～ *him for a loss*); 지불하다; (금(金)의 함유량을 조정하여 통화의) 구매력을 안정시키다. ── *vi.* 보상하다. **-sa·to·ry**[kəmpénsətɔ̀:ri/-təri] *a.*
:**com·pen·sa·tion** [kàmpənséiʃən/kɔ̀mpen-] *n.* Ⓤ,Ⓒ ① 보상(금). ② 《美》 보수; 봉급, 급료, 수당. ③ 〖心·生〗 대상 작용. ④ 〖經〗 (달러화의) 구매력 보정.
com·père, com·pere[kámpɛər/-ɔ́-] *n., vt.* (F.) Ⓒ《주로 英》(방송 따위의) 사회자; (…의) 사회를 맡아보다, 사회를 보다.
:**com·pete**[kəmpí:t] *vi.* (사람이) 경쟁하다(*with; for, in*); (물건이) 필적하다(*with*).
*__com·pe·tent__[kámpətənt/kɔ́mp-] *a.* 유능한(capable), 적당한(fit); 상당한, 충분한(*a* ～ *income* 충분한 수입); 자격〔권능〕이 있는. ***-tence, -ten·cy*** *n.* Ⓤ 적성, 능력, 자격; Ⓤ 권능, 권한; Ⓒ 충분한 자산.
:**com·pe·ti·tion** [kàmpətíʃən/kɔ̀mp-] *n.* Ⓤ,Ⓒ 경쟁; Ⓒ 경기회, 콩쿠르(contest). *__com·pet·i·tive__[kəmpétətiv] *a.* 경쟁적인. *__com·pet·i·tor__[kəmpétətər] *n.* Ⓒ 경쟁자.
*__com·pile__[kəmpáil] *vt.* (자료 따위를) 모으다; 편집하다; 〖컴〗 다른 부호〔컴퓨터 언어〕로 번역하다. **com·píl·er** *n.* Ⓒ 편집자; 〖컴〗 번역기, 컴파일러. **com·pi·la·tion**[kàmpəléiʃən/kɔ̀m-] *n.* Ⓤ 편집; Ⓒ 편집물.
com·pla·cent[kəmpléisnt] *a.* 자기 만족의, 득의의; 안심한; 은근한, 느긋한(selfsatisfied). ～**·ly** *ad.* **-cence, -cen·cy** *n.*
:**com·plain**[kəmpléin] *vi.* 불평하다(*of, against*); 고소하다(appeal)(*to*); (병상·고통을) 호소하다, (…이) 아프다고 하다(～ *of a headache* 골치가 아프다고 하다). ～**·ant** *n.* Ⓒ 불평꾼; 원고(plaintiff). ～**·ing·ly** *ad.* 불만스러운 듯이, 투덜대며.
:**com·plaint**[kəmpléint] *n.* Ⓤ,Ⓒ ① 불평; 비난; 불평거리. ② 《美》 고소(accusation). ③ 병.
com·plai·sant [kəmpléisənt, -zənt] *a.* 공손〔친절〕한; 상냥한(affable). **-sance** *n.*
:**com·ple·ment** [kámpləmənt/kɔ́mplə-] *n.* Ⓒ 보충(물); 〖文〗 보어; 〖數〗 여각(餘角), 여집합; (함선 승무원의) 정원; 〖컴〗 보수. ── [-mènt] *vt.* 메워 채우다, 보충하다. ***-men·ta·ry***[kàmpləméntəri/kɔ̀m-] *a.* 보충적인, 보족의.
†**com·plete**[kəmplí:t] *a.* 완전한; 순전〔철저〕한(thorough). ── *vt.* 완성하다, 끝마치다(finish). :～**·ly** *ad.* ～**·ness** *n.* *__com·ple·tion__ [-plí:ʃən] *n.* Ⓤ 완성, 종료.
:**com·plex** [kəmpléks, kámpleks/kɔ́mpleks] *a.* 복잡한(complicated); 복합의(composite); 〖文〗 복문(複文)의. ── [kámpleks/-ɔ́-] *n.* Ⓒ 집합〔복합〕체; 〖精神分析〗 복합, 콤플렉스; 고정〔강박〕관념; 콤비나트. *～**·i·ty**[kəmpléksəti] *n.* Ⓤ 복잡(성); Ⓒ 복잡한 것.
cómplex fráction 〖數〗 번분수(繁分數).
*__com·plex·ion__[kəmplékʃən] *n.* Ⓒ 안색, 형세, 모양(aspect)(*the* ～ *of the sky*).
cómplex númber 〖數〗 복소수(複素數).
cómplex séntence 〖文〗 복문(複文)《종속절이 있는 문장》.
*__com·pli·ance__[kəmpláiəns] *n.* Ⓤ 응낙; 순종(*to*). ***in*** ～ ***with*** …에 따라서. **-ant** *a.*
*__com·pli·cate__ [kámplikèit/kɔ́mpli-] *vt.* 복잡하게 하다, 뒤얽히게 하다. :**-cat·ed**[-id] *a.* 복잡한, 까다로운. ***-ca·tion***[ㅡ-kéiʃən] *n.* Ⓤ,Ⓒ 복잡, 분규(紛糾); Ⓒ 병발증(secondary disease).
com·plic·i·ty[kəmplísəti] *n.* Ⓤ 연루(連累), 공범.
:**com·pli·ment** [kámpləmənt/kɔ́m-] *n.* Ⓒ 찬사, 겉말, 치렛말; (*pl.*) (의례적인) 인사, 치하의 말. ***Give my ～s to*** …에게 안부 전해 주십시오. ***return the*** ～ 답례하다; 대갚음〔보복〕하다. ***with the ～s of*** …근정(謹呈), 혜존(惠存)《저서 증정의 서명 형식》. ── [-mènt] *vt., vi.* (…에게) 인사하다; 칭찬하다(*on*); 치렛말하다; 증정하다(*with*).
*__com·pli·men·ta·ry__[kampləméntəri/kɔ́m-] *a.* 인사의; 경의를 표하는〔표하기 위한〕; 무료의, 우대의(*a* ～ *ticket* 우대권); 치렛말의〔을 잘하는〕.
:**com·ply**[kəmplái] *vi.* 응하다, 따르다, 승낙하다(*with*).
com·po[kámpou/-ɔ́-] *n.* (*pl.* **～s**) Ⓒ,Ⓤ 혼합물, 합성품; (특히) 회반죽, 모르타르; 모조품.
*__com·po·nent__[kəmpóunənt] *a., n.* Ⓒ 구성하는(*a* ～ *part* 구성 분자); 요소, 부분; 〖數〗 (벡터장의) 성분, 〖理〗 (힘·속력 등의) 분력(分力).
com·port[kəmpɔ́:rt] *vt.* 행동하다(behave)(～ *oneself*). ── *vi.* 합치〔적합〕하다(agree)(*with*).
:**com·pose**[kəmpóuz] *vt., vi.* ① 짜맞추다, 구성하다(make up). ②

짓다(~ *a poem*). 저작〔작곡·구도(構圖)〕하다. ③ 〖印〗 (판을) 짜다. ④ (안색·태도 등을) 누그러뜨리다; (마음을) 진정시키다(calm)(*oneself*). ⑤ (논쟁·싸움 따위를) 가라앉히다, 조정하다(settle). ***~d**[-d] *a.* 침착〔태연〕한. **com·pos·ed·ly**[-idli] *ad.* ***com·pós·er** *n.* Ⓒ 작곡가.

***com·pos·ite** [kəmpázit/kɔ́mpɔ-] *a.* ① 합성의, 혼성의. ② (C-)〖建〗 혼합식의. ③ 〖로켓〗 다단식(多段式)의; (발사 화약이) 혼합 연료와 산화제로 이루어진.

compósite phótograph 합성 사진, 몽타주 사진.

compósite schòol (캐나다의) 혼성〔종합〕 중〔고등〕학교《인문·상업·공업과를 포함》.

:com·po·si·tion [kàmpəzíʃən/-ɔ̀-] *n.* Ⓤ 짜맞춤, 조립, 조성(助成); 조직, 구도(構圖); Ⓤ,Ⓒ 배합; 식자; Ⓤ (타고난) 성질; 작곡; 작문; Ⓒ 혼합물; 화해.

com·pos·i·tor [kəmpázitər/-pɔ́z-] *n.* Ⓒ 식자공(工).

com·post[kámpoust/kɔ́mpɔst] *n.* Ⓒ 혼합물; Ⓤ 혼합 비료, 퇴비.

***com·po·sure**[kəmpóuʒər] *n.* Ⓤ 침착, 냉정, 자제.

com·pote[kámpout/kɔ́mpɔt] *n.* Ⓤ,Ⓒ 과일 따위의 설탕찜; 굽 달린 과일 접시.

:com·pound[1] [kəmpáund, kam-/kɔm-] *vt.* ① 혼합〔조합(調合)〕하다(mix)(*with, into*). ② 〖言〗 (낱말·문장을) 복합하다(combine). ③ (분쟁을) 가라앉히다; 화해시키다. ④ 돈으로 무마하다. ⑤ (이자를) 복리 계산으로 치르다. ⑥ 하나로 만들어 내다, 조성하다. **~ *a* felony** (돈을 받고) 중죄의 기소를 중지하다. — [kámpaund/-ɔ́-] *a.* 혼합〔복합·합성〕의. — [kámpaund/-ɔ́-] *n.* Ⓒ 혼〔화〕합물; 복합어《보기: textbook, bluebell》.

com·pound[2] [kámpaund/-ɔ́-] *n.* Ⓒ (동양에서) 울타리친 백인 저택(의 구내); (아프리카의) 현지 노무자의 주택 지구; 포로 수용소.

cómpound É =CORTISONE.

com·pound·er [kampáundər/kəm-] *n.* Ⓒ (부채의) 일부 지불자; (범죄의) 기소 중지자.

cómpound éye 〖蟲〗 복안(複眼), 겹눈.

còmpound flówer 〖植〗 두상화(頭狀花)《국화꽃 따위》.

cómpound fráсture 〖醫〗 복잡 골절.

cómpound ínterest 복리.

cómpound rélative 〖文〗 복합 관계사《보기 : what, where, whoever 등》.

cómpound séntence 〖文〗 중문(重文)《and, but, or, for 따위의 등위 접속사로 단문(單文)을 결합한 문장》.

cómpound wórd 복합어, 합성어.

com·preg[kámpreg/-ɔ́-] *n.* Ⓤ,Ⓒ (합성 수지로 접착한) 고압 합판.

:com·pre·hend [kàmprihénd/kɔ̀m-] *vt.* (완전히) 이해하다; 포함하다(include).

com·pre·hen·si·ble[-hénsəbəl] *a.* 이해할 수 있는(understandable). **-bil·i·ty**[-̀-̀-bíləti] *n.*

:com·pre·hen·sion[-hénʃən] *n.* Ⓤ ① 이해(력). ② 포함; 함축.

:com·pre·hen·sive[-hénsiv] *a.* 이해력이 있는; 포함하는, 함축성이 풍부한, 광범위에 걸친.

comprehénsive schòol 《英》 종합 중(등)학교《여러 과정이 있는》.

Comprehénsive Tést Bàn Tréaty, the 포괄적 핵실험 금지 조약《생략 CTBT》.

***com·press**[kəmprés] *vt.* 압축〔압착〕하다; 줄이다(*into*). — [kámpres/-ɔ́-] *n.* Ⓒ 습포(濕布). ***~ed** *a.* 압축된; 간결한(*~ed air* 압축 공기). **~·i·ble** *a.* ***com·prés·sion** *n.* Ⓤ 압축, 압착; 축소, 요약. ***com·prés·sor** *n.* Ⓒ 압축기〔장치〕; 압축자; 〖醫〗 지혈기.

***com·prise, -prize**[kəmpráiz] *vt.* 포함〔함유〕하다; (…로) 되다〔이루어지다〕(consist of).

:com·pro·mise[kámprəmàiz/-ɔ́-] *n.* Ⓤ,Ⓒ 타협; 절충(안); 사화(*between*); (명예·신용 등을) 위태롭게 하는 것. ***make a ~ with*** …와 타협하다. — *vt.* 사화〔화해〕하다, 서로 양보하여 해결하다; (신용·명예를) 위태롭게 하다(endanger); (의혹·불평 등을) 입게 하다. ***be ~d by*** …에게 누를 끼치게 되다. ***~ oneself*** 신용을 의심 받게 하다, 의심받을 일〔짓〕을 하다. — *vi.* 타협하다, 서로 양보하다.

comp·trol·ler[kəntróulər] *n.* Ⓒ 회계 감사관(controller).

com·pul·sion**[kəmpʌ́lʃən] *n.* Ⓤ 강제; 〖心〗 강박 충동. ***by ~ 강제적으로. ***-sive** *a.* 강제적인, 강박감에 사로잡힌.

***com·pul·so·ry**[kəmpʌ́lsəri] *a.* 강제적인; 의무적, 필수의. **-so·ri·ly** *ad.*

compùlsory educátion 의무 교육.

compùlsory execútion 〖法〗 강제 집행.

com·punc·tion[kəmpʌ́ŋkʃən] *n.* Ⓤ 양심의 가책; 후회(하는 마음)(regret).

***com·pute**[kəmpjúːt] *vt., vi.* 계산〔산정〕하다(*at*). ***com·pu·ta·tion** [kàmpjutéiʃən/-ɔ̀-] *n.*

:com·put·er, -pu·tor[-ər] *n.* Ⓒ 전자계산기(electronic ~), 컴퓨터, 셈틀; 계산기(器), 계산하는 사람.

compúter-aided públishing = DESKTOP PUBLISHING《생략 CAP》.

compúter cónferencing 컴퓨터 회의.

com·put·er·ese [kəmpjùːtəríːz] *n.* Ⓤ 컴퓨터의 전문 용어, (컴퓨터에 주는) 일련의 지시 기호.

compúter gràphics 〖컴〗 컴퓨터

그래픽《컴퓨터로 도형 처리》.
com·put·er·ize[kəmpjúːtəràiz] *vt.* 컴퓨터로 처리〔관리, 자동화〕하다. **-i·za·tion**[–ˌ–izéiʃən] *n.* Ⓤ 컴퓨터화.
compúter lànguage 〖컴〗 컴퓨터 언어.
com·put·er·nik[-nik] *n.* Ⓒ 컴퓨터 조작자; 컴퓨터광. 「러스.
compúter vìrus 〖컴〗 컴퓨터 바이
com·put·er·y[kəmpjúːtəri] *n.* Ⓤ 컴퓨터 시설; 컴퓨터의 기술〔조작〕.
⁑**com·rade**[kámræd/kɔ́mrid] *n.* Ⓒ 동무, 동지(mate), 친구(companion). **~ *in arms*** 전우. **~·ship** [-ʃìp] *n.* Ⓤ 동지로서의 사귐; 동지애, 우애.
C
COMSAT, Com·sat [kámsæt/-ɔ́-] (< *com*munication + *sat*ellite) *n.* Ⓒ 통신 위성; (미국의) 통신 위성 회사.
Com·stock·er·y [kʌ́mstàkəri/-ɔ̀-] *n.* U,C (미술·문학의) 풍기상 엄한 단속〔검열〕.
Comte[kɔːnt], **Auguste**(1798-1857) 프랑스의 철학자·사회학자.
comte[kɔ̃ːnt] *n.* (F.) Ⓒ 백작 (count).
con[1][kan/-ɔ-] *vt.* (**-nn-**) 《英·美古》 정독(精讀)하다; 공부〔암기〕하다; 정사(精査)하다.
con[2] *ad.* 반대하여(against) (cf. pro[1]). — *n.* Ⓒ 반대론〔투표(자)〕.
con[3] (< confidence) *a.* 《美俗》 사기의, 속이는(~ *game* 사기/*a* ~ *man* 사기꾼). — *vt.* (**-nn-**) 속이다.
con[4] *vt.* (**-nn-**) (배의) 조타(操舵)를 지휘하다. — *n.* Ⓤ 조타 지휘.
con[5] (< convict) *n.* Ⓒ 《美俗》 죄수.
con-[kan, kən/kɔn, kən] *pref.* = COM-《b, h, l, m, p, r, w 이외의 자음 앞에서》.
con a·mo·re[kàn əmɔ́ːri/kɔ̀n-] (It.) 〖樂〗 애정을 갖고, 부드럽게; 열심히, 마음속에서.
co·na·tion[kounéiʃən] *n.* U,C 〖心〗 능동, 의욕(감).
con bri·o[kan bríːou/kɔn-] (It.) 〖樂〗 활발히, 기운차게.
con·cat·e·nate [kankǽtənèit/kɔn-] *vt.* 잇다, 연결시키다. **-na·tion**[kankæ̀tənéiʃən/kɔn-] *n.*
*__con·cave__[kankéiv/kɔ́nkeiv] *n., a.* Ⓒ 옴폭〔오목〕함〔한〕; 요면(凹面)(의) (opp. convex). **con·cav·i·ty** [-kǽvəti] *n.* U,C 오목한 상태〔물건·부분〕, 요면.
⁑**con·ceal**[kənsíːl] *vt.* 숨기다(hide) (*from*). ***~·ment** *n.* Ⓤ 숨김, 숨음, 감춤; Ⓒ 숨기는〔숨는〕 장소.
*__con·cede__[kənsíːd] *vt., vi.* 인정하다; (권리 따위를) 승인하다, 주다; (승리를) 양보하다(*to*).
⁑**con·ceit**[kənsíːt] (< conceive) *n.* Ⓤ 자부; 생각; 혼자〔제딴의〕 생각; 착상, 기상(奇想)(fancy); 《古》 사견(私見). ***be out of ~ with*** …이 시틋해지다, 싫증이 나다. ***in one's own ~*** 자기 혼자 생각으로. ***~·ed**[-id] *a.* 자부심이 강한.
⁑**con·ceive**[kənsíːv] *vt., vi.* ① (생각·의견·감정 등을) 마음에 품다 (entertain); 생각하다, 생각해내다 (*of*), 상상하다. ② 《흔히 수동구문으로》 (말로) 나타내다(express). ③ 임신하다(*with*). ***~·a·ble** *a.* 생각할 수 있는.
con·cen·ter [kənséntər, kan-/kɔn-] *vt., vi.* (…을) 중심으로 모으다〔모이다〕, 집중하다.
⁑**con·cen·trate** [kánsəntrèit, kɔ́n-] *vt., vi.* 집중하다; 전념하다(*on, upon*); 〖化〗 농축하다. **~*d uranium*** 농축 우라늄.
*__con·cen·tra·tion__[kànsəntréiʃən, kɔ̀n-] *n.* U,C ① 집중; 전념. ② 농축, 농도.
concentrátion càmp 강제 수용소《포로, 정치범 등의》.
con·cen·tra·tor [kánsəntrèitər/kɔ́n-] *n.* Ⓒ 집중시키는 사람〔것〕; 농축기; 선광기.
con·cen·tric[kənséntrik] *a.* 동심(同心)의(*with*).
*__con·cept__[kánsept/-ɔ́-] *n.* Ⓒ 개념, 생각.
⁑**con·cep·tion**[kənsépʃən] *n.* Ⓤ 개념 작용; U,C 임신; Ⓒ 개념 (idea); U,C 착상(conceiving); 계획(plan). **-tu·al** *a.* 개념의.
con·cep·tu·al·ism[kənséptʃuəlìzəm] *n.* Ⓤ 〖哲〗 개념론.
⁑**con·cern**[kənsə́ːrn] *vt.* ① (…와) 관계가 있다. ② 《수동으로》 관계하다. ③ 걱정케 하다. ***as ~s*** …에 관해서는. ***be ~ed about*** …에 관심을 가지다; 걱정하다. ***~ oneself about*** …을 염려〔괘념〕하다. ***~ oneself in*** 〔***with***〕 …에 관계하다. ***so far as*** (*I am*) ***~ed*** (내)게 관한한. ***To whom it may ~*** 관계자〔관〕 앞《서류의 수신인 쓰기 형식》. — *n.* ① Ⓒ (이해) 관계. ② Ⓤ 관심, 걱정, 염려. ③ Ⓒ (종종 *pl.*) 관심사, 사건. ④ Ⓒ 영업, 사업; 회사, 상사(firm). ⑤ Ⓒ 《口》것, 일, 놈(*I dislike the whole ~.* 어디까지나 싫다). ***have no ~ for*** …에 아무 관심도 없다. ***~ed**[-d] *a.* 근심〔걱정〕하여; 관계의〔있는〕(*the authorities ~ed* 당국자); 종사하여(*in*). ⁑**~·ing** *prep.* …에 관하여. **~·ment** *n.* 《文語》 Ⓤ 중요함; Ⓒ 관계하고 있는 일; Ⓤ 걱정.
⁑**con·cert**[kánsə(ː)rt/-ɔ́-] *n.* ① Ⓒ 합주(곡); 연주회(cf. recital). ② Ⓤ 협조, 제휴(*in ~* 협력하여); 협력, 일치. — [kənsə́ːrt] *vt.* 협정하다. **~·ed**[-id] *a.* 협정의, 협동의; 〖樂〗 합창〔합주〕용으로 편곡한.
cóncert gránd (**piáno**) 연주회용의 그랜드 피아노.
con·cer·ti·na[kànsərtíːnə/kɔ̀n-] *n.* Ⓒ 〖樂〗 (보통 육각형의 소형) 손풍금(cf. accordion).
cóncert·màster *n.* Ⓒ 합주장(合

奏長)《보통 수석 바이올리니스트》.

con·cer·to [kəntʃértou] *n.* (*pl.* **~s, -ti** [-ti:]) Ⓒ 〖樂〗 콘체르토, 협주곡.

cóncert pìtch 〖樂〗 합주조(合奏調); (능률 따위의) 이상적(異常的) 호조.

cóncert tòur (연주자·악단의) 연주 여행.

***con·ces·sion** [kənséʃən] *n.* ① Ⓤ,Ⓒ 양보, 양여(conceding), 허가. ② Ⓒ 면허(grant); 이권. ③ Ⓒ 조차지, 조계. ④ Ⓒ 《美》 구내 매점(사용권). **-sive** *a.* 양보의, 양보적인.

concéssive cláuse 〖文〗 양보절《though, even if 따위로 시작되는 부사절》.

conch [kaŋk, kantʃ/-ɔ-] *n.* (*pl.* **~s** [-ks], **~es** [kántʃiz/-ɔ́-]) Ⓒ (대형의) 고동《소라 따위》; 귓바퀴.

con·chie, -chy [kántʃi/kɔ́n-] *n.* =CONSCIENTIOUS OBJECTOR.

con·chol·o·gist [kaŋkálədʒist/kɔŋkɔ́l-] *n.* Ⓒ 패류학자, 패류 연구가.

con·chol·o·gy [kaŋkálədʒi/kɔŋkɔ́l-] *n.* Ⓤ 패류학(貝類學).

con·ci·erge [kànsiέərʒ/kɔ̀n-] *n.* (F.) Ⓒ 수위, 문지기; (아파트의) 관리인.

con·cil·i·ate [kənsílièit] *vt.* 달래다(soothe), 화해시키다(reconcile); 회유하다(win over); (아무의) 호의(따위)를 얻다; 〖法〗 알선하다. **-a·tion** [–ˌ–éiʃən] *n.* Ⓤ 달램; 〖法〗 조정, 화해(cf. arbitration). ***the Conciliation Act*** 《英》 (노동쟁의) 조정 법률. **-a·to·ry** [kənsíliətɔ̀:ri/-təri] *a.*

:con·cise [kənsáis] *a.* 간명〔간결〕한(succinct). **~·ly** *ad.* **~·ness** *n.*

con·clave [kánkleiv/-ɔ́-] *n.* Ⓒ 비밀 회의; 교황 선거 회의(실).

:con·clude [kənklú:d] *vt., vi.* ① 끝내다; 결론〔추단〕하다(infer). ② 결심하다. ③ (조약을) 체결하다. ***To be ~d*** (연재물 따위가) 차회(次回) 완결. ***to ~*** 결론으로서 말하면.

:con·clu·sion [kənklú:ʒən] *n.* ① Ⓤ 종결; 결과(result); Ⓒ 결론; 추단(推斷). ② Ⓤ 체결. ***in ~*** 최후로. ***try ~s with*** …와 자웅을 결하다.

***con·clu·sive** [kənklú:siv] *a.* 결정적인; 확정적인; 명확한; 종국의, 최종의. **~·ly** *ad.*

con·coct [kankákt, kən-/kənkɔ́kt] *vt.* (음식 따위를) 한데 섞어서 만들다, 조합하다; 조작하다; (음모 등을) 꾸미다(make up). **con·cóc·tion** *n.* Ⓤ,Ⓒ 조합〔조제〕물; 날조(물); Ⓒ 책모.

con·com·i·tant [kənkámətənt/-kɔ́m-] *a., n.* Ⓒ 부수(附隨)하는 (물건, 일). **-tance, -tan·cy** *n.* Ⓤ 부수.

:con·cord [kánkɔ:rd, káŋ-/kɔ́ŋ-, kɔ́n-] *n.* Ⓤ ① 일치, 화합; 협약. ② 협화음(opp. discord).

***con·cord·ance** [kənkɔ́:rdəns, kan-/kɔn-] *n.* ① Ⓤ 일치. ② Ⓒ (성서나 중요한 작가의) 용어 색인.

con·cord·ant [kankɔ́:rdənt/kɔn-] *a.* 맞는(*with*).

con·cor·dat [-dæt] *n.* Ⓒ 협약; (로마 교황과 정부간의) 조약.

Con·corde [kankɔ́:rd/kɔn-] *n.* Ⓒ 콩코드《영·불 공동 개발의 초음속 여객기》.

con·cours [kɔ̃ku:r] *n.* (F.) Ⓒ 콩쿠르, 경연.

***con·course** [káŋkɔ:rs/-ɔ́-] *n.* Ⓒ ① (사람·물건의) 집합; 군집, 군중; (강의) 합류. ② 큰 길(driveway); (역·공항의) 중앙 홀.

con·cres·cence [kənkrésəns] *n.* Ⓤ 〖生〗 (조직·세포 따위의) 유착.

:con·crete [kankrí:t, ˊ–/kɔ́nkri:t] *a.* 구체적인(real)(opp. abstract); 콘크리트(제)의. — [kánkri:t/-ɔ́-] *n.* (the ~) 구체(성); Ⓤ 콘크리트. — *vt., vi.* 콘크리트로 굳히다; [–ˊ] 응결시키다〔하다〕. **con·cre·tion** [kankrí:ʃən/kən-] *n.* Ⓤ 응결; Ⓒ 응결물.

cóncrete júngle 콘크리트 정글《인간을 소외하는 도시》.

cóncrete músic 뮈지크 콩크레트(F. *musique concrète*)《악음 외의 모든 자연음·인공음을 구사한 음악》.

cóncrete númber 〖數〗 명수(名數).

cóncrete póetry 구상시(具象詩).

con·cre·tize [kánkrətàiz/kɔ́n-] *vt.* 구체〔현실〕화하다, 유형화하다.

con·cu·bine [káŋkjəbàin/-ɔ́-] *n.* Ⓒ 첩. **-bi·nage** [kànkjú:bənidʒ/kɔn-] *n.* Ⓤ 첩을 둠; 첩의 신분.

con·cu·pis·cence [kankjú:pisəns/kɔn-] *n.* Ⓒ 음욕; 탐욕; 〖聖〗 욕망.

***con·cur** [kənkə́:r] *vt.* (**-rr-**) ① 동시에 일어나다; 병발하다(*with*). ② 협력하다(*to* do), (여러 가지 사정이) 서로 관련되다. ③ (의견이) 일치하다, 동의하다(agree)(*with*).

con·cur·rent [kənkə́:rənt, -kʌ́rənt] *a.* 동시에 일어나는, 병발하는(concurring); 동시의; 일치〔조화〕하는; 같은 권한〔권리〕의; 동일점에 집중하는; 겸임의(*a ~ post* 겸직). — *n.* Ⓒ 병발사(건); 동시에 작용하는 원인; 《古》 경쟁자. **~·ly** *ad.* 병발〔일치, 겸무〕하여. **-rence** *n.*

con·cuss [kənkʌ́s] *vt.* 뒤흔들다; (…에게) 뇌진탕을 일으키게 하다.

con·cus·sion [kənkʌ́ʃən] *n.* Ⓤ 격동; 뇌진탕.

con·cyc·lic [kansáiklik/-ɔ-] *a.* 〖幾〗 동일 원주상의.

:con·demn [kəndém] *vt.* ① 비난하다; (죄를) 선고하다. ② 운명짓다(*to*). ③ (의사가) 포기하다; 불량품으로〔위험물로〕 결정하다. ④ 《美》 (정부가 공용으로) 수용하다. **~ed** *a.* 유죄 선고를 받은; 비난된; 사형수의. ***con·dem·na·tion** [kàndemnéiʃən/kɔ̀n-] *n.*

:con·dense[kəndéns] *vt., vi.* ① 응축(凝縮)하다; (기체를) 액화하다. ② (이야기 등을) 단축하다, 간결히 하다. ③ (전기의) 강도를 더하다. **con·den·sa·tion**[kàndenséiʃən/kɔ̀n-] *n.* ***~d**[-t] *a.* 압축된, 간결한.

condénsed mílk 연유(煉乳).

***con·dens·er**[kəndénsər] *n.* Ⓒ ① 응결기, 응축기. ② 집광(集光) 렌즈. ③ 축전기, 콘덴서.

con·den·ser·y[-səri] *n.* Ⓒ 《美》 연유 제고 공장.

***con·de·scend** [kàndisénd/-ɔ̀-] *vi.* ① (아랫사람에게) 겸손히 행하다. ② 스스로를 낮추어 …하다(deign) (*to*). ③ (짐짓 은혜나 베푸는 듯이) 친절히 하다[생색 쓰다]. **~·ing** *a.* 겸손한(humble); 짐짓 겸허한; 덕색질하는. **-scén·sion** *n.* Ⓤ 겸허, 겸손; 덕색질하는[생색 쓰는] 태도.

con·dign[kəndáin] *a.* (처벌이) 지당한, 당연한, 타당한.

con·di·ment [kándəmənt/-ɔ́-] *n.* Ⓒ,Ⓤ 양념《겨자, 후추 따위》.

†con·di·tion[kəndíʃən] *n.* ① Ⓤ 상태, 처지, 신분(social position). ② (*pl.*) 상황, 사정, 형세; 조건(term). ③ Ⓒ 《美》 재시험. ***change one's ~*** 결혼하다. ***in ~*** 건강하여, 양호한 상태로. ***on ~ that*** …라는 조건으로, 만일 …이면(if). ***out of ~*** 건강을 해쳐; (보존이) 나쁜. — *vt.* ① 조건 짓다, (…의) 조건이 되다; 좌우[결정]하다. ② 조절하다; (양털 등을) 검사하다. ③ 《美》 재시험을 조건으로 가(假)진급시키다. **~ed**[-d] *a.* 조건이 붙은; (어떤) 상태의; (실내 공기 등) 조절된. **~·er** *n.* Ⓒ 조건 붙이는 사람[물건]; (유용성 증가를 위한) 첨가물; 공기 조절 장치. **~·ing** *n.* Ⓤ 검사; (공기) 조절.

con·di·tion·al**[kəndíʃənəl] *a.* 조건부의; 가정의. ~ ***clause 〖文〗 조건절《if, unless 따위로 인도되는 부사절》. **~·ly** *ad.*

condítional sále 《英》 (안 팔리는 물건을 함께) 끼어 파는 판매; 《美》 조건부 판매《지불 완료 후에 소유권이 옮겨짐》.

condítioned réflex [**respónse**] 〖心〗 조건 반사.

con·do[kándou/kɔ́n-] *n.* Ⓒ 《美口》 (분양 맨션 등의) 전유 공유식 주택, 콘도미니엄.

con·do·la·to·ry [kəndóulətɔ̀:ri/-təri] *a.* 문상[조위]의.

con·dole[kəndóul] *vi.* 조문하다, 조위하다(*with*). **con·dó·lence** *n.*

con·dom[kándəm, -ʌ́-/-ɔ́-] *n.* Ⓒ 콘돔.

con·dom·i·nate [kəndámənit, kɑn-/-ɔ́-] *a.* 공동 통치[지배]의.

con·do·min·i·um[kàndəmíniəm/kɔ̀n-] *n.* (*pl.* **~s, -ia**[-niə]) Ⓤ,Ⓒ 공동 관리[통치]; Ⓒ 분양 아파트[맨션].

con·done[kəndóun] *vt.* 용서하다; 〖法〗 (간통을) 용서하다. **con·do·na·tion**[kàndounéiʃən/kɔ̀n-] *n.*

con·dor[kándər/kɔ́ndɔ:r] *n.* Ⓒ 〖鳥〗 콘도르《남미산의 큰 매의 일종》.

con·duce[kəndjú:s] *vi.* 도움이 되다, 이바지하다(contribute) (*to, toward*). **con·du·cive**[-siv] *a.* (…에) 도움이 되는, 이바지하는(*to*).

:con·duct[kándʌkt/kɔ́n-] *n.* Ⓤ ① 행위, 행동, 품행. ② 지도, 지휘. ③ 취급, 관리. ④ 취향(趣向), 줄거리의 전개(법), 각색. — [kəndʌ́kt] *vt., vi.* ① 행동하다(~ *oneself*); 이끌다(*over*). ② 지도[지휘]하다; 처리[경영]하다. ③ (전기·열을) 전하다. **~·ance**[kəndʌ́ktəns] *n.* Ⓤ 〖電〗 전도 계수. **~·i·ble**[-əbl] *a.* 전도성(傳導性)의. **con·dúc·tion** *n.* Ⓤ (물 따위를) 끌기; (열 따위의) 전도.

con·dúc·tive *a.* **con·duc·tiv·i·ty** [kàndʌktívəti/kɔ̀n-] *n.* Ⓤ 전도성.

cónduct móney 증인 출석비, (응모병의) 응소 여비.

:con·duc·tor[kəndʌ́ktər] *n.* Ⓒ ① 지도자, 지휘자. ② 안내자, 차장《단, 영국에서는 기차 차장은 'guard'라고 함》. ③ 〖理〗 전도체. ④ 피뢰침. **~·ship**[-ʃìp] *n.* Ⓤ ~의 직.

con·du·it[kándju:it/kɔ́ndit] *n.* Ⓒ 도관(導管); 수도(aqueduct), 암거(暗渠), 수멍; (매몰 전선의) 선거(線渠).

cónduit sýstem (전차의) 선거 전로(線渠電路)식.

***cone**[koun] *n.* Ⓒ ① 원추(형)(의 물건)(*an ice cream ~* 웨이퍼로 만든 아이스크림 컵); 솔방울. ② (원추형의) 폭풍 신호(storm ~).

CONEFO Conference of Newly Emerging Forces 신생국 회의.

Con·es·tó·ga (**wágon**) [kànistóugə(-)/kɔ̀n-] *n.* Ⓒ (미서부 개척 시대의) 대형 포장 마차.

co·ney[kóuni] *n.* =CONY.

Có·ney Ísland[kóuni-] New York 시의 해수욕장, 대중적 환락향.

con·fab[kánfæb/-ɔ́-] *n., vi.* (**-bb-**) 《口》 =CONFABULATION; CONFABULATE.

con·fab·u·late[kənfǽbjəlèit] *vi.* 담소하다(chat). **-la·tion** [–̀–̀léiʃən] *n.*

con·fect[kánfekt/kɔ́n-] *n.* Ⓒ 캔디, 봉봉, 설탕절임 과일(따위). — [kənfékt] *vt.* 성분을 섞어서 만들다; (이야기·구실 등을) 지어내다.

con·fec·tion[kənfékʃən] *n.* Ⓒ 당과(糖菓). **~·er** *n.* Ⓒ 과자 제조인, 과자상(商). **~·ar·y**[-èri/-əri] *n.* Ⓤ 《집합적》 과자; Ⓒ 과자점; Ⓤ 과자 제조.

con·fed·er·a·cy**[kənfédərəsi] *n.* ① Ⓒ 연합; 동맹(국), 연방. ② (the C-) 〖美史〗 남부 연방. ③ Ⓒ 도당(league); Ⓤ,Ⓒ 공모(共謀). ***Southern C- =the CONFEDERATE STATES OF AMERICA.

*__con·fed·er·ate__[kənfédərit] *a.* 연맹〔연합〕한; 공모한; (C-) 〖美史〗 남부연방(측)의. ── *n.* Ⓒ 동맹국; 한패, 공모자. ── [-rèit] *vt., vi.* (…와) 동맹시키다〔하다〕; 한패로 하다〔되다(*with*)〕. *__-a·tion__[-ˊ-éiʃən] *n.* Ⓒ 동맹국; Ⓤ 동맹, 연방.

Conféderate Státes of Amérіca, the 〖美史〗 미국 남부연방《남북전쟁 때의 남부 11주》(cf. Federal States).

*__con·fer__[kənfə́:r] *vt.* (*-rr-*) (…에게) 주다, 수여하다(bestow)(*on, upon*). ── *vi.* 회담〔협의〕하다(*with*). **~·ee**[kànfərí:/-ɔ̀-] *n.* Ⓒ 《美》 회의 출석자; 상담 상대. **~·ment** *n.* Ⓤ,Ⓒ 수여; 협의. **~·er** *n.* Ⓒ 수여〔협의〕자.

:__con·fer·ence__[kánfərəns/-ɔ́-] *n.* ① Ⓒ 회의; Ⓤ 상담, 협의. ② 《美》 Ⓒ (학교간의) 경기 연맹.

:__con·fess__[kənfés] *vt., vi.* ① 자공(自供)하다, 자백하다; 자인하다. ② 신앙을 고백하다; (신부에게) 참회하다. ③ (신부가) 고해를 듣다. **~ *to*** (약점·과실 따위를) 시인하다, …은 정말이라고 말하다. ***to* ~ *the truth*** 사실은. **~ed**[-t] *a.* 공인된, 명백한(*stand ~ed as* …임〔죄상〕이 뚜렷하다). **~·ed·ly**[-idli] *ad.* 명백히.

:__con·fes·sion__[kənféʃən] *n.* ① Ⓤ,Ⓒ 자백. ② Ⓒ 신앙 고백. ③ Ⓤ 〖가톨릭〗 고해. **~·al** *a., n.* Ⓒ 참회의(자리).

con·fes·sor[kənfésər] *n.* Ⓒ 고백자; 참회〔고해〕자; 고해 (듣는) 신부; (박해에 굴치 않는) 신앙 고백자, 독신자. ***the C-*** 독신왕(篤信王)《영국왕 Edward(재위 1042-66)》.

con·fet·ti[kənféti(:)] *n. pl.* 《단수 취급》 (It.) 캔디; (사육제 같은 때의) 색종이 조각.

con·fi·dant [kànfidǽnt, ˊ-ˋ/kɔ̀nfidǽnt] *n.* (*fem.* **~e**) Ⓒ (속을 털어 놓을 수 있는) 친구, 심복.

:__con·fide__[kənfáid] *vi.* ① (속을) 털어놓다; 신임〔신뢰〕하다(*in*). ② 신탁〔위탁〕하다(*to*). **con·fí·ding** *a.* 믿기 쉬운; 믿어버리고 있는.

:__con·fi·dence__[kánfidəns/kɔ́nfi-] *n.* Ⓤ ① 신임, 신용, 신뢰(trust). ② (만만한) 자신; 대담한(boldness). ③ 뻔뻔스러움(assurance). ④ 속사정 이야기, 비밀. ***in* ~** 내밀히. ***make a* ~ 〔~*s*〕 *to* (*a person*),** or ***take* (*a person*) *into one's* ~** (아무에게) 비밀을 털어놓다. 「신용 사기.

cónfidence gàme 〔《英》 **trìck**〕

cónfidence lìmits 〖統〗 신뢰성 한계.

cónfidence màn (신뢰를 악용한) 사기꾼.

:__con·fi·dent__[kánfidənt/kɔ́nfi-] *a.* ① 확신〔신용〕하여〔하고 있는〕. ② 자신 있는; 자부심이 강한; 대담한. ── *n.* =CONFIDANT. * **~·ly** *ad.*

*__con·fi·den·tial__ [kànfidénʃəl/kɔ̀nfi-] *a.* ① 신임하는, 심복의. ② 비밀의; (편지가) 친전(親展)의. ③ 무간한, 격의 없는(*a ~ tone*). **~·ly** *ad.*

confidéntial communicátion 〖法〗 비밀 정보《법정에서 증언을 강요당하지 않는》.

confidéntial pàpers 기밀 서류.

confidéntial príce lìst 내시(內示) 가격표.

con·fig·u·ra·tion[kənfìgjəréiʃən] *n.* Ⓒ 구성, 배치, 형상; 〖心〗 = GESTALT; 〖컴〗 구성.

con·fig·ure[kənfígjər] *vt.* (어떤 틀에 맞추어) 형성하다(*to*); 〖컴〗 구성하다.

:__con·fine__[kənfáin] *vt.* 제한하다(*to, within*); 가두다, 감금하다(*in*). ***be ~d*** 죽치고〔틀어박혀〕 있다; 해산을 하다(*be ~d of a child*). ── [kánfain/-ɔ́-] *n.* Ⓒ (보통 *pl.*) 경계, 한계. * **~·ment** *n.* Ⓤ 감금, 억류; 제한, 한계; Ⓤ,Ⓒ 해산 (자리에 눕기), 산욕.

:__con·firm__[kənfə́:rm] *vt.* ① 강하게〔굳게〕 하다, 견고히 하다. ② 확인〔다짐〕하다, (조약을) 비준하다. ③ (…에게) 견진성사(堅振聖事)〔안수례〕를 베풀다. ***~ing the conjecture*** 과연, 생각〔예기〕했던 바와 같이. **~·a·ble** *a.* 확인〔확증〕할 수 있는. * **~ed**[-d] *a.* 확인된; 뿌리 깊은, 만성의, 손댈 수 없는.

*__con·fir·ma·tion__ [kànfərméiʃən/-ɔ̀-] *n.* Ⓤ,Ⓒ ① 확정, 확인. ② 〖宗〗 견진성사(堅振聖事), 안수례.

con·firm·a·tive[kənfə́:rmətiv], **-to·ry**[-tɔ̀:ri/-təri] *a.* 확증〔확인〕하는.

con·fis·cate [kánfiskèit/-ɔ́-] *vt.* 몰수〔징발〕하다. **-ca·tion**[ˋ-kéiʃən] *n.*

*__con·fla·gra·tion__ [kànfləgréiʃən/-ɔ̀-] *n.* Ⓒ 큰 불(big fire).

con·flate[kənfléit] *vt.* 융합시키다; 혼합하다; (특히) 2종류의 이본(異本)을 융합시키다.

:__con·flict__[kánflikt/-ɔ́-] *n.* Ⓤ,Ⓒ 투쟁; 모순, 충돌. **~ *of laws*** 법률 저촉; 국제 사법(私法). ── [kənflíkt] *vi.* (…와) 다투다; 충돌하다 (disagree)(*with*). **~·ing** *a.*

con·flu·ence[kánfluəns/-ɔ́-] *n.* Ⓤ,Ⓒ 합류; Ⓒ 합류점, 집합, 군중, 군집. **-ent** *a., n.* Ⓒ 합류하는 (강), 지류(tributary).

con·flux[kánflʌks/-ɔ́-] *n.* =⇧.

*__con·form__[kənfɔ́:rm] *vi., vt.* (…와) 일치하다〔시키다〕, 따르(게 하)다, 적합하다〔시키다〕 (*to*). **~·a·ble** *a.* 적합〔조화〕된(adapted) (*to, with*); 순종하는(obedient)(*to*). **~·ist** *n.* Ⓒ 준봉자(遵奉者); (C-) 영국 국교도.

con·for·ma·tion[kànfɔ:rméiʃən/-ɔ̀-] *n.* Ⓤ,Ⓒ 구조, 형상; 조화적 배치; Ⓤ 적합; 순종(*to*).

*__con·form·i·ty__[kənfɔ́:rməti] *n.* Ⓤ 일치, 상사(相似), 적합; 따름; 국교 신봉(信俸). ***in* ~ *with*** 〔***to***〕 …에

따라서.

:con·found[kənfáund] *vt.* ① (…와) 혼동하다(*with*). ② 곤혹(困惑)하게 하다. ③ (희망·계획을) 꺾다(defeat). ④ 저주하다《damn보다 좀 약한 말》(*C- it!* 에이 지겨워!, 아뿔싸!). ***~·ed**[-id] *a.* 지겨운, 어이없는.

con·fra·ter·ni·ty[kànfrətə́:rnəti/-ɔ̀-] *n.* Ⓒ (종교·자선의) 결사, 단체.

con·frère[kánfrɛər/-ɔ́-] *n.* (F.) Ⓒ 동지, 회원, 동료.

:con·front[kənfrʌ́nt] *vt.* (…에) 직면하다; 맞서다(oppose); 대항시키다; (어려움이, …의) 앞에 나타나다. ***be ~ed with*** …에 직면하다. **~·er** *n.* Ⓒ 대항자[물], 대결자.

con·fron·ta·tion[kànfrəntéiʃən/kɔ̀n-] *n.* ⓊⒸ 직면; 〖法〗 (불리한 증인과의) 법정 대결, 대심(對審).

Con·fu·cius[kənfjú:ʃəs] *n.* (<공부자(孔夫子)(551-479 B.C)) 공자. **-cian**[-ʃən] *a., n.* 공자의; 유교의; Ⓒ 유학자. **-cian·ism**[-ʃənìzəm] *n.* Ⓤ 유교.

:con·fuse[kənfjú:z] *vt.* ① 혼란시키다; 혼동하다(mix up). ② 당황케[어쩔줄 모르게] 하다(perplex). ***~d**[-d] *a.* 혼란[당황]한; 낭패한. **con·fus·ed·ly**[-idli] *ad.*

:con·fu·sion[kənfjú:ʒən] *n.* Ⓤ ① 혼란; 혼동. ② 당황; 착란. ***~ worse confounded*** 혼란에 또 혼란《Milton의 *'Paradise Lost'* 에서》. ***drink ~ to*** …을 저주하여 잔을 들다.

con·fute[kənfjú:t] *vt.* 논파(論破)하다; 논박하다. **-fu·ta·tion**[kànfjutéiʃən/-ɔ̀-] *n.*

Cong. Congregational(ist); Congress(ional).

con·ga[káŋgə/-ɔ́-] *n.* Ⓒ 콩가《Cuba의 춤(곡)》.

con·gé[kánʒei/-ɔ́:-] *n.* (F.) Ⓒ 해직(解職); (작별) 인사.

con·geal[kəndʒí:l] *vi., vt.* 동결[응결]하다[시키다]. **con·ge·la·tion**[kàndʒəléiʃən/-ɔ̀-] *n.*

con·gee[kándʒi:/-ɔ́-] *vi.* 작별 인사하다. — *n.* =CONGÉ.

con·ge·ner[kándʒənər/-ɔ́-] *n.* Ⓒ 동류[동종]의 것. **-ne·ric**[ˌ--nérik] *a.* 동종의.

***con·gen·ial**[kəndʒí:njəl] *a.* ① 같은 성질의; 마음이 맞는. ② (기분에) 맞는. **con·ge·ni·al·i·ty**[kəndʒì:niǽləti] *n.*

con·gen·i·tal[kəndʒénətl] *a.* 타고난, 선천적인.

cón·ger (èel)[káŋgər(-)/-ɔ́-] *n.* Ⓒ 〖魚〗 붕장어.

con·ge·ries[kándʒəri:z/kəndʒíəri:z] *n. sing. & pl.* 뭉친 덩이, 집적.

***con·gest**[kəndʒést] *vi., vt.* ① 충혈하다[시키다]. ② 충만[밀집]하다[시키다]. **~·ed**[-id] *a.* **con·ges·tion**[-dʒéstʃən] *n.* Ⓤ 밀집, 혼잡, 충혈. **con·gés·tive** *a.* 충혈(성)의.

con·glo·bate[kanglóubeit, káŋgloubèit/kɔ́n-] *a.* 공 모양의, 둥그런. — *vt., vi.* 공 모양으로 하다[되다].

con·glom·er·ate [kənglámərit/-ɔ́-] *a., n.* Ⓒ (잡다한 것이) 밀집하여 뭉친 (것), 집괴상(集塊狀)의 (바위). — [-rèit] *vt., vi.* 한데 모아 뭉치게 하다; 모여 뭉치다. **-a·tion** [kənglàməréiʃən/-ɔ̀-] *n.* Ⓤ 모여 뭉침; Ⓒ 집괴(集塊).

con·glu·ti·nate [kənglú:tənèit] *vt., vi.* 교착시키다[하다], 유착시키다[하다]. **-ná·tion** *n.*

Con·go[káŋgou/kɔ́ŋ-] *n.* (the ~) ① 콩고《콩고지방의 구(舊)프랑스 공동체내의 공화국》. ② 콩고 강.

Cóngo dỳe (**còlo(u)r**) 콩고 염료《인공 물감의 일종》.

con·grats[kəngrǽts], **con·grat·ters**[kəngrǽtərz] *int.* 《口》 =CONGRATULATIONS.

:con·grat·u·late [kəngrǽtʃəlèit] *vt.* 축하하다(…에), 축하의 말을 하다(*~ him on his birthday*). ***~ oneself on*** (***upon***) …을 의기양양[우쭐]해 하다. **:-la·tion**[-ˌ--léiʃən] *n.* Ⓤ 축하; (*pl.*) 축하의 말 (*Congratulations!* 축하합니다!).

con·grat·u·la·to·ry [-lətɔ̀:ri/-təri] *a.* 축하의. ***~ telegram*** 축전(祝電).

***con·gre·gate**[káŋgrigèit/-ɔ́-] *vi., vt.* 모이다, 모으다(assemble). ***-ga·tion**[ˌ--géiʃən] *n.* Ⓤ 모임; 집합; 〖宗〗 집회; 《집합적》 회중(會衆). **-ga·tive**[-gèitiv] *a.*

con·gre·ga·tion·al[kàŋgrigéiʃənəl/-ɔ̀-] *a.* 회중의; (C-) 조합 교회의. ***C- Church*** 조합 교회. **~·ism**[-ìzəm] *n.* Ⓤ 조합 교회주의. **~·ist** *n.*

:con·gress[káŋgris/kɔ́ŋgris] *n.* ① Ⓒ 회의, 위원회. ② (C-) Ⓤ (미국·중남미의) 국회. ***con·gres·sion·al**[kəngréʃənəl/kɔŋ-] *a.* 회의의; (C-) 《美》 국회의.

cóngress gàiters (**bòots, shòes**) (종종 C-) (안쪽에 고무천을 덧댄) 깊숙한 단화.

congréssional district 《美》 하원의원 선거구(區).

congréssional stàffer 《美》 의회 스태프(의 한 사람).

***con·gress·man**[-mən] *n.* (종종 C-) Ⓒ 《美》 국회[하원] 의원. **~-at-lárge** *n.* (*pl.* **-men-**) Ⓒ 주 선출 국회의원.

con·gress·wom·an [-wùmən] *n.* (종종 C-) Ⓒ 《美》 여자 국회[하원] 의원.

con·gru·ent[káŋgruənt/-ɔ́-] *a.* 일치하는; 〖幾〗 합동의. **-ence** *n.*

con·gru·i·ty[kəngrú:iti/kɔŋ-] *n.* Ⓤ 적합; 일치, 조화; 〖幾〗 합동.

con·gru·ous[káŋgruəs/-ɔ́-] *a.* = CONGRUENT; 적당한(fitting).

con·ic[kánik/-ɔ́-], **-i·cal**[-əl]

a. 원뿔〔원추〕 모양(cone)의.
cónic séction 〖幾〗 원뿔 곡선.
co·nid·i·um[kənídiəm] *n.* (*pl.* **-ia** [-iə]) Ⓒ 〖植〗 분생자(分生子)《무성 단세포의 포자》.
co·ni·fer[kɑ́nəfər, kóunə-] *n.* Ⓒ 〖植〗 침엽수. **co·nif·er·ous**[kouníférəs] *a.*
co·ni·form[kóunəfɔ̀ːrm] *a.* 원뿔꼴의(conical).
conj. conjugation; conjunction; conjunctive.
***con·jec·ture**[kəndʒéktʃər] *n., vt., vi.* U,C 추측(하다). **-tur·al** *a.*
con·join[kəndʒɔ́in] *vt., vi.* 결합하다, 연합하다, 합치다.
con·joint[kəndʒɔ́int/kɔ́ndʒɔint] *a.* 결합한(united); 공동의(joint). **~·ly** *ad.*
con·ju·gal[kɑ́ndʒəgəl/-ɔ́-] *a.* 부부(간)의, 결혼의.
***con·ju·gate**[kɑ́ndʒəgèit/-ɔ́-] *vt.* (동사를) 변화〔활용〕시키다; 결합시키다. **:-ga·tion**[⌐-géiʃən] *n.* U,C (동사의) 변화.
con·junct[kəndʒʌ́ŋkt] *a.* 결합한.
:con·junc·tion [kəndʒʌ́ŋkʃən] *n.* U,C 결합, 접합; Ⓒ 〖文〗 접속사. **in ~ with** …와 함께. ***-tive** *a., n.* 〖文〗 접속의; Ⓒ 접속어.
con·junc·ti·va [kɑ̀ndʒʌŋktáivə/-ɔ̀-] *n.* Ⓒ 〖解〗 결막.
con·junc·ti·vi·tis [kəndʒʌ̀ŋktəváitis] *n.* Ⓤ 결막염.
con·junc·ture[kəndʒʌ́ŋktʃər] *n.* Ⓒ 경우, 때(*as this* ~ 이 때); 위기(crisis).
con·jur·a·tion[kɑ̀ndʒəréiʃən/-ɔ̀-] *n.* Ⓤ 주술(呪術), 마법; 주문.
***con·jure**[kɑ́ndʒər, kʌ́n-] *vt., vi.* 마법〔요술〕을 쓰다. **~ up** (유령 따위를) 마법으로 불러내다(summon); (환상을) 불러일으키다. **cón·jur·er, -ju·ror**[-rər] *n.* Ⓒ 마술〔주술〕사.
conk[1] [kaŋk/kɔŋk] *n., vt.* Ⓒ 《俗》 머리(를 때리다); 《英俗》 코(를 때리다).
conk[2] *vi.* 《口》 (기계가) 망그러지다; 실신하다.
Conn. Connecticut.
con·nat·u·ral[kənǽtʃərəl] *a.* 타고난(*to*); 동질성의; 동족의.
:con·nect[kənékt] *vt.* ① (두개의 것을) 잇다, 결합〔연결〕하다. ② 연상하다. — *vi.* 이어지다, 접속하다(*with*); 〖野〗 강타하다. **~·ed**[-id] *a.* 관계〔연락〕 있는.
***Con·nect·i·cut**[kənétikət] *n.* 미국 북동부의 주《생략 Conn.》.
connécting ròd (기관 따위의) 연접봉.
:con·nec·tion, 《英》 **-nex·ion** [kənékʃən] *n.* ① Ⓤ 연결, (열차·배 따위의 시간적) 연락; U,C 관계. ② U,C 교섭, 사귐, 친밀함; 정교; 친척〔연고〕 관계; 연줄. ③ Ⓒ 거래처, 단골(customers). **criminal ~** 간통. **in ~ with** …와 관련하여. **in this ~** 이와 관련하여, 이에 덧붙여. **take up one's ~s** 《美》 대학을 나오다.
con·nec·tive[kənéktiv] *a., n.* 연결의; Ⓒ 연결물; 〖文〗 연결사《관계사·접속사 따위》.
connéctive tìssue 〖解〗 결합 조직.
con·nec·tor, -nect·er[kənéktər] *n.* Ⓒ 연결자; (철도의) 연결수; 연결물〔관〕; 〖電〗 접속용 소켓; 〖電話〗 접속기; 〖컴〗 연결자, 이음기.
:con·nex·ion *n.* =CONNECTION.
cón·ning tòwer[kɑ́niŋ-/-ɔ́-] (군함의) 사령탑; (잠수함의) 전망탑.
con·nive[kənáiv] *vi.* (나쁜 일을) 못본 체하다, 묵인하다(wink)(*at*); 공모하다, 서로 짜다(*with*). **con·nív·ance** *n.*
con·nois·seur[kɑ̀nəsə́ːr/-ɔ̀-] *n.* Ⓒ 감정〔감식〕가, 익수, 전문가(expert).
con·no·ta·tive[kɑ́noutèitiv/-ɔ́-] *a.* 〖論〗 내포적인; 함축하는; 암시하는.
con·note[kənóut/kɔ-] *vt.* (특별한 뜻을) 품다(imply); 〖論〗 내포(內包)하다. **con·no·tat·ion** [kɑ̀nətéiʃən/-ɔ̀-] *n.* U,C 〖論〗 내포(opp. denotation).
con·nu·bi·al[kənjúːbiəl] *a.* 결혼의, 부부의.
con·nu·bi·al·i·ty[-⌐biǽləti] *n.* U,C 결혼 (생활), 부부 관계.
:con·quer[kɑ́ŋkər/-ɔ́-] *vt.* 정복하다; 극복하다. — *vi.* 이기다. **~·a·ble** *ad.* 정복할 수 있는. **:~·or** [-ər] *n.* Ⓒ 정복자, 승리자; (the C-) 영국왕 William I의 별명.
:con·quest[kɑ́ŋkwest/-ɔ́-] *n.* U,C 정복; Ⓒ 정복한 토지〔주민〕. **the (NORMAN) C-.**
con·quis·ta·dor[kankwístədɔ̀ːr/kɔn-] *n.* Ⓒ 정복자《16세기 멕시코·페루를 정복한 스페인인》.
Cons., cons. constable; constitution; consul.
con·san·guin·e·ous [kɑ̀nsæŋgwíniəs/-ɔ̀-] *a.* 혈족〔동족〕의. **-i·ty** [-gwínəti] *n.*
:con·science[kɑ́nʃəns/-ɔ́-] *n.* Ⓤ 양심, 선악관념(*a bad* 〔*guilty*〕 ~ 양심에 꺼릴 못된 마음). **for ~(') sake** 양심을 위해〔에 꺼리어〕; 제발. **have ... on one's ~** …을 마음에 꺼리다, …이 양심에 걸리다. **have the ~ to** (do) 철면피하게도(…하다). **in all ~, or upon one's ~** 양심상, 정말. **keep a person's ~** 양심에 부끄럽지 않은 행동을 하게 하다.
cónscience clàuse 〖法〗 양심 조항《병역 면제 등에 관한》.
cónscience mòney (탈세자 따위의) 속죄 납금.
cónscience-strìcken *a.* 양심에 찔린〔꺼리는〕.
***con·sci·en·tious**[kɑ̀nʃiénʃəs/-ɔ̀-] *a.* 양심적인. **~·ly** *ad.* **~·ness** *n.*
consciéntious objéctor 양심

〔종교〕적 병역 거부자《생략 C.O.》.

:con·scious[kánʃəs/-5-] *a.* 의식〔자각〕 있는; 알아채어(*of, that*). ***become*** ~ 제정신이 들다. *~**·ly** *ad.* 의식적으로, 알면서.

:con·scious·ness[-nis] *n.* Ⓤ 의식. ***stream of*** ~ 〖心〗 의식의 흐름.

con·script[kánskript/-5-] *a., n.* 징집된; Ⓒ 징집병, 장정. — [kənskrípt] *vt.* 군인으로 뽑다, 징집〔징용〕하다. **con·scrip·tion**[kənskrípʃən] *n.* Ⓤ 징병, 징용.

cónscript fáthers (옛 로마의) 원로원 의원.

·con·se·crate [kánsikrèit/-5-] *vt.* ① 하느님에게 바치다(dedicate) (~ *a church* 헌당(獻堂)하다). ② 성화〔성별〕하다(hallow). ③ 바치다. **·-cra·tion**[⌐-kréiʃən] *n.* Ⓤ,Ⓒ 봉헌(식); Ⓤ 정진, 헌신(devotion); 신성화. 「성별자, 봉헌자.

con·se·cra·tor[-krèitər] *n.* Ⓒ

con·se·cu·tion [kànsikjúːʃən/kɔ̀n-] *n.* Ⓤ 연속; 이론적 일관성.

·con·sec·u·tive [kənsékjətiv] *a.* 연속적인; 〖文〗 결과의. ~ ***numbers*** 연속 번호. ~**·ly** *ad.* ~**·ness** *n.*

·con·sen·sus[kənsénsəs] *n.* Ⓒ (의견 등의) 일치, 총의; 컨센서스; 〖生〗 교감(交感).

:con·sent[kənsént] *n., vi.* Ⓤ 동의(하다)(*to*). ***by common*** 〔***general***〕 ~ 만장일치로. **con·sen·tient** [-ʃənt] *a.* 일치한.

:con·se·quence [kánsikwèns/kɔ́nsikwəns] *n.* ① Ⓒ 결과(result), 추세; 〖論〗 결론. ② Ⓤ 중대함, 주요성. ***in*** ~ ***of*** …의 결과, …로 인해. ***of*** ~ 유력한; 중대한. ***of no*** ~ 사소한, 중요치 않은. ***take*** 〔***answer for***〕 ***the*** ~***s*** 결과를 감수하다, 결과에 대해 책임지다.

·con·se·quent [kánsikwènt/kɔ́nsikwənt] *a.* 결과로서 일어나는 (resulting)(*on, upon*); 필연의. **:**~**·ly** *ad.* 따라서.

con·se·quen·tial[kànsikwénʃəl/-ɔ̀-] *a.* 결과로서 일어나는, 필연의; 중대한; 거드름 부리는. ~**·ly** *ad.*

con·serv·an·cy[kənsə́ːrvənsi] *n.* ① Ⓒ 《집합적》《英》 (하천·산림 등의) 관리 위원회. ② Ⓤ (하천·산림 등의) 관리, 보존.

·con·ser·va·tion [kànsəːrvéiʃən/-ɔ̀-] *n.* ① Ⓤ 보존; (하천·산림의) 국가 관리. ② Ⓒ 보안림(林)〔하천〕. ③ Ⓤ 〖理〗 (질량의) 불변, (에너지의) 불멸.

:con·serv·a·tive[kənsə́ːrvətiv] *a.* ① 보수적인; (C-) 보수당의. ② 보존력이 있는. ③ 신중한, 조심스러운. ***the C- Party*** (영국의) 보수당. — *n.* Ⓒ 보수적인 사람; (C-) 보수당원. **·-tism**[-ìzəm] *n.* Ⓤ 보수주의.

con·ser·va·toire [kənsə̀ːrvətwáːr, ⌐-⌐-] *n.* (F.) Ⓒ 음악〔미술〕 학교.

con·ser·va·tor [kánsərvèitər/kɔ́n-] *n.* Ⓒ 보호자; [kənsə́ːrvətər] (박물관 등의) 관리인; 《英》 (항해·어업의) 관리 위원.

con·serv·a·to·ry[kənsə́ːrvətɔ̀ːri/-təri] *n.* Ⓒ 온실; =CONSERVATOIRE.

·con·serve[kənsə́ːrv] *vt.* ① 보존〔저장〕하다(preserve). ② 설탕절임으로 하다. — [kánsəːrv/kənsə́ːrv, kɔ́n-] *n.* Ⓤ (종종 *pl.*) 설탕절임 한 과일; 잼.

†con·sid·er[kənsídər] *vt.* ① 생각하다(ponder); 고려〔참작〕하다. ② (…로) 생각하다〔보다〕(regard as). — *vi.* 생각하다, 숙고하다. ***all things*** ~***ed*** 여러 가지〔모〕로 생각한 끝에.

:con·sid·er·a·ble[kənsídərəbəl] *a.* ① (수량·금액 등이) 상당한, 적지 않은. ② 고려할 만한〔해야 할〕; 중요한. — *ad.* 《俗》 어지간히, 듬뿍. — *n.* Ⓤ 《美口》 다량, 다액. **:-bly** *ad.* 꽤, 상당히 많이.

·con·sid·er·ate[kənsídərit] *a.* ① 동정〔인정〕 있는. ② 사려 깊은, 신중한. ~**·ly** *ad.* ~**·ness** *n.*

:con·sid·er·a·tion[-sìdəréiʃən] *n.* ① Ⓤ 고려; 생각; Ⓒ 고려할 만한 일. ② Ⓒ 보수. ③ Ⓤ 감안, 헤아림. ④ Ⓤ 중요함; 존중. ***for a*** ~ 보수를 주면〔받으면〕. ***have no*** ~ ***for*** …을 고려하지 않다; …을 마음에 두지 않다. ***in*** ~ ***of*** …을 고려〔감안〕하여; …의 사례로서. ***on*** 〔***under***〕 ***no*** ~ 절대로 …않다. ***take into*** ~ 고려하다. ***the first*** ~ 첫째 요건. ***under*** ~ 고려중.

:con·sid·er·ing[kənsídəriŋ] *prep.* …(한 점)을 고려한다면, …에 비해서는(for)(~ *his age* 나이에 비해서는). — *ad.* 《口》 비교적.

·con·sign[kənsáin] *vt.* ① 위탁하다(entrust), 넘겨주다. ② 〖商〗 탁송하다. ~**·ee**[kànsainíː/-ɔ-] *n.* Ⓒ 맡는 사람, 수탁자, 하수인(荷受人). ~**·er**[kənsáinər] *n.* Ⓒ 위탁자.

con·sign·ment[kənsáinmənt] *n.* ① Ⓤ 위탁. ② Ⓒ 위탁 상품〔화물〕; 적송품(積送品).

consígnment nòte 《주로 英》 출하 통지서.

consígnment sàle 위탁 판매.

:con·sist[kənsíst] *vi.* ① (…로) 되다(*of*). ② (…에) 있다, 가로놓이다(lie)(*in*). ③ 양립〔일치〕하다(*with*).

·con·sist·en·cy[-ənsi], **-ence** [-əns] *n.* ① Ⓤ 일관성; 일치. ② Ⓤ,Ⓒ 농도, 밀도.

·con·sist·ent[-ənt] *a.* 일치하는; 모순 없는(*with*), 시종 일관돼 있는. ~**·ly** *ad.*

con·sis·to·ry[kənsístəri] *n.* Ⓒ 교회 회의(실), 종교 법원; 〖가톨릭〗 추기경 회의; 《一般》 집회.

con·so·ci·ate [kənsóuʃièit] *vt., vi.* 합동〔연합〕하다. — [-ʃiit] *a.* 합동〔연합〕한.

consol. consolidated.

***con·so·la·tion** [kɑ̀nsəléiʃən/-ɔ̀-] *n.* ① Ⓤ 위자(慰藉), 위로. ② Ⓒ 위안이 되는 것〔사람〕. **sol·a·to·ry** [kənsɑ́lətɔ̀:ri/-sɔ́lətəri] *a.*

consolátion màtch〔**ràce**〕 패자부활전.

consolátion mòney 위자료.

consolátion prìze 애석상(賞).

:con·sole[1] [kənsóul] *vt.* 위로하다, 위자하다. **con·sól·a·ble** *a.*

con·sole[2] [kɑ́nsoul/-ɔ́-] *n.* Ⓒ (오르간 따위의) 연주대(臺); 〖建〗 소용돌이 모양의 까치발; (라디오·텔레비전·전축의) 콘솔형〔대형〕 캐비닛《바닥에 놓음》; 〖컴〗 조종대, 제어탁자; = **∠ tàble** (벽면) 고정 테이블.

***con·sol·i·date** [kənsɑ́lidèit/-sɔ́li-] *vt., vi.* ① 굳게〔공고하게〕 하다, 굳어〔튼튼해〕지다, 견실하게 하다〔되다〕. ② 결합〔합병〕하다; 정리〔통합〕하다; 〖軍〗 (새 점령지를) 기지로서 굳히다. **-da·to·ry** [-dətɔ̀:ri/-təri] *a.* 통합하는, 굳히는.

consólidated annúities = CONSOLS.

Consólidated Fúnd, the 《英》 정리 공채 기금.

consólidated schòol (몇 개 학구의) 통합 (초등) 학교.

***con·sol·i·da·tion** [kənsɑ̀lədéiʃən/-ɔ̀-] *n.* Ⓤ,Ⓒ 통합, 합병; 강화.

con·sols [kənsɑ́lz/-ɔ́-] *n. pl.* (영국 정부의) 정리〔콘솔〕 공채.

con·som·mé [kɑ̀nsəméi/kənsɔ́mei] *n.* (F.) Ⓤ 콩소메《맑은 수프》(clear soup).

:con·so·nant [kɑ́nsənənt/-ɔ́-] *a.,* ① 일치〔조화〕된(*with, to*). ② 자음의; 〖樂〗 협화음의. — *n.* Ⓒ 자음(글자); 협화음. **-nance, -nan·cy** *n.* Ⓤ 일치, 조화; Ⓤ,Ⓒ 〖樂〗 협화(음). **-nan·tal** [⌐—nǽntl] *a.* 자음의.

con·sort** [kɑ́nsɔ:rt/-ɔ́-] *n.* Ⓒ (주로 왕·여왕의) 배우자(spouse); 요함(僚艦). ***prince ~ 여왕의 부군(夫君). — [kənsɔ́:rt] *vi., vt.* 교제하다〔시키다〕; 조화〔일치〕하다(agree) (*with*).

con·sor·ti·um [kənsɔ́:rʃiəm, -tiəm] *n.* (*pl.* ***-tia*** [-ʃiə]) Ⓒ (개발도상 국가의 원조를 위한) 국제 차관단; 연합, 협회.

con·spe·cif·ic [kɑ̀nspisífik/kɔ̀n-] *a.* 〖動·植〗 동종의.

con·spec·tus [kənspéktəs] *n.* Ⓒ 개관(槪觀); 개설, 적요(摘要); 일람.

:con·spic·u·ous [kənspíkjuəs] *a.* 두드러진. ***be ~ by one's absence*** 없음〔결근〕으로 해서 오히려 더 드러나다. ***cut a ~ figure*** 이채를 띠다. **~·ly** *ad.*

conspícuous consúmption〔**wáste**〕 과시적인 낭비.

***con·spir·a·cy** [kənspírəsi] *n.* Ⓤ,Ⓒ 공모; 음모(plot); 동시 발생.

***con·spir·a·tor** [kənspírətər] *n.* Ⓒ 공모〔음모〕자. **-to·ri·al** [-⌐—tɔ́:riəl] *a.* 공모의.

***con·spire** [kənspáiər] *vi., vt.* ① 공모하다, (음모를) 꾸미다(plot) (*against*). ② 협력하다.

***con·sta·ble** [kʌ́nstəbəl, -ɑ́-] *n.* Ⓒ 치안관; 《英》 경관.

con·stab·u·lar·y [kənstǽbjulèri/-ləri] *n.* Ⓒ 《집합적》 경찰대〔력〕.

***con·stan·cy** [kɑ́nstənsi/-ɔ́-] *n.* Ⓤ ① 불변성, 항구성. ② 정절, 성실.

:con·stant [kɑ́nstənt/-ɔ́-] *a.* ① 불변의, 일정한. ② 마음이 변치 않는 (not fickle), 성실한(faithful). — *n.* Ⓒ 〖數·理〗 상수(常數)《생략 k》; 변치 않는 것.

con·stant·an [kɑ́nstəntæ̀n/kɔ́n-] *n.* Ⓤ 콘스탄탄《동과 니켈의 합금》.

***Con·stan·ti·no·ple** [kɑ̀nstæntinóupəl/-ɔ̀-] *n.* Istanbul의 옛 이름.

:con·stant·ly [kɑ́nstəntli/kɔ́n-] *ad.* 변함없이; 끊임없이; 빈번히.

con·stel·late [kɑ́nstəlèit/-ɔ́-] *vt., vi.* (별자리의 별처럼) 모으다, 모이다.

con·stel·la·tion [kɑ̀nstəléiʃən/-ɔ̀-] *n.* Ⓒ ① 별자리. ② 기라성 같은 모임.

con·ster·na·tion [kɑ̀nstərnéiʃən/-ɔ̀-] *n.* Ⓤ 깜짝 놀람, 경악.

con·sti·pate [kɑ́nstəpèit/-ɔ́-] *vt.* 변비 나게 하다(bind). **-pat·ed** [-id] *a.* 변비의(bound). **-pa·tion** [⌐—péiʃən] *n.* Ⓤ 변비.

con·stit·u·en·cy [kənstítʃuənsi] *n.* Ⓒ 선거구; 《집합적》 선거구민; 고객.

con·stit·u·ent** [-ənt] *a.* ① 구성〔조직〕하는. ② 선거권이 있는. — *n.* Ⓒ ① (구성) 요소, 성분. ② 〖文〗 구성소. ③ (선거) 유권자. ***immediate ~ 〖文〗 직접 구성소.

Constítuent Assémbly 〖프史〗「국민 의회.

constítuent bódy 선거 모체.

:con·sti·tute [kɑ́nstitjù:t/kɔ́nstitjù:t] *vt.* ① 구성〔조직〕하다. ② 제정하다(establish). ③ 선임하다; 임명하다(appoint). **-tut·or** [-ər] *n.* Ⓒ 구성〔제정〕자.

:con·sti·tu·tion [kɑ̀nstitjú:ʃən/kɔ̀nstitjú:-] *n.* ① Ⓤ 구성, 조직. ② Ⓒ 체격, 체질. ③ Ⓤ 제정, 설립. ④ Ⓒ 법령, 규약; (the C-) 헌법.

con·sti·tu·tion·al** [-əl] *a.* ① 타고난, 체질의. ② 헌법의, 입헌적인. ③ 보건(상)의. ④ 구성〔조직〕의. ***~ formula 〖化〗 구조식. ***~ government*** 〔***monarchy***〕 입헌 정치〔군주국〕. — *n.* Ⓒ (건강을 위한) 운동, 산책. **~·ism** [-nəlìzəm] *n.* Ⓤ 입헌제〔주의〕; 헌정(憲政) 옹호. **~·ist** *n.* **~·i·ty** [⌐—⌐—ǽləti] *n.* Ⓤ 합헌성. **~·ly** *ad.* 선천〔본질〕적으로; 헌법상.

:con·strain [kənstréin] *vt.* ① 강제하다(compel) (*to*). ② 억누르다(repress). ③ 속박하다. ***be ~ed to*** (*do*) 부득이〔할 수 없이〕 …하다. **~ed** [-d] *a.* 강제된, 무리한. ***~t** *n.* Ⓤ 강제; 억압; 속박.

con·strict [kənstríkt] *vt.* 단단히〔꽉〕 죄다. **~·ed** [-id] *a.* 꽉 죄인;

갑갑한. **con·stríc·tion** *n.* **-tive** *a.* **-tor** *n.* Ⓒ 왕뱀(cf. boa); 괄약근; 압축기.

con·strin·gen·cy [kənstríndʒənsi] *n.* Ⓤ 수축성.

:con·struct [kənstrʌ́kt] *vt.* ① 조립하다; 세우다, 구성하다. ② 〖幾〗 작도(作圖)하다. — [kánstrʌkt/kɔ́n-] *n.* Ⓒ 구조물; 구문(構文); 〖心〗 구성개념. **~·er, -struc·tor** *n.*

:con·struc·tion [kənstrʌ́kʃən] *n.* ① Ⓤ 건조, 건축; 건축 양식; 건설업. ② Ⓒ 건조물. ③ Ⓒ 구문(構文). ④ Ⓤ 작도(*a* ~ *problem* 작도 문제). ⑤ Ⓒ 해석(<construe). ***put a false ~ on*** …을 곡해하다. **~·al** [-ʃənəl] *a.* **~·ism** [-ìzəm] *n.* =CONSTRUCTIVISM. **~·ist** *n.* Ⓒ 법령 해석자; 〖美術〗 =CONSTRUCTIVIST.

***con·struc·tive** [-tiv] *a.* 구성〔구조〕상의, 구성적인; 건설적인(opp. destructive).

con·struc·tiv·ism [-tivìzəm] *n.* Ⓤ 〖美術〗 구성주의, 구성파. **-ist** *n.* Ⓒ 구성화의 화가.

***con·strue** [kənstrú:] *vt.* (구문을) 해부하다(analyze), 해석하다. — *vi.* 해석하다; (문장이) 해석되다. ⇨ CONSTRUCTION.

con·sub·stan·tial [kànsəbstǽnʃəl/kɔ̀n-] *a.* 동체〔동질〕의.

con·sue·tude [kánswitjù:d/kɔ́nswitjù:d] *n.* Ⓤ 습관; (법적인) 관례.

con·sul** [kánsəl/-ɔ́-] *n.* Ⓒ ① 영사. ② (고대 로마의) 집정관. ③ 〖프史〗 집정. ***acting* 〔*hono*(*u*)*rary*〕 *~ 대리〔명예〕 영사. **~·ship** [-ʃìp] *n.* Ⓤ 영사의 직〔임기〕.

con·su·lar [kánsələr/kɔ́nsju-] *a.* 영사의; 집정(관)의.

cónsular ínvoice 〖商〗 영사 증명 「송장.

con·su·late [kánsəlit/kɔ́nsju-] *n.* Ⓒ 영사관; Ⓤ 영사의 직〔임기〕.

cónsulate géneral 총영사관.

cónsul géneral 총영사.

:con·sult [kənsʌ́lt] *vt.* ① 상의〔의논〕하다; 의견을 듣다; (의사의) 진찰을 받다. ② (참고서를) 조사하다, (사전을) 찾다. ③ (이해·감정 따위를) 고려하다(consider). ***~ a person's convenience*** (아무의) 사정을 고려하다. — *vi.* 상의하다(*with*). **~·a·ble** *a.* 협의〔자문〕의.

con·sul·tan·cy [kənsʌ́ltənsi] *n.* Ⓤ,Ⓒ 컨설턴트업(무).

***con·sult·ant** [kənsʌ́ltənt] *n.* Ⓒ ① 의논자; 의논〔상의〕 상대. ② 고문; 고문 의사, 고문 기사.

***con·sul·ta·tion** [kànsəltéiʃən/-ɔ̀-] *n.* ① Ⓤ,Ⓒ 상담, 협의; 진찰; (변호사의) 감정. ② Ⓒ 협의회. ③ Ⓤ 참고, 참조.

con·sult·ing [kənsʌ́ltiŋ] *a.* 진찰〔고문〕의. *~ **physician*** 〔***lawyer***〕 고문 의사〔변호사〕. *~ **room*** 진찰실.

con·sum·a·ble [kənsú:məbəl] *a.* 소비〔소모〕할 수 있는. — *n.* Ⓒ (보통 *pl.*) 소모품.

:con·sume [kənsú:m] *vt.* ① 소비〔소모〕하다, 다 써버리다(use up). ② 다 먹어〔마셔〕 치우다; 다 불태워 버리다. — *vi.* 다하다, 소멸〔소모〕하다. ***be ~d with*** (비탄으로) 몸이 여위다; (질투·분노로) 가슴을 태우다.

:con·sum·er [-ər] *n.* Ⓒ 소비자.

consúmer reséarch 소비자 수요 조사. 「RESISTANCE.

consúmer resístance =SALES

consúmer(s') gòods 소비재.

consúmer(s') prìce ìndex 소비자 물가 지수(《생략 CPI》).

***con·sum·mate** [kánsəmèit/kɔ́n-] *vt.* 이루다, 성취〔완성〕하다. — [kənsʌ́mət] *a.* 무상의, 완전한(perfect). **-ma·tion** [⊹—méiʃən] *n.* Ⓤ 완성.

:con·sump·tion [kənsʌ́mpʃən] *n.* Ⓤ ① 소비(consuming); 소모. ② 소모병, (폐)결핵. **-tive** *a., n.* 소비〔소모〕의; Ⓒ 폐병의 (환자).

consúmption gòods =CONSUMER(S') GOODS.

Cont. Continental. **cont.** containing; contents; continent(-al); continue(d); contract.

:con·tact [kántækt/-ɔ́-] *n.* Ⓤ 접촉(touch); 교제. ***come in*** 〔***into***〕 ***~ with*** …와 접촉하다. ***lose ~ with*** …와의 접촉이 두절되다. — [kəntǽkt] *vt., vi.* 접촉시키다〔하다〕; 연락을 취하다.

cóntact brèaker (전류의) 차단기.

cóntact càtalysis 〖化〗 접촉〔촉매〕 작용.

cóntact flỳing 〔**flìght**〕 접촉〔유시계(有視界)〕 비행.

cóntact lèns 콘택트 렌즈.

cóntact màker 전류 접촉기.

cóntact mìne 촉발 수뢰.

con·tac·tor [kántæktər/kɔ́n-] *n.* Ⓒ 〖電〗 전류 단속기.

cóntact prìnt 밀착 인화.

con·ta·gion [kəntéidʒən] *n.* ① Ⓤ (접촉) 전염. ② Ⓒ 전염병; 악영향. ***-gious** *a.* 전염성의.

†con·tain [kəntéin] *vt.* ① 포함〔함유〕하다; 넣다. ② …이 들어가다〔있다〕(hold). ③ (감정·소변 따위를) 참다. ***be ~ed between*** 〔***within***〕 … 사이〔안〕에 있다. **~·ment** [-mənt] *n.* Ⓤ 견제; 봉쇄.

con·tained [kəntéind] *a.* 자제〔억제〕하는; 조심스러운.

:con·tain·er [kəntéinər] *n.* Ⓒ 용기(容器); (화물 수송용) 컨테이너. **~·ize** [-àiz] *vt.* 컨테이너에 넣다〔로 수송하다〕. **~·ship** [-ʃìp] *n.* Ⓒ 컨테이너선.

contáinment pólicy (공산 세력에 대한) 봉쇄 정책.

con·tam·i·nant [kəntǽmənənt] *n.* Ⓒ 오염균〔물질〕.

con·tam·i·nate [kəntǽmənèit] *vt.* 더럽히다, 오염하다.

***con·tam·i·na·tion** [kəntæ̀mənéiʃən] *n.* ① Ⓤ 오염. ② Ⓒ 더럽히는

것. ③ Ⓤ 〖言〗 혼성(混成). ***radioactive*** ~ 방사능 오염.
contd. contained; continued.
conte[kɔ̃:nt] *n.* (F.) Ⓒ 콩트.
contemn[kəntém] *vt.* 경멸하다.
:con·tem·plate [kántəmplèit/kɔ́ntem-] *vt.* ① 응시하다, 눈여겨〔뚫어지게〕보다(gaze at). ② 숙고하다(study carefully), 심사(深思)하다. ③ 예기하다; 꾀〔계획〕하다(~ *a trip;* ~ *visiting Lake Como*). ***be lost in*** ~ 명상에 잠겨 있다. ***have (a thing) in*** 〔***under***〕 ~ (어떤 일을) 계획하고 있다. — *vi.* 심사하다. **-pla·tor**[-ər] *n.* Ⓒ 숙고자.
:con·tem·pla·tion [kàntəmpléiʃən/kɔ̀ntem-] *n.* Ⓤ ① 눈여겨 봄. ② 숙고, 명상. ③ 계획, 예상. ***in*** ~ 계획중. **-tive**[kəntémplətiv, kántəmplèi-/kɔ́ntemplèi-] *a.*
con·tem·po·ra·ne·ous[kəntèmpəréiniəs] *a.* 동시대의. ~**·ly** *ad.*
:con·tem·po·rar·y[kəntémpərèri/-pərəri] *a., n.* Ⓒ ① 같은 시대의(사람, 잡지); 현대의. ② 같은 나이의(사람). ③ (신문의) 동업자.
:con·tempt[kəntémpt] *n.* Ⓤ 모욕, 경멸(disdain) (*for*); 치욕. * ~**·i·ble**[-əbəl] *a.* 야비한(mean).
***con·temp·tu·ous**[kəntémptʃuəs] *a.* 경멸적인〔하는〕. * ~**·ly** *ad.* ~**·ness** *n.*
:con·tend [kənténd] *vi.* 다투다(fight), 경쟁하다(compete) (*with*); 논쟁하다(debate). — *vt.* 주장하다(maintain) (*that*). ~**·er** *n.* Ⓒ 경쟁〔주장〕자.
:con·tent[1][kántent/-ɔ́-] *n.* ① (*pl.*) 알맹이; 내용, 목차. ② Ⓤ (때로 *pl.*) 용적, 용량. ③ Ⓤ 요지. ~ ***analysis*** 〖社會·心〗 내용 분석《매스커뮤니케이션의》.
:con·tent[2][kəntént] *vt.* (…에) 만족시키다(satisfy) (~ *oneself* 만족하다) (*with*). — *pred. a.* 만족하여; 흐뭇해하여. — *n.* Ⓤ 만족. ***to one's heart's*** ~ 마음껏. * ~**·ed**[-id] *a.* 만족한. * ~**·ment** *n.* Ⓤ 만족.
***con·ten·tion**[kənténʃən] *n.* ① Ⓤ 다툼; 경쟁(contest); 논쟁(dispute). ② Ⓒ 논(쟁)점. **-tious** *a.* 다투기〔말다툼〕 좋아하는, 걸핏하면 싸우려 드는; 〖法〗 소송의.
con·ter·mi·nous [kəntə́:rmənəs/kɔn-] *a.* 경계를 같이하는, 서로 인접하는; 동일 연장(延長)의.
†con·test[kántest/-ɔ́-] *n.* Ⓒ 다툼, 논쟁; 경쟁, 경연, 콩쿠르. — [kəntést] *vt., vi.* 다투다, 경쟁하다; 논쟁하다. **con·tést·ant** *n.* Ⓒ 경쟁자; 경기〔경연〕자, 소송 당사자. **con·tes·ta·tion**[kàntestéiʃən/-ɔ-] *n.* Ⓤ 논쟁, 주장, 쟁점.
***con·text**[kántekst/-ɔ́-] *n.* Ⓒ,Ⓤ 문맥; 정황, 배경, 경위. **con·tex·tu·al**[kəntékstʃuəl] *a.*
con·tig·u·ous[kəntígjuəs] *a.* 접촉〔인접〕하는(adjoining). **con·ti·gu·i·ty**[kàntəgjú(:)iti/kɔ̀n-] *n.*
†con·ti·nent[1][kántənənt/kɔ́n-] *n.* ① Ⓒ 대륙; 본토, 육지. ② (the C-) 유럽 대륙.
con·ti·nent[2] (<contain) *a.* 절제하는(temperate), 금욕적인; 정절의(chaste). **-nence, -nen·cy** *n.* Ⓤ 절제; 정조(chastity). ~**·ly** *ad.*
:con·ti·nen·tal[kàntənéntl/kɔ̀n-] *a.* 대륙의. ~**·ism**[-təlìzəm] *n.* Ⓤ 대륙주의〔기질〕.
continéntal bréakfast (커피, 롤빵, 주스 정도의) 가벼운 아침 식사.
Continéntal Cóngress 〖美史〗 대륙회의《독립 전후 필라델피아에서 두 번(1774-89) 열린 각 주 대표자 회의》.
continéntal divíde 대륙 분수령; (the C- D-) 로키 산맥 분수령.
continéntal shélf 〖地〗 대륙붕.
continéntal Súnday (휴식이나 예배보다는) 레크리에이션을 위한 일요일.
continéntal sỳstem 대륙 봉쇄《나폴레옹의 1806년 대영 정책》.
con·tin·gen·cy [kəntíndʒənsi] *n.* ① Ⓤ 우연(성). ② Ⓒ 우발 사건.
contíngency tàble 〖統〗 분할표(分割表).
con·tin·gent[-dʒənt] *a.* 뜻하지 않은, 임시의; 있을 수 있는(*to*); …나름인(*upon*). — *n.* ① Ⓒ 우발사건(contingency); 몫. ②《집합적》 분견(分遣)(함)대. ~**·ly** *ad.*
contíngent liabílity 불확정 책임액《우발 사건에 대해 지출된》.
:con·tin·u·al[kəntínjuəl] *a.* 끊임없는, 연속적인, 빈번한(~ *bursts of laughter* 잇단 폭소). **:** ~**·ly** *ad.*
***con·tin·u·ance**[kəntínjuəns] *n.* Ⓤ 연속, 계속(기간); 〖法〗 연기.
con·tin·u·ant[kəntínjuənt] *a., n.* Ⓒ 〖音聲〗 계속음(의)《[f, r, s, v] 등 음색을 바꾸지 않고 길게 발음할 수 있는 자음》.
***con·tin·u·a·tion** [kəntìnjuéiʃən] *n.* ① Ⓤ 계속, 연속. ② Ⓒ (이야기의) 계속, 속편(sequel). ③ Ⓒ 연장(부분).
continuátion schòol 보습 학교.
con·tin·u·a·tive [kəntínjuèitiv/-ətiv] *a., n.* Ⓒ 연속적인 (것); 〖文〗 계속사.
†con·tin·ue[kəntínju:] *vi.* 계속하다; 계속해서〔변함없이〕…하다〔이다〕. — *vt.* 계속하다, 연장〔연기〕하다. ***~d fraction*** 〔***proportion***〕 〖數〗 연분수〔연비례〕. ***~d story*** 연재 소설. ***To be ~d.*** 계속, 이하 다음 호에.
***con·ti·nu·i·ty** [kàntənjú:əti/kɔ̀n-] *n.* Ⓤ ① 연속, 계속, 연결. ② 촬영〔방송〕 대본(scenario; radio script).
continúity gìrl 〔**clèrk**〕 〖映〗 필름 편집원.
:con·tin·u·ous[kəntínjuəs] *a.* 연속적인, 끊이지 않는(unbroken) (*a* ~ *flow, rain, &c.*). ~**·ly** *ad.*
contínuous cúrrent 〖電〗 직류.

contínuous índustry 일관 생산 업.

con·tin·u·um[kəntínjuəm] *n.* (*pl. -tinua* [-tínjuə], **~s**) Ⓒ 연속(체).

con·tort[kəntɔ́:rt] *vt.* 비틀다, 구부리다(twist), 일그러지게 하다; 왜곡하다. **-tór·tion** *n.* **-tór·tion·ist** *n.* Ⓒ (몸을 자재로 구부리는) 곡예사.

***con·tour**[kántuər/-ɔ́-] *n.* Ⓒ 윤곽

cóntour lìne 등고선. ⌊(outline).

cóntour màp 등고선 지도.

con·tra-[kántrə/kɔ́n-] '반〔비, 역〕…'의 뜻의 결합사 : *contra*ception, *contra*dict.

con·tra·band [kántrəbæ̀nd/-ɔ́-] *a., n.* Ⓤ 금제의; 금제〔밀매〕품; 밀무역(smuggling). **~ *of war*** 전시 금제품. **~·ist** *n.*

con·tra·bass[-bèis] *n.* Ⓒ 콘트라베이스(double bass).

con·tra·bas·soon[-bəsú:n] *n.* Ⓒ 콘트라바순(double bassoon).

con·tra·cep·tion [kàntrəsépʃən/-ɔ̀-] *n.* Ⓤ 피임. **-tive** *a., n.* 피임의; Ⓒ 피임약〔용구〕.

:con·tract [kántrækt/-ɔ́-] *n.* ① Ⓤ,Ⓒ 계약; 청부; Ⓒ 계약서. ② Ⓒ 약혼. ③ =**~ bridge** 〖카드〗 점수 계약식의 브리지. ***make* 〔*enter into*〕 *a* ~ *with*** …와 계약을 맺다. ── [kántrækt/kəntrǽkt] *vt.* ① 계약하다. ② (혼인·친교를) 맺다. ③ (못된 버릇이) 들다, (병에) 걸리다, (감기가) 들다; (빚을) 지다. ④ 수축(收縮)시키다. **~ *note*** 약속어음, 계약서. ── *vi.* 계약하다; 수축되다. **~·ed**[-id] *a.* 수축된; 도량이 좁은. **~·i·ble**[kəntrǽktəbəl] *a.* 수축할 수 있는. **con·trac·tile**[-til/-tail] *a.* 수축성의. ***con·trác·tion** *n.* Ⓤ,Ⓒ 단축, 수축; 〖文〗 생략, 축약. ***con·trác·tor** *n.* Ⓒ 청부인; 수축근(筋). **con·trac·tu·al**[-tʃuəl] *a.*

***con·tra·dance**[kántrədæ̀ns/kɔ́ntrədɑ̀:ns] *n.* =CONTREDANSE.

con·tra·dict**[kàntrədíkt/-ɔ̀-] *vt.* ① 부정하다(deny); 반박하다. ② (…와) 모순되다. **~ *oneself 모순된 말〔짓〕을 하다. ***-dic·tion**[-díkʃən] *n.* **-dic·to·ry**[-təri] *a.*

còntra·distínction *n.* Ⓤ 대조, 대비(對比).

còntra·distínguish *vt.* 대조하여 구별하다(A *from* B); 대비하다.

con·trail[kántreil/-ɔ́-] (<*con*densation *trail*) *n.* =VAPOR TRAIL.

con·tral·to[kəntrǽltou] *n.* (*pl.* **~s, -ti**[-ti:]) ① Ⓤ 〖樂〗 콘트랄토《여성 최저음》. ② Ⓒ 콘트랄토 가수.

con·tra·prop [kántrəprɑ̀p/kɔ́ntrəprɔ̀p] *n.* Ⓒ 〖空〗 동축(同軸) 이중 반전(反轉) 프로펠러.

con·trap·tion[kəntrǽpʃən] *n.* Ⓒ 《美口》 신안(新案)(device); 《英俗》 (기묘한) 장치(gadget).

con·tra·pun·tal[kàntrəpʌ́ntl/-ɔ̀-] *a.* 〖樂〗 대위법(counterpoint)의〔에 의한〕. **~·ly**[-təli] *ad.*

con·tra·ri·e·ty[-ráiəti] *n.* ① Ⓤ 반대, 모순. ② Ⓒ 모순점.

con·tra·ri·ly[kántrerəli/kɔ́n-] *ad.* ① 반대로, 이에 반해. ② [kəntrέərəli] 심술궂게(perversely); 완고하게.

con·tra·ri·wise [kántreriwàiz/kɔ́n-] *ad.* 거꾸로, 반대로; 짓궂게; 고집 세게.

:con·tra·ry[kántreri/kɔ́n-] *a.* ① 거꾸로의, 반대의. ② [kəntrέəri] 빙퉁그러진(perverse). ── *n.* (the ~) 반대, 역(逆). ***by contraries*** 정반대로. ***on the* ~** 이에 반하여; 그렇긴커녕. ***to the* ~** 그와는 반대로〔의〕(*an opinion to the* ~ 반대 의견). ── *ad.* (…에) 반하여(*to*).

:con·trast[kántræst/kɔ́ntrɑ:-] *n.* ① Ⓤ 대조(*between*). ② Ⓤ,Ⓒ 차이(점). ── [kəntrǽst/-ɑ́:-] *vt.* 대조하다(~ *this with that* 이것과 저것과를 비교하다). ── *vi.* (…와) 현저히 다르다(*with*).

con·tras·tive[kəntrǽstiv] *a.* 대조적인. **~ *linguistics*** 대조 언어학.

con·tra·vene[kàntrəví:n/-ɔ̀-] *vt.* 어기다, 위배하다, 범하다(violate); 반대하다; (…와) 모순되다. **con·tra·vén·tion** *n.*

con·tre·danse [kántrədæ̀ns/kɔ́n-] *n.* (F.) Ⓒ 대무(對舞)(곡).

con·tre·temps[kántrətɑ̀:ŋ/kɔ́n-] *n.* (*pl.* ~[-z]) (F.) Ⓒ 뜻밖의 일〔사고〕.

:con·trib·ute[kəntríbju:t] *vt., vi.* ① 기부〔기증〕하다. ② 기고(寄稿)하다. ③ 이바지〔공헌·기여〕하다. ***-u·tor**[-tríbjətər] *n.*

:con·tri·bu·tion [kàntrəbjú:ʃən/kɔ̀n-] *n.* ① Ⓤ 기부, 기증; 공헌; Ⓒ 기부금. ② Ⓤ 기고(寄稿).

con·trib·u·tive[kəntríbjətiv] *a.* 기여〔이바지〕하는(*to*).

con·trib·u·to·ry [kəntríbjətɔ̀:ri/-təri] *a.* 기여하는. **~ *negligence*** 〖法〗 기여 과실(寄與過失).

con·trite[kəntráit/kɔ́ntrait] *a.* (죄를) 뉘우친(penitent). **con·tri·tion** [-tríʃən] *n.*

:con·trive[kəntráiv] *vt.* ① 연구〔발명·고안〕하다. ② 꾀하다(plot). ③ 그럭저럭 …하다(manage)(*to* do); (불행 따위를) 일부러 부르다. ── *vi.* 연구〔계획〕하다. ***con·triv·ance** [-əns] *n.* Ⓤ 고안; Ⓒ 고안품; 장치; 계략. **con·trív·er** *n.*

†con·trol[kəntróul] *n.* ① Ⓤ 지배(력), 관리, 통제, 억제; 〖컴〗 제어, 컨트롤. ② Ⓒ (실험의) 대조 표준. ③ Ⓒ (보통 *pl.*) 조종 장치. ***be in* ~ *of*** …을 관리하고 있다. ***bring* 〔*keep*〕 *under* ~** (억)누르다, 억제하다. **~*ed economy*** 통제 경제. **~ *of production*** 생산 관리. ***out of* 〔*beyond*〕 ~** 지배가 미치지 못하는, 억누를 수 없는. ***without* ~** 제멋대로. ── *vt.* (**-ll-**) 지배〔관리·통제·

억제]하다; (회계를) 감사하다. *~·ler *n.* Ⓒ 다잡는 사람, 관리인; (회계) 감사관(comptroller); 『電·컴』 제어기. 「간.

contról còlumn 『空』 회전식 조종

contról pànel 『컴』 제어판.

contról ròd (원자로의) 제어봉.

contról ròom (녹음 스튜디오 등의) 조정실.

contról stìck 『空』 (앞뒤 및 좌우로 움직이는) 조종간(桿).

contról tòwer 『空』 관제탑.

con·tro·ver·sy** [kántrəvə̀ːrsi/-ɔ́-] *n.* Ⓤ,Ⓒ 논쟁, 논의; 말다툼. ***beyond [***without***] ~ 논쟁의 여지 없이, 당연히. **-sial** [ˋ-və́ːrʃəl] *a.*

con·tro·vert [kɑntrəvə́ːrt] *vt.* 반박하다; 논쟁하다. ~**·i·ble** [ˋ-və́ːrtəbəl] *a.* 논의의 여지가 있는.

con·tu·ma·cious [kɑ̀ntjuméiʃəs/kɔ̀n-] *a.* 복종하지 않는; 법정 소환에 응하지 않는. **-ma·cy** [ˊ-məsi] *n.* Ⓤ 불순종, 완고.

con·tu·me·ly [kəntjúːməli, kántjumìli/kɔ́ntjumi-] *n.* Ⓤ,Ⓒ 오만 무례; 모욕. **-li·ous** [ˋ-míːliəs] *a.* 모욕적인, 무례한.

con·tuse [kəntjúːz] *vt.* (…에게) 타박상을 입히다(bruise). **-tu·sion** [-ʒən] *n.* Ⓤ,Ⓒ 타박상.

co·nun·drum [kənʌ́ndrəm] *n.* Ⓒ 수수께끼; 재치 문답; 수수께끼 같은 인물.

con·ur·ba·tion [kɑ̀nəːrbéiʃən/-ɔ̀-] *n.* Ⓒ 집합 도시, 광역도시권.

con·va·lesce [kɑ̀nvəlés/-ɔ̀-] *vi.* (병이) 차도가 있다, 건강을 회복하다.

con·va·les·cent [kɑ̀nvəlésnt] *a., n.* Ⓒ 회복기의 (환자). **-cence** *n.* Ⓤ 회복(기).

con·vec·tion [kənvékʃən] *n.* Ⓤ 『理·氣』 대류(對流); 전달.

convéction cùrrent 『電』 대류 전류; 『理』 전류.

con·vec·tor [kənvéktər] *n.* Ⓒ 대류식(對流式) 난방기.

con·vene [kənvíːn] *vt.* 소집〔소환〕하다(summon). ― *vi.* 회합하다.

:con·ven·ience [kənvíːnjəns] *n.* ① Ⓤ 편리, 형편좋음. ② Ⓒ (의식주의) 편의; 편리한 것; 《英》 변소(privy). ***at one's*** ~ 편리하도록〔한 때에〕.

convénience fòod 인스턴트 식품. 「식품.

convénience gòods 일용 잡화

convénience màrket 일용 잡화 식료품 시장.

convénience òutlet 실내 콘센트. 「품점, 편의점.

convénience stòre 일용 잡화 식

:con·ven·ient [-njənt] *a.* 편리한, 형편이 좋은. ***make it*** ~ ***to*** do 형편을 보아서. ***when it is*** ~ ***to*** (*you*) (당신)의 형편이 좋을 때. *~·ly *ad.*

***con·vent** [kánvənt/-ɔ́-] *n.* Ⓒ 수녀원(nunnery) (cf. monastery); 수녀단.

con·ven·ti·cle [kənvéntikəl] *n.* Ⓒ 『英史』 비(非)국교도의 비밀 집회(소).

:con·ven·tion [kənvénʃən] *n.* Ⓒ ① 협의회, 집회. ② 협약. ③ (사회의) 관례〔관습〕, 인습.

con·ven·tion·al** [-ʃənəl] *a.* 관습〔인습〕적인. ~ ***weapons (핵무기에 대해) 재래식 병기. ~**·ism** [-ʃənəlìzəm] *n.* ① Ⓤ 관례 고수, 전통주의. ② Ⓒ 상투 어구. ~**·ist** [-ʃənəlist] *n.* ~**·i·ty** [-ˋʃənǽləti] *n.* Ⓤ 관례 존중; Ⓒ 인습, 관례. ~**·ize** [-ʃənəlàiz] *vt.* 인습화하다. ~**·ly** *ad.*

convéntional tàriff 협정 세율.

con·ven·tion·eer [kənvènʃəníər] *n.* Ⓒ 《美》 대회〔회의〕 참석자.

con·verge [kənvə́ːrdʒ] *vi., vt.* 한 점에 집중하다〔시키다〕; 한 점에 모으다〔모아지다〕.

con·ver·gence [kənvə́ːrdʒəns], **-gen·cy** [-i] *n.* Ⓤ 집중(성); 수렴; 폭주. 「집중하는.

con·ver·gent [-ənt] *a.* (한 점에)

convérging léns 『理』 수렴(收斂) 렌즈.

con·vers·a·ble [kənvə́ːrsəbl] *a.* 말하기 좋아하는, 말붙이기 쉬운.

con·ver·sant [kənvə́ːrsənt] *a.* 잘 알고 있는, 친한 (사이의)(*with*).

†con·ver·sa·tion [kɑ̀nvərséiʃən/-ɔ̀-] *n.* Ⓤ,Ⓒ 회화; 담화. *~·al [-ʃənəl] *a.* 회화(체)의; 좌담을 잘〔좋아〕하는. ~**·al·ist** *n.*

conversátion pìece 풍속화; 화제가 되는 것.

conversátion stòpper 《口》 (바로 대답할 수 없는) 뜻밖의 발언.

:con·verse[1] [kənvə́ːrs] *vi.* 이야기〔담화〕하다(*with*). ― [kánvəːrs/-ɔ́-] *n.* Ⓤ 담화.

***con·verse**[2] [kánvəːrs/-ɔ́-] *n., a.* (the ~) 역(逆)(의); 『論』 전환 명제.

***con·ver·sion** [kənvə́ːrʒən, -ʃən] *n.* Ⓤ ① 전환; 전향; 개종. ② 환산, 환전. ③ 횡령. ④ 『컴』 변환.

convérsion còst 『經』 (원료를 상품으로 만드는 과정의) 전환 코스트.

convérsion ràtion 『理』 변환비 《원자로 속에서 핵분열성 원자 1개에서 새로 생기는 원자수》.

convérsion tàble (도량형 등의) 환산표; 『컴』 변환표.

:con·vert [kənvə́ːrt] *vt.* ① 바꾸다, 전환〔전향·개심〕시키다(turn). ② 대환〔환산〕하다. ③ 횡령하다. ④ 『컴』 변환하다. ― [kánvəːrt/-ɔ́-] *n.* Ⓒ 개종〔전향〕자. ~**·er, -vér·tor** *n.* Ⓒ convert하는 사람; 『電·컴』 변류기; 변환기〔장치〕; 『冶』 전환로. ~**·i·bil·i·ty** [-ˋtəbíləti] *n.* *~**·i·ble** [-əbl] *a.* ~***ible note*** 태환권.

con·vert·i·plane, -vert·a- [kənvə́ːrtəplèin] *n.* Ⓒ (수직 비행이 가능한) 전환식 비행기.

***con·vex** [kɑnvéks, ˊ-/kənvéks] *a.* 볼록한, 철면(凸面)의(opp. concave). — [kánveks/kɔ́nveks] *n.* Ⓒ 볼록면〔렌즈〕. **~·i·ty**[kənvéksəti, -ɑ-/-ɔ-] *n.*

:con·vey[kənvéi] *vt.* ① 나르다; 운반하다. ② 전하다, 전달하다(transmit), 나타내다. ③ 〖法〗 양도하다.

˚con·vey·ance[-əns] *n.* Ⓤ,Ⓒ ① 운반, 수송 (기관); 전달. ② 〖法〗 양도(증서). **-anc·er** *n.* Ⓒ 운반〔전달〕자; 〖法〗 (부동산) 양도 취급인.

con·vey·er, -or[-ər] *n.* Ⓒ 수송자〔장치〕, 컨베이어; 양도인.

convéyer bèlt 컨베이어 벨트.

convéyer sỳstem 컨베이어 시스템, 유동 작업 방식.

˚con·vict[kənvíkt] *vt.* (…의) 유죄를 증명하다(*of*); 유죄를 선고하다(declare guilty); (…에게) 과오를 깨닫게 하다. — [kánvikt/-ɔ́-] *n.* Ⓒ 죄인, 죄수(*an ex-~* 전과자).

:con·vic·tion[kənvíkʃən] *n.* ① Ⓤ,Ⓒ 확신, 신념. ② Ⓤ,Ⓒ 유죄 판결. ③ Ⓤ 죄의 자각, 회오. ④ Ⓤ 심복시킴, 설득(력).

:con·vince[kənvíns] *vt.* 확신〔납득〕시키다(*of, that*). ***be ~d*** 확신하다(*of, that*). **con·vin·ci·ble**[-əbəl] *a.* 설득할 수 있는. **con·vínc·ing** *a.* 납득이 가는.

con·viv·i·al[kənvíviəl] *a.* 연회의; 연회〔잔치〕를 좋아하는, 명랑한(jovial). **~·i·ty**[-vìviǽləti] *n.*

con·vo·ca·tion[kὰnvəkéiʃən/-ɔ̀-] *n.* Ⓤ (회의의) 소집; Ⓒ 집회; (C-) 〖英大學〗 평의회; (C-) 〖英國國教〗 성직회의. **-ca·tor**[⌐-⌐tər] *n.* Ⓒ (회의) 소집자, 참집자.

con·voke[kənvóuk] *vt.* (의회 등을) 소집하다.

con·vo·lute[kánvəlù:t/-ɔ́-] *a., vt., vi.* 회선상(回旋狀)의; 말다, 감다. **-lu·tion**[⌐-⌐ʃən] *n.*

con·volve[kənvɑ́lv/-vɔ́lv] *vt., vi.* 감다; 감기다; 둘둘 말다.

con·vol·vu·lus [kənvɑ́lvjələs/-ɔ́-] *n.* (*pl. ~es, -li*[-lài]) Ⓒ 〖植〗 메꽃(류).

˚con·voy[kánvɔi, kənvɔ́i/kɔ́nvɔi] *vt.* 호위〔호송〕하다. — [kánvɔi/-ɔ́-] *n.* Ⓤ 호송; Ⓒ 호위자, 호위함(艦).

con·vulse[kənvʌ́ls] *vt.* (격렬히) 진동시키다; (경련을) 일으키다, 몸을 떨다. ***be ~d with laughter*** 〔***anger***〕 포복 절도하다〔노여움으로 몸을 부들부들 떨다〕. **˚con·vúl·sion** *n.* ① Ⓒ 격동; (사회적) 동요. ② (*pl.*) 몸의 뒤틂. **con·vúl·sive** *a.*

co·ny, -ney[kóuni] *n.* Ⓤ 토끼의 털(rabbit fur); Ⓒ 토끼.

˚coo[ku:] *vi.* (비둘기가) 구구 울다; 밀어를 속삭이다(BILL[2] *and ~*). — *n.* Ⓒ 구구구《비둘기 따위의 울음 소리》.

†cook[kuk] *vt.* ① (불에) 요리하다. ② 《口》 조작〔날조〕하다, 변경하다(tamper with)(*~ accounts* 장부를 속이다). ③ 열〔불〕에 쬐다. ④ 《俗》 잡치다(ruin); 해치우다; 피로케 하다(*I am ~ed.* 몹시 지쳤다). — *vi.* 요리되다(*The dinner is ~ing.*); 취사하다; 숙수로 일하다. ***~ a person's goose*** 《俗》 아무를 해치우다, 실패케 하다. ***~ up*** 조작하다. — *n.* Ⓒ 요리사, 쿡. ***be a good*** 〔***bad***〕 ***~*** 요리 솜씨가 좋다〔나쁘다〕. **⌐·er** *n.* Ⓒ 냄비, (가마)솥; 요리용 식품〔과일〕.

cóok·bòok *n.* Ⓒ 《美》 요리책.

˚cook·er·y[⌐əri] *n.* ① Ⓤ 요리(법). ② Ⓒ 취사장.

˚cóokery bòok 《英》 =COOKBOOK.

cóok·hòuse *n.* Ⓒ 취사장.

˚cook·ie, -y[kúki] *n.* Ⓒ 《美》 쿠키《납작한 케이크》; 《Sc.》 빵.

cóokie-cùtter *a.* 《美》 개성 없는, 틀에 박힌, 흔해빠진.

:cook·ing[kúkiŋ] *n., a.* Ⓤ 요리(법); 요리용의.

cóok·òut *n.* Ⓒ 야외 요리〔파티〕.

cóok·shòp *n.* Ⓒ 작은 요리점.

cóok's tóur 일정이 꽉 짜인 관광 여행; 대강 훑어 봄.

cóok·stòve *n.* Ⓒ 《美》 요리용 레인지.

†cool[ku:l] *a.* ① 시원〔서늘〕한; (기분 좋게) 차가운. ② 냉정〔침착〕한(calm); 냉담한(cold). ③ 뻔뻔스러운(impudent) (*have a ~ cheek* 철면피다). ④ 《口》 정미(正味)의, 에누리 없는(*It cost me a ~ thousand dollars.* 에누리 없는 천 달러나 들었다). ***as ~ as a cucumber*** 아주 냉정〔침착〕한. — *n.* (the ~) 냉기; 서늘한 곳. ***keep one's ~*** 《俗》 침착하다. — *vt., vi.* ① 차게 하다〔식히다〕; 차지다, 식다. ② (마음을) 가라앉히다, 가라앉다. ***~ one's heels*** 《口》 오래 기다리게 되다. **:⌐·er** *n.* Ⓒ 냉각기; 청량음료; (the ~) 《美俗》 교도소. **⌐·ish** *a.* 좀 차가운. **:~·ly**[kú:*l*li] *ad.* **˚⌐·ness** *n.*

cool·ant[kú:lənt] *n.* Ⓤ,Ⓒ 〖機〗 냉각제〔수〕.

cóol-héaded *a.* 침착한.

coo·lie, -ly[kú:li] *n.* Ⓒ (인도·중국 등의) 쿨리; 하급 노무자.

cóoling-óff *a.* (분쟁 등을) 냉각시키기 위한.

cóol jázz 쿨 재즈《모던 재즈의 한 형식》.

coomb(e)[ku:m] *n.* Ⓒ 《英》 협곡(峽谷)(ravine); 산허리의 깊은 골짜기(hollow).

coon [ku:n] *n.* Ⓒ 너구리의 일종(raccoon); 《美口》 녀석.

cóon's àge 《口》 기나긴 동안.

coop[ku:p] *n., vt.* Ⓒ 닭장〔계사〕(에 넣다); 가두다(confine)(*in, up*).

co-op[kóuɑp, ⌐⌐/kóuɔp] *n.* Ⓒ 《口》 소비조합 매점(cooperative store).

co-op. cooperation; cooperative.

coop·er[kú:pər] *n., vt.* Ⓒ 통(메)장이; (통을) 고치다.

:co·op·er·ate[kouɑ́pərèit/-ɔ́-] *vi.*

① 협동〔협력〕하다. ② (사정 따위가) 서로 돕다. ***-a·tion** [-ㅡ-éiʃən] *n.* Ⓤ 협력, 협동(조합). **-a·tor** *n.* Ⓒ 협력자; 소비조합원(員).

co·op·er·a·tive** [kouápərətiv/-ɔ́-] *a., n.* 협동의; Ⓒ 협동조합(의). ~ ***society 협동〔소비〕조합. ~ ***store*** =COOP.

co-opt [-ápt/-ɔ́-] *vt.* 신(新)회원으로 선출하다. **co-op·ta·tion** [ㅡ-téiʃən], **co-op·tion** [-ápʃən/-ɔ́-] *n.* Ⓤ 신회원 선출.

***co·or·di·nate** [kouɔ́ːrdənit] *a., n.* Ⓒ ① 동등〔동격〕의 (것). ② 〖文〗 등위(等位)의. ③ 〖數〗 좌표(의). — [-nèit] *vt.* ① 동격으로 하다. ② 조정하다(adjust), 조화시키다(harmonize). ***-na·tion** [-ㅡ-néiʃən] *n.* Ⓤ 동격(화); 조정. **co·ór·di·na·tive** *a.* ***co·ór·di·na·tor** *n.* Ⓒ 조정자; 방송 진행계.

coórdinate cláuse 등위절.

coórdinate conjúnction 등위 접속사.

coot [kuːt] *n.* Ⓒ 〖鳥〗 검둥오리; 큰물 닭; 《口》 바보.

coot·ie [kúːti] *n.* 《口》 =LOUSE.

cò-ówner *n.* Ⓒ 〖法〗 공동 소유자. **~ship** *n.* Ⓤ 공유.

cop [kɑp/-ɔ-] *n.* 《美俗》 =POLICEMAN; Ⓤ 《英俗》 체포. — *vt.* **(-pp-)** 《美俗》 체포하다; 훔치다. ~ ***it*** 벌받다, 죽다. — *vi.* 《다음 성구로》 ~ ***out*** 《美俗》 도망하다, 손을 떼다, 체념하다, 배반하다.

co·pal [kóupəl] *n.* Ⓤ 코펄《천연수지; 니스의 원료》.

co·par·ce·nar·y [koupáːrsənèri/-nəri] *n., a.* Ⓤ 〖法〗 공동 상속(의).

cò·pártner *n.* Ⓒ 협동자. **~ship** *n.* Ⓤ 협동.

:cope[1] [koup] *vi.* 다투다, 대항하다; 잘 대처하다(struggle)(*with*).

cope[2] *n.* Ⓒ (사제의) 가빠; 덮개《단집·하늘 따위》. — *vt.* (cope로) 덮어 가리다.

co·peck [kóupek] *n.* =KOPECK.

***Co·pen·ha·gen** [kòupənhéigən] *n.* 코펜하겐《덴마크의 수도》.

***Co·per·ni·cus** [kòupə́ːrnikəs], **Nicolaus**(1473-1543) 폴란드의 천문학자. **-ni·can** *a.* 코페르니쿠스의 (*the Copernican system* 〔*theory*〕 코페르니쿠스설, 지동설).

cópe·stòne *n.* Ⓒ (담의) 갓돌; 끝마무리, 극치.

cop·i·er [kápiər/-ɔ́-] *n.* =COPYIST; 복사하는 사람, 복사기.

co·pi·lot [kóupàilət] *n.* Ⓒ 〖空〗 부조종사.

cop·ing [kóupiŋ] *n.* Ⓒ 갓돌(copestone)(공사), (돌담·벽돌담의) 지붕돌.

cóping sàw 활톱, 실톱.

***co·pi·ous** [kóupiəs] *a.* 많은; 말수가 많은(~ *notes* 상주(詳註)). **~·ly** *ad.* **~·ness** *n.*

:cop·per [kápər/-ɔ́-] *n., a.* ① Ⓤ 구리, 동(銅). ② 동전; 동기; 구리(제)의; 구릿빛의. ***have hot ~s*** (폭음 후) 몹시 목이 마르다. — *vt.* 구리로 싸다〔를 입히다〕; 구리 도금을 하다.

cop·per·as [kápərəs/-ɔ́-] *n.* Ⓤ 〖化〗 녹반(綠礬).

cópper·hèad *n.* Ⓒ 미국의 독사; (C-) 〖美史〗 남북전쟁 때 남부에 동정한 북부 사람.

Cópper Índian 북아메리카 원주민.

cópper nítrate 〖化〗 질산구리.

cópper·plàte *n.* Ⓤ 동판; Ⓒ 동판인쇄; Ⓤ (동판 인쇄처럼) 가늘고 예쁜 초서체 글씨.

cópper·smìth *n.* Ⓒ 구리 세공인.

cópper súlface 〖化〗 황산구리.

cop·pice [kápis/-ɔ́-] *n.* =COPSE.

cop·ra [káprə -óu-/-ɔ́-] *n.* Ⓤ 코프라《야자나무의 건과》.

cò-prodúce *vt.* 공동 제작하다. **-producer** *n.*

cop·ro·lite [káprəlàit/-ɔ́-] *n.* Ⓤ 분석(糞石)《동물 똥의 화석》.

copse [kɑps/-ɔ-] *n.* Ⓒ 잡목〔덤불〕숲.

Copt [kɑpt/kɔpt] *n.* Ⓒ ① 콥트인《고대 이집트인의 자손》. ② 콥트 교도《예수를 믿는 이집트인》.

cop·ter, 'cop- [káptər/-ɔ́-] *n.* 《口》 =HELICOPTER.

cop·u·la [kápjələ/-ɔ́-] *n.* (*pl.* **~s, -lae** [-lìː]) Ⓒ 〖論·文〗 계사(繫辭)(《'be' 따위》.

cop·u·late [kápjəlèit/-ɔ́-] *vi.* 교접하다. **-la·tive** [-lèitiv, -lə-] *a., n.* 연결〔교접〕의; Ⓒ 연사(連辭)(《'be'》), 연결〔연계〕 접속사(《'and' 따위》). **-la·tion** [ㅡ-léiʃən] *n.*

†cop·y [kápi/-ɔ́-] *n.* ① Ⓒ 베낌, 복사; 모방. ② Ⓒ (책·신문 따위의) (한) 부. ③ Ⓤ 원고; (습자의) 본. ④ Ⓤ 광고문(안). ***a clean*** 〔***fair***〕 ~ 청서, 정서. ***foul*** 〔***rough***〕 ~ 초고. ***keep a ~ of*** …의 사본을 떠두다. ***make good ~*** 좋은 원고가 되다, (신문의) 특종이 되다. — *vt., vi.* 베끼다; 모방하다(imitate); (남의 답안을) 몰래 보고 베끼다.

cópy·bòok *n., a.* Ⓒ 습자책; 진부(陳腐)한, 판에 박힌.

cópy·càt *n.* Ⓒ 《口》 흉내〔입내〕장이, 모방자.

cópy dèsk (신문사의) 편집자용 책상, '데스크'.

cópy·hòld *n., a.* Ⓤ 〖英法〗 등록 부동산(소유권)(의). **~er** *n.* Ⓒ 위의 소유권 보유자.

cópying ìnk 복사용 잉크.

cópying prèss 복사기.

copy·ist [-ist] *n.* Ⓒ 베끼는 사람; 모방자.

cópy·rèad *vt.* (원고를) 정리하다.

cópy·rèader *n.* Ⓒ 《美》 원고 편집〔정리〕원《신문사·출판사의; 보통 데스크라 부름》.

***cópy·rìght** *n., vt., a.* Ⓤ,Ⓒ 판권〔저작권〕(을 얻다; 을 가진).

***cópy·wrìter** *n.* Ⓒ 광고 문안 작성

C

자, 카피라이터.

co·quet[koukét/kɔ-] *vi., vt.* (**-tt-**) (여자가) 교태를 짓다, (…에 대하여) 아양을 떨다(*with*). **~·ry**[-kətri] *n.* Ⓤ 요염함; Ⓒ 아양, 교태.

co·quette[koukét/kɔ-] *n.* Ⓒ 요염한 계집, 요부. **co·quét·tish** *a.* 요염한.

Cor. Corinthians. **cor.** corner; cornet; coroner; correct(ed); correlative; correspondence; correspondent; corresponding.

cor·a·cle[kɔ́:rəkl, kά-/kɔ́-] *n.* Ⓒ 가죽을[방수포를] 입힌 고리배.

***cor·al**[kɔ́:rəl/-ɔ́-] *n., a.* Ⓤ,Ⓒ 산호(의); Ⓤ 산호빛(의).

córal ìsland 산호 섬.

córal rèef 산호초(礁).

córal snàke 독사의 일종.

cor·bel[kɔ́:rbəl] *n.* Ⓒ 〖建〗 (벽의) 내물림 받침.

:**cord**[kɔ:rd] *n.* ① Ⓤ,Ⓒ 새끼, 끈; (전기의) 코드. ② Ⓒ (종종 *pl.*) 구속. ③ Ⓤ 골지게 짠 천. — *vt.* 밧줄로 묶다. **~·age**[∸idʒ] *n.* Ⓤ 《집합적》 밧줄. **~·ed**[∸id] *a.* 밧줄로 동인[묶은]; 골지게 짠.

:**cor·dial**[kɔ́:rdʒəl/-diəl] *a.* ① 충심[진심]으로의, 성실한. ② 강심성(强心性)의. — *n.* Ⓤ 강심[강장]제; 달콤한 (리큐어) 술. * **~·ly** *ad.* **cor·di·al·i·ty**[∸dʒiǽləti/-di-] *n.* Ⓤ 성실, 친절.

cor·dil·le·ra [kɔ̀:rdəljέərə, kɔ:rdílərə] *n.* (Sp.) Ⓒ 대산맥, 연산.

cord·ite[kɔ́:rdait] *n.* Ⓤ 끈 모양의 무연 화약.

cor·don[kɔ́:rdn] *n.* Ⓒ 비상(경계)선; 장식끈; (어깨에서 걸치는) 수장(綬章). POST[2] ***a*** **~.**

cor·don sa·ni·taire [kɔ́:rdɔ̃ŋ sɑni:tέr] (F.) 방역선(防疫線).

cor·do·van[kɔ́:rdəvən] *n.* Ⓤ 코도반 가죽《상질의 구두 가죽》.

***cor·du·roy**[kɔ́:rdərɔ̀i] *n.* ① Ⓤ 코르덴. ② (*pl.*) 코르덴 바지.

córduroy róad 《美》 통나무 길.

CORE Congress of Racial Equality.

core**[kɔ:r] *n.* ① Ⓒ (과일의) 속; 나무 속. ② (the ~) 핵심, 마음속. ③ Ⓒ 〖컴〗 코어. ***to the **~** 철저하게. — *vt.* 속을 빼내다(*out*).

Co·ré·a(n) *n., a.* =KOREA(N).

co·re·spond·ent [kòurispάndənt/kóurispɔ̀nd-] *n.* Ⓒ 〖法〗 (간통 사건의) 공동 피고.

Cor·gi[kɔ́:rgi] *n.* Ⓒ 코르기 개《다리가 짧고 몸통이 긴》.

co·ri·an·der[kɔ̀:riǽndər/kɔ̀r-] *n.* Ⓤ,Ⓒ 〖植〗 고수풀《미나릿과》.

Co·rin·thi·an**[kərínθiən] *a.* (고대 그리스 도시) Corinth의; 코린트 사람의; 〖建〗 코린트식의; 호화스런, 사치한. — *n.* Ⓒ 코린트 사람. ***the **~s** 〖新約〗 고린도서.

Co·ri·ó·lis fòrce[kɔ̀:rióulis-] 〖理〗 코리올리 힘.

:**cork**[kɔ:rk] *n.* Ⓤ 코르크; Ⓒ 코르크 마개[부표]; =CORK OAK. — *vt.* 코르크 마개를 하다; (감정을) 억누르다(*up*); (얼굴을) 태운 코르크로 검게 칠하다. **~·y** *a.* 코르크 같은; 《口》 들뜬, 쾌활한.

cork·er[kɔ́:rkər] *n.* Ⓒ ① (코르크) 마개를 막는 사람[기구]. ② 《俗》 (반박의 여지가 없는) 결정적 의론[사실]; 새빨간 거짓말; 좋아하는 사람[것].

cork·ing[kɔ́:rkiŋ] *a.* 《俗》 큼직한; 특출한; 좋아하는.

córk òak (**trèe**) 코르크 나무.

córk·screw *n., a., vt., vi.* Ⓒ 타래송곳(모양의)(*a* ~ *staircase* 나사층층대); 나사 모양으로 나아가(게 하)다(~ *oneself out of the crowd* 군중 속에서 간신히 빠져 나오다).

cor·mo·rant[kɔ́:rmərənt] *n., a.* Ⓒ 가마우지 (같은); 탐욕스러운, 많이 먹는; 대식가.

†**corn**[1][kɔ:rn] *n.* ① Ⓒ 낟알(grain). ② Ⓤ 《집합적》 곡물(cereals). ③ Ⓤ 《英》 밀; 《美》 옥수수(maize); 《Sc., Ir.》 귀리(oats). ④ Ⓤ 《俗》 고리타분[진부]한 것. ⑤ 《美口》 = **córn whìsk(e)y** 옥수수 술. — *vt.* (고기를) 소금에 절이다; 곡물을 심다. **~(*ed*) *beef*** 콘비프.

corn[2] *n.* Ⓒ (발가락의) 못, 티눈.

Corn. Cornish; Cornwall.

Córn Bèlt, the (미국 중서부의) 옥수수 지대.

córn brèad 《美》 옥수수 빵.

córn chàndler 《英》 곡물상(商).

cor·ne·a[kɔ́:rniə] *n.* Ⓒ 〖解〗 (눈의) 각막.

***corned**[kɔ:rnd] *a.* 소금에 절인; 《英俗》 만취한.

†**cor·ner**[kɔ́:rnər] *n.* Ⓒ ① 구석; (길의) 모퉁이. ② 궁벽한 시골; 궁지, 궁경. ③ (증권이나 상품의) 매점(買占)(buying up)(*make a* ~ *in cotton*). ***around*** (***round***) ***the*** **~** 길모퉁이에, 길 어귀에; 가까이. ***cut*** **~*s*** 질러가다; (돈·시간을) 절약하다. ***drive a person into a*** **~** (아무를) 궁지에 몰아넣다. ***leave no*** **~** ***unsearched*** 샅샅이 찾다. ***look out of the*** **~** ***of one's eyes*** 곁눈질로 보다. ***turn the*** **~** 모퉁이를 돌다; (병·불경기가) 고비를 넘다. — *vt., vi.* 구석에 처박다; 궁지에 몰아넣다[빠지다](*up*); 《美》 길모퉁이에서 만나다; 매점하다.

córner bòy (**màn**) 《英》 거리의 부랑자[깡패].

córner·stòne *n.* Ⓒ (건축의) 주춧돌, 초석, 귓돌; 기초.

cor·net[kɔ:rnét, kɔ́:rnit] *n.* Ⓒ 코넷《금관악기》; 원뿔꼴의 종이봉지; 《英》 =ice cream CONE.

***córn·fìeld** *n.* Ⓒ 곡물 밭; 밀밭; 옥수수 밭.

córn·flàkes *n. pl.* 콘플레이크《cereal의 일종》.

córn flòur 《英》 =CORNSTARCH.

córn·flòwer *n.* Ⓒ 〖植〗 수레국화 《엉거싯과》.
córn·hùsk *n.* Ⓒ 《美》 옥수수 껍질.
cor·nice[kɔ́ːrnis] *n.* Ⓒ 〖建〗 (처마·기둥 꼭대기의) 배내기.
Cor·nish[kɔ́ːrniʃ] *a., n.* Ⓤ (영국의) Cornwall(사람)의 (말)《고대 켈트어》.
córn lìquor 옥수수 위스키.
córn mèal 곡식〔옥수수〕 가루.
córn mìll 《英》 제분기; 《美》 옥수수 빻는 기계《가축 사료 제조용》.
córn pòne 《美南部》 (네모진) 옥수수 빵.
córn pòppy 〖植〗 개양귀비.
córn·ròw *n.* Ⓒ 흑인 머리형의 일종 《세 가닥으로 땋아 붙임》.
córn sìlk 옥수수 수염《이뇨제》.
córn·stàlk *n.* Ⓒ 밀〔옥수수〕의 줄기〔대〕; 《英口》 키다리. 「말.
córn·stàrch *n.* Ⓤ 《美》 옥수수 녹
cor·nu·co·pi·a [kɔ̀ːrnəkóupiə, -njə-] *n.* ① (the ~) 〖그神〗 풍요의 뿔(horn of plenty). ② (a ~) 풍부(의 상징); Ⓒ 뿔 모양의 그릇.
Corn·wall[kɔ́ːrnwɔːl/-wəl] *n.* 잉글랜드 남서단의 주《생략 Corn.》.
corn·y[kɔ́ːrni] *a.* 곡물의; 《口》 촌스러운; 《美俗》 (재즈가) 감상적인 (oversentimental); 진부한.
co·rol·la [kərálə/-ɔ́-] *n.* Ⓒ 〖植〗 꽃부리(petals).
cor·ol·lar·y [kɔ́ːrəlèri, kár-/ kərɔ́ləri] *n.* Ⓒ (정리(定理)에 대한) 계(系); 당연한〔자연의〕 결과.
***co·ro·na** [kəróunə] *n.* (*pl.* **~s** **-nae**[-niː]) Ⓒ 관(冠); 〖天〗 코로나 《태양의 광관(光冠)》; 〖電〗 코로나 방전.
cor·o·nach[kɔ́ːrənək, kár-/kɔ́r-] *n.* 《Sc.·Ir.》 만가(輓歌).
cor·o·nal[kəróunəl, kɔ́ːrə-, kárə-] *a.* 화관의; 〖天〗 코로나의. ── [kɔ́ː-rənəl, -á-/-ɔ́-] *n.* Ⓒ 보관(寶冠); 화관, 화환(wreath).
***cor·o·na·tion**[kɔ̀ːrənéiʃən, kàr-/ kɔ̀r-] *n.* Ⓒ 대관식; Ⓤ 대관, 즉위.
cor·o·ner[kɔ́ːrənər, kár-/kɔ́r-] *n.* Ⓒ 검시관(檢屍官). **~'s inquest** 검시.
***cor·o·net**[kɔ́ːrənit, kár-/kɔ́r-] *n.* Ⓒ (귀족의) 작은 관; (금·은제의) 여자용 머리 장식.
Corp., corp. Corporal; Cororation. **Corpl.** Corporal.
***cor·po·ral**[1][kɔ́ːrpərəl] *a.* 육체의 (bodily); 개인의. **~·ly** *ad.*
cor·po·ral[2] *n.* Ⓒ 〖軍〗 상병《sergeant의 아래》; (C-) 《美》 지대지 미사일.
***cor·po·rate**[kɔ́ːrpərit] *a.* 단체의, 법인 조직의; 단결한.
:cor·po·ra·tion[kɔ̀ːrpəréiʃən] *n.* Ⓒ 법인; 자치 단체; 시의회; 《美》 유한회사, 주식회사(company); 《口》 올챙이배(potbelly).
corporátion làw 《美》 회사법 (《英》 company law).
cor·po·re·al[kɔːrpɔ́ːriəl] *a.* 육체(상)의; 물질적인; 형이하(形而下)의; 〖法〗 유형의.
:corps[kɔːr] *n.* (*pl.* **corps**[-z]) Ⓒ 군단, 단(團), 대, 반. **~ *de ballet*** (F.) 발레단. **~ *diplomatique*** (F.) 외교단.
***corpse**[kɔːrps] *n.* Ⓒ 시체.
cor·pu·lent[kɔ́ːrpjələnt] *a.* 뚱뚱한(fat). **-lence** *n.*
***cor·pus** [kɔ́ːrpəs] *n.* (*pl.* **-pora** [-pərə]) Ⓒ ① 신체; 시체. ② (문헌 따위의) 집성.
Córpus Chrís·ti[-krísti] 〖가톨릭〗 성체 축일.
cor·pus·cle[kɔ́ːrpʌsəl] *n.* Ⓒ 〖解〗 소체(小體); 혈구(*red* **~s**). **cor·pus·cu·lar**[kɔːrpʌ́skjulər] *a.*
córpus de·líc·ti[-dilíktai] (L. =body of the crime) 범죄 사실; (피해자의) 시체.
córpus jú·ris[-dʒúəris] 대법전; 법규집, 법전.
cor·ral[kərǽl/kɔrɑ́ːl] *n., vt.* (**-ll-**) Ⓒ (짐승 잡는) 우리(에 몰아 넣다); 《美口》 잡다; 가축 우리.
†cor·rect[kərékt] *a.* 바른, 정확한; 예의에 맞는(proper). ── *vt.* 바로잡다, 정정하다; (결점을) 고치다, 교정하다(cure)(*of*); 징계하다. ***~·ly** *ad.* **~·ness** *n.*
cor·rec·tion**[kərékʃən] *n.* Ⓤ,Ⓒ 정정, 정오(正誤); 교정; 바로잡음, 질책; 〖證〗 너무 오른〔내린〕 값의 정정; 〖컴〗 바로잡기. ***house of **~** 감화원, 소년원. **-tive** *a., n.* 고치는, 바로잡는; (해를) 완화하는; 징계하는; Ⓒ 교정물〔수단〕.
corréctive tráining 《英》 교정 교육 처분《교도 시설에서의 직업 및 일반 교육》.
***cor·re·late**[kɔ́ːrəlèit, kár-/kɔ́r-] *vt., vi., n.* 서로 관계하다〔시키다〕; Ⓒ 상관물. ***cor·re·la·tion**[⌐-léiʃən] *n.* Ⓤ 상관성; Ⓒ 상호 관계.
cor·rel·a·tive[kərélətiv/kɔ-, kə-] *a.* 상호 관계 있는, 상관적인. **~ *conjunctions*** 〖文〗 상관 접속사 《either... or, not only... but 따위》. ── *n.* Ⓒ 상관물〔어구〕. **~·ly** *ad.*
:cor·re·spond[kɔ̀ːrəspɑ́nd, kàr-/ kɔ̀rəspɔ́nd] *vi.* (…에) 상당하다(*to*); 일치〔부합·조화〕하다(*to, with*); 서신 왕래〔교환〕하다(*with*).
:cor·re·spond·ence[kɔ̀ːrəspɑ́nd-əns] *n.* ① Ⓤ 서신 왕래, 왕복 서한 (letters). ② Ⓤ,Ⓒ 일치, 상당; 조응(照應); 조화.
correspóndence còlumn (신문의) 독자 통신란, 투고란.
correspóndence còurse 〔**schòol**〕 통신 강좌〔교육 학교〕.
:cor·re·spond·ent[-ənt] *n.* Ⓒ 서신 왕래자; 통신원(*a special* ~ 특파원); 거래처.
:cor·re·spond·ing[kɔ̀ːrəspɑ́ndiŋ] *a.* ① 대응하는, 상당〔일치〕하는. ②

서신 내왕〔통신〕하는. **~·ly** *ad.* (…에) 상당하여.

:cor·ri·dor[kɔ́:ridər, kár-/kɔ́ridɔ̀:r] *n.* Ⓒ 복도(long hallway); (*or* C-) 회랑(回廊)(지대)(*the Polish* ~).

córridor tràin 《英》 각 차량의 복도가 통한 열차.

cor·ri·gen·dum[kɔ̀:rədʒéndəm, kàr-/kɔ̀r-] *n.* (*pl.* **-da**[-də]) Ⓒ 바로 잡아야 할 잘못〔틀림〕; (*pl.*) 정오표(errata).

cor·ri·gi·ble[kɔ́:ridʒəbəl, kár-/kɔ́r-] *a.* 교정할 수 있는.

cor·rob·o·rate[kərábərèit/-ɔ́-] *vt.* 확실히 하다(verify), 확증하다(confirm). **-ra·tion**[-ˌ--réiʃən] *n.* Ⓤ 확증; 확증적인 진술〔사실〕.

cor·rode[kəróud] *vt., vi.* 부식하다; 마음에 파고 들다.

cor·ro·sion[kəróuʒən] *n.* Ⓤ 부식〔침식〕작용〔상태〕. **cor·ró·sive** *a., n.* 부식(성)의; Ⓤ,Ⓒ 부식제.

cor·ru·gate [kɔ́:rəgèit, kár-/kɔ́rə-] *vt.* 주름지게 하다, 물결 모양으로 하다. — *vi.* 주름이 지다. — [-git, -gèit] *a.* 물결 모양의. **-ga·tion**[ˌ--géiʃən] *n.*

córrugated íron 골함석.

córrugated páper 골판지.

:cor·rupt[kərʌ́pt] *a.* ① 타락〔부패〕한; 사악(邪惡)한; 뇌물이 통하는. ② (원고 등이) 틀린 것 투성이의; 전와(轉訛)된. — *vt., vi.* ① 타락시키다〔하다〕. ② (말을) 전와(轉訛)시키다; (원문을) 개악하다(cf. interpolate, tamper). **~·i·ble** *a.* 타락하기 쉬운; 뇌물이 통하는.

***cor·rup·tion**[kərʌ́pʃən] *n.* Ⓤ ① 부패; 타락, 부정 (행위); 증수회. ② (언어의) 전와(轉訛). **-tive** *a.* 타락시키는.

cor·sage[kɔ:rsá:ʒ] *n.* Ⓒ 여성복의 동체; (어깨나 허리에 다는) 꽃 장식.

cor·sair[kɔ́:rsɛər] *n.* Ⓒ (특히, 아프리카 북부 해안의) 해적(선).

corse[kɔ:rs] *n.* 《詩》 =CORPSE.

corse·let[kɔ́:rslit] *n.* Ⓒ 몸통에 두르는 갑옷; [kɔ̀:rsəlét] 코르셋 비슷한 속옷.

***cor·set**[kɔ́:rsit] *n.* Ⓒ 코르셋.

cor·tège[kɔ:rtéiʒ] *n.* (F.) Ⓒ 《집합적》 행렬; 수행원 (대열).

Cor·tes[kɔ́:rtez/-tes] *n. pl.* (the ~) (스페인·포르투갈의) 국회.

cor·tex[kɔ́:rteks] *n.* (*pl.* **-tices** [-təsì:z]) Ⓒ 외피(外皮); 피부; 피층(皮層); 나무껍질. **-ti·cal** *a.*

cor·tin[kɔ́:rtin] *n.* Ⓒ 〖生化〗 코르틴《부신피질 호르몬의 유효 성분》.

cor·ti·sone [kɔ́:rtəsòun, -zòun/-tizòun] *n.* Ⓤ 코티손《부신피질에서 분비되는 호르몬; 류머티즘 치료약》.

co·run·dum [kərʌ́ndəm] *n.* Ⓤ 〖鑛〗 강옥(鋼玉).

cor·us·cate[kɔ́:rəskèit, kár-/kɔ́r-] *vi.* 번쩍 빛나다, 번쩍하다(sparkle). **-ca·tion**[ˌ--kéiʃən] *n.*

cor·vet(te)[kɔ:rvét] *n.* Ⓒ 일단(一段) 포열의 범장(帆裝) 군함; 《英》 상선 호송용 쾌속함.

cor·y·phée[kɔ̀:riféi, kàr-/kɔ́rifèi] *n.* (F.) Ⓒ 발레의 주역 멤버.

co·ry·za[kəráizə] *n.* Ⓤ 〖醫〗 코감기, 코카타르.

cos[1][kɑs/-ɔ-] *n.* Ⓤ,Ⓒ 〖植〗 상추의 일종.

cos[2] cosine.

C.O.S., c.o.s. cash on shipment. **cos.** companies; counties.

Co·sa Nos·tra[kóuzə nóustrə] 코사노스트라《미국의 마피아》.

co-script·er [kòuskríptər] *n.* Ⓒ 〖映〗 각본 합작가.

cosec cosecant.

co·se·cant[kousí:kənt, -kænt] *n.* Ⓒ 〖數〗 코시컨트, 여할(餘割).

cosh[kɑʃ/-ɔ-] *n., vt.* Ⓒ (쇠붙이 대가리가 붙은) 막대(로 치다).

co·sign[kousáin] *vt., vi.* (어음의) 연대 보증인이 되다; (…에) 공동 서명 하다.

co·sig·na·to·ry [kousígnətɔ̀:ri/-təri] *a.* 연서(連署)의. — *n.* Ⓒ 연서인.

co·si·ly[kóuzili] *ad.* =COZILY.

co·sine[kóusain] *n.* Ⓒ 〖數〗 코사인, 여현(餘弦).

***cos·met·ic**[kɑzmétik/-ɔ-] *n., a.* Ⓒ (피부·두발용의) 화장품; 화장용의.

cos·me·ti·cian[kɑ̀zmətíʃən/kɔ̀z-] *n.* Ⓒ 화장품 제조〔판매〕업자; 미용사.

cos·me·tol·o·gy [kɑ̀zmətálədʒi/kɔ̀zmətɔ́l-] *n.* Ⓤ 미용술.

***cos·mic**[kázmik/-ɔ́-] *a.* 우주의; 광대한; 질서정연한.

Cósmic Báckground Explòrer sàtellite 우주 배경 탐사 위성, 코비 위성《생략 COBE》.

cósmic dúst 우주진(宇宙塵).

cósmic ráys 우주선.

cos·mog·o·ny[kɑzmágəni/kɔzmɔ́g-] *n.* Ⓤ 우주 발생; Ⓒ 우주 발생론.

cos·mog·ra·phy[-mágrəfi/-ɔ́-] *n.* Ⓤ 우주지리학.

cos·mol·o·gy[-málədʒi/-ɔ́-] *n.* Ⓤ 우주론.

cos·mo·naut[kázmənɔ̀:t/-ɔ́-] *n.* Ⓒ 우주 비행사〔여행자〕.

***cos·mo·pol·i·tan** [kɑ̀zməpálətən/kɔ̀zməpɔ́l-] *a., n.* Ⓒ ① 세계주의적인 (사람), 세계를 집으로 삼는 (사람). ② (러시아의) 자유주의 경향의 인텔리. **~·ism**[-ìzəm] *n.* Ⓤ 세계주의.

cos·mop·o·lite [kɑzmápəlàit/kɔzmɔ́p-] *n.* =COSMOPOLITAN.

***cos·mos**[kázməs, -mɑs/kɔ́zmɔs] *n.* Ⓤ 우주; 질서, 조화; Ⓒ 〖植〗 코스모스.

COSPAR Committee on Space Research 국제 우주 공간 연구 위원회.

co-spon·sor[kouspánsər/-spɔ́n-] *n.* Ⓒ 공동 스폰서〔주최자〕.

C

Cos·sack[kásæk/-ɔ́-] *n.* (the ~s) 카자흐족(族); Ⓒ 카자흐 사람; 〖史〗 카자흐 기병.

†**cost**[kɔːst/kɔst] *n.* Ⓤ,Ⓒ 값, 원가; 비용(expense), 희생, 손해(loss). ***at all ~s,*** or ***at any ~*** 어떤 희생을 치르더라도, 무슨 일이 있어도. ***at ~*** 원가로. ***at the ~ of*** …을 희생하여. ***~ of living*** 생활비. ***to one's ~*** 손실을 입어, (…에) 데어. — *vt.* (***cost***) 요하다; (…이) 들게 하다, 잃게 하다. ⁑ **∠·ly** *a.* 값이 비싼; 사치한.

cóst accòunting 원가 계산〔회계〕.

co-star [kóustáːr] *vi., vt.* (***-rr-***) 〖映·劇〗 공연하다〔시키다〕. — [∠∠] *n.* Ⓒ 공연자(共演者).

Cos·ta Ri·ca[kástə ríːkə, kɔ́ːs-/kɔ́s-] 중앙 아메리카의 공화국.

cóst-effèctive *a.* 비용효과가 있는. **~ly** *ad.* **~ness** *n.*

cos·ter[kástər/-ɔ́-] *n.* =⇩.

cóster·mònger *n.* Ⓒ 《英》 (생선·야채 따위의) 행상인.

cost·ing[kɔ́ːstiŋ] *n.* Ⓤ 〖商〗 원가 계산.

cos·tive[kástiv/-ɔ́-] *a.* 변비의.

cóst-of-líving ìndex 소비자 물가 지수.

cóst-plús *a.* (생산 원가에 대한) 이윤 가산 방식의.

cóst-pùsh inflàtion 코스트 푸시 인플레이션《임금 수준 등에 따르는 생산비의 상승이 초래하는 인플레이션》.

⁑**cos·tume**[kástjuːm/kɔ́stjuːm] *n.* ① Ⓤ,Ⓒ (나라·시대·계급 특유의) 복장; 의상(衣裳). ② Ⓒ (한 벌의) 여성복. — [–∠, ∠–/∠–] *vt.* (…에게) 의상을 입히다(dress).

cóstume jéwelry 인조 장신구《모조 보석 따위》.

cóstume pìece 〔**plày**〕 시대 의상극(衣裳劇).

cos·tum·er [kástjuːmər, –∠–/kɔ́stjuː-], **-tum·i·er**[kastjúːmiər/kɔs-tjúːm-] *n.* Ⓒ (연극·무도용) 의상 제조〔판매·세놓는〕업자.

***co·sy**[kóuzi], **& c.** =COZY, &c.

cot[1][kat/-ɔ-] *n.* Ⓒ 오두막집; 우리; 가리개, 씌우개.

cot[2] *n.* Ⓒ 즈크 침대; 《英》 소아용 침대(crib).

cot[3] cotangent.

co·tan·gent[koutǽndʒənt] *n.* Ⓒ 〖數〗 코탄젠트, 여접(餘接).

cote[kout] *n.* Ⓒ (비둘기 따위의) 집, (양 따위의) 우리; 《英》 =COTTAGE.

Côte d'Ivoire[kòut divwáːr] 코트디브와르《서아프리카의 공화국; 상아(象牙) 해안》.

co·te·rie[kóutəri] *n.* Ⓒ 한패, 동아리, 동지; 그룹, 일파(clique).

co·til·lion[koutíljən, kə-] *n.* Ⓒ ① 코티용《quadrille 비슷한 활발한 춤》; 그 곡. ② 《美》 (처녀들이 사교계에 소개되는) 정식의 무도회.

⁑**cot·tage**[kátidʒ/-ɔ́-] *n.* Ⓒ 시골집, 작은 주택, 교외 주택; 오두막집; (시골의) 별장. **-tag·er** *n.* Ⓒ cottage에 사는 사람.

cóttage chèese (시어진 우유로 만드는) 연한 흰 치즈.

cóttage lòaf 《英》 대소 두 개를 겹친 빵.

cóttage piáno (19세기의) 소형 피아노.

cot·ter[1][kátər/-ɔ́-] *n.* Ⓒ 가로쐐기, 쐐기전(栓).

cot·ter[2], **-tar**[kátər/-ɔ́-] *n.* Ⓒ 《Sc.》 (오두막에 사는) 소작인.

cótter pìn 〖機〗 고정〔쐐기〕핀.

†**cot·ton**[kátn/-ɔ́-] *n.* Ⓤ 목화 (나무); 솜; 무명, 면사, 무명실. — *vi.* 《口》 사이가 좋아지다(*to*). ***~ on*** 《俗》 …을 알다. ***~ up*** 친해지다(*with*).

cótton bátting 정제면(精製綿)《quilt에 넣거나, 수술 등에 쓰임》.

Cótton Bèlt, the (미국 남부의) 목화(木花) 지대.

Cótton Bòard 《英》 면화국(局).

cótton bòll 목화 다래.

cótton càke 목화씨 깻묵《사료용》.

cótton càndy 《美》 솜사탕.

cótton flánnel 면플란넬.

cótton gìn 조면기(繰綿機).

cótton mìll 방적 공장.

cótton·mòuth *n.* Ⓒ 《美》 독사의 일종.

cótton·pìcking *a.* 《美俗》 비열한, 시시한; 《강조 용법》 너무나, 괘씸한. — *ad.* =VERY.

cótton pòwder 면(綿)화약.

cótton·sèed *n.* (*pl.* ***~s,*** 《집합적》 ~) Ⓤ,Ⓒ 목화씨.

cóttonseed òil 면실유《식용》.

cótton spìnning 방적업.

cótton·tàil *n.* Ⓒ 《美》 산토끼의 일종.

cótton·wòod *n.* Ⓒ 《美》 사시나무.

cótton wóol 원면, 솜.

cot·ton·y[kátni/-ɔ́-] *a.* 솜〔무명〕의〔같은〕.

cótton yárn 방적사(絲).

cot·y·le·don [kàtəlíːdən/kɔ̀-] *n.* Ⓒ 〖植〗 자엽(子葉), 떡잎.

⁑**couch**[kautʃ] *n.* Ⓒ ① 《詩》 침대, 침상; 소파. ② (짐승의) 집(lair). — *vt.* ① 눕히다, 재우다(***~ oneself*** 눕다). ② 말로 나타내다(*in*), 함축시키다(*under*). — *vi.* 눕다, 자다; 웅크리다.

cou·chette[kuːʃét] *n.* (F.) Ⓒ 〖鐵〗 침대차, 낮에는 좌석이 되는 침대.

cóuch potáto 《口》 짬이 나면 텔레비전만 보는 사람.

cou·gar[kúːgər] *n.* Ⓒ 〖動〗 퓨마.

⁑**cough**[kɔːf/kɔf] *n., vi., vt.* Ⓒ 기침(하다), 하여 내뱉다). ***~ out*** 〔***up***〕 기침하여 뱉어내다; 《俗》 주다(give); 내다; 돈을 내다(pay).

cóugh dròp 진해정(鎭咳錠).

cóugh sỳrup 진해(鎭咳) 시럽.

†**could**[強 kud, 弱 kəd] can[2]의 과거. ① 《특수용법》 …하고 싶은 (마음이 들다)(*I ~ laugh for joy.* 기뻐서 웃고 싶을 지경이다); …해 주시다〔하

시다](*C- you come and see me tomorrow?* 내일 와주실 수 없겠습니까《can보다 정중》). ② 《부정사와 함께 쓰이어》 아주 …(못하다)(*I ~n't sing.* 노래 같은 건 아주 못 합니다).

†**could·n't**[kúdnt] could not의 단축.

cou·lee[kú:li] *n.* Ⓒ 《美》 깊은 골짜기; 〖地〗 용암류(熔岩流).

cou·lomb[kú:lɑm/-lɔm] *n.* Ⓒ 〖電〗 쿨롱《전기량의 단위》.

coul·ter [kóultər] *n.* 《英》 =COLTER.

:**coun·cil**[káunsəl] *n.* Ⓒ ① 회의, 평의회. ② 주(州)〔시·읍·면·동〕의회. ③ (the C-) 《英》 추밀원. ***cabinet ~*** 각의(閣議). ***~ of war*** 군사회의. ***Great C-*** 〖英史〗 노르만 왕조 시대의 귀족·고위 성직자 회의《상원의 시초》.

***coun·ci·lor,** 《英》 **-cil·lor**[káunsələr] *n.* Ⓒ 평의원; (주·시·읍·면·동 의회의) 의원; 고문관.

:**coun·sel**[káunsəl] *n.* ① U,C 상담, 협의, 충고. ② Ⓤ 목적, 계획. ③ (*sing. & pl.*) 변호사(단). ***keep one's own ~*** 계획 등을 밝히지 않다. ***King's*** 〔***Queen's***〕 ***C-*** 《英》 왕실 고문 변호사. ***take ~*** 상의하다. — *vt.* (《英》 *-ll-*) 조언〔권고〕하다. — *vi.* 상의〔의논〕하다. **-sel·(l)ing** *n.* Ⓤ 〖教育·心〗 상담, 조언. :**-se·lor,** 《英》 **-sel·lor** *n.* Ⓒ 고문; 《美》 변호사; 〖教育〗 상담 지도 교사.

†**count**¹[kaunt] *vt.* 세다, 계산하다, (…라고) 생각하다(consider). — *vi.* 수를 세다; 축에 들다〔끼다〕, 큰 비중을 이루다〔차지하다〕; (…을) 믿다, 기대하다 (rely)(*on, upon*). ***be ~ed on one's fingers*** 손으로 꼽을 정도밖에 없다. ***~ down*** (로켓 발사 때 따위에, … 10, 9, 8, 7 … 하고) 초(秒)읽기하다. ***~ for little*** 〔***much***〕 대수롭지 않다〔중요하다〕. ***~ off*** 같은 수의 조(組)로 나누다. ***~ out*** 세면서 꺼내다; 제외하다, 셈에서 빠뜨리다; 〖拳〗 'count-out'를 선언하다; 〖英下院〗 정족수 미달로 휴회하다. — *n.* U,C 계산; 〖컴〗 계수. ***keep ~ of*** …의 수를 기억하고 있다. ***lose ~ of*** …을 잘못 세다; 못다 세다; …의 수를 잊다. ***out of ~*** 무수한. ***take no ~ of*** 무시하다. :**∠·less** *a.* 무수한.

***count**² *n.* Ⓒ (유럽의) 백작(《英》 earl).

***count·a·ble**[káuntəbəl] *a., n.* 셀 수 있는; Ⓒ 〖文〗 가산(可算) 명사.

cóunt·dòwn *n.* Ⓒ (로켓 발사 따위의) 초(秒)읽기.

:**coun·te·nance**[káuntənəns] *n.* ① U,C 생김새, 용모, 표정. ② Ⓤ 침착(composure). ③ Ⓤ 찬성, 애고(愛顧), 원조. ***give*** 〔***lend***〕 ***~ to*** …을 원조〔장려〕하다. ***keep in ~*** 체면을 세워주다. ***keep one's ~*** 새침 떨고 있다, 웃지 않고 있다. ***put (a person) out of ~*** (아무를) 당황케 하다; 면목을 잃게 하다. — *vt.* (암암리에) 장려하다; 승인〔묵인〕하다.

:**coun·ter**¹[káuntər] *n.* Ⓒ ① 카운터, 계산대, 판매대. ② (게임의) 셈표, 셈돌, 산가지. ③ 모조 화폐. ④ 〖컴〗 계수기.

count·er**² *a., ad.* 반대의〔로〕, 역(逆)의〔으로〕. ***run ~ to (가르침·이익 등에) 반하다. — *vt., n.* 역습하다, Ⓒ 〖拳〗 되받아치다〔치기〕.

coun·ter-[káuntər] '반대, 대응, 보복, 적대'의 뜻의 결합사.

***còunter·áct** *vt.* (…에) 반작용하다; 방해하다; 중화(中和)하다. **-ác·tion** *n.*

cóunter·attàck *n.* Ⓒ 반격. — [∽∠] *vt., vi.* (…에) 반격하다.

còunter·attráction *n.* Ⓤ 반대 인력; Ⓒ (다른 것에) 대응하여 인기를 끄는 것.

còunter·bálance *n.* Ⓒ 균형 추(錘); 평형력. — [∽∠] *vt.* 균형잡히게 하다; 에끼다, 상쇄하다(offset).

cóunter·blàst *n.* Ⓒ 맹렬한 반대〔반박〕(*to*).

cóunter·blòw *n.* Ⓒ 반격; 역습; 〖拳〗 카운터블로.

cóunter·chèck *n.* Ⓒ ① 저지, 방해; 대항 수단. ② 재조회. — [∽∠] *vt.* (…을) 저지〔방해〕하다; (…을) 재조회하다.

cóunter·clàim *n.* Ⓒ 〖法〗 반대 요구, 반소(反訴). — [∽∠] *vi.* 반소하다(*against, for*).

còunter·clóckwise *a., ad.* (시계 바늘의 반대로) 왼쪽으로 도는〔돌게〕.

cóunter·cùlture *n.* Ⓤ (젊은이의) 반(체제)문화〔교양〕.

cóunter·cùrrent *n.* Ⓒ 역류.

cóunter·demonstrátion *n.* Ⓒ 대항 데모《어떤 데모에 반대하기 위한 데모》.

còunter·éspionage *n.* Ⓤ 방첩책(策)〔조직〕.

cóunter·exàmple *n.* Ⓒ (공·명제에 대한) 반례(反例), 반증.

***coun·ter·feit**[káuntərfit] *a., n. vt.* 모조의, 가짜의; Ⓒ 가짜 물건, 모조품; 위조하다; 흉내내다, 시늉을 하다. **~·er** *n.* Ⓒ 위조자.

cóunter·fòil *n.* Ⓒ 《英》 (수표·영수증 등을 떼어주고 남는) 부본.

cóunter·fòrce *n.* Ⓒ 반대 세력.

còunter·insúrgency *n., a.* Ⓤ 대(對)게릴라 활동(의).

còunter·intélligence *n.* Ⓤ 《美》 〖軍〗 방첩 활동.

coun·ter·mand [kàuntərmǽnd/-mɑ́:nd] *vt.* (명령·주문 등을) 취소〔철회〕하다; 반대 명령을 하여 되불러들이다〔중지시키다〕. — [∠–∽] *n.* Ⓒ 반대 명령; 취소.

cóunter·màrch *n.* Ⓒ 후퇴; 반대 행진. — [∽∠] *vi., vt.* 후퇴〔배진(背進), 역행〕하다〔시키다〕.

cóunter·mèasure *n.* Ⓒ 대책; 보복〔대항〕 수단.

cóunter·mòve *n.* =COUNTER-

MEASURE.
còunter·óffer *n.* Ⓒ 반대 신청; 〖商〗 수정 제의.
coun·ter·pane[káuntərpèin] *n.* Ⓒ 이불(coverlet).
*__coun·ter·part__[-pɑ̀:rt] *n.* Ⓒ (짝을 이룬 것의) 한 짝; (정부(正副) 서류의) 한 통; 한 쪽; 비슷한 사람(것).
cóunterpart fúnd 〖經〗 대충 자금.
cóunter·plòt *n., vt.* (*-tt-*) Ⓒ 대항책; (적의 책략의) 의표(허)를 찌르다; (…의) 대항책을 마련하다.
cóunter·pòint *n.* Ⓤ 〖樂〗 대위법; Ⓒ 대위법에 의한 곡.
coun·ter·poise[-pɔ̀iz] *vt., n.* (…와) 균형되다, (…와) 평형하다(시키다); Ⓤ 균형, 평형; Ⓒ 분동(分銅).
còunter·prodúctive *a.* 역효과의(를 초래하는). 「전.
còunter·propagánda *n.* Ⓤ 역선
cóunter·pùnch *n.* =COUNTERBLOW.
còunter·revolútion *n.* Ⓤ,Ⓒ 반혁명. **~ist** *n.* Ⓒ 반혁명주의자.
cóunter·sìgn *n., vt.* Ⓒ (군대의) 암호; 〖海〗 응답 신호; 부서(副署)(하다). 「署), 연서.
còunter·sígnature *n.* Ⓒ 부서(副
cóunter·sìnk *n., vt.* (*-sunk*) Ⓒ (나사못의 대가리를 박기 위한) 구멍(을 파다).
coun·ter·vail[kàuntərvéil] *vt., vi.* 《古》 (…와) 같다; 에끼다; 보충(보상)하다.
cóuntervailing dúty 상계 관세.
cóunter·wèight *n.* =COUNTERBALANCE.
cóunter·wòrd *n.* Ⓒ 대용어《흔히 본래의 뜻과는 딴 뜻으로 쓰이는 말: *lousy* =unpleasant 따위》.
count·ess[káuntis] *n.* Ⓒ 백작 부인《count 또는 earl의 아내》; 여백작.
cóunting hòuse 《주로 英》 회계 사무소.
cóunt nòun 〖文〗 가산 명사.
coun·tri·fied[kʌ́ntrifàid] *a.* 시골풍의.
†**coun·try**[kʌ́ntri] *n.* ① Ⓒ 나라, 국가. ② Ⓒ 고국. ③ Ⓒ 국민(nation). ④ Ⓤ 시골, 지방. ***appeal to the ~*** (의회를 해산하여) 국민의 총의를 묻다. ***go (out) into the ~*** 시골로 가다. — *a.* 시골(풍)의(rustic).
cóunty-and-wéstern *n.* =COUNTRY MUSIC.
cóuntry clùb 컨트리 클럽《테니스·골프 따위의 설비를 갖춘 교외 클럽》.
cóuntry cóusin (도시 사정에 낯선) 시골 친척.
cóuntry·fòlk *n.* 《집합적; 복수 취급》 시골 사람들.
cóuntry géntleman 지방의 대지주; 지방 신사.
cóuntry hòuse 시골의 본집; 시골 신사(country gentleman)의 저택.
cóuntry lìfe 전원 생활.
*__coun·try·man__[-mən] *n.* Ⓒ 시골 사람; 동향인.
cóuntry mùsic 《口》 컨트리 뮤직《미국 남부에서 발달한 대중음악》.
cóuntry·sèat *n.* Ⓒ 《英》 (귀족·부호의) 시골 저택.
‡**coun·try·side**[-sàid] *n.* Ⓤ 시골, 지방; (the ~) 《집합적; 단수 취급》 지방 주민.
cóuntry·wíde *a.* 전국적인(nationwide).
cóuntry·wòman *n.* Ⓒ 시골 여자; 동향의 여성.
‡**coun·ty**[káunti] *n.* Ⓒ 《美》 군(郡)《주(州)의 아래 구획》; 《英》 주.
cóunty fáir 《美》 농업 박람회, 농산물 공진회. 「명문.
cóunty fámily 주(州)의 문벌가,
cóunty schóol 《英》 공립의 초등학교(중학교).
cóunty séat 《美》 군청 소재지.
cóunty tówn 《英》 주청 소재지.
coup[ku:] *n.* (*pl.* **~s**[-z]) (F.) Ⓒ (멋진) 일격; 대성공; (기상천외의) 명안.
coup de grace[kú: də grɑ́:s] (F.) 자비의 일격《죽음의 고통을 덜게 하는》; 최후의 일격.
coup de main[-mɛ̃] (F.) 기습.
coup d'é·tat[kú: deitɑ́:] 쿠데타.
coup d'oeil[-dɔ́:i] (F.) 일별, 개관; 통찰.
cou·pé[ku:péi/ ∠-] *n.* (F.) Ⓒ 상자 모양의 2인승 4륜마차; [ku:p] 쿠페《2-6인승의 상자형 자동차》.
†**cou·ple**[kʌ́pl] *n.* Ⓒ 한 쌍(짝), 둘, 두 사람, 한 쌍(의 남녀), 부부. — *vt.* (…와) 연결하다(unite); 결혼시키다; 짝짓다; 연상하다(associate). — *vi.* 결합(결혼)하다; 교미(흘레)하다(mate). **cóu·pler** *n.* Ⓒ 연결기.
cou·plet[kʌ́plit] *n.* Ⓒ (시의) (각운(脚韻)) 대구(對句).
cou·pling[kʌ́pliŋ] *n.* Ⓤ 연결; Ⓒ 연결기(器).
*__cou·pon__[kjú:pɑn/kú:pɔn] *n.* Ⓒ 쿠폰(권), 떼어내게 된 표(배급권(따위)); 이자 지급표.
†**cour·age**[kɔ́:ridʒ/kʌ́ridʒ] *n.* Ⓤ 용기. ***pluck up (take) ~*** 용기를 내다. ***take one's ~ in both hands*** 대담하게 나서다(감행하다).
‡**cou·ra·geous**[kəréidʒəs] *a.* 용기 있는(brave), 대담한(fearless). **~·ly** *ad.*
Cour·bet [kuərbéi], **Gustave** (1819-77) 프랑스의 사실파 화가.
cour·i·er[kúriər, kɔ́:r-] *n.* Ⓒ 급사(急使); (여행단의 시중을 드는) 수원(隨員); 시중꾼; 안내원.
†**course**[kɔ:rs] *n.* ① Ⓤ 진행, 추이; 과정, 경과. ② Ⓒ 코스, 진로, 길; 주로(走路), 경마장. ③ Ⓒ 방침; 행위; 경력, 생애; (*pl.*) 행실. ④ Ⓒ 학과, 교육 과정; 과목; 〖美大學〗 단위. ⑤ Ⓒ 한 경기. ⑥ Ⓒ (요리의)

코스. ⑦ Ⓒ 연속(series), (바른) 순서. ⑧ Ⓒ 〖建〗 (기와 따위의) 줄지은 열(row); 층. ***(as) a matter of*** ~ 당연한 일(로서). ***by*** ~ ***of*** …의 관례에 따라서. ~ ***of events*** 일의 추세. ***in*** ~ ***of*** …하는 중으로. ***in due*** ~ 당연한 순서를 따라. ***in due*** ~ (***of time***) 때가 와서[오면], 불원간. ***in the*** ~ ***of*** (***today***) (오늘) 중에. ***lower*** [***upper***] ~ 하[상]류. ***of*** ~ 물론. — *vt.* (토끼 따위를) 뒤쫓다, (…의) 뒤를 밟다; 달리게 하다. — *vi.* 달리다, 뒤쫓다. **cóurs·er** *n.* Ⓒ 사냥개; 《詩》 준마; 말.

C

†**court**[kɔːrt] *n.* ① Ⓒ 안뜰(courtyard). ② Ⓤ,Ⓒ (보통 C-) 궁전; 왕실; 왕궁; 《집합적》 조정의 신하. ③ Ⓤ,Ⓒ 법정, 재판소; 《집합적》 재판관. ④ Ⓒ 정구장; 뒷거리(의 공터), 뒷골목. ⑤ Ⓤ 아첨; 구혼. ***at C-*** 궁정에(서). ~ ***of*** APPEAL(***s***). ~ ***of justice*** [***law***] 법정. ***C- of St. James's***[snt dʒéimziz] 영국 궁정. ***High C- of Parliament*** 《英》 최고 법원으로서의 의회. ***pay*** [***make***] ***one's*** ~ ***to*** …의 비위를 맞추다; 지싯거리다, 구혼하다(woo). ***put out of*** ~ 무시하다. — *vt., vi.* (…의) 비위를 맞추다; 구혼하다; (칭찬 따위를) 받고자 하다(seek); (사람을) 초청하다, (위험을) 초래하다.

cóurt càrd 《英》 (카드의) 그림 패 (《美》 face card).

Cóurt Círcular 《英》 (신문지상의) 궁정 기사(宮廷記事). 「복.

cóurt drèss (입궐(入闕)용의) 예

:**cour·te·ous**[kə́ːrtiəs/kɔ́ː-] *a.* 정중한; 예의 바른(polite). * ~·**ly** *ad.*

cour·te·san, -zan [kɔ́ːrtəzən, kə́ːr-/kɔ̀ːtizǽn] *n.* Ⓒ (고급) 매춘부.

:**cour·te·sy**[kə́ːrtəsi] *n.* Ⓤ 예의, 정중함; 호의; 인사(curtsy). ***by*** ~ 예의상. ***by*** ~ ***of*** …의 호의로.

cóurt guìde 《英》 신사록. 「청.

***cóurt·hòuse** *n.* Ⓒ 법원; 《美》 군

***cour·ti·er**[kɔ́ːrtiər] *n.* Ⓒ 정신(廷臣); 아첨꾼.

cóurt làdy 궁녀.

***court·ly**[kɔ́ːrtli] *a.* ① 궁정의; 예의 바른, 품위 있는, 점잖은. ② 아첨하는. **-li·ness** *n.*

cóurt-mártial *n.* (*pl.* ***courts-***) Ⓒ 군법 회의. — *vt.* (《英》 ***-ll-***) 군법회의에 부치다.

cóurt plàster 반창고.

cóurt·ròom *n.* Ⓒ 법정.

***cóurt·shìp** *n.* Ⓤ 구혼, 구애.

cóurt tènnis 코트테니스《벽면을 사용하여 하는 실내 테니스의 일종》.

***cóurt·yàrd** *n.* Ⓒ 안뜰, 마당.

†**cous·in**[kʌ́zn] *n.* Ⓒ 사촌《형제·자매》; 먼 친척(*Don't call ~s with me.* 친척이라고 부르지 말라). ***first*** ~ ***once removed,*** or ***second*** ~ 육촌, 재종(再從).

cóusin-gérman *n.* Ⓒ 친사촌 (first cousin).

couth[kuːθ] *a.* 교양이 있는; 행실이 바른《uncouth부터의 역성어》.

cou·ture[kuːtjúər] *n.* (F.) Ⓒ 여성복 디자인; 《집합적》 여성복 디자이너(들); 그 가게.

cou·tu·ri·er[kuːtúərièi] *n.* (F.) Ⓒ 양재사《남자》.

co·va·lence [kouvéiləns] *n.* Ⓤ 〖化〗 공유 원자가.

co·vá·lent bónd [kouvéilənt-] 〖化〗 공유 결합. 「(結晶).

cováIent crýstal 〖化〗 공유 결정

co·var·i·ance[kouvɛ́əriəns] *n.* Ⓤ 〖統計〗 공분산(共分散).

***cove**[kouv] *n.* Ⓒ (깊숙한) 후미, 작은 만(灣); 한 구석.

***cov·e·nant**[kʌ́vənənt] *n., vi., vt.* Ⓒ (…와) 계약(하다); (C-) 〖聖〗 (신이 인간에게 준) 성약(聖約).

Cóv·ent Gárden[kʌ́vənt-, kɑ́-/kɔ́-] (런던의) 청과물 시장; (그 곳의) 극장.

Cov·en·try[kʌ́vəntri, -ɑ́-/-ɔ́-] *n.* 잉글랜드의 Birmingham 동쪽에 있는 도시. ***send*** (***a person***) ***to*** ~ 한 패에서 제외시키다.

†**cov·er**[kʌ́vər] *vt.* ① 덮다, 가리다; 싸다(wrap up). ② 모자를 씌우다. ③ 숨기다. ④ (닭이 알을) 품다; 교미[흘레]하다; (수말이 암말에) 덮치다. ⑤ 표지를 붙이다. ⑥ (비용·손실을) 메우다; 보호[비호]하다, 감싸주다; 포함하다; 겨누다(~ *him with a rifle*). ⑦ (어떤 거리를) 통과하다(go over); (범위가 …에) 걸치다[미치다](extend). ⑧ 〖商〗 (공(空)계약('short' contract)을 경계하여 상품·증권 따위를) 투기적으로 사들이다; (노름에서 상대가 건 돈과) 같은 액을 태우다. ⑨ 〖新聞〗 (…의 보도를) 담당하다(act as reporter of) (~ *a crime, conference, &c.*). — *n.* ① Ⓒ 덮개, 겉싸개; 뚜껑; 표지; 봉투. ② Ⓤ (새·짐승의) 숨는 곳; 풀숲; 보호물(***under*** ~ ***of night*** 야음을 틈타서); 〖軍〗 (폭격기 엄호의) 전투기대. ③ Ⓒ 한 사람분의 식기[식탁](*a dinner of fifteen ~s,* 15인분의 만찬). ***break*** ~ (새·짐승이) 숨은 곳에서 나오다. ***take*** ~ 〖軍〗 지형을 이용하여 숨다, 피난하다. ***under*** ~ 지붕 밑에; 몰래; 봉투에 넣어. ***under the same*** ~ 동봉하여. ~**ed**[-d] *a.* 덮개[뚜껑·지붕] 있는 (*a ~ed wag(g)on* 포장 마차; 《英》 유개 화차); 집안의; 모자를 쓴; …로 덮인.

***cov·er·age**[kʌ́vəridʒ] *n.* Ⓤ 적용 범위; 《一般》 범위; 〖經〗 정화(正貨) 준비금; 보험 적용액; 보도 (범위); (광고의) 분포 범위; 〖放〗 유효 시청 범위; 〖保險〗 보상 범위, (보상하는) 위험 범위.

cóver·àll *n.* Ⓒ (상의와 바지가 붙은) 작업복. 「비스료.

cóver chàrge (요리점 따위의) 서

cóver gìrl 잡지 표지에 실린 미인.

:**cov·er·ing**[kʌ́vəriŋ] *n.* Ⓒ 덮개;

지붕; Ⓤ 피복; 엄호. — *a.* 덮는; 엄호하는.
cóvering lètter (동봉한) 설명서.
*__cov·er·let__[kʌ́vərlit] *n.* Ⓒ 침대 커버; 덮개; 이불.
cóver stòry 커버스토리《잡지 등의 표지에 관련된 기사》.
cov·ert[kʌ́vərt] *a.* 비밀의, 숨긴, 은밀한(furtive)(~ *glances*)(opp. overt); 〖法〗 보호를 받고 있는; 남편이 있는. — *n.* Ⓒ (새·짐승의) 숨는 곳; 피난처. 「직의 일종.
cóvert clòth 모(毛)나 면(綿) 능
cov·er·ture[kʌ́vərtʃər] *n.* Ⓤ,Ⓒ 덮개; 숨는 곳, 은신처; Ⓤ 〖法〗 유부녀의 신분.
cóver-ùp *n.* Ⓒ (사건의) 은폐(책).
*__cov·et__[kʌ́vit] *vt., vi.* 몹시 탐[욕심]내다. **~·ous** *a.* 탐내는(*of*); 탐욕스러운; 열망하는.
cov·ey[kʌ́vi] *n.* Ⓒ (엽조의) 떼(bevy); 일대(一隊), 한 무리.
†**cow**[1][kau] *n.* Ⓒ 암소(opp. bull); (코끼리·고래 따위의) 암컷.
cow[2] *vt.* 으르다, 겁을 먹게 하다.
:**cow·ard**[káuərd] *n., a.* Ⓒ 겁쟁이, 열쭝이; 겁많은. ***~·ice**[-is] *n.* Ⓤ 겁, 소심. ***~·ly** *a., ad.* 겁많은; 겁을 내어.
ców·bèll *n.* Ⓒ 소의 목에 단 방울.
:**ców·bòy** *n.* Ⓒ 목동, 카우보이.
ców·càtcher *n.* Ⓒ (기관차의) 에이프런, 배장기(排障器); 〖放〗 (프로 직전의) 짧은 광고 방송《제2차 제품의》.
cow·er[káuər] *vi.* 움츠러들다, 《英方》 웅크리다. 「자.
ców·gìrl *n.* Ⓒ 목장에서 일하는 여
ców·hèrd *n.* Ⓒ 소 치는 사람.
ców·hìde *n.* Ⓤ,Ⓒ 소의 생가죽; Ⓤ 쇠가죽; Ⓒ 쇠가죽 채찍.
cowl[kaul] *n.* Ⓒ (수도사의) 망토 두건(hood); (굴뚝의) 갓; 자동차[비행기]의 앞쪽[전부(前部)].
ców·lìck *n.* Ⓒ (이마 위의 소가 핥은 듯) 일어선 머리털.
cow·man[∠mən] *n.* Ⓒ (미국 서부의) 목장 주인; 《英》 소치는 사람.
ców·pèa *n.* Ⓒ 〖植〗 광저기.
ców·pòx *n.* Ⓤ 우두. 「BOY.
ców·pùncher *n.* 《美口》 =COW-
ców·slìp *n.* Ⓒ 《美》 〖植〗 애기미나리아재비 (따위); 《英》 앵초과의 식물. 「골 거리.
ców tòwn 《美》 (목장 지역의) 시
cox[kaks/-ɔ-] *n., vt., vi.* Ⓒ 《口》 (보트의) 키잡이(coxswain)(가 되다).
cox·comb[∠kòum] *n.* Ⓒ 멋쟁이, 맵시꾼(dandy); 〖植〗 맨드라미(cockscomb).
cox·swain[kákswèin, káksn/-ɔ́-] *n.* Ⓒ (보트의) 키잡이(cox).
*__coy__[kɔi] *a.* 수줍어하는(shy), 스스럼 타는; 짐짓 부끄러운 체하는, 요염하게 수줍어하는(coquettishly shy). ***be ~ of*** …을 (스스러워해) 좀처럼 말하지 않다.
coy·ote[káiout, kaióuti/kɔ́iout] *n.* Ⓒ 이리의 일종《북아메리카 초원의》; 악당.
coy·pu[kɔ́ipu:] *n.* Ⓒ 〖動〗 뉴트리아《남아메리카산의 설치류의 동물; 그 털가죽(nutria)은 비쌈》.
coz·en [kʌ́zn] *vt., vi.* 속이다(cheat). **~·age**[kʌ́zənidʒ] *n.* Ⓤ 속임(수); 기만.
co·zy[kóuzi] *a.* (따뜻하여) 기분이 좋은, 포근한(sung). — *n.* Ⓒ 보온 커버《tea-cozy 따위》. **có·zi·ly** *ad.* **có·zi·ness** *n.*
cp. compare; coupon. **C.P.** Chief Patiarch; Command Post; Common Pleas; Common Prayer; Communist Party. **c.p.** candle power; center of pressure; chemically pure; circular pitch. **CPA** critical path analysis 〖컴〗 대형 계획 최적 스케줄 분석. **C.P.A.** Certified Public Accountant 공인 회계사. **cpd.** compound. **C.P.I.** Consumer Price Index. **Cpl. cpl.** corporal. **C.P.O.** Chief Petty Officer 해군 상사. **C.P.R.** Canadian [Central] Pacific Railway. **cps** cycles per second. **C.P.S.** Consumer Price Survey. **C.P.U.** central processing unit 〖컴〗 중앙 처리 장치. **CPX** Command Post Exercise 지휘소 훈련. **CQ** call to quarters (아마추어 무전의) 통신 신호; Charge of Quarters 〖軍〗 야간의 당직. **CR** 〖컴〗 carriage return. **C.R.** Costa Rica. **Cr** 〖化〗 chromium. **cr.** cathode ray; credit; creditor; crown.

:**crab**[1][kræb] *n.* ① Ⓒ 〖動〗 게. ② (the C-) 〖天〗 게자리(Cancer). ③ 자아틀. ④ Ⓒ 짓궂은 사람. — *vt.* (**-bb-**) 《口》 흠[탈]잡다(find fault with).
cráb[2] (**àpple**) *n.* Ⓒ 야생 능금(나무·열매).
crab·bed[krǽbid] *a.* 까다로운, 성난(cross), 빙퉁그러진(perverse); 읽기 어려운.
:**crack**[kræk] *n.* ① Ⓒ 금, 균열, 갈라진 틈. ② Ⓒ (채찍·불꽃 등의) 철썩, 펑(하는 소리); 철썩[딱] 때림. ③ Ⓒ 《口》 순간. ④ Ⓒ 《口》 재치 있는 말; 신소리. ⑤ Ⓒ 농담. ⑥ Ⓒ 변성(變聲). ⑦ Ⓒ 결점; Ⓤ (가벼운) 정신 이상. ⑧ Ⓒ 《口》 시도, 찬스; 《英古·英俗》 자랑(거리), 허풍. ***~ of doom*** 최후의 심판 날의 천둥. ***in a ~*** 순식간에. — *vt., vi.* ① 깨뜨리다, 깨지다, 빠개(지)다, 갈라지다; 금이 가(게 하)다. ② 목소리가 변하다. ③ 딱[철썩] 소리가 나(게 하)다; 딱 때리다. ④ 굴(복)하다(give way). ⑤ (농담·익살)을 부리다(~ *a joke*). ⑥ 《口》 (금고 따위를) 비집어 열다. ⑦ 《口》 (술병을) 따다[열다], 따서 마시다. ***~ down*** 《美口》 혼내다, 단호한 조처를 취하다(*on*).

~ ***up*** 《俗》 (건강·신경이) 결딴나다; 《口》 칭찬하다; 《口》 (착륙할 때 따위에) 기체를 손상시키다; (기체가) 상하다. ── *a.* 《口》 멋진, 훌륭한, 일류의. ── *ad.* 딱, 퍽, 철썩. *~**ed** [-t] *a.* 깨진, 빠개진, 갈라진, 금이 간; 목소리가 변한; =∠·**bràined** 머리가 돈(crazy).

crack·a·jack[krǽkədʒæ̀k] *a., n.* Ⓒ 《美俗》 특출한 (사람); 특상품(의).

cráck·dòwn *n.* Ⓒ 단호한 조처.

***crack·er**[∠ər] *n.* Ⓒ ① 깨뜨리는 〔빠개는〕 사람〔것〕. ② (*pl.*) 호두 까는 집게(nutcracker). ③ 폭죽; 딱총(fire cracker); 크래커 봉봉《양끝을 당기면 터져 과자·장난감 등이 튀어나옴》. ④ 크래커《과자》. ⑤ 《學生俗》 거짓말; 《美》 (Georgia, Florida 등지의) 가난한 백인.

crácker-bàrrel *a.* (말 등이) 알기 쉬운, 평범한, 세련되지 않은.

crack·er·jack[krǽkərdʒæ̀k] *a., n.* Ⓒ 《美俗》 뛰어나게 훌륭한 (사람, 것).

crack·ers[krǽkərz] *a.* 《英俗》 머리가 돈. ***go*** ~ 머리가 돌다.

cráck·hèad *n.* Ⓒ 마약 상용자.

crack·ing[krǽkiŋ] *n.* Ⓤ 〖化〗 분류(分溜).

***crack·le**[krǽkəl] *n., vt.* Ⓤ 딱딱〔바스락바스락〕 (소리가 나다)《종이를 구길 때 따위》; (도자기 등의) 구울 때 생긴 잔금. **cráck·ling** *n.* Ⓤ 딱딱〔우지끈〕 소리; (바삭바삭하는) 구운 돼지의 겉가죽.

cráckle·wàre *n.* Ⓤ 잔금이 나게 구운 도자기.

cráck-pòt *a., n.* Ⓒ 《口》 정신나간 (사람), 기묘한 (사람).

cracks·man[krǽksmən] *n.* Ⓒ 《俗》 강도, 금고털이.

cráck-ùp *n.* Ⓒ 파손, 분쇄; 《口》 신경 쇠약, 약간 돎.

-cra·cy[krəsi] *suf.* '정체, 정치, 사회 계급, 정치 세력, 정치 이론'의 뜻 : demo*cracy*.

:cra·dle[kréidl] *n., vt.* Ⓒ ① 요람(搖籃)(에 넣다, 넣어 흔들다); 어린 시절; 키우다; (문명 등의) 발상지. ② (배의) 진수대(進水臺)(에 올리다); (비행기의) 수리대. ③ 〖採〗 선광대(選鑛臺)(로 선광하다).

cradle·lànd *n.* Ⓒ 요람지, 발상지.

crádle sòng 자장가.

crádle tèlephone 탁상 전화.

:craft[kræft, krɑːft] *n.* ① Ⓤ 기능, 기교, 솜씨, 교묘함. ② Ⓤ 기술; Ⓒ 기술이 드는 직업. ③ Ⓤ 간지(奸智); 못된 술책. ④ Ⓒ 배; 항공기. ***art and ~*** 미술 공예. ***the gentle ~*** 낚시질 (친구).

***crafts·man**[∠smən] *n.* Ⓒ 장색(匠色); 예술가.

cráft ùnion =HORIZONTAL UNION.

***craft·y**[∠i] *a.* 교활한(sly). **cráft·i·ly** *ad.* **cráft·i·ness** *n.*

crag[kræg] *n.* Ⓒ 울퉁불퉁한 바위(steep rugged rock), 험한 바위산. ~·**ged**[-id], ∠·**gy** *a.*

crags·man[krǽgzmən] *n.* Ⓒ 바위잘타는 사람.

crake[kreik] *n.* Ⓒ 〖鳥〗 흰눈썹뜸부기(의 울음소리).

***cram**[kræm] *vt., vi.* (*-mm-*) ① (장소·그릇에) 억지로 채워 넣다; 잔뜩 먹(이)다. ② 《口》 (학과를) 쑤셔 넣다. ③ (*vt.*) 《古》 (…에게) 허풍떨다. ── *n.* Ⓤ 채워〔처박아〕 넣음; 《口》 벼락 공부; 《口》 거짓말. ∠·**mer** *n.* Ⓒ 《英口》 벼락 공부꾼《교사·학생》. ∠·**ming** *n.* Ⓤ 주입식 교육, 벼락 공부.

crám-fùll *a.* 넘치도록 가득한, 꽉 찬.

***cramp**[1][kræmp] *n., vt.* Ⓒ 꺾쇠(로 죄다); 속박하다〔하는 것〕. ── *a.* 제한된(restricted), 비좁은, 갑갑〔답답〕한; 읽기〔알기〕 어려운.

***cramp**[2] *n., vt.* Ⓤ,Ⓒ 경련(을 일으키다). ~**ed**[-t] *a.* 경련을 일으킨; 압축된; 답답한; 읽기〔알기〕 어려운.

cran·ber·ry [krǽnbèri/-bəri] *n.* Ⓒ 덩굴월귤《진한 소스의 원료》.

:crane[krein] *n., vt., vi.* Ⓒ 〖鳥〗 두루미; 기중기; 〖TV·映〗 카메라 이동장치; (두루미처럼 목을) 늘이다, 뻗어 오르다; 기중기로 나르다.

cráne flỳ 꾸정모기(daddy-long-legs); 《美》 장님거미.

cra·ni·om·e·try [krèiniɑ́mitri/-ɔ́m-] *n.* Ⓤ 두개(골) 측정(학).

cra·ni·um[kréiniəm] *n.* (*pl.* ***~s, -nia***) Ⓒ 〖解〗 두개(頭蓋)(골). **cra·ni·al**[-niəl, -njəl] *a.*

crank**[kræŋk] *n.* Ⓒ 〖機〗 크랭크; 굴곡; 변덕(맞은 생각·말); 《口》 괴짜, (성격이) 비뚤어진 사람. ── *a.* 비슬거리는, 병약한; 〖海〗 뒤집히기 쉬운. ── *vt., vi.* 크랭크 꼴로 굽히다; 크랭크를 달다; 크랭크를 돌리다. ~ ***up (크랭크로) 발동기를 돌리다. ∠·**y** *a.* 심술궂은; 야릇한; 흔들흔들한; 병약한; 꾸불꾸불한.

cránk·càse *n.* Ⓒ (내연 기관의) 크랭크실(室).

cránk·shàft *n.* Ⓒ 〖機〗 크랭크 축, 크랭크샤프트.

cran·ny[krǽni] *n.* Ⓒ 갈라진 틈〔금〕, 벌어진 틈, 틈새기.

crap[kræp] *n.* Ⓒ (크랩스에서) 주사위를 굴려 나온 지는 끗수; Ⓤ 《俗》 찌꺼기, 너절한 물건. ~**s** *n. pl.* 《단수 취급》 크랩스《주사위 두개로 하는 노름의 일종》.

***crape**[kreip] *n.* =CREPE.

crápe mỳrtle 〖植〗 백일홍.

:crash[1][kræʃ] *n., vi.* Ⓒ ① 와지끈〔탁·쾅·아지직·뎅그렁·쟁그렁·와르르〕 소리(를 내며 부서지다). ② 충돌(하다); 《俗》 실패(하다). ③ 파산(하다); 추락(하다). ── *vt.* ① (…을) 탁〔쾅·와지끈·와르르·뎅그렁·쟁그렁〕 부수다; 찌부러뜨리다; 격추하다. ② 《口》 (불청객이) 오다. ── *ad.* 쾅, 탁, 젱〔뎅〕그렁, 와지끈.

crash[2] *n.* Ⓤ (수건·커튼 따위에 쓰는) 성긴 삼베.

crásh bàrrier (도로·경주로 등의) 가드 레일, 중앙 분리대.
crásh-dìve *vi.* (잠수함이) 급잠항하다; (비행기가) 급강하하다.
crásh-hàlt *n.* Ⓒ 급정거.
crásh hèlmet (자동차 경주용) 헬멧.
crásh-lánd *vi., vt.* 〖空〗 불시착하다〔시키다〕.
crass[kræs] *a.* 우둔한; 터무니 없는; 《比》 심한, 지독한.
crate[kreit] *n.* Ⓒ (가구·유리 따위 운송용의) 나무틀, 나무판 상자; (과일을 나르는) 바구니, 광주리.
***cra·ter**[kréitər] *n.* Ⓒ 분화구; 지뢰〔포탄〕 구멍; (달 표면의) 운석(隕石) 구멍, 크레이터.
cra·vat[krəvǽt] *n.* Ⓒ 〖商〗 넥타이; 목도리(scarf).
***crave**[kreiv] *vt., vi.* 간절히 바라다, 열망하다(*for*); 필요로 하다. ***cráv·ing** *n.* Ⓒ 갈망; 염원.
cra·ven[kréivən] *a., n.* Ⓒ 겁많은〔비겁한〕(자). ***cry* ~** 항복하다.
craw[krɔː] *n.* Ⓒ (새의) 멀떠구니, (동물의) 위.
craw·fish[∠fìʃ] *n.* Ⓒ 가재; 《美口》 꽁무니 빼는 사람; 변절자.
:crawl[krɔːl] *vi.* ① 기(어가)다; 느릿느릿 나아가다; 살금살금 걷다. ② 살살 환심을 사다(creep)(*into*). ③ 벌레가 기는 느낌이 들다; 근실거리다. ~ ***up*** (옷이) 밀려 오르다. — *n.* Ⓤ 기다시피〔느릿느릿〕 걷는 걸음, 서행; =∠ **stròke** 크롤 수영법. **∠·er** *n.* Ⓒ 길짐승; 아첨꾼; 《英》 손님을 찾아 천천히 달리는 빈 택시. **∠·y** *a.* 《口》 근실거리는.
cray·fish[kréifìʃ] *n.* Ⓒ 가재.
:cray·on[kréiən, -ɑn/-ɔ̀n] *n., vt.* Ⓒ 크레용 (그림); 크레용으로 그리다; 대충 그리다.
***craze**[kreiz] *vi., vt.* ① 미치(게 하)다. ② (도자기에) 금이 가다〔금을 넣다〕. — *n.* Ⓒ ① 미침, 열광(mania); 대유행. ② (도자기의) 금.
:cra·zy[∠i] *a.* ① 미친; 《口》 열광한. ② (건물 따위가) 흔들흔들하는. ③ 《俗》 굉장한, 멋진.
crázy bòne =FUNNY BONE.
crázy quìlt 조각보 이불.
creak**[kriːk] *vi., vt., n.* 삐걱거리(게 하)다; Ⓒ 그 소리. ***Creaking doors hang the longest. 《속담》 쭈그렁 밤송이 삼 년 간다. **∠·y** *a.*
:cream[kriːm] *n.* Ⓤ ① 크림(색); 유제(乳劑)(emulsion). ② (the ~) 가장 좋은〔알짜〕 부분, 노른자, 정수. — *vt.* 크림(모양으로) 하다; 크림으로〔크림 소스로〕 요리하다. **∠·er·y** *n.* Ⓒ 크림 제조〔판매〕소. ***∠·y** *a.* 크림 모양〔빛〕의; 크림을 포함한; 크림색의.
créam càke 크림 케이크.
créam chèese 크림 치즈.
créam-còlored *a.* 크림색의.
créam cràcker 《英》 크래커.
créam hòrn 크림혼《원뿔 모양의 크림 과자》.
créam pùff 슈크림; 《美俗》 고급 중고차; 《俗》 계집 같은 남자.
créam sàuce 크림 소스.
créam sóda 소다수.
crease[kriːs] *n., vi., vt.* Ⓒ 주름〔금〕(이 잡히다, 을 내다).
:cre·ate[kriːéit] *vt.* ① 창조〔창작〕하다; 창시하다. ② (…에게) 작위(爵位)를 주다(invest with)(*He was ~d (a) baron.* 남작의 작위가 수여되었다). ③ 일으키다. ④ 〖컴〗 만들다. — *vi.* 《英俗》 법석을 떨다(*about*).
:cre·á·tion *n.* Ⓤ 창조, 창작; 창설; Ⓒ 창조〔창작〕물; Ⓤ 수작(授爵); (the C-) 천지 창조. ***cre·á·tive** *a.* 창조〔창작〕적인 (재능이 있는). ***cre·á·tor** *n.* Ⓒ 창조〔창작〕자; (the C-) 조물주, 하느님.
:crea·ture[kríːtʃər] *n.* Ⓒ ① 창조물, 생물, 동물. ② 인간, 남자, 여자. ③ 녀석(*Poor ~!* 가엾은 놈). ④ 부하, 수하, 노예. ⑤ 《俗·方》 (the ~) 위스키.
créature cómforts 육체적 쾌락을 주는 것《특히 음식물》.
crèche[kreiʃ] *n.* (F.) Ⓒ 《英》 탁아소(day nursery). 「신임.
cre·dence[kríːdəns] *n.* Ⓤ 신용;
cre·den·tial[kridénʃəl] *n.* (*pl.*) 신임장; 추천장.
cred·i·ble[krédəbəl] *a.* 신용할〔믿을〕 수 있는. **-bil·i·ty**[∸—bíləti] *n.* Ⓤ 신뢰성, 진실성.
:cred·it[krédit] *n.* ① Ⓤ 신용; 명예; 명성. ② Ⓤ 자랑; Ⓒ 자랑거리. ③ 신용 대부〔거래〕; (국제 금융상의) 크레디트. ④ Ⓤ 〖簿〗 대변(貸邊)(opp. debit); 채권. ⑤ Ⓒ 《美》 과목 이수증(證), 이수단위(unit). ⑥ Ⓒ 〖放〗 광고〔스폰서명〕 방송; =CREDIT LINE. ***do*** (*a person*) ~ …의 명예가〔공이〕 되다. ***give ~ to*** …을 믿다. ***letter of ~*** 신용장《생략 L/C》. ***on ~*** 신용 대부로, 외상으로. ***reflect ~ on*** …의 명예가 되다. — *vt.* 신용하다; 대변에 기입하다(*~ him with a sum; ~ a sum to him*); 신용 대부하다, 외상 주다; 《美》 단위 이수 증명을 주다; (…에게) 돌리다(ascribe)(*to*). *** ~·a·ble** *a.* 신용할〔믿을〕 만한; 훌륭한. **~·a·bly** *ad.* 훌륭히. ***créd·i·tor** *n.* Ⓒ 채권자; 〖簿〗 대변《생략 Cr.》(opp. debtor).
crédit accòunt 《英》 외상 거래 계정(《美》 charge account).
crédit bùreau 상업 흥신소.
crédit càrd 크레디트 카드.
crédit lìne 크레디트 라인《기사·회화·사진·텔레비전 프로 등에 밝힌 제공자의 이름》.
crédit nòte 대변 전표.
crédit ràting (개인·법인의) 신용 등급〔평가〕.
crédit sìde 〖簿〗 대변.
crédit stànding (지불 능력에 관한) 신용 상태.
crédit ùnion 신용 조합.

C

crédit-wórthy *a.* 〖商〗 신용도가 높은, 지불 능력이 있는.

cre·do[krí:dou] *n.* (*pl.* **~s**) Ⓒ 신조(creed); (the C-) 〖宗〗 사도 신경, 니체노 신경.

cred·u·lous[krédʒələs] *a.* 믿기〔속기〕 쉬운. **~·ness, *cre·du·li·ty**[kridjú:ləti] *n.* Ⓤ (남을) 쉽사리 믿음, 고지식함.

:creed[kri:d] *n.* Ⓒ 신조, 교의(敎義). ***the C-*** or ***Apostles' C-*** 사도 신경.

:creek[kri:k] *n.* Ⓒ 작은 내; 후미, 내포, 작은 만(灣).

creel[kri:l] *n.* Ⓒ (낚시질의) 물고기 바구니; 통발.

:creep[kri:p] *vt.* (***crept***) ① 기다(crawl); (담쟁이 따위가) 휘감겨 붙다. ② 가만히〔발소리를 죽이며〕 걷다. ③ 슬슬 환심을 사다(~ *into favor*). ④ 군실거리다; 오싹하다. — *n.* Ⓒ 김, 포복; (the ~s) 《口》 오싹하는 느낌. ***give a person the ~s*** 섬뜩하게 하다. **∠·er** *n.* Ⓒ 기는 것; 덩굴풀, 담쟁이(ivy); (*pl.*) 어린이용의 헐렁한 옷; Ⓒ (다리 짧은) 닭의 일종; 〖鳥〗 나무발바리. **∠·y** *a.* 기는; 군실군실하는, 오싹하는.

creep·ing[∠iŋ] *a.* 기는, 기어다니는; 휘감겨 붙는; 진행이 더딘, 느린; 아첨하는; 군실거리는. **~·ly** *ad.*

créep jòint 《美俗》 밀매(蜜賣) 술집(creep dive).

creese[kri:s] *n.* Ⓒ (말레이 사람이 쓰는) 단검(短劍).

cre·mate[krí:meit, kriméit] *vt.* 화장(火葬)하다. **cre·má·tion** *n.*

cre·ma·to·ry[krí:mətɔ̀:ri, krém-/krémətəri] *n.* Ⓒ 화장터.

cren·el(le)[krénl] *n.* Ⓒ (성벽의) 총안(銃眼).

cren·el·(l)ate[krénəlèit] *vt.* (…에) 총안을 만들다〔설비하다〕.

Cre·ole[krí:oul] *n.* Ⓒ (Louisiana 주에 정착한) 프랑스인의 자손; Ⓤ 그 주(州)에서 쓰이는 프랑스 말; Ⓒ 서인도〔남아메리카〕 태생의 유럽 사람; (c-) Ⓒ 미국 태생의 흑인.

cre·o·sol[krí:əsɔ̀(:)l, -sàl] *n.* Ⓤ 〖化〗 크레오솔《방부제》.

cre·o·sote[krí(:)əsòut] *n.* Ⓤ 〖化〗 크레오소트.

crepe, *crêpe[kreip] *n.* (F.) Ⓤ 크레이프《바탕이 오글오글한 비단의 일종》; Ⓒ 상장(喪章). **~ *de Chine***[∠dəʃí:n] 크레이프 드신《얇은 비단 크레이프》.

crépe pàper (냅킨용의) 오글오글한 종이.

crépe rùbber 크레이프 고무《구두창용》.

crep·i·tate[krépətèit] *vi.* 딱딱 소리나다(crackle); 〖醫〗 (폐가) 염발음(捻髮音)을 내다.

:crept[krept] *v.* creep의 과거(분사).

cre·pus·cu·lar[kripʌ́skjələr] *a.* 새벽〔해질 무렵〕의(of twilight); 어스레한(dim).

cres., cresc. 〖樂〗 *crescendo.*

cre·scen·do[kriʃéndou] *ad., a. n.* (*pl.* **~s**) (It.) 〖樂〗 점점 세게, Ⓒ 점점 세어지는 (일·음).

***cres·cent**[krésənt] *n., a.* Ⓒ 초승달(의); 초승달 모양의 (것); (예전 터키의) 초승달기(旗).

cre·sol[krí:soul/-sɔl] *n.* Ⓤ 〖化〗 크레졸.

cress[kres] *n.* Ⓤ 〖植〗 양갓냉이《식용》.

cres·set[krésit] *n.* Ⓒ (화톳불의) 기름 단지.

:crest[krest] *n.* Ⓒ ① (닭 따위의) 볏(comb), 도가머리, (투구의) 앞꽂이 장식 것. ② 갈기(mane). ③ 봉우리, 산꼭대기; 물마루. ④ 문장(紋章)의 꼭대기 부분. **~·ed**[∠id] *a.*

crést·fàllen *a.* 볏이 처진; 머리를 푹 숙인; 풀이 죽은.

cre·ta·ceous[kritéiʃəs] *a., n.* 백악(白堊)(질)의; (the C-) 〖地〗 백악기(紀)(의).

Crete[kri:t] *n.* 크레타 섬《지중해의 섬; 그리스령(領)》.

cre·tin[krí:tn, kritǽn/kretɔ́n, ∠—] *n.* Ⓒ 크레틴병 환자; 백치(idiot). **~·ism**[-ìzəm] *n.* Ⓤ 크레틴 병.

cre·tonne[krí:tɑn, kritɑ́n/kretɔ́n, ∠—] *n.* Ⓤ (커튼·의자용) 크레톤 사라사.

cre·vasse[krivǽs] *n.* (F.) Ⓒ (빙하의) 갈라진 틈, 균열.

***crev·ice**[krévis] *n.* Ⓒ 갈라진 틈, 터진 곳.

:crew^1[kru:] *n.* Ⓒ 《집합적》 승무원; 《蔑》 동아리, 패거리.

crew^2 *v.* 《주로 英》 crow^{2}의 과거.

crew·el[krú:əl] *n.* Ⓤ 자수용 털실.

crew·man[krú:mən] *n.* Ⓒ 승무원.

créw nèck 크루넥《깃 없는 네크라인》.

***crib**[krib] *n.* Ⓒ ① (난간이 둘린) 소아용 침대. ② 구유(manger); 통나무〔귀틀〕집, 작은 방. ③ 《口》 (학생의) 주해서. — *vt.* (**-bb-**) (…에) 가두다; 도용(盜用)하다; 표절하다. — *vi.* 《口》 주해서를 쓰다, 몰래 베끼다.

crib·bage[kríbidʒ] *n.* Ⓤ 카드놀이의 일종.

:crick·et^1[kríkit] *n.* Ⓒ 귀뚜라미.

:crick·et^2 *n.* Ⓤ 크리켓. **~·er** *n.*

cri·er[kráiər] *n.* Ⓒ 부르짖는〔우는〕 사람; (포고 따위를) 외치며 알리는 사람; 광고꾼, 외치며 파는 상인.

crim. con. 〖法〗 criminal conversation.

:crime[kraim] *n.* Ⓒ 범죄, 나쁜 짓(cf. sin).

Cri·me·a[kraimí:ə, kri-] *n.* (the ~) 크리미아 반도. **-an** *a.*

crime pas·si·o·nel[krì:m pɑ:siənél] 치정에 의한 범죄.

:crim·i·nal[krímənl] *a., n.* 범죄의; Ⓒ 범인. **~·ly** *ad.* 죄를 저질러; 형법상.

críminal contémpt 〖法〗 법정 모욕죄.

críminal conversátion 〔《英》 **connéxion**〕 〖法〗 간통.

crim·i·nal·is·tics[krìmənəlístiks] *n.* Ⓤ 범죄 수사학.

crim·i·nal·i·ty[krìmənǽləti] *n.* Ⓒ 범죄(행위); Ⓤ 범죄적 성질, 유죄,

범죄성.
críminal láw 형법.
crim·i·nate[krímənèit] *vt.* 유죄로 하다; 죄를 묻다.
crim·i·nol·o·gy [krìmənálədʒi/-ɔ́-] *n.* Ⓤ 범죄학.
crimp[krimp] *vt., n.* (머리 등을) 지지다, 오그라지게 하다; Ⓒ (보통 *pl.*) 고수머리, 오그라짐; 주름(잡기); 제한, 장애(물).
:**crim·son**[krímzn] *n., a., vt., vi.* Ⓤ 진홍색(의, 으로 하다, 이 되다).
crímson láke 진홍색(그림물감).
crin·kle[kríŋkl] *n., vi., vt.* Ⓒ 주름(지(게 하)다); 오그라들(게 하)다, 오글 쪼글하게 하다; 바스락〔바삭바삭〕 소리 나다.
crin·o·line[krínəlì(ː)n] *n.* Ⓒ 〖史〗 버팀테(hoop)를 넣은 스커트.
cripes[kraips] *int.* 《俗》 어이구나, 야아 이거 참《놀람》.
:**crip·ple**[krípl] *n., vt.* Ⓒ 신체 장애자, 뚝발이〔불구자〕(로 만들다); 해치다, 약하게 하다; 무능케 하다. **~*d soldier*** 상이 군인.
:**cri·sis**[kráisis] *n.* (*pl.* **-ses**[-siːz]) Ⓒ 위기; 〖經〗 공황.
:**crisp**[krisp] *a.* ① 아삭아삭〔파삭파삭〕하는; (병 따위가), 깨지기 쉬운 (brittle). ② 오그라든. ③ (공기가) 상쾌한(bracing), 팔팔한; 시원시원한, 명확한. — *vi., vt.* 아삭아삭〔파삭파삭〕하게 되다〔하다〕; 오그라들(게 하)다. — *n.* Ⓒ 아삭아삭〔파삭파삭〕한 상태; (*pl.*) 《주로 英》 파삭파삭하도록 얇게 썰어 기름에 튀긴 감자. ***∠.ly** *ad.* ***∠.ness** *n.* **∠.y** *a.*
crisp·er[kríspər] *n.* Ⓒ (냉장고의) 야채 저장실.
criss·cross[krískrɔ̀ːs/-krɔ̀s] *a., ad., n.* Ⓒ 열십자(무늬)(의, 로); =TICK-TACK-TOE. — *vt.* 열십자〔무늬〕로 하다. — *vi.* 교차하다.
cris·tate[krísteit] *a.* 〖生〗 볏이〔도가머리가〕 있는.
***cri·te·ri·on**[kraitíəriən] *n.* (*pl.* **~s, -ria**) Ⓒ (판단의) 표준, (비판의) 기준.
:**crit·ic**[krítik] *n.* Ⓒ 비평〔평론〕가; 흠〔트집〕 잡는 사람.
:**crit·i·cal**[krítikəl] *a.* ① 비평의(of criticism), 평론의; 눈이 높은; 비판적인, 입이 건. ② 위독한, 위험한(of a crisis) (~ *condition* 위독 상태); 〖理·數〗 임계(臨界)의(~ *temperature* 임계온도). ***with a ~ eye*** 비판적으로. **~.ly** *ad.* 비판적으로; 아슬아슬하게, 위험한 정도로(*be ~ly ill* 위독하다).
crítical máss 〖理〗 임계 질량; 어떤 결과를 얻기 위해 필요한 양.
crítical páth análysis 크리티컬 패스 분석《어떤 계획의 최장 경로를 컴퓨터로 분석하여 가장 유효한 순서를 결정하는 방법》.
crítical philósophy (칸트의) 비판 철학.
:**crit·i·cism**[krítisìzəm] *n.* Ⓤ,Ⓒ 비평, 비판, 평론; 혹평, 비난.
:**crit·i·cize**[krítisàiz] *vt., vi.* 비평〔비판〕하다; 비난하다.
cri·tique[kritíːk] *n.* Ⓤ,Ⓒ (문예 작품 등의) 비평, 평론(문); 서평; 비판 (*the C- of Pure Reason by Kant* 칸트의 '순수 이성 비판').
***croak**[krouk] *vi., vt., n.* Ⓒ (까마귀·해오라기·개구리가) 깍깍〔개골개골〕 울다, 그 소리; 목쉰 소리(로 말하다); 음울한 소리를 내(어 말하)다; 불길한 말을 하다. **∠.er** *n.*
Cro·at[króuət, -æt] *n.* Ⓒ 크로아티아 사람.
Cro·a·tia[krouéiʃə] *n.* 크로아티아《옛 유고슬라비아에서 독립한 공화국》. **~n** *a.*
cro·chet[krouʃéi/∠—, -ʃi] *n., vi., vt.* Ⓤ 코바늘 뜨개질(하다).
crock[krak/-ɔ-] *n.* Ⓒ (토기의) 항아리, 독. **~.er·y**[∠əri] *n.* Ⓤ 토기류(土器類), 사기그릇류.
crocked[krakt/krɔkt] *a.* 《美俗》 술취한; 《英口》 부상당한.
***croc·o·dile**[krákədàil/-ɔ́-] *n.* Ⓒ 악어. **-dil·i·an**[≻—dílian] *a., n.* Ⓒ 악어류의 (동물); 악어.
cróccodìle tèars 거짓 눈물.
***cro·cus**[króukəs] *n.* (*pl.* **~es, -ci**[-sai]) Ⓒ ① 〖植〗 크로커스(의 꽃). ② 산화철《마분(磨粉)》.
Croe·sus[kríːsəs] *n.* 크로서스《기원전 6세기의 Lydia 왕》; Ⓒ 그와 같은 갑부. **(*as*) *rich as* ~** 대부호인.
croft[krɔːft/krɔft] *n.* Ⓒ 《英》 (주택에 접한) (텃)밭; 작은 소작 농장. **∠.er** *n.* Ⓒ 소작농(小作農).
crois·sant[krwasάːnt] *n.* (F.) Ⓒ 초생달형의 롤빵.
Cro-Mag·non [kroumǽgnən, -mǽnjəŋ] *n., a.* Ⓒ (구석기 시대의) 크로마뇽 사람(의).
crom·lech[krámlek/-ɔ́-] *n.* Ⓒ 〖考〗 환열 석주(環列石柱) (stone circle); =DOLMEN.
Crom·well[krámwəl, -wel/-ɔ́-], **Oliver** (1599-1658) 영국의 정치가·군인.
crone[kroun] *n.* Ⓒ (주름투성이의) 노파.
cro·ny[króuni] *n.* Ⓒ 다정한 친구, 단짝, 옛벗.
crook**[kruk] *n.* Ⓒ ① 굽은 것; (양치는 목동의) 손잡이가 굽은 지팡이. ② 만곡, 굽음. ③ 《口》 사기꾼, 도둑놈. ***a ~ in one's lot 불행. ***by*** HOOK ***or by ~. on the ~*** 《俗》 부정수단으로. — *vt., vi.* 구부리다; 구부러지다.
cróok·bàck *n.* Ⓒ 곱추, 곱사등이 (hunchback). **-bàcked** *a.*
:**crook·ed**[∠id] *a.* 꼬부라진, 뒤틀린, 부정직한; [krukt] 갈고리〔굽은 손잡이〕가 달린.
Cróokes túbe[krúks-] 〖電〗 크룩스(진공)관.
croon[kruːn] *vi., vt.* 작은 소리로 읊조리다; 웅얼웅얼 노래하다(hum). **∠.er** *n.* Ⓒ 작은 소리로 읊조리는〔노래하는〕 사람; 저음 가수.

C

†**crop**[krɑp/-ɔ-] *n.* ① Ⓒ 작물, 수확〔생산〕(량)(*a bad* 〔*bumper, large*〕 ~ 흉〔풍〕작); (the ~s)(한 지방·한 계절의) 전(全)농작물. ② Ⓒ 많음, 모임; 속출. ③ Ⓒ (새의) 멀떠구니(craw). ④ (*sing.*) (머리를) 짧게 깎기(cf. bob[1], shingle[1]). ⑤ Ⓒ (끝에 가죽 고리가 달린) 채찍. ***be out of*** 〔***in, under***〕 ~ 농작물이 심어져 있지 않다〔있다〕. — *vt.* (**-pp-**) (땅에) 재배하다, 심다(~ *a field with seed, wheat, &c.*); (짧게) 깎다; 수확하다. — *vi.* (농작물이) 되다; 깎아〔베어〕내다(clip); (광상(鑛床)이) 노출하다(*out*), (불시에) 나타나다(*forth, out, up*); (양·새 따위가) 싹을 먹다.

cróp·dùsting *n.* Ⓤ 농약 살포.

crop·per[krɑ́pər/krɔ́p-] *n.* Ⓒ 농부, 《美》 (반타작의) 소작인; 작물(*a good* ~ 잘 되는 작물); 베는〔깎는〕 사람〔것〕; 추락, 낙마(落馬), 대실패(*come* 〔*fall, get*〕 *a* ~ 말에서 떨어지다, 실패하다).

cróp rotàtion 윤작.

cro·quet[kroukéi/ㅗ—, -ki] *n.* Ⓤ 크로케《나무공을 나무 망치로 ㄇ형의 틀 안으로 쳐 넣는 게임》.

cro·quette[kroukét/-ɔ-] *n.* (F.) Ⓒ,Ⓤ 〖料理〗 크로켓.

cro·sier[króuʒər] *n.* Ⓒ 〖宗〗(bishop 또는 abbot의) 사목장(司牧杖).

†**cross**[krɔːs/krɔs] *n.* Ⓒ ① 십자가; (the C-) 예수의 수난(의 십자가), 속죄(the Atonement); 기독교. ② 고난, 시련, 고생; 방해(*bear one's* ~ 고난을 참다). ③ 십자형, 십자로(路), 네거리; 십자 훈장(*the Victoria C-* 빅토리아 훈장). ④ 교배, 잡종. ***on the*** ~ 엇갈리게, 교차되게; 《俗》 부정 행위를 하여(살다, 따위). ***take the*** ~ 십자군〔개혁 운동〕에 참가하다(join the crusade). — *a.* ① 열십자(형)의; 비스듬한, 가로의. ② 반대의(~ *luck* 불운). ③ (질문·대답 따위) 심술궂은, 찌무룩한. ④ 잡종의(crossbred). ***as*** ~ ***as two sticks*** 《口》 성미가 지독히 까다로운. ***run*** ~ ***to*** …와 충돌하다. — *vt.* ① 가로지르다, 건너다. ② (팔짱을) 끼다, (발을) 꼬다. ③ (선을) 가로 긋다〔그어 지우다〕(*off, out*). ④ 반대〔방해〕하다. ⑤ (편지 따위가) (…와) 엇갈리다; 교배시키다; 〖電話〗 혼선되게 하다. — *vi.* 가로〔건너〕지르다; 교차하다; 엇갈리게 하다; 잡종이 되다. ***be ~ed in*** …에 실망하다. ~ ***a horse*** 말에 걸터앉다. ~ ***a person's hand*** 〔***palm***〕 ***with silver*** 아무에게 뇌물을 쥐어주다. ~ ***a person's path*** …을 만나다; …의 앞길〔계획〕을 방해하다. ~ ***oneself*** 〔***one's heart***〕 가슴(또는, 이마)에 십자를 긋다. ~ ***one's fingers*** 두 손가락을 열 십자로 걸다《재난의 액막이로》. ~ ***one's mind*** 마음에 떠오르다. ~ ***wires*** 〔***lines***〕 전화를 (잘못) 연결하다. **~ed**[-t] *a.* 열십자로 교차된, 횡선을 그은(*a ~ed check* 횡선 수표); (열십자 또는 횡선으로) 말소한; 방해〔저지〕된. **∠·ly** *ad.* 가로, 거꾸로; 심술궂게, 뾰로통해서. **∠·ness** *n.*

cróss·bàr *n.* Ⓒ 가로장, 빗장; (높이 뛰기 등의) 바.

cróss·bèam *n.* Ⓒ 대들보, 도리.

cróss-bènch *n.* (보통 *pl.*) 〖英下院〗 무소속 의원석(席). — *a.* 중립의.

cróss·bìll *n.* Ⓒ 잣새.

cróss-bìll *n.* Ⓒ 〖法〗 반대 소장(反對訴狀).

cróss·bònes *n. pl.* 2개의 대퇴골을 교차시킨 그림《죽음·위험의 상징》.

cross·bow[∠bòu] *n.* Ⓒ 석궁(石弓).

cróss·brèed *n., vt., vi.* (**-bred**) Ⓒ 잡종(을 만들다).

cróss bùn 《주로 英》 십자가(모양을 찍은) 빵《Good Friday용》.

cróss-cóuntry *a.* 들판 횡단의(*a* ~ *race* 단교(斷郊) 경주).

cróss·cúltural *a.* 문화 비교의.

cróss·cùt *a., n.* Ⓒ 가로 켜는 (톱), 동가리톱; 지름길.

cróss-examinátion *n.* Ⓤ,Ⓒ 힐문, 반문; 〖法〗 반대 심문.

cróss-exámine *vt.* 〖法〗 반대 심문하다; 힐문하다.

cróss-èyed *a.* 사팔눈의, (특히) 모들뜨기의.

cróss-fertilizátion *n.* Ⓤ 〖植·動〗 이화(異花)〔타가〕 수정; (이질 문화의) 교류.

cróss-fíle *vt.* 《美》 두 정당의 예비 선거에 입후보하다.

cróss fìre 〖軍〗 십자 포화; 활발히 주고받는 질의 응답; (요구·용건의) 쇄도, 집중; 곤경.

cróss-gráined *a.* 나뭇결이 불규칙한; (성격이) 비뚤어진.

cróss hàirs (망원경 등의 초점에 그은) 십자선.

cróss-hàtch *vt.* (펜화(畫)에서) 종횡선의 음영(陰影)을 넣다.

cróss-immúnity *n.* Ⓤ 〖醫〗 (다른 균에 의한) 교차 면역.

***cross·ing**[∠iŋ] *n.* ① Ⓤ,Ⓒ 횡단, 교차. ② Ⓒ (가로의) 교차점, 네거리, (선로의) 건널목. ③ Ⓤ,Ⓒ 방해, 반대. ④ Ⓤ,Ⓒ 십자를 긋기. ⑤ Ⓤ,Ⓒ 이종 교배. ⑥ Ⓤ,Ⓒ (수표의) 횡선.

cróssing guàrd 《美》 (아동 등하교 때의) 교통 안전 유도원.

cross-legged[∠légid] *a.* 발을 꼰〔엇건〕; 책상 다리를 한.

cróss-lìnk *vt.* 〖化〗 교차 결합하다.

cróss-lòts *ad.* 지름길로. ***cut*** ~ 지름길로 가다.

cróss·òver *n.* Ⓒ (입체) 교차로.

cróss-ównership *n.* Ⓤ 《美》 (단일 기업에 의한 신문·방송국의) 교차 소유.

cróss·pàtch *n.* Ⓒ 《口》 심술꾸러기.

cróss·pìece *n.* Ⓒ 가로장(나무).

cróss-póllinate *vt.* 이화(異花) 수분시키다.

cróss-pollinátion *n.* Ⓤ 이화(異花)수분.

cróss·púrpose *n.* Ⓒ (보통 *pl.*)

목적〔의향〕의 엇갈림(*at* ~ 이야기가〔행동이〕 엇갈려, 서로 오해하여).
cróss-quéstion *vt.* =CROSS-EXAMINE.
cróss-refér *vi.* (**-rr-**) (같은 책에서) 앞뒤를 참조하다.
cróss réference (한 책 안의) 앞뒤 참조, 상호 참조.
*__cróss·ròad__ *n.* Ⓒ 교차 도로; 갈림길, 골목길; (*pl.*) 《단수 취급》 네거리; 집회소. ***at the ~s*** 갈림길에 서서, 할 바를 몰라.
cróss sèction 횡단면; 대표적인 면; 단면도.
cróss-section páper 모눈종이.
cróss sèlling 끼워 팔기《영화와 원작본 따위의》.
cross-so·ci·e·tal[≻səsáiətəl] *a.* 사회 전체에 미치는, 사회 각층에 걸친.
cróss-stìtch *n., vt., vi.* Ⓒ (바느질의) 십자뜨기(를 하다).
cróss tàlk 〖電話〗 혼선; 《英》 (하원에서의) 논쟁.
cróss·trèes *n. pl.* 〖海〗 돛대 꼭대기의 활대.
cróss-vòting *n.* Ⓤ 교차 투표《자당·타당의 구별 없이 자유로이 찬부를 투표할 수 있음》.
cróss-wàlk *n.* Ⓒ 횡단 보도.
cróss·wày *n.* =CROSSROAD.
cróss·wàys, *__cróss·wìse__ *ad.* ① 옆으로, 가로; 열십자 (모양으로). ② 심술궂게.
*__cróss·word__ (**pùzzle**) *n.* Ⓒ 크로스워드퍼즐, 십자 말풀이.
crotch[kratʃ/-ɔ-] *n.* Ⓒ (발의) 가랑이, (손의) 갈래, 손살, (나무의) 아귀; 〖海〗 갈라진 지주.
crotch·et[krátʃit/-ɔ́-] *n.* Ⓒ 별난 생각, 변덕(whim); 갈고리(small hook); 〖樂〗 4분 음표. **~·y** *a.* 변덕스러운; 별난.
:**crouch**[krautʃ] *vi., n.* Ⓤ 쭈그〔웅크〕리다〔림〕; 바싹 웅크리다〔웅크림〕; (비굴하게) 움츠리다.
croup[1][kru:p] *n.* Ⓤ 〖病〗 크루프, 위막성(僞膜性) 후두염.
croup[2], **croupe**[kru:p] *n.* Ⓒ (말 따위의) 궁둥이(rump).
crou·pi·er[krú:piər] *n.* Ⓒ (노름판의) 물주.
crou·ton[krú:tan/-tɔn] *n.* (F.) Ⓒ 크루톤《수프에 띄우는 튀긴 빵 조각》.
:**crow**[1][krou] *n.* Ⓒ 까마귀《raven, rook 도 포함》. ***as the ~ flies*** 일직선으로. ***eat ~*** 《美口》 굴욕을 참다. ***white ~*** 진품.
crow[2] *vi.* (***crew, ~ed; ~ed***) (수탉이) 울다; 홰를 쳐 때를 알리다; (*~ed*) (아기가) 까르륵 웃다; 환성〔함성〕을 지르다(올리다)(*over*).
crów·bàr *n.* Ⓒ 쇠지레.
†**crowd**[kraud] *n.* Ⓒ ① 《집합적》 군중, 붐빔; (the ~) 민중. ② 다수(*a ~ of books*). ③ 《口》 패거리, 동아리. ④ 관객, 구경꾼. — *vi.* 모여들다, 북적대다; 서로 밀치며 들어가다. — *vt.* 밀치락달치락하다, 잔뜩 쳐넣다; 찌부러뜨리다(*down*); 밀(어 붙이)다; 《口》 강요하다. **:~·ed**[≺id] *a.* 붐비는, 만원의.
crow·foot[króufùt] *n.* (*pl.* **~s**) =BUTTERCUP.
†**crown**[kraun] *n.* ① Ⓒ 왕관; (the ~) 왕위, 군주권; (the C-) 군주, 제왕. ② Ⓒ 화관(花冠), 영관, 영예. ③ Ⓒ 왕관표(가 달린 것). ④ Ⓒ 5 실링 은화. ⑤ Ⓤ 크라운판(判) 용지 《15×20 인치》. ⑥ Ⓒ 꼭대기; (모자 따위의) 위; 머리, 정수리; (the ~) 절정, 극치(acme). ⑦ Ⓒ 〖齒科〗 (이의) 금관; (닻의) 하단부. — *vt.* (…에게) (왕)관을 주다, 즉위시키다; 꼭대기에 얹다〔를 꾸미다〕; (명예 따위를) 주다; (…의) 최후를 장식하다, 완성하다. ***to ~ all*** 끝판〔결국〕에 가서는, 게다가. **≺·ing** *a.* 최후를 장식하는; 더 없는(*the ~ing folly* 더할 나위 없는 어리석음).
crówn cólony 《英》 직할 식민지.
crówn lànd 왕실 영유지.
crówn prínce (영국 이외의) 왕세자《영국은 Prince of Wales》.
crów's-fòot *n.* (*pl.* **-feet**) Ⓒ (보통 *pl.*) 눈꼬리의 주름.
crów's-nèst *n.* Ⓒ 돛대 위의 망대.
C.R.T. 〖컴〗 cathode-ray tube(음극(선)관).
CRT displáy[sì:à:rtí:-] 〖컴〗 음극(선)관 표시(기).
*__cru·cial__[krú:ʃəl] *a.* ① 최종〔결정〕적인, 중대한. ② 혹독한, 어려운, 곤란한(*a ~ period* 어려운 시기).
cru·ci·ble[krú:səbl] *n.* Ⓒ 도가니 (melting pot); 《比》 호된 시련.
cru·ci·fix[krú:səfìks] *n.* Ⓒ 십자가(의 예수상(像)). **~·ion**[≻–fíkʃən] *n.* Ⓤ (십자가에) 못박음; (the C-) 십자가에 못박힌 예수; Ⓒ 그 그림〔상〕; Ⓤ 모진 박해, 큰 시련.
cru·ci·form[krú:səfɔ̀:rm] *a., n.* 십자형(의).
*__cru·ci·fy__[krú:səfài] *vt.* 십자가에 못박다; 괴롭히다(torture).
crud[krʌd] *n.* Ⓤ 《俗》 앙금; Ⓒ 쓸모없는 자, 무가치한 것.
:**crude**[kru:d] *a.* 천연 그대로의, 생것〔날것〕의(raw)(*~ gum* 생고무); 미숙한; 조잡〔엉성〕한(rough), 무무〔조야〕한(*~ manners* 예절없음); 노골적인(bald). — *n.* Ⓤ 원유(原油). **≺·ly** *ad.* **≺·ness, cru·di·ty**[krú:dəti] *n.*
crúde óil 〔**petróleum**〕 원유.
:**cru·el**[krú:əl] *a.* 잔인한; 비참한. — *ad.* 《方》 몹시, 아주. ***~·ly** *ad.* **:~·ty** *n.* Ⓤ 잔학; Ⓒ 잔학 행위.
cruet[krú:it] *n.* Ⓒ (소금·후추 따위를 넣은) 양념병.
crúet stànd 양념병대(臺).
*__cruise__[kru:z] *n., vi.* ① Ⓒ 순항(巡航)(하다). ② (택시가 손님을 찾아) 돌아다니다. ③ 순항 속도로 비행하다. ***crúis·er** *n.* Ⓒ 순양함; 행락용 모터보트; 손님 찾아 돌아다니는 택시; (경찰의) 순찰차(prowl car).

crúise càr 《美》 순찰차.
crúise míssile 크루즈 미사일《컴퓨터로 조정되며 저공 비행함》.
crúising spèed (배·비행기의) 순항 속도, 경제 (주행) 속도.
crul·ler[krʌ́lər] *n.* Ⓒ 꽈배기 도넛.
***crumb**[krʌm] *n.* ① Ⓒ (보통 *pl.*) (빵·과자의) 작은 조각, 빵부스러기. ② Ⓤ (빵의) 말랑말랑한 속(cf. crust). ③ Ⓒ 소량, 조금(~*s of learning*).
:crum·ble[krʌ́mbl] *vt., vi.* 산산이 바수다[바스러지다]; 빻다, 가루로 만들다; 무너[부서]지다, 붕괴하다. **-bly** *a.* 무른, 부서지기 쉬운.
C
crum·my[krʌ́mi] *a.* 《俗》 지저분한; 싸구려의, 하찮은.
crump[krʌmp] *vt.* 쾅하고 폭파시키다. — *n.* Ⓒ 쾅, 빵빵하는 소리.
crum·pet[krʌ́mpit] *n.* Ⓒ 《주로 英》 일종의 구운 과자; Ⓤ 《俗》 성적 매력(이 있는 여자).
***crum·ple**[krʌ́mpl] *n., vt., vi.* Ⓒ 주름, 구김; 구기다, 쭈글쭈글하게 하다, 구겨지다(*up*).
crunch[krʌntʃ] *vi., vt., n.* Ⓒ 우두둑우두둑[어적어적] 깨물다[깨묾]; (*sing.*) 어쩍 깨물다[깨무는 소리]; 저벅저벅 걷다[걷기, 소리]; (the ~) 위기; (a ~) 금융 핍박, 경제 위기.
crup·per[krʌ́pər] (<croup²) *n.* Ⓒ (말의) 껑거리끈; (말의) 궁둥이.
***cru·sade**[kru:séid] *n.* Ⓒ ① (보통 C-) 〖史〗 십자군. ② 성전(聖戰); 개혁[박멸] 운동(*against*). ***cru·sád·er** *n.* Ⓒ 십자군 전사(戰士); 개혁[박멸] 운동가.
cruse[kru:z] *n.* Ⓒ 《古》 항아리, 주전자, 병. ***the widow's*** ~ 과부의 병(〖聖〗 열왕기上 XVII:10-17).
:crush[krʌʃ] *vt.* ① 짓눌러 찌부러뜨리다, 으깨다, 부수다. ② 꼭 껴안다. ③ 꺾다; 진압하다. — *vi.* ① 쇄도하다(*into, through*). ② 찌그러[으깨]지다; 구기다(wrinkle). ~ ***down*** 뭉개다; 바수다; 진압하다. — *n.* ① Ⓤ 분쇄. ② Ⓤ 붐빔; (*pl.*) 붐비는 군중. ③ Ⓒ 《口》 홀딱 반함[반하는 상대]. **∠·er** *n.* Ⓒ 쇄광기(碎鑛機). **∠·ing** *a.* (타격 따위) 철저한.
Cru·soe[krú:sou], **Robinson** Defoe작의 소설(의 주인공).
:crust[krʌst] *n.* ① Ⓤ,Ⓒ 식빵의 껍질(cf. crumb). ② Ⓒ 생활의 양식(糧食); (the ~) 〖地〗 지각(地殼). — *vt., vi.* 외피[겉껍데기]로 덮다; 껍질이[딱지가] 생기다. **~·ed**[∠id] *a.* 겉껍데기[껍질] 있는; 오래된; 굳어버린(~*ed habits; a* ~*ed egoist*). **∠·y** *a.* 껍질이 딱딱한[굳은]; 심통 사나운(surly).
crus·ta·cean[krʌstéiʃən] *a., n.* Ⓒ 갑각류의 (동물).
crus·ta·ceous[krʌstéiʃəs] *a.* (새우·게의) 껍질[딱지] 같은; =⇧.
***crutch**[krʌtʃ] *n.* Ⓒ (보통 *pl.*) 협장(脇杖); 버팀.
crux[krʌks] *n.* (*pl.* ~***es, cruces*** [krú:si:z]) Ⓒ 십자가; 난문제, 난점; 요점(essential part); (the C-) 〖天〗 남십자성.
†cry[krai] *n.* Ⓒ ① 외침, 외치는[부르짖는] 소리. ② 울음[우는] 소리. ③ 여론. ***a far*** ~ 원거리, 큰 차이(*to*). ***have*** [***get***] ***a*** ~ ***on*** 《口》 …에 열중[반]하여, …에 홀리다. ***in full*** ~ (사냥개가) 일제히 추적하여, 일제히. ***Much*** [***Great***] ~ ***and no*** [***little***] ***wool.*** 《속담》 태산 명동에 서일필, 헛소동. ***within*** [***out of***] ~ 소리가 미치는[미치지 않는] 곳에. — *vi.* ① 부르짖다, 우짖다. ② 큰소리로 외치다. ③ (소리내어) 울다; 흐느껴 울다; (새 등이) 울다. — *vt.* 외쳐 알리다, 외치며 팔다. ~ ***against*** …에 반대를 외치다. ~ ***down*** 야유를 퍼붓다, 비난하다. ~ ***for*** 다급함을 호소하다, 울며 청하다; 필요로 하다. ~ ***off*** (협정 따위를) 취소하다. ~ ***one's eyes*** [***heart***] ***out*** 훌쩍훌쩍 울다. ~ ***out*** 큰 소리로 외치다. ~ ***to*** [***unto***] …에게 조력을 청하다. ~ ***up*** 극구 칭찬하다. ***for*** ~***ing out loud*** 《口》 이거 참, 뭐라고, 야 잘 됐다. **~·ing** *a.* 다급[긴급]한(*a* ~*ing need* 긴급히 필요한 일); 심한(*a* ~*ing shame* 호된 수치).
crý·bàby *n.* Ⓒ 울보.
cry·o-[kráiou, kráiə] '냉온, 냉동'의 뜻의 결합사.
cry·o·gen·ic[kràioudʒénik] *a.* 저온학의, 극저온의.
cryò·génics *n.* Ⓤ 저온학.
cry·on·ics[kraiɔ́niks] *n.* Ⓤ 인간 냉동 보존술.
crỳo·súrgery *n.* Ⓤ 저온 수술.
crypt[kript] *n.* Ⓒ (교회의) 지하실《옛적에는 납골소》; 〖解〗 선와(腺窩).
crypt·a·nal·y·sis[krìptənǽləsis] *n.* Ⓤ,Ⓒ 암호 해독(법).
cryp·tic[kríptik], **-ti·cal**[-əl] *a.* 비밀의; 신비스런.
cryp·to[kríptou] *n.* (*pl.* ~***s***) Ⓒ (정당 따위의) 비밀 당원.
cryp·to·gam[kríptougæ̀m] *n.* Ⓒ 〖植〗 은화(隱花)식물(cf. phanerogam).
cryp·to·gram[-græ̀m] *n.* Ⓒ 암호문.
cryp·to·graph[-græ̀f, -ɑ̀:-] *n.* Ⓤ 암호법; ⇧.
cryp·tog·ra·pher [kriptágrəfər/-ɔ́-] *n.* Ⓒ 암호 사용자[해독자].
cryp·tog·ra·phy [kriptágrəfi/-tɔ́g-] *n.* Ⓤ 암호 사용[해독]법; 암호 방식.
cryp·tol·o·gy[kriptálədʒi/-ɔ́-] *n.* Ⓤ 은어, 변말; 암호 연구.
cryp·to·mer·i·a[krìptəmíəriə] *n.* Ⓒ (일본) 삼나무.
:crys·tal[krístl] *n., a.* ① Ⓒ 결정(체); 검파용 광석. ② Ⓤ 수정(처럼 투명한); 크리스털 유리. ③ Ⓒ 수정 제품; 수정과 같은 것.
crýstal báll (점쟁이의) 수정 구슬.
crýstal detéctor 〖無電〗 광석 검

파기; (반도체) 다이오드 검파기.
crýstal gàzer 수정 점쟁이.
crýstal gàzing 수정점(水晶占).
crýstal gláss =FLINT GLASS.
*__crys·tal·line__[krístəlin, -təlàin] *a.* ① 수정의[같은]; 결정성의. ② 투명한, 맑은. — *n.* Ⓒ (눈알의) 수정체(~ lens).
*__crys·tal·lize__[krístəlàiz] *vt., vi.* ① 결정(結晶)하다[시키다]. ② (계획 따위를) 구체화하다. ③ 설탕절임으로 하다. **-li·za·tion**[⌐-lizéiʃən/-lai-] *n.* Ⓤ 결정(과정); 구체화; Ⓒ 결정(체).
crýstal píckup (전축의) 크리스털 픽업.
Cs 〖化〗 cesium. **C.S.** Christian Science [Scientist]; Civil Service. **csc** cosecant. **C.S.C.** Civil Service Commission 고시위원회. **CSCE** Conference on Security and Cooperation in Europe 유럽 안전 보장 협력 회의.
CS gàs[sí:és-] 최루 가스의 일종《CS는 군용기호》.
CSM command and service module 사령 기계선(司令機械船).
CST Central Standard Time.
CT computerized tomography 컴퓨터 단층 촬영. **ct.** cent(s); country; court. **CTBT** Comprehensive Test Ban Treaty.
CTC centralized traffic control 열차 집중 제어 장치. **cts.** centimes; cents.
CT scàn[sí:tì:-] CT 스캔.
CT scànner[sí:tì:-] CT 장치.
Cu 〖化〗 cuprum(L.=copper).
cub. cubic.
*__cub__[kʌb] *n.* Ⓒ ① (곰·사자·여우 따위의) 새끼; 고래[상어]의 새끼. ② 버릇 없는 아이; 애송이. ③ 수습 기자(cub reporter).
cub. cubic.
*__Cu·ba__[kjú:bə] *n.* 쿠바《서인도 제도 중의 공화국》. *__~n__ *a., n.* 쿠바(사람)의; Ⓒ 쿠바 사람.
cu·ba·ture[kjú:bətʃər] *n.* Ⓤ 입체 구적법(求積法).
cub·by(·hole) [kʌ́bi (hòul)] *n.* Ⓒ 아늑한[쾌적한] 장소.
:__cube__[kju:b] *n.* Ⓒ 입방(체); 세제곱. — *vt.* 입방체로 하다; 주사위 모양으로 베다; 세제곱하다.
cúbe róot 입방근, 세제곱근.
cúbe súgar 각사탕.
:__cu·bic__[kjú:bik] *a.* 입방(체)의, 세제곱의. ~ ***equation*** 3차 방정식.
cu·bi·cal[-əl] *a.*
cu·bi·cle[kjú:bikl] *n.* Ⓒ (기숙사 따위의) 작은 침실; 작은 방.
cúbic méasure 체적, 용적.
cub·ism[kjú:bizəm] *n.* Ⓤ 〖美術〗 입체파, 큐비즘. **cúb·ist** *n.*
cu·bit[kjú:bit] *n.* Ⓒ 큐빗 자, 완척(腕尺)《팔꿈치에서 가운뎃손가락 끝까지; 40-55cm》.
cúb scòut 《美》 8-10세의 보이스카우트 단원.
cuck·old[kʌ́kəld] *n.* Ⓒ 부정한 여자의 남편. — *vt.* (아내가) 오쟁이지다; (남의) 아내와 간통하다.
:__cuck·oo__[kú(:)ku:] *n.* (*pl.* ~*s*), *a.* Ⓒ 뻐꾸기; 뻐꾹《그 울음 소리》; 《美俗》 얼간이, 멍청이; 《美俗》 정신이 돈; 얼빠진.
cu. cm. cubic centimeter(s).
*__cu·cum·ber__[kjú:kəmbər] *n.* Ⓒ 오이. (***as***) ***cool as a*** ~ 침착한, 냉정한.
cud[kʌd] *n.* Ⓤ (반추 동물의) 되새김질 먹이. ***chew the*** ~ 되새기다; 숙고(熟考)하다.
*__cud·dle__[kʌ́dl] *vt., vi., n.* ① (a ~) 꼭 껴안다[안음](hug); 포옹, (어린애를) 안고 귀여워하다. ② 웅크리고 자다(*up*); 바싹 붙어 자다. **~·some**[-səm], **cud·dly**[-i] *a.* 껴안고 싶어지는.
*__cudg·el__[kʌ́dʒəl] *n., vt.* (《英》 ***-ll-***) Ⓒ 곤봉(으로 때리다). ~ ***one's brains*** 머리를 짜내다. ***take up the*** ~***s*** 강력히 변호하다(*for*).
cue[1][kju:] *n.* Ⓒ ① 큐《대사의 실마리 말》; 계기; 단서, 실마리, 역할, 구실, 신호, 힌트. ② 역할(role). ③ 기분(mood). ***in the*** ~ ***for*** (*walking*)(산보)하고 싶은 기분이 되어. ***on*** ~ 마침내 좋은 때에, 적시에. ***take the*** [***one's***] ~ ***from*** …에서 단서를 얻다, …을 본받다.
cue[2] *n.* Ⓒ 변발(queue); (차례를 기다리는) 열(*stand in* ~ 줄을 서다); (당구의) 큐.
*__cuff__[1] [kʌf] *n.* Ⓒ 소맷부리[동], 커프스, (바지의) 접어젖힌 단; (*pl.*) 쇠고랑(handcuffs).
cuff[2] *n., vt.* Ⓒ 손바닥으로 치기[치다](slap).
cúff bùtton 커프스 단추.
cúff lìnk 커프스 버튼(《英》 sleeve link).
cu. ft. cubic foot [feet].
cu·i bo·no [kwí: bóunou/-bɔ́n-] (L.) 이(利)를[득을] 보는 건 누구냐《흑막은 누군가》; 무슨 소용이 있나.
cu. in. cubic inch(es).
cui·rass[kwiræ̀s] *n.* Ⓒ 몸통 갑옷; (군함의) 장갑판.
cui·sine[kwizí:n] *n.* Ⓤ 요리(법); Ⓒ 《古》 부엌(kitchen), 조리실.
cul-de-sac[kʌ́ldəsæ̀k, kúl-] *n.* (F.) Ⓒ 막다른 골목(blind alley).
cu·li·nar·y [kʌ́lənèri, kjú:-/kʌ́lənəri] *a.* 부엌(용)의; 요리(용)의 (~ *art* 요리법).
cull[kʌl] *vt., n.* (꽃을) 따다; 가려[골라]내다; Ⓒ 따기, 채집; 선별; (보통 *pl.*) 가려낸 가축.
culm[kʌlm] *n.* Ⓤ (질이 나쁜) 가루 무연탄, 찌꺼기탄.
*__cul·mi·nate__[kʌ́lmənèit] *vi., vt.* 절정에 이르다[이르게 하다]; 드디어 …이 되다(*in*); 〖天〗 남중(南中)하다. **-na·tion**[⌐-néiʃən] *n.* Ⓤ (보통 the ~) 최고조, 절정; 전성; 완성; 〖天〗 남중.

cu·lottes[kju:láts/kju:lɔ́ts] *n. pl.* 퀼로트《여성의 바지 같은 스커트》.
cul·pa·ble[kʌ́lpəbəl] *a.* 책〔비난〕할 만한, 유죄(有罪)의. **-bil·i·ty** [⌐—bíləti] *n.* U,C 유죄.
***cul·prit**[kʌ́lprit] *n.* C 피의자, 미결수; 죄인.
***cult**[kʌlt] *n.* C ① 예배(식), 제례. ② 숭배, 예찬(*of*). ③ 열광, 유행, …열(*the* ~ *of baseball* 야구열). ④ 숭배자〔팬〕들.
cul·ti·va·ble[kʌ́ltəvəbəl] *a.* 재배할 수 있는.
:**cul·ti·vate**[kʌ́ltəvèit] *vt.* ① 갈다, 경작하다, 재배하다; 배양하다. ② 교화하다, (정신·기능을) 닦다. ③ (수염을) 기르다. ④ (교제를) 청하다; (우정을) 깊게 우려하다. * **-vat·ed**[-id] *a.* 경작된; 교양 있는; 세련된. * **-va·tor** *n.* C 재배자, 경작자〔기〕; 교화〔수련〕자. : **-va·tion**[⌐—véiʃən] *n.* U 경작, 재배; (세균의) 배양; 수양; 교양; 교화.
:**cul·tur·al**[kʌ́ltʃərəl] *a.* ① 문화의, 교양의(~ *studies* 교양 과목). ② 배양하는, 경작〔재배〕의. * **~·ly** *ad.*
cúltural lág 〖社〗 문화적 지체(遲滯).
Cúltural Revolútion, the (중국의) 문화 대혁명.
:**cul·ture**[kʌ́ltʃər] *n.* ① U 경작, 재배(cultivation); 배양. ② U 교양, 수양. ③ U,C 문화. ④ U 배양; C 배양균〔조직〕. ~ *area* 〖社〗 (동질) 문화 영역. ~ *complex* 〖社〗 문화 복합체. ~ *pattern* 〖社〗 문화 형식. ~ *trait* 〖社〗 문화 단위 특성. *intellectual* 〔*physical*〕 ~ 지육〔체육〕. *silk* ~ 양잠(養蠶). **~d**[-d] *a.* 계발된, 교양 있는, 점잖은; 배양〔양식〕된.
cúlture(d) péarl 양식 진주.
cúlture mèdium 〖生〗 배양기(基).
cúlture shòck 문화 쇼크《타문화에 처음 접했을 때의 충격》.
cul·vert[kʌ́lvərt] *n.* C 암거(暗渠), 지하 수로.
cum[kʌm] *prep.* (L. =with) …와 함께〔더불어〕, …이 딸린. (*a house-~-farm* 농장이 딸린 주택). …부(附)(의).
cum·ber[kʌ́mbər] *n., vt.* U 방해(하다); 폐(를 끼치다), 괴롭히다(trouble). **~·some, cum·brous**[kʌ́mbrəs] *a.* 성가신; 부담이 되는.
Cum·bri·a[kʌ́mbriə] *n.* 잉글랜드 북서부의 주《1974년 신설》.
cùm dívidend 〖證〗 배당부(配當附)《생략 cum div.》.
cum·quat[kʌ́mkwɑt/-ɔt] *n.* = KUMQUAT.
cu·mu·late[kjú:mjəlèit] *vt.* 쌓아 올리다. — [-lit] *a.* 쌓아 올린.
***cu·mu·la·tive**[kjú:mjəlèitiv, -lə-] *a.* 누적적(累積的)인. ~ *dividend* 누적 배당.
cúmulative évidence 〖法〗 (이미 증명된 일의) 누적 증거.
cu·mu·lus[kjú:mjələs] *n.* (*pl.* **-li** [-lài]) U,C 적운, 산봉우리구름; (a ~) 퇴적, 누적.
cu·ne·i·form [kju:ní:əfɔ̀:rm, kjú:niə-] *a., n.* 쐐기 모양의; U 설형(楔形) 문자.
cun·ni·lin·gus[kʌ̀nilíŋgəs] *n.* U 여성 성기의 구강 성교.
:**cun·ning**[kʌ́niŋ] *a.* ① 교활한(sly), 약삭빠른. ② 교묘한(skillful). ③《口》 귀여운(charming). — *n.* U 교활함; (솜씨의) 교묘함; 교활. * **~·ly** *ad.*
†**cup**[kʌp] *n.* C ① 찻종; (양주용의) (굽달린) 컵, 글라스. ② 성배(聖杯); 포도주, 술; (찻잔·컵에) 한 잔; 운명(의 잔). ③ 우승배(*the Davis* ~ 데이비스 컵); 잔 모양의 것. *a bitter* ~ (인생의) 고배, 쓰라린 경험. *be a ~ too low* 기운이 없다; 침울해 있다. *~ and ball* 장난감의 일종, 그 놀이. *~ and saucer* 접시에 받친 찻잔. *have got* 〔*had*〕 *a ~ too much* 《口》 취해 있다. *in one's ~s* 취하여. *The* 〔*One's*〕 *~ is full.* 더없는 슬픔〔기쁨·분함〕에 젖어〔빠져〕 있다. — *vt.* (*-pp-*) (손을) 컵 모양으로 하다; 컵으로 받다. **∠·fùl** *n.* C 한 잔 그득(한 분량).
cúp·bèarer *n.* C (궁정·귀족 집 등의) 술 따르는 사람.
:**cup·board**[kʌ́bərd] *n.* C 찬장; 《英》 작은 장, 벽장. *cry* ~ 배고픔을 호소하다. SKELETON *in the* ~.
cúpboard lòve 타산적인 애정.
cúp·càke *n.* C 컵 모양의 틀에 구운 과자. 「소지자.
cúp·hòlder *n.* C 우승자, 우승컵
***Cu·pid**[kjú:pid] *n.* ① 〖로神〗 큐피드《연애의 신》. ② C (c-) 사랑의 사자. ③ C (c-) 미소년.
cu·pid·i·ty[kju:pídəti] *n.* U 탐욕, 물욕.
Cúpid's bów 큐피드의 활; (윗입술의) 윤곽.
cu·po·la[kjú:pələ] *n.* C 〖建〗 둥근 지붕(의 탑).
cup·ping[kʌ́piŋ] *n.* U 〖醫〗 흡각법(吸角法); 부항에 의한 피빨아내기.
cúpping glàss 부항, 흡종(吸鍾).
cu·pric[kjú:prik] *a.* 〖化〗 제 2 구리의(~ *oxide* 산화 제 2 구리).
cu·prum[kjú:prəm] *n.* U 〖化〗 구리《기호 Cu》. **cu·prous**[-prəs] *a.* 〖化〗 제 1 구리의.
cur[kə:r] *n.* C 들개; 불량배.
***cur·a·ble**[kjúərəbəl] *a.* 치료할 수 있는, 고칠 수 있는.
cu·ra·çao[kjùərəsóu] *n.* U,C 큐라소《오렌지로 만든 술》.
cu·ra·cy[kjúərəsi] *n.* U,C curate의 직(職)〔지위·임기〕.
cu·rate[kjúərit] *n.* C 《주로 英》 목사보(補), 부목사《rector, vicar의 보좌역》. *~'s egg* 《英》 좋은 점과 나쁜 점이 있는 물건.
cur·a·tive[kjúərətiv] *a.* 치료의; 치료에 효과 있는. — *n.* C 치료법, 의약.

cu·ra·tor[kjuəréitər] *n.* Ⓒ (박물관·도서관 등의) 관장(custodian); [kjúərətər] 〖法〗 후견인, 보호자.
***curb**[kəːrb] *n., vt.* Ⓒ (말의) 고삐〔재갈〕(을 당기어 멈추다); 구속(하다), 억제(하다); 《美》 =CURB MARKET. ***on the* ~** 거리에서.
cúrb bìt 재갈.
cúrb bròker 《美》 장외(場外) 주식 거래 중개인.
cúrb màrket 《美》 장외(場外) 주식 시장.
cúrb sèrvice (주차 중인 손님에게의) 가두(街頭) 판매.
cúrb·stòne *n.* Ⓒ 보도(步道)의 연석(緣石); 《美俗》 꽁초.
cúrbstòne opínion 거리의 여론.
***curd**[kəːrd] *n., vi.* (보통 *pl.*) 응유(凝乳)(로 되다).
cur·dle[kə́ːrdl] *vi., vt.* 엉겨 굳(어지게 하)다. **~ *the blood*** 오싹〔섬뜩〕하게 하다.
curd·y[kə́ːrdi] *a.* 응결한.
:cure[kjuər] *vt.* ① 치료하다, (병·못된 버릇을) 고치다(remedy); 제거하다. ② (고기나 과일 따위를 절여〔말려〕) 저장하다. ③ (고무를) 경화(硬化)시키다. — *n.* ① Ⓒ (병의) 치유. ② Ⓤ,Ⓒ 치료법, 약(*for*). ③ Ⓤ,Ⓒ 구제책, 교정법. ④ Ⓤ,Ⓒ 소금절이, 저장(법). ⑤ Ⓤ (영혼의) 구원. **∠·less** *a.* 불치의.
cu·ré[kjuəréi] *n.* (F.) Ⓒ (프랑스의) 교구(敎區) 목사.
cúre-àll *n.* Ⓒ 만능약(panacea).
cu·ret·tage[kjùərətáːʒ, kjurétidʒ/kjùərətáːʒ] *n.* Ⓤ,Ⓒ 〖醫〗 소파(수술), 인공 임신 중절.
cu·rette[kjurét] *n.* Ⓒ 〖醫〗 소파기, 퀴레트《이물 적출용 뾰족한 숟가락》. — *vt.* 퀴레트로 적출〔소파〕하다.
cur·few[kə́ːrfjuː] *n.* Ⓤ,Ⓒ 만종, 저녁 종《8시 쯤》; 소등(消燈) 명령.
cu·rie[kjúəri, kjuríː] *n.* Ⓒ 〖理〗 퀴리《방사능의 단위》.
Curie, Marie(1867-1934), **Pierre**(1859-1906) 라듐을 발견한 프랑스의 물리·화학자 부부.
cu·ri·o[kjúəriòu] *n.* (*pl.* **~s**) Ⓒ 골동품; 진품.
:cu·ri·os·i·ty [kjùəriásəti/kjùəriɔ́s-] *n.* ① Ⓤ 호기심; 진기함. ② Ⓒ 진기한 것, 골동품(curio). **~ *shop*** 골동품점.
:cu·ri·ous[kjúəriəs/kjúər-] *a.* ① 진기한, 이상한, 호기심을 긁는. ② 호기심이 강한(*about*); 무엇이나 알고 싶어하는(inquisitive). ③ (책이) 외설한. **~ *to say*** 이상한 얘기지만. ***~er and ~er*** 기기 묘묘한. ***~·ly** *ad.* **~·ness** *n.*
cu·ri·um[kjúəriəm] *n.* Ⓤ 〖化〗 퀴륨《방사성 원소(Cm)》.
:curl[kəːrl] *n.* Ⓒ 고수머리, 컬; Ⓤ 컬된 상태, 컬하기. — *vt., vi.* ① 곱슬곱슬하게 하다; 뒤틀(리)다(twist); 굽이치(게 하)다. ② (연기가) 맴돌다; (공이) 커브하다. **~ *oneself up*** 잔뜩 꼬부리고 자다. **~ *one's lip*** (경멸적으로) 윗입술을 비쭉하다. **~ *up*** 말아 올리다, 웅그리게 하다; 몸을 웅그리다; 《口》 기운이 없어지다. **~ed** [-d] *a.* 고수머리의, 오그라든. ***∠·y** *a.* 오그라든; 고수머리가 있는; 소용돌이치는.
cur·lew[kə́ːrluː] *n.* Ⓒ 〖鳥〗 마도요.
cur·li·cue[kə́ːrlikjùː] *n.* Ⓒ 소용돌이 무늬; 장식체로 쓰기.
curl·ing[kə́ːrliŋ] *n.* Ⓤ 컬링《둥근 돌을 미끄러뜨려 과녁을 맞히는 얼음판 놀이》; Ⓤ,Ⓒ 머리의 컬, 지짐.
cúrling ìrons 〔**tòngs**〕 헤어아이론.
cur·mudg·eon[kərmʌ́dʒən] *n.* Ⓒ 심술 사나운 구두쇠.
cur·rant[kə́ːrənt, kʌ́r-] *n.* Ⓒ (씨 없는) 건포도; 까치밥나무(의 열매).
:cur·ren·cy[kə́ːrənsi, kʌ́r-] *n.* ① Ⓤ 유통, 통용; 유포, 퍼짐(circulation). ② Ⓤ,Ⓒ 통화(通貨). ③ Ⓤ 성가(聲價). ***paper* ~** 지폐.
cúrrency prìnciple 〔**dòctrine**〕 통화주의, 통화설.
:cur·rent[kə́ːrənt, kʌ́r-] *a.* ① 통용하는; 유행하는. ② 현재의; 당좌(當座)의. ③ 흐르는; 갈겨쓴, 초서〔흘림〕체의(cursive). **~ *English*** 시사 영어. **~ *issue,*** or **~ *number*** 이달〔금주〕호. **~ *month*** 〔***week, year***〕 이달〔금주, 금년〕. **~ *price*** 시가. **~ *thoughts*** 현대 사조. **~ *topics*** 오늘의 화제. — *n.* ① Ⓒ 흐름, 조류, 해류, 기류; 경향, 풍조(trend). ② Ⓤ,Ⓒ 전류. ***the* ~ *of time*** 〔***the times***〕 시류, 세상 풍조. ***~·ly** *ad.* 일반적으로, 널리; 현재.
cúrrent accóunt 당좌 계정.
cúrrent dènsity 전류 밀도.
cúrrent mòney 통화.
:cur·ric·u·lum [kəríkjələm] *n.* (*pl.* **~s, -la**[-lə]) Ⓒ 교과 과정, 이수 과정(course(s) of study). **-lar** *a.* 교육 과정의.
currículum ví·tae[-váitiː] 이력; 이력서.
cur·ri·er[kə́ːriər, -ʌ́-] *n.* Ⓒ 가죽 다루는 사람(leather dresser).
cur·rish[kə́ːriʃ] *a.* 들개(cur) 같은; 야비한.
cur·ry**[1]**, cur·rie**[kə́ːri, kʌ́ri] *n., vt.* Ⓒ,Ⓤ 카레, 카레 요리(하다); Ⓤ 카레 가루. **~ (*and*) *rice 카레라이스. ***give a person* ~** 아무를 호통치다, 윽박지르다.
cur·ry[2] *vt.* (말 따위를) 빗질하다; (무두질한 가죽을) 다듬다; (사람을) 치다, 때리다. **~ *favor with*** …의 비위를 맞추다.
cúrry·còmb *n., vt.* Ⓒ 말빗(으로 빗질하다).
cúrry pòwder 카레 가루.
:curse[kəːrs] *n.* ① Ⓒ 저주(의 대상), 욕설, 악담, 저주의 말《Damn! 따위》. ② Ⓒ 재앙, 빌미, 소수(所祟), 벌력; 재해. ③ (the ~) 《俗》 월경(기간). ***Curses come home to***

roost. 《속담》 남 잡이가 제잡이. ***not care a* ~** 조금도〔전혀〕 상관 없다 (*for*). ***under a* ~** 저주를 받아. — *vt., vi.* (**~*d*, *curst***[-t]) 저주하다; 욕을 퍼붓다; 〖宗〗 파문하다; 빌미 붙다, 괴롭히다. ***be* ~*d with*** … 으로 괴로워하다. ***C- it!*** 빌어먹을!

***curs·ed**[kə́:rsid, -st] *a.* 저주받은, 빌미 붙은, 동티 난; 저주할; 지겨운, 지긋지긋한; 《口》 지독한. **~·ly** *ad.* **~·ness** *n.*

cur·sive[kə́:rsiv] *a.* 잇대어 쓰는, 초서체의. — *n.* Ⓒ 초서체(의 문자·활자·글)(cf. grass hand).

cur·sor[kə́:rsər] *n.* Ⓒ 커서《계산자, 컴퓨터 화면 등의》.

cúrsor kèy 〖컴〗 깜박이(글)쇠〔키〕, 반디(글)쇠〔키〕. 「한, 엉성한.

cur·so·ry[kə́:rsəri] *a.* 조잡〔소략〕

curst[kə:rst] *v.* curse의 과거(분사). — *a.* =CURSED.

curt[kə:rt] *a.* 짧은, 간략한(brief); 무뚝뚝한. **∠·ly** *ad.* **∠·ness** *n.*

***cur·tail**[kə:rtéil] *vt.* 줄이다, 단축하다; (비용·봉급을) 삭감하다. **~·ment** *n.*

†**cur·tain**[kə́:rtən] *n., vt.* Ⓒ 커튼(을 달다); 막〔휘장〕(을 치다). ***behind the* ~** 그늘〔뒤〕에서. ***draw a* 〔*the*〕 ~ *on* 〔*over*〕** …을 휘장으로 가리다; (어떤 일을) 더 이상 거론않다. ***lift the* ~** 막을 올리다; 터놓고 이야기하다, 폭로하다(reveal). ***The* ~ *rises* 〔*is rised*〕.** (연극의) 막이 오르다, 개막되다.

cúrtain càll 〖劇〗 커튼콜《관객의 박수로 배우가 다시 무대에 나오는 일》.

cúrtain fàll 종말, 대단원.

cúrtain fìre 탄막(彈幕).

cúrtain lècture 잠자리에서의 아내의 잔소리.

cúrtain ràiser 개막극.

cúrtain wàll 〖建〗 칸막이 벽.

***curt·s(e)y**[kə́:rtsi] *n., vi.* Ⓒ (여성이 무릎을 약간 굽혀서 하는) 인사, 절; 인사하다. ***drop* 〔*make*〕 *a* ~** 무릎을 굽혀 (형식대로) 인사하다.

cur·va·ceous[kə:rvéiʃəs] *a.* 《口》 곡선미의; 육체미의《여성에 대한 말》.

cur·va·ture[kə́:rvətʃər] *n.* Ⓤ,Ⓒ 굽음, 휨, 만곡(curve); 〖幾〗 곡률(曲率).

‡**curve**[kə:rv] *n.* Ⓒ ① 곡선. ② (길의) 굽음. ③ 〖野〗 곡구(曲球); 커브. ***French* ~** 운형(雲形) 곡선〔자〕. ***throw a* ~** 《口》 속이다; 의표를 찌르다. — *vt., vi.* 구부리다, 구부러지다; 곡구를 던지다. 「(trick).

cúrve bàll 《美》 〖野〗 곡구; 계략

cur·vet[kə́:rvit] *n.* Ⓒ 〖馬術〗 등약(騰躍)《아름다운 도약법》. — *vi., vt.* (《英》 **-tt-**) 등약하다〔시키다〕.

cu·sec[kjú:sek] (<*cu*bic *sec*ond) *n.* Ⓒ 큐섹《유량(流量)의 단위; 매초 1입방 피트》.

‡**cush·ion**[kúʃən] *n., vt.* Ⓒ ① 쿠션〔방석〕(에 올려〔얹어〕 놓다, 을 대다); (당구대의) 고무 쿠션. ② 〖放〗 (방송 시간 조절을 위한) 간주(間奏) 음악. ③ (충격 따위에 대한) 완충물; (불평·충격을) 가라앉히다.

cusp[kʌsp] *n.* Ⓒ 뾰족한 끝, 첨단.

cus·pid[kʌ́spid] *n.* Ⓒ 송곳니(canine).

cus·pi·date[kʌ́spədèit], **-dated** [-id] *a.* 뾰족한, 날카로운(*a* ~ *leaf*/ *a* ~ *tooth* 송곳니).

cus·pi·dor[kʌ́spədɔ̀:r] *n.* Ⓒ 《美》 타구(唾具).

cuss[kʌs] *n.* Ⓒ 《美口》 저주; 욕; 놈, 자식. — *vt., vi.* 《美口》 저주하다, 욕을 퍼붓다.

cus·tard[kʌ́stərd] *n.* Ⓒ,Ⓤ 커스터드《우유·달걀·설탕에 향료를 가미하여 만든 과자》.

cústard-píe *a.* =SLAPSTICK.

cus·to·di·an[kʌstóudiən] *n.* Ⓒ 관리인, 보관자(keeper); 수위(janitor).

cus·to·dy**[kʌ́stədi] *n.* Ⓤ ① 보관, 관리(keeping). ② 후견, 보호(care). ③ 감금. ***have the* ~ *of …을 보관〔관리〕하다. ***in* ~** 구류〔구금〕되어. ***take into* ~** 구금하다(arrest).

†**cus·tom**[kʌ́stəm] *n.* ① Ⓒ,Ⓤ 습관(habit), 관습, 풍습(usage)(*It is* ~ *to do so.*). ② Ⓤ,Ⓒ 〖法〗 관습법, 관례. ③ Ⓤ (평소의) 애호, 돌봐줌(patronage); 《집합적》 고객(customers). ④ (*pl.*) 관세, 세관.

‡**cus·tom·ar·y**[kʌ́stəmèri/-məri] *a.* 관습〔관례〕상의; 〖法〗 관례에 의한. **-ar·i·ly** *ad.* 「문제(製)의.

cústom-búilt *a.* (자동차 따위) 주

‡**cus·tom·er**[-ər] *n.* Ⓒ ① 고객. ② 《口》 (성가신) 녀석, 사내(fellow).

cústom hòuse 〔òffice〕 세관.

cus·tom·ize[kʌ́stəmàiz] *vt.* 주문에 따라 만들다.

cústom-máde *a.* 《美》 맞춤의(opp. ready-made). 「동맹.

cústoms ùnion (국가간의) 관세

†**cut**[kʌt] *vt.* (***cut; -tt-***) ① 베다, 자르다, 잘라〔베어〕내다; 상처를 입히다. ② 가르다, 빼〔쪼〕개다; 깎다; (옷감을) 마르다; 재단하다; 가로지르다. ③ 긴축하다, 줄이다, 조리차하다. ④ 파서 내다〔트다〕, (도로·도랑을) 내다; 파다, 새기다; (보석을) 잘라 가공하다. ⑤ (태도·모습을) 보이다(*He* ~*s a poor figure.* 비참한 몰골을 하고 있다); 《口》 (관계를) 끊다, 모르는 체하다. ⑥ 《口》 (무단히) 빠지다(avoid) (~ *a meeting*). ⑦ 몸에 스미다〔사무치다〕, (…의) 감정을 해치다. ⑧ (알코올 따위를) 타다, 녹이다. ⑨ (공을) 깎아 치다; (카드를) 떼다(cf. shuffle); 거세하다. ⑩ (이를) 나게 하다(~ *a tooth*); 《口》 (레코드에) 취입(吹入)하다. — *vi.* (날이) 잘 들다(*This knife* ~*s well.*); 헤치고 나아가다(make way); 가로지르다; 《口》 도망하다; (바람이) 몸에 스며들다〔몸을 에다〕. ***be* ~ *out for*** 《美口》 …의 능력이 있다. **~ *about*** 《口》 뛰어 돌아다니다. **~ *across*** 횡

단하다. ~ ***adrift*** (배를) 흘러가게 하다; (영원히) 헤어지다. ~ ***after*** (…을) 급히 쫓다[따르다]. ~ ***and come again*** (식탁의 고기·파이를 썰어) 몇 번이고 마음대로 집어 먹다. ~ ***and run*** 재빨리 도망치다. ~ ***a person dead*** 만나도 짐짓 모른 체하다(*He* ~ *me dead in the street.* 길에서 만나도 모른체 했다). ~ ***at*** 맹타하다; (희망 등을) 빼앗다. ~ ***away*** 잘라[떼어] 내다; 도망치다. ~ ***back*** (나뭇)가지를 치다; 〖映〗 cutback하다; 〖蹴〗 갑자기 후퇴하다. ~ ***both ways*** 양다리 걸치다. ~ ***down*** 베어[잘라] 넘기다; 바싹 줄이다, 아끼다; (병이) …을 쓰러뜨리다. ~ ***in*** 끼어들다; 간섭하다; 말참견하다; (댄스 중인 남자로부터) 여자를 가로채다. ~ ***it*** 도망치다; 입닥쳐! ~ ***it*** (***too***) FINE[1](*ad*.). ~ ***off*** 떼어[잘라]내다; (공급을) 중단하다; 차단하다; (병이) …의 목숨을 빼앗다. ~ ***off with a shilling*** (약간의 재산을 주어) 폐적(廢嫡)하다. ~ ***out*** 떼 버리다, 잘라 내다, 제거하다; 《口》 멈추다, 중지하다; 잘라[베어] 만들다; 준비하다(*Your work is* ~ *out for you.* 자네가 (해줘야) 할 일이 있다); 적합시키다(*He is* ~ *out for the work.* 그 일에 아주 적격자이다); 연구하다; (경쟁 상대를) 앞지르다, 제쳐놓다; (…에) 대신하다, 대신 들어앉다(supplant). ~ ***short*** 바싹 줄이다; 갑자기 그치다; (남의) 말을 가로막다(*He* ~ *me short.* 그는 내 말을 가로막았다). ~ ***under*** 《美》 …보다 싸게 팔다(undersell). ~ ***up*** 째다, 난도질하다; 분쇄하다; 혹평하다; 《美口》 허세를 피우다(show off); (옷감이 몇 벌 분으로) 마를 수 있다; 마음을 아프게 하다(hurt); 《口》 농담하다, 장난치다. ── *n*. Ⓒ ① 절단, 삭제, 한 번 자르기. ② 벤 상처, 칼자국; 벤[자른] 곳; 도랑. ③ 베어낸 조각, 살점; (*sing*.) 벌채량. ④ 지름길. ⑤ (*sing*.) (옷의) 재단(법); (조발의) 형; (보석의) 커트. ⑥ (카드 패를) 떼기; (공을) 깎아치기. ⑦ 삭제, 〖映〗 컷; (비용을) 줄이기; 값을 깎기; 깎아내림(*a* ~ *in salary*). ⑧ 모른 체하기; 빠지기. ⑨ 목판(화), 삽화, 컷. ⑩ 《俗》 (이득의) 몫. ⑪ 〖컴〗 자르기. ~ ***and thrust*** 백병전; 격투, 드잡이. ***draw*** ~ 제비뽑다. ── *a*. 자른, 벤; 저민(~ *tobacco* 살담배); 조탁(彫琢) 세공의(⇨CUT GLASS); 바싹 줄인, 깎아 내린; 불깐, 거세한; 《俗》 술취한. (***at***) ~ ***rates*** [***prices***] 할인 가격으로.

cút-and-cóme-agàin *n*., *a*. Ⓤ 《英》 풍부(한).

cút-and-dríed *a*. (이야기·계획이) 사전에[미리] 준비된; 진부한, 틀에 박힌.

cút-and-páste *a*. 〖컴〗 잘라 붙이는. 「의.

cu·ta·ne·ous[kju:téiniəs] *a*. 피부

cút·awày *a*. (상의의) 앞자락을 뒤로 어슷하게 재단한; 〖機〗 (내부가 보이도록) 일부 떼어낸. ── *n*. Ⓒ 앞자락을 비스듬히 재단한 옷《모닝 코트 따위》 (~ coat).

cút·bàck *n*. Ⓒ (생산의) 축소, 삭감; 〖映〗 컷백《장면 전환을 한 후 다시 먼저 장면으로 되돌아가기》(cf. flashback).

***cute**[kju:t] (<acute) *a*. ① 《口》 약삭빠른; 영리한. ② 《美口》 귀여운, 예쁜. 「컷 글라스.

cút gláss 조탁(彫琢) 세공 유리,

cu·ti·cle[kjú:tikl] *n*. Ⓒ 표피(表皮); (손톱 뿌리의) 연한 살갗.

cut·ie[kjú:ti] *n*. Ⓒ 《美口》 예쁜 처녀, 멋진 여자. 「면.

cút-ìn *n*. Ⓒ 〖映·TV〗 컷인; 삽입 장

cut·las(s)[kʌ́tləs] *n*. Ⓒ (옛 선원의) 휘우듬한 단도.

cut·ler[kʌ́tlər] *n*. Ⓒ 날붙이 장인(匠人)[장수]. **~·y**[-ləri] *n*. Ⓤ 《집합적》 날붙이; (식탁용) 철물《나이프·포크·스푼 따위》.

***cut·let**[kʌ́tlit] *n*. Ⓒ 커틀릿; (특히 소·양의) 얇게 저민 고기.

cút·lìne *n*. Ⓒ 〖新聞〗 (사진의) 설명 문구(caption). 「(장치).

cút·òff *n*. Ⓒ 지름길; (증기의) 차단

cút·òut *n*. Ⓒ 도려내기, 오래낸 그림; (영화·각본의) 삭제된 부분; 〖電〗 안전기; 〖機〗 (내연 기관의) 배기판.

cút ráte 《美》 할인 가격[운임·요금].

***cut·ter**[∠ər] *n*. Ⓒ ① 자르는[베는] 사람; 재단사, 〖映〗 편집자. ② 절단기(器), 깡통따개, 앞니(incisor). ③ (외대박이) 소형 쾌속 범선; (군함의) 잡역정(雜役艇). ④ 《美》 (연안 경비용) 소형 감시선, (말이 끄는) 소형 썰매. 「붙은 뚜껑.

cútter-lìd *n*. Ⓒ (통조림의) 따개가

cút·thròat *n*., *a*. Ⓒ 살해자, 자객; 흉악한, 잔인한; 〖카드놀이〗 셋이서 하는. ~ ***razor*** 《俗》 서양 면도칼.

:**cut·ting**[kʌ́tiŋ] *n*. ① Ⓤ,Ⓒ 자름, 벰, 베어[오려, 도려]냄. ② Ⓒ 베어낸 물건; (신문의) 베어[도려]낸 것. ③ Ⓤ,Ⓒ (보석의) 절단 가공. ④ Ⓤ 〖映〗 필름 편집. ── *a*. 잘 드는, 예리한; 신랄한, 통렬한; 《口》 할인의. **~·ly** *ad*.

cut·tle·fish[kʌ́tlfiʃ] *n*. (*pl*. ~(**-es**)) Ⓒ 오징어.

cut·ty[kʌ́ti] *a*. (*pl*. ***-tier; -tiest***) 짧게 자른, 짧은. ── *n*. Ⓒ 짧은 숟가락.

cút·ùp *n*. Ⓒ 《美口》 장난꾸러기; 허세꾼.

cút·wàter *n*. Ⓒ (이물의) 물결 헤치는 부분.

cút·wòrm *n*. Ⓒ 뿌리 잘라먹는 벌레, 거염벌레.

C.V.O. Commander of the Victorian Order. **CVR** cockpit voice recorder. **CWA** Civil Works Administration. **CWO** Chief Warrant Officer 상급 준위. **c.w.o.** cash with order 〖商〗 현금불 주문. **cwt.** hundredweight.

C

-cy[si] *suf.* 《명사 어미》 직·지위·성질·상태 등을 나타냄: abba*cy*, fluen*cy*.
cy·an·ic[saiǽnik] *a.* 〖化〗 시안을 함유한; 푸른. ~ *acid* 시안산(酸).
cy·a·nide[sáiənàid, -nid], **-nid**[-nid] *n.* Ⓤ 〖化〗 시안화물(化物), 청산염(青酸鹽); (특히) 청산칼리(potassium ~).
cy·a·no·co·ba·la·min [sàiənoukoubǽləmin] *n.* Ⓤ 비타민 B_{12}의 별칭.
cy·an·o·gen[saiǽnədʒin] *n.* Ⓤ 〖化〗 시안, 청소(青素)《유독 가스》.
cy·a·no·sis [sàiənóusis] *n.* Ⓤ 〖病〗 치아노제《혈액 중의 산소 결핍에 의한 피부 청변증(青變症)》.
cy·ber·na·tion[sàibərnéiʃən] *n.* Ⓤ 전산기에 의한 자동 제어.
cy·ber·net·ic[sàibərnétik] *a.* 인공 두뇌(학)의. 「의학.
cybernétic médicine 인공 두뇌
cy·ber·net·ics[sàibərnétiks] *n.* Ⓒ 인공 두뇌학《인간의 두뇌와 복잡한 (전자) 계산기 따위와의 비교 연구》.
cýber·spàce *n.* 〖컴〗 사이버 스페이스《가상적으로 구축한 환경》.
cy·borg[sáibɔːrg] *n.* Ⓒ 사이보그《SF 소설 따위에서, 신체 일부에 전자 기기 따위를 삽입한 개조 인간 또는 생물체》. 「鐵).
cy·cad[sáikæd] *n.* Ⓒ 〖植〗 소철(蘇
cyc·la·men [síkləmən, sái-, -mèn] *n.* Ⓒ 〖植〗 시클라멘.
:cy·cle[sáikl] *n.* Ⓒ ① 주기(周期), 순환, 일순(一巡). ② 한 시대, 오랜 세월. ③ (시·이야기의) 일련(一連), 담총(談叢)(series)(*the Arthurian* ~ 아더 왕 전설집). ④ 자전거. ⑤ 주파, 사이클. ⑥ 〖컴〗 주기, 사이클. — *vi.* 순환하다; 자전거를 타다. **cy·clic**[sáiklik, sík-], **cy·cli·cal**[-əl] *a.* 주기의, 주기적인, 순환하는. **:cy·cling** *n.* Ⓤ 자전거 타기, 사이클링. ***cy·clist**[sáiklist] *n.* Ⓒ 자전거 타는 사람.
cýcle-tràck, cýcle·wày *n.* Ⓒ 자전거 도로. 「택시.
cy·clo[sí(ː)klou, sái-] *n.* Ⓒ 삼륜
cy·clo·drome[sáikloudròum] *n.* Ⓒ 경륜장(競輪場).
cy·cloid[sáiklɔid] *n.* Ⓒ 〖數〗 사이클로이드, 파선. **cy·cloi·dal**[saiklɔ́idl] *a.*
cy·clom·e·ter[saiklámitər/-klɔ́-] *n.* Ⓒ (차바퀴의) 주정계(走程計).
cy·clone[sáikloun] *n.* Ⓒ 회오리바람, 선풍(tornado). **cy·clon·ic** [-klán-/-ɔ́-] *a.*
cy·clo·nite[sáiklənàit, sík-] *n.* Ⓤ 강력 고성능 폭약.
cy·clo·pe·di·a, -pae-[sàikloupíːdiə] *n.* =ENCYCLOP(A)EDIA. **-dic** *a.*
Cy·clops[sáiklɑps/-klɔps] *n.* (*pl.* **Cyclopes**[saiklóupiːz]) Ⓒ 〖그神〗 애꾸눈의 거인; 애꾸.
cy·clo·ram·a[sàiklərǽmə, -ɑ́ː-] *n.* Ⓒ 원형 파노라마.
cy·clo·thy·mi·a [sàikləθáimiə] *n.* Ⓤ 〖心〗 조울 정신병, 순환 기질.
cy·clo·tron[sáiklətràn/-trɔ̀n] *n.* Ⓒ 〖理〗 사이클로트론《이온 가속기》.
cyg·net[sígnit] *n.* Ⓒ 백조 새끼.
:cyl·in·der[sílindər] *n.* Ⓒ ① 원통(형). ② 기관의 실린더. ③ 〖幾〗 원기둥(*a right* ~ 직원기둥). ④ (권총(revolver)의) 탄창. **cy·lin·dric** [silíndrik], **-dri·cal**[-əl] *a.*
***cym·bal**[símbəl] *n.* Ⓒ (보통 *pl.*) 〖樂〗 심벌즈.
Cym·ry[kímri, sím-] *n.* Ⓒ 웨일즈 사람. **-ric** *a.* =WELSH.
***Cyn·ic**[sínik] *a., n.* Ⓒ ① (고대 그리스의) 견유학파(犬儒學派)의 (사람). ② (c-) 냉소자; 빈정거리는, 비꼬는. ***cýn·i·cal** *a.* 냉소적인, 빈정대는.
cyn·i·cism[sínəsìzəm] *n.* ① Ⓤ 빈정댐. ② Ⓒ 빈정대는 말. ③ Ⓤ (C-) 견유 철학.
cy·no·sure[sáinəʃùər, sínə-] *n.* Ⓒ 주목[찬미]의 대상; 목표; (the C-) 〖天〗 작은곰자리(Little Bear); 북극성(polestar).
Cyn·thi·a[sínθiə] *n.* ① 달의 여신 Diana(의 별명). ② Ⓤ 《詩》 달.
cy·pher[sáifər] *n., v.* =CIPHER.
cy prés[síː préi] 〖法〗 (실행 가능한 범위내에서) 될 수 있는 한 빨리[빠르게].
cy·press[sáipris] *n.* Ⓒ 삼나무의 일종; 그 가지《애도의 상징》.
Cyp·ri·an[sípriən] *a., n.* Ⓒ Cyprus 섬의 (사람); 음탕한 (사람); 매춘부.
Cy·prus[sáiprəs] *n.* 키프로스《지중해 동부의 섬; 공화국》.
cyst[sist] *n.* Ⓒ 〖生〗 포(胞), 포낭; 〖醫〗 낭종(囊腫).
cys·tec·to·my[sistéktəmi] *n.* Ⓤ 〖醫〗 방광 절제술. 「광염.
cys·ti·tis[sistáitis] *n.* Ⓤ 〖醫〗 방
cys·tot·o·my[sistátəmi/-tɔ́t-] *n.* Ⓤ 〖醫〗 방광 절개(술).
Cyth·er·e·a[sìθəríːə] *n.* 〖그神〗 = APHRODITE.
cy·to·ge·net·ics[sàitoudʒənétiks] *n.* Ⓤ 세포 유전학.
cy·tol·o·gy[saitálədʒi/-ɔ́-] *n.* Ⓤ 세포학.
cy·to·plasm [sáitouplæ̀zm], **-plast**[-plæ̀st] *n.* Ⓤ 〖生〗 세포질.
cy·to·sine[sáitəsìːn] *n.* Ⓤ 〖生化〗 시토신《핵산중의 물질》. 「대.
C.Z. Canal Zone 파나마 운하 지
***Czar**[zɑːr] *n.* ① 구(舊)러시아 황제. ② (c-) Ⓒ 황제, 전제 군주. **~·e·vitch**[zɑ́ːrəvìtʃ] *n.* Ⓒ 구러시아의 황태자. **Cza·rev·na**[zɑːrévnə] *n.* Ⓒ 구러시아 공주[황태자비]. **Cza·ri·na**[-ríːnə] *n.* Ⓒ 구러시아 황후.
***Czech**[tʃek] *n., a.* Ⓒ 체코 사람(의); Ⓤ 체코 말(의).
Czech. Czechoslovakia.
Czech·o·slo·vak, -Slo-[tʃèkəslóuvɑːk/-væk] *a., n.* 체코슬로바

키아의; Ⓒ 체코슬로바키아 사람.
Czech·o·slo·va·ki·a, -Slo- [-sləvɑ́:kiə, -vǽ-] *n.* 체코슬로바키아《유럽 중부의 옛 연방 공화국》.
Czéch Repúblic, the 체코 공화국.

D

D, d [di:] *n.* (*pl.* ***D's, d's*** [-z]) Ⓒ D자 모양(의 것); Ⓤ 〖樂〗 라음(音), 라조(調); (로마 숫자의) 500(*DCC* = 700; *CD* = 400).
D. December; Department; 〖理〗 density; *Deus* (L. =God); Dutch.
d. date; daughter; day(s); delete; *denarii* (L. =pence); *denarius* (L. =penny); dialect; diameter; died; dime; dollar; dose.
d— [di:, dæm] =DAMN.
DA, D.A. 《美》 District Attorney; document for acceptance.
dab [dæb] *vt., vi.* (***-bb-***), *n.* Ⓒ (분 따위를) 가볍게 두드리다[두드림] (pat); 톡톡 갖다대다[대기]; 바르다, 칠하다(*on, over*), 한 번 쓱 칠하기[바르기]; 소량; (*pl.*) 《俗》 지문(을 채취하다).
***dab·ble** [dǽbəl] *vt., vi.* (물을) 튀기다(splash), 물장난을 하다; 도락삼아 하다(*in, at*).
DAC Development Assistance Committee.
da ca·po [dɑ: kɑ́:pou] (It.) 〖樂〗 처음부터 반복하여《생략 D.C.》.
Dac·ca [dǽkə, dɑ́:kə] *n.* 다카《방글라데시의 수도》.
dace [deis] *n.* (*pl.* **~*s***, 《집합적》 ~) Ⓒ 황어.
da·cha [dɑ́:tʃə] *n.* (Russ.) Ⓤ 교외 별장, 시골 저택.
dachs·hund [dɑ́:kshúnd, -hùnt, dǽʃhùnd] *n.* Ⓒ 닥스훈트《긴 몸, 짧은 발의 독일 개》.
D/A convérter 〖컴〗 DA 컨버터 [변환기]《디지털 신호를 아날로그 신호로 바꾸는 변환기; D/A는 Digital to Analog의 단축》.
Da·cron [déikrɑn, dǽk-/-rɔn] *n.* Ⓤ 〖商標〗 데이크론《폴리에스테르계 합성 섬유》.
dac·tyl [dǽktil] *n.* Ⓒ 〖韻〗 강약약격(ˊ××). **~·ic** [-tílik] *a.*
dac·ty·lol·o·gy [dæ̀ktəlɑ́lədʒi/-lɔ́l-] *n.* Ⓤ (농아자 등의) 지화법(指話法), 수화(手話).
DAD digital audio disc.
:dad [dæd], ***dad·dy** [dǽdi] *n.* Ⓒ 《口》 =PAPA.
Da·da(·ism) [dɑ́:dɑ:(ìzəm), -də-] *n.* Ⓤ (때로 d-) 다다이즘《허무주의 예술의 한 파》.
dad·dy-long·legs [dǽdilɔ́:ŋlègz/-lɔ́ŋ-] *n. sing.* & *pl.* 꾸정모기 (cranefly); 긴발장님거미(harvestman).
da·do [déidou] *n.* (*pl.* **~(*e*)*s***) Ⓒ 〖建〗 징두리 판벽.
:daf·fo·dil [dǽfədil] *n.* Ⓒ 나팔수선화.
daff·y [dǽfi], **daft** [dæft/-ɑ:-] *a.* 《美口》 어리석은(silly); 미친(crazy).
:dag·ger [dǽgər] *n.* Ⓒ 단도; 칼표(†). ***at ~s drawn*** 심한 적의를 품고. ***double ~*** 이중칼표(‡). ***look ~s*** 무서운 눈초리로 노려보다(*at*). ***speak ~s*** 독설을 퍼붓다(*to*).
da·go [déigou] *n.* (*pl.* **~(*e*)*s***) (종종 D-) Ⓒ 《美俗·蔑》 남유럽인(人)《이탈리아·스페인 등지의 사람》.
da·guerre·o·type [dəgέərətàip, -riə-] *n.* Ⓒ (Daguerre가 발명한 예전의) 은판(銀板) 사진.
Dag·wood [dǽgwùd] *n.* ① 미국의 유명한 만화의 주인공. ② Ⓤ,Ⓒ (or d-) 여러 겹으로 겹친 샌드위치(~ sandwich).
dahl·ia** [dǽljə, dɑ́:l-, déil-] *n.* Ⓒ 달리아. ***blue ~ 진기한 것.
Da·ho·mey [dəhóumi] *n.* 다호메이《아프리카 서부 Benin 공화국의 구칭》.
†dai·ly [déili] *a., ad., n.* 날마다(의); Ⓒ 일간 신문; 《英》 파출부(派出婦).
dáily bréad (보통 one's ~) 생계.
dáily dózen (one's [the] ~) 《口》 매일(아침)의 체조《본래 12종으로 구성됨》; 정해진 일.
:dain·ty [déinti] *a.* 우아한; 품위 있는(elegant); 성미가 까다로운(particular), (취미 따위가) 괘까다로운 (overnice); 맛좋은(delicious). — *n.* Ⓒ 진미. **dáin·ti·ly** *ad.* **dáin·ti·ness** *n.*
dai·qui·ri [dɑ́ikəri, dǽk-] *n.* Ⓤ,Ⓒ 다이커리《럼을 밑술로 한 칵테일》.
:dair·y [dέəri] *n.* ① Ⓒ 낙농장[실]; Ⓤ 낙농업. ② Ⓒ 우유점(店), 유제품 판매소.
dáiry càttle 젖소(cf. beef cattle).
dáiry chèmistry 낙농[유(乳)]화학.
dáiry fàrm 낙농장.
dáiry fàrmer 낙농업자.
dáiry fàrming 낙농(업).
dáiry·màid *n.* Ⓒ 젖 짜는 여자.
dáiry·man [-mən] *n.* Ⓒ 낙농장 주인[일꾼]; 우유 장수.
da·is [déiis, dái-] *n.* Ⓒ (응접실·식당 등의) 높은 단(壇), 상좌《귀빈석》; 연단.
:dai·sy [déizi] *n., a.* Ⓒ 데이지; 《俗》 상등품, 썩 훌륭한 (물건)(*She's a real ~.* 천하일색이다); 《美》 훈제(燻製) 햄. ***push up daisies*** 《口》 무덤 밑에 잠들다, 죽다.
dáisy chàin 데이지 화환; 일련의 관련 사건.
Dak. Dakota.

Da·ko·ta**[dəkóutə] ***n. 다코타《미국 중북부의 주; 남북으로 갈림; 생략 Dak.》.
dal, dal. decaliter.
Dal·ai La·ma[dá:lai lá:mə] 달라이라마《티베트의 활불》.
dale**[deil] ***n. Ⓒ 《주로 英》 골짜기 (valley).
dal·ly[dǽli] ***vi., vt.*** (…에게) 희롱〔새롱〕거리다, 장난치다; 빈둥거리다, 빈들빈들 거닐다(loiter); 우물쭈물 (때를) 헛되게 보내다(idle). **dál·li·ance** ***n.***
Dal·ma·tian[dælméiʃiən] ***n.*** Ⓒ 달마시아 개《포인터 비슷한 큰 바둑이》.
dal se·gno [dɑ:l séinjou, dæl-] ***ad.*** (It.) 〖樂〗 기호 있는 곳에서 반복하여《생략 D.S.》.
:**dam**[1] [dæm] ***n.*** Ⓒ 댐, 둑. ── ***vt.*** (***-mm-***) 둑으로 막다; 저지하다, 막다(***up***).
dam[2] ***n.*** Ⓒ 어미 짐승; 어미(cf. sire); 《蔑》 아이 딸린 여자.
:**dam·age**[dǽmidʒ] ***n.*** ① Ⓤ 손해(harm), 손상(injury). ② (***pl.***) 손해배상(금). ── ***vt.*** 해치다, 손상시키다(injure). ── ***vi.*** 못쓰게 되다.
Dam·a·scene[dǽməsi:n, ⌐-⌐] ***a.*** 다마스쿠스의; (d-) 다마스크 세공(細工)의; 다마스크풍의 물결무늬가 있는. ── ***n.*** Ⓒ 다마스쿠스 사람; (d-) Ⓤ 다마스크 세공; 물결무늬. ── ***vt.*** (d-) (…에) 물결무늬를 넣다; (칼날에) 물결무늬를 띠게 하다; (쇠붙이에) 금은으로 상감하다.
Da·mas·cus[dəmǽskəs/-má:s-] ***n.*** 다마스쿠스《시리아의 수도》.
dam·ask[dǽməsk] ***n.*** Ⓤ 다마스크천, 능직; 석죽색. ── ***a.*** 다마스크천〔능직〕의; 석죽색의. =⌐ **stéel** 다마스크 강철《도검용》. ── ***vt.*** 능직으로 짜다; (뺨을) 붉히다.
dame[deim] ***n.*** Ⓒ 귀부인(lady); 부인《knight, baronet 부인의 경칭》.
dam·mit[dǽmit] ***int.*** =DAMN it.
:**damn**[dæm] ***vt., vi.*** 비난하다; 저주하다(curse), 욕을 퍼붓다, (관객이) 들어가라고 외치다; 파멸시키다; 빌어먹을!; 지겨워!《꺼리어 d── 또는 d──n 따위로도 씀》. ***D- it*** 〔***him, you***〕***!*** 빌어먹을! ***D- the flies!*** 이 경칠 놈의 파리! ***~ with faint praise*** (…을) 냉담한 칭찬으로 깍아내리다. ***I'll be ~ed if ...*** 절대로 …할 리가 없다. ── ***n.*** Ⓒ 저주; 《부정어와 함께》 조금도. ***don't care a ~*** 조금도 개의〔상관〕치 않다. ── ***int.*** 《俗》 제기랄!, 빌어먹을! **dam·na·ble**[⌐nəbəl] ***a.*** 저주할; 지겨운. ***damned**[dæmd] ***a., ad.*** 저주받은(cursed); 지겨운; 《俗》 지독히.
dam·na·tion[dæmnéiʃən] ***n.*** Ⓤ 비난, 저주; 지옥에 떨어뜨림; 파멸(ruin). ── ***int.*** 《俗》 제기랄!; 아뿔싸(Damn!). **-to·ry**[dǽmnətɔ̀:ri/-təri] ***a.***
dam·ni·fy[dǽmnəfài] ***vt.*** 〖法〗 손상하다.
Dam·o·cles[dǽməklì:z] ***n.*** 〖그神〗 Syracuse의 참왕(僭王) Dionysius의 가신(家臣). ***sword of ~*** (왕위(王位)에 따라다니는 위험《왕이 Damocles의 머리 위에 칼을 매달아 놓고 왕의 자리가 편안치 못함을 깨단게 하였다는 고사에서》.
Da·mon[déimən] ***n. ~ and Pythias***[píθiəs] 〖그神〗 막역한 벗(의 전형).
dam·o·sel, -zel[dǽməzèl] ***n.*** 《詩·古》 =DAMSEL.
:**damp**[dæmp] ***n.*** Ⓤ 습기; 낙담, 실망; 방해; (탄갱 등의) 독가스. ── ***a.*** 축축한, 습기 있는. ── ***vt.*** 축축하게 하다(dampen); 낙담시키다(discourage), 기를 꺾다, 못살게 굴다; (불을) 끄다; 〖理〗 (전파의) 진폭을 감퇴시키다. **~·en**[⌐ən] ***vt.*** = damp(***v.***). **⌐·er** ***n.*** Ⓒ 흥을 깨뜨리는 사람, 기를 꺾는 것; (피아노의) 단음(斷音) 장치; (현악기의) 약음기(弱音器); (난로의) 공기 조절판.
dámp còurse 〖建〗 (벽속의) 방습층.
dámp-drý ***vt.*** (빨래를) 설말리다. ── ***a.*** 설말린.
dámp·pròof ***a.*** 방습(防濕)의, 습기를 막는.
dam·sel[dǽmzəl] ***n.*** Ⓒ 처녀; 《古·詩》 (지체 높은) 소녀.
dam·site[dǽmsàit] ***n.*** Ⓒ 댐 건설 부지.
dam·son[dǽmzən] ***n.*** Ⓒ 서양자두(나무). ── ***a.*** 암자색의.
Dan[dæn] ***n.*** (성서 시대의) 팔레스티나 북단의 마을. ***from ~ to Beersheba***[biərʃí:bə] 전체에 걸쳐, 끝에서 끝까지《Beersheba는 그 남단의 마을》.
Dan. Daniel; Danish.
dán (bùoy) ***n.*** Ⓒ (원양 어업용의) 소형 부표(浮標).
†**dance**[dæns/-ɑ:-] ***vi., vt.*** (…에게) 춤추(게 하)다; 뛰다; (불그림자 따위가) 흔들거리다; (아기를) 어르다. ***~ off*** 《美》 죽다. ***~ to*** 〔***after***〕 ***a person's tune*** 〔***piping***〕 아무의 장단에 춤추다, 하라는 대로 하다. ***~ upon nothing*** 교수형을 받다. ── ***n.*** Ⓒ 춤, 무도(곡), 무도회. ***lead the ~*** 솔선하다. :**dánc·er** ***n.***
:**danc·ing**[⌐iŋ] ***n.*** Ⓤ 춤, 무도. ***~ girl*** 무희(舞姬). ***~ hall*** 댄스홀, 무도장. ***~ master*** 댄스 교사.
dan·de·li·on**[dǽndəlàiən] ***n. Ⓒ 민들레.
dan·der[dǽndər] ***n.*** Ⓤ 《美口》 뱃성, 역정. ***get one's ~ up*** 노하다.
dan·dle[dǽndl] ***vt.*** (안고) 어르다; 귀여워하다, 어하다.
dan·druff[dǽndrəf] ***n.*** Ⓤ (머리의) 비듬.
dan·dy**[dǽndi] ***n. Ⓒ 멋쟁이; 《口》 썩 좋은 물건〔사람〕, 일품. ── ***a.*** 멋진; 《美口》 훌륭한.
Dane**[dein] ***n. Ⓒ 덴마크(계의) 사람; 데인 사람.
Dane·law[déinlɔ̀:] ***n.*** 〖史〗 9-11세기에 데인 사람이 지배한 영국 북동부; 그 지역에서 행하여진 법률.
†**dan·ger**[déindʒər] ***n.*** ① Ⓤ 위험(한 상태)(risk). ② Ⓒ 장애, 위협.

be in ~ of …의 위험〔우려가, 걱정이〕 있다.
dánger mòney 《英》 위험 수당.
†**dan·ger·ous**[déindʒərəs] *a.* 위험한. *~·**ly** *ad.* 위험하게, 몹시. ***be ~ly ill*** 위독하다, 위독 상태에 있다.
dánger sìgnal 위험 신호.
***dan·gle**[dǽŋgəl] *vi.* 매달리다; 뒤쫓다; 따라〔붙어〕다니다(*about, after*). — *vt.* (매)달다; 어른거려 꾀다.
dángling párticiple 현수(懸垂)분사《분사의 의미상의 주어가 문장의 주어와 같지 않은 분사》.
Dan·iel[dǽnjəl] *n.* 〖聖〗 다니엘서; 헤브라이의 예언자; Ⓒ 명재판관.
***Dan·ish**[déiniʃ] *a., n.* 덴마크(사람, 말)의; Ⓤ 덴마크 말.
dank[dæŋk] *a.* 축축한(damp), 습기 찬.
Danl. Daniel.
dán·nert wìre[dǽnərt-] 《口》 가시 철사.
dan·seuse [dɑːnsə́ːz] *n.* (F.) Ⓒ 댄서(발레리나).
***Dan·te**[dǽnti, dáːntei] *n.* (1265-1321) 단테《이탈리아 시인 : *Divina Commedia* (신곡)의 작가》.
Dan·tesque[dæntésk] *a.* 단테식의.
***Dan·ube**[dǽnjuːb] *n.* (the ~) 다뉴브 강《흑해로 흐르는 독일의 한 강; 독일명 **Donau**[dóunau]》.
Daph·ne[dǽfni] *n.* 〖그神〗 Apollo에게 쫓겨 월계수(laurel)로 화한 요정; Ⓒ 〖植〗 (d-) 월계수, 팥꽃나무.
dap·per[dǽpər] *a.* (복장이) 단정한; 작고 활발한.
dap·ple[ǽpəl] *a., n., vt.* Ⓒ 얼룩진 (말·개); 얼룩지게 하다. **~d**[-d] *a.* 얼룩진.
:**dare**[dɛər] *vt., vi.* (***~d,*** 《古》 ***durst; ~d***) 감히〔결기 있게, 대담히〕 …하다《이 뜻으로 쓰일 때 부정문·의문문에서는 조동사 취급》; (위험을) 무릅쓰다, 도전하다. ***I ~ say*** 아마 (probably).
dáre·dèvil *a., n.* Ⓒ 무모한 (사람).
***daren't**[dɛ́ərnt] dare not의 단축.
dàre·sáy *v.* =DARE say.
:**dar·ing**[dɛ́əriŋ] *n., a.* Ⓤ 대담무쌍(한); 겁이 없는.
†**dark**[dɑːrk] *a.* 어두운, 캄캄한; (피부가) 거무스레한(swarthy); 비밀의, 숨은; 수수께끼 같은; 무지한; 사악한; 음울한; 슬픈, 우울한(sad); 부루퉁한(sullen); 방송이 정지된. ***keep a thing ~*** 사물을 숨겨 두다. — *n.* Ⓤ 암흑, 어둠, 땅거미; 무지. ***a stab in the ~*** 억측, 근거 없는 추측에 따른 행동. ***at ~*** 해질녘에. ***in the ~*** 어둠속에, 어두운 곳에서; 비밀히; 모르고. *∠·**ly** *ad.* :∠·**ness** *n.* Ⓤ 어둠, 암흑; 무지; 실명; 애매.
Dárk Áges, the 암흑 시대《중세》.
Dárk Cóntinent, the 암흑 대륙《아프리카》.
Dárk dáys 불우한 시대, 슬럼프 시기.
dárk déeds 비행(非行).
:**dark·en**[∠ən] *vt., vi.* 어둡게 하다〔되다〕, 모호하게 하다(keep in the dark). ***Don't ~ my door again.*** 다시는 내 집에 발을 들여놓지 마라.
dárk hórse 다크 호스《경마·선거 등에서 역량 미지의 유력한 상대》.
dárk lántern 초롱, 등롱(燈籠).
dark·ling[∠liŋ] *a., ad.* 《주로 詩》 어두운, 어둠 속의〔에〕.
dárk màtter 암흑 물질《전자파로 관측이 안 되는 별 사이의 물질》.
dárk·róom *n.* Ⓒ 〖寫〗 암실.
dárk·some *a.* 《詩》 어스레한, 어둑한, 음울한.
dark·y[∠i] *n.* Ⓒ 《口》 깜둥이, 흑인(Negro).
:**dar·ling**[dáːrliŋ] *a., n.* Ⓒ 귀여운; (부부·연인간의 호칭으로서) 당신, 가장 사랑하는 (사람).
darn[1][dɑːrn] *vt., n.* 꿰매 깁다, Ⓒ 떠서 깁다〔깁는 곳〕.
darn[2] *vt., vi., n.* 《美口》 =DAMN.
darned[dɑːrnd] *a., ad.* 《口》 말도 안 되는, 우라질; 심한, 몹시, 터무니없는〔게〕.
***dart**[dɑːrt] *n.* ① 던지는 창〔화살〕, Ⓒ 표창(鏢槍); (벌 따위의) 침(stinger); 〖裁縫〗 다트; (a ~) 돌진. ② (*pl.*) 《단수 취급》 다츠. — *vt., vi.* 던지다, 발사하다; 돌진하다.
Dart·moor[dáːrtmuər] *n.* 잉글랜드 남서부의 바위가 많은 고원; (그곳에 있는) 다트무어 교도소.
***Dar·win**[dáːrwin], **Charles** (1809-82) 다윈《영국의 박물학자》. **~·ism**[-ìzəm] *n.* Ⓤ 다윈설, 진화론. **~·ist** *n.*
Dar·win·i·an[dɑːrwíniən] *a., n.* 다윈설(說)의; Ⓒ 진화론자.
:**dash**[dæʃ] *vt.* ① 던지다, 내던지다 (throw). ② (물을) 끼얹다(splash). ③ 약간 섞다. ④ 때려부수다; (기를) 꺾다; 부끄럽게 하다(abash). ⑤ = DAMN. — *vi.* 돌진하다(*forward*), 부딪다(*against*); 단숨에 하다, 급히 쓰다〔해내다〕(*off*). ***D- it!*** 염병할! — *n.* ① (a ~) 돌진; 충돌. ② Ⓤ 위세, 기운, 허세. ③ (a ~) (가미(加味)된) 소량, (…의) 기미(touch) (*of*). ④ Ⓒ (부호의) 대시(—). ⑤ Ⓒ (보통 *sing.*) 단거리 경주. ⑥ = DASHBOARD. ***at a ~*** 단숨에. ***cut a ~*** 허세를 부르다. *∠·**ing** *a.* 기운찬; 화려한, 멋부린.
dásh·bòard *n.* Ⓒ (보트 전면의) 물보라 막이, (마차의) 흙받기; (자동차 따위 조종석의) 계기반(計器盤).
das·tard[dǽstərd] *n.* Ⓒ 비겁한 자, 겁쟁이(coward). **~·ly** *a.* 비겁한, 겁약한, 못난.
dat. dative.
:**da·ta**[déitə, dǽt-] *n. pl.* (*sing.* ***datum***) 《단·복수 취급》 자료, 데이터; (관찰·실험에 의한) 지식, 정보.
dáta bànk 〖컴〗 데이터〔정보〕 은행.
dáta·bàse *n.* Ⓒ 〖컴〗 자료틀, 데이터 베이스.
dáta bàse manágement sỳs·tem 〖컴〗 데이터 베이스 관리 체계.
dáta communicátion 〖컴〗 데이

터〔자료〕 통신.
dáta·phòne *n.* Ⓒ 데이터폰《컴퓨터에 데이터를 보내는 전화》.
dàta pròcessing 〖컴〗 데이터〔정보〕 처리.
dáta transmìssion 〖컴〗 데이터〔자료〕 전송, 자료 내보냄.
date[1][deit] *n.* Ⓒ 대추야자(의 열매).
†**date**[2] *n.* Ⓒ 날짜, 연월일; 기일; Ⓤ 연대, 시대; Ⓒ《美口》만날 약속, 데이트 (상대자). ***at an early*** ~ 머지않아. (***down***) ***to*** ~ 오늘까지(의). ***have a*** ~ ***with*** …와 데이트를 하다. ***out of*** ~ 시대에 뒤진. ***up to*** ~ 현재까지(의); 최신식의. ── *vt.* 날짜를 쓰다; 시일을 정하다. ── *vi.* 날짜가 적혀 있다; 시작되다(*from*). ~ ***back to*** (날짜가) …에 소급하다. **dát·ed** *a.* 날짜 있는; 시대에 뒤진(out-of-date). **∠·less** *a.* 날짜 없는; 무(기)한의; 태고의; 시대를 초월하여 흥미 있는.
dáte lìne (보통 the ~) 일부 변경「선.
dáte pàlm 대추야자(date).
da·tive[déitiv] *n., a.* Ⓒ 〖文〗 여격(의).
·**da·tum**[déitəm] *n.* (*pl.* ***data***) Ⓒ (보통 *pl.*) 자료, 데이터; 논거; 〖數〗 기지수.
daub [dɔ:b] *vt., vi., n.* 바르다(*with*); Ⓤ,Ⓒ 바르기; 처덕처덕 칠하다〔칠하기〕; Ⓒ 서투른 그림(을 그리다).
†**daugh·ter**[dɔ́:tər] *n.* Ⓒ 딸.
dáughter élement 〖理〗 (방사성 물질의 분열로 생기는) 자원소(cf. parent element).
dáughter-in-làw *n.* (*pl.* ***-s-in-law***) Ⓒ 며느리.
·**daunt**[dɔ:nt] *vt.* 으르다, 놀라게 하다(scare); (…의) 기세를 꺾다. ***nothing*** ~***ed*** 조금도 겁내지 않고. ·**∠·less** *a.* 대담한. **∠·less·ly** *ad.*
dau·phin[dɔ́:fin] *n.* Ⓒ (종종 D-) 〖프史〗 황태자.
DAV, D.A.V. Disabled American Veterans.
dav·en·port[dǽvənpɔ̀:rt] *n.* Ⓒ 《美》 침대 겸용의 긴 소파.
Da·vid[déivid] *n.* 〖聖〗 다윗《이스라엘의 제 2 대 왕》.
da Vin·ci[də víntʃi], **Leonardo** (1452-1519) 이탈리아의 화가·조각가·건축가·과학자.
Dá·vis apparátus[déivis-] 잠수함으로부터의 탈출 장치의 하나.
Dávis Cùp 데이비스컵《국제 테니스 경기 우승배》.
dav·it[dǽvit, déivit] *n.* Ⓒ (상갑판의) 보트 매다는 기둥.
Da·vy[déivi] *n.* David의 애칭.
Dávy Jónes 해마(海魔). ***in*** ~***'s locker*** 물고기 밥이 되어.
Dávy làmp 갱부용 안전등.
daw[dɔ:] *n.* Ⓒ 바보; =JACKDAW.
daw·dle[dɔ́:dl] *vt., vi.* 빈둥거리며 시간을 보내다(idle)(*away*).
:**dawn**[dɔ:n] *n.* Ⓤ 새벽, 동틀녘, 여명. ── *vi.* 동이 트다, 밝아지다; 시작되다; 점점 분명해지다. ***It*** 〔***Morning, The day***〕 ~***s.*** 날이 샌다. ***It has ~ed upon me that ...*** (…라는) 것을 나는 알게 되었다.
†**day**[dei] *n.* ① Ⓒ 날, 하루. ② Ⓤ 낮, 주간(*before* ~ 날 새기 전에). ③ Ⓤ,Ⓒ 축일; 약속날. ④ Ⓒ (종종 *pl.*) 시대(period); (*pl.*) 일생(lifetime); Ⓤ 전성 시대. ⑤ (the ~) (하루의) 싸움, (그날의) 승부; 승리. ***all*** ~ (***long***), or ***as the*** ~ ***is long*** 종일. ***between two*** ~***s*** 밤을 새워. ***by*** ~ 낮에는. ***carry the*** ~ 이기다. ~ ***about*** 하루 걸러. ~ ***after*** ~, or ~ ***by*** ~, or ***from*** ~ ***to*** ~ 매일, 날마다, 나날이, 하루하루. ~ ***in,*** ~ ***out*** 해가 뜨나 해가 지나, 날마다. ***end one's*** ~***s*** 죽다. ***have one's*** ~ 때를 만나다. ***in broad*** ~ 대낮에. ***in one's*** ~ 젊었을〔한창이었을〕 때에. ***in the*** ~***s of old*** 옛날에. ***keep one's*** ~ 약속날을 지키다. ***know the time of*** ~ 만사에 빈틈이 없다. ***lose the*** ~ 지다. (***men***) ***of the*** ~ 당시〔당대〕의 (명사). ***on one's*** ~ 《口》한창 때에. ***one of these*** ~***s*** 근일중에. ***this*** ~ ***week*** 〔***month***〕 전주〔전달〕의 오늘; 내주〔내달〕의 오늘. ***win the*** ~ 이기다. ***without*** ~ 기일을 정하지 않고.
dáy-and-alíve *a.* 《英》 단조로운, 따분한.
dáy bèd 침대 겸용 소파《낮에는 소「파로 씀》.
dáy·bòarder *n.* Ⓒ 《英》 (식사를 학교에서 하는) 통학생.
dáy·bòok *n.* Ⓒ 업무 일지; 일기.
dáy bòy 《英》 통학생.
:**dáy·brèak** *n.* Ⓤ 새벽, 동틀녘.
dáy-care cénter 보육원, 탁아소.
dáy còach 《美》 (침대차와 구별하여) 보통 객차.
·**dáy·drèam** *n., vi.* Ⓒ 백일몽, 공상(에 잠기다). ~**er** *n.* Ⓒ 공상가.
dáy·flỳ *n.* Ⓒ 〖蟲〗 하루살이.
dáy làbo(u)rer 날품팔이 (인부).
dáy lètter 《美》 주간 완송(緩送) 전보《요금이 쌈》.
:**dáy·lìght** *n.* Ⓤ 일광; 낮, 주간. ***burn*** ~ 쓸데없는 짓을 하다. ***in broad*** ~ 대낮에.
dáylight róbbery 《英》 터무니 없는 대금 청구, 바가지 씌우기.
dáylight-sáving (**tìme**) 하기 일광 절약 시간.
dáy·lòng *a., ad.* 온종일(의).
dáy núrsery 탁아소. 「락실.
dáy ròom (기지·공공 시설 내의) 오
dáy schòol (boarding school에 대한) 통학 학교; 주간 학교.
dáy shìft (교대 근무의) 낮 근무.
:**dáy·tìme** *n.* (the ~) 낮, 주간.
dáy-to-dáy *a.* 나날의; 그날 벌어 그날 사는.
dáy trìp 당일치기 여행.
dáy-trìpper *n.* Ⓒ 당일치기 여행자.
:**daze**[deiz] *vt.* 현혹시키다; 멍하게

하다(stun); 눈이 부시게 하다(dazzle). — *n.* (a ~) 현혹; 얼떨떨한 상태.

:daz·zle[dǽzl] *vt., vi.* 눈이 부시(게 하)다; 현혹(케)하다. — *n.* (*sing.*) 눈부심; 눈부신 빛.

dázzle pàint 〖軍〗 미채(迷彩), 위장.

***daz·zling**[dǽzliŋ] *a.* 눈부신.

dB, db decibel(s). **DBMS** 〖컴〗 data base management system 자료를 관리 체계. **dbt.** debit. **D. C.** *da capo*(It. =from head) 〖樂〗 처음부터(반복하라); District of Columbia. **DC, D.C.** direct current. **D.C.L.** Doctor of Civil Law. **D.C.M.** Distinguished Conduct Medal. **D.D.** Doctor of Divinity. **D.D., D/D, d.d.** demand draft. **d.d., d/d** delivered.

d — d[di:d, dæmd] =DAMNED.

D-dày *n.* 〖軍〗 공격 개시 예정일; 《一般》 행동 개시 예정일.

D.D.S. Doctor of Dental Surgery. **DDT** dichloro-diphenyl-trichlo-roethane 《살충제》.

de-[di, də, dì:] *pref.* '분리(*de*throne), 제거(*de*ice), 반대(*de*centralize), 저하(*de*press)' 따위의 뜻.

DEA 《美》 Drug Enforcement Administration.

***dea·con**[dí:kən] *n.* Ⓒ (교회의) 집사, 〖가톨릭〗 부제(副祭).

de·ac·ti·vate[di:ǽktəvèit] *vt.* (전투부대를) 해산하다; 활성을 잃게 하다.

†dead[ded] *a.* ① 죽은; 무감각한(insensible)(*to*); 활기 없는(not lively). ② 지쳐버린; 고요한; 쓸모 없이 된. ③ 완전한; 확실한(sure). **~ *above ears*** 《俗》 골이 빈, 바보 같은. ***in ~ earnest*** 진정으로. — *ad.* 아주, 완전히; 몹시. CUT *a person* **~.** **~ (*set*) *against*** 정면으로 반대하여. **~ *tired*** 녹초가 되어. — *n.* (the ~) 《집합적》 죽은 사람; 가장 생기가 없는 시각; 죽은 듯이 고요함; 가장 …한 때. ***at ~ of night*** 한밤중에. ***in the ~ of winter*** 한 겨울에. ***rise from the ~*** 부활하다.

déad áir (송신 기계 고장 등에 의한) 방송의 중단.

déad-alíve *a.* 기운〔활기〕 없는; 불경기의.

déad ángle 사각(死角).

déad báll 〖野〗 사구(死球).

déad·béat *a.* (계기(計器)의 바늘이) 흔들리지 않는, 제 눈금에 딱 서는. — [⌐⌐] *n.* Ⓒ 《美口》 (외상·빚 등을) 떼먹는 사람; 게으름뱅이, 식객.

déad béat 《口》 지친(exhausted).

déad·bòrn *a.* 사산(死産)의.

déad càlm 죽은 듯이 고요함, 무풍.

déad càt 《美俗》 (서커스의 전시용) 사자, 범(따위); 신랄한〔조소적〕 비판.

déad cértainty 절대 확실한 것.

dead·en [dédn] *vt.* 약하게 하다(weaken); 둔하게 하다; 무감각하게 하다; 소리〔윤기〕를 없애다. — *vi.* 죽다; 약해지다; 둔해지다.

déad énd 막다른 데〔골목〕.

déad-énd *a.* 막다른; 빈민가의.

déad·èye *n.* Ⓒ 세 구멍 도르래; 《俗》 명사수(名射手).

déad·fàll *n.* Ⓒ 《美》 무거운 물체를 떨어뜨려 동물을 눌러 잡는 올가미; (삼림의) 서로 엉켜 쓰러진 나무들.

déad fòrms 허례.

déad gróund 사각(死角); 〖電〗 완전 접지(接地).

déad·hèad *n.* Ⓒ 무임 승객; 무료 입장자; 멍청이; 비어서 가는 차.

déad héat 팽팽한 접전(接戰).

déad·hòuse *n.* Ⓒ 임시 시체 안치소.

déad lánguage 사어(死語)《라틴어·고대 그리스어 따위》.

déad létter 배달 불능의 우편; (법령 따위의) 공문(空文).

***déad·lìne** *n.* Ⓒ (포로 수용소 등의) 사선(死線); (기사의) 마감 시간; 〖컴〗 기한.

***déad·lòck** *n.* Ⓤ,Ⓒ 막힘, 정돈(停頓); 〖컴〗 수렁, 교착.

déad lóss 전손(全損).

:dead·ly[dédli] *a.* 죽음 같은; 치명적인(fatal); 심한; 용서할 수 없는(*the seven ~* SIN[1]*s*). — *ad.* 주검〔송장〕처럼; 몹시.

déad màrch (특히, 군대의) 장송(葬送) 행진곡(funeral march).

déad mátter 무기물(無機物).

déad-òn *a.* 바로 그대로의, 완전하게 정확한.

déad·pàn *n., vi.* (**-nn-**) Ⓒ 무표정한 얼굴(을 하다).

déad réckoning 〖海·空〗 추측 항법.

Déad Séa, the 사해.

déad séason 사교·거래 등이 한산한 계절.

déad sèt (사냥개가) 사냥감을 가리키는 부동의 자세; 맹공격; 끈질긴 노력.

déad shót 사격의 명수.

déad spòt 《美》 (라디오의) 난청지대(blind spot).

déad stóck 팔다 남은 물건; 농기구(農機具).

déad wàll 창 따위가 없는 평벽(平壁).

déad wáter 괸 물, 갇힌 물.

déad wéight (차량의) 자중(自重).

déadweight tón 중량톤《2240 파운드》.

déad·wòod *n.* Ⓤ 죽은 나무; 《집합적》 무용지물《사람·물건》.

:deaf[def] *a.* 귀머거리의; 들으려 하지 않는(*to*). ***fall on ~ ears*** (요구 따위가) 무시되다.

déaf-àid *n.* Ⓒ 《英》 보청기.

***deaf·en**[défən] *vt.* 귀먹게〔안 들리게〕 하다; 큰 소리가 (다른 소리를) 죽이다. **~·ing** *a., n.* 귀청이 터질 듯한; Ⓤ 방음 장치〔재료〕.

déaf-mùte *n.* Ⓒ (선천적) 농아자(聾兒者).

D

†**deal**[1] [di:l] *vt.* (***dealt***) 나누다(*out*), (카드를) 도르다(distribute); 베풀다; (슬픔을) 주다, (타격을) 가하다. — *vi.* 장사하다; 거래하다(*in*); (몫 등을) 처리하다, 다루다; (사건·일 등에서) 행동하다(*by, toward, with*). — *n.* [U] (어떤) 분량; (the ~) (카드놀이의) 패 도르는 일[차례], 한 판; [C] 거래; 《口》 취급; 정책. ***a*** (***good, great***) ~ 많이, 다량으로. ***Fair*** (***New***) ***D-,*** Truman (Roosevelt) 대통령의 페어딜[뉴딜] 정책.

deal[2] *n.* [U] 소나무 재목[판자], 전나무 제목[판자].

‡**deal·er** [díːlər] *n.* [C] ① 상인, …상(商). ② 패 도르는 사람. ③ 어떤 특정의 행동을 하는 사람(*a double* ~).

déaler·shìp *n.* [U] (어느 지역내의) 상품 총판권[점].

‡**déal·ing** *n.* ① [U] 취급; (타인에의) 태도. ② (*pl.*) (거래) 관계, 교제 (*have ~s with* …와 교제하다).

‡**dealt** [delt] *v.* deal[1]의 과거(분사).

***dean** [di:n] *n.* [C] 〖宗〗 사제장(司祭長) 《Cathedral 등의 장》; (대학의) 학장; 《美》 학생 과장; 《英》 학생감.

†**dear** [diər] *a.* 친애하는, 귀여운; 귀중한(precious)(*to*); 비싼(costly) (opp. cheap). ***D- Sir*** 근계(謹啓). ***for ~ life*** 간신히 (도망치다, 따위); 열심히. — *n.* [C] 사랑하는 사람, 귀여운 사람, 애인. — *ad.* 사랑스레; 비싸게. — *int.* ***D-, ~!,*** or ***D- me!,*** or ***Oh, ~!*** 어머나!; 참!, 아니 그런데! ‡**∠·ly** *ad.* 애정 깊이; 비싸게.

***dearth** [dəːrθ] *n.* [U] 부족, 결핍; 기근(famine).

dear·y [díəri] *n.* 《口》 =DARLING.

†**death** [deθ] *n.* ① [U,C] 죽음, 사망. ② (the ~) 소멸; 사인. ③ [U] 살해, 유혈. ④ [U] (D-) 사신(死神). ⑤ [U] 사형. ***be at ~'s door*** 죽음이 가깝다. ***be ~ on*** 《口》 …에 능하다; …을 아주 좋아[싫어]하다. ***be the ~ of*** …의 사인이 되다, …을 죽이다. ***civil ~*** 〖法〗 (범죄 따위에 의한) 공민권 상실. ***to ~*** 극도로, 몹시. ***to the ~*** 죽을 때까지, 최후까지. **∠·less** *a.* 죽지 않는; 불멸의(~ *poem* 불멸의 시). **∠·ly** *a., ad.* 죽은 듯한[듯이]; 치명적인[으로]; 몹시.

déath ágony 죽음의 고통.

déath·bèd *n.* [C] (보통 *sing.*) 죽음의 자리, 임종.

déath·blòw *n.* [C] (보통 *sing.*) 치명적 타격.

déath cèll 사형수용의 독방.

déath certìficate 사망 진단서.

déath chàir 《美》 =ELECTRIC CHAIR.

déath cùp 파리버섯속(屬)《독버섯》.

déath-dèaling *a.* 치명적인, 죽음을 초래하는.

déath dùties 〖英法〗 상속세(《美》 death tax).

déath hòuse 《美》 사형수 감방.

déath·màsk *n.* [C] 사면(死面), 데스마스크.

déath ràte 사망률(mortality).

déath ràttle 임종 때의 꼬르륵 소리.

déath rày 살인 광선.

déath-ròll *n.* [C] 사망자 명단, 과거장(過去帳).

déath sànd 〖軍〗 죽음의 재(radioactive dust).

déath sèntence 사형 선고.

déath's-hèad *n.* [C] 해골《죽음의 상징》.

déath squàd (군정하에서, 경범자·좌파 등에 대한) 암살대.

déath tàx 《美》 유산 상속세.

déath tòll 사망자 수.

déath·tràp *n.* [C] 위험한 장소; 화재 위험이 있는 건물.

déath wàrrant 사형 집행 명령.

déath·wàtch *n.* [C] 임종의 간호; 경야(經夜); 살짝수염벌레.

de·ba·cle, ***dé·bâ·cle*** [deibáːkl, -bǽkl] *n.* (F.) [C] (강의) 얼음이 깨짐, 사태; 괴멸, 붕괴; 재해; 대홍수.

de·bar [dibáːr] *vt.* (***-rr-***) 제외하다, 저지하다(*from*). **~·ment** *n.*

de·bark[1] [dibáːrk] *vi., vt.* =DISEMBARK.

de·bark[2] *vi., vt.* (나무의) 껍질을 벗기다.

de·base [dibéis] *vt.* (품성·품질 따위를) 저하시키다(degrade). **~d** [-t] *a.* 저하된; 야비한. **~·ment** *n.*

de·bat·a·ble [dibéitəbəl] *a.* 이론(異論)의 여지가 있는.

debátable gróund (자칫 문제가 일어나기 쉬운) 국경 지대; 논쟁점.

‡**de·bate** [dibéit] *n.* [U,C] 토론, 논쟁; [U] 숙고; [C] 토론회. — *vt., vi.* 토론[논쟁]하다(*on, upon*). ***~ with oneself*** 숙고하다.

de·bauch [dibɔ́ːtʃ] *vt.* 타락시키다(corrupt); 유혹하다(seduce); (생활을) 퇴폐시키다. — *n.* [C] 방탕, 난봉. **~ed** [-t] *a.* **deb·au·chee** [dèbɔːtʃíː] *n.* [C] 난봉꾼. **~·er·y** [dibɔ́ːtʃəri] *n.* [U] 방탕; 유혹(seduction); (*pl.*) 유흥.

de·ben·ture [dibéntʃər] *n.* [C] 사채(社債)(권(券)).

debénture bònd 무담보 사채권.

debénture stòck 《英》 사채(권(券)).

de·bil·i·tate [dibílətèit] *vt.* 쇠약하게 하다(weaken). **-ty** *n.* [U] 쇠약.

deb·it [débit] *n., vt.* [C] 〖簿〗 차변(借邊)(에 기입하다)(opp. credit).

deb·o·nair(e) [dèbənέər] *a.* 점잖고 쾌활한, 사근사근한.

de·bouch [dibúːʃ, -báutʃ] *vi.* (좁은 곳에서 넓은 곳으로) 진출하다. **~·ment** *n.* [U] (군대의) 진출; [C] 하구.

de·brief [diːbríːf] *vt.* (귀환 비행사 등으로부터) 보고를 듣다.

de·bris, ***dé·bris*** [dəbríː, déibriː/déb-] *n.* [U] 파괴의 자취; 파괴물[암석]의 파편; 쓰레기.

‡**debt** [det] *n.* ① [C] 부채, 빚. ② [U,C] 의리, 은혜(obligation). ***bad ~*** 대손(貸損). ***be in*** (***out of***) ***~*** 빚이 있다[없다](*to*). ***~ of honor*** (노름에서의) 신용빚. ***get*** (***run***) ***into ~***

빚지다. ***pay one's ~ of*** 〔***to***〕 ***Nature*** 죽다. ***:∠·or*** *n.* Ⓒ 꾼 사람, 차주(借主), 채무자; 〖簿〗 차변《생략 Dr.》 (opp. creditor).

débtor nàtion 채무국(opp. creditor nation).

de·bug [di:bʌ́g] *vt.* (*-gg-*) 《口》 (…에서) 해충을 제거하다; (…에서) 잘못〔결함〕을 제거하다; 〖컴〗 (프로그램에서) 잘못을 찾아 정정하다; (…에서) 도청기를 제거하다.

de·bunk [di:bʌ́ŋk] *vt.* 《美口》 (명사 등의) 정체를 폭로하다.

De·bus·sy [deibjúːsi, dèbjusíː], **Claude Achille** (1862-1918) 프랑스의 작곡가.

de·but, dé·but** [deibjúː, ∠–, di-, déb-] *n.* (F.) Ⓒ 사교계에의 첫발, 첫무대, 첫출연, 데뷔. ***make one's ~ 처음〔공식으로〕 사교계에 나오다; 첫무대를 밟다, 초연(初演)하다.

deb·u·tant [débjutàːnt, -bjə-] *n.* (*fem.* **-tante** [débjutàːnt]) (F.) Ⓒ 처음으로 사교계에 나선 사람〔처녀〕; 첫무대를 밟는 사람.

***Dec.** December. **dec.** decease(d); decimeter; declaration; declension.

dec·a- [dékə] *pref.* '10'의 뜻 : *dec*agon; *deca*liter(=10*l*).

***dec·ade** [dékeid, dəkéid] *n.* Ⓒ 10; 10 개; 10년간.

dec·a·dence [dékədəns, dikéidns], **-den·cy** [-i] *n.* Ⓤ 쇠미, 퇴폐. **-dent** [-dənt] *a.*, *n.* 쇠미〔퇴폐〕한; Ⓒ (19세기말 프랑스의) 퇴폐〔데카당〕파의 (예술가).

dec·a·gon [dékəgàn/ -gɔn] *n.* Ⓒ 〖幾〗 십각〔십변〕형. **de·cag·o·nal** [dikǽgənəl] *a.*

dec·a·gram, 《英》 **-gramme** [dékəgræ̀m] *n.* Ⓒ 데카그램《10 그램》.

dec·a·he·dron [dèkəhíːdrən] *n.* (*pl.* **~s, -dra**) Ⓒ 〖幾〗 십면체.

de·cal·co·ma·ni·a [dikæ̀lkəméiniə] *n.* Ⓤ 전사술(轉寫術)《도기·목제품 따위에 무늬 넣는 법》; Ⓒ 전사화(畫).

dec·a·li·ter, 《英》 **-tre** [dékəlìːtər] *n.* Ⓒ 데카리터《10 리터》.

Dec·a·logue [dékəlɔ̀ːg, -lὰg] *n.* (the ~) 〖宗〗 십계(十戒)(the Ten Commandments).

De·cam·er·on [dikǽmərən] *n.* (the ~) (Boccaccio작의) 데카메론.

dec·a·me·ter, 《英》 **-tre** [dékəmìːtər] *n.* Ⓒ 데카미터《10 미터》.

de·camp [dikǽmp] *vi.* 야영을 걷어치우다, 진을 거두고 물러나다; 도망치다(depart quickly). **~·ment** *n.*

de·cant [dikǽnt] *vt.* (용액 따위의 웃물을 딴 그릇에) 가만히 옮기다. **~·er** *n.* Ⓒ 〖化〗 경사기(傾瀉器); (식탁용의) 마개 달린 유리 술병.

de·cap·i·tate [dikǽpətèit] *vt.* (…의) 목을 베다(behead); 《美口》 해고하다. **-ta·tion** [–∸–téiʃən] *n.*

dec·a·pod [dékəpàd/-pɔ̀d] *n.* Ⓒ 십각류(十脚類)의 동물《새우·게》; 십완류(十腕類)의 동물《오징어》.

de·car·te·lize [diːkáːrtəlàiz] *vt.* (독점 금지법으로) 카르텔을 해체시키다.

de·cath·lete [dikǽθliːt] *n.* Ⓒ 10종 경기 선수.

de·cath·lon [dikǽθlɑn/-lɔn] *n.* Ⓤ (the ~) 10종 경기(cf. pentathlon).

:de·cay [dikéi] *vi.* 썩다, 부패하다(rot); 쇠미하다. — *n.* Ⓤ 부패, 쇠미; 〖理〗 (방사성 물질의) 자연 붕괴. **~ed** [-d] *a.*

Dec·can [dékən] *n.* (the ~) 데칸 반도《인도 Narbada강 이남의 지역》; 데칸 고원《데칸 반도의 태반을 차지하는 고원》.

de·cease [disíːs] *n.*, *vi.* Ⓤ 사망(하다). ***~d** [-t] *a.* 죽은, 고(故)…. ***the ~d*** 고인(故人), 「고인(故人).

de·ce·dent [disíːdənt] *n.* Ⓒ 〖法〗

:de·ceit [disíːt] *n.* Ⓤ ① 사기. ② 허위, 거짓(deceiving). ***~·ful** *a.* 거짓의.

:de·ceive [disíːv] *vt.* 속이다; 미혹시키다(mislead). ***~ oneself*** 잘못 생각하다. **de·céiv·a·ble** *a.* 속(이)기 쉬운. **de·céiv·er** *n.* Ⓒ 사기꾼.

de·cel·er·ate [diːsélərèit] *vt.*, *vi.* 감속(減速)하다(opp. accelerate).

†De·cem·ber [disémbər] *n.* 12월.

de·cen·cy** [díːsnsi] *n.* Ⓤ ① 보기 싫지 않음; 체면. ② 예의(바름)(decorum), (태도·언어의) 점잖음(propriety); 품위. ③ 《口》 친절. ***for ~'s sake 체면상. ***the decencies*** 예의범절; 보통의 살림에 필요한 물건(cf. comforts).

de·cen·ni·al [disénial] *a.*, *n.* 10년간〔마다〕의; Ⓒ 10년제(祭).

:de·cent [díːsnt] *a.* ① 적당한, 어울리는(proper). ② 점잖은; 상당한 신분의. ③ 《口》 상당한(fair). ④ 관대한, 친절한. **~·ly** *ad.*

de·cen·tral·ize [diːséntrəlàiz] *vt.* (권한을) 분산하다. **-i·za·tion** [diːsèntrəlizéiʃən] *n.* Ⓤ 분산, 집중 배제, 지방 분권(화).

***de·cep·tion** [disépʃən] *n.* Ⓤ ① 속임(deceiving); 속은 상태. ② 사기(fraud), 야바위. **-tive** *a.* 속임의, 미혹케 하는. **-tive·ly** *ad.*

dec·i- [désə, -si] *pref.* '10분의 1'의 뜻: *deci*gram(=1/10 g), *deci*meter(=1/10 m).

dec·i·bel [désəbèl] *n.* Ⓒ 데시벨《전압·음향 측정 단위》.

†de·cide [disáid] *vt.* 결정하다, 해결하다; 결심시키다. — *vi.* 결심하다(*on, upon; to* do); 결정하다(*against, between, for*).

:de·cid·ed [-id] *a.* 뚜렷한, 명백한(clear); 단호한(resolute). ***~·ly** *ad.*

de·cid·u·ous [disídʒuːəs] *a.* 탈락성의; 낙엽성의. ***~ tooth*** 젖니.

dec·i·gram, 《英》 **-gramme** [dés-

igræm] *n.* 데시그램《1 그램의 1/10》.
dec·i·li·ter, 《英》 **-tre** [désilì:tər] *n.* Ⓒ 데시리터《1 리터의 1/10》.
dec·i·mal [désəməl] (cf. deci-) *a., n.* 십진법의; Ⓒ 소수(의).
décimal classificàtion (도서의) 십진 분류법.
décimal fràction 소수.
décimal pòint 소수점.
décimal sỳstem 십진법.
dec·i·mate [désəmèit] *vt.* (고대 형법에서) 열 명에 하나씩 죽이다; (질병·전쟁 따위가) 많은 사람을 죽이다.
dec·i·me·ter, 《英》 **-tre** [-mì:tər] *n.* Ⓒ 데시미터《1 미터의 1/10》.
de·ci·pher [disáifər] *vt.* (암호(cipher)·난해한 글자 따위를) 풀다, 번역[판독]하다. **~·ment** *n.*
:de·ci·sion [disíʒən] *n.* ① U,C 결정; 해결. ② Ⓒ 판결; Ⓤ 〚拳〛 판정승. ③ Ⓤ 결심, 결의. ④ Ⓤ 결단력.
decísion-màking *n., a.* Ⓤ 정책[의사] 결정(의).
:de·ci·sive [disáisiv] *a.* 결정적인, 움직이기 어려운; 단호[확고]한; 명확한. ***~·ly** *ad.* **~·ness** *n.*
:deck [dek] *n.* Ⓒ 갑판(과 비슷한 것); (빌딩의) 평평한 지붕; 《주로 美》 (카드패의) 한 벌(pack[1]); 《俗》 지면; 〚컴〛 덱, 대(臺), 천공 카드를 모은 것. ***clear the ~s*** 전투 준비를 하다. ***on ~*** 갑판에 나와서; 《口》 준비되어; 《口》〚野〛 다음 타자가 되어. ***upper* [*main, middle, lower*]** 상[중, 제2중, 하] 갑판. ― *vt.* 갑판을 깔다; 꾸미다, 단장하다(dress).
déck chàir (즈크로 된) 갑판 의자.
déck hànd 〚海〛 갑판원, 평선원; 〚劇〛 무대계원《장치·조명 따위의》.
déck òfficer 갑판부 사관.
déck pàssenger 3등 선객.
de·claim [dikléim] *vi.* (미사여구를 늘어놓아) 연설하다, 열변을 토하다. ― *vt.* (극적으로) 낭독하다(recite).
dec·la·ma·tion [dèkləméiʃən] *n.*
de·clam·a·to·ry [diklǽmətɔ̀:ri/-təri] *a.* 연설조의; 낭독의.
:dec·la·ra·tion [dèkləréiʃən] *n.* U,C 선언, 포고; 신고. ***~ of war*** 선전 포고. ***the D- of Independence*** 미국 독립 선언《1776년 7월 4일》.
de·clar·a·tive [diklǽrətiv], **-to·ry** [-tɔ̀:ri/-təri] *a.* 선언하는, 단언적인; 서술적인. 「(平敍文).
declárative séntence 평서문
:de·clare [diklɛ́ər] *vt.* 선언[포고·발표]하다(proclaim); 언명하다(assert); (소득액·과세품을) 신고하다. ― *vi.* 공언[성명]하다. ***~ off*** (언명해 놓고) 그만두다, 해약하다. ***Well, I ~!*** 저런!, 설마! **~d** [-d] *a.* 공언한; 숨김 없는, 공공연한.
de·clas·si·fy [di:klǽsəfài] *vt.* 《美》 기밀 취급을 해제하다; 기밀 리스트에서 빼다.
de·clen·sion [diklénʃən] *n.* U,C (명사·대명사 등의) 격변화(cf. conjugation); Ⓤ 쇠미(decline); 경사, 기울.
dec·li·na·tion [dèklənéiʃən] *n.* ① U,C 경사(傾斜). ② U,C 쇠미. ③ Ⓒ 《美》 사퇴(polite refusal). ④ U,C 〚天〛 적위(赤緯); Ⓒ 〚理〛 (지자기의) 편차, 편각.
:de·cline [dikláin] *vi., vt.* ① 아래로 향(하게)하다, 기울(이)다; (해가) 지다. ② 사퇴[사절]하다. ③ (*vi.*) 쇠하다. ④ 〚文〛 격변화하다[시키다]. ― *n.* Ⓒ (보통 *sing.*) (물가의) 하락; 쇠미, 쇠약(병); 늘그막(declining years). ***on the ~*** 기울어; 쇠하여.
de·clin·ing [-iŋ] *a.*
de·cliv·i·ty [diklívəti] *n.* U,C 하향(下向), 내리막(opp. acclivity).
de·coct [di:kákt/-ɔ́-] *vt.* (약초 따위를) 달이다. **de·cóc·tion** *n.* Ⓤ 달이기; Ⓒ 달인 즙[약].
de·code [di:kóud] *vt.* 암호(code)를 풀다. **de·cód·er** *n.* Ⓒ 암호 해독자; 자동 암호 해독 장치; 〚無電〛 아군 식별 장치; 〚컴〛 해독기(器).
dé·col·le·té [deikàlətéi/deikɔ́lətei] (*fem.* ***-tée*** [-téi/-tei]) *a.* (F.) 어깨와 목을 드러낸, 로브 데콜테(***robe décolletée***)를 입은. 「백]하다.
de·col·o(u)r [di:kʌ́lər] *vt.* 탈색[표
de·com·mu·nize [di:kámjunàiz/-kɔ́m-] *vt.* (국가·제도 따위를) 비공산화하다. **-ni·za·tion** [-̀-̀-nizéiʃən] *n.*
***de·com·pose** [dì:kəmpóuz] *vt., vi.* 분해[환원]하다; 썩(이)다. ***-po·si·tion** [-kampəzíʃən/-ɔ-] *n.*
de·con·tam·i·nate [dì:kəntǽmənèit] *vt.* 정화(淨化)하다, (…에서 방사능 따위) 오염을 제거하다. **-na·tion** [-̀-̀-néiʃən] *n.*
de·con·trol [dì:kəntróul] *vt.* (**-ll-**) (…의) 통제를 해제하다. ― *n.* Ⓤ 통제 해제. 「장식; (무대) 장치.
dé·cor [deikɔ́:r, ´-] *n.* (F.) U,C
:dec·o·rate [dékərèit] *vt.* 꾸미다, 장식하다(adorn); 훈장을 수여하다.
:dec·o·ra·tion [dèkəréiʃən] *n.* Ⓤ 장식(법); Ⓒ 장식품; 훈장, 서훈(敍勳). ***the D- Day*** = the MEMORIAL DAY. ***-tive** [dékərèitiv, -rə-] *a.* 장식적인. ***-tor** [dékərèitər] *n.* Ⓒ (실내) 장식업자.
dec·o·rous [dékərəs] *a.* 예의바른, 점잖은(decent). **~·ly** *ad.*
de·co·rum [dikɔ́:rəm] *n.* Ⓤ (태도·말·복장 따위의) 고상함, 예의바름.
de·cou·ple [di:kʌ́pl] *vt.* 〚電〛 감결합(減結合)하다《전기의 유해한 귀환 작용을 덜기 위하여 회로의 결합도를 낮춤》.
***de·coy** [dí:kɔi, dikɔ́i] *n.* Ⓒ 미끼새, 유혹물(lure). ― [dikɔ́i] *vt.* 꾀어 들이다, 유인하다.
:de·crease [dí:kri:s, dikrí:s] (opp. increase) *n.* U,C 감소(*in*); Ⓒ 감소량[액]. ***on the ~*** 감소되어. ― [dikrí:s] *vi., vt.* 줄(이)다; 저하하다, 쇠하다. **de·creas·ing** [dikrí:siŋ] *a.*

:de·cree[dikríː] *n.* Ⓒ 법령, 포고; 명령; 하늘의 뜻, 신명(神命); 판결. ── *vt., vi.* 명하다; 포고[판결]하다; (하늘이) 정하다.
dec·re·ment[dékrəmənt] *n.* Ⓤ 감소; Ⓒ 감소량[액](decrease).
de·crep·it [dikrépit] *a.* 노쇠한. **-i·tude**[dikrépitjùːd] *n.* Ⓤ 노쇠, 노후(老朽).
de·cre·scen·do [dìːkriʃéndou, dèi-] *ad.* (It.) 〖樂〗 점점 여리게.
de·cres·cent[dikrésnt] *a.* 점감(漸減)하는; (달이) 이지러지는, 하현(下弦)의.
de·cry[dikrái] *vt.* 비난하다, 헐뜯다. **de·crí·er** *n.* Ⓒ 비난자.
:ded·i·cate[dédikèit] *vt.* 봉납[헌납]하다; 바치다(devote); (자기 저서를) 증정하다. ***Dedicated to*** …께 드림. ~ ***oneself*** 전념하다(*to*). **-ca·tor** *n.* ***-ca·tion**[dèdikéiʃən] *n.* Ⓤ 바침, 헌신; 헌정(獻呈); Ⓒ 헌정사(辭). **-ca·to·ry**[dédikətɔ̀ːri/-təri] *a.* 봉납의; 헌상[헌정]의.
de·duce**[didjúːs] *vt.* 추론(推論)[추정]하다, 연역(演繹)하다(*from*) (opp. induce); (…의) 유래를 캐다(trace[1])(~ ***one's descent 조상을 더듬어 찾다). **de·dúc·i·ble** *a.*
***de·duct**[didʌ́kt] *vt.* 빼다, 할인하다.
***de·duc·tion**[didʌ́kʃən] *n.* Ⓤ,Ⓒ 뺌, 공제; 추론, 추정; 〖論〗 연역법(opp. induction). **-tive** *a.* 추론[추정]의, 연역적인.
:deed[diːd] *n.* Ⓒ ① 행위. ② 행동(action), 실행(performance). ③ 행하여진 일; 공적, 사적(事績); 사실. ④ 〖法〗 증서. ***in*** ~ 실로, 실제로. ***in word and*** (***in***) ~ 언행이 함께.
dee·jay[díːdʒèi] *n.* 《美俗》 =DISK JOCKEY.
***deem**[diːm] *vt., vi.* 생각하다, (…으로) 간주하다.
†deep[diːp] *a.* ① 깊은; 심원한(profound). ② 깊이 파묻힌. ③ 몰두해 있는. ④ (목소리가) 굵고 낮은, (색이) 짙은. ⑤ 심한, 마음으로부터의. ⑥ 음험한, 속검은. ~ ***one*** 《俗》 교활한 놈. ── ***ad.*** 깊이, 깊숙이; 늦게. ~ ***into the night*** 밤깊도록. ── ***n.*** (the ~) 깊은 곳, 심연(abyss); 《詩》 바다; 깊음, (겨울·밤의) 한창. **:∠·ly** *ad.* **∠·ness** *n.*
déep-chésted *a.* 가슴이 두툼한; (목소리가) 낮고 힘센.
:deep·en[díːpn] *vt., vi.* 깊게 하다, 깊어지다; 짙게[굵게] 하다; 짙어[굵어]지다.
déep-félt *a.* 강하게 느낀, 감명 깊은, 충심으로의.
Déep·fréeze *n.* Ⓒ 〖商標〗 급속 냉동 냉장고. ── *vt.* (d-) (***~d, -froze; ~d, -frozen***) (음식을) 급속 냉동하다.
déep-fríed *a.* 기름에 튀긴.
déep kíss 혀키스(French kiss).
déep-láid *a.* 교묘히[몰래] 꾀한.
déep-mined cóal 깊은 갱에서 캐낸 석탄.
déep pòcket 《美俗》 부, 재력; (종종 *pl.*) 풍부한 재원.
déep-réad *a.* 학식이 깊은, 환한.
déep-róoted *a.* 깊이 뿌리 박힌; (감정 등이) 뿌리 깊은.
déep-séa *a.* 심해[원양]의.
déep-sea físhery 원양 어업.
déep-séated, -sét *a.* (원인·병·감정 따위가) 뿌리 깊은.
déep spáce 태양계 밖의 우주.
déep thérapy 〖醫〗 심부 X선 치료 《주대상은 악성 종양》.
:deer[diər] *n.* (*pl.* **~, ~s**) Ⓒ 사슴.
déer·hòund *n.* Ⓒ 사슴 사냥개.
déer·skìn *n.* Ⓤ 사슴 가죽; Ⓒ 그것으로 만든 옷.
de-es·ca·late[diːéskəlèit] *vi., vt.* 단계적으로 축소하다[시키다].
de-es·ca·la·tion[diːèskəléiʃən] *n.* Ⓤ 단계적 축소.
def. defective; defendant; deferred; defined; definite; definition.
de·face[diféis] *vt.* 표면을 손상[마멸]시키다; 흠 내다(mar), 흉하게 하다(disfigure). **~·ment** *n.*
de fac·to[diː fǽktou] (L.) 사실상(의)(cf. *de jure*).
de·fal·cate[difǽlkeit/díːfælkèit] *vi.* 〖法〗 위탁금을 써 버리다(cf. embezzle).
de·fame[diféim] *vt.* (…의) 명예를 손상하다(dishonor), 중상하다(slander). **def·a·ma·tion**[dèfəméiʃən] *n.* **de·fam·a·to·ry**[difǽmətɔ̀ːri/-təri] *a.*
de·fault[difɔ́ːlt] *n.* Ⓤ 태만, (채무) 불이행; (재판에의) 결석; 결핍. ***in ~ of*** …이 없을 때에는, …이 없어서. ***judgment by ~*** 결석 재판. **~·er** *n.* Ⓒ 불이행자; (재판) 결석자; 위탁금 소비자.
de·fea·sance[difíːzəns] *n.* Ⓤ (권리의) 폐기, (계약의) 파기.
:de·feat[difíːt] *vt.* 격파하다, 지우다(overcome); 방해하다(thwart); 〖法〗 무효로 하다. ── *n.* Ⓤ 격파, 타파; Ⓤ,Ⓒ 패배; 〖法〗 파기. **~·ism** *n.* Ⓤ 패배주의. **~·ist** *n.*
def·e·cate[défikèit] *vt.* 맑게[정하게] 하다(purify). ── *vi.* 맑아지다(clarify); 뒤를[대소변을] 보다.
:de·fect[difékt, díːfekt] *n.* Ⓒ 결함, 결점; Ⓤ,Ⓒ 부족. ***in*** ~ 부족[결핍]하여. ***in ~ of*** …이 없는 경우에.
de·fec·tion[difékʃən] *n.* Ⓤ,Ⓒ 배반, 변절, 탈당, 탈회; 결함, 부족.
de·fec·tive**[diféktiv] *a.* 결점 있는, 불완전한. ~ ***verbs 〖文〗 결여 동사 《*will, can, may* 따위》. **~·ly** *ad.*
:de·fence[diféns] *n.* 《英》 =DEFENSE.
:de·fend[difénd] *vt.* 지키다, 방위하다(protect)(*against, from*); 변호[옹호]하다(vindicate). * **~·er** *n.*
***de·fend·ant**[-ənt] *n., a.* Ⓒ 피고(의)(opp. plaintiff).
:de·fense[diféns, díːfens] *n.* ① Ⓤ 방위, 수비(protection). ② Ⓒ 방

어물; (*pl.*) 방어 시설. ③ Ⓤ 변명; Ⓒ 〖法〗 변호; (피고의) 답변; (the ～) 《집합적》 피고측. ④ (the ～) 《집합적》 〖競〗 수비측. **～ *in depth*** 종심(縱深) 방어(법). ***in* ～ *of*** …을 지키어; …을 변호하여. *~·less *a.* 무방비의. ~·less·ness *n.*

defénse mèchanism 〖心〗 (자기) 방위기제(防衛機制).

de·fen·si·ble[difénsəbəl] *a.* 방어〔변호〕할 수 있는. **-bly** *ad.*

:de·fen·sive[difénsiv] *n., a.* Ⓤ (the ～) 방위(의), 수세(의)(opp. offensive). ***be*** 〔***stand***〕 ***on the*** ～ 수세를 취하다. ～·**ly** *ad.*

de·fer**[1][difə́:*r*] *vt., vi.* (-rr-***) 늦추다, 물리다, 늦춰지다, 연기하다. ～·**ment** *n.* Ⓤ,Ⓒ 연기; 《美》 징병 유예.

de·fer[2] *vi.* (***-rr-***) (남의 의견에) 따르다(*to*); 경의를 표하다(*to*).

***def·er·ence** [défərəns] *n.* Ⓤ 복종, 경의. **-en·tial**[dèfərénʃəl] *a.* 공경하는, 공손한(respectful). **-én·tial·ly** *ad.*

de·fer·ra·ble[difə́:rəbəl] *a., n.* 연기〔유예〕할 수 있는; Ⓒ 《美》 징병 유예자.

de·ferred[difə́:*r*d] *a.* 연기한; 거치한; 《美》 징병 유예된(～ ***savings*** 거치 예금/*a* ～ ***telegram*** 간송 전보).

de·fi·ance**[difáiəns] *n.* Ⓤ 도전; 반항, 무시. ***bid ～ ***to*** 무시하다; 도전하다. ***in*** ～ ***of*** …을 무시하여, …에 상관 않고. ***set at*** ～ 무시하다.

***de·fi·ant**[difáiənt] *a.* 도전〔반항〕적인; 무례한; 무시하는(*of*).

***de·fi·cien·cy**[difíʃənsi] *n.* Ⓤ,Ⓒ 결핍, 결함.

defíciency disèase 〖醫〗 영양실조, 비타민 결핍증.

defíciency páyment (농민에 대한 정부의) 최저 보증금.

***de·fi·cient**[difíʃənt] *a.* 결함 있는; 불충분한(insufficient)(*in*). 「(액).

***def·i·cit** [défəsit] *n.* Ⓒ 결손, 부족

déficit fináncing (특히, 정부의) 적자 재정.

déficit spénding 적자 지출.

de·file[1][difáil] *vt.* 더럽히다(soil[2]). ～·**ment** *n.* Ⓤ 더럽힘; Ⓒ 부정물.

de·file[2] *vi.* 종대(縱隊)로 나아가다. — *n.* Ⓒ 애로, 좁은 길〔골짜기〕.

:de·fine[difáin] *vt.* 한계를 정하다; 명확히 하다, 정의를 내리다. **de·fín·a·ble** *a.* 정의〔한정〕할 수 있는.

:def·i·nite[défənit] *a.* 명확한, 뚜렷한(clear); 일정한. **:～·ly** *ad.*

:définite árticle 〖文〗정관사《the》.

***def·i·ni·tion**[dèfəníʃən] *n.* Ⓤ 한정; Ⓒ 정의, 해석; Ⓤ (렌즈의) 선명도, (라디오의) 충실도; 선명(하기).

de·fin·i·tive[difínətiv] *a.* 결정적인, 최종적인(conclusive). — *n.* Ⓒ 〖文〗 한정사《*the, this, all, some* 따위》. ～·**ly** *ad.*

de·flate[difléit] *vt.* (…에서) 공기〔가스〕를 빼다; (통화를) 수축시키다.

***de·fla·tion**[difléiʃən] *n.* Ⓤ ① 공기〔가스〕를 빼기. ② 통화 수축; 디플레이션.

de·flect[diflékt] *vt., vi.* (…의) 진로를 빗나가게 하다; (생각을) 삐뚤어지게 하다; 빗나가다(turn aside). **de·fléc·tion,** 《英》 **-fléx·ion** *n.*

def·lo·ra·tion[dèfləréiʃən/dì:flɔ:-] *n.* Ⓤ 꽃을 땀; 미(美)를 빼앗음; (처녀) 능욕.

de·flow·er[difláuər] *vt.* 꽃을 따다〔꺾다〕; (처녀를) 능욕하다(ravish).

De·foe[difóu], **Daniel**(1659?-1731) 영국의 소설가《*Robinson Crusoe*》.

de·fo·li·ant[di(:)fóuliənt] *n.* Ⓤ,Ⓒ 고엽제(枯葉劑)《월남전에서 미군이 쓴》.

de·fo·li·ate[di(:)fóulièit] *vt., vi.* 잎을 따내다〔말리다〕; 잎이 떨어지다.

de·fo·li·a·tion[di(:)fòuliéiʃən] *n.* Ⓤ 낙엽(기); 나무를 자르거나 숲을 불태우거나 하는 작전.

de·for·est[di:fɔ́:rist, -fár-/-fɔ́r-] *vt.* (…의) 산림〔수목〕을 베어내다; 개척하다. ～·**a·tion**[-ˌ-ˊ-éiʃən] *n.* Ⓤ 산림 벌채〔개척〕.

de·form[difɔ́:*r*m] *vt.* 흉하게 하다, 모양 없이 하다(misshape); 불구로 하다. *～**ed**[-d] *a.* 흉한, 일그러진; 불구의. ***de·for·ma·tion**[dì:fɔ:*r*méiʃən] *n.* Ⓤ 변형; 〖美術〗 데포르마시옹《미적 효과를 위한 변형》.

***de·form·i·ty**[difɔ́:*r*məti] *n.* Ⓤ 불구; 추함; Ⓤ,Ⓒ (인격상의) 결함.

***de·fraud**[difrɔ́:d] *vt.* 편취하다(～ *him of his money*), 속이다(cheat).

de·fray[difréi] *vt.* (경비를) 지불하다(pay). ～·**al,** ～·**ment** *n.*

de·frost[di:frɔ́:st, -frást/-frɔ́st] *vt.* (식품의) 언 것을 녹이다; (냉장고의) 서리를 제거하다. ～·**er** *n.* Ⓒ 제상(除霜) 장치.

deft[deft] *a.* 솜씨 좋은, 능숙한(skillful). ˊ·**ly** *ad.* ˊ·**ness** *n.*

deft. defendant.

de·funct[difʌ́ŋkt] *a.* 소멸한; 죽은; (the ～) 고인(the deceased).

de·fuse, de·fuze[di:fjú:z] *vt.* (폭탄에서) 신관을 제거하다; (긴장 상태에서) 위험성을 없애다.

:de·fy[difái] *vt.* 도전하다(～ *him to* do); 반항하다, 거부하다; 무시하다, 깔보다; 방해하다.

deg. degree(s).

dé·ga·gé[dèigaːʒéi/-ˊ-] *a.* (F.) 편안한; (마음) 편한《태도 따위》.

De·gas[dəgá:], **Edgar**(1834-1917) 프랑스의 화가.

de·gas[di:gǽs] *vt.* (***-ss-***) (…에서) 가스를 빼다.

de Gaulle[də góul], **Charles** (1890-1970) 프랑스의 장군·정치가.

de Gaull·ist[də góulist] *n.* Ⓒ (프랑스의) 드골파의 사람.

de·gen·er·a·cy[didʒénərəsi] *n.* Ⓤ 퇴보, 타락; 퇴화.

***de·gen·er·ate** [didʒénərèit] *vi.* 나빠지다(grow worse); 퇴보〔타락〕하다. — [-dʒénərit] *a., n.* Ⓒ 퇴보

한 (것), 타락한 (사람). ***-a·tion**[-⌐-⌐ən] *n.* Ⓤ 퇴보, 타락, 악화; Ⓤ 〖生〗 퇴화. **-a·tive**[-rətiv, -rèit-] *a.* 타락(적인 경향)의.

***de·grade**[digréid] *vt.* 하위로 낮추다; 타락〔악화〕시키다; (현재의 지위·직책·소임으로부터) 떨어뜨리다; 〖生〗 퇴화시키다. ── *vi.* 떨어지다; 타락〔퇴화〕하다.

***deg·ra·da·tion**[dègrədéiʃən] *n.* Ⓤ ① 격하, 좌천; 면직. ② 타락, 저하. ③ 〖地〗 침식. ④ 〖化〗 분해.

de·grad·ing[digréidiŋ] *a.* 타락〔퇴폐〕시키는, 불명예스런, 비열한.

de·grease[di:grí:s] *vt.* (…에서) 유지를 빼다.

de·gree[digrí:] *n.* ① Ⓤ,Ⓒ 정도; 등급. ② Ⓒ 도, 눈금. ③ Ⓤ 지위, 계급; Ⓒ 학위, 칭호. ④ Ⓒ 〖文〗 (비교의) 급; 〖數〗 차(次). ***by ~s*** 점차. ***in some ~*** 다소, 얼마간은. ***to a ~*** 몹시; 다소. ***to the last ~*** 극도로.

de·horn[di:hɔ́:rn] *vt.* (…의) 뿔을 자르다.

de·hu·man·ize[di:hjú:mənàiz] *vt.* (…의) 인간성을 빼앗다. **-i·za·tion**[-⌐-nizéiʃən/-nai-] *n.* Ⓤ 인간성 말살.

de·hu·mid·i·fy [dì:hju(:)mídəfài] *vt.* 습기를 없애다; 건조시키다.

de·hy·drate[di:háidreit] *vt., vi.* 탈수하다; 수분이 없어지다. ***~d eggs*** 건조 달걀.

de·hy·dro·freez·ing [di:háidrə-frì:ziŋ] *n.* Ⓤ 건조 냉동법.

de·ice[di:áis] *vt.* 제빙(除氷)하다.

de·ic·er[di:áisər] *n.* Ⓒ 〖空〗 제빙(除氷)〔방빙〕 장치.

deic·tic[dáiktik] *a.* 〖文〗 지시적인; 〖論〗 직증적(直證的)인.

de·i·fy[dí:əfài] *vt.* 신으로 삼다〔모시다〕, 신성시하다. **-fi·ca·tion**[⌐-fikéiʃən] *n.*

deign[dein] *vi.* 황송하옵게도 …하시다, …하옵시다(*to* do). ── *vt.* 내리시다. ***~ a reply*** (왕 등이) 대답해 주시다.

de·ism[dí:izəm] *n.* Ⓤ 자연신교(自然神教). **-ist** *n.*

***de·i·ty**[dí:əti] *n.* Ⓤ 신성(神性)(divine nature); Ⓒ 신, 여신; (the D-) 우주신, 하느님(God).

dé·jà vu[dèiʒɑ: vjú:] (F.) 〖心〗 기시감(既視感); 아주 진부한 것.

***de·ject·ed**[didʒéktid] *a.* 낙담한, 기운 없는. **de·jéc·tion** *n.* Ⓤ 낙담, 실의.

de ju·re[di: ʒúəri] (L.) 정당한 권리로, 합법의(cf. *de facto*).

Del. Delaware. **del.** delegate; delete; *delineavit*(L.=he 〔she〕 drew it).

De·la·croix[dəlɑkrwɑ́:], **Ferdinand Victor' Eugène** (1798-1863) 프랑스의 화가.

***Del·a·ware**[déləwὲər] *n.* 미국 동부의 주《생략 Del.》.

:de·lay[diléi] *vt.* 늦게 하다, 지연〔지체〕시키다, 연기하다(postpone); 방해하다. ── *vi.* 늦어지다, 지체하다. ── *n.* Ⓤ,Ⓒ 지연, 유예; 〖컴〗 늦춤. ***without ~*** 즉시, 곧. **~ed**[-d] *a.* (뒤)늦은.

deláyed-áction *a.* 지효성(遲效性)의; 지발(遲發)의. ***~ bomb*** 시한 폭탄.

de·le[dí:li] *vt.* (L.) 〖校正〗 삭제하라, 빼라(delete).

de·lec·ta·ble[diléktəbəl] *a.* 매우 즐거운, 유쾌한. **-bly** *ad.* **~·ness** *n.*

de·lec·ta·tion[dì:lektéiʃən, dilèk-] *n.* Ⓤ 유쾌, 환희, 환락.

del·e·ga·cy[déligəsi] *n.* Ⓒ 《집합적》 대표단; Ⓤ 대표자 파견〔지위·임명〕.

:del·e·gate[déligèit, -git] *n.* Ⓒ 대표자(representative), 사절. ── [-gèit] *vt.* 대표〔대리〕로서 보내다〔임명하다〕; 위임하다(entrust).

del·e·ga·tion[dèligéiʃən] *n.* ① Ⓤ 대리〔위원〕 파견; 위임. ② Ⓒ 《집합적》 (파견) 위원단, 대표단.

de·lete[dilí:t] *vt.* (문자를) 삭제하다, 지우다(strike out); 〖컴〗 지우다, 소거하다. **de·lé·tion** *n.* Ⓤ 삭제; Ⓒ 삭제 부분.

del·e·te·ri·ous[dèlətíəriəs] *a.* (심신에) 해로운, 유독한. **~·ly** *ad.*

delf(t) [delf(t)], **delft·ware**[délft-wὲər] *n.* Ⓤ (네덜란드의) 델프트 도자기.

***de·lib·er·ate**[dilíbərèit] *vt., vi.* 숙고하다; 협의〔논의〕하다. ── [-bər-it] *a.* 숙고한; 신중한; 유유한. **:~·ly** *ad.* 숙고한 끝에; 신중히; 완만히.

***de·lib·er·a·tion**[dilìbəréiʃən] *n.* Ⓤ,Ⓒ 숙고; 심의; Ⓤ 신중. **-tive**[-⌐-rèitiv, -rit-] *a.* 신중한; 심의의; 심의를 위한.

***del·i·ca·cy**[délikəsi] *n.* ① Ⓤ 우미, 정교, (감각의) 섬세함; 민감. ② Ⓤ 허약, 연약함(weakness). ③ Ⓤ 미묘함(nicety). ④ Ⓒ 진미(dainty).

:del·i·cate[délikit] *a.* ① 우미〔섬세〕한, 정묘한. ② 고상한. ③ 민감한. ④ 허약한, 다루기 힘든. ⑤ 미묘한(subtle). ⑥ 맛있는. ***~·ly** *ad.*

del·i·ca·tes·sen[dèlikətésn] *n.* Ⓤ 《집합적》 조제(調劑) 식료품; Ⓒ 조제 식료품점.

:de·li·cious[dilíʃəs] *a.* 맛있는; 유쾌한. ── *n.* (D-) Ⓤ 델리셔스《사과》. **~·ly** *ad.*

:de·light[diláit] *n.* Ⓤ 기쁨, 유쾌; Ⓒ 좋아하는 것. ── *vi., vt.* 기뻐하다, 기쁘게 하다, 즐기다, 즐겁게 하다(*in*). ***~·ed**[-id] *a.* 매우 즐거운(highly pleased), 기쁜(glad)(*about, at*). **~·some**[-səm] *a.* =⇩.

:de·light·ful[-fəl] *a.* 매우 기쁜〔즐거운〕, 유쾌한. **~·ly** *ad.*

De·li·lah[diláilə] *n.* 〖聖〗 델릴라《SAMSON의 불실한 애인》; Ⓒ 요부.

de·lim·it[dilímit], **de·lim·i·tate** [di(:)límətèit] *vt.* 한계〔경계〕를 정하

다. **-i·ta·tion**[dilìmətéiʃən] *n.* Ⓒ 경계, 한계; Ⓤ 한계 결정.
de·lim·it·er[dilímitər] *n.* Ⓒ 〖컴〗 구분 문자《테이프상에서 데이터 항목을 구분 짓는》.
de·lin·e·ate[dilínièit] *vt.* 윤곽을 그리다; 묘사하다(describe). **-a·tion**[─⌣─⌣ʃən] *n.* Ⓤ 윤곽 묘사; 서술; Ⓒ 약도, 도형.
de·link[di:líŋk] *vt.* 떼어 놓다; 독립시키다. **~·age** *n.*
de·lin·quent[dilíŋkwənt] *a.* 의무를 게을리하는, 태만한; 체납되어 있는; 죄〔과실〕 있는. ── *n.* Ⓒ 태만한 사람; 과실〔범죄〕자. ***juvenile* ~** 비행 소년〔소녀〕. **-quen·cy** *n.* Ⓤ,Ⓒ 태만; 과실(fault); 비행, 범죄. ***juvenile delinquency*** 소년 범죄.
del·i·quesce[dèlikwés] *vi.* 용해〔액화〕하다; 〖化〗 조해(潮解)하다. **-qués·cence** *n.* Ⓤ 용해; 조해(성).
***de·lir·i·ous**[dilíriəs] *a.* 정신 착란의; 헛소리하는; 무아경의, 황홀한.
de·lir·i·um[-riəm] *n.* Ⓤ,Ⓒ 정신 착란; 황홀, 무아경.
delírium tré·mens[-trí:mənz] (알코올 중독에 의한) 섬망증(譫妄症) 《생략 D.T.》.
:de·liv·er[dilívər] *vt.* ① 넘겨주다. ② 배달하다. ③ (연설을) 하다. ④ (의견을) 말하다. ⑤ (타격을) 가하다; (공을) 던지다. ⑥ 구해내다(rescue), 해방〔석방〕하다(*from*). ⑦ 분만시키다. ***be ~ed of*** (아이를) 낳다; (시를) 짓다. **~ *oneself of*** (*an opinion*) (의견을) 말하다. **~ *the goods*** 물품을 건네주다; 약속을 이행하다; 기대에 어그러지지 않다. ***~·ance** *n.* Ⓤ 구출, 석방, 해방. ***~·er** *n.* Ⓒ 구조자; 인도인; 배달인.
:de·liv·er·y[dilívəri] *n.* ① Ⓤ,Ⓒ 배달; 인도, 교부. ② (a ~) 연설을 하는 식, 이야기투. ③ Ⓒ 분만. ④ Ⓤ,Ⓒ 방출; 투구(投球).
de·liv·er·y·man [-mæ̀n] *n.* Ⓒ 《美》 (상품의) 배달인.
delívery ròom 분만실; 도서 출납실.
dell[del] *n.* Ⓒ 작은 골짜기.
Dél·lin·ger phenómenon[délindʒər-] 〖無線〗 델린저 현상《태양 활동에 기인한 전파 이상》.
de·louse[di:láus, -z] *vt.* (…에서) 이를 없애다.
Del·phi·an[délfiən], **-phic**[-fik] *a.* (그리스의 옛도읍) Delphi의; (Delphi의 Apollo 신탁과 같이) 모호한.
del·phin·i·um[delfíniəm] *n.* Ⓒ 〖植〗 참제비고깔(larkspur).
***del·ta**[déltə] *n.* Ⓤ,Ⓒ 그리스어 알파벳의 넷째 글자《Δ, δ》; 삼각주; 삼각형의 물건.
délta rày 〖理〗 델타선(線).
délta-wìng *a.* 삼각익(三角翼)의. **~ *jet plane*** 삼각익 제트기.
del·toid[déltɔid] *a.* 삼각형의. ── *n.* Ⓒ 〖解〗 (어깨의) 삼각근.
***de·lude**[dilú:d] *vt.* 속이다; 호리다, 미혹시키다(mislead).
del·uge**[délju:dʒ] *n.* Ⓒ 대홍수; 큰비; 쇄도; (the D-) 노아(Noah)의 홍수. ***After me 〔***us***〕 ***the ~.*** 나중에야 어찌 되든 알 바 아니다. ── *vt.* 범람시키다; (…에) 쇄도하다.
***de·lu·sion**[dilú:ʒən] *n.* Ⓤ 속임, 미혹(deluding); Ⓒ 미망(迷妄); 환상, 착각. **-sive**[-siv], **-so·ry**[-səri] *a.* 호리는, 속이는.
de luxe[dəlúks, -lʌ́ks] *a., ad.* (F.) 호화로운, 호화판의; 호화롭게. ***a ~ edition*** 호화판.
delve[delv] *vt., vi.* 탐구하다(burrow); 《古》 파다.
Dem. Democrat(ic).
dem·a·gog(ue)[déməgɔ̀:g, -gàg/-gɔ̀g] *n.* Ⓒ 선동(정치)가. **-gog·ic**[dèməgádʒik, -gág-/-gɔ́g-, -gɔ́dʒ-], **-i·cal**[-əl] *a.* **-go·gy**[déməgòudʒi, -gàgi/-gɔ̀gi, -gɔ̀dʒi] *n.* Ⓤ 선동, 민중 선동.
†de·mand[dimǽnd/-á:-] *n.* Ⓒ 요구, 청구; Ⓤ 〖經〗 수요(량)(*for, on*). ***be in ~*** 수요가 있다. ***on ~*** 청구하는 대로, 일람불의. ── *vt., vi.* 요구〔청구〕하다(ask)(*of, from*); 요(要)하다; 심문하다. **~·a·ble** *a.*
demánd bìll 〔**dráft**〕 요구불 어음.
demánd depòsit 요구불 예금.
demánd-pùll inflátion 수요 과잉 인플레(demand inflation).
demánd-sìde *a.* 수요 중시(重視)의.
de·mar·cate[dimá:rkeit, dí:ma:rkèit] *vt.* (…의) 경계〔한계〕를 정하다; 한정하다; 구획하다, 구별하다.
de·mar·ca·tion[dì:ma:rkéiʃən] *n.* Ⓤ 한계〔경계〕 설정; Ⓒ 경계, 구분.
de·mean[1][dimí:n] *vt.* 《보통 재귀적》 (품위를) 떨어뜨리다(humble).
de·mean[2] *vt.* 처신하다; 행동하다. **~ *oneself like a gentleman*** 〔***lady***〕 신사〔숙녀〕답게 행동하다.
***de·mean·or,** 《英》 **-our**[dimí:nər] *n.* Ⓤ 행동, 태도; 행실.
de·ment·ed[diméntid] *a.* 정신 착란의, 미친.
de·men·tia[diménʃiə] *n.* (L.) Ⓤ 〖醫〗 치매(癡呆).
deméntia práe·cox[-prí:kaks/-kɔks] 조발(성) 치매《정신 분열증(schizophrenia)의 구칭》.
de·merg·er[di:mə́:rdʒər] *n.* Ⓒ (한 번 합병한 기업체의) 재분리.
de·mer·it[di:mérit] *n.* Ⓒ 결점, 과실; 죄과; (학교의) 벌점(~ mark).
de·mesne[diméin, -mí:n] *n.* Ⓤ (토지의) 소유; Ⓒ 소유지; 영지; 영토(domain).
De·me·ter[dimí:tər] *n.* 〖그神〗 농업의 여신(cf. Ceres).
dem·i-[démi] *pref.* '반(半)'의 뜻(cf. hemi-, semi-).
démi·gòd *n.* Ⓒ 반신(半神).
dem·i·john[démidʒàn/-ɔ̀-] *n.* Ⓒ

(채롱에 든) 목이 가는 병.
de·mil·i·ta·rize[di:mílətəràiz] *vt.* 비군사화하다; 군정에서 민정으로 이양하다. **~d zone** 비무장 지대《생략 DMZ》. **-ri·za·tion**[-ˌ---rizéiʃən/-rai-] *n.* Ⓤ 비군사화.
dem·i·monde [démimànd/ˌ--mɔ́nd] *n.* (F.) (the ~)《집합적》 화류계(의 여자들).
de·mise[dimáiz] *n.* Ⓤ (재산의) 유증(遺贈); 양위(讓位); 죽음, 서거; 폐지, 소멸. ── *vt.* 물려주다, 양위하다, 유증하다.
dem·i·sem·i·qua·ver[dèmisémikwèivər/ˊ-ˌ-ˌ--] *n.* Ⓒ《英》〖樂〗 32분 음표.
de·mit[dimít] *vt.* (**-tt-**) (직을) 사임하다.
dem·i·tasse[démitæ̀s, -tɑ̀:s] *n.* Ⓒ 작은 찻종《식후의 블랙커피용》.
Dem·o[démou] *n.* (*pl.* **~s**) Ⓒ《美口》 민주당원(Democrat).
dem·o *n.* (*pl.* **~s**) Ⓒ《口》 데모(참가자); 레코드나 상품의 견본.
de·mob[di:máb/-ɔ́-] *vt.* (**-bb-**)《英口》=⇩.
de·mo·bi·lize[di:móubəlàiz] *vt.* 〖軍〗 복원(復員)하다, 제대시키다. **-li·za·tion**[-ˌ--lizéiʃən/-lai-] *n.* Ⓤ 동원 해제, 복원.
:de·moc·ra·cy[dimákrəsi/-ɔ́-] *n.* ① Ⓤ 민주주의, 민주 정체. ② Ⓒ 민주국. ③ (D-)《美》 민주당 (강령).
***dem·o·crat**[déməkræ̀t] *n.* Ⓒ 민주주의자; (D-)《美》 민주당원.
:dem·o·crat·ic[dèməkrǽtik] *a.* 민주주의[정체]의; 민주적인. ***the D- Party*** 《美》 민주당. **-i·cal·ly** *ad.*
de·moc·ra·tize [dimákrətàiz/-ɔ́-] *vt., vi.* 민주화하다. **-ti·za·tion** [-ˌ--tizéiʃən/-tai-] *n.* Ⓤ 민주화; 평등화.
de·mog·ra·phy [dimágrəfi/di:mɔ́g-] *n.* Ⓤ 인구 통계학.
***de·mol·ish**[dimáliʃ/-ɔ́-] *vt.* 파괴하다; 《口》 먹어치우다.
dem·o·li·tion[dèməlíʃən, dì:-] *n.* Ⓤ,Ⓒ 파괴; 폭파.
demolítion dèrby (차의) 격돌 경기《남은 차가 우승》.
***de·mon**[dí:mən] *n.* Ⓒ 악마, 귀신(fiend); (일·사업에) 비범한 사람.
de·mo·ni·ac[dimóuniæ̀k] *a.* 악마의, 악마와 같은(devilish); 미친 듯한(frantic). ── *n.* Ⓒ 귀신 들린 사람. **-a·cal**[dì:mənáiəkəl] *a.* = DEMONIAC.
de·mon·ol·o·gy [dì:mənálədʒi/-ɔ́-] *n.* Ⓤ 악마 (신앙) 연구.
de·mon·stra·ble[démənstrəbəl, dimán-] *a.* 논증[증명]할 수 있는.
:dem·on·strate[démənstrèit] *vt.* ① 논증[증명]하다(prove). ② 실지 교수하다, (상품을) 실물 선전하다. ── *vi.* ① 시위 운동을 하다; (감정을) 드러내다(exhibit). ② 〖軍〗 양동(陽動)[견제]하다. **-stra·tor** *n.*
:dem·on·stra·tion[dèmənstréiʃən] *n.* ① Ⓤ,Ⓒ 논증. ② Ⓤ,Ⓒ 실지 교수; 실물 선전; 실연(實演). ③ Ⓒ 표시. ④ Ⓒ 데모, 시위 (운동).
***de·mon·stra·tive** [dimánstrətiv/-ɔ́-] *a.* 감정을 노골적으로 나타내는(*of*); 논증적인; 〖文〗 지시의; 시위적인. ── *n.* =ˊ **ádjective** [**prónoun**] 〖文〗 지시 형용사[대명사].
de·mor·al·ize [dimɔ́:rəlàiz, -már-/-mɔ́r-] *vt.* 퇴폐시키다; (…의) 사기를 꺾다; 혼란시키다, 당황케 하다. **-i·za·tion**[-ˌ--izéiʃən/-lai-] *n.* Ⓤ 퇴폐; 혼란.
de·mote[dimóut] *vt.* 강등[좌천]시키다(opp. promote).
de·mot·ic[dimátik/-ɔ́-] *a.* 민중의, 서민의.
***de·mur**[dimə́:r] *n., vi.* (**-rr-**) 이의(異義)를 말하다(*at, to*); Ⓤ 항변(하다).
de·mure[dimjúər] *a.* 기품 있는, 침착한; 젠체하는, 점잔 빼는, 근직[근엄]한, 진지한. **~·ly** *ad.*
de·mur·rage[dimə́:ridʒ, -mʌ́r-] *n.* Ⓤ 〖商〗 (선박·화차·트럭의) 초과 정류; 정류 일수 초과 할증금.
:den[den] *n.* Ⓒ (야수의) 굴; (도둑의) 소굴; 작고 아늑한 사실(私室).
Den. Denmark.
de·nar·i·us [dinέəriəs] *n.* (*pl.* ***-narii***[-riài]) Ⓒ 고대 로마의 은화《영국은 1971년까지 pence, penny를 그 머릿자 *d.*로 약기했음》.
de·na·tion·al·ize[di:nǽʃənəlàiz] *vt.* (…의) 국적[국민성]을 박탈하다; 독립국의 자격을 빼앗다; (…의) 국유를 해제하다. **-i·za·tion**[di:næ̀ʃənəlizéiʃən/-lai-] *n.*
de·nat·u·ral·ize[di:nǽtʃərəlàiz] *vt.* 부자연하게 하다; 변성[변질]시키다; (…의) 시민[귀화]권을 박탈하다. **-i·za·tion**[-ˌ---izéiʃən/-lai-] *n.* Ⓤ 변질(함, 시킴); 시민권 박탈.
de·na·ture[di:néitʃər] *vt.* 변성(變性)시키다.
de·na·zi·fy[di:ná:tsəfài, -nǽtsə-] *vt.* 비(非)나치스화하다(cf. Nazi). **-fi·ca·tion**[ˌ--tsifikéiʃən] *n.*
den·drol·o·gy [dendrálədʒi/-drɔ́l-] *n.* Ⓤ 수목학(樹木學).
de·neu·tral·ize [di:njú:trəlàiz/-njú:-] *vt.* (나라·지역을) 비중립화하다.
D. Eng. Doctor of Engineering.
den·gue[déŋgi, -gei] *n.* Ⓤ 〖醫〗 (열대 지방의) 뎅기열.
Deng Xiao·ping[dʌ́ŋ ʃàupíŋ] 덩샤오핑(鄧小平)《중국의 정치가; 1904-1997》.
de·ni·al**[dinái əl] *n.* ① Ⓤ,Ⓒ 부정, 부인; 거부. ② Ⓤ 극기(克己). ***take no ~ 싫다는 말을 못 하게 하다.
de·nic·o·tin·ize[di:níkətinàiz] *vt.* (담배의) 니코틴을 없애다.
de·ni·er[1][dinàiər] *n.* Ⓒ 부인하는 사람.
de·nier[2][diníər] *n.* Ⓒ 프랑스의 옛 은화; 소액의 돈; 데니어《견사(絹絲)·나일론실의 굵기 단위》.

den·i·grate[dénigrèit] *vt.* 검게 하다; 더럽히다; 평판을 떨어뜨리다.
den·im[dénim] *n.* Ⓤ 데님《작업복(overall)용의 능직 무명》; (*pl.*) (푸른 데님천의) 작업복.
den·i·zen[dénizən] *n.* Ⓒ 주민; 외래어; 외래 동[식]물; 《英》 귀화인. — *vt.* 귀화를 허가하다, 시민권을 주다.
***Den·mark**[dénma:rk] *n.* 덴마크.
de·nom·i·nate[dinámənèit/-5-] *vt.* 명명하다(name). — [-nit] *a.* 특정한 이름이 있는. **-na·tor**[-nèitər] *n.* Ⓒ 〖數〗 분모 (cf. numerator); 《古》 명명자.
***de·nom·i·na·tion**[dinàmənéiʃən/-nɔ̀mi-] *n.* ① Ⓤ 명명; Ⓒ (특히 종류의) 명칭. ② Ⓒ 종파, 교파(sect); 종류; 계급. ③ Ⓒ (도량형·화폐의) 단위 명칭. ～**·al** *a.* 종파[교파]의 (지배하의). ～**·al·ism**[-ìzəm] *n.* Ⓤ 종파심; 파벌주의.
de·nom·i·na·tive[dinámənèitiv, -mənə-/-nɔ́minə-] *a.* 이름 구실을 하는, 이름을 표시하는; 〖文〗 명사[형용사]에서 나온. — *n.* Ⓒ 명사[형용사] 유래 동사《보기: *horse* a carriage》.
de·no·ta·tion[dì:noutéiʃən] *n.* Ⓤ 지시, 표시; Ⓒ 명칭; (표면상의) 뜻; Ⓤ 〖論〗 외연(opp. connotation).
de·no·ta·tive[dinóutətiv, dí:noutèitiv] *a.* 〖論〗 외연적인; 객관적인, 과학적인.
***de·note**[dinóut] *vt.* 나타내다, 표시하다(indicate); 의미하다.
dé·noue·ment[deinú:ma:ŋ] *n.* (F.) Ⓒ 대단원(大團圓), 종결.
***de·nounce**[dináuns] *vt.* ① 공공연히 비난하다. ② 고발하다(accuse). ③ (조약 따위의) 종결을 통고하다. ④ 《古》 (경고로서) 선언하다.
:**dense**[dens] *a.* 조밀한, 밀집한; 짙은(thick); 우둔한. ∠**·ly** *ad.* ∠**·ness** *n.*
den·sim·e·ter[densímitər] *n.* Ⓒ 〖化·理〗 비중계, 밀도계.
den·si·tom·e·ter[dènsitámitər/-tɔ́mi-] *n.* Ⓒ 사진 농도계.
***den·si·ty**[dénsəti] *n.* Ⓤ 밀도, 농도; 〖컴〗 밀도; Ⓤ,Ⓒ 〖理〗 비중. *traffic* ～ 교통량.
***dent**[dent] *n., vt., vi.* Ⓒ 움푹 팬 곳; 움푹 패(게 하)다.
dent. dental; dentist(ry).
***den·tal**[déntl] *a., n.* 이의; 치과의; Ⓒ 〖音聲〗 치음(齒音)(의)《θ, ð, t, d 따위》; 치음자.
déntal hýgiene 치과 위생.
déntal hýgienist 치과 위생사.
déntal súrgeon 치과 의사.
déntal technìcian 《美》 치과 기공사.
den·tate[dénteit] *a.* 〖動·植〗 이빨이 있는; 톱니 모양의.
den·ti·frice[déntəfris] *n.* Ⓤ,Ⓒ 치마분; 치약.
den·tine[dénti:n], **-tin**[-tin] *n.* Ⓤ (치아의) 상아질(cf. enamel).
:**den·tist**[déntist] *n.* Ⓒ 치과 의사. ～**·ry** *n.* Ⓤ 치과 의술.
den·ture[déntʃər] *n.* (*pl.*) 의치(義齒), 틀니(의 치열).
de·nu·cle·ar·ize[di:njú:kliəràiz] *vt.* 핵무장[핵실험]을 금지[해제]하다. ***～d zone*** 비핵무장[핵실험] 구역.
de·nude[dinjú:d] *vt.* 발가벗기다, (옷 따위를) 벗기다(strip)(*of*); (바위 따위를) 삭박(削剝)하다. **den·u·da·tion** [dì:nju(:)déiʃən, dèn-] *n.* Ⓤ 노출(시키기); 박탈; 삭박(削剝).
***de·nun·ci·a·tion** [dinʌ̀nsiéiʃən, -ʃi-] *n.* Ⓤ,Ⓒ 공공연한 비난; 고발(accusation); (조약 따위의) 파기 통고. **-to·ry**[-∠siətɔ̀:ri, -ʃiə-/-təri] *a.* 비난하는; 위협[협박]적인.
:**de·ny**[dinái] *vt.* 부정[부인]하다; (주기를) 거절하다(refuse); 면회를 거절하다. ～ ***oneself*** 자제(自制)하다. ～ ***oneself to callers*** 방문객을 만나지 않다.
de·o·dar[dí:ədà:r] *n.* Ⓒ 〖植〗 히말라야삼목.
de·o·dor·ant[di:óudərənt] *a., n.* 방취의; Ⓤ,Ⓒ 방취제.
de·o·dor·ize[di:óudəràiz] *vt.* 탈취(脫臭)[방취]하다. **-iz·er** *n.* Ⓤ,Ⓒ 방[탈]취제.
de·or·bit[di:ɔ́:rbit] *vt., n.* Ⓤ (우주선 따위를) 궤도에서 벗어나게 하다[하는 일].
de·ox·i·dize[di:áksədàiz/-5-] *vt.* 〖化〗 (…의) 산소를 제거하다, (산화물을) 환원하다.
de·ox·y·ri·bo·nu·clé·ic ácid [di:àksəràibounju:klí:ik-/-ɔ̀ksiràibounju:-] 〖生化〗 디옥시리보핵산(核酸)《생략 DNA》.
dep. departed; department; departs; departure; deponent; deposed; deposit; depot; deputy.
:**de·part**[dipá:rt] *vi., vt.* 출발[발차]하다, 떠나다; 벗어나다, 빗나가다(deviate); 죽다. ～ ***from one's word*** 약속을 어기다. *～**·ed**[-id] *a.* 지나간(gone), 과거의(past); 죽은. ***the ～ed*** 고인, 죽은 사람.
:**de·part·ment**[-mənt] *n.* Ⓒ 부문; 부, 성(省), 국, 과. **-men·tal**[—∠méntl/dì:pa:rt-] *a.*
†**depártment stòre** 백화점.
:**de·par·ture**[dipá:rtʃər] *n.* ① Ⓤ,Ⓒ 출발, 발차; 이탈(離脫), 변경(*from*). ② Ⓤ 《古》 서거(逝去). ***a new ～*** 새 방침, 신기축(新機軸).
:**de·pend**[dipénd] *vt.* …나름이다, …여하에 달리다(*on, upon*); 의지[신뢰]하다(rely)(*on, upon*). ～ ***upon it*** 《口》 확실히. ***That ～s.*** 그것은 사정 여하에 달렸다. *～**·a·ble** *a.* 믿을 수 있는; 신빙성 있는.
de·pend·ant[dipéndənt] *n., a.* = DEPENDENT.
***de·pend·ence**[-əns] *n.* Ⓤ 종속; 의존; 신뢰(reliance); 의지. **-en·cy** *n.* Ⓤ 의존, 종속; Ⓒ 속령, 속국.
:**de·pend·ent**[-ənt] *a.* (…에) 의지

하고 있는, 의존하는(relying), …나름의(*on, upon*); 〖文〗 종속의(subordinate). ── *n.* Ⓒ 의존하는 사람; 부양 가족; 식객; 하인.

depéndent cláuse 〖文〗 종속절.

***de·pict**[dipíkt] *vt.* (그림·글로) 묘사하다. **de·pic·tion**[dipíkʃən] *n.*

dep·i·late[dépəlèit] *vt.* 털을 뽑다, 탈모하다.

de·pil·a·to·ry[dipílətɔ̀:ri/-təri] *a., n.* 탈모(작용)의; Ⓤ,Ⓒ 탈모제.

de·plane[di:pléin] *vi.* 비행기에서 내리다(opp. enplane).

de·plete[diplí:t] *vi.* 비우다(empty), 고갈시키다. **de·plé·tion** *n.*

***de·plor·a·ble**[diplɔ́:rəbl] *a.* 슬퍼할; 가엾은, 애처로운, 비참한; 한탄할 만한. **-bly** *ad.*

***de·plore**[diplɔ́:*r*] *vt.* 비탄하다.

de·ploy[diplɔ́i] *vi., vt.* 〖軍〗 전개하다〔시키다〕. **~·ment** *n.*

de·pol·lute[dì:pəlú:t] *vt.* (…의) 오염을 제거하다. **-lú·tion** *n.*

de·po·nent[dipóunənt] *a., n.* 〖그·라틴文〗 이태(異態)의, Ⓒ 이태 동사《L. *hortari* 따위》; 〖法〗 선서 증인.

de·pop·u·late[di:pápjəlèit/-ɔ́-] *vt., vi.* (…의) 주민을 없애다〔감소시키다〕; 인구가 줄다. **-la·tion**[-⌒⌒-léiʃən] *n.*

de·port [dipɔ́:*r*t] *vt.* 처신하다; 이송〔추방〕하다(expel). ~ ***oneself*** (*well*) (잘) 행동하다. ***~·ment** *n.* Ⓤ 행동, 태도. **de·por·ta·tion**[dì:pɔ:*r*téiʃən] *n.* Ⓤ 추방.

***de·pose**[dipóuz] (cf. deposit) *vt.* 면직시키다, (왕을) 폐하다; 〖法〗 증언하다. ── *vi.* 증언하다(testify). **de·pós·al** *n.*

⁑**de·pos·it**[dipázit/-ɔ́-] *vt.* 놓다; (알을) 낳다(lay); 침전시키다; 맡기다, 공탁하다(~ *a thing with him*); 계약금을 걸다. ── *n.* Ⓤ,Ⓒ 부착〔퇴적〕물; 침전물; Ⓒ 예금, 공탁금, 보증금, 계약금. **-i·tor** *n.* Ⓒ 공탁자; 예금자. **-i·to·ry**[-tèri/-təri] *n.* Ⓒ 수탁자; 보관소, 저장소.

depósit accòunt 《英》 저축 계정(《美》 savings account).

de·pos·i·tar·y[dipázitèri/-pɔ́zitəri] *n.* Ⓒ 피신탁인, 관재인(管財人).

dep·o·si·tion[dèpəzíʃən, dì:p-] *n.* Ⓤ 면직; 퇴위; 증언.

***de·pot**[dí:pou/dép-] *n.* Ⓒ ① 《美》 정거장, 버스 정류장. ② 〖軍〗 저장소, 창고. ③ [dépou] 〖軍〗 보충 부대; 병참부.

dépot shìp 모함(母艦).

de·prave[dipréiv] *vt.* 타락〔악화〕시키다(corrupt). **~d**[-d] *a.* 타락한. **dep·ra·va·tion**[dèprəvéiʃən], **de·prav·i·ty**[diprǽvəti] *n.* Ⓤ 타락; 비행.

dep·re·cate[déprikèit] *vt.* 비난〔반대〕하다. **-ca·tion**[dèprikéiʃən] *n.* **-ca·to·ry**[-kətɔ̀:ri/-təri] *a.* 반대의; (비난에 대하여) 변명적인.

***de·pre·ci·ate**[diprí:ʃièit] *vt.* (…의) 가치를 떨어뜨리다; 깎아내리다; 얕보다, 경시하다(belittle)(opp. appreciate). ── *vi.* 가치가 떨어지다.

***de·pre·ci·a·tion**[diprì:ʃiéiʃən] *n.* Ⓤ,Ⓒ 가치 하락; 감가 상각; 경시. **-to·ry**[-⌒ʃiətɔ̀:ri/-təri] *a.* 가치 하락의; 경시하는.

dep·re·da·tion[dèprədéiʃən] *n.* Ⓤ 약탈(ravaging); Ⓒ 약탈 행위.

***de·press**[diprés] *vt.* 내리 누르다(press down); 저하시키다; (활동을) 약화시키다; 풀이 죽게 하다(dispirit); 불경기로 만들다. **~·i·ble** *a.* **~·ing** *a.* **~·ing·ly** *ad.*

de·pres·sant [diprésənt] *a., n.* 〖醫〗 진정 작용이 있는; Ⓒ 진정제(sedative).

⁑**de·pressed**[-t] *a.* 내리 눌린; 저하된; 움푹 들어간; 풀이 죽은; 불황의. ~ ***area*** 빈곤 지구. ~ ***classes*** (인도의) 최하층민.

⁑**de·pres·sion**[dipréʃən] *n.* ① Ⓤ,Ⓒ 하락; 침하. ② Ⓒ 우묵 팬 곳. ③ Ⓒ 〖氣〗 저기압. ④ Ⓤ 불황. ⑤ Ⓤ,Ⓒ 의기 소침.

⁑**de·prive**[dipráiv] *vt.* 빼앗다(divest); 면직시키다; 저해하다(~ *him of his popularity* 그의 인기를 잃게 하다). **dep·ri·va·tion**[dèprəvéiʃən] *n.*

de pro·fun·dis [dì: proufʌ́ndis] (L.) (슬픔·절망의) 구렁텅이에서(from the depths).

dept. department; deponent; 「deputy.

⁑**depth**[depθ] *n.* ① Ⓤ,Ⓒ 깊이, (땅·집 등의) 세로길이. ② Ⓤ 농도; 저음(低音). ③ Ⓤ,Ⓒ (흔히 the ~s) 깊은 곳, 심연, 심해; (겨울·밤 따위의) 한중간(middle).

dépth bòmb 〔**chàrge**〕 폭뢰(爆雷).

dépth psychòlogy 심층 심리학.

dep·u·ta·tion[dèpjətéiʃən] *n.* Ⓤ 대리 임명〔파견〕; Ⓒ 《집합적》 대표단.

de·pute[dipjú:t] *vt.* 대리를 명하다(appoint as deputy); (임무·권한을) 위임하다(commit).

dep·u·tize[dépjətàiz] *vi., vt.* 대리를 보다〔삼다〕.

dep·u·ty**[dépjəti] *n.* Ⓒ ① 대리, 대표자; 사절. ② (프랑스·이탈리아의) 민의원. ***the Chamber of Deputies (프랑스 제3 공화국의) 하원.

députy góvernor 부지사.

De Quin·cey[də kwínsi], **Thomas**(1785-1859) 영국의 수필가.

der., deriv. derivation; derivative; derive(d).

de·rac·i·nate[dirǽsənèit] *vt.* ① 뿌리째 뽑다, 근절하다. ② 고립시키다, 소외시키다《모국, 환경으로부터》.

de·rail[diréil] *vi., vt.* 탈선하다〔시키다〕. **~·ment** *n.*

De·rain[dərǽ:ŋ], **Andre**(1880-1954) 프랑스의 화가(cf. Fauvism).

de·range[diréindʒ] *vt.* 어지럽히다, 혼란시키다, 방해하다; 발광시키다. **~·ment** *n.* Ⓤ,Ⓒ 혼란, 발광.

de·ra·tion[di:réiʃən/-rǽʃ-] *vt.* (식

품 따위를) 배급에서 제외하다.

*Der·by[dɚ́:rbi/dɑ́:-] n. (the ~) (영국 Epsom 시에서 매년 열리는) 더비 경마, 대경마; Ⓒ (d-) 《美》 중산 모자(《英》 bowler).

der·e·lict[dérəlikt] a. 버려진, 버림받은, 유기된(forsaken); 직무 태만의. — n. Ⓒ 유기물, 유기〔표류〕선; 버림받은 사람. -lic·tion[ˌ-lík-ʃən] n. Ⓤ,Ⓒ 유기, 태만.

de·req·ui·si·tion[di:rèkwəzíʃən] n., vt., vi. Ⓤ 《英》 접수 해제(하다).

*de·ride[diráid] vt. 조롱하다(ridicule).

de ri·gueur[də rigə́:r] (F.) 예의상 필요한(required by etiquette) (*Tuxedo is* ~. (당일은) 턱시도를 착용할 것).

*de·ri·sion[diríʒən] n. Ⓤ 비웃음, 조롱(ridicule), 경멸(contempt); Ⓒ 조소〔웃음〕 거리. *be the* ~ *of* …로부터 우롱당하다. -sive[dirái-siv] -so·ry[-səri] a.

:de·rive[diráiv] vt. (…에서) 끌어내다(*from*); 기원을〔유래를〕 더듬다(trace); (…에) 기원을 발하다. *be* ~*d from* …에 유래하다. *der·i·va·tion[dèrəvéiʃən] n. ① Ⓤ 유도; 유래, 기원; 〚文〛 파생. ② Ⓒ 파생물; 파생어. *de·riv·a·tive[dirívətiv] a., n. 파생의; Ⓒ 파생물; 파생어; 〚數〛 도함수.

der·ma[dɚ́:rmə] n. Ⓤ 피부, (특히) 진피(眞皮).

der·ma·ti·tis[dɚ̀:rmətáitis] n. Ⓤ 〚醫〛 피부염.

der·ma·tol·o·gy [dɚ̀:rmətɑ́lədʒi/-ɔ́-] n. Ⓤ 피부(병)학.

der·mis[dɚ́:rmis] n. =DERMA.

der·o·gate[dérougèit] vi. 명성을〔가치를〕 떨어뜨리다〔손상하다〕(*He* ~*d from his ancestors.* 조상 얼굴에 먹칠을 했다). -ga·tion [dèrəgéi-ʃən] n. de·rog·a·to·ry[dirɑ́gətɔ̀:ri/-rɔ́gətəri], de·rog·a·tive[dirɑ́gə-tiv/-ɔ́-] a. (명예·품격을) 손상시키는(detracting)(*from, to*); (말씨가) 경멸적인.

der·rick [dérik] n. Ⓒ 데릭 기중기; 《美》 유정탑(油井塔).

der·ring-do[dériŋdú:] n. Ⓤ 《古》 대담한 행위(daring deeds).

der·rin·ger[dérindʒər] n. Ⓒ 데린저식 권총《구경이 큼》.

der·vish[dɚ́:rviʃ] n. Ⓒ (이슬람교의) 탁발승.

de·sal·i·nate[di:sǽlənèit], de·sal·i·nize[di:sǽlənàiz] vt. =⇩.

de·salt[di:sɔ́:lt] vt. 염분을 제거하다, 담수화하다.

des·cant[deskǽnt] vi. 상세히 설명하다(*on, upon*); 노래하다. — [ˊ-] n. Ⓒ 상설; 《詩》 노래; 가곡; 〚樂〛 수반(隨伴) 선율.

Des·cartes [deikɑ́:rt], René (1596-1650) 데카르트《프랑스의 철학자·수학자》.

:de·scend[disénd] vi. ① 내리다, 내려가다〔오다〕(opp. ascend). ② (성질·재산 따위가 자손에게) 전해지다. ③ (도덕적으로) 타락하다, 전락하다(stoop). ④ 급습하다(*on, upon*). :~·ant[-ənt] n. Ⓒ 자손. ~·ent a.

:de·scent[disént] n. Ⓤ,Ⓒ 하강; Ⓒ 내리받이(opp. ascent); Ⓤ 가계(lineage), 상속; 급습. *make a* ~ *on* 〔*upon*〕 …을 급습하다.

:de·scribe[diskráib] vt. 기술〔묘사〕하다(depict); 그리다(draw).

:de·scrip·tion[diskrípʃən] n. Ⓤ,Ⓒ 서술, 기술, 묘사; 특징; Ⓒ 종류, 종목. *beggar* (*all*) ~, or *be beyond* ~ 이루 말할 수 없다. *de·scrip·tive a. 서술〔기술〕적인. *de-scriptive grammar* 기술 문법《규범 문법에 대하여》.

de·scry[diskrái] vt. (관측·조사하여) 발견하다.

des·e·crate[désikrèit] vt. (…의) 신성을 더럽히다(profane). -cra·tion[dèsikréiʃən] n.

de·seg·re·gate[di:ségrigèit] vt., vi. 《美》 (학교 등의) 인종〔흑인〕 차별 대우를 그만두다.

de·seg·re·ga·tion[di:sègrigéiʃən] n. Ⓤ 흑인〔인종〕 차별 대우 폐지.

de·sen·si·tize[di:sénsətàiz] vt. 〚寫〛 (…의) 감광도를 줄이다; 〚生〛 (…의) 과민성을 없애다; 최면술에 걸리지 않게 하다.

de·sert[1][dizɚ́:rt] (<deserve) n. (*pl.*) 공적(merit); 공죄(功罪), 당연한 응보.

*de·sert[2] vt. 버리다(forsake); 도망〔탈주〕하다(*from*). * ~·ed[-id] a. 사람이 살지 않는; 황폐한; 버림받은. ~·er n. Ⓒ 유기자; 탈주자. *de·sér·tion n. Ⓤ 유기, 탈당, 탈함(脫艦), 탈주.

:des·ert[3][dézərt] n., a. Ⓒ 사막(지방)(의); 불모의.

:de·serve[dizɚ́:rv] vt. (상·벌을) 받을 만하다, …할 가치가 있다, …할 만하다(be worthy)(*of*). de·serv·ed·ly [-idli] ad. 당연히. de·sérv·ing a. 당연히 …을 받아야 할, …할 만한(*of*); 공적 있는.

de·sex[di:séks] vt. 성기를 제거하다, 거세하다.

des·ic·cate[désikèit] vi., vt. 건조시키다〔하다〕.

des·ic·ca·tor[désikèitər] n. Ⓒ (식품) 건조기; (유리) 건조용 용기.

de·sid·er·a·tum [disìdəréitəm, -rɑ́:-, -zìd-] n. (*pl.* -*ta*[-tə]) Ⓒ 필요를 느끼게 하는 것, 꼭 바라는 것.

†de·sign[dizáin] n. ① Ⓤ 설계; 디자인; Ⓒ 밑그림, 도안. ② Ⓤ 구상, 줄거리. ③ Ⓒ 계획(scheme), 목적, 의도; 음모(plot)(*against, on*). *by* ~ 고의로. — vt. ① 도안을 만들다, 설계하다. ② 계획〔기도〕하다(plan). ③ …으로 예정하다, 마음먹다(intend)(~ *one's son for* 〔*to be*〕 *an artist*). :~·er n. Ⓒ 설계자; 도안가, 디자이너; 음모가. ~·ing

a., n.

:**des·ig·nate**[dézignèit] *vt.* 가리키다; 명명하다; 지명〔선정〕하다; 임명하다(appoint). —— [-nit, -nèit] *a.* 지명〔임명〕된. *-**na·tion**[dèzignéiʃən] *n.* Ⓤ 명시; 지정; 임명; Ⓒ 명칭; 칭호.

de·signed[dizáind] *a.* 설계된; 계획적인; 고의의. **de·sign·ed·ly** [-nidli] *ad.* 계획적으로, 일부러.

:**de·sir·a·ble**[dizáiərəbəl] *a.* 바람직한; 갖고 싶은. *-**bil·i·ty**[dizàiərəbíləti] *n.*

†**de·sire**[dizáiər] *vt.* 원하다, 바라다, 요구〔욕구〕하다, 구하다(ask for). —— *n.* Ⓤ,Ⓒ 소원(wish); 욕구; Ⓒ 바라는 것; Ⓤ,Ⓒ 정욕. ***at one's ~*** 희망에 따라.

*de·sir·ous[dizáirəs/-záiər-] *a.* 바라는(*of*); 원하는(*to* do; *that*).

de·sist[dizíst] *vi.* 단념하다, 그만두다(cease)(*from*).

†**desk** [desk] *n.* Ⓒ 책상; (the ~) 《美》 (신문사의) 편집부, 데스크; 《美》 설교단(pulpit).

désk làmp 전기 스탠드.

désk·tòp *a.* 탁상용의《컴퓨터 등》. —— *n.* Ⓒ 〖컴〗 탁상.

désktop públishing 〖컴〗 탁상출판《퍼스널 컴퓨터와 레이저 프린터를 이용한 인쇄 대본 작성 시스템; 생략 DTP》.

désk wòrk 사무, 책상에서 하는 일.

:**des·o·late**[désəlit] *a.* 황폐한, 황량한(waste), 사람이 안 사는(deserted); 고독한, 쓸쓸한; 음산한(dismal). —— [-lèit] *vt.* 황폐케 하다; 주민을 없애다; 쓸쓸〔비참〕하게 하다. ~·**ly** *ad.* *-**la·tion**[dèsəléiʃən] *n.* Ⓤ 황폐, 황량, 쓸쓸함, 서글픔; Ⓒ 폐허.

de·sorb[di:sɔ́:rb, -zɔ́:rb] *vt.* 〖理·化〗 흡수제로부터 흡수된 물질을 제거하다.

:**de·spair**[dispέər] *n., vi.* Ⓤ 절망(하다); Ⓒ 절망의 원인. ~·**ing**[-spέəriŋ] *a.*

des·patch[dispǽtʃ] *v., n.* =DISPATCH.

des·per·a·do[dèspəréidou, -rɑ́:-] *n.* (*pl.* ~(*e*)*s*) Ⓒ 목숨 아까운 줄 모르는 흉한(兇漢), 무법자.

:**des·per·ate**[déspərit] *a.* 절망적인; 필사적인; 자포자기의; 터무니없는. ***a ~ fool*** 형편 없는 바보. :~·**ly** *ad.* *-**a·tion**[dèspəréiʃən] *n.* Ⓤ 절망; 기를 씀, 필사, 자포자기.

des·pi·ca·ble[déspikəbəl, dispík-] *a.* 야비한; 비열한(mean). -**bly** *ad.*

:**de·spise**[dispáiz] *vt.* ① 경멸하다. ② 싫어〔혐오〕하다. **de·spís·er** *n.*

:**de·spite**[dispáit] *n.* Ⓤ 모욕; 원한, 증오. **(*in*) ~ *of*** …에도 불구하고. —— *prep.* …에도 불구하고.

de·spoil[dispɔ́il] *vt.* 약탈하다. ~·**er** *n.* Ⓒ 약탈자. ~·**ment** *n.* Ⓤ 약탈.

de·spo·li·a·tion [dispòuliéiʃən] *n.* Ⓤ 약탈, 강탈.

de·spond[dispɑ́nd/-ɔ́-] *vi.* 낙담하다. ~·**ence**, ~·**en·cy**[-ənsi] *n.* Ⓤ 낙담. ~·**ent** *a.*

*des·pot[déspət, -pɑt/-pɔt, -pət] *n.* Ⓒ 전제 군주, 독재자(autocrat); 폭군(tyrant). ~·**ism**[-ìzəm] *n.* Ⓤ 압제, 압박, 횡포; 독재 정치; Ⓒ 절대 군주국. ~·**ic**[despɑ́tik/-ɔ́-], ~·**i·cal**[-əl] *a.* 횡포〔포악〕한.

:**des·sert**[dizə́:rt] *n.* Ⓤ,Ⓒ 디저트 《dinner 끝에 나오는 과자·과일 따위》.

de-Sta·lin·i·za·tion [di:stɑ̀:linizéiʃən/-naiz-] *n.* (1956년 이후 공산권의) 스탈린 격하운동.

de·ster·i·lize [di:stérəlàiz] *vt.* 《美》 (유휴 물자를) 활용하다; (…의) 봉쇄를 풀다.

:**des·ti·na·tion**[dèstənéiʃən] *n.* Ⓒ 목적지; 보낼 곳; Ⓤ,Ⓒ 목적, 용도.

:**des·tine**[déstin] *vt.* 운명짓다; 예정하다, 할당하다. ***be ~d for*** …에 가기로〔…이 되기로〕 되어 있다.

:**des·ti·ny**[déstəni, -ti-] *n.* Ⓤ 운명, 천명(fate).

*des·ti·tute[déstətjù:t/-tjù:t] *a.* 결핍한, (…이) 없는(*of*); (생활이) 궁색한(needy).

des·ti·tu·tion [ㅗ-tjú:ʃən/-tjú:-] *n.* Ⓤ 결핍; 빈궁; 빈곤.

†**de·stroy**[distrɔ́i] *vt.* 파괴하다(demolish); 멸(滅)하다, 죽이다; 폐하다(abolish). —— *vi.* 파괴되다; 부서지다. **~ *oneself*** 자살하다. *~·**er** *n.* Ⓒ 파괴자; 구축함.

destróyer èscort 《美》 (대(對)잠수함용) 호송 구축함.

de·struct[distrʌ́kt] *n., a.* Ⓒ (고장난 로켓의) 고의적 파괴; 파괴용의. **~ *button*** (미사일을 공중 폭파시키는) 파괴 버튼. —— *vt.* (로켓을) 파괴하다.

de·struct·i·ble[distrʌ́ktəbəl] *a.* 파괴할 수 있는.

:**de·struc·tion**[distrʌ́kʃən] *n.* Ⓤ 파괴(destroying); 멸망.

de·struc·tive[distrʌ́ktiv] *a.* 파괴적인; 파멸시키는(*of*); 유해한(*to*). ~·**ly** *ad.*

de·struc·tor[distrʌ́ktər] *n.* Ⓒ 파괴자; 《英》 폐물 소각로(爐); (미사일 따위의) 파괴 장치.

des·ue·tude[déswitjù:d/disjú(:)itjù:d] *n.* Ⓤ 폐용, 폐지(disuse).

des·ul·to·ry[désəltɔ̀:ri/-təri] *a.* 산만한, 종작 없는. -**ri·ly** *ad.* -**riness** *n.*

det. detachment.

*de·tach[ditǽtʃ] *vt.* 분리하다(separate)(*from*); 분견〔파견〕하다. ~·**able** *a.* *~**ed**[-t] *a.* 떨어진; 공평한(impartial); 분견(分遣)된; 초연한, 편견이 없는. ***~ed palace*** 별궁. *~·**ment** *n.* Ⓤ 분리(opp. attachment); 초월; Ⓒ 《집합적》 분견대. ***artistic detachment*** 〖文〗 초연 기

교《작품 속에 필자의 생활 감정 등을 개입시키지 않는 일》.

:de·tail[dí:teil, ditéil] *n.* Ⓒ 세부; 부분도; (*pl.*) 상세한 내용; Ⓒ 《집합적》 분견대. ***go into* ~** 자세히 말하다. ***in* ~** 상세히. ── *vt.* 상술(詳述)하다; 〖軍〗 선발〔특파〕하다. **:~ed** [-d] *a.* 상세한(minute).

·de·tain[detéin] *vt.* 말리다, 붙들다(hold back); 억류〔구류〕하다.

de·tain·ee[diteiní:] *n.* Ⓒ 억류자.

de·tain·er[ditéinər] *n.* Ⓒ 〖法〗 (타인 소유물의) 불법 점유; 감금 계속 영장.

:de·tect[ditékt] *vt.* 발견하다(find out). **de·téc·tion** *n.* Ⓤ,Ⓒ 발견, 탐지. **·de·téc·tor** *n.* Ⓒ 발견자, 탐지자〔기〕(*a lie* ~); (라디오의) 검파기.

:de·téc·tive *n., a.* Ⓒ 탐정〔형사〕(의). ***detective story*** 탐정〔추리〕소설.

de·tec·ta·phone[ditéktəfòun] *n.* Ⓒ 전화 도청기.

dé·tente[deitá:nt] *n.* (F.) Ⓒ (국제간의) 긴장 완화.

de·ten·tion[diténʃən] *n.* Ⓤ 붙듦(detaining); 억류, 구류(confinement). **~ *home*** 소년원. **~ *hospital*** 격리 병원.

de·ter[ditə́:r] *vt.* (***-rr-***) 방해하다(*from*); 단념시키다(*from* do*ing*). **~·ment** *n.* Ⓤ 방해, 방지; 단념시키는 사정(事情).

de·ter·gent[ditə́:rdʒənt] *a., n.* 깨끗하게 하는; Ⓤ,Ⓒ (합성) 세제.

de·te·ri·o·rate[ditíəriərèit] *vt., vi.* 악화〔저하·타락〕시키다〔하다〕. **-ra·tion**[ditìəriəréiʃən] *n.*

de·ter·mi·nant[ditə́:rmənənt] *n., a.* Ⓒ 결정자〔물〕, 결정하는 〔요소〕; 〖數〗 행렬식; 〖生〗 결정소(素); 〖論〗 한정사(辭).

de·ter·mi·nate[ditə́:rmənit] *a.* 일정한; 확정〔결정〕적인; 단호한; 〖數〗 기지수의.

:de·ter·mine[ditə́:rmin] *vt.* (…에게) 결심시키다; 결정〔확정〕하다(fix); 한정하다; 측정하다. ***be* ~*d*** 결심하(고 있)다. ── *vi.* 결심하다; 결정하다. **:-mi·na·tion**[-̀-̀-néiʃən] *n.* Ⓤ 결심; 확정(確定); 판결; 측정. **-mi·na·tive**[ditə́:rminèitiv, -nə-] *a., n.* 결정〔한정〕적인; Ⓒ 〖文〗 한정사《관사·지시 대명사 따위》. **-min·ism** [-ìzəm] *n.* Ⓤ 〖哲〗 결정론.

·de·ter·mined[ditə́:rmind] *a.* 결심한; 결의가 굳은; 확정된.

de·ter·rent[ditə́:rənt, -tér-] *a., n.* 제지하는, Ⓒ 방해하는(deterring) (것), 방해물(*nuclear* ~ *power* 핵 저지력); 《英》 핵무기.

·de·test[ditést] *vt.* 미워〔싫어〕하다(hate). **~·a·ble** *a.* 몹시 싫은. **de·tes·ta·tion**[dì:testéiʃən] *n.* Ⓤ 혐오; Ⓒ 몹시 싫은 것.

de·throne[diθróun] *vt.* (왕을) 폐하다(depose). **~·ment** *n.* Ⓤ 폐위, 퇴위.

det·o·nate[détənèit] *vt., vi.* 폭발시키다〔하다〕(explode). **-na·tion** [dètənéiʃən, dì:-] *n.* **-na·tor** *n.* Ⓒ 뇌관; 기폭약; 〖鐵〗 신호용 뇌관.

de·tour[dí:tuər, ditúər] *n.* Ⓒ 우회로.

de·tox·i·fy[di:táksəfài/-tɔ́k-] *vt.* (…의) 독성을 제거하다; (…을) 해독하다.

de·tract[ditræ̃kt] *vt., vi.* (가치·명성 따위를) 떨어뜨리다, 손상시키다(*from*). **de·trác·tion** *n.* Ⓤ 훼손; 비방. **de·trác·tive** *a.* **de·trác·tor** *n.*

det·ri·ment[détrəmənt] *n.* Ⓤ 손해(damage). **-men·tal**[dètrəméntl] *a., n.* 유해한(*to*); Ⓒ 《英俗》 탐탁지 않은 구혼자《차남·삼남 따위》.

de·tri·tion[ditríʃən] *n.* Ⓤ 마멸(작용), 마손.

de·tri·tus[ditráitəs] *n.* Ⓤ 쇄석(碎石), 암설(岩屑); =DEBRIS.

·De·troit[ditrɔ́it] *n.* 미국 Michigan주 남동부의 대공업 도시《자동차 공업의 중심지》.

deuce[dju:s/dju:s] *n.* Ⓒ (주사위·카드놀이의) 2점(의 눈·패); Ⓤ 〖테니스〗 듀스《3 대 3》; 불운, 재액; Ⓒ 악마. ***a* 〔*the*〕 ~ *of a ...*** 굉장한, 대단한. **~ *a bit*** 결코 …아니다. ***D- knows!*** 알게 뭐야! ***D- take it!*** 제기랄!, 아뿔싸! ***go to the* ~** 멸망하다; 《명령법으로》 뒈져라! ***the* ~** 도대체. ***The* ~ *is in it if I cannot!*** 내가 못하다니 말이 돼. ── *vt.* 〖테니스〗 (경기를) 듀스로 만들다.

deuc·ed[ˊsid, -st] *a., ad.* 《英口》 지독한〔히〕. **deuc·ed·ly** [-sidli] *ad.* 지독히, 지겹도록.

de·us ex ma·chi·na[déiəs èks mǽkinə] (L.) (극·소설 속의) 절박한 장면을 구해주는 사건〔기적〕; 부자연한 해결(책).

Deut. Deuteronomy.

deu·te·ri·um [dju:tíəriəm] *n.* Ⓤ 〖化〗 중(重)수소《기호 D 또는 H^2》. **~ *oxide*** 중수(重水).

deu·ter·on [djú:tərɑ̀n/djú:tərɔ̀n] *n.* Ⓤ 〖理〗 중양자《중수소(↑)의 원자핵》.

Deu·ter·on·o·my[djù:tərɑ́nəmi/djù:tərɔ́n-] *n.* 〖聖〗 신명기.

Déut·sche màrk [dɔ́itʃ-] (*pl.* **~*s***) 독일 마르크《독일의 화폐 단위; 생략 DM》.

de·val·u·ate[di:vǽljuèit] *vt.* (…의) 가치를 내리다; (화폐의) 평가를 절하하다. **-a·tion**[di:vǽljuéiʃən] *n.*

·dev·as·tate[dévəstèit] *vt.* 약탈하다; 망치다, (국토를) 황폐케 하다. **-ta·tion**[dèvəstéiʃən] *n.*

dev·as·tat·ing [-iŋ] *a.* (아주) 호된《반론, 조소 등》; 《口》 아주 좋은, 대단한, 못견딜.

†de·vel·op[divéləp] *vt., vi.* 발달〔발전〕시키다〔하다〕; 계발하다; 〖寫〗 현상하다; 〖樂〗 (선율을) 전개시키다. **:~·ment** *n.* Ⓤ 발달, 발전; 전개.

~·er *n.* ~·ing *a.* 발전 도상의.
devélopment àrea 《英》(산업) 개발 지구.
de·vi·ate[dí:vièit] *vi., vt.* (옆으로) 빗나가(게 하)다(turn aside). **-a·tor** *n.* Ⓒ 일탈자; 빗나가는 것.
***de·vi·a·tion**[dì:viéiʃən] *n.* Ⓤ,Ⓒ 벗어남, 일탈(逸脫); 오차; Ⓒ 〖統〗 편차. ~·**ism**[-ìzəm] *n.* Ⓤ (정당에서의) 당규 일탈, (주류에서의) 이탈. ~·**ist** *n.* Ⓒ 일탈〔편향〕자.
:de·vice[diváis] *n.* Ⓒ 계획; 고안; 장치; 도안(design), 의장; 기장(記章); 계략(trick). ***be left to one's own ~s*** 혼자 힘으로 하게 내버려두다.
:dev·il[devl] *n.* Ⓒ ① 악마《저주를 나타내는 말의 용법은 deuce와 같음》; (the D-)=SATAN. ② 악인. ③ 비상한 정력가; (인쇄소의) 사동. ④ 〖料理〗 매운 불고기. ***be a ~ for*** …광이다. ***beat the ~'s*** TATTOO[1]. ***be ~ may care*** 전혀 무관심이다. ***between the ~ and the deep sea*** 진퇴 양난에 빠져서. ***~ a bit*** 조금도 …아닌. ***~'s advocate*** 험구가, 트집쟁이. ***~'s books*** 카드패. ***give the ~ his due*** 어떤〔싫은〕 상대에게도 공평히 하다. ***go to the ~*** = go to the DEUCE. ***It's the ~ (and all).*** 그거 난처하다, 귀찮은데. ***raise the ~*** 《俗》 소동을 일으키다. ***The ~ take the hindmost!*** 뒤떨어진 놈 따위 알게 뭐야(악마에게나 잡아 먹혀라). ***the ~ to pay*** 앞으로 일어날 골칫거리〔곤란〕. ***whip the ~ round the post*** 〔***stump***〕《美》 교묘한 구실로 곤란을 타개하다. — *vt., vi.* (《英》 ***-ll-***) (고기에) 후추(따위)를 발라 굽다; 절단기에 넣다; 《美口》 괴롭히다; 하청일〔대작(代作)〕을 하다(*for*). **∠·ish** *a., ad.* 악마 같은, 극악무도〔잔혹〕한; 《口》 극도의〔로〕. **∠·ment** *n.* Ⓤ,Ⓒ 악행.
dévil·fish *n.* Ⓒ 〖魚〗 아귀의 일종; 쥐가오리; 낙지.
dev·il(l)ed[-d] *a.* 맵게 한.
dévil-may-cáre *a.* 무모한(reckless); 태평한.
dev·il·(t)ry[-(t)ri] *n.* Ⓤ,Ⓒ 악마의 소행, 악행; 마법.
de·vi·ous[dí:viəs, -vjəs] *a.* 꾸불꾸불한(winding); 우회하는; 인륜(人倫)을 벗어난.
:de·vise[diváiz] (cf. device, divide) *vt.* 안출〔궁리〕하다; 〖法〗 유증(遺贈)하다.
dev·i·see [dèvəzí:, divàizí:] *n.* Ⓒ 〖法〗 (부동산의) 수유자(受遺者).
de·vis·er[diváizər] *n.* Ⓒ 고안자.
dev·i·sor[diváizər] *n.* Ⓒ 〖法〗 (부동산의) 유증자(遺贈者).
de·vi·tal·ize[di:váitəlàiz] *vt.* (…의) 생기를〔활력을〕 빼앗다.
de·vo·cal·ize[di:vóukəlàiz] *vt.* 무성음화하다.
***de·void**[divɔ́id] *a.* (…을) 결한, (…이) 전혀 없는(lacking)(*of*).
de·volve[diválv/-ɔ́-] *vt., vi.* (임무 따위) 맡기(어지)다; 넘겨지다, 넘어가다; 전하(여지)다, (임무가) 돌아오다(*to, upon*). **dev·o·lu·tion**[dèvəlú:ʃən/dì:v-] *n.* Ⓤ 상전(相傳); 양도; 계승; 〖生〗 퇴화.
Dev·on[dévən] *n.* 잉글랜드 남서부의 주.
De·vo·ni·an [dəvóuniən] *a., n.* Ⓒ Devon의 (사람); (the ~) 〖地〗 데번기(紀)(의).
:de·vote[divóut] *vt.* (심신을) 바치다(*to*). ~ ***oneself to*** …에 전념하다; …에 빠지다〔몰두하다〕. ***de·vot·ed** [-id] *a.* 헌신적인; 열애(熱愛)하는. **de·vót·ed·ly** *ad.* **de·vót·ed·ness** *n.* **dev·o·tee**[dèvouti:] Ⓒ 귀의자(歸依者); 열성가(*of, to*).
:de·vo·tion[divóuʃən] *n.* Ⓤ 헌신; 전념, 귀의; 애착; (*pl.*) 기도. ~·**al** *a.*
:de·vour[diváuər] *vt.* ① 게걸스럽게 먹다; 먹어치우다. ② (화재 따위가) 멸망시키다(destroy). ③ 탐독하다; 뚫어지게 보다; 열심히 듣다. ④ 열중케 하다(absorb). ~·**ing·ly** *ad.* 게걸들린 듯이, 탐하듯이.
***de·vout**[diváut] *a.* 경건한; 열심인; 성실한. ~·**ly** *ad.* ~·**ness** *n.*
:dew[dju:/dju:] *n.* Ⓤ 이슬; (땀·눈물의) 방울. — *vt., vi.* 이슬로 적시다; 이슬이 내리다. ***It ~s.*** 이슬이 내리다. **dew·y**[∠i] *a.* 이슬을 머금은; (잠 따위) 상쾌한.
déw·dròp *n.* Ⓒ 이슬(방울).
Dew·ey[djú:i], **John**(1859-1952) 미국의 철학자·교육가.
Déwey sỳstem 〔**décimal classificàtion**〕 (도서의) 듀이 10진 분류법.
déw·làp *n.* Ⓒ (소의) 목정, 군턱.
DÉW lìne[djú:-](<*D*istant *E*arly *W*arning) (the ~) 《美》 듀라인《북극권 북부에 있는 미국·캐나다 공동의 원거리 조기 경보망》.
déw pòint (습도의) 이슬점(點).
déwy-eýed *a.* 천진난만한 (눈을 가진), 순진한.
Dex·e·drine[déksədrì:n] *n.* 〖商標〗 덱세드린《중추신경 자극제》.
dex·ter·ous[dékstərəs] *a.* (손재간이) 능란한(skillful); 기민한, 영리한. ~·**ly** *ad.* ***dex·ter·i·ty**[dekstérəti] *n.* Ⓤ 솜씨좋음; 기민함.
dex·tral[dékstrəl] *a.* 오른쪽의; 오른손잡이의.
dex·tran[dékstræn, -rən] *n.* Ⓤ 〖化·藥〗 덱스트런《혈장(血漿) 대용품》.
dex·trin [dékstrin], **-trine** [-tri(ː)n] *n.* Ⓤ 호정(糊精)《접착제·반수용(礬水用)》.
Dex·trone[dékstrən] *n.* 〖商標〗 = DEXTRAN.
dex·trose[dékstrous] *n.* Ⓤ 〖化〗 포도당.
dex·trous[dékstrəs] *a.* =DEXTEROUS.
D.F. *Defensor Fidei*(L. =Defend-

er of the Faith); direction finder. **D.F.C.** Distinguished Flying Cross. **D.F.M.** Distinguished Flying Medal. **dg.** decigram. **DHA** docosahexaenoic acid. **D.H.Q.** Division Headquarters. **DI** 〖經〗 diffusion index; discomfort index; 《美》 Department of the Interior. **Di** 〖化〗 didymium. **DIA** 《美》 Defence Intelligence Agency 국방 첩보국.

di·a·be·tes[dàiəbí:tis, -ti:z/-ti:z] *n.* Ⓤ 〖醫〗 당뇨병. **-bet·ic**[-bétik, -bí:-] *a., n.* Ⓒ 당뇨병의 (환자).

di·a·bol·ic[dàiəbálik/-ɔ́-], **-i·cal**[-əl] *a.* 악마(적)인, 극악 무도한.

di·ab·o·lism[daiǽbəlìzəm] *n.* Ⓤ 마법; 악마 숭배; 비행.

di·ab·o·lo[diǽbəlòu] *n.* Ⓤ 디아볼로, 공중팽이《손에 든 두 막대 사이에 친 실 위로 팽이를 던졌다 받았다 함》.

di·a·chron·ic[dàiəkránik/-ɔ́-] *a.* 〖言〗 통시적(通時的)인; 시대순의.

di·ac·o·nate [daiǽkənit, -nèit] *n.* Ⓤ,Ⓒ 집사의 직; 《집합적》 집사들.

di·a·crit·ic[dàiəkrítik], **-i·cal** [-əl] *a.* 구별하는, 구별하기 위한. ~ ***mark*** 〔***point, sign***〕 발음 구별 기호 《ā[ei], ă[æ], ä[ɑ:]의 ¯, ˘, ¨ 등》.

di·a·dem[dáiədèm] *n.* Ⓒ 왕관; 왕권, 왕위, 주권.

di·aer·e·sis [daiérəsis] *n.* (*pl.* ***-ses***[-sì:z]) =DIERESIS.

diag. diagonal(ly); diagram.

di·ag·nose[dàiəgnóus, -nóuz/dáiəgnòuz, ∸-∸] *vt.* 〖醫〗 진단하다.

di·ag·no·sis**[dàiəgnóusis] *n.* (*pl.* ***-noses[-si:z]) Ⓤ,Ⓒ 진단(법); 〖生〗 표징(標徵). **-nos·tic**[-nástik/-ɔ́-] *a.*

diagnóstic routìne 〖컴〗 진단 경로《다른 프로그램의 잘못을 추적하거나 기계의 고장난 곳을 찾아내기 위한 프로그램》.

di·ag·nos·tics [dàiəgnástiks/-nɔ́s-] *n.* Ⓤ 진단학〔법〕; 〖컴〗 진단.

di·ag·o·nal[daiǽgənəl] *n., a.* Ⓒ 〖數〗 대각선(의), 비스듬한. **~·ly** *ad.*

:di·a·gram[dáiəgræ̀m] *n.* Ⓒ 도표, 도식. **~·mat·ic**[dàiəgrəmǽtik], **-i·cal**[-əl] *a.* **-i·cal·ly** *ad.*

:di·al[dáiəl] *n.* Ⓒ (시계·계기·라디오·전화 따위의) 다이얼, 문자반, 지침반(~ plate); =SUNDIAL. ― *vt., vi.* (《英》 ***-ll-***) 다이얼을 돌리다; 전화를 걸다.

dial. dialect(al); dialectic(al); dialog(ue).

***di·a·lect**[dáiəlèkt] *n.* Ⓤ,Ⓒ 방언; 파생 언어; (어떤 직업·계급 특유의) 통용어, 말씨. **di·a·lec·tal**[dàiəléktl] *a.*

di·a·lec·tic [dàiəléktik] *a.* 변증(법)적인. ― *n.* Ⓤ (종종 *pl.*) 변증법.

di·a·lec·ti·cal[-əl] *a.* =⇧.

dialéctical matérialism 변증법적 유물론.

di·a·lec·tol·o·gy[dàiəlektáləd͡ʒi/-ɔ́-] *n.* Ⓤ 방언학.

di·al·ing, 《특히 英》 **-al·ling**[dáiəliŋ] *n.* Ⓤ 해시계 제조 기술; 〖컴〗 번호 부르기.

:di·a·log(ue)[dáiəlɔ̀:g, -lɑ̀g/-lɔ̀g] *n.* Ⓤ,Ⓒ 문답, 대화; 대화체.

díal tòne (전화의) 발신음.

diam. diameter.

:di·am·e·ter[daiǽmitər] *n.* Ⓒ 직경. **di·a·met·ri·c**[dàiəmétrik], **-ri·cal**[-əl] *a.* 직경의; 정반대의. **di·a·mét·ri·cal·ly** *ad.*

:dia·mond[dáiəmənd] *n.* Ⓤ,Ⓒ 다이아몬드, 금강석; Ⓒ 유리칼; (카드의) 다이아; 마름모꼴; 〖野〗 야구장, 내야. ***a ~ in the rough,*** or ***a rough ~*** 천연 (그대로의) 다이아몬드; 거칠지만 실은 훌륭한 인물. ***~ cut ~*** (불꽃 튀기는 듯한) 호적수의 대결. ***~ of the first water*** 일등 광택의 다이아몬드; 일류의 인물.

díamond·bàck *n.* Ⓒ 마름모 무늬가 있는 동물《뱀·거북 따위》; =∠ **térrapin** 마름모 무늬거북.

díamond wédding 다이아몬드혼식《결혼 60 또는 75 주년 기념식》.

***Di·an·a**[daiǽnə] *n.* 〖로神〗 달의 여신《처녀성과 사냥의 수호신》(cf. Artemis); Ⓒ 독신 여성; 미녀.

di·a·pa·son[dàiəpéizən, -sən] *n.* Ⓒ 〖樂〗 선율(melody); (음성·악기의) 음역; (파이프오르간의) 기본 음전(音栓).

di·a·per[dáiəpər] *n., vt.* Ⓤ 마름모꼴 무늬의 무명; Ⓒ 기저귀(를 채우다); Ⓤ 마름모꼴 무늬(로 꾸미다).

di·aph·a·nous[daiǽfənəs] *a.* 투명한, 비치는. **~·ly** *ad.* **~·ness** *n.*

di·a·pho·ret·ic [dàiəfərétik] *a.* 발한 촉진성의.

di·a·phragm [dáiəfræ̀m] *n.* Ⓒ 〖解〗 횡격막(橫隔膜); (전화기의) 진동판; (사진기의) 조리개.

di·ar·rhe·a, 《英》 **-rhoe·a**[dàiərí:ə] *n.* Ⓤ 설사(loose bowels).

†di·a·ry [dáiəri] *n.* Ⓒ 일기(장). **dí·a·rist** *n.*

Di·as·po·ra[daiǽspərə] *n.* (the ~) ① 유대인의 이산《Babylon 포수(捕囚) 이후의》; 《집합적》 팔레스타인 이외에 사는 유대인. ②(d-) 《집합적》 이산한 장소.

di·a·stase[dáiəstèis] *n.* Ⓤ 〖生化〗 디아스타아제, 녹말 당화〔소화〕 효소.

di·as·to·le[daiǽstəlì(:)] *n.* Ⓤ 〖生〗 심장 확장(기(期))(opp. systole).

di·a·ther·my[dáiəθə̀:rmi] *n.* Ⓤ 〖醫〗 투열(透熱) 요법.

di·a·to·ma·ceous[dàiətəméiʃəs] *a.* 〖植〗 규조류의; 규조토의.

di·a·tom·ic[dàiətámik/-tɔ́m-] *a.* 〖化〗 2가(價)의.

di·a·ton·ic[dàiətánik/-ɔ́-] *a.* 〖樂〗 온음계의(cf. chromatic).

di·a·tribe[dáiətràib] *n.* Ⓒ 통렬한 비난, 혹평.

di·ba·sic[daibéisik] *a.* 〖化〗 이염기(二鹽基)의.
dib·ble[díbəl] *n.* Ⓒ 〖農〗 (종묘용(種苗用)의) 구멍 파는 연장. ― *vt.* (땅에) 구멍을 파다.
__*dice__[dais] *n. pl.* (*sing.* **die**) ① 주사위; 《단수 취급》주사위 놀이, 노름. ② 작은 입방체(small cubes). ― *vi.* 주사위 놀이를 하다. ― *vt.* (주사위) 노름으로 잃다; (야채 따위를) 골패짝 모양으로 썰다.
díce·bòx *n.* Ⓒ (주사위를 흔들어 내는) 주사위통.
di·chot·o·mize[daikɑ́təmàiz/-ɔ́-] *vt., vi.* 2분하다.
di·chot·o·my[daikɑ́təmi/-ɔ́-] *n.* Ⓤ,Ⓒ 2분하는[되는] 일; 〖論〗 2분법; 〖生〗 2차분지(二叉分枝); 〖天〗 반월 배열(半月配列).
di·chro·mat·ic[dàikroumǽtik] *a.* 두 색의; 〖動〗 이색을 띠는.
dick¹ [dik] *n.* 《俗》《다음 용법뿐》 ***take one's ~*** 선서하다(*to; that*).
dick² *n.* Ⓒ 《俗》 형사, 탐정.
__*Dick·ens__[díkinz], **Charles**(1812-70) 영국의 소설가. 「DEVIL.
dick·ens[díkinz] *n., int.* 《口》 =
dick·er[díkər] *n., vi.* Ⓤ,Ⓒ 조그마한 장사(를 하다); 물물 교환(을 하다); 값을 깎다(haggle).
dick·ey, dick·y[díki] *n.* Ⓒ 당나귀; =∠·**bìrd** 작은 새; (와이셔츠·블라우스의, 뗄 수 있는) 가슴판, 앞 장식; (아이의) 턱받이; 《英方》(마차의) 마부석.
di·cot·y·le·don[dàikɑtəlí:dən/dài-kɔt-] *n.* Ⓒ 쌍떡잎 식물. **~·ous** *a.*
dict. dictation; dictator; dictated; dictionary.
dic·ta[díktə] *n.* dictum의 복수.
Dic·ta·phone[díktəfòun] *n.* Ⓒ 〖商標〗 딕터폰《속기용 구술 녹음기》.
:**dic·tate**[díkteit, ―∠] *vt., vi.* 받아쓰게 하다; 명령하다. ― [∠―] *n.* Ⓒ (보통 *pl.*) 명령, 지령.
:**dic·ta·tion**[diktéiʃən] *n.* Ⓤ 구술(口述), 받아쓰기; 명령, 지령. ***at the ~ of*** …의 지시에 따라.
__*dic·ta·tor__[díkteitər, ―∠―] *n.* Ⓒ 구술자; 명령[독재]자.
dic·ta·to·ri·al[dìktətɔ́:riəl] *a.* 독재자의, 독재적인(despotic); 명령적인, 오만한.
__*dictátor·shìp__ *n.* Ⓒ 독재국[정권]; Ⓤ,Ⓒ 독재(권); 집정관의 지위.
__*dic·tion__[díkʃən] *n.* Ⓤ 말씨; 용어.
†**dic·tion·ar·y**[díkʃənèri/-ʃənəri] *n.* Ⓒ 사전, 사서(辭書).
Dic·to·graph[díktəgræ̀f, -grɑ̀:f] *n.* Ⓒ 〖商標〗 딕토그래프《도청 등에 쓰이는 고성능 송화기》.
dic·tum[díktəm] *n.* (*pl.* **~s, -ta**) Ⓒ 단언, 언명; 격언.
†**did**[did] *v.* do¹의 과거.
di·dac·tic [daidǽktik], **-ti·cal** [-əl] *a.* 교훈적인.
did·dle[dídl] *vt., vi.* 《口》 편취하다(swindle); (시간을) 낭비하다(waste).

Di·de·rot[dí:dəròu], **Denis**(1713-84) 프랑스의 철학자·비평가.
†**did·n't**[dídnt] did not의 단축.
di·do[dáidou] *n.* (*pl.* **~(e)s**) Ⓒ 《口》 까불기, 까불며 떠들기(prank).
didst[didst] *v.* 《古》 =DID 《thou가 주어일 때》.
di·dym·i·um[daidímiəm, di-] *n.* Ⓤ 〖化〗 디디뮴《희금속》. 「의, 쌍의.
did·y·mous[dídəməz] *a.* 〖生〗 쌍생
__*die__¹[dai] *vi.* (***dying***) ① 죽다(~ ***of hunger*** [***illness***] 아사[병사]하다/~ ***from wounds*** 부상 때문에 죽다/~ ***in an accident*** 사고로 죽다); 말라죽다. ② 희미해지다, 소멸하다(*away, down*). ③ 그치다(*off, out*). ***be dying*** (탐나서, 하고 싶어) 못견디다(itch)(*for; to do*). ~ ***away*** (바람·소리 등) 잠잠해지다; 실신하다. ~ GAME¹(*a.*). ~ ***hard*** 쉽사리 죽지 않다[없어지지 않다]. ~ ***in one's boots*** [***shoes***] 변사하다; 교수형을 받다. ~ ***on the air*** (종소리 등이) 공중에서 사라지다. ***Never say ~!*** 죽는 소리 하지 마라.
†**die**² *n.* Ⓒ ① (*pl.* ***dice***) 주사위. ② (*pl.* ***~s***) 거푸집, 나사틀. ③ 찍어내는 틀, 수나사를 자르는 틀. ④ 다이스. ***be upon the ~*** 위태롭다(be at stake). ***straight as a ~*** 똑바른. ***The ~ is cast.*** 주사위는 던져졌다, 벌린 춤이다.
díe·hàrd *a., n.* Ⓒ 끝까지 저항하는[버티는] (사람); 끈덕진 사람.
diel·drin [dí:ldrin] *n.* Ⓤ 딜드린 《살충제의 일종》.
di·e·lec·tric[dàiiléktrik] *a.* 유전성(誘電性)의; 절연성의. ― *n.* Ⓒ (전도체와 구별하여) 유전체; 절연체.
di·er·e·sis[daiérəsis] *n.* (*pl.* **-ses** [-sì:z]) Ⓒ 분음(分音) 기호《naïve, coöperate 따위에 있는 복점(¨)》.
die·sel, D-[dí:zəl, -səl] *n.* Ⓒ 디젤차[선]; =⇩.
__*díesel èngine__ 디젤 엔진[기관].
die·sel·ize [dí:zəlàiz, -səl-] *vt.* (배·기차에) 디젤 기관을 달다.
die·sink·er[dáisìŋkər] *n.* Ⓒ 찍어내는 틀(die²)을 만드는 사람.
:**di·et**¹[dáiət] *n.* Ⓒ,Ⓤ 상식(常食); Ⓒ (치료·체중 조절을 위한) 규정식. ***be put on a*** (***special***) ~ 규정식을 취하도록 지시되다. ― *vt., vi.* 규정식을 주다[취하다].
:**di·et**² *n.* (the ~) 정식 회의; (덴마크·스웨덴 등지의) 국회, 의회.
di·e·tar·y[dáiətèri/-təri] *a., n.* Ⓒ 식사[음식]의 (규정량); 규정식.
di·e·tet·ic[dàiətétik] *a.* 식사의.
di·e·tet·ics[dàiətétiks] *n.* Ⓤ 식이 요법, 영양학.
di·e·ti·tian, -ti·cian[dàiətíʃən] *n.* Ⓒ 영양사[학자]. 「ferential.
diff. difference; different; dif-
:**dif·fer**[dífər] *vi.* 다르다(*from*); 의견을 달리하다(disagree)(*from, with*).
†**dif·fer·ence**[dífərəns] *n.* Ⓒ,Ⓤ 다름, 차이(점); 차(액); 불화; (종종

D

pl.)(국제간의) 분쟁. ***make a*** ～ 차가 있다; 중요하다; 구별짓다(*between*). ***split the*** ～ 타협하다; 서로 양보하다.

†**dif·fer·ent**[dífərənt] *a.* 다른(*from; to,* 때로 *than*); 여러 가지의. *～-**ly** *ad.*

*__dif·fer·en·tial__[dìfərénʃəl] *a.* 차별의, 차별적인, 차별하는; 특징의; 〖數〗 미분의; 〖機〗 차동(差動)의. ～ ***calculus*** 미분. ～ ***gear*** 차동 장치. ── *n.* Ⓤ 미분; Ⓒ 차동 장치; 〖經〗 차별 관세, 협정 임금차.

*__dif·fer·en·ti·ate__[dìfərénʃièit] *vt., vi.* 차별〔구별〕하다〔이 생기다〕; 분화시키다〔하다〕; (*vi.*) 미분하다. **-a·tion**[ㅡㅡㅡʃiéiʃən] *n.* Ⓤ,Ⓒ 구별; 〖生〗 분화, 변이(變異); 특수화; 〖數〗 미분(微分).

†**dif·fi·cult**[dífikʌ̀lt, -kəlt] *a.* 어려운; 까다로운, 다루기 힘든(hard).

†**dif·fi·cul·ty**[dífikʌ̀lti] *n.* ① Ⓤ 곤란. ② Ⓒ 난국; 지장(obstacle). ③ Ⓒ 이의(異議); 《美》 논쟁. ④ (보통 *pl.*) 경제적 곤란, 궁박(窮迫). ***make*** 〔***raise***〕 ～ 이의를 제기하다. ***with*** ～ 간신히.

*__dif·fi·dent__[dífidənt] *a.* 자신 없는, 수줍은(shy). ～**·ly** *ad.* *__-dence__ *n.* Ⓤ 자신 없음, 망설임(opp. confidence); 암띰, 수줍음.

dif·fract[difrǽkt] *vt.* 〖理〗 (광선·음향 등을) 회절(回折)시키다. **dif·frác·tion** *n.* Ⓤ 〖理〗 회절. **dif·frác·tive** *a.* 회절〔분해〕하는.

*__dif·fuse__[difjú:z] *vi., vt.* 발산〔유포〕하다〔시키다〕(spread). ── [-s] *a.* 퍼진, 유포한; (문장·말 등이) 산만한. ～**·ly** *ad.* ～**·ness** *n.*

*__dif·fu·sion__[difjú:ʒən] *n.* Ⓤ 산포; 유포, 보급; 산만. **-sive** *a.*

diffúsion ìndex 〖經〗 확산 지수, 경기 동향 지수.

diffúsion pùmp 확산 진공 펌프 《가스의 확산을 이용하여 높은 진공도를 만듦》.

‡**dig**[dig] *vt.* (***dug,*** 《古》 ***～ged; -gg-***) ① 파다, 파〔캐〕내다, 탐구하다(burrow)(*up, out*). ② 《口》 (손가락·팔꿈치로) 찌르다; (손톱·칼을) 찔러 넣다(*into, in*). ③ 《美俗》 보다, 듣다, 주의를 기울이다, 알다, 좋아하다. ── *vi.* ① 파다; 파서 뚫다, 파나가다. ② 탐구하다(*for, into*). ③ 《美口》 꾸준히 공부하다(*at*). ～ ***down*** 파내려가다; 파무너뜨리다; 《美俗》 돈을 치르다. ～ ***in*** 파묻다, 찔러〔박아〕넣다; 참호를 파서 몸을 숨기다; 《口》 열심히 일하다. ～ ***into*** 《口》 …을 맹렬히 공부하다; 맹공격하다. ～ ***open*** 파헤치다. ～ ***out*** 파내다; 조사해 내다; 《美俗》 도망치다. ～ ***up*** 파서 일구다; 발굴하다; 《口》 드러내다, 들추어〔밝혀〕내다; 《美俗》 (이상〔불쾌〕한 사람·물건)을 만나다. ── *n.* Ⓒ 한 번 찌르기; 쿡 찌르기(poke); 빈정거림, 빗댐; (*pl.*) 《주로 英口》 하숙(diggings). ***have*** 〔***take***〕 ***a*** ～ ***at*** …에게 귀에 거슬리는 소리를 하다.

dig·a·my[dígəmi] *n.* Ⓤ 재혼(cf. bigamy).

di·gen·e·sis[daidʒénəsis] *n.* Ⓤ 〖動〗 세대 교번(世代交番).

‡**di·gest**[didʒést, dai-] *vt.* ① 소화하다, 이해하다, 납득하다. ② (모욕·손해 따위를) 참다, 견디다. ③ 요약하다, 간추리다. ── *vi.* 소화되다, 삭다. ── [dáidʒest] *n.* Ⓒ 요약(summary); (문학 작품 따위의) 개요; 요약〔축약〕판; 법률집. ～**·i·ble** *a.* 소화되기 쉬운; 요약할 수 있는.

*__di·ges·tion__[didʒéstʃən, dai-] *n.* Ⓤ 소화(작용, 기능), 소화력. *__-tive__ *a., n.* 소화의〔를 돕는〕; Ⓒ《단수형》 소화제.

dig·ger[dígər] *n.* Ⓒ 파는 사람〔도구〕; (금광의) 갱부; (D-) 음식물을 도르는 따위의 봉사를 하는 히피.

dig·ging[dígiŋ] *n.* Ⓤ 채굴; 채광; (*pl.*) 채광지; 금광; (*pl.*)《주로 英古》 하숙(lodgings).

dig·it[dídʒit] *n.* Ⓒ ① 손〔발〕가락(finger, toe). ② (0에서 9까지의) 아라비아 숫자.

dig·it·al[dídʒitl] *a.* 손가락의; (컴퓨터 등이) 계수형인, 디지털형의. ── *n.* Ⓒ 손〔발〕가락; 〖컴〗 디지털.

dígital compúter 〖컴〗 디지털 컴퓨터.

dig·i·tal·is[dìdʒətǽlis] *n.* Ⓤ,Ⓒ 디기탈리스(의 마른 잎)《강심제》.

dígital recórding 디지털 녹음.

Dígital Sígnal Pròcessor 〖컴〗 디지털 시그널 프로세서《디지털 신호의 고속처리를 위한 LSI칩; 생략 DSP》.

dig·i·tate[dídʒətèit] *a.* 〖動〗 손가락이 있는; 〖植〗 손가락〔손바닥〕 모양의.

dig·i·tize[dídʒətàiz] *vt.* 〖컴〗 (…을) 디지털화하다, 계수화하다. **-tìz·er** *n.* Ⓒ 〖컴〗 디지털〔계수화〕 장치.

*__dig·ni·fy__[dígnəfài] *vt.* (…에) 위엄을〔품위를〕 부여하다. *__-fied__[-d] *a.* 위엄〔품위·관록〕 있는; 고귀한.

dig·ni·tar·y[dígnətèri/-təri] *n.* Ⓒ 고위 성직자, 고승; 귀인, 고관.

‡**dig·ni·ty**[dígnəti] *n.* ① Ⓤ 위엄, 존엄, 관록, 품위. ② Ⓒ 고위층 인물, 고관; 《집합적》 고위층. ***be beneath one's*** ～ 체면에 관계되다, 위신을 손상시키다. ***stand*** 〔***be***〕 ***upon one's*** ～ 점잔을 빼다; 뽐내다. ***with*** ～ 위엄있게, 점잔빼고.

di·graph[dáigræf, -grɑ:f] *n.* Ⓒ (두 자 한 음의) 겹자(字)《ch, th, ea 등》.

di·gress[daigrés, di-] *vi.* 본론에서 벗어나다, 탈선하다(deviate). **di·grés·sion** *n.* Ⓤ,Ⓒ 여담, 탈선; 본제를 벗어나 지엽으로 흐름. **di·grés·sive** *a.*

di·he·dral[daihí:drəl] *a., n.* Ⓒ 이면(二面)으로 된; 이면각(角); (비행기 날개의) 상반각(上反角).

dike[daik] *n., vt.* Ⓒ 둑(을 쌓다)

(bank); 도랑(을 만들다, 을 만들어서 배수(排水)하다); 《美俗》 레스비언.
di·lap·i·dat·ed[dilǽpədèitid] *a.* (집 따위가) 황폐한, 황량한; (옷 따위가) 남루한, 초라한. **-da·tion** [-ㅅ-déiʃən] *n.*
*__di·late__[dailéit, di-] *vt.* 넓게 펴다, 팽창[확장]시키다. ― *vi.* 넓어지다; 상세히 말하다, 부연하다(*upon*). **dil·a·ta·tion**[dìlətéiʃən, dàil-], **di·la·tion**[dailéiʃən, di-] *n.*
dil·a·tom·e·ter [dìlətámətər/-tɔ́m-] *n.* Ⓒ 〖理〗 (체적) 팽창계.
di·la·tor[dailéitər, di-] *n.* Ⓒ 〖解〗 확장근(筋); 〖醫〗 확장기(器).
dil·a·to·ry[dílətɔ̀:ri/-təri] *a.* 완만한, 느린.
dil·do[díldou] *n.* Ⓒ 《俗》 남근 모양으로 만든 성구(性具).
:**di·lem·ma**[dilémə] *n.* Ⓒ 진퇴양난, 궁지, 딜레마; 〖論〗 양도(兩刀) 논법.
dil·et·tan·te[dìlətǽnti, -tá:nt] *n.* (*pl.* **~s, -ti**[-ti:]) Ⓒ 예술 애호가, 아마추어 예술가. ― *a.* 딜레탕트(풍)의. **-tant·ism**[-ìzəm] *n.* Ⓤ 딜레탕티즘, 예술 애호; 서투른 기예.
:**dil·i·gence**[1][dílədʒəns] *n.* Ⓤ 부지런함, 근면, 노력.
dil·i·gence[2][dìliʒá:ns/-dʒəns] *n.* (F.) Ⓒ (프랑스 등지의) 승합 마차 《장거리용》.
:**dil·i·gent**[dílədʒənt] *a.* 부지런한. *__~·ly__ *ad.*
dil·ly[díli] *n.* Ⓒ 《美俗》 멋진[놀랄 만한] 것[사람, 일]. ― *a.* 《濠》 어리석은.
dil·ly·dal·ly[dílidæ̀li] *vi.* 꾸물대다(waste time); 빈둥거리다(loiter).
di·lute[dilú:t, dailú:t] *vt., vi.* 묽게 하다(thin), 희석(稀釋)하다; 약하게 하다(weaken). ― *a.* 묽게 한, 약한, 묽은. **di·lú·tion** *n.* Ⓤ 희석; Ⓒ 희석액. ***dilution of labor*** (비숙련공 때문에 생기는) 노동 희석[능률 저하].
dil·u·tee[dìlu:tí:, dài-] *n.* Ⓒ (노동 희석(⇧)을 가져오는) 비숙련공.
di·lu·vi·al[dilú:viəl, dai-], **-vi·an**[-viən] *a.* (특히 노아의) 홍수의; 〖地〗 홍적(기)의. 「(洪積層).
dilúvial formátion 〖地〗 홍적층
di·lu·vi·um [dilú:viəm] *n.* (*pl.* ***-via***[-viə], **~s**) Ⓒ 〖地〗 홍적층.
:**dim**[dim] *a.* (***-mm-***) 어둑한, 어슴푸레한; (소리 따위) 희미한; (빛깔·이해력이) 둔한; 비관적인(*a ~ view*). ― *vi., vt.* (***-mm-***) 어둑하게 하다, 어둑해지다; 둔하게 하다, 둔해지다; 흐려지다, 흐리게 하다. ***~ out*** 등불을 어둡게 하다. *__∠·ly__ *ad.* **∠·ness** *n.*
dim. dimension; *diminuendo;* diminutive.
*__dime__[daim] *n.* Ⓒ (미국·캐나다의) 10센트 은화.
díme-a-dózen *a.* 《俗》 값싼; 서투른; 평범한.
díme muséum 《美》 간이 박물관; 싸구려 구경거리. 「소설.
díme nóvel 《美》 삼문(三文)[저질]
*__di·men·sion__[diménʃən, dai-] *n.* Ⓒ (길이·폭·두께의) 치수; 〖數〗 차(次); 〖컴〗 차원; (*pl.*) 용적; 규모, 크기(size); 《美俗》 (여자의) 버스트·웨이스트·히프의 사이즈. **~·al** *a.*
:**di·min·ish**[dimíniʃ] *vt., vi.* 줄이다, 감소시키다[하다]; (*vt.*) 〖樂〗 반음 낮추다. ***~ed fifth*** 감오도(減五度).
di·min·u·en·do [dimìnjuéndou] *ad.* (It.) 〖樂〗 점점 여리게.
*__dim·i·nu·tion__[dìmənjú:ʃən] *n.* Ⓤ 감소, 축소; Ⓒ 감소액[량·분].
*__di·min·u·tive__[dimínjətiv] *a.* 작은; 〖言〗 지소(指小)의. ― *n.* Ⓒ 〖言〗 지소사(辭)《owl*et*, lamb*kin*, book*let*, duck*ling* 등》(opp. augmentative).
dim·i·ty[díməti] *n.* Ⓤ,Ⓒ 돋을줄무늬 무명《어린이 양복감》.
dim·mer[dímər] *n.* Ⓒ (헤드라이트의) 제광기(制光器), (무대 조명의) 조광기(調光器).
di·mor·phic[daimɔ́:rfik], **di·mor·phous**[-fəs] *a.* 〖生·化·鑛〗 동종 이형(태)의; 〖結晶〗 동질 이상(二像)의.
dim·out[dímàut] *n.* Ⓒ 등화 관제(blackout, brownout).
*__dim·ple__[dímpəl] *n., vt., vi.* Ⓒ 보조개(를 짓다, 가 생기다); 움푹 들어간 곳; 움푹 들어가(게 하)다; 잔물결을 일으키다, 잔물결이 일다.
dim·ply[dímpli] *a.* 보조개가 있는; 잔물결이 있는.
dím·sìghted *a.* 시력이 약한.
dím·wìt *n.* Ⓒ 《口》 얼간이, 멍청이, 바보.
dím-wítted *a.* 《口》 얼간이[바보]의.
*__din__[din] *n., vt., vi.* (***-nn-***) Ⓤ 소음(을 일으키다, 이 나다); 큰 소리로 되풀이 하다(say over and over).
DIN *Deutsche Industrie Normen* (G. =German Industry Standard) 독일 공업품 표준 규격.
:**dine**[dain] *vi., vt.* 식사를 하다[시키다]; 정찬(dinner)을 들다[에 초대하다]. ***~ on*** [***off***] 식사에 (…을) 먹다. ***~ out*** (초대되어) 밖에서 식사하다. **din·er**[dáinər] *n.* Ⓒ 식사하는 사람; 식당차; 식당차식 음식점.
Díner's Clúb 다이너스 클럽《회원제 신용 판매 조직》.
di·neu·tron [dainjú:tran/-trɔn] *n.* Ⓒ 〖理〗 이중 중성자(中性子).
ding[diŋ] *vi., vt.* 땡땡 울리다; 시끄럽게 말하다, 자꾸 뇌까리다, 되풀이하여 일러주다.
díng-a-lìng *n.* Ⓒ 《美俗》 바보, 얼간이, 괴짜.
ding-dong[∠dɔ̀:ŋ] *n.* Ⓒ 땡땡, 뎅뎅《종소리 등》. ― *ad.* 부지런히. ― *a.* (경쟁 따위) 접전의.
din·ghy, din·gey[díŋgi] *n.* Ⓒ (인도의) 작은 배.
din·gle[díŋgəl] *n.* Ⓒ 깊은 협곡.

D

ding·us[díŋgəs] *n.* Ⓒ《口》(이름을 알 수 없는) 것, 거시키.
***din·gy**[díndʒi] *a.* 거무스름한(dark); 더러운, 지저분한; 그을은(smoky). **-gi·ly** *ad.* **-gi·ness** *n.*
din·ing[dáiniŋ] *n.* Ⓒ 식사.
díning càr 식당차.
díning hàll 대식당《정찬용》.
†**díning ròom** 식당.
díning tàble 식탁.
dink[diŋk] *n.* Ⓒ《卑》음경;《美俗》베트남 사람.
dink·y[díŋki] *a.*《口》작은, 왜소한, 빈약한;《英口》말쑥한, 청초한, 멋진, 예쁜. — *n.* Ⓒ 소형 기관차.
†**din·ner**[dínər] *n.* Ⓤ,Ⓒ 정찬(正餐)《하루 중의 으뜸 식사》; (손님을 초대하는) 만찬, 오찬(午餐).
dínner còat〔**jàcket**〕=TUXEDO.
dínner drèss〔**gòwn**〕 여자용 약식 야회복《남자는 Tuxedo 에 해당》.
dínner·wàre *n.* Ⓤ 식기류.
***di·no·saur** [dáinəsɔ̀ːr] *n.* Ⓒ〖古生〗 공룡(恐龍).
dint**[dint] *n.* Ⓒ 두들겨 움푹 들어간 곳〔자국〕(dent); Ⓤ 힘(force). ***by ~ of …의 힘으로, …에 의하여. — *vt.* (두들겨서) 자국을 내다(dent).
di·o·cese[dáiəsis, -sìːs] *n.* Ⓒ 주교 관구. **di·oc·e·san**[daiɑ́səsən] *a., n.* Ⓒ 주교(bishop) 관구의 (주교).
di·ode[dáioud] *n.* Ⓒ〖電〗다이오드; 2극(二極) 진공관.
di·oe·cious[daiíːʃəs] *a.*〖生〗자웅이주〔이체〕의.
Di·og·e·nes[daiɑ́dʒənìːz/-ɔ́-] *n.* (412?-?323 B.C.) 디오게네스《통 속에서 살았다는 그리스의 철학자》.
Di·o·ny·si·us[dàiəníʃiəs, -siəs] *n.* (430?-367 B.C.) 그리스의 Syracuse 의 참왕(僭王)(cf. Damocles).
Di·o·ny·sus, -sos[dàiənáisəs] *n.*〖그神〗=BACCHUS.
Di·o·phán·tine equátion[dàiəfǽntàin-, -tn-]〖數〗디오판투스 방정식《부정 방정식의 해법을 연구한 그리스 수학자의 이름에서》.
di·op·ter,《英》**-tre** [daiɑ́ptər/-ɔ́p-] *n.* Ⓒ〖光學〗디옵터《렌즈 굴절률 등의 단위》. 「(광학)의.
di·op·tric[daiɑ́ptrik/-ɔ́p-] *a.* 굴절
di·o·ram·a[dàiərǽmə, -rɑ́ːmə] *n.* Ⓒ 디오라마〔투시화(透視畫)〕(관(館)).
di·o·rite[dáiəràit] *n.* Ⓤ〖鑛〗섬록암(閃綠岩).
***di·ox·ide**[daiɑ́ksaid, -sid/-ɔ́ksaid] *n.* Ⓒ〖化〗이산화물.
:dip[dip] *vt.* (*~ped,* 《古》 *~t; -pp-*) ① 담그다, 적시다; 살짝 적시다. ② (…에게) 침례를 베풀다. ③ (신호기 따위를) 조금 내렸다 곧 올리다. ④ (양(羊)을) 살충액에 담그어 씻다. ⑤ 퍼내다(*out*), 건져올리다(*up*). ⑥ (양초를) 만들다. — *vi.* ① 젖다, 잠기다; 가라앉다, 내려가다. ② (떠내기 위해 손·국자를) 디밀다. ③ 대충 읽다(*~ into a book*). — *n.* Ⓒ ① 담금, 적심; 한번 잠기기〔멱감기〕. ② 경사; 하락; 우묵함. ③ (실심지) 양초. ④ (비행기의) 급강하. ⑤《俗》소매치기.
di·phos·phate[daifɑ́sfeit/-ɔ́-] *n.* Ⓤ,Ⓒ〖化〗이인산염(二燐酸鹽).
***diph·the·ri·a**[difθíəriə, dip-] *n.* Ⓤ〖醫〗디프테리아.
diph·thong[dífθɔːŋ, díp-/-θɔŋ] *n.* Ⓒ〖音聲〗2중 모음《ai, au, ɔi, ou, ei, uə 따위》.
dip·lo·coc·cus[dìpləkɑ́kəs/-kɔ́k-] *n.* (*pl.* **-ci**[-sai]) Ⓒ〖生〗쌍구균.
dip·loid[díplɔid] *a.* 2중의;〖生〗2배성의, 배수의. — *n.* Ⓒ〖生〗복상(2배체)(複相(2倍體)).
***di·plo·ma**[diplóumə] *n.* Ⓒ 졸업 증서; 학위 증서; 면허장; 상장.
***di·plo·ma·cy**[diplóuməsi] *n.* Ⓤ 외교(수완). 「류) 대학.
diplóma mill《美口》학위 남발 (삼
***dip·lo·mat**[dípləmæ̀t] *n.* Ⓒ 외교관〔가〕. **di·plo·ma·tist**[diplóumətist] *n.*《英》=DIPLOMAT.
***dip·lo·mat·ic**[dìpləmǽtik] *a.* 외교상의; 외교에 능한; 고문서학의.
diplomátic immúnity 외교관 면책 특권《관세·체포 등을 면한》.
di·pole[dáipòul] *n.* Ⓒ〖理·化〗쌍극자;〖라디오·TV〗2극 안테나.
dip·per**[dípər] *n.* Ⓒ ① 적시는〔푸는〕 사람〔것〕, 국자(ladle). ② (the D-) 북두(칠)성. ***the Big D- 북두칠성. ***the Little D-*** (작은곰자리의) 소북두칠성.
dip·so·ma·ni·a[dìpsouméiniə] *n.* Ⓤ 알코올 의존증〔중독〕. **-ma·ni·ac**[-méiniæ̀k] *n.* Ⓒ 알코올 중독자.
díp·stìck *n.* Ⓒ 유량계(油量計)《탱크 등의 속에 넣어 재는》.
díp-swìtch *n.* Ⓒ (자동차의) 감광(減光) 스위치《헤드라이트를 숙이는》.
dipt[dipt] *v.* dip의 과거(분사).
***dire**[daiər] *a.* 무서운; 극도의(extreme); 긴급한.
†**di·rect**[dirékt, dai-] *vt.* ① 지도〔지휘〕하다; 관리〔감독〕하다(manage); 통제하다(control). ② (영화·극 따위를) 연출하다(cf. produce). ③ (주의·노력을) 돌리다(aim)(*at, to, toward*). ④ …앞으로 (편지를) 내다〔겉봉을 쓰다〕(*to*). ⑤ 길을 가리키다. — *a.* 똑바른, 직접의; 솔직한; 완전한, 정확한(exact)(*the ~ opposite*). ***a ~ descendant*** 직계 자손.
diréct áction 직접 행동《권리를 위한 파업·데모·시민적 저항 등》.
diréct cúrrent〖電〗직류.
†**di·rec·tion**[dirékʃən, dai-] *n.* ① Ⓒ,Ⓤ 방위, 방향. ② Ⓒ 경향; 범위. ③ (보통 *pl.*) 지휘, 명령, 지시, 감독. ④ Ⓤ,Ⓒ 지도; 관리. ⑤ Ⓤ〖劇·映〗감독, 연출. ***in all ~s*** 사면 팔방으로. **~·al** *a.* 방향〔방위〕의. **-tive** *a., n.* 지휘〔지도〕하는;〖無電〗지향(식)의; Ⓒ 지령.
diréction finder〖無電〗방향 탐지기, 방위 측정기.

diréction ìndicator 〖空〗 방향지시기.

:di·rect·ly[diréktli, dai-] *ad.* 곧바로; 직접(으로); 즉시. ── *conj.* = as SOON as.

diréct máil 다이렉트메일《직접 개인이나 가정으로 보내지는 광고 우편물》.

diréct narrátion 〔**óbject**〕 〖文〗 직접 화법〔목적어〕.

:di·rec·tor[diréktər, dai-] *n.* Ⓒ 지휘자, 지도자; 중역, 이사; 교장; 감독; 〖劇〗 연출가(《英》 producer). **~·ship**[-ʃìp] *n.* Ⓤ director의 직〔임기〕.

di·rec·to·rate[diréktərit, dai-] *n.* ① Ⓤ director의 직. ② Ⓒ 중역〔이사〕회, 간부회; 중역진.

di·rec·to·ri·al[direktɔ́:riəl, dai-] *a.* 지휘(자)의; 관리(자)의.

di·rec·to·ry**[diréktəri, dai-] *n.* Ⓒ 주소 성명록, 인명부; 지령〔훈령〕서; 예배 규칙서; 중역〔이사·간부〕회(directorate); 〖컴〗 자료방, 디렉토리. ***telephone **~** 전화 번호부. ── *a.* 지휘〔관리〕의.

diréct prímary 〖政〗 직접 예선.

diréct propórtion 〖數〗 정비례.

diréct táx 직접세. 「무시한.

dire·ful[dáiərfəl] *a.* 무서운, 무시

dirge[də:rdʒ] *n.* Ⓒ 만가(輓歌), 애도가(funeral song).

dir·i·gi·ble[dírìdʒəbəl, dirídʒ-] *a., n.* 〖空〗 조종할 수 있는; Ⓒ 비행선.

dirk[də:rk] *n., vt.* Ⓒ 비수, 단검(으로 찌르다).

dirn·dl[də́:rndl] *n.* Ⓒ (Tyrol 지방 농가의) 여성복.

:dirt[də:rt] *n.* Ⓤ ① 쓰레기, 먼지; 오물. ② 진흙; 흙; 《蔑》 토지. ③ 비열한 언사, 욕. ***eat*** **~** 굴욕을 참다. ***fling*** 〔***throw***〕 **~** 욕지거리하다(*at*).

dírt-chéap *a., ad.* 《美口》 똥값의〔으로〕.

dírt fàrmer 《口》 자작농(cf. gentleman farmer).

dírt róad 포장하지 않은 도로.

:dirt·y[də́:rti] *a.* ① 더러운, 추잡한. ② 비열한(base). ③ 날씨가 험악한. ④ 공기 오염도가 높은. **~ *bomb*** 원자〔수소〕폭탄(opp. CLEAN bomb). **dírt·i·ly** *ad.*

dis. discharge; disciple; discipline; discount; distance; distribute.

dis-[dis] *pref.* '비(非)·반(反)·부(不)(***dis***honest), 분리(***dis***connect), 제거(***dis***cover)' 따위의 뜻.

***dis·a·ble**[diséibəl] *vt.* 무력하게 하다(*from* do*ing; for*); 불구로 만들다(cripple); 무자격하게 하다(cripple); 〖컴〗 불능케 하다. **~·ment** *n.* Ⓤ 무력(화). ***dis·a·bil·i·ty**[dìsəbíləti] *n.* Ⓤ,Ⓒ 무력, 무능; 불구; 〖法〗 무자격.

dis·a·buse[dìsəbjú:z] *vt.* (…의) 어리석음〔잘못〕을 깨닫게 하다(*of*).

***dis·ad·van·tage** [dìsədvǽntidʒ, -vá:n-] *n.* Ⓒ 불리(한 입장), 불편; Ⓤ 손(해). **-ta·geous**[disædvəntéidʒəs, dìsæd-] *a.* **-geous·ly** *ad.*

dis·af·fect·ed[dìsəféktid] *a.* 싫어진, 불만스러운(discontented); 정떨어진, 마음이 떠난, 이반(離反)한(disloyal). **-féc·tion** *n.*

***dis·a·gree**[dìsəgrí:] *vi.* 일치하지 않다, 맞지 않다(*with, in*); 의견을 달리하다, 다투다(*with*); (음식·풍토가) 맞지 않다(*with*). ***~·ment** *n.*

***dis·a·gree·a·ble**[dìsəgrí:əbəl] *a.* 불쾌한; 까다로운(hard to please). **~·ness** *n.* **-bly** *ad.*

dis·al·low[dìsəláu] *vt.* 허가〔인정〕하지 않다; 부인하다; 각하하다(reject). **~·ance** *n.*

dis·an·nul[dìsənʌ́l] *vt.* (**-*ll*-**) 취소〔무효로〕하다.

:dis·ap·pear[dìsəpíər] *vi.* 안 보이게 되다; 소실〔소멸〕하다(vanish). ***~·ance**[dìsəpíərəns] *n.* Ⓤ 소멸, 소실; 〖法〗 실종.

:dis·ap·point[dìsəpɔ́int] *vt.* 실망〔낙담〕시키다, (기대를) 어기다(belie)(***I was ~ed in him*** 〔***of my hopes***〕. 그에게 실망했다〔나는 희망이 없어졌다〕); (계획 등을) 좌절시키다, 꺾다(upset). **~·ed**[-id] *a.* 실망〔낙담〕한. ***~·ing** *a.* 실망〔낙담〕시키는. **:~·ment** *n.* Ⓤ,Ⓒ 실망〔낙담〕(시키는 것·사람).

dis·ap·pro·ba·tion[dìsæprou̯béiʃən] *n.* =DISAPPROVAL.

***dis·ap·prove**[dìsəprú:v] *vt.* (…을) 안된다고 하다; 인가하지 않다; 비난하다(*of*). ***-prov·al**[-əl] *n.* Ⓤ 불찬성; 비난, 부인.

***dis·arm**[disá:rm, -z-] *vt.* (…의) 무기를 거두다, 무장 해제하다; (노여움·의혹을) 풀다. ── *vi.* 군비를 해제〔축소〕하다. ***dis·ár·ma·ment** *n.* Ⓤ 무장 해제; 군비 축소.

dis·ar·range[dìsəréindʒ] *vt.* 어지럽게 하다, 난잡〔어수선〕하게 하다. **~·ment** *n.* Ⓤ,Ⓒ 혼란, 난맥.

dis·ar·ray[dìsəréi] *n., vt.* Ⓤ 난잡(하게 하다); (복장이) 흐트러지다〔흐트러짐〕, 흐트러진 복장; 《詩》 옷을 벗기다(undress), 벌거벗기다.

dis·as·sem·ble[dìsəsémbəl] *vt.* (기계 따위를) 분해하다(take apart).

:dis·as·ter[dizǽstər, -zá:s-] *n.* ① Ⓤ 천재(天災), 재해(calamity). ② Ⓒ 재난, 참사.

***dis·as·trous**[dizǽstrəs, -á:s-] *a.* 재해의; 비참한. **~·ly** *ad.*

dis·a·vow[dìsəváu] *vt.* 부인〔거부〕하다(disown). **~·al** *n.* **~·er** *n.*

dis·band[disbǽnd] *vt.* (부대·조직을) 해산하다; (군인을) 제대시키다. ── *vi.* 해산〔제대〕하다. **~·ment** *n.*

dis·bar[disbá:r] *vt.* (**-*rr*-**) 〖法〗 (…에게서) 변호사 자격을 빼앗다.

dis·be·lief**[dìsbilí:f] *n.* Ⓤ 불신(unbelief), 의혹(my ~ in him***).

dis·be·lieve[dìsbilí:v] *vt., vi.* 믿지 않다, 의심하다. 「떨어져 나간.

dis·bound [disbáund] *a.* (책에서)

dis·branch [disbrǽntʃ, -brɑ́ːntʃ] *vt.* (…의) 가지를 잘라내다〔치다〕; (가지를) 꺾다.
dis·bur·den [disbə́ːrdn] *vt., vi.* 짐을 내리다; (마음의) 무거운 짐을 벗다; 한시름 놓(게 하)다.
dis·burse [disbə́ːrs] *vt.* 지불하다; 지출하다(pay out). **∼·ment** *n.* Ⓤ 지불, 지출.
*__disc__ [disk] *n.* =DISK.
disc. discount; discover(ed); discoverer.
dis·calced [diskǽlst] *a.* 맨발의.
*__dis·card__ [diskɑ́ːrd] *vt.* 〖카드〗(필요 없는 패(card)를) 버리다; (애인·신앙 따위를) 버리다(abandon); 해고하다(discharge). — [⌐–] *n.* Ⓒ 버림받은 사람; 내버린 패.
:dis·cern [dizə́ːrn, -s-] *vt., vi.* 인식하다, 지각하다(perceive); 분간하다 (∼ *A and B*/ ∼ *A from B*/ ∼ *between A and B*). **∼·i·ble** *a.* 인식〔식별〕할 수 있는. **∼·ing** *a.* 식별력이 있는; 명민한. **∼·ment** *n.*
:dis·charge [distʃɑ́ːrdʒ] *vt.* ① 발사하다(shoot); (물 따위를) 방출하다(pour forth). ② (배에서) 짐을 부리다(unload). ③ 해고하다; 해방〔제대·퇴원〕시키다; (부채를) 갚다, 지불하다. ④ (직무·약속을) 이행하다 (∼ (*oneself of*) *one's duties* 의무를 이행하다). ⑤ 탈색하다. ⑥ 〖電〗 방전(放電)하다. ⑦ 〖法〗(명령을) 취소하다. — *vi.* 짐을 부리다; 발사〔방출·방전〕하다; 번지다, 퍼지다(run). — [⌐–, –⌐] *n.* U,C 발사, 방출; Ⓤ 짐부리기; 방전; Ⓒ 해고, 해임; Ⓤ 이행; 반제(返濟)(따위).
dis·charg·ee [distʃɑːrdʒíː] *n.* Ⓒ 소집 해제자.
dis·charg·er [distʃɑ́ːrdʒər] *n.* Ⓒ discharge하는 사람〔것〕; 〖電〗 방전자(放電子). 「용).
dísc hàrrow 원판 써레《트랙터
dis·ci [dísai/dískai] *n.* discus의 복수.
*__dis·ci·ple__ [disáipəl] *n.* Ⓒ 제자; 사도, 문하생, 신봉자. ***the*** (***twelve***) ***∼s*** (예수의) 12제자.
dis·ci·pli·nar·i·an [dìsəplinέəriən] *a.* 훈련〔훈육〕(상)의; 규율의. — *n.* Ⓒ 훈육가; 엄격한 사람.
dis·ci·pli·nar·y [dísəplinèri/-nəri] *a.* 훈육상의; 징계의.
:dis·ci·pline [dísəplin] *n.* U,C 훈련, 훈육; Ⓤ (정욕의) 제어; 규율, 풍기(order); 징계. — *vt.* 훈련하다; 징계하다(punish).
dísc jòckey 디스크 자키《생략 DJ, D.J.》.
dis·claim [diskléim] *vt.* (권리를) 포기하다; (…와의) 관계를 부인하다. **∼·er** *n.* Ⓒ 포기(자); 부인(자).
:dis·close [disklóuz] *vt.* 나타〔드러〕내다, 노출시키다; 폭로하다; (비밀을) 털어놓다; 발표하다. *__dis·clo·sure__ [-klóuʒər] *n.*
dis·co [dískou] *n.* =DISCOTHEQUE.
dis·coid [dískɔid] *a., n.* Ⓒ 원반(disk) 모양의 (물건).
dis·col·or, 《英》 **-our** [diskʌ́lər] *vi., vt.* (…으로) 변색하다〔시키다〕. **∼·a·tion** [–⌐–éiʃən] *n.* Ⓤ 변색, 퇴색.
dis·com·fit [diskʌ́mfit] *vt.* 쳐부수다; (상대방의) 계획〔목적〕을 뒤엎다, 좌절시키다; 당황케 하다(disconcert). **-fi·ture** *n.*
*__dis·com·fort__ [diskʌ́mfərt] *n., vt.* Ⓤ 불쾌(하게 하다); Ⓒ 불편(을 주다).
dis·com·mode [dìskəmóud] *vt.* 괴롭히다; (…에게) 폐를 끼치다.
dis·com·pose [dìskəmpóuz] *vt.* (…의) 마음을 어지럽히다, 불안케 하다(make uneasy). **-po·sure** [-póuʒər] *n.* Ⓤ 불안; 당황, 낭패.
*__dis·con·cert__ [dìskənsə́ːrt] *vt.* 당황하게 하다(discompose); (계획 따위를) 좌절〔혼란〕시키다(upset). **∼·ment** *n.*
dis·con·nect [dìskənékt] *vt.* (…와) 연락을〔관계를〕 끊다; 자르다, 떼다, 분리하다. **∼·ed** [-id] *a.* 연락〔일관성〕이 없는. **-néc·tion,** 《英》 **-néx·ion** *n.* U,C 분리, 절단.
dis·con·so·late [diskɑ́nsəlit/-ɔ́-] *a.* 쓸쓸한, 허전한; 서글픈. **∼·ly** *ad.*
*__dis·con·tent__ [dìskəntént] *n., a., vt.* Ⓤ 불만(인)(*with*); 불만을 품게 하다. ***∼·ed** [-id] *a.* 불만스러운(*with*). **∼·ment** *n.* Ⓤ 불만, 불평.
*__dis·con·tin·ue__ [dìskəntínjuː] *vt., vi.* 중지〔중단·정지〕하다; (신문 등의) 구독을 그만두다; 〖法〗(원고가 소송을) 취하하다. **-tin·u·ance, -tin·u·a·tion** [–⌐–éiʃən] *n.*
dis·con·tin·u·ous [dìskəntínjuəs] *a.* 중도에서 끊어진, 중단된. *__-ti·nu·i·ty__ [dìskɑntənjúːəti/-kɔn-] *n.* Ⓤ 불연속; 중단; 끊어짐.
dis·co·phile [dískəfàil] *n.* Ⓒ 레코드 수집가.
*__dis·cord__ [dískɔːrd] *n.* Ⓤ 부조화, 불일치, 불화(disagreement); U,C 〖樂〗 불협화음(opp. concord). ***the*** APPLE ***of*** ***∼.***
dis·cord·ant [diskɔ́ːrdənt] *a.* 조화〔일치〕하지 않는; 충돌하는; 불협화음의. **∼·ly** *ad.* **-ance** *n.*
dis·co·theque [dískətèk] *n.* Ⓒ 디스코테크.
:dis·count [dískaunt] *n.* U,C 할인(액)(reduction). ***at a ∼*** 할인해서. — [–⌐] *vt.* 할인하다(deduct) (∼ *10%,* 1할 감하다/*get a bill ∼ed* 어음을 할인해 받다); 에누리하여 듣다; (…의) 가치〔효과〕를 감하다〔잃다〕.
díscount bànk 할인 은행. 「인.
díscount bròker 어음 할인 중개
díscount còmpany 《美口》 채권 감정 할인 회사.
dis·coun·te·nance [diskáuntənəns] *vt.* (…에게) 싫은 내색을 하다, 반대하다; 창피를 주다; 낭패케 하다.
díscount hòuse 싸게 파는 가게.

díscount màrket 어음 할인 시장.
díscount ràte 〖財政〗 어음 할인율; 재할인율.
díscount stòre 〔**shòp**〕 《美》 싸구려 상점, 염가 판매점.
:dis·cour·age [diskə́:ridʒ, -kʌ́r-] *vt.* (…에게) 용기를 잃게 하다; 낙담〔단념〕시키다(*from*)(opp. encourage). **:~·ment** *n.*
***dis·course** [dískɔ:rs, ─́] *n.* ① Ⓒ 강연, 설교; 논설; 논문. ② Ⓤ 이야기, 담화. ── [─́] *vt., vi.* (…에게) 강연〔설교〕하다; 논술하다(*upon, of*).
dis·cour·te·ous [diskə́:rtiəs] *a.* 무례한(impolite). **~·ly** *ad.* **~·ness** *n.* **-to·sy** [-təsi] *n.*
†dis·cov·er [diskʌ́vər] *vt.* 발견하다, 찾아내다; 《古》 나타내다, 밝히다. ***D-America.*** 《美》 미국을 발견하자《국내 관광 진흥책으로 쓰는 표어》. ***~ oneself to*** …에게 자기 성명을 대다〔밝히다〕. ***~·er** *n.* Ⓒ 발견자. **:~·y** *n.* Ⓤ 발견; Ⓒ 발견물.
***dis·cred·it** [diskrédit] *n.* Ⓤ 불신; 불명예; 의혹. ── *vt.* 신용하지 않다; 신용을〔명예를〕 잃게 하다. **~·a·ble** *a.* 불명예스러운.
***dis·creet** [diskrí:t] *a.* 사려가 깊은; 신중한, 분별 있는. **~·ly** *ad.*
dis·crep·ant [diskrépənt] *a.* 어긋나는, 상위(相違)하는. **-an·cy** *n.*
dis·crete [diskrí:t] *a.* 분리한; 구별된, 개별적인; 불연속의; 〖哲〗 추상적인. ── *n.* Ⓒ (시스템의 일부를 이루는) 독립된 장치; 〖컴〗 불연속형. **~·ly** *ad.* **~·ness** *n.*
dis·cre·tion** [diskréʃən] *n.* Ⓤ 사려(깊음), 분별, 신중(discreetness); 행동〔판단〕의 자유, 자유 재량(free decision). ***age of ~ 분별 연령《영국법에서는 14세》. ***at ~*** 마음대로. ***at the ~ of*** = ***at one's ~*** …의 재량으로, …의 임의로. ***with ~*** 신중히. **~·ar·y** [-ʃənèri/-əri] *a.* 임의(任意)의; 무조건의.
***dis·crim·i·nate** [diskrímənèit] *vt.* 분간〔식별〕하다(distinguish)(*between, from*). ── *vi.* 식별하다; 차별하다(*against, in favor of*). ── [-nət] *a.* 차별적인; (식별이) 명확한. **-nat·ing** *a.* 식별력있는; 차별적인. ***-na·tion** [─̀─néiʃən] *n.* Ⓤ 구별; 식별(력), 차별 대우. **-na·tive** [-nèitiv, -nə-], **-na·to·ry** [-nətɔ̀:ri/-təri] *a.* 식별력이 있는; 차별을 나타내는.
dis·cur·sive [diskə́:rsiv] *a.* 산만한. **~·ly** *ad.* 만연히. **~·ness** *n.*
dis·cus [dískəs] *n.* (*pl.* ***~es, disci*** [dísai/dískai]) Ⓒ 원반; (the ~) 원반 던지기.
:dis·cuss [diskʌ́s] *vt.* (여러 각도에서) 음미하다, 토론〔논의〕하다, 논하다(debate); 상의하다, 서로 이야기하다(talk over); 《古口》 맛있게 먹다〔마시다〕(enjoy).
dis·cus·sant [diskʌ́snt] *n.* Ⓒ (심포지엄 등의) 토론자.
:dis·cus·sion [diskʌ́ʃən] *n.* ① Ⓤ,Ⓒ 토론, 토의, 논의; 변론. ② Ⓒ 논문(*on*). ③ Ⓤ 《口》 상미(賞味)(*of*).
díscus thròw 원반 던지기.
***dis·dain** [disdéin] *n., vt.* Ⓤ 경멸(하다)(scorn). **~·ful** *a.* 경멸적인; 거만한(haughty). **~·ful·ly** *ad.*
:dis·ease [dizí:z] (<dis-+ease) *n.* Ⓤ,Ⓒ 병; Ⓤ 불건전. **:~d** [-d] *a.* 병의, 병적인.
dis·em·bark [dìsembá:rk] *vt., vi.* (선객·짐을) 양륙하다; 상륙시키다〔하다〕. **-bar·ka·tion** [disèmba:rkéiʃən] *n.*
dis·em·bar·rass [dìsembǽrəs] *vt.* (걱정 따위에서) 벗어나게 하다(rid), 안심시키다(relieve)(***~ him of his anxiety*** 그의 걱정을 덜어주다).
dis·em·bod·y [dìsembádi/-ɔ́-] *vt.* (혼을) 육체에서 분리시키다. **-bód·i·ment** *n.*
dis·em·bow·el [dìsembáuəl] *vt.* (《英》 ***-ll-***) 창자를 빼내다. ***~ oneself*** 할복하다. **~·ment** *n.*
dis·en·chant [dìsintʃǽnt, -tʃá:nt] *vt.* (…을) 미몽(迷夢)에서 깨어나게 하다; 마법을 풀다. **~·ment** *n.*
dis·en·cum·ber [dìsinkʌ́mbər] *vt.* (…에서) 장애물〔괴로움〕을 제거하다.
dis·en·fran·chise [dìsenfrǽntʃaiz] *vt.* =DISFRANCHISE.
dis·en·gage [dìsingéidʒ] *vt.* 풀다(loosen); 해방하다(set free); 〖軍〗 (…와의) 싸움을 중지하다. ── *vi.* 떨어지다; 관계를 끊다. **~d** [-d] *a.* 풀린; 떨어진; 자유로운, 한가한, 약속이 없는. **~·ment** *n.* Ⓤ 해방; 이탈; 파혼; 자유, 여가.
dis·en·tan·gle [dìsintǽŋgl] *vt.* (…의) 엉킨 것을 풀다(*from*). **~·ment** *n.*
dis·e·qui·lib·ri·um [disì:kwəlíbriəm] *n.* Ⓤ,Ⓒ 불균형, 불안정.
dis·es·tab·lish [dìsistǽbliʃ] *vt.* (설립된 것을) 폐지하다; (교회의) 국교제를 폐하다. **~·ment** *n.*
dis·es·teem [dìsistí:m] *n., vt.* Ⓤ 경시(하다), 깔보다.
dis·fa·vor, 《英》 **-vour** [disféivər] *n.* Ⓤ 소외(疎外), 냉대; 싫어함(dislike); 인기없음. ***be in ~ with*** …의 마음에 들지 않다; 인기가 없다. ── *vt.* 소홀히〔냉대〕하다, 싫어하다.
***dis·fig·ure** [disfígjər/-fígər] *vt.* 모양〔아름다움〕을 손상하다, 보기 흉하게 하다(deform). **~·ment** *n.*
dis·fran·chise [disfrǽntʃaiz] *vt.* (개인에게서) 공민권〔선거권〕을 빼앗다. **~·ment** *n.*
dis·gorge [disgɔ́:rdʒ] *vt., vi.* (…에게) 토해내다, 게우다; (부정 이득 따위를) 게워내다.
:dis·grace [disgréis] *n., vt.* Ⓤ 창피, 치욕(을 주다); 욕보이다. **:~·ful** *a.* 수치스러운, 욕된. **~·ful·ly** *ad.*
dis·grun·tle [disgrʌ́ntl] *vt.* (…에게) 불만을 품게 하다. **~d** [-d] *a.* 시무룩한; 불평을 품은.

D

:dis·guise[disgáiz] *vt.* ① (…으로) 변장[가장]하다, 거짓 꾸미다. ② (감정 따위를) 속이다, 감추다. ***be ~d,*** or ***~ oneself*** 변장하다. ***throw off one's ~*** 가면을 벗다, 정체를 드러내다. — *n.* Ⓤ,Ⓒ 변장, 가장(복); Ⓤ 거짓꾸밈(pretense), 구실(pretext). ***in ~*** 변장한[하여]; 가장의[하여].

:dis·gust[disgʌ́st] *vt.* 역겹게[싫증나게] 하다, 정떨어지게 하다. ***be ~ed at*** [***by, with***] …에 넌더리 나다. — *n.* Ⓤ 역겨움, 혐오(*against, at, for, toward*); 유감. ***to one's ~*** 불쾌하게도, 유감스럽게도. **:~·ing** *a.* 구역질나는, 지겨운. **~·ing·ly** *ad.*

†dish[diʃ] *n.* Ⓒ ① (큰) 접시, 푼주. ② 요리; 식품. ③ 접시꼴(의 물건). ④ 《美俗》 성적 매력이 있는 여자. ⑤ 《美俗》 『野』 홈베이스. ⑥ 파라볼라 안테나. ***~ of gossip*** 잡담. — *vt.* 접시에 담다; 접시꼴로 만들다; 가운데를 우묵하게 하다; 《俗》 해치우다, 지우다, 속이다(cheat); 《俗》 파산[낙심]시키다. — *vi.* (접시꼴로) 움푹해지다. ***~ out*** 나눠 담다. ***~ up*** 음식을 내놓다; 《口》 재미나게 이야기하다.

dis·ha·bille[dìsəbíːl] *n.* Ⓤ 평(상)복, 약복(略服). ***in ~*** 평복 차림으로.

dis·har·mo·ny [dishɑ́ːrməni] *n.* Ⓤ 부조화, 불협화.

dísh·clòth *n.* Ⓒ 행주.

˙dis·heart·en[dishɑ́ːrtn] *vt.* 낙담[실망]시키다(discourage).

di·shev·el(l)ed[diʃévəld] *a.* (머리카락이) 헝클어진, 봉두난발의; 단정치 못한(untidy).

:dis·hon·est[disɑ́nist/-ɔ́-] *a.* 부정직한. **~·ly** *ad.* **˙-es·ty**[-i] *n.*

:dis·hon·or, 《英》 **-our**[disɑ́nər/-ɔ́-] *n.* Ⓤ ① 불명예, 치욕. ② 경멸. ③ (어음·수표의) 부도. — *vt.* (…에게) 치욕을 주다, 이름을 더럽히다(disgrace); (어음 지불을) 거절하다. **~·a·ble** *a.* 불명예스러운, 부끄러운(shameful).

dísh·pàn *n.* Ⓒ 개수통; 《俗》 사발 모양의 대형 안테나.

dísh·wàsher *n.* Ⓒ 접시 닦는 사람[기계].

dísh·wàter *n.* Ⓤ 개숫물; 《俗》 맛없는 수프, 멀건 커피.

˙dis·il·lu·sion[dìsilúːʒən] *n., vt.* Ⓤ 환멸(을 느끼게 하다), 미몽[잘못]을 깨우치다[기], 각성; 환멸. **~·ment** *n.* Ⓤ 환멸.

dis·in·cen·tive [dìsinséntiv] *a., n.* Ⓒ 행동[의욕·(특히 경제적) 발전]을 방해하는 (것).

dis·in·cline[dìsinkláin] *vi., vt.* 싫증나(게 하)다, 마음이 내키지 않(게 하)다. **-cli·na·tion**[disìnklinéiʃən] *n.* Ⓤ 마음 없음, 꺼림, 싫증.

dis·in·fect[dìsinfékt] *vt.* 소독[살균]하다. **~·ant** *a., n.* 소독하는; Ⓒ 소독제. **-féc·tion** *n.*

dis·in·fest[dìsinfést] *vt.* (…에서) 해충·쥐 따위를 (잡아) 없애다.

dis·in·fla·tion[dìsinfléiʃən] *n.* Ⓤ 『經』 디스인플레이션. **~·a·ry** *a.*

dis·in·for·ma·tion [disìnfərméiʃən] *n.* Ⓤ 그릇된 정보《특히 적의 간첩을 속이기 위한》.

dis·in·gen·u·ous[dìsindʒénjuəs] *a.* 불성실한(insincere); 부정직한; 음흉한. **~·ly** *ad.* **~·ness** *n.*

dis·in·her·it[dìsinhérit] *vt.* 『法』 폐적(廢嫡)[의절(義絶)]하다, 상속권을 박탈하다. **-i·tance** *n.*

dis·in·te·grate[disíntigrèit] *vi., vt.* 분해[붕괴]하다[시키다]. **-gra·tor** *n.* Ⓒ 분해기, 분쇄기. **-gra·tion** [─́─gréiʃən] *n.*

dis·in·ter[dìsintə́ːr] *vt.* (*-rr-*) (무덤 따위에서) 발굴하다(dig up). **~·ment** *n.*

˙dis·in·ter·est·ed [disíntəristid, -rèst-] *a.* 사심이 없는; 공평한(fair); 《美口》 무관심한(not interested). **~·ly** *ad.* **~·ness** *n.*

dis·in·vest[dìsinvést] *vt., vi.* 『經』 (…에서) 해외 투자를 회수하다.

dis·join[disdʒɔ́in] *vt.* (…에서) 분리하다.

dis·joint[disdʒɔ́int] *vt.* 관절을 통기다, 탈구(脫臼)시키다; 뿔뿔이 해체[분해]하다; (질서를) 어지럽히다. **~·ed**[-id] *a.*

dis·junc·tion[disdʒʌ́ŋkʃən] *n.* Ⓤ,Ⓒ 분리, 분열(separation), 괴리, 분단; 『論』 선언(選言), 이접(離接). **-tive** *a., n.* 분리의; 『論』 선언[이접]적인; Ⓒ 『論』 선언[이접] 명제; Ⓒ 『文』 이접적 접속사《*but, yet, or, either ... or* 등》.

˙disk[disk] *n.* Ⓒ 평원반 (모양의 것); 원반; 레코드; 『컴』 디스크.

dísk càche 『컴』 디스크 캐시.

dis·kette[diskét] *n.* Ⓒ 『컴』 디스켓(floppy disk).

dísk hàrrow =DISC HARROW.

dísk jòckey =DISC JOCKEY.

dísk operáting sỳstem 『컴』 디스크 운영 체제《생략 DOS》.

:dis·like[disláik] *vt., n.* 싫어하다, 미워하다; Ⓤ,Ⓒ 혐오, 증오(aversion) (*to, for, of*).

dis·lo·cate[dísloukèit] *vt.* 관절을 삐다[통기다], 탈구시키다; (순서를) 어지럽히다(disturb). **˙-ca·tion** [─́─kéi─] *n.* Ⓤ,Ⓒ 탈구; 『地』 단층.

dis·lodge[dislɑ́dʒ/-ɔ́-] *vt.* 쫓아내다(expel); 격퇴하다; 떼어내다. **~·ment** *n.*

:dis·loy·al[dislɔ́iəl] *a.* 불충(不忠)한, 불충실[불성실]한(unfaithful). **~·ly** *ad.* **~·ty** *n.*

˙dis·mal[dízməl] *a.* ① 음침한, 어두운; 쓸쓸한(dreary). ② 무시무시한. ③ 참담한. **~·ly** *ad.*

dis·man·tle[dismǽntl] *vt.* (아무에게서) 옷을 벗기다(strip)(*of*); (집의 설비·가구, 배의 삭구(索具)·장비 따위를) 철거하다; 분해하다.

:dis·may[disméi] *vt.* 깜짝 놀라게

하다, 근심시키다. — *n.* Ⓤ 당황, 경악(horrified amazement); 낭패. ***with*** ~ 당황하여.

dis·mem·ber[dismémbər] *vt.* (…의) 손발을 자르다; 분할하다.

:dis·miss[dismís] *vt.* ① 면직〔해고·퇴학〕시키다. ② 떠나게 하다, (하녀 등에게) 물러가라고 말하다. ③ (생각에서) 물리치다, (의혹 따위를) 잊어버리다. ④ 〖法〗 기각하다. ***~·al** [-əl] *n.* Ⓤ 면직.

dis·mis·sive[dismísiv] *a.* (사람을) 무시하는 듯한(*of*), 깔보는 듯한 《태도, 말 따위》.

***dis·mount**[dismáunt] *vi., vt.* (말·자전거에서) 내리다; 말에서 떨어뜨리다; (기계를 대좌(臺座) 등에서) 떼어내다; 분해(검사)하다(take apart).

Dis·ney[dízni], **Walt** (1901-66) 미국의 (만화) 영화 제작가.

Dis·ney·land[-lǽnd] *n.* 디즈니랜드《Walt Disney가 Los Angeles에 만든 유원지》.

***dis·o·be·di·ent**[dìsəbí:diənt] *a.* 순종치 않는, 따르지 않는, 불효한. **~·ly** *ad.* ***-ence** *n.* Ⓤ 불순종; 불복종, 불효; 위반.

***dis·o·bey**[dìsəbéi] *vt., vi.* 반항하다, (어버이 등의 말을) 듣지 않다.

dis·o·blige[dìsəbláidʒ] *vt.* (…에게) 불친절하게 하다, 바라는 대로 안 해주다; 노하게 하다(offend); 폐를 끼치다. **-blíg·ing** *a.* 불친절한.

:dis·or·der[disɔ́:rdər] *n., vt.* Ⓤ,Ⓒ 무질서, 혼란(시키다); 소동(social unrest); 병(들게 하다). **~ed**[-d] *a.* 혼란된, 고장난; 병에 걸린. ***~·ly** *a.* 무질서한, 어수선한; 난잡한.

disórderly hóuse 매음굴(brothel); 도박장.

dis·or·gan·ize[disɔ́:rgənàiz] *vt.* (…의) 조직을〔질서를〕 파괴하다; 혼란시키다(confuse). **-i·za·tion**[-̀-̀-izéiʃən] *n.*

dis·o·ri·ent[disɔ́:riènt], **dis·o·ri·en·tate**[disɔ́:riəntèit] *vt.* (…에게) 방향〔위치〕감각을 잃게 하다; (…의) 머리를 혼란케 하다. **-en·ta·tion** [-̀-̀--téiʃən] *n.* Ⓤ 방향감각의 상실; 〖醫〗 지남력 상실; 혼미.

dis·own[disóun] *vt.* (관계·소유·의무 따위를) 부인하다; 의절하다.

dis·par·age[dispǽridʒ] *vt.* 얕보다(belittle); 헐뜯다(depreciate). **~·ment** *n.* **-ag·ing·ly** *ad.* 경멸하여; 비난하여.

dis·pa·rate[díspərit] *a.* 본질적으로 다른.

dis·par·i·ty[dispǽrəti] *n.* Ⓤ,Ⓒ 다름, 상이; 불균형.

dis·pas·sion·ate [dispǽʃənit] *a.* 냉정한(calm); 공평한(impartial). **~·ly** *ad.*

:dis·patch[dispǽtʃ] *vt., vi.* 급송〔급파〕하다; (일·식사를) 재빨리 처리하다〔마치다〕; (사람을) 해치우다〔죽이다〕. — *n.* Ⓤ 발송, 급송, 급파; 신속한 조처; Ⓤ,Ⓒ 살해, 처형. ***happy*** ~ 할복. ***with*** ~ 재빠르게.

dispátch bòx (공문서의) 송달함.

dispátch nòte (국제 우편 소화물에 다는) 꼬리표.

***dis·pel**[dispél] *vt.* (*-ll-*) 쫓아 버리다; 흩뜨리다.

dis·pen·sa·ble[dispénsəbəl] *a.* 없어도 좋은(not essential); 과히 중요치 않은; 〖가톨릭〗 특면(特免)될 수 있는.

dis·pen·sa·ry[dispénsəri] *n.* Ⓒ 약국, 무료 진료소, (학교 등의) 양호실.

dis·pen·sa·tion [dìspənséiʃən, -pen-] *n.* ① Ⓤ,Ⓒ 분배; 시여(施與). ② Ⓤ 조제(調劑). ③ Ⓤ (하늘의) 섭리, 하늘의 뜻; 하늘이 준 것. ④ Ⓤ (어떤 특별한) 관리, 지배; 제도(regime). ⑤ Ⓤ 〖가톨릭〗 특면(特免); Ⓒ 〖神〗 천계법(天啓法), 율법.

dis·pen·sa·to·ry [dispénsətɔ̀:ri/-təri] *n.* Ⓒ 약품 해설서, 약전 주해서. — *a.* 분배의, 시여하는.

dis·pense**[dispéns] *vt.* ① 분배하다. ② 조제하다. ③ 실시하다. ④ (의무를) 면제하다(*from*). ⑤ 〖가톨릭〗(타교도와의 결혼 등을) 특면하다. — *vi.* 면제하다; 특면하다. ~ ***with …의 수고를 덜다; 면제하다(exempt); 없이 마치다(do without).

dis·pens·er[dispénsər] *n.* Ⓒ ① 약제사, 조제사. ② 분배자, 시여하는 사람; 실시〔실행〕자. ③ 필요한 만큼 인출하는 용기《우표 자동 판매기(stamp ~), 자동 현금 인출기(cash ~), 휴지를 빼내 쓰게 된 용기 등》.

dis·peo·ple[dispí:pəl] *vt.* (…의) 주민을 전멸시키다; (…의) 인구를 감소시키다(depopulate).

***dis·perse**[dispə́:rs] *vi., vt.* 흩어지다, 흩뜨리다; 분산하다〔시키다〕. **-per·sal**[-əl], **-per·sion**[-pə́:rʃən, -ʒən] *n.* Ⓤ 산란, 산포; 분산; 소산(消散). **-pér·sive** *a.*

dis·pir·it[dispírit] *vt.* 낙담시키다.

dis·place**[displéis] *vt.* 바꾸어 놓다, 이동시키다; 면직하다; (…의) 대신 들어서다, 대치하다; 〖海〗 배수하다. **~d *person (전쟁) 유민(流民), 난민. ***Displaced Persons Act*** 《美》 난민 보호법(1948). ***~·ment** *n.* Ⓤ 바꿔 놓음, 이동, 대체; 면직; 〖海〗 배수량(cf. tonnage); 〖機〗 배기량; 〖心〗 감정 전이(感情轉移).

:dis·play[displéi] *vt.* 보이다, 진열하다; (기 따위를) 올리다; 펼치다; 과시하다. — *n.* Ⓤ,Ⓒ 진열, 전시; 표시, 과시; 〖印〗 (돋보이게 하기 위한) 특별 조판; 〖컴〗 화면 표시기, 디스플레이. ***out of*** ~ 보란 듯이.

displáy àd(vertising) (신문·잡지)의 대형 광고.

displáy tỳpe 〖印〗 (표제·광고용의) 대형 활자.

:dis·please[displí:z] *vt.* 불쾌하게 하다, 성나게 하다(offend). **-pléas·ing** *a.* 불쾌한, 싫은. ***-pleas·ure** [-pléʒər] *n.* Ⓤ 불쾌; 골.

dis·port[dispɔ́:rt] *vi., vt.* 놀다; 즐겁게 하다. ~ ***oneself*** 즐기다. —

n. U,C 즐거움, 놀이.
dis·pos·a·ble[dispóuzəbəl] *a.* 처리할 수 있는, 마음대로 할[쓸] 수 있는; 사용 후 버릴 수 있는.
dispósable íncome 가처분 소득, (세금을 뺀) 실수입.
:dis·pos·al[dispóuzəl] *n.* U ① 배치(arrangement). ② 처리, 처분; 양도. ***at*** (***in***) ***a person's ~*** …의 마음대로(되는, 쓸 수 있는).
dispósal bàg (여객기 내에 비치된) 구토용의 종이 봉지.
:dis·pose[dispóuz] *vt.* 배치하다 (arrange); …할 마음이 내키게 하다(incline)(*for, to*). **~ *of*** 처리[처분]하다, 결말짓다; 없애[죽여]버리다; 《口》 먹어치우다. — *vi.* 적당히 처치하다. ***Man proposes, God ~s.*** 《속담》 일은 사람이 꾸미되 성패는 하늘에 달렸다.
:dis·posed[-d] *a.* 하고 싶어하는; …한 기분[성질]의. ***be ~ to*** (do) 하고 싶은 마음이 들다. ***be well-*** [***ill-***] **~** 성품이 좋다[나쁘다]; 호의[악의]를 갖다.
:dis·po·si·tion[dìspəzíʃən] *n.* U,C ① 배치(arrangement); 처리(disposal). ② 성질, 성향.
dis·pos·sess[dìspəzés] *vt.* (…의) 소유권을 박탈하다, 빼앗다(*of*); 몰아내다. **-sés·sion** *n.*
dis·praise [dispréiz] *n., vt.* U,C 비난(하다).
dis·proof[disprú:f] *n.* U,C 반증.
dis·pro·por·tion [dìsprəpɔ́:rʃən] *n., vt.* U 불균형(되게 하다), 어울리지 않음[않게 하다].
dis·pro·por·tion·ate[-it] *a.* 불균형한. **~·ly** *ad.*
dis·prove[disprú:v] *vt.* 반증[논박]하다(refute).
dis·put·a·ble[dispjú:təbəl] *a.* 논의의 여지가 있는, 의심스러운.
dis·pu·tant[dispjú:tənt] *n.* C 논쟁자. — *a.* 논쟁 중의.
dis·pu·ta·tion[dìspjutéiʃən] *n.* U,C 논쟁. **-tious**[-ʃəs], **dis·put·a·tive**[dispjú:tətiv] *a.* 의론[논쟁]을 좋아하는; 논쟁적인.
:dis·pute[dispjú:t] *vt., vi.* ① 의론[논쟁]하다(debate). ② 싸우다. ③ 반대[반항]하다(oppose). ④ 다투다, 겨루다. — *n.* U,C 논쟁, 분쟁. ***beyond*** (***out of, past***) **~** 의론의 여지 없이. ***in ~*** 논쟁 중에(*a point in ~* 논쟁점).
dis·qual·i·fy[diskwáləfài/-ɔ́-] *vt.* (…의) 자격을 빼앗다. ***be disqualified*** 실격하다(*from, for*). **-fi·ca·tion**[-ˌ-fikéiʃən] *n.* U 불합격, 실격; C 그 이유[조항].
dis·qui·et[diskwáiət] *n., vt.* U 불안(하게 하다). **-e·tude**[-tjù:d] *n.* U 불안(한 상태).
dis·qui·si·tion[dìskwəzíʃən] *n.* C 논문, 논설(*on*).
***dis·re·gard**[dìsrigá:rd] *n., vt.* U 무시(하다), 경시(*of, for*).
dis·rel·ish[disréliʃ] *n., vt.* U 혐오(하다)(dislike).
dis·re·mem·ber [dìsrimémbər] *vt., vi.* 《美口·英方》 잊다, 생각이 안 나다.
dis·re·pair[dìsripɛ́ər] *n.* U 파손「(상태).
dis·rep·u·ta·ble [disrépjətəbəl] *a.* 평판이 나쁜, 불명예스러운.
dis·re·pute[dìsripjú:t] *n.* U 악평, 평판이 나쁨; 불명예.
dis·re·spect[dìsrispékt] *n.* U,C 실례, 무례(*to*). — *vt.* 경시하다. **~·ful** *a.* **~·ful·ly** *ad.*
dis·robe[disróub] *vi., vt.* (…의) 옷[제복]을 벗(기)다.
***dis·rupt**[disrʌ́pt] *vi., vt.* 찢어 발기다; 분열하다[시키다]. ***-rúp·tion** *n.* U,C 분열; (특히 국가·제도의) 붕괴, 와해; 혼란. **-rúp·tive** *a.*
***dis·sat·is·fac·tion**[dissæ̀tisfǽkʃən] *n.* U 불만; C 불만의 원인.
:dis·sat·is·fy[dissǽtisfài] *vt.* (…에게) 불만을 주다, 만족시키지 않다. **-fied**[-d] *a.* 불만인.
***dis·sect**[disékt] *vt.* 해부[분석]하다. **-séc·tion** *n.*
dis·sem·ble[disémbəl] *vt.* (감정 따위를) 숨기다, 속이다(disguise); 《古》 무시하다(ignore). — *vi.* 시치미 떼다, 본심을 안 보이다. **~r** *n.*
dis·sem·i·nate[disémənèit] *vt.* (씨를) 흩뿌리다; (사상 등을) 퍼뜨리다. **-na·tion**[-ˌ-néiʃən] *n.* U 흩뿌림. **dis·sém·i·nà·tor** *n.* C 파종자.
***dis·sen·sion**[disénʃən] *n.* U,C 의견의 차이[충돌]; 불화.
***dis·sent**[disént] *vi.* ① 의견을 달리하다, 이의를 말하다(*from*). ② 〖宗〗 영국 교회[국교]에 반대하다 (*from*). — *n.* U 이의; 국교 반대. **~·er** *n.* C 반대자; (보통 D-) 비국교도(Nonconformist). **~·ing** *a.* 반대하는; 비국교파의.
dis·sen·tient[disénʃiənt] *a., n.* C 불찬성의 (사람).
dis·ser·ta·tion[dìsərtéiʃən] *n.* C 논문(treatise); 학위 논문.
dis·serv·ice[dissə́:rvis] *n.* U 학대; 위해(危害).
dis·sev·er[dissévər] *vt.* 가르다, 분리[분할]하다(sever). **~·ance** *n.*
dis·si·dent[dísədənt] *a., n.* C 의견을 달리하는 (사람). **-dence** *n.* U 불일치.
dis·sim·i·lar[dissímələr] *a.* 같지 않은. **~·i·ty**[-ˌ-lǽrəti] *n.*
dis·sim·i·late [disímjəlèit] *vt.* 〖音聲〗 이화(異化)시키다. **-la·tion** [-ˌ-léiʃən] *n.* U,C 이화 (작용).
dis·sim·u·late[disímjəlèit] *vt., vi.* (감정 따위를) 숨기다; 몽따다(dissemble). **-la·tion**[-ˌ-léiʃən] *n.* U,C (감정·의지 등의) 위장; 위선; 〖精神醫〗 위장《정신 이상자가 보통인을 위장하는 일》.
***dis·si·pate**[dísəpèit] *vt.* 흩뜨리다, (공포 따위를) 몰아내다; (돈·시간을) 낭비하다(waste). — *vi.* 사

라지다; 방탕하다. **-pat·ed**[-id] *a.* 방탕한. **-pa·tion**[≃—péiʃən] *n.*

dis·so·cial[disóuʃəl] *a.* 반사회적인, 비사회적인(unsocial); 비사교적인(unsociable).

dis·so·ci·ate[disóuʃièit] *vt.* 분리하다(separate)(*from*); 분리해서 생각하다(opp. associate); 의식을 분열시키다. **-a·tion**[—≃—éiʃən] *n.*

dissóciated personálity 〖精神醫〗 분열 인격.

dis·sol·u·ble[disáljəbəl/-ɔ́-] *a.* 용해〔해산〕할 수 있는.

dis·so·lute[dísəlù:t] *a.* 방탕한, 난봉 피우는.

***dis·so·lu·tion**[dìsəlú:ʃən] *n.* Ⓤ ① 용해, 분해(dissolving). ② 해산, 해체, 붕괴, 사멸(死滅); 해소, 해약.

:dis·solve[dizálv/-ɔ́-] *vt., vi.* ① 녹이다, 녹다(liquefy), 용해시키다; 분해하다(decompose). ② (의회·회사를) 해산하다; 해소시키다, 취소하다. ③ (마력·주문(呪文)을) 풀다, 깨치다. ④ (*vi.*) 〖映·TV〗 용암(溶暗)으로 장면 전환을 하다(fade in and then out). ***be ~d in tears*** 하염없이 울다. ***~ itself into*** 자연히 녹아 …이 되다. **-sólv·a·ble** *a.* **-sol·vent**[-ənt] *a., n.* 용해력이 있는; Ⓒ 용해제.

dis·so·nance[dísənəns] *n.* Ⓤ,Ⓒ 부조화(discord); 불협화. **-nant** *a.*

dis·suade[diswéid] *vt.* 단념시키다(*from*)(opp. persuade). **-sua·sion**[-ʒən] *n.* **-sua·sive**[-siv] *a.*

dis·syl·lab·ic[dìsilǽbik] *a.* 2음절의. 「음절어.

dis·syl·la·ble [disíləbəl] *n.* Ⓒ 2

dis·sym·me·try[dissímətri] *n.* Ⓤ,Ⓒ 비대칭, 불균형; 〖生〗 반대 대칭 《사람의 좌우 손 따위》.

dist. distance; distinguish(ed); district.

dis·taff[dístæf, -ɑ:-] *n.* Ⓒ (실 자을 때의) 실 감는 막대; (물레의) 가락; (the ~) 여성.

dístaff sìde, the 모계, 어머니쪽 (opp. spear side). 「초부의.

dis·tal[dístəl] *a.* 〖生〗 (체구의) 말

†dis·tance[dístəns] *n.* Ⓤ,Ⓒ 거리, 간격; 사이; 먼 데. ***at a ~*** 다소 떨어져서. ***in the ~*** 먼 곳에, 멀리. ***keep a person at a ~*** (사람을) 멀리하다, 쌀쌀〔서먹서먹〕하게 대하다. ***keep one's ~*** 가까이 하지 않다, 거리를 두다. — *vt.* 사이를〔간격을〕 두다; 앞지르다; 능가하다.

†dis·tant[dístənt] *a.* 먼; 어렴풋한(faint); (태도가) 쌀쌀한; 에두르는(indirect). ***a ~ relative*** 먼 친척. ***in no ~ future*** 조만간, 멀지 않아. **~·ly** *ad.* 멀리, 떨어져서; 냉담하게; 간헐적으로.

***dis·taste**[distéist] *n.* Ⓤ (음식물에 대한) 싫은, 혐오; Ⓒ 《一般》 싫증, 염증(dislike). **~·ful** *a.*

Dist. Atty. district attorney.

dis·tem·per[1][distémpər] *n.* Ⓤ 디스템퍼《개의 병》; 사회적 불안, 소동(tumult). — *vt.* 탈나게 하다, 어지럽히다(disturb).

dis·tem·per[2] *n., vt.* Ⓤ 디스템퍼《끈끈한 채료》(로 그리다)(cf. tempera); Ⓒ 템페라 그림.

dis·tend[disténd] *vi., vt.* 부풀(리)다(expand). **-tén·sion, -tion** *n.*

dis·tich[dístik] *n.* =COUPLET.

***dis·til(l)**[distíl] *vt.* (**-ll-**) 증류하(여 만들)다; (…의) 정수(精粹)를 뽑다(extract)(*from*); (뚝뚝) 듣게 하다. — *vi.* 뚝뚝 듣다(trickle down). **-til·land**[dístəlæ̀nd] *n.* Ⓤ,Ⓒ 〖化〗 증류물. **~·er** *n.* Ⓒ 증류기; 증류주 제조업자. **~·er·y** *n.* Ⓒ 증류소; 증류주 제조장(cf. brewery).

dis·til·late[dístəlèit, -lit] *n.* Ⓤ,Ⓒ 증류액; 증류물, 정수(精粹). **-la·tion**[≃—léiʃən] *n.* Ⓤ 증류(법); Ⓤ,Ⓒ 증류액; 증류물.

:dis·tinct[distíŋkt] *a.* 명백〔명확〕한; 별개의, 다른(*from*). **:~·ly** *ad.* 명료〔뚜렷〕하게.

:dis·tinc·tion[-ʃən] *n.* ① Ⓤ 차별, 구별. ② Ⓤ 특질; 걸출, 탁월(superiority). ③ Ⓤ,Ⓒ 명예. ***a ~ without a difference*** 쓸데없는 구별짓기. ***gain ~*** 유명해지다. ***with ~*** 공훈을 세워서; 훌륭한 성적으로. ***without ~*** 차별없이.

***dis·tinc·tive**[distíŋktiv] *a.* 독특한, 특수한. ***~·ly** *ad.* 특수〔독특〕하게. **~·ness** *n.*

:dis·tin·guish[distíŋgwiʃ] *vt.* 분간하다, 구별하다(~ *A from B* / ~ *between A and B*); 분류하다(classify)(*into*); 두드러지게 하다. ***~ oneself*** 이름을 떨치다; 수훈을 세우다. **~·a·ble** *a.* 구별할 수 있는. **:~ed**[-t] *a.* 저명한; 고귀한 (신분의), 상류의; 수훈(殊勳)의.

***dis·tort**[distɔ́:rt] *vt.* (얼굴을) 찡그리다, 비틀다; 〖電〗 (전파·음파 따위를) 일그러뜨리다; (사실을) 왜곡하다(twist). **~·ed**[-id] *a.* 일그러진, 뒤틀린, 곱새긴. **-tór·tion** *n.* Ⓤ,Ⓒ 일그러짐, 왜곡, 억지맞춤.

dis·tract**[distrǽkt] *vt.* (마음을) 딴데로 돌리다, 흩뜨리다(divert); (마음을) 어지럽히다; 착란시키다(madden). **~·ed**[-id] *a.* 어수선한; 광란의. ***-trác·tion** *n.* Ⓤ 정신의 흩어짐, 주의 산만; Ⓒ 기분 전환, 오락; Ⓤ 광기. ***to distraction 미칠듯이.

dis·train[distréin] *vt.* 〖法〗 (동산을) 압류하다(seize). **~·ee**[dìstreiní:] *n.* Ⓒ 〖法〗 피압류자. **~·er, -trai·nor** *n.* Ⓒ 〖法〗 (동산) 압류인. **≃t** *n.* Ⓤ 〖法〗 동산 압류.

dis·traught[distrɔ́:t] *a.* 몹시 고민한, 마음이 상한; 마음이 산란한, 정신이 돈.

:dis·tress[distrés] *n.* ① Ⓤ 심통(心痛), 고통, 고민(trouble); 비탄; Ⓒ 고민거리. ② Ⓤ 고난; 재난, (배의) 조난(*a ship in ~* 난파선). ③ Ⓤ 빈궁; 피로. — *vt.* 괴롭히다; 피로하

게 하다. ~**ed**[-t] *a.* 궁핍한; 피로한. ~·**ful** *a.* 고난 많은, 비참한, 고통스런. ~·**ing** *a.* 괴롭히는; 비참한.
distréssed área 재해 지구(災害地區); 빈민 지구.
distréss gùn 〖海〗 조난 신호포.
distréss mèrchandise (흠이 있어 싸게 파는) 불량 상품.
distréss sèlling 출혈 투매.
distréss sìgnal 조난 신호《SOS 따위》.
dis·trib·u·tar·y [distríbjutèri/-təri] *n.* Ⓒ (본류에서 흘러나온) 지류, 분류.
:**dis·trib·ute** [distríbju:t] *vt.* ① 분배〔배급〕하다(deal out)(*among, to*). ② 분류하다. ③ 분포〔산포〕하다; 널리 펴다. ④ 〖論〗 확충하다, 주연하다; 〖印〗 해판(解版)하다.
:**dis·tri·bu·tion** [dìstrəbjú:ʃən] *n.* Ⓤ,Ⓒ 분배, 배분; 〖經〗 (부의) 분배; Ⓤ (동식물·언어 따위의) 분포 (구역); 분류.
dis·trib·u·tive [distríbjutiv] *a.* 분배〔배포〕의; 〖文〗 배분적인. — *n.* Ⓒ 〖文〗 배분사(配分詞)《*each, every, (n)either* 따위》. ~·**ly** *ad.* 분배하여; 따로따로. ~·**ness** *n.*
˙**dis·trib·u·tor** [distríbjətər] *n.* Ⓒ 분배〔배급·판매〕자.
:**dis·trict** [dístrikt] *n.* Ⓒ ① 지구, 구역, 지방. ②《英》(county를 나눈) 구. ***D- of Columbia*** (미국) 콜럼비아 특별 행정구《미국 수도의 소재지; 생략 D.C.》.
dístrict attórney 〔**cóurt**〕《美》 지방 검사〔법원〕.
dístrict hèating 지역 난방.
dístrict núrse《英》 지구 간호사, 보건원.
dístrict vísitor《英》 분교구 전도「사.
˙**dis·trust** [distrʌ́st] *n., vt.* Ⓤ 불신, 의혹(을 품다), 의심하다. ~·**ful** *a.* 신용치 않는, 의심 많은(*of*); 의심스러운(*of*). ~·**ful·ly** *ad.*
:**dis·turb** [distə́:rb] *vt.* 어지럽히다, 소란하게 하다; 방해하다, 불안하게 하다. ***Don't ~ yourself.*** 그대로 계십시오. :**∠·ance** *n.* Ⓤ,Ⓒ 소동; 방해(물); 불안.
dis·un·ion [dìsjú:njən] *n.* Ⓤ,Ⓒ 분리, 분열; 불화.
dis·u·nite [disju:náit] *vt., vi.* 분리〔분열〕하다〔시키다〕(divide).
˙**dis·use** [disjú:z] *vt.* 사용을 그만두다. — [-jú:s] *n.* Ⓤ 쓰이지 않음.
dis·u·til·i·ty [dìsju:tíləti] *n.* Ⓤ 비효용, 무익; 유해.
di·syl·la·ble [disíləbəl] *n.* = DISSYLLABLE.
:**ditch** [ditʃ] *n.* Ⓒ 도랑; (the D-)《英空·軍俗》 영국 해협, 북해(北海);《美口》 파나마 운하. ***die in the last ~*** 죽을 때까지 분전하다. — *vt., vi.* (…에) 도랑을 파다; 도랑에 빠뜨리다〔빠지다〕;《美俗》(…을) 버리다, (일을) 잘 회피하다; (육상 비행기를) 해상에 불시착시키다〔하다〕.
dith·er [díðər] *n., vi.* Ⓒ (공포나 흥분에 의한) 떨림; 몸을 떨다; 전율(하다);《口》 착란 상태.
dith·y·ramb [díθəræ̀mb] *n.* Ⓒ (보통 *pl.*) 바커스(Bacchus)의 찬가; (일반적으로) 열광시(詩)〔문(文)〕.
dit·to [dítou] *n.* (*pl.* ~*s*), *a.* Ⓤ 동상(同上)《생략 do., d°》(의); 같은 것 (*a suit of ~s*《英》 위 아래를 갖춘 옷). — *ad.* 같이, 마찬가지로. — *vt.* 복제〔복사〕하다; 되풀이하다.
dítto machìne 복사기.
dítto màrk 중복 부호《〃》.
dit·ty [díti] *n.* Ⓒ 소가곡, 소곡(小曲).
di·u·ret·ic [dàijuərétik] *a., n.* 〖醫〗 이뇨의; Ⓤ,Ⓒ 이뇨제.
di·ur·nal [daiə́:rnəl] *a.* 매일의; 낮〔주간〕의(opp. nocturnal).
div. diversion; divide(d); dividend; divine; division; divisor; divorced.
di·va [dí:və] *n.* (It.) Ⓒ (오페라의) 여성 제1 가수; 여성의 명오페라 가수.
di·va·lent [daivéilənt] *a.* 〖化〗 이가(二價)의.
di·van [daivǽn, divǽn] *n.* Ⓒ (벽가에 놓는) 긴 의자의 일종; (담배 가게에 딸린) 흡연실; (터키 등지의) 국정(國政) 회의(council), 법정.
:**dive** [daiv] *n.* Ⓒ 잠수; 다이빙; 〖空〗 급강하; 몰두, 탐구;《美口》 하급 술집,《英》 지하 식당. — *vi.* (~*d,*《美口》 ***dove;*** ~*d*) 잠수〔잠입〕하다, 뛰어들다; 급강하하다; 갑자기 없어지다; 손을 쑥 쳐넣다(*into*); 몰두〔탐구〕하다.
díve-bòmb *vt.* 급강하 폭격하다.
díve bòmber 〔**bòmbing**〕 급강하 폭격기〔폭격〕.
div·er [dáivər] *n.* Ⓒ 잠수부〔함〕, 해녀, 잠수업자; 무자맥질하는 새《아비·농병아리 따위》.
˙**di·verge** [divə́:rdʒ, dai-] *vi.* 갈리다(cf. converge); 빗나가다, 벗어나다(deviate); (의견이) 차이지다. **-ver·gent** [-ənt] *a.* 갈리는. **-vér·gence** *n.*
˙**di·vers** [dáivə:rz] *a.* 여러 가지의 (various); 몇몇의, 약간의.
˙**di·verse** [divə́:rs, dai-, dáivə:rs] *a.* 다른; 다양한(varied), 여러가지의. ~·**ly** *ad.*
di·ver·si·fy [divə́:rsəfài, dai-] *vt.* 변화를 주다, 다양하게 하다.
˙**di·ver·sion** [divə́:rʒən, dai-, -ʃən] *n.* Ⓤ 전환(diverting); Ⓒ 기분 전환, 오락; Ⓒ 〖軍〗 견제(작전). ~·**ism** [-ìzəm] *n.* Ⓤ 편향.
˙**di·ver·si·ty** [divə́:rsəti, dai-] *n.* Ⓤ 다름; Ⓤ,Ⓒ 다양성.
:**di·vert** [divə́:rt, dai-] *vt.* ① (딴데로) 돌리다, 전환하다. ② 기분을 전환시키다(distract); 즐겁게 하다. ③ 전용(轉用)하다. ***~ oneself in*** …으로 기분을 풀다.
di·ver·ti·men·to [divə̀:rtəméntou] *n.* (*pl.* ***-ti*** [-ti:], ***-tos***) (It.) Ⓒ 〖樂〗 자유로운 기악의 모음곡.

di·ver·tisse·ment[divə́ːrtismənt] *n.* (F.) Ⓒ ① 오락. ②〖樂〗가벼운 기악곡; 막간〔극중〕의 여흥《가요, 춤, 막간의 짤막한 발레 등》.
di·vest[divést, dai-] *vt.* 옷을 벗(기)다(strip)(*of*); 빼앗다(deprive)(*of*) (…에게서) 제거하다.
†**di·vide**[diváid] *vt., vi.* ① 가르다, 갈라지다, 분할하다, 나누(이)다(*up*). ② 분리〔구별〕하다(*from*). ③ 분배하다(*among, between*). ④ (의견을) 대립시키다. ⑤ 표결하다. — *n.* Ⓒ《美》분수계. ***the Great D-*** (로키 산맥의) 대분수령; (운명의) 갈림길; 죽음.
*__div·i·dend__[dívidènd] *n.* Ⓒ (주식) 배당금;〖數〗피제수(被除數).
di·vid·er[diváidər] *n.* Ⓒ 분배자; 분할자〔물〕; (*pl.*) 양각기(兩脚器), 컴퍼스; 칸막이.
div·i·na·tion[dìvənéiʃən] *n.* Ⓤ 점; Ⓤ,Ⓒ (종종 *pl.*) 예언; 전조; 예감.
:**di·vine**[diváin] *a.* 신의, 신성(神性)의, 신성한(holy); 종교적인; 신수(神授)의; 신에게 바친; 비범한;《口》훌륭한(excellent). **~ *right of kings*** 〖史〗왕권 신수(설). ***the D-Comedy*** (Dante의) 신곡. ***To err is human, to forgive~.*** 허물은 인지상사요 용서는 신의 소업이다《Pope》. — *n.* Ⓒ 신학자; 성직자, 목사. — *vt., vi.* 점치다, (…으로) 예언하다, 알아채다(guess). **~·ly** *ad.* **-vín·er** *n.* Ⓒ 점장이, 예언자.
:**div·ing**[dáiviŋ] *a., n.* 잠수(용)의; Ⓤ 잠수(업); (수영의) 다이빙.
díving bèll (종 모양의) 잠수기.
díving bòard 다이빙대.
díving sùit〔**drèss**〕잠수복.
divíning ròd (지하의 물·석유·광맥 따위를 찾아내는 데 쓰던) 점지팡이.
*__di·vin·i·ty__[divínəti] *n.* ① Ⓤ 신성(神性), 신격. ② (the D-) 신. ③ Ⓤ 신학; (대학의) 신학부.
di·vis·i·ble[divízəbəl] *a.* 나누어지는; 분할〔분류〕할 수 있는.
:**di·vi·sion**[divíʒən] *n.* ① Ⓤ 분할, 분배. ② Ⓤ,Ⓒ 의견의 차이; 분열. ③ Ⓒ 구획, 눈금. ④ Ⓤ 나눗셈. ⑤ Ⓒ 구(區); 국(局), 부(部), 과; 학부. ⑥ Ⓒ〖軍〗사단;〖海軍〗분대. ⑦ Ⓤ,Ⓒ〖園藝〗포기나누기. **~ *of labor*** 분업. **~ *of powers*** 삼권 분립. **~·al** *a.* 구분을 나타내는; 부분적인.
di·vi·sive[diváisiv] *a.*《특히》의견의 불일치를〔분열을〕일으키는, 분파적. **~·ness** *n.*
*__di·vi·sor__[diváizər] *n.* Ⓒ〖數〗제수.
:**di·vorce**[divɔ́ːrs] *n., vt.* Ⓤ,Ⓒ 이혼(하다); 별거; Ⓒ 분리(하다).
di·vor·cée, -cee[divɔːrséi, -síː] *n.* (F.) Ⓒ 이혼한 여성; 미혼자.
di·vulge[diváldʒ, dai-] *vt.* (비밀을) 누설하다, 폭로하다(disclose).
div·vy[dívi]《俗》*vt., vi.* (…을) 분배하다, 나누다(*up*); (…에게) 몫을 주다. — *n.* Ⓤ,Ⓒ 분할; 몫;《英》(협동 조합의) 배당.
dix·ie, dix·y[díksi] *n.* Ⓒ (병사의 캠프용) 큰 쇠냄비.
Díx·ie Cùp[díksi-]〖商標〗(자동판매기용) 종이컵.
Díxie·(Lànd) *n.* 미국 남부 제주(諸州)의 별칭.
D.I.Y.《英》do-it-yourself.
diz·en[dáizn, dízn] *vt.*《古》치장하다(dress gaudily).
*__diz·zy__[dízi] *a., vt.* 현기증 나는, 어질어질한; 당혹한〔게 하다〕; 현기증 나게 하다. **-zi·ly** *ad.* **-zi·ness** *n.*
D.J. disk jockey; district judge; (L.) *Doctor Juris*(=Doctor of Law). **dk.** dark; deck; dock. **D.K.** don't know. **dl, dl.** deciliter(s). **D.L.** Deputy Lieutenant; Doctor of Law. **D/L** demand loan.
D làyer〖無電〗D층(層)《전리층의 「최하층」》.
D.L.F.《美》Development Loan Fund. **D.Lit., D.Litt.** Doctor of Literature〔Letters〕. **DM** Deutsche mark. **D.M.** Doctor of Mathematics; Doctors of Medicine; Daily Mail. **dm.** decameter(s); decimeter(s). **DMA**〖컴〗direct memory access 직접 기억 장치 접근. **D.M.D.** (L.) *Dentariae Medicinae Doctor* (=Doctor of Dental Medicine). **D.M.S.** Doctors of Medical Science(s). **DMSO** dimethyl sulfoxide. **D.Mus.** Doctor of Music. **DMT** dimethyltryptamine. **DMZ** Demilitarized zone. **DN.** debit note. **D.N.** Daily News.
d—n[dæm, diːn] =DAMN.
DNA deoxyribonucleic acid.
DNB, D.N.B. Dictionary of National Biography.
D-nòtice *n.* Ⓒ《英》D통고《정부가 기밀 보전(defense)을 위해 보도기관에 대한 공표 금지 요청》.
†**do**[1][強 duː, 弱 du, də] *vt.* (*did; done*) ① 행하다, 하다; 수행하다, 실행하다. ② 처리〔학습·번역〕하다. ③ (문제를) 풀다. ④ (…의) 도움〔소용〕이 되다(serve). ⑤ (남을 위해) 해주다(*do a person a favor* 은혜를 베풀다). ⑥ 요리하다(cf. halfdone). ⑦ 매만져 가지런히 하다, 꾸미다, 손질하다. ⑧《口》여행하다(*do twenty miles a day* 하루 20마일 여행하다);《口》구경〔방문〕하다(*do Paris* 〔*the sight*〕 파리〔명소〕구경을 하다). ⑨《俗》속이다. ⑩《口》지치게 하다(*I am done up.* 녹초가 됐다). ⑪《美俗》(성행위를) 하다; (마약을) 사용하다. — *vi.* ① 행하다, 일하다, 활동〔관계〕하다. ② 소용되다(*This will do.* 이만하면 됐다). ③ 잘 해나가다, 지내다, 건강하다(*How do you do?* (1) 안녕하십니까? (2) 처음뵙겠습니다《인사》. (3) 어떻게 지내십니까?). ④ 해치우다, 끝마치다. ***do***

away with …을 폐지하다; 없애다; 버리다. ***do … by*** (아무를) (좋게, 나쁘게) 대우하다. ***do a person down*** 《英口》 속이다, 꼭뒤지르다. ***do for*** 《口》 망쳐 놓다; 죽이다; 《英口》 …의 신변을 돌보다; …의 소용이 되다; …의 대신이 되다. ***do in*** 《俗》 죽이다; 속이다. ***do it*** 성공하다. ***do out*** 《口》 청소하다. ***do over*** 다시하다; 《口》 개조〔개장〕하다. ***do up*** 《口》 꾸리다; (단추를) 채우다; (끈을) 매다; 수선〔청소〕하다; 《p.p. 형으로》 지치게 하다. ***do with*** 처리〔희망〕하다, 참다. ***do without*** …없이 지내다. ***Have done!*** (1) 해치워라! (2) 그만! ***have done with*** …을 끝내다, 그만두다; …와 관계를 끊다, 떨어지다. HAVE ***to do with***. — *aux. v.* ① 《의문문·부정문을 만듦》 (Do *you like it? No, I* do*n't.*). ② 《긍정문에서 강조를 나타냄》 (*He* did *come.* 정말 왔다). ③ 《부사 선행에 의한 도치》 (*Never* did *I see such a thing.*). — [du:] *n.* Ⓒ 《英俗》 사기. **do·a·ble** [dú:əbəl] *a.* 할 수 있는.

do² [dou] *n.* Ⓤ,Ⓒ 〖樂〗 (장음계의) 도.

do. ditto (It.=the same).

DOB date of birth.

dob·bin [dábin/-5-] *n.* Ⓒ 말; (순하고 일 잘하는) 농사말; 짐말.

Do·ber·man (**pin·scher**) [dóubərmən (pínʃər)] 도베르만《털이 짧은 테리어 개의 일종》.

doc [dɑk/dɔk] *n.* 《美口》 =DOCTOR 《호칭》.

do·cent [dóusənt] *n.* Ⓒ 《美》 (대학의) 비상근 강사; (미술관·박물관 등의) 안내원.

***doc·ile** [dásəl/dóusail] *a.* 유순한; 가르치기 쉬운. **do·cil·i·ty** [dousíləti, dɑ-] *n.*

:**dock¹** [dák/-ɔ-] *n.* Ⓒ ① 선거(船渠), 독. ② 《美》 선창, 부두(wharf). ③ 〖空〗 격납고(hangar). ④ 〖劇〗 (무대밑) 무대 장치 창고. ***in dry*** ~ 《口》 실직하여. — *vt., vi.* ① dock에 넣다〔들어가다〕. ② (우주선이) 결합〔도킹〕하다〔시키다〕.

dock² *n.* (the ~) (법정의) 피고석.

dock³ *n.* Ⓤ,Ⓒ 〖植〗 참소리쟁이속의 식물《수영 따위》.

dock⁴ *n.* Ⓒ (동물 꼬리의) 심. — *vt.* 짧게 자르다.

dock·age [∠idʒ] *n.* Ⓤ 독 사용료.

dock·er [∠ər] *n.* Ⓒ 부두 노동자.

dock·et [dákit/-5-] *n.* Ⓒ 〖法〗 (미결) 소송 사건 일람표; 〖英法〗 판결 요록; 《美》 사무 예정표; (회의의) 협의 사항; 내용 적요(摘要); (화물의) 꼬리표. — *vt.* 소송 사건표(따위)에 써넣다; 꼬리표를 달다.

dock·ing [dákiŋ/-5-] *n., a.* Ⓤ 입거(入渠)(의); (우주선의) 결합〔도킹〕(의).

dóck-tàiled *a.* 꼬리를 자른.

dóck·yàrd *n.* Ⓒ 조선소; 《英》 해군 공창(工廠)(《美》 navy yard).

doc·o·sa·hex·a·e·nó·ic ácid [dàkəsəhèksəinóuik-/dɔ̀k-] 〖生化〗 도코사헥사엔산《어유(魚油)에 존재하는 지방산; 생략 DHA》.

†**doc·tor** [dáktər/-5-] *n.* Ⓒ ① 의사; 박사; 《호칭으로》 선생. ② 《俗》 (배·야영의) 쿡, 주방장. ③ 《口》 수선하는 사람. ***be under the*** ~ 의사의 치료를 받고 있다. — *vt.* 치료하다; 《口》 수선하다. **~·al** [-tərəl] *a.* 박사의; 학위〔권위〕 있는. **~·ate** [-it] *n.* Ⓒ 박사 학위.

doc·tri·naire [dàktrənέər/-ɔ̀-] *n., a.* Ⓒ 공론가(空論家), 순이론가; 공론적인.

:**doc·trine** [dáktrin/-5-] *n.* Ⓤ,Ⓒ ① 교의, 교리. ② 주의, 학설. **doc·tri·nal** [dáktrənəl/dɔktrái-, dɔ́ktri-] *a.* 교의〔교리〕의; 학리상의.

doc·u·dra·ma [dákjədræ̀mə, -drɑ̀:mə/dɔ́kjə-] *n.* Ⓒ 사실을 바탕으로 한 TV 드라마.

:**doc·u·ment** [dákjəmənt/-5-] *n.* Ⓒ ① 문서, 서류; 증서; 기록, 문헌. ② 증거(가 되는 것). ***classified ~s*** 〖軍〗 기밀서류. — [-mènt] *vt.* ① 문서로 증명하다, 문서〔증서〕를 교부하다. ② 증거를 제공하다.

:**doc·u·men·ta·ry** [dàkjəméntəri/dɔ̀k-] *a.* ① 문서〔증서〕의〔에 의한〕. ② 〖映·放〗 기록물의. — *n.* Ⓒ 〖映·放〗 다큐멘터리, 기록물. ***a ~ bill*** 〖商〗 화환(貨換)어음.

doc·u·men·ta·tion [dàkjəmentéiʃən, -mən-/dɔ̀k-] *n.* Ⓤ ① 증서 교부; 문서 제시. ② 〖컴〗 문서화.

DOD Department of Defense 《美》 국방부.

dod·der [dádər/-5-] *vi.* 흔들리다; (쇠약·노령으로) 비틀〔비실〕거리다.

do·dec·a·gon [doudékəgɑ̀n/-gɔn] *n.* Ⓒ 〖幾〗 12각형.

do·dec·a·pho·ny [doudékəfòuni] *n.* Ⓤ 〖樂〗 12음 작곡(법). **-phon·ic** [doudèkəfánik/-5-] *a.*

dodge** [dɑdʒ/-ɔ-] *vi.* ① 홱 몸을 피하다(*about*), 살짝 숨다. ② 속이다. — *vt.* ① 날쌔게 피하다〔비키다〕. ② 말을 둘러대다; (질문을) 피하다(evade). ~ ***behind …뒤에 숨다. — *n.* Ⓒ ① 몸을 돌려 피함. ② 《口》 속임수; 묘안. **dódg·er** *n.* Ⓒ ~하는 사람; 교활한 놈; 《美》 작은 전단; 《美南部》 corn bread의 일종.

dódge bàll 도지볼; 피구.

dodg·em [dádʒəm/-5-] (<*dodge them*) *n.* (the ~s) 꼬마 전기 자동차의 충돌(회피) 놀이.

dodg·y [dádʒi/d5-] *a.* 교묘히 도망치는; 속임수가 능한, 교활한; 교묘한; 위험한.

do·do [dóudou] *n.* (*pl.* ~(*e*)*s*) Ⓒ 도도《지금은 멸종한 날지 못하는 큰 새》; 《俗》 구식 사람, 얼간이.

doe [dou] *n.* Ⓒ (사슴·토끼 따위의) 암컷(cf. buck¹).

***do·er** [dú:ər] *n.* Ⓒ 행위자; 실행가.

†**does** [強 dʌz, 弱 dəz] *v.* do¹의 3인

칭·단수·직설법 현재.

†**does·n't**[dʌ́znt] does not의 단축형.

doff[dɑf, -ɔː-/-ɔ-] (<do[1]+off) *vt.* (모자 따위를) 벗다(take off)(opp. don[1]); (습관·태도 등을) 버리다.

†**dog**[dɔːg/-ɔ-] *n.* Ⓒ ① 개; 수캐; (여우·이리 따위의) 수컷. ② (the D-) 〖天〗 개자리. ③ 《口》 망나니, 녀석(fellow). ④ 《口》 허세, 겉꾸밈, 과시. ⑤ =FIREDOG. ***a* ~ *in the manger*** 심술꾸러기. ***a* ~*'s age*** 《美口》 장기간. ***a* ~*'s chance*** 거의 없는 가망. **~ *eat* ~** 동족 상잔, 함께 망함. **~*'s life*** 비참한 생활. **~*s of war*** 전쟁의 참화. ***Every* ~ *has his day.*** 《속담》 누구나 한 번은 때가 있다. ***Give a* ~ *an ill name, and hang him.*** 한 번 낙인 찍히면 마지막이다. ***go to the* ~*s*** 《口》 영락하다. ***keep a* ~ *and bark oneself*** 《口》 (남은 놀려 두고) 남이 할 일까지 전부 자기가 해 치우다. ***put on the* ~** 《美口》 젠체하다. ***teach an old* ~ *new tricks*** 노인에게 새 방식을 가르치다. ***throw to the* ~*s*** 내버리다. — *vt.* (***-gg-***) 미행하다, 뒤를 따르다(follow).

dóg·bàne *n.* Ⓒ 〖植〗 개정향풀속의 식물《약용》.

dóg·càrt *n.* Ⓒ 2륜 마차의 일종; 개(가 끄는) 수레.

dóg·càtcher *n.* Ⓒ 들개 포획인.

dóg-chéap *a., ad.* 《美口》 갯값의〔으로〕.

dóg cóllar ① 개의 목걸이. ② 《口》 (목사 등의) 세운 칼라.

dóg dàys 삼복, 복중.

doge[doudʒ] *n.* Ⓒ 〖史〗(옛 Venice, Genoa 공화국의) 총독.

dóg-eàr *n.* =DOG'S-EAR.

dóg-èat-dóg *a.* 먹느냐 먹히느냐의.

dóg·fàce *n.* Ⓒ 《美俗》 군인, 《특히》 보병; 인기 없는 사내.

dóg fàncier 애견가; 개장수.

dóg·fìght *n.* Ⓒ 개싸움; (치열한) 공중전; 난전, 난투.

dóg·fìsh *n.* Ⓒ 〖魚〗 돔발상어.

***dog·ged**[⌐id] *a.* 완고한. **~·ly** *ad.*

dog·ger·el[dɔ́ːgərəl/-ɔ́-] *n.* Ⓤ 서투른 시. — *a.* 빈약한, 서투른.

dog·gery[dɔ́(ː)gəri, dɑ́g-] *n.* ① Ⓤ (개처럼) 비열한 행동. ② 《집합적》 개(들); 하층민(rabble). ③ Ⓒ 《美俗》 대폿집.

dog·gie, -gy[dɔ́ːgi/-ɔ́-] *n., a.* Ⓒ 강아지; 멍멍(dog); 개의.

dóggie bàg 식당 등에서 손님이 먹고 남은 음식을 넣어주는 종이 봉지.

dog·go[dɔ́ːgou] *ad.* 《俗》 몰래 숨어서, 남의 눈을 피하며(*lie* ~ 꼼짝 않고 있다, 숨어 있다).

dóg·hòle *n.* Ⓒ 개구멍; 누추한 곳.

dóg·hòuse *n.* Ⓒ 개집. ***in the* ~** 《俗》 인기를 잃고, 체면이 깎여.

dóg Làtin 변칙 라틴어.

dóg·lèg *a., n.* Ⓒ (개의 뒷다리처럼) 급각도로 휜 (것).

***dog·ma**[dɔ́ːgmə, -ɑ́-/-ɔ́-] *n.* ① Ⓤ,Ⓒ 교의, 교조(敎條), 교리. ② Ⓒ 독단적 의견.

***dog·mat·ic**[dɔːgmǽtik, dɑg-/dɔg-], **-i·cal**[-əl] *a.* ① 독단적인. ② 교의(敎義)의, 교리의.

***dog·ma·tism**[dɔ́ːgmətìzəm, dɑ́g-/dɔ́g-] *n.* Ⓤ 독단론; 교조주의. **-tist** *n.* Ⓒ 독단론자. **-tize**[-tàiz] *vi., vt.* 독단적으로 주장하다〔말하다, 쓰다〕.

do-good·er[dúːgúdər] *n.* Ⓒ 《口》 《蔑》 (공상적) 사회 개량가. **-ism**[⌐⌐izəm] *n.*

dóg pàddle 개헤엄.

dóg-póor *a.* 몹시 가난한.

dóg ròse 찔레의 일종.

dóg's àge 《口》 장기간.

dóg's brèakfast 《口》 엉망진창.

dóg's-èar *n.* Ⓒ (페이지) 귀퉁이의) 접힘. — *vt.* (책의) 페이지 모서리를 접다. **~ed** *a.*

dóg slèd 개썰매.

dóg·slèep *n.* Ⓤ 걸잠, 풋잠.

dóg sóldier 고참병.

Dóg Stàr =SIRIUS; =PROCYON.

dóg-tàg *n.* Ⓒ (개의) 감찰; 《軍俗》 (군인의) 인식표.

dóg-tíred *a.* 《口》 녹초가 된.

dóg·tòoth *n.* Ⓒ 송곳니.

dóg·tròt *n.* Ⓒ 종종걸음.

dóg·wàtch *n.* Ⓒ 〖海〗 (2시간 교대의) 절반 (당)직.

dóg·wòod *n.* Ⓒ 〖植〗 말채나무.

doi·ly[dɔ́ili] *n.* Ⓒ 도일리《꽃병 따위 받침용의 레이스 또는 종이 냅킨》.

***do·ing**[dúːiŋ] *n.* Ⓤ ① 행위, 실행. ② (*pl.*) 행실, 소행; 행동.

dó-it-yoursélf *a.* 《口》 (조립·수리 따위) 손수하는, 자작의. **~er** *n.* Ⓒ 자작 취미가 있는 사람.

dol. dollar(s).

Dól·by sỳstem[dóulbi-] 돌비 방식《녹음 테이프의 잡음을 줄이는 방법; 商標名》.

dol·drums[dɑ́ldrəmz, dóul-/-ɔ́-] *n. pl.* (the ~) (적도 부근의) 무풍대; 의기소침, 침울.

***dole**[1][doul] *n.* ① Ⓒ (약간의) 시여(물). ② (the ~) 《英口》 실업 수당. ***be* 〔*go*〕 *on the* ~** 실업 수당을 받고 있다. — *vt.* 짤름거리다(*out*).

dole[2] *n.* Ⓤ 《古》 비탄(sorrow, grief). ***⌐·ful** *a.* 슬픔에 잠긴(sad); 음침한(dismal).

dol·er·ite [dɑ́lərait/dɔ́l-] *n.* Ⓤ 〖鑛〗 조립(粗粒) 현무암.

dol·i·cho·ce·phal·ic[dɑ̀likousəfǽlik/dɔ̀likousəfǽlik] *a.* 장두(長頭)의(opp. brachycephalic).

†**doll**[dɑl, dɔːl/dɔl] *n.* Ⓒ 인형; (머리는 둔한) 인형 같은 미녀; 《俗》 (매력있는) 젊은 여자. — *vt., vi.* 《俗》 차려입다; 멋내다(~ *oneself up*).

†**dol·lar**[dɑ́lər/-ɔ́-] *n.* Ⓒ 달러(지폐·은화)《생략 $》. ***bet one's bottom* ~** 《美口》 전재산을 걸다; 확신하다. ***earn an honest* ~** 정직하게 벌다.

dóllar crísis 〔**gàp**〕 〖經〗 (수입 초

과로 인한) 달러 위기〔부족〕.
dóllar diplòmacy 달러 외교.
dóll·hòuse *n.* Ⓒ 인형의 집; 장난감 같이 작은 집(《英》 doll's house).
***dol·ly**[dáli/dɔ́-] *n.* Ⓒ《兒》 인형; 〖映·TV〗 이동식 촬영대.
dólly shót 〖映·TV〗 이동 촬영.
dol·man[dálmən/-ɔ́-] *n.* (*pl.* ~**s**) Ⓒ 돌먼《소매가 케이프 같이 넓은 여성용 망토》; (터키 사람의) 긴 외투.
dol·men[dálmən, dóulmen/dɔ́lmen] *n.* Ⓒ 〖考〗 돌멘, 고인돌(cromlech).
do·lo·mite[dóuləmàit, dál-/dɔ́l-] *n.* Ⓤ 〖鑛〗 백운석.
do·lor, 《英》 **-lour**[dóulər] *n.* Ⓤ 《詩》 비애(sorrow).
dol·or·ous[dálərəs, -óu-/-ɔ́-] *a.* 《詩·諧》 슬픈.
***dol·phin**[dálfin/-ɔ́-] *n.* Ⓒ 돌고래.
dolt[doult] *n.* Ⓒ 얼간이, 바보.
-dom[dəm] *suf.* '지위·세력·범위·…계·기질·상태' 등의 뜻 : free*dom*, king*dom*, official*dom*.
***do·main**[douméin] *n.* ① Ⓒ 영토, 영역(territory); 토지. ② Ⓒ (활동·연구 등의) 범위, 영역. ③ Ⓤ 〖法〗 토지소유권.
:dome[doum] *n.* Ⓒ ① 둥근 천장〔지붕〕; 둥근 꼭대기. ② 반구(半球)형의 것. ③ 《詩》 대가람. **~d**[-d] *a.*
Dómes·day Bòok[dú:mzdèi-] 〖英史〗 토지 대장《1086년 William I 가 만들게 한 잉글랜드 전역의》.
:do·mes·tic[douméstik] *a.* ① 가정(내)의, 가사(家事)의. ② 가정에 충실한, 가정적인. ③ 국내〔자국(自國)〕의. ④ 국산의; 자가제의. ⑤ (사육되어) 길들여진. — *n.* Ⓒ 하인, 하녀; (*pl.*) 국산품.
doméstic affáirs 가사.
doméstic ánimal 가축.
***do·mes·ti·cate**[douméstəkèit] *vt.* ① 길들이다(tame). ② (이민·식물 등을) 토지에 순화(順化)시키다. ③ 가정〔가사〕에 익숙하게 하다. **-ca·tion**[–⌒–kéiʃən] *n.*
doméstic demànd 〖經〗 내수(內需).
doméstic dùck 집오리.
doméstic ecónomy 가계(家計).
doméstic fówl 가금(家禽).
doméstic índustry 가내 공업.
do·mes·tic·i·ty[dòumestísəti] *n.* Ⓤ 가정적임; 가정 생활(에의 애착); (보통 *pl.*) 가사(家事).
doméstic relátions còurt 가정 법원.
doméstic scíence 가정학.
doméstic vìolence 〖社〗 가정내 폭력.
dom·i·cile[dáməsàil, -səl/dɔ́m-] *n.* Ⓒ 주소; 주거; 〖商〗 어음 지급지.
***dom·i·nant**[dámənənt/dɔ́m-] *a.* 우세한(ascendant), 지배적인; 〖遺傳〗 우성한; 〖樂〗 딸림음의, 속음의. — *n.* Ⓒ 〖遺傳〗 우성(형질); 〖樂〗 딸림음. **-nance** *n.* Ⓤ 우세, 우월; 지배; 〖遺傳〗 우성.
***dom·i·nate**[dámənèit/dɔ́m-] *vt.* ① 지배하다. ② (격정을) 억제하다(*over*). ③ (…위에) 우뚝 솟다, 우세하다. — *vi.* ① 지배하다, 위압하다. ② 치솟다(tower). ***-na·tion**[⌒–néiʃən] *n.*
dom·i·neer[dàmənίər/dɔ̀m-] *vi.* 권력을 휘두르다; 뻐기다(*over*); 우뚝 솟다. **~·ing** *a.*
Dom·i·nic[dámənik/dɔ́m-], **Saint** (1170-1221) 스페인의 수도사, 도미니크 교단의 개조.
Dom·i·ni·ca [dàməní:kə, dəmínəkə/dɔ̀miní:kə] *n.* 서인도 제도의 한 섬. **Do·min·i·can**[dəmínikən] *a., n.* Ⓒ St. Dominic의; 도미니크 교단의 (수도사); 도미니카 공화국의 (주민).
do·min·i·cal[dəmínikəl] *a.* 주의, 예수의; 주일의. ***the ~ day*** 주일, 일요일. ***the ~ letter*** 주일 문자《교회력에서 그해의 일요일을 표시하는 A에서 G까지 중의 한 자》. ***the ~ year*** 서기(西紀), 서력.
Domínican Repúblic, the 도미니카 공화국《수도 Santo Domingo》.
***do·min·ion**[dəmínjən] *n.* ① Ⓤ 통치권, 주권(sovereignty); 〖法〗 소유권. ② Ⓤ 통치, 지배(rule)(*over*). ③ Ⓒ 영토; (the D-)(영연방) 자치령(*the ~ (of Canada*) 캐나다).
dom·i·no[dámənòu/dɔ́m-] *n.* (*pl.* ~(*e*)*s*) Ⓒ 후드가 붙은 겉옷(을 입은 사람); 무도회용의 가면; 도미노패(牌). (*pl.*) 《단수 취급》 도미노 놀이; 《俗》 타도의 일격, 최종적 순간.
don[1] [dan/-ɔ-] (<do[1]+on) *vt.* (*-nn-*) 걸치다, 입다(opp. doff).
don[2] *n.*(D-)스페인의 남자의 경칭; Ⓒ 명사; 《口》 명수, 능수꾼; 《口》(영국 대학의) 학감(學監)(head)·지도교수(tutor)·특별 연구원(fellow).
do·nate[dóuneit, –⌒] *vt., vi.* 기증〔기부〕하다; 주다. ***do·ná·tion** *n.* Ⓤ 기증, 기부; Ⓒ 기부금, 기증품.
†done[dʌn] *v.* do[1]의 과거분사.
do·nee[douní:] *n.* Ⓒ 기증받는 사람, 수증자(受贈者).
don·gle[daŋgl/dɔŋ-] *n.* Ⓒ 〖컴〗 동글《소프트웨어 보호 장치의 하나》.
don·jon[dʌ́ndʒən, -á-/-ɔ́-] *n.* Ⓒ 아성(牙城), 내성.
Don Ju·an[dàn dʒú:ən, dàn wá:n/dɔ̀n-] 돈후안《전설상의 스페인의 방탕한 귀족》; 난봉꾼, 엽색꾼.
:don·key[dáŋki/-ɔ́-] *n.* Ⓒ 당나귀(ass); 멍텅구리; 고집통이.
dónkey èngine 〖機〗 (소형의) 증기 기관.
dónkey's yèars 《俗》 매우 오랜동안《donkey's ears의 익살》.
dónkey wòrk 단조롭고 고된 일.
Donne[dʌn], **John** (1573-1631) 영국의 (종교) 시인.
do·nor [dóunər] *n.* Ⓒ 기증〔기부〕자.
dó-nòthing *a., n.* 아무 것도 하지 않는; Ⓒ 게으름뱅이.
Don Quix·o·te [dàn ki*h*óuti, -kwíksət/dɔ̀n kwíksət] 돈키호테

《스페인 작가 Cervantes의 풍자 소설 및 그 주인공》.

†**don't**[dount] do not의 단축. ── *n.* Ⓒ (보통 *pl.*) 《口》 금지 조항서 (cf. must¹).

doo·dad[dú:dæ̀d] *n.* Ⓒ 《美口》 싸구려 장식품; 장치.

doo·dle[dú:dl] *n., vt., vi.* Ⓒ 낙서(하다)《생각 등에 잠겨》.

dóodle·bùg *n.* Ⓒ 《美方》 〖蟲〗 개미귀신; 《英口》 =BUZZ BOMB.

‡**doom**[du:m] *n.* Ⓤ ① (흔히, 나쁜) 운명. ② 파멸, 죽음. ③ (신이 내린) 최후의 심판. ***till the crack of ~*** 세상의 종말까지. ── *vt.* ① (…의) 운명을 정하다(*to*). ② 선고하다.

dooms·day[⁄zdèi] *n.* Ⓒ 세계의 종말; 최후의 심판일.

†**door**[dɔ:*r*] *n.* Ⓒ ① 문, 문짝. ② 출입구, 문간. ③ 한 집. ***answer the ~*** 손님맞으러 나가다. ***in*** 〔***out of***〕 ***~s*** 집안〔집밖〕에서. ***lay ... at the ~ of a person*** …을 아무의 탓〔책임〕으로 돌리다. ***next ~ but one*** 한 집 건너 이웃. ***next ~ to*** …의 이웃에; 거의. ***show a person the ~*** 쫓아내다.

*__dóor·bèll__ *n.* Ⓒ (현관의) 초인종.

dóorbell púsher 《俗》 (선거 따위의) 운동원.

dóor·càse *n.* Ⓒ 문틀.

dóor chéck 〔**clòser**〕 도어체크《문이 천천히 닫히게 하는 장치》.

dóor·kèeper *n.* Ⓒ 문지기.

dóor·knòb *n.* Ⓒ 문의 손잡이.

dóor·màn *n.* Ⓒ (호텔·나이트 클럽 등의) 문 열어주는 사람.

dóor màt 신발 흙털개; 《口》 (억울해도) 잠자코 있는 사람.

dóor mòney 입장료.

dóor·nàil *n.* Ⓒ 문에 박는 대갈못 (*as dead as a ~* 완전히 죽어).

dóor òpener (잠긴) 문을 여는 기구; 《口》 외판원이 집에 들어가기 위해 주는 선물.

dóor·plàte *n.* Ⓒ 문패.

*__dóor·stèp__ *n.* Ⓒ 현관 계단.

‡**dóor·wày** *n.* Ⓒ 문간, 입구.

dóor·yàrd *n.* Ⓒ 《美》 문앞 뜰.

D.O.P. developing-out paper 〖寫〗 현상 인화지.

dop·ant[dóupənt] *n.* Ⓤ 〖化〗 doping을 위해 반도체에 첨가하는 소량의 화학적 불순물.

dope[doup] *n.* Ⓤ 진한〔죽 모양의〕 액체; 도프 도료《비행기 날개 따위에 칠하는 도료》; 《俗》 마취약, (경마말에 먹이는) 흥분제; 《美俗》 경마 정보. ── *vt.* 도프를 바르다; 《俗》 (…에) 마약을〔흥분제를〕 먹이다.

dópe fiend 《美俗》 마약 상용자.

dope·ster[⁄stə*r*] *n.* Ⓒ 《口》 예상가, 정보에 밝은 사람.

dop·ey[dóupi] *a.* 《口》 마약에 마취된 것 같은; 멍한; 얼간이의.

Dóp·pler effèct 〔**shìft**〕 [dáplə*r*-/-ɔ́-] 〖理〗 도플러 효과〔이동〕.

Dor·ic[dɔ́:rik, dár-/dɔ́r-] *a., n.* (옛 그리스의) Doris 지방의; Ⓒ 〖建〗 도리아식(式)(의).

dorm[dɔ:*r*m] *n.* 《美口》 =DORMITORY.

*__dor·mant__[dɔ́:*r*mənt] *a.* 잠자는; 휴지중인(inactive), 정지한. ***~ volcano*** 휴화산. **dór·man·cy** *n.* Ⓤ 휴면 상태.

dór·mer (**wíndow**) [dɔ́:*r*mə*r*(-)] *n.* Ⓒ 지붕창(의 돌출부).

‡**dor·mi·to·ry**[dɔ́:*r*mətɔ̀:ri/-təri] *n.* Ⓒ ① 《美》 기숙사. ② 《英》 교외 택지(= ~ town, bedroom suburb).

dor·mouse [dɔ́:*r*màus] *n.* (*pl.* ***-mice***[-màis]) Ⓒ 〖動〗 산쥐류(類).

dor·my, -mie[dɔ́:*r*mi] *a.* 〖골프〗 (매치 플레이에서) 남은 홀(hole) 수 만큼 이겨나가고 있는.

dor·sal[dɔ́:*r*səl] *a.* 등의. ***~ fin*** 등지느러미.

Dor·set·(**shire**) [dɔ́:*r*sit(ʃìə*r*, -ʃə*r*)] *n.* 영국 남서부의 주《생략 Dors.》.

DOS 〖컴〗 disk operating system 도스, 디스크 운영 체제.

dos·age[dóusidʒ] *n.* ① Ⓤ 투약, 조제; Ⓒ (약의) 복용량; (X선 방사 등의) 적용량. ② Ⓤ (포도주의 품질 개량을 위한) 당밀·브랜디 따위의 첨가〔섞음질〕.

*__dose__[dous] *n., vt.* ① Ⓒ (약의) 1회분. ② (…에) 투약하다, 복용시키다; (…에게) 약을 지어주다.

dos·si·er[dásièi/-ɔ́-] *n.* (F.) Ⓒ (일건) 서류.

dost[強 dʌst, 弱 dəst] *v.* 《古》 thou가 주어일 때의 do¹.

Dos·to·ev·ski[dàstəjéfski/-ɔ́-], **Feodor**(1821-81) 러시아의 소설가.

‡**dot**[dat/-ɔ-] *n., vt., vi.* (***-tt-***) ① Ⓒ 점(을 찍다). ② 점재(點在)시키다(*with*). ***~ the i's and cross the t's*** 세세한 데까지 (소홀히 않고) 분명하게 하다. ***off one's ~*** 《英俗》 얼이 빠져; 정신이 돌아. ***on the ~*** 《口》 제시간에. ***to a ~*** 《美》 정확히, 완전히.

dot·age[dóutidʒ] *n.* Ⓤ 노망; 익애(溺愛).

do·tard[dóutə*r*d] *n.* Ⓒ 노망든 사람.

dote[dout] *vi.* 노망들다; 익애하다(*on, upon*). **dót·er** *n.* **dót·ing** *a.*

doth[強 dʌθ, 弱 dəθ] *v.* 《古》 = DOES.

dót mátrix prìnter, dót prìnter 〖컴〗 점행렬 프린터《점을 짜 맞추어 글자를 표현하는 인쇄 장치》.

dot·ted[dátid/-ɔ́-] *a.* 점이 있는, 점을 찍은; 점재한. ***~ line*** 점선. ***sign on the ~ line*** 무조건 승낙하다.

dot·ty[dáti/dɔ́-] *a.* ① 《口》 정신이 이상한, …에 열중한(*about*); 다리를 저는, 휘청휘청하는. ② 점이 많은, 점투성이의.

Dou·ay[du:éi] *n.* 프랑스 북부의 도시.

Dóuay Bíble 〔**Vérsion**〕, **the** 〖가톨릭〗 두에이 성서《Latin Vulgate로부터의 영역(英譯)》.

†**dou·ble**[dʌ́bəl] *a., ad.* ① 2배의〔로〕, 2중의〔으로〕. ② 짝〔쌍〕의 (coupled). ③ 〖植〗 겹꽃의, 중판의. ④ 표리가 있는, 거짓의. ⑤ 모호한. ***play*** ~ 쌍방에 내통하다. ***ride*** ~ (말에) 합승하다. ***see*** ~ (취해서) 물건이 둘로 뵈다. ***sleep*** ~ 동침하다 (lie with). — *vt.* ① 2배 하다, 2중〔두겹〕으로 하다. ② 겹치다, 접다 (fold). ③ (주먹을) 쥐다. ④ 〖劇〗 (혼자서) (…의) 2역을 하다. ⑤ 〖海〗 (곶을) 회항하다. — *vi.* ① 2배가〔2중이, 두 겹이〕 되다. ② 달리다. ③ 급히 몸을 돌리다〔돌다〕. ④ 일을 겸하다. ⑤ 〖野〗 2루타를 치다. ~ ***back*** 되돌리다; 몸을 홱 되돌려 달리다. ~ ***up*** 한 방을 쓰(게 하)다; 몸을 굽히다; 개키다, 접(히)다; 〖野〗 병살하다. — *n.* ① Ⓤ,Ⓒ (두)배. ② Ⓒ 아주 비슷한 것〔사람〕; 〖劇〗 대역. ③ Ⓒ 되돌아 옴. ④ Ⓒ 속임수. ⑤ Ⓒ 접어 겹친 것; 주름. ⑥ Ⓒ 〖軍〗 구보. ⑦ Ⓒ 〖野〗 2루타. ⑧ (*pl.*) 복식 경기, 더블스. ⑨ Ⓒ 〖競馬〗 복식. ***be a person's*** ~ 아무를 꼭 닮다, 빼쏘다. ***on*** 〔***at***〕 ***the*** ~ 《口》 속보로. ∠·**ness** *n.* **dóu·bly** *ad.* 2배로; 2중〔두겹〕으로.

dóuble ágent 이중 간첩.

dóuble-bárrel(l)ed *a.* 쌍총열의, 2연발의; 이중 목적의, 애매한.

dóuble báss =CONTRABASS.

dóuble bassóon 〖樂〗 더블바순, 콘트라바순.

dóuble béd 더블베드, 2인용 침대.

dóuble bíll 〔**féature**〕 (영화·연극의) 2편 동시 상영.

dóuble-blìnd tést 〖醫〗 이중맹검사법《신약 효과의 검사법》.

dóuble bóiler 이중 냄비〔밥솥〕.

dóuble-bréasted *a.* (상의가) 더블인.

dóuble chín 이중턱.

dóuble-clíck *vt.* 〖컴〗 딸깍딸깍 하다《마우스 (저장)테의 단추를 두 번 눌러 고르는 일》.

dóuble clóth 이중직(二重織).

dóuble-cróp *vt.* (**-pp-**) 〖農〗 이모작하다. — *vi.* (토지를) 이모작으로 사용하다.

dóuble crópping 〖農〗 이모작.

dóuble cróss 《口》 배반.

dóuble-cróss *vt.* 《口》 기만하다, 배반하다, 속이다.

dóuble dágger ⇨DAGGER.

dóuble dáte 《美口》 남녀 두 쌍의 합동 데이트.

dóuble-déaler *n.* Ⓒ 언행에 표리가 있는 사람, 협잡꾼.

dóuble-déaling *n.* Ⓤ 표리있는 언행; 사기. — *a.* 표리있는, 불성실한.

dóuble-décker *n.* Ⓒ 2중 갑판의 배; 이층 버스〔전차〕.

dóuble dígit 두 자리의(의).

dóuble dòme 《俗》 지식인, 인텔리 (egghead).

dóuble dóor 양쪽으로 여(닫)는 문.

dóuble Dútch 통 알아 들을 수 없는 말.

dóuble-édged *a.* 양날의; (의론 따위) 모호한.

dou·ble-en·ten·dre[dú:blɑ:ntɑ́:ndrə] *n.* (F.) Ⓒ 두 가지 뜻의 어구《그 한 쪽은 야비한 뜻》.

dóuble éntry 〖簿〗 복식 부기(법).

dóuble-fáced *a.* 양면의; (언행에) 표리가 있는, 위선적인.

dóuble hárness 쌍두 마차용 마구; 결혼 생활, 협력. ***work in*** ~ 맞벌이하다.

dóuble-héader *n.* Ⓒ 〖野〗 더블 헤더; 《美》 기관차를 둘 단 열차.

dóuble ímage 〖美術〗 (쉬르리얼리즘에서의) 이중상(二重像).

dóuble méaning = DOUBLEENTENDRE.

dóuble négative 〖文〗 2중 부정.

dóuble nóte 〖樂〗 배 온음표.

dóuble-páge *a.* 두 페이지에 걸친, 두 페이지 크기의.

dóuble-párk *vi., vt.* (보도에 대어 세운 차에) 나란히 주차하다〔시키다〕.

dóuble pláy 〖野〗 병살(倂殺).

dóuble precísion 〖컴〗 배(倍) 정도《하나의 수(數)를 나타내기 위하여 컴퓨터의 두 개의 워드를 사용하는 일》.

dóuble quíck =DOUBLE TIME.

dóuble-refíne *vt.* 〖冶〗 다시 정련하다.

dóuble-spáce *vi., vt.* 한 줄씩 띄어서 타자하다.

dóuble stándard 이중 표준《여성보다 남성에게 관대하게 된 성(性)도덕률》; 〖經〗 복본위제(bimetallism).

dóuble stár 〖天〗 이중성(二重星).

dóuble stéal 〖野〗 더블 스틸.

Dóuble Súmmer Tìme 《英》 이중서머타임《표준시보다 2시간 빠름》.

dou·blet[dʌ́blit] *n.* Ⓒ (14-18세기의 꼭끼는) 남자용 상의; (짝의) 한 쪽; 이중어, 자매어《같은 어원의 말; *cattle* 과 *chattel, disk* 와 *dish* 따위》.

dóuble táke 《口》 (희극 배우가) 처음엔 무심히 듣다가 뒤늦게 깨닫고 깜짝 놀라는 체하는 짓.

dóuble tàlk 횡설수설; 조리가 안 서는 말.

Dóuble Tén 〔**Ténth**〕, **the** 쌍십절《중국 건국 기념일; 10월 10일》.

dóuble tìme 〖軍〗 구보(cf. run).

dóuble trúck (신문의) 좌우 양면 광고〔기사〕.

dou·bloon[dʌblú:n] *n.* Ⓒ 옛 스페인의 금화 이름; (*pl.*) 《俗》 돈.

†**doubt**[daut] *n.* Ⓤ,Ⓒ 의심, 의문. — *vt., vi.* 의심하다. ***beyond*** 〔***no, out of, without***〕 ~ 의심할 여지없이. ***give*** (*a person*) ***the*** BENEFIT ***of the*** ~. ***in*** ~ 의심하여, 망설이고. ***make no*** ~ ***of*** …을 의심하지 않다. ***throw*** ~ ***on*** 〔***upon***〕 …에 의심을 품다. **:**∠·**ful·ly** *ad.* **:**∠·**less** *ad.* 확실히.

:doubt·ful[dáutfəl] *a.* 의심〔의혹〕을 품고 있는, 의심스러운; 의심쩍은 (uncertain) (*of*).

dóubting Thómas 의심 많은 사람.

douche[du:ʃ] *n., vt., vi.* Ⓒ 〖醫〗 관수(灌水); 주수기(注水器); 관수하다.

*__dough__[dou] *n.* ① Ⓤ 반죽; 굽지 않은 빵. ②《俗》=MONEY.

dóugh·bòy *n.* Ⓒ《美口》보병.

*__dough·nut__[´-nʌ̀t] *n.* Ⓒ,Ⓤ 도넛.

dough·ty[dáuti] *a.*《古·諧》용감한, 굳센.

dough·y[dóui] *a.* 굽지 않은 빵(dough)의 〔같은〕; 생짜의, 설구운; 창백한; 투미한. 「한; 엄한, 가혹한.

dour[duər, dauər] *a.* 뚱한, 부루퉁

‡__dove__[1][dʌv] *n.* Ⓒ ① 비둘기. ② 온유〔순진〕한 사람; 비둘기파, 온건파 (cf. hawk). 「과거.

dove[2][douv] *v.*《美口·英方》dive의

dóve·còte, dóve·còt *n.* Ⓒ 비둘기장, 비둘기집.

dove·let[´lit] *n.* Ⓒ 새끼 비둘기.

*__Do·ver__[dóuvər], **the Strait(s) of** 도버 해협.

dóve·tàil *n., vt., vi.* Ⓒ 〖建〗 열장이음(으로 하다); 꼭 들어 맞(추)다; 긴밀히 들어 맞추다.

dow·a·ger[dáuədʒər] *n.* Ⓒ 귀족의 미망인; 기품 있는 노부인. *~ duchess* 공작 미망인. *an Empress D-* 황태후. *a Queen D-* 태후, 대비(大妃).

dow·dy[dáudi] *a., n.* 초라한(shabby); Ⓒ 단정치 못한 (여자); 시대에 뒤진. **dów·di·ly** *ad.*

dow·el[dáuəl] *n., vt.* Ⓒ 〖建〗 장부촉(으로 잇다).

dow·er[dáuər] *n., vt.* Ⓒ 과부산(寡婦産)(을 주다); (신부의) 지참금(을 주다); 천부의 재능; 재능을 부여하다.

Dów-Jónes áverage 〔**índex**〕 [dáudʒóunz-] 〖證〗 다우존스 평균(주가)〔지수〕.

†__down__[1][daun] *ad.* ① 밑으로, 밑에; 아래쪽으로, 내려서; 아래층으로; 하류로, 바람 불어가는 쪽으로. ② 가라앉아; 넘어져. ③ (바람이) 자서; (기세가) 줄어서; (값이) 떨어져; 영락하여, 《口》풀이 죽어서(*~ in the* MOUTH). ④ 마지막 가까이, 뒤쪽으로, 죽 계속하여(*hunt ~* 바짝 몰아대다/ *~ to date* 오늘날까지). ⑤ 그 자리에서, 즉석에서, 현금으로(*pay ~* 지불해 버리다, 현금으로 치르다/ *money ~* 맞돈). ⑥ 써어져(*take ~* 받아 쓰다). ⑦ (도시·대학에서) 떠나서, 떨어져서. ⑧ 완전히, 실제로, 정식으로. ⑨ 〖野〗 아웃되어(*one* 〔*two*〕 *~* 1〔2〕사(死)). (*be, feel*) *~ in spirits* 슬퍼하여, 슬퍼하고 있다. *be ~ on* 〔*upon*〕 …에 불평을 말하다. *~ and out* 녹아웃되어; 영락하여. *~ here* 〔*there*〕《口》여기〔저기〕. *~ the line*《口》길을 내려가; 내내, 완전히. *~ to the ground* 아주, 철저히. *D- with* (*the tyrant; your money*) (폭군)을 타도하라; (가진 돈)을 내놔라. — *prep.* ① …을 내려가. ② …의 아래쪽에, 하류에. ③ …에〔을〕 따라서(*go ~ a street* 거리를 (따라)가다). *~ the wind* 바람 불어 가는 쪽으로. *~ town* 상가(에, 로), 상업 지구(에, 로). — *a.* ① 아래(쪽으)로의. ② 내려가는(*a ~ train* 하행 열차). ③ 풀이 죽은(*a ~ look* 침울한 얼굴). — *vt., vi.* ① 쓰러뜨리다, 쏘아 떨어뜨리다. ②《英口》삼키다, 마시다. ③《口》내리다. *~ tools*《口》파업에 들어가다. — *n.* Ⓒ ① 내려감, 하강. ② (*pl.*) 불운, 역경(*the ups and ~s of life* 인생의 부침). ③《口》원한(grudge), 증오(*have a ~ on* …을 미워하다). ④ 〖컴〗 고장, 다운.

down[2] *n.* Ⓤ (새의) 솜털; 배내털; (민들레 따위의) 관모(冠毛).

down[3] *n.* Ⓒ《英》언덕, 사구(砂丘); (*pl.*)(영국 남부의) 구원(丘原).

dówn-and-dírty *a.* (성(性)·정치 문제 따위가) 타락하고 더러운, 부도덕한.

dówn-and-óut *a., n.* Ⓒ 영락한 (사람); 〖拳〗 다운당한 (선수).

down-at-(the-)heel(s) *a.* 허술한, 보잘 것 없는, 가난한. — *n.* Ⓒ 빈민.

dówn·bèat *n., a.* Ⓒ 〖樂〗 강박(強拍); 《美口》우울한, 불행한.

*__dówn·càst__ *a.* 풀이 죽은; 눈을 내리뜬; 고개를 숙인.

dówn·cỳcle *n.* Ⓤ (경제 따위의) 하강 사이클.

dówn·dràft *n.* Ⓒ 〖氣〗 하강 기류.

*__dówn·fàll__ *n.* Ⓒ ① 낙하. ② 호우. ③ 몰락, 멸망.

dówn·gràde *n., a., ad., vt.* Ⓒ 내리받이(의, 가 되어); 좌천시키다.

dówn·héarted *a.* 낙담한.

*__dówn·hìll__ *n., a., ad.* Ⓒ ① 내리받이(의, 로). ② 쇠퇴(하는); 편한. ③ 비탈을 내려서(*go ~*).

dówn·hòld *n., vi.*《美》삭감(하다).

dówn-hóme *a.*《美口》남부의, 남부적인, 시골풍의; 상냥한.

Dówn·ing Strèet[dáuniŋ-] 다우닝가(街)《런던의 관청가》; 영국 정부〔내각〕. 「도입선.

dówn-lèad *n.* Ⓒ (안테나의) 옥내

dówn·lòad *vt.* 〖컴〗 올려받기하다 《상위의 컴퓨터에서 하위의 컴퓨터로 데이터를 전송하다》. — *n.* 〖컴〗 올려받기.

dówn·plày *vt.*《美口》얕보다, 가볍게 말하다.

dówn-póint *vt.* (배급품의) 가짓수를 줄이다.

dówn·pòur *n.* Ⓒ 억수, 호우.

*__dówn·rìght__ *a., ad.* ① 솔직한〔히〕, 명확한(definite); 철저히〔한〕. ② 완전한〔히〕; 아주.

dówns hèad《俗》진정제〔마약〕에 지나치게 의존하는 사람.

dówn·sìze *vt.* (자동차 따위를) 소형화하다; (…의) 수를 삭감하다. — *a.* =DOWNSIZED.

dówn·sìzed *a.* 소형화된.

D

dówn Sóuth 〔**sóuth**〕《美》 남부 여러 주의〔에서〕.
Dówn's sýndrome 〖醫〗 다운 증후군(Mongolism).
:down·stairs[-stέərz] *ad., a.* 아래층에〔으로〕. — *n.* 《단수 취급》 아래층(방); 아래층에 사는 사람들.
·dówn·stréam *ad., a.* 하류에〔의〕, 물줄기를 따라 내려가서.
dówn-to-éarth *a.* 실제적〔현실적〕인, 진실의; 철저한.
:dówn·tówn *n., ad., a.* Ⓒ 도심지(에, 의), 중심가〔상가〕(에서, 의).
dówn·tràin *n.* Ⓒ 하행 열차.
dówn·trènd *n.* Ⓒ (경기 등의) 하락세, 하향세.
dówn·tròdden *a.* 짓밟힌; 압박된; 유린된.
dówn-tùrn *n.* Ⓒ 하강; (경기 등의) 내림세, 침체.
dówn únder 《口》 지구의 반대쪽에〔으로〕, 오스트레일리아에〔로〕.
:down·ward[-wərd] *a.* ① 내려가는, 내리받이의; 아래쪽으로의. ② 저하하는, 내림세의. ③ 기원〔시조〕부터의. — *ad.* ① 아래쪽으로; 아래로 향해. ② 쇠퇴〔타락〕하여.
:down·wards[-wərdz] *ad.* =⇧.
·down·y[dáuni] *a.* ① 솜털의, 솜털 같은〔로 덮인〕. ② 《俗》 교활한.
dow·ry[dáuəri] *n.* =DOWER.
dox·ol·o·gy[dɑksɑ́lədʒi/dɔksɔ́l-] *n.* Ⓒ 송영(頌榮)《예배 때 부르는 짧은 찬송》.
dox·y, dox·ie [dɑ́ksi/-ɔ́-] *n.* Ⓤ 《口》 (특히 종교상의) (학)설, 교의, 의견.
doy·en[dɔ́iən] *n.* (*fem.* **doyenne** [dɔién]) (F.) Ⓒ (단체 등의) 고참, 장로.
·doze[douz] *n., vi., vt.* (a ~) 졸기(nap); 졸다, 졸며 (시간을) 보내다(*away*). ~ ***off*** 꾸벅꾸벅 졸다.
:doz·en[dʌ́zn] *n.* (*pl.* ~(*s*)) ① Ⓒ 1다스, 12개. ② (*pl.*) 다수(*of*). ***a round*** 〔***full***〕 ~ 에누리 없는 한 타. **~th** *a.*
DP., D.P. displaced person(s); 〖컴〗 data processing. **D. Ph**(**il**). Doctor of Philosophy. **dpt.** department; deponent.
†Dr., Dr[dɑ́ktər/dɔ́k-] Doctor.
dr. debit, debtor; drachm; dram(s).
drab[1][dræb] *n., a.* (**-bb-**) Ⓤ 담갈색(의); 단조(로운).
drab[2] *n.* Ⓒ 허튼계집; 매춘부(prostitute).
drab·ble[drǽbəl] *vt., vi.* (옷자락 등을) 끌어 더럽히다.
drachm [dræm] *n.* =DRAM; =DRACHMA.
drach·ma[drǽkmə] *n.* (*pl.* **~s, -mae**[-mi:]) Ⓒ 옛 그리스 은화(銀貨).
:draft, draught[dræft, -ɑ:-] (draw의 명사형; cf. draw) *n.* 《주의: 역어의 *표는 영미 모두 흔히 **draught**, ⁑표는 미국에서는 **draft**, 영국은 **draught**, 기타는 모두 **draft**》. ① Ⓒ 끌기, 견인(牽引)(*a beast of* ~ 짐수레 끄는 마소); 견인 중량; (짐수레·그물 따위를) 끌기. ② Ⓒ 한 그물(로 잡은 것)*. ③ (the ~) 《美》 징병; Ⓤ 《집합적》 징집병; Ⓒ 분견대. ④ Ⓒ (한 번) 마심〔들이켬〕; 그 양*; (물약의) 1회분*. ⑤ Ⓒ 〖商〗 지급 명령서, 환어음(bill of exchange). ⑥ Ⓒ 통기(通氣)⁑, 외풍⁑, 통풍(조절 장치)⁑. ⑦ Ⓤ 빼기, 뽑아냄. ⑧ (the ~)(스포츠에서) 드래프트제(制). ⑨ Ⓒ 도면(drawing), 설계도, 초안, 초고; 〖컴〗 초안. ⑩ Ⓤ,Ⓒ 흘수(吃水)*. ⑪ (*pl.*) 드래프트 장기*(checkers). ***at a*** ~ 한입에, 단숨에. ~ ***on demand*** 요구불 환어음. ***make a*** ~ (***up***)***on*** (자금 등을) 찾아 내다; (우정을) 강요하다; (자산을) 줄이다. ***telegraphic*** ~ 전신환. — *vt.* ① 선발하다; 분견하다. ② (…의) 기초〔입안〕하다; 밑그림을 그리다. **draft·ee**[dræftí:, drɑ:-] *n.* Ⓒ 소집병. **dráft·er** *n.* Ⓒ 기초〔입안〕자; 복마(卜馬).
dráft bèer =DRAUGHT BEER.
dráft bòard 《美》 징병 위원회.
dráft càrd 《美》 징병 카드.
dráft dòdger 《美》 징병 기피자.
draft·ette[dræftét, -ɑ:-] *n.* Ⓒ 《美口》 여군(병사).
dráft evàder 징병 기피자.
dráft hòrse 복마, 짐말.
draft·ing[drǽftiŋ, drɑ́:ft-] *n.* ① Ⓤ,Ⓒ 입안, 기조. ② Ⓤ 제도, 본뜨기.
dráfting ròom 《美》 제도실(《英》 drawing room).
dráft nèt 예인망.
drafts·man[drǽftsmən, -ɑ́:-] *n.* Ⓒ 기초〔입안〕자; 제도자.
draft·y[-i] *a.* 외풍(draft)이 들어오는.
:drag[dræg] *vi.* (**-gg-**) ① (질질) 끌리다. ② 발을 질질 끌며 걷다. ③ 느릿느릿 나아가다(*along, on*). ④ 물밑을 뒤져 훑다. — *vt.* ① 끌다, 당기다, 질질 끌다. ② 오래 끌게 하다. ③ (물밑을) 훑다(dredge). ④ 써레질하다. ~ ***down*** (…을) 끌어내리다, (병 등이 사람을) 쇠약하게 하다; (사람을) 영락시키다. ~ ***one's feet*** 발을 질질 끌며 걷다; 《口》 꾸물거리다. — *n.* ① Ⓤ,Ⓒ 질질 끌기; 〖컴〗 끌기《마우스를 버튼을 누른 채 끄는 것》. ② Ⓒ 질질 끄는〔끌리는〕 것; 써레(harrow); 저인망. ③ Ⓒ (수레의) 바퀴 멈추개. ④ Ⓒ 장애물. ⑤ Ⓤ 《俗》 사람을 움직이는 힘; 연고, 연줄, 줄(pull). ⑥ Ⓤ (항공기에 대하여 작용하는) 항력(抗力). ⑦ Ⓒ 《美俗》 도로, 가로. ⑧ Ⓒ 《美俗》 데이트 상대《여성》. ⑨ Ⓒ (자동차)의 스피드레이스. ⑩ Ⓤ 《俗》 (동성애의) 여장(女裝). ⑪ (a ~) 《俗》 (상대하기) 따분한 사람, 지루한 것.
drag·gle[drǽgəl] *vi.* 질질 끌다; 뒤처져서 따라가다(drag along). — *vt.* 질질 끌어 더럽히다〔적시다〕.
drággle·tàil *n.* Ⓒ 지저분한 사람; 칠칠치 못한 여자.

D

drág·nèt *n.* Ⓒ 저인망(底引網); 수사[포위]망.
drag·o·man[drǽgəmən] *n.* (*pl.* **~s, -men**) Ⓒ (근동(近東) 제국의) 통역, 안내원.
:drag·on[drǽgən] *n.* ① Ⓒ 용. ② (D-) 〖天〗 용자리; 마왕(Satan). ③ Ⓒ 엄격한 샤프롱(stern chaperon)[감시인].
·drágon·flỳ *n.* Ⓒ 잠자리.
drágon làdy (종종 D-L-) 《口》 (동양의) 맹렬 여성.
drágon's tèeth 내분(內紛)의 씨; 《英俗》 대전차(對戰車) 방어 설비.
dra·goon[drəgúːn] *n.* Ⓒ 〖史〗 용기병(龍騎兵)(cf. cavalier); 난폭한 사람.
drág pàrachute 감속 낙하산.
:drain[drein] *vt.* ① (…에서) 배수하다(draw off); (물을) 빼내다(*away, off*); (배수하여) 말리다. ② 들이키다, 마시다, 비우다. ③ (조금씩) 다 써버리다. ── *vi.* ① 흘러 없어지다; 뚝뚝 듣다, 비어 없어지다(*away, off*). ② 배수하다, 마르다. ── *n.* ① Ⓤ 배수; Ⓒ 도랑; 하수관(sewer). ② Ⓒ (화폐의) 소모, 고갈; 부담(*on*). ***put*** (*something*) ***down the ~*** (물 쓰듯) 낭비하다.
·drain·age[⌐idʒ] *n.* Ⓤ ① 배수(설비). ② 배수(법). ③ 하수, 오수.
dráinage bàsin 배수 분지(盆地), 유역.
dráinage wòrk 배수 공사.
dráin·pìpe *n.* Ⓒ 하수[배수]관.
drake [dreik] *n.* Ⓒ 수오리(cf. duck[1]).
dram[dræm] *n.* Ⓒ 드램《보통 1/16 온스, 약량(藥量)은 1/8 온스》; 미량(微量); (술의) 한 잔.
:dra·ma[drɑ́ːmə, -ǽ-] *n.* ① Ⓤ (때로 the ~) 극(문학), 연극; Ⓒ 희곡; 각본. ② Ⓒ 극적 사건.
Dram·a·mine[drǽməmìːn] *n.* 〖商標〗 드라마민《멀미에 듣는 항(抗)히스타민제》.
:dra·mat·ic[drəmǽtik] *a.* (연)극의; 극적인(exciting). **·-i·cal·ly** *ad.*
dra·mat·ics[drəmǽtiks] *n.* ① Ⓤ 연기, 연출법. ② 《복수 취급》 소인극; 신파조의 몸짓.
dram·a·tis per·so·nae[drǽmətis pərsóuniː, drɑ́ːmətis pəːsóunai, -ni] (L.) *pl.* 〖劇〗 등장 인물.
·dram·a·tist[drǽmətist] *n.* Ⓒ 극작가(playwright). **·-tize**[-tàiz] *vt.* 극화하다, 각색하다. **-ti·za·tion**[⌐─tizéiʃən] *n.* Ⓤ,Ⓒ 각색, 극화.
dram·a·turge[drǽmətə̀ːrdʒ] *n.* Ⓒ 극작가. **-tur·gy** *n.* Ⓤ 극작[연출]법.
Dram. Pers. *dramatis personae.*
dram·shop[drǽmʃɑ̀p/-ɔ̀-] *n.* Ⓒ 《古》 술집, 목로 주점.
†drank[dræŋk] *v.* drink의 과거.
·drape[dreip] *vt.* 곱게 주름잡아 걸치다. ── *n.* Ⓒ 주름잡아 드리운 천; (스커트·블라우스의) 드레이프.
drap·er[dréipər] *n.* Ⓒ 《英》 피륙상, 포목상(《美》 dry-goods store).
:dra·per·y[dréipəri] *n.* ① Ⓤ,Ⓒ (곱게 주름 잡은) 휘장, 커튼. ② Ⓤ,Ⓒ 포목, 피륙. ③ Ⓤ 〖美術〗 (회화·조각의) 착의(着衣).
:dras·tic[drǽstik] *a.* (수단 따위) 철저한, 과감한(*a ~ measure* 비상수단). **·-ti·cal·ly** *ad.* 맹렬[철저]히.
D ràtion 〖美軍〗 야전용 긴급 휴대 식량.
·draught [dræft, -ɑː-] *n., v.* = DRAFT.
dráught bèer 생맥주.
dráught hòrse =DRAFT HORSE.
draughts·man[⌐smən] *n.* = DRAFTSMAN.
draught·y[⌐i] *a.* =DRAFTY.
†draw[drɔː] *vt.* (***drew; drawn***) ① 끌다(pull, drag); (끌어)당기다, 이끌다; 자아내다; 이끌어 내다, 얻다. ② (칼을) 빼다, (권총을) 뽑아내다; (물을) 푸다. ③ (이익을) 가져오다. ④ (숨을) 쉬다. ⑤ (선을) 긋다, 줄을 그어 (도면·그림을) 그리다; (문장으로) 묘사하다; 기술하다. ⑥ (문서를) 작성하다. ⑦ (어음 등을) 발행[취결]하다. ⑧ (제비를) 뽑아 맞히다. ⑨ 끌어내다, 생기게 하다. ⑩ (결론을) 가져오다. ⑪ 흘수(吃水)가 …이다(displace)(*a ship ~ing 20 feet of water* 흘수 20 피트의 배). ⑫ (금속봉을 잡아 늘여서 철사를) 만들다. ⑬ (얼굴을) 찡그리다; 오므리다; 주름을 만들다. ⑭ (여우를) 끌어내다, 몰이해 내다, (피를) 흘리게 하다. ⑮ (…의) 내장[속]을 뽑아 내다. ⑯ (차를) 달여 내다(make). ── *vi.* ① 끌다; 접근하다(*to, toward*); 끌리다, 빠지다. ② 움직이다, 모이다, 모여들다. ③ 그리다, 제도하다. ④ 칼을 뽑다; 권총을 빼다. ⑤ 어음을 발행하다, 청구하다; 강요하다; 의지하다(*on*). ⑥ 오그라들다(shrink), 주름이 잡히다. ⑦ 흘수가 …이다. ⑧ 무승부가 되다(cf. drawngame). ⑨ 인기를 끌다(cf. drawing card). ⑩ 제비를 뽑다. ⑪ (차가) 우러나다(steep)(*The tea is ~ing.* 차가 우러난다). ***~ a full house*** 초만원을 이루다. ***~ away*** (경쟁에서 상대를) 떼어놓다; 〖競馬〗 선두에 나서다. ***~ back*** 물러서다; 손을 떼다; 〖軍〗 철수하다. ***~ down*** 내리다; 초래하다. ***~ in*** 끌어 들이다; 꾀어 들이다; 들이켜다; 줄이다; (해가) 짧아지다, 저물다. ***~ it mild*** [***strong***] 《주로 英》 온건하게[과장하여] 말하다. ***~ level*** (경주에서) 뒤따라 미치다; 대등하게 되다. ***~ near*** 접근하다. ***~ off*** 철퇴하다[시키다]; (물을) 빼내다; (주의를) 딴 데로 돌리다. ***~ on*** 다가오다; 몸에 걸치다, 신다, 입다; 끌어 들이다. ***~ oneself up*** 자세를 고치다; 정색을 하다. ***~ out*** 끄집어[뽑아] 내다; 떼놓다, 늘이다, (대(隊)를) 정렬시키다; 《口》 (…로 하여금) 이야기하게 하다(induce to talk);

(해가) 길어지다; 오래 끌다; (문서를) 작성하다; (예금을) 인출하다. ~ **up** 끌어 올리다; 정렬시키다; 몸을 일으키다; (마차 따위를) 멈추(게 하)다. ── *n.* Ⓒ ① 끌(어 내)기. ② 《口》 추첨. ③ 비기기. ④ 인기물, 히트. ***beat a person to the*** ~ 아무를 앞지르다, 선수치다.

:dráw·bàck *n.* ① Ⓒ 결점, 약점; 장애(*to*); 핸디캡. ② Ⓤ,Ⓒ 환부(금)(還付(金)).

dráw·brìdge *n.* Ⓒ 도개교(跳開橋); 적교(吊橋).

dráw·dòwn *n.* Ⓤ 삭감(削減).

draw·ee[drɔːíː] *n.* Ⓤ (어음) 수취인(수표·약속 어음에서는 수취인; 환어음에서는 지급인).

:draw·er[drɔ́ːər] *n.* Ⓒ ① (어음) 발행인. ② 제도사(製圖士). ③ [drɔːr] 서랍; (*pl.*) 장롱(*a chest of* ~*s*). ④ (*pl.*) [drɔ́ːrz] 드로어즈, 속바지.

D

:draw·ing[drɔ́ːiŋ] *n.* ① Ⓒ (연필·펜 등으로 그린) 그림, 소묘(素描), 데상; Ⓤ (도안·회화의) 제도, 선묘(線描); 〖컴〗 그림 그리기. ② Ⓤ (문서의) 작성. ③ Ⓒ 추첨. ④ Ⓤ (어음의) 발행. ⑤ 《英》 (*pl.*) 매상고. ⑥ Ⓤ (차를) 달여내기. ***out of*** ~ 잘못 그려진; 조화가 안 된[되어].

dráwing blòck [**pàd**] (떼어 쓰게 된) 스케치북.

dráwing bòard 제도판, 그림판.

dráwing càrd (대성황이 확실한) 인기 프로, 인기 있는 극[연예인].

dráwing ìnstrument 제도 기구.

dráwing màster 미술 교사.

dráwing pàper 도화지, 제도 용지.

dráwing pèn (제도용) 오구(烏口).

dráwing pìn 《英》 제도용 핀, 압정(《美》 thumbtack).

:dráwing ròom 응접실, 객실; 《英》 제도실(《美》 drafting room).

dráwing tàble 제도용 테이블.

dráw·knìfe *n.* Ⓒ (양쪽에 손잡이가 달린) 당겨 깎는 칼[대패].

drawl[drɔːl] *vt., vi.* 느릿느릿[점잔빼며] 말하다. ── *n.* Ⓒ 느린 말투.

:drawn[drɔːn] *v.* draw의 과거분사. ── *a.* ① 잡아뽑은, 빼낸. ② 팽팽히 잡아늘인; (얼굴 따위) 찡그린. ③ (새 따위) 속을 빼낸. ④ 비긴.

dráwn gáme 드론 게임, 무승부.

dráwn nèt (올이 성긴) 새그물.

dráwn wòrk 올을 뽑아 얽은 레이스의 일종.

draw·shave[drɔ́ːʃèiv] *n.* =DRAWKNIFE.

dráw wèll 두레우물.

dray[drei] *n.* Ⓒ 큰 짐마차《낮은 차대, 울이 없음》; 화물 자동차.

dráy hòrse 짐마차말.

dray·man[∠mən] *n.* Ⓒ 짐마차꾼.

:dread[dred] *vt., vi.* 두려워하다; 걱정하다. ── *n.* Ⓤ 두려움, 공포(fear). **:∠·ful** *a.* 무서운(fearful); 지독한, 싫은. **∠·ful·ly** *ad.* 《口》 몹시; 지독하게.

dread·nought, -naught[∠nɔ̀ːt] *n.* Ⓒ 대형 전함, 노급함(弩級艦); 용감한 사람.

†dream[driːm] *n., vi., vt.* (***dreamt,*** ~***ed***[driːmd, dremt]) Ⓒ ① 꿈(꾸다, 에 보다). ② 몽상(하다), 공상(하다)(*about, of*)(*I little* ~*t of it.* 꿈에도 생각지 않았다). ~ ***a*** ~ 꿈을 꾸다. ~ ***away*** 꿈결같이 보내다. ~ ***up*** 《口》 퍼뜩 생각해내다. ***∠·er** *n.* Ⓒ 꿈꾸는 사람; 몽상가.

dréam·lànd *n.* Ⓤ,Ⓒ 꿈나라, 이상향; 유토피아; Ⓒ 잠.

dréam·lìke *a.* 꿈(결) 같은; 어렴풋한, 덧 없는.

dréam rèader 해몽가. 「(분사).

***dreamt**[dremt] *v.* dream의 과거

dréam·wòrld *n.* Ⓒ 꿈[공상]의 세계; =DREAMLAND.

***dream·y**[dríːmi] *a.* 꿈(결) 같은, 어렴풋한(vague); 공상적인. **dréam·i·ly** *ad.* **dréam·i·ness** *n.*

drear[driər] *a.* 《詩》 =DREARY.

:drear·y[dríəri] *a.* ① 황량한, 쓸쓸한, 처량한(dismal). ② 울적한, 음울한; 지루한(dull). **dréar·i·ly** *ad.* **dréar·i·ness** *n.*

dredge[1][dredʒ] *n., vt.* Ⓒ 준설기(로 치다)(*up*); 저인망(으로 훑어 잡다).

dredge[2] *vt.* (…에) 가루를 뿌리다.

dredg·er[dredʒər] *n.* Ⓒ 준설기[선]; 가루 뿌리는 기구.

dreg[dreg] *n.* Ⓒ (보통 *pl.*) 찌끼, 앙금; 지스러기; 미량(微量). ***drain*** [***drink***] ***to the*** ~ 남김 없이 다 마시다; (인생의) 쓴맛 단맛 다 보다.

D́ règion 〖理〗 D층《이온권의 최하층; =D layer》.

Drei·ser[dráisər], **Theodore** (1871-1945) 미국의 소설가.

:drench[drentʃ] *vt.* ① 흠뻑 적시다(soak). ② (소·말에) 물약을 먹이다. ***be*** ~***ed to the skin*** 흠뻑 젖다.

†dress[dres] *vt.* (~***ed***[-t], 《古》 ***drest***) ① (옷을) 입히다; 치장하다; 정장시키다. ② 꾸미다(decorate). ③ 다듬다, (가죽을) 무두질하다, (머리를) 매만지다. ④ (상처를) 치료하다. ⑤ (대열을) 정렬시키다. ⑥ 조리하다(prepare). ── *vi.* ① 옷을 입다; (야회복 따위를 입어) 정장하다. ② 정렬하다. ~ ***down*** 《口》 꾸짖다; 갈기다. ~ ***oneself*** (외출 따위의) 몸치장을 하다. ~ ***out*** (옷)치장하다, (상처를) 가료하다. ~ ***up,*** or ***be*** ~***ed up*** 성장(盛裝)하다, 한껏 차려 입다. ── *n.* ① Ⓒ (원피스형의) 여성복, 드레스. ② Ⓤ 의복, 의상. ③ Ⓤ (남자의) 예복, 정장.

dréss círcle (극장의) 특등석.

dréss cóat 예복, 연미복.

:dress·er[drésər] *n.* Ⓒ ① 옷 입히는 사람; 의상 담당자; 장식하는 사람. ② 옷을 잘 입는 사람(*a smart* ~ 멋쟁이). ③ 《英》 (외과의) 조수. ④ 요리인[대]. ⑤ 찬장. ⑥ 《美》 경대.

dréss góods 《때로 단수 취급》 옷감, 양복감.

*__dress·ing__[drésiŋ] *n.* ① U,C 마무리(재료), 장식. ② U (몸)치장. ③ C 치료용품《붕대 따위》. ④ U 비료(fertilizer).
__dréssing càse__ (여행용) 화장품 주머니〔가방〕.
__dréssing gòwn__ 화장옷, 실내복.
__dréssing ròom__ (극장의) 분장실; (흔히, 침실 곁의) 화장실. 「소.
__dréssing stàtion__ 〖軍〗 전방 치료
__dréssing tàble__ 《英》 화장대, 경대.
*__dréss·màker__ *n., a.* C 양재사, 양장점; 여성복다운, 장식이 많은.
*__dréss·màking__ *n.* U 양재(업).
__dréss paràde__ 사열식, 열병식.
__dréss rehéarsal__ 〖劇〗 (의상을 입고 하는) 마지막 총연습.
__dréss shìeld__ (여성의 겨드랑 밑에 대는) 땀받이.
__dréss súit__ (남자용) 야회복.
__dréss úniform__ 〖美軍〗 예복.
__dress·y__[drési] *a.* 《口》 옷차림에 마음을 쓰는; (옷이) 맵시 있는, 멋진(cf. sporty). 「(분사).
__drest__[drest] *v.* 《古》 dress의 과거
†__drew__[dru:] *v.* draw의 과거.
__drib·ble__[dríbəl] *vi., vt.* 뚝뚝 떨어지다〔뜨리다〕; 군침을 흘리다(drivel); 〖球技〗 드리블하다. — *n.* C 물방울; 가랑비; 드리블; 뚝뚝 떨어짐.
__drib·(b)let__[dríblit] *n.* C 조금, 소량. ***by*** 〔***in***〕 ***~s*** 찔끔찔끔.
__dríbs and drábs__[dríbz-] 《口》 적은 양.
:__dried__[draid] *v.* dry의 과거(분사). — *a.* 건조한. ***a ~ fish*** 건어물.
*__dri·er__[dráiər] *n.* C 말리는 사람; 건조기〔제(劑)〕. — *a.* dry의 비교급.
:__drift__[drift] *n.* ① U,C 흐름, 조류; 표류. ② C 표류물, 휘몰아쳐 쌓인 것. ③ U 취지, 요지. ④ U,C 동향, 경향; U 추세에 맡기기. ⑤ U,C 〖空〗 편류(偏流). — *vt., vi.* 표류시키다〔하다〕; 휘몰아쳐〔날리어〕 쌓(이)다; (*vt.*) (악습 따위에) 부지중에 빠져들다. **~·age**[⌐idʒ] *n.* U 표류; 표류〔퇴적〕물; (배의) 편류 거리; (탄알의) 편차. **⌐·er** *n.* C 표류자〔물〕; 유망(流網) 어선.
__dríft àngle__ 〖空〗 편류각; 〖海〗 (배가) 침로를 벗어나는 편차.
__dríft ìce__ 성엣장, 유빙(流氷).
__dríft nèt__ 유망(流網).
__dríft·wòod__ *n.* U 유목(流木), 부목(浮木); 부랑민.
:__drill__[1][dril] *n.* ① U,C 훈련, 교련. ② C 송곳, 천공기(穿孔機). — *vt., vi.* ① 훈련하다〔받다〕. ② (송곳으로) 구멍을 뚫다, 꿰뚫다.
__drill__[2] *n.* C 고랑(small furrow); 조파기(條播機). — *vt.* (씨를) 조파기로 뿌리다.
__drill__[3] *n.* U 능직 무명〔린네르〕.
__drill__[4] *n.* C 〖動〗 비비(狒狒)의 일종《man-drill보다 작음》.
__drill·er__[⌐ər] *n.* C 구멍 파는 사람; 천공기; 훈련 교관; 고랑 파는 사람.
__dríll·màster__ *n.* C 훈련 교관.
__dríll sèrgeant__ 〖軍〗 훈련 담당 하
*__dri·ly__[dráili] *ad.* =DRYLY. 「사관.
†__drink__[driŋk] *vt.* (***drank; drunk***) ① 마시다. ② (…을 위해서) 축배를 들다(~ *a person's health*). ③ 빨아들이다, 흡수하다(*in, up*). ④ (돈·시간을) 술에 소비하다. ⑤ (경치 따위에) 도취되다(*in*). — *vi.* ① 마시다, 술마시다. ② 축배를 들다. ③ 취하다. ④ 마시면 …한 맛이 나다(*This beer ~s flat.* 이 맥주는 김이 빠졌다). ***~ away*** 술로 (재산을) 날리다, 마시며 (시간을) 보내다. ***~ deep*** 흠뻑 마시다. ***~ off*** 단숨에 들이켜다. ***~ oneself*** 술마시다. ***~ up*** 다 들이켜다; 빨아올리다. — *n.* ① U,C 음료. ② U 술; 음주. ③ C 한 잔(*of*). ***in ~*** 취하여. **⌐·able** *a., n.* 마실 수 있는; (*pl.*) 음료. *__⌐·er__ *n.* C 마시는 사람; 술꾼.
:__drink·ing__[dríŋkiŋ] *a., n.* U 마시기; 음주(의), 음용(飮用)의(~ *water*).
__drínking bòut__ 주연; 통음(痛飮).
__drínking fòuntain__ 음료 분수(bubbler).
__drínking wàter__ 음료수.
__drínk òffering__ 제주(祭酒).
:__drip__[drip] *n., vi., vt.* (***~ped, dript; -pp-***) ① 뚝뚝 떨어지다〔뜨리다〕. ② (*sing.*) 물방울(의 뚝뚝 떨어짐).
*__dríp·ping__ *a., n.* 물방울이 떨어지는; U 뚝뚝 떨어짐, 적하(滴下); C (종종 *pl.*) 물방울; (《美》 *pl.*, 《英》 U) (불고기의) 떨어지는 국물.
__dríp-drỳ__ *vi., vt.* (나일론 따위) 짜지 않고 그냥 마르다〔말리다〕. — *a.* [⌐⌐] 속건성의 (천으로 만든).
__Drip·o·la·tor__ [drípəlèitər] *n.* 〖商標〗 드립식 커피 끓이개.
†__drive__[draiv] *vt.* (***drove; driven***) ① 쫓다, 몰다, (새·짐승을) 몰이하다(chase[1]). ② 몰다, 부리다, 혹사하다; 운전〔조종〕하다. ③ 차로 나르다. ④ 영위하다, 하다. ⑤ (말뚝·못 등을) 쳐 박다; (굴·터널을) 파다. ⑥ 추진하다. ⑦ 강박〔강제〕하다, 억지로 …하게 하다(force)(*to, into*); …하게 하다(make). ⑧ 밀고 나아가다; (바람이 구름·비·눈을) 불어보내다. ⑨ 〖野〗 직구(直球)를 던지다; 〖테니스〗 드라이브를 걸다. ⑩ (시간적으로) 질질 끌다, 미루다. — *vi.* ① 차를 몰다, 차로 가다, 드라이브하다. ② 공을 치다; 투구(投球)하다. ③ 목적으로 하다, 노리다(aim)(*at*). ④ 돌진하다, 부딪치다(*against*). ***~ at*** 의도〔뜻〕하다, 노리다. ***~ away*** 몰아〔쫓아〕내다; 차를 몰아 가버리다; 열심히 (일)하다(*at*). ***~ in*** 몰아넣다; 때려박다. ***~ out*** 추방하다; 드라이브나가다. ***let ~ at*** …을 향해 던지다; …을 꾸짖다. — *n.* ① C 드라이브; 마차〔자동차〕 여행. ② C 몰이, 몰아대기〔내기〕. ③ C (저택내의) 차도; 진격, 공세, 공격. ④ U 추진력, 박력, 정력. ⑤ U,C (골프·테니스 따위에서) 장타(長打), 드라이브, 경향. ⑥ C (대규모의) 선전, 모

D

금 운동, 캠페인(campaign)(*a Red Cross* [*community chest*]) ~ 적십자[공동] 모금 운동. ⑦ U,C (자동차의) 구동 장치; 〖컴〗 돌리개. **:drív·er** *n.* C 조종자, 마부, 운전수, 기관사; 치는 사람[것]; 〖컴〗 돌리개, 드라이버《장치를 제어하기 위한 프로그램》.

***dríve-ìn** *n.* C 드라이브인《차 탄채로 들어갈 수 있는 상점·식당·영화관 등》. — *a.* 드라이브인의.

driv·el [drívəl] *n.* U 군침; 허튼 소리. —(《英》 **-ll-**) *vi.* 군침을 흘리다[이 흐르다]; 철없는 소리를 하다. — *vt.* (시간을) 허비하다(*away*). **~·(l)er** *n.* C 침흘리개; 바보.

:driv·en [drívən] *v.* drive 과거분사.

***dríve·wày** *n.* C 《美》 ① 드라이브길, 차도. ② (대문에서 현관까지의) 차도.

:driv·ing [dráiviŋ] *a.* ① 추진하는, 동력 전달의. ② (남을) 혹사하는. ③ 정력적인. — *n.* U ① 운전. ② 몰기, 쫓기. ③ 두드려 박기.

dríving rànge 골프 연습장.

***driz·zle** [drízl] *n., vi.* U 이슬비(가 내리다)(*It ~s.*). **dríz·zly** *a.*

droll [droul] *a., n.* C 익살스러운 (사람). **∠·er·y** *n.* U,C 익살맞은 짓[이야기].

drome [droum] *n.* C 《英口》 비행「장.

drom·e·dar·y [drámidèri, drʌ́midəri] *n.* C (아라비아의) 단봉(單峰) 낙타.

***drone** [droun] *n.* ① C (꿀벌의) 수펄. ② C 게으름뱅이(idler). ③ (*sing.*) (벌·비행기의) 윙윙(하는 소리). ④ C (무선 조종의) 무인기. — *vi.* ① 윙윙[붕붕]거리다(buzz). ② 단조로운 소리로 말하다. ③ 빈둥대다.

drool [dru:l] *n., vi.* 《주로 美》 =DRI-「VEL.

:droop [dru:p] *vi.* ① 처지다. ② 수그러지다(hang down); 눈을 내리깔다; 풀이 죽다; (기력이) 쇠하다. — *n.* (*sing.*) ① 수그러짐. ② 고개 숙임, 풀이 죽음; (가지 따위의) 늘어짐.

†drop [drap/-ɔ-] *n.* ① C 물방울; (*pl.*) 점적약(點滴藥); C 소량(의 술); (a ~) 한방울, 소량(*of*). ② (보통 *sing.*) 낙하, 강하(fall). ③ C 늘어뜨린 장식, 귀걸이. ④ C 〖建〗 단대공(pendant). ⑤ C 눈깔사탕, 드롭스. ⑥ (우체통의) 넣는 구멍. — *vt., vi.* (*~ped, ~t; -pp-*) ① 듣(게 하)다; 뚝뚝 떨어지(게 하)다; 떨어지다[뜨리다]. ② 낮아지다, 낮추다. ③ 내려(놓)다. ④ 쓰러지다[뜨리다]. ⑤ 낙제하다[시키다]. ⑥ (동물이) 태어나다, 새끼를 낳다. ⑦ 그치다, 그만두다(*~ a case* 소송을 취하하다). ⑧ 〖美蹴〗 드롭킥하다. ⑨ 목숨을 잃다[뺏다]. ⑩ 《이하 *vi.*》 (바람이) 자다; 정지(靜止)하다; 사라지다. ⑪ (개가) 웅크리다. ⑫ 뒤처지다, 낙오하다(*behind*). ⑬ 《이하 *vt.*》 《俗》 (도박으로 돈을) 없애다. ⑭ 《美》 해고하다. ⑮ 무심코[얼결에] 말하다. ⑯ 버리다. ⑰ 제명하다. ⑱ 우체통에 넣다; 써서 부치다. **~ *across*** …를 우연히 만나다; 꾸짖다. **~ *asleep*** 어느결에 잠들다; 죽다. **~ *away*** = ~ off. **~ *in*** (*on*) (잠깐) 들르다; 우연히 만나다. **~ *into*** 들르다; (습관에) 빠지다; (사람을) 꾸짖다. ***D- it!*** 그만둬! **~ *off*** 하나 둘 가버리다; 차차 줄어들다; 어느 결에 잠들다; (갑자기) 죽다. **~ *on to*** …을 꾸짖다. **~ *out*** 물러가다(withdraw); 은퇴하다; 없어지다; 쇠퇴하다. **~ *through*** 아주 못쓰게 되다.

dróp cùrtain 〖劇〗 말아서 오르내리는 막.

dróp-fòrge *vt.* 〖冶〗 드롭해머로 성형(成形)하다.

dróp frónt 젖히면 그대로 책상이 되는 서가 뚜껑.

dróp hàmmer 〖機·建〗 (단조용(鍛造用) 드롭해머, 말뚝박는 해머(ram).

dróp·ìn *n.* C 훌쩍 들르는 사람[곳].

dróp kìck 〖美蹴〗 드롭킥.

drop·let [∠lit] *n.* C 작은 물방울.

dróp lètter 《美》 같은 우체국 관할 내에 보내는 우편물.

dróp-òff *n.* U,C 아주 가파른 내리받이, 벼랑; 감소, 쇠미, 하락.

dróp·òut *n.* C 〖럭비〗 드롭아웃; 《口》 수업을 빼먹기, 또 그 학생; 낙제생, 중퇴생; 탈락자.

dróp·per *n.* C (안약 따위의) 점적기(點滴器)[병].

drop·sy [drápsi/-ɔ́-] *n.* U 〖醫〗 수종(水腫). **dróp·si·cal** *a.*

dropt [drapt/-ɔ-] *v.* 《古》 drop의 과거(분사).

drosh·ky [dráʃki/-ɔ́-], **dros·ki, -ky** [drás-/-ɔ́-] *n.* C (러시아의) 무개(無蓋) 4륜 마차.

dro·soph·i·la [drousáfilə/-ɔ́-] *n.* (*pl.* **-lae** [-lì:]) C 〖蟲〗 초파리.

dross [drɔ:s, dras/drɔs] *n.* U (녹은 금속의) 쇠똥; 찌꺼기(refuse), 부스러기.

***drought** [draut] (cf. dry) *n.* C 가뭄, 한발. **∠·y** *a.*

†drove¹ [drouv] *v.* drive 과거.

drove² *n.* C (몰려가는) 가축 떼; (움직이는) 인파. **dró·ver** *n.* C 가축 떼를 시장까지 몰고 가는 사람; 가축 상인.

dróve ròad 《Sc.》 가축 모는 길.

:drown [draun] *vt.* ① 물에 빠뜨리다. ② 흠뻑 젖게 하다. ③ 들리지 않게 하다(*~ one's grief in wine* 슬픔을 술로 달래다). **~ *oneself*** 투신 자살하다. — *vi.* ① 물에 빠지다; 익사하다. ② 달래다, 잊어버리다.

drowse [drauz] *n., vi., vt.* U 꾸벅꾸벅 졺[졸다, 졸게 하다]; (*vt.*) 졸며 말며 (시간을) 보내다(*away*).

drow·si·head [dráuzihèd] *n.* U 《古》 졸림.

***drow·sy** [∠i] *a.* ① 졸린. ② 졸리게 하는. **drów·si·ly** *ad.* **drów·si-**

ness *n.*
drub[drʌb] *vt.* (*-bb-*) 몽둥이로 치다, 매질하다; (큰 차로) 패배시키다.
drudge[drʌdʒ] *vi., n.* Ⓒ (고되고 단조로운 일을) 꾸준히〔뼈빠지게〕 하다〔하는 사람〕. **drudg·er·y**[∠əri] *n.* Ⓤ 단조롭고 고된 일.
:drug[drʌg] *n.* Ⓒ 약, 약제, 약품; 마약. ~ ***in*** 〔***on***〕 ***the market*** 안팔리는 물건. — *vt.* (*-gg-*) ① (…에) (독)약을 넣다. ② 마취시키다. ③ 물리게 하다.
Drúg Enfórcement Adminis·tràtion 《美》 마약 단속국.
***drug·gist**[drʌ́gist] *n.* Ⓒ 《美·Sc.》 약종상; 약제사(chemist).
drug·gy[drʌ́gi] *a.* 마약(상용)의.
:drug·store[drʌ́gstɔ̀:r] *n.* Ⓒ 《美》 약방《담배·화장품 등도 팔고 커피 등도 팜》.
Dru·id, d-[drú:id] *n.* Ⓒ (옛 켈트족의) 드루이드교 단원.
:drum[drʌm] *n.* Ⓒ ① 북(소리). ② 〖機〗 고동(鼓胴); 드럼통; 〖解〗 고실(鼓室), 고막. ③ 〖컴〗 MAGNETIC DRUM. — *vt.* (*-mm-*) ① (곡을) 북으로 연주하다. ② (북을 쳐서) 불러 모으다(*up*)〔몰아내다(*out of*)〕, 모집하다. ③ (학문·교훈을 머리에) 억지로 주입시키다. — *vi.* ① 북을 치다. ② 북을 치고 돌아다니다, 북을 치고 돌아다니며 모집하다(*for*). ~ ***down*** (…을) 침묵시키다. ~ ***out*** 선전하다. ~ ***up*** 불러 모으다.
drúm·bèat *n.* Ⓒ 북소리.
drúm·fire *n.* (*sing.*) 맹렬한 연속 포화(砲火); (질문 등의) 연발.
drúm·hèad *n.* Ⓒ 북가죽.
drúmhead cóurt-martial (전선의) 임시 군법회의.
drúm màjor (악대의) 고수장(鼓手長), 군악대장, 악장.
drúm majorètte (행진의 선두에서) 지휘봉을 휘두르는 소녀, 배턴걸(cf. baton twirler).
***drúm·mer** *n.* Ⓒ 고수, 드러머; 《美》 외판원.
drúm·stìck *n.* Ⓒ 북채; (요리한) 닭다리.
drúm tàble 외다리의 (회전식) 둥근 탁자.
†drunk[drʌŋk] *v.* drink의 과거분사. — ***a., n.*** 술취한; Ⓒ 《口》 주정뱅이. ***get*** ~ 취하다.
***drunk·ard**[∠ərd] *n.* Ⓒ 술고래.
***drunk·en**[∠ən] *a.* 술취한; 술고래의. *~·**ness** *n.* Ⓤ 술취함, 명정(酩酊).
drunk·om·e·ter [drʌŋkɑ́mitər/-ɔ́mi-] *n.* Ⓒ 취도(醉度) 측정기.
drupe[dru:p] *n.* Ⓒ 〖植〗 핵과(核果).
†dry[drai] *a.* ① 마른, 건조한; 바싹 마른. ② 비가 안 오는; 물이 말라 붙은; 젖이 안나오는. ③ 《美口》 금주법이 시행되는(*a* ~ ***State*** 금주주(禁酒州)). ④ 버터를 바르지 않는. ⑤ 울지 않는; 가래가 나오지 않는(*a* ~ ***cough*** 마른 기침). ⑥ 쌀쌀한, 냉담한. ⑦ 노골적인(plain). ⑧ 무미 건조한. ⑨ 무표정하게 말하는(*a* ~ *joker*). ⑩ 씁쓸한(~ *wine*)(opp. sweet). ⑪ 〖軍〗 실탄을 쓰지 않는, 연습의. ~ ***behind the ears*** 《口》 (완전히) 성인이 된. — *vt., vi.* ① 말리다, 마르다, 널다. ② 고갈시키다〔되다〕. ~ ***up*** 말리다, 널다; 바싹 마르다; 《口》 입 다물다. ∠·**ly** *ad.* 냉담하게, 웃지도 않고, 무미 건조하게. ∠·**ness** *n.*
dry·ad, D-[dráiəd, -æd] *n.* Ⓒ 〖그神〗 숲〔나무〕의 요정(妖精).
drý-as-dùst *a.* 무미 건조한.
drý bàttery (dry cell을 모은) 건전지.
drý brèad 버터 안 바른 빵.
drý cèll 건전지《1개》.
drý cléaner 드라이클리닝 업자〔약품〕.
drý cléaning 드라이클리닝(법).
drý·cúre *vt.* (어육 따위를) 절여서 말리다.
***Dry·den**[dráidn], **John** (1631-1700) 영국의 극작가.
drý dòck 건선거(乾船渠).
drý-dòck *vt., vi.* 건선거에 들어가다〔넣다〕.
drý fárming 건지(乾地) 농법.
drý gòods 《美》 직물류; 《英》 곡류(穀類), 잡화.
drý·hòuse *n.* Ⓒ (공장의) 건조실.
drý húmo(u)r 천연스레 말하는 익살.
drý íce 드라이아이스.
drý lànd 건조 지역; 육지《바다에 대하여》.
drý làw 《美》 금주법.
drý lòdging 잠만 자는 하숙(cf. boarding house).
drý martíni ⇨MARTINI.
drý méasure 건량(乾量)《곡물·야채·과일 등의 계량 단위》.
drý mílk 분유.
drý nùrse 보모, 아이 보는 여자(cf. wet nurse).
drý-nùrse *vt.* 아이를 보다.
drý plàte 〖寫〗 건판.
drý·pòint *n.* Ⓒ 동판(銅版) 조각침; 그 동판화; Ⓤ 동판 조각법.
drý rót (목재의) 건식(乾蝕)(병).
drý rún 《俗》 예행 연습; 〖軍〗 공포 사격 연습; 시운전; 견본(見本).
drý-shòd *a., ad.* 신〔발〕을 적시지 않는〔않고〕.
drý wàll 《美》 건식 벽체(壁體)《회반죽을 쓰지 않은 벽》.
drý wàsh 빨아 말리기만 하고 다림질을 않은 세탁물.
D.S., D. Sc. Doctor of Science. **D.S.C.** Distinguished Service Cross. **D.S.M.** Distinguished Service Medal. **D.S.O.** Distinguished Service Order. **DSP** Digital Signal Processor. **DST, D.S.T.** Daylight Saving Time. **D.T.'s, d.t.** DELIRIUM tremens. **DTP** 〖컴〗 desktop publishing. **Du.** Duke; Dutch.
du·al**[djú:əl] *a.* 둘의, 이중의(twofold); 이원적인. ~ ***economy 이중경제. ~ ***nationality*** 이중 국적. ~

personality 이중 인격. **~·ism** [-ìzəm] *n.* Ⓤ 이원론. **~·ist** *n.* **~·is·tic**[djù:əlístik] *a.* 이원(론)적인, 이원론상의.
du·al·i·ty[dju:ǽləti] *n.* Ⓤ 이원〔이중〕성(性).
dúal-púrpose *a.* 두 가지 목적〔용도〕의.
dub[1][dʌb] *vt.* (***-bb-***) (나이트 작위 수여식에서) 칼로 가볍게 어깨를 두드리다; …라고 칭하다〔부르다〕.
dub[2] *n.* Ⓒ《美俗》서투른 사람.
dub[3] (<double) *vt., n.* (***-bb-***) Ⓒ 〖映·放〗 추가〔재〕녹음하다; 그 녹음.
dub[4] *vt., vi.* (***-bb-***) 찌르다; (북을) 둥둥치다. — *n.* Ⓒ 찌르기; 북 치는 소리.
dub·bin [dʌ́bin] *n.* Ⓤ 보혁유(保革油)《가죽의 방수·경화 방지용》.
dub·bing [dʌ́biŋ] *n.* Ⓤ 추가〔재〕녹음, 더빙.
*__du·bi·ous__[djú:biəs] *a.* ① 의심스러운, 수상한. ② 미정의, 불명한. ③ 불안한. **~·ly** *ad.* **~·ness** *n.* **du·bi·e·ty**[dju(:)báiəti] *n.*
*__Dub·lin__[dʌ́blin] *n.* 더블린《아일랜드 공화국의 수도》.
du·cal[djú:kəl] *a.* 공작(duke)의.
du·ce[dú:tʃei/-tʃi] *n.* (It.) Ⓒ 수령(chief). ***il D-*** 총통《B. Mussolini의 칭호》.
duch·ess[dʌ́tʃis] *n.* Ⓒ 공작 부인; 여공작.
duch·y[dʌ́tʃi] *n.* Ⓒ 공작령〔영지〕.
:__duck__[1][dʌk] *n.* ① Ⓒ (집)오리(류의 암컷)(cf. drake). ② Ⓤ (집)오리의 고기. ③ Ⓒ《英口》귀여운 사람; 녀석, 놈. ***a wild ~*** 들오리. ***play ~s and drakes with money*** 돈을 물쓰듯하다.
duck[2] *vi., vt., n.* Ⓒ 물에 쑥 잠기게 하다〔잠김, 처박음〕; 홱 머리를 숙이다〔숙임〕; (타격·위험 등을) 피하다.
duck[3] *n.* Ⓤ 즈크; (*pl.*) 즈크 바지.
duck[4] *n.* Ⓒ 〖美軍〗(제 2 차 대전에 쓰던) 수륙양용 트럭.
dúck·bìll *n.* Ⓒ 〖動〗 오리너구리.
dúck·ing *n.* Ⓤ 오리 사냥; Ⓤ,Ⓒ 물에 처넣기; Ⓤ 〖拳〗 더킹《몸·머리를 홱 숙이는 짓》.
duck·ling[∠liŋ] *n.* Ⓒ 집오리 새끼, 새끼 오리.
duck·pins [dʌ́kpinz] *n. pl.* 《단수 취급》 tenpins 비슷한 유희.
dúck('s) ègg 《英》〖크리켓〗 영점.
dúck sóup 《美俗》 쉬운〔편한〕 일.
dúck·tàil *n.* Ⓒ (10대 소년들이 가운데는 짧고 양 옆을 길게 하는) 머리 모양.
dúck·wèed *n.* Ⓤ 〖植〗 좀개구리밥《오리 먹이》. 「〖解〗 선(腺).
duct[dʌkt] *n.* Ⓒ 관, 도관(導管);
duc·tile[dʌ́ktil] *a.* (금속이) 연성(延性)이 있는; (진흙처럼) 마음대로 (모양이) 되는; 가르치기 쉬운, 고분고분한(docile). **-til·i·ty**[dʌktíləti] *n.* Ⓤ 유연성, 탄력성.
dúct·less *a.* 관〔선(腺)〕이 없는. ***~ gland*** 〖解〗 내분비선.
dud[dʌd] *n.* Ⓒ《口》① (보통 *pl.*) 옷, 의류. ② 결딴난 일, 버린 사람; 〖軍〗 불발탄.
dude[dju:d] *n.* Ⓒ 멋쟁이; 《俗》(특히 미국 동부의) 도회지 사람; 《美西部》(휴가로 서부 목장에 온) 동부인(人).
dúde rànch 관광 목장.
dudg·eon[dʌ́dʒən] *n.* Ⓤ 성냄, 분개. ***in high ~*** 크게 노하여.
:__due__[dju:] *a.* ① 응당 치러야 할; 지불 기일이 된, 만기의. ② 응당 …에 돌려야 할, …에 의한(*to*). ③ …할 예정인, 도착하게 되어 있는. ④ 당연한, 정당한(proper); 적당한. ***become*** 〔***fall***〕 ***~*** (어음 따위가) 만기가 되다. ***in ~ form*** 정식으로. ***in ~*** (***course of***) ***time*** 때가 오면, 머지않아, 불원. — *ad.* (방향이) 정확히, 정(正)…(*The wind is ~ north.* 바람은 정북풍이다). — *n.* Ⓒ ① 마땅히 줄〔받을〕 것, 당연한 몫, 정당한 권리. ② (보통 *pl.*) 세금, 조합비, 회비; 수수료. ***give a person his ~*** 아무를 공평히 다루다〔대우하다〕. ***give the*** DEVIL ***his ~.***
dúe bìll 《美》 차용 증서.
dúe dàte (어음의) 만기〔지급〕일.
*__du·el__[djú:əl] *n., vi.* (《英》 ***-ll-***) Ⓒ 결투(하다); (the ~) 결투의 규칙. ***~ of wits*** 재치 겨루기. **~·(l)ing** *n.* **~·(l)ist** *n.*
du·en·na[dju:énə] *n.* (Sp., Port.) =CHAPERON(E).
*__du·et__[djuét] *n.* Ⓒ 2중창, 2중주(곡).
duff[1][dʌf] (cf. dough) *n.* Ⓤ,Ⓒ 푸딩의 일종.
duff[2] *vt.* 《俗》 속이다; 새것처럼 꾸미다.
duf·fel, -fle[dʌ́fəl] *n.* Ⓒ 《美》 캠프 용품; 나사(羅紗)의 일종.
dúffel bàg 〖軍〗 즈크 자루.
duff·er[dʌ́fər] *n.* Ⓒ《口》 바보, 병신; 《俗》 가짜.
:__dug__[1][dʌg] *v.* dig의 과거(분사).
dug[2] *n.* Ⓒ (짐승의) 젖꼭지.
du·gong[dú:gaŋ, -gɔ:ŋ] *n.* Ⓒ 듀공《돌고래 비슷함》.
*__dúg·òut__ *n.* Ⓒ ① 마상이, 통나무배. ② (태고의) 땅굴집. ③ 대피〔방공〕호. ④ 〖野〗 더그아웃《야구장의 선수 대기소》.
*__duke__[dju:k] *n.* Ⓒ ① 《英》 공작. ② (유럽의 공국(公國)·작은 나라의) 군주, …공(*the Grand D-* 대공). **∠·dom** *n.* Ⓒ 공령(公領), 공국.
dul·cet[dʌ́lsit] *a.* (음색이) 아름다운(sweet).
dul·ci·mer[dʌ́lsəmər] *n.* Ⓒ 금속현을 때려 소리내는 악기의 일종《피아노의 전신》.
Dul·cin[dʌ́lsin] *n.* Ⓒ 〖商標〗 둘신《감미료》.
:__dull__[dʌl] *a.* ① 둔한, 무딘(opp. sharp)(*a ~ pain* 〔*knife*〕). ② 둔감한. ③ (빛·색이) 또렷하지 않은.

④ 활기 없는, 지루한(boring). ⑤ (시황(市況)이) 침체한. — *vt.* ① 무디게 하다. ② 흐리게 하다. ③ (아픔을) 누그러뜨리다. ∠·ish *a.* 좀 무딘; 약간 둔한; 침체한 듯한. *∠·ness *n.*

dull·ard[dʌ́lərd] *n.* Ⓒ 둔한 사람, 멍청이(dunce).

dulse[dʌls] *n.* Ⓤ 홍조(紅藻)류의 해초《아이슬란드 해안산; 식용》.

:du·ly[djú:li] *ad.* ① 정식으로, 바로; 당연히. ② 적당〔충분〕히. ③ 제시간에(punctually).

Du·ma[dú:mə] *n.* 제정 러시아의 국회.

Du·mas[djumɑ́:/djú:mɑ], **Alexandre**(1802-70; 1824-95) 프랑스의 소설가 부자(父子).

:dumb[dʌm] *a.* ① 벙어리의(mute); 말못하는. ② 말이 없는; 무언의. ③ (놀라거나 부끄러워) 말문이 막힌. ④ 《美俗》 우둔한. ***strike a person ~*** 깜짝 놀라게 하다; 아연케 하다.

dúmb·bèll *n.* Ⓒ 아령; 《美俗》 얼간이.

dumb·found[dʌ̀mfáund] *vt.* 깜짝 놀라게 하다(amaze).

Dum·bo[dʌ́mbou] *n.* Ⓒ《美海軍俗》 구명(비행)기; 《美俗》 귀가 큰 사람.

dúmb shòw 무언극(pantomime).

dúmb·strùck *a.* 놀라서 말도 못하는.

dúmb·wàiter *n.* Ⓒ《美》 식품 전용 엘리베이터; 《英》 (식탁 위의) 회전 식품대.

dum·dum[dʌ́mdʌ̀m] *n.* Ⓒ 덤덤탄(彈); 《美俗》 멍텅구리.

dúmdum bùllet 덤덤탄(彈).

***dum·my**[dʌ́mi] *n.* Ⓒ ① (양복점의) 모델 인형; (표적의) 짚인형. ② 《美口》 얼뜨기. ③ (실물의 대신이 되는) 견본, 모형, 모조품. ④ 바꿔친 것〔사람〕, 〖映〗 대역(代役) 인형; (어린이의) 고무젖꼭지. ⑤ 꼭두각시, 앞잡이. ⑥ 〖製本〗 가제본. ⑦ 〖카드놀이〗 (네 사람 놀이를 셋이 할 때의) 빈 자리. ⑧ 〖컴〗 가상(假想), 더미. — *a.* 가짜의.

***dump**[1][dʌmp] *vt.* ① (차에서 쓰레기 따위를) 털썩 부리다. ② (외국 시장에 쓰레기라도 버리듯이) 덤핑하다. ③ 〖컴〗 떠붓다, 덤프하다. — *n.* Ⓒ ① 쓰레기 더미, 쓰레기 버리는 곳. ② 〖컴〗 퍼붓기, 덤프《기억장치의 내용을 출력장치에 전사(轉寫)하기》. **~·ing**[∠iŋ] *n.* Ⓤ (쓰레기 따위를) 내버림; 염가 수출, 덤핑.

dump[2] *n.* (*pl.*) 《口》 의기소침, 우울. (***down***) ***in the ~s*** 맥없이, 울적〔우울〕하여.

dúmp càr 덤프(화)차.

dúmp·càrt *n.* Ⓒ (경사식으로 된) 쓰레기 버리는 손수레.

dump·ling[dʌ́mpliŋ] *n.* Ⓤ,Ⓒ 고기〔사과〕 단자; Ⓒ《口》 땅딸보.

dúmp trùck 덤프 트럭.

dump·y[1][dʌ́mpi] *a.* 땅딸막한.

dump·y[2] *a.* 울적한, 뚱한.

dun[1][dʌn] *vt.* (***-nn-***) *n.* Ⓒ (특히, 빚을) 성화같이 독촉하다〔독촉하는 사람〕; 독촉(장).

dun[2] *n., a., vt.* (***-nn-***) Ⓤ 암갈색(의, 으로 하다). 「바보.

***dunce**[dʌns] *n.* Ⓒ 열등생, 저능아;

dúnce('s) càp 게으르거나 공부 못하는 학생에게 벌로써 씌우던 깔대기 모양의 종이 모자.

dun·der·head[dʌ́ŋdərhèd] *n.* Ⓒ 멍청이. 「덕.

dune[dju:n] *n.* Ⓒ (해변의) 모래 언

dung[dʌŋ] *n., vt.* Ⓤ (동물의) 똥; 거름(을 주다)(manure).

dun·ga·ree[dʌ̀ŋgərí:] *n.* Ⓤ (인도산의) 거칠게 짠 무명; Ⓒ (*pl.*) (그 천의) 작업복, 노동복.

***dun·geon**[dʌ́ndʒən] *n.* Ⓒ 토굴 감옥; =DONJON.

dúng flỳ 똥파리.

dúng fòrk (거름 젓는) 쇠스랑.

dúng·hìll *n.* Ⓒ 똥〔거름〕더미.

dunk[dʌŋk] *vt., vi.* (먹으며) 적시다 (~ ***bread into coffee, tea etc.***); 〖籠〗 덩크슛하다.

Dun·kirk[dʌ́nkə:rk] *n., vi., vt.* 덩케르크《북프랑스의 항구》; Ⓒ (폭격하의) 필사의 철수(를 하다, 시키다).

dúnk shòt 〖籠〗 덩크슛《높이 점프해서 바스켓 속에 메어꽂듯 하는 슛》.

dun·lin[dʌ́nlin] *n.* Ⓒ 〖鳥〗 민물도요.

dun·nage[dʌ́nidʒ] *n.* Ⓤ 〖海〗 파손을 막기 위해 뱃짐사이에 끼우는 멍석(따위); 소지품, 의류.

dun·no [dʌnóu] 《口》 =(I) don't know.

du·o [djú:ou] *n.* (*pl.* ***~s***) Ⓒ ① 〖樂〗 2중창, 2중주(곡). ② (연예인의) 2인조; 한 쌍.

du·o·dec·i·mal[djù:oudésəməl] *n.* Ⓒ 12분의 1; (*pl.*) 12진법.

du·o·dec·i·mo[-désəmòu] *n.* (*pl.* ***~s***) Ⓤ 12절판《생략 12mo, 12°》; Ⓒ 12절판〔4·6판〕의 책.

dup. duplicate.

dupe[dju:p] *vt.* 속이다(deceive). — *n.* Ⓒ 잘 속는 사람.

du·ple[djú:pəl] *a.* 2배의, 이중(重)의(double). ~ ***time*** 〖樂〗 2박자.

du·plet[djú:plit] *n.* Ⓒ 〖化〗 이중 전자; 〖理〗 이중 입자(粒子).

du·plex[djú:pleks] *a.* 2중의, 2배의; 〖機〗 (구조가) 복식으로 된. — *n.* Ⓒ 〖樂〗 2중 음표; 〖컴〗 양방(兩方).

dúplex apártment 복식 아파트《아래 위층의 방을 한 단위로 함》.

dúplex hóuse 《美》 연립 주택.

du·pli·cate**[djú:pləkit/djú:plə-] *a.* ① 이중의; 복제의; 한쌍의. ② 부(副)의, 복사의. — *n.* Ⓒ ① 등본, 부본, 사본(cf. triplicate); 복제물. ② 물표, 전당표. ***made 〔***done***〕 ***in ~*** (정부(正副)) 두 통으로 작성된. — [-kèit] *vt.* 이중으로 하다; 〖컴〗 복사하다; 정부 두 통으로 하다. ***-ca·tion**[∠–kéiʃən] *n.* Ⓤ 이중, 중복; 복제, 복사; Ⓒ 복제물. **-ca·tor**[∠–kèitər] *n.* Ⓒ 복사기, 복제자.

dúplicàting machìne 복사기.
du·plic·i·ty[dju:plísəti] *n.* Ⓤ 이심(二心), 표리 부동; 불성실.
du·ra·ble**[djúərəbəl] *a.* 오래 견디는, 튼튼한; 지속〔지탱〕하는(lasting). ~ ***goods 〖經〗 (소비재 중의) 내구재(耐久財). ~·**ness** *n.* -**bly** *ad.* -**bil·i·ty**[⌐—bíləti] *n.* Ⓤ 지속력, 내구성; 영속성.
du·ral·u·min[djuərǽljəmin] *n.* Ⓤ 두랄루민《알루미늄 합금》.
du·ra·men [djuəréimin] *n.* Ⓤ 〖植〗 심재(心材), 적목질(赤木質), 나무의 심(opp. alburnum).
dur·ance[djúərəns] *n.* Ⓤ 감금. ***in ~ vile*** 부당하게 감금되어.
du·ra·tion**[djuəréiʃən] *n.* Ⓤ 지속(기간), 존속(기간)(~ *of flight* 〖空〗 체공〔항속〕 시간). ***for the ~ 전쟁이 끝날 때까지, 전쟁 기간 중; (굉장히) 오랜 동안.
dur·bar[də́:rbɑ:r] *n.* Ⓒ《印英》(인도 제후(諸侯)의) 궁전; 공식 접견실.
Dü·rer[djúrər/djúər-], **Albrecht** (1471-1528) 독일의 화가·조각가.
du·ress(e)[djuərés, djúəris] *n.* Ⓤ 속박, 감금; 〖法〗 강박, 강제.
Du·rex[djúəreks] *n.* Ⓒ 〖商標〗 condom의 일종.
Dur·ham[də́:rəm, dʌ́r-] *n.* 영국 북동부의 주《생략 Dur.》.
du·ri·an, -on[dúəriən, -ɑ:n] *n.* Ⓒ 두리안(의 열매)《동남아산(産); 독특한 향미가 있음》.
†**dur·ing**[djúəriŋ] *prep.* …의 동안, …사이.
dur·ra[dúərə] *n.* Ⓤ 수수, 고량(高粱).
durst[də:rst] *v.* dare의 과거.
du·rum[djúərəm] *n.* Ⓤ 밀의 일종《마카로니의 원료》.
dusk**[dʌsk] *n.* Ⓤ ① 땅거미, 황혼. ② 그늘(shade). ***at ~ 해질 녘에. — *a.* 《詩》 어스레한.
***dusk·y**[⌐i] *a.* ① 어스레한; 거무스름한(darkish). ② 음울한(gloomy). **dúsk·i·ly** *ad.* **dúsk·i·ness** *n.*
‡**dust**[dʌst] *n.* Ⓤ ① 먼지, 티끌. ② 가루, 분말, 화분(花粉); 사금(砂金). ③《英》 쓰레기. ④ 유해(遺骸)(*honored* ~ 명예의 유해); 인체; 인간, 흙, 무덤. ⑤《俗》 현금. BITE ***the ~***. ***humbled in*** (*to*) ***the ~*** 굴욕을 받고. ***in the ~*** 죽어서; 굴욕을 당해. ***kick up*** 〔***make, raise***〕 ***a ~*** 소동을 일으키다. ***shake the ~ off one's feet*** 분연히 떠나다. ***throw ~ in a person's eyes*** 속이다(cheat). — *vt., vi.* 가루를 뿌리다(sprinkle); 먼지를 떨다. *⌐·**er** *n.* Ⓒ *n.* 먼지 터는 사람, 총채, 걸레; (후춧가루·소금을) 치는 기구; 《美》 DUST COAT; (여자의) 헐렁한 실내복. ⌐·**less** *a.*
dúst-bàth *n.* Ⓒ (새의) 사욕(砂浴).
dúst bìn 《英》 쓰레기통(《美》 ashcan).
dúst bòwl 《美》 (모래 바람이 심한) 건조 지대.
dúst càrt 《英》 쓰레기차(《美》 ashcart).
dúst chùte 더스트 슈트《건물의 위층에서 쓰레기를 떨어뜨려 밑에서 모으는 장치》.
dúst còat 《英》 먼지 방지용 외투.
dúst còver ① (쓰지 않는 가구 따위를 덮는) 먼지 방지용 커버. ② = DUST JACKET.
dúst dèvil 흙먼지의 작은 회오리바람.
dúst disèase 《口》 = PNEUMOCONIOSIS.
dust·ing[⌐iŋ] *n.* Ⓤ 청소; 《俗》 때리기; Ⓤ,Ⓒ 《海俗》 폭풍우(때의 배의 동요).
dúst jàcket 책 커버(book jacket).
dust·man[⌐mən] *n.* Ⓒ《英》 쓰레기 청소부(《美》 garbage collector); 〖海〗 화부; 《口》 졸음(의 요정)(*The ~ is coming.* 졸린다).
dúst mòp (마루 훔치는) 자루 걸레.
dúst·pàn *n.* Ⓒ 쓰레받기.
dúst·pròof *a.* 먼지가 안 묻는; 방진(防塵)의.
dúst shèet《英》= DUST COVER ①.
dúst stòrm 큰 모래바람, 황진.
dúst·ùp *n.* Ⓒ 《俗》 치고받기, 싸움.
dúst wràpper = DUST JACKET.
‡**dust·y**[⌐i] *a.* ① 먼지투성이의. ② 가루의. ③ 먼지 빛의(grayish). ***not so ~*** 《英口》 과히〔아주〕 나쁜 것도 아닌, 꽤 좋은. **dúst·i·ly** *ad.* **dúst·i·ness** *n.*
‡**Dutch**[dʌtʃ] *a.* 네덜란드의; 네덜란드 사람〔말〕의. ***go ~*** 《口》 각자부담으로 하다. — *n.* ① Ⓤ 네덜란드 말. ② (the ~) 《집합적》 네덜란드 사람. ***beat the ~*** 《美口》 남을 깜짝 놀라게 하다. ***in ~*** 기분을 상하게 하여; 면목을 잃어, 곤란해서.
Dútch áuction 값을 조금씩 떨어뜨리며 하는 경매.
Dútch chéese 네덜란드 치즈《탈지유로 만드는 둥글고 연한 치즈》.
Dútch cóurage 《口》 (술김에 내는) 용기, 객기.
Dútch dóor 상하 2단으로 된 문; (잡지의) 접혀진 광고《펴서 봄》.
Dútch lúnch 〔***súpper, tréat***〕 비용 각자 부담의 점심〔저녁, 회식〕.
***Dutch·man**[⌐mən] *n.* Ⓒ 네덜란드 사람〔배〕; 《俗》 독일 사람.
Dútch óven 고기 구이용 오븐.
Dútch úncle 《口》 가차없이 비판〔비난〕하는 사람. ***talk like a ~*** 엄하게 꾸짖다〔타이르다〕.
Dútch wífe 죽부인(竹夫人).
du·te·ous[djú:tiəs] *a.* = DUTIFUL.
du·ti·a·ble[djú:tiəbəl] *a.* 관세를 물어야 할; 유세(有稅)의.
du·ti·ful[djú:tifəl] *a.* 충실한; 본분을 지키는; 효성스러운. ~·**ly** *ad.* ~·**ness** *n.*
‡**du·ty**[djú:ti] *n.* ① Ⓤ 의무, 본분, 책임. ② Ⓤ,Ⓒ (보통 *pl.*) 직무, 임무, 일. ③ Ⓤ 경의(respect). ④ 관세, 조세. ⑤ Ⓤ 〖機〗 효율. ⑥ Ⓤ 〖宗〗

D

종무(宗務). ***as in ~ bound*** 의무상. ***do ~ for*** …의 대용이 되다. ***off* 〔*on*〕 *~*** 비번〔당번〕으로. ***pay* 〔*send*〕 *one's ~ to*** …에 경의를 표하다.
dúty càll 의리상의 방문.
dúty-frée *a.* 면세(免稅)의.
dúty-páid *a.* 납세필의.
du·vet[dju:véi] *n.* (F.) Ⓒ (침구 대용)의 두꺼운 깃털 이불.
D.V. *Deo volente*(L.=God willing) 하느님께서 허락하신다면.
Dvo·řak[dvɔ́:rʒɑ:k, -ʒæk], **Anton** (1841-1904) 체코슬로바키아의 작곡가.
:dwarf[dwɔ:rf] *n., a.* ① Ⓒ 난쟁이. ② 왜소한, 작은. — *vt., vi.* ① 작게 하다〔보이다〕; 작아지다. ② 작게 〔지지러지게〕하다. **∠·ish** *a.* 난쟁이 같은; 지지러진, 작은.
dwárf stár 〖天〗 왜성(矮星)《광도와 질량이 비교적 적은 항성》.
:dwell[dwel] *vi.* (***dwelt, ~ed***) ① 살다, 거주하다(*at, in, on*). ② 곰곰이 생각하다(ponder), 길게 논하다〔얘기하다, 쓰다〕(*on, upon*). ③ (음계·말 따위를) 천천히 발음하다. ***~ on* 〔*upon*〕** …을 곰곰히 생각하다; …을 강조하다; 꾸물거리다. ***∠·er*** *n.* Ⓒ 거주자.
:dwell·ing[∠iŋ] *n.* Ⓒ 주거, 주소; Ⓤ 거주.
dwélling hóuse 주택.
dwélling plàce 주소.
:dwelt[dwelt] *v.* dwell의 과거(분사).
DWI driving while intoxicated 음주 운전.
***dwin·dle**[dwíndl] *vi.* ① 점점 작아지다〔줄어들다〕, 줄다. ② 야위다; 타락하다.
dwt. denarius weight(=pennyweight). **DX, D.X.**[dí:éks] 〖無電〗 distance; distant. **Dy** 〖化〗 dysprosium.
:dye[dai] *n.* Ⓤ,Ⓒ ① 물감. ② 염색, 색조(tint). — *vi., vt.* (***dyed; dyeing***) 물들(이)다. **∠·ing** *n.* Ⓤ 염색(법); 염색업.
dýed-in-the-wóol *a.* (사상 따위가) 철저한(thorough); (짜기 전에) 실을 물들인.
dy·er [∠ər] *n.* Ⓒ 염색하는 사람〔업자〕.
dýe·stùff *n.* Ⓤ,Ⓒ 염료, 물감.
dýe wòrks 염색 공장.
:dy·ing[dáiiŋ] *a.* ① 죽어 가는; 임종의. ② 꺼져〔망해〕가는; 《俗》…하고 싶어 못견디는. — *n.* Ⓤ 죽음, 임종(death).
dyke[daik] *n., v.* =DIKE.
dyn. dynamics.
dy·nam·ic**[dainǽmik] *a.* ① 역학(상)의. ② 동력의, 동적인(opp. static). ③ 힘찬, 힘센. ④ 〖컴〗 동적인 (*~ memory* 동적 기억 장치). ***~ economics 동태 경제학. — *n.* (*sing.*) 원동력. **-i·cal** *a.* 역학적인. **-i·cal·ly** *ad.*
dy·nam·ics [dainǽmiks] *n.* Ⓤ 〖物〗 역학; 《복수 취급》 원동력, 활동력.
dy·nam·ism[dáinəmìzəm] *n.* Ⓤ 〖哲〗 역본설(力本說).
***dy·na·mite**[dáinəmàit] *n., vt.* Ⓤ 다이너마이트(로 폭발하다). **-mit·er** [-ər] *n.* Ⓒ 다이너마이트 사용자; 《美》 적극적인 야심가.
dy·na·mit·ism[dáinəmàitizəm] *n.* Ⓤ (다이너마이트를 사용하는) 급진적 (정치) 혁명주의.
dy·na·mize[dáinəmàiz] *vt.* 활성화하다, 보다 생산적이게 하다.
dy·na·mo[dáinəmòu] *n.* (*pl.* ***~s*** [-z]) Ⓒ 발전기; 《口》정력가.
DYNAMO[dáinəmòu] *n.* Ⓒ 〖컴〗 다이너모《시뮬레이터의 일종》.
dy·na·mo·e·lec·tric [dàinəmouiléktrik] *a.* 역학 에너지와 전기 에너지의 변환에 관계하는.
dy·na·mom·e·ter [dàinəmɑ́mitər/-mɔ́mi-] *n.* Ⓒ 역량〔동력〕계; 악력계(握力計); 망원경 배율계.
dy·nast[dáinæst, -nəst/dínæst] *n.* Ⓒ 군주, (세습적) 주권자.
***dy·nas·ty**[dáinəsti/dín-] *n.* Ⓒ 왕조; 명가, 명문.
dy·nas·tic[dainǽstik/di-] *a.* 왕조의, 왕가의.
dy·na·tron[dáinətrɑ̀n/-ɔ̀n] *n.* Ⓒ 〖電〗 4극(極)진공관의 일종; 〖理〗=MESON.
dyne[dain] *n.* Ⓒ 〖理〗 다인《힘의 단위; 질량 1g의 물체에 매초 1cm의 가속도를 일으키는 힘》.
Dy·nel[dainél] *n.* Ⓤ 〖商標〗 합성 섬유의 일종.
dys·en·ter·y[dísəntèri] *n.* Ⓤ 이질. **-ter·ic**[dìsəntérik] *a.*
dys·func·tion [disfʌ́ŋkʃən] *n.* Ⓤ 〖醫〗 기능 장애; 〖社〗 역(逆)기능.
dys·gen·ic[disdʒénik] *a.* (유전적으로) 자손에 나쁜 영향을 끼치는, 비우생학적인. ***~s*** *n.* Ⓤ 〖生〗 열생학(劣生學).
dys·lex·i·a[disléksiə] *n.* Ⓤ 〖醫〗 실독증(失讀證).
dys·pep·si·a[dispépʃə, -siə/-siə] *n.* Ⓤ 〖醫〗 소화 불량(증), 위약(胃弱).
dys·pep·tic[dispéptik], **-ti·cal** [-əl] *a., n.* Ⓒ 소화불량의 (사람); 위병에 걸린; 기운 없는.
dys·pha·si·a[disféiʒiə] *n.* Ⓤ 〖醫〗 부전실어(不全失語), 실어증.
dys·pho·ni·a[disfóuniə] *n.* Ⓤ 발성 장애, 음성 장애.
dysp·n(o)e·a[díspni(:)ə] *n.* Ⓤ 〖醫〗 호흡 곤란. **dysp·n(o)e·ic**[dispní:ik] *a.* 호흡 곤란성의.
dys·pro·si·um[dispróusiəm, -ziəm, -ʃiəm] *n.* Ⓤ 〖化〗 디스프로슘《금속원소; 기호 Dy》.
dys·to·pi·a[distóupiə] *n.* Ⓤ 디스토피아《암흑 사회, 살기 어려운 곳》.
dys·tro·phy[dístrəfi] *n.* Ⓤ 〖醫〗 영양 실조.
dys·u·ri·a[disjúəriə] *n.* Ⓤ 〖醫〗 배뇨(排尿) 곤란.
dz. dozen(s).

E

E, e[iː] *n.* (*pl.* ***E's, e's***[-z]) [U] 〖樂〗 마음, 마조(調); 제 2 등급《영국 Lloyd 선박 협회의 선박 등록부에 의한 등급》; [C] E자 모양(의 것). COMPOUND *E.*

E, E. east; eastern. **E.** Earl; Earth; English. **E.A., EA** educational age.

†**each**[iːtʃ] *pron., a.* 각각(의), 제각기(의). ***~ and every*** 어느 것이나, 어느 누구도. ***~ other*** 서로. — *ad.* 각각에 (대해서).

‡**ea·ger**[íːgər] *a.* 열심인(*in*); 열망하여(*for, about, after; to* do). ~ BEAVER[1]. ‡**~·ly** *ad.* ‡**~·ness** *n.*

‡**ea·gle**[íːgəl] *n.* [C] 수리; 수리표(의기·금화); (the E-) 〖天〗 독수리자리.

éagle-èyed *a.* 눈이 날카로운.

ea·glet[íːglit] *n.* [C] 새끼수리.

ea·gre[íːgər, éi-] *n.* 《주로 英》= BORE[3].

E. & O.E. 〖商〗 errors and omissions excepted. **E. and P.** Extraordinary and Plenipotentiary 특명 전권(特命全權).

†**ear**[1][iər] *n.* [C] ① 귀. ② 귀꼴의 물건《손잡이 등》. ③ 청각; 경청. ***about one's ~s*** 주위에. ***be all ~s*** 열심히 듣다. ***by the ~s*** 사이가 나빠. ***catch*** 〔***fall on***〕 ***one's ~s*** 귀에 들어오다, 들리다. ***fall on deaf ~s*** 무시당하다. ***gain the ~ of*** …에게 듣게 하다; …의 주목을 끌다. ***give*** 〔***lend an***〕 ***~ to*** …에 귀를 기울이다. ***have an ~ for*** (*music*) (음악을) 알다. ***have*** 〔***hold, keep***〕 ***an*** 〔***one's***〕 ***~ to the ground*** 여론에 귀를 기울이다. ***over head and ~s,*** or ***up to the ~s*** (사랑 따위에) 깊이 빠져, 몰두하여; (빚 때문에) 꼼짝 못하게 되어. PRICK ***up one's ~s. turn a deaf ~*** 들으려 하지 않다(*to*). ***Were your ~s burning last night?*** 어젯밤에 귀가 가렵지 않던가《네 이야기를 하였는데》.

ear**[2] *n.* [C] (보리 따위의) 이삭, (옥수수) 열매. ***in the ~ 이삭이 패어서.

éar·àche *n.* [U,C] 귀앓이.

éar·dròp *n.* [C] 귀고리.

éar·drùm *n.* [C] 고막, 귀청.

éar·flàp *n.* [C] (방한모의) 귀덮개.

***earl**[əːrl] *n.* [C] 《英》 백작(伯爵)《영국 이외의 외국의 count에 해당》. **∠·dom** *n.* [U] 백작의 신분.

ear·lap[íərlæ̀p] *n.* [C] 귓불(earlobe); 외이(外耳); =EARFLAP.

éar·less *a.* 귀 없는.

†**ear·ly**[ə́ːrli] *a.* 이른; 초기의; (과일 따위) 올되는; 맏물의; 어릴 때의; 가까운 장래의. ***at an ~ date*** 금명간에, 머지 않아. ***keep ~ hours*** 일찍 자고 일찍 일어나다. — *ad.* 일찍; 이른 때〔시기〕에, 초기에. ***~ or late*** 조만간에(sooner or later).

éarly bìrd 《口》 일찍 일어나는 사람; 정한 시각보다 일찍 오는 사람.

éarly clósing 《英》 (일정한 요일의 오후에 실시하는) 조기 폐점(일).

éarly-wárning ràdar 〔**sỳstem**〕 〖軍〗 (핵공격에 대한) 조기 경보 레이더〔방식〕.

éar·màrk *n., vt.* [C] (소유자를 표시하는) 양(羊)의 귀표(를 하다); 페이지 모서리의 접힘(dog's-ear); (자금의 용도를) 지정하다.

éar·mùff *n.* [C] (보통 *pl.*) 《美》 (방한·방음용) 귀싸개.

‡**earn**[əːrn] *vt.* ① 벌다(*~ one's living* 생계비를 벌다), 일하여 얻다. ② 손에 넣다, (명예 따위를) 차지하다, 받다, 얻다(get). ③ (감사 따위를) 받을 만하다. ***∠·ing** *n.* [U] 벌이; (*pl.*) 소득, 수입.

éarned íncome 근로 소득.

‡**ear·nest**[1][ə́ːrnist] *a.* ① 성실한, 진지한(serious); 열심인(ardent). ② 중대한, 엄숙한. — *n.* [U] 성실, 진심, 진지, 정식. ***in ~*** 성실〔진지〕하게, 진심〔정식〕으로. ‡**~·ly** *ad.* ***~·ness** *n.*

ear·nest[2] *n.* (an ~) 보증(pledge); =**∠ mòney** 착수금.

***éar·phòne** *n.* [C] 이어폰.

éar·pìck *n.* [C] 귀이개.

éar·pìece *n.* =EARPHONE.

éar·plùg *n.* [C] 귀마개.

éar·rèach *n.* =EARSHOT.

***ear·ring**[íərrìŋ] *n.* [C] 이어링, 귀고리.

éar shèll 전복.

éar·shòt *n.* [U] (소리가) 들리는 거리.

éar-splìtting *a.* 귀청이 터질 듯한.

†**earth**[əːrθ] *n.* ① [U] (the ~, the E-) 지구. ② [U] 이 세상, 사바, 현세. ③ [U] 육지; 대지, 땅; 지면. ④ [U,C] 흙. ⑤ [U,C] 《英》 (여우 따위의) 굴. ⑥ [U] 〖電〗 어드, 접지(接地). ⑦ [C] 〖化〗 토류(土類). ***come back to ~*** (꿈에서) 현실로 돌아오다, 제정신이 들다. ***down to ~*** 실제적인, 현실적인; 《口》 아주, 철저하게. ***on ~*** 지구상의〔에〕, 이 세상의; 《what, why, who 따위와 함께》 도대체; 《부정구문》 도무지, 조금도(*It's no use on ~!* 아무짝에도 쓸모 없다). ***run to ~*** (여우 따위) 굴 속으로 달아나다〔몰아넣다〕; 추궁하다; 규명해 내다. — *vt.* 흙 속에 파묻다; (뿌리 따위에) 흙을 덮다; 〖電〗 (…을) 접지(接地)하다.

éarth·bòrn *a.* 땅 위에〔이 세상에〕 태어난, 인간적인, 세속의.

éarth·bòund *a.* 땅에 고착한; 세속

적인; 지구로 향하는.
éarth cùrrent 지전류(地電流).
Éarth Dày 지구의 날《환경 보호의 날; 4월 22일》.
***earth·en**[⌐ən] *a.* 흙의, 흙으로 만든; 오지로 만든.
éarth·lìke *a.* 지구 같은; 지구상의 것을 닮은.
earth·ling[ə́:rθliːŋ] *n.* Ⓒ 인간; 속인(俗人).
***earth·ly**[ə́:rθli] *a.* ① 지구〔지상〕의; 이 세상의, 세속의(worldly). ② 《口》《부정·의문구문》 전혀(at all), 도대체(on earth).
earth·man [ə́:rθmæ̀n, -mən] *n.* Ⓒ 지구의 주민, 지구인.
éarth mòther 〖神話〗 땅의 요정; 관능적인 여자.
éarth·mòver *n.* Ⓒ 땅 고르는 기계, 토목 기계.
éarth·nùt *n.* Ⓒ 낙화생, 땅콩.
:earth·quake[⌐kwèik] *n.* Ⓒ 지진; 대변동.
éarth sàtellite 인공 위성.
éarth scìence 지구과학.
éarth·wòrk *n.* ① Ⓒ 〖軍〗 방어용 흙둑. ② Ⓤ 토목 공사. ③ (*pl.*) 대지(大地) 예술《흙·돌·모래·얼음 등 자연물을 소재로 함》.
éarth·wòrm *n.* Ⓒ 지렁이.
earth·y[⌐i] *a.* 흙의, 흙 같은; 세속의; 야비한.
éar trùmpet (나팔꼴) 보청기.
éar·wàx *n.* Ⓤ 귀지.
éar·wìg *n.* Ⓒ 집게벌레.
:ease[iːz] *n.* Ⓤ ① 편안, 안락. ② 쉬움. ③ 여유; 넉넉함. ***at*** (***one's***) ~ 편안히, 마음놓고. ***feel at*** ~ 안심하다. ***ill at*** ~ 불안하여, 마음놓이지 않아, 긴장하여. ***take one's*** ~ 편히 쉬다, 마음 푹 놓다. ***well at*** ~ 안심하여, 편히. ***with*** ~ 쉽게. — *vt., vi.* 마음을 편히 하다, 안심시키다, (고통을) 덜다(*off, up*); 쉽게 하다; (새끼·줄 따위를) 늦추다(loosen) (*off, up*). **⌐·ment** *n.* ① Ⓤ,Ⓒ (고통 따위의) 완화. ② Ⓤ 〖法〗 지역권(地役權)《남의 땅을 통행하는 권리 등》.
ease·ful[⌐fəl] *a.* 마음편한, 안락한.
***ea·sel**[íːzəl] *n.* Ⓒ 화가(畫架).
:eas·i·ly[íːzəli] *ad.* 쉽게, 쉽사리; 편안히.
eas·i·ness[íːzinis] *n.* Ⓤ 용이함, 쉬움; (문체의) 평이(平易)(plainness); 마음편함; 평정.
†east[iːst] *n.* ① (the ~) 동쪽, 동방, 동부(지방). ② (the E-) 동양(the Orient). ③ (the E-) 미국 동부의 여러 주. ***down E-*** 《美》 = NEW ENGLAND(의 동부). ~ ***by north*** 〔***south***〕 동미북〔남〕(東微北〔南〕). ***in*** 〔***on, to***〕 ***the*** ~ ***of*** …의 동부에〔동쪽에 접하여, 동쪽에 면하여〕. ***the Far E-*** 극동. ***the Middle E-*** 중동《근동과 극동의 사이》. ***the Near E-*** 근동《터키·이란·발칸 등지》. — *a., ad.* 동쪽의; 동부의; 동쪽으로〔에〕. **:⌐·ward** *n., a., ad.* (the ~) 동쪽; 동쪽의〔으로〕. **⌐·wards** *ad.* 동(쪽)으로.
Éast Berlín 동베를린《1990년 10월 독일 통일로 West Berlin과 함께 Berlin으로 통합》.
éast·bòund *a.* 동쪽으로 가는.
Éast Énd, the 이스트 엔드《London 동부의 하층민이 사는 상업 지구》.
†East·er[íːstər] *n.* Ⓤ 부활절《3월 21일 이후의 첫 만월 다음 일요일》.
Éaster ègg 부활절의 (선물용) 채색 달걀.
Éaster éve 부활절 전야.
Éaster Ísland 이스터 섬《남태평양의 외딴 섬; 칠레령》.
Éaster lìly (부활절 장식용) 백합.
east·er·ly[íːstərli] *a., ad., n.* 동쪽에 치우친〔치우쳐〕; 동쪽에서 부는; Ⓒ 동풍.
Éaster Mónday 부활절의 다음날.
:east·ern[íːstərn] *a.* ① 동(쪽)의. ② (E-) 미국 동부의; 동양의. **~·er** *n.* Ⓒ 《美》 (E-) 동부 지방 사람. **~·mòst** *a.* 가장 동쪽의.
Éastern Chúrch, the 동방 교회《그리스 정교회》.
Éastern Hémisphere, the 동반구(東半球).
Éastern Róman Émpire, the 동로마 제국.
Éastern Stándard Tìme 동부 표준시《캐나다 동부, 미국 동부, 오스트레일리아 동부》.
Éaster Súnday 부활 주일(=Easter Day).
Éaster·tìde *n.* Ⓤ 부활절부터 강림절까지의 50일간; =EASTER WEEK.
Éaster wéek 부활절로 시작되는 1주일.
Éast Síde, the New York시 Manhattan섬 동부의 하층 이민(移民) 지구.
†eas·y[íːzi] *a.* ① 쉬운. ② 안락한; 마음편한; 편안한. ③ 여유 있는; 넉넉한. ④ 안일(安逸)에 빠진, 게으른. ⑤ 부드러운, 관대한. ⑥ 다루기 쉬운, 말을 잘 듣는. ⑦ (문체가) 평이한(plain), 딱딱하지 않은. ⑧ 까다롭지 않은, 담박한. ⑨ (시장이) 한산한, (상품이) 수요가 적은, 놀고 있는. ***feel*** ~ 안심하다(***about***). ***in*** ~ ***circumstances,*** or 《美俗》 ***on*** ~ ***street*** 유복하게, 넉넉하게 지내어. — *ad.* 《口》 쉽게, 편안히, 태평스럽게. ***E- all!*** 〖海〗 노젓기 그만! ***Take it*** ~***!*** 천천히 하여라!; 걱정말라!; 침착하라!.
éasy chàir 안락 의자.
èasy-dóes-it *a.* 마음 편한, 느긋한.
***éasy·gòing** *a.* 태평한; 단정치 못한; (말의) 느린 걸음의.
éasy márk 《美口》 호인.
éasy móney 수월하게 번 돈; 부정한 돈.
†eat[iːt] *vt.* (***ate, eat***[et, iːt]; ***eaten, eat***[et, iːt]) ① 먹다, (수프·

E

국 따위를 숟가락으로) 떠먹다. ② 먹어 들어가다; (산(酸)따위가) 침식하다; 파괴하다. — *vi.* ① 식사하다. ②《美口》(…처럼) 먹을 수 있다; 먹으면 (…의) 맛이 있다(*This cake* ~*s crisp.* 먹으면 바삭 바삭한다). ~ **away** 먹어 없애다; 잠식[부식]하다. ~ **crow**《美》굴욕을 참다; 잘못을 시인하다. ~ **into** 먹어 들어가다, 부식하다. ~ **one's heart out** 슬픔에 잠기다. ~ **one's words** 앞에 한 말을 취소하다. ~ **out** 다 먹어 버리다, 침식하다;《美》외식하다(dine out);《俗》호되게 꾸짖다. ~ **up** 다 먹어버리다; 모두 써버리다(use up), 탕진하다; 열중케 하다. ***I'll*** ~ ***my hat*** [***hands, boots***] ***if…***《口》만일 …이라면 내 목을 내놓겠다. ∠**·a·ble** *a., n.* 먹을 수 있는; (*pl.*) 식료품. ∠**·er** *n.*

†**eat·en**[í:tn] *v.* eat의 과거 분사.

eat·er·y[í:təri] *n.* Ⓒ《口》음식점.

‡**eat·ing**[í:tiŋ] *n.* Ⓤ 먹기; 식품. — *a.* 부식성의; 식용의.

éating disòrder 섭식 장애《거식(拒食)증·과식증 따위》.

éating hòuse [**plàce**] 식당.

eau de Co·logne[òu də kəlóun]〖商標〗오드콜론《향수》. 「디.

eau de vie[òu də ví:] (F.) 브랜

***eaves**[i:vz] *n. pl.* 처마, 차양.

éaves·dròp *vi.* (*-pp-*) 엿듣다. ~**per** *n.* ~**ping** *n.*

***ebb**[eb] *n.* ① (the ~) 간조; 썰물. ② Ⓤ 쇠퇴. ~ **and flow** [**flood**] 썰물; 성쇠. — *vi.* (조수가) 써다; 기울다, 쇠해지다. ~ **back** 소생하다, 되찾다.

ébb tìde 썰물; 쇠퇴(기).

EbN east by north.

eb·on[ébən] *n., a.*《詩》=EBONY.

eb·on·ite[ébənàit] *n.* Ⓤ 에보나이트, 경화 고무.

***eb·on·y**[ébəni] *n., a.* Ⓒ 흑단(黑檀)(의); Ⓤ 칠흑(의).

EBR Experimental Breeder Reactor 실험용 증식로(增殖爐).

EbS East by South.

e·bul·lient[ibʌ́ljənt] *a.* 펄펄 끓는; 넘쳐 흐르는; 열광적인. **-lience** *n.*

eb·ul·li·tion[èbəlíʃən] *n.* Ⓤ 비등(沸騰); (전쟁 따위의) 돌발; (감정의) 격발(outburst).

EC European Communities.

E.C. East Central (London의 동(東) 중앙 우편구(區)).

é·car·té[èika:rtéi/–∠–] *n.* (F.) Ⓤ 에카르테《32장으로 두 사람이 하는 카드놀이》.

ec·ce ho·mo[éksi hóumou] (L. =behold the man) 가시 면류관을 쓴 그리스도의 초상.

***ec·cen·tric**[ikséntrik, ek-] *a.* ①〖數〗편[이]심(偏[離]心)의(opp. concentric);〖天〗(궤도가) 편심적인. ② 별난, 괴짜의(odd). — *n.* Ⓒ 괴짜, 별난 사람;〖機〗편심륜(輪). **-tri·cal·ly** *ad.* ***-tric·i·ty**[èksentrísəti] *n.* ① Ⓤ (복장·행동 등의) 별남. ② Ⓒ 괴벽.

Eccl(**es**). Ecclesiastes.

Ec·cle·si·as·tes[iklì:ziǽsti:z] *n.*〖聖〗전도서(구약 성서 중의 한 편).

ec·cle·si·as·tic[iklì:ziǽstik] *n., a.* Ⓒ 목사[성직자](의). ‡**-ti·cal** *a.* 교회의, 성직의.

ec·crine[ékrən, -ri:n] *a.*〖生理〗에크린《체온 조절에 관여하는 땀샘》의; 외분비의.

ECE Economic Commission for Europe. **ECG** electrocardiogram.

ech·e·lon [éʃəlàn/-lɔ̀n] *n., vi.* Ⓤ,Ⓒ〖軍〗사다리꼴 편대(가 되다).

e·chid·na [ikídnə, e-] *n.* (*pl.* ~*s*, ***-nae***[-ni:]) Ⓒ〖動〗바늘두더지.

e·chi·no·derm [ikáinədə̀:rm, ékinə-] *n.* Ⓒ 극피 동물《성게·불가사리·해삼 따위》.

‡**ech·o**[ékou] *n.* (*pl.* ~*es*) Ⓒ ① 메아리. ② 반향. ③ 흉내내기; 모방. ④ (E-)〖그神〗숲의 요정(妖精)《Narcissus에 대한 사랑을 이루지 못하여 말라 죽어서 소리만 남았음》. ⑤〖樂〗에코;〖無電〗반사 전파. ***find an*** ~ ***in a person's heart*** 아무의 공명을 얻다. — *vt., vi.* 메아리치다, 반향하다; 그대로 되풀이하여 대답하다; 모방하다.

èch·o·locátion *n.* Ⓒ〖生〗반향 정위(定位)《박쥐 등이 초음파를 내어 그 반사로 물체의 위치를 아는 것》.

écho sòunder〖海〗음향 측심기(測深機).

écho·vìrus *n.* Ⓒ〖生〗에코바이러스《인체의 장내에 번식하며 수막염 등을 일으킴》.

ECLA Economic Commission for Latin America.

é·clair[eikléər/∠–] *n.* (F.) Ⓒ 에클레어《가늘고 길쭉한 슈크림》.

é·clat[eiklá:, ∠–] *n.* (F.) Ⓤ 대성공; 대갈채.

ec·lec·tic[ekléktik] *a., n.* 취사선택적인; Ⓒ 절충주의의 (사람). **-ti·cism**[-təsìzəm] *n.*

e·clipse**[iklíps] *n.* ① Ⓒ〖天〗(해·달의) 식(蝕). ② Ⓤ,Ⓒ (명성 따위의) 실추(失墜). ③ Ⓤ,Ⓒ 빛의 소멸. ***solar [***lunar***] ~ 일[월]식. — *vt.* (천체가 딴 천체를); 가리다; (…의) 명성을 빼앗다, 능가하다(outshine); 빛을 잃게 하다.

e·clip·tic[iklíptik] *a., n.*〖天〗식(蝕)의; (the ~) 황도(黃道)(의).

ec·logue[éklɔ:g/-ɔ-] *n.* Ⓒ (대화체의) 목가(牧歌); 전원시.

ECM European Common Market. **ECNR** European Council of Nuclear Research.

ec·o-[ékou, -kə, í:k-] '환경, 생태(학)'의 뜻의 결합사.

èco-áctivist *n.* Ⓒ 환경 운동가.

e·co·cide[í:kousàid] *n.* Ⓤ 환경 파괴.

E

éco·frèak *n.* Ⓒ 《俗·蔑》 열광적인 자연보호론자.
èco-frìendly *a.* (지구) 환경 친화적(親和的)인.
ec·o·log·i·cal[èkəládʒikəl/-lɔ́dʒ-] *a.* 생태학의.
e·col·o·gist [iːkálədʒist/-ɔ́-] *n.* Ⓒ 생태학자; 환경 보전 운동가.
e·col·o·gy[iːkálədʒi/-ɔ́-] *n.* Ⓤ 생태학; (통속적으로) 환경; 사회형태학; (생체와의 관계에 있어서의) 환경.
econ. economic(s); economical; economy.
e·con·o·met·rics [iːkànəmétriks/-ɔ̀-] *n.* Ⓤ 계량(計量) 경제학.
:ec·o·nom·ic[ìːkənámik, èk-/-ɔ́-] *a.* ① 경제학상의. ② 경제〔재정〕상의. ③ 경제〔실리〕적인. ***E- and Social Council*** (국제 연합의) 경제사회 이사회. ~ ***blockade*** 경제 봉쇄. ~ ***man*** 〖經〗 (이념으로서의) 경제인. *~***s*** *n.* Ⓤ 경제학; (한 나라의) 경제 상태.
***ec·o·nom·i·cal** [ìːkənámikəl, èkə-/-nɔ́m-] *a.* 절약하는, 검약한 (*of, in*); 실용〔경제〕적인; 경제상〔학〕의. **-i·cal·ly** *ad.*
***e·con·o·mist**[ikánəmist/-ɔ́-] *n.* Ⓒ ① 경제학자. ② 《古》 검약가.
***e·con·o·mize**[-màiz] *vt., vi.* ① 경제적으로 사용하다. ② 절약하다.
:e·con·o·my[ikánəmi/-kɔ́n-] *n.* ① Ⓤ 경제. ② Ⓤ 검약, 절약. ③ Ⓒ 유기적 조직; 제도. ***practice*** 〔***use***〕 ~ 절약하다. ***vegetable*** ~ 식물(체)의 조직.
ecónomy clàss (열차·비행기의) 보통석, 일반석.
èco-pácifism *n.* Ⓤ 환경 평화주의.
ECOSOC (United Nations) Economic and Social Council.
éco·sỳstem *n.* Ⓒ 생태계.
èco·technólogy *n.* ① Ⓤ,Ⓒ 환경(보호) 기술. ② Ⓤ 환경공학.
ec·sta·size[ékstəsàiz] *vt., vi.* 황홀경에 이르게 하다, 황홀해지다.
:ec·sta·sy[ékstəsi] *n.* Ⓤ,Ⓒ ① 무아경, 황홀(trance); 법열(法悅). ② 의식 혼미 상태. **ec·stat·ic**[ekstǽtik, ik-] *a.* **-i·cal·ly** *ad.*
ec·to·derm [éktoudə̀ːrm] *n.* Ⓒ 〖生〗 외배엽(外胚葉).
ec·to·plasm[-plæ̀zəm] *n.* Ⓤ (원생 동물의) 외질; 〖心靈術〗 영매체로부터의 발산 물질, 영기(靈氣).
ECU[eikúː, ìːsìːjúː] (<*E*uropean *C*urrency *U*nit) *n.* Ⓒ 유럽 통화 단위, 에큐.
E.C.U. English Church Union.
Ecua. Ecuador.
Ec·ua·dor[ékwədɔ̀ːr/ ⌐-⌐] *n.* (Sp. =equator) (남아메리카의) 에콰도르 (공화국).
ec·u·men·i·cal [èkjuménikəl/ìːk-] *a.* 전반〔보편〕적인; 전기독교(회)의.
ecuménical pátriarch (동방 교회의) 총대주교.
ec·u·me·nop·o·lis[èkjumənápəlis/-nɔ́p-] *n.* Ⓤ 세계 도시.
ec·ze·ma [éksəmə, igzíː-] *n.* Ⓤ 습진.
-ed[d, t, id] *suf.* 《형용사어미》 '…을 한' '…을 가진'의 뜻: curtain*ed*, greeney*ed*, shorttail*ed*.
Ed. Edward. **ed.** edited; edition; editor.
É·dam (**chéese**) [íːdæm(-)] *n.* Ⓒ (네덜란드 산의) 붉은 공 모양의 치즈.
Ed. B. Bachelor of Education.
EDC European Defence Community.
É/D cárd 출입국 카드.
Ed·da[édə] (Old Icel. =great-grand-mother) *n.* (the ~) 에더 《고대 아이슬란드의 신화·시집》.
***ed·dy**[édi] *n., vi.* Ⓒ (작은) 소용돌이(치다)(whirl).
e·del·weiss[éidlvàis] *n.* (G.) Ⓒ 〖植〗 에델바이스《알프스 산(產)》, 왜솜다리《고산 식물》.
e·de·ma [idíːmə] *n.* (*pl.* ~***ta*** [-mətə]) Ⓒ 〖醫〗 부종(浮腫), 수종(水腫).
***E·den**[1][íːdn] *n.* 〖聖〗 에덴 동산; Ⓒ 낙원(paradise).
É·den[2], Sir **Robert Anthony** (1897-1977) 영국의 정치가·수상(1955-57).
edge**[edʒ] *n.* Ⓒ ① 날. ② 가장자리, 모. ③ 날카로움. ④ 《口》 거나하게 취함. ⑤ 《美口》 우세. ⑥ 〖컴〗 간선. ***give an ~ ***to*** …에 날을 세우다; (식욕 등을) 돋우다. ***have an*** ~ ***on*** …보다 우세하다; 얼근히 취하다. ***not to put too fine an*** ~ ***upon it*** 솔직히 말하면. ***set on*** ~ 세로 놓다; 짜증나게 하다. ***set the teeth on*** ~ 진저리나게 하다; 염증을 느끼게 하다. ***take the*** ~ ***off*** …의 기세를 꺾다; (날을) 무디게 하다. ── *vt.* (…에) 날을 붙이다, 날카롭게 하다; 가장자리를 〔가선을〕 달다; 천천히 나아가게 하다. ── *vi.* (배가) 비스듬히〔옆으로〕 나아가다; 천천히 움직이다(*along, away, off, out*). ~ ***up*** 한발 한발 다가가다. ~**·ways,** ~**·wise** *ad.* (칼)날을 돌려 대고; 비스듬히; 옆에서; 언저리를 따라.
edg·ing[⌐iŋ] *n.* Ⓤ 가선, 가(border); Ⓒ 가장자리 장식(trimming).
***ed·i·ble**[édəbəl] *a., n.* 먹을 수 있는; Ⓒ (보통 *pl.*) 식료품.
e·dict[íːdikt] *n.* Ⓒ (옛날의) 칙령, 법령, 포고; 명령.
ed·i·fi·ca·tion[èdəfikéiʃən] *n.* Ⓤ 교화.
***ed·i·fice**[édəfis] *n.* Ⓒ ① (대규모의) 건물. ② 조직, 체계.
ed·i·fy[édəfài] *vt.* 교화하다, 개발〔훈도〕하다. ~**·ing** *a.* 교훈이 되는, 유익한.
:Ed·in·burgh [édinbə̀ːrou, -bə̀ːrə] *n.* 에든버러《스코틀랜드의 수도》.
:Ed·i·son[édəsən], **Thomas Alva** (1847-1931) 미국의 발명가.

:ed·it[édit] *vt.* ① 편집하다. ② 《美》 삭제하다. — *n.* Ⓒ 《口》 ① 필름 편집. ② 사설(社說).
edit. edited; edition; editor.
:e·di·tion[idíʃən] *n.* Ⓒ (서적·신문의) 판(版)(*the first* ~ 초판).
édition de luxe[-dəlúks, -lʌ́ks] (F.) 호화판(版).
:ed·i·tor[édətər] *n.* Ⓒ ① 편집자[장]. ② 〖컴〗 편집기. ***chief*** [***managing***] ~ 편집주간, 주필. **~·ship** [-ʃìp] Ⓤ 편집자의 지위[수완].
:ed·i·to·ri·al[èdətɔ́:riəl, èdi-] *n., a.* Ⓒ 《美》 사설, 논설; 편집자[주필]의[에 의한]. ~ ***staff*** 편집진. **~·ize**[-àiz] *vt.* 《美》 (…을) 사설로 쓰다[취급하다]. **~·ly** *ad.* 사설로.
EDP electronic data processing. **EDPS** 〖컴〗 electronic data processing system. **EDT** 《美》 Eastern Daylight Time.
ed·u·ca·ble[édʒukəbəl] *a.* 교육 가능한, 어느 정도의 학습능력이 있는.
***ed·u·cate**[édʒukèit] *vt.* ① 교육[교화]하다; 양성[양육]하다. ② (동물을) 훈련하다. **:-cat·ed**[-id] *a.* ***-ca·tor** *n.*
:ed·u·ca·tion[èdʒukéiʃən] *n.* Ⓤ 교육, 훈도; 양육. **:~·al** *a.* **~·al·ly** *ad.* **~·al·ist** *n.* Ⓒ 교육가, 교육학자.
educátional-indústrial cómplex 산학(産學) 협동.
educátional pàrk 교육 공원[단지], 학교 도시.
ed·u·ca·tive[édʒukèitiv/-kə-] *a.* 교육적인(instructive).
e·duce[idjú:s] *vt.* (잠재된 능력 등을) 빼어내다; 추론하다; 〖化〗 추출하다.
ed·u·tain·ment [èdʒutéinmənt] *n.* 에듀테인먼트《특히 초등 학생을 위한 교육과 오락을 겸한 TV 프로그램·영화·책 따위》.
Ed·ward[édwərd] *n.* 남자 이름. ~ Ⅵ(1537-53) 영국왕(재위 1547-53); Henry Ⅷ의 아들. ~ Ⅷ(1894-1972) 영국왕; 퇴위하여 미국 여자 (Mrs. Simpson)와 결혼, 그 후 Duke of Windsor라 칭함. ~ ***the*** CONFERSOR. **~·i·an**[edwɑ́:rdiən, -wɔ́:r-] *a., n.* Ⓒ (화려와 고상함을 뽐낸) 영국 에드워드(7세) 시대의 (사람).
-ee[í:, ì:] *suf.* '…당하는 사람'의 뜻(employ*ee*, examin*ee*); 《稀》 '…하는 사람'의 뜻(refug*ee*).
'ee [i:] *pron.* 《俗》 =YE(보기: *Thank'ee.*)
E.E. Electrical Engineer.
E.E. & M.P. Envoy Extraordinary and Minister Plenipotentiary. **EEC** European economic Community. **EEG** electroencephalogram.
eek[i:k] *int.* 이크!
:eel[i:l] *n.* Ⓒ 〖魚〗 뱀장어. 「초》.
éel·gràss *n.* Ⓤ 〖植〗 거머리말《해
e'en[i:n] *ad., n.* 《詩》 =EVEN².
EER energy efficiency ratio 에너지 효율비.
e'er[εər] *ad.* 《詩》 =EVER.
ee·rie, -ry[íəri] *a.* 무시무시한, 요기(妖氣) 있는(weird).
E.E.T.S. Early English Text Society《1864 창설》.
ef·face**[iféis] *vt.* 지우다; 삭제하다; 존재를 희미하게 만들다. ~ ***oneself 눈에 띄지 않게 하다, 표면에서 물러나다. **~·ment** *n.* Ⓤ 말소, 소멸.
:ef·fect[ifékt] *n.* ① Ⓤ,Ⓒ 결과; 영향. ② Ⓤ,Ⓒ 효과; 유효. ③ Ⓤ,Ⓒ 느낌, 인상; 〖美術〗 빛깔의 배합. ④ Ⓤ 취지, 대의, 의미. ⑤ Ⓤ,Ⓒ 〖法〗 실시, 효력. ⑥ Ⓤ 외관, 외양. ⑦ (*pl.*) 〖劇〗 효과《의음(擬音) 따위》. ⑧ (*pl.*) 동산, 재산. ***bring to*** [***carry into***] ~ 실행[수행]하다. ***come*** [***go***] ***into*** ~ 실시되다, 발효하다. ***for*** ~ 효과를 노려; 체재상. ***give*** ~ ***to*** …을 실시[실행]하다. ***in*** ~ 실제로; 요컨대; 실시되어. ***love of*** ~ 치레를[겉치장을] 좋아함. ***no*** **~*s*** 예금없음《은행에서 부도 수표에 N/E로 약기(略記)함》. ***of no*** ~ 무효의, 무익한. ***take*** ~ 효과가 있다; (법률이) 실시되다. ***to no*** ~ 보람없이. ***to the*** ~ ***that*** …라는 의미[취지]의. — *vt.* (결과를) 가져오다, 낳다; (목적을) 이루다.
ef·fec·ti·vate[iféktəvèit] *vt.* (법률 따위를) 실시하다.
:ef·fec·tive[iféktiv] *a.* ① 유효한. ② 효과적인; 인상적인, 눈에 띄는. ③ 사실상의, 실제의. ④ (법률이) 효력 있는. ⑤ (군대가) 동원 가능한. — *n.* Ⓒ (보통 *pl.*) (동원할 수 있는) 병력, 실병력(*an army of two million* ~*s* 병력 2백만의 육군). ***~·ly** *ad.* 유효하게; 실제상.
***ef·fec·tu·al**[iféktʃuəl] *a.* 효과적인; 유효[유력]한. ***~·ly** *ad.*
ef·fec·tu·ate[iféktʃuèit] *vt.* 유효하게 하다; 이루다; 달성하다.
***ef·fem·i·nate**[ifémənit] *a.* 연약한, 여자 같은. **~·ly** *ad.* **-na·cy** *n.*
ef·fen·di[iféndi/e-] *n.* Ⓒ 'Sir'에 해당하는 터키의 경칭; 그렇게 불리우는 사람《학자·의사·관리 등》.
ef·fer·ent[éfərənt] *a.* (신경이) 원심성(遠心性)의.
ef·fer·vesce[èfərvés] *vi.* 거품 일다(bubble), 비등(沸騰)하다; 들뜨다, 흥분하다. **-ves·cent** *a.* **-ves·cence** *n.*
ef·fete[efí:t, i-] *a.* 노쇠한; 생산력을 잃은(sterile); 무력해진. 「한.
ef·fi·ca·cious[èfəkéiʃəs] *a.* 유효
***ef·fi·ca·cy**[éfəkəsi] *n.* Ⓤ 효력.
:ef·fi·cien·cy[ifíʃənsi] *n.* Ⓤ 능률; 능력; 효력; 효율. ~ ***wages*** 능률급.
effíciency apàrtment 《美》 간이 아파트《부엌과 거실 겸 침실로 된》.
effíciency engineèr [**èxpert**] 《美》 경영 능률 전문가.

:**ef·fi·cient**[ifíʃənt] *a.* ① 효과 있는. ② 유능한. ③ 능률적인. *~·**ly** *ad.*

ef·fi·gy[éfədʒi] *n.* Ⓒ 상(像), 초상(image). ***burn*** 〔***hang***〕 (***a person***) ***in*** ~ (아무의) 인형을 만들어서 화형〔교수형〕에 처하다《악인 따위에 대한 저주로》 (cf. guy²).

ef·flo·resce[èflərés/-lɔ:-] *vi.* 꽃피다; 번영하다; 〖化〗 풍화하다; (벽의) 표면에 (꽃과 같은) 염분이 뿜어 나오다. **-res·cence**[-ns] *n.* Ⓤ 개화기; 풍화(물); 〖醫〗 발진. **-cent** *a.*

ef·flu·ent[éfluənt] *a.* 유출(流出)하는. —— *n.* =**éffluence** Ⓒ 유출물; Ⓤ (액체·광선·전기의) 유출, 방출.

ef·flu·vi·um [eflú:viəm] *n.* (*pl.* ***-via***[-viə]) Ⓒ 발산기(發散氣); 독기; 악취.

ef·flux[éflʌks] *n.* Ⓒ 유출물; Ⓤ 유출; 발산.

:**ef·fort**[éfərt] *n.* ① Ⓤ,Ⓒ 노력, 수고. ② Ⓒ 《口》 노력의 성과, 역작(力作). ③ Ⓤ 〖機〗 작용력(作用力). ④ Ⓒ 《주로 英》 (모금 등의) 운동. ~·**less** *a.*

ef·fron·ter·y[efrʌ́ntəri] *n.* Ⓤ,Ⓒ 뻔뻔스러움.

ef·ful·gent[ifʌ́ldʒənt, e-] *a.* 빛나는(radiant). **-gence** *n.* Ⓤ 광휘.

ef·fuse[ifjú:z, e-] *vt., vi.* 유출〔발산〕하다; (심정을) 토로하다. **ef·fu·sion**[-ʒən] *n.* Ⓤ (액체·빛·향기 따위의) 유출, 발산; (감정의) 토로, 발로. **ef·fu·sive**[-siv] *a.* 넘치는, 넘칠 듯한; (감정을) 거창하게 나타내는(*She was effusive in her gratitude.* 그녀는 거창하게 과장해서 감사의 뜻을 표하였다).

EFL English as a foreign language 외국어로서의 영어.

É-frèe *a.* 《英》 (식품) 첨가물이 없는, 무첨가의(cf. E number).

eft[eft] *n.* Ⓒ 〖動〗 영원(蠑螈)(small newt).

EFTA, Efta [éftə] European Free Trade Association (Area). **EFT**(**S**) electronic funds transfer (system) 전자식 대체 결제 (시스템).

eft·soon(**s**) [eftsú:n(z)] *ad.* 《古》 다시; 얼마 안 있어; 가끔.

Eg. Egypt; Egyptian.

e. g. [í:dʒí:, fərigzǽmpəl/-zá:m-] *exempli gratia*(L. =for example).

e·gal·i·tar·i·an[igæ̀lətέəriən] *a.* 평등주의의. —— *n.* Ⓒ 평등주의자. ~·**ism**[-ìzəm] *n.* Ⓤ 평등주의.

†**egg**¹[eg] *n.* Ⓒ ① 알; 달걀; 난(卵)세포. ② 둥근 물건. ③ 《俗》 폭탄. ④ 《俗》 놈, 사람; 《英·蔑》 애송이. ***as sure as*** ~***s is*** 〔***are***〕 ~***s*** 《英》 틀림없이. ***bad*** ~ 썩은 알; 《俗》 불량배. ***golden*** ~***s*** 큰벌이, 횡재. ***have*** 〔***put***〕 ***all one's*** ~***s in one basket*** 전 재산을 한 사업에 걸다. ***in the*** ~ 미연에, 초기에. ***lay an*** ~ 《俗》 (농담·흥행이) 들어맞지 않다, 실패하다; 《軍俗》 폭탄을 던지다; 기뢰를 부설하다.

egg² *vt.* 격려하다, 부추기다(urge) (*on*).

égg·bèater *n.* Ⓒ 달걀 교반기(攪拌器); 《美俗》 헬리콥터.

égg cèll 난세포, 난자.

égg·cùp *n.* Ⓒ 삶은 달걀 컵.

égg flìp =EGGNOG.

égg·hèad *n.* Ⓒ 《美俗·蔑》 인텔리, 지성인; 대머리.

égg làyer 《俗》 폭격기.

egg·nog[ˊnɑ̀g, -ɔ̀(:)-] *n.* Ⓤ,Ⓒ 에그노그《달걀·우유·설탕에 포도주·브랜디를 탄 음료》.

égg·plànt *n.* Ⓒ 가지《열매》.

égg·shàped *a.* 달걀꼴의.

égg·shèll *n.* Ⓒ 알〔달걀〕껍질.

égg whìte (요리용의) 달걀 흰자위.

e·gis[í:dʒis] *n.* =AEGIS.

eg·lan·tine[égləntàin, -tì:n] *n.* Ⓒ 들장미.

e·go[í:gou, é-] *n.* (*pl.* ~***s***) Ⓤ,Ⓒ 자아; 《口》 자부심. ~·**ism**[-ìzəm] *n.* Ⓤ 이기주의; 자부. ~·**ist** *n.* ~·**is·tic**[ˋ-ístik], **-ti·cal**[-əl] *a.* ~·**tism**[í:goutìzəm/ég-] *n.* Ⓤ 자기중심벽(癖)《회화·문장 중에 I, my, me를 연발하는 버릇》; 제멋대로; =EGOISM. ~·**tist**[í:goutist/ég-] *n.* ~·**tis·ti·cal**[ì:goutístikəl/èg-] *a.*

ègo·céntric *a.* 자기 중심의.

ègo·mánia *n.* Ⓤ 극단적〔병적〕 자기 중심벽, 병적 자부심.

égo trìp 《口》 이기적인 행위, 자기 본위의 행동.

e·gre·gious[igrí:dʒəs] *a.* 터무니없는, 지독한(flagrant); 엄청난, 엉터리 없는.

e·gress[í:gres] *n.* Ⓤ 외출, 밖으로 나감; Ⓒ 출구, 배출구.

e·gret[í:grit, ég-/-gret] *n.* Ⓒ 큰해오라기(의 깃털 장식).

:**E·gypt**[í:dʒipt] *n.* 이집트. :**E·gyp·tian**[idʒípʃən] *a., n.* 이집트 (사람)의; Ⓒ 이집트 사람; Ⓤ 이집트 말.

E·gyp·tol·o·gy[ì:dʒiptɑ́lədʒi/-ɔ́-] *n.* Ⓤ (고대) 이집트학.

ˑ**eh**[ei] *int.* 뭐!; 엣!; 그렇지!

EHF, Ehf extremely high frequency. **EHP, e.h.p.** electric horsepower; effective horsepower. **E.I.** East India(n); East Indies. **EIB**(**W**) Export-Import Bank (of Washington).

ei·der[áidər] *n.* Ⓒ 〖鳥〗 아이더오리(~ duck); Ⓤ 그 솜털.

éider·dòwn *n.* Ⓤ (아이더오리의) 솜털, Ⓒ 그 털로 만든 이불.

ei·det·ic[aidétik] *a., n.* Ⓒ 〖心〗 직관적인 (사람), 직관상(像)이 보이는 사람.

Éif·fel Tówer[áifəl-] (파리의) 에펠 탑.

ei·gen·val·ue[áigənvæ̀lju:] *n.* Ⓒ 〖數·理〗 고유값.

†**eight**[eit] *n., a.* ① Ⓤ,Ⓒ 8(의). ②

E

Ⓒ (보트의) 에이트《노 젓는 8명》. **~·fold**[ˊ-fòuld] *a., ad.* 8배의[로].
éight bàll 《美》【撞】 8이라고 쓴 검은 공; 《口》 무지향식(無指向式) 구형 마이크; 《俗》 바보. ***behind the ~*** 《美俗》 어려운[불리한] 입장에서.
†**eight·een**[èitíːn] *n., a.* Ⓤ,Ⓒ 18, 18의. **:~th** *n., a.* Ⓤ 제18(의); Ⓒ 18분의 1(의).
:**eighth**[eitθ] *n., a.* Ⓤ 제8(의); Ⓒ 8분의 1(의). **~ *note*** 【樂】 8분 음표.
éight-hóur *a.* 8시간제의(*the ~ day* 1일 8시간 노동제).
800 nùmber 《美》 800번 서비스 《국번 앞에 800번이 붙은 전화 번호는 요금 수신인 부담이 됨》.
eight·i·eth[éitiiθ] *n., a.* Ⓤ 제 80(의); Ⓒ 80분의 1(의).
†**eight·y**[éiti] *n., a.* Ⓤ,Ⓒ ① 80(의). ② (*pl.*) 80(세)대; 80년대《1780-89, 1980-89 따위》.
éighty-síx *vt.* 《美俗》 (바·식당 따위에서) 서비스를 하지 않다, 내쫓다, 배척하다.
Ein·stein[áinstain], **Albert** (1879-1955) 상대성 이론을 창설한 독일 태생의 미국 물리학자.
ein·stein·i·um[ainstáiniəm] *n.* Ⓤ 【化】 아인슈타이늄《방사성 원소; 기호 Es》.
Einstein thèory 아인슈타인의 상대성 원리.
Eir·e[ɛ́ərə] *n.* 에이레《republic of IRELAND의 딴 이름·구칭》.
Ei·sen·how·er[áizənhàuər], **Dwight**(1890-1969) 미국 제34대 대통령(1953-61)《애칭 **Ike**[aik]》.
eis·tedd·fod[eistéðvɑd/aistéðvɔd] *n.* Ⓒ 영국 Wales의 예술제.
†**ei·ther**[íːðər, áiðər] *a., pron.* (둘 중) 어느 것인가, 어느 것이든지. ***on ~ side*** 어느 쪽에도. ── *ad., conj.* ① 《~ ... or ...의 꼴로》 …이든가 또는 …이든가. ② 《부정 구문으로》 …도 또한 (…하지 않다)(*I don't like it, ~.* 나도 또한 좋아하지 않는다)(cf. neither).
éither-ór *a.* 양자 택일의.
e·jac·u·late[idʒǽkjəlèit] *vt., vi.* 갑자기 소리지르다(exclaim); (액체를) 사출(射出)하다(eject). **-la·tion** [─ˌ─léiʃən] *n.* Ⓤ,Ⓒ 절규; 사출; 사정(射精). **-la·to·ry**[─ˌ─lətɔ̀ːri/-təri] *a.*
e·ject[idʒékt] *vt.* 분출[사출]하다 (discharge); 토해내다(emit); 쫓아내다(expel). **~·ment** *n.* **e·jéc·tion** *n.*
e·jec·ta[idʒéktə] *n. pl.* 《단·복수 취급》 (화산 등의) 분출물.
ejéction càpsule (로켓의) 방출(放出) 캡슐.
ejéction sèat 【空】 (긴급 탈출용) 사출 좌석.
e·jec·tor[idʒéktər] *n.* Ⓒ eject하는 사람[물건]; 배출기[관].
eke[1][iːk] *vt.* 보충하다(out); (생계를) 꾸려나가다.
eke[2] *ad., conj.* 《古》 …도 또한; 그리고 또.
EKG electrocardiogram 심전도.
e·kis·tics[ikístiks] *n.* Ⓤ 생활 도시 계획학.
el[el] *n.* Ⓒ L자; 《美口》 고가 철도 (<*el*evated railroad); =TELL[2].
:**e·lab·o·rate**[ilǽbərit] *a.* 공들인, 면밀[정교]한, 힘들인. ──[-rèit] *vt.* 애써서 만들[어내]다; 퇴고(推敲)하다. ***~·ly**[-ritli] *ad.* 정성들여, 면밀[정교]하게. **-ra·tion**[ilæ̀bəréiʃən] *n.* Ⓤ 면밀한 마무리; 퇴고; Ⓒ 역작. **-ra·tive**[-rèitiv, -rət-] *a.* 공들인.
é·lan[eiláːn, -lǽn] *n.* (F.) Ⓤ 열의(熱意); 예기(銳氣); 약진(dash). **~ *vi·tal***[viːtáːl] 【哲】 생(生)의 약동 《Bergson의 용어》.
e·land[íːlənd] *n.* Ⓒ (아프리카의) 큰 영양(羚羊).
***e·lapse**[ilǽps] *vi.* (때가) 경과하다.
elápsed tíme 경과 시간《보트·자동차가 일정 코스를 주파하는 시간》.
***e·las·tic**[ilǽstik] *a.* ① 탄력 있는; 낭창한; (걸음걸이 따위가) 경쾌한. ② (기분이) 밝은, 쾌활한. ③ 융통성 있는. ── *n.* Ⓤ 고무줄. **~·i·ty**[ilæstísəti, ìːlæs-] *n.*
e·late[iléit] *vt.* 기운을 북돋우다, 의기 양양하게 만들다(exalt). **e·lat·ed**[-id] *a.* 의기 양양한(in high spirits); 신명이 난. **e·lá·tion** *n.*
É làyer E층《지상 80-150 킬로미터의 하층 전리층》.
El·be[élbə, elb] *n.* (the ~) 북해로 흐르는 독일의 강.
:**el·bow**[élbou] *n.* Ⓒ ① 팔꿈치; 팔꿈치 모양의 것. ② L자 모양의 굴곡, L자 모양의 파이프[이음새], 기역자관(管), (의자의) 팔걸이. ***out at ~s*** (의복의) 팔꿈치가 뚫어져; 가난하여. ***up to the ~s*** 몰두하여; 분주하여. ── *vt., vi.* 팔꿈치로 찌르다 [밀다, 밀어 제치고 나아가다].
élbow grèase 《口》 힘든 육체 노동.
élbow·ròom *n.* Ⓤ 팔꿈치를 자유롭게 놀릴 수 있는 여유; 활동의 여지.
:**eld·er**[1][éldər] *a.* ① 손위의, 연장의. ② 고참의. ③ 이전의, 옛날의 (earlier). **~ *brother*** [***sister***] 형[누이]. ── *n.* Ⓒ ① 연장자. ② 고참; 손윗사람. ③ 장로; 【史】 원로 《~ statesman이라고도 함》. ***~·ly** *a.* 나이 지긋한, 중년의, 초로의. **~·ship** *n.* Ⓤ 연장자의 신분; (장로 교회의) 장로직.
el·der[2] *n.* Ⓒ 양딱총나무. **~·ber·ry**[-bèri] *n.* Ⓒ 양딱총나무의 열매.
:**eld·est**[éldist] *a.* 가장 나이 많은, 맏….
El Do·ra·do, El·do-[èl dəráː-dou] *n.* (Sp.) Ⓒ 황금의 나라, 보물산.
:**e·lect**[ilékt] *vt.* 뽑다(choose); 선거하다. ── *a.* 뽑힌, 당선된. ***bride ~*** 약혼자(*fiancée*). ***president ~*** (아직 취임하지 않은) 당선 대통령.
:**e·lec·tion**[ilékʃən] *n.* Ⓤ,Ⓒ ① 선택, 선정(choice). ② 선거, 선임.

~·eer[ilèkʃəníər] *vi., n.* 선거 운동을 하다; Ⓒ 선거 운동원.
Eléction Dày 《美》 정부통령 선거일《11월 첫째 일요일 다음의 화요일》; (e- d-) 선거일.
eléction dìstrict 선거구.
e·lec·tive[iléktiv] *a., n.* 선거하는; (관직 따위) 선거에 의한, 선임의 (opp. appointive); 《美》 (학과가) 선택의; Ⓒ 선택 과목. ~ ***affinity*** 〖化〗 (원소간의) (선택) 친화력.
e·lec·tor[iléktər] *n.* Ⓒ 선거인, 유권자; 《美》 정부통령 선거 위원; 〖獨史〗 선제후(選帝侯).
e·lec·tor·al[iléktərəl] *a.* 선거(인)의; 선제후의.
eléctoral cóllege 정부통령 선거 「위원회.
eléctoral dístrict 선거구.
eléctoral róll 〔**régister**〕 선거인 명부.
eléctoral vóte 〖美政〗 (각 주에서 선출된) 대통령 선거인단에 의한 정·부통령 선거(cf. popular vote).
e·lec·tor·ate[iléktərit] *n.* Ⓒ 《집합적》 유권자 (전체), 선거민; 선제후령(領).
E·lec·tra[iléktrə] *n.* 〖그神〗 Agamemnon과 Clytemnestra의 딸《동생 Orestes의 도움으로 부정한 어머니와 그 정부를 죽였음》.
Eléctra còmplex 〖精神分析〗 엘렉트라 콤플렉스(opp. Oedipus complex).
e·lec·tress[iléktris] *n.* Ⓒ 여성 유권자.
†**e·lec·tric**[iléktrik] *a.* ① 전기의, 전기 장치의. ② 두근거리는(thrilling). ~ ***brain*** = ELECTRONIC BRAIN. ~ ***discharge*** 방전. ~ ***fan*** 선풍기. ~ ***heater*** 전기 난로. ~ ***iron*** 전기 다리미. ~ ***lamp*** 전등〔구〕. ~ ***outlet*** 〖電〗 콘센트(power socket). ~ ***power*** 전력.
:**e·lec·tri·cal**[-əl] *a.* 전기의〔같은〕; 강렬한. ~·**ly** *ad.*
eléctrical transcríption 녹음 방송용 (레코드, 테이프); 녹음.
eléctric cháir (사형용) 전기 의자; (the ~) 전기 사형.
eléctric chárge 전하(電荷).
eléctric círcuit 전기 회로.
eléctric cúrrent 전류.
eléctric éel (남아메리카산) 전기뱀장어.
eléctric éye 광전지, 광전관(光電管); 〖라디오〗 =MAGIC EYE.
eléctric éye càmera 자동 노출 카메라.
eléctric fíeld 전계(電界).
eléctric fúrnace 전기로(爐).
eléctric guitár 전기 기타.
e·lec·tri·cian [ilèktríʃən, ì:lek-] *n.* Ⓒ 《美》 전기 기술자〔학자〕.
†**e·lec·tric·i·ty**[ilèktrísəti, ì:lek-] *n.* Ⓤ ① 전기. ② 전류. ③ 극도의 긴장.
eléctric líght 전광, 전등.
eléctric néedle 〖外〗 전기침(針).
eléctric néws tàpe 전광 뉴스.
eléctric órgan 전기 오르간; (전기 뱀장어 따위의) 발전기.
eléctric poténtial 전위(電位).
eléctric rày 〖魚〗 시끈가오리.
eléctric shóck 감전, 전격.
eléctric shóck thérapy 〖醫〗 (정신병의) 전기 충격 요법.
eléctric stórm 뇌우(雷雨).
eléctric tórch 《英》 회중 전등.
eléctric wáve 전파.
*__e·lec·tri·fy__[iléktrəfài] *vt.* ① 전기를 통하다, 감전시키다. ② 전화(電化)하다. ③ 놀라게 하다, 감동〔흥분〕시키다(thrill). **-fi·ca·tion**[–⸗–fikéiʃən] *n.*
e·lec·tro [iléktrou] *n.* (*pl.* ~*s*) 《口》 =ELECTROTYPE; ELECTROPLATE.
e·lec·tro-[iléktrou, -rə] '전기의, 전기 같은'의 뜻의 결합사.
elèctro·ánalysis *n.* Ⓤ 전기 분해.
elèctro·cárdiogram *n.* Ⓒ 심전도(心電圖).
elèctro·cárdiograph *n.* Ⓒ 심전계.
elèctro·chémistry *n.* Ⓤ 전기 화학.
e·lec·tro·cute[iléktrəkjù:t] *vt.* 감전사시키다; 전기 사형에 처하다. **-cu·tion**[–⸗–kjú:ʃən] *n.* Ⓤ 감전사; 전기 사형.
e·lec·trode[iléktroud] *n.* Ⓒ 전극.
elèctro·dynámic *a.* 전기 역학의. ~**s** *n.* Ⓤ 전기 역학.
elèctro·dynamómeter *n.* Ⓒ 전기 동력계.
elèctro·encéphalogram *n.* Ⓒ 뇌파도(腦波圖). **-encéphalograph** *n.* Ⓒ 뇌파 기록 장치.
eléctro·gràph *n.* Ⓒ 전위 기록 장치; 전위판 조각기; 사진 전송기.
e·lec·tro·jet[iléktrədʒèt] *n.* Ⓤ 고층 전류《상층 대기의 이온의 흐름》.
e·lec·tro·lier[ilèktrou*líər*] *n.* Ⓒ 꽃전등, 샹들리에.
elèctro·luminéscence *n.* Ⓤ 〖電〗 전자 발광.
e·lec·trol·y·sis[ilèktrάləsis/-ɔ́-] *n.* Ⓤ 전해(電解).
e·lec·tro·lyte[iléktrou*l*àit] *n.* Ⓒ 전해액; 전해질. **-lyze**[-làiz] *vt.* 전해하다.
elèctro·mágnet *n.* Ⓒ 전자석. ~·**ism** *n.* Ⓤ 전자기(학). **-magnétic** *a.* 〖理〗 전자기의.
e·lec·trom·e·ter [ilèktrάmitər/-ɔ́mi-] *n.* Ⓒ 전위계.
elèctro·mótive *a.* 전동의. — *n.* Ⓒ 전기 기관차.
electromótive fórce 동〔기〕전력(動〔起〕電力).
elèctro·móter *n.* Ⓒ 발전기; 전동기(electricmotor).
e·lec·tro·my·o·gram [ilèktrou-máiəgræ̀m] *n.* Ⓒ 〖醫〗 근전도《생략 EMG》.
*__e·lec·tron__[iléktrαn/-trɔn] *n.* Ⓒ 전자.
eléctron bòmb 일렉트론 소이탄.

elèctro·négative *a.* 〖電·化〗 음전기의, 음성의.
eléctron gùn 〖TV〗 전자총《브라운관의 전자류 집중관》.
***e·lec·tron·ic** [ilèktránik/-ɔ́-] *n.* 전자의. ***~s** *n.* Ⓤ 전자 공학.
electrónic bráin 전자 두뇌《전자계산기 따위》.
electrónic cálculator 〔**compúter**〕 전자 계산기.
electrónic dáta prὸcessing 전자 정보 처리. 「공학.
electrónic engineéring 전자
electrónic flàsh 〖寫〗 스트로보《발광 장치》.
electrónic máil 〖컴〗 전자 우편.
electrónic músic 전자 음악.
electrónic órgan 전자 오르간.
electrónic survéillance (방범·첩보 활동을 위한) 전자 기기를 이용한 정보 수집.
eléctron lèns 전자 렌즈. 「경.
eléctron mìcroscope 전자 현미
eléctron neutrìno 〖理〗 전자 뉴트리노.
eléctron òptics 전자 광학.
eléctron tùbe 전자관《진공관의 일종》.
eléctron-vὸlt *n.* Ⓒ 〖理〗 전자 볼트《이온·소립자 에너지 단위; 생략 EV, ev》.
eléctro·phòne *n.* Ⓒ 전기 악기; 전자 보청기.
e·lec·tro·pho·re·sis [-fərí:sis] *n.* Ⓤ 〖理〗 전기 이동, 전기 영동법.
e·lec·tro·ph·o·rus [ilèktráfərəs/-ɔ́-] *n.* (*pl.* **-ri** [-rài]) Ⓒ 전기 쟁반, 기전반(起電盤).
elèctro·photógraphy *n.* Ⓤ 전자 사진술.
e·lec·tro·plate [iléktrouplèit] *vt., n.* (…에) 전기 도금을 하다; Ⓒ 전기 도금 제품. 「성의.
elèctro·pósitive *a.* 양전기의, 양
e·lec·tro·scope [iléktrəskòup] *n.* Ⓒ 검전기.
eléctro·shὸck *n.* Ⓤ,Ⓒ (정신병의) 전격(電擊) 요법. 「學).
elèctro·státics *n.* Ⓤ 정전학(靜電
elèctro·téchnics *n.* Ⓤ 전기 공(예)학.
elèctro·thérapy *n.* Ⓤ 전기 요법.
eléctro·tỳpe *n., vt.* Ⓤ 전기판(版)(으로 만들다, 을 뜨다).
e·lec·trum [iléktrəm] *n.* Ⓤ 호박금(琥珀金)《금·은의 합금; 고대 그리스 화폐로 사용했음》.
el·ee·mos·y·nar·y [èlimásənèri/èlii:mɔ́sənəri] *a., n.* 베푸는, 자선의; Ⓒ 자선을 받는 (사람).
:el·e·gant [éligənt] *a.* ① 우미(優美)한, 우아한, 품위 있는. ② 《口》 훌륭한, 근사한. **~·ly** *ad.* ***-gance, -gan·cy** *n.* Ⓤ 우미, 우아, 단아(端雅), 고상함; (과학적인) 정밀성; Ⓒ 우아한 말씨〔태도〕.
el·e·gi·ac [èlədʒáiək, ilí:dʒiæ̀k] *a.* 만가(挽歌)의, 애가〔엘레지〕조(調)의, 슬픈(sad). ― *n.* (*pl.*) 만가 형식의 시가(詩歌).
el·e·gize [élədʒàiz] *vt., vi.* 애가를 짓다; 애가로 애도하다(*upon*).
***el·e·gy** [élədʒi] *n.* Ⓒ 만가, 애가, 엘레지.
:el·e·ment [éləmənt] *n.* ① Ⓒ 요소, 성분; 분자(*discontented ~s* 불평 분자); 〖化〗 원소; 〖컴〗 요소. ② (*pl.*) 자연력, 풍우. ③ Ⓒ 고유의 환경; 활동 영역《물고기라면 물》; (사람의) 본령, 천성. ④ (*pl.*) 기본, 초보. ⑤ (the E-) 〖宗〗 (성체 성사의) 빵과 포도주. ***in*** 〔***out of***〕 ***one's ~*** 자기 실력을 충분히 발휘할 수 있는〔없는〕 처지에. ***strife*** 〔***war***〕 ***of the ~s*** 폭풍우. ***the four ~s*** 사대(四大)《흙·물·불·바람》.
***el·e·men·tal** [èləméntl] *a.* 원소〔요소〕의; 본질적인(essential); 원리의; 사대(四大)《흙·물·불·바람》의; 근원적인; 초보의.
:el·e·men·ta·ry [èləméntəri] *a.* 기본〔초보〕의; 본질의; 원소의.
eleméntary párticles 〖理〗 소립자.
eleméntary schὸol 초등 학교.
:el·e·phant [éləfənt] *n.* (*pl.* **~s,** 《집합적》 ~) Ⓒ 코끼리《미국에서는 이것을 만화화하여 공화당을 상징함》. ***see the ~*** 《美俗》 세상을 보다〔알다〕; 구경하다. ***white ~*** 흰 코끼리; 주체스러운 물건.
el·e·phan·ti·a·sis [èləfəntáiəsis] *n.* Ⓤ 상피병(象皮病).
el·e·phan·tine [èləfǽnti:n, -tain] *a.* 코끼리의, 코끼리와 같은; 거대한; 볼품 없는; 느린; 거친, 대범한.
:el·e·vate [éləvèit] *vt.* ① 올리다, 높이다. ② 승진시키다. ③ 기운을 북돋아주다; 향상시키다, (희망·정신·자부심을) 앙양하다. ④ 기분을 들뜨게 하다. ***-vat·ed** [-id] *a., n.* 높인, 높은; 고상한(lofty); 쾌활한, 《口》 거나한; 《美》 =**∠d ráilway** (시내) 고가 철도.
***el·e·va·tion** [èləvéiʃən] *n.* ① Ⓤ 올리는〔높이는〕 일. ② Ⓤ 승진, 향상; 기품, 고상. ③ Ⓒ 높은 곳, 고지; (an ~) 고도(高度); 해발. ④ Ⓒ 입면〔정면〕도.
†el·e·va·tor [éləvèitər] *n.* Ⓒ ① 《美》 승강기(《英》 lift). ② 《美》 (큰) 곡물 창고. ③ 〖空〗 승강타(舵).
élevator shàft 〖建〗 승강기 통로.
†e·lev·en [ilévən] *n., a.* ① Ⓤ,Ⓒ 열하나(의); Ⓒ 열한 사람〔개〕. ② Ⓒ (크리켓·축구 따위의) 팀. ③ (the E-) (예수의 사도(使徒) 가운데 Judas를 제외한) 11사도. ④ (*pl.*) 《英口》 =ELEVENSES. **†~th** *n., a.* Ⓤ 열한째(의); Ⓒ 11분의 1(의). ***at the ~th hour*** 막판에.
eléven-plús (**examinátion**) *n.* (the ~) 《英》 (11-12세 학생에 대한) 진학 자격 인정 시험.
e·lev·ens·es [ilévənziz] *n. pl.* 《英口》 (오전 11시경의) 가벼운 점심.

*__elf__[elf] *n.* (*pl.* __*elves*__) Ⓒ ① 꼬마 요정(妖精). ② 난쟁이, 꼬마. ③ 개구쟁이. **∠·ish** *a.* **∠·lìke** *a.*

elf·in[élfin] *n., a.* Ⓒ 꼬마 요정(elf)(과 같은).

élf·lànd *n.* Ⓤ,Ⓒ 요정의 나라.

élf·lòck *n.* Ⓒ 엉킨 머리.

El Gre·co[el grékou] (1541-1614) (엘) 그레코《스페인의 화가·조각가》.

e·lic·it [ilísit] *vt.* (갈채·웃음·대답 따위를) 끌어내다(*from*). **-i·ta·tion** [ilìsətéiʃən] *n.* 「하다.

e·lide[iláid] *vt.* (모음·음절을) 생략

*__el·i·gi·ble__[élidʒəbəl] *a., n.* ① 택해도 좋은, 뽑힐 자격 있는. ② 적임의, 바람직한. ③ Ⓒ 적격자. **-bil·i·ty** [èlidʒəbíləti] *n.*

E·li·jah[iláidʒə] *n.* 〖聖〗 엘리야《헤브라이의 예언자》.

e·lim·i·na·ble[ilímənəbəl] *a.* 제거할 수 있는.

:**e·lim·i·nate**[ilímənèit] *vt.* ① 제거하다(remove), 삭제하다(*from*); 무시하다; 생략하다. ② 〖數〗 소거하다. ③ 〖生〗 배설하다. * __-na·tion__ [ilìmənéiʃən] *n.* Ⓤ,Ⓒ 제거; 배출; 예선(豫選); 〖數〗 소거. **e·lím·i·nà·tor** *n.* Ⓒ 제거하는 물건; 일리미네이터《교류에서 직류를 얻는 장치》; 〖라디오〗 교류 수신기.

ELINT, el·int[élint] *n.* Ⓤ 전자 정보(<*el*ectronic *int*elligence).

El·i·ot[éliət, -jət] *n.* ① **George** (1819-80)(Mary Ann Evans의 필명) 영국의 여류 소설가. ② **Thomas Stearns** (1888-1965) 영국의 시인·비평가.

E·li·sha[iláiʃə] *n.* 〖聖〗 엘리샤《헤브라이의 예언자; Elijah의 후계자》.

e·li·sion[ilíʒən] *n.* Ⓤ,Ⓒ 〖音聲〗 모음〔음절〕의 생략(eliding).

e·lite, é·lite[eilí:t] *n.* (F.) Ⓒ 정예(精銳), 엘리트. ***the ~ of society*** 명사들.

e·lix·ir[ilíksər] *n.* Ⓒ (연금술의) 영액(靈液); 불로 장수의 영약; 만병 통치약(cureall); = **~ *vi·tae***[váiti:] (L.) =***the ~ of life*** 불로 장생약.

Eliz. Elizabeth(an).

:**E·liz·a·beth**[ilízəbəθ] *n.* ① ~ I (1533-1603) 영국 여왕(1558-1603) 《Henry Ⅷ와 Anne Boleyn의 딸》. ② ~ Ⅱ (1926-)현 영국 여왕(1952-)《George Ⅵ의 장녀》.

*__E·liz·a·be·than__ [ilìzəbí:θən, -béθ-] *a., n.* Ⓒ 엘리자베스 1세 시대의 (문인·정치가).

Elizabéthan sónnet 엘리자베스조(朝)풍의 소네트《Shakespearian sonnet라고도 함; 압운(押韻) 형식은 *abab cdcd efef gg*》.

elk[elk] *n.* (*pl.* **~*s,*** 《집합적》 ~) Ⓒ 고라니, 큰사슴《아시아·북유럽산(産)》(cf. moose).

ell[1][el] *n.* Ⓒ 엘《45인치에 상당하는 옛날의 영국 척도》. ***Give him an inch and he'll take an ~.*** 《속담》 봉당을 빌려 주니 안방까지 달란다.

ell[2] *n.* Ⓒ L형의 물건; 〖建〗 L형, 기역자꼴; 증축 (부분).

el·lipse[ilíps] *n.* Ⓒ 타원, 장원(長圓)형. **el·lip·soid**[-ɔid] *n.* Ⓒ 타원체.

*__el·lip·sis__[ilípsis] *n.* (*pl.* __*-ses*__ [-si:z]) ① Ⓤ,Ⓒ 〖文〗 생략. ② Ⓒ 〖印〗 생략 부호(—, ***, … 따위).

el·lip·tic[ilíptik], **-ti·cal**[-əl] *a.* 타원(ellipse)의; 생략의.

*__elm__[elm] *n.* Ⓒ 느릅나무; Ⓤ 그 재목.

El Ni·ño (**Cúrrent**) [el ní:njou-] (Sp.) 엘니뇨《남아메리카 북서부 연안을 남하하는 난류》.

*__el·o·cu·tion__[èləkjú:ʃən] *n.* Ⓤ 웅변술, 화술; 낭독〔발성〕법. **~·ary** [-èri/-əri] *a.* **~·ist** *n.* Ⓒ 웅변가.

él·oge[eilóuʒ] *n.* (F.) (고인에의) 찬사.

E·lo·him[elóuhim] *n.* 엘로힘《여호와의 별칭》.

E. long. east longitude.

e·lon·gate [i(ː)lɔ́:ŋgeit/í:lɔŋgèit] *vt., vi.* 길게 하다, 길어지다, 연장하다. — *a.* 길어진, 가늘고 긴. **-ga·tion**[i(ː)lɔ̀:ŋgéiʃən] *n.* Ⓒ 연장(선); Ⓤ 신장(伸張).

e·lope[ilóup] *vi.* (남녀가) 눈맞아 달아나다(***with***); 가출하다; 도망하다. **~·ment** *n.*

:**el·o·quent**[éləkwənt] *a.* ① 웅변의. ② 표정이 풍부한; (…을) 잘 나타내는(*of*). **~·ly** *ad.* :**-quence** *n.* Ⓤ 웅변(술).

El Sal·va·dor[el sǽlvədɔ̀:r] *n.* 엘살바도르《중앙 아메리카의 공화국》.

El·san[élsæn] *n.* Ⓒ 〖商標〗 (탈취 등에 화학 약품이 쓰이는) 휴대 변기.

†**else**[els] *ad.* 달리, 그 밖에. — *conj.* 《보통 **or** ~의 형식으로》 그렇지 않으면.

:**else·where**[∠hwὲər] *ad.* 어딘가 딴 곳에.

e·lu·ci·date[ilú:sədèit] *vt.* 밝히다, 명료하게 하다; 설명하다. **-da·tion**[-∸—déiʃən] *n.*

*__e·lude__[ilú:d] *vt.* (살짝 몸을 돌려) 피하다; 벗어나다(evade). **e·lu·sion**[ilú:ʒən] *n.* Ⓤ 회피, 도피.

e·lu·sive[ilú:siv] *a.* 용하게 빠져나가는; 포착하기 어려운, 알기 어려운. **~·ly** *ad.* **~·ness** *n.*

e·lute[ilú:t] *vt.* 〖化〗 (…을) 용리(溶離)하다. **e·lú·tion** *n.* Ⓤ 용리.

*__elves__[elvz] *n.* elf의 복수.

E·ly·sée[eili:zéi] *n.* 엘리제궁(宮) 《프랑스 대통령 관저》.

E·ly·si·um[ilíʒəm, -zi-] *n.* 〖그神〗 (영웅·미인이 죽은 후에 산다는) 극락; Ⓤ 낙토, 이상향. **-si·an**[-ʒiən] *a.*

em[em] *n.* Ⓒ M자; 〖印〗 전각(全角).

EM 〖軍〗 education manual; enlisted man 〔men〕. **EM., eman.** emanation. **EMA** European Monetary Agree-

E

ment.

'em [əm] (<ME *hem*) *pron.* 《口》 =THEM.

em- [im, em] *pref.* ⇨EN-.

e·ma·ci·ate [iméiʃièit] *vt.* 쇠약하게 하다, 여위게 하다. **-at·ed** *a.* **-a·tion** [–ˌ–éiʃən] *n.*

E-mail, e-mail, e·mail [í:mèil] (<*e*lectronic *mail*) *n.* 『컴』 전자 우편, 전자 메일.

em·a·nate [émənèit] *vi.* (빛·열·소리 따위가) 발산〔방사〕하다(*from*). **-na·tion** [ˌ–néiʃən] *n.* Ⓤ 발산, 방사; Ⓒ 발산〔방사〕물; Ⓤ 『化』 에마나치온《방사성 기체》.

e·man·ci·pate [imǽnsəpèit] *vt.* 해방하다. ***-pa·tion** [–ˌ–péiʃən] *n.* Ⓤ 해방. **-pá·tion·ist** *n.* Ⓒ (노예) 해방론자. **e·mán·ci·pà·tor** *n.* Ⓒ 해방자.

e·mas·cu·late [imǽskjəlèit] *vt.* 불까다, 거세하다(castrate); 유약(柔弱)하게 하다. — [-lit] *a.* 불깐, 거세된; 유약한, 연약한(effeminate). **-la·tion** [imæ̀skjəléiʃən] *n.*

em·balm [imbɑ́:m] *vt.* (시체에) 향유(balm)〔방부제〕를 발라서 보존하다; (이름을) 길이 기억에 남기다; 향기를 풍기다, 향료를 치다. **~·ment** *n.*

em·bank [imbǽŋk] *vt.* 둑으로 두르다, 둑을 쌓다. ***~·ment** *n.* Ⓒ 제방, 둑; 축제(築堤).

em·bar·go** [embɑ́:rgou] *n.* (*pl.* **~es**) Ⓒ ① (선박의) 항내 출입 금지. ② 통상 금지. ③ (일반적으로) 금지. ***lay* 〔*lift*〕 *an* ~ *on 만내(灣內) 출입을 금지하다〔금지를 해제하다〕. — *vt.* (선박의) 출〔입〕항을 금지하다; (통상을) 금지하다; (배·상품을) 몰수하다.

em·bark** [embɑ́:rk] *vi.* ① 배를 타다, 출범하다(*for*). ② (사업·생활을) 시작하다. **~ *on* 〔*in*〕 *matrimony 결혼 생활에 들어가다. — *vt.* ① 배에 태우다. ② 종사케 하다. ③ 투자하다. ***em·bar·ka·tion** [èmbɑ:rkéiʃən] *n.*

:em·bar·rass [embǽrəs] *vt.* ① 곤란케 하다, 당혹게 하다(confuse). ② (문제를) 분규케 하다; (…의 자유로운) 행동을 방해하다; 재정을 곤란케 하다. ***be* 〔*feel*〕 ~*ed*** 거북하게〔어색하게〕 느끼다. **~·ing** *a.* 곤란한, 귀찮은. **:~·ment** *n.* Ⓤ 난처함, 당혹; Ⓒ 방해, 장애; (보통 *pl.*) (재정상의) 곤란.

em·bas·sa·dor [embǽsədər] *n.* =AMBASSADOR.

:em·bas·sy [émbəsi] *n.* Ⓒ 대사관; 사절(단); 대사의 임무.

em·bat·tle[1] [imbǽtl] *vt.* 진을 치다, 포진(布陣)하다. **~d** [-d] *a.*

em·bat·tle[2] *vt.* (성에) 총안(銃眼) 달린 흉장(胸墻)을 갖추다(cf. battlement).

em·bed [imbéd] *vt.* (**-dd-**) 묻다, 매장하다; (마음 속에) 깊이 간직하다.

em·bel·lish [imbéliʃ] *vt.* 장식하다(adorn). **~·ment** *n.*

:em·ber[1] [émbər] *n.* Ⓒ (보통 *pl.*) 타다 남은 것, 여신(餘燼).

em·ber[2] *n.* 『가톨릭』 단식과 기도의 계재(季齋).

Ém·ber dàys 사계재일(四季齋日).

em·bez·zle [embézl] *vt.* (위탁금 따위를) 써버리다. **~·ment** *n.* Ⓤ (위탁금 따위의) 유용(流用), 착복.

em·bit·ter [embítər] *vt.* 쓰게 하다; 고되게〔비참하게〕 하다; (…의) 감정을 상하게 하다; 심하게 하다. **~·ment** *n.*

em·bla·zon [embléizən] *vt.* (방패를) 문장으로 장식하다; (화려하게) 장식하다; 찬양하다. **~·ment** *n.* Ⓤ 문장 장식. **~·ry** *n.* Ⓤ 문장 화법(畫法); 《집합적》 문장; 장식.

***em·blem** [émbləm] *n., vt.* Ⓒ 상징(하다); 기장(으로 나타내다). **~·at·ic** [èmblimǽtik], **-i·cal** [-əl] *a.* 상징의〔적인〕; (…을) 상징하는(*of*).

***em·bod·y** [imbɑ́di/-ɔ́-] *vt.* ① 형체를 부여하다; 형체 있는 것으로 만들다, 구체화하다, 구체적으로 표현하다. ② 일체화하다; 통합하다; 포함하다. **em·bód·i·ment** *n.* Ⓤ 구체화, 구현; 화신(化身).

em·bold·en [imbóuldən] *vt.* 대담하게 하다, 용기를 주다(encourage).

em·bo·lism [émbəlìzəm] *n.* Ⓒ 『醫』 색전증(塞栓症).

em·bo·lis·mic [embəlízmik] *a.* (유대력으로) 윤년〔달, 일〕이 들어 있는.

em·bo·lus [émbələs] *n.* (*pl.* **-li** [-lài]) Ⓒ 『醫』 색전물(物).

em·bon·point [ɑ̀:mbɔ(:)mpwǽŋ/ɔ̃(:)m-] *n.* (F.) Ⓤ (여인의) 비만(肥滿).

em·bos·om [imbú(:)zəm] *vt.* 품에 안다; 둘러싸다.

em·boss** [embɑ́s, -bɔ́:s/-bɔ́s] *vt.* 돋을새김(으로 장식)하다; (무늬를) 도드라지게〔도도록하게〕 하다. **~*ed printing (우표·고급 명함·초대장 등의) 돋을인쇄. **~·ment** *n.*

em·bou·chure [ɑ̀:mbuʃúər/ɔ̀m-] *n.* (F.) Ⓒ 하구(河口); 골짜기의 어귀; (취주 악기의) 주둥이.

em·bow·er [embáuər] *vt.* 나뭇잎으로 가리다; 숨기다. — *vi.* 나무 그늘에서 쉬다〔묵다〕.

:em·brace [embréis] *vt.* ① 포옹하다, 껴안다(hug). ② 『法』 (배심원 등을) 매수〔포섭〕하다. ③ 포함하다, 둘러싸다, 에워싸다. ④ (의견·종교 등을) 받아들이다; 채용하다, (기회를) 붙잡다. ⑤ 깨닫다, 간파하다(take in). — *vi.* 서로 껴안다. — *n.* Ⓒ 포옹. **~·a·ble** *a.* **~·ment** *n.* **em·brác·er·y** *n.* Ⓤ 『法』 매수.

em·bra·sure [embréiʒər] *n.* Ⓒ 『築城』 (밖을 향하여 쐐기 모양으로 열린) 총안.

em·bro·cate [émbrəkèit] *vt.* 『醫』 (…에) 약을 바르다; (…에) 찜질하다(*with*). **-ca·tion** [ˌ–kéiʃən] *n.*

***em·broi·der**[embrɔ́idər] *vt.* 자수하다, 수놓다; 윤색(潤色)하다; 과장하다. ***~·y** *n.* Ⓤ 자수, 수(놓기); Ⓒ 자수품; Ⓤ 윤색, 과장.
em·broil[embrɔ́il] *vt.* 분규(紛糾)〔혼란〕시키다; (분쟁에) 휩쓸어 넣다(*in*). **~·ment** *n.*
em·bry·o**[émbriòu] *n.* (*pl.* **~s**) Ⓒ 배(아)(胚芽); 태아; 움, 싹. ***in **~** 미발달의; 생각중에 있는. **—** ***a.*** 배(아)의, 태아의; 미발달의; 초기의. **-on·ic**[èmbriánik/-ɔ́-] *a.* 배(胚)의, 태아의; 미달발〔초기〕의.
em·bry·ol·o·gy[èmbriálədʒi/-ɔ́-] *n.* Ⓤ 발생〔태생〕학.
em·bus·qué[ɑ̃:mbúskei] *n.* (F.) Ⓒ 정부의 일을 하며〔관직에 있으면서〕 병역을 기피하는 자.
em·cee[émsí:] (<M.C.) *n.* Ⓒ《美口》사회자(master of ceremonies). **—** *vt., vi.* 사회하다.
e·meer[emíər] *n.* =EMIR.
e·mend[eménd] *vt.* (문서 따위를) 교정하다(correct). **e·men·da·tion** [ì:mendéiʃən, èmən-] *n.* Ⓤ 교정.
em·er·ald**[émərəld] *n.* Ⓒ 녹옥(綠玉), 에메랄드; Ⓤ 에메랄드 빛깔. **—** ***a. 선녹색(鮮綠色)의.
Émerald Ísle, the 아일랜드의 미칭.
:e·merge[imə́:rdʒ] *vi.* 나타나다; (문제가) 일어나다; (곤궁에서) 빠져나오다. **e·mer·gence**[-əns] *n.* Ⓤ 출현; 탈출.
:e·mer·gen·cy[-ənsi] *n.* Ⓤ,Ⓒ 비상 사태, 긴급(한 때), 위급 사태.
emérgency bràke (열차 따위의) 비상 브레이크.
emérgency càll 비상 소집.
emérgency càse 구급 상자.
emérgency dòor 〔**èxit**〕 비상구.
emérgency mèasures 응급 조처.
emérgency pòwer (전시·재해시의) 비상 지휘권〔통치권〕.
emérgency ròom 《美》(병원의) 응급실《생략 ER》.
emérgency stàircase 비상 계단.
e·mer·gent[imə́:rdʒənt] *a.* 불시에 나타나는, 뜻밖의; 긴급한.
e·mer·i·tus[imérətəs] *a.* 명예 퇴직의. **~** ***professor*** =***professor*** **~** 명예 교수.
e·mer·sion[imə́:rʃən, -ʒən] *n.* = EMERGENCE; 〖天〗 (식(蝕) 또는 엄폐 후 일월의) 재현.
***Em·er·son** [émərsn], **Ralph Waldo**(1803-82) 미국의 시인·철인.
em·er·y[éməri] *n.* Ⓤ 금강사(金剛砂).
émery bòard 손톱줄.
émery pàper (금강사로 만든) 사포(砂布), 속새.
e·met·ic[imétik] *a., n.* 토하게 하는; Ⓒ 토제(吐劑).
E.M.F., e.m.f., emf electromotive force. **EMI** European Monetary Institute 유럽 통화 기구.
***em·i·grant**[émәgrənt] *a., n.* Ⓒ (타국에) 이주하는 (사람), 이민(의) (cf. immigrant).
em·i·grate**[éməgrèit] *vi., vt.* (타국에) 이주하다〔시키다〕(from***) (cf. immigrate). **-gra·tion**[≻–gréiʃən] *n.* Ⓤ,Ⓒ 이주.
é·mi·gré[émigrèi] *n.* (F.) Ⓒ 이민; 〖프史〗 망명한 왕당원(王黨員).
***em·i·nence**[émənəns] *n.* ① Ⓒ 높은 곳, 언덕. ② Ⓤ (지위·신분 따위의) 고위, 고귀; 탁월; 저명; 현직(顯職). ③ (E-) 〖가톨릭〗 전하(殿下)《cardinal의 존칭》. **:-nent** *a.* 우수한; 유명한; 현저한. **-nent·ly** *ad.*
e·mir[əmíər] *n.* Ⓒ (이슬람교국의) 토후(土侯), 수장(首長).
e·mir·ate[əmíərit] *n.* Ⓒ (이슬람교국의) 토후의 지위〔신분·칭호〕; 토후국.
em·is·sar·y[éməsèri/-səri] *n.* Ⓒ 사자(使者); 밀사, 간첩.
***e·mis·sion**[imíʃən] *n.* Ⓤ,Ⓒ 방사, 배출; Ⓒ 방사물, 배출물(질).
e·mit**[imít] *vt.* (-tt-***) ① 내다, 발하다. ② (지폐를) 발행하다.
Em·my[émi] *n.* 에미상《미국의 TV 예술상》.
e·mol·li·ent[imáljənt/-ɔ́-] *a.* (피부·점막을) 부드럽게 하는; 완화하는. **—** ***n.*** Ⓤ,Ⓒ 연화제(軟化劑).
e·mol·u·ment[imáljəmənt/-ɔ́-] *n.* Ⓒ (보통 ***pl.***) 급료; 보수.
e·mote[imóut] *vi.* 《美口》 과장된 행동을 하다; 정서를 보이다, 감정을 내다. **e·mó·tive** *a.*
:e·mo·tion[imóuʃən] *n.* Ⓤ,Ⓒ 정서, 감동. ***~·al**[-ʃənəl] *a.* 감정의, 감정적인; 감동하기 쉬운, 정에 무른; 감동시키는. **~·al·ism**[-əlìzəm] *n.* Ⓤ 감격성; 감정에 호소함; 감정 노출 경향. ***~·al·ly** *ad.*
em·pan·el[impǽnəl] *v.* (《英》 ***-ll-***) =IMPANEL.
em·pa·thet·ic[èmpəθétik] *a.* 감정 이입(移入)의.
em·pa·thy[émpəθi] *n.* Ⓤ 〖心〗 감정 이입(感情移入)《상대방의 감정의 완전한 이해》.
:em·per·or[émpərər] *n.* Ⓒ 황제 (cf. empire).
:em·pha·sis[émfəsis] *n.* (*pl.* ***-ses*** [-sì:z]) Ⓤ,Ⓒ ① 강조, 강세. ② 어세(語勢), 문세(文勢).
:em·pha·size[émfəsàiz] *vt.* 강조〔역설〕하다.
***em·phat·ic**[imfǽtik] *a.* ① 어세가 강한, 강조한. ② 단호한, 절대적인. ③ 두드러진. ***-i·cal·ly** *ad.*
em·phy·se·ma[èmfəsí:mə] *n.* Ⓤ 〖醫〗 기종(氣腫).
:em·pire[émpaiər] *n.* Ⓒ 제국(帝國)(cf. emperor); Ⓤ 절대 지배권.
Émpire Cíty 〔**Státe**〕 뉴욕시〔주〕.
Émpire Dày ⇨COMMONWEALTH DAY.
em·pir·ic[empírik] *n.* Ⓒ 경험에만 의존하는 사람; 경험주의자; 《古》 돌팔이 의사(quack). **—** ***a.*** 경험의, 경

험적인; 돌팔이 의사 같은. **-i·cal** *a.* =EMPIRIC. ***-ical philosophy*** 경험 철학. **-i·cism**[-rəsìzəm] *n.* Ⓤ 경험주의.
em·place·ment [empléismənt] *n.* Ⓤ 설치, 고정; 위치 (고정); Ⓒ 〖軍〗 포상(砲床).
em·plane[empléin] *vi., vt.* 비행기에 타다〔태우다〕.
‡**em·ploy**[emplɔ́i] *vt.* 고용하다, 쓰다; (시간·정력 따위를) 소비하다. ~ ***oneself*** (…에) 종사하다(*in*). — *n.* Ⓤ 사용, 고용. ***in the ~ of*** …에 고용되어서. ***out of ~*** 실직하여. ‡**~·er** *n.* Ⓒ 고용주. ‡**~·ment** *n.* Ⓤ 고용, 직(職), 일(~***ment agency***〔***office***〕 직업 소개소).
‡**em·ploy·ee** [implɔ́ii:, èmplɔií:], ***em·ploy·é*** [emplɔ́ii:/ɔmplɔ́iei] *n.* Ⓒ 고용인, 종업원.
em·po·ri·um[empɔ́:riəm] *n.* (*pl.* ~***s,*** ***-ria***[-riə]) Ⓒ 상업 중심지, 큰 시장; 큰 상점.
***em·pow·er**[impáuər] *vt.* (…에게) 권한〔권력〕을 주다; …할 수 있도록 하다(enable).
‡**em·press**[émpris] *n.* Ⓒ 여제(女帝); 황후.
†**emp·ty**[émpti] *a.* 빈, 비어 있는; 공허한, 무의미한; 《口》 배고픈; (…이) 없는, 결여된(*of*). — *vt., vi.* 비우다, 비다(~ ***a glass*** 잔을 비우다). **-ti·ness** *n.*
émpty-hánded *a.* 빈 손의, 맨손의.
émpty-héaded *a.* 머리가 텅 빈; 무식한.
émpty nésters 《口》 자식이 없는 부부, (자식들이 자라서 집을 떠나) 둘만 남은 허전한 부부.
em·pur·ple[empə́:rpl] *vt.* 자줏빛으로 하다〔물들이다〕.
em·py·e·ma[èmpaií:mə] *n.* Ⓒ 축농(증).
em·pyr·e·al[èmpairí:əl, empíriəl] *a.* 최고천(最高天)의, 하늘의, 정화(淨火)로 이루어진.
em·py·re·an[èmpairí:ən] *n.* (the ~) 화천(火天)《고대 천문학의 오천(五天) 중의 최고천》; 천공. — *a.* =⇧.
EMS European Monetary System 유럽 통화 제도; emergency medical service.
e·mu[í:mju:] *n.* Ⓒ 에뮤《타조 비슷한 큰 새; 날지 못함》.
EMU extravehicular mobility unit. **e.m.u.** electromagnetic unit(s).
em·u·late[émjəlèit] *vt.* ① (…와 우열을) 다투다(strive to equal or excel). ② 〖컴〗 대리 실행〔대행〕하다. **-la·tion**[ㅗ-léiʃən] *n.* Ⓤ 〖컴〗 대리 실행, 대행《다른 컴퓨터의 기계어 명령어로 실행 가능》. **-la·tive** [-lə-, -lèi-] *a.* **-la·tor** *n.* Ⓒ 경쟁자; 〖컴〗 대행기.
em·u·lous[émjələs] *a.* 경쟁심이 강한(***She is ~ of him.*** 그녀는 그에게 지지 않으려고 한다); (명성·성공을) 열망하는(desirous)(*of*); 경쟁심에서 나온. **~·ly** *ad.*
e·mul·si·fi·ca·tion [imʌ̀lsəfikéiʃən] *n.* Ⓤ 유제화(乳劑化).
e·mul·si·fy[imʌ́lsəfài] *vt.* 젖같이 만들다. 「(乳劑).
e·mul·sion[imʌ́lʃən] *n.* Ⓤ,Ⓒ 유제
en-[in, en] *pref.* 《b, m, p 앞에서는 em-》 ① 명사에 붙여 '…속에 넣다, 위에 놓다'의 뜻을 만듦: *en*gulf. ② 명사·형용사에 붙여 '…로 하다'의 뜻을 만듦: *en*slave. ③ 동사에 붙여 '안에, 속에'의 뜻을 더함: *en*fold.
‡**en·a·ble**[enéibəl] *vt.* …할 수 있게 하다(make able); (…의) 권능〔가능성〕을 주다; 〖컴〗 (…을) 가능하게 하다.
***en·act**[enǽkt] *vt.* 법률화하다; (법을) 제정하다; (…의) 역(役)을 하다(play). **~·ment** *n.* Ⓤ 제정, 설정; Ⓒ 법령(law).
e·nam·el** [inǽməl] *n., vt.* (《英》 ***-ll-) Ⓤ 에나멜(을 칠하다); (오지그릇의) 유약(釉藥)(을 입히다); 법랑(珐瑯); (이(齒)의) 법랑질, 사기질(cf. dentine).
e·nam·el·ware[-wɛ̀ər] *n.* Ⓤ 법랑철기.
en·am·or, 《英》 **-our**[inǽmər] *vt.* 매혹하다. ***be ~ed of*** 〔***with***〕 …에 매혹되다〔반하다〕.
en·an·ti·o·morph [inǽntiou-mɔ̀:rf] *n.* Ⓒ 〖化〗 경상체(鏡像體).
en bloc[ɑn blák, en-/-blɔ́k] (F.) 일괄하여, 총괄적으로(all together). ***resign ~*** 총사직하다.
en·cae·ni·a [ensí:niə, -njə] *n.* Ⓤ (도시·교회의) 창립 기념제; (E-) 《英》 옥스퍼드 대학 창립 기념제.
en·cage[enkéidʒ] *vt.* 새장〔우리〕에 넣다; 가두다.
***en·camp**[enkǽmp] *vt., vi* 진을 치(게 하)다; 야영(케)하다. **~·ment** *n.*
en·cap·sule[inkǽpsəl/-sju:l] *vt., vi.* 캡슐에 넣다〔넣어지다〕; 소중히 보호하다.
en·case[enkéis] *vt.* (상자·칼집에) 넣다; 싸다, 둘러싸다.
en·cash[enkǽʃ] *vt.* 《英》 (증권·어음 등을) 현금화하다; 현금으로 받다.
en·caus·tic[enkɔ́:stik] *a., n.* Ⓤ 납화(법)(蠟畫)(法)(의); Ⓒ 낙화(烙畫)(의).
en·ceinte[enséint/ɑ̃:ŋsɛ́:nt] *a.* (F.) 임신하여. 「Ⓤ 뇌염.
en·ceph·a·li·tis[ensèfəláitis] *n.*
en·ceph·a·lo·gram [enséfələgræ̀m] *n.* Ⓒ 뇌조영〔촬영〕도.
en·ceph·a·lo·my·e·li·tis[ensèfəloumàiəláitis] *n.* Ⓤ 〖醫〗 뇌척수염.
en·ceph·a·lon[inséfəlɑ̀n, en-/enkéfəlɔ̀n] *n.* (*pl.* ***-la***[-lə]) Ⓒ 뇌, 대뇌.
en·chain[entʃéin] *vt.* 사슬로 매다, 속박하다; 강하게 끌다.
‡**en·chant**[entʃǽnt, -ɑ́:-] *vt.* ① …에게 마술을 걸다. ② 매혹〔뇌쇄〕하

다. ~·**er** *n.* *~·**ing** *a.* 매혹적인. *~·**ment** *n.* ~·**ress** *n.* Ⓒ 여자 마법사; 매혹적인 여자.

en·chase [intʃéis] *vt.* (아로)새기다; 박아 넣다, 상감(象嵌)하다.

en·chi·la·da [èntʃəlɑ́:də] *n.* (Sp.) Ⓤ 얇은 옥수수 빵에 기계로 저민 고기를 끼워 기름에 튀겨 chili 소스를 친 멕시코 요리.

*__en·cir·cle__ [ensə́:rkl] *vt.* 둘러〔에워〕싸다(surround); 일주하다. ~·**ment** *n.* Ⓤ 일주; 포위; 〖政〗 고립화《적성 국가군(群)에 의한 포위》.

en·clave [énkleiv] *n.* (F.) Ⓒ (타국 내의) 고립된 영토.

en·clit·ic [enklítik] *a., n.* Ⓒ 〖文〗 전접어(前接語)(의), 전접(의).

:**en·close** [enklóuz] *vt.* ① 울타리를 두르다; 에워싸다. ② (그릇에) 넣다; (편지에) 동봉하다(*I ~ a check herewith.* /*Enclosed please find the invoice.* 〖商〗 송장(送狀)을 동봉하오니 받아주시오).

*__en·clo·sure__ [enklóuʒər] *n.* ① Ⓤ,Ⓒ 울(두르기), 담, 울타리. ② Ⓤ 〖英史〗 (15-18세기에 대지주가 교환분합(交換分合)에 의하여 한 곳에 모은) 종획지(綜劃地). ③ Ⓒ 울안, 구내. ④ Ⓒ 동봉한 물건.

en·code [enkóud] *vt., vi.* ① (보통글을) 암호로 고쳐 쓰다; 암호화하다. ② 〖컴〗 부호 매기다. **en·cód·er** *n.* Ⓒ 〖컴〗 부호기.

en·co·mi·um [enkóumiəm] *n.* (*pl.* **~s, -mia** [-miə]) Ⓒ 찬사, 찬미(eulogy). **-mi·ast** [-æ̀st] *n.* Ⓒ 예찬자.

en·com·pass [enkʌ́mpəs] *vt.* 둘러싸다; 포함하다.

en·core [ɑ́ŋkɔ:r/ɔŋkɔ́:r] *int., n., vt.* Ⓒ 앙코르〔재청〕(하다).

:**en·coun·ter** [enkáuntər] *n., vi., vt.* Ⓒ 우연히 만남(만나다); 회전(會戰)(하다).

*__en·cour·age__ [enkə́:ridʒ, -kʌ́r-] *vt.* ① (…의) 기운을 북돋아 주다, 격려하다. ② 조장〔지원〕하다(opp. discourage). *~·**ment** *n.* **-ag·ing** *a.*

en·croach [enkróutʃ] *vt.* 침입〔침해〕하다(intrude)(*on, upon*). ~·**ment** *n.*

en·crust [enkrʌ́st] *vt.* 겹질로 덮다; (보석을 …에) 박아 넣다.

en·cryp·tion [enkrípʃən] *n.* 〖컴〗 부호 매김.

*__en·cum·ber__ [enkʌ́mbər] *vt.* ① 거치적거리게 하다, 방해하다; (…으로 장소를) 막다(*with*); 번거롭게 하다. ② (빚을) 지게 하다.

en·cum·brance [-brəns] *n.* Ⓒ 방해, 장애(물); 골칫거리, (특히) 자식; 〖法〗 저당권 (따위).

ency(**c**). encyclop(a)edia.

:**en·cy·clo·pae·di·a, -pe-** [ensàikləpí:diə] *n.* Ⓒ 백과 사전; (E-) (프랑스의 Diderot, d'Alembert 등이 공동 편집한) 백과 전서. ***E- Americana*** [əmèrikɑ́:nə] 미국 백과 사전. ***E- Britannica*** [britǽnikə] 대영 백과 사전. **-dic** *a.* **-dist** *n.* Ⓒ 백과사전 편집자.

†**end** [end] *n.* Ⓒ ① 끝, 마지막, 종말; 가, 말단; 최후, 죽음; 행위의 종말. ② 목적. ③ 결과. ④ 조각, 끄트러기, 파편(fragment). ⑤ 《美》 부분, 부문, 방면. ⑥ 〖美式蹴〗 전위(前衛) 양끝의 선수. ***at a loose ~*** 《口》 빈둥빈둥; 미해결로; 어찌할 바를 모르고, 무직으로. ***at loose ~s*** 산란하여. ***~ for ~*** 거꾸로. ***~ to ~*** 끝과 끝을 접하여. ***in the ~*** 마침내. ***make an ~ of*** …을 끝내다. ***make both ~s meet*** 수지를 맞추다. ***no ~*** 《口》 몹시. ***no ~ of*** 《口》 …을 한 없이, 얼마든지. ***on ~*** 세로, 똑바로; 계속하여. ***put an ~ to*** …을 그만두다; 죽이다. ***to the*** (***bitter***) ***~*** 마지막까지, 어디까지나. — *vt., vi.* 끝마치다; 끝나다; 그만두다, 그치다; 죽이다. ~ ***in*** …(의 결과)로 끝나다. ~ ***off*** 〔***up***〕 끝나다. :**∠·ing** *n.* Ⓒ 결말, 종결; 말미; 어미; 사망.

énd-àll *n.* Ⓒ 종결, 대단원; 만사의 결말.

*__en·dan·ger__ [endéindʒər] *vt.* 위태롭게 하다.

énd consùmer 최종 소비자.

*__en·dear__ [endíər] *vt.* 사랑스럽게 여기게 하다, 그리워지게 하다. ~·**ing** [endíəriŋ] *a.* 사랑스러운. ~·**ing·ly** *ad.* 귀엽게. ~·**ment** *n.* Ⓤ 친애; Ⓒ 애무.

:**en·deav·or,** 《英》 **-our** [endévər] *n., vt., vi.* Ⓤ,Ⓒ 노력(하다)(*after; to do*), 시도(하다).

en·dem·ic [endémik] *a.* 한 지방 특유의, 풍토(병)의. — *n.* Ⓒ 풍토〔지방〕병. **-i·cal·ly** *ad.*

énd gàme (체스 따위의) 종반전; (전쟁 등의) 막판.

en·dive [éndaiv/-div] *n.* Ⓤ 〖植〗 꽃상추《샐러드용》.

:**end·less** [éndlis] *a.* 끝없는; 무한한, 영원한; 〖機〗 순환의. ~·**ly** *ad.* ~·**ness** *n.*

énd màn 열 끝의 사람; 쇼의 무대 양끝에 있는 흑인 광대(cf. middleman, interlocutor).

end·most [énd*d*mòust] *a.* 말단의.

en·do·bi·ot·ic [èndəbaiɑ́tik/-ɔ́t-] *a.* 〖生〗 생물체내에 사는《숙주에 기생하는》.

en·do·carp [éndoukɑ̀:rp] *n.* Ⓒ 〖植〗 내과피(內果皮).

en·do·crine [-krin, -kràin] *a., n.* 내분비의; Ⓒ 내분비물, 호르몬; 내분비선(같은).

en·dog·a·my [endɑ́gəmi/-ɔ́-] *n.* Ⓤ 동족 결혼(cf. exogamy).

en·dog·e·nous [endɑ́dʒənəs/-dɔ́dʒ-] *a.* 〖生〗 내부로부터 발생하는, 내생(內生)의; 〖生·生化〗 내인성(內因性)의.

en·do·plasm [éndouplæ̀zəm] *n.* Ⓤ 〖生〗 내질(內質).

*__en·dorse, in-__ [endɔ́:rs] *vt.* 배서

(背書)하다; 보증하다. ~·ment *n.* **en·dórs·er** *n.* Ⓒ 배서인. **en·dor·see**[endɔ̀:rsí:, ⌐-⌐] *n.* Ⓒ 피(被)배서인, 양수인(讓受人).
en·do·scope [éndəskòup] *n.* Ⓒ 〖醫〗 (직장·요도 등의) 내시경(內視鏡).
en·do·sperm[éndouspə̀:rm] *n.* Ⓒ 〖植〗 배유(胚乳).
en·do·therm[éndəθə̀:rm] *n.* 〖生〗 온혈 동물.
en·do·ther·mal [èndəθə́:rməl], **-mic**[-mik] *a.* 〖化〗 흡열성의, 흡열 반응의.
:**en·dow**[endáu] *vt.* ① (공공 단체에) 기금을 기부하다. ② (자질·능력 따위를) 부여하다(furnish)(*with*). *~·ment *n.* Ⓤ 기부; Ⓒ 기금(基金); (보통 *pl.*) (천부의) 재능.
endówment insùrance [《英》 **assùrance**] 양로 보험.
énd pàper (책의) 면지.
énd pòint 종료점(終了點), 종점; 〖化〗 (적정(滴定)의) 종말점.
énd pròduct (연속 변화의) 최종 결과; 〖理〗 최종 생성물.
énd stòp 문미(文尾) 기호《마침표, 물음표 따위》.
énd-stópped *a.* 〖韻〗 행말 종지(行末終止)의(cf. run-on).
en·due[endjú:] *vt.* (재능 따위를) 부여하다(endow)(*with*); (옷을) 입다, 입히다.
:**en·dur·ance**[endjúərəns] *n.* Ⓤ 인내; 내구성[력].
:**en·dure**[endjúər] *vt.* 견디다, 참다; 겪다, 받다. — *vi.* 인내하다; 지속하다, 지탱하다. **en·dúr·a·ble** *a.* ***en·dur·ing**[-djúəriŋ] *a.* 참는; 영속적인.
en·du·ro[indjúərou] *n.* Ⓒ (자동차 등의) 내구(耐久) 레이스.
énd úse 〖經〗 최종 용도.
énd úser 〖컴〗 최종 사용자.
end·ways [éndwèiz], **-wise** [-wàiz] *ad.* 끝을 위로[앞쪽으로] 하고, 세로로(on end).
en·e·ma[énəmə] *n.* (*pl.* **~s, enemata**[enémətə]) Ⓒ 관장; 관장(灌腸)기[제(劑)].
†**en·e·my** [énəmi] *n.* Ⓒ 적, 원수; 적군, 적함.
***en·er·get·ic**[ènərdʒétik] *a.* 정력적인, 원기 왕성한(vigorous). **-i·cal·ly** *ad.*
en·er·gize[énərdʒàiz] *vt.* 활기 띠게 하다, 격려하다.
en·er·gu·men[ènərgjú:mən] *n.* Ⓒ 귀신 들린 사람; 광신자.
:**en·er·gy**[énərdʒi] *n.* Ⓤ ① 정력, 활기, 원기(vigor). ② 에너지.
énergy crìsis (특히 석유 등의 공급 부족으로 인한) 에너지 위기.
en·er·vate[énərvèit] *vt.* 약하게 [쇠하게] 하다(weaken). **en·er·va·tion**[⌐-véiʃən] *n.*
en·fant ter·ri·ble [ɑ̃ŋfɑ́:ŋ terí:bəl] (F.) (어른 뺨칠) 깜찍한 아이.
en·fee·ble[enfí:bəl] *vt.* 약[쇠]하게 하다. ~·ment *n.*
en·fet·ter[infétər] *vt.* (…에게) 차꼬를 채우다; 속박하다.
en·fi·lade[ènfəléid, ⌐-⌐] *n., vt.* Ⓒ 종사(縱射)(하다).
en·fold[enfóuld] *vt.* =INFOLD.
:**en·force**[enfɔ́:rs] *vt.* ① (법률 따위를) 실시[시행]하다. ② (…에게) 강요하다, 떠맡기다(*on*). ~·**a·ble** *a.* *~·ment *n.* Ⓤ 실시, 시행.
en·frame[enfréim] *vt.* (그림 등을) 액자에 끼우다.
en·fran·chise[enfrǽntʃaiz] *vt.* 해방[석방]하다(set free); (…에게) 공민권[선거권]을 부여하다. ~·**ment** [-tʃizmənt, -tʃaiz-] *n.*
Eng. England; English. **eng.** engine; engineer(ing).
:**en·gage**[engéidʒ] *vt.* ① 종사시키다. ② 당기다; (주의·흥미를) 끌다. ③ 속박[약속]하다; 보증하다; 약혼시키다(*to*). ④ (방 따위를) 예약하다(reserve); (사람을) 고용하다, (탈것을) 세내다. ⑤ (군대를) 교전시키다, (…와) 교전하다. ⑥ 〖機〗 걸다, (톱니바퀴를) 맞물리다(*with*). **~ *one-self to*** (do)(…하겠다)고 서약하다. — *vi.* ① 약속하다, 보증하다(*for; to* do; *that*). ② 종사[관계]하다(*in*). ③ 교전하다(*with*). ④ 〖機〗 (톱니바퀴 따위가) 걸리다, 맞물다. ***~ oneself in*** …에 종사하다.
***en·gaged**[engéidʒd] *a.* 약속[계약·예약]된; 약혼 중인, 용무 중인, 바쁜, 고용된, (전화가) 통화 중인; 교전 중인.
en·ga·gé [ɑ̃:ŋgɑ:ʒéi] *a.* (F. =engaged) 관계된; (문학 작품이) 정치에 관계된.
:**en·gage·ment**[engéidʒmənt] *n.* ① Ⓒ 약속, 계약; 약혼. ② Ⓤ 용무, 볼일; 고용, 초빙, 직업. ③ (*pl.*) 채무; Ⓒ 교전; Ⓤ 〖機〗 (맞)물림. ***enter into* [*make*] *an ~ with*** … 와 약속[계약]하다.
engágement rìng 약혼 반지.
en·gag·ing[engéidʒiŋ] *a.* 마음을 끄는, 매력 있는; 애교 있는. ~·**ly** *ad.* ~·**ness** *n.*
En·gel[éŋgəl], **Ernst**(1821-96) 독일의 통계학자.
En·gels[éŋgəls], **Friedrich**(1820-95) 독일의 사회주의자, Marx의 협력자.
Éngel's coefficient 엥겔 계수.
Éngel's láw 〖經〗 엥겔의 법칙.
en·gen·der [endʒéndər] *vt., vi.* (상태 등을) 야기하다; 발생하다.
†**en·gine**[éndʒin] *n.* Ⓒ ① 기관, 엔진. ② 기관차. ③ 기계(장치), 기구. ④ 병기(~s of war).
éngine drìver 《英》 (철도의) 기관사(《美》 (locomotive) engineer).
†**en·gi·neer** [èndʒiníər] *n.* Ⓒ ① 공학가, 기술자, 기사; (기계 따위의) 설계[제작]자. ② 《美》 (철도의) 기관사(《英》 engine driver). ③ (육군

의) 공병; (해군의) 기관 장교. — *vt.* 설계〔감독〕하다; 능란하게 처리〔타개〕하다(manage cleverly). **:~·ing**[-níəriŋ] *n.* Ⓤ 공학, 기술; 기관술〔학〕; (토목) 공사.

éngine hòuse 《美》 (전차·소방차 등의) 차고.

éngine ròom (배 따위의) 기관실.

en·gine·ry[éndʒənri] *n.* Ⓤ 기관, 기계류; 병기; 계략.

†Eng·land [íŋglənd] *n.* 잉글랜드 《Great Britain에서 Scotland와 Wales를 제외함》; 영국. **~·er** *n.*

†Eng·lish[íŋgliʃ] *a.* 잉글랜드의; 영국(인)의; 영어의. — *n.* ① Ⓤ (넓은 뜻으로) 영어; (스코틀랜드 방언 따위와 구별하여) 잉글랜드의 말. ② (the ~) 《집합적》 영국 사람. ③ (*or* e-) 《美》〖撞〗 틀어치기. ***in plain ~*** 분명히〔쉽게〕 말하자면. ***Middle ~*** 중세 영어《1100-1500년경; 생략 ME》. ***Modern ~*** 근대 영어《1500년 경 이후; 생략 ModE》. ***Old ~*** 고대 영어《700-1100년 경; 생략 OE》. ***the King's*** 〔***Queen's***〕 ***~*** 표준 영어. — *vt.* (*or* e-) 영어로 번역하다; 《美》〖撞〗틀어치다. 「협.

Énglish Chánnel, the 영국 해

Énglish Énglish 영국 영어.

Énglish hórn 잉글리시 호른《oboe류의 목관 악기》.

Eng·lish·ize[íŋgliʃàiz] *vi.* 영국식〔풍〕으로 하다.

:Eng·lish·man[-mən] *n.* Ⓒ 잉글랜드 사람; 영국 사람.

***Énglish·wòman** *n.* 영국 여자; 잉글랜드 여자.

en·gorge[engɔ́:rdʒ] *vt.* 게걸스레 먹다; 〖醫〗 충혈시키다.

en·graft[engrǽft, -ɑ́:-] *vt.* 접붙이다, 접목하다; (사상을) 주입하다(implant).

en·grain [engréin] *vt., a.* =INGRAIN.

***en·grave**[engréiv] *vt.* 새기다(나무·돌 따위에), 조각하다(carve); (마음속에) 새겨넣다. **en·gráv·er** *n.* ***en·gráv·ing** *n.* Ⓤ 조각, 조판(彫版); Ⓒ 판화.

:en·gross[engróus] *vt.* ① 큰 글자로 쓰다; 정식으로 쓰다〔말하다〕, 정서하다. ② 독점하다; (마음을) 빼앗다, 몰두시키다, 열중케 하다(*in*). **~·ing** *a.* 마음을 빼앗는, 몰두시키는. **~·ment** *n.* Ⓤ 열중, 몰두; 큰 글자로 쓰기; Ⓒ 정서한 것; Ⓤ 독점.

en·gulf[engʌ́lf] *vt.* 휘말아 들이다, 삼키다.

***en·hance**[enhǽns, -ɑ́:-] *vt.* 높이다; 늘리다, 강화하다. **~·ment** *n.*

en·har·mon·ic [ènhɑ:rmɑ́nik/-mɔ́-] *a.* 〖樂〗 사분음의; (평균율에서는) 이명 동음(異名同音)의《올림 라음과 내림 마음 따위》.

ENIAC, en·i·ac[éniæ̀k] (<*E*lectronic *N*umerical *I*ntegrator *a*nd *C*omputer) *n.* 〖商標〗(미 육군의) 에니악 전자 계산기.

e·nig·ma [inígmə] *n.* Ⓒ 수수께끼(riddle); 수수께끼의 인물; 불가해한 사물. **en·ig·mat·ic**[ènigmǽtik], **-i·cal**[əl] *a.*

En·i·we·tok [èniwí:tɑk/-tɔk] *n.* (Marshall 군도 중의) 에니웨톡 환초(環礁)《미국의 원폭 실험지》.

***en·join**[endʒɔ́in] *vt.* (…에게) 명령하다; 과(課)하다(*on*); 〖法〗 (…을) 금지하다(~ *a person from doing*).

†en·joy[endʒɔ́i] *vt.* ① 즐기다, 향락하다. ② (이익·특권 따위를) 누리다, 향유하다. ③ (건강·재산 따위를) 가지고 있다. **~ *oneself*** 즐기다, 즐겁게 지내다〔시간을 보내다〕. **~·a·ble** *a.* 향유할〔누릴〕 수 있는; 즐거운. ***~·ment** *n.* ① Ⓤ,Ⓒ 즐거움, 쾌락. ② Ⓤ 향락; 향유.

en·kin·dle[enkíndl] *vt.* (불·감정을) 타오르게 하다.

:en·large[enlɑ́:rdʒ] *vt.* 확대하다; 증보하다; 〖寫〗 확대하다. — *vi.* 넓어지다, 퍼지다; 부연〔상술〕하다(*on*). ***~·ment** *n.* Ⓤ 확대; Ⓒ 증축. **en·lárg·er** *n.* Ⓒ 확대기.

:en·light·en[enláitn] *vt.* 교화하다, 계몽하다; (의미를) 명백하게 하다. **~ed**[-d] *a.* **~·ing** *a.* 계몽적인. ***~·ment** *n.*

***en·list**[enlíst] *vt.* ① 병적에 넣다(enrol); (사병을) 징모(徵募)하다. ② (…의) 지지〔원조〕를 얻다. — *vi.* 입대〔참가〕하다, 협력하다. **~·ment** *n.* Ⓒ 병적 편입(기간). ② Ⓤ 입대, 징모, 응모.

enlísted màn 《美》 사병; 지원〔응모〕병《생략 EM》.

***en·liv·en**[enláivən] *vt.* 활기를 띠게 하다, 기운을 돋게 하다.

en masse[en mǽs] *ad.* (F.) 함께, 한꺼번에, 통틀어서.

en·mesh[enméʃ] *vt.* (그물에) 얽히게〔걸리게〕 하다; 빠뜨리다(*in*).

en·mi·ty**[énməti] *n.* Ⓤ,Ⓒ 적의; 증오. ***at ~ with …와 반목하여.

***en·no·ble**[enóubl] *vt.* 고귀〔고상〕하게 하다; 귀족으로 만들다.

en·nui[ɑ:nwí:, ⌐⌐] *n.* (F.) Ⓤ (cf. annoy) 권태, 앙뉘.

e·nol·o·gy[i:nɑ́lədʒi/-ɔ́-] *n.* 《美》 =OENOLOGY.

e·nor·mi·ty[inɔ́:rməti] *n.* Ⓤ 극악(*of*); Ⓒ 범죄 행위.

:e·nor·mous[inɔ́:rməs] *a.* 거대한(huge), 막대한(immense); 흉악한. ***~·ly** *ad.* 터무니 없이, 매우, 막대하게. **~·ness** *n.*

†e·nough[inʌ́f] *a.* 충분한; (…에) 족한(*for; to* do). — *n., ad.* Ⓤ 충분(히), 많이, 참으로. ***be kind ~ to*** (do) 친절하게도 …하다. ***cannot*** (do) ***~*** 아무리 …하여도 부족하다. ***~ and to spare*** 남을 만큼. ***sure ~*** 과연. ***well ~*** 상당히; 웬만하게; 충분히.

en pas·sant[ɑ:n pǽsɑ:ŋ] (F.) …하는 김에. 「다.

en·plane[enpléin] *vi.* 비행기에 타

***en·quire**[enkwáiər], **&c.** =IN-QUIRE, &c.

en·rage**[enréidʒ] *vt.* 격노하게 하다. ***be ~d at 〔***by, with***〕 …에 몹시 화내다.

en rap·port[ɑ̃:n rɑpɔ́:r] (F.) 동정〔공명〕하여.

en·rap·ture[enrǽptʃər] *vt.* 미칠 듯이 기쁘게 하다; 황홀하게 하다(entrance). ***be ~d with*** 〔***over***〕 …으로 기뻐서 어쩔 줄 모른다.

:en·rich[enrítʃ] *vt.* ① 부유〔풍부〕하게 하다, (땅을) 기름지게 하다. ② (색·맛 따위를) 짙게 하다, 농축하다(*~ed uranium* 농축 우라늄); (음식물의) 영양가를 높이다. ③ 꾸미다, 장식하다. **~·ment** *n.*

***en·rol(l)**[enróul] *vt.* (*-ll-*) 등록하다, 명부에 올리다, 입회〔입대〕시키다. ***~·ment** *n.*

en route[ɑ̃:n rú:t] (F.) 도중(에)(*to, for*).

ENSA, En·sa[énsə] Entertainment National Service Association 《英》 위문 봉사회.

en·sconce[enskɑ́ns/-ɔ́-] *vt.* 몸을 편히 앉히다, 안치하다; 숨기다(hide). ***~ oneself in*** (좌석 따위에) 자리잡고 앉다, 안정하다.

***en·sem·ble**[ɑ̃:nsɑ́:mbl] *n.* (F.) Ⓒ ① 총체; 전체적 효과(general effect). ② 전(全)합창〔주〕, 합창〔합주〕단. ③ 앙상블《잘 조화된 한 벌의 여성복》. ④ 〖劇〗 공연자 (전원), 총출연.

en·shrine[enʃráin] *vt.* (…을) 사당에 모시다〔안치하다〕; (마음 속에) 간직하다(cherish). **~·ment** *n.*

en·shroud[enʃráud] *vt.* 수의(壽衣)를 입히다; 덮어가리다.

en·sign**[énsain] *n.* Ⓒ ① (관위(官位)따위의) 표장(標章)(badge); 기, 군기, 국기(flag, banner). ② 《英》 기수. ③ [énsn] 《美》 해군 소위. ***national ~ 국기. ***red ~*** 영국 상선기. ***white ~*** 영국 군함기.

en·si·lage[énsəlidʒ] *vt., n.* Ⓤ 건초실(silo)에 저장하다〔하기〕; (저장한) 생(生)목초(*~d green fodder*)(cf. hay).

en·sile[ensáil] *vt.* (생목초를) 사일로에 저장하다.

***en·slave**[ensléiv] *vt.* 노예로 만들다. **~·ment** *n.* Ⓤ 노예 상태.

en·snare[ensnέər] *vt.* 올가미에 걸어 넣다; 유혹하다.

en·sue**[ensú:] *vi.* 계속해서〔결과로서〕 일어나다(follow)(*from, on*). ***the ensuing year 그 이듬해.

en suite[ɑ̃:n swí:t] (F.) 연달아.

***en·sure**[enʃúər] *vt.* ① 안전하게 하다(*against, from*). ② 책임지다, 확실하게 하다; 확보하다(secure); 보증하다.

ENT[ent] ear, nose, and throat 이비인후과.

en·tab·la·ture[entǽblətʃər] *n.* Ⓒ 〖建〗 돌림띠《처마에서 기둥머리까지의 부분으로 cornice, frieze, architrave의 세 층》.

***en·tail**[entéil] *vt.* ① (부동산의) 상속권을 한정하다. ② (결과를) 남기다, 수반하다. ③ 필요로 하다; 과(課)하다. — *n.* Ⓤ 〖法〗 한정 상속; Ⓒ 세습 재산.

en·tan·gle**[entǽŋgl] *vt.* ① 얽히게 하다(tangle); 휩쓸려〔말려〕들게 하다(involve)(*in*). ② 혼란시키다, 곤란케 하다(perplex). ***be 〔***get***〕 ***~d in*** …에 말려들다, 빠지다. **~·ment** *n.*

en·ta·sis[éntəsis] *n.* Ⓤ,Ⓒ 〖建〗 엔터시스《원주(圓柱)의 불룩함》, 흘림.

en·tente[ɑ̃:ntɑ́:nt] *n.* (F.) Ⓒ (정부간의) 협정, 협상; 《집합적》 협상국.

enténte cor·di·ale [-kɔ:rdjá:l] 협정, 협상.

†en·ter[éntər] *vt.* ① (…에) 들어가다. ② (…에) 들다〔가입하다〕; 참가하다; 가입〔입회〕시키다. ③ 기입하다. ④ (항의를) 제기하다. ⑤ 시작하다, (직업에) 들어서다. ⑥ 〖컴〗 (정보·기록·자료를) 넣다, 입력하다. — *vi.* ① 들다, 들어가다. ② 참가〔입회〕하다. ③ 등장하다. ***~ for*** …에 참가(를 신청)하다. ***~ into*** …에 들어가다, 들어서다; (담화·교섭을) 시작하다; (관계·협정을) 맺다; (계획에) 참가하다; 논급하다; 헤아리다. ***~ on*** 〔***upon***〕 소유권을 얻다; 시작하다; 논급하다. ***~ up*** (정식으로) 기장(記帳)하다.

en·ter·ic[entérik] *a.* 장(腸)의(intestinal).

en·ter·i·tis[èntəráitis] *n.* Ⓤ 〖醫〗 장염, 장카타르.

en·ter·o·cri·nin[èntəroukráinin] *n.* Ⓤ 〖生化〗 엔테로크리닌《소화 촉진 호르몬》.

en·ter·o·gas·trone [-gǽstroun] *n.* Ⓤ 〖生化〗 엔테로가스트론《위액 분비 억제 호르몬》.

en·ter·o·ki·nase[-káineis, -kí-] *n.* Ⓤ 〖生化〗 엔테로키나아제《장내 효소의 일종》.

en·ter·on [éntəràn/-rɔ̀n] *n.* Ⓒ 《諧》 소화관.

en·ter·o·tox·in [èntəroutɑ́ksin/-tɔ́k-] *n.* Ⓒ 〖醫〗 엔테로톡신, 장독소(腸毒素).

:en·ter·prise [éntərpràiz] *n.* ① Ⓒ 사업, 기업. ② Ⓒ 기획, (모험적인) 기도. ③ Ⓤ 기업〔모험〕심. ***man of ~*** 진취성 있는 사람. ***-pris·ing** *a.* 기업심이 왕성한; 모험적인.

:en·ter·tain[èntərtéin] *vt.* ① 즐겁게 하다(amuse). ② 대접〔환대〕하다, 접대하다. ③ (마음에) 품다(cherish); 고려하다. ***~·er** *n.* Ⓒ 접대하는 사람; 연예인, 요술사. **~·ing** *a.* 유쾌한, 재미있는.

:en·ter·tain·ment [èntərtéinmənt] *n.* Ⓤ,Ⓒ 대접; Ⓒ 연회; 연예, 여흥; Ⓤ 오락; 마음에 품음. ***give ~s to*** …을 대접〔환대〕하다. 「산업.

entertáinment búsiness 유락

en·thral(l) [enθrɔ́:l] *vt.* (*-ll-*) 매혹하다; 노예로 만들다(enslave). **~·ment** *n.*

*__en·throne__ [enθróun] *vt.* 왕위에 앉히다. **~·ment** *n.* U,C 즉위(식).

en·thuse [enθjú:z/-θjú:z] (<⇩) *vt., vt.* 《口》 열광[감격]하다[시키다].

:**en·thu·si·asm** [enθjú:ziæ̀zəm] *n.* U 열심, 열중; 열광, 열의(熱意)(*for, about*). **-ast** [-æ̀st] *n.* C 열심[열성]가, …광(狂)(*for*). :**-as·tic** [—⌐—ǽstik] *a.* *__-ti·cal·ly__ *ad.*

*__en·tice__ [entáis] *vt.* 유혹하다, 꾀다 (allure)(*into, out of*). **~·ment** *n.* U 유혹; C 유혹물, 미끼. **en·tíc·ing** *a.* 유혹적인.

:**en·tire** [entáiər] *a.* ① 전체의, 완전한, 온전한. ② (소·말 따위) 불까지 않은(not gelded). :**~·ly** *ad.* 전혀 완전히, 전적으로. **~·ty** *n.*

:**en·ti·tle** [entáitl] *vt.* ① (…에) 칭호를 주다; 제목을 붙이다. ② (…에게) 권리를[자격을] 주다. ***be ~d to*** …에 대한 권리가[자격이] 있다.

en·ti·ty [éntiti] *n.* U 실재, 존재; C 실체, 본체; 실제물; 존재자.

en·tomb [entú:m] *vt.* 매장하다 (bury). **~·ment** *n.* U 매장.

en·to·mol·o·gy [èntəmálədʒi/-ɔ́-] *n.* U 곤충학. **-gist** *n.* **en·to·mo·lo·gic** [èntəməládʒik/-ɔ́-], **-i·cal** [-əl] *a.* 곤충학상의.

en·to·moph·i·lous [-máfələs] *a.* 〖植〗 충매(蟲媒)의(cf. anemophilous).

en·tou·rage [ɑ̀:nturá:ʒ/ɔ̀n-] *n.* (F.) C 《집합적》 주위 사람들, 측근.

en·to·zo·on [èntozóuɑn/-ɔn] C (*pl.* ***-zoa*** [-zóuə]) *n.* 〖動〗 체내 기생충.

en·trails [éntreilz, -trəlz] *n. pl.* 「내장; 창자.

en·train¹ [entréin] *vt.* 잡아당기다, 운반해 가다.

en·train² *vt., vi.* (군대를) 기차에 태우다; 열차에 올라타다. 「기.

en·train [ɑ̃:ŋtrǽ:ŋ] *n.* (F.) 열의, 활

:**en·trance**¹ [éntrəns] *n.* ① U,C 들어감, 입장, 등장; 입회, 입학, 입사. ② C 입구. ③ U,C 취업, 취임. ④ U,C 입장료[권]. ⑤ 〖컴〗 어귀, 입구. ***~ examination*** 입학 시험. ***~ fee*** 입장료, 입학[입회]금. ***~ free*** 무료입장. ***force an ~ into*** 밀고 들어가다. ***No ~.*** 입장 사절, 출입 금지.

en·trance² [entrǽns, -á:-] *vt.* 황홀하게 하다, 도취시키다(*with*); 실신시키다(put into a trance). **~·ment** *n.*

en·tranc·ing [entrǽnsiŋ, -á:-] *a.* 황홀케 하는, 넋[정신]을 빼앗는.

en·trant [éntrənt] *n.* C 신입자, 신규 가입자.

en·trap [entrǽp] *vt.* (*-pp-*) 올가미에 걸다; (함정에) 빠지게 하다.

:**en·treat** [entrí:t] *vt.* 간절히 부탁하다, 탄원하다(implore). **~·ing·ly** *ad.* :**~·y** *n.* U,C 간원(懇願).

en·tre·chat [ɑ̀:ntrəʃá:] *n.* (F.) C 〖발레〗 앙트르샤《도약중에 양다리 교차나 두 발끔치를 여러 번 치기》.

en·trée [ɑ́:ntrei, —⌐] *n.* (F.) U,C 입장(권(權)); C 《英》 앙트레《생선과 고기 사이에 나오는 요리》; 《美》 (정찬의) 주요한 요리.

en·trench [entréntʃ] *vt.* 참호를 두르다[로 지키다]; 견고하게 지키다. ***~ oneself*** 자기의 입장을 지키다. — *vi.* 침해하다(trespass) (*on, upon*). **~·ment** *n.*

en·tre nous [ɑ̀:ntrə nú:] (F.) 우리끼리만의 (비밀) 얘깁니다만(between ourselves).

en·tre·pre·neur [ɑ̀:ntrəprənə́:r] *n.* (F.) C 기업가; 흥행주. 「트로피.

en·tro·py [éntrəpi] *n.* U 〖理〗 엔

*__en·trust__ [entrʌ́st] *vt.* 맡기다, 위임하다(charge)(*~ him with my goods; ~ my goods to him*).

:**en·try** [éntri] *n.* ① U,C 들어감, 입장, 참가; C 입구(entrance). ② U,C 기입, 등록(registry); C (사전의) 표제어; 기입 사항. ③ U,C 〖法〗 점거, 토지 점유, 가택 침입. ④ 〖컴〗 어귀, 입구.

éntry·wày *n.* C (건물 안으로의) 입구, 통로.

en·twine [entwáin] *vt., vi.* 휘감기(게 하)다.

É nùmber 《英》 E 넘버《EU에서 인가된 식품 첨가물을 나타내는 코드 번호》(<*E*uropean *number*).

*__e·nu·mer·ate__ [injú:mərèit] *vt.* 일일이 헤아리다, 열거하다; 세다. **-a·tive** [-rətiv, -rèi-] *a.* **-a·tion** [—⌐—éiʃən] *n.*

e·nun·ci·ate [inʌ́nsièit, -ʃi-] *vt., vi.* 언명[선언]하다(announce); 발음하다. **-a·tion** [—⌐—éiʃən] *n.* U 발음(법); U,C 언명, 선언.

en·u·re·sis [ènjurí:sis] *n.* U 〖醫〗 야뇨(夜尿)(증).

*__en·vel·op__ [envéləp] *vt.* 싸다, 봉하다; 〖軍〗 포위하다. **~·ment** *n.* U 쌈, 포위; C 싸개, 포장지.

†**en·ve·lope** [énvəlòup] *n.* C ① 봉투; 포장 재료. ② (기구·비행선의) 기낭(氣囊). ③ 〖컴〗 덧붙임.

en·ven·om [envénəm] *vt.* (…에) 독을 넣다[바르다](poison); (…에) 악의를 갖게 하다.

Env. Extr. Envoy Extraordinary.

en·vi·a·ble [énviəbəl] *a.* 부러운; 바람직한(desirable). **-bly** *ad.*

:**en·vi·ous** [énviəs] *a.* 부러워하는, 시기하는(*of*); 샘내는 듯한. **~·ly** *ad.*

*__en·vi·ron__ [inváiərən] *vt.* 둘러[에워]싸다.

:**en·vi·ron·ment** [inváiərənmənt] *n.* ① U,C 둘러[에워]쌈. ② U 환경, 주위, 둘레; 〖컴〗 환경《하드웨어나 소프트웨어의 구성·조작법》.

*__en·vi·ron·men·tal__ [invàiərənméntl] *a.* 환경의, 주위의; 환경 예술의. ***~ pollution*** 환경 오염. ***~ resistance*** (인간·생물의 증가에 미치는)

E

환경 저항《가뭄·자원 결핍·경쟁 등》. **～·ist** *n.* Ⓒ 환경 보호론자.

envíronment-fríendly *a.* 환경 보전을 배려한, 환경 친화적인.

en·vi·rons[inváiərənz] *n. pl.* 부근, 근교.

en·vis·age[invízidʒ] *vt.* (…을) 마음 속에 그리다(visualize), 상상하다; 착상하다; 꾀하다.

en·voi, -voy[1][énvɔi] *n.* Ⓒ (시의) 결구(結句); 발문(跋文).

en·voy**[2] *n.* Ⓒ 사절; 전권 공사. ～ ***extraordinary (***and minister plenipotentiary***) 특명 (전권) 공사.

:**en·vy**[énvi] *vt.* 시기하다, 부러워하다. ── *n.* Ⓤ 부러움, 질투; (the ～) 선망(의 대상).

en·wrap[enrǽp] *vt.* (**-pp-**) 휩싸다, 싸다; 열중시키다.

en·zyme[énzaim] *n.* Ⓒ 〖生化〗 효소.

EO Engineering Office.

e·o·lith·ic[ìːəlíθik] *a.* 원시 석기 시대의.

E.O.M. end of the month.

e·on[íːən] *n.* =AEON.

E·os[íːɑs/-ɔs] *n.* 〖그神〗 새벽의 여신《로마 신화의 Aurora에 해당함》.

EP Extended Play (record).

E.P. electroplate. **EPA** 《美》 environmental Protection Agency.

ep·au·let(**te**) [épəlèt, -lit] *n.* Ⓒ (장교의) 견장(肩章).

E.P.B. Economic Planning Board. **E.P.D.** Excess Profits Duty.

é·pée[eipéi, épei] *n.* (F.) Ⓒ 〖펜싱〗 에페《끝이 뾰족한 경기용 칼》.

Eph. Ephesians.

e·phed·rine[ifédrin, éfidrìːn] *n.* Ⓤ 에페드린《감기·천식의 약》.

e·phem·er·a[ifémərə] *n.* (*pl.* ***～s, -rae***[-rìː]) Ⓒ 〖蟲〗 하루살이(May fly). **～l** *a.* 하루밖에 못 사는[안가는]; 단명한, 덧없는. **e·phém·er·id** *n.* =EPHEMERA.

Ephe·sian[ifíːʒən] *a., n.* Ephesus의 (주민); (*pl.*) 〖聖〗 에베소서(書).

Eph·e·sus[éfisəs] *n.* 에베소《소아시아의 옛 도읍》.

E·phra·im[íːfriəm, íːfrəm] *n.* 〖聖〗 에브라임《요셉의 차남》; (그 자손인) 이스라엘 민족; 이스라엘 왕국.

***ep·ic**[épik] *n., a.* Ⓒ 서사시(의)(cf. lyric)

ep·i·carp[épəkàːrp] *n.* Ⓒ 〖植〗 외과피(外果皮).

ep·i·cen·ter, 《英》 **-tre**[épisèntər] *n.* Ⓒ 〖地〗 진앙(震央).

ep·i·cure[épikjùər] *n.* Ⓒ 미식가(美食家)(gourmet); 쾌락주의자. **ep·i·cur·ism**[-ìzəm] *n.* Ⓤ 향락주의; 미식주의, 식도락.

ep·i·cu·re·an [èpikjuríːən, -kjú(ː)ri-] *a., n.* Ⓒ 향락주의[식도락]의 (사람); (E-) Epicurus의 (철학자). **～·ism**[-ìzəm] *n.* Ⓤ 쾌락주의; (E-) Epicurus 주의.

Ep·i·cu·rus[èpikjúərəs] *n.* (342?-270 B.C.)에피쿠로스《쾌락을 인생의 최고선으로 여긴 그리스의 철인》.

ep·i·cy·cloid[èpəsáiklɔid] *n.* Ⓒ 〖幾〗 외(外)사이클로이드.

***ep·i·dem·ic**[èpədémik] *n., a.* Ⓒ (질병·사상의) 유행; 유행병; 유행성의.

ep·i·der·mis[èpədə́ːrmis] *n.* Ⓤ,Ⓒ (몸의) 표피(表皮). **-mal** *a.*

ep·i·di·a·scope[èpədáiəskòup] *n.* Ⓒ 실물 환등기《투명체·불투명체 양용의》.

ep·i·glot·tis[èpəglɑ́tis/-glɔ́t-] *n.* Ⓒ 〖解〗 회염(會厭) (연골), 후두개.

***ep·i·gram**[épigræ̀m] *n.* Ⓒ 경구(警句); 경구적 표현; (짤막한) 풍자시. **～·mat·ic**[èpigrəmǽtik] *a.* 경구의, 풍자적인; 경구투의. **～·ma·tize**[èpigrǽmətàiz] *vt., vi.* 경구[풍자시]로 만들다.

ep·i·graph[épigræ̀f, -grɑ̀ːf] *n.* Ⓒ 제명(題銘), 제사(題詞), 비문.

e·pig·ra·phy[epígrəfi] *n.* Ⓤ 비문 연구; 《집합적》 비문, 비명[비명(碑銘).

ep·i·lep·sy[épəlèpsi] *n.* Ⓤ 〖醫〗 지랄병, 간질. **ep·i·lep·tic**[èpəléptik] *a., n.* Ⓒ 간질병의 (환자).

***ep·i·log, -logue**[épəlɔ̀ːg, -lɑ̀g/-lɔ̀g] *n.* Ⓒ ① (책의) 발문(跋文), 맺음말; 후기, 발시(跋詩). ② 〖劇〗 끝맺음말(cf. prologue).

ep·i·neph·rine [èpənéfri(ː)n] *n.* Ⓒ 〖化〗 =ADRENALIN(E).

E·piph·a·ny[ipífəni] *n.* 〖基〗 주현절(主顯節)《1월 6일》.

ep·i·phyte[épəfàit] *n.* Ⓒ 〖植〗 착생(着生) 식물《이끼 따위》.

e·pis·co·pa·cy[ipískəpəsi] *n.* Ⓤ (교회의) 감독(bishop) 제도.

***e·pis·co·pal**[ipískəpəl] *a.* 감독(제도)의; (E-) 감독(파)의. **E·pis·co·pa·li·an**[ipìskəpéiliən, -jən] *a., n.* Ⓒ 감독파의 (사람).

:**ep·i·sod**[épəsòud, -zòud] *n.* Ⓒ ① 삽화, 에피소드. ② (사람의 일생·경험 중의) 사건. **～·ic**[èpəsɑ́dik/-ɔ́-], **-i·cal**[-əl] *a.*

ep·i·some[épəsòum] *n.* Ⓤ 〖生〗 유전자 부체(副體).

Epis(**t**)**.** Epistle(s).

e·pis·te·mol·o·gy[ipìstəmɑ́lədʒi/-ɔ́-] *n.* Ⓤ 〖哲〗 인식론.

e·pis·tle**[ipísl] *n.* Ⓒ 서간(書簡). ***the Epistles 〖新約〗 사도의 서간.

e·pis·to·lar·y[ipístəlèri/-ləri] *a.* 서간(체)의.

***ep·i·taph**[épətæ̀f, -tɑ̀ːf] *n.* Ⓒ (묘)

ep·i·tha·la·mi·um [èpəθəléimiəm] *n.* (*pl.* ***～s, -mia***[-miə]) Ⓒ 결혼 축하의 시[노래].

ep·i·thet**[épəθèt] *n.* Ⓒ 형용사(辭); 별명, 통칭. TRANSFERred*** ～.

e·pit·o·me[ipítəmi] *n.* Ⓒ 대요(summary); 발췌; 대표적인 것. **-mize** [-màiz] *vt.* 요약하다.

ep·i·zo·on[èpəzóuɑn, -ən/-ɔn] *n.* (*pl.* ***-zoa***[-zóuə]) Ⓒ 체외 기생충.

e plu·ri·bus u·num[íː plú(ː)ribəs jú:nəm] (L.) 다수로 이루어진 하나(one out of many)《미국의 표어》.

EPN [ì:pì:én] (<*e*thyl *p*ara*n*itro-phenyl) *n.* 이피엔《살충제의 일종》.

E.P.N.S. electroplated nickel silver 전기도금 양은.

:ep·och[épək/í:pɔk] *n.* Ⓒ 신기원, 신시대; (중대 사건이 있던) 시대. **~-al** *a.*

***épock-màking** *a.* 획기적인.

ep·ode[époud] *n.* Ⓒ 길고 짧은 행이 번갈아 있는 서정시.

ep·o·nym[épo*u*nìm] *n.* Ⓒ 이름의 시조《인종·토지·시대 따위의 이름의 유래가 된 인물》.

ep·si·lon[épsəlàn, -lən/-lɔn] *n.* Ⓤ,Ⓒ 그리스어 알파벳의 다섯째 글자《*Ε*, *ε*; 로마자의 E, e에 해당; cf. eta》.

Ep·som[épsəm] *n.* 영국 Surrey주의 도시; =∠ **Dòwns** 엡섬 경마장《⇨DERBY》.

Épsom sàlt(s) 〖化〗 사리염(瀉利鹽)《황산마그네슘》.

E.P.T. Excess Profits Tax.

EPU European Payment Union. **EQ, E.Q.** educational quotient 〖心〗 교육 지수. **eq.** equal; equation; equivalent.

eq·ua·ble[ékwəbəl, í:k-] *a.* 한결같은, 균등한(uniform); 마음이 고요한. **-bil·i·ty**[ᅩ-bíləti] *n.*

:e·qual[í:kwəl] *a.* ① 같은; 한결같은(equable). ② …에 지지 않는; 필적하는. ③ …에 견디어 낼 수 있는(*to*); 마음이 평온한. **~ *mark* [*sign*]** 등호(等號)《=》. **~ *to the occasion*** 일을 당하여 동하지 않는, 훌륭하게 처리할 수 있는. — *n.* Ⓒ 대등한 물건, 필적하는 자; 같은 또래. ***without* (*an*) ~** 필적할 사람이 없는. — *vt.* (《英》 ***-ll-***) (…에) 필적하다, (…과) 똑같다(be ~ to). **:~·ly** *ad.*

e·qual·i·tar·i·an [ikwàlitέəriən/ikwɔ̀l-] *n., a.* =EQALITARIAN.

***e·qual·i·ty**[i(:)kwáliti/-ɔ́-] *n.* Ⓤ 동등, 평등; 대등.

Equálity Státe 《美》 Wyoming주의 속칭《여성 참정권을 최초로 인정》.

e·qual·ize[í:kwəlàiz] *vt.* 똑같게 하다, 평등하게 하다. — *vi.* 같아지다, 평등해지다; (경기에서) 동점이 되다. **-za·tion** [ì:kwəlizéiʃən/-laiz-] *n.* Ⓤ 평등화(化). **-iz·er** *n.* Ⓒ 등화기(等化器); 평형 장치; 〖電〗 균압선(均壓線).

e·qua·nim·i·ty[ì:kwənímәti, èk-] *n.* Ⓤ (마음의) 평정(平靜), 침착, 냉정(composure).

e·quate[i(:)kwéit] *vt.* (다른 수치와) 같다고 표시하다; 방정식을 세우다.

***e·qua·tion**[i(:)kwéiʒən, -ʃən] *n.* ① Ⓤ,Ⓒ 같게 함, 균분(법). ② Ⓒ 방정식.

:e·qua·tor[i(:)kwéitər] *n.* (the ~) 적도(赤道).

***e·qua·to·ri·al** [ì:kwətɔ́:riəl, èk-] *a., n.* Ⓒ 적도(부근)의; 적도의(儀).

Equatórial Guínea 적도 기니《적도 아프리카 서단(西端)의 공화국》.

eq·uer·ry[ékwəri] *n.* Ⓒ (왕가·귀족의) 말 관리인, 주마관(主馬官); (영국 왕실의) 시종 무관.

e·ques·tri·an [ikwéstriən] *a., n.* 기마의, 말 탄; Ⓒ 승마자.

e·qui·dis·tant[ì:kwidístənt] *a.* 같은 거리의.

e·qui·lat·er·al[-lǽtərəl] *a., n.* 등변(等邊)의; Ⓒ 등변형.

e·quil·i·brate[ikwíləbrèit, ì:kwəl-áibreit] *vi., vt.* 평형되다〔시키다〕.

***e·qui·lib·ri·um**[ì:kwəlíbriəm] *n.* Ⓤ ① 평형, 균형. ② (마음의) 평정(mental poise). 「은.

e·quine[í:kwain] *a.* 말의, 말과 같

e·qui·noc·tial[ì:kwənákʃəl/-ɔ́-] *a.* 주야 평분(晝夜平分)의; 춘분·추분(께)의. — *n.* =∠ **líne** 〖天〗 주야 평분선(線); (*pl.*) =∠ **gáles** 춘분·추분 무렵의 폭풍.

e·qui·nox**[í:kwənàks/-ɔ̀-] *n.* Ⓒ 주야 평분시, 낮과 밤이 똑같은 때. ***autumnal 〔***vernal***〕 **~** 추〔춘〕분.

:e·quip[ikwíp] *vt.* (***-pp-***) ① 갖추다, 준비하다(*for*). ② 꾸미다; 장비하다(*with*).

:e·quip·ment[ikwípmənt] *n.* ① (종종 *pl.*) 《집합적》 장비. ② Ⓤ 채비, 준비; 〖컴〗 장비, 설비. ③ Ⓤ (일에 필요한) 능력, 기술.

eq·ui·page[ékwəpidʒ] *n.* Ⓒ 마차·마부 따위의 한 갖춤, 마차 장비 일체, 용구(用具) 일습.

e·qui·poise[ékwəpɔ̀iz, í:k-] *n.* Ⓤ 균형, 평형 (상태)(equilibrium).

eq·ui·se·tum[èkwəsí:təm] *n.* (*pl.* **~s, -ta**[-tə]) Ⓒ 〖植〗 속새류(類).

eq·ui·ta·ble[ékwətəbəl] *a.* 공평한(fair), 공정한(just); 〖法〗 형평법(衡平法)(equity)상의. **-bly** *ad.*

éq·ui·time póint [ékwətàim-] 〖空〗 행동〔진출〕 한계점. 「형평법.

***eq·ui·ty**[ékwəti] *n.* Ⓤ 공평, 공정;

***e·quiv·a·lent**[ikwívələnt] *a.* 동등의, (…에) 상당하는(*to*); 동등한 가치의; 등량(等量)의; 동의(同義)의(*to*). — *n.* Ⓒ 동등한 (가치의) 물건; 대등한 물건; 동의어. **-lence** *n.*

e·quiv·o·cal [ikwívəkəl] *a.* 두 가지 뜻으로 해석될 수 있는, 모호한; 의심스러운(questionable); 미결정의; 명백하지 않은. **~·ly** *ad.*

e·quiv·o·cate[ikwívəkèit] *vi.* 모호한 말을 쓰다; 속이다. **-ca·tion** [-ᅩ-kéiʃən] *n.*

***er**[ə:r] *int.* 에에, 저어《망설이거나 말이 막혔을 때 내는 소리》.

-er[ər] *suf.* ① '…을 하는 사람〔물건〕' '…에 사는 사람': creep*er*, farm*er*, hunt*er*, London*er*. ② 원말에 관계 있는 일〔물건〕: read*er* (독본), sleep*er*(=sleepingcar), fiv*er* (5달러지폐), teenag*er*. ③ 비교급을 만듦: fre*er*, hott*er*, long*er*. ④ 속

어를 만듦: rugg*er*, socc*er*. ⑤ 반복동사를 만듦: chatt*er*, glitt*er*, wand*er* (cf. -le).

E.R. East Riding (of Yorkshire); *Eduardus Rex* (L.=King Edward); *Elizabeth Regina*(L.=Queen Elizabeth). **Er** erbium.

ERA, E.R.A. equal rights amendment《美》미국 헌법 남녀 동권 수정 조항; earned run average 〖野〗(투수의) 방어율; Emergency Relief Administration; Educational Research administration.

:e·ra[íərə, érə] *n.* Ⓒ 기원, 연대, 시대; 〖地〗대(代), 기(紀).

e·ra·di·ate[i(:)réidièit] *vt.* (빛·열을) 방사하다. 「절할 수 있는.

e·rad·i·ca·ble[irǽdəkəbəl] *a.* 근

***e·rad·i·cate**[irǽdəkèit] *vt.* 근절하다. **-ca·tion**[-⌐-kéiʃən] *n.* **-ca·tor** *n.* Ⓒ 제초기; Ⓤ 얼룩빼는 약; 잉크 지우개.

***e·rase**[iréis/iréiz] *vt.* ① 지워버리다, 말살하다(blot out). ② (마음에서) 없애다, 잊어버리다. ③《俗》죽이다; 패배시키다. ④ 〖컴〗(컴퓨터 기억 정보 등을) 지우다. **:e·rás·er** *n.* Ⓒ 칠판 지우개(duster); 고무지우개; 잉크지우개. **e·ra·sure**[-ʃər/-ʒə] *n.* Ⓤ 말살; Ⓒ 말살 부분.

Eras·mus[irǽzməs], **Desiderius**(1466?-1536) 네덜란드의 인문학자, 문예 부흥의 선구자의 한 사람.

er·bi·um[ə́:rbiəm] *n.* Ⓤ 〖化〗에르븀.

ere[εər] *prep.*《詩·古》…의 전(前)에(before). — *conj.* …이전에; …보다 차라리.

Er·e·bus[érəbəs] *n.* 〖그神〗(이승과 저승(Hades) 사이의) 암흑계.

:e·rect[irékt] *a.* 꼿꼿이 선(upright). — *vt.* 꼿꼿이 세우다; 건립하다. **~·ly** *ad.* **~·ness** *n.*

e·rec·tile[iréktil, -tail] *a.* 꼿꼿이 설〔발기(勃起)할〕수 있는.

***e·rec·tion**[irékʃən] *n.* ① Ⓤ 직립, 건립, 설립; 〖生〗발기. ② Ⓒ 건물.

ere·long[εərlɔ́:ŋ/-lɔ́ŋ] *ad.*《古》머지 않아.

er·e·mite[érəmàit] *n.* Ⓒ 은자(隱者)(hermit). 「금 전에.

ere·while[εər*h*wáil] *ad.*《古》조

erg[ə:rg] *n.* Ⓒ 〖理〗에르그《1 dyne의 힘이 물체를 1cm 만큼 움직이는 일의 양》. 「THEREFORE.

er·go[ə́:rgou] *ad., conj.* (L.)=

er·gol·a·try[ə:rgálətri/-ɔ́-] *n.* Ⓤ 노동 숭배.

er·gom·e·ter[ə:rgámitər/-gɔ́m-] *n.* Ⓒ 측력계(測力計), 에르그 측정기.

er·go·nom·ics[ə̀:rgənámiks/-ɔ́-] *n.* Ⓤ 생물 공학; 인간 공학.

er·gos·ter·ol[ə:rgástəròul/-ɔ́-] *n.* Ⓤ 에르고스테롤《자외선 조사(照射)로 비타민 D로 변화함》.

er·got[ə́:rgət] *n.* Ⓤ (호밀의) 맥각병(麥角病); 〖藥〗맥각《지혈제·자궁수축제》. 「의 하나.

E·rie[íəri] *n.* 미국 북동부의 오대호

Er·in[érin, í:r-, έər-] *n.*《詩》= IRELAND. 「불화의 여신.

E·ris[í(:)ris, ér-] *n.* 〖그神〗다툼과

erk[ə:rk] *n.* Ⓒ《英空軍俗》신병, 지상 근무원;《俗》얼간이.

er·mine[ə́:rmin] *n.* (*pl.* **~s,**《집합적》~) Ⓒ 〖動〗흰담비(cf. stoat); Ⓤ 그 모피《옛날 법관이나 귀족의 가운용》.

e·rode[iróud] *vt.* 부식〔침식〕하다.

E·ros[éras, íər-/érɔs, íər-] *n.* 〖그神〗에로스《사랑의 신, 로마 신화의 Cupid에 해당함》.

***e·ro·sion**[iróuʒən] *n.* Ⓤ 부식, 침식. **-sive**[-siv] *a.* 부〔침〕식성의.

***e·rot·ic** [irátik/-ɔ́-] *a.* 성애의, 애욕의. **-i·cism**[-təsìzəm] *n.* Ⓤ 색정적 경향, 호색; 〖精神分析〗성적흥분.

e·rot·i·ca[irátikə/irɔ́t-] *n. pl.* 성애를 다룬 문학〔예술 작품〕.

e·ro·to·ma·ni·a[iròutəméiniə] *n.* Ⓤ 색정광. 「gram.

ERP European Recovery Pro-

:err[ə:r] (cf. error) *vi.* ① 잘못하다, 그르치다. ② 죄를 범하다(sin). ***To ~ is human, to forgive*** DIVINE.

:er·rand [érənd] *n.* Ⓒ 심부름(다니기); 볼일; 사명. ***go*** 〔***run***〕 ***~s*** 심부름 다니다. ***go on a fool's*** 〔***a gawk's***〕 ~ 헛걸음하다, 헛수고하다. ***go on an*** ~ 심부름 가다.

érrand bòy 심부름꾼 소년.

er·rant[érənt] *a.* (모험을 찾아) 편력(遍歷)하는(*a* KNIGHT-ERRANT); 잘못된. **~·ry** *n.* Ⓤ,Ⓒ 무사 수련(武士修鍊), 편력. 「의 복수.

er·ra·ta[erá:tə, iréi-] *n.* erratum

er·rat·ic[irǽtik] *a.* 변덕스러운, 일정치 않은, 불규칙한; 별난, 상궤(常軌)를 벗어난. **-i·cal·ly** *ad.*

er·ra·tum[erá:təm, iréi-] *n.* (*pl.* ***-ta***[-tə]) Ⓒ 오자, 오식; 잘못; (*pl.*) 정오표.

***er·ro·ne·ous**[iróuniəs] *a.* 잘못된, 틀린(mistaken).

:er·ror[érər] *n.* ① Ⓒ 잘못, 틀림(mistake). ② Ⓤ 잘못 생각. ③ Ⓒ 과실, 실책(fault), 죄(sin); 〖野〗에러; 〖數·理〗오차; 〖法〗오심. ④ Ⓒ 〖컴〗오류《프로그램〔하드웨어〕상의 오류》. ***and no*** ~ 틀림없이. ***catch*** (*a person*) ***in*** ~ (아무의) 잘못을 찾아내다.

érror mèssage 〖컴〗오류 메시지《프로그램에 오류가 있을 때 출력되는 메세지》.

er·satz[érza:ts, -sa:ts] *a., n.* (G.) 대용의; Ⓒ 대용품.

Erse [ə:rs] *n., a.* Ⓤ 어스 말《스코틀랜드의 게일 말, 또는 아일랜드의 켈트어(語)》(의).

erst[ərst] *ad.*《古》이전에, 옛날에.

erst·while[⌐*h*wàil] *ad.*《古》=⇧. — *a.* 이전의, 옛날의(former).

ERTS[ə:rts] Earth Resources Technology Satellites.

e·ruct[irʌ́kt], **e·ruc·tate**[-eit] *vi., vt.* 트림하다(belch); 분출하다.
er·u·dite[érjudàit] *a., n.* Ⓒ 박식한 (사람). **~·ly** *ad.*
er·u·di·tion[èrjudíʃən] *n.* Ⓤ 박식, 해박(該博).
e·rupt[irʌ́pt] *vi., vt.* 분출하다[시키다]; 분화하다, 발진(發疹)하다. ‡**e·rúp·tion** *n.* Ⓤ,Ⓒ 폭발, 분출, 분화; 돌발; 발진. **e·rúp·tive** *a.* 폭발[돌발]적인, 발진성의.
-er·y[əri] *suf.* 《명사 어미》 '…업, 제조소' 따위의 뜻: brew*ery*, confection*ery*, hatch*ery*.
er·y·sip·e·las[èrəsípələs] *n.* Ⓤ 〖醫〗 단독(丹毒).
e·ryth·ro·cyte [iríθrəsàit] *n.* Ⓒ 〖解〗 적혈구(red blood cell).
e·ryth·ro·my·cin [irìθrəmáisin] *n.* Ⓤ 〖藥〗 에리스로마이신《항생물질》.
Es 〖化〗 einsteinium.
ESA European Space Agency 유럽 우주(개발) 기구.
E·sau[íːsɔː] *n.* 〖聖〗 에서《이삭의 큰 아들, 야곱의 형》.
ESC (United Nations) Economic and Social Council.
es·ca·lade[èskəlèid, ⌐–⌐/⌐––⌐] *vt., n.* Ⓤ 사닥다리로 오르다[오름]; 성벽을 기어오르다[오름].
***es·ca·late**[éskəlèit] *vt., vi.* (군사행동 따위를) 단계적으로 확대[강화]하다, 점증하다(opp. de-escalate).
es·ca·la·tion[èskəléiʃən] *n.* Ⓤ,Ⓒ (가격·임금·운임 등의) 에스컬레이터식 수정(cf. escalator clause).
‡**es·ca·la·tor**[éskəlèitər] *n.* Ⓒ 에스컬레이터, 자동 계단. — *a.* 〖經〗 에스컬레이터(방)식의.
éscalator clàuse (런던 해군 조약(1930)의) 신축(伸縮) 조항; (임금 계약의) 에스컬레이터 조항《물가 변동에 따라 임금을 증감하는 규정》.
es·cal·(l)op[iskáləp, es-, -kǽl-/-iskɔ́l-] *n., v.* =SCALLOP.
ESCAP[éskæ̀p] Economic and Social Commission for Asia and the Pacific (유엔) 아시아·태평양 경제 사회 위원회.
es·ca·pade[éskəpèid, ⌐–⌐/⌐––⌐] *n.* Ⓒ 멋대로 구는[엉뚱한] 짓, 탈선(행위); 장난(prank).
†**es·cape**[iskéip] *vi., vt.* ① (…에서) 달아나다, 탈출하다; 면하다. ② (기억에) 남지 않다(*His name ~s me.* 그의 이름은 곧 잊어버린다). ③ (가스 따위가) 새다; (말·한숨 등이) 무심결에 나오다(*A sigh of relief ~d his lips.* 안도의 한숨이 나왔다). **~ *one's memory*** 잊다, 생각해 내지 못하다. — *n.* Ⓤ,Ⓒ 탈출, 도망; (현실) 도피; Ⓒ 누출; 〖컴〗 나옴, 탈출《명령을 중단하거나 프로그램의 어떤 부분에서 변경 기능에 사용》. ***make one's ~*** 달아나다. ***narrow ~*** 구사일생. — *a.* (현실) 도피의; 면책의. **~·ment** *n.* Ⓒ 도피구(口); (시계 톱니바퀴의) 탈진(脫盡) 장치.
escápe clàuse 면제[면책] 조항.
es·cap·ee[iskèipíː, èskei-] *n.* Ⓒ 도피자; 탈옥자.
escápe hàtch (비행기 따위의) 피난용 비상구; (어려운 사태 등에서의) 도피구.
escápe lìterature 도피 문학.
escápe ràmp [**ròad, ròute**] 피난 도로.
escápe vàlve 배기 밸브. 「속도.
escápe velòcity (로켓의) 탈출
es·cap·ism[iskéipizəm] *n.* Ⓤ 현실도피(주의). **-ist** *n., a.*
es·car·got[èskaːrgóu] *n.* (F.) Ⓒ 식용 달팽이.
es·carp·ment[iskáːrpmənt] *n.* Ⓒ 급사면(急斜面); 벼랑(cliff).
es·cha·tol·o·gy[èskətálədʒi/-ɔ́-] *n.* Ⓤ 〖神〗 (세계) 종말론, 내세관.
es·cheat[istʃíːt, es-] *vi., vt.* (토지 따위가 국왕·영주에게) 귀속하다; 귀속시키다, 몰수하다. — *n.* Ⓤ 토지의 복귀[몰수]; Ⓒ 몰수지.
Esch·e·rich·ia col·i[èʃəríːkiə kóulì] 대장균.
es·chew[istʃúː, es-] *vt.* 피하다 (shun). **~·al** *n.*
‡**es·cort**[éskɔːrt] *n.* ① Ⓒ 호위자[병·대]. ② Ⓤ 호위, 호송. — [iskɔ́ːrt] *vt.* 호위[호송]하다.
es·cri·toire [èskritwáːr] *n.* (F.) Ⓒ (서랍 달린) 책상(writing desk).
es·cu·do[eskúːdou] *n.* (*pl.* **~s**) Ⓒ 포르투갈[칠레]의 화폐 단위; 에스쿠도 금[은]화.
es·cu·lent[éskjələnt] *a., n.* 식용에 알맞은; Ⓒ 식용품, (특히) 야채.
es·cutch·eon[iskʌ́tʃən] *n.* Ⓒ 방패 모양의 문장(紋章) 바탕; 방패 모양의 물건. ***a blot on one's ~*** 가문(家門)의 오점(汚點), 불명예.
ESE east-southeast.
-ese[iːz] *suf.* '…의 국민(의), …의 주민(의), …어[말]'의 뜻: Chin*ese*, Milan*ese*.
‡**Es·ki·mo, -mau**[éskəmòu] *n.* (*pl.* **~s, ~**), *a.* Ⓒ 에스키모 사람(의); Ⓤ 에스키모 말(의).
Éskimo ròll 〖카누〗 에스키모식 전도복원(轉倒復元).
e·so·pha·ge·al[ìːsəfədʒíːəl] *a.* 식도(食道)의. **~ *cancer*** 식도암.
e·soph·a·gus[isáfəgəs/-sɔ́f-] *n.* (*pl.* **-gi**[-dʒài/-gài]) Ⓒ 식도(食道) (gullet).
es·o·ter·ic[èsoutérik] *a.* 소수의 고제(高弟)[학자]에게만 전수되는, 비전(秘傳)의, 비교(秘敎)의(opp. exoteric); 비밀의(secret).
E.S.P. extrasensory perception. **esp., espec.** especially.
es·pal·ier[ispǽljər, es-] *n.* Ⓒ 과수[나무]를 받치는 시렁(trellis).
Es·pa·ña [espáːnjaː] *n.* 에스파냐 《스페인식 명칭》.
‡**es·pe·cial**[ispéʃəl, es-] *a.* 특별[각별]한(exceptional).
†**es·pe·cial·ly**[ispéʃəli] *ad.* 특히,

각별히, 특별히(*Be* ~ *watchful.*).
Es·pe·ran·to [èspərǽntou, -ɑ́:-] *n.* Ⓤ 에스페란토《폴란드의 Dr. L. L. Zamenhof가 인류의 평화를 위하여 창안한 배우기 쉬운 국제 보조어》. **~·tist** *n.*
es·pi·al [ispáiəl] (<espy) *n.* Ⓤ 정찰; 감시; 탐정 행위; 발견.
es·pi·o·nage [éspiənɑ̀:ʒ, -nidʒ/èspiənɑ́:ʒ] *n.* (F.) Ⓤ 탐색, 간첩 행위; 간첩을 씀.
es·pla·nade [èsplənéid] *n.* Ⓒ (특히 바닷가·호숫가 따위의) 산책길(promenade); (요새와 시내 민가 사이를 격리하는) 공터.
es·pouse [ispáuz] *vt.* (…와) 결혼하다; 시집보내다(marry); 채용하다(adopt), (의견·학설 등을) 지지하다. **es·póus·al** *n.* Ⓒ 약혼, (*pl.*) 혼례; Ⓤ,Ⓒ 채용, 지지, 옹호.
es·prit [esprí:/∠–] *n.* (F.=spirit) Ⓤ 정신; 에스프리, 재치(lively wit).
esprit de corps [-də kɔ́:*r*] (F.) 단체 정신, 단결심《애교심 따위》.
esprit d'es·ca·lier [-deskəljéi] (F. =wit on the staircase) 사후(事後)의 명안(名案).
˙**es·py** [ispái] *vt.* (숨은 물건, 작은 물건 등을) 찾아내다(detect, spy); 발견하다, 알아채다.
Esq., Esqr. Esquire.
˙**es·quire** [iskwáiə*r*] *n.* (E-) 《英》 (성명 다음에 붙여서) 님, 귀하(*John Smith, Esq.*); 《古》 =SQUIRE.
ESRO [ésrou] European Space Research Organization.
-ess [is] *suf.* 여성 명사를 만듦(actr*ess*, empr*ess*, tigr*ess*, waitr*ess*).
Ess. Essex.
ESSA [ésə] Environmental Science Services Administration.
:**es·say** [ései] *n.* Ⓒ ① 수필, (문예상의) 소론(小論), 시론(試論); 평론. ② [eséi] 시도(*at*). — [eséi] *vt., vi.* 시도하다; 시험하다. ˙**~·ist** *n.* Ⓒ 수필가. 「필(short essay).
es·say·ette [èseiét] *n.* Ⓒ 짧은 수
:**es·sence** [ésəns] *n.* ① Ⓤ 본질, 정수; 〖哲〗 실체. ② Ⓤ,Ⓒ 에센스, 엑스(extract), 정(精); 향수.
:**es·sen·tial** [isénʃəl] *a.* ① 본질적인, 실질의. ② 필수의(necessary). ③ 정수의, 에센스의, 기본의. **~ *oil*** 정유. **~ *proposition*** 〖論〗 본질적 명제. — *n.* Ⓒ 본질; 요점, 요소. ***~s of life*** 생활 필수품.
˙**es·sen·tial·ly** [isénʃəli] *ad.* 본질적으로, 본질상, 본래.
Es-sex [ésiks] *n.* 영국 남동부의 주.
EST, E.S.T. Eastern Standard Time. **est.** established; estate; estimate(d); estuary.
-est [ist] *suf.* 최상급을 만듦(great*est*, hott*est*, seren*est*).
:**es·tab·lish** [istǽbliʃ, es-] *vt.* ① 설립[확립]하다, 제정하다. ② (사람의) 기반을 잡게 하다, (지위에) 앉히다; 개업시키다, 안정된 지위에 놓이게 하다. ③ 정하다; 인정하다; 입증[확증]하다; (교회를) 국교회로 만들다. **~ *oneself*** 자리잡다, 정착[정주]하다, 취업(就業)하다, 개업하다. **~ed** [-t] *a.*
Estáblished Chúrch, the (영국) 국교(회).
:**es·tab·lish·ment** [istǽbliʃmənt] *n.* ① Ⓤ 설립, 설정, 설치; 확립. ② Ⓒ 설립물, (사회적) 시설; 세대, 가정. ③ Ⓤ (군대·관청 따위의) 상비 편성[인원]. ***Church E-,*** or ***the E-*** (영국) 국교(회).
es·tab·lish·men·tar·i·an [istæ̀bliʃməntέəriən] *n., a.* Ⓒ 영국 국교회의 (신봉자); 체제파의 (사람).
:**es·tate** [istéit, es-] *n.* ① Ⓤ 재산, 유산; 소유[재산]권. ② Ⓒ 토지, 소유지. ③ Ⓒ (정치·사회적) 계급. ***personal*** [***real***] **~** 동[부동]산. ***the fourth*** **~** 《諧》 신문(기자들), 언론계(the press). ***the third*** **~** 평민; (프랑스 혁명 전의) 중산 계급. ***the Three Estates*** (***of the Realm***) 〖史〗 귀족과 성직자와 평민; 《英》 성직자 상원 의원과 귀족 상원 의원 및 하원 의원. 「[중개업자].
estáte àgent 《英》 부동산 관리인
éstate càr [**wàg(g)on**] 《英》 = STATION WAG(G)ON.
estáte tàx 상속세(death duties).
:**es·teem** [istí:m, es-] *vt.* ① 존경[존중]하다, 귀중히 여기다. ② (…이라고) 생각[간주]하다(consider). — *n.* Ⓤ 존경, 존중(regard). ***hold in*** **~** 존경[존중]하다.
es·ter [éstə*r*] *n.* Ⓤ 〖化〗 에스테르.
Esth. Esther. 「에스더서(書).
Es·ther [éstə*r*] *n.* 여자 이름; 〖舊約〗
es·thete [ésθi:t/í:s-] *n.* =AESTHETE. **es·thet·ic** [esθétik/i:s-], **-i·cal** [-əl] *a.* **es·thét·ics** *n.* =AESTHETICS.
es·ti·ma·ble [éstəməbəl] *a.* (<esteem) 존경할 만한; (<estimate) 평가[어림]할 수 있는.
:**es·ti·mate** [éstəmèit, -ti-] *vt., vi.* 평가[어림, 개산, 견적]하다; 견적서를 작성하다. — [-mit] *n.* Ⓒ 평가, 견적(서), 개산; 판단. ***the*** **~*s*** 《英》 (정부의) 예산.
:**es·ti·ma·tion** [èstəméiʃən, -ti-] *n.* Ⓤ ① 의견, 판단, 평가. ② 존중(esteem).
Es·to·ni·a [estóuniə] *n.* 에스토니아《발트해에 면한 공화국》.
es·trade [estrɑ́:d] *n.* Ⓒ 단, 교단(敎壇).
es·trange [estréindʒ] *vt.* 소원하게 하다, 멀리하다. **~·ment** *n.*
es·tri·ol [éstriɔ̀:l] *n.* Ⓤ 〖生化〗 에스트리올《여성 호르몬의 일종》.
es·tro·gen [éstrədʒən] *n.* Ⓤ 〖生化〗 발정 호르몬.
es·trone [éstroun] *n.* Ⓤ 〖生化〗 에스트론《여성 호르몬의 일종》.
es·trus [éstrəs] *n.* Ⓤ 발정(기). **~ *cycle*** 성주기(性週期).

es·tu·ar·y[éstʃuèri/-əri] *n.* Ⓒ 강어귀, 내포(內浦).
ESV experimental safety vehicle. **ET.** Eastern Time; Easter term. **Et.** ethyle.
-et[it] *suf.* '작은, 소형의'의 뜻: bull*et*, coron*et*, isl*et*.
e·ta[í:tə, éi-] *n.* Ⓤ,Ⓒ 그리스어(語) 알파벳의 일곱째 글자《*H*, *η*; 영어의 long 'e'에 해당함; cf. epsilon》.
ETA, e.t.a. estimated time of arrival 도착 예정 시각.
et al. *et alibi*(L.=and elsewhere); *et alii*(L.=and others).
:etc.[ənsóufɔ̀:rθ, etsétərə/itsétrə] *et cetera*(⇩).
***et cet·er·a**[et sétərə/it sétrə] (L. =and the rest) 따위《생략 etc., &c.》.
etch[etʃ] *vt.* (…에) 에칭하다, (…을) 식각(蝕刻)하다. ― *vi.* 식각법을 행하다. **∠·er** *n.* **∠·ing** *n.* Ⓤ 식각법, 에칭; Ⓒ 부식 동판(화).
ETD, e.t.d. estimated time of departure 출발 예정 시각.
:e·ter·nal[itə́:rnəl] *a.* ① 영원[영구]한(perpetual); 불멸의; 끝없는. ② 변함 없는, 평상시의, 예(例)의 (*Enough of your ~ joke!* 네 농담은 이제 그만). ***the E-*** 신(神). ***the ~ triangle*** (남녀의) 삼각 관계. **~·ize**[-àiz] *vt.* =ETERNIZE. **:~·ly** *ad.* 영원히, 언제나; 끊임없이.
Etérnal Cíty, the 불멸의 도읍《로마》.
e·ter·ni·ty** [itə́:rnəti] *n.* Ⓤ ① 영원, 영구. ② 내세. ***the eternities (영구) 불변의 사물[사실, 진리].
e·ter·nize[itə́:rnaiz] *vt.* 불멸하게 하다; 영원히 전하다.
eth[eð] *n.* =EDH.
Eth. Ethiopia. **eth.** ethical; ethics.
-eth *suf.* ⇨-TH.
eth·ane[éθein] *n.* Ⓤ 〖化〗 에탄《석유에서 나는 가스》.
eth·a·nol[éθənɔ̀:l] *n.* Ⓤ 〖化〗 에탄올《(에틸)알코올을 말함》.
***e·ther**[í:θər] *n.* Ⓤ 〖理·化〗 에테르; 정기(精氣); 하늘.
e·the·re·al, -ri·al[iθí:riəl] *a.* 공기 같은, 가벼운, 영기(靈氣)[같은], 영묘(靈妙)한; 천상의, 상공의; 〖化〗 에테르 같은. **~·ize**[-àiz] *vt.* 영화(靈化)하다; 에테르화[기화]하다.
e·ther·ize[í:θəràiz] *vt.* 〖醫〗 에테르 마취를 시행하다; 〖化〗 에테르화하다.
eth·ic[éθik] *a.* =ETHICAL. ― *n.* 《稀》 =ETHICS.
eth·i·cal**[-əl] *a.* 도덕(상)의, 윤리적인. **~ *drug 처방약《의사의 처방전 없이는 시판을 허용치 않는 약제》. **~·ly** *ad.* 「(원리).
***eth·ics** [-s] *n.* Ⓤ 윤리학; *pl.* 도덕
***E·thi·o·pi·a**[ì:θióupiə] *n.* 에티오피아. **~n**[-n], **E·thi·op(e)**[í:θiɑ̀p/-ɔ̀p] *a., n.* Ⓒ 에티오피아의 (사람); =NEGRO.

eth·nic[éθnik], **-ni·cal**[-əl] *a.* 인종의, 민족의; 인종학의; 이교의 (neither Christian nor jewish; pagan). **~ *group*** 인종, 민족. **-cal·ly** *ad.*
éthnic púrity 《美》 인종[민족]적 동일성; 인종적 순수성.
eth·no·cen·tric[èθnouséntrik] *a.* 자민족 중심주의의.
eth·nog·ra·phy [eθnɑ́grəfi/-ɔ́-] *n.* Ⓤ 민족지(民族誌); (특히 기술적) 민족지학. **eth·no·graph·ic**[èθnəgrǽfik], **-i·cal**[-əl] *a.*
eth·nol·o·gy[eθnɑ́lədʒi/-ɔ́-] *n.* Ⓤ 인종학. **eth·no·log·ic**[èθnəlɑ́dʒik/-ɔ́-], **eth·no·log·i·cal**[-əl] *a.* **eth·no·lóg·i·cal·ly** *ad.* **eth·nól·og·gist** *n.*
e·thol·o·gy [eθɑ́lədʒi, i:-/i(:)θɔ́l-] *n.* Ⓤ 인성학(人性學); 동물 행동학.
e·thos[í:θɑs/-θɔs] *n.* Ⓤ (시대·민족·사회·종교 단체 따위의, 독특한) 기풍; 민족 정신; (예술 작품의) 기품, 에토스(cf. pathos).
eth·yl[éθəl] *n.* Ⓤ 〖化〗 에틸.
éthyl álcohol 에틸 알코올, 주정.
eth·yl·ene[éθəli:n] *n.* Ⓤ 〖化〗 에틸렌.
e·ti·ol·o·gy[i:tiɑ́lədʒi/-ɔ́-] *n.* Ⓤ 병인(病因)(학); 원인학.
:et·i·quette[étikit, -kèt] *n.* Ⓤ 에티켓, 예의, 예법; 관례. ***medical ~*** 의사들(사이)의 불문율.
Et·na [étnə] *n.* Sicily 섬의 화산; (e-) Ⓒ 알코올로 물 끓이는 기구.
***E·ton**[í:tn] *n.* 런던 서쪽의 도시; =**∠ Cóllege** 이튼교(校)《이 시(市)에 있는 public shcool; Henry Ⅵ의 창립(1440)》. **E·to·ni·an**[i:tóuniən] *a., n.* Eton의; Ⓒ Eton교(校) 학생[출신자].
é·tran·ger[etrɑ̃ʒe] *n.* (F.) Ⓒ 이방[외국]인, 낯선 사람; (É-) Albert Camus 작의 소설(1942).
ETS expiration term of service 복무 완료 기간; 《美》 Educational Testing Service.
et seq. *et sequens*(L.=and the following); *et sequentes* [*sequentia*](L.=and those that follow).
-ette[et] *suf.* ① '작은'의 뜻: cigar*ette*, statu*ette*. ② '…여성'의 뜻: coqu*ette*, suffrag*ette*.
E.T.U. Electrical Trades Union.
é·tude[éitju:d] *n.* (F.=study) Ⓒ (회화·조각 따위의) 습작(習作); 연습곡, 에튀드.
ETV Educational Television.
etym. etymological; etymology.
***et·y·mol·o·gy**[ètəmɑ́lədʒi/-mɔ́l-] *n.* Ⓤ 어원학; Ⓒ 어원. **-gist** *n.*
et·y·mo·log·i·cal(·ly)[ètəməlɑ́dʒikəl(i)/-ɔ́-] *a.* (*ad.*)
et·y·mon[étəmɑ̀n/-ɔ̀-] *n.* (*pl.* **-ma** [-mə]) Ⓒ 〖言〗 어근; 말의 원형.
Eu 〖化〗 europium.
eu·ca·lyp·tus[jù:kəlíptəs] *n.* (*pl.* ***~es, -ti***[-tai]) Ⓒ 〖植〗 유칼립투

스, 유칼리《높이 90 m, 오스트레일리아 원산의 교목》.
Eu·cha·rist[júːkərist] *n.* (the ~) 성체성사(Holy Communion); 성체용의 빵과 포도주; (e-) 감사(의 기도).
eu·chre[júːkər] *n.* Ⓤ《美》유커《카드놀이의 일종》. — *vt.* 유커에서 지게 하다; 《美口》 책략으로 이기다, (속임수로) 앞지르다(*out*).
*__Eu·clid__[júːklid] *n.* 그리스의 수학자(fl. *c.* 300 B.C.); Ⓤ 유클리드 기하학.
eu·di·om·e·ter [jùːdiámitər/-ɔ́mi-] *n.* Ⓒ 〖化〗 유디오미터《주로 공기 중의 산소량을 측정함》.
eu·gen·ic [ju(ː)dʒénik], **-i·cal** [-əl] *a.* 우생(학)적인. **-i·cal·ly** *ad.*
eu·gén·ics *n.* Ⓤ 우생학.
eu·lo·gi·um[juːlóudʒiəm] *n.* (*pl.* ~*s*, *-gia*[-dʒiə]) =EULOGY. **-gist** *n.* Ⓒ 찬미자. **-gis·tic**[jùːlədʒístik], **-gis·ti·cal**[-əl] *a.* **-gìs·ti·cal·ly** *ad.*
eu·lo·gize [júːlədʒàiz] *vt.* 칭찬하다.
eu·lo·gy[júːlədʒi] *n.* Ⓤ 칭찬, 찬양; Ⓒ 찬사.
eu·nuch [júːnək] *n.* Ⓒ 거세된 남자; 환관, 내시; 〖聖〗 독신자.
eu·pep·si·a[ju(ː)pépsiə, -ʃə] *n.* Ⓤ 〖醫〗 소화 양호(opp. dyspepsia).
eu·pep·tic[ju(ː)péptik] *a.* 소화 양호의; 소화를 돕는.
eu·phe·mism[júːfəmìzəm] *n.* Ⓤ 〖修〗 완곡 어법(婉曲語法)《*pass away* (=die) 따위》. **-mis·tic**[⌐-místik] *a.* 완곡어법의, 완곡한.
eu·phon·ic[juːfánik/-ɔ́-] *a.* 음편(音便)의, 발음 편의상의; =EUPHONIOUS.
eu·pho·ni·ous[juːfóuniəs] *a.* 음조가 좋은, 듣기 좋은.
eu·pho·ny[júːfəni] *n.* Ⓤ,Ⓒ 듣기 좋은 음조; 어조가 좋음; 음편(音便).
eu·pho·ri·a [juːfɔ́ːriə] *n.* Ⓤ 〖心〗 행복감; 〖醫〗 건강; 《俗》 (마약에 의한) 도취감. **-phor·ic**[-rik] *a.*
*__Eu·phra·tes__ [juːfréitiːz] *n.* (the ~) Mesopotamia 지방의 강.
Eu·phros·y·ne[juːfrásənìː/-frɔ́-] *n.* 〖그神〗 기쁨의 여신.
eu·phu·ism[júːfjuːìzəm] *n.* Ⓤ 〖修〗 과식체(誇飾體), 미문체(美文體)《두운(頭韻)·대구(對句) 따위를 많이 사용한 J. Lyly의 *Euphues* 식의 문체》. **-ist** *n.* Ⓒ 미문체를 좋아하는 작가(사람). **-is·tic**[⌐-ístik] *a.* 미문(조)(美文(調))의, 화려한.
Eur. Europe; European.
Eur·af·ri·can[jùərǽfrikən] *a.* 유라프리카(혼혈)의.
Eur·a·mer·i·can[jurəmérikən] *a.* 구미(歐美)(공통)의.
*__Eur·a·sia__[juəréiʒə, -ʃə] *n.* 유라시아, 구아(歐亞).
Eur·a·sian[-n] *a., n.* 유라시아(혼혈)의; Ⓒ 유라시아 혼혈아.
Eur·at·om[juərǽtəm] *n.* 유라톰《유럽 원자력 공동체》(< *Eur*opean *Atom*ic Energy Community).
eu·re·ka[juəríː(ː)kə] *int.* (Gr.) 알았다!(I have found it!)《California 주의 표어》.
eu·rhyth·mics[juːríðmiks] *n.* Ⓤ 리듬 체조.
Eu·rip·i·des[juərípədìːz] *n.* 그리스의 비극 시인(480?-406? B.C.).
Eu·ro-[júərou, -rə] '유럽의'의 뜻의 결합사.
Éuro·bònd *n.* Ⓒ 유러채(債).
Eu·ro·crat[júərəkræ̀t] *n.* Ⓒ 유럽 공동체의 행정관.
Éuro·cùrrency *n.* Ⓤ 유러머니《유럽 시장에서 쓰이는 각국의 통화》.
Éuro·dòllar *n.* Ⓤ 유로달러《유럽에서 국제 결제에 쓰이는 US dollar》.
Éuro·màrket *n.* =COMMON MARKET.
Eu·ro·pa[juəróupə] *n.* ① 〖그神〗 유러파《Phoenicia의 왕녀》. ② 〖天〗 유러파《목성 위성의 하나》.
†**Eu·rope**[júərəp] *n.* 유럽(주).
‡**Eu·ro·pe·an**[jùərəpíːən] *a., n.* 유럽의; Ⓒ 유럽 사람(의). **~·ism** [-ìzəm] *n.* Ⓤ 유럽주의〔정신〕, 유럽풍〔식〕. **~·ize**[-àiz] *vt.* 유럽풍〔식〕으로 하다. **~·i·za·tion**[-pìːənizéiʃən/-nai-] *n.*
Européan Atómic Énergy Commùnity =EURATOM.
Européan Cómmon Márket 유럽 공동 시장《European Economic Community의 속칭》.
Européan Commúnity 유럽 공동체《생략 EC》.
Européan Defénse Commúnity 유럽 방위 공동체《생략 E. D. C.》.
Européan Económic Commúnity 유럽 경제 공동체《속칭 European Common Market》.
Européan Frée Tráde Assocíation 유럽 자유 무역 연합체《유럽 공동 시장에 대항하여 조직된 무역 블록》.
Européan plàn 《美》 유럽식《호텔에서 방값과 식사 대금을 따로 계산하는 것》(cf. American plan).
Européan Polítical Commúnity 유럽 정치 공동체.
Européan Recóvery Prògram (미국 국무장관 Marshall 제안의) 유럽 부흥 계획《생략 E. R. P.》.
eu·ro·pi·um [juəróupiəm] *n.* Ⓤ 〖化〗 유러퓸《희토류 원소》.
Éuro·pòrt *n.* 유러포트《유럽 공동체의 수출입항》.
Éuro·sàt *n.* 유러샛《유럽 통신 위성 회사》.
Éuro·spàce *n.* 유러스페이스《유럽 우주 산업 연합회》.
Eu·ro·vi·sion[-vìʒən] *n.* Ⓤ 〖TV〗 유러비전《서유럽 텔레비전 방송망》.
EUSA Eighth U.S. Army.
EUSAPC Eighth U.S. Army Personnel Center.
Eu·stá·chi·an tùbe [juːstéiʃi-

ən-, -kiən-] 〖解〗 유스타키오관, 구씨관(歐氏管)《중이(中耳)에서 목으로 통하는 관》.
Eu·ter·pe[juːtə́ːrpi] *n.* 〖그神〗 음악의 여신《Nine Muses의 하나》.
eu·tha·na·si·a[jùːθənéiʒiə, -ziə] *n.* Ⓤ (편안한) 죽음; (불치의 병고로부터 구원하는) 안락사(술(術))(mercy killing).
eu·then·ics[juːθéniks] *n.* Ⓤ 환경개선학, 생활 개선학.
eu·tro·phic [juːtráfik/-trɔ́f-] *a.* (하천 등의) 부(富)영양화의.
e.v. electron volt(s). **EVA** extravehicular activity (우주)선외활동.
***e·vac·u·ate**[ivǽkjuèit] *vt.* ① 비우다; 배설하다; 명도하다. ② 철퇴〔철병〕하다; 퇴거시키다. ③ (공습·전재로부터) 피난〔소개〕시키다. ── *vi.* 피난〔소개〕하다. **:-a·tion**[─̀─éiʃən] *n.* Ⓤ,Ⓒ 비움, 배출; 배설(물), 피난, 소개, 철수.
e·vac·u·ee[ivæ̀kjuíː] *n.* Ⓒ 피난자, 소개자(疏開者).
***e·vade**[ivéid] *vt.* ① 면하다, (…으로부터) 교묘하게 빠져 나가다(～ *a tax* 탈세하다). ② 둘러대어 모면하다.
***e·val·u·ate**[ivǽljuèit] *vt.* 평가하다(appraise); 〖數〗 (…의) 값을 구하다. **:-a·tion**[─̀─éiʃən] *n.* Ⓤ,Ⓒ 평가(액), 값을 구함.
ev·a·nesce[èvənés] *vi.* (점차로) 사라지다. **-nes·cent** *a.* 사라지는; 덧없는. **-nes·cence** *n.*
e·van·gel[ivǽndʒəl/-dʒel, -dʒəl] *n.* Ⓒ 복음; (E-)(성서의) 복음서《마태 복음 이하 4 복음서의 하나》; 길보(吉報); =EVANGELIST.
e·van·gel·ic[ìːvændʒélik], **-i·cal** [-əl] *a., n.* 복음(전도)의; Ⓒ 복음주의자.
e·van·ge·lism[ivǽndʒəlìzəm] *n.* Ⓤ 복음전도〔주의〕. **-list** *n.* Ⓒ (복음) 전도자; (E-) 신약 복음서의 저자.
e·van·ge·lis·tic [ivæ̀ndʒəlístik] *a.* 복음서 저자의; 복음 전도자의.
e·van·ge·lize [ivǽndʒəlàiz] *vt., vi.* 복음을 전하다, 전도하다.
***e·vap·o·rate**[ivǽpərèit] *vi.* 증발하다; 김을 내다; 사라지다. ── *vt.* 증발시키다. **-ra·tor** *n.* ***-ra·tion** [─̀─réiʃən] *n.* Ⓤ 증발 (작용), (수분의) 발산.
e·váp·o·rat·ed mílk[-id-] 무당연유, 농축 우유.
e·va·sion[ivéiʒən] *n.* Ⓤ,Ⓒ 도피, 회피, 둘러댐(evading).
e·va·sive[ivéisiv] *a.* 포착하기 어려운, 회피적인; 둘러대(기 잘 하)는(elusive). **～·ly** *ad.*
Eve**[iːv] *n.* 이브, 하와《Adam의 아내; 하느님이 창조한 최초의 여자》. ***daughter of ～ 여자(라는 것).
:eve[iːv] *n.* Ⓒ (종종 E-) 전야(제), 명절의 전날밤; (사건 등의) 직전; Ⓤ 《詩》 저녁, 밤.
†e·ven[1][íːvən] *a.* ① 평평한(flat[1]), (…와) 수평의(*with*). ② 한결같은, 규칙적인, 평등한, 호각(互角)의; 우수리 없는, 정확한(*an* ～ *mile* 꼭 1마일); 공평한. ③ 침착한, 평정한. ④ 빚 없는, (모욕 따위에 대하여) 앙갚음이 끝나(*I will be* ～ *with you for this scorn.* 이 모욕의 앙갚음은 꼭 하겠다). ⑤ (수가) 2등분할 수 있는; 우수〔짝수〕의(cf. odd). ***break*** ～《口》 득실이 없게 되다. ～ CHANCE. ***get*** ～ ***with*** 앙갚음하다. ***of*** ～ ***date*** 같은 날짜의. ── *ad.* ① …조차, …라도. ② 한층, 더욱. ③ 평등하게, 호각으로. ④ 《古》 꼭, 바로. ～ ***if*** 〔***though***〕 비록 …일지라도. ～ ***now*** 지금이라도; 《古》 바로 지금. ── *vt.* 평평하게 하다, 고르게 하다; 평등하게 되다〔다루다〕. ～ ***up*** 평등하게 하다; 《美》 보복하다(*on*). ***～·ly** *ad.* 「무렵, 밤.
e·ven[2] *n.* Ⓒ 《詩》 저녁때, 땅거미 질
éven·fàll *n.* Ⓤ 《詩》 황혼.
éven·hánded *a.* 공평한.
†eve·ning[íːvniŋ] *n.* Ⓤ,Ⓒ ① 저녁, 해질녘, 밤. ② 만년; 쇠퇴기.
évening drèss 야회복, 이브닝드레스.
évening glòw 저녁 놀.
évening gòwn 여성용 야회복.
évening pàper 석간(지).
évening pàrty 야회(夜會).
évening prímrose (금)달맞이꽃.
eve·nings[-z] *ad.* 《美》 매일 저녁.
évening schòol = NIGHT SCHOOL.
évening stár 개밥바라기, 금성, 태백성(太白星).
éven móney 대등하게 태우는 돈.
éven·sòng *n.* Ⓤ (종종 E-) (영국 국교회의) 만도(晩禱); 〖가톨릭〗 저녁 기도.
:e·vent[ivént] *n.* Ⓒ ① 사건, 큰 사건. ② 경과(development), 결과. ③ 경우(case). ④ 〖競〗 종목, 시합. ⑤ 〖컴〗 사건. ***at all*** ～***s*** 좌우간, 하여튼. ***in any*** ～ 무슨 일이 있어도, 하여튼. ***in the*** ～ ***of*** …의 경우에는. **～·ful** *a.* 다사다난한, 파란 많은; 중대한. **～·ful·ly** *ad.*
éven·témpered *a.* 마음이 평정한, 냉정한.
éven·tìde *n.* Ⓤ 《詩》 땅거미질 때.
:e·ven·tu·al[ivéntʃuəl] *a.* ① 종국의(final). ② (경우에 따라서는) 일어날 수도 있는, 있을 수 있는(possible). **:～·ly** *ad.* 결국(은), 필경(에는).
e·ven·tu·al·i·ty[─̀─ǽləti] *n.* Ⓒ 예측 못할 사건, 만일의 경우; Ⓤ 우발성(possibility).
e·ven·tu·ate[ivéntʃuèit] *vi.* 결국 (…이) 되다(result)(*in*); 일어나다, 생기다.
†ev·er[évər] *ad.* ① 언젠가, 일찍이. ② 언제나(always). ③ 《강조》 도대체, 적어도. ***as ... as*** ～ 여전히. (***better***) ***than*** ～ 지금까지보다 점점 더(잘). ～ ***and*** ANON. ～ ***since*** 그 후 줄곧. ～ ***so*** 아무리 …(해도);

E

=VERY. ~ **such** 대단히. **for ~ and ~**) 영구〔영원〕히. **hardly** 〔**scarcely**〕 ~ 좀처럼 …않다. **seldom, if ~** (설사 있다 하더라도) 극히 드물게. **yours ~** 언제나 그대의 벗《편지의 끝맺음말》.

:Ev·er·est[évərist], **Mount** 히말라야 산맥 중의 세계 최고봉《8,848 m》.

ev·er·glade[évərglèid] *n.* Ⓒ《美》 습지대; (the E-s) Florida 남부의 소택지.

***ev·er·green**[évərgrì:n] *a., n.* ① 상록의(opp. deciduous). ② Ⓒ 상록수.

Évergreen Státe 미국 Washington주의 속칭.

:ev·er·last·ing [èvərlǽstiŋ/-ɑ́:-] *a.* ① 영구〔영원〕한; 끝없는. ② 변함없는, 지루한(tiresome). — *n.* ① Ⓤ 영원, 영겁(eternity). ② (the E-) 신(神). **~·ly** *ad.*

ev·er·more [èvərmɔ́:r] *ad.* 언제나, 항상; 《古·詩》 영구〔영원〕히. **for ~** 영구〔영원〕히.

e·vert[ivə́:rt] *vt.* (눈꺼풀 따위를) 뒤집다, 외번(外飜)시키다. **e·ver·sion**[-ʃən, -ʒən] *n.*

†eve·ry[évri:] *a.* ① 모든, 일체의, 어느 …이나 다, 각 …마다(~ *man, day, &c*). ② 《수사와 함께 써서》 …마다(~ *five days,* or ~ *fifth day* 닷새마다, 나흘 걸러 / *E- third man has a car.* 세 사람에 한 사람 꼴로 자동차를 가지고 있다). **~ bit** 어느 모로 보나, 아주. **~ moment** 〔**minute**〕 시시 각각(으로). **~ now and then,** or **~ once in a while** 때때로, 가끔. **~ one** 누구나 모두, 각자. **~ other** 〔**second**〕 **day** 하루 걸러. **~ time** 매번, …할 때마다.

†eve·ry·bod·y [-bὰdi/-ɔ̀-] *pron.* 누구나, 각 사람 (모두).

:eve·ry·day[-dèi] *a.* 매일의, 일상의. **~ clothes** 평상복.

Eve·ry·man[-mæ̀n] *n.* (*sing.*) 보통 사람《15세기의 영국의 권선 징악극 *Everyman*의 주인공에서》.

†eve·ry·one[-wʌ̀n, -wən] *pron.* = EVERYBODY.

:eve·ry·thing[-θìŋ] *pron.* 무엇이든지 모두, 만사; 가장 소중한 것(*to*).

eve·ry·way[-wèi] *ad.* 어느 점으로 보아도.

†eve·ry·where[-*h*wὲər] *ad.* 어디에나, 도처에.

e·vict[ivíkt] *vt.* 퇴거시키다, 쫓아내다(expel); 되찾다. **e·víc·tion** *n.*

:ev·i·dence[évidəns] *n.* Ⓤ 증거(proof); 증언(testimony); Ⓤ,Ⓒ 징후, 형적(sign). **bear** 〔**give, show**〕 **~ of** …의 형적을 보이다. **give ~** 증언하다. **in ~** 눈에 띄게. **turn the King's** 〔**Queen's, State's**〕 **~** (공범자가) 한패에게 불리한 증언하다. — *vt.* 증명〔증언〕하다.

:ev·i·dent[évidənt] *a.* 뚜렷한, 명백한(plain). **:~·ly** *ad.*

ev·i·den·tial[èvədénʃəl] *a.* 증거(상)의, 증거가 되는(*of*). **~·ly** *ad.*

:e·vil[í:vəl] *a.* (**worse; worst**) ① 나쁜, 사악한. ② 해로운; 불운한; 불길한. **~ eye** 재난의 눈, 흉안(凶眼)《재난을 준다는》. **~ tongue** 독설. **the E- One** 악마(Devil). — *n.* ① Ⓤ 악; 악행(sin). ② Ⓒ 해악; 폐해. **king's ~** 연주창(scrofula)《왕의 손이 닿으면 낫는다는 미신이 있음》. **the social ~** 사회악; 매춘(賣春). **wish a person ~** 아무의 불행을 기원하다. — *ad.*《稀》 나쁘게, 사악하게, 해롭게(ill); 불행하게. **speak ~ of** …의 험담을 하다.

évil·dispósed *a.* 질이 나쁜.

évil·dóer *n.* Ⓒ 악인.

évil·dóing *n.* Ⓤ 나쁜 짓, 악행.

évil-mínded *a.* 흑심이 있는, 사악한.

e·vince[ivíns] *vt.* (명백히) 나타내다(show).

e·vis·cer·ate[ivísərèit] *vt.* 창자를 끄집어 내다; 골자를 빼버리다.

ev·i·ta·ble[évətəbəl] *a.* 피할 수 있는.

***e·voke**[ivóuk] *vt.* (영·기억·감정 따위를) 불러일으키다, 환기하다(call forth). **ev·o·ca·tion**[èvəkéiʃən, ì:vou-] *n.*

:ev·o·lu·tion[èvəlú:ʃən/ì:və-] *n.* ① Ⓤ (생물의) 진화(evolving); (사건·의론 따위의) 전개, 발전. ② Ⓤ (빛·열 따위의) 발생, 방출(releasing). ③ Ⓤ 〖數〗 개방(開方). ④ Ⓒ (댄스·스케이트 따위의) 선회(旋回); 〖軍〗 기동 연습. **~·al,** ***~·ar·y**[-èri/-əri] *a.* 발달의, 진화의, 진화(론)적인. **~·ism**[-ìzəm] *n.* Ⓤ 진화론(theory of ~). **~·ist** *n.*

***e·volve**[iválv/-ɔ́-] *vi., vt.* ① 전개하다; 진화하다〔시키다〕; 발달〔발전〕하다〔시키다〕. ② (*vt.*)(빛·열 따위를) 발생〔방출〕하다.

EVR electronic video recorder.

e·vul·sion[ivʌ́lʃən] *n.* Ⓤ 뽑아냄, 빼냄.

ewe[ju:] *n.* Ⓒ 암양(cf. ram).

ew·er[jú:ər] *n.* Ⓒ (주둥이가 넓은) 물병.

ex[eks] *prep.* (L.) …으로부터 (*ex ship* 〖商〗 본선 인도(引渡)); …때문에《성구는 각항 참조》.

EX. Exodus. **ex.** examination; examined; example; exception; exchange; executive.

ex-[eks] *pref.* '앞의'의 뜻: *ex*convict 전과자 / *ex*premier 전수상 / *ex*husband 전남편.

ex·ac·er·bate [igzǽsərbèit, iksǽs-] *vt.* (고통 따위를) 악화시키다(aggravate); 분격시키다(exasperate). **-ba·tion**[-ˌ-béiʃən] *n.*

:ex·act[igzǽkt] *a.* ① 정확한; 엄밀한, 정밀한. ② 꼼꼼한, 엄격한, 까다로운. **to be ~** 자세히 말하면. — *vt.* (금전·노력·복종을) 엄하게 요구하다; 강요하다(demand)(*from, of*). **~·ing** *a.* 엄한, 가혹한, 힘드는, 쓰라린. **ex·ác·tion** *n.* Ⓤ 강요, 강제

징수; Ⓒ 강제 징수금, 중세. **:~·ly** *ad.* 정확하게, 엄밀히; 정확히 말해서; 틀림없이.
ex·act·i·tude[igzǽktətjùːd/-tjùːd] *n.* Ⓤ 정확, 정밀; 엄격함, 꼼꼼함.
exáct scíence 정밀 과학《수학·물리학 따위》.
:ex·ag·ger·ate[igzǽdʒərèit] *vt.* 과장하다, 허풍떨다. ***-at·ed**[-id] *a.* 과장된; 비대한. ***-a·tion**[–⌒–éiʃən] *n.* Ⓤ 과장; Ⓒ 과장적 표현. **-a·tor** *n.*
ex·alt[igzɔ́ːlt] *vt.* (신분·관직·품위·명예 따위를) 높이다; 의기 양양하게 만들다(elate), 치살리다(extol); (빛깔을) 짙게 하다. **~ *a person to the skies*** 아무를 극구 칭찬하다.
ex·al·ta·tion[ègzɔːltéiʃən] *n.* Ⓤ 높임; 승진; 찬양, 고귀(nobility); 우쭐함, 의기 양양; 〖冶〗 정련(精鍊). ***~·ed**[-id] *a.* 고귀[존귀]한, (신분이) 높은; 고원[고상]한; 우쭐한, 의기 양양한, 신바람난.
ex·am[igzǽm] *n.* 《口》 =⇩.
:ex·am·i·na·tion [igzæ̀mənéiʃən, -mi-] *n.* Ⓒ 시험(*in*); Ⓤ,Ⓒ 검사; 조사, 심사(*of, into*); 〖法〗 심문, 심리. ***medical*** **~** 진찰. ***on*** **~** 조사해 보니; 조사한 뒤에. ***physical*** **~** 신체 검사. ***sit for an*** **~** 시험치르다. ***under*** **~** 조사[검사]중인.
examinátion pàper 시험 용지; 시험 문제[답안].
:ex·am·ine[igzǽmin] *vt.* ① 조사하다, 검사[음미]하다; 검정[심사]하다; 시험하다(*in*). ② 〖法〗 심문하다. ③ 진찰하다. **~ *oneself*** 내[반]성하다. — *vi.* 조사하다(*into*). ***-in·er** *n.* Ⓒ 시험관; 검사원, 심사관.
ex·am·i·nee[igzæ̀məníː] *n.* Ⓒ 수험자.
†ex·am·ple[igzǽmpl/-áː-] *n.* ① Ⓒ 실례, 보기. ② 견본, 표본(sample). ③ 모범, 본보기(model). ④ 본때, 훈계(warning). ***beyond*** **~** 전례 없는. ***for*** **~** 예를 들면. ***make an*** **~** ***of*** …을 본보기로 (징계)하다. ***set*** [***give***] ***an*** **~** ***to*** …에게 모범을 보이다. ***take*** **~** ***by a person*** 아무를 본보기로 하다. ***to cite an*** **~** 일례를 들면. ***without*** **~** 전례 없는.
***ex·as·per·ate** [igzǽspərèit, -rit] *vt.* ① 격노케 하다; 감정을 자극하다. ② 악화시키다, 더하게 하다(intensify). **-at·ing** *a.* 화나는, 짜증나게 하는; 악화시키는. **-a·tion**[–⌒–éiʃən] *n.* Ⓤ 격노; (병의) 악화.
Exc. Excellency.
Ex·cal·i·bur[ekskǽləbər] *n.* Arthur 왕의 마법의 검(劍).
ex ca·the·dra[èks kəθíːdrə] (L. =from the chair) 권위를 가지고(with authority); 권위 있는.
ex·ca·vate[ékskəvèit] *vt.* 파다; 도려내다; 발굴하다. **-va·tor** *n.* **:-va·tion**[⌒–véiʃən] *n.* Ⓤ 팜, 굴착; Ⓒ 구멍, 구덩이; 발굴물, 출토품.
:ex·ceed[iksíːd] *vt., vi.* (한도를) 넘다, 초과하다; (…보다) 낫다, 능가하다(excel). ***~·ing** *a.* 대단한, 지나친, 굉장한. **:~·ing·ly** *ad.* 대단히, 매우, 몹시.
:ex·cel[iksél] *vt., vi.* (*-ll-*) 능가하다(surpass)(*in*); 뛰어나다(*in*).
***ex·cel·lence**[éksələns] *n.* ① Ⓤ 탁월, 우수. ② Ⓒ 장점, 미점(美點).
***Ex·cel·len·cy** [-i] *n.* Ⓒ 각하《장관·대사 등에 대한 존칭》(*Good morning, your ~!* 각하, 안녕하십니까/*Do you know where His ~ is?* 각하께서 어디 계신지 아십니까).
:ex·cel·lent[éksələnt] *a.* 우수한, 탁월한(exceedingly good). **~·ly** *ad.*
ex·cel·si·or [iksélsiər, ek-] *int.* (L.=higher) 더 한층 높이!, 오직 향상!《New York 주의 표어》. — *n.* =WOOD WOOL.
ex·cen·tric[ikséntrik] *a.* = ECCENTRIC.
†ex·cept [iksépt] *vt.* 제외하다(*from*). — *vi.* 반대하다, 기피하다(object)(*against*). — *prep.* …을 제외하고(는), …이외에는(save). **~ *for*** …이 없으면(but for); …이외에는. — *conj.* 《古》=UNLESS. **:~·ing** *prep.* =EXCEPT.
:ex·cep·tion[iksépʃən] *n.* ① Ⓤ 예외로 함, 제외; Ⓒ 예외. ② Ⓤ 이의(異議)(objection). ***take*** **~** ***to*** [***against***] …에 반대하다. ***with the*** **~** ***of*** …을 제외하고는(except). **~·a·ble** *a.* 비난할 만한. ***~·al** *a.* 예외적인, 특별한, 보통이 아닌. **~*al child*** (심신장애로 인한) 비정상아. ***~·al·ly** *ad.*
:ex·cerpt[éksəːrpt] *n.* (*pl.* **~s, -ta** [-tə]) Ⓒ 발췌, 인용(구); 초록(抄錄); 발췌 인쇄(물). — [eksə́ːrpt] *vt.* 발췌하다(extract), 인용하다.
:ex·cess[iksés, ékses] *n.* ① Ⓤ 과다, 과잉; 과도; 초과; 초과량[액]. ② Ⓤ 부절제(*in*); Ⓒ (보통 *pl.*) 지나친 행위, 난폭, 폭음 폭식. **~ *of imports over exports*** 수입 초과. **~ *profits tax*** (전시) 초과 이득세. ***go*** [***run***] ***to*** **~** 지나치다, 극단으로 흐르다. ***in*** [***to***] **~** 너무나, 과도하게. ***in*** **~** ***of*** …을 초과하여, …이상으로.
excéss-demánd inflàtion 수요 인플레.
éxcess fàre (철도의) 거리 초과 요금, 초과 요금.
:ex·ces·sive[-iv] *a.* 과도한, 극단적인, 터무니없는(too much). **~·ly** *ad.* **~·ness** *n.*
:ex·change[ikstʃéindʒ] *vt.* ① 교환하다(*for* a thing; *with* a person); 주고받다. ② 환전하다. **~ *greetings*** 인사를 나누다. — *vi.* 환전할 수 있다(*for*); 교환하다. — *n.* ① Ⓤ,Ⓒ 교환; 주고받음. ② Ⓤ 환전, 환; (*pl.*) 어음 교환고(高). ③ Ⓒ 거래소, 전화 교환국. ***bill of*** **~** 환어음. **~ *bank*** 외환은행. ***E-*** (***is***) ***no robbery.*** 교환은 강탈이 아니다《불공평한 교환을 강요할 때의 상투 문구》.

E

~ ***quotation*** 외환 시세표. ~ ***reaction*** 〖理〗 교환 반응. ***in*** ~ ***for*** …와 상환으로. ***make an*** ~ 교환하다. ***rate of*** ~ (외국)환 시세, 환율. ***stock*** ~ 증권 거래소. **~·a·ble** *a.* 교환할 수 있는.

exchánge contròl 환(換) 관리.

exchánge ràte 환율.

exchánge stùdent 교환 학생.

exchánge tìcket 상품권.

ex·cheq·uer [ikstʃékər, éks-] *n.* Ⓤ 국고(國庫); Ⓒ 《口》 (개인·회사 등) 재원, 재력; (the E-) Ⓒ 《英》 재무성.

exchéquer bìll 《英》 재무성 증권.

exchéquer bònd 《英》 국고 채권.

ex·cise[1] [éksaiz] *n.* Ⓒ 물품세, 소비세. ── [iksáiz] *vt.* 물품세를 부과하다; 엄청나게 받다[청구하다].

ex·cise[2] [iksáiz] *vt.* 잘라내다(cut out). **ex·ci·sion** [eksíʒən] *n.* Ⓤ 삭제, 절제.

:ex·cit·a·ble [iksáitəbəl] *a.* 흥분하기 쉬운; 흥분성의.

ex·cit·ant [iksáitənt, éksə-] *a., n.* 자극성의; Ⓒ 자극물, 흥분제.

ex·ci·ta·tion [èksaitéiʃən/-si-] *n.* Ⓤ 자극; 흥분.

ex·cit·a·tive [iksáitətiv] *a.* 자극적인.

:ex·cite [iksáit] *vt.* ① 자극하다, 자극하여 일으키다; 흥분시키다. ② 격려하다; 설레게 하다; 선동하다(stir up).

:ex·cit·ed [iksáitid] *a.* 흥분한; 〖理〗 들뜬 상태의(~ ***atoms*** 들뜬 원자); 활발한. **:~·ly** [-idli] *ad.*

:ex·cite·ment [-mənt] *n.* Ⓤ 자극, 격앙; 흥분; Ⓤ,Ⓒ 법석; 동요; Ⓒ 자극하는 것.

:ex·cit·ing [-iŋ] *a.* 자극적인, 흥분시키는, 가슴 죄게 하는(thrilling); 재미있는.

:ex·claim [ikskléim] *vi., vt.* ① (감탄적으로) 외치다; 큰 소리로 말하다. ② 비난하다(*against*).

:ex·cla·ma·tion [èkskləméiʃən] *n.* ① Ⓤ 외침, 절규, 감탄. ② Ⓒ 〖文〗 감탄사, 감탄 부호(~ mark)《!》.

***ex·clam·a·to·ry** [iksklǽmətɔ̀ːri/-təri] *a.* 절규의; 감탄의.

:ex·clude [iksklúːd] *vt.* 몰아내다; 배척하다(reject); 제외하다; 추방하다(expel).

ex·clu·sion** [iksklúːʒən] *n.* Ⓤ 몰아냄, 제외, 배척(excluding). ***to the ~ ***of*** …을 제외하고. **~·ism** [-ìzəm] *n.* Ⓤ 배타주의. **~·ist** *n.*

:ex·clu·sive [-klúːsiv] *a.* ① 배타[배제]적인. ② 독점적인; 독특한, 유일의. ③ 고급의, 일류의. ~ ***of*** …을 제외하고. ***~·ly** *ad* 독점적으로, 오로지. **~·ness** *n.* **-siv·ism** [-ìzəm] *n.* Ⓤ 배타[쇄국, 독점]주의.

ex·cog·i·tate [ekskádʒətèit/-kɔ́dʒ-] *vt.* 생각해내다; 숙고하다. **-ta·tion** [–⌐–téiʃən] *n.*

ex·com·mu·ni·cate [èkskəmjúːnəkèit] *vt.* 〖宗〗 파문하다; 제명하다. **-ca·tion** [–⌐–⌐–kéiʃən] *n.*

éx-cón, éx-cónvict *n.* Ⓒ 전과자.

ex·co·ri·ate [ikskɔ́ːrièit] *vt.* (…의) 가죽을 벗기다, 껍질을 까다; 혹평하다; 심한 욕을 퍼붓다. **-a·tion** [–⌐–éiʃən] *n.*

ex·cre·ment [ékskrəmənt] *n.* Ⓤ 「배설물.

ex·cres·cence [ikskrésəns, eks-] *n.* Ⓒ 자연 발생물《손톱·발톱·머리털 따위》; 이상 발생물《혹·사마귀 따위》; 무용지물. **-cent** [-sənt] *a.* 군, 가외의(superfluous); 혹 같은.

ex·cre·ta [ikskríːtə] *n. pl.* 배설[분비]물; 대변.

ex·crete [ikskríːt] *vt.* 배설하다(discharge). **ex·cre·tion** *n.* Ⓤ 배설; Ⓤ,Ⓒ 배설물. **ex·cre·tive, ex·cre·to·ry** [ékskritɔ̀ːri/ekskríːtəri] *a.* 배설의.

ex·cru·ci·ate [ikskrúːʃièit] *vt.* (…을) 고문하다(torture); 심한 고통을 주다, 몹시 괴롭히다(distress). **-at·ing** *a.* **-at·ing·ly** *ad.*

ex·cul·pate [ékskʌlpèit] *vt.* 무죄로 하다; (…의) 무죄를 증명하다. ~ ***oneself*** 자기의 무죄를 입증하다 (*from*). **-pa·tion** [⌐–péiʃən] *n.*

:ex·cur·sion [ikskə́ːrʒən, -ʃən] *n.* Ⓒ ① 소풍, 수학[유람] 여행, 단체 여행. ② 관광단. ③ 일탈. ④ 《廢》 습격. ***go on for an*** ~ 소풍가다.

excúrsion tìcket [**tráin**] 할인 유람권.

excúrsion tràin 유람 열차.

ex·cur·sive [ikskə́ːrsiv] *a.* 배회하는; 산만한; 지엽적인.

ex·cus·a·ble [ikskjúːzəbəl] *a.* 용서할 수 있는, 변명이 서는.

†ex·cuse [ikskjúːz] *vt.* ① 변명하다. ② 용서하다, 너그러이 봐주다. ③ (의무 따위를) 면제하다(exempt). ***E-me!*** 실례합니다, 미안합니다. ~ ***oneself*** 변명하다. ~ ***oneself from*** 사퇴하다, 그만두고 싶다고 말하다(beg to be ~d). ── [-s] *n.* Ⓤ,Ⓒ ① 변명, 사과. ② 발뺌, 구실, 핑계. ***thin*** ~ 빤한 변명[핑계].

ex div·i·dend [èks dívədènd] (L.) 〖商〗 배당락(配當落)《생략 ex div., x. d.》.

exec. executive; executor.

ex·e·cra·ble [éksikrəbəl] *a.* 밉살스러운, 귀찮은, 몹시 싫은(detestable).

ex·e·crate [éksikrèit] *vt.* 저주하다(curse), 몹시 싫어하다, 혐오하다(abhor). **-cra·tion** [⌐–kréiʃən] *n.*

ex·ec·u·tant [igzékjutənt] *n.* Ⓒ 연주자, 실행자.

:ex·e·cute [éksikjùːt] *vt.* ① 실행[수행]하다; 실시하다(enforce). ② (미술품을) 제작하다; (곡을) 연주하다(perform); ③ (유언을) 집행하다; (증서 따위에) 서명 날인하다. ④ (사형을) 집행하다. ⑤ 〖컴〗 실행하다. **-cut·a·ble** *a.* **-cut·er** *n.* = EXECUTOR.

ex·e·cu·tion** [èksikjú:ʃən] *n.* ① Ⓤ 실행, 수행, 이행(achievement). ② Ⓤ,Ⓒ 사형 집행, 처형. ③ Ⓤ (증서의) 작성, 서명 날인. ④ Ⓤ (미술품의) 제작; 연주(하는 품). ⑤ Ⓤ 솜씨; 효과. ⑥ 〖컴〗 실행. ***carry 〔***put***〕 ***into*** ~ 실행하다, 실시하다. ***do*** ~ 주효하다, 위력을 발휘하다; (탄알이) 명중하다. ***writ of*** ~ 집행 영장. **~·er** *n.* Ⓒ 실행〔집행〕자; 사형 집행인; 암살자.

:ex·ec·u·tive [igzékjətiv] *a.* ① 실행의; 실행력이 있는. ② 행정(상)의. — *n.* ① Ⓒ 행정부〔관〕. ② Ⓒ 간부, 간사; 지배인. ③ (the E-, *or* the Chief E-) 대통령, 주(州)지사.

exécutive commìttee 집행〔실행〕위원(회).

Exécutive Mánsion 《美》 대통령〔주지사〕 관저.

exécutive ófficer 행정관.

exécutive órder 《美》 (군(軍)·각주에 대한) 대통령 명령, 행정 명령.

exécutive séssion (수뇌부 등의) 비밀회.

ex·ec·u·tor [éksikjù:tər] *n.* Ⓒ ① 집행인. ② [igzékjətər] 〖法〗 지정 유언 집행자.

ex·ec·u·trix [igzékjətriks] *n.* (*pl.* ***~es*** [-i:z], ***-trices*** [–⌐–tráisi:z]) executor의 여성형.

ex·e·ge·sis [èksədʒí:sis] *n.* (*pl.* ***-ses*** [-si:z]) Ⓤ,Ⓒ (성서·경전의) 주석, 해석. **ex·e·get·ic** [-dʒétik], **-i·cal** [-əl] *a.* 주석(상)의.

ex·em·plar [igzémplər] *n.* Ⓒ 모범, 본보기(model), 견본.

ex·em·pla·ry [igzémpləri] *a.* 모범적인; 전형적인; 징계적인; 칭찬할 만한, 훌륭한.

***ex·em·pli·fy** [igzémpləfài] *vt.* ① 예증〔예시〕하다; (…의) 실례〔보기〕가 되다〔이다〕. ② 〖法〗 인증 등본을 만들다. **-fi·ca·tion** [–⌐––kéiʃən] *n.* Ⓤ 예증, 예시; Ⓒ 〖法〗 인증 등본.

ex·em·pli gra·ti·a [igzémplai gréiʃiə] (L.) 예를 들면《생략 e. g.》.

***ex·empt** [igzémpt] *vt.* 면제하다 (*from*). — *a., n.* Ⓒ 면제된 (사람), 면세자. ***ex·émp·tion** *n.*

†ex·er·cise [éksərsàiz] *n.* ① Ⓤ (신체의) 운동; Ⓒ 체조. ② Ⓒ 연습. ③ Ⓤ (정신·신체를) 작용시킴; 실천. ④ Ⓒ 학과; 연습 문제. ⑤ (*pl.*) 의식, 예배; 교련. ***graduation ~s*** 졸업식. ***take*** ~ 운동하다. — *vt.* ① 훈련하다; 운동시키다. ② (정신·능력을) 활동시키다. ③ (권리를) 행사하다; (소임을) 다하다(perform). ④ 괴롭히다, 번거롭게 하다. — *vi.* 연습〔운동, 체조〕하다. ***be ~d in*** …에 숙달되어 있다. ~ ***oneself*** 운동을 하다, 몸을 움직이다. ~ ***oneself in*** …의 연습을 하다.

:ex·ert [igzə́:rt] *vt.* ① (힘·능력을) 발휘하다, 활동시키다(use actively). ② (영향을) 미치다, 끼치다(*on, upon*). ~ ***oneself*** 노력하다. **:ex·ér·tion** *n.* Ⓤ,Ⓒ 노력; 진력; Ⓤ (위력의) 발휘.

ex·e·*unt* [éksiənt, -ʌnt] *vi.* (L.= They go out.) 〖劇〗 퇴장하다(cf. exit). ~ ***om·nes*** [ámni:z/ɔ́-] 일동 퇴장.

ex·ha·la·tion [èkshəléiʃən, ègzəl-] *n.* ① Ⓤ 발산; 호기(呼氣), 날숨; 증기. ② Ⓒ 발산물.

***ex·hale** [ekshéil, igzéil] *vt., vi.* ① (공기 따위를) 내뿜다(opp. inhale). ② (냄새 따위를) 발산하다(emit); 증발하다(evaporate); 소산(消散)하다.

:ex·haust [igzɔ́:st] *vt.* ① (그릇 따위를) 비우다. ② 다 써 버리다, 없애다(use up). ③ 샅샅이 연구하다, 남김없이 논하다. ④ (체력을) 소모하다, 지쳐버리게〔피폐케〕 하다. ***be ~ed*** 다하다, 없어지다; 지쳐버리다. — *vi.* 유출〔배출〕하다(discharge). — *n.* Ⓤ,Ⓒ 배출; 배기(排氣)(장치).

***ex·haust·ed** [igzɔ́:stid] *a.* 다 써버린; 써서 다 낡은; 고갈된; 지쳐버린.

exháust fàn 환풍기.

exháust fùmes 배기 가스.

ex·haust·i·ble [igzɔ́:stəbl] *a.* 다 써버릴 수 있는.

ex·haust·ing [igzɔ́:stiŋ] *a.* 소모적인; 심신을 피로케 할〔하는〕(정도의).

:ex·haus·tion [igzɔ́:stʃən] *n.* Ⓤ ① 소모; 고갈. ② 배출. ③ (극심한) 피로. ④ (문제의) 철저한 연구. **:-tive** [-tiv] *a.* 전부를 다 하는.

exháust pìpe 배기관.

exháust vàlve 배기판(瓣).

:ex·hib·it [igzíbit] *vt.* ① 출품〔진열·공개〕하다. ② 보이다, 나타내다. ③ 〖法〗 (문서를) 제시하다. ④ 〖醫〗 투약하다. — *n.* Ⓒ 전시, 출품(물); 〖法〗 증거물〔서류〕. ***on*** ~ 전시〔공개〕 중이어서〔중의〕. **~·er, -i·tor** *n.* Ⓒ 출품자; 영화 흥행주.

:ex·hi·bi·tion [èksəbíʃən] *n.* ① Ⓤ 공개, 전시, 과시. ② Ⓒ 출품물. ③ Ⓒ 전람회, 박람회. ④ Ⓤ,Ⓒ (증거 서류의) 제시. ⑤ Ⓒ 《英》 장학금(scholarship). ⑥ Ⓤ 시약(施藥). ~ ***match*** 시범 경기〔시합〕. ***make an ~ of oneself*** 웃음거리가 되다, 창피를 당하다. ***put something on*** ~ 물건을 전람시키다. **~·er** [-ər, -si-] *n.* Ⓒ 《英》 장학생. **~·ism** [-ìzəm] *n.* Ⓤ 과시벽; 노출증. **~·ist** *n.*

ex·hil·a·rate [igzílərèit] *vt.* 기운을 북돋우다(enliven); 명랑하게 만들다. **-rat·ed** *a.* 기분이 들뜬, 명랑한 (merry). **-rat·ing** *a.* 유쾌하게 만드는; 유쾌한. **-ra·tion** [–⌐–réiʃən] *n.* Ⓤ 유쾌(하게 만듦).

***ex·hort** [igzɔ́:rt] *vt., vi.* (…에게) 열심히 권하다〔타이르다〕(urge strongly); 권고〔훈계〕하다(warn). **ex·hor·ta·tive** [-tətiv] *a.* **ex·hor·ta·tor·y** [-tɔ̀:ri/-təri] *a.*

:ex·hor·ta·tion [ègzɔ:rtéiʃən,

èksɔːr-] *n.* U,C 권고(의 말), 훈계.

ex·hume[igzjúːm, iks-/ekshjúːm, igz-] *vt.* 발굴하다(dig out). **ex·hu·ma·tion**[èkshjuːméiʃən] *n.*

ex·i·gent [éksədʒənt] *a.* 긴급한; (…을) 요하는(*of*); 살아가기 힘든. **-gence, -gen·cy**[-dʒənsi] *n.* U 긴급, 위급; C (*pl.*) 위급한 사정, 급무.

ex·ig·u·ous[igzígjuəs] *a.* 미소한, 작은; 부족한. **ex·i·gu·i·ty**[èksəgjúːəti] *n.*

:ex·ile[égzail, éks-] *n.* ① U 망명; 유형; 국외 추방. ② C 망명[유랑]자; 유형자; 추방인. — *vt.* 추방하다, 유형에 처하다. ~ ***oneself*** 망명하다.

:ex·ist[igzíst] *vi.* 존재하다, 실재[실존]하다; 생존하다(live). **~·ing** *a.* 현존하는.

:ex·ist·ence[-əns] *n.* ① U 존재, 실재; 생존, 생활. ② U,C 실재물. ***bring*** [***call***] ***into*** ~ 생기게 하다, 낳다; 성립시키다. ***come into*** ~ 생기다, 나다; 성립하다[되다]. ***go out of*** ~ 소멸하다, 없어지다. ***in*** ~ 존재[실재]하여, 실재의. **:-ent** *a.*

ex·is·ten·tial·ism [ègzisténʃəlìzəm] *n.* U 〖哲〗 실존주의. **-ist** *n.*

:ex·it[égzit, éks-] *n.* C ① 출구, 퇴출구. ② 나감, 퇴거; 〖劇〗 퇴장. — *vt.* (L.) 〖劇〗 퇴장하다(He [She] goes out.) (cf. *exeunt*). — *vi.* 〖컴〗 (시스템·프로그램에서) 나가다.

éxit pèrmit 출국허가(증).

ex li·bris[eks láibris, -líb-] (L. =from the library) 장서표(藏書票)(bookplate).

ex ni·hi·lo[eks náihilòu] (L.) 무(無)에서(out of nothing).

ex·o·at·mos·phere [èksouǽtməsfìər] *n.* (the ~) 외기권.

ex·o·bi·ol·o·gy [èksoubaiálədʒi/-ɔ́-] *n.* U 우주 생물학.

ex·o·cen·tric [èksouséntrik] *a.* 〖文〗 외심(外心)적인.

ex·o·crine[éksəkrin, -kràin] *a.* 〖生理〗 외분비의. ***the ~ gland*** 외분비선.

Exod. Exodus.

ex·o·dus[éksədəs] *n.* ① C (많은 사람의) 출발, 출국. ② (the E-) 이스라엘인의 이집트 출국; (E-) 〖舊約〗 출애굽기.

ex of·fi·ci·o[èks əfíʃiòu] (L.) 직권에 의한[의하여].

ex·og·a·my[ekságəmi/-ɔ́-] *n.* U 족외혼(族外婚)(cf. endogamy).

ex·on·er·ate[igzánərèit/-ɔ́-] *vt.* (비난 따위로부터) 구하다(free from blame), (혐의를) 벗다, 풀다. **-er·a·tion** [--ˋ-éiʃən] *n.*

ex·or·bi·tant [igzɔ́ːrbətənt] *a.* (욕망·요구 따위가) 터무니없는, 엄청난. **-tance, -tan·cy** *n.*

ex·or·cise, -cize[éksɔːrsàiz] *vt.* (악마를) 내쫓다; 액막이하다(*of*). **-cism**[-sìzəm] *n.* U,C 액막이(기도, 굿).

ex·o·sphere[éksousfìər] *n.* (the ~) 외기권《대기권의 최고층》.

ex·o·ter·ic[èksətérik] *a.* 공교(公敎)적인(opp. esoteric); 공개적인, 통속적인; 이해할 수 있는. **-i·cal·ly** *ad.*

ex·o·ther·mic[èksouθə́ːrmik] *a.* 〖化〗 발열(성)의.

:ex·ot·ic [igzátik/-ɔ́-] *a.* ① 외국의, 외래의(foreign); 이국풍[식]의. ② 《口》 색다른, 희한한(rare). **-i·cism**[-əsìzəm] *n.*

exótic dáncer 《美》 스트리퍼.

exp. expenses; expired; exponential; export(er); express.

:ex·pand[ikspǽnd] *vt., vi.* ① 넓히다, 넓어지다, 펴다, 퍼지다(spread out). ② 팽창시키다[하다](swell); 확장시키다[하다](extend). ③ 발전시키다[하다]. ④ 〖數〗 전개하다. **~·*ing bullet*** 산탄(散彈).

:ex·pand·ed[ikspǽndid] *a.* 확대한; 〖印〗 (영문 활자가) 평체인.

expánded métal 망상 금속판《엮은 그물 모양의 금속판; 모르타르벽의 바탕용》.

:ex·panse[ikspǽns] *n.* C 넓음, 넓은 장소; 확장; 팽창. **ex·pán·si·ble** *a.* 팽창[전개]할 수 있는.

:ex·pan·sion[ikspǽnʃən] *n.* U 확장, 확대; (사업의) 발전; C 팽창(량·부). **~·ism**[-ìzəm] *n.* U 팽창론; 영토 확장론. **~·ist** *n.* **-sive** *a.* 팽창력[발전력]있는; 광활한; 마음이 넓은; 〖醫〗 과대망상적인. **-sive·ly** *ad.*

ex·pa·ti·ate [ekspéiʃièit] *vi.* 상세히 설명하다, 부연하다(*on, upon*). **-a·tion**[--ˋ-éiʃən] *n.*

ex·pa·tri·ate[ekspéitrièit/-pǽt-, -péi-] *vt., n.* (국외로) 추방하다(exile); C 추방자, 이주자. — [-trit, -trièit] *a.* 추방된(exiled). **ex·pat·ri·a·tion**[--ˋ-éiʃən] *n.*

†ex·pect[ikspékt] *vt.* ① 기대[예기]하다; 예상하다, 당연한 일로 여기다; 바라다. ② 《口》 …라고 생각하다. ***as might have been ~ed*** 생각한 대로.

:ex·pect·ance[-əns], **:-an·cy** [-si] *n.* ① U 예기, 기대. ② C 기대 되는 것, 가망. ***life expectancy*** =EXPECTATION of life.

:ex·pect·ant[ikspéktənt] *a.* 예기하는, 기다리고 있는(expecting); 임신 중인; 〖法〗 추정(상속)의. ***~ attitude*** 방관적인 태도. ***an ~ mother*** 임신부. — *n.* C 기대하는 사람; 지망자. **~·ly** *ad.*

:ex·pec·ta·tion[èkspektéiʃən] *n.* ① U 기대; 예기, 예상(anticipation); 가망성(prospect). ② (*pl.*) 유산 상속의 가망성. ***according to ~*** 예상대로. ***beyond*** (***all***) **~**(***s***) 예상 이상으로. ***~ of life*** 〖保險〗 평균 여명.

ex·pec·to·rant[ikspéktərənt] *a., n.* 〖藥〗 가래 제거를 돕는; C 거담제.

ex·pec·to·rate[ikspéktərèit] *vt., vi.* 기침하여 뱉다; 가래를[침을] 뱉

다. **-ra·tion**[−⌐−réiʃən] *n.*
ex·pe·di·ence [ikspí:diəns], **-en·cy**[-si] *n.* ① Ⓤ 편의; 형편(좋음); 사리추구. ② Ⓒ 방편, 편법.
***ex·pe·di·ent**[ikspí:diənt] *a.* ① 형편 좋은, 편리한, 편의한, 상책의, 시의를 얻은. ② 편의주의의; (자기에게) 유리한, 정략적인(politic); 공리적인. — *n.* Ⓒ 수단, 방편, 편법; 임기 응변의 조처. ~·**ly** *ad.* 편의상; 형편 좋게, 마침.
ex·pe·di·en·tial[ikspì:diénʃəl] *a.* 편의주의적인; 편의상의.
ex·pe·dite[ékspədàit] *vt.* 촉진[재촉]하다, 재빨리 해치우다. **-dit·er** *n.* Ⓒ 원료(공급)계; 공보 (발표) 담당자; (공사) 촉진계.
⁑**ex·pe·di·tion**[èkspədíʃən] *n.* ① Ⓒ 원정(대); 탐험(대). ② Ⓤ 신속, 급속. ~·**ar·y**[-èri/-əri] *a.*
ex·pe·di·tious[èkspədíʃəs] *a.* 신속한, 날쌘. ~·**ly** *ad.* 척척, 신속히.
***ex·pel**[ikspél] *vt.* (*-ll-*) 쫓아내다, 추방하다; 제명하다; 방출[발사]하다.
ex·pel·lant, -lent[-ənt] *a.* 내쫓는 힘[구제력]이 있는.
ex·pel·lee[èkspelí:] *n.* Ⓒ 국외 추방자; 추방당한 사람.
⁑**ex·pend** [ikspénd] *vt.* 소비하다; (시간·노력을) 들이다(use) (*on*). ⁑~·**i·ture** *n.* Ⓤ,Ⓒ 지출, 소비, 경비 (*annual expenditure* 세출 / *current expenditure* 경상비 / *extraordinary expenditure* 임시비).
ex·pend·a·ble [ikspéndəbəl] *a.* 소비해도 좋은; 〖軍〗 소모용의, 버릴 수 있는, 희생시켜도 좋은. — *n.* (보통 *pl.*) 소모품; (작전상의) 희생물.
⁑**ex·pense**[ikspéns] *n.* ① Ⓤ 비용, 지출. ② (보통 *pl.*) 지출금. ③ Ⓤ,Ⓒ 손실, 희생(sacrifice). ***at the ~ of*** …을 희생시키고; …에게 폐를 끼치고. ***go to the ~ of*** 큰 돈을 들이다. ***put*** (*a person*) ***to ~*** 돈을 쓰게 하다.
expénse accòunt 〖簿〗 비용계정; 교제비.
⁑**ex·pen·sive** [ikspénsiv] *a.* 비싼; 사치스런(costly). ~·**ly** *ad.* 비싸게 들여, 비싸게. ~·**ness** *n.*
†**ex·pe·ri·ence**[ikspíəriəns] *n.* ① Ⓤ 경험, 체험; 경력. ② Ⓒ 경험담. — *vt.* 경험하다, 경험으로 알다. ***-enced**[-t] *a.* 경험이 풍부한, 노련한(expert).
⁑**ex·per·i·ment** [ikspérəmənt] *n.* Ⓒ 실험, 시험(*of*). — [-mènt] *vi.* 실험하다(*on, in, with*). ***-men·ta·tion**[−⌐−mentéiʃən] *n.* Ⓤ 실험[법], 시험.
⁑**ex·per·i·men·tal** [ikspèrəméntl, -ri-] *a.* 실험적인, 실험상의; 경험상의. ~·**ism**[-təlìzəm] *n.* Ⓤ 실험주의. ~·**ly** *ad.*
⁑**ex·pert**[ékspə:rt] *n.* Ⓒ 숙련자, 노련가, 전문가(veteran)(*in, at*); 기사; 감정인. — [ikspə́:rt] *a.* 숙달된, 노련한(*in, at, with*). ~·**ly** *ad.*
ex·per·tise[èkspərtí:z] *n.* Ⓤ 전문적 의견[기술, 지식].
ex·pi·ate [ékspièit] *vt.* 속죄하다 (atone for). **-a·tion**[⌐−éiʃən] *n.*
ex·pi·a·to·ry[ékspiətɔ̀:ri/-təri] *a.* 속죄의, 보상(補償)의.
ex·pi·ra·tion [èkspəréiʃən] *n.* Ⓤ 종결, 만료, 만기; 날숨; 《古》 죽음.
ex·pir·a·to·ry[ikspáirətɔ̀:ri/-təri] *a.* 날숨의.
***ex·pire**[ikspáiər] *vi.* ① 끝나다, 만기가 되다. ② 숨을 내쉬다, 죽다. — *vt.* (숨을) 내쉬다, 뿜어 내다.
ex·pi·ry[ikspáiəri, ékspəri] *n.* Ⓤ 소멸; 종료, 만기.
†**ex·plain**[ikspléin] *vt., vi.* 설명하다, 해석하다(interpret); 변명하다 (account for). ~ ***away*** (용하게) 발뺌하다, 잘 해명하다. ~ ***oneself*** 변명하다; 심중을 털어놓다. ⁑**ex·pla·na·tion**[èksplənéiʃən] *n.* ⁑**ex·plan·a·to·ry**[iksplǽnətɔ̀:ri/-təri] *a.*
ex·ple·tive [éksplətiv] *a.* 부가적인, 가외의. — *n.* Ⓒ 군더더기, 덧붙이기; (거의 무의미한) 감탄사(《*My word* nice! 근사하다!》); 욕설《*This bloody* dog! 이 개새끼! 따위》; 〖文〗 허사(虛辭)《one *fine* morning (어느날 아침)의 fine 따위》.
ex·pli·ca·ble[éksplikəbəl, iksplík-] *a.* 설명[납득]할 수 있는.
ex·pli·cate[éksplәkèit] *vt.* (원리 따위를) 차례로 풀이하다(unfold); 설명하다(explain). **-ca·tion**[èksplәkéiʃən] *n.* **-ca·tive**[éksplikèitiv, iksplíkə-], **-ca·to·ry**[éksplikətɔ̀:ri, iksplíkətəri] *a.*
***ex·plic·it**[iksplísit] *a.* 명백히 말한; 명백한(clear); 노골적인, 숨김없는(outspoken)(opp. implicit). ~·**ly** *a.* ~·**ness** *n.*
⁑**ex·plode**[iksplóud] *vt.* ① 폭발시키다. ② 타파[논파]하다. — *vi.* ① 폭발하다. ② (감정이) 격발하다. ~ ***with laughter*** 웃음을 터뜨리다.
***ex·ploit**[iksplɔ́it] *vt.* ① 개척[개발]하다, 채굴하다. ② 이용하다, 미끼삼다, 착취하다. — [éksplɔit] *n.* Ⓒ 위업(偉業), 공훈. ⁑**ex·ploi·ta·tion** [èksplɔitéiʃən] *n.* Ⓤ,Ⓒ 개발; 이용; 착취.
⁑**ex·plo·ra·tion** [èksplәréiʃən] *n.* Ⓤ,Ⓒ 탐험; 탐구.
⁑**ex·plore** [iksplɔ́:r] *vt., vi.* 탐험[탐구]하다.
⁑**ex·plor·er**[iksplɔ́:rər] *n.* Ⓒ ① 탐험가; 탐구자. ② (E-) 익스플로러《미국의 인공 위성》(cf. Sputnik).
⁑**ex·plo·sion** [iksplóuʒən] *n.* Ⓤ,Ⓒ 폭발; 파열; 급증.
***ex·plo·sive** [iksplóusiv] *a.* ① 폭발성의. ② 격정적인. ③ 〖音聲〗 파열음의. — *n.* Ⓒ 폭약; 〖音聲〗 파열음.
explósive bòlt 폭발 볼트《우주선의 분리 부분 등에 쓰임》.
Ex·po[ékspou] *n.* Ⓒ 박람회(< *exposition*).

ex·po·nent[ikspóunənt] *n.* Ⓒ 대표적 인물, 대표물; 형(型); 설명자; 〖數〗 지수(指數); 〖컴〗 지수.
ex·po·nen·tial [èkspounénʃəl] *a.* 〖數〗 지수(指數)의. **～·ly** *ad.* 《통속적》 기하급수적으로《붇다》.
:ex·port[ikspɔ́:rt, ∠—] *vt.* 수출하다. — [ékspɔ:rt] *n.* Ⓤ 수출; Ⓒ (보통 *pl.*) 수출품[액]; 〖컴〗 보내기. **～·er** *n.* **-por·ta·tion** [ìkspɔ:rtéiʃən] *n.*
:ex·pose[ikspóuz] *vt.* ① (일광·비·바람 따위에) 쐬다. ② 〖寫〗 노출하다. ③ 폭로[적발]하다. ④ 진열하다(display). ⑤ (아이를) 집 밖에 내버리다. ***～d**[-d] *a.*
ex·po·sé[èkspouzéi] *n.* (F.) Ⓒ 들추어냄, 폭로.
***ex·po·si·tion** [èkspəzíʃən] *n.* ① Ⓤ,Ⓒ 설명, 해설. ② Ⓒ 전람회; Ⓤ 제시. ③ Ⓤ (아이의) 유기(遺棄). ④ Ⓒ 〖樂〗 (소나타·푸가 등의) 제시부.
ex·pos·i·tive[ikspázətiv/-ɔ́-], **-to·ry**[-zitɔ̀:ri/-zitəri] *a.* 해설적인.
ex·pos·i·tor[ikspázətər/-ɔ́-] *n.* Ⓒ 설명[해설]자.
ex post fac·to [éks pòust fǽktou] (L.) 사후(事後)의; 소급하는.
ex·pos·tu·late [ikspástʃulèit/-pɔ́s-] *vi.* 간(諫)하다(*with*). **-la·tor** *n.* **-la·to·ry**[-lətɔ̀:ri/-təri] *a.* 충고의. **-la·tion**[-∠—léiʃən] *n.* Ⓤ,Ⓒ 간(諫), 충고.
:ex·po·sure[ikspóuʒər] *n.* ① Ⓤ,Ⓒ (일광·바람·비·위험에) 버려 둠(exposing). ② Ⓤ (a ～) (집·방의) 향(*a southern* ～ 남향). ③ Ⓤ 〖寫〗 노출. ④ Ⓤ 진열(display). ⑤ Ⓤ 폭로, 적발(reveal). ⑥ Ⓤ (어린애의) 유기.
expósure ìndex 〖寫〗 노광 지수.
expósure mèter 〖寫〗 노출계.
***ex·pound**[ikspáund] *vt.* 설명하다; 상술하다.
†ex·press[iksprés] *vt.* ① 표현하다, 나타내다. ② (기호 따위로) 표시하다. ③ (과즙 따위를) 짜내다(squeeze out). ④ 《美》 지급편으로 보내다. **～ *oneself*** 생각하는 바를 말하다, 의중을 털어놓다(*on*). **～ *one's sympathy* [*regret*]** 동정[유감]의 뜻을 나타내다. — *a.* ① 명시된; 명백한, 정확한(exact). ② 특별한(special). ③ 급행의; 지급(편)의; 《美》 운송편의. **～ *mail*** 속달 우편. **～ *train*** 급행 열차. — *ad.* 특별히; 급행(열차편)으로; 속달로. — *n.* ① Ⓤ 지급[속달]편; 특별편. ② Ⓒ 급행 열차[전차]. ③ Ⓒ 《美》 운송 회사. ***by*** **～** 속달[급행 열차]로. **～·i·ble** *a.* 표현할 수 있는. **～·ly** *ad.* 명백히; 특(별)히.
ex·press·age[-idʒ] *n.* Ⓤ 《美》 속달 운송업; 그 운임.
expréss còmpany [àgency] 《美》 통운회사.
expréss delívery 《英》 속달편(《美》 special delivery).
expréss hìghway =EXPRESSWAY.
:ex·pres·sion[ikspréʃən] *n.* ① Ⓤ,Ⓒ 표현(법); 말투; 표정. ② 〖컴〗 (수)식. ***beyond*** **～** 표현할 수 없는. **～·al** *a.* 표현상의; 표정의. **～·ism** [-ìzəm] *n.* Ⓤ 《美》 표현주의, 표현파. **～·less** *a.* 무표정한.
***ex·pres·sive**[iksprésiv] *a.* 표현하는; 의미 심장한, 표정이 풍부한; 표현의[에 관한]. **～·ly** *ad.* **～·ness** *n.*
ex·press·man [iksprésmæ̀n, -mən] *n.* Ⓒ 《美》 운송업자; 급행 트럭 운전사.
expréss rìfle 속사 엽총. 「왜건.
expréss wàg(g)on 지급 수송용
ex·press·way [ikspréswèi] *n.* Ⓒ 《美》 고속 도로.
ex·pro·pri·ate[eksprόuprièit] *vt.* (토지·재산 따위를) 몰수하다, 빼앗다(～ *him from the land*). **-a·tion** [—∠—éiʃən] *n.*
ex·pul·sion[ikspʌ́lʃən] *n.* Ⓤ,Ⓒ 추방, 제명(*from*). **-sive** *a.*
ex·punc·tion [ikspʌ́ŋkʃən] *n.* Ⓤ 말소, 삭제.
ex·punge[ikspʌ́ndʒ] *vt.* 지우다(erase), 말살하다(*from*).
ex·pur·gate[ékspərgèit] *vt.* (책의 불온한 대목을) 삭제[정정]하다. ***～d edition*** 삭제판(版). **-ga·tion**[∠—géiʃən] *n.*
ex·pur·ga·to·ry [ekspə́:rgətɔ̀:ri/-təri] *a.* 삭제의. ***E- Index*** 〖가톨릭〗 금서(禁書)목록.
:ex·qui·site[ékskwizit, ikskwí-] *a.* ① 절묘한, 우미한, 더할나위 없는. ② (즐거움이) 깊은. ③ 예민한(sensitive). ④ 정교한. ⑤ (취미·태도의) 우아한. — *n.* Ⓒ 멋쟁이 남자(dandy); 취미가 까다로운 사람. **～·ly** *ad.* **～·ness** *n.*
ex·san·guine[ekssǽŋgwin] *a.* 핏기 없는, 빈혈의. 「게 하다.
ex·sert[eksə́:rt] *vt.* 내밀다, 돌출하
èx-sérvice *a.* 《英》 전에 군에 속해 있던, 퇴역의.
èx-sérviceman *n.* Ⓒ 《英》 퇴역군인(《美》 veteran).
éx shíp 〖商〗 선측(船側) 인도(의).
ex·sic·cate[éksikèit] *vt., vi.* 건조시키다[하다].
éx stóre 〖商〗 점두 인도(의).
ex·tant[ekstǽnt, ékstənt] *a.* (기록 따위) 현존하는.
ex·tem·po·ra·ne·ous [ikstèmpəréiniəs], **ex·tem·po·rar·y** [ikstémpərèri/-rəri] *a.* 즉석의; 임시(변통)의.
ex·tem·po·re[ikstémpəri] *a., ad.* 즉석의[에서](offhand); 즉흥적(으로).
ex·tem·po·rize [ikstémpəràiz] *vt., vi.* 즉석에서 만들다[연설하다, 노래하다, 연주하다].
:ex·tend[iksténd] *vt.* ① 뻗다, 늘이다; 넓히다; 확장[연장]하다. ② (동정·호의를) 베풀다; (구조의 손길을) 뻗치다. ③ (밧줄을) 건너 치다.

④ (속기를) 보통 글자로 옮겨 쓰다; 〖法〗 평가하다; (토지를) 압류하다. ⑤ 〖컴〗 확장하다. **ex·tén·si·ble** *a.* 뻗을 수 있는, 신장성(伸張性)의. **ex·ten·sile**[-səl/-sail] *a.* 〖動·解〗 넓어지는, 연장되는〔될 수 있는〕.

:ex·tend·ed[iksténdid] *a.* ① 뻗친; 장기간에 걸친. ② 광범위한, 확장된; 증대한. ③ 〖印〗 평체인.

exténded fámily 확대 가족《핵가족과 근친으로 된》.

exténded pláy EP판《1분간 45회전 레코드; 생략 EP》.

:ex·ten·sion[iksténʃən] *n.* ① Ⓤ 신장(伸張), 연장; 확장, 증축. ② Ⓒ (철도의) 연장선(線); (전화의) 내선(內線); 〖컴〗 확장. ③ Ⓤ (어구의) 부연. ④ Ⓤ 〖論〗 외연(外延) (opp. intension). ~ ***lecture*** (대학의) 공개 강의. ***university*** ~ 대학 공개 강좌.

exténsion làdder 신축식 사닥다리.

exténsion tàble 신축 테이블.

:ex·ten·sive[iksténsiv] *a.* ① 넓은; 광범위에 걸친(opp. intensive); 대규모의. ② 〖農〗 조방(粗放)의(~ *agriculture* 조방 농법). ~ ***reading*** 다독(多讀). ***~·ly** *ad.*

ex·ten·sor[iksténsər] *n.* Ⓒ 〖解〗 신축근(cf. flexor).

:ex·tent [ikstént] *n.* ① Ⓤ 넓이 (space), 크기(size), 범위(range); 정도. ② Ⓒ 넓은 장소.

ex·ten·u·ate[iksténjuèit] *vt.* (죄따위를) 경감하다. **-a·tion**[-⌐-éiʃən] *n.*

:ex·te·ri·or[ikstíəriər] *a.* 외부의 (outer), 외면의(outward). — *n.* Ⓤ,Ⓒ 외부; 외면, 외관(opp. interior).

extérior ángle 〖幾〗 외각(外角).

ex·ter·mi·nate[ikstə́ːrmənèit] *vt.* 근절하다. **-na·tion**[-⌐-néiʃən] *n.*

:ex·ter·nal[ikstə́ːrnəl] *a.* ① 외부〔외면〕의(cf. internal); 외계의. ② 외면적인, 피상적인. ③ 대외적인. — *n.* Ⓤ 외부; 외면; (보통 *pl.*) 외관. **~·ism**[-ìzəm] *n.* Ⓤ 형식주의; 현상론(現象論). **~·ist** *n.* **~·ly** *ad.*

ex·ter·ri·to·ri·al[èksteritɔ́ːriəl] *a.* 치외 법권의. **~·i·ty**[-⌐-⌐-ǽləti] *n.* Ⓤ 치외 법권.

***ex·tinct**[ikstíŋkt] *a.* ① 꺼진; 끊어진, 사멸한. ② 폐지된. ***-tínc·tion** *n.*

:ex·tin·guish[ikstíŋgwiʃ] *vt.* ① 끄다(put out); (희망을) 잃게 하다, 꺾다. ② 절멸시키다. ③ (상대를) 침묵시키다(silence); 무색하게 하다 (eclipse). ④ 〖法〗 (부채를) 상각하다. **~·a·ble** *a.* 끌 수 있는; 절멸〔멸종〕시킬 수 있는. **~·er** *n.* Ⓒ 소화기.

ex·tir·pate[ékstərpèit] *vt.* 근절〔박멸〕하다 (eradicate). **-pa·tion** [⌐-péiʃən] *n.*

:ex·tol(l)[ikstóul] *vt.* (*-ll-*) 절찬〔격찬〕하다. **~·ment** *n.*

ex·tort[ikstɔ́ːrt] *vt.* (약속·돈을) 강요하다, 갈취하다(*from*); (뜻을) 억지로 갖다붙이다.

ex·tor·tion[ikstɔ́ːrʃən] *n.* Ⓤ 빼앗음, 강요, 강탈; Ⓒ 강탈한 것; 강요〔강탈〕행위. **~·ar·y**[-èri/-əri], **~·ate**[-it] *a.* 강요적인, 착취적인. **~·er** *n.* Ⓒ 강탈자; 강요자; 착취자.

:ex·tra[ékstrə] *a., ad* 가외의〔로〕; 특별한〔히〕, 임시의〔로〕. — *n.* Ⓒ 가외〔특별한〕 물건; 경품(景品); 호외; 〖映〗 엑스트라.

ex·tra-[ékstrə] *pref.* '…외의(outside)' 의 뜻.

éxtra-báse hít 〖野〗 장타(長打).

:ex·tract[ikstrǽkt] *vt.* ① 끌어〔뽑아, 빼어〕내다(~ *a tooth* 이를 뽑다); 알아내다. ② 달여내다; 짜내다; (용매 사용 등으로 정(精)을) 추출하다. ③ 발췌하다(select). ④ (쾌락을) 얻다. — [ékstrækt] *n.* ① Ⓤ,Ⓒ 추출물, 진액. ② Ⓒ 인용구.

:ex·trác·tion *n.* Ⓤ,Ⓒ 뽑아냄, 추출; 발췌, 인용; 추출물, 정(수)(精(髓))(essence), 진액; Ⓤ 혈통, 태생(descent). **-tor** *n.*

extráctor fàn 환풍기.

éxtra·currícular *a.* 과외의.

ex·tra·dite [ékstrədàit] *vt.* (당국·상대국에 도망 범인을) 인도하다(deliver); (…의) 인도(引渡)를 받다. **-di·tion**[⌐-díʃən] *n.*

èxtra·galáctic *a.* 〖天〗 은하계 밖의.

èxtra·judícial *a.* 법정〔재판〕외의; 법적으로 인정되지 않는, 위법의.

èxtra·légal *a.* 법률의 지배를 받지 않는. **~ly** *ad.*

èxtra·márital *a.* 혼외 성교의, 간통〔불륜〕의.

èxtra·múndane *a.* 지구 이외의, 물질 세계 밖의.

ex·tra·mur·al[èkstrəmjúərəl] *a.* 성(벽) 밖의, 교외(郊外)의; 대학 밖의, 교외(校外)의.

ex·tra·ne·ous[ekstréiniəs] *a.* 외부로부터의, 외래의, 질이 다른; 관계없는. **~·ly** *ad.* **~·ness** *n.*

:ex·traor·di·nar·y[ikstrɔ́ːrdənèri/-nəri] *a.* 보통이 아닌, 비범한(exceptional); 엄청난; 특명의. ***ambassador ~ and plenipotentiary*** 특명 전권 대사. **:-nar·i·ly** *ad.*

extraórdinary rày 〖光·結晶〗 이상광선.

ex·trap·o·late [ikstrǽpəlèit] *vt., vi.* 〖統計〗 외삽하다; (기지의 사실에서) 추정하다; 추정의 기초로 삼다. **-la·tion**[-⌐-léiʃən] *n.*

èxtra·sénsory *a.* 초감각적인; 영감적인, 영감의. ~ ***perception*** 〖心〗 영감.

èxtra·terréstrial *a.* 지구 밖의, 대기권외의.

èxtra·territórial *a.* 치외법권의. **-territoriálity** *n.* Ⓤ 치외법권.

èxtra·úterine *a.* 자궁외의. ~ ***pregnancy*** 자궁외 임신.

***ex·trav·a·gant**[ikstrǽvəgənt] *a.*

E

① 낭비하는. ② 터무니 없는, 엄청난. ~·ly *ad.* *-gance *n.* U,C 낭비; 방종; 터무니 없음.
ex·trav·a·gan·za [ikstræ̀vəgǽnzə] *n.* C (문학·악극 등의) 광상적 작품; 광태(狂態).
ex·trav·a·sate [ikstrǽvəsèit] *vt., vi.* (혈액 따위가) 맥관에서 넘쳐나(게 하)다, 내출혈하다.
èxtra·vehícular *a.* 우주선 밖의. ~ ***activity*** 우주선외 활동.
:**ex·treme** [ikstríːm] *a.* ① 극도의; 극단의, 과격한. ② 맨끝의; 최후의. — *n.* C 극단, 극도; (*pl.*) 양극단, 극단적인 수단. ***go to ~s*** 극단으로 흐르다. ***in the ~*** 극도로. :~·ly *ad.* 극도로.
extréme únction 〖가톨릭〗 병자성사(病者聖事). 「론자, 과격파.
ex·trem·ist [ikstríːmist] *n.* C 극단
*__ex·trem·i·ty__ [ikstrémәti] *n.* ① C 끝(end), 말단, 선단; U 극단, 극한. ② (*sing.*) 곤경. ③ C (보통 *pl.*) 비상 수단. ④ (*pl.*) 수족(手足).
ex·tri·cate [ékstrəkèit] *vt.* 구해내다(set free)(*from*). **-ca·ble** [-kəbəl] *a.* **-ca·tion** [⌐–kéiʃən] *n.*
ex·trin·sic [ekstrínsik] *a.* 외부의, 외래적인; 비본질적인(opp. intrinsic). **-si·cal·ly** *ad.*
ex·tro·ver·sion [èkstrouvə́ːrʒən, -ʃən] *n.* U 〖病〗 (눈꺼풀·방광 등의) 외전(外轉); 〖心〗 외향성.
ex·tro·vert [ékstrouvə̀ːrt] *n., a.* C 〖心〗 외향성의 (사람)(opp. introvert).
*__ex·trude__ [ikstrúːd] *vt.* 내밀다, 밀어내다. — *vi.* 돌출하다. **ex·tru·sion** [-ʒən] *n.*
ex·u·ber·ant [igzúːbərənt] *a.* 무성한; 풍부한; 원기 왕성한; (문체 따위) 화려한(florid). ~·**ly** *ad.* **-ance, -an·cy** *n.*
ex·u·ber·ate [-bərèit] *vi.* 풍부[충일]하다; 탐닉하다(*in*).
ex·ude [igzúːd, iksúːd] *vi., vt.* 배어나오(게 하)다, 발산하다[시키다].
ex·u·da·tion [èksədéiʃən, èksju-, ègzə-] *n.*
*__ex·ult__ [igzʌ́lt] *vi.* 무척 기뻐하다(rejoice greatly). ~·**ant** *a.* *__ex·ul·ta·tion__ [ègzʌltéiʃən, èks-] *n.*
ex·urb [éksəːrb, égz-] *n.* C 《美》 준(準)교외.
ex·ur·ban·ite [eksə́ːrbənàit] *n.* C 준교외 지역 거주자.
ex·u·vi·ate [igzúːvièit] *vi., vt.* (짐승이 허물을) 벗다. 「헌]물.
ex vo·to [eks vóutou] (L.) 봉납[봉
Eyck [aik], **Hubert van** (1366?–1426); **Jan van** (1385?–1440) 플랑드르의 화가 형제.
†**eye** [ai] *n.* C ① 눈. ② 눈매; 시력(eye-sight). ③ 주목. ④ 안식(眼識); 보는 눈, 견해(view). ⑤ 눈 모양의 것《바늘 구멍·감자싹 따위》. ⑥ 《美俗》 탐정; 레이더 수상기(受像機). ***an ~ for an ~*** (***and a tooth for a tooth***) 눈에는 눈 (이에는 이) 《동등한 보복》. ***be all ~s*** 정신차려 주시하다. ***catch a person's ~s*** 눈에 띄다. ***do a person in the ~*** 《俗》 속이다. ***have an ~ for*** …의 잘잘못을 알다, …을 보는 눈이 있다. ***have an ~ to,*** or ***have ... in one's ~*** 꾀하고 있다. ***in my ~s*** 내가 보는 바로는, 내 소견에는. ***in the ~ of the wind,*** or ***in the wind's ~*** 바람을 안고. ***make ~s at*** …에게 추파를 던지다. ***open a person's ~s*** 아무를 깨우치다(*to*). ***see ~ to ~ with ...*** …을 정면으로 마주 보다, …와 의견이 일치하다. ***shut one's ~s to*** …을 못 본 체하다. ***up to the ~s*** (일에) 몰두하여(*in*); (빚에) 빠져서(*in*). ***with an ~ to*** …을 목적으로 [노리고]. ***with half an ~*** 언뜻 보아, 쉽게. — *vt.* 잘[자세히] 보다.
éye appèal 《口》 사람 눈을 끎, 매
éye·bàll *n.* C 눈알, 안구. 「력.
éye bànk 안구(眼球) 은행.
*__éye·bròw__ *n.* C 눈썹.
éye-càtcher *n.* C 《美口》 미인, 사람 눈을 끄는 것.
éye chàrt 〖醫〗 시력 검사표(cf. test type).
éye còntact 시선이 마주침.
éye dìalect 시각 와어(訛語)《발음대로 낱말을 쓴 것》.
éye·drὸpper *n.* C 점안기.
eye·ful [áifùl] *n.* C 한껏 보고 싶은 것; 《俗》 미인.
éye·glàss *n.* C 안경알; (*pl.*) 안경.
éye·hòle *n.* C 안와(眼窩); 작은 구멍(eyelet).
éye·làsh *n.* C 속눈썹.
eye·less [⌐lis] *a.* 눈[구멍] 없는; 맹목적인.
eye·let [⌐lit] *n.* C 작은 구멍, 끈 꿰는 구멍, (구두·서류 따위의 끈 꿰는 구멍에 달린) 작은 쇠고리.
*__eye·lid__ [⌐lìd] *n.* C 눈꺼풀, 눈두덩.
éye lìner 아이라이너《속눈썹을 그리는 화장품》. 「型)의.
éye-mínded *a.* 〖心〗 시각형(視覺
éye-òpener *n.* C 깜짝 놀랄 말한 일[사건]; 《美口》 아침 술.
éye pàtch 안대.
éye·píece *n.* C 접안(接眼) 렌즈.
éye-pòpping *a.* 《美俗》 (눈이 튀어나올 정도로) 대단한, 굉장한, 놀라운.
éye·rèach *n.* U 안계(眼界).
éye rhỳme 시각운(視覺韻)《*love*와 *move* 따위》.
éye·shàde *n.* C 보안용 챙.
éye shàdow 아이 섀도.
éye·shòt *n.* U 안계(眼界).
eye·sight [⌐sàit] *n.* U 시각, 시력.
éye sòcket 안와(眼窩), 눈구멍.
éye·sòre *n.* C 눈에 거슬리는 것.
éye·stràin *n.* U 눈의 피로.
Eye·tie [⌐tai] *n., a.* C 《俗·蔑》 이탈리아 사람(의).
éye·tòoth *n.* (*pl.* **-teeth**) C 견치(犬齒), 송곳니.

éye·wàsh *n.* ① Ⓤ,Ⓒ 안약. ② Ⓒ 속임, 사기.
éye·wìtness *n.* Ⓒ 목격자.
ey·rie, ey·ry[ɛ́əri, íə-] *n.* = AERIE.
Ez., Ezr. Ezra. **Ezek.** Ezekiel.
E·ze·ki·el[izí:kiəl, -kjəl] *n.* 〖聖〗 에스겔《유대의 예언자》; 에스겔서.
Ez·ra[ézrə] *n.* 〖聖〗 에스라《유대의 예언자》; 〖舊約〗 에스라서(書).

F

F, f[ef] *n.* (*pl.* ***F's, f's***[-z]) Ⓒ F자 모양(의 것); Ⓤ 〖樂〗 바음, 바조(調). ***F number*** 〖寫〗 F수(數).
F Fahrenheit; farad; fighter; 〖化〗 fluorine. ***F.** February; Fellow; franc; France; French; Friday. ***f*** *forte.* **f.** farad; farthing; fathom; feet; female; feminine; folio; following; foot; franc(s); 〖數〗 function.
fa[fɑ:] *n.* Ⓤ,Ⓒ 〖樂〗 파《장음계의 넷째 음》.
FA, F.A. field artillery; Football Association. **FAA** Federal Aviation Agency; free of all average. **F.A.A.A.S.** Fellow of the Amer. Assoc. for the Advancement of Science.
fab[fæb] *a.* 《口》 아주 훌륭한《fabulous의 단축형》.
Fa·bi·an[féibiən] *a.* (Hannibal을 괴롭힌 옛로마의 장군) Fabius식(전법)의; 지구전적인; (영국) 페이비언 협회의. **~·ism**[-ìzəm] *n.* Ⓤ 페이비언주의.
Fábian Socíety, the 페이비언 협회《영국의 점진적 사회주의 단체; Webb, Shaw 등이 창설(1884)》.
‡fa·ble[féibəl] *n., vt., vi.* ① Ⓒ 우화(寓話)(를 이야기하다); 꾸민 이야기(를 하다), 거짓말(하다). ② Ⓤ,Ⓒ 《집합적》 전설, 신화. **~d**[-d] *a.* 우화로 유명한; 전설적인; 가공(架空)의.
fab·li·au[fǽbliòu] *n.* (*pl.* **~*x***[-z]) Ⓒ (중세 프랑스의) 우화시(寓話詩).
‡fab·ric[fǽbrik] *n.* ① Ⓒ,Ⓤ 직물, 천바탕. ② (*sing.*) 조직, 구조; 《집합적》 (교회 따위의) 건물 외부《지붕·벽 따위》.
fab·ri·cate [fǽbrikèit] *vt.* 제작하다; 조립하다; (거짓말, 옛 이야기 등을) 꾸미다; 날조하다; (문서를) 위조하다. **-ca·tor** *n.* **-ca·tion**[fæ̀brikéiʃən] *n.*
fab·u·list[fǽbjəlist] *n.* Ⓒ 우화 작가; 거짓말쟁이.
***fab·u·lous** [fǽbjələs] *a.* ① 우화〔전설〕적인. ② 믿기 어려운. ③ 매우 훌륭한. **~·ly** *ad.* **~·ness** *n.*
FAC Federal Atomic Commission. **fac.** facsimile; factor; factory.
fa·çade[fəsɑ́:d] *n.* (F.) Ⓒ (건물의) 정면; (사물의) 외관.
†face[feis] *n.* ① Ⓒ 낯, 얼굴 (표정). ② Ⓤ 면목, 체면(dignity). ③ Ⓤ《口》 넉살좋음, 뻔뻔스러움. ④ Ⓒ 외관; 겉치레; 표면, 정면; (기구 등의) 사용면, (활자의) 자면(字面). ⑤ Ⓒ 찡그린 얼굴. ⑥ Ⓒ 액면. **~ *to* ~** (***with***) …와 마주 보고. ***fly in the* ~ *of*** …에 정면으로 반대〔도전〕하다. ***have the* ~ *to*** (do) 뻔뻔스럽게도 …하다. ***have two* ~*s*** 표리가 부동하다. ***in the* ~ *of*** …의 면전에서; …에도 불구하고. ***look*** (*a person*) ***in the* ~** (아무의) 얼굴을 (거리낌없이 빤히) 보다, 바로 보다. ***lose* ~** 면목〔체면〕을 잃다. ***make*** 〔***pull***〕 **~*s*** 〔***a* ~**〕 얼굴을 찡그려 보이다. ***on the* ~ *of it*** 언뜻보아. ***pull*** 〔***wear***〕 ***a long* ~** 음울한〔지르퉁한〕 얼굴을 하다. ***put*** 〔***set***〕 ***one's* ~ *against*** …에 반대하다. SAVE[1] ***one's* ~. *to*** *a person's* **~** 아무와 얼굴을 맞대고. — *vt.* ① (…에) 면하다; 대항하다; 마주 대하다. ② 가장자리를 대다; (돌의) 면을 곱게 다듬다; (카드의) 겉쪽을 까놓다. — *vi.* 면하다; 〖軍〗 방향 전환하다. ***About* ~!** 뒤로 돌아! **~ *away*** 외면하다. **~ *up*** 맞서다, 대항하다(*to*).
fáce-àche *n.* Ⓤ 안면 신경통; Ⓒ 슬픈 표정을 하고 있는 사람.
fáce càrd 《美》 (카드의) 그림 패.
fáce crèam 화장용 크림.
fáce guàrd (펜싱의) 얼굴 가리개.
face·less[´-lis] *a.* 얼굴〔문자반 등〕이 없는; 익명〔무명〕의; 개성이 없는.
fáce lìfting 주름살 없애는 성형 수술; 신식화(化); 개장(改裝).
fáce màsk (야구의 캐처·아이스하키의 골키퍼 따위가 쓰는) 마스크.
fáce-òff *n.* Ⓒ 〖아이스하키〗 경기 개시; 대결.
fáce-pàck *n.* Ⓒ 화장용 팩.
fáce pòwder (화장)분.
fáce-sàver *n.* Ⓒ 체면〔면목〕을 세우는 것. 「는 (행위).
fáce-sàving *a., n.* Ⓤ 면목을 세우
fac·et[fǽsit] *n.* Ⓒ (보석의) 작은 면; (사물의) 면. — *vt.* (《英》 ***-tt-***) (보석에) 작은 면을 내다〔깎다〕.
fa·ce·tious[fəsí:ʃəs] *a.* 익살맞은, 우스운(waggish); 농담의. **~·ly** *ad.* **~·ness** *n.*
fáce-to-fáce *a.* (얼굴을) 서로 마주보는; 직접의; 맞부딪치는.
fáce tòwel 소형 타월.
fáce válue 액면 가격.
***fa·cial**[féiʃəl] *a., n.* 얼굴의; 얼굴에 사용하는; Ⓤ,Ⓒ 안면 마사지; 미안술.

fácial àngle 안면각.
fácial índex 안면 계수.
fácial nèrve 〖解〗 안면 신경.
fácial neurálgia 안면 신경통.
fácial tíssue 고급 화장지.
fac·ile[fǽsil/-sail] *a.* 용이한, 쉬운; 경쾌하게 움직이는; 고분고분한, 붙임성 있는.
***fa·cil·i·tate**[fəsílətèit] *vt.* 쉽게 하다; 촉진하다. **-ta·tor** *n.* **-ta·tion** [–⌐–téiʃən] *n.* Ⓤ 촉진, 조장; 〖生〗 소통.
:**fa·cil·i·ty**[fəsíləti] *n.* Ⓤ,Ⓒ 용이함; 숙련; 재능; 온순; (*pl.*) 편의, 설비; 〖컴〗 설비.
***fac·ing**[féisiŋ] *n.* ① Ⓤ (건물의) 겉단장, 마무리 치장. ② Ⓤ (의복의) 가선두르기. ③ (*pl.*) 〖軍〗 방향 전환.
fac·sim·i·le[fæksímәli] *n., vt., vi.* Ⓒ 복사(하다); Ⓤ,Ⓒ 사진 전송〔팩시밀리〕(로 보내다)(fax). ***in*** ～ 복사로, 원본대로. — *a.* 복사의.
facsímile tèlegraph 복사 전송기.
†**fact**[fækt] *n.* Ⓒ 사실; Ⓤ 진상. ***after*** 〔***before***〕 ***the*** ～ 사후〔사전〕에. ***as a matter of*** ～, or ***in*** (***point of***) ～ 사실상. ***from the*** ～ ***that ...*** …라는 점에서.
fáct fìnder 진상 조사원.
fáct-fìnding *n., a.* Ⓤ 진상〔현지〕 조사(의).
***fac·tion**[fǽkʃən] *n.* Ⓒ 당내의 파, 파당; Ⓤ 당파심; 내분. ～**·al, fác·tious** *a.* 당파적인, 당파심이 강한.
fac·ti·tious[fæktíʃəs] *a.* 인위적인, 부자연한. ～**·ly** *ad.* ～**·ness** *n.*
fac·ti·tive [fǽktətiv] *a.* 〖文〗 작위적인. ～ ***verb*** 작위 동사《They *call* him chief./ He *made* his son a lawyer.》.
:**fac·tor**[fǽktər] *n.* Ⓒ ① 요소, 요인. ② 〖數〗 인수. ③ 〖生〗 (유전) 인자. ④ 대리인; 중매인. ～ ***cost*** 생산비. ***prime*** ～ 소인수(素因數). ***principal*** ～ 주인(主因). — *vt.* (…을) 인수로 분해하다. ～**·age** [-ridʒ] *n.* Ⓤ 대리업; 중개 수수료.
fac·to·ri·al[fæktɔ́:riəl] *a., n.* 대리점의; 〖數〗 인수〔계승(階乘)〕의; (수금) 대리업의; Ⓒ 계승.
fáctor VIII 〖生化〗 항(抗)혈우병 인자《혈액 응고 인자로, 혈우병 환자의 혈액에는 없음》.
fac·tor·i·za·tion[fæ̀ktərizéiʃən] *n.* Ⓤ 〖數〗 인수분해.
:**fac·to·ry** [fǽktəri] *n.* Ⓒ ① 공장, 제작소. ② 대리점, 재외 지점. ③ =FACTORY SHIP.
fáctory fàrm 공장식 농장《공장처럼 기계 기술을 도입한 가축 사육장》.
fáctory automàtion 〖컴〗 공장 자동화《생략 FA》.
fáctory shìp 공작선, 공모선(工母船)《수산물을 가공 처리하는》.
fáctory sýstem (산업 혁명 이후의) 공장 제도.
fac·to·tum[fæktóutəm] *n.* Ⓒ 잡역부.
:**fac·tu·al** [fǽktʃuəl] *a.* 사실상의, 실제의(autual). ～**·ly** *ad.*
:**fac·ul·ty**[fǽkəlti] *n.* Ⓒ ① (기관·정신의) 능력, 재능. ② (신체적·정신적) 기능. ③《美》《집합적》 교수단〔회〕; (대학) 학부.
:**fad**[fæd] *n.* Ⓒ 일시적인 열(craze) 〔유행〕; 변덕. **⌐·dish, ⌐·dy** *a.* 일시적으로 유행〔열중〕하는. **⌐·dism** *n.* Ⓤ 일시적인 열중. **⌐·dist** *n.*
:**fade**[feid] *vi.* 시들다; (색이) 바래다; 지다. — *vt.* 색을 바래게 하다. ～ ***in*** 〔***out***〕 〖映·TV〗 용명(溶明)〔용암(溶暗)〕하다. **fad·ed**[⌐id] *a.* 시든; 색이 바랜. **fad·er**[⌐ər] *n.* Ⓒ 〖放送·錄音〗 음량 조절기. **⌐·less** *a.* 시들지〔바래지〕 않는.
fáde-ìn〔**-òut**〕 *n.* Ⓤ 〖映·TV〗 용명(溶明)〔용암(溶暗)〕.
fad·ing[féidiŋ] *n.* Ⓤ 〖無電〗 페이딩《전파 강도가 시간적으로 변하는 현상》.
fae·ces[fí:si:z] *n. pl.* =FECES.
fa·er·ie, fa·er·y[féiəri, fέəri] *n., a.* Ⓒ 요정의 나라;《집합적》 선녀들(의), 매혹.
fag[fæg] *vi.*《英口》(**-gg-**) 열심히 일하다(*at*); (public school에서) 상급생의 잔심부름을 하다. — *vt.* (일이) 지치게 하다(*out*);《英口》(하급생을) 부리다. — *n.* Ⓒ 노역자; Ⓤ 노역; Ⓒ《英口》 상급생의 시중드는 하급생.
fág énd (피륙의) 토끝; (밧줄 따위의) 풀어진 끝; (물건의) 말단; 남는 것.
fag·got ⇨FAGOT.
fággot vòte 〖英史〗 긁어 모으기 투표《재산의 일시적 양여로 투표권을 얻게 하여 표를 모음》.
fag·ot,《英》 **fag·got**[fǽgət] *n.* Ⓒ 나뭇단. — *vt., vi.* 다발짓다.
Fah., Fahr. Fahrenheit.
***Fahr·en·heit** [fǽrənhàit, fá:r-] *n., a* Ⓤ 화씨(의); Ⓒ 화씨 온도계(의)《생략 F》.
fai·ence[faiá:ns, fei-] *n.* (F.) Ⓤ 파양스 도자기《광택이 나는 고급 채색의》.
†**fail**[feil] *vi.* ① 실패하다(*in, of*); 낙제하다. ② 부족하다, 동나다. ③ (건강·기력 따위가) 쇠약해지다, 다하다. ④ 그르치다, …하지 않다(*to* do); 파산하다. — *vt.* ① (…을) 실망시키다, 저버리다(～ *a friend in need* 곤궁한 친구를 저버리다). ② (…의) 소용에 닿지 않다(*My tongue* ～*ed me.* 말을 못 했다). ③ (약속 따위를) 태만히 하다(～ *to come* 오지 않다). ④ 낙제시키다. ***not*** ～ ***to*** (do) 반드시 …하다. — *n.* =FAILURE《다음 구에만 쓰임》. ***without*** ～ 반드시, 틀림없이, 꼭. ***⌐·ing** *n., prep* Ⓤ,Ⓒ 실패; 결점; …이 없는 경우에는; …이 없어서.
fáil sáfe (만일의 고장·잘못된 조작에 의한 사고 방지를 위한) 자동 안전〔제어〕 장치《원자로·핵탄재기 등의》.
fáil-sàfe *a.* 자동 안전〔제어〕 장치의 (*a* ～ *system*).
:**fail·ure**[féiljər] *n.* ① Ⓤ 실패; Ⓒ

실패자; Ⓤ 낙제; Ⓒ 낙제자; 낙제점. ② Ⓤ,Ⓒ 태만, 불이행. ③ Ⓤ,Ⓒ 부족; 쇠약; 파산.

fain[1] [fein] *pred. a.* 기꺼이 (하는) (willing); 부득이 (하는); …하고 싶은, …이고 싶은. — *ad.* 《古》 《***would*** ~ 의 형식으로》 기꺼이.

fain[2], **fains**[-z] *vt.* 《英俗》 ***F- I …*** (유희에서) …(의 역 같은 건) 나는 안 할래; 나는 싫어!

:**faint**[feint] *a.* ① 희미한; 연약한. ② 마음이 약한. ③ 현기증 나는, 어질어질한. — *n., vi.* Ⓒ 기절(하다) (swoon)(*away*). :**∠·ly** *ad.* **∠·ness** *n.*

fáint-héarted *a.* 마음이 약한.

faint·ing[féintiŋ] *n.* Ⓒ 실신, 기절, 졸도.

†**fair**[1] [fɛər] *a.* ① 아름다운; 흰; 금발의. ② 깨끗한; 맑은, 갠. ③ 순조로운; 정중한; 《古》 장애 없는. ④ 정당한; 공평한. ⑤ 평평한; 꽤 좋은. ⑥ 치레말의. ⑦ 여성의(*a ~ read-er*). ***be in a ~ way to*** (do) …할 가망이 있다. ***by ~ means or foul*** 수단이 옳고 그름을 가리지 않고(cf. by HOOK or by crook). ***~ and softly*** 그렇게 (결론을) 서두르지 말고. ***~ words*** 치레말, 입에 발린 말. — *ad.* ① 공정히; 정통으로. ② 순조롭게; 깨끗이. ③ 정중히. BID ***~ to. ~ and square*** 《口》 공정히. — *n.* Ⓒ 《古》 여성; 애인. **∠·ish** *a.* 상당한, 어지간한. :**∠·ly** *ad.* 바르게, 공평하게; 바로; 상당히; 꽤; 똑똑히; 충분히; 완전히, 아주. ***∠·ness** *n.* Ⓤ 공평함.

:**fair**[2] *n.* Ⓒ ① 정기시〔장〕; 자선시(慈善市). ② 박람회, 공진회. ③ 설명회. ***a day after the ~*** 사후 약방문, 행차후 나팔.

fáir báll 〖野〗 페어볼(cf. foul ball).

Fáir Déal ⇨DEAL[1].

fáir employment (종교·인종·성별 등의 차별 없는) 평등 고용.

fáir-fáced *a.* 살갗이 흰, 미모의; 《英》 (벽돌벽이) 회를 안 바른.

fáir·gròund *n.* Ⓒ (종종 *pl.*) 박람회 등이 열리는 장소.

fáir-háired *a.* 금발의.

fáir-mínded *a.* 공정한. **~ness** *n.*

***fáir pláy** 정정당당한 (경기) 태도.

fáir séx, the 《집합적》 여성.

fáir-spóken *a.* 정중한; 구변 좋은.

fáir-to-míddling *a.* 보통보다 좀 나은.

fáir tráde 공정 거래〔무역〕.

fáir-tráde *vt., vi.* 공정 거래〔호혜 무역, 공정 무역〕협정에 따라 거래하다.

fáir-tráde agrèement 《美》 공정 거래〔공정 무역, 호혜 무역〕 협정, 최혜국 약관(最惠國約款).

fáir·wày *n.* Ⓒ 항로; 〖골프〗 tee와 putting green 사이의 잔디밭.

fáir-wèather *a.* 순조로운〔날씨가 좋은〕 때만의. ***~ friendship*** 믿지 못할 우정.

:**fair·y**[fɛ́əri] *n., a.* Ⓒ ① 요정(의, 같은); 아름다운. ② 《口》 동성애의 남자, '호모'.

fáiry làmp 〔**lìght**〕 (옥외 장식용의) 꼬마 램프.

:**fáiry·lànd** *n.* Ⓒ 요정〔동화〕의 나라.

fáiry rìng 요정의 동그라미〔춤터〕 《균 때문에 잔디가 둥그렇게 검푸르게 된 부분》.

fáiry tàle 〔**stòry**〕 동화; 지어낸 이야기, 거짓말.

fait ac·com·pli [féit əkɔ́mpliː] (F.) 기정 사실.

:**faith**[feiθ] *n.* ① Ⓤ 신뢰; 신념. ② Ⓤ 신앙; Ⓒ 교리. ③ Ⓤ 신의; 서약. ***bad ~*** 배신, 불신. ***by my ~*** 맹세코. ***give*** 〔***pledge, plight***〕 ***one's ~*** 맹세하다. ***good ~*** 성실. ***in ~*** 실로, 참으로. ***on the ~ of*** …을 믿고; …의 보증으로.

fáith cùre 〔**hèaling**〕 신앙 요법.

:**faith·ful**[∠fəl] *a.* 성실한; 신뢰할 수 있는; 정확한. — *n.* (the ~) 신자들. :**~·ly** *ad.* ***Yours ~ly*** 여불비례(餘不備禮). **~·ness** *n.*

***fáith·less** *a.* 불성실한, 믿을 수 없는; 신심 없는. **~·ly** *ad.*

***fake**[feik] *vt., vi.* 날조하다(*up*); …인 체하다. — *n., a.* Ⓒ 위조의 (물건); 가짜(의); 사기꾼. **fák·er** *n.* Ⓒ 협잡꾼, 사기꾼(fraud); 노점 상인.

fa·kir[fəkíər, féikər], **-keer**[fəkíər] *n.* Ⓒ (이슬람교·브라만교의) 행자(行者).

fal·cate[fǽlkeit] *a.* 낫〔갈고리〕 모양의.

fal·chion[fɔ́ːltʃən, fɔ́ːlʃən] *n.* Ⓒ 언월도(偃月刀); 《詩》 칼.

***fal·con**[fǽlkən, fɔ́ːl-, fɔ́ːk-] *n.* Ⓒ 송골매; (매사냥에 쓰는) 매. **~·er** *n.* Ⓒ 매부리. **~·ry** *n.* Ⓤ 매사냥.

fal·de·ral[fǽldərӕ̀l], **-rol**[-rɑ̀l/-ɔ̀-] *n.* Ⓒ 하찮은 것; Ⓤ 허튼 수작.

†**fall**[fɔːl] *vi.* (***fell; fallen***) ① 떨어지다; 강하하다; (온도·값 따위가) 내리다. ② (머리털이) 늘어지다; (털이) 빠지다. ③ (눈이) 아래로 향하다. ④ 넘어지다; 함락하다; 쇠하다; 기울다. ⑤ (조수(潮水)가) 빠다; (기분이) 침울해지다; 타락하다. ⑥ …이 되다; 우연히 오다. ⑦ (악센트가 …에) 오다, 있다(*on*); (제비에서) 뽑히다. ⑧ 분류되다. ***~ across*** 우연히 마주치다. ***~ away*** 버리다; 쇠하다. ***~ back*** 물러나다; 위약하다; 퇴각하다. ***~ behind*** 늦어지다. ***~ down*** 넘어지다; 엎드리다; 《口》 실패하다. ***~ in*** 내려〔주저〕앉다; 정렬하다, 마주치다. ***~ into*** (위치에) 서다; …에 빠지다; 시작하다. ***~ in with*** 우연히 마주치다; 의견이 일치하다; 조화되다. ***~ off*** (따로) 떨어지다; 줄다, 쇠하다. ***~ on*** 〔***upon***〕 넘어지다; 마주치다; 공격하다; 몸에 닥치다. ***~ out*** 사이가 틀어지다; 일어나다, 생기다; 〖軍〗 열을 벗어나다, 낙오되다. ***~ over*** (담 따위가) 무너지다. ***~ through*** 실패하다. ***~ to*** (먹기) 시작하다; 싸움을 시작하다. ***~ under*** (부류 따위에) 들다.
— *n.* ① Ⓒ 낙하; 강우〔강설〕량. ② (the ~) 도피; 쇠미, 함락. ③ Ⓒ 강하 (거리); 하락; 내리막. ④ (보

통 *pl.*) 폭포. ⑤ Ⓒ 〖레슬링〗 '폴'; 한 경기, 한판 승부. ⑥ Ⓤ,Ⓒ 《美》 가을. ***the F-*** 인간의 타락《아담과 이브의 원죄》.
fal·la·cious[fəléiʃəs] *a.* 그릇된; 허위의, 속이는. **~·ly** *ad.* **~·ness** *n.*
fal·la·cy[fǽləsi] *n.* Ⓤ,Ⓒ 오류; 틀린 생각; 사기성.
fal-lal[fællǽl/ㅅㅡ] *n.* Ⓒ 싸고 야한 장신구, 겉만 번드르르한 것.
†**fall·en**[fɔ́:lən] *v.* fall의 과거 분사. ── *a.* ① 떨어진, 쓰러진. ② 쓰러진, 죽은(*the* ~ 전사자들). ③ 파멸한, 타락한. **~ *angel*** (천국에서 쫓겨난) 타락한 천사.
fáll gùy 《美俗》 남의 죄를 뒤집어쓰는 사람; 어수룩한 사람.
fal·li·ble[fǽləbəl] *a.* 속아 넘어가기 쉬운; 틀리기 쉬운; 오류가 있는. **-bil·ity**[ㅅㅡbíləti] *n.*
fall·ing[fɔ́:liŋ] *n., a.* (the ~) 낙하(하는), 함락(하는); 타락(하는). ~ ***off*** 쇠미; 감소. ***the ~ tide*** 썰물.
fálling-óut *n.* Ⓒ 불화, 다툼.
fálling sìckness 《古》 간질(epilepsy).
fálling stár 별똥별, 유성.
Fal·ló·pi·an tùbe [fəlóupiən-] =OVIDUCT.
fáll·òut *n.* Ⓤ 방사성 낙진, 원자재(~ ***shelter*** 방사성 낙진 대피소).

fal·low**[1][fǽlou] *a., n., vt.* Ⓤ 묵히고 있는 (밭 따위); 유휴(遊休)(지); 유휴하다, 놀리다. ***lie ~ (밭 따위) 묵히고 있다.
fal·low[2] *a.* 담황색의.
fállow déer (유럽산의) 노랑사슴.
:**false**[fɔ:ls] *a.* ① 틀린; 거짓의; 가짜의; 부정의. ② 가(假)의. ③ 〖樂〗 가락이 맞지 않는. ~ ***charge*** 무고. ~ ***colors*** 외국기; 가장. ── *ad.* 잘못하여; 거짓으로; 불실(不實)하게. ***play*** (*a person*) ~ 《古·廢》 배신하다, 속이다. ***~·hood**[ㅅhùd] *n.* Ⓤ 잘못; 허위. **ㅅ·ly** *ad.* **ㅅ·ness** *n.*
fálse acácia 아카시아.
fálse arrést 〖法〗 불법 체포.
fálse bóttom (상자·트렁크 따위의) 이중 바닥《특히 숨기게 된 것》.
fálse éye 의안(義眼), 해박은 눈.
fálse fáce 가면.
fálse-héarted *a.* 불(성)실한, 사기적인.
fálse imprísonment 〖法〗 불법 감금.
fálse kéy (도둑용의) 결쇠(pick lock).
fálse posítion 궁지.
fálse preténses 〖法〗 사기(죄).
fálse stép 곱드러짐; 실책.
fálse tóoth 의치(義齒), 틀니.
fal·set·to[fɔ:lsétou] *n.* (*pl.* **~s**), *a., ad.* Ⓤ,Ⓒ 〖樂〗 가성(假聲)(의, 으로).
fálse·wòrk *n.* Ⓒ 〖土木〗 비계; 가설물.
fals·ie[fɔ́:lsi] *n.* Ⓒ (보통 *pl.*) 《口》 여성용 가슴받이《유방을 풍만하게 보이기 위한》.
fal·si·fy[fɔ́:lsəfài] *vt.* 속이다; (서류를) 위조하다; (…이) 거짓임〔틀림〕을 증명하다; (기대 따위를) 저버리다. **-fi·ca·tion**[ㅅㅡfəkéiʃən] *n.* Ⓤ,Ⓒ 허위; 위조; 곡해; 반증.
fal·si·ty[fɔ́:lsəti] *n.* Ⓤ,Ⓒ 허위; 거짓말; 틀림.
Fal·staff[fɔ́:lstæf, -ɑ:f] *n.* Shakespeare 사극에 나오는 명랑하고 겁많은 허풍쟁이 뚱뚱보 기사. **~·i·an** [ㅡㅅiən] *a.*
falt·boat[fá:ltbòut] *n.* Ⓒ 접이 보트.
***fal·ter**[fɔ́:ltər] *vi.* ① 비틀거리다. ② 말을 더듬다. ③ 머뭇거리다. ── *vt.* 우물우물〔더듬더듬〕 말하다. ── *n.* Ⓒ 비틀거림; 머뭇거림; 더듬음〔는 말〕. **~·ing·ly** *ad.* 비틀거리며, 머뭇거리며, 말을 더듬으며.
F.A.M. Free and Accepted Masons.
:**fame**[feim] *n.* Ⓤ 명성, 평판. ***earn ~*** 명성을 얻다. ── *vt.* 유명하게 만들다. ***~d**[-d] *a.* 유명한(*for*).
:**fa·mil·iar**[fəmíljər] *a.* ① 잘 알려져 있는, 흔한. ② 잘 알고 있는, 친한(*with*); 무람없는; 스스럼없는, 탁 터 놓은. ③ 뻔뻔스러운. ④ (짐승이) 길들여진. **~·ly** *ad.* ***-i·ar·i·ty** [fəmiljǽrəti, -liǽr-/-liǽr-] *n.*
fa·mil·iar·ize[fəmíljəràiz] *vt.* 친〔익숙〕해지게 하다(*with*); 통속화하다. **-i·za·tion**[ㅡㅅㅡrizéiʃən] *n.*
:**fam·i·ly**[fǽməli] *n.* ① Ⓒ 《집합적》 가족, 식구. ② Ⓤ (한 집안의) 아이들. ③ Ⓒ 일족(clan). ④ Ⓒ 〖生〗 과(科)《order의 아래, genus의 위》. ***in the ~ way*** 임신하여.
fámily allówance 가족 수당; 《英》 (정부에서 지급하는) 아동 수당(child benefit).
fámily círcle 일가 사람들; 가족석.
fámily còurt 가정 법원.
fámily dòctor 가정의.
fámily màn 가정을 가진 남자; 가정적인 남자.
:**fámily náme** 성(姓).
fámily plánning 가족 계획.
fámily relátions còurt =FAMILY COURT.
fámily skéleton 집안 내의 비밀.
fámily stỳle (각자가 떠먹게) 큰 그릇에 담음〔담은〕.
fámily thérapy 가족 요법《환자 치료에 가족도 참가하는 집단 심리 요법》.
fámily trée 가계도(家系圖); 족보.
:**fam·ine**[fǽmin] *n.* Ⓤ,Ⓒ 기근; 대부족. ***house ~*** 주택난.
***fam·ish**[fǽmiʃ] *vi., vt.* 굶주리(게 하)다.
†**fa·mous** [féiməs] *a.* 유명한(*for*); 《口》 근사한(first-rate).
:**fan**[1][fæn] *n.* Ⓒ ① 부채, 선풍기; 부채 모양의 것. ② 키. ── *vt., vi.* (**-nn-**) ① 부채질하다; 키질하다; (부채 따위로) 쫓다. ② 부추기다. ③ 〖野〗 삼진하다〔시키다〕. ④ 부채꼴로 펼치(어지)다.
:**fan**[2] *n.* Ⓒ 《口》 팬, 열광자(*fan*atic devotee)(*a baseball ~* 야구 팬).
***fa·nat·ic**[fənǽtik] *a., n.* 열광적인; Ⓒ 열광〔광신〕자. **-i·cal** *a.* =FANAT-

IC. **-i·cism**[-təsìzəm] *n.*
:fan·cied[fǽnsid] *a.* 공상〔가공〕의.
fan·ci·er[fǽnsiər] *n.* Ⓒ (꽃·개 등의) 애호가; 재배자, 사육자(*a tulip* ~ 튤립 재배가).
***fan·ci·ful** [fǽnsifəl] *a.* 변덕스런; 기발한; 공상의. **~·ly** *ad.* 공상적으로, 기발하게. **~·ness** *n.*
:fan·cy[fǽnsi] *n.* ① U,C 공상(력); 공상(의 산물). ② Ⓤ 취미, 도락. ③ (the ~)《집합적》(동식물 등의) 애호〔사육·재배〕가들. ***catch the ~ of*** …의 마음에 들다. ***have a ~ for*** …을 좋아하다, …을 갖고 싶다. ***take a ~ for*** 〔***to***〕 …을 좋아하다. ***to one's ~*** 마음에 드는, 뜻에 맞는. — *a.* ① 공상의. ② 장식적인. ③ 극상품의. ④ 곡예의(~ *flying* 곡예 비행). ⑤ 변종의. ⑥ 터무니 없는. ***at a ~ price*** 터무니 없는 값으로. — *vt.* 공상하다; (어쩐지) …라고 생각하다; 좋아하다.
fáncy báll 가장 무도회.
fáncy dán 《美俗》 허세 부리는 사람.
fáncy dréss 가장복.
fáncy fáir 《英》 (방물) 자선시.
fáncy-frée *a.* 연애를 모르는.
fáncy góods 방물; 장신구; 특선품.
fáncy màn (매춘부의) 정부.
fáncy wòman 〔**gìrl, lády**〕 정부(情婦); 매춘부.
fáncy·wòrk *n.* Ⓤ 수예품(手藝品).
fán dànce 큰 부채를 사용하는 선정적인 누드 댄스.
fan·dan·go [fændǽŋgou] *n.* (*pl.* **~*s***) Ⓒ (스페인의) 3박자의 활발한 춤; 그 무곡.
F and F furniture and fixtures.
fan·fare[fǽnfὲər] *n.* Ⓒ 팡파르; Ⓤ 과시.
fan·fa·ron·ade[fæ̀nfərənéid/-fæ-rənɑ́:d] *n.* U,C 호언장담, 허세.
fang[fæŋ] *n.* Ⓒ 엄니; (뱀의) 독아(毒牙); (끌이나 찬칼 따위의) 슴베.
fán jèt 팬제트기; 제트엔진의 일종.
fán lètter 〔**màil**〕 팬레터.
fán·lìght *n.* Ⓒ (문이나 창 위 따위의) 부채꼴 창(窓).
fán màrker 부채꼴 위치 표지《공항 부근에 배치되어 전파로 비행기를 유도함》.
fan·ner [fǽnər] *n.* Ⓒ 부채질하는 사람; 선〔송〕풍기.
fan·ny [fǽni] *n.* Ⓒ 《英口·婉曲》 궁둥이; 여성의 성기.
fan·tab·u·lous [fæntǽbjələs] *a.* 《俗》 믿을 수 없을 만큼 굉장한.
fán·tàil *n.* Ⓒ 부채꼴의 꼬리; 공작비둘기; 농어과의 담수어; 《美》 〖海〗 고물의 돌출부.
fan·ta·sia[fæntéiʒiə, -téiziə] *n.* Ⓒ 〖樂〗 환상곡; (명곡 멜로디를 이어 만든) 혼성곡(potpourri).
:fan·tas·tic[fæntǽstik], **-ti·cal** [-əl] *a.* ① 공상적인; 변덕스러운. ② 기묘한. ③ 상상상의. **~·ly** *ad.*
***fan·ta·sy** [fǽntəsi, -zi] *n.* ① U,C 공상; 기상(奇想); 변덕; 백일몽. ② =FANTASIA.
F.A.N.Y. First Aid Nursing Yeomanry 응급 간호 봉사반. **FAO, F.A.O.** Food and Agriculture Organization 유엔 식량 농업 기구.
†far[fɑ:r] *a.* (***farther, further; farthest, furthest***) 먼; 저쪽의. ***a ~ cry*** 원거리(*from*). ***F- East(ern)*** 극동(의). — *ad.* (시간·공간적으로) 멀리; 크게. ***as*** 〔***so***〕 ***~ as*** …까지, 하는 한. ***~ and away*** 훨씬. ***~ and near*** 〔***wide***〕 도처에. ***~ be it from me to*** (do) 단연코 … 않다. ***~ from*** …커녕. ***go ~*** 크게 효력이 있다. ***how ~*** 어디까지. ***in so ~ as*** …하는 한. ***so ~*** 이제까지. SO ***~ as. So ~ so good.*** 지금까지는 잘 돼 가고 있다. — *n.* Ⓤ 먼 곳; 높은 정도. ***by ~*** 훨씬, 단연코. ***from ~ and near*** 원근에서, 도처에서.
far·ad[fǽrəd] *n.* Ⓒ 패럿《전기 용량의 단위》(<⇩).
Far·a·day[fǽrədèi, -di], **Michael** (1791-1867) 영국의 물리학자.
far·a·day[fǽrədèi, -di] *n.* Ⓒ 〖電〗 패러데이《전기 분해에 쓰이는 전기량의 단위》.
far·a·dize[fǽrədàiz] *vt.* (…에) 감응 전류로 자극·치료하다.
***far·a·way**[fɑ́:rəwèi] *a.* (시간·거리·연고 등이) 먼; (눈이) 꿈꾸는 듯한.
***farce**[fɑ:rs] *n.* U,C 소극(笑劇), 익살극. — *vt.* (문장·담화에) 익살미(味)를 가하다. **far·ci·cal**[∠ikəl] *a.* 우스운, 익살맞은.
:fare[fεər] *n.* ① Ⓒ (탈것의) 요금; 승객. ② Ⓤ 음식물. — *vi.* 지내다; 일어나다(happen); 먹다, 대접받다; 《詩》 가다, 여행하다.
Fár Éast, the ⇨FAR (*a.*).
:fare·well[fὲərwél] *int., a., n.* U,C 안녕!; 작별의 (인사); 고별.
fare-you-well [fέərju:wél] *n.* Ⓒ 《다음의 구로》《美口》 ***to a ~*** 끝까지; 최후를 장식하여, 완벽하게.
fár-fámed *a.* 이름이 널리 알려진.
fár-fétched *a.* 견강부회의, 억지로 갖다대는.
fár-flúng *a.* 광범위에 걸친, 널리 퍼진.
fár-góne *a.* 먼; (병 따위가) 훨씬 악화된; 피로에 지친.
fa·ri·na[fərí:nə] *n.* Ⓤ 곡분(穀粉), 전분. **far·i·na·ceous** [fæ̀rənéiʃəs] *a.* 전분(질)의.
far·kle·ber·ry [fɑ́:rkəlbèri] *n.* Ⓒ 월귤나무의 일종.
†farm[fɑ:rm] *n.* Ⓒ ① 농장, 농가; 사육장(*an oyster ~* 굴 양식장). ② 〖野〗 (대(大)리그 소속의) 선수 양성팀. — *vt.* ① (토지를) 대차(貸借)하다; (땅을) 경작하다. ② (세금 징수 따위를) 도급맡다; (일정한 요금을 받고 어린아이 등을) 맡다. — *vi.* 경작하다; 농장을 경영하다. ***~ out*** 도급맡기다; (어린애를) 맡기다; 〖野〗 양성팀에 맡기다. **†∠·er** *n.* Ⓒ (농지를 가진) 농부〔농가〕(cf. peasant); 유아를 맡는 사람; (세금 등의) 징수도급인. **∠·ing** *n.* Ⓤ 농업, 농사; 탁아

F

소 경영; (세금의) 징수 도급.
fárm hànd 농장 노동자.
***farm·house**[⌐hàus] *n.* Ⓒ 농가.
***fárm·lànd** *n.* Ⓤ 농지.
fárm·stèad *n.* Ⓒ (건물을 포함한) 농장.
fárm·yàrd *n.* Ⓒ 농가의 안뜰.
far·o[fέərou] *n.* Ⓤ 은행놀이《카드놀이의 일종》.
***fár-óff** *a.* 아득히 먼.
fár-óut *a.* 훨씬 앞선; 《美俗》 참신한.
far·ra·go [fəréigou, -ɑ́ː-] *n.* (*pl.* *~es*) Ⓒ 뒤범벅.
***fár-réaching** *a.* 멀리까지 미치는, 광범위한; 원대한.
far·ri·er [fǽriər] *n.* Ⓒ 《주로 英》 편자공; 말 의사, 수의(獸醫). **~·y** *n.* Ⓤ 제철술(蹄鐵術); Ⓒ 제철 공장.
far·row[fǽrou] *n.* Ⓒ 한 배의 돼지 새끼. — *vi.* (돼지가) 새끼를 낳다. — *vt.* (새끼 돼지를) 낳다.
fár-séeing *a.* 먼눈이 밝은; 선견지명이 있는.
fár-síghted *a.* 원시(遠視)의; = ⇧. **~ness** *n.*
:far·ther [fɑ́ːrðər] 《far의 비교급》 *a., ad.* ① 더 먼[멀리]. ② 그 위에[의], 더욱더, 좀 더《이런 의미로는 보통 further》. ***I'll see you ~*** (=FURTHER) ***first.*** ***wish*** (*a person, thing*) ***~*** 그 곳에 없으면 좋겠다고 생각하다. **~·most**[-mòust] *ad.* 가장 먼(farthest).
:far·thest[fɑ́ːrðist] 《far의 최상급》 *a., ad.* 가장 먼[멀리]. ***at*** (***the***) ***~*** 멀어도; 늦어도, 고작(at most).
:far·thing[fɑ́ːrðiŋ] *n.* Ⓒ 영국의 동전《1/4 penny》.
far·thin·gale[fɑ́ːrðiŋgèil] *n.* Ⓒ (16-17세기 고래 뼈 등으로 만든) 둥근 속버팀 스커트.
Fár Wést, the 극서부 지방《미국 로키 산맥 지방에서 태평양안 일대》.
F.A.S., f.a.s. free alongside ship (화물의) 선측 인도.
fas·ces[fǽsiːz] *n. pl.* (*sing.* ***-cis*** [-sis]) 〖古로〗 속간표(束桿標)《집정관 권위의 표지》.
fas·ci·a, fa·ci·a[fǽʃiə, féiʃə] *n.* Ⓒ (머리 매는) 끈, 띠; 〖外科〗 붕대; 〖解〗 근막(筋膜).
fas·ci·ate [fǽʃièit], **-at·ed** [-èitid] *a.* 띠로 묶은; 〖植〗 띠 모양의; 〖動〗 무늬 있는.
fas·ci·cle[fǽsikəl] *n.* Ⓒ 작은 다발(small bundle); 〖植〗 밀산화서(密散花序); 분책(分冊).
fas·cic·u·lar [fəsíkjələr] *a.* 〖植〗 총생(叢生)의.
:fas·ci·nate[fǽsənèit] *vt.* ① 매혹하다. ② (공포로) 움츠러지게 하다, 눈독들이다. ***-nat·ing** *a.* 매혹적인. **-na·tor** *n.*
***fas·ci·na·tion**[fæ̀sənéiʃən] *n.* ① Ⓤ 매혹; 매력. ② Ⓒ 매력 있는 것. ③ Ⓤ (뱀 따위가) 노려봄.
Fas·cism[fǽʃizəm] *n.* Ⓤ (Mussolini 치하 이탈리아의) 파시즘; (f-) 《一般》 국가 사회주의. **Fás·cist, f-** *n.*
:fash·ion[fǽʃən] *n.* ① Ⓤ,Ⓒ 유행 (*~ book* 유행 복장 견본집/*~ show* [*parade*] 패션 쇼); (보통 the ~) 상류 사회(의 풍습·사람들). ② Ⓤ 방법. ③ Ⓒ 형, 양식. ④ (the ~) 유행인[물]. ***after*** [***in***] ***a ~*** 이럭저럭. ***be in*** (***the***) ***~*** 유행되고 있다. ***come into ~*** 유행되다. ***go out of ~*** 한물가다. ***in this ~*** 이렇게, 이런 식으로. — *vt.* 형성하다. ***:~·a·ble** *a.* 유행의; 상류 사회의. **~·mon·ger**[-mʌ̀ŋgər] *n.* Ⓒ 유행 연구가; 유행을 쫓는 사람.
fáshion plàte (원색 인쇄한) 유행 복장도(圖).
†fast[1][fæst/fɑːst] *a.* ① 빠른, 재빠른. ② 단단한; 고정된. ③ (색이) 바래지 않는. ④ (잠이) 깊은. ⑤ (시계가) 더가는. ⑥ 충실한. ⑦ 방탕한. ⑧ 빈틈 없는. ⑨ 피할 수 없는. ⑩ (필름이) 고감도의. ⑪ (특히 미생물이 약품 따위에) 저항력이 있는. ***make ~*** 죄다, 잇다. ***pull a ~ one on*** 《美俗》 …를 속임수로 이기다. — *ad.* 굳게; (잠 따위를) 푹; 빨리; 착착; 방탕하여. ***live ~*** 방탕하다. ***play ~ and loose*** 태도가 (흔들려) 믿을 수 없다. **⌐·ish** *a.* 꽤 빠른; 방탕적인. **⌐·ness** *n.* Ⓤ 견고; 고착; 신속; Ⓒ 요새.
fast**[2] *vi., n.* 단식하다; Ⓒ 단식(기간·일). ***break one's ~ 단식을 그만두다; 아침을 먹다. **⌐·ing** *n.* Ⓤ 단식.
fást·bàck *n.* Ⓒ 패스트백《유선형 지붕(의 자동차)》.
fást bréeder 〖理〗 고속 증식로.
fast·buck[⌐bʌ̀k] *n.* Ⓤ 《美俗》 쉽게 번 돈(easy money).
fást dày 단식일.
:fas·ten[fǽsn/-ɑ́ː-] *vt.* ① 단단히 고정시키다[죄다](*on*); 붙들어 매다(*to*). ② (눈을) 멈추다(*upon*). ③ (열쇠 따위로 문을) 잠그다. — *vi.* 고착하다, (문 등이) 잠기다; 꽉 달라붙다(*on*). ***~ down*** (못으로) 박다. ***~ up*** 단단히 고착시키다; 붙박아놓다. **~·er** *n.* Ⓒ 죄는 사람[도구]; 지퍼. **~·ing** *n.* Ⓤ 죔; Ⓒ 죄는 것.
fást fóod 즉석 또는 가져가서 먹게 만든 요리《햄버거나 닭튀김 등》.
fas·tid·i·ous [fæstídiəs, fəs-] *a.* 꽤 까다로운, 가리는.
fást láne (도로의) 추월 차선, 고속 차선. ***life in the ~*** 경쟁의 사회, 먹느냐 먹히느냐의 사회.
fást-tálk *vt.* (유창하게) 말하다[말로 구워 삶다]. 「이 좋은 사람.
fást tálker 《美口》 사기꾼, 말주변
†fat[fæt] *a.* (**-tt-**) ① 살찐, 지방이 많은. ② 비옥한; 유복한; 풍부한. ③ 둔감한. ***a ~ chance*** 《俗》 많은 기회, 《反語》 가망이 희박함. ***a ~ lot*** 《俗》 많이, 듬뿍; 《反語》 조금도. ***cut it*** (***too***) ***~*** 드러내어 자랑하다. ***cut up ~*** 많은 돈을 남기고 죽다. ***~ year*** 풍년. — *n.* ① Ⓤ,Ⓒ 지방; 기름기; 고기의 기름기가 많은 부분. ②

(the ~) 제일 좋은 부분. ***chew the ~*** 《英俗》 불평하다, 꾸짖다; 《美俗》 지껄이다. (말을) 늘어놓다. ***eat* [*live on*] *the ~ of the land*** 사치스런 생활을 하다. — *vi., vt.* (**-tt-**) 살찌(게 하)다. **~·tish** *a.* 좀 살이 찐. **~·ty** *a.* 기름기의[많은].

:fa·tal [féitl] *a.* ① 치명[파멸]적인. ② 숙명적인; 결정적인. **~·ism** [-təlìzəm] *n.* Ⓤ 숙명론. **~·ist** [-təlist] *n.* **~·is·tic** [fèitəlístik] *a.* ***~·i·ty** [feitǽləti, fə-] *n.* Ⓤ,Ⓒ 숙명; 재난; 죽음, 변사. ***~·ly** [-təli] *ad.* 치명적으로.

fát cát 《美俗》 다액의 정치 헌금을 하는 부자; 특권을 가지는 부호.

:fate [feit] *n.* ① Ⓤ,Ⓒ 운명, 숙명; 운(運); 인연, 인과. ② Ⓒ 죽음; 파멸. ③ (the F-s) 〖그·로神〗 운명의 세 여신(女神). ***meet one's ~*** 비명에 죽다. **fat·ed** [⁄-id] *a.* 운명의; 운이 다한. **⁄·ful** *a.* 숙명적인; 치명[파멸]적인; 중대한.

fát fàrm 《美俗》 살 빼는 도장.

fát·frée *a.* 지방이 없는, 무지방의.

fát·hèad *n.* Ⓒ 《口》 얼간이, 바보.

†fa·ther [fɑ́:ðər] *n.* ① Ⓒ 아버지; 창시자, 시조; (보통 *pl.*) 선조. ② 〖宗〗 Ⓒ 신부. ③ Ⓒ (옛로마의) 원로원 의원. ④ (the F-) 하느님. ***be a ~ to*** …에 대해서 아버지처럼 행동하다. ***be gathered to one's ~s*** 죽다. SPIRITUAL ~. ***the Holy F-*** 로마 교황. ***The wish is ~ to the thought.*** 《속담》 바라고 있으면 정말인 것처럼 여기게 된다. — *vt.* (…의) 아버지이다; 아버지처럼 행동하다; 창시하다; (…의) 말이라고 일컫다(*The saying is ~ed on Pascal.* 그것은 파스칼의 말이라고 일컬어진다). **~·hood** [-hùd] *n.* Ⓤ 아버지임. **~·less** *a.* **~·ly** *a.* 아버지의[다운]; 자비깊은.

Fáther Chrístmas 《英》 =SANTA CLAUS.

fáther conféssor 〖가톨릭〗 고해신부.

fáther-in-làw *n.* (*pl.* **-s-in-law**) Ⓒ 시아버지; 장인.

fáther·lànd *n.* Ⓒ 조국.

Fáther's Dày 《美》 아버지 날《6월 셋째 일요일》.

***fath·om** [fǽðəm] *n.* Ⓒ 〖海〗 길《6 feet, 약 1.8m》. — *vt.* (수심을) 재다; 헤아리다, 추측하다. **~·a·ble** *a.* 잴 수 있는; 추측할 수 있는. **~·less** *a.* 헤아릴 수 없는.

Fa·thom·e·ter [fæðɑ́mitər/-ðɔ́m-] *n.* Ⓒ 〖商標〗 음향 측심기.

fa·tid·ic [feitídik, fə-], **-i·cal** [-əl] *a.* 예언의, 예언적인.

:fa·tigue [fətí:g] *n.* ① Ⓤ 피로. ② Ⓒ 노고; 〖軍〗 사역(使役); (*pl.*) 작업복. ③ Ⓤ (금속의) 약화. — *vt.* 지치게 하다; (금속 등을) 약화시키다.

fatígue dùty 〖軍〗 사역(使役).

fatígue pàrty 〖軍〗 사역반.

fat·ling [fǽtliŋ] *n.* Ⓒ 살찌운 가축《식육용》.

***fat·ten** [fǽtn] *vt., vi.* 살찌우다, (땅을) 기름지게 하다; 살찌다.

fat·u·ous [fǽtʃuəs] *a.* 얼빠진; 분별없는; 철없는; 실체(實體)가 없는. ***~ fire*** 도깨비불. **fa·tu·i·ty** [fətjú:əti/-tjú:-] *n.*

fat·wa(h) [fǽtwɑ:] *n.* 〖이슬람〗 파트와《종교상의 문제에 대해 유자격 법관이 내린 재단(裁斷)》.

fau·ces [fɔ́:si:z] *n. pl.* 〖解〗 인두(咽頭).

fau·cet [fɔ́:sit] *n.* Ⓒ 수도꼭지, 고동.

faugh [fɔ:] *int.* 피이!; 첫!; 홍!

Faulk·ner [fɔ́:knər], **William** (1897-1962) 미국의 소설가.

:fault [fɔ:lt] *n.* ① Ⓒ 과실. ② Ⓒ 결점. ③ Ⓤ 책임. ④ Ⓒ 〖테니스〗 폴트《서브 실패》. ⑤ Ⓒ 〖地〗 단층(斷層). ⑥ Ⓒ 〖컴〗 장애. ***at ~*** 잘못하여; 당황하여. ***find ~ with*** …의 흠을 잡다; …을 비난하다. ***in ~*** 잘못된, 나쁜. ***to a ~*** 과도히, 극단적으로. ***⁄·less** *a.* 더할 나위없는. ***⁄·y** *a.* 결점 있는, 불완전한.

fáult·fìnder *n.* Ⓒ 트집쟁이, 까다로운 사람, 잔소리꾼.

fáult·fìnding *n.* Ⓤ 흠잡기.

faun [fɔ:n] *n.* Ⓒ 〖로神〗 목축·농업을 맡은 반인(半人) 반염소의 신.

fau·na [fɔ́:nə] *n.* Ⓤ,Ⓒ (한 시대·한 지역의) 동물상(相), 동물군; Ⓒ 동물지(誌)(cf. flora).

Faust [faust] *n.* 지상에서의 쾌락과 맞바꾸어 혼을 악마에게 팔아 넘긴 남자; Goethe작의 극의 이름.

Fau·vism [fóuvizəm] *n.* Ⓤ 〖美術〗 야수파주의, 포비즘《Matisse, Braque, Segonzac, Rouault 등》.

faux pas [fóu pɑ́:] (F.) (*pl.* ~ [-pɑ́:z]) 실례되는 말[행위]; 품행이 좋지 못함; (여성의) 문란한 행위.

†fa·vor, 《英》 **-vour** [féivər] *n.* ① Ⓤ 호의, 친절. ② Ⓤ 애고(愛顧); 총애; 편애. ③ Ⓒ 선물. ④ Ⓒ (여자가 몸을 허락하는) 동의(同意). ***ask a ~ of a person*** 아무에게 (무엇을) 부탁하다. ***by your ~*** 실례입니다만. ***do a person a ~*** 아무를 위해 힘쓰다. ***find ~ with a person*** 아무의 눈에 들다. ***in ~ of*** …에 찬성하여; …을 위해; …에게 지급될. ***out of ~ with*** …의 눈밖에 나서.

:fa·vo(u)r·a·ble [féivərəbəl] *a.* 호의를 보이는; 형편[계제] 좋은; 유리한; 유망한(promising). **-bly** *ad.*

:fa·vo(u)r·ite [féivərit] *n.* Ⓒ 마음에 드는 것; 인기 있는 사람; (경기·경마 따위의) 우승 후보. — *a.* 맘에 드는, 좋아하는. **-it·ism** [-ìzəm] *n.* Ⓤ 편애; 정실, 편파.

fawn[1] [fɔ:n] *n., a.* Ⓒ (한살 이하의) 새끼 사슴; Ⓤ 엷은 황갈색(의).

fawn[2] *vi.* 아첨하다, 해롱거리다(*on, upon*); (개가) 재롱떨다(*on, upon*).

fax [fæks] *n., vt.* Ⓤ,Ⓒ 전송 사진[팩스](으로[로] 보내다)《facsimile의 생략형》. — *a.* 팩시밀리의, 복사의.

fay [fei] *n.* 《詩》 =FAIRY.

F

faze[feiz] *vt.* 《美口》 방해하다, (…의) 마음을 혼란케 하다.
f.b. 〖蹴〗 fullback; freight bill(운임 청구서). **F.B.A.** Fellow of the British Academy. **F.B.E.** foreign bills of exchange. **FBI, F.B.I.** 《美》 Federal Bureau of Investigation. **F.C.** Football Club; Free Church. **fcap, fcp.** foolscap. **FCC** Federal Communications Commission; Firstclass Certificate; Food Control Committee. **F.C.S.** Fellow of the Chemical Society. **F.D.** Fidei Defensor (L.) (=Defender of the Faith); Fire Department. **FDA** Food and Drug Administration. **FDIC** Federal Deposit Insurance Corporation. **FDR, F.D.R.** Franklin Delano Roosevelt. **Fe** 〖化〗 ferrum (L.=iron). **fe.** =FEC.
fe·al·ty[fíːəlti] *n.* Ⓤ (영주에 대한 신하의) 충성; 《一般》 성실.
†**fear**[fiər] *n.* Ⓤ ① 두려움, 공포, 걱정. ② (신에 대한) 경외(awe). ***for ~ of*** …을 두려워하여; …이 없도록. ***in ~ of*** …이 무서워서. ***without ~ or favo(u)r*** 공평하게. — *vt., vi.* 무서워하다; 걱정하다; 경외하다. **∶∠·less** *a.*
∶**fear·ful**[∠fəl] *a.* 무서운; 두려워하여; 걱정하여(afraid)(*of*); 지독한. ***~·ly** *ad.* **~·ness** *n.*
fear·some[∠səm] *a.* 무서운, 무시무시한; 겁많은.
***fea·si·ble**[fíːzəbəl] *a.* 실행할 수 있는, 가능한; 있을 법한; 적당한. **-bil·i·ty**[≥–bíləti] *n.*
∶**feast**[fiːst] *n.* Ⓒ 축제(일); 축연, 대접; 즐거움. ***~ of reason*** 명론탁설(名論卓說). — *vt., vi.* 잔치를 베풀다, 대접을 받다; 즐기(게 하)다.
***feat**[fiːt] *n.* Ⓒ 위업(偉業); 공적; 묘기(妙技).
†**feath·er**[féðər] *n.* Ⓒ 깃털(같이 가벼운 것). ***a ~ in one's cap***〔***hat***〕 자랑거리, 명예. ***Birds of a ~ flock together.*** 《속담》 유유상종(類類相從). ***crop*** (*a person's*) ***~s*** (아무의) 콧대를 꺾어 주다. ***Fine ~s make fine birds.*** 《속담》 옷이 날개. ***in fine*** 〔***good, high***〕 ***~*** 의기양양하게, 힘차게. ***make the ~s fly*** 《口》 (상대를) 혼내주다; 큰 소동을 일으키다. ***not care a ~*** 조금도 개의치 않다. ***show the white ~*** 겁내다, 꽁무니를 빼다. — *vt.* 깃으로 장식하다. — *vi.* 깃털이 나다; 날개처럼 움직이다. ***~ one's nest*** 사복(私腹)을 채우다. **~ed**[-d] *a.* 깃이 있는; 깃으로 장식한; 깃 모양을 한. **~·y** *a.* 깃이 난, 깃으로 덮인; 깃털 같은; 가벼운.
féather·bèdding *n.* Ⓤ 페더베딩 《노동 조합의 실업 대책의 하나; 고의적 제한 생산으로 정원외 고용을 꾀하는 일》.
féather·bràin *n.* Ⓒ 얼간이.
féather mèrchant 《美俗》 병역 기피자; 책임 회피자, 게으름뱅이.
féather·stìtch *n., vt.* Ⓤ 갈짓자 수(로 꾸미다).
féather·wèight *n.* Ⓒ 〖拳〗 페더급 선수《체중 118-126 파운드》.
∶**fea·ture**[fíːtʃər] *n.* Ⓒ ① 얼굴의 일부《이마·눈·코·입 따위》; (*pl.*) 용모. ② 특징. ③ 〖映〗 장편(물); (라디오·신문의) 특집 기사, 특종; 〖컴〗 특징. — *vt.* (…의) 특징을 이루다; 인기 거리로 내세우다. **~d**[-d] *a.* 인기 있는; (…의) 얼굴(모양)을 한. **~·less** *a.* 특징〔특색〕 없는.
fea·tur·ette[fìːtʃərét] *n.* Ⓒ 단편 특작 영화.
Feb. February.
feb·ri·fuge[fébrifjùːdʒ] *n.* Ⓒ 해열제.
fe·brile[fíːbrəl, féb-/fíːbrail] *a.* 열병의(feverish); 발열의〔로 생기는〕.
†**Feb·ru·ar·y** [fébruèri, fébrju-/fébruəri] *n.* 2월.
fec. *fecit* (L.=He 〔She〕 made (it)).
fe·ces[fíːsiːz] *n. pl.* 배설물; 찌끼.
feck·less[féklis] (<effectless) *a.* 쓸모없는; 약하디 약한.
fec·u·lence [fékjələns] *n.* Ⓤ 불결; 오물; 찌꺼기.
fe·cund[fíːkənd, fé-] *a.* 다산(多産)의, 비옥한.
fe·cun·di·ty [fikʌ́ndəti] *n.* Ⓤ 다산; 풍요; 생산력.
∶**fed**[1][fed] *v.* feed의 과거(분사).
fed[2], **Fed**[fed] *n.* Ⓒ 《美俗》 연방 정부 직원; FBI의 수사관.
fe·da·yeen [fèdəjíːn] *n. pl.* 아랍게릴라.
∶**fed·er·al**[fédərəl] *a.* 동맹의; 연방(정부)의; (F-) 《美》 중앙 정부의; 〖美史〗 (남북 전쟁 당시의) 북부 연맹의(*the F- States*)(opp. Confederate). ***the F- Government*** 미국 연방 정부〔중앙 정부〕. **~·ism**[-ìzəm] *n.* Ⓤ 연방주의. **~·ist** *n.* **~·ize** [-àiz] *vt.* 연방으로 하다.
Féderal Búreau of Investigàtion, the 《美》 연방 수사국《생략 FBI》.
Féderal Repúblic of Gérmany, the 독일 연방 공화국《수도 Berlin》.
Féderal Resérve Bànk 《美》 연방 준비 은행.
Féderal Resérve Bòard 《美》 연방 준비국.
Féderal Resérve Sýstem 《美》 연방 준비 제도《중앙 은행 제도》.
fed·er·ate[fédərèit] *vt., vi.* 연합시키다〔하다〕. — [-rit] *a.* 연합한. ***-a·tion**[≥–éiʃən] *n.* Ⓤ 연합; Ⓒ 연방 정부; 연맹. **-a·tive**[fédərèitiv, -rə-] *a.* 연합의.
fe·do·ra[fidɔ́ːrə] *n.* Ⓒ (챙이 젖혀진) 중절모의 일종.
Fed. Res. Bd. Federal Reserve Board. **Fed. Res. Bk.** Federal Reserve Bank.
∶**fee**[fiː] *n.* Ⓒ 보수; 요금; 수수료;

Ⓤ (봉건 시대에 군주로부터 받은) 영지; 〖法〗 상속지〔권〕, 상속 재산. ***hold in*** ~ 토지를 무조건으로 영유하다. — *vt.* (***feed, fee'd***) 요금〔입회금(등)〕을 치르다.

feeb[fi:b] *n.* Ⓒ《美俗》 겁많은 사람, 바보, 등신.

:fee·ble[fí:bəl] *a.* 약한. ***fee·bly*** *ad.* ~·**ness** *n.*

féeble·mínded *a.* 의지가 약한; 저능한. ~**ness** *n.* Ⓤ 정신 박약.

:feed[1][fi:d] *vt.* (***fed***) ① (…에게) 음식물을 주다. ② (원료를) 공급하다. ③ 만족시키다. ④ 기르다. ⑤ 〖劇〗 (연기자에) 대사의 실마리를 주다. — *vi.* (가축이) 먹이를 먹다. ***be fed up*** 《口》 체하다, 물리다(*with, on*). ~ ***a cold*** 감기 들렸을 때 많이 먹다《치료법》. ~ ***up*** (영양 불량아 등에게) 맛있는 것을 많이 먹이다; 살찌게 하다. — *n.* Ⓤ 사료; Ⓒ (1회분의) 식사; (원료의) 공급(장치); Ⓤ 공급 재료; Ⓒ 〖劇〗 (연기자에) 대사 실마리를 주는 사람. ***∠·er*** *n., a.* Ⓒ 사육자(飼育者); 먹는 사람〔짐승〕; 수유병(授乳瓶); 지류(支流); 원료 공급 장치; 부차적; 하청(下請)의. ***∠·ing*** *n.* Ⓤ 급식(給食); 수유(授乳).

feed[2] *v.* fee의 과거(분사).

***féed·bàck** *n.* Ⓤ 〖電子·컴〗 피드백, 되먹임; 종합 작용, 반향. — *a.* 피드백의, 재생의.

féeding bòttle 젖병.

feed·lot [fí:dlàt/-lɔ̀t] *n.* Ⓒ (가축의) 사육장.

féed pìpe 급수관.

†feel[fi:l] *vt.* (***felt***) 만지다, 만져 보다〔알아채다〕; 느끼다, 생각하다. — *vi.* 느끼다; (…이라는) 느낌이 들다(*This cloth* ~*s rough.* 이 천은 꺼칠꺼칠하다); 동정하다(*for, with*). ~ ***for*** 더듬어 찾다; …에 동정하다. ~ ***like*** do*ing* …하고 싶은 마음이 들다. ~ ***one's way*** 더듬어 나아가다. — *n.* (*sing.*) 느낌, 촉감. ***to the*** ~ 손으로 만져서. ***∠·er*** *n.* Ⓒ 만져 보는 사람; (상대방 의향을) 떠봄; 〖動〗 촉각(antenna).

:feel·ing[fí:liŋ] *n.* ① Ⓤ 감각, 촉감; 지각. ② (*sing.*) 느낌. ③ Ⓤ,Ⓒ 감정; (보통 *pl.*) 기분. ④ Ⓤ 흥분; 감수성. — *a.* 느끼는, 감각이 있는, 다감한. ~·**ly** *ad.* 감정을 넣어.

fée símple 무조건 토지 상속권, 단순 봉토권.

†feet[fi:t] *n.* Ⓤ foot의 복수.

fee-TV [fí:tì:ví:] *n.* Ⓤ 유료 TV (subscription television).

feign**[fein] *vt.* 겉으로 꾸미다; (구실 따위를) 만들어 내다. ~ ***illness = ~ ***to be ill*** 꾀병부리다. — *vi.* 짐짓 …인 체하다.

feint[feint] *n., vt.* Ⓒ 거짓 꾸밈, 가장(假裝)(하다); (권투·배구 등에서) 치는 시늉〔페인트〕 (하다); 〖軍〗 양동작전(을 하다).

feist·y[fáisti] *a.* 《美口》 원기 왕성한; 공격적인; 성마른. ***féist·i·ly*** *ad.* ***féist·i·ness*** *n.*

feld·spar[féldspɑ̀:r] *n.* Ⓤ 〖鑛〗 장석(長石).

fe·lic·i·tate[filísətèit] *vt.* 축하하다. **-ta·tion**[-∸-téiʃən] *n.* Ⓒ (보통 *pl.*) 축하; 축사.

fe·lic·i·tous[filísətəs] *a.* (행동·표현 등이) 적절한; 표현이 교묘한.

***fe·lic·i·ty**[filísəti] *n.* Ⓒ 경사; Ⓤ (더없는) 행복, 지복; (표현의) 교묘함; Ⓒ 적절한 표현.

fe·line[fí:lain] *a., n.* Ⓒ 고양잇과(科)의 (동물); 고양이의〔같은〕.

†fell[1][fel] *v.* fall의 과거.

fell[2] *n., vt.* Ⓒ 벌채(하다); (사람을) 쳐서 넘어뜨리다; (바느질에서) 공그리기(하다).

fell[3] *a.* 잔인한; 무서운; 치명적인.

fell[4] *n.* Ⓒ 짐승의 가죽; 털가죽.

fell[5] *n.*《Sc. 北英》 Ⓒ 고원 지대, 구릉지대(down[2]); (지명에서) …산(山).

fel·la·ti·o[fəlɑ́:tiòu, -léiʃiòu, fe-] *n.* Ⓤ 펠라티오《구강으로 음경 자극》.

fel·loe[félou] *n.* Ⓒ (수레바퀴의) 테.

†fel·low[félou] *n.* Ⓒ ① 동무, 동지, 동료. ② 일원; (한 쌍의) 한 쪽. ③ 《口》 사람, 남자(man, boy); 《蔑》 놈, 자식. ④ 《口》 정부(情夫), 애인. ⑤ (대학의) 평의원, 특별 연구원; (F-) (학회의) 특별 회원. — *a.* 동지의, 동무의.

féllow créature 같은 인간, 동포.

féllow féeling 동정(同情); 공감.

***féllow·mán** *n.* Ⓒ 동포.

***fel·low·ship**[-ʃip] *n.* ① Ⓤ 친구〔동지〕임; 우정, 친교, 교우. ② Ⓤ 공동(共同). ③ Ⓒ (뜻이 같은 사람들의) 단체; (동업) 조합. ④ Ⓒ (대학의) 특별연구원의 지위〔급여〕.

féllow trável(l)er 길동무; (정당의) 후원자; (특히 공산당의) 동조자.

fel·ly[féli] *n.* =FELLOE.

fel·on[1][félən] *n., a.* Ⓒ 〖法〗 중죄인; 《古》 극악〔잔인〕한.

fel·on[2] *n.* Ⓤ 〖醫〗 표저(瘭疽).

fel·o·ny[féləni] *n.* Ⓤ,Ⓒ 〖法〗 중죄. **-ni·ous**[filóuniəs] *a.* 중죄의; 흉악한, 극악한.

†felt[1][felt] *v.* feel의 과거(분사).

felt**[2] *n., a.* Ⓤ 펠트(의). ~ ***hat 펠트모자, 중절모.

fem. feminine.

FEMA《美》 Federal Emergency Management Agency 연방 긴급 사태 관리청.

:fe·male [fí:meil] *n., a.* (opp. male) Ⓒ 여성(의); 〖動·植〗 암(의).

fém·cée[fémsí:] *n.* Ⓒ 〖라디오·TV〗 여성 사회자.

feme[fem, fi:m] *n.* Ⓒ 〖法〗 여성; 《특히》 처(baron and ~ 부부).

féme cóvert 〖法〗 기혼 부인.

féme sóle 〖法〗 독신 여성; 독립 부인《법률상 남편과 독립된 재산이 있는 부인》.

***fem·i·nine**[fémənin, -mi-] *a.* 여성〔여자〕의, 여자다운; 〖文〗 여성의. **-nin·i·ty**[∸-nínəti] *n.* Ⓤ 여자다움;

F

계집애 같음; 《집합적》 여성.
féminine rhýme 〖韻〗 여성운(韻) 《보기: *motion, nation*》 (cf. masculine rhyme).
fem·i·nism [fémənìzəm] *n.* Ⓤ 여권 신장론; 남녀 동권주의. **-nist** *n.*
fem·i·nize [fémənàiz] *vt.* (남자를) 여성화하다; 여성적으로 하다, 유약하게 하다; 〖生〗 암컷화하다.
femme [fem] *n.* (F.) Ⓒ 여자, 아내; 동성애의 여자역.
fe·mur [fí:mər] *n.* (*pl.* **~s, *femora*** [fémərə]) Ⓒ 〖解〗 대퇴골.
fen [fen] *n.* Ⓒ 《英》 소택지, 늪지대.
F.E.N. Far East Network.
:fence [fens] *n.* ① Ⓤ 검술, 펜싱. ② Ⓒ 울타리, 담. ③ Ⓒ 장물 취득인〔소〕. ***come down on the right side of the* ~** 이길듯한〔우세한〕 쪽에 붙다. ***mend* 〔*look after*〕 *one's* ~*s*** 화해하다; 《美》 선거구 지반 굳히기를 하다. ***on the other side of the* ~** 반대당에 가담하여. ***sit* 〔*stand*〕 *on the* ~** 기회주의적인 태도를 취하다, 형세를 관망하다. — *vi., vt.* (…에) 울타리를 하다; 방어하다; 검술을 하다; (질문을) 받아넘기다(*with*); (말이) 담을 뛰어넘다. **~ *about* 〔*up*〕** 울타리를 두르다. **fénc·er** *n.* Ⓒ 검객. **:fénc·ing** *n.* Ⓤ 펜싱, 검술; 담(의 재료).
fend [fend] *vt., vi.* 막다; 저항하다. **~ *for oneself*** 자활(自活)하다, 혼자 꾸려 나가다. **~ *off*** 피하다, 받아넘기다.
fend·er [féndər] *n.* Ⓒ (각종의) 완충물(緩衝物) 《난로울·배의 방현재(防舷材)·전차의 완충기 따위》.
fen·nec [fénik] *n.* Ⓒ (아프리카산의) 귀가 긴 여우의 일종.
fennel [fénəl] *n.* Ⓒ 〖植〗 회향풀.
fen·ny [féni] *a.* 소택성의; 소택지에 나는, 늪이 많은.
feoff [fef, fi:f] *n.* =FIEF.
FEPC, F.E.P.C. Fair Employment Practices Committee.
fe·ral [fíərəl] *a.* 야성의; 흉포한.
fer·e·to·ry [férətɔ̀:ri/-təri] *n.* Ⓒ 〖宗〗 사리(舍利) 용기.
***fer·ment** [fə́:rment] *n.* Ⓤ 효소; 발효; 흥분; 동란. — [fərmént] *vt., vi.* 발효시키다〔하다〕; 대소동을 벌이(게 하)다. ***fer·men·ta·tion** [≻–téiʃən, -mən-] *n.* Ⓤ 발효 (작용); 흥분; 동란.
fer·mi [féərmi] *n.* Ⓒ 〖理〗 페르미 《10조분의 1인치》.
fer·mi·um [féərmiəm, fə́:r-] *n.* Ⓤ 〖化〗 페르뮴《방사성 원소; 기호 Fm》.
***fern** [fə:rn] *n.* Ⓒ,Ⓤ 〖植〗 양치(羊齒) (류). **∠·er·y** *n.* Ⓒ 양치 식물의 재배지〔원〕.
***fe·ro·cious** [fəróuʃəs] *a.* 사나운; 잔인〔흉악〕한.
***fe·roc·i·ty** [fərásəti/-ɔ́-] *n.* Ⓤ 잔인(성); Ⓒ 광포한 행동.
fer·rate [féreit] *n.* Ⓤ,Ⓒ 〖化〗 철산염(鐵酸鹽).
fer·ret [férit] *n.* Ⓒ 흰족제비《쥐잡기·토끼 사냥용》. — *vt., vi.* 흰족제비로 사냥을 하다; 찾아내다(*out*).
fer·ric [férik] *a.* 철의〔을 포함한〕; 〖化〗 제2철의(cf. ferrous).
Fér·ris whèel [féris-] 페리스식 회전 관람차.
fer·rite [férait] *n.* Ⓤ 〖化〗 페라이트.
fer·ro- [férou, -rə] '철의, 철을 포함한'의 뜻의 결합사.
fèrro·cóncrete *n., a.* Ⓤ 철근 콘크리트(제(製)의).
fèrro·mágnetism *n.* Ⓤ 〖理〗 강자성(强磁性).
fer·ro·type [féroutàip] *n.* Ⓤ 〖寫〗 페로타이프《광택 인화법》; Ⓒ 광택 사진. — *vt.* 페로타이프에 걸다.
fer·rous [férəs] *a.* 철의〔을 포함한〕; 〖化〗 제1철의(cf. ferric).
fer·ru·gi·nous [fərú:dʒənəs] *a.* 철의〔같은〕; 철을 포함한; 쇠녹빛의.
fer·rule [férəl, -ru:l] *n.* Ⓒ (지팡이 따위의) 물미.
:fer·ry [féri] *n.* Ⓒ 나루터; 나룻배; 도선업(渡船業); 항공 수송(로), (신조 비행기의) 자력 현지 수송. — *vt.* 도선(渡船)〔공수〕하다.
***férry·bòat** *n.* Ⓒ 나룻배, 연락선.
fer·ry·man [-mən] *n.* Ⓒ 나룻배 사공; 도선업자.
:fer·tile [fə́:rtl/-tail] *a.* 비옥한; 다산하는, 풍부한; 〖生〗 번식력이 있는 (opp. sterile).
***fer·til·i·ty** [fə:rtíləti] *n.* Ⓤ 비옥; 다산; 풍요.
fertílity drùg 임신 촉진제.
***fer·ti·lize** [fə́:rtəlàiz/-ti-] *vt.* 비옥〔풍부〕하게 하다; 〖生〗 수정시키다. **-li·za·tion** [≻–lizéiʃən/-lai-] *n.* Ⓤ 비옥화(化); 수정(현상). ***fér·ti·lìz·er** *n.* Ⓤ,Ⓒ 비료.
fur·ule[1] [férəl, -ru:l] *n.* Ⓒ (벌로 어린이의 손바닥을 때리기 위한) 매. — *vt.* 손 때리는 매로 때리다.
fer·ule[2] *n.* =FERRULE.
***fer·vent** [fə́:rvənt] *a.* 뜨거운; 타는 듯한; 강렬한; 열렬한. **~·ly** *ad.* **-ven·cy** *n.* Ⓤ 열렬.
fer·vid [fə́:rvid] *a.* =FERVENT. **~·ly** *ad.*
fer·vid·i·ty [fə:rvídəti] *n.* =⇩.
***fer·vor,** 《英》 **-vour** [fə́:rvər] *n.* Ⓤ 열렬, 열정; 백열.
fess(e) [fes] *n.* Ⓒ 〖紋〗 중대(中帶) 《가로띠무늬》.
fes·tal [féstl] *a.* 축제의; 명랑한.
fes·ter [féstər] *vi., vt.* 곪다, 곪게 하다; 짓무르(게 하)다; 괴로워하다, 괴롭히다. — *n.* Ⓒ 화농 상태.
:fes·ti·val [féstəvəl] *n.* Ⓒ 축제(일); 축제 소동; (정기적인) 행사. — *a.* 축제의; 즐거운.
***fes·tive** [féstiv] *a.* 경축의; 축제의; 즐거운; 명랑한. ***fes·tív·i·ty** *n.* Ⓤ 축제; Ⓒ (보통 *pl.*) 축제 소동, 법석; 축하 행사.
fes·toon [festú:n] *n., vt.* Ⓒ 꽃줄(로 장식하다, 로 만들다).

Fest·schrift[féstʃrìft] *n.* (*pl.* ~·*en*[-ən], ~*s*) (G.) Ⓒ (종종 f-) 기념 논문집.
:**fetch**[fetʃ] *vt.* ① (가서) 가져[데려] 오다, 불러오다, 오게 하다. ② (눈물·피 등을) 자아내다; (탄식·신음 소리를) 내다. ③ (얼마)에 팔리다. ④ 《口》 (타격을) 가하다. ⑤《口》 매료하다, 호리다. ⑥ 〖海〗《方》 닿다. ⑦ 〖컴〗 (명령을) 꺼내다. ── *vi.* 물건을 가져오다; 〖海〗 항진[도달]하다. ~ *and carry* (소문을) 퍼뜨리고 다니다; 심부름 다니다. ~ *down* 쏘아 떨어뜨리다; (시세를) 내리다. ~ *up* 토하다; 생각해 내다; 회복시키다; …에 가 닿다; 기르다; (딱) 멈추다. ∠·**ing** *a.* 《口》 매혹하는, 사람의 눈을 끄는.
fete, fête[feit] *n.* (F.) Ⓒ 축제(일); 축연. ── *vt.* 잔치를 베풀어 축하하다, 환대하다.
fe·ti·cide[fí:təsàid] *n.* Ⓤ 태아 살해, 낙태(落胎).
fet·id[fétid] *a.* 악취를 풍기는.
fet·ish[fétiʃ, fí:tiʃ] *n.* Ⓒ 물신(物神)《미개인이 숭배하는 나뭇 조각·돌 따위》. ~·**ism**[-ìzəm] *n.* Ⓤ 물신 숭배; 〖心〗 페티시즘《이성의 몸의 일부나 의복 등에서 성적 만족을 얻는 변태 심리》.
fet·lock[fétlɑ̀k/-lɔ̀k] *n.* Ⓒ 거모(距毛)《말굽 뒤쪽 위의 텁수룩한 털》; 구절(球節)《말굽 뒤의 털이 난 곳》.
fe·tos·co·pe [fí:təskòup] *n.* Ⓒ 〖醫〗 태아 검사경.
*__fet·ter__[fétər] *n., vt.* Ⓒ (보통 *pl.*) 차꼬(를 채우다); (*pl.*) 속박(하다). *in* ~*s* 잡혀 있는 몸으로.
fet·tle[fétl] *n.* Ⓤ (심신의) 상태. *in fine* [*good*] ~ 원기 왕성하여.
fe·tus[fí:təs] *n.* Ⓒ 태아(胎兒).
*__feud__[1][fju:d] *n.* Ⓤ,Ⓒ (집안·종족간의) 불화, 반목; 싸움. *be at ~ with* …와 반목하고 있다.
feud[2] *n.* Ⓒ 영지(cf. feudalism).
:**feu·dal**[fjú:dl] *a.* 영지(feud[2])의; 봉건 제도의. ~ *system* 봉건 제도. ~ *times* [*age, days*] 봉건 시대. *~·**ism**[-ìzəm] *n.* Ⓤ 봉건 제도.
féudal lòrd 영주.
feu·da·to·ry [fjú:dətɔ̀:ri/-təri] *a.* 봉건의; 가신(家臣)의. ── *n.* Ⓒ 가신; 영지.
:**fe·ver**[fí:vər] *n.* Ⓤ 열; 열병; 열광. ── *vt.* 발열시키다. :~·**ish,** ~·**ous** *a.* 열이 있는; 열병의; 열광적인. ~·**ish·ly,** ~·**ous·ly** *ad.*
féver blìster 〖醫〗 (코감기·열병 따위로) 입가에 나는 발진.
féver hèat (37°C를 넘는) 신열; 열광적 흥분.
féver thèrapy 〖醫〗 발열 요법.
†**few**[fju:] *n., a.* 《a를 붙이지 않는 경우》 적은, 별로 없는(He has ~ [very ~] books. 그는 책이 별로 [거의] 없다); 《a를 붙이는 경우》 Ⓒ 다소(의). *a ~ days* 이삼 일. *a good ~; quite a ~* 《口》 상당한. ~ *and far between* 아주 드물게. *no ~er than* …만큼(이나)(as many as). *not a ~* 적지 않은. *the ~* 소수.
fez[fez] *n.* (*pl.* ~(*z*)*es*) Ⓒ 터키 모자.
ff. and the following (pages, verses, etc.); and what following; folio; fortissimo(It. = very loud). **F.F.A.** free from alongside (ship). **FFC** Foreign Funds Control. **F.G.** Foot Guards. **f.g.** fully good. **FGM** field guided missile. **F.G.S.** Fellow of the Geological Society. **F.H.** fire hydrant. **FHA** Federal Housing administration. **f.i.** for instance. **FIA** *Fédération Internationale de l'Automobile.*
fi·an·cé [fì:ɑ:nséi, fiɑ́:nsei] *n.* (*fem.* **-cée**) (F.) Ⓒ 약혼자.
fi·as·co[fiǽskou] *n.* (*pl.* ~(*e*)*s*) (It.) Ⓤ,Ⓒ 대실패.
Fi·at[fíət, fí:æt] *n.* 피아트 회사《이탈리아 최대 자동차 생산업체》; 그 회사제 자동차.
fi·at[fáiət, -æt] *n.* Ⓒ 명령, 인가.
fíat mòney 《美》 법정 불환 지폐.
fib[1][fib] *n., vi.* (**-bb-**) Ⓒ (사소한) 거짓말(을 하다).
fib[2] *n., vt.* (**-bb-**) Ⓤ 《英》 (복싱 따위에서) 타격(을 주다).
:**fi·ber,** 《英》 **-bre**[fáibər] *n.* Ⓤ 섬유(질); 단섬유; 성격; Ⓒ 〖植〗 수염뿌리.
fíber·bòard *n.* Ⓒ 섬유판(板)《건재(建材)》.
fíber·fìll *n.* Ⓤ (쿠션 등의) 속에 넣는 합성 섬유.
Fíber·glàss *n.* Ⓒ 〖商標〗 섬유 유리《절연체·직물용》.
fíber óptics 《단수 취급》 섬유 광학《유리나 플라스틱 섬유관을 통하여 광상을 굴절시켜 전달하는 기술》.
fíber·scòpe *n.* Ⓒ 〖光〗 파이버스코프《유리 섬유에 의한 내시경》.
fi·bril[fáibril] *n.* Ⓒ 가는 섬유.
fi·brin [fáibrin] *n.* Ⓤ (혈액 응고 때 생기는) 섬유소; 〖植〗 부질(麩質)(gluten).
fi·broid [fáibrɔid] *a.* 섬유질의; 섬유 모양의. ── *n.* Ⓒ 〖醫〗 (유(類))섬유종(腫).
fi·bro·in [fáibrouin] *n.* Ⓤ 〖生化〗 피브로인《경단백질의 일종》.
fi·brous[fáibrəs] *a.* 섬유(질)의.
fib·u·la[fíbjulə] *n.* (*pl.* ~*s*, **-lae** [-lì:]) Ⓒ 〖解〗 비골(腓骨).
F.I.C. Fellow of the Institute of Chemistry (of Great Britain and Ireland); French Indo-China.
fiche[fi:ʃ] *n.* Ⓤ,Ⓒ (마이크로) 피시《정보 정리용의 마이크로카드나 필름》.
fich·u[fíʃu:, fí:-] *n.* (F.) Ⓒ (삼각형의) 숄.
*__fick·le__ [fíkəl] *a.* (기후·기분 등이) 변덕스러운.

F

:fic·tion[fíkʃən] *n.* ① Ⓤ 소설(novel). ② Ⓒ 꾸며낸 일, 허구. ③ Ⓒ 〖法〗 의제(擬制). **~·al** *a.*

fic·ti·tious[fiktíʃəs] *a.* 가공의, 거짓의; 〖法〗 의제의. **~ capital** 의제자본. **~ person** 법인. **~·ly** *ad.*

***fid·dle**[fídl] *n.* Ⓒ 《口》 바이올린; 사기, 사취. **as** FIT[1] **as a ~.** **hang up one's ~ when one comes home** 밖에서는 명랑하고 집에서는 침울하다. **have a face as long as a ~** 우울한 얼굴을 하고 있다. **play first** 〔**second**〕 **~** 주역〔단역〕을 맡다. — *vi., vt.* 바이올린을 켜다; 농락하다(toy)(*with*); (시간)을 헛되이 보내다, (*vi.*) 빈들빈들 보내다; 《俗》 속이다.

fíddle bòw 바이올린의 활(fiddlestick).

fid·dle-fad·dle[fídlfǽdl] *n.* Ⓒ 부질없는 일. — *vi.* 하찮은 일을 하다. — *int.* 시시하다, 어이〔부질〕없다.

fíd·dler *n.* Ⓒ 바이올린 켜는 사람《특히 고용된》.

Fíddler's Gréen (여자와 술과 노래가 있는) 뱃사람의 낙원《뱃사람·기병이 죽은 후에 간다고 생각된》.

fíddle·stìck *n.* Ⓒ 바이올린의 활; 하찮은 일. 「시시하다.

fíddle·stìcks *int.* 어처구니 없다;

fid·dling[fídliŋ] *a.* 하찮은; 헛된; 사소한; 《口》 다루기 곤란한, 귀찮은.

:fi·del·i·ty[fidéləti, -li-, fai-] *n.* Ⓤ 충실; (약속의) 엄수; (묘사의) 정확함; 〖電子〗 (원음에의) 충실도. **high ~** 고충실도(cf. hi-fi). **with ~** 충실히; 원물(原物) 그대로.

fidg·et[fídʒit] *vi., vt.* 싱숭생숭하(게 하)다; 마음졸이(게 하)다. — *n.* Ⓒ 싱숭생숭함〔하는 사람〕. **have the ~s** 싱숭생숭하다. **~·y** *a.*

FIDO[fáidou] *n.* Fog Investigation and Dispersal Operation 〖空〗 (비행장의) 농무(濃霧) 제거 작업.

fi·du·ci·ar·y [fidjúːʃièri/-ʃiəri] *a.* 신용〔신탁〕의; 수탁자의; (지폐가) 신용 발행의. — *n.* Ⓒ 수탁자.

fie[fai] *int.* 체; 에잇《경멸·불쾌 따위를 나타냄》.

fief[fiːf] *n.* Ⓒ 영지, 봉토.

†field[fiːld] *n.* Ⓒ ① (보통 *pl.*) 들, 벌판; 밭. ② 광장; (너른) 표면. ③ (보통 *pl.*) 산지(産地). ④ 싸움터; 싸움. ⑤ (보통 *pl.*)(트랙 안의) 경기장; 구장; 〖野〗 내〔외〕야; (the ~) 《집합적》 (야외) 경기. ⑥ (활동의) 분야. ⑦ 〖理〗 장(場), 계(界). ⑧ (기·화폐·문장·그림 따위의) 바탕. ⑨ 〖TV〗 영상면. ⑩ 〖컴〗 기록란, 필드. **coal ~** 탄전. **fair ~ and no favor** 공명정대한 (승부). **~ of fire** 〖軍〗 (유효) 사계(射界). **hold the ~** 진지를 지키다, 한발도 물러서지 않다. **in the ~** 전쟁터에서. **play the ~** 인기말이 아닌 말에 걸다; 《口》 차례로 상대로 바꾸어 교제하다. **take the ~** 전투〔경기〕를 개시하다. ***∠·er** *n.* 〖野〗 =OUTFIELDER; 〖크리켓〗 = FIELDSMAN.

fíeld àmbulance 〖軍〗 이동 야전 병원.

fíeld àrmy 〖軍〗 야전군.

fíeld artìllery 〖軍〗 야포(부대), 야전 포병.

fíeld bàttery 〖軍〗 야포대, 야전 포병 중대.

fíeld bòok (측량자의) 야외 수첩; 채집 메모장(帳).

fíeld còil 〖電〗 계자(界磁) 코일.

fíeld còrn 《美》 (사료용) 옥수수.

fíeld dày 야외 연구〔연습〕일, 채집일; 특별한 행사가 있는 날.

fíeld evènt 필드 경기.

fíeld glàsses 쌍안경.

fíeld gòal (야구에서) 필드에서의 득점.

fíeld gràde 〖軍〗 영관급.

fíeld gùn 야포.

fíeld hòckey 필드 하키.

fíeld hòspital 야전 병원.

fíeld hòuse 《美》 경기장의 부속 건물; 실내 경기장.

fíeld màrshal 육군 원수.

fíeld mòuse 들쥐.

fíeld mùsic 〖軍〗 군악대, (군악 대용) 행진곡.

fíeld òfficer (육군의) 영관급 장교.

fíeld·pìece *n.* =FIELD GUN.

fíeld ràtion 〖美陸軍〗 야전 양식.

fíeld sèrvice 〖軍〗 야전 근무.

fíelds·man [∠zmən] *n.* Ⓒ 〖크리켓〗 야수(野手).

fíeld spòrts 야외 운동《사냥·낚시 등》; 필드 경기.

fíeld tèst 실지 시험. 「시험하다.

fíeld-tèst *vt.* (신제품 따위를) 실지

fíeld trìp 야외 수업, 실지 견학 (연구) 여행.

fíeld·wòrk *n.* Ⓤ 〖軍〗 (임시의) 야전 진지; 야외 작업〔연구〕. **~er** *n.* Ⓒ 야외 연구가; 실지 시찰원.

***fiend**[fiːnd] *n.* Ⓒ 악마; 악령; 잔인한 사람; 《口》 …중독자, …광(狂), 팬; (the F-) =SATAN. **∠·ish** *a.*

:fierce[fiərs] *a.* ① 흉포한, 사나운. ② 맹렬〔열렬〕한. ③ 《口》 싫은, 지독한. **:∠·ly** *ad.* 맹렬히, 지독히. ***∠·ness** *n.*

***fi·er·y**[fáiəri] *a.* ① 불의, 불 같은; 불빛의; 불타고 있는 (듯한); 작열하는. ② 열렬한; 격하기 쉬운. ③ 염증을 일으킨.

fi·es·ta [fiéstə] *n.* (Sp.) Ⓒ 축제(일); 휴일.

fife[faif] *n., vi., vt.* Ⓒ 저(를 불다).

FIFO, fi·fo [fáifou] (<*f*irst *i*n, *f*irst *o*ut) *n.* Ⓤ 〖會計〗 선입 선출법(先入先出法)《재고자산의 원가 배분의 한 방법》; 〖컴〗 처음 먼저내기.

†fif·teen[fíftíːn] *n., a.* Ⓤ,Ⓒ 15(의); (15인의) 럭비 팀; Ⓤ 〖테니스〗 15점. ***~th** *n., a.* Ⓤ (the ~) 열다섯째(의); Ⓒ 15분의 1(의).

†fifth[fifθ] *n., a.* Ⓤ (the ~) 제5(의); Ⓒ 5분의 1(의). **∠·ly** *ad.* 다섯 번째로.

Fífth Ávenue 5번가《미국 New

York의 번화가》.
fifth cólumn (적을 이롭게 하는) 제 5 열. **~ist** 제 5 열 대원.
†fif·ty[fífti] *n., a.* Ⓤ,Ⓒ 50(의). ***fíf·ti·eth**[-iθ] *a., n.* Ⓤ (보통 the ~) 50번째(의); Ⓒ 50분의 1(의).
fífty-fífty *ad., a.*《口》절반식(의), 반반으로.
fifth generátion compúter, the〖컴〗제 5 세대 컴퓨터.
fifth whéel (4륜차의) 예비바퀴; 무용지물.
***fig**[fig] *n.* Ⓒ 무화과《나무·열매》; 조금, 하찮은 것. ***A ~ for** (you, etc.)!* 시시하다!; (네)까짓 게 뭐야!
fig. figurative(ly); figure(s).
†fight[fait] *n.* Ⓒ 전투; 다툼; Ⓤ 전투력; 투지. ***give*** 〔***make***〕 ***a ~*** 일전을 벌이다. ***show ~*** 투지를 보이다, 저항하다. — *vi.* (*fought*) 싸우다. — *vt.* ① (…와) 싸우다; (싸움을) 벌이다(~ *a battle*). ② 싸워 얻다. ③ (투견 등을) 싸우게 하다. ④〖軍〗지휘하다, 움직이다. ***~ one's way*** 혈로를 트다. ***~ (it) out*** 끝까지 싸우다. ***~ shy of*** (…을) 피하다.
***fight·er**[fáitər] *n.* Ⓒ 싸우는 사람, 투사; 권투 선수; 전투기.
fíghter-bómber *n.* Ⓒ〖軍〗전투폭격기.
:fight·ing[fáitiŋ] *n.* Ⓤ 싸움, 전투.
fíghting chánce 크게 노력해야만 얻어질 성공의 가능성〔기회〕, 희박한 가능성.
fíghting cóck 투계, 싸움닭;《口》싸움을 좋아하는 사람.
fíg lèaf 무화과 잎; (조각 따위에서 국부를 가리는) 무화과 잎 모양의 것; 흉한 것을 감추는 것.
fig·ment[fígmənt] *n.* Ⓒ 꾸며낸 일〔이야기〕.
fig·ur·a·tion[fìgjəréiʃən] *n.* Ⓤ,Ⓒ 성형(成形); 모양; 장식.
fig·ur·a·tive**[fígjərətiv] *a.* 비유적인; (문장이) 수식적인; 상징적인; 조형의. ***~ arts 조형미술. **~·ly** *ad.* **~·ness** *n.*
†fig·ure[fígjər/-gər] *n.* Ⓒ ① 모양, 모습. ② 초상. ③ 외관; 풍채. ④ 인물. ⑤ 상징. ⑥ 도면; 도안; 도해. ⑦ (아라비아) 숫자; 자릿수(*three ~s* 세 자릿수); 합계액〔량〕; 값; (*pl.*) 산수, 셈. ⑧〖스케이트〗피겨《빙상에 지쳐서 그리는 동형》. ⑨〖幾〗도형. ⑩〖修〗말의 멋. ⑪〖樂〗선율 음형(音型). ⑫〖댄스〗1선회, 1회전. ***cut*** 〔***make***〕 ***a*** (***brilliant***) ***~*** 이채를 띠다. ***cut a poor*** 〔***sorry***〕 ***~*** 초라하게 보이다. ***cut no ~***《美》문제가 안 되다. ***~ of fun*** 우습게 생긴 사람. ***~ of speech*** 수사, 말의 표현;《諧》거짓말. ***go the whole ~***《美口》철저히 하다. ***miss a ~***《美口》그르치다, 틀리다. — *vt.* 본을 뜨다; 도시〔표상·상상·계산〕하다; 무늬를 넣다; 비유로 나타내다;《美口》(…라고) 생각하다. — *vi.* (…으로서) 나타나다; 두드러지다; 계산하다. ***~ on***《美》(…을) 기대하다〔계산에 넣다〕. ***~ out*** 계산〔해결·양해〕하다. ***~ up*** 합계하다. ***~d**[-d] *a.* 모양으로 나타낸; 무늬 있는.
fígure·hèad *n.* Ⓒ〖海〗이물장식; 표면상의 명목, 명목상의 우두머리;《諧》(사람의) 얼굴. 「기.
fígure skàting 피겨 스케이트 타
fig·ur·ine[fìgjurí:n] *n.* Ⓒ 작은 조상(彫像), 주상(鑄像)(statuette).
Fí·ji Íslands[fí:dʒi:-] 피지 군도《태평양 남부의 322개의 작은 섬으로 된》.
***fil·a·ment**[fíləmənt] *n.* Ⓒ 섬유;〖植〗(수술의) 꽃실;〖電〗필라멘트.
fi·lar·i·a [filέəriə] *n.* (*pl.* **-ae** [-rii:]) Ⓒ 필라리아, 사상(絲狀)충.
fil·a·ture[fílətʃər] *n.* Ⓤ (누에 고치에서) 실뽑기; 물레; Ⓒ 제사 공장.
fil·bert [fílbərt] *n.* Ⓒ (유럽풍의) 개암나무(cf. hazel)(의 열매).
filch[filtʃ] *vt., vi.* 좀도둑질하다. **∠·er** *n.*
:file[1][fail] *n.* Ⓒ ① 서류철, (서류·신문 따위의) 철하기, 파일; 정리 카드. ②〖軍〗대오, 종렬(cf. rank[1]). ③ 목록, 명부. ④〖컴〗파일《정보기록철》. ***on ~*** 철해져; 정리 보관되어. — *vt.* 철하다; (서류·신청서 따위를) 제출하다, 종렬 행진시키다.
file[2] Ⓒ *n., vt.* 줄(질하다); 퇴고(하다).
「름.
fíle náme〖컴〗(기록)철〔파일〕이
fi·let[filéi, ∠−] *n.* (F.) Ⓒ 등심〔필레〕살(fillet); Ⓤ 망사 레이스.
fil·i·al**[fíliəl, -ljəl] *a.* 자식(으로서)의. ***~ duty 〔***piety***〕 효도.
fil·i·bus·ter[fíləbʌ̀stər] *n.* Ⓒ (외국땅을 침입하는) 약탈병; 해적; Ⓤ,Ⓒ《美》의사(議事) 방해(자). — *vi., vt.* 약탈〔침공〕하다; 해적 행위를 하다; 의사를 방해하다. **~·er** *n.*
fil·i·cide[fíləsàid] *n.* Ⓤ 자식 살해; Ⓒ 자식 살해범.
fi·lic·i·form [filísəfɔ̀:rm] *a.* 양치(羊齒)꼴의.
fil·i·gree[fíləgrì:] *n.* Ⓤ (금은의) 가는 줄 세공; 섬세한 물건.
fil·ing[1][fáiliŋ] *n.* Ⓤ 철하기, 서류정리. 「(보통 *pl.*) 줄밥.
fil·ing[2] *n.* Ⓤ,Ⓒ 줄로 다듬기, 줄질;
Fil·i·pine[fíləpì:n] *a.* = PHILIPPINE.
Fil·i·pi·no[fìləpí:nou] *n.* (Sp.)(*pl.* **~s**) Ⓒ 필리핀 사람.
:fill[fil] *vt.* 채우다; (지위를) 차지하다; 보충하다. — *vi.* 가득 차다. ***~ in*** 채우다; 적어넣다. ***~ out*** 부풀(게 하)다; 둥글게 하다〔되다〕; (문서의) 여백을 채우다. ***~ up*** 가득 채우다; (여백을) 메우다; 만원이 되다. — *n.* Ⓒ 충분, 가득참. **∠·er** *n.* Ⓒ 채우는 사람〔것〕; 충전물〔재(材)〕.
fill·er[fílər] *n.* Ⓒ 채우는 사람〔것〕;〖컴〗채움 문자.
***fil·let**[fílit] *n.* Ⓒ ① (머리털을 매는) 리본; 가는 띠. ②[fílei] 등심살, (생선의) 저민 고기. — *vt.* 리본으로

F

매다〔장식하다〕; [fílei] 등심살〔필레〕고기를 떼다, (생선을) 저미다.

*__fill·ing__ [fíliŋ] *n.* Ⓤ 충전; Ⓒ 충전물; Ⓤ 〖컴〗 채움, 채우기.

__fílling stàtion__ (자동차의) 주유소.

__fil·lip__ [fíləp] *vt., n.* Ⓒ 손가락으로 튀기다〔튀기기〕; 자극(을 주다), 원기를 북돋우다. 「량이.

__fil·ly__ [fíli] *n.* Ⓒ 암망아지; 《口》 말괄

:__film__ [film] *n.* ① Ⓤ 얇은 껍질〔막〕. ② Ⓤ,Ⓒ 필름. ③ Ⓒ 영화. ④ Ⓒ (거미줄 같은) 가는 실; 엷은 안개; (눈의) 흐림. — *vt., vi.* 얇은 껍질로 덮(이)다; 촬영하다; 영화화하다〔에 알맞다〕. **∠·y** *a.* 얇은 껍질의〔같은〕; 아주 얇은; 얇은 막으로 덮인.

__film·dom__ [∠dəm] *n.* Ⓤ 영화계.

__film·ize__ [∠aiz] *vt.* 영화화하다.

__fílm tèst__ (영화 배우 지망자의) 카메라 테스트.

__fil·o·vi·rus__ [fílouvàiərəs, fílə-] *n.* Ⓒ 필로 바이러스《사상(絲狀) 바이러스의 일종》.

*__fil·ter__ [fíltər] *n.* Ⓒ 여과기; 여과재(材)《모래·종이·필터 따위》; 〖寫〗 필터; 〖컴〗 거르개. — *vt., vi.* 거르다, 여과하다(strain); (*vi.*) 스미다, 배다(*into*); (소문 따위가) 새다(*out, through*).

__fílter cènter__ 〖軍〗 대공(對空) 정보 본부, 정보 심사소.

__fílter pàper__ 여과지.

__fílter tìp__ 필터 (담배).

*__filth__ [filθ] *n.* Ⓤ ① 오물. ② 외설; 추잡(한 말). ***∠·y** *a.* 더러운, 추잡한. **∠·i·ly** *ad.*

__fil·trate__ [fíltreit] *vt., vi., n.* 여과하다; [-trit] Ⓤ 여과액. **fil·trá·tion** *n.* Ⓤ 여과 (작용).

__FIM__ field intercepter missile.

*__fin__ [fin] *n.* Ⓒ 지느러미 (모양의 물건); 《俗》 팔, 손; 〖空〗 수직 안정판; 〖海〗 수평타(舵); (보통 *pl.*) (잠수부의) 발갈퀴.

__Fin.__ Finland; Finnish. **fin.** finance; financial; finis; finished.

:__fi·nal__ [fáinəl] *a.* 최종의; 결정적인; 목적의〔에 의한〕. — *n.* Ⓒ 최후의 것; (*pl.*) 결승(전), (대학 따위의) 최종 시험. **~·ist** *n.* Ⓒ 결승전 출장 선수. †**~·ly** *ad.* 최후로, 마침내.

*__fi·na·le__ [finá:li, -nǽli] *n.* (It.) Ⓒ 〖樂〗 종악곡; 종막, 피날레; 종국.

__fi·nal·i·ty__ [fainǽləti, fi-] *n.* Ⓤ 종국; 최종적〔결정적〕인 것; Ⓒ 최후의 것〔언행〕. ***an air of ~*** 결정적 태도. ***with ~*** 딱 잘라서.

__fi·nal·ize__ [fáinəlàiz] *vt.* 결말을 짓다; 끝마치다.

:__fi·nance__ [finǽns, fáinæns/fainǽns, fi-] *n.* Ⓤ 재정; (*pl.*) 재원. ***Minister*** 〔***ministry***〕 ***of F-*** 재무부장관〔재무부〕. — *vt., vi.* 자금을 공급하다, 융자하다; 재정을 처리〔관리〕하다.

:__fi·nan·cial__ [finǽnʃəl, fai-] *a.* 재정(상)의; 재계의; 금융상의. ***~·ly** *ad.* 재정적으로, 재정상(의 견지에서).

*__fin·an·cier__ [fìnənsíər, fài-] *n.* Ⓒ 재정가; 금융업자; 자본가.

__fín·bàck__ *n.* Ⓒ 큰고래.

__finch__ [fintʃ] *n.* Ⓒ 〖鳥〗 피리새류.

†__find__ [faind] *vt.* (***found***) ① 찾아내다, 발견하다; 우연히 만나다. ② 알다; 깨닫다; 알아차리다. ③ 확인하다. ④ 쓰이게 하다; 이르다, 닿다. ⑤ 판결〔판정〕을 내리다. ⑥ 공급하다. — *vi.* 판결〔판정〕을 내리다. ***~ fault with*** …을 비난하다, 흠〔트집〕잡다. ***~ oneself*** 자기 천분〔능력〕을 깨닫다〔알다〕; 의식(衣食)을 자변(自辨)하다; 기분이 …하다(*How do you ~ yourself today?* 오늘은 기분이 어떠십니까). ***~ out*** 발견하다; 문제를 풀다; 간파하다. — *n.* Ⓒ 발견(물). **∠·a·ble** [-əbəl] *a.* 발견할 수 있는, 찾아낼 수 있는. ***∠·ing** *n.* Ⓤ,Ⓒ 발견(물); (재판소·심판관 등의) 판정, (배심의) 평결; (*pl.*) 《美》 (직업에 따르는) 연장·재료 따위; 〖컴〗 찾기.

__find·er__ [∠ər] *n.* Ⓒ 발견자; (카메라의) 파인더; 〖天〗 (대망원경 부속의) 조정 망원경. ***Finders, keepers.*** 《口》 먼저 발견한 사람의 차지, 빠른 놈이 장땡.

__fin de siè·cle__ [fæ̃ŋ də sjékl] (F.) (19)세기 말의, 데카당〔퇴폐〕파의.

†__fine__[1] [fain] *a.* ① 아름다운. ② 훌륭한. ③ 맑게 갠. ④ 품위 있는, 고상한. ⑤ 가는, 섬세한; (날이) 예리한. ⑥ 고운, 미세한. ⑦ (금·은이) 순도가 높은(*gold 24 carats ~,* 24금, 순금). ⑧ (얼굴이) 아리따운; 화려한. ***~ gold*** 순금. ***~ paper*** 〔***bill***〕 일류 어음. ***~ rain*** 보슬비, 이슬비. ***not to put too ~ a point upon it*** 까놓고 말하면. ***one ~ day*** 〔***morning***〕 어느 날〔아침〕《'fine'은 허사》. ***one of these ~ days*** 조만간. ***rain or ~*** 비가 오건 개건. — *ad.* 훌륭히, 멋지게. ***cut*** 〔***run***〕 ***it*** (***too***) ***~*** 바싹 줄이다. ***say ~ things*** 발림말을 하다. ***talk ~*** 멋진 말을 하다. ***∠·ly** *ad.*

:__fine__[2] *n., vt.* Ⓒ 벌금(을 과하다). ***in ~*** 결국; 요컨대.

__fíne árts__ 미술.

__fíne-dràwn__ *a.* 곱게 꿰맨; 가늘게 늘인; (논의 따위가) 정밀한.

__fíne-gràined__ *a.* 결이 고운.

__fin·er·y__ [fáinəri] *n.* Ⓤ 《집합적》 화려한 옷〔장식〕, 장신구.

__fíne·spùn__ *a.* 섬세하게 자은; (논의 등이) 너무 정밀한.

__fi·nesse__ [finés] *n.* Ⓤ 수완; 술책.

__fíne-tòothed cómb__ 가늘고 촘촘한 빗. ***go over with a ~*** 세밀하게 음미〔조사〕하다.

__fíne·tùne__ *vt.* 미(微)조정하다.

†__fin·ger__ [fíŋgər] *n.* Ⓒ 손가락(cf. toe); (장갑의) 손가락; 손가락 모양의 물건. ***burn one's ~s*** (섣불리 참견하여) 혼〔신물〕나다. ***have a ~***

in the pie (사건에) 관여하다; 쓸데없이 간섭하다. ***have ... at one's ~(s') ends*** …에 정통하고 있다. ***His ~s are all thumbs.*** 그는 손재주가 없다. ***lay* 〔*put*〕 *a ~ upon*** 손을 대다. ***put one's ~ on*** 딱 지적하다. ***twist* 〔*turn*〕 *a person round one's* (*little*) ~** 아무를 마음대로 주무르다. ── *vt., vi.* 손가락을 대다, 만지다; 〖樂〗 탄주, 〔지주(指奏)〕하다; 켜다. **~·ing** *n.* Ⓤ 손가락으로 만짐; 〖樂〗 운지법(運指法)〔기호〕.

fínger àlphabet (농아자용의) 지문자(指文字).

fínger·bòard *n.* Ⓒ 〖樂〗 건반; (바이올린·기타 등의) 지판(指板).

fínger bòwl 〔**glàss**〕 (식탁의) 손가락 씻는 물그릇.

fínger màn 《美俗》 밀고자.

fínger·màrk *n.* Ⓒ (더럽혀진) 손가락 자국; 지문.

fínger·nàil *n.* Ⓒ 손톱.

fínger pòst (손가락 꼴의) 도표(道標), 방향 표시 말뚝; 안내서, 지침.

fínger·prìnt *n.* Ⓒ 지문.

fínger rèading 점자(點字) 독법.

fínger rìng 반지.

fínger·stàll *n.* Ⓒ 손가락 싸개, 손가락 색(sack).

fínger·típ *n.* Ⓒ 손끝.

fínger wàve 손가락 웨이브《기름 바른 머리를 손가락으로 눌러 만듦》.

fin·i·cal [fínikəl] *a.* 꾀까다로운; 지나치게 공들인〔정교한〕.

fi·nis [fínis, fái-] *n.* (L.) Ⓤ 끝.

†**fin·ish** [fíniʃ] *vt.* ① 끝내다, 완성하다, 마무리하다. ② 마무리칠을 하다. ③ 해치우다; 죽이다. ④ (음식물을) 먹어치우다. ── *vi.* 끝나다. **~ *off*** 마무리하다; 죽이다. **~ *up*** 마무르다; 먹어치우다(eat up). **~ *with*** 끝막음하다; 절교하다. ── *n.* Ⓒ 끝; Ⓤ 끝손질 (재료). ***be in at the ~*** 끝판에 참가하다. ***put a fine ~*** 끝손질하다, 다듬다(*on*). ***to a ~*** 끝까지. **~·er** *n.* Ⓒ 끝손질하는 직공, 마무리 기계; 결정적인 일격.

fínishing schòol (여성의) 교양 완성 학교《일종의 신부 학교》.

fínish lìne 결승선.

***fi·nite** [fáinait] *a.* 유한의(opp. infinite); 〖文〗 정형(定形)의.

fínite vérb 정동사(定動詞).

fink [fiŋk] *n.* Ⓒ 《美俗》 파업 파괴꾼; 밀고자.

***Fin·land** [fínlənd] *n.* 핀란드.

Finn [fin] *n.* Ⓒ 핀란드 사람. **∠·ish** *a., n.* 핀란드(인·어)의; Ⓤ 핀란드어.

fin·ny [fíni] *a.* (<fin) 지느러미 있는〔같은〕.

fiord [fjɔːrd] *n.* Ⓒ (노르웨이 등의) 협만(峽灣), 피오르드.

***fir** [fəːr] *n.* Ⓒ 전나무; Ⓤ 그 재목.

†**fire** [faiər] *n.* ① Ⓤ 불. ② Ⓒ 화롯불, 모닥불. ③ Ⓤ,Ⓒ 화재. ④ (보석의) 광채. ⑤ Ⓤ 정열(*a kiss of ~*). ⑥ Ⓤ 열병, 염증. ⑦ Ⓒ 시련. ⑧ Ⓤ 발사, 점화; 포화. ***between two ~s*** 앞뒤로 포화를 받아. ***catch* 〔*take*〕 ~** 불이 붙다. ***go through ~ and water*** 물불을 가리지 않다, 온갖 위험을 무릅쓰다. HANG **~. *lay a ~*** (불을 피우기 위해서) 장작을 쌓다. ***miss ~*** 불발로 끝나다; 실패하다. ***on ~*** 불타서; 열중하여. ***open ~*** 포문을 열다. ***set ~ to ...*** or ***set ... on ~*** 불을 지르다; …을 홍분시키다, 북돋우다. ***set the Thames on ~*** 세상을 놀라게 하다. ***under ~*** 포화를 〔비난·공격을〕 받아. ── *vt.* ① 불붙이다, 불태우다. ② 불지르다, 자극하다, 흥분시키다. ③ (벽돌을) 굽다. ④ 발포하다; 폭파하다. ⑤《口》(돌 등을) 던지다. ⑥《美俗》해고시키다. ── *vi.* 불이 붙다; 빛나다; 발포하다; 흥분하다. **~ *away*** 《口》 시작하다; 《명령형으로》 척척 해라; (탄알을) 다 쏘아버리다. **~ *off*** 발포하다; 쏘다, 띄우다. **~ *out*** 《美俗》 해고하다. **~ *up*** 불을 지피다; 불끈하다.

fíre alàrm 화재 경보(기).

***fíre·àrm** *n.* Ⓒ (보통 *pl.*) 화기, (특히 소총·단총 등의) 소화기.

fíre·bàll *n.* Ⓒ 수류탄; 대유성(大流星); 《美口》 정력가.

fíre·bàse *n.* Ⓒ 발사 기지, 포격 진지.

fíre·bòat *n.* Ⓒ 소방선.

fíre bòmb 소이탄.

fíre·bòx *n.* Ⓒ (보일러 등의) 화실(火室).

fíre·brànd *n.* Ⓒ 횃불; 선동자; 열렬한 정력가.

fíre·brèathing *a.* (말투나 태도가) 공격〔공갈〕적인.

fíre·brìck *n.* Ⓒ 내화(耐化) 벽돌.

fíre brigàde 소방대; 《英》 소방서; 《美軍俗》 긴급 출동 부대.

fíre·bug [∠bʌ̀g] *n.* Ⓒ 《美》 개똥벌레(firefly); 《口》 방화광(狂).

fíre clày 내화 점토(粘土).

fíre còmpany 소방대; 《英》 화재 보험 회사.

fíre contról 〖軍〗 사격 지휘.

fíre·cràcker *n.* Ⓒ 폭죽, 딱총.

fíre·dàmp *n.* Ⓤ (탄갱의) 폭발성 가스.

fíre depàrtment 소방서.

fíre·dòg *n.* =ANDIRON.

fíre drìll 소방 연습.

‡**fíre èngine** 소방 펌프; 소방차.

fíre escàpe 비상구〔계단〕, 피난 사다리(따위).

fíre extìnguisher 소화기.

fíre fìghter 의용 소방사(cf. fireman).

***fíre·flỳ** *n.* Ⓒ 개똥벌레.

fíre·gùard *n.* Ⓒ 난로 울; 《英》 화재 감시인.

fíre hòok (소방용) 갈고랑 장대.

fíre·hòuse *n.* Ⓒ 소방서.

fíre insùrance 화재 보험.

fíre·lìght *n.* Ⓤ (난로의) 불빛.

fíre·lòck *n.* =FLINTLOCK.

‡**fíre·man** [fáiərmən] *n.* Ⓒ (직업적) 소방관; 화부, 보일러공; 《野俗》 구원 투수.

‡**fíre·plàce** *n.* Ⓒ 벽(난로).

F

fíre·plùg *n.* Ⓒ 소화전.
fíre·pòwer *n.* Ⓤ 〖軍〗 화력.
*__fíre·pròof__ *a.* 내화(耐火)의.
fíre-ràising *n.* Ⓤ 《英》 방화.
fíre-resìstant *a.* 내화(구조)의, 내화 규격에 맞은.
fíre-retàrdant *a.* (건물·도료 등이) 방화성의.
fíre sàle 타다 남은 물품 특매.
fíre scrèen (난로용) 화열 방지 칸막이.
*__fíre·sìde__ *n.* ① Ⓒ 난로가(의 모임). ② 가정(생활). ~ ***chat*** 노변담화《F. D. Roosevelt의, 친근감을 주는 정견 발표 형식》.
fíre stàtion 소방서.
fíre·tràp *n.* Ⓒ 화재 때 피할 길이 없는 위험한 건물.
fíre wàll 〖建〗 방화벽.
fíre·wàter *n.* Ⓤ 《口》 화주(火酒) 《위스키·브랜디 등의 독한 술》.
fíre·wèed *n.* Ⓒ 불탄 자리에 나는 잡초; 분홍 바늘 꽃.
*__fíre·wòod__ *n.* Ⓤ 장작.
*__fíre·wórks__ *n. pl.* 불꽃; 분노의 폭발; 기지 등의 번득임.
fíre wòrship 〖宗〗 배화(교). **~·(p)er** 배화교도.
*__fir·ing__[fáiəriŋ] *n.* Ⓤ 발포; 점화; 불때기; 장작, 땔깜.
fíring squàd 〖軍〗 (장례식의) 조총대(弔銃隊); 총살 집행대.
fir·kin[fə́ːrkin] *n.* Ⓒ 1/4배럴(barrel) 상당의 영국의 용량 단위; 버터를 넣는 작은 나무 통.
:__firm__[1][fəːrm] *a.* ① 굳은, 견고한. ② 고정된. ③ 강경한. ④ (가격이) 변동 없는. ***be ~ on one's legs*** 확고히 서 있다. ― ***ad.*** 단단히, 굳게. ― *vt., vi.* 굳게 하다, 굳어지다. **:∠·ly** *ad.* * **∠·ness** *n.*
:__firm__[2] *n.* Ⓒ 합자 회사, 상사.
fir·ma·ment[fə́ːrməmənt] *n.* (보통 the ~) 《詩》 하늘, 창공.
fírm·wàre *n.* Ⓤ 〖컴〗 펌웨어, 굳힌모《hardware도 software도 아닌 데이터 보존 부분 따위》.
FIRREA 《美》 Financial Institutions Reform, Recovery and Enforcement Act 금융 기관 개혁 부흥 시행법.
†__first__[fəːrst] *a.* 첫(번)째의, 제1의, 주요한; 〖樂〗 수위의. ***at ~ hand*** 직접으로. ***at ~ sight*** 한눈에, 언뜻 보아서는. ***~ thing*** 《口》 우선 무엇보다도, 첫째로. ***for the ~ time*** 처음으로. ***in the ~ place*** 우선 첫째로. ***(on) the ~ fine day*** 날씨가 드는 대로. ― *n.* Ⓤ 제일; 일등, 일위; 최초; 초하루; 〖野〗 1루. ***at ~*** 처음에는. ***from ~ to last*** 처음부터 끝까지, 시종. ― ***ad.*** 첫째로; 최초로; 처음으로; 차라리, 오히려. ***~ and foremost*** 맨먼저. ***~ and last*** 전후를 통하여, 통틀어. ***First come, ~ served.*** 빠른 놈이 장땡. ***~ of all*** 우선 첫째로. **∠·ly** *ad.* 첫째로.
first áid 응급 치료.
first báse 〖野〗 일루(一壘)(수).
first-bórn *a., n.* Ⓒ 최초로 태어난 (자식).
*__first·clàss__ *a., ad.* 일류의; (기차 따위) 일등의[으로].
Fírst dày (Quaker교도 사이에서) 일요일.
first-degrée *a.* (선·악 양면에서 정도가) 제1급인.
first fámily (어떤 지역에서) 명문; 《美》 대통령[주지사] 일가.
first fínger 집게 손가락.
first frúits 만물, 햇것; 첫 수확; 최초의 성과.
*__first-hánd__ *a., ad.* 직접의[으로].
first lády 대통령 부인.
first lieuténant (미육·공군) 중위.
first·ling *n.* Ⓒ (보통 *pl.*) 만물, 첫 수확; (가축의) 만배.
*__first náme__ =CHRISTIAN NAME.
first·níghter *n.* Ⓒ (극·오페라 따위의) 첫날에 꼭 보러 가는 사람.
first ófficer 〖海〗 (상선의) 1등 항해사; 부조종사.
first pápers 《美》 제1차 서류《외국인이 미국에 귀화할 때 최초로 제출하는 서류》.
first pérson 〖文〗 제1인칭.
first quárter 〖天〗 (달의) 상현(上弦); 상현의 기간.
first-ráte *a., ad.* 일류의; 훌륭한; 《口》 굉장히.
Fírst Repúblic, the (프랑스의) 제1공화국.
first-rún *a.* 〖映〗 개봉 흥행의. **~·ner** *n.* Ⓒ 〖映〗 개봉관.
first sérgent 《美陸·海兵》 상사.
first-stríke *a.* (핵무기에 의한) 선제 공격의; 제1격의.
first-stríng *a.* 《美》 (팀 등) 일군(一軍)의; 일류의, 우수한.
firth[fəːrθ] *n.* Ⓒ 후미, 강 어귀.
*__fis·cal__[fískəl] *a.* 국고의; 재정상의, 회계의.
físcal stámp 수입 인지.
físcal yéar 《美》 회계 연도, (기업의) 사업 연도(《英》 financial year).
†__fish__[fiʃ] *n.* (*pl.* ***~es,*** 《집합적》 ~) Ⓒ 물고기; 생선, 어육; 《口》 (별난) 사람, 놈. ***feed the ~es*** 익사하다; 배멀미하여 토하다. ***make ~ of one and flesh of another*** 차별 대우하다. ***neither ~, flesh, nor fowl*** [***good red herring***] 정체를 알 수 없는. ***the Fishes*** 〖天〗 물고기자리; 쌍어궁(雙魚宮). ― *vt., vi.* 물고기를 잡다, 낚다; 찾다(*for*); (속에서) 끄집어내다; (*vt.*) (바다·강 등에서) 낚시질하다(~ ***a stream***). ***~ for*** 찾다; 낚아내다, 캐어내다. ***~ in troubled waters*** 혼란을 틈타서 이득을 취하다. ***~ out*** [***up***] 물고기를 몽땅 잡아 내다.
físh cùlture 양어, 양어법.
*__fish·er__[fíʃər] *n.* Ⓒ ① 물고기를 잡는 동물《특히 담비(weasel)》. ② 어부, 어선.
:__fisher·man__ [-mən] *n.* Ⓒ 어부; 어

fisher·woman [-wùmən] *n.* Ⓒ 여자 낚시꾼.
***fish·er·y**[ˊəri] *n.* Ⓤ 어업(권); 어장.
físh-èye lénse 어안(魚眼) 렌즈.
físh flòur 식용 정제 어분.
físh hàwk 〖鳥〗 물수리(osprey).
físh·hòok *n.* Ⓤ 낚시.
:fish·ing[ˊiŋ] *n.* Ⓤ 낚시질, 어업; Ⓒ 어장, 낚시터.
físhing bànks (**gròund**(**s**)) 어장.
físhing bòundary 어업 전관 수역.
físhing lìne (**ròd**) 낚싯줄[대].
físh(**ing**) **stòry** 허풍.
físhing tàckle 낚시 도구.
físh·mònger *n.* Ⓒ 《英》 생선 장수.
físh òil 어유(魚油).
físh·wìfe *n.* Ⓒ 여자 생선 장수; 입이 건 여자.
fish·y[ˊi] *a.* 물고기의[같은, 많은]; 비린; 《口》의심스런; (눈이) 흐리 멍텅한.
fis·sile[físəl/-sail] *a.* 갈라지기 쉬운; 분열성의.
fis·sion[fíʃən] *n.* Ⓤ 열개(裂開); 〖生〗 분열; 〖理〗 (원자의) 핵분열(cf. fusion). **~·a·ble** *a.* 핵분열하는.
físsion bòmb 원자 폭탄.
fis·sip·a·rous[fisípərəs] *a.* 〖生〗 분열생식의.
fis·sure[fíʃər] *n.* Ⓒ 금, 틈; 분할; 〖地〗 열하(裂罅)《암석 중의 갈라진 틈》. **—** *vt., vi.* 틈이 생기게 하다; 갈라지다.
:fist[fist] *n., vt.* Ⓒ 주먹(으로 치다); 《口》 손; 필적; 《印》 손가락표(☞). **ˊ·ic** *a.* 권투[주먹질]의.
fist·i·cuff[fístikʌ̀f] *n.* (*pl.*) 주먹다짐, 난투.
fis·tu·la[fístʃulə/-tju-] *n.* (*pl.* **~s, -lae**[-lìː]) Ⓒ 〖醫〗 누(瘻). ***anal ~*** 치루(痔瘻).
:fit[1] [fit] *a.* (**-tt-**) (꼭)맞는, 적당[지당]한; 당장 …할 듯한; 《口》 건강한. ***as ~ as a fiddle*** (***flea***) 극히 건강하여. ***fighting ~*** 더없이 컨디션이 좋은. ***think*** (***see***) ***~ to*** (do) (하는 것이) 적당하다고 여기다; …하기로 작정하다. **—** *vt., vi.* (**-tt-**) (…에) 적합하다[시키다]; (사이즈 따위) 꼭 맞다; 준비시키다; 조달하다. ***~ in*** 적합하(게 하)다; 조화하다. ***~ like a glove*** 꼭 맞다. ***~ on*** …에 맞는지 입어보다; 잘 끼(우)다. ***~ out*** 장비[채비]하다. ***~ up*** 준비[설비]하다. **—** *n.* Ⓤ,Ⓒ 적합; (의복 따위의) 만듦새; Ⓒ 몸에 맞는 옷. **ˊ·ly** *ad.* 적당히; 꼭; 알맞게. ***ˊ·ness** *n.* Ⓤ 적당, 적합; 건강.
:fit[2] *n.* Ⓒ (병의) 발작; 경련, 경풍; 일시적인 기분[흥분], 변덕; (감정의) 격발. ***beat a person into ~s*** 아무를 여지없이 혼내주다. ***by ~s*** (***and starts***) 발작적으로, 이따금 생각난듯이. ***give a person a ~*** 《口》 깜짝 놀라게 하다; 노발대발하게 만들다. ***give a person ~s*** 여지없이 혼내주다; 호되게 꾸짖다; 성나게 만들다. ***when the ~ is on one*** 마음이 내키면. **ˊ·ful** *a.* 발작적인; 단속적인; 변덕스러운. **ˊ·ter** *n.* Ⓒ (기계·비품 따위의) 설비[정비]공, (가봉한 것을) 입혀 맞추는 사람; 조립공.
fitch[fitʃ] *n.* ① Ⓒ (유럽산) 족제비의 일종. ② Ⓤ 그 모피.
***fit·ting**[fítiŋ] *a.* 적당한, 어울리는. **—** *n.* Ⓒ 가봉; (가봉한 것을) 입혀보기; 설치; (*pl.*) 가구, 비품; 부속품. **~·ly** *ad.*
†five[faiv] *n., a.* Ⓤ,Ⓒ 다섯(의), 5(의), Ⓒ 5개(의); 5살(의). **fív·er** *n.* Ⓒ 《俗》 5달러[파운드] 지폐.
fíve-and-tén(**-cènt stòre**) *n.* Ⓒ 《美》 싸구려 잡화점.
fíve·fòld *a., ad.* 5배의[로]; 5겹의[으로], 5중의[으로].
fíve percénter 《美》 (정부 상대의 사업 계약을) 5푼 수수료를 받고 알선하는 사람.
fíve-star géneral [ˊstɑ̀ːr-] 《美口》 육군[해군]원수.
Fíve-Yèar Plán 5개년 계획.
:fix[fiks] *vt.* ① 고정시키다. ② (의견 따위를) 고정[결정]하다. ③ (눈·주의 따위를) 집중시키다[끌다]. ④ (책임을) 지우다. ⑤ 염착(染着)시키다. ⑥ 〖寫〗 정착시키다. ⑦ (기계 등을) 수리[조정]하다. ⑧ 《美》 조리[준비]하다. ⑨ 매수하다. ⑩ 《口》 대갚음하(여 청산하)다, 대차를 청산하다. ⑪ 응고시키다. **—** *vi.* ① 고정하다. ② 응고하다. ③ 결정하다. ④ (눈이 …에) 머물다. ⑤ 《美口·方》 준비하다, (…할) 작정이다. ***~ on*** (***upon***) …으로 결정하다, …을 고르다. ***~ out*** 《美口》 의장(艤裝)하다. ***~ over*** 《美口》 (의복 따위를) 다시 고쳐짓다, 고치다. ***~ up*** 《美口》 준비하다; 수리[정돈]하다; 결정하다; 해결하다. **—** *n.* ① Ⓒ (보통 a ~) 곤경. ② Ⓒ (선박의) 위치(측정). ***be in a ~*** 곤란하여, 곤경에 빠져. ***get*** (***give***) ***a person a ~*** 《俗》 아무에게 마약주사를 놓다. ***out of ~*** (기계가) 고장나, 상태가 나빠.
fix·a·tion[fikséiʃən] *n.* Ⓤ,Ⓒ 고정; 〖化〗 응고; 〖寫〗 정착; 색고착(色固着); 〖精神分析〗 병적 집착(에 의한 성숙의 조기(早期) 정지).
fix·a·tive [fíksətiv] *a., n.* 정착력 있는; Ⓤ,Ⓒ 정착제, 염착제(染着劑).
:fixed[fikst] *v.* fix의 과거(분사). **—** *a.* ① 고정된. ② 부동[불변]의. ③ 정돈된. ④ 《美俗》 부정하게 결정된, 짬짜미의. ⑤ 〖化〗 응고된. ***with a ~ look*** 뚫어지게 바라보며. **fix·ed·ly**[fíksidli] *ad.*
fíxed idéa 〖心〗 고정 관념(F. *idée fixe*)《강박 관념의 일종》.
fíxed-póint *a.* 〖컴〗 붙박이 소수점의.
fíxed stár 〖天〗 항성(cf. planet).
fix·ing[fíksiŋ] *n.* ① Ⓤ 고정; 〖寫〗 정착. ② (*pl.*) 《美口》 (실내의) 설비, 비품.
fíxing solútion 정착액.
fix·i·ty [fíksəti] *n.* Ⓤ 고정(정착); 영구[불변]성.
***fix·ture**[fíkstʃər] *n.* Ⓒ ① 정착물;

F

비품. ② (어떤 직책·자리 따위에) 오래 앉아 있는 사람. ③ 〖機〗 공작물 고정 장치. ④ 《英》 (경기의) 예정일.
fizz, fiz [fiz] *vi., n.* 부글부글(하다); Ⓤ 발포성 음료. **fízz·y** *a.* 부글부글하는, 거품 이는.
fiz·zle [fízl] *vi., n.* (a ～) 희미하게 '쉬잇' 하는 소리(를 내다).
fjord [fjɔːrd] *n.* =FIORD.
Fl 〖化〗 fluorine. **Fl.** Flanders; Flemish. **fl.** floor; florin(s); fluid. **Fla., Flor.** Florida.
flab·ber·gast [flǽbərgæ̀st/-ɑ̀ː-] *vt.* 《口》 깜짝 놀라게 하다(*at, by*).
flab·by [flǽbi] *a.* 흐늘흐늘하는; 기력 없는. **-bi·ly** *ad.* **-bi·ness** *n.*
flac·cid [flǽksid] *a.* (근육 등이) 흐늘흐늘한(limp); 맥없는. **～·ly** *ad.* **～·ness** *n.*
flac·on [flǽkən] *n.* (F.) Ⓒ (향수 따위의) 작은 병.
†**flag**[1] [flæg] *n.* Ⓒ 기; (*pl.*) (매·올빼미 따위의) 발의 긴 털; (새 날개의) 둘째줄 칼깃; 〖컴〗 깃발, 표시 문자. ── *vt.* (*-gg-*) 기를 올리다; 기로 꾸미다〔신호하다〕.
flag[2] *n., vt.* (*-gg-*) Ⓒ 판석(板石)〔포석(鋪石)〕(을 깔다); (*pl.*) 판석 포장 도로.
flag[3] *vi.* (*-gg-*) 시들다(droop), 약해지다, 축 늘어지다.
flag[4] *n.* Ⓒ 〖植〗 창포(菖蒲), 황창포, 창포 꽃(잎).
flág càptain 〖海軍〗 기함의 함장.
Flág Dày 《美》 국기 제정 기념일《6월 14일》.
flag·el·lant [flǽdʒələnt] *a., n.* Ⓒ 채찍질하는 (사람); (F-, f-)(13-14세기의 광신적인) 채찍질 고행자.
flag·el·late [flǽdʒlèit] *vt.* 채찍질하다. ── *a.* 〖生〗 편모(鞭毛)가 있는; 〔植〕 포복경이 있는. **-la·tion** [⌐-léiʃən] *n.* Ⓤ (특히 종교적·성적인) 채찍질.
fla·gel·lum [flədʒéləm] *n.* (*pl.* *～s, -la* [-lə]) Ⓒ 〖生〗 편모; 〖植〗 포복경(匍匐莖); 매, 채찍.
flag·eo·let [flæ̀dʒəlét] *n.* Ⓒ (여섯 구멍의) 피리.
fla·gi·tious [flədʒíʃəs] *a.* 극악무도「한.
flág lieutènant 〖海軍〗 장성(將星)의 부관〔참모〕.
flag·man [flǽgmən] *n.* Ⓒ 신호기수.
flág òfficer 해군 장성.
flag·on [flǽgən] *n.* Ⓒ (손잡이·주둥이·뚜껑이 달린) 술병; 큰 병《약 2쿼터들이》.
flág·pòle, -stàff *n.* Ⓒ 깃대.
fla·grant [fléigrənt] *a.* 극악한, 악명 높은. **-grance, -gran·cy** *n.*
flág·ship *n.* Ⓒ 기함(旗艦).
flág stàtion (신호가 있을 때만 정거하는) 신호 정거장.
flág·stòne *n.* Ⓒ 판석, 포석.
flág·wàgging *n.* Ⓒ 수기 신호.
flág-wàver *n.* Ⓒ 선동자(agitator); 열광적 애국주의자.
flail [fleil] *n., vt., vi.* Ⓒ 도리깨(질하다).
flair [flɛər] *n.* Ⓤ 예리한 안식(眼識), 육감(*for*), 천부의 재능(*for*).
flak [flæk] *n.* (G.) Ⓤ 〖軍〗 고사포(화).
:**flake** [fleik] *n., vi., vt.* Ⓒ 얇은 조각, 박편(薄片)(이 되(게 하)다, …이 되어 펄펄 날리다, …으로 덮이다). ***corn ～s*** 콘플레이크.
flák jàcket 〔**vèst**〕 《美》 방탄 조끼.
flak·y [fléiki] *a.* 박편의; 벗겨져 떨어지기 쉬운; 조각조각의.
flam·beau [flǽmbou] *n.* (F.) (*pl.* *～s, ～x* [-z]) Ⓒ 횃불.
flam·boy·ance [flæmbɔ́iəns] *n.* Ⓤ 현란함, 화려함.
flam·boy·ant [flæmbɔ́iənt] *a.* 타는 듯한; (사람·행동 등이) 화려한.
:**flame** [fleim] *n.* ① Ⓤ,Ⓒ 불길, 화염; 광휘, 정열. ② Ⓒ 《俗》 애인. ③ Ⓤ 불같은 색채. ***go up in ～s*** 타오르다; 꺼져 없어지다. ── *vi.* 훨훨 타다; 빛나다; 정열을 드러내다; 발끈하다(*up, out*). ***～ out*** 갑자기 타오르다. ***flám·ing** *a.*
fla·men·co [flɑːméŋkou] *n.* Ⓤ 플라멩코《스페인의 집시의 춤》; 그 기악(곡).
fláme-òut *n.* Ⓤ 비행 중 또는 이륙시의 제트엔진의 돌연한 정지.
fláme projèctor 〖軍〗 화염 방사
fláme·thròwer *n.* =⇧. 「기.
fla·min·go [fləmíŋgou] *n.* (*pl.* *～(e)s*) Ⓒ 〖鳥〗 홍학(紅鶴).
flam·ma·ble [flǽməbəl] *a.* = INFLAMMABLE.
Flan·ders [flǽndərz/-ɑ́ː-] *n.* 플랑드르《유럽의 옛나라; 벨기에 서부·북프랑스·네덜란드 남서부 등 포함》.
flange [flændʒ] *n., vt.* Ⓒ (수레바퀴 따위의) 테〔턱진 테〕(를 씌우다).
:**flank** [flæŋk] *n.* Ⓒ ① 옆구리(살); 측면. ② 〖軍〗 부대의 측면, 익(翼). ── *vt.* (…의) 측면에 서다〔을 우회하다〕; 측면을 지키다〔공격하다〕.
***flan·nel** [flǽnl] *n.* ① Ⓤ 플란넬, 융의 일종. ② (*pl.*) 플란넬제 의류, 모직 속옷. **-nel·et(te)** [⌐-ét] *n.* Ⓤ 목 플란넬, 융.
flánnel·mòuth *n.* Ⓒ 《蔑》 아첨꾼; 자기 자랑하는 사람.
:**flap** [flæp] *vi., vt.* (*-gg-*) 펄럭거리(게 하)다; 날개를 퍼덕이다; 찰싹 때리다; 축 늘어지(게 하)다. ── *n.* ① Ⓤ 펄럭임; 날개침; 찰싹. ② Ⓒ 늘어진 것, 〖空〗 보조익(翼). ③ (a ～) 《俗》 흥분, 설레임. **∠·per** *n.* Ⓒ 펄럭이는〔늘어지는〕 것; 말괄량이.
fláp·dòodle *n.* Ⓤ 《口》 허튼〔실없는〕 소리.
fláp·jàck *n.* Ⓒ 핫케이크(griddlecake); 《英》 (화장용) 콤팩트.
***flare** [flɛər] *vi.* 너울너울 타오르다(*up*); 번쩍번쩍 빛나다; 발끈하다(*out, up*); (스커트가) 플레어가 되다. ── *vt.* 너울너울 타오르게 하다; (스커트를) 플레어로 하다. ── *n.* ① (*sing.*) 너울거리는 화염, 불길의 너울거림. ② Ⓒ 화염신호. ③ (a ～)

(감정의) 격발. ④ U,C (스커트의) 플레어.
fláre bòmb 조명탄.
fláre pàth (비행장의) 조명 활주로.
fláre stàck 배출 가스 연소탑.
fláre-ùp *n.* C 확 타오름; 격노.
flar·ing[⌐iŋ] *a.* 타오르는; 현란한; 벌어진, 나팔꽃 모양의. **~·ly** *ad.*
:flash[flæʃ] *n.* ① C 섬광; (재치 등의) 번득임; (번쩍이는) 순간. ② U,C 〖映〗 플래시《순간 장면》; (신문의) 짧은 속보. ③ U 허식. ④ U (둑의) 방류수(放流水). ***in a* ~** 곧. **—** *vi.* 번쩍 빛나다; (기지가) 번득이다; 휙 지나가다〔스치다〕; 핵 나오다; 퍼뜩 생각나다. **—** *vt.* (빛을) 번쩍이다; 번개같이 전달하다; (전보·라디오로) 통신하다.
flásh·bàck *n.* U,C 플래시백《과거를 회상하는 장면 전환》; (소설 등의) 회고법적 묘사.
flásh bùlb 〔**làmp**〕 〖寫〗 섬광 전구.
flásh bùrn (원자탄 따위에 의한) 섬광 화상(火傷).
flásh càrd 플래시카드《시청각 교육에서 단어·숫자 등을 잠깐 보여 외게 하는 카드》.
flásh·er *n.* C 자동 점멸 장치; (교통 신호·자동차 등의) 점멸광.
flásh fòrward 〖映〗 미래 장면의 사전 삽입.
flásh gùn 〖寫〗 섬광 발화 장치.
***flash·light**[⌐làit] *n.* C ①《美》 회중 전등. ② 〖寫〗 플래시. ③ (등대의) 명멸광; 회전〔섬광〕등.
flash·y[⌐i] *a.* 야한, 번쩍거리는.
***flask**[flæsk, -ɑː-] *n.* C 플라스크; (호주머니용의) 작은 술병.
:flat[1][flæt] *a.* (**-tt-**) ① 편평한; 납작한; 납죽 엎드린. ② 공기가 빠진, 납작해진. ③ (맥주 등) 김빠진, (음식이) 맛없는; 불경기의. ④ 광택 없는; (색채·소리 등이) 단조로운. ⑤ 노골적인, (거절이) 단호한. ⑥ 〖樂〗 내림음의, 반음 낮은(opp. sharp). ⑦ 〖音聲〗 평설(平舌)의《æ, ə따위》; 유성의; 〖文〗 접사(接辭)없는. **~ *adverb*** 무접사 부사《보기: She breathed *deep.*》. **~ *infinitive.*** 'to' 없는 부정사. ***That's* ~.** 바로 맞았어. **—** *ad.* 편평하게; 꼭(*ten seconds* ~, 10초 플랫); 아주; 단호히; 〖樂〗 반음 낮게. ***fall* ~** 폭 쓰러지다; 납죽 엎드리다; 실패하다, 효과 없다. **—** *n.* C 평면; 평평한 부분; 평지; 여울; 〖樂〗 내림표《♭》;《口》 바람 빠진 타이어. **—** *vt., vi.* (**-tt-**) 평평하게 하다〔되다〕. **~ *out***《美口》 용두사미로 끝나다. ***⌐·ly** *ad.* **⌐·ness** *n.*
***flat**[2] C ①《英》 플랫식(같은 층의 여러 방을 한 가구가 전용하는 아파트《美》 apartment). ② (*pl.*) 아파트식 공동주택.
flát·bòat *n.* C (큰) 너벅선(船).
flát-bóttomed *a.* (배의) 바닥이 편평한.
flát·càr *n.* C《美》 무개 화차, 목판차《지붕도 측면도 없는》.
flát·fìsh *n.* C 가자미·넙치류.
flát·fòot *n.* (*pl.* **-feet**) C 편평족;《俗》 순경(巡警).
flát-fóoted *a.* 편평족의;《俗》 단호한(*a* ~ *refusal*).
flat·i·ron[⌐àiərn] *n.* C 다리미, 인두.
flát-nósed *a.* 코가 납작한.
flát-óut *a.*《口》 ① 솔직한; 전적인(~ *lie* 새빨간 거짓말). ②《英》 최고 속도의.
flát sìlver 식탁용 은제 식기류《칼·포크 따위》.
flat·ten**[flǽtn] *vt., vi.* 평평〔납작〕하게 하다〔되다〕; 단조롭게 하다〔되다〕; 김이 빠지다, 맛없게〔싱겁게〕하다〔되다〕; 반음 내리다. **~ *out 평평하게 하다; 〖空〗 수평 비행 자세로 돌아가(게 하)다.
:flat·ter[flǽtər] *vt.* ① (…에게) 아첨하다; 알랑거리다. ② 우쭐케 하다. ③ (사진·초상화 따위를) 실물보다 좋게 그리다〔찍다〕. ④ 기쁘게 하다. **~ *oneself that ...*** 우쭐하여 …이라고 생각하다. ***⌐·er** *n.* C 알랑쇠. ***~·ing** *a.* 빌붙기 잘하는. **:~·y** *n.* U,C 아첨(하는 말), 치레말.
flát tíre 바람 빠진 타이어.
flát·tòp *n.* C《美口》 항공 모함.
flat·u·lence[flǽtʃuləns/-tju-] *n.* U 뱃속에 가스가 참, 고창(鼓脹); 공허, 허세. **-lent** *a.* 고창(鼓脹)의; 젠체하는.
flát·wòrm *n.* C 편충.
Flau·bert[floubέər], **Gustave** (1821-80) 플로베르《프랑스의 소설가》.
flaunt [flɔːnt] *vt.* (…에게) 과시하다, 자랑해 보이다. **—** *vi.* 허세부리다, 옷치장하다; (기가) 휘날리다. **—** *n.* U 과시.
flau·tist[flɔ́ːtist] *n.* =FLUTIST.
:fla·vor,《英》 **-vour** [fléivər] *n.* U,C 풍미(를 더하는 것); 풍취, 맛; 향기. **—** *vt.* (…에) 맛을 내다; 풍미를 곁들이다. **~·ing** *n.* U,C 조미(료).
flávor enháncer 화학조미료《monosodium glutamate의 통칭》.
***flaw**[1][flɔː] *n.* C 금, 흠; 결점. **—** *vt., vi.* (…에) 금가(게 하)다, 흠집을 내다. **⌐·less** *a.* 흠없는; 흠잡을 데 없는.
flaw[2] *n.* C 돌풍(gust); 한차례의 폭풍.
***flax**[flæks] *n.* U 아마(亞麻), 아마실, 린네르. **~·en**[flǽksən] *a.* 아마(제)의; 아마색의, 엷은 황갈색의.
flay[flei] *vt.* (…의) 가죽〔껍질〕을 벗기다; 심하게 매질하다; 혹평하다.
F̍ làyer 〖無電〗 F층《최상층의 전리층; F_1 layer와 F_2 layer로 나뉨》.
fld. field; fluid.
:flea[fliː] *n.* C 벼룩. **~ *in one's ear*** 빈정거림, (듣기) 싫은 소리.
fléa·bàg *n.* C《俗》 침대, 침낭; 싸구려 하숙.
flea·bane[⌐bèin] *n.* C 개망초속(屬)의 식물, (특히) 봄망초.
fléa·bìte *n.* C 벼룩에 물린 데; 물림; 약간의 상처; 사소한 일.

F

fléa màrket 〔**fàir**〕 고물〔벼룩·도떼기〕 시장.
fleck[flek] *n., vt.* Ⓒ (색·빛의) 반점(을 내다); 작은 조각(을 흩뿌리다).
flec·tion[flékʃən] *n.* Ⓤ 굴곡, 만곡; Ⓤ,Ⓒ 〖文〗 어미 변화.
:**fled**[fled] *v.* flee의 과거(분사).
fledge[fledʒ] *vt.* (날기까지) 새끼를 기르다; 깃털로 덮다. ── *vi.* 깃털이 나다. **flédg·ling,** 《英》 **flédge·ling** *n.* Ⓒ 날기 시작한 새 새끼, 열쭝이; 풋내기(cf. greenhorn).
:**flee**[fli:] *vi.* (*fled*) 도망하다; 질주하다; 사라지다(vanish). ── *vt.* (…에서) 도망하다. **flé·er**[1] *n.* Ⓒ 도망자.
***fleece**[fli:s] *n.* Ⓤ,Ⓒ ① 양털; 한 마리에서 한번 깎는 양털. ② 양털 모양의 것. ③ 보풀이 부드러운 피륙. ── *vt.* (양의) 털을 깎다; (속여서 혹은 올러 메어) 빼앗다. ***fléec·y** *a.* 양털 모양〔제품〕의; 폭신폭신한.
fleer[2][fliər] *vi., vt., n.* Ⓒ 조소(하다)(*at*).
:**fleet**[1][fli:t] *n.* Ⓒ 함대, 선대(船隊); (항공기의) 기단(氣團); (트럭 등의) 차량대열; (the ~)(한 나라의) 해군(력).
***fleet**[2] *a., vi.* 《詩》 빠른; 빨리 지나가버리다. **∠·ing** *a.* 순식간의; (세월이) 덧없이 지나가 버리는.
fleet[3] *n.* Ⓒ 《英方》 후미; (the F-) 《英》 옛적 런던 Fleet 강가에 있던 감옥(the F- Prison).
fléet àdmiral 〖美海軍〗 해군 원수.
***fleet·ing**[∠iŋ] *a.* 빨리 지나가는; 덧없는, 무상한.
Fléet Strèet 플리트가(街)《런던의 신문사 거리》;《비유》(영국의) 신문계.
Flem·ing[flémiŋ] *n.* Ⓒ 플랑드르인; (플랑드르 말을 쓰는) 벨기에 사람.
Flem·ish[flémiʃ] *a., n.* Ⓒ 플랑드르(사람·말)의; Ⓒ 플랑드르인; Ⓤ 플랑드르어.
†**flesh**[fleʃ] *n.* Ⓤ 살; 살집; 식육, 고기; 과육; 살색; (the ~) 육체; 육욕; 인류; 생물; 친척. **~ *and blood*** (피가 통하는) 육체; 인간성; 육친. **~ *and fell*** 살도 가죽도, 전신; 《부사적》 전혀, 죄다. ***go the way of all* ~** 죽다. ***in the* ~** 이승의 몸이 되어; 살아서. ***lose*** 〔***gain, put on***〕 **~** 살이 빠지다〔찌다〕. ***make a person's* ~ *creep*** 오싹하게 하다. **∠·ly** *a.* 육체의; 육감적인; 인간적인. **∠·y** *a.* 살〔고기〕의〔같은〕; 살집이 좋은; 〖植〗 다육질의.
flésh-còlored, 《英》 **-cóloured** *a.* 살색의.
flésh èater 육식자, 육식 동물.
flésh flý 쉬파리.
flesh·ings[∠iŋz] *n. pl.* (무대용의) 살색 타이츠.
flésh·pòt *n.* Ⓒ 고기 냄비; (흔히 *pl.*) 향락지, 환락가.
flésh wòund 얕은 상처, 경상.
fleur-de-lis[flə̀:rdəlí:] *n.* Ⓒ 붓꽃; (프랑스 왕가의) 붓꽃 문장.
†**flew**[flu:] *v.* fly[2]의 과거.
flex[fleks] *vt.* 〖解〗 (관절·근육을) 구부리다.
***flex·i·ble** [fléksəbəl] *a.* 구부리기 쉬운; 어거하기 쉬운; 융통성 있는. ***-bil·i·ty**[∽─bíləti] *n.*
flex·ion[flékʃən] *n.* 《英》 =FLECTION.
flex·i·time[fléksətàim] *n.* Ⓤ 자유 근무 시간제.
flex·or[fléksər] *n.* Ⓒ 〖解〗 굴근(屈筋).
flex·ure[flékʃər] *n.* Ⓤ,Ⓒ 굴곡(부); 〖地〗 습곡(褶曲).
flib·ber·ti·gib·bet[flìbərtidʒíbit] *n.* Ⓒ 수다스럽고 경박한 사람.
***flick**[1][flik] *n.* Ⓒ 가볍게 침; 탁(하는 소리); 튐. ── *vt.* 가볍게 때리다〔털어 버리다〕; (총채 따위로) 떨다. ── *vi.* 퍼덕이다; (뱀의 혀·꼬리가) 날름거리다, 파닥거리다.
flick[2] *n.* (<⇩) Ⓒ 《俗》 영화 필름; (*pl.*) 영화. ***go to the* ~*s*** 영화보러 가다.
***flick·er**[1][flikər] *vi.* (빛이) 가물거리다; 흔들거리다; 펄럭이다; 얼른거리다; 언뜻 보이다. ── *n.* (*sing.*) ① 깜박이는 빛; 반짝임; 번득임. ② 〖컴〗 (표시 화면의) 흔들림.
flick·er[2] *n.* Ⓒ (북미산의) 딱따구리.
flíck knìfe 《英》 날이 자동적으로 튀어나오게 된 칼.
fli·er[fláiər] *n.* Ⓒ 나는 사람〔것〕; 비행가; 급행열차〔버스〕, 쾌속정; 《美俗》 투기(投機); 《美》 전단; 삐라.
:**flight**[1][flait] *n.* ① Ⓤ,Ⓒ 날기, 비행. ② Ⓒ (나는 새의) 떼; Ⓒ 〖軍〗 비행편대〔소대〕. ③ Ⓤ (시간의) 경과. ④ Ⓒ 항공 여행, (로켓 등에 의한) 우주 여행. ⑤ Ⓒ (상상·야심의) 고양(高揚), 분방(奔放)(*of*). ⑥ Ⓤ 비행술〔법〕. ⑦ Ⓤ,Ⓒ 한번 나는 거리. ⑧ Ⓒ (계단의, 꺾이지 않은) 한 연속(***two* ~*s of steps*** 두 번 오르는 꺾인 계단). **∠·less** *a.* 날지 못하는.
***flight**[2] [flait] *n.* Ⓤ,Ⓒ 도주, 패주. ***put to* ~** 패주시키다. ***take (to)* ~** 도주하다.
flíght contròl (이착륙의) 관제(소).
flíght dèck (항공 모함의) 비행 갑판; (항공기의) 조종실.
flíght fèather (새의) 칼깃.
flíght-nùmber *n.* Ⓒ 비행편(飛行便) 번호.
flíght òfficer 《美》 공군 준위.
flíght recòrder 〖空〗 (사고 해명에 필요한) 비행 기록 장치.
flíght sìmulator 〖컴·空〗 모의 비행 장치.
flíght strìp 활주로.
flight·y[∠i] *a.* 들뜬; 머리가 좀 돈.
flim·sy[flímzi] *a.* 무른, 취약한; (이유 등이) 천박한, 박약한. ── *n.* Ⓒ 얇은 종이; (신문 기자의) 얇은 원고지.
flinch[flintʃ] *n., vi.* Ⓒ 주춤함〔하다〕, 꽁무니 뺌〔빼다〕.
flin·der[flíndər] *n.* (*pl.*) 파편, 단편. ***break*** 〔***fly***〕 ***into*** 〔***in***〕 **~** 산산조각이 나다〔으로 흩어지다〕.

:**fling**[fliŋ] *vt.* (**flung**[flʌŋ]) ① (내) 던지다; (두 팔을) 갑자기 내뻗다, 태질치다, 메어치다(*off*). ② (돈을) 뿌리다. ③ (옥에) 처넣다. — *vi.* 돌진하다. ~ ***away*** 떨쳐버리다. ~ ***off*** 따버리다. ~ ***oneself into*** (사업 따위) 본격적으로 시작하다. ~ ***oneself on*** 〔***upon***〕 (*a person's mercy*) (아무의 인정에) 기대다. ~ ***out*** 내던지다; (말이) 날뛰다; 욕설을 퍼붓다. — *n.* [C] (내)던짐; (말의) 발질; 방종; 욕; 스코틀랜드의 활발한 춤; 《口》 시험, 시도. ***at one*** ~ 단숨에. ***have a*** ~ ***at*** 해보다; 욕하다; 조롱하다. ***have one's*** ~ 하고 싶은 대로 하다, 멋대로 놀아나다.

***flint**[flint] *n.* ① [U,C] 부싯돌, 라이터 돌. ② [C] 《비유》 아주 단단한 물건. **∠·y** *a.* 부싯돌 같은; 냉혹한; 아주 단단한; 고집 센.

flínt glàss 납유리, 플린트 유리.

flínt-hèarted *a.* 냉혹한.

flínt·lòck *n.* [C] 부싯돌식 발화 장치; 화승총(火繩銃).

flip[1][flip] *vt., vi.* (**-pp-**), *n.* [C] 손톱으로 튀기다〔튀김〕; 홱 움직이(게 하)다, 홱 움직임; 톡 치다〔침〕; 《口》 (비행기의) 한 번 날기.

flip[2] *n.* [U,C] 맥주 등에 설탕·향료·달걀 따위를 섞은 따뜻한 음료.

flip[3] *a., n.* [C] 《口》 건방진 (녀석).

flíp-flòp *n.* [C] 공중제비; (의견 따위의) 급변; 〖電〗 플립플롭 회로《진공관 회로의 일종》.

flip·pant[flípənt] *a.* 주제넘은; 경박한. **-pan·cy** *n.*

:**flip·per**[flípər] *n.* [C] (바다표범 따위의) 물갈퀴; (잠수용) 고무 물갈퀴.

flíp sìde 《美口》 레코드의 B면.

:**flirt**[flə:rt] *vt.* (활발히) 흔들어대다; 던지다. — *vi.* 깡총깡총〔홈칫홈칫〕 움직이다; (남녀가) 새롱거리다, 농탕치다(*with*); 가지고 놀다(*with*). — *n.* [C] 바람둥이; 급속한 움직임; 휙 던짐. **flir·tá·tion** *n.* [U] 농탕치기, 무분별한 연애. **flir·tá·tious** *a.*

***flit**[flit] *vi.* (**-tt-**), *n.* [C] 훌쩍 날다〔날기〕; 이리저리 날아다니다〔다니기〕; (시간이) 지나가다〔감〕.

flitch[flitʃ] *n.* [C] 소금에 절여 훈제(燻製)한 돼지의 옆구리 살.

flit·ter[flítər] *vi., n.* [C] 훨훨 날다〔나는 것〕.

fliv·ver[flívər] *n.* [C] 《美俗》 (특히) 값싼 고물 자동차.

:**float**[flout] *vi., vt.* 뜨다, 띄우다, 표류하다〔시키다〕; (소문이) 퍼지다; 떨어져가다; (회사가) 서다〔세워지다〕; (어음이) 유통되다; (물에) 잠기게 하다; (*vi.*) (공채를) 발행하다; (미장이가) 흙손으로 고르다. ~ ***between*** …의 사이를 헤매다《마음·기분 등》. — *n.* [C] 부낭(浮囊), 뗏목; (낚시의) 찌; (무대를 높이 띄운) 산디; (수상기의) 플로트, 부주(浮舟); (미장이의) 마무리흙손. **~·á·tion** *n.* 《英》 =FLOTATION. **∠·er** *n.* [C] 뜨는 사람〔것〕; 《美口》 집〔직장〕을 자꾸 옮기는 사람; 《美》 (여러 곳에서 투표하는) 부정 투표자.

***float·ing**[∠iŋ] *a.* 떠 있는; 부동〔유동〕하는; 유동하는.

flóating brídge 부교, 배다리.

flóating cápital 유동 자본.

flóating dóck 부선거(浮船渠).

flóating móney 유휴 자금.

flóating-pòint *a.* 〖컴〗 부동(浮動) 소수점식의.

flóating ríbs 〖解〗 유리 늑골(遊離肋骨).

flóating vòte 부동표(票).

floc·cu·lent[flákjələnt/-ɔ́-] *a.* 부드러운〔수북한〕 털 같은〔로 된〕.

:**flock**[1][flak/-ɔ-] *n.* [C] 《집합적》 ① (양·새의) 떼. ② 군중, 무리. ③ (같은 교회의) 신도. — *vi.* 떼〔무리〕짓다, 모이다; 떼지어 오다〔가다〕.

flock[2] *n.* [C] (양)털 뭉치; (침대 따위에 채워 넣는) 털솜 부스러기.

floe[flou] *n.* [C] 큰 성엣장; 부빙원(浮氷原).

flog[flag, -ɔ:-/-ɔ-] *vt.* (**-gg-**) 세게 때리다; 매질〔채찍질〕하다.

:**flood**[flʌd] *n.* [C] 홍수; 만조; (물건의) 범람, 쇄도; (the F-) 노아의 홍수; 《古·詩》 대해, 호수, 강. — *vt.* (…에) 넘쳐 흐르다; 관개하다; 다량의 물을 쏟다; (홍수처럼) 밀어닥치다. — *vi.* 범람하다; (조수가) 들어오다; 쇄도하다.

flóod contròl 치수(治水).

flóod·gàte *n.* [C] 수문.

flood·ing[∠iŋ] *n.* [U,C] 범람; 큰물.

flóod·lìght *n., vt.* [U] (조명 기구를 나타낼 때는 [C]) 플러드라이트(를 비추다)《무대·건축물 따위에》.

flóod·plàin *n.* [C] 〖地質〗 범람원.

flóod tìde 밀물.

†**floor**[flɔ:r] *n.* [C] 마루; 층; (the ~) 의원석; (의원의) 발언권; [C] (거래소의) 입회장; 바닥; 《美俗》 최저가격. ***first*** 〔***second***〕 ~ 《美》 1〔2〕층; 《英》 2〔3〕층. ***get*** 〔***have***〕 ***the*** ~ 발언권을 얻다〔갖다〕. ***ground*** ~ 《英》 1층. ***take the*** ~ (발언하려고) 일어서다. — *vt.* (…에) 마루를 깔다; 마루에 때려 눕히다; (벌로 학생을) 마루(바닥)에 앉히다; 《口》 쳐부셔 이기다, 질리게 하다. ~ ***a paper*** 〔***question***〕 《英大學俗》 시험문제를 전부 해 치우다.

flóor·bòard *n.* [C] 마루청.

flóor·clòth *n.* [C] 마룻걸레; 마루깔개《리놀륨 따위》.

floor·ing[∠iŋ] *n.* [U] 마루, 바닥, 바닥깔기; 마루까는 재료.

flóor làmp 마루에 놓는 램프.

flóor lèader 《美》 (정당의) 원내총무; 특정 의안을 심의하는 의원.

flóor mànager 《美》 (정당 대회 등의) 지휘자; (텔레비전의) 무대 감독.

flóor plàn 건물의 평면도.

flóor sàmple 견본 전시품.

flóor shòw (나이트클럽의) 플로어 쇼.

flóor·wàlker *n.* [C] 《美》 (백화점 따위의) 매장(賣場) 감독(《英》 shop-

walker).
floo·zy, -zie[flúːzi] *n.* Ⓒ《美俗》 품행이 나쁜 여자; 매춘부.
*__flop__[flɑp/-ɔ-] *vi.* (*-pp-*) 털썩 떨어지다〔넘어지다, 앉다〕; 퍼덕거리다; 싹 변하다; 《口》실패하다. ― *vt.* 쿵 떨어뜨리다; 펄떡거리다. ― *n.* Ⓒ 털썩 떨어짐〔쓰러짐, 앉음〕; 그 소리; 실패; 《美俗》 여인숙. **∠·py** *a.*《口》 펄럭거리는, 퍼덕이는; 흘게 늦은.
flóp·hòuse *n.* Ⓒ《美俗》 여인숙, 간이 숙박소.
flóp·òver *n.* Ⓒ 〖TV〗 플롭오버《영상이 상하로 흔들리기》.
flop·per[flɑ́pər/-ɔ́-] *n.* Ⓒ《美俗》 (정치 등의) 변절자; 룸펜.
flóppy dísk 〖컴〗 무른〔연성〕(저장)판《플라스틱제의 자기 원판; 컴퓨터의 외부 기억용》.
flóppy dísk drìve 〖컴〗 무른〔연성〕(저장)판 돌리개.
flo·ra[flɔ́ːrə] *n.* (*pl.* **~e**[-riː]) ① Ⓤ 《집합적》 (한 시대·한 지역의) 식물상(相), 식물군(群). ② Ⓒ 식물지(誌)(cf. fauna).
*__flo·ral__[flɔ́ːrəl] *a.* 꽃의〔에 관한, 비슷「한〕.
*__Flor·ence__ [flɔ́ːrəns, -ɑ́-/-ɔ́-] *n.* 피렌체, 플로렌스《이탈리아 중부의 도시》. **-en·tine**[-tìːn/-tàin] *a., n.* Ⓒ 플로렌스의 (사람).
flo·res·cence [flɔːrésəns] *n.* Ⓤ 개화(기); 전성(기). **-cent** *a.*
flo·ret[flɔ́ːrit] *n.* Ⓒ 작은 꽃; (엉거시과 식물의) 작은 통상화(筒狀花).
flo·ri·cul·ture[flɔ́ːrəkʌ̀ltʃər] *n.* Ⓤ 화초 재배. **-tur·al**[⌐–kʌ́ltʃərəl] *a.* **-cúl·tur·ist** *n.* Ⓒ 화초 재배자.
flor·id[flɔ́ːrid, -ɑ́-/-ɔ́-] *a.* 불그레한, 혈색이 좋은; 화려한, 현란한.
*__Flor·i·da__[flɔ́ːrədə, -ɑ́-/-ɔ́-] *n.* 미국 동남쪽 끝의 주〔반도〕《생략 Fla.》.
Flórida wóod (상감(象嵌) 세공용의) 단단한 나무의 일종.
flor·in[flɔ́ːrin, -ɑ́-/-ɔ́-] *n.* Ⓒ 영국의 2실링 은화.
flo·rist [flɔ́ːrist, -ɑ́-/-ɔ́-] *n.* Ⓒ 화초 재배자; 꽃집.
floss[flɔːs, -ɑ-/-ɔ-] *n.* Ⓤ (누에 고치의) 괴깔; 풀솜; 삶은 명주실. **∠·y** *a.* 풀솜 같은; 폭신폭신한.
flóss sílk 명주실; 풀솜.
flo·ta·tion[floutéiʃən] *n.* Ⓤ 뜸; (회사) 설립; (공채) 발행. **~ *of loan*** 기채(起債).
「대(艇隊).
flo·til·la[floutílə] *n.* Ⓒ 소함대, 정
flot·sam[flɑ́tsəm/-ɔ́-] *n.* Ⓤ (난파선의) 부하(浮荷), 표류 화물; 표류물; 《집합적》 부랑자. **~ *and jetsam*** 표류 화물; 잡동사니; 부랑자.
flounce[1][flauns] *n., vt.* Ⓒ (스커트의) 자락 주름 장식(을 달다).
flounce[2] *vt.* (물·진탕 따위 속에서) 허위적거리다; (몸이나 팔을 흔들며) 뛰어나가다. ― *n.* Ⓒ 몸부림.
*__floun·der__[1][fláundər] *vi., n.* Ⓒ 버둥〔허위적〕거리다〔거림〕, 갈팡대다〔거림〕.
floun·der[2] *n.* Ⓒ 《집합적》 〖魚〗 넙치류.
:**flour**[fláuər] *n.* Ⓤ 밀가루; 가루. ― *vt.* 《美》 (…에) 가루를 뿌리다; 가루로 만들다. **~·y**[fláuri/fláuəri] *a.* 가루(모양)의; 가루투성이의.
:**flour·ish**[flə́ːriʃ, -ʌ́-] *vi.* ① 무성하다; 번영하다; (사람이) 활약하다. ② (칼·팔 따위를) 휘두르다, (낚싯대 등을) 휘두르다. ③ 자랑해 보이다. ④ 장식 문자로 쓰다; 화려하게 쓰다〔말하다, 연주하다〕. ― *vt.* 휘두르다; 자랑해 보이다; 장식 문자를 쓰다. ― *n.* Ⓒ ① 세찬 휘두름. ② (서명 등의) 장식 문자. ③ 〖樂〗 장식 악구(樂句); (나팔의) 화려한 취주, '팡파르'. ***in full ~*** 융성하여, 한창인. ***with a ~*** 화려하게.
flóur mìll 제분기〔소〕.
flout[flaut] *n., vt., vi.* Ⓒ 경멸(하다); 조롱(하다).
†**flow**[flou] *vi.* ① 흐르(듯이 나오)다. ② (머리칼이) 늘어지다; (바람에) 쏠리다. ③ (조수가) 밀다. ④ 많이 있다(*with*). ― *vt.* 흐르게 하다; 범람시키다. ― *n.* (*sing.*) 흐름; 유출(량); Ⓤ 밀물; 냇물. **~ *of soul*** 격의 없는 담화, 환담(cf. FEAST of reason).
flow·age[flóuidʒ] *n.* Ⓤ 유동; 유출(물); 〖理〗(점성 물질의) 유동.
flów chàrt ① 생산 공정도(工程圖). ② 〖컴〗 흐름도, 순서도.
flów díagram 〖컴〗 문제 처리를 위한 순위표.
†**flow·er**[fláuər] *n.* ① Ⓒ 꽃, 화초(cf. blossom). ② Ⓤ 만개, 개화. ③ (the ~) 정화(精華)(*of*); 전성기; (*pl.*) 《단수 취급》 〖化〗 화(華). **~*s of sulfur*** 유황화. ***in ~*** 개화하여. ― *vi.* 꽃이 피다; 번영하다. ― *vt.* 꽃으로 꾸미다. **~ed**[-d] *a.* 꽃을 단, 꽃으로 꾸민.
flówer bèd 꽃밭, 화단.
flówer bùd 꽃망울.
flówer chìldren 《美俗》 히피족.
flówer cùp 꽃받침.
flow·er·et[-it] *n.* Ⓒ 작은 꽃.
flówer gìrl 《英》 꽃 파는 아가씨.
flow·er·ing[-iŋ] *a.* 꽃이 피는.
flówer pìece 꽃 그림.
flówer·pòt *n.* Ⓒ 화분.
flówer pòwer 《美俗》 히피족(의 세력).
flówer shòp 꽃집.
flówer shów 화초 품평회.
*__flow·er·y__[-i] *a.* 꽃이 많은; 꽃 같은; (문체가) 화려한(florid).
*__flow·ing__[flóuiŋ] *a.* 흐르는 (듯한); (말이) 유창한; (멋지게) 늘어진.
*__flown__[floun] *v.* fly[2]의 과거분사.
flów shèet =FLOW DIAGRAM.
FLQ Front for the Liberation of Quebec. **F.L.S.** Fellow of the Linnaean Society.
*__flu__[fluː] *n.* 《口》 =INFLUENZA.
fluc·tu·ate [flʌ́ktʃuèit] *vi.* 변동하다, 파동하다, 오르내리다. ***-a·tion*** [⌐–éiʃən] *n.*

flue[1][flu:] *n.* Ⓒ (연통의) 연기 구멍; 송기관; =**∠ pìpe** (파이프 오르간의) 순관(唇管).
flue[2] *n.* 《口》 =FLU.
:flu·ent[flúːənt] *a.* 유창한; 능변의; 흐르는(듯한). **:~·ly** *ad.* ***-en·cy** *n.* Ⓤ 유창함.
fluff[flʌf] *n.* Ⓤ 괴깔, 솜털. **—** *vt., vi.* 괴깔이 일게 하다; 푸해지다. **∠-y** *a.* 괴깔의〔로 덮인〕; 푸한.
:flu·id [flúːid] *n.* Ⓤ,Ⓒ 유체, 유동체 《액체·기체의 총칭》. **—** *a.* 유동성의; 변하기 쉬운. **flu·id·i·ty** *n.* Ⓤ 유동성.
flu·id·ics[fluːídiks] *n.* Ⓤ 〖理〗 응용 유체역학. **-ic** *a.*
flu·id·ize[flúːidàiz] *vt.* 유동〔체〕화하다.
flúid mechánics 유체 역학.
flúid pówer 유체 동력.
fluke[1][fluːk] *n.* Ⓒ 닻혀; (창·작살 등의) 미늘.
fluke[2] *n.* Ⓒ 요행수; 〖撞〗 플루크《요행으로 맞는 일》. **flúk·y** *a.* 《口》 요행수로 맞힌.
fluke[3] *n.* Ⓒ 가자미류.
fluke[4] *n.* Ⓒ (가축의) 간(肝)디스토마, 흡충(吸蟲).
flume[fluːm] *n.* Ⓒ 《美》 용수로(用水路); 홈통, 물받이; 좁은 계류(溪流).
flum·mer·y[flʌ́məri] *n.* ① Ⓤ,Ⓒ 오트밀〔밀가루〕 죽. ② Ⓤ 허튼소리.
:flung[flʌŋ] *v.* fling의 과거(분사).
flunk[flʌŋk] *vi., vt.* 《美口》 (시험 따위에) 실패하다〔시키다〕; 낙제점을 매기다; (*vi.*) 단념하다(give up). **—** *n.* Ⓒ 실패, 낙제.
flun·k(e)y[flʌ́ŋki] *n.* Ⓒ 《蔑》 (제복 입은) 하인; (하인처럼 구는) 아첨꾼.
flun·ky·ism[flʌ́ŋkiìzəm] *n.* Ⓤ 하인 근성, 추종주의, 사대 사상.
flu·o·resce[flùːərés] *vi.* 형광을 내다. **-res·cence**[-əns] *n.* Ⓤ 형광(성). **-rés·cent** *a.* 형광(성)의.
fluoréscent lámp 형광등.
fluor·i·date[flúərideìt, flɔ́ːri-] *vi.* (충치 예방으로) 음료수에 불소(弗素)를 넣다. **-da·tion**[∸–déiʃən] *n.* Ⓤ 불화물 첨가(법).
fluor·ide [flúəràid, flɔ́ːr-] *n.* Ⓤ 〖化〗 불화물(弗化物).
fluor·ine[flúəri(ː)n, flɔ́ːr-], **-rin** [-rin] *n.* Ⓒ 〖化〗 불소《기호 F》.
fluo·rite[flúəràit, flɔ́ːr-] *n.* Ⓤ 형석(螢石).
fluor·o·scope [flúərəskòup, flɔ́ːr-] *n.* Ⓒ (X선의) 형광 투시경.
fluo·ros·co·py[flùərɑ́skəpi/-ɔ́-] *n.* Ⓤ 형광 투시법〔검사〕.
flur·ry[flə́ːri/-ʌ́-] *n., vt.* Ⓒ 휙 몰아치는 비〔눈〕; 소동, 당황(케 하다). ***in a ~*** 당황하여, 허둥지둥.
:flush[1][flʌʃ] *vt.* (물을) 왈칵 흐르게 하다; (물을) 흘려서 씻다; (얼굴을) 붉히다; 득의 양양하게 하다. **—** *vi.* (물이) 왈칵 흐르다; (얼굴이) 붉어지다. **—** *n.* ① Ⓒ 왈칵 흐름. ② Ⓒ (얼굴의) 홍조; Ⓤ 흥분, 득의 양양. ③ Ⓤ (새 풀이 온통) 싹터 나옴. ④ Ⓤ 원기 발랄, 신선함. ⑤ Ⓤ (열의) 발작. **—** *a.* (물이) 넘칠 듯한; 풍부한; 원기 왕성한; (빰이) 불그레한; 같은 평면〔높이〕의. **—** *ad.* 평평하게; 바로, 정통으로.
flush[2] *vt., vi.* 〖獵〗 (새를) 날아가게 하다; (새가) 푸드득 날다. **—** *n.* Ⓒ 날아오른 새(의 떼).
flush[3] *n.* Ⓒ 〖카드〗 짝모으기.
flúsh tòilet 수세식 변소.
flus·ter[flʌ́stər] *n., vi., vt.* Ⓒ 당황(하다, 하게 하다).
:flute [fluːt] *n., vi., vt.* Ⓒ 플루트, 피리(를 불다, 같은 소리를 내다); (옷감·기둥 따위의) 세로골(을 내다, 파다). **flút·ist** *n.* 《美》 피리 부는 사람; 플루트 주자. **flút·y** *a.* 피리〔플루트〕 같은; (목소리·소리가) 맑은.
:flut·ter[flʌ́tər] *vi.* ① 퍼덕거리다; 홰치다, 훨훨 날다; 나부끼다. ② (가슴이) 두근거리다, (맥박이) 빠르고 불규칙하게 뛰다; 동요하다. **—** *vt.* 날개치다; 펄럭이게 하다; 당황케 하다. **—** *n.* Ⓒ 홰치기, 펄럭임; (마음의) 동요; 큰 소동.
flútter kìck 〖水泳〗 (크롤 영법에서) 물장구질.
***flux**[flʌks] *n.* ① Ⓒ 흐름; 유동(율). ② Ⓤ 밀물. ③ Ⓤ 연속적인 변화. ④ Ⓤ,Ⓒ 〖醫〗 이상(異常) 배출《출혈·설사 등》. ⑤ Ⓤ 용제(溶劑).
†fly[1] *vi.* (***flew; flown;*** '달아나다'의 뜻으로는 p. & p.p. ***fled***) 비행하다; 날다; (나는 듯이) 달리다; 달아나다; (시간·돈이) 순식간에 없어지다; 펄럭이다; 〖野〗 플라이를 치다《p. & p.p. ***flied***》. **—** *vt.* 날리다; (기 따위를) 올리다; 나부끼게 하다; (비행기를) 조종하다; (…에서) 도망하다. ***be ~ing high*** 《俗》 굉장히 기뻐하다. ***~ about*** 날아다니다; 흩어지다. ***~ blind*** 계기비행을 하다. ***~ high*** 높이 날다; 대망을 품다. ***~ into*** (공항 등에) 착륙시키다〔하다〕. ***~ in the face of*** …에 반항하다. ***~ light*** 《美俗》 식사를 거르다. ***~ low*** 《口》 남의 눈을 기이다. ***~ off*** 날아가 버리다, 달아나다; 증발하다; 위약하다. ***let ~*** 쏘다, 날리다, 욕하다(***at***). ***make the money ~*** 돈을 낭비하다. ***send*** (*a person*) ***~ing*** 내쫓다, 해고하다. ***with flags ~ing*** 의기양양하여. **—** *n.* Ⓒ 비행; (양복의) 단추 가리개; (텐트 입구의) 자락 막; 〖野〗 플라이; (*pl.* ***~s***) 경장(輕裝) 유람 마차. ***on the ~*** 비행중. **∠·er** *n.* =FLIER.
:fly[2][flai] *n.* Ⓒ 파리; 〖낚시〗 제물낚시. ***a ~ in amber*** 호박(琥珀)속의 파리 화석; (고스란히 남아 있는) 보물. ***a ~ in the ointment*** 옥에 티. ***a ~ on the wheel*** 자만하는 사람. ***a ~ on the wall*** 몰래 사람을 감시하는 자. ***die like flies*** 픽픽 쓰러지다. ***Don't let flies stick to your heels.*** 꾸물대지 마라.
flý báll 〖野〗 플라이.
flý·blòw *vt.* (파리가) 쉬를 슬다; 부

패시키다.
flý·blòwn *a.* 파리가 쉬를 슨; 더러워진.
flý·bòy *n.* Ⓒ 《美俗》 항공기 승무원. 「항공대원.
flý·bỳ *n.* Ⓒ 의례〔분열〕 비행; (우주선의 천체에의) 근접 통과.
flý-by-nìght *a.* (금전적으로) 믿을 수 없는.
flý·càtcher *n.* Ⓒ 파리통; 〖鳥〗 딱새.
flý·fish *vi.* 제물낚시로〔파리를 미끼로〕 낚시질하다.
flý·flàp *n.* Ⓒ 파리채(《美》 fly swatter).
:fly·ing[fláiiŋ] *n.* Ⓤ 비행; 질주. ― *a.* 나는, 급히 서두르는; 공중에 뜨는〔휘날리는〕; 나는 듯이 빠른. ~ ***colors*** 승리, 성공(*come off with* ~ COLORS).
flýing bòat 비행정.
flýing bòmb (무인 비행기가 적재한) 비행 폭탄(cf. robot bomb).
flýing búttress 〖建〗 부연 벽받이, 벽날개《조붓한 연결 아치》.
flýing còlumn 〔**párty**〕 유격대.
flýing dèck (항공 모함의) 비행 갑판.
flýing dóctor 《濠》 먼 곳의 환자에 비행기로 왕진하는 의사.
Flýing Dútchman, the 유령선.
flýing fìeld 작은 비행장.
flýing físh 날치.
Flýing Fórtress 《美》 '하늘의 요새'《2차 대전시의 B17 중폭격기(機)》.
flýing fóx 큰박쥐.
flýing machìne 항공기.
flýing máre 〖레슬링〗 업어치기.
flýing òfficer 공군 장교; 《英》 공군 중위.
flýing sáucer 〔**dísk**〕 비행 접시.
flýing schòol 항공〔비행〕 학교.
flýing spót 〖TV〗 비점(飛點).
flýing squàd 기동 경찰대.
flýing squírrel 〖動〗 날다람쥐.
flý·lèaf *n.* Ⓒ (책의 앞뒤 표지 뒷면에 붙어 있는) 백지.
flý nèt 방충망.
flý·pàper *n.* Ⓤ 파리잡이 끈끈이.
flý·pàst *n.* 《英》 =FLYBY.
flý shèet 광고지, 전단; 안내〔사용 설명〕서.
flý·spèck *n.* Ⓒ 파리똥 자국.
flý·tràp *n.* Ⓒ 파리통; 〖植〗 파리풀.
flý·wày *n.* Ⓒ 철새의 통로.
flý·wèight *n.* Ⓒ 〖拳〗 플라이급(선수)《체중 112파운드 이하》.
flý·whèel *n.* Ⓒ 〖機〗 플라이휠, 조속륜(調速輪).
FM, F.M. frequency modulation. **F.M.** Field Marshal; Foreign Mission. **F.M.S.** Federated Malay States(《⇨ Federation of MALAYSIA》). **fn.** footnote. **F.O.** field 〔flying〕 officer; Foreign Office. **FOA, F.O.A.** Foreign Operation Administration (미국) 해외 활동 본부. 「귀 새끼〕(를 낳다).
foal[foul] *n., vt., vi.* Ⓒ 망아지〔당나
:foam[foum] *n., vi., vt.* Ⓤ 거품(일다, 일게 하다); (말이) 거품을 내뿜다; 《詩》 바다. **∠·y** *a.* 거품의〔같은〕; 거품이 이는; 거품투성이의.
fóam rúbber 스폰지 고무.
fob[1][fɑb/-ɔ-] *n.* Ⓒ 바지의 시계 주머니; 《美》 fob에서 늘어진 시곗줄; 그 끝의 장식.
fob[2] *vt.* (**-bb-**) 《古》 속이다. ~ ***something off on a person*** 아무에게 (가짜 따위를) 안기다. ~ ***a person off with*** (*empty promises*) (빈 약속)으로 아무를 속이다.
F.O.B., f.o.b. 〖商〗 free on board. **FOBS** Fractional Orbital Bombardment System 부분 궤도 폭격 체계. **FOC** free of charge.
ˈfo·cal[fóukəl] *a.* 초점의.
fócal dìstance 〔**lèngth**〕 초점 거리. 「巢感染).
fócal infèction 〖醫〗 병소감염(病
fócal plàne (**shùtter**) 〖寫〗 촛점면(개폐식 셔터).
:fo·cus[fóukəs] *n.* (*pl.* ~***es, foci*** [fóusai]) ① Ⓒ 초점. Ⓤ 초점 맞춤. ② Ⓤ (보통 the ~) 중심; 집중점; 〖地〗 진원(震源). ***in*** 〔***out of***〕 ~ 초점이 맞아〔벗어나〕, 뚜렷〔흐릿〕하여. ― *vt., vi.* (《英》 **-ss-**) 초점에 모으다〔모이다〕; 초점을 맞추다; 집중시키다〔하다〕.
fod·der[fɑ́dər/-ɔ́-] *n., vt.* Ⓤ 마초〔꼴〕(를 주다).
:foe[fou] *n.* Ⓒ 적, 원수; 적군; (경기 등의) 상대. **∠·man** *n.* Ⓒ 《詩》 적병.
foe·tus[fí:təs] *n.* =FETUS.
:fog[fɔ:g, -ɑ-/-ɔ-] *n.* Ⓤ,Ⓒ 안개; 혼미; 당혹(當惑); 〖寫〗 (인화·원판의) 흐림. ― *vt.* (**-gg-**) 안개로 덮다〔싸다〕; 당황케 하다; 〖寫〗 흐리게 하다. **ˈ∠·gy** *a.* 안개가 낀, 안개가 짙은; 흐릿한; 당황한; 〖寫〗 흐린, (빛이 새어) 흐려진.
fóg bànk 무봉(霧峰).
fóg·bòund *a.* 농무로 항행〔이륙〕이 불가능한.
fo·g(e)y[fóugi] *n.* Ⓒ 시대에 뒤진 사람, 구식 사람.
Fóggy Bóttom 미국무성의 통칭.
fóg·hòrn *n.* Ⓒ 무적(霧笛).
föhn[fein] *n.* Ⓒ 〖氣〗 푄《고산에서 불어내리는 건조한 열풍》.
foi·ble[fɔ́ibəl] *n.* Ⓒ 약점, 결점.
ˈfoil[1][fɔil] *n.* ① Ⓤ (금속의) 박(箔); (요리용) 알루미늄 박; (보석의 밑에 까는) 금속 조각; (거울 뒤의) 아말감. ② Ⓒ (다른 사람이나 물건을) 돋보이게 하는 것. ③ Ⓒ 〖建〗 판(瓣)《꽃잎 모양으로 파낸 무늬》. ***serve as a*** ~ 돋보이게 하는 역할을 하다. ― *vt.* (…에) 박을 입히다〔대다〕.
foil[2] *n.* Ⓒ (끝을 가죽으로 싼) 연습용 펜싱 칼. 「시키다.
foil[3] *vt.* (계략의) 허를 찌르다, 좌절
foist[fɔist] *vt.* (가짜를) 안기다(*off, on, upon*); (부정한 문구를) 슬그머니 삽입하다(*in, into*).
fol. folio; following.
:fold[1][fould] *vt.* ① 접다, 개키다. ② (팔을) 끼다, (발을) 꼬다. ③ 안다;

끌어 안다. ④ 싸다. ── *vi.* 접히다, 개켜지다. ~ **up** 접(히)다; 무너지다, (장사에) 실패하다. ── *n.* Ⓒ 접음; 주름, 켜, 주름살, 접은 금〔자리〕; 〖地〗 습곡(褶曲).

fold² *n.* Ⓒ 양 우리; (the ~) (우리 안의) 양떼; 한 교회의 신자들; 같은 신앙〔가치관〕을 가진 집단.

-fold[fòuld] *suf.* '…배, …겹〔중(重)〕'의 뜻 : six*fold*.

fold·er[fóuldər] *n.* Ⓒ 접는 사람〔기계〕; 접지기; 접책, 접이 팸플릿; 종이 끼우개.

fol·de·rol [fáldəràl/fɔ́ldərɔ̀l] *n.* Ⓤ,Ⓒ 겉꾸민 싸구려; 하찮은 장신구; 객적은 수다.

fold·ing[fóuldiŋ] *a.* 접는, 접을 수 있는.

fólding dóor(s) 접게 된 문.

fólding móney 《美口》 지폐.

fo·li·a·ceous[fòuliéiʃəs] *a.* 잎 같은〔이 많은〕; 얇은 조각으로 이루어진.

***fo·li·age**[fóuliidʒ] *n.* Ⓤ ① 《집합적》 (한 초목의) 잎. ② 잎 장식.

fo·li·ate[fóuliit, -èit] *a.* 잎이 있는〔으로 덮인〕. ── [-èit] *vi.* 잎이 나다. **-a·tion**[⌐─éiʃən] *n.* Ⓤ 잎이 남; 잎 장식; 책의 장수 매기기.

fó·lic ácid[fóulik-] 〖生化〗 엽산(葉酸)《빈혈의 특효제》.

fo·li·o**[fóuliòu] *n.* (*pl.* **~s**) Ⓒ 이절지(二折紙)〔판(判)〕《최대의 판》. (cf. quarto); 높이 11인치 이상의 책; (책의) 페이지 수; (원고 등 겉에만 페이지를 매긴) 한 장. ***in **~** 이절(二折)의.

:**folk**[fouk] *n.* ① 《집합적; 복수 취급; 《美》에서는 흔히 *pl.*을 씀》 사람들; 민족. ② (*pl.*) 《口》 가족.

***fólk dànce** 민속 무용(곡).

fólk etymólogy 통속 어원(설).

***fólk·lòre** *n.* Ⓤ 민간 전승; 민속학.

fólk mùsic 민속 음악.

fólk-ròck *n.* Ⓤ 《美》 포크록《포크송에 록의 리듬을 가미한 것》.

***fólk sòng** 민요.

fólk tàle 〔**stòry**〕 민간 설화, 전설.

fólk·wày *n.* Ⓒ (보통 *pl.*) 습속, 민속, 사회적 관행(慣行).

†**fol·low**[fálou/-ɔ́-] *vt.* ① (…을) 따라가다, (…에) 계속하다. ② (…을) 좇다; (…에) 따르다. ③ (…의) 결과로 일어나다. ④ 뒤쫓다, 추적하다. ⑤ (…에) 종사하다. ⑥ 주목하다. ⑦ 이해하다. ── *vi.* 뒤따르다; 잇따라 일어나다; 당연히 …이 되다. ***as* ~s** 다음과 같이. ~ ***out*** 끝까지 해내다. ~ ***suit*** (카드놀이에서) 앞 사람과 같은 종류의 패를 내다; 선례에 따르다. ~ ***the*** SEA. ~ ***through*** 〖테니스·골프〗 공을 친 후 채를 충분히 휘두르다. ~ ***up*** 끝까지 추구〔추적〕하다; 끝까지 해내다; 속행하여 효과를 올리다. **:⌐·er** *n.* Ⓒ 수행자, 종자(從者), 부하; 추적자; 신봉자; 애인.

†**fol·low·ing**[fálouiŋ/-ɔ́-] *a., n.* Ⓒ 다음(의); 〖海〗 순풍의; 《집합적》 종자, 문하; (the ~) 다음에 말하는 것〔일〕.

***fóllow-ùp** *n., a.* Ⓤ 추적; 〖商〗 연속적인 (권유 편지).

:**fol·ly**[fáli/-ɔ́-] *n.* ① Ⓤ 어리석음. ② Ⓒ 어리석은 짓, 우론(愚論); 어리석게 돈만 많이 들인 물건〔사업·건물〕.

fo·ment[fouménṭ] *vt.* (환부에) 찜질하다; (반란 따위를) 조장〔선동〕하다. **fo·men·ta·tion**[⌐mənteíʃən] *n.* Ⓤ 선동; 찜질; Ⓒ 찜질약.

†**fond**[fand/-ɔ-] *a.* (…이) 좋아서 (*of*); 애정 있는, 다정한; 정에 무른, 사랑에 빠진; 실없는; 《주로 方》 어리석은. ***⌐·ly** *ad.* ***⌐·ness** *n.*

fon·dant [fándənt/-ɔ́-] *n.* (F.) Ⓒ,Ⓤ 퐁당《과자의 재료〔장식〕용으로 쓰이는 크림 모양의 당과》.

fon·dle[fándl/-ɔ́-] *vt., vi.* 귀여워하다.

F̍₁ làyer[éfwʌ́n-] 〖通信〗 F₁층《지상 200-300km 상층의 전리층; 단파를 반사》.

font¹[fant/-ɔ-] *n.* Ⓒ 세례〔성수(聖水)〕반(盤); 《古》 원천, 샘.

font² *n.* Ⓒ 〖印〗 동일형 활자의 한 벌; 〖컴〗 글자체, 폰트. ***a wrong*** ~ 고르지 않은 활자《생략 w.f.》.

†**food**[fuːd] *n.* Ⓤ,Ⓒ 식품, 식량; 자양분; Ⓤ (마음의) 양식.

fóod chàin 〖生態〗 먹이사슬; 식료품 연쇄점.

fóod cýcle 〖生態〗 먹이 순환.

***fóod·stùff** *n.* Ⓒ (종종 *pl.*) 식료품; 식량; 영양소.

†**fool**[fuːl] *n.* Ⓒ 바보(취급받는 사람); 〖史〗 (왕후 귀족에게 고용된) 어릿광대. ***be a* ~ *to*** …와는 비교가 안 되다, 훨씬 못하다. ***make a* ~ *of*** 우롱하다. ***play the* ~** 어리석은 짓을 하다. ── *vt.* 우롱하다, 속이다. ── *vi.* 어리석은 짓을 하다; 농담〔희롱〕하다. ~ ***about*** 〔***along,*** 《美》 ***around***〕 빈들빈들 지내다. ~ ***away*** 낭비하다. ~ ***with*** 농락하다.

fool·er·y [⌐əri] *n.* Ⓤ,Ⓒ 어리석은 짓.

fool·har·dy[⌐hɑ̀ːrdi] *a.* 무모한.

†**fool·ish**[⌐iʃ] *a.* 바보 같은, 미련한; 하찮은. ***~·ly** *ad.* ***~·ness** *n.*

fóol·pròof *a.* 바보라도 할 수 있을 (만큼 수월한).

fools·cap[⌐zkæ̀p] *n.* Ⓒ 대판 양지 《13×17인치》.

fóol's càp 어릿광대의 방울 달린 깔때기 모자; =DUNCE CAP.

fóol's góld 황철〔황동〕광.

fóol's páradise 가공의 행복; 헛된 기대.

†**foot**[fut] *n.* (*pl.* **feet**) ① Ⓒ 발, 발 부분(cf. leg). ② Ⓤ 《英》 《집합적》 보병. ③ Ⓤ (산)기슭; (페이지) 아랫부분; (물건의) (최)하부; 말석, 꼴찌. ④ Ⓒ 〖韻〗 운각(韻脚). ⑤ Ⓒ 피트(=12인치). ***carry a person off his feet*** (파도 등이) 아무의 발을 쓸어 가다; 아무를 열중케 하다. ***have one* ~ *in the grave*** 한 발을 관(棺)에 들여놓고 있다, 죽음이 임박

해 있다. ***jump*** 〔***spring***〕 ***to one's feet*** 벌떡 일어서다. ***keep one's*** ~ 〔***feet***〕 쓰러지지 않다. *Pretty* 〔*Rich*〕 ***my*** ~! 《口》 (저것이 미인이 〔부자〕라고?) 농담 좀 작작해! ***on*** ~ 도보로; 진행중, 착수되어. ***on one's feet*** 일어서서; 기운을 회복하여; 독립하여. ***put one's ~ in***(***to***) ***it*** 곤경에 빠지다, 실패하다. ***set ~ on*** 발을 들여 놓다. ***set*** 〔***put, have***〕 ***one's ~ on the neck of*** …을 완전히 정복하다. SHAKE ***a*** ~. ***with one's feet foremost*** 두 발을 앞으로 내뻗고; 시체가 되어. ― *vt.* 걷다; 딛다; (양말에) 족부(足部)를 대다; 《口》 (셈을) 치르다. ― *vi.* 걷다; 춤추다; 합계 …가 되다. ~ ***it*** 걷다, 걸어가다; 춤추다.

foot·age[fútidʒ] *n.* Ⓤ 피트 수.

†**foot·ball**[⌐bɔ̀:l] *n.* Ⓤ 축구; Ⓒ 축구공.

fóotball hóoligan (영국의) 폭력적 축구광.

fóot·bòard *n.* Ⓒ 발판; 디딤판.

fóot·bòy *n.* Ⓒ 사환.

fóot bràke (자동차 따위의) 밟는 브레이크.

fóot·brìdge *n.* Ⓒ 인도교.

fóot·clòth *n.* Ⓒ 깔개.

foot·er [⌐ər] *n.* ① Ⓒ 보행자; Ⓤ 《英俗》 축구; Ⓒ 신장 …피트의 사람(*a six-*~). ② Ⓒ 〖컴〗 꼬리말.

fóot·fàll *n.* Ⓒ 발걸음, 발소리.

fóot fàult 〖테니스〗 서브할 때 라인을 밟는 반칙.

fóot·gèar *n.* Ⓤ 《집합적》 발에 신는 것《구두·슬리퍼 따위》.

fóot·hìll *n.* Ⓒ (흔히 *pl.*) 산기슭의 작은 언덕.

***fóot·hòld** *n.* Ⓒ 발판; 거점.

‡**foot·ing**[⌐iŋ] *n.* Ⓤ 발밑, 발판; 입장; 확고한 지반; 지위; 관계; 합계; 〖舞〗 스텝 밟기; 〖軍〗 편제, 정원.

fóot-in-móuth *a.* 《口》 실언의, 걸핏하면 실언하는.

foo·tle[fú:tl] 《俗》 *n.* Ⓤ 바보 같은 일. ― *vi.* 바보 같은 소리하다, 바보 같은 짓을 하다(*about, around*); 일을 적당히 하다.

foot·less[fútlis] *a.* ① 발이 없는; 근거가 없는. ② 《口》 맥시 없는.

***fóot·lìghts** *n. pl.* 풋라이트, 각광; 무대; 배우 직업.

foot·ling[⌐liŋ] *a.* 《口》 바보 같은, 시시한.

fóot·lòcker *n.* Ⓒ 《美》 (침대 곁에 두는 군인의) 사물함.

fóot-lòose *a.* 가고 싶은 곳에 갈 수 있는, 자유로운.

***foot·man**[–mən] *n.* Ⓒ (제복 입은) 종복.

***fóot·màrk** *n.* Ⓒ 발자국(footprint).

fóot·mùff *n.* Ⓒ (보온용) 발싸개.

***fóot·nòte** *n.* Ⓒ 각주(脚註).

fóot·pàce *n.* Ⓒ ① 보통 걸음(속도). ② 연단; (층계의) 층계참.

fóot·pàd *n.* Ⓒ (도보의) 노상 강도; (우주선의) 연착륙용 각부.

fóot pàssenger 보행자, 통행인.

fóot·pàth *n.* Ⓒ 작은 길.

fóot-póund *n.* Ⓒ 〖理〗 피트파운드 《일의 양의 단위》.

***fóot·prìnt** *n.* Ⓒ 발자국.

fóot ràil (의자·책상의) 발걸이.

fóot·rèst *n.* Ⓒ (이발소 의자 등의) 발판.

fóot rùle 피트 자.

fóot·scràper *n.* Ⓒ (현관 따위의) 신발 흙털개.

fóot sòldier 보병.

fóot·sòre *a.* 발병 난.

fóot·stàll *n.* Ⓒ 주춧돌.

fóot stàmping 제자리 걸음.

‡**fóot·stèp** *n.* Ⓒ 걸음걸이; 발소리; 보폭(步幅); 발자국.

fóot·stòol *n.* Ⓒ 발판, 발받침.

fóot·wèar *n.* Ⓤ 신는 것《양말·신발·슬리퍼 따위》.

***fóot·wòrk** *n.* Ⓤ 발놀림; (기자 등의) 걸어다니는 취재.

foo·zle[fú:zəl] *n., vt., vi.* Ⓒ 실책(을 하다); 〖골프〗 잘못침〔치다〕.

fop[fɑp/-ɔ-] *n.* Ⓒ 멋쟁이 (남자). **⌐·per·y** *n.* Ⓤ,Ⓒ 멋(부림). **⌐·pish** *a.* 멋부린.

†**for**[強 fɔ:r, 弱 fər] *prep.* ① …대신, …을 대표하여; …을 향하여(*start ~ London*). ② 《이익·목적》 …을 위해(*go ~ a walk*). ③ 《이유·원인》 …때문에, …로 인하여(*dance ~ joy*). ④ 《의도·용도》 …을 위한(*books ~ children*). ⑤ 《시간·거리》 …동안, 사이(*~ a long time*). ⑥ 《관련》 …의 점에서, …에 비해서(*clever ~ his age*). ⑦ …을 지지하여, …을 위해서(*vote ~ him*); …로서(*choose him ~ a leader*). ⑧ …에도 불구하고(*~ all his wealth*). ⑨ 매(每) …에(*ten dollars ~ a day*). ⑩ …을 추구하여(*desire ~ fame*). ⑪ …에 대해서, …의 분(分)으로서(*another plan ~ tomorrow*). ***as ~ me*** 나로서는. ***~ all*** …에도 불구하고. ***~ all I care*** 내가 알 바 아니다. ***~ all I know*** 아마 …일 것이다. ***~ good*** (***and all***) 영원히. ***~ my part*** 나로서는. ***~ once*** 이번만은. ***~ oneself*** 자기를 위해서; 혼자 힘으로; 독립해서. ***~ one thing*** 하나는; 일례를 들면. ***I, ~ one*** 나(같은 사람)도. ― *conj.* 까닭인즉〔왜냐하면〕 …이니까.

F.O.R., f.o.r. free on rails 〖商〗 철도〔화차〕 인도(引度).

***for·age**[fɔ́:ridʒ, -ɑ́-/-ɔ́-] *n.* Ⓤ 꼴; 마초 징발; 식량을 찾아 헤맴. ― *vt., vi.* 식량을〔마초를〕 주다〔찾아다니다〕; 찾아다니다; 약탈하다.

for·as·much [fɔ̀:rəzmʌ́tʃ/fərəz-] *conj.* 《雅·古》 ~ ***as*** …인 까닭에.

for·ay[fɔ́:rei/fɔ́r-] *n., vt., vi.* Ⓒ 침략〔약탈〕(하다).

***for·bade**[fərbéid], **-bad**[-bǽd] *v.* forbid의 과거.

‡**for·bear**[1] [fɔ:rbέər] *vt., vi.* (***-bore; -borne***) (감정을) 억누르다; 참다.

***~·ance**[-bέərəns] *n.* Ⓤ 자제, 인내; 〖法〗(권리 행사의) 보류.
for·bear[2][fɔ́:rbὲər] *n.* = FOREBEAR.
⁑**for·bid**[fərbíd] *vt.* (*-bad(e); -bidden; -dd-*) 금하다; (사용을) 금지하다; (들어가는 것을) 허락하지 않다; 방해하다. ***God*** 〔***Heaven***〕 ***~!*** 당치도 않다, 단연코 아니다. **~·ding** *a.* 싫은; (장소·가격 등) 가까이하기 어려운; (인상 등이) 험상궂은.
⁑**for·bid·den**[-n] *v.* forbid의 과거분사. ― *a.* 금지된, 금단의.
Forbídden Cíty, the 금단의 도시 《북경의 자금성(紫禁城)》.
forbídden degrée 〖法〗 금혼 촌수.
forbídden frúit 금단의 열매《아담과 이브가 따 먹고 에덴 동산에서 쫓겨남》; 불의(不義)의 쾌락.
forbídden gróund 금역(禁域), 성역; 금물인 화제(話題).
***for·bore**[fɔ:rbɔ́:r] *v.* forbear[1]의 과거.
***for·borne**[-n] *v.* forbear[1]의 과거분사.
†**force**[fɔ:rs] *n.* ① Ⓤ 힘. ② Ⓤ 완력, 폭력; 무력. ③ Ⓒ (종종 *pl.*) 경찰대; 군대. ④ Ⓤ 지배력; 압력; 효력. ⑤ Ⓤ (어구의) 참뜻. ⑥ Ⓒ (어떤) 그룹, 집단. ⑦ Ⓤ (법률·협정 등의) 실시, 시행. ⑧ Ⓤ 〖理〗 힘, 에너지(*centrifugal ~* 원심력). ***by ~ of*** …에 의해서. ***come into ~*** (법률이) 시행되다. ***in ~*** 시행중; 대거(大擧). ― *vt.* 폭력을 가하다; 억지로 …시키다; 강제로 내게 하다; 강탈하다; 무리로 열다〔통과하다〕; (미소 따위를) 억지로 짓다; 〖카드〗 으뜸패를 내게 하다, (어떤 패를) 떼어 놓게 하다; 촉성 재배하다. **~·ful** [⌐fəl] *a.* 힘 있는, 힘찬, 세찬. **⌐-ful·ly** *ad.*
forced**[fɔ:rst] *a.* 강제의; 억지로 지은〔만든〕; 억지의. ***~ smile 억지웃음. **forc·ed·ly**[fɔ́:rsidli] *ad.*
fórced lánding 불시착.
fórced márch 강행군.
fórce ma·jéure[-məʒɔ́:r] (강국의 약소국에 대한) 압력; 〖法〗 불가항력 《계약 불이행이 허용되는》.
fórce·mèat *n.* Ⓤ (소로 쓰이는) 양념한 다진 고기.
fórce of hábit 습관의 힘, 타성.
fórce-òut *n.* Ⓒ 〖野球〗 봉살(封殺).
for·ceps[fɔ́:rsəps, -seps] *n. sing. & pl.* 핀셋(pinsette), 겸자(鉗子).
fórce pùmp 밀펌프, 무자위.
***for·ci·ble**[fɔ́:rsəbəl] *a.* 강제적인; 강력한; 유효한; 설득력 있는. ***-bly** *ad.*
fórcing bèd 〔**hòuse**〕 (촉성 재배용) 온상〔온실〕.
***Ford**[fɔ:rd], **Gerald R.**(1913-) 미국 38대 대통령(재직 1974-77); **Henry**(1863-1947) 미국의 자동차 제작자.
ford[fɔ:rd] *n., vt.* Ⓒ 여울(을 걸어서 건너다).
fore**[fɔ:r] *a., ad.* 전방〔앞쪽〕의〔에〕. ― *n.* (the ~) 전방, 앞쪽, 전면. ***to the ~ 전면에; 눈에 띄는 곳에; 곧 도움되어〔이용할 수 있는〕; 살아 있어.
fore-[fɔ:r] *pref.* before의 뜻: *fore*arm, *fore*father.
fóre·àrm[1] *n.* Ⓒ 팔뚝.
fòre·árm[2] *vt.* 미리 무장〔준비〕하다.
fóre·bèar *n.* Ⓒ (보통 *pl.*) 조상.
fore·bode[fɔ:rbóud] *vt.* 전조를 보이다; 예감이 들다. **-bód·ing** *n.* Ⓤ,Ⓒ 전조; 예감.
fóre·bràin *n.* Ⓒ 〖解〗 전뇌(前腦).
⁑**fore·cast**[fɔ́:rkæ̀st/-à:-] *n., vt.* (*~, ~ed*) Ⓒ 예상〔예보·예정〕(하다).
fore·cas·tle[fóuksəl] *n.* Ⓒ (군함의) 앞갑판; (상선의) 선수루(船首樓) (안의 선원실); 선수루 갑판.
fore·close[fɔ:rklóuz] *vt.* 못들어오게 하다, 방해하다; (저당권 설정자를) 배제하다. ― *vi.* 유전(流典) 처분하다. **fore·clo·sure**[-klóuʒər] *n.* Ⓤ,Ⓒ 저당물 환수권 상실, 유전.
fòre·dóom *vt.* 미리 운명을 정하다.
⁑**fóre·fàther** *n.* Ⓒ (보통 *pl.*) 조상.
Fórefathers' Dày 《美》 청교도 상륙 기념일《12월 21일》.
***fóre·fìnger** *n.* Ⓒ 집게손가락.
fóre·fòot *n.* (*pl.* ***-feet***) Ⓒ 앞발; 〖海〗 용골(龍骨)의 앞부분.
fóre·frònt *n.* (the ~) 맨 앞, 최전부(最前部); 최전방〔선〕.
fòre·gáther *vi.* =FORGATHER.
fòre·gó[1] *vt., vi.* (***-went; -gone***) 선행하다. ***~ing** *a.* 앞의; 전술한.
fóre·gò[2] *vt.* =FORGO.
fóre·gòne *v.* forego의 과거분사. ― *a.* 기왕의.
fóregone conclúsion 처음부터 알고 있는 결론; 필연의〔불가피한〕 결과.
***fóre·gròund** *n.* (the ~) 전경(前景); 가장 두드러진 지위〔위치〕.
fóre·hànd *a., n.* Ⓒ 〖테니스〗 정타(正打)(의); 최전부의; 선두의. **~-ed** *a.* 〖테니스〗 정타의; 장래에 대비한; 검약한; 유복한.
⁑**fore·head**[fɔ́:rid, fɔ́:rhèd/fɔ́rid, -red] *n.* Ⓒ 이마; 앞부분, 전부(前部).
†**for·eign**[fɔ́(:)rin, -á-] *a.* 외국의; 외래의; 이질의; 관계 없는. **⁑~·er** *n.* Ⓒ 외국인.
fóreign affáirs 외무; 국제 관계.
Fóreign Affáirs Commìttee, the 《美》 하원 외교 위원회.
fóreign áid 해외 원조.
fóreign-bòrn *a.* 외국 태생의.
fóreign exchánge 외국환.
fóreign légion 외인 부대.
fóreign mìnister 외무장관, 외상.
Fóreign Òffice 《英》 외무성.
fóreign resérve 〖經〗 외화 준비(금).
fóreign tráde bàlance 해외 무역 수지.
fóreign tráde zòne 《美》 외국 무역 지대(free port).
fòre·júdge *vt.* 미리 판단하다.
fòre·knów *vt.* (***-knew; -known***)

미리 알다.
fòre·knówledge *n.* Ⓤ 예지(豫知).
fóre·lànd *n.* Ⓒ 곶(cape); 전면의 토지.
fóre·lèg *n.* Ⓒ 앞다리.
fóre·lòck *n.* Ⓒ 앞머리. ***take time*** [***opportunity***] ***by the*** ~ 기회를 잡다.
*__fore·man__[⌐mən] *n.* Ⓒ (노동자의) 십장, 직공장; 배심장(陪審長).
fóre·màst *n.* Ⓒ 앞돛대.
:**fóre·mòst** *a., ad.* 맨앞의[에]; 일류의.
*__fóre·nòon__ *n.* Ⓒ 오전.
fo·ren·sic[fərénsik] *a.* 법정의; 토론의.
forénsic médicine 법의학.
fòre·ordáin *vt.* (…의) 운명을 미리 정하다.
fóre·pàrt *n.* Ⓒ 앞 부분.
fóre·pàw *n.* Ⓒ 앞발.
fòre·rán *v.* forerun의 과거.
fòre·rún *vt.* (***-ran; -run; -nn-***) 앞장서다; 앞지르다; 예고하다. *~·**ner** *n.* Ⓒ 선구자; 전조; 선인; 선조.
fore·said[fɔ́:rsed] *a.* 전술한.
fore·sail[fɔ́:rsèil, (海)-sl] *n.* Ⓒ (가로 돛배의) 앞돛대 (맨밑의) 큰 돛; (스쿠너의) 앞돛대의 세로돛.
fore·saw[fɔ:rsɔ́:] *v.* foresee의 과거.
:**fore·see** [-sí:] *vt., vi.* (***-saw; -seen***) 예견하다, 미리 알다. ~·**ing** *a.* 선견지명이 있는. ~·**ing·ly** *ad.*
*__fore·seen__[-sí:n] *v.* foresee의 과거분사.
fòre·shádow *vt.* 예시하다.
fóre·shòre *n.* (the ~) 물가《간조선과 만조선과의 사이》.
fòre·shórten *vt.* 원근법에 따라 그리다; (…을) 단축하다.
fòre·shów *vt.* (***-showed; -shown***) 예시하다.
*__fóre·sìght__ *n.* Ⓤ 선견(지명); 심려(深慮); 전망. ~**ed** *a.* 선견지명이 있는.
fóre·skìn *n.* Ⓒ 〖解〗 포피(包皮) (prepuce).
†**for·est**[fɔ́(:)rist, -á-] *n.* Ⓤ,Ⓒ 숲, 삼림(의 수목). — *vt.* 식림(植林)하다, 숲으로 만들다. ~·**er** *n.* Ⓒ 산림 관리자, 산감독; 삼림 거주자. ~·**ry** *n.* Ⓤ 임학; 임업; 산림 관리(법); 산림(지).
fòre·stáll *vt.* 앞지르다, 선수 쓰다; 매점(買占)하다.
for·est·a·tion[fɔ̀(:)ristéiʃən, -à-] *n.* Ⓤ 식림(植林).
fórest fìre 산불.
fórest presèrve [**resèrve**] 보호림.
fórest ránger 《美》 산림 경비원.
fóre·tàste *n.* (a ~) 시식(試食); 기대, 예상. — [−⌐] *vt.* 시식하다; 미리 맛보다; 예기하다.
:**fore·tell**[fɔ:rtél] *vt., vi.* (***-told***) 예고[예언]하다.
fóre·thòught *n.* Ⓤ 사전의 고려, 심려(深慮).
fore·time[fɔ́:rtàim] *n.* Ⓤ 이전, 왕년, 과거.
fóre·tòken *n.* Ⓒ 전조, 조짐. — [⌐⌐] *vt.* (…의) 전조가 되다.
*__fore·told__[fɔ:rtóuld] *v.* foretell의 과거(분사).
fóre·tòp *n.* Ⓒ 〖海〗 앞돛대의 장루(檣樓).
†**for·ev·er**[fərévər] *ad.* 영원히, 언제나. ~·**more**[−⌐−mɔ́:r] *ad.* 앞으로 영원히.
fòre·wárn *vt.* 미리 경계[경고]하다.
fòre·wént *v.* forego의 과거.
fóre·wòman *n.* Ⓒ 여성 직공장; 여성 배심원장.
fóre·wòrd *n.* Ⓒ 머리말, 서문.
*__for·feit__[fɔ́:rfit] *n.* ① Ⓒ 벌금; 몰수물. ② (*pl.*) 벌금놀이. — *vt., a.* 상실하다; 몰수되다[된]. **for·fei·ture**[-fətʃər/-fi-] *n.* Ⓤ 상실; 몰수; Ⓒ 몰수물, 벌금.
for·fend[fɔ:rfénd] *vt.* 지키다, 방호하다; 《古》 피하다.
for·gat[fərgǽt] *v.* 《古》 forget의 과거.
for·gath·er[fɔ:rgǽðər] *vt.* 모이다; (우연히) 만나다; 교제하다.
*__for·gave__[fərgéiv] *v.* forgive의 과거.
*__forge__[1][fɔ:rdʒ] *n.* Ⓒ 용광로; 제철소, 대장간. — *vt.* (쇠를) 불리다; (계획·허위 따위를 짜서) 꾸며내다; (문서·남의 서명을) 위조하다; (사기를 목적으로) 남의 이름을 서명하다. **fórg·er** *n.* Ⓒ 위조자. **fór·ger·y** *n.* Ⓤ 위조; 문서 위조죄; Ⓒ 위조물.
forge[2] *vt.* 서서히 나아가다.
†**for·get** [fərgét] *vt.* (***-got,*** 《古》 ***-gat; -got(ten); -tt-***) (두고) 잊어버리다; 게을리하다. ~ ***oneself*** 몰두하다; 제분수를 잊다; 부주의한 짓[말]을 하다. *~·**ful** *a.* 잘 잊는; 잊고(*of*). ~·**ful·ly** *ad.* *~·**ful·ness** *n.*
fórget-me-nòt *n.* Ⓒ 물망초《Alaska의 주화(州花)》.
:**for·give**[fərgív] *vt.* (***-gave; -given***) 용서하다; (빚을) 탕감하다, 삭치다. *~·**ness** *n.* Ⓤ 용서, 면제, 관대(함). **for·gív·ing** *a.*
for·giv·en[-ən] *v.* forgive의 과거분사.
for·go[fɔ:rgóu] *vt.* (***-went; -gone***) 없이 때우다(do without); 절제하다; 삼가다; 끊다.
†**for·got**[fərgát/-ɔ́-] *v.* forget의 과거분사.
†**for·got·ten**[fərgátn/-ɔ́-] *v.* forget의 과거분사.
:**fork**[fɔ:rk] *n.* Ⓒ 포크; 쇠스랑; (나무의) 아귀, 갈래; (도로·강의) 분기점. — *vt.* 갈라지게 하다; (마른 풀 따위를) 쇠스랑으로 던지다[떠 올리다]. ~**ed**[-t] *a.* 갈라진, 아귀진, 아귀 모양의.
fórked tóngue 일구 이언.
fórk·lìft *n.* Ⓒ 포크리프트《짐을 들어

올리는 크레인》. ～ ***truck*** 포크리프트 차.

·**for·lorn**[fərlɔ́:rn] *a.* 버림받은, 고독한; 비참한, 절망적인.

forlórn hópe 허망한 기대; 절망적 기도, 결사적 행동.

†**form**[fɔ:rm] *n.* ① Ⓒ,Ⓤ 모양; 외형; Ⓒ (사람의) 모습; (사람의) 몸매; (경기자 등의) 폼. ② Ⓒ,Ⓤ (일정한) 형식, 방식, 형; 〚컴〛 틀, 형식; Ⓒ 서식; (기입) 용지; 종류. ③ Ⓤ (문예 작품 등의) 표현 형식, 형식; 예식, 예절. ④ Ⓤ 〚哲〛 (내용에 대한) 형식. ⑤ Ⓤ 심신의 상태. ⑥ Ⓒ 〚文〛 형태, 어형; 《英》(public school 따위의) 학급; 〚印〛 조판; 《英》(등널 없는) 긴의자. ***for ～'s sake*** 형식상. ***good*** 〔***bad***〕 ～ 예의〔무례〕. ***in due*** ～ 정식으로. — *vt.* 형성하다, 만들다; 설립〔조직〕하다; 생기게 하다; (습관을) 붙이다; 〚文〛 꾸미다; 〚軍〛 (대열을) 짓다(～ *a line,* 1줄로 서다/ ～ *fours,* 4열을 짓다). — *vi.* 형성되다; 생기다; 대형이 되다. ∠·**less** *a.* 모양이 없는, 무정형의.

:**for·mal**[fɔ́:rməl] *a.* 모양의, 형식〔외형〕상의; 정식의; 의례적인; 딱딱한; 규칙 바른; 형식적인; 형식을 갖춘〔뿐인〕; 〚論〛 형식의; 〚哲〛 본질적인. ～ ***object*** 〔***subject***〕 〚文〛 형식 목적어〔주어〕. ～·**ism**[-ìzəm] *n.* Ⓤ 형식주의. ～·**ist** *n.* ～·**ize** *vt.* 정식〔형식적〕으로 하다; 형식화하다. *～·**ly** *ad.*

form·al·de·hyde [fɔ:rmǽldəhàid] *n.* Ⓤ 〚化〛 포름알데히드.

For·ma·lin[fɔ́:rməlin] *n.* Ⓒ 〚商標〛 포르말린《살균·방부제》.

·**for·mal·i·ty**[fɔ:rmǽləti/-li-] *n.* Ⓤ 형식 존중; 딱딱함; Ⓒ 형식적 행위; (*pl.*) 정식의 절차; 의식.

for·mat[fɔ́:rmæt] *n.* Ⓒ (책의) 체재, 형, 판; (방송 프로의) 구성; 〚컴〛 틀잡기, 형식, 포맷. — *vt.* (*-tt-*) 〚컴〛 포맷에 넣다.

:**for·ma·tion**[fɔ:rméiʃən] *n.* ① Ⓤ 형성; 조직; 구조, 배치. ② Ⓤ,Ⓒ 〚軍〛 대형. ③ Ⓒ 형성물; 〚地〛 층.

form·a·tive[fɔ́:rmətiv] *a.* 형성하는; 구성하는, 발달의; 〚文〛 말을 구성하는. — *n.* Ⓒ (말의) 구성 요소 《접두〔접미〕사 따위》.

†**for·mer**[fɔ́:rmər] *a.* 앞의, 이전의. ***the*** ～ 전자(opp. the latter). :～·**ly** *ad.* 「《옷》.

fórm·fitting *a.* 《美》 몸에 꼭 끼는

for·mic[fɔ́:rmik] *a.* 개미의; 〚化〛 개미산(酸)의.

For·mi·ca [fɔ:rmáikə] *n.* Ⓤ 〚商標〛 포마이커《가구 따위의 표면에 바르는 강화 합성 수지》.

fórmic ácid 개미산(酸).

·**for·mi·da·ble**[fɔ́:rmidəbəl] *a.* 만만찮은, 무서운. -**bly** *ad.*

fórm lètter 같은 글의 편지《인쇄·복사된》.

For·mo·sa [fɔ:rmóusə] *n.* 대만. -**san** *a., n.* 대만의; Ⓒ 대만 사람(의); Ⓤ 대만어(의).

:**for·mu·la**[fɔ́:rmjələ] *n.* (*pl.* ～*s, -lae*[-lì:]) Ⓒ 일정한 형식; 〚數·化〛 식, 공식; 법식; 처방; 상투어.

for·mu·lar·y[-lèri/-ləri] *a.* 방식의. — *n.* Ⓒ 제문집(祭文集); (약제의) 처방집; 상투어; 처방(서).

·**for·mu·late**[fɔ́:rmjəlèit] *vt.* 공식으로 나타내다, 공식화하다. *-**la·tion** [∸-éiʃən] *n.*

fórm wòrd 〚文〛 =FUNCTION WORD.

for·ni·cate[fɔ́:rnəkèit] *vi.* (미혼자와) 간통하다(*with*). -**ca·tion**[∸-kéiʃən] *n.*

for-prófit *a.* 영리 목적의, 이익 추구의.

:**for·sake** [fərséik] *vt.* (*-sook; -saken*) (친구를) 저버리다; (습관·신앙을) 버리다.

·**for·sak·en**[-ən] *v.* forsake의 과거분사. — *a.* 버림받은; 고독한.

·**for·sook**[fərsúk] *v.* forsake의 과거.

for·sooth[-sú:θ] *ad.* 《비꼬아》 참말이지, 정말.

for·swear, fore-[fɔ:rswɛ́ər] *vt.* (*-swore; -sworn*) 맹세코 끊다〔부인하다〕. ～ ***oneself*** 거짓 맹세하다. — *vi.* 거짓 맹세하다.

for·sworn[-swɔ́:rn] *v.* forswear의 과거분사. — *a.* 거짓 맹세의.

for·syth·i·a [fərsíθiə, fɔ:r-, -sáiθiə] *n.* Ⓤ 〚植〛 개나리.

:**fort**[fɔ:rt] *n.* Ⓒ 보루(堡壘), 성채.

forte[fɔ:rt] *n.* Ⓒ 장점, 장기(長技).

for·te [fɔ́:rtei, -ti] *a., ad.* (It.) 〚樂〛 강음의; 세게.

†**forth**[fɔ:rθ] *ad.* 앞으로; 보이는 곳에, 밖으로; …이후. ***and so*** ～… 등등. ***come*** ～ 나타나다. ***from this day*** ～ 오늘 이후. ***right*** ～ 즉시. ***so far*** ～ 거기까지는, 그만큼은.

·**forth·com·ing**[fɔ̀:rθkʌ́miŋ] *a.* 곧 나오려고〔나타나려고〕 하는; 준비돼 있는.

·**fórth·rìght** *ad.* 솔직히; 똑바로.

forth·with[-wíθ, -wíð] *ad.* 당장, 즉시.

·**for·ti·eth**[fɔ́:rtiiθ] *n., a.* Ⓤ 제 40(의); Ⓒ 40분이 1(의).

·**for·ti·fi·ca·tion** [fɔ̀:rtəfikéiʃən/-ti-] *n.* ① Ⓤ 방비; 축성(築城)(학). ② Ⓒ (보통 *pl.*) 방비 시설, 요새. ③ Ⓤ (음식 영양가의) 강화.

·**for·ti·fy**[fɔ́:rtəfài/-ti-] *vt.* 강〔견고〕하게 하다; 방어 공사를 하다; (영양가·알코올 성분을) 높이다(enrich); (설(說)을) 뒷받침하다. ～ ***oneself*** 몸을 지키다, 기운을 북돋다. -**fied** *a.* 방비된. ***fortified zone*** 요새 지대.

for·tis·si·mo[fɔ:rtísəmòu] *a., ad.* (It.) 〚樂〛 매우 센〔세게〕.

·**for·ti·tude**[fɔ́:rtətjù:d] *n.* Ⓤ 용기, 불굴의 정신.

·**fort·night** [fɔ́:rtnàit] *n.* Ⓒ 《주로

F

英》 2주간, 14일. **~·ly** *a., ad., n.* 2주간마다(의); Ⓒ 격주 간행물.
FORTRAN, For·tran[fɔ́:rtræn] *n.* Ⓤ 〖컴〗 포트란《과학 기술 계산 프로그램 용어》(<*for*mula *tran*slation).
:for·tress[fɔ́:rtris] *n.* Ⓒ (대규모의) 요새(要塞); 《一般》 안전 지대.
for·tu·i·tous[fɔ:rtjú:ətəs] *a.* 우연(발생)의. **~·ly** *ad.* **-ty** *n.* Ⓤ 우연(성); Ⓒ 우발 사건.
:for·tu·nate[fɔ́:rtʃənit] *a.* 행운의[을 갖다 주는]. **:~·ly** *ad.*
:for·tune[fɔ́:rtʃən] *n.* Ⓤ 운(명); 행운; 부, 재산; Ⓒ (재산으로 인한) 사회적 지위; (F-) 운명의 여신. ***have ~ on one's side*** 운이 트이다. ***seek one's ~*** 입신 출세의 길을 찾다. ***spend a small ~ on*** 《俗》 …에 큰돈을 들이다.
fórtune hùnter 재산을 노리고 결혼하려는 사람.
fórtune·tèller *n.* Ⓒ 점쟁이.
fórtune·tèlling *n.* Ⓤ 점.
†for·ty[fɔ́:rti] *n., a.* Ⓤ,Ⓒ 40(의).
fòrty-fíve *n.* Ⓤ,Ⓒ 45; Ⓒ 《美俗》 45구경 권총《보통 .45라고 씀》; Ⓒ 45회전 레코드《EP판》.
for·ty-nin·er[⌐náinər] *n.* Ⓒ 〖美史〗 1849년 California로 금광을 찾아간 사람.
fórty wínks 《口》 낮잠.
·fo·rum [fɔ́:rəm] *n.* (*pl.* **~s, -ra** [-rə]) Ⓒ ① (고대 로마의) 공회(公會)의 광장. ② 법정. ③ (공개·TV 등의) 토론회.
†for·ward [fɔ́:rwərd] *ad.* 앞으로; 앞에. ***from this day ~*** 오늘 이후. ― *a.* 전방의; 급진적인; 진보적인; 올된, 조숙한; 자진하여 …하는; 주제넘은; 〖商〗 선물(先物)의. ― *n.* Ⓤ,Ⓒ (축구 따위의) 전위, 포워드; =⌐ **páss** 〖蹴〗 포워드 패스. ― *vt.* 촉진하다; (우편물을) 회송하다; 발송하다. **~s**[-z] *ad.* =FORWARD. **~·er** *n.* Ⓒ 운송업자. **~·ing** *n.* Ⓤ,Ⓒ 추진; 회송. ***~ing agent*** 운송업자.
fórward-lòoking *a.* 앞을 향한; 적극[진보]적인.
for·went[fɔ:rwént] *v.* forgo의 과거.
fos·sa[fásə/-ɔ́-] *n.* (*pl.* **-sae**[-si:]) Ⓒ 〖解〗 와(窩). 「도랑; 운하.
foss(e)[fɔ:s, fas/fɔs] *n.* Ⓒ 해자;
·fos·sil[fásl/-ɔ́-] *n., a.* Ⓒ 화석(의); 《口》 시대에 뒤진 (사람). **~·ize** [-səlàiz] *vt., vi.* 화석이 되(게 하)다; (*vt.*) 시대에 뒤지게 하다; (*vi.*) 화석 채집을 하다. **~·i·za·tion**[fàsəlizéiʃən/fɔ̀silai-] *n.* Ⓤ 화석화.
:fos·ter[fɔ́:stər, -á-/-ɔ́-] *vt.* 기르다, 양육하다; 돌보다, (생장·발달 따위를) 촉진하다; (희망·사상·증오 따위를) 마음속에 키우다[품다]. ― *a.* (혈연이 아닌) 양육 관계의.
·Fos·ter, Stephen Collins(1825-64) 미국의 작곡가.
fóster bróther [**sístar**] 젖형제[자매].
fóster chíld [**párents**] 양자[양부모]. 「자].
fóster dáughter [**són**] 양녀[양
fóster fáther [**móther**] 양부[양모].
fos·ter·ling[fɔ́:stərliŋ] *n.* Ⓒ 양자.
:fought[fɔ:t] *v.* fight의 과거(분사).
:foul [faul] *a.* 더러운; 악취 있는; 〖海〗 (닻줄이) 엉클어진; (검댕 따위가) 꽉 막힌; (날씨가) 나쁜, 궂은; 역풍의; 상스런, 야비한; 심히 불쾌한; (경기에서) 반칙의; 사악한; (배가 암석·다른 배 따위에) 부딪친; 〖野〗 파울의. ― *ad.* 부정하게. ***fall*** [***go, run***] ***~ of*** …와 충돌하다, 부딪다; 싸우다. ― *n.* Ⓒ 〖海〗 가벼운 충돌; (경기의) 반칙; 〖野〗 파울. ― *vt., vi.* 더럽히다, 더러워지다; 엉키(게 하)다; (…에) 충돌하다; 반칙하다. **⌐·ly** *ad.* **⌐·ness** *n.*
fóul báll 〖野〗 파울볼.
fóuled-ùp *a.* 《口》 잘못 다룬; 혼란된, 엉망진창인.
fóul lìne 〖野〗 파울선(線)[라인].
fóul-móuthed *a.* 입이 건.
fóul pláy (경기의) 반칙; 부정 행위.
fóul-spóken *a.* =FOUL-MOUTHED.
fóul típ 〖野〗 파울팁. 「사).
†found[1] [faund] *v.* find의 과거(분
:found[2] *vt.* (…의) 기초를 두다; 창설하다; 근거로[의거] 하다(*on, upon*). **:⌐·er** *n.* Ⓒ 창설자; 시조.
found[3] *vt.* 주조(鑄造)하다(cast). **⌐·er** *n.*
:foun·da·tion[faundéiʃən] *n.* ① Ⓒ 토대. ② Ⓒ,Ⓤ 기초; 근거. ③ Ⓤ 창설. ④ Ⓒ 기금; (기금에 의한) 설립물, 재단. ⑤ Ⓒ 코르셋류(類). ⑥ Ⓤ 기초 화장, 파운데이션. **~·er** [-ər] *n.* Ⓒ 《英》 장학생. 「교.
foundátion schòol 재단 설립 학
foundátion stòne 주춧돌, 초석.
:found·er[1][fáundər] *n.* ⇨FOUND[1.2].
found·er[2] *vi.* (둑·건물 따위가) 무너지다; 넘어지다; (배가) 침수되어 침몰하다; (말이) 쓰러지다, 절름발이가 되다; 실패하다. ― *vt.* 침몰시키다; (말을) 쓰러뜨리다.
found·ling[fáundliŋ] *n.* Ⓒ 기아(棄兒); 주운 아이. ***~ hospital*** 기아 보호소, 고아원.
found·ress [fáundris] *n.* Ⓒ 여성 창립자.
found·ry[fáundri] *n.* Ⓒ 주조장(鑄造場); Ⓤ 주조법.
fóundry ìron 주철(鑄鐵).
fóundry pròof (정판(整版) 전의) 최종 교정쇄.
fount[1][faunt] *n.* Ⓒ 《雅》 샘(fountain); 원천.
fount[2] *n.* 《英》 =FONT[2].
:foun·tain[fáuntin] *n.* Ⓒ 샘; (음용) 분수; 원천; 〖機〗 기름통; 〖印〗 잉크 통.
fóuntain·hèad *n.* Ⓒ 수원; 근원.
:fóuntain pèn 만년필.
†four[fɔ:r] *n., a.* Ⓤ,Ⓒ 4(의). ***on all***

~s 네 발로 기어; 꼭 들어 맞아 (with). 「(homer).
fóur-bágger n. Ⓒ 《野俗》 홈런
fóur-diménsional a. 4차원의.
fóur-èyed a. 네 눈의; 안경을 쓴.
fóur·flùsher n. Ⓒ 《口》 허세를 부리는 사람.
fóur·fòld a., ad. 4중[배]의[(으)로].
fóur-fóoted a. 네발 달린.
four fréedoms, the 4개의 자유 《1941년 미국 대통령 F. D. Roosevelt가 선언한 인류의 기본적 자유》.
fóur·hánd(ed) a. 4사람이 하는; (피아노에서) 연탄(連彈)의.
Fóur-H clùb 4H 클럽《'head, hand, heart, health'를 모토로 하는 농촌 청년 교육 기관》.
Fóur Húndred, f- h-, the 《美》 지역 사회의 엘리트, 상류 사회(사람들)《400이라고도 씀》.
fóur-in-hànd n. Ⓒ 4두 마차; 매듭 넥타이. 「로버.
fóur-lèaf clóver[-lìːf-] 네 잎 클
fóur-lètter wórd 4글자 말《비속한 말》.
fóur-o'clòck n. Ⓒ ① 〖植〗 분꽃. ② 〖鳥〗 (오스트레일리아산의) 밀식조(蜜食鳥).
fóur-pàrt a. 4부(합창)의.
fóur·pènny a. 4펜스의.
fóur·póster n. Ⓒ (커튼 달린) 4기둥의 대형 침대.
fóur·scóre n. Ⓤ 80; Ⓒ 80개; 80살. ~ **and ten,** 90.
fóur-séater n. Ⓒ 4인승.
four·some[⌐səm] n. Ⓒ 〖골프〗 포섬《4인이 2조로 나뉨》; 그것을 하는 4사람; 4인조. 「한.
fóur·squáre a. 4각의; 솔직[견고]
fóur-stár(red) a. 4성(星)의.
†**four·teen**[fɔ́ːrtíːn] n., a. Ⓤ,Ⓒ 14(의), Ⓤ 14세(의), 14명. *-**téenth** n., a. Ⓤ 제14(의), 열넷째(의); Ⓒ 14분의 1(의).
†**fourth**[fɔːrθ] n., a. Ⓤ 제4[넷째](의); Ⓒ 4분의 1(의). ***the F- of July*** 미국 독립 기념일《7월 4일》. ⌐**·ly** ad. 넷째로.
fóurth-cláss a., ad. 《美》 4종 우편물의[로].
fóurth diménsion, the 제4차원.
fóurth estáte, the 신문계, 언론계(the press), 저널리즘.
fóurth márket 《美》 〖證〗 장외(場外) 시장.
4WD four-wheeled drive 4륜 구동 방식. 「구동의.
fóur-whéeled a. 4륜(식)의; 4륜
fóur-whéeler n. Ⓒ 4륜 마차.
:**fowl**[faul] n. (pl. ~s, 《집합적》 ~) Ⓒ 닭; 가금(家禽); Ⓤ 닭[새]고기; Ⓒ 《古》 새. ***barn-door*** ~ 닭. — vi. 들새를 잡다. ⌐**·er** n. Ⓒ 들새 사냥꾼. ~**·ing**[⌐iŋ] n. Ⓤ 들새 사냥, 새사냥.
fówling pìece 새총.
:**fox**[faks/-ɔ-] n. (pl. ~es, 《집합적》 ~) Ⓒ 여우; Ⓤ 여우 모피; Ⓒ 교활한 사람. — vt., vi. 속이다; 변색시키다[하다]. ⌐**·y** a. 여우같은; 교활한; 여우털빛의; 변색한. 「용》.
fóx·glòve n. Ⓒ 〖植〗 디기탈리스《약
fóx·hòle n. Ⓒ 〖軍〗 (1인 내지 3인용의 작은) 참호.
fóx·hòund n. Ⓒ 여우 사냥개.
fóx·hùnt n., vi. Ⓒ 여우 사냥(을 하다).
fóx·tàil n. Ⓒ 여우의 꼬리; 〖植〗 금강아지풀, 뚝새풀.
fóx térrier 폭스테리어《애완견》.
fóx tròt 폭스트롯; 말의 걸음걸이의 일종《walk와 trot의 중간》.
fóx-tròt vi. (-tt-) 폭스트롯을 추다 [으로 (말이) 달리다].
foy·er[fɔ́iei, fɔ́iər] n. (F.) Ⓒ (극장·호텔 따위의) 휴게실; 현관의 홀.
fp *forte piano* 〖樂〗 세게 그리고 (다음 음을) 여리게. **F.P.** fireplug.
FPC 《美》 Federal Power Commission. **fpm, f.p.m.** feet per minute. **FPO** Fleet Post Officer. **F.P.S.** Fellow of the Philological [Philosophical, Philharmonic] Society. **fps, f.p.s.** feet per second; footpound-second (system). **Fr** 〖化〗 francium. **Fr.** Father; France; Francis; *Frater* (L.=Brother); French; Friday. **fr.** fragment; franc; from.
Fra[frɑː] n. (It.) 수사(修士)의 칭호《이름 앞에 붙임》.
fra·cas[fréikəs, frǽkɑː] n. Ⓒ 싸움, 소동.
:**frac·tion**[frǽkʃən] n. Ⓒ 단편; 부분; 분수. ***complex*** [***common, vulgar***] ~ 번(繁)[보통]분수. ~**·al** a. ~**·al·ly** ad.
frac·tious[frǽkʃəs] a. 성마른; 다루기 힘든.
*__frac·ture__[frǽktʃər] n. ① Ⓤ 부숨, 파손. ② Ⓒ 갈라진 틈, 금; 〖鑛〗 단구(斷口). ③ Ⓒ 골절(骨折). — vt., vi. 부수다; 부러뜨리다; 골절하다.
*__frag·ile__ [frǽdʒəl/-dʒail] a. (cf. frail) 부서지기 쉬운; (몸이) 약한.
fra·gil·i·ty [frədʒíləti] n.
:**frag·ment**[frǽgmənt] n. Ⓒ 파편; 단편; 미완성 유고(遺稿). *-**men·tar·y**[-èri/-əri] a. 파편의; 단편적인, 조각조각난; 미완성의.
frag·men·tal [frægméntl] a. = FRAGMENTARY; 〖地〗 쇄설질(碎屑質)의.
frag·men·ta·tion[frægməntéiʃən] n. Ⓤ (폭탄·암석 등의) 파쇄; 분열, 붕괴; 〖컴〗 분편화(分片化). ~ ***bomb*** 파쇄 폭탄[수류탄].
:**fra·grant**[fréigrənt] a. 냄새가 좋은; 상쾌한. ~**·ly** ad. *__frá·grance, -gran·cy__ n. Ⓤ 방향.
:**frail**[freil] a. (cf. fragile) (체질이) 허약한; 무른; (성격이) 약한, 유혹에 빠지기 쉬운. ⌐**·ty** n. Ⓤ,Ⓒ 무름, 허약; (성격·의지의) 박약(에서 오는 과실).

F

F.R.A.M. Fellow of the Royal Academy of Music.

:**frame**[freim] *n.* ① Ⓒ 구조; 조직; 기구; 뼈대. ② Ⓤ 모양; 체격. ③ Ⓒ 액자; 테, (온상의) 틀, 프레임. ④ Ⓒ 〖映〗 (필름의) 한 화면. ⑤ Ⓒ 〖撞〗 (공을 놓는) 삼각형틀; 〖野·볼링〗 게임의 1회. ⑥ 〖컴〗 짜임, 프레임《스크린 등에 수시로 일정 시간 표시되는 정보〔화상〕; 컴퓨터 구성 단위》. **~ *of mind*** 기분. — *vt.* ① 조립하다; (…의) 형태〔뼈대〕를 만들다. ② 고안하다. ③ 틀에 맞추다; (…의) 틀이 되다. ④ 《口》 없는 죄를 씌우다, (죄를) 조작하다(*up*).

fráme hóuse 목조 가옥.

fráme-ùp *n.* Ⓒ 《口》 (아무를 죄에 빠뜨리는) 계략, 음모; 조작된 죄.

***fráme·wòrk** *n.* Ⓒ 틀, 뼈대; Ⓤ 구성, 구조, 체제.

franc[fræŋk] *n.* Ⓒ 프랑《프랑스·벨기에·스위스의 화폐 단위》; 1프랑 화폐.

†**France**[fræns, -ɑː-] *n.* 프랑스.

***fran·chise**[frǽntʃaiz] *n.* Ⓤ 선거권; Ⓒ 특권; 총판(總販)권.

Fran·cis·can [frænsískən] *a., n.* (the ~) 프란체스코회(會)의 (수사).

fran·ci·um[frǽnsiəm] *n.* Ⓤ 〖化〗 프란슘.

Franck[frɑ̃ːŋk], **César**(1822-90) 벨기에 태생의 프랑스 작곡가.

Fran·co[frǽŋkou, frɑ́ːŋ-], **Francisco**(1892-1975) 스페인의 군인·총통.

fran·co·phone[frǽŋkoufòun] *n., a.* Ⓒ 프랑스어를 하는 (사람).

fran·gi·ble[frǽndʒəbəl] *a.* 부서지기 쉬운.

Fran·glais[frɑːŋgléi] *n.* Ⓤ 프랑스어화한 영어.

Frank[fræŋk] *n.* Ⓒ 프랑크족의 사람; (서)유럽인. **∠·ish** *a., n.* Ⓤ 프랑크족의 (언어).

:**frank**[1][fræŋk] *a.* 솔직한; 숨김없는. ***to be ~ with you*** 솔직히 말하면, 사실은. — *vt.* (우편물을) 무료로 송달하다. — *n.* Ⓒ 〖英史〗 무료 배달의 서명〔특전·우편물〕. **:∠·ly** *ad.* ***∠·ness** *n.*

frank[2] *n.* 《美口》 =FRANKFURT(ER).

Frank·en·stein[frǽŋkənstàin] *n.* Ⓒ 자기를 파멸시키는 괴물이나 파괴력을 창조하는 사람《Mary Shelley의 소설 속의 주인공 이름에서》; =∠ **mònster** 저를 만든 사람을 죽이는 괴물.

***frank·furt**(**·er**) [frǽŋkfərt(ər)] *n.* Ⓒ 프랑크푸르트 소시지《쇠고기·돼지고기를 혼합한 것》.

frank·in·cense[frǽŋkinsèns] *n.* Ⓤ 유향(乳香).

fránking machìne 《英》 =POSTAGE METER.

***Frank·lin**[frǽŋklin], **Benjamin** (1706-90) 미국의 정치가·과학자.

frank·lin [frǽŋklin] *n.* Ⓒ 〖英史〗 (14-15세기의) 소(小)지주.

***fran·tic**[frǽntik] *a.* 심히 흥분한; 《古》 미친. ***fran·ti·cal·ly, fran·tic·ly** *ad.*

frap·pé[fræpéi] *a.* (F. =iced) 얼음으로 냉각한. — *n.* Ⓤ 냉동 과즙 〔식품·음료〕.

F.R.A.S. Fellow of the Royal Astronomical Society.

frat[fræt] *n.* 《美學生俗》 =FRATERNITY ③.

***fra·ter·nal** [frətə́ːrnəl] *a.* 형제의; 「우애의.

fratérnal órder 〔**socíety**〕 《美》 우애 조합.

fratérnal twíns 이란성 쌍생아 (cf. identical twins).

***fra·ter·ni·ty**[frətə́ːrnəti] *n.* ① Ⓤ 형제간(의 우애). ② Ⓒ 우애 조합; (the ~) 동업〔동호〕자들. ③ Ⓒ《집합적》《美》 (남자 대학생의) 친목회 (cf. sorority).

frat·er·nize[frǽtərnàiz] *vi.* 형제로 사귀다; (적국민과) 친하게 사귀다. **-ni·za·tion**[⌐-nizéiʃən] *n.*

frat·ri·cide[frǽtrəsàid, fréi-] *n.* ① Ⓤ 형제 살해. ② Ⓒ 그 사람.

Frau[frau] *n.* (*pl.* **~s,** (G.) **~en** [-ən]) (G.=Mrs.) 부인; 처.

***fraud**[frɔːd] *n.* ① Ⓤ 사기, 협잡. ② Ⓒ 부정 수단; 사기꾼; 가짜.

fraud·u·lent[frɔ́ːdʒulənt] *a.* 사기의; 사기적인; 속여서 손에 넣은. **~·ly** *ad.* **-lence, -len·cy** *n.*

***fraught**[frɔːt] *a.* (cf. freight) …을 내포한, …으로 가득 차 있는; 《詩》 …을 가득 실은(*with*).

Fräu·lein[frɔ́ilain] *n.* (*pl.* **~s,** (G.) **~**) (cf. *Frau*) (G.=Miss) 양, 아가씨; 미혼 여성.

fray[1][frei] *n.* (the ~) 떠들썩한 싸움, 다툼.

***fray**[2] *vt., vi.* 문지르다; 닳아 빠지(게 하)다; 풀(리)다; 해지(게 하)다.

fraz·zle[frǽzəl] *vt., vi.* 닳아 빠지(게 하)다; 지치(게 하)다. — *n.* Ⓒ 너덜너덜〔휘주근〕한 상태.

FRB, F.R.B. 《美》 Federal Reserve Bank. **F.R.B.S.** Fellow of the Royal Botanic Society (of London). **FRC, F.R.C.** Federal Radio Commission. Foreign Relations Committee. **F.R.C.P.** Fellow of the Royal College of Physicians. **F.R.C.S.** Fellow of the Royal College of Surgeons.

***freak**[friːk] *n.* Ⓤ,Ⓒ 변덕; Ⓒ 기형, 괴물. **∠·ish** *a.*

fréak-òut *n.* Ⓒ 《俗》 마약사용(에 의한 황홀상태); 히피화(化).

***freck·le**[frékl] *n., vt., vi.* Ⓒ 주근깨; 얼룩(이 생기(게 하)다). **fréck·ly** *a.* 주근깨투성이의.

†**free**[friː] *a.* ① 자유로운; 자주적인. ② 분방한; 솔직한. ③ 규칙에 구애되지 않는; 문자에 얽매이지 않는; 딱딱하지 않은. ④ 풍부한. ⑤ 한가한; (방 따위가) 비어 있는; 장애가 없는; 무료의; 세 없는; 개방된; 자유로 드

나들 수 있는. ⑥ 참가 자유의. ⑦ 무조건의. ⑧ 고정되어 있지 않은. ⑨ 손이 큰; 아끼지 않는. ⑩ (…이) 없는, (…이) 면제된(*from*). ⑪ 〖化〗 유리된. ***for*** ~ 《口》 무료로. ~ ***fight*** 난투(亂鬪). ~ ***on board*** 본선 인도(本船引渡). ***get*** ~ 자유의 몸이 되다. ***make a person*** ~ ***of*** 아무에게 …을 마음대로 쓰게 하다. ***make*** ~ ***with*** 허물없이 굴다. ***set*** ~ 해방하다. — *ad.* 자유로; 무료로. — *vt.* (**freed**) 자유롭게 하다, 해방하다; 면제하다(*of, from*).

free·bee, -bie[frí:bi:] *n.* Ⓒ 《美俗》 공짜의 것《무료 입장권 등》.

frée·bòard *n.* U,C 〖海〗 건현(乾舷)《흘수선과 상갑판과의 사이》.

frée·bòoter *n.* Ⓒ 해적.

frée·bòoting *n.* Ⓤ 해적 행위.

frée·bórn *a.* 자유민으로 태어난, 자유민다운.

frée cíty 자유시《독립 국가로 된》.

freed[fri:d] *v.* free의 과거(분사).

freed·man[⌐mən] *n.* (*fem.* **-woman**) Ⓒ (노예 신분에서 해방된) 자유민.

:free·dom[frí:dəm] *n.* U,C 자유; Ⓤ 자유 독립; (the ~)(시민·회원 등의) 특권; Ⓤ 해방; 면제; (the ~) 자유 사용권; Ⓤ 허물[스스럼]없음, 무람없음; Ⓤ(동작의) 자유 자재. ~ ***from care*** 속편함, 태평. ~ ***of the press*** 출판[언론]의 자유.

frée énterprise (정부의 간섭을 받지 않는) 자유 기업.

frée-fíre zòne 〖軍〗 무차별 포격 지대《움직이는 것은 빠짐없이 사격당하는 지대》.

frée flíght (로켓의 동력 정지 후의) 타력(惰力) 비행.

frée-for-àll *n.* Ⓒ 누구나 참가할 수 있는 경기; 난투.

frée fórm 〖言〗 자유 형식[형태].

frée góods 비과세품; 자유재.

frée grátis 무료로.

frée·hànd *a.* (기구를 쓰지 않고) 손으로 그린. ~ ***drawing*** 자재화(自在畫).

frée-hánded *a.* 통이 큰; 한가한.

frée-héarted *a.* 쾌활한; 자발적인; 솔직한. ~**ly** *ad.*

frée·hòld *n.* ① Ⓤ (토지의) 자유 보유권. ② Ⓒ 자유 보유 부동산.

frée hòuse 《英》 (여러 가지 상표의 주류를 파는) 술집.

frée kíck 〖蹴〗 프리킥.

frée lánce (중세의) 용병(傭兵); 무소속의 작가[기자·출연자].

frée-lánce *vi.* 자유 계약으로[프리랜서로] 일하다.

frée-láncer *n.* Ⓒ 자유 계약자, 프리랜서.

frée líver 미식가(美食家); 쾌락주의자.

frée líving 미식; 쾌락적 생활.

:free·ly[frí:li] *ad.* 자유로이; 거리낌없이; 아낌없이; 무료료.

·free·man[⌐mən] *n.* Ⓒ (노예가 아닌) 자유민; (시민권 등이 있는) 공민.

Free·ma·son[frí:mèisn] *n.* Ⓒ 프리메이슨단(團)《비밀 결사》의 회원.

Free·ma·son·ry[⌐mèisnri] *n.* Ⓤ 프리메이슨단의 주의·강령; (f-) 자연적인 우정[공감].

frée pórt 자유항.

free·si·a[frí:ziə, -ʒiə] *n.* Ⓒ 〖植〗 프리지어.

frée sóil 〖美史〗 (남북 전쟁 전부터 노예 제도를 인정하지 않은) 자유 지역.

frée-sóil *a.* 〖美史〗 자유 지역의.

frée-spóken *a.* 마음먹은 대로 말하는, 솔직한.

frée·stòne *a., n.* U,C 어느 쪽으로나 쪼개지는 (돌); Ⓒ 씨가 잘 빠지는 (과일)《복숭아 따위》; =⌐ **wáter** 단물, 연수(軟水).

frée·stỳle *n.* Ⓤ 〖水泳〗 자유형.

frée·thínker *n.* Ⓒ 자유 사상가.

frée thóught 자유 사상.

frée tráde 자유 무역.

frée vérse 〖韻〗 자유시.

free·ware[frí:wὲər] *n.* Ⓤ 〖컴〗 프리웨어《컴퓨터 통신망 따위에서 무료로 쓸 수 있는 소프트웨어》.

frée·wày *n.* Ⓒ (무료) 고속 도로.

frée wíll 자유 의사.

frée·wíll *a.* 자유 의사의.

Frée Wórld, the 자유 세계[진영].

:freeze[fri:z] *vi., vt.* (**froze; frozen**) 얼다(*It* ~*s.*); 얼게 하다; 얼(리)다; (추위로) 곱(게 하)다; 섬뜩[오싹]하(게 하)다; (자산을) 동결시키다. ~ ***out*** 《口》(냉대하여) 못 배기게 하다. ~ [***be frozen***] ***to death*** 얼어 죽다. **·fréez·er** *n.* Ⓒ 냉동기, 냉장고. **·fréez·ing** *a., n.* 어는, 얼어 붙는; 몹시 추운; 냉동용의; (태도가) 쌀쌀한; U,C 냉동; 동결.

fréezing mìxture 〖化〗 한제(寒劑)《얼음과 소금의 혼합물 따위》.

fréezing pòint 빙점.

:freight[freit] *n.* ① Ⓤ 화물 수송, 《英》 수상(水上)화물 수송. ② Ⓤ 운송 화물; 적하(積荷). ③ Ⓤ 운임. ④ Ⓒ 《美》 =⌐ **tràin** 화물 열차. — *vt.* (화물을) 싣다; 운송하다; 출하(出荷)하다. ⌐**·age** *n.* Ⓤ 화물 운송; 운임; 운송 화물. ⌐**·er** *n.* Ⓒ 화물선.

fréight càr 《美》 화차.

:French[frentʃ] *a.* 프랑스(인·어)의. ***take*** ~ ***leave*** 인사 없이 슬쩍 나가다. — *n.* ① Ⓤ 프랑스어. ② Ⓒ 《집합적》 프랑스인[국민].

Frénch bèan 《주로 英》 강낭콩.

Frénch Canádian 프랑스계 캐나다인; 그 프랑스어.

Frénch chálk 〖裁縫〗 초크.

Frénch Commúnity, the 프랑스 공동체《프랑스와 그 옛 식민지로 구성》.

Frénch frìed potátoes 프랑스식 감자 튀김《잘게 채친》.

Frénch hórn 프렌치 호른《소리가 부드러운 금관 악기》.

:French·man[⌐mən] *n.* (*pl.* **-men** [-mən]) Ⓒ 프랑스인.

Frénch Revolútion, the 프랑스

(대)혁명《1789-99》.
Frénch Únion, the 프랑스 연합《본국 및 영토의 연맹; 1958년 the French Community로 개칭》.
Frénch wíndow 프랑스식 창《도어겸용의 좌우로 열게 된 큰 유리창》.
French·wom·an[∠wùmən] *n.* (*pl.* ***-women***[-wìmin]) Ⓒ 프랑스 여자.
fre·net·ic [frinétik] *a.* 열광적인. **-i·cal·ly** [-ikəli] *ad.*
***fren·zy**[frénzi] *vt.* 격앙(激昂)〔광란〕시키다. ── *n.* Ⓤ,Ⓒ 격앙, 열광, 광란. **-zied** *a.*
Fre·on[fríːɑn/-ɔn] *n.* Ⓤ 〖商標〗 프레온(가스)《냉장고 등의 냉동제》.
freq. frequent(ly); frequentative.
***fre·quen·cy** [fríːkwənsi] *n.* Ⓤ,Ⓒ 자주 일어남, 빈발; 빈번; Ⓒ 빈도(수); Ⓒ 〖理〗 횟수(回數), 진동수, 주파수.
fréquency bànd 〖電〗 주파수대.
fréquency chànger 〔**convèrter**〕 〖電〗 주파수 변환기
fréquency distribùtion 〖統〗 도수 분포.
fréquency modulátion 〖電〗 주파(수) 변조《생략 FM; opp. amplitude modulation (AM)》.
:fre·quent[fríːkwənt] *a.* 빈번한, 자주 일어나는; 상습적인; 수많은. ── [fri(ː)kwént] *vt.* (…에) 자주 가다〔출입하다〕; 늘 모이다. **∼·er** *n.* Ⓒ 자주 가는 사람, 단골 손님. **:∼·ly** *ad.* 종종, 때때로, 빈번히.
fre·quen·ta·tive[fri(ː)kwéntətiv] *a., n.* 〖文〗 반복의; Ⓒ 반복동사.
fres·co[fréskou] *n.* (*pl.* **∼(*e*)*s*** [-z]), *vt.* Ⓒ,Ⓤ 프레스코화(풍)(으로 그리다). ***in* ∼** 프레스코 화법으로.
†fresh[freʃ] *a.* 새로운; 신선한; 원기〔안색〕 좋은, 젊디젊은; 상쾌한; 선명한; 갓 나온; 경험이 없는; 소금기 없는; (바람이) 센; 《美》 뻔뻔스러운, 건방진. ── *ad.* 새로이, 새롭게. ***∠·ly** *ad.* 새로이; 신선하게. ***∠·ness** *n.*
frésh áir (공기가 신선한) 야외의.
frésh-cáught *a.* 갓잡은.
fresh·en[∠ən] *vt., vi.* 새롭게 하다〔되다〕; 염분을 없애다〔이 없어지다〕. **∼ *up*** 기운 나다, 기운을 돋우다; (외출전 따위에) 몸치장하다.
fresh·er[∠ər] *n.* 《英俗》 =FRESHMAN.
fresh·et[fréʃit] *n.* Ⓒ (폭우나 눈녹은 뒤의) 큰물; (바다로 흘러드는) 민물의 분류(奔流).
***fresh·man**[∠mən] *n.* Ⓒ (대학의) 신입생, 1년생.
frésh wàter 민물, 담수.
frésh-wàter *a.* 담수(산)의.
frésh wàter còllege 시골 대학.
:fret[1][fret] *vt., vi.* (**-*tt*-**) 초조하(게 하)다; 먹어 들어가다, 갉아먹다; 부식〔침식〕하다; 물결치(게 하)다. **∼ *oneself*** 속태우다. ── *n.* Ⓤ 속태움, 조바심, 고뇌. ***∠·ful** *a.* **∠·ful·ly** *ad.*
fret[2] *n., vt.* (**-*tt*-**) Ⓒ 뇌문(雷紋)〔격자모양〕(으로 장식하다).
fret[3] *n.* Ⓒ (현악기의) 기러기발.
frét sàw 실톱.
frét·wòrk *n.* Ⓒ 뇌문(雷紋)장식; Ⓤ 그 장식 세공.
Freud[frɔid], **Sigmund** (1856-1939) 오스트리아의 정신 분석학자. **∠·i·an** *a., n.* Ⓒ 프로이드(설)의 (학도).
F.R.G.S. Fellow of the Royal Geographical Society.
***Fri.** Friday.
fri·a·ble [fráiəbəl] *a.* 부서지기 쉬운; 가루가 되기 쉬운, 무른.
fri·ar[fráiər] *n.* Ⓒ 수사, 탁발승. **∼·y** *n.* Ⓒ 수도원, 수도회. 「香)팅크.
fríar's bálsam 〖藥〗 안식향(安息
fríar's lántern 도깨비불.
F.R.I.B.A. Fellow of the Royal Institute of British Architects.
frib·ble[fríbəl] *a., n.* Ⓒ 쓸데없는 (짓을 하는 사람); Ⓤ 부질없는 (일, 생각). ── *vi., vt.* 쓸데없는 짓을 하다; (시간을) 허비하다.
fric·a·tive[fríkətiv] *a., n.* 〖音聲〗 마찰로 생기는; Ⓒ 마찰음《f, v, ʃ, ʒ 등》.
***fric·tion**[fríkʃən] *n.* Ⓤ 마찰; 불화. **∼·al** *a.* **∼·al·ly** *ad.*
fríction lòss 〖機〗 마찰 손실.
fríction màtch 마찰 성냥.
†Fri·day[fráidei, -di] *n.* Ⓒ 《보통 무관사》 금요일. 「ERATOR.
fri(d)ge[fridʒ] *n.* 《英口》 =REFRIG-
***fried**[fraid] *v.* fly[1]의 과거(분사). ── *a.* 기름에 튀긴; 《俗》 술취한.
fríed·càke *n.* Ⓤ,Ⓒ 도넛.
†friend[frend] *n.* Ⓒ 친구, 벗; 자기편, 지지자; 동지; (*pl.*) 근친; 《呼稱》 자네; (F-) 프렌드파의 사람, 퀘이커교도(Quaker). ***a* ∼ *at*** 〔***in***〕 ***court*** 좋은 지위에 있는 친구, 좋은 연줄. ***keep*** 〔***make***〕 **∼*s with*** …와 친하다, 친하게 하다, 화해하다. ***the Society of Friends*** 프렌드파(Quakers). ***∠·less** *a.* **†∼·ship**[∠ʃip] *n.* Ⓤ,Ⓒ 우정; 친교.
†friend·ly[fréndli] *a.* 친구의〔다운〕; 우정이 있는; 친한; 친절한, 붙임성 있는; 호의를 보이는; 형편 좋은. ***-li·ness** *n.*
Fríendly Socíety 《英》 공제 조합.
fri·er[fráiər] *n.* =FRYER.
frieze[1][friːz] *n.* Ⓒ 〖建〗 프리즈, 띠 모양의 장식(벽).
frieze[2] *n.* Ⓒ 프리즈《한쪽에만 괴깔이 있고 바탕이 거친 두꺼운 나사천》. ── *vt.* 괴깔 일게 하다.
frig[frig] *vi.* (**-*gg*-**) 《卑》 수음하다; 성교하다.
frig·ate[frígit] *n.* Ⓒ (옛날의 빠른) 세대박이 군함; (현대의) 프리깃함(艦).
frígate bìrd 군함새.
:fright[frait] *n.* ① Ⓤ,Ⓒ 돌연한 공포. ② Ⓒ (몹시) 추악한〔우스운〕 사람〔물건〕. ***in a* ∼** 흠칫〔섬뜩〕하여. ***take* ∼ *at*** …에 놀라다. ── *vt.* 《詩》 =⇩.

:fright·en[⌐n] *vt.* 놀라게 하다; 을러대어 …시키다. — *vi.* 겁내다. ***be ~ed at*** …에 놀라다, 섬뜩하다. **~·ing** *a.* 무서운, 놀라운. **~ed** *a.*

·fright·ful[⌐fəl] *a.* 무서운; 추악한; 《口》 불쾌한; 대단한. ***~·ly** *ad.* **~·ness** *n.*

:frig·id[frídʒid] *a.* 극한(極寒)의; 쌀쌀한; 형식적인, 딱딱한; (여성이) 불감증의. **~·ly** *ad.* **fri·gíd·i·ty** *n.* Ⓤ 냉담; 딱딱함; (여성의) 불감증.

Frig·i·daire[frìdʒədέər] *n.* Ⓒ 『商標』 전기 냉장고.

Frígid Zòne, the 한대(寒帶).

·frill[fril] *n.* Ⓒ (가두리의) 주름 장식; (새나 짐승의) 목털; 필요없는 장식품; (*pl.*) 허식. — *vt.* (…에) 주름 장식을 달다. **⌐·ing** *n.* Ⓒ 가장자리 주름 장식.

·fringe[frindʒ] *n.* Ⓒ 술장식; 가장자리, 가두리. — *vt.* (술을) 달다; (가를) 두르다.

frínge àrea 프린지 에어리어《라디오·텔레비전의 시청 불량 지역》.

frínge bènefit 부가 급부(給付), 특별 급여《노동자가 받는 연금·유급 휴가·의료 보험 따위》.

frip·per·y[frípəri] *n.* Ⓒ 싸고 야한 옷; Ⓤ 그 장식품; Ⓤ 허식; 과시.

Fris·bee[frízbiː] *n.* Ⓒ 『商標』 (원반던지기 놀이의) 플라스틱 원반.

Fris·co[frískou] *n.* 《美口》 =SAN FRANCISCO.

Fri·sian [frí(ː)ʒən/-ziən] *a., n.* Friesland《네덜란드 북부 지방》의; Ⓒ 프리슬란트 사람(의); Ⓤ 그 말(의).

frisk[frisk] *vi.* 껑충껑충 뛰어 돌아다니다, 까불다. — *vt.* 《俗》 (옷위를 더듬어 흉기·장물 따위를) 찾다; (옷위를 더듬어) 훔치다. **⌐·y** *a.* 뛰어 돌아다니는, 장난치는, 쾌활한.

frith[friθ] *n.* 《주로 Sc.》 =FIRTH.

frit·ter[1][frítər] *vt.* 찔끔찔끔 낭비하다; 잘게 자르다〔부수다〕. — *n.* Ⓒ 잔 조각.

frit·ter[2] *n.* Ⓒ (과일을 넣은) 튀김.

fritz[frits] *n.* Ⓒ (F-) 《俗》 독일 사람. ***go on the ~*** 고장나다.

:friv·o·lous[frívələs] *a.* 하찮은, 시시한; 경박한. **~·ly** *ad.* **~·ness** *n.*

fri·vol·i·ty[friváləti/-ɔ́-] *n.* Ⓤ 천박, 경박; Ⓒ 경박한 언동.

friz(z)[1][friz] *vt., vi.* 지지다; (직물의 표면을) 보풀보풀하게 만들다. — *n.* Ⓒ 고수머리.

frizz[2] *vi.* (튀김이) 지글지글하다.

friz·zle[1][frízl] *vt., vi., n.* 곱슬곱슬해지다〔하게 하다〕; Ⓒ 고수머리. **-zly** *a.*

friz·zle[2] *vi.* =FRIZZ[2].

Frl. *Fräulein* (G.=Miss).

:fro[frou] *ad.* 저쪽에〔으로〕《다음 성구로만 쓰임》. ***to and ~*** 이리저리, 앞뒤로.

:frock[frak/-ɔ-] *n.* Ⓒ (내리닫이) 부인〔여아〕복; 작업복; 성직자의 옷; =⌐ **còat** 프록코트.

†frog[1][frɔːg, -a-/-ɔ-] *n.* Ⓒ 개구리; 『鐵』 철차(轍叉). ***~ in the throat*** (목) 쉰 소리.

frog[2] *n.* Ⓒ 말굽 중앙의 연한 부분.

frog[3] *n.* Ⓒ (트럼프의 클로버 모양으로 맨) 가슴팍의 끈목 단추; (군복 가슴팍의) 늑골 모양의 장식.

fróg kìck 『水泳』 개구리차기.

frog·man[⌐mæ̀n, -mən] *n.* Ⓒ 잠수 공작원〔병〕.

fróg-màrch *vt., n.* Ⓤ (날뛰는 죄수 등을 엎어 놓고) 넷이 팔다리를 붙들고 나르다〔나르는 일〕.

·frol·ic[frálik/-ɔ́-] *n.* Ⓒ 장난, 까붊, 법석; Ⓤ 들떠 떠듬. — *vi.* (**-ck-**) 장난치다, 까불다. **~·some** *a.* 장난치는, 까부는.

†from[frʌm, -a-, 弱 -ə-/-ɔ-, 弱 -ə-] *prep.* ① 《동작의 기점》 …에서(*rise ~ a sofa*). ② 《시간·순서의 기점》 …부터(*~ childhood*). ③ 《거리》 …에서(*ten miles ~ Seoul*). ④ 《원인·이유》 …때문에, …으로, 인해서(*die ~ fatigue/ suffer ~ cold*). ⑤ 《원료》 …에서, …으로(*make wine ~ grapes*). ⑥ 《차이》 …과 달라, 구별하여(*know a Ford ~ a Renault* 포드와 르노를 판별할 줄 알다). ⑦ 《분리·제거》…에서(*take six ~ ten*). ⑧ 《출처·유래》…에서(의)(*quote ~ Milton*).

frond[frand/-ɔ-] *n.* Ⓒ (양치 식물의) 잎; 엽상체(葉狀體).

†front[frʌnt] *n.* ① Ⓒ 앞쪽, 전면; 표면; (건물의) 정면; 앞부분에 붙이는 것《와이셔츠의 가슴판, 붙인 앞머리 등》. ② (the ~) (해안의) 산책길. ③ (the ~) 전선(前線), 싸움터(*at the ~* 출정 중의); 전선(戰線). ④ Ⓒ 『氣』 전선(前線). ⑤ Ⓤ 용모, 태도; 뻔뻔스러움; (지위·재산 따위) 있는 티. ⑥ Ⓒ 《口》 간판(으로 내세운 명사)(front man). ***cold* 〔*warm*〕 *~*** 한랭〔온난〕전선. ***come to the ~*** 전면에 나서다〔나타나다〕, 유명해지다. ***in ~ of*** …의 앞에. ***the people's* 〔*popular*〕 *~*** 인민 전선. — *a.* 전면〔정면〕의; 『音聲』 앞혀의. — *vt., vi.* 면하다, 향하다, 맞서다.

front·age[⌐idʒ] *n.* Ⓒ (건물의) 정면(의 방위); 가옥·토지의 정면의 폭; (길·강 따위에 면한) 빈터; 건물과 도로 사이의 공지.

fróntage ròad 《美》 측면도로《고속도로 등과 평행하게 만든 연락 도로》.

fron·tal[frʌ́ntəl] *a., n.* Ⓒ 정〔전〕면(의); 『解』 앞이마의 (뼈).

frónt bénch, the 《英》 (의회의) 정면석《의장석에 가까운 장관 및 야당 간부의 자리》.

frónt béncher 《英》 (front bench에 앉는) 장관, 야당 간부.

frónt dóor 정면 현관.

:fron·tier [frʌntíər, -a-/frʌ́ntiər, frɔn-] *n.* Ⓒ 국경 지방; 《美》 변경; 미지의 영역. — *a.* 국경 지방의; 《美》 변경의. ***new ~*** 《美》 '뉴프런티어' 《Kennedy 대통령의 정책인 외교상·내정상의 신개척면》.

F

fron·tiers·man [-zmən] *n.* Ⓒ《美》 변경의 주민; 변경 개척자.
frontíer spírit 개척자 정신.
·**fron·tis·piece** [frʌ́ntispìːs] *n.* Ⓒ 권두(卷頭) 삽화; 〚建〛 정면; 입구 위쪽의 합각머리.
frónt·làsh *n.* Ⓒ《美》 정치적인 반동에 대항하는 반작용.
front·let [frʌ́ntlit] *n.* Ⓒ (동물의) 이마; 이마 장식.
frónt líne 최전선; 최첨단.
frónt màn (부정 단체 따위의) 간판(으로 내세운 명사).
frónt óffice (회사 따위의) 본사; 수뇌부.
frónt pàge (책의) 속 표지; (신문의) 제 1 면.
frónt-pàge *a.* (신문의) 제 1면에 적합한; 중요한. — *vt.* 제 1 면에 싣다〔게재하다〕.
frónt róom 건물의 앞 부분에 있는 방, 거실.
frónt-rúnner *n.* Ⓒ 선두를 달리는 선수; 남을 앞선 사람.
frónt vówel 앞모음《i, e, ɛ, æ, a》.
frosh [frɑʃ/frɔʃ] *n.* (*pl.* ~) Ⓒ《美口》 대학 1년생(freshman).
:**frost** [frɔːst/-ɔ-] *n.* ① Ⓤ 서리. ② Ⓤ,Ⓒ 빙결(氷結), 결상(結霜). ③ Ⓤ 빙점 이하의 온도; 추운 날씨. ④ Ⓤ 냉담. ⑤ Ⓒ《口》(출판물·행사·연극 등의) 실패. — *vt.* 서리로 덮다; 서리를 맞아 시들게 하다, 서리(피)해를 주다; (유리·금속의) 광택을 없애다; 설탕을 뿌리다. **∠·ing** *n.* Ⓤ 당의(糖衣); (유리·금속의) 광택을 지움. ·**∠·y** *a.* 서리가 내리는〔내린〕; 혹한의; 냉담한; (머리가) 반백인.
fróst·bìte *n., vt.* (**-bit; -bitten**) Ⓤ 동상(에 걸리게 하다). **-bìtten** *a.*
fróst·bòund *a.* (지면 따위가) 얼어붙은.
fróst·wòrk *n.* Ⓤ (유리창 따위에 생기는) 성에; (은그릇·유리 표면 따위의) 성에 무늬 장식.
·**froth** [frɔːθ/-ɔ-] *n.* Ⓤ 거품; 시시한 것; 쓸데 없는 얘기. — *vt., vi.* 거품을 일으키다; 거품으로 덮다; 거품을 뿜다. **∠·y** *a.* 거품의〔같은〕; 공허한.
frou-frou [frúːfrùː] *n.* Ⓒ (여성 옷의) 비단 스치는 소리.
fro·ward [fróuərd, -wərd] *a.* 빙퉁그러진, 완고한, 고집 센. **~·ly** *ad.*
:**frown** [fraun] *vt., vi., n.* Ⓒ 눈살을 찌푸리다〔찌푸림〕; 상을 찡그리다〔찡그림〕, 언짢은 얼굴(을 하다)(*on, upon*). **~ down** 무서운 얼굴을 하여 위압하다.
frown·ing [∠iŋ] *a.* 언짢은, 찌푸린 얼굴의; 험한. **~·ly** *ad.*
frow·z·y, frow·s·y [fráuzi] *a.* 추레한; 악취가 나는. **-zi·ly** *ad.*
·**froze** [frouz] *v.* freeze의 과거.
:**fro·zen** [fróuzn] *v.* freeze의 과거분사. — *a.* 언; 냉동의; 극한(極寒)의; 동상에 걸린; 동사한; 얼음으로 덮인; 냉담한; (자산이) 동결된. ***a* ~ *man*** 미석방 포로. ***the* ~ *limit*** 인내의 한계. **~·ly** *ad.*
frózen fóod 냉동 식품.
F.R.S. Fellow of the Royal Society. **frs.** francs. **frt.** freight.
fruc·ti·fy [frʌ́ktəfài] *vi., vt.* 열매를 맺(게 하)다; 비옥하게 하다.
fruc·tose [frʌ́ktous] *n.* Ⓤ 〚化〛 과당(果糖).
·**fru·gal** [frúːgəl] *a.* 검소한, 알뜰한. **~·i·ty** [fruːgǽləti] *n.*
†**fruit** [fruːt] *n.* ① Ⓤ,Ⓒ 과실, 과일. ② (*pl.*) 생산물; Ⓒ 소산, 결과. ③ Ⓒ《美俗》 동성연애하는 남자. ***bear* ~** 열매 맺다. — *vi., vt.* 열매를 맺(게 하)다. **~·age** [∠idʒ] *n.* Ⓤ 결실; 《집합적》 과실; 결과. ·**∠·less** *a.* 열매를 맺지 않는; 효과가 없는. **∠·y** *a.* 과일의 풍미가 있는.
frúit·càke *n.* Ⓤ,Ⓒ 프루트 케이크.
frúit cócktail 과일 샐러드의 일종.
fruit·er·er [∠ərər] *n.* Ⓒ 과일상(商).
frúit flỳ 〚蟲〛 과실파리《과실·채소의 해충》.
:**fruit·ful** [∠fəl] *a.* 열매가 잘 열리는; 다산(多産)인; (토지가) 비옥한; 이익이 많은. **~·ly** *ad.* **~·ness** *n.*
fru·i·tion [fruːíʃən] *n.* Ⓤ 결실; (목적의) 달성; 성과; 소유(의 기쁨).
frúit knìfe 과도.
frúit sálad 프루트〔과일〕 샐러드.
frúit sùgar 과당(果糖).
frúit trèe 과수.
frump [frʌmp] *n.* Ⓒ 추레한 여자. **∠·ish, ∠·y** *a.*
·**frus·trate** [frʌ́streit] *vt.* (계획·노력 등을) 좌절시키다; 사람을 실망시키다. ·**-tra·tion** [frʌstréiʃən] *n.* Ⓤ,Ⓒ 타파; 좌절, 실패; 〚心〛 욕구 불만.
†**fry**[1] [frai] *vt., vi., n.* 기름에 튀기다〔튀겨지다〕; Ⓒ 프라이(하다), 프라이로 되다; Ⓒ《美》(옥외의) 프라이 회식. **~ *the fat out of ...*** (실업가 등)에게 헌금시키다, 돈을 짜내다. ***have other fish to* ~** 다른 더 중요한 일이 있다. **∠·er** *n.* Ⓒ 프라이 요리사, 프라이용 식품.
fry[2] *n.* (*pl.* ~) Ⓒ 치어(稚魚); 작은 물고기 떼; 동물의 새끼; 아이들. ***small*** 〔***lesser, young***〕 **~** 잡어(雜魚); 아이들; 시시한 녀석들.
frýing pàn 프라이팬. ***jump*** 〔***leap***〕 ***out of the* ~ *into the fire*** 소난(小難)을 면하여 대난에 빠지다.
FSA, F.S.A. Federal Security Agency; Fellow of the Society of Antiquaries. **FSCC, F.S.C.C.** Federal Surplus Commodities Corporation. **FSIC** Financial System Investigation Council.
F-16 [éfsikstíːn] *n.* Ⓒ 미공군 신예 전투기《애칭 Fighting Falcon》.
ft. feet; foot; fort. **FTC** 《美》 Federal Trade Commission.
ft-lb. foot-pound.
F_2 làyer [éftúː-] 〚通信〛 F_2층《지상 약 250-500 km의 범위 안에 존재하여 전파를 반사하는 전리층 F층 중의

하나》.
FTX field training exercise.
fuch·sia[fjúːʃə] *n.* Ⓒ 〖植〗 퓨셔《바늘꽃과의 관상용 관목》.
fuck[fʌk] *vt., vi.* 《卑》 성교하다; 가혹한 취급을 하다; 실수하다. ── *n.* (the ～) hell 따위 대신에 쓰이는 강의어(強意語).
fud·dle[fʌ́dl] *vt.* 취하게 하다; 혼란시키다.
fudge[fʌdʒ] *n.* U,C (설탕·밀크·버터를 넣은) 캔디의 일종; Ⓒ 허튼 소리. ── *int.* 당치 않은. ── *vi.* 허튼 소리를 하다; 꾸며내다; 속이다.
Fueh·rer[fjúərər] *n.* =FÜHRER.
:fu·el[fjúːəl] *n.* ① U,C 연료. ② Ⓤ 감정을 불태우는 것. ～ ***capacity*** 연료 적재력; 연료 저장량. **～(*l*)*ing station*** 연료 보급소. ── *vt., vi.* (《英》 **-*ll-***) 연료를 얻다〔공급하다, 적재하다〕.
fúel cèll 연료 전지.
fúel òil 연료유; 중유. 「의.
fu·gal[fjúːgəl] *a.* 〖樂〗 푸가(fugue)
***fu·gi·tive**[fjúːdʒətiv] *a., n.* 도망친; Ⓒ 도망자; 일시적인; 덧없는; (작품이) 일시적인 주제를 다룬.
fugue[fjuːg] *n.* Ⓒ 〖樂〗 푸가, 둔주곡(遁走曲).
Füh·rer[fjúərər] *n.* (G.) Ⓒ 지도자. ***der*** ～ (히틀러) 총통.
-ful *suf.* ① [fəl] '…이 가득 찬, …이 많은, …한 성질이 있는'의 뜻의 형용사를 만듦: beauti*ful*, forget*ful*. ② [ful] '…에 하나 가득'의 뜻의 명사를 만듦: hand*ful*, spoon*ful*.
Ful·bright[fúlbràit] *a.* 풀브라이트 장학 기금의(～ ***professors***). ── *n.* Ⓒ 풀브라이트 장학금(=～ scholarship).
ful·crum[fúlkrəm, fʌ́l-] *n.* (*pl.* **～*s*, -*cra***[-krə]) Ⓒ (지레의) 받침점; 지주.
:ful·fill, 《英》 **-fil**[fulfíl] *vt.* (**-*ll-***) (약속·의무 따위를) 수행하다; (명령에) 따르다; (목적을) 달성하다; 완성하다; (조건을) 만족시키다. ***～-ment*** *n.* U,C 수행, 실행, 달성.
†full[1][ful] *a.* 찬, 가득한, 충분한; 풍부한; 완전한; 최대한의; 불룩〔통통〕한; (의복이) 낙낙한; (성량이)풍부한. ── *ad.* 충분히; 꼬박; 《詩》 완전히, 몹시. ── *n.* Ⓤ 전부; 충분; 한창. ***at*** 〔***to***〕 ***the*** ～ 한창때에, 충분히. ***in*** ～ 상세하게; 전액. ***∠-ness*** *n.* Ⓤ 충분, 풍족, 충만, 비만; (음색의) 풍부함.
full[2] *vt., vi.* (천을) 축융(縮絨)하다; (빨거나 삶아서) 천의 올을 배게 하다.
fúll áge 성년.
fúll·bàck *n.* C,U 〖蹴〗 풀백, 후위.
fúll blòod 순종(純種)의 사람〔동물〕. 「한.
fúll-blóoded *a.* 순종의; 혈기 왕성
fúll-blówn *a.* 만발한, 만개한.
fúll-bódied *a.* 내용이 충실한; (술 따위가) 진한 맛이 있는; (사람이) 살찐. 「형제〔자매〕.
fúll bróther 〔**sístor**〕 부모가 같은
fúll-crèam *a.* (탈지하지) 않은 전유(全乳)의.
fúll dréss 정장(正裝).
fúll-dréss *a.* 정장(正裝)의.
fúll emplóyment 완전 고용.
fúll·er *n.* Ⓒ (직물의) 축융공(縮絨工).
fúller's éarth 백토, 표토.
fúll·fáce *n.* Ⓒ 〖印〗 굵은 활자. **-fáced** *a.* 둥근 얼굴의; 정면을 향한; 〖印〗 (활자가) 굵은.
fúll-fáshioned *a.* (스타킹·스웨터를) 몸에 꼭 맞게 짠.
fúll-flédged *a.* 깃털이 다 난; 충분히 자격 있는.
fúll-grówn *a.* 충분히 자란.
fúll hánd 〖포커〗 동점의 패 두 장과 석 장을 갖춤.
fúll-héarted *a.* 용기〔자신〕에 찬.
fúll hóuse (극장 따위의) 만원; = FULL HAND.
fúll-léngth *a.* 등신대(等身大)의.
fúll móon 만월(滿月).
fúll náme ⇨NAME.
fúll nélson 〖레슬링〗 풀넬슨《목누르기의 일종》.
fúll-òut *a.* 전면적인, 본격적인.
fúll proféssor 정교수.
fúll-rígged *a.* (돛배가) 전(全)장비를 갖춘.
fúll-scále *a.* 실물대(實物大)의; 본격적인, 전면적인.
fúll stóp 종지부.
fúll tíme (일정 기간 내의) 기준 노동 시간; 풀 타임《시합 종료시》.
fúll-tíme *a.* 전(全)시간(제)의.
fúll-tímer *n.* Ⓒ 전(全)수업시간 출석 학생(cf. part-timer).
:ful·ly[∠i] *ad.* 충분히, 완전히, 아주.
fúlly-fáshioned *a.* =FULL-FASHIONED.
ful·mi·nate [fʌ́lmənèit] *vi., vt.* 번쩍하다, 천둥치다; 호통치다 (*against*); 폭발하다〔시키다〕, 맹렬한 비난을 받다〔퍼붓다〕. **-na·tion** [∠-néiʃən] *n.*
ful·ness[fúlnis] *n.* =FULLness.
ful·some[fúlsəm, fʌ́l-] *a.* 몹시 역겨운, 억척스런, 집요한. **～·ly** *ad.*
fu·ma·role[fjúːmərðul] *n.* Ⓒ (화산의) 분기공(噴氣孔).
***fum·ble** [fʌ́mbəl] *vi., vt.* 더듬다; 만지작〔주물럭〕거리다; 〖野〗 (공을) 펌블하다. ── *n.* Ⓒ 더듬질; 펌블《공을 잡았다 놓침》.
:fume[fjuːm] *n.* (*pl.*) 연기, 증기; 향기; 훗훗한 기; (a ～) 노기, 홍분. ── *vi., vt.* 연기가 나(게 하)다; 증발하다〔시키다〕; 불뚱이 내다.
fu·mi·gate[fjúːməgèit] *vt.* 그을리다; 훈증 소독하다; (향을) 피우다. **-ga·tor**[-gèitər] *n.* Ⓒ 훈증(소독)기〔자〕. **-ga·tion**[∸-géiʃən] *n.*
fum·y[fjúːmi] *a.* 연기〔증기〕로 가득찬〔를 내는〕; 증기 모양의.
†fun[fʌn] *n.* Ⓤ 장난; 재미. ***for*** 〔***in***〕

F

~ 농담으로. ***make ~ of,*** or ***poke ~ at*** …을 놀리다. — ***vi.*** **(-nn-)** 《口》 장난하다, 까불다. 「의 별칭」.
Fún Cíty 환락의 도시《New York
:func·tion[fʌ́ŋkʃən] ***n.*** Ⓒ ① 기능, 작용. ② 임무; 직무. ③ 의식. ④ 〖數〗 함수. ⑤ 〖컴〗 기능《컴퓨터의 기본적 조작〔명령〕》. — ***vi.*** 작용하다; 직분을 다하다. *~**·al**[-ʃənəl] ***a.*** 기능의(***a ~al disease*** 기능적 질환)(opp. organic); 직무상의; 여러 모로 유용한. **~·ar·y** ***n., a.*** Ⓒ 직원, 관리; 기능〔직무〕의.
fúnctional illíterate 읽기·쓰기의 능력 부족으로 사회 생활에 지장이 있는 사람.
func·tion·al·ism[fʌ́ŋkʃənəlìzəm] ***n.*** Ⓤ (건축 등의) 기능주의《일종의 실용주의》.
fúnction wòrd 〖文〗 기능어《전치사·접속사·조동사 등》.
:fund[fʌnd] ***n.*** Ⓒ 기금; 적립금; (지식·기능의) 온축(蘊蓄); (***pl.***) 소지금, 돈; (국가의) 재원, 《英》 공채. ***in*** 〔***out of***〕 ***~s*** 돈을 가지고〔돈이 떨어져서〕. — ***vt.*** (단기 차입금을) 장기 공채로 바꾸다; (이자 지급을 위해) 자금을 준비하다.
:fun·da·men·tal [fʌ̀ndəméntl] ***a.*** 근본적인; 중요한; 〖樂〗 바탕음의. — ***n.*** (종종 ***pl.***) 근본, 원리; 〖樂〗 바탕음; 〖理〗 기본파(波). **~·ism** [-ìzəm] ***n.*** Ⓤ 〖宗〗 기본주의《성서를 문자대로 믿고 진화론을 배격함》. **~·ist** ***n.*** *~**·ly** ***ad.*** 본질적〔근본적〕으로.
fúnd·ràiser ***n.*** Ⓒ 기금 조성자; 기금 조달을 위한 모임.
:fu·ner·al[fjúːnərəl] ***n., a.*** Ⓒ 장례식(의); 장례 행렬(의).
fúneral màrch 장송 행진곡.
fu·ner·ar·y[fjúːnərèri/-rəri], **fu·ne·re·al**[fjuːníəriəl] ***a.*** 장례식의, 장례식 같은; 음울한.
fún fàir 《주로 英》 =AMUSEMENT park.
fún fùr 싼 모조 모피 옷.
fun·gi[fʌ́ndʒai, fʌ́ŋgai] ***n.*** fungus 의 복수.
fun·gi·cide [fʌ́ndʒəsàid] ***n.*** Ⓤ,Ⓒ 살균제.
fun·go[fʌ́ŋgou] ***n.*** Ⓒ 〖野〗 연습 플라이; = ∠ **bàt** 녹〔연습〕배트.
fun·goid[fʌ́ŋgɔid] ***a.*** 균 비슷한; 균성〔질〕의.
fun·gous[fʌ́ŋgəs] ***a.*** 균의〔[illegible]은〕; 균에 의한; 일시적인.
·**fun·gus**[fʌ́ŋgəs] ***n.*** (***pl. ~es, -gi***) Ⓤ,Ⓒ 진균류(眞菌類)《곰팡이·버섯 따위》; 〖醫〗 균상종(菌狀腫).
fu·nic·u·lar [fju(ː)níkjulər] ***a.*** 케이블의〔로 움직이는〕.
funícular ráilway 케이블카.
funk[fʌŋk] ***n.*** (a ~) 《口》 공포; 공황; Ⓒ 겁쟁이. ***be in a ~*** 겁내고 있다. — ***vt.*** (…을) 겁내게 하다; 두려워하게 하다. — ***vi.*** 겁을 집어먹다, 움츠리다.
fun·ky[1][fʌ́ŋki] ***a.*** 《口》 겁먹은; 겁많은.
fun·ky[2] ***a.*** 《俗》 ① 몹시 구린. ② 관능적인. ③ 〖재즈〗 펑키한《소박하고 정열적》.
:fun·nel[fʌ́nl] ***n.*** Ⓒ 깔때기; (깔때기 모양의) 통풍통(筒), 채광 구멍; (기관차·기선의) 굴뚝. — ***vt., vi.*** (《英》 **-ll-**) 깔때기로 흐르게 하다; 깔때기 꼴이 되(게 하)다; 집중하다.
†fun·ny[fʌ́ni] ***a.*** 우스운; 《口》 이상한; 《口》 (몸의) 상태가 나쁜; 《口》 술취한; 《美》 (신문의) 만화(란)의. ***~ column*** 〔***strips***〕 만화란. — ***n.*** Ⓒ 《口》 농담; (***pl.***) 《美口》 연재 만화(란) (cf. comic strip). **fún·ni·ly** ***ad.***
fúnny bòne (팔꿈치의) 척골(尺骨)의 끝《치면 짜릿한 곳》.
fúnny-hà-há ***a.*** 《口》 재미있는, 우스운.
fun·ny·man[-mən] ***n.*** Ⓒ 《美口》 익살꾼; 어릿광대.
fúnny pàper 《美口》 신문의 만화 부록.
fúnny-pecúliar ***a.*** 이상한.
†fur[fəːr] ***n.*** ① Ⓤ 모피; 부드러운 털; (***pl.***) 모피 제품. ② Ⓤ 《집합적》 모피 동물. ③ Ⓤ 설태(舌苔); 물때. ***~ and feather*** 사냥 짐승과 사냥새. — ***vt.*** **(-rr-)** 모피로 덮다〔안을 대다〕; 설태〔물때〕를 끼게 하다.
fur. furlong; furnished.
fur·be·low[fə́ːrbəlòu] ***n., vt.*** Ⓒ (보통 ***pl.***) 옷 가두리〔옷자락〕 장식(으로 꾸미다).
fur·bish[fə́ːrbiʃ] ***vt.*** 갈다, 닦다; (어학 따위 실력을) 다듬어 연마하다; 새롭게 하다, 부활시키다(***up***).
fur·cate[fə́ːrkit] ***a.*** (끝이) 갈라진, 두갈래진. — [-keit] ***vi.*** 갈라지다, 두갈래지다.
Fu·ries[fjúəriz] ***n. pl.*** 〖그·로神〗 (the ~) 복수의 세 여신.
:fu·ri·ous[fjúəriəs] ***a.*** 격노한; 미쳐 날뛰는; 맹렬한. *~**·ly** ***ad.***
furl[fəːrl] ***vt., vi.*** (기·돛 따위를) 감다, 접다, 접히다. — ***n.*** (a ~) 감기; 접은 것.
fur·long[fə́ːrlɔːŋ/-ɔ-] ***n.*** Ⓒ 펄롱《거리의 단위; 1/8마일》.
fur·lough[fə́ːrlou] ***n., vt.*** Ⓤ,Ⓒ 말미〔휴가〕(를 주다). ***on ~*** 휴가 중에.
:fur·nace[fə́ːrnis] ***n.*** Ⓒ 화덕; 용광로; 난방로; 작열하는 곳.
:fur·nish[fə́ːrniʃ] ***vt.*** 공급하다; (가구 따위를) 설비하다. *~**ed**[-t] ***a.*** 가구 달린. **~·er** ***n.*** Ⓒ 가구상. *~**·ing** ***n.*** Ⓤ (가구의) 설비; (***pl.***) 비치된 가구; 《美》 복식품.
:fur·ni·ture[fə́ːrnitʃər] ***n.*** Ⓤ 《집합적》 가구; 비품; 내용. ***the ~ of one's pocket*** 포켓 안에 든 것, 돈.
fu·ror[fjúrɔːr, fjúrər] ***n.*** (a ~) 노도(怒濤)와 같은 감격〔홍분〕; 열광.
fu·rore[fjúrɔːr/fjuərɔ́ːri] ***n.*** =⇧.
furred[fəːrd] ***a.*** 털가죽(제품)을 붙인, 모피로〔모피 제품으로〕 덮인, 모피제의; 설태〔물때〕가 낀.

F

fur·ri·er [fə́:riər/fʌ́r-] *n.* Ⓒ 모피상; 모피 장색(匠色). **~·y** *n.* ⓊⒸ 모피류; 모피업.

*__fur·row__ [fə́:rou/-ʌ́-] *n.* Ⓒ ① 고랑; 보습자리. ② 항적(航跡). ③ 주름살. ── *vt.* (쟁기로) 갈다; 두둑〔고랑〕을 짓다; 주름살이 생기게 하다.

fur·ry [fə́:ri] *a.* 모피의, 모피 같은; 모피로 덮인; 설태(舌苔)〔물때〕가 낀.

fúr sèal 물개.

†**fur·ther** [fə́:rðər] 《far의 비교급》 *a.* 더 먼; 그 이상의. ── *ad.* 더 멀리; 더욱. ***I'll see you ~ first.*** 《口》 딱 질색이다. ── *vt.* 나아가게 하다, 조장하다. **~·ance** *n.* Ⓤ 조장, 촉진. ⁑**~·more** [-mɔ̀:r] *ad.* 더욱 더, 그 위에 더. **~·most** [-mòust] *a.* 가장 먼.

⁑**fur·thest** [fə́:rðist] 《far의 최상급》 *a., ad.* =FARTHEST.

fur·tive [fə́:rtiv] *a.* 은밀한, 남몰래 하는, (아무가) 남의 눈을 속이는. ***a ~ glance*** 슬쩍 엿봄. **~·ly** *ad.*

⁑**fu·ry** [fjúəri] *n.* ① Ⓤ 격노, 분격. ② Ⓤ 광포; 격렬. ③ Ⓒ 표독한 여자(virago). ④ (F-) Ⓒ FURIES의 하나. ***like ~*** 《口》 맹렬하게.

furze [fə:rz] *n.* Ⓤ 〖植〗(유럽산(産)) 바늘금작화(gorse).

fu·sain [fju:zéin, ∸-] *n.* Ⓤ (데생용) 목탄; Ⓒ 목탄화.

*__fuse__[1] [fju:z] *vt., vi.* 녹(이)다; 융합시키다〔하다〕.

*__fuse__[2] *n.* Ⓒ 신관(信管), 도화선; 〖電〗 퓨즈.

fu·see [fju:zí:] *n.* Ⓒ 내풍(耐風) 성냥; 적색 섬광 신호.

fu·se·lage [fjú:səlà:ʒ, -lidʒ, -zə-/-zi-] *n.* Ⓒ (비행기의) 동체(胴體).

fú·sel òil [fjú:zəl-] 퓨젤유(油).

fu·si·bil·i·ty [fjù:zəbíləti] *n.* Ⓤ 가용성; 용해도.

fu·si·ble [fjú:zəbəl] *a.* 녹기 쉬운.

fu·sil·ier, -sil·eer [fjù:zəlíər] *n.* Ⓒ 수발총병(兵).

fu·sil·lade [fjú:səlèid, -zə-] *n.* Ⓒ (총포·질문 따위의) 일제 사격.

*__fu·sion__ [fjú:ʒən] *n.* ① Ⓤ 융해; 〖理〗 핵융합(cf. fission). ② Ⓒ 융해물. ③ ⓊⒸ (정당의) 합동. ***nuclear ~*** 핵융합. **~·ist** *n.* Ⓒ 합동론자.

fúsion bòmb 수소 폭탄.

fúsion pòint 녹는점.

⁑**fuss** [fʌs] *n.* ① Ⓤ (하찮은 일에 대한) 야단법석; 흥분, 안달복달. ② Ⓒ (하찮은 일에) 떠들어대는 사람. ③ (a ~) 싸움; 말다툼. ***get into a ~*** 마음 졸이다, 흥분하다. ***make a ~*** 야단법석하다. ── *vt., vi.* (하찮은 일로) 법석떨(게 하)다, 속타(게 하)다. *__∠·y__ *a.* (사소한 일에) 법석떠는; 성가신; (의복·문체 따위) 몹시 신경을 쓰는〔꼼꼼한〕(finical); 세밀한.

fúss·bùdget *n.* Ⓒ 《口》 하찮은 일에 떠들어대는 사람, 떠벌이.

fus·tian [fʌ́stʃən] *n., a.* Ⓤ 퍼스티언(제(製)의)《면·마직의 거친 천, 코르덴식의 능직 무명》; 과장된 (말).

fus·ty [fʌ́sti] *a.* 곰팡내 나는; 낡아빠진; 완고한.

⁑**fu·tile** [fjú:tl, -tail] *a.* 쓸데 없는; 하찮은(trifling). *__fu·til·i·ty__ [fju:-tíləti] *n.* Ⓤ 무용; Ⓒ 무익한 것.

†**fu·ture** [fjú:tʃər] *n., a.* Ⓤ 미래(의) (*the ~ life* 내세); 장래; Ⓒ 전도; 〖文〗 미래 시제(의); (보통 *pl.*) 〖商〗 선물(先物). ***for the ~,*** or ***in (the) ~*** 장래엔, 금후는. ***in the near ~,*** or ***in no distant ~*** 머지 않아. **~·less** *a.* 미래가 없는, 장래성 없는.

fu·tur·ism [-rìzəm] *n.* Ⓤ (종종 F-) 미래파《전통의 포기를 주장하고 1910년경 이탈리아에서 일어난 예술상의 일파》. **-ist** *n.* Ⓒ 미래파 화가〔문학자·음악가〕(따위).

fu·tu·ri·ty [fju:tjúərəti] *n.* Ⓤ 미래(성); 후세; Ⓒ (종종 *pl.*) 미래의 상태〔일〕.

fu·tu·rol·o·gy [fjù:tʃərálədʒi/-rɔ́l-] *n.* Ⓤ 미래학.

fuze [fju:z] *n.* =FUSE[2].

fu·zee [fju:zí:] *n.* =FUSEE.

fuzz[1] [fʌz] *n.* Ⓤ 보풀, 잔털, 솜털. ── *vi., vt.* 보풀이 일다; 보풀을 일으키다; 훌훌 흩어져 날다. **~·y** [fʌ́zi] *a.* 보풀의, 보풀〔괴깔〕 같은; 보풀이 일어난; 희미한.

fuzz[2] *n.* 《俗》 Ⓤ 《집합적》 경찰; Ⓒ 경찰관; 형사.

fúzz stàtion 《美俗》 경찰서.

fuzz·word [fʌ́zwə:rd] *n.* Ⓒ 《美俗》 애매한〔복잡한〕 말.

fúzzy mátching 〖컴〗 퍼지 매칭《둘을 비교할 때 엄밀히 동일한지가 아니라 비슷한지 어떤지로 판단하는 수법》.

FVC forced vital capacity 강제 폐활량. **FW** 〖럭비〗 forward. **FWPA** 《美》 Federal Water Pollution Control Administration 연방 수질 오탁 방지국. **FY** fiscal year. **FYI** for your information (메모 등에서) 참고로. **FZDZ** 〖氣〗 freezing drizzle. **F.Z.S.** Fellow of the Zoological Society.

G

G, g [dʒi:] *n.* (*pl.* ***G's, g's*** [-z]) Ⓤ 〖樂〗 사음(音), 사조(調); (로마수의) 400; Ⓒ 〖理〗 중력의 상수(常數); 《美俗》 천, 천 달러(grand).

G, G. German; gravity. **g** gram(me). **g.** guinea. **Ga** 〖化〗

gallium. **Ga.** Gallic; Georgia. **GA, G.A.** General Agent; General Assembly (유엔) 총회; General of the Army. **G.A., g.a.** general average 〖保險〗 공동 해손(共同海損). **GAB** General Agreement to Borrow 국제 통화 기금(IMF)의 일반 차입 협정.
gab[gæb] *n., vi.* (*-bb-*) Ⓤ《口》 수다 (떨다). ***gift of the* ~** 능변.
gab·ar·dine, gab·er-[gǽbər-dìːn, ⌐—⌐] *n.* Ⓤ 개버딘《레인코트감》.
˙**gab·ble**[gǽbəl] *vi., vt., n.* (…을) 지껄이다; Ⓤ 지껄여대기. **-bler** *n.*
gab·bro[gǽbrou] *n.* Ⓤ,Ⓒ 〖鑛〗 반려암《화성암의 일종》.
gab·by[gǽbi] *a.* 수다스러운.
ga·bi·on[géibiən] *n.* Ⓒ (둑·보루용) 돌담은 통.
˙**ga·ble**[géibəl] *n.* Ⓒ 〖建〗 박공.
gáble ròof 박공 지붕.
Ga·bon[gæbɔ́ːŋ] *n.* 가봉《아프리카 남서부의 공화국; 수도 Libreville》.
Ga·bri·el[géibriəl] *n.* 〖聖〗 가브리엘《위안·희소식을 가져오는 천사》.
ga·by[géibi] *n.* Ⓒ 《英俗》 바보.
gad[1][gæd] *vi.* (*-dd-*) 어슬렁거리다, 돌아다니다. — *n.* Ⓤ 나돌아다니기.
gad[2] *n.* =GOAD.
gad[3] *int.* (*or* G-) 《口》 아이구!, 맙소사! ***by* ~** =by GOD.
gád·abòut *a., n.* Ⓒ 빈들빈들 돌아다니는 (사람).
gád·flỳ *n.* Ⓒ 등에, 말파리, 쇠파리; 성가신 사람.
˙**gadg·et**[gǽdʒit] *n.* Ⓒ (기계의) 부속품, 간단[편리]한 장치; 묘안.
gad·o·lin·i·um[gæ̀dəlíniəm] *n.* Ⓤ 〖化〗 가돌리늄《희토류 원소; 기호 Gd》.
Gael[geil] *n.* Ⓒ 게일 사람《스코틀랜드 고지·아일랜드 등지의 켈트 사람》. **∠·ic**[∠ik] *a., n.* 게일족[어]의; Ⓤ 게일어.
Gael. Gaelic.
gaff[1][gæf] *n., vt.* Ⓒ 작살(로 찌르다); (물고기를) 갈고리(로 끌어 올리다); 〖海〗 사형(斜桁); Ⓤ,Ⓒ 《英俗》 (객적은) 수다, 엉터리; Ⓒ 《美俗》 괴로운 일. ***blow the* ~** 《俗》 계획[비밀]을 누설하다. ***stand the* ~** 《美俗》 싫은 일을 하다; 벌을 달게 받다.
gaff[2] *n.* Ⓒ 《英俗》 싸구려 [삼류] 극장《보통 penny ~라고 함》.
gaffe[gæf] *n.* Ⓒ 실수, 실책.
gaf·fer[gǽfər] *n.* Ⓒ 노인, 영감.
gag[1][gæg] *n.* Ⓒ 재갈; 언론 탄압; 〖英議會〗 토론 종결; 〖外〗 개구기(開口器). — *vt., vi.* (*-gg-*) (…에게) 재갈을 물리다; 언론을 탄압하다; 게우게 하다; 웩웩거리다.
˙**gag**[2] *n.* Ⓒ ① 〖劇〗 개그《배우가 임기응변으로 하는 익살·농담》. ② 사기, 거짓말. — *vt., vi.* (*-gg-*) (…에게) 개그를 넣다; 속이다. **∠·màn** *n.* Ⓒ 개그 작가; 희극 배우.
ga·ga[gáːgàː] *a., n.* Ⓒ 《俗》 어수룩한 (영화팬)(*the* ~*s* 무비판한 족속들); 늙은, 망령들린; 열중한.
gage[1][geidʒ] *n.* Ⓒ 저당물; 도전(의 표시로 던지는 물건)《장갑 따위》.
gage[2] *n.* =GAUGE.
gag·gle[gǽgəl] *n., vi.* Ⓒ 거위떼(가 꽥꽥 울다); (여자들의) 무리; (시끄러운) 집단.
gág làw [**rùle**] 《美》 토론 금지(령).
˙**gai·e·ty**[géiəti] *n.* ① Ⓤ 유쾌, 쾌활. ② Ⓤ (의복 등의) 호사, 화려. ③ (*pl.*) 환락, 법석.
˙**gai·ly**[géili] *ad.* 유쾌[화려]하게.
†**gain**[gein] *vt.* ① 얻다; 이기다. ② 획득하다. ③ (무게·힘 등이) 늘다; (시계가) 더 가다. — *vi.* ① 이익을 얻다. ② 나아지다; 잘 되다. **~ *up*(*on*)** …에 접근하다; (아무에게) 빌붙다; …에 침식하다. **~ *over*** 설복시키다; (자기 편으로) 끌어들이다. **~ *the*** EAR[1] ***of.* ~** TIME. — *n.* Ⓤ 이익; Ⓒ 증가; 진보; (*pl.*) 이득, 벌이. **∠·er** *n.* Ⓒ 이득자; 승리자. **∠·ful** *a.* 유리한. **∠·ing** *n.* (*pl.*) 이득, 소득, 벌이.
gain·said[gèinséid] *vt.* gainsay 의 과거(분사).
gain·say[∸séi] *vt.* (*-said*) 부정[반박]하다.
(**'**)**gainst**[genst/gein-] *prep.* 《詩》 =AGAINST.
˙**gait**[geit] *n.* (*sing.*) 걸음걸이; (말의) 보조(步調).
gait·er[géitər] *n.* Ⓒ 각반.
gal[1][gæl] *n.* 《俗》 =GIRL.
gal[2] *n.* Ⓒ 가속도 단위《1 ~ =1cm/sec[2]》.
Gal. Galatians. **gal.** gallon(s).
ga·la[géilə, gáː-, gǽlə] *n., a.* Ⓒ 축제(의), 제례(의). **~ *dress*** 나들이옷.
ga·lac·tic[gəlǽktik] *a.* 〖天〗 은하의; 젖의, 젖에서 얻은.
Gal·a·had [gǽləhæ̀d] *n.* Arthur 왕의 원탁 기사의 한 사람; (a ~) 고결한 사람.
gal·an·tine[gǽləntìːn] *n.* Ⓤ 냉육(冷肉) 요리의 일종.
ga·lán·ty shòw[gəlǽnti-] 그림자 그림 연극; 겉만 화려한 구경거리.
Ga·la·tians[gəléiʃiənz] *n. pl.* 〖聖〗 갈라디아서(書).
˙**gal·ax·y**[gǽləksi-] *n.* ① (G-) 은하, 은하수; 〖天〗 은하계 (우주). ② Ⓒ (미인·재사 등의) 화려한 무리, 기라성처럼 늘어선 사람.
‡**gale**[1][geil] *n.* Ⓒ ① 〖氣〗 강풍, 큰바람; 〖海〗 폭풍. ② 《詩》 실바람. ③ 《美》 폭소; 환희; 흥분 상태.
gale[2] *n.* Ⓒ 버드소귀나무의 일종《늪지대에 남》.
ga·le·na[gəlíːnə] *n.* Ⓤ 방연석(方鉛石).
Gal·i·le·an[gæ̀ləlíːən] *a., n.* Ⓒ Galilee의 (사람); (the ~) = JESUS; Galileo의.
Gal·i·lee[gǽləlìː] *n.* 〖聖〗 갈릴리《Palestine 북부의 옛 로마의 주》.
˙**Gal·i·le·i**[gæ̀ləléiiː], **Galileo ~** (1564-1642) 이탈리아의 물리학자·천문학자.

gal·i·ot[gǽliət] *n.* Ⓒ 〖史〗 (옛날 지중해에서 쓰던) 작은 돛배; 네덜란드의 작은 어선〔상선〕.

*__gall__[1][gɔːl] *n.* ① Ⓤ 담즙(bile). ② Ⓒ 담낭, 쓸개. ③ Ⓤ 쓴 것, 진절머리, 증오. ④ Ⓤ 《美俗》 뻔뻔스러움. ***dip one's pen in*** ~ 독필(毒筆)을 휘두르다《비평 따위에서》.

gall[2] *vt.* 스쳐 벗어지게 하다; 노하게 하다, 애태우다. — *n.* Ⓒ 찰과상, (특히 말의 등의) 스쳐서 벗겨진 상처; 걱정거리.

gall[3] *n.* Ⓒ 오배자, 몰식자(沒食子) 《균·벌레 등이 잎·줄기에 만든 충영(蟲癭)》.

gall. gallon(s).

:**gal·lant**[gǽlənt] *a.* ① 훌륭한, 당당한. ② 화려한. ③ 용감한, 기사적인. ④ [gəlǽnt] 여성에게 친절한; 연애의. ~ ***adventures*** 정사(情事). — [gǽlənt, gəlǽnt] *n.* Ⓒ 용감한 사람; 여성에게 친절한 남자, 상냥한 남자. *~·**ly** *ad.* *~·**ry**[gǽləntri] *n.* Ⓤ 용감, 용기.

gáll blàdder 담낭, 쓸개.

gal·le·on[gǽliən] *n.* Ⓒ 〖史〗 스페인의 큰 돛배《상선·군함》.

:**gal·ler·y**[gǽləri] *n.* Ⓒ ① 화랑. ② (교회의) 특별석(의 사람들); 〖劇〗 맨위층 보통 관람석(의 관객), 맨 뒤의 입석. ③ 회랑, 진열장; 긴 방. ④ 〖鑛〗 갱도. ***play to the*** ~ 일반 관중의 취미에 맞춰 연기하다; 저속 취미에 영합하다. **gál·ler·ied** *a.* ~가 있는.

*__gal·ley__[gǽli] *n.* Ⓒ ① 〖史〗 갤리배《노예가 노를 젓는 돛배》. ② (고대 그리스·로마의) 군함; 대형 보트. ③ (선내의) 취사실. ④ 〖印〗 게라《스틱(composing stick)으로 부터 옮긴 활자를 담는 목판》; =⇩.

gálley pròof 게라쇄(刷), 교정쇄.

gálley slàve 갤리배를 젓는 노예.

gáll·flỳ *n.* Ⓒ 몰식자(沒食子)벌.

Gal·lic [gǽlik] *a.* 골(사람)의(cf. Gaul); 프랑스의.

gal·lic[1] *a.* 〖化〗 갈륨의.

gal·lic[2] *a.* 오배자의; 몰식자성(沒食子性)의.

gállic ácid 갈산(酸).

gal·li·cism, G-[gǽləsìzəm] *n.* Ⓤ,Ⓒ (독특한) 프랑스어법(語法); 프랑스어풍(風).

gall·ing[gɔ́ːliŋ] *a.* 울화치미는, 속타게 하는(cf. gall[2]).

gal·li·nule[gǽlənjùːl] *n.* Ⓒ 〖鳥〗 쇠물닭류(類)의 물새.

gal·li·um[gǽliəm] *n.* Ⓤ 〖化〗 갈륨 《희금속 원소; 기호 Ga》.

gal·li·vant[gǽləvæ̀nt/⌐–⌐] *vi.* 여성의 꽁무니를 쫓아다니다; 건들건들 놀러 다니다.

gáll·nùt *n.* Ⓒ 몰식자, 오배자(gall[3]).

*__gal·lon__[gǽlən] *n.* Ⓒ 갤런《=4 quarts; 영국에서는 약 4.5리터, 미국에서는 약 3.8리터》.

:**gal·lop**[gǽləp] *n.* 갤럽《말의 전속력 구보》; Ⓒ 급속도. — *vi., vt.* (…에게) 갤럽으로 달리(게 하)다; 급속도로 나아가다.

*__gal·lows__[gǽlouz] *n.* (*pl.* ~(*es*)) Ⓒ 교수대; 교수형; (*pl.*) 《美俗》 바지멜빵.

gállows bìrd 《口》 극악한 사람.

gáll·stòne *n.* Ⓒ 〖病〗 담석(膽石).

Gál·lup pòll[gǽləp-] 《美》 (통계학자 G. H. Gallup 지도의) 갤럽 여론조사.

ga·loot[gəlúːt] *n.* Ⓒ 《美俗》 얼빠진 사람, 어리보기.

gal·op[gǽləp] *n.* Ⓒ 갤럽《경쾌한 춤》; Ⓤ 그 곡. — *vi.* 갤럽을 추다.

ga·lore[gəlɔ́ːr] *ad.* 풍부하게.

*__ga·losh__[gəlɑ́ʃ/-ɔ́-] *n.* =OVERSHOE.

gals. gallons.

Gals·wor·thy[gɔ́ːlzwəːrði, gǽl-], **John**(1867-1933) 영국의 소설가·극작가《1932년 노벨 문학상》.

ga·lumph[gəlʌ́mf] *vi.* 《口》 의기양양하게 걷다.

Gal·va·ni[gælvɑ́ːni], **Luigi**(1737-98) 이탈리아의 생물학자·물리학자.

gal·van·ic[gælvǽnik] *a.* 동(動)전기의; (웃음 따위가) 경련적인; 깜짝 놀라게 하는. **-i·cal·ly** *ad.*

gal·va·nism[gǽlvənìzəm] *n.* Ⓤ 동전기; 〖醫〗 전기 요법.

gal·va·nize[gǽlvənàiz] *vt.* 동전기를 통하다; 활기 띠게 하다; 전기 도금하다. ~***d iron*** 함석. **-ni·za·tion** [⌐–nizéiʃən] *n.*

gal·va·nom·e·ter [gæ̀lvənɑ́mitər/-nɔ́mi-] *n.* Ⓒ 검류계(檢流計). **-no·met·ric**[⌐–noumétrik] *a.* 검류계의, 검류계로 잰.

gal·va·no·scope [gǽlvənouskòup] *n.* Ⓒ 검류기.

Gam·bi·a[gǽmbiə] *n.* 아프리카 서북의 공화국. ~**n** *n., a.* Ⓒ 감비아의(사람).

gam·bit[gǽmbit] *n.* Ⓒ 〖체스〗 (졸 따위를 희생하고 두는) 첫 수; (거래 등의) 시작.

:**gam·ble**[gǽmbəl] *vi.* 도박〔모험〕하다. ~ ***in stocks*** 투기하다. — *vt.* 도박으로 잃다(*away*). *-**bler** *n.* *-**bling** *n.*

gam·boge[gæmbúːʒ, -bóudʒ] *n.* Ⓤ 자황(雌黃)《열대 수지에서 뽑는 치잣빛 그림 물감, 하제(下劑)》; 치자색 (yellow orange).

gam·bol[gǽmbəl] *vi.* (《英》 -*ll*-), *n.* Ⓒ 깡충깡충 뛰놀다〔뛰놀기〕.

gam·brel[gǽmbrəl] *n.* Ⓒ (말 따위의) 과(踝) 관절(hock); =~ **ròof** 〖建〗 (물매가 2단으로 굽은) 지붕.

†**game**[1][geim] *n.* ① Ⓒ 유희, 오락. ② Ⓤ 농담. ③ Ⓒ 경기, 한판. ④ Ⓒ 승부의 점수. ⑤ (*pl.*) 경기회(*the Olympic* ~*s*). ⑥ (종종 *pl.*) 책략(trick). ⑦ Ⓤ 《집합적》 엽수(獵獸)〔조(鳥), 어(魚)〕, 잡은 사냥감(의 고기); (백조의) 무리; 목적물. ***be on*** 〔***off***〕 ***one's*** ~ (경기자의) 컨디션이 좋다〔나쁘다〕. ***big*** ~ 〖獵〗 큰 짐승 《범·곰 따위》. ***fair*** 〔***forbidden***〕 ~

G

(수렵법에서) 허가된〔금지된〕 사냥감. ***fly at high*** ~ 큰 짐승을 노리다; 대망(大望)을 품다. ~ ***and*** (***set***) 〖테니스〗 게임세트. ~ ***and*** ~ 1대 1(의 득점). ~ ***of chance*** 운에 맡기는 승부. ***have a*** ~ ***with*** …(의 눈)을 속이다. ***make*** ~ ***of*** (…을) 놀리다. ***play a person's*** ~, or ***play the*** ~ ***of a person*** 무의식적으로 아무의 이익이 될 일을 하다. ***play the*** ~ 《口》 (당당하게) 규칙에 따라 경기를 하다; 훌륭히 행동하다. ***The*** ~ ***is up.*** 짐승은 도망쳤다; 이제〔만사〕 다 틀렸다. ***The same old*** ~***!*** 또 그 수법이군. ***Two can play at that*** ~. = ***That's a*** ~ ***two people can play.*** 그 수법〔수〕에는 안 넘어간다; 이쪽도 수가 있다. — *a.* 투지에 찬; 용감한; 자진해서 …하는(*for; to* do). ***die*** ~ 용감히 싸우고 죽다, 끝까지 버티다. — *vt., vi.* (…와) 내기하다; 내기에서 잃다(*away*).

game[2] *a.* =LAME.

gáme bàg 사냥감 넣는 주머니.

gáme bìrd 엽조(獵鳥).

gáme-brèaker 〖美蹴〗 승패를 결정하는 플레이〔선수〕.

gáme·còck *n.* Ⓒ 싸움닭.

gáme fìsh (낚시의 대상이 되는) 물고기.

gáme fòwl 싸움닭.

gáme·kèeper *n.* Ⓒ 《英》 사냥터지기.

gáme làws 수렵법.

gáme lìcense 수렵 면허.

game·ly[géimli] *ad.* 용감히.

gáme presèrve 금렵구.

gáme ròom 오락실.

game·some[ˊsəm] *a.* 장난 좋아하는; 쾌활한.

game·ster[ˊstər] *n.* Ⓒ 도박꾼.

gam·ete[gǽmi:t] *n.* Ⓒ 〖生〗 배우자.

gáme thèory 〖經〗 게임의 이론《불확정한 요소 중에서 최대의 효과를 올리는 수학적 이론》.

ga·me·to·phyte [gəmí:təfàit] *n.* Ⓒ 〖植〗 배우체(配偶體).

gáme wàrden 수렵 감시관.

gam·in[gǽmin] *n.* (F.) Ⓒ 부랑아.

gam·ing[géimiŋ] *n.* Ⓤ 도박, 내기.

gáming hòuse 도박장.

gáming tàble 도박대.

gam·ma[gǽmə] *n.* Ⓤ,Ⓒ 그리스어 알파벳의 셋째 글자(Γ, γ; 영어의 G, g에 해당).

gámma càmera 감마선 카메라 《체내에 주입된 방사성 트레이서를 검파(檢波)하는 카메라》.

gam·ma·di·on [gəméidiən/gæ-] *n.* (*pl.* ***-dia***[-diə]) (Gk.) Ⓒ 그리스 만자, 갈고리 십자(형).

gámma glóbulin 〖生化〗 감마글로불린《혈장에 포함된 단백질의 성분》.

gámma rày 〖理〗 감마선.

gam·mon[1][gǽmən] *n.* Ⓤ 《英口》 허튼소리; 사기. — *vt., vi.* 속이다.

gam·mon[2] *n.* Ⓤ 베이컨의 허벅지 고기; 훈제(燻製)햄.

gamp[gæmp] *n.* Ⓒ 《英》 큰 박쥐우산.

gam·ut[gǽmət] *n.* (*pl.*) 〖樂〗 온음정(音程); 전범위, 전역. ***run the*** ~ ***of*** (*expressions*) 온갖 (표현)을 해보다.

gam·y[géimi] *a.* 엽조〔엽수〕의 냄새가 나는; (고기가) 약간 상한(cf. high).

gan·der[gǽndər] *n.* Ⓒ goose의 수컷; 얼간이.

Gan·dhi[gǽndi, gɑ̀:n-], **Mohandas Karamchand**(1869-1948) 간디《무저항주의의 인도 지도자》.

ga·nef[gɑ́:nəf] *n.* Ⓒ 《俗》 좀도둑; 비열한 기회주의자.

:**gang**[gæŋ] *n.* Ⓒ ① (노예·노동자 등의) 일단(一團), 패; (악한의) 일당. ② 《俗》 놀이 친구, 한 동아리. ③ (조립식 도구의) 한 벌. — *vi.* 《美》 집단을 이루다(*up*).

gáng·bùster *n.* Ⓒ 《美口》 갱 소탕 경관.

gange[gændʒ] *n.* Ⓒ 《美》 흑인, 검둥이.

Gan·ges[gǽndʒì:z] *n.* (the ~) 갠지스 강《인도의》.

gáng·lànd *n.* Ⓤ,Ⓒ 《美》 암흑가.

gan·gling[gǽŋgliŋ] *a.* (몸이) 후리후리한; 껑충한.

gan·gli·on[gǽŋgliən] *n.* (*pl.* ~***s***, ***-glia***) Ⓒ 신경절(神經節)《특히, 뇌·척수의》; (활동의) 중심.

gáng·plànk *n.* Ⓒ (배와 선창 사이에 걸쳐 놓는) 널판.

gáng plòw 연동식 보습.

gan·grene[gǽŋgri:n, ˊˊ] *n., vi., vt.* Ⓤ 〖醫〗 괴저(壞疽)(가 되다, 되게 하다). **-gre·nous**[gǽŋgrənəs] *a.*

gáng·sta ràp[gǽŋstə-] 갱스터 랩 《과격한 가사의 랩 음악》.

gang·ster[gǽŋstər] *n.* Ⓒ 《口》 갱의 한 사람, 악한. **~·ism**[-ìzəm] *n.*

gangue[gæŋ] *n.* Ⓤ 맥석(脈石).

gáng·wày *n., int.* Ⓒ 현문(舷門); =GANGPLANK; 〖劇〗 좌석의 통로; (G-!) (방해다) 비켜라!

gan·net[gǽnit] *n.* Ⓒ 북양가마우지 《갈매기과의 바다새》.

gant·let [gɔ́:ntlit, gǽnt-] *n.* = GAUNTLET[1, 2].

gan·try[gǽntri] *n.* Ⓒ (이동 기중기의) 구대(構臺); 〖鐵〗 (신호기를 받치는) 구름다리.

gántry cràne 고가 이동 기중기.

Gan·y·mede[gǽnəmi:d] *n.* 〖그神〗 Olympus 신들의 술 시중을 드는 미소년; (젊은) 술 시중꾼; 〖天〗 가니메데성(星)《목성의 제3위성》.

GAO General Accounting Office 회계 감사원.

***gaol**[dʒeil] *n., vt.* 《英》 =JAIL. ***ˊ·er** *n.* 《英》 =JAILER.

:**gap**[gæp] *n., vt.* (***-pp-***) Ⓒ ① 갈라진 틈(을 내다). ② 산이 끊어진 데; 협곡. ③ 결함; 간격; 차이.

GAPA, ga·pa[gǽpə] ground-to-air pilotless aircraft 무선 유도 비행기.

:gape[geip] *n., vi.* Ⓒ ① 하품(하다), 딱 벌린 입; 입을 크게 벌리다. ② 입을 벌리고 (멍하니) 바라보다[보기]; (지각 등의) 갈라진 틈(이 생기다). ③ (the ~s) 《諧》 하품(의 연발); (닭 따위의) 부리를 헤벌리는 병.
gar[gɑːr] *n.* (*pl.* **~s,** 《집합적》 ~) Ⓒ 〖魚〗 동갈치.
G.A.R. 《美》 Grand Army of the Republic 남북 전쟁 종군 군인회.
:ga·rage[gərάːʒ/gǽrɑːʒ, -ridʒ] *n.* Ⓒ (자동차의) 차고; (비행기의) 격납고.
gárage sàle 《美》 (자기 집에서 하는 중고 가구·의류 등의) 투매.
Gár·and rífle[gǽrənd-] 〖美軍〗 반자동식 소총.
garb**[gɑːrb] *n.* Ⓤ ① (직업·직위 등을 알 수 있는) 복장. ② (한 벌의) 옷. ③ 외관, 모양. — *vt.* (…에게) 복장을 입히다. ~ ***oneself (***as***) (…의) 복장을 하다.
***gar·bage**[gάːrbidʒ] *n.* Ⓤ ① (부엌의) 쓰레기. ② 고기찌끼; 찌꺼기. ③ 〖컴〗 가비지《기억 장치 속에 있는 불필요하게 된 데이터》.
gárbage càn (부엌의) 쓰레기통.
gárbage collèctor 《美》 쓰레기 수거인; 〖컴〗 가비지 수집.
gárbage dùmp 쓰레기 버리는 곳, 쓰레기 더미.
gárbage trùck 쓰레기차.
gar·ble[gάːrbəl] *vt.* (자료·원고 등을) 멋대로 고치다; (고의로) 오전(誤傳)하다. 「이.
gar·çon[gɑːrsɔ̃ː] *n.* (F.) Ⓒ 급사, 보
†gar·den[gάːrdn] *n.* Ⓒ ① 정원, 뜰; 채원(菜園). ② (*pl.*) 유원(지). ③ 비옥한 땅. **:~·er** *n.* Ⓒ 정원사. **:~·ing** *n.* Ⓤ 뜰[밭] 가꾸기, 원예.
gárden apàrtments 정원에 둘러싸인 저층(低層) 아파트.
gárden bálsam 〖植〗 봉선화.
gárden cíty (종종 G- C-)(19세기 영국의) 전원 도시 (운동).
gárden fràme 촉성 재배용 온상.
gar·de·ni·a[gɑːrdíːniə, -njə] *n.* Ⓒ 〖植〗 치자(꽃).
gárden pàrty 원유회, 가든 파티.
gárden plànt 원예[재배] 식물.
gárden plòt 정원[채원] 부지.
gárden séat 정원 벤치.
Gárden Státe 미국 New Jersey 주의 별칭.
gárden stùff (집안의 채마밭에서 가꾼) 야채.
gárden súburb 《英》 전원 주택지.
gárden trúck 《美》 야채류, 《특히》 시판용 야채.
gar·fish[gάːrfìʃ] *n.* (*pl.* **~es;** 《집합적》 ~) =GAR.
gar·gle[gάːrgəl] *vt., vi., n.* (a ~) 양치질(하다); Ⓤ,Ⓒ 양치약.
gar·goyle[gάːrgɔil] *n.* Ⓒ 〖建〗 (괴물 모양으로 만든) 홈통주둥이, 낙수홈.
GARIOA[gǽriouə] Government Appropriation for Relief In Occupied Areas (미국) 점령지 구제기금. 「한.
gar·ish[gέəriʃ] *a.* 번쩍번쩍하는; 야
***gar·land**[gάːrlənd] *n., vt.* Ⓒ 화환[화관](으로 꾸미다).
gar·lic[gάːrlik] *n.* Ⓤ 〖植〗 마늘.
:gar·ment[gάːrmənt] *n.* Ⓒ 옷(한 가지)《skirt, coat, cloak 등》; (*pl.*) 의복.
garn[gɑːrn] *int.* 허어《불신, 모멸》.
gar·ner[gάːrnər] *n., vt.* Ⓒ 곡창, 저장소; 축적(하다)(store).
gar·net[gάːrnit] *n.* Ⓤ,Ⓒ 석류석(石榴石); Ⓤ 심홍색.
***gar·nish**[gάːrniʃ] *n., vt.* Ⓒ 장식(을 달다); 문식(文飾)(하다); (음식에) 고명(을 얹다). **~·ment** *n.* Ⓤ,Ⓒ 장식; 〖法〗 압류 통고; 출정(出廷) 명령.
gar·nish·ee[gὰːrniʃíː] *n.* Ⓒ 〖法〗 garnishment를 받은 사람. — *vt.* (채권을) 압류하다; 압류를 통고하다.
gar·ni·ture[gάːrnitʃər] *n.* Ⓤ,Ⓒ 장식(품), 요리에 곁들인 것, 고명.
GARP Global Atmospheric Research Program [Project].
***gar·ret**[gǽrət] *n.* Ⓒ 고미다락.
:gar·ri·son[gǽrəsən] *n., vt.* Ⓒ 수비대(를 두다), 요새지(로서 수비하다).
gárrison decrée 위수령(衛戍令).
gárrison státe 군국(軍國).
gárrison tówn 위수 도시, 수비대 주둔 도시.
gar·rote[gərάt, -róut/-rɔ́t], **gar·rotte**[gərάt/-rɔ́t] *n., vt.* (Sp.) Ⓒ 교수형(구); 교수형에 처하다; 교살하고 소지품을 빼앗다.
gar·ru·lous[gǽrjələs] *a.* 잘 지껄이는. **~·ly** *ad.* **-li·ty**[gərúːləti] *n.*
:gar·ter[gάːrtər] *n., vt.* Ⓒ ① 양말대님(으로 동이다). ② (the G-) 《英》 가터 훈장[훈위(勳位)].
†gas[gæs] *n.* ① Ⓤ,Ⓒ 기체; 가스. ② Ⓤ 웃음 가스(laughing gas). ③ Ⓤ 독가스. ④ Ⓤ 《美口》 가솔린. ⑤ Ⓤ 《俗》 허풍, 객적은 소리. ***step on the*** ~ 액셀러레이터를 밟다, 가속하다; 서두르다. — *vt.* (**-ss-**) 가스를[가솔린을] 공급하다; 가스로 중독시키다; 독가스를 뿌리다. — *vi.* 가스를 내다; 《俗》 허풍떨다; 객담하다.
gás·bàg *n.* Ⓒ 가스 주머니; 《俗》 허풍선이, 수다쟁이.
gás bòmb 〖軍〗 독가스탄.
gás bùrner 가스 버너.
gás chàmber 가스 처형실.
gás còal 가스용석탄, 역청탄.
Gas·con[gǽskən] *n.* Ⓒ (프랑스 남서부의) Gascony 사람; (g-) 자랑꾼.
gas·con·ade[gæ̀skənéid] *n., vt.* Ⓤ 자랑(하다).
gás èngine 가스 내연 기관.
***gas·e·ous**[gǽsiəs, -sjəs] *a.* 가스 모양의, 기체의; 공허한.
gás field 천연 가스 발생지.
gás fire 가스불; 가스 난로.
gás fitter 가스공; 가스 기구 설치 업자.

G

gás fittings 가스 기구, 가스 배관.
·**gash**[gæʃ] *n., vt.* Ⓒ 깊은 상처(를 주다); 깊이 갈라진 틈(을 내다).
gás hèlmet =GAS MASK.
gás hèater 가스 난방기, 가스 난로.
gás·hòlder *n.* Ⓒ 가스 탱크.
gas·i·fy[gǽsəfài] *vt.* 기화(氣化)시키다. **-fi·ca·tion**[∸–fikéiʃən] *n.*
gás jèt 가스 버너; 가스의 불꽃.
gas·ket[gǽskit] *n.* Ⓒ 〖船〗 괄범삭(括帆索); 〖機〗(고무·코르크 따위의) 틈메우개, 개스킷.
gás làmp 가스등.
gás·lìght *n.* Ⓤ 가스불; Ⓒ 가스등.
gás lìghter 가스의 점화구; 가스라이터.
gás màin 가스(공급용) 본관(本管).
gás·màn *n.* Ⓒ 가스공(工); 가스 검침원; 〖鑛〗 가스 폭발 경계〔방지〕원.
gás màsk 방독면.
gás mìleage 연비(燃比)《휘발유 1 갤런으로 차가 달릴 수 있는 거리》.
gas·o·hol[gǽsəhɔ̀:l] *n.* Ⓤ 가소홀《가솔린과 에틸알코올의 혼합 연료》; (G-)《商標名》.
gás òil 경유(輕油).
:**gas·o·line, -lene**[gǽsəlì:n, ∸–⁄] *n.* Ⓤ 《美》 가솔린(《英》 petrol).
gásoline èngine 《美》 가솔린 기관〔엔진〕.
gas·o·mat[gǽsəmæ̀t] *n.* Ⓒ 자동 주유소.
gas·om·e·ter[gæsάmitər/-ɔ́m-] *n.* Ⓒ 가스 계량기; 가스 탱크.
:**gasp**[gæsp, -ɑ:-] *vi.* 헐떡거리다; (놀라) 숨이 막히다. ~ ***for*** 〔***after***〕 간절히 바라다. — *vt.* 헐떡거리며 말하다(*out*). — *n.* Ⓒ 헐떡임, 숨참. ***at the last*** ~ 임종시에.
gas·per[gǽspər, -ά:-] *n.* Ⓒ 헐떡거리는 사람; 《英俗》 싸구려 궐련.
gás pìpe 가스관.
gás pòisoning 가스 중독.
gás rànge (요리용) 가스 레인지.
gás rìng 가스 풍로.
gassed[gæst] *a.* 《美俗》 술취한; 마약으로 멍해진.
gás shèll 독가스탄.
gás stàtion 《美》 주유소.
gás stòve 가스 스토브.
gas·sy[gǽsi] *a.* 가스가 찬; 가스(모양)의; 기체(모양)의; 《口》 공허한; 허풍떠는.
gás tànk 가스 탱크, 가스 통(gasometer).
gas·tric [gǽstrik] *a.* 위(胃)의 (근처)의.
gástric cáncer 위암.
gástric júice 위액(胃液).
gástric úlcer 위궤양.
gas·tri·tis[gæstráitis] *n.* Ⓤ 〖醫〗 위염(胃炎).
gas·tr(o)-[gǽstrou, -trə] '위(胃)'의 뜻의 결합사.
gàstro·enterítis *n.* Ⓤ 위장염.
gas·tron·o·my[gæstrάnəmi/-ɔ́-] *n.* Ⓤ 미식(美食)(학); 요리법.
gas·tro·pod[gǽstrəpὰd/-ɔ́-] *n.* Ⓒ 복족(腹足) 동물《달팽이·괄태충 등》.
gástro·scòpe *n.* Ⓒ 〖醫〗 위경(胃鏡).
gás wàrfàre 독가스전.
gás·wòrks *n. pl.* 가스 제조〔공급〕소; 《英俗》 하원(下院).
gat[1][gæt] *v.* 《古》 get의 과거.
gat[2] *n.* Ⓒ 《美俗》 권총.
†**gate**[geit] *n.* Ⓒ ① 문, 문짝; 수문; 출입구. ② (전람회·경기회 등의) 입장자 수, 입장권 매상 총액. ③ 〖컴〗 게이트《하나의 논리 기능》. ***get the*** ~ 《美俗》 내쫓기다, 해고되다. — *vt.* 《英》(학생에게) 금족을 〔외출 금지를〕 명하다.
ga·teau [gɑtóu/gǽtou] *n.* (*pl.* ***-teaus, -teax***[-z]) (F.) Ⓤ,Ⓒ 대형 장식 케이크.
gáte-cràsher *n.* Ⓒ 《俗》(연회 등의) 불청객; 입장권 없이 입장한 자.
gáte·hòuse *n.* Ⓒ 수위실.
gáte·kèeper *n.* Ⓒ 문지기; 건널목지기.
gáte-leg(ged) táble 접테이블 (cf. Pembroke table).
gáte mòney 입장료 (수입).
gáte·pòst *n.* Ⓒ 문 기둥. ***between you and me and the*** ~ 이것은 비밀이지만.
:**gáte·wày** *n.* ① Ⓒ 출입구. ② (the ~) (…에 이르는) 길, 수단 (*to*).
†**gath·er**[gǽðər] *vt.* ① 모으다; 채집하다. ② 증가〔증대〕하다; 점차 늘리다. ③ (눈살을) 찌푸리다; 〖裁縫〗 (…에) 주름을〔개더를〕 잡다. ④ 추측하다(*that*). ⑤ (힘·용기를) 내다, (지혜를) 짜내다; (몸을) 긴장시키다. — *vi.* ① 모이다; 증대하다, 점점 더해지다; 수축하다, 주름이 잡히다. ② (종기가) 곪다. ***be ~ed to one's fathers*** 죽다. ~ ***flesh*** 살찌다; 뚱뚱해지다. ~ ***head*** (종기가) 곪다; (폭풍 등의) 세력이 커지다. ~ ***oneself up*** 〔***together***〕 긴장하고 전신에 힘을 모으다《도약(跳躍)의 직전 따위》. ~ ***up*** 그러모으다; 한데 마무르다; (손발을) 움츠리다; 힘을 주다. ~ WAY[1]. — *n.* (*pl.*) 〖裁縫〗 개더, 주름. :**~·ing** *n.* Ⓒ 집합, 집회; Ⓤ 수금(收金); 거두어 들이기; 화농; Ⓒ (곪은) 종기; Ⓒ 개더, 주름. ***~ing ground*** 수원(水源)지대.
Gát·ling (gùn)[gǽtliŋ-] *n.* Ⓒ 개틀링기관총《초기의 기관총》.
GATT[gæt] General Agreement on Tariffs and Trade 관세 무역 일반 협정.
gauche[gouʃ] *a.* (F.) 재치 없는; 서투른.
gau·cho[gáutʃou] *n.* (*pl.* **~s**) (Sp.) Ⓒ 남아메리카의 목동《스페인 사람과 인디언의 혼혈》.
gaud[gɔ:d] *n.* Ⓒ 값싸고 번지르르한 물건.
·**gaud·y**[1][∸i] *a.* 번쩍번쩍 빛나는, 야한 값싸고 번지르르한. **gáud·i·ly** *ad.* **gáud·i·ness** *n.*

G

gaud·y[2] *n.* Ⓒ《英》(대학 따위의) 교우대회.

gauge, gage**[geidʒ] *n.* Ⓒ ① 표준 치수〔규격〕. ② 자; 계기, 게이지. ③ (레일의) 궤간(軌間). ④ (평가·검사의) 표준, 방법. ⑤《영국에서는 보통 gage》〖海〗 흘수 범위; (바람과 딴 배에 대한) 위치 관계. ***broad 〔***narrow***〕 ~ 광궤(廣軌)〔협궤〕. ***take the ~ of*** …을 계측〔평가〕하다. — *vt.* 측정하다; 평가하다. **∠·a·ble** *a.* **gáug·er** *n.* Ⓒ 계량하는 사람; 계기(計器); 《Sc.》(술통의) 검사관, 수세리(收稅吏).

gáuge glàss (보일러의) 험수관「(驗水管).

Gau·guin[gougǽŋ], **Paul**(1848-1903) 프랑스의 후기 인상파의 화가.

***Gaul**[gɔːl] *n.* 갈리아《유럽 서부의 옛 나라》; Ⓒ 갈리아인; 프랑스인.

Gaull·ist[gɔ́ːlist] *n.* =DE GAULLIST.

***gaunt**[gɔːnt] *a.* ① 수척한, 여윈. ② 무시무시한. **∠·ly** *ad.*

gaunt·let[1][gɔ́ːntlit] *n.* Ⓒ (기사·골키퍼 등의) 손가리개; 긴 장갑. ***fling*** 〔***throw***〕 ***down the ~*** 도전하다. ***take*** 〔***pick***〕 ***up the ~*** 도전에 응하다.

gaunt·let[2] *n.* (the ~)〖史〗(병사의) 태형(笞刑). ***run the ~*** (두 줄로 선 사람들 사이를 걸으며) 태형을 받다; 혹평(酷評)을 받다.

gaun·try[gɔ́ːntri] *n.* =GANTRY.

gauss[gaus] *n.* Ⓒ〖理〗가우스《전자(電磁) 단위》.

Gau·ta·ma[gáutəmə, gɔ́-] *n.* 석가모니의 처음 이름(Buddha).

***gauze**[gɔːz] *n.* Ⓤ ① 성기고 얇은 천, 사(紗); 거즈. ② (가는) 철망. ③ 엷은 안개. **gáuz·y** *a.*

†**gave**[geiv] *v.* give의 과거.

gav·el[gǽvəl] *n.* Ⓒ《美》(의장 등이 쓰는) 의사봉《작은 망치》.

ga·vi·al[géiviəl] *n.* Ⓒ 인도악어.

ga·vot(te)[gəvát/-ɔ́-] *n.* Ⓒ 가보트《minuet식의 경쾌한 댄스(곡)》.

gawk[gɔːk] *n.* Ⓒ 아둔한〔열통적은〕 사람; 멍청이. — *vi.* 열통적은〔얼빠진〕 행동을 하다; 멍하니 쳐다보다(*at*). **∠·y** *a.*

:**gay**[gei] *a.* ① 쾌활한. ② 화려한. ③ 방탕한. ***~ quarters*** 화류계. ***∠·ly** *ad.* =GAILY.

gay·e·ty[géiəti] *n.* = GAIETY.

Gay-Pay-Oo[géipèiúː] *n.* 게페우 (G.P.U.)《소련의 비밀 경찰; 1934년 폐지》.

gaz. gazette; gazetteer.

:**gaze**[geiz] *n., vi.* 응시(하다)(*at, on, upon*). ***stand at ~*** 응시하고 있다. **gáz·er** *n.* Ⓒ 응시하는 사람.

ga·zelle[gəzél] *n.* Ⓒ 가젤《아프리카·아시아산 영양(羚羊)의 일종》.

:**ga·zette**[gəzét] *n., vt.* Ⓒ 신문; 《英》 관보(로 공시하다).

gaz·et·teer[gæ̀zətíər] *n.* Ⓒ 지명(地名) 사전; 《古》 관보〔신문〕 기자.

gaz·o·gene[gǽzədʒìːn] *n.* Ⓒ 가스 발생 장치; 탄산수 제조기《휴대형》.

G.B. Great Britain; 〖野〗 Games Behind 승차(勝差). **G.B.E.** Knight (*or* Dame) Grand Cross of the British Empire. **G.B.S.** George Bernard Shaw. **G.C.** George Cross. **GCA** 〖空〗 ground control(led) approach. **g-cal.** gram calorie(s). **G.C.B.** (Knight) Grand Cross of the Bath. **G.C.D.**〔**F.**〕 greatest common divisor 〔factor〕. **G.C.E.** 《英》 General Certificate of Education 보통 학력 증명서. **G.C.L.H.** Grand Cross of the Legion of Hono(u)r. **G.C.M., g.c.m., gcm** greatest common measure. **g.c.m.** general court martial 〖軍〗 보통 군법 회의. **G.C.M.G.** Grand Cross of the Order of St. Michael and St. George. **GCT, G.C.T.** Greenwich civil time 그리니치 상용시. **G.C.V.O.** (Knight) Grand Cross of the (Royal) Victorian Order. **Gd** 〖化〗 gadolinium. **G.D.** Grand Duke 〔Duchess〕. **gds.** goods. **GE** General Electric (Company). **Ge** 〖化〗 germanium.

:**gear**[giər] *n.* ① Ⓒ 전동 장치(傳動裝置), 기어, 톱니바퀴. ② Ⓒ 장치; Ⓤ 장비, 도구(*a steering ~* 조타기(操舵機)). ③ Ⓤ (기계의) 상태. ④ Ⓤ《英口》 의복. ***be in*** 〔***out of***〕 ***~*** 기어가 잘〔안〕 든다, 컨디션이 좋다〔나쁘다〕. — *vt.* (…의) 운전 준비를 하다, (기계를) 걸〔틀, 돌리〕다; 마구를 달다(*up*); 준비하다; 적응시키다(*to*); (노력을) 기울이다. — *vi.* (톱니바퀴가) 맞물리다(*into*), (기계가) 걸리다(*with*), 돌아가다. **∠·ing** [gíəriŋ/gíər-] *n.* Ⓤ《집합적》 전동장치.

géar·hèad *n.* Ⓒ 바보.

géar·shìft *n.* Ⓒ《美》 변속(變速) 장치.

géar whèel 톱니바퀴.

geck·o[gékou] *n.* (*pl.* **~(e)s**) Ⓒ 도마뱀붙이.

gee[dʒiː] *int.* 이러!, 어디여!《마소 부리는 소리》; 《口》 에이 참!《실패·실망·화날 때의 소리》.

:**geese**[giːs] *n.* goose의 복수.

gee-whiz(z)[dʒíːhwíz] *int.* 《美俗》 아이고!, 깜짝이야!

Ge·hen·na[gihénə] *n.* ①〖聖〗 게헤나《힌놈(hinnom)의 계곡》. ② Ⓤ 지옥; Ⓒ 고난의 땅.

Géi·ger(-Mül·ler) cóunter[gáigər(mjúːlər)-] 가이거 계수관(計數管)《방사능 측정기》. 「자.

Gei·gers[gàigərz] *n. pl.* 방사성 입

Géiss·ler tùbe[gáislər-] 가이슬러관《진공 방전의 실험 진공관》.

gel[dʒəl] *n.* Ⓤ,Ⓒ〖理·化〗 교화체(膠化體), 겔. — *vi.* (**-ll-**) 교화(膠化)하다; 굳어지다.

G

·gel·a·tin[dʒélətən], **-tine**[-tin/ ∸–tíːn] *n.* Ⓤ 젤라틴, 갖풀. **ge·lat·i·nous**[dʒəlǽtənəs] *a.*
geld[geld] *vt.* (*~ed, gelt*) 거세(去勢)하다. **∠·ing** *n.* Ⓒ 불깐 말.
gel·id[dʒélid] *a.* 얼음같이 차가운.
gel·ig·nite[dʒélignàit] *n.* Ⓤ 젤리그나이트《폭파용 폭약의 일종》.
gelt[gelt] *v.* geld의 과거(분사).
:gem[dʒem] *n., vt.* (*-mm-*) Ⓒ 보석(을 박다); 소중한[아름다운] 것[사람].
gem·i·nate[dʒéməneit] *vt., vi.* 쌍〔두 겹〕으로 하다〔되다〕. — [-nit] *a.* 쌍〔두 겹〕의.
Gem·i·ni[dʒémənài, -nì] *n. pl.* 〖天〗 쌍둥이자리; 쌍자궁(雙子宮); (미국의) 2인승 우주선.
gem·ma[dʒémə] *n.* (*pl. -mae* [-miː]) Ⓒ 〖植〗 싹; 무성아(無性芽); 〖動〗 아체(芽體). **-mate**[-meit] *vi.* 발아하다, 싹트다; 아체에 의해 번식하다.
gem·(m)ol·o·gy [dʒemálədʒi/ -5-] *n.* Ⓤ 보석학.
gem·my[dʒémi] *a.* 보석을 함유하는; 보석 같은.
Gém Státe 미국 Idaho주의 속칭.
gen[dʒen] *n.* (the ~) 《英俗》 정보 (*on*).
Gen. General; Genesis; Geneva(n). **gen.** general(ly); genitive; genus.
gen·darme[ʒáːndaːrm] *n.* (F.) Ⓒ 헌병; 〖登山〗 (산릉 위의) 뾰족한 바위 봉우리.
gen·der[dʒéndər] *n.* Ⓤ,Ⓒ 〖文〗 성(性); 《口》 =SEX. **∼·less** *a.* 〖文〗 성이 없는, 무성의.
gene[dʒiːn] *n.* Ⓒ 〖生〗 유전(인)자.
ge·ne·a·log·i·cal [dʒìːniəládʒikəl, dʒèn-/-5-] *a.* 계도(系圖)의.
genealógical trée (생물) 계통〔가계(家計)〕수(樹).
ge·ne·al·o·gy[dʒìːniǽlədʒi, -ál-, dʒèn-] *n.* Ⓒ 계도; 가계(家系)(lineage); Ⓤ 계통학. **-gist** *n.*
gen·er·a[dʒénərə] *n.* genus의 복수.
†gen·er·al[dʒénərəl] *a.* ① 전반[보편]적인; 광범위에 걸친; 일반적인, 보통의; 개괄[총칭]적인. ② 최고위의, 주된. ***as a ~ rule*** 대체로. ***in a ~ way*** 일반적으로, 대체로. — *n.* ① (the ~) 일반, 총체. ② Ⓒ (육군) 대장, 장군; 전술가, 병법가. ③ Ⓒ 〖宗〗 (수도회의) 총회장. ***G- of the Army*** 《美》 육군 원수. ***in ~*** 전반적으로; 일반적으로(*people in ~* 일반 대중). ***in the ~*** 개괄적으로; 대체로. **∼·ship**[-ʃip] *n.* Ⓤ 대장의 직〔신분·수완〕.
géneral accóunt 일반 회계.
Géneral Accóunting Òffice 《美》 회계 감사원.
géneral ágent 총대리인.
Géneral Américan 일반 미국 영어《동부 New England 지방과 남부를 제외한 전역에서 사용되는 전형적인 미어》.
Géneral Assémbly (유엔) 총회; 《美》 주(州)의회.
géneral attáck 총공격.
géneral cárgo 일반 화물《적재에 특별한 주의를 요하지 않는 화물》.
géneral cónsul 총영사.
géneral déaler 잡화상(인).
géneral delívery 《美》 유치(留置) 우편.
géneral eléction 총선거.
Géneral Eléction Dày 《美》 총선거일.
géneral héadquarters 총사령부 《생략 G.H.Q., GHQ.》.
géneral hóspital 종합 병원; 육군 병원.
gen·er·al·is·si·mo [dʒènərəlísəmòu] *n.* (*pl. ~s*) Ⓒ (영·미 이외 나라의) 대원수; 총통.
gen·er·al·ist[dʒénərəlist] *n.* Ⓒ 만능형 인간(opp. specialist).
gen·er·al·i·ty[dʒènərǽləti] *n.* Ⓤ 일반성, 보편성; Ⓒ 통칙(通則); (구체적이 아닌) 일반적 진술, 개설; (the ~) 대부분, 대다수.
·gen·er·al·ize[dʒénərəlàiz] *vt., vi.* 일반화하다; 개괄[종합]하다, 개괄적으로 말하다. **·-i·za·tion**[∸–lizéiʃən/-lai-] *n.* Ⓤ 일반화; 개괄, 종합.
†gen·er·al·ly[dʒénərəli] *ad.* 일반적으로, 보통. ***~ speaking*** 대체로 말하자면, 일반적으로.
géneral mánager 총지배인.
géneral párdon 일반 사면.
géneral póst (오전) 첫번째 배달 우편; 실내 유희의 일종.
Géneral Póst Òffice 런던 중앙 우체국.
géneral practítioner (전문의가 아닌) 일반의(一般醫).
géneral públic 일반 대중.
géneral sérvant 잡역부(雜役夫[婦]).
géneral stáff ⇨STAFF.
Géneral Stáff Òffice 참모 본부.
géneral stóre 잡화점.
géneral stríke 총파업.
géneral wélfare 공공의 복지.
·gen·er·ate[dʒénərèit] *vt.* ① 낳다, 산출하다. ② 일으키다, 생기게 하다. ③ 〖數〗 (점·선·면이 움직여 선·면·입체를) 이루다. **·-a·tor** *n.* Ⓒ (가스 등의) 발생기; 발전기; 낳는 것; 〖컴〗 생성기, 발생기.
génerating stàtion 〔**plànt**〕 발전소.
:gen·er·a·tion[dʒènəréiʃən] *n.* ① Ⓤ 출생; 생식; 산출; 발생. ② Ⓒ (일)대(代)《약 30년전》; 시대, 세대. ③ Ⓒ《집합적》 동시대의 사람들. ④ Ⓒ 세대《같은 시기에 같은 형으로 만들어진 기구의 총칭》(*the fourth ~ of computers*). ALTERNATION ***of ~s, from ~ to ~,*** or ***~ after ~*** 대대로 계속해서. ***rising ~*** 청년(층), 젊은이들.
generátion gáp 세대차, 세대간의 단절.
Generátion X́ X세대(X Genera-

tion)《1961-71년에 태어난 세대; 1980년대에 번영에서 소외된, 실업과 불황에 시달린 세대》.

gen·er·a·tive[dʒénərèitiv, -rə-] *a.* 생산〔생식〕의〔하는〕.

génerative grámmar 생성 문법.

ge·ner·ic[dʒənérik] *a.* 〖生〗속(屬)(genus)의; 일반적인; 〖文〗총칭적인. ~ ***name*** 속명. **-i·cal·ly** *ad.*

*__gen·er·os·i·ty__[dʒènərɑ́səti/-ɔ́s-] *n.* Ⓤ 관대; 도량이 큼, 활수함.

:**gen·er·ous**[dʒénərəs] *a.* ① 관대한, 마음이 넓은; 도량이 큰; 활수한. ② 풍부한. ③ (토지가) 비옥한, (술이) 감칠맛이 있는. *~**·ly** *ad.*

*__gen·e·sis__[dʒénəsis, -ni-] *n.* (*pl.* ***-ses***) Ⓒ 발단, 기원; (G-) 〖舊約〗창세기.

gen·et[dʒénit] *n.* Ⓒ 사향고양이; Ⓤ 그 모피; =JENNET.

ge·net·ic[dʒinétik] *a.* 기원의; 발생(학)〔유전학〕적인. **~s** *n.* Ⓤ 발생〔유전〕학.

genétic códe 〖生〗유전 코드《DNA 분자 중의 화학적 기초 물질의 배열》.

ge·net·i·cist[dʒinétəsist] *n.* Ⓒ 「유전학자.

*__Ge·ne·va__[dʒəní:və] *n.* 제네바《스위스의 도시》.

Genéva Convéntion 제네바 협정《1864-65년 조인된 적십자 조약》.

Genéva cróss 적십자.

Ge·ne·van[dʒəní:vən], **Gen·e·vese**[dʒènəví:z/-ni-] *a., n.* Ⓒ 제네바의 (사람); 칼뱅파(派)의 (교도).

Gen·ghis Khan[dʒéŋgis kɑ́:n, dʒén-](1162-1227) 칭기스칸.

*__gen·ial__[dʒí:njəl, -niəl] *a.* ① 온화한; 쾌적한, 온난한. ② 친절한; 다정한. **~·ly** *ad.*

ge·ni·al·i·ty[dʒì:niǽləti] *n.* Ⓤ 온화; 쾌적(快適); 친절.

gen·ic [dʒénik] *a.* 〖生〗유전자(gene)의; 발생의. 「귀신.

ge·nie[dʒí:ni] *n.* (*pl.* ***-nii, ~s***) Ⓒ

ge·ni·i[dʒí:niài] *n.* genie, genius의 복수.

gen·i·tal[dʒénətəl] *a., n.* 생식의; (*pl.*) 생식기.

gen·i·tive[dʒénətiv] 〖文〗*a.* 속(屬)〔소유〕격의. — *n.* (the ~) 속격, 소유격.

:**gen·ius**[dʒí:njəs, -niəs] *n.* (*pl.* ***~es***) ① Ⓤ.Ⓒ 천재《능력·사람》. ② Ⓤ 천성, (타고난) 자질. ③ Ⓤ 특질; 진수(眞髓); 사조, 경향; (고장의) 기풍(⇨GENIUS LOCI). ④ Ⓒ (*pl.* ***genii***)(날 때부터 사람에 붙어 다니는) 수호신, 귀신(genie).

ge·ni·us lo·ci[dʒí:niəs lóusai] (L. =genius of the place) 고장의 수호신; 고장의 기풍(氣風).

Gen·o·a[dʒénouə] *n.* 이탈리아 북서부의 주; 그 주도.

gen·o·cide[dʒénəsàid] *n.* Ⓤ《美》(인종·국민의 계획적) 몰살, 민족 섬멸.

Gen·o·ese[dʒènouí:z] *a., n.* (*pl.* ~) Ⓒ Genoa의 (사람).

gen·o·type[dʒénətàip] *n.* Ⓒ 〖生〗유전형, 인자형; 공통 유전형을 갖는 개체군.

gen·re [ʒɑ́:nrə] *n.* (F. =kind; manner) Ⓒ 유형, 양식, 장르;《美》풍속화.

gens[dʒenz] *n.* (*pl.* ***gentes***[dʒénti:z]) Ⓒ (고대 로마의) 씨족, 일족.

gent[dʒent] *n.* Ⓒ《口》신사, 사이비신사. 「tlemen.

Gent., gent. gentleman; gen-

*__gen·teel__[dʒentí:l] *a.* ① 지체 높은, 품위 있는, 우아한; 예의바른. ② 멋진, 현대적인. ③ 점잖은 체하는. **~·ism**[-izəm] *n.* Ⓒ 고상한〔점잖은〕말. **~·ly** *ad.*

gen·tian[dʒénʃiən] *n.* Ⓤ 〖植〗용담속(屬)의 식물.

*__gen·tile, G-__[dʒéntail] *n., a.* Ⓒ 〖聖〗(유대인측에서 본) 이방인(의), 이교도(의).

gen·til·i·ty[dʒentíləti] *n.* Ⓤ 지체 높음; 품위, 예절바름; 점잔 빼기;《집합적》상류층 사람들.

†**gen·tle**[dʒéntl] *a.* ① 상냥한, 온화한, 얌전한. ② 지체 높은. ③ 품위 있는. ~ ***and simple*** (상하) 귀천. ***the ~ sex*** 여성. — *n.* Ⓒ《古》양갓집 사람; (낚싯밥의) 구더기. — *vt.* (말 따위를) 길들이다. :**gén·tly** *ad.* *~**·ness** *n.*

géntle bréeze 〖氣〗산들바람.

géntle·fòlk *n.*《집합적; 복수 취급》양가의〔신분이 높은〕사람들.

†**gen·tle·man**[-mən] *n.* Ⓒ ① 신사; 지체 높은〔점잖은〕사람. ② 남자, 남자분. ③ 종복(從僕). ④ 수입은 있지만 직업이 없는 남자, 유한 계급. ⑤ (*pl.*)《단수 취급》남자용 변소. ***~ at large*** 무직자. ***~ of fortune*** 해적; 모험가; 협잡꾼. ***my ~*** (지금 말한) 그치, 그 남자. **~·like, ~·ly** *a.* 신사적인.

gentleman's〔**gentlemen's**〕**agreement** 신사 협정〔협약〕.

géntleman-at-árms *n.* Ⓒ《英》(국왕의) 호위관.

géntleman fármer (*pl.* ***-men farmers***)《英》(지방의) 호농(豪農); 취미로 농업을 하는 신사.

géntleman's〔**-men's**〕**agréement** 신사 협정.

géntleman's géntleman 종복(從僕).

géntle·wòman *n.* Ⓒ 귀부인, 숙녀; 귀부인의 시녀.

*__gen·try__[dʒéntri] *n.* (보통 the ~)《복수 취급》(영국에서는 귀족 다음 가는) 상류 계급;《蔑》패거리. ***the light-fingered ~*** 소매치기들.

gen·u·flect[dʒénjuflèkt] *vi.* (특히 예배볼 때) 무릎을 굽히다; 무릎 꿇고 절하다. **-flec·tion,**《英》**-flex·ion**[∸-flékʃən] *n.*

:**gen·u·ine**[dʒénjuin] *a.* 순수한; 진실의, 진짜의; 성실한. *~**·ly** *ad.*

*__ge·nus__[dʒí:nəs] *n.* (*pl.* ***genera***

[dʒénərə], ~**es**) Ⓒ ①〖生〗 속(屬) 《보기: 고양이의 학명 *Felis catus*의 *Felis*》. ② 종류. ③〖論〗유(類), 유 개념.
Geo. George.
ge·o-[dʒíːou, -dʒíə] '지구, 토지'의 뜻의 결합사.
gèo·botány *n.* Ⓤ 식물 지리학.
gèo·céntric *a.*〖天〗지구를 중심으로 하는[하여 측정한].
gèo·chémistry *n.* Ⓤ 지구 화학.
ge·od·e·sy[dʒiːádəsi/-ɔ́d-], **ge·o·det·ics**[dʒìːoudétiks] *n.* Ⓤ 측지학(測地學). **ge·o·des·ic**[dʒìːoudésik], **ge·o·det·ic**[dʒìːoudétik] *a.*
:ge·og·ra·phy[dʒiːágrəfi/dʒiɔ́g-] *n.* ① Ⓤ 지리학. ② (the ~) 지리; 지세(地勢) 지형. ③ Ⓒ 지지(地誌), 지리학 책. ***-pher** *n.* ***ge·o·graph·ic**[dʒìːəgrǽfik/dʒiə-], **-i·cal**[əl] *a.* **-i·cal·ly** *ad.*
geol. geologic(al); geology.
:ge·ol·o·gy[dʒiːálədʒi/dʒiɔ́l-] *n.* Ⓤ 지질학; 지질. ***-gist** *n.* ***ge·o·log·ic**[dʒìːəládʒik/dʒiəlɔ́-], **-i·cal** [-əl] *a.* **-i·cal·ly** *ad.*
geom. geometric(al); geometry.
gèo·magnétic *a.* 지자기(地磁氣)의. **-mágnetism** *n.* Ⓤ〖理〗지자기; 지자기학.
gèo·médicine *n.* Ⓤ 환경 의학, 지리적 의학.
ge·om·e·ter[dʒiːámitər/dʒiɔ́mi-] *n.* Ⓒ 기하학자;〖蟲〗자벌레.
***ge·o·met·ric**[dʒìːəmétrik/dʒiə-], **-ri·cal**[-əl] *a.* 기하(학)적인. **-ri·cal·ly** *ad.*
geométric(al) progréssion [séries]〖數〗기하[등비] 급수.
ge·om·e·tri·cian [dʒiːàmitríʃən, dʒìːə-/dʒìə-] *n.* Ⓒ 기하학자.
:ge·om·e·try [dʒiːámətri/dʒiɔ́m-] *n.* Ⓤ 기하학; Ⓒ 기하학 책. ***analytic*** ~ 해석 기하학. ***Euclidean*** ~ 유클리드 기하학. ***plane* [*solid, spherical*]** ~ 평면[입체, 구면] 기하학.
Ge·o·phone[dʒíːəfòun] *n.* Ⓒ〖商標〗지중 청음기.
ge·o·phys·ics[dʒìːoufíziks] *n.* Ⓤ 지구 물리학. **-i·cal**[-kəl] *a.* 지구 물리학(상)의. **-i·cist** *n.*
gèo·pólitics (<G.) *n.* Ⓤ 지정학(地政學).
ge·o·ram·a[dʒìːərǽmə/-ráːm-] *n.* Ⓒ 지오라마《돔식 파노라마》.
George[dʒɔːrdʒ] *n.*《英》(가터 훈장에 딸린) St. George 보석상(像)《용을 퇴치하는 모습의》;《口》〖空〗자동 조종 장치. ***by*** ~ 정말; 저런《맹세 또는 감탄》. ***St.*** ~ 잉글랜드의 수호(守護) 성인.
Géorge Cròss《英》조지 훈장《George Ⅵ 때 제정(1940)》.
Geor·gétte (crèpe) [dʒɔːrdʒét(-)] *n.* Ⓤ〖商標〗조젯《얇은 본견 크레이프》.
***Geor·gia**[dʒɔ́ːrdʒə/-dʒjə] *n.* (미국 남부의) 조지아주; 그루지야《소련 남부의 한 지방》. ~**n** *a., n.* Ⓒ Georgia 의 (사람); Ⓤ 그루지야어(語); (영국의) 조지(왕조) 시대(조지 Ⅰ-Ⅳ)의; 조지 5세 시대의.
gèo·státionary *a.* (인공 위성이) 지구에서 보아 정지하고 있는.
geostátionary òrbit (인공 위성의) 정지 궤도.
ge·o·ther·mal[dʒìːouθə́ːrməl] *a.* 지열의.
ge·o·ther·mic[-θə́ːrmik] *a.* =⇧.
ge·ot·ro·pism [dʒiːátrəpìzəm/dʒiɔ́-] *n.* Ⓤ〖生〗굴지성(屈地性).
Ger. German(y). **ger.** gerund.
ge·ra·ni·um[dʒəréiniəm, -njəm] *n.* Ⓒ〖植〗제라늄, 양아욱; Ⓤ 선홍색.
ger·fal·con[dʒə́ːrfɔ̀ːlkən, -fæ̀l-] *n.* Ⓒ (아이슬란드·북극 부근의) 송골매의 일종.
ger·i·at·ric[dʒèriǽtrik] *a.* 노인병의; 고연령(층)의, 노인의.
ger·i·a·tri·cian[dʒèriətríʃən] *n.* Ⓒ 노인병 학자[전문의].
ger·i·at·rics[dʒèriǽtriks] *n.* Ⓤ 노인병학.
germ**[dʒəːrm] *n.* ① Ⓒ 배종(胚種), 어린 싹. ② Ⓒ 병원균, 세균. ③ (the ~) 싹틈, 근원. ***in ~ 미발달(상태)로. — *vi.* 발아하다.
†Ger·man[dʒə́ːrmən] *a., n.* 독일(사람·어)의; Ⓒ 독일 사람; Ⓤ 독일어. ***High*** ~ 고지 독일어《독일 표준어》. ***Low*** ~ 저지 독일어《네덜란드어 등을 포함한 북부 독일 방언》. ***Old High*** ~ 고대 고지 독일어《800-1100년 경의》.
ger·man [dʒə́ːrmən] *a.* 같은 (조)부모의[에서 나온].
Gérman Democrátic Repúblic 구 동독(East Germany).
ger·mane[dʒəːrméin] *a.* 밀접한 관계가 있는; 적절한(pertinent)(*to*).
Ger·man·ic[dʒəːrmǽnik] *a.* 독일(민족)의; 게르만[튜턴](어)족의. — *n.* Ⓤ 게르만[튜턴]어. ***East*** ~ 동(東)게르만어《코트어(Gothic) 등》. ***North*** ~ 북게르만어《Scandinavia의 여러 말》. ***West*** ~ 서(西)게르만어《영·독·네덜란드·프리지아어 등》.
ger·ma·ni·um[dʒəːrméiniəm] *n.* Ⓤ〖化〗게르마늄《희금속 원소, 트랜지스터의 재료; 기호 Ge》.
Gérman méasles〖醫〗풍진.
Gérman shépherd (dòg) 독일종 셰퍼드《경찰견》.
Gérman sílver 양은(洋銀).
Gérman téxt 게르만체[장식] 문자(文字)《Hitler는 이를 장려했음》.
†Ger·ma·ny[dʒə́ːrməni] *n.* 독일《공식 명칭은 the Federal Republic of Germany》.
gérm cèll〖生〗생식 세포.
ger·mi·cide[dʒə́ːrməsàid] *n., a.* Ⓤ,Ⓒ 살균제; 살균력이 있는. **-cid·al** [⌐—sáidl] *a.*
ger·mi·cul·ture[-kʌ̀ltʃər] *n.* Ⓤ 세균 배양.
ger·mi·nal[dʒə́ːrmənəl] *a.* 어린

G

싹〔배종(胚種)〕의; 초기〔원시〕의.

·ger·mi·nate[-nèit] *vi., vt.* 싹트다, 싹트게 하다, 발아하다〔시키다〕. **-nant** *a.* **-na·tion**[⌐–néiʃən] *n.*

gérm wárfare 세균전.

ger·on·tol·o·gy [dʒèrəntálədʒi/-ɔntɔ́l-] *n.* Ⓤ 노인병학, 장수학(長壽學). **-gist** *n.*

ger·ry·man·der[dʒérimæ̀ndər, gér-] *vt., n.* Ⓒ《美》(선거구를) 자당(自黨)에 유리하게 고치다〔고치기〕; 부정하게 손을 대어 고치다〔고치기〕.

Gersh·win[gə́:rʃwin], **George** (1898-1937) 미국의 작곡가.

:ger·und[dʒérənd] *n.* Ⓒ〖文〗동명사. **ge·run·di·al**[dʒərʌ́ndiəl] *a.*

Ge·stalt[gəʃtá:lt] *n.* (G.) Ⓒ〖心〗형태.

Gestált psychólogy 형태 심리학.

Ge·sta·po[gəstá:pou/ge-] *n.* (G.) (the ~)《단·복수 취급》(나치스의) 비밀 경찰. 「(기간).

ges·ta·tion[dʒestéiʃən] *n.* Ⓤ 임신

ges·tic·u·late[dʒestíkjəlèit] *vi., vt.* 손〔몸〕짓으로 나타내다. **-la·tion**[–⌐–léiʃən] *n.*

:ges·ture[dʒéstʃər] *n.* ① Ⓤ,Ⓒ 몸짓, 손짓. ② Ⓒ 태도, 거동《암시적 의사 표시가 포함된》; 선전적 행위, 제스처.

†get[get] *vt.* (**got,**《古》***gat; got,***《美·古》***gotten; -tt-***) ① 얻다, 취하다; 잡다; (전화에) 불러 내다; 달하다; 손에 넣다, 사다; (병에) 걸리다. ② 가져오다〔가다〕; (식사의) 준비를 하다. ③ (동물이 새끼를) 낳다. ④ 때리다; 곤란케 하다; 해치우다,《美口》죽이다. ⑤《口》이해하다. ⑥《口》먹다. ⑦ (어떤 상태로) 만들다. ⑧《~ +O+p.p.의 형으로》…시키다, …하게 하다, …하여지다. ── *vi.* ① 도착하다. ② 벌다, 이익을 얻다. ③《~ +*a.*〔p.p.〕의 형으로》…이 되다, …당하다. ④ …하기 시작하다;《美》그럭저럭 …하다. **~ *about*** 돌아다니다; (완쾌되어) 기동하다; (소문이) 퍼지다. **~ *across*** 건너다; 성공하다;《口》상대방에게 통하다〔이해되다〕. **~ *ahead*** 나아가다, 진보하다; 출세하다. **~ *along*** 지내다; 사이좋게 해나가다; 나아가다, 성공하다; 가다, 떠나다. ***G- along with you!***《口》가버려라; 바보 소리 작작 해! **~ *around*** 돌아다니다; (소문이) 퍼지다; 회피하다; 압도하다, (…에) 이기다; 속이다. **~ *at*** 도달하다; 찾아내다;《口》매수하다;《俗》공격하다;《口》놀리다; 속이다; 양해하다. **~ *away*** 떠나다, 나가다; (…을) 갖고 도망가다(*with*); 처치하다, 죽이다(*with*). **~ *away with it*** (벌받지 않고) 잘 해내다. **~ *back*** 되돌아오다; 되찾다;《俗》대갚음하다(*at, on*). **~ *behind*** 남에게 뒤지다; 회피하다; …의 내막을 꿰뚫어 보다; 지지〔후원〕하다. **~ *better*** (병 따위가) 나아가다. **~ *by*** 통과하다;《口》무사히 빠져나가다. **~ *down*** 내리다; 내려놓다; 마셔버리다;《美》점점 싫어지다(*on*). ~ EVEN[1] ***with.*** **~ *in*** 들어가다, 타다; 도착하다; 거둬들이다; 징수하다; (씨를) 뿌리다; 당선하다;《口》(…와) 친해지다(*with*). **~ *into*** …의 속에 들어가다〔넣다〕; …을 입다, 신다; (습관 따위)에 빠지다; (술이) 오르다; …을 연구하다; …을 조사하다. **~ *it***《口》벌을 받다, 꾸지람 듣다;《口》이해하다. ~ NOWHERE. **~ *off*** (우편물을) 내다; 면하다; 구해내다; (말에서) 내리다; (농담 따위를) 하다; 외다; 출발하다; 벗다;《주로 英》연애 관계를 맺다(*with*). **~ *on*** …에 타다; 나아가다(*with*); 성공하다; 지내다; 친하게 하다; 입다, 신다. **~ *on in the*** WORLD. **~ *out*** 내리다; 뽑아내다; 새다; 알려지다; 찾아내다; 도망치다; 구해내다; (…에서) 나오다, 나가다(*of*). **~ *over*** 넘다; 이겨내다; (병자가) 회복하다; 용서하다; 잘 알아듣게 말하다;《俗》꼭 뒤지르다; 《美俗》 성공하다. ~ READY. **~ *round*** 속이다, (용케) 면하다; 완쾌하다. ***G- set!*** (경주에서) 준비《신호총을 안 쓸 경우: *G- set, go!*라고 구령함》. **~ *there*** 목적을 이루다. **~ *through*** 끝내다, (…을) 해내다, 완성하다(*with*); 통과하다; 목적지에 달하다; (시험에) 합격하다. **~ *to*** …에 닿다, …에 착수하다; …에 영향을 주다. **~ *together*** 모으다, 모이다; 타결하다. **~ *under*** 이겨내다, 누르다; 가라앉히다; 불을 잡다. **~ *up*** 일어나다; 일어서다; (불·바람·바다가) 거세어지다, 거칠어지다; 날아가다; 준비하다, 계획〔기초〕하다; 갖추다, 꾸미다(~ *oneself up*);《명령형으로》 앞으로!《말에게》. ~ WELL[2]. ***have got***《口》갖고 있다. ***have got to*** (*go*) (가지) 않으면 안 되다. ── *n.* Ⓒ (동물의) 새끼; (테니스 따위에서) 치기 어려운 공을 잘 받아 넘김.

get·at·a·ble[getǽtəbəl] *a.* 도달할〔손에 넣을〕수 있는, 접근하기 쉬운.

gét·awày *n.* (*sing.*) 도망; 스타트, (경주의) 출발.

Geth·sem·a·ne[geθséməni] *n.* 겟세마네《예루살렘 동쪽의 동산; 예수 수난의 땅》. 「의.

gèt-rìch-quíck *a.*《美》일확 천금

gét-togèther *n.* Ⓒ《美口》친목회, (비공식의) 회합.

Get·tys·burg [gétizbə̀:rg] *n.* Pennsylvania주의 시《남북 전쟁의 싸움터; Lincoln의 '~ *Address*'로 유명》.

gét·ùp *n.* Ⓒ《口》몸차림; (책의) 장정; Ⓤ《美》창의; 정력.

gét-ùp-and-gó *n.* Ⓤ《口》패기, 열의, 적극성.

gew·gaw[gjú:gɔ:] *a., n.* Ⓒ 값싸고 번지르르한 (물건); 장난감.

gey·ser[gáizər, -s-] *n.* Ⓒ 간헐천(間歇泉), 분천(噴泉); [gí:zər]《英》자동 온수 장치.

g. gr. great gross, 12그로스(=

1728개). **GHA** 〖海〗 Greenwich hour angle.
Gha·na[gɑ́:nə] *n.* 서아프리카의 공화국《수도 Accra》. **~·ian**[gɑ:néiən], **-ni·an**[gɑ́:niən] *a., n.* 가나의; Ⓒ 가나 사람(의).
*__ghast·ly__[gǽstli, -ɑ́:-] *a., ad.* ① 핼쑥한[하게], 송장[유령] 같은[같이]; 파랗게 질린[질려]; 무시무시한[하게]. ② 지독한. **-li·ness** *n.*
gher·kin[gə́:rkin] *n.* Ⓒ 작은 오이.
ghet·to[gétou] *n.* (*pl.* **~s, -ti** [géti:])(It.) Ⓒ 유대인 거리; (특정 사회 집단) 거주지; 《美》 빈민가.
ghétto blàster 《俗》 대형 휴대용 라디오, (스테레오) 라디오.
:**ghost**[goust] *n.* Ⓒ ① 유령; 망령. ② 환영, 환상. ③ 〖TV〗 =GHOST IMAGE. ④ 근소한 가능성. ⑤ 《美口》 =GHOSTWRITER. ***give up the ~*** 죽다. ***have not the ~ of*** (*chance*) 조금(의 가망)도 없다. ***Holy G-*** 성령. ***The ~ walks.*** 유령이 나온다; 《劇場俗》 급료(給料)가 나온다[나왔다]. — *vt., vi.* (…을) 따라 다니다; 《美口》 =GHOSTWRITE. **∠·like** *a.* 유령 같은, 무시무시한. * **∠·ly** *a.* 유령의[같은]; 영(靈)[종교]적인(*a ~ly father* 목사).
ghóst ìmage 〖TV〗 다중상(多重像).
ghóst stòry 괴담; 꾸며낸 이야기.
ghóst sùrgery (환자에게 알리지 않고 행하는) 대리 외과 의사의 수술.
ghóst tòwn 유령 도시《전쟁·기근·불경기 따위로 주민이 떠난 도시》.
ghóst·wrìte *vt., vi.* (***-wrote; -written***) 《美口》 대작(代作)을 하다. **-wrìter** *n.* Ⓒ 대작자.
ghoul[gu:l] *n.* Ⓒ (무덤 속의 시체를 먹는) 악귀.
G.H.Q. General Headquarters.
GHz gigahertz.
GI, G.I. [dʒí:ái] (<*Government Issue*, or *General Issue*) *a.* 관급의; 《口》 규정[표준형]의(*a ~ dress*); 군대식의(*the ~ cut* 군대식 이발). — *n.* (*pl.* ***G.I.'s, GI's***) Ⓒ 《美口》 병(사). ***~ Jane*** [***Joan***] 《美俗》 여군 병사. ***~ Joe*** 《美俗》 미군 병사.
gi. gill(s).
:**gi·ant**[dʒáiənt] *n., a.* Ⓒ 거인; 위인; 거대한.
gíant·pówder *n.* 다이너마이트의 일종.
gíant sequóia =BIG TREE.
gíant('s) strìde 회전 그네.
gíant stár 〖天〗 거성(巨星)《직경과 광도가 현저하게 큰 항성》.
giaour[dʒauər] *n.* Ⓒ 이단자《기독교도에 대한 이슬람교도의 멸칭(蔑稱)》.
Gib. Gibraltar.
gib·ber[dʒíbər, gíb-] *vi., n.* Ⓤ 횡설수설(하다).
gib·ber·ish[dʒíbəriʃ, gíb-] *n.* Ⓤ 횡설수설, 뭔지 알 수 없는 말.
gib·bet[dʒíbit] *n., vt.* Ⓒ (사형수의) 교수대; 교수형에 처하다; (공공연히) 망신 주다.
gib·bon[gíbən] *n.* Ⓒ 〖動〗 (인도의) 긴팔원숭이.
gib·bous[gíbəs] *a.* 철면(凸面)의(convex); (달이) 반달보다 큰; 꼽추의. **gib·bos·i·ty**[gibɑ́səti/gibɔ́-] *n.* Ⓒ 볼록하게 솟음; Ⓤ 볼록 모양.
gibe[dʒaib] *n., vt., vi.* Ⓒ 조롱(하다)(*at*). **gib·er**[∠ər] *n.*
gib·let[dʒíblit] *n.* (*pl.*) (닭·거위 등의) 내장; 찌꺼기.
Gi·bral·tar[dʒibrɔ́:ltər] *n.* 지브롤터《스페인 남단의 항구 도시》.
*__gid·dy__[gídi] *a.* 현기증 나는; 들뜬. — *vt.* 현기증 나게 하다. **-di·ly** *ad.* **-di·ness** *n.*
Gide[ʒi:d], **André** (**Paul Guillaume**)(1869–1951) 프랑스의 소설가·평론가《Nobel상 수상(1947)》.
Gid·e·on [gídiən] *n.* 〖聖〗 유대의 용사. ***the ~s*** 《美》 국제 기드온 협회《1899년 설립된 성서 기증 협회》.
:**gift**[gift] *n.* Ⓒ ① 선물, 기증품. ② 천분, 재능. — *vt.* ① 선사하다. ② (재능을) 부여하다(*with*). * **~·ed** [∠id] *a.* 천부의 재주가 있는; 수재의.
gíft·bòok *n.* Ⓒ 증정본, 기증본.
gíft certìficate [**còupon**] 《美》 상품[경품]권.
gíft hòrse 선물로 주는 말. ***Don't*** [***Never***] ***look a ~ in the mouth.*** 선물 받은 물건을 흠잡지 마라《말은 이를 보면 나이를 알 수 있는 데서》.
gíft tàx 증여세.
gíft-wràp *vt.* (리본 따위로) 예쁘게 포장하다.
gig[gig] *n.* Ⓒ (한 필이 끄는) 2륜 마차; (돛이나 노를 쓰는) 가벼운 보트; (배에 실은) 소형 보트.
gig·a-[dʒígə, gígə] '10억, 무수'의 뜻의 결합사.
gíga·bìt *n.* Ⓒ 〖컴〗 기가비트《10억 비트 상당의 정보 단위》.
gíga·bỳte *n.* Ⓒ 〖컴〗 기가바이트, 10억 바이트.
gíga·hèrtz *n.* Ⓒ 〖電〗 기가헤르츠, 10억 헤르츠.
*__gi·gan·tic__[dʒaigǽntik] *a.* 거인 같은; 거대한.
gíga·tòn *n.* Ⓒ 기가톤《10억 톤 TNT의 폭발력에 상당》.
*__gig·gle__[gígəl] *vi., n.* Ⓒ 낄낄거리다[거림], 킥킥 웃다[웃음].
gíg làmps 《俗》 안경.
gig·o·lo[dʒígəlòu, ʒíg-] *n.* (*pl.* **~s**) Ⓒ 남자 직업 댄서; 기둥 서방, (매춘부의) 정부(情夫).
Gí·la mónster[hí:lə-] (미국 남부산) 독도마뱀《약 45cm》.
Gil·ber·ti·an[gilbə́:rtiən] *a.* (영국의 희가극 작가) Gibert 식의; 우스운, 앞뒤가 닿지 않고 익살맞은.
*__gild__[1][gild] *vt.* (**~ed, gilt**) ① (…에) 금(박)을 입히다, 금도금하다; 금빛으로 물들이다. ② 실물보다 아름답게 꾸미다; 장식하다. ***~ the pill*** 환약을 금빛으로 칠하다; 싫은 것을 보기 좋게 만들다. **∠·ed** *a.* 금도금한; 부자의. ***~ed youth*** 귀공자. ***the Gilded Chamber*** 《英》 상원. **∠·ing** *n.* Ⓤ 금도금 (재료); 장식.

G

gild²[gild] *n.* =GUILD.
Gílded Áge, the (미국 남북 전쟁 후의) 대호황 시대.
Gil·de·roy[gíldərɔ̀i] *n.*《다음 성구로》 ***higher than ~'s kite***《美口》 터무니없이 높은.
*__gill__¹[gil] *n.* Ⓒ (보통 *pl.*) (물고기의) 아가미.
gill²[dʒil] *n.* Ⓒ 질《액량 단위 : 1/4 파인트》.
gil·lie[gíli] *n.* Ⓒ《Sc.》 시종 ; 하인.
gil·ly·flow·er[dʒíliflàuər] *n.* Ⓒ 비단향꽃무《4·5월경 자줏빛꽃이 핌》.
*__gilt__[gilt] *v.* gild¹의 과거(분사). — *a., n.* 금도금한 ; Ⓤ 금박, 금분, 금니(金泥).
gílt-èdged *a.* 금테의 ; (어음·증권 따위) 확실한.
gim·bals[dʒímbəlz, gím-] *n. pl.* 수평 유지 장치 ; 〖海〗 (나침반의) 칭평환(稱平環).
gim·crack[dʒímkræ̀k] *a., n.* Ⓒ 싸고 허울만 좋은 (물건).
gim·let[gímlit] *n., vt.* Ⓒ T자형 나사송곳(으로 구멍을 뚫다).
gímlet-èyed *a.* 눈이 날카로운.
gim·me[gími]《口》 =GIVE me. — *n.* (the ~s)《俗》 탐욕 ; 물욕.
gim·mick[gímik] *n.* Ⓒ《美俗》 (요술장이의) 비밀 장치, 트릭.
gimp[gimp] *n.* Ⓒ 레이스로 꾸민 옷단 ; (철사 넣은) 장식 끈 ; 가선.
*__gin__¹[dʒin] *n.* Ⓤ,Ⓒ 진《증류주》.
gin² *n., vt.* (*-nn-*) Ⓒ 기중기 ; 씨아(로 씨를 빼다) ; 덫(으로 잡다).
gin³[gin] *v.* (*-nn-*)《古》 =BEGIN.
gín fízz[dʒín-] 진피즈《진에 탄산수·레몬을 탄 음료》.
*__gin·ger__[dʒíndʒər] *n.* Ⓤ ① 생강. ②《口》 원기 ; 활력. ③ 고동색.
gínger ále 〔**bèer**〕 생강을 넣은 청량 음료의 일종.
gínger·brèad *n., a.* Ⓤ,Ⓒ 생강이 든 빵 ; Ⓤ 싸구려, 값싼 (장식).
gínger gròup《英》 (정당 따위 조직 내부의) 혁신파.
gin·ger·ly[-li] *a., ad.* 주의 깊은 〔깊게〕.
gínger·snàp *n.* Ⓤ,Ⓒ (얇고 바삭바삭한) 생강이 든 쿠키.
gin·ger·y[-ri] *a.* 생강의 ; 생강 같은 ; 얼얼한, 매운 ; 성마른.
ging·ham[gíŋəm] *n.* Ⓤ 깅엄《줄무늬 따위가 있는 무명》; Ⓒ《英口》 =UMBRELLA.
gink[giŋk] *n.* Ⓒ《美俗》 놈, 사내 ; 기인(奇人).
gink·go, ging·ko[gíŋkou] *n.* (*pl.* ***~es***) Ⓒ 〖植〗 은행나무.
gínkgo nùt 은행.
gín mìll[dʒín-]《美俗》 싸구려 술집.
gín rúmmy[dʒín-] 둘이서 하는 카드 놀이의 일종.
gin·seng[dʒínseŋ] *n.* Ⓒ 인삼.
Gio·con·da[dʒoukándə/-ɔ́-], **La** 모나리자(Mona Lisa)의 초상화.
Giot·to[dʒátou/-ɔ́-] (1266?-1337) 르네상스 이전의 이탈리아 최대의 화가·건축가.
gíp·py túmmy[dʒípi-]《英口》 열대 지방 여행자가 걸리는 설사.
*__Gip·sy, g-__[dʒípsi] *n.* =GYPSY.
:__gi·raffe__[dʒəræ̂f/dʒirá:f] *n.* Ⓒ 〖動〗 기린, 지라프.
*__gird__[gə:rd] *vt.* (***~ed, girt***) ① 허리띠로 졸라매다. ② (…을) 허리에 두르다, 몸에 붙이다, 허리에 차다. ③ (권력 따위를) 부여하다(*with*). ④ 둘러싸다. ~ ***oneself,*** or ~ (***up***) ***one's loins*** 단단히 허리띠를 죄다 〔태세를 갖추다, 긴장하다, 준비하다〕.
gird·er[gə́:rdər] *n.* Ⓒ 〖建〗 도리 ; 대들보 ; 거더.
*__gir·dle__[gə́:rdl] *n., vt.* ① Ⓒ 띠(로 두르다, 감다) ; 거들《고무가 든 단단한 코르셋의 일종》; 두르는〔싸는〕 것. ② 둘러싸다 ; (…의) 나무껍질을 고리 모양으로 벗기다.
†__girl__[gə:rl] *n.* Ⓒ ① 계집아이. ② 소녀, (미혼의) 젊은 여자, 숫처녀. ③ 하녀. ④《口》 =SWEETHEART ;《口》《一般》 여자. **∠·ish** *a.*
gírl Fríday (무엇이든 잘 처리해주는) 여사무원, 여비서.
:__gírl frìend__ 걸프렌드, 여자 친구.
*__girl·hood__[∠hùd] *n.* Ⓤ 소녀임, 소녀 시절 ;《집합적》 소녀들.
girl·ie[∠i] *n.* Ⓒ 소녀, 아가씨.
gírl scòut 〔《英》 **gúide**〕 소녀단원.
Gírl Scòuts 〔《英》 **Gùides**〕, **the** 소녀단.
Gi·ro[dʒáirou/dʒáiər-] *n.* Ⓒ《英》 은행〔우편〕 대체(對替) 제도.
Gi·ronde[dʒəránd/-ɔ́-] *n.* (F.)(the ~) (혁명 당시의) 지롱드당, 온건파 (cf. Jacobin). **Gi·rón·dist** *n., a.*
*__girt__[gə:rt] *v.* gird의 과거(분사).
girth[gə:rθ] *n.* Ⓒ (말의) 뱃대끈 ; 띠 ; Ⓤ,Ⓒ 둘레의 치수《가슴둘레 따위》. — *vt., vi.* 뱃대끈을〔으로〕 졸라매다 ; 치수가 …이다.
Gis·card d'Es·taing [ʒi:skar dɛstɛ̃], **Valéry**(1926-) 프랑스 대통령(1974-81).
gis·mo[gízmou] *n.* =GIZMO.
Gis·sing[gísiŋ], **George Robert** (1857-1903) 영국의 소설가.
*__gist__[dʒist] *n.* (the ~) 요점, 본질, 골자 ; 〖法〗 주요 소인(訴因).
†__give__[giv] *vt.* (***gave; given***) ① 주다 ; 선사하다 ; 공급하다 ; 건네다, 맡기다 ; 치르다 ; 바치다, 몰두시키다. ② (말을) 전하다 ; (병을) 옮기다 ; 양보하다. ③ 산출하다, 내다, 발하다 ; ((목)소리를) 내다, 말하다. ④ (회를) 열다 ; (강연을) 하다 ; 진술하다 ; 묘사하다 ; (이유·예 따위를) 들다. ⑤ (손을) 내밀다. — *vi.* ① 자선〔기부〕하다 ; 굴복〔양보〕하다. ② (빛이) 바래다, 날다 ; 약해지다, 무너지다 ; (얼음이) 녹다. ③ (창·복도가) …쪽을 향〔면〕하다(*upon*), 통하다(*into, on*). ~ ***about*** 배포하다, (소문 따위를) 퍼뜨리다. ~ ***again*** 갚다, 돌려주다. ~ ***and take*** 서로 양보〔타협〕하다. ~ ***away*** 선사하다 ; (결혼식에서 신부를) 신랑에게 넘겨주다 ;

《俗》(무심히) 비밀을 누설하다; 폭로하다(~ *oneself away* 정체를 보이다). ~ **back** 돌려주다, 돌려 보내다; 반향(反響)하다, 움츠리다. ~ **forth** (소리·냄새)를 내다; 퍼뜨리다. ~ **in** 건네어 주다, (서류를) 제출하다; 양보[굴복]하다(*to*). ~ **it** (*a person*) (**hot**) (아무를) 벌하다. ~ JOY. **Give me...** 내게는 차라리 …을 다오; …에게 연결 부탁합니다. ~ **off** 발(산)하다. ~ **oneself up to** …에게 바치다; 몰두[열중]하다. ~ **out** 발표하다; 퍼뜨리다; 분배하다; 할당하다; 발(산)하다; 부족하다, 다 되다; 끝나다. ~ **over** 그만두다, 중지하다, 버리다; 인도하다. ~ (*a person*) **to know** [**understand**] 알게 하다. ~ **up** 내놓다, 포기하다; (죄인을) 인도하다; 그만두다, 단념하다; 헌신하다. ~ WAY[1]. ~ (*a person*) **what for** (아무를) 벌하다, 나무라다. — *n.* Ⓤ 패임; 탄력성; (정신·성격의) 순응성, 유연성.

gíve-and-táke *n.* Ⓤ 공평한 교환; 상호 양보, 타협; 담화[농담]의 응수.

gíve·awày *n.* (a ~) 무심코 지껄여 버림; =∠ **shòw** [**prògram**] (라디오 따위의) 청취자 참가 프로《상품 따위가 붙어 있는》. — *a.* 손해를 각오하고 싸게 파는.

†**giv·en**[gívən] *v.* give의 과거분사. **be ~ to** …에 열중하다. — *a.* 주어진; 이미 알고 있는, 일정[특정]한; 경향을 띠어, 탐닉하여.

·**gíven náme** (성(姓)에 대한) 이름.

giv·er[∠ər] *n.* Ⓒ 주는 사람.

giz·mo[gízmou] *n.* (*pl.* **~s**) Ⓒ《美口》뭐라던가 하는 것, 이름도 없는 것; 설비, 장치(gadget).

giz·zard[gízərd] *n.* Ⓒ (새의) 모래주머니; 《口》(사람의) 위(胃).

Gk. Greek. **Gl**〖化〗glucinum.

gla·brous[gléibrəs] *a.* 털 없는, 반들반들한.

gla·cé[glæséi/∠–] *a.* (F.) (천·가죽 따위를) 반들반들하게 만든; 설탕(등)을 입힌[바른](iced).

gla·cial[gléiʃəl/-sjəl] *a.* 얼음(모양)의; 빙하(기)의; 차가운.

glácial èpoch [**pèriod**], **the** 〖地〗빙하기[시대].

gla·ci·ate[gléiʃièit/glæsi-, gléisi-] *vt.* 얼리다; 빙하로 덮다.

gla·cier[gléiʃər, glǽsjər] *n.* Ⓒ 빙하.

†**glad**[glæd] *a.* (**-dd-**) ① 기쁜. ② (표정·소리 따위가) 기쁜 듯한; 유쾌한, (듣기만 해도) 기쁜. (**give**) **the ~ eye**《俗》추파(를 던지다). ꞉∠**·ly** *ad.* ·∠**·ness** *n.*

glad·den[glǽdn] *vt., vi.* 기쁘게 하다; 기뻐하다.

glade[gleid] *n.* Ⓒ 숲속의 빈 터.

glád hànd《口》환영(의 손).

glad·i·a·tor[glǽdièitər] *n.* Ⓒ (옛 로마의) (직업적) 검투사(劍鬪士); 논객. **-to·ri·al**[∸iətɔ́:riəl] *a.*

glad·i·o·lus [glæ̀dióuləs] *n.* (*pl.* **~es, -li**[-lai]) Ⓒ〖植〗글라디올러스.

glád ràgs《俗》나들이옷; 야회복.

glad·some[glǽdsəm] *a.*《詩》기쁜, 즐거운.

Glad·stone[glǽdstòun, -stən], **William E.**(1809-98) 영국의 정치가; =∠ **bàg** 소형 여행 가방의 일종.

glair[glɛər] *n., vt.* Ⓤ 알의 흰자위(를 바르다).

glam·or·ize[glǽməràiz] *vt.* 매력을 갖추게 하다, 돋보이게 하다.

·**glam·o(u)r**[glǽmər] *n.* Ⓤ 마법, 마술; 마력; 매력. — *vt.* 매혹하다.

glám·or·ous *a.*

glámour bòy [**gìrl**] 성적 매력 있는 청년[여자].

꞉**glance**[glæns, -ɑ:-] *n.* Ⓒ ① 흘긋 봄, 별견(瞥見), 일견(*at, into, over*). ② 흘긋《눈짓》, 번쩍임, 번득임; 스침. **at a** [**the first**] ~ 일견하여, 잠깐 보아서. **cast** [**throw**] **a** ~ 흘긋 보다(*at*). — *vi.* ① 흘긋 보다, 일견하다, 훑어보다(*at, over*). ② 번쩍 빛나다. ③ (이야기가) 잠깐 언급[시사]되다; (이야기가) 옆길로 새다(*off, from*). ④ (탄환·창 따위가) 스치고 지나가다, 빗나가다(*aside, off*). — *vt.* 잠깐'(훑어)보다; 흘긋 돌리다; 슬쩍 비꼬다.

·**gland**[glænd] *n.* Ⓒ〖解〗선(腺).

glan·du·lar[glǽndʒələr], **glan·du·lous**[-ləs] *a.*

glan·ders[glǽndərz] *n. pl.* 비저병《말의 전염병》.

꞉**glare**[glɛər] *n.* ① Ⓤ 번쩍이는 빛, 눈부신 빛. ② Ⓤ 야함, 현란함. ③ Ⓒ 날카로운 눈씨. — *vi., vt.* ① 번쩍번쩍[눈부시게] 빛나다[비추다]; 눈에 띄다. ② 노려[흘겨]보다.

·**glar·ing**[glɛ́əriŋ] *a.* ① 번쩍번쩍 빛나는; 눈부신. ② 야한; 눈에 띄는. ③ 명백한. ④ 흘겨보는.

glar·y[∠i] *a.* =GLARING.

·**Glas·gow**[glǽsgou, -kou] *n.* 스코틀랜드 남서부의 항구 도시.

†**glass**[glæs, -ɑ:-] *n.* ① Ⓤ 유리. ② Ⓤ,Ⓒ 유리 모양[질]의 물질. ③ Ⓒ 컵, 글라스; 한 컵의 양; 술. ④ Ⓒ 거울, 창유리. (시계의) 유리면(面); 렌즈; 망원경; 현미경; 온도계, 청우계; 모래 시계. ⑤ (*pl.*) 안경, 쌍안경. ⑥ Ⓤ《집합적》유리 제품. **under ~** 온실에서 (재배한); 유리장에 (진열된). — *vt.* ① (…에) 유리를 끼우다[로 덮다]. ② 거울에 비추다. ∠**·ful** *n.* Ⓒ 한 컵[잔] 가득.

gláss blòwer [**blòwing**] 유리 부는 직공[기술·작업].

gláss càse 유리를 넣은 상자; [∠∠] 유리 그릇[진열장].

gláss cùlture 온실 재배.

gláss cùtter 유리칼, 유리 절단공.

gláss éye 의안(義眼), 사기눈; (말의) 흑내장(黑內障).

gláss fiber [**fibre**] 유리 섬유.

gláss·hòuse *n.* Ⓒ 유리 공장, 유리 가게; 《英》온실.

glass·ine[glæsí:n] *n.* Ⓤ 유리 박엽지《책 커버 등에 씀》.

gláss pàper 사포(砂布).

gláss snàke (북아메리카의) 유리뱀, 무족(無足) 도마뱀.

:gláss·wàre *n.* Ⓤ 《집합적》 유리 그릇[제품], 유리 기구류.

gláss wóol 유리솜, 글라스울《산의 여과, 단열, 방음 따위에 씀》.

gláss·wòrk *n.* Ⓤ 유리 제조(업); 《집합적》 유리 제품; (*pl.*) 유리 공장.

***glass·y**[∠i] *a.* 유리질[모양]의; 매끄러운; (눈이) 흐린. **gláss·i·ly** *ad.* **gláss·i·ness** *n.*

Glas·we·gi·an[glæswíːdʒiən] *a., n.* Ⓒ Glasgow의 (시민).

glau·co·ma[glɔːkóumə] *n.* Ⓤ 〖醫〗 녹내장(綠內障).

glau·cous[glɔ́ːkəs] *a.* 녹회색의; 〖植〗 (포도처럼) 시설(柹雪)이 덮인.

***glaze**[gleiz] *vt.* ① (…에) 판유리를 끼우다. ② (질그릇에) 유약을 칠하다; (종이·가죽에) 윤을 내다. ③ 〖料理〗 설탕 시럽 따위를 입히다. — *vi.* 매끄럽게 되다, 윤이 나다; (눈이) 흐려지다. — *n.* Ⓤ,Ⓒ ① 윤내는 약; (질그릇의) 유약. ② 〖料理〗 설탕시럽 입히기. ③ 《美》 〖氣〗 우빙(雨氷)《빗물이 땅 위에 얼어 붙는 현상》. **~d** *a.* 유약을 바른; 유리를 낀.

gla·zier[gléiʒər/-zjə] *n.* Ⓒ 유리 장수. ***Is your father a ~?*** 《諧》 앞이 보이지 않으니 비켜 주시오(너는 유리로 된 사람이냐).

glaz·ing[gléiziŋ] *n.* Ⓤ 유리 끼우기[세공]; 유약 바르기; Ⓒ 유약.

GLC Greater London Council 대런던 시의회.

:gleam[gliːm] *n.* Ⓒ ① 어렴풋한 빛, (새벽 등의) 미광; 번쩍임. ② 희미한 징조. — *vi.* ① 희미하게 번쩍이다. ② (생각이) 번득이다.

gleam·y[glíːmi] *a.* (미광이) 번득이는; 희미한; 별나고 비가 오는.

***glean**[gliːn] *vt., vi.* (이삭을) 줍다; (사실 따위를) 조금씩 모으다. **∠·er** *n.* Ⓒ 이삭 줍는 사람; (끈기 있는) 수집가. **∠·ing** *n.* Ⓤ 이삭 줍기; Ⓒ (주워 모은) 이삭; (보통 *pl.*) 습유(拾遺), 집록(集錄).

glebe[gliːb] *n.* Ⓒ 《英》 교회 부속지, 성직 영지; Ⓤ 《古》 땅, 들, 밭.

***glee**[gliː] *n.* Ⓤ 환희, 유쾌; Ⓒ (무반주) 합창곡. **∠·ful, ∠·some** *a.* 유쾌한; 명랑한.

glée clùb 합창단.

glee·man[glíːmən] *n.* Ⓒ 《古》 음유(吟遊) 시인.

***glen**[glen] *n.* Ⓒ 작은 골짜기; 협곡.

Glen·gar·ry, g-[glengǽri] *n.* Ⓒ 스코틀랜드 사람의 챙 없는 모자.

glib[glib] *a.* (**-bb-**) 유창한; 입담 좋은, 말솜씨가 훌륭한; 행동이 스마트한. **∠·ly** *ad.*

:glide[glaid] *vi.* ① 미끄러지(듯 나아가)다; 활주[활공]하다. ② (시간이) 나는 듯이 지나다(*by*). — *vt.* 미끄러지게 하다. — *n.* Ⓒ 미끄러짐, 활주(면); 활공; 《美》 =SLUR; 〖音聲〗 경과음. **:glíd·er** *n.* Ⓒ 미끄러지는 사람[물건]; 글라이더, 활공기. **glíd·ing** *n., a.* Ⓤ 활주(하는).

glíde pàth 〖空〗 활강 진로《지상 레이더가 표시하는 착륙 코스》.

***glim·mer**[glímər] *vi.* 희미하게[반짝] 빛나다; 어렴풋이 보이다. — *n.* Ⓒ 미광; 어렴풋함; 어렴풋한 인식, 막연한 생각. ***~·ing** *n., a.* Ⓒ 미광; 희미하게 빛나는; (어렴풋이) 알아차림, 생각나는 일.

:glimpse[glimps] *n.* Ⓒ 흘긋 봄[보임], 일견(一見). ***by ~s*** 흘긋흘긋. ***catch*** [***get, have***] ***a ~ of*** …을 흘긋 보다. — *vt., vi.* 흘긋 보(이)다; 《古》 희미하게 보이다.

***glint**[glint] *vi., vt., n.* 반짝 빛나다[빛나게 하다]; Ⓒ 반짝임, 섬광.

glis·sade[glisɑ́ːd, -séid] *n.* Ⓒ ① 〖登山〗 글리사드, 제동활강《피켈로 평형을 잡으면서 미끄러져내림》. ② 〖발레〗 글리사드《미끄러지듯 발을 옮김》.

glis·san·do[glisɑ́ːndou] *n., a., ad.* (*pl.* ***-di***[-diː]) 〖樂〗 글리산도[활주법]의; Ⓒ 활주부.

***glis·ten**[glísn] *vi., n.* (부드럽게) 반짝 빛나다; Ⓒ 빛남, 섬광.

glitch[glitʃ] *n.* Ⓒ 《口》 (기계 등의) 결함, 고장; 전력의 돌연한 이상.

:glit·ter[glítər] *vi., n.* 반짝반짝 빛나다; Ⓤ 반짝임; 광채; 화려. ***All is not gold that ~s.*** 《속담》 빛나는 것이 다 금은 아니다. ***~·ing** *a.*

glit·te·ra·ti[glìtərɑ́ːti] *n. pl.* (보통 the ~) 부유한 사교계의 사람들.

gloam·ing[glóumiŋ] *n.* (the ~) 《詩》 땅거미, 황혼.

gloat[glout] *vi.* 황홀한 듯이[만족한 듯이, 빤히] 바라보다(*over, on*).

***glob·al**[glóubəl] *a.* (지)구상(球狀)의; 전세계의; 〖컴〗 전역의. **~·ism** [-ìzəm] *n.* Ⓤ 세계적 관여주의.

glob·al·ize[glóubəlàiz] *vt.* (산업 따위를) 세계적으로 확대하다, 세계화하다. **-i·za·tion**[∸-izéiʃən] *n.*

glóbal víllage, the 지구촌《통신수단 따위의 발달로 좁아진 세계》.

glo·bate[glóubeit] *a.* 공 모양의.

:globe[gloub] *n.* ① Ⓒ 공, 구체(球體). ② (the ~) 지구, 지구[천체]의(儀). ③ Ⓒ 공 모양의 물건《눈알·어항·유성(遊星) 따위》. — *vt., vi.* 공 모양으로 하다[되다].

glóbe·fìsh *n.* (*pl.* **~es,** 《집합적》 ~) Ⓒ 복어.

glóbe-tròtter *n.* Ⓒ 세계 관광 여행자.

glo·bose [glóubous, ∸∠] *a.* 공 모양의.

glob·u·lar[glɑ́bjələr/-ɔ́-] *a.* 공 모양의; 작은 알로 된.

glob·ule [glɑ́bjuːl/-ɔ́-] *n.* Ⓒ 소구(小球), 알.

glob·u·lin[glɑ́bjəlin/-ɔ́-] *n.* Ⓤ 〖生化〗 글로불린, 혈구소.

glock·en·spiel[glɑ́kənspìːl/-ɔ́-] *n.* Ⓒ 〖樂〗 철금(鐵琴); (한 벌의) 음계종(音階鐘).

glom·er·ate[glɑ́mərit/-ɔ́-] *a.* (빈틈없이) 꽉 뭉친.

:gloom[gluːm] *n.* Ⓤ ① 어둠, 암흑; 암영(暗影). ② 우울, 음울; 음울한

표정. ── *vi., vt.* 어두워〔음울해〕지(게 하)다; 어두운 얼굴을 하다.

:gloom·y [∠i] *a.* 어두운, 어둑어둑한; 우울한. ***glóom·i·ly** *ad.*

glo·ri·a [glɔ́:riə] *n.* Ⓒ 영광의 찬가; 송영곡(頌榮曲); 후광; Ⓤ 견모(絹毛)〔견면〕 교직물의 일종.

***glo·ri·fy** [glɔ́:rəfài] *vt.* ① (신을) 찬미〔찬송〕하다; (사람을) 칭찬하다; 영광을 더하다. ② 꾸미다, 장식하다. **-fi·ca·tion** [∸—fikéiʃən] *n.*

glo·ri·ole [glɔ́:riòul] *n.* Ⓒ 후광, 원광, 광륜(光輪).

:glo·ri·ous [glɔ́:riəs] *a.* ① 영광스러운, 빛나는, 장려한; 현란한. ② 유쾌한, 기분 좋은. ***~·ly** *ad.*

:glo·ry [glɔ́:ri] *n.* Ⓤ ① 영광, 명예; 찬미, 송영(頌榮); 하늘의 영광; 천국. ② 장관; 번영, 융성. ③ 득의 양양함; 큰 기쁨. ***go to ~*** 승천하다, 죽다. ***Old G-*** 《口》 미국 국기, 성조기. ── *vi.* 기뻐하다; 뽐내다(*in*); 《廢》 자랑하다.

gloss**[1] [glas, -ɔ:-/-ɔ-] *n.* ① Ⓤ 윤, 광택; Ⓒ 광택면. ② Ⓤ 허식, 겉치레. ── *vt.* (…에) 윤〔광택〕을 내다; 겉치레하다. ***~ over 용케 숨기다, 속이다. ***∠·y** *a.*

gloss[2] *n.* Ⓒ (여백에 적는) 주석, 주해; 해석; 어휘; 그럴듯한 설명. ── *vi., vt.* 주석〔해석〕하다; 그럴듯하게 해설하다.

***glos·sa·ry** [glásəri, -ɔ́:-/-ɔ́-] *n.* Ⓒ 어휘; (특수) 용어 해설; (주석서 권말의) 주요 용어집. **glos·sar·i·al** [-sέəriəl] *a.* 어휘의, 용어풀이의.

glot·tal [glátl/-ɔ́-] *a.* 성문(聲門)의.

glot·tis [glátis/-ɔ́-] *n.* (*pl.* ***~es, -tides***) Ⓒ 〖解〗 성문(聲門).

Glouces·ter [glástər, -ɔ́:-/-ɔ́-] *n.* (Gloucestershire)(⇩)의 주도; Ⓤ 글로스터 치즈.

Glouces·ter·shire [-ʃiər, -ʃər] *n.* 영국 남서부의 주.

†glove [glʌv] *n.* Ⓒ 장갑; (야구·권투용) 글러브. ***fit like a ~*** 꼭 맞다. ***handle with ~s*** 친절히 다루다. ***take off the ~s*** 본격적으로 덤벼들다. ***throw down*** 〔***take up***〕 ***the ~*** 도전하다〔도전에 응하다〕. **glóv·er** *n.* Ⓒ 장갑 제조인; 장갑 장수.

:glow [glou] *vi.* ① 백열(白熱)빛을 내다; (개똥벌레 등이) 빛을 발하다. ② (눈이) 빛나다, (몸이) 달다; 열중하다, (감정이) 불붙다. ── *n.* (*sing.*) ① 백열, 작열, 빛. ② (몸이) 닮; 만족감, 기쁨; 열중, 열정; 빛남, 붉어짐; 선명함. ***∠·ing** *a.* 백열의; 새빨간, 홍조된; 열렬한, 열심인.

glow·er [gláuər] *vi., n.* 노려보다, 주시하다; Ⓒ 노려봄; 무서운〔찡그린〕 얼굴(을 하다).

glów·wòrm *n.* Ⓒ 개똥벌레의 유충.

glox·in·i·a [glaksíniə/-ɔ-] *n.* Ⓒ 〖植〗 글록시니아《관상 식물의 하나》.

gloze [glouz] *vt., vi.* 그럴듯하게 설명하다, 말을 꾸며대다(*over*); (…에게) 아첨하다.

glu·ci·num [glu:sáinəm] *n.* =BERYLLIUM. 「당.

glu·cose [glú:kous, -z] *n.* Ⓤ 포도

***glue** [glu:] *n., vt.* Ⓤ 아교(로 붙이다)(*to*). **∠·y** *a.* 아교의〔같은〕.

glum [glʌm] *a.* (***-mm-***) 음울한; 무뚝뚝한, 뚱한.

glut [glʌt] *n., vt.* (***-tt-***) Ⓒ 포식(시키다), 식상(食傷)(하게 하다); 공급 과잉(되게 하다).

glu·tám·ic ácid [glu:tǽmik-] 〖化〗 글루타민산.

glu·ta·mine [glú:təmì:n] *n.* Ⓤ 〖化〗 글루타민《아미노산의 일종》.

glu·ta·thi·one [glù:təθáiou*n*] *n.* Ⓤ 〖化〗 글루타티온《생물 세포 속에 들어 있는 글루타민산》.

glu·ten [glú:tən] *n.* Ⓤ 〖化〗 글루텐, 부질(麩質). **glú·te·nous** *a.*

glu·ti·nous [glú:tənəs] *a.* 점착성의. ***~ rice*** 찹쌀.

glut·ton [glʌ́tn] *n.* Ⓒ 대식가; 지칠 줄 모르는 사람; 악착꾸러기, 끈덕진 사람. **~·ous** *a.* 많이 먹는. **~·y** *n.* Ⓤ 대식(大食).

***glyc·er·in** [glísərin], **-ine** [-rin, -rì:n], **glyc·er·ol** [glísəròul, -ɔ̀:-/-ɔ̀-] *n.* Ⓤ 〖化〗 글리세린.

gly·co·gen [gláikədʒən, -dʒèn] *n.* Ⓤ 〖生化〗 글리코겐.

gly·co·su·ria [glàikous*j*úəriə, glìk-] *n.* Ⓤ 〖醫〗 당뇨.

GM Geiger-Müller counter. **gm** guided missile. **gm.** gram(s).

G.M. 《英》 George Medal.

G-man [dʒí:mæ̀n] (< *G*overnment *man*) *n.* Ⓒ 《美俗》 연방 수사국원.

G.M.C. General Medical Council. **G.M.T.** Greenwich mean time.

gnarl [nɑ:rl] *n.* Ⓒ (나무의) 마디, 옹이, 혹. ── *vt.* (…에) 마디를〔혹을〕 만들다; 비틀다. ── *vi.* (개 따위가) 으르렁거리다. **~ed** [-d], **∠·y** *a.* 마디〔옹이〕가 많은(knotty); 울퉁불퉁한; 비뚤어진, 비꼬인.

gnash [næʃ] *vi., vt.* 이를 악물다. ***~ one's teeth*** (노여워) 이를 갈다.

gnat** [næt] *n.* Ⓒ 각다귀; 《英》 모기. ***strain at a ~ and swallow a camel 작은 일에 구애되어 큰 일을 모르고 지나다.

gnaw** [nɔ:] *vt., vi.* (~ed; ~ed, gnawn***) ① 물다, 쏠다; 부식하다. ② 괴롭히다, 애먹이다. **∠·er** *n.* Ⓒ 무는 사람; 부식시키는 것; 설치 동물.

gneiss [nais] *n.* Ⓤ 〖地〗 편마암.

GNI gross national income.

gnome[1] [noum] *n.* Ⓒ 땅속의 요정《탄갱 등의 수호신》.

gnome[2] *n.* Ⓒ 격언. **gnó·mic** *a.* 격언의, 격언적인.

gno·mon [nóumɑn/-mɔn] *n.* Ⓒ (해시계의) 바늘.

gno·sis [nóusis] *n.* Ⓤ 영적(靈的) 인식; 영지(靈知).

Gnos·tic [nástik/-ɔ́-] *n., a.* Ⓒ 그노시스교도(의); (g-) 영지(靈知)의

〔있는〕;《諧》똑똑한. **-ti·cism**[-təsìzəm] *n.* Ⓤ 영지〔그노시스〕설《초기 기독교 시대의 신비 철학》.

GNP gross national product.

gnu[njuː] *n.* (*pl.* **~s,**《집합적》**~**) Ⓒ (남아프리카산) 암소 비슷한 영양.

†**go**[gou] *vi.* (***went; gone***) ① 가다, 나아가다; 지나가다; 떠나다; 죽다; 없어지다; 망치다; 못쓰게 되다; (불이) 꺼지다; 꺾이다, 항복하다. ② (…의 상태에) 있다(*go hungry* 늘 배를 곯고 있다); …라고 (씌어) 있다(*Thus goes the Bible.*); (…의 상태)가 되다(*go mad* 정신이 돌다/*go bad* 나빠지다, 썩다). ③ 움직이다, 운동하다, 일하다; (일이) 진전하다. ④ 놓이다, 들다, 속하다. ⑤ (종·총성이) 울리다; (시계가) 시간을 치다(*The clock went six.* 6시를 쳤다). ⑥ (화폐 따위가) 통용되다, (소문 따위가) 퍼지다; …의 손에 돌아가다; 뻗다, …에 달하다, …으로 되다. ⑦ 소비되다, 팔리다(*His house went cheap.* 싼 값으로 팔렸다). ⑧ …하기 쉽다(tend);《口》권위가 있다, (그대로) 통하다. — *vt.*《口》(내기를) 걸다(*I will go you a dollar.* 1달러를 걸겠다);《口》견디다, 참다. ***as* 〔*so*〕 *far as it goes*** 그것에 관한 한. ***as people things go,*** or ***as the world goes*** 세상 풍습으로는, 일반적으로는. ***as the saying goes*** 속담에도 있듯이. ***be going on*** …에 가까워지고 있다; 일어나고 있다. ***be going to*** do ... (막, 바야흐로) …하려 하고 있다. ***go about*** 돌아다니다, 퍼지다; 침로를 바꾸다; …에 진력하다, 착수하다. ***go across*** 건너다, 넘다. ***go after*** 《口》쫓다; 추구하다, 찾다. ***go against*** 반항하다; …에 불리하게 되다. ***go along*** 나아가다. ***go a long way*** 매우 쓸만하다(*toward*); 여러 가지를 살 수 있다; 크게 도움이 되다. ***go and*** do …하러 가다; 어리석게도 …하다(*I have gone and done it.*);《명령형》멋대로 …해라(*Go and be miserable!* 멋대로 골탕 먹어봐라). ***go around*** 돌아다니다, 골고루 미치다. ***go at***《口》공격〔착수〕하다. ***go away*** 떠나다; 갖고 도망가다(*with*). ***go back*** 되돌아가다; 거슬러 올라가다; 회고하다; 내리받이가 되다. ***go behind*** (사실의) 이면〔진상〕을 조사하다; 손해를 보다. ***go between*** 중재〔매개〕하다. ***go by*** (때가) 지나다; (표준)에 의하다; …에 지배되다;《美》방문하다, 들르다. ***go down*** 내려가다, 떨어지다; 가라앉다; 이해가 가다, 납득되다; 굴복하다(*before*); (후세에) 전해지다; 기억〔기록〕되다. ***go for*** 가지러〔부르러〕 가다; 지지〔찬성〕하다;《口》맹렬히 덤벼들다. ***go forth*** 발행〔발포〕되다. ***go in*** 들어가다; 참가하다, 관계하다. ***go in for***《口》…에 찬성하다; …을 얻으려 노력하다, …하려고 마음먹다; …을 특히 좋아하다; …에 열중하다; 시험을 치다, (후보)로 나서다. ***go into*** …에 들다, 포함되다; 조사하다; 논하다. ***go it***《口》급히〔부리나케〕 가다; 척척 하다; 난봉부리다. ***go off*** 떠나가다; 죽다; (빛이) 날다; 잠자다; 발사되다, 폭발하다; 일어나다(happen); 팔리다; (일이) 진척되다(*well, badly*). ***go on*** 계속되다〔하다〕, 계속해 나가다(*Go on!* 계속해라;《反語》어리석은 소리 마라); 지내다; 거동하다;《口》욕설하다(*at*); 교대하다; (배우가) 무대에 나오다; (옷·신발이) 맞다; …에 접근하다(*for*). ***go out*** 나가다, 외출하다; (여자가 취직해서) 일하러 나가다; 물러가다; (불이) 꺼지다, 소멸하다〔시키다〕;《俗》죽다; 쇠퇴하다;〚野〛아웃되다; 출판되다; 파업을 하다; 동정하다(*to*). ***go over*** 건너다, 넘다; 다른 (종)파로 전향하다; 반복하(여 읽)다, 복습하다; 검사하다;《口》성공하다. ***go round*** 순력하다; 한 바퀴 돌다; (음식이) 모든 사람에게 돌아갈 만큼 있다;《口》잠깐 들르다. ***go through*** 통과〔경험〕하다; (끝까지) 해내다(*with*); 다 써버리다; 조사하다; (판을) 거듭하다. ***go together*** 같이 가다; 어울리다, 조화되다;《口》(애인끼리) 사이가 좋다, 마음이 변치 않다. ***go under*** 가라앉다; 굴복하다;《美口》파산하다;《美口》죽다. ***go up*** 오르다, 올라가다; 늘다; 등귀하다; 폭발하다. ***go with*** …와 함께 가다, …와 행동을 같이 하다; …에 동의하다; …와 조화하다. ***go without*** …없이 지내다〔견디다〕. ***It goes without saying that....*** …은 말할 것도 없다. ***let go*** 도망치게 하다, 놓아주다; 단념하다, 상태를 〔컨디션을〕 나쁘게 하다. ***let oneself go*** 자기의 감정〔욕망〕에 지다; (몸 따위의) 상태가 나빠지다. — *n.* (*pl.* ***goes***) ① Ⓤ 가기, 진행. ② Ⓤ 기력, 정력. ③ Ⓒ《口》사태 (특수한) 상태; 난처〔곤란〕한 일(*Here's a go!* or *What a go!* 난처한데). ④ Ⓒ《口》유행(*all the go* 대유행); 시도(試圖), 기회;《口》성공(한 것), 호조(好調). ⑤ Ⓒ 한 잔(의 술); (음식의) 한 입. ***near go***《英口》위기일발, 아슬아슬한 순간. ***no go***《口》실패, 틀림(*It's no go.* 그것은 틀렸다). ***on the go*** 쉴새없이 활동하여, 내처 일하여;《俗》거나해서.

Go·a[góuə] *n.* 고아《인도 남서안의 옛 포르투갈 영토》.

goad[goud] *n., vt.* Ⓒ (가축을 몰기 위한) 뾰족한 막대기(로 찌르다); 자극(을 주다), 격려(하다).

gó-ahèad *a., n.* 전진하는; Ⓒ 진취적인 (사람); Ⓤ 정력, 기력.

:goal[goul] *n.* Ⓒ 골, 결승점; 목적(지), 목표.

goal·ie[⌐i] *n.*《口》=⇩.

***góal·kèeper** *n.* Ⓒ 골키퍼.

góal lìne 골 라인.

góal·pòst *n.* Ⓒ 골대.

góal·tènder *n.* Ⓒ〚蹴·하키〛골키

G

퍼(goalkeeper).

:**goat**[gout] *n.* ① Ⓒ 염소; (the G-) 〖天〗 염소자리. ② Ⓒ 색골; 악인. ③ Ⓒ 《口》 놀림감, (남의) 희생, 제물. ***get a peson's ~*** 《美口》 아무를 노하게 하다〔괴롭히다〕.

goat·ee[goutí:] *n.* Ⓒ (사람의 턱에 난) 염소 수염.

góat·hèrd *n.* Ⓒ 염소지기.

góat·skìn *n.* Ⓤ 염소 가죽.

góat·sùcker *n.* Ⓒ 〖鳥〗 쏙독새.

gob[1][gab/gɔb] *n.* Ⓒ 《俗》 (미국의) 수병(水兵).

gob[2], **gob·bet**[ˊ-it] *n.* Ⓒ 덩어리; (*pl.*) 많음.

gob·ble[1][gábəl/-ɔ́-] *vt., vi.* 게걸스레 먹다; 통째로 삼키다.

gob·ble[2] *vi., n.* Ⓒ (칠면조가) 골골 울다〔우는 소리〕. **gób·bler** *n.* Ⓒ 칠면조의 수컷.

gob·ble·de·gook, -dy·gook [gábəldigùk/-ɔ́-] *n.* Ⓤ 《美口》(공문서 따위의) 딱딱하고 꽤까다로운 표현〔말투〕.

Gob·e·lin[gábəlin, góub-] *a.* (프랑스의 Gobelin 공장에서 만든) 고블랭천의〔같은〕. **~ *tapestry*** 고블랭천《정교한 무늬 있는 직물》.

gó-betwèen *n.* Ⓒ 매개인, 주선인; 중매쟁이.

Go·bi[góubi] *n.* (the ~) 고비 사막.

·**gob·let**[gáblit/-ɔ́-] *n.* Ⓒ 받침 달린 컵〔잔〕. 「깨비.

·**gob·lin**[gáblin/-ɔ́-] *n.* Ⓒ 악귀, 도

go·bo[góubou] *n.* (*pl.* **~(*e*)*s***) Ⓒ 《美》 TV 카메라용 차광막(遮光幕).

go·by[góubi] *n.* (*pl.* ***-bies,*** 《집합적》 ~) Ⓒ 〖魚〗 문절망둑.

gó-bý *n.* (the ~) 지나쳐 감, 못 본 체함. ***give* 〔*get*〕 *the ~*** 무시하다〔당하다〕, 못 본 체하다.

gó-càrt *n.* Ⓒ 유모차; (유아용) 보행기; 《俗》 소형 자동차.

†**God**[gad/gɔd] *n.* ① Ⓤ 〖基〗 신; 하느님, 조물주(the Creator). ② Ⓒ (g-) (초자연적인) 신, 우상, 중요한 사람. ③ (the gods) 삼등석의 관객. ***by* (*my*) *~*** 하느님께 맹세코, 꼭. ***for ~'s sake*** 제발. ***~ bless ...!*** …에게 행복이 있기를! ***~ bless me* 〔*my life, my soul*〕*!*** 하느님의 축복이 있기를! ***~ damn you!*** 이 죽일 놈! ***~ grant ...!*** 신이여 …하게 하소서! ***~ knows*** 맹세코, 하느님만이 알고 있다, 아무도 모른다(*He went away ~ know where.* 어디론가 가버렸다). ***~'s acre*** (교회의) 묘지. ***~'s book*** 성서(聖書). ***~'s image*** 인체. ***~ speed you!*** 《古》 성공〔안전〕을 빈다; 안녕히《인사말》. ***~ willing*** 사정이 허락하면. ***Good* 〔*my*〕 *~!*** 야단났는데, 큰일인데; 한심하군! ***sight for the ~s*** 장관. ***Thank ~!*** 고마워라, 됐다 됐어! — *vt.* (***-dd-***) (g-) 신격화하다, 숭배하다.

gód-áwful, G- *a.* 《俗》 정말 싫은; 지독한, 굉장한, 심한.

gód·chìld *n.* (*pl.* ***-children***) Ⓒ 대자(代子)(cf. godfather).

gód·dàughter *n.* Ⓒ 대녀(代女).

:**god·dess**[gádis/-ɔ́-] *n.* Ⓒ 여신; (절세) 미인; 동경하는 여성.

go·det[goudét] *n.* Ⓒ (스커트 따위를 부풀리는) 바대.

·**gód·fàther** *n., vt.* Ⓒ 대부(代父)(가 되다); 후원 육성하다.

Gòd-féaring *a.* 신을 두려워하는; (g-) 믿음이 깊은.

gód·forsàken *a.* 신에게 버림받은; 타락한; 황량한, 쓸쓸한.

gód-gìven *a.* 하늘이 준, 하늘에서 부여받은; 고마운; 절호의.

gód·hèad *n.* Ⓤ (때로 G-) 신성, 신격; (the -) 신, 하느님.

gód·hòod *n.* Ⓤ 신(神)임, 신격, 신성(神性).

gód-kìng *n.* Ⓒ 신격화된 군주.

gód·less *a.* 신이 없는; 무신론자의; 믿음이 없는. **~·ly** *ad.* **~·ness** *n.*

·**gód·lìke** *a.* 신과 같은, 거룩한; 신에게 합당한.

god·ly[ˊli] *a.* 신을 공경하는, 독실한, 경건한. **-li·ness** *n.* Ⓒ 신을 공경함, 믿음.

Gód·màn *n.* =CHRIST.

·**gód·mòther** *n.* Ⓒ 대모(代母).

go·down[goudáun/ˊ-] *n.* Ⓒ (동남 아시아의) 창고.

gód·pàrent *n.* Ⓒ 대부, 대모.

Gód's cóuntry 이상적인 나라〔땅〕, 낙원; 고향, 고국.

gód·sènd *n.* Ⓒ 하늘이 준 것, 뜻밖의 행운.

gód·sòn *n.* Ⓒ 대자(代子).

Gód·spèed *n.* Ⓤ 행운, 성공〔안전〕(의 기원).

go·er[góuər] *n.* Ⓒ 가는 사람〔것〕.

:**Goe·the**[gǿ:tə], **Johann Wolfgang van**(1749-1832) 괴테《독일의 문호》. 「름꾼.

go·fer[góufər] *n.* Ⓒ 《美俗》 잔심부

gó-gétter *n.* Ⓒ 《美口》 (사업 따위의) 활동가, 수완가.

gog·gle[gágəl/-ɔ́-] *vi., vt., n.* Ⓒ (눈알을) 희번덕거리다〔거리기〕, 눈알을 굴리다〔굴리기〕; 눈을 부릅뜨고 보다〔보기〕, 부릅뜬 눈; (*pl.*) 방진용〔잠수용〕 보안경. — *a.* 퉁방울눈의, 희번덕거리는.

góggle-èyed *a.* 퉁방울눈의; 눈을 희번덕거리는.

Gogh[gou, gɔk, (Du.)gɔx], **Vincent van**(1853-90) 고흐《네덜란드의 후기 인상파의 화가》.

go-go[góugòu] *a.* 고고댄스(곡)의; 《俗》 활발한, 현대적인, 생기가 넘치는.

Go·gol[góugəl], **Nikolai Vasilievich**(1809-52) 러시아의 소설가.

:**go·ing**[góuiŋ] *n.* Ⓤ 가기, 보행; 진행(속도), 출발; (도로의) 상태. — *a.* 진행〔운전·활동〕 중의(*She is ~ (on) ten.* 곧 10살이 된다); 현행의. ***in ~ order*** 고장 없이; 건전하게. ***keep ~*** …을 계속하다; 유지하다.

góing-awày *a.* 《美》 (신부의) 신혼

G

여행용의(*a* ~ *dress*).
góing-òver *n.* Ⓒ 철저한 조사[심문]; 《俗》 호통; 때리기.
góings-ón *n. pl.* 《口》 행위, 행실.
goi·ter, 《英》 **-tre**[gɔ́itər] *n.* Ⓤ 〖醫〗 갑상선종(甲狀腺腫); 종기.
†**gold**[gould] *n.* ① Ⓤ 금, 황금; 금빛; 금화; 부; 금도금. ② Ⓒ (과녁의) 정곡(bull's-eye). ***as*** GOOD ***as*** **~.** ***heart of*** **~** 아름다운 마음(의 소유자). ***make a*** **~** 과녁의 복판을 쏴 맞히다. ***old*** **~** 낡은 금빛. ***worth one's weight in*** **~** 천금의 가치가 있는, 매우 귀중한. ── *a.* 금(빛)의, 금으로 만든.
góld·bèater *n.* Ⓒ 금박사(金箔師).
góld·brìck *n.* Ⓒ 모조품, 정체가 곧 드러날 가짜; 《軍俗》 농땡이 사병; 꾀부리는 사람. ── *vi.* 꾀부리다, 태만하다. **~·er**[-ər] *n.* 《軍俗》 =GOLDBRICK.
góld bùg 풍뎅이; 《美俗》 갑부.
Góld Còast, the 황금 해안《현 Ghana 공화국의 일부》.
góld·cùp *n.* =BUTTERCUP.
góld dìgger 금광부(夫); 황금광(狂); 《俗》 남의 돈을 우려내는 여자.
góld dùst 사금(砂金).
góld embàrgo 금 수출 금지.
†**gold·en**[⌐ən] *a.* ① 금빛의; 《古》 금의. ② 귀중한, 굉장한, 절호의. ③ (시대 따위가) 융성한.
gólden áge, the 황금시대, 융성기.
gólden áger 《美》 (65세 이상의 은퇴한) 초로의 사람, 노인.
gólden bálls 전당포 간판《금빛 공이 세 개임》.
Gólden Delícious 골든 딜리셔스《미국산 황색 사과의 품종》.
gólden dísc 골든 디스크.
gólden éagle 〖鳥〗 검둥수리.
Gólden Fléece, the 〖그神〗 금양모(金羊毛)《Jason이 용(龍)으로부터 빼앗아 갖고 온》(cf. Argo).
Gólden Gáte, the 금문해협《샌프란시스코의 입구》.
gólden góose 황금알을 낳는 거위《동화 속의》.
Gólden Hórn, the Istanbul의 내항.
gólden kéy 뇌물, 코아래 진상.
gólden méan 중용, 중도(中道).
gólden-mòuthed *a.* 웅변의.
gólden númber 황금수《서력 연수에 1을 더하여 19로 나눈 나머지 수; 부활절의 날짜를 산출하는 데 씀》.
gólden·ròd *n.* Ⓒ 〖植〗 메역취.
gólden rúle 황금률《마태복음의 산상수훈 중의 말; '무엇이든지 남에게 대접을 받고자 하는 대로 너희도 남을 대접하라'》.
gólden séction, the 〖數〗 황금분할.
Gólden Státe, the 미국 California주의 속칭.
gólden wédding (결혼 후 50년을 축하하는) 금혼식(cf. jubilee).
góld fèver 금광열(金鑛熱).
góld·fìeld *n.* Ⓒ 채금지(採金地), 금광지.
góld-fílled *a.* 금을 입힌.
góld·fínch *n.* Ⓒ 〖鳥〗 검은방울새의 일종; 《英俗》 1파운드 금화.
:**góld·fìsh** *n.* (*pl.* **~es,** 《집합적》 ~) Ⓒ 금붕어.
góld fòil 금박(金箔).
góld làce 금(金)몰.
góld lèaf 금박《gold foil보다 얇은》.
góld médal 금메달.
góld mìne 금광; 보고(寶庫).
góld nòte 《美》 금태환(兌換) 지폐.
góld pláte 금으로 된 식기류; (전기) 금도금(하기).
góld-plàte *vt.* (…에) 금을 입히다.
góld resèrve 정화 준비(正貨準備).
góld rùsh 금광열(金鑛熱).
Gold·smith [góuldsmìθ], **Oliver** (1730?-74) 아일랜드 태생의 영국의 시인·극작가·소설가.
góld·smìth *n.* Ⓒ 금 세공인.
góld stàndard 〖經〗 금본위제.
Góld Stíck 《英》 (국가적 행사 때에 근위 기병 연대 대령 및 호위대 대장이 가지는) 금색의 막대; 그것을 잡는 사람.
:**golf**[galf, -ɔː-/-ɔ-] *n., vi.* Ⓤ 골프(를 하다). **⌐·er** *n.*
gólf bàll 골프공.
gólf clùb 골프채, 골프 클럽.
gólf còurse (**lìnks**) 골프장, 골프 코스.
gólf wìdow 《口·諧》 골프광(狂)의 아내.
Gol·go·tha[gálgəθə/-ɔ́-] *n.* 〖聖〗 골고다《예수가 십자가에 못박힌 곳》; 예수의 십자가상(像); (g-) Ⓒ 묘지.
Go·li·ath [gəláiəθ] *n.* 〖聖〗 골리앗《다윗(David)에게 살해된 거인》; (g-) Ⓒ 이동 기중기.
gol·li·wog[gáliwàg/gɔ́liwɔ̀g] *n.* Ⓒ 기괴한 얼굴의 인형.
gol·ly[gáli/-ɔ́-] *int.* 《口》 저런, 어머나, 맹세코《놀람·맹세 등을 나타냄》.
go·losh[gəláʃ/-ɔ́-] *n.* =OVERSHOE.
Go·mor·rah, -rha[gəmɔ́ːrə, -á-/-ɔ́-] *n.* 〖聖〗 고모라《천벌로 이웃 도시 Sodom과 함께 멸망됨; 창세기 18, 19, 24》; Ⓒ 죄악의 도시.
-gon[gan/gən] *suf.* '…각형(角形)'이란 뜻의 명사를 만듦 : hexa*gon*, penta*gon*.
go·nad[góunæd, -á-/-ɔ́-] *n.* Ⓒ 생식선(生殖腺).
Gon·court[gɔ̃kúːr], **Edmond de**(1822-96), **Jules de**(1830-70) 프랑스의 소설가 형제.
Góncourt Príze 공쿠르상《매년 우수 문학 작품에 수여》.
***gon·do·la**[gándələ/-ɔ́-] *n.* Ⓒ 곤돌라; 《美》 너벅선; (기구(氣球) 따위의) 조롱(吊籠).
gon·do·lier[gàndəlíər/-ɔ̀-] *n.* Ⓒ 곤돌라의 사공.
†**gone**[gɔːn, -a-/-ɔ-] *v.* go의 과거분사. ── *a.* ① 지나간. ② 가망 없는; 영락한. ③ 희미한. ④ 《美俗》 훌륭한, 일류의. ***far*** **~** (훨씬) 앞선, 깊이 들어간[개입된]. **~ *on*** 《口》 …

G

와 사랑하여. **gón·er** *n.* Ⓒ《口》죽은 사람, 가망 없는 사람.
gon·fa·lon [gánfələn/-ɔ́-] *n.* Ⓒ 〖史〗(횡목에 매는 끝이 여러 가닥으로 갈라진) 기(旗).
*__gong__ [gaŋ, -ɔː-/-ɔ-] *n.* Ⓒ 징, 그 소리; 접시 모양의 종. — *vt.* (…에게) 징을 울려 신호하다. ***be ~ed*** (교통 위반으로) 정지 명령을 받다.
gon·na [góunə, gɔ́ː-/gɔ́-]《美俗》…할 예정인(going to).
gon·or·rhe·a, 《英》 **-rhoe·a** [gànəríːə/-ɔ̀-] *n.* Ⓤ 〖醫〗임질. **-al** *a.*
goo [guː] *n.* Ⓤ《美口》찐득거리는 것; 지나친 감상(感傷).
goo·ber [gúːbər] *n.* Ⓒ《美南部》땅콩(~ pea).
†**good** [gud] *a.* (***better; best***) ① 좋은, 잘된, 훌륭한; 아름다운. ② 행복한, 유쾌한, 즐거운. ③ 선량한, 예의바른; 현명한, 친절한, 관대한. ④ 능숙한(*be ~ at counting*); 유능한. ⑤ 참된, 거짓없는; 완전한; 깨끗한; 건전한; 틀림없는. ⑥ 유효한; 유익한; 적당한(*This is ~ to eat.* 먹을 수 있다); 충분한, 상당한. ***a ~*** MANY. ***a ~' un*** 그럴듯한[솔깃한] 이야기, 거짓말, 농담. ***as ~ as*** (*dead, &c*) (죽은 것)과 같은. ***as ~ as gold*** (어린이가) 매우 착한, 얌전한. ***be as ~ as one's word*** 약속을 지키다. ***Be ~ enough to ...,*** or ***Be so ~ as to...*** 아무쪼록 …해 주십시오. ***G- day*** [***morning, afternoon, evening***]***!*** 안녕하십니까《낮[아침, 오후, 저녁] 인사》; 《'Good'에 stress를 붙이고, 끝을 올려 발음하여》 안녕. ***~ for*** …에 유효[유익]한; …동안 유효; …의 지불이 가능한; …에 착수 가능한. ***G- for you!***《美》잘한다!; 됐어! ***G- man!*** 잘한다!; 됐어! ***G- night*** 안녕!; 안녕히 주무십시오!; 《美卑》기가 막히는군; 제기랄! ***~ old*** 옛날의《good은 아주 가벼운 뜻》. ***G- show!***《俗》훌륭하다!; 잘 했다! ***hold ~*** 유효하다, …에도 해당되다. ***keep ~*** 보존하다. ***make ~*** 보상하다; 달성하다; (약속을) 이행하다; 실증하다; 수복(修復)하다; 확보하다. ***no ~*** 틀렸다. ***Not so ~!***《俗》어처구니 없는 실수[실패]다! ***the ~ people*** 요정(妖精)들. — *n.* ① Ⓤ 선, 선량함; 이익; 행복. ② (the ~) 선량한 사람들. ③ (*pl.*)《英》(철도)화물, 상품. ④ (*pl.*) 동산, 재산. ⑤ (*pl.*) 《美》천. ***come to ~*** 좋은 열매를 맺다. ***come to no ~*** 아무짝에도 쓸모 없다, 실패로 끝나다. DELIVER ***the ~s. do ~ to*** …에 친절을 다하다; …을 이롭게 하다; …에 유효하다. ***for ~*** (***and all***) 영구히. ***get the ~s on*** (*the pickpocket*)《英俗》(소매치기의) 확실한 증거를 발견하다, …의 꼬리를 잡다. ***~s agent*** 운송업자. ***the ~s***《俗》진짜; 필요한 물건[자격]. ***to the ~*** 〖簿〗대변(貸邊)에; 순이익으로. ***up to no ~*** 장난에 팔려서.
†**good-by,** 《英》 **good-bye** [gùdbái] *int., n.* 안녕히; Ⓒ 고별, 작별.
góod fáith 성실, 성의.
góod-for-nòthing *n., a.* Ⓒ 쓸모없는 (사람).
Góod Fríday 성(聖)금요일《부활절 전의 금요일, 예수 수난을 기념함》.
góod-héarted *a.* 친절한, 마음씨가 고운, 관대한.
góod-húmo(u)red *a.* 기분 좋은, 명랑한; 싹싹한.
good·ish [∠iʃ] *a.* 꽤 좋은; 《英》상당히 큰, 상당한.
góod lífe 〖保險〗평균 수명까지 살 가망이 있는 사람.
góod-lóoker *n.* Ⓒ 미인, 잘 생긴 사람[동물].
:**góod-lóoking** *a.* 잘 생긴, 핸섬한.
:**góod lúck** 행운.
*__good·ly__ [∠li] *a.* 훌륭한, 고급의; 잘생긴; 상당한, 꽤 많은.
good·man [∠mən] *n.* Ⓒ《古·方》주인; 남편(husband); (G-) 'Gentleman'보다 아랫격의 사람의 경칭(*G- Smith* 스미스 씨).
góod móney 양화(良貨); 《英俗》많은 급료.
:**góod-nátured** *a.* (마음씨가) 착한, 사람이 좋은, 온후한.
:**good·ness** [∠nis] *n.* Ⓤ 좋음; 선량함; 미덕; 친절; 신(God). ***for ~' sake*** 제발, 부디. ***G-*** (***gracious***)***!*** 앗 저런!; (자) 큰일 났군!; 제기랄!
:**goods** [-z] *n.* ⇨GOOD (*n.*).
góod sénce 상식, 양식, 분별.
góods tràin 《英》화물 열차(《美》 freight train).
góod-tèmpered *a.* 상냥한, 온순한.
góod thìng 행운; 돈벌이; 명예; (*pl.*) 진미(珍味).
:**góod·wíll** *n.* Ⓤ ① 호의, 동정. ② (상점의) 영업권, 단골.
good·y[1] [∠i] *n.* Ⓒ《口》맛있는 것, 과자, 봉봉. — *a.* =GOODY-GOODY. — *int.* 《兒》좋아 좋아!
good·y[2] *n.* Ⓒ《古》아주머니《신분이 낮은 여자에 대하여 씀》; 신분이 낮은 여자.
góody-gòody *a., n.* Ⓒ《口》독실한 체하는 (사람), 유달리 잘난 체하는 (사람).
goof [guːf] *n.* Ⓒ《美俗》바보. — *vi.* 바보 짓을 하다; 빈둥거리다. — *vt.* 실수하다; (마취약 따위로) 멍청하게 만들다. **∠·y** *a.*
góof·bàll *n.* Ⓒ《美俗》정신 안정제, 수면제; 바보, 등신.
gó-òff *n.* (*sing.*)《口》착수, 개시.
góo-góo èyes 《美俗》추파.
gook [guk] *n.* Ⓤ《俗》진득거리는 것; 짙은 화장; 점액; 바보; Ⓒ《美俗·蔑》동양인.
goon [guːn] *n.* Ⓒ《美》(고용된) 폭력단원; 《俗》얼간이.
:**goose** [guːs] *n.* (*pl.* ***geese***) ① Ⓒ 거위(의 암컷)(cf. gander). ② Ⓤ 거위고기. ③ (*pl.* ***~s***) Ⓒ 대형 다리

G

미《손잡이가 거위목 비슷함》. ④ Ⓒ 바보, 얼간이. ***All his geese are swans.*** 저 사람은 자기의 거위가 모두 백조로 보인다; 제 자랑만 한다. ***sound on the ~*** 《美》 (생각·방침이) 온건하여; (주의 등에) 충실하여. ***The ~ hangs high.*** 《美口》 일이 잘 될 것 같다; 만사 호조(萬事好調).

goose·ber·ry [gú:sbèri, gú:z-, gúzbəri] *n.* Ⓒ 〖植〗 구즈베리.

góose ègg 거위알; 《俗》 (경기의) 영점; (맞아서 생긴) 머리의 혹.

góose flèsh (추위·공포에 의한) 소름, 소름 돋은 피부.

góose·hérd *n.* Ⓒ 거위 치는 사람.

góose·nèck *n.* Ⓒ 거위목, S[U] 자꼴의 관(管).

góoseneck làmp 거위목 전기 스탠드《자유로이 굽음》.

góose pìmples =GOOSE FLESH.

góose-stèp *n., vi.* (*sing.*) 〖軍〗 무릎을 굽히지 않고 발을 높이 들어 걷는 보조(로 행진하다).

GOP, G.O.P. Grand Old Party 《美》 공화당.

go·pher [góufər] *n.* Ⓒ 《美》 뒤쥐(류)(類)《북아메리카산》.

Gór·di·an knót [gɔ́:rdiən-] (the ~) 아주 어려운 일, 어려운 문제. ***cut the ~*** 용단으로 어려운 일을 해결하다《Alexander 대왕이 단단한 매듭을 풀지 않고 칼로 끊어버렸다는 이야기에서》.

***gore**[1] [gɔ:r] *n.* Ⓤ (상처에서 나온) 「응혈(凝血).

gore[2] *n.* Ⓒ 삼각형의 헝겊 조각, (옷의) 깃, 섶; 삼각형의 땅. — *vt.* (…에) 옷깃을 달다.

gore[3] *vt.* (창·뿔 따위로) 찌르다, 꽂다.

:**gorge** [gɔ:rdʒ] *n.* Ⓒ ① 골짜기. ② 식도, 목구멍. ③ 좁은 통로[시내]를 막는 물건. ***make a person's ~ rise*** …에게 구역질이 나게 하다, 혐오를 느끼게 하다. — *vt.* 게걸스레 먹다; 가득 채우다[틀어넣다]. ~ ***oneself*** 게걸스레 먹다(*with*).

:**gor·geous** [gɔ́:rdʒəs] *a.* 호화스러운; 《口》 멋진. **~·ly** *ad.*

gor·get [gɔ́:rdʒit] *n.* Ⓒ (갑옷의) 목가리개.

Gor·gon [gɔ́:rgən] *n.* 〖그神〗 고르곤《보는 사람을 돌로 변하게 했다는 세 자매의 괴물: cf. Medusa》; (g-) Ⓒ 지독한 추녀(醜女), 무서운 여자.

***go·ril·la** [gərílə] *n.* Ⓒ 〖動〗 고릴라; 《俗》 폭한, 갱.

Gor·ki, -ky [gɔ́:rki], **Maxim** (1868–1936) 러시아의 극작가·소설가.

gor·mand [gɔ́:rmənd] *n.* =GOURMAND. **~·ize** [-àiz] *vt., vi.* 많이[게걸스레] 먹(이)다. **~·iz·er** *n.* Ⓒ 대식가.

gorse [gɔ:rs] *n.* Ⓤ 〖植〗 가시금작화 (furze)(덤불).

gor·y [gɔ́:ri] (<gore[1]) *a.* 피투성이의.

***gosh** [gɑʃ/-ɔ-] *int.* 아이쿠; 큰일 났군; 기필코.

gos·hawk [gáshɔ̀:k/-ɔ́-] *n.* Ⓒ 참매《옛날 매 사냥에 쓴》.

Go·shen [góuʃən] *n.* 〖聖〗 고센 땅; Ⓒ 기름진 땅, 낙토(樂土).

gos·ling [gázliŋ/-ɔ́-] *n.* Ⓒ 새끼 거위; 풋내기.

gó-slów *n.* Ⓒ 《英》 태업 전술, 사보타주(《美》 slowdown).

***gos·pel** [gáspəl/-ɔ́-] *n.* ① (the ~) (예수의) 복음; (기독교의) 교리; Ⓤ,Ⓒ 교의(教義), 신조, 진리, 주의. ② Ⓒ (G-) 복음서.

góspel trúth 복음서의 진리; 절대적인 진리.

gos·port [gáspɔ̀:rt/-ɔ́-] *n.* Ⓒ 〖空〗 (비행기의) 기내 통화관.

gos·sa·mer [gásəmər/-ɔ́-] *n.* Ⓤ 작은 거미의 집[줄]; 섬세한 물건, 얇은 천; 《美》 얇은 방수포. — *a.* 섬세한, 가냘픈.

:**gos·sip** [gásip/-ɔ́-] *n.* Ⓤ,Ⓒ 잡담; 수다쟁이; Ⓤ 소문, 험담. — *vi.* 잡담[세상 이야기, 한담](을 하다); (남의 일을) 수군거리다.

góssip·mònger *n.* Ⓒ 소문을 퍼뜨리는 사람.

gos·soon [gɑsú:n/-ɔ-] *n.* (Ir.) Ⓒ 소년, 심부름하는 아이.

†**got** [gɑt/-ɔ-] *v.* get의 과거(분사).

Goth [gɑθ/-ɔ-] *n.* (the ~s) 〖史〗 고트족《3-5세기경 로마 제국에 침입한 튜턴계 민족》; Ⓒ (g-) 야만인.

Goth·am [gátəm, góu-/gɔ́-] *n.* ① (영국의) 고텀 마을; 바보의 마을. ② [gáθəm, góu-/gɔ́-] New York시의 속칭. ***wise man of ~*** 바보.

***Goth·ic** [gáθik/-ɔ́-] *a.* 고딕 건축(양식)의; 고트족[말]의; 중세의; 야만적인. — *n.* Ⓤ 고딕 건축 양식; 고트말; 《美》 〖印〗 고딕 활자.

gó-to-mèeting *a.* 외출용의.

got·ta [gátə/-ɔ́-] 《口》 =(have) got to; =(have) got a. ⇨GET.

***got·ten** [gátn/-ɔ́-] *v.* 《美》 get의 과거 분사.

gou·ache [gwá:ʃ, guá:ʃ] *n.* (F.) ① Ⓤ 구아슈; 구아슈 수채화법. ② Ⓒ 구아슈 수채화.

Gou·da [gáudə] *n.* Ⓤ,Ⓒ 고다 치즈《네덜란드 원산》.

gouge [gaudʒ] *n., vi.* Ⓒ 둥근 끌(로 파다); 후벼 내다(*out*); 《美口》 사기(꾼); 속이다.

gou·lash [gú:lɑ:ʃ, -læʃ] *n.* Ⓤ,Ⓒ (송아지) 고기와 야채의 (매운) 스튜요리.

Gou·nod [gú:nou], **Charles François** (1818–93) 프랑스의 작곡가.

gourd [gɔ:rd, guərd] *n.* Ⓒ 호리병박(으로 만든 용기).

gour·mand [gúərmənd] *n.* Ⓒ 대식가; 미식가.

gour·met [gúərmei] *n.* (F.) Ⓒ 미식가, 식통(食通).

gout [gaut] *n.* ① Ⓤ 〖醫〗 통풍(痛風). ② Ⓒ 《古·詩》 (특히, 피의) 방울, 응혈. **∠·y** *a.* 통풍의[에 걸린].

Gov., gov. government; governor.

:**gov·ern** [gʌ́vərn] *vt.* ① 통치[지배]하다; 관리하다. ② 제어[억제]하다.

G

③ 〖文〗 지배〔요구〕하다《격(case), 법(mood) 등을》. ~·a·ble *a.*

gov·ern·ance[gʌ́vərnəns] *n.* Ⓤ 지배, 제어, 통치(법).

*__gov·ern·ess__[gʌ́vərnis] *n.* Ⓒ ① 여자 가정 교사. ② 여성 지사. ③《古》 지사〔총독〕 부인.

†**gov·ern·ment**[gʌ́vərnmənt] *n.* ① Ⓤ 통치, 지배, 정치; 정체(政體). ② Ⓒ (*or* G-) 정부, 내각. ③ Ⓤ 〖文〗 지배. *__-men·tal__[⌐―méntl] *a.*

góvernment màn 관리, 국가 공무원; 정부 지지자.

góvernment pàper 〖商〗 공채 증권, 정부 증권.

‡**gov·er·nor**[gʌ́vərnər] *n.* Ⓒ ① 통치〔지배〕자. ② 지사, 장관, 사령관. ③《英》(은행·협회 등의) 회장, 총재. ④《英口》 두목, 주인어른(sir). ⑤ 〖機〗(배기·속도 등의) 조절기. ~**ship**[-ʃìp] *n.* Ⓤ governor의 직〔지위·임기〕.

góvernor-géneral *n.* Ⓒ 총독.

Govt., govt. government.

‡**gown**[gaun] *n.* ① Ⓒ 가운, (여자의) 긴 겉옷, 야회복. ② Ⓒ 잠옷, 화장복. ③ Ⓒ 가운《법관·성직자·대학교수·학생 등의 제복》. ④ Ⓤ《집합적》 대학생. ***in wig and ~*** 법관의 정장으로. ***take the ~*** 성직자〔교수·변호사〕가 되다. TOWN ***and ~.*** ― *vt.* 가운을 입히다(*be ~ed*). ~**ed**[-d] *a.* 가운을 입은.

gowns·man[⌐zmən] *n.* Ⓒ 법관, 변호사; 성직자; 교수, 학생.

Go·ya[gɔ́iə], **Francisco**(1746-1828) 스페인의 화가.

G.P. general practitioner; *Gloria Patri* (L. =Glory to the Father); Graduate in Pharmacy; *Grand Prix* (F.). **G.P.A.** Grade Point Average《美》 학업 성적 평균점. **G.P.I.** general paralysis of the insane 〖醫〗 뇌(腦)매독. **GPO** Government Printing Office. **G.P.O.** General Post Office. **GPU** General Postal Union. **G.P.U.** (Russ.) Gay-Pay-Oo. **Gr.** Grecian; Greece; Greek. **gr.** grade; grain(s); grammar; gram(s); grand; great; gross; group. **G.R.** 〖軍〗 General Reserve.

*__grab__[græb] *vt., vi.* (*-bb-*) 움켜잡〔쥐〕다(*at*); 잡아채다, 빼앗다. ― *n.* Ⓒ ① 움켜잡〔쥐〕기, 잡아채기; 횡령. ② 〖機〗 집(어 올리)는 기계. ***have the ~ on***《俗》…보다 유리한 입장을 차지하다, …보다 낫다.

gráb bàg《美口》=LUCKY BAG.

‡**grace**[greis] *n.* ① Ⓤ 우미, 우아, 얌전함; 고상함. ② Ⓤ 은혜, 은고, 편들기, 친절(*good ~s* 호의). ③ Ⓤ 천혜(天惠), (신의) 은총. ④ Ⓤ,Ⓒ (보통 *pl.*) 장점, 미덕; 애교; 매력. ⑤ Ⓤ 특사(特赦); 〖法〗(지급) 유예, 연기. ⑥ Ⓤ,Ⓒ 식전〔식후〕의 감사 기도(*say ~*). ⑦ Ⓤ (G-)(archbishop, duke, duchess에 대하여) 각하 (부인). ACT ***of ~. a fall from ~*** 총애의 상실, 도덕적 타락. ***be in a person's good ~s*** 아무의 마음에 들다(cf. good BOOKS). ***by the ~ of God*** 신의 은총에 의하여《왕의 이름 밑에 기록하는 공문서 형식》. ***days of ~*** (어음 만기 후의) 지급 유예 기간. ***fall from ~*** 신의 은총을 잃다; 타락하다. ***fall out of ~ with a person*** 아무의 호의를 잃다. ***have the ~ to*** (do) …할 정도의 분별〔아량〕은 있다. ***the*** (***three***) ***Graces*** 〖그神〗 미의 세 여신. ***the year of ~*** (*1998*), 서력 기원(1998년). ***with a good*** 〔***bad, ill***〕 ***~*** 선뜻〔마지 못해〕. ― *vt.* 아름답게〔우아하게〕 하다, 꾸미다; (…에게) 영광을〔품위를〕 더하다. ‡**⌐·ful**(**·ly**) *a.* (*ad.*) 우미〔우아〕한〔하게〕. **⌐·ful·ness** *n.* Ⓤ 우미, 단아(端雅)함. **⌐·less**(**·ly**) *a.* (*ad.*) 무례한〔하게〕, 상스러운〔스럽게〕. **⌐·less·ness** *n.*

gráce nòte 〖樂〗 꾸밈음, 장식음.

‡**gra·cious**[gréiʃəs] *a.* ① 우아〔고상〕한, 우미한, 기품 있는. ② 친절〔정중〕한. ③ 자비로운, 관대한; 존귀한. ***Good*** 〔***My***〕 ***G-!,*** or ***G- me!,*** or ***G- goodness!*** 저런 어쩌면!; (이거) 큰 일이군! *__~·ly__ *ad.* **~·ness** *n.*

grack·le[grǽkəl] *n.* Ⓒ 〖鳥〗 찌르레기류.

grad [græd] *n.* Ⓒ《美口》 졸업생 (graduate).

gra·date[gréideit/grədéit] *vi., vt.* 단계적으로 변하(게 하)다; (…에) 단계를〔등급을〕 매기다.

‡**gra·da·tion**[greidéiʃən, grə-/grə-] *n.* ① Ⓤ 등급 매기기. ② Ⓒ (보통 *pl.*) 순위, 단계, 순서. ③ Ⓤ,Ⓒ (단계적인) 변화. ④ Ⓤ (빛깔의) 바림, 농담법(濃淡法). ⑤ Ⓤ 〖言〗 모음 전환.

†**grade**[greid] *n.* ① Ⓒ 계급, 단계, 품등; 정도; 도수. ② Ⓒ《美》(초등·중학교의) 학년; (the ~s) 초등학교. ③ Ⓒ《美》 물매, 경사. ④ Ⓒ 〖牧畜〗 개량 잡종. ***at ~***《美》(교차점이) 동일 평면에서. ***make the ~*** 가파른 언덕을 올라가다; 어려움을 이겨내다. ***on the down*** 〔***up***〕 ***~***《美》 내리〔치〕받이에서, 쇠〔성〕하여. ― *vt.* 등급을 정하다〔매기다〕; 《美》 경사를 완만하게 하다. ― *vi.* (…의) 등급이다; 서서히 변화하다. **grád·er** *n.* Ⓒ 등급 매기는 사람; …학년생; 땅고르는 기계, 그레이더. **grád·ing** *n.* Ⓤ 등급 매기기; 정지(整地).

gráde cròssing《美》 건널목.

gráde pòint àverage《美》 성적 평가점 평균.

gráde schòol《美》=ELEMENTARY SCHOOL.

gráde separàtion 입체 교차.

gráde tèacher《美》 초등학교 교사.

*__gra·di·ent__[gréidiənt] *n.* Ⓒ ①《英》(통로 등의) 물매. ② 언덕, 경사진 곳. ③ (온도·기압 따위의) 변화율.

:grad·u·al [grǽdʒuəl] *a.* 점차〔점진, 순차〕적인, 서서히 하는. **:~·ly** *ad.* **~·ism** [-ìzəm] *n.* Ⓤ 점진주의〔정책〕.

:grad·u·ate [grǽdʒuèit, -it] *vt.* ① 등급(grade)〔눈금〕을 매기다. ② 학위(degree)를 수여하다; (대학을) 졸업시키다(*He was ~d at Oxford.* 옥스퍼드 대학을 졸업했다). ③ 〖化〗 농축(濃縮)하다. — *vi.* ① 《英》 학위를 받다, (대학을) 졸업하다(*at, from*); 《美》 (학교 종류에 관계 없이) 졸업하다. ② 자격을 얻다(*as, in*). ③ 점차로 변한다〔옮기다〕 (*into, away*). — [-it] *n.* Ⓒ 《英》 학사; 《美》 졸업생. — [-it] *a.* 졸업한. **-a·tor** *n.* Ⓒ 눈금이 표시된 그릇; 각도기.

grad·u·at·ed [⌐-èitid] *a.* 눈금을 매긴; 등급별로 구분한; (세금이) 누진적인. **~ glass** 액량계, 미터글라스.

gráduate núrse 《美》 (양성소 졸업의) 유자격 간호사.

gráduate schòol 대학원.

:grad·u·a·tion [grӕ̀dʒuéiʃən] *n.* ① Ⓤ 《美》 졸업; 《英》 학위 수여; Ⓒ 졸업식. ② Ⓒ 눈금; Ⓤ 등급 매기기.

Gráeco-Róman *a., n.* =GRECO-ROMAN.

graf·fi·to [grəfí:tou] *n.* (*pl.* **-ti** [-ti]) Ⓒ 〖考〗 (벽·기둥에 긁어 그린) 그림〔글〕; (보통 *pl.*) (변소 등의) 낙서.

graft [grӕft, -ɑ:-] *n., vt., vi.* Ⓒ 접목(하다), 눈접 (붙이다); 〖外〗 식피(植皮)〔식육(植肉)〕(하다); Ⓤ 《口》 독직(瀆職)(하다). **⌐·er** *n.* Ⓒ 《口》 수회자; 접붙이는 사람.

gra·ham [gréiəm] *a.* 정맥(精麥)하지 않은, 현맥(玄麥) 가루로 만든.

Grail [greil] *n.* (the ~) 성배(= Holy ~)《예수가 최후의 만찬 때 쓴 잔; Arthur 왕의 원탁 기사들이 이것을 찾아 다녔음》.

:grain [grein] *n.* ① Ⓒ 낟알. ② Ⓤ 《집합적》 곡물, 곡식(《英》 corn). ③ Ⓒ (모래·사금 따위의) 알. ④ Ⓒ 미량(微量). ⑤ Ⓒ 그레인《형량 단위 = 0.0648g》. ⑥ Ⓤ 나뭇결, 돌결; (가죽의 털을 뽑은) 껄껄한 면. ⑦ Ⓤ (나뭇결에 비유한) 특성, 성미, 성질. ***against the ~*** 비위에 거슬려, 마음이 없이. ***dye in ~*** (짜기 전) 실에 물들이다. ***in ~*** 타고난, 본질적인. ***rub a person against the ~*** 아무를 화나게 하다. ***(take) with a ~ of salt*** 에누리하여 (듣다). ***without a ~ of*** …은 조금도 없이. — *vt.* (낟)알로 만들다; 나뭇결 모양으로 하다.

gráin àlcohol 에틸알코올, 주정(酒精).

gráin bèlt 곡창 지대.

gráin èlevator 《美》 곡물 창고.

gráin·field *n.* Ⓒ 곡물밭.

gráin sìde (짐승 가죽의) 털 있는 쪽.

:gram [grӕm] *n.* Ⓒ 그램.

:gram·mar [grǽmər] *n.* ① Ⓤ 문법. ② Ⓒ 문법책, 문전(文典). ③ Ⓤ 초보, 원리. ④ 〖컴〗 문법. ***comparative*** 〔***descriptive***〕 ***~*** 비교〔기술〕 문법. ***~·i·an** [grəmɛ́əriən] *n.* Ⓒ 문법가; 문법 교사.

grámmar schòol 《美》 (공립) 초급 중학; 《英》 대학 진학 예비 과정으로 public school에 준하는 중등 학교; 〖史〗 고전 문법 학교.

:gram·mat·i·cal [grəmǽtikəl] *a.* 문법(상)의. **~·ly** [-kəli] *ad.*

gramme [grӕm] *n.* 《英》 =GRAM.

grám mòlecule 〖化〗 그램 분자, 몰(mol).

:gram·o·phone [grǽməfòun] *n.* 《英》 축음기.

gram·pus [grǽmpəs] *n.* Ⓒ 〖魚〗 범고래; 돌고랫과의 일종; 《口》 코고는 사람, 숨결이 거친 사람.

Grám's méthod [grǽmz-] 〖病〗 그람 염색법.

***gra·na·ry** [grǽnəri, gréi-] *n.* Ⓒ 곡창(지대).

:grand [grӕnd] *a.* ① 웅대〔장려〕한, 장엄한. ② 위대〔훌륭〕한, 거룩한, 풍채가 당당한(***the ~ manner*** (노인 등의) 관록이 있는 태도). ③ 거만한; 중대한, 큰, 주되는. ④ 전부의. ⑤ 《口》 굉장한, 멋진. ***do the ~*** 젠체하다. ***live in ~ style*** 호화롭게 살다. — *n.* = GRAND PIANO; Ⓒ 《美俗》 천 달러. **⌐·ly** *ad.* **⌐·ness** *n.*

gran·dad [grǽndӕ̀d] *n.* 《口》 = GRANDDAD.

gran·dam [grǽndæm], **-dame** [-deim] *n.* Ⓒ 조모; 노파.

gránd·àunt *n.* Ⓒ 대고모《조부모의 자매》.

Gránd Cányon, the 그랜드 캐니언《Arizona 주의 대협곡》.

:gránd·chìld *n.* Ⓒ 손자, 손녀.

gránd·dàd *n.* Ⓒ 《口》 할아버지.

grand·daugh·ter [⌐dɔ̀:tər] *n.* Ⓒ 손녀.

Gránd Dúchy 대공국(大公國).

gránd dúke 대공; (제정 러시아의) 황태자.

gran·dee [grændí:] *n.* Ⓒ 대공(大公)《스페인·포르투갈의 최고 귀족》; 귀인, 고관.

***gran·deur** [grǽndʒər] *n.* Ⓤ 웅대, 장엄, 화려, 성대; 장관; 위대; 고귀.

†grand·fa·ther [grǽndfɑ̀:ðər] *n.* Ⓒ 조부; 조상. **~·ly** *a.*

grándfather('s) clóck 큰 괘종시계《진자식》.

gránd finále 대단원(大團圓).

gran·dil·o·quence [grændíləkwəns] *n.* Ⓤ 호언 장담. **-quent** *a.* 과장의, 과대한.

gran·di·ose [grǽndiòus] *a.* 장대〔웅대〕한; 과장한, 어마어마한. **-os·i·ty** [⌐-diɑ́səti/-ɔ́-] *n.*

gránd júry ⇨JURY[1].

Gránd Láma, the =DALAI LAMA.

gránd lárceny 〖法〗 중절도(죄).

***grand·ma** [grǽndmɑ:], **-ma(m)-**

ma[-mὰ:mə, -məmὰ:] *n.* Ⓒ《口》 할머니.
†**grand·moth·er**[grǽn*d*mʌ̀ðər] *n., vt.* Ⓒ 조모; 어하다. **~·ly** *a.* 할머니다운, 친절한, 지나치게 친절한.
Gránd Óld Párty, the 미국 공화당《생략 G.O.P.》.
gránd ópera 대가극《회화의 부분이 모두 가곡으로 꾸며진》.
:**grand·pa** [grǽn*d*pὰ:, grǽm-], **-pa·pa**[-pὰ:pə/-pəpὰ:] *n.* Ⓒ《口·兒》할아버지.
:**grand·par·ent**[grǽn*d*pɛ̀ərənt] *n.* Ⓒ 조부[모].
gránd piáno 그랜드 피아노.
grand prix[grɑ̃:ŋ prí:] (F.=great prize) 그랑프리, 대상(大賞); (파리의) 대경마; 장거리 자동차 경주.
gránd-scàle *a.* 대형의; 대규모의; (노력 따위가) 굉장한.
grand·sire [grǽn*d*sàiər] *n.* Ⓒ《古》 조부.
:**grand·son**[grǽn*d*sʌ̀n] *n.* Ⓒ 손자.
gránd stáircase (현관의) 큰 계단.
gránd·stànd *n.* Ⓒ (경마장·경기장 따위의) 정면 관람석.
gránd stýle 장엄체《Milton 등의 시풍(詩風)》.
gránd tótal 총계.
gránd tóur 대여행《영국 청년 귀족들이 하던 유럽 수학 여행》.
gránd·ùncle *n.* Ⓒ 종조부《조부모의 형제》.
gránd vizíer (이슬람교 국가의) 수「상.
grange[greindʒ] *n.* Ⓒ (건물과) 농장, 《英》 농장의 집《헛간 등을 포함》; 호농의 저택; (G-) 《美》 (소비자와 직결하는) 농민 공제 조합(의 지부).
gráng·er *n.* Ⓒ 농민; (G-) 《美》 농민 공제 조합(지부)원.

:**gran·ite**[grǽnit] *n.* Ⓤ 쑥돌, 화강암. ***as hard as ~*** 몹시 단단한; 완고한. ***bite on ~*** 헛수고를 하다.
gran·ny, -nie[grǽni] *n.* 《口》 = GRANDMOTHER; =OLD WOMAN.
†**grant**[grænt, -ɑ:-] *vt.* ① 승낙[청허]하다, 허가하다. ② 수여하다. ③ 양도하다. ④ 하사(下賜)하다, 내리다; 인정하다; …라고 하다(admit). ***~ed*** [***~ing***] ***that ...*** 설사 …이라고 하더라도. ***take ... for ~ed*** …을 당연한 것으로 여기다. —— *n.* ① Ⓤ 허가, 인가. ② Ⓤ 양도. ③ Ⓤ 하사, 교부. ④ Ⓒ 교부금. **gran·tée** *n.* Ⓒ 〖法〗 양수인. **gran·tor**[grǽntər, grɑ:ntɔ́:r] *n.* Ⓒ 〖法〗 양도인.
Grant[grænt, -ɑ:-], **Ulysses Simpson**(1822-85) 미국의 군인·정치가《남북 전쟁의 북군 총사령관; 제18대 대통령(1869-77)》.
gran·u·late[grǽnjəlèit] *vt., vi.* 모양으로 만들다[되다], (표면 따위) 깔깔하게 되다[만들다]; (*vi.*) (상처에) 새살이 나오다. **-la·tion**[⌐-léiʃən] *n.*
gran·ule[grǽnju:l] *n.* Ⓒ 미립(微粒), 고운 알. **-u·lar** *a.* 알(모양)의.
:**grape**[greip] *n.* Ⓤ,Ⓒ 포도; Ⓒ 포도나무. ***belt the ~*** 《美俗》 잔뜩 (퍼) 마시다. ***sour ~s*** 오기(傲氣).
grápe·frùit *n.* Ⓤ,Ⓒ 그레이프프루트; Ⓒ 그 나무.
grápe jùice 포도 주스.
grápe·shòt *n.* Ⓤ 《古》 포도탄(彈).
grápe sùgar 포도당(糖).
grápe·vìne *n.* Ⓒ 포도 덩굴[나무]; (the ~) 《美口》 비밀 등을 전달하는 특수 경로, 정보망; 데마, 소문.
***graph**[græf, -ɑ:-] *n., vt.* Ⓒ 그래프[도표](로 나타내다).
***graph·ic**[grǽfik], **-i·cal**[-əl] *a.* 필사(筆寫)의, 문자[그림]의; 도표[그래프]로 나타낸; 생생한. **-i·cal·ly**
gráphical úser ìnterface 〖컴〗 그래픽 사용자 인터페이스《그림 인쇄(graphics)를 활용한 사용자 사이틀; 생략 GUI.》.
gráphic fórmula 도식; 〖化〗 구조식(structural formula).
graph·ics[grǽfiks] *n.* Ⓤ 제도학; 〖컴〗 그래픽스.
graph·ite[grǽfait] *n.* Ⓤ 〖鑛〗 석묵(石墨); 흑연.
graph·ol·o·gy[græfάlədʒi/-ɔ́-] *n.* Ⓤ 필적학(筆跡學), 필적 관상법.
gráph pàper 방안지, 모눈종이, 그래프 용지(《英》 section paper).
grap·nel[grǽpnəl] *n.* Ⓒ (네 갈고리의) 소형 닻; (닻 모양의) 갈고리.
***grap·ple**[grǽpəl] *vt.* 꽉 쥐다[잡다], 붙잡다. —— *vi.* (갈고리로) 고정하다; 맞붙어 싸우다(*with*); 접전하다(*with*). —— *n.* Ⓒ 드잡이, 격투; = GRAPNEL.
grap·pling[⌐iŋ] *n.* Ⓤ,Ⓒ 걸어 잡는 도구, 갈고랑쇠; 드잡이; =GRAPNEL.
GRAS[græs] generally recognized as safe 미국 식품 의약국의 합격증.
:**grasp**[græsp, -ɑ:-] *vt.* ① 잡다, 쥐다. ② 이해하다. ***~ at*** 덤벼들다, 잡으려 하다, 달려들다. —— *n.* (*sing.*) 쥠; 지배(력); 이해(력); 손잡이, 자루. **⌐·ing** *a.* 탐욕스러운; 잡는, 쥐는; 구두쇠의.
†**grass**[græs, -ɑ:-] *n.* ① Ⓤ,Ⓒ 풀, 목초, 잔디; 목초지. ② Ⓒ 〖植〗《집합적》 볏과의 식물; (*pl.*) 풀잎. ③ 《美俗》 =MARIJUANA. ④ Ⓒ 《美俗》 밀고자. ***at ~*** 방목되어; 일을 쉬고. ***be between ~ and hay*** 《美》 아직 어른이 못 되다. ***be in the ~*** 《美》 잡초에 파묻히다. ***go to ~*** (소·말이) 목장으로 가다; 《美口》 일을 쉬다; 《美俗》 얻어맞아 쓰러지다. ***Go to ~!*** 《美俗》 허튼 소리 마라. ***lay down in ~*** 잔디를 심다. ***let the ~ grow under one's feet*** 꾸물거리다가 기회를 놓치다. ***put*** [***send, turn***] ***out to ~*** 방목하다; 《口》 해고하다; 은퇴시키다; 《美口》 때려 눕히다. —— *vt.* (…에) 풀로 덮다; 목초를 먹이다; 풀[지면] 위에 펴다; 《口》 때려 눕히다.
gráss hànd (한자의) 초서(草書); 《英》 〖印〗 임시 식자공.
:**grass·hop·per** [⌐hὰpər/-ɔ̀-] *n.*

Ⓒ ① 메뚜기, 여치, 황충 (따위). ② 《口》〖軍〗 (비무장의) 소형 정찰기.
gráss·lànd *n.* Ⓤ 목초지.
grass·plot[´-plɑ̀t/-ɔ̀-] *n.* Ⓤ 잔디.
gráss róots (보통 the ~) 일반 대중; 기초, 근원. ***get down to the ~*** 문제의 근본에 대해 논급하다.
gráss-róots *a.* 일반 대중의, 유권자들의.
gráss wídow 이혼한 여자; 별거중인 아내.
gráss wídower 이혼한 남자; 별거중인 남편.
***grass·y**[grǽsi/grɑ́ːsi] *a.* 풀이 무성한, 풀 같은, 풀의.
***grate**[1][greit] *n.* Ⓒ (난로의) 쇠살판, 화상(火床); =GRATING[1].
***grate**[2] *vt.* ① (치즈 따위를 강판으로) 갈다; 으깨어 빻다. ② 삐걱거리게 하다. — *vi.* ① 서로 갈리다; 삐걱거리다(*against, on, upon*). ② 불쾌감을 주다. **grát·er** *n.* Ⓒ 문지르는〔가는〕 사람; 강판.
:grate·ful[´fəl] *a.* 감사히 여기는; 고마운, 기쁜, 즐거운. ***~·ly** *ad.*
***grat·i·fi·ca·tion**[grӕ̀təfikéiʃən] *n.* ① Ⓤ 만족(감), 기쁨. ② Ⓒ 만족시키는 것.
:grat·i·fy[grǽtəfài] *vt.* 만족시키다; 기쁘게 하다. **~·ing** *a.* 만족시키는, 기쁜.
grat·in[grǽtn, -ɑ́ː-] *n.* (F.) Ⓤ,Ⓒ 그라탱《빵가루를 입혀 구운 요리》.
grat·ing[1][gréitiŋ] *n.* Ⓒ 격자(문).
grat·ing[2] *a.* 삐걱거리는; 서로 갈리는; 귀에 거슬리는. **~·ly** *ad.*
gra·tis[gréitis, -ǽ-] *ad., a.* 무료로〔의〕.
:grat·i·tude[grǽtətjùːd] *n.* Ⓤ 감사(하는 마음).
gra·tu·i·tous[grətjúːətəs] *a.* 무료의; 공짜의; 필요 없는, 이유〔까닭〕 없는; 무상(無償)의. **~·ly** *ad.*
gra·tu·i·ty[grətjúːəti] *n.* Ⓒ 사례금, 팁(tip); 《英》(제대하는 군인에의) 하사금.
grat·u·la·tion [grӕ̀tʃəléiʃən] *n.* 《古》=CONGRATULATION.
gra·va·men[grəvéimən/-men] *n.* (*pl.* ***-vamina***[-vǽmənə]) Ⓒ 불평, 불만; 〖法〗 소송의 요점.
†**grave**[1][greiv] *n.* Ⓒ 무덤; (the ~) 죽음. ***(as) secret* 〔*silent*〕 *as the ~*** 절대 비밀의〔쥐죽은 듯 고요한〕. ***beyond the ~*** 저승에서. ***in one's ~*** 죽어서. ***make (a person) turn in his ~*** (아무로 하여금) 죽어서도 눈을 못 감게 하다. ***on this side of the ~*** 이승에서. ***Someone is walking over my ~.*** 찬바람이 돈다《공연히 몸이 떨릴 때 하는 말》.
:grave[2] *a.* 중대한, 예사롭지 않은; 장중한, 진지한; 충충한, 수수한. **:´·ly** *ad.*
grave[3] *vi.* (*~d; ~d, ~n*) 새기다, 파다; 명심하다.
gráve clòthes 시체에 입히는 옷, 수의.
gráve·dìgger *n.* Ⓒ 무덤 파는 일꾼.
:grav·el[grǽvəl] *n., vt.* (《英》 ***-ll-***) Ⓤ ①《집합적》 자갈(을 깔다). ② 〖醫〗 결사(結砂). ③《口》 난처하게 하다, 괴롭히다. ***eat ~*** 땅에 쓰러지다. **~·ly** *a.* 자갈이 많은.
grável-blìnd *a.* 반소경의.
grável pìt 자갈 채취장.
grável wàlk 자갈길.
grav·en[gréivən] *v.* grave[3]의 과거분사. — *a.* 조각된; 감명 깊은.
gráven ímage 조상(彫像); 우상(idol).
gráve·stòne *n.* Ⓒ 묘석.
***gráve·yàrd** *n.* Ⓒ 묘지.
gra·vim·e·ter[grəvímitər] *n.* Ⓒ 중력계.
grav·i·tate[grǽvətèit] *vt.* 인력에 끌리다; 침강〔하강〕하다; 끌리다(*to, toward*). ***-ta·tion**[´-téiʃən] *n.* Ⓤ 인력 (작용), 중력.
:grav·i·ty[grǽvəti] *n.* Ⓤ ① 중력, 지구 인력. ② 중량. ③ 진심, 엄숙; 중대. ④ 〖樂〗 저음.
gra·vure[grəvjúər, gréivjər] *n.* =PHOTOGRAVURE.
***gra·vy**[gréivi] *n.* ① Ⓤ,Ⓒ 고깃국물(소스). ② Ⓤ《美俗》 부정 이득.
grávy tràin《美俗》 놀고 먹을 수 있는 지위〔수입〕.
†**gray,** 《英》 **grey**[grei] *n., a.* ① Ⓤ,Ⓒ 회색(의). ② (the ~) 박명(薄明), 황혼. ③ (얼굴이) 창백한. ④ 백발의. ⑤ 음침한. ⑥ 늙은; 원숙한. **´·ish** *a.* 회색빛이 나〔도〕는.
Gray, Thomas (1716-71) 영국의 시인.
gráy·bèard *n.* Ⓒ 노인.
gráy éminence 흑막(적인 인물).
gráy-háired *a.* 백발의; 노년의.
gráy hàirs 노년.
gray·hound[´hàund] *n.* =GREYHOUND.
gray·lag[´lӕ̀g] *n.* Ⓒ 기러기의 일종.
gray·ling[´liŋ] *n.* Ⓒ 〖魚〗 사루기; 〖蟲〗 뱀눈나빗과의 나비.
gráy máre 내주장(內主張)하는 아내.
gráy márket 어느 정도 합법적인 암시장.
gráy màtter 〖解〗 (뇌의) 회백질(灰白質); 《口》 지력(知力).
gray·wacke[gréiwӕ̀kə] *n.* Ⓤ 〖地〗 경사암(硬砂岩).
:graze[1][greiz] (<grass) *vi., vt.* 풀을 먹(이)다.
graze[2] *vt., vi., n.* 스치다; Ⓤ 스치기, (지나가면서) 약간 닿다〔닿음〕; 스쳐벗기다〔벗어지다〕; Ⓒ 찰과상(擦過傷).
gra·zier[gréiʒər] (<graze[1]) *n.* Ⓒ 《英》 목축업자. **~·y** *n.* Ⓤ 목축업.
graz·ing[gréiziŋ] *n.* Ⓤ 방목, 목축; 목장, 목초지.
Gr. Br., Gr. Brit. Great Britain.
GRBM Global Range Ballistic Missile. **Grc.** Greece.
:grease[griːs] *n.* Ⓤ ① (짐승의) 기

G

름, 그리스. ② 《俗》 뇌물; 영향력. ── [gri:z, -s] *vt.* (…에) 기름을 바르다[으로 더럽히다]; 《俗》 (…에게) 뇌물을 주다. ~ *a person's palm* 뇌물을 안기다.

gréase pàint 그리스 페인트, 도란 《배우의 메이크업용》.

*****greas·y**[grí:si, -zi] *a.* ① 기름을 바른[으로 더럽힌]; 기름기 많은. ② 미끈미끈한; 진창의. ③ 알랑거리는.

gréasy spóon 《美俗》 싸구려 식당, 변두리의 스낵.

†**great**[greit] *a.* ① 큰. ② 훌륭한, 위대한. ③ 대단한(*my ~ friend* 아주 친한 사이). ④ 중대한. ⑤ 주된. ⑥ 고귀한, 마음이 넓은. ⑦ 《口》 근사한, 즐거운. ⑧ 《口》 잘 하는(*at*), 열심인(*on*). ⑨ 큼직한, 어마어마한. ⑩ 《古·方》 임신한. ***G- God [Scott]!*** 저런!; 아이 깜짝이야. ***the ~er [~est] part of*** …의 대부분. ── *n.* Ⓒ 위대한 사람[것]; (the ~) 《집합적》 훌륭한 사람들. **∗∠·ly** *ad.* 크게, 대단히. **∗∠·ness** *n.*

gréat-àunt *n.* Ⓒ 대고모.

Gréat Béar, the 〖天〗 큰곰자리.

∗Gréat Brítain 대브리튼《England, Scotland, Wales의 총칭》.

gréat círcle (구면(球面)의) 대권(大圈).

gréat·còat *n.* Ⓒ 《英》 무거운 외투.

Gréat Dáne 덴마크종의 큰 개.

Gréat Divíde 《美》 로키 산맥.

Gréat Dóg, the 〖天〗 큰개자리.

∗great·er[gréitər] *a.* (보통 G-) 대(大) … 《대도시를 그 교외를 포함시키어 부를 때》.

Gréater Mánchester 영국 서부의 주《1974년 신설》.

gréatest cómmon divísor 〖數〗 최대 공약수.

gréat·grándchild [**-father, -mother**] *n.* Ⓒ 증손[증조부, 증조모].

gréat-héarted *a.* 고결한, 관대한; 용감한.

Gréat Lákes, the 《美》 5대호.

Gréat Pláins, the (로키 산맥 동쪽의) 대평원.

Gréat Pówer 강국, 열강, 대국.

gréat séal 국새(國璽).

Gréat Wáll 〖天〗 (인력에 의하여 결합된 수천의) 거대한 성운(星雲)무리.

Gréat Wáll (of Chína), the (중국의) 만리장성.

Gréat Wár, the (제1차) 세계 대전.

Gréat Whíte Wáy 《美》 뉴욕 시 Broadway의 극장 거리.

greave[gri:v] *n.* Ⓒ (보통 *pl.*) (갑옷의) 정강이받이.

grebe[gri:b] *n.* Ⓒ 농병아리.

*****Gre·cian**[grí:ʃən] *a., n.* (건축·얼굴 모습 따위가) 그리스식의; Ⓒ 그리스 사람[학자].

Gre·co-[grí:kou] '그리스'의 뜻의 결합사.

Gréco-Ròman *a., n.* 그리스와 로마의; Ⓤ 〖레슬링〗 그레코로만형(型)(의).

∗Greece[gri:s] *n.* 그리스.

*****greed**[gri:d] *n.* Ⓤ 탐욕, 욕심. **∗∠·y** *a.* 탐욕스러운; 열망하는(*of, for*); 걸신들린, 게걸스러운. *∠·i·ly *ad.* **∠·i·ness** *n.*

∗Greek[gri:k] *a., n.* ① 그리스의; Ⓒ 그리스 사람(의); Ⓤ 그리스어(의). ② Ⓒ 《俗》 사기꾼. ***It is (all) ~ to me.*** 도무지 알 수 없다. ***When ~ meets ~, then comes the tug of war.*** 《속담》 두 영웅이 만나면 격렬한 싸움은 피할 수 없다.

Gréek Chúrch ⇨GREEK ORTHODOX CHURCH.

Gréek-lètter fratérnity 《美》 그리스 문자 클럽《그리스 문자로 이름을 붙인 학생 사교 단체》.

Gréek Órthodox Chúrch 그리스 정(正)교회.

†**green**[gri:n] *a.* ① 초록색의, 푸릇한. ② 안색이 나쁜(pale); (질투·공포 등으로) 얼굴이 창백한. ③ 푸른 풀[잎으]로 덮인. ④ (과실 등이) 익지 않은. ⑤ 풋내기의, 숫된; 속기 쉬운. ⑥ 신선한, 날것의. ⑦ 원기 있는. ── *n.* ① Ⓤ,Ⓒ 녹색; Ⓤ 녹색 안료. ② Ⓒ 초원; 공유의 풀밭(*a village ~*). ③ Ⓤ 녹색의 물건[옷]. ④ (*pl.*) 야채; (*pl.*) 푸른 잎[가지]. ⑤ Ⓤ 청춘, 젊음, 원기; =PUTTING GREEN. ⑥ 골프장. ***in the ~*** 혈기 왕성하여. ── *vt., vi.* 녹색으로 하다[되다]; (*vt.*) 속이다. **∠·ness** *n.*

gréen·bàck *n.* Ⓒ (뒷면이 녹색인) 미국 지폐.

gréen·bèlt *n.* Ⓒ (도시 주변의) 녹지대.

Gréen Bérets 그린베레《영·미국 군대의 전격 특공대》.

gréen-blìnd *a.* 녹색맹(綠色盲)의.

gréen còrn 《美》 설 여문 옥수수《요리용》.

Greene[gri:n], **Graham** (1904-91) 영국의 소설가.

green·er·y [∠əri] *n.* Ⓤ 《집합적》 푸른 잎; 푸른 나무.

gréen-éyed *a.* 초록빛 눈의; 질투에 불타는(*the ~ monster* 질투).

gréen flỳ =APHIS.

gréen·gàge *n.* Ⓒ 양자두의 일종.

gréen·gròcer [**gròcery**] *n.* Ⓒ 《英》 청과물상인[상점].

gréen·hòrn *n.* Ⓒ 《俗》 풋내기.

*****gréen·hòuse** *n.* Ⓒ 온실.

gréenhouse gàs 온실 효과 기체[가스]《지구 온난화의 원인이 되는 이산화탄소, 메탄, 이산화질소 따위》.

*****green·ish**[∠iʃ] *a.* 초록빛이 도는.

∗Green·land[grí:nlənd] *n.* 북미 북동쪽의 세계 최대의 섬《덴마크령》.

gréen líght 청[전진]신호; 《口》 (정식) 허가.

gréen màn 골프장 관리인.

gréen manúre 녹비(綠肥).

Gréen Móuntain Státe, the 《美》 Vermont주의 속칭.

Gréen Páper 《英》 녹서(綠書)《정부의 심의용 시안 문서》.

gréen pépper 양고추, 피망《조미료》.

gréen revolútion 품종 개량에 의

한 식량 증산.

gréen·ròom *n.* Ⓒ (극장의) 배우 휴게실. ***talk*** ~ 내막 이야기를 하다.

gréen(s)·kèeper *n.* Ⓒ 골프장 관리인.

gréen·stùff *n.* Ⓤ 푸성귀, 야채.

gréen·swàrd *n.* Ⓤ 잔디.

gréen téa 녹차(綠茶).

***Green·wich** [grínidʒ, -tʃ, grén-] *n.* 그리니치《런던 남동부 교외; 원래 왕립 천문대가 있었으나 1948년 Hurstmonceux로 옮김》.

Gréenwich (méan) tìme 그리니치 표준시.

gréen·wòod *n.* (the ~)(한여름의) 푸른 숲, 녹림(綠林).

:**greet** [gri:t] *vt.* ① 인사하다, 맞이하다. ② (눈·귀 따위에) 들어오다, 보이다, 들리다.

:**greet·ing** [grí:tiŋ] *n.* ① Ⓒ 인사. ② (보통 *pl.*) 인사말; 인사장.

gréeting càrd (크리스마스 따위의) 인사장, 축하 카드.

gre·gar·i·ous [grigɛ́əriəs] *a.* 〖動·植〗 군거〔집단〕성(性)의; 사교적인. ~·**ly** *ad.* ~·**ness** *n.*

Gre·gó·ri·an cálendar [grigɔ́:riən-] 그레고리력(曆), 신력(新曆)《로마 교황 Gregory XIII 제정(1582)》.

grem·lin [grémlin] *n.* Ⓒ (비행기에 장난을 한다는) 작은 마귀.

grem·mie [grémi] *n.* Ⓒ《美》 파도타기의 신출내기.

gre·nade [grənéid] *n.* Ⓒ 수류탄; 소화탄; 최루탄.

gren·a·dier [grènədíər] *n.* Ⓒ 척탄병(擲彈兵); 키가 큰 (당당한) 보병; 《英》 근위(近衛) 보병 제1연대의 병사.

gren·a·dine [grènədí:n, ∠-∠] *n.* Ⓤ 얇은 사(紗)의 일종; 석류 시럽.

Grésh·am's láw [gréʃəms-] 그레셤의 법칙《악화는 양화를 구축한다》.

Grét·na Gréen [grétnə-] 스코틀랜드 남부의 촌《잉글랜드에서 사랑의 도피를 한 남녀가 결혼하던 곳》(cf. Reno).

†**grew** [gru:] *v.* grow의 과거.

grew·some [grú:səm] *a.* =GRUESOME.

†**grey** [grei] *n., a.* 《英》 =GRAY.

***gréy·hòund** *n.* Ⓒ 그레이하운드《몸·다리가 길고 빠른 사냥개》.

grid [grid] *n.* Ⓒ (쇠)격자; 석쇠(gridiron); 〖電·컴〗 그리드, 격자《다극(多極) 진공관내의 격자판》.

grid·dle [grídl] *n.* Ⓒ 과자 굽는 번철.

gríddle·càke *n.* Ⓤ,Ⓒ 핫케이크.

grid·i·ron [grídàiərn] *n.* Ⓒ (고기 등을 굽는) 석쇠; 격자 모양의 것; 도로망; 〖劇〗 무대 천장의 창살 모양의 대들보; 미식 축구장.

gríd lèak 〖電子〗 그리드 리크《고저항기의 하나》.

grid·lock [grídlɑ̀k/-lɔ̀k] *n.* Ⓒ 《美》 (교차점 등의) 전면적 교통정체《어느 방향으로도 움직이지 못하는》.

:**grief** [gri:f] *n.* Ⓤ 비탄; Ⓒ 슬픔의 씨앗; Ⓤ《古》 재난, 불운. ***come to*** ~ 재난을 당하다, 실패하다.

Grieg [gri:g], **Edvard**(1843-1907) 노르웨이의 작곡가.

:**griev·ance** [grí:vəns] *n.* Ⓒ 불만, 불평의 씨, 불평(거리).

:**grieve** [gri:v] *vt., vi.* 슬퍼(하게)하다; 괴로워하다; 괴롭히다.

***griev·ous** [grí:vəs] *a.* ① 괴로운, 쓰라린; 심한. ② 슬픈, 비통한, 애처로운.

grif·fin [grífin], **-fon** [-fən] *n.* Ⓒ 〖그神〗 독수리 머리와 날개에 사자 몸을 한 괴물.

grig [grig] *n.* Ⓒ《方》 작은 뱀장어; 「귀뚜라미; 여치.

***grill** [gril] *n.* Ⓒ 석쇠(gridiron); 고기〔생선〕구이 요리; 그릴; 쇠격자. ── *vt.* (…에) 굽다, 쬐다; 뜨거운 열로 괴롭히다; 《美口》 엄하게 심문하다. ── *vi.* 구워지다, 쬐어지다.

grille [gril] *n.* Ⓒ (창 따위의) 쇠격자, 쇠창살.

gríll·ròom *n.* Ⓒ 그릴《즉석 불고기 「식당》.

grilse [grils] *n. sing. & pl.* Ⓒ (바다에서 강으로 올라온) 연어 새끼.

:**grim** [grim] *a.* (*-mm-*) ① 엄한, 불굴의. ② (얼굴이) 무서운, 험상궂은. ③ 잔인한. ***hold on like ~ death*** 단단히 달라붙어서 떨어지지 않다.

***grim·ace** [gríməs, griméis] *n., vi.* Ⓒ 찡그린 얼굴(을 하다); 짐짓 (점잔을 빼며) 찌푸린 상을 하다.

gri·mal·kin [grimǽlkin, -mɔ́:l-] *n.* Ⓒ 고양이; 늙은 고양이〔암코양이〕; 심술궂은 할멈.

grime [graim] *n., vt.* Ⓤ 때, 그을음, 검댕; 더럽히다, 때묻히다.

:**Grimm** [grim], **Jakob** (1785-1863) 독일의 언어학자; **Wilhelm** (1786-1859) Jakob의 동생, 동화작가.

Grímm's láw 〖言〗 그림의 법칙《Jakob이 발견한 게르만어에서의 인도유럽어의 자음 전환의 법칙》.

grim·y [gráimi] *a.* 때묻은.

:**grin** [grin] *vi.* (*-nn-*), *n.* Ⓒ ① 씩〔싱긋〕웃다〔웃음〕. ② (고통·노여움·웃음 따위로) 이빨을 드러내다〔드러냄〕. ~ ***and bear it*** 억지로 웃으며 참다. ~ ***like a*** CHESHIRE ***cat.***

:**grind** [graind] *vt.* (***ground,*** 《稀》 *~ed*) ① (맷돌로) 타다; 가루로 만들다; 분쇄하다. ② (맷돌·핸들 따위를) 돌리다. ③ 닦다, 갈다; 갈아서 닳게 하다. ④ 문지르다. ⑤ 착취하다, 학대하다. ⑥《口》 주입시키다. ⑦ 바드득거리다. ── *vi.* 맷돌질하다; 가루를 타다; (가루로) 갈리다, 가루가 되다; 닦아〔갈아〕지다; 삐걱거리다; 《口》 부지런히 일하다, 끈기 있게 공부하다(*away, at*). ── *n.* ① Ⓤ (맷돌로) 타기, 빻기, 으깨기. ② (*sing.*) 《口》 힘드는 일〔공부〕; Ⓒ 억척스럽게 공부하는 사람.

:**grind·er** [∠ər] *n.* Ⓒ ① (맷돌을) 가는 사람; (칼 따위를) 가는 사람. ② 어금니, 구치(臼齒). ③ 연마기, 그라인더. ***take a*** ~ =cut a SNOOK.

***grind·ing**[⌐iŋ] *a.* ① (맷돌로) 타는, 가는; 삐걱거리는. ② 힘드는, 지루한. ③ 압제의; 매우 아픈. — *n.* Ⓤ ① 제분, 타기, 갈기. ②《美口》 주입식 교수. ~·**ly** *ad.* 부지런히.

grínding whèel 회전 숫돌; 연마 공장.

:**grínd·stòne** *n.* Ⓒ 회전숫돌. ***have*** 〔***keep, put***〕 ***one's nose to the*** ~ 꾸준히 일하다.

grin·ga[gríŋgə] *n.* Ⓒ 《보통 蔑》(중남 아메리카·스페인에서) 외국 여성, (특히) 영미 여성.

:**grip**[grip] *n.* ① Ⓒ (보통 *sing.*) 잡기; 악력(握力). ② Ⓒ 쥐는〔잡는〕 기계, 손잡이, 핸들. ③ (*sing.*) 통솔〔지배〕력. ④《美》 소형 여행 가방, 핸드백; =GRIPPE. ***come to*** ~***s*** 드잡이하다. — *vt.* (**-pp-**) 잡다; (…의) 마음을 사로잡다; 이해하다. — *vi.* 고착하다.

gripe[graip] *vt.* 잡다; 쥐어짜다; 《흔히 수동태로》 가슴 아프게 하다; 배를 아프게 하다; 괴롭히다. — *vi.* 잡다; 배앓이로 고생하다; 《美口》 우는 소리〔불평〕하다. — *n.* (*pl.*) 심한 배앓이(colic); Ⓒ 불평.

grippe[grip] *n.* (F.) =INFLUENZA.

gríp·sàck *n.* Ⓒ 《美》 여행 가방.

gris·ly[grízli] *a.* 무서운, 무시무시한.

grist [grist] *n.* Ⓤ 제분용 곡식. ***bring*** ~ ***to one's*** 〔***the***〕 ***mill*** 돈벌이가 되다, 수지가 맞다.

gris·tle[grísl] *n.* Ⓤ 연골(軟骨) (cartilage).

gríst·mill *n.* Ⓒ 제분소.

grit[grit] *n.* Ⓤ (기계에 장애가 되는) 잔 모래; 《美》 용기. — *vi.* (**-tt-**) 중덜거리다, 이를 갈다. ⌐·**ty** *a.* 잔모래가 들어 있는; 《美口》 용감한.

grits[grits] *n. pl.* 거칠게 탄 곡식; 《美南部》 탄 옥수수 (가루).

griz·zle[grízəl] *vi.* 《英》 (어린이가) 칭얼거리다.

griz·zled[grízld] *a.* =GRIZZLY.

griz·zly[grízli] *a.* 회색의.

grízzly bèar (북미의) 큰 곰.

:**groan**[groun] *vi., n.* ① 으르렁거리다. ② 신음하다, Ⓒ 그 소리; 괴로워하다(*under*). ③ 열망하다(*for*). ~ ***inwardly*** 남몰래 번민하다.

groat[grout] *n.* Ⓒ 옛 영국의 4펜스 은화. ***not care a*** ~ 조금도 개의치 않다.

「알곡.

groats[-s] *n. pl.* 탄〔간〕밀; 귀리의

:**gro·cer**[gróusər] *n.* Ⓒ 식료품상. :~·**y**[-ri] *n.* Ⓒ 《美》 식료품점; (*pl.*) 식료품류.

gro·ce·te·ri·a[gròusətíəriə] *n.* Ⓒ 《美》 셀프서비스 식품점.

grog[grɑg, -ɔ-] *n.* Ⓤ,Ⓒ 물 탄 화주(火酒); 독한 술.

grog·gy[⌐i] *a.* 《口》 비틀〔휘청〕거리는, 그로기가 된; 《古》 곤드레만드레 취한.

groin[grɔin] *n.* 〖解〗 Ⓒ 샅, 고간(股間); 〖建〗 그로인, 궁릉(穹稜)《아치형 선》.

Gro·li·er[gróuliər] *a.* 〖製本〗 그롤리어식〔호화〕 장정의.

grom·met[grάmit/-ɔ́-] *n.* Ⓒ 〖機〗 (꿰는 구멍 가장자리의) 덧테쇠; 〖海〗 밧줄고리.

***groom**[gru(:)m] *n.* Ⓒ 마부; 신랑. — *vt.* (말에) 손질을 하다; 몸차림시키다; 《美》 (…에게) 입후보의 준비를 해주다.

grooms·man[⌐zmən] *n.* Ⓒ (결혼식의) 신랑 들러리.

groove**[gru:v] *n.* Ⓒ ① (나무·금속에 판) 가는 홈; (레코드의) 홈. ② 정해진 순서〔자리〕, 상궤(常軌). ***in the ~ 〖재즈〗 신나는 연주로; 호조로, 최고조로.

groov·y[grú:vi] *a.* 홈이 있는; 틀에 박힌; 《美俗》 (연주 따위가) 멋진.

grope**[group] *vi., vt.* 더듬(어서 찾아)다, 암중모색하다, 찾다(*after, for*). ~ ***one's way 손으로 더듬어 나아가다.

gros·grain[gróugrèin] *n.* Ⓤ 그로그레인《비단·인견 등의 골진 천》; Ⓒ 그 리본.

:**gross**[grous] *a.* ① 조악〔조잡〕한. ② (지나치게) 뚱뚱한. ③ 투박한, 거친. ④ 울창한; 짙은(dense). ⑤ 굉장한(~ *mistakes*). ⑥ 총량의(cf. net[2]); 전체의. ~ ***proceeds*** 총매상고. — *n. sing. & pl.* 그로스《12다스》; 총체. ***in the*** ~ 총체적으로. ⌐·**ly** *ad.*

gróss doméstic próduct 국내총생산《생략 GDP》.

gróss nátional próduct 국민총생산《생략 GNP》.

gróss tón 영국 톤(=2,240lbs.).

***gro·tesque**[groutésk] (<grotto) *a.* 그로테스크 무늬의; 기괴한; 터무니없는, 우스운. — *n.* (the ~) (그림·조각 따위의) 괴기미(怪奇美); Ⓒ 그로테스크풍. ~·**ly** *ad.* ~·**ness** *n.*

grot·to[grάtou/-ɔ́-] *n.* (*pl.* ~(*e*)*s*) Ⓒ 동굴, 암굴.

grouch[grautʃ] *n.* Ⓒ 《口》 (보통 *sing.*) 불평; 까다로운 사람. — *vi.* 《口》 토라지다, 불평을 말하다. ⌐·**y** *a.*

†**ground**[1][graund] *n.* ① Ⓤ 지면, 토지, 땅. ② Ⓤ 흙. ③ (종종 *pl.*) 지역, …장(場); 운동장. ④ (*pl.*) 마당, 정원; 구내(構內). ⑤ Ⓤ 물 밑, 바다 밑; 얕은 바다. ⑥ (*pl.*) (커피 따위의) 앙금, 찌끼. ⑦ (*pl.*) 기초, 근거; (그림의) 바탕(칠하기); (피륙의) 바탕빛. ⑧ Ⓤ 〖電〗 어스, 접지(接地). ⑨ Ⓤ 이유, 동기. ⑩ Ⓤ 입장, 의견. ***above*** ~ 지상에; 살아서. ***below*** ~ 지하에; 죽어서. ***break*** ~ 땅을 일구다; 땅을 갈다; 건축〔일〕을 시작하다. ***break fresh*** ~ 새로이 땅을 개간〔간척〕하다; 신국면을 개척하다, 신기축을 내다. ***come*** 〔***go***〕 ***to the*** ~ 지다; 멸망하다. ***down to the*** ~ 《口》 모든 점에서; 남김없이. ***gain*** ~ 전진하다, 진보하다; 세력을 더하다. ***give*** 〔***lose***〕 ~ 후퇴하다; 세력을 잃다. ***shift one's*** ~

주장[입장]을 바꾸다. ***stand one's ~*** 주장[입장]을 지키다. ***take ~*** 좌초하다. ***touch ~*** 물 밑바닥에 닿다; (이야기가) 구체적으로 되다. — *vt.* ① 세우다, 수립하다(establish); (주의(主義) 등을) 입각시키다, (…의) 기초를 두다(*on*). ② 초보[기초]를 가르치다. ③ (무기를) 땅에 놓다. ④ 〖電〗 접지[어스]하다. ⑤ 〖海〗 좌초시키다; 〖英空〗 비행을 허락지 않다. — *vi.* 좌초하다. ***be well*** [***ill***] ***~ed on*** …의 지식이 충분[불충분]하다.

ground² *v.* grind의 과거(분사). — *a.* 가루로 만든; 닦은, 간.

gróund contròl 〖空〗 (비행장의) 지상 관제(관).

gróund-contròl(led) appròach 〖空〗 (무전에 의한) 지상 유도 착륙 방식《생략 GCA》.

gróund-contròlled intercéption 〖軍〗 지상 조작 (적기) 요격.

gróund crèw 〖軍〗 (비행장의) 지상 근무원[정비원].

gróund effèct machìne 〖空〗 지면 효과기, 호버크라프트.

ground·er[∠ər] *n.* (야구 따위의) 땅볼.

gróund flóor 《英》 일층; 《美口》 유리한 입장.

gróund gláss 젖빛 유리.

gróund hòg (북미산) 마못(woodchuck); 《美俗》 철도의 제동수.

gróund·kèeper *n.* Ⓒ 《美》 운동장[경기장·공원·묘지] 관리인.

ground·less[∠lis] *a.* 근거 없는.

ground·ling[∠liŋ] *n.* Ⓒ 지면을 기는 동물; 물밑바닥에 사는 물고기; 저속한 관객[독자]; 《廢》 (Elizabeth 왕조 때의) 입석 관람객.

gróund lòop 〖空〗 (이착륙 때 일어나는 급격한) 이상 선회.

gróund·nùt *n.* Ⓒ 땅콩.

gróund pìne 〖植〗 석송(石松)《크리스마스 장식용》.

gróund plàn (건물의) 평면도; 기초계획, 원안.

gróund rènt 지대(地代).

gróund rùle 〖野〗 야구장에 따른 규칙; (사회 등의) 기본적인 규칙.

ground·sel[gráundsəl] *n.* Ⓒ 개쑥갓《약용》.

gróund spèed (비행기의) 대지(對地) 속도(opp. airspeed).

gróund squìrrel (북미산(産)의) 얼룩다람쥐(chipmunk).

gróund stàff 《英》 =GROUND CREW.

gróund swèll (지진·폭풍우 따위로 인한) 큰 파도, 여파.

gróund-to-áir *a.* 〖軍〗 지대공(地對空)의.

gróund-to-gróund *a.* 〖軍〗 지대지의.

gróund wàter 지하수.

gróund wìre 〖電〗 어스(선), 접지「(선).

gróund·wòrk *n.* Ⓤ 기초, 토대; (자수·그림 등의) 바탕(색).

gróund zéro 〖軍〗 (정확한) 폭격지점; (원폭의) 폭발 직하 지점.

†**group**[gru:p] *n.* Ⓒ ① 무리, 그룹. ② 〖空〗 《美》 비행 대대, 《英》 비행 연대. ③ 〖컴〗 집단, 그룹. — *vt., vi.* 모으[이]다; (*vt.*) 분류하다(*into*). **∠·er** *n.* Ⓒ (따뜻한 해안의) 농성어과(科)의 물고기. ***∠·ing** *n.* (*sing.*) 모으는[모이는] 일; 배치; 그룹.

gróup càptain 《英》 공군 대령.

gróup márriage (미개 인종의) 집단 결혼, 잡혼.

gróup mínd 군중 심리.

Gróup of Séven, the 선진 공업 7개국 그룹《생략 G-7》.

Gróup of 77, the 77개국 그룹《UN의 무역개발 회의(UNCTAD)의 회원인 개발 도상국 그룹》.

gróup thérapy 〖心〗 집단 요법.

gróup-thìnk *n.* Ⓤ 집단 사고《전문가들에 의한 합동 토의》.

group·ware[∠wɛ̀ər] *n.* Ⓒ 〖컴〗 그룹웨어《local area network를 사용하여 그룹으로 작업하는 사람들에게 효율적인 작업환경을 제공하는 소프트웨어》.

grouse¹[graus] *n. sing. & pl.* 뇌조(雷鳥)(류).

grouse² *n., vi.* Ⓒ 《口》 불평(하다).

grout[graut] *n., vt.* Ⓤ 묽은 모르타르[시멘트](를 부어 넣다).

‡**grove**[grouv] *n.* Ⓒ 작은 숲.

grov·el[grάvəl, -ʌ́-/-ɔ́-] *vi.* (《英》 *-ll-*) 기다, 엎드리다. ***~ in the dust*** [***dirt***] 땅에 머리를 대다, 아첨하다. **~·ler** *n.* Ⓒ 넙죽 엎드리는 사람, 비굴한 사람. **~·(l)ing** *a.* 넙죽 엎드리는; 비굴한, 천박한.

†**grow**[grou] *vi.* (***grew; grown***) ① 성장하다, 자라다, 나다; 크다, 늘다(*in*), 강해지다. ② 점점 더해지다; 점차로 …하게 되다. — *vt.* 생장[성장]시키다, 자라게 하다, 재배하다. ***~ on*** [***upon***] 점점 증대하다; 더해지다; 감당하기 어렵게 되다; 점점 알게 되다. ***~ out of*** (성장해서) …을 버리다, …에서 탈피하다; (자라서) 옷이 입을 수 없게 되다. ***~ together*** 하나로 되다, 아물다. ***~ up*** 성장하다, 어른이 되다; 발생하다. **∠·er** *n.* Ⓒ 재배자; 성장하는 것.

‡**grow·ing**[∠iŋ] *a.* 성장하는; 증대하는. — *n.* Ⓤ 성장, 발육; 생성.

grówing pàins 성장기 신경통《청소년의 급격한 성장에 의한 수족 신경통》; (신계획·사업 등의) 발전도상의 곤란.

‡**growl**[graul] *vi., n.* (맹수가) 짖다, 으르렁거리다, (천둥이) 울리다; 불평을 터뜨리다; Ⓒ 으르렁거리는[짖는] 소리; (천둥 따위의) 우르르 소리.

†**grown**[groun] *v.* grow의 과거분사.

‡**grown-up**[∠ʌ̀p] *n., a.* Ⓒ 어른(이 된).

‡**growth**[grouθ] *n.* ① Ⓤ 성장, 생장, 발육, 발달; 증대. ② Ⓤ 재배. ③ Ⓒ 생장[발생]물, 산물.

grówth cùrve 성장[생장] 곡선《생

물 개체의 생장·증대의 시간적 변화의 그래프 표시》.
grówth hòrmone 성장 호르몬.
grówth stòck 성장주.
***grub**[grʌb] *vt.* (**-bb-**) 파 일으키다; (그루터기를) 파내다; 애써서 찾아내다. — *n.* Ⓒ 구더기, 굼벵이; Ⓤ 《俗》 음식. 「는.
grub·by[⁄-i] *a.* 더러운; 벌레가 끓
grub·stake[⁄-stèik] *vt., n.* Ⓒ 《美俗》 (탐광자에게) 이익 분배를 조건으로 금품을 주다; 그 금품.
Grúb Strèet 《집합적》 (옛 런던의) 가난뱅이 문인 거리; 삼류 문인들.
grudge**[grʌdʒ] *vt.* ① 아까워하다, 주기 싫어하다. ② 샘내다, 싫어하다. — *n.* Ⓒ 원한, 유한. ***bear a ~ ***against*** …에 대해 원한을 품다.
grudg·ing[⁄-iŋ] *a.* 인색한, 마지못해서 하는. ~·**ly** *ad.*
gru·el[grú:əl] *n.* Ⓤ 묽은 죽. ***get one's*** ~ 《俗》 호된 벌을 받다.
grue·some[grú:səm] *a.* 무시무시한, 무서운, 소름이 끼치는 듯한.
***gruff**[grʌf] *a.* ① 쉰 목소리의. ② 거친, 난폭한. ⁄·**ly** *ad.*
:**grum·ble**[grʌ́mbəl] *vi., vt.* ① 불평하다, 투덜거리다. ② (천둥이) 우르르 울리다. — *n.* Ⓒ 불평, 넋두리; (*sing.*; 보통 the ~)(우레 따위의) 울림.
grump·y[grʌ́mpi] *a.* 부루퉁한; 무뚝뚝한.
Grun·dy[grʌ́ndi], **Mrs.** 세상(의 귀찮은 소문). ***What will Mrs.*** ~ ***say?*** 세상에선 무어라고들 할까.
grunge[drʌndʒ] *n.* Ⓒ 추한[지저분한] 것[사람].
grúnge ròck 그런지 록《연주가 치졸하고 음악적인 세련미는 없으나 공격적이며 역동적이고 열광적인 록 음악》.
grungy[grʌ́ndʒi] *a.* 추한, 지저분한, 더러운.
***grunt**[grʌnt] *vi., n.* Ⓒ (돼지처럼) 꿀꿀거리다[거리는 소리], 불평의 소리.
grun·tled[grʌ́ntld] *a.* 《口》 만족하고 있는, 기쁜《disgruntled의 역성어》.
Gru·yère[gru:jέər, gri:-] *n.* (F.) Ⓤ,Ⓒ (스위스산의) 그뤼에르 치즈.
gr. wt. gross weight.
gryph·on[grífən] *n.* =GRIFFIN.
G.S. General Secretary; General Service; General Staff; Girl Scouts; ground speed. **gs.** guineas; grandson. **G.S.A.** Girl Scouts of America; General Service Administration. **G.S.C.** General Staff Corps. **GSO** General Staff Officer.
G-string[dʒí:strìŋ] *n.* Ⓒ ① 들보; (스트리퍼의) 버터플라이. ② 〖樂〗 (현악기의) G선.
GT glass tube; grand touring. **G.T.** gross ton. **gt.** gilt; great; *gutta* (L.= drop). **g.t.** 〖製本〗 gilt top 윗둘레 금박. **Gt. Br., Gt. Brit.** Great Britain. **G.T.C., g.t.c.** good till canceled [countermanded] 취소할 때가지 유효.
gtd. guaranteed.
Guam[gwɑ:m] *n.* 괌섬《남태평양 북서 마리아나 제도 남단의 미국령》.
gua·no[gwɑ́:nou] *n.* (*pl.* **~s**) Ⓤ 구아노《바다새의 똥; 비료》.
:**guar·an·tee**[gæ̀rəntí:] *n.* Ⓒ ① 보증; 보장(guaranty); 담보. ② 보증인; 〖法〗 피보증인. — *vt.* 보증하다.
guar·an·tor[gǽrəntɔ̀:r, -tər] *n.* Ⓒ 〖法〗 보증인.
***guar·an·ty**[gǽrənti] *n.* Ⓒ 〖法〗 보증; 담보.
†**guard**[gɑ:rd] *n.* ① Ⓤ 경계. ② Ⓒ 망꾼, 파수병, 보호[호위]자; 수위(대); (*pl.*) 근위대. ③ Ⓒ 방위물[용구]; 보호물, (칼의) 날밑; (차의) 흙받기; 난로의 불어리, (총의) 방아쇠울. ④ Ⓒ (권투 등의) 방어 자세. ⑤ Ⓒ 《英》 차장. ***be on*** [***keep, mount***] ~ 파수보다, 보초를 서다(*over*). ~ ***of honor*** 의장병. ***be on*** [***off***] ***one's*** ~ 조심[방심]하다(*against*). — *vt.* ① 망보다, 감시하다. ② 지키다, 방위하다(*from, against*); 경계하다(*against*). ③ (언어 따위에) 주의[조심]하다.
guárd bòat 순회 경비정, 감시선.
guárd chàin (시계 따위의) 사슬줄.
guárd dùty 〖軍〗 보초[위병] 근무.
guard·ed[⁄-id] *a.* 조심성 있는, 신중한. 「유치장.
guárd·hòuse *n.* Ⓒ 위병소; 영창,
:**guard·i·an**[gɑ́:rdiən] *n.* Ⓒ ① 보호자, 수호자, 관리인. ② 후견인. — *a.* 보호[수호]하는. ~·**ship**[-ʃìp] *n.* Ⓤ 보호, 후견역.
guárdian ángel 수호 천사; (the G- A-s)(미국 등의 범죄 다발 도시의 민간자경(自警) 조직.
guárd·ràil *n.* Ⓒ 난간.
guárd·ròom *n.* =GUARD-HOUSE.
Gua·te·ma·la[gwɑ̀:təmɑ́:lə, -te-] *n.* 중미의 공화국.
gua·va[gwɑ́:və] *n.* Ⓒ 〖植〗 물레나물과의 과수(果樹)《열대 아메리카산》.
gu·ber·na·to·ri·al [gjù:bərnətɔ́:riəl] *a.* 《美》 지사[장관·총독 등]의.
gudg·eon[gʌ́dʒən] *n.* Ⓒ (유럽산(産)) 담수어의 일종《쉽게 잡히므로, 낚싯밥으로 쓰임》; 잘 속는 사람.
Guern·sey[gə́:rnzi] *n.* 영국 해협상의 영국령 섬; Ⓒ Jersey 종(種) 비슷한 큰 젖소; (g-) Ⓒ 청색 털실의 (어린이용) 스웨터.
***gue(r)·ril·la**[gəríla] *n., a.* Ⓒ 게릴라병[전](의), 비정규병(의).
†**guess**[ges] *n., vi.* Ⓒ 추측(하다), 알아맞히다; 《美口》 생각하다.
***guéss·wòrk** *n.* Ⓤ 어림 짐작.
†**guest**[gest] *n.* Ⓒ ① 손님, 빈객, 내방자. ② 숙박인. ***the*** ~ ***of honor*** 주빈. ***paying*** ~ 하숙인.
guést·hòuse *n.* Ⓒ 영빈관; 고급 하숙집.

guf·faw[gʌfɔ́:] *n., vt.* Ⓒ 너털웃음(을 웃다).
GUI 〖컴〗 graphical user interface.
Gui·an·a [giǽnə, gai-] *n.* 기아나《남아메리카 북동부의 가이아나 공화국·수리남 공화국·프랑스령 기아나의 세 나라를 합친 해안 지방》.
:guid·ance[gáidns] *n.* Ⓤ 안내, 지도; 지휘; (우주선·미사일 등의) 유도.
†guide[gaid] *n.* Ⓒ ① 안내자, 가이드; 지도자, 지휘자. ② (보통 G-) 소녀단. ③ 길잡이, 안내, 도표(道標). — *vt.* ① 안내하다. ② 이끌다, 지도[지배]하다. ③ 움직이다, 재촉하다.
:guíde·bòok *n.* Ⓒ 여행 안내서.
guíded míssile 유도탄.
guíde dòg 맹도견(盲導犬).
guíded tóur 안내인이 딸린 여행.
***guíde·pòst** *n.* Ⓒ 이정표; 지도 기준.
guíde·wày *n.* Ⓒ 〖機〗 미끄럼 홈.
gui·don[gáidn] *n.* Ⓒ 삼각기(의 기수); (신호용의) 작은 기; 《美》 부[중·연]대기.
***guild**[gild] *n.* Ⓒ 길드《중세의 동업조합》, (오늘날의) 조합, 협회. 「은화.
guil·der [gíldər] *n.* Ⓒ 네덜란드의
guíld·hàll *n.* Ⓒ (보통 *sing.*) 《英》 길드회의소; 시청.
***guile**[gail] *n.* Ⓤ 교활, 간지(奸智); 배신; 간교한 책략. **∠·ful** *a.* 간사한, 교활한. **∠·less** *a.* 교활하지 않은, 정직한.
guil·le·mot[gíləmɑ̀t/-mɔ̀t] *n.* Ⓒ 바다오리류《auk의 무리》.
guil·lo·tine[gílətì:n, gí:*j*ə-] *n.* (the ~) 길로틴, 단두대; (the ~) 〖英議會〗 토론 종결(gag). — *vt.* 길로틴으로 목을 자르다.
:guilt[gilt] *n.* Ⓤ 죄, 비행.
guilt·less**[∠lis] *a.* 죄 없는; 모르는, 경험 없는(*of*); 갖지 않은. ***be ~ of (*wit*)(위트)가 없다.
:guilt·y[gílti] *a.* ① 죄가 있는, 죄를 범한(*of*). ② 죄에 해당하는; 죄가 있는 듯한. ③ 죄에 대한 가책[의식]을 느끼는. ***~ conscience*** 꺼림칙한 마음. ***plead ~*** 복죄(服罪)하다. ***plead not ~*** 무죄를 주장하다. **guílt·i·ly** *ad.* **guílt·i·ness** *n.*
Guin·ea[gíni] *n.* 기니《아프리카 서해안 지방》; 기니 공화국.
***guin·ea** [gíni] *n.* Ⓒ 기니 금화(=21s).
guínea fówl 뿔닭.
guínea hèn 뿔닭의 암컷.
guínea pìg 기니피그, 모르모트《속칭》; 실험 재료, 실험대.
Guin·e·vere [gwínəvìər], **-ver** [-vər] *n.* Arthur왕의 비(妃).
guise**[gaiz] *n.* Ⓒ ① 외관; 태도, 모습. ② 가면, 구실. ③《古》 옷차림, 복장. ***in [***under***] ***the ~ of*** ⋯ ⋯으로 모습을 바꿔서, ⋯을 가장하여, ⋯을 구실 삼아.
†gui·tar[gitɑ́:r] *n.* Ⓒ 기타. **~·ist** *n.*
gu·lag[gú:læg, -lɑ:g] *n.* Ⓒ 강제 노동 수용소.
gulch[gʌltʃ] *n.* Ⓒ 《美》 협곡(峽谷).
gules[gju:lz] *n., a.* Ⓤ 〖紋〗 붉은 빛(의).
:gulf[gʌlf] *n.* Ⓒ ① 만(灣). ② 심연(深淵), 깊은 구멍, 소용돌이. ③ 큰 간격(*between*).
Gúlf Stàtes, the 《美》 멕시코 만 연안의 다섯 주《Florida, Alabama, Mississippi, Louisiana, Texas》.
Gúlf Strèam 멕시코 만류.
***gull**[1][gʌl] *n.* Ⓒ 갈매기.
gull[2] *vt., n.* 속이다; Ⓒ 속기 쉬운 사람. **gúl·li·ble** *a.* 속기 쉬운.
Gul·lah[gʌ́lə] *n.* Ⓒ 《美》 (South Carolina, Georgia 두 주의 연안 지방에 사는) 걸라족의 토인; Ⓤ 걸라족이 쓰는 영어 방언.
gul·let[gʌ́lit] *n.* Ⓒ 식도(食道), 목구멍. 「랑, 배수구(溝).
gul·ly[gʌ́li] *n.* Ⓒ 작은 골짜기, 도
***gulp**[gʌlp] *vt., vi.* ① 꿀떡꿀떡 마시다, 꿀꺽 삼켜 버리다. ② 억제하다, 참다. — *n.* Ⓒ 꿀꺽 삼킴, 그 소리.
:gum[1][gʌm] *n.* ① Ⓤ 고무, 생고무; 탄성(彈性) 고무. ② Ⓒ 고무나무, 유칼리나무. ③ (*pl.*) 덧신, 고무 장화. ④ Ⓤ 고무풀, 《美》 껌. — *vt.* (***-mm-***) 고무를 바르다[로 굳히다]; 《美俗》 속이다. — *vi.* 고무를 분비하다; 고무질(質)이 되다; 달라붙다.
gum[2] *n.* Ⓒ (보통 *pl.*) 잇몸.
gúm árabic 아라비아 고무.
gum·bo[gʌ́mbou] *n.* (*pl.* ***~s***) 오크라(okra)《나무·열매》; Ⓒ,Ⓤ 오크라 열매를 넣은 수프.
gúm bòots 《美》 고무 장화.
gum·my[gʌ́mi] *a.* 고무질의, 고무 같은; (나무가) 고무 수지를 내는.
gump·tion[gʌ́mpʃən] *n.* Ⓤ《口》 진취의 기상, 적극성; 양식, 판단력, 빈틈 없음.
gúm·shòes *n. pl.* =OVERSHOES.
gúm trèe 고무나무, 유칼리나무.
:gun[gʌn] *n.* Ⓒ ① 대포, 소총; 평사포(平射砲); 《美口》 피스톨. ② 발포, 호포(號砲). ③ 직업적 살인자. ***blow great ~s*** (바람이) 세차게 불다.
gún·bòat *n.* Ⓒ 포함.
gúnboat diplómacy 포함 외교《약소국에 대한 무력 외교》.
gún·còtton *n.* Ⓤ 면(綿)화약.
gún·fìre *n.* Ⓤ (대포의) 발사, 포화, 포격. 「열렬한.
gung-ho[gʌ́ŋhóu] *a.* 《美俗》 열심인,
***gun·man**[gʌ́nmən] *n.* Ⓒ 《美》 총잡이, 권총 가진 악한.
gún mètal 포금(砲金).
gun·nel[gʌ́nl] *n.* =GUNWALE.
***gun·ner**[gʌ́nər] *n.* Ⓒ 포수; 포술 장교; 총사냥꾼. **~·y** *n.* Ⓤ 포술.
gun·ny[gʌ́ni] *n.* Ⓤ 굵은 삼베; Ⓒ 즈크 자루.
gún·pòint *n.* Ⓒ 총부리. ***at ~*** 《美》 권총을 들이대고.
***gún·pòwder** *n.* Ⓤ 화약; 중국산 녹차(~ tea).
gún ròom (군함의) 하급 사관실; 총기(보존)실.

G

gún·shòt *n.* Ⓒ 포격; Ⓤ 착탄 거리.
gún·stòck *n.* Ⓒ 개머리, 총상(銃床).
gun·wale[gʌ́nl] *n.* Ⓒ 〖海〗 (갑판의) 현연(舷緣); (보트 등의) 뱃전.
***gur·gle**[gə́:rgəl] *vi., n.* (*sing.*) ① 콸콸 흘러나오다; 그 소리. ② (새나 사람이) 까르륵 목을 울리다; 그 소리.
Gur·kha[gə́:rkə, gúər-] *n.* Ⓒ 구르카 사람《인도 Nepal에 사는 용맹한 종족》.
gu·ru[gu(:)rú:, ´-] *n.* Ⓒ 힌두교의 도사(導師); 정신적 지도자.
***gush**[gʌʃ] *vi., vt., n.* (*sing.*) ① 용솟음(치다); 분출하다[시키다]. ② (감정 따위의) 복받침. **∠·er** *n.* Ⓒ 분출하는 유정(油井); 감정가. **∠·ing, ∠·y** *a.* 분출하는; 감상적인.
gus·set[gʌ́sit] *n.* Ⓒ (옷의) 덧붙이는 천, 바대, 섶.
gus·sy[gʌ́si] *vt.* 모양내다, 차리다 「(*up*).
***gust**[gʌst] *n.* Ⓒ ① 일진(一陣)의 바람, 돌풍. ② (소리·불·감정 따위의) 돌발. **∠·y** *a.* 바람이 거센, 사납게 불어대는 바람의.
gus·ta·to·ry [gʌ́stətɔ̀:ri/-təri] *a.* 미각(味覺)의.
gus·to[gʌ́stou] *n.* Ⓤ 취미, 좋아함; 기호(嗜好); 마음으로부터의 기쁨.
gut[gʌt] *n.* Ⓒ,Ⓤ 장, 창자; (*pl.*) 내장, 내용; (*pl.*) 용기, 인내; Ⓤ (바이올린·라켓 따위의) 장선(腸線), 거트. — *vt.* (*-tt-*) (…의) 내장을[창자를] 끄집어내다; (집 따위) 안의 물건을 약탈하다.
***Gu·ten·berg** [gú:tənbə̀:rg], **Johannes**(1400?-68) 독일의 활판 인쇄 발명가.
gut·ta-per·cha[gʌ̀təpə́:rtʃə] *n.* Ⓤ 구타페르카《고무의 일종》.
gut·tate[gʌ́teit] *a.* 물방울 모양의; 〖植·動〗 반점(斑點)이 있는.
:**gut·ter**[gʌ́tər] *n.* ① Ⓒ 홈통; (인도·차도 사이의) 얕은 도랑[배수구], 수로. ② (the ~) 빈민가. — *vt., vi.* 도랑을 만들다[이 되다]; (자국을 남기며) 흐르다; 촛농이 흘러내리다.
gútter préss (선정적인) 저급 신문.
gútter·snìpe *n.* Ⓒ 최하층 계급의 사람, 부랑아.
gut·ter·al[gʌ́tərəl] *a., n.* Ⓒ 목구멍의; 〖音聲〗 후음(喉音)(의)《k, g 따위》.
guy[1][gai] *n., vt.* Ⓒ 〖海〗 버팀 밧줄(로 안정시키다).
:**guy**[2] *n.* ①《英》(화약 사건(Gunpowder Plot)의 주모자) Guy Fawkes의 기괴한 상(像)《11월 5일 이 상을 태우는 풍습이 있음》. ② Ⓒ《英》괴상한 옷차림을 한 사람. ③ Ⓒ《口》놈, 녀석, 친구. — *vt.* 놀리다, 괴롭히다.
Guy·a·na[gaiǽnə, -á:nə] *n.* 남미의 독립국《수도 Georgetown》.
gúy ròpe 친 줄, 당김 밧줄.
guz·zle[gʌ́zəl] *vt., vi.* 폭음하다.
GW guided weapon 〖軍〗 유도 병기.
:**gym**[dʒim] *n.* =⇩.
:**gym·na·si·um** [dʒimnéiziəm] *n.* (*pl.* *~s, -sia*[-ziə]) Ⓒ ① 체육관, 체조장. ② (G-) (독일의) 고등 학교.
gym·nast[dʒímnæst] *n.* Ⓒ 체조[체육] 교사.
:**gym·nas·tic**[dʒimnǽstik] *a.* 체조의, 체육의. **:~s** *n.* Ⓤ (학과로서의) 체육; 《단·복수 취급》 체조; 훈련.
gym·no·sperm [dʒímnəspə̀:rm] *n.* Ⓒ 나자(裸子) 식물(cf. angiosperm).
gým shòe 운동화.
gy·n(a)e·col·o·gy [gàinəkálədʒ, dʒìn-, dʒài-/-ɔ́-] *n.* Ⓤ 부인병학. **-gist** *n.*
gyp[dʒip] *vi., vt.* (*-pp-*) 《美口》 속이다, 속여서 빼앗다. — *n.* Ⓒ 사기꾼; 사기.
gyps[dʒips], **gyp·sum** [dʒípsəm] *n.* Ⓤ 석고; 깁스.
gyp·soph·i·la[dʒipsáfilə/-ɔ́-] *n.* Ⓒ 〖植〗 광대나물.
***Gyp·sy**[dʒípsi] *n.* ① Ⓒ 집시《유랑 민족》. ② Ⓤ 집시어. ③ (g-) Ⓒ 집시 같은 사람, 방랑벽이 있는 사람, 바람끼 있는 여자.
gýpsy mòth 매미나방《해충》.
Gýpsy's wàrning 불길한 경고[예고], 수수께끼 같은 예고[조짐].
gýpsy tàble (세 다리의) 작은 원탁.
gy·rate[dʒàiəréit] *vi.* 회전[선회]하다. **gy·rá·tion** *n.* **gy·ra·to·ry**[dʒáiərətɔ̀:ri/-təri] *a.*
gy·ro[dʒáiərou] *n.* (*pl.* *~s*)《口》= GYROSCOPE; 《口》=GYROCOMPASS; (G-) (국제 봉사 단체의) 회원.
gy·ro·com·pass[-kʌ̀mpəs] *n.* Ⓒ 자이로컴퍼스, 회전 나침의.
gy·ro·scope[dʒáiərəskòup] *n.* Ⓒ 회전의(回轉儀). **-scop·ic**[´—skápik/-ɔ́-] *a.*
gy·ro·sta·bi·liz·er [dʒàiəroustéibəlàizər] *n.* Ⓒ (선박·비행기의) 자이로식 동요 방지 장치.
gyve[dʒaiv] *n., vt.* (*pl.*) 차꼬(를 채우다).

H

H[1], **h**[eitʃ] *n.* (*pl.* ***H's, h's***[´iz]) Ⓒ H 모양의 것.
H[2] hard (of pencil); 〖電〗 henry; 《俗》 heroin; 〖化〗 hydrogen. **H., h.** harbo(u)r; hard, hardness; height; high; 〖野〗 hit(s); hour(s); hundred; husband.
:**ha**[hɑ:] *int.* 하아!; 허어!《놀람·기

뽑·의심》.

ha. hectare(s). **H.A.** heavy artillery; Hockey Association; Horse Artillery. **h.a.** *hoc anno* (L. =in this year). **HAA** heavy anti-aircraft. **Hab.** 〖舊約〗 Habakkuk.

Ha·bak·kuk[hǽbəkʌ̀k, -kùk, həbǽkək] *n.* 헤브라이의 예언자; 〖舊約〗 하박국서(書).

ha·ba·ne·ra[hɑ̀:bənέərə] *n.* (Sp.) Ⓒ 하바네라《2/4박자의 댄스(곡)》.

ha·be·as cor·pus[héibiəs kɔ́:rpəs] (L.) 〖法〗 인신 보호 영장. ***H-C- Act*** 〖英史〗 인신 보호법《1679년 Charles Ⅱ가 발포》.

hab·er·dash·er[hǽbərdæ̀ʃər] *n.* Ⓒ《주로 英》 방물 장수; 《美》 남자용 장신구 상인. **~·y** *n.* ① Ⓤ《주로 英》 방물; Ⓒ 방물 가게. ② Ⓤ《美》 남자용 장신구류; Ⓒ 그 가게.

ha·bil·i·ment[həbíləmənt] *n.* Ⓒ (보통 *pl.*) 복장; 의복.

†**ha·bit**[hǽbit] *n.* ① Ⓤ,Ⓒ 습관, 버릇. ② Ⓒ (동·식물의) 습성. ③ Ⓤ,Ⓒ 체질; 기질. ④ Ⓒ 복장; 여성 승마복. ***be in the* 〔*a*〕 *~ of*** (do*ing*) (…하는) 버릇이 있다. ***fall* 〔*get*〕 *into a ~ of doing*** …하는 버릇이 들다. ***~ of body* 〔*mind*〕** 체질〔성질〕. — *vt.* ① (…에) 옷을 입히다. ② 《古》 (…에) 살다. **~·a·ble** *a.* 살기에 알맞은, 살 수 있는.

hab·i·tat[hǽbətæ̀t] *n.* Ⓒ (동식물의) 생육지(生育地), (원)산지; 주소; (해저 실험용) 수중 거주실.

***hab·i·ta·tion**[hæ̀bətéiʃən] *n.* ① Ⓤ 거주. ② Ⓒ 주소, 주택.

***ha·bit·ual**[həbítʃuəl] *a.* 습관〔상습〕적인, 평소의; 습관상의. ***~·ly** [-əli] *ad.* 습관〔상습〕적으로.

ha·bit·u·ate [həbítʃuèit] *vt.* 익히다, 익숙하게 하다(*to*). **-a·tion**[—⌒—èiʃən] *n.*

hab·i·tude[hǽbətjù:d] *n.* Ⓤ,Ⓒ 습관, 습성; Ⓤ 체질, 기질.

ha·bit·u·é[həbítʃuèi] *n.* (F.) Ⓒ 늘 오는〔다니는〕 손님, 단골 손님; 마약 상습자.

ha·ci·en·da[hɑ̀:siéndə/hæ̀s-] *n.* (Sp.) Ⓒ (라틴 아메리카의) 농장, 큰 목장; (시골의) 공장, 광업소.

hack**[1][hæk] *vt., vi.* 자르다, 쳐서 자르다, 난도질하다; 잘게 썰다; 파서 헤치다〔부수다〕; (짤막한) 마른 기침을 하다; 〖컴〗 (프로그램을) 교묘히 개변(改變)하다. ***~ around 《美口》 빈둥거리며 시간을 보내다. ***How's ~ing?*** 어떻게 지내? — *n.* Ⓒ ① 벤〔칼〕 자국, 새긴 자국. ② (발로) 걷어찬〔깐〕 상처. ③ 도끼. ④ 마른 기침.

hack[2] *n.* Ⓒ《英》 삯말; 《美》 전세 마차; 《口》 택시(운전사); (보통의) 승용 말; 늙은〔여윈〕 말; 짐말; (저술가의) 일 거드는 사람; 3류 작가; (돈을 위해) 무엇이든 하는 사람. — *vt.* (말을) 승용으로 빌려 주다; 써서 낡게 하다. — *vi.* 삯말을 타다; 말 타고 가다(*along*); 남의 밑에서 고된 일을 하다. — *a.* 고용된; 써서 낡게 한.

hack·a·more[hǽkəmɔ̀:r] *n.* Ⓒ《美西部》 (말의) 고삐(halter).

háck·bèrry *n.* Ⓒ 〖植〗 (미국산) 팽나무(류).

hack·er[hǽkər] *n.* Ⓒ 〖컴〗 컴퓨터 마니아〔침해자〕, 해커.

hack·le[1][hǽkəl] *n.* ① Ⓒ 빗. ② (*pl.*) (닭 등의) 목털. — *vt.* (삼 따위를) 빗으로 훑다.

hack·le[2] *vt.* 잘게 저미다〔베다〕, 동강치다, 찢어 발기다(hack[1]).

hack·ney[hǽkni] *n.* Ⓒ (보통의) 승용말, 전세 마차(hack[2]). — *vt.* (말·마차를) 빌려 주다; 써서 낡게 하다. **~ed**[-d] *a.* 낡아 빠진, 진부한. ***~ed phrase*** (케케 묵은) 상투구.

háckney còach 〔**càb, càrriage**〕 전세 마차.

háck·sàw *n.* Ⓒ (금속 절단용) 띠톱.

háck wrìter 삼문문사; 2류 작가.

†**had**[hæd, 弱 həd, əd] *v.* have의 과거(분사). ***had*** BETTER[1]. ***had*** LIKE[2] ***to. had*** RATHER.

had·dock[hǽdək] *n.* Ⓒ 〖魚〗 (북대서양의) 대구.

Ha·des[héidi:z] *n.* 〖그神〗 황천, 명부(冥府); 저승; (h-) Ⓤ《口》 지옥.

Ha·dith[hɑ:dí:θ] *n.* 〖이슬람교〗 Muhammad 및 그 교우들의 언행을 기록한 성전(聖傳).

hadj[hædʒ] ⇨HAJJ.

†**had·n't**[hǽdnt] had not의 단축.

had·ron[hǽdrɑn/-ɔn] *n.* Ⓒ 〖理〗 하드론《강한 상호 작용을 하는 소입자족(素粒子族)》.

hadst[hædst, 弱 *h*ədst] *v.* 《古》《주어가 thou일 때》 have의 2인칭 단수·과거.

haem·a·tite *n.* =HEMATITE.

hae·mo·glo·bin *n.* =HEMOGLOBIN.

hae·mo·phil·i·a *n.*=HEMOPHILIA.

haem·or·rhage *n.* =HEMORRHAGE.

haem·or·rhoids *n.* =HEMORRHOIDS.

haf·ni·um[hǽfniəm] *n.* Ⓤ 〖化〗 하프늄《금속 원소; 기호 Hf》.

haft[hæft/-ɑ:-] *n., vt.* Ⓒ (칼) 자루(를 달다).

hag[hæg] *n.* Ⓒ 버커리; 마귀 할멈, 마녀(witch).

Hag. Haggai.

hag·fish[hǽgfìʃ] *n.* Ⓒ 〖魚〗 먹장어.

Hag·ga·i[hǽgiài, -geiài] *n.* 헤브라이의 예언자; 〖舊約〗 학개서(書).

***hag·gard**[hǽgərd] *a., n.* 여윈, 바싹 마른; (눈매가) 사나운; 독살스러운; Ⓒ 야생의 (매). **~·ly** *ad.*

hag·gis[hægis] *n.* Ⓒ,Ⓤ 《Sc.》 양의 내장과 오트밀을 섞어 끓인 요리.

hag·gle[hǽgəl] *vi., vt.* (끈덕지게) 값을 깎다; 입씨름하다(*over, about*); 토막쳐 자르다(hack[1]). — *n.* Ⓒ 값을 깎기; 말다툼.

hag·i·oc·ra·cy[hæ̀giákrəsi] *n.* Ⓤ 성직 정치〔지배〕.
hag·i·ol·o·gy[hæ̀giálədʒi/-ɔ́-] *n.* Ⓤ,Ⓒ 성인〔성도〕전, 성도록(錄).
hag·rid·den[hǽgrìdn] *a.* (악몽에) 시달린, 가위 눌린; (공포에) 시달린.
:Hague [heig] *n.* (The ~) 헤이그 《네덜란드의 행정 수도; 정식 수도는 Amsterdam》.
Hágue Tribúnal 국제 사법 재판소 《공식명은 Parmanent Court of Arbitration》.
ha·ha[1][hà:há:] *int.* Ⓒ 하하!《즐거움·비웃음을 나타냄》. — *n.* Ⓒ 웃음소리; 농담.
ha·ha[2][há:hà:] *n.* Ⓒ (전망을 가리지 않는) 나지막한 담, 은장(隱墻).
:hail[1][heil] *n., vi., vt.* ① Ⓤ 싸락눈〔우박〕(이 오다)(*It ~s.*). ② (…에) 빗발치듯 쏟아지다, 퍼붓다.
:hail[2] *vt., vi.* ① 큰 소리로 부르다. ② (…을) …이라 부르며 (환호로) 맞이하다(*They ~ed him (as) king*). ③ 인사하다. ~ ***from*** (배가) …에서 오다; (아무가) …의 출신이다. — *n.* Ⓒ,Ⓤ 환호; 인사. ***within*** 〔***out of***〕 ~ 소리가 미치는〔미치지 않는〕 곳에. — *int.* 《詩》 어서 오십시오. ***All ~!,*** or ***H- to you!*** 어서 오십시오!; 만세!
Háil Colúmbia 최초의 미국 국가 《현재는 폐지》.
háil-fèllow-(wèll-mét) *n.* (*pl.* ***-fellows-***), *a.* Ⓒ 친한 친구; 친밀한.
háil·stòne *n.* Ⓒ 우박.
háil·stòrm *n.* Ⓒ 마구 쏟아지는 우박.
†hair[hɛər] *n.* ① Ⓤ 털, 머리털; Ⓒ (낱개의) 털(*She has gray* ~〔*~s*〕. 머리가 하얗다〔희끗희끗하다〕). ② Ⓒ 털 모양의 것; (a ~) 극히 약간의 물건〔거리·정도〕. ***against the*** ~ = against the GRAIN. ***a ~ of the dog that bit*** (*a person*) 제독약(制毒藥), (숙취(宿醉)를 풀기 위한) 해장술《문 미친개의 털이 특효약이 된다고 생각한 데서》. ***blow a person's ~*** 《美俗》 두렵게〔오싹하게〕 하다. ***both of a ~*** 같은 정도. ***by the turn of a ~*** 위기 일발의 아슬아슬한 고비에서, 간신히. ***do one's ~*** 머리 치장을 하다. ***get a person by the short ~s*** 아무를 지배하다. ***get in*** 〔***out of***〕 ***a person's ~*** 아무의 방해가 되다〔되지 않다〕; 속상하게 하다〔하지 않다〕. ***hang by a ~*** 위기에 직면하다. ***keep one's ~ on*** 《俗》 (머리칼 하나 까딱하지 않고) 태연히 있다. ***let*** 〔***put***〕 ***down one's ~*** 머리를 풀다. ***let one's ~ down*** 《俗》 터놓고〔스스럼 없이〕 이야기하다. ***make a person's ~ stand on end*** 머리끝을 쭈뼛하게 하다. ***not turn a ~*** 까닥도 안 하다, 아주 태연하다. ***not worth a ~*** 한 푼의 값어치도 없는. ***put*** 〔***turn***〕 ***up one's ~*** (소녀가 어른이 되어서) 머리를 얹다. SPLIT ***~s. to*** (***the turn of***) ***a ~*** 조금도 틀림없이, 아주 꼭. ***without moving*** 〔***turning***〕 ***a ~*** 《俗》 냉정하게. **∠·less** *a.* 털〔머리칼〕이 없는. ***∠·y** *a.* 털〔머리칼〕의〔같은〕; 털이 많은.
háir·brèadth *n., a.* (a ~) 좁은 틈; 위기 일발(의), 아슬아슬한.
háir·brùsh *n.* Ⓒ 머리솔.
háir·clòth *n.* Ⓤ 마미단(馬尾緞).
háir·cùt *n.* Ⓒ 이발; 머리형.
háir·cùtter *n.* Ⓒ 이발사.
háir·dò *n.* Ⓒ 머리형.
háir·drèsser *n.* Ⓒ 미용사; 《주로 英》 이발사.
háir drìer 〔**drỳer**〕 헤어드라이어.
háir·lìke *a.* (머리)털 같은, 가느다란.
háir·lìne *n.* Ⓒ 가는 선; 타락줄; (이마의) 머리털난 언저리, 두발선.
háir·nèt *n.* Ⓒ 헤어네트.
háir òil 《英》 머릿 기름.
háir·pìn *n.* Ⓒ 헤어핀, 머리 핀.
háir-ràising *a.* 머리 끝이 쭈뼛해지는; 소름이 끼치는.
háir's-brèadth *n., a.* =HAIRBREADTH.
háir shírt (고행자가 알몸에 걸치는) 거친 모직 셔츠.
háir·splìtting *a., n.* Ⓤ 사소한 일에 구애되는〔됨〕.
háir·sprìng *n.* Ⓒ (시계의) 유사.
háir trìgger (권총의) 촉발 방아쇠.
háir-trìgger *a.* 촉발적인, 반응이 빠른; 무너지기 쉬운.
háir·twèezers *n. pl.* 족집게.
***hair·y**[hɛ́əri] *a.* 털 많은; 《口》 곤란한; 섬뜻한; 불가해한.
Hai·ti[héiti] *n.* 서인도 제도 중의 한 공화국《수도 Port-au-Prince》.
hajj, hadj, haj[hædʒ] *n.* (*pl.* ***~es***) Ⓒ (이슬람교도의) 메카 순례.
hake[heik] *n.* (*pl.* ***~s,*** 《집합적》 ~) Ⓒ 〖魚〗 대구류.
Ha·ken·kreuz[há:kənkrɔ̀its] *n.* (G.) Ⓒ 나치스 독일의 기장(記章) 《卐》.
ha·kim[hɑkí:m] *n.* Ⓒ (이슬람 국가의) 현자, 학자; 의사.
ha·la·tion[heiléiʃən, hæ-/hə-] *n.* Ⓤ 〖寫〗 헐레이션《역광선 등에 의한 뿌연 흐림》.
hal·berd[hǽlbərd], **-bert**[-bərt] *n.* Ⓒ 미늘창. **~·ier**[⌐–íər] *n.* Ⓒ 미늘창을 가진 무사.
hal·cy·on[hǽlsiən] *n.* Ⓒ 《古·詩》 파도를 가라앉히는 새《물총새(kingfisher)의 이름; ⇩》. — *a.* 잔잔한, 평온한, 평화스러운.
hálcyon dáys (물총새가 파도를 가라앉히고 집을 짓는다는) 동지 무렵의 2주간; 평온 무사한 날〔시대〕.
hale**[1][heil] *a.* (노인이) 정정한; 근력이 좋은. ~ ***and hearty 원기 왕성한, 정정한.
hale[2] *vt.* (거칠게) 잡아당기다, 잡아끌다, 끌어내다.
†half[hæf, hɑ:f] *n.* (*pl.* ***halves***) Ⓒ,Ⓤ (절)반; 중간, 중도. ***... and a ~*** 《俗》 특별한, 아주 훌륭한(*That was*

a game and a ~.). **by** ~ 반쯤; 대단히(*She is too alert by* ~. 지나치게 영리하다). **by halves** 불완전하게, 중도에; 얼마간, 아무렇게나, 적당히. **cry halves** 절반의 분배를 요구하다. **go halves with** …와 반분하다. **to the halves** 절반까지, 불충분하게; 《美》(이익 따위) 반분하여. — *a., ad.* (절)반(의) (*a* ~ *mile;* 《口》 ~ *a mile*); 불충분한[하게]; 어지간히, 거의. ~ **as many** [**much**] (**again**) **as** …의 (한 배) 반. **I** ~ **wish** …하고 싶은 듯한 생각도 있다. **not** ~ 《口》 그다지[조금도] …않다(*Not* ~ *bad.* 꽤 좋다); 《卑》 몹시(*She didn't* ~ *cry.* 어지간히 울어댔다).

hálf àdder 〖컴〗 반(半)덧셈기.

hálf-and-hálf *a., n., ad.* U,C 반반씩의 (혼합물); 이도 저도 아닌, 얼치기의; (백·흑인의) 트기; 반반으로.

hálf·bàck *n.* C 〖蹴〗 중위(中衛).

hálf-báked *a.* 설구워진; 불완전한, (경험이) 미숙한.

hálf blòod 이복(異腹), 배[씨]다른 관계(*a brother of the* ~ 배[씨]다른 형[동생]).

hálf·blòod *a., n.* C 배[씨]다른(형제·자매); =HALF-BREED.

hálf-bòiled *a.* 설익은, 반숙의.

hálf bòot 반장화.

hálf-brèd *a.* 혼혈의; 잡종의.

hálf-brèed *n., a.* C 혼혈아, 튀기(의); 〖生〗 잡종(의).

hálf bròther 배[씨]다른 형제.

hálf-càste *n.* C (특히, 유럽인 아버지와 인도인 어머니와의) 튀기; 신분이 다른 양친에서 난 아이.

hálf cóck (총의) 안전 장치; 마음가짐이 덜 된 상태. **go off** (**at**) ~ 선불리 발사하다; (조급히) 서두르다.

hálf-cóck *vt.* (총의 공이치기를) 안전 위치에 놓다.

hálf crówn 《英》 반 크라운 은화(銀貨)《1970년 폐지》. 「친.

hálf-déad *a.* 초주검이 된, 아주 지

hálf dóllar 《美·캐나다》 50센트 은화. 「익은.

hálf-dóne *a.* 불완전한, 설구운, 설

hálf dúplex 〖컴〗 반이중《두 방향으로 통신은 가능하나, 동시에는 한 방향밖에 통신할 수 없는 전송 방식; 생략 HDX》.

hálf éagle 〖美史〗 5달러 금화.

hálf-fáced *a.* 옆 모습의; 불완전한, 불충분한.

hálf-hárdy *a.* 〖植〗 반내한성의.

hálf-héarted *a.* 마음이 내키지 않는. ~**ly** *ad.*

hálf hítch 〖海〗 (밧줄의) 외가닥 매

***hálf hóliday** 반공일. 「듭.

***hálf-hóur** *n., a.* C 반 시간, 30분(의). 「상(像).

hálf-lèngth *a., n.* 반신의; C 반신

hálf lìfe 〖理〗 (방사능) 반감기(半減期); 《比》 쇠하기 시작 전의 번영기.

hálf-mást *n., vt.* U 반기(半旗)의 위치(에 걸다).

hálf méasure 미봉책, 임시 변통.

hálf móon 반달(형의 것).

hálf nélson 〖레슬링〗 목덜미 죄기.

hálf nòte 〖樂〗 2분 음표.

half·pence [héipəns] halfpenny의 복수.

half·pen·ny [héipəni] *n., a.* C 반페니(동전); 《英口》 잔돈; 하찮은(of little value); (신문이) 선정적인.

half·pen·ny·worth [héipəniwə̀ːrθ] *n.* (a ~) 반 페니어치; 극히 소량.

hálf pínt 반 파인트; 《口》 좀팽이; 《美俗》 보잘 것 없는 인간.

half·read [hǽfréd, fáːf-] *a.* 대강 아는, 겉핥기로 배운. 「한.

hálf-sèas-óver 《英俗》 얼근히 취

hálf-shót *a.* 《俗》 얼근히 취한.

hálf sìster 배[씨]다른 자매.

hálf sòle (구두의) 앞창.

hálf-sòle *vt.* (구두에) 앞창을 대다.

hálf-stáff *n.* 《美》 =HALF-MAST.

hálf stèp 〖樂〗 반음; 〖美軍〗 반걸음.

hálf-tímbered *a.* 〖建〗 뼈대를 목조로 한.

hálf tìme 반일(半日) 노동, 반일급; 〖競〗 중간 휴식.

hálf tínt 간색(間色); (수채화의) 엷게 하는 칠.

hálf·tòne *n., a.* C 〖印·寫〗 망판(網版)(화(畫))(의); 〖美術〗 간색(間色)(의); 〖樂〗 반음.

hálf-tràck *n.* C 후부(後部) 무한궤도(자동)차.

hálf-trùth *n.* U,C (속이거나 비난회피를 위한) 일부의 진실.

:half·way [⌐wéi] *a., ad.* ① 중도의[에], 어중된[되게]. ② 《口》 반쯤, 어느 정도. **meet a person** ~ 타협하다.

hálfway hòuse 두 마을 중간의 여인숙; 타협점.

hálf-wìt *n.* C 반편이, 얼뜨기.

hálf-wórld *n.* C 반구(半球); 화류계; 암흑가(underworld).

hálf yéar 반년; (2학기제의) 학기.

hal·i·but [hǽləbət] *n.* (*pl.* ~**s,** 《집합적》 ~) C 〖魚〗 핼리벗《큰 넙치》.

hal·ite [hǽlait, héi-] *n.* U 〖鑛〗 암염(岩鹽).

hal·i·to·sis [hæ̀lətóusis] *n.* U 구취(口臭).

†**hall** [hɔːl] *n.* C ① 현관; 복도. ② 넓은 방, 홀; (공)회당. ③ 《美》 (대학의) 교사(校舍). ④ 조합 본부; 사무소. ⑤ 《英》 (지주의) 저택. ⑥ 《英》 (대학의) 대식당. ***H- of Fame*** 명예의 전당(殿堂)《뉴욕 대학에 있는 위인·국가 유공자를 위한 기념관》. ***Students' H-*** 학생 회관[집회소].

hal·le·lu·jah, -iah [hæ̀ləlúːjə] *int., n.* (Heb.) 할렐루야《'하느님을 찬송하라(Praise ye the Lord!)'의 뜻》; C 찬송가. 「리 혜성.

Hál·ley's cómet [hǽliz-] 〖天〗 핼

hal·liard [hǽljərd] *n.* =HALYARD.

háll·màrk *n., vt.* C (금·은의) 순분 인증 각인(純分認證刻印)(을 찍다);

H

보증 딱지(를 붙이다).

***hal·lo(a)** [həlóu] *int., n.* Ⓒ 여보세요〔여보, 이봐, 이런〕(하는 소리).

***hal·loo** [həlú:] *int., vt., vi.* 어이〔이봐〕(하고 큰 소리로 말하다, 부르다) 《사냥개를 추기거나 사람의 주의를 끌 때》. ── *n.* (*pl.* **~s**) Ⓒ 어이〔이봐〕하는 소리.

***hal·low**[1] [hǽlou] *vt.* ① 신성하게〔깨끗하게〕 하다; 하느님께 바치다. ② 숭배하다. **~ed ground** 영역(靈域).

hallow[2] *int., v., n.* =HALLOO.

:Hal·low·een, -e'en [hæ̀louí:n] *n.* 모든 성인 대축일(All Saints' Day)의 전야《10월 31일 밤》.

Hal·low·mas [hǽloumæ̀s, -məs] *n.*《古》=ALL SAINTS' DAY.

háll trèe (현관 따위의) 모자〔외투〕 걸이.

hal·lu·ci·nate [həlú:sənèit] *vt.* 환각(증상)을 일으키게 하다.

hal·lu·ci·na·tion [həlù:sənéiʃən] *n.* Ⓤ,Ⓒ 환각(幻覺), 환시(幻視), 환청(幻聽); 환상(幻想).

hal·lu·ci·no·gen [həljú:sənədʒən] *n.* Ⓒ 환각제.

háll·wày *n.* Ⓒ 《美》 현관; 복도.

ha·lo [héilou] *n.* (*pl.* **~(e)s**), *vt.* Ⓒ (해·달의) 무리(를 씌우다); 후광(後光)(으로 두르다).

hal·o·gen [hǽlədʒən] *n.* Ⓤ 〖化〗 「할로겐.

:halt[1] [hɔ:lt] *vi., vt.* 정지〔휴식〕하다〔시키다〕. ── *n.* ① (a ~)(멈추어) 섬; 〖컴〗 멈춤. ② Ⓒ 《주로 英》 정류소. **call a ~** 정지를 명하다, 정지시키다.

halt[2] *vi.* 망설이다; 《古》 다리를 절다.

hal·ter [hɔ́:ltər] *n.* Ⓒ (소·말을 끌거나 매어 두는) 고삐; 교수(絞首)(용 밧줄); (팔과 등이 드러나는) 여자용 운동 셔츠. 「감하다.

halve [hæv/hɑ:v] *vt.* 등분하다; 반

***halves** [hævz/-ɑ:-] *n.* half의 복수.

hal·yard [hǽljərd] *n.* Ⓒ (돛·기의) 고팻줄.

:ham [hæm] *n.* ① Ⓤ,Ⓒ 햄《소금에 절여 훈제(燻製)한 돼지의 허벅다리 고기》. ② Ⓒ 오금; (종종 *pl.*) 허벅다리와 궁둥이. ③ Ⓒ 《俗》 (몸짓을 과장하는) 서투른 배우; Ⓤ 과장된 연기. ④ Ⓒ 《口》 햄《아마추어 무선 통신자》.

Ham *n.* 〖聖〗 Noah의 둘째 아들.

ham·a·dry·ad [hæ̀mədráiəd, -æd] *n.* Ⓒ 〖그神〗 나무의 요정. 「크.

Ham·burg [hǽmbə:rg] *n.* 함부르

***ham·burg·er** [⌐-ər] *n.* =**Hámburg stèak** Ⓒ,Ⓤ 햄버거스테이크.

hám-físted, -hánded *a.*《英俗》 솜씨 없는, 뒤틈바리의.

Ham·it·ic [hæmítik, hə-] *a.* (Noah의 둘째 아들) Ham의 (자손의); 햄(어)족의.

***Ham·let** [hǽmlit] *n.* Shak. 작의 비극; 그 주인공.

ham·let *n.* Ⓒ 작은 마을.

Ham·mar·skjöld [há:mərʃòuld, hǽm-], **Dag Hjalmar ~** (1905-61) 스웨덴의 정치가·전 UN사무총장 《Nobel 평화상 수상(1961)》.

:ham·mer [hǽmər] *n.* Ⓒ ① (쇠·나무) 망치, 해머. ② 〖競〗 (투)해머. ③ (경매자의) 나무망치. ④ (총(銃)의) 공이치기. ***bring*** 〔***send***〕 ***to the ~*** 경매에 부치다. ***come under*** 〔***go to***〕 ***the ~*** 경매되다. ***drop the ~*** 《CB俗》 액셀러레이터를 밟다. ***~ and tongs*** 《口》 열심히, 맹렬히. ── *vt.* ① 망치로 두드리다; 두들겨〔쳐박아, 주입해〕 넣다. ② 연달아 때리다〔포격하다〕. ③《口》(상대방을) 호되게 해치우다. ④ 두드려서 만들다. ⑤ 생각해 내다. ── *vi.* ① 망치로 두드리다. ② 부지런히 일하다. ***~ away*** 마구 두드리다; 부지런히 일하다(*at*). ***~ out*** 두드려서 …으로 만들다; 애써서 생각해 내다.

hámmer·hèad *n.* Ⓒ 망치의 대가리; 멍텅구리; 〖魚〗 귀상어.

hámmer·lòck *n.* Ⓒ 〖레슬링〗 팔꺾기《한팔을 등 뒤로 틀어 젖히는 공격》.

***ham·mock** [hǽmək] *n.* Ⓒ 해먹.

Hám·mond órgan [hǽmənd-] 〖商標〗 해먼드 오르간《전기 오르간》.

ham·my [hǽmi] *a.* (맛·외양이) 햄 같은; 《口》 (연극·배우가) 멜로드라마식의, 과잉 연극의.

***ham·per**[1] [hǽmpər] *vt.* 방해하다.

ham·per[2] *n.* Ⓒ (뚜껑 달린) 손바구니; 바스켓.

Hamp·shire [hǽmpʃiər] *n.* 영국 남해안의 주; (미국산, 검은 바탕에 흰 얼룩이 있는) 돼지의 일종; =⌐ **Dówn** (영국산, 뿔 없는) 양의 일종.

ham·ster [hǽmstər] *n.* Ⓒ 〖動〗 일종의 큰 쥐《동유럽·아시아산》.

ham·string [hǽmstrìŋ] *n., vt.* (**~ed, -strung**) Ⓒ (사람·말의) 오금의 힘줄(을 잘라 절름발이로 만들다); 좌절시키다.

†hand [hænd] *n.* ① Ⓒ 손; (동물의) 앞발; (시계의) 바늘; 손 모양의 것 《바나나 송이 따위》; 핸드《손바닥 폭을 기준으로 한 척도; 4인치》 (*a horse 14 ~s high* 어깨높이 14 핸드의 말). ② Ⓒ (종종 *pl.*) 소유; 지배. ③ Ⓒ 직공, 일꾼; 승무원(*all ~s* 전원). ④ Ⓒ 솜씨; 수완; (a ~) 필적, 필치(*write a good ~* 글씨를 잘 쓰다); (*one's ~*) 서명. ⑤ Ⓒ 쪽, 측(*the right ~* 오른쪽), 방면. ⑥ Ⓒ 〖카드〗 가진 패; 경기자; 한 판. ⑦ (*sing.*) (남자에게 손을 주어) 약혼(함). ⑧ (a ~) 박수 갈채. ***at first*** 〔***second***〕 ***~*** 직접〔간접〕으로. (*close, near*) ***at ~*** 가까운 곳에, 가까운 장래에, 바짝 다가와. ***bear a ~ in*** …에 관계하다; …을 거들어 주다. ***by ~*** 손으로; 손수. ***change ~s*** 임자〔소유주〕가 바뀌다. ***come to ~*** 손에 들어오다; 발견되다. ***eat out of a person's ~*** 지도〔지휘〕에 따르다, 온순하다. ***fight ~ to ~*** 접전하다; 드잡이하다. ***from ~ to mouth*** 하루 벌어 하루 먹는, 그날그날 간신히 지내어; (저축심 없이) 버

는 족족 써버리어. ***give one's ~*** (계약 따위의) 실행을 다짐하다(*on*); (남자에게 손을 주어) 약혼하다(*to*). ***~ and foot*** 손발을 모두, 완전히; 부지런히. ***~ and* 〔*in*〕 *glove with*** …와 친밀하여. ***~ in ~*** 손에 손을 잡고; 제휴하여(*with*). ***~ over ~*** 두 손을 번갈아 당겨서; 척척 (돼나가다, 따위). ***~s down*** 손쉽게 (이기다, 따위). ***Hands off!*** 손대지 말 것; 손을 떼라, 관여 마라. ***Hands up!*** 손들어라《항복 또는 찬성하여》. ***have one's ~s full*** 바쁘다. ***heavy on* 〔*in*〕 *~*** 힘에 겨워, 다루기 곤란하여, 주체 못하여. ***in ~*** 손에 들고, 제어하여; 진행〔연구〕 중의. ***keep one's ~ in*** …에 종사하고 있다〔익숙하다〕, 끊임없이 연습하다. ***lay ~s on* 〔*upon*〕** …에 손을 대다, …을 (붙)잡다; 폭행하다(*He laid ~s on himself.* 자살했다); 〖宗〗 (사람의 머리 위에 손을 얹고) 축복하다. ***make a ~*** 이득을 보다, 성공하다. ***off ~*** 즉석에서, 즉각. ***on* 〔*off*〕 *a person's ~s*** (아무의) 책임〔부담〕으로〔없이〕. ***on ~*** 가지고 〔준비돼〕 있는; 가까이; 《美》 출석하여. ***on one's ~s and knees*** 기어서. ***on the one ~*** 한편으로는. ***on the other ~*** 또 (다른) 한편으로는, 이에 반(反)하여. ***out of ~*** 즉석에서, 즉석에; 끝나서; 힘에 겨워, 다루기 어려워. ***pass into other ~s*** 남의 손으로 넘어가다. ***sit on one's ~s*** 좀처럼 박수〔칭찬〕하지 않다. ***take in ~*** 처리하다; 떠맡다, 돌보다. ***to one's ~s*** 힘 안들이고 (아무가) 얻을 수 있도록(*be ready to his ~s* 즉시 쓸 수 있다). ***turn one's ~ to*** …에 착수하다. ***wash one's ~s of*** …와 손을 끊다. ***with a high* 〔*heavy*〕 *~*** 고압적으로. — *vt.* ① 넘겨〔건네〕 주다; 전하다(*to*). ② 손으로 이끌다〔돕다〕. ③ 〖海〗 (돛을) 접다. ***~ down to*** (자손에게) 전하다. ***~ in*** 건네다, 제출하다. ***~ on*** 전하다; 다음으로 건네주다. ***~ out*** 건네 주다; 분배하다; 《俗》 돈을 내다〔쓰다〕. ***~ over*** 넘겨주다; 양도하다. ***~ round*** (차례로) 돌리다, 도르다. ***~ up*** (높은 곳에) 손으로 건네 주다, 주다. **:~·ful** [hǽn*d*fùl] *n.* Ⓒ 손에 그득, 한 줌; 소량; 《口》 다루기 힘든 사람〔것〕.

hánd àx(e) 손도끼(cf. hatchet).

hánd·bàg *n.* Ⓒ 핸드백.

hánd·bàll *n.* Ⓤ 벽에 던져 튀는 공을 상대가 받게 하는 공놀이; 〖競〗 핸드볼; Ⓒ 그 공.

hánd·bàrrow *n.* Ⓒ (들것식의) 운반대(臺); =HANDCART.

hánd·bèll *n.* Ⓒ 〖樂〗 요령.

hánd·bìll *n.* Ⓒ 삐라, 광고지.

***hánd·bòok** *n.* Ⓒ 편람(便覽), 안내서, 교본.

hánd bràke (자동차 따위의) 수동〔핸드〕 브레이크.

hánd·brèadth *n.* Ⓒ 한 손 폭《2.5-4 인치》.

hánd·càrt *n.* Ⓒ 손수레.

hánd·clàp *n.* Ⓒ 박수 갈채.

hánd·clàsp *n.* Ⓒ 악수.

hánd·cràft *n.* =HANDICRAFT.

hánd·cùff *n., vt.* Ⓒ (보통 *pl.*) 수갑, 쇠고랑(을 채우다).

hand·ed [hǽndid] *a.* 손(잡)이 있는; 《보통 복합어로》 손이 …한(*heavy-~* 손재주가 없는).

Han·del [hǽndl], **George Frederick** (1685-1759) 헨델《독일 태생의 영국 작곡가; (G.) Händel》.

hánd glàss 손거울; 돋보기, 확대경.

hánd grenàde 수류탄; 소화탄.

hánd·grìp *n.* Ⓒ 악수; (*pl.*) 드잡이, 백병전; 손잡이, 핸들.

hánd·hòld *n.* Ⓒ 파악; 손잡을〔(붙)잡을〕 데.

:hand·i·cap [hǽndikæ̀p] *n., vt.* (*-pp-*) Ⓒ ① 핸디캡(을 주다), 불리한 조건(을 붙이다). ② 핸디캡이 붙은 경주〔경마〕. ***the ~ped*** 신체〔정신〕 장애자.

hand·i·craft [hǽndikræ̀ft/-krɑ̀:ft] *n.* ① Ⓒ (보통 *pl.*) 수세공(手細工), 수예(手藝). ② Ⓤ 손끝의 숙련.

Hand·ie-Talk·ie [hǽnditɔ́:ki] *n.* 〖商標〗 휴대용 소형 무선 송수신기.

hand·i·work [hǽndiwə̀:*r*k] *n.* ① Ⓤ 수세공. ② Ⓒ 수공품. ③ Ⓤ (특정인의) 짓, 소행.

:hand·ker·chief [hǽŋkə*r*tʃif, -tʃì:f] *n.* (*pl.* ***~s***) Ⓒ ① 손수건. ② =NECKERCHIEF.

hánd-knít(ted) *a.* 손으로 짠〔뜬〕.

:han·dle [hǽndl] *n.* Ⓒ ① 자루, 손잡이, 핸들. ② 구실; 기회. ③ 〖컴〗 다룸, 다루기, 핸들. ***fly off* 〔*at*〕 *the ~*** 《口》 욱하다. ***up to the ~*** 《美口》 극단으로; 철저히. — *vt.* ① (…에) 손으로 다루다, 조종하다, 손대다. ② 처리하다, 논하다. ③ 대우하다; (군대를) 지휘하다. ④ 장사하다. **hán·dler** *n.* Ⓒ 취급하는 사람; 〖拳〗 트레이너, 매니저, 세컨드.

hándle bàrs (자전거의) 핸들; 팔자(八字) 수염.

hand·ling [hǽndliŋ] *n.* Ⓤ 손에 대기〔잡기〕; 취급, 조종, 운용; 수법.

hánd·máde *a.* (기계가 아닌) 손으로 만든.

hánd·màid(en) *n.* Ⓒ 시녀; 하녀.

hánd-me-dòwn *a., n.* 《美》 만들어 놓은, 기성의; Ⓒ 기성복.

hánd mìll 맷돌.

hánd mòney 계약금, 착수금.

hánd òrgan 손으로 핸들을 돌려 타는 오르간.

hánd·òut *n.* Ⓒ 《美俗》 거지에게 주는 음식〔돈·의류〕; (신문사에 돌리는) 공식 성명(서); 유인물.

hánd-pícked *a.* 정선(精選)된; (과일 따위) 손으로 딴.

hánd·pòst *n.* Ⓒ 길표, 도표(道標).

hánd·ràil *n.* Ⓒ 난간.

hánd·sàw *n.* Ⓒ (한 손으로 켜는) 작은 톱.

hand·sel [hǽnsəl] *n., vt.* (《英》 *-ll-*) Ⓒ 새해〔축하〕 선물(을 주다); (신부에 대한) 예물(을 주다); 착수금 (earnest) (을 내다), 첫 불입금.
hánd·sèt *n.* Ⓒ (탁상 전화의) 송수화기.
hánd·sèwn *a.* 손으로 꿰맨.
***hánd·shàke** *n.* Ⓒ 악수. **-shàk·ing** *n.* Ⓤ 〖컴〗 주고받기.
hánds-óff *a.* 무간섭(주의)의.
hánds-ón *a.* 실제로 참가하는; 실제적인; 수동의.
:hand·some [hǽnsəm] *a.* ① (남자가) 단정하게 잘 생긴. ② (선물 따위) 활수(滑手)한; 상당한.
hánd·spìke *n.* Ⓒ 지레.
hánd·sprìng *n.* Ⓒ 《美》 공중 제비.
hánd·stànd *n.* Ⓒ 물구나무서기.
hánd-to-hánd *a.* 주먹다짐〔드잡이〕의, 접전의.
hánd-to-móuth *a.* 그날그날 살아가는; 불안한; 앞일을 생각 않는.
hánd trùck 손수레.
hánd·wórk *n.* Ⓤ 손으로 하는 일, 수세공.
:hand·writ·ing [⁄ràitiŋ] *n.* ① Ⓤ 육필(肉筆). ② Ⓤ,Ⓒ 필적. ③ Ⓒ 필사본. ***the ~ on the wall*** 흉조(凶兆).
:hand·y [hǽndi] *a.* ① 가까이 있는, 알맞은, 편리한. ② 솜씨좋은. COME *in ~.*
hándy·màn *n.* Ⓒ 허드렛일꾼; 잔재주 있는 사람; 선원.
Han·ford [hǽnfərd] *n.* 미국 Washington주의 마을《플루토늄 생산 공장인 Hanford Engineer Works의 소재지》.
†hang [hæŋ] *vt., vi.* (***hung, ~ed***) ① 걸(리)다, 매달(리)다; 늘어뜨리다, 늘어지다. ② (벽지를) 벽에 바르다. ③ 교살(絞殺)하다(*Be ~ed!, H-it!, H- you!* 뒈질 놈아, 제기랄!), 목을 매달아 죽다. ***~ about*** 어슬렁거리다; 붙어다니다. ***~ back*** 주춤거리다. ***~ fire*** (총이) 즉시 발사되지 않다; (일이) 시간이 걸리다. ***~ in the balance*** 결정하지〔되지〕 않다. ***~ on*** 〔***upon***〕 …에 달라붙다, 붙잡고 늘어지다; …나름이다; 속행하다, 인내하다; 미결이다; (병이) 낫지 않다. ***~ oneself*** 목매어 죽다. ***~ onto*** 〔***on to***〕 …을 움켜잡다, …에 매달리다; 계속 보관하다. ***~ out*** 몸을 내밀다; 《俗》 거주하다; (기 따위를) 내걸다; 《俗》 드나들다. ***~ over*** 위에 쑥 나오다〔걸리다〕; 닥쳐 오다. ***~ together*** 협력〔단결〕하다; 조리가 서다. ***~ up*** 걸다, 매달다; 중지하다; 지체시키다, 연기하다; 전화를 끊다; 《俗》 전당 잡히다. ― *n.* Ⓤ (보통 the ~) ① 걸림새, 늘어진 모양. ② 《口》 사용법, 방식, 요령; 취지(idea). ③ 《口》 조금(도)(*I don't care a ~.*). ***⁄.er*** *n.* Ⓒ 거는〔매다는〕 사람〔것〕, 옷걸이; 갈고리, 매단 광고; 단검《혁대에 차는》; = HANGMAN.
hang·ar [hǽŋər] *n.* Ⓒ 격납고, 곳집.
háng·bìrd *n.* Ⓒ 《美》 둥지를 나뭇가지에 매다는 새. 「(사내).
háng·dòg *a., n.* Ⓒ 비굴〔비열〕한
hánger-ón *n.* (*pl.* ***-ers-on***) Ⓒ 식객, 추종자; 엽관 운동자.
háng glìder 행글라이더.
***hang·ing** [⁄iŋ] *n.* ① Ⓤ,Ⓒ 교살, 교수형. ② (*pl.*) 걸린 것, 커튼. ③ Ⓒ,Ⓤ 내리막, 급경사. ― *a.* ① 교수형에 처할. ② 매달린. ③ 급경사의. ④ 임박한.
hánging brìdge 조교(弔橋).
hánging commíttee (전람회의) 심사 위원회.
hánging júdge 교수형 내리기 좋아하는 판사. 「행인.
hang·man [⁄mən] *n.* Ⓒ 교수형 집
háng·nàil *n.* Ⓒ 손거스러미.
háng·òut *n.* Ⓒ 《美口》 (주로 악한의) 소굴.
háng·òver *n.* Ⓒ 《美口》 잔존물; 유물, 남은 영향, 유습; 《美俗》 숙취(宿醉); (약의) 부작용.
háng·tàg *n.* Ⓒ (기구에 붙인) 설명서(쪽지).
háng-ùp *n.* Ⓒ 《口》 ① 정신적 장애, 고민. ② 〖컴〗 단절.
hank [hæŋk] *n.* Ⓒ (실) 한 다발, 타래.
han·ker [hǽŋkər] *vi.* 갈망〔동경〕하다(*for, after*).
han·kie, -ky [hǽŋki] *n.* Ⓒ 《口》 손수건(handkerchief).
han·ky-pan·ky [hǽŋkipǽŋki] *n.* Ⓤ 《英口》 협잡, 사기; 요술; Ⓒ 《美》 객쩍은 이야기〔것〕.
Ha·noi [hænɔ́i] *n.* 베트남의 수도.
Han·o·ver [hǽnouvər] *n.* 독일 북서부의 도시; (영국) 하노버 왕가 《George I부터 Victoria 여왕까지》.
Hans [hæns, -z] *n.* 독일〔네덜란드〕 사람의 별명.
han·sa [hǽnsə, -zə], **hanse** [hæns] *n.* Ⓒ (중세 유럽의) 상인 조합(商人組合); 그 가입금.
Han·sard [hǽnsərd] *n.* Ⓒ 영국 국회 의사록.
Han·se·at·ic [hænsiǽtik, -zi-] *a.* 〖史〗 한자 동맹의.
Hanseátic Léague, the 한자 동맹《독일을 중축으로 하는 중세 여러 도시의 상업 동맹》.
han·sel [hǽnsəl] *n., v.* =HANDSEL.
Hán·sen's disèase [hǽnsənz-] 〖病〗 한센병, 문둥병.
hán·som (**cáb**) [hǽnsəm-] *n.* Ⓒ (2인승의) 말 한 필이 끄는 2륜 마차.
ha'nt, ha'n't [heint] 《英方》 have 〔has〕 not의 단축. 「름》.
Hants. Hampshire《영국의 주 이
hap [hæp] *n., vi.* (***-pp-***) 《古》 Ⓤ 우연, 행운; Ⓒ 우연한 일; (우연히) 일어나다. ***⁄.less*** *a.* 불행한. ***⁄.ly*** *ad.* 《古》 우연히; 《古》 =PERHAPS.
ha'·pen·ny [héipəni] *n.* 《英口》 = HALFPENNY.
hap·haz·ard [hæ̀phǽzərd/⁄⁄⁄] *n.*

Ⓤ 우연(한 일). ***at*** [***by***] ~ 우연히; 아무렇게나. — ***a., ad.*** 우연의[히]; 되는대로(의).

†**hap·pen**[hǽpən] *vi.* ① 일어나다, 생기다. ② 우연히[공교롭게도] …하다(*to* do, *that*). ***as it ~s*** 우연히(도). ~ ***on*** 우연히[뜻밖에] …을 만나다[발견하다]. *~·**ing** *n.* Ⓒ 우발사(偶發事), 사건; 《美俗》 해프닝《즉흥적인 행위나 행사》.

háppen-sò *n.* Ⓤ 《美方》 우연한[뜻하지 않은] 일.

†**hap·pi·ness**[hǽpinis] *n.* Ⓤ ① 행복; 행운. ② 유쾌. ③ 교묘, (용어의) 적절.

†**hap·py**[hǽpi] *a.* ① 행복한, 행운의. ② 즐거운, 유쾌한. ③ (용어가) 적절한, 교묘한. ‡**-pi·ly** *ad.*

hàppy-gó-lùcky *a.* 낙천적인, 태평스러운; 되는 대로의.

ha·rangue[hərǽŋ] *n., vt., vi.* Ⓒ (장황한) 열변(을 토하다), 장광설(을 늘어놓다).

*****har·ass**[hǽrəs, hərǽs] *vt.* 괴롭히다.

har·bin·ger[há:*r*bindʒə*r*] *n., vi.* Ⓒ 예고(하다); 선구자(forerunner).

‡**har·bor,** 《英》 **-bour**[há:*r*bə*r*] *n.* Ⓒ,Ⓤ ① 항구. ② 피난처, 은신처. — *vt.* ① 피난처를 제공하다, 숨기다. ② (원한·악의를) 품다. — *vi.* ① 숨다. ② 정박하다.

har·bo(u)r·age[-ridʒ] *n.* Ⓤ 정박, 피난; Ⓤ,Ⓒ 정박[피난]소; Ⓤ 보호.

hárbo(u)r màster 항무관(港務官).

†**hard**[hɑ:*r*d] *a.* ① 딱딱한, 굳은, 단단한, 견고한. ② (…하기) 어려운. ③ (몸이) 튼튼한. ④ (시세가) 강세의. ⑤ 엄격한, 까다로운, 무정한(*on*). ⑥ 격렬한; 심한, 모진. ⑦ 고된, 괴로운. ⑧ (음식이) 조악한. ⑨ 부지런한, 근면한, 열심히 일하는. ⑩ 《美》 알코올 함유량이 많은. ⑪ 〖化〗 경질(硬質)의; (소리가) 새된, 금속성의. ⑫ 〖音聲〗 무성 자음의《k, t, p 따위》, 경음(硬音)의《gum의 [g] 따위》. ⑬ 〖理〗 (X선의) 투과 능력이 큰. ~ ***and fast*** (규칙 따위) 엄중한; (배가) 좌초하여 움직이지 않는. ~ ***fact*** 엄연한 사실. ~ ***of hearing*** 귀가 잘 안들리는. ***have a ~ time of it*** 몹시 혼나다[고생하다]. — ***ad.*** ① 굳게, 단단[견고]하게. ② 열심히; 격렬히, 몹시. ③ 간신히; 애써서. ④ 가까이. ⑤ 《美俗》 매우. ***be ~ at it*** 《俗》 매우 분주하다, 열심히 일하고 있다. ***be ~ put to it*** 곤경에 빠지다. ***go ~ with*** …을 혼나게 하다. ~ ***by*** 바로 곁에. ~ ***hit*** 심한 타격을 받고. ~ ***on*** [***upon***] …에 바싹 다가서서. ~ ***up*** (돈에) 궁하여; (…에) 곤란을 당하여(*for*). ***look ~ at*** 가만히 응시하다. — ***n.*** ① Ⓒ 《주로 英》 상륙[양륙]장. ② Ⓤ 《英俗》 징역; 중노동. *∠·**ness** *n.* Ⓤ 견고함; 굳기, 경도(硬度).

hárd·bàck *n.* Ⓒ 두꺼운 표지의 책.

hárd-báked *a.* 딱딱하게 구운.

hárd·bàll *n.* Ⓤ 경식 야구; Ⓒ (야구의) 경구(硬球).

hárd-bìtten *a.* 만만치 않은; 완고한; 산전수전 겪은.

hárd-bóiled *a.* (달걀 따위) 단단하게 삶은; 《口》 (소설 따위) 비정(非情)한, 감상적이 아닌; 현실적인; 완고한.

hárd-bóiled schòol 비정파(非情派).

hárd bóp 하드 밥《공격적이며 격렬한 모던 재즈의 한 형식》.

hárd·càse *n.* Ⓒ (회복 가망이 없는) 환자; (개전의 가망이 없는) 죄인; 난국; 형편이 딱한 사람.

hárd cásh [**cúrrency**] 경화(硬貨).

hárd cóal 무연탄.

hárd cópy 〖컴〗 하드 카피.

hárd córe (단체·운동 등의) 핵심, 강경파.

hárd·cóver *n., a.* Ⓒ 두꺼운 표지의 (책).

hárd dísk 〖컴〗 하드 디스크.

hárd drúg 《美口》 습관성 마약.

hárd-éarned *a.* 고생하여 얻은[번].

‡**hard·en**[∠n] *vt., vi.* 굳어지다, 굳히다, 단단하게 하다[되다], 경화(硬化)하다; 단련[강화]하다; 무정하게 하다[되다].

hárd-fávo(u)red, -fea·tured [-fí:tʃə*r*d] *a.* 감때 사나운 얼굴을 한; 험상궂게 생긴.

hárd-físted *a.* 인색한, 구두쇠의(close-fisted); 매정한, 강압적인.

hárd-fóught *a.* 격전(激戰)의 (결과 획득한).

hárd gòods 내구재(耐久財).

hárd-gráined *a.* (목재 등이) 결이 단단한; (성격이) 모진, 완고한.

hárd-hánded *a.* (일해서) 손이 거친; 엄한, 압제적인.

hárd hát (공사장의) 안전모.

hárd-héaded *a.* (성질이) 냉정한, 실제적인, 완고한.

hárd-héarted *a.* 무정한.

har·di·hood[há:*r*dihùd] *n.* Ⓤ 대담; 뻔뻔스럼.

hárd lábo(u)r (형벌로서의) 중노동.

hárd lánding (우주선의) 경착륙.

hárd línes 강경 노선[방침].

hárd líquor 독한 술《증류주》.

†**hard·ly**[∠li] *ad.* 거의 …않다, 간신히, 겨우, 아마 …아니다; 애써서, 고생하여; 엄하게, 가혹하게. ~ ***ever*** 좀처럼 없다. ~ ***... when*** [***before***] …하자마자, …하기가 무섭게.

hárd néws 정치·경제 관계의 뉴스(cf. soft news).

hárd-of-héaring *a.* 난청(難聽)의, 잘 안 들리는.

hárd pálate 경구개(硬口蓋).

hárd·pàn *n.* Ⓒ 《주로 美》 경질(硬質) 지층, 암상(岩床); 확고한 기반; 현실의 바탕; 최저선[가격].

hárd-préssed *a.* (일·돈에) 쫓기는; 곤경에 처한.

hárd scíence 자연 과학.

hárd séll 강압적인 판매 (방법)(cf. soft sell).

‡**hard·ship**[∠ʃìp] *n.* Ⓤ,Ⓒ 고난, 고

생; 학대.

hárd-súrface *vt.* (도로를) 포장하다.

hárd·tàck *n.* Ⓤ 건빵.

hárd tímes 불경기.

hárd·tòp *n.* Ⓒ 덮개가 금속제이고 옆창에 중간 기둥이 없는 승용차.

:hard·ware[∠wὲər] *n.* Ⓤ ① 철물, 철기류. ② 《美俗》 무기류. ③ 〖컴〗 하드웨어《컴퓨터의 기계 설비》. ④ (우주 로켓·미사일 등의) 본체. **~-man**[-mən] *n.* Ⓒ 철물상(商).

hárd wáter 센물, 경수(硬水).

hárd-wéaring *a.* (천 따위가) 오래 가는, 질긴.

hárd·wíred *a.* 〖컴〗 프로그램에 의하지 않고) 배선(配線)에 의한.

hárd·wòod *n.* Ⓤ 단단한 나무《떡갈나무·마호가니 등》.

hárd wòrds 어려운 말; 화내는 말.

***hárd-wórking** *a.* 근면한, 열심히 일〔공부〕하는.

:har·dy[há:rdi] *a.* ① 내구력이 있는, 고난〔학대〕에 견디는. ② 대담〔용감〕한; 무모한. ③ (식물 따위) 내한성(耐寒性)의. **-di·ly** *ad.* 고난을 견뎌; 대담하게; 뻔뻔스레. **-di·ness** *n.* Ⓤ 강장(强壯); 내구력; 대담; 철면피, 뻔뻔스럼.

Har·dy[há:rdi], **Thomas**(1840-1928) 영국의 소설가·시인.

hárdy ànnual 일년생 내한(耐寒) 식물; 해마다 되풀이되는 문제.

:hare[hεər] *n.* Ⓒ 산토끼《rabbit보다 큼》. ***as mad as a March ~*** (교미기의 산토끼처럼) 미쳐 날뛰는. ***~ and hounds*** 산지(散紙) 술래잡기《토끼가 된 아이가 종이 조각(scents)을 뿌리며 달아나는 것을 사냥개가 된 아이가 쫓아 집에 닿기 전에 잡으면 이김》. ***~ and tortoise*** 토끼와 거북이(의 경주). ***run with the ~ and hunt with the hounds*** 어느 편에나 좋게 굴다.

háre·bèll *n.* Ⓒ 〖植〗 초롱꽃(류); =BLUEBELL.

háre·bráined *a.* 경솔한.

háre·lìp *n.* Ⓒ 언청이. **-lipped** *a.* 언청이의.

har·em[hέərəm] *n.* Ⓒ (이슬람교국의) 도장방; 후궁(의 처첩들).

har·i·cot[hǽrikòu] *n.* (F.) Ⓤ 강낭콩이 든 양고기 스튜; =∠ **bèan** 강낭콩.

hark**[ha:rk] *vi.* 듣다; 경청하다《주로 명령문에》. ***Hark (ye)! 들어 보아라! ***~ back*** 되돌아 오다〔가다〕.

Har·lem[há:rləm] *n.* (New York 시의) 흑인 구역.

har·le·quin[há:rlikwin, -kin] *n.* Ⓒ (*or* H-)(pantomime의)(가면) 어릿광대역(役); 어릿광대.

Hár·ley Strèet[há:rli-] 할리가(街)《런던의 일류 의사들이 많이 사는 거리》.

har·lot[há:rlət] *n.* Ⓒ 매춘부. **~-ry** *n.* Ⓤ 매춘.

:harm[ha:rm] *n., vt.* Ⓤ 해(치다); 손해〔손상〕(을 주다). ***come to ~*** 괴로움을 당하다; 된서리 맞다. ***do ~ to*** …을 해치다. ***out of ~'s way*** 안전〔무사〕하게. **:∠·ful** *a.* 해로운. **∠·ful·ly** *ad.* **∠·ful·ness** *n.* **:∠·less** *a.* 해없는; 악의 없는. **∠·less·ly** *ad.* **∠·less·ness** *n.*

har·mon·ic[ha:rmánik/-5-] *n.* Ⓒ 〖樂〗 배음; (*pl.*) 〖無電〗 고조파(高調波). ── *a.* 조화의〔된〕; 화성(和聲)의. **~s** *n.* Ⓤ 〖樂〗 화성학.

har·mon·i·ca[ha:rmánikə/-5-] *n.* Ⓒ 하모니카.

:har·mo·ni·ous[ha:rmóuniəs] *a.* 가락이 맞는; 조화된, 균형잡힌; 화목한, 의좋은. **~·ly** *ad.*

har·mo·ni·um[ha:rmóuniəm] *n.* Ⓒ 소형 오르간.

***har·mo·nize**[há:rmənàiz] *vt., vi.* ① 조화〔화합〕시키다〔되다〕. ② (선율에) 화음을 가하다.

:har·mo·ny[há:rməni] *n.* Ⓤ 조화, 화합, 일치; Ⓤ,Ⓒ 〖樂〗 화성. **-nist** *n.* Ⓒ 화성 학자.

:har·ness[há:rnis] *n.* Ⓤ,Ⓒ ① (마차말·짐말의) 마구(馬具). ② 《古》 갑옷. ③ (작업용의) 설비. ***in ~*** 나날의 일에 종사하여, 집무 중에. ***work in double ~*** 맞벌이하다. ── *vt.* ① 마구를 채우다. ② (폭포 등 자연력을) 이용하다.

:harp[ha:rp] *n.* ① Ⓒ 하프, 수금(竪琴). ② (H-) 〖天〗 거문고자리. ── *vi.* ① 하프를 타다. ② (같은 이야기를) 몇번이고 되뇌다(*on, upon*). **∠·er, ∠·ist** *n.* Ⓒ 하프 연주자.

har·poon[ha:rpú:n] *n., vt.* Ⓒ (고래잡이용) 작살(을 쳐〔쏴〕박다). **~-er** *n.*

harp·si·chord[há:rpsikɔ̀:rd] *n.* Ⓒ 하프시코드《16-18세기의 피아노 비슷한 악기》. **~·ist** *n.*

Har·py[há:rpi] *n.* 〖그神〗 여자 얼굴에 새의 몸을 가진 괴물; Ⓒ (h-) 탐욕스런 사람.

har·que·bus[há:rkwibəs] *n.* Ⓒ 〖史〗 화승총(火繩銃).

har·ri·dan[hǽridən] *n.* Ⓒ 추악한 노파, 마귀 할멈.

har·ri·er[hǽriər] *n.* Ⓒ 해리어 개《토끼 사냥용》; CROSS-COUNTRY race의 경주자; 〖鳥〗 개구리매; 약탈자; (H-) 해리어《영국이 개발한 V/STOL 공격기》.

Har·ro·vi·an[həróuviən] *a., n.* Ⓒ 영국 Harrow학교의 (학생, 출신자).

Har·row [hǽrou] *n.* Harrow 학교《영국 London 근교에 있는 public school; 1571년 창립》; 영국 London 근교의 Harrow-on-the-Hill 지구《Harrow 학교의 소재지》.

har·row** *n.* Ⓒ 써레. ***under the ~ 괴로움〔어려움〕을 당하여. ── *vt.* ① 써레질하다(*up*). ② 상하다; 괴롭히다. **~·ing** *a.* 마음아픈, 비참한.

***har·ry**[hǽri] *vt.* ① 침략〔유린〕하다, 약탈〔노략〕하다. ② 괴롭히다.

:harsh[ha:rʃ] *a.* ① 거친, 껄껄한. ② 귀에 거슬리는. ③ (빛깔이) 야한.

H

④ 엄한, 호된, 가혹한. ***∠·ly** *ad.* **∠·ness** *n.*

hart[ha:rt] *n.* Ⓒ (다섯 살 이상의) 고라니의 수컷.

har·te·beest[há:rtəbì:st] *n.* Ⓒ (남아프리카산의) 큰 영양.

harts·horn[há:rtshɔ̀:rn] *n.* Ⓒ 수사슴뿔; Ⓤ 녹각정(鹿角精)《옛날에, 각성제로 쓰던 탄산 암모늄》.

har·um-scar·um[hέərəmskέərəm] *a.* 덤벙대는, 경솔한, 무모한. ── *n.* Ⓤ 경솔, 덤벙댐; Ⓒ 그런 사람; Ⓤ 무모한 짓.

Har·vard[há:rvərd] *n.* 미국에서 가장 오래된 대학《1636년, Massachusetts주에 설립》.

:**har·vest**[há:rvist] (cf. G. *Herbst* =autumn) *n.* ① Ⓒ,Ⓤ 수확, 추수. ② Ⓤ,Ⓒ 수확기. ③ Ⓒ 결과, 보수, 소득. ── *vt., vi.* 거두어 들이다, 수확〔추수〕하다. **~·er** *n.* Ⓒ 수확자〔기(機)〕. **~·ing** *n.* Ⓤ,Ⓒ 거두어 들임, 추수. **~·man**[-mən] *n.* Ⓒ 거두어들이는 사람; 긴발장님거미.

hárvest hóme 수확 축제; 수확 「완료.

hárvest móon 추분경의 만월.

†**has**[強 hæz, 弱 həz, ez] *v.* have의 3인칭·단수·직설법 현재.

hás-bèen *n.* Ⓒ 《口》 (인기·영향력이 없어진) 과거의 사람; 시대에 뒤진 사람〔것〕; (*pl.*)《美俗》 옛날.

hash[hæʃ] *n.* Ⓤ 해시〔잘게 썬〕 고기 요리;《美口》 식사; Ⓤ,Ⓒ 주워 모은 것; 고쳐 만듦; 〖컴〗 해시. ***make a ~ of*** 《口》 …을 망쳐놓다, …을 요절내다. ***settle a person's ~*** 《口》 (아무를) 찍소리 못하게 하다, 윽박지르다. ── *vt.* 잘게 썰다(*up*); 엉망으로 만들다.

hash·er[∠ər] *n.* Ⓒ 《俗》 급사.

hásh hòuse 《美俗》 간이 식당.

hash·ish, hash·eesh[hǽʃi:ʃ] *n.* Ⓤ 인도 대마(大麻)의 말린 잎(따위) 《마취약용》.

†**has·n't**[hǽznt] has not의 단축.

hasp[hæsp/-ɑ:-] *n.* Ⓒ 걸쇠, 고리(쇠); 실타래; 방추(紡錘).

Ha(s)·sid[hǽsid] *n.* 하시드교《유대교의 일파》. 「싸움.

has·sle[hǽsl] *n.* Ⓒ《美口》 난투,

has·sock[hǽsək] *n.* Ⓒ (무릎 꿇고 예배하기 위한) 무릎 방석; 풀숲.

hast[強 hæst, 弱 həst, əst] *v.*《詩·古》《주어가 thou일 때의》 have의 2인칭·단수·직설법 현재.

:**haste**[heist] *n.* Ⓤ 서두름, 급속; 성급. ***H- makes waste.*** 《격언》 서둘면 일을 그르친다. ***make ~*** 서두르다. ***More ~, less speed.*** 《격언》 급할수록 천천히. ── *vi.* 《雅》 서두르다. ── *vt.* 《雅》 재촉하다; 서두르게 하다.

:**has·ten**[héisn] *vt., vi.* 서두르〔게 하〕다, 재촉하다.

:**hast·y**[héisti] *a.* 급한; 성급한; 경솔한. ***~ conclusion*** 속단, 지레짐작. :**hast·i·ly** *ad.* **-i·ness** *n.*

†**hat**[hæt] *n., vt.* (*-tt-*) Ⓒ (테가 있는) 모자(를 씌우다). ***hang up one's ~*** 오래 머무르다, 푹 쉬다; 은퇴하다. ***~ in hand*** 공손히. ***lift one's ~*** 모자를 좀 들어 인사하다. ***My ~!*** 《俗》 어마!; 저런! ***send*** 〔***pass***〕 ***round the ~*** (모자를 회중에게 돌려) 헌금을〔기부를〕 모으다. ***talk through one's ~*** 《口》 큰〔흰〕 소리치다.

hát·bànd *n.* Ⓒ 모자(에 두른) 리본.

:**hatch**[1][hætʃ] *vt.* ① (알을) 까다. ② (음모를) 꾸미다(*~ a plot*). ── *vi.* ① (알이) 깨다. ② (음모가) 꾸며지다. ── *n.* Ⓒ 부화, 한 배(의 병아리); 한 배 새끼. ***~es, catches, matches and dispatches*** (신문의) 출생·약혼·결혼·사망란. **∠·er·y** *n.* Ⓒ (물고기·새의) 부화장.

:**hatch**[2] *n.* Ⓒ ① 〖海〗 (배의) 승강구, 창구(艙口) (뚜껑), 해치. ② (내리닫이의) 아래짝 문. ③ 수문. ***Down the ~!*** 《口》 건배! ***under ~es*** 갑판 밑에; 비번이어서; 영락하여; 매장되어, 죽어.

hatch[3] *n., vt.* Ⓒ 〖製圖·彫刻〗 (사선(斜線) 따위의) 음영(陰影)(을 긋다).

hátch·bàck *n.* Ⓒ 해치백《뒷부분에 위로 열리는 문이 있는 차; 그 부분》.

hát·chèck *a.* 휴대품 보관(용)의(*a ~ room* 휴대품 보관소).

hatch·et**[hǽtʃit] *n.* Ⓒ 자귀. ***bury the ~ 휴전하다, 화해하다. ***dig*** 〔***take***〕 ***the ~*** 싸움을 시작하다.

hátchet fàce 마르고 뾰족한 얼굴.

hátchet jòb 중상(中傷), 욕.

hátchet màn 《口》 살인 청부업자; 두목의 심복(cf. henchman); 비평가, 독설 기자.

hatch·ment[hǽtʃmənt] *n.* Ⓒ《英》 (묘앞·문앞 따위에 거는) 죽은이의 문표(紋標).

hátch·wày *n.* Ⓒ 〖海〗 창구(艙口).

:**hate**[heit] *vt.* ① 미워하다, 몹시 싫어하다. ② (가벼운 뜻으로) 좋아하지 않다, 유감으로 생각하다. ***~ out*** 《美》 (미워서) 내쫓다, 따돌리다. ***I ~ to trouble you.*** 수고를〔번거로움을〕 끼쳐서 죄송합니다. ── *n.* Ⓤ,Ⓒ 증오(의 대상). :**∠·ful** *a.* 가증한, 싫은. **∠·ful·ly** *ad.*

hath[hæθ, 弱 həθ] *v.* 《古》 =HAS.

hát·ràck *n.* Ⓒ 모자걸이.

:**ha·tred**[héitrid] *n.* Ⓤ 증오, 혐오.

hat·ter[hǽtər] *n.* Ⓒ 모자상(商).

hát trèe 모자걸이.

hau·berk[hɔ́:bə:rk] *n.* Ⓒ 〖史〗 사슬미늘 갑옷.

:**haugh·ty**[hɔ́:ti] *a.* 오만한, 거만한. ***-ti·ly** *ad.* **-ti·ness** *n.*

:**haul**[hɔ:l] *vt.* 잡아 끌다, 잡아〔끌어〕 당기다; 운반하다. ── *vi.* ① 잡아당기다(*at, upon*). ② (배가 바람 불어오는 쪽으로) 침로를 바꾸다. ***~ down one's flag*** 항복하다. ***~ off*** 침로를 바꾸다; 물러서다;《美口》 (때리려고) 팔을 뒤로 빼다. ***~ up*** 이물을 바람 불어 오는 쪽으로 돌리다. ── *n.* Ⓒ

① 세게 당기기. ② 운반(물·거리). ③ (물고기의) 한 그물; 《口》 잡은 〔번〕 것. ***make a fine*** ~ 풍어(豐漁)다. ~**·age**[ˊidʒ] *n.* Ⓤ haul하기; 견인(牽引)(력·량); 운임.

haunch[hɔːntʃ] *n.* Ⓒ 엉덩이(hip); (사슴·양 따위의) 다리와 허리의 고기.

:**haunt**[hɔːnt] *vt., vi.* ① 자주 가다〔다니다〕. ② (유령이) 나오다, 출몰하다. ③ 마음에 붙어 다니다. — *n.* Ⓒ 자주 가는〔모이는〕 장소, 소굴.

háunt·ed[-id] *a.* 도깨비가〔유령이〕 출몰하는; 고뇌에 시달린.

haut·boy[hóubɔi] *n.* 《古》 =OBOE.

haute cou·ture[òut kuːtúər] *n.* (F.) 고급 복식(점); 최신 유행복(점).

hau·teur[houtə́ːr] *n.* (F.) Ⓤ 오만.

Ha·van·a[həvǽnə] *n.* 아바나《쿠바의 수도》; Ⓒ 아바나 여송연.

†**have**[hæv, 弱 həv, əv] *vt.* (p. & pp. ***had;*** 부록의 동사 변화표 참조) ① 가지다, 소유하다. ② 취하다, 얻다, 받다. ③ 마음속에 먹다, 품다(~ *a hope*). ④ 먹다, 마시다. ⑤ (자식을) 낳다, 얻다. ⑥ 하다, 경험하다(~ *a talk with her*). ⑦ 용납하다, 참다(*He won't* ~ *anyone whispering while giving a lecture.* 강의중에는 사담(私談)을 용서치 않는다). ⑧ 《부정사 또는 과거분사와 함께》 …시키다, 하게 하다, …당하다(*I had him do it.* 그에게 그것을 시켰다 / *I had my hair cut* 〔*pocket picked*〕. 머리를 깎았다〔지갑을 소매치기 당했다〕). ⑨ 알고 있다, 알다(*He has no English.*). ⑩ 주장하다, …이라고 하다(*The rumor has it that ...* …이라는 소문이다). ⑪ …이라는 용례(用例)가 있다(*Shakespeare has 'shoon' for 'shoes'.*). ⑫ 《俗》 속이다(*You've been had.* 자넨 속아 넘어 갔단 말야). ⑬ 《口》 이기다, 낫다(*You* ~ *him there.* 그 점은 네가 낫다). ***be had up*** 고소 당하다. ~ ***and hold*** 〖法〗 보유하다. ~ ***at*** 덤벼들다, 공격하다. ***H- done!*** ⇨DO[1]. ~ ***got*** ⇨GET. ~ ***had it*** 《口》 이제 틀렸다, 끝장이다《문맥에 따라 '죽다·지다·실패하다·지쳤다·질리다' 등의 나쁜 뜻을 나타냄》. ~ ***got to...*** ⇨GET. ~ (*a person*) ***in*** 《口》 (아무를) 맞아들이다. ~ ***it*** 이기다, 지우다; 《口》 꾸중듣다; 《俗》 죽이다. ~ ***it in for*** 《口》 …을 원망하다; …을 벼르다. ~ ***it on*** 《美口》 …보다 낫다〔우세하다〕. ~ ***it out*** 《口》 (논쟁·결투의) 결말을 맺다〔짓다〕 (*with*); (이를) 뽑게 하다. ***H- it your own way!*** 마음대로 해라. ~ ***not to*** =NEED not. ~ ***nothing on*** (*a person*) 《美》 (아무) 보다 나은 것이 없다; 약속이 없다. ~ ***on*** 입고〔신고, 쓰고〕 있다; 《英口》 골탕먹이다, 속이다. ~ ***one's eye on*** …에 주의〔주시〕하다. ~ ONLY ***to*** (do). ~ ***to*** [(자음 앞) hǽftəː (모음 앞) -tu, -tə] = MUST. ~ ***to do with*** …와 관계가 있다. ~ (*a thing*) ***to oneself*** 독점하다. ~ (*a person*) ***up*** (아무를) 고소하다; 자극하다.

— ***aux. v.*** 《p.p.를 수반하여 (현재·과거·미래) 완료형을 만듦》.

— [hæv] *n.* ① (*pl.* 보통 the ~) 《口》 유산자(有産者); (부(富)·자원·핵무기를) 가진 나라(*the* ~*s and* ~*-nots* 가진 자와 못 가진 자). ② Ⓒ 《英俗》 사기.

ha·ven[héivən] *n.* Ⓒ 항구; 피난처(refuge).

háve-nòt *n.* Ⓒ (보통 *pl.*) 《口》 무산자. (부(富)·자원·핵무기를) 갖지 못한 나라.

†**have·n't**[hǽvənt] have not의 단축.

hav·er·sack[hǽvərsæ̀k] *n.* Ⓒ (군인·여행자의) 잡낭.

hav·ing[hǽviŋ] *n.* Ⓤ 소유; (*pl.*) 소유 물품; 재산.

hav·oc**[hǽvək] *n.* Ⓤ 파괴, 황폐. ***make ~ ***of,*** or ***play*** 〔***work***〕 ~ ***with*** 〔***among***〕 …을 크게 망쳐 놓다〔파괴시키다〕.

haw[1][hɔː] *n.* Ⓒ 〖植〗 산사나무(hawthorn) (의 열매).

haw[2] *int., vi.* 에에, 저어(하다)《더듬을 때》; 저라(하다)《말·소를 왼쪽으로 돌릴 때》.

:**Ha·wai·i**[həwáːiː, -wáːjə, -wáiiː] *n.* 하와이. :~**an**[-wáːjən, -wáiən] *a., n.* 하와이(사람)의; Ⓒ 하와이 사람; Ⓤ 하와이 말.

:**hawk**[1][hɔːk] *n.* Ⓒ ① 매. ② 탐욕한 사람. ③ 매파(派), 강경론자《국제관계에 대하여》. — *vi., vt.* 매를 부리다; 매사냥을 하다. ˊ**·er**[1] *n.* Ⓒ 매사냥꾼, 매부리.

hawk[2] *n., vt., vi.* Ⓒ 기침(하다).

hawk[3] *vt., vi.* 돌아다니며〔외치며〕 팔다; (뉴스를) 알리며 다니다. ˊ**·er**[2] *n.* Ⓒ 행상인.

háwk-èyed *a.* 눈이 날카로운, 방심 않는.

Háwk·eye Státe[hɔ́ːkài-] 《美》 Iowa주의 딴 이름.

háwk mòth 〖蟲〗 박각시나방 종류.

hawse[hɔːz] *n.* Ⓤ,Ⓒ (이물의) 닻줄 구멍이 있는 부근; =ˊ**·hòle** 닻줄 구멍. **háw·ser**[ˊər] *n.* Ⓒ 닻줄, 굵은 밧줄.

:**haw·thorn**[hɔ́ːθɔːrn] *n.* Ⓒ 〖植〗 산사 나무.

Haw·thorne[hɔ́ːθɔ̀ːrn], **Nathaniel** (1804-64) 미국의 소설가.

:**hay**[hei] *n.* Ⓤ 건초, 마초. ***Make*** ~ ***while the sun shines.*** 《속담》 좋은 기회를 놓치지 마라. ***make*** ~ ***of*** …을 뒤죽박죽 해 놓다. — *vt., vi.* 건초를 만들다〔주다〕.

háy·còck *n.* Ⓒ 건초 더미〔가리〕.

háy fèver 건초열《꽃가루에 의한 코·목 따위의 알레르기성 질환》.

háy·field *n.* Ⓒ 건초(용 풀)밭.

háy·fòrk *n.* Ⓒ 건초용 쇠스랑.

háy knìfe 건초 베는 칼.

háy·lòft *n.* Ⓒ (헛간 윗 부분의) 건

초간(間), 건초 보관장.
háy·màker *n.* Ⓒ 건초 만드는 사람, 건초기(機); 《美口》〖拳〗녹아웃 펀치, 강타.
háy·màking *n.* Ⓤ 건초 만들기.
hay·mow[⌐màu] *n.* =HAYLOFT (의 건초).
háy·rìck *n.*《英》=HAYSTACK.
háy·rìde *n.* Ⓒ《美》건초를 깐 마차를 타고 가는 소풍.
háy·sèed *n.* Ⓤ,Ⓒ 건초에서 떨어진 풀 씨; Ⓒ《美口》촌뜨기, 농사꾼.
háy·stàck *n.* Ⓒ (커다란) 건초더미.
háy·wìre *n., a.* Ⓤ 건초 다발을 동여매는 철사; 《口》뒤엉킨, 난장판의, 혼란된, 미친.
haz·ard**[hǽzərd] *n.* ① Ⓒ 위험, 모험. ② Ⓤ 우연, 운. ③ Ⓤ 주사위 놀이의 일종. ***at all ~s 만난을 무릅쓰고, 무슨 일이 있어도 꼭. ***at ~*** 운에 맡기고, 아무렇게나. ― *vt.* ① 위태롭게 하다, 걸다. ② (운을 하늘에 맡기고) 해보다.
haz·ard·ous[-əs] *a.* 위험한, 모험적인; 운에 맡기는. **~·ly** *ad.*
***haze**[1][heiz] *n.* ① Ⓤ 아지랑이, 이내, 안개. ② (a ~) 흐림, 탁함; (정신의) 몽롱(상태).
haze[2] *vi.* (선원을) 혹사하다; 《美》(신입생을) 못살게 굴다, 골리다.
***ha·zel**[héizəl] *n., a.* Ⓒ 개암(나무); Ⓤ 담갈색(의).
házel·nùt *n.* Ⓒ 개암.
***ha·zy**[héizi] *a.* 안개 낀, 안개 짙은; 흐릿한, 몽롱한. **há·zi·ly** *ad.* **há·zi·ness** *n.*
HB hard black (of pencils). **Hb** hemoglobin. **H.B.M.** His (Her) Britannic Majesty.
H-bòmb *n.* Ⓒ 수소 폭탄.
H.C. House of Commons.
H.C.F., h.c.f. highest common factor 최대 공약수. **h.c.l.** high cost of living. **hd.** head.
HDTV 〖電〗high-definition television 고화질 TV. **He** 〖化〗helium.
†**he**[強 hiː, 弱 *hi*, iː] *pron.* (*pl.* ***they***) 그(는, 가); 사람, 자(者)(anyone)(*He who talks much errs much.* 《속담》말이 헤프면 실언(失言)도 많은 법). ― *n.* Ⓒ 남자, 수컷.
H.E. high explosive; His Eminence; His (Her) Excellency.
head**[hed] *n.* Ⓒ ① 머리, 대가리. ② 두뇌, 지력. ③ 우두머리, 장(長), 주인; 장관; 교장. ④ 한 사람, 한 마리. ⑤ (*sing.*) (the ~) 정상부, 윗 부분. ⑥ (못·쇠망치 따위의) 대가리; (통의) 뚜껑; (북의) 가죽. ⑦ (맥주 등의 표면에 뜨는) 거품. ⑧ 선두, 수석; 상석(上席)(자)(cf. foot). ⑨ 이물; 곶. ⑩ 머리털; (보리 따위의) 이삭. ⑪ (*sing.*)(the ~) (강물의) 원천, 수원; (호수의) 물목《강물이 흘러 들어오는 곳》; 낙차(落差). ⑫ (종기의 터질 듯한) 뿌다구니. ⑬ 절정, 극점. ⑭ 위기, 결말. ⑮ (보통 *pl.*) (화폐의) 앞면(opp. tail[2]). ⑯ (신문의) 표제, 항목, 제목. ⑰《口》(숙취의) 두통. ⑱《俗》입. ***by the ~ and ears, or ***by ~ and shoulders*** 억지로. ***come*** (***draw, be brought***) ***to a ~*** (부스럼이) 곪다; (사건이) 위기에 직면하다. ***give a*** *horse* (*a person*) ***his ~*** 말의 고삐를 늦추어서 머리를 자유롭게 하다(아무의 행동의 자유를 주다). ***go to one's ~*** 취기가 돌다, 현기증나게 (우쭐대게) 하다. ***~ and shoulders*** 출중하여. ***~ first*** (***foremost***) 곤두박이(거꾸)로; 무모하게. ***~ over heels*** 곤두박질쳐(*turn ~ over heels* 공중제비 하다); 허둥지둥; 완전히 깊이 빠져. ***in over*** (***above***) ***one's ~***《美俗》어찌할 수 없이. ***keep one's ~*** 침착하다. ***keep one's ~ above water*** 물에 빠지지 않고 있다; 빚지지 않고 있다. ***lay ~s together*** 상의(의논)하다. ***lose one's ~*** 목 잘리다; 당황하다, …에 정신없다, 골몰(열중)하다. ***make neither ~ nor tail of …*** (…의 정체를) 전혀 알 수 없다. ***off*** (***out of***) ***one's ~***《口》정신이 돌아. ***old ~ on young shoulders*** (젊은) 나이에 어울리지 않는 지혜(분별). ***on*** (***upon***) ***one's ~*** 물구나무서서; 책임이 있어. ***over one's ~*** 너무 어려운, 모르는; …을 앞질러; …에게 상의없이. ***over ~ and ears*** 쏙 빠져, 반하여; (빚으로) 옴쭉달싹 못하게 되어. ***put*** (*a thing*) ***into*** (***out of***) *a person's* ***~*** (아무에게) 생각나게(잊게) 하다. ***show one's ~*** 나타나다. ***talk*** *a person's* ***~ off*** 긴 이야기로 지루하게 하다. ***turn*** *a person's* ***~*** 흥분시키다, 현기증 나게 하다, 우쭐하게 하다. ― *vt.* ① (…을) 거느리다, (…의) 선두에 서다. ② 방해하다. ③ (…에) 머리를 붙이다(향하다). ― *vi.* ① 향하다, 진행하다(*for*). ② 발생하다. ③ (양배추가) 결구(結球)하다. ④ (여드름이) 툭툭 비어지다. ***~ back*** (***off***) …의 앞으로 돌다, 가로막다, (싸움 따위를) 말리다.
:head·ache[hédèik] *n.* Ⓒ 두통; 《美口》두통(골칫)거리.
「미.
héad·bànd *n.* Ⓒ 헤어밴드, 머리
héad·bòy *n.* Ⓒ《英》수석 학생.
héad·chèese *n.* Ⓤ,Ⓒ 돼지 머리나 족을 잘게 썰어 삶은 치즈 모양의 식품, 돼지 족편.
héad còld 코감기.
héad còunt《口》여론(국세) 조사.
héad dòctor《俗》정신과 의사, 심리 학자.
héad·drèss *n.* Ⓒ 머리 장식, 쓰개.
héad·er *n.* Ⓒ 머리(끝)을 잘라내는 사람(기계), 이삭 베는 기계; 《口》(수영의) 거꾸로 뛰어들기, 다이빙; 우두머리, 수령; 〖컴〗헤더, 머리말《각 데이터의 머리 표제 정보》.
héad·fírst, -fóremost *ad.* 거꾸로, 곤두박이로; 황급히.

héad·gèar *n.* Ⓤ 모자, 머리 장식.
héad·hùnt *n., vt., vi.* Ⓤ《美俗》간부 스카우트(를 하다).
héad·hunting firm《美》인재 스카우트〔소개〕회사.
***head·ing**[⌐iŋ] *n.* ① Ⓒ 제목, 표제; 연제(演題). ②〖鑛〗수평갱. ③ Ⓤ,Ⓒ〖蹴〗헤딩. ④ Ⓤ,Ⓒ (초목의) 순치기. ⑤〖空·海〗비행〔항행〕방향. ⑥ =HEADER.
héad·lànd *n.* Ⓒ 곶, 갑(岬).
héad·less *a.* 머리 없는; 지도자 없는; 어리석은.
***héad·lìght** *n.* Ⓒ 헤드라이트.
***head·line**[⌐làin] *n., vt.* Ⓒ (신문의) 표제(를 붙이다); (*pl.*)〖放〗(뉴스의) 주요한 제목.
héad·lìner *n.* Ⓒ《俗》주연자, 스타, 저명인사.
héad·lòck *n.* Ⓒ〖레슬링〗헤드록《머리조이기》.
:**head·long**[⌐lɔ́:ŋ/-lɔ̀ŋ] *ad., a.* ① 거꾸로(의); 곧바로; 성급한. ② 무모하게〔한〕.
héad·màn *n.* Ⓒ 수령; 직공장(長).
***héad·máster** *n.* (*fem.* **-mistress**) Ⓒ《英》(초등 학교·중학교) 교장;《美》(사립학교) 교장.
héad mòney 인두세(人頭稅); (포로·범인을 체포한 수에 따른) 상금.
héad·mòst *a.* 맨 앞의.
héad òffice 본사, 본점.
héad-ón *a.* 정면의.
héad·phòne *n.* Ⓒ (보통 *pl.*) 헤드폰.
héad·pìece *n.* Ⓒ 투구, 머리 쓰개, 모자; 두뇌, 지능; =HEADPHONE.
:**head·quar·ters** [⌐kwɔ̀:*r*tə*r*z, ⌐⌐–] *n. pl.*《종종 단수 취급》본부, 사령부; 본사.
héad·sèt *n.* =HEADPHONE.
héad·shìp *n.* Ⓒ 수령〔지도자〕의 지위〔권위〕.
heads·man[⌐zmən] *n.* Ⓒ 목베는 사람, 망나니.
héad·stàll *n.* Ⓒ 굴레 장식 띠《마구》.
héad·stànd *n.* Ⓒ 물구나무서기.
héad·stòne *n.* Ⓒ (무덤의) 주석(主石), 묘석;〖建〗초석(礎石), (토대의) 귀돌.
héad·strèam *n.* Ⓒ 원류(源流).
héad·stròng *a.* 완고한.
héads-úp *a.*《口》기민한, 민첩한, 빈틈없는.
héad tàx《美》=POLL TAX.
héad vòice〖樂〗두성(頭聲)《가장 높은 음역》; 새된 음성.
héad·wáiter *n.* Ⓒ 급사장.
héad·wàters *n. pl.* (강의) 원류(源流), 상류.
héad·wày *n.* Ⓤ 전진; 진척, 배의 속도; (아치·터널 따위의) 천정 높이.
héad·wìnd *n.* Ⓒ〖海·空〗맞바람.
héad·wòrk *n.* Ⓤ 머리 쓰는 일, 정신 노동, 사색.
head·y[⌐i] *a.* 무모한, 성급한; 머리에 오르는《술》; 분별있는, 기민한.
:**heal**[hi:l] *vt.* (병·상처를) 낫게 하다. 고치다. — *vi.* 낫다, 회복되다. ~ ***over*** 〔***up***〕(상처가) 아물다, 낫다. **⌐·er** *n.* Ⓒ 치료하는 사람, 약.
héal-àll *n.* Ⓒ 만병 통치약.
†**health**[helθ] *n.* ① Ⓤ 건강; (정신의) 건전; 건강 상태(*in good* 〔*poor*〕 *~*). ② Ⓤ,Ⓒ 건강을 축복하는 축배. ~ RESORT. ***⌐·ful** *a.* 건강에 좋은; 건강〔건전〕한. **⌐·ful·ness** *n.*
héalth cèntre《英》보건소.
héalth clùb 헬스 클럽.
héalth fòod 건강 식품.
héalth-gìving *a.* 건강 증진의.
héalth insùrance 건강 보험.
héalth phýsics《단수 취급》보건 물리학.
héalth sèrvice (국민) 건강 보험.
héalth vìsitor《英》(노인·환자를 정기적으로 회진하는) 보건관〔원〕.
héalth·wìse *ad.*《口》건강을 위해, 건강 유지를 위해.
:**health·y**[hélθi] *a.* ① 건강한, 건전한. ② 건강에 좋은. **héalth·i·ly** *ad.* **héalth·i·ness** *n.*
:**heap**[hi:p] *n.* Ⓒ ① 더미, 퇴적, 쌓아 올린 것. ② (*pl.*)《俗》《부사적》많이, 퍽(*This is ~s better.*). ***all of a ~***《口》깜짝 놀라; 느닷없이. ***be struck all of a ~***《口》압도되다, 기가 푹 꺾이다. — *vt.* 쌓다, 쌓아 올리다(*up, together*).
:**hear**[hiə*r*] *vt.* (**heard**) ① 듣다; …이 들리다, (…을) 듣다. ② 들어 알다. ③ 방청하다; 청취하다. ④ 들어주다. ⑤ 재판〔심문〕하다. — *vi.* ① 들리다. ② 소문으로 듣다, …에 관해 들어 알고 있다(*of, about; that*). ③《美口》승낙하다(*of*)《보통 부정구문》(*He will not ~ of it.* 듣지 않을 걸). ~ ***from*** …한테서 소식이 있다. ***H-! H-!*** 옳소!; 찬성! ~ ***a person out*** 끝까지 듣다. ~ ***tell*** 〔***say***〕 ***of***《口》…의 소문을 듣다. ~ ***the grass grow*** 귀신같이 육감이 빠르다. ***I ~ (that ...)*** …이라는 이야기다. ***You will ~ of this.*** 이 일에 관해서 어느 때건 말이 있을 것이다〔혼날 줄 알아라〕. ***⌐·er** *n.* :**⌐·ing** [hí(:)riŋ/híər-] *n.* Ⓤ 청취; 청력(*be hard of ~ing* 귀가 먹었다); Ⓤ 가청(可聽)거리(*in* 〔*out of*〕 *their ~ing.* 그들이 들을 수 있는〔못 듣는〕곳에서); Ⓒ 심문(審問), 공청회; Ⓤ,Ⓒ 들어줌(*Give us a fair ~ing.* 이쪽 말도 좀 들어 주기 바란다).
†**heard**[hə:*r*d] *v.* hear의 과거(분사).
héaring àid 보청기(補聽器).
heark·en[há:*r*kən] *vi.* 귀를 기울이다, 경청하다(*to*).
héar·sày *n.* Ⓤ 소문.
héarsay èvidence〖法〗전문(傳聞) 증거.
hearse[hə:*r*s] *n.* Ⓒ 영구차;《古》관가(棺架), 무덤;〖가톨릭〗대형 촉대.
†**heart**[hɑ:*r*t] *n.* ① Ⓒ 심장. ② Ⓒ 가슴(속), 마음(cf. mind). ③ Ⓤ 마음속, 본심. ④ Ⓤ 애정. ⑤ Ⓤ 용기, 기력, 원기. ⑥ Ⓒ《좋은 뜻의 형용사

와 함께》 사람(*my sweet* ~ 애인/*a brave* ~ 용사). ⑦ Ⓒ (the ~) 중심, 중앙; 핵심, 진수; 급소. ⑧ Ⓒ (카드의) 하트; (*pl.*) 카드놀이의 일종《하트 패가 적은 사람이 이김》. ***after one's (own)*** ~ 마음에 드는〔맞는〕. ***at*** ~ 내심은. ***be of good*** ~ 건강하다. ***break a person's*** ~ 아무를 극도로 슬프게 하다. ***cross one's*** ~ 성호를 긋다, 진실을 맹세하다. EAT ***one's ~ out. find it in one's ~ to*** (do)... …할 마음이 나다, …하고자 하다. ***give one's ~ to*** …을 사랑하다. ***go to one's*** ~ 가슴을 찌르다. ***have (a thing) at*** ~ 깊이 마음 속에 두다. ***have one's ~ in one's mouth*** 간이 콩알만 해지다. ***have one's ~ in the right place*** 악의가 없다. ***H- alive!*** 어렵쇼!; 쳇! ~ ***and soul*** 열심히, 몸과 마음을 다하여; 아주. ~ ***of oak*** 용기; 용감한 사람. ~***'s blood*** 생피; 생명. ***in one's ~ (of ~s)*** 마음 속으로는, 본심은. ***lay (a thing) to*** ~ 마음에 (새겨)두다, …을 깊이 생각하다. ***learn*** 〔***say***〕 ***by*** ~ 암기하다, 외다. ***lose*** ~ 낙담하다. ***lose one's ~ to*** 〔***over***〕 …에 마음을 빼기다, 사랑하다. ***near one's*** ~ 그리운, 소중한. ***out of*** ~ 기운없이; (땅이) 메말라서. ***set one's ~ on*** …에 희망을 걸다. ***take*** ~ 용기를 내다. ***take (a thing) to*** ~ 걱정하다; 슬퍼하다. ***wear one's ~ on one's sleeve*** 감정을 노골적으로 나타내다. ***with all one's*** ~, or ***with one's whole*** ~ 진심으로 기뻐하여. ***with half a*** ~ 마지 못해.

héart·àche *n.* Ⓤ 마음 아픔, 비탄.
héart attàck =HEART FAILURE.
héart·bèat *n.* Ⓤ,Ⓒ 고동; 정서.
héart·brèak *n.* Ⓤ 애끊는 마음. ~**er** *n.* ~**ing** *a.*
héart·bròken *n.* Ⓤ 비탄에 젖은.
héart·bùrn *n.* Ⓤ 가슴앓이; = ~**ing** 질투, 시기.
héart disèase 심장병.
heart·en[ˊ-n] *vt.* 용기를 북돋우다, 격려하다(*up*).
héart fàilure 심장 마비; 죽음.
héart·fèlt *a.* 마음으로부터의.
héart-frèe *a.* 사랑을 않는, 정에 매이지 않는, 미련이 없는.
:**hearth**[hɑːrθ] *n.* Ⓒ ① 노(爐), 난로, 노변(爐邊). ② 〖冶〗 화상(火床). ③ 가정.
héarth·rùg *n.* Ⓒ 벽난로 앞의 깔개.
héarth·sìde *n.* Ⓒ 노변; 가정.
héarth·stòne *n.* Ⓒ (벽난로 바닥의) 재받이 돌; 노변; 가정.
:**heart·i·ly**[hɑ́ːrtili] *ad.* 마음으로부터, 진심으로, 정중히; 열의를 갖고; 매우; 배불리.
héart·lànd *n.* Ⓒ 심장지대《경제적·군사적으로 자급 자족하며, 공격에 대해 안전한 중핵(中核) 지구》.
heart·less[ˊ-lis] *a.* 무정한. ~·**ly** *ad.* ~·**ness** *n.*
héart-lúng machìne 〖醫〗 인공 심폐《심장 수술시 심장 기능을 대행시키는》.
héart-rènding *a.* 가슴이 터질 듯한; 비통한.
heart-shaped[ˊ-ʃèipt] *a.* 심장〔하트〕형의.
héart·sìck *a.* 심뇌(心惱)하는, 비탄에 젖은; 불행한.
héart·sòre *a.* 근심〔시름〕에 잠긴.
héart-strìcken *a.* 비탄에 잠긴.
héart·strìngs *n. pl.* 심금, 깊은 감정〔애정〕.
héart·thròb *n.* Ⓒ (심장의) 고동; (*pl.*) 《俗》 정열, 감상(感傷); 《口》 애인, 멋진 사람.
héart-to-héart *a.* 숨김 없는, 솔직한, 흉금을 터놓는.
héart transplánt 〖醫〗 심장 이식.
héart-whòle *a.* (아직) 연정(戀情)을 모르는; 진심으로의.
héart·wòod *n.* Ⓤ 심재(心材), 적목질(赤木質).
:**heart·y**[ˊi] *a.* ① 마음으로부터의, 친절한; 열심인. ② 튼튼〔건강〕한. ③ 배부른. ④ 풍부한, 충분한. HALE[1] ***and*** ~. — *n.* Ⓒ 원기왕성한 사람; 친구. **héart·i·ness** *n.*
†**heat**[hiːt] *n.* ① Ⓤ 열, 더위, 열기; 〖理〗 열. ② Ⓤ 달아 오름, 상기(上氣). ③ Ⓤ 열심; 가열; 한창 …하는 중, 한창, 클라이맥스; 격렬, 격노, 흥분. ④ Ⓒ (1회의) 노력, 단숨, 단번, (경기의) 1회. ⑤ Ⓤ (짐승의) 발정(기). ⑥ (후추의) 매운 맛. ***at a*** ~ 단숨에. ***final*** ~ 결승. ***trial ~s*** 예선. — *vt., vi.* ① 뜨겁게 하다, 뜨거워지다, 따뜻이 하다, 따뜻해지다. ② 격하게 하다, 격해지다.
héat àpoplexy =SUNSTROKE.
héat bàrrier (항공기의) 속도 한계점《공기와의 마찰열의 한도》.
heat·ed[ˊ-id] *a.* 뜨거워진; 격한, 흥분한. ~·**ly** *ad.*
héat exhàustion 〖醫〗 열사병.
***heat·er**[ˊ-ər] *n.* Ⓒ ① 난방 장치, 히터. ② 《美俗》 권총.
heath**[hiːθ] *n.* Ⓤ,Ⓒ 히스《황야에 저절로 나는 소관목》; 《英》 히스가 무성한 들. ***one's native ~ 고향.
hea·then**[híːðən] *n.* Ⓒ ① 이교도《기독교도·유대교도·이슬람교도 이외》. ② 불신자; 미개인. — *a.* 이교(도)의(pagan); 미개한. ***the ~ 이교도. ~·**dom** *n.* Ⓤ 이교의 신앙; Ⓤ,Ⓒ 《집합적》 이교국; 이교도. ~·**ish** *a.* ~·**ism** *n.* Ⓤ 이교.
***heath·er** [héðər] *n.* Ⓤ 히스(heath) 속(屬)의 소관목.
héating càbinet 온장고.
héating pàd 전기 담요〔방석〕.
héat làmp 적외선등, 태양등.
héat lìghtning (천둥 없는) 먼곳의 번개.
héat pollùtion 열공해.
héat pùmp 열이동 펌프《냉·난방 장치 등의》.

héat ràsh 땀띠.
héat ràys 〖理〗 열선(熱線), 적외선.
héat sìnk 히트싱크《열을 흡수하고, 소산시키는 장치》.
héat spòt ① 여드름. ② 온점(溫點)《피부상의 열을 느끼는 감각점》.
héat·stròke *n.* Ⓤ 일사병; 열사병.
héat-trèat *vt.* 열처리하다.
héat ùnit 열단위, 칼로리.
héat wàve 열파(熱波).
:**heave**[hiːv] *vt.* (~*d*, ***hove***) ① (무거운 것을) 들어 올리다. ② (닻 따위를) 들어서 던져 넣다. ③ (가슴을) 펴다, 부풀리다, (바람이 파도를) 높이다. ④ (한숨을) 쉬다. — *vi.* ① 오르다, 들리다. ② 높아지다, 부풀다, 기복하다, 굽이치다. ③ 허덕이다. ④ 토하다. ⑤ 〖海〗 끌다, 감다 (*at*), (배가) 움직이다, 나아가다. ***H- ho!*** 영차(닻감아라)! ***~ in sight*** (배가) 보이기 시작하다. ***~ to*** (배를) 멈추다; 정선(停船)하다. — *n.* Ⓒ ① (들어) 올림. ② 융기; (파도의) 기복, 굽이침. ③ 〖地〗 수평 전위. ④ (*pl.*) 《단수 취급》 (말의) 천식.
†**heav·en**[hévən] *n.* Ⓤ ① 천국. ② (H-) 하느님. ③(the ~s) 상공, 하늘. ***by H-*** 맹세코. ***Good*** 〔***Gracious, Great***〕 ***~s!*** 뭐라고!; 가엾어라!; 저런!; (그것) 큰 일〔야단〕났군! ***go to ~*** 죽다. ***move ~ and earth*** 온갖 수단을 다하다. ***Thank H-!*** 고마워라! ***the seventh ~*** 제 7 천국, 최고천(最高天). **~·ward** *ad., a.* 천국〔하늘〕을 향해서(의). **~·wards** *ad.* =HEAVENWARD (*ad.*)
:**heav·en·ly**[-li] *a.* ① 하늘의. ② 천국 같은, 거룩한. ③ 천부의, 타고난. ④ 《俗》 근사한, 훌륭한. **-li·ness** *n.* Ⓒ 거룩함; 《俗》 근사〔훌륭〕함.
héavenly bódy 천체.
Héavenly Cíty, the 〖聖〗 거룩한 성(城); =NEW JERUSALEM.
Héav·i·side láyer[hévisàid-] 헤비사이드층《단파 통신을 가능케 하는 지상 약 100킬로미터 높이의 대기층》.
†**heav·y**[hévi] *a.* ① 무거운; 묵직한 (~ *silk*). ② 대량의; 다액의. ③ 격렬한, 도가 강한. ④ 심한, 고된, 모진. ⑤ 질척거리는, 찐득찐득한. ⑥ (음식이) 소화되지 않는, (음료가) 진한; (빵이) 부풀지 않는. ⑦ 굵은. ⑧ (동작 따위가) 느린, 둔한, 서투른; 단조로운. ⑨ (날씨가) 흐린, 음울한. ⑩ 느른한. ⑪ 슬픈; 모진, 괴로운. ⑫ (포성 따위가) 크게 울리는, 진동하는. ⑬ 〖軍〗 중장비의. ⑭ 중대한; 〖劇〗 장중한. ⑮ 임신한. ***lie*** 〔***sit, weigh***〕 ***~ on*** 〔***upon, at***〕 (*a person*)(아무를) 괴롭히다. ***time hangs ~*** (***on one's hands***) 시간이 남아 주체 못하다. — *n.* Ⓒ 무거운 사람 〔물건〕; 〖劇〗 악인역(役). :**héav·i·ly** *a.* *****héav·i·ness** *n.*
héavy-ármed *a.* 중장비의.
héavy artíllery 중포대〔병〕.
héavy-búying *a.* 대량 구매의.
héavy bómber 중폭격기.
héavy cróp 풍작.
héavy-fóoted *a.* 동작이 둔하고 느린; 《方》 임신한.
héavy gún 중포.
héavy-hánded *a.* 서투른; 압제적인; 비정한.
héavy-héarted *a.* 우울한, 슬픈.
héavy hítter 유력자, 중요 인물.
héavy hýdrogen 〖化〗 중수소.
héavy índustries 중공업.
héavy-láden *a.* 무거운 짐을 진〔실은〕; 압박된, 짓눌린.
héavy métal 중금속; 훌륭〔유력〕한 사람; 《俗》 강적.
héavy óil 중유.
héavy óxygen 〖化〗 중산소.
héavy párt 〖劇〗 악인역(惡人役).
héavy séa 격랑(激浪).
héavy ský 흐린 하늘.
héavy wáter 중수(重水).
héavy·wèight *n.* Ⓒ 보통보다 체중이 무거운 사람; 〖拳·레슬링〗 헤비급 선수; 《美口》 유력자, 중진.
Heb., Hebr. Hebrew; 〖新約〗 Hebrews.
heb·dom·a·dal[hebdámədl/-ɔ́-] *a.* =WEEKLY.
He·be[híːbiː] *n.* 〖그神〗 청춘의 여신 《제신(諸神)에게 술을 따르는 여신》.
heb·e·tate[hébətèit] *vt., vi.* 둔하게 하다, 우둔하게 하다.
He·bra·ic[hiːbréiik] *a.* 헤브라이 사람〔말·문화의〕의.
He·bra·ism[híːbriìzəm, -brei-] *n.* Ⓤ 헤브라이어풍(語風); 헤브라이주의〔사상·기질〕. **-ist** *n.* Ⓒ 헤브라이(어) 학자.
*****He·brew**[híːbruː] *n., a.* ① Ⓒ 헤브라이〔유대〕사람(의). ② Ⓤ (고대의) 헤브라이말, (현대의) 이스라엘말; 이해 못할 말.
Heb·ri·des[hébrədìːz] *n. pl.* 스코틀랜드 북서부의 열도(列島).
Hec·a·te[hékətiː] *n.* 〖그神〗 달·대지·하계를 주관하는 여신; Ⓒ 마녀.
hec·a·tomb[hékətòum] *n.* Ⓒ 〖古그〗 큰 희생《소 백마리의 제물》; 다수의 희생; 대학살.
heck[hek] *n.* Ⓤ 《俗》 지옥《hell의 완곡한 말》. ***a ~ of a ...*** 《口》 대단한. — *int.* 《口》 염병할, 빌어먹을.
heck·le[hékəl] *vt.* 괴롭히다; 질문 공세를 취하다.
*****hec·tare**[héktɛər] *n.* Ⓒ 헥타르《=100아르 =1만 평방 미터》.
hec·tic[héktik] *a.* 소모열의, (열이) 소모성인, (병적으로) 얼굴이 붉그레한; 몹시 흥분한, 열광적인. — *n.* Ⓒ 결핵 환자; Ⓤ 소모열, 홍조.
hec·to-[héktou, -tə] '백'의 뜻의 결합사.
hécto·gràm(me) *n.* =100g.
hécto·gràph *n.* Ⓒ 젤라틴 판(版).
hectol. hectoliter(s).
hécto·lìter, 《英》 **-tre** *n.* =100 liter.
hécto·mèter, 《英》 **-mètre** *n.* =100m.
hec·tor[héktər] *vt., vi., n.* Ⓒ 허세를 부리다〔부리는 사람〕, 약한 자를

괴롭히다, 그런 사람; (H-) Homer의 *Iliad*에 나오는 용사.
†**he'd**[hi:d, 弱 i:d, *h*id] he had [would]의 단축.
:**hedge**[hedʒ] *n.* Ⓒ ① (산)울타리; 장벽. ② 양다리 걸치기, 기회보기. ***be on the ~*** 애매한 태도를 취하다. ***dead ~*** 마른 나무 울타리, 바자울. ***quickset ~*** 산울타리. ── *vt.* ① (산)울타리로 두르다. ② (…에) 장벽을 만들다; 막다. ③ 방해하다. ── *vi.* ① (산)울타리를 만들다. ② (내기에서) 양쪽에 걸다. ③ 확언을 피하다. ***~ in*** 둘러싸다, 속박하다 (*with*). ***~ off*** 가로막다, 방해하다.
hédge fùnd 《美》 헤지 펀드《투자 신탁의 일종》.
***hedge·hog**[hédʒhàg, -hɔ̀:g/-hɔ̀g] *n.* Ⓒ 고슴도치; 《美》 호저(豪猪); 성질내는 심술쟁이; 〖軍〗 견고한 요새.
hédge·hòp *vt., vi.* **(-pp-)** 초(超)저공 비행을 하다.
***hédge·ròw** *n.* Ⓒ (산울타리의) 관목의 줄. 「종.
hédge spàrrow 바위종다리의 일
he·don·ism[hí:dənìzəm] *n.* Ⓤ 〖倫〗 쾌락주의; 향락주의. **-ist** *n.* **he·do·nis·tic**[⌐–nístik] *a.*
:**heed**[hi:d] *n.* Ⓤ 조심, 주의. ***give pay ~ to*** …에 주의하다. ***take ~ to*** [***of***] …에 조심하다. ── *vt., vi.* (…에) 조심[주의]하다. ***∠·ful** *a.* ***∠·less** *a.* 부주의한, 경솔한.
hee-haw[hí:hɔ̀:/∠∠] *n.* (a ~) 나귀의 울음소리; 바보 웃음.
:**heel**[1][hi:l] *n.* Ⓒ ① 뒤꿈치; (말 따위의) 뒷발, (뒷)굽. ② 《美口》 비열한 놈[자식]. ***at*** [***on***] ***a person's ~s*** 아무의 바로 뒤에 바싹 따라. ***come to ~*** 따르다, 추종하다. ***down at ~(s)*** 뒤축이 닳은 신을 신고; 초라[꾀죄죄]한 모습으로, 단정치 못한[못하게]. ***have the ~s of*** …을 앞지르다, …을 이기다. HEAD ***over ~s. kick*** [***cool***] ***one's ~s*** 오래 기다리게 되다. ***lay*** [***clap***] ***a person by the ~s*** 투옥하다. ***out at ~s*** (터져서) 발뒤꿈치가 보이는 신을 신고, 영락하여. ***show a clean pair of ~s,*** or ***take to one's ~s*** 부리나케 뺑소니치다. ***to ~*** (개가) 바로 뒤따라서. ***turn on one's ~s*** 홱 돌아서다. ***with the ~s foremost*** 시체가 되어. ── *vt.* ① (신발에) 뒤축을 대다. ② …의 바로 뒤를 따르다. ── *vi.* ① (개가) 바로 뒤따르다. ② 뒤꿈치로 춤추다.
heel[2] *n., vi., vt.* Ⓒ (배의) 경사; 기울어지다, 기울이다(*over*).
heel·ed[-d] *a.* 《口》 부자인, 유복한; 《俗》 권총을 갖고 있는. ***be well ~*** 담뿍 갖고 있다.
héel·tàp *n.* Ⓒ 구두의 뒤축 가죽; 잔에 남은 술(*No ~s!* 죽 들이키자!).
heft[heft] *n.* Ⓤ 《英方》 무게, 중량; 영향, 대부분. ── *vt.* 들(어서 무게를 달)다. **∠·y** *a.* 무거운; 근골(筋骨)이 늠름한.
He·gel[héigəl], **Georg Wilhelm Friedrich**(1770-1831) 독일의 철학자.
he·gem·o·ny[hidʒéməni, hédʒəmòuni] *n.* Ⓤ 패권, 지배권.
He·gi·ra[hidʒáirə, hédʒərə/hédʒirə, hidʒáiərə] *n.* (the ~) 〖史〗 Mohammed의 도주(逃走)(622); 이슬람교 기원; Ⓒ (h-) 도피(flight).
hé·góat *n.* Ⓒ 숫염소.
Hei·del·berg[háidəlbə̀:rg] *n.* 독일 서남부의 도시; Heidelberg 대학 소재지; 대학과 성이름으로 유명.
heif·er[héfə*r*] *n.* Ⓒ (아직 새끼를 낳지 않은 3살 미만의) 암소.
Hei·fetz[háifits], **Jascha**(1901-1987) 러시아 태생의 미국 바이올리니스트.
heigh[hei, hai] *int.* 여보, 어어, 야아《주의·격려·기쁨 따위의 외침》.
héigh-hó[-hóu] *int.* 음, 아아《기쁨·지루함·낙담 따위의 외침》.
†**height**[hait] *n.* ① Ⓤ,Ⓒ 높이, 고도. ② Ⓒ (종종 *pl.*) 고지, 둔덕. ③ (the ~) 절정, 극치; 한창. ***at its ~*** …의 절정에, …이 한창이어서. ***in the ~ (of summer)*** 한(여름)에. ***~·en**[∠n] *vt., vi.* 높이다, 높아지다; 증가[증대]하다.
Hei·ne[háinə], **Heinrich** (1797-1856) 독일의 시인.
hei·nous[héinəs] *a.* 가증스런, 극악무도한, 악질의.
:**heir**[ɛə*r*] *n.* Ⓒ ① 상속인, 법적 상속인, 사자(嗣子)(*to*). ② (특질·전통 등의) 계승자, 후계자. **~·dom** [∠dəm] *n.* Ⓤ 상속인임.
héir appárent 법정 추정 상속인.
héir at láw 법적 상속인.
***heir·ess**[ɛ́əris] *n.* Ⓒ 여자 상속인.
heir·loom[ɛ́ə*r*lù:m] *n.* Ⓒ 조상 전래의 가보(家寶); 〖法〗 법정 상속 동산(動産).
heir presúmptive 추정 상속인.
He·ji·ra *n.* =HEGIRA.
†**held**[held] *v.* hold[1]의 과거(분사).
Hel·en[hélin] *n.* 여자 이름; 〖그神〗 Sparta의 왕 Menelaus의 미비(美妃)《Paris의 유괴로 트로이 전쟁이 일어 났음》.
hel·i·borne[héləbɔ̀:*r*n] *a.* 헬리콥터로 운반되는.
hel·i·cal[hélikəl] *a.* 나선 모양의.
hel·i·ces[hélәsì:z] *n.* helix의 복수.
hel·i·cline[héləklàin] *n.* Ⓒ (완만한 경사의) 나선상 도로.
hel·i·coid[héləkɔ̀id] *a.* 나선 모양의. ── *n.* Ⓒ 나선체[면]; 〖機〗 헬리코이드식《카메라의 경동(鏡胴) 따위》.
Hel·i·con[hélikàn, -kən/-kɔ̀n] *n.* 〖그神〗 헬리콘산(山)《Muses가 살던 곳》; 시상(詩想)의 원천; Ⓒ (h-) 저음 튜바《취주악기의 일종》.
†**hel·i·cop·ter**[hélikɑ̀ptə*r*/-kɔ̀p-] *n., vi., vt.* Ⓒ 헬리콥터(로 가다[나르다]).
hel·i·drome[hélidròum] *n.* Ⓒ 헬

리콥터용 공항.

he·li·o-[hí:liou, -liə] '태양, 태양 에너지'의 뜻의 결합사.

he·li·o·cen·tric[hì:liouséntrik] *a.* 태양 중심의, 태양 중심으로부터 측정한. ~ ***theory*** 태양 중심설.

he·li·o·graph[hí:liougræ̀f, -grɑ̀:f] *n., vt.* Ⓒ (초기의) 사진 제판; 회광(回光) 신호기(로 통신하다).

he·li·o·scope[hí:liəskòup] *n.* Ⓒ 태양경(鏡).

he·li·o·trope[hí:liətròup/héljə-] *n.* Ⓒ 〖植〗 헬리오트로프, 쥐오줌풀; Ⓤ 그 향기, 엷은 자줏빛; 혈석(血石).

he·li·ot·ro·pism[hì:liɑ́trəpìzəm/-ɔ́-] *n.* Ⓤ 〖植〗 굴광성.

hel·i·ox[héliɑks/-ɔks] *n.* Ⓤ (잠수용의) 헬륨과 산소의 혼합 기체.

hel·i·pad[hélәpæ̀d] *n.* Ⓒ 헬리콥터 발착장.

hel·i·port[héləpɔ̀:rt] *n.* =⇧.

***he·li·um**[hí:liəm] *n.* Ⓤ 〖化〗 헬륨 《희(稀)가스 원소의 하나》.

he·lix[hí:liks] *n.* (*pl.* ~***es, helices***) Ⓒ 나선(spiral), 소용돌이(장식); 〖解〗 귓바퀴.

:hell[hel] *n.* ① Ⓤ 지옥. ② Ⓒ,Ⓤ 지옥과 같은 상태〔장소〕, 마굴. ***a ~ of a*** 《美俗》 대단한. ***be ~ on*** 《美俗》 …에 해롭다. ***be the ~ for*** 《俗》 …에 열중하고 있다. ***give a person ~*** 아무를 흠씬 욕보이다〔혼내주다〕. ***Go to ~!*** 이 새끼!, 뒈져라! ***~ of*** 지옥 같은(*the ~ of a life* 생지옥). ***Hell's bells!*** (아아) 속탄다!, 제기랄! ***like ~*** 미친 듯이, 지독히. ***make one's life a ~*** 지옥과 같은 생활을 하다. ***to ~ and gone*** 《俗》 굉장히 멀리에. ***What*** 〔***Who***〕 ***the ~ ...?*** 도대체 뭐냐〔누구냐〕. ***You can go to ~!*** (너 같은 건) 뒈져버려!

†he'll[hi:l] he will 〔shall〕의 단축.

Hel·las[héləs/-læs] *n.* 그리스의 옛 이름.

héll·bènder *n.* Ⓒ 미국도롱뇽《미국 동부산》.

héll-bènt *a.* 《美口》 꼭 하고야 말 기세의, 필사의.

héll bòmb 수소 폭탄.

héll·càt *n.* Ⓒ 못된 계집; 마녀.

hel·le·bore[hélәbɔ̀:r] *n.* Ⓒ 〖植〗 크리스마스로즈, 박새.

Hel·lene[héli:n] *n.* Ⓒ 그리스 사람.

Hel·len·ic[helénik/-lí:-] *a.* 그리스(사람·말)의.

Hel·len·ism[hélənìzəm] *n.* Ⓒ 그리스어풍; Ⓤ 그리스주의〔문화·국민성〕. **-ist**[-ist] *n.* Ⓒ 그리스(어)학자〔심취자〕. **-is·tic**[ˌ-ˊ-ístik] *a.*

Hel·len·ize[hélənàiz] *vt., vi.* 그리스화(化)하다; 그리스 말을 사용하다.

hel·ler[hélər] *n.* Ⓒ 《美俗》 난폭자.

héll·fire *n.* Ⓤ 지옥의 불; 지옥의 형벌, 지옥의 괴로움.

héll·hòund *n.* Ⓒ 지옥의 개; 악귀.

hel·lion[héljən] *n.* Ⓒ 《口》 난폭자, 무법자.

hell·ish[héliʃ] *a.* 지옥 같은; 《口》 가증한; 소름끼치는.

†hel·lo[helóu, hə-, hélou] *int., n.* Ⓒ 어이, 여보, 어머(라고 외침); (전화로) 여보세요. — *vi.* 'hello!'라고 하다.

Héll's Ángels 오토바이 폭주족(族).

Héll's kítchen 《美》 우범 지역.

:helm[1][helm] *n., vt.* ① Ⓒ 키(자루), 키(를 잡다). ② (the ~) 지도(하다).

helms·man[ˊzmən] *n.* Ⓒ 키잡이.

helm[2] *n.* 《古》 =HELMET.

:hel·met[hélmit] *n.* Ⓒ 투구; 헬멧.

hel·o[hélou, hí:l-] *n.* Ⓒ 《口》 헬리콥터.

hélo-pàd *n.* Ⓒ 《口》 헬리콥터 발착장.

Hel·ot [hélət, hí:-] *n.* Ⓒ 〖史〗 (Sparta의) 농노(農奴)(serf); (h-) 《一般》 노예. ~·**ry** *n.*

†help[help] *vt.* ① 돕다, 거들다. ② (음식을) 담다, 권하다. ③ 구(救)하다. ④ 고치다. ⑤ 《can, cannot과 더불어》 피하다, 억누르다, …을 안하다(*I can't ~ it., It cannot be ~ed.* 어쩔 도리가 없다/*Don't tell him more than you can ~.* 공연한 말은 하지 마라). — *vi.* ① 돕다; 도움이 되다, 유용하다. ② (식사) 시중을 들다. ***cannot ~*** (do)***ing*** =***cannot but*** (do) 《주로 美口》 …하지 않을 수 없다. ***God ~ him!*** 가엾어라! ***~ forward*** 조성하다. ***~ off*** 거들어서 벗겨주다〔차에서 내려주다〕. ***~ on*** 거들어서 입히다〔차에 태우다〕(*with*); 진척시키다, 조성하다. ***~ oneself to*** …을 마음대로 집어먹다. ***~ out*** 구해내다; 도와서 완성시키다. ***~ up*** 도와 일으키다. ***So ~ me*** (***God***)! 신에게 맹세코, 정말. — *n.* ① Ⓤ 도움, 구조. ② Ⓒ 거드는 사람, 고용인, 하인(*a lady ~* 가정부). ③ Ⓤ 구제책, 피할 길(*for*). ④ Ⓒ 《方》 (음식물의) 한 그릇. ⑤ 〖컴〗 도움말. **:ˊ·er** *n.* Ⓒ 조력자; 조수; 구조자; 위안자. **ˊ·ing** *n.* Ⓤ 구조, 조력; Ⓒ 한 그릇.

:help·ful[ˊfəl] *a.* 도움이 되는, 유용한(*to*). ~·**ly** *ad.* ~·**ness** *n.*

:help·less[ˊlis] *a.* 어찌할 도리 없는, 무력한, 의지할 데 없는. *~·**ly** *ad.* *~·**ness** *n.* Ⓤ 무력, 무능.

help·mate[ˊmèit], **-meet**[-mì:t] *n.* Ⓒ 협력자; 배우자.

Hel·sin·ki[hélsiŋki] *n.* 핀란드의 수도.

hel·ter-skel·ter [héltərskéltər] *n., ad., a.* Ⓒ 당황(하여, 한).

helve[helv] *n.* Ⓒ (도끼 따위의) 자루. — *vt.* (…에) 자루를 달다.

Hel·ve·tia[helví:ʃə] *n.* 《詩》 스위스의 라틴어 이름. ~**n** *a., n.* Ⓒ (스위스에 살았던) 고대 헬베티아족의 (사람); 스위스의; 스위스 사람(의).

hem**[1][hem] *n.* Ⓒ ① (옷·손수건 따위의) 가선; 감침질. ② 경계. — *vt.* (*-mm-*) ① (…을) 감치다. ② 두르다, 에워싸다(*in, about, round*). ***~ out 쫓아내다.

hem[2][m̩m, hm] *int.* 에헴!, 헴!《헛기침 소리》. — [hem] *n., vi.*

(**-mm-**) Ⓒ 에헴, 헴(하다).
hé-màn *n.* Ⓒ 남자다운 남자.
hem·a·tite[hémətàit, hí:m-] *n.* Ⓤ 적철광(赤鐵鑛).
hem·a·tol·o·gy [hèmətálədʒi, hì:m-/-ɔ́-] *n.* Ⓤ 〖醫〗 혈액학.
hem·i-[hémi] *pref.* '반(半)'의 뜻.
hèmi·céllulose *n.* Ⓤ 헤미셀룰로스《식물체 속의 고무상·다당류 탄수화물의 총칭》.
Hem·ing·way [hémiŋwèi], **Ernest** (1899-1961) 미국의 소설가.
hem·i·ple·gi·a[hèmiplí:dʒiə] *n.* Ⓤ 〖醫〗 편마비, 반측마비.
he·mip·ter·ous [himíptərəs] *a.* 반시류(半翅類)의《진디·매미·이 등》.
:hem·i·sphere[hémisfìər] *n.* Ⓒ 반구(*the Eastern* ~ 동반구). **-spher·ic**[∸-sférik], **-spher·i·cal** *a.*
hem·i·stich[hémistik] *n.* Ⓒ (시의) 반행(半行); 미완구(未完句).
***hem·lock**[hémlɑk/-lɔk] *n.* Ⓒ《英》독당근; Ⓤ 거기서 뽑은 독약; Ⓒ (북아메리카산의) 솔송나무(~ spruce).
he·mo-[hí:mou, hém-, -mə] '피'의 뜻의 결합사.
he·mo·glo·bin [hí:məglòubin, hèm-] *n.* Ⓤ 〖生化〗 헤모글로빈, 혈색소.
he·mo·phil·i·a[hì:məfíliə, hèm-] *n.* Ⓤ 〖醫〗 혈우병.
hem·or·rhage [hémərídʒ] *n.* Ⓤ 출혈(cerebral ~ 뇌출혈).
hem·or·rhoids[hémərɔ̀idz] *n. pl.* 치질, 치핵.
he·mo·stat·ic [hì:məstǽtik, hèm-] *a.* 지혈의. — *n.* Ⓒ 지혈제.
***hemp**[hemp] *n.* Ⓤ ① 삼, 대마(大麻). ②《諧》교수형용의 밧줄. **~·en** [∸ən] *a.* 대마의, 대마로 만든.
hém·stìtch *n., vt.* Ⓤ 휘갑장식, 헴스티치(하다), 가장자리 올을 뽑아 몇 가닥씩 묶다.
†hen[hen] *n.* Ⓒ ① 암탉. ② 암컷(*a pea* ~ 공작의 암컷). ***like a ~ with one chicken*** 작은 일에 마음 졸여.
Hen. Henry.
hén·bàne *n.* Ⓒ 〖植〗 사리풀; Ⓤ 그 풀에서 뽑은 독약.
:hence[hens] *ad.* ① 그러므로, 그 결과. ② 이제부터 …후에(*a week* ~ 이제부터 일주일 후에). ③《古》여기서부터, 사라져(*H- with him!* 끌어내라; (*Go*) *~!* 나가라!/*go* ~ 죽다). **:∼·fórth, ∼·fórward** *ad.* 이제부터는, 이후, 차후.
hench·man[héntʃmən] *n.* Ⓒ 믿을 수 있는 부하; (갱 등의) 졸개.
hén·còop *n.* Ⓒ 닭장, 닭 둥우리.
hen·di·a·dys[hendáiədis] *n.* Ⓤ 〖修〗 중언법(重言法)《보기 : *death and honor* =honorable death》.
***hén·hòuse** *n.* Ⓒ 닭장, 계사.
Hèn·ley-on-Thámes[hènli-] *n.* 영국 Oxfordshire에 있는 도시《보트 레이스로 유명》.
hen·na[hénə] *n.* Ⓤ 헤너《관목》; 헤너 머리 염색제《적갈색》.
hen·ner·y[hénəri] *n.* Ⓒ 양계장.
hén pàrty《口》여자들만의 모임 (cf. stag party).
hen·peck[hénpèk] *vt., n.* (남편을) 깔고 뭉개다; Ⓒ 공처가. **~ed**[-t] *a.* 여편네 손에 쥐인.
Hen·ry[hénri] *n.* 남자 이름; **O. Henry**(1862-1910) 미국의 단편 작가《본명 William Sidney Porter》; Ⓒ (h-) 〖電〗 헨리《전자(電磁) 유도 계수의 실용 단위; 생략 H》.
hep[hep] *a.*《美俗》(…에) 자세한〔밝은〕(*to*), (최근 유행·사정에) 환한, …통(通)인; 재즈에 미친(cf. hepster, hipster). — *int.* 〖재즈〗 으윽《열연 중에 장단 맞추는 소리》; 하나 둘《행진의 보조를 맞추는 구령》.
hep·a·rin [hépərin] *n.* Ⓤ 〖生化〗 헤파린《간장이나 폐의 혈액 응고를 막는 물질》.
he·pat·ic[hipǽtik] *a.* 간(肝)(빛)의.
he·pat·i·ca[hipǽtikə] *n.* Ⓒ 〖植〗 노루귀. 「염.
hep·a·ti·tis[hèpətáitis] *n.* Ⓤ 간
hep·cat[hépkæ̀t] *n.* Ⓒ《俗》스윙 연주가; 소식〔유행〕통(通).
hep·ster[hépstər] *n.* Ⓒ 재즈광(狂); =HIPSTER.
hep·ta·gon[héptəgàn/-gən] *n.* Ⓒ 7각형. **-tag·o·nal**[-tǽg-] *a.*
hep·tam·e·ter [heptǽmitər] *n.* Ⓒ 〖韻〗 칠보격(七步格).
hep·tar·chy[héptɑːrki] *n.* Ⓒ 칠두(七頭) 정치; (the H-) (5-9세기의 앵글로 색슨 민족의) 7왕국.
†her[強 hə:r, 弱 ə:r, hər] *pron.* 그 여자의〔에게, 를〕.
her. heir; heraldic; heraldry.
He·ra[hírə, hérə] *n.* 〖그神〗 Zeus 신의 아내《로마 신화에서는 Juno》.
:her·ald[hérəld] *n.* Ⓒ ① 전령관, 사자(使者). ② 문장관(紋章官), 의전관. ③ 고지자, 보도자; (H-) 신문의 이름. — *vt.* 전달〔보고·예고〕하다.
he·ral·dic[herǽldik] *a.* 전령(관)의; 문장(학)의.
her·ald·ry[hérəldri] *n.* Ⓤ 문장학; 으리으리함; herald의 직〔임무〕; Ⓒ 문장(blazonry).
***herb**[*hə:r*b] *n.* Ⓒ (뿌리와 구별하여) 풀잎; 풀; 초본(草本)《작약·상치·양배추 따위를 포함하며, 식용·약용이 많음》(cf. grass).
her·ba·ceous[*hə:r*béiʃəs] *a.* 초본의, 줄기가 연한; 잎 모양의, 초록색의.
herb·age[*hə́:r*bidʒ] *n.* Ⓤ 초본(草本)류; 목초; 〖英法〗 방목권(權).
herb·al[∸əl] *a., n.* 초본의; Ⓒ 본초서(本草書), 식물지(植物誌). **~·ist** [-bəlist] *n.* Ⓒ 본초학자; 약초상.
her·bar·i·um[*hə:r*béəriəm] *n.* (*pl.* **~s, -ia**) Ⓒ 식물 표본집〔실, 관〕.
hérb bènnet 뱀무.
hérb dòctor 한의사. 「초제.
herb·i·cide[*hə́:r*bəsàid] *n.* Ⓤ,Ⓒ 제
her·biv·o·rous [*hə:r*bívərəs] *a.* 초식(草食)의(cf. carnivorous, omnivorous).

Her·cu·le·an [hə̀ːrkjəlíən, həːrkjúːliən] *a.* Hercules와 같은; (h-) 큰 힘의[을 요하는], 지난(至難)한 (*a ~ task* 극히 어려운 일).

***Her·cu·les** [hə́ːrkjəlìːz] *n.* ① 〖그神〗 헤르쿨레스《괴력(怪力)의 영웅》. ② Ⓒ 초인적인 힘을 가진 사람. ③ 〖天〗 헤르쿨레스 자리.

:**herd** [həːrd] *n.* ① Ⓒ (소·말 따위의) 무리. ② (the ~)《蔑》하층민, 민중; Ⓒ 군집, 대세. ③《보통 복합어로》목자(cow*herd*, shep*herd*). — *vt.* (소·말을) 몰아 모으다, 지키다. — *vi.* 떼지어 모이다(*with, together*).

***herds·man** [´-zmən] *n.* Ⓒ《주로 英》목자; (H-) 〖天〗 목동자리.

†**here** [hiər] *ad.* ① 여기에(서), 이리로. ② 이 점에서, 이 때에. ③ 이 세상에서. ***H-!*** 예!《호명의 대답》. ***~ and now*** 지금 바로, 곧. ***~ and there*** 여기저기에. ***~ below*** 이 세상에서는. ***H- goes!***《口》자 시작한다!; 자! ***H- I am!*** 다녀왔습니다!, 자 다 왔다. ***H- it is.*** 옜다, 자 여기 있다. ***Here's to you*** [***your health***]! 건강을 축하합니다. ***H- you are!***《口》(원하는 물건·돈 따위를 내놓으면서) 자 받아라. ***neither ~ nor there*** 요점을 벗어나, 무관계한. — *n.* Ⓤ 여기(*from ~*); 이 세상.

hére·abòut(s) *ad.* 이 근처에.

:**hére·áfter** *ad.* 앞으로, 금후, 내세(來世)에서.

hére-and-nòw *a.* 즉결을 요하는.

***here·by** [hìərbái] *ad.* 이에 의하여, 이로 말미암아.

he·red·i·ta·ble [hirédətəbəl] *a.* =HERITABLE.

***he·red·i·tar·y** [hirédətèri/-təri] *a.* 유전의; 세습의, 대대의.

he·red·i·ty [hirédəti] *n.* Ⓤ 유전; 유전형질.

Her·e·ford [hérəfərd, hə́ːr-] *n.* Ⓒ 헤리퍼드종(種)의 소《식육용》.

Héreford and Wórcester 잉글랜드 서부의 주《1974년 신설》.

***hère·ín** *ad.* 이 속에, 여기에; 이런 까닭으로, 이 점에서.

hère·in·áfter *ad.* (서류 등에서) 아래에 서는, 이하에.

hère·in·befóre *ad.* (서류 등에서) 위에, 윗 글에.

hère·óf *ad.* 이것의, 이에 관해서.

hère·ón *ad.* =HEREUPON.

†**here's** [hiərz] here is의 단축.

***her·e·sy** [hérəsi] *n.* Ⓤ,Ⓒ 이교, 이단.

***her·e·tic** [hérətik] *n., a.* Ⓒ 이교도; 이단의. **he·ret·i·cal** [hərétikəl] *a.* 이교의, 이단의.

hère·tó *ad.* 여기까지; 이에 관하여.

***hére·to·fòre** *ad.* 지금까지, 이제까지.

「하여.

hère·únder *ad.* 아래에, 이에 의거

hère·untó *ad.* 여기[지금]까지.

hére·upòn *ad.* 여기에 있어서.

:**hère·wíth** *ad.* 이와 함께; 이에 의하여, 여기에 (동봉하여); 이 기회에.

her·it·a·ble [héritəbəl] *a.* 상속할 수 있는; 유전하는.

her·it·age** [héritidʒ] *n.* Ⓤ ① 세습[상속] 재산. ② 유산(遺産); 전승(傳承); 유전. ***God's ~ 하느님의 선민; 이스라엘 사람; 그리스도 교도.

her·maph·ro·dite [həːrmǽfrədàit] *n.* Ⓒ 양성(兩性) 동물, 어지자지; 양성화(花); 두 상반된 성질의 소유자[물]. — *a.* 양성(구유(具有))의, 자웅 동체의. **-dit·ic** [-´-dítik] *a.* 양성의, 자웅 동체의.

Her·mes [hə́ːrmiːz] *n.* 〖그神〗 학예·상업·변론의 신《신들의 사자로, 로마신화의 Mercury에 해당》.

her·met·ic [həːrmétik], **-i·cal** [-əl] *a.* 밀봉한(airtight); 연금술(鍊金術)의. **-i·cal·ly** *ad.*

:**her·mit** [hə́ːrmit] *n.* Ⓒ 은자(隱者).

her·mit·age [-idʒ] *n.* Ⓒ 은자의 집.

hérmit cràb 〖動〗 소라게.

Hérmit Kìngdom 중국 이외의 나라와 접촉을 않던 근세 조선 왕조.

hern [həːrn] *n.*《英方》=HERON.

her·ni·a [hə́ːrniə] *n.* Ⓤ,Ⓒ 탈장(脫腸), 헤르니아.

:**he·ro** [híərou] *n.* (*pl.* ***~es; fem. heroine***) Ⓒ ① 영웅, 용사. ② (이야기 따위의) 주인공.

「헤롯.

Her·od [hérəd] *n.* 〖聖〗 (잔학한 왕)

He·rod·o·tus [hirάdətəs/-rɔ́d-] *n.* (484?-425? B.C.) 그리스의 역사가.

:**he·ro·ic** [hiróuik] *a.* ① 영웅적인, 용감한, 장렬한. ② (문제가) 웅대한. ③ 〖韻〗 영웅시(격)의. ④ 〖美術〗 (조상(彫像) 따위가) 실물보다 큰(*~ size*). — *n.* ① Ⓒ 영웅시(격). ② (*pl.*) 과장된 표현[감정·행위].

heróic áge, the 신인(神人)의 시대《Hesiod가 주장한 인간 역사의 5기 중의 한 시대》.

heróic cóuplet 약강 오보격(弱強五步格)의 압운 대구(押韻對句).

heróic póetry 영웅시.

heróic vérse 영웅시(격)《영시에서는 약강 5보격; 그리스·라틴·프랑스 시에서는 6보격》.

「정)제.

her·o·in [hérouin] *n.* Ⓤ 모르핀(진

:**her·o·ine** [hérouin] *n.* Ⓒ ① 여장부, 여걸, 열부(烈婦). ② (이야기의) 여주인공.

***her·o·ism** [hérouìzəm] *n.* Ⓤ 영웅적 자질, 장렬; 영웅적 행위.

her·on** [hérən] *n.* (*pl.* ***~s,《집합적》***~***) Ⓒ 〖鳥〗 왜가리.

héro sándwich《美》고기를 듬뿍 넣은 샌드위치.

héro wòrship 영웅 숭배.

her·pes [hə́ːrpiːz] *n.* Ⓤ 〖醫〗 포진(疱疹), 헤르페스.

her·pe·tol·o·gy [hə̀ːrpətάlədʒi/-pətɔ́l-] *n.* Ⓤ 파충류학.

Herr [hɛər] *n.* (G-) (*pl.* ***Herren*** [hérən]) 군, 씨《Mr.에 해당함》; Ⓒ 독일 신사.

Her·rick [hérik], **Robert** (1591-1674) 영국의 서정시인.

her·ring** [hériŋ] *n.* Ⓒ 청어. ***kip-

pered (*red*) ~ =KIPPER.
hérring·bòne *n., a.* Ⓒ (피륙 등의) 오늬무늬(의), '헤링본'(의). — *vt.* 헤링본으로 꿰매다(짜다). — *vi.* 『스키』 다리를 벌리고 비탈을 오르다.
†**hers**[hə:rz] *pron.* 그 여자의 것.
†**her·self**[hə:rsélf, 弱 hərsélf] *pron.* (*pl.* ***themselves***) 그 여자 자신.
hertz[hə:rts] *n.* Ⓒ 『電』 헤르츠《생략 Hz》.
Hértz·i·an telégraphy[hə́:rtsiən-] 무선 전신.
†**he's**[hi:z] he is (he has)의 단축.
hes·i·tant[hézətənt] *a.* 망설이는, 주춤거리는. **-tance, -tan·cy** *n.*
:**hes·i·tate**[hézətèit] *vi.* 망설이다, 주저하다, …할 마음이 나(내키)지 않다; (도중에서) 제자리 걸음하다, 멈춰 서다. **-tat·ing** *a.* **-tat·ing·ly** *ad.* :**-ta·tion**[⌒–téiʃən] *n.* Ⓤ 망설임, 주저. **-ta·tive** *a.*
Hes·per[héspər] *n.* =HESPERUS.
Hes·per·i·des[hespérədì:z] *n. pl.* 『그神』 Hera의 금(金)사과를 지키는 4명의 님프.
Hes·per·us[héspərəs] *n.* 개밥바라기, 태백성, 금성.
Hes·se[hésə], **Hermann**(1877-1962) 독일의 시인·소설가.
Hes·sian[héʃən] *a., n.* Ⓒ (독일 남서부의) Hesse의 (사람); 《美》 용병(傭兵); 돈만 주면 일하는 사람.
Hes·ti·a[héstiə] *n.* 『그神』 화로·화덕의 여신《로마 신화의 Vesta》.
het[het] *a.* 흥분하여(~ *up* 흥분한).
he·tae·ra [hitíərə] *n.* 『古그』 첩, 고급 창녀, 매춘부.
het·er·o-[hétərou, -rə] '다른, 딴…'의 뜻의 결합사.
het·er·o·dox[hétərədɑ̀ks/-ɔ̀-] *a.* 이단의, 이설(異說)의(opp. orthodox). **~·y** *n.* Ⓤ,Ⓒ 이단, 이설(異說).
het·er·o·dyne[hétərədàin] *n., a.* Ⓤ 『無電』 헤테로다인(의)《진공관이 맥놀이를 내는》; Ⓒ 헤테로다인 수신기.
het·er·o·ge·ne·ous [hètərədʒí:niəs] *a.* 이종(異種)의, 이질의, 잡다한(opp. homogeneous). **-ne·i·ty** [-dʒəní:əti] *n.*
het·er·o·nym[hétərənìm] *n.* Ⓒ 같은 철자의 이음이의(異音異義)의 말《***gill***[gil]과 ***gill***[dʒil] 따위》.
het·er·o·struc·ture [hètəroustrʌ́ktʃər] *n.* Ⓒ 『電子』 헤테로 구조체《복합 반도체 장치》.
hew**[hju:] *vt., vi.* (**~*ed;* *hewn,* ~*ed) ① (도끼 따위로) 자르다(*at, off*), 마구 베다, 토막 내다; 찍어 넘기다(*down*). ② (석재(石材) 따위를) 잘라서(깎아서, 새겨서) 만들다, 깎아 새기다. ~ ***one's way*** 길을 개척하여 나아가다. **~·er**[⌒ər] *n.* Ⓒ 자르는 사람, 채탄부.
HEW 《美》 (Department of) Health, Education, and Welfare.
hewn[hju:n] *v.* hew의 과거분사.
he-wolf[hí:wúlf] *n.* Ⓒ 수늑대.
hex[heks] *n.* Ⓒ 마녀; 마술. — *vt.* 마법을 걸다, 호리다, 매혹하다.
hex(·a)-[héks(ə)] '6'의 뜻의 결합사《모음 앞에서는 hex-》.
hex·ad[héksæd] *n.* Ⓒ 여섯; 6개로 된 한 조; 『化』 6가 원소(원자, 기).
hex·a·dec·i·mal[hèksədésiməl] *a.* 『컴』 16진법(進法)의. — *n.* (the ~) 16진(법), 16진 기수법(記數法); 16진수(~ ***number*** 십육진수).
hex·a·gon[héksəgɑ̀n/-gən] *n.* Ⓒ 6각형. **hex·ag·o·nal**[-ǽgənl] *a.*
hex·a·gram[héksəgræ̀m] *n.* Ⓒ 육각 성형《✡》.
hex·a·he·dron[hèksəhí:drən] *n.* (*pl.* **~*s, -dra***) Ⓒ 6면체.
hex·am·e·ter[heksǽmitər] *n.* Ⓒ 『韻』 육보격(六步格)(의 시).
hex·ane[héksein] *n.* Ⓤ 『化』 헥산《파라핀 탄화 수소에 속하는 5종 이성체의 총칭으로 용제·중간물 등에 쓰임》.
hey**[hei] *int.* 야아!; 어어; 이봐, 어이!《호칭·놀람·기쁨·주의·환기 따위의 외침》. ***H- for …! …잘한다!; …만세! ~ PRESTO.
héy·dày[1] *int.* 이런!, 야아!
héy·dày[2](<high day) *n.* Ⓒ (*sing.*) 전성기.
Hf 『化』 hafnium. **hf.** half. **HF., H.F., hf, h.f.** high frequency. **HG** higher grade; High German; Home Guard; Horse Guards. **Hg** 『化』 *hydrargyrum* (L.=mercury). **hg** hectogram(s); heliogram. **H.G.** His (Her) Grace. **HGH** human growth hormone. **hgt.** hight. **HH** double hard. **hh** heavy hydrogen. **H.H.** His (*or* Her) Highness; His Holiness. **hhd.** hogshead. **hhf** household furniture. **HHFA** Housing and Home Finance Agency. **HHG** household goods. **HHH** treble hard (of pencil).
***hi**[hai] *int.* 야아(How are you?), 어이(Hello!).
H.I. Hawaiian Islands; 《美》 human interest.
hi·a·tus[haiéitəs] *n.* (*pl.* ~(***es***)) Ⓒ 중절(中絶), 틈; 『音』 모음 접속《보기: ide*a* *of*》.
hi·ber·nal[haibə́:rnl] *a.* 겨울의, 겨울 같은.
hi·ber·nate[háibərnèit] *vi.* 겨울잠 자다, 동면하다. **-na·tion**[⌒–néiʃən] *n.*
Hi·ber·ni·a[haibə́:rniə] *n.* 《詩》 = IRELAND.
hi·bis·cus[hibískəs, hai-] *n.* Ⓒ 목부용속의 식물《목부용·무궁화 등》.
hic[hik] *int.* 딸꾹《딸꾹질 의성음》.
hic·cup, hic·cough[híkʌp] *n., vi., vt.* Ⓒ 딸꾹질(하다, 하며 말하다).
hic ja·cet[hik dʒéisit] (L.=here lies) 여기에 (길이) 잠드시다《생략 H. J.》; 묘비명.

H

hick[hik] *n., a.* Ⓒ《口》농부(다운), 순박한 (사람).
hick·o·ry[híkəri] *n.* Ⓒ 호두과(科)의 나무; Ⓤ 그 재목《스키 용재(用材)》.
***hid**[hid] *v.* hide¹의 과거(분사).
hi·dal·go[hidǽlgou] *n.* (*pl.* ~*s*) Ⓒ 스페인의 하급 귀족《grandee의 다음》.
‡**hid·den**[hídn] *v.* hide¹의 과거분사. — *a.* 숨은, 숨겨진.
†**hide**¹[haid] *vt., vi.* (***hid; hidden, hid***) 숨(기)다; 덮어 가리다. ~ ***oneself*** 숨다.
***hide**² *n., vt.* Ⓤ,Ⓒ 짐승의 가죽(을 벗기다), 피혁; 《口》 때리다(beat).
híde-and-séek, híde-and-gò-séek *n.* Ⓤ 숨바꼭질.
híde·awày *n.* Ⓒ 은신처; 으슥한 음식점〔오락장〕.
híde·bòund *a.* (가축이) 여윈; 완고〔완미〕한; (마음이) 편협한, 편벽된; (식물이) 껍질이 말라붙은.
***hid·e·ous**[hídiəs] *a.* 끔찍한, 섬뜩한, 오싹해지는, 무서운. ~**·ly** *ad.* 소름 끼칠 만큼. ~**·ness** *n.*
híde-òut *n.* Ⓒ (범인의) 은신처.
hid·ing¹[⌐iŋ] *n.* Ⓤ 은닉; Ⓒ 은신〔은닉〕처(~ place).
hid·ing² *n.* Ⓒ《口》 매질, 후려갈김.
hie[hai] *vt., vi.* 서두르다, 급히 가다(*H- thee!* 서둘러라 / *He ~d him* 〔*himself*〕 *home.*).
hi·er·arch[háiərɑ̀:rk] *n.* Ⓒ 〖宗〗 교주; 고위 성직자; 권력자.
***hi·er·ar·chy**[-i] *n.* ① Ⓤ,Ⓒ 위계(位階) 제도〔조직〕; 성직 정치; Ⓒ 성직자의 계급; (the ~)《집합적》 성직자단. ② Ⓒ 천사의 계급; (the ~)《집합적》 천사들. **-chic**[hàiərɑ́:rkik], **-chi·cal**[-əl] *a.*
hi·er·at·ic[hàiərǽtik], **-i·cal**[-əl] *a.* 성직자의; 신성한 (용도의).
hi·er·o·glyph[háiərəglif] *n.* Ⓒ 상형 문자.
hi·er·o·glyph·ic[hàiərəglífik] *a.* 상형 문자의. — *n.* (*pl.*) 상형 문자(표기법); 비밀 문자.
hi-fi[háifái] (<*high-fidelity*) *a., n.* Ⓤ 〖電子〗 고충실도(高忠實度) 음향; Ⓒ 그러한 음향 재생 장치; 하이파이의.
hig·gle(**-hag·gle**)[hígəl(hǽgəl)] *vi.* 값을 깎다, 흥정하다(*with*).
hig·gle·dy-pig·gle·dy[hígəldipígəldi] *n., a., ad.* Ⓤ 엉망진창(인, 으로).
hig·gler[híglər] *n.* Ⓒ 행상인; 에누리하는 사람.
†**high**[hai] *a.* ① 높은(cf. tall), …높이의. ② 높은 곳(으로부터)의; 고지의; 고귀〔고상·숭고〕한; 고원한; 고위의. ③ 고급의; 값비싼. ④ 격렬한, 극도의(~ *folly* 지극히 어리석은 짓); 과격한(*a ~ anarchist*). ⑤ 짙은(~ *crimson*); (소리가) 날카로운. ⑥ 거만한(*a ~ manner*). ⑦ (때가) 된, 한창인(*It is ~ time to go.* 이제 떠날 시간이다). ⑧ 〖料理〗 (새나 짐승의 고기가 막 상하기 시작하여) 먹기에 알맞은(cf. gamy). ⑨《口》 거나하게 취한. ~ ***and dry*** (배가) 물가에 얹혀; 시대에 뒤져. ~ ***and low*** 상하 귀천을 막론하고(cf. high *ad.*). ~ ***and mighty*** 《古》 고위의; 거만한. ***How is that for ~?*** 《俗》 (그런데) 어때(놀랍지, 굉장하지). — *n.* ① Ⓤ 높은 곳; 천상(天上). ② Ⓒ 비싼 값. ③ Ⓤ (자동차의) 고속 기어. ④ Ⓒ《口》 고등 학교. ⑤ Ⓒ 고기압권. ⑥ Ⓒ《美俗》 마약·술로 기분 좋은 상태. ***from on ~*** 천상으로부터. ***on ~*** 공중 높이, 하늘에, 천상에. ***the H-*** =HIGH TABLE; 《英口》 =HIGH STREET. ***the Most H-*** 천주(God). — *ad.* 높이; 크게, 현저하게, 강하게. ***bid ~*** 비싸게 부르다. ***fly ~*** 희망에 가슴이 부풀어 있다. ~ ***and low*** 도처에. ***live ~*** 호화롭게 살다. ***play ~*** 큰 도박을 하다. ***run ~*** (바다의) 물살이 거칠어지다; 흥분하다; (값이) 오르다. ***stand ~*** 높은 위치를 차지하다.
hígh-àngle *a.* 〖軍〗 (보통 30° 이상의) 고각도의, 고각 사격의.
hígh·bàll *n.* Ⓤ,Ⓒ《美》 하이볼《위스키에 소다수 따위를 섞은 음료》.
hígh béam 하이 빔《자동차 헤드라이트의 원거리용 상향 광선》(cf. low beam).
hígh·bìnder *n.* Ⓒ《美口》 불량배; 사기꾼, 살인 청부업자.
hígh-bòrn *a.* 집안이 좋은, 명문 출신의.
hígh·bòy *n.* Ⓒ《美》 (높은 발이 달린) 옷장(《英》 tallboy).
hígh·brèd *a.* 순종의; 본데 있는, 예의바른, 교양 있는.
hígh·bròw *n., a.* Ⓒ 인텔리; 인텔리인 체하는 사람; 인텔리를 위한〔에 적합한〕.
hígh·chàir *n.* Ⓒ (식당·식탁의 다리가 높은) 어린이 의자.
Hígh Chúrch 고교회파《영국 교회파 중, 교회의 교의 및 의식을 존중하는 한 파》(cf. Low Church).
hígh-clàss *a.* 고급의; 일류의.
hígh-cólo(u)red *a.* 혈색이 좋은.
hígh cómedy (연기의 익살 따위에 중점을 두지 않는) 고급 희극.
hígh commánd 최고 사령부.
hígh commíssioner (식민지의) 고등 판무관.
Hígh Cóurt (**of Jústice**)《英》 고등 법원.
hígh dày 축제일.
hígh-definítion télevision 고화질〔고품위〕 텔레비전《생략 HDTV》.
hígh énergy phýsics 고(高)에너지〔소립자〕 물리학.
hígher-úp *n.* Ⓒ (보통 *pl.*)《美口》 상사(上司); 높은 양반.
hígh explósive 고성능 폭약.
high·fa·lu·tin [⌐fəlú:tin], **-ting** [-tiŋ] *a., n.* Ⓤ《口》 과장된 (말).
hígh fárming 집약 농업.
hígh fáshion 최신〔하이〕패션(high style); (상류 사회의) 유행 스타일.
hígh féeding 미식(美食).

H

hígh-fidélity *a.* 『電子』 고충실도의, 하이파이의(hi-fi).
hígh·flìer, -flỳer *n.* Ⓒ 높이 나는 새〔비행가〕; 야심가, 높은 소망을 가진 사람.
hígh-flòwn *a.* 엄청나게 희망이 큰; 과대한.
hígh-fréquency *a.* 『電』 고주파의.
hígh géar (자동차의) 고속 기어 (cf. low gear).
Hígh Gérman ⇨GERMAN.
hígh-gráde *a.* 고급의.
hígh-hánded *a.* 고압적인.
hígh hát 실크 해트.
hígh-hát *n., vi., vt.* (*-tt-*) Ⓒ 뽐내는 사람; 업신여기다, 뽐내다.
hígh-héarted *a.* 고결한, 용감한.
hígh-héeled *a.* 굽 높은, 하이힐의.
hígh·jàck *vt., vi.* =HIJACK. **~·er** *n.*
hígh júmp (the ~) 높이뛰기.
*__high·land__[´-lənd] *n.* ① Ⓒ (종종 *pl.*) 고지, 산지. ② (H-) 스코틀랜드 고지. **~·er** *n.* Ⓒ 고지인, (H-) 스코틀랜드 고지 사람.
hígh-lével *a.* 고관에 의한, 고관의; 높은 곳으로부터의.
hígh-lével lánguage 『컴』 고급 언어《용어·문법 등이 일상어에 가까운 프로그램 언어》.
hígh lìfe 상류 생활.
*__hígh·lìght__ *n., vt.* (*~ed*) Ⓒ (종종 *pl.*) ① 『美術』(화면의) 하이라이트. ② 중요 부분; (뉴스 중의) 중요 사건, 화제거리. ③ 두드러지게 하다; 강조하다; 돋보이게 하다.
hígh lìving 호화스러운 생활.
:__high·ly__[´-li] *ad.* 높이, 크게(*speak ~ of* …을 격찬하다).
Hígh Máss 『가톨릭』 장엄 미사.
hígh-mínded *a.* 고결한; 《稀》 거만한. **~ly** *ad.* **~ness** *n.*
high-muck-a-muck[´-mʌ̀kə-mʌ́k] *n.* Ⓒ 《美俗》 높은 사람; 젠체하는 사람.
*__hígh·ness__ *n.* ① Ⓤ 높음, 높이; 고위(高位), 고가(高價). ② (H-) 전하(殿下).
hígh nóon 한낮, 정오.
hígh-óctane *a.* 고옥탄가(價)의.
hígh-pítched *a.* 가락이 높은; 급경사의; 고상한; 몹시 긴장된.
hígh pòlymer 『化』 고분자〔거대한 분자〕 물질.
hígh-pówered *a.* 정력적인; 고성능의; 강력한.
hígh-préssure *a., vt.* 고압의; 고압적인; 강요하는; (…에게) 고압적으로 나오다.
hígh-príced *a.* 값 비싼.
hígh príest 고위 성직자; (옛 유대의) 제사장.
hígh-próof *a.* 알코올 도수가 높은.
hígh-ránker *n.* Ⓒ 고관; 고급 장교.
hígh-ránking *a.* 고급〔고관〕의.
hígh-resolútion *a.* 『電子』 고해상(도)의.
hígh ríse 고층 건물.
hígh-ríse *a., n.* Ⓒ 고층 건물(의); 높이 올린.
hígh-rísk *a.* 위험성이 높은.
hígh·ròad *n.* Ⓒ 큰길, 대로; 쉬운 길.
hígh róller 《美俗》 낭비자; 난봉꾼; 노름꾼.
:__hígh schòol__ 고등 학교; 중등 학교.
hígh séa 높은 파도; (보통 the ~s) 공해(公海).
hígh sìgn 《口》 (표정·몸짓으로 하는) 은밀한 신호.
hígh socíety 상류 사회.
hígh-sóunding *a.* 과장된.
hígh-spéed *a.* 고속도의.
hígh-spéed stéel 고속도강(鋼).
hígh spírit 용기.
hígh-spírited *a.* 기개 있는; 용감한; 기운찬; 기세 좋은.
hígh spírits 아주 기분이 좋음, 기력 왕성.
hígh spót 두드러진 특색〔부분〕(*hit the ~s* 요점만 건드리다, 대강 말하다).
Hígh Strèet 《英》 큰 거리, 중심「〔번화〕가(街).
hígh-strúng *a.* 과민한, 흥분하기 쉬운; 줄을 팽팽하게 한.
hígh táble 《英》 대학 학료(學寮)의 fellows·학장·교수 등의 식탁(the High).
hígh-tàil *vi.* 《口》 황급히 떠나가다「〔달아나다〕.
hígh téa 《英》 오후 4-5시경의 고기 요리가 따르는 간단한 식사.
hígh-tèch *n., a.* Ⓤ (고도의) 첨단 기술(high technology)(의).
hígh·téen *a., n.* Ⓒ 《俗》 18·9세의 (소년·소녀), 하이틴(의).
hígh-ténsion *a.* 『電』 고압의.
hígh-tést *a.* 엄격한 시험에 패스하는; 비등점이 낮은《가솔린 등》.
hígh tíde 고조(高潮); 한창때.
hígh tíme 좋은 때〔시기〕, 호기; 《俗》 흥겨울〔유쾌한〕 때.
hígh-tóned *a.* 가락이 높은, 새된; 고상한; 《美口》 (옷차림이) 멋진, 스마트한.
hígh tréason 대역(大逆), 대역죄.
hígh-úp *a., n.* Ⓒ 《口》 현직(顯職)의 (사람); 높은 지위의 (사람).
hígh wáter 고조(高潮), 만조, 사리.
hígh-wáter màrk 고조표(標), 최고 수위점(水位點); 최고 수준.
:__high·way__[háiwèi] *n.* Ⓒ ① 공도(公道); 간선 도로. ② 상도(常道).
high·way·man[-mən] *n.* Ⓒ 노상강도.
hígh wórds 격론, 시비조.
H.I.H. His (*or* Her) Imperial Highness.
hi·jack[háidʒæ̀k] *vt.* (배·비행기 등을) 약탈하다, 공중〔해상〕 납치하다; (수송 중인 물품 등을) 강탈하다. **~·er** *n.*
:__hike__[haik] *n., vi., vt.* Ⓒ ① 도보 여행〔하이킹〕(을 하다). ② 인상(하다). *__hík·er__ *n.* *__hík·ing__ *n.* Ⓤ 하이킹, 도보 여행.
hi·lar·i·ous[hiléəriəs, hai-] *a.* 매우 명랑한(very merry). **-i·ty**

[hilǽrəti, hai-] *n.*
Híl·a·ry tèrm[híləri-] 《英》 대학의 1월부터 시작되는 학기.
†**hill**[hil] *n.* Ⓒ ① 언덕, 작은 산, 야산. ② 흙무더기, 흙더미(*a mole* ~). ***go over the*** ~ 《美俗》 탈옥하다, 무단 이탈하다. ***over the*** ~ 위기를 벗어나서; 절정기를 지나서. ***the gentlemen on the*** ~ 《美》 국회의원들. ― *vt.* 쌓아 올리다; 북주다.
hill·bil·ly[∠bìli] *n.* Ⓒ《美口》 (미국 남부의) 산지〔두메〕 사람; 시골뜨기.
híll mý·na[-máinə] 구관조.
hill·ock[∠ək] *n.* Ⓒ 작은 언덕; 봉토, 둑.
⁑**híll·sìde** *n.* Ⓒ 산중턱, 산허리.
****híll·tòp** *n.* Ⓒ 언덕〔야산〕의 꼭대기.
hill·y[híli] *a.* 언덕이 많은.
****hilt**[hilt] *n.* Ⓒ (칼)자루. (***up***) ***to the*** ~ 충분히, 완전히; 철저히.
hi·lum[háiləm] *n.* (*pl.* ***-la***) Ⓒ 〖植〗 (종자의) 배꼽.
†**him**[him, 弱 im] *pron.* 그를〔에게〕.
H. I. M. His (*or* Her) Imperial Majesty.
****Him·a·la·yas**[hìməléiəz, himɑ́:ləjəz] (<Skt. =snow house) *n. pl.* 히말라야 산맥. **-lá·yan** *a.*
†**him·self**[himsélf, 弱 im-] *pron.* (*pl.* ***themselves***) 그 자신(*He did it* ~. 그 스스로가 했다). ***beside*** ~ 제정신을 잃고, 미쳐서. ***by*** ~ 혼자서, 혼자 힘으로. ***for*** ~ 자기용으로, 자기를 위해(*He bought it for* ~.); 자기 스스로, 혼자 힘으로.
⁑**hind**¹[haind] *a.* 뒤의, 뒤쪽의(rear).
hind² *n.* (*pl.* ~(***s***)) Ⓒ 암사슴.
⁑**hin·der**¹[hindər] *vt.* 방해하다(from). ― *vi.* 방해가 되다.
hind·er²[háindər] *a.* 뒤의, 뒤쪽의(rear).
Hin·di[híndi:] *a., n.* 북(北)인도의; Ⓤ 힌디어.
hínd lèg (네발짐승의) 뒷다리.
hínd·quàrter *n.* Ⓒ (쇠고기·양고기 등의) 뒷다리 및 볼기.
****hin·drance**[híndrəns] *n.* ① Ⓤ 방해, 장애. ② Ⓒ 방해물.
hínd·sìght *n.* ① Ⓤ 때 늦은 지혜(opp. foresight). ② Ⓒ (총의) 후부가늠자.
****Hin·du, -doo**[híndu:] *n.* Ⓒ 힌두사람〔교도〕, (아리안계) 인도인. ― *a.* 힌두(교·말)의. ~**·ism**[-ìzəm] *n.* Ⓤ 힌두교.
Hin·du·sta·ni, -doo-[hìndustǽni, -ɑ́:-] *n., a.* Ⓤ 힌두스탄어; 힌두스탄의; 힌두스타인〔어〕의.
****hinge**[hindʒ] *n.* Ⓒ 경첩; 요점. ***off the*** ~***s*** 탈〔고장〕이 나서; (질서가) 어지러워. ― *vt., vi.* 경첩을 달다〔으로 움직이다〕; (…에) 달려 있다.
hin·ny[híni] *n.* Ⓒ 수말과 암나귀의 잡종; 버새.
⁑**hint**[hint] *n., vt., vi.* Ⓒ 힌트, 암시(하다); 변죽울리기〔울리다〕(*at*). ***by*** ~***s*** 넌지시. ***drop a*** ~ 넌지시 비추다, 힌트〔암시〕를 주다. ***take a*** ~ 깨닫다, 알아차리다.

hin·ter·land[híntərlæ̀nd] *n.* Ⓤ (해안·강안 등의) 배후지; 오지(奧地); 시골.
⁑**hip**¹[hip] *n.* Ⓒ 엉덩이; 허리. ***fall on one's*** ~***s*** 엉덩방아를 찧다. ***on the*** ~ 불리한 조건〔입장〕에. ― *vt.* (***-pp-***) (…의) 허리를 삐게 하다.
hip² *n.* Ⓒ (들)장미의 열매.
hip³ *n., vt.* (***-pp-***) Ⓤ 《古》 우울(하게 하다).
hip⁴ *a.* 《美俗》 최신 유행의, 정보통의; 히피의.
hip⁵ *int.* 갈채의 첫소리(*H-,* ~, *hurrah!*).
híp bàth 뒷물.
híp·bòne *n.* Ⓒ 무명골, 좌골(座骨).
hipe[haip] *n., vt.* Ⓒ 〖레슬링〗 안아치기(로 던지다).
híp flàsk 포켓 위스키병; 《俗》 45구경 권총.
hipped[hipt] *a.* 《英》 우울한; 《美口》 (…에) 열중한(*on*).
hip·pie[hípi] *n.* Ⓒ 히피(족)《일체의 기성 제도·가치관을 부인, 야릇한 몸차림을 하고 다니는 젊은이》.
híppie·dom *n.* Ⓒ 히피족의 세계〔생활 태도〕.
hip·po[hípou] *n.* (*pl.* ~***s***) 《口》 = HIPPOPOTAMUS.
híp-pòcket *n.* Ⓒ (바지) 뒷주머니.
Hip·poc·ra·tes[hipɑ́krətì:z/-ɔ́-] *n.* (460?- 377? B.C.) 히포크라테스《그리스의 명의(名醫)》.
Híp·po·crat·ic óath[hipoukrǽtik-] Hippocrates가 지었다는 의사의 윤리 강령.
Hip·po·crene[hípəkrì:n, hìpəkrí:ni:] *n.* 〖그神〗 (시신(詩神) Muses에게 봉헌된) 영천(靈泉); Ⓤ 시적 영감(의 원천).
hip·po·drome[hípədròum] *n.* Ⓒ 〖古그·로〗 마차 경주장, 경마장; 곡마장; 《美俗》 짬짜미 (경기); 연예장.
****hip·po·pot·a·mus**[hìpəpɑ́təməs/-ɔ́-] *n.* (*pl.* ~***es,*** ***-mi***[-mài]) Ⓒ 〖動〗 하마.
hip·ster[hípstər] *n.* Ⓒ《美俗》 재즈 팬; 비트족(beatnik)「(같은).
hir·cine[hə́:rsain, -sin] *a.* 염소의
⁑**hire**[haiər] *vt.* 고용하다; (물건을) 세내다; 세놓다. ~ ***on*** (***as***) (…로서) 고용되다. ~ ***oneself out*** 고용되다. ~ ***out*** 대출(貸出)하다. ― *n.* Ⓤ 임대(료), 임차(료)(賃借(料)); 고용. ***for*** ~ 세를 받고서. ***on*** ~ 임대(賃貸)의〔로〕.
hire·ling[∠liŋ] *a., n.* Ⓒ 고용되어 일하는 (사람); 삯 말; 《蔑》 돈이면 무엇이나 하는 (사람).
híre-púrchase *n., a.* Ⓤ 《英》 분할불〔월부〕 구입(의).
hir·sute[hə́:rsu:t, ―∠] *a.* 털 많은.
†**his**[hiz, 弱 iz] *pron.* 그의; 그의 것.
His·pan·io·la[hìspənjóulə] *n.* 히스파니올라 섬《서인도 제도 중 Haiti, Dominica 양공화국을 포함하는 섬; 옛 이름은 Haiti섬》.
****hiss**[his] *vi., vt.* 쉿〔쉬이〕 소리를 내다(~ *his poor acting* 서투른 연극을 야유하다). ~ ***off*** 〔***away***〕 '쉬이' 소리를 내어 (무대에서) 물러나게 하다. ― *n.* Ⓒ 쉿하는 소리; 〖電子〗

고음역의 잡음.

hist[s:t, hist] *int.* 쉬잇 (조용히)!

hist. histology; historian; historical; history.

his·ta·mine[hístəmì:n, -min] *n.* Ⓤ 〖生化〗 히스타민《혈압 강하·위액 촉진제》. 「〖生〗 조직학.

his·tol·o·gy[histálədʒi/-5-] *n.* Ⓤ

his·tone[hístoun] *n.* Ⓤ 〖生化〗 히스톤《단순 단백질의 일종》. 「가.

:his·to·ri·an[histɔ́:riən] *n.* Ⓒ 역사

:his·tor·ic[histɔ́:rik, -á-/-ɔ́-] *a.* 역사상 유명한, 역사에 남은(*the ~ scenes* 사적(史跡)).

:his·tor·i·cal[histɔ́:rikəl, -á-/-ɔ́-] *a.* 역사(상)의, 사적(史的)인. **~·ly** *ad.*

histórical matérialism 사적(史的) 유물론.

históric(al) présent 〖文〗 역사적 현재. 「파.

histórical schòol 〖經·法〗 역사학

his·tor·i·cism[histɔ́:rəsìzəm, -á-/-ɔ́-] *n.* Ⓤ 역사주의《역사는 현대적 각도에서 볼 것이 아니라는 학설》; 역사 필연주의《역사의 발전은 인간의 의지에 의한 것은 아니라는 학설》.

his·to·ri·ette[histɔ̀:riét] *n.* (F.) Ⓒ 소사(小史); 사화(史話); 단편 소설.

his·to·ri·og·ra·pher[histɔ̀:riágrəfər/-ɔ́g-] *n.* Ⓒ 역사 편찬자, 사료(史料) 편찬관. **-ra·phy** *n.*

†his·to·ry[hístəri] *n.* ① Ⓤ 역사, 사학; Ⓒ 사서(史書). ② Ⓒ 연혁, 경력. ③ Ⓒ 사극(史劇).

his·tri·on·ic[hìstriánik/-ɔ́-] *a.* 배우의, 연극의, 연극 같은. **~s** Ⓤ 연극; 《복수 취급》 연극 같은 짓.

:hit[hit] *vt.* (*hit; -tt-*) ① 때리다, 치다, 맞히다, 적중하다. ② (…에) 공교롭게 부닥치다; 생각이 미치다. ③ 감정을 상하게 하다. ④ 꼭 맞다. ⑤ 의뢰〔요구〕하다. ⑥《美俗》(마약을) 주사하다; 벌떡벌떡 들이켜다(*~ the bottle*). — *vi.* ① 치다, 치고 덤비다(*at*). ② 부딪다(*against, on, upon*). ③ 우연히 발견하다〔생각해 내다〕(*on, upon*). *~ a* LIKENESS. *~ at* …에게 치고 덤비다; …을 비평〔조소〕하다. *~ it* 잘 알아맞히다. *~ it off* 《口》 용케 (뜻이) 맞다(*with, together*). *~ it up* 버티다; 황급히 나아가다. *~ off* 즉석에서 잘 표현하다, 잘 묘사하다〔(시를) 짓다〕. *~ on* 〔*upon*〕 …에 부딪치다, 만나다; 생각이 미치다. *~ or miss* 맞든 안 맞든. *~ out* 세게 치다〔찌르다〕. *~ up* 재촉하다, 박차를 가하게 하다. — *n.* Ⓒ ① 타격; 명중(탄). ② 히트, 성공. ③ 명언(名言); 빗댐(*at*). ④ 〖野〗 안타, 히트(*a sacrifice ~* 희생타(打)). ⑤ 〖컴〗 적중. *make a ~* 히트치다, 호평을 받다, 성공하다.

hít-and rún 〖野〗 히트앤드런; 사람을 치고 뺑소니치기.

hít-and-rún *a.* 〖野〗 히트앤드런의; 치어놓고 뺑소니치는(*a ~ driver*); (공격이) 전격전인.

***hitch**[hitʃ] *vt.* ① (소·말을) 매다; (밧줄·갈고리 따위로) 걸다. ② 와락 잡아당기다〔끌어 당기다, 움직이다〕. ③ (이야기 속에) 끌어 넣다(*into*). — *vi.* ① 와락 움직이다. ② 다리를 절다. ③ 걸리다(*on; on to*). *~ horses* 일치〔협조〕하다. *~ one's wag(g)on to a star* 자기의 힘 이상의 힘을 이용하려고 하다; 높은 뜻을 품다. — *n.* Ⓒ ① 와락 움직임〔끎〕; 급히 멈춤. ② 걸림, 뒤얽힘. ③ 고장, 지장. ④ 〖海〗 결삭(結索)(법)(cf. knot).

:hitch·hike[∠hàik] *n., vi., vt.* Ⓒ 《美口》 히치하이크《지나가는 자동차에 편승해서 하는 무전 여행》(을 하다).

***hith·er**[híðər] *ad.* 여기로, 이리로 《지금은 보통 here》. — *a.* 이쪽의. **~·most**[-mòust] *a.* 가장 이쪽의.

:hith·er·to[hìðərtú:] *ad.* 지금까지(는).

Hit·ler[hítlər], **Adolf**(1889-1945) 독일(Nazi당) 수상·독재자. **~·ism** [-ìzəm] *n.* Ⓤ (독일) 국가 사회주의. **~·ite**[-àit] *n.* Ⓒ 그 주의자.

hít paràde 히트퍼레이드《히트곡·베스트셀러 소설 등의 (순위) 공개》.

hít-rún *a.* 치고 뺑소니치는(hit-and-run).

HIV human immunodeficiency virus 인류 면역 결핍 바이러스; AIDS 바이러스.

:hive[haiv] *n.* Ⓒ ① 꿀벌통; 벌집(모양의 것). ② (한 통의) 꿀벌 떼. ③ 와글와글하는 군중〔장소〕. — *vt.* 벌통에 넣다, 축적하다. — *vi.* 벌통에 들어가다; 군거(群居)하다.

hives [haivz] *n.* 《단·복수 취급》 〖醫〗 발진, 두드러기.

H.J.(S.) *hic jacet supultus.* **hl., hl** hectoliter. **H.L.** House of Lords; **hm, hm.** hectometer.

h'm[mm, hm] *int.* =HEM²; HUM.

H.M. His (*or* Her) Majesty; **H.M.S.** His (*or* Her) Majesty's Service (*or* Ship). **Ho** 〖化〗 holmium. **H.O.** head office; 《英》 Home Office.

***ho, hoa**[hou] *int.* 호; 어이; 저런; 허허!, 홍!; (말에게) 와!; 서!

hoar[hɔ:r] *a.* 흰, 회색의; 백발의. — *n.* Ⓤ 회백(색); 흰 서리.

***hoard**[hɔ:rd] *n.* Ⓒ ① 저장(물), 비장(秘藏). ② 축적. — *vt., vi.* 저장하다, 사 모으다(*up*). **∠·er** *n.*

hoard·ing¹[∠iŋ] *n.* ① Ⓤ 저장, 사재기. ② Ⓒ 저장물.

hoard·ing² *n.* Ⓒ 《英》 판장; 게시판.

hóar·fròst *n.* Ⓤ 흰서리.

***hoarse**[hɔ:rs] *a.* 목이 쉰, 목쉰 소리의(cf. husky¹). *** ∠·ly** *ad.*

hóar·stòne *n.* Ⓒ 《英》 (고대부터 있던) 경계석; 기념석.

***hoar·y**[hɔ́:ri] *a.* ① 회백색의, 백발의. ② 고색이 창연한, 나이 들어 점잖은; 오래된.

hoax[houks] *vt., n.* Ⓒ (장난으로) 속이다〔속임〕, 골탕 먹이다〔먹임〕; 장난.

hob[1] [hɑb/-ɔ-] *n.* Ⓒ (난로 속의 안쪽 또는 측면의) 시렁; 톱니 내는 기계; (고리던지기 놀이(quoits)의) 표적 기둥.

hob[2] *n.* Ⓒ 요괴(妖怪). ***play*** 〔***raise***〕 ~《口》장난치다, 귀찮게 굴다.

Hobbes [hɑbz/-ɔ-], **Thomas** (1588-1679) 영국의 철학자《*Leviathan*》.

***hob·ble** [hɑ́bəl/-ɔ́-] *vi., n.* Ⓒ ① 다리를 절다〔절뚝거림〕. ② 쉬엄쉬엄 이야기하다; (시의) 운율이 고르지 않다. ③《稀》곤경, 곤란. — *vt.* 절뚝거리게 하다; (말의) 다리를 묶다.

Hob·ble·de·hoy [-dihɔ̀i] *n.* Ⓒ 덩치 크고 미욱한 젊은이.

:hob·by [hɑ́bi/-ɔ́-] *n.* Ⓒ ① 취미; 자랑삼는 것, 장기(長技). ② 목마(木馬). ***mount*** 〔***ride***〕 ***one's*** ~ (듣기 싫을 정도로) 자랑을 늘어놓다.

hóbby·hòrse *n.* Ⓒ 목마; (말머리가 달린) 죽마《아이들이 타고 놂》.

hob·gob·lin [hɑ́bgɑ̀blin/hɔ́bgɔ̀b-] *n.* Ⓒ 도깨비; 작은 요괴.

hób·nàil *n.* Ⓒ (구둣바닥의) 징.

hob·nob [hɑ́bnɑ̀b/hɔ́bnɔ̀b] *vi.* (**-bb-**) 사이 좋게〔허물없이〕 지내다; 권커니 잣거니 하다. — *n.* Ⓤ,Ⓒ 환담.

ho·bo [hóubou] *n.* (*pl.* ~(**e**)**s**) Ⓒ 《美》부랑자; 뜨내기 노동자.

Hób·son's chóice [hɑ́bsnz-/-ɔ́-] ⇨ CHOICE.

Hó Chì Mính Cíty [hóutʃì:mín-] 호치민 시《베트남 남부의 도시; 구칭 Saigon》.

hock[1] [hɑk/-ɔ-] *n., vt.* Ⓒ (네발 짐승의 뒷발의) 과(踝)관절(의 건(腱)을 끊어 불구로 만들다).

hock[2] *n.* Ⓤ《英》흰 포도주의 일종.

hock[3] *n., vt.* Ⓤ《俗》전당(잡히다).

***hock·ey** [hɑ́ki/-ɔ́-] *n.* Ⓤ 하키; Ⓒ 그 타구봉(~ stick).

hóck·shòp *n.* Ⓒ《美俗》전당포.

ho·cus [hóukəs] *vt.* (《英》**-ss-**) 속이다; 마취제를 타다; 마취시키다.

ho·cus-po·cus [-póukəs] *n.* Ⓤ 요술; 마술사의 상투적 문구; 야바위. — *vi., vt.* (《英》**-ss-**) 요술을 부리다; 감쪽같이 속이다.

hod [hɑd/-ɔ-] *n.* Ⓒ 호드《벽돌·회반죽 나르는 그릇》; 《美》석탄통. ~·**man** [∠mən] *n.* Ⓒ《英》hod 운반인.

hodge·podge [hɑ́dʒpɑ̀dʒ/hɔ́dʒpɔ̀dʒ] *n.* Ⓤ 엉망진창, 뒤죽박죽.

***hoe** [hou] *n., vt.* Ⓒ 괭이(로 파다, 갈다).

hóe·càke *n.* Ⓤ,Ⓒ《美》옥수수빵《전에 괭이 날 위에 놓고 구웠음》.

:hog [hɑg, -ɔ:-/-ɔ-] *n.* Ⓒ ① 돼지, (식용의) 불깐 수퇘지. ②《口》욕심쟁이, 더러운 사람. ***go the whole*** ~《俗》철저히 하다. — *vt.* (**-gg-**)《美俗》탐내어 제몫 이상으로 갖다. ∠·**gish** *a.* 돼지 같은; 주접스러운.

hóg chòlera《주로 美》돼지콜레라.

hóg·nose snàke [∠nòuz-] (북미산의) 독없는 뱀의 일종.

hóg·pèn *n.*《美》=PIGSTY.

hogs·head [∠zhèd] *n.* Ⓒ 액량 단위《미국 63갤런; 영국 52.5갤런》; 큰 통.

hóg·tìe *vt.* (…의) 네 발을 한 데 묶다; (…의) 자유를 빼앗다.

hóg·wàsh *n.* Ⓤ 돼지먹이《부엌 찌꺼기》; 너절한 것.

ho-ho [houhóu] *int.* 오오《놀람·승리·조소의 소리》.

hoi·den [hɔ́idn] *n.* =HOYDEN.

hoi pol·loi [hɔ́i pəlɔ́i] (Gk.) (the ~) 민중.

***hoist**[1] [hɔist] *vt.* (기 따위를) 내걸다, 올리다; 들어 올리다. — *n.* Ⓒ 끌어〔감아〕 올리기; 기중기.

hoist[2] 폐어(廢語) hoise(=HOIST[1])의 과거분사. ~ ***with one's own petard*** 제가 놓은 덫에 제가 걸려.

hoi·ty-toi·ty [hɔ́ititɔ́iti] *int.* 거참!, 아니 이거!; 어이없군!《놀람·분노·경멸 등의 탄성》. — *a.* 거만한; 《주로 英》경박한, 까불어대는.

ho·key-po·key [hóukipóuki] *n.* Ⓤ 값싼 아이스크림; 요술, 속임수.

ho·kum [hóukəm] *n.* Ⓤ (영화·연극·연설 따위에서) 되는 대로의 저속한 대사〔연기〕.

†**hold**[1] [hould] *vt.* (**held**) ① (손에) 갖고 있다, 쥐다, 잡다(grasp); 안다, 품다. ② 소유〔보유〕하다; 차지하다. ③ (붙잡고) 놓지 않다; 보전〔유지〕하다, 보류하다. ④ (주의를) 끌다. ⑤ 수용하다. ⑥ (분노 따위를) 억누르다, 억제하다. ⑦ 〖레슬링〗 상대방을 꽉 붙잡다. ⑧ (약속을) 지키게 하다, (의무·책임을) 지우다. ⑨ …이라고 생각하다〔여기다〕. ⑩ 주장하다. ⑪ 거행하다, 개최하다, 열다. — *vi.* ① 쥐고 있다. ② 유지〔보존〕하다, 지탱하다, 견디다. ③ 버티다. ④ 나아가다. ⑤ 효력이 있다. ⑥ (토지·재산·권리를) 보유하다(*of, from*). ***H-!*** 멈춰!; 기다려! ~ ***back*** (*vt.*) 제지하다; 억제하다; (*vi.*) 삼가다, 망설이다(*from*). ~ ***by*** 굳게 지키다. ~ (*a person*) ***cheap*** (아무를) 깔보다. ~ ***down*** 억누르다; 《美口》(지위·직(職)을) 유지하다. ~ ***forth*** 내밀다, 제공하다; 말하다, 설교하다. ~ ***good*** 〔***true***〕 유효하다; 적용되다. ~ ***in*** 억제하다, 참다. ~ ***off*** (*vt.*) 멀리하다, 가까이 못 오게 하다; (*vi.*) 떨어져 있다, 지체하다. ~ ***on*** …을 계속해 나가다; 지속하다, 붙잡고 늘어지다(*to*); 지탱하다; 《명령형으로》 멈춰!; 기다려! ~ ***one's hand*** 보류하다. ~ ***one's own*** 〔***ground***〕 자기의 위치를〔입장을〕 지키다; 뒤지지 않다. ~ ***on one's way*** 발을 옮기다. ~ ***out*** (*vt.*) 제출〔제공〕하다; (손을) 내밀다; 주장하다; (*vi.*) 지탱하다, 견디다. ~ ***over*** 연기하다; 사임 후에도 그 자리에 머물러 있다. ~ ***to*** 굳게 지키다. ~ ***together*** 결합하다, 통일을 유지하다. ~ ***up*** 들다, 받치다; 지지하다; 명시〔제시〕하다; (아무를 모범으로서) 보이다; (본때로서)

여러 사람에게 보이다; 막다, 방해하다; 《美口》 (사람·은행 따위를) 권총으로 위협하여 돈을 강탈하다〔정지를 명하다〕; 지탱하다; (좋은 날씨가) 계속되다, 오래가다; (속도를 늦추지 않고) 빨리 가다. ~ WATER. ~ ***with*** …에 편들다, …에 찬성하다.
— *n.* ① Ⓤ,Ⓒ 파악, 파지(把持), 유지, 버팀. ② Ⓒ 지지, 손〔발〕붙일 곳, 잡을 데; 자루, 손잡이. ③ Ⓒ 〖레슬링〗 꽉 붙잡는 수; Ⓤ 누름, 제압, 지배(*on*). ④ 〖樂〗 늘임표(⌒). ⑤ Ⓒ 형무소; 《古》 요새(要塞). ***catch* 〔*get, lay, take*〕 ~ *of*** …을 움켜 잡다〔쥐다〕, 잡다. ***have a ~ on*** …의 급소를 쥐고 있다, …을 제압하는 위세가 있다. ***lose ~ of*** 손〔발〕 붙일 곳을 잃다.

hold[2] *n.* Ⓒ 〖海〗 선창; 화물실.

hóld·àll *n.* Ⓒ 여행용 옷가방〔자루〕; 잡낭.

hóld·bàck *n.* Ⓒ 장애(물).

:hold·er[∠ər] *n.* Ⓒ 소유자; hold하는 물건(*a pen* ~).

hóld·fàst *n.* Ⓒ 고정시켜 두는 기구.

***hold·ing**[∠iŋ] *n.* ① Ⓤ 보유, 유지, 소유. ② Ⓤ 토지. ③ (*pl.*) 소유주, 지주(持株). ④ Ⓤ 〖競〗(축구 등의) 홀딩.

hólding còmpany 〖經〗 지주 회사, 모회사(母會社).

hóld·òver *n.* Ⓒ 이월(移越)(carry-over); 잔존물; 잔류〔유임〕자; 낙제자, 재수생.

hóld·ùp *n.* Ⓒ 《美口》 (노상) 강도(짓); (교통 기관 등의) 정체.

†hole[houl] *n.* Ⓒ ① 구멍; (짐승의) 소굴; 틈; 토굴 감옥(과 같은 장소). ② 결점. ③ 궁지(窮地). ④ 〖골프〗 구멍, 홀; tee에서 putting green까지의 구역; 득점. ***a ~ in the wall*** 지저분한〔비좁은〕 장소. ***burn a ~ in one's pocket*** (돈이) 몸에 붙지 않다. ***every ~ and corner*** 구석구석, 샅샅이. ***in* (*no end of*) *a ~*** 《口》 (밑빠진) 구멍에 빠져, 궁지에 빠져. ***make a ~ in*** …에 큰 구멍을 뚫다, 크게 축내다. ***pick ~s in*** …의 흠을 잡다. — *vt., vi.* 구멍을 뚫다〔에 들어가다〕. ~ ***up*** 동면하다; 《俗》 숨다, 몸을 숨기다.

hóle-and-córner *a.* 비밀의; 하찮은.

†hol·i·day[hálədèi/hɔ́lədèi] *n.* Ⓒ ① (공)휴일, 축일(祝日). ② (보통 *pl.*) 《英》 휴가. ~ ***clothes* 〔*attire*〕** 나들이 옷.

hóliday·màker *n.* Ⓒ 휴일을 즐기는 사람; 시끄럽고 저속한 유람객.

ho·li·er-than-thou [hóuliərðən-ðái] *a., n.* 《美》 짐짓 체하는; Ⓒ 독선적인 (사람); 군자연하는 (자식).

ho·li·ness**[hóulinis] *n.* Ⓤ 신성. ***His* 〔*Your*〕 *H- 성하(聖下)《교황의 존칭》.

hol·la, hol·loa[hálə, həlá:/hɔ́-], **hol·lo**[hálou, həlóu/hɔ́-] *int., vi.* 어어이!(하고 외치다). — *n.* Ⓒ 어어이하고 외치는 소리.

:Hol·land[hálənd/-ɔ́-] *n.* ① 네덜란드(the Netherlands). ② (*pl.*) =∠ **gín** 네덜란드산의 진 술. **~·er** *n.* Ⓒ 네덜란드 사람〔배〕.

hol·ler[hálər/-ɔ́-] *vi., vt.* 《口》 큰 소리로 부르다, 외치다.

:hol·low[hálou/-ɔ́-] *n.* Ⓒ ① 구멍; 움푹 들어간 곳, 우묵한 곳. ② 골짜기. — *vi., vt.* 우묵 들어가(게 하)다; 도려〔후벼〕내다(*out*). — *a.* ① 우묵 들어간; 속이 텅 빈. ② 굴 속에서 울리는 (듯한), (목소리가) 힘없는. ③ 거짓의; 공허한; 실속 없는, 싱거운. ~ ***praise*** 입에 발린 말. ~ ***race* 〔*victory*〕** 싱거운 경주〔승리〕. — *ad.* 《口》 완전히. ***beat*** (*a person*) ~ (아무를) 여지없이 해내다. **~·ly** *ad.* **~·ness** *n.*

hóllow-èyed *a.* 눈이 우묵한.

***hol·ly**[háli/-ɔ́-] *n.* Ⓒ 호랑가시나무; Ⓤ 그 가지《크리스마스 장식용》.

hólly·hòck *n.* Ⓒ 〖植〗 접시꽃.

:Hol·ly·wood [háliwùd/-ɔ́-] *n.* Los Angeles 시의 한 지구, 영화의 도시.

holm[1], **holme**[houm] *n.* Ⓒ 《英方》 강 가운데 있는 섬, 강섬.

hólm[2] (**òak**) *n.* Ⓒ 〖植〗 너도밤나무 무리의 일종.

Holmes[houmz], **Sherlock** 영국 소설가 Arthur Conan Doyle의 작품 중의 명탐정.

hol·mi·um[hóulmiəm] *n.* Ⓤ 〖化〗 홀뮴《희유 금속 원소; 기호 Ho》.

Hol·o·caine[háləkèin, hóul-/-ɔ́-] *n.* Ⓤ 〖藥·商標〗 홀로카인《안과용 국소 마취제》(phenacaine).

hol·o·caust[háləkɔ̀:st/hɔ́l-] *n.* Ⓒ (유대인 등이 짐승을 통째로 구워서 신에게 바치는) 희생; 대희생, 대학살.

hol·o·graph [hálәgræ̀f/hɔ́ləgrà:f] *n.* Ⓒ 자필의 문서.

ho·log·ra·phy [həlágrəfi/-lɔ́g-] *n.* Ⓤ 홀로그래피《레이저 광선에 의한 입체 사진술》; 〖컴〗 입체 영상.

Hol·stein(**-Frie·si·an**)[hóulstain (frí:ziən), -sti:n-/-ɔ́-] *n.* Ⓒ 홀스타인《젖소》.

hol·ster[hóulstər] *n.* Ⓒ (가죽제) 권총 케이스.

:ho·ly[hóuli] *a.* ① 신성한, 거룩한. ② 성인 같은. — *n.* Ⓒ 신성한 장소〔것〕. ~ ***of holies*** (유대 신전의) 지성소(至聖所).

Hóly Allíance, the 〖史〗 신성 동맹(同盟)《1815년》.

Hóly Bíble, the 성서.

Hóly Cíty, the 성도(聖都)《Jerusalem, Mecca 따위》.

Hóly Commúnion 성찬식; 〖가톨릭〗 영성체(領聖體).

hóly dày 종교상의 축제일.

Hóly Fámily, the 성가족(聖家族)《성모 마리아의 팔에 안긴 어린 예수, 요셉, 어린 성(聖)요한 등을 표현한 그림·조각》.

Hóly Fáther, the 〖가톨릭〗 로마

H

교황《존칭》.
Hóly Ghóst, the 성령《Trinity의 제3위》(Holy Spirit).
Hóly Gráil, the ⇨GRAIL.
Hóly Lànd, the 성지(聖地)《Palestine》; (비(非)기독권의) 성지.
Hóly Òne, the 예수 그리스도; 구세주; 천주.
hóly órders 성직(聖職).
Hóly Róman Émpire, the 신성 로마 제국《962-1806》.
Hóly Scríptures, the 성서.
Hóly Sée, the ⇨SEE².
Hóly Spírit =HOLY GHOST.
hóly·stòne *n., vt., vi.* Ⓒ 〖海〗 닦음돌(로 갑판을 닦다).
Hóly Thúrsday 승천 축일; 〖가톨릭〗 성목요일《부활절 전주의 목요일》.
Hóly Wèek 부활절의 전주(前週).
Hóly Wíl·lie [-wíli] 가짜 신앙가 [종교가].
Hóly Writ, the 성서.
hom·age** [*h*ámidʒ/*h*ɔ́m-] *n.* Ⓤ 존경; 복종; 신종(臣從)의 예(禮). ***do* 〔*pay*〕 ~ *to …에게 경의를 표하다; 신하로서의 예를 다하다.
hom·bre [ámbrei/ɔ́m-] *n.* (Sp.) Ⓒ 사나이, 놈.
hom·burg, H- [hámbəːrg/-ɔ́-] *n.* Ⓒ 테가 좁은 중절모자의 일종.
†**home** [houm] *n.* ① Ⓤ,Ⓒ 집, 가정, 자택; 주거. ② Ⓤ 본국, 고향. ③ (the ~) 원산지, 본고장; 발상지. ④ Ⓤ,Ⓒ 안식처. ⑤ Ⓒ 수용소, 요양소. ⑥ Ⓤ 결승점; 〖野〗 본루(本壘). ***at* ~** 집에 있어; 면회일이어서; 고향〔본국〕에; 편히; 정통하여, 환하여, 숙달하여(*in, with*). (***a***) **~** (《美》 ***away***) ***from* ~** 제 집과 같은 안식처 《가정적인 하숙》. ***from* ~** 부재하여, 본국을 떠나. **~, *sweet home*** 그리운 내 집. ***last* 〔*long*〕 ~** 무덤. (***Please***) ***make yourself at* ~.** (부디) 스스럼 없이 편하게 하십시오. ── *a.* ① 가정의, 자택(부근)의. ② 자기 나라의, 본토의, 국내의. ③ 중심을〔급소를〕 찌르는, 통렬한. ── *ad.* ① 내〔우리〕 집으로, 고향〔본국〕으로. ② 급소를 찔러서, 따끔하게. ***be on one's* 〔*the*〕 *way* ~** 귀로에 있다. ***bring* ~ *to*** 통절〔절실〕히 느끼게 하다. ***come* 〔*go*〕 ~** 귀가〔귀국〕하다; 가슴에 찔리다(*to*). ***get* ~** 집으로 돌아가다〔오다〕; 회복하다. ***see a person* ~** 집까지 바래다 주다. ── *vi., vt.* ① 귀가하다〔시키다〕; (비둘기가) 보금자리로 돌아오다〔가다〕. ② (비행기·미사일 따위가) 유도되다, (미사일 따위를) 자동 제어로 유도하다. ③ 가정을 갖다, 집을 주다.
hóme bànking 홈 뱅킹.
hóme báse 〖野〗 본루(本壘).
hóme·bréd *a.* 제 집에서 자란; 조잡한; 순진한; 국산의.
hóme·bréw *n.* Ⓤ,Ⓒ 자가 양조 음료. **~ed** *a.*
hóme-còming *n.* Ⓒ 귀가; 귀향; 《美》 (대학 등에서 1년에 한 번 여는) 동창회.
hóme compúter 〖컴〗 가정용 (소형) 컴퓨터.
Hóme Depártment 〔**Óffice**〕 《英》 내무부.
hóme económics 가정학.
hóme ecónomist 가정학자.
hóme fòlks 고향 사람들《특히 일가 친척》.
hóme gròund 홈그라운드《팀 소재지의 경기장》; 본거지.
hóme-grówn *a.* 본토〔본국〕산의.
Hóme Guárd 《美》 국방 의용병; 《英》 향토 방위대원.
hóme·kèeping *a.* 집안에만 틀어박혀 있는.
hóme·lànd *n.* Ⓒ 고국, 본국.
***home·less** [∠lis] *a.* 집 없는.
hóme·lìke *a.* 마음 편한.
‡**home·ly** [∠li] *a.* ① 가정의, 가정적인. ② 검소한, 수수한, 꾸밈 없는, 평범한. ③ 《美》 (얼굴이) 못생긴. **-li·ness** *n.*
‡**hóme·máde** *a.* ① 손으로 만든; 집에서 만든. ② 국산의.
hóme·màker *n.* Ⓒ 《美》 주부.
ho·me·op·a·thy [hòumiápəθi/-ɔ́-] *n.* Ⓤ 동종 요법(同種療法)(opp. allopathy). **ho·me·o·path·ic** [∠─əpǽθik] *a.*
hóme·pàge *n.* 〖컴〗 홈페이지.
hóme pláte =HOME BASE.
hóme quéstion 급소를 찌르는 질문.
Ho·mer [hóumər] *n.* 호머, 호메로스《기원 전 10세기경의 그리스 서사시인; *Iliad, Odyssey*의 작자》.
‡**hom·er** [hóumər] *n.* Ⓒ ① 〖野〗 홈런. ② 전서(傳書) 비둘기.
‡**Ho·mer·ic** [houmérik] *a.* Homer(풍)의.
Homéric láughter 참을 수 없는 홍소, 가가대소.
‡**hóme ròom, hóme·ròom** *n.* Ⓒ 《美》 〖教育〗 홈룸; Ⓤ 홈룸의 수업〔시간〕.
hóme rúle 지방 자치.
‡**hóme rún** 〖野〗 홈런.
Hóme Sécretàry, the 《英》 내상.
hóme shòpping 홈 쇼핑.
‡**hóme·sìck** *a.* 회향병의, 홈식에 걸린. **~ness** *n.* Ⓒ 향수.
hóme·sìte *n.* Ⓤ (집의) 대지.
***hóme·spùn** *a., n.* ① 손으로 짠. ② 평범한, 조야한. ③ Ⓤ 손으로 짠 직물, 홈스펀.
***hóme·stèad** *n.* Ⓒ ① (농가의) 집과 부속지《밭을 포함해》. ② 《美·캐나다》 (이민에게 분양되는) 자작 농장.
hóme·strétch *n.* Ⓒ (결승점 앞의) 직선 코스; 마지막 부분.
hóme stúdy 통신 교육.
hóme·tòwn *n., a.* Ⓒ 고향의 도시(의), 살아서 정든 도시(의).
hóme trúth 결점, 약점.
***home·ward** [∠wərd] *a., ad.* 귀로의; 집〔본국〕으로(향해서)의. **~s** *ad.* =HOMEWARD.
†**hóme·wòrk** *n.* Ⓤ ① 숙제, (집에서 하는) 예습, 복습. ② 집안 일, 가내공업. ③ (회의 등을 위한) 사전 조사. ***do one's* ~** 《口》 사전 조사를

하다.
home·y[⊿i] *a.* 가정적인, 아늑한.
hom·i·cide[háməsàid/-ɔ́-] *n.* Ⓤ 살인; Ⓒ 살인자. **-cid·al**[⌐-sáidl] *a.*
hom·i·let·ic[hàmələ́tik/hɔ̀m-] *a.* 설교의. **~s** *n.* Ⓤ 설교술.
hom·i·ly[háməli/hɔ́m-] *n.* Ⓒ 설교; 훈계, 장황한 꾸지람.
hom·ing[hóumiŋ] *a.* 귀소성(歸巢性)의; 집에 돌아오[가]는. — *n.* Ⓤ 귀환, 회귀; 귀소성.
hóming ìnstinct 귀가[귀소] 본능.
hóming pìgeon 전서(傳書) 비둘기(carrier pigeon).
hóming torpèdo 자동 유도 어뢰.
hom·i·ny[hámәni/-ɔ́-] *n.* Ⓤ《美》 묽게 탄 옥수수(죽).
Ho·mo[hóumou] *n.* (L.) Ⓤ 사람속(屬)《학명》.
ho·mo[hóumou] *n., a.*《俗》 =HOMOSEXUAL.
ho·mo-[hóumou, -mə] '같은, 동일'의 뜻의 결합사.
ho·moe·op·a·thy [hòumiápəθi/-ɔ́-] *n.* =HOMEOPATHY.
ho·mo·ge·ne·ous [hòumədʒíːniəs/hɔ̀m-] *a.* 동종[동질·동성]의 (opp. heterogeneous). **-ne·i·ty** [-dʒəníːəti] *n.*
ho·mog·e·nize [həmádʒənàiz/həmɔ́dʒ-] *vt.* 균질화(均質化)하다. ***~d milk*** 균질 우유.
hom·o·graph [háməgræ̀f/hɔ́məgrɑ̀ːf] *n.* Ⓒ 동형 이의어(同形異義語) 《보기 : seal[1.2]》.
ho·mol·o·gous[houmáləgəs/həmɔ́l-] *a.* (위치 따위가) 상응[대응]하는, 일치하는.
ho·mol·o·gy[houmálədʒi, hə-/həmɔ́l-] *n.* Ⓤ 상동(相同), 상응.
hom·o·nym[hámənim/-ɔ́-] *n.* Ⓒ 동음 이의어(同音異義語) 《*here*와 *hear; pen*[1]과 *pen*[2](울타리) 따위》(cf. ⇩).
hom·o·phone[háməfòun/-ɔ́-] *n.* Ⓒ 동음 이자(同音異字)《*s*in*c*e의 *s, c* 나 *c*a*k*e의 *c, k*》; 동음 이철어(同音異綴語)《*here*와 *hear* 따위》(cf. ⇧).
Ho·mo sa·pi·ens[hóumou séipiənz] (L. =wise man) 인류.
ho·mo·sex·u·al[hòuməsékʃuəl] *a., n.* Ⓒ 동성애(同性愛)의 (사람). **-i·ty**[⌐-⌐-ǽləti] *n.*
hom·y[hóumi] *a.* =HOMEY.
Hon., hon. Hono(u)r; Hono(u)rable; Honorary.
Hon·du·ras [handjúərəs / hɔndjúər-] *n.* 중앙 아메리카의 공화국. **-ran**[-rən] *n., a.* Ⓒ ~의 (사람).
hone[houn] *n., vt.* Ⓒ (면도 따위의) 숫돌(로 갈다).
†**hon·est**[ánist/ɔ́n-] *a.* ① 정직한, 성실한. ② (술·우유 따위) 진짜의, 섞지 않은. ③ (돈 따위) 떳떳이 번. ***be ~ with*** …에게 정직하게 말하다; …와 올바르게 교제하다. ***earn* [*turn*] *an ~ penny*** 정당한 수단으로 돈을 벌다. ***make an ~ woman of***《口》…을 정식 아내로 삼다. ***to be ~ with you*** (너에게) 정직하게 말하면. **:~·ly** *ad.*
Hónest Ínjun [**Índian**]《口》 정직하게 말해서, 정말로.
Hónest Jóhn 원자 로켓포의 일종.
:hon·es·ty[ánisti/ɔ́n-] *n.* Ⓤ 정직, 성실, 솔직.
:hon·ey[hʌ́ni] *n.* ① Ⓤ (벌)꿀; 화밀(花蜜). ② =DARLING. — *a.* 감미로운; 귀여운. — *vi.* 정다운[달콤한] 말을 하다;《口》 발림말하다.
hóney·bèe *n.* Ⓒ 꿀벌.
***hóney·còmb** *n., vt., vi.* ① Ⓒ 꿀벌의 집. ② 벌집 모양으로 만들다; 구멍 투성이로 만들다. ③ (악폐가) 침식하다, 위태롭게 하다.
hóney·dèw *n.* Ⓤ (나무 껍질, 진디 따위의) 분비물, 감로(甘露); =⊿ **mèlon** 감로 멜론.
hon·eyed[hʌ́nid] *a.* 달콤한; 간살스러운; 꿀로 달게 한.
hóney lòcust 〖植〗 (북미산의) 쥐엄나무.
***hon·ey·moon**[-mùːn] *n., vi.* Ⓒ ① 밀월《결혼 후의 1개월》(을 보내다); 신혼 여행(을 하다). ② 이상하게 친밀한 기간; 협조 관계.
***hon·ey·suck·le**[hʌ́nisʌ̀kl] *n.* Ⓤ,Ⓒ 〖植〗 인동덩굴(의 무리).
***Hóng Kóng, Hong·kong**[háŋkáŋ/hɔ́ŋkɔ́ŋ] *n.* 홍콩.
honk[hɔːŋk, haŋk/-ɔ-] *vi.* (기러기가) 울다; 경적을 울리다. — *n.* Ⓒ 기러기의 우는 소리; 경적을 울리는 소리.
honk·y-tonk[háŋkitàŋk, hɔ́ːŋkitɔ̀ːŋk/hɔ́ŋkitɔ̀ŋk] *n., a.* ① Ⓒ《美口》 저속한 카바레[댄스홀, 나이트클럽]. ② Ⓤ 저속한 (음악).
:Hon·o·lu·lu[hànəlúːluː/hɔ̀n-] *n.* 하와이 주의 주도.
†**hon·or,**《英》**-our**[ánər/ɔ́-] *n.* ① Ⓤ 명예; 명성; 면목, 체면. ② Ⓤ 자존심, 염치심, 정절. ③ Ⓤ 경의. ④ (an ~) 명예[자랑]스러운 것[사람] (*to*); (H-) 각하(*His* [*Her, Your*] *H-*). ⑤ Ⓒ (보통 *pl.*) 예우(禮遇), 작위(爵位); 훈장; 서훈; 의례(儀禮). ⑥ Ⓤ 영광, 특권. ⑦ (*pl.*) (대학의) 우등(*graduate with ~s* 우등으로 졸업하다). ⑧ (*pl.*) (카드놀이의) 주요(主要) 패《에이스 및 그림패》. ***be on one's ~ to*** (do), or ***be*** (***in***) ***~ bound to*** (do) 명예를 위해서도 …하지 않으면 안 되다. ***do ~ to*** …을 존경하다; …의 명예가 되다. ***do the ~s*** 주인 노릇을 하다(*of*). ***do* [*render*] *the last ~s*** 장례식을 행하다. ***give one's* (*word of*) *~*** 맹세하다. ***~ bright***《口》 맹세코, 기어코, 확실히. ***~s of war*** (투항군(投降軍)에 대한) 무인(武人)의 예(禮)《무장을 허용하는 따위》. ***in ~ of*** …에게 경의[축의]를 표하여, …을 기념하여. ***military ~s*** 군장(軍葬)의 예. ***point of ~*** 체면 문제. ***upon my ~*** 명예를 걸고[위해서],

H

맹세코. — *vt.* ① 존경하다. ② (…에게) 명예[영예]를 주다, (관위(官位)에) 서(敍)하다(*with*). ③ 〚商〛(어음을) 인수하고 지불하다(cf. dishonor).

:hon·or·a·ble, 《英》 **-our-**[ánərəbl/ɔ́n-] *a.* ① 존경할 만한, 명예로운; 수치를 아는, 훌륭한. ② 고귀한; (H-) (영국에서는 각료·재판관 등, 미국에서는 의원(議員) 등의) 인명에 붙이는 존칭. ***Most H-*** 후작(侯爵)(Marquis)의 존칭. ***Right H-*** 백작 이하의 귀족·런던 시장·추밀 고문관의 존칭. ***-bly** *ad.*

hon·o·rar·i·um[ànərέəriəm/ɔ̀nərέər-] *n.* Ⓒ 사례금.

hon·or·ar·y [ánərèri/ɔ́nərəri] *a.* 명예상(上)의, 명예직의. ~ ***degree*** [***member, secretary***] 명예 학위[회원, 간사].

hon·or·if·ic[ànərífik/ɔ̀n-] *a.* 존경[경칭]의. — *n.* Ⓒ 경칭《Dr., Prof., Hon. 따위》; (한국 말 등의) 경어.

hónor sýstem 《美》 (학교의) 무감독 (시험) 제도, (형무소의) 무감시 제도.

†hon·our, :hon·our·a·ble, &c. =HONOR, HONORABLE, &c.

hons. hono(u)rs. **Hon. Sec.** Honorary Secretary.

hooch[hu:tʃ] *n.* ① Ⓤ,Ⓒ 《美俗》 주류, 밀주(密酒). ② Ⓒ (오두막) 집.

:hood[hud] *n., vt.* Ⓒ ① 두건(으로 가리다). ② 덮개[포장](을 씌우다); 뚜껑(을 하다); 〚寫〛 (렌즈의) 후드. **~·ed**[ˊid] *a.* 두건을 쓴; 포장을 씌운; 두건 모양의.

Hood[hud], **Robin** 전설적인 영국의 의적(義賊), 활의 명수《12세기경》.

-hood[hud] *suf.* 《명사 어미》 상태·인격 따위를 나타냄: child*hood*, likeli*hood*, man*hood*. 「갱.

hood·lum[hú:dləm] *n.* Ⓒ 불량자,

hoo·doo[hú:du:] *n.* (*pl.* **~s**) Ⓒ 불운(不運); 불길한 물건[사람]; = VOODOO.

hóod·wìnk *vt.* (말·사람의) 눈을 가리다; 속이다.

hoo·ey[hú:i] *n., int.* Ⓤ 《美口》 허튼 소리[짓]; 바보 같은!

:hoof [hu:f, huf] *n.* (*pl.* **~s, *hooves***) Ⓒ (발)굽. ***get the*** ~ 《俗》 쫓겨나다, 해고되다. ***on the*** ~ (소·말이) 살아서. ***under the*** ~ 짓밟혀. — *vt.* 발굽으로 차다; (걷어) 차다; 내쫓다. **~ed**[-t] *a.* 발굽 있는.

hóof·bèat *n.* Ⓒ 발굽 소리.

hoo-ha[hú:hà:] *n.* Ⓤ 《英口》 흥분, 소란, 시끄러움. — *int.* 와아《떠드는 소리》.

:hook[huk] *n.* Ⓒ ① 갈고리, 훅; 걸쇠. ② 낚시, 코바늘. ③ 갈고리 모양의 곶, (하천의) 굴곡부. ④ 〚拳〛 훅; 〚野〛 곡구(曲球). ⑤ 〚樂〛 음표 꼬리《8분 음표 따위의 대에 붙은 것》. ***by ~ or by crook*** 무슨 수를 써서라도, 수단을 가리지 않고. ***drop off the ~s*** 《英俗》 죽다. ***get one's ~s into*** [***on***] 《口》 (남자)의 마음을 끌다. ***get the ~*** 《俗》 해고되다. ***~ and eye*** 훅단추. ***on one's own ~*** 《口》 독립하여, 혼자 힘으로. — *vt.* ① (갈고리처럼) 구부리다. ② 갈고리로 걸다(*on, up*); 훅으로 채우다. ③ 〚拳〛 훅을 먹이다. ④ 낚다, (아무를) 올가미로 호리다. ⑤ 《俗》 훔치다. — *vi.* 갈고리에 걸리다; 갈고리처럼 휘다. **~ *in*** 갈고리로 당기다; 갈고리로 고정시키다. **~ *it*** 도망치다. **~ *up*** 갈고리로 걸다, 훅으로 채우다[고정시키다]; 〚라디오·電話〛 중계[접속]하다; 관계하다(*with*); 〚野〛 대항 경기를 하다(*with*).

hook·a(h)[húkə] *n.* Ⓒ 수연통《물을 통해 담배를 빨게 된 장치》.

***hooked**[hukt] *a.* ① 갈고리 모양의; 훅이 달린. ② 《俗》 마약 중독의.

hóoked rúg 황마천 등에 털실이나 천조각으로 자수한 융단.

hook·er[1][húkər] *n.* Ⓒ 네덜란드의 두대박이 어선; 영국의 외대박이 어선; 《海俗》 구식의[볼품 없는] 배.

hook·er[2] *n.* Ⓒ 《俗》 도둑, 사기꾼; 독한 술; 매춘부; 〚럭비〛 후커.

hóok·nòse *n.* Ⓒ 매부리코; 《美俗·蔑》 유대인.

hóok órder 소의 사회 서열《소의 사회에서 약자를 뿔로 받고 강자에게 받히는 일정한 순위》.

hóok·ùp *n.* Ⓒ 배선[접속](도); (방송) 중계; 《口》 제휴, 친선.

hóok·wòrm *n.* Ⓒ 십이지장충.

hook·y[húki] *a.* 갈고리의, 갈고리 같은[많은]. — *n.* Ⓤ 《美》 학교를 빼먹음. ***play ~*** 학교를 빼먹다.

hoo·li·gan[hú:ligən] *n.* Ⓒ 깡패, 불량자.

hoop**[hu:p] *n.* Ⓒ ① 테, 굴렁쇠. ② (스커트 폭을 벌어지게 하는) 버팀테. ③ (체조용의) 후프. ④ (croquet의) 기둥문. ⑤ (농구에서 망을 드리우는) 쇠테. ***go through the ~(s) 《口》 고생하다. — *vt.* (…에) 테를 메다[두르다]; 둘러싸다. **ˊ·er** *n.* Ⓒ 통(메)장이.

Hoop·e·rat·ing [hú:pərèitiŋ], **Hóoper ràting** 《美》 〚放〛 청취율[시청율] 순위.

hoop·la[hú:plɑ:] *n.* Ⓤ 고리던지기 놀이; 《口》 대소동; 과대 선전.

hoop·man[hú:pmən] *n.* (*pl.* **-men** [-mən]) Ⓒ 《俗》 농구 선수.

hoo·poe[hú:pu:] *n.* Ⓒ 〚鳥〛 후투티.

hóop skìrt 버팀살대로 퍼지게 한 스커트.

hoop·ster[hú:pstər] *n.* Ⓒ 《俗》 농구 선수; 훌라후프를 돌리는 사람.

hoo·ray[hu(:)réi] *int., n., v.* = HURRAH.

hoos(e)·gow[hú:sgau] *n.* Ⓒ 《美俗》 교도소.

Hoo·sier[hú:ʒər] *n.* Ⓒ Indiana주의 사람; 《俗》 촌놈.

***hoot**[hu:t] *vt., vi.* ① 야유하다. ② (올빼미가) 부엉부엉 울다. ③ 《주로

英》(기적·나팔 따위가) 울리다. — *n.* Ⓒ ① 야유하는 소리. ② 올빼미가 우는 소리. ③ (기적·나팔 등이) 울리는 소리. ④《口》《부정문에서》조금. ∠**·er** *n.*

hoot·en·an·ny[húːtənæ̀ni] *n.* Ⓒ《美》청중이 참가하는 포크송 집회;《주로 方》거시키, 아무 것《기계 장치 등의 정확한 명칭을 모를 때 쓰임》.

Hoo·ver[húːvər] *n., vt.* Ⓒ《英口》진공 청소기《상표명》; (h-) 진공 청소기(로 청소하다).

Hoo·ver, Herbert Clark(1874-1964) 미국의 31대 대통령(1923-33).

:hop[1][hap/-ɔ-] *vi.* (**-pp-**) ① 뛰다 (*about, along*). ②《口》춤추다. ③ 이륙하다(*off*). — *n.* Ⓒ ① 앙감질. ② 도약. ③《口》무도(회). ~, **step** 〔**skip**〕 **and jump** 세단뛰기.

hop[2] *n.* ① Ⓒ 〖植〗 홉. ② (*pl.*) 그 열매《맥주에 쓴 맛을 냄》. ③ Ⓤ《俗》마약, 아편. — *vt., vi.* (**-pp-**) 홉 열매를 따다; 홉으로 맛을 내다.

†hope[houp] *n.* ① Ⓤ,Ⓒ 희망, 기대. ② Ⓒ 유망한 사람〔것〕, 호프. — *vt., vi.* 희망〔기대〕하다. ~ **against** ~ 요행을 바라다. ~ **for the best** 낙관하다. **I ~ not.** 아니라고 생각한다.

hópe chèst《美》처녀의 혼수감 함.

:hope·ful[∠fəl] *a.* 유망한, 희망찬. **young** ~ 장래가 촉망되는 청년;《反語》싹수가 노란 젊은이. ***~·ly** *ad.* **~·ness** *n.*

:hope·less[∠lis] *a.* 희망〔가망〕 없는; 절망의. ***~·ly** *ad.* **~·ness** *n.*

hóp·hèad *n.* Ⓒ《美俗》마약 중독자.

hop-o'-my-thumb[hápəmaiθʌ́m/hɔ́pəmi-] *n.* Ⓒ 난쟁이.

hop·per[1][hápər/-ɔ́-] *n.* Ⓒ (껑충) 뛰는 사람〔벌레〕; (제분기 따위의) 큰 깔대기 모양의 투입구;《濠》캥거루.

hop·per[2] *n.* Ⓒ 홉(hop[2])을 따는 사람; 홉 즙을 내는 통.

hóp·scòtch *n.* Ⓤ 오랏말놀이.

Hor·ace [hɔ́ːris/hɔ́ris] *n.* (65-8 B. C.)호라티우스《로마의 서정 시인》.

***horde**[hɔːrd] *n.* Ⓒ ① 유목민의 무리. ② 군중, 큰 무리〔떼〕.

hore·hound[hɔ́ːrhàund] *n.* Ⓤ (유럽산의) 쓴 박하(에서 얻는 기침약).

:ho·ri·zon[həráizən] *n.* Ⓒ ① 수평선, 지평선. ② 한계, 범위, 시계(視界), 시야. **enlarge one's** ~ 안목〔식견〕을 넓히다. **on the** ~ 수평선 위에; (사건 등이) 임박한; 분명해지고 있는.

:hor·i·zon·tal [hɔ̀ːrəzántl/hɔ̀rəzɔ́n-] *a.* 지평선의; 수평의; 가로의 (opp. vertical); 평면의; 평평한. — *n.* Ⓒ 지평선, 수평선, 수평 위치. **~·ly** *ad.*

hòrizóntal bár (체조의) 철봉.

hórizòntal éngine 수평 엔진.

hórizòntal únion 직업별 조합(cf. vertical union).

:hor·mone[hɔ́ːrmoun] *n.* Ⓒ 〖生化〗 호르몬.

hórmone replácement thèrapy 〖醫〗 호르몬 치환 요법《estrogen을 써서 폐경에 수반되는 증상을 치료하며 골다공증을 예방함; 생략 HRT》.

:horn[hɔːrn] *n.* ① Ⓒ 뿔(모양의 것); Ⓤ (물질로서의) 뿔. ② Ⓒ 〖動〗 촉각, 촉수. ③ Ⓒ 뿔제품; 각적(角笛); 호른, 경적. ④ (the H-) =**Càpe Hórn** 남아메리카의 남단. **draw** 〔**pull**〕 **in one's ~s** 움츠리다, (으쓱거리던 사람이) 슬그머니 기죽은 소리를 하다, 조심하다. ~ **of plenty** =CORNUCOPIA. **on the ~s of dilemma** 딜레마〔진퇴유곡〕에 빠져서. — *vt., vi.* ① 뿔로 받다. ② 뿔이 나다〔돋치다〕. ③《美口》주제넘게 나서다(*in*).

hórn·bèam *n.* Ⓒ 〖植〗 서나무.

hórn·bìll *n.* Ⓒ 코뿔새.

hórn·blènde *n.* Ⓤ 각섬석(角閃石).

hórn·bòok *n.* Ⓒ (어린이에게 글을 가르치던 예전의) 글자판(板).

horned [hɔːrnd, (詩) hɔ́ːrnid] *a.* 뿔이 있는.

hórned ówl 부엉이.

hórned póut 메기.

hor·net[hɔ́ːrnit] *n.* Ⓒ 〖蟲〗 말벌의 일종; 귀찮은 사람. **bring a ~s' nest about one's ears** 큰 소동을 일으키다; 많은 원수를 만들다.

Hórn of África, the 아프리카 북동부의 돌출부에 대한 속칭.

horn·swog·gle[∠swàgəl/-ɔ̀-] *vt.*《美俗》속이다.

horn·y[hɔ́ːrni] *a.* 뿔의, 뿔 있는, 각질(角質)의, 단단〔딱딱〕한;《俗》호색(好色)의.

hórny hánd (막일로) 피부가 두꺼워진 손.

hor·o·loge[hɔ́ːrəlòudʒ, -làdʒ/hɔ́rəlɔ̀dʒ] *n.* Ⓒ 시계(timepiece).

ho·rol·o·gy[hourálədʒi/hɔrɔ́l-] *n.* Ⓤ 시계학, 시계 제조술. **-ger** *n.* Ⓒ 시계 연구가, 시계공.

hor·o·scope[hɔ́ːrəskòup/hɔ́r-] *n.* Ⓒ 점성(占星); (점성용) 천궁도(天宮圖), 12궁도.

hor·ren·dous[hɔːréndəs/hɔr-] *a.* 무서운.

:hor·ri·ble[hɔ́ːrəbəl, -á-/-ɔ́-] *a.* ① 무서운. ② 심한, 지겨운. ***-bly** *ad.*

***hor·rid**[hɔ́ːrid, -á-/-ɔ́-] *a.* =⇧.

***hor·ri·fy**[hɔ́ːrəfài, -á-/-ɔ́-] *vt.* 무섭게 하다, 소름 끼치게 하다. **-fi·ca·tion**[hɔ̀ːrəfikéiʃən/-ɔ̀-] *n.* **~·ing** *a.* 소름 끼치는; 어이없는.

:hor·ror[hɔ́ːrər, -á-/-ɔ́-] *n.* ① Ⓤ 공포. ② (a ~) 혐오. ③ Ⓒ 무서운 것〔사람·사건〕; 형편 없는 것, 열등품. — *a.* (소설·영화 등) 소름끼치게 하는; 전율적인.

hórror stòry (살육·초자연력 등을 다룬) 공포물〔소설, 영화〕;《口》비참한 경험.

hórror-strìcken, -strùck *a.* 공포에 질린.

hors d'oeu·vre[ɔːr dɔ́ːrv] (F.) 〖料理〗 오르되브르, 전채(前菜).

†horse[hɔːrs] *n.* ① Ⓒ 말; 수말(cf. mare), 씨말. ② Ⓤ《집합적》기병(cf. foot). ③ Ⓒ 〖體操〗 목마, 안마; (보통 *pl.*) 다리가 있는 물건걸이, 발

H

판. ④ Ⓒ《美俗》 자습서(crib). ***entire*** ~ 씨말. ***light*** ~ 경기병(輕騎兵). ***look a gift*** ~ ***in the mouth*** 받은 선물의 트집을 잡다《말은 그 이로 나이를 판단하는 데서》. ***mount*** 〔***ride***〕 ***the high*** ~ 으스대다. ***play*** ~ (아이가) 말로 알고 타다(*with*). ***play*** ~ ***with*** …을 무례하게 대하다, 무시하다. ***pull the dead*** ~ 선불받은 임금 때문에 일하다. (***straight***) ***from the*** ~***'s mouth*** 《俗》(뉴스·속보(速報)가) 확실한〔믿을 만한〕 소식통에서 (직접). ***take*** ~ 말을 타다, 말을 빌리다; (암말이) 교미하다. ***talk*** ~ 허풍떨다. ***To*** ~***!*** 《구령》 승마! ― *vt.* (수레에) 말을 달다; 말에 태우다; 혹사하다. ― *vi.* 승마하다; (말이) 암내내다.

hórse-and-búggy *a.* 케케 묵은.

*⁑***hórse·bàck** *n.* Ⓤ 말의 등(*on* ~ 말을 타고).

hórse blòck 승마용 디딤대.

hórse bòx 말 운반용 화차.

hórse·brèaker *n.* Ⓒ 말의 조련사(調練師).

hórse·càr *n.* Ⓒ《美》(객차를 말이 끄는) 철도 마차; 말 운반차.

hórse chéstnut 〖植〗 마로니에.

hórse·fèathers *n.* Ⓤ《俗》넌센스, 허튼 소리.「말.

hórse·flèsh *n.* Ⓤ 말고기;《집합적》

hórse flý 〖蟲〗 등에, 말파리.

Hórse Guàrds, the 근위 기병.

hórse·hàir *n.* Ⓤ 말총《갈기 및 꼬리》; 마소직(馬巢織).

hórse·hìde *n.* Ⓤ 말가죽.

hórse látitudes (대서양의) 무풍대(無風帶).

hórse·làugh Ⓒ (특히 조소적인) 너털웃음.「필요 없는.

horse·less[⌐lis] *a.* 말 없는, 말이

*⁑***horse·man**[⌐mən] *n.* Ⓒ ① 승마자, 기수. ②기병. ③ 마술가(馬術家). ~**·ship**[-ʃip] *n.* Ⓤ 마술.

hórse marìne (상상의) 말 탄 해군; 부적격자. ***Tell that to the*** ~***!*** 그 바보 같은 소리 좀 그만둬!

hórse òpera《美》서부 영화〔극〕.

hórse pìstol 마상용(馬上用) 대형 피스톨.

hórse·plày *n.* Ⓤ 야단법석. ~**er** *n.* Ⓒ 경마광.

·hórse·pòwer *n. sing.* & *pl.* 마력(馬力)《1초에 75kg을 1m 올리는 일률의 단위》.

·hórse ràce 경마.「냉이.

hórse·ràdish *n.* Ⓒ,Ⓤ 〖植〗 양고추

hórse sènse 《口》(어설픈) 상식.

·hórse·shòe *n., vt.* Ⓒ 편자(를 박다); 〖動〗 =⌐ **cráb** 참게.

hórseshoe màgnet 말굽 자석.

hórse·tàil *n.* Ⓒ 말 꼬리; 〖植〗 속새.

hórse-tràding *n.* Ⓤ 사기.

hórse tràiler 마필 운송용 트레일러.

hórse·whìp *n., vt.* (**-pp-**) Ⓒ 말채찍(으로 치다); 징계하다.

hórse·wòman *n.* Ⓒ 여기수.

hors·(e)y[⌐i] *a.* 말의, 말 같은; 말을〔경마를〕 좋아하는; 기수 같은.

hort. horticultural; horticulture.

hor·ta·tive[hɔ́ːrtətiv], **-ta·to·ry**[-tətɔ̀ːri/-təri] *a.* 권고〔충고〕의.

hor·ti·cul·ture [hɔ́ːrtəkʌ̀ltʃər/-ti-] *n.* Ⓤ 원예(술). **-tur·al**[⌐⌐⌐tʃərəl] *a.* 원예(상)의. **-tur·ist**[⌐⌐⌐tʃərist] *n.* Ⓒ 원예가.

Hos. Hosea.

ho·san·na[houzǽnə] *int., n.* Ⓒ 호산나《하느님 또는 예수를 찬미하는 말》.

·hose[houz] *n.* (*pl.* ~, 《古》~***n***) ① 《집합적》 긴 양말. ② Ⓤ,Ⓒ (*pl.* ~, ~***s***) 호스. ― *vt.* 긴 양말을 신기다; 호스로 물을 끼얹다.

Ho·se·a[houzíːə, -zéiə] *n.* 〖舊約〗 호세아서(書)(의 저자)《기원 전 8세기의 헤브라이의 선지자》.

hóse càrt (소방용) 호스 운반차.

hose·man[hóuzmən] *n.* Ⓒ 소방차의 호스 담당원.

hóse·pìpe *n.* Ⓒ 호스.

ho·sier[hóuʒər] *n.* Ⓒ (메리야스·양말 등의) 양품상(商)《사람》. ~**·y**[-ri] *n.* Ⓤ 《집합적》 양품류; 양품업.

hos·pice[háspis/-ɔ́-] *n.* Ⓒ (종교 단체 등이 경영하는) 숙박소.

·hos·pi·ta·ble[háspitəbəl/-ɔ́-] *a.* ① 극진한, 따뜻하게 대접하는. ② (새로운 사상 따위를) 기꺼이 받아들이는 (*to*). **-bly** *ad.*

†hos·pi·tal[háspitl/-ɔ́-] *n.* Ⓒ 병원. ***be in*** (***the***) ~ 입원해 있다. ***be out of the*** ~ 퇴원해 있다. ***go into*** ~ 입원하다. ***leave*** ~ 퇴원하다. ~**·ize**[-àiz] *vt.* 입원시키다.

hóspital féver 병원 티푸스.

*⁑***hos·pi·tal·i·ty** [hàspətǽləti/hɔ̀s-pi-] *n.* Ⓤ 친절한 대접, 환대, 후대.

*⁑***host**[1][houst] *n.* Ⓒ ① (손님에 대하여) 주인; (여관의) (남자) 주인. ② 〖生〗 (기생 생물의) 숙주(宿主). ***reckon*** 〔***count***〕 ***without one's*** ~ 제멋대로 치부〔판단〕하다.

*⁑***host**[2] *n.* Ⓒ ① 많은 떼, 많은 사람, 다수. ② 《古》 군세(軍勢). ***heavenly*** ~***s***, or ~(***s***) ***of heaven*** 하늘의 별; 천사의 떼.

host[3], **H-** *n.* (the ~) 〖宗〗 (미사용의) 성체, 제병(祭餠).

·hos·tage[hástidʒ/-ɔ́-] *n.* Ⓒ 볼모; 저당. ~ ***to fortune*** 언제 잃을지 모르는 (덧없는) 것《처자·재산 따위》.

hóst compùter 〖컴〗 주(主)컴퓨터《대형 컴퓨터의 주연산 장치인 CPU가 있는 부분》.

*⁑***hos·tel**[hástəl/-ɔ́-] *n.* Ⓒ ① 호스텔《여행하는 청년들을 위한 숙박소》; 《英》(대학의) 기숙사. ② 《古》 여관.

hos·tel·ler[hástələr/hɔ́s-] *n.* Ⓒ 여관 주인, 호스텔 이용〔경영〕자.

hos·tel·ry[hástəlri/hɔ́s-] *n.* 《古·雅》 Ⓒ 여관.

*⁑***host·ess**[hóustis] *n.* Ⓒ ① 여주인, (연회석 따위의) 주부역《host[1]의 여

성》. ② 스튜어디스; 여급. ③ (여관의) 여주인.

:hos·tile[hástil/hɔ́stail] *a.* ① 적의. ② 적의 있는, 적대하는.

:hos·til·i·ty[hastíləti/hɔs-] *n.* ① Ⓤ 적의, 적대, 저항; 전쟁 상태. ② (*pl.*) 전쟁 행위(*open* 〔*suspend*〕 *hostilities* 전쟁을 시작하다〔휴전하다〕).

hos·tler[háslər/ɔ́s-] *n.* Ⓒ (여관의) 마부(ostler).

†hot[hat/-ɔ-] *a.* (**-tt-**) ① 뜨거운; 더운. ② 매운; (빛깔이) 강렬한. ③ 열렬한, 열심인(*on*); 격한; 격렬한. ④ 호색적인; 스릴에 찬, 흥분시키는. ⑤ (뉴스 따위) 최신의, 아주 새로운. ⑥ (요리가) 갓 만든. ⑦《美俗》(연기·경기가) 훌륭한. ⑧《俗》갓 훔친(~ *goods* 갓 훔친 물건). ⑨〖재즈〗열광적인《즉흥적으로 변주한》. ⑩ (고압) 전류의〔가 통하는〕; 방사능을 띤(~ *wire* 고압선). BLOW[1] ~ ***and cold. get it*** ~ 호되게 야단 맞다. ***give it*** ~ 몹시 꾸짖다. ~ ***and heavy*** 〔***strong***〕 몹시, 호되게. ~ ***and*** ~ 갓 만든, 따끈따끈한. ~ ***under the collar***《俗》노하여. ***in*** ~ ***blood*** (열화같이) 노하여. ~ ***with anger*** 격하여, 몹시 노하여. ***make it too*** ~ ***for*** (*a person*)= ***make a place too*** ~ ***for a person*** (아무를 방해하거나 지분거려) 못견디게 만들다. — *vt., vi.* (**-tt-**) 《英口》(식은 음식물을) 데우다(*up*); 격화하다; (배·자동차의) 속도를 더 내다(*up*). *∠.**ly** *ad.* ∠.**ness** *n.*

hót áir《俗》잡담; 허풍.

hót átom 방사성 원자.

hót·bèd *n.* Ⓒ 온상(溫床).

hót-blóoded *a.* 노하기〔흥분하기〕 쉬운; 앞뒤를 돌보지 않는, 무모한; 정열적인; (가축이) 혈통이 좋은.

hót-bràined *a.*《古》=HOTHEADED.

hót càke 핫케이크. ***sell*** 〔***go***〕 ***off like*** ~***s*** 날개 돋친듯 팔리다.

hót céll 방사성 물질 처리용 차폐실.

hot·cha[hátʃə/-ɔ́-] *n., a.*《俗》핫차(차)《핫 재즈》; 매력적인.

hotch·pot[hátʃpàt/hɔ́tʃpɔ̀t] *n.* Ⓤ〖法〗재산 병합《유언이 없는 경우 유산의 균등 분배를 위해 모든 재산을 그러모으는 일》.

hotch·potch[hátʃpàtʃ/hɔ́tʃpɔ̀tʃ] *n.* Ⓤ 잡탕찜;《英》뒤범벅.

hót cròss bún 십자가가 그려 있는 빵《Good Friday에 먹음》.

hót dàrk mátter〖宇宙〗뜨거운 암흑 물질《암흑 물질(dark matter)로 생각되는 것 중 광속에 가까운 속도로 운동하는 것; 생략 HDM》.

hót dòg 핫 도그《뜨거운 소시지를 끼운 빵》.

:ho·tel[houtél] *n.* Ⓒ 호텔, 여관.

hotél·kèeper *n.* Ⓒ 호텔 경영자.

hotél·kèeping *n.* Ⓤ 호텔 경영.

hotél règister 숙박자 명부.

hót·fòot *ad., vi.*《口》부리나케 (가다).

hót·hèad *n.* Ⓒ 성급한 사람.

hót·hèaded *a.* 성급한, 격하기 쉬운. ~**ly** *ad.* ~**ness** *n.*

hót·hòuse *n.* Ⓒ 온실; 온상.

hót láb(oratory) (방사성 물질을 다루는) 원자핵 연구소.

hót lìne 긴급 직통 전화선; (the ~) 미소 수뇌간의 직통 전용 텔레타이프선.

hót móney《俗》핫 머니《국제 금융 시장에서 고리를 위해 이동하는 단기 자금》; 부정한 돈.

hót pànts (여성용) 핫 팬츠;《美俗》색정.

hót párticle〖理〗고방사능 입자《원자로의 사고 등으로 대기중에 방출되는 높은 방사능을 지닌 미립자》.

hót plàte 요리용 철판; 전기〔가스〕 풍로; 음식용 보온기; 전열기.

hót pòt《주로 英》쇠고기·양고기와 감자를 찐 요리.

hót potáto《英》껍질채 구운 감자;《美口》난처〔불쾌〕한 상태〔문제〕.

hót-prèss *n., vt.* Ⓒ 가열 압착기; 가열 압착하다.

hót ròd《美俗》(개조) 쾌속차.

hót sèat《美俗》전기 의자; 곤란한 입장.

hót-shòrt *a.* 열에 약한.

hót·shòt *n.* Ⓒ《俗·反語》수완가; 소방사; 급행 화물 열차.

hót spòt 분쟁 지역; 환락가.

***hót spríng** 온천.

hót·spùr *n.* Ⓒ 성급한〔격하기 쉬운〕 사람.

hót stúff《俗》정열가, 정력가; 대단한 것〔사람〕.

hót-témpered *a.* 성미급한, 성마른.

Hot·ten·tot[hátntàt/hɔ́tntɔ̀t] *n.* Ⓒ (남아프리카의) 호텐토트 사람; Ⓤ 호텐토트 말.

hót wár 무력전, 열전(cf. cold war).

hót wáter 더운 물, 뜨거운 물;《口》곤경.

hót-wáter bàg 〔**bòttle**〕 탕파(湯婆).

hót-wáter hèating 온수 난방.

hót-wáter sýstem 스팀용 배관.

hót wèll = HOT SPRING; 탕조(湯槽)《보일러에 되돌리기 전의 응축 증기를 모으는 곳》.

hou·dah[háudə] *n.* =HOWDAH.

hough[hak/-ɔ-] *n., v.* =HOCK[1].

:hound[haund] *n.* Ⓒ ① 사냥개; 개. ② 비열한 자. ③《口》(무엇인가에) 열중하는 사람. ***follow the*** ~***s,*** or ***ride to*** ~***s*** 사냥개를 앞세워 말타고 사냥하다. — *vt.* ① 사냥개로 사냥하다. ② 맹렬히 쫓다. ③ (부)추기다, 격려하다(*on*).

hóund·tòoth 하운드 투스(무늬).

†hour[auər] *n.* Ⓒ ① 한 시간(의 노정·거리). ② 시각, 시. ③ (*pl.*) 영업〔집무·기도〕 시간(*after* ~*s*). ***after*** ~***s*** 정규 업무시간 후에. ***at all*** ~***s*** 언제든지. ***by the*** ~ 시간제로. ***every*** ~ ***on the*** ~ 매 정시《1시, 2시, 3시…》. ***in an evil*** ~ 나쁜 때에. ***in the*** ~ ***of need*** 정말 필요할 때에. ***keep bad*** 〔***late***〕 ~***s***

H

밤샘하고 늦잠 자다. ***keep good*** 〔***early***〕 ~ 일찍 자고 일찍 일어나다. ***of the*** ~ 목하〔현재〕의(*a man of the* ~ 당대의 인물). ***out of*** **~s** 근무 시간 외에. ***take*** **~s** ***over*** (…에) 몇 시간이나 걸리다. ***the small*** **~s** 자정부터 오전 3·4시경까지, 야밤중. ***till*** 〔***to***〕 ***all*** **~s** 밤늦게까지. ***to an*** ~ 제 시각에. ***What is the*** **~?** =What time is it? ***∠·ly** *a., ad.* 한 시간마다(의); 빈번한〔히〕.

hóur·glàss *n.* Ⓒ 각루(刻漏)《모래〔물〕시계 따위》.

hóur hànd 시침(時針).

hou·ri[hú(ə)ri, háu-] *n.* Ⓒ 〖이슬람〗 천녀(天女); 미인.

†**house**[haus] *n.* (*pl.* **houses**[háuziz]) Ⓒ ① 집, 가옥; 집안, …가(家)(*the H- of Windsor* 윈저가(家)《지금의 영국 왕가》). ② 건물, 상점, 회사. ③ 회관; 극장; 《집합적》 관객, 청중. ④ 의사당, (H-) 의회. ⑤ (the H-) 《英口》 증권 거래소. ⑥ 〖天〗 궁(宮), 성수(星宿). ⑦ 《英》 = HOUSEY-HOUSEY. ***a*** ~ ***of call*** 단골집. ***bring down the*** (***whole***) ~ 《口》 만장의 대갈채를 받다. ***clean*** ~ 집을 정리하다; 숙청하다. ***empty*** ~ (극장의) 입장자가 적음. ***from*** ~ ***to*** ~ 집집이. ***full*** ~ 대만원. ~ ***and home*** 가정. ~ ***of cards*** (어린이가) 카드로 지은 집; 위태로운 계획. ~ ***of correction*** (경범) 교정원. ~ ***of God*** 교회, 예배당. ~ ***of ill fame*** 청루(青樓), 갈봇집. ***Houses of Parliament*** 《英》 의사당. ***keep a good*** ~ 호화로운 생활을 하다. ***keep*** ~ 가정을 갖다, 살림살이를 맡다. ***keep the*** ~ 집에 들어박히다. ***like a*** ~ ***on fire*** 《俗》 맹렬히, 빨리. ***on the*** ~ 사업주가 부담하는, 무료의. ***play at*** ~(***s***) 소꿉장난하다. ***the H- of*** COMMONS 〔LORDS, REPRESENTATIVES〕. — [hauz] *vt.* ① 집에 들이다, 숙박시키다, 수용하다. ② 덮다. ③ 〖建〗 끼우다, 박다. — *vi.* ① 안전한 곳에 들다. ② 묵다, 살다.

hóuse àgent 《英》 부동산중개업자.

hóuse arrèst 자택 감금, 연금.

hóuse·bòat *n.* Ⓒ (살림하는) 집배, (숙박 설비가 된) 요트.

hóuse·bòy *n.* Ⓒ (집·호텔 등에서 잡일을 하는) 일꾼.

hóuse·brèak *vi.* (**-broke, -broken**) (대낮에) 침입 강도짓을 하다. **~er** *n.* Ⓒ (가택) 침입 강도. **~ing** *n.* Ⓤ 가택 침입, 침입 강도질〔죄〕.

hóuse·bròken, -bròke *a.* 집안에서 길러 길이 든.

hóuse càll 왕진.

hóuse·clèan *vt., vi.* (집의) 대청소를 하다.

hóuse·clèaning *n.* Ⓤ 대청소; 숙청.

hóuse·còat *n.* Ⓒ 실내복《여성이 집에서 입는 헐렁한 옷》.

hóuse dìnner (클럽·학교 따위의 특별 만찬회).

hóuse dùty 가옥세.

hóuse flàg 〖海〗 (소속 회사의) 사기(社旗).

hóuse·flỳ *n.* Ⓒ 집파리.

hóuse·fùl *n.* Ⓒ 집안에 가득함.

hóuse fùrnishings 가정용품.

:**hóuse·hòld** *n., a.* ① Ⓒ 《집합적》 가족(의); (고용인도 포함한) 온 집안 사람. ② 가사의, 가정의. ③ (the H-) 《英》 왕실.

hóusehold árts 가정(학).

hóuse·hòlder *n.* Ⓒ 호주, 세대주.

hóusehold góds (옛 로마의) 가정 수호신; 가보(家寶); 가정 필수품.

hóusehold stúff 가재(家財).

hóusehold wórd 흔히 잘 쓰이는 말〔속담, 이름〕.

:**hóuse·kèeper** *n.* Ⓒ 주부; 가정부; 하녀 우두머리.

***hóuse·kèeping** *n.* Ⓤ 가계.

hóuse·lìghts *n. pl.* (극장의) 객석 조명.

hóuse·màid *n.* Ⓒ 가정부.

hóuse·màster *n.* Ⓒ (남자 기숙사의) 사감.

hóuse·mìstress *n.* Ⓒ (여자 기숙사의) 사감; 여주인.

hóuse òrgan 사내보(社內報).

hóuse pàrty (별장 따위에서의, 수일에 걸친) 접대 연회; 그 체재객들.

hóuse·phòne *n.* Ⓒ (호텔·아파트 등의) 내선 전화.

hóuse physícian (병원·여관 등의) 입주 내과 의사.

hóuse·ròom *n.* Ⓤ 집〔가옥〕의 수용력; 숙박.

hóuse-to-hóuse *a.* 집집마다의, 호별의.

hóuse·tòp** *n.* Ⓒ 지붕. ***proclaim from the **~s** 널리 알리다〔선전하다〕.

hóuse tràiler 이동 주택차.

hóuse·wàres *n. pl.* 가정용품.

hóuse·wàrming *n.* Ⓒ 집들이.

:**hóuse·wìfe** *n.* Ⓒ ① 주부. ② [hʌ́zif] (*pl.* **~s, -wives**[-ivz]) 반짇고리. **~ly** *a.* 주부다운; 알뜰한.

hóuse·wìfery *n.* Ⓤ 가정(家政), 가사.

***hóuse·wòrk** *n.* Ⓤ 가사, 집안일.

house·y-house·y[háusihá usi] *n.* Ⓤ bingo 비슷한 카드놀이.

***hous·ing**[1] [háuziŋ] *n.* ① Ⓤ 주택 공급(계획). ② Ⓤ 《집합적》 집, 주택. ③ Ⓒ 〖機〗 가구(架構).

hous·ing[2] *n.* Ⓒ (종종 *pl.*) 마의(馬衣), 말의 장식.

hóusing devèlopment 〔《英》 **estàte**〕 집단 주택(용지), 단지(團地), 계획 주택〔아파트〕군(群).

hóusing pròblem 주택 문제.

hóusing pròject 《美》 주택 계획; (저소득자용) 공영 단지.

hóusing shòrtage 주택난.

Hous·ton[hjú:stən] *n.* 미국 Texas 주의 도시《우주선 비행 관제 센터가 있음》.

Hou·yhn·hnm[hu:ínəm, hwí-, hú:i*h*nəm, huínəm] *n.* Ⓒ 이성을 갖춘 말《*Gulliver's Travels*》.

hove[houv] *v.* heave의 과거(분사).

hov·el[hʌ́vəl, hɑ́v-] *n.* Ⓒ 오두막집, 광, 헛간. ── *vt.* (-ll-) 《廢》 오두막집에 넣다.

‡hov·er[hʌ́vər, hɑ́v-] *vi.* ① 하늘을 날다(*about, over*). ② 배회[방황]하다, 어정거리다; 주저하다.

Hov·er·craft[-kræ̀ft, -krɑ̀:ft] *n.* Ⓒ 〖商標〗 호버크라프트《고압 공기를 분출하여 기체를 띄워 달리는 탈것》(ground effect machine).

hóver·plàne *n.* 《英》 =HELICOPTER.

†how[hau] *ad.* ① 《수단·방법》 어떤 식[모양]으로, 어떻게 하여, 어떻게. ② 《정도》 얼마만큼; 얼마나. ③ 《감탄문으로》 참으로(*H- hot it is!*). ④ 《상태》 (건강·날씨 따위가) 어떤 상태로(*H- is she the* [*weather*]*?*). ⑤ …하다는 것(that)(*I taught the boy ~ it was wrong to tell a lie.* 《주의》 이것은 'that'보다도 impressive 한 용법; 그러나 howclause 중에 *a., ad.* 를 포함하고 있지 않은 때에는 옛날 용법; *She told me ~ she had read about it in the papers.*). ⑥ 《관계 부사로서》 …만큼, …정도로. ***and ~*** 《口》 대단히. ***H-!*** 《美》 뭐라고요? 한번만 더 말씀해 주세요(《英》 What?). ***H- about ...?*** …에 관해서 어떻습니까. ***H- are you?*** 안녕하십니까《인사말》. ***H- do you do?*** 안녕하십니까; 《초면의 인사로서》 처음 뵙겠습니다. ***H- do*** [***did***] ***you like it?*** 감상은 어떠하십니까, 느끼신 감상은? ***H- much is it?*** (값은) 얼마입니까. ***H- now*** [***then***]***?*** 이는 어찌된 일일까. ***H- say you?*** 자네의 의견은? ***H- so?*** 어째서 그런가. ── *n.* (the ~) 방법. ***the ~ and the why of it*** 그 방법과 그 이유.

how·bé·it *conj., ad.* 《古》 …라고는 하지만, 그렇지만.

how·dah[háudə] *n.* Ⓒ 상교(象轎)《코끼리 등의 닫집 가마》.

how-do-you-do [háudəjədú:], **how-d'ye-do** [háudidú:] *n.* Ⓒ 《口》 곤란한 일[입장].

how·dy[háudi] *int.* 《方·口》 여어, 안녕하세요.

how·e'er [hauέər] 《雅》 =HOWEVER.

†how·ev·er[hauévər] *ad.* ① 아무리 …일지라도. ② 도대체 어떻게 해서(*H- did you do it?*). ── *conj.* 그렇지만.

how·itz·er[háuitsər] *n.* Ⓒ 〖軍〗 곡사포.

‡howl[haul] *vi.* ① Ⓒ (개·늑대 따위가 소리를 길게 배어) 짖다, 멀리서 짖다. ② (사람이) 크게 울부짖다, 큰 소리를 내다. ③ (바람이) 윙윙 휘몰아치다. ── *vt.* ① 울부짖으며 말하다(*out, away*). ② 호통쳐서 침묵시키다(*down*). ── *n.* Ⓒ (개·늑대 따위가) 짖는 소리; 신음소리; 불평, 반대. **∠·er** *n.* Ⓒ 짖는 짐승; 〖動〗 짖는 원숭이; 큰 소리를 내는 것《사람·라디오 따위》; 큰 실수. **∠·ing** *a.* 울부짖는; 쓸쓸한; 《口》 터무니 없는, 대단한.

hów·so·éver *ad.* 아무리 …일지라도(however).

hoy·den[hɔ́idn] *n.* Ⓒ 말괄량이. **~·ish** *a.*

Hoyle[hɔil] *n.* Ⓒ 카드놀이 규칙(의 책). ***according to ~*** 규칙대로(의); 올바른.

H.P. 《俗》 hire-purchase. **H.P., HP, hp, h.p.** high pressure; horsepower. **HQ, H.Q., hq., h.q.** headquarters. **hr.** hour(s). **H.R.** Home Rule; House of REPRESENTATIVES. **H.R.H.** His [*or* Her] Royal Highness. **hrs.** hours. **HRT** 〖醫〗 hormone replacement therapy. **H.S.E.** *hic sepultus est*(L.=here is buried). **H.S.H.** His [*or* Her] Serene Highness. **HST** hypersonic transport. **ht.** height; heat. **h.t.** high tension.

hub[hʌb] *n.* Ⓒ 바퀴통《수레바퀴의 중심》; 중심(부); 〖컴〗 허브《몇 개의 장치가 접속된 장치》; (the H-) Boston 시의 별칭.

hub·ba-hub·ba[hʌ́bəhʌ́bə] *int.* 《美俗》 좋아좋아!; 빨리빨리!

hub·ble [hʌ́bəl] *n.* Ⓒ 작은 혹. **-bly** *a.* 혹투성이의, 우툴두툴한.

hub·bub[hʌ́bʌb] *n.* (보통 a ~) 와자지껄, 소란.

hub·by[hʌ́bi] *n.* 《口》 = HUSBAND.

huck·a·back[hʌ́kəbæ̀k] *n.* Ⓤ 타월천의 일종.

huck·le·ber·ry[hʌ́kəlbèri] *n.* Ⓒ (미국산(産)의) 월귤(나무).

huck·ster[hʌ́kstər] *n.* Ⓒ 소상인, 행상인; (돈에 다라운) 상인; 《美口》 선전[광고]업자. ── *vi., vt.* 자그마하게 장사하다, 외치며 팔다, 도부치다; 값을 깎다. **~·ism**[-ìzəm] *n.* Ⓤ 판매 제1주의.

hud·dle**[hʌ́dl] *vt.* ① 뒤죽박죽 섞어 모으다[처넣다, 쌓아 올리다](*together, into*). ② 되는 대로 해치우다(*up, through*). ③ 급히 입다(*on*). ── *vi.* 붐비다, 떼지어 모이다(*together*). ***~ oneself up, or ***be ~d up*** 몸을 움츠리다[곱송그리다]. ── *n.* Ⓒ ① 혼잡, 난잡. ② 군중. ③ 밀담. ④ 〖美式蹴〗 (다음 작전 지시를 위한) 선수의 집합. ***go into a ~*** 밀담하다.

***Hud·son**[hʌ́dsən] *n.* (the ~) New York 주를 흐르는 강.

Húdson Báy 캐나다 북동부의 만.

Húdson séal 모조 바다표범 가죽.

‡hue[1][hju:] *n.* ① Ⓤ,Ⓒ 빛깔, 색채; 색조. ② Ⓒ 특색.

hue[2] *n.* Ⓒ 고함, 외침(소리)(outcry). ***a ~ and cry*** 추적[공격]의 함성; 비난[탄핵]의 소리.

huff[hʌf] *vt.* 못살게 굴다, 을러대다; 성나게 하다; (checker에서) 상대의 말을 잡다. ── *vi.* 성내다; 뽐내다. ── *n.* (*sing.*) 분개, 화. ***take***

～ 성내다. ∠·ish, ∠·y *a.* 성난; 삐기는; 성마른.
huff-duff[hʌ́fdʌ́f] *n.* Ⓒ《俗》고주파대(對) 잠수함 탐지기.
:hug[hʌg] *vt.* (*-gg-*) ① (꼭) 껴안다. ② (편견 따위를) 고집하다. ③ (…에) 접근하여 지나다. ── *n.* Ⓒ 꼭 껴안음; 〖레슬링〗 끌어안기.
:huge[hjuːdʒ] *a.* 거대한; 막대한. ∠·ly *ad.* 거대하게, 대단히.
hug·ger-mug·ger[hʌ́gərmʌ̀gər] *n., a., ad.* Ⓤ 혼란(한, 하여); 비밀(의, 히). ── *vt.* 숨기다. ── *vi.* 비밀〔내밀〕히 하다.
Hu·go[hjúːgou], **Victor**(1802-85) 프랑스의 작가·시인·극작가.
Hu·gue·not[hjúːgənɑ̀t/-nɔ̀t] *n.* Ⓒ 위그노《16-17세기 프랑스의 신교도》.
huh[hʌ] *int.* 하아, 흥, 허어, 뭐라고《놀람·경멸·의문 따위를 나타냄》.
hu·i[húːiː] *n.* ① Ⓤ (하와이의) 공동 영업(partnership). ② Ⓒ 클럽, 협회; 회합.
hu·la[húːlə] *n.* Ⓒ (하와이의) 훌라 댄스《hula-hula라고도 함》.
húla hòop 훌라 후프.
húla skìrt (긴 풀로 엮은) 훌라댄스용 스커트.
hulk[hʌlk] *n.* Ⓒ 노후선, 폐함《창고·옥사(獄舍)로 쓰던》; 멋없이 큰 배〔거인·하물〕. ∠·ing *a.* 부피 큰; 멋없는, 볼품 없는.
***hull**[1][hʌl] *n., vt.* Ⓒ ① 껍데기〔껍질·깍지〕(를 제거하다). ② 덮개(를 벗기다).
hull[2] *n.* Ⓒ 선체《마스트나 돛은 포함하지 않음》; (비행정의) 정체(艇體). ～ ***down*** (돛대만 보이고) 선체가 수평선 밑에 보이지 않을 정도로 멀리. ── *vt.* (탄알로) 선체를 꿰뚫다.
hul·la·ba·loo[hʌ́ləbəlùː, ⌐──∠] *n.* Ⓒ 왁자지껄함, 떠들썩함, 시끄러움; 큰 소란.
hul·lo(a)[həlóu, hʌ́lóu] *int., n.*《주로 英》＝HELLO.
:hum[hʌm] *vi.* (*-mm-*) ① (벌·팽이가) 윙윙하다, 웡 울리다. ② 우물우물 말하다. ③ 콧노래를 부르다, 허밍으로 노래하다. ④ (불만스런 듯이) 흥하다. ⑤ (사업이) 경기가 좋다. ～ (*a baby*) ***to sleep*** 콧노래를 불러 (아기를) 잠들게 하다. ～ ***and ha***〔***haw***〕 (대답에 궁하여) 말을 우물쭈물하다; 머뭇거리다. ***make things*** ～ 경기〔활기〕를 띠게 하다. ── *n.* ① (*sing.*) 붕, 윙윙; 멀리서 들려오는 소음. ② Ⓒ (라디오의) 험; 음(하는 소리)《망설일 때의》. ── [mː, mmː] *int.* 흥, 흠《당혹·놀람·의혹의 기분으로》.
†hu·man[hjúːmən] *a.* ① 사람의, 인간적인. ② 인간에게 있기 쉬운(*To err is* ～, *to forgive* DIVINE.). ～ ***affairs*** 인간사. ～ ***being*** 인간. ***less than*** ～ 인도를 벗어나서. ***more than*** ～ 초인적이어서. ── *n.* Ⓒ 사람.
húman dócument 인간 기록.
:hu·mane[hju(ː)méin] *a.* ① 인정 있는, 친절한. ② 사람을 고상하게 만드는; 우아한. ～ ***studies*** 인문 과학. ～·ly *ad.* ～·ness *n.*
húman engineéring 인간 공학.
Humáne Socìety 동물 애호 협회; 《英》 수난(水難) 구조회.
húman geógraphy 인문 지리(학).
hu·man·ics [hjuːmǽniks] *n.* Ⓤ 인간학.
***hu·man·ism**[hjúːmənìzəm] *n.* Ⓤ ① 인문〔인본〕주의. ② 인문학《14-16세기의 그리스·로마의 고전 연구》. ③ 인도주의. ***-ist** *n.* **-is·tic**[⌐─ístik] *a.* 인문〔인도〕주의적인.
hu·man·i·tar·i·an [hjuːmæ̀nətέəriən] *a.* 인도주의의, 박애의. ── *n.* Ⓒ 인도〔박애〕주의자. ～·ism [-ìzəm] *n.*
:hu·man·i·ty[hjuːmǽnəti] *n.* ① Ⓤ 인간성. ② Ⓤ《집합적》인류, 인간. ③ (*pl.*) 사람의 속성. ④ Ⓤ 인간애, 자비. ⑤ Ⓒ 자선 행위. ***the humanities*** 그리스·라틴 문학; 인문 과학《어학·문학·철학·예술 따위》.
hu·man·ize[hjúːmənàiz] *vt., vi.* 인간답게 하다〔되다〕; 교화하다〔되다〕, 인정 있게 만들다〔되다〕.
húman·kìnd *n.* Ⓤ《집합적》인류.
hu·man·ly[hjúːmənli] *ad.* 인간답게; 인력으로써; 인간의 판단으로. ***be*** ～ ***possible*** 인간의 힘으로 할 수 있다.
hu·man·oid[hjúːmənɔ̀id] *a.* 인간에 근사한. ── *n.* Ⓒ 원인(原人); (SF 소설에서) 인간에 유사한 우주인.
húman relátions 인간〔대인〕 관계.
húman torpédo 인간 어뢰《목표 가까이까지 인간이 유도함》.
:hum·ble[hʌ́mbl] *a.* ① (신분이) 비천한; (스스로를) 낮추는, 겸손한. ② (식사 따위) 검소한. ***eat*** ～ ***pie*** 굴욕을 참다. ── *vt.* (품위·지위 따위를) 천하게〔떨어지게〕 하다, 욕을 보이다, 창피를 주다. ～ ***oneself*** 스스로를 낮추다. ***-bly** *ad.* (스스로를) 낮추고, 겸손히. ～·ness *n.*
hum·ble·bee [-bìː] *n.*《주로 英》＝BUMBLEBEE.
hum·bug[hʌ́mbʌ̀g] *n.* ① Ⓤ 협잡, 속임수; 야바위. ② Ⓒ 사기꾼, 협잡꾼. ── *vt.* (*-gg-*) 속이다, 협잡하다. ── *vi.* 속임수를 쓰다. ── *int.* 엉터리!; 시시하다! ∠·ger·y *n.* Ⓤ 속임(수), 협잡, 사기.
hum·drum[hʌ́mdrʌ̀m] *n., a.* ① Ⓤ 평범(한), 단조(로운). ② Ⓒ 지루한 (이야기·일 따위).
Hume[hjuːm], **David**(1711-76) 스코틀랜드의 철학자·역사가.
hu·mer·us [hjúːmərəs] *n.* (*pl.* ***-meri***[-mərài]) Ⓒ 〖解·動〗 상완골.
***hu·mid**[hjúːmid] *a.* 습기 있는, 눅눅한. ～·i·fy[─∠əfài] *vt.* (실내 따위에 적당한) 습도를 주다. ***～·i·ty** [─∠əti] *n.* Ⓤ 습기, 습도.
hu·mid·i·stat[hjuːmídəstæ̀t] *n.* Ⓒ 습도 자동 조절 장치.

***hu·mil·i·ate**[hju:mílièit] *vt.* 욕보이다, 굴욕을〔창피를〕 주다. **-at·ing** *a.* 굴욕적인. ***-a·tion**[-⌐-éiʃən] *n.* ⓤⓒ 부끄러움(을 줌), 창피(를 줌), 굴욕.

‡**hu·mil·i·ty**[hju:míləti] *n.* ⓤ 겸손, 겸허.

***hum·ming**[hʌ́miŋ] *a., n.* ① ⓤ 붕붕〔윙윙〕하는 (소리), 콧노래(를 부르는). ② 활발한, 씽씽한, (장사가) 번성하는, (맥주가) 거품 이는.

húmming·bìrd *n.* ⓒ 〖鳥〗 벌새.

húmming tòp 윙윙 소리 나는 팽이.

hum·mock[hʌ́mək] *n.* ⓒ 작은 언덕.

‡**humor,** 《英》 **-mour**[*h*jú:mə*r*] *n.* ① ⓤ 유머, 해학, 우스개. ② ⓤ 기질. ③ ⓤ 일시적인 기분, 심기; 변덕. ④ ⓒ (옛 생리학에서) 체액(blood, phlegm, choler, melancholy의 4종류). ***in good*** 〔***ill***〕 ***~*** 기분이 좋아〔언짢아〕. ***out of ~*** 기분이 나빠서, 성이 나서. ― *vt.* ① 만족시키다; (…의) 비위를 맞추다, 어르다. ② 양보하다. **~·ist** *n.* ⓒ 해학가, 익살꾼; 유머 작가. **~·less** *a.*

hu·mor·esque[*h*jù:mərésk] *n.* ⓒ 〖樂〗 유머레스크, 표일곡(飄逸曲).

‡**hu·mor·ous,** 《英》 **-mour-**[*h*jú:-mərəs] *a.* 해학적인, 익살맞은, 유머러스한, 우스운, 희롱하는. **~·ly** *ad.* **~·ness** *n.*

hu·mor·some, -mour-[*h*jú:mər-səm] *a.* 변덕스러운.

hump**[hʌmp] *n., vt.* ① ⓒ (등의) 혹, 육봉(肉峰). ② (the ~)《英俗》 우울, 화가 남. ③ (등을) 둥그렇게 하다(*up*). ***get the ~ 화를 내다. ***~ oneself*** 《美口》 노력하다, 열심히 하다. **∠·y** *a.* 혹 모양의, 혹이 있는.

húmp·bàck(ed) *n., a.* ⓒ 곱사등〔곱추〕(의); 새우등(의).

humph[m̩m, m̩mm̩, hə̃h, hʌmf] *int.* 흥《불신·불만·경멸 등을 나타냄》.

Hump·ty-Dump·ty [hʌ́m*p*ti-dʌ́m*p*ti] *n.* ⓒ 땅딸막한 사람; 넘어지면 못 일어나는 사람《Mother Goose에 나오는 달걀의 의인》; 어떤 기분이라도 말로 나타낼 수 있는 사람《L. Carroll의 작품에서》.

hu·mus[hjú:məs] *n.* (L.) ⓤ 부식토.

Hun[hʌn] *n.* (the ~s) 훈 족, 흉노《4-5세기경 유럽을 휩쓴 아시아의 유목민》; (종종 h-)(예술 따위의) 파괴자; 야만인; ⓒ《蔑》 독일 사람〔병사〕.

***hunch**[hʌntʃ] *n.* ⓒ ① 육봉(肉峰), 혹. ② 두꺼운 조각, 덩어리. ③《美口》 예감, 육감. ― *vt.* (등 따위를) 구부리다(*out, up*).

húnch·bàck *n.* ⓒ 곱사등(이).

†**hun·dred**[hʌ́ndrəd] *a.* 백(사람·개)의, 많은. ***a ~ and one*** 많은. ― *n.* ① ⓒ 백, 백 사람〔개〕; (~s) 다수, 많음. ② (the ~) 백야드 경주; ⓒ 《美口》 백 달러; 《英口》 백 파운드. ***by ~s*** 몇 백이고, 많이. ***a great*** 〔***long***〕 ***~*** 백 이십. ***~s and thousands*** 몇 십만, 무수; 굵은 설탕. ***like a ~ of bricks*** 《口》 대단한 무게〔기세〕로. **~·fold**[-fòuld] *a., ad.* 백 배의〔로〕. ***~th** *n., a.* ⓒ (보통 the ~) 제(第) 100(의), 100번째의; ⓒ 100분의 1(의).

Húndred Dáys 〖史〗 (나폴레옹의) 백일 천하《1815년 3월 20일-6월 28일》.

húndred hòurs 《방송 용어》 …시 (*twelve* 〔*twenty*〕 *~*, 12〔20〕시).

húndred-próof *a.* (위스키가) 알코올 농도 50도인; 《美俗》 순수한, 진짜의.

húndred·wèight *n.* ⓒ 무게의 단위《美＝110 lb., 英＝112 lb.; 생략 cwt》.

Húndred Yéars' Wár 백년 전쟁 《1337-1453의 영불 전쟁》.

‡**hung**[hʌŋ] *v.* hang의 과거(분사).

Hung. Hungarian; Hungary.

Hun·ga·ry[hʌ́ŋgəri] *n.* 헝가리. **Hun·gar·i·an**[hʌŋgέəriən] *a., n.* 헝가리의; ⓒ 헝가리 사람(의); ⓤ 헝가리 말(의).

‡**hun·ger**[hʌ́ŋgə*r*] *n.* ① ⓒ 굶주림, 공복. ② (a ~) 갈망(*for, after*). ***die of ~*** 굶어 죽다. ― *vi., vt.* ① 굶주리(게 하)다. ② 갈망하다(*for, after*).

húnger cùre 절식〔단식〕 요법.

húnger màrch 《英》 기아 행진《실업자의 데모 행진》.

húnger strìke 단식 투쟁.

húng júry 《美》 불일치 배심, 의견이 엇갈려 판결을 못 내리는 배심(단).

†**hun·gry**[hʌ́ŋgri] *a.* ① 굶주린, 공복의, 배고픈. ② 갈망하는(*after, for*). ③ (토지가) 메마른. **hún·gri·ly** *ad.* 굶주린 듯이, 게걸스럽게.

hunk[hʌŋk] *n.* ⓒ 《口》 (빵 따위의) 두꺼운 조각; 《美俗》 훌륭한 사람.

hunk·y-do·ry[hʌ́ŋkidɔ́:ri] *a.* 《美俗》 만족스러운, 최상〔최고〕의.

‡**hunt**[hʌnt] *vt.* ① 사냥하다; (개·말을) 사냥에 쓰다. ② 몰이하다, 찾다(*up, out*). ③ 추적하다; 쫓아 버리다(*out, away*). ④ 괴롭히다, 박해하다. ― *vi.* ① 사냥을 하다. ② 찾다(*after, for*). ***~ down*** (궁지 따위에) 몰아넣다. ***~ up*** 찾아내다. ― *n.* ⓒ 사냥; 수렵대(隊)〔회·지(地)〕; 탐색.

‡**hunt·er**[hʌ́ntə*r*] *n.* ⓒ ① 사냥꾼, 사냥개. ② 탐구자(*a fortune ~* 재산을 노리고 구혼하는 사람). ③ 양(兩)딱지 회중 시계.

húnter-gátherer *n.* ⓒ 〖人類〗 수렵 채집인.

Húnt·er-Rús·sel sýndrome [hʌ́ntərrʌ́sl-] 헌터 러셀 증후군《유기 수은 중독》.

húnter's móon 사냥 달《harvest moon 다음 달로, 사냥 계절의 시작》.

‡**hunt·ing**[hʌ́ntiŋ] *n.* ⓤ ① 사냥. ② 탐색, 추구.

húnting bòx 〔**lòdge**〕 《주로 英》 사냥 산막.

húnting càp 헌팅캡, 사냥 모자.

H

húnting cròp 사냥용 채찍.
húnting dòg 사냥개.
húnting field 사냥터.
húnting gròund 사냥터.
húnting hòrn 수렵용 나팔.
húnting sèason 사냥철.
hunt·ress[ˊ-ris] *n.* Ⓒ 여자 사냥꾼.
húnts·man[-smən] *n.* (*pl.* **-men**) Ⓒ 사냥꾼; 사냥개지기.
húnt-the-slípper *n.* Ⓤ 슬리퍼 찾기《놀이》.
hur·dle**[hə́:rdl] *n.* Ⓒ ① (울타리 대용의) 바자. ② (장애물 경주의) 허들; (the ~s) 장애물 경주. ③ 장애. ***high 〔***low***〕 ***~s*** 고〔저〕장애물 경주. — *vt.* (장애·곤란을) 뛰어 넘다. **hur·dler** *n.* Ⓒ 허들 선수.
húrdle ràce 허들〔장애물〕 경주.
hur·dy-gur·dy [hə́:rdigə̀:rdi] *n.* Ⓒ 손잡이를 돌려서 타는 오르간.
:hurl[hə:rl] *vt., n.* Ⓒ ① (…에게)(내)던지다, 내던짐. ② (욕을) 퍼붓다〔퍼부음〕. **ˊ·ing** *n.* Ⓤ 던짐; 헐링《아일랜드식 하키》.
hur·ly-bur·ly[hə́:rlibə́:rli] *n.* Ⓤ 혼란, 혼잡, 소동.
:hur·rah[hərɑ́:, -rɔ́:/hurɑ́:], **hur·ray**[huréi] *int., vi., n.* Ⓒ 만세!(하고 외치다〔외치는 소리〕). — *vt.* 환호하여〔환호성으로〕 맞이하다.
***hur·ri·cane**[hə́:rəkèin/hʌ́rikən] *n.* Ⓒ ① 폭풍, 허리케인; (열대의) 구풍(颶風). ② (감정의) 폭발. ③ (H-)《英》〖軍〗 허리케인 전투기.
húrricane dèck 상갑판.
húrricane glòbe 램프의 등피.
húrricane làmp 〔**làntern**〕 강풍용 램프.
húrricane wàrning 〔**wàtch**〕 폭풍 경보〔주의보〕.
:hur·ried[hə́:rid, hʌ́rid] *a.* 매우 급한; 재촉 받은; 허둥대는. **:ˊ·ly** *ad.* 매우 급히.
†hur·ry[hə́:ri, hʌ́ri] *n.* Ⓤ (매우) 급함〔서두름〕. ***in a ~*** 급히, 서둘러서, 허둥대어; 《부정문에서》 쉽사리; 《부정문에서》 자진하여, 기꺼이. — *vi., vt.* (…에게) 서두르(게 하)다. ***H- up!*** 서둘러라!; 꾸물거리지 마라!
húrry càll 비상 호출.
húrry-scúrry, -skúrry[-skə́:ri/-skʌ́ri] *ad., a., vi., n.* 황급히, 황급한, Ⓒ 허둥지둥(하는), 허둥대다.
húrry-ùp *a.* 《口》 ① 급히 서두르는. ② 긴급(용)의.
†hurt[hə:rt] *n., vt.* (***hurt***) Ⓤ,Ⓒ ① (…에게) 상처(를 입히다), 부상(을 입히다), 다치다. ② (…에게) 고통(을 주다). — *vi.* 아프다. ***feel ~*** 불쾌하게 생각하다, 감정을 상하다. ***~ oneself*** 다치다. **ˊ·ful** *a.* 해로운. **ˊ·ful·ly** *ad.* **ˊ·ful·ness** *n.*
hur·tle[hə́:rtl] *vi.* (돌·화살 따위가) 부딪치다.
†hus·band [hʌ́zbənd] *n.* Ⓒ 남편; 《古》 절약가. ***good ~*** 검약가. — *vt.* ① 절약하다. ②《古》 …의 남편이 되다. **~·man** *n.* Ⓒ 농부. ***~·ry** *n.* Ⓤ 농업; 절약(***bad ~ry*** 규모 없는 살림살이).
:hush[hʌʃ] *n., vi., vt.* Ⓤ,Ⓒ 침묵(하다, 시키다), 고요(해지다, 하게 하다). ***~ up*** 입다물게 하다, (소문을) 쉬쉬해버리다; (*vi.*) 입 밖에 내지 않다. — *int.* 쉿!
húsh·a·bỳ(e)[hʌ́ʃəbài] *int.* 자장자장《아기를 잠 재울 때》.
húsh-húsh *a.* 내밀(의), 극비(의).
húsh mòney 입막음 돈.
húsh pùppy 《美南部》 허시퍼피《옥수수 가루의 둥근 튀김 빵》.
***husk**[hʌsk] *n., vt.* Ⓒ ① (과실·옥수수 따위의) 껍질(을 벗기다). ② (일반적으로) 쓸 데 없는 외피.
húsking bèe 《美》 옥수수 껍질을 까기 위한 (친한 사람끼리의) 모임.
***husk·y**[1][hʌ́ski] *a.* ① 깍지의〔와 같은, 가 많은〕. ② 쉰 목소리의; (재즈 싱어의 목소리가) 허스키(husky voice)인. ③《美口》 억센, 실팍진. — *n.* Ⓒ《美口》 실팍한 사람. **húsk·i·ly** *ad.* 쉰 목소리로; 허스키(보이스)로. **húsk·i·ness** *n.*
husk·y[2] *n.* Ⓒ 에스키모 개; (H-) 에스키모 사람.
Huss[hʌs], **John**(1369?-1415) 보헤미아의 종교 개혁자.
hus·sar[huzɑ́:r] *n.* Ⓒ 경기병(輕騎兵).
hus·sy[hʌ́si, -z-] *n.* Ⓒ 말괄량이.
hus·tings[hʌ́stiŋz] *n. sing. & pl.* 《英》 (국회의원 선거의) 연단(演壇).
***hus·tle**[hʌ́səl] *vi., vt.* ① 힘차게 밀다〔서로 떠밀다〕. ② 서두르다. ③ (*vi.*)《美口》 맹렬히〔정력적으로〕 일하다. — *n.* Ⓤ,Ⓒ 서로 떠밀기; 서두름; 《口》 정력. **hús·tler** *n.* Ⓒ 세게 미는 사람; Ⓒ《美口》 적극적인 활동가; (H-) 《美》〖로켓〗 추진 엔진.
:hut[hʌt] *n., vt., vi.* (**-tt-**) Ⓒ ① 오두막(집)(에 살(게 하)다). ② 임시 병사(兵舍)(에 머무르(게 하)다).
hutch[hʌtʃ] *n.* Ⓒ (작은 동물용) 우릿간, 우리; 오두막(hut).
hüt·te[hýtə] *n.* (G.) 휘테.
hut·ting[hʌ́tiŋ] *n.* Ⓤ (병사 따위의) 건재(建材).
Hux·ley[hʌ́ksli], **Aldous**(1894-1963) 영국의 소설가.
huz·za(h)[həzɑ́:] *int., n., vi.* 만세!(의 외침); 환호(하다).
Hwang Ho[hwǽŋ hóu] (중국의) 황허.
Hy. Henry.
:hy·a·cinth[háiəsìnθ] *n.* ① Ⓒ〖植〗 히아신스. ② Ⓤ 보라색. ③ Ⓤ,Ⓒ〖鑛〗 풍신자석(風信子石).
hy·ae·na[haíːnə] *n.* =HYENA.
hy·a·line[háiəlin, -làin, -lìːn] *n., a.* 유리 같은, 수정 같은, 투명한; Ⓤ〖生化〗 히알린.
hy·a·lu·rón·ic ácid[hàiəlurɑ́nik-/-ɔ́-]〖生化〗 히알루론산(酸)《산성 다당류(多糖類)》.
:hy·brid[háibrid] *n., a.* Ⓒ ① 잡종(의); 혼성(混成)(의). ② 혼성어〔물〕.

~·**ism**[-ìzəm] *n.* Ⓤ 잡종성(hybridity); 교배, 혼성. ~·**ize**[-àiz] *vt., vi.* (…와) 교배시키다; (…의) 잡종을 낳다; 혼성어를 만들다. ~·**i·za·tion**[⌐–izéiʃən] *n.*

hýbrid compúter 〖컴〗 하이브리드 컴퓨터《analogue와 digital 양쪽의 하드웨어를 갖는 컴퓨터》.

hyd. hydraulics; hydrostatics.

Hyde[haid] *n.* **Mr.** ~ ⇨JEKYLL.

Hýde Pàrk, the 하이드 파크《런던의 유명한 공원》.

hydr-[haidr] =HYDRO-《모음 또는 h로 시작되는 말 앞에서》.

hy·dra[háidrə] *n.* (H-) 〖그神〗 (머리를 베면 다시 또 나는) 아홉머리의 괴이한 뱀; Ⓒ 근절하기 어려운 것; 〖動〗 히드라; (H-) 〖天〗 바닷뱀자리.

hy·dran·gea[haidréindʒiə] *n.* Ⓒ 〖植〗 수국(속(屬)).

hy·drant[háidrənt] *n.* Ⓒ 급수전(給水栓), 소화전(消化栓).

hy·drar·gy·rum[haidrá:rdʒərəm] *n.* Ⓤ 〖化〗 수은《기호 Hg》.

hy·drate[háidreit] *n.* Ⓤ,Ⓒ 〖化〗 수화물(水化物). **hy·dra·tion**[haidréiʃən] *n.* Ⓤ 수화(水化)(작용).

hy·drau·lic[haidrɔ́:lik] *a.* 수력[수압]의; 유체(流體)의[에 관한]. ~**s** *n.* Ⓤ 수력학(水力學).

hydráulic engineéring 수력공학, 수공(水工)학.

hy·dra·zide [háidrəzàid] *n.* Ⓤ 〖化〗 하이드라지드《결핵 치료제》.

hy·dra·zine[háidrəzì:n, -zin] *n.* Ⓤ 〖化〗 히드라진《환원제·로켓 연료용》.

hy·dric[háidrik] *a.* 〖化〗 수소의[를 함유한].

hy·dri·od·ic[hàidriádik] *a.* 옥화(沃化) 수소산의.

hy·dro[háidrou] *n.* (*pl.* ~**s**) Ⓤ,Ⓒ 수력 전기; 수력 발전소; Ⓒ 수상 비행기.

hy·dro-[háidrou, -drə] '물·수소'의 뜻의 결합사.

hỳdro·áirplane, 《英》 **-áero-** *n.* Ⓒ 수상비행기.

hỳdro·biólogy *n.* Ⓤ 수생(水生) 생물학; 호소(湖沼) 생물학.

hýdro·bòmb *n.* Ⓒ (뇌격기에서 발사하는) 공중 어뢰.

hỳdro·brómic *a.* 〖化〗 브롬화수소의.

hỳdro·cárbon *n.* Ⓒ 〖化〗 탄화수소.

hỳdro·céphalus *n.* Ⓤ 〖病〗 뇌수종(腦水腫).

hy·dro·chló·ric ácid [hàidroukló:rik-/-klɔ́(:)-] 염산.

hy·dro·cy·án·ic ácid[-saiǽnik-] 시안화수소산(酸), 청산.

hỳdro·dynámics *n.* Ⓤ 유체 역학; 유체 동역학.

***hỳdro·eléctric** *a.* 수력 전기의. * **-electrícity** *n.* Ⓤ 수력 전기.

hy·dro·foil[háidroufɔ̀il] *n.* =HYDROVANE.

****hy·dro·gen** [háidrədʒən] *n.* Ⓤ 〖化〗 수소《기호 H》.

hy·dro·gen·ate [háidrədʒənèit/haidrɔ́dʒ-], **-gen·ize**[-dʒənàiz] *vt.* 〖化〗 수소와 화합시키다.

hýdrogen bòmb 수소 폭탄.

hýdrogen cýanide 시안화 수소.

hýdrogen ìon 〖化〗 수소 이온.

hy·drog·e·nous [haidrádʒənəs/-ɔ́-] *a.* 수소의, 수소를 함유하는.

hýdrogen peróxide 과산화수소.

hýdrogen súlfide [**súlphide**] 황화(黃化)수소.

hýdrogen wárhead 수폭 탄두(水爆彈頭).

hy·drog·ra·phy[haidrágrəfi/-ɔ́-] *n.* Ⓤ 수로학(水路學)《하천학 따위》; 수로 측량(학).

hy·droid[háidrɔid] *a., n.* Ⓒ 〖動〗 히드로충(의).

hỳdro·kinétics *n.* Ⓤ 유체 동역학.

hy·drol·y·sis[haidráləsis/-ɔ́-] *n.* Ⓤ,Ⓒ 〖化〗 가수분해.

hy·dro·lyze [háidroulàiz] *vt., vi.* 〖化〗 (…와) 가수분해하다.

hỳdro·mechánics *n.* Ⓤ 〖理〗 유체(流體) 역학.

hy·drom·e·ter [haidrámitər/-ɔ́mi-] *n.* Ⓒ 액체 비중계.

hy·drop·a·thy[haidrápəθi/-ɔ́-] *n.* Ⓤ (광천(鑛泉)에 의한) 수(水)치료법.

hy·dro·pho·bi·a[hàidroufóubiə] *n.* Ⓤ 공수병, 광견병. **-pho·bic** *a.*

hýdro·phòne *n.* Ⓒ 수관검루기(水管檢漏器); 수중 청음기《잠수함 탐색 등에 씀》.

hy·dro·phyte[háidroufàit] *n.* Ⓒ 수생식물(水生植物).

hýdro·plàne *n.* Ⓒ 수상(비행)기.

hy·dro·pon·ic[hàidrəpánik/-ɔ́-] *a.* 수경법(水耕法)의. ~**s** *n.* Ⓤ 수경법, 물재배(栽培).

hýdro·pòwer *n.* Ⓤ 수력 전기.

hy·drops[háidraps/-ɔ-] *n.* Ⓤ 수종병(水腫病).

hy·dro·qui·none [hàidroukwinóun] *n.* Ⓤ 하이드로퀴논《사진 현상액·의약·페인트 연료용》.

hýdro·scòpe *n.* Ⓒ 수중 안경.

hy·dro·sphere[háidrəsfìər] *n.* Ⓒ (대기중의) 물기; (지구면의) 수권(水圈), 수계(水界).

hy·dro·stat[háidrəstæ̀t] *n.* Ⓒ 누수(漏水) 검출기; (보일러의) 폭발 방지 장치.

hy·dro·stat·ic[hàidrəstǽtik] *a.* 유체 정역학의. ~**s** *n.* Ⓤ 유체 정역학.

hydrostátic prèss 수압기.

hy·dro·ther·a·peu·tics[hàidrouθèrəpjú:tiks], **-ther·a·py**[-θérəpi] *n.* Ⓤ 물요법(療法).

hy·drot·ro·pism[haidrátrəpìzəm/-ɔ́-] *n.* Ⓤ 〖植〗 굴수성(屈水性).

hy·drous[háidrəs] *a.* 수소를[물을] 함유하는, 함수의.

hýdro·vàne *n.* Ⓒ (잠수함·비행정 등의) 수중익(水中翼); 수중익선(船).

hy·drox·ide[haidráksaid/-ɔ́-] *n.* Ⓒ 〖化〗 수산화물.

hy·dróx·yl[haidráksil-/-ɔ́-] 〖化〗 수산기(水酸基).

H

hy·dro·zo·an[hàidrəzóuən] *n.* Ⓒ 〖動〗 히드로충(蟲).

hy·e·na[haií:nə] *n.* Ⓒ 〖動〗 하이에나; 욕심꾸러기.

Hy·ge·ia[haidʒí:ə] *n.* 〖그神〗 건강의 여신.

***hy·giene**[háidʒi:n] *n.* Ⓤ 위생학, 섭생법. **hý·gi·en·ist** *n.*

hy·gi·en·ic [hàidʒiénik, haidʒí:n-], **-i·cal**[-əl] *a.* 위생(학)의. **~s** *n.* Ⓤ 위생학.

hy·gro-[háigrou, -grə] '습기, 액체'의 뜻의 결합사.

hy·gro·graph[háigrəgræ̀f, -grɑ̀:f] *n.* Ⓒ 자기(自記) 습도계.

hy·grom·e·ter[haigrámitər/-ɔ́-mi-] *n.* Ⓒ 습도계.

hýgro·scòpe *n.* Ⓒ 습도계, 검습계.

hy·ing[háiiŋ] *v.* hie의 현재분사.

Hyk·sos[híksous] *n.* 힉소스《B.C. 18-16세기경의 이집트 왕조》.

Hy·men[háimən/-men] *n.* 〖그神〗 결혼의 신; (h-) Ⓒ 〖解〗 처녀막. **hy·me·ne·al**[hàiməní:əl/-me-] *a., n.* Ⓒ 결혼의 (노래).

:hymn[him] *n.* Ⓒ 찬송가. — *vt.* 찬송〔찬미〕하다. **hym·nal**[hímnəl] *a., n.* 찬송가의; Ⓒ 찬송가집(集).

hy·os·cine[háiəsì:n] *n.* Ⓤ 〖藥〗 = SCOPOLAMINE.

hy·os·cy·a·mine[hàiəsáiəmì:n, -min] *n.* Ⓤ 〖藥〗 히오시아민《진정제·동공 확산제》.

hy·pal·la·ge[haipǽlədʒi, hi-] *n.* Ⓤ 〖修〗 대환(법)(代換(法))《*'Fish swarm* in this lake.' 대신 *'This lake swarms* with fish.'로 하는 등》; =TRANSFERred epithet.

hype[haip] *n.* 《美俗》 =HYPODERMIC; Ⓒ 마약 중독(자); Ⓤ 사기, 과대 광고. — *vt.* 《美俗》 (마약을 주사하여) 흥분시키다, 자극하다; 속이다, 과대 선전하다.

hy·per-[háipər] *pref.* '과도·초(超)…'의 뜻.

hỳper·acídity *n.* Ⓤ 위산 과다증.

hy·per·aes·the·sia[hàipərəsθí:ʒiə, -ri:sθí:ziə] *n.* Ⓤ 〖醫〗 지각 과민, 과민증.

hy·per·bar·ic [hàipərbǽrik] *a.* 〖醫〗 고압산소 요법의.

hy·per·bo·la[haipə́:rbələ] *n.* Ⓒ 〖幾〗 쌍곡선.

hy·per·bo·le[-bəli] *n.* Ⓤ,Ⓒ 〖修〗 과장(법). **-bol·ic**[hàipə:rbálik/-ɔ́-], **-i·cal**[-əl] *a.* 과장(법)의; 쌍곡선의.

hy·per·bo·loid[haipə́:rbəlɔ̀id] *n.* Ⓒ 〖數〗 쌍곡면.

Hy·per·bo·re·an[hàipərbɔ́:riən/-bɔ:rí(:)ən] *n., a.* Ⓒ 〖그神〗 (북풍 저쪽의) 상춘(常春)의 나라의 주민(의); (h-) 극북〔극한(極寒)〕의.

hy·per·cho·les·ter·ol·e·mia [hàipərkəlèstrəlí:miə] *n.* Ⓤ 〖醫〗 과〔고〕콜레스테롤 혈증.

hỳper·crítical *a.* 혹평의, 혹평적인.

hỳper·críticism *n.* Ⓤ 혹평.

hy·per·es·the·sia [hàipərisθí:ʒiə/-ri:sθí:ziə] *n.* 《美》 = HYPERAESTHESIA.

hy·per·gly·ce·mi·a[hàipərglaisí:miə] *n.* Ⓤ 〖醫〗 과혈당증.

hỳper·inflátion *n.* Ⓒ 초(超)인플레이션.

hy·per·met·ric[hàipərmétrik], **-i·cal**[-əl] *a.* 〖韻〗 음절 과잉의.

hy·per·on [háipəràn/-ɔ̀n] *n.* Ⓒ 〖理〗 중핵자(重核子).

hy·per·o·pi·a[hàipəróupiə] *n.* Ⓤ 〖醫〗 원시(遠視).

hỳper·sénsitive *a.* 과민증의.

hỳper·sónic *a.* 〖理〗 극초음속(極超音速)의(cf. supersonic).

hypersónic tránsport 극초음속 수송기.

hỳper·ténsion *n.* Ⓤ 고혈압. **-ténsive** *a., n.* Ⓒ 고혈압의 (환자).

hy·per·ther·mi·a[-θɔ́:rmiə] *n.* Ⓤ 〖醫〗 (체온의) 이상 고열 (상태).

hy·per·tro·phy[haipə́:rtrəfi] *n., vi., vt.* Ⓤ 〖醫·植〗 비대(肥大)(해지다, 하게 하다).

hy·pha[háifə] *n.* (*pl.* **-phae**[-fi:]) Ⓒ 〖植〗 균사(菌絲).

:hy·phen[háifən] *n., vt.* Ⓒ 하이픈(으로 연결하다, 끊다). **~·ate**[háifənèit] *vt.* =HYPHEN.

hy·phen·at·ed[háifənèitid] *a.* 하이픈으로 연결한. ~ ***Americans*** 외국계(系)미국인《Korean-Americans 등》.

hyp·nol·o·gy[hipnálədʒi/-ɔ́-] *n.* Ⓤ 수면〔최면〕학.

hyp·no·sis[hipnóusis] *n.* Ⓤ 최면(술); 최면 상태. **hyp·not·ic**[-nátik/-ɔ́-] *a., n.* 최면(술)의; Ⓤ 최면제; Ⓒ 최면술에 걸린〔걸리기 쉬운〕 사람.

hyp·no·ther·a·py[hìpnouθérəpi] *n.* Ⓤ 최면(술) 요법.

hyp·no·tism[hípnətìzəm] *n.* Ⓤ 최면(술), 최면 상태. **-tist** *n.* **-tize** [-tàiz] *vt.* (…에게) 최면술을 걸다; 매혹(魅惑)하다(charm).

hy·po[háipou] *n.* (*pl.* **~s**) Ⓤ 〖化〗 하이포《현상(現像) 정착액》; 《美口》 = HYPODERMIC

hy·po-[háipou, -pə] *pref.* '밑에, 밑의, 이하, 가벼운'의 뜻.

hy·po·blast[háipoublæ̀st, -ɑ̀:-] *n.* Ⓤ 〖發生〗 내배엽(內胚葉).

hýpo·cènter *n.* Ⓒ (핵폭발의) 폭심(爆心)(지).

hy·po·chon·dri·a[hàipəkándriə/-ɔ́-] *n.* Ⓤ 우울증, 히포콘드리. **-dri·ac**[-driæ̀k] *a., n.* Ⓒ 우울증의 (환자).

:hy·poc·ri·sy[hipákrəsi/-ɔ́-] *n.* Ⓤ 위선; Ⓒ 위선적 행위.

***hyp·o·crite**[hípəkrit] *n.* Ⓒ 위선자. **-crit·i·cal**[⌐-krítikəl] *a.*

hy·po·der·mic[hàipədə́:rmik] *a., n.* 피하의; Ⓒ 피하 주사(액).

hy·po·phos·phate[-fásfeit/-ɔ́-] *n.* Ⓤ 〖化〗 아인산염.

hy·po·phos·phite[-fásfait/-ɔ́-]

n. Ⓤ 〖化〗 하이포아인산염(亞燐酸鹽).
hy·poph·y·sis [haipáfəsis/-ɔ́-] *n.* Ⓒ 〖解〗 뇌하수체.
hýpo·spràу *n.* Ⓒ 〖醫〗 피하 분사기《바늘을 쓰지 않고 고압으로 피하에 주사함》.
hy·pos·ta·sis [haipástəsis/-ɔ́-] *n.* (*pl.* ***-ses*** [-sì:z]) Ⓒ 실체, 본질; 삼위일체의 (어느) 1위.
hy·po·sul·fite, -sul·phite [hàipəsʌ́lfait] *n.* Ⓤ 〖化〗 하이포아황산염(亞黃酸鹽); 하이포아황산나트륨, 하이포(sodium hyposulfite).
hy·po·tax·is [-tǽksis] *n.* Ⓤ 〖文〗 종속(cf. parataxis).
hỳpo·ténsion *n.* Ⓤ 〖病〗 저혈압(증).
hy·pot·e·nuse [haipátənjù:s/-pɔ́tənjù:s] *n.* Ⓒ 〖數〗 (직각 삼각형의) 빗변.
hy·po·thal·a·mus [hàipəθǽləməs] *n.* (*pl.* ***-mi*** [-mài]) Ⓒ 〖生〗 시상(視床) 하부.
hy·poth·ec [haipáθik/-ɔ́-] *n.* Ⓤ 담보권.
hy·poth·e·cate [haipáθikèit/-ɔ́-] *vt.* 저당잡히다, 담보로 넣다.
hy·po·ther·mi·a [hàipəθə́:*r*miə] *n.* Ⓤ 〖醫〗 (심장 수술을 용이하게 하기 위한) 인공적 체온 저하(법).
hy·poth·e·sis** [haipáθəsis/-ɔ́-] *n.* (*pl.* ***-ses [-sì:z]) Ⓒ 가설; 가정. **-size** [-sàiz] *vi., vt.* (…의) 가설을 세우다; 가정하다. **hy·po·thet·ic** [hàipəθétik], **-i·cal** [-əl] *a.* 가설〔가정〕의. **-i·cal·ly** *ad.*
hyp·som·e·try [hipsámitri/-ɔ́-] *n.* Ⓤ 고도 측정(술).
hys·sop [hísəp] *n.* Ⓤ 〖植〗 히솝, 버들박하《유럽산 박하의 일종》; 〖聖〗 우슬초(牛膝草)《고대 유대인들이 발제(祓除) 의식에 그 가지를 사용했음》.
hys·ter·ec·to·my [hìstəréktəmi] *n.* Ⓤ,Ⓒ 〖醫〗 자궁 절제(술).
hys·ter·e·sis [hìstərí:səs] *n.* Ⓤ 〖理〗 (자기·전기 등의) 이력 현상.
hys·te·ri·a [histíəriə] *n.* Ⓤ 〖醫〗 히스테리(증); 병적 흥분.
hys·ter·ic [histérik] *a.* =HYSTERICAL. ── *n.* Ⓒ (보통 *pl.*) 히스테리의 발작. ***-i·cal** *a.* 히스테리의〔적인〕; 병적으로 흥분한. **-i·cal·ly** *ad.*
hys·ter·on prot·er·on [hístəràn próutəràn/-rɔ̀n prɔ́tərɔ̀n] (Gk.) 〖修〗 전후 도치(倒置)《보기: *bred and born*》; 〖論〗 도역 논법(倒逆論法)(BEGging the question).
hys·ter·ot·o·my [hìstərátəmi/-ɔ́-] *n.* Ⓤ,Ⓒ 〖醫〗 자궁 절개(술).
hy·zone [háizoun] *n.* Ⓤ 〖化〗 3원자 수소, 히존(H_3).
Hz, hz hertz.

I

I, i [ai] *n.* (*pl.* ***I's, i's*** [-z]) Ⓤ 로마 숫자의 1; Ⓒ I자형의 것.
†**I** [ai] *pron.* (*pl.* ***we***) 나는, 내가.
I 〖化〗 iodine. **I.** Island(s); Isle(s).
Ia. Iowa. **I.A.A.F.** International Amateur Athletic Federation. **IAC** International Apprentices Competition. **IADB** Inter-American Development Bank. **I.A.E.A., IAEA** International Atomic Energy Agency.
i·amb [áiæm*b*] *n., a.* Ⓒ 〖韻〗 약강격(의).
i·am·bic [aiǽmbik] *n.* Ⓒ 〖韻〗 약강격; (보통 *pl.*) 약강격의 시.
i·am·bus [aiǽmbəs] *n.* =IAMB.
IARU International Amateur Radio Union. **IAS** 〖空〗 indicated airspeed 지시 대기(對氣) 속도. **IATA** International Air Transport Association. **IAUP** International Association of University Presidents. **ib., ibid.** ibidem.
I·be·ri·a [aibíəriə] *n.* 이베리아 반도《스페인과 포르투갈을 포함》. **-ri·an** *a., n.*
i·bex [áibeks] *n.* (*pl.* ***~es, ibi·ces*** [íbəsì:z, ái-], 《집합적》 ~) Ⓒ (알프스 산중의) 야생 염소.
***ibid.** ibidem.
i·bi·dem [ibáidəm] *ad.* (L.) 같은 장소〔책·장·페이지〕에《생략 ib., 또는 ibid.》.
i·bis [áibis] *n.* Ⓒ 〖鳥〗 따오기.
-i·ble [əbl] *suf.* '…할〔될〕 수 있는' 의 뜻의 형용사를 만듦: permiss*ible*, sens*ible*.
I.B.M., IBM Intercontinental Ballistic Missile; International Business Machines《미국 컴퓨터 제작 회사명》. **I.B.R.D.** International Bank for Reconstruction and Development.
Ib·sen [íbsən], **Henrik** (1828-1906) 노르웨이의 극작가·시인.
IC immediate constituent 〖文〗 직접 구성소; integrated circuit 〖電·컴〗 집적(集積)회로. **I.C.A., ICA** International Cooperation Administration.
-ic(al) [ik(əl)] *suf.* '…의, …의 성질' 등의 형용사를 만듦: hero*ic*, chem*ical*, econom*ic*(*al*).
ICAO International Civil Aviation Organization. **ICBM** Intercontinental Ballistic Missile. **ICC, I.C.C.** International Chamber of Commerce; Interstate Commerce Commission.

†ice[ais] *n.* ① Ⓤ 얼음; 얼음판의 얼음. ② Ⓒ 얼음 과자, 아이스크림. ③ Ⓤ 당의(糖依). ④ Ⓤ,Ⓒ 《美俗》 다이아몬드. ***break the*** **~** 착수하다; 말을 꺼내다; 터놓고 대하다. ***cut no*** **~** 《美口》 효과가 없다. ***on*** **~** 《美俗》 장차에 대비하여; 옥에 갇혀. ***on thin*** **~** 위험한 상태로. — *vt.* ① 얼리다; 얼음으로 채우다[덮다]. ② (과자에) 당의를 입히다.
Ice. Iceland(ic).
íce àge 빙하 시대.
íce àx(e) (등산용의) 얼음 깨는 도끼, 등산용 피켈.
íce bàg 얼음 주머니.
***ice·berg**[∠bə̀:rg] *n.* Ⓒ 빙산(cf. calf[1]); 냉담한 사람; 빙산의 일각.
íce·bòat *n.* Ⓒ 빙상선(氷上船); 쇄빙선(碎氷船).
íce·bòund *a.* 얼음에 갇힌.
íce·bòx *n.* Ⓒ 냉장고.
íce·brèaker *n.* Ⓒ 쇄빙선[기].
íce·càp *n.* Ⓒ (높은 산의) 만년설.
íce-cóld *a.* 얼음처럼 찬; 냉담한.
:íce créam 아이스크림.
íce-cream còne 아이스크림콘.
íce-cream frèezer 아이스크림 제조기.
íce cùbe (냉장고에서 만들어지는) 각빙(角氷).
iced[aist] *a.* 얼음에 채운; 당의를 입힌(*glacé*).
íce-fàll *n.* Ⓒ 얼어붙은 폭포; 빙하의 붕락(崩落).
íce field (극지방의) 빙원.
íce-frée *a.* 얼지 않는(*an* ~ *port* 부동항(不凍港)).
íce hòckey 아이스하키.
íce·hòuse *n.* Ⓒ 얼음 창고, 빙실(氷室); (에스키모의) 얼음집.
Icel. Iceland(ic).
***Ice·land**[áislənd] *n.* 아이슬란드《공화국》. **~·er** *n.* Ⓒ 아이슬란드 사람.
Ice·lán·dic *a., n.* 아이슬란드(사람·말)의; Ⓤ 아이슬란드 말.
Íceland móss [**líchen**] 아이슬란드 이끼《식용·약용》.
Íceland spár 빙주석(氷州石)《무색 투명한 방해석》.
íce·lólly *n.* Ⓒ 《英》 아이스캔디.
ice·man[∠mæ̀n, -mən] *n.* Ⓒ 얼음 장수.
íce pàck 부빙군(浮氷群); 얼음 주머니.
íce pìck 얼음 깨는 송곳.
íce pòint 빙점(氷點)《물의 응고점》.
íce rìnk (옥내) 스케이트장.
íce shèet 빙상(氷床).
íce shòw 아이스 쇼.
íce-skàte *vi.* 스케이트 타다.
íce skàtes 스케이트 (구두).
íce skàting *n.* Ⓤ 빙상 스케이트.
íce stòrm 진눈깨비.
íce tòngs 얼음 집게.
íce wàter 《美》 얼음으로 차게 한 물; 얼음이 녹은 찬 물.
ICFTU International Confederation of Free Trade Unions.
ich·neu·mon[iknjú:mən] *n.* Ⓒ 〖動〗 몽구스의 일종; =∠ **flỳ** 맵시벌.
ich·thy·ol·o·gy [ìkθiálədʒi/-ɔ́-] *n.* Ⓤ 어류학(魚類學).
ich·thy·o·saur[íkθiəsɔ̀:r] *n.* Ⓒ 〖古生〗 어룡(魚龍).
ich·thy·o·sau·rus [ìkθiəsɔ́:rəs] *n.* (*pl.* **-ri**[-rai], **~es**) = ICHTHYOSAUR.
i·ci·cle[áisikəl] *n.* Ⓒ 고드름.
i·ci·ness[áisinis] *n.* Ⓤ 얼음 같은 차가움; 냉담.
ic·ing[áisiŋ] *n.* Ⓤ (과자에) 입힌 설탕, 당의(糖依); 〖空〗 비행기 날개에 생기는 착빙(着氷).
ICJ International Court of Justice 국제 사법 재판소.
ick·y[íki] *a.* 《美俗》 싫은, 불쾌한; 취미가 나쁜; 세련되지 않은.
i·con[áikɑn/-ɔ-] *n.* (*pl.* **~s, -nes**[-nì:z]) Ⓒ 〖그正敎〗 성상(聖像), 화상; 초상; 〖컴〗 아이콘《컴퓨터의 각종 기능·메시지를 나타내는 그림문자》.
i·con·o·clasm [aikánəklæ̀zəm/-ɔ́-] *n.* Ⓤ 성상(聖像) 파괴, 우상 파괴; 인습 타파. **-clast**[-klæ̀st] *n.* Ⓒ 우상 파괴자; 인습 타파주의자. **-clas·tic**[—∸—klǽstik] *a.*
i·co·nog·ra·phy [àikənágrəfi/-kɔnɔ́grə-] *n.* Ⓤ 《美》 도상학(圖像學).
i·con·o·scope [aikánəskoup/-kɔ́n-] *n.* Ⓒ 송상관.
ICPO =INTERPOL. **ICRC** International Committee of Red Cross. **ICSU** International Council of Scientific Unions.
ic·tus[íktəs] *n.* (*pl.* ~(**es**)) Ⓒ 〖韻〗 강음; 〖醫〗 발작.
ICU intensive care unit.
:i·cy[áisi] *a.* ① 얼음의, 얼음 같은; 얼음이 많은; 얼음으로 덮인. ② 얼음같이 찬; 냉담한. **í·ci·ly** *ad.* **í·ci·ness** *n.*
id[id] *n.* (the ~) 〖精神分析〗 이드《본능적 충동의 근원》.
Id., Ida. Idaho. **id.** idem.
†I'd[aid] I had [would, should, had]의 단축.
IDA International Development Association.
***I·da·ho**[áidəhòu] *n.* 미국 북서부의 주《생략 Ida., Id.》.
ID càrd[áidí:-] 신분 증명서(identity card).
†i·de·a[aidí:ə] *n.* Ⓒ ① 개념, 관념; 생각, 사상. ② 견해, 신념. ③ 계획; 상상. ④ 〖哲〗 개념, 이념. ***The ~!*** 이런 지독하군[어이없군].
***i·de·al**[aidí:əl] *a.* ① 이상적인, 완전한. ② 상상의; 관념적인, 가공적인. — *n.* Ⓒ 이상, 전형(典型). *** ~·ism**[-ìzəm] *n.* Ⓤ 이상주의; 〖哲〗 관념론, 유심론; 〖藝〗 관념주의. **~·ist** *n.* Ⓒ 이상주의자; 공상가; 관념론자, 관념주의자. **~·is·tic**[—∸—ístik] *a.* 이상주의의; 몽상가의; 관념론의. **~·ly** *ad.*
i·de·al·ize[aidí:əlàiz] *vt., vi.* 이상화하다; (…의) 이상을 그리다. **-i·za-**

tion[⌐—izéiʃən] *n.*
i·dée fixe[ì:dei fí:ks] (F.) (=fixed idea) 고정 관념.
i·dem[áidem] *n., a.* (L.) 위와 같음 〔같은〕, 동서(同書)(의) 《생략 id.》.
i·den·tic[aidéntik] *a.* =IDENTICAL; 〖外交〗 동문(同文)의. ~ ***note*** 동문 통첩.
:i·den·ti·cal[aidéntikəl] *a.* 동일한; 같은(*with*).
idéntical twín 일란성 쌍생아(cf. fraternal twin).
***i·den·ti·fi·ca·tion**[aidèntəfikéiʃən] *n.* U,C ① 동일하다는〔동일인·동일물이라는〕 증명. ② 신분 증명(이 되는 것).
identificátion 〔**idèntity**〕 **càrd** 신분 증명서.
identificátion dìsk 〔**tàg**〕 (군인의) 인식표(認識票).
identificátion paràde 범인 확인을 위해 늘어세운 피의자들(의 줄).
:i·den·ti·fy[aidéntəfài] *vi.* ① 동일하다고〔동일인·동일물임을〕 인정하다. ② 동일시하다. ③ …이 무엇이〔누구〕라는 것을 확인하다. ~ ***oneself with*** …와 제휴하다. **-fi·a·ble** [-fàiəbəl] *a.* 동일함을 증명할 수 있는.
I·den·ti·kit[aidéntəkìt] *n.* C 〖商標〗 몽타주식 얼굴 사진 합성 장치; (i-) 몽타주 사진.
***i·den·ti·ty**[aidéntəti] *n.* ① U 동일한 사람〔것〕임, 동일성. ② U,C 자기 자신〔그것 자체〕임; 신원.
id·e·o·gram[ídiəgræ̀m, áidiə-], **-graph**[-græ̀f, -grà:f] *n.* C 표의(表意) 문자.
***i·de·ol·o·gy**[àidiálədʒi, ìd-/-ɔ́-] *n.* ① U,C 이데올로기, 관념 형태. ② U 관념학; 공리 공론(空理空論). **-o·log·i·cal**[⌐—əládʒikəl/-ɔ́-] *a.*
ides[aidz] *n. pl.* (the ~) 〖古로마曆〗 (3,5,7,10월의) 15일; (그 밖의 달의) 13일.
id·i·o·cy[ídiəsi] *n.* ① U 백치. ② C 백치 같은 언동.
:id·i·om[ídiəm] *n.* ① C 이디엄, 관용구, 숙어. ② U,C (어떤 언어의) 정해진) 어법; (어떤 민족의) 언어; 방언. ③ U (화가·음악가 등의) 독특한 맛, 특색, 특징.
***id·i·o·mat·ic**[ìdiəmǽtik], **-i·cal** [-əl] *a.* 관용구적인, 관용어법적인. **-i·cal·ly** *ad.*
id·i·o·syn·cra·sy, -cy[ìdiəsíŋkrəsi] *n.* C 특질, 특이성; (특이한) 성벽(eccentricity); 〖醫〗 (알레르기 따위의) 특이 체질.
***id·i·ot**[ídiət] *n.* C 바보; 〖心〗 백치 《지능 지수 0-25 (최저도)의 정신 박약자; imbecile, moron》. **~·ic** [ìdiátik/-ɔ́-] *a.*
ídiot bòard 〔**càrd**〕 텔레비전 출연자용 문자판《대사를 잊었을 때 보이는》.
ídiot bòx 《英俗》 텔레비전.
:i·dle[áidl] *a.* ① 태만한, 게으름뱅이의. ② 일이 없는, 한가한. ③ 활용되지 않고 있는; 무용의; 쓸모 없는. ④ (공포·근심 따위) 까닭〔근거〕 없는. ***money lying*** ~ 유휴금. — *vi.* ① 게으름피우다; 빈둥거리다, 빈둥빈둥 놀고 지내다. ② 〖機〗 헛돌다, 공전(空轉)하다. — *vt.* 빈둥거리며 지내다, 낭비하다. **:~·ness** *n.* U 태만; 무위. **í·dler** *n.* C 게으름뱅이. ***í·dly** *ad.*
ídle pùlley 〔**whèel**〕 〖機〗 유동 바퀴《두 톱니바퀴 사이에 쓰이는 톱니바퀴》.
IDLS International Digital Leased-Line Service 국제 디지털 전용회선. **IDO** International Disarmament Organization.
I·do[í:dou] *n.* U 이도어(語) 《Esperanto를 기초로 한 국제 보조 언어》.
:i·dol[áidl] *n.* C ① 우상. ② 〖聖〗 사신(邪神). ③ 숭배받는 것〔사람〕, 인기 있는 사람. ④ 선입적 유견(謬見) (fallacy). **~·ize**[áidəlàiz] *vt.* 우상화〔숭배〕하다. **~·i·za·tion** [àidəlizéiʃən/-lai-] *n.*
i·dol·a·ter[aidálətər/-ɔ́-] *n.* C 우상 숭배자.
***i·dol·a·try**[-ətri] *n.* U 우상 숭배; 맹목적 숭배. **-a·trous** *a.* 우상 숭배의, 우상 숭배적인.
i·do·lum[aidóuləm] *n.* (*pl.* ***-la***) (*pl.*) 〖論〗 (Francis Bacon의) 선입적 유견(謬見); 개념, 관념, 표상.
i·dyl(l)[áidl] *n.* C 목가(牧歌), 전원시; (한가한) 전원 풍경. **i·dyl·lic** [aidílik] *a.* 목가적인.
IE, I.E. Indo-European; Industrial Engineer.
-ie[i:] *suf.* aunt*ie*, bird*ie*. ⇨-Y.
***i.e.**[áii:, ðǽtíz] *id est* (L.=that is) 즉, 이를테면.
†if[if] *conj.* ① 만약…이라면. ② 비록 …일지라도(even if). ③ …인지 어떤지(whether)(*Let me know if he will come.* 올 것인지 안 올 것인지 알려 주십시오). ***if only*** …이〔하〕기만 하다면(*If only I knew!* or *If I only knew!* 알기만 한다면 좋으련만!). ***if it were not*** 〔***had not been***〕 ***for*** 만약…이 없(었)〔아니었〕다면. — *n.* C 가정.
IF, I.F., i.f. intermediate frequency. **I.F.C.** International Finance Corporation. **IFF** identification, friend or foe 적·아군 판별 전자 장치. 「운.
if·fy[ífi] *a.* 《口》 불확실한; 의심스러
IFR instrument flight rules 계기(計器) 비행 규칙. **IFRB** International Frequency Registration Board 국제 주파수 등록 위원회. **I.F.S.** Irish Free State.
IFTU International Federation of Trade Unions.
-i·fy[əfài] *suf.* ⇨-FY.
ig·loo[íglu:] *n.* C (에스키모 사람의) 눈으로 만든 작은 집.

Ig·na·tius Loy·o·la [ignéiʃəs lɔióulə], **Saint**(1491-1556) 스페인의 성직자, Jesuit 교단의 창설자.

ig·ne·ous[ígniəs] *a.* 불의, 불 같은, 〖地〗 화성(火成)의.

ig·nes·cent[ignésənt] *a.* (돌 따위) 치면 불꽃이 나는.

ig·nis fat·u·us[ígnəs fǽtʃuəs] (*pl.* ***ignes fatui***[ígni:z fǽtʃuài]) (L.) 도깨비불; 헛된 기대.

ig·nite[ignáit] *vt.* (…에) 점화하다; 〖化〗 높은 온도로 가열하다. ── *vi.* 발화하다. **ig·nit·er, -ni·tor**[-ər] *n.* Ⓒ 점화자〔장치〕; 〖電子〗 점고자(點孤子).

ig·ni·tion[igníʃən] *n.* ① Ⓤ 점화, 발화. ② Ⓒ (내연 기관의) 점화 장치(*an* ~ *plug* 점화 플러그/*an* ~ *point* 발화점).

ig·no·ble[ignóubl] *a.* 천한; 시시한; 불명예스러운; 《古》 (태생이) 비천한(opp. noble).

ig·no·min·i·ous[ìgnəmíniəs] *a.* 수치〔불명예〕스런; 비열한. **~·ly** *ad.*

ig·no·min·y[ígnəmìni] *n.* ① Ⓤ 치욕, 불명예. ② Ⓒ 수치스러운 행위, 추행.

ig·no·ra·mus[ìgnəréiməs] *n.* Ⓒ 무지몽매〔무식〕한 사람.

:ig·no·rance[ígnərəns] *n.* Ⓤ ① 무지, 무식. ② 모르고 있음. ***in* ~ *of*** …을 알지 못하고. ***I- is bliss.*** 《속담》 모르는 것이 약이다.

:ig·no·rant[ígnərənt] *a.* ① 무지몽매〔무식〕한. ② …을 모르는(*of*). **~·ly** *ad.*

:ig·nore[ignɔ́:r] *vt.* 무시하다; 〖法〗 기각하다.

Ig·o·rot[ìgəróut, ì:g-], **Ig·or·ro·te**[-róuti] *n.* (*pl.* **~(s)**) Ⓒ 이고로트 사람《필리핀 군도의 Luzon 섬에 삶》; Ⓤ 이고로트 말.

i·gua·na[igwá:nə] *n.* Ⓒ 〖動〗 이구아나《열대 아메리카의 큰 도마뱀》.

i·guan·o·don[igwá:nədàn/-dɔ̀n] *n.* Ⓒ 이구아노돈, 금룡(禽龍)《초식 공룡의 하나》.

IGY, I.G.Y. International Geophysical Year 국제 지구 관측년. **IHP, i.h.p.** indicated horsepower. **IHS, I.H.S.** 그리스어 *IHΣ OYΣ*(=Jesus)의 생략형. **IIC** International Institute of Communications.

ike[aik] *n.* =ICONOSCOPE.

i·kon[áikɑn/-ɔ-] *n.* =ICON.

il-[il] *pref.* ⇨ IN.

-ile[əl, il, ail/ail] *suf.* '…에 관한, 할 수 있는, …에 적합한' 의 뜻의 형용사를 만듦: doc*ile*, infant*ile*, juven*ile*, volat*ile*.

il·e·i·tis[ìliáitis] *n.* Ⓤ 〖醫〗 회장염(回腸炎).

il·e·um[íliəm] *n.* Ⓒ 〖解〗 회장.

i·lex[áileks] *n.* Ⓒ 〖植〗 너도밤나무의 일종(cf. holm[2]); 호랑가시나무.

il·i·ac[íliæ̀k] *a.* 장골(腸骨)의.

Il·i·ad[íliəd] *n.* Homer작으로 전하여지는 Ilium (=Troy) 전쟁의 서사시; 길게 계속되는 것.

il·i·um[íliəm] *n.* (*pl.* ***ilia***[íliə]) Ⓒ 〖解〗 장골.

ilk[ilk] *a.* (Sc.) 같은. ── *n.* (*pl.*) 가족; 같은 종류. ***of that* ~** 같은 곳〔이름·무리〕의.

†ill[il] *a.* (***worse; worst***) ① 건강이 나쁜; 병든. ② 나쁜; 해로운. ③ 형편이 나쁜; 불길한. ④ 불친절한; 서투른. ***fall*** 〔***be taken***〕 **~** 병에 걸리다. ***I- news runs apace.*** 《속담》 악사천리(惡事千里). ***It is an* ~ *wind* (*that*) *blows nobody good.*** 《속담》 갑의 손해는 을의 이득. ***meet with* ~ *success*** 실패로 끝나다. ── *n.* ① Ⓤ 악(惡), 해(害). ② Ⓒ (종종 *pl.*) 불행, 고난, 병. ── *ad.* ① 나쁘게, 서투르게. ② 운〔형편〕나쁘게. ③ 불친절하게. ④ 간신히, 거의 …않게(scarcely)(*We can* ~ *afford of waste time.* 시간을 낭비할 수 없다). ***be* ~ *at*** (counting) (계산이) 서투르다. ***be* ~ *at ease*** 마음이 놓이지 않다, 불안하다. ***I-got,* ~ *spent.*** 《속담》 나쁜 짓 하여 번 돈 오래 가지 않는다(cf. illspent). ***take ...* ~** …을 나쁘게 여기다, 성내다.

Ill. Illinois. **ill., illus(t).** illustrated; illustration.

†I'll[ail] I will, I shall의 단축.

íll-advísed *a.* 무분별한.

íll-affécted *a.* 《古》 호의를 갖지 않은; 불만을 가진.

il·la·tive[ílətiv, ilé-] *a.* 추리의; 〖文〗 추론적인. **~ *conjunction*** 〖文〗 추론 접속사《*so, therefore* 등》.

íll blóod 악의, 원한.

íll-bréd *a.* 가정 교육이 나쁜, 버릇없는, 본데 없는.

íll bréeding 버릇〔본데〕 없음.

íll-condítioned *a.* 성질이 못된, 심술궂은; 건강이 좋지 않은.

íll-cónsidered *a.* 생각을 잘못한.

íll-dispósed *a.* 악의를 품은, 불친절한, 비우호적인.

:il·le·gal[ilí:gəl] *a.* 불법의. **~·ly** *ad.* **~·i·ty**[ìligǽləti] *n.* Ⓤ 비합법, 불법; Ⓒ 불법 행위, 부정.

il·leg·i·ble[ilédʒəbəl] *a.* 읽기 어려운. **-bil·i·ty**[─̀──bílə-] *n.*

***il·le·git·i·mate**[ìlədʒítəmit] *a.* ① 불법의. ② 사생〔서출〕의. ③ 비논리적인. **~·ly** *ad.* **-ma·cy** *n.*

íll fáme 악평, 악명.

íll-fáted *a.* 불운한.

íll-fávo(u)red *a.* (얼굴이) 못생긴; 불쾌한.

íll-fóunded *a.* 근거가 박약한.

íll-gótten *a.* 부정 수단으로 얻은.

íll hèalth 건강이 좋지 않음.

íll hùmo(u)r 기분이 언짢음.

íll-húmo(u)red *a.* 기분이 언짢은.

il·lib·er·al[ilíbərəl] *a.* 인색한; 옹졸한; 교양 없는. **~·ness** *n.* **~·i·ty**[─̀ərǽləti] *n.*

***il·lic·it**[ilísit] *a.* 불법의(illegal).

～.ly *ad.*
il·lim·it·a·ble[ilímitəbəl] *a.* 무한한, 광대한, 끝없는.
il·lin·i·um[ilíniəm] *n.* Ⓤ 〖化〗 일리늄《promethium의 본래 이름》.
*__Il·li·nois__[ìlənɔ́i, -z] *n.* 미국 중부의 주《생략 Ill.》.
íll-júdged *a.* 무분별한.
il·liq·uid[ilíkwid] *a.* 현금으로 바꾸기 어려운.
il·lit·er·a·cy[ilítərəsi] *n.* ① Ⓤ 문맹, 무식. ② Ⓒ (무식해서) 틀리게 씀.
*__il·lit·er·ate__[ilítərit] *a., n.* Ⓒ 무식한 (사람), 문맹인 (사람).
íll-mánnered *a.* 버릇〔교양〕 없는.
íll náture 심술.
*__íll-nátured__ *a.* 심술궂은.
:**ill·ness**[ílnis] *n.* Ⓤ,Ⓒ 병.
il·log·i·cal[iládʒikəl/-ɔ́-] *a.* 비논리적인, 불합리한. ～**.ly** *ad.* ～**.ness** *n.* Ⓤ 불합리.
il·log·i·cal·i·ty[-ˌ--kǽləti] *n.* ① Ⓤ 불합리. ② Ⓒ 불합리한 것.
íll-ómened *a.* 불길한, 재수 없는.
íll-spént *a.* 낭비된.
íll-stárred *a.* 불운한.
íll-súited *a.* 부적당한.
íll-témpered *a.* 심술궂은, 성마른, 꾀까다로운.
íll-tímed *a.* 기회가 나쁜.
íll-tréat *vt.* 학대〔냉대〕하다. ～**-ment** *n.* Ⓤ 학대.
il·lume[ilúːm] *vt.* 《古·詩》 비추다; 계몽하다.
il·lu·mi·nant[-inənt] *a.* 빛을 내는. ── *n.* Ⓒ 발광체.
:**il·lu·mi·nate**[-ənèit] *vt.* ① 비추다. ② 《주로 英》 전식(電飾)을 달다. ③ 분명히 하다. ④ 계몽하다 (enlighten). ⑤ (사본 따위를) 색무늬나 금박 문자로 장식하다. ⑥ 명성을 높이다. **-na·tive**[-nèitiv] *a.* **-na·tor** *n.*
:**il·lu·mi·na·tion**[ilùːmənéiʃən] *n.* ① Ⓤ 조명; 조명도. ② Ⓒ 전식(電飾). ③ Ⓤ 해명, 계몽. ④ Ⓒ (보통 *pl.*) (사본의) 채색.
il·lu·mine[ilúːmin] *vt., vi.* 비추다, 밝게 하다〔되다〕.
íll-úsage *n.* =⇩.
ill-use[ilúːz] *vt.* 학대하다. ── [-júːs] *n.* Ⓤ 학대, 혹사.
:**il·lu·sion**[ilúːʒən] *n.* ① Ⓤ,Ⓒ 환영; 환상. ② Ⓒ 착각. **il·lu·sive**[-siv], *__-so·ry__[-səri] *a.* 환영적인; 사람을 속이는.
illus(**t**). illustrated; illustration.
:**il·lus·trate**[íləstrèit, ilʌ́streit] *vt.* ① (실례 따위로) 설명하다. ② (설명·장식을 위한) 삽화를 넣다. *__-tra·tor__ *n.* Ⓒ 삽화가.
:**il·lus·tra·tion**[ìləstréiʃən] *n.* ① Ⓒ 실례, 삽화; 도해. ② Ⓤ (실례·그림 따위에 의한) 설명. ***by way of*** ～ 실례로서. ***in*** ～ ***of*** …의 예증으로서.
*__il·lus·tra·tive__[íləstrèitiv, ilʌ́strə-] *a.* 실례가 되는, 설명적인(*of*). ～**.ly** *ad.*
il·lus·tri·ous[ilʌ́striəs] *a.* 유명한; 현저한, (공훈 따위) 찬란한. ～**-ly** *ad.*
íll wíll 악의, 나쁜 감정.
íll-wìsher *n.* Ⓒ 남의 불행을 원하는 사람.
ILO, I.L.O. International Labor Organization (Office). **ILS** instrument landing system.
im-[im] *pref.* ⇨ IN.
†**I'm**[aim] I am의 단축.
:**im·age**[ímidʒ] *n.* Ⓒ ① 상(像), 초상, 화상, 조상(彫像). ② 영상; 형상. ③ 꼭 닮음. ④ 전형. ⑤ 〖理〗 영상(映像); 〖心〗 심상(心像); 〖修〗 비유. ⑥ 〖컴〗 영상, 이미지. ── *vt.* ① (…의) 상을 만들다. ② 그림자를 비추다. ③ 상상하다; 상징하다.
ímage órthicon 〖TV〗 촬상관(撮像管)의 일종.
ímage procèssing 〖컴〗 영상(影像)처리.
im·age·ry[ímidʒəri] *n.* Ⓤ 《집합적》 상, 초상, 화상, 조상; 심상; 〖文學〗 심상(心像), 사상(寫像); 비유.
*__im·ag·i·na·ble__[imǽdʒənəbəl] *a.* 상상할 수 있는 (한의).
:**im·ag·i·nar·y** [imǽdʒənèri/-dʒənə-] *a.* 상상의; 허(虛)의. ～ ***number*** 〖數〗 허수.
†**im·ag·i·na·tion** [imæ̀dʒənéiʃən] *n.* ① Ⓤ,Ⓒ 상상력; 창작력. ② Ⓤ 상상(의 소산), 공상.
*__im·ag·i·na·tive__ [imǽdʒənèitiv, -nə-] *a.* ① 상상의; 상상〔공상〕적인. ② 상상력이 풍부한, 공상에 잠기는.
†**im·ag·ine**[imǽdʒin] *vt., vi.* ① 상상〔추상〕하다. ② 생각하다.
im·ag·ism[ímədʒìzəm] *n.* Ⓤ 사상(寫像)주의《영국의 비평가 T.E. Hulme[hjuːm]의 영향하에, 미국시인 Ezra Pound가 주창한 자유시 운동》.
ím·ag·ist *n.*
i·ma·go[iméigou] *n.* (*pl.* ～***s, imagines***[-méidʒəniːz]) Ⓒ 〖蟲〗 성충.
i·ma(**u**)**m**[imáːm] *n.* Ⓒ 이맘《이슬람의 도사(導師)》; (종종 I-) 종교적〔정치적〕 지도자.
im·bal·ance[imbǽləns] *n.* = UNBALANCE.
im·be·cile[ímbəsil, -sàil/-sìːl] *n., a.* 저능한; 우둔한; Ⓒ 저능자, 〖心〗 치우(癡愚)《지능지수 25-50》 (cf. idiot). **-cil·i·ty**[ìmbəsíləti] *n.* ① Ⓤ 저능. ② Ⓒ 어리석은 언동.
im·bed[imbéd] *vt.* (**-dd-**) = EMBED.
im·bibe[imbáib] *vt.* (술 등을) 마시다; (공기·연기 등을) 흡수하다; (사상 따위를) 받아들이다.
im·bri·cate[ímbrəkèit] *vt., vi.* (기왓장 모양으로) 겹치다〔겹쳐지다〕. ── [-kit] *a.* 겹쳐진. **-ca·tion**[ˌ--kéiʃən] *n.* Ⓤ,Ⓒ 비늘 모양(의 배열).
im·bro·glio[imbróuljou] *n.* (*pl.*

~s) Ⓒ 분규; 분쟁.
im·brue[imbrú:] *vt.* (피로) 더럽히다; 적시다.
im·bue[imbjú:] *vt.* (…에게) 침투시키다, 배게 하다; (사상·양심 따위를) 불어 넣다, 고취하다(inspire) (*with*).
IMCO Inter-Governmental Maritime Consultative Organization. **IMF** International Monetary Fund.
:im·i·tate[ímitèit] *vt.* ① 모방하다, 흉내내다. ② 모조하다; 위조하다. ③ 모범으로 삼다. **im·i·ta·ble**[ímətəbəl] *a.* 모방할 수 있는. **-ta·tive** [ímətèitiv, -tə-] *a.* 모방의; 흉내 잘 내는; 모조의. ***be imitative of*** …의 모방이다. **-ta·tor**[ímətèitər] *n.* Ⓒ 모방자.
:im·i·ta·tion[ìmitéiʃən] *n.* ① Ⓤ 모방. ② Ⓒ 모조품.
***im·mac·u·late**[imǽkjəlit] *a.* 때묻지 않은; 죄없는; 깨끗한; 결점없는.
Immáculate Concéption 〖가톨릭〗 (성모의) 원죄 없으신 잉태(《'virgin birth' 와는 다른 개념》).
im·ma·nent[ímənənt] *a.* 내재하는 (inherent); 〖神〗 (신이 우주에) 편재하는. **-nence, -nen·cy**[-nəns], [-si] *n.* Ⓤ 내재성; 〖神〗 (신의, 우주에서의) 내재(성).
Im·man·u·el [imǽnjuəl] *n.* = CHRIST.
im·ma·te·ri·al[ìmətíəriəl] *a.* 비물질적인; 영적인; 중요하지 않은.
***im·ma·ture**[ìmətjúər] *a.* 미숙한; 미성년의, 미완성의; 침식이 초기인. **-tu·ri·ty**[-tjúərəti] *n.*
***im·meas·ur·a·ble** [iméʒərəbəl] *a.* 측정할 수 없는, 끝없는. **-bly** *ad.*
im·me·di·a·cy[imí:diəsi] *n.* Ⓤ 직접성; (보통 *pl.*) 밀접한 것.
:im·me·di·ate[imí:diit] *a.* ① 직접의, 바로 옆의. ② 즉시의; 당면한; 가까운.
***im·me·di·ate·ly**[imí:diitli] *ad.* 즉시; 직접; 가까이에. — *conj.* …하자마자.
im·med·i·ca·ble [imédikəbəl] *a.* 「불치의.
im·me·mo·ri·al** [ìmimɔ́:riəl] *a.* 기억에 없는, 옛적의, 태고의. ***from time ~ 아득한 옛날부터.
***im·mense**[iméns] *a.* ① 거대한 (huge). ② 〖俗〗 훌륭한. ***~·ly** *ad.*
im·men·si·ty[iménsəti] *n.* Ⓤ 광대; 무한한 공간〔존재〕; 《복수형》 막대한 양.
***im·merse**[imə́:rs] *vt.* ① 잠그다, 담그다. ② 〖宗〗 침례를 베풀다. ③ 몰두하게〔빠지게〕하다(*in*). **im·mer·sion**[-ʃən] *n.* Ⓤ 침수.
immérsion hèater 침수식 물끓이개《코드 끝의 발열체를 속에 넣어 우유·홍차 등을 데움》.
***im·mi·grant**[ímigrənt] *n., a.* Ⓒ (외국으로부터의) 이민(cf. emigrant); 이주하여 오는.
***im·mi·grate**[íməgrèit] *vi., vt.* (…로부터) 이주하다〔시키다〕 (cf. emigrate).
***im·mi·gra·tion**[∸–gréiʃən] *n.* Ⓤ,Ⓒ (외국으로부터의) 이주; 이민; 《집합적》 이민자.
***im·mi·nent** [ímənənt] *a.* 절박한 (impending); 《古》 툭 튀어나와 있는. **~·ly** *ad.* **-nence, -nen·cy** *n.* Ⓤ 절박; Ⓒ 촉박한 위험〔사정〕.
im·mis·ci·ble [imísəbəl] *a.* 혼합할 수 없는.
im·mit·i·ga·ble[imítigəbəl] *a.* 완화할 수 없는. **-bly** *ad.*
im·mix[imíks] *vt.* 혼합하다. **~·ture**[-tʃər] *n.* Ⓤ 혼합, 혼화.
im·mo·bile[imóubəl, -bi:l] *a.* 움직일 수 없는, 고정된; 움직이지 않는; 부동의. **-bi·lize**[-bəlàiz] *vt.* 고정하다, 움직이지 않게 하다. **-bil·i·ty**[∸–bíləti] *n.*
im·mod·er·ate[imádərit/-ɔ́-] *a.* 절도 없는; 극단적인. **~·ly** *ad.*
im·mod·est[imádist/-ɔ́-] *a.* 조심성 없는; 거리낌 없는, 주제넘은(forward). **~·ly** *ad.* **-es·ty** *n.*
im·mo·late[íməlèit] *vt.* 신에게 바치기 위하여 죽이다; 희생하다(*to*). **-la·tion**[∸–léiʃən] *n.*
***im·mor·al**[imɔ́:rəl/imɔ́r-] *a.* 부도덕한, 품행이 나쁜. **~·ly** *ad.*
im·mo·ral·i·ty[ìmərǽləti] *n.* Ⓤ 부도덕, 품행 나쁨; Ⓒ 부도덕 행위, 추행.
:im·mor·tal[imɔ́:rtl] *a.* ① 불사의; 영원한; 불후의. ② 신의. — *n.* Ⓒ 죽지 않는 사람; 불후의 명성이 있는 사람; (*pl.*) 〖그·로神〗 신화의 신들. **~·ize**[-təlàiz] *vt.* 불멸〔불후〕하게 하다. ***~·i·ty**[∸–tǽləti] *n.* Ⓤ 불후(의 명성).
***im·mov·a·ble**[imú:vəbəl] *a.* ① 움직일 수 없는; 움직이지 않는. ② 확고한; 감정에 좌우되지 않는. — *n.* (*pl.*) 〖法〗 부동산. **-bil·i·ty**[–∸–bíləti] *n.* Ⓤ 부동〔고정〕성.
im·mune[imjú:n] *a.* 면제된(*from*); 면역이 된(*from, against*). ***im·mú·ni·ty** *n.* Ⓤ 면역(성); 면제.
im·mu·nize[ímjənàiz] *vt.* 면역되게 하다, 면역성을 주다. **-ni·za·tion** [∸–nizéiʃən] *n.*
im·mu·no·bi·ol·o·gy [ìmjənəbaiálədʒi/-ɔ́-] *n.* Ⓤ 면역 생물학.
im·mu·no·chem·is·try[-kéməstri] *n.* Ⓤ 면역 화학.
im·mu·nol·o·gy[ìmjənálədʒi/-ɔ́-] *n.* Ⓤ 면역학.
im·mu·no·sup·press·ive[imjù:nəsəprésiv] *n., a.* Ⓤ,Ⓒ 거부 반응 억제의 (약).
im·mure[imjúər] *vt.* 가두다, 유폐하다. **~·ment** *n.*
im·mu·ta·ble[imjú:təbəl] *a.* 불변의. **-bil·i·ty**[–∸–bíləti] *n.* Ⓤ 불변성.
***imp**[imp] *n.* Ⓒ ① 악마의 새끼; 꼬마 악마. ② 개구쟁이. **∠·ish** *a.* 장

난스런, 개구쟁이의.

***im·pact** [ímpækt] *n.* ① Ⓤ 충돌 (*on, upon*). ② Ⓒ 영향, 효과. ── [─ˊ] *vt.* ① (…에) 밀어넣다. ② (…에) 충격을 가하다; (…와) 충돌하다. ③ (…에) 몰려들다, (…에) 밀어닥치다. ── *vi.* 충돌하다, 접촉하다.

ímpact cràter 운석 낙하로 인한 크레이터. 「터.

ímpact prìnter 〖컴〗 충격식 프린

***im·pair** [impέər] *vt., vi.* 해치다; (가치 등을) 감하다. **~·ment** *n.* Ⓤ 손상.

im·pale [impéil] *vt.* (찔러) 꽂다; 꿰찌르는 형에 처하다. **~·ment** *n.*

im·pal·pa·ble [impǽlpəbəl] *a.* 만져도 모르는; 이해할 수 없는.

im·pan·el [impǽnəl] *vt.* (《英》 *-ll-*) 배심 명부에 올리다; (배심원을) 배심 명부에서 선임하다.

im·par·i·ty [impǽrəti] *n.* Ⓤ,Ⓒ 부동(不同), 차이.

***im·part** [impɑ́:rt] *vt.* ① (나눠) 주다; 곁들이다. ② (소식을) 전하다, 말해버리다. **im·par·ta·tion** [ˋ─téiʃən] *n.* Ⓤ,Ⓒ 나누어 줌; 통지.

***im·par·tial** [impɑ́:rʃəl] *a.* 치우치지 않는; 공평한. **-ti·al·i·ty** [─ˋʃiǽləti] *n.* Ⓤ 공평.

im·pass·a·ble [impǽsəbəl, -pɑ́:-] *a.* 통행할[지나갈] 수 없는.

im·passe [ímpæs, ─ˊ] *n.* (F.) Ⓒ 막다른 골목(*cul-de-sac*); 난국.

im·pas·si·ble [impǽsəbəl] *a.* 아픔을 느끼지 않는; 무신경한, 태연한.

im·pas·sioned [impǽʃənd] *a.* 감격한; 열렬한.

im·pas·sive [impǽsiv] *a.* 둔감한, 태연한; 냉정한. **-siv·i·ty** [ˋ─sívəti] *n.*

:im·pa·tience [impéiʃəns] *n.* Ⓤ ① 성급. ② 조바심, 초조. ③ (고통·냉대·기다림 등에) 견딜 수 없음.

:im·pa·tient [impéiʃənt] *a.* ① 성마른. ② 참을 수 없는(*of*). ③ (…하고 싶어) 못 견디는, 안절부절 못 하는 (*for, to* do). ***be ~ for*** …이 탐나서 못 견디다; …을 안타깝게 기다리다. ***be ~ of*** …을 못견디다. ***~·ly** *ad.*

***im·peach** [impí:tʃ] *vt.* ① 문제삼다. ② (…의 허물로) 책하다, 비난하다(*of, with*). ③ (공무원을) 탄핵하다. **~·a·ble** *a.* **~·ment** *n.*

im·pearl [impə́:rl] *vt.* (…을) 진주 같이 하다; 《雅》 진주(같은 것으)로 꾸미다.

im·pec·ca·ble [impékəbəl] *a.* 죄를 범하지 않는; 결점 없는. **-bly** *ad.* **-bil·i·ty** [─ˋ─bíləti] *n.*

im·pe·cu·ni·ous [ìmpikjú:niəs] *a.* 돈없는, 가난한. **-os·i·ty** [ìmpikjù:niɑ́səti/-ɔ́-] *n.*

im·ped·ance [impí:dəns] *n.* Ⓤ 〖電〗 임피던스《교류에서 전압의 전류에 대한 비》.

***im·pede** [impí:d] *vt.* 방해하다.

***im·ped·i·ment** [impédəmənt] *n.* Ⓒ ① 고장, 장애(물). ② 언어 장애, 말더듬이.

im·ped·i·men·ta [impèdəméntə] *n. pl.* (여행용) 수하물; 〖軍〗 병참, 보급품.

***im·pel** [impél] *vt.* (*-ll-*) 추진하다; 재촉하다, 억지로 …시키다(force) (*to*). **~·lent** *a., n.* Ⓒ 추진하는 (힘).

im·pend [impénd] *vi.* 《古》 (위에) 걸리다(*over*); 임박하다. ***~·ing** *a.* 절박한, 곧 일어날 것 같은.

im·pen·e·tra·ble [impénətrəbəl] *a.* 꿰뚫을[뚫고 들어갈] 수 없는; 헤아릴 수 없는, 불가해한; (새 사상에) 동요되지 않는, 물들지 않는, 둔한. **-bly** *ad.* **-bil·i·ty** [─ˋ──bíləti] *n.*

im·pen·i·tent [impénətənt] *a.* 회개하지 않는. **-tence, -ten·cy** *n.*

im·per., imperat. imperative.

im·per·a·tive** [impérətiv] *a.* 명령적인, 엄연한; 피할 수 없는, 긴급한; 〖文〗 명령법의. ── *n.* Ⓒ 명령; 〖文〗 명령법(의 동사)(cf. indicative, subjunctive). ***~ mood 〖文〗 명령법. **~·ly** *ad.*

im·per·cep·ti·ble [ìmpərséptəbəl] *a.* 관찰[감지(感知)]할 수 없는; 근소한; 점차적인(gradual). **-bly** *ad.*

:im·per·fect [impə́:rfikt] *a.* 불완전한, 미완성의; 미완료의. *ad.* **-fec·tion** [ˋ─fékʃən] *n.* Ⓤ 불완전 (상태); Ⓒ 결점.

im·per·fo·rate [impə́:rfərit], **-rat·ed** [-rèitid] *a.* 구멍 없는.

:im·pe·ri·al [impíəriəl] *a.* ① 제국의; 대영 제국의. ② 황제[황후]의; 제권(帝權)의; 지상의; 당당한; 오만한(imperious). ③ (상품이) 특대[고급]의; (도량형이) 영국 법정 규준의. ***~ gallon*** 영국 갤런《4.546리터, 미국 갤런의 약 1.2배》. ***I- Household*** 황실, 왕실. ── *n.* Ⓒ 황제 수염《아랫 입술 밑에 기른 뾰족한 수염》; (종이의) 임페리얼판(判)(《美》 23×31 인치, 《英》 22×30 인치). **~·ism** [-ìzəm] *n.* Ⓤ 제국주의; 제정. **~·ist** *n.* Ⓒ 제국[제정]주의자. **~·is·tic** [─ˋ──ístik] *a.* 제국주의적인.

im·per·il [impéril] *vt.* (《英》 *-ll-*) (생명·재산 따위를) 위태롭게 하다.

***im·pe·ri·ous** [impíəriəs] *a.* 전제적인, 건방진; 긴급한. **~·ness** *n.*

im·per·ish·a·ble [impériʃəbəl] *a.* 불멸의, 영원한.

im·per·ma·nent [impə́:rmənənt] *a.* 일시적인.

im·per·me·a·ble [impə́:rmiəbəl] *a.* 스며들지 않는.

impers. impersonal.

***im·per·son·al** [impə́:rsənəl] *a.* (특정한) 개인에 관계 없는, 비개인적인; 비인격적인; 〖文〗 비인칭의. **~·ly** *ad.* **-al·i·ty** [─ˋ─ǽləti] *n.*

im·per·son·ate [impə́:rsənèit] *vt.* 《稀》 인격화[체현(體現)]하다; 대표하다; 흉내내다; …의 역(役)을 맡아하다. **-a·tion** [─ˋ─éiʃən] *n.* **-a·tor**

I

n. Ⓒ 배우, 분장자; 성대 모사자.

*im·per·ti·nent [impə́ːrtənənt] a. 건방진, 무례한; 부적당한, 당치 않은. ~·ly ad. -nence, -nen·cy n.

im·per·turb·a·ble [ìmpərtə́ːrbəbəl] a. 침착한, 동요하지 않는; 냉정한.

im·per·vi·ous [impə́ːrviəs] a. (공기·물·광선 등을) 통하지 않는; (마음이 …을) 받아들이지 않는(*to*).

*im·pet·u·ous [impétʃuəs] a. (기세·속도가) 격렬한, 맹렬한; 성급한, 충동적인. ~·ly ad. -u·os·i·ty [—<—ásəti/-ɔ́-] n.

*im·pe·tus [ímpətəs] n. ① Ⓤ (움직이고 있는 물체의) 힘, 운동량, 관성. ② Ⓒ (정신적인) 기동력, 자극.

imp. gal. imperial gallon.

im·pi·e·ty [impáiəti] n. ① Ⓤ 불경, 불신. ② Ⓒ 신앙심이 없는 행위.

im·pinge [impíndʒ] vi. 치다(hit), 충돌하다(*on, upon, against*); 침범하다(encroach) (*on, upon*). ~·ment n.

im·pi·ous [ímpiəs] a. 신앙심이 없는; 경건치 않은, 불경[불효]한(opp. pious); 사악한; 불효한.

imp·ish [ímpiʃ] a. ⇨IMP.

im·plac·a·ble [implǽkəbəl, -pléi-] a. 달랠 수 없는; 집요한(inexorable).

im·plant [implǽnt, -áː-] vt. (마음에) 뿌리 박히게 하다; 심다; 〖醫〗(조직을) 이식하다. — n. Ⓒ 〖醫〗 이식된 조직; (암의 환부에 꽂아 넣는) 라듐판. im·plan·ta·tion [<—téiʃən] n.

:im·ple·ment [ímpləmənt] n. Ⓒ (끝마무리를 위한) 도구, 용구. — [-mènt] vt. (끝마무리하기 위해) 도구를 공급하다; 수행하다, (복수 따위를) 실행하다; (법률·조약 따위를) 실시[이행]하다. -men·ta·tion [ìmpləmәntéiʃən] n. Ⓤ 수행, 이행, 실시; 〖컴〗 임플러먼테이션《어떤 컴퓨터 언어를 특정 기종의 컴퓨터에 적합게 함》.

im·pli·cate [ímpləkèit] vt. 얽히게 하다(entangle); 관계시키다, 휩쓸려 들게 하다; 함축하다.

*im·pli·ca·tion [ìmpləkéiʃən] n. Ⓒ 연루(連累); ⓊⒸ 내포, 함축, 언외의 의미; 암시(*by* ~ 은연 중에); (흔히 ~s) (…에 대한) 밀접한 관계.

*im·plic·it [implísit] a. ① 암암리의, 묵계적인(implied) (opp. explicit). ② 절대의; 필연적으로 포함되어 있는. **give ~ consent** 묵낙(默諾)을 하다. **~ obedience** 절대복종. ~·ly ad.

im·plied [impláid] a. 함축된, 은연중의. im·pli·ed·ly [impláiidli] ad.

:im·plore [implɔ́ːr] vt. 간청[애원]하다. im·plór·ing a. 애원하는. im·plór·ing·ly ad. 애원적으로.

:im·ply [implái] vt. 함축하다; (…의) 뜻을 포함하다; 뜻[암시]하다.

*im·po·lite [ìmpəláit] a. 무례한, 버릇 없는. ~·ly ad. ~·ness n.

im·pol·i·tic [impálitik/-ɔ́-] a. 생각 없는, 어리석은, 졸렬한.

im·pon·der·a·ble [impándərəbəl/-ɔ́-] a. 무게가 없는; 아주 가벼운; 평가할 수 없는. — n. Ⓒ 불가량물(不可量物)《열·빛 따위》.

:im·port [impɔ́ːrt] vt. ① 수입하다; 끌어들이다. ②《古》의미하다. ③ (…에) 크게 영향하다. ***It ~s us*** (*to know...*)(…을 아는 것)은 중요하다. — vi. 중요하다. ***It ~s little.*** 그다지 중요치 않다. — [<—] n. ① Ⓤ 수입; (보통 pl.) 수입품. ② Ⓤ 의미, 중요성. ③ 〖컴〗 가져오기. ~·er n.

im·por·ta·tion [<—téiʃən] n. Ⓤ 수입; Ⓒ 수입품.

:im·por·tance [impɔ́ːrtəns] n. Ⓤ 중요(성); 중요한 지위; 오만(한 태도).

†im·por·tant [-tənt] a. ① 중요한; 유력한. ② 거만한. ***assume an ~ air*** 젠체하다. ***a very ~ person*** 중요인물《생략 VIP》. ~·ly ad.

im·por·tu·nate [impɔ́ːrtʃənit] a. 끈덕진, 귀찮은.

im·por·tune [ìmpɔːrtjúːn, impɔ́ːrtʃən] vt., vi. 조르다. -tu·ni·ty [<—tjúːnəti] n. ① ⓊⒸ 끈질기게 조름. ② (pl.) 끈덕진 재촉.

:im·pose [impóuz] vt. ① (의무·세금 따위를) 과하다. ② 강요하다; 떠맡기다. ③ (가짜 등을) 안기다(*on, upon*); 〖印〗 정판하다. — vi. (남의 약점 따위에) 편승하다; 속이다(*on, upon*). *im·pós·ing a. 당당한, 위압하는.

im·po·si·tion [impəzíʃən] n. ① Ⓤ 부과. ② Ⓒ 세금; 부담; 사람좋음을 기화로 이용하기; 사기.

:im·pos·si·ble [impásəbəl/-ɔ́-] a. ① 불가능한, 있을 수 없는; 어림도 없는(***I-!*** 설마!). ② 어려운; 참을[견딜] 수 없는, 지독한. -bly ad. *-bil·i·ty [-<—bíləti] n. ① Ⓤ 불가능(성). ② Ⓒ 불가능한 일.

im·post [ímpoust] n. Ⓒ 세금; 관세; 〖建〗(기둥 꼭대기의) 대륜(臺輪). — vi. (수입품목별로) 관세를[관세액을] 결정하다.

im·pos·tor [impástər/-ɔ́-] n. Ⓒ 남의 이름을 사칭하는 자; 사기꾼.

im·po·tent [ímpətənt] a. 무(기)력한, 노쇠한; 음위(陰萎)의(cf. frigid). -tence, -ten·cy n. Ⓤ 무(기)력; 〖醫〗 음위.

im·pound [impáund] vt. (가축을) 울 안에 넣다; (물건을) 거두어 넣다; (아무를) 가두다, 구치하다; 〖法〗 압류[몰수]하다.

*im·pov·er·ish [impávəriʃ/-ɔ́-] vt. ① 가난하게 만들다. ② (토지를) 메마르게 하다. ~·ment n.

*im·prac·ti·ca·ble [imprǽktikəbəl] a. ① 실행 불가능한; 《稀》 처치 곤란한, 다루기 힘든. ② (도로가) 통행할 수 없는. -bil·i·ty [-<—bíləti] n.

***im·prac·ti·cal** [imprǽktikəl] *a.* 실제적인 아닌, 실행할 수 없는; 비실용적인.

im·pre·cate [ímprikèit] *vt.* (재앙 있기를) 빌다(call down)(*on, upon*). **-ca·tion** [⊥–kéiʃən] *n.* Ⓒ 저주; Ⓤ 방자.

im·preg·na·ble [imprégnəbəl] *a.* 난공 불락의; 확고한; 굴치않는. **-bil·i·ty** [–⊥–bíləti] *n.*

im·preg·nate [imprégnèit, ⊿–⊥] *vt.* (…에게) 임신시키다; 수정시키다; 충만시키다(*with*); (마음에) 심어넣다; 불어넣다(imbue)(*with*). — [-nit] *a.* 임신하고 있는; 스며든; 포화한. **-na·tion** [⊥–néiʃən] *n.*

im·pre·sa·ri·o [ìmprəsɑ́:riòu] *n.* (*pl.* **~s, -sari** [-sɑ́:ri:]) (It.) Ⓒ (가극·음악회 따위의) 흥행주.

im·pre·scrip·ti·ble [ìmpriskríptəbəl] *a.* 〖法〗 (권리 따위가) 시효로 소멸되지 않는; 불가침의.

:im·press[1] [imprés] *vt.* ① (도장을) 찍다(imprint). ② (…에게) 인상을 주다(*on, upon*); 감동시키다(*with*). ***be favorably* [*unfavorably*] *~ed*** 좋은[나쁜] 인상을 받다. — [⊿–] *n.* Ⓒ 날인; 흔적; 특징. **~·i·ble** *a.* 감수성이 강한.

im·press[2] *vt.* 징발하다; (해군 등에) (강제) 징집하다; (의론에 실례 등을) 인용하다. **~·ment** *n.* Ⓤ 징발; 징용.

:im·pres·sion [impréʃən] *n.* Ⓒ ① 인상; 느낌, 생각. ② 흔적; 날인; (책의) 쇄(刷)(*the third ~ of the fifth edition* 제 5판의 제 3쇄). ***make an ~ on*** …에게 인상을 주다, …을 감동시키다. ***~·a·ble** *a.* 감수성이 강한. **~·ism** [-ìzəm] *n.* Ⓤ 〖美術·樂〗 인상주의. **~·ist** *n.* Ⓒ 인상주의자; 인상파의 예술가《Manet, Monet, Pissarro, Sisley, Degas, Renoir; Rodin; Debussy 등》. **~·is·tic** [–⊥–ístik] *a.* 「인.

:im·pres·sive [imprésiv] *a.* 인상적

im·pri·ma·tur [ìmprimέitər, -mɑ́:-] *n.* (L.) Ⓒ 〖가톨릭〗 출판 인가; 《一般》 인가.

***im·print** [imprínt] *vt.* (도장을) 찍다; 명기(銘記)하다(*on, in*). — [⊿–] *n.* Ⓒ ① 날인; 흔적. ② (책의 안표지나 판권장에 인쇄한) 발행자의 주소·설명·출판 연월일 (따위).

:im·pris·on [imprízən] *vt.* 투옥하다; 감금[구속]하다. ***~·ment** *n.* Ⓤ 투옥; 감금, 구금.

***im·prob·a·ble** [imprɑ́bəbəl/-ɔ́-] *a.* 일어날[있을] 법하지 않은; 참말같지 않은(unlikely). **-bly** *ad.* **-bil·i·ty** [–⊥–bíləti] *n.*

im·promp·tu [imprɑ́mptju:/-ɔ́-] *ad., a.* 즉석에서[의]; 즉흥적으로[인]. — *n.* Ⓒ 즉흥곡[시]; 즉석의 연설 (따위).

***im·prop·er** [imprɑ́pər/-ɔ́-] *a.* 부적당한; 그른; 온당치 못한, 버릇없는. **~·ly** *ad.*

impróper fráction 〖數〗 가분수.

im·pro·pri·e·ty [ìmprəpráiəti] *n.* Ⓤ,Ⓒ 부적당; 버릇 없음; 행실 나쁨.

:im·prove [imprú:v] *vt.* ① 개선[개량]하다; 진보시키다. ② 이용하다. ③ (토지·부동산의) 가치를 올리다. — *vi.* 좋아지다. ***~ on* [*upon*]** … 을 개선하다. ***~ oneself*** 진보하다. **im·próv·a·ble** *a.* 개선할 수 있는.

:im·prove·ment [imprú:vmənt] *n.* ① Ⓤ,Ⓒ 개선[개량]; 진보, 향상; Ⓤ 이용. ② Ⓒ 개량 공사; 개선점; 개량된 것.

im·prov·i·dent [imprɑ́vədənt/-ɔ́-] *a.* 선견지명 없는, 준비성 없는; 절약심 없는(not thrifty). **-dence** *n.*

im·prov·i·sa·tor [imprɑ́vəzèitər/-prɔ́-] *n.* Ⓒ 즉흥시인[연주가].

im·prov·i·sa·to·re [ìmprɑ̀vizətɔ́:ri/-ɔ́-] *n.* (*pl.* ***-ri*** [-ri]) (L.) = ⇧.

***im·pro·vise** [ímprəvàiz] *vt., vi.* (시·음악을) 즉석에서 만들다(extemporize); 임시변통으로 만들다. **im·prov·i·sa·tion** [imprɑ̀vəzéiʃən/ìmprəvə-] *n.* ① Ⓤ 즉석에서 하기. ② Ⓒ 즉흥적 작품.

***im·pru·dent** [imprú:dənt] *a.* 경솔한, 무분별한. ***-dence** *n.*

:im·pu·dent [ímpjədənt] *a.* 뻔뻔스러운; 건방진. ***-dence** *n.*

im·pugn [impjú:n] *vt.* 논박하다.

:im·pulse [ímpʌls] *n.* ① Ⓒ 추진(력), 충격; 자극. ② Ⓤ,Ⓒ (마음의) 충동, 순간적 기분. ***on the ~*** 일시적 기분으로. ***on the ~ of the moment*** 그 때의 순간적 기분으로.

ímpulse bùying 충동 구매(衝動購買). 「동; 자극; 추진.

im·pul·sion [impʌ́lʃən] *n.* Ⓤ,Ⓒ 충

im·pul·sive [impʌ́lsiv] *a.* 충동적인; 추진적인; 감정에 흐른. **~·ly** *ad.* 감정에 끌려.

im·pu·ni·ty** [impjú:nəti] *n.* Ⓤ 처벌되지 않음. ***with ~ 벌받지 않고, 무사[무난]히.

***im·pure** [impjúər] *a.* 더러운; 불순한; 섞인 것이 있는; 부도덕한; 다른 색이 섞인. ***im·pu·ri·ty** [impjúərəti] *n.* ① Ⓤ 불결; 불순; 음란. ② (*pl.*) 불순물.

***im·pute** [impjú:t] *vt.* (주로 나쁜 뜻으로) (…의) 탓으로 하다(*to*). **im·pút·a·ble** *a.* 돌릴수 있는. **im·pu·ta·tion** [⊥–téiʃən] *n.* ① Ⓤ 돌아감. ② Ⓒ 비난.

†in [in] *prep.* ① 《장소·위치·방향》 …의 속에[에서, 의]. ② 《시간》 …의 안에, …의 동안, …중; …뒤에, …이 경과하여(*in a week* 일주일 후에). ③ 《상태》 …한 상태로[의](*in good health*). ④ 《착용》 …을 입고, …을 착용하고(*a woman in white* 백의의 여자/*in spectacles* 안경을 쓰고). ⑤ 《소속》 …에 속하는. ⑥ 《범위》 …의 점에서(는)(*blind in one eye*). ⑦ 《재료·방법》 …으로(써)(of, made of)(*a dress in silk/write* *in ink/in this way*). ⑧《전체와의 관계》…가운데서, …에 대하여(out of)(*one in a hundred*). ⑨《목적》…을 위하여(for) (*speak in reply*). ⑩《동작의 방향》…의 속으로(into). **in that**《古》…한 이유로. — *ad.* 속으로[에]; 집에 있어; 도착하여; 정권을 잡아; 유행하여. **be in for** 피할 수 없다; (시험을) 치르기로 되어 있다; 굽도젖도 할 수 없다. **be in with** …와 친하다; …와 한패이다. **in and out** 들락날락; 출몰(出沒)하여; 안팎 모두; 완전히. **In for a penny, in for a pound.**《속담》 1페니 지불하니 곧 1파운드 또 쓰게 된다; 사물은 갈 때까지 가게 마련; 시작했으면 끝까지 하라. — *a.* 내부의. — *n.* (*pl.*)(정부) 여당. **ins and outs** 여당과 야당; (강의) 굴곡; 구석 구석; 자세한 내용.

In 〖化〗 indium. **in.** inch(es).

in-[in] *pref.*《l앞에서는 il-로, b, m, p앞에서는 im-으로, r앞에서는 ir-로 바뀜》'in, into, not, without, un-' 따위의 뜻: *im*brute, *in*close, *ir*rational.

***in·a·bil·i·ty**[ìnəbíləti] *n.* Ⓤ 무능, 무력; …할 수 없음.

***in·ac·ces·si·ble**[ìnəksésəbəl] *a.* 접근[도달]하기 어려운, 얻기 힘든. **-bil·i·ty**[-̀--̀-bíləti] *n.*

in·ac·cu·rate[inǽkjərit] *a.* 부정확한; 잘못이 있는. **~·ly** *ad.* **-ra·cy** *n.* 「나태.

in·ac·tion[inǽkʃən] *n.* Ⓤ 불활동;

***in·ac·tive**[inǽktiv] *a.* 불활동의, 활발치 않은; 나태한; 〖軍〗 현역이 아닌; 〖理〗 비선광성(非旋光性)의. **~·ly** *ad.* **-ti·vate** *vt.* 불활발하게 하다. **-tiv·i·ty**[-̀-tívəti] *n.*

:in·ad·e·quate[inǽdikwit] *a.* 부적당한, 불충분한. **~·ly** *ad.* **-qua·cy** *n.*

in·ad·mis·si·ble [ìnədmísəbəl] *a.* 허용할 수 없는, 승인하기 어려운.

in·ad·vert·ent[ìnədvə́ːrtənt] *a.* 부주의한; 나태한; (행위가) 부주의에 의한; 무심결에 한. **~·ly** *ad.* **-ence, -en·cy** *n.* Ⓤ 부주의; Ⓒ 실수.

in·ad·vis·a·ble[ìnədváizəbəl] *a.* 권할 수 없는; 어리석은.

in·al·ien·a·ble[inéiljənəbəl] *a.* 양도[탈취]할 수 없는.

in·am·o·ra·ta[inæ̀mərɑ́ːtə] *n.* (*pl.* **~s**) Ⓒ 애인, 정부(情婦).

in-and-in[ínəndín] *a., ad.* 동종 교배의[로](~ *breeding* 동종 교배).

in·ane[inéin] *a.* 공허한; 어리석은. **the ~** 허공, 공간.

***in·an·i·mate**[inǽnəmit] *a.* 생명[활기] 없는.

in·a·ni·tion[ìnəníʃən] *n.* Ⓤ 공허; 영양 실조; 기아.

in·an·i·ty[inǽnəti] *n.* ① Ⓤ 공허; 어리석음. ② Ⓒ 시시한 것[짓·말].

in·ap·pli·ca·ble[inǽplikəbəl] *a.* 응용[적용]할 수 없는; 부적당한. **-bil·i·ty**[-̀-̀--bíləti] *n.*

in·ap·po·site[inǽpəzit] *a.* 부적당한, 동닿지 않는.

in·ap·pre·ci·a·ble[ìnəpríːʃiəbəl] *a.* 근소한; 하찮은. **-bly** *ad.*

in·ap·pre·hen·si·ble[ìnæprihénsəbəl] *a.* 이해할 수 없는, 불가해한.

in·ap·proach·a·ble [ìnəpróutʃəbəl] *a.* 가까이 할 수 없는; 비길 데 없는.

in·ap·pro·pri·ate[ìnəpróupriit] *a.* 부적당한. **~·ly** *ad.*

in·apt[inǽpt] *a.* 부적당한; 서투른. **~·ly** *ad.* **in·ap·ti·tude**[-tətjùːd] *n.*

in·ar·tic·u·late[ìnɑːrtíkjəlit] *a.* 발음이 분명치 않은; 혀가 잘 돌지 않는, 말 못하는; 모호한; 〖解·動〗 관절 없는.

in·ar·ti·fi·cial[ìnɑːrtəfíʃəl] *a.* 인공을 가하지 않은, 기교 없는; 자연 그대로의.

in·ar·tis·tic[ìnɑːrtístik], **-ti·cal** [-əl] *a.* 비예술적인; 몰취미한.

in·as·much[ìnəzmʌ́tʃ] *ad.* **~ as** …이므로, …때문에;《稀》…인 한은(insofar as).

in·at·ten·tion[ìnəténʃən] *n.* Ⓤ 부주의; 태만(negligence); 무뚝뚝함, 실례. **-tive(·ly)** *a.* (*ad.*)

in·au·di·ble[inɔ́ːdəbəl] *a.* 알아들을 수 없는, 들리지 않는. **-bly** *ad.* **~·ness, -bil·i·ty**[-̀-bíləti] *n.*

***in·au·gu·ral**[inɔ́ːgjərəl] *a.* 취임(식)의, 개회의. — *n.* Ⓒ 취임식; 《美》 =**∠ àddress** 취임 연설.

***in·au·gu·rate**[-rèit] *vt.* 취임식을 올리다, 취임시키다(install); (공동물의) 개시식(開始式)을 행하다; 시작[개시]하다. ***-ra·tion**[-̀-̀-réi-] *n.* Ⓤ,Ⓒ 취임(식); 개시(식).

Inaugurátion Dày《美》 대통령 취임식 날《선거 다음 해 1월 20일》.

in·aus·pi·cious[ìnɔːspíʃəs] *a.* 불길[불운]한.

in·board[ínbɔ̀ːrd] *a., ad.* 〖海·空〗 선내(船內)의[에], 기내(機內)의[에].

***in·born**[ínbɔ̀ːrn] *a.* 타고난.

in·bound[ínbàund] *a.* 본국행의.

in·bred[ínbréd] *a.* 타고난, 생래의; 동계(同系)[근친] 번식의.

in·breed[inbríːd] *vt.* 동계(同系) 번식시키다;《稀》(…을) 내부에 발생시키다. **~·ing** *n.* Ⓤ 동계 번식.

***Inc.** Incorporated. **inc.** inclosure; including; inclusive; income; increase.

In·ca[íŋkə] *n.* (*pl.* **~, ~s**) Ⓒ 잉카 사람《스페인 정복 이전에 페루를 지배하던 원주민》.

in·cal·cu·la·ble [inkǽlkjələbəl] *a.* 셀 수 없는; 예상할 수 없는; 기대할 수 없는. **-bly** *ad.* 무수히.

in·can·desce[ìnkændés] *vi., vt.* 백열화하(게 하)다. **-des·cent** [ìnkəndésənt] *a.* 백열(광)의; 번쩍이는. **-dés·cence** *n.*

in·can·ta·tion[ìnkæntéiʃən] *n.*

[U,C] 주문(呪文)(을 욈); 마법, 요술.

:in·ca·pa·ble[inkéipəbəl] *a.* ① 무능한; (…을) 못 하는(*of doing*). ② (…에) 견딜 수 없는(*of*); 자격 없는(*of*).

in·ca·pac·i·tate [ìnkəpǽsətèit] *vt.* 무능력하게 하다; 감당 못 하게 하다; 『法』 자격을 박탈하다. **-ty** *n.*

in·car·cer·ate[inká:rsərèit] *vt.* 감금하다. **-a·tion**[–⌐–éiʃən] *n.*

in·car·na·dine [inká:rnədàin, -din, -dì:n] *a., vt., n.* 붉은(pale red); [U] 살빛(의); 붉게 물들이다.

in·car·nate[inká:rnit] *a.* 육체를 갖춘; 사람 모습을 한, 화신의. —— [-neit] *vt.* 육체를 부여하다, 구체화하다(embody); 실현하다; (…의) 화신이〔권화가〕 되다. **-na·tion**[⌐–néiʃən] *n.* [U,C] 화신, 권화, 구체화. ***the Incarnation*** 강생《신이 예수로서 지상에 태어남》.

in·case[inkéis] *vt.* (상자에) 넣다, 싸다(encase).

in·cau·tious[inkɔ́:ʃəs] *a.* 부주의「한; 무모한.

in·cen·di·ar·y[inséndièri] *a.* 방화의; 불을 붙이는; 선동적인. —— *n.* [C] 방화 범인; 선동자; 소이탄. ~ ***bomb*** 소이탄. **-a·rism**[-ərìzəm] *n.* [U] 방화; 선동, 교사(敎唆).

***in·cense**[1][ínsens] *n.* [U] 향(연기·냄새). —— *vt., vi.* (…에) 향을 피우다, 분향하다. 「게 하다.

in·cense[2][inséns] *vt.* (몹시) 노하

íncense bùrner[ínsens-] 향로 (cf. censer).

in·cen·tive**[inséntiv] *a., n.* 자극적인, 유발적인; 장려적인; [U,C] 자극; 유인. ~ ***pay 〔***wage***〕 장려급(給)〔임금〕.

in·cep·tion[insépʃən] *n.* [U] 개시(beginning). **-tive** *a.* 개시의, 처음의.

in·cer·ti·tude[insə́:rtətjù:d] *n.* [U] 불확실; 의혹.

:in·ces·sant[insésənt] *a.* 끊임없는(unceasing). ***~·ly** *ad.*

in·cest[ínsest] *n.* [U] 근친 상간(죄). **in·ces·tu·ous**[-séstʃuəs] *a.*

†inch[intʃ] *n.* [C] 인치《1/12 피트》; 강우〔강설〕량 단위; 소량; (*pl.*) 신장, 키. ***by ~es,*** or ***~ by ~*** 조금씩, 점차. ***every ~*** 어디까지나, 완전히. ***within an ~ of*** 거의 …할 정도까지. —— *vt., vi.* 조금씩 움직이다.

inch·meal[⌐mì:l] *ad.* 조금씩. ***by ~*** 조금씩.

in·cho·ate[inkóuit/ínkouèit] *a.* 막 시작한; 불완전한. **-a·tive** *a.* 발단의; 『文』 기동상(起動相)의.

ínch·wòrm *n.* [C] 자벌레.

in·ci·dence[ínsidəns] *n.* [U,C] (보통 *sing.*) 낙하; 떨어지는 모양; 세력 또는 영향이 미치는 범위; 발생률; (세금 따위의) 궁극의 부담; [U] 『理』 입사(入射), 투사(投射).

:in·ci·dent[-dənt] *a.* ① 일어나기 쉬운(liable to happen)(*to*). ② 부수하는(*to*). ③ 투사하는(*upon*). —— *n.* [C] ① 부대 사건; 사건; 사변. ② (소설·극·시 속의) 삽화(揷話).

in·ci·den·tal**[ìnsidéntl] *a.* ① 곧잘 일어나는; 부수하는(*to*). ② 주요하지 않은. ③ 우연의. ~ ***expenses 임시비, 잡비. ~ ***music*** (극·영화 따위의) 반주 음악. —— *n.* [C] 부수적 사건. ***~·ly**[-təli] *ad.* 하는 김에, 부수적으로; 우연히.

in·cin·er·ate[insínərèit] *vt.* 태워서 재가 되게 하다. **-a·tion**[–⌐–éiʃən] *n.* [U] 소각. **-a·tor** *n.* [C] (쓰레기 등의) 소각로.

in·cip·i·ent[insípiənt] *a.* 시작의, 초기의. **-ence, -en·cy** *n.*

in·cise[insáiz] *vt.* 베다; 새기다, 조각하다. **in·ci·sion**[insíʒən] *n.* [U] 벰; [C] 벤 자리; [U,C] 『醫』 절개.

in·ci·sive[insáisiv] *a.* 예민한; 통렬한. **~·ly** *ad.*

in·ci·sor[insáizər] *n.* [C] 『解』 앞니, 문치(門齒).

***in·cite**[insáit] *vt.* 자극하다; 격려하다; 선동하다(*to* an action, *to* do). **~·ment, in·ci·ta·tion**[⌐–téiʃən] *n.* [U] 자극; 격려; 선동; [C] 자극물; 유인(誘因).

in·ci·vil·i·ty[ìnsivíləti] *n.* [U] 버릇 없음, 무례; [C] 무례한 짓〔말〕.

incl. inclosure; including; inclusive(ly).

in·clem·ent[inklémənt] *a.* (기후가) 혹독한; (날씨가) 험악한; (성격이) 냉혹한. **-en·cy** *n.*

:in·cli·na·tion [ìnklənéiʃən] *n.* [U,C] 경향(*to*); 기호(preference)(*for*); (*sing.*) 경사, 기욺; [C] 사면(斜面).

:in·cline[inkláin] *vt.* 기울이다; 굽히다; (마음을) 내키게 하다(*to*). —— *vi.* 기울다; 마음이 내키다(*to*). ***be ~d to*** …의 경향이 있다. —— [⌐–] *n.* [C] 경사(면). **:~d**[-d] *a.* (…에) 마음이 내키는, (…의) 경향이 있는; 경사진; 경각을 이루는.

in·cli·nom·e·ter [ìnklənámitər/-nɔ́mi-] *n.* [C] 경사계(傾斜計).

***in·close**[inklóuz] *vt.* =ENCLOSE.

in·clo·sure[inklóuʒər] *n.* = ENCLOSURE.

:in·clude[inklú:d] *vt.* 포함하다; 셈에 넣다, 포함시키다.

in·clud·ing[-iŋ] *prep.* …을 포함하여, …을 넣어서.

***in·clu·sion**[inklú:ʒən] *n.* [U] 포함, 함유, 산입; [C] 함유물.

***in·clu·sive**[inklú:siv] *a.* (…을) 포함하여(*of*)(opp. exclusive); 일체를 포함한. **~·ly** *ad.*

in·cog[inkág/-ɔ́-] *a., ad., n.* 《口》 =⇩.

in·cog·ni·to[-nitòu] *a., ad.* 변명(變名)의〔으로〕, 미복잠행(微服潛行)의〔으로〕, 신분을 숨기고. —— *n.* (*pl.* **~s**) [C] 익명(자); 미행자.

in·co·her·ent[ìnkouhíərənt] *a.* 조리가 맞지 않는; 지리 멸렬의; (분노·슬픔으로) 자제를 잃은; 결합력 없

는. ~·**ly** *ad.* **-ence, -en·cy** *n.*

in·com·bus·ti·ble [ìnkəmbʌ́stəbəl] *a., n.* Ⓒ 불연성(不燃性)의 (물질).

:in·come [ínkʌ̀m] *n.* ⓊⒸ 수입, 소득.

in·com·er [ínkʌ̀mər] *n.* Ⓒ 들어오는 사람; 신참자; 후계자.

íncome tàx 소득세.

in·com·ing [ínkʌ̀miŋ] *n.* Ⓤ 들어옴; (*pl.*) 수입. — *a.* 들어오는; 후임의.

in·com·men·su·ra·ble [ìnkəménʃərəbəl] *a.* 같은 표준으로 잴 수 없는, 비교할 수 없는; 〖數〗 약분할 수 없는(*with*).

in·com·men·su·rate [ìnkəménʃərit] *a.* 어울리지 않는, 걸맞지 않는(*with, to*); =⇧.

in·com·mode [ìnkəmóud] *vt.* 난처하게 하다; 방해하다.

in·com·mo·di·ous [ìnkəmóudiəs] *a.* 불편한; (방 따위) 옹색한.

in·com·mu·ni·ca·ble [ìnkəmjúːnəkəbəl] *a.* 전달〔이야기〕할 수 없는.

in·com·mu·ni·ca·do [ìnkəmjùːnəkáːdou] *a.* (Sp.) 《美》 (포로 등이) 외부와의 연락이 끊어진.

***in·com·pa·ra·ble** [inkámpərəbəl/-ɔ́-] *a.* 견줄 나위 없는; 비교할 수 없는(*with, to*). **-bly** *ad.*

***in·com·pat·i·ble** [ìnkəmpǽtəbəl] *a.* 상반되는, 사이가 나쁜; 양립하지 않는; 조화되지 않는; 모순되는(*with*); (컴퓨터 등이) 호환성이 없는. **-bil·i·ty** [ㅡㅡㅡbíləti] *n.*

***in·com·pe·tent** [inkámpətənt/-kɔ́m-] *a.* 무능한; 〖法〗 무능력〔무자격〕의. **-tence, -ten·cy** *n.*

***in·com·plete** [ìnkəmplíːt] *a.* 불완전한, 미완성의. ~·**ly** *ad.* ~·**ness** *n.*

in·com·pre·hen·si·ble** [ìnkamprihénsəbəl, inkàm-/-kɔ̀m-] *a., n.* 불가해한; Ⓒ 《古》 무한한 (것). ***the three ~s 성부와 성자와 성령. **-bil·i·ty** [-hènsəbíləti] *n.*

in·com·press·i·ble [ìnkəmprésəbəl] *a.* 압축할 수 없는.

in·com·put·a·ble [ìnkəmpjúːtəbəl] *a.* 계산할〔셀〕 수 없는.

***in·con·ceiv·a·ble** [ìnkənsíːvəbəl] *a.* 상상도 할 수 없는; 믿어지지 않는. **-bly** *ad.*

in·con·clu·sive [ìnkənklúːsiv] *a.* 결론이 나지 않는, 결정적이 아닌.

in·con·den·sa·ble [ìnkəndénsəbəl] *a.* 응축〔압축〕할 수 없는.

in·con·form·i·ty [ìnkənfɔ́ːrməti] *n.* Ⓤ 불일치, 불복종; 국교(國敎) 반대.

in·con·gru·ous [inkáŋgruəs/-ɔ́-] *a.* 조화되지 않는(*with*); 부적당한. **-gru·i·ty** [ㅡgrúːəti] *n.* Ⓤ 부적당; 불일치; Ⓒ 부적당한 것; 불일치점.

in·con·se·quent [inkánsikwènt/-kɔ́nsikwənt] *a.* 조리가 맞지 않는; 당치 않은. **-quence** *n.*

in·con·se·quen·tial [inkànsikwénʃəl/-ɔ̀-] *a.* 하찮은, 논리에 맞지 않는.

in·con·sid·er·a·ble [ìnkənsídərəbəl] *a.* 사소한, 중요치 않은.

in·con·sid·er·ate [ìnkənsídərit] *a.* 동정심 없는(*of*); 무분별한. ~·**ly** *ad.* ~·**ness** *n.*

***in·con·sist·ent** [ìnkənsístənt] *a.* 조화되지 않는; 양립하지 않는(*with*); 주견이 없는. ~·**ly** *ad.* ***-en·cy** *n.* Ⓤ 불일치; 모순; 무정견(無定見); Ⓒ 모순된 것〔언행〕.

in·con·sol·a·ble [ìnkənsóuləbəl] *a.* 위로할〔달랠〕 길 없는. **-bly** *ad.*

in·con·so·nant [inkánsənənt/-ɔ́-] *a.* 조화되지 않는. **-nance** *n.*

in·con·spic·u·ous [ìnkənspíkjuəs] *a.* 두드러지지 않은.

in·con·stant [inkánstənt/-ɔ́-] *a.* 변덕스러운(fickle). **-stan·cy** *n.*

in·con·test·a·ble [ìnkəntéstəbəl] *a.* 논쟁의 여지가 없는. **-bly** *ad.*

in·con·ti·nent [inkántənənt/-kɔ́n-] *a.* 자제심이 없는; 절제(節制) 없는; 음란한. ~·**ly** *ad.* **-nence** *n.*

in·con·tro·vert·i·ble [ìnkantrəvə́ːrtəbəl/-kɔn-] *a.* 논쟁〔다툼〕의 여지가 없는. **-bly** *ad.*

:in·con·ven·ience [ìnkənvíːnjəns] *n.* Ⓤ 불편, 부자유; 폐; Ⓒ 불편한 것; 폐가 되는 것. — *vt.* 불편을 주다, 폐를 끼치다. **:-ient** *a.* 불편〔부자유〕한; 형편이 나쁜, 폐가 되는. **-ient·ly** *ad.*

in·con·vert·i·ble [ìnkənvə́ːrtəbəl] *a.* 바꿀 수 없는; (지폐가) 불환(不換)의. **-bil·i·ty** [ㅡㅡㅡbíləti] *n.*

in·con·vin·ci·ble [ìnkənvínsəbəl] *a.* 이해〔납득〕시킬 수 없는.

:in·cor·po·rate [inkɔ́ːrpərèit] *vt.* ① 합동시키다, 합병하다(combine). ② 법인 조직으로 하다; 《美》 주식 회사로 하다, 유한 책임 회사로 만들다. ③ 채용하다; 구체화하다. — *vi.* 합동하다. — [-rit] *a.* 합동한; 법인 조직의. ***-rat·ed** [-rèitid] *a.* 법인 조직의; 합동한; 《美》 주식 회사의, 유한 책임의 《생략 Inc.》. **-ra·tion** [-ㅡréiʃən] *n.* Ⓤ 합동; Ⓒ 법인 조직, (주식) 회사.

in·cor·po·re·al [ìnkɔːrpɔ́ːriəl] *a.* 무형의; 영적인. ~·**ly** *ad.*

:in·cor·rect [ìnkərékt] *a.* 부정확한, 틀린; 타당치 않은. ~·**ly** *ad.* ~·**ness** *n.*

in·cor·ri·gi·ble [inkɔ́ːridʒəbəl] *a.* 교정할 수 없는; 어거하기 어려운; 완고한. **-bly** *ad.*

in·cor·rupt·i·ble [ìnkərʌ́ptəbəl] *a.* 썩지 않는; 매수되지 않는. **-bil·i·ty** [ㅡㅡㅡbíləti] *n.*

†in·crease [ínkriːs, ㅡㅡ] (opp. decrease) *n.* ⓊⒸ 증가; 증대, 증식; Ⓒ 증가액〔량〕. ***on the ~*** 증가 일로의. — [ㅡㅡ] *vt., vi.* 늘(리)다, 확대하다, 증강시키다〔하다〕. **in·créas·ing** *a.* 증가하는. ***in·créas-**

ing·ly *ad.* 점점.

:**in·cred·i·ble**[inkrédəbəl] *a.* 믿기 어려운; 거짓말 같은. **-bly** *ad.* 믿을 수 없을 만큼. **-bil·i·ty**[-⌐-bíləti] *n.*

*__in·cred·u·lous__[inkrédʒələs] *a.* 쉽게 믿지 않는, 의심 많은. **-cre·du·li·ty**[ìnkridjú:ləti] *n.*

in·cre·ment[ínkrəmənt] *n.* Ⓤ 증가; Ⓒ 증가량.

in·crim·i·nate[inkrímənèit] *vt.* 죄를 씌우다(accuse of a crime).

in·crust[inkrʌ́st] *vt.* 외피〔껍데기〕로 덮다; (보석 따위를) 박다. ― *vi.* 외피〔껍데기〕가 생기다.

in·crus·ta·tion[ìnkrʌstéiʃən] *n.* Ⓤ 외피로 덮(이)기; Ⓒ 외피; Ⓤ 상감(象嵌).

in·cu·bate[íŋkjəbèit, ínk-] *vt.* (새가 알을) 품다, 까다; 꾀하다. ― *vi.* 알을 품다, (알이) 깨다; 숙고하다. **-ba·tor** *n.* Ⓒ 부화기; 조산아 보육기; 세균 배양기. **-ba·tion**[⌐-béiʃən] *n.* Ⓤ 알을 품음, 부화; 〚醫〛 잠복(기).

in·cu·bus[íŋkjəbəs, ínk-] *n.* (*pl.* *~es*, *-bi*[-bài]) Ⓒ 가위(눌림), 몽마(夢魔); 압박하는 것, (마음의) 부담.

in·cul·cate[inkʌ́lkeit, ⌐-⌐] *vt.* 가르쳐 주입시키다(instil)(*on, upon*). **-ca·tion**[⌐-kéiʃən] *n.*

in·cul·pate [inkʌ́lpeit, ⌐-⌐] *vt.* 죄를 씌우다; 비난하다; 유죄로 하다.

in·cum·bent[inkʌ́mbənt] *a.* 기대는, 의무로서 지워지는, 의무인(*on, upon*). ― *n.* Ⓒ (영국 교회의) 재직 목사; 재직자. **-ben·cy** *n.* Ⓒ 재직 목사의 지위〔임기〕.

in·cum·ber [inkʌ́mbər] *v.* = ENCUMBER.

in·cum·brance [-brəns] *n.* = ENCUMBRANCE.

in·cu·nab·u·la[ìnkjunǽbjələ] *n.* *pl.* (*sing.* *-lum*[-ləm]) Ⓒ 초기; 고판본(古版本)《1500년 이전에 인쇄된》.

:**in·cur**[inkə́:r] *vt.* (*-rr-*) ① (…에) 부딪치다, (…에) 빠지다. ② (손해 등을) 초래하다. ~ ***debts*** 빚지다.

in·cur·a·ble[inkjúərəbəl] *a., n.* Ⓒ 불치의 (병자). **-bly** *ad.* 나을〔고칠〕 수 없을 만큼.

in·cu·ri·ous[inkúəriəs] *a.* 호기심 없는, 알려고 하지 않는; 흥미 없는.

in·cur·sion[inkə́:rʒən, -ʃən] *n.* Ⓒ 침입; 습격. **-sive**[-siv] *a.*

in·curve[ínkə̀:rv] *n.* Ⓒ 〚野〛 인커브.

in·cus[íŋkəs] *n.* (*pl.* ***incudes*** [inkjú:di:z]) Ⓒ 〚解〛 (중이(中耳)의) 침골(砧骨).

Ind. India; Indian; Indiana; Indies. **I.N.D.** *in nomine Dei* (= in the name of God) 하느님의 이름으로.

*__in·debt·ed__[indétid] *a.* ① 빚이 있는(*to*). ② 은혜를 입은(*to*). **~·ness** *n.* Ⓤ 부채(액); 은혜.

in·de·cent[indí:snt] *a.* 꼴사나운; 천한, 상스러운, 외설한. **-cen·cy** *n.* Ⓤ 예절 없음, 꼴사나움; 외설; Ⓒ 추잡한 행위〔말〕.

indécent assáult 강제 추행죄.

indécent expósure 공연(公然) 음란죄.

in·de·ci·pher·a·ble[ìndisáifərəbəl] *a.* 판독(判讀)할 수 없는.

in·de·ci·sion[ìndisíʒən] *n.* Ⓤ 우유 부단.

in·de·ci·sive [indisáisiv] *a.* 결정적이 아닌; 우유 부단한. **~·ly** *ad.*

in·de·clin·a·ble[ìndikláinəbəl] *a.* 〚文〛 어미 변화를 하지 않는.

in·dec·o·rous [indékərəs] *a.* 버릇 없는.

in·de·co·rum [ìndikɔ́:rəm] *n.* Ⓤ 무례; Ⓒ 무례한 행위.

†**in·deed**[indí:d] *ad.* ① 실로, 참으로; 과연. ②《양보》과연, 하긴(*He is clever* ~, *but*...). ③《상대의 질문을 되받아 동의 또는 빈정거려》 정말로, …하다니 어이없군 (‘*Who wrote this?*’ ‘*Who wrote this,* ~ *!*’ 이것은 누가 썼을까? 정말 누가 썼을까?《비꼬아》새삼스레 누가 썼느냐고 묻다니 기가 막히는군!). ④《접속사적》 더구나, 그리고 또한; 그렇기는커녕(*He is not honest. I-, he is a great liar.*). ― [⌐⌐] *int.* 흥, 설마! (*She is a singer,* ~*!* 저것이 가수라고, 흥!).

indef. indefinite.

in·de·fat·i·ga·ble[ìndifǽtigəbəl] *a.* 지칠 줄 모르는, 끈기 있는. **-bly** *ad.*

in·de·fea·si·ble[ìndifí:zəbəl] *a.* 무효로 할 수 없는.

in·de·fen·si·ble[ìndifénsəbəl] *a.* 방어〔변호〕할 수 없는.

in·de·fin·a·ble[ìndifáinəbəl] *a.* 정의(定義)〔설명〕할 수 없는.

:**in·def·i·nite**[indéfənit] *a.* 불명료한; 한계 없는; 일정하지 않은; 〚文〛 부정(不定)의. * **~·ly** *ad.*

:**indéfinite árticle** 〚文〛 부정관사《a, an》.

in·del·i·ble[indéləbəl] (cf. dele) *a.* 지울〔잊을〕 수 없는. **-bly** *ad.*

in·del·i·cate[indélikit] *a.* 상스러운; 외설한. **-ca·cy** *n.* Ⓤ 상스러움; 외설; Ⓒ 상스러운 언행.

in·dem·ni·fy[indémnəfài] *vt.* (손해 없도록) 보장하다(*from, against*); 변상하다(*for*). **-fi·ca·tion**[-⌐-fikéiʃən] *n.*

in·dem·ni·ty[indémnəti] *n.* Ⓤ 손해 배상; 형벌의 면제; Ⓒ 배상금.

*__in·dent__[1][indént] *vi.* ① (가장자리에) 톱니 자국을 내다; (증서를 지그재그 선에 따라 떼어) 정부(正副) 2통으로 만들다. ② 만입시키다, 움푹 들어가게 하다; (원고의 새로 시작되는 행의 처음을) 한 칸 들이켜 시작하다. ― [⌐⌐, -⌐] *n.* Ⓒ 톱니 모양의 자국; 두장 잇달린 계약서. **~·ed**[-id]

a. 톱니 자국이 있는, 들쭉날쭉한.
in·dén·tion *n.* Ⓤ 〚印〛 (새 행의) 한 칸 들이킴; Ⓒ (한 칸 들이킨) 빈 곳; =INDENTATION.
in·dent² *vt.* 홈을 만들다; (도장을) 찍다.
in·den·ta·tion[ìndentéiʃən] *n.* Ⓤ 톱니 자국을 냄; Ⓒ 톱니 자국; (해안선의) 만입(灣入); 〚印〛 =INDENTION; 〚컴〛 들여쓰기.
in·den·ture[indéntʃər] *n.* Ⓒ (정부 2통의) 계약서; (종종 *pl.*) 기한부 고용살이 계약서. — *vt.* (계약서를 내고) 기한부 고용살이로 보내다.
:in·de·pend·ence [ìndipéndəns] *n.* Ⓤ 독립, 자립. **-en·cy** *n.* Ⓤ 독립(심); Ⓒ 독립국.
Independence Dày (미국) 독립기념일《7월 4일》.
:in·de·pend·ent[-dənt] *a.* ① 독립〔자립〕의; 남의 영향을 받지 않는, 독자의(*of*); (재산이) 일하지 않아도 살아갈 수 있는; 독립심이 있는. ② 무소속의; 멋대로의. ③ (I-) 〚宗〛 조합 교회파의(Congregational). — *n.* Ⓒ 독립자; 무소속 의원; (I-) 〚宗〛 조합 교회파의 사람. * **~·ly** *ad.*
indepéndent schóol 《英》 사립학교《정부의 보조를 받지 않음》.
***in·de·scrib·a·ble**[ìndiskráibəbəl] *a.* 형언할 수 없는, 막연한.
in·de·struct·i·ble[ìndistrʌ́ktəbəl] *a.* 파괴할 수 없는, 불멸의.
in·de·ter·mi·na·ble[ìnditə́ːrmənəbəl] *a.* 결정하기 어려운; 확인할 수 없는.
in·de·ter·mi·nate[ìnditə́ːrmənit] *a.* 불확정의; 막연한(vague). **-na·tion**[ˋ--ˋ-néiʃən] *n.* Ⓤ 불확정; 결단력이 없음.
:in·dex[índeks] *n.* (*pl.* **~es, -di·ces**) Ⓒ ① 색인; 〚컴〛 찾아보기, 색인; 지표; 지침; 집게손가락; 지수; 손(가락)표 (☞). ② (the I-) 〚가톨릭〛 금서(禁書) 목록. — *vt.* (책에) 색인을 붙이다; 색인에 넣다.
Índex Ex·pur·ga·tó·ri·us[-ikspəːrgətɔ́ːriəs] 〚가톨릭〛 (서적의) 삭제 부분 지정 목록.
índex fìnger 집게손가락.
índex nùmber 지수(指數).
†In·di·a[índiə] *n.* 인도.
Índia ínk 먹.
†In·di·an[índiən] *a.* 인도(사람)의; (아메리카) 인디언의. — *n.* Ⓒ 인도 사람; (아메리카) 인디언; Ⓤ 인디언의 언어. ***Red ~*** 아메리카 토인.
***In·di·an·a**[ìndiǽnə] *n.* 미국 중서부의 주《생략 Ind.》.
In·di·a·náp·o·lis 500[ìndiənǽpəlis-] 미국 인디애나폴리스 시에서 매해 열리는 500 마일 자동차 경주.
Índian clùb 체조용 곤봉.
Índian córn 옥수수.
Índian élephant 인도 코끼리.
Índian file 일렬 종대.
Índian gìft 《美口》 답례〔대가〕를 바라고 주는 선물.
Índian gìver 《美口》 보낸 선물을 나중에 되찾는 사람; 답례를 바라고 선물하는 사람.
Índian hémp 개정향풀의 일종.
In·di·an·ize[índiənàiz] *vt.* 인디언화(化)하다; (영국인 관리를) 인도인으로 바꾸다.
Índian méal 옥수수 가루.
Índian Ócean, the 인도양.
Índian pípe 《美》 〚植〛 수정란풀(의 무리).
Índian púdding 옥수수 가루로 만든 푸딩.
Índian súmmer 《본디 美》 늦가을의 맑고 따뜻한 날씨가 계속되는 시기.
Índian wéed 담배.
Índian wréstling 팔씨름; 밀치기 씨름; 엎치락뒤치락하는 씨름.
Índia pàper 인도지《얇은 인쇄용지》.
Índia rúbber 탄성 고무; 지우개.
:in·di·cate[índikèit] *vt.* ① 지적하다; 보이다; 나타내다; 암시하다; 말하다. ② (증상이 어떤 요법의) 필요성을 나타내다. * **-ca·tion**[ˋ--kéiʃən] *n.* Ⓤ,Ⓒ 지시; 징후; Ⓒ (계기의) 시도(示度), 지시 도수. ***ín·di·ca·tor** *n.* Ⓒ 지시하는 사람〔것〕; 표시기; (계기의) 지침; 〚化〛 지시약.
índicated hórsepower 지시 마력, 실(實)마력.
***in·dic·a·tive** [indíkətiv] *a.* ① 〚文〛 직설법의. ② 표시하는(*of*). — *n.* Ⓒ 직설법(동사) 《I *am* a student.의 *am;* if it *rains*...의 *rains*... 따위》(cf. imperative, subjunctive).
in·di·ca·to·ry[índikətɔ̀ːri/indíkətəri] *a.* 지시하는.
in·di·ces[índisìːz] *n.* index의 복수.
in·dict[indáit] *vt.* 〚法〛 기소〔고발〕하다. **~·a·ble** *a.* * **~·ment** *n.* Ⓤ 기소; Ⓒ 기소장.
***In·dies**[índiz] *n. pl.* ① 인도 제국(諸國)《인도·인도차이나·동인도 제도》. ② 동〔서〕인도 제도.
:in·dif·fer·ent[indífərənt] *a.* ① 무관심한; 냉담한. ② 공평한; 좋지도 나쁘지도 않은; 대수롭지 않은, 아무래도 좋은. ③ 시원치 않은(rather bad). ④ 〚理〛 중성의. ***be ~ to*** …에 무관심하다; …에게는 아무래도 좋다(*She was ~ to him.* 그 여자는 그에게 무관심했다; 그 여자 따위는 그에게는 아무래도 좋았다). * **~·ly** *ad.* 무관심하게; 좋지도 나쁘지도 않게, 중 정도로; 상당히; 시원치 않게, 서투르게. **:-ence, -en·cy** *n.*
in·dig·e·nous[indídʒənəs] *a.* 토착의(*to*); 타고난(*to*).
in·di·gent[índidʒənt] *a.* 가난한. **-gence** *n.*
***in·di·gest·i·ble** [ìndidʒéstəbəl, -dai-] *a.* 소화 안 되는; 이해하기 힘든. **-ges·tive**[-tiv] *a.*
***in·dig·nant**[indígnənt] *a.* (부정 따위에 대해) 분개한(*at* it; *with* him). * **~·ly** *ad.* 분연히.
:in·dig·na·tion[ìndignéiʃən] *n.* Ⓤ

(불의 따위에 대한) 분개, 의분.
indignátion mèeting 항의[궐기] 집회.
***in·dig·ni·ty**[indígnəti] *n.* Ⓤ 모욕, 경멸; Ⓒ 모욕적인 언동.
***in·di·go**[índigòu] *n.* (*pl.* ~(*e*)*s*), *a.* Ⓤ 쪽, 인디고《물감》; 남[쪽]빛(의); Ⓒ 〖植〗 인도쪽.
índigo blúe 남빛.
:in·di·rect[ìndirékt, -dai-] *a.* 간접의; 2차적인(secondary); 우회하는; 에두른; 부정한. *~·**ly** *ad.* **-rec·tion** *n.* Ⓤ 에두름, 우회; 부정직.
índirect discóurse (**narrátion, spéech**) 〖文〗 간접 화법(cf. represented SPEECH).
índirect líghting 간접 조명.
índirect óbject 〖文〗 간접 목적어.
índirect táx 간접세.
in·dis·cern·i·ble[ìndisə́:rnəbəl, -zə́:r-] *a.* 식별할 수 없는.
***in·dis·creet**[ìndiskrí:t] *a.* 분별[지각] 없는, 경솔한. ~·**ly** *ad.* *-**cre·tion**[-kréʃən] *n.* Ⓤ 무분별; Ⓒ 무분별한 행위.
in·dis·crim·i·nate[ìndiskrímənit] *a.* 무차별의; 난잡한. ~·**ly** *ad.* **-na·tion**[⌐−⌐−néiʃən] *n.*
in·dis·pen·sa·ble[ìndispénsəbəl] *a., n.* Ⓒ 절대 필요한 (것); (의무 따위가) 피할 수 없는. **-bil·i·ty**[⌐−⌐−bíləti] *n.*
in·dis·pose[ìndispóuz] *vt.* 싫증나게 하다(*to*); 부적당[불능]하게 하다(*for*); (가벼운) 병에 걸리게 하다. ~**d**[-d] *a.* 기분이 나쁜; …할 마음이 내키지 않는(*to* do).
in·dis·po·si·tion[ìndispəzíʃən] *n.* Ⓤ,Ⓒ 기분이 언짢음; (가벼운) 병; Ⓤ 마음이 내키지 않음, 싫증.
in·dis·pu·ta·ble[ìndispjú:təbəl, indíspju-] *a.* 논의의 여지가 없는; 명백한.
in·dis·sol·u·ble[ìndisáljəbəl/-ɔ́-] *a.* 분해[분리]할 수 없는; 확고한; 영구적인.
in·dis·tinct[ìndistíŋkt] *a.* 불명료한. ~·**ly** *ad.*
in·dis·tinc·tive[-tiv] *a.* 눈에 띄지 않는, 특색[차별]이 없는.
in·dis·tin·guish·a·ble[-tíŋgwiʃəbəl] *a.* 구별할 수 없는. **-bly** *ad.*
in·dite[indáit] *vt.* (시·글 따위를) 짓다, 쓰다. ~·**ment** *n.*
in·di·um[índiəm] *n.* Ⓤ 〖化〗 인듐《금속 원소의 하나》.
:in·di·vid·u·al[ìndəvídʒuəl] *a.* (opp. universal) 개인의, 개개의, 단일한; 독특한. — *n.* Ⓒ 개인, 개체; 사람. *~·**ism** [-ìzəm] *n.* Ⓤ 개인주의; 개성; =EGOISM. *~·**ist** *n.* Ⓒ 개인주의자; =EGOIST. ~·**is·tic** [⌐−⌐−ístik] *a.* 개인주의적인; =EGOISTIC. *~·**ly** *ad.* 하나하나, 개별적으로; 개인적으로.
indivídual retírement accòunt 《美》 개인 퇴직 (적립) 계정, 개인 연금 퇴직금 계정《생략 IRA》.
***in·di·vid·u·al·i·ty**[ìndəvidʒuǽləti] *n.* Ⓤ 개성; Ⓒ 개체, 개인; (*pl.*) 개인적 특징.
in·di·vid·u·al·ize[ìndəvídʒuəlàiz] *vt.* 낱낱이 구별하다; 개성을 부여[개성화]하다; 특기하다(specify).
in·di·vis·i·ble[ìndivízəbəl] *a.* 분할할 수 없는; 〖數〗 나뉘어 떨어지지 않는. **-bil·i·ty**[⌐−⌐−bíləti] *n.*
In·do-[índou, -də] '인도 (사람)'의 뜻의 결합사. ⌐**-Chína** *n.* 인도차이나《넓은 뜻으로 Burma, Thailand, Malay를 포함하는 경우와, 옛 프랑스령 인도차이나를 가리키는 경우가 있음》. ⌐**-Chinése** *a., n.* Ⓒ 인도차이나의 (사람). ⌐**-Européan** (**-Germánic**) *n., a.* 〖言〗 Ⓤ 인도 유럽[게르만]어족(의), 인구(印歐) 어족(의).
in·doc·ile[indásil/-dɔ́sil] *a.* 가르치기 힘드는, 고분고분하지 않은. **in·do·cil·i·ty**[⌐−síləti] *n.*
in·doc·tri·nate[indáktrənèit/-ɔ́-] *vt.* (교의 따위를) 주입하다; 가르치다. **-na·tion**[−⌐−néiʃən] *n.*
in·dole·a·cé·tic ácid [ìndouləsétik-] 〖生化〗 인돌 초산《식물의 성장 호르몬》.
***in·do·lent** [índələnt] *a.* 게으른; 〖醫〗 무통(성)의. ~·**ly** *ad.* **-lence** *n.*
***in·dom·i·ta·ble**[indámətəbəl/-ɔ́-] *a.* 굴복하지 않는. **-bly** *ad.*
***In·do·ne·sia**[ìndouní:ʒə, -ʃə] *n.* 인도네시아; 인도네시아 공화국. **-sian** *n., a.* Ⓒ 인도네시아 사람(의); Ⓤ 인도네시아의 말(의).
***in·door**[índɔ̀:r] *a.* 옥내의, 실내의.
índoor báseball 실내 야구.
:in·doors[indɔ́:rz] *ad.* 옥내에(서).
in·dorse[indɔ́:rs], **&c.** =ENDORSE, &C.
ín·dràwn *a.* 마음을 터놓지 않는; 내성적인; 숨을 들이마신.
in·du·bi·ta·ble[indjú:bətəbəl] *a.* 의심할 여지 없는, 확실한.
:in·duce[indjú:s] *vt.* ① 설득하여 …시키다, 권유하다. ② 일으키다, 야기하다(cause); 귀납하다(opp. deduce); 〖電〗 유도하다. ~**d** ***current*** 유도 전류. *~·**ment** *n.* Ⓤ,Ⓒ 유인; 자극; 동기.
in·duct[indʌ́kt] *vt.* (자리에) 인도하다; 취임시키다; 초보를 가르치다(initiate); 《美》 군에 입대시키다. ~·**ance** *n.* Ⓤ,Ⓒ 〖電〗 자기(自己) 유도(계수).
in·duc·tee[indʌ̀ktí:, ⌐−⌐] *n.* Ⓒ 《美》 징집병.
in·duc·tile[indʌ́ktil] *a.* 잡아늘일 수 없는; 고분고분하지 않은.
***in·duc·tion**[indʌ́kʃən] *n.* ① Ⓤ 유도, 도입, Ⓤ,Ⓒ 귀납(법), 귀납 추리(opp. deduction). ② Ⓤ 〖電〗 유도, 감응. ③ Ⓤ,Ⓒ 취임식. **-tive** *a.* **-tiv·i·ty**[⌐−tívəti] *n.* Ⓤ 유도성. **-tor·i·ty** Ⓒ 〖電〗 유도자(誘導子).

I

indúction còil 유도〔감응〕 코일.
indúction cóurse (신입 사원 등의) 연수.
indúction héating 유도 가열.
indúction mótor 유도 전동기.
in·due[indjú:] *v.* =ENDUE.
:in·dulge[indʌ́ldʒ] *vt.* ① 어하다, 멋대로 하게 하다(~ *a child*). ② (욕망 따위를) 만족시키다; 즐기게 하다. ── *vi.* 빠지다(*in*); 실컷 마시다. ~ ***oneself in*** …에 빠지다.
***in·dul·gence**[indʌ́ldʒəns], **-gen·cy**[-i] *n.* ① Ⓤ 멋대로 함; 탐닉(*in*); 응석을 받음, 관대; 은혜. ② Ⓤ 〖가톨릭〗 사면; Ⓒ 면죄부.
***in·dul·gent**[-dʒənt] *a.* 멋대로 하게 하는, 어하는, 관대한.
in·du·rate[índjurèit] *vt., vi.* 굳히다; 굳어지다; 무감각하게 하다; 무감각해지다.
In·dus[índəs] *n.* (the ~) (인도의) 인더스강.
:in·dus·tri·al[indʌ́striəl] *a.* ① 산업〔공업〕의. ② 산업에 종사하는; (산업) 노동자의. **~·ism**[-ìzəm] *n.* Ⓤ 산업주의. **~·ist** *n.* Ⓒ 산업 경영자; 공업가; 산업 노동자. **~·ly** *ad.*
indústrial áction 《英》 파업, 스트라이크.
indústrial archaeólogy 산업 고고학《초기의 공장·기계 따위를 연구함》.
indústrial árts 공예.
indústrial cómplex 공업 단지.
indústrial desígn 공업 디자인.
indústrial estáte 산업 지구.
***in·dus·tri·al·ize**[-àiz] *vt.* 산업〔공업〕화하다; 산업주의를 고취하다. **-i·za·tion**[-̀-̀--izéiʃən] *n.*
indústrial microbiólogy 응용 생물학.
indústrial párk 공업 단지.
indústrial próperty (특허권·등록 상표 따위의 무형의) 산업 소유권.
indústrial psychólogy 산업 심리학.
indústrial relátions 노사 관계; 산업과 지역 사회와의 관계(의 조정).
Indústrial Revolútion, the 〖英史〗 (18세기 말부터 19기 초에 걸친) 산업 혁명.
indústrial róbot 산업용 로봇.
Indústrial schóol 실업 학교; (불량아 선도를 위한) 직업 보도 학교.
indústrial únion 산업별 노동 조합.
:in·dus·tri·ous[indʌ́striəs] *a.* 부지런한.
†in·dus·try[índəstri] *n.* Ⓤ 근면; 노동; 산업, 공업; 공업경영.
ìn·dwéll *vt., vi.* (***-dwelt***) (…에) 내재(內在)하다; (정신·주의 등이) 깃들다. **~·er** *n.* Ⓒ 내재자〔물〕. **~·ing** *a.* 내재하는.
in·dwelt[ìndwélt] *v.* indwell의 과거(분사).
-ine[i:n, ain, in] *suf.* ① 형용사를 만듦: serpent*ine*. ② 여성 명사를 만듦: hero*ine*.
in·e·bri·ate[iní:brièit] *vt.* (술·흥분에) 취하게 하다(*the cups that cheer but not* ~ 기분을 상쾌하게 하나 취하지 않는 음료《차를 일컬음; Cowper의 시에서》). ── [-briit] *a., n.* Ⓒ 취한 (사람), 고주망태. **-a·tion**[-̀-̀-éiʃən] *n.*
in·e·bri·e·ty[ìnibráiəti] *n.* Ⓤ 명정(酩酊).
in·ed·i·ble[inédəbəl] *a.* 먹을 수 없는.
in·ef·fa·ble[inéfəbəl] *a.* 말로 표현할 수 없는; 말해서는 안 될.
in·ef·face·a·ble[iniféisəbəl] *a.* 지울 수 없는.
in·ef·fec·tive[ìniféktiv] *a.* 효과 없는; 효과적이 아닌; 쓸모 없는; 감명을 주지 않는. **~·ly** *ad.*
in·ef·fec·tu·al[ìniféktʃuəl] *a.* 효과 없는. **~·ly** *ad.*
in·ef·fi·ca·cious [ìnefəkéiʃəs] *a.* 효력 없는. **~·ly** *ad.* **-cy**[inéfəkəsi] *n.*
in·ef·fi·cient[ìnifíʃənt] *a.* 무능한; 쓸모 없는. **-cien·cy** *n.*
in·e·las·tic[ìnilǽstik] *a.* 탄력(성) 없는; 융통성 없는. **~·i·ty**[-̀--tísəti] *n.*
in·el·e·gant[inéləgənt] *a.* 우아하지 않은, 조잡한. **-gance, -gan·cy** *n.* ① Ⓤ 무풍류(無風流); 아치 없음. ② Ⓒ 아치 없는 언행〔문체〕.
in·el·i·gi·ble[inélidʒəbəl] *a.* (뽑힐) 자격이 없는, 부적당한.
in·e·luc·ta·ble[ìnilʌ́ktəbəl] *a.* 불가항력의, 불가피한.
in·ept[inépt] *a.* 바보 같은; 부적당한. **~·i·tude**[-ətjù:d] *n.* Ⓤ 어리석음; 부적당; Ⓒ 바보 같은 짓〔말〕.
***in·e·qual·i·ty** [ìni(:)kwáləti/-ɔ́-] *n.* ① Ⓤ 부동(不同); 불평등. ② Ⓤ (표면의) 거침; (*pl.*) 기복(起伏). ③ Ⓒ 〖數〗 부등식; Ⓤ 부적당.
in·eq·ui·ta·ble[inékwətəbəl] *a.* 불공평한; 불공정한.
in·eq·ui·ty[inékwəti] *n.* Ⓤ 불공평; 불공정.
in·e·rad·i·ca·ble[ìnirǽdikəbəl] *a.* 근절할 수 없는. **-bly** *ad.*
in·ert**[inə́:rt] *a.* 활발치 못한, 둔한; 〖理〗 자동력이 없는; 〖化〗 활성이 없는, 화학 변화를 일으키지 않는. ~ ***gases 불활성 기체. **~·ly** *ad.* **~·ness** *n.*
in·er·tia[inə́:rʃiə] *n.* Ⓤ 활발치 못함; 둔함; 〖理〗 관성, 타력(惰力).
in·er·tial[inə́:rʃiəl] *a.* 활발치 못한; 타력의. ~ ***guidance*** 〔***navigation***〕 (유도탄 따위의) 타력 비행.
***in·es·cap·a·ble**[ìneskéipəbəl] *a.* 달아날 수 없는, 불가피한.
in·es·sen·tial [ìnisénʃəl] *a., n.* Ⓒ 긴요하지 않은 (것).
***in·es·ti·ma·ble**[inéstəməbəl] *a.* 평가할 수 없는; (가치 등) 측량할 수 없을 정도의. **-bly** *ad.*
:in·ev·i·ta·ble[inévitəbəl] *a.* 피할 수 없는, 필연적인. ***the*** ~ 필연적인 일. ***-bly** *ad.* **-bil·i·ty**[-̀-̀--bíləti]

n. Ⓤ 불가피, 불가항력.
in·ex·act[ìnigzǽkt] *a.* 부정확한. ~·**i·tude**[-itjù:d] *n.*
in·ex·cus·a·ble [ìnikskjú:zəbəl] *a.* 변명이 서지 않는; 용서할 수 없는. **-bly** *ad.*
***in·ex·haust·i·ble**[ìnigzɔ́:stəbəl] *a.* 다 쓸 수 없는, 무진장의; 피로를 모르는. **-bly** *ad.*
***in·ex·o·ra·ble**[inéksərəbəl] *a.* 무정한, 용서 없는, 냉혹한.
in·ex·pe·di·ent[ìnikspí:diənt] *a.* 불편한, 부적당한; 상책이 아닌. **-di·ence, -di·en·cy** *n.*
***in·ex·pen·sive**[ìnikspénsiv] *a.* 비용이 들지 않는, 싼. ~·**ly** *ad.*
in·ex·pe·ri·ence[ìnikspíəriəns] *n.* Ⓤ 무경험, 미숙. *~**d**[-t] *a.* 경험이 없는; 숙련되지 않은; 세상 물정을 모르는.
in·ex·pert [inékspə:rt, ìnikspə́:rt] *a.* 서투른.
in·ex·pi·a·ble [inékspiəbəl] *a.* (죄 따위) 보상할 수 없는; 《古》 앙심 깊은.
***in·ex·pli·ca·ble**[ìniksplíkəbəl, inékspli-] *a.* 설명[이해]할 수 없는, 불가해한. **-bly** *ad.*
in·ex·plic·it[ìniksplísit] *a.* 명료하지 못한.
in·ex·press·i·ble[ìniksprésəbəl] *a.* 말로 표현할 수 없는. — *n.* (*pl.*) 《諧·古》 바지. **-bly** *ad.*
in·ex·pres·sive[ìniksprésiv] *a.* 무표정한.
in·ex·tin·guish·a·ble[ìnikstíŋgwiʃəbəl] *a.* (불 따위) 끌 수 없는; (감정 등) 억제할 수 없는.
in·ex·tri·ca·ble[inékstrikəbəl] *a.* 해결[탈출]할 수 없는.
inf. infantry; infinitive; infinity.
***in·fal·li·ble**[infǽləbəl] *a.* ① (판단 따위가) 전혀 잘못이 없는. ② 절대 확실한. ③ 〖가톨릭〗 (교황이) 오류가 없는. **-bly** *ad.* **-bil·i·ty**[-´-bíləti] *n.* Ⓤ 과오가 없음; (교황의) 무류성(無謬性).
***in·fa·mous**[ínfəməs] *a.* 악명 높은 (notorious); 수치스런, 파렴치한.
ínfamous críme 파렴치죄.
***in·fa·my**[ínfəmi] *n.* ① Ⓤ 악평, 오명; 불명예. ② Ⓒ 파렴치한 행위.
:in·fan·cy[ínfənsi] *n.* Ⓤ,Ⓒ 유년(시대); 〖法〗 미성년; 초기.
:in·fant[ínfənt] *n.* Ⓒ 유아(7세 미만); 〖法〗 미성년자 《21세 미만》; 초심자. — *a.* 유아의; 유치한; 초기의.
in·fan·te[infǽntei] *n.* (*fem.* **-ta** [-tə]) Ⓒ (스페인·포르투갈의) 왕자.
in·fan·tile[ínfəntàil, -til] *a.* 유아의; 유아 같은(childlike); 유치한 (childish); 초기의.
ínfantile parálysis 소아마비.
in·fan·ti·lism[infǽntəlìzəm] *n.* Ⓤ 〖醫〗 (성인의) 유치증, 발육 부전.
in·fan·tine[ínfəntàin, -tì:n] *a.* 유아의; 유치한.
***in·fan·try**[ínfəntri] *n.* Ⓤ 《집합적》 보병(대). ~·**man**[-mən] *n.* Ⓒ (개개의) 보병.
ínfant(s') schòol 《英》 유아 학교 《5-7세》.
in·fat·u·ate[infǽtʃuèit] *vt.* 얼빠지게 만들다; (어리석은 일·여자 등에) 열중케 하다. **(*be*) ~*d with*** …에 열중하여 (있다). **-at·ed**[-id] *a.* (…에) 열중한, (여자 등에) 미친. **-a·tion**[-`-éiʃən] *n.* ① Ⓤ 홀림, (여자에) 미침. ② Ⓒ 열중케 하는 것.
in·fea·si·ble[infí:zəbəl] *a.* 실행 불가능한.
:in·fect[infékt] *vt.* ① (…에) 감염시키다; 병독으로 오염하다; (나쁜 풍조에) 물들게 하다. ② (…에) 영향을 미치다, 감화하다. ***be ~ed with*** …에 감염돼[물들어] 있다.
:in·fec·tion[infékʃən] *n.* ① Ⓤ 감염; (나쁜) 영향; 감화. ② Ⓒ 전염병.
***in·fec·tious**[infékʃəs] *a.* 전염하는; 접촉 감염성의; (영향이) 옮기 쉬운.
in·fec·tive[inféktiv] *a.* =⇧.
in·fe·lic·i·tous[ìnfəlísitəs] *a.* 불행한; (문체·말 따위가) 부적당한. **-i·ty**[-`-´səti] *n.* ① Ⓤ 불행. ② Ⓤ 부적당; Ⓒ 부적당한 것[표현].
***in·fer**[infə́:r] *vt., vi.* (**-rr-**) 추론[추리, 추단]하다; (결론으로서) 의미하다. ~·**a·ble**[infə́:rəbəl, ínfər-] *a.* 추론할 수 있는.
***in·fer·ence**[ínfərəns] *n.* Ⓤ 추론, 추리; 〖컴〗 추론. ② Ⓒ 추정, 결론. **-en·tial**[ìnfərénʃəl] *a.*
:in·fe·ri·or [infíəriər] *a.* 하위의, (…보다) 못한(*to*). — *n.* Ⓒ 하급자; 하급품.
***in·fe·ri·or·i·ty**[infìəriɔ́(:)rəti, -ɑ́r-] *n.* Ⓤ 열등; 하급.
inferióríty cómplex 〖精神分析〗 열등 복합, 《一般》 열등감.
***in·fer·nal**[infə́:rnl] *a.* 지옥의; 명부(冥府)의(of Hades); 악마 같은, 무도한(hellish); 《口》 지독한. ~·**ly** *ad.*
inférnal machíne (암살 따위에 사용하는) 폭발 장치.
in·fer·no[infə́:rnou] *n.* (*pl.* **~s**) (the ~) 지옥; Ⓒ 지옥 같은 곳[광경].
in·fer·tile[infə́:rtəl/-tail] *a.* 기름지지 않은, 불모의(sterile).
***in·fest**[infést] *vt.* (해충·해적 따위가) 들끓다, 엄습하다, 노략질하다; 해치다. **in·fes·ta·tion**[`-téiʃən] *n.* Ⓤ,Ⓒ 떼지어 엄습함; 횡행.
in·fi·del[ínfədl] *n.* Ⓒ 믿음이 없는 사람; 이교도; 기독교를 믿지 않는 사람. — *a.* 신앙심이 없는; 이교도의.
in·fi·del·i·ty[ìnfədéləti] *n.* ① Ⓤ 신앙심이 없음《특히 기독교의》, 불신심. ② Ⓤ,Ⓒ (부부간의) 부정(행위), 불의.
***in·field**[ínfi:ld] *n.* Ⓒ (the ~) 〖野〗 내야; 《집합적》 내야진(陣). ~·**er** *n.* Ⓒ 내야수.
in·fight·er[ínfàitər] *n.* Ⓒ 〖拳〗 접

근전에 능한 선수.
in·fight·ing[-iŋ] *n.* Ⓤ 〚拳〛 접근전; 대항 의식; 난투.
in·fil·ing[ínfiliŋ] *n.* Ⓤ 〚建〛 내부 건재《기둥·지붕 이외의 건재》.
in·fil·trate[infíltreit, ⌐–⌐] *vt., vi.* 침투〔침윤〕시키다〔하다〕; (…에) 침입시키다. ***be ~d with*** …이 침투해 있다. **-tra·tion**[⌐–tréiʃən] *n.* Ⓤ 침투; 〚醫〛 (폐)침윤; 〚軍〛 잠입.
:in·fi·nite[ínfənit] *a.* 무한의; 막대한. ── *n.* 무한(한 것); (the I-) 신. ***~·ly** *ad.*
in·fin·i·tes·i·mal[infìnitésəməl] *a.* 극소의; 〚數〛 미분(微分)의.
infinitésimal cálculus 〚數〛 미적분학.
:in·fin·i·tive[infínətiv] *n., a.* 〚文〛 Ⓤ,Ⓒ 부정사(의). **-ti·val**[⌐–⌐táivəl] *a.*
in·fin·i·tude[infínət*j*ù:d] *n.* Ⓤ 무한; Ⓒ 무수, 무한량.
in·fin·i·ty[infínəti] *n.* Ⓤ,Ⓒ 무한(대); 무수.
in·firm[infə́:*r*m] *a.* 허약한; (의지 따위가) 약한; (이유 따위) 박약한.
in·fir·ma·ry[infə́:*r*məri] *n.* Ⓒ 병원; (학교·공장 따위의) 부속 진료소.
***in·fir·mi·ty**[infə́:*r*məti] *n.* ① Ⓤ 허약, 병약. ② Ⓒ 병; (도덕적) 결함, 약점.
in·fix[infíks] *vt.* 끼워〔박아〕 넣다; (마음에) 깊이 새겨 두다.
:in·flame[infléim] *vt.* (…에) 불을 붙이다; 노하게 하다(*with*); 충혈시키다, 염증을 일으키게 하다. ── *vi.* 불붙다; 노하다; 염증을 일으키다.
***in·flam·ma·ble** [inflǽməbəl] *a.* 불타기〔노하기〕 쉬운. **-bil·i·ty**[–⌐–bíl-] *n.*
in·flam·ma·tion[ìnfləméiʃən] *n.* Ⓤ 발화; 연소; Ⓤ,Ⓒ 염증.
in·flam·ma·to·ry [inflǽmətɔ̀:ri/-təri] *a.* 선동적인; 염증성의.
***in·flate**[infléit] *vt.* (공기·가스 따위로) 부풀리다; (통화를) 팽창시키다; 우쭐하게 만들다. **-flat·ed**[-id] *a.* 팽창된; 과장된, 우쭐한. **in·flát·er, -tor** *n.* Ⓒ (타이어의) 공기 펌프.
:in·fla·tion[infléiʃən] *n.* Ⓤ,Ⓒ 팽창; 통화 팽창, 인플레이션; (물가의) 폭등; 득의(得意). **~·ar·y**[-èri/-əri] *a.* 인플레이션의, 인플레이션을 초래하는. **~·ist** *n.* Ⓒ 인플레(정책)논자.
inflátionary gàp 〚經〛 구매력과 생산물과의 사이에 생기는 간격.
inflátionary spíral 〚經〛 악성〔급진성〕 인플레이션.
inflátion thèory 〚天〛 (우주) 팽창설.
in·flect[inflékt] *vt.* 구부리다; 〚文〛 (어미를) 변화시키다; (음성을) 조절하다. ── *vi.* 어미변화하다.
***in·flec·tion**[inflékʃən] *n.* ① Ⓤ 굴절. ② Ⓤ,Ⓒ 굴곡. ③ Ⓤ 〚文〛 어미변화; 음절의 조절, 억양. **~·al** *a.*
in·flex·i·ble[infléksəbəl] *a.* 구부리지 않는, 구부릴 수 없는; 불굴의; 확고한; 불변의. **-bil·i·ty**[–⌐–bíl-əti] *n.* **-bly** *ad.*
in·flex·ion[inflékʃən] *n.* 《英》 =INFLECTION.
:in·flict[inflíkt] *vi.* (고통 따위를) 주다(*on, upon*); (벌을) 과하다. **in·flíc·tion** *n.* ① Ⓤ (벌을) 과함. ② Ⓒ (과해진) 처벌.
in·flo·res·cence[ìnflɔ:résns] *n.* Ⓤ ① 개화(開花); 〚植〛 화서(花序). ② 《집합적》 꽃.
in·flow[ínflòu] *n.* Ⓤ 유입; Ⓒ 유입물.
:in·flu·ence[ínfluəns] *n.* ① Ⓤ,Ⓒ 영향; 감화력. ② Ⓤ 세력. ③ Ⓒ 영향을 미치는 사람〔것〕. ④ Ⓤ 〚電〛 감응. ***under the ~*** …의 영향으로. ── *vt.* (…에) 영향을 미치다; 좌우하다; 매수하다. ***~ peddler*** (직함 따위를 이용하여) 얼굴이 잘 통하는 사람.
***in·flu·en·tial**[ìnfluénʃəl] *a.* 영향을 미치는; 유력한.
:in·flu·en·za[-énzə] *n.* (It.=influence) Ⓤ 〚醫〛 인플루엔자, 유행성 감기, 독감.
in·flux[ínflʌ̀ks] *n.* Ⓤ 유입(流入); Ⓒ 강어귀.
in·fo[ínfou] *n.* 《口》 =INFORMATION.
in·fold[infóuld] *vt.* 싸다; 끌어안다.
:in·form[infɔ́:*r*m] *vt.* (…에게) 알리다(*of*); (감정 따위를) 불어넣다, 고무하다(*with*). ── *vi.* 밀고하다(*against*). **~ed**[-d] *a.* 지식이 있는; 사정에 밝은. ***~ed public*** 지식층. **~·er** *n.* Ⓒ 통지자; 밀고자.
:in·for·mal[infɔ́:*r*məl] *a.* ① 비공식의, 약식의; 격식을 차리지 않는. ② 구어의. **~·ly** *ad.* ***~·i·ty**[⌐–mǽləti] *n.* Ⓤ,Ⓒ 비공식 (처분).
***in·form·ant**[infɔ́:*r*mənt] *n.* Ⓒ 통지자; 밀고자; 〚言〛 (지역적 언어 조사의) 피(被)조사자, 자료 제공자.
†in·for·ma·tion[ìnfə*r*méiʃən] *n.* Ⓤ ① 통지; 정보, 보도; 지식. ② (호텔·역 등의) 안내〔접수〕계. ③ 〚法〛 고발. ④ 〚컴〛 정보(량). ***ask for ~*** 문의〔조회〕하다. ***I-, please.*** 미국의 라디오 퀴즈 프로의 하나. **~·al** *a.*
informátion àgency 정보국.
informátion bànk 〚컴〛 정보 은행《정보 데이터 library의 집합체》.
informátion pròcessing 〚컴〛 정보 처리.
informátion sèrvices 정보 서비스 산업《컴퓨터·사무 자동화·전기 통신 분야의 산업》.
informátion thèory 정보 이론.
***in·form·a·tive**[infɔ́:*r*mətiv] *a.* 정보의, 지식을 주는; 유익한.
in·fra[ínfrə] *ad.* (L.) 아래(쪽)에.
in·frac·tion[infrǽkʃən] *n.* ① Ⓤ 위반, 반칙. ② Ⓒ 위반 행위.
in·fra dig[ínfrə díg] (<L. *infra dignitatem* =beneath one's dignity) 《口》 체면에 관계되는.
in·fra·red[ìnfrəréd] *a.* 적외(선)의 (cf. ultraviolet). ── *n.* Ⓤ (스펙트럼의) 적외부.
infraréd cóoker 〔óven〕 적외선 오븐.
infraréd detéctor 적외선 검파기.
infraréd fílm 〔photógraphy〕

적외선 필름[사진].

infraréd ráys 적외선.

in·fra·struc·ture[ínfrəstrʌ̀ktʃər] *n.* U,C 『政』 하부 조직[구조], (경제) 기반; 영구 군사 시설.

in·fre·quent[infríːkwənt] *a.* 드문, 좀처럼 일어나지 않는. **~·ly** *ad.* **-quence, -quen·cy** *n.*

***in·fringe**[infríndʒ] *vt., vi.* 어기다, 범하다; 침해하다(*on, upon*). **~·ment** *n.* U (법규) 위반.

***in·fu·ri·ate**[infjúərièit] *vt.* 격노시키다. **-at·ed**[-id] *a.* 격노한.

***in·fuse**[infjúːz] *vt.* ① 붓다; 불어넣다, 고취하다(instil)(*with*). ② (뜨거운 물에 약초 따위를) 우려내다 (~ *tea* 차를 달이다). **in·fú·sion** [-ʒən] *n.* ① U 주입, 고취. ② C 주입물; 우려낸 즙, 달인 물.

in·fu·si·ble[1] [-əbəl] *a.* 주입[고취] 할 수 있는; 우려낼 수 있는.

in·fu·si·ble[2] *a.* 용해하지 않는(not fusible).

in·fu·so·ri·an[ìnfjuzɔ́ːriən, -sɔ́ː-] *n.* C 『動』 적충(滴蟲).

-ing[iŋ] *suf.* ① 현재분사를 만듦 (charm*ing*, enchant*ing*). ② 동명사를 만듦(hunt*ing*, sing*ing*).

in·gath·er·ing[íngæ̀ðəriŋ] *n.* U,C 수확; 추수.

:**in·gen·ious**[indʒíːnjəs] *a.* (발명 의) 재주가 있는, 재간 있는; 교묘한. **~·ly** *ad.*

in·gé·nue[ǽndʒənjùː] *n.* (F.) (*pl.* **~s**) C 『劇』 천진한 소녀(역의 여배우).

***in·ge·nu·i·ty**[ìndʒənjúːəti] *n.* U 재주; 교묘; 발명의 재간.

***in·gen·u·ous**[indʒénjuːəs] *a.* 솔직한, 정직한; 꾸밈없는; 순진한. **~·ly** *ad.* 「하다.

in·gest[indʒést] *vt.* (음식을) 섭취

in·gle[íŋgəl] *n.* C 《英方》 화롯불; 화로; 구석.

in·gle·nook[íŋgəlnùk] *n.* =CHIMNEY CORNER.

in·glo·ri·ous[inglɔ́ːriəs] *a.* 불명예스러운; 《古》 무명의.

in·go·ing[íngòuiŋ] *a.* 들어오는.

in·got[íŋgət] *n.* C 『冶』 주괴(鑄塊), '잉곳'. ~ ***steel*** 용제강(鎔製鋼).

in·graft[ingrǽft/-ɑ́ː-] *vt.* =ENGRAFT.

in·grain[ingréin] *vt.* 짜기 전에 염색하다; 원료 염색해다; (습관 따위) 깊이 뿌리박히게 하다. — [스스] *a.* 짜기 전에 염색한, 원료 염색의; 깊이 배어든. — *n.* C 짜기 전에 염색한 융단, 원료 염색한 털실. **~ed**[-d] *a.* =INGRAIN.

in·grate[íngreit/–스] *n.* C 배은 망덕한 사람.

in·gra·ti·ate[ingréiʃièit] *vt.* 환심을 사다. ~ ***oneself with*** …에게 알랑거리다, …의 비위를 맞추다.

:**in·grat·i·tude**[ingrǽtətjùːd] *n.* U 배은 망덕.

***in·gre·di·ent**[ingríːdiənt] *n.* C (혼합물의) 성분, (요리의) 재료.

In·gres[ɛ̃ːgr], **Jean Auguste Dominique**(1780-1867) 프랑스의 고전파 화가.

in·gress[íngres] *n.* ① U 들어감, 입장. ② C 입장권(權); 입구.

in·group[íngrùːp] *n.* C 『社』 내집단(內集團)(we-group)(opp. out-group).

in·grow·ing[íngròuiŋ] *a.* 안쪽으로 성장하는; (손톱이) 살 속에 파고 드는. **ín·grown** *a.*

in·gulf[ingʌ́lf] *v.* =ENGULF.

:**in·hab·it**[inhǽbit] *vt.* (…에) 살다; (…에) 존재하다. ***~·ed**[-id] *a.* 사람이 살고 있는.

:**in·hab·it·ant**[-bətənt] *n.* C 주민, 거주자; 서식 동물.

in·hal·ant[inhéilənt] *n.* C 흡입제(吸入劑); 흡입기[장치]. — *a.* 빨아 들이는.

in·ha·la·tion[ìnhəléiʃən] *n.* U 흡입; C 흡입제.

***in·hale**[inhéil] *vt.* (공기 따위를) 흡입하다(opp. exhale); (담배 연기를) 빨다. **in·hál·er** *n.* C 흡입자[기].

in·har·mon·ic[ìnhaːrmánik/-ɔ́-], **-i·cal**[-əl] *a.* 『樂』 불협화(음)의; 가락이 안 맞는. **-mo·ni·ous**[-móuniəs] *a.* 부조화의; 『樂』 불협화(음)의.

in·here[inhíər] *vi.* (성질 따위가) 존재하다; (권리 등이) 부여되어 있다.

:**in·her·ent**[inhíərənt] *a.* 고유의, 타고난. **~·ly** *ad.* **-ence, -en·cy** *n.*

:**in·her·it**[inhérit] *vt.* 상속하다; 유전하다. — *vi.* 상속하다; 《一般》 계승하다(*from*). **~·a·ble** *a.* 상속할 [상속시킬]수 있는. **in·hér·i·tor** *n.* C 상속인.

:**in·her·it·ance**[inhéritəns] *n.* ① U 상속(권). ② C 유산; 유전.

inhéritance tàx 《美》 상속세 (《英》 death duty).

***in·hib·it**[inhíbit] *vt.* 금하다(*from doing*); 제지하다.

***in·hi·bi·tion**[ìnhəbíʃən] *n.* U,C 금지; 억제. **in·hib·i·to·ry**[inhíbətɔ̀ːri/-təri] *a.*

***in·hos·pi·ta·ble** [inhɑ́spitəbəl/-ɔ́-] *a.* ① 대접이 나쁜, 불친절한. ② (토지가) 살기 어려운, 살풍경한; 불모의(barren).

in·hos·pi·tal·i·ty [ìnhɑspitǽləti/inhɔ̀s-] *n.* U 냉대, 푸대접.

***in·hu·man**[inhjúːmən] *a.* 몰인정한; 잔인한, 비인간적인. **~·i·ty**[스–mǽnəti] *n.* ① U 몰인정; 냉혹; 잔학. ② C 잔학 행위.

in·hu·mane[ìnhu(ː)méin] *a.* 몰인정[잔인]한.

in·hume[inhjúːm] *vt.* 매장하다.

in·im·i·cal[inímikəl] *a.* 적의(敵意) 있는(hostile)(*to*); 해로운(*to*).

in·im·i·ta·ble[inímətəbəl] *a.* 흉내낼 수 없는; 다시 없는(unique).

I

in·iq·ui·tous[iníkwitəs] *a.* 부정〔악독〕한.

*__in·iq·ui·ty__[iníkwəti] *n.* Ⓤ (대단한) 부정, 죄악; Ⓒ 부정〔불법〕 행위.

*__in·i·tial__[iníʃəl] *a.* 최초의; 어두(語頭)의. ―*n.* ① Ⓒ 첫글자, 어두의 문자. ② (*pl.*) (이름의) 첫자, 이니셜. ― *vt.* (《英》 *-ll-*) (…에) 첫자로 서명하다; 가조인하다. ~**·ly** *ad.* 처음에.

in·i·tial·ize [iníʃəlaiz] *vt.* 〖컴〗 (counter, address 등을) 초기화하다, 초기값으로 설정하다.

Inítial Téaching Álphabèt 초등 교육용 알파벳.

inítial wòrd =ACRONYM.

:**in·i·ti·ate**[iníʃièit] *vt.* ① 시작하다. ② 입문시키다, 초보를 가르치다; 비전(秘傳)을 전하다(*into*). ③ (정식으로) 가입시키다(*into*). ― [iníʃiit] *a., n.* Ⓒ 비전을 전수 받은 (사람); (비밀 결사 따위에) 새로 입회한 (사람). **in·í·ti·a·tor** *n.* Ⓒ 창시〔전수(傳授)〕자.

*__in·i·ti·a·tion__[inìʃiéiʃən] *n.* ① Ⓤ 개시; 초보풀이; 비전 전수; 입회, 입당, 입문, 가입. ② Ⓒ 입회〔입당·입문〕식.

initiátion fèe 《美》 입회금.

:**in·i·ti·a·tive**[iníʃiətiv] *a.* 처음의, ―*n.* Ⓤ ① 발의; 솔선, 선도(先導). ② 창의, 진취의 기상; 독창력; 개시. ③ 솔선권; (the ~) 〖政〗 발의권, (일반 국민의) 의안 제출권. ***on one's own*** ~ 솔선하여. ***take the*** ~ 선수를 치다, 주도권을 잡다.

in·i·ti·a·to·ry[iníʃiətɔ̀ːri/-təri] *a.* 최초의; 초보의; 입회〔입당·입문〕의.

*__in·ject__[indʒékt] *vt.* 주사하다; (의견 따위를) 삽입하다.

*__in·jec·tion__[indʒékʃən] *n.* ① Ⓤ 주사; Ⓒ 주사액. ② Ⓤ 〖地·鑛〗 관입(貫入). ③ Ⓤ,Ⓒ 〖宇宙〗 투입, 인젝션. **in·jéc·tor** *n.* Ⓒ 주사기.

in·ju·di·cious[ìndʒu(ː)díʃəs] *a.* 분별 없는. ~**·ly** *ad.*

In·jun, in-[índʒən] *n.* 《方·俗》=AMERICAN INDIAN.

*__in·junc·tion__[indʒʌ́ŋkʃən] *n.* Ⓒ 명령; 〖法〗 금지 명령.

in·jur·ant[índʒərənt] *n.* Ⓒ (인체에) 해로운 것.

:**in·jure**[índʒər] *vt.* 상처를 입히다; (감정 따위를) 해치다, 손상하다. * ~**d**[-d] *a.* 부상한(*the* ~*d* 부상자); 감정을 상한.

*__in·ju·ri·ous__[indʒúəriəs] *a.* ① 해로운(*to*). ② (행위가) 부당한; (말이 아무를) 중상하는, 모욕적인. ~**·ly** *ad.*

:**in·ju·ry**[índʒəri] *n.* Ⓤ,Ⓒ 손해; 상해; 모욕; 부당.

:**in·jus·tice**[indʒʌ́stis] *n.* ① Ⓤ 불공평; 부정. ② Ⓒ 부정 행위.

†**ink**[iŋk] *n.,* Ⓤ 잉크. (***as***) ***black as*** ~ 새까만. ***write in*** ~ 잉크로 쓰다. ― *vt.* 잉크로 쓰다; (…에) 잉크를 칠하다; 잉크로 더럽히다. ~ ***in*** 〔***over***〕 (연필로 그린 밑그림 따위를) 잉크로 칠하다. ~ ***up*** (인쇄기에) 잉크를 넣다.

ínk bòttle 잉크 병.

ínk·hòrn *n.* Ⓒ (옛날의) 뿔로 만든 잉크통.

ínk-jet prínter 〖컴〗 잉크 분사〔제트〕 프린터.

ink·ling[íŋkliŋ] *n.* Ⓤ (어렴풋이) 눈치챔(vague notion); 암시. ***get*** 〔***give***〕 ***an*** ~ ***of*** …을 알아채다〔넌지시 알리다〕.

ínk·pòt *n.* Ⓒ 잉크 통.

ínk·stànd *n.* Ⓒ 잉크스탠드.

ínk·stòne *n.* Ⓒ (중국·한국의) 벼루.

ínk·wèll *n.* Ⓒ (책상에 박혀 있는) 잉크병.

ink·y[íŋki] *a.* 잉크의, 잉크 같은; 잉크로 표를 한; 잉크 묻은; 새까만.

*__in·laid__[inléid, ⌐⌐] *v.* inlay의 과거(분사). ―*a.* 상감(象嵌)의.

:**in·land**[ínlənd] *n., a.* Ⓒ 내륙(의). 오지(奥地)(의); 국내(의). ~ ***revenue*** 《英》 내국세 수입. ―[ínlæ̀nd, -lənd/inlǽnd] *ad.* 내륙으로, 오지로 향하여, 국내에.

ínland séa 내해(內海).

ín-làw *n.* Ⓒ (보통 *pl.*) 《口》 인척.

in·lay[ìnléi, ⌐⌐] *vt.* (*-laid*) 박아넣다, 상감하다(*with*). ―[⌐⌐] *n.* Ⓤ,Ⓒ 상감 (세공).

*__in·let__[ínlet] *n.* Ⓒ 후미, 내해; 입구; 삽입물, 상감(물).

ín-lìne *a.* 〖컴〗 인라인의, 그때그때 즉시 처리하는.

in·ly[ínli] *ad.* 《詩》 안에, 마음속에 (inwardly); 충심으로, 깊이.

INMARSAT[ínmərsæ̀t] International Marine Satellite Organization 국제 해사(海事) 위성 기구.

*__in·mate__[ínmèit] *n.* Ⓒ 입원자; (양로원·감옥 따위의) 수용자; 《古》 동거인, 동숙인.

in me·di·as res[in míːdiæ̀s ríːz] (L.=into the midst of things) (발생 순서에 의하지 않고) 사건의 중심으로 부터〔중심부로〕.

in me·mo·ri·am[ìn mimɔ́ːriəm, -æ̀m] (L.) (고인의) 기념으로(서).

in·mi·grant[ínmàigrənt] *n.* Ⓒ (같은 나라의 딴 지역으로부터의) 이주자.

in·mi·grate[ínmáigreit] *vi.* (같은 나라의 딴 지역에서) 이주해오다. **-gra·tion**[ìnmaigréiʃən] *n.*

in·most[ínmòust] *a.* 맨 안쪽의, 가장 깊은; 마음 깊이 간직한.

:**inn**[in] *n.* Ⓒ 여관, 여인숙, 선술집 (tavern). ***Inns of Court*** (영국의) 법학 협회〔회관〕.

*__in·nate__[inéit, ⌐–] *a.* 타고난, 내재적인, 고유의.

*__in·ner__[ínər] *a.* 안의, 내부의(opp. outer); 정신의, 영적인; 비밀의. ***the*** ~ ***man*** 마음, 영혼; 《諧》 위, 밥통; 식욕. * ~**·most**[-mòust] *a., n.* 맨 안쪽의; Ⓒ 가장 깊숙한 곳.

ínner cíty 《美》 대도시 중심의 저

소득층이 사는 지역.
ínner resérve 〖經理〗 내부 적립금.
ínner Síx EEC의 역내(域內) 6 개국.
ínner spéech fòrm 〖言〗 내부 언어 형식.
Ínner Témple (영국의) 네 법학협회(Inns of Court)의 하나.
*__in·ning__[íniŋ] *n.* ① Ⓒ 〖野〗 이닝, …회; 칠 차례. ② 《英》《*pl.*로 단수 취급》 정권 장악 기간; (개인의) 활약기.
*__ínn·kèeper__ *n.* Ⓒ 여관 주인.
:**in·no·cence**[ínəsns], **-cen·cy**[-i] *n.* ① Ⓤ 무죄, 결백; 깨끗함; 천진난만; 숫됨. ② Ⓒ 천진난만〔순진〕한 사람.
:**in·no·cent**[-snt] *a.* 죄 없는, 결백한(*of*); 깨끗한; 순진〔단순〕한, 무식한; 무해한; 《口》 (…이) 없는(*of*). ― *n.* Ⓒ 결백한 사람; 천진난만한 사람, 호인. *__~·ly__ *ad.*
in·noc·u·ous [inákjuəs/-ɔ́-] *a.* 해가 없는.
in·no·vate[ínouvèit] *vi., vt.* 혁신〔쇄신〕하다(*in, on, upon*). *__in·no·va·tion__[⌐–véi-] *n.* **ín·no·va·tor** *n.*
in·nox·ious [inákʃəs/-ɔ́-] *a.* 해 없는, 무해한.
in·nu·en·do[ìnjuéndou] *n.* (*pl.* ***~es***) Ⓤ,Ⓒ 암시, 빗댐.
:**in·nu·mer·a·ble**[in*j*úːmərəbəl] *a.* 이루 셀 수 없는, 무수한. **-bly** *ad.*
in·ob·serv·ance[ìnəbzə́ːrvəns] *n.* Ⓤ 부주의; 태만; 위반, 무시.
in·oc·u·late [inákjəlèit/-ɔ́-] *vt.* 〖醫〗 (예방) 접종을 하다(*against*); (사상 따위를) 주입하다; (세균 등을) 접종하다. **-la·tion**[–⌐–léiʃən] *n.*
in·of·fen·sive[ìnəfénsiv] *a.* 해롭지 않은; 불쾌감을 주지 않는.
in·op·er·a·ble [inápərəbəl/-ɔ́-] *a.* 수술할 수 없는; 실시할 수 없는.
in·op·er·a·tive [inápərətiv, -ápərèi-/-ɔ́pərə-] *a.* 무효의.
in·op·por·tune [inàpərtjúːn/-ɔ̀p-] *a.* 시기를 놓친, 형편이 나쁜.
in·or·di·nate[inɔ́ːrdənət] *a.* 과도한, 지나친; 무절제한. **~·ly** *ad.*
*__in·or·gan·ic__[ìnɔːrgǽnik] *a.* 〖化〗 ① 생활 기능이 없는; 무생물의. ② 무기(無機)(물)의.
inorgánic chémistry 무기 화학.
in·o·sin·ic ácid[ìnəsínik-] 〖化〗 이노신산(酸)《화학 조미료용》.
in·o·si·tol[inóusətòul, -tɔ̀(ː)l/-tàl] *n.* Ⓤ 〖生化〗 이노시톨, 근육당(糖).
in·pa·tient[ínpèiʃənt] *n.* Ⓒ 입원 환자(cf. outpatient).
*__in·put__[ínpùt] *n.* Ⓤ,Ⓒ 〖經〗 투입(량); 〖機·電〗 입력(入力); 〖컴〗 입력(신호). ― *vt., vi.* 〖컴〗 (정보 따위를) 입력하다.
ín·pùt/óut·pùt *n.* Ⓤ,Ⓒ 〖컴〗 입출력《생략 I/O》.
in·quest[ínkwest] *n.* Ⓒ 〖法〗 (배심원의) 심리; 검시(檢屍).
in·qui·e·tude[inkwáiətjùːd] *n.* Ⓤ 불안, (심신의) 산란.
:**in·quire**[inkwáiər] *vt., vi.* 묻다, 문의하다(*of*); 조사하다. **~ *after*** …의 안부를 묻다. **~ *into*** (사건 등을) 조사하다. *__in·quír·er__ *n.* **in·quir·ing**[-kwáiəriŋ] *a.* 알고 싶은 듯이, 의심쩍은 듯이.
:**in·quir·y**[inkwáiəri, ínkwəri] *n.* Ⓒ,Ⓤ 문의, 질문, 조회; 조사; 연구; 〖컴〗 물어보기.
inquíry àgency 《英》 흥신소.
inquíry òffice 안내소.
*__in·qui·si·tion__[ìnkwəzíʃən] *n.* ① Ⓤ 조사. ② Ⓤ 〖法〗 심문, 심리. ③ (the I-) 〖가톨릭〗 종교 재판(소).
*__in·quis·i·tive__[inkwízətiv] *a.* 호기심이 많은, 물어보고 싶어하는, 알고자 하는, 캐묻기 좋아하는(prying).
in·quis·i·tor[inkwízətər] *n.* Ⓒ 조사〔심문〕관; (I-) 〖가톨릭〗 종교 재판관.
in·quis·i·to·ri·al[inkwìzətɔ́ːriəl] *a.* 종교 재판관의〔같은〕; 엄하게 심문하는.
ín·ròad *n.* Ⓒ 침입, 침략; 침해; (시간·저축 등의) 먹어 들어감.
ín·rùsh *n.* Ⓒ 돌입, 침입, 쇄도.
INS 《美》 International News Service.
ins. inches; inspector; insulted; insulation; insulator; insurance.
:**in·sane**[inséin] *a.* 발광한; 미친 (사람 같은); 광폭한. **~ *asylum*** 정신병원.
in·san·i·tar·y[insǽnətèri/-təri] *a.* 비위생적인.
*__in·san·i·ty__[insǽnəti] *n.* ① Ⓤ 광기, 정신이상. ② Ⓒ 미친 짓.
in·sa·tia·ble[inséiʃiəbəl] *a.* 물릴 줄 모르는, 탐욕한.
in·sa·ti·ate[inséiʃiət] *a.* =⇧.
*__in·scribe__[inskráib] *vt.* ① (종이·금속·돌 따위에 어구를) 쓰다, 새기다. ② (헌정사(獻呈辭)를 적어 정식으로 책을) 헌정하다. ③ 명기(銘記)하다; (공식 명부 따위에) 기입하다. ④ 〖幾〗 내접(內接)시키다.
:**in·scrip·tion**[inskrípʃən] *n.* Ⓒ 명(銘); (책의) 제명(題銘); 비문; (책의) 헌정사.
in·scru·ta·ble[inskrúːtəbəl] *a.* 알 수 없는, 불가사의한. **-bil·i·ty**[–⌐–bíləti] *n.*
:**in·sect**[ínsekt] (L. <*insectum*=divided (*in* three *sec*tions)의 뜻) *n.* Ⓒ 곤충, 벌레(cf. worm).
in·sec·ti·cide[inséktəsàid] *n.* Ⓤ,Ⓒ 살충제.
in·sec·tiv·o·rous[ìnsektívərəs] *a.* 벌레를 먹는, 식충의. **~ *plants*** 식충 식물.
in·se·cure[ìnsikjúər] *a.* 안전하지 않은; 위태로운. **in·se·cú·ri·ty** *n.* Ⓤ 불안전, 불안정; 근심; Ⓒ 걱정거리.
in·sem·i·nate[insémənèit] *vt.* (씨를) 뿌리다, 심다; 잉태시키다.
in·sem·i·na·tion [insèmənéiʃən] *n.* Ⓤ 파종; 수태, 수정. ***artificial***

～ 인공수정.
in·sen·sate [insénseit] *a.* 감각 없는; 무정한; 머리가 둔한, 어리석은.
***in·sen·si·ble** [insénsəbəl] *a.* 무감각한; 무신경의(*of, to*); 인사 불성의; 알아채지 못할 정도로, 아주 적은. **-bly** *ad.* 알아차리지 못할 만큼. ***-bil·ity** [insènsəbíləti] *n.* Ⓤ 무감각; 태연.
in·sen·si·tive [insénsətiv] *a.* 무감각한, 둔감한(*to*).
in·sen·ti·ent [insénʃiənt] *a.* 무감각한; 생명 없는.
***in·sep·a·ra·ble** [insépərəbəl] *a.* 분리할 수 없는(*from*). **-bly** *ad.*
:in·sert [insə́:rt] *vt.* 끼워넣다, 삽입하다(*in, into*). ── [´─] *n.* Ⓒ 삽입물; 삽입 페이지〔광고〕; 〖映·TV〗 삽입자막; 〖컴〗 끼워넣기, 삽입.
***in·ser·tion** [insə́:rʃən] *n.* ① Ⓤ 삽입; Ⓒ 삽입물; 삽입어구; 게재 기사; (신문 따위에) 끼워넣은 광고. ② Ⓤ,Ⓒ (레이스 따위의) 바탕을 파서 꿰매 붙이기.
in·set [insét] *vt.* (～(*ted*); *-tt-*) 끼워넣다. ── [´─] *n.* Ⓒ 삽입물; 삽입페이지; (큰 지도〔도표〕 속의) 삽입지도〔도표〕; 유입(流入)(influx).
ín·shóre *a., ad.* 해안에 가까운〔가깝게〕; 해안으로 향하는〔여〕.
†in·side [ínsáid, ´´] *n.* (보통 the ～) 안쪽, 내부; 내면; (보통 *pl.*) 《口》 속, 배; (the ～) 내정, 내막. ***on the*** ～ 내막을 알 수 있는 입장에서; 마음속으로는. ***the*** ～ ***of a week*** 《英口》 주중(週中). ── *a.* 내부의, 안쪽의; 속사정을 잘 아는, 내부 사람이 한(*The theft was an* ～ *job.* 도둑질은 내부 사람이 한 짓이었다); 간첩질하는. ── *ad., prep.* (…의) 내부〔집안〕에. ***get*** ～ 집안으로 들어가다; (조직) 내부로 들어가다. ～ ***of*** …의 안에서, 이내에. ～ ***out*** 뒤집어. **in·síd·er** *n.* Ⓒ 내부 사람; 《口》 내막을 알고 있는 사람.
ínside tráck 〖競走〗 (경주로의) 안쪽 트랙; 유리한 조건(*over*).
in·sid·i·ous [insídiəs] *a.* 교활한; 음흉한; 잠행성의, (병이) 모르는 사이에 진행하는. 「간파(하는 힘).
***in·sight** [ínsàit] *n.* Ⓤ,Ⓒ 통찰(력);
in·sig·ni·a [insígniə] *n.* (*sing.* ***-signe*** [-ni:]) *pl.* 기장, 훈장.
:in·sig·nif·i·cant [ìnsignífikənt] *a.* 대수롭지 않은, 하찮은, 무의미한. ～**·ly** *ad.* **-cance, -can·cy** *n.*
***in·sin·cere** [insinsíər] *a.* 성의 없는. **-cer·i·ty** [´─sérəti] *n.*
***in·sin·u·ate** [insínjuèit] *vt.* 은근히 심어주다, 서서히 파고 들다; 교묘하게 환심사다(*oneself into*); 슬쩍 보이다〔내밀다〕; 넌지시 비추다(hint). **-at·ing** (**·ly**) *a.* (*ad.*) **-a·tion** [─´─éiʃən] *n.*
in·sip·id [insípid] *a.* 맛없는; 김빠진; 재미 없는(opp. sapid). **in·si·pid·i·ty** [´─pídəti] *n.*
:in·sist [insíst] *vi., vt.* 우기다; 강요하다, 억지로 하게 하다; 주장하다(*on, upon, that*). ***～·ent** [-ənt] *a.* 강요〔주장〕하는; 주의를 끄는. ***～·ence, ～·en·cy** *n.*
in·snare [insnɛ́ər] *v.* 《古》 =ENSNARE.
in·so·bri·e·ty [ìnsəbráiəti] *n.* Ⓤ 무절제; 폭음. 「다.
in·so·late [ínsoulèit] *vt.* 햇빛에 쬐
in·so·la·tion [ìnsouléiʃən] *n.* Ⓤ 햇빛에 쬠, 일광욕; 일사병; 〖氣〗 일사(日射)《어떤 물체 또는 어떤 지역에 대한 태양의 방사》.
ín·sòle *n.* Ⓒ (구두의) 속창; 안창.
***in·so·lence** [ínsələns] *n.* Ⓤ 오만; Ⓒ 무례(한 언행).
***in·so·lent** [ínsələnt] *a.* 거만한, 안하무인의, 무례한. ～**·ly** *ad.*
***in·sol·u·ble** [insáljubəl/-ɔ́-], **in·solv·a·ble** [insálvəbəl/-ɔ́-] *a.* 녹지않는; 해결할 수 없는.
in·sol·vent [insálvənt/-sɔ́l-] *a., n.* Ⓒ 〖法〗 지급 불능의〔파산한〕 (사람). **-ven·cy** *n.*
in·som·ni·a [insámniə/-ɔ́-] *n.* Ⓤ 불면(증). **-ac** [-niæ̀k] *a., n.* Ⓒ 불면증의 (환자).
in·so·much [ìnsoumʌ́tʃ] *ad.* …의 정도로, …만큼, …이므로(*as, that*).
in·sou·ci·ant [insú:siənt] *a.* (F.) 무심한; 태평한. ***-ance*** *n.*
:in·spect [inspékt] *vt.* 조사〔검사〕하다; (관권으로) 검열하다.
:in·spec·tion [inspékʃən] *n.* Ⓤ,Ⓒ 검사, 조사; (서류의) 열람, 시찰, 점검, 검열.
:in·spec·tor [inspéktər] *n.* Ⓒ 검사관, 감독; 경위(警衛). ***police*** ～ 경위. ***school*** ～ 장학사.
inspéctor géneral 감사원장; 《美》 감찰감.
:in·spi·ra·tion [ìnspəréiʃən] *n.* ① Ⓤ 숨 쉼(inhaling), 들숨; (인간에 대한 신의) 감화력; Ⓒ 영감에 의한 착상. ② Ⓤ 인스피레이션, 영감. ③ Ⓤ 고무, 감화; 시사(示唆).
in·spi·ra·tor [ínspərèitər] *n.* Ⓒ 흡입기; 주사기.
in·spir·a·to·ry [inspáiərətɔ̀:ri/-təri] *a.* 들숨의, 흡입의.
:in·spire [inspáiər] *vt.* 숨을 들이쉬다; 영감을 주다; (사상·감정을) 불어넣다(instil); 감격시키다; 고무하다(animate); 시사하다; (보도 따위의) 지시를 주다. ～**d** [-d] *a.* 영감을 받은; (어떤 권력자·소식통의) 뜻을 받든, 견해를 반영한.
in·spir·it [inspírit] *vt.* 원기를 북돋우다, 격려하다.
in·spis·sate [inspíseit] *vt., vi.* (증발 따위의 의해서) 농후하게 하다, 진해지다(thicken).
Inst. Institute; Institution.
inst. instant (=of the present month); instrument; instrumental.
in·sta·bil·i·ty [ìnstəbíləti] *n.* Ⓤ 불안정; 변덕.

:in·stall[instɔ́:l] *vt.* 취임시키다; 자리에 앉히다(settle); (장치를) 설치하다. ***in·stal·la·tion**[ìnstəléiʃən] *n.* Ⓤ 취임; 임명; Ⓒ 설비, 장치.

:in·stal(l)·ment[instɔ́:lmənt] *n.* Ⓒ 분할 불입(금); (총서·전집 따위의) 일회분; =INSTALLATION.

instal(l)ment plàn 《美》분할불 판매법.

:in·stance [ínstəns] *n.* (cf. instant) Ⓒ ① 요구; 권고; 시사. ② 〖法〗 소송(절차). ③ 실례. ④ 경우. ***at the ~ of*** …의 의뢰로. ***for ~*** 예컨대. ***in the first*** 〔***last***〕 ~ 제1심〔종심(終審)〕에서; 우선 첫째로〔마지막으로〕. — *vt.* 보기로 들다, 예증하다(exemplify).

:in·stant[ínstənt] *a.* 즉석의; 절박한; (날짜와 함께) 이 달의《생략 inst.》; (커피·코코아 따위) 즉석식의; 인스턴트의. — *n.* Ⓒ 즉각; 순간; Ⓤ《口》 인스턴트 식품. ***in an*** 〔***on the***〕 ~ 즉시. ***the*** ~ 하자마자. **:~·ly** *ad.* 즉시; 《古》 자꾸만.

***in·stan·ta·ne·ous**[ìnstəntéiniəs] *a.* 즉석의, 순간의; 동시에 일어나는. **~·ly** *ad.*

in·stan·ter[instǽntər] *ad.* 즉시.

in·stan·ti·ate[instǽnʃièit] *vt.* 〖哲〗(학설·주장의) 실증을 들다.

ínstant réplay (스포츠 중계에서의) 슬로모션 즉시 재생.

in·state[instéit] *vt.* (지위에) 임명하다; 앉히다, 두다.

:in·stead[instéd] *ad.* (…의) 대신에. ~ ***of*** …의 대신에.

ín·stèp *n.* Ⓒ ① 발등. ② 구두〔양말〕의 발등 부분.

in·sti·gate[ínstəgèit] *vt.* 선동하다. **-ga·tor** *n.* Ⓒ 선동자. **-ga·tion** [∸–géiʃən] *n.*

in·stil(l) [instíl] *vt.* (한 방울씩) 떨어뜨리다; (감정 따위를) 스며들게 하다. **in·stil·la·tion**[∸–léiʃən] *n.*

:in·stinct[ínstiŋkt] *n.* Ⓤ,Ⓒ 〖心〗 본능; 천성. — [–∸] *a.* 차서 넘치는, 가득 찬(*with*).

***in·stinc·tive**[instíŋktiv] *a.* 본능적인; 천성의. ***~·ly** *ad.*

:in·sti·tute[ínstətjù:t] *vt.* 설립〔제정〕하다; (조사·소송을) 시작하다; 〖宗〗(성직에) 임명하다(install). — *n.* Ⓒ 협회, 학회; 회관; 원칙, 규칙, 습관.

:in·sti·tu·tion[ìnstətjú:ʃən] *n.* ① Ⓤ 설립, 개시. ② Ⓒ 〖社〗 관례, 제도. ③ Ⓒ 공공 기관〔건축물〕《학교·교회·병원 등》; 협회, 학회; …단원, 소, 사. ④ Ⓒ 《口》잘 알려진 사람, 명물. ***~·al** *a.* 제도(상)의; (공고가 회사·상점의) 명성을 올려 신용을 높이기 위한. **~·al·ize**[-əlàiz] *vt.* 공공 단체로 하다, 제도화하다; 《口》(시설 등에) 수용하다.

:in·struct[instrʌ́kt] *vt.* 가르치다 (*in*); 지시하다(*to* do); 알리다 (*that*); 〖컴〗 명령하다. **:in·strúc·tive** *a.* 교육적인, 유익한. **:in·strúc·tor** *n.* Ⓒ 교사; 《美》 (전임) 강사.

:in·struc·tion[instrʌ́kʃən] *n.* ① Ⓤ 교수, 교육; (배운) 지식. ② Ⓒ (보통 *pl.*) 지시; 〖컴〗 명령어.

in·struc·tion·al[instrʌ́kʃənəl] *a.* 교육상의, 교육적인. ~ ***film*** 교육〔과학〕 영화.

instrúctional télevision 《美》 교육용 폐회로 텔레비전〔비디오〕.

:in·stru·ment[ínstrəmənt] *n.* Ⓒ (주로 실험·정밀 작업용의) 기계, 기구; 악기; (남의) 앞잡이; 수단, 방편; 〖法〗 증서.

***in·stru·men·tal**[ìnstrəméntl] *a.* 기계의〔에 의한〕; 악기의, 악기를 위한, 악기에 의한; 수단이 되는, 쓸모 있는. **~·ist** *n.* Ⓒ 기악가. **~·i·ty** [∸–tǽləti] *n.* Ⓤ 수단, 도움.

in·stru·men·ta·tion[ìnstrəmentéiʃən] *n.* Ⓤ 기계 사용; 〖樂〗 기악 편성법, 연주법.

ínstrument bòard 〔**pànel**〕 (자동차 따위의) 계기판.

ínstrument flỳing 계기 비행.

ínstrument lánding sỳstem 〖空〗 계기 착륙 장치.

in·sub·or·di·nate[ìnsəbɔ́:rdənit] *a.* 복종하지 않는, 반항적인. **-na·tion**[∸–∸dənéi-] *n.*

in·sub·stan·tial[ìnsəbstǽnʃəl] *a.* 미약한, 무른; 실체 없는, 공허한, 실질이 없는; 비현실적인.

in·suf·fer·a·ble[insʌ́fərəbəl] *a.* 참을 수 없는.

:in·suf·fi·cient[ìnsəfíʃənt] *a.* 불충분한. **~·ly** *ad.* **-cien·cy** *n.*

in·suf·flate[ínsəflèit, insʌ́fleit] *vt.* (공기·가스·분말 따위를) 불어넣다; (사람에게) 정기(精氣)을 불어넣다《종교적 의식》.

***in·su·lar**[ínsələr, -sjə-] *a.* 섬(나라)의; 섬 사람의; 섬 모양의; 섬나라 근성의, 편협한. **~·ism**[-ìzəm] *n.* Ⓤ 섬나라 근성, 편협. **~·i·ty** [∸–lǽrəti] *n.* Ⓤ 섬(나라)임; 편협.

in·su·late[ínsjəlèit, -sə-] *vt.* 격리시키다, 고립시키다; 〖電〗 절연하다; 섬으로 만들다. **-la·tor** *n.* Ⓒ 〖電〗 절연체, 애자, 뚱딴지. **-la·tion** [∸–léiʃən] *n.* Ⓤ 격리, 고립; 〖電〗 절연(물).

in·su·lin[ínsjəlin, -sə-] *n.* Ⓤ 인슐린《췌장 호르몬, 당뇨병의 약》.

ínsulin shòck 〖病〗 인슐린 쇼크《인슐린 대량 주사에 의한 쇼크》.

***in·sult**[insʌ́lt] *vt.* 모욕하다. — [∸–] *n.* Ⓤ 모욕; Ⓒ 모욕적 언동. **~·ing** *a.* 모욕적인. **~·ing·ly** *a.*

in·su·per·a·ble[insú:pərəbəl] *a.* 이겨낼 수 없는. **-bly** *ad.* **-bil·i·ty** [–∸––bíləti] *n.*

in·sup·port·a·ble[ìnsəpɔ́:rtəbəl] *a.* 견딜 수 없는(intolerable).

in·sur·a·ble[inʃúərəbəl] *a.* 보험에 걸 수 있는〔적합한〕.

:in·sur·ance[inʃúərəns] *n.* Ⓤ ① 보험; 보험 계약〔증서〕. ② 보험금(액); 보험료.

I

:in·sure[inʃúər] *vt.* (보험업자가) 보험을 맡다(*against*); 보험을 걸다(*for, against*); 보증하다; 확실하게 하다. ― *vi.* 보험 증서를 발행하다. ***the ~d*** 피보험자. **in·sur·er**[-ʃúərər] *n.* Ⓒ 보험(업)자; 보증인.

in·sur·gent[insə́ːrdʒənt] *a.* 폭동을 일으킨. ― *n.* Ⓒ 폭도; 《美》(당 내의) 반대 분자. **-gence, -gen·cy** *n.* Ⓤ,Ⓒ 폭동, 반란.

in·sur·mount·a·ble[ìnsərmáuntəbəl] *a.* 극복할 수 없는.

***in·sur·rec·tion**[ìnsərékʃən] *n.* Ⓤ,Ⓒ 폭동, 반란.

in·sus·cep·ti·ble[ìnsəséptəbəl] *a.* 무감각한(*of, to*); 영향을 받지 않는; 받아들이지 않는(*of*).

int. interest; interim; interior; interjection; internal; international; interpreter; intransitive.

in·tact[intǽkt] *a.* 본래대로의, 손대지 않은, 완전한.

in·tagl·io[intǽljou, -tάːl-] *n.* (It.) (*pl.* **~s**) ① Ⓤ 음각(陰刻), 요조(凹彫). ② Ⓒ 음각 무늬[보석].

ín·tàke *n.* ① Ⓒ (물·공기 등의) 끌어 들이는 입구. ② (*sing.*) 섭취(량). ③ Ⓒ 《英》 초년병, 신병.

***in·tan·gi·ble**[intǽndʒəbəl] *a.* 만질 수 없는, 만져서 알 수 없는; 무형의; 막연한. **-bly** *ad.*

in·te·ger[íntidʒər] *n.* Ⓒ 〖數〗 정수(整數)(cf. fraction); 완전체.

***in·te·gral**[íntigrəl] *a.* (전체를 이루는 데) 필수적인; 빠뜨릴 수 없는; 완전한; 〖數〗 정수의. ― *n.* Ⓒ 전체; 〖數〗 정수, 적분.

íntegral cálculus 〖數〗 적분학.

in·te·grate[íntəgrèit] *vt.* (각 부분을) 전체에 통합하다; 완전하게 하다, 완성하다, (온도·면적 등의) 합계(평균치)를 나타내다; 〖數〗 적분하다; 통합하다(co-ordinate). ***-gra·tion** [ìntəgréiʃən] *n.* Ⓤ 통합; 완성; 집성(集成); 《美》 인종적 무차별 대우; 〖數〗 적분.

in·te·grat·ed[íntəgrèitid] *a.* 인종차별을 하지 않는; 통합된; 원만한.

íntegrated círcuit 〖電〗 집적 회로《생략 IC》.

in·te·gra·tion·ist[ìntəgréiʃənist] *n.* Ⓒ 인종 차별 철폐주의자.

in·teg·ri·ty**[intégrəti] *n.* Ⓤ 정직; 완전; 원상(대로의 상태). ***territorial ~ 영토 보전.

in·teg·u·ment[intégjəmənt] *n.* Ⓒ 외피《피부·껍질 따위》.

:in·tel·lect[íntəlèkt] *n.* ① Ⓤ 지력; 이지, 예지, 지성(cf. intelligence). ② Ⓒ 식자, 지식인.

:in·tel·lec·tu·al[ìntəléktʃuəl] *a.* 지력의, 지력 있는, 지력을 요하는; 이지적인. ― *n.* Ⓒ 지식인, 식자. **~·ist** *n.* ***~·ly** *ad.* 지적으로. ***~·i·ty**[⌐-⌐-ǽləti] *n.* Ⓤ 지성, 지력.

:in·tel·li·gence[intélədʒəns] *n.* ① Ⓤ 지성, 지능, 지혜(*Dogs have ~, but they have not intellect.* 개는 지혜는 있으나 지성은 없다); 이해(력). ② Ⓤ 총명. ③ 정보; 《집합적》 정보 기관; 정보부원. ④ Ⓒ (종종 I-) 지성적 존재, 영(靈). **-genc·er** *n.* Ⓒ 통보자; 스파이.

intélligence bùreau [**depàrtment**] 정보부.

intélligence òffice 정보부; 《美》 직업소개소.

intélligence quòtient 지능지수《생략 I.Q.》.

intélligence shìp 정보 수집함.

intélligence tèst 〖心〗 지능 검사.

:in·tel·li·gent[intélədʒənt] *a.* 지적인; 영리한, 이해력이 좋은, 현명한; 〖컴〗 지적인, 정보 처리 기능이 있는. ***~·ly** *ad.*

in·tel·li·gent·si·a, -zi·a[intèlədʒéntsiə, -gén-] (Russ. <L.) *n.* Ⓤ (보통 the ~) 《집합적》 인텔리겐치아, 지식 계급.

intélligent términal 〖컴〗 지능 단말기.

***in·tel·li·gi·ble**[intélədʒəbəl] *a.* 알기 쉬운, 명료한. **-bly** *ad.*

INTELSAT, In·tel·sat[íntelsæ̀t] *n.* 인텔샛《국제 상업 위성 통신 기구》(<*In*ternational *Tele*communications *Sat*ellite Consortium).

***in·tem·per·ate**[intémpərit] *a.* 무절제한; 폭음하는; (추위·더위가) 혹독한. **-per·ance** *n.*

:in·tend[inténd] *vt.* …할 작정이다(*to* do); 꾀하다; 의도하다; 예정하다(*for*); 뜻하다.

in·tend·ant [inténdənt] *n.* Ⓒ 감독[관리]관; 지방 장관.

***in·tend·ed**[inténdid] *a.* 계획된, 고의의; 미래의. ― *n.* (one's ~) 《口》 미래의 남편[아내], 약혼자.

:in·tense[inténs] *a.* 격렬한, 열심인, 노력적인; 열정적인. ***~·ly** *ad.*

***in·ten·si·fy**[inténsəfài] *vt., vi.* 격렬하게 하다; 격렬해지다; 강하게 하다; 강해지다. **-fi·ca·tion**[-⌐-fikéiʃən] *n.*

in·ten·sion[inténʃən] *n.* Ⓤ (정신적) 긴장; 〖論〗 내포(內包).

:in·ten·si·ty[inténsəti] *n.* Ⓤ (성질·감정 등의) 강렬함; 엄함; 강도.

in·ten·sive**[inténsiv] *a.* ① 강한, 격렬한. ② 집중적인. ③ 〖文〗 강조의; 〖農〗 집약적인. ― *n.* Ⓒ 강하게 하는 것; 〖文〗 강의어(強意語). ***~ agriculture 집약 농업. ***~ reading*** 정독. **~·ly** *ad.*

:in·tent[intént] *n.* ① Ⓤ 의지, 목적(intention). ② Ⓤ,Ⓒ 《廢》 의미. ***to all ~s and purpose*** 실제상, 사실상. ― *a.* 여념이 없는(*on, upon*), (눈·마음이) 집중되어 있는(eager); 진심의. ***~·ly** *ad.*

:in·ten·tion [inténʃən] *n.* (⇨ INTEND) ① Ⓤ,Ⓒ 의지, 목적; 의미, 취지. ② (*pl.*) 《口》 결혼할 의사. ***by ~*** 고의로. ***have no ~ of doing***

…하려고 하는 의지가 없다. ***with good ~s*** 선의로. ***without ~*** 무심히. *~·al *a.* 고의의, 계획적인. ~·al·ly *ad.*

in·ter[intə́:r] *vt.* (*-rr-*) (시체를) 매장하다, 묻다.

in·ter-[íntər] *pref.* '중(간)에, …사이의, 상호(의)' 등의 뜻: *inter*collegiate.

in·ter·act[1][ìntərǽkt] *vi.* 상호 작용하다, 서로 영향을 주다. **-ác·tion** *n.* U,C 상호 작용.

in·ter·act[2][íntərӕkt] *n.* C 《英》 막간 (희극).

in·ter·ac·tive[intərǽtiv] *a.* 상호 작용하는; 『컴』 대화식의.

in·ter a·li·a[íntər éiliə] (L. = among others) 그 중에서도.

inter-Américan *a.* 남북 아메리카 국가간의.

inter·bréd *v.* interbreed의 과거 「(분사).

inter·bréed *vt., vi.* (*-bred*) 이종 교배시키다; 잡종을 낳다.

in·ter·ca·lar·y[intə́:rkəlèri/-ləri] *a.* 윤(일·달·년)의; 사이에 삽입한(된). ~ ***day*** 윤일《2월 29일》. **-ca·late**[-kəlèit] *vt.* (달력에) 윤(일·달·년)을 넣다; 사이에 넣다.

in·ter·cede[ìntərsí:d] *vi.* 중재하다, 조정하다(***with***).

inter·céllular *a.* 세포 사이의(에 있는).

*****in·ter·cept***[-sépt] *vt.* (편지 등을) 도중에서 가로채다(빼앗다); (무전을) 방수(傍受)하다; (빛·물의 통로를) 가로 막다; 방해(저지)하다; 『數』 두 점(선)에 의해서 잘라내다; 『競』 (방어측이) 패스를 끊다. **-cép·tion** *n.* **-cép·tor** *n.* C 방해자, 방해물; (무전) 방수자; 『軍』 요격기.

in·ter·ces·sion[-séʃən] *n.* U 중재, 조정. **-cés·sor** *n.* C 중재자.

*****in·ter·change***[-tʃéindʒ] *vt.* 교환하다; 교대시키다; 번갈아 일어나게 하다(alternate). — *vi.* 갈마들다; 교대하다. — [ˊ-ˋ/ˊ-ˊ] *n.* ① U,C 교환, 교체, 교대. ② C 《美》 (고속 도로의) 입체 교차점. **~·a·ble** [-əbəl] *a.* 교환(교대)할 수 있는.

inter·cláss *a.* 클래스(학급) 대항의; 계급간의.

inter·collégiate *a.* 대학간의, 대학 대항의(cf. intramural).

in·ter·co·lo·ni·al[-kəlóuniəl] *a.* 식민지간의.

in·ter·com[íntərkàm/-ɔ-] *n.* C 《口》 (비행기·전차 내의) 통화 장치 (cf. interphone).

inter·commúnicate *vi.* 서로 통신하다; 서로 왕래하다; (방 등이) 서로 통하다. **-communicátion** *n.* U 상호 교통, 연락, 교제.

inter·connéct *vt., vi.* 서로 연락(연결)시키다(하다); (여러 대의 전화를) 한 선에 연결하다.

inter·continéntal *a.* 대륙간의. ~ ***ballistic missile*** 대륙간 탄도 미사일《생략 ICBM》.

inter·cóstal *a.* 『解』 늑간의.

‡**in·ter·course**[íntərkɔ̀:rs] *n.* U ① 교제; 교통; 의사(감정)의 교환. ② 영교(靈交). ③ 성교.

in·ter·crop[intərkráp/-ɔ́-] *vt., vi.* (*-pp-*) (농작물을) 간작하다.

in·ter·cut[intərkʌ́t] *vt., vi.* (~; *-tt-*) 화면에 대조적인 장면을 삽입하다.

inter·denominátional *a.* 종파간 「의.

inter·departméntal *a.* (대학의) 각 학부간의; 각부처(성, 국)간의.

inter·depénd *vi.* 상호 의존하다.

inter·dépendent *a.* 상호 의존의. **-dépendence, -dépendency** *n.*

in·ter·dict[-díkt] *vt.* 금지(제지)하다; 『가톨릭』 (장소·사람에 대하여 의식의 집행 또는 관여를) 금지하다; (계속 폭격으로) (적을) 괴롭히다. — [ˊ-ˋ] *n.* C 금지(명령); 『가톨릭』 성사수여(예배 따위)의 금지. **-dic·tion** *n.* U,C 금지, 정지; 『法』 금치산 선고; 통상 금지; 계속 폭격.

†**in·ter·est**[íntərist] *n.* ① U,C 흥미, 관심, 호기심. ② C 관심사, 취미. ③ U 중요성, 간요(肝要). ④ C 소유권, 이권, 주. ⑤ C 이해 관계, 이익. ⑥ U 이자, 이율. ⑦ U 세력, 지배력. ⑧ U 사리, 사권. ***in the ~(s) of*** …을 위하여. ***take an ~ in*** …에 흥미를 가지다. ***with ~*** 흥미를 가지고; 이자를 붙여서. — [íntərèst] *vt.* (…에) 흥미를 갖게 하다; 관계시키다(*in*). ***be ~ed in*** …에 흥미가 있다. ***be ~ed to*** do …하고 싶다; …하여 재미있다.

‡**in·ter·est·ed**[íntəristid, -rèstid] *a.* 흥미를 가진; 이해 관계 있는; 편견을 가진. ~ ***parties*** 이해 관계자.

†**in·ter·est·ing**[íntəristiŋ, -rèst-] *a.* 재미있는. ***in an ~ condition*** (***situation***) 임신하여.

ínter·fàce *n.* C 중간면(층); 공유 영역; 『컴』 접속.

‡**in·ter·fere**[ìntərfíər] *vt.* (이해 따위가) 충돌하다(clash)(***with***); 간섭하다(*in*); 방해하다(***with***); 조정하다; 《美》 『球技』 (불법) 방해하다.

*****in·ter·fer·ence***[-fíərəns] *n.* U 충돌; 간섭; 방해; 『野』 방해; 『無電』 혼신 (전파); 《美》 『球技』 (불법) 방해.

in·ter·fer·on[-fíərən] *n.* U,C 『生』 인터페론《바이러스 증식 억제 물질》.

in·ter·fuse[-fjú:z] *vt., vi.* (…에) 스며들다; 혼입시키다(하다).

inter·glácial *a.* 『地』 간빙기의.

*****in·ter·im***[íntərim] *n.* (the ~) 동안; 잠깐 동안; 가협정. — *a.* 중간의; 임시의(temporary). ~ ***report*** 중간 보고.

‡**in·te·ri·or**[intíəriər] *a.* 내부의; 내륙의; 국내의; 비밀의. — *n.* (the ~) 내부; 실내; 실내도(사진); 실내 세트; 내륙; 내무. ***the Department*** (***Secretary***) ***of the I-*** 《美》 내무부(장관).

intérior decorátion 실내 장식.

intérior mónolog(ue) 『文學』 내

적 독백(《'의식의 흐름'의 수법으로 〔씀》.

interj. interjection.

in·ter·ja·cent [ìntərdʒéisənt] *a.* 개재하는, 사이에 있는, 중간에 일어나는.

in·ter·ject [ìntərdʒékt] *vt.* (말을) 불쑥 던지다, 사이에 끼워 넣다.

:in·ter·jec·tion [-dʒékʃən] *n.* ① U,C 불의의 투입〔삽입〕. ② C 〖文〗감탄사. ③ U,C 감탄(의 소리).

in·ter·lace [-léis] *vt., vi.* 섞어 짜다; 섞이다; 짜 맞추다; 교착하다.

interláced scánning 〖TV〗(우수선·기수선의) 교호 주사(交互走査)(방식).

in·ter·lard [-lá:rd] *vt.* (…에) 섞(어서 변화를 주)다.

in·ter·lay [-léi] *vt.* (**-laid**) 중간에 넣(어 변화시키)다.

ìnter·léave *vt.* (**~d**) (책 따위에 메모용의) 백지를 끼우다.

ínter·líbrary lóan 도서관 상호 대차(제도).

ìnter·líne[1] *vt.* (글자 따위를) 행간(行間)에 써넣다〔인쇄하다〕.

ìnter·líne[2] *vt.* (옷의 안과 거죽 사이에) 심을 넣다. **ínter·lìning** *n.* U (옷의) 심(감).

in·ter·lin·e·ar [ìntərlíniər] *a.* 행간의, 행간에 쓴; 원문과 번역을 번갈아 인쇄한.

In·ter·lin·gua [ìntərlíŋgwə] *n.* U 과학자용 인공 국제어.

ìnter·línk *vt.* 연결하다.

ìnter·lóck *vt., vi.* 맞물리(게 하)다; 연동되다〔하다〕. — [⌐-⌐] *n.* C 맞물린 상태; 연동 장치; 〖映〗촬영과 녹음을 연동시키는 장치; 〖컴〗인터로크《진행중인 동작이 끝날 때까지 다음 동작을 보류시키는 일》.

in·ter·lo·cu·tion [-ləkjú:ʃən] *n.* U,C 대화, 회담.

in·ter·loc·u·tor [-lákjətər/-ɔ́-] *n.* C 대화자; 《美》 흑인의 MINSTREL show의 사회자《보통 MIDDLEMAN이 되며, END MAN을 상대로 만담을 함》. **-to·ry** [-tɔ̀:ri/-təri] *a.* 대화의; 〖法〗중간의.

I

in·ter·lope [-lóup] *vi.* 남의 일에 간섭하다; 남의 인권을 침해하다; 무허가 영업을 하다.

ínter·lòper *n.* C 침입자; 남의 일에 참견하는 사람; 무허가 상인.

***in·ter·lude** [íntərlù:d] *n.* C 막간, 동안(interval); 막간의 주악; 막간극〔연예〕; 간주곡.

ìnter·márriage *n.* U 잡혼(雜婚); 혈족 결혼. **-márry** *vi.* 잡혼〔혈족 결혼〕하다 「*with*).

ìnter·méddle *vi.* 간섭하다(*in*,

ìnter·média *n.* intermedium의 복수형의 하나; U 인터미디어《음악·영화·무대·회화 등을 복합한 예술》.

in·ter·me·di·ar·y [ìntərmí:dièri] *a.* 중개의; 중간의. — *n.* C 매개자〔물〕; 중간체.

***in·ter·me·di·ate** [ìntərmí:diit] *a.* 중간의. — *n.* C 중간물; 중개자.

intermédiate rànge ballístic míssile 〖軍〗중거리 탄도탄《생략 IRBM》.

in·ter·me·di·um [-mí:diəm] *n.* C 중간물, 중개〔매개〕물. 「매장.

in·ter·ment [intə́:rmənt] *n.* U,C

in·ter·mez·zo [ìntərmétsou, -médzou] *n.* (*pl.* **~s, -zi** [-tsi:, -dzi:]) C 막간(幕間) 희극; 〖樂〗간주곡(間奏曲), 간주곡풍의 독립곡.

***in·ter·mi·na·ble** [intə́:rmənəbəl] *a.* 끝없는, 지루하게 긴. **-bly** *ad.*

ìnter·míngle *vt., vi.* 섞(이)다.

***in·ter·mis·sion** [ìntərmíʃən] *n.* U 중지, 중절; C 막간; 휴게 시간.

in·ter·mit [-mít] *vt., vi.* (**-tt-**) 중절〔단절〕하다. **~·tent** *a.* 단속〔간헐〕적인. **~·tent·ly** *ad.*

ìnter·míx *vt., vi.* 섞(이)다. **~·ture** *n.* U 혼합; C 혼합물.

in·tern[1] [intə́:rn] *vt., n.* (일정 구역 내에) 억류하다; C 피억류자.

in·tern[2] [íntə:rn] *n., vi.* C (의대 부속 병원의) 인턴(으로 근무하다).

:in·ter·nal [intə́:rnl] *a.* ① 내부의, 체내의. ② 내재적인. ③ 내정의, 국내의(domestic). ④ 마음의, 정신적인. — *n.* (*pl.*) (사물의) 본질; (*pl.*) 내장. **~·ly** *ad.*

intérnal-combústion *a.* (엔진이) 내연(식)의. 「입.

intérnal révenue 《美》 내국세 수

Intérnal Révenue Sèrvice, the 《美》 국세청《생략 IRS》.

†in·ter·na·tion·al [ìntərnǽʃənəl] *a.* 국제(간)의, 국제적인; 만국(萬國)의. — *n.* C (I-) 인터내셔널, 국제 노동자 연맹. **~·ly** *ad.* 국제적으로.

Internátional Bánk for Reconstrúction and Devélopment, the 국제 부흥 개발 은행《생략 IBRD; 통칭 the World Bank》.

internátional cándle 국제 표준 촉광《1990년 프랑스·영국·미국에서 정한 광도의 단위》.

Internátional Códe, the 〖海〗국제 기(旗)신호.

Internátional Cóurt of Jústice, the 국제 사법 재판소.

Internátional Dáte Lìne ⇨ DATE LINE.

in·ter·na·tion·al·ism [-ʃənəlìzəm] *n.* U 국제주의; 국제성.

in·ter·na·tion·al·ize [ìntərnǽʃənəlàiz] *vt.* 국제적으로 하다; (영토 따위를) 국제 관리하에 두다.

Internátional Lábor Organizàtion, the 국제 노동 기구《생략 ILO》.

Internátional Máritime Organizátion, the 국제 해사(海事) 기구《생략 IMO》.

Internátional Mónetary Fùnd 국제 통화 기금《생략 IMF》.

Internátional Phonétic Álphabet 국제 음표 문자《생략 IPA》.

in·terne [íntə:rn] *n.* ＝INTERN[2].

in·ter·ne·cine [ìntərní:sin,

-sain] *a.* 서로 죽이는; 서로 쓰러지는; 치명〔파괴〕적인.
in·tern·ee[ìntəːrníː] *n.* Ⓒ 피억류자, 피수용자.
In·ter·net[íntərnèt] *n.* 〖컴〗 인터넷.
in·ter·nist[íntəːrnist, ⌐⌐] *n.* Ⓒ 내과의사.
in·tern·ment[intə́ːrnmənt] *n.* Ⓤ 수용, 억류.
intérnment càmp 포로 수용소.
in·ter·pel·late [ìntərpéleit, intə́ːrpəlèit] *vt.* (의회에서 장관에게) 질문하다. **-la·tion**[ìntərpəléiʃən, intə̀ːr-] *n.* Ⓤ,Ⓒ (장관에의) 질문.
ìnter·pénetrate *vt. vi.* (…로) 스며들다; 서로 관통〔침투〕하다.
ínter·phòne *n.* Ⓒ (건물·비행기의) 내부 전화(cf. intercom), 인터폰.
ínter·plày *n.* Ⓤ,Ⓒ 상호 작용.
In·ter·pol[íntərpàl/-pɔ̀l] *n.* 인터폴, 국제 형사 경찰 기구(<*Inter*national *C*riminal *Pol*ice Organization).
In·ter·po·late [intə́ːrpəlèit] *vt.* (책·서류 등에 어구를) 써 넣(어 고치)다; 〖數〗 급수에 (중항(中項)을) 넣다. **-la·tion**[⌐⌐léiʃən] *n.*
***in·ter·pose**[ìntərpóuz] *vt.* (…의) 사이에 끼우다(insert); (이의를) 제기하다. — *vi.* 사이에 들어가다; 중재에 나서다; 말참견하다. **-po·si·tion** [⌐pəzíʃən] *n.*
‡**in·ter·pret**[intə́ːrprit] *vt.* ① (…의) 뜻을 설명하다, 해석하다. ② 통역하다. ③ (자기 해석에 따라) 연주〔연출〕하다. ④ 〖컴〗 (데이터 등을) 해석하다. — *vi.* 통역하다.
‡**in·ter·pre·ta·tion**[intə̀ːrprətéiʃən] *n.* Ⓤ,Ⓒ (말이나 곡의) 해석; 통역; (자기 해석에 의한) 연출, 연주.
in·ter·pre·ta·tive[intə́ːrprətèitiv/-tə-] *a.* 해석〔통역〕의〔을 위한〕.
‡**in·ter·pret·er**[intə́ːrprətər] *n.* Ⓒ 통역자; 해석〔설명〕자; 〖컴〗 해석기.
ìnter·rácial *a.* 인종간의.
in·ter·reg·num[ìntərégnəm] *n.* (*pl.* ~*s*, **-na**[-nə]) Ⓒ (왕위의) 궐위 기간〔시대〕; 중절 기간.
ìnter·relàte *vt.* 상호 관계를 맺다. **-lá tion** *n.* Ⓤ,Ⓒ 상호 관계.
interrog. interrogation; interrogative.
in·ter·ro·gate[intérəgèit] *vt., vi.* (…에게) 질문〔심문〕하다. **-ga·tor** *n.*
‡**in·ter·ro·ga·tion**[intèrəgéiʃən] *n.* Ⓤ,Ⓒ 질문; 심문.
‡**interrogátion màrk** 〔**pòint**〕 물음표《?》.
‡**in·ter·rog·a·tive**[ìntərágətiv/-ɔ́-] *a.* 의문의; 미심쩍어 하는. — *n.* Ⓒ 〖文〗 의문사; 의문문.
in·ter·rog·a·to·ry [-tɔ̀ːri/-təri] *a.* 의문〔질문〕의. — *n.* Ⓒ 의문, 질문; 〖法〗 심문 (조서).
‡**in·ter·rupt**[ìntərʌ́pt] *vt., vi.* 가로 막다; 방해하다; 중단하다(*May I ~ you?* 말씀하시는 데 실례입니다만); 〖컴〗 가로채기 하다. — *n.* Ⓒ 〖컴〗 가로채기; 일시 정지. * **~·ed** *a.* 중단된, 가로막힌; 단속적인. **~·er** *n.* Ⓒ 방해자〔물〕; 〖電〗 단속기. ‡**-rúp·tion** *n.* Ⓤ,Ⓒ 가로 막음; 방해.
ìnter·scholástic *a.* (중등) 학교간의, 학교 대항의.
***in·ter·sect**[ìntərsékt] *vt.* 가로지르다. — *vi.* 교차하다. ***-séc·tion** *n.* Ⓤ 횡단, 교차; Ⓒ 〖數〗 교점(交點), 교선(交線).
ìnter·sérvice *a.* (육·해·공군의) 각군간의.
ínter·sèx *n.* Ⓤ 〖生〗 간성(間性).
ìnter·séxual *a.* 남녀 양성 사이의; 이성간의; 〖生〗 간성(間性)의. — *n.* Ⓒ 간성인 사람.
ínter·spàce *n.* Ⓤ (장소·시간 따위의) 공간, 틈, 사이. — [⌐⌐] *vt.* (…의) 사이에 공간을 두다.
in·ter·sperse[ìntərspə́ːrs] *vt.* 흩뿌리다, 산재(散在)시키다; 군데군데를 장식하다.
***ìnter·státe** *a.* 각 주(州) 사이의.
Interstate Cómmerce Commìssion, the 《美》 주간(州間) 통상 위원회《생략 ICC》.
ìnter·stéllar *a.* 별 사이의.
in·ter·stice[intə́ːrstis] *n.* Ⓒ 틈새기, 갈라진 틈.
ìnter·twíne *vt., vi.* 뒤얽히(게 하)다.
ìnter·twíst *vt., vi.* 비비 꼬(이)다.
ìnter·úrban *a., n.* 도시간의; Ⓒ 도시 연락 철도〔전차·버스 등〕.
‡**in·ter·val**[íntərvəl] *n.* Ⓒ ① (시간·장소의) 간격. ② (연극의) 휴게시간. ③ 휴지(休止) 기간. ④ 〖樂〗 음정. ***at ~s*** 때때로; 여기저기.
‡**in·ter·vene**[ìntərvíːn] *vi.* 사이에 들어가다; 사이에 일어나(서 방해하)다; 중재하다; 간섭하다(*in, between*). ***-vén·tion** *n.* **-vén·tion·ist** *n.* Ⓒ (타국 내정에 대한) 간섭주의자. — *a.* (내정) 간섭주의의.
‡**in·ter·view**[íntərvjùː] *n.* Ⓒ 회견; (공식) 회담; (신문 기자의) 회견(기). — *vt.* (…와) 회견〔회담〕하다. **~·er** *n.* Ⓒ 회견(기)자.
ìnter·wár *a.* (제1·2차) 양대전간의.
in·ter·weave[ìntərwíːv] *vt., vi.* (**-wove, ~d; -woven, -wove, ~d**) 섞(어 짜)다, 섞이다.
in·ter·wove[-wóuv] *v.* interweave의 과거(분사).
in·ter·wo·ven[-wóuvən] *v.* interweave의 과거분사.
in·tes·tate[intésteit] *a., n.* Ⓒ 유언을 남기지 않은 (사망자).
in·tes·ti·nal[intéstənəl] *a.* 장(腸)의.
in·tes·tine**[intéstin] *n.* Ⓒ (보통 *pl.*) 장, 창자. ***large 〔***small***〕 ~ 대〔소〕장. — *a.* 내부의; 국내의. ~ ***strife*** 내분.
in·thral(l) [inθrɔ́ːl] *vt.* =ENTHRAL(L).
in·throne[inθróun] *vt.* =ENTHRONE.
***in·ti·ma·cy**[íntəməsi] *n.* Ⓤ 친밀, 친교; 불의, 밀통(密通).
‡**in·ti·mate**[1][íntəmit] *a.* 친밀한; (사정 등에) 상세한(close); 내심의; 사사로운, 개인적인; 불의의. — *n.* Ⓒ 친구. * **~·ly** *ad.*

in·ti·mate[2][-mèit] *vt.* 암시하다; 넌지시 알리다. **-ma·tion**[ㅗ—méi-] *n.* U,C 암시.
in·tim·i·date[intímədèit] (cf. timid) *vt.* 위협하다, 협박하다. **-da·tion**[—ㅗ—déiʃən] *n.*
in·ti·tle[intáitl] *vt.* =ENTITLE.
intl. international.
†**in·to**[íntu, (문장 끝) -tu:, (자음 앞) -tə] *prep.* ① …의 속에[으로]. ② 《변화》…에, …으로.
***in·tol·er·a·ble**[intálərəbəl/-ɔ́-] *a.* 견딜 수 없는(unbearable); 《口》 애타는. **-bly** *ad.*
in·tol·er·ant[intálərənt/-ɔ́-] *a.* 편협한, 아량이 없는; (종교가가) 이설에 대하여 관용치 않는; 견딜 수 없는(*of*). **-ance** *n.*
in·tomb[intú:m] *vt.* =ENTOMB.
in·to·nate[íntənèit] *v.* =INTONE.
‡**in·to·na·tion**[ìntənéiʃən, -tou-] *n.* U (찬송가·기도문을) 읊음, 영창(詠唱); U,C 〖音聲〗 인토네이션, 억양; U 〖樂〗 발성법.
in·tone[intóun] *vt., vi.* (찬송가·기도문을) 읊다, 영창하다; (목소리에) 억양을 붙이다.
in to·to[in tóutou] (L. =in the whole) 전체로서, 전부, 몽땅.
In·tour·ist[intúərist] *n.* 러시아의 외인 관광국《국영 여행사》.
in·tox·i·cant[intáksikənt/-ɔ́-] *a., n.* C 취하게 하는 (것), 술; 알코올 음료; 마취제.
***in·tox·i·cate**[intáksikèit] *vt.* 취하게 하다; 흥분[도취]시키다. **-ca·tion**[—ㅗ—kéiʃən] *n.* U 취(하게)함; 흥분, 열중; 〖醫〗 중독.
in·tra-[íntrə] '안에, 내부의' 뜻의 「결합사.
ìntra·céllular *a.* 세포내의.
in·trac·ta·ble[intrǽktəbəl] *a.* 고집센; 다루기 힘든.
in·tra·dos[intréidɑs/-dɔs] *n.* C 〖建〗 (아치의) 내만곡선(內彎曲線), 내호면(內弧面).
ìntra·molécular *a.* 분자내의[에서 일어나는].
ìntra·múral *a.* (성)벽내의; (경기 따위) 교내(대항)의(opp. intercollegiate). **~·ly** *ad.*
ìntra·múscular *a.* 근육내의《생략 「IM》.
in·tran·si·gent [intrǽnsədʒənt] *a., n.* C 타협하지 않는 (사람). **-gence, -gen·cy** *n.*
‡**in·tran·si·tive** [intrǽnsətiv] *a.* 〖文〗 자동(사)의. — *n.* C 〖文〗 자동사. **~·ly** *ad.*
‡**intránsitive vérb** 〖文〗 자동사.
ìntra·státe *a.* 《美》 주(州)내의.
ìntra·úterine *a.* 자궁내의.
ìntra·váscular *a.* 혈관내의.
ìntra·vénous *a.* 정맥(靜脈)내의《생략 IV》.
ín-tràу *n.* C 미결 서류함(cf. out-「tray).
in·treat[intrí:t] *v.* =ENTREAT.
in·trench [intréntʃ] *v.* =ENTRENCH.
in·trep·id[intrépid] *a.* 무서움을 모르는; 대담한(dauntless), 용맹스러운. **ìn·tre·píd·i·ty** *n.*
***in·tri·cate**[íntrəkit] *a.* 뒤섞인, 복잡한. **-ca·cy**[-kəsi] *n.*
in·tri·g(u)ant[íntrigənt] *n.* (F.) C 음모가; 밀통자.
***in·trigue**[intrí:g] *vi.* 음모를 꾸미다(plot)(*against*); 밀통하다(*with*). — *vt.* (…의) 흥미를[호기심을] 돋우다. — [ㅗㅗ] *n.* U,C 음모; C 밀통.
***in·trin·sic**[intrínsik], **-si·cal** [-əl] *a.* 본질적인, 내재하는; 실제의. **-si·cal·ly** *ad.*
in·tro[íntrou] *n.* 《口》 =INTRODUCTION.
intro(d). introduction; intro-「ductory.
†**in·tro·duce**[ìntrədjú:s] *vt.* ① 인도[안내]하다. ② 소개하다. ③ 처음으로 경험시키다. ④ 도입하다; 제출하다. ⑤ 끼워넣다.
‡**in·tro·duc·tion**[ìntrədʌ́kʃən] *n.* ① U 받아들임, 전래, 수입; 도입. ② U,C 소개, 피로(披露). ③ C 서편(序編); 서곡(序曲). ④ C 입문(서). **-tive** *a.*
***in·tro·duc·to·ry**[ìntrədʌ́ktəri] *a.* 소개의; 서두의; 예비의.
in·tro·ject[ìntrədʒékt] *vt., vi.* 〖精神分析〗 (자기) 투입하다. **-jéc·tion** *n.* U (자기) 투입 (작용).
in·tro·spec·tion[ìntrəspékʃən] *n.* U 내성, 자기 반성. **-tive** *a.*
in·tro·ver·sion [ìntrəvə́:rʒən, -ʃən] *n.* U 〖心〗 내향성.
in·tro·vert[íntrəvə̀:rt, ㅗ—ㅗ] *vt.* (마음·생각을) 안으로 향하게 하다; 〖動〗 안으로 굽다. — [ㅗ—ㅗ] *a., n.* C 내향[내성]적인 (사람)(opp. extrovert).
‡**in·trude**[intrú:d] *vt.* 처넣다(*into*); 강제[강요]하다(*on, upon*); 〖地〗 관입(貫入)시키다. — *vi.* 밀고 들어가다, 침입하다(*into*); 방해하다(*upon*). ***in·trúd·er** *n.* C 침입자; (적군의 기지를 공습하는) 비행기(의 조종사). ***in·tru·sion**[-ʒən] *n.* **in·tru·sive** [-siv] *a.* 침입하는; 방해하는.
in·trust[intrʌ́st] *v.* =ENTRUST.
in·tu·bate[íntju:bèit] *vt.* 〖醫〗 관을 삽입해두다《기관 따위에》.
***in·tu·i·tion**[ìntjuíʃən/-tju(:)-] *n.* U,C 직각(적 지식), 직관(적 통찰). **~·al** *a.*
in·tu·i·tive[intjú:itiv] *a.* 직각[직관]의[에 의해 얻은], 직관력이 있는 《사람》. **~·ly** *ad.*
in·un·date[ínəndèit, -nʌn-] *vt.* 침수[범람]시키다; (강물이) 침수하다; 그득하게 하다, 충만시키다. **-da·tion** [ㅗ—déiʃən] *n.* C 홍수.
in·ure[injúər] *vt.* 익히다(*to*); 공고히 하다. — *vi.* 효력을 발생하다, 유효하게 쓰이다.
in·u·til·i·ty[ìnju:tíləti] *n.* ① U 무익, 무용. ② C 무용한 것[사람], 무익한 것[사람].
inv. invented; inventor; invoice.
‡**in·vade**[invéid] *vt.* (…에) 침입[침

략]하다; (손님 등이) 밀어닥치다; 엄습하다; (권리 등을) 침해하다. **:in·vád·er** *n.*

:in·va·lid[1][ínvəlid/-lìːd] *n.* Ⓒ 병자, 병약자. — *a.* 병약한; 환자용의. — [ínvəlid/ìnvəlíːd] *vt.* 병약하게 하다; 상병(傷病)으로 현역에서 제대시키다. **～·ism**[-ìzəm] *n.* Ⓤ 병약.

in·val·id[2][invǽlid] *a.* 가치 없는; (법적으로) 무효의. **-i·date**[-vǽlədèit] *vt.* 무효로 하다. **in·va·lid·i·ty**[ìnvəlídəti] *n.*

***in·val·u·a·ble**[invǽljuəbəl] *a.* 귀중한; 값을 헤아릴 수 없는.

In·var[invɑ́ːr] *n.* 《商標》 불변강(不變鋼), 인바르.

in·var·i·a·ble[invέəriəbəl] *a.* 변화하지 않는. **:-bly**[-bli] *ad.* 변화 없이; 항상.

***in·va·sion**[invéiʒən] *n.* [U,C] 침입, 침략; (권리 등의) 침해. **-sive**[-siv] *a.* 침략적인.

in·vec·tive[invéktiv] *n., a.* Ⓤ 욕설(의), 독설(의).

in·veigh[invéi] *vi.* 통렬하게 비난하다, 독설을 퍼붓다(*against*).

in·vei·gle[invíːgəl, -véi-] *vt.* 꼬드기다(*into*).

†in·vent[invént] *vt.* 발명하다; (구실 따위를) 만들다, 날조하다.

:in·ven·tion[invénʃən] *n.* ① Ⓤ 발명; Ⓒ 발명품. ② Ⓤ 발명의 재능. ③ [C,U] 허구, 꾸며낸 이야기.

***in·ven·tive**[invéntiv] *a.* 발명의 (재능이 있는); 창의력이 풍부한.

:in·ven·tor[invéntər] *n.* Ⓒ 발명자, 창안자.

in·ven·to·ry[ínvəntɔ̀ːri/-təri] *n.* Ⓒ (상품의) 명세 목록; 재산 목록; 재고품; Ⓤ《美》재고 조사. — *vt.* (상품의) 목록을 만들다; 《美》(…의) 재고 조사를 하다.

In·ver·ness[ìnvərnés] *n.* 스코틀랜드의 주의 이름; ＝∠ **càpe** 〔**clòak, còat**〕 인버네스《남자용의 소매 없는 외투》.

in·verse[invə́ːrs, ∠–] *n., a.* (the ～) 역(逆)(의), 반대(의); Ⓒ 반대의 것; 〖數〗 역함수. **～·ly** *ad.* 반대로, 거꾸로.

***in·ver·sion**[invə́ːrʒən, -ʃən] *n.* [U,C] ① 반대, 역(으로 된 것). ② 〖文〗 도치법(倒置法).

***in·vert**[invə́ːrt] *vt.* 역으로〔거꾸로〕 하다; 〖樂〗 전회(轉回)하다. — *n.* Ⓒ 〖建〗 역아치; 〖컴〗 뒤바꿈. **～·ed**[-id] *a.* 역으로〔거꾸로〕 한.

in·ver·te·brate[invə́ːrtəbrit, -brèit] *a., n.* Ⓒ 〖動〗 척추 없는; 무척추 동물(의). 「(' ')」.

invérted cómmas 《英》 인용부

in·vert·er[invə́ːrtər] *n.* Ⓒ 〖電〗 변환 장치《직류를 교류로 바꾸는》; 〖컴〗 인버터, 역변환기.

:in·vest[invést] *vt.* ① 투자하다. ② (…에게) 입히다, (훈장 등을) 달게 하다(*with, in*). ③ 수여하다; 서임하다. ④ 싸다. ⑤ 〖軍〗 포위하다. ⑥ (권력 등을) 주다(*with*). — *vi.* 자본을 투입하다; 투자하다. **:～·ment** *n.* [U,C] 투자; 투입; Ⓒ 투자 대상; 투자 자본; 포위; 서임. ***in·vés·tor** *n.* Ⓒ 투자가.

:in·ves·ti·gate[invéstəgèit] *vt.* 조사〔연구〕하다. ***-ga·tor** *n.* **:-ga·tion**[–⏝–géiʃən] *n.*

in·ves·ti·ture[invéstətʃər] *n.* Ⓤ 서임; Ⓒ 서임식.

invéstment còmpany 〔**trùst**〕 투자 신탁 회사.

in·vet·er·ate[invétərit] *a.* 뿌리 깊은; 상습적인. **-a·cy** *n.*

in·vid·i·ous[invídiəs] *a.* 비위에 거슬리는; 불공평한.

in·vig·or·ate[invígərèit] *vt.* (…에게) 기운나게 하다. **-at·ing** *a.* 기운나게 하는; (공기가) 상쾌한.

in·vin·ci·ble**[invínsəbəl] *a.* 정복할 수 없는, 무적의. ***the I- Armada ⇨ARMADA.

in·vi·o·la·ble[inváiələbəl] *a.* 범할 수 없는; 신성한.

in·vi·o·late[inváiəlit] *a.* 침범되지 않은; 더럽혀지지 않은.

***in·vis·i·ble**[invízəbəl] *a.* 눈에 보이지 않는; 숨은. **-bly** *ad.* **-bil·i·ty**[–⏝–bíləti] *n.* 「무형 수출품.

invísible éxports 무역외 수출,

invísible góvernment (은연 중에 세력을 가지는) 비밀 조직.

invísible ímports 무역외 수입, 무형 수입품.

invísible ínk 은현(隱顯) 잉크.

:in·vi·ta·tion[ìnvətéiʃən] *n.* Ⓤ 초대; Ⓒ 초대장; [U,C] 유혹, 유인.

:in·vite[inváit] *vt.* 초대〔권유〕하다; 간청하다; (일을) 야기시키다; 끌다. — [∠–] *n.* Ⓒ《口》초대(장). **in·vít·ing** *a.* 마음을 끄는, 유혹적인. **in·vít·ing·ly** *ad.*

in·vo·ca·tion[ìnvəkéiʃən] *n.* [U,C] (신의 구원을 비는) 기도, 기원.

***in·voice**[ínvɔis] *n., vt.* Ⓒ 〖商〗 (…의) 송장(送狀)(을 작성하다).

***in·voke**[invóuk] *vt.* ① (구원을 신에게) 빌다, 기원하다. ② (법률에) 호소하다; 간청하다. ③ (마법으로 영혼을) 불러내다.

in·vol·un·tar·y**[invɑ́ləntèri/-vɔ́ləntəri] *a.* 무의식적인; 의사에 반한, 본의 아닌; 〖生〗 불수의(不隨意)의. **～ *homicide 과실 치사. **～ *muscles*** 불수의근(筋). **-tar·i·ly**[-rili] *ad.* 저도 모르게; 본의 아니면서, 마지못해.

in·vo·lute[ínvəlùːt] *a.* 복잡한; 감아 오른; 나선 꼴의; 〖植〗 안쪽으로 말린; 〖動〗 소용돌이 꼴의. ***-lu·tion**[∠–lúːʃən] *n.* Ⓤ 회선(回旋); Ⓒ 회선물; Ⓤ 복잡.

:in·volve[invɑ́lv/-ɔ́-] *vt.* ① (…을) 포함하다, 수반하다. ② 연좌〔관련〕시키다(*in*); 복잡하게 만들다. ③ 열중시키다; 싸다. ***～·ment** *n.*

***in·volved**[invɑ́lvd/-ɔ́-] *a.* 복잡한,

I

뒤얽힌, 혼란한; (재정이) 곤란한.
in·vul·ner·a·ble [invʌ́lnərəbəl] *a.* 상처를 입지 않는, 불사신의; 공격에 견디는, 반박할 수 없는.
:in·ward [ínwərd] *a.* 내부(로)의; 내륙 지방의; 내적인, 마음의. —— *ad.* 안으로, 내부에; 내심에. —— *n.* (*pl.*) 창자, 내장. ***~·ly** *ad.* 내부에, 안으로; 마음 속으로; 작은 소리로. **~·ness** *n.* Ⓤ 내심; 진의; 열의; 본질. **~s** *ad.* =INWARD.
in·weave [inwíːv] *vt.* (**-wove, ~d; -woven, -wove, ~d**) 짜넣다, 섞어 넣다(*with*). 「WRAP.
in·wrap [inrǽp] *vt.* (**-pp-**) =EN-
in·wrought [inrɔ́ːt] *a.* 짜넣은 무늬의; 뒤섞인.
Io 〖化〗 ionium. **Io.** Iowa. **I/O** input/output. **IOC** International Olympic Committee.
i·o·dide [áiədàid] *n.* Ⓤ,Ⓒ 〖化〗 요오드화물(化物).
i·o·dine [áiədàin, -dìːn], **-din** [-din] *n.* Ⓤ 〖化〗 요오드, 옥소.
i·o·do·form [aióudəfɔ̀ːrm, -ád-/-ɔ́d-] *n.* Ⓤ 〖化〗 요오드포름.
I.O.J. International Organ of Journalists.
i·on [áiən, -an/-ɔn] *n.* Ⓒ 〖理·化〗 이온. **~·ize** [-àiz] *vt.* 이온화하다.
íon èngine 이온 엔진《고속 이온을 가속 분해하여 추진력을 얻음》.
íon exchànge 〖化〗 이온 교환.
I·o·ni·a [aióuniə] *n.* 이오니아《소아시아 서부 지방, 고대 그리스의 식민지》. **~n** *a.* 이오니아(사람)의.
I·on·ic [aiánik/-ɔ́-] *a., n.* 이오니아(사람)의; 〖建〗 이오니아식의; Ⓤ 이오니아 방언. 「오늄.
i·o·ni·um [aióuniəm] *n.* Ⓤ 〖化〗 이
i·on·o·sphere [aiánəsfìər/-ɔ́-] *n.* (the ~) 〖理〗 전리층.
IOOF Independent Order of Odd Fellows.
i·o·ta [aióutə] *n.* Ⓤ,Ⓒ 그리스어 알파벳의 아홉째 글자(I, ι; 영어의 I, i에 해당); (an ~) 근소. 「증서.
IOU, I.O.U. I owe you. 차용
***I·o·wa** [áiəwə, -wei] *n.* 미국 중부의 주《생략 Ia.》.
IPA International Phonetic Alphabet [Association]; International Publishers Association. **IPBM** interplanetary ballistic missile. **IPC** International Petroleum Commission. **IPCC** Intergovernmental Panel on Climate Change 기후 변동에 관한 정부간 패널.
Iph·i·ge·ni·a [ìfədʒənáiə] *n.* 〖그神〗 이피게니아《Agamemnon과 Clytemnestra의 딸》.
I.P.I. International Press Institute. **IPO** initial public offering 《美》 주식 공개. **IPR** Institute of Pacific Relations.
ip·se dix·it [ípsi díksit] (L. =he himself said) 독단(적인 말).
ip·so fac·to [ípsou fǽktou] (L. =by the fact itself) 바로 그 사실에 의하여; 사실상.
IPU Inter-Parliamentary Union.
IQ, I.Q. intelligence quotient.
i.q. *idem quod* (L.) (=the same as). **Ir** 〖化〗 iridium. **Ir.** Ireland; Irish.
ir- [i] *pref.* ⇨IN.
IRA Irish Republican Army.
I·ran [irǽn, ai-, iərάːn] *n.* 이란《구명 페르시아》. **I·ra·ni·an** [iréiniən] *n., a.* Ⓒ 이란 사람(의); Ⓤ 이란 말(의); 이란의. 「PERSIAN.
I·ra·ni [inrάːni] *a.* =IRANIAN; =
I·raq, I·rak [irάːk] *n.* 이라크《아라비아 북부의 공화국》.
I·ra·qi [irάːki] *a., n.* 이라크의; Ⓒ 이라크 사람(의).
i·ras·ci·ble [irǽsəbəl, ai-] *a.* 성마른. **-bil·i·ty** [-ˌ--bíləti] *n.*
i·rate [áireit, -ˊ] *a.* 성난, 노한.
IRBM Intermediate Range Ballistic Missile. **IRC** International Red Cross.
ire [aiər] *n.* Ⓤ 《詩》 분노. **ˊ·ful** *a.* 「《詩》 분노한.
Ire. Ireland.
:Ire·land [áiərlənd] *n.* 아일랜드. ***Republic of* ~** 아일랜드 공화국《옛 이름은 Eire》.
ir·i·des·cence [ìrədésəns] *n.* Ⓤ 무지개 빛, 진주 광택. **-cent** *a.*
i·rid·i·um [airídiəm, ir-] *n.* Ⓤ 〖化〗 이리듐.
***i·ris** [áiris] *n.* (*pl.* **~es, irides** [-rədìːz, írə-]) Ⓒ 〖解〗 (눈의) 홍채(虹彩); 〖植〗 붓꽃속의 식물; 무지개; (I-) 〖그神〗 무지개의 여신.
:I·rish [áiriʃ] *a.* 아일랜드(사람·말)의. —— *n.* Ⓒ 아일랜드 사람; Ⓤ 아일랜드말. **~·man** [-mən] *n.* Ⓒ 아일랜드 사람. **~·wom·an** [-wùmən] *n.*
Írish dáisy 민들레.
Írish Frée Stàte 아일랜드 자유국《아일랜드 공화국의 구명》.
Írish potáto 감자.
Írish Séa, the 아일랜드 해.
irk [əːrk] *vt.* (…에게) 지치게 하다; 지루하게〔난처하게〕 만들다.
irk·some [ə́ːrksəm] *a.* 지루한, 성가신, 진력나는, 넌더리나는. **ˊ·ly** *ad.* **ˊ·ness** *n.*
IRO International Refugee Organization.
:i·ron [áiərn] *n.* ① Ⓤ 쇠, 철. ② Ⓒ 철제 기구, 철기; Ⓒ 다리미, 아이론. ③ (*pl.*) 수갑, 차꼬. ④ Ⓒ 〖골프〗 쇠머리 골프채. ⑤ Ⓤ 굳기, 견고. ***have (too) many* ~*s in the fire*** 단번에 너무 많은 일에 손을 대다. ***in* ~*s*** 잡힌 몸이 되어. ***rule with a rod of* ~** 학정(虐政)을 행하다. ***Strike while the* ~ *is hot.*** 《속담》 쇠는 달았을 때 쳐라. ***will of* ~** 철석 같은 의지. —— *a.* 쇠의, 쇠같은; 철제의; 견고한, 냉혹한. —— *vt.* (…에) 다림질하다; 수갑을〔차꼬를〕 채우다; 쇠로 덮어싸다; 장갑(裝

甲)하다.

íron àge, the 철기 시대.

íron·bóund *a.* 쇠로 감은[싼]; 굳은; 엄한; 바위가 많은.

Íron Cháncellor 철혈 재상《독일의 정치가 Bismarck의 이칭》.

íron·clád *a., n.* 장갑된; (조약·협정 따위) 엄한; Ⓒ 철갑함(鐵甲艦).

Íron Cróss 철십자(鐵十字) 훈장《프러시아·오스트리아의 무공 훈장》.

íron cúrtain, the 철의 장막.

íron fòunder 주철 제조(업)자.

íron fòundry 주철소, 제철소.

íron gráy [**gréy**] 철회색의.

íron·hánded *a.* 냉혹한.

íron·héarted *a.* 《口》 냉혹한.

íron hórse 《口》 (초기의) 기관차; 《美俗》 탱크.

íron hóuse 《美俗》 감방, 감옥.

***i·ron·ic**[airɑ́nik/-ɔ́-], **-i·cal**[-əl] *a.* 비꼬는, 반어적인. **-i·cal·ly** *ad.*

íron·ing *n.* Ⓤ 다림질.

íroning bòard 다림질판.

íron lúng 철폐(鐵肺)《철제의 호흡 보조기》.

íron mán 뛰어난 힘을 가진 사람; 철완 투수; 《美俗》 1달러 지폐[은화].

íron·màster *n.* Ⓒ 철기 제조 업자, 제철업자, 철공장 주인.

íron·mònger *n.* Ⓒ 《英》 철물상.

íron pýrites 황철광(黃鐵鑛).

íron ràtion(s) 비상 휴대 식량《통조림》.

íron·sìdes *n. pl.* 《단수 취급》 철갑함(鐵甲艦).

íron·smìth *n.* Ⓒ 철공; 대장장이.

íron·stòne *n.* Ⓤ 철광석.

íron tríangle 《美》 철의 삼각지대《정부 정책에 영향을 주는 기업·민간 단체를 대변하는 로비스트, 의원과 의회진용, 관료 기구》.

íron·wàre *n.* Ⓤ 철기(鐵器).

íron·wòod *n.* Ⓤ 경질재(硬質材); Ⓒ 그 수목.

íron·wòrk *n.* Ⓤ 철제품.

íron·wòrks *n. pl.* & *sing.* 철공소, 제철소.

:i·ro·ny[áirəni] *n.* Ⓤ 반어; 비꼼.

Ir·o·quois[írəkwɔ̀i] *n.* (*pl.* ~ [-z])(북아메리카의) 이러쿼이 토인.

ir·ra·di·ate[iréidièit] *vt.* 비추다, 빛나다; (얼굴 따위를) 밝게 하다; (빛 따위를) 방사(放射)하다(radiate); (자외선 따위를) 쐬다. — *vi.* 빛나다. **-a·tion**[–⌒–éiʃən] *n.*

***ir·ra·tion·al**[irǽʃənəl] *a.* 불합리한; 이성이 없는; 〖數〗 무리수(無理數)의. — *n.* Ⓒ 〖數〗 무리수. **~·ly** *ad.* **~·i·ty**[–⌒–ǽləti] *n.*

irrátional númber [**róot**] 무리수[근].

ir·re·claim·a·ble[ìrikléiməbəl] *a.* 돌이킬 수 없는; 교정(矯正)할 수 없는; 개간할 수 없는.

ir·rec·on·cil·a·ble[irékənsàiləbəl] *a.* 화해할 수 없는; 조화되지 않는, 대립[모순]된(*to, with*). — *n.* Ⓒ 비타협적인 사람.

ir·re·cov·er·a·ble[ìrikʌ́vərəbəl] *a.* 돌이킬[회복할] 수 없는. **-bly** *ad.*

ir·re·deem·a·ble[ìridí:məbəl] *a.* 되살 수 없는; (공채가) 무상환(無償還)의; (지폐가) 불환(不換)의; (병이) 불치의. **-bly** *ad.*

ir·re·duc·i·ble[ìridjú:səbəl] *a.* 줄일[감할] 수 없는.

ir·ref·ra·ga·ble[iréfrəgəbəl] *a.* 논박[부정]할 수 없는.

ir·ref·u·ta·ble [iréfjutəbəl, ìrifjú:-] *a.* 반박[논파]할 수 없는.

:ir·reg·u·lar[irégjələr] *a.* 불규칙한; 불법의; 규율 없는; 고르지 않은, 요철(凹凸)이 있는; 〖軍〗 부정규의; 〖文〗 불규칙 변화의. **~ *verb*** 불규칙 동사. — *n.* Ⓒ 불규칙한 사람[것]; (보통 *pl.*) 부정규병. **~·ly** *ad.* * **~·i·ty**[–⌒–lǽrəti] *n.*

ir·rel·a·tive[irélətiv] *a.* 관계 없는; 대중[짐작]이 틀리는.

ir·rel·e·vant[iréləvənt] *a.* 부적절한; 무관계한. **-vance, -van·cy** *n.*

ir·re·li·gion[ìrilídʒən] *n.* Ⓤ 무종교; 불신앙. **-gious** *a.*

ir·re·me·di·a·ble[ìrimí:diəbəl] *a.* 치료할 수 없는; 돌이킬 수 없는.

ir·re·mov·a·ble[ìrimú:vəvəl] *a.* 옮길[움직일] 수 없는; 제거할[면직시킬] 수 없는.

ir·rep·a·ra·ble[irépərəbəl] *a.* 수선[회복]할 수 없는; 돌이킬 수 없는. **-bly**[-li] *ad.*

ir·re·pat·ri·a·ble[ìripéitriəbəl] *n.* Ⓒ (정치적 이유 따위로) 본국에 송환할 수 없는 사람.

ir·re·place·a·ble[ìripléisəbəl] *a.* 바꾸어 놓을[대체할] 수 없는.

ir·re·press·i·ble[ìriplésəbəl] *a.* 억제할 수 없는.

ir·re·proach·a·ble[ìripróutʃəbəl] *a.* 비난할 수 없는, 결점없는, 탓할 나위 없는.

***ir·re·sist·i·ble**[ìrizístəbəl] *a.* 저항할 수 없는; 제어할 수 없는; 불문곡직의. **-bly**[-li] *ad.*

***ir·res·o·lute**[irézəlù:t] *a.* 결단력 없는, 우유부단한. **-lu·tion**[–⌒–lú:ʃən] *n.*

ir·re·solv·a·ble[ìrizɑ́lvəbəl/-ɔ́-] *a.* 분해[분리, 해결]할 수 없는.

ir·re·spec·tive[ìrispéktiv] *a.* …에 관계[상관]없는(*of*). **~·ly** *ad.*

***ir·re·spon·si·ble** [ìrispɑ́nsəbəl/-ɔ́-] *a.* 책임을 지지 않는; 무책임한.

ir·re·spon·sive[ìrispɑ́nsiv/-ɔ́-] *a.* 반응[반향]이 없는(*to*).

ir·re·triev·a·ble[ìritrí:vəbəl] *a.* 돌이킬[회복할] 수 없는. **-bly** *ad.*

ir·rev·er·ent[irévərənt] *a.* 불경한, 비례(非禮)의. **-ence** *n.*

ir·re·vers·i·ble[ìrivə́:rsəbəl] *a.* 거꾸로 할 수 없는; 취소할 수 없는.

ir·rev·o·ca·ble[irévəkəbəl] *a.* 되부를 수 없는; 취소할 수 없는; 변경할 수 없는. **-bly** *ad.*

ir·ri·ga·ble[írigəbəl] *a.* 관개(灌漑)할 수 있는.

***ir·ri·gate**[írəgèit] *vt.* (…에) 관개하다; 〖醫〗 관주(灌注)하다. **-ga·tor** [-tər] *n.* Ⓒ 〖醫〗 관주기, 이리게이터. ***-ga·tion**[⌐-géiʃən] *n.*

***ir·ri·ta·ble**[írətəbəl] *a.* 성 잘 내는, 성마른; (자극에) 과민한; 〖病〗 염증(炎症)을 잘 일으키는; 〖生〗 자극 반응력이 있는. **-bly** *ad.* **-bil·i·ty** [⌐-—bíləti] *n.* Ⓤ 성마름; 과민성; 〖生〗 자극 반응.

ir·ri·tant[írətənt] *a.* 자극하는. — *n.* Ⓒ 자극제〔물〕.

:ir·ri·tate[írətèit] *vt.* 초조하게 만들다; 노하게 하다; 염증을 일으키게 하다; 〖病·生〗 (기관·조직을) 자극하다; 〖法〗 무효로 하다. **-tat·ing** *a.* ***-ta·tion**[⌐-téiʃən] *n.* Ⓤ 성남, 성나게 함; Ⓒ 화냄; Ⓤ 자극.

ir·rup·tion[irʌ́pʃən] *n.* Ⓤ,Ⓒ 침입, 침략.

I.R.S. 《美》 =INTERNAL REVENUE SERVICE.

Ir·ving[ə́:rviŋ], **Washington** (1783-1859) 미국의 작가.

†is[強 iz, 弱 z, s] *v.* be의 3인칭·단수·직설법 현재.

Is. Isaiah; Island. **is.** island; isle. **Isa.** Isaiah. **I.S.A.** International Sugar Agreement.

I·saac[áizək] *n.* 〖聖〗 이삭《abraham의 아들, Jacob의 아버지》.

I·sa·iah[aizéiə/-áiə] *n.* 〖聖〗 이사야《헤브라이의 대예언자》; 〖舊約〗 이사야서(書)《구약의 한 편》.

I.S.B.N. International Standard Book Number 국제 표준 도서 번호.

Is·car·i·ot[iskǽriət] *n.* 〖聖〗 이스가리옷《유다의 성(姓)》; Ⓒ 배반자.

ISDN integrated services digital network (종합 정보 통신망).

-ish[iʃ] *suf.* ① '…다운' '…한 성질의' '약간 …'의 뜻의 형용사를 만듦: book*ish*, child*ish*, whit*ish*. ② 지명의 형용사를 만듦: Brit*ish*, Engl*ish*, Pol*ish*, Swed*ish*.

Ish·ma·el·ite[íʃmiəlàit, -mei-] *n.* 〖聖〗 Ishmel[íʃmeiəl]의 자손; Ⓒ 무숙자(無宿者)(outcast).

i·sin·glass[áiziŋglæ̀s, -ɑ̀:-] *n.* Ⓤ 부레풀; 〖鑛〗 운모.

I·sis[áisis] *n.* (이집트의) 풍요의 여신.

Isl(s)., isl(s). island(s); isle(s).

Is·lam[islɑ́:m, íslәm/ízlɑ:m] *n.* Ⓤ 이슬람교, 마호메트교; Ⓒ 이슬람교도〔국〕. **~·ism**[ísləmìzəm, íz-] *n.* Ⓤ 이슬람교. **~·ite**[-àit] *n.* Ⓒ 이슬람교도. **~·ic**[islǽmik/iz-] *a.*

Islám Commúnity in the Wést, the 서유럽 이슬람 공동체 《Black Muslim의 정식 명칭》.

†is·land[áilənd] *n.* Ⓒ ① 섬; 섬 비슷한 것. ② (가로상의) 안전 지대. ③ (배의) 상부 구조. ④ (항공 모함 따위의) 사령탑, '아일란드'《굴뚝·기중기 따위가 있음》. ⑤ 〖解〗 (세포의) 섬. **~·er** *n.* Ⓒ 섬사람.

ísland plátform 〖鐵〗 (양측이 선로인) 고도식(孤島式) 플랫폼.

:isle[ail] *n.* Ⓒ 섬, 작은 섬.

***is·let**[áilit] *n.* Ⓒ 작은 섬.

ism[ízəm] *n.* Ⓒ 이즘, 주의, 학설.

†isn't[íznt] is not의 단축.

i·so[áisou] *n.* (*pl.* **~s**) 《美俗》 독방.

ISO International Standardization Organization. **I.S.O.** 《英》 Imperial Service Order.

i·so·ag·glu·ti·na·tion [àisouəglù:tənéiʃən] *n.* Ⓤ 〖醫〗 (수혈에 의한) 동종(同種) 응집 (반응).

i·so·bar[áisəbɑ̀:r] *n.* Ⓒ 〖氣〗 등압선; 〖理·化〗 동중핵(同重核).

i·so·cheim[áisəkàim] *n.* Ⓒ 〖氣〗 (지도상의) 동계(冬季) 등온선, 등한선.

i·so·chro·mat·ic[àisəkrəmǽtik] *a.* 〖光〗 등색(等色)의; 〖寫〗 정색(整色)의.

i·soch·ro·nous[aisɑ́krənəs/-ɔ́-] *a.* 등시(等時)(성)의.

i·so·gloss[áisəglɔ̀:s, -lɑ̀s/-lɔ̀s] *n.* Ⓒ 〖言〗 등어선(等語線).

i·so·gon·ic[àisəgɑ́nik/-ɔ́-] *a., n.* 등각의; 등편각(等偏角)의; =∠ líne 등편각선.

:i·so·late[áisəlèit] *vt.* ① 고립시키다. ② 〖電〗 절연하다; 〖化〗 단리(單離)시키다; 〖醫〗 격리시키다. ***-lat·ed**[-id] *a.* 고립〔격리〕된.

:i·so·la·tion[àisəléiʃən] *n.* Ⓤ 고립; 절연; 유리; 격리. **~ *hospital*** 격리 병원. **~·ism**[-ìzəm] *n.* Ⓤ (특히 미국의) 고립주의. **~·ist** *n.*

i·so·mer[áisəmər] *n.* Ⓒ 〖化〗 이성체(異性體); 〖理〗 이성핵. **~·ic**[⌐—mérik] *a.*

i·so·met·ric[àisəmétrik], **-ri·cal** [-əl] *a.* 크기가 같은, 같은 용적의.

i·som·e·try[aisɑ́mətri/-sɔ́m-] *n.* Ⓤ 등대; 등적; 〖地〗 등고.

i·so·mor·phic [àisəmɔ́:rfik] *a.* 〖生〗 같은 모양의; 〖生·化〗 isomorphism의.

i·so·mor·phism[àisəmɔ́:rfizəm] *n.* Ⓒ 〖生·化〗 유질동상(類質同像); 〖數〗 동형(同型).

i·so·ni·a·zid[àisənáiəzid] *n.* Ⓤ 〖藥·化〗 이소니아지드《결핵 치료 예방제》.

i·so·pol·i·ty [àisəpɑ́ləti/-pɔ́l-] *n.* Ⓤ (다른 공통 사회에 있어서의) 평등한 시민권.

i·so·pro·pyl[àisəpróupil] *a.* 〖化〗 이소프로필기(基)를 함유하는.

i·sos·ce·les[aisɑ́səlì:z/-ɔ́-] *a.* 이등변의《삼각형 따위》.

i·so·therm[áisəθə̀:rm] *n.* Ⓒ 〖氣·理〗 등온선(等溫線). **-ther·mal**[⌐—θə́:rməl] *a.* 등온(선)의.

i·so·tón·ic contráction[àisətɑ́nik-/-tɔ́n-] 등장성(等張性) 수축.

i·so·tope[áisətòup] *n.* Ⓒ 〖化〗 동위체.

i·so·tron[áisətrɑ̀n/-ɔ̀n] *n.* Ⓒ 〖理〗 아이소트론《동위체 전자 분리기》.

i·so·trop·ic [àisətrɑ́pik/-ɔ́-] *a.*

〖理〗 등방성(等方性)의.

i·so·type[áisətàip] *n.* Ⓒ 〖統〗 (일정한 수를 나타내는) 동형상(同形像) 《같은 모양으로 그려진 사람·자동차·야채 따위의 그림》; 동형상(을 사용한) 통계도.

Isr. Israel.

***Is·ra·el**[ízriəl, -reiəl] *n.* ① 〖聖〗 야곱(Jacob)의 별명; 《집합적》 야곱의 자손; Ⓒ 이스라엘 사람, 유대 사람. ② (옛날의) 이스라엘; (지금의) 이스라엘 공화국(1948-). **Is·rae·li**[izréili] *a., n.* Ⓒ 이스라엘의 (사람). **~·ite**[ízriəlàit] *n.* Ⓒ 야곱의 자손, 이스라엘〔유대〕 사람.

is·su·ance[íʃu:əns] *n.* Ⓤ 발행, 발포(發布); 지급, 급여.

:is·sue[íʃu:] *n.* ① Ⓤ 발행, 발포, 발간. ② Ⓒ 발행물〔부수〕; Ⓒ (출판물의) 제 …판〔호〕. ③ Ⓒ 출구, 강어귀. ④ Ⓤ 유출; Ⓒ 유출물. ⑤ Ⓒ 논쟁(점); (계쟁) 문제. ⑥ Ⓤ 자손. ⑦ Ⓤ,Ⓒ 〖軍〗 지급(품). ***at ~*** 논쟁중의; 미해결의. ***in the ~*** 결국은. ***join ~ with*** …와 논쟁하다. ***make an ~ of*** …을 문제삼다. ***take ~ with*** …에 반대하다. — *vi.* ① (흘러) 나오다, 나타나다. ② 유래하다; 태어나다; 생기다(*from*). ③ 《古》 결과가 …이 되다(*in*). — *vt.* ① (…에) 내다; 발포하다(send forth); 출판하다. ② (식량 따위를 군인·시민에게) 배급하다.

-ist[ist] *suf.* '사람'을 나타내는 명사를 만듦: chem*ist*, dramat*ist*.

Is·tan·bul[ìstænbú:l, -tɑ:n-] *n.* 터키의 도시《구명 Constantinople》.

isth·mi·an[ísmiən] *a.* 지협의; (I-) Corinth 〔Panama〕 지협의.

isth·mus**[ísməs] *n.* (*pl.* ***~es, -mi[-mai]) Ⓒ 지협(地峽); (the I-) Panama 지협.

ISU International Students Union; International Shooting 〔Skating〕 Union 국제사격〔스케이트〕연맹. **ISV** International Scientific Vocabulary.

†it[it] *pron.* (*pl.* ***they; them***) 그것(은, 이, 에, 을). CATCH ***it.*** FOOT ***it.*** LORD ***it over.*** — *n.* Ⓒ (술래잡기 따위의) 술래; Ⓤ 《俗》 성적 매력.

It., Ital. Italian; Italy. **ITA** 《英》 Independent Television Authority; International Tin Agreement; Initial Teaching Alphabet. **ital.** italic(s).

:I·tal·ian[itǽljən] *a., n.* 이탈리아(사람·말)의; Ⓒ 이탈리아 사람; Ⓤ 이탈리아어.

i·tal·ic**[itǽlik] *a.* 〖印〗 이탤릭체〔사체〕의. — *n.* Ⓤ (보통 *pl.*) 이탤릭체. ***Author's ~s 원저자에 의한 사체《각주(脚注)의 일러두기》. ***The ~s are mine.*** 사체로 한 것은(원저자가 아니고) 필자.

i·tal·i·cize[itǽləsàiz] *vt., vi.* (…을) 이탤릭체로 인쇄하다〔를 사용하다〕; 이탤릭체를 표시하기 위하여 밑줄을 치다.

†It·a·ly[ítəli] *n.* 이탈리아.

ITC., I.T.C. International Trade Charter.

***itch**[itʃ] *n.* ① (an ~) 가려움. ② (the ~) 〖病〗 옴. ③ (*sing.*) 열망. — *vi.* 가렵다; …하고 싶어서 좀이 쑤시다. **∠·y** *a.* 가려운; 옴오른.

***i·tem**[áitəm, -tem] *n.* Ⓒ ① 조목, 세목. ② 신문 기사(의 한 항목). — [-tem] *ad.* (항목 처음에 써서) 마찬가지로, 또. **~·ize**[-àiz] *vt.* 《美》 조목별로 쓰다.

it·er·ate[ítərèit] *vt.* 되풀이하다. **-a·tion**[∼-éiʃən] *n.* **-a·tive**[-ərèitiv, -rə-] *a.* 되풀이하는.

ITF International Trade Fair.

Ith·a·ca[íθəkə] *n.* 그리스 서방의 작은 섬《Odysseus의 출생지》.

***i·tin·er·ant**[aitínərənt, it-] *a., n.* 순회하는; Ⓒ 순회(설교)자; Ⓒ 행상인. **-an·cy** *n.*

i·tin·er·ar·y[aitínərèri, it-/-rəri] *n.* Ⓒ 여행 안내; 여행기; 여행 일정; 여정(旅程). — *a.* 순회하는; 여행의, 여정의.

i·tin·er·ate[aitínərèit, it-] *vi.* 순회하다.

-i·tis[àitis] *suf.* '염증'의 뜻을 만듦: appendic*itis*, tonsill*itis*.

ITO International Trade Organization. **ITP** intelligent terminal test program 〖컴〗 지적 단말 테스트 프로그램.

†its[its] *pron.* 그것의《it의 소유격》.

†it's[its] it is 〔has〕의 단축.

†it·self[itsélf] *pron.* (*pl.* ***themselves***) 그 자신, 그것 자체. ***by ~*** 자동적으로. ***for ~*** 단독으로, 혼자 힘으로. ***in ~*** 본래, 본질적으로. ***of ~*** 자연히, 저절로.

it·sy-bit·sy[ítsibítsi] *a.* 조그마한, 작고 귀여운.

I.T.T.F. International Table Tennis Federation.

it·ty-bit·ty[ítibíti] *a.* 《口》 =ITSY-BITSY.

I.T.U. International Telecommunication Union.

ITV industrial television. **IU** international unit 비타민의 국제단위. **IUCW** International Union for Child Welfare 국제아동 복지 연합. **IUD** intrauterine device.

IV[áiví:] *n.* Ⓒ 전해질·약제·영양을 점적하는 장치(*an ~ bottle*).

-ive[iv] *suf.* '경향·성질·기능' 따위를 나타내는 형용사·명사를 만듦: act*ive*, destruct*ive*, pass*ive*; execut*ive*.

†I've[aiv] I have의 단축.

i·vied[áivid] *a.* ivy로 덮인.

:i·vo·ry[áivəri] *n.* ① Ⓤ 상아; 상아 유사품. ② (*pl.*) 상아 제품. ③ Ⓒ 《俗》 주사위, 피아노의 건(鍵). ④ Ⓤ 상아색.

ívory bláck 흑색 그림물감.

Ívory Cóast, the 코트디브와르 (Côte d'Ivoire)의 구칭.
ívory dóme 《美俗》 ① 바보, 얼간이. ② 지식인, 전문가.
ívory pàlm 상아 야자.
ívory tówer 상아탑《실사회를 떠난 사색의 세계》; 세상에서 격리된 장소.
***i·vy**[áivi] *n.* Ⓤ 〖植〗 담쟁이덩굴.
ívy còttage, ívy-covered cóttage 《口》 옥외 변소.
Ívy léague 《형용사 취급》 (Harvard, Yale, Columbia 등) 미국 동북부의 유서깊은 대학의[에 속하는].
I.W. the Isle of Wight. **IWA(C)** International Whaling Agreement (Convention). **I.W.T.D.** 《英》 Inland Water Transport Department. **IWW, I.W.W.** Industrial Workers of the World. **IX, I.X.** Jesus Christ.
IYRU International Yacht Racing Union 국제 요트 경기 연맹.
-ize[aiz] *suf.* '…으로 하다, …화하다, …이 되다, …화 하게 하다'의 뜻의 동사를 만듦: American*ize*, western*ize*.
Iz·ves·ti·a[izvéstiə] *n.* (Russ. =news) 이즈베스티야《러시아의 일간지》(cf. Pravda).
iz·zard[ízərd] *n.* Ⓤ,Ⓒ 《方》 z자. ***from A to ~*** 처음부터 끝까지, 모조리.

J

J, j[dʒei] *n.* (*pl.* ***J's, j's***[-z]) Ⓒ J자 모양(의 것).
J joule(s). **J.** Journal; Judge; Justice. **Ja.** James, January. **J.A.** Joint Agent; Judge Advocate. **J/A, j/a** joint account.
jab[dʒæb] *n., vt., vi.* (**-bb-**) Ⓒ 콱 찌르기[찌르다](*into*); 〖拳〗 잽(을 먹이다).
jab·ber [dʒǽbər] *n., vi., vt.* Ⓤ 재잘거림; 재잘거리다.
ja·bot[dʒæbóu, ʒæbóu] *n.* Ⓒ (양장의) 깃에서 앞가슴의 주름 장식.
Jac. Jacob; *Jacobus* (L. = James). **J.A.C.** Junior Association of Commerce.
jack**[dʒæk] *n.* Ⓒ ① (*or* J-) 《口》 사나이, 젊은이, 소년; 놈. ② (*or* J-) 뱃사람, 선원. ③ (트럼프의) 잭. ④ 〖機〗 잭《밀어 올리는 기계》. ⑤ 〖海〗 (국적을 나타내는) 선수기(船首旗). ⑥ (당나귀나 토끼의) 수컷(cf. jenny). ⑦ 플러그 (꽂는) 구멍. ⑧ 〖海〗 제일 큰 마스트[돛대] 꼭대기의 가로쇠. ⑨ (*pl.*) 공기놀이; 공깃돌의 일종《돌·쇠》(jackstones). ***before you could* [*can*] *say J- Robinson 느닷없이, 갑자기. ***every man ~*** 《俗》 누구나다. ***J- and Gill*** [***Jill***] (한 쌍의) 젊은 남녀. ── *vt.* (잭으로) 들어 올리다. **~ *up*** (잭으로) 밀어 올리다; (임금·값을) 올리다, (일·계획 등을) 포기하다.
jàck-a-dándy *n.* Ⓒ 멋쟁이, 맵시꾼.
jack·al[dʒǽkɔːl] *n., vi.* Ⓒ 〖動〗 자칼; 앞잡이 (노릇하다).
jack·a·napes [dʒǽkənèips] *n.* Ⓒ 건방진[버릇 없는] 녀석; 《古》 원숭이.
jáck·àss *n.* Ⓒ 수탕나귀; 멍텅구리, 바보.
jáck·bòot *n.* Ⓒ 긴 장화.
jáck·dàw *n.* Ⓒ 〖鳥〗 (영국 등의) 갈가마귀. ***a ~ with borrowed plumes*** 뱁새 황새 따라가기.
***jack·et**[dʒǽkit] *n.* Ⓒ ① (양복) 상의, 재킷. ② (책의) 커버. ③ (감자) 껍질. ④ 모피, 외피.
jácket potáto 껍질을 벗기지 않은채 구운 감자.
Jáck Fróst 《의인》 서리.
jáck·hàmmer *n.* Ⓒ 소형의 착암기.
jáck-in-a[the]-bòx *n.* Ⓒ 꽃불의 일종; 도깨비 상자; 〖機〗 차동 장치(差動裝置).
jáck-in-òffice *n.* Ⓒ 거만한 하급 「관리.
jáck-in-the-púlpit *n.* Ⓒ 〖植〗 천남성류(類)《북미산》.
Jáck Kétch[-kétʃ] 《英俗》 교수형 집행인.
jáck·knìfe *n.* Ⓒ 대형 접칼; 〖水泳〗 잭나이프《다이빙형의 하나》.
jàck-of-áll-trádes *n.* (때로 J-) Ⓒ 무엇이나 다 하는 사람. ***~, (and) master of none*** 《속담》 다재는 무능(無能).
jack-o'-lan·tern [dʒǽkəlæ̀ntərn] *n.* Ⓒ 도깨비불.
jáck·pòt *n.* Ⓒ (포커놀이의) 적립한 판돈; 《口》 (뜻밖의) 대성공, 히트. ***hit the ~*** 《俗》 크게 한몫 보다.
Jáck Róbinson 《다음 성구로》 ***before you can say ~*** 눈 깜짝할 사이에, 금새, 갑자기.
jáck·scrèw *n.* Ⓒ 나사식 잭.
jáck·stòne *n.* Ⓒ 공깃돌《석재·금속제의》; (*pl.*) 《단수 취급》 공기놀이.
jáck·stràw *n.* Ⓒ 짚인형; 등신.
jáck-tár *n.* (종종 J- T-) Ⓒ 《口》 뱃사람, 수부(水夫), 수병.
***Ja·cob**[dʒéikəb] *n.* 〖聖〗 야곱《이삭(Isaac)의 둘째 아들》.
Jac·o·be·an [dʒæ̀kəbíːən] *a., n.* Ⓒ 〖英史〗 James Ⅰ세 시대(1603-25)의 (사람).
Jac·o·bin [dʒǽkəbin] *n.* Ⓒ 〖史〗 (프랑스 혁명 때) 자코뱅 당원; 《一般》

과격파의 사람.
Jac·o·bite[dʒǽkəbàit] *n.* Ⓒ 〚英史〛 (폐립 후) James Ⅱ 세파의 사람.
Jácob's ládder 〚聖〛 야곱의 사닥다리《그가 꿈에 본, 하늘까지 닿는》; 〚海〛 줄사닥다리.
jac·ti·ta·tion [dʒæ̀ktətéiʃən] *n.* Ⓤ,Ⓒ 〚法〛 사칭(詐稱); 〚醫〛 (환자의) 전전반측(轉轉反側). 「(빛).
jade[1][dʒeid] *n.* Ⓤ 옥(玉), 비취
jade[2] *n.* Ⓒ 야윈〔못쓰게 된〕 말; 닳아빠진 계집. — *vt., vi.* 피로케 하다; 지치다. **jad·ed**[⌐id] *a.* 몹시 지친; 물린; (여자가) 닳아빠진.
jáde gréen 비취색. 「매기.
jae·ger[jéigər] *n.* Ⓒ 〚鳥〛 도둑갈
jag[dʒæg] *n., vt.* (**-gg-**) Ⓒ (바위의) 뾰다구니; (톱날 모양의) 깔쭉깔쭉함; 깔쭉깔쭉하게 하다. **~·ged**[⌐id] *a.*
JAG, J.A.G. Judge Advocate General.
jag·uar [dʒǽgwɑːr/-gjuər] *n.* Ⓒ 〚動〛 아메리카표범.
jai a·lai[hái əlài, hài əlái] (Sp.) 하이알라이《핸드볼 비슷한 실내 경기》.
:jail[dʒeil] *n.* Ⓒ 구치소(cf. prison); 《一般》 교도소. — *vt.* (…에) 투옥하다. **⌐·er, ⌐·or** *n.* Ⓒ 간수.
jáil·bìrd *n.* Ⓒ 《口》 죄수; 전과자;
jáil·brèak *n.* Ⓒ 탈옥. ∟상습범.
jáil delìvery (재판을 위하여) 미결수를 교도소에서 내보냄; 강제 석방; 탈옥.
JAL Japan Air Lines.
ja·lop·y[dʒəlɑ́pi/-ɔ́-] *n.* Ⓒ 《口》 구식의 낡은 자동차〔비행기〕.
jal·ou·sie[dʒǽləsìː/ʒǽluːzìː] *n.* (F.) Ⓒ (미늘식의) 셔터, 발.
:jam[1][dʒæm] *n.* Ⓤ ① 붐빔, 혼잡, 잔뜩 채움〔넣음〕. ② 《美口》 곤경(困境), 궁지. ③ 〚컴〛 엉킴, 잼. — *vt.* (**-mm-**) ① 으깨다; 쑤셔넣다. ② 막다; 〚無電〛 (비슷한 주파수의 전파로) 방해하다. — *vi.* (기계 따위가 걸려서) 움직이지 않게 되다; 〚재즈〛 즉흥적으로 연주하다.
:jam[2] *n.* Ⓤ 잼.
Jam. Jamaica; James.
Ja·mai·ca[dʒəméikə] *n.* 자메이카 《서인도 제도 중의 영연방 독립국》.
Jamáica rúm 자메이카산의 럼술.
jamb(**e**)[dʒæm] *n.* Ⓒ 〚建〛 문설주.
jam·bo·ree [dʒæ̀mbəríː] *n.* Ⓒ 《口》 흥겨운 잔치; 소년단의 대회, 잼버리.
James[dʒeimz] *n.* 남자 이름; 〚聖〛 야곱《예수의 두 제자 이름》; (신약성서의) 야고보서.
James, Henry (1843-1916) 미국의 소설가《뒤에, 영국으로 귀화》.
jám·ming sùgar[dʒǽmiŋ-] 잼 제조용 설탕.
jám-pácked *a.* 빈틈없이 꽉 채운.
jams[dʒæmz] *n. pl.* (무릎까지 오는 원색 무늬의) 수영 팬츠.
jám sèssion (친구들끼리 기분을 내기 위해 하는) 즉흥 재즈 연주회(cf. jam[1]).
***Jan.** January.
jane[dʒein] *n.* Ⓒ 《美俗》 계집애, 여자.
jan·gle[dʒǽŋgəl] *n., vt., vi.* (*sing.*) 시끄러운 소리(를 내다); 짤랑짤랑(울리다, 울다); 싸움〔말다툼〕(하다).
:jan·i·tor[dʒǽnətər] (<Janus) *n.* Ⓒ 수위, 문지기; (빌딩 등의) 관리인.
†Jan·u·ar·y [dʒǽnjuèri/-əri] (<⇩) *n.* 1월《생략 Jan.》.
Ja·nus[dʒéinəs] *n.* 〚로神〛 야누스 《문을 지키는 쌍면신(雙面神)》.
Jánus-fàced *a.* (Janus처럼) 얼굴이 둘 있는; 위선의, 겉뿐인.
Jap[dʒæp] *a., n.* 《蔑》 =JAPANESE.
Jap. Japan(ese).
†Ja·pan[dʒəpǽn] *n.* 일본.
ja·pan *n., vt.* (**-nn-**) Ⓤ (…에) 옻칠(하다); 칠기(漆器).
†Jap·a·nese[dʒæ̀pəníːz] *a., n.* (*pl.* ～) 일본의; Ⓒ 일본 사람; Ⓤ 일본말.
Jápanese béetle 알풍뎅이《해충》. 「뇌염.
Jápanese encephalítis 일본
Jápanese ríver fèver 리케차병(病). 「장난(하다).
jape[dʒeip] *n., vi.* Ⓒ 농담(하다);
ja·pon·i·ca [dʒəpɑ́nikə/-ɔ́-] *n.* Ⓒ 〚植〛 동백나무; 모과나무.
:jar[1][dʒɑːr] *n.* Ⓒ 단지, 아가리 넓은 병; 항아리, 독.
***jar**[2] *n.* (*sing.*) ① 삐걱거리는 소리; 신경에 거슬리는 것〔일〕. ② 충격, 충돌; 부조화; 싸움. — *vi., vt.* (**-rr-**) 삐걱삐걱하다, 갈리(게 하)다; (신경에) 거슬리(게 하)다(*upon*); 진동하다〔시키다〕; (의견 따위가) 맞지 않다. **⌐·ring** *n., a.* Ⓤ,Ⓒ 진동(하는), 삐걱거림〔거리는〕; 불화(한), 부조화(한), 귀에 거슬리는.
jar·gon[dʒɑ́ːrgən, -gɑn] *n., vi.* Ⓤ 뜻을 알 수 없는 말(을 쓰다), 횡설수설(하다); Ⓤ,Ⓒ (특수한 직업·집단의) 변말〔전문어〕(을 쓰다).
Jas. James.
jas·min(**e**) [dʒǽzmin, -s-] *n.* Ⓤ,Ⓒ 〚植〛 재스민; Ⓤ 재스민 향수.
jásmine téa 재스민 차《말린 재스민 꽃을 넣은 차》.
Ja·son [dʒéisən] *n.* 〚그神〛 Argonauts 함대를 거느리고 황금 양털(Golden Fleece)을 얻어 온 영웅.
jas·per[dʒǽspər] *n.* Ⓤ,Ⓒ 〚鑛〛 벽옥(碧玉). 「이륙.
ja·to[dʒéitou] *n.* Ⓤ,Ⓒ 〚空〛 분사식
játo ùnit 〚空〛 이륙 보조 로켓.
jaun·dice[dʒɔ́ːndis, -ɑ́ː-] *n.* Ⓤ 황달(黃疸); 편견, 빙퉁그러짐. **~d**[-t] *a.* 황달의; 빙퉁그러진, 질투에 불타는. ***~d view*** 편견, 비뚤어진 견해.
jaunt[dʒɔːnt, -ɑː-] *n., vi.* Ⓒ 소풍〔산책〕(가다). 「2륜 마차.
jáunting càr (아일랜드의) 4인용
jaun·ty[dʒɔ́ːnti, -ɑ́ː-] *a.* 쾌활〔명랑〕한; 젠체하는. **-ti·ly** *ad.*
Jav. Javanese.
***Ja·va**[dʒɑ́ːvə] *n.* ① 자바(섬). ② Ⓤ

J

자바 커피; (종종 j-)《美俗》 커피.
Jáva màn 〖人類〗 자바인《1891년 자바에서 발굴된 화석 인류》.
Jav·a·nese[dʒævəníːz/-àː-] *a., n.* (*pl.* ~) 자바의; Ⓒ 자바 사람; Ⓤ 자바 말.
*__jave·lin__[dʒǽvəlin] *n.* Ⓒ (던지는) 창; (the ~) 그 경기. 「槍).
jávelin thròw(ing) 〖競〗 투창(投
Ja·vél(le) wàter[ʒəvél-] 자벨수(水)《표백제·소독제의 일종》.
:__jaw__[dʒɔː] *n.* ① Ⓒ 턱(cf. chin). ② (*pl.*) 입 부분; (골짜기·산길 등의) 어귀. ③ Ⓤ,Ⓒ 《俗》 수다; 잔소리. ***Hold your ~s!*** (입) 닥쳐. — *vt., vi.* 《俗》 (…에게) 잔소리하다, 군소리하다.
jáw·bòne *n.* Ⓒ 턱뼈, (특히) 아래 턱뼈; 《俗》 신용.
jáw·brèaker *n.* Ⓒ 딱딱한 과자(따위); 《口》 발음이 어려운 말.
*__jay__[dʒei] *n.* Ⓒ 〖鳥〗 어치; 《口》 얼간이.
Jay·cee[dʒéisíː] *n.* Ⓒ 청년 상공회의소(Junior Chamber of Commerce)의 회원.
jay·gee[dʒéidʒíː] (<(Lieutenant) *j*unior *g*rade) *n.* Ⓒ 《美》 중위.
Jay·hawk·er[dʒéihɔ̀ːkər] *n.* Ⓒ Kansas 주 사람; (때로 j-) 약탈자.
jay·vee[dʒéivíː] *n.* 《美口》 =JUNIOR VARSITY; Ⓒ (보통 *pl.*) 그 선수.
jáy·wàlk *vi.* 《美口》 (교통 규칙을[신호를] 무시하고) 길을 횡단하다. **~·er** *n.*
:__jazz__[dʒæz] *n.* Ⓤ ① 재즈 (댄스). ② 《美俗》 활기; 열광, 소동. ③ 《美俗》 과장; 허튼소리. — *a.* 재즈(조)의. — *vi., vt.* 재즈를 연주하다, 재즈식으로 하다; 《美俗》 활발하게 하다; 법석떨다.
Jázz Àge, the 재즈에이지《재즈가 유행한 미국의 1920년대》.
J́-bár lìft[dʒéibáːr-] 《美》 (J자형의) 스키 리프트.
JC Jesus Christ; Julius Caesar. **JCS** Joint Chiefs of Staff. **jct.** junction. **JD** 《口》 juvenile delinquency [delinquent]. **Je.** June.
:__jeal·ous__[dʒéləs] *a.* ① 질투 많은, 샘내는(*of*). ② (신이) 불신앙[불충성]을 용서치 않는. ③ 경계심이 강한; (잃지 않으려고) 조심하는, 소중히 지키는(*of*). **:~·ly** *ad.* **:~·y** *n.* Ⓤ,Ⓒ 질투, 샘; Ⓤ 경계심.
*__jean__[dʒiːn/dʒein] *n.* Ⓤ 진《튼튼한 능직(綾織) 무명》; (*pl.*) 그 천의 작업복, 바지.
jeep[dʒiːp] *n.* Ⓒ 《美》 지프(차); (J-) 그 상표명. — *vi., vt.* 지프로 가다[나르다].
*__jeer__[dʒiər] *n., vi., vt.* Ⓒ 조소(하다), 조롱(하다)(*at*).
Jef·fer·son[dʒéfərsən], **Thomas** (1743-1826) 미국 제3대 대통령; 독립선언의 기초자.
*__Je·ho·vah__[dʒihóuvə] *n.* 〖聖〗 여호와《이스라엘 사람들의 신》.
je·hu[dʒíːhjuː] *n.* Ⓒ 《諧》 (난폭하게 모는) 마부[운전사].
je·june[dʒidʒúːn] *a.* 영양분이 없는; 무미건조한; (땅이) 메마른.
Je·kyll[dʒíːkəl, -é-] *n.* 지킬 박사《R. L. Stevenson 작품 중의 의사》. (***Dr.***) ***~ and*** (***Mr.***) ***Hyde*** 이중 인격자.
jell[dʒel] *n., vt., vi.* =JELLY; (계획 등이) 구체화하다[되다], 굳어지다.
Jell-O [dʒélou] *n.* Ⓤ 〖商標〗 (과일의 맛·빛깔을 넣은) 젤리.
:__jel·ly__[dʒéli] *n.* Ⓒ,Ⓤ 젤리; Ⓤ 젤리잼; 젤리 모양의 것. ***beat to*** [***into***] ***a ~*** 늘씬하게 두들겨패다. — *vi., vt.* 젤리처럼 되(게 하)다.
*__jélly·fish__ *n.* Ⓒ 해파리; 《口》 의지가 약한 사람.
jem·my [dʒémi] *n.* =JIMMY; Ⓒ 《俗》 외투; 양(羊)의 머리《요리용》.
jen·net[dʒénit] *n.* Ⓒ 스페인산의 조랑말.
jen·ny[dʒéni] *n.* Ⓒ 이동 기중기; 방적기; (나귀·토끼·굴뚝새(wren) 따위의) 암컷(cf. jack).
jeop·ard [dʒépərd] *vt.* 《美·캐나다》 =⇩.
jeop·ard·ize[dʒépərdàiz] *vt.* 위험에 빠뜨리다, 위태롭게 하다.
jeop·ard·y[dʒépərdi] *n.* Ⓤ 위험(cf. danger).
Jer. Jeremiah.
jer·bo·a[dʒərbóuə] *n.* Ⓒ 〖動〗 날쥐《북아프리카·아시아산》.
jer·e·mi·ad [dʒèrəmáiəd, -æd] (<⇩) *n.* Ⓒ 비탄, 우는 소리, 하소연.
Jer·e·mi·ah[dʒèrəmáiə] *n.* 〖聖〗 예레미야《헤브라이의 예언자》; 〖舊約〗 예레미야서(書).
Jer·i·cho[dʒérəkòu] *n.* 〖聖〗 여리고《Palestine의 옵》; 궁벽한 곳. ***Go to ~!*** 《俗》 꺼져라!; 뒈져라!
:__jerk__[1][dʒəːrk] *vt., vi., n.* ① Ⓒ 홱 당기다[당김], 쿡 찌르다[찌름], 갑자기 밀다[밀기], 꽉 비틀다[비틀기], 휙 던지다[던지기]. ② 내뱉듯이 말하다. ③ Ⓒ 경련(을 일으키다); 《俗》 바보. ***the ~s*** (종교적 감동에 의한 손·발·안면의 발작적) 경련.
jerk[2] *n., vt.* Ⓤ 포육(脯肉)(으로 만들다).
jer·kin[dʒə́ːrkin] *n.* Ⓒ (16-17세기 남자의) 가죽 조끼; (여성용) 조끼.
jérk·wàter *n.* Ⓒ 《美口》 지선(支線)의 열차. — *a.* 지선의; 시골의; 하찮은.
jerk·y[⊿i] *a.* 갑자기 움직이는, 움찔하는, 경련적인; 《俗》 바보 같은.
jer·ry[dʒéri] *n.* Ⓒ 《英俗》 실내 변기.
jérry-buìlder *n.* Ⓒ 서투른 목수. **-building** *n.* Ⓒ 날림 건축. **-built** *a.* 날림으로 지은.
Jer·sey[dʒə́ːrzi] *n.* 영국 해협의 섬; Ⓒ 저지종의 젖소; =NEW JERSEY; (j-) Ⓒ 자라목 스웨터, 여자용

메리야스 속옷; Ⓤ (j-) 저지《옷감》.
***Je·ru·sa·lem**[dʒərúːsələm] *n.* 예루살렘《Palestine의 옛 도읍, 기독교·이슬람교·유대교도의 성지; 현재 Israel의 수도》.
Jerúsalem ártichoke 〖植〗 뚱딴지.
Jerúsalem póny 나귀.
Jes·per·sen[jéspərsən], **Otto** (1860–1943) 덴마크의 언어·영어 학자.
jess[dʒes] *n., vt.* Ⓒ 〖獵〗 (매의) 발목끈, 젓갓(을 매다).
jes·sa·mine[dʒésəmin] *n.* =JASMIN.
:jest[dʒest] *n.* Ⓒ 농담; 희롱; 웃음거리. ***in*** **~** 농담으로. — *vi.* 까불다(*with*), 농담을 하다; 우롱하다, 놀리다(*at*). **∠·er** *n.* Ⓒ 익살꾼; 조방꾸니.
jést·bòok *n.* Ⓒ 소화[만담]책.
Je·su[dʒíːzuː, -suː, jéi-] *n.* 《詩》 =JESUS.
Jes·u·it[dʒéʒuit, -zu-/-zju-] *n.* 〖가톨릭〗 (LOYOLA가 창설한) 예수회의 수사; (j-) 《蔑》 책략가; 궤변가.
:Jé·sus (**Chríst**) [dʒíːzəs(-)] *n.* 예수(그리스도).
Jésus frèak 《蔑》 열광적인 기독교 신자.
jet[1] [dʒet] *n.* Ⓤ 〖寶石〗 흑옥(黑玉).
:jet[2] *n., vi., vt.* (**-tt-**) Ⓒ 분출[분사](하다, 시키다), 사출(射出); 분출구; 제트기; 제트 엔진.
jét-bláck *a.* 칠흑의, 새까만.
jét-bòrne *a.* 제트기로 운반되는.
jét éngine 제트 엔진.
jét fíghter 제트 전투기.
jét fréighter (**tránsport**) 제트 수송기.
jét·lìner *n.* Ⓒ 제트 여객기.
jét pìlot 제트기 조종사.
:jét pláne 제트기.
jét·pòrt *n.* Ⓒ 제트기용 공항.
jét-propélled *a.* 분사 추진식의.
jét propúlsion 분사 추진.
jet·sam[∠səm] *n.* Ⓤ 〖海保〗 (해난 때 배를 가볍게 하기 위한) 투하.
jét sèt 《口》《집합적》 제트족(族)《제트기 따위로 유람하는 부유층》.
jét strèam 제트 기류(氣流).
jet·ti·son[dʒétəsən] *n.* 〖海保〗 = JETSAM. — *vt.* (바다로 짐을) 던지다.
jet·ty[1] [dʒéti] *a.* 흑옥(jet[1]) 같은; 새까만.
jet·ty[2] *n.* Ⓒ 방파제, 둑; 잔교(棧橋).
:Jew[dʒuː] *n.* Ⓒ 유대인. **∠·ess** *n.* Ⓒ 유대 여자. ***∠·ish** *a.*
:jew·el[dʒúːəl] *n.* Ⓒ 보석(박은 장식품); (귀중한) 보배. **~(l)ed**[-d] *a.* 보석박은[으로 꾸민]. ***∠·(l)er** *n.* Ⓒ 보석 세공인; 보석상. * **~·ry,** 《英》 **~·ler·y**[-ri] *n.* Ⓤ 보석류(類).
jéw·fish *n.* Ⓒ 〖魚〗 농어과의 큰 물고기.
Jew·ry[dʒúəri] *n.* Ⓒ 《집합적》 유대인[민족]; 유대인 지구(ghetto).
Jéw's (**Jéws'**) **hàrp** 구금(口琴) 《입에 물고 손가락으로 타는 악기》.
J.F.K. John Fitzgerald KENNEDY.
jg., j.g. 〖美海軍〗 junior grade.
jib[1] [dʒib] *n.* Ⓒ 뱃머리의 삼각돛. — *vi., vt.* (**-bb-**) (풍향에 따라) 돛이[활대가] 회전하다[을 회전시키다]. ***the cut of one's*** **~** 《口》 풍채, 몸차림.
jib[2] *vi.* (**-bb-**) 《英》 (말 따위가) 앞으로 나아가기 싫어하다, 갑자기 서다; (사람이) 망설이다, 주저하다.
jíb bòom 〖海〗 제 2 사장(斜檣).
jibe[1] [dʒaib] *v.* =JIB[1].
jibe[2] *v., n.* =GIBE.
jibe[3] *vi.* 《美口》 일치[조화]하다.
jiff[dʒif] **jif·fy**[dʒífi] *n.* 《口》 (a ~) 순간. ***in a*** **~** 바로, 곧.
jig[1] [dʒig] *n., vi., vt.* (**-gg-**) Ⓒ 지그《3박자의 경쾌한 댄스(곡)의 일종》(춤을 추다); 상하[전후]로 움직이다. ***The*** **~** ***is up.*** 《俗》 끝장이다.
jig[2] *n., vi.* (**-gg-**) Ⓒ 낚싯봉 달린 낚시(로 낚시질하다); 〖採〗 체(로 선광(選鑛)하다).
jig·ger[dʒígər] *n.* Ⓒ 지그(jig[1])를 추는 사람; 〖海〗 도르래 달린 삭구; 소형 어선; 낚싯봉 달린 낚시; 선광(選鑛)체.
jígger màst 〖海〗 고물 돛대.
jig·gle[dʒígəl] *vt.* 가볍게 흔들다[당기다]. — *n.* Ⓒ 가볍게 흔듦[당김].
jíg·sàw *n.* Ⓒ 실톱(의 일종).
jígsaw pùzzle 조각 그림 맞추기.
ji·had[dʒihɑ́ːd] *n.* Ⓒ (회교 옹호의) 성전(聖戰); (주의·신앙의) 옹호[박멸 등의] 운동.
jilt[dʒilt] *vt., n.* Ⓒ (남자를) 차버리다[차버리는 여자]; 탕녀.
Jim Crow [dʒím króu] 《美俗》《蔑》 흑인; =JIM CROWISM. **~·ism** 《美俗》 흑인 차별주의.
jim·i·ny[dʒíməni] *int.* 저런, 어《놀람의 표시》.
jim·my[dʒími] *n., vt.* Ⓒ (강도가 쓰는) 쇠지렛대(로 비집어 열다).
jimp[dʒimp] *a.* 《Sc.·英方》 날씬한, 말쑥한; 부족한(scanty).
jím·son wèed[dʒímsən-] (때로 J-) 〖植〗 흰독말풀.
***jin·gle**[dʒíŋgəl] *n., vi., vt.* Ⓒ ① 짤랑짤랑, 따르릉(울리다). ② 방울·종 따위가 울리는 악곡. ③ 같은 음의 반복이 많은 시구(詩句).
jin·go[dʒíŋgou] *n.* (*pl.* **~es**), *a.* Ⓒ 주전론자[적인]; 강경 외교론자. ***By*** **~!** 천만의 말씀! **~·ism**[-ìzəm] *n.* Ⓤ 주전론. **~·ist** *n.* **~·is·tic** [∸-ístik] *a.*
jinks[dʒiŋks] *n. pl.* 소란. ***high*** **~** 야단법석.
jinn[dʒin] *n.* (*pl.* ~) Ⓒ (이슬람교 신화의) 영귀, 귀신.
jinx[dʒiŋks] *n.* Ⓒ 《美口》 재수 없는 것[사람]. ***break*** (***smash***) ***the*** **~** 징크스를 깨다; 연패 후에 승리하다. — *vt.* (…에게) 불행을 가져오다.
JIS Japanese Industrial Standard (cf. KS).
jit·ney[dʒítni] *n., vi., vt.* Ⓒ 《美俗》

5센트화(貨); 요금이 싼 소형 버스(로 가다, 에 태워서 가다).
jit·ter[dʒítər] *vi.* 《美俗》 조바심하다, 초조해하다. — *n.* (*pl.*) 신경과민. **~·y** *a.*
jit·ter·bug[-bʌ̀g] *n., vi.* (**-gg-**) Ⓒ 스윙광(처럼 춤추다); 지르박《재즈춤》(을 추다); 《英》 신경질적인 사람.
jive[dʒaiv] *n., vi.* Ⓤ 스윙곡(曲)(을 연주하다); (재즈계·마약 상용자 등의) 은어, 변말.
Jnr., jnr. junior. **jnt.** joint.
Joan of Arc[dʒóun əv ɑ́ːrk] (F. *Jeanne d'Arc*)(1412-31) 잔다르크.
Job[dʒoub] *n.* 『聖』 욥《구약 욥기(記)(the Book of Job)의 인내심 강한 주인공》.
†**job**[dʒɑb/-ɔ-] *n.* Ⓒ ① 일, 삯일. ② 일자리, 직업(*out of a* ~ 실직하여). ③ 《주로 英》 일, 사건; 문제; (공직을 이용한) 부정 행위, 독직 (*a bad* ~ 난처한 일). ④ 제품, 물건. ⑤ 《俗》 도둑질, 강도. ⑥ 『컴』 작업. ***by the*** ~ 품삯을 정하여, 도급으로. ***do a*** ~ ***on a person,*** or ***do a person*** ~ 해치우다. ***odd*** ~***s*** 허드렛일. ***on the*** ~ 열심히 일하여; 일하는 중(에); 방심하지 않고. — *vi.* (**-bb-**) 삯일을 하다; (주식·상품을) 거간하다; (공익 사업으로) 사복을 채우다. — *vt.* (일을 몇사람에게) 청부케 하다; (말·마차를) 임대〔임차〕하다; 거간하다; 독직(瀆職)하다. **∠·less** *a.*
jób anàlysis 작업 분석.
job·ber [dʒɑ́bər/-ɔ́-] *n.* Ⓒ 삯일꾼; 《英》 (주식) 중매인; (공직을 이용해) 사복을 채우는 자. **~·y** *n.* Ⓤ 독직 행위.
Jób Còrps 《美》 직업 공단(公團) 《Office of Opportunity가 주관하는 기술 교육 기관》.
jób·hòlder *n.* Ⓒ 일정한 직업이 있는 사람; 《美口》 공무원.
jób-hòpper *n.* Ⓒ (더 벌려고) 직업을 전전하는 사람.
jób lòt (다량구입하는) 염가품, 한 무더기 얼마로 파는 싸구려.
jób prìnter (명함·삐라(bill) 따위) 잡물 전문의 인쇄업자.
jock·ette [dʒɑkét/dʒɔk-] *n.* Ⓒ 《美》 여성 jockey.
***jock·ey**[dʒɑ́ki/-ɔ́-] *n., vt., vi.* ① Ⓒ 경마의 기수(로 일하다); 《口》 운전수, 조종사(로서 일하다). ② 속이다, 속여서 …하게 하다. ③ 유리한 위치를 얻으려 하다.
jo·cose[dʒoukóus] *a.* 익살맞은, 우스운(facetious). **~·ly** *ad.* **jo·cos·i·ty**[-kɑ́səti/-ɔ́-] *n.*
joc·u·lar[dʒɑ́kjələr/-ɔ́-] *a.* 우스운, 익살맞은. **~·i·ty**[∸–lǽrəti] *n.*
***joc·und**[dʒɑ́kənd/-ɔ́-] *a.* 쾌활〔명랑〕한; 즐거운. **jo·cun·di·ty**[dʒoukʌ́ndəti] *n.*
jodh·purs[dʒɑ́dpərz/dʒɔ́dpuərz] *n. pl.* 승마 바지.
***jog**[1][dʒɑg/-ɔ-] *vt.* (**-gg-**), *n.* Ⓒ 살짝 밀다〔당기다〕, 확 밀기〔찌르기〕, (살짝 찔러서) 알리다〔알리기〕; (기억을) 불러 일으키다〔일으키는 것〕. — *vi.* 터벅터벅 걷다; 천천히 달리다.
jog[2] *n.* Ⓤ 《美》 (표면·선의) 깔쭉깔쭉함, 울퉁불퉁함.
jog·ging[dʒɑ́giŋ/-ɔ́-] *n.* Ⓤ 조깅《천천히 달리기》.
jog·gle[dʒɑ́gəl/-ɔ́-] *vt., vi., n.* Ⓒ 가볍게 흔들(리)다〔흔들림, 흔듦〕.
jóg tròt 느린 걸음걸이; 완만한 구보; 단조로운 방식〔생활〕.
***John**[dʒɑn/-ɔ-] *n.* ① 남자 이름. ② 『聖』 세례 요한; 요한 복음. ③ Ⓒ (종종 j-) 《俗》 정부(情夫), 놈.
Jóhn Bárleycorn 《의인》 (맥주·위스키 등의) 맥아주류(麥芽酒類).
Jóhn Bírch Socìety (1958년 창설된) 미국의 반공 극우 단체.
Jóhn Búll 《집합적》 (전형적) 영국인.
Jóhn Cítizen 《口》 (보통의) 시민, 일반 사람.
Jóhn Dóe 『英法』 (소송에 있어서) 원고(原告)의 가상적 이름(cf. Richard Roe); 《一般》 이름 없는 사람; 아무개, 모씨, 무명 인사.
John·ny[dʒɑ́ni/-ɔ́-] *n.* John의 속칭; Ⓒ (때로 j-) 녀석; 맵시꾼.
jóhnny·càke *n.* Ⓤ,Ⓒ 《美》 옥수수빵의 일종.
Jóhnny·còme·látely *n.* Ⓒ 신출내기; 신참(新參)자.
John·son[dʒɑ́nsn/dʒɔ́n-], **Lyndon Baines** (1908-1973) 미국 제 36대 대통령(재직 1963-1969); **Samuel**(1709-84) 영국의 시인·평론가·사전 편찬가.
John·son·ese[dʒɑ̀nsəníːz] *n.* Ⓤ Samuel Johnson풍의 장중한 문체.
John·so·ni·an [dʒɑnsóuniən/dʒɔ-] *a.* 존슨(식)의; 장중한.
†**join**[dʒɔin] *vt.* ① 연결하다; 잇다. ② 합병하다; 협력하다〔시키다〕; 한패가 되다. ③ 입회〔입대〕하다. ④ (배에) 타다; (부대·배에) (되)돌아오다. ⑤ 함께 되다〔합치다〕. — *vi.* ① 결합하다, 합하다, 만나다. ② 맺다; 한 패거리로 되다. ③ 인접하다. ~ ***hands with*** …와 제휴하다. ~ ***the colors*** 입대하다. — *n.* Ⓒ 접합점〔선, 면〕; 솔기; 『컴』 골라잇기.
join·er[∠ər] *n.* Ⓒ 결합자〔물〕; 소목장이; 《美口》 여러 단체 모임에 관계하고 있는 사람. **~·y** *n.* Ⓤ 소목장이 일; 소목 세공, 가구류(類).
‡**joint**[dʒɔint] *a.* 공동〔합동, 연합〕의; 연대(連帶)의. ~ ***communiqué*** 공동 코뮈니케. — *n.* Ⓒ ① 마디, 관절; 이음매, 맞춘 자리. ② (마디마다 토막낸) 뼈 붙은 큰 살점. ③ 《美口》 비밀 술집; 마리화나 담배. ***out of*** ~ 탈구(脫臼)되어; 문란해(져)서, 뒤죽박죽이 되어. ~ ***resolution*** 《美》 (양원의) 공동결의. — *vt.* 결합〔접합〕하다, 메지를 바르다. **∠·less** *a.* ***∠·ly** *ad.*

J

jóint accóunt 공동 예금 계좌.
Jóint Chíefs of Stáff, the 《美》 합동 참모 본부〔회의〕《생략 JCS》.
jóint commíttee (의회의) 양원 협의회; 합동 위원회.
jóint òffense 공범(共犯).
jóint-stóck *a.* 주식 조직의.
jóint-stóck còmpany 《英》 주식 회사(《美》 stock company).
join·ture[dʒɔ́intʃər] *n.* Ⓒ 〖法〗 과부 급여.
jóint vénture 합작 투자(업체).
joist[dʒɔist] *n.* Ⓒ 〖建〗 장선; 도리. — *vt.* (…에) 무엇을 달다.
†**joke**[dʒouk] *n., vi., vt.* Ⓒ 농담(하다), 익살(부리다); 장난(치다), 놀리다. ***for a ~*** 농담 삼아서. ***in ~*** 농담으로. ***joking apart*** 농담은 그만하고. ***practical ~*** (행동도 따르는) 몹쓸 장난. ***take a ~*** 놀려도 화내지 않다.
***jok·er**[ˊ-ər] *n.* Ⓒ ① 농담하는 사람, 익살꾼. ② 〖카드〗 조커. ③ 《美》 (정관·법안의 효력을 근본적으로 약화시키기 위해 슬쩍 삽입한) 사기 조항; 사기, 책략.
jok·ing[ˊ-iŋ] *a.* 농담하는, 장난치는. **~·ly** *ad.*
jol·li·fi·ca·tion[dʒɑ̀ləfikéiʃən/-ɔ̀-] *n.* Ⓤ 흥겨워 떠들기; Ⓒ 잔치 소동.
jol·li·fy[dʒɑ́ləfài/-ɔ́-] *vi., vt.* 《口》 유쾌해지다, 즐겁게 하다.
jol·li·ty[dʒɑ́ləti/-ɔ́-] *n.* ① Ⓤ 즐거움, 명랑. ② Ⓒ (보통 *pl.*) 《英》 흥겨워 떠들기.
‡**jol·ly**[dʒɑ́li/-ɔ́-] *a.* ① 유쾌한, 즐거운; 얼근한 기분의. ② 《英口》 대단한, 엄청난. — *ad.* 《英口》 대단히. — *vt.* 《口》 치살려서 기쁘게 하다; 놀리다(kid).
jólly bòat (선박 부속의) 작은 보트.
Jólly Róg·er[-rɑ́dʒər/-ɔ́-] (해골을 그린) 해적기(旗)(black flag).
***jolt**[dʒoult] *vi., vt.* 덜컹거리(게 하)다; (마차 따위가) 덜컹거리며 나아가다, 흔들리다. — *n.* Ⓒ (정신적) 동요; 충격; 덜컹거림. **ˊ·y** *a.*
Jo·nah[dʒóunə] *n.* 〖聖〗 요나《헤브라이의 예언자》; 〖舊約〗 요나서(書); Ⓒ 불행을 가져오는 사람.
Jon·a·than[dʒɑ́nəθən/-ɔ́-] *n.* Ⓒ (전형적인) 미국인(cf. John Bull); 〖聖〗 요나단《Saul의 아들》.
Jones[dʒounz], **Daniel** (1881-1967) 영국의 음성학자.
jon·gleur[dʒɑ́ŋglər/ʒɔ:ŋglə́:r] *n.* (F.) Ⓒ (프랑스 중세의) 음유(吟遊) 시인(minstrel).
jon·quil[dʒɑ́ŋkwil/-ɔ́-] *n.* Ⓒ 〖植〗 노랑수선화(의 꽃).
Jon·son[dʒɑ́nsn/-ɔ́-], **Ben**(**jamin**) (1573?-1637) 영국의 극작가·시인.
Jor·dan[dʒɔ́:rdn] *n.* (팔레스타인의) 요르단 왕국《구칭 Transjordan》; (the ~) 요(르)단 강.
Jos. Joseph; Josiah《남자 이름》.
***Jo·seph**[dʒóuzəf] *n.* ① 남자 이름. ② (st. ~) 〖聖〗 요셉《야곱의 아들》. ③ Ⓒ 여자를 싫어하는 남자. ④ 〖聖〗 요셉《성모 마리아의 남편》.
josh[dʒɑʃ/-ɔ-] 《美口》 *n., vt., vi.* Ⓒ (악의 없는) 농담(을 하다), 놀리다.
Josh. 〖聖〗 Joshua.
Josh·u·a[dʒɑ́ʃuə/-ɔ́-] *n.* 〖聖〗 여호수아《Moses를 계승한 이스라엘의 지도자》; 〖舊約〗 여호수아서(書).
joss[dʒɑs/-ɔ-] *n.* Ⓒ (중국인이 예배하는) 우상.
jóss hòuse (중국의) 절.
jóss stìck (중국 사원의) 선향(線香).
***jos·tle**[dʒɑ́sl/-ɔ́-] *vt.* 밀다, 찌르다 (*away, from*). — *vi.* 서로 밀다; 부딪치다(*against*); 다투다. — *n.* Ⓒ 서로 밀치기; 충돌.
jot**[dʒɑt/-ɔ-] *n.* (a ~) 미소(微少), 소량. ***not a ~ 조금도 …않다. — *vt.* (**-tt-**) 대강 적어 두다(*down*). **ˊ·ting** *n.* Ⓒ (보통 *pl.*) 메모, 약기.
joule[dʒu:l, dʒaul] *n.* Ⓒ 〖理〗 줄《에너지의 절대 단위》.
jounce[dʒauns] *vi., vt., n.* 덜컹거리(게 하)다; Ⓒ 덜컹거림.
‡**jour·nal**[dʒə́:rnəl] *n.* Ⓒ ① 일지; 항해 일지. ② 〖簿〗 분개장. ③ (일간) 신문; (정기 간행) 잡지. ④ 〖機〗 굴대의 목. ***the Journals*** 《英》 국회 의사록. **~·ese**[dʒə̀:rnəlí:z] *n.* Ⓤ 신문 용어, 신문의 문체〔말씨〕.
‡**jour·nal·ism**[-ìzəm] *n.* Ⓤ ① 저널리즘, 신문〔잡지〕(기자)업. ② 《집합적》 신문, 잡지. ③ 신문〔잡지〕기사투의 문체(文體). **‡-ist** *n.* Ⓒ 저널리스트, 신문〔잡지〕업자〔기자·기고자〕. ***-is·tic**[ˋ--ístik] *a.* 신문 잡지(업)의.
‡**jour·ney**[dʒə́:rni] *n.* Ⓒ (육상의) 여행; 여정. ***break one's ~*** 여행을 중단하다; 도중하차 하다. ***make*** 〔***take***〕 ***a ~*** 여행하다. — *vi.* 여행하다.
jour·ney·man[-mən] *n.* Ⓒ (숙달된) 직공; 《古》 날품팔이.
jour·ney·work[-wə̀:rk] *n.* Ⓤ (숙련공의) 치다꺼리〔날품팔이〕 일.
joust[dʒaust] *n., vi.* Ⓒ 마상 창시합(馬上槍試合)(을 하다).
Jove[dʒouv] *n.* =JUPITER. ***by ~!*** 맹세코; 천만에.
jo·vi·al[dʒóuviəl, -vjəl] *a.* 쾌활〔유쾌〕한, 즐거운. **~·i·ty**[ˋ--ǽləti] *n.*
jowl[1][dʒaul, dʒoul] *n.* Ⓒ (보통 *pl.*) (특히) 아래턱(jaw); 뺨(cheek). CHEEK ***by ~.***
jowl[2] *n.* Ⓒ 물고기의 머리 부분.
†**joy**[dʒɔi] *n.* ① Ⓤ 기쁨. ② Ⓒ 기쁨거리, 즐거움. ***give ~*** 축하〔치하〕하다. ***Give you ~!*** or ***I wish you ~!*** 축하합니다. — *vi., vt.* 기뻐하다; 기쁘게 하다. **‡ˊ·ful** *a.* ***ˊ·ful·ly** *ad.* ***ˊ·ful·ness** *n.* **ˊ·less** *a.* ***ˊ·ous** *a.* =JOYFUL. **ˊ·ous·ly** *ad.*
Joyce[dʒɔis], **James**(1882-1941) 아일랜드 태생의 소설가.
jóy rìde 《美口》 (남의 차를 무단히 몰고 다니는) 드라이브.

jóy stìck 《俗》 (비행기의) 조종간(桿); 음경; 〖컴〗 (수동) 제어 장치.
JP jet propulsion (plane). **J.P.** Justice of the Peace. **Jr., jr.** junior. **J.R.C.** Junior Red Cross. **JSA** Joint Security Area (판문점의) 공동 경비 구역.
ju·bi·lant[dʒúːbələnt] *a.* 기쁨에 넘친; 환성을 울리는. **-lance** *n.* **-late** [ˊ–lèit] *vi.* 환희하다. **-la·tion**[ˋ–léiʃən] *n.* ① Ⓤ 환희. ② Ⓒ 축제.
*__ju·bi·lee__[dʒúːbəlìː] *n.* ① Ⓒ 50년제(祭); 축제. ② Ⓤ 환희. ***diamond*** 〔***silver***〕 **~** 60〔25〕년제.
júbilee sóng 《美》 노예 해방 축가, 흑인 영가.
Jud. 〖聖〗 Judges; Judith.
Ju·dah[dʒúːdə] *n.* 〖聖〗 유다《야곱(Jacob)의 넷째 아들, 유다 지파(支派)의 조상》; 유다 지파〔왕국〕.
Ju·da·ic[dʒu(ː)déiik] *a.* 유대인〔민족·문화〕의(Jewish).
Ju·da·ism[dʒúːdiìzəm, -dei-] *n.* Ⓤ 유대교〔주의〕; 유대풍(風).
Ju·das[dʒúːdəs] *n.* 〖聖〗 (은전 30냥으로 예수를 판)(가롯) 유다; Ⓒ 배반자; (j-) (문·벽의) 엿보는 구멍.
Júdas trèe 박태기나무속의 일종《이 나무에 유다가 목을 매었다고 함》.
Jude[dʒuːd] *n.* 남자 이름; 〖新約〗 유다서(書).
Ju·de·a[dʒuːdíːə] *n.* 유대《팔레스타인 남부의 고대 로마령(領)》. **~n** *a., n.* 유대(민족)의; Ⓒ 유대인.
Judg. 〖聖〗 Judges.
†**judge**[dʒʌdʒ] *n.* ① Ⓒ 재판관, 판사; 심판〔감정〕자. ② Ⓒ 〖유대史〗 사사(士師)《왕의 통치 전 이스라엘의 지배자》. ③ (Judges) 《단수취급》 〖舊約〗 사사기(士師記). ― *vt., vi.* 판결을 내리다, 재판하다; 판단〔감정〕하다; 비판〔비난〕하다. **~·ship**[ˊʃip] *n.* Ⓤ judge의 지위〔임기·직(권)〕.
júdge ádvocate 〖軍〗 법무관.
júdge ádvocate géneral 〖美軍〗 법무감.
júdge-màde *a.* 〖法〗 재판관이 만든. **~ *law*** 판례법.
:**judg·ment,** 《英》 **judge-**[ˊmənt] *n.* ① Ⓤ 재판; Ⓤ,Ⓒ 판결; Ⓒ 천벌 (*on*); Ⓤ 심판, 감정; 비판. ② Ⓤ 판단(력); 견식, 분별. ***sit in* ~** 재판〔비판〕하다. ***the Last J-*** 〖聖〗 최후의 심판.
Júdgment Dày, the 최후의 심판일.
Júdgment sèat 재판관석; 법정.
ju·di·ca·to·ry [dʒúːdikətɔ̀ːri/ -təri] *a., n.* 재판의; Ⓒ 재판소.
ju·di·ca·ture[dʒúːdikèitʃər] *n.* Ⓤ 사법권; (the ~)《집합적》 사법 기관.
*__ju·di·cial__[dʒuːdíʃəl] *a.* ① 사법(상)의, 재판소의. ② 판단력이 있는; 공평한; 비판적인. **~ *precedent*** 판례(判例).
ju·di·ci·ar·y[dʒuːdíʃièri, -ʃəri] *a.* 사법(상)의; 재판(소)의. ― *n.* ① (the ~) 사법부(judicature). ② 《집합적》 재판관.
ju·di·cious[dʒuːdíʃəs] *a.* 사려〔분별〕 있는, 현명한. **~·ly** *ad.* **~·ness** *n.*
ju·do[dʒúːdou] *n.* Ⓤ 유도.
:**jug**[dʒʌg] *n.* ① Ⓒ (손잡이가 달린) 항아리; (주둥이가 넓은) 주전자, 조끼(한 잔). ② Ⓤ 《俗》 교도소(jail). ― *vt.* (*-gg-*) (고기를) 항아리에 넣고 삶다; 《俗》 감옥에 처넣다.
júg bànd (주전자·냄비의) 잡동사니 악대.
jug·ful[dʒʌ́gfùl] *n.* Ⓒ 한 주전자〔조끼〕의 하나 가득(한 양).
Jug·ger·naut[dʒʌ́gərnɔ̀ːt] *n.* 〖印度神話〗 Krishna 신의 우상《이 우상을 실은 차에 치어 죽으면 극락에 갈 수있다 했음》; Ⓒ (j-) 희생이 따르는 미신〔제도, 풍습〕; 불가항력.
*__jug·gle__[dʒʌ́gəl] *n., vi.* Ⓒ 요술〔기술〕(을 부리다, 로 속이다); 사기(하다). ― *vt.* 속이다, 속여서 빼앗다.
jug·gler[-ər] *n.* Ⓒ 요술쟁이; 사기꾼. **~·y** *n.* Ⓤ 요술; 사기.
Ju·go·slav, -Slav[júːgouslɑ̀ːv] =YUGOSLAV.
jug·u·lar[dʒʌ́gjələr] *a., n.* Ⓒ 〖解〗 인후의, 목의; 경정맥(頸靜脈)(의); =ˊ **véin** 경정맥; (the ~) 최대의 약점, 급소.
:**juice**[dʒuːs] *n.* ① Ⓤ,Ⓒ 즙, 액(液), 주스. ② Ⓤ 《美俗》 전기; 가솔린. ― *vt., vi.* (…의) 액을 짜내다; 《俗》 마약 주사를 놓다. **~ *up*** 《美》 …을 가속(加速)하다. **~*ed up*** 《美俗》 술 취한. ***júic·y** *a.* 즙〔수분〕이 많은; 재미〔생기〕있는, 윤기 도는.
júice·hèad *n.* Ⓒ 알코올 중독(자).
ju·ju[dʒúːdʒuː] *n.* ① Ⓒ (서아프리카 토인의) 부적, 주물(呪物)(fetish). ② Ⓤ 마력.
ju·jube[dʒúːdʒuːb] *n.* Ⓒ 대추(나무).
juke[dʒuːk] *n.* 《美俗》 ①=JUKEBOX. ②=JUKE HOUSE.
júke·bòx *n.* Ⓒ 주크박스《동전 투입식 자동 전축》.
júke hòuse 《美》 싸구려 여인숙.
júke jòint 《美俗》 주크박스가 있는 간이 식당〔술집〕.
*__Jul.__ July.
ju·lep[dʒúːlip] *n.* Ⓤ,Ⓒ 줄렙《설탕·박하·얼음을 넣은 위스키 혹은 브랜디》.
Jul·ian[dʒúːljən] *n.* 남자 이름. ― *a.* Julius Caesar의.
Július cálendar, the 율리우스력(曆)《Gregorian calendar 이전의 태양력》.
ju·li·enne[dʒùːlién] *n.* (F.) Ⓤ 채친 야채를 넣은 고기 수프. ― *a.* 잘게 썬, 채친(~ *potatoes*).
†**Ju·ly**[dʒuːlái] (<Julius) *n.* 7월.
*__jum·ble__[dʒʌ́mbəl] *n., vi., vt.* ① (a ~) 뒤죽박죽(이 되다, 을 만들다) (*up, together*); 혼란; 동요. ② Ⓤ 쓸모없는 잡동사니.
júmble sàle 《주로 英》 (자선 바자 따위의) 잡화 특매〔염매〕.
jum·bo[dʒʌ́mbou] *a., n.* (*pl.* **~s**) Ⓒ 《口》 엄청나게 큰 (것); 점보제트기.

기.

†**jump**[dʒʌmp] *vi.* ① 뛰다, 뛰[튀]어 오르다; 움찔하다; 뛰어 옮기다; 비약하다. ② 폭등하다. ③ 일치하다 (*together*). ***Great wits will ~.*** 《속담》 지자(知者)의 생각은 일치하는 것《간담상조(肝膽相照)》. — *vt.* ① 뛰어 넘(게 하)다; 뛰어 오르게 하다. ② (물가를) 급등시키다. ③ (…에서) 벗어나다(~ *the track* 탈선하다). ④ 생략하다, 건너뛰다. ⑤ (어린애를) 달래[어르]다. ⑥ 흠칫하게 하다; (사냥감을) 날아오르게[뛰어 나오게] 하다. ⑦ (체커에서 상대의 말을) 건너 뛰어서 잡다. ⑧ 《美俗》 (…에서) 도망치다. ***~ about*** 뛰어 돌아다니다; 조급해 있다. ***~ a claim*** 토지·광업권(등)을 가로채다. ***~ bail*** 보석 중에 도망치다. ***~ down a person's throat*** 《口》 난폭한 말대꾸를 하다; (논쟁에서) 꼼짝 못하게 하다. ***~ in*** [***into***] (…속에) 뛰어들다. ***~ off*** 행동을 (개시)하다. ***~ on*** 덤벼[달려]들다; 야단[호통]치다, 비난하다. ***~ the queue*** 차례로 선 줄을 무시하고 앞으로 나가다. ***~ to the eyes*** 곧 눈에 띄다. ***~ up*** 급히 일어서다; (가격 등이) 급등하다. — *n.* Ⓒ ① 도약(跳躍), 한번뛰기[뛴 길이]; 〖競〗 점프. ② 장애물. ③ (물가의) 폭등. ④ 흠칫(하기). ⑤ (체커에서의) 건너뛰(어 잡)기. ⑥ (의론의) 비약, 급전(急轉). ⑦ 낙하산 강하. ⑧ (the ~s) 《俗》 (알코올 중독에 의한) 경련 (D.T.). ⑨ 〖컴〗 건너뜀《프로그램 제어의 전환》. ***all of a ~*** 《口》 흠칫흠칫하여. ***broad*** [***high***] ***~*** 넓이[높이] 뛰기. ***have the ~s*** 깜짝 놀라다. *****∠·er***[1] *n.*

júmp àrea 〖軍〗 (낙하산 부대의) 낙하 예정지《적진의 후방》.

júmp bàll 〖籠〗 점프볼.

*****jump·er***[2][∠ər] *n.* Ⓒ 점퍼, 잠바; 잠바 드레스《여자·어린이용의 소매 없는 원피스》; 《英》 (블라우스 겉에 입는) 헐거운 여자용 상의; (*pl.*) = ROMPERS.

jump·ing[∠iŋ] *n.* Ⓤ 도약, 뜀. — *a.* 도약하는, 뛰는.

júmping bèan 뜀콩《멕시코산 등대풀의 씨, 속에 든 벌레의 움직임으로 씨가 뜀》.

júmping jàck (실로 놀리는) 꼭두각시, 뛰는 인형.

júmping-óff plàce [**pòint**] ① 문명 세계의 끝. ② 한계. ③ 출발점.

júmping ròpe 줄넘기 줄.

júmp jèt 《英口》 단거리 이착륙 제트기.

júmp sèat (자동차 따위의) 접의자.

júmp·sùit *n.* Ⓒ 《美》 낙하산 강하복; 그와 비슷한 상하가 붙은 작업복; 그 비슷한 여성복.

*****jump·y***[∠i] *a.* ① 튀어 오르는. ② 변동하는. ③ 실룩거리는, 신경질적인.

Jun. June. **jun.** junior.

*****junc·tion***[dʒʌ́ŋkʃən] *n.* ① Ⓤ 연합, 접합, 연접; 접착; 접속. ② Ⓒ 접합점, 접속역, (강의) 합류점. ③ Ⓤ,Ⓒ 〖文〗 수식관계《*the barking dog* 나 *a man who sings*와 같은 수식·피수식 관계의 어군(語群)》(cf. nexus).

*****junc·ture***[dʒʌ́ŋktʃər] *n.* ① Ⓤ 경우; Ⓒ 위기. ② Ⓒ 이음매; Ⓤ 접합; 연결.

†**June**[dʒu:n] *n.* 6월.

Júne bùg [**bèetle**] 〖蟲〗 풍뎅이.

Jung·frau[júŋfràu] *n.* (the ~) 융프라우《스위스 남부의 알프스 산맥의 높은 봉우리; 4,169m》.

:jun·gle[dʒʌ́ŋgl] *n.* Ⓤ,Ⓒ ① 정글, 밀림(지대). ② 《美俗》 부랑자 소굴.

júngle bùnny 《美俗·蔑》 흑인.

júngle féver 정글열《악성 말라리아》.

júngle gỳm 정글짐《철골로 만든 놀이 시설》.

jun·gli[dʒʌ́ŋgli] *n.* Ⓒ (인도의) 정글 주민[거주자].

†**jun·ior**[dʒú:njər] (cf. senior) *a.* 손아래의; 후배의, 하위[하급]의; 동생[자식](쪽)의《생략 jun., Jr.》(*john Jones, Jr.*)(cf. *fils*). — *n.* (one's ~) 손아랫사람, 연소자; 후배; Ⓒ 〖美大學·高校〗 (4년제의) 3학년생, (3년제의) 2학년생.

júnior cóllege 《美》 2년제 대학.

júnior hígh schòol 《美》 중학교.

júnior míss 《美口》 (13-15, 16세의) 젊은 아가씨.

júnior schòol 《英》 (7-11세 아동의) 초등학교.

júniorvársity 《美》 대학 운동부의 2군팀.

ju·ni·per[dʒú:nəpər] *n.* Ⓤ,Ⓒ 〖植〗 노간주나무(의 무리).

*****junk***[1][dʒʌŋk] *n.* Ⓤ ① 《口》 쓰레기, 고철, 헌신문. ② 낡은 밧줄. ③ 〖海〗 소금에 절인 고기. ④ 허튼말, 넌센스. ⑤ 《口》 마약. — *vt.* 《口》 쓰레기[폐물]로 버리다. **~·man** [∠mæ̀n] *n.* Ⓒ 《美》 고물[폐품]장수.

junk[2] *n.* Ⓒ 정크《중국 연안의 너벅선 돛배》.

Jun·ker[júŋkər] *n.* (G.) Ⓒ 〖史〗 독일의 청년 귀족, 귀공자《보수적이고 오만한》.

junk·er[dʒʌ́ŋkər], **-ie**[-ki] *n.* Ⓒ 《口》 마약 중독자.

jun·ket[dʒʌ́ŋkit] *n., vi.* Ⓤ,Ⓒ 응유(凝乳) 식품의 일종; Ⓒ 연회(를 베풀다), 피크닉(가다); 《美》 관비 여행(官費旅行).

júnk fàx 쓰레기가 되는 무용지물의 잡동사니 통신문《광고 따위》.

júnk jèwelry 값싼 장신구.

júnk màil 잡동사니 우편물《쓰레기 취급받는 광고물·팸플릿 등》.

júnk·yàrd *n.* Ⓒ 고물 수집장.

Ju·no[dʒú:nou] *n.* 〖로神〗 Jupiter의 아내《〖그神〗의 Hera》; Ⓒ 기품있는 미녀; 〖天〗 제 3소(小) 유성.

jun·ta[dʒʌ́ntə, hú(:)ntə] *n.* (*pl.* **~s**) Ⓒ (쿠데타 직후의) 군사 정부; (스페인·남아메리카 등지의) 의회; = JUNTO.

jun·to[dʒʌ́ntou] *n.* (*pl.* **~s**) Ⓒ

J

음모단; (정치적) 비밀 결사.
:Ju·pi·ter[dʒúːpətər] *n.* ① 〖로神〗 주피터(《그神》의 Zeus). ② 〖天〗 목성.
Ju·ras·sic[dʒuərǽsik] *n., a.* 〖地〗 (the ~) 쥐라기(紀)〔계(系)〕(의).
ju·rid·i·cal[dʒuərídikəl] *a.* 재판〔사법·법률〕상의; 재판소의. ~ ***days*** (재판) 개정일. ~ ***person*** 법인.
***ju·ris·dic·tion**[dʒùərisdíkʃən] *n.* ① Ⓤ 재판〔사법〕권; 지배권. ② Ⓤ (사법상의) 관할권. ③ Ⓒ 관할 지역.
ju·ris·pru·dence [dʒùərisprúːdəns] *n.* Ⓤ 법(리)학; 법제, 법조직〔체계〕. ***medical*** ~ 법의학(法醫學). **-dent** *a., n.* 법률에 정통한; Ⓒ 법률〔법리〕학자.
***ju·rist**[dʒúərist] *n.* Ⓒ 법(리)학자; 《英》 법학도; 《美》 변호사. **ju·ris·tic** [dʒuərístik], **-ti·cal**[-əl] *a.*
jurístic áct 법률 행위.
jurístic pérson 법인(法人).
ju·ror[dʒúərər] *n.* Ⓒ (개개의) 배심원; (콩쿠르 등의) 심사원.
ju·ry**[1][dʒúəri] *n.* Ⓒ ① 〖法〗 배심. ② 《집합적》 배심원《보통 12명》(cf. verdict); (콩쿠르 대회 따위의) 심사원(들). ***grand ~ 대배심《12-13명으로 구성되며, 'trial jury'로 보내기 전에 기소장을 심리함》. ***trial*** 〔***petty, common***〕 ~ 소배심《12명》. **~·man** *n.* Ⓒ 배심원(juror).
ju·ry[2] *a.* 〖海〗 임시(변통)의.
júry bòx 배심원석(席).
júry màst 응급 마스트, 임시 돛대.
jus., just. justice.
†just[dʒʌst] *a.* ① 올바른, 공정한. ② 당연한, 정당한. ③ 무리 없는, 지당한. ④ 정확한. ⑤ 에누리 없는. — [dʒʌst, dʒəst] *ad.* ① 바르게, 에누리 없이, 꼭. ② 겨우, 간신히. ③ 방금. ④ 다만, 불과, 아주, 전혀. ⑤ 《명령법과 함께 쓰여서》 (자) 좀(*J- fancy!* 자 좀 생각해 보렴); 《반어로서》 (…이다뿐인가) 아주(*'Did he swear?' 'Didn't he, ~!'* 그 사람 노했던가—노했다뿐인가(아주 대단한 기세세). ~ ***now*** 바로 지금; 이제 막; 이윽고(곧). *** ∠·ly** *ad.* 바르게, 공정하게, 정당하게. *** ∠·ness** *n.*
:jus·tice[dʒʌ́stis] *n.* ① Ⓤ 정의; 공정; 공평, 정당, 타당; 적법(성). ② Ⓤ 법의 시행(施行), 재판. ③ Ⓤ 당연한 응보, 처벌. ④ Ⓒ 재판관, 치안 판사. ⑤ (J-) 정의의 여신. ***bring a person to*** ~ 아무를 법대로 처벌하다. ***court of*** ~ 재판소. ***do*** ~ ***to*** (*a person* or *thing*), or ***do*** (*a person* or *thing*) ~ …을 공평〔정당〕하게 다루다; 정확히 처리하다. ***do oneself*** ~ 자기 능력을 충분히 발휘하다. ~ ***of the peace*** 〖法〗 치안 판사. **~·ship**[-ʃip] *n.* Ⓤ 재판관의 신분〔직분·임기〕.
jus·ti·fi·a·ble[dʒʌ́stəfàiəbəl] *a.* 정당한, 정당하다고 인정할 수 있는.
***jus·ti·fi·ca·tion** [dʒʌ̀stəfikéiʃən] *n.* Ⓤ ① 정당화, 옹호, 변호, 변명. ② 〖神〗 의롭다고 인정됨. ③ 〖印〗 정판(整版); 〖컴〗 조정.
:jus·ti·fy[dʒʌ́stəfài] *vt.* ① 정당화하다, 정당함을 나타내다. ② 비난에 대하여 변명하다; (…의) 이유가 되다〔서다〕. ③ 〖印〗 (행간을) 고르게 하다. ④ 〖컴〗 자리맞춤을 하다. ~ ***oneself*** 자기의 주장을 변명하다.
Jus·tin·i·an[dʒʌstíniən] *n.* (~ the Great) 유스티니아누스(483-565, 재위 527-565)《동로마 제국 황제》.
Justínian Códe, the 유스티니아누스 법전.
jus·tle[dʒʌ́sl] *v., n.* =JOSTLE.
jut[dʒʌt] *n., vi.* (**-tt-**) Ⓒ 돌출부, 뻐다구니; 돌출(하다).
Jute[dʒuːt] *n.* Ⓒ 주트 사람; (the ~s) 주트족《5-6세기에 영국을 침입한 게르만 민족》. **Jút·ish** *a.*
jute[dʒuːt] *n.* Ⓤ (인도원산의) 황마(黃麻)《돛·밧줄 따위의 재료》.
Jut·land[dʒʌ́tlənd] *n.* 유틀란트 반도《덴마크 북부》.
ju·ve·nes·cent [dʒùːvənésnt] *a.* 청년기에 달한, 젊디 젊은; 다시 젊어지는. **-cence** *n.*
***ju·ve·nile**[dʒúːvənəl, -nàil] *a.* 젊은, 소년〔소녀〕(용)의; 어린애 같은. — *n.* Ⓒ 청소년; 어린이; 아동책〔읽을거리〕; 〖劇〗 어린이역의 소년〔소녀〕. **-nil·i·ty**[dʒùːvəníləti] *n.* Ⓤ 연소, 젊음; 《집합적》 소년 소녀.
júvenile cóurt 소년 재판소.
júvenile delínquency 소년 범죄.
júvenile delínquent 비행 소년.
ju·ve·nil·i·a[dʒùːvəníliə] *n. pl.* (어떤 작가)의 젊었을 때의 작품(집).
jux·ta·pose[dʒʌ̀kstəpóuz, ∠-∠] *vt.* (…을) 나란히 놓다. **-po·si·tion** [∸-pəzíʃən] *n.* Ⓤ,Ⓒ 병렬(竝列).
Jy, Jy. July.

K

K

K, k[kei] *n.* (*pl.* ***K's, k's***[-z]).
K 〖化〗 kalium (L. =potassium); kelvin; King. **K.** King; Knight. **k.** karat; kilogram(me)(s); 〖數〗 *konstant* (G. =constant) kopeck(s). **KA** Korean Army.
KAAA Korea Amateur Athletic Association.
Kaa·ba[kɑ́ːbə] *n.* (the ~) Mecca에 있는 이슬람교 교당.
ka·di[kɑ́ːdi, kéi-] *n.* =CADI.
KAF Korean Air Force. **KAFA**

Korean Air Force Academy.
Kaf·(f)ir[kǽfər] *n.* Ⓒ (남아프리카의) 카피르 사람; Ⓤ 카피르어; Ⓒ (k-) =∠ **còrn** 사탕옥수수의 일종.
Kaf·ka[ká:fka:, -kə], **Franz** (1883-1924) 독일의 초현실파 소설가.
kai·ak[káiæk] *n.* =KAYAK.
kail[keil] *n.* =KALE.
***Kai·ser, k-**[káizər] *n.* (G. = Caesar) 카이저《독일 황제·오스트리아 황제의 칭호》; 〖史〗 신성 로마제국 황제의 칭호.
KAIST Korea Advanced Institute of Science and Technology 한국 과학 기술원. **KAL** Korean Air Lines《Korean Air의 구칭》.
kale[keil] *n.* Ⓤ,Ⓒ 양배추의 일종《결구(結球)하지 않음》; 양배추 수프; Ⓤ 《美俗》 돈, 현금.
ka·lei·do·scope [kəláidəskòup] *n.* Ⓒ 만화경(萬華鏡). **-scop·ic**[-∸-skáp-/-ɔ́-] *a.* 만화경 같은, 변전(變轉) 무쌍한.
kal·ends[kǽləndz] *n.* =CALENDS.
Ka·le·va·la[kà:ləvá:lə] *n.* 칼레발라《핀란드의 민족적 서사시》.
ka·li·um[kéiliəm] *n.* Ⓤ 〖化〗 칼륨《영어로는 보통 potassium이라 함》.
kal·pa[kʌ́lpə] *n.* 〖힌두教〗 겁(劫)《43억 2천만 년》.
kal·so·mine[kǽlsəmàin, -min] *n.* =CALCIMINE.
ka·ma·graph[ká:məgræ̀f, -grà:f] *n.* Ⓒ 카마그래프《인쇄식 원화 복제기, 또 그것에 의한 복제화》.
Kam·chat·ka[kæmtʃǽtkə] *n.* 캄차카 (반도).
Kan., Kans. Kansas.
***kan·ga·roo**[kæ̀ŋgərú:] *n.* (*pl.* **~s,** 《집합적》 **~**) Ⓒ 캥거루.
Kangaróo cóurt 인민 재판, 린치.
Kangaróo ràt 캥거루쥐《미국, 멕시코의 사막에서 삶》.
***Kan·sas**[kǽnzəs] *n.* 미국 중앙의 주《생략 Kan(s).》. **Kán·san** *a., n.*
Kant[kænt], **Immanuel** (1724-1804) 독일의 철학자. **∠·i·an** *a., n.* 칸트(철학)의; Ⓒ 칸트파의 사람.
ka·o·lin(e)[kéiəlin] *n.* Ⓤ 고령토.
ka·pok[kéipak/-pɔk] *n.* Ⓤ 케이폭《이불용 풀솜》.
kap·pa[kǽpə] *n.* Ⓤ,Ⓒ 그리스어 알파벳의 열째 글자(*K, k;* 영어의 K, k에 해당).
「전 수도.
Ka·ra·chi[kərá:tʃi] *n.* 파키스탄의
kar·a·kul[kǽrəkəl] *n.* Ⓒ 〖動〗 카라쿨《우즈베크 산(産)의 양》; Ⓤ 그 (새끼의) 털가죽《아스트라칸 털가죽 중의 최상등품》.
kar·at[kǽrət] *n.* =CARAT.
kar·ma[ká:rmə] *n.* (Skt. =action) Ⓤ 〖힌두教·佛〗 갈마(羯魔), 업(業), 인연; 《一般》 운명.
karst[ka:rst] *n.* Ⓒ 〖地〗 카르스트 지형《침식된 석회암 대지》.
kar·y·o·plasm[kǽriəplæ̀zəm] *n.* Ⓤ 〖生〗 세포핵질(核質).
kar·y·o·tin[kæ̀rióutin] *n.* Ⓤ 〖生〗 카리오틴, 핵질(核質), 염색질.
kas·bah[kázba:] *n.* (북아프리카의) 성채(城砦); (북아프리카 도시의) 토민(土民) 구역; Ⓒ 사창가, 술집 거리.
Kásch·in-Béck diséase [kǽʃinbèk-] 캐신벡병《음료수 중의 유기산에 의한 뼈의 변형》.
Ka·sha[kǽʃə] *n.* 〖商標〗 모직 복지의 일종.
「지방.
Kash·mir[kæʃmíər] *n.* 인도 북부
KATUSA, Ka·tu·sa[kətúisə] Korean Augmentation Troops to U.S. Army 카투사《미육군에 파견된 한국군》.
「여치의 일종.
ka·ty·did[kéitidìd] *n.* Ⓒ (미국산)
kau·ri, -ry[káuri] *n.* Ⓒ 〖植〗 (뉴질랜드산) 소나무의 일종; Ⓤ 그 재목〔수지(樹脂)〕.
kay·ak[káiæk] *n.* Ⓒ 카약《에스키모인의 작은 가죽배》.
kay·o [kéióu] *n., vt.* Ⓒ 《美俗》 〖拳〗 녹아웃(시키다).
Ka·zak(h)·stan[kà:za:kstá:n] *n.* 카자흐스탄 공화국《서아시아에 있는 독립국 연합의 공화국의 하나》.
K.B. King's Bench 《英》 고등 법원.
K.B.E. Knight Commander of the British Empire. **KBS** Korean Broadcasting System.
kc, kc. kilocycle(s). **K.C.** King's Counsel; Knights of Columbus. **K.C.B.** Knight Commander of the Bath. **K.C.I.E.** Knight Commander of the Indian Empire. **K.C.M.G.** Knight Commander of St. Michael and St. George. **K.C.S.I.** Knight Commander of (the Order of) the Star of India. **K.C.V.O.** Knight Commander of the (Royal) Victorian Order. **K.D.** knocked down 〖商〗 낙찰(落札). **KDI** Korea Development Institute 한국 개발원.
Keats[ki:ts], **John** (1795-1821) 영국의 시인.
kedge[kedʒ] *vt., vi.* (…을) 닻줄을 당겨서 배를 움직이다; (배가 그같이 하여) 움직이다. — *n.* =∠ **ànchor** (배를 움직이기 위한) 작은 닻.
KEDO Korean Peninsula Energy Development Organization 한반도 에너지 개발 기구.
keek[ki:k] *vi., n.* 《Sc.》 엿보다; Ⓤ 엿보기, 훔쳐봄.
keel**[ki:l] *n.* Ⓒ (배·비행선의) 용골; 《詩》 배. ***on an even* ~** 수평으로 되어. — *vt., vi.* 〖海〗 (…을) 전복시키다〔하다〕. **~ *over 전복하다; 졸도하다.
kéel·hàul *vt.* (벌로 선원을 줄에 묶어) 배 밑을 잠수시키다.
keel·son[kélsn, kí:l-] *n.* Ⓒ 〖海〗 내용골(內龍骨).
⁑**keen**[1][ki:n] *a.* ① 날카로운, 예리한; 예민한. ② 살을 에는 듯한, 모진; 신랄한; 강렬한. ③ 격렬한, 강

한. ④ 열심인(*on, to* do). *∠·**ly** *ad.* ∠·**ness** *n.*

keen[2] *n., vi., vt.* 《Ir.》 Ⓒ (죽은이를 애도하는) 곡성(을 내다), 통곡(하다); 장례식 노래.

†**keep**[ki:p] *vt.* (***kept***) ① 간직하다, 갖고 있다; 보존하다; 맡다. ② 망보다, 지키다. ③ (약속·비밀을) 지키다. ④ (어떤 동작을) 계속하다. ⑤ (의식을) 올리다; 축하하다. ⑥ 부양하다, 기르다, 돌보다. ⑦ 고용해 두다; 경영하다. ⑧ (상품을) 갖춰놓다. ⑨ (일기·장부에) 써넣다. ⑩ (사람을) 붙들다[만류하다]; (집에) 가두다. ⑪ (어떤 위치·상태로) 하여 놓[두]다, (…을) 유지하다. ⑫ 알리지 않다; 허락지 않다; 방해하다(*from*). ***You may ~ it.*** 너에게 준다. — *vi.* ① (어떤 위치·상태에) 있다. ② (…을) 계속하다. ③ 머무르다. ④ (음식물이 썩지 않고) 견디다. ⑤ 《口》 (수업을) 하고 있다. **~ *away*** 가까이 못하게 하다; 가까이 하지 않다. **~ *back*** 삼가다; 억제하다; 감추다. **~ *down*** 진압하다; (감정을) 누르다. **~ *in*** 붙들어 두다; (감정을) 누르다; 가두다, 틀어 박히다. **~ *in with*** 《口》 …와 사이좋게 지내다. **~ *off*** 막다; 가까이 못하게 하다; 떨어져 있다. **~ *on*** (…을) 입은 채로 있다; 계속해서 하다. **~ *out*** 배척하다; 억제하다; 참여하지[끼지] 않다. **~ *to*** (규칙 등을) 굳게 지키다(*K- to the right.* 우측 통행). **~ *to oneself*** (*vi.*) 교제하지 않다, 혼자 있다; (*vt.*) (사실을) 남에게 감추다. **~ *under*** 누르다; 복종시키다. **~ *up*** 버티다; 유지[계속]하다; (밤에) 잠을 못자게 하다; (곤란·병에) 굽히지 않다. **~ *up with*** (사람·시세에) 뒤지지 않다. — *n.* ① Ⓤ 보양; 음식물; 생활비. ② Ⓒ 아성(牙城). ③ Ⓤ 보존, 유지. ***for ~s*** 《口》 (내기에서) 딴 물건은 돌려주지 않는다는 약속으로; 영구히. ⁑∠·**er** *n.* Ⓒ 지키는 사람, 파수꾼, …지기; 보호자; 관리인; 임자; 사육자; (경기의) 수비자.

⁑**kéep·ing** *n.* Ⓤ ① 보존; 보관, 관리; 유지. ② 부양. ③ 일치, 조화(*with*). ④ 축하, (제전(祭典)의) 거행. ***in*** [***out of***] **~ *with*** …과 조화하여[되지 않아].

*__kéep·sàke__ *n.* Ⓒ 유품(遺品) (memento); 기념품.

kees·hond[kéishɔ̀:nd, -à-] *n.* 케이스혼드《네덜란드산의 개》.

kef[keif] *n.* Ⓤ 《中東》 (마약에 의한) 몽환경; 흡연용 마약.

keg[keg] *n.* Ⓒ 작은 나무통《보통 10갤런 이하》; (못) 100파운드.

Kel·ler[kélər], **Helen Adams** (1880-1968) 미국의 여류 저술가.

Kells[kelz], **The Book of** 켈즈의 서(書)《9세기 초에 완성된 라틴어 복음서: cf. Lindisfarne Gospels.》.

ke·loid[kí:lɔid] *n.* Ⓤ 〖醫〗 켈로이드《화상 뒤에 생기는 종양》.

kelp[kelp] *n.* Ⓤ 켈프《요오드를 함유하는 거대한 해초》; 해초회(灰).

kel·pie, -py[kélpi] *n.* 〖Sc. 傳說〗 사람을 익사케 하거나 익사를 예고 하는 말 모양의 물귀신.

kel·son[kélsn] *n.* =KEELSON.

Kelt, Kel·tic, &c. =CELT, CELTIC, &C.

kel·ter[kéltər] *n.* 《英方》 =KILTER.

kel·vin[kélvin] *n.* Ⓒ 〖理〗 켈빈《절대 온도 단위》. — *a.* 〖理〗 켈빈[절대] 온도의.

kempt[kempt] *a.* (머리를) 빗질한.

*__ken__[ken] *n.* Ⓤ 시계(視界); 지식[인식] 범위.

Ken. Kentucky.

Ken·ne·dy[kénədi], **John F.** (1917-63) 미국 제35대 대통령(1961-63).

Kénnedy Róund 케네디 라운드 《관세의 일괄 인하 교섭》.

*__ken·nel__[1][kénəl] *n., vt., vi.* (《英》 *-ll-*) Ⓒ 개집(에 넣다; 들어가다, 살다); (*pl.*) 개의 사육장; Ⓒ 사냥개의 떼; 오두막.

ken·nel[2] *n.* Ⓒ 도랑.

ken·ning[kéniŋ] *n.* Ⓤ 〖修〗 《詩》 대칭(代稱)《sea를 whale's way로 하는 따위》.

ke·no[kí:nou] *n.* Ⓤ 도박의 일종.

*__Kent__[kent] *n.* 잉글랜드 남동쪽 끝의 주; 고대 잉글랜드의 한 왕국. ∠·**ish** *a., n.* 켄트주(州)의; Ⓤ Kent 왕국의 고대 영어 방언.

*__Ken·tuck·y__[kəntʌ́ki/ken-] *n.* 미국 남부의 주《생략 Ky., ken.》; 켄터키 강. **-tuck·i·an** *a., n.*

Ken·ya[kénjə, kí:n-] *n.* 케냐《아프리카 동부의 공화국》.

kep·i[képi, kéi-] *n.* (F.) Ⓒ 케피 모자《위가 납작한 프랑스 육군의 군모》.

Kep·ler[képlər], **Johann** (1571-1630) 독일의 천문학자.

†**kept**[kept] *v.* keep의 과거(분사).

ker·a·tin[kérətin] *n.* Ⓤ 〖化〗 케라틴, 각소(角素).

ker·a·ti·tis[kèrətáitis] *n.* Ⓤ 〖病〗 각막염(角膜炎).

kérb·stòne *n.* 《英》 =CURBSTONE.

ker·chief[kə́:rtʃif] *n.* Ⓒ 목도리 (neckerchief); 손수건.

kerf[kə:rf] *n.* Ⓒ (톱으로) 켠 자국[면]; (도끼 따위로) 자른 면[자국].

ker·mes[kə́:rmi(:)z] *n.* Ⓤ 연지, 양홍(洋紅); Ⓒ 참나무의 일종.

ker·mis, -mess[kə́:rmis] *n.* (네덜란드·벨기에 등지의) 명절날의 장; 자선시(慈善市).

*__ker·nel__[kə́:rnəl] *n.* Ⓒ (과실의) 인(仁); 낟알; 핵심, 골수; 〖컴〗 핵심, 알맹이.

*__ker·o·sene__[kérəsì:n, ⌣-⌣] *n.* Ⓤ 「등유(燈油).

ker·sey[kə́:rzi] *n.* Ⓤ 커지 천《투박한 나사》.

kes·trel[késtrəl] *n.* Ⓒ 〖鳥〗 황조롱이《유럽산》. 「일종.

ketch[ketʃ] *n.* Ⓒ 두대박이 (범선)의

*__ketch·up__[kétʃəp] *n.* Ⓤ 케첩.

ke·tone[kí:toun] *n.* Ⓤ 〖化〗 케톤.

⁑**ket·tle**[kétl] *n.* Ⓒ 솥; 주전자, 탕

관. **a (nice, fine, pretty) ~ of fish** 대혼란, 곤란한 지경.
kéttle·drùm *n.* (*pl.*) =TIMPANI.
kev kiloelectron volt 〖理〗 1,000 전자 볼트.
:key[1] [ki:] *n.* Ⓒ ① 열쇠. ② (국면을 지배하는, 해결의) 실마리, 열쇠; 해답(서). ③ (기계 장치의) 핀, 볼트. ④ 중요 지점, 요충지, 중요한 사람〔물건〕. ⑤ (피아노·타이프라이터 등의) 키, 건(鍵). ⑥ 〖樂〗 조(調)(~ *of C sharp minor* 올림 다단조(短調)); (목소리 등의) 가락; 색조; (문체 따위의) 기조(基調). ⑦ 〖電〗 회로 개폐기; 전건(電鍵). ⑧ 〖廣告〗 (광고 효과를 알기 위한) 반응 측정 문구. ⑨ 〖컴〗 글쇠, 쇠. **out of ~ with** …와 조화를 이루지 못하고. — *a.* 주요한(*the ~ industries* 기간 산업). — *vt.* ① 열쇠를 채우다; 열쇠〔나사마개〕로 잠그다(*in, on*). ② 가락을 맞추다; 〖樂〗정조(整調)하다. **~ up** 가락을 올리다; 고무하다. **keyed**[-d] *a.* 건(鍵)이 있는.
key[2] *n.* Ⓒ 모래톱, 산호초(礁).
·kéy·bòard *n.* Ⓒ (피아노·타이프라이터 따위의) 건반; 〖컴〗 자판.
kéy chàin 열쇠 꾸러미.
kéy chìld 부모가 맞벌이하는 집 아이.
kéy·hòle *n.* Ⓒ 열쇠 구멍.
kéyhole repòrter 가십 기자.
kéy índustry 기간(基幹) 산업.
kéy·màn *n.* Ⓒ (기업 등의) 중심 인물.
kéy mòney 《英》 (세든 사람이 내는) 보증금, 권리금.
Keynes[keinz], **John Maynard** (1883-1946) 영국의 경제 학자. **~·i·an** *a., n.* 케인즈(학설)의; Ⓒ 케인즈 학파의 사람.
·kéy·nòte *n.* Ⓒ 〖樂〗 주조음, 으뜸음; (정책 등의) 기조(基調).
kéynote addréss 〔**spéech**〕《美》 (정당의) 기조 연설.
kéy pàttern 卍자 무늬, 뇌문(雷紋).
kéy pòint 요충, 요점, 관건(關鍵).
kéy·pùnch *n., vi.* Ⓒ (컴퓨터 카드 따위에) 구멍 뚫는 기계(로 구멍을 뚫다). **~·er** *n.* Ⓒ 키펀치 조작인, 키펀처.
kéy rìng 열쇠 고리.
kéy sìgnature 〖樂〗 조호(調號).
kéy·smìth *n.* Ⓒ 열쇠 제조업자; 열쇠 복제 기능공.
kéy státion 주요국(局)《네트워크 프로그램 제작의 중심 방송국》.
kéy·stòne *n.* Ⓒ (아치의) 마룻돌; 중추, 요지(要旨).
kéy stòne efféct 〖TV〗 (화면의) 위가 퍼지는 현상.
Kéystone Státe, the 펜실베이니아 주의 딴 이름.
kéy·stròke *n.* Ⓒ (타이프나 워드프로세서의) 글쇠 누름.
kéy vísual 〖廣告〗 텔레비전 광고에서 가장 중요한 포인트가 되는 화면.
kéy wórd (암호 해독 등의) 열쇠가 되는 말; 주요어, 주요 단어; 〖컴〗 키단어, 키워드.
KFX Korean Foreign Exchange.
kg., kg keg(s); kilogram(s).
K.G. Knight of the Garter.
KGB (R.) *Komitet Gosudarstvennoi Bezopasnosti* 구 소련 국가 보안 위원회.
·khak·i[ká:ki, kǽki] *n., a.* Ⓤ 카키색(의) (옷·옷감).
kha·lif[kéilif, kǽl-] *n.* =CALIPH.
khan[1] [kɑ:n, kæn] *n.* Ⓒ 칸, 한(汗)《타타르·몽고 등의 군주(君主)나 이란·아프가니스탄 등의 고관의 칭호》.
khan[2] *n.* Ⓒ (터키 지방의) 대상(隊商)의 숙사.
Khmer[kmɛər] *n.* (the ~(s)) 크메르족; Ⓤ 크메르 언어.
Khrush·chev [krú:ʃtʃef, -tʃɔ:f], **Nikita Sergeyevich** (1894-1971) 구 소련의 전 수상(재직 1958-64).
KHz kilohertz.
kib·ble[1] [kíbl] *n.* Ⓒ 《英》 (광산용의) 두레박.
kib·ble[2] *vi.* 거칠게 갈다〔빻다〕.
kib·butz[kibú:ts] *n.* Ⓒ 키부츠《이스라엘의 집단 공장》.
kibe[kaib] *n.* Ⓒ (발뒤꿈치의) 동창(凍瘡), 추위에 손발이 트는 것.
kib·itz[kíbits] *vi.* 《口》 쓸데없는 참견을 하다. **~·er** *n.* Ⓒ 주제넘은 훈수꾼《특히 카드놀이 등에서》.
ki·bosh[káibɑʃ/-bɔʃ] *n.* Ⓤ 《口》 실없는 소리. **put the ~ on** 해치우다, 끝장짓다.
:kick[kik] *vt.* ① (걷어) 차다; (총이 사수의 어깨를) 반동으로 치다(등의). ② 《美方》 (구혼자 따위를) 퇴짜놓다; 〖蹴〗 골에 공을 차넣다. — *vi.* ① 차다(*off*); 총이 반동으로 튀다. ② 《口》 반항하다, 불평을 말하다. **~ back** 《口》 갑자기 되튀다; (훔친 금품 따위를) 주인에게 되돌려주다; 《美俗》 수입 수수료로서 반환하다. **~ in** 《俗》 죽다; 헌금하다; 돈을 갚다. **~ it** 《美俗》 도망가다. **~ off** 〖蹴〗 킥오프하다; 《口》 시작하다; 《俗》 죽다. **~ out** 《口》 걷어차 쫓아내다; 해고하다. **~ up** (…을) 차올리다; (소동 따위를) 일으키다. — *n.* ① Ⓒ 차기; 한번 차기; (총의) 반동. ② Ⓒ 《口》 반항, 거절, 불평. ③ (the ~) 해고. ④ Ⓒ 《口》 흥분, 스릴. ⑤ Ⓒ 〖蹴〗 킥; 차는 사람. ⑥ Ⓤ 《口》 (위스키 등의) 자극성. ⑦ (병 밑의) 불쑥 올라온 바닥. **get** 〔**give**〕 **the ~** 해고당하다〔시키다〕.
kíck·bàck *n.* Ⓤ,Ⓒ 《美口》 (급격한) 반동, 반발; 부당한 수입의 상납; (급료의 일부를) 떼어내기.
kíck bòxing 킥복싱.
kíck·òff *n.* Ⓒ 〖蹴〗 킥오프.
kíck·shàw (<F. *quelque chose*) *n.* Ⓒ 훌륭한 요리, 별미(別味); 시시한〔하찮은〕 것(trifle).
kíck·sòrter *n.* Ⓒ 〖電〗 박동선별(拍動選別) 기록계.
kíck·ùp *n.* Ⓤ 차올리기; 《口》 소동.
:kid[1] [kid] *n.* ① Ⓒ 새끼염소. ② Ⓤ

그 가죽〔고기〕, 키드 가죽. ③ (*pl.*) 키드 장갑〔구두〕. ④ Ⓒ 《口》 어린애.
kid² *vt., vi.* (**-dd-**) 《口》 놀리다; 속이다. ***No ~ding!*** 《美口》 농담 마라.
Kidd[kid], **William** (*'Captain Kidd'*)(1645?-1701) 영국의 해적.
kid·der[kídər] *n.* Ⓒ 《口》 속이는〔놀리는〕 사람.
kid·die, -dy[kídi] *n.* Ⓒ 《口》 어린애, 꼬마.
***kid·nap**[kídnæp] *vt.* (《英》 **-pp-**) (어린애를) 채가다, 유괴하다. **~·er,** 《英》 **~·per** *n.* Ⓒ 유괴자. **~·ing,** 《英》 **~·ping** *n.* Ⓤ 유괴.
kid·ney**[kídni] *n.* ① Ⓒ 신장(腎臟), 콩팥. ② (*sing.*) 성질, 종류. ***contracted ~ 〖醫〗 위축신(萎縮腎).
kídney bèan 강낭콩.
kídney machìne 인공 신장.
kídney stòne 〖鑛〗 연옥(軟玉); 〖解〗 신장 결석(結石).
kíd('s) stùff 《俗》 하찮은 것〔일〕.
kier[kiər] *n.* Ⓒ (표백·염색용의) 큰 솥.
kike[kaik] *n.* Ⓒ 《美俗·蔑》 유대인 「(Jew).
Kil·i·man·ja·ro [kìliməndʒɑ́:rou] *n.* Tanganyika에 있는 아프리카의 최고봉.
†**kill**[kil] *vt.* ① 죽이다; 말라 죽게하다. ② (병·바람의) 기세를 꺾다. ③ (시간을) 보내다. ④ (소리를) 죽이다. ⑤ 엷게 하다; 약하게 하다. ⑥ (의안 따위를) 부결하다; 〖電〗 (회로를) 끊다. ⑦ 지치게하다; 뇌쇄(惱殺)하다. ***dressed*** 〔***got up***〕 ***to ~*** 홀딱 반할 몸차림으로. ***~ by inches*** 애태우며〔괴롭히며〕 천천히 죽이다. ***~ oneself*** 자살하다. ***~ or cure*** 운을 하늘에 걸고. ***~ with kindness*** 친절이 지나쳐 도리어 화가 미치게 하다. ― *n.* Ⓒ 살생; (사냥의) 잡은 것; Ⓤ 〖컴〗 없앰. ***∠·er** *n.* Ⓒ 죽이는 사람〔동물·것〕; 살인자; = **∠·er whàle** 범고래. ***∠·ing** *a., n.* 죽이는; 힘겨운; 뇌쇄적인; 《美》 우스워 죽을 지경인; Ⓤ,Ⓒ 죽이는 일, 도살; Ⓒ 사냥에서 잡은 것; (a ~) 《口》 큰 벌이〔수지〕.
kíll-and-rún wár[kílənrʌ́n-] 게릴라 전.
kíll-jòy *n.* Ⓒ 흥을 깨뜨리는 사람 (cf. wet blanket).
kíll ràte 〔**ràtio**〕 (전쟁·폭동 등에서 양측의) 살생률.
kíll-tìme *n.* Ⓒ 소일 (거리).
kiln[kil*n*] *n.* Ⓒ 가마(oven), 노(爐).
kil·o[kí(:)lo/kí:lou] *n.* (*pl.* **~s**) Ⓒ 킬로(그램, 미터, 리터 따위).

ki·lo-[kílou, -lə] *pref.* '천'의 뜻. **∠·càlorie** *n.* Ⓒ 킬로칼로리《천칼로리》. **∠·cỳcle** *n.* =KILOHERTZ. **∠·eléctron vólt** 〖電〗 킬로일렉트론 볼트《생략 kev》. * **∠·gràm,** 《英》 **∠·gràmme** *n.* Ⓒ 킬로그램《생략 kg》. **∠·gràmmeter,** 《英》 **∠·grámmetre** *n.* Ⓒ 킬로그램미터《 1kg의 물건을 1m 올리는 일의 양》. * **∠·hèrtz** *n.* Ⓒ 킬로헤르츠《주파수의 단위》. * **∠·lìter,** 《英》 **∠·lìtre** *n.* Ⓒ 킬로리터. * **∠·mèter,** 《英》 **∠·mètre** *n.* Ⓒ 킬로미터. **∠·tòn** *n.* Ⓒ 1000톤, (원·수폭의) TNT 1000톤 상당의 폭파력. * **∠·wàtt** *n.* Ⓒ 킬로와트《전력 단위, 1000와트》. **∠·watthóur** *n.* Ⓒ 킬로와트 시(時)《1시간 1킬로와트의 전력》.
kilt[kilt] *n.* Ⓒ 킬트《스코틀랜드 고지 지방의 남자용 짧은 치마》. ― *vt.* 접어〔걷어〕 올리다(tuck up); (…에) 주름을 잡다. **~·ed**[∠id] *a.* 킬트를 입은; 세로 주름이 있는.
kil·ter[kíltər] *n.* Ⓤ 《美口》 좋은 상태, 호조(好調)(*Our radio is in* 〔*out of*〕 *~.* 우리 라디오는 상태가 좋다〔나쁘다〕).
kim·chi[kímtʃi] *n.* (Korean) Ⓤ 김치.
ki·mo·no[kimóunə] *n.* (Jap.) Ⓒ 일본 옷; 여성용 느슨한 화장옷.
kin**[kin] *n.* Ⓤ 친척; 혈족 관계. ***near 〔***next***〕 ***of ~*** (최)근친인. ***of ~*** 친척인; 같은 종류인. **~·ship** [∠ʃip] *n.* Ⓤ 혈족 관계; (a ~) 유사(類似).
†**kind¹**[kaind] *a.* 친절한; 상냥한. ⁑**∠·ness** *n.* Ⓤ,Ⓒ 친절(한 태도·행위), 상냥함; 우정.
†**kind²** *n.* ① Ⓒ 종류; 종족, 부류. ② Ⓤ 성질. ***in ~*** (돈 아닌) 물품으로(*payment in ~* 현물 급여〔지급〕); 같은 (종류의) 물건으로; 본질적으로. ***~ of*** 《口》 거의; 오히려; (…과) 같은. ***of a ~*** 같은 종류의; 이름〔명색〕뿐인, 엉터리의.
kind·a [∠ə], **kind·er** [∠ər] *ad.* 《俗》 =KIND² of.
***kin·der·gar·ten** [kíndərgɑ̀:rtn] *n.* (G.) Ⓒ 유치원. **~·er, -gart·ner** *n.* Ⓒ (유치원의) 원아; 보모.
kínd·héarted *a.* 친절〔상냥〕한.
⁑**kin·dle**[kíndl] *vt.* ① (…에) 불을 붙이다; 점화하다. ② 밝게 하다. ③ (정열 따위를) 타오르게 하다. ― *vi.* 불이 붙다; 빛나다; 흥분하다.
kin·dling[kíndliŋ] *n.* Ⓤ (보통 *pl.*) 불쏘시개.
⁑**kind·ly**[káindli] *a.* ① 친절한, 상냥한. ② (기후가) 온화한. ― *ad.* ① 친절히, 상냥하게. ② 기꺼이, 쾌히. ***take*** (*it*) ***~*** (그것을) 선의로 해석하다; 쾌히 받아들이다. ***take ~ to*** …을 좋아하다. ***kínd·li·ness** *n.*
⁑**kin·dred**[kíndrid] *n., a.* Ⓤ ① 혈족(의), 일가 권속(의). ② 친척 관계(의); 유사(類似)(한).
kine[kain] *n. pl.* 《古·方》 (암)소 (cows).
kin·e·ma[kínəmə] *n.* =CINEMA.
kin·e·mat·ic[kìnəmǽtik/kàin-, kìn-] *a.* 〖理〗 운동학(상)의. **~s** *n.* Ⓤ 운동학.
kin·e·mat·o·graph [kìnəmǽtəgræf/kàinimǽtəgrɑ̀:f, kìn-] *n.* = CINEMATOGRAPH.
kin·e·scope[kínəskòup] *n.* Ⓒ 《美》 키네스코프《텔레비전 수상용 브

라운관》; 키네스코프 영화.

ki·ne·sics[kiní:siks, kai-] *n.* Ⓤ (의사 전달 수단으로서의) 신체 동작 연구학.

kin·es·thet·ic[kìnəsθétik, kài-] *a.* 근육 운동 감각의.

ki·net·ic[kinétik, kai-] *a.* 〖理〗 운동의〔에 의한〕; 활동력이 있는. **~s** *n.* Ⓤ 동역학(動力學).

kinétic árt 움직이는 예술.

kinétic énergy 〖理〗 운동 에너지.

kin·folk(**s**) [kínfòuk(s)] *n. pl.* 《口》 =KINSFOLK.

†**king**[kiŋ] *n.* ① Ⓒ 임금, 왕, 국왕. ② (K-) 신, 그리스도. ③ Ⓒ 《口》 왕에 비기는 것; 최상급의 종류. ④ Ⓒ (카드의) 킹, (체스의) 왕. ⑤ (Kings) 〖舊約〗 열왕기(列王記)《상·하 2부》. **~ *of beasts*** 백수(百獸)의 왕(lion). **~ *of birds*** =EAGLE. ***K-of Kings*** 천제(天帝), 황제; 예수.

*__king·ly__[kíŋli] *a., ad.* 왕의; 왕다운〔답게〕; 위엄 있는.

kíng·bìrd *n.* Ⓒ 〖鳥〗 (아메리카산) 딱새류(類).

kíng·bòlt *n.* Ⓒ 〖機〗 중심볼트.

kíng cóbra 킹코브라《동남아산의 큰 독사》.

kíng·cràft *n.* Ⓤ 왕정(王政), 왕도.

⁑**king·dom**[ˊdəm] *n.* Ⓒ ① 왕국. ② 〖生〗 …계(界). ③ (연구의) 분야. ***the animal*** 〔***vegetable, mineral***〕 **~** 동물〔식물, 광물〕계.

kíngdom cóme 저승, 천국.

kíng·fìsh *n.* Ⓒ 북미 연안의 대형 식용어; 《美口》 거물, 거두.

kíng·fìsher *n.* Ⓒ 〖鳥〗 물총새.

Kíng Jámes Vérsion =AUTHORIZED VERSION.

king·let[ˊlit] *n.* Ⓒ 소왕(小王); 작은 나라의 왕.

King-of-Arms[ˊəvá:rmz] *n.* (*pl.* ***Kings-of-Arms***) Ⓒ 《英》 문장국(紋章局) 장관.

kíng·pìn *n.* Ⓒ (볼링의) 전면〔중앙의〕 기둥; 《口》 중요 인물, 우두머리; =KINGBOLT.

kíng pòst 〖建〗 마룻대공.

kíng's Énglish, the ⇨ ENGLISH.

kíng's évil ⇨ EVIL.

kíng's híghwày (천하의) 공도(公道).

king·ship[kíŋʃip] *n.* Ⓤ 왕의 신분〔자리·권리〕; 왕권, 왕위.

kíng-sìze(**d**) *a.* 《口》 특대형의.

kíng snàke (미국 남부의) 큰 뱀《무독》.

kíng's ránsom 거액의 돈.

Kíng Stórk 폭군.

kink[kiŋk] *n.* Ⓒ 엉클어짐, 꼬임; 비틀림(twist); 근육의 경련; 성질의 빙퉁그러짐; 괴팍한 성질; 옹고집, 변덕; 결함. — *vi., vt.* 엉클어지(게 하)다. **~·y**[kíŋki] *a.* 비꼬인; 꼬이기 쉬운.

kin·ka·jou [kíŋkədʒù:] *n.* Ⓒ 〖動〗 완웅(浣熊)《너구리의 일종》.

kínky bóot 검은 가죽의 여성용 긴 부츠.

Kin·sey[kínzi], **Alfred C.** (1894-1956) 미국의 동물학자·성(性) 연구가. **~*'s report*** 킨제이 보고.

kins·folk[kínzfòuk] *n. pl.* 친척.

*__kins·man__[kínzmən] *n.* Ⓒ 남자 친척.

kíns-wòman *n.* Ⓒ 여자 친척.

ki·osk[kí:ɑsk/kí(:)ɔsk] *n.* Ⓒ (터키 등지의) 정자; (역의) 매점; (지하철의) 입구; (재즈 등의) 연주대(臺).

kip[kip] *n.* Ⓤ 작은〔어린〕 짐승의 가죽; Ⓒ 그 가죽의 묶음.

Kip·ling[kípliŋ], **Rudyard** (1865-1936) 영국의 소설가.

kip·per[kípər] *n.* ① Ⓤ,Ⓒ 말린〔훈제(燻製)의〕 청어〔연어〕. ② Ⓒ 산란기 중〔후〕의 연어 수컷. — *vt.* 건물(乾物)〔훈제〕로 하다.

Kir·ghiz[kiərgí:z/kə́:rgiz] *n.* Ⓒ 키르기스 사람《중앙 아시아 서부의 몽골 인종》; Ⓤ 키르기스어(語).

kirk[kə:rk] *n.* 《Sc.》 =CHURCH.

kir·mess[kə́:rmis] *n.* =KERMIS.

kir·tle[kə́:rtl] *n.* Ⓒ 《古》 스커트, 슬립, 여성복; (남자용) 짧은 겉옷.

kis·met[kízmet, -s-] *n.* (Turk.) Ⓤ 운명.

†**kiss**[kis] *n., vt., vi.* Ⓒ ① 키스〔입맞춤〕(하다). ② 가볍게 스치다〔스치기〕. ③ 당과(糖菓)의 일종. **~ *and be friends*** 키스하여 화해하다. ***blow a* ~** (손시늉으로) 키스를 보내다. **~ *away*** (눈물을) 키스로 닦아주다. **~ *one's hand to*** …에게 키스를 던지다. **~ *the Bible*** 〔***Book***〕 성서에 입맞추고 선서하다. **~ *the dust*** 굴복하다. **~ *the ground*** 넙죽 엎드리다; 굴욕을 당하다.

kíss·er *n.* Ⓒ 키스하는 사람; 《俗》 입; 입술; 얼굴.

kíss·ing *a., n.* 키스하는〔하기〕.

kíssing cóusin 〔**kín**〕 (만나면 인사나 할 정도의) 먼 친척.

kíssing diséase 전염성 단핵증(單核症), 키스 병.

kíss-òff *n.* Ⓤ,Ⓒ 《美俗》 면직, 해고.

*__kit__[1] [kit] *n.* ① Ⓒ 《英》 나무통〔주머니〕, 통. ② Ⓤ,Ⓒ 《주로 英》 장구(裝具), 장비, 복장 일습. ③ Ⓒ (장색의) 연장〔용구〕 그릇, 용구 상자. ④ Ⓒ 연장〔용구〕 일습. ⑤ =KITBAG. ⑥ 〖컴〗 짝맞춤.

kit[2] *n.* Ⓒ 새끼 고양이.

kít·bàg *n.* Ⓒ 〖軍〗 잡낭(雜囊); (아가리가 큰) 여행 가방.

†**kitch·en**[kítʃən] *n.* Ⓒ 부엌, 주방.

kítchen càbinet (대통령·장관의) 사설 고문단.

kitch·en·et(**te**) [kìtʃənét] *n.* Ⓒ (아파트 따위의) 간이 부엌.

kítchen gàrden 남새밭, 채원(菜園).

kítchen gàrdener 야채 재배 농가.

kítchen·màid *n.* Ⓒ 식모.

kítchen mìd·den[-mìdn] (<Du.) 〖考〗 조개무지.

kítchen políce 〖軍〗 취사 근무; 《집합적》 취사병《생략 K.P.》.

kítchen sínk 부엌의 개수대.

kítchen stùff 찬거리; 부엌 찌꺼기.

kítchen ùnit 《英》 부엌 설비 일습

《하수대·조리대·찬장 등》.
kítchen·wàre *n.* Ⓤ 취사 도구, 부엌 세간.
*__kite__[kait] *n.* Ⓒ ① 솔개. ② 연. ③ 사기꾼. ④〖商〗융통어음. ***fly a* ~** 연을 날리다; 여론을 살피다. ── *vi.*《口》솔개처럼 날다; 빠르게 움직이다. ── *vt.*〖商〗융통 어음으로 바꾸다.
kith[kiθ] *n.*《다음 용법으로만》. ***~ and kin*** 친척(연고자), 일가 친척.
kitsch[kitʃ] *n.* Ⓤ 통속 문학(의 재료); 저속한 허식성.
:**kit·ten**[kítn] *n.* Ⓒ ① 새끼 고양이. ② 말괄량이. ***have* (*a litter of*) *~s***《美俗》안절부절 못하다; 잔뜩 화내다. **~·ish** *a.* 새끼 고양이 같은; 해롱거리는; 요염한.
kit·ti·wake[kítiwèik] *n.* Ⓒ 갈매기의 일종.
kit·tle[kítl] *a.*《Sc.》간지러워하는; 다루기 힘든.
kíttle càttle《집합적》사나운 황소;《美方》다루기 힘든 패거리.
*__kit·ty__[1][kíti] *n.* Ⓒ 새끼 고양이(kitten).
kit·ty[2] *n.* Ⓒ (포커의) 판돈; 공동 자금.
Ki·wa·nis[kiwɑ́:nis] *n.* 키와니스 클럽《미국·캐나다 실업가의 사교 단체 (1915 결성)》.
ki·wi[kí:wi(:)] *n.* Ⓒ 키위《뉴질랜드산의 날개 없는 새》;《口》뉴질랜드 사람;《英空俗》(공군의) 지상 근무원.
KKK, K.K.K. Ku Klux Klan.
kl, kl. kiloliter.
Klan[klæn] *n.* =Ku Klux Klan.
Klax·on[klǽksən] *n.*〖商標〗클랙슨《자동차의 전기 경적》.
Klee[klei], **Paul** (1899-1940) 스위스의 추상파 화가.
Kleen·ex [klí:neks] *n.* Ⓤ〖商標〗클리넥스《tissue paper의 일종》.
klep·to·ma·ni·a [klèptəméiniə, -njə] *n.* Ⓤ (병적) 도벽(盜癖). **-ac** [-niæ̀k] *n.* Ⓒ 절도광.
klíeg lìght[klí:g-]《美》〖映〗촬영용 아크 등(燈).
Klíne tèst[kláin-] 클라인 시험《매독 혈청의 침강 반응》.
Klutz[klʌts] *n.* Ⓒ《美俗》손재주 없는 사람; 바보.
Klys·tron [kláistrən, klís-] *n.* Ⓤ〖商標·電子〗클라이스트론 (진공관), 속도 변조관(變調管).
km, km. kilometer(s). **KMA** Korean Military Academy. **KMAG** Korean Military Advisory Group. **KMC** Korean Marine Corps.

K-mes·on[kéimézɑn, -mí:sɑn] *n.* Ⓒ〖理〗K 중간자(kaon).
*__knack__[næk] *n.* (*sing.*) ① 숙련된 기술; 요령. ② 버릇.
*__knap·sack__[nǽpsæ̀k] *n.* Ⓒ 배낭.
:**knave**[neiv] *n.* Ⓒ ① 악한, 무뢰한, 악당. ② 〖카드〗잭.
knav·er·y[néivəri] *n.* Ⓒ 무뢰한의 행위; Ⓤ 부정, 속임, 사기.
knav·ish[néiviʃ] *a.* 악한의[같은]; 부정한.
*__knead__[ni:d] *vt.* 반죽하다; 안마하다.
knéading-tròugh *n.* Ⓒ 반죽통.
†**knee**[ni:] *n.* Ⓒ ① 무릎; 무릎 모양의 것. ② (옷의) 무릎 (부분). ***bring* (*a person*) *to one's ~s*** 굴복시키다. ***fall* [*go down*] *on one's ~s*** 무릎을 꿇다. ***on hands and ~s*** 기어서. ***on the ~s of the gods*** 인력(人力)이 미치지 않는; 미정의. ── *vt.* 무릎으로 치다[밀다].
knée brèeches (궁내관(宮內官) 등의) 반(半)바지.
knée·càp *n.* Ⓒ 슬개골, 종지뼈, 무릎 받이.
knée-déep *a.* 무릎 깊이의.
knée-hígh *a.* (신발 따위) 무릎 높이의. ***~ to a grasshopper***《口》아주 작은.
knée jèrk〖醫〗무릎[슬개] 반사.
knée jòint 무릎 관절.
:**kneel**[ni:l] *vi.* (***knelt, ~ed***) 무릎을 꿇다(*before, down, to*). **~ *to*** …앞에 무릎 꿇다; …을 간원하다. **~ *up*** 무릎을 짚고 일어서다.
knée·pàd *n.* Ⓒ (보호용) 무릎에 덧대는 것.
knée·pàn *n.* Ⓒ 슬개골, 종지뼈.
*__knell__[nel] *n.* Ⓒ 조종(弔鐘) 소리; 불길한 징조. ── *vt., vi.* (조종을 [이]) 울리다; 슬픈 소리를 내다; 궂은 일을 알리다.
:**knelt**[nelt] *v.* kneel의 과거(분사).
†**knew**[nju:] *v.* know의 과거.
Knick·er·bock·er [níkərbὰkər/ -bɔ̀-] *n.* Ⓒ (네덜란드계(系)) 뉴욕 사람; (k-)(*pl.*) =**knickers** 무릎 아래에서 졸라매는 낙낙한 반바지.
knick·knack[níknæ̀k] *n.* Ⓒ 자지레한 장식품; (장식용) 골동품.
†**knife**[naif] *n.* (*pl.* ***knives***) Ⓒ 나이프, 식칼; 메스. ***a ~ and fork*** 식탁용 나이프와 포크; 식사. ***before you can say ~***《口》순식간에. ***cut like a ~*** (바람 따위가) 살을 에는 듯하다. ***play a good* [*capital*] *~ and fork*** 배불리 먹다. ***under the ~*** 외과 수술을 받아. ── *vt.* 나이프로 베다; 단도로 찌르다 [찔러 죽이다]; 비겁한 수법으로 해치우려 하다.
knífe grìnder 칼 가는 사람.
knífe-machìne *n.* Ⓒ 칼가는 기구.
knífe-pòint *n.* Ⓒ 나이프의 칼끝. ***at ~*** 나이프로 위협받고.
knífe swìtch〖電〗나이프스위치《칼 모양의 개폐기》.
:**knight**[nait] *n.* Ⓒ ① (중세기) 기사. ②《英》나이트작(爵)의 사람《baronet의 아래로 Sir의 칭호가 허용됨》. ③〖체스〗나이트. ***Knights of columbus*** 미국 가톨릭 자선회 (1882 창립). ***Kinghts of the Round Table*** (Arthur 왕의) 원탁(圓卓) 기사단. ── *vt.* (…에게) 나이트작(爵)을 주다. **∠·hòod** *n.* Ⓤ 기사의 신분, 기사도, 기사 기질;《집

합적》 기사단. * ∠**·ly** *a., ad.* 기사의; 기사다운[답게], 용감한.
kníght-érrant *n.* (*pl.* ***knights-errant***) Ⓒ 무사 수행자(修行者). ~**ry** *n.* Ⓤ 무사 수행.
Kníght Témplar (*pl.* ***Kinghts Templars***) 〖史〗 템플 기사단《성지 순례와 성역(聖域) 보호를 목적으로 하는》; (미국의 비밀 결사) 'Knights Templars'의 일원(一員).
:knit[nit] *vt.* (*~ted, knit; -tt-*) ① 뜨다, 짜다. ② 밀착시키다. ③ (눈살을) 찌푸리다. — *vi.* 편물[뜨개질]하다; 접합하다. ~ ***goods*** 메리야스류. ~ ***up*** 짜깁다; 결합하다. ***well-~*** (*frame*) 꽉 째인(체격), 튼튼한.
knít·ting[nítiŋ] *n.* Ⓤ,Ⓒ 뜨개질, 편물, 뜨개질 세공.
knítting machìne 메리야스 기계, 편물기.
knítting nèedle 뜨개 바늘.
knít·wèar *n.* Ⓤ 니트웨어, 편물(류).
:knives[naivz] *n.* knife의 복수.
knob**[nɑb/-ɔ-] *n.* Ⓒ 마디, 혹; (문·서랍 등의) 손잡이; 《美》 작고 둥근 언덕. ***with ~s on 《俗》 게다가, 설상가상으로. ∠**·by** *a.* 마디[혹] 많은, 마디[혹]같은.
†knock[nɑk/-ɔ-] *vt.* ① 치다; (문을) 두드리다; 부딪치다. ② 《俗》 깜짝 놀라게 하다. ③ 《美口》 깎아내리다, 헐뜯다. — *vi.* ① 치다; (문을) 두드리다; 부딪다. ② (엔진이) 덜거덕거리다; 《美口》 험담하다. ~ ***about*** (남을) 학대하다; 두들겨 패다; 《口》 배회하다. ~ ***against*** 충돌하다; (공교롭게) 만나다. ~ ***away*** 두들겨서 떼다[벗기다]. ~ ***back*** 《俗》 (술을) 단숨에 들이켜다. ~ ***cold*** 때려 기절시키다; = ~ out. ~ ***down*** 때려 눕히다; 분해하다; (경매에서) 경락(競落)시키다(*to*); 《俗》 (급료를) 타다, 벌다. ~ ***for a goal*** = ~ for a loop. ~ ***for a loop*** 《美俗》 완전히 해치우다, 재빨리 처치[처리]하다, 아연하게 만들다. ~ ***in*** 두들겨 넣다, 처박다. ~ ***into a cocked hat*** 쳐부수다, 엉망을 만들다. ***K- it off!*** 《美俗》 (이야기·농담을) 그만둬라! ~ ***off*** 두드려 떨어버리다; (일을) 중지하다; 《口》 제꺽제꺽 해치우다; 《美俗》 …을 죽이다. ~ ***out*** 두들겨 보내다; 〖拳〗 녹아웃시키다. ~ ***over*** 쳐서 쓰러뜨리다. ~ ***together*** 충돌시키다[하다]; 벼락치기로 만들다, 급조하다. ~ ***under*** 항복하다(*to*). ~ ***up*** 두들겨 일으키다; 쳐 올리다; 《英口》 녹초가 되(게 하)다; 벼락치기로 만들다. — *n.* Ⓒ 치기; (문을) 두드림; 그 소리; 노크; (엔진의) 노킹(소리). — *a.* 시끄러운; (노동복 등이) 튼튼한. * ∠**·er** *n.* Ⓒ 두들기는 사람[것]; 문에 달린 노크하는 쇠. ∠**·ing** *n.* (엔진의) 노킹.
knóck·abòut *n.* Ⓒ 〖海〗 소형 돛배의 일종.
***knóck·dòwn** *a.* ① 타도하는, 압도적인. ② (가구 등이) 조립식인. ③ 최저 가격의. — *n.* Ⓒ ① 때려 눕힘, 압도적인 것. ② 조립식 가구(따위). ③ 할인. ④ 치고받음.
knóck-dòwn-and-drág-òut *a.* 가차 없는, 철저한, 압도적인.
knóckdown expòrt 현지 조립 수출.
knóck-knèed *a.* 안짱다리의.
knóck-òff *n.* Ⓒ (일의) 중지; 그 시간; (기계 등의) 급정지; 《美》 복식 디자인의 복제(複製).
knóck·òn *a.* (소립자 등이) 충격에 의해 방출되는.
***knóck·òut** *n.* Ⓒ ① 〖拳〗 녹아웃; 큰 타격. ② 《口》 굉장한 것[사람].
knoll[noul] *n.* Ⓒ 작은 둔덕[산].
:knot[nɑt/-ɔ-] *n.* Ⓒ ① 매듭; 나비매듭. ② 혹; (나무의) 마디. ③ 무리, 떼. ④ 곤란, 난국; 분규. ⑤ 〖海〗 노트, 해리(海里). ***cut the*** (***Gordian***) ~ 어려운 일을 과감하게 처리하다. ***in ~s*** 삼삼오오. — *vt.* (*-tt-*) 매다; 매듭을 짓다. — *vi.* 매어[맺어]지다. ~**·ted**[∠id], ∠**·ty** *a.* 매듭 있는; 어려운.
knót·héad *n.* Ⓒ 멍텅구리.
knót·hòle *n.* Ⓒ 옹이 구멍.
†know[nou] *vt., vi.* (***knew; ~n***) ① 알(고 있)다; 이해[체험]하고 있다. ② 인지하다; 분간[식별]하다. ***all one ~s*** 《口》 전력을 다해. ~ ***a thing or two*** 《口》 빈틈이 없다, 세상 물정에 밝다. ~ ***for certain*** 확실히 알고 있다. ~ ***of*** …에 관하여 알고 있다. ~ ***what's what*** 만사(萬事)를 잘 알고 있다. ***you ~*** 아시다시피. — *n.* 《다음의 용법뿐》 ***be in the ~*** 《口》 사정[내막]을 잘 알고 있다. ∠**·a·ble** *a.* 알 수 있는.
knów-hòw *n.* Ⓤ (어떤 일을 하는 데의) 지식, 요령.
:know·ing[nóuiŋ] *a.* ① 알고 있는; 빈틈 없는. ② 아는 체하는. ③ 《口》 멋진. ~**·ly** *ad.* 아는 체하고; 약삭빠르게; 알면서, 일부러.
knów-it-àll *a., n.* Ⓒ 《口》 (무엇이나) 아는 체하는 (사람).
†knowl·edge[nɑ́lidʒ/-ɔ́-] *n.* Ⓤ ① 지식; 이해. ② 학식, 학문. ***come to one's ~*** 알게 되다. ***not to my ~*** 내가 아는 바로는 그렇지 않다(not so far as I know). ~**·a·ble** *a.* 지식이 있는; 교활한, 아는 체하는.
†known[noun] *v.* know의 과거 분사. — *a.* 알려진; 이미 알고 있는. ***make ~*** 공표[발표]하다.
knów-nòthing *a., n.* Ⓒ 무식한 (사람).
Knt. Knight.
knuck·le**[nʌ́kəl] *n.* Ⓒ ① 손가락 관절《특히 손가락 뿌리의》. ② (소·돼지 따위의) 무릎 고기. ③ (*pl.*) 주먹. ***near the ~ 《口》 아슬아슬한 (농담 등)(risky). — *vi.* (구슬치기(marbles)할 때) 손가락 마디를 땅에 대다. ~ ***down*** 항복하다(*to*); 열심히 하다. ~ ***under*** 항복하다(*to*).

knúckle bàll 〖理〗 너클볼.
knúckle-dùster *n.* Ⓒ (금속) 가락지(knuckles)《격투할 때 무기로 씀》.
knúckle·héad *n.* Ⓒ 《美口》 바보(dumbbell), 숙맥.
knur[nəːr] *n.* Ⓒ (나무의) 옹이.
knurl[nəːrl] *n.* Ⓒ 마디, 혹; (동전 따위 가두리의) 깔쭉깔쭉한 데. **～ed, ∠·y** *a.* 마디[혹]투성이의.
KO, K.O., k.o. knockout.
ko·a·la[kouáːlə] *n.* Ⓒ 〖動〗 코알라.
ko·bold[kóubald, -bould/kɔ́bould] *n.* Ⓒ 〖독일 傳說〗 땅의 요정.
KOC Korean Olympic Committee.
Ko·dak[kóudæk] *n.* Ⓒ 〖商標〗 코닥《미국 Eastman사 사진기》.
K. of C. 《美》 Knight(s) of Columbus.
Koh·i·noor[kóuənùər] *n.* (the ～) 영국 왕실 소장의 대형 다이아몬드.
kohl·ra·bi[kòulráːbi, ∠∠─/∠∠─] *n.* Ⓒ 〖植〗 구경(球莖) 양배추.
ko·la[kóulə] *n.* Ⓒ 〖植〗 (아프리카산의) 콜라 (열매).
kóla nùt 콜라 열매.
ko·lin·sky[kəlínski] *n.* 〖動〗 ① Ⓒ 시베리아 담비. ② Ⓤ 그 모피.
***kol·khoz*, -s**[kalkɔ́ːz/kɔl-] *n.* (Russ.) 콜호즈《집단 농장》.
Kom·in·tern[kàmintə́ːrn/-ɔ́-] *n.* =COMINTERN.
koo·doo[kúːduː] *n.* =KUDU. 「람).
kook[kuːk] *n., a.* Ⓒ 머리가 돈 (사
ko·peck, -pek[kóupek] *n.* Ⓒ (러시아) 코페이카 (동전)《1/100 루블》.
Ko·ran [kərǽn, -ráːn, kou-/kɔráːn] *n.* (the ～) 코란《이슬람교 경전》.
:Ko·re·a[kouríːə, kə-] *n.* (<고려(高麗)) *n.* 한국. *** ～n**[kəríːən/-rìən] *a., n.* 한국(인)의; Ⓒ 한국인; Ⓤ 한국어.
Koréa Stráit, the 대한 해협.
ko·sher[kóuʃər] *a.* 〖유대敎〗 (음식·식기가) 규정에 맞는; 정결한; 《俗》 정당한, 순수한, 좋은. **— *vt., n.*** Ⓒ (음식을) 규정[법도]에 따라 요리하다[하는 식당]; 정결한 요리.
KOTRA The Korea Trade Investment Promotion Corporation 대한 무역 투자 진흥 공사.
kou·mis(s), -myss[kuːmís, ∠─] *n.* =KUMISS.
kow·tow[káutəu, ∠∠] *n., vi.* Ⓒ (Chin.) 고두(叩頭)(하다).
KP, K.P. kitchen police. **k.p.h.** kilometer(s) per hour. **Kr** 〖化〗 krypton.

kraal[kraːl] *n.* Ⓒ (남아프리카 토인의 울타리 두른) 부락; (소·양의) 우리.
kraft[kræft/-aː-] *n.* Ⓤ 크라프트지(紙)《시멘트 부대 등에 쓰임》.
kra·ken[kráːkən] *n.* (노르웨이 앞바다에 나타난다는) 전설상의 바다의 괴물.
K̍ ràtion 〖美軍〗 야전 휴대식량《3 끼분, 3726 칼로리》.
Kraut[kraut] *n.* Ⓒ 《俗》 독일 사람[병사].
Krem·lin [krémlin] *n.* (the ～) (Moscow에 있는) 크렘린 궁전; 러시아 정부.
Kril·i·um[kríliəm] *n.* Ⓤ 〖商標〗 크릴리엄《토양(土壤) 개량제》.
kris[kriːs] *n.* =CREESE.
krish·na[kríʃnə] *n.* 〖印神〗 크리슈나신(神)《Vishnu의 여덟째 화신》.
Kriss Krin·gle [krís kríŋgəl] 《美》 =SANTA CLAUS.
kro·na [króunə] *n.* (*pl.* ***-nor***[-nɔːr]) Ⓒ 크로나《아이슬란드의 화폐 단위》.
kro·ne[króunə] *n.* (*pl.* ***-ner***[-nər]) Ⓒ 크로네《덴마크·노르웨이의 화폐 단위》; (*pl.* ***-nen***[-nən]) 크로네《옛독일의 10마르크 금화; 오스트리아의 은화》.
kryp·ton[kríptan/-ɔ-] *n.* Ⓤ 〖化〗 크립톤《희가스 원소; 기호 Kr》.
KS, K.S. Korean Standards.
Kshat·ri·ya[kʃǽtriə/-áː-] *n.* 크샤트리아《인도 4성 제도의 제 2계급; 왕후·무사 계급》.
Kt. Knight. **K.T.** Knight Templar; Knight of the Thistle.
KTB Korea Tourist Bureau.
KTS Korea Tourist Service.
Kua·la Lum·pur[kwáːlə lúmpuər] 말레이시아의 수도.
Ku·blai Khan [kúːblai káːn] (1216?-1294) 쿠빌라이 칸(忽必烈汗)《원(元)나라의 초대 황제》.
ku·dos[kjúːdas/kjúːdɔs] *n.* (Gk.) Ⓤ 《口》 영예, 명성.
ku·du[kúːduː] *n.* Ⓒ 〖動〗 (남아프리카산) 얼룩 영양. 「원.
Ku Klux·er[kjúːklÀksər] 3K 단
Ku Klux (Klan)[kjúː klÀks (klǽn), kjúː-] 《美》 큐클럭스클랜, 3K단《남북 전쟁 후 남부 백인의 흑인 박해 비밀 결사; 또 그 재현이라고 칭하는 1915년 조직의 비밀 결사》.
ku·lax[kuːláːk, kúːlæk] *n.* (Russ.) (*pl.* ***-laki***[kuːláːki]) Ⓒ (러시아의) 부농(富農).
ku·miss[kúːmis] *n.* Ⓤ 쿠미스《타타르 사람의 말젖 술》; 우유 술.
küm·mel[kíməl/kúm-, kím-] *n.* (G.) Ⓤ 퀴멜주(酒)《리큐어의 일종》.
kum·quat [kÁmkwàt/-ɔ̀t] *n.* Ⓒ 〖植〗 금귤.
kung fu[kÁŋ fùː] (Chin.) 쿵후《중국의 권법(拳法)》.
Kú·riel Íslands[kúːril-, kuríːl-] 쿠릴 열도.
Ku·wait[kuwéit] *n.* 쿠웨이트《아라비아 북동부의 이슬람교국》.
Kv, kv. kilovolt.
kvut·za[kəvùːtsáː, ─∠─] *n.* Ⓒ (이스라엘의) 소(小)집단 농장.
kw. kilowatt. **K.W.H., kw-h** kilowatt-hour.
kwash·i·or·kor [kwàːʃiɔ́ːrkɔːr] *n.* Ⓤ,Ⓒ 〖醫〗 (열대 지방의) 소아 영양 장애 질환.
Ky. Kentucky.
ky·mo·graph[káimougræ̀f, -gràːf]

n. Ⓒ 카이머그래프《파동(波動) 곡선 기록 장치》.
kyr·i·e (e·le·i·son)[kíriè̀i (eiléiìsàn) /kírii (eiléiisɔ̀n)] *n.* (GK.) (the ~; 때로 K- (E-)) 〖宗〗 자비송(慈悲誦)《'주님, 자비를 베푸소서'의 뜻; 미사 중의 기도 문구》; Ⓒ 〖樂〗 (미사곡 중의) 기리에.

L

L, l[el] *n.* (*pl.* **L's, l's**[-z]) Ⓒ L자 모양의 것; 〖機〗 L자관(管); (the L) 《美口》 고가 철도(*an L station*); (로마숫자의) 50(*LXX*=70; *CL*=150).
L, l. *libra*(L. =pound).
L. Latin; Liberal; Licentiate.
£ *libra(e)*(L. =pound(s))의 기호.
l. left; line; lira; lire; liter.
La 〖化〗 lanthanum.
***la**[lɑː] *n.* Ⓤ,Ⓒ 〖樂〗 (음계의) 라.
La. Louisiana. **L.A.** Latin America; Law Agent; Legislative Assembly; Library Association; Local Agent; Los Angeles.
laa·ger[lɑ́ːgər] *n., vt., vi.* Ⓤ 《南아》 (짐마차 따위를 둥글게 방벽으로 배치한) 야영지; 야영하다.
lab[læb] *n.* 《口》 =LABORATORY.
Lab. Labor; Labourite; Labrador.
:**la·bel**[léibəl] *n., vt.* (《英》 **-ll-**) Ⓒ 라벨(을 붙이다), 꼬리표(를 달다); 레테르〔부전〕(를〔을〕 붙이다); 이름을 붙이다, …라고 부르다; 〖컴〗 이름표〔라벨〕(를〔을〕 붙히다).
la·bi·al[léibiəl, -jəl] *a.* 입술(모양)의; 〖音聲〗 순음(脣音)의. — *n.* Ⓒ 순음《p, b, m, v 따위》.
la·bi·ate[léibièit, -biit] *a., n.* 입술 모양의; Ⓒ 꿀풀과 식물.
la·bile[léibil, -bail] *a.* 변화를 일으키기 쉬운; 〖理·化〗 불안정한.
la·bi·o·den·tal[lèibioudéntl] *n., a.* Ⓒ 〖音聲〗 순치음(脣齒音)《f, v 따위》(의).
la·bi·um[léibiəm] *n.* (*pl.* **-bia** [-biə]) Ⓒ 〖動·植〗 순상부(脣狀部); 〖解〗 음순(陰脣).
†**la·bor,** 《英》 **-bour**[léibər] *n.* ① Ⓤ 노동, 근로, 노력(勞力); 수고, 노고. ② Ⓒ (구체적인 개개의) 일. ③ Ⓤ (자본·경영에 대한) 노동, 노동자 계급; 《집합적》 노동자. ④ (L-) 《英》 노동당(의원들). ⑤ Ⓤ 산고, 진통, 분만. ***hard*** ~ 중노동, 고역. ***in*** ~ 분만 중에. ~ ***and capital*** 노사(勞使) ~ ***of love*** 좋아서 하는 일. — *vi., vt.* 일하다〔시키다〕; 애써 만들다; (이하 *vi.*) 괴로워하다, 고생하다 (*under*); 진통으로 괴로워하다; (배가) 몹시 흔들리다; 난항(難航)하다. ~ ***under*** …에 괴로워하다. :**~·er** *n.* Ⓒ 노동자. **~·ing** *a.* 노동하는 (*~ing classes* 노동자 계급).
:**lab·o·ra·to·ry** [lǽbərətɔ̀ːri/ləbɔ́rətəri] *n.* Ⓒ 실험실, 연구실〔소〕; 제약실; 실험 (시간).
Lábor Bànk (노동 조합이 경영하는) 노동 은행.
lábor càmp 강제 노동 수용소.
Lábor Dày 《美》 노동절《9월 첫째 월요일, 미국·캐나다 이외에서는 5월 1일》.
Lábor Depàrtment 〔《英》 **Mìnistry**〕, **the** 노동부.
la·bored[léibərd] *a.* 애쓴; (동작·호흡 따위가) 곤란한; 부자연한.
lábor fòrce 노동력; 노동 인구.
lábor-intènsive *a.* 노동 집약형의.
***la·bo·ri·ous**[ləbɔ́ːriəs] *a.* 힘드는; 부지런한; 공들인. **~·ly** *ad.*
lábor màrket 노동 시장.
lábor pàins 산고, 진통.
lábor relàtions 노사 관계.
lábor-sàving *a.* 노동 절약의〔이 되는〕.
lábor tùrnover 노동자 이동수〔비율〕《신규 채용자·해고자의 평균 노동자에 대한 백분율》.
lábor ùnion 《美》 노동 조합.
†**la·bour**[léibər] ⇨LABOR.
Lábour Exchànge 《英》 직업 안정국.
La·bour·ite[léibəràit] *n.* 《英》 노동 당원.
Lábour Pàrty 《英》 노동당.
Lab·ra·dor[lǽbrədɔ̀ːr] *n.* 북아메리카 북동부의 반도.
la·bur·num[ləbə́ːrnəm] *n.* Ⓤ,Ⓒ 〖植〗 콩과의 낙엽 교목의 하나《부활절의 장식용》.
***lab·y·rinth**[lǽbərìnθ] *n.* ① (the L-) 〖그神〗 Daedalus가 설계한 미궁(迷宮). ② Ⓒ 미궁, 미로; 복잡한 관계. ③ (the ~) 〖解〗 내이(內耳). **-rin·thine**[læ̀bərínθi(ː)n/-θain] *a.* 미궁의〔과 같은〕.
LAC, L.A.C. leading aircraftsman 《英》 공군 하사관.
lac[1][læk] *n.* Ⓤ 랙《인도의 깍지진디가 분비하는 나무진 같은 물질; 도료 원료》.
lac[2] *n.* Ⓒ 《印英》 10만; 무수.
:**lace**[leis] *n.* Ⓒ 끈, 끈 끈; Ⓤ 레이스《가슴 장식, 테이블보, 커튼 등에 씀》; 몰; Ⓤ (커피 등에 탄) 소량의 브랜디〔진 따위〕. ***gold*** ~ 금몰. ~ ***boots*** 편상화. — *vt.* 끈으로 죄다〔장식하다〕; (…에) 끈을 꿰다; 줄무늬로 하다; (소량을) 가미하다; 《口》 후려갈기다, 매질하다. — *vi.* 끈으로 매다〔죄어지다〕; 매질하다, 비난하

다(*into*). ~ ***up one's shoes*** 구두끈으로 매다.
Lac·e·da(e)·mo·ni·an [læ̀sədimóuniən] *a., n.* =SPARTAN.
lac·er·ate[lǽsərèit] *vt.* (고기 따위를) 찢어 발기다; (마음을) 괴롭히다. **-a·tion**[⌐—éiʃən] *n.* ① Ⓤ 잡아찢음, 고뇌. ② Ⓒ 열상(裂傷).
láce·wìng *n.* Ⓒ 풀잠자리.
lace·wòrk *n.* Ⓤ 레이스(세공).
lach·ry·mal[lǽkrəməl] *a.* 눈물의; 〖解〗 눈물을 분비하는. ~ ***duct*** 누선(淚腺). — *n.* Ⓒ 눈물 단지(=⇩); (*pl.*) 누선.
lach·ry·ma·to·ry [lǽkrəmətɔ̀:ri/-təri] *a.* 눈물의; 눈물을 자아내는, 최루(催淚)의. ~ ***gas*** 〔***shell***〕 최루가스〔탄〕. — *n.* Ⓒ 〖古로〗 눈물 단지《장례식에 온 사람들의 눈물을 받았다는 목이 가는 조그마한 단지》.
lach·ry·mose[lǽkrəmòus] *a.* 눈물 잘 흘리는; 비통한, 슬픈, 슬픔을 자아내는.
lac·ing[léisiŋ] *n.* Ⓒ 끈; Ⓤ 금〔은·녹색〕 몰; (커피 등에 탄) 소량의 브랜디.
:lack[læk] *n.* ① Ⓤ 결핍, 부족. ② Ⓒ 필요한 것. ***by*** 〔***for, from, through***〕 ~ ***of*** …의 결핍 때문에. ***have*** 〔***there is***〕 ***no*** ~ ***of*** …에 부족함이 없다. — *vi.* (…이) 결핍하다, 모자라다(*in*). — *vt.* (…이) 결핍되다. ***⌐·ing*** *a., prep.* …이 결핍된; =WITHOUT.
lack·a·dai·si·cal [læ̀kədéizikəl] *a.* 생각〔시름〕에 잠긴, 감상적인. **~·ly** *ad.*
lack·er[lǽkər] *n.* =LACQUER.
lack·ey[lǽki] *n.* Ⓒ 종자(從者), 하인; 종; 추종자. — *vt., vi.* (…에) 따르다; 빌붙다.
láck·lùster, 《英》 **-tre** *n., a.* Ⓤ 광택 없음; (눈·보석 등) 흐리터분한.
La·co·ni·an [ləkóuniən] *a., n.* = SPARTAN.
la·con·ic[ləkɑ́nik/-ɔ́-], **-i·cal** [-əl] *a.* 간결한(concise). **-i·cal·ly** *ad.* **-i·cism**[-nəsìzəm] *n.* =LACONISM.
lac·o·nism[lǽkənìzəm] *n.* Ⓤ (표현의) 간결함; Ⓒ 간결한 어구〔문장〕, 경구(警句).
***lac·quer**[lǽkər] *n., vt.* Ⓤ,Ⓒ 래커〔옻〕(를〔을〕 칠하다); Ⓤ 《집합적》 칠기(漆器).
lac·quey[lǽki] *n., v.* =LACKEY.
lac·ri·mal, -ry·mal [lǽkrəməl] *a., n.* =LACHRYMAL.
la·crosse[ləkrɔ́(:)s, -rɑ́s] *n.* Ⓤ 라크로스《하키 비슷한 구기의 일종》.
lac·tase[lǽkteis] *n.* Ⓤ 〖生化〗 락타아제《젖당 분해 효소》.
lac·tate[lǽkteit] *vt.* 유화(乳化)하다. — *vi.* 젖을 내다; 젖을 빨리다〔먹이다〕. **lac·tá·tion** *n.*
lac·te·al[lǽktiəl] *a.* 젖(모양)의. — *n.* (*pl.*) 〖解〗 유미관(乳糜管).
lac·tic[lǽktik] *a.* 〖化〗 젖의, 젖에서 얻는.
láctic ácid 젖산.
lac·tom·e·ter [læktɑ́mitər/-tɔ́mi-] *n.* Ⓒ 검유기(檢乳器).
lac·tose[lǽktous] *n.* Ⓤ 〖化〗 락토오스, 젖당.
la·cu·na [ləkjú:nə] *n.* (*pl.* **~s, -nae**[-ni:]) Ⓒ 탈루, 탈문(脫文)(*in*); 공백, 결함(gap); 작은 구멍, 우묵 팬 곳; 〖解〗 (뼈 따위의) 소와(小窩).
la·cus·trine [ləkʌ́strin/-train] *a.* 「호수의.
lac·y[léisi] *a.* lace 같은.
:lad [læd] *n.* Ⓒ 소년, 젊은이(opp. lass); 《口》 (친근감을 주어) 녀석.
:lad·der[lǽdər] *n.* Ⓒ 사닥다리; (출세의) 연줄; 《英》(양말의) '전선(傳線)'(《美》run). ***get one's foot on the*** ~ 착수〔시작〕하다. ***kick down*** 〔***away***〕 ***the*** ~ 출세의 발판이었던 친구를〔직업을〕 차버리다. ***the*** (***social***) ~ 사회 계층.
ládder trùck 사다리(소방)차.
lad·die[lǽdi] *n.* 《Sc.》 =LAD.
lade[leid] *vt.* (**~d; ~d, ~n**) (짐을) 싣다(load); 퍼내다.
***lad·en** [léidn] *v.* lade의 과거분사. — *a.* (무거운 짐이) 실린.
ládies' 〔**lády's**〕 **màn** 여성에게 곰살궂은 남자.
lad·ing[léidiŋ] *n.* Ⓤ 적재, 짐싣기; 선적; 뱃짐(load). BILL ***of*** ~.
la·dle[léidl] *n., vt.* Ⓒ 국자(로 푸다, 퍼내다)(*out*). **~·ful**[-fùl] *n.* Ⓒ 한 국자 가득(한 양).
†la·dy[léidi] *n.* Ⓒ 숙녀, 귀부인; (신분에 관계 없이) 기품있는 여성; (L-) 《英》(성명에 붙여) …부인《'Lord' 또는 'Sir'로 호칭되는 이의 부인》; …양《백작 이상의 딸에 대한 경칭》; (L.) 성모마리아; 《一般》 여성에 대한 경칭 또는 호칭; (L-) (*pl.*) 여자 변소. ***my*** ~ 《호칭》 마님, 부인, 아(가)씨; 집사람(my wife). ***Our L-*** 성모 마리아. ***the first*** ~ 대통령〔주지사〕부인.
lády bèetle =⇩.
lády·bìrd〔**·bùg**〕 *n.* Ⓒ 무당벌레.
lády chàir 손가마《두 사람의 팔로 만드는 부상자 운반용의》.
Lády Dày 성모 영보 대축일《3월 25일, quarter days 중의 하나》.
lády·finger *n.* Ⓒ 긴 카스텔라식 과자.
lády-hélp *n.* Ⓒ 《英》 (가족 대우의) 가정부.
lády-in-wáiting *n.* Ⓒ 시녀, 궁녀.
lády-kìller *n.* Ⓒ 《俗》 색한(色漢), 탕아; 호남자.
lády·like *a.* 귀부인다운〔같은〕, 우아한, 부드럽고 온화한.
lády·lòve *n.* Ⓒ 애인, 연인.
lády's finger 〖植〗 콩과의 식물《가축 사료》.
lády·shìp *n.* Ⓒ (Lady 칭호가 있는 이에 대한 경칭으로) 영부인, 영양(令孃)(*your* 〔*her*〕 *L-*); Ⓤ 부인〔귀부인〕임.

lády's màid 시녀, 몸종.
lády's màn =LADIES' MAN.
lády's slìpper 〖植〗 개불알꽃속(屬)의 식물.
lády's thùmb 여뀌속의 잡초.
*__lag__[læg] *vi.* (*-gg-*) 뒤떨어지다; 느릿느릿 걷다; 늦다. ── *n.* Ⓒ 뒤떨어짐, 늦음; 시간의 착오, 지연. ***cultural*** ~ 문화의 후진. ***time*** ~ 시간의 지체.
lá·ger (**béer**) [lá:gər(-)] *n.* Ⓤ 저장 맥주《일종의 약한 맥주》.
lag·gard[lǽgərd] (<lag) *a., n.* 늦은, 느린; Ⓒ 느림보.
lag·ging[lǽgiŋ] *n.* Ⓤ (보일러 등의) 단열용 피복 시공; 그 피복(재).
la·gn(i)appe [lænjǽp, ⌐─] *n.* Ⓒ 《美方》 경품.
*__la·goon__ [ləgú:n] *n.* Ⓒ 개펄, 석호(汐湖)《바다에 접근한 호소(湖沼)》; 함수(鹹水)호, 염호; 초호(礁湖).
La Guár·di·a Áirport[lə gwá:rdiə-] New York 시 부근의 국제 공항.
la·ic[léiik] *a., n.* (성직자에 대해서) 속인의(lay); Ⓒ 평신도; 일반인(layman).
†__laid__ [leid] *v.* lay[1]의 과거(분사). ── *a.* 가로놓인, 눕혀진. ~ ***up*** 저장의; 집에 틀어박힌; 몸져 누워 있는; 〖船〗 (배를) 독(dock)에 넣은.
láid páper 투문(透紋) 있는 종이.
:__lain__[lein] *v.* lie[2]의 과거 분사.
lair[1][lɛər] *n.* Ⓒ 야수의 (소)굴; 숨는 장소; 《英》 쉬는 장소, 침상.
lair[2] *n.* Ⓒ 화려하게 모양을 낸 남자. ── *vi.* 한껏 모양을 내다. ***~ed up*** 야한 몸차림을 한. **⌐·y** ***a.***
laird[lɛərd] *n.* Ⓒ 《Sc.》 (대)지주, 영주(領主).
lais·sez (***lais·ser***) ***faire*** [lèsei fɛ́ər/léis-] (F.) 자유 방임주의; (상공업에 대한 정부의) 무간섭주의.
la·i·ty[léiəti] *n.* (the ~)《집합적》 (성직에 대해서) 속인; 풋내기.
†__lake__[1][leik] *n.* Ⓒ 호수; 못.
lake[2] *n.* Ⓤ 레이크《다홍색 안료》; 다홍색, 진홍색.
Láke Dìstrict (**Còuntry**), **the** (잉글랜드 북서부의) 호반 지방.
láke dwèller (유사 이전의) 호상(湖上) 생활자.
láke dwèlling (특히 유사 이전의) 호상 생활(주거).
Láke pòets, the 호반 시인《호반 지방에 살았던 Coleridge, Wordsworth 들》.
láke·sìde *n.* (the ~) 호반.
Láke Stàte, the 미국 Michigan 주의 별칭.
láke tròut 호수산(産)의 송어; (미국 5대호 산) 송어의 일종.
lakh[læk, lɑ:k] *n.* =LAC[2].
lam[læm] *vi., vt.* (*-mm-*), ***n.*** 《俗》 갈기다; (the ~) 도망(하다). ***be on the*** ~ 도망 중이다.
Lam. Lamentations.
la·ma[lá:mə] *n.* Ⓒ (티베트·몽고의) 라마승(僧). ***Grand*** (***Dalai***) [dá:lai, dəlái/dǽ:-] ***L-*** 대(大)라마, 달라이 라마.
La·ma·ism[lá:məìzəm] *n.* Ⓤ 라마교(教).
la·ma·ser·y[lá:məsèri/-səri] *n.* Ⓒ 라마 사원(寺院).
La·máze technìque[ləméiz-] 라마스 법《무통 분만법의 하나》.
Lamb[læm], **Charles**(1775–1834) 영국의 수필가·시인《필명 Elia》.
:__lamb__ *n.* ① Ⓒ 새끼(어린) 양. ② Ⓤ 새끼양 고기. ③ Ⓒ 순한(천진한) 사람; 풋내기 투기꾼. ***a wolf*** (***fox***) ***in ~'s skin*** 양의 탈을 쓴 이리(여우), 위선자. ***like a*** ~ 순하게, 겁을 집어먹고; 잘 속아 넘어가는. ***the L-*** (***of God***) 예수. ── ***vt., vi.*** (새끼양을) 낳다.
lam·baste[læmbéist] *vt.* 《口》 후려 갈기다; 몹시 꾸짖다.
lamb·da[lǽmdə] *n.* Ⓤ,Ⓒ 그리스어 알파벳의 열한째 글자《Λ, λ; 로마자의 L, l에 해당》.
lam·bent[lǽmbənt] *a.* (불꽃 등이) 어른거리는; (기지(機智) 등) 경묘한; (광선 등) 부드러운. **-ben·cy** ***n.***
lamb·kin[lǽmkin] *n.* Ⓒ 새끼양.
lámb·skìn *n.* ① Ⓤ (털붙은) 새끼 양가죽. ② Ⓒ 양피지.
:__lame__[leim] *a.* 절름발이의; (논설·변명 따위가) 불충분한, 앞뒤가 맞지 않는; (시의) 운율이 고르지 못한. ***go*** (***walk***) ~ 발을 절다. ── ***vt.*** 절름발이(불구)로 만들다. **⌐·ly** ***ad.*** **⌐·ness** ***n.***
láme dúck 《口》 불구자; 파산자; 《美口》 잔여 임기중에 있는 재선 낙선 의원; 부서진 비행기.
la·mel·la[ləmélə] *n.* (*pl.* ***~s, -lae*** [-li:]) Ⓒ 얇은 판자; 얇은 층.
:__la·ment__[ləmént] *vt., vi.* 슬퍼하다, 한탄하다(*over, for*). ***the ~ed*** 고인. ── *n.* Ⓒ 비탄; 비가(悲歌).
:__lam·en·ta·ble__[lǽməntəbəl] *a.* 슬픈; 통탄할. **-bly** ***ad.***
*__lam·en·ta·tion__ [læ̀məntéiʃən] *n.* Ⓤ 슬픔, 비탄; (the L-s) 〖舊約〗 예레미아의 애가(哀歌).
lam·i·na[lǽmənə] *n.* (*pl.* ***~s, -nae*** [-nì:]) Ⓒ 얇은 판자; 얇은 층.
lam·i·nal[lǽmənəl], **-nar**[-ər] *a.* 얇은 판자로 된; 얇은 층을 이루는. ~ ***flow*** (공기·물의) 층류(層流).
lam·i·nate[lǽmənèit] *vt., vi.* 얇은 판자로 만들다(가 되다). ── [-nit] *a., n.* 얇은 판자 모양의; Ⓤ,Ⓒ 엽상(葉狀) 플라스틱; 합판 제품. **-na·tion** [⌐─néiʃən] ***n.***
Lam·mas[lǽməs] *n.* 《英》 추수절 《8월 1일》(=⌐ **Dày**).
†__lamp__[læmp] *n.* Ⓒ 램프, 등불, (불)빛. (*These books*) ***smell of the*** ~. (이 책들은) 애써 쓴 형적이 뚜렷하다.
lámp·blàck *n.* Ⓤ (순)유연(油煙) 《흑색 안료·인쇄 잉크 등의 원료》.
lámp chìmney 등피.

L

lámp hòlder (전등의) 소켓.
lámp·lìght *n.* Ⓤ 등불.
lámp·lìghter *n.* Ⓒ (가로등의) 점등부(點燈夫).
lam·poon[læmpú:n] *n.* Ⓒ 풍자문, 풍자시. — *vt.* 풍자하다.
lámp·pòst *n.* Ⓒ 가로등 기둥.
lam·prey[lǽmpri] *n.* Ⓒ 〖魚〗 칠성장어.
lámp shàde 램프의 갓.
LAN 〖컴〗 local area network (근거리 통신망).
Lan·ca·shire[lǽŋkəʃìər] *n.* 잉글랜드 북서부의 주《면직 공업 중심지》.
Lan·cas·ter [lǽŋkəstər] *n.* Lancashire의 전 주도; 영국 왕가(1399-1461). **Lan·cas·tri·an**[læŋkǽstriən] *a., n.*
:lance[læns, -ɑ:-] *n., vt.* Ⓒ 창(으로 찌르다); (*pl.*) 창기병(槍騎兵); 〖外〗 랜싯(lancet)(으로 절개하다).
lánce córporal 〖英軍〗 병장.
lánce jàck 《英俗》 =⇧.
lan·ce·o·late [lǽnsiəlit, -lèit, -ɑ́:-] *a.* 창끝 모양의; 〖植〗 (잎이) 피침형인.
lanc·er[lǽnsər, -ɑ́:-] *n.* Ⓒ 창기병(槍騎兵); (*pl.*) 창기병 연대.
lánce sérgeant 〖英軍〗 최하위 중사; 중사 근무 하사.
lan·cet[lǽnsit, -ɑ́:-] *n.* Ⓒ 〖外〗 랜싯, 피침(披針), 바소.
lan·ci·nate[lǽnsənèit, -ɑ́:-] *vt.* 찌르다; 잡아 찢다.
Lancs, Lancs. Lancashire.
†land[lænd] *n.* ① Ⓤ 뭍, 육지, 지면, 토지. ② Ⓤ 땅, 소유지. ③ Ⓒ 국토, 국가. ***by* ~** 육로로. ***go on the* ~** 농부가 되다, 귀농하다. ***in the* ~ *of the living*** 이 세상에서. ***see how the* ~ *lies*** 사태를 미리 조사하다; 사정을 살피다. ***the L- of Enchantment*** 《美》 New Mexico 주의 별칭. ***the L- of Nod*** 졸음(의 나라). ***the L- of Promise*** 〖聖〗 약속의 땅《하느님이 Abraham에게 약속한 Canaan 땅》; 천국; (the l- of p-) 희망의 땅. — *vt.* 상륙[양륙]시키다; 하차[하선·착륙]시키다; 《口》 (상·일자리 등을) 얻다; (타격을) 가하다; (…에) 빠지게 하다. — *vi.* 상륙[착륙·하차]하다(*at*); 빠지다. **~ *all over*** 《口》 …을 몹시 꾸짖다. ***~·ed**[⌐id] *a.* 토지를 갖고 있는, 소유지의. **⌐·er** *n.* Ⓒ 상륙[양륙]자; 〖宇宙〗 착륙선.
lánd àgent 《美》 토지 매매 중개업자; 《英》 토지 관리인.
lan·dau[lǽndɔ:] *n.* Ⓒ 4륜 포장 마차; 자동차의 일종.
lánd brèeze 육풍(陸風).
lánd·fàll *n.* Ⓒ 〖海〗 육지 접근; 육지가 처음으로 보임; 처음으로 보인 육지; 산 사태, 사태; 〖空〗 착륙.
lánd·fìll *n.* Ⓤ (쓰레기) 매립; Ⓒ (쓰레기) 매립지.
lánd fòrce 육군, 육상 부대.
lánd frèeze 토지 (매매) 동결.
lánd-gìrl *n.* Ⓒ 《英》 (제 2 차 대전중의) 임시 여자 농장 노동자.
lánd-gràbber *n.* Ⓒ 토지 횡령자.
lánd grànt (정부의) 무상 토지 불하《학교·철도 부지를 위한》.
lánd·hòlder *n.* Ⓒ 지주; 차지인(借地人).
lánd·hòlding *n., a.* Ⓤ 토지 보유(의).
:land·ing[⌐iŋ] *n.* ① Ⓤ,Ⓒ 상륙, 착륙, 하차; 하선, 양륙(揚陸). ② Ⓒ 층계참(platfrom).
lánding bèam 〖空〗 (계기 착륙용의) 착륙빔.
lánding cràft 〖美海軍〗 상륙용 주정.
lánding fìeld 비행장.
lánding flàp 〖空〗 착륙 조작 보조익(翼).
lánding fòrce 상륙 부대.
lánding gèar 〖空〗 착륙[착수] 장치.
lánding lìght 〖空〗 착륙등.
lánding màt 〖空〗 착륙용 매트 《1m×4m 가량의 강철망, 이것을 이어서 임시 착륙 활주로를 만듦》.
lánding nèt 〖낚시〗 사내끼.
lánding pàrty 상륙 부대.
lánding stàge 잔교(棧橋).
lánding strìp (가설) 활주로.
lánding vèhicle 〖宇宙〗 착륙선 (lander).
:land·la·dy[lǽn*d*lèidi] *n.* Ⓒ ① 여자 지주[집주인]. ② 여관[하숙]의 여[안]주인(cf. landlord).
lánd làw (보통 *pl.*) 토지법.
lánd·lòcked *a.* 육지로 둘러싸인; 〖魚〗 육봉형(堉封形)의.
:land·lord[lǽn*d*lɔ̀:rd] *n.* Ⓒ ① 지주; 집주인. ② (여관·하숙의) 주인, 바깥 주인(cf. landlady).
lánd·lùbber *n.* Ⓒ 〖海〗 뭍에 사는 사람; 신출내기 (수부).
:land·mark[lǽn*d*mɑ̀:rk] *n.* Ⓒ 경계표; (토지의) 표지(標識), 목표; 획기적 사건.
lánd·màss *n.* Ⓒ 광대한 토지, 대륙.
lánd mìne 지뢰.
land·oc·ra·cy[lændɑ́krəsi/-ɔ́k-] *n.* Ⓤ 지주 계급.
lánd òffice (정부의) 국유지 관리국.
lánd-office búsiness 《美口》 인기있는[급성장하는] 장사.
***lánd·òwner** *n.* Ⓒ 지주.
lánd plànning 국토 계획.
lánd refòrm 토지 개혁.
:land·scape [lǽn*d*skèip] *n., vt., vi.* Ⓒ 풍경(화); 조망; 〖컴〗 가로 방향; 정원을 꾸미다.
lándscape árchitecture [**gàrdening**] 조경술.
lándscape gàrdener 조경 설계사, 정원사.
lándscape pàinting 풍경화(법).
Lánd's Énd 영국 Cornwall 주 서단(西端)의 갑.
***lánd·slìde** *n.* Ⓒ 사태; 산사태; 《美》 (선거에서의) 압도적 승리; 《一般》 대승리.
lánd·slìp *n.* Ⓒ 《英》 사태; 산사태.
lands·man[⌐zmən] *n.* Ⓒ 육상 생

활자; 풋내기 선원.
lánd tàx 지조(地租).
lánd-to-lánd *a.* (미사일이) 지대지(地對地)의.
land·ward[∠wərd] *ad., a.* 육지 쪽으로[의]. **~s** *ad.* =LANDWARD.
lánd wìnd =LAND BREEZE.
:lane[lein] *n.* Ⓒ 작은 길, 시골길; 골목길; 차선(車線); (선박·항공기의) 규정항로.
lang[læŋ] *a.* 《Sc.》 =LONG.
lang. language.
lang·syne[lǽŋsáin, -z-] *n., ad.* 《Sc.》 Ⓤ 오래 전(에).
†lan·guage[lǽŋgwidʒ] *n.* ① Ⓤ (넓은 뜻으로) 언어. ② Ⓒ 국어. ③ Ⓤ 말씨; 어법; 말. ④ Ⓤ 어학, 언어학. ⑤ Ⓤ 《英俗》 나쁜 말, 욕. ⑥ 〖컴〗 언어. ***speak*** [***talk***] ***a person's*** [***the same***] **~** 아무와 생각이나 태도[취미]가 같다. ***use* ~ *to*** …에게 욕하다.
lánguage láboratory [**màster**] 어학 실습실[교사].
langue[lɑ̃:ŋg] *n.* (F.) Ⓤ 〖言〗 (체계로서의) 언어(cf. parole).
langue d'oc[lɑ̃:ŋg dɔ́(:)k] 중세 남프랑스 방언《지금의 프로방스 방언에 해당》.
langue d'o·ïl[-dɔíːl] 중세 북프랑스 방언《지금의 프랑스 말의 모체》.
˙lan·guid[lǽŋgwid] *a.* ① 느른한; 귀찮은; 무기력한. ② 불경기의; 침체한. **~·ly** *ad.*
˙lan·guish[lǽŋgwiʃ] *vi.* (쇠)약해지다, 시들다; 그리워하다; 고생하다; 번민하다. **~·ing** *a.* 쇠약해 가는; 번민하는, 감상적인; 계속되는, 꼬리를 끄는(lingering). **~·ment** *n.*
lan·guor[lǽŋgər] *n.* Ⓤ 무기력, 나른함; 울적함; 우울; 시름. **~·ous** *a.*
la·ni·ar·y [léinièri, lǽn-/-niəri] *a., n.* Ⓒ 송곳니(의); 물어뜯는 데 적합한.
lank[læŋk] *a.* 호리호리한, 야윈; (털·풀잎 등이) 곱슬곱슬하지 않은. **∠·y** *a.* 몹시 홀쭉한.
lan·o·lin(e)[lǽnəli(:)n] *n.* Ⓤ 라놀린, 양털 기름, 양모지(脂).
:lan·tern[lǽntərn] *n.* Ⓒ ① 초롱, 각등(角燈), 칸델라, 제등. ② (등대 꼭대기의) 등화실(燈火室). ③ 〖建〗 (채광을 위한) 정탑(頂塔). ④ 환등.
lántern-jáwed *a.* 턱이 긴.
lántern slìde (환등용) 슬라이드.
lan·tha·num [lǽnθənəm] *n.* Ⓤ 〖化〗 란탄《희토류 금속 원소; 기호 La》.
lant·horn [lǽntərn, -hɔ̀:rn] *n.* 《英》 =LANTERN.
lan·yard[lǽnjərd] *n.* Ⓒ 〖海〗 (선구(船具)의) 죔줄; (수부가 주머니칼을 목에 늘이는) 끈; 〖軍〗 (대포의) 방아줄.
La·oc·o·ön [leiákouàn/-ɔ́kouɔ̀n] *n.* 〖그神〗 라오콘《Athena 여신의 노염을 사, 두 아들과 바다뱀에 감겨 죽은 Troy의 사제(司祭)》.
La·od·i·ce·an [leiàdəsíːən, lèiədisíən] *a., n.* Ⓒ (종교·정치에) 무관심한 (사람), 열의 없는 (사람).
La·os[lá:ous, léiɑs] *n.* 인도차이나 북서부의 공화국《수도는 Vientiane》.
La·o·tian[leióuʃən, láuʃiən] *n., a.* Ⓒ 라오스 사람(의); Ⓤ 라오스 말(의).
Lao-tse, -tzu[láudzʌ́/lá:outséi] *n.* (604?-531 B.C.?) 노자(老子) 《Taoism (道敎)의 개조(開祖)》.
:lap[1][læp] *n.* Ⓒ ① (앉았을 때의) 무릎; (스커트 등의) 무릎 부분; (옷의) 처진 부분, 아랫자락. ② 산골짜기; (산의) 우묵한 곳. ③ 〖競〗 (경주로의) 한 바퀴; (실의) 한 번 감기; 겹침. ***in Fortune's* ~** 운이 좋아. ***in the* ~ *of luxury*** 온갖 사치를 다하여. — *vt., vi.* (**-pp-**) 접어 겹치(어지)다(*over*); 싸다; (*vt.*) 소중히 하다; 한 바퀴 돌다. **~·ful**[∠ful] *n.* Ⓒ 무릎[앞치마]에 가득.
lap[2] *vt.* (**-pp-**) (할짝할짝) 핥다; (the ~) (파도가) 기슭을 치다. **~ *up*** 날름 핥다; (남의 말이나 아첨 따위를) 곧이듣다, 기꺼이 듣다. — *n.* Ⓒ 핥음, 핥는 소리; (파도가 기슭을) 치는 소리; Ⓤ (개의) 유동식.
lap·a·rot·o·my[læ̀pərátəmi/-rɔ́t-] *n.* Ⓤ 〖醫〗 개복(開腹) 수술.
láp·bòard *n.* Ⓒ 무릎에 올려 놓는 테이블 대용의 평판(平板).
láp dòg 애완견《발바리, 스피츠, 스파니엘 따위》.
la·pel[ləpél] *n.* Ⓒ (저고리의) 접어 젖힌 옷깃.
lap·i·dar·y[lǽpədèri/-dəri] *n.* Ⓒ 보석(연마)공.
lap·is laz·u·li [lǽpis lǽzjulài/ ∽∠∽∽] 〖鑛〗 유리(瑠璃)(빛).
Lap·land[lǽplæ̀nd] *n.* Scandinavia 북부 지방. **~·er** *n.* Ⓒ 라플란드 사람.
Lapp[læp] *n., a.* Ⓒ 라플란드 사람(의); Ⓤ 라플란드말(의).
lap·pet[lǽpit] *n.* Ⓒ (옷의) 늘어져 달린 부분; 주름(fold); 처진 살; 귓불; (모자의) 귀덮개.
láp ròbe (차 탈 때의) 무릎덮개(담요·모피).
:lapse[læps] (<L. *lapsus*) *n.* Ⓒ ① (때의) 추이(推移), 경과; 변천. ② (혀·붓끝의) 실수, 잘못. ③ (권리의) 상실; 폐지. ***moral* ~** 도덕상의 과오, 타락. — *vi.* 모르는 사이에 빠지다[타락하다](~ *into sin*); (재산·권리가) 옮겨지다, 소멸하다; 경과하다.
lap·sus[lǽpsəs] *n.* (*pl.* ~) (L.) Ⓒ 잘못. **~ *lin·guae***[líŋwiː] 잘못 말함, 실언.
láp tìme 〖競〗 한 바퀴 도는 시간, 일주 시간, 랩타임.
láp·tòp *n.* Ⓒ 〖컴〗 무릎에 놓을 크기의 퍼스널 컴퓨터.
lap·wing[lǽpwìŋ] *n.* Ⓒ 〖鳥〗 댕기물떼새.
LARA[lá:rə] Licensed Agencies

for Relief in Asia.

lar·board[lá:rbərd] *n., a.* Ⓒ 〖船〗 좌현(左舷)(의).

lar·ce·nous[lá:rsənəs] *a.* 절도의, 손버릇이 나쁜.

lar·ce·ny[lá:rsəni] *n.* ① 〖法〗 Ⓤ 절도죄. ② Ⓒ 절도(행위).

larch[la:rtʃ] *n.* Ⓒ 낙엽송.

*__lard__[la:rd] *n.* Ⓤ 라드, 돼지 기름. ── *vt.* (…에) 라드를 바르다; (기름기 적은 고기에) 베이컨 따위를 끼우다; (얘기·문장 따위를) 윤색하다.

lard·er[∠ər] *n.* ① Ⓒ 식료 저장실. ② Ⓤ 저장 식품.

lárd·hèad *n.* Ⓒ 얼간이. 「용).

lárd òil 라드 기름《기계·등화(燈火)

lar·es[léəri:z, léir-] *n. pl.* (L.) 가정의 수호신.

láres and penátes 〖古로〗 집안의 수호신, 터주; 가보(家寶); 가재(家財).

†**large**[la:rdʒ] *a.* 큰, 커다란; 넓은; 다수의; 도량이 넓은, 관대한; (문장 등) 호방한. ***as ~ as life*** 실물 크기의; 《諧》 (다름아닌) 실물 그 자체가. ***be ~ of limb*** 손발이 큰. ***on the ~ side*** 어느쪽이냐 하면 큰 쪽(의). ── ***n.*** 《다음 성구뿐》 ***at ~*** 상세히, 충분히; (범인이) 잡히지 않고; 널리, 일반적으로, 전체로서; 《美》 전주(州)를 대표한; 막연히, 허청대고, 제멋대로; 무임소의(*ambassador at ~* 무임소 대사/*the nation at ~* 국민 일반). ***in (the) ~*** 대규모로; (축소 않은) 큰 그대로. ── ***ad.*** 크게(*write ~*); 대대적으로; 자세히; 과대(誇大)하게(*talk ~* 큰소리 치다). BY[1] ***and ~.*** **:∠·ly** *ad.* 크게; 주로; 풍부하게; 아낌없이; 너그러이; 커다랗게, 대규모로. **∠·ness** *n.*

lárge-hánded *a.* 활수한; 손이 큰.

lárge-héarted *a.* 도량이 큰.

lárge-mínded *a.* =⇧.

lárger-than-lífe *a.* 실물보다 큰; 과장된; 전설적인.

lárge-scále *a.* 대규모의; (지도 따위) 비율이 큰.

lárge-scale integrátion 〖컴〗 고밀도(高密度) 집적 회로《생략 LSI》.

lar·gess(e)[la:rdʒés, ∠-] *n.* Ⓤ,Ⓒ (푸짐한) 부조, 선물; Ⓤ 아낌없이 줌.

lar·ghet·to[la:rgétou] *a., ad., n.* (*pl.* ***~s***) (It.) Ⓒ 〖樂〗 좀 느린[느리게]; 좀 느린 곡. 「큼직한.

larg·ish[lá:rdʒiʃ] *a.* 좀 큰[넓은],

lar·go[lá:rgou] *a., ad., n.* (*pl.* ***~s***) (It.) 매우 느린[느리게]; Ⓒ 완서곡(緩徐曲), 라르고.

lar·i·at[lǽriət] *n.* =LASSO.

:**lark**[1][la:rk] *n.* Ⓒ 종다리(skylark).

lark[2] *n., vi.* Ⓒ 희롱(거리다); 농담(하다), 장난(치다). 「(屬).

lárk-spùr *n.* Ⓒ 〖植〗 참제비고깔속

lar·rup[lǽrəp] *vt.* 《口》 때리다, 매질하다; 때려 눕히다. ── *n.* Ⓒ 타격, 일격.

*__lar·va__[lá:rvə] *n.* (*pl.* ***-vae***[-vi:]) Ⓒ 〖動〗 유충; 〖動〗 유생(幼生)《tadpole, axolotl 따위》. **~l** *a.*

la·ryn·ge·al [lərίndʒiəl, læ̀rindʒí:əl] *a.* larynx의.

lar·yn·gi·tis [læ̀rəndʒáitis] *n.* Ⓤ 〖醫〗 후두염.

la·ryn·go·scope [ləríŋgəskòup] *n.* Ⓒ 〖外〗 후두경(鏡).

lar·yn·got·o·my [læ̀riŋgátəmi/ -5-] *n.* Ⓤ 〖醫〗 후두 절개(술).

lar·ynx [lǽriŋks] *n.* (*pl.* ***~es, larynges*** [lərίndʒi:z]) Ⓒ 후두.

las·car[lǽskər] *n.* Ⓒ 동인도 제도의 뱃사람.

las·civ·i·ous[ləsíviəs] *a.* 음탕한; 선정적인. **~·ly** *ad.*

lase[leiz] *vi., vt.* 레이저 광선을 발하다[쬐다].

la·ser[léizər] *n.* Ⓒ 레이저《빛의 증폭장치》. ***~ beam*** 레이저 광선. ***~ communication system*** 레이저 통신 방식. ***~ guided bomb*** 레이저 유도 폭탄. ***~ rifle*** 레이저 총.

láser dìsk 〖컴·TV〗 레이저 디스크《optical disk의 상표명》.

láser prìnter 〖컴〗 레이저 인쇄기.

:**lash**[læʃ] *n.* Ⓒ ① 챗열; 채찍질; (파도의) 충격. ② 비꼼, 빈정댐; 비난; 혹평. ③ 속눈썹(eyelash). ── *vt., vi.* ① 채찍질하다; (바람·파도가) 부딪치다. ② 빈정대다, 욕설을 퍼붓다. ③ 성나게[노하게] 만들다. ④ (*vt.*) 세차게 움직이다, 흔들다. ⑤ 묶다, 매다. ***~ out*** (말이) 걷어차다; 폭언을 퍼붓다; 지랄[난폭한 짓]을 시작하다; 《英方》 (돈을) 낭비하다. **~·ing**[1] [lǽʃiŋ] *n.* Ⓤ,Ⓒ 채찍질; 질책; 묶음; 밧줄.

lash·ing[2] *n.* Ⓤ 묶음; Ⓒ 끈.

lásh-ùp *n.* Ⓒ (다급한) 임시변통.

:**lass**[læs] *n.* Ⓒ 젊은 여자, 소녀 (opp. lad); 애인. **las·sie**[∠i] *n.* Ⓒ 소녀; 애인.

las·si·tude[lǽsitjù:d] *n.* Ⓤ 무기력, 느른함.

las·so[lǽsou] *n.* (*pl.* ***~(e)s***), *vt.* Ⓒ (던지는) 올가미(로 잡다).

†**last**[1][læst, -a:-] *a.* ① 최후[최종]의; 지난 번의, 지난… (*~ night, week, month, year, &c.*). ② 최근의; 최신 유행의. ③ 결코 …할 것 같지 않은(*He is the ~ man to tell a lie.* 거짓말 따위 할 사람이 아니다). ④ 최상의, 궁극의(*This is of the ~ importance.* 이것이 가장 중요하다). ***for the ~ time*** 그것을 마지막으로. ***~ but one [two]*** 끝에서 둘[세]째. ***the ~ day*** 최후의 심판 날. ***the ~ days [times]*** (사람의) 죽을 시기; 세상의 종말. ***the L-*** JUDG(E)MENT. ***the ~ offices*** 장례(식); 죽은 사람을 위한 기도. ***the ~*** STRAW. ***the L-*** SUPPER. ***the ~ word*** 마지막 말; 《口》 최근의 것, 최신의 스타일. ***to the ~ man*** 마지막 한 사람까지. ── ***ad.*** 최후에[로](lastly); 요전, 지난 번; 최근. ***~ but not least*** 마지막으로

L

중요한 것을 말하지만. ~ ***of all*** 마지막으로. — ***n.*** (the ~) 최후, 죽음; 최후〔최근〕의 것. ***at*** ~ 드디어, 결국. ***at long*** ~ 간신히, 겨우. ***breathe one's*** ~ 숨을 거두다, 죽다. ***hear*** 〔***see***〕 ***the*** ~ ***of*** (…을) 마지막으로 듣다〔보다〕. ***look one's*** ~ 마지막으로 보다. ***till to the*** ~ 최후까지, 죽을 때까지. *ˊ~**·ly** *ad.* 최후에〔로〕.

⁑**last**[2] *vi., vt.* 지속하다; 계속되다, 상하지 않고) 견뎌내다, 오래 가다 (*These shoes will* ~ *me three years.* 이 구두는 3년쯤 신을 수 있겠다). ~ ***out*** 지탱〔유지〕하다. — ***n.*** Ⓤ 지속력, 끈기. ⁑ˊ~**·ing** *a.* 영속하는; 오래 가는.

last[3] ***n.*** Ⓒ 구두골. ***stick to one's*** ~ 본분을 지키다, 쓸데 없는 일에 참견하지 않다.

Las·tex[lǽsteks] ***n.*** Ⓤ 〖商標〗 고무와 면의 혼방 섬유.

lást-mínute *a.* 막바지에서의.

***lást nàme** 성(姓)(cf. first name).

Las Ve·gas[lɑːs véigəs] ***n.*** 라스베이거스《미국 Nevada주 동남부의 도시; 도박으로 유명》.

Lat. Latin. **lat.** latitude.

latch**[lætʃ] ***n., vt. Ⓒ 고리쇠〔걸쇠〕(를 걸다). ~ ***on to*** (…에) 꼭 달라 붙다; (…을) 손에 넣다. ***on the*** ~ (자물쇠를 채우지 않고) 걸쇠만 걸고.

latch·et[lǽtʃit] ***n.*** Ⓒ 《古》 구두끈.

látch·kèy ***n.*** Ⓒ 걸쇠의〔바깥문〕 열쇠; 《比》 (부권(父權)으로부터의 자유의 상징으로서) 문의 열쇠.

látchkey chìld 맞벌이 부부의 아이《열쇠를 가지고 밖에서 놀므로》.

†**late**[leit] *a.* ① 늦은, 더딘(*be* ~ *for school* 학교에 지각하다). ② 요전의, 지난 번의(*the* ~ *king* 전왕). ③ 후기의. ④ 작고한, 고(故)… (*the* ~ *Dr. Einstein*). ***keep*** ~ ***hours*** 밤 늦게 자고 아침 늦게 일어나다. ~ LATIN. ***of*** ~ (***years***) 요즈음, 근년. — ***ad.*** 늦게, 뒤늦게; 저물어, 밤늦도록; 최근, 요즈음. ***Better*** ~ ***than never.*** 《속담》 늦을망정 안 하느니보다는 낫다. ***early and*** ~ 아침부터 밤까지. ***sit up*** 〔***till***〕 ~ 밤 늦게까지 일어나 있다. ⁑ˊ~**·ly** *ad.* 요즈음, 최근. ⇨LATER, LATEST. ˊ~**·ness** ***n.***

la·teen[lætíːn, lə-/lə-] *a.* 큰 삼각

latéen sàil 삼각돛. ⌊돛이 있는.

la·ten·cy[léitənsi] ***n.*** Ⓤ 잠재; 잠

látency tìme 〖컴〗 도달 시간. ⌊복.

la·tent**[léitənt] *a.* 숨은, 보이지 않는, 잠열적인. ~ ***period (병의) 잠복기. ~**·ly** *ad.*

⁑**lat·er**[léitər] 《late의 비교급》 *a.* 더 늦은, 더 이후의. — ***ad.*** 나중에. ~ ***on*** 나중에, 추후에. SOONer ***or*** ~.

lat·er·al**[lǽtərəl] *a.* 옆의, 가로의. 측면(에서, 으로)의; 〖音聲〗 측음(側音)의. — ***n. Ⓒ 옆쪽, 측면부; 가로장; 〖音聲〗 측음《[l] 음》; 〖蹴〗 = ˊ~ **páss** 래터럴 패스《골라인과 평행으로 패스하기》. ~**·ly** *ad.*

láteral thínking 수평 사고《기존 사고 방식에서 탈피하여 새로운 해결법을 찾음》.

Lat·er·an[lǽtərən] ***n.*** Ⓒ (로마의) 라테란 성당; (그 옆의) 라테란궁(宮) 《중세엔 궁전, 현재는 박물관》.

lat·er·ite[lǽtəràit] ***n.*** Ⓤ 〖鑛〗 라테라이트, 홍토.

⁑**lat·est**[léitist] 《late의 최상급》 *a.* 최근〔최신〕의. ***at*** (***the***) ~ 늦어도.

la·tex[léiteks] ***n.*** (*pl.* ~***es, latices***[lǽtəsìːz]) Ⓤ 〖植〗 (고무나무 따위의) 유액(乳液).

lath [læθ, -ɑː-] ***n.*** (*pl.* ~***s*** [-s, -ðz]) Ⓤ,Ⓒ 욋가지. ***as thin as a*** ~ 말라 빠져. ~**·er**[1][ˊ-ər] ***n.*** Ⓒ 외(椳) 만드는 사람. ˊ~**·ing** ***n.*** Ⓤ 외(얽기).

lathe[leið] ***n.*** Ⓒ 〖機〗 선반(旋盤).

lath·er[2][lǽðər, -ɑ́ː-] ***n., vt., vi.*** Ⓤ 비누 거품(을 칠하다); (말의) 거품같은 땀; 거품 일다, (말이) 땀투성이가 되다; 《口》 갈기다.

⁑**La·tin**[lǽtin] *a.* 라틴어(계통)의; Latium(사람)의; 로마 가톨릭교의. — ***n.*** Ⓤ 라틴어; Ⓒ Latium〔고대 로마〕 사람. ***classical*** ~ 75 B.C.-A.D. 175경까지의 라틴어. ***late*** ~ 2-6 세기의 라틴어. ***low*** 〔***vulgar***〕 ~ A.D. 175경 이후의 민간 라틴어. ***medieval*** 〔***middle***〕 ~ 7-15세기의 라틴어. ***modern*** ~ 16세기 이후의 라틴어. ***thieves'*** ~ 도둑의 은어. ~**·ism**[-ìzəm] ***n.*** Ⓤ,Ⓒ 라틴어풍(風) 〔법〕. ~**·ist** ***n.*** Ⓒ 라틴어 학자. ~**·ize**[lǽtənàiz] *vt., vi.* 라틴어로 번역하다〔풍으로 만들다〕.

⁑**Látin América** 라틴 아메리카《중남미, 멕시코, 서인도 제도 등》. ⌈회.

Látin Chúrch (가톨릭의) 라틴교

Látin cróss 세로대의 아래쪽이 긴 보통의 십자가.

La·ti·no[lətíːnou] ***n.*** (*pl.* ~***s***) Ⓒ 《美》 미국의 라틴 아메리카계 주민.

Látin Quàrter (파리의) 라틴구(區)《학생·예술가가 많이 삶》.

Látin Ríte 로마 방식의 교회 의식.

Látin squàre 〖數〗 라틴 방진(方陣)《*n* 종류의 기호를 *n*×*n*의 정방형으로 중복되지 않게 배열한 것》.

lat·ish[léitiʃ] *a., ad.* 좀 늦은〔늦게〕.

⁑**lat·i·tude**[lǽtətjùːd] ***n.*** Ⓤ 위도; 지역, 지대; (활동) 범위, (행동·해석의) 자유; 〖寫〗 관용도. ***cold*** ~***s*** 한지(寒地), 한대 지방. ***out of one's*** ~ 격에 맞지 않게. **-tu·di·nal**[ˋ-ˊ-ənəl] *a.* 위도의.

lat·i·tu·di·nar·i·an [lǽtitjùːdənέəriən] *a., n.* Ⓒ (신앙·사상 등이) 융졸하지 않은, 자유로운(~ *opinions* 자유로운 의견); 자유 사상가; (*or* L-) 〖英國國敎〗 (신조·예배·형식 등에 대한) 자유주의자. ~**·ism**[-ìzəm] ***n.*** Ⓤ (종교상의) 자유주의.

La·ti·um[léiʃiəm] ***n.*** 이탈리아의 옛 나라《로마의 남동쪽》.

la·trine[lətríːn] *n.* Ⓒ (공장·병사(兵舍) 등의) 변소.

:lat·ter [lǽtər] *a.* 뒤(쪽)의, 끝의 (*the ~ half* 후반); (the ~) 후자의(opp. the former), 《대명사적으로》 후자; 근자의. ***in these ~ day*** 요즈음은. ***one's ~ end*** 죽음. **~·ly** *ad.* 요즈음(lately).

lát·ter-dày *a.* 근대〔근래〕의.

Látter-day Sáint 모르몬 교도 (Mormon).

látter·mòst *a.* 최후의; 최신의.

:lat·tice[lǽtis] *n., vt.* Ⓒ (창문의) 격자(를 붙이다); (원자로 속 핵물질의) 격자형 배열. **~d**[-t] *a.* 격자를 붙인.

láttice·wòrk *n.* Ⓤ 격자 만들기 〔세공〕.

Lat·vi·a[lǽtviə] *n.* 라트비아《발트해 동안의 러시아의 한 지방》. **~n** [-ən] *a., n.* 라트비아의; Ⓒ 라트비아 사람; Ⓤ 라트비아 말(Lettish).

la·uan[ləwɑ́ːn] *n.* 〖植〗 Ⓒ 나왕; Ⓤ 나왕재.

laud[lɔːd] *n., vt.* Ⓤ 찬미(하다), 칭찬(하다); Ⓒ 〖宗〗 찬가; (*pl.*) (새벽의) 첫 기도, 찬과(讚課). **∠·a·ble** *a.* 칭찬할 만한. **∠·a·bly** *ad.* **lau·dá·tion** *n.* Ⓤ 칭찬, 찬미.

lau·da·num[lɔ́ːdənəm/lɔ́dnəm] *n.* Ⓤ 아편 정기(丁幾).

laud·a·to·ry [lɔ́ːdətɔ̀ːri/-təri], **-tive**[-tiv] *a.* 칭찬의.

:laugh[læf, -ɑː-] *n.* Ⓒ 웃음(소리). ***get* 〔*have*〕 *the ~ of*** (…을) (도리어) 되웃어 주다. ***have the ~ on one's side*** (이번에는) 이 쪽이 웃을 차례가 되다. ***raise a ~*** (사람을) 웃기다. — *vi.* (소리내어) 웃다; 홍겨워하다; 조소〔무시〕하다(*at*). — *vt.* 웃으며 …하다(*~ a reply*). ***He ~s best who ~s last.*** 《속담》 지레 좋아하지 말라. ***L- and grow fat.*** 《속담》 웃는 집에 복이 온다. ***~ away*** 일소에 부치다; (시간을) 웃으며 보내다. ***~ down*** 웃어대어 중지〔침묵〕시키다. ***~ in a person's face*** 아무를 맞대놓고 조롱하다. ***~ in* 〔*up*〕 *one's*** SLEEVE ***~ off*** 웃음으로 얼버무리다. ***~ on the other* 〔*wrong*〕 *side of one's mouth*** 웃다가 갑자기 울상이 되다〔풀이 죽다〕. ***~ out*** 웃음을 터뜨리다. **~·a·ble**[∠əbl] *a.* 우스운, 어리석은. **∠·a·bly** *ad.* **∠·ness** *n.*

laugh·ing**[∠iŋ] *a.* 웃는; 기쁜 듯한; 우스운, 웃을(*It is no ~ matter*). ***the L- Philosopher 그리스의 철인 Democritus의 별명. — *n.* Ⓤ 웃음, 웃는 일. **~·ly** *ad.*

láughing gàs 웃음 가스, 일산화질소《마취용》.

láughing jáckass (오스트레일리아의) 웃음물총새.

láughing·stòck *n.* Ⓒ 웃음거리.

:laugh·ter[lǽftər, lɑ́ːf-] *n.* Ⓤ 웃음; 웃음소리.

láugh tràck 〖放〗 관객의 웃음소리를 녹음한 테이프《효과용》.

:launch[lɔːntʃ, -ɑː-] *vt.* 진수(進水)시키다, (보트를) 물에 띄우다; (아무를 세상에) 내보내다; 착수〔시작〕하다; 발사하다; 내던지다. — *vi.* 배를 타고 나아가다; 시작하다(*forth,* (*out*) *into*). — *n.* Ⓒ 진수(대(臺)); 런치《함재 대형 보트》; 기정(汽艇). **∠·er** *n.* Ⓒ (유도탄 등의) 발사대〔장치〕.

láunch còmplex (위성·미사일따위의) 발사 시설.

láunch(ing) pàd 미사일〔로켓〕 발사대.

láunching sìte 발사 기지.

láunching wàys 〖造船〗 진수대.

láunch vèhicle(인공 위성·우주선의) 발사 로켓.

láunch wìndow (우주선 따위의) 발사 가능 시간대(帶).

laun·der[lɔ́ːndər, -ɑ́ː-] *vt., vi.* 세탁하다, 세탁하여 다림질하다. **láun·dress** *n.* Ⓒ 세탁부(婦).

laun·der·ette [lɔ̀ːndərét, lɑ̀ːn-], **-dro·mat**[lɔ́ːndrəmæ̀t, lɑ́ːn-] *n.* Ⓒ 동전 투입식 세탁기, 빨래방.

:laun·dry [lɔ́ːndri, -ɑ́ː-] *n.* Ⓒ 세탁장〔물〕; 세탁소. **~·man** *n.* Ⓒ 세탁부(夫). **~·woman** *n.* =LAUNDRESS.

lau·re·ate**[lɔ́ːriit] *a.* (영예의) 월계관을 쓴〔받을 만한〕. ***poet ~ 계관(桂冠)시인. — *n.* Ⓒ 계관 시인. **~·ship**[-ʃip] *n.* Ⓤ 계관 시인의 지위〔임기〕.

:lau·rel [lɔ́ːrəl, -ɑ́-/-ɔ́-] *n.* ① Ⓤ,Ⓒ 월계수; 《美》 미국석남화. ② (*pl.*) 월계관, 명예, 승리. ***look to one's ~s*** 명예를 잃지 않도록 조심하다. ***rest on one's ~s*** 소성(小成)에 만족하다. ***win* 〔*gain*〕 *~s* 〔*the ~*〕** 영관(榮冠)을 차지하다. **-(l)ed**[-d] *a.* 월계관을 쓴, 영예를 짊어진.

Lau·trec [loutrék] ⇨TOULOUSE-LAUTREC.

lav.[læv] lavatory.

***la·va**[lɑ́ːvə, -ǽ-] *n.* ① Ⓤ 용암. ② Ⓒ 화산암층.

láva bèd 용암층.

la·va·bo[ləvéibou] *n.* (*pl.* **~(e)s**) Ⓤ 〖가톨릭〗 (미사의) 손 씻는 예식(때에 염하는 암송구); Ⓒ 손 씻는 그릇.

láva field 용암원(原).

lav·age [ləvɑ́ːʒ, lǽvidʒ] *n.* Ⓤ,Ⓒ 〖醫〗 (위·장 따위의) 세척.

lav·a·lier(e)[læ̀vəlíər] *n.* Ⓒ (가는 사슬로 거는) 목걸이.

***lav·a·to·ry**[lǽvətɔ̀ːri/-təri] *n.* Ⓒ 세면소; 세면대(臺); 변소.

lávatory pàper =TOILET PAPER.

***lav·en·der** [lǽvəndər] *n., a.* Ⓒ 〖植〗 라벤더《향수·제충제(劑) 원료》; Ⓤ 연보라색(의).

lávender wàter 라벤더 향수.

la·ver[1][léivər] *n.* Ⓒ 〖聖〗 세반(洗盤); 〖宗〗 세례 대야.

la·ver[2] *n.* Ⓤ 김, 해태(海苔).

***lav·ish** [lǽviʃ] *vt.* 아낌없이 주다 (*on*); 낭비하다. — *a.* 손이 큰, 활수한; 낭비적인, 사치스러운; 풍부한.

~·**er** *n.* * ~·**ly** *ad.* ~·**ment** *n.* Ⓤ 낭비. ~·**ness** *n.*

†**law**[lɔː] *n.* ① Ⓒ,Ⓤ 법률, 국법; 보통법. ② Ⓤ 규칙, 관례. ③ Ⓤ 법칙; 원리(principle). ④ Ⓤ 법(률)학. ⑤ Ⓤ 소송. ⑥ (the ~) 변호사업. ⑦ Ⓤ 〖競〗 (규정에 의한)선진(先進)거리. ⑧ (the L-) (구약 성서 중의) 모세의 율법. ***be a ~ (un)to oneself*** 관습(등)을 무시하다. ***give the ~ to*** (…을) 마음대로 부리다. ***go to ~ (with*** 〔***against***〕 ***a person)*** 고소하다. ***lay down the ~*** 명령적으로 말하다; 꾸짖다. ***read*** 〔***go in for***〕 ***~*** 법률을 연구하다. ***take the ~ into one's own hands*** 사적 제재를 가하다.

láw-abìding *a.* 법률을 지키는.

láw·brèaker *n.* Ⓒ 법률 위반자.

láw·brèaking *n., a.* Ⓤ 법률 위반(의).

***láw còurt** 법정.

‡**law·ful**[´fəl] *a.* 합법〔적법〕의; 법정의, 정당한(~ *money* 법화/*a ~ age* 성년(成年)). ~·**ly** *ad.* ~·**ness** *n.*

láwful áge 〖法〗 법정 연령, 성년.

láw·gìver *n.* Ⓒ 입법자.

***law·less**[´lis] *a.* ① 법률 없는, 법을 지키지 않는. ② 무법의; (감정·욕망 등) 누를 수 없는.

láw·màker *n.* Ⓒ 입법자.

láw·màking *n., a.* Ⓤ 입법(의).

law·man[´mæ̀n] *n.* Ⓒ 《美》 경관, 보안관.

láw mèrchant 상(商)관습법; 상법(commercial law).

‡**lawn**[1][lɔːn] *n.* Ⓒ 잔디(밭). ´·**y** *a.*

lawn[2] *n.* Ⓤ 론《한랭사(寒冷紗) 비슷한 얇은 아마포〔무명〕; 영국 국교의 bishop의 소매로 쓰임》.

láwn mòwer 잔디 깎는 기계.

láwn tènnis 론 테니스.

láw òfficer 《英》 법무관; 법무장관; 검찰총장.

Law·rence [lɔ́ːrəns, -á-/-ɔ́-], **D**(**avid**) **H**(**erbert**) (1885-1930) 영국의 소설가·시인.

law·ren·ci·um [lɔːrénsiəm] *n.* Ⓤ 〖化〗 로렌슘《인공 방사성 원소의 하나; 기호 Lr》.

「준의 법률가 양성 기관》.

láw schòol 《미》로스쿨《대학원 수

láw·sùit *n.* Ⓒ 소송, 고소.

‡**law·yer**[lɔ́ːjər] *n.* Ⓒ 법률가; 변호사; 법률 학자.

lax[læks] *a.* 느슨한. 느즈러진; 모호한; 단정치 못한; 설사하는. ´·**i·ty** *n.*

lax·a·tive[´ətiv] *a., n.* 대변이 나오게 하는; Ⓒ 하제(下劑).

†**lay**[1][lei] *vt.* (***laid***) ① 누이다, 놓다; 가로〔뉘어〕놓다; 고정시키다, 늘어놓다, 쌓다; 깔다. ② (평평하게) 칠하다, 바르다. ③ (올가미 등을) 장치하다, 만들어 놓다; (식탁을) 차리다. ④ (알을) 낳다. ⑤ (무거운 세금·책임을) 지우다, 과하다, 돌리다; (내기에) 걸다. ⑥ (티끌·먼지를) 가라앉히다; (망령 등을) 진정시키다. ⑦ 때려 눕히다, 넘어뜨리다; 평평하게 하다. ⑧ 궁리하다, (계획을) 세우다; 신청하다. ⑨ 주장하다; (손해)액을 어림잡다〔정하다〕(*at*). ⑩ (실·밧줄을) 꼬다, (가지를) 엮다. ⑪ (총을) 조준하다. ⑫ (어떤 상태로) 만들다. — *vi.* 알을 낳다; 내기하다(*on, to*); 진력하다. ~ ***about*** 맹렬히 강타하다, 분투하다. ~ ***aside*** 〔***away, by***〕 떼어 두다, 저장하다. ~ ***at*** 《方》 …에 덤벼들다. ~ ***bare*** 벌거벗기다; 누설하다, 입밖에 내다. ~ ***down*** 내리다, 놓다; 부설하다, 갈다, 건설하다; (계획을) 세우다; (포도주를) 저장하다; 주장〔단정〕하다; 결정하다; 버리다, 사임하다; 지불하다; (내기에) 걸다; 적다. ~ ***fast*** 감금하다(confine). ~ ***for*** 준비하다; 《美口》 숨어 기다리다. ~ ***hold of*** 〔***on***〕 체포하다; (붙)잡다. ~ ***in*** 사들이다, 저장하다; 《俗》 게걸스레 먹다. ~ ***into*** 《俗》 후려 갈기다. ~ ***it on*** 바가지 씌우다; 너무 야단치다; 무턱대고 칭찬하다 (~ *it on thick*); 때려눕히다. ~ ***off*** 떼어두다; (일을) 중지하다; (잠시) 해고하다; 구분하다; 《美》 (…을) 피하다. ~ ***on*** (타격을) 가하다; 칠하다; (가스·수도를) 끌어 들이다, 놓다; 과하다; (명령을) 내리다; 준비하다. ~ ***open*** 가린 것을 벗기다, 벌거벗기다; 드러내다, 폭로하다; 절개(切開)하다. ~ ***out*** 펼치다; 설계하다; 토지를 구분하다; 입관(入棺) 준비를 하다; 《俗》 때려 눕히다, 죽이다; 투자〔소비〕하다; 폭로하다. ~ ***over*** 칠하다; 연기하다; 《美》 도중 하차하다. ~ ***to*** 〖海〗 (일시) 정선(停船)하다〔시키다〕. ~ ***to one's work*** 일에 전념하다. ~ ***up*** 저장하다; 쓰지 않고 두다; 병이 사람을 틀어박히게 하다. 〖海〗 계선(繫船)하다. ***You may ~ to that*** …이라는 것은 절대로 틀림없다. — *n.* Ⓤ (종종 the ~) 위치, 지형(*of*); 상태, 형세, 정세, 사태.

lay[2] *a.* 속인의, 평신도의(opp. clerical); 전문가 아닌.

lay[3] *n.* Ⓒ 노래; 민요; 시《짧은 이야기체의 시》; (새의) 지저귐.

‡**lay**[4] *v.* lie[2]의 과거.

láy·abòut *n.* Ⓒ 부랑자.

láy·awày plán, the 《美》 예약 월부 방식《월부금이 완납되면 인도함》.

láy-bỳ *n.* Ⓒ 《英》 (도로의) 대피소; (철도의) 대피선.

‡**lay·er**[´ər] *n.* Ⓒ ① 놓는〔까는, 쌓는〕 사람; (돈을) 거는 사람; 알 낳는 닭(*a bad ~* 알을 잘 안 낳는 닭). ② 층; 켜, (한 번) 칠함. ③ 〖園藝〗 휘묻이(로 불린 나무).

láyer càke 켜 사이에 크림 따위를 넣는 과자.

lay·ette[leiét] *n.* (F.) Ⓒ 갓난아이 용품 일습《배내옷·침구 등》.

láy fìgure(<Du. *lee, led* joint) 모델 인형, 인체 모형; 하찮은 사람.

‡**lay·man**[léimən] *n.* Ⓒ (성직자에 대하여) 속인, 평신도.

láy·òff *n.* Ⓒ 일시적 해고〔휴직, 귀휴〕(기간).

***láy·òut** *n.* Ⓤ,Ⓒ 설계, 지면 배치;

〖컴〗 레이아웃, 판짜기《책·신문의 지면 배열》. ② (도구 등의) 한 벌.
láy·òver *n.* Ⓒ 여행 중단; 도중하차.
láy-ùp *n.* Ⓒ (잠시) 쉼; 〖籠〗 바스켓 바로 밑에서 한 손으로 하는 점프 슛.
laz·a·ret·to[læ̀zərétou] *n.* (*pl.* **~s**) Ⓒ 나병원; 격리 병원.
Laz·a·rus[lǽzərəs] *n.* 〖聖〗 나사로《한 사람은 이적(異蹟)에 의해 죽음에서 부활한 예수의 친구; 한 사람은 승천한 거지》.
laze[leiz] (<⇩) *vi.* 게으름 피우다 (*away*).
:la·zy[léizi] *a.* 게으른; 느린. **lá·zi·ly** *ad.* **lá·zi·ness** *n.*
lázy·bònes *n.* (*pl.* ~) Ⓒ 《口》 게으름뱅이. 「반.
Lázy Súsan (식탁 중앙의) 회전 쟁
***lb.** (*pl.* **lbs.**) *libra.* (L.=pound).
LC landing craft. **L.C.** 《美》 Library of Congress; 《英》 Lord Chamberlain. **L.C., L/C** 〖商〗 letter of credit. **L.C.C.** London County Council. **LCD** Liquid Crystal Diode 액정 소자《전자 계산기·전자 시계 따위에 씀》; liquid crystal display 액정 디스플레이〔표시〕. **L.C.D., l.c.d.** lowest common denominator. **L.C.F., l.c.f.** lowest 〔least〕 common factor. **L.C.M. l.c.m.** lowest 〔least〕 common multiple.
-le[l] *suf.* '반복'을 나타냄; chuck*le*, spark*le*, twink*le*, wrest*le* (cf. -er).
lea[li:] *n.* Ⓒ《詩》 풀밭, 초원; 목장.
leach[li:tʃ] *vt., vi.* 거르다; 걸러 내다 〔나오다〕. — *n.* Ⓒ 여과(기); Ⓤ 잿물. **∠·y** *a.* 다공질(多孔質)의《흙 따위》.
:lead[1][led] *n.* ① Ⓤ 납; Ⓒ 납제품. ② Ⓤ,Ⓒ (연필의) 심; Ⓒ 측연(測鉛). ③ (*pl.*) 함석 지붕. ④ Ⓒ 〖印〗 인테르. ***heave the ~*** 수심을 재다. — *vt.* (…에) 납을 씌우다〔채워 메우다〕; 〖印〗 인테르를 끼우다.
†lead[2][li:d] *vt.* (***led***[led]) ① 인도〔안내〕하다; 데리고 가다; 거느리다; 지도하다. ② (클라스의) 수석을 차지하다. ③ 꾀다; 시작하다, 앞장서서 하다. ④ (수도 따위를) 끌다. ⑤ 지내다, (생활·일생을) 보내다. — *vi.* 안내하다; (길이) 통하다, 이르다(*to*); 귀착하다; 솔선〔리드〕하다; 끌려가다; 〖카드〗 맨먼저 패를 내다; 〖拳〗 치고 공세를 취하다. ***~ away*** 데리가 가다, 꾀다; 맹종시키다. ***~ by the nose*** 맹종시키다, 마음대로 부리다. ***~ off*** 시작하다, 솔선하다. ***~ on*** 꾀다, 꾀어 들이다. ***~ out*** 시작하다; 꾀다. ***~ out of*** (…으로) 이끌다, …하도록 만들다. (…으로) 화제를 돌리다. — *n.* ① (*sing.*) 선도, 솔선, 지휘; 통솔(력); Ⓒ 지침, 모범; 조언(助言), 실마리. ② (a ~) 우세; Ⓒ 〖劇〗 주역(배우); 〖카드〗 선수(先手). ③ Ⓒ (물을 끌어들이는) 도랑; 〖電〗 도선(導線); 개(를 끄는) 줄(leash); 광맥(鑛脈)(lode). ④ Ⓒ 〖新聞〗 허두(의 일정); 〖放〗 톱 뉴스. ***follow the ~ of*** …의 예에 따르다. ***give a person a ~*** 모범을 보이다. ***take the ~ in*** (…을) 솔선하여 하다.
lead·en[lédn] *a.* 납(빛)의; 답답한; (눈이) 정기 없는; (날이) 무딘; 활기 없는.
léaden-héarted *a.* 무정한; 무기력한(inert).
†lead·er[lí:dər] *n.* Ⓒ ① 지도자, 솔선자, 주장; 〖樂〗 지휘자; 제1주자. ② (신문의) 사설. ③ (4두 마차의) 선두 말. ④ (손님을 끄는) 특가품; 유도 신문. ⑤ (낚시의) 목줄; (필름의) 양쪽 선단부. ⑥ (*pl.*) 〖印〗 점선. **:~·ship**[-ʃip] *n.*
lead·er·ette[lì:dərét] *n.* Ⓒ 짧은 사설.
lead-in[lí:dìn] *n., a.* Ⓒ 〖電〗 도입선; 끌어들이는; 〖放〗 (커머셜《광고의 말》을 이끄는) 도입 부분.
lead·ing[1][lédiŋ] *n.* Ⓤ 납세공〔씌움, 입힘〕; 〖印〗 인테르.
:lead·ing[2][lí:diŋ] *n.* Ⓤ 지도, 지표, 통솔(력). — *a.* 이끄는, 지휘하는; 주역의; 주요한, 일류인, 훌륭한; 선도하는; 세력 있는.
léading árticle[lí:diŋ-] 사설; (정기 간행물의) 주요 기사.
léading cáse 선례가 되는 판례.
léading lády 〔**mán**〕 주연 여우 〔남우〕.
léading párt 주역.
léading quéstion (호의적인) 유도 신문(leader).
léading rèin (말 따위의) 끄는 줄, 고삐(leash).
léading stríngs (아기의 걸음마 연습용) 끈; 지도. ***in ~*** 혼자 걷지 못하고; 속박되어.
léad nìtrate[léd-] 〖化〗 질산연.
léad·òff[lí:d-] *n.* Ⓒ 개시, 착수; 〖野〗 일번〔선두〕 타자.
léad óxide[léd-] 〖化〗 산화연.
léad péncil[léd-] (흑심의 보통) 연필. 「독.
léad pòisoning[léd-] 연독, 납중
leads·man[lédzmən] *n.* Ⓒ 측연수(測鉛手), 측심원.
léad swìnger[léd-] 《海俗》 꾀쟁이, 게으름뱅이, 게으름 피우기《측연 작업을 하는 체하는》.
léad tìme[lí:d-] 기획에서 생산까지의 시간; 발주(發注)에서 배달까지의 시간. 「프 접합용》.
léad wòol[léd-] 연모(鉛毛)《파이
†leaf[li:f] *n.* (*pl.* ***leaves***) ① Ⓤ,Ⓒ (한 장의, 또는 집합적으로) 잎(사귀). ② Ⓒ (책 따위의 종이) 한 장. ③ Ⓒ 꽃잎. ④ Ⓒ 얇은 판자, 박(箔). ⑤ Ⓒ (접는 문의) 문짝, (경첩 따위의) 한 장. ***come into ~*** 잎이 나오다. ***gold ~*** 금박(金箔). ***in ~*** (푸른) 잎이 나와. ***the fall of the ~*** 낙엽이 질때, 가을. ***turn over a new ~*** 생활을 일신하다. — *vi.* 잎이 나오다. — *vt.* (급히 책) 페이지

L

를 넘기다. ***∠.less** *a.* 잎 없는.
leaf·age[∠idʒ] *n.* Ⓤ 《집합적》 잎.
léaf bùd 〖植〗 잎눈.
leafed[li:ft] *a.* 잎이 있는; 잎이 …인.
***leaf·let**[∠lit] *n.* Ⓒ 작은 잎; 광고지. 「(腐葉土).
léaf mòld 〔《英》 **mòuld**〕 부엽토
léaf·stàlk *n.* Ⓒ 〖植〗 잎 꼭지, 엽병(葉柄).
***leaf·y**[lí:fi] *a.* ① 잎이 우거진, 잎이 많은. ② 잎으로 된. ③ 잎 모양의.
:league[1][li:g] *n.* Ⓒ 동맹, 연맹; 리그; 맹약; (the L-) 〖史〗 신성 동맹; (the L-) =(**the**) ***L- of Nations*** 국제 연맹(1919-46). ***in ~ with*** …와 맺어. — ***vi., vt.*** 동맹〔연맹〕하다〔시키다〕. 「3마일》.
league[2] *n.* Ⓒ 리그《거리의 단위, 약
léague màtch 리그전(戰).
lea·guer[lí:gər] *n.* Ⓒ 동맹자〔국〕, 가맹자〔국, 단체〕; 〖野〗 리그에 속하는 선수.
leak**[li:k] *n.* Ⓒ 샘, 새는 곳〔구멍〕; 〖電〗 누전. ***spring 〔***start***〕 ***a ~*** 새는 곳〔구멍〕이 생기다, 새기 시작하다. — ***vi., vt.*** 새(어 나오)다, 새는 구멍이 있다; 새게 하다.
leak·age[∠idʒ] *n.* Ⓤ 누출; Ⓒ 누출량; Ⓤ 샘, 누설, 드러남; Ⓒ 〖商〗 누손(漏損).
leak·y[∠i] *a.* 새는 구멍 있는, 새기 쉬운; 오줌을 지리는; 비밀을 지킬 수 없는(*He is a ~ vessel.* 그 친구에게 말하면 곧장 새어 버린다).
:lean[1][li:n] *a.* ① 야윈. ② 살코기의, 지방 없는. ③ (식사·영양가·강의 따위가) 빈약한, 수확이 적은. — *n.* Ⓤ 살코기; Ⓒ 야윈〔가는〕 부분.
:lean[2] *vi.* (*~ed*[li:nd/lent, li:nd], 《英》 ***leant***) 기대다(*against, on, over*); (…의) 경향이 있다(*to, toward*). — *vt.* 기대게 하다; 기울이다; 구부리다. ***~ against*** …에 대해 비우호적이다. ***~ back*** 뒤로 젖혀지다. ***~ over backward*** 지금까지와는 반대(의 태도)로 나오다. ***~ toward mercy*** 조금 자비심을 내다. — *n.* Ⓤ 기울, 경사. **∠.ing** *n.* Ⓤ 경사; Ⓒ 경향, 기호(嗜好).
léan-búrn *a.* (엔진이) 희박 연소의, 연료가 적게 드는. 「사).
***leant**[lent] *v.* 《英》 lean[2]의 과거(분
léan-tò *n.* Ⓒ 의지간; 달개지붕.
:leap[li:p] *vi.* (*~t, ~ed*[lept, li:pt]) 뛰다, 도약하다; 약동하다(*~ for joy*). — [승마할 때는 lep] *vt.* 뛰어 넘(게 하)다. ***~ out*** …의 눈에 띄다. ***~ to one's feet*** (기뻐서, 놀라서) 뛰어오르다. ***~ to the eye*** 곧 눈에 띄다. ***Look before you ~.*** 《속담》 실행 전에 잘 생각하라. — *n.* Ⓒ (한 번) 뛰기; 그 거리. ***a ~ in the dark*** 난폭〔무모〕한 행동. ***by ~s and bounds*** 급속히, 일사천리로.
léap·fròg *n., vi.* (*-gg-*) Ⓤ 개구리 뜀(을 하다)(*over*). **~ging** *n.* Ⓤ 〖經〗 (물가와 임금과의) 악순환.
leapt[lept, li:pt] *v.* leap의 과거(분
léap yèar 윤년. 「사).
†learn[lə:rn] *vt., vi.* (*~ed*[-t, -d], *~t*) 배우다, 익히다; 외다; (들어서) 알다(*from, of*); 《古·俗·諧》 가르치다. ***~ a lesson*** 학과를 공부하다; (경험으로) 교훈을 얻다. ***~ by heart*** 〔***rote***〕 암기하다. **:∠.er** *n.* **†∠.ing** *n.* Ⓤ 학문; 박식. ***man of ~ing*** 학식 있는 사람.
:learn·ed *a.* ① [lə́:rnid] 학식 있는; 학구적인; 학자의. ② [lə́:rnd, -t] 학습에 의해 터득한, 후천적인. ***the ~*** 학자들.
†learnt[-t] *v.* learn의 과거(분사).
lease**[li:s] *vt.* (토지를) 임대〔임차〕하다, 빌(리)다. ***~d territory 조차지(租借地). — *n.* Ⓤ,Ⓒ (토지·건물의) 임대차 계약(권·기간); Ⓒ 그 계약서; (목숨 등) 정해진 기간. ***by*** 〔***on***〕 ***~*** 임대로; 임차로. ***take a new ~ of life*** (완쾌되어) 수명이 늘다.
léase-lénd *n., v.* =LEND-LEASE.
léase·hòld *n.* Ⓤ,Ⓒ 차지. **~er** *n.* Ⓒ 차지인.
leash[li:ʃ] *n.* Ⓒ (개 따위를 매는) 가죽끈; (개·토끼·여우·사슴 따위의) 세 마리; Ⓤ 속박. ***hold in ~*** 속박〔지배〕하다. — *vt.* 가죽끈으로 매다.
†least[li:st] 《little의 최상급》 *n., a.* (보통 the ~) 최소(의)(*There isn't the ~ danger.* 위험은 전혀 없다/*There is not*[nάt/-ɔ́-] *the ~ danger.* 적지 않은 위험이 있다). ***at*** (***the***) ***~*** 적어도; 하다 못해. ***not in the ~*** 조금도 …않다. ***the ~ common multiple*** 최소 공배수. ***to say the ~ of it*** 줄잡아 말하더라도. — *ad.* 가장 적게. ***~ of all*** 가장 …않다(*I like arrogance ~ of all.* 오만이 무엇보다도 싫다). **∠.wise, ∠.ways** *ad.* 《口》 적어도, 하다 못해; 하여튼.
léast signíficant bít 〖컴〗 최하위 비트《생략 LSB》.
:leath·er[léðər] *n.* ① Ⓤ (무두질한) 가죽. ② Ⓒ 가죽 제품; 가죽 끈; 공. ③ Ⓤ 《俗》 피부. ***~ and prunella*** [pru(:)nélə] 아무래도 괜찮은 일, 보잘것 없는 것《Alexander Pope의 Essay on Man에서》. — *vt.* (…에) 가죽을 씌우다〔대다〕; 가죽 끈으로 때리다. **~·y**[-i] *a.*
léather·bòund *a.* (책이) 가죽 제본〔장정〕의.
léather drèsser 무두장이.
Leath·er·ette[lèðərét] *n.* Ⓤ 〖商標〗 레더, 인조 피혁. 「〖鳥〗 꿀새.
léather·hèad *n.* Ⓒ 바보, 멍청이;
leath·ern[léðərn] *a.* 가죽(제)의.
léather·nèck *n.* Ⓒ 《美俗》 해병대원(marine), 난폭한 남자.
Leath·er·oid[léðərɔ̀id] *n.* Ⓤ 〖商標〗 인조 가죽.
†leave[1][li:v] *vt.* (***left***) 남기다; 놓고 가다, 둔 채 잊다; (유산 등을) 남기

고 죽다; (뒤에 남기고) 떠나다(~ *Seoul for Paris*); (…에서) 물러나다; 지나가다; …케 하다(*His words left me angry.* 그의 말에 화가 났다); …인 채로 두다; 맡기다, 위탁하다(*to, with*); 그만두다(cease). — *vi.* 떠나다, 출발하다. ***be nicely left*** 속다. ***Better ~ it unsaid.*** 말 않는 편이 낫다. ***get left*** 버림받다; 지다. ***~ alone*** 간섭하지 않다(*Please ~ me alone.* 나를 상관 말고 내버려 두세요). ***~ behind*** (뒤에) 남기다; 놓아 둔 채 잊다; 앞지르다. ***~ hold of*** (잡은 것을) 놓아버리다. ***~ much*** [*nothing*] ***to be desired*** 유감스러운 점이 많다[더할 나위 없다]. ***~ off*** 그만두다, 그치다; 벗다, 버리다. ***~ out*** 빠뜨리다, 생략하다; 잊다; 무시하다. ***~ over*** 남기다; 연기하다. ***~ a person to himself*** 방임하다.

:leave[2] *n.* ① Ⓤ 허가. ② Ⓤ,Ⓒ 휴가(기간); 말미. ③ Ⓤ 고별, 작별. ***by your ~*** 실례입니다만. ***have*** [***go on***] ***~*** 휴가를 얻다. ***~ of absence*** 말미, 휴가(기간). ***on ~*** 휴가로. ***take French ~*** 무단히[아무 말 없이] 자리를 뜨다. ***take ~ of one's senses*** 미치다. ***take one's ~ of*** …에게 작별 인사를 하다. ***without ~*** 무단히.

leave[3] *vi.* 잎이 나오다.

leav·en**[lévən] *n.* ① Ⓤ 효모, 누룩(yeast). ② Ⓤ,Ⓒ 영향을[감화를] 주는 것; 기미(氣味)(tinge), 기운. ***the old ~ 묵은 누룩; 구폐(舊弊). — *vt.* 발효시키다; 영향을 주다; …기미를 띠게 하다.

†leaves[li:vz] *n.* leaf의 복수.

léave-tàking *n.* Ⓤ 작별, 고별.

leav·ings[lí:viŋz] *n. pl.* 남은 것, 찌꺼기.

***Leb·a·non**[lébənən] *n.* 레바논《공화국》.

lech·er·ous [létʃərəs] *a.* 음탕한(lewd). **-y** *n.* Ⓤ 호색, 음란.

lec·i·thin[lésəθin] *n.* Ⓤ 〖生化〗 레시틴《생물의 세포조직·난황에 포함된 지방 비슷한 화합물》.

lec·tern[léktərn] *n.* Ⓒ (교회의) 성서대(臺); 연사용 탁자.

:lec·ture[léktʃər] *n., vt., vi.* Ⓒ 강의[강화·강연](하다)(*on*); 훈계(하다)(*on*). **~·ship**[-ʃip] *n.* Ⓤ 강사직(의 지위). **:léc·tur·er** *n.* Ⓒ 강사; 강연자.

lécture háll 강당.

:led[led] *v.* lead[2]의 과거(분사).

LED Light Emitting Diode 발광소자《컴퓨터·전자 시계 등에 씀》.

:ledge[ledʒ] *n.* Ⓒ 좁은 선반; (암벽(岩壁) 측면의) 바위 선반; (해안 부근의) 암초; 광맥.

ledg·er[lédʒər] *n.* Ⓒ 〖簿〗 원장(元帳); (무덤의) 대석(臺石).

lédger lìne 〖樂〗 덧줄.

Lee[li:], **Robert E.**(1807-1870) 미국 남북 전쟁 때의 남군 총지휘관.

:lee[1][li:] *n., a.* Ⓤ (the ~) 바람이 불어가는 방향(의); 바람을 등진 쪽(의); 가려진 곳(shelter); 보호, 비호.

lee[2] *n.* (보통 *pl.*) (술 종류의) 찌기, 앙금.

:leech[li:tʃ] *n.* Ⓒ ① 거머리《특히 의료용의》. ② 흡혈귀, 고리 대금업자. ③ 《古》 의사.

leek[li:k] *n.* Ⓒ 〖植〗 리크, 서양부추파; 회색[청색]을 띤 녹색.

leer[liər] *n., vi., vt.* Ⓒ 추파(를 던지다), 곁눈질(하다), 짓궂은 눈매(를 하다). **~·y**[líəri] *a.* 곁눈질하는; 《俗》 교활한; 《俗》 의심이 많은(*of*).

lees[li:z] *n. pl.* ⇨LEE[2].

lée shòre 바람 불어가는 쪽의 해안.

lee·ward[lí:wərd, (海) lú:ərd] *n., a., ad.* Ⓤ 바람 불어가는 쪽(의, 으로).

Lée·ward Íslands[lí:wərd-] 리워드 제도《서인도 제도 중의 영령 제도》.

lée·wày *n.* ① Ⓤ 〖海〗 풍압(風壓)《바람 불어가는 쪽으로 밀려 내려감》. ② Ⓒ 풍압차(風壓差). ③ Ⓤ,Ⓒ 시간[돈]의 여유; 활동의 여지; 시간적 손실. ***make up ~*** 뒤진 것을 만회하다; 곤경을 벗어나다.

†left[1][left] *a.* 좌측의, 왼쪽의, 좌익의. ***marry with the ~ hand*** 지체 낮은 여자와 결혼하다. — *ad.* 왼쪽에. ***Eyes ~!*** 좌로 나란히! ***L- turn!*** 좌향좌. — *n.* Ⓤ (the ~) 왼쪽; (the L-) 좌익; Ⓤ 좌파, 혁신파. ***over the ~*** 거꾸로 말하면. **∠·ish** *a.* 좌익적인. **∠·ism** *n.* Ⓤ 좌익주의[사상]. **∠·ist** *a., n.* Ⓒ 좌익의 (사람), 좌파(의). **∠·y** *n.* Ⓒ 《口》 왼손잡이; 〖野〗 왼손잡이 투수; 좌익《사람》; 왼손잡이용 도구.

†left[2] *v.* leave[1]의 과거(분사).

Léft Bánk (파리의 센 강의) 좌안(左岸)《화가가 많이 삶》; 자유 분방한 사람들이 사는 고장.

léft fíeld 〖野〗 좌익; 좌익수의 위치.

léft fíelder 〖野〗 좌익수.

léft-hánd *a.* 왼손의, 왼쪽의. **~ed** *a.* 왼손잡이의; 왼손으로 한; 왼손용의; 왼쪽으로 도는[감는]; 음험한; 불성실한, 말뿐인(*~ed compliment*).

léft·òver *n., a.* Ⓒ (보통 ~s) 나머지(의), 남은 것.

léft·ward *a.* 왼쪽의, 좌측의.

léft wíng 좌익, 좌파, 혁신파.

léft-wíng *a.* 좌익의, 좌파의. **~er** *n.* Ⓒ 좌파[좌익]의 사람.

†leg[leg] *n.* Ⓒ ① 다리(부분), 정강이; (가구 따위의) 다리. ② 지주, 버팀대; (삼각형의 밑변 이외의) 변. ③ (옷)자락. ④ (여정·주정(走程)의) 구분, 한구간; (갈지자로 나아가는 범선의) 한진행 구간[거리]. ⑤ 《英》 사기꾼. ***as fast as one's ~s would*** [***will***] ***carry one*** 전속력으로. ***feel*** [***find***] ***one's ~s*** (갓난아이가) 걸을 수 있게 되다. ***get on one's ~s*** 일어서다. ***give a person a ~ up*** 부축하여 태워 주다, 도와서 어려움을 헤어나게 하다. ***have ~s***

L

빠르다(는 평판이다). ***have not a ~ to stand on*** 거론(擧論) 〔변명〕의 근거가 없다. ***have the ~s of*** …보다 빠르다. ***keep one's ~s*** 쓰러지지 않다. ***on one's last ~s*** 다 죽게 되어, 막다른 골목에 이르러. ***pull*** 〔***draw***〕 ***a person's ~*** 《口》 속이다, 놀리다. ***shake a ~*** 춤추다. ***stretch one's ~s*** 산책하다. ***take to one's ~s*** 도망치다. ***walk*** 〔***run***〕 ***a person off his ~s*** 지치도록 걷게 〔달리게〕 하다. ── *vi.* (**-gg-**) 걷다, 달리다. ~ ***it*** 《口》 걷다, 달리다.

leg. legal; legate; *legato;* legislative; legislature.

:leg·a·cy[légəsi] *n.* Ⓒ 유산; 전승물(傳承物).

:le·gal[lí:gəl] *a.* 법률(상)의; 합법적인; 법정(法定)의. **~·ism**[-ìzəm] *n.* Ⓤ (극단적인) 법률 존중주의, 형식주의. **~·ist** *n.* * **~·ly** *ad.*

légal áid 《英》 법률 구조《재력이 없는 이의 소송비를 정부가 지불하는 일》.

légal hóliday 법정 휴일.

le·gal·i·ty[li:gǽləti] *n.* Ⓤ 적법성; 법률 준수.

le·gal·ize[lí:gəlàiz] *vt.* 합법으로 인정하다; 합법화하다; 공인하다. **-i·za·tion**[ㅗ--izéiʃən/-lai-] *n.*

légal pérson 법인(法人).

légal resérve 법정(法定) 준비금.

légal ténder 법화(法貨).

lég àrt 《美俗》 여성의 각선미 강조 「사진.

leg·ate[légit] *n.* Ⓒ 로마 교황 사절.

leg·a·tee[lègətí:] *n.* Ⓒ 〖法〗 (동산의) 유산 수취인, 유산 수령인.

le·ga·tion[ligéiʃən] *n.* Ⓒ 공사관; 《집합적》 공사관원.

le·ga·to[ligá:tou] *a., ad.* (It.) 〖樂〗 부드러운, 부드럽게.

lég báil 탈주.

:leg·end[lédʒənd] *n.* Ⓒ 전설; 성도전(聖徒傳); (화폐·메달 등의) 명(銘); (도표 등의) 설명문, 일러두기. * **~·ar·y**[-èri/-əri] *a.* 전설의, 전설적인.

leg·er·de·main [lèdʒərdəméin] *n.* Ⓤ 요술; 속임수. 「LINE.

lég·er lìne[lédʒər-] =LEDGER

***leg·ging**[légiŋ] *n.* Ⓒ 각반; (*pl.*) 레깅스《어린이용 보온(保溫) 바지》.

lég guàrd 〖野·크리켓〗 정강이받이.

leg·gy[légi] *a.* 다리가 가늘고 긴〔미끈한〕.

leg·horn[léghɔ̀:rn] *n.* Ⓒ ① 맥고모자의 일종. ② [légərn] 레그혼《닭》.

leg·i·ble[lédʒəbəl] *a.* 읽을 수 있는, 읽기 쉬운; 명백한. **-bly** *ad.* **~·ness** *n.* **-bil·i·ty**[ㅗ--bíləti] *n.*

le·gion**[lí:dʒən] *n.* Ⓒ (고대 로마의) 군단《보병 3000-6000명》; 군세(軍勢); 다수. ***L- of Honor (Napoleon 이래의) 레지옹 도뇌르 훈장〔훈위(勳位)〕. **~·ar·y**[-èri/-əri] *a., n.* Ⓒ 군단의 (병사). **~·naire**[lì:dʒənέər] *n.* Ⓒ 군단의 병사; 미국 재향 군인회 회원.

leg·is·late[lédʒislèit] *vi., vt.* 법률을〔로〕 정하다. **:-la·tion**[ㅗ--léi-] *n.* Ⓤ 입법; Ⓒ 법률. ***-la·tive**[-lèit-, -lət-] *a.* 입법의. ***-la·tor** *n.* Ⓒ 입법자. ***-la·ture**[-lèitʃər] *n.* Ⓒ (국가의) 입법부.

le·git [lidʒít] *a., n.* 《俗》 =LEGITIMATE (drama).

le·git·i·ma·cy[lidʒítəməsi] *n.* Ⓤ 합법, 정당; 적출(嫡出).

le·git·i·mate**[lidʒítəmit] *a.* 합법〔적법〕의; 정당한; 적출의; 논리적인. ~ ***drama 〔***stage***〕 (소극(笑劇) 등에 대하여) 정극(正劇); (영화에 대하여) 무대극. ── [-mèit] *vt.* 합법이라고 하다; 적출로 (인정)하다. **~·ly** *ad.*

le·git·i·mism[-mìzəm] *n.* Ⓤ 정통주의. **-mist** *n.*

le·git·i·mize[-màiz] *vt.* =LEGITIMATE. 「원; 외근원.

lég·màn *n.* Ⓒ 취재 기자; 외무 사

lég-of-mútton *a.* 양(羊)다리 모양의, 삼각형의(*a ~ sail, sleeve, &c.*).

lég-pùll(ing) *n.* Ⓒ 골탕먹이기, 못된 장난. 「쇼.

lég shòw (각선미를 보이는) 레그

leg·ume[légju:m, ligjú:m], **le·gu·men**[ligjú:mən] *n.* Ⓒ 콩과 식물(의 꼬투리).

le·gu·min[ligjú:min] *n.* Ⓤ 〖生化〗 레구민《콩과 식물 씨에 있는 단백질》.

le·gu·mi·nous [legjú:minəs] *a.* (꼬투리) 콩이 나는; 콩과의. 「동.

lég·wòrk *n.* Ⓤ 돌아다님; 취재 활

lei[lei, léii:] *n.* Ⓒ 레이《하와이 사람이 목에 거는 화환》.

Lei·ca[láikə] *n.* Ⓒ 〖商標〗 라이카《독일제 카메라 이름》.

Leices·ter[léstər] *n.* 잉글랜드 중부의 도시; Ⓒ 레스터종(種)의 양.

Leices·ter·shire [-ʃìər, -ʃər] *n.* 영국 중부의 주(州)《생략 Leices.》.

Leip·zig[láipsig/-zig], **-sic**[-sik] *n.* 라이프치히《동독 남부의 도시》.

:lei·sure[lí:ʒər, lé-] *n., a.* Ⓤ 여가(의); 안일. ***at ~*** 한가하여; 천천히. ***at one's ~*** 한가할〔형편 좋을〕 때에. **~d**[-d] *a.* 한가한. **: ~·ly** *ad.*

léisure-tìme *a.* 여가의.

leit·mo·tif, -tiv[láitmoutì:f] *n.* (G.) Ⓒ (Wagner의 악극(樂劇)의) 시도동기(示導動機); 주목적.

LEM lunar excursion module.

lem·ming[lémiŋ] *n.* Ⓒ 〖動〗 나그네쥐《북극산》.

:lem·on[lémən] *n., a.* Ⓒ 레몬《나무·열매》; Ⓤ 레몬 빛(의), 레몬이 든. **~·y** *a.* 레몬 맛이〔향기가〕 있는.

***lem·on·ade**[lèmənéid] *n.* Ⓤ 레몬수, 레모네이드.

lémon dròp 레몬 드롭《캔디》.

lémon squásh 《英》 =LEMONADE.

lémon squèezer 레몬 짜는 기구 (juicer).

le·mur[lí:mər] *n.* Ⓒ 여우원숭이 《Madagascar산》.

†lend[lend] *vt.* (***lent***) 빌려주다; (효

L

과 따위를) 증대시키다, 더하다, 첨가하다. (도움을) 주다. ～ ***a*** **(*helping*)** ***hand*** 돕다, 손〔힘〕을 빌리다. ～ ***itself*** 〔***oneself***〕 ***to*** …의 소용에 닿다; (나쁜 짓, 비열한 짓 등을) 굳이 하다; 받아 들이다. ∠**·er** ***n.*** ∠**·ing** ***n.*** Ⓤ 대여; Ⓒ 대여물; (*pl.*) 빌려 입은 옷.

lénd-léase ***n.*** Ⓤ《美》(무기) 대여. ― ***vt.*** (무기·물자를) 대여하다.

Lénd-Léase Áct《美》무기 대여법《1941 제정》.

†**length**[leŋkθ] ***n.*** Ⓤ 길이, 기장, 세로; 기간; Ⓒ (보트·경마의) 1정신(艇身), 1마신(馬身). ***at full*** ～ 길게; 네 활개를 펴고; 상세히. ***at*** ～ 드디어, 겨우; 최대한의 길이로, 상세히. ***go all*** **～*s,*** or ***go to great*** 〔***any***〕 ～ 어떤 일이라도 해치우다. ***go the*** ～ ***of*** (do*ing*) …까지도 하다. ***go the whole*** ～ 끝까지 하다, 하고 싶은 말을 모두 하다. ***know*** 〔***find, get, have***〕 ***the*** ～ ***of*** …의 성질을〔급소를〕 간파하다. **:～·en**[∠ən] ***vi., vt.*** 길게 하다〔되다〕, 늘이다, 늘어나다. **～·ways**[∠wèiz] ***ad.*** 세로로. ***～·wise**[∠wàiz] ***ad., a.*** 세로로(의). *∠**·y** ***a.*** 긴; (연설·글이) 장황한.

le·ni·ent[líːniənt, -jənt] ***a.*** 관대한; 온화한. **～·ly** ***ad.*** **-ence, -en·cy** ***n.***

Len·in [lénin], **Nikolai** (1870–1924) 러시아의 혁명가·소련 창설자.

Len·in·grad[-grӕd, -ɑ̀ː-] ***n.*** 레닌그라드《St. Petersburg의 옛 이름》.

len·i·tive[lénətiv] ***a., n.*** 완화〔진통〕성의; Ⓒ 완화〔진통〕제.

len·i·ty[lénəti] ***n.*** Ⓤ 관대; Ⓒ 관대한 조처〔행위〕.

:lens[lenz] ***n.*** Ⓒ 렌즈; (눈알의) 수「정체.

léns hòod 〖寫〗(카메라의) 후드.

lens·man[∠mən] ***n.*** Ⓒ《口》사진사 (photographer).

Lent[lent] ***n.*** 사순절(四旬節)《Ash Wednesday부터 Easter까지의 40일간; 이 동안에 단식·회개를 함》.

†**lent**[lent] ***v.*** lend의 과거(분사).

len·tan·do[lentáːndou] ***ad.*** (It.) 〖樂〗차차 느리게.

Lent·en[∠ən] ***a.*** 사순절의, 봄철의; (*or* l-) 육식없는; (복장 등) 검소한. ***the*** ～ ***season*** 사순절의 계절《봄》.

len·til[léntil] ***n.*** Ⓒ 〖植〗렌즈콩, 편두(扁豆).

len·to[léntou] ***a., ad.*** (It.) 〖樂〗느린, 느리게.

Lént tèrm《英》(대학의) 봄 학기.

Le·o[líːou] ***n.*** 〖天〗사자자리(the Lion); (황도의) 사자궁(宮).

le·o·nine [líːənàin] ***a.*** 사자의〔같은〕; (L-) 교황 Leo의.

leop·ard**[lépərd] ***n. Ⓒ 〖動〗표범. ***American*** ～ =JAGUAR. **～·ess** ***n.*** Ⓒ 암표범.

Lep·cha[léptʃə] ***n.*** Ⓒ (히말라야 산지의) 렙차 사람; Ⓤ 렙차 말.

lep·er[lépər] ***n.*** Ⓒ ① 나병 환자, 문둥이. ② 세상으로부터 배척당한 사람.

lep·i·dop·ter·ous[lèpədáptərəs/ -ɔ́-] ***a.*** 인시류(鱗翅類)《나비·나방》의.

lep·ra[léprə] ***n.*** =LEPROSY.

lep·re·chaun [léprəkɔ̀ːn] ***n.*** Ⓒ 《Ir.》난장이 노인 모습의 요귀(妖鬼).

lep·ro·sar·i·um[lèprəsέəriəm] ***n.*** Ⓒ 나병 요양소(leper house).

lep·ro·sy[léprəsi] ***n.*** Ⓤ 나병. **lép·rous** ***a.*** 나병의〔같은〕; 비늘 모양의.

les·bi·an[lézbiən] ***a., n.*** Ⓒ 동성애의 (여자). **～·ism**[-ìzəm] ***n.*** Ⓤ 여성의 동성애.

lése májesty[líːz-] 〖法〗불경〔대역〕죄.

le·sion [líːʒən] ***n.*** Ⓒ 상해(傷害); 〖醫〗(조직·기능의) 장애, 병소(病巢).

Le·so·tho [lesóuθou] ***n.*** 아프리카 남부의 독립국.

†**less**[les]《little의 비교급》***a.*** 보다 적은〔작은〕, 보다 이하의〔못한〕. ***little*** ～ ***than*** …와 같은 정도. ***no*** ～ ***than*** 꼭 …만큼, 적어도 …만큼; 다름 아닌 바로 그…. ***nothing*** ～ ***than*** 꼭 …만큼, 적어도 …만큼, 바로 그것. ― ***ad.*** 보다 적게. MUCH ～. ***no*** 〔***none the,*** or ***not the***〕 ～ 역시, 그래도 역시. STILL[1] ～. ― ***prep.*** =MINUS(*a month* ～ *two days* 이틀 모자라는 한 달). ― ***n.*** Ⓤ 보다 적은 수량〔액〕. ***in*** ～ ***than no time*** 《諧》곧, 이내.

-less[ləs, lis] ***suf.*** 명사에 붙여서 '…이 없는', 동사에 붙여서 '…할 수 없는'의 뜻의 형용사를 만듦: care*less*, wire*less*, count*less*.

les·see[lesíː] ***n.*** Ⓒ 〖法〗차지〔차가〕인(借地〔借家〕人).

:less·en[lésn] ***vt., vi.*** 적게〔작게〕 하다〔되다〕; 줄(이)다.

less·er**[lésər]《little의 비교급》a.*** 보다 작은〔적은〕.

Les·sing [lésiŋ], **Gotthold Ephraim** (1729–81) 독일의 비평가·극작가.「열등.

less·ness[lésnis] ***n.*** Ⓤ 한층 적음,

†**les·son**[lésn] ***n.*** Ⓒ 학과, 과업; (*pl.*) 수업, 공부, 연습; 교훈; 훈계; (성서의) 일과. ***give*** 〔***have, take***〕 **～*s in*** (*chemistry*) (화학을) 가르치다〔배우다〕. ***read*** 〔***teach***〕 ***a person a*** ～ 호되게 야단치다. ***take*** 〔***give, have***〕 **～*s in*** (Latin) (라틴어)를 배우다.

les·sor[lesɔ́ːr, ∠–] ***n.*** Ⓒ (토지·가옥 등을) 빌려 주는 사람, 집주인.

:lest[lest] ***conj.***《문어적》…하지 않도록; …하면 안 되므로, …을 두려워하여.

†**let**[1][let] ***vt.*** (***let; -tt-***) ① …시키다; 하게 하다, 허가하다. ② 빌려 주다. ③ (액체·음성·공기를) 내다, 새어 나오게 하다, (눈물을) 흘리다. ④ (문 등에 사람을) 통과시키다. ― ***aux., v.*** '권유·명령·허가·가정'의 뜻(*Let's take a rest.* 좀 쉬자). ～ ***alone*** 내

버려 두다; 《명령적》 …은 그만두고, …은 말할 것도 없고(*He knows Latin, ~ alone French.* 프랑스 말은 물론 라틴 말도 한다). **~ be** 내버려 두다; 그만두다. **~ down** 내리다, 낙심케 하다; 부끄럽게 하다. **~ fall** 떨어뜨리다. **~ fly** 날리다. **~ go** (쥔 것을) 놓다, 놓아 주다. **~ in** 들이다(*Let me in!* 들여 보내 주세요). **~ into** 속에 넣다; 알리다; 공격하다, 해내다. **~ loose** 놓아 주다. **~ me see** (저) 글쎄. **~ off** (총을) 쏘다; 농담을 하다; 석방하다; 내다, 새게 하다. **~ on** 《口》 새게 하다, 폭로하다; 《口》 …체 하다. **~ out** (*vt.*) 흘러나오게 하다, 새게 하다; 넓히다, 크게 하다, 빌려 주다; (*vi.*) 《美》 (모임·학교 등이) 파하다; 후려 갈기다, (발로) 차다; 욕지거리하다(*at*). **~ pass** 눈감아 주다. **~ up** 그만두다(*on*); 느즈러지다, 바람이 자다.

let² *n., vt.* (*let,* **~ted**) Ⓤ 《古》 방해(하다). 「stream*let.*

-let[lət, lit] *suf.* '작은…'의 뜻:

lét·dòwn *n.* Ⓒ 감소, 이완(弛緩); 환멸, 실망; 『空』 (착륙을 위한) 감속(減速).

le·thal[líːθəl] *a.* 치명[치사]적인.

le·thar·gic[liθɑ́ːrdʒik], **-gi·cal** [-əl] *a.* (몹시) 졸린, 노곤한; 혼수상태의. **-gi·cal·ly** *ad.*

leth·ar·gy[léθərdʒi] *n.* Ⓤ 혼수; 활발치 못함.

Le·the[líːθi(ː)] *n.* 『그神』 망각의 강《지옥의 강, 그 물을 마시면 과거를 잊음》; Ⓤ 망각. **∠·an** *a.*

†**let's**[lets] let us의 단축.

Lett[let] *n.* Ⓒ Latvia 사람; Ⓤ 레트말.

†**let·ter**[létər] *n.* Ⓒ 문자, 글자; 편지; (*pl.*) 문학, 학문, 문필업(*a man of ~s* 학자, 문인); (보통 *pl.*) 증서, …장(狀). **~ of attorney** 위임장. **~ of credit** 신용장《생략 L/C, l/c. l.c.》. **~s of marque** (**and reprisal**) (정부 발행의) 적 상선 나포(敵商船拿捕)허가장. **~s patent** 특허장. **to the ~** 문자(그)대로.

létter bòmb 우편 폭탄《우편물에 폭탄을 장치한 것》.

létter bòx 《주로 英》 우편함(《美》 mail box).

létter càrd 《英》 봉함 엽서.

létter càrrier 우편 집배인(《美》 mail carrier).

létter dròp 우편물 투입구.

let·tered[-d] *a.* 학문[교양] 있는.

létter·hèad *n.* Ⓒ 편지지 위쪽의 인쇄문구《회사 이름·소재지·전화번호 따위》; Ⓤ 그것이 인쇄된 편지지.

let·ter·ing[-iŋ] *n.* Ⓤ 자체(字體), 글자배치; 쓴[새긴] 글씨.

létter·less *a.* 무식한, 무교육의.

létter pàd (떼어 쓰게 된) 편지지.

létter pàper 편지지.

létter-pérfect *a.* 『劇』 대사를 외고 있는; 세부까지 정확한.

létter·prèss *n.* Ⓤ 활판 인쇄한 자구(字句). ② Ⓒ (삽화에 대하여) 본문. ③ Ⓤ 활판[식자] 인쇄; Ⓒ 그 인쇄기.

létters pátent 전매 특허증.

létter stàmp (편지의) 소인(消印).

létter stòck 비공개주.

létter wrìter 편지 쓰는 사람; 서간 문학자; 편지틀.

Let·tish[létiʃ] *n., a.* Ⓤ 레트어, 라트비아어; 레트인[어]의. 「추.

***let·tuce** [létis] *n.* Ⓒ,Ⓤ 상추, 양상

lét·ùp *n.* Ⓤ,Ⓒ 《口》 정지; 완화.

leu·cine[lúːsiːn] *n.* Ⓤ 『化』 류신, 로이친《백색 결정성의 아미노산》.

leu·co·cyte, -ko-[lúːkəsàit] *n.* Ⓒ 백혈구.

leu·cot·o·my [luːkɑ́təmi/luːkɔ́-] *n.* Ⓤ,Ⓒ 뇌엽 절제(술)(腦葉切除(術)).

leu·ke·mi·a, -kae-[luːkíːmiə] *n.* Ⓤ 백혈(구 과다)증.

Lev. Leviticus.

Le·vant[livǽnt] *n.* (the ~) 레반트《지중해 동부 지방 여러 나라》. **Le·van·tine**[lévəntàin] *a.*

lev·ee¹, ***lev·ée***[lévi] *n.* Ⓒ 《英》 (군주의) 아침 알현(謁見)(식)《이른 오후에 남자에 한함》; 《美》 (대통령의) 접견회; 『프史』 아침 접견식.

lev·ee² *n.* Ⓒ (강의) 제방, 둑; 부두.

‡**lev·el**[lévəl] *n.* ① Ⓤ,Ⓒ 수평(면). ② Ⓒ 평지. ③ Ⓒ 높이; 수준; 수준기(器). **bring a surface to a ~** 어떤 면을 수평하게 하다. **find one's** [**its**] **~** 실력에 맞는 지위를 얻다. **on a ~ with** …과 동등하게. **on the ~** 《俗》 공평한, 정직하게 (말하면). ── *a.* 수평의; 평평한; 동일 수준의; 서로 우열이 없는; 한결같은; 분별있는. **do one's ~ best** 전력을 다하다. ── (《英》 **-ll-**) *vt.* 수평으로 만들다, 고르다; 동일 수준으로 만들다, 한결같게 하다; (건물을) 쓰러뜨리다; 겨누다(*at*); (날카로운 풍자를) 퍼붓다, (의도를) 돌리다(*at, against*). ── *vi.* 겨누다, 조준하다. **~ down** [**up**] (…의 표준을) 낮추다[올리다], 균일하게 하다. **lév·eled,** 《英》 **-elled**[-d] *a.* 『文』 등격(等格)의; (악센트가) 등고(等高)의. **lév·el·er,** 《英》 **-el·ler** *n.* Ⓒ 수평하게 만드는 것; 평등주의자, 수평 운동자.

lével cróssing 《英》 =GRADE CROSSING.

lével-héaded *a.* 냉정한, 온건한.

***lev·er**[lívər, lévər] *n., vi., vt.* Ⓒ 지레[레버](로 움직이다, 비집어 열다). **~·age**[-idʒ] *n.* Ⓤ 지레의 힘[작용]; (이용의) 수단; 세력.

lev·er·et[lévərit] *n.* Ⓒ 새끼 토끼.

Le·vi[líːvai] *n.* 『聖』 레위《Jacob의 셋째 아들》.

le·vi·a·than[liváiəθən] *n.* ① (종종 L-) 『聖』 거대한 바다짐승. ② Ⓒ 큰 배; 거대한 물건; 거인.

Le·vi's, Le·vis[líːvaiz] *n.* 『商標』 리바이스《솔기를 리베트로 보강한 청색 데님(denim)의 작업복 바지》.

L

Levit. Leviticus.
lev·i·tate[lévətèit] *vi., vt.* (강신술(降神術) 등에서) 공중에 뜨(게 하)다.
Le·vite[lí:vait] *n.* Ⓒ 〖유대史〗 레위 사람 ; 《俗》 유대 사람.
Le·vit·i·cal [livítikəl] *a.* 레위 사람(⇧)의 ; 레위기(⇩)의.
Le·vit·i·cus [livítikəs] *n.* 〖舊約〗 레위기(記).
lev·i·ty[lévəti] *n.* Ⓤ 경솔, 부박(浮薄) ; Ⓒ 경솔한 짓.
lev·u·lose[lévjəlòus] *n.* Ⓤ 〖化〗 과당(果糖).
lev·y**[lévi] *vt.* (세금 따위를) 과하다, 거두어 들이다 ; (장정을) 징집하다. ― *vi.* 징세〔과세〕하다. **~ *taxes* 〔*blackmail*〕 *upon …에 과세하다〔공갈치다〕. **~ *war on*** …에 전쟁을 걸다. ― *n.* Ⓒ 징세, 징집 ; 징집 병원(兵員).
:lewd[lu:d] *a.* 음탕한, 호색의 ; 외설한. **∠·ly** *ad.* **∠·ness** *n.*
Lew·is[lú:is], **Sinclair**(1885-1951) 미국의 소설가.
lew·is·ite[lú:isàit] *n.* Ⓤ 루이사이트《미란성 독가스의 일종》.
lex[leks] *n.* (*pl.* ***leges***[lí:dʒi:z]) (L.) =LAW.
lex·i·cal[léksikəl] *a.* 사전(상에서)의.
lex·i·cog·ra·phy [lèksəkάgrəfi/-ɔ́-] *n.* Ⓤ 사전 편집. **-ra·pher**[-rəfər] *n.* **-co·graph·i·cal**[-sikougrǽfikəl] *a.*
lex·i·con[léksəkən] *n.* Ⓒ 사전《특히 고전어의》.
Ley·den[láidn] *n.* 네덜란드 남서부의 도시.
Léyden jár 〖電〗 라이든병(瓶)《마찰 전기 축적기》.
LF, L.F. low frequency. **lf.** left field(er). **LG, LG., L.G.** Low German. **l.g.** 〖蹴〗 left guard.
L.G.B. Local Government Board. **lh., l.h., lhb, l.h.b.** 〖蹴〗 left halfback.
Lha·sa[lά:sə] *n.* 티베트의 수도.
Li 〖化〗 lithium. **L.I.** Light Infantry; Long Island.
***li·a·bil·i·ty**[làiəbíləti] *n.* ① Ⓤ 책임 (있음) ; 부담 ; 의무 ; 경향(*to*). ② Ⓒ 불리한 일〔조항〕. ③ (*pl.*) 빚. ***limited* ~** 유한 책임.
:li·a·ble [láiəbəl] *a.* ① 책임 있는 (*for*) ; (벌·부담·손해 등) 면할 수 없는. ② 빠지기 쉬운 ; (병에) 걸리기 쉬운 ; …하기 쉬운.
***li·ai·son** [lí:əzὰn, li:éizαn/li:éizɔ:ŋ] *n.* (F.) ① Ⓤ 〖軍〗 연락. ② Ⓒ 〖音聲〗 (프랑스 말 등의) 연결 발음. ③ Ⓒ 간통, 밀통.
líaison ófficer 연락 장교.
:li·ar[láiər] (<lie[1]) *n.* Ⓒ 거짓말쟁이.
lib[lib] *n., a.* Ⓤ 해방 운동(의).
lib. librarian; library; *liber* (L.) (=book). **Lib.** Liberal.
li·ba·tion[laibéiʃən] *n.* Ⓒ 헌주(獻酒)《술을 마시거나 땅 위에 부어서 신(神)을 제사하기》 ; 신주(神酒) ; 《諧》 술 ; 음주.
lib·ber[líbər] *n.* Ⓒ 《美口》 (여성) 해방 운동가.
li·bel[láibəl] *n.* Ⓒ 중상문(서) ; Ⓤ 〖法〗 명예 훼손죄 ; Ⓒ 《口》 모욕이 되는 것(*This portrait is a ~ on me.* 망측한 초상화다). ― *vt.* (《英》 ***-ll-***) 중상하다 ; 고소하다. **~·er,** 《英》 **~·ler** *n.* **~·ous,** 《英》 **~·lous** *a.*
:lib·er·al[líbərəl] *a.* ① 자유주의의. ② 활수한, 대범한 ; 관대한. ③ 풍부한. ④ 자유로운. ⑤ 자유인〔신사〕에 어울리는, 교양적인. ― *n.* Ⓒ 자유주의자 ; (L-) 자유당원. * **~·ism** [-ìzəm] *n.* Ⓤ 자유주의. **~·ist** *n.* **~·is·tic**[≥--ístik] *a.* **~·i·ty**[≥--ǽləti] *n.* **~·ly** *ad.*
:líberal árts 교양 학과, 학예.
líberal educátion 일반 교육《직업·전문 교육에 대하여》.
lib·er·al·ize[-àiz] *vt., vi.* 자유주의화하다 ; 관대하게 하다〔되다〕. **-i·za·tion**[≥---izéiʃən/-laiz-] *n.*
Líberal Párty, the (영국의) 자유당.
***lib·er·ate**[líbərèit] *vt.* ① 해방하다, 자유롭게 하다, (노예 따위를) 석방하다(*from*). ② 〖化〗 유리시키다.
lib·er·a·tion[lìbəréiʃən] *n.* Ⓤ 해방, 석방 ; 〖化〗 유리 ; (무역 따위의) 자유화, (권리·지위의) 평등화. **-a·tor** *n.* Ⓒ 해방자, 석방자.
Li·be·ri·a[laibíəriə] *n.* 아프리카 서부의 (아프리카 최초의) 흑인 공화국. **-ri·an** *a., n.* Ⓒ 라이베리아의 (사람).
lib·er·tine[líbərtì:n] *n.* Ⓒ 방탕자, 난봉꾼 ; 〖宗〗 자유 사상가. **-tin·ism** [-tinìzəm] *n.* Ⓤ 방탕, 난봉 ; 〖宗〗 자유 사상.
:lib·er·ty[líbərti] *n.* ① Ⓤ 자유 ; 해방. ② Ⓒ 멋대로 함, 방자, 무람〔스스럼〕 없음. ③ (*pl.*) 특권. ***at* ~** 자유로, 마음대로 ; 할일 없어 ; (물건이) 쓰이지 않고. ***be guilty of a* ~** 마음대로 행동하다. **~ *of conscience* 〔*press*〕** 신교(信敎)〔출판〕의 자유. ***take liberties with*** …에게 무람없이 굴다 ; (명예)를 손상하다 ; 멋대로 변경하다, (사실)을 굽히다. ***take the* ~** (*of* do*ing*, *to* do) 실례를 무릅쓰고 …하다.
Líberty Bèll, the 자유의 종《Philadelphia에 있는 종 ; 1776년 7월 4일 독립 기념일에 울렸음》.
líberty hàll 손님이 마음대로 행동할 수 있는 집.
Líberty Ísland 자유의 여신상이 있는 뉴욕항 입구의 작은 섬.
Líberty Shìp 《美》 (제2차 대전 중에 건조한) 수송선의 일종.
li·bid·i·nal[libídənəl] *a.* 리비도의, 성적 충동의.
li·bid·i·nous [libídənəs] *a.* 호색의 ; 〖精神分析〗 애욕(愛慾)의. **~·ly** *ad.*
li·bi·do [libí:dou] *n.* Ⓤ,Ⓒ 〖精神分析〗 애욕, 리비도.
li·bra[láibrə] *n.* (*pl.* ***-brae***[-bri:]) Ⓒ (무게의) 파운드《생략 lb, lb.》 ; [lí:brə] 파운드(화)《생략 £》 ; (L-)

L

〖天〗 저울자리, (황도의) 천칭궁(宮).
***li·brar·i·an**[laibrέəriən] *n.* Ⓒ 도서관원, 사서(司書).
†**li·brar·y**[láibrəri, -rèri] *n.* Ⓒ ① 도서관〔실〕. ② 장서; 서재; 총서(叢書). ③ 〖컴〗 라이브러리. ***a walking ~*** 박물 군자.
líbrary edìtion 특제판; 동일 저자의 동일 장정본.
líbrary scíence 도서관학.
li·bret·to[librétou] *n.* (*pl.* **~s, -ti** [-ti]) Ⓒ (가극 따위의) 가사, 대본.
Lib·ri·um[líbriəm] *n.* 〖商標〗 리브리엄《진정제의 일종》.
Lib·y·a[líbiə] *n.* 리비아《아프리카 북부의 공화국》. **-an** *a., n.* 리비아의; Ⓒ 리비아 사람, 베르베르 사람; Ⓤ 베르베르 말.
lice[lais] *n.* louse의 복수.
li·cense, -cence**[láisəns] *n.* ① Ⓤ,Ⓒ 면허, 인가; Ⓒ 허가증, 면허장〔증〕, 감찰. ② Ⓤ 방종, 방자, 멋대로 함. ③ Ⓤ (기교상의) 파격(破格). ***under ~ 면허를 받고서. — *vt.* (…에게) 면허하다. **li·cen·see, -cee** [làisənsíː] *n.* Ⓒ 면허 받은 사람; 공인 주류 판매인. **lí·cens·er, -cen·sor** *n.* Ⓒ 인가〔허가〕자; 검열관.
li·censed[láisənst] *a.* 면허를 얻은; 세상이 인정하는. ***~ house*** 공인 주류 판매점; 유곽. ***~ satirist*** 세상이 다 아는 독설가. ***~ victual(l)er*** 공인 주류 판매인.
lícense plàte (공식 인가를 표시하는) 감찰, (자동차의) 번호판.
li·cen·ti·ate[laisénʃiit, -ʃièit] *n.* Ⓒ 공인〔면허〕받은 사람; 유자격자.
li·cen·tious[laisénʃəs] *a.* 방자한, 방탕한; 음탕한; 반항적인, 《稀》 파격적인《문체》. **~·ly** *ad.* **~·ness** *n.*
***li·chen**[láikən, -kin] *n.* Ⓤ 〖植〗 지의류(地衣類); 이끼; 〖醫〗 태선(苔癬).
lích gàte[lítʃ-] 《특히 英》 지붕 있는 묘지문(墓地門).
lic·it[lísit] *a.* 합법적인, 정당한.
lick**[lik] *vt.* ① 핥다; (물결이) 넘실거리다, (불길이) 널름거리다. ② 때리다. ③ 해내다. ④ 《口》 (…에) 이기다, (…보다) 낫다. — *vi.* ① (불길 따위가) 급속히 번지다; 너울거리다. ② 서두르다. ③ 《口》 이기다. ***~ into shape 《口》 제 구실 할 만큼 길러내다. ***~ one's chops*** 〔***lips***〕 입맛 다시다. ***~ (a person's) shoes*** 〔***boots, spittle***〕 (아무에게) 아첨하다. ***~ the dust*** 쓰러지다, 지다. ***~ up*** 다 핥아 먹다. ***This ~s me.*** 도무지 모르겠다. — *n.* ① Ⓒ 핥음, 한 번 핥기. ② (a ~) 조금 (*of*). ③ Ⓒ 《口》 일격. ④ Ⓤ 《口》 속력. ***give a ~ and a promise*** (청소·일 등) 되는 대로 하다. **∠·ing** *n.* ① Ⓤ,Ⓒ 핥음. ② Ⓒ 《口》 때림, 지게 함.
lick·er·ish, liq·uor·ish[líkəriʃ] *a.* 맛있는 것을 좋아하는, 가리는 것이 많은; 갈망하는; 호색의.
lick·e·ty-split[líkətisplít] *ad.* 《美口》 전속력으로, 쏜살같이. 「식객.
lick·spit·tle[líkspìtl] *n.* Ⓒ 알랑쇠;
lic·o·rice[líkəris] *n.* Ⓤ 〖植〗 감초(甘草); 그 말린 뿌리.
lic·tor[líktər] *n.* Ⓒ 〖史〗 릭토르《고대 로마에서 집정관에 딸려 죄인을 처벌한 관리》.
lid** [lid] *n.* Ⓒ ① 뚜껑; 눈꺼풀. ② 《俗》 모자. ***flip one's ~ 《俗》 마음껏 웃다.
li·dar[láidɑːr] *n.* Ⓤ 라이더.
li·do[líːdou] *n.* Ⓒ 《英》 해변 휴양지; 옥외 수영 풀.
†**lie**[1][lai] *vi.* (***lay; lain; lying***) ① (사람·동물이) 누워〔자고〕 있다; 눕다; 기대다(***against***); (지하에) 잠들고 있다. ② 놓여 있다; (어떤 상태에) 있다(~ ***motionless*** 가만히 있다); (어떤 장소 또는 위치에) 있다, 위치하다; (원인·이유 등이 …에) 있다; (지형이) 펼쳐〔전개되어〕 있다; (길이) 통해 있다. ③ (군대 등이) 숙영〔야영〕하다; (배가) 정박하다(~ ***at anchor*** 정박하고 있다). ④ (사냥새가) 웅그리다, 움츠리다. ⑤ 〖法〗 (소송 등이) 이유가 서다, 성립되다, 인정할 수 있다. ***as far as in me ~s*** 내 힘이 미치는 한은. ***~ along*** (배가) 옆바람을 받고 기울다; 쓰러지다; 녹초가 되다. ***~ along the land*** 〔***shore***〕 〖海〗 (배가) 해안을 끼고 항행하다. ***~ asleep*** 드러누워 자고 있다. ***~ back against*** …에 기대다. ***~ by*** 휴식하다, 곁에 있다, 쓰여지지 않고 있다, …에 보관되어 있다. ***~ close*** 숨어 있다; 한데 모이다. ***~ down*** 눕다; 굴복하다. ***~ down on the job*** 《口》 (일을) 되는 대로 날리다, 게으름 피우다. ***~ down under*** (모욕을) 달게 받다. ***~ heavy on*** …을 괴롭히다. ***~ in*** 산욕(産褥)에 누워 있다; …에 있다. ***~ in the way*** 방해가 되다. ***~ off*** 잠깐 일을 쉬다; 은퇴하다; 〖海〗 (배가 육지나 다른 배로부터) 조금 떨어져 있다. ***~ on*** 〔***upon***〕 …의 의무〔책임〕이다; …여하에 달리다; …의 힘겨운 부담이 되다. ***~ on (a person's) head*** (아무개의) 책임이다. ***~ on one's back*** 벌떡 드러눕다. ***~ out of (a person's) money*** (아무에게서) 지불을 받지 않고 있다. ***~ over*** 기울다, 연기되다, (기한이 지나도) 지불을 받지 못하고 있다. ***~ to*** 정선(停船)하려 하다; …에 전력을 기울이다. ***~ under*** …을 받다, …에 몰리다. ***~ up*** 병상에 눕다, 휴양하다, (집에) 들어박히다, (겨울을 나기 위해서 배가) 독에 매어지다. ***~ with*** …와 함께 자다〔묵다〕; …의 소임〔의무〕이다. — *n.* ① Ⓤ (사물이 존재하는) 위치; 방향, 향; 상태, 형세, 모양. ② Ⓒ (동물의) 소굴. ③ Ⓒ 〖골프〗 공의 위치. ***the ~ of the land*** 지세(地勢).
†**lie**[2] *n.* Ⓒ 거짓말, 허언; 사기; 허위. ***give a person the ~,*** or ***give the ~ to*** …의 거짓말을 비난하다;

L

…을 거짓(말)이라고 증명하다. ***white*** **~** 악의 없는 거짓말. ― ***vt., vi.*** (**~*d*; *lying***) 거짓말하다, 속이다. **~** ***a person into*** 〔***out of***〕 …을 속여서 …에 빠뜨리다〔…을 우려내다〕.

Liech·ten·stein [líktənstàin] *n.* 오스트리아와 스위스 사이의 입헌 군주국.

lied [liːt, liːd] *n.* (*pl.* **~*er*** [líːdər]) (G.) Ⓒ 리트, 가곡(歌曲).

Lie·der·kranz [líːdərkrɑ̀ːnts] *n.* 〖商標〗 향기로운 치즈.

líe detèctor 거짓말 탐지기.

líe-dòwn *n.* Ⓒ 《주로 英》 선잠.

lief [liːf] *ad.* 기꺼이, 쾌히. ***would*** 〔***had***〕 ***as*** **~** ***…*** (***as***) …할 바에는 …해도 좋다〔…하는 편이 오히려 낫다〕. ***would*** 〔***had***〕 **~*er*** ***… than*** …보다는 …하는 편이 낫다.

liege [liːdʒ] *n.* Ⓒ 군주; 가신; (the ~s) 신하. ― ***a.*** 군주〔가신〕인; 충성스러운. **~ *lord*** 군주. **´~·man** *n.* Ⓒ 〖史〗 가신.

lien [liːn, líːən] *n.* Ⓒ 〖法〗 유치권, 선취 특권(*on*).

lieu [luː] *n.* 《다음 성구로》 ***in*** **~** ***of*** …의 대신으로.

Lieut. lieutenant.

lieu·ten·ant** [luːténənt/(육군) leftén-, (해군)lətén-] *n.* Ⓒ ① 상관 대리, 부관. ② 〖陸軍〗 중〔소〕위; 《英》 중위; 〖海軍〗 대〔중〕위; 《英》 대위. ***first 〔***second***〕 **~** 《美》 육군 중위〔소위〕. **~ *senior*** 〔***junior***〕 ***grade*** 《美》 해군 대〔중〕위. **-an·cy** *n.* Ⓤ lieutenant의 직〔직위·임기〕.

lieuténant cólonel 육군 중령.

lieuténant commánder 해군 소령.

lieuténant géneral 육군 중장.

lieuténant góvernor 《英》 (식민지의) 총독 대리; 《美》 (주의) 부지사.

†**life** [laif] *n.* (*pl.* ***lives*** [laivz]) ① Ⓤ,Ⓒ 생명, 목숨. ② Ⓒ 생애, 일생. ③ Ⓤ 인생; 《집합적》 생물. ④ Ⓒ,Ⓤ 생활, 생계. ⑤ Ⓤ 생기; 활력. ⑥ Ⓒ 전기(傳記). ⑦ Ⓤ 실물; 실물 크기. ***all one's*** **~** 평생. ***as large*** 〔***big***〕 ***as*** **~** 실물 크기의; 《諧》 틀림없이, 장본인이어서. ***come*** 〔***bring***〕 ***to*** **~** 소생하다〔시키다〕. ***for*** **~** 종신의. ***for dear*** 〔***very***〕 **~**, or ***for one's*** **~** 기를 쓰고, 필사적으로; 아무리 해도. ***for the*** **~** ***of me*** 아무리 해도(생각나지 않다 따위). ***from*** (***the***) **~** 실물에서, 실물을 모델로 하여. ***give*** **~** ***to*** …에게 생기를 불어 넣다. ***good*** 〔***bad***〕 **~** 〖保險〗 장수할 가망이 있는〔없는〕 사람. ***have the time of one's*** **~** 《口》 난생 처음으로 재미있는 일을 경험하다. ***in*** **~** 이 세상에서, 살아 있는 동안에. ***matter of*** **~** ***and death*** 사활 문제. ***not on your*** **~** 《口》 결코 …않다. ***on*** 〔***upon***〕 ***my*** **~** 목숨을 걸고, 맹세코; 이거 놀랐는데! ***see*** **~** 사람들과 널리 사귀다, 세상을 알다(*I've seen something of* **~**. 다소 세상이라는 것을 알게 되었다). ***take*** **~** 죽이다. ***take one's*** **~** ***in one's hands*** 그런 줄 알면서 죽음의 위험을 무릅쓰다. ***take one's own*** **~** 자살하다. ***this*** **~** 이 세상. ***to the*** **~** 실물대로, 정확하게; 완전히. ***upon*** 〔***on***〕 ***one's*** **~** 목숨을 걸고, 맹세코; 어렵쇼.

life-and-déath *a.* 죽느냐 사느냐의.

life annùity 종신 연금.

life assùrance 《英》 생명 보험(《美》 life insurance).

life bèlt 구명대(救命帶).

life·blòod *n.* Ⓤ (생)피; 활력(소); 《英俗》 (눈꺼풀 따위의) 경련.

***life·bòat** *n.* Ⓒ 구명정(救命艇), 구조선; 《美俗》 은사, 특사.

life bùoy 구명 부낭(浮囊).

life cỳcle 〖生〗 생활사(史), 라이프 사이클; 〖컴〗 생명 주기.

life expèctancy 평균 예상 수명.

life fórce ＝ÉLAN VITAL.

life-gìving *a.* 생명을〔생기를〕 주는.

life·guàrd *n.* Ⓒ 호위병, 경호원, 친위대; 《英》 구명기(器); 《美》 (수영장 따위의) 구조원.

Life Guàrds 《英》 근위 기병 연대.

life hístory 일생, 생애; 〖生〗 (개체의 발생에서 죽음까지의) 생활사.

life insùrance 《美》 생명 보험(의 보험금·보험료).

life jàcket 구명(救命) 자켓.

***life·less** [´lis] *a.* 생명 없는; 죽은. ② (술·연극 따위) 김빠진. **~·ly** *ad.*

life·lìke *a.* 살아 있는 것 같은, 실물과 아주 비슷한.

life lìne 구명삭(索); 생명선(線); (잠수부의) 생명줄.

***life·lòng** *a.* 일생의, 종신의, 평생의.

life màster 《美》 브리지 경기에서 최고 점수를 딴 선수.

life nèt (소방용의) 구명망(網).

life òffice 《英》 생명 보험 회사.

life péer (영국의) 일대(一代) 귀족.

life pòlicy 생명 보험 증서.

life presèrver (수중) 구명대(帶); 호신용 단장.

lif·er [láifər] *n.* Ⓒ 《俗》 종신수(囚).

life·sàver *n.* Ⓒ 구조자; 《口》 구원의 손길.

life·sàving *a.* 인명 구조의.

life scìence 생명 과학《생물학·생화학·의학·심리학 따위》.

life sèntence 종신형, 무기 징역.

life-síze(d) *a.* 등신대(等身大)의.

life spàn (생물체의) 수명.

life·stỳle *n.* Ⓒ 《美口》 (개인에게 맞는) 생활 양식.

life-support sýstem 생명 유지 장치《우주·해저 탐험용》.

***life·tìme** *n., a.* Ⓒ 평생(의).

life·wày *n.* Ⓒ 생활 방식.

life·wòrk *n.* Ⓤ 필생의 사업.

li·fo [láifou] (< *l*ast-*i*n-*f*irst-*o*ut) *n.* Ⓤ 〖會計〗 후입선출법(後入先出法), 먼저 끝내기, 〖컴〗 후입선출.

†**lift** [lift] *vt.* ① 들어〔안아〕 올리다(*up,*

off, out), 올리다; 높이다, 향상시키다, 승급시키다. ② 제거하다. ③ 《美》(잡힌 물건을) 찾아오다; 《俗》 훔치다, 표절하다; 캐[파]내다. ④ (성형 수술로) 주름을 없애다. — *vi.* ① 높아지다, 올라가다; (구름이) 걷히다; (갈개 따위가) 부풀어 오르다. ② 《美》 잡힌 것을 찾아오다. ***have one's face ~ed*** (미장원 등에서) 얼굴의 주름살을 펴다. ***~ a hand*** 약간의 수고를 하다; 맞서다(*against*). ***~ one's hat*** 모자를 약간 들어 인사하다. ***~ up the hand*** (손을 들고) 선서하다. — *n.* ① Ⓒ (들어)올림; 위로 향함; 승진, 출세; 상승; (a ~) 정신의 앙양. ② Ⓒ 거들어 줌; 차에 태움. ③ Ⓒ 들어올린 거리; Ⓤ 상승력, 부력(浮力). ④ Ⓒ 《英》 승강기(《美》 elevator); =SKI LIFT; 수송; 공수(空輸). **∠·er** *n.* **∠·man** *n.* Ⓒ 승강기 운전사.

lift·ing[líftiŋ] *n.* Ⓤ 들어올림.

lífting bòdy 항공 겸용 우주선.

líft-òff *n.* Ⓒ (헬리콥터·로켓 따위의) 이륙, 떠오름.

líft pùmp 무자위, 양수[흡입] 펌프 (cf. force pump).

líft trùck 적재용 트럭.

lig·a·ment[lígəmənt] *n.* Ⓒ 〖解〗 인대(靭帶).

lig·a·ture [lígətʃùər, -tʃər] *n.* Ⓒ 〖外〗 결찰사(結紮絲); 〖樂〗 =SLUR; 〖印〗 합자(合字)(Æ, æ 따위). — *vt.* 동이다, 매다.

li·ger[láigər] *n.* Ⓒ 라이거《수사자와 암범의 튀기》.

†**light**[1] [lait] *n.* ① Ⓤ 빛, 광선; 일광, 햇빛; 조명; 새벽; 밝기. ② Ⓒ 등불; 채광창(採光窓); (성냥 등의) 불, 성냥(*a box of ~s*); (*pl.*) 《俗》 눈. ③ Ⓒ 견지; 형세. ④ Ⓤ,Ⓒ (문제 해결의) 단서; Ⓒ 모범이 되는 사람; 그 방면의 대가. ⑤ Ⓤ (정신적인) 광명; 계몽, 교화; 승인(*the ~ of the king's countenance* 왕의 재가·원조). ***according to one's ~s*** 그 식견에 따라서. ***before the ~s*** 무대에 나서서. ***between the ~s*** 저녁때. ***bring*** [***come***] ***to ~*** 폭로하다[되다]. ***by the ~ of nature*** 직각(直覺)으로, 자연히. ***get in a person's ~*** 아무의 빛을 가로막아 서다; 아무의 방해가 되다. ***in the ~ of*** …에 비추어. ***~ and shade*** 명암(明暗); 큰 차이. ***place in a good*** [***bad***] ***~*** 좋게[나쁘게] 보이도록 하다. ***see the ~*** (***of day***) 태어나다; 출판되다; 이해하다; 《美》 개종하다. ***stand in a person's ~*** (출세를) 방해하다. ***strike a ~*** (성냥 따위로) 불을 켜다. — *vt.* (***lit, ~ed***) (…에) 불을 켜다[붙이다]; 비추다; 활기띠게 하다; 불을 켜고 길 안내하다. — *vi.* 불이 켜지다[붙다]; 밝아지다. — *a.* 빛나는, 반짝이는, 밝은; (색이) 엷은. **~·ed** [∠id] *a.* 불이 켜진. ***∠·ing*** *n.* Ⓤ 조명. **∠·ness**[1] *n.* Ⓤ 밝기; 광량(光量).

:**light**[2] *a.* ① 가벼운; 간편한; 사소한. ② 경쾌한, 쾌활한; 기민한; 경솔한; 들뜬. ③ 경장비의, 가벼운 몸차림의. ④ (흙이) 흐슬부슬한. ⑤ (소리·술 등이) 약한; (잠이) 깊지 않은. ***be ~ of heart*** 쾌활하다. ***have a ~ hand*** [***touch***] 손재주가 있다, 민완이다. ***~ in the head*** 현기증이 나서; 머리가 돈, 경솔하여. ***~ of foot*** 발이 빠른. ***make ~ of*** …을 얕보다. — *ad.* 가볍게, 경쾌하게, 쉽게. ***L- come, ~ go.*** 《속담》 얻기 쉬운 것은 잃기도 쉽다. ***:∠·ly*** *ad.* **∠·ness**[2] *n.*

light[3] *vi.* (***lit, ~ed***) 《古》 (말에서) 내리다; (새가) 앉다; 우연히 만나다[일어나다]. — *vt.* 〖海〗 (밧줄을) 끌어 올리다. ***~ into*** 《口》 공격하다; 꾸짖다. ***~ on*** [***upon***] …을 만나다; …을 발견하다. ***~ out*** 《俗》 도망치다, 달아나다.

líght-ármed *a.* 〖軍〗 경장비의.

líght cávalry [**hórse**] 《집합적》 경기병(輕騎兵).

líght chàin 전기 스탠드의 끈.

líght contròl 등화 관제.

líght èater 소식가(少食家).

:**light·en**[1][láitn] *vt.* ① 비추다, 밝게 하다; 밝히다; (…에게) 광명을 주다. ② (얼굴을) 환하게 하다. ③ 빛깔을 엷게 하다. — *vi.* 빛나다, 번쩍이다; 밝아지다, 환해지다. ***It ~s.*** 번개가 친다.

:**light·en**[2] *vt., vi.* 가볍게 하다[되다], 경감[완화]하다; 기쁘게 하다; 마음 편해지다.

***light·er**[1][láitər] *n.* Ⓒ ① 불켜는 사람, 점등부(點燈夫). ② 점화기(點火器); 라이터.

light·er[2] *n., vt.* Ⓒ 거룻배(로 운송하다). **~·age**[-idʒ] *n.* Ⓤ 거룻배 운반(삯).

líght-fíngered *a.* 손버릇이 나쁜; (손끝이) 잰.

líght-fóoted *a.* 발빠른.

líght-hánded *a.* 솜씨좋은, 손재주 있는; (일)손이 부족한.

líght-héaded *a.* 경솔한; 머리가 돈.

líght-héarted *a.* 마음이 쾌활한, 「마음 편한.

líght héavywèight 〖拳·레슬링·力技〗 라이트헤비급 선수.

líght-hòrseman *n.* Ⓒ 경기병.

:**líght·hòuse** *n.* Ⓒ 등대.

líghthòuse kèeper 등대지기.

líght índustries 경공업.

líght ínfantry 경기병대.

líght líterature 경(輕)문학; 중간 「소설.

líght-mínded *a.* 경솔한.

líght músic 경음악.

:**light·ning**[láitniŋ] *n.* Ⓤ 번개, 번 「갯불.

líghtning arrèster [**condùctor, ròd**] 피뢰침.

líghtning bùg [**bèetle**] 《美》 개 「똥벌레.

light-o'-love[láitəlʌ̀v] *n.* Ⓒ 연인; 바람난 여자, 허튼 계집.

líght pèn 〖컴〗 광펜《브라운관 위에

신호를 그려 컴퓨터에 입력함》.
líght ráilway《英》경편 철도.
lights[laits] *n. pl.* 가축의 허파《개·고양이의 먹이》.
líght·shìp *n.* Ⓒ 항로 표지등선(標識燈船), 등대선(船).
light·some[láit-səm] *a.* 민속한; 쾌활[명랑]한; 경솔한; 빛나는, 밝은.
líghts óut〖軍〗소등 나팔 (시간).
líght-strùck *a.*〖寫〗(필림 등에) 광선이 들어간.
líght tràp 유아등(誘蛾燈).
líght wàve 광파(光波).
líght·wèight *n.* Ⓒ〖拳·레슬링·力技〗라이트급 선수;《口》하찮은 사람; 표준 무게 이상의 사람.
líght-yèar *n.* Ⓒ〖天〗광년(光年).
lig·ne·ous[lígniəs] *a.* (풀이) 나무 같은, 목질(木質)의.
lig·nite[lígnait] *n.* Ⓤ 갈탄, 아탄(亞炭).
†**like**[1][laik] *vt.* 좋아하다; 바라다, …하고 싶다(*to* do; do*ing*). — *vi.* 하고 싶다고 생각하다. ***I ~ that.***《反語》이것봐라(건방진 것 같으니). ***if you ~*** 좋으시다면; …라고도 말할 수 있다(*I am shy if you ~.* 그렇습니다, 숫기가 없다고도 할 수 있겠죠《사람을 싫어하는 건 아니지만》). ***I should*** [***would***] ***~ to*** do …하고 싶습니다. — *n.* (*pl.*) 기호(嗜好), 좋아함. ***~s and dislikes*** 가리는 것.
†**like**[2] *a.* ① …닮은, …같은; 비슷한. ② …에 어울리는; …의 특징을 나타내는, (과연) …다운; 똑같은(*~ sum* 같은 액수). ③ …이 될 것 같은(*It looks ~ rain.* 비가 올 듯하다);《古·俗》거의 …할 것 같아[할 뻔하여](*I was* [《方》*had*] *~ to have lost it.* 하마터면 잃어버릴 뻔했다). ***feel ~ doing*** …하고 싶은 생각이 들다. ***L- master ~ man.***《속담》그 주인에 그 머슴. ***~ nothing on earth*** 드문. ***nothing ~*** …보다 나은 것은 없다(*There is nothing ~ home.* 내집보다 나은 곳은 없다); 조금도 …같지[답지] 않다. ***nothing ~ as good*** 견줄 것이 없을 만큼. ***something ~*** …같은[다운] 것; 대략; 근사한(*something ~ a day* 쾌청(快晴)/*This is something ~!* 이거 근사[굉장]한데). — *ad.* …와 똑같이; 아마;《俗》마치 …같이(*He seemed angry, ~.* 마치 성난 것 같았다). ***as ~ as not***《口》아마. — *prep.* …처럼. ***~ anything,*** or《口》***~ blazes*** [***fun, mad***] 맹렬히. ***very ~,*** or ***~ enough*** 아마. — *conj.*《口》…와 같이, …처럼(as). — *n.* Ⓤ,Ⓒ 비슷한 것[사람]; 필적하는 것, 마찬가지. ***and the ~*** …같은 것, …따위[등등]. ***L- cures ~.***《속담》이독제독(以毒制毒). ***L- draws to ~.*** 유유상종(類類相從). ***or the ~*** …따위. ***the ~ of it*** 그와 같은 것. ***the ~s of me***《낮추어》나같은 것. ***∠·wise**[-wàiz] *ad.* 똑같이, 마찬가지로; 게다가 또.

-like[laik] *suf.*《형용사 어미》'…같은, …와 같은'의 뜻: child*like*.
lik(e)·a·ble[láikəbəl] *a.* 마음에 드는; 호감이 가는.
like·li·hood**[láiklihùd] *n.* Ⓤ 있음직한 일, 가능성. ***in all ~ 십중팔구.
‡**like·ly**[láikli] *a.* ① 있음직한, …할 듯한(*to* do); 유망한, 믿음직한. ② 적당한. ③《美》예쁜. ***A ~ story!*** 있을 법한 이야기다!;《反語》설마! — *ad.* 아마. ***as ~ as not*** 아마. ***~ enough*** 아마. ***most ~*** 아마.
líke-mínded *a.* 한마음[동지]의; 같은 취미의.
lik·en[láikən] *vt.* (…에) 비유하다, 비기다.
‡**like·ness**[láiknis] *n.* ① Ⓤ 비슷함, 상사(相似)(성). ② Ⓒ 비슷한 것[사람]; 초상. ③ Ⓤ 겉보임, 외관. ***hit a ~*** 매우 닮다[비슷하다].
lik·ing** [láikiŋ] *n.* Ⓤ 좋아함, 기호(嗜好)(*for*). ***to one's ~ 마음에 드는.
***li·lac**[láilək] *n., a.* Ⓒ〖植〗라일락; Ⓤ 연보라색(의), 엷은 자색(의).
lil·i·a·ceous[lìliéiʃəs] *a.* 백합의, 나리 같은;〖植〗백합과의.
Lil·li·put [lílipʌ̀t] *n.* (*Gulliver's Travels* 중의) 난쟁이 나라. **-pu·tian** [∸–pjú:ʃən] *a., n.* Ⓒ Lilliput의 (사람); 작은.
lilt[lilt] *vt., vi., n.* 경쾌하게 노래 부르다; Ⓒ 그 노래; (a ~) 경쾌하게 움직이다[움직임].
†**lil·y**[líli] *n., a.* Ⓒ ① 백합(같은), 흰, 순결한, 사랑스러운. ② (the lilies) 프랑스 (국민)(⇨FLEUR-DE-LIS). ***the lilies and roses***《比》백합과 장미처럼 아름다운 빛, 미모.
líly-lívered *a.* 겁많은.
líly of the válley 은방울꽃.
líly-whíte *a.* 백합처럼 흰; 흠없는, 결백한.
Li·ma[lí:mə] *n.* 리마《페루의 수도》.
Lí·ma bèan[láimə-] 리마콩《강낭콩의 일종》.
‡**limb**[lim] *n.* Ⓒ ① 수족, 팔, 다리, 날개; 큰 가지. ② 앞잡이, 졸개. ***be*** LARGE ***of ~.*** ***~ from ~*** 갈기갈기《찢다, 따위》. ***~ of the law*** 사직의 손《재판관, 경관 등》. ***out on a ~***《美口》위태로운 입장에. — *vt.* (…의) 가지를[손발을] 자르다.
lim·ber[1][límbər] *a., vt.* 유연[경쾌]한[하게 하다].
lim·ber[2] *n., vt.* Ⓒ〖軍〗전차(前車)(를 연결하다)《포차(砲車)에》.
lim·bo[1][límbou] *n.* Ⓤ ① (천국과 지옥의 중간에 있다는) 림보, 지옥의 변방(邊方). ② 잊혀진[버림받은] 상태; 망각.
lim·bo[2] *n.* (*pl.* **~s**) Ⓒ 림보(댄스).
Lim·burg·er[límbə̀:rgər] *n.* Ⓤ 치즈의 일종《연하고 향기로움》.
‡**lime**[1][laim] *n., vt.* Ⓤ 석회(로 처리하다, 를 뿌리다); 끈끈이[감탕](를 바르다); =LIMELIGHT. ***~ and water*** 석회수.

L

lime[2] *n.* Ⓒ 〖植〗 보리수, 참피나무(linden)(의 열매).
lime[3] *n.* Ⓒ 레몬 비슷한 과실.
líme jùice 라임 과즙《청량 음료》.
líme·kìln *n.* Ⓒ 석회 굽는 가마.
líme·lìght *n.* Ⓤ (옛날, 무대 조명에 쓴) 석회광등(石灰光燈); (the ~) 주목의 대상. ***be fond of the ~*** 남의 앞에 서기를 좋아하다. ***in the ~*** 화려한 무대에 서서, 세상의 각광을 받고; 유명해져서.
lim·er·ick[límərik] *n.* Ⓒ 오행 희시(五行戱詩).
*__líme·stòne__ *n.* Ⓤ 석회석.
líme trèe 〖植〗 보리수.
líme·wàter *n.* Ⓤ 석회수.
lim·ey, L-[láimi] *n.* Ⓒ《俗》 영국인 (수병).
:lim·it[límit] *n.* ① Ⓒ 한계, 한도, 제한; (종종 *pl.*) 경계. ② (the ~) 〖商〗 지정 가격; (내기의 한 번에 거는) 최대액. ③ (the ~) 참을 수 없는 일〔것〕(*That's the ~!* 더는 못 참겠다!). ***go to any ~*** 무슨 일이든 하다. ***set ~s*** 〔***a ~***〕 ***to*** …을 제한하다. ***The sky is the ~.***《俗》 무제한이다, 기회는 얼마든지 있다. ***to the ~***《美》 극단적으로. ***within the ~s of*** …의 범위내에. — *vt.* 한정〔제한〕하다. **~·less** *a.*
:lim·i·ta·tion [lìmətéiʃən] *n.* ① Ⓤ,Ⓒ 제한, 한정. ② Ⓒ (보통 *pl.*) (지력·능력 등의) 한계, 한도. ③ Ⓤ,Ⓒ 〖法〗 제소(提訴) 기한.
lim·i·ta·tive[límitèitiv] *a.* 제한적인, 한정적인.
:lim·it·ed[-id] *a.* ① 유한의; 제한된, 얼마 안 되는. ② 좁은. ***a ~ war*** 국지전.
límited edítion 한정판.
límited liabílity cómpany 유한 책임 회사, 주식 회사《생략 Ltd》.
límited mónarchy 입헌 군주 정체.
limn[lim] *vt.*《古》 (그림·문자로) 묘사하다.
lim·nol·o·gy[limnálədʒi/-ɔ́-] *n.* Ⓤ 호소학(湖沼學).
lim·o[límou] *n.* Ⓒ《口》 ① 리무진(limousine). ②《一般》 대형 고급 승용차.
lim·ou·sine[líməzìːn, ⌐-⌐] *n.* Ⓒ 리무진《운전석과 객석의 사이에 유리 칸막이가 있는 대형 자동차》; 호화로운 대형 승용차; (공항의) 여객 수송용 소형 버스.
:limp[1][limp] *vt., n.* 절뚝거리다; (a ~) 절뚝거림; 서투름.
limp[2] *a.* 유연한, 나긋나긋한, 잘 휘는; 흐늘흐늘한; 약한, 힘〔풀〕 없는.
lim·pet [límpit] *n.* Ⓒ 〖貝〗 꽃양산 조개; =⌐ **mìne** 배밑 밀착식 수뢰.
lim·pid[límpid] *a.* 맑은; 투명한. **~·ly** *ad.* **~·ness** *n.* **lim·píd·i·ty** *n.*
lim·y[láimi] *a.* 석회질의, 석회를 함유하는; 끈끈이를〔감탕을〕 바른.
lin·age[láinidʒ] *n.* Ⓤ 행수(行數)(에 따른 지불)《원고료의》; 정렬(하기).
Linc(s). Lincolnshire《영국의 주》.
linch·pin [líntʃpìn] *n.* Ⓒ (바퀴굴대의) 비녀장.
:Lin·coln[líŋkən], **Abraham** (1809-65) 미국의 제16대(代) 대통령(재직 1861-65).
lin·dane[líndein] *n.* Ⓤ 린데인《농업용 살충제·제초제》.
*__lin·den__[líndən] *n.* Ⓒ 〖植〗 린덴《참피나무·보리수 따위》.
†line[1][lain] *n.* ① Ⓒ 선, 줄, 끈; 주름살; 철사; 전화선(*Hold the ~, please.* 잠깐만 기다리십시오); 실, 낚싯줄;《美》 고삐. ② Ⓒ 노선, 항로, 궤도. ③ Ⓒ 행렬, 열; (the ~) 정규군; (종종 *pl.*) 전열(戰列); 횡대(cf. column); (*pl.*) 참호, 보루(堡壘)(선). ④ Ⓒ 솔기. ⑤ Ⓒ 가계(家系). ⑥ Ⓒ 경계(선). ⑦ Ⓒ (종종 one's ~) 전문(분야), 능한 방면(*Drawing is in* 〔*out of*〕 *my ~.* 그림은 잘〔못〕 그린다); 장사; 직업; 매입품(買入品); (상품의) 품목, 재고품. ⑧ Ⓒ (종종 *pl.*) 형상, 윤곽(*a yacht of fine ~s* 모양 좋은 요트). ⑨ Ⓒ (종종 the ~) 진로(進路); (종종 *pl.*) 방침, 방법, 주의; (*pl.*) 운명(의 길), 처지. ⑩ Ⓒ (글자의) 행, 몇 자〔줄〕; 단신(短信)(*Drop* 〔*Send*〕 *me a ~.* 엽서를 띄워주세요); (시의) 한 행; (*pl.*) (학생에게 라틴 시 등을 베끼게 하는) 벌(*You have a hundred ~s.* 백 줄 베껴라); (*pl.*) (연극의) 대사. ⑪ (*pl.*) 결혼 허가증. ⑫ Ⓒ 직선; (오선지의) 선; (the ~) 적도; 라인《1인치의 12분의 1: 길이의 단위》. ⑬ Ⓒ 〖컴〗 (프로그램의) 행(行). ***all along the ~*** 도처에. ***bring into ~*** 일렬로 하다; 동의〔협력〕시키다. ***by*** (***rule and***) ***~*** 정확히, 정밀히. ***come into ~*** 한 줄로 서다; 동의〔협력〕하다(*with*). ***direct ~*** 직계. ***do a ~ with*** …에게 사랑을 호소하다, 구혼하다. ***down the ~*** 도심(都心)을 향하여. ***draw the ~*** (…에) 한계를 두다(*at*); (…을) 구별하다(*between*). ***draw up in*** 〔***into***〕 ***~*** (군대를) 횡대로 정렬시키다. ***get a ~ on***《美口》 …에 관해서는 아는 바가 있다. ***hard ~s*** 불운(不運). ***in ~ with*** …와 일직선으로;《美》 …와 일치〔조화〕하여. ***in*** 〔***out of***〕 ***one's ~*** 성미에 맞아〔안맞아〕; 장기(長技)인〔능하지 못한〕. ***~ of battle*** 전선(戰線). ***~ of beauty,*** S자 모양의 곡선. ***~ of fire*** 탄도(彈道). ***~ of force*** 〖理〗 자력선(磁力線). ***~ of fortune*** (손금의) 운명선. ***~ of life*** (손금의) 생명선. ***on a ~*** 평균하여. ***on the ~*** 꼭 눈높이에《그림 따위》; 이도 저도 아닌, 어중되어, 분류가 곤란하여. ***out of ~*** 일렬이 아닌; 일치되지 않은;《俗》 주제넘은. ***read between the ~s*** 언외(言外)의 뜻을 알아내다. ***shoot a ~***《俗》 자랑하다. ***throw a good ~*** 낚시질을 잘 하다. — *vt.* 선을 긋

L

다; 주름살을 짓다; 한줄로〔줄지어〕 세우다〔놓다〕; 소묘(素描)하다. ― *vi.* 나란히〔줄지어〕 서다. ~ ***out*** (설계도·그림 등의) 대략을 그리다; …에 선으로 표시하다. ~ ***through*** 줄을 그어서 지우다. ~ ***up*** (기계를) 정돈하다; 정렬시키다〔하다〕; 전원 정렬해 서다. ~ ***up behind*** … 의 뒤에 줄지어 서다.

***line**[2] *vt.* ① (의복·내벽 따위에) 안(감)을 대다. ② (배·주머니를) 채우다. 「통; 가문.

lin·e·age [líniidʒ] *n.* Ⓤ 혈통, 계

lin·e·al[líniəl] *a.* 직계의, 동족의; 선(모양)의. ~ ***ascendant*** 〔***descendant***〕 직계 존속〔비속〕.

lin·e·a·ment [líniəmənt] *n.* Ⓒ (보통 *pl.*) 용모, 얼굴 생김새.

***lin·e·ar**[líniər] *a.* ① 직(선)의〔으로 이루어진〕. ②〖컴〗선형(線形)의, 리니어. 「形) 가속기.

línear accélerator〖理〗선형(線

línear méasure 척도, 길이.

línear mótor 선형(線形) 모터.

línear prógramming〖軍·經〗선형(線形) 계획(법).

líne·bàcker *n.* Ⓒ〖美蹴〗라인배커《스크럼인의 후방 수비 선수》.

líne dràwing 선화(線畫), 데상.

líne dríve〖野〗수평으로 친 공.

líne èditor〖컴〗줄(단위) 편집기.

líne engràving 선조(線彫)(판화), 줄새김.

líne-ítem vèto《美》예산안 개별 항목 거부권.

line·man[láinmən] *n.* Ⓒ 가선공(架線工), 보선공(保線工);〖測〗측선수(測線手);〖美蹴〗전위(前衛).

:lin·en[línin] *n.* ① Ⓤ 아마포, 아마실, 린네르. ② (*pl.*) 린네르류. ③ Ⓤ《집합적》린네르 제품《시트·셔츠 따위》. ***wash one's dirty ~ at home*** 〔***in public***〕 집안의 수치를 감추다〔드러내다〕. ― *a.* 린네르제의; 린네르처럼 흰.

línen dràper《英》린네르상(商).

línen páper 리넨〔린네르〕지(紙).

líne-óut *n.* Ⓒ〖럭비〗라인아웃《공이 터치라인을 나간 뒤의 throw-in》.

líne prìnter〖컴〗라인 프린터.

***lin·er**[láinər] *n.* Ⓒ ① 정기 항로선〔항공기〕. ②〖野〗=LINE DRIVE. ③ 안을 대는〔붙이는〕 사람, 안(감). ④ 깔쇠, 덧쇠.

lìne-shòot *vt.*《口》자랑거리를 이야기하다.

lines·man[láinzmən] *n.* Ⓒ〖蹴·테니스〗선심(線審); =LINEMAN.

líne spàcing〖컴〗줄띄(우)기.

líne·ùp *n.* Ⓒ (보통 *sing.*)〖野·蹴〗진용, 라인업; (내각 따위의) 구성.

ling[liŋ] *n.* Ⓒ〖魚〗대구 비슷한 물고기《북유럽·그린랜드산》.

-ling[liŋ] *suf.* ① 지소사(指小辭)를 만듦(duck*ling*, gos*ling*). ② 경멸적인 뜻을 나타냄(hire*ling*, lord*ling*).

:lin·ger[líŋgər] *vi.* ① (우물쭈물) 오래 머무르다, 꾸물거리다. ② (추위·감정 등이) 쉬이 사라지지〔물러가지〕 않다, 나중에까지 남다, (병이) 오래 끌다. ③ 어정거리다(*about*). ― *vt.* 질질 끌다; (시간을) 우물쭈물 보내다. ~ ***on*** (*a subject*) (한 가지 일을 가지고) 언제까지나 끙끙 앓다. ~**·ing** *a.* 오래 끄는, 머뭇거리는; 미련이 있는; 못내 아쉬운. ~**·ing·ly** [-iŋli] *ad.*

lin·ge·rie[lὰ:ndʒəréi, lǽnʒərì:] *n.* (F.) Ⓤ 여자의 속옷류, 란제리《여자용 린네르 속옷붙이》.

lin·go [líŋgou] *n.* (*pl.* ~(*e*)*s*) Ⓒ《諧》외국어; 술어, 전문어.

lin·gua fran·ca[líŋgwə frǽŋkə] (It. =Frankish tongue) 프랑크 말《Levant 지방에서 쓰이는 이탈리아·프랑스·그리스·스페인 말의 혼합어》;《一般》혼합어.

lin·gual[líŋgwəl] *a., n.* Ⓒ 혀의;〖音聲〗설음(舌音)(의).

lin·gua·phone[líŋgwəfòun] *n.* Ⓒ 링궈폰《어학 (학습용) 레코드》; (L-) 그 상표명.

***lin·guist**[líŋgwist] *n.* Ⓒ 언어학자; =POLYGLOT.

***lin·guis·tic**[liŋgwístik], **-ti·cal** [-əl] *a.* 언어학(상)의. **-tics** *n.* Ⓤ 언어학.

linguístic àtlas 언어 지도(地圖).

linguístic geógraphy 언어 지리학.

linguístic stóck 어계(語系)《조어(祖語)와 그것에서 파생된 모든 방언·언어》; 어떤 어계를 말하는 민족.

lin·i·ment[línəmənt] *n.* Ⓤ,Ⓒ 바르는 약, 도찰제(塗擦劑).

***lin·ing**[láiniŋ] *n.* ① Ⓤ 안대기, 안붙이기. ② Ⓤ,Ⓒ 안, 안감(*the ~ of a stove* 스토브의 안쪽).

:link[1] [liŋk] *n.* Ⓒ ① (사슬의) 고리; 연쇄(連鎖), 연결(부). ② (편물의) 코. ③〖컴〗연결, 연결로. ― *vt., vi.* 연접〔연속〕하다(*together, to, with*); 이어지다(*on, into*). ~**·age**[⌐idʒ] *n.* Ⓤ,Ⓒ 연쇄, 연합.

link[2] *n.* Ⓒ〖史〗횃불.

línk(ing) vèrb〖文〗연결 동사《be, seem 따위》.

links[liŋks] (link[1,2]와 관계 없음) *n.* *pl.*《단수 취급할 때도 있음》골프장.

Línk tráiner〖商標〗(지상에서의) 링크식 비행 연습 장치.

línk·ùp *n.* Ⓒ 연결; (우주선의) 도킹; 결합(연결)점.

Linn. Linn(a)ean; Linnaeus.

Lin·nae·us [liní:əs], **Carolus** (*Swed.* **Linné**)(1707-78) 린네《스웨덴의 식물 분류학자》.

lin·net[línit] *n.* Ⓒ 홍방울새《유럽·아시아·아프리카산》.

***li·no·le·um**[linóuliəm] *n.* Ⓤ (마룻바닥에 까는) 리놀륨.

lin·o·type[láinoutàip] (<line) *n.* Ⓒ (1행 분씩 만드는) 자동 주조 식자기, 라이노타이프. 「의 씨.

lin·seed[línsì:d] *n.* Ⓤ 아마(flax)

línseed òil 아마인유(亞麻仁油).
lin·sey(-wool·sey) [línzi(wúlzi)] *n.* Ⓤ (튼튼한) 면모(綿毛) 교직.
lint[lint] *n.* Ⓤ 린트 천《린네르의 한 면을 보풀 일게 하여 부드럽게 한 것》; 실보무라지; 조면(繰綿).
lin·tel[líntl] *n.* Ⓒ 〖建〗상인방(上引枋)《창·입구 따위의 위에 댄 가로대》.
†**li·on**[láiən] *n.* ① Ⓒ 라이온, 사자. ② Ⓒ 인기물, 인기의 중심, 명사; 용사; (*pl.*) 명물, 명소. ③ (L-) 〖天〗사자자리〔궁〕. **~ *in the way* 〔*path*〕** 앞길에 가로놓인 난관. ***~'s share*** 가장 큰〔좋은〕 몫, 단물. ***make a ~ of*** …을 치켜 세우다. ***the British L-*** 영국(민). ***twist the ~'s tail*** (미국의 기자 등이) 영국에 관해서 나쁘게 말하다〔쓰다〕. **~·ess** *n.* Ⓒ 암사자.
líon-héarted *a.* 용감한.
líon hùnter 사자 사냥꾼; 명사와 교제하고 싶어하는 사람.
li·on·ize[láiənàiz] *vt.* 치켜 세우다; 《英》 (…의) 명소를 구경하다.
†**lip**[lip] *n.* ① Ⓒ 입술; (*pl.*) 입; (물병 따위의) 귀때. ② Ⓤ 《俗》수다(떨기), 건방진 말. ***carry* 〔*keep*〕 *a stiff upper ~*** 굴하지 않다; 끝끝내 고집을 세우다. ***curl one's ~*** (경멸의 표정으로) 입을 비쭉하다. ***escape one's ~s*** (말이) 입에서 새다. ***hang on a person's ~s*** 감탄하여 듣다, 경청하다. ***hang one's ~*** 입을 비쭉거리다, 울상을 하다. ***hang on the ~s of* (*a person*)** (아무의) 말에 귀를 기울이다. ***lick* 〔*smack*〕 *one's ~s*** (맛이 있어) 입술을 핥다; 군침을 삼키다. ***make* (*up*) *a ~*** (울려고) 입을 비쭉 내밀다, 뾰로통해지다. ***None of your ~!*** 입닥쳐! — *vt., vi.* (**-pp-**) (…에) 입술을 대다; (피리 따위에) 입술을 쓰다; 중얼거리다; (파도가 물가를) 찰싹찰싹 치다. — *a.* 표면〔말〕만의.
lip·id(e) [lípid] *n.* Ⓤ 〖生化〗 지질(脂質). 「시화법(視話法).
líp lànguage (농아자(聾啞者)의)
li·pog·ra·phy[lipágrəfi/-ɔ́-] *n.* Ⓤ (부주의로 인한) 탈자, 탈어(脫語).
lipped[lipt] *a.* 입이〔귀때〕 달린.
líp-rèad *vt., vi.* 시화(視話)하다; 독순술(讀脣術)로 이해하다.
líp rèading (농아자의) 독순술(讀脣術). 「친절.
líp sèrvice 입에 발린 아첨, 말뿐인
·**líp·stìck** *n.* Ⓤ,Ⓒ 입술연지, 립스틱.
liq. liquid; liquor.
liq·ue·fac·tion[lìkwifǽkʃən] *n.* Ⓤ 액화(液化). 「다.
liq·ue·fy[líkwifài] *vt., vi.* 액화하
li·ques·cent[likwésənt] *a.* 액화하는, 액화하기 쉬운.
li·queur[likə́ːr/-kjúər] *n.* Ⓤ,Ⓒ 리큐어술.
:**liq·uid**[líkwid] *n.* ① Ⓤ,Ⓒ 액체; 유동체. ② Ⓒ 〖音聲〗 유음(流音)《l, r; 때로는 m, n도 가리킴》. — *a.* ① 액체〔유동체〕의; ② (작은 새 소리·하늘 빛 등이) 맑은; 유창한; 유음의. ③ (공채 등) 돈으로 바꿀 수 있는.
líquid áir 액체 공기.
liq·ui·date[líkwidèit] *vt.* (빚을) 갚다; (회사를) 청산〔정리〕하다; (사회악 등을) 일소하다, 전멸시키다; 죽이다. **-da·tor** *n.* Ⓒ 청산인. **-da·tion** [⏤-déiʃən] *n.* Ⓤ 변제(辨濟); 청산; (파산자의) 정리; 일소; 살해. ***go into liquidation*** (회사가) 청산하다; 파산하다.
líquid crýstal 액정(液晶).
líquid fíre 〖軍〗 액화(液火)《화염 방사기에서 발사되는》.
líquid fúel (로켓의) 액체 연료.
li·quid·i·ty[likwídəti] *n.* Ⓤ 유동성; 유창함.
líquid méasure 액량(液量).
líquid sóund 〖音聲〗 유음《⇨LIQUID *n.*》.
:**liq·uor**[líkər] *n.* ① Ⓤ,Ⓒ 알코올 음료, 술《특히, 브랜디·진·럼·위스키》. ② Ⓤ 액(液). ***in ~***, or ***(the) worse for ~*** 취해서. — *vt., vi.* 《口》 (…에게) 술을 많이 먹이다〔마시다〕.
liq·uo·rice[líkəris] *n.* Ⓒ 《英》〖植〗 감초(licorice).
líquor stòre 《美》 주류 판매점.
li·ra[líːrə] *n.* (*pl.* **~s, lire**[-rei]) Ⓒ 리라《이탈리아의 은화》.
Lis·bon[lízbən] *n.* 리스본《포르투갈의 수도》.
lisle [lail] *n.* Ⓤ 튼튼한 무명실(~ thread)《양말·장갑용》; 그 직물.
lisp[lisp] *vt., vi.* (s를 θ, z를 ð처럼) 불완전하게 발음하다; 혀짤배기 소리로 말하다, 혀가 잘 돌지 않다. — *n.* (a ~) 혀짤배기 소리, 또렷하지 못한 말.
lis·som(e) [lísəm] *a.* 나긋나긋한; 재빠른, 기민한.
:**list**¹ [list] *n.* Ⓒ ① 목록, (일람)표, 명부. ② 명세서. ③ 〖컴〗 목록, 죽보이기. ***draw up a ~*** 목록을 만들다. ***on the sick ~*** 병으로, 앓고. — *vt.* 명부〔목록〕에 올리다〔싣다〕. — *vi.* 명부에 오르다(*at*).
list² *n., a.* Ⓒ (피륙의) 가장자리(로 만든); (*pl.*) 〖史〗 울짱, 경기장. ***enter the ~s*** 경기에 나가다(*against*). — *vt.* 귀〔가장자리〕를 달다.
list³ *n., vi.* (a ~) 〖海〗 경사(지다).
list⁴ *vt.* (3인칭 단수 현재 ***list, listeth;*** 과거(분사) ***list,*** or ***listed***) 《古》 마음에 들다; 바라다, 원하다.
list⁵ *vt., vi.* 《古》 듣다, 경청하다(cf. listen).
†**lis·ten**[lísən] *vi.* ① 경청하다, 듣다 (*to*). ② (충고 따위에) 따르다(*to*); 귀를 기울이다(*for*). **~ *in*** (라디오를) 청취하다; (전화 따위를) 도청하다. :**~·er** *n.* Ⓒ 경청〔청취〕자. ·**~·ing** *n.* Ⓤ 경청; 〖軍〗 청음; (정보 등의) 청취.
lístener-ín *n.* (*pl.* **-ers-in**) Ⓒ (라디오) 청취자; 도청자. 「사 프로.
lístener resèarch 〖放〗 청취자 조

list·er[lístər] *n.* Ⓒ 리스트〔카탈로그〕 작성자; 《美》 배토(培土)〔이랑 파는〕 농구.
list·ing [lístiŋ] *n.* Ⓤ 표에 올림; 〖컴〗 목록 작성, 죽보(이)기.
líst·less *a.* 께느른한, 열의〔시름〕 없는; 무관심〔냉담〕한. **~·ly** *ad.* **~·ness** *n.*
líst príce 표시 가격.
Liszt[list], **Franz**(1811-86) 헝가리의 작곡가·피아니스트.
lit[lit] *v.* light[1.3]의 과거(분사).
lit. liter; literal(ly); literary; literature.
lit·a·ny[lítəni] *n.* Ⓒ 〖宗〗 호칭 기도; 용장한 말.
Lit. B. *Lit(t)erarum Baccalaureus* (L. =Bachelor of Letters 〔Literature〕) 문학사.
li·tchi[lí:tʃi:] *n.* Ⓒ 〖植〗 여주(열매).
Lit. D. *Li(t)terarum Doctor* (L.= Doctor of Letters 〔Literature〕)문학박사.
***liter,** 《英》 **-tre**[lí:tər] *n.* Ⓒ 리터《약 5홉 5작》.
***lit·er·a·cy**[lítərəsi] *n.* Ⓤ 읽고 쓰는 능력; 교양.
lit·er·al**[lítərəl] *a.* ① 문자(그대로)의; 정확한. ② (과장·수식 따위를 이해 못 하고) 문자 그대로 생각하는, 실제가(實際家) 기질의. ③ 〖컴〗 문숫자의, 리터럴. **~ *translation 축어역(逐語譯). **~·ism**[-ìzəm] *n.* Ⓤ (엄밀한) 직역주의; 〖美術·文學〗 직사(直寫)주의. **~·ist** *n.* **~·ly** *ad.*
:lit·er·ar·y[lítərèri/-əri] *a.* ① 문학〔문예〕의; 문학에 소양이 깊은. ② 문어의. **~ *property*** 판권. **~ *style*** 문어체. **~ *works*** 〔***writings***〕 문학작품. **-ar·i·ly**[-rèrəli/-rəri-] *ad.*
lit·er·ate[lítərit] *a., n.* Ⓒ 글을 아는 (사람)(cf. illiterate); 교양 있는.
lit·e·ra·ti[lìtərá:ti, -réitai] *n. pl.* (L.) 문인〔학자〕들, 문학자들.
lit·e·ra·tim[lìtəréitim/-rá:-] *ad.* (L.) 한자 한자, 축자(逐字)적으로.
:lit·er·a·ture[lítərətʃər, -tʃùər] *n.* Ⓤ ① 문학, 문예. ② 문헌(*the* **~** *of mathematics* 수학의 문헌). ③ 저술(업); 인쇄물《광고 등》.
lith·arge[líθɑ:rdʒ] *n.* Ⓤ 〖化〗 밀타승(密陀僧), 일산화납.
lithe[laið], **lithe·some**[ˊsəm] *a.* 나긋나긋한, 유연한.
lith·ic[líθik] *a.* 돌의; 〖醫〗 (방광) 결석(結石)의; 〖化〗 리튬의.
lith·i·um[líθiəm] *n.* Ⓤ 〖化〗 리튬.
lith·o·graph[líθəgræ̀f/-grɑ̀:f] *n.* Ⓒ 석판 인쇄, 석판화. **—** *vi.* 석판으로 인쇄하다. **li·thog·ra·pher** [liθágrəfər/-θɔ́g-] *n.*
li·thog·ra·phy[liθágrəfi/-θɔ́g-] *n.* Ⓤ 석판 인쇄술. **lith·o·graph·ic** [lìθəgrǽfik], **-i·cal**[-əl] *a.*
lith·o·sphere[líθəsfìər] *n.* 〖地〗 (the **~**) 지각.
Lith·u·a·ni·a [lìθjuéiniə] *n.* 리투아니아《발트 해 연안의 공화국》. **~n** *n., a.* 리투아니아(사람·말)(의); Ⓒ 리투아니아 사람; Ⓤ 리투아니아 어.

lit·i·ga·ble[lítigəbəl] *a.* 법정에서 투쟁할 수 있는.
lit·i·gant[lítigənt] *a., n.* 소송하는; Ⓒ 소송 관계자.
lit·i·gate[lítigèit] *vt., vi.* 법정에 들고 나오다, 법정에서 다투다. **lit·i·ga·tion**[ˋ-géiʃən] *n.*
li·ti·gious[litídʒəs] *a.* 소송의〔을 좋아하는〕; 소송해야 할.
lit·mus[lítmus] *n.* Ⓤ 리트머스《리트머스 이끼에서 얻는 청색 색소》.
lítmus pàper 〖化〗 리트머스 시험지.
li·to·tes[láitətì:z] *n.* Ⓤ 〖修〗 곡언법(曲言法)《MEIOSIS(완서법)의 일종 : much 대신에 *not a little*이라 하는 따위》.
***li·tre**[lí:tər] *n.* 《英》 =LITER.
Litt. B. ⇨LIT. B. **Litt. D.** ⇨ LIT. D.
***lit·ter**[lítər] *n.* ① Ⓒ 들것, 가마. ② Ⓤ (짐승의) 깔짚, 깃. ③ Ⓤ《집합적》 어수선하게 흩어진 물건, 잡동사니; (a **~**) 난잡. ④ Ⓒ《집합적》 (돼지의) 한 배 새끼. ***in a* ~** 어지럽게 흩어져. **—** *vt.* (…에) 깃을 깔다; 난잡하게 어지르다(*with*); (돼지가 새끼를) 낳다. **—** *vi.* (가축이) 새끼를 낳다.
lit·té·ra·teur[lìtərətə́:r] *n.* (F.) Ⓒ 문인, 문학자.
lítter·bàsket *n.* Ⓒ 휴지통.
lítter·bìn *n.* =⇧.
lítter·bùg *n.* Ⓒ (길거리 따위에) 쓰레기를 함부로 버리는 사람.
lítter·lòut *n.* 《英口》=⇧.
lit·ter·y[lítəri] *a.* 먼지로 더러워진; 난잡한, 흐트러놓은.
†lit·tle[lítl] *a.* (***less, lesser; least;*** 《口》***~r; ~st***) ① 작은. ②《부정적》 적은, 조금밖에 없는(*There is* **~** *ink in it.* 잉크는 조금밖에 없다). ③ (a **~**) 《긍정적》얼마간, 조금은(*There is a* **~** *ink in it.* 잉크가 조금은 있다). ④ 어린애 같은, 하찮은, 비천한. ***but* ~** 극히 조금의, 거의 없는. **~ *one(s)*** 아이(들). **~ *or no*** 거의 없는. ***(my)* ~ *man*** 《호칭》 악아. ***the* ~** 얼마 안 되는 (것), 대수롭지 않은 사람. **—** *n., pron.* 조금; 잠깐. ***for a* ~** 잠깐. **~ *by* ~** 조금씩. ***in* ~** 소규모로. ***make* ~ *of*** 얕보다. ***not a* ~** 적지 않게, 크게. ***quite a* ~** 《美口》 다량, 많이. **—** *ad.* ① (a **~**) 조금은(*I know it a* **~**.). ② (관사 없이) 《부정적》 거의 …않다; 전혀 …않다(*You* **~** *know ...* 너는 …을 전혀 모른다). **~ *better*** 〔***more***〕 ***than*** …나 매한가지. **~ *less than*** 거의 …와 같은. **~ *short of*** …에 가까운, 거의 …와 마찬가지인. ***think* ~ *of*** 경시하다; …망설이지 않다. **~·ness** *n.*
Líttle Assémbly 《口》 국제 연합 소위원회.
Líttle Béar 〔**Dípper**〕 ⇨BEAR[1].
Líttle Énglander 소(小)영국주의자《식민지에 의존하지 않고 영(英)본국의 충실을 주장하는》.

líttle fínger 새끼손가락.
líttle gò 《英口》 소(小)시험《Cambridge 대학에서 B.A.의 학위를 얻기 위한 예비 시험》.
Líttle Lèague 《美》 (12세 미만의) 소년 야구 리그.
líttle magazíne [**revíew**] 동인 「(同人) 잡지.
líttle Máry 《英口》 배(때기).
Líttle Rhódy 미국 Rhode Island 주의 속칭. 「의 별칭》.
Líttle Rússia 소러시아《우크라이나
líttle théater (진보적·비상업적인) 소극장(에 적당한 극).
lit·to·ral [lítərəl] *a., n.* 바닷가의, 바닷가에서 나는; Ⓒ 연해지(沿海地).
lit·ur·gy [lítərdʒi] *n.* Ⓒ 예배식; (그리스정교의) 성찬식; (the ~) (영국 국교회의) 기도서. **li·túr·gic, -gi·cal** *a.*
liv·a·ble [lívəbəl] *a.* 살기에 알맞은; 사는 보람이 있는; 함께 지낼 수 있는, 무간한(*with*).
†**live**[1] [liv] *vi.* ① 살(고 있)다; 살아 있다, 생존하다, 생활하다, 재미있게 살다. ② 존속하다, (기억에) 남다. ③ (…을) 상식(常食)으로 하다(*on*), (…으로) 생계를 이어가다(*on, by*). ④ (배가) 가라앉지 않고 있다. ⑤ 〖野〗 아웃이 안 되다. — *vt.* 보내다, 지내다; (이상 따위를) 실행〔실현〕하다. ~ ***a lie*** 거짓에 가득 찬 생활을 보내다. ~ ***and learn*** 오래 살고 볼일《놀랐을 적에 말함》. ***L- and let*** ~. 공존 공영(共存共榮); 세상은 서로 도와가며 사는 것. ~ ***down*** (오명을) 씻다; (슬픔 따위를) 잊게 되다. ~ ***it up*** 호화롭게 살다. ~ ***on*** 〔***upon***〕 …을 먹고 살다; …으로 생활하다. ~ ***on air*** 아무 것도 먹지 않고 살고 있다. ~ ***off*** …에 의존하여 생활하다, …의 신세를 지다(eat off). ~ ***out*** 〔***through***〕 …을 넘겨 목숨을 부지하다〔살(아 남)다〕; …을 헤어나다. ~ ***to oneself*** 고독하게〔이기적으로〕 살다. ~ ***up to*** …에 따라 생활하다; 주의〔주장〕대로 살다, …에 맞는 생활을 하다. ~ ***well*** 잘 먹고 살다; 경건한 생활을 하다. ***where one*** ~***s*** 《美俗》 급소를〔에〕.
‡**live**[2] [laiv] *a.* ① 살아 있는. ② (불) 타고 있는(~ *coals*). ③ 전류가 통하고 있는. ④ 《口》 활기 있는; 활동적인. ⑤ 장탄돼 있는. ⑥ 〖放〗 (녹음·녹화 아닌) 생방송의.
live·a·ble [lívəbəl] *a.* =LIVABLE.
líve-ìn *a.* (주인 집에서) 숙식하며 일하는; 동거하는.
‡**live·li·hood** [láivlihùd] *n.* Ⓒ (보통 *sing.*) 생계.
líve·lòng *a.* 《詩》 오랜(동안의); …내내, 온, 꼬박.
‡**live·ly** [láivli] *a.* ① 활기 있는, 쾌활한, 명랑한. ② (공·마루 등이) 잘 튀는. ③ 선명한, 실감을 주는; 《諧》 아슬아슬한. — *ad.* 활발〔쾌활〕하게. ***make it*** ~ ***for*** …을 곤란케 하다. **-li·ly** *ad.* **-li·ness** *n.*
liv·en [láivən] *vt., vi.* 활기 띠(게 하)다(*up*).
líve óak [láiv-] 〖植〗 (미국 남부산의) 떡갈나무의 일종.
*__liv·er__[1] [lívər] *n.* Ⓒ 생활〔거주〕자. *good* ~ 미식가(美食家), 잘 먹고 사는 사람; 유덕자(有德者).
‡**liv·er**[2] *n.* ① Ⓒ 간장(肝臟). ② Ⓤ 간(고기). ③ Ⓤ 적갈색. 「색의.
líver-còlo(u)red *a.* 간빛의, 적갈
líver flùke 간흡충(肝吸蟲). 「은.
liv·er·ied [lívərid] *a.* livery를 입
liv·er·ish [lívəriʃ] *a.* 간장병의; 성미가 까다로운; 적갈색의.
Liv·er·pool [lívərpùːl] *n.* 리버풀《잉글랜드 서부 Merseyside 주의 주도; 항구 도시》.
líver sàusage =LIVERWURST.
liv·er·wort [-wə̀ːrt] *n.* Ⓒ 〖植〗 우산이끼.
liv·er·wurst [-wə̀ːrst] *n.* Ⓤ,Ⓒ 《美》 간(肝)고기 소시지.
*__liv·er·y__ [lívəri] *n.* ① Ⓤ,Ⓒ 일정한 옷, (하인의) 정복(正服); (직업상의) 제복. ② Ⓤ (말의) 정식량(定食糧). ③ Ⓤ 말〔마차〕 세놓는 업; =LIVERY STABLE. ***in*** 〔***out of***〕 ~ 제복〔평복〕을 입고. ~ ***of grief*** 상복.
liv·er·y·man [-mən] *n.* Ⓒ (런던의) 동업 조합원; 말〔마차〕 세놓는 사람; 정복〔제복〕을 입은 사람.
lívery stàble 말〔마차〕 세놓는 집.
‡**lives** [laivz] *n.* life의 복수.
*__líve·stòck__ [láiv-] *n.* Ⓤ 《집합적; 복수 취급》 가축.
lívestock fármer 축산업자.
lívestock fárming 축산업.
líve wíre [láiv-] 전류가 흐르고 있는 철사; 《俗》 활동가, 정력가.
liv·id [lívid] *a.* 납빛의, 창백한; 퍼렇게 멍든; 격노하여.
‡**liv·ing** [líviŋ] *a.* ① 살아 있는, 현대의, 현존의. ② 활기 있는; 흐르고〔불타고〕 있는. ③ 자연 그대로의. ④ 생활에 관한, 생계의. ~ ***death*** 생지옥, 비참한 생활. ***within*** ~ ***memory*** 현재 세상 사람들의 기억에 생생한. — *n.* ① Ⓤ 생활; Ⓒ (보통 *sing.*) 생계(*earn one's* ~), 살림. ② Ⓒ 목사〔교회〕의 수입.
líving-ìn *a.* 주인 집에서 숙식하는.
líving-òut *a.* 통근하는.
líving quárters 거소(居所), 거처.
†**líving ròom** 거실(居室), 거처방.
Liv·ing·stone [líviŋstən], **David** (1813-73) 스코틀랜드의 선교사·아프리카 탐험가.
líving wáges (최저의) 생활 임금.
*__liz·ard__ [lízərd] *n.* Ⓒ ① 도마뱀. ② 《英俗》 (유흥가의) 건달.
L.J. (*pl.* ***L.JJ.***) Lord Justice.
LL, **L.L.** Late LATIN; Low LATIN. **ll.** leaves; lines.
lla·ma [lɑ́ːmə] *n.* Ⓒ 야마《남아메리카산의 육봉 없는 낙타》; Ⓤ 야마털.
lla·no [lɑ́ːnou] *n.* (*pl.* ~***s***) Ⓒ (남아메리카의) 대평원.
LL.B. *Legum Baccalaureus* (L. =Bachelor of Laws). **LL.D.**

Legum Doctor (L. =Doctor of Laws). **LLDC** least less developed countries 후발 개발 도상국.
Lloyd George [lɔ́id dʒɔ́ːrdʒ], **David** (1863-1945) 영국의 정치가·수상(1916-22).
Lloyd's [lɔidz] *n.* 로이드 조합《런던의 해상 보험업자 조합》; =∠ **Rég·ister** 로이드 선급(船級) 협회; (이 협회 발행의) 로이드 선명록(船名錄).
LM lunar module. **lm** 〖光〗 lumen(s). **LMT** local meantime 지방 평균시.
LNG liquefied natural gas.
lo [lou] *int.* 《古》 보라(behold)!
loach [loutʃ] *n.* Ⓒ 〖魚〗 미꾸라지.
:load [loud] *n.* Ⓒ ① 짐, 적하(積荷); 적재량. ② (정신적인) 무거운 짐, 부담, 근심, 걱정. ③ 〖理〗 하중(荷重); 〖電〗 부하(負荷); (화약의) 장전. ④ (*pl.*) 《口》 많음(*of*). ***a ~ of hay*** 《美俗》 장발의 머리. ***carry the ~*** 책임을 다하고 있다. ***get a ~ off one's chest*** 털어놓고 마음의 짐을 덜다. ***take a ~ off*** (***one's feet***) 《口》 걸터앉다, 드러눕다. — *vt.* ① 싣다, 적재하다; 마구 처넣다〔주다〕. ② (주사위에 납을 박아) 무겁게 하다; (술에) 섞음질을 하여 독하게 만들다. ③ (질문에) 비꼬는 뜻(따위)을 함축시키다. ④ (탄알을) 재다; 필름을 넣다. ⑤ 〖컴〗 (프로그램·데이터를) 보조〔외부〕 기억 장치에서 주기억 장치로 놓다, 올리다. — *vi.* 짐 싣다; 총에 장전하다; 《口》 잔뜩 채워 넣다. **∠·er** *n.* Ⓒ 짐을 싣는 사람; 〖컴〗 올리개. 「수량〔톤수〕.
lóad displàcement 〖海〗 만재 배
load·ed [∠id] *a.* 짐 실은; 탄알을 잰; 필름을 넣은; 납을 박은; 화약을 잰; 돈 많은; 섞음질을 한; 취한; (질문이) 비꼬는 뜻을〔악의를〕 내포한, 의미 심장한; 감정적이 된.
˙load·ing [∠iŋ] *n.* Ⓤ 짐싣기, 선적(船積); 뱃짐; 장전; 〖컴〗 올리기.
lóad lìne 〔**wáterline**〕 만재 흘수선(滿載吃水線).
lóad-shèdding *n.* Ⓤ 〖電〗 (공장의) 전력 제한; 전력 평균 분배(법).
lóad·stàr *n.* =LODESTAR.
lóad·stòne *n.* Ⓤ,Ⓒ 천연 자석(磁石); Ⓒ 사람을 끄는 것.
:loaf[1] [louf] *n.* (*pl.* ***loaves*** [louvz]) ① Ⓒ (일정한 모양으로 구워낸 빵의) 덩어리, 빵 한 덩어리; (설탕 등의) 원뿔꼴의 한 덩이. ② Ⓤ,Ⓒ (식빵 모양의) 찜구이 요리. ③ Ⓒ 《英俗》 머리(loaf of bread). ***loaves and fishes*** 제 잇속. ***use one's ~*** (***of bread***) 《英俗》 머리를 쓰다.
loaf[2] *vi., vt.* 놀고 지내다; 빈둥거리다; 어정거리다. **∠·er** *n.* Ⓒ게으름뱅이; 간편화(靴)의 일종.
lóaf sùgar 각〔덩이〕설탕.
loam [loum] *n.* Ⓤ 양토; 비옥한 흙토; 롬《모래·점토·짚이 섞인 비옥토》. **∠·y** *a.* 롬(질)의.
:loan [loun] *n.* ① Ⓤ 대부, 대차. ② Ⓒ 공채, 차관; 대부금, 대차물. ③ Ⓒ 외래어. ***get*** 〔***have***〕 ***the ~ of*** …을 빌리다〔꾸다〕. ***on ~*** 대부하고; 차입하고, 빌어서. ***public ~*** 공〔국〕채. — *vt., vi.* 《주로 美》 빌려주다(*out*).
lóan òffice 금융업소; 전당포.
lóan shàrk 《美》 고리 대금 업자.
lóan translàtion 차용(借用) 번역(어구), 어구의 축어역(逐語譯).
lóan wòrd 외래어.
˙loath [louθ] *pred. a.* 싫어하여, 꺼려서(*to* do; *that*). ***nothing ~*** 기꺼이.
˙loathe [louð] *vt., vi.* 몹시 싫어하다.
lóath·ing *n.* Ⓤ 몹시 싫어함, 혐오.
loath·ly[1] [lóuðli] *a.*=LOATHSOME.
loath·ly[2] [lóuθli, -ðli] *ad.* =UNWILLINGLY.
˙loath·some [lóuðsəm] *a.* 지긋지긋한, 구역질 나는. **~·ly** *ad.*
˙loaves [louvz] *n.* loaf[1]의 복수.
lob [lɑb/-ɔ-] *vt., vi.* (***-bb-***), *n.* Ⓒ 〖테니스〗 높게 상대방의 뒤쪽으로 가게 치다〔친 공〕.
lo·bar [lóubər] *a.* 귓불〔폐엽(肺葉)〕(lobe)의.
:lob·by [lɑ́bi/-ɔ́-] *n.* Ⓒ ① (호텔·극장 등의) 로비, 현관의 홀, 복도. ② 원내(院內) 대기실. ③ 《美》 원외단(院外團) 압력 단체. — *vi., vt.* 《美》 (의회 로비에서) 의원에게 압력을 가하다. **~·ing, ~·ism** [-ìzəm] *n.* Ⓤ (의원에 대한) 원외로부터의 운동; 의안 통과〔반대〕 운동. **~·ist** *n.* Ⓒ 《美》 원외 운동자; 의회 출입 기자.
lobe [loub] *n.* Ⓒ 귓불; 잎사귀; 〖解〗 엽(葉)《폐엽 따위》. ***small ~*** 소열편(小裂片); 소엽(小葉).
lo·bel·ia [loubíːljə] *n.* Ⓒ 〖植〗 로벨리아《숫잔대속(屬)》.
lo·bo [lóubou] *n.* (*pl.* **~s**) Ⓒ 〖動〗 (미국 서부산의) 회색의 큰 이리.
lo·bot·o·my [loubɑ́təmi/-ɔ́-] *n.* Ⓤ,Ⓒ 〖醫〗 뇌엽 절제(腦葉切除)(술).
˙lob·ster [lɑ́bstər/lɔ́b-] *n.* Ⓒ 바닷가재, 대하(大蝦).
:lo·cal [lóukəl] *a.* ① 지방의, 지방적인; 국부적인. ② 공간의, 장소의; 시내 배달의; 〖數〗 궤적(軌跡)(locus)의. ③ 역마다 정거하는, 소구간(小區間)의; (엘리베이터가) 각층마다 멈추는, 완행의. ④ 〖컴〗 울안의. — *n.* Ⓒ 지방 주민, 구간 열차; (신문의) 지방 기사; 《英口》 근처의 선술집. **~·ism** [-kəlìzəm] *n.* ① Ⓤ 지방 근성; 지방색; 향토 편애, 편협성. ② Ⓒ 지방 사투리. **~·ly** *ad.* 지방〔국부〕적으로.
lócal cólo(u)r 지방색, 향토색.
lo·cale [loukǽl/-kɑ́ːl] *n.* Ⓒ 현장.
lócal góvernment 지방 자치; 《美》 지방 자치체(의 행정관들).
˙lo·cal·i·ty [loukǽləti] *n.* ① Ⓤ 위치, 방향성, 장소. ② Ⓒ (사건의) 현장; 산지(産地).
lo·cal·ize [lóukəlàiz] *vt.* 국한하다; 위치를 밝혀내다; 지방화하다; 집중하

다(*upon*). **~d**[-d] *a.* 지방〔국부〕적인. **-i·za·tion**[⌐-izéi-/-lai-] *n.*
lo·cal·ly[lóukəli] *ad.* 장소로 보아; 이 땅에; 지방주의로.
lócal óption 지방 선택권《주류 판매 등에 지방 주민이 투표로 결정하는 권리》.
lócal tíme 지방시(地方時), 현지 시간.
lócal tráin (역마다 서는) 완행 열차.
lócal véto (지방 주민의) 주류 판매 거부권.
:lo·cate[lóukeit, ─⌐] *vt.* (관청·건물 따위의) 위치를 정하다; (…에) 두다; 소재를 밝혀내다. ***be ~d*** 위치하다, 있다. ── *vi.* 거주하다(*in*).
:lo·ca·tion[loukéiʃən] *n.* ① Ⓒ 위치, 배치, 소재. ② Ⓒ 〖映〗 야외 촬영지; 로케이션, Ⓤ 야외 촬용(*on location* 로케 중에). ③ Ⓒ 〖컴〗 기억 장치의 배당 장소. ④ Ⓤ 위치 선정.
loc·a·tive[lákətiv/lɔ́k-] *a., n.* 〖文〗 위치를 가리키는; Ⓤ 위치격(어(語)).
loc. cit. *loco citato.*
loch [lɑk, lɑx/lɔk, lɔx] *n.* Ⓒ 《Sc.》 호수; 후미.
lo·ci[lóusai] *n.* locus의 복수.
:lock[1][lɑk/-ɔ-] *n.* Ⓒ ① 자물쇠; (운하·선거(船渠)의) 수문(水門). ② 총기(銃機)《총의 발사 장치》; 제륜(制輪)장치. ③ (차량의) 혼잡. ④ 〖레슬링〗 조르기(cf. hold). ⑤ 〖컴〗 잠금. ***~, stock, and barrel*** 전부, 완전히. ***on*** 〔***off***〕 ***the ~*** 자물쇠로 잠그고〔잠그지 않고〕. ***under ~ and key*** 자물쇠를 채우고; 투옥되어. ── *vt.* ① (…에) 자물쇠를 채우다. ② 챙겨 넣다, 가두다; 끌어안다. ③ 고착〔고정〕시키다, 제동하다. ④ 수문을 통과시키다. ── *vi.* ① 자물쇠가 채워지다〔잠기다〕, 닫히다. ② 서로 맞붙다. ③ 수문을 지나다. **~ *in*** 〔***out***〕 가두다〔내쫓다〕. **~ *up*** 자물쇠로 잠그다; 감금〔폐쇄〕하다; 집어〔챙겨〕 넣다; (자본을) 고정하다.
lock[2] *n.* Ⓒ 한 줌의 털; (머리·양털 따위의) 타래, 타래진 머리털; (*pl.*) 두발.
Locke[lɑk/-ɔ-], **John**(1632-1704) 영국의 철학자.
lock·er**[lákər/-ɔ́-] *n.* Ⓒ 로커, 자물쇠 달린 장; 자물쇠를 채우는 사람〔것〕. ***have not a shot in the ~ 빈털터리이다; 조금도 가망이 없다.
lock·et[lákit/-ɔ́-] *n.* Ⓒ 로켓《사진이나 머리카락 등을 넣어 목걸이에 거는 조그만 금합》.
lóck gàte 수문(水門).
Lock·heed[lákhì:d/-ɔ́-] *n.* 록히드(사)《미국의 군수 회사》.
Lóck Hòspital 《英》 성병 병원.
lock·ing[lákiŋ/lɔ́k-] *n.* Ⓤ 〖컴〗 잠그기.
lóck·jàw *n.* Ⓤ 파상풍(tetanus).
lóck kèeper 수문지기.
lóck·òut *n.* Ⓒ (경영자측의) 공장 폐쇄(opp. strike); 내쫓음.

locks·man[⌐smən] *n.* Ⓒ 수문지기.
「수」.
lóck·smìth *n.* Ⓒ 자물쇠 제조공〔장
lóck·ùp *n.* =JAIL.
lo·co[1][lóukou] *n.* (*pl.* **~s**) 《口》=LOCOMOTIVE engine.
lo·co[2] *n.* (*pl.* ~(*e*)*s*) Ⓒ 〖植〗 로코초(草)《콩과 식물; 가축에 유독(有毒)함》; Ⓤ 로코병. ── *a.* 《俗》 정신이 돈, 머리가 이상한.
lo·co ci·ta·to[lóukou saitéitou] (L.) 위의 인용문 중에《생략 loc. cit., l.c.》.
lo·co·mo·tion[lòukəmóuʃən] *n.* Ⓤ 운동(력), 이동(력); 여행; 교통 기관.
:lo·co·mo·tive[lòukəmóutiv] *a.* 이동하는, 이동력 있는. ── *n.* Ⓒ 기관차. ~ ***engine*** 기관차. ~ ***organs*** 발, 다리(따위).
lo·co·mo·tor[lòukəmóutər] *a.* 운동〔이동〕의〔에 관한〕.
lócomotor atáxia 〖醫〗 보행성 운동 실조(失調)(증).
lo·cum[lóukəm] *n.* Ⓒ 《英口》 대리인, 대리 목사; 대진(代診).
lo·cus[lóukəs] *n.* (*pl.* **-ci**[-sai]) (L.) Ⓒ 장소, 소재지; 〖數〗 자취.
:lo·cust[lóukəst] *n.* Ⓒ ① 메뚜기; 《美》 매미. ② 대식가; 탐욕한 사람. ③ 쥐엄나무 비슷한 상록 교목《나무·열매》; 아카시아.
lo·cu·tion[loukjú:ʃən] *n.* Ⓤ 화법(話法); 어법(語法); Ⓒ 어구, 관용어법.
lode[loud] *n.* Ⓒ 광맥(vein).
lóde·stàr *n.* (the ~) 북극성; Ⓒ 지침; 지도 원리.
lóde·stòne *n.* =LOADSTONE.
:lodge[lɑdʒ/-ɔ-] *n.* Ⓒ ① 파수막; 수위실; 오두막집. ② (비밀 결사의) 지부〔집합소〕. ③ 해리(海狸)〔수달〕 따위의 굴. ── *vi.* ① 묵다, 투숙하다(*at*), (…댁에) 하숙하다〔셋방들다〕(*with*). ② (화살 따위가) 꽂히다, 박히다, (탄알이) 들어가다. ③ (바람에) 쓰러지다. ── *vt.* ① 투숙시키다. ② 맡기다, 위탁하다. ③ (화살 따위를) 꽂다, (탄알을) 박아 넣다. ④ 넘어〔쓰러〕뜨리다; (서류·소장(訴狀) 따위를) 제출하다. **lódg·er** *n.* Ⓒ 숙박인, 하수인, 동거인.
:lodg·ing[⌐iŋ] *n.* Ⓤ 하숙, 숙박; Ⓒ 숙소; (*pl.*) 셋방, 하숙집. ***take*** (***up***) ***one's ~s*** 하숙하다.
lódging hòuse 하숙집.
lodg·ment, 《英》 **lodge-**[⌐mənt] *n.* Ⓤ 숙박; Ⓒ 숙소; 〖軍〗 점령; 거점, 발판; 저축; (토사의) 퇴적. ***effect*** 〔***make***〕 ***a ~*** 발 붙일 곳〔발판〕을 마련하다.
lo·ess[lóues, les, lʌs] *n.* Ⓤ 〖地〗 뢰스《Rhine 강 유역 등의 황토》.
lo-fi[lóufài] *a.* 하이파이가 아닌, 저충실도의(cf. hi-fi).
***loft**[lɔ:ft/lɔft] *n., vt.* Ⓒ ① 고미다락; (교회·강당 등의) 위층 (관람석). ② 〖골프〗 올려치기(하다); (우주선을) 쏘아 올리다.

:loft·y[⌐i] *a.* ① 대단히 높은, 치솟은. ② 숭고한, 당당한; 고상한. ③ 거만한, 거드럭거리는. **-i·ly** *ad.* **-i·ness** *n.*
:log[lɔ(:)g, lag] *n.* Ⓒ ① 통나무(*in the* ~ 통나무 그대로). ②〖海〗측정기(測程器). ③ =⌐ **bòok** 항해〔항공〕일지. ④〖컴〗기록, 로그《오퍼레이션 또는 입출력 데이터의 기록》. — *vt.* (**-gg-**) (나무를) 베어 내다; 항해 일지에 적다.
log, log. logarithm(ic); logic; logistic.
lo·gan·ber·ry [lóugənbèri/-bəri] *n.* Ⓒ 로건베리《blackberry와 raspberry의 잡종》; 그 열매.
log·a·rithm [lɔ́:gəriðəm, -θəm, lág-/lɔ́g-] *n.* Ⓒ 대수(對數). **-rith·mic, -mi·cal** *a.*
lóg·bòok *n.* Ⓒ 항해 일지, 항공 일지; 여행 일지; 업무 기록.
lóg càbin 통나무집.
loge[louʒ] *n.* (F.) Ⓒ (극장의) 우대석, 특별석.
log·ger[lɔ́:gər, lág-/lɔ́g-] *n.* Ⓒ 나무꾼; 통나무 적재기(積載機).
lógger·hèad *n.* Ⓒ《古》얼간이, 바보. ***at* ~*s*** 다투어(*with*).
lóggerhead tùrtle (대서양산의) 붉은 거북.
log·gia [ládʒə/lɔ́-] *n.* (*pl.* ~***s, -gie***[-dʒe]) (It.) Ⓒ〖建〗로지아《한쪽에 벽이 없는 복도 모양의 방》.
log·ging[lɔ́:giŋ, lág-/lɔ́g-] *n.* Ⓤ 통나무 벌채(량).
lógging tràin (재목 반출용) 삼림(森林) 철도.
lóg hòuse =LOG CABIN.
:log·ic[ládʒik/-ɔ́-] *n.* ① Ⓤ 논리학; 논리, 조리; Ⓒ 논리학 서적. ② Ⓤ〖컴〗논리 조작. ***formal*** 〔***symbolic***〕 ~ 형식〔기호〕논리학.
:lo·gi·cal[ládʒikəl/-ɔ́-] *a.* 논리적인; 논리학상의; 필연의;〖컴〗논리의. *~**·ly** *ad.*
lógic (tíme) bòmb〖컴〗논리폭탄《일정한 조건이 충족되었을 때 컴퓨터 시스템에 파괴적인 결과를 초래하는 명령군》.
lo·gi·cian[loudʒíʃən] *n.* Ⓒ 논리학자, 논법가.
log·i·cism[ládʒisìzəm/-ɔ́-] *n.* Ⓤ〖哲〗논리주의.
lo·gis·tic[loudʒístik] *a.* 병참술(兵站術)의. — *n.* Ⓤ 기호 논리학. **~s** *n.* Ⓤ 병참술.
lóg·jàm *n.* Ⓒ 강으로 떠내려가서 한 곳에 몰린 통나무;《美》정체.
lóg lìne〖海〗측정(測程)줄.
lo·go[lɔ́:gou, lág-/lɔ́g-] *n.* Ⓒ《口》(상품명·회사명 따위의) 의장(意匠) 문자, 로고(logotype).
lóg·òff *n.*〖컴〗접속끝《단말(端末)의 사용을 끝내는 기계 조작의 순서》.
lóg-òn *n.*〖컴〗접속시작《단말(端末) 사용에 있어 메인 컴퓨터에 접속하기 위한 여러 조작의 순서》.
lo·gos[lóugas/lɔ́gɔs] *n.* Ⓤ〖哲〗로고스, 이성;〖神〗(하느님의) 말씀; (삼위 일체의) 제 2 위.
log·o·type[lɔ́:gətàip, lág-/lɔ́g-] *n.* Ⓒ〖印〗연자(連字) 활자《and, or 따위를 하나로 주조한 활자》; (회사명 등의) 의장(意匠) 문자; 상표.
lóg·ròll *vt., vi.* (의안을) 협력하여 통과시키다; (의안을 통과시키려고) 협력하다. **~·ing** *n.* Ⓤ (여럿이 하는) 통나무 굴리기; (정당인의) 결탁; (작가 등의) 맞칭찬, 서로 칭찬하는 비평.
lóg·wòod *n.* Ⓒ〖植〗로그우드《남아메리카 열대 지방산의 나무》.
-lo·gy[lədʒi] *suf.* '…학〔론〕'의 뜻(zoo*logy*); '말함, 이야기, 담화'의 뜻(eu*logy*).
loin**[lɔin] *n.* ① (*pl.*) 허리. ② Ⓤ (소 등의) 허리 고기. GIRD[1] (up***) ***one's*** **~*s***.
lóin·clòth *n.* Ⓒ 허리에 두르는 간단한 옷.
:loi·ter[lɔ́itər] *vi., vt.* 어슬렁어슬렁 거닐다; 빈들빈들 지내다〔시간을 보내다〕(*away*). **~·er** *n.* **~·ing** *a.* **~·ing·ly** *ad.* 빈들빈들.
loll[lal/-ɔ-] *vi., vt.* 척 기대(게 하)다(*on*); (혀 따위) 축 늘어지다〔늘어뜨리다〕(*out*); (*vi.*) 빈둥거리다(*about*).
lol·li·pop, lol·ly- [lálipàp/lɔ́lipɔ̀p] *n.* Ⓒ (보통 꼬챙이 끝에 붙인) 사탕;《英》(아동 교통 정리원이 드는) 교통 지시판.
lol·lop[láləp/-ɔ́-] *vi.*《英方》터벅터벅 걷다; 비실비실 걷다.
lol·ly[láli/-ɔ́-] *n.* Ⓒ 캔디;《英口》=MONEY.
Lom·bard[lámbərd, -ba:rd/lɔ́m-] *n.* Ⓒ 롬바르드족의 사람《6세기에 이탈리아를 정복한 게르만 민족》.
Lómbard Strèet 런던의 은행가(街); 영국 금융계. (***It is***) (***all***) ~ ***to a China orange.*** (롬바르드가의 부(富)를 귤 한 개에 걸고 내기를 해도 좋을 정도로) 거의 확실(하다).
Lo·mond[lóumənd], **Loch** 스코틀랜드 서부의 호수.
†Lon·don[lʌ́ndən] *n.* 영국의 수도. **~·er** *n.* **~·ism**[-ìzəm] *n.* Ⓤ 런던식〔말투〕.
Lon·don·der·ry[lʌ́ndəndèri] *n.* 북아일랜드의 주; 그 주도.
:lone[loun] *a.*《詩》=LONELY.
:lone·ly[lóunli] *a.* 외로운, 쓸쓸한; 고립한, 외톨의. ***-li·ness** *n.*
lónely hèarts (친구·배우자를 구하는) 고독한 사람들.
:lone·some[⌐səm] *a.* (장소·사람 등이) 쓸쓸한, 고독의, 외로운.
Lóne Stár Státe, the 미국 Texas 주의 속칭.
lóne wólf 독불장군; 고립주의자; 독신자; 독립 사업가.
†long[1][lɔ:ŋ/-ɔ-] *a.* ① 긴; 길다란; 길이가 …인. ② 오래 걸리는; 지루한(tedious);〖音聲〗장음(長音)의. ③ 키다리의. ④〖商〗강세(強勢)의. ⑤

…이상; 다량의, 다수의. ***a ~ way off*** 먼(*from*). ***Don't be ~!*** 꾸물거리지 마라. ***in the ~ run*** 결국, 마침내. ***L- time no see!*** 《口》 야아, 오래간만이 아닌가. ***make a ~ arm*** 손을 뻗치다. ***take ~ views*** (***of life***) 먼 장래의 일을 생각하다. ── *ad.* 길게; 오랫동안, 전부터; …줄곧. ***all day ~*** 종일. ***any ~er*** 벌써, 이 이상. ***at*** (***the***) ***~est*** 길어야, 기껏해야. ***~ after*** …의 훨씬 후에. ***no ~er*** 이미 …아니다〔않다〕. ***so ~*** 《口》 =GOODBY(E). ***so*** 〔***as***〕 ***~ as …*** …하는 한은, …이면. ── *n.* Ⓤ 오랫동안(*It will not take ~.* 오래는 걸리지 않을 것이다); (the ~) 《英口》 하기 휴가; (*pl.*) 〖商〗 시세가 오를 것을 예상하여 사들이는 방침을 취하는 패들; Ⓒ 장모음〔음절〕. ***before*** 〔***ere***〕 ***~*** 머지 않아. ***for ~*** 오랫동안. ***take ~*** 장시간을 요하다. ***The ~ and the short of it is that …*** 간단히 말하자면, 결국은.

⁑**long**[2] *vi.* 간절히 바라다(*for; to* do); 사모하다(*for*). ⁑**∠·ing** *a., n.* Ⓤ,Ⓒ 동경, 열망; 동경하는.

long. longitude.

lóng-agó *a.* 옛날의.

Lóng Bèach 미국 Los Angeles 근교의 도시·해수욕장. 「보트.

lóng·bòat *n.* Ⓒ 범선 적재의 대형

lóng·bòw *n.* Ⓒ 긴 활. ***draw the ~*** 크게 허풍 떨다.

long·cloth[∠klɔ̀(ː)θ, -klɑ̀θ] *n.* Ⓤ 옥양목(의 일종).

lóng clòthes 배내옷; 기저귀.

lóng-dístance *a., ad.* 《美》 먼 곳의, 장거리 전화의〔로〕. ── *vt.* (…에게) 장거리 전화를 걸다.

lóng dózen 13(개).

lóng-dràwn(**-óut**) *a.* 길게 뺀〔늘인〕, 길다란.

lóng-éared *a.* 귀가 긴; 나귀 같은; 우둔한.

lóng éars 밝은 귀; 나귀; 바보.

lónged-fòr *a.* 대망(待望)의; 갈망하는.

***lon·gev·i·ty**[lɑndʒévəti/lɔ-] *n.* Ⓤ 장수; 수명; 장기 근속.

lóng-fáced *a.* 얼굴이 긴; 슬픈 듯한, 우울한; 엄숙한.

lóng fámily (아이가 많은) 대가족.

Long·fel·low [lɔ́ːŋfèlou/lɔ́ŋ-], **Henry Wadsworth** (1807-82) 미국의 시인. 「진.

lóng fínger 가운뎃손가락.

lóng-forgótten *a.* 오랫동안 잊혀

lóng-háir(**ed**) *a.* 예술가〔학자〕(기질)의; 고전 음악을 좋아하는; 인텔리 같은.

lóng·hànd *n.* Ⓤ (속기에 대해) 보통의 필기법(cf. shorthand).

lóng·hèad *n.* Ⓒ 장두(長頭)(의 사람); 선견(先見).

lóng-héaded *a.* 장두(長頭)의; 총명한; 선견지명이 있는.

lóng·hòrn *n.* Ⓒ 뿔이 긴 소.

lóng hóurs 밤 11시·12시《시계가 종을 오래 치는 시간》.

long·ish[∠iʃ] *a.* 기름한, 좀 긴.

***lon·gi·tude** [lɑ́ndʒətjùːd/lɔ́n-] *n.* 경도(經度)(cf. latitude); 〖天〗 황경; 세로 길이. **-tu·di·nal**[∸-∠dinəl] *a.* 경도의; 세로의.

lóng jòhns (손목·발목까지 덮는) 긴 속옷.

lóng jùmp 멀리뛰기.

long-lived[∠láivd, ∠lívd] *a.* 명이 긴, 장수의; 영속하는.

lóng méasure 척도.

lóng-pláy(**ing**) *a.* (레코드가) 장시간 연주의, LP의.

lóng-ránge *a.* 장거리의〔에 달하는〕; 원대한(*~ plans*).

lóng róbe 법복; 성직자의 옷; 《집합적》 법률가.

lóng rùn 장기 흥행, 롱런.

lóng·shìp *n.* Ⓒ 〖史〗 (Viking 등이 쓴) 대형선《외대의 가로돛에 노가 많은 싸움 배》.

lóng·shòre *a.* 연안의(*~ fisheries* 연안 어업), 해변에서 일하는(*a ~ laborer* 항만 노동자/*a ~ dispute* 《美》 항만 노동자의 쟁의).

lóngshore·man[-mən] *n.* Ⓒ 부두 노동자; 연안 어부.

lóng shòt 〖映〗 원경(遠景) 촬영; 〖競馬〗 승산 없는 말〔선수〕.

lóng síght 먼 데를〔앞일을〕 볼 수 있음(*have ~* 먼데를 잘 보다; 선견지명이 있다); 통찰력.

lóng-síghted *a.* 먼 데를 볼 수 있는; 선견지명이 있는.

lóng-stánding *a.* 여러 해에 걸친.

lóng-súffering *n., a.* Ⓤ 참을성(있는), 인내심 (강한).

lóng-térm *a.* 장기의.

Lóng Tóm 《軍俗》 장거리포.

lóng tón 영(英)톤《2,240 파운드》.

lóng tóngue 다변, 수다.

lóng-tóngued *a.* 수다스러운(talkative).

lon·gueur[lɔːŋgə́ːr] *n.* (F.) Ⓒ (보통 *pl.*) (소설·음악 등의) 지루한 부분. 「WISE.

lóng·wàys, -wìse *ad.* =LENGTH-

lóng-wínded *a.* 숨이 긴; 길다란.

loo[luː] *n.* Ⓤ 카드놀이의 일종; Ⓒ 《英俗》 변소. 「미외.

loo·fah[lúːfə/-fɑː] *n.* Ⓒ 〖植〗 수세

†**look**[luk] *vi.* ① 보다, 바라보다(*at*); 눈을 돌리다(*He ~ed but saw nothing.* 쳐다보았지만 아무 것도 보이지 않았다). ② …하게 보이다, …의 얼굴〔모양〕을 하다, …처럼 보이다; …인 듯하다. ③ (집이 …에) 면하다(*into, on, toward*); (정세가 …으로) 기울다(*toward*). ④ 조심하다; 조사하다, 찾다. ⑤ 기대하다. ── *vt.* ① 눈(짓)으로 나타내다〔…하게 하다〕(*He ~ed them into silence.* 눈을 흘겨 침묵시켰다). ② 눈여겨 들여다보다(*He ~ed me in the face.* 내 얼굴을 자세히 들여다보았다). ③ 확인하다, 조사하다. ***~ about*** 둘러보다; 망보다; 구하다

L

(*for*). ~ ***after*** 보살피다, 보호하다; 찾다; 배웅하다. ~ ***ahead*** 장래 일을 생각하다. ***L-*** ALIVE! ~ ***at*** 보다, 바라보다, 조사하다; 《부정적으로 써서》 상대하다, 문제삼다(*I will not ~ at such a question.* 이런 문제는 상대하지 않는다). ~ ***back*** 뒤돌아(다)보다; 회고하다(*on*); 마음이 내키지 않다; 진보하지 않다. ***L- before you*** LEAP. ~ ***down*** 아래를 보다〔향하다〕; (물가가) 내리다; 내려다보다; 경멸하다(*upon*). ~ ***forward to*** …을 기대하다. ***L- here!*** 어이!; 이봐!《주의를 환기하여》. ~ ***in*** 엿보다; 잠깐 들르다. ~ ***into*** 들여다보다; 조사하다. ~ ***like*** …처럼 보이다; …할 것같이 보이다(*It ~s like snow.* 눈이 올 것 같다). ~ ***off*** …으로부터 눈을 돌리다〔떼다〕. ~ ***on*** (…으로) 간주하다(*as*); 방관〔구경〕하다; …에〔로〕 향해 있다. ~ ***one's age*** 제 나이에 걸맞아 보이다. ~ ***oneself*** 여느 때와 다름 없다. ~ ***out*** 주의하다; 기대하다(*for*); 밖을 보다, 조망하다(*on, over*). ~ ***over*** 대충 훑어보다; 조사하다; 눈감아주다. ~ ***round*** 둘러보다; (사전에) 고려해 보다. ~ ***through*** 간파하다; 훑어보다. ~ ***to*** 기대〔의지〕하다(*for*); …의 뒤를 보살피다; 조심하다. ~ ***up*** 우러러 보다, 위를 향하다; 향상하다; (경기 등이) 좋아지다; (사전 따위를) 찾아보다; …을 방문하다; 존경하다(*to*). — *n.* ① Ⓒ 표정, 눈매; (보통 *pl.*) 용모(*good ~s* 미모); (전체의) 모양. ② Ⓤ 외관; 기색. ③ Ⓒ 일견; 조사. ***have*** 〔***give, take***〕 ***a ~ at*** …을 (얼핏) 보다. ***have a ~ of*** …와 비슷하다. **∠·er** *n.* Ⓒ 보는 사람; 《美俗》 미녀.

lóoker-ín *n.* (*pl.* **-ers-in**) Ⓒ 텔레비전 시청자.

lóoker-ón *n.* (*pl.* **-ers-on**) Ⓒ 구경꾼, 방관자.

look·ing[lúkiŋ] *a.* 《복합어로》 …으로 보이는(*angry-~* 성나 보이는).

lóoking glàss 거울.

lóoking-ín *n.* Ⓤ 텔레비전 시청.

look·out**[∠àut] *n.* ① Ⓤ 감시, 경계, 망; Ⓒ 망보는 사람, 망루. ② Ⓒ 전망, 전도(의 형세). ③ Ⓒ 《口》 관심사, 일(*That's his ~.* 내 알 바 아니다!). ***on the ~ 경계하여(*for, to* do).

***loom**[1][lu:m] *n.* Ⓒ 베틀, 직기(織機).

loom[2] *vi., n.* (a ~) 어렴풋이 보이다〔보임〕; 섬쩍지근하게 나타나다〔나타남〕.

loon[1][lu:n] *n.* Ⓒ 얼간이; 게으름뱅이; 《Sc.》 젊은이(lad).

***loon**[2] *n.* Ⓒ 〖鳥〗 아비, 농병아리.

loon·y[lú:ni] (<lunatic) *n., a.* Ⓒ 미치광이(의).

lóony bìn 《俗》 정신 병원.

⁑**loop**[lu:p] *n.* Ⓒ ① (실·철사 등의) 고리; 고리 모양의 물건〔장식〕. ② 〖空〗 공중 회전. ③ 〖컴〗 프로그램 중에서 일련의 명령을 반복 실행하기; 반복 실행되는 일련의 명령. — *vt., vi.* 고리 모양으로 만들다〔되다〕; (*vt.*) 죄다, 동이다(*up*). ~ ***the*** ~ 〖空〗 공중제비하다. **∠·er** *n.* Ⓒ 자벌레. **∠·y** *a.* 《口》 정신이 (좀) 이상한.

looped[lu:pt] *a.* 고리로 된; 《美俗》 술 취한.

***lóop·hòle** *n.* Ⓒ (성벽의) 총안; (법망 등에서) 빠져 나갈 구멍.

lóop lìne 〖鐵〗 환상선(環狀線).

⁑**loose**[lu:s] *a.* ① 매지 않은, 풀린, 느슨해진, 엉성한, 헐거운; (개 따위) 풀어 놓은, 자유로운; (의복 따위) 낙낙한, 헐렁헐렁한. ② (종이 따위) 흐트러진; (문·이·못·말뚝 따위) 흔들흔들하는; (흙 따위) 부슬부슬한. ③ 포장이 나쁜; 상자에 넣지 않은, 통〔병〕조림이 아닌, 포장되어 있지 않고 달아 파는(~ *coffee*). ④ 설사하는. ⑤ 칠칠치 못한, 몸가짐이 헤픈. ⑥ (글이) 소루〔산만〕한. ***at a*** ~ END. ***at*** ~ END***s***. ***break*** ~ 탈출하다. ***cast*** ~ 풀다. ***come*** ~ 풀리다, 빠져 나오다. ***cut*** ~ 끊어 버리다; 관계를 끊다; 도망치다; 《口》 법썩을 떨다. ***get*** ~ 도망치다. ***let*** 〔***set, turn***〕 ~ 놓아주다, 해방시키다. ***give*** (***a***) ~ ***to*** (감정 따위를) 쏠리는 대로 내맡기다. ***on the*** ~ 자유로워, 속박을 받지 않고; 《口》 흥겹게 떠들어. — *vt.* 놓(아 주)다, 풀(어 주)다; (화살·탄환을) 쏘다. — *vi.* 《古》 헐거워지다; 총포를 쏘다. ***∠·ly** *ad.* **∠·ness** *n.*

lóose bówels 설사.

lóose cánnon 《美俗》 (어쩔 수 없는) 위험한 사람〔것〕; 허풍선이.

lóose cóins 잔돈.

lóose-fítting *a.* (옷 따위가) 낙낙한, 헐거운. 「유연한.

lóose·jóinted *a.* 관절이 헐거운;

lóose-léaf *a.* (장부 등의 페이지를) 마음대로 바꾸어 꽂을 수 있는, 루스리프식의.

⁑**loos·en**[lú:sən] *vi., vt.* 느스러지(게 하)다, 늦추다; 풀(리)다; 흩어지(게 하)다; 놓(아 주)다.

lóose tóngue 수다쟁이.

loot[lu:t] *n.* Ⓤ 약탈물; 전리품; 부정 이득; 《俗》 돈. — *vt., vi.* 약탈하다, 부정 이득을 취하다. **∠·er** *n.* Ⓒ 약탈자. **∠·ing** *n.* Ⓒ 약탈; 부정이득.

lop[1][lɑp/-ɔ-] *vi.* (**-pp-**) 늘어지다.

lop[2] *vt.* (**-pp-**) (가지 따위를) 자르다, 치다(*off, away*).

lope[loup] *vi., vt., n.* (a ~) (말·토끼 따위가) 가볍게 달리다〔달림〕.

lóp-èar *n.* Ⓒ 늘어진 귀.

lóp-éared *a.* 늘어진 귀의.

lop-síded *a.* 한 쪽으로 기울어진.

lo·qua·cious[loukwéiʃəs] *a.* 말 많은; (새·물 따위가) 시끄러운. **lo·quac·i·ty**[-kwǽsəti] *n.*

lo·quat[lóukwɑt, -kwæt/-kwɔt] *n.* Ⓒ 〖植〗 비파《나무·열매》.

lo·ran[lɔ́:ræn] (<*lo*ng *ra*nge *n*avigation) *n.* Ⓤ 〖海·空〗 로랜《두 개의 무선국에서 오는 전파의 시간차

를 이용한 자기 위치 측정 장치》.

:lord [lɔːrd] *n.* ① Ⓒ 군주, 영주; 수장(首長), 주인; 권력자. ② (the L-) 천주, 하느님, 신; (the *or* our L-) 예수. ③ Ⓒ《英》귀족; 상원 의원; (L-)《英》경(卿)《후작 이하의 귀족의 경칭》. ***drunk as a ~*** 곤드레 만드레 취하여. ***(Good) L-!*** or ***L- bless me*** 〔***my soul, us, you***〕***!*** or ***L- have mercy*** (***upon us***)***!*** 허, 어머(놀랐다)! ***live like a ~*** 사치스럽게 지내다. ***~ and master*** 《諧》남편. ***L- of hosts*** 만군의 주(Jehova). ***the L- of Lords*** = CHRIST. ***L- only knows.*** 오직 하느님만이 아신다《아무도 모른다》. ***~s of creation*** 인간; 《諧》남자. ***my L-*** [milɔ́ːrd] 각하, 예하(猊下)《후작 이하의 귀족, 시장, 고등 법원 판사, 주교 등을 부를 때의 경칭》. ***the*** (***House of***) ***Lords***《英》상원. ***the Lord's Day*** 주일《일요일》. ***the Lord's Prayer*** 주기도문《마태복음 6:9-13》. ***the Lord's Supper*** 〔***table***〕 성찬식〔대〕. ― ***vi., vt.*** 주인인 체하다, 뻐기다(*I will not be ~ed over.* 위압당할 수야 없지); 귀족으로 만들다. ***~ it over*** …에 군림하다. **∠·ling** *n.* Ⓒ 소귀족. ***∠·ly** *a., ad.* 왕후(王侯)와 같은〔같이〕, 귀족다운〔답게〕, 당당한〔히〕; 교만한〔하게〕. **∠·li·ness** *n.* ***~·ship** [-ʃìp] *n.* Ⓤ 귀족〔군주〕임; 주권; 지배 (*over*); Ⓒ 영지; Ⓤ《英》《호칭》각하(*your* 〔*his*〕 *~ship*).

Lòrd Chámberlain, the《英》궁내성 대신.

Lórd Chìef Jústice, the《英》(고등 법원) 수석 재판관.

Lòrd Hígh Cháncellor, the《英》대법관《생략 L.H.C., L.C.》.

Lórd Jústice《英》공소원(控訴院) 판사《생략 L. J.》.

Lòrd Máyer, the《英》런던 등의 대도시의 시장.

lor·do·sis [lɔːrdóusis] *n.* (*pl.* ***-ses*** [-siːz]) Ⓤ 〖病〗 척추 전만증(前灣症).

Lórd Prívy Séal, the《英》옥새관(玉璽官).

Lórd Protéctor, the 〖英史〗호민관.

lòrd spíritual《英》성직 상원 의원.

lòrd témporal《英》귀족 상원 의원《lord spiritual 이외의 의원》.

lore** [lɔːr] *n.* Ⓤ (특수한 일에 관한) 지식; 학문; (민간) 전승. ***ghost ~ 유령 전설.

Lor·e·lei [lɔ́ːrəlài] *n.* 〖독일 傳說〗 로렐라이《아름다운 마녀》.

lor·gnette [lɔːrnjét] *n.* Ⓒ 자루 달린 안경; (자루 달린) 오페라 글라스.

lorn [lɔːrn] *a.*《詩》=FORLORN.

***lor·ry** [lɔ́ːri, -á-/-ɔ́-] *n.* Ⓒ《英》(대형) 화물 자동차, 트럭; 목판차.

lórry-hòp *vi.* (*-pp-*)《英俗》=HITCHHIKE.

lo·ry [lɔ́ːri] *n.* Ⓒ 〖鳥〗 진홍잉꼬.

Los Al·a·mos [lɔːs ǽləmòus, lɑs-] 미국 New Mexico주 북부의 도시, 원자력 연구의 중심지.

Los An·ge·les [lɔːs ǽndʒələs/lɔs ǽndʒəliːz] 미국 캘리포니아 주 남서부의 도시.

†lose [luːz] *vt.* (***lost***) ① 잃다; 허비하다. ② (상 따위를) 놓치다; (차에) 늦어서 못 타다; 못 보고〔듣고〕 빠뜨리다. ③ 지다, 패하다. ④ (시계가) 늦다(opp. gain). ⑤ 벗어나다(*I've lost my cold.* 감기가 떨어졌다). ⑥ (…에게 …을) 잃게 하다(*His insolence has lost him his popularity.* 교만해서 인기가 떨어졌다). ― ***vi.*** ① 줄다, 쇠하다. ② 손해 보다. ③ 실패하다; 패하다. ④ (시계가) 늦다. ***be lost upon*** …에 효과가 없다. ***~ oneself*** 길을 잃다; 정신 팔리다(*in*); 보이지 않게 되다(*in*). ***~ one's way*** 길을 잃다. ***~ way*** 〖海〗 속도가 줄다. ***lós·er** *n.* Ⓒ 손실〔유실〕자; 패자(*He is a good loser.* 깨끗이 졌다). **lós·ing** *n., a.* Ⓤ 패배(의), 승산 없는; 실패(의); (*pl.*) 손실.

†loss [lɔ(ː)s, lɑs] *n.* ① Ⓤ,Ⓒ 상실. ② Ⓒ 손실(액), 손해. ③ Ⓤ 감손(*in*); 소모, 낭비. ④ Ⓤ 실패, 패배. ***at a ~*** 곤란하여, 어쩔 줄 몰라서 (*for; to* do); 손해를 보고.

lóss lèader《美》(손님을 끌기 위한) 특매품《종종 원가 이하의》.

†lost [lɔ(ː)st, lɑst] *v.* lose의 과거(분사). ― ***a.*** ① 잃은; 놓친; 진; 허비한; 길 잃은. ② (명예·건강 등을) 해친. ③ 정신 팔린(*in*). ④ 헛되어(*on*). ⑤ 죽은, 파멸된. ***be ~ in*** …에 잠겨〔빠져〕 있다. ***give up for ~*** 가망 없는 것으로 치고 단념하다. ***be ~ to*** …을 느끼지 않다(*He is ~ to pity.* 인정 머리가 없다); …에 속하지 않다(*He is ~ to the world.* 세상을 버린 사람이다). ***~ child*** 미아(迷兒). ***~ sheep*** 길잃은 양《인생의 바른 길을 벗어난 사람》. ***~ souls*** 지옥에 떨어진 영혼. ***~ world*** 유사 이전의 세계. ***the ~ and found*** 유실물 취급소.

lóst cáuse 실패한〔성공할 가망이 없는〕 운동〔주의〕.

Lóst Generátion, the 잃어버린 세대《제 1 차 세계 대전 후의 불안정한 사회에서 살 의욕을 잃은 세대》.

lóst próperty《집합적》유실물.

†lot [lɑt/-ɔ-] *n.* ① Ⓒ 운(명). ② Ⓒ 제비; 당첨; Ⓤ 추첨. ③ Ⓒ 몫; 한 입〔무더기〕. ④ Ⓒ《口》놈. ⑤ Ⓒ 한 구획의 토지. ***a ~ of,*** or ***~s of***《口》많은(*~s of ink*). ***cast*** 〔***cut, draw***〕 ***~s*** 제비를 뽑다. ***sell by*** 〔***in***〕 ***~s*** 분매(分賣)하다. ***the ~***《口》전부. ***throw*** 〔***cast***〕 ***in one's ~ with*** …와 운명을 함께 하다. ― ***vt., vi.*** (***-tt-***) 구분하다.

loth [louθ] *pred. a.* =LOATH.

Lo·thar·i·o [louθέəriòu, -θɑ́ːr-] *n.* (*or* l-) Ⓒ 탕아, 난봉꾼.

L

*__lo·tion__[lóuʃən] *n.* U,C 바르는 물약; 세제(洗劑); 화장수.
*__lot·ter·y__[látəri/lɔ́-] *n.* C 복권(뽑기); 추첨; (a ~) 운.
__lot·to__[látou/lɔ́-] *n.* U (다섯 장) 숫자맞추기《카드놀이》.
*__lo·tus, -tos__[lóutəs] *n.* C 연(꽃); U 〚그神〛 로터스, 망우수(忘憂樹)(의 열매)《먹으면 이 세상의 괴로움을 잊음》.
__lótus-èater__ *n.* C 무의미하게 일생을 보내는 사람; 쾌락주의자.
__lótus posìtion__ (요가의) 연화좌(蓮花座)《양발끝을 각기 반대쪽 무릎위에 올려놓고 앉는 명상의 자세》.
†__loud__[laud] *a.* ① (목)소리가 큰; 떠들썩한. ② (빛깔·복장 따위가) 화려한. ③ (요구 따위가) 극성스러운; 주제넘은; 야비한. — *ad.* 큰 소리로; 야〔천〕하게; 불쾌히. __∠·ish__ *a.* 좀 소리가 높은; 좀 지나치게 화려한. ‡__∠·ly__ *ad.* *__∠·ness__ *n.*
*__lóud-spéaker__ *n.* C 확성기; 《美俗》 시끄러운 여자.
__lough__[lɑk/-ɔ-] *n.* C 《Ir.》 호수, 후미.
__Lou·is__[lú:is] *n.* 프랑스 왕의 이름. ~ __XIV__ (*'Louis the Great'*)(1638-1715) 'the Grand Monarch'로 일컬어짐(재위 1643-1715); ~ __XVI__ (1754-93) 대혁명 때 단두대에서 사형됨(재위 1774-92).
*__Lou·i·si·an·a__[lù:əziǽnə, luì:-] *n.* 미국 남부의 주《생략 La.》.
*__lounge__[laundʒ] *n.* (a ~) 만보(漫步); C (호텔·기선 등의) 휴게〔오락〕실; =SOFA. — *vi., vt.* 한가롭게 거닐다(*about*); 축 늘어져〔한가로이〕 기대다(*on*); 빈들빈들 지내다(*away*).
__lóunge lìzard__ 《俗》 난봉꾼; 멋부리는 사내; 건달; 게으름뱅이.
__lóunge sùit__ 《주로 英》 신사복.
__loupe__[lu:p] *n.* C 《美·캐나다》 루페《보석상·시계상 등의 강력 확대경》.
__lour__[láuər] *vi.* 얼굴을 찌푸리다, 이맛살을 찌푸리다(*at, upon*); (날씨가)나빠지다. __~·ing__ *a.* 기분이 좋지 않은, 잔뜩 찌푸린; (날씨가) 험악한.
__louse__[laus] *n.* (*pl.* __*lice*__) C 〚蟲〛 이. — [-s, -z] *vt.* (…의) 이를 잡다. ~ __*up*__ 결딴내다.
__lous·y__[láuzi] *a.* 이투성이의; 《口》 불결한; 지독한, 인색한; 많은(*with*).
__lout__[laut] *n.* C 무작한 자, 촌놈. __∠·ish__ *a.*
__lou·ver__ [lú:vər] *n.* C 미늘창(窓); (*pl.*) =∠ __bòards__ 미늘살.
*__Lou·vre__[lú:vrə, -vər] *n.* (the ~) (파리의) 루브르 박물관.
*__lov·a·ble__[lʌ́vəbəl] *a.* 사랑스러운, 귀여운. __-bly__ *ad.* __~·ness__ *n.*
†__love__[lʌv] *n.* ① U 사랑, 애정; 애호(*for, of, to, toward*). ② U (신의) 자애; (신에 대한) 경모(敬慕). ③ U 동정; 연애; 색정. ④ C 애인, 사랑하는 자(darling); (L-) = VENUS; (L-) =CUPID; 《口》 즐거운〔귀여운〕 것(*Isn't she a little ~ of a child?* 참 귀여운 애로구나). ⑤ U 〚테니스〛 제로(*L- all!* 영 대 영). __*fall in ~ with*__ …을 사랑하다, …에게 반하다. __*for ~*__ 좋아서; 거저; 아무 것도 내기를 걸지 않고. __*for ~ or money*__ 아무리 하여도. __*for the ~ of*__ …때문에, …한 까닭에. __*for the ~ of Heaven*__ 제발. __*give*__ 〔__*send*__〕 __*one's ~ to*__ …에게 안부 전하다. __*in ~*__ 사랑하여. __*make ~*__ (…에) 구애(求愛)하다(*to*). __*out of ~*__ 사랑하는 마음에서. __*out of ~ with*__ …이 싫어서. __*There is no ~ lost between them.*__ 본래 피차간 눈곱만큼의 애정도 없다. — *vt., vi.* 사랑하다; 좋아하다; 즐기다; 그리워하다. __*Lord ~ you!*__ 맙소사!; 기가 막혀라! __~d__[-d] *a.* 사랑을 받고 있는.
__lóve affàir__ 연애, 정사(情事).
__lóve àpple__ 《古》 토마토.
__lóve·bìrd__ *n.* C 모란잉꼬의 무리; (*pl.*) 《口》 사이 좋은 부부〔애인〕.
__lóve chìld__ 사생아.
__lóved òne__ 《婉曲》 시신, 주검.
__lóve fèast__ (초기 기독교의) 애찬(愛餐)(agape[2]); 친목회.
__lóve gàme__ 〚테니스〛 제로 게임《패자가 무득점인 게임》.
__lóve generátion, the__ 히피족.
__lóve-in-ídleness__ *n.* C 〚植〛 팬지.
__lóve knòt__ (리본 따위의) 사랑매듭.
__love·less__[∠lis] *a.* 사랑하지 않는; 사랑을 못 받는.
__lóve lètter__ 연애 편지.
__lóve-lìes-bléeding__ *n.* C 〚植〛 줄맨드라미.
__lóve·lòck__ *n.* C (이마의) 애교 머리카락《특히 Elizabeth Ⅰ시대의 멋쟁이 남자들의》.
__lóve·lòrn__ *a.* 사랑〔실연〕에 고민하는.
†__love·ly__[∠li] *a., n.* ① C 사랑스러운〔아름다운, 귀여운〕 (처녀); 《口》 (쇼 등에 나오는) 매력적인 여자; 아름다운 것. ② 《口》 멋진, 즐거운. *__love·li·ness__ *n.* U 사랑스러움, 귀염성; 멋짐.
__lóve màtch__ 연애 결혼.
__lóve nèst__ 사랑의 보금자리《특히, 정당한 결혼이 아닌 남녀의》.
__lóve pòtion__ 미약(媚藥)(philter).
‡__lov·er__[∠ər] *n.* C ① 연인, 애인《남자》; (*pl.*) 애인 사이. ② 애호자; 찬미자(*of*).
__lóve scène__ 러브 신.
__lóve sèat__ 두 사람이 앉게 된 소파.
__lóve sèt__ 〚테니스〛 패배자가 한 게임도 이기지 못한 세트.
__lóve·sìck__ *a.* 사랑에 고민하는. __~·ness__ *n.* U 상사병.
__lóve sòng__ 연가.
__lóve stòry__ 연애 소설〔이야기〕.
__lov·ey-dov·ey__[lʌ́vidʌ́vi] *a.* 《口》 맹목적인 사랑에 빠진; 달콤한.
‡__lov·ing__ [∠iŋ] *a.* 애정을 품고 있는, 사랑하는; 친애하는. __~·ly__ *ad.*
__lóving cùp__ 우애의 (술)잔《돌려가며 마심》.

lóving-kíndness *n.* Ⓤ 자애《특히 신의》.

low[1][lou] *vi., vt.* (소 따위가) 음매하고 울다; 굵은 목소리로 말하다 (*forth*). ── *n.* Ⓒ 소의 울음 소리.

†**low**[2] *a.* ① 낮은; 저지(低地)의; 저급한; 야비한, 천한. ② 침울한; 약한. ③ 값싼; (수가) 적은; (돈주머니가) 빈; (음식물이) 담박[산뜻]한, (식사가) 검소한. ④ (시대가) 비교적 근대의. ⑤ 저조[저음]의; 〖音聲〗 혀의 위치가 낮은. ⑥ (옷의) 깃을 깊이 판. ***be in ~ water*** 돈에 궁하다. ***bring ~*** 쇠퇴케 하다; 줄이다. ***fall ~*** 타락하다. ***feel ~*** 기분이 안 나다, 소침하다. ***lay ~*** 쓰러뜨리다; 죽이다; 매장하다. ***lie ~*** 웅크리다; 나가떨어져[죽어] 있다; 《俗》 가만히 죽치고 있다. ***run ~*** 결핍하다. ***The glass is ~.*** 온도계가 낮다. ── *ad.* ① 낮게, 낮은 곳에; 야비[천]하게; 싸게; 작은 소리로. ② 검소한 음식으로. ③ 적도(赤道) 가까이. ④ 최근 (*We find it as ~ as the 19th century.*). ***~ down*** 훨씬 아래에. ***play it ~ (down) upon*** …을 냉대하다(*They are playing it ~ (down) upon him.* 괄시한다). ***play ~*** 소액의 내기를 하다. ── *n.* ① Ⓤ (차의) 저속 기어. ② Ⓒ 〖氣〗 저기압. ③ Ⓒ 최저 수준[기록].

lów béam 로 빔《자동차 헤드라이트의 근거리용 하향 광선》(cf. high beam).

lów·bórn *a.* 태생이 미천한.

lów·bòy *n.* Ⓒ 《美》 다리가 낮은 옷장(cf. highboy, tallboy).

lów·bréd *a.* 버릇[가정 교육]이 나쁜.

lów·bròw *a., n.* Ⓒ 《口》 교양 없는 (사람); (영화·소설 등) 저급한.

low-cal[ˊkæ̀l] *a.* 《美口》 저(底)칼로리의.

Lów Chúrch 저교회파《영국 국교파 중 교회의 교리·의식에 중점을 두지 않는 한 파》(cf. High Church).

Lów Chúrchman 저교회파의 사람.

lów cómedy 저속한 코미디.

Lów Còuntries 지금의 Benelux의 총칭.

lów-cút *a.* =LOW-NECK(ED).

lów-dòwn *n., a.* (the ~) 《俗》 실정, 진상(*give the ~ on* …의 내막을 알리다); 《俗》 비열한, 시시한.

⁑**low·er**[1][lóuər] *vi.* (끌어) 내리다; 낮추다; (기운을) 꺾다, 누르다. ── *vi.* 내려가다, 낮아지다; 싸지다; 보트를[돛을] 내리다. ──《low[2]의 비교급》 *a., ad.* 더 낮은[게]; 하급[하층]의; 열등한. **~·ing** *a.* 내려가는; 비천[비열]한; 저하시키는.

low·er[2][láuər] *vi.* =LOUR.

lówer cáse[lóuər-] 〖印〗 소문자용 케이스.

lówer-cáse *a., vt.* 소문자의; 소문자로 인쇄하다《생략 l. c.》.

Lówer Chámber =LOWER HOUSE.

lówer clásses [**órders**], **the** 하층 계급.

lówer déck 〖海〗 하갑판; 《英》《집합적》 수병.

Lówer Hóuse, the 하원.

lówer·mòst *a.* 최하[최저]의, 맨 밑바닥의.

lówer wórld, the 하계(下界), 현세; 지옥.

low·er·y[láuəri/-əri] *a.* = LOURING.

low·est[lóuist] 《low[2]의 최상급》 *a.* 최하[최저]의, 최소의. ***at the ~*** 적어도.

lówest cómmon denóminator 최소 공분모《생략 L.C.D.》.

lówest cómmon múltiple 최소 공배수《생략 L.C.M.》.

lów-fát *a.* 저(低)지방의.

lów fréquency 저주파.

lów géar (자동차의) 저속 기어(cf. high gear).

low·land**[lóulənd, -læ̀nd] *n.* Ⓒ (종종 *pl.*) 저지(低地). ***the Lowlands 스코틀랜드 중남부 저지 지방. **~·er** *n.* Ⓒ 저지 사람; (L-) 스코틀랜드 저지 사람.

lów-lével lánguage 〖컴〗 저급 언어.

lów-lìfe *n.* (*pl.* **~s**) Ⓒ 수상쩍은 사람, 범죄자; 하층 계급.

***low·ly**[lóuli] *a., ad.* 신분이 낮은, 비천한; 천하게; 초라한; 겸손한[하여]. **-li·ness** *n.*

lów-lỳing *a.* (땅이) 낮은.

Lów Máss 〖가톨릭〗 평미사.

lów-mínded *a.* 야비한.

lów-néck(ed) *a.* (옷)깃을 깊이 판《여성복의》.

low·ness[ˊnis] *n.* Ⓤ 낮음, 미천; 야비; 헐값; 원기 없음, 의기 소침.

lów-pítched *a.* 저조한; 경사가 뜬.

lów-préssure *a.* 저압의; 저조한.

lów relíef 얕은 돋을새김.

lów-ríse *a.* 《美》 (건물이) 층수가 적은, 높이가 낮은(cf. high-rise).

lów séason 《英》 (장사·행락 따위의) 비수기, 시즌 오프.

lów-spírited *a.* 의기 소침한, 우울한.

Lów Súnday 부활절 다음의 일요일.

lów téa 《美》 간단한 (저녁) 식사 (cf. high tea).

lów-téch *a.* 저수준 과학 기술의.

lów tíde 간조, 썰물.

lów wáter 간조; 최저 수면.

lów-wáter màrk 간조표(標); 최저점, 최악 상태.

lox[lɑks/-ɔ-] *n.* Ⓤ 액체 산소.

⁑**loy·al**[lɔ́iəl] *a.* 충의의, 충성스러운, 충실한. **~·ism**[-ìzəm] *n.* Ⓤ 충성, 충절. **~·ist** *n.* **~·ly** *ad.* ⁑**~·ty**[-ti] *n.* Ⓤ 충절, 충성; 충실.

lóyalty òath 《美》 (공직 취임자에게 요구되는 반체제 활동을 하지 않는다는) 충성의 선서.

Loy·o·la[lɔióulə], **Ignatius** (1491-1556) Jesuit회의 창설자.

loz·enge[lɑ́zindʒ/-ɔ́-] *n.* Ⓒ 마름모꼴(의 것·무늬); 〖醫〗 정제《입 안에서 녹이는》; (보석의) 마름모꼴의 면.

LP[élpíː] *n.* (< *l*ong-*p*laying) Ⓒ 〖商標〗 (레코드의) 엘피판(cf. EP).

L

LPG liquefied petroleum gas 액화(液化) 석유 가스. **LRBM** long-range ballistic missile. **LRCS** League of Red Cross Societies. **LRL** Lunar Receiving Laboratory. **LRV** lunar roving vehicle. **LSD** landing ship dock《美》해군의 상륙용 주정 모함; lysergic acid diethylamide〖藥〗결정상(結晶狀)의 환각제의 일종(LSD-25). **L.S.D., £.s.d.** *librae, solidi, denarii* (L.=pounds, shillings, and pence). **LSI** large scale integration 고밀도 집적 회로. **LSMR** landing ship medium, rocket〖軍〗상륙 지원 중형 로켓함. **L.S.S.** Lifesaving Service. **LST** Landing Ship Tanks 상륙용 주정. **Lt.** Lieutenant. **Lt. Col.**(onel). **Lt. Com.**(mander). **Lt. Gen.**(eral). **Lt. Gov.**(ernor). **Ltd.** Limited. **Lt. Inf.** Light Infantry. **Lu**〖化〗lutetium.

lu·au[lu:áu] *n.* Ⓒ《美》하와이식 파티《여흥을 겸한 야외 연회》.

lub·ber[lʌ́bər] *n.* Ⓒ 덩치 큰 뒤틈바리, 느림보; 풋내기 선원. **~·ly** *a., ad.* 투미한[하게], 볼품 없는[없게].

lúbe (óil)[lu:b(-)] *n.*《口》=LUBRICATING OIL.

lu·bri·cant[lú:brikənt] *a., n.* 매끄럽게 하는; ⓊⒸ 윤활제(劑)[유].

lu·bri·cate[-kèit] *vt., vi.* 기름을[윤활제를] 바르다; 매끄럽게 하다;《俗》뇌물을 주다; 술을 권하다, 취하다. **-ca·tion**[⌐–kéiʃən] *n.* **-ca·tive** *a.* **-ca·tor** *n.* Ⓒ 기름 치는 기구[사람].

lúbricating óil 윤활유, 기계유.

lu·bri·cious [lu:bríʃəs], **lu·bri·cous**[lú:brəkəs] *a.* 매끄러운, 붙잡기 곤란한; 불안정한; 교활한; 음탕한.

lu·bric·i·ty [lu:brísəti] *n.* Ⓤ 매끄러움, 원활; 재치 있음; 음탕.

lu·cent[lú:sənt] *a.* 빛나는, 번쩍이는; 투명한. **lu·cen·cy** *n.*

lu·cern(e)[lu:sə́:rn] *n.* Ⓤ〖植〗《英》자주개자리.

lu·cid[lú:sid] *a.* 명백한; 맑은, 투명한;〖醫〗본[제]정신의;《詩》빛나는, 맑은. **~·ly** *ad.* **~·ness** *n.* **lu·cíd·i·ty** *n.* 「기(平靜期).

lúcid ínterval (미치광이의) 평정

Lu·ci·fer[lú:səfər] *n.* 샛별, 금성; =SATAN; (l-) =**lúcifer màtch** 황린 성냥.

lu·cif·er·ase[lu:sífəreis] *n.* Ⓤ〖生化〗루시페라아제《루시페린의 산화를 돕는 효소》.

lu·cif·er·in [lu:sífərin] *n.* Ⓤ〖生化〗루시페린《개똥벌레 따위의 발광물질》. 「틱 유리.

Lu·cite[lú:sait] *n.* Ⓒ〖商標〗플라스

:luck[lʌk] *n.* Ⓤ 운; 행운. ***as ~ would have it*** 다행히; 불행히도, 운 나쁘게. ***bad*** [***ill***] ***~*** 불행, 불운. ***Bad ~ to*** …에게 천벌이 있기를! ***down on one's ~*** =UNLUCKY. ***for ~*** 운이 좋도록. ***good ~*** 행운. ***Good ~ to you.*** 행운을 빕니다. ***in*** [***out of, off***] ***~*** 운이 틔어서[나빠서]. ***Just my ~!*** 아아 또구나《실패했을 때, 운이 나빠서》. ***try one's ~*** 운을 시험해 보다. ***with one's ~*** 운이 좋아서[나빠서]. ***worse ~*** 운수 사납게, 재수없게, 공교롭게. ***⌐·less***(***·ly***) *a.* (*ad.*)

†luck·y[lʌ́ki] *a.* 행운의, 운이 좋은; 상서로운. ***~ beggar*** [***dog***] 행운아, 재수 좋은 사람. ***~ guess*** [***hit***] 소경 문고리 잡기. **:lúck·i·ly** *ad.* **-i·ness** *n.* 「주머니.

lúcky bág (바자회 등에서 뽑는) 복

lúcky díp《英》=⇧.

lu·cra·tive [lú:krətiv] *a.* 이익 있는, 돈벌이가 되는. **~·ness** *n.*

lu·cre[lú:kər] *n.* Ⓤ 이익; 돈; 부(riches). ***filthy ~*** 부정(不淨)한 돈.

lu·cu·brate[lú:kjəbrèit] *vi.* (등불 밑에서) 밤늦도록 공부하다; 고심하여 저작하다.

lu·cu·bra·tion[lù:kjəbréiʃən] *n.* Ⓤ 한밤의 공부; 고심의 노작.

Lu·cy Ston·er[lú:si stóunər] 결혼 후에도 미혼 때의 성(姓)을 고수하는 여자.

'lu·di·crous[lú:dəkrəs] *a.* 익살맞은, 우스운, 바보 같은, 시시한. **~·ly** *ad.*

luff[lʌf] *n., vi., vt.* Ⓒ〖海〗역풍 항진(抗進)(하게 하다), (요트 경주에서 상대편의) 바람 부는 쪽으로 가다.

lug[1][lʌg] *vi., vt.* (***-gg-***), *n.* 세게 끌다[잡아당기다], Ⓒ 힘껏 끎[잡아당김]; (*pl.*)《美俗》젠체하는 태도(***put on ~s*** 뻠내다);《俗》정치 헌금의 강요; =***⌐·wòrm*** 갯지렁이.

lug[2] *n.* Ⓒ 돌출부; 손잡이;《俗》멍청이;《Sc.》귀.

luge[lu:ʒ] *n.* Ⓒ (스위스의) 산을 타기 위한 썰매; (스위스식) 터보건(toboggan) 썰매.

:lug·gage[lʌ́gidʒ] *n.* Ⓤ《英》《집합적》수(手)하물(《美》baggage); 여행 가방.

lúggage làbel《英》=BAGGAGE TAG. 「CHECK.

lúggage tìcket《英》=BAGGAGE

lúggage vàn《英》=BAGGAGE CAR. 「일종.

lug·ger[lʌ́gər] *n.* Ⓒ 작은 범선의

lug·sail [lʌ́gsèil: (海) lʌ́gsl] *n.* Ⓒ〖海〗러그세일《뒤 폭이 더 넓은 네모꼴 세로돛》.

lu·gu·bri·ous[lu:gjú:briəs] *a.* 슬픈 듯한, 애처로운, 가엾은.

Luke[lu:k] *n.*〖聖〗누가《의사; 사도 Paul의 동료》;〖新約〗누가복음.

luke·warm[⌐wɔ́:rm] *a.* 미지근한; 미적지근한; 열의 없는. **~·ly** *ad.* **~·ness** *n.* Ⓤ 미적지근함; 열의 없음.

:lull[lʌl] *vt.* (어린애를) 달래다, 어르다; (바람·병세·노염 등을) 가라앉히

다, 진정시키다. ― *vi.* 자다, 가라앉다. ― *n.* (a ~) (폭풍우 따위의) 잠잠함, 뜸함; (병세의) 소강 상태; (교통·회화의) 두절, 잠깐 쉼.

*__lull·a·by__[lʌ́ləbài] *n.* Ⓒ 자장가.

lu·lu[lúːluː] *n.* Ⓒ《美俗》굉장한 사람[것], 거물.

lum·ba·go[lʌmbéigou] *n.* Ⓤ【病】요통, 산기(疝氣).

lum·bar[lʌ́mbər] *a.*【解】허리(부분)의.

:__lum·ber__[1][lʌ́mbər] *n.* Ⓤ ①《美·Can.》재목(《英》timber). ② (낡은 가구 따위의) 잡동사니. ― *vt.* 난잡하게 쌓아올리다; 목재로 장소를 막아버리다. ― *vi.* 목재를 베어 내다. **~·er** *n.*

lum·ber[2] *vi.* 쿵쿵 걷다; 무겁게 움직이다(*along, past, by*).

lúmber·jàck *n.* Ⓒ《美·Can.》벌목꾼.

lúmber·man[-mən] *n.*《美·Can.》=LUMBERJACK; Ⓒ 재목상.

lúmber ròom 허섭스레기를 두는 방, 광.

lúmber·yàrd *n.* Ⓒ《美·Can.》재목 두는 곳.

lu·men[lúːmən] *n.* (*-mina*[-mənə]) Ⓒ 루멘《광량 단위》.

lú·mi·nal árt[lúːmənəl-] 빛의 예술《채색 전광에 의한 시각 예술》.

lu·mi·nar·y[lúːmənèri/-nəri] *n.* Ⓒ 발광체《태양, 달》; 지도자; 명사.

lu·mi·nes·cence[lùːmənésns] *n.* Ⓤ 냉광(冷光).

lu·mi·nif·er·ous [lùːmənífərəs] *a.* 빛을 발하는, 빛나는.

:__lu·mi·nous__[lúːmənəs] *a.* ① (스스로, 또는 반사로) 빛나는; 밝은. ② 명쾌한, 계몽적인. **~·ness, -nos·i·ty**[⌐—nɑ́səti/-ɔ́-] *n.*

lum·mox[lʌ́məks] *n.* Ⓒ《美口》뒤틈바리.

:__lump__[1][lʌmp] *n.* ① Ⓒ 덩어리(*a ~ of sugar* 각설탕 한 개). ② Ⓒ 돌기, 혹. ③ (a ~)《俗》많음(*of*). ④ Ⓒ《口》멍청이. ***a ~ in one's* [*the*] *throat*** (감격으로) 목이 메는[가슴이 벅찬] 느낌. ***in* [*by*] *the ~*** (대충) 통틀어, 총체로. ― *vt., vi.* ① 덩어리로 만들다, 덩어리지다, 한 묶음으로[총괄]되다[하다] (*together, with*). ② 어슬렁어슬렁 걷다(*along*). ③ 털썩 주저앉다(*down*). **⌐·ish** *a.* 덩이져서 묵직한; 작달막한; 멍텅구리의. **⌐·y** *a.* 혹투성이의; (바다가) 파도가 일고 있는; 투미한; 모양 없는.

lump[2] *vt.*《口》참다, 견디다.

lum·pen[lúmpən, lʌ́m-] *a.* (G.) 사회에서 탈락한, 룸펜의.

lump·fish[lʌ́mpfiʃ] *n.* Ⓒ【魚】(북대서양산(産)의) 성대의 무리.

lúmp sùgar 각사탕.

lúmp súm (대충 잡은) 총액.

Lu·na[lúːnə] *n.* (L.)【로神】달의 여신; 달.

lu·na·cy[-si] (<↑) *n.* Ⓤ 정신 이상; Ⓒ 미친[어리석은] 짓(folly).

*__lu·nar__[lúːnər] *a.* 달의[과 같은]; 초승달 모양의. **~** CALENDAR.

lúnar eclípse 월식.

lúnar lànder 달 착륙선.

lúnar mòdule 달 착륙선.

lúnar mónth 태음월(太陰月)《약 29 1/2일》.

lu·nar·naut[lúːnərnɔ̀ːt] *n.* Ⓒ 달 여행 우주 비행사.

lúnar òrbiter 미국의 달 무인 탐사기.

lúnar trèaty 달 조약《1971년 옛 소련이 제안한 달의 평화적 이용에 관한》.

lúnar yéar 태음년(太陰年)《lunar month에 의한 약 354일 8시간》.

lu·nate[lúːneit] *a.* 초승달 모양의.

*__lu·na·tic__ [lúːnətik] *a., n.* 미친; Ⓒ 미친 사람.

lúnatic asýlum 정신 병원.

lúnatic fringe《美口》(사상·운동 등의) 극단파, 열광적 지지자.

†__lunch__[lʌntʃ] *n., vi., vt.* Ⓤ,Ⓒ 점심[가벼운 식사](을 먹다).

lúnch càr [**wàgon**]《美》이동식 노점.

lúnch còunter《美》(음식점의) 런치용 식탁; 간이 식당.

:__lunch·eon__[⌐ən] *n.* Ⓤ,Ⓒ (정식의) 오찬; 점심. **~·ette**[lʌ̀ntʃənét] *n.* Ⓒ 간이 식당.

lúncheon bàr《英》=SNACK BAR.

lúncheon vòucher《英》식권《회사 따위에서 종업원에 지급되는》.

lúnch·ròom *n.* Ⓒ 간이 식당.

lúnch·tìme *n.* Ⓤ 점심 시간.

lune[luːn] *n.* Ⓒ 활꼴; 반월형(의 물건).

:__lung__[lʌŋ] *n.* Ⓒ 폐. ***have good ~s*** 목소리가 크다.

lunge[lʌndʒ] *n., vi.* Ⓒ 찌르기, 찌르다(*at*); 돌진(하다)(*at, out*); (말이) 차다. ― *vt.* (칼을) 불쑥 내밀다.

Lu·nik[lúːnik] *n.* Ⓒ 옛 소련이 쏘아 올린 일련의 달 로켓의 하나.

lu·pin(e)[1][lúːpin] *n.* Ⓒ 루핀콩(의 씨).

lu·pine[2][lúːpain] *a.* 이리의[같은]; 잔인한.

lurch[1] [ləːrtʃ] *n.*《다음 성구로》***leave a person in the ~*** (친구 따위가) 곤경에 빠져 있는 것을 모른 체하다.

lurch[2] *n., vi.* Ⓒ 경사(지다); 비틀거림; 경향.

:__lure__[luər] *n., vi., vt.* (*sing.*) 매력; 미끼(로 꾀어들이다); 유혹(하다).

lu·rid[lúːrid] *a.* (하늘 따위가) 섬뜩지근하게[타는 듯이] 붉은; 창백한(wan); 무시무시한, 무서운. ***cast a ~ light on*** …을 무시무시하게 보이게 하다.

:__lurk__[ləːrk] *vi.* 숨다, 잠복하다.

lus·cious[lʌ́ʃəs] *a.* 맛있는, 감미로운; 보기[듣기]에 즐거운, 촉감이 좋은;《古》지루한.

lush[lʌʃ] *a.* (풀이) 파릇파릇하게 우거진; 풍부한; 유리한.

:__lust__[lʌst] *n., vi.* Ⓤ,Ⓒ ① (종종 *pl.*) 육욕(이 있다). ② 열망(하다) (*after, for*). **⌐·ful** *a.* 음탕한, 색골의.

:__lus·ter,__ 《英》**-tre**[lʌ́stər] *n.* Ⓤ ① (은은한) 광택(*the ~ of pearls*); 광채; 빛남, 밝기. ② 명성. ③ 광택 있는 모직물. ― *vt.* 광택을 내다.

L

lus·tral[lʌ́strəl] *a.* (상서롭지 못한 것을) 깨끗이하는; 5년마다의; 5년에 1번의.
lus·trate[lʌ́streit] *vt.* (상서롭지 못한 것을) 깨끗이 하다. **lus·tra·tion** [-tréiʃən] *n.*
:**lus·tre**[lʌ́stər] *n.* ⇨LUSTER.
lus·trous[lʌ́strəs] *a.* 광택 있는. ~·**ly** *ad.*
*__lust·y__[lʌ́sti] *a.* 튼튼한; 원기 왕성한. **lúst·i·ly** *ad.* **lúst·i·ness** *n.*
lute[lu:t] *n.* Ⓒ (15-17세기의) 기타 비슷한 악기.
lu·te·ci·um[lu:tí:ʃiəm] *n.* =⇩.
lu·te·ti·um[lu:tí:ʃiəm] *n.* Ⓤ 〖化〗 루테튬《희토류 원소; 기호 Lu》.
Lu·ther[lú:θər], **Martin**(1483-1546) 독일의 종교 개혁가. ~·**an** [-ən] *a., n.* Ⓒ 루터파의 (신자).
luv[lʌv] *n.* 여보, 당신(love)《호칭》.
lux[lʌks] *n.* Ⓒ 〖光〗 럭스《조명도의 국제 단위》.
luxe[luks, lʌks] *n.* (F.) Ⓤ 화려, 사치; 우아(cf. deluxe). ***edition de*** ~ (책의) 호화판. ***train de*** ~ 특별 열차.
Lux·em·burg[lʌ́ksəmbə̀:rg] *n.* 독일·프랑스·벨기에에 둘러싸인 대공국; 이 나라의 수도.
:**lux·u·ri·ant**[lʌgʒúəriənt, lʌkʃúər-] *a.* ① 무성한, 다산(多産)의. ② (문체가) 화려한. ~·**ly** *ad.* -**ance** *n.* -**ate**[-èit] *vi.* 무성하다, 호사하다; 즐기다, 탐닉하다(*in*).
:**lux·u·ri·ous**[-əs] *a.* 사치[호화]스런; 사치를 좋아하는; 매우 쾌적한. ~·**ly** *ad.* ~·**ness** *n.*
:**lux·u·ry**[lʌ́kʃəri] *n.* ① Ⓤ 사치; 호화. ② Ⓒ 사치품, 비싼 물건. ③ Ⓤ 쾌락, 만족.
Lu·zon[lu:zán/-ɔ́-] *n.* 루손 섬《필리핀 군도의 주도(主島)》.
lx 〖光〗 lux.
-**ly**[li] *suf.* ① 부사 어미: real*ly*, kind*ly*, month*ly*. ② '…과 같은' 의 뜻의 형용사 어미: kind*ly*, love*ly*.
ly·cée[li:séi/∠-] *n.* (F.) Ⓒ (프랑스의) 국립 고등 학교.
ly·ce·um[laisí:əm] *n.* Ⓒ 학원, 학회; 강당; (the L-) 〖史〗 (아리스토텔레스가 철학을 가르친) 아테네 부근의 숲과 학사(學舍); =LYCÉE.
lydd·ite[lídait] *n.* Ⓤ 〖化〗 강력 폭약(의 일종).
Lyd·i·a[lídiə] *n.* 소아시아 서부에 번영한 옛 나라. ~**n** *a., n.* Ⓒ 리디아의 (사람); 연약한.
lye[lai] *n.* Ⓤ 잿물; 세탁용 알칼리액.
*__ly·ing__[1] [láiiŋ] *a.* 거짓(말)의; 거짓말쟁이의.
:**ly·ing**[2] *a., n.* Ⓤ 드러누워 있는[있음].
lýing-ín *n., a.* Ⓒ 해산, 분만; 산부인과의.
lýing-ín hòspital 산부인과 병원.
Lyl·y[líli], **John**(1554?-1606) 영국의 소설가·극작가(cf. euphuism).
lymph[limf] *n.* Ⓤ 〖醫〗 두묘(痘苗)액; 혈청; 〖解·生〗 림프액; 《詩》 청수(淸水), 깨끗한 물. **lym·phat·ic** [limfǽtik] *a., n.* 림프액의(*the lymphatic gland* 림프샘); 연약한; (성질이) 굼뜬; Ⓒ 〖解〗 림프샘[관].
lýmph glànd 〖解〗 림프샘.
lýmph nòde 〖解〗 림프절(節).
lym·pho·cyte[límfəsàit] *n.* Ⓒ 림프톨[세포].
*__lynch__[lintʃ] *vt.* 사형(私刑)을[린치를] 가하다.
lýnch làw 사형(私刑).
lynx[liŋks] *n.* (*pl.* ~*es*, ~) Ⓒ 살쾡이; Ⓤ 그 가죽; (the L-) 〖天〗 살쾡이자리. 「이 좋은.
lýnx-èyed *a.* 눈빛이 날카로운, 눈
ly·on·naise[làiənéiz] *a.* 얇게 썬 양파와 함께 기름에 튀긴(~ *potatoes*).
Ly·ons[láiənz] *n.* 리용《프랑스 남동부의 도시》; (런던의) 요릿집 이름.
Ly·ra[láiərə] *n.* 〖天〗 거문고 자리.
lyre[láiər] *n.* Ⓒ 리라《손에 들고 타는 옛날의 작은 수금(竪琴)》; (the L-) =LYRA.
lýre·bìrd *n.* Ⓒ 《濠》 금조(琴鳥)《꼬리털이 lyre와 비슷함》.
*__lyr·ic__[lírik] (<lyre) *n., a.* Ⓒ 서정시(의, 적인)(cf. epic). *-**i·cal** *a.* 서정시조(調)의. -**i·cal·ly** *ad.*
lyr·i·cism[lírəsìzəm] *n.* Ⓤ 서정시체[풍].
lyr·i·cist[lírəsist] *n.* Ⓒ 서정 시인.
lyr·ist[láiərist] *n.* Ⓒ 리라 연주자; 서정 시인.
ly·sér·gic ácid [laisə́:rdʒik-] 〖化〗 리세르그산(cf. LSD).
ly·sin[láisn] *n.* Ⓒ 〖生化〗 리신, 세포용해소《항체의 일종》.
Ly·sol[láisɔl, -sal] *n.* Ⓤ 〖商標〗 리졸《소독액》. 「병.
lys·sa[lísə] *n.* Ⓤ 〖醫〗 광견병, 공수
LZ landing zone 착륙 지대.

M

M, m[em] (*pl.* ***M's, m's***[-z]) ① Ⓤ,Ⓒ 알파벳의 열 셋째 글자. ② Ⓒ M자 모양의 것.
M 《로마 숫자》 *mille* (L.=1,000); mobilization. **M.** Monday; Monsieur. **m.** majesty; male; mark(s); masculine; medium; month. **m., m** meter; mile.
:**ma**[ma:] *n.* Ⓒ 《口》 엄마; 아줌마.
Ma 〖化〗 masurium. **mA** milliampere(s). **M.A.** *Magister Artium* (L. =Master of Arts);

mental age; Military Academy.
MAAG Military Assistance Advisory Group.
***ma'am** *n.* Ⓒ ① [məm, m] 《口》 부인, 마님《호칭》, (여)선생 등 윗사람에 대한 호칭. ② [mæm, -ɑː-] 《英》 여왕·공주에 대한 호칭《madam의 단축》.
Mac[mæk] *n.* Ⓒ 《諧》 스코틀랜드 사람, 아일랜드 사람; 《俗》 낯선 사람에 대한 호칭.
MAC Military Armistice Commission.
Mac-[mək, mæk] *pref.* '…의 아들'의 뜻《스코틀랜드 사람·아일랜드 사람의 성에 붙음; 보기: MacArthur; 생략 Mc, Mc-, M'》.
ma·ca·bre [məkɑ́ːbrə], **-ber** [-bər] *a.* 죽음의 무도의; 섬뜩한.
ma·ca·co[məkɑ́ːkou, -kéi-] *n.* (*pl.* **~s**) Ⓒ 〖動〗 여우원숭이.
mac·ad·am[məkǽdəm] *n.* Ⓤ 〖土〗 쇄석(碎石); 쇄석 포도(鋪道). **~·ize** [-àiz] *vt.* (…에) 밤자갈을 깔다.
Ma·cao[məkáu] *n.* 중국 남동해안의 포르투갈령 식민지.
***mac·a·ro·ni**[mæ̀kəróuni] *n.* (*pl.* **~(e)s**) ① Ⓤ 마카로니《이탈리아식 국수》. ② Ⓒ 18세기 영국에서 이탈리아를 숭상하던 멋쟁이. ③ Ⓒ 《俗》 이탈리아 사람.
mac·a·roon[mæ̀kərúːn] *n.* Ⓒ 마카롱《달걀 흰자·편도·설탕으로 만든 과자》.
Mac·Ar·thur[məkɑ́ːrθər], **Douglas**(1880-1964) 미국의 육군 원수.
Ma·cau·lay[məkɔ́ːli], **Babington**(1800-59) 영국의 역사가·정치가.
ma·caw[məkɔ́ː] *n.* Ⓒ 〖動〗 마코앵무새; 〖植〗 야자의 일종.
Macb. Macbeth.
Mac·beth[məkbéθ] *n.* Shakespeare작의 비극(의 주인공).
Mac·ca·bees [mǽkəbìːz] *n. pl.* ① 시리아의 학정으로부터 유대국을 독립시킨 유대 애국자의 일족. ② 〖聖〗 마카베오서《Apocrypha 중의 2서》.
mace[1][meis] *n.* Ⓒ 갈고리 철퇴《중세의 무기》; 권표(權標), 직장(職杖)《시장·대학 학장 등의 앞에 세운 직권의 상징》; (구식) 당구봉; (M-) 《美》 지대지 핵 유도탄; (M-) 불능 화학제(不能化學劑), 최루 신경 가스.
mace[2] *n.* Ⓤ 육두구 껍질을 말린 향료.
Mac·e·do·ni·a [mæ̀sədóuniə, -njə] *n.* ① 〖史〗 마케도니아《고대 그리스북방의 고대 국가》. ② 마케도니아 공화국《옛 유고슬라비아 연방에서 독립》. **-an**[-n] *a., n.* 마케도니아의; Ⓒ 마케도니아인(의); Ⓤ 마케도니아말(의).
mac·er·ate[mǽsərèit] *vt.* 물에 담가 부드럽게 하다; 〖醫〗 (태아를) 침연(浸軟)시키다; 단식하여 야위게 하다. — *vi.* 마르다; 야위다. **-a·tion** [⌐-éiʃən] *n.*
Mach, m-[mɑːk, mæk] *n.* Ⓒ 〖理〗 마하《고속도의 단위; ~ one은 20°C 에서의 음속 770 마일/시에 상당》.
ma·chet·e[mətʃéti, -tʃé-] *n.* Ⓒ (중남미 원주민의) 날이 넓은 큰 칼.
Mach·i·a·vel·li [mæ̀kiəvéli], **Niccolò di Bernardo** (1469-1527) 책략 정치를 주장한 이탈리아의 정치가. **~·an**[-véliən] *a.* 권모 정치를 예사로 하는. **-vél·lism** *n.* Ⓤ 마키아벨리주의《목적을 위해서는 수단을 가리지 않음》.
mach·i·nate[mǽkənèit] *vt., vi.* (음모를) 꾸미다. **-na·tion**[⌐-néiʃən] *n.* Ⓒ 책동; 음모. **-na·tor** *n.* Ⓒ 책사(策士).
†**ma·chine**[məʃíːn] *n.* Ⓒ ① 기계, 기구. ② 자동차, 비행기, 자전거, 재봉틀, 타이프라이터, 인쇄 기계, 기계적으로 일하는 사람. ③ 기구(機構) (*the military* ~ 군부/*the social* ~ 사회 기구); (정당의) 지도부.
machíne àge, the 기계 (문명) 시대.
machíne còde 〖컴〗 기계 코드.
machíne gùn 기관총.
machíne lànguage 〖컴〗 기계어《전자 계산기를 작동시키기 위한 명령어》.
machíne-màde *a.* 기계로 만든.
machíne-réadable *a.* 〖컴〗 (전산기가) 처리할 수 있는, 반응할 수 있는 꼴의.
***ma·chin·er·y**[məʃíːnəri] *n.* Ⓤ ① 《집합적》 기계, 기계 장치. ② (정부 따위의) 기관, 기구; 조직. ③ (극 따위의) 꾸밈; (극 따위) 초자연적 사건. *government* ~ 정치 기구.
machíne shòp [**shèd**] 기계 공장.
machíne tìme (컴퓨터 등의) 총 작동 시간, 연(延)작동 시간.
machíne tòol 공작 기계.
machíne wòrd 〖컴〗 기계어.
ma·chin·ist[məʃíːnist] *n.* Ⓒ 기계공.
ma·chis·mo[mɑːtʃíːzmou] *n.* Ⓤ 남자의 긍지; 남자다움.
Mách·mèter *n.* Ⓒ 〖空〗 초음속도계, 마하계. 「(⇨MACH).
Mách nùmber 〖理〗 마하수(數)
ma·cho[mɑ́ːtʃou] *a., n.* (Sp.) Ⓒ 사내다운〔늠름한〕 (사나이).
mack·er·el [mǽkərəl] *n.* (*pl.* **~s,** 《집합적》 ~) Ⓒ 〖魚〗 고등어.
máckerel píke 꽁치.
máckerel ský 비늘구름(이 덮힌 하늘).
mack·i·naw[mǽkənɔ̀ː] *n.* Ⓒ 바둑판 무늬 담요(=~ blanket); 그것으로 만든 짧은 상의.
mack·in·tosh[mǽkintɑ̀ʃ/-tɔ̀ʃ] *n.* Ⓤ 고무 입힌 방수포; Ⓒ 방수 외투.
Mac·mil·lan[məkmílən, mæk-], **Harold** (1894-1986) 영국의 정치가·수상(재임 1957-63).
mac·ra·mé[mǽkrəmèi/məkrɑ́ːmi] *n.* (F.) Ⓤ 마크라메 레이스《가구 장식용 매듭실술》.
mac·ro [mǽkrou] *n.* 〖컴〗 =

M

MACROINSTRUCTION.
mac·ro-[mǽkrou, -rə] *pref.* '긴, 큰'이란 뜻의 결합사.
màcro·biótic *a.* 장수(長壽)의, 장수식(食)의.
mac·ro·cosm [mǽkrəkɑ̀zəm/ -kɔ̀z-] *n.* (the ~) 대우주(opp. microcosm).
màcro·económic *a.* 거시 경제의. **~s** *n.* Ⓤ 거시 경제학.
mac·ro·graph[mǽkrəgræ̀f, -grɑ̀:f] *n.* Ⓒ 육안도(肉眼圖).
màcro·instrúction *n.* Ⓒ 〖컴〗 매크로명령(macro)《어셈블리 언어의 명령의 하나》.
màcro·linguístics *n.* Ⓤ 대언어학(大言語學)《모든 언어 현상을 대상으로 함》.
mac·rom·e·ter [məkrɑ́mitər/ -ɔ́mi-] *n.* Ⓒ 측원기(測遠機)《망원경을 둘 씀》.
ma·cron[méikrɑn/mǽkrɔn] *n.* Ⓒ 모음 위의 장음부《보기: cāme, bē》.
mac·ro·scop·ic [mæ̀krəskɑ́pik/ -ɔ́p-], **-i·cal**[-əl] *a.* 육안으로 보이는(opp. microscopic).
mac·u·la [mǽkjələ] *n.* (*pl.* ***-lae*** [-lì:]) Ⓒ (태양·달의) 흑점; (광물의) 흠; (피부의) 점.
:mad[mæd] *a.* (***-dd-***) ① 미친. ② 무모한(wild). ③ 열중한(*after, about, for, on*)(*He is ~ about her.* 그 여자에 미쳐 있다). ④《口》성난(angry)(*at*). ***drive*** (*a person*) ~ 미치게 하다. ***go*** 〔***run***〕 ~ 미치다. ***like*** ~ 미친 듯이, 맹렬히. ***∠·ly*** *ad.* 미쳐서, 미친듯이, 몹시, 극단으로. **:∠·ness** *n.*
Mad·a·gas·car[mæ̀dəgǽskər] *n.* 아프리카 남동쪽의 섬나라《수도 Tananarive》(⇨MALAGASY).
:mad·am[mǽdəm] *n.* Ⓒ 부인, 아씨《미혼·기혼에 관계 없이 여성에게 대한 정중한 호칭》(cf. ma'am).
******mad·ame*** [mǽdəm, mədǽm, mədɑ́:m] *n.* (F.) Ⓒ 아씨, 마님, …부인《생략 MRS.》.
mád·càp *a., n.* Ⓒ 무모한 (사람).
mád-cow diséase 광우병(狂牛病).
***mad·den**[mǽdn] *vt., vi.* 미치게 하다, 미치다. **~·ing** *a.* 미칠 듯한.
mad·der[mǽdər] *n.* Ⓤ 〖植〗 꼭두서니; 〖染〗 인조 꼭두서니.
mád-dòctor *n.* Ⓒ 정신과 의사.
†made[meid] *v.* make의 과거(분사). ── *a.* ① 만든; 그러모은; 만들어진. ② 성공이 확실한. ~ ***dish*** 모듬요리. ~ ***man*** 성공자.
Ma·dei·ra[mədíərə] *n.* Ⓤ 마데이라 흰포도주.
Madéira càke 카스텔라의 일종.
mad·e·leine[mǽdəlin, -lèin] *n.* Ⓤ,Ⓒ 마들렌《작은 카스텔라 비슷한 과자》.
******mad·e·moi·selle*** [mæ̀dəmwəzél] *n.* (F.) =MISS《생략 Mlle.; (*pl.*) Mlles》.
máde-to-órder *a.* 주문에 의해 만든, 맞춤의.
máde-úp *a.* 만든, 만들어낸, 메이크업한; 꾸며낸; 결심한; (스타일 따위) 지나치게 꾸민, 부자연한.
mád·hòuse *n.* Ⓒ 정신병원.
Mád·i·son Ávenue[mǽdəsən-] 미국 뉴욕 시의 광고업 중심가; 광고업(계).
Mádison Squàre Gárden 미국 뉴욕시 Eighth Avenue에 있는 스포츠 센터.
Madm. Madam.
***mád·màn** *n.* Ⓒ 미친 사람.
mád mòney《口》 여자의 소액 비상금《데이트할 때의》.
***Ma·don·na**[mədɑ́nə/-ɔ́-] (It. =my lady) *n.* (the ~) 성모 마리아; Ⓒ 그 (초)상.
Madónna lìly 〖植〗 흰백합.
Ma·drid[mədríd] *n.* 스페인의 수도.
mad·ri·gal[mǽdrigəl] *n.* Ⓒ 사랑의 소곡; 합창곡(cf. motet).
mael·strom[méilstrəm/-ròum] *n.* Ⓒ 큰 소용돌이; 혼란; (the M-) 노르웨이 북서 해안의 큰 소용돌이.
mae·nad[mí:næd] *n.* Ⓒ 〖그·로神〗 주신(酒神)을 섬기는 여자; 열광하는 여자.
ma·es·to·so[maistóusou, -zou/ mɑ̀:es-] *ad.* (It.) 〖樂〗 장엄하게.
ma·es·tro [máistrou/mɑ:és-] *n.* (It.)(*pl.* ***~s, -tri***[-tri:]) Ⓒ 대음악가; 거장(巨匠).
Máe Wést[méi-] (선원·비행사용) 구명 조끼; 〖美海軍〗 (낙하산의) 중앙 조리개《낙하 속도를 증가하는 장치》.
Ma(f)·fi·a [mɑ́:fi:ə, mǽfiə] *n.* (It.) Ⓒ 마피아단《법률과 질서를 무시한 시칠리아 섬의 폭력단》; (미국 등의) 범죄 비밀 결사.
maf·fick[mǽfik] *vi.*《英口》 야단법석을 치다.
ma·fi·o·so[mɑ̀:fi:óusou] *n.* (*pl.* ***-si*** [-si:]) Ⓒ 마피아의 일원.
†mag·a·zine[mæ̀gəzí:n, ∠-∠] *n.* Ⓒ ① 잡지. ② (탄약·식량 따위의) 창고. ③ (연발총의) 탄창. ④ 〖寫〗 필름 감는 틀.
Mag·da·len[mǽgdəlin], **-lene** [mǽgdəlì:n, mæ̀gdəlí:ni] *n.* 〖聖〗 막달라마리아《누가 복음 7-8》; (m-) Ⓒ 갱생한 창녀.
Mágdalen hòme 〔**hòspital**〕 윤락 여성 갱생원.
Mag·da·le·ni·an[mæ̀gdəlí:niən] *a.* 〖考〗 마들렌기(期)의《구석기 시대 후기의 종말》.
mage[meidʒ] *n.* Ⓒ《古》 마법사(魔法師); 박식한 사람.
ma·gen·ta[mədʒéntə] *n.* Ⓤ 빨간 아닐린 물감; 그 색《진홍색》.
mag·got[mǽgət] *n.* Ⓒ 구더기; 변덕. ~ ***in one's head*** 변덕. **~·y** *a.* 구더기 천지의; 변덕스러운.
Ma·ghreb[mʌ́grəb] *n.* 마그레브 지방《북아프리카 서부; Libya, Tunisia, Algeria, Morocco를 포함》.
Ma·gi[méidʒai] *n. pl.* (*sing.* ***-gus***

[-gəs])〖聖〗 동방 박사《마태 복음 2:1》; 마기 승족(僧族)《고대 페르시아의》; 마술사. ~·**an**[méidʒiən] *a., n.* Ⓒ 마기 승족의; 마술의; 마기승(僧); 마술사.

:mag·ic[mǽdʒik] *a.* ① 마법의(cf. Magi); 기술(奇術)의. ② 불가사의한. ── *n.* Ⓤ ① 마법, 기술. ② 불가사의한 힘. ***black*** ~ 악마의 힘에 의한 마술. ***natural*** ~ 자연력 응용의 마술. ***white*** ~ 착한 요정(妖精)의 힘에 의한 마술. ***·mág·i·cal*** *a.* **-i·cal·ly** *ad.*

mágic cárpet (전설상의) 마법의 양탄자.

mágic éye (라디오·텔레비전 따위의) 매직아이《동조(同調) 지시 진공관》; (M- E-) 그 상표명.

:ma·gi·cian[mədʒíʃən] *n.* Ⓒ 마법사; 요술쟁이.

mágic lántern 환등(幻燈).

mágic mírror (미래나 먼 고장의 광경을 비추는) 마법의 거울.

mágic squáre 마방진(魔方陣)《수의 합이 가로·세로·대각선이 같은 숫자 배열표》.

mágic wórds 주문(呪文).

Má·gi·not lìne[mǽdʒənòu-] 마지노선《2차 대전시 독일·프랑스 국경의 프랑스 방어선》.

mag·is·te·ri·al[mæ̀dʒəstíəriəl] *a.* magistrate의; 위엄에 찬; 고압적인.

mag·is·tral[mǽdʒəstrəl] *a.* 〖藥〗 특별 처방의(opp. officinal).

mágistral stàff 《집합적》 교직원.

:mag·is·trate[mǽdʒistrèit, -trit] *n.* Ⓒ (사법권을 가진) 행정 장관; 치안 판사(justice of the peace). **-tra·cy** *n.* Ⓤ magistrate의 직[임기·관구]; 《집합적》 행정 기관.

mágistrates' cóurt 《英》 경범죄(예심) 법정.

mág·lev tràin[mǽglev-] 자기 부상(磁氣浮上) 열차.

mag·ma[mǽgmə] *n.* (*pl.* ***-mas, -mata***[-mətə]) Ⓤ 〖地〗 마그마, 암장(岩漿).

Mag·na C(h)ar·ta[mǽgnə káːrtə] 〖英史〗 (1215년 John 왕에 강요하여 국민의 개인적·정치적 자유를 승인시킨) 대헌장.

mag·na cum lau·de [mǽgnə kʌm lɔ́ːdi] (L.) 제 2 위(의 우등으)로 (cf. *summa cum laude*).

mag·nan·i·mous[mægnǽnimәs] *a.* 도량이 넓은, 아량 있는. **mag·na·nim·i·ty**[ˌ-─nímәti] *n.* Ⓤ 도량이 넓음, 아량; Ⓒ 관대한 행위.

mag·nate[mǽgneit] *n.* Ⓒ 거물, 유력자(*an oil* ~ 석유왕).

mag·ne·sia[mægníːʃə, -ʒə] *n.* Ⓤ 〖化〗 산화마그네슘. **-sian** *a.*

mag·ne·site [mǽgnəsàit] *n.* Ⓤ 〖鑛〗 마그네사이트《마그네슘의 원광석》.

mag·ne·si·um [mægníːziəm, -ʒəm] *n.* Ⓤ 〖化〗 마그네슘《금속 원소; 기호 Mg》.

magnésium lìght 마그네슘광(光)《야간 촬영 따위에 쓰임》.

:mag·net[mǽgnit] *n.* Ⓒ 자석; 사람을 끄는 것. ***bar*** ~ 막대 자석. ***horseshoe*** ~ 말굽 자석. ***natural*** ~ 천연 자석.

·mag·net·ic[mægnétik] *a.* 자기성이 있는; 매력 있는. ~**s** *n.* Ⓤ 자기학(磁氣學). **-i·cal·ly** *ad.*

magnétic cárd 〖컴〗 자기(磁氣) 카드.

magnétic círcuit 〖理〗 자기(磁氣) 회로.

magnétic cómpass 자기 컴퍼스 [나침의].

magnétic córe 〖컴〗 자기 코어《기억 소자로 쓰이는 자철(磁鐵)의 작은 고리》.

magnétic detéctor 자침 검파기 「(檢波器).

magnétic dísk 〖컴〗 자기 디스크.

magnétic drúm 〖컴〗 자기 드럼.

magnétic fíeld 자장, 자계.

magnétic míne 자기 기뢰.

magnétic néedle 〖電〗 자침(磁針). 「北).

magnétic nórth, the 자북(磁

magnétic póle 자극(磁極).

magnétic stórm 자기 폭풍.

magnétic tápe (**recòrder**) 자기 테이프 (리코더).

·mag·net·ism[mǽgnətìzəm] *n.* Ⓤ 자기, 자력.

mag·net·ite[mǽgnətàit] *n.* Ⓤ 자철광, 마그네타이트.

mag·net·ize[mǽgnətàiz] *vt.* 자력을 띠게 하다; (사람을) 끌어 당기다, (사람 마음을) 움직이다. ── *vi.* 자력을 띠다. **-i·za·tion**[ˌ-─izéiʃən] *n.* Ⓤ 〖컴〗 자기화(化).

mag·ne·to[mægníːtou] *n.* (*pl.* ~**s**) Ⓒ 〖電〗 자석 발전기.

mag·ne·to·e·lec·tric[mægnìːtouiléktrik] *a.* 자전기(磁電氣)의.

mag·ne·to·graph [mægníːtəgræ̀f, -grὰːf] *n.* Ⓒ 〖電〗 기록 자력(磁力)계.

mag·ne·tom·e·ter [mæ̀gnitάmitər/-tɔ́mi-] *n.* Ⓒ 자력계.

mag·ne·tron [mǽgnətrὰn/-trɔ̀n] *n.* Ⓒ 〖電子〗 마그네트론, 자전관(磁電管).

mag·ni·fi·ca·tion [mæ̀gnəfikéiʃən] *n.* Ⓤ 확대; 과장; 찬미; 〖光〗 배율(倍率); Ⓒ 확대도.

:mag·nif·i·cent[mægnífəsənt] *a.* 장려한; 장엄한; 웅대한; 훌륭한. ~·**ly** *ad.* **·-cence** *n.*

mag·ni·fi·er[mǽgnəfàiər] *n.* Ⓒ 확대기, 확대경.

:mag·ni·fy[mǽgnəfài] *vt.* ① 확대하다, 확대하여 보다; 과장하다. ② 《古》 칭찬하다.

mágnifying glàss 확대경, 돋보기.

mágnifying pòwer (렌즈 따위의) 배율.

mag·nil·o·quent[mægníləkwənt] *a.* 호언 장담하는(high-sounding); 과장한. **-quence** *n.*

M

***mag·ni·tude**[mǽgnətjùːd] *n.* ① Ⓤ 크기. ② Ⓤ 중요도. ③ Ⓒ 〖天〗 광도(光度); 진도(震度).
mag·no·li·a[mægnóuliə, -ljə] *n.* Ⓒ 〖植〗 태산목(泰山木), 목련; 그 꽃.
Magnólia Státe 《美》 Mississippi주의 속칭.
mag·num[mǽgnəm] *n.* (L.) Ⓒ 2쿼트들이의 큰 술병; 그 양.
mágnum ó·pus[-óupəs] (L.) (문예·예술상의) 대작, 대표작; 주요 작품.
mag·pie[mǽgpài] *n.* Ⓒ 〖鳥〗 까치; 비둘기의 일종; 수다쟁이.
Mag·say·say[mɑːgsáisai], **Ramon** (1907-57) 필리핀의 정치가.
Mag·yar[mǽgjɑːr] *n., a.* Ⓒ 마자르 사람《헝가리의 주요 민족》(의); Ⓤ 마자르 말(의).
ma·ha·ra·ja(h)[mɑ̀ːhərɑ́ːdʒə] *n.* (Hind.) Ⓒ (인도의) 대왕, 인도 토후국의 왕. **-ra·nee**[-rɑ́ːni] *n.* Ⓒ maharaja(h)의 부인.
ma·hat·ma[məhǽtmə, -hɑ́ːt-] *n.* (Skt.) Ⓒ (밀교의) 대성(大聖), 초인.
Ma·ha·ya·na [mɑ̀ːhəjɑ́ːnə] *n.* (Skt.) Ⓤ 대승(大乘) 불교.
Mah·di[mɑ́ːdi(ː)] *n.* 〖이슬람교〗 구세주.
Ma·hi·can [məhíːkən], **Mo-**[mou-] *n.* 모히칸 족《Hudson강 상류 지방에 살던 북미 인디언》.
mah-jong(g) [mɑ́ːdʒɔ́ːŋ, -dʒɑ́ŋ/-dʒɔ́ŋ] *n.* Ⓤ 마작(麻雀).
ma·hog·a·ny**[məhɑ́gəni/-hɔ́-] *n.* ① Ⓒ 마호가니; Ⓤ 그 목재. ② Ⓤ 적갈색. ③ (the ~) 식탁. ***be under the ~ 식탁 밑에 취해 곤드라지다. ***with one's knees under the ~*** 식탁에 앉아.
Ma·hom·et[məhɑ́mit/-hɔ́-] *n.* = MOHAMMED.
Ma·hom·i·dan [məhɑ́midən/-hɔ́-], **-e·tan**[-tən] *a., n.* = MOHAMMEDAN.
ma·hout[məhàut] *n.* Ⓒ 코끼리 부리는 사람.
:**maid**[meid] *n.* Ⓒ ① 소녀, 아가씨; 미혼녀; 《古》 처녀. ② 하녀. ***~ of hono(u)r*** 시녀; 《美》 신부의 들러리《미혼녀》. ***~ of work*** 가사 일반을 맡아 보는 하녀. ***old ~*** 노처녀; 잔소리꾼; (트럼프의) 조커 빼기.
:**maid·en**[méidn] *n.* Ⓒ ① 아가씨, 미혼녀. ② 〖史〗 단두대. — *a.* 미혼의, 처음의, 처녀…(*a ~ speech* 처녀 연설/*a ~ voyage* 처녀 항해).
máiden·hàir *n.* Ⓤ 〖植〗 공작고사리속(屬)의 속칭.
máidenhair·trèe *n.* Ⓒ 〖植〗 은행나무.
máiden·hèad *n.* Ⓤ =MAIDENHOOD; Ⓒ 처녀막.
máiden·hòod *n.* Ⓤ 처녀성, 처녀시대.
máiden·lìke *a., ad.* 처녀다운〔답게〕, 조심스러운〔스럽게〕.
maid·en·ly[-li] *a.* 처녀다운.
máiden náme (여자의) 구성(舊姓).
máid·sèrvant *n.* Ⓒ 하녀.
mail[1][meil] *n.* ① Ⓒ 우편낭. ② Ⓤ 《美》 우편(제도)(*air ~* 항공 우편/*firstclass ~* 제1종 우편). ③ Ⓤ 《집합적》 우편물. ***by ~*** 우편으로. — *vt.* 우송하다.
†**mail**[2] *n.* Ⓤ 사슬미늘 갑옷. **~ed**[-d] *a.* 사슬미늘 갑옷을 입은.
máil·bàg *n.* Ⓒ 우편낭.
máil·bòat *n.* Ⓒ 우편선.
máil bòmb (열면 폭파하는) 우편폭탄.
***máil·bòx** *n.* Ⓒ 우편함; 우체통; 〖컴〗 편지상자《전자 우편을 일시 기억해 두는 컴퓨터 내의 기억 영역》.
máil càr 《美》 (철도의) 우편차.
máil càrrier 《美》 우편 집배원(《英》 postman).
máil càtcher 〖鐵〗 우편물 적재 장치.
máil chùte 우편물을 빌딩 위층에서 아래층으로 떨어뜨리는 장치.
máil clèrk 《美》 우체국 직원.
***máil còach** 《英》 (옛날의) 우편 마차.
máil dày 우편 마감일.
máil dròp 《美》 우편함의 투입구; 극비 통신용의 수신인 주소.
máiled físt, the 무력(에 의한 위협), 완력.
máil·ing lìst 우편물 수취인 명부.
Mail·lol[mɑːjɔ́ːl], **Aristide** (1861-1944) 프랑스의 조각가.
mail·lot[maijóu] *n.* (F.) Ⓒ (발레용) 타이츠; (원피스로 어깨끈 없는) 여자 수영복.
:**máil·màn** *n.* Ⓒ 우편 집배원.
máil màtter 우편물.
máil òrder 〖商〗 통신 주문, 통신 판매.
máil-order hòuse 통신 판매점.
máil·plàne *n.* Ⓒ 우편 비행기.
máil tràin 우편 열차.
***maim**[meim] *vt.* 불구자로 만들다.
:**main**[mein] *n.* ① Ⓤ 힘, 체력. ② Ⓒ 주된 것; 중요 부분. ③ (the ~) 《詩》 대해《main sea의 생략》(cf. mainland)(*over land and ~* 육지와 바다에). ④ Ⓒ (수도 따위의) 본관(本管), 간선. ***in the ~*** 주로; 대체로. ***with might and ~*** 전력을 다하여. — *a.* ① 전력〔온 힘〕을 다하는. ② 주요한, 제일의. ***by ~ force*** 전력을 다하여. **:∠·ly** *ad.* 주로, 대개.
máin chánce 절호의 기회; 사리(私利), 이익.
máin cláuse 〖文法〗 주절(主節).
máin déck 주(主)갑판.
***Maine** [mein] *n.* 미국 북동부의 주《생략 Me.》.
máin evént 《美》 주요 경기.
máin fórce 〖軍〗 주력.
máin·fràme *n.* Ⓒ 〖컴〗 컴퓨터의 본체(cf. peripheral); 대형 고속 컴퓨터.
***main·land**[∠læ̀nd, -lənd] *n.* Ⓒ

본토《부근의 섬·반도에 대한》. **~·er** *n.* Ⓒ 본토 주민.
máin lìne 간선, 본선.
máin·màst *n.* Ⓒ 큰 돛대.
máin mémory 〖컴〗 주기억 장치.
máin ròtor (헬리콥터 등의) 주(主)회전익.
main·sail[´-sèil, 《海》 -səl] *n.* Ⓒ 주범(主帆)《mainmast의 돛》.
máin·sprìng *n.* Ⓒ (시계 등의) 큰 태엽; 주요 동기.
máin·stày *n.* Ⓒ 큰 돛대의 버팀줄; 대들보.
máin stèm 《口》 한길; 주류; 간선.
Máin Strèet 《美》 중심가; (인습·실리적인) 전형적 지방 도시인[사회].
:main·tain[meintéin, mən-] *vt.* ① 유지하다. ② 지속[계속]하다. ③ 부양하다, (한 집안을) 지탱하다. ④ 간수하다, 건사하다. ⑤ 주장하다(*that*); 지지하다. **~ *oneself*** 자활하다.
***main·te·nance** [méintənəns] *n.* Ⓤ 유지, 보존; 지속, 부양(료), 생계; 주장.
máin·tòp *n.* Ⓒ 〖海〗 큰 돛대의 장루(檣樓).
máin yàrd 〖海〗 큰 돛의 활대.
mai·son·(n)ette[mèizounét] *n.* (F.) Ⓒ 《英》 작은 집; (종종, 이층 건물의) 아파트, 셋방.
maî·tre d'hô·tel[mèitrə doutél] (F.) 급사장(給仕長).
maize[meiz] *n.* Ⓒ 옥수수; 그 열매; Ⓤ 담황색.
Maj. Major. **maj.** major; majority.
:ma·jes·tic[mədʒéstik], **-ti·cal**[-əl] *a.* 위엄 있는, 당당한. **-ti·cal·ly** *ad.*
:maj·es·ty[mǽdʒisti] *n.* ① Ⓤ 위엄, 장엄. ② Ⓤ 주권. ③ Ⓒ (M-) 폐하. ④ Ⓒ 《美》 후광에 둘러싸인 신[예수]의 상(像). ***His*** [***Her, Your***] **~** 폐하.
Maj. Gen. Major General.
ma·jol·i·ca [mədʒálikə, -jál-/ -jɔ́l-, -dʒɔ́l-] *n.* Ⓤ (이탈리아의) 마졸리카 도자기.
:ma·jor[méidʒər] *a.* (opp. minor) ① (둘 중에서) 큰 쪽의, 대부분의. ② 주요한. ③ 〖樂〗 장조(長調)의. ④ 성년의. ⑤ (M-) (같은 성(姓)에서) 연장의(*Brown* ~ 큰 브라운). — *n.* Ⓒ ① 육군[해·공군] 소령; 《軍俗》 (특무) 상사. ② 〖法〗 성년자. ③ 《古》 〖論〗 대전제; 〖樂〗 장조(*A* ~ 가장조); 장음계. ④ 《美》 (대학의) 전공 과목. — *vi.* 《美》 전공하다(*in*).
ma·jor·ette[mèidʒərét] *n.* =DRUM MAJORETTE.
májor géneral 소장《육군·해병·공군의》.
:ma·jor·i·ty[mədʒɔ́(:)rəti, -dʒár-] *n.* ① Ⓤ 대다수; Ⓤ,Ⓒ 과반수; 다수파; Ⓒ (득표)차. ② Ⓤ 〖法〗 성년. ③ Ⓤ 소령의 지위. ***attain one's* ~** 성년이 되다. (***win***) ***by a* ~ *of*** …의 차로 (이기다). ***join the* ~** 죽다. ***the* ~** 죽은 사람.
májor kéy 〖樂〗 장조(長調).
májor léague 《美》 직업 야구 대리그《National League 혹은 American League》.
májor párt 대부분, 과반수.
májor prémise 〖論〗 대전제(大前提).
májor scále 〖樂〗 장음계(長音階).
ma·jus·cule[mədʒʌ́skju:l, mǽdʒəskjù:l] *n.* Ⓒ 대문자(cf. minuscule).
†make[meik] *vt.* (***made***) ① 만들다, 제조하다, 건설하다. ② (시나 글을) 창작하다, 마련하다(arrange) (~ *a bed* 잠자리를 마련하다). ③ (…으로) 만들다. ④ (…이) 되게 하다(*into*); (…을) …으로 하다(~ *a man of him* 그를 당당한 사나이로 만들다). ⑤ (…을) …으로 보다(~ *him a fool* 우롱하다); 판단하다(~ MUCH [LITTLE] *of*). ⑥ (법률 따위를) 제정하다; 구성하다(*Oxygen and hydrogen* ~ *water.* 산소와 수소로 물이 된다). ⑦ 도합 (…이) 되다; (…에) 충분하다(*One swallow does not* ~ *a summer.*); (…이) 되다(*She will* ~ *a good wife.* 좋은 아내가 될 것이다). ⑧ 얻다; (돈을) 벌다. ⑨ 하다, 행하다(~ *a bow* 절을 하다). ⑩ 가다, 나아가다, 답파하다(~ *one's way* 나아가다/ ~ *ten miles an hour* 한 시간에 10 마일 나아가다). ⑪ 눈으로 확인하다(~ *land* 육지가 보이다); …이 보이는 데까지 가다; 도착하다(*The ship made port.* 배는 입항했다); 《口》 시간에 대다(*I've made it!* 됐다!). ⑫ 말하다(~ *a joke* 농담하다). ⑬ (트럼프에서) 이기다. ⑭ (…을) …으로 하다(~ *her happy*); (…을)…으로 어림하다(*I* ~ *the distance 5 miles.* 그 거리는 5 마일로 생각된다). ⑮ (…에게) …하게 하다(~ *him go*). — *vi.* 나아가다; 행동하다(~ *bold*); 조수가 차다. **~ *after*** 《古》 …을 뒤쫓다. **~ *against*** …에 불리해지다; …을 방해하다. **~ *away*** 도망치다. **~ *away with*** 처치하다, 죽이다, 탕진하다. **~ *for*** …로 향하여 나아가다; …에 기여하다. **~ (*a thing*) *from*** …을 재료로 하여 (물건을) 만들다. **~ *it*** 《美口》 잘 해내다; 성공하다; 시간에 대다; 《美俗》 성교하다. **~ *it up with*** …와 화해하다. **~ *off*** 급히 떠나다. **~ *off with*** …을 가지고 달아나다. **~ *or mar*** [***break***] (되든 안 되든) 성패를 가리다. **~ *out*** (서류를) 작성하다; 입증하다; 이해하다; …와 같이 말하다; 암시하다; 《美俗》 애무하다, 성교하다. **~ *over*** 양도하다. **~ *up*** 벌충[보충]하다, 메우다; 조합(調合)하다; 편성하다; 이야기를 조작하다; 화장[메이크업]하다, 분장하다; 결정짓다; 화해하다. **~ *up one's*** MIND ***to.*** **~ *up to*** 구애(求愛)하다, …의 환심을 사다. — *n.* Ⓤ,Ⓒ ① 만듦새, 구조, 체격, 꼴, 형(型). ② 성질. ③ …제(製)

M

(*American* ~); 제조(량). ④ 〖電〗 접속(*at* ~ 회로의 접속점에서). ***on the*** ~ 《口》 (성공·승진·이익 등을 얻으려고) 열중하여.

máke-belìeve *n.* Ⓤ 거짓, 겉꾸밈, 가장.

máke-dò *n., a.* Ⓒ 임시 변통의 (물건), 대용의 (물건).

:mak·er [⌐ər] *n.* Ⓒ 제조업자; (M-) 조물주, 하느님.

máke·shìft *n., a.* Ⓒ 임시 변통(의) 둘러맞춤.

·máke-ùp *n.* ① Ⓤ,Ⓒ 메이크업, 배우의 얼굴 분장; 《집합적》 화장품. ② Ⓒ 꾸밈(새); 조립; 〖印〗 (게라쇄(刷)의) 종합 배열〔대판 짜기〕; 구조.

máke·wèight *n.* Ⓒ 부족한 중량을 채우는 물건; 무가치한 사람〔물건〕; 균형을 잡게 하는 것.

máke·wòrk *n.* Ⓤ (노동자를 놀리지 않게 하기 위해 시키는) 불필요한 작업.

·mak·ing [⌐iŋ] *n.* ① Ⓤ 만들기, 제조, 제작; 형성, 발달 과정, Ⓒ 제작품; 1회의 제작량. ② (the ~) (성공·발달의) 수단〔원인〕. ③ (*pl.*) 소질. ④ (*pl.*) 이익; 벌이. ***be the*** ~ ***of*** …의 성공의 원인이 되다. ***in the*** ~ 제작 과정 중의, 완성 전의.

mal- [mæl] *pref.* '악(惡), 비(非)' 따위의 뜻.

mal·a·chite [mǽləkàit] *n.* Ⓤ 〖鑛〗 공작석.

màl·adjústed *a.* 잘 조절되지 않은; 환경에 적응 안 되는.

màl·adjústment *n.* Ⓤ,Ⓒ 부적응, 조절 불량.

màl·administrátion *n.* Ⓤ 실정(失政), 악정.

mal·a·droit [mæ̀lədrɔ́it] *a.* 서투른, 졸렬한. ~**·ly** *ad.* ~**·ness** *n.*

·mal·a·dy [mǽlədi] *n.* Ⓒ 병; 병폐.

ma·la fi·de [mǽlə fáidi, méilə-] (L.) 불성실한〔하게〕 (opp. *bona fide*).

Mal·a·ga [mǽləgə] *n.* Ⓤ 말라가 흰 포도주.

Mal·a·gas·y [mæ̀ləgǽsi] *a., n.* Ⓒ 마다가스카르〔말라가시〕의 사람(의); Ⓤ 마다가스카르 말(의).

ma·laise [mæléiz] *n.* (F.) Ⓤ,Ⓒ 불쾌, 불안.

mal·a·prop·ism [mǽləprɑ̀pizəm] *n.* Ⓤ (유사어의) 익살맞은 오용(誤用); Ⓒ 그와 같은 말.

mal·ap·ro·pos [mæ̀læprəpóu, -læ̀p-] *a., ad.* 시기를 얻지 못한〔못하여〕, 부적절한〔하게〕.

·ma·lar·i·a [məlɛ́əriə/-lέər-] *n.* Ⓤ ① 말라리아. ② 늪의 독기. ~**l,** ~**n, -i·ous** *a.*

Mal·a·thi·on [mæ̀ləθáiɑn/-ɔn] *n.* 말라티온《살충제; 상표명》.

Ma·la·wi [mɑːlɑ́ːwi] *n.* 아프리카 남동부의 공화국.

Ma·lay [məléi, méilei] *n., a.* Ⓒ 말레이 사람(의); Ⓤ 말레이 말(의). ~**·an** [məléiən] *a., n.*

Ma·lay·a [məléiə] *n.* 말라야, 말레이 반도. ***the*** ~ ***Archipelago*** 말레이 제도. ***the*** ~ ***Peninsula*** 말레이 반도.

Ma·lay·sia [məléiʒə, -ʃə] *n.* 말레이시아. ***the Federation of*** ~ 말레이시아 연방《1963년 성립》.

Mal·com X [mǽlkəm éks] 미국의 흑인 인권 운동 지도자(1925-65).

mal·con·tent [mǽlkəntènt] *a.* 불평불만의. — *n.* Ⓒ 불평 분자.

màl·distribútion *n.* Ⓤ 부적정 배치〔배급〕.

Mal·dive [mǽldaiv] *n.* 스리랑카 남서의 이슬람교 공화국.

:male [meil] *n., a.* Ⓒ 남성(의), 수컷(의)(opp. female).

mal·e·dic·tion [mæ̀lədíkʃən] *n.* Ⓒ 저주, 악담.

mále cháuvinism 남성 우월〔중심〕주의.

mále cháuvinist 남성 우월〔중심〕주의자.

mále cháuvinist pìg 《蔑》 남성 우월주의자《생략 MCP》.

mal·e·fac·tion [mæ̀ləfǽkʃən] *n.* Ⓤ,Ⓒ 나쁜 짓, 범행.

mal·e·fac·tor [mǽləfæ̀ktər] *n.* Ⓒ 범인; 악인(opp. benefactor).

ma·lef·i·cent [məléfəsnt] *a.* 유해한(*to*); 나쁜 짓 하는. **-cence** *n.*

ma·lev·o·lent [məlévələnt] *a.* 악의 있는, 심술궂은. ~**·ly** *ad.* **-lence** *n.* Ⓤ 악의.

mal·fea·sance [mælfíːzəns] *n.* Ⓤ,Ⓒ 〖法〗 (공무원의) 부정 행위.

màl·formátion *n.* Ⓤ,Ⓒ 불구, 기형.

mál·fórmed *a.* 볼꼴 사나운; 기형의.

màl·fúnction *vi.* 고장나다, 기능 부전을 일으키다. — *n.* Ⓤ,Ⓒ 기능 부전, 고장; 〖컴〗 기능 불량.

Ma·li [mɑ́ːliː] *n.* 아프리카 서부의 공화국.

mal·ic [mǽlik, méil-] *a.* 사과의.

málic ácid 〖化〗 사과산(酸).

:mal·ice [mǽlis] *n.* Ⓤ 악의, 해칠 마음; 〖法〗 범의(犯意). ~ AFORETHOUGHT 〔PREPENSE〕.

·ma·li·cious [məlíʃəs] *a.* 악의 있는, 속검은. ~**·ly** *ad.* ~**·ness** *n.*

ma·lign [məláin] *a.* 유해한; 〖醫〗 악성〔악질〕의(opp. benign); 악의 있는. — *vt.* 헐뜯다, 중상하다.

:ma·lig·nant [məlígnənt] *a.* 유해한; 악성의; 악의를 품은. — *n.* Ⓒ 〖英史〗 Charles I 시대의 왕당원. ~**·ly** *ad.* **-nan·cy** *n.*

ma·lig·ni·ty [məlígnəti] *n.* Ⓤ 악의, 원한; 악성.

ma·lin·ger [məlíŋgər] *vi.* (특히 병사·하인 등이) 꾀병을 부리다.

mall [mɔːl/mæl] *n.* Ⓒ 나무 그늘진 산책길; (the M-) 런던의 St. James's Park의 산책길; Ⓤ 펠멜 구기(球技)(PALL MALL); Ⓒ 펠멜용의 망치.

mal·lard [mǽlərd] *n.* Ⓒ 〖鳥〗 물오

리; Ⓤ 물오리 고기.
Mal·lar·me [məlɑːrméi], **Sté·phane**(1842-98) 프랑스의 시인.
mal·le·a·ble[mǽliəbəl] *a.* (금속이) 전성(展性)이 있는; 순응성이 있는. **-bil·i·ty**[ㅡㅡㅡbíləti] *n.*
mal·let[mǽlit] *n.* Ⓒ 나무메; (croquet나 polo의) 공 치는 방망이.
mal·low[mǽlou] *n.* Ⓒ 〖植〗 당아욱속(屬).
malm·sey[mɑ́ːmzi] *n.* Ⓤ 흰포도주의 일종《Madeira산; 달고 독함》.
màl·nutrítion *n.* Ⓤ 영양 장애[실조], 영양 부족. 「(물건).
màl·ódorant *a., n.* Ⓒ 악취 나는
màl·ódorous *a.* 악취 나는.
Mal·pígh·i·an túbe [**túbule**] [mælpígiən-] 〖生〗 말피기관.
màl·posítion *n.* Ⓤ 위치가 나쁨; (태아의) 변위(變位).
màl·práctice *n.* Ⓤ,Ⓒ (의사의) 부당 치료; 직책상의 비행.
Mal·raux[mɑ́ːlrou], **André** (1901-76) 프랑스의 소설가·정치가.
***malt**[mɔːlt] *n.* Ⓤ 맥아(麥芽), 엿기름. — *vt., vi.* 엿기름을 만들다, 엿기름이 되다.
Mal·ta [mɔ́ːltə] *n.* 몰타《지중해 중앙부의 섬 및 공화국; 섬은 Maltese Island라고도 함》.
málted (**mílk**) 맥아 분유(를 넣은 우유).
Mal·tese[mɔːltíːz, ㅡㅡ] *a., n.* 몰타(섬)의; Ⓒ 몰타 사람(의); Ⓤ 몰타 말(의).
Máltese cát 몰타고양이《털이 짧고 청회색》.
Máltese cróss 몰타 십자(十字) 《네 가닥의 길이가 같음》.
Máltese dóg 몰타섬 토종의 애완용 개.
Mal·thus [mǽlθəs], **Thomas Robert**(1766-1834) 영국의 경제 학자·인구론자.
Mal·thu·si·an[mælθjúːziən, -ʒən] *a., n.* Ⓤ 맬서스주의(의); Ⓒ 맬서스주의자. **~·ism**[-ìzəm] *n.* Ⓤ 맬서스주의.
mált lìquor 맥주, 스타우트류(類).
malt·ose[mɔ́ːltous] *n.* Ⓤ 〖化〗 맥아당(麥芽糖).
màl·tréat *vt.* 학대[혹사]하다. **~·ment** *n.* Ⓤ 학대, 혹사, 냉대.
malt·ster[mɔ́ːltstər] *n.* Ⓒ 맥아 제조[판매]자; 엿기름 만드는 사람.
malt·y[mɔ́ːlti] *a.* 엿기름의[같은]; 술을 좋아하는.
mal·ver·sa·tion[mæ̀lvəːrséiʃən] *n.* Ⓤ 독직(瀆職).
mam[mæm] *n.* 《英口·兒》 =⇩.
***ma·ma**[mɑ́ːmə, məmɑ́ː] *n.* 《口》 = MAMMA[1].
máma's bòy 《美口》 여자 같은 아이, 과보호의 남자 아이, 응석꾸러기.
mam·bo[mɑ́ːmbou] *n.* Ⓒ 맘보 《4/4박자 춤》; 그 곡.
:**mam·ma**[1] [mɑ́ːmə, məmɑ́ː] *n.* Ⓒ 《口》 엄마.
mam·ma[2][mǽmə] *n.* (*pl.* **-mae** [-miː]) Ⓒ (포유 동물의) 유방. 「물.
:**mam·mal**[mǽməl] *n.* Ⓒ 포유 동
mam·ma·li·a[mæméiliə, -ljə] *n. pl.* 〖動〗 포유류. **~n** *n., a.*
mam·ma·ry[mǽməri] *a.* 〖生〗 유방의. *the ~ gland* 젖샘.
mam·mon[mǽmən] *n.* Ⓤ 〖聖〗 (악덕으로서의) 부(富), 배금(拜金)《마태복음 6:24》. **~·ism**[-ìzəm] *n.* Ⓤ 배금주의. **~·ist** *n.*
***mam·moth**[mǽməθ] *n.* Ⓒ 매머드. — *a.* 거대한.
***mam·my**[mǽmi] *n.* Ⓒ 《口》 = MAMMA[1]; 《美南部》 (아이 보는) 흑인 할멈.
†**man**[mæn] *n.* (*pl.* **men**) ① Ⓒ 인간, 사람(이라는 것). ② Ⓤ 남자, 사내다운 남자. ③ Ⓒ 남편. ④ Ⓒ 하인(opp. master); 부하; 직공; 인부; (*pl.*) 졸병(opp. officer). ⑤ 《호칭》 어이, 여보게. ⑥ (the *or* one's ~) 적격자; 상대; (체스의) 말. ***as one ~*** 이구 동성으로. ***be a ~,*** or ***play the ~*** 사내답게 행동하다. ***be one's own ~*** 독립하고 있다, 남의 지배를 안 받다; 자유로이 행동하다. ***between ~ and ~*** 사내들 사이에, 남자 대 남자로서. ***~ and wife*** 부부. ***~ of letters*** 문인. ***~ of the world*** 세상 물정에 밝은 사람; 속물(俗物). ***old ~*** 《口》 영감《아버지·남편·주인·선장 등》. ***the ~ in the street*** (전문가에 대한) 세상의 일반 사람. ***to a ~,*** or ***to the last ~*** 모조리, 마지막 한 사람까지. — *vt.* (**-nn-**) 사람을 배치하다; 태우다; 격려하다. ***~ up*** 인력을 공급하다.
mán-abòut-tówn *n.* (*pl.* **men-**) Ⓒ 사교가; 플레이보이; (런던 사교계의) 멋쟁이 신사.
man·a·cle[mǽnəkl] *n.* Ⓒ (보통 *pl.*) 쇠고랑; 속박. — *vt.* 고랑을 채우다.
:**man·age**[mǽnidʒ] *vt.* ① (도구 따위를 손으로) 다루다; 조종하다. ② (말을) 어거하다; 조교(調敎)하다. ③ (업무를) 취급하다; 처리하다. ④ (사업을) 경영하다; 관리하다. ⑤ 먹다. ⑥ 이럭저럭해서 …하다(*to* do). ⑦ 《종종 비꼬는 투로》 잘 …하다(*He ~d to make a mess of it.* 엉망으로 만들어 버렸다). — *vi.* 처리하다, 헤쳐나가다. **~·a·ble** *a.* 다루기 쉬운. :**~·ment** *n.* Ⓤ,Ⓒ 취급, 관리, 경영; 《집합적》 경영자측; 술책.
man·ag·ing *a.* 처리[관리]하는; 잘 꾸려 나가는; 간섭 잘 하는, 인색한.
managing director 전무 (이사).
mán·aged cúrrency 관리 통화.
mánagement informàtion sỳstem 〖컴〗 (컴퓨터를 이용한) 경영 정보 체계《생략 MIS》.
mánagement-lábo(u)r *a.* 노사의. *~ dispute* 노사 분쟁.
:**man·ag·er**[mǽnidʒər] *n.* Ⓒ 지배인, 경영자; 수완가; 관리인; 처리자;

M

(영국 양원의) 교섭 위원. **good ~** 살림을 잘 꾸려 나가는 주부, 경영을 잘 하는 사람, 두름성 좋은 사람.
mán-at-árms *n.* (*pl.* **men-at-arms**) Ⓒ 중세의 병사.
man·a·tee[mǽnətiː, ㅗㅡㅅ] *n.* Ⓒ 〖動〗 해우(海牛).
***Man·ches·ter** [mǽntʃèstər, -tʃəs-] *n.* 영국 서부의 도시《견직물·무역의 중심》.
Mánchester Schòol, the 맨체스터 학파《1830년대에 자유 무역주의를 주장한》.
Man·chu[mæntʃúː] *n., a.* 만주의; Ⓒ 만주 사람(의); Ⓤ 만주 말(의).
Man·chu·ri·a[mæntʃúəriə] *n.* 만주. **~n** *n., a.* Ⓒ 만주 사람[인]; 만주의.
M & A merger and acquisition (기업의) 합병과 매수.
man·da·la[mʌ́ndələ] *n.* (Sans.) (힌두교·불교의) 만다라(曼荼羅).
man·da·rin[mǽndərin] *n.* Ⓒ (중국의) 관리; (중국 옷차림의) 머리 흔드는 인형; (M-) Ⓤ 중국 관화(官話); Ⓒ (귤빛이 중국 관리의 옷 빛깔과 비슷했던 데서) 중국 귤; Ⓤ 귤빛(의 물감).
mándarin dúck 원앙새.
man·da·tar·y[mǽndətèri/-təri] *n.* Ⓒ 수탁자, 수탁국; 위임 통치국.
***man·date**[mǽndeit, -dit] *n.* Ⓒ (보통 *sing.*) ① 명령, 훈령. ② 위임, 위임 통치령. ③ (교황으로부터의) 성직 수임(授任) 명령. ④ (선거구민이 의원에게 내는) 요구. — [-deit] *vt.* 위임 통치령으로 하다; (…에게) 권한을 위양하다; 명령하다.
man·da·to·ry[mǽndətɔ̀ːri/-təri] *a.* 명령의, 위임의. — *n.* =MANDATARY.
mán-dày *n.* Ⓒ 인일(人日)《한 사람이 하루에 하는 일의 양》.
man·di·ble[mǽndəbəl] *n.* Ⓒ (포유 동물·물고기의) 아래턱(뼈); 새의 부리.
man·do·lin[mǽndəlin], **man·do·line** [ㅅdəlíːn] *n.* Ⓒ 〖樂〗 만돌린.
man·drag·o·ra[mændrǽgərə] *n.* 〖植〗 =⇩.
man·drake[mǽndreik] *n.* Ⓒ 〖植〗 흰독말풀《그 뿌리는 마약제》.
man·drel[mǽndrəl], **-dril**[-dril] *n.* Ⓒ 〖鑛〗 곡괭이; 〖冶〗 (주조용) 심쇠; 〖機〗 심축(心軸).
man·drill[mǽndril] *n.* Ⓒ 〖動〗 아프리카산의 큰 비비(狒狒).
***mane**[mein] *n.* Ⓒ (사자 따위의) 갈기; (갈기 같은) 머리털. 「종.
mán-eàter *n.* Ⓒ 식인 동물; 식인
ma·nège[mænéiʒ, -nèʒ] *n.* (F.) Ⓒ 마술(馬術) 연습소; Ⓤ 마술.
ma·nes[méiniːz, mάːnes] *n. pl.* (고대 로마의) 조상[죽은이]의 영혼.
Ma·net[mənéi], **Édouard** (1832-83) 프랑스의 인상파 화가.
:ma·neu·ver[mənúːvər] *n.* Ⓒ ① 전략적 행동; 기동 연습. ② 책략, 책동; 교묘한 조치. — *vi.* 연습하다; 술책을 부리다. — *vt.* 군대를 움직이다; 책략으로 움직이다(*away, into, out of*).
mán Fríday 충복(忠僕).
man·ful[mǽnfəl] *a.* 남자다운, 용감한. **~·ly** *ad.*
man·ga·nese[mǽŋgəniːz, -nìːs] *n.* Ⓤ 〖化〗 망간.
mánganese nódule 〖地〗 망간 단괴(團塊). 「옴.
mange [meindʒ] *n.* Ⓤ (개·소의)
man·gel(-wur·zel) [mǽŋgl(-wə́ːrzl)] *n.* Ⓒ 〖植〗 근대의 일종《사료용》.
***man·ger**[méindʒər] *n.* Ⓒ 여물통, 구유. **dog in the ~** (버릴 것이라도 남은 못 쓰게 하는) 짓궂은 사람.
man·gle[1][mǽŋgl] *n., vt.* Ⓒ 세탁 마무리용의 압착 롤러(로 다리다).
***man·gle**[2] *vt.* 토막토막 자르다; 형편없이 만들다.
man·go[mǽŋgou] *n.* (*pl.* **~(e)s**) Ⓒ 〖植〗 망고; Ⓤ,Ⓒ 망고열매.
man·go·steen[mǽŋgəstìːn] *n.* Ⓒ 〖植〗 망고스틴 (열매).
man·grove[mǽŋgrouv] *n.* Ⓒ 〖植〗 홍수림(紅樹林)《열대성 상록수》.
man·gy[méindʒi] *a.* 옴이 오른, 더러운.
mán·hàndle *vt.* 인력으로 움직이다; 거칠게 다루다.
***Man·hat·tan**[mænhǽtən] *n.* 뉴욕 시내의 섬《상업 지구》.
Manháttan (cócktail) 맨해튼《칵테일의 일종; 위스키와 베르무트의 혼합주에 체리를 띄움》.
Manháttan Dístrict 미육군 원자력 연구 기관(1942-47).
***mán·hòle** *n.* Ⓒ 맨홀《하수도·도랑 따위에 사람이 드나들도록 만든 구멍》.
:man·hood[mǽnhùd] *n.* Ⓤ ① 인간임, 인격. ② 남자임; 성년; 남자다움; 《집합적》 (한 나라의) 성년 남자 전체. ③ (남성의) 성적 매력, 정력.
mánhood súffrage 성년 남자 선거권.
mán-hóur *n.* Ⓒ 인시(人時)《한 사람의 한 시간 작업량》.
mán·hùnt *n.* Ⓒ 《美》 범인 수사.
***ma·ni·a**[méiniə, -njə] *n.* ① Ⓤ 〖醫〗 조병(躁病). ② Ⓒ 열광; …열, …광(*for, of*).
ma·ni·ac[méiniæ̀k] *a., n.* 미친; Ⓒ 미치광이. **-a·cal**[mənáiəkəl] *a.* = MANIAC.
man·ic[mǽnik, méi-] *a.* 〖醫〗 조병(躁病)의.
mánic-dépressive *a., n.* Ⓒ 〖醫〗 조울병의 (환자).
Man·i·ch(a)e·ism[mǽnəkìːizəm] *n.* Ⓤ 마니교《페르시아 사람 Mani가 창도한 3-5세기의 이원교(二元教)》.
Man·i·chee[mǽnəkìː] *n.* Ⓒ 마니교의 교도.
***man·i·cure**[mǽnəkjùər] *n., vt.* Ⓤ

매니큐어(하다). **-cur·ist** *n.* Ⓒ 손톱 미용사.

‡**man·i·fest**[mǽnəfèst] *a.* 명백한. ― *vt.* ① 명시하다; (감정을) 나타내다; 입증하다. ② 〖商〗 적하 목록(積荷目錄)에 기재하다. ― *vi.* 나타나다; 의견을 발표하다. ~ ***oneself*** (유령·징후가) 나타나다. ― *n.* Ⓒ 〖商〗 적하 목록. ~**·ly** *ad.* ***-fes·ta·tion**[ˋ--téiʃən] *n.* Ⓤ,Ⓒ 표명, 명시, 정견 발표.

man·i·fes·to[mæ̀nəféstou] *n.* (*pl.* ~(***e***)***s***) Ⓒ 선언(서), 성명서.

***man·i·fold**[mǽnəfòuld] *a.* 다양한, 여러 가지의, 다방면의. ― *vt.* 복사를 뜨다.

mánifold pàper 복사 용지.

man·i·kin[mǽnikin] *n.* Ⓒ 난쟁이; 인체 해부 모형; =MANNEQUIN.

Ma·nil·a, -nil·la[mənílə] *n.* 필리핀의 수도; (*or* m-), Ⓤ 마닐라삼; 마닐라 여송연.

***ma·nip·u·late**[mənípjəlèit] *vt.* ① (손으로) 다루다; 조종하다. ② 잔재주를 부리다, 교묘히 조종하다. ***-la·tion**[-ˋ-léiʃən] *n.* Ⓤ,Ⓒ 교묘히 다루기, 조작, 속임; 촉진(觸診); 〖컴〗 조작《문제 해결을 위해 자료를 변화하는 과정》. **-la·tor** *n.* Ⓒ 조종하는 사람; 속이는 사람.

‡**man·kind**[mæ̀nkáind] *n.* Ⓤ 인류, 인간; [ˊˋ] 남성.

mán·lìke *a.* 사람 같은, 남성 같은.

‡**man·ly**[ˊli] *a.* 사내다운; 남자 같은. **mán·li·ly** *ad.* **mán·li·ness** *n.*

mán-máde *a.* 인공의, 인조의. ~ ***moon*** [***satellite***] 인공위성.

mán-mìnute *n.* Ⓒ 인분(人分)《한 사람의 1분간의 작업량》.

Mann[mɑːn, mæn], **Thomas** (1875-1955) 독일의 반나치 소설가.

man·na[mǽnə] *n.* Ⓤ 〖聖〗 만나《옛날 이스라엘 사람이 황야에서 신으로부터 받은 음식》; 마음의 양식; 맛 좋은 것.

manned[mænd] *a.* (우주선 등이) 사람이 탄, 유인의(cf. unmanned).

man·ne·quin[mǽnikin] *n.* Ⓒ 마네킹(걸); 모델 인형.

†**man·ner**[mǽnər] *n.* ① Ⓒ (보통 *sing.*) 방법; 방식. ② (*sing.*) 태도. ③ (*pl.*) 예절. ④ (*pl.*) 풍습; 생활 양식. ⑤ (*sing.*) (문학·미술의) 양식; 작풍(作風). ⑥ (*sing.*) 종류. ***all ~ of*** 모든 종류의. ***have no ~s*** 예의범절을 모르다. ***in a ~*** 얼마간, 다소. ***in like ~*** 《古》 마찬가지로. ***to the ~ born*** 나면서부터 적합한, 타고난. ~**·less** *a.* 버릇 없는. ~**·ly** *a.* 예절 바른, 정중한.

man·nered[mǽnərd] *a.* 틀에 박힌; 버릇이 있는.

man·ner·ism[mǽnərìzəm] *n.* Ⓤ 매너리즘《문체·태도·말투 따위가 틀에 박힌 것》; 버릇. **-ist** *n.* Ⓒ 틀에 박힌 사람.

man·ni·kin [mǽnikin] *n.* = MANIKIN.

man·nish[mǽniʃ] *a.* (여자가) 남자 같은.

***ma·noeu·vre** [mənúːvər] *v., n.* 《英》 =MANEUVER. 「함.

mán-of-wár *n.* (*pl.* ***men-***) Ⓒ 군

ma·nom·e·ter [mənámitər/ -nɔ́mi-] *n.* Ⓒ 압력계, 기압계《유체(流體)의 압력 측정기의 총칭》.

***man·or**[mǽnər] *n.* Ⓒ 영지(領地), 장원(莊園). **ma·no·ri·al**[mənɔ́ːriəl] *a.* 장원의.

mánor hòuse 장원 영주(lord of the manor)의 저택.

mán pòwer 인적 자원; 인력.

mán-ràte *vt.* (로켓·우주선을) 유인 비행에 안전하다고 증명하다.

man·sard[mǽnsɑːrd] *n.* Ⓒ 2단 경사 지붕.

manse[mæns] *n.* Ⓒ 목사관(館).

mán·sèrvant *n.* (*pl.* ***menser-vants***) Ⓒ 하인, 종복.

Mans·field[mǽnsfiːld, mǽnz-], **Katherine**(1888-1923) 영국의 여류 단편 소설가.

mán·shìft *n.* Ⓒ (교대 시간에서 다음 교대까지의) 한 사람의 일의 양.

‡**man·sion**[mǽnʃən] *n.* Ⓒ 대저택; 〖天〗 성수(星宿).

mánsion hòuse =MANOR HOUSE; (the M- H-) 런던 시장의 관저.

mán·sìze(d) *a.* 《口》 어른형〔용〕의; 특대의; (일이) 힘드는.

mán·slàughter *n.* Ⓤ 살인(죄); 〖法〗 고살(故殺)죄.

man·teau[mǽntou, -ˊ] *n.* (*pl.* ***~s, ~x***[-z]) (F.) Ⓒ 망토, 외투.

man·tel[mǽntl] *n.* Ⓒ 벽로(壁爐)의 앞장식, 벽로 선반.

***mántel·pièce** *n.* Ⓒ 벽로의 앞장식.

mántel·shèlf *n.* (*pl.* ***-shelves***) Ⓒ 벽로 선반.

man·til·la[mæntílə] *n.* (Sp.) Ⓒ 만틸라《스페인 여자 등의 머리를 덮는 베일》; 케이프.

man·tis[mǽntis] *n.* (*pl.* ***~es, -tes***[-tiːz]) Ⓒ 〖蟲〗 사마귀, 버마재비.

man·tis·sa[mæntísə] *n.* Ⓒ 〖數〗 가수(假數); 〖컴〗 거짓수《부동 소수점 숫자에서 숫자의 실제 유효 숫자를 나타내는 부분》.

‡**man·tle**[mǽntl] *n., vt.* Ⓒ 망토; 여자의 소매 없는 외투; 덮개; (가스등의) 맨틀; 덮다.

mán-to-mán *a.* 솔직한, 개방적인. ~ ***defense*** 맨투맨 방어《농구 등의 1대 1의 방어》.

Man·tóux tèst[mæntúː-] 〖醫〗 망투 반응《결핵 감염의 검사용》.

mán·tràp *n.* Ⓒ (침입자·밀렵자를 잡는) 덫, 함정; 《口》 요부(妖婦).

***man·u·al**[mǽnjuəl] *a.* 손의, 손으로 만든. ― *n.* Ⓒ ① 편람, 안내서. ② 〖컴〗 안내서.

mánual álphabet (농아자가 쓰는) 수화(手話) 문자. 「동.

mánual lábo(u)r 손일, 근육 노

M

mánual tráining 공작(과).
mánual wórker 근육 노동자.
man·u·fac·to·ry[mæ̀njəfǽktəri] *n.* Ⓒ 《古》 제조소, 공장.
:man·u·fac·ture [mæ̀njəfǽktʃər] *vt.* ① 제조하다. ② (문예 작품을) 남작(濫作)하다. ③ 날조하다. ── *n.* ① Ⓤ 제작, 제조업. ② Ⓒ 제품. **:-tur·er** *n.* Ⓒ 제조업자, 생산자. **-tur·ing** *n., a.* Ⓤ 제조 (공업); 제조하는.
man·u·mis·sion[mæ̀njəmíʃən] *n.* Ⓤ 노예 해방; Ⓒ 해방 증명서.
man·u·mit[mæ̀njəmít] *vt.* (노예·농노를) 해방하다. 「(를 주다).
·ma·nure[mənjúər] *n., vt.* Ⓤ 비료
:man·u·script[mǽnjəskrìpt] *a., n.* 손으로 쓴, 필사한; Ⓒ (인쇄용) 원고 《생략 MS; (*pl.*) MSS》.
Manx [mæŋks] *a., n.* 맨 섬 (the Isle of Man)의; Ⓒ 맨 섬 사람(의); Ⓤ 맨 섬 말(의). **~·man**[ˊ-mən] *n.* 맨 섬 사람. 「고양이.
Mánx cát (맨 섬산의) 꼬리 없는
†man·y[méni] *a.* (*more; most*) (수)많은. ***a good ~*** 꽤 많은. ***a great ~*** 아주 많은. ***as ~*** 같은 수의. ***how ~?*** 얼마?, 몇 개? ***~ times,*** or ***~ a time*** 몇 번이고. ***one too ~ for*** …보다 한수 위인, …의 힘에 겨운〔벅찬〕. ***the ~*** 대중. ── *n., pron.* (the ~) 《복수 취급》 다수. 「작업량.
mán-yèar *n.* Ⓒ 한 사람의 1년간
mány-héaded *a.* 다두(多頭)의.
mány-síded *a.* 다변(多邊)의; 다방면의. **~ness** *n.* Ⓤ 다면(성).
MAO monoamine oxidase 모노아민 옥시다아제.
Mao·ism[máuizm] *n.* Ⓤ 마오쩌둥주의. **Máo·ist** *n., a.* Ⓒ 마오쩌둥 주의자(의).
Mao·ri[máuri] *n., a.* Ⓒ 마오리 사람《New Zealand 원주민》; Ⓤ 마오리 말(의).
Mao Tse-tung[máu tsə̀túŋ, -tsə-] (1893-1976) 마오쩌둥(毛澤東)《중국의 주석》.
†map[mæp] *n.* Ⓒ ① 지도. ② 〖컴〗 도표《기억장치의 각 부분이 어떻게 사용되는지를 보여주는》. ── *vt.* (*-pp-*) 지도를 만들다. ***~ out*** 자세히 계획하다. ***off the ~*** 문제 안되는.
:ma·ple[méipl] *n.* 〖植〗 Ⓒ 단풍; Ⓤ 단풍나무 재목.
máple lèaf 단풍잎《캐나다의 표
máple súgar 단풍당(糖). 「장》.
máple sýrup 단풍 시럽.
map·ping[mǽpiŋ] *n.* Ⓤ 지도 작성; 〖數〗 함수; 〖컴〗 도표화, 사상(寫像).
máp·rèader *n.* Ⓒ 독도법(讀圖法)을 아는 사람.
ma·quis[mɑːkíː, mæ-] *n.* (*pl.* ~[-z]) (F.) Ⓒ (코르시카의) 악한; (M-) 마키《2차 대전 때 반독 유격대(원)》. **ma·qui·sard**[mækizɔ́ːr] *n.* Ⓒ 마키 대원.
·mar[mɑːr] *vt.* (*-rr-*) 손상시키다, 흠내다, 망쳐놓다.
Mar. March; Maria.
mar·a·bou[mǽrəbùː] *n.* Ⓒ 〖鳥〗 황새의 일종《서아프리카산》; Ⓤ 그 깃털.
ma·rac·a[mərɑ́ːkə, -ǽ-] *n.* Ⓒ (보통 *pl.*) 〖樂〗 마라카스《흔들어 소리내는 리듬 악기; 보통 양손에 하나씩 가지고 흔듦》.
már·ag·ing stèel[mɑ́ːreidʒiŋ-] 마레이징강(鋼)《강도 높은 강철의 일종》.
·Mar·a·thon[mǽrəθɑ̀n, -θən] *n.* Athens 북동방의 옛 싸움터; (*or* m-) =**márathon ràce** 마라톤 경주. **már·a·thòn·er** *n.* Ⓒ 마라톤 선수.
ma·raud [mərɔ́ːd] *vt.* 약탈하다. **~·er** *n.*
:mar·ble[mɑ́ːrbəl] *n.* ① Ⓤ 대리석. ② (*pl.*) 조각물. ③ Ⓒ 공깃돌. ***heart of ~*** 냉혹〔무정〕한 마음. ── *vt.* 대리석 무늬를 넣다《책 가장자리 따위에》. **~d** *a.* 대리석 무늬의.
márble-édged *a.* 〖製本〗 책 가장자리 면을 대리석 무늬로 한.
mar·ca·site [mɑ́ːrkəsàit] *n.* Ⓤ 〖鑛〗 백철광.
†March[mɑːrtʃ] *n.* 3월《생략 Mar.》.
march[1][mɑːrtʃ] *n.* Ⓒ (보통 *pl.*) 국경 지대; 경계(境界).
†march[2] *n.* ① Ⓤ 행진, 행군. ② (the ~) 사건의 진전. ③ Ⓒ 〖樂〗 행진곡. ④ (*pl.*) 데모 행진. ***dead*** 〔***funeral***〕 ***~*** 장송 행진곡. ***double ~*** 구보(驅步). ***~ past*** 분열식. ***steal a ~ on*** 〔***upon***〕 …을 앞지르다, 기습하다. ── *vi., vt.* 행진하다〔시키다〕; 진전하다; 끌고 가다(*off, on*). ***~ing order*** 군장(軍裝). ***~ing orders*** 출발 명령. ***~ off*** 출발하다. ***~ on*** …에 밀려 들다. ***~ past*** 분열 행진하다.
mar·chion·ess[mɑ́ːrʃənis] *n.* Ⓒ 후작(侯爵) 부인(cf. marquis).
march·pane[mɑ́ːrtʃpèin] *n.* Ⓒ 감복숭아 사탕(marzipan).
Mar·co·ni[mɑːrkóuni], **Gugliel·mo**(1874-1937) 이탈리아의 무선 전신 발명자. **~·gram**[-ˊ-græm] *n.* Ⓤ 마르코니식 무선 전신.
Már·co Pó·lo[mɑ́ːrkou póulou] ⇨POLO.
·mare[1][mɛər] *n.* Ⓒ 암말.
ma·re[2][mɑ́ːrei] *n.* (L.) Ⓒ 바다.
máre cláu·sum[mɑ́ːrei klɔ́ːsəm] 영해. 「공해.
máre lí·be·rum[-líbərəm, -lái-]
Ma·ren·go, m-[məréŋgou] *a.* 〖料理〗 마렝고풍의《기름에 튀긴 버섯, 토마토, 올리브유, 포도주 등으로 만든 소스로 버무린》.
mar·ga·rine[mɑ́ːrdʒərin, ˌ-ríːn] *n.* Ⓤ 마가린《인조 버터》.
marge[mɑːrdʒ] *n.* 《英方》 =↑.
:mar·gin[mɑ́ːrdʒin] *n.* Ⓒ ① 가장자리, 변두리. ② 한계. ③ 난외(欄外). ④ 여지; 여유. ⑤ 판매 수익, 이문; (주식의) 증거금. ⑥ 〖컴〗 한

계《신호가 일그러져도 바른 정보로 인식할 수 있는 신호의 변형 한계》. ***go near the* ~** (도덕상의) 불장난을 하다. ― *vt.* (…에) 방주(旁註)를 달다; (…의) 증거금을 걸다.

***mar·gin·al** [-əl] *a.* 언저리의, 가의; 한계에 가까운; 난외의.

mar·gi·na·li·a [mɑ̀ːrdʒənéiliə, -ljə] *n. pl.* 방주(旁註), 난외에 써넣기.

márginal lánd 〖經〗 (불모에 가까운) 메마른 경작지.

márginal mán 〖社〗 (두 문화의) 경계인(境界人), 주변인.

márginal nótes 방주(旁註).

márginal séa 영해.

márginal utílity 〖經〗 한계 효용.

mar·gue·rite [mɑ̀ːrgəríːt] *n.* Ⓒ 〖植〗 마거리트《데이지의 일종》.

Mar·i·anne [mὲəriǽn] *n.* 프랑스의 속칭《의인화(擬人化); cf. John Bull》.

mar·i·cul·ture [mǽrəkʌ̀ltʃər] *n.* Ⓤ 해양 생물 양식(養殖).

mar·i·gold [mǽrəgòuld] *n.* Ⓒ 금잔화.

ma·ri·hua·na, -jua- [mæ̀rəhwáːnə, mɑ̀ːr-] *n.* Ⓤ 삼《인도산》; 마리화나《그 잎과 꽃에서 뽑은 마약; 담배로 피움》.

ma·rim·ba [mərímbə] *n.* Ⓒ 목금(木琴)의 일종.

ma·ri·na [məríːnə] *n.* Ⓒ (해안의) 산책길; 《美》 요트·모터보트의 정박소.

mar·i·nade [mæ̀rənéid] *n.* Ⓤ,Ⓒ 마리네이드《와인·초·기름·약초 및 향미료를 섞은 양념 국물》; 마리네이드에 담근 생선〔고기〕. ― *vt.* 마리네이드에 담그다.

mar·i·nate [mǽrənèit] *vt.* =⇧.

‡ma·rine [məríːn] *a.* ① 바다의; 바다에 사는. ② 해상의; 선박(용)의. ― *n.* Ⓒ ①《집합적》(일국의) 선박; 함대. ② (the M-s) 《美》 해병대 (《英》 the Royal Marines). ***Tell that to the* (*horse*) *~s.*** 《口》 거짓말도 작작 해라! ***the mercantile* ~** 상선대, 해운력. ***mar·i·ner** [mǽrənər] *n.* Ⓒ 선원, 수부; (M-) 《美》 화성·금성 탐사용의 우주선.

Maríne Còrps, the 《美》 해병대.

maríne cóurt 해사(海事) 심판소.

maríne insùrance 해상 보험.

maríne làw 해상법.

maríne pòlicy 해상 보험 증권.

maríne pròducts 해산물.

maríne stòres 낡은 선구류(船具類); 선박용 물자.

mar·i·on·ette [mæ̀riənét] *n.* Ⓒ 꼭두각시, 마리오네트.

ma·ri·tal [mǽrətl] *a.* 남편의; 혼인의, 부부간의.

***mar·i·time** [mǽrətàim] *a.* 바다의, 해상의(~ *power* 제해권/~ *law* 해상법); 해변의; 바다에 사는.

mar·jo·ram [mɑ́ːrdʒərəm] *n.* Ⓤ 〖植〗 마요라나《약용·요리용》.

Mark [mɑːrk] *n.* 〖新約〗 마가(복음).

†mark[1] [mɑːrk] *n.* ① Ⓒ 과녁, 목표. ② (the ~) 표준; 한계(*touch the*, 1,000 *dollar* ~ 천 달러대가 되다). ③ Ⓒ 표, 자국, 흔적; 표지. ④ Ⓒ 특징. ⑤ Ⓤ 중요성; 명성. ⑥ Ⓒ 부호, 기호; Ⓒ 〖英軍〗 (종종 the ~) (무기·장비 등의) 형. ⑦ Ⓒ 점수; 주목; 현저. ⑧ (종종 the ~) 〖競〗 출발선. ⑨ Ⓒ 〖컴〗 마크. ***below the* ~** 표준 이하로. ***beside the* ~** 과녁에서 빗나간, 적절하지 않은. ***full* ~(*s*)** 만점. ***get off the* ~** (주자(走者)가) 스타트하다. **(*God*) *save*〔*bless*〕 *the* ~.** 어이쿠 실례했소《실언했을 때의 사과》; 어허 참!, 하느님 맙소사!《냉소·경멸》. ***good* ~** 선행점(善行點). ***hit the* ~** 적중하다. ***make one's* ~** 저명해지다. ***man of* ~** 명사(名士). ***miss the* ~** 적중하지 않다. ***On your ~s!*** 〖競走〗 제자리에! ***short of the* ~** 과녁에 미치지 못하고. ***toe the* ~** 〖競走〗 발가락을 출발점에 대다. ***up to the* ~** 표준에 달하여, 기대에 부응하여. ***within the* ~** 예상이 어긋나지 않은. ― *vt.* ① (…에) 표를 하다; 흔적을 남기다; 드러나게 하다. ② 점수를 매기다; 정찰을 붙이다. ③ (어떤 목적·운명을 위해) 골라내다; 운명지우다. ④ 명시하다; 주시하다. ⑤ (짐승의) 숨은 곳을 알아두다. ⑥ 〖競〗 마크하다. **~ *out*** 구획하다, 설계하다, 예정하다. **∠·er** *n.* Ⓒ (게임의) 득점 기록원〔장치〕; 서표(書標); 묘비; 이정표; 《英》 조명탄.

mark[2] *n.* Ⓒ 마르크《독일의 화폐단위》. 「하액.

márk·dòwn *n.* Ⓒ (값의) 인하; 인

***marked** [mɑːrkt] *a.* 기호가 붙은, 현저한, 눈에 띄는, 명료한; 저명한.

mark·ed·ly [mɑ́ːrkidli] *ad.* 현저하게, 눈에 띄게.

†mar·ket [mɑ́ːrkit] *n.* ① Ⓒ 장, 저자, 시장. ② Ⓒ 시장에 모인 사람들. ③ Ⓤ (또는 a ~) 판로, 수요, 팔리는 곳; 거래선. ④ Ⓒ 시가; 상황(商況). ⑤ 상기(商機). ***be in* ~** 매매되고 있다. ***be in the* ~** 매물로 나와 있다. ***black* ~** 암시장. ***bring one's eggs*〔*hogs*〕 *to a bad*〔*the wrong*〕 ~** 예상이 어긋나다. ***come into*〔*put on*〕 *the* ~** 매물로 내어지다〔내놓다〕. ***corner the* ~** 시장을 매점하다, 증권〔상품〕을 매점하여 등귀시키다. ***go to* ~** (시장에) 장보러 가다; 일을 꾀하다. ***hold the* ~** 시장을 좌우하다. ***lose one's* ~** 매매의 기회를 잃다. ***make a ~ of*** (…을) 이용하다, (…을) 써서 돈을 벌다. ***The ~ fell.*** 시세〔시가〕가 떨어졌다. ― *vt., vi.* 시장에서 매매하다, 물건을 시장에서 팔다. **~·a·ble** *a.* 팔릴, 판로가 좋은, 시장성이 있는.

márket dày 장날.

mar·ket·eer [mɑ̀ːrkitíər] *n.* Ⓒ 시장상인; 《英》 영국의 유럽 공동시장 참가 지지자. ***black* ~** 암상인, 잠

상(潛商).
mar·ket·er[máːrkitər] *n.* Ⓒ 장보러 가는 사람; 시장상인.
márket gàrden (시장에 내기 위한) 야채 재배 농원.
márket gàrdening 〔**gàrdener**〕 시장 공급용 야채 재배〔재배업자〕.
*__mar·ket·ing__[máːrkitiŋ] *n.* Ⓤ (시장에서의) 매매; 〖經〗 마케팅《제조에서 판매까지의 전과정》.
márketing resèarch 시장 조사, 시장 분석.
márket óvert 공개 시장.
*__márket·plàce__ *n.* Ⓒ 장터.
márket prìce 〔**vàlue**〕 시장 가격.
márket resèarch 시장 조사《어떤 상품의 수요를 위한 사전 조사》.
márket tòwn 장이 서는 거리; (중세의) 특허에 의해 장이 서는 읍〔시〕.
márk·ing *n.* Ⓤ 표하기; Ⓒ 표, 점; Ⓒ (새의 깃이나 짐승 가죽의) 반문(斑紋).
marks·man[máːrksmən] *n.* Ⓒ (명)사수; 저격병.
márksman·shìp *n.* Ⓤ 사격술.
Márk Twáin ⇨TWAIN.
márk·ùp *n.* Ⓒ 가격 인상; 인상 가격; 《美》 법인의 최종 절충.
marl[maːrl] *n.* Ⓤ 이회토(泥灰土)《비료·시멘트용》. **∠·y** *a.*
mar·line[máːrlin] *n.* Ⓒ 〖海〗 (두 가닥으로 꼰) 가는 밧줄.
Mar·lowe[máːrlou], **Christopher**(1564-93) 영국의 극작가.
marl·pit[máːrlpìt] *n.* Ⓤ 이회토(泥灰土) 채굴장.
mar·ma·lade[máːrməlèid] *n.* Ⓤ 마멀레이드《오렌지·레몬 따위의 잼》.
mar·mo·re·al [maːrmɔ́ːriəl] *a.* 《詩》 대리석 같은.
mar·mo·set [máːrməzèt] *n.* Ⓒ 〖動〗 명주원숭이《라틴 아메리카산》.
mar·mot[máːrmət] *n.* Ⓒ 〖動〗 마멋《다람쥐의 일종; 모르모트와는 다름》.
mar·o·cain [mǽrəkèin, ⌐-⌐] *n.* Ⓤ 비단 또는 모직 옷감의 일종.
ma·roon[1][mərúːn] *n., a.* Ⓤ 밤색(의); Ⓒ 《주로 英》 불꽃의 일종.
ma·roon[2] *n.* Ⓒ 탈주 흑인(의 자손)《서인도 제도·Guiana 산중에 삶》; 무인도에 버려진 사람. — *vt.* 무인도에 버리다, 고립시키다. — *vi.* 빈둥거리다; 《美》 캠프 여행을 하다. **~·er** *n.* Ⓒ 해적.
mar·plot[máːrplàt/-plɔ̀t] *n.* Ⓒ 쓸데 없이 참견하여 일을 그르치는 사람, 헤살꾼.
Marq. Marquess; Marquis.
mar·quee[maːrkíː] *n.* Ⓒ 《주로 英》 큰 천막; (클럽·호텔 따위의 정문 앞 보도 위에 친) 텐트, 큰 차양.
mar·que·try, -te·rie[máːrkətri] *n.* Ⓤ 상감(象嵌) 세공, (가구 장식의) 쪽매붙임 세공.
*__mar·quis,__ 《英》 **-quess** [máːrkwis] *n.* (*fem.* ***marchioness***) Ⓒ 후작《duke의 아래》.
mar·quise[maːrkíːz] *n.* (F.) Ⓒ 후작 부인.
mar·qui·sette[màːrkwəzét] *n.* Ⓤ 얇은 천의 일종《커튼·모기장·여성 옷감 등에 씀》.
mar·ram[mǽrəm] *n.* Ⓒ (해변에 나는 사방용(砂防用)의) 볏과 식물.
‡**mar·riage**[mǽridʒ] *n.* ① Ⓤ,Ⓒ 결혼; 결혼 생활. ② Ⓒ 결혼식. ③ Ⓤ,Ⓒ 밀접한 결합. ***civil* ~** (종교 의식에 의하지 않는) 신고 결혼. ***communal* ~** 잡혼(雜婚). ***give*** 〔***take***〕 ***in* ~** 며느리 또는 사위로 주다〔삼다〕. ***left-handed* ~** 신분이 다른 사람끼리의 결혼. ***take a person in* ~** 아무를 아내로〔남편으로〕 삼다〔맞다〕.
mar·riage·a·ble[-əbəl] *a.* 결혼할 수 있는, 혼기가 된. ***~ age*** 혼기.
márriage àrticles 혼인 재산 설정 계약서.
márriage lìcense 결혼 허가(증).
márriage lìnes 《英》 결혼 증명서.
márriage pòrtion 지참금.
márriage sèrvice (교회에서의) 결혼식. 「계약.
márriage sèttlement 혼인 재산
‡**mar·ried**[mǽrid] *a.* 결혼한, 기혼의; 부부의.
mar·ron gla·cé[marɔ́ːŋ glaséi] (F.) 마롱글라세《양주와 설탕에 담가 굳힌 밤》.
mar·ron·ni·er[mærɔnjéi] *n.* (F.) Ⓒ 〖植〗 마로니에《서양 칠엽수(七葉樹)》.
*__mar·row__[mǽrou] *n.* ① Ⓤ 〖解〗 뼈골, 골수; 정수(精髓), 알짜. ② Ⓒ 《英》 서양 호박의 일종. ***to the* ~** 뼛속까지; 순수한.
márrow·bòne *n.* Ⓒ 골수가 든 뼈; (*pl.*) 《諧》 무릎. 「일종.
márrow·fàt *n.* Ⓒ 〖植〗 큰 완두의
†**mar·ry**[mǽri] *vt.* (…와) 결혼하다; 결혼시키다(one *to* another); 굳게 결합시키다. — *vi.* 결혼하다. ***a ~ing man*** 결혼을 희망하는 남자. ***be married*** 결혼하(고 있)다. ***get married*** 결혼하다. ***~ beneath oneself*** 지체가 낮은 상대와 결혼하다. ***~ for love*** 연애 결혼하다.
*__Mars__[maːrz] *n.* ① 〖로神〗 (로마 군신(軍神)) 마르스. ② **화성.**
Mar·seil·laise[màːrsəléiz, -seiéz] *n.* (*La* ~) 라마르세예즈《프랑스 국가(國歌)》.
Mar·seilles[maːrséilz] *n.* 마르세유《프랑스 지중해안의 항구 도시》.
‡**marsh**[maːrʃ] *n.* Ⓤ,Ⓒ 소택(沼澤); 습지. ***∠·y*** *a.* 늪의; 소택이 많은; 늪 같은.
‡**mar·shal**[máːrʃəl] *n.* Ⓒ ① (프랑스 등지의) 육군 원수. ② 《英》 의전(儀典)관. ③ 《英》 사법 비서관; 《美》 연방 재판소의 집행관, 경찰서장. ***M- of the Royal Air Force*** 《英》 공군 원수. — *vi., vt.* (《英》 ***-ll-***) 정렬하다〔시키다〕; (*vt.*) (의식을 차리며) 안내하다.

már·shal·(l)ing yàrd [má:r-ʃəliŋ-] 〖鐵〗 조차장(操車場).
Már·shall Plàn [má:rʃəl-] 마셜안 《미 국무장관 G.C. Marshall 제안의 유럽 부흥 계획(1948–52)》(cf. European Recovery Program).
mársh gàs 메탄.
marsh·mal·low [má:rʃmèlou, -mæ̀l-] *n.* Ⓤ,Ⓒ 마시맬로《과자》.
mársh màrigold 〖植〗 눈동이나물류의 식물.
mar·su·pi·al [ma:rsú:piəl/-sjú:-] *a.* 〖動〗 유대류(有袋類)의; 주머니의, 주머니 모양의. ── *n.* Ⓒ 유대 동물.
***mart** [ma:rt] *n.* Ⓒ 시장(市場).
mar·tél·lo tòwer [ma:rtélou-] (*or* M-) (옛날의) 원형 포탑(砲塔) 《해안 방어용》.
mar·ten [má:rtən] *n.* Ⓒ 〖動〗 담비; Ⓤ 담비의 모피.
mar·tens·ite [má:rtənzàit] *n.* Ⓒ 〖冶〗 마텐자이트《담금질 강철의 주요 경도 성분》.
mar·tial [má:rʃəl] *a.* 전쟁의; 무용(武勇)의; 호전적인; (M-) 군신(軍神) Mars의. **~·ly** *ad.* 용감하게.
mar·tial·ize [-àiz] *vt.* (…에) 전쟁 준비를 시키다.
mártial láw 계엄령.
mártial rúle 군정.
mártial spírit 사기(士氣).
Mar·tian [má:rʃən] *a.* 군신(軍神) Mars의; 화성의. ── *n.* Ⓒ 화성인.
mar·tin [má:rtən] *n.* Ⓒ 흰털발제비.
mar·ti·net [mà:rtənét, ∠–∠] *n.* Ⓒ 규율에 엄격한 사람《특히 군인·공무원 등》, 몹시 까다로운 사람.
mar·tin·gale [má:rtəngèil] *n.* Ⓒ ① (말의) 가슴걸이. ② (배의) 제2 사장(斜檣)(jib boom)을 고정하는 버팀줄. ③ 곱 걸기《걸 때마다 거는 돈을 배로 해감》.
mar·ti·ni [ma:rtí:ni] *n.* Ⓤ,Ⓒ 마티니《진과 베르무트의 칵테일》.
Mar·ti·nique [mà:rtiní:k] *n.* 카리브해에 있는 프랑스령 섬.
Mar·tin·mas [má:rtənməs] *n.* 성 마르탱 축일《11월 11일》.
mart·let [má:rtlit] *n.* Ⓒ 《英方》 흰털발제비.
mar·tyr** [má:rtər] *n.* Ⓒ 순교자; (…으로) 괴로워하는 사람(*to*). ***make a ~ of oneself 순교자연하다. ***~ to*** (gout)(통풍)으로 괴로워하는 사람. ── *vt.* (신앙·주의·고집을 이유로) 죽이다; 박해하다. **~·dom** *n.* Ⓤ,Ⓒ 순교; 순사(殉死); 고난, 고뇌, 고통.
:**mar·vel** [má:rvəl] *n.* Ⓒ 경이, 놀라운 것, 경탄. ── *vi.* (《英》 ***-ll-***) 경탄하다(*at; that*); 괴이쩍게 여기다(*why, how*).
:**mar·vel·ous,** 《英》 **-vel·lous** [má:rvələs] *a.* 불가사의한, 놀라운; 기적적인; 괴이쩍은; 《口》 훌륭한. * **~·ly** *ad.*
Marx [ma:rks], **Karl**(1818–83) 독일의 사회주의자《*Das Kapital* (1867)》.
Marx·i·an [má:rksiən] *a.* 마르크스(주의)의. **-ism** *n.* Ⓤ 마르크스주의. **-ist** *n.* Ⓒ 마르크스주의자.
:**Mar·y** [mɛ́əri] *n.* 성모 마리아; 막달라 마리아(Mary MAGDALENE); 여자 이름. ~ STUART.
Máry Jáne 《美俗》 마리화나.
***Mar·y·land** [mérələnd] *n.* 미국 동부의 주《생략 Md.》.
mar·zi·pan [má:rzəpæ̀n] *n.* Ⓤ,Ⓒ =MARCHPANE.
mas., masc. masculine.
mas·car·a [mæskǽrə, -á:-] *n.* Ⓤ 마스카라《눈썹에 칠하는 물감》.
mas·con [mǽskan/-kɔn] *n.* Ⓤ 매스콘《달의 중량 집중 지대》.
mas·cot(te) [mǽskət] *n.* Ⓒ 마스코트, 행운의 부적, 행운을 가져오는 사람〔물건, 동물〕.
:**mas·cu·line** [mǽskjəlin, má:s-] *a., n.* Ⓒ 남자(의); 남자다운; 남자 같은; 〖文〗 남성(어). **-lin·i·ty** [⌐–línəti] *n.*
másculine génder 〖文〗 남성.
másculine rhýme 남성운(韻) 《*disdain, complain*처럼 마지막 음절에 악센트를 둠》(opp. feminine rhyme).
Mase·field [méisfì:ld, méiz-], **John**(1878–1967) 영국의 시인·극작가·소설가.
ma·ser [méizər] (<*m*icrowave *a*mplification by *s*timulated *e*mission of *r*adiation) *n.* Ⓒ 〖電〗 메이저, 분자 증폭기.
mash [mæʃ] *n.* Ⓤ ① 짓이긴 것. ② 엿기름물《양조용》. ③ 곡분(穀粉)이나 밀기울 따위를 더운 물에 갠 사료. ④ 《英俗》 (감자의) 매시. ***all to a ~*** 아주 곤죽이 될 때까지. ── *vt.* 으깨서 뭉개다; (엿기름에) 더운 물을 섞다; 반하게 하다. **∠·er** *n.*
MASH mobile army surgical hospital 육군 이동 외과 병원.
mash·ie, mash·y [mǽʃi] *n.* 〖골프〗 아이언 5번.
máshie nìblick 〖골프〗 아이언 6번.
†**mask** [mæsk, -a:-] *n.* Ⓒ ① (춤·연극용의) 가면; (방호용) 복면, 마스크; (가제의) 마스크; 탈. ② 가장한 사람. ③ 구실, 핑계. ④ 〖컴〗 본, 마스크《어떤 문자 패턴의 1부분의 보존·소거의 제어에 쓰이는 문자 패턴》. ***throw off the ~*** 가면을 벗다; 정체를 드러내다. ── *vt.* (…에게) 가면을 씌우다; 차폐(遮蔽)하다; (사격 따위를) 방해하다. ── *vi.* 가면을 쓰다; 변장하다. **~ed** [-t] *a.* 가면을 쓴, 숨긴. **∠·er** *n.* Ⓒ 가면〔가장〕무도자.
másked báll 가면〔가장〕 무도회.
másk RÒM 〖컴〗 본 늘기억 장치, 마스크 롬.
mas·och·ism [mǽsəkìzəm, mǽz-] *n.* Ⓤ 피학대 음란증(被虐待淫亂症), 마조히즘(opp. sadism). **-ist** *n.*
:**ma·son** [méisn] *n.* Ⓒ ① 석수, 벽

M

돌공. ② (M-) 프리메이슨《우애·공제를 목적으로 한 비밀 결사》(의 일원(一員)). — *vt.* 돌[벽돌]을 쌓다. **~·ic**[məsánik/ -ɔ́-] *a.* 석공의; (M-) 프리메이슨의. ***~·ry** *n.* Ⓤ 석수직(職), 석조 건축; (M-) 프리메이슨 조합.
Má·son-Díx·on lìne [méisn-díksn-] 《美》 Maryland주와 Pennsylvania 주의 경계선《노예 시대의 남북 경계선; 현재는 방언 구분선의 하나》.
ma·son·ite[méisənàit] *n.* Ⓒ 섬유판(fiberboard)의 일종; (M-) 그 상표.
Máson jàr 《美》 (식품용) 보존병.
mas·que[mæsk/-ɑ:-] *n.* Ⓒ (16-17세기 영국의) 가면극 (각본); 가장 무도회.
***mas·quer·ade**[mæ̀skəréid] *n.* Ⓒ 가장 무도회; 가장; 구실. — *vi.* 가장 무도를 하다; 가장하다; 체하다 (*as*). **-ád·er** *n.* Ⓒ 가장 무도자.
mass**[1]**, M-**[mæs] *n.* Ⓤ 미사《가톨릭교의 성체성사》; 미사곡. ***High M- (분향·주악이 있는) 대미사.
:mass[2] *n.* ① Ⓒ 덩어리; 집단; (a ~) 다수, 다량(*He is a ~ of bruises.* 전신 상처 투성이다). ② (the ~) 대부분. ③ Ⓤ 〖理〗 질량. ***in the ~*** 통틀어. ***the (great) ~ of*** …의 대부분. ***the ~es*** 대중(大衆). — *vt., vi.* 한 덩어리로 하다[되다]; 집중시키다[하다].
Mass. Massachusetts.
***Mas·sa·chu·setts**[mæ̀sətʃú:sits] *n.* 매사추세츠《미국 북동부의 주; 생략 Mass.》.
***mas·sa·cre**[mǽsəkər] *n.* Ⓒ 대학살. — *vt.* 학살하다.
***mas·sage** [məsɑ́:ʒ/mǽsɑ:ʒ] *n.* Ⓤ,Ⓒ 마사지, 안마. — *vt.* 마사지[안마]하다. **-ság·ist** *n.* Ⓒ 안마사.
máss communicátion 대중 전달, 매스커뮤니케이션.
mass·cult[mǽskʌ̀lt] *n.* Ⓤ 《美口》 대중 문화.
máss défect 〖理〗 질량 결손.
mas·sé[mæséi] *n.* (F.) 〖撞〗 마세, 세워 치기.
máss-énergy equàtion 질량 에너지 방정식《A. Einstein이 정식화한 $E=mc^2$의 공식》.
mas·seur[mæsə́:r] *n.* (F.) (*fem.* ***-seuse***[-sə́:z]) Ⓒ 마사지사, 안마사.
máss gáme 집단 경기.
:mas·sive[mǽsiv] *a.* ① 크고 무거운; 묵직한, 육중한. ② 실팍한. ③ 덩어리 모양의. **~·ly** *ad.*
máss mán 대중적[집단] 인간《대중 사회를 구성하는 가정된 전형적 인간으로, 개성이 상실됨》.
máss média (*sing.* ***mass medium***) 대중 전달 기관《방송·신문 등》.
máss méeting (국민) 대회.
máss observátion 《英》 여론 조사.
máss prodúction 대량 생산.
máss psychólogy 군중 심리(학).
máss stórage devìce 〖컴〗 대량 기억 장치.
mass·y[mǽsi] *a.* 무거운, 실팍한.
:mast[1][mæst, -ɑ:-] *n.* Ⓒ 돛대, 마스트, 기둥. ***before the ~*** 돛대 앞에, 평수부로서《수부는 앞돛대 앞의 수부실에 있으므로》.
mast[2] *n.* Ⓒ 《집합적》 도토리《돼지 먹이》.
mas·tec·to·my[mæstéktəmi] *n.* Ⓤ,Ⓒ 〖醫〗 유방 절제(술).
†mas·ter[mǽstər, -ɑ́:-] *n.* Ⓒ ① 주인(opp. man); 소유주(主); 임자. ② 장(長), 우두머리; 가장; 선장; 교장. ③ 《주로 英》 선생; 명인, 대가. ④ 도련님. ⑤ 석사. ⑥ 승자. ⑦ (the M-) 예수. ***be ~ of*** …을 갖고 있다, …에 통달해 있다; …을 마음대로 할 수 있다. ***be one's own ~*** 자유로이 행동할 수 있다. ***make oneself ~ of*** …에 숙달하다. ***M- of Arts*** 문학 석사. ***~ of ceremonies*** (식·여흥의) 사회자《생략 M.C.》; 《英》 의전관. ***pass ~*** 급제해서 석사가 되다. ***the old ~s*** 문예 부흥기의 명(名)화가들(의 작품). — *vt.* ① 지배하다, 정복하다; (정열을) 억제하다. ② 숙달하다. **~·ful** *a.* 주인티를 내는; 거만한. **~·ly** *a.* 대가다운, 교묘한.
máster-at-árms *n.* Ⓒ 〖海軍〗 선임 위병 하사관《함상 경찰 임무를 담당》.
máster buílder 건축 청부업자; (뛰어난) 건축가.
máster cárd 〖컴〗 기본 카드. 최후[비장]의 카드;
máster fíle 〖컴〗 기본 파일.
máster hànd 명인; 명기(名技).
máster kèy 곁쇠; 해결의 열쇠.
máster·mìnd *vt., n.* Ⓒ 배후에서 조종하다[조종하는 사람], (어떤 계획의) 흑막, 지도자.
:mas·ter·piece [mǽstərpì:s, mɑ́:s-] *n.* Ⓒ 걸작.
máster plán 종합 기본 계획.
máster sérgeant 《美》 〖軍〗 상사.
máster·shìp *n.* Ⓤ 주인[우두머리]임; 교장[교사]의 직[지위·권위]; 숙달; 지배(력).
máster-sláve manìpulator 매직 핸드《원자로 따위의 원거리 조정 기계의 손》.
máster·stròke *n.* Ⓒ 훌륭한 수완.
máster·wòrk *n.* Ⓒ 대작, 걸작.
***mas·ter·y**[mǽstəri, -ɑ́:-] *n.* Ⓤ ① 지배, 통어(統御)(*the ~ of the seas* [*air*] 제해[제공]권). ② 우위, 승리. ③ 숙달.
mást·hèad *n.* Ⓒ 돛대 머리.
mas·ti·cate[mǽstəkèit] *vt.* 씹다. **-ca·tion**[ㅅ—kéiʃən] *n.*
mas·ti·ca·to·ry [mǽstəkətɔ̀:ri/ kèitəri] *a.* 저작(咀嚼)의, 씹는. — *n.* Ⓒ 씹는 것《타액 분비 촉진을 위한》.
mas·tiff[mǽstif] *n.* Ⓒ (큰) 맹견의 일종.
mas·ti·tis [mæstáitis] *n.* Ⓤ 〖醫〗 유선염(乳腺炎).
mas·to·don[mǽstədɑ̀n/-dɔ̀n] *n.* Ⓒ 〖古生〗 마스토돈《신생대 제3기(紀)

M

의 큰 코끼리》.
mas·toid[mǽstɔid] *a.* 젖꼭지 모양의. ── *n.* Ⓒ 〖解〗 유양(乳樣)돌기.
mas·tur·ba·tion[mæ̀stərbéiʃən] *n.* Ⓤ 수음(手淫).
:mat[1][mæt] *n.* Ⓒ ① 매트, 멍석; 신바닥 문지르는 깔개; (식기의) 깔개. ② 엉킨 물건. ***leave a person on the ～*** 아무를 문전에서 쫓아 버리다. ── *vt.* (*-tt-*) (…에) 매트를[멍석을] 깔다; 얽히게 하다. ── *vi.* 엉키다. ***～ted hair*** 헝클어진 머리.
mat[2] *a.* 광택이 없는. ── *n.* Ⓒ (그림의) 대지(臺紙).
mat. matinee; matins; maturity.
mat·a·dor[mǽtədɔ̀ːr] *n.* Ⓒ 투우사; (카드놀이의) 으뜸패의 일종; (M-) 《美》 지대지 미사일.
:match[1][mætʃ] *n.* Ⓒ 상대, 적수(敵手), 짝지움; 한쌍 중의 한쪽; 필적하는 것; 맞붙음; 《주로 英》 시합; 배우자; 혼인. ***be a ～ [no ～] for*** 필적(匹敵)하다[하지 못하다], …의 호적수다[…에겐 못당하다]. ***be more than a ～ for*** 맞설 수 없다, 상대가 안 되다. ***make a ～ of it*** 결혼하다. ── *vt.* (…에) 필적하다; 결혼시키다(*with*); 맞붙게 하다(*against*); 어울리게 하다(*with*). ── *vi.* 어울리다; 걸맞다. ***∠·less** *a.* 무적의, 무비(無比)의.
:match[2] *n.* Ⓒ 성냥; 도화선.
mátch·bòok *n.* Ⓒ 성냥첩《뜯어 쓰게 된 종이 성냥》.
mátch·bòx *n.* Ⓒ 성냥통. 「조.
match·ing[mǽtʃiŋ] *n.* Ⓤ 〖컴〗 대조.
mátch·lòck *n.* Ⓒ 화승총(銃).
mátch·màker[1] *n.* Ⓒ 중매인; 경기의 대진 계획을 짜는 사람. 「자.
mátch·màker[2] *n.* Ⓒ 성냥 제조업자.
mátch·wòod *n.* Ⓤ 성냥개비.
:mate[1][meit] *n.* Ⓒ ① 한패, 동료. ② (한쌍의 새의) 한편. ③ 〖海〗 항해사《선장의 대리도 함》; 조수. ***first ～,*** 1등 항해사. ── *vt.* (…와) 짝지우다, 결혼시키다(*with*). ── *vi.* 짝짓다; 한패가 되다.
mate[2] *n., v.* 〖체스〗=CHECKMATE.
***ma·té,* ma·te**[máːtei, mǽt-] *n.* (Sp.) Ⓒ 마테차 나무; Ⓤ 마테차(의 잎); Ⓒ 마테차 그릇.
ma·ter[méitər] *n.* (L.) Ⓒ 《英口》 어머니(mother).
†ma·te·ri·al[mətíəriəl] *a.* ① 물질적인; 실질적인(opp. formal). ② 육체적인. ③ 중요한(*be ～ to*). ***～ evidence*** 물적 증거. ── *n.* ① Ⓤ,Ⓒ 재료, 원료; 감. ② Ⓤ 자료; 요소; 제재(題材). ③ (*pl.*) 용구(用具)(*writing ～s*). ***printed ～*** 인쇄물. ***row ～*** 원료. **～·ism**[-ìzəm] *n.* Ⓤ 유물론, 유물주의. **～·ist** *n.* **～·is·tic** [─∸─əlístik] *a.* 유물론의. ***～·is·ti·cal·ly** *ad.* 크게, 물질적으로.
ma·te·ri·al·ize[mətíəriəlàiz] *vt.* (…에) 형체를 부여하다; 구체화하다, 구현하다, 유형으로 하다; 〖降神術〗 (영혼을) 물질화하다. ***～ a spirit*** (강신술로) 영혼을 물질화하여 눈앞에 나타내다. ── *vi.* 나타나다, 유형으로 되다, 실현되다. **-i·za·tion**[─∸──izéiʃən] *n.*
matérial nóun 〖文〗 물질 명사.
matérials scìence 재료 과학, 재료학.
***ma·ter·nal**[mətə́ːrnl] *a.* 어머니의; 어머니다운(opp. paternal).
ma·ter·ni·ty[mətə́ːrnəti] *n.* Ⓤ 어머니임, 모성, 어머니다움. 「병원.
matérnity hòspital 산과(産科)
matérnity núrse 조산사.
math [mæθ] *n.* 《口》 =MATHEMATICS. 「matics.
math. mathemetician; mathe-
:math·e·mat·ic [mæ̀θəmǽtik], **-i·cal**[-əl] *a.* 수학의, 수리적인; 정확한. **-i·cal·ly** *ad.*
†math·e·mat·ics[mæ̀θəmǽtiks] *n.* Ⓤ 수학. ***-ma·ti·cian**[-mətíʃən] *n.* Ⓒ 수학자.
maths[mæθs] *n.* 《英口》 =MATHEMATICS.
mat·in[mǽtən] *n.* (*pl.*) 〖英國國教〗 조도(朝禱); 아침 일과; 아침 예배(의 시각); 《詩》 (새의) 아침 노래.
***mat·i·née,* mat·i·nee**[mæ̀tənéi/mǽtənèi] *n.* (F.) Ⓒ (연극 등의) 낮 흥행, 마티네.
mat·ing[méitiŋ] *n.* Ⓤ 〖動〗 교배. ***the ～ season*** 교배기.
Ma·tisse[matíːs], **Henri** (1869-1954) 프랑스의 후기 인상파·야수파의 화가.
ma·tri·arch[méitriɑ̀ːrk] *n.* Ⓒ 여자 가장; 가장의 아내.
ma·tri·ar·chate [méitriɑ̀ːrkit, -keit] *n.* Ⓤ,Ⓒ 여가장제 사회.
ma·tri·ces[méitrisìːz, mǽt-] *n.* matrix의 복수.
mat·ri·cide [méitrəsàid, mǽt-] *n.* Ⓤ,Ⓒ 모친 살해(자). **-cid·al**[∸─sáidl] *a.* 어머니 살해(자)의.
ma·tric·u·late[mətríkjəlèit] *vt., vi.* 대학 입학(을 허가)하다. **-la·tion** [─∸─léiʃən] *n.* Ⓤ,Ⓒ 대학 입학 허가, 입학.
mat·ri·lin·e·al[mæ̀trəlíniəl] *a.* 모계(母系)의《사회 등》.
***mat·ri·mo·ny**[mǽtrəmòuni] *n.* Ⓤ,Ⓒ 결혼; 결혼 생활; 〖카드〗 으뜸패 King과 Queen을 짝짓는 놀이. **-ni·al**[∸─móuniəl] *a.*
ma·trix[méitriks, mǽt-] *n.* (*pl.* ***-trices,* ～es**) Ⓒ 자궁; 모체; 〖生〗 세포 간질(間質); 〖印〗 자모; 지형(紙型); 〖컴〗 행렬(行列)《입력 도선과 출력 도선의 회로망》.
mátrix prìnter 〖컴〗 행렬 프린터.
***ma·tron**[méitrən] *n.* Ⓒ ① (나이 지긋한) 기혼 부인. ② 간호부장; 학교 여자 사감(舍監). **～·ly** *a.* matron다운; 침착하고 품위 있는.
MATS Military Air Transport Service.
matt[mæt] *a.* =MAT[2].
Matt. Matthew.

M

†**mat·ter**[mǽtər] *n.* ① Ⓤ 물질 (opp. spirit, mind); 실질, 본질. ② Ⓤ 〖哲〗 질료(質料); 〖論〗 명제의 본질(opp. form). ③ Ⓤ 내용, 자료; 재료; 〖美術〗 재질(材質), 마티에르. ④ (the ~) 사건, 일, 문제. ⑤ Ⓤ 중요(함). ⑥ Ⓤ …물(物)(*postal* ~ 우편물/*printed* ~ 인쇄물). ⑦ Ⓤ 〖醫〗 고름. ⑧ (*pl.*) 사태. ***a* ~ *of*** 약(*a* ~ *of 10 years* 약 10년간). ***as a* ~ *of fact*** 실제는, 실제에 있어서. ***as* ~*s stand,*** or ***as the* ~ *stands*** 현상태로는. ***for that* ~** 그 일에 대해서는. ***in the* ~ *of*** …에 대해서는. **~ *of course*** 당연히 예기되는 일. **~ *of fact*** (의견이 아니라) 사실 문제. ***no* ~** 대단한 일이 아니다. ***no* ~ *how* 〔*what, when, where, who*〕** 비록 어떻게〔무엇을, 언제, 어디에서, 누가〕…한다 하더라도. ***what is the* ~ (*with*)?** (…은) 어찌된 일인가. ***What* ~?,** or ***No* ~.** 상관 없지 않은가. — *vi.* 중요〔중대〕하다; (상처 따위가) 곪다. ***It does not* ~ (*if* …)** (…이라도) 괜찮다. ***What does it* ~?** 상관 없지 않은가.

Mat·ter·horn[mǽtərhɔ̀ːrn] (the ~) 알프스 산맥 중 Mont Blanc 다음 가는 고봉(高峯)《4,505m》.

mátter-of-cóurse *a.* 당연한, 물론인, 자연의.

mátter-of-fáct *a.* 사실의; 사무적인, 멋없는.

***Mat·thew**[mǽθjuː] *n.* 〖聖〗 마태《예수의 12제자의 하나》; 마태복음.

mat·ting[mǽtiŋ] *n.* 《집합적》 멍석, 매트, 돗자리; Ⓤ 그 재료.

***mat·tress**[mǽtris] *n.* Ⓒ (짚·솜 따위를 둔) 매트리스, 침대요; 〖土〗 침상(沈床).

mat·u·rate[mǽtʃərèit] *vi., vt.* 익다; 〖醫〗 화농(케)하다. **-ra·tion** [ㄴ-réiʃən] *n.* Ⓤ 화농; (과일 따위의) 익음; (재능의) 원숙.

‡**ma·ture**[mətjúər, -tʃú-] *a.* ① 익은, 성숙한; (심신이) 충분히 발달한. ② 만기가 된. ③ 신중한. — *vt., vi.* 익(히)다, 성숙시키다〔하다〕; 완성시키다; 만기가 되다.

***ma·tu·ri·ty** [mətjúərəti, -tʃúː-/ -tjúərə-] *n.* Ⓤ 성숙; 완성; 만기; 화농. ***come to* ~** 성숙하다.

ma·tu·ti·nal[mətjúːtənəl] *a.* (이른) 아침의; 이른.

mat·zo[máːtsə, -tsou] *n.* (*pl.* **~*s,* ~*th***[-θ]) Ⓤ Passover에 유대인이 먹는 밀가루만으로 된 빵.

maud·lin[mɔ́ːdlin] *a.* 걸핏하면 우는; 취하면 우는; 감상적인. — *n.* Ⓤ 눈물 잘 흘림, 감상벽(感傷癖).

Maugham[mɔːm], **William Somerset** (1874-1965) 영국의 소설가·극작가.

maul[mɔːl] *n.* Ⓒ 큰 나무 망치, 메. — *vt.* 큰 메로 치다, 쳐서 부수다; 거칠게 다루다; 혹평하다.

mául·stìck *n.* Ⓒ (화가의) 팔받침.

maun·der[mɔ́ːndər] *vi.* 종작〔두서〕없이 지껄이다; 방황하다.

maun·dy[mɔ́ːndi] *n.* Ⓤ 세족식(洗足式)《빈민의 발을 씻어 주고 선물을 주는 의식》; 《英》 세족식 날에 왕실로부터 하사되는 빈민 구제금.

Máundy Thúrsday 세족 목요일 《부활절 전의 목요일》.

Mau·pas·sant [móupəsɑ̀ːnt], **Guy de**(1850-93) 프랑스의 소설가.

Mau·riac[mɔːrjáːk], **François** (1885-1970) 프랑스의 소설가.

Mau·ri·ta·ni·a[mɔ̀ːritéiniə, -njə/ mɔ̀-] *n.* 아프리카 북서부의 공화국.

Mau·ri·tius[mɔːríʃiəs] *n.* 마다가스카르섬 동쪽 인도양의 섬 나라.

Mau·rois[mɔrwa], **André**(1885-1967) 프랑스의 소설가·전기 작가·평론가《본명 Émile Herzog》.

mau·so·le·um [mɔ̀ːsəlíːəm] *n.* (*pl.* **~*s,* -*lea***[-líːə]) Ⓒ 장려한 무덤, 영묘(靈廟), 능.

mauve[mouv] *n., a.* Ⓤ 연보라(의).

ma·vis[méivis] *n.* Ⓒ 《英·詩》 〖鳥〗 개똥지빠귀류.

maw[mɔː] *n.* Ⓒ 동물의 위(胃).

mawk·ish[mɔ́ːkiʃ] *a.* 구역질나는; 연약하고 감상적인.

mawl[mɔːl] *n.* =MAUL.

max. maximum.

max·i[mǽksi] *n.* Ⓒ 맥시〔롱〕 스커트(maxiskirt), 맥시 코트(maxicoat). — *a.* 맥시의, 발목까지 내려오는.

max·i-[mǽksi] '최대의, 최장의' 뜻의 결합사.

***max·im**[mǽksim] *n.* Ⓒ 격언, 금언.

max·i·mal[mǽksəməl] *a.* 최대한의, 최고의.

max·i·mize[mǽksəmàiz] *vt.* 최대한으로 증가하다.

‡**max·i·mum** [mǽksəməm] *n.* (*pl.* **~*s,* -*ma***[-mə]) Ⓒ 최대 한도; 〖數〗 극대(opp. minimum). — *a.* 최대〔최고〕의.

máxi·skìrt *n.* Ⓒ 맥시스커트.

max·well[mǽkswəl, -wel] *n.* Ⓒ 〖理〗 맥스웰《자속(磁束)의 단위》.

†**May**[mei] *n.* ① 5월. ② Ⓤ 청춘. ③ (m-) Ⓒ 《英》 〖植〗 산사나무.

†**may**[mei] *aux. v.* (***might***[mait]) ① 《가능성(부정은 may not)》 …일지도 모른다(*It* ~ *be true.* 사실일지도 모른다/*It* ~ *not be true.* 사실이 아닐지도 모른다). ② 《허가(부정은 must not, cannot)》 …해도 좋다(*You* ~ *go./You must not* 〔*cannot*〕 *go.*)《정중한 금지에는 다음 말씨가 있음: *No* tape or sticker *may* be attached. (스카치)테이프나 종이를 붙이지 마십시오(항공우편의 주의서)》. ③ 《용인(부정은 cannot)》 …하여도 상관 없다; …하는 것도 당연하다(*You* ~ *call him a great man, but you cannot call him a good man.*); 하여도 괜찮을 텐데(*You might offer to help.* 도와 주겠다는 말씀 해줘도 좋을 것 아

넌가). ④ 《목적을 나타내는 부사절 속에서》 …하기 위하여, …할 수 있도록(*We worked hard* (*so*) *that we might succeed.*). ⑤ 《양보》 비록 … 일지라도(*come what* ~ 무엇이 닥쳐오든). ⑥ 《능력》 …할 수 있다(*as best one* ~ 될 수 있는 대로; 이럭저럭). ⑦ 《희망·기원》 원컨대 …이기를(*M- you be happy!* 행복을 빕니다). ⑧ 《희망적 명령》 …을 바라다(*You* ~ *imagine.* 바라건대 헤아려 주십시오). ***be that as it*** **~** 그것은 어떻든. **~ *as well*** …하는 편이 좋다.

Ma·ya[máːjə] *n., a.* Ⓒ 마야 사람(의); Ⓤ 마야 말(의).

†**may·be**[méibiː] *ad.* 아마, 어쩌면.

***Máy Dày** 오월제《5월 1일 Maypole 춤을 춤》; 노동절, 메이데이.

May·day, m-[méidèi] *n.* (<F. *m'aidez* =help me) Ⓒ 메이데이《국제 구조 신호》.

máy·flòwer *n.* Ⓒ 〖植〗《英》 산사나무; 《美》 암당자(岩棠子).

***Máy·flòwer** *n.* (the ~) 메이플라워호《1620년 Pilgrim Fathers가 타고 미국으로 건너간 배》.

máy flỳ 〖蟲〗 하루살이.

may·hem[méihem, méiəm] *n.* Ⓤ 〖法〗 신체 상해(죄); 《一般》 파괴, 난동; 혼란.

May·ing[méiiŋ] *n.* Ⓤ 오월제 축하, 5월의 꽃을 따러 가기.

mayn't[meint] may not의 단축.

***may·on·naise**[mèiənéiz, ⌐—⌐] *n.* Ⓤ 마요네즈.

‡**may·or**[mɛər, méiər] *n.* Ⓒ 시장. ***Lord*** **~** 런던시(기타 대도시)의 시장. **~·al·ty** *n.* Ⓤ 시장의 직.

may·or·ess[mɛ́əris, méiər-] *n.* Ⓒ 여시장; 《英》 시장 부인.

may·pole[méipòul] *n.* Ⓒ 오월제에 세우는 기둥《이 둘레에서 춤을 춤》.

Máy quèen 5월의 여왕《오월제의 놀이에서 여왕으로 뽑힌 소녀》.

Maz·da[mǽzdə] *n.* 〖조로아스터교〗 선(善)의 신. **~·ìsm** *n.* =ZOROASTRIANISM.

***maze**[meiz] *n.* Ⓒ 미로(迷路); (a ~) 당혹, 곤혹. — *vt.* 《주로 方》 얼떨떨하게[쩔쩔매게] 하다.

ma·zur·ka, -zour- [məzə́ːrkə, -zúər-] *n.* Ⓒ (폴란드의) 마주르카춤(곡).

ma·zy[méizi] *a.* 구불구불한; 당황한.

M.B. *medicinae baccalaureus* (L. =Bachelor of Medicine). **MBA** Master of Business Administration. **MBS** 《美》 Mutual Broadcasting Service. **MC, mc, m.c.** megacycle. **M.C.** Marine Corps; Master of Ceremonies; Member of Congress; 《英》 Military Cross; Medical Corps.

Mc-[mək, mæk] *pref.* =MAC-.

MCAT 《美》 Medical College Aptitude Test.

Mc·Car·thy·ism [məkáːrθiìzəm] *n.* Ⓤ 매카시주의, 좌익 추방주의.

Mc·Coy[məkɔ́i] *n., a.* (the ~) 《美俗》 진짜(=the real ~); 본인; 훌륭한, 인류의.

Mc·Don·ald's [məkdɑ́nəldz/-ɔ́-] *n.* 〖商標〗 맥도널드《미국 최대의 햄버거 체인점》.

Mc·In·tosh[mǽkintɑ̀ʃ/-ɔ̀-] *n.* Ⓒ 붉은 사과의 일종《미국산》.

Mc·Lu·han·ism [məklúːənìzəm] *n.* Ⓤ 맥루언 이론《캐나다의 문명비평가 Marshall McLuhan에 의한 매스커뮤니케이션 이론》.

MCP male chauvinist pig. **Md** 〖化〗 mendelevium. **Md.** Maryland. **M.D.** Medical Department; *Medicinae Doctor* (L. = Doctor of Medicine).

†**me**[強 miː, 弱 mi] *pron.* 《I의 목적격》 나를, 나에게. ***Dear me!*** 어머! 《보통, 여자의 말》.

ME, ME., M.E. Middle English. **M.E.** Methodist Episcopal; Mining [Mechanical] Engineer. **Me.** Maine.

me·a cul·pa[méɑː kúlpɑː] (L. =(by) my fault) 내 탓(으로).

mead[1][miːd] *n.* Ⓤ 꿀술.

mead[2] *n.* 《古》 =MEADOW.

‡**mead·ow**[médou] *n.* Ⓤ,Ⓒ 목초지; Ⓒ 강변의 낮은 풀밭. **~·y** *a.* 목초지의. 「류.

méadow·làrk *n.* Ⓒ 〖鳥〗 들종다리

méadow·swèet *n.* Ⓒ 〖植〗 조팝나무속(屬)의 관목.

‡**mea·ger,** 《英》 **-gre**[míːgər] *a.* 야윈, 불충분한; 빈약한; 무미건조한. **~·ly** *ad.* **~·ness** *n.*

‡**meal**[1][miːl] *n.* Ⓤ (옥수수 따위의) 거칠게 간 곡식; 굵은 가루. ***make a*** **~ *of*** …을 (음식으로서) 먹다; (일 따위를) 소중하게 다루다[생각하다]. — *vt.* 갈다, 타다.

†**meal**[2] *n.* Ⓒ 식사(시간).

méal·tìme *n.* Ⓤ,Ⓒ 식사 시간.

meal·y[míːli] *a.* 탄 곡식 모양의, 작은 알 모양의, 가루 모양의; (얼굴이) 창백한. 「말솜씨 좋은.

méaly-móuthed[-máuðd, -θt] *a.*

‡**mean**[1][miːn] *n.* Ⓒ ① 중간, 중위. ② 〖數〗 평균값, 내항(內項); 〖倫〗 중용(中庸); 〖論〗 매사(媒辭)《중간에 서는 것, 중개자의 뜻에서》. ③ (*pl.*) 《보통 단수 취급》 수단, 방법. ④ (*pl.*) 자산(資産), 부(富). ***by all*** (***manner of***) **~*s*** 반드시; 《口》 좋고 말고요《대답》. ***by any*** **~*s*** 어떻게 해서든지. ***by fair*** **~*s or foul*** 수단을 안 가리고. ***by*** **~*s of*** …수단에 의하여. ***by no*** **~*s*** 결코 …아니다. ***by some*** **~*s*** 어떻게든 해서. ***by some*** **~*s or other*** 이럭저럭. ***happy*** [***golden***] **~** 중용, 중도. ***man of*** **~*s*** 부자. **~*s of living*** 생활 방도. **~*s test*** (실업수당 받는 자의) 가계 조사. ***within*** [***beyond***] ***one's*** **~*s*** 분수에 알맞

게〔지나치게〕. — *a.* 중정도의, 중등의, 보통의; 평균의(~ *access time* 〖컴〗 평균 접근 시간). ***in the ~ time*** =MEANTIME. ***~ temperature*** 평균 온도.

:mean[2] *a.* ① (태생이) 비천한; 초라한; 열등한. ② 인색한; 가치 없는, 비열한. ***no ~*** 훌륭한. **∠·ly** *ad.* **∠·ness** *n.*

†mean[3] *vt., vi.* (***meant***[ment]) ① 꾀하다; …할 셈이다. ② 예정하다. ③ 의미하다(*What do you ~ by that?* 그건 무슨 뜻이냐); …의 뜻으로 말하다(*You don't ~ to say so!* 설마). ***be meant for*** …맞게 돼 있다, …이 될 예정이다; …을 예정하다. ***I ~ what I say.*** 농담이 아니다, 진정이다. ***~*** BUSINESS. ***~ well by*** 〔***to***〕 …에게 호의를 갖다.

me·an·der[miǽndər] *n.* (보통 *pl.*) Ⓒ ① 강의 굽이침; 꼬부랑길. ② 산책, 우회(迂廻)하는 여행. — *vi.* 굽이쳐 흐르다; 정처 없이 거닐다; 만담하다. **~·ing**[-iŋ] *n., a.* (*pl.*) 꼬부랑길; 산책로; 만담; 두서 없는.

méan deviátion 〖統〗 평균 편차.

mean·ie[mí:ni] *n.* Ⓒ《美口》 치사한 놈; 불공평한 비평가; 독설가; (극, 소설의) 악역.

:mean·ing[mí:niŋ] *n.* Ⓤ,Ⓒ 의미, 의의; 목적; 저의(底意). ***with ~*** 뜻있는 듯이. ***~·ful** *a.* 의미 심장한, 의의 있는. ***~·less** *a.* 무의미한. **~·ly** *ad.* 의미 있는 듯이, 일부러.

:means[mi:nz] ⇨MEAN[1] (*n.*).

méans tèst ⇨MEAN[1]. 「사).

:meant[ment] *v.* mean[3]의 과거(분

:mean·time[mí:ntàim] *ad.* 이럭저럭하는 동안에. — *n.* (the ~) 그 동안. ***in the ~*** 이럭저럭 하는 사이에, 이야기는 바뀌어 (한편).

:mean·while[∠hwàil] *ad., n.*=⇧.

***mea·sles**[mí:zəlz] *n.* Ⓤ 〖醫〗 홍역. **mea·sly**[mí:zli] *a.* 홍역에 걸린, 홍역의; (고기에) 촌충(寸蟲)이 붙은; 《口》 빈약한, 지질한.

***meas·ur·a·ble**[méʒərəbəl] *a.* 잴 수 있는; 알맞은. **-bly** *ad.* 잴 수 있을 정도로, 다소.

:meas·ure[méʒər] *n.* ① Ⓤ 측정, 측량; Ⓒ 측정의 단위; 계량기. ② Ⓤ (측정된) 크기; 양; 치수; 무게. ③ Ⓤ 정도. ④ Ⓒ 기준, 표준, 척도. ⑤ Ⓤ 한도, 제한(limit); 적도(適度). ⑥ Ⓤ 운율; 〖樂〗 박자, 가락; Ⓒ 마디. ⑦ Ⓒ (종종 *pl.*) 수단(step), 조처. ⑧ Ⓒ 법안(bill). ***above*** 〔***beyond***〕 ***~*** 엄청나게, 엄청난. ***common ~*** 공약수. ***cubic ~*** 부피, 용량. ***dry*** 〔***liquid***〕 ***~*** 건(乾)〔액(液)〕량. ***for good ~*** 덤으로. ***full*** 〔***short***〕 ***~*** 듬뿍〔중량 부족〕. ***give full ~*** 듬뿍 주다. ***in a great ~*** 크게. ***in a ~*** 다소. ***know no ~*** 한 없다. (*clothes*) ***made to ~*** 치수에 맞추어 지은 (옷). ***~ for ~*** (동등한) 보복, 대갚음. ***set ~s to*** …을 제한하다. ***take a person's ~*** 아무의 치수를 재다; 인물을 보다. ***take ~s*** …을 측정하다(*of*); 수단을 강구하다. ***take the ~ of a person's foot*** 아무의 인물〔역량〕을 평가하다. ***to ~*** 치수에 맞추어서. ***waist ~*** 허리둘레. ***within ~*** 알맞게. ***without*** 〔***out of***〕 ***~*** 엄청나게. — *vt., vi.* ① 측정하다, (…의) 치수를 재다. ② 평가하다. ③ 길이〔폭·높이〕가 …이다. ④ 견주다, 경주시키다(*with*). ⑤ 구분하다(*off*). ⑥ 분배하다(*out*). ⑦ 적응시키다. ⑧ 《詩》 걷다, 나아가다. ***~ back*** 후퇴하다. ***~ oneself against*** …와 힘을 겨루다. ***~ one's length*** 폭 쓰러지다. **~d**[-d] *a.* 잰; 신중한; 운율이 고른; 리드미컬한. **~·less** *a.* 헤아릴 수 없는. **:~·ment** *n.* Ⓤ 측정, 측량; Ⓒ 용량, 치수.

meas·ur·ing[méʒəriŋ] *a.* 측정의, 측량용의.

méasuring cùp 계량(計量) 컵.

méasuring rùle 자.

†meat[mi:t] *n.* Ⓤ ① (식용의) 고기. ② 《古》 음식, 식사. ***as full of ... as an egg is full of ~*** 가득히. ***green ~*** 야채. ***~ and drink*** 만족스러움(*to*). ***~ safe*** 《英》 쥐막이 찬장; 냉장고. ***One man's ~ is another man's poison.*** 《속담》 갑의 약은 을에게 독. **∠·y** *a.* 고기가 많은; 내용이 풍부한.

méat and potátoes 《美口》 중심부, 기초, 기본, 근본; (*a person's ~*) 좋아하는〔잘 하는〕 것, 기쁨.

méat·bàll *n.* Ⓒ 고기 완자; 《美俗》 얼간이; 지겨운 사람.

méat·hèad *n.* Ⓒ 《美俗》 바보, 얼뜨기.

méat lòaf 미트로프《간 고기에 야채 따위를 섞어 식빵만하게 구운 것》.

méat-pàcking *n.* Ⓤ 정육업.

méat tèa 《英》=HIGH TEA.

me·a·tus[miéitəs] *n.* (*pl.* ***~es***) Ⓒ 〖解〗 관(管), 통로.

***Mec·ca**[mékə] *n.* 메카《Arabia의 도시; Muhammed의 탄생지》; (종종 m-) Ⓒ 동경의 땅; 발상지.

me·chan·ic[məkǽnik] *n.* Ⓒ 기계공. ***~s** *n.* Ⓤ 기계학, 역학.

***me·chan·i·cal**[-əl] *a.* 기계의, 기계에 의한; 기계학의, 물리적인(opp. chemical); 기계적인, 창의성 없는. ***~·ly** *ad.* 기계적으로.

mechánical bráin 인공 두뇌.

mechánical dráwing 제도기화(製圖器畫).

mechánical engineéring 기계공학.

mechánical péncil 《美》 사프 펜슬(《英》 propelling pencil).

mechánical pówer 기계력; (*pl.*) 간단한 기구류《지레·활차·나사·굴대 등》.

mech·a·ni·cian[mèkəníʃən] *n.* Ⓒ 기계 조립공; 기계학자; 기사.

***mech·a·nism**[mékənìzəm] *n.* ① Ⓒ 기계 (장치); 기구, 조직. ② Ⓤ,Ⓒ

기교. ③ Ⓤ 〖哲〗 우주 기계론.

mech·a·nist[mékənist] *n.* Ⓒ 기계론자; 《稀》 기계 기사.

mech·a·nis·tic[mèkənístik] *a.* 기계학〔기계론〕적인.

mech·a·nize[mékənàiz] *vt.* 기계화하다. **~d unit** 기계화 부대. **-ni·za·tion**[⌐-nizéiʃən] *n.*

med. medalist; medical; medicine; medieval; medium.

M.Ed. Master of Education.

⁑**med·al**[médl] *n.* Ⓒ 메달, 상패, 기장, 훈장. **war ~** 종군 기장. **~(l)ist**[médəlist] *n.* Ⓒ 메달 수상자; 메달 제작가.

me·dal·lion[mədǽljən] *n.* Ⓒ 큰 메달; 《古》 원형 양각(陽刻).

⁑**med·dle**[médl] *vi.* 쓸데없이 참견〔간섭〕하다(*in, with*); 《古》 주물럭거리다(*with*). **-dler** *n.* Ⓒ 쓸데없이 참견하는 사람. **~·some** *a.* 참견하기 좋아하는.

Me·de·a[midíːə] *n.* 〖그神〗 메데아 《Jason의 Golden Fleece 입수를 도운 여자 마법사》.

med·e·vac[médəvæ̀k] *n.* Ⓒ 《美》 〖軍〗 부상자 구출용 헬리콥터.

me·di·a¹[míːdiə] *n.* medium의 복수; =MASS MEDIA; 〖컴〗 매체.

me·di·a² *n.* (*pl.* ***mediae***[-diìː]) Ⓒ 〖音聲〗 유성 파열음; 〖生〗 (동맥의) 중막(中膜).

⁑**me·di·ae·val**[mìːdiíːvəl, mèd-], **~·ism, &c.** =MEDIEVAL, ~ISM, &c.

me·di·al[míːdiəl] *a.* 중간의, 보통의. **~·ly** *ad.*

me·di·an[míːdiən] *a.* 중간에 위치한. — *n.* Ⓒ 〖解〗 정중 동맥〔정맥〕; 〖數〗 메디안《중앙값》; 중점(中點), 중선(中線).

médian stríp 《美》 (도로의) 중앙 「분리대.

me·di·ate[míːdiət] *a.* 중간의, 중개의. — [-èit] *vi.* 개재하다. — *vt.* 조정하다; 중간에 서다, 중재하다. **~·ly** *ad.* 간접으로. **-a·tion**[mìː-diéiʃən] *n.* **mé·di·a·tor** *n.* Ⓒ 조정자.

me·di·a·to·ry[míːdiətɔ̀ːri/-təri] *a.* 중재의, 조정의.

med·ic[médik] *n.* Ⓒ 《俗》 의사; 의학도; 위생병.

med·i·ca·ble[médikəbəl] *a.* 치료할 수 있는.

Med·i·caid, m-[médikèid] *n.* Ⓤ 《美》 저소득자 의료 보조.

⁑**med·i·cal**[médikəl] *a.* 의학의; 의료의; 내과적인(opp. surgical). — *n.* Ⓒ 《口》 의사. **~·ly** *ad.*

médical atténdant 주치의(醫).

médical examinátion 건강 진단, 신체검사.

médical exáminer 검시관(檢屍官); (공장 등의) 전속 의사.

médical jurisprúdence 법의학.

médical ófficer 보건소원.

médical reáctor 의료용 원자로.

médical schóol 의학교, (대학의) 의학부.

me·dic·a·ment[medíkəmənt] *n.* Ⓒ 의약, 약제, 약물.

Med·i·care, m-[médikὲər] *n.* Ⓤ 《美·캐나다》 국민 의료 보장.

med·i·cas·ter[médəkæ̀stər] *n.* Ⓒ 가짜 의사.

med·i·cate[médəkèit] *vt.* 약으로 치료하다; 약을 섞다.

med·i·ca·tive[médəkèitiv] *a.* 약효가 있는.

Med·i·ci[médətʃìː] *n.* (the ~) (이탈리아 르네상스기의) 메디치가(家).

me·dic·i·nal[mədísənəl] *a.* 의약의, 약효가 있는. **~ plant** 약초(cf. simple). **~·ly** *ad.* 의약으로.

⁑**med·i·cine**[médəsən] *n.* ① Ⓤ,Ⓒ 약, 약물, 내복약. ② Ⓤ 의술, 의학. ③ Ⓤ 마술, 주문. **take one's ~** 벌을 감수하다. — *vt.* 투약하다.

médicine bàll 가죽으로 만든 무거운 공《체육용》.

médicine màn (북아메리카 토인의) 마법사.

med·i·co [médikòu] *n.* (*pl.* **~s**) Ⓒ 《口》 의사, 의학도.

⁑**me·di·e·val**[mìːdiíːvəl, mèd-] *a.* 중세(풍)의. ***M- History*** 중세사《서로마 제국의 멸망부터 동로마 제국의 멸망까지(476-1453)》. **~·ism**[-ìzəm] *n.* Ⓤ 중세풍, 중세 정신〔존중〕. **~·ist** *n.* Ⓒ 중세 연구〔존중〕가.

me·di·o·cre[mìːdióukər, ⌐-⌐-] *a.* 보통의, 평범한, 별것이 아닌.

***me·di·oc·ri·ty**[mìːdiákrəti/-ɔ́-] *n.* Ⓤ 범용(凡庸); Ⓒ 평범한 사람.

⁑**med·i·tate**[médətèit] *vi., vt.* 숙고〔묵상〕하다(*on, upon*); 꾀하다. **~ revenge** 복수를 꾀하다. **⁑-ta·tion**[mèdətéiʃən] *n.* ***-ta·tive**[médətèi-tiv] *a.* 명상적인. **-ta·tor**[-tèitər] *n.* Ⓒ 명상에 잠기는 사람, 사색가.

⁑**Med·i·ter·ra·ne·an** [mèdətə-réiniən] *a.* 지중해의. ***the ~ Sea*** 지중해. — *n.* (the ~) 지중해.

⁑**me·di·um**[míːdiəm] *n.* (*pl.* **~s, -dia**) Ⓒ ① 중간; 중용. ② 매개(물), 매질, 매체. ③ 〖細菌〗 배양기; 환경; 생활 조건. ④ 수단, 방법. ⑤ (그림물감의) 용제(溶劑); 영매(靈媒). **~ of circulation** 통화. — *a.* 중정도의, 보통의. **~ range ballistic missile** 중거리 탄도탄《생략 MRBM》.

médium bómber 중형 폭격기.

médium-sízed *a.* 중형의.

médium wáve 〖通信〗 중파(中波).

med·lar[médlər] *n.* Ⓒ 서양모과(열매).

***med·ley**[médli] *n.* Ⓒ ① 잡동사니, 혼합; 잡다한 집단; 잡색천. ② 접속〔혼선〕곡. — *a.* 그러모은, 혼합의.

médley ràce 혼합 경영(競泳)〔경주〕, 메들리 레이스.

me·dul·la[mədʌ́lə] *n.* (*pl.* **-las, -lae**[-liː]) Ⓒ 〖解〗 수질(髓質).

Me·du·sa[mədjúːsə, -zə] *n.* ① 〖그神〗 마녀(魔女)(Gorgons)의 하

M

나. ② (m-) (*pl.* **-sae**[-siː, -z-], **~s**) Ⓒ 〖動〗 해파리.

meed[miːd] *n.* (*sing.*) 《古》 보수, 포상(褒賞).

:meek[miːk] *a.* 온순한, 유화한; 겸손한. ***as ~ as a lamb*** 양처럼 온순한. **˟∠·ly** *ad.* **∠·ness** *n.*

meer·schaum[míərʃəm, -ʃɔːm] *n.* Ⓤ 〖鑛〗 해포석(海泡石); Ⓒ 해포석 파이프.

†meet[1][miːt] *vt., vi.* (**met**) ① 만나다; 마주치다. ② 마중하다, (약속하고) 면회하다. ③ (정식 소개로) 아는 사이가 되다; (…에) 직면하다. ④ (…와) 서로 만나보다. ⑤ (…와) 싸우다; (희망·요구에) 응하다, 만족시키다. ⑥ 지불하(기에 충분하)다. ⑦ (선·길 따위가) (…와) 합치다. ⑧ (띠·옷 따위가) 맞다. ***I'm very glad to ~ you.*** 처음 뵙겠습니다. ***~ one's ear*** 〔***eye***〕 들리다〔눈에 들어오다〕. ***~ expenses*** 비용을 치르다. ***~*** (***a person***) ***halfway*** 타협하다. ***~ objections*** 반대를 반박하다. ***~ with*** …와 우연히 만나다; (사건에) 조우하다, 경험하다; 우연히 발견하다. ***Well met!*** 마침 잘 만났다. ── *n.* Ⓒ 회합, 모임; 《英》 사냥 전의 회합.

meet[2] *a.* 《稀》 적당한, 어울리는(*for; to* do, *to be* done; *that*).

:meet·ing[míːtiŋ] *n.* Ⓒ ① 모임, 집회; 회합, 회견. ② 결투, 회전(會戰). ③ 합류점. ④ 예배회. ***call a ~*** 회의를 소집하다. ***hold a ~*** 회합을 갖다〔개최하다〕.

méeting hòuse 교회당.

méeting plàce 집회소, 회장.

meg·a-[mégə] '대(大), 백만(배)'의 뜻의 결합사.

méga·bùck *n.* Ⓒ 《美俗》 100만 달러.

méga·bỳte *n.* Ⓒ 〖컴〗 메가바이트 《100만 바이트=800만 비트》.

méga·cìty *n.* Ⓒ 인구 100만 이상의 도시.

méga·cùrie *n.* Ⓒ 〖理〗 메가퀴리 《100만 퀴리; 생략 mc》.

méga·cỳcle *n.* Ⓒ 100만 사이클.

méga·dèath *n.* Ⓒ 100만 명의 사망자《핵무기에 의한 사망자수의 단위》.

méga·hèrtz *n.* Ⓒ 메가헤르츠, 100만 헤르츠.

meg·a·lith[mégəlìθ] *n.* Ⓒ 〖考〗 거석(巨石).

meg·a·lo·ma·ni·a [mègəlouméiniə] *n.* Ⓤ 과대 망상광(狂). **-ac** [-niæ̀k] *a.*

meg·a·lop·o·lis[mègəlápəlis/-ɔ́-] *n.* Ⓒ 거대 도시.

meg·a·lo·sau·rus[mègəlousɔ́ːrəs] *n.* Ⓒ 〖古生〗 거룡(巨龍).

:meg·a·phone[mégəfòun] *n.* Ⓒ 메가폰, 확성기.

meg·a·scop·ic [mègəskápik/-skɔ́p-] *a.* 육안으로 보이는, 육안에 의한; 확대된.

méga·tòn *n.* Ⓒ 100만 톤; 메가톤 《핵무기 폭발력의 계량 단위》.

meg·a·tron[mégətràn/-rɔ̀n] *n.* Ⓒ 〖電子〗 메가트론 진공관.

meg·a·ver·si·ty[mègəvə́ːrsəti] *n.* Ⓒ 매머드 대학.

méga·vòlt *n.* Ⓒ 〖電〗 메가볼트 《100만 볼트; 생략 MV, Mv》.

méga·wàtt *n.* Ⓒ 메가와트《100만 와트; 생략 Mw》.

meg·ohm [mégòum] *n.* Ⓒ 〖電〗 100만 옴.

mei·o·sis[maióusis] *n.* Ⓤ,Ⓒ 〖生〗 세포핵의 감수 분열; 〖修〗 완서법(緩敍法)《보기: This is *some*(=a big) war.》.

Me·kong[méikáŋ/-kɔ́ŋ] *n.* (the ~) 메콩강. ***~ Delta*** 메콩강 어귀의 삼각주.

mel·a·mine[méləmìːn] *n.* Ⓤ 멜라민 (수지).

mel·an·cho·li·a[mèlənkóuliə] *n.* Ⓤ 〖醫〗 우울증. **-chol·ic**[∸–kálik/-ɔ́-] *a.* 우울한, 우울증의.

:mel·an·chol·y [mélənkàli/-kɔ̀li] *n.* Ⓤ (습관적·체질적인) 우울(증). ── *a.* 우울한, 생각에 잠긴; 침울한, 서글픈.

Mel·a·ne·sia[mèləníːʒə, -ʃə] *n.* 멜라네시아《태평양 중부의 섬들》.

mé·lange[meiláːnʒ] *n.* (F.) Ⓒ 혼합(물).

mel·a·nin[mélənin] *n.* Ⓤ 멜라닌, 검은 색소.

mel·a·to·nin[mèlətóunin] *n.* Ⓤ 멜라토닌《송과선(松果腺)에서 분비되는 호르몬의 하나》.

Mél·ba tòast[mélbə-] (바삭바삭한) 얇은 토스트.

meld[meld] *vt., vi.* 《美》 섞다; 섞이다.

me·lee, mêl·ée[méilei, –∠/mélei] *n.* (F.) Ⓒ 치고받기, 난투, 혼전.

me·lio·rate[míːljərèit] *vt.* 개선〔개량〕하다. ── *vi.* 좋아지다. **-ra·tive** [∠–rèitiv/-rə-] *a.* 개선하는, 개량에 도움이 되는.

me·lis·ma[milízmə] *n.* (*pl.* **~ta** [-tə]) Ⓒ 〖樂〗 선율이 아름다운 음악〔가락〕.

mel·lif·er·ous[milífərəs] *a.* 꿀을 내는.

mel·lif·lu·ent[məlífluənt] *a.* = ⇩. **-ence**[-əns] *n.* Ⓤ 유창(流暢).

mel·lif·lu·ous[məlífluəs] *a.* 꿀같이 감미로운; 유창한.

:mel·low[mélou] *a.* ① (과일이) 익어 달콤한, 익은; 향기 높은. ② 비옥한. ③ 원숙한. ④ 풍부하고 아름다운《음색·빛 따위》. ⑤ 기분 좋은. ── *vt., vi.* 연하고 달게 익(히)다; 원숙하게 하다, 원숙해지다. **~·ly** *ad.* **~·ness** *n.*

me·lo·de·on[milóudiən] *n.* Ⓒ 멜로디온《리드오르간의 일종》.

me·lod·ic [miládik/-ɔ́-] *a.* 선율의; 선율적인; 선율이 아름다운. ***~ minor scale*** 〖樂〗 선율적 단음계. **-i·cal·ly** *ad.*

:me·lo·di·ous[məlóudiəs] *a.* 선율이 고운. **~·ly** *ad.* **~·ness** *n.*

mel·o·dist[mélədist] *n.* Ⓒ 성악

가, 가수, 작곡가.

:mel·o·dra·ma[mélədrɑ̀:mə, -ræ̀-] *n.* Ⓒ 통속극; 권선징악의 통속극, 멜로드라마. **-mat·ic**[mèloudrəmǽtik] *a.* **~·tist**[mèlədrǽmətist] *n.* Ⓒ 멜로드라마 작가.

:mel·o·dy[mélədi] *n.* Ⓒ 선율, 멜로디; 곡; Ⓤ 아름다운 음악(성), 즐거운 가락.

mel·on**[mélən] *n.* Ⓒ 〖植〗 멜론, 참외류. ***water ~ 수박.

Mel·pom·e·ne [melpɑ́məni:/-pɔ́m-] *n.* 〖그神〗 멜포메네《비극의 여신; Muses의 한 사람》.

:melt[melt] *vi.* (***~ed; ~ed, molten***) ① 녹다. ② 녹아 없어지다. ③ (마음이) 풀리다, 가엾은 생각이 나다; (색이) 녹아 섞이다. ④ 《口》 몸이 녹을 정도로 더위를 느끼다. — *vt.* ① 녹이다. ② 흐트리다. ③ 풀리게 하다. ④ 《英俗》 낭비하다. ***~ away*** 녹아 없어지다. ***~ into*** 녹아서 …이 되다, 마음이 풀려서 …하기 시작하다(~ *into tears*).

mélt·dòwn *n.* Ⓤ,Ⓒ (원자로의) 노심(爐心) 용해《냉각 장치 등의 고장에 의한》.

mélting mòod 감상적인 기분.

mélting pòint 융해점.

mélting pòt 도가니; 온갖 인종이 융합해서 사는 곳《흔히 미국을 가리킴》.

mélting ... 「《천》.

mel·ton[méltən] *n.* Ⓤ 멜턴 나사

Mel·ville[mélvil], **Herman** (1819-91)미국의 소설가《*Moby Dick* (1851)》.

mem·ber**[mémbər] *n.* Ⓒ ① (단체의) 일원, 구성원. ② 수족, 신체의 일부, 기관; 부분. ③ 〖文〗 절, 구; 〖數〗 변, 항. ④ 〖컴〗 원소, 멤버. ***M- of Congress 《美》 국회의원, 하원의원《생략 M.C.》. ***M- of Parliament*** 《英》 하원 의원《생략 M.P.》. **:~·ship**[-ʃìp] *n.* Ⓤ 일원임; 회원 자격; Ⓒ 회원수.

mémber bànk 《美》 연방 준비 은행에 가맹한 은행; (어음 교환의) 조합 은행. 「맹국.

mémber nàtion (유엔 등의) 가

***mem·brane**[mémbrein] *n.* ① Ⓒ 〖解〗 얇은 막, 막피(膜皮). ② Ⓤ 양피지, 문서의 한 장. **-bra·nous** [-brənəs] *a.* 막 모양의.

me·men·to [miméntou] *n.* (*pl.* ~(***e***)***s***) Ⓒ 기념물, (추억이 되는) 유품.

meménto mó·ri[-mɔ́:rai] (L.) 죽음의 상징《해골 따위》.

mem·o[mémou] *n.* (*pl.* ***~s***) 《口》 =MEMORANDUM.

***mem·oir**[mémwɑ:r, -wɔ:r] *n.* Ⓒ 회상록, 실록; 전기; 연구 논문.

***mem·o·ra·ble** [mémərəbəl] *a.* 잊지 못할; 유명한.

mem·o·ran·dum** [mèmərǽndəm] *n.* (*pl.* ***~s, -da[-də]) Ⓒ 메모, 각서, 비망록; 〖法〗 정관(定款); 매매 각서; (서명 없는) 비공식 서한.

:me·mo·ri·al[mimɔ́:riəl] *a.* 기념하는, 추도의; 기억의. — *n.* Ⓒ 기념품; (*pl.*) 연대기, 기록; 각서; 청원서. **~·ize**[-àiz] *vt.* 기념하다, 추도 연설을 하다.

Memórial 〔**Decorátion**〕 **Dày, the** 《美》 현충일《대부분의 주에서는 5월 30일》.

:mem·o·rize[méməràiz] *vt.* 암기하다, 기억하다; 명심하다.

:mem·o·ry[méməri] *n.* ① Ⓤ 기억; Ⓒ (개인의) 기억력. ② Ⓒ 추억. ③ Ⓤ 죽은 뒤의 명성; Ⓒ (고인의) 영(靈). ④ Ⓤ 기억을 더듬을 수 있는 연한(*beyond* ~). ⑤ Ⓒ 기념. ⑥ Ⓒ 〖컴〗 기억, 메모리(~ *capacity* 기억 용량/ ~ *density* 기억 밀도/ ~ *management* 기억 관리). ***in ~ of*** …을 위해서, …을 기념하여. (*King George*) ***of blessed*** 〔***happy***〕 ~ 고(故)(조지왕)《죽은 왕·성인 등의 이름에 붙임》. ***within living ~*** 아직도 사람들의 기억에 살아 있는.

mémory bànk 〖컴〗 기억 장치, 데이터 뱅크.

mémory chìp 메모리 칩.

mémory cèll 〖컴〗 기억 소자.

mémory drùm 〖컴〗 기억 드럼《학습할 사항이 주기적으로 제시되는 회전식 장치》.

mémory màp 〖컴〗 기억 배치도.

†men[men] *n.* man의 복수.

:men·ace[ménəs] *n.* Ⓤ,Ⓒ 협박. — *vt.* 협박하다. **-ac·ing·ly** *ad.* 협박적으로.

***mé·nage,* me-**[meiná:ʒ] *n.* (F.) Ⓤ 가정(家政), 가사; Ⓒ 가족.

me·nag·er·ie[minǽdʒəri] *n.* Ⓒ (이동) 동물원; 구경거리의 동물.

men·ar·che[minɑ́:rki:] *n.* Ⓤ 〖生〗 초경(初經), 초조(初潮).

Men·ci·us [ménʃiəs] *n.* (372?-289? B. C.) 맹자.

:mend[mend] *vt.* ① 고치다, 수선하다(repair). ② 정정하다(correct). ③ (행실을) 고치다(improve). ④ (사태를) 개선하다(~ *matters*). ⑤ 걸음을 빠르게 하다(quicken). — *vi.* 고쳐지다; 나아지다. ***Least said soonest ~ed.*** 《속담》 말은 적을수록 좋다. ***~ the fire*** 꺼져 가는 불을 살리다; 불에 나무를 지피다. ***~ one's ways*** 소행을 고치다. — *n.* Ⓒ 수선한 부분. ***be on the ~*** 나아져 가고 있다. **~·a·ble**[⁄-əbəl] *a.* 고칠 수 있는. **⁄·er** *n.* Ⓒ 수선인.

men·da·cious[mendéiʃəs] *a.* 허위의, 거짓말하는.

men·dac·i·ty[mendǽsəti] *n.* Ⓒ 허위; Ⓤ 거짓말하는 버릇.

Men·del[méndl], **Gregor Johann**(1822-84) 오스트리아의 유전학자. ***~'s Law*** 멘델의 법칙. **Men·de·li·an**[mendí:liən, -ljən] *a.* **~·ism**[méndəlizəm] *n.* Ⓤ 멘델의 유전학설.

men·de·le·vi·um[mèndəlí:viəm] *n.* Ⓤ 〖化〗 멘델레븀《방사성 원소》.

M

Men·dels·sohn [méndlsn, -sòun], **Felix** (1809-47) 독일의 작곡가.
men·di·cant [méndikənt] *a.* 구걸하는; 탁발하는. — *n.* Ⓒ 거지; 탁발 수사(修士). **-can·cy, -dic·i·ty** [mendísəti] *n.* Ⓤ 거지 생활.
Men·e·la·us [mènəléiəs] *n.* 〖그神〗 메넬라오스《스파르타의 왕; Helen의 남편, Agamemnon의 동생》.
mén·fòlk(s) *n.* (보통 the ~)《복수 취급》남자들《특히 가족의》.
M. Eng. Master of Engineering.
men·hir [ménhiər] *n.* Ⓒ 〖考〗 멘히르, 선돌(cf. dolmen).
me·ni·al [mí:niəl, -njəl] *a.* (비)천한; 하인의. — *n.* Ⓒ 하인.
me·nin·ge·al [minínd3iəl] *a.* 뇌막의.
me·nin·ges [minínd3i:z] *n. pl.* (*sing.* ***meninx*** [mí:niŋks]) 〖解〗 뇌막, 수막.
men·in·gi·tis [mènindʒáitis] *n.* Ⓤ 〖醫〗 뇌막염.
me·nis·cus [minískəs] *n.* (*pl.* ~***es,*** ***-ci*** [-skai]) Ⓒ 초승달 모양(의 것); 〖理〗 요철(凹凸) 렌즈.
men·o·pause [ménəpɔ̀:z] *n.* (the ~) 폐경기(閉經期), 갱년기.
men·ses [ménsi:z] *n. pl.* (보통 the ~) 월경.
Men·she·vik [ménʃəvìk] *n.* (*pl.* ~***s,*** ***-viki*** [-vì(:)ki]) (러시아 사회 민주당의) 소수〔온건〕파(의 당원)(cf. Bolshevik). **-vism** [-ìzəm] *n.* **-vist** *n.*
mens re·a [ménz rí:ə] (L.) 범의(犯意).
mén's ròom 남성용 변소.
mens sa·na in cor·po·re sa·no [menz séinə in kɔ́:rpəri: séinou] (L.) 건전한 신체에 건전한 정신.
men·stru·al [ménstruəl] *a.* 월경의; 다달의(monthly).
men·stru·a·tion [mènstruéiʃən] *n.* Ⓤ,Ⓒ 월경 (기간).
men·sur·a·ble [ménʃərəbəl] *a.* 측정할 수 있는.
men·su·ra·tion [mènʃəréiʃən/ -sjuər-] *n.* Ⓤ 측정, 측량; 측정법, 구적법(求積法).
méns·wèar *n.* Ⓤ 신사용품, 신사복, 남성용 의류.
-ment [mənt] *suf.* 결과·수단·상태 따위를 나타내는 명사 어미(achieve*ment*, develop*ment*, enjoy*ment*).
:men·tal [méntl] *a.* ① 마음의, 정신의. ② 지적인. ③ 마음으로 하는, 암산의. ④ 정신병의.
méntal áge 정신〔지능〕 연령《생략 M.A.》.
méntal aríthmetic 암산.
méntal cáse 정신병 환자.
méntal cúlture 정신 수양.
méntal disórder 정신 착란.
méntal fáculty 지능.
men·tal·ism [méntəlìzəm] *n.* Ⓤ 〖哲〗 유심론; 〖心〗 멘탈리즘(cf. behavio(u)rism). **-ist** *n.* **men·ta·lis·tic** [-ʌ-lístik] *a.*
***men·tal·i·ty** [mentǽləti] *n.* ① Ⓤ 정신 활동, 심성. ② Ⓒ 심적 상태. ③ Ⓤ 정신 (능력), 지능.
***men·tal·ly** [méntəli] *ad.* 마음으로, 정신적으로; 지력〔기질〕상으로.
méntal pátient 정신병 환자.
méntal spécialist 정신과 의사.
méntal tést 지능 검사.
men·thol [ménθɔ(:)l, -θɑl] *n.* Ⓤ 〖化〗 멘톨, 박하뇌(薄荷腦).
men·ti·cide [méntəsàid] *n.* Ⓤ 심리적 살해, 정신적 박해《고문·세뇌·약제 따위에 의한》(cf. brainwashing).
†men·tion [ménʃən] *vt.* 언급하다, 이름을 들다, 진술하다. ***Don't ~ it.*** 천만의 말씀입니다. ***not to ~*** …은 말할 것도 없고. — *n.* Ⓤ 언급, 진술, 기재. ***honorable ~*** (상품이 없는) 등외 상장. ***make ~ of*** …에 관해서 말하다, …에 언급하다.
men·tor [méntər, -tɔ:r] *n.* Ⓒ 경험·신용 있는 조언자(助言者).
***men·u** [ménju:, méi-] *n.* Ⓒ ① 식단, 메뉴. ② 〖컴〗 메뉴《프로그램의 기능 등이 일람표로 표시된 것》.
me·ow, mi·aow [miáu, mjau] *n.* Ⓒ 야옹(하고 우는 소리). — *vi.* 야옹하고 울다.
Meph·is·to·phe·le·an, -li·an [mèfəstoufí:liən, -ljən] *a.* (Faust를 유혹해서 혼을 팔게 한 악마) Mephistopheles 같은, (간사하고) 냉혹한.
mer·can·tile [mə́:rkəntàil, -tì:l] *a.* 상업의; 무역의; 돈에 눈이 어두운. **-til·ism** [-ìzəm] *n.* Ⓤ 중상(重商)주의. **-til·ist** *n.*
mércantile àgency 상업 흥신소.
mércantile pàper 〖商〗 상업 어음《약속 어음, 환어음 따위》.
mércantile sỳstem 〖經〗 중상주의.
***mer·ce·nar·y** [mə́:rsənèri] *a.* 돈을 목적으로 일하는; 고용된. — *n.* Ⓒ 용병(傭兵).
mer·cer [mə́:rsər] *n.* Ⓒ《英》 포목상.
mer·cer·ize [-ràiz] *vt.* (무명을) 머서법으로 처리하다《광택을 냄》. ***~d cotton*** 광을 낸 무명, 의견사(silket).
:mer·chan·dise [mə́:rtʃəndàiz] *n.* Ⓤ《집합적》상품.
†mer·chant [mə́:rtʃənt] *n.* Ⓒ 상인; 《英》도매 상인; 무역 상인; 《美》소매 상인. — *a.* 상인의, 상선의. ~**·a·ble** *a.* 팔 수 있는, 수요가 있는.
mérchant advénturer 〖英史〗 모험적 상인《해외 시장을 개척한 근세 초기의 무역상》.
mérchant·man [-mən] *n.* Ⓒ 상선, 상인.
mérchant maríne《집합적》(일국의) 상선; 그 상선원.

M

mérchant príncе 호상(豪商).
mérchant sérvice 해상 무역; 상선.
mérchant shíp [**véssel**] 상선.
mer·ci[mεərsíː] *int.* (F.) 고맙습니다(thanks, thank you).
merci beau·coup [mεərsíː-boukúː] (F.) 대단히 감사합니다(thank you very much).
:mer·ci·ful[mə́ːrsifəl] *a.* 자비로운. ~·**ly** *ad.* ~·**ness** *n.*
***mer·ci·less**[mə́ːrsilis] *a* 무자비한, 용서없는. ~·**ly** *ad.*
mer·cu·ri·al[məːrkjúəriəl] *a.* 기민한; 쾌활한; 마음이 변하기 쉬운; 수은의; (M-) 수성(水星)의. — *n.* Ⓒ 수은제. ~·**ism**[-ìzəm] *n.* Ⓤ 〖醫〗 수은 중독(증).
Mer·cu·ro·chrome[məːrkjúərə-krðum] *n.* Ⓤ 〖商標〗 머큐로크롬.
:mer·cu·ry[mə́ːrkjəri] *n.* ① (M-) 〖로神〗 (여러 신의 심부름꾼) 머큐리신《상업·웅변·숙련·도둑의 수호신》. ② (M-) 〖天〗 수성. ③ Ⓒ 사자(使者). ④ Ⓤ 수은. ⑤ Ⓒ 온도계, 청우계. ⑥ Ⓤ 원기. ⑦ Ⓒ (M-) 《美》 1인승 우주선. ***The ~ is rising.*** 온도가 올라가고 있다; 형세가 좋아져 간다; 점점 흥분해 간다.
mércury-vápo(u)r làmp 수은등, 수은램프.
:mer·cy[mə́ːrsi] *n.* Ⓤ 자비, 연민; Ⓒ 고마움, 행운. ***at the ~*** [***mercies***] ***of*** …에 내맡기어. ***for ~('s sake)*** 부디, 제발 비노니. ***left to the tender ~ of*** …로부터 가혹한 취급을 받고. ***~ flight*** [***mission***] 구조 비행. ***~ killing*** 안락사(安樂死)(술)(euthanasia). ***M- on us!*** 어허!; 아뿔싸! ***What a ~ that ... !*** …이라니 고마워라.
:mere[1][miər] *a.* 단순한, 명색뿐인, …에 지나지 않는(*the ~st folly* 아주 어리석은 짓). **:∠·ly** *ad.* 단지, 다만, 그저.
mere[2] *n.* Ⓒ 《주로 英方》 호수, 못.
Mer·e·dith[mérədiθ], **George** (1828-1909) 영국의 소설가·시인.
mer·e·tri·cious[mèrətríʃəs] *a.* 야한; 매춘부 같은.
***merge**[məːrdʒ] *vt.* ① 몰입(沒入)하게 하다. ② 합병하다(*in*). — *vi.* ① 몰입하다. ② 합병되다; 융합하다.
merg·er[mə́ːrdʒər] *n.* Ⓒ (회사 등의) 합병; 합동.
me·rid·i·an**[mərídiən] *n.* Ⓒ ① 자오선. ② 《古》 특성, 장소, 환경. ③ 《古》 정오. ④ 정점, 전성기. — *a.* 정오의; 절정의. ***calculated for the ~ of …의 취미[특성]에 알맞은. ***first ~*** 본초(本初) 자오선.
me·rid·i·o·nal[mərídiənəl] *a.* 남부 유럽의; 자오선의. — *n.* Ⓒ 남프랑스 사람; 남쪽의 사람.
me·ringue[məræ̃ŋ] *n.* Ⓤ 머랭《설탕과 달걀 흰자위로 만든 푸딩의 거죽》; Ⓒ 그것을 입힌 과자.
me·ri·no[məríːnou] *n.* (*pl.* **~s**) Ⓒ 메리노양; Ⓤ 메리노 나사.
:mer·it[mérit] *n.* ① Ⓤ 뛰어남, 가치. ② Ⓒ 장점, 취할 점. ③ Ⓤ,Ⓒ 공적, 공로. ④ (*pl.*) 공죄. ***make a ~ of*** …을 제 공로인 양하다. ***on one's own ~*** 진가에 의하여; 실력으로. ***the Order of M-*** 《英》 공로훈장. — *vt.* (…을) 받을 만하다. ***~ attention*** 주목할 만하다.
mer·i·toc·ra·cy[mèritɑ́krəsi/-ɔ́-] *n.* Ⓤ,Ⓒ 수재 교육제; Ⓒ 실력 사회; 엘리트 지배층.
mer·i·to·ri·ous[mèritɔ́ːriəs] *a.* 공적 있는; 가치있는; 칭찬할 만한.
mérit sỳstem 《美》 (공무원의) 능력 본위 임용[승진] 제도.
***mer·maid**[mə́ːrmèid] *n.* Ⓒ 인어《여성》; 《美》 여자 수영 선수.
mer·man[mə́ːrmæ̀n] *n.* Ⓒ 인어《남성》; 《美》 남자 수영 선수.
:mer·ri·ly[mérəli] *ad.* 즐겁게, 명랑하게, 흥겹게.
***mer·ri·ment**[mérimənt] *n.* Ⓤ 흥겹게 떠들기, 유쾌, 웃고 즐기기, 환락.
†mer·ry[méri] *a.* ① 명랑한, 흥겨운, 유쾌한. ② 거나한. ③ 《古》 즐거운. ***make ~*** 흥겨워하다. ***The more, the merrier.*** 《속담》 동행이 많으면 즐거움도 많다. **mér·ri·ness** *n.* Ⓤ 유쾌, 명랑.
mérry-ándrew *n.* Ⓒ 어릿광대, 익살꾼.
mérry dáncers 북극광(北極光).
Mérry Éngland 즐거운 영국《영국의 별칭》.
***mérry-go-ròund** *n.* Ⓒ 회전 목마.
mérry·màker *n.* Ⓒ 흥겹게 떠드는 사람.
mérry·màking *n.* Ⓤ 흥겹게 떠들기.
mérry màn 종자(從者), 부하.
Mérry Mónarch, the 영국왕 Charles Ⅱ의 별칭.
me·sa[méisə] *n.* (Sp. =table) Ⓒ (평원에 우뚝 솟은) 대지(臺地), 봉우리가 평평한 산.
mé·sal·li·ance [meizǽliəns, ∸–lái-] *n.* (F.) Ⓒ 신분이 서로 다른 결혼.
mes·cal[meskǽl] *n.* Ⓤ (멕시코의) 메스칼 술; Ⓒ 〖植〗 선인장의 일종.
mes·ca·line [méskəlìːn] *n.* Ⓤ 〖藥〗 메스칼린《↑으로 만든 환각제》.
mes·dames[meidɑ́ːm, -dǽm] *n.* (F.) *madame*의 복수.
mes·de·moi·selles [mèidəmwə-zél] *n.* (F.) *medemoiselle*의 복수.
me·seems[miːsíːmz] *vi.* (p. ***meseemed***) 《古》 생각되다(=it seems to me).
mesh**[meʃ] *n.* Ⓒ 그물코; (*pl.*) 그물, 올가미; Ⓤ (톱니바퀴의) 맞물림. ***in ~ 톱니바퀴가 맞물려서. — *vt., vi.* 그물로 잡다; 그물에 걸리다; 맞물리다; 맞물다.
mes·mer·ic[mezmérik, mes-] *a.* 최면(술)의.
mes·mer·ism [mézmərìzəm, més-] *n.* Ⓤ 최면술, 최면 상태. **-ist**

M

n. Ⓒ 최면술사.
mes·mer·ize[mézməràiz, més-] *vt.* (…에게) 최면술을 걸다; 홀리게 하다, 매혹시키다.
me·so-[mézou, míː-, -sou/-zəu, -səu] '중간, 중앙'의 뜻의 결합사.
mes·o·lith·ic, M- [mèzəlíθik, mèsə-] *a.* 〖考〗 중석기 시대의.
me·son [mézɑn, míː-, -sɑn/ míːzɔn, mésɔn] *n.* Ⓒ 〖理〗 중간자 (mesotron).
méso·sphère *n.* (the ～) 〖氣〗 중간권《성층권과 열권의 중간》.
mes·o·tron [mézətrɑ̀n, -sə-/ mésətrɔ̀n] *n.* =MESON.
Mes·o·zo·ic [mèzəzóuik, mès-] *n., a.* (the ～) 〖地〗 중생대(의).
‡**mess**[mes] *n.* ① Ⓤ 잡탕, 혼합식. ② Ⓒ (군대의) 회식 동료; Ⓤ 회식. ③ Ⓒ 한끼분. ④ Ⓤ 혼란, 북새. ⑤ Ⓤ 실책. ***at*** ～ 식사중. ***get into a*** ～ 난처해지다. ***in a*** ～ 더럽혀져서; 혼란하여; 당혹하여. ***make a*** ～ ***of*** …을 망치다. ～ ***of pottage*** 〖聖〗 한 그릇의 국《고귀한 희생으로 얻은 물질적 쾌락》. ── *vt.* 망치다, 혼란케 하다. ── *vi.* 더럽히다; 회식하다. ～ ***about*** 〔***around***〕 《口》; 주물럭거리다; 《俗》 빈들거리다; 《俗》 (나쁜 목적으로) 사귀다.
†**mes·sage**[mésidʒ] *n.* Ⓒ ① 전하는 말; 소식, 통신. ② 신탁(神託). ③ 《美》 대통령 교서. ④ 〖컴〗 메시지. ***get the*** ～ 《口》 (암시 따위의) 의미를 파악하다, 이해하다. ***go on a*** ～ 심부름가다. ── *vt.* (…와) 통신하다; (…에게) 신호를 보내다; 편지하여 교제를 요구하다.
mes·sa·line[mèsəlíːn] *n.* (F.) Ⓤ (광택 있는) 얇은 능직 비단.
‡**mes·sen·ger**[mésəndʒər] *n.* Ⓒ ① 사자(使者), 심부름꾼. ② 《古》 전조, 선구(先驅). ③ 연줄에 달아 바람에 올게 하는 종이. ④ 닻줄을 인양하는 밧줄.
méssenger RNA[-ɑ̀ːrènéi] 〖生〗 메신저 리보핵산(核酸).
méss hàll (군대·공장 등의) 식당.
Mes·si·ah[misáiə] *n.* (the ～) 메시아, 구세주, 예수. **-an·ic** [mèsiǽnik] *a.* Messiah의.
mes·sieurs[məsjə́ːrz] *n. pl.* (F.) *monsieur*의 복수《생략 Messrs.; Mr.의 복수형으로 쓰임》.
méss kìt 〔**gèar**〕 휴대용 식기 세트.
méss·màte *n.* Ⓒ (군대, 특히 배의) 회식 동료.
méss·ròom *n.* =MESS HALL.
***Messrs.**[mésərz] *n. pl. messieurs*의 생략; Mr.의 복수.
mess·tin[méstìn] *n.* Ⓒ 반합, 휴대 식기.
mes·suage[méswidʒ] *n.* Ⓒ 〖法〗 가옥《부속 건물·토지를 포함》.
mess·y[mési] *a.* 어질러진, 더러운.
mes·ti·zo [mestíːzou] *n.* (*pl.* ～(***e***)***s***) Ⓒ 혼혈아《특히 스페인인과 아메리카 인디언의》.
†**met**[met] *v.* meet의 과거(분사).
met. metaphor; metaphysics; meteorological; meteorology; metropolitan.
me·tab·o·lism[mətǽbəlìzəm] *n.* Ⓤ 〖生〗 (세포의 물질) 대사 작용; 신진 대사. **met·a·bol·ic**[mètəbɑ́lik/ -ɔ́-] *a.*
met·a·car·pus[mètəkɑ́ːrpəs] *n.* (*pl.* ***-pi***[-pai]) Ⓒ 〖解〗 장부(掌部); 장골(掌骨).
‡**met·al**[métl] *n.* Ⓤ,Ⓒ 금속; Ⓒ 《英》 밤자갈; (*pl.*) 《英》 레일; 《비유》 소질. ── *vt.* (《英》 ***-ll-***) (…에) 금속을 입히다. ～·(**l**)**ed** *a.* 자갈을 깐.
méta·lànguage *n.* Ⓤ,Ⓒ 〖言〗 언어 분석용 언어, 실험용 언어; 〖컴〗 메타 언어.
***me·tal·lic**[mitǽlik] *a.* 금속(질)의; 엄한; 냉철한.
metállic cúrrency 경화(硬貨).
metállic sóund 금속성의 소리.
met·al·line[métəlàin, -lin] *a.* 금속(성)의.
met·al·lize[métəlàiz] *vt.* 금속화하다; (고무를) 경화하다.
met·al·log·ra·phy [mètəlɑ́grəfi/ -ɔ́-] *n.* Ⓤ 금속 조직학, 금상학(金相學).
met·al·lur·gy [métələ̀ːrdʒi/met-ǽlərdʒi] *n.* Ⓤ 야금학, 야금술. **-gi·cal**[mètələ́ːrdʒikəl] *a.*
métal·wòrk *n.* Ⓤ 《집합적》 금속 세공(물). **～er** *n.* Ⓒ 금속 세공인. **～ing** *n.* Ⓤ 금속 가공(업).
met·a·mor·phism [mètəmɔ́ːr-fizəm] *n.* Ⓤ 〖地〗 (암석의) 변성 작용; 변형.
met·a·mor·phose [-mɔ́ːrfouz, -s] *vt.* 변형시키다, 변질시키다. **-pho·sis**[-fəsis] *n.* Ⓤ,Ⓒ 변형, 변태.
met·a·phor** [métəfər, -fɔ̀ːr] *n.* Ⓤ,Ⓒ 〖修〗 은유(隱喩)《보기: ***a heart of stone(이것을 a heart ***like*** stone으로 하면 SIMILE이 됨)》. **～·i·cal** [ㅗ-fɔ́ːrikəl, -ɑ́-/-ɔ́-] *a.* **-i·cal·ly** *ad.*
met·a·phrase[métəfrèiz] *n.* Ⓒ 축어역, 직역. ── *vt.* 축어역하다.
***met·a·phys·i·cal**[mètəfízikəl] *a.* 형이상학의; 공론의; 추상적인. **～-ly** *ad.* **-phy·si·cian**[-fizíʃən] *n.* Ⓒ 형이상학자. * **-ics**[-fíziks] *n.* Ⓤ 형이상학; 추상론; 심리학.
met·a·plasm [métəplæ̀zəm] *n.* Ⓤ,Ⓒ 〖生〗 후형질(後形質)《원형질에 포함된 성형 요소》.
met·a·pol·i·tics [mètəpɑ́lətiks/ -ɔ́li-] *n.* Ⓤ 정치 철학; 《蔑》 공론 정치학.
met·a·psy·chol·o·gy[mètəsai-kɑ́lədʒi/-ɔ́-] *n.* Ⓤ 〖心〗 초(超)심리학.
me·tas·ta·sis[mətǽstəsis] *n.* (*pl.* ***-ses***[-sìːz]) Ⓤ,Ⓒ ① 〖醫〗 전이(轉移). ② 〖修〗 (화제의) 급전환.
mete[1][miːt] *vt.* 할당하다(*out*);

《古》 재다.
mete[2] *n.* Ⓒ 경계(boundary); 경계석(石).
me·tem·psy·cho·sis [mətèmpsəkóusis, mètəmsai-] *n.* (*pl.* *-ses*[-sìːz]) Ⓤ,Ⓒ 〖宗〗 윤회(輪廻).
***me·te·or**[míːtiər, -tiɔ̀ːr] *n.* Ⓒ 유성(流星). **~·ic**[mìːtiɔ́ːrik, -ɑ́r-] *a.*
***me·te·or·ite**[míːtiəràit], **me·te·or·o·lite**[mìːtiɔ́ːrəlàit] *n.* Ⓒ 운석(隕石).
me·te·or·ol·o·gy [mìːtiərɑ́lədʒi/-ɔ́-] *n.* Ⓤ 기상학; 기상. **-o·log·ic** [-rəlɑ́dʒik/-ɔ́-], **-i·cal**[-əl] *a.* 기상학(상)의(***meteorological satellite*** 기상 위성). **-gist** *n.* Ⓒ 기상학자.
‡**me·ter,** 《英》 **-tre**[míːtər] *n.* ① Ⓒ 미터《미터법에서 길이의 단위》. ② Ⓒ 계량기; 미터《가스·수도 따위의》. ③ Ⓤ 운율; 박자; Ⓒ 보격(步格).
-me·ter[mətər] *suf.* '계기, 미터' 또는 운율학의 '각수(脚數)'의 뜻: baro*meter;* kilo*meter;* penta*meter.*
mé·tered màil[míːtərd-] 《美》 요금 별납 우편.
méter màid 《美》 주차 위반을 단속하는 여경관.
Meth. Methodist.
meth·a·crýl·ic ácid [mèθəkrílik-] 〖化〗 메타크릴산.
meth·a·done[méθədòun], **-don** [-dɑ̀n/-dɔ̀n] *n.* Ⓤ 〖藥〗 메타돈《진통제·헤로인 중독 치료제》.
meth·ane[méθein] *n.* Ⓤ 〖化〗 메탄.
meth·a·nol [méθənòul, -nɑ̀l, -nɔ̀(ː)l] *n.* Ⓤ 〖化〗 메탄올, 메틸알코올.
meth·i·cil·lin[mèθəsílin] *n.* 〖藥〗 메티실린《페니실린계 항생물질》.
me·thinks[miθíŋks] *vi.* (p. ***me-thought***) 《古》 …라고 생각되다 (meseems).
‡**meth·od**[méθəd] *n.* ① Ⓒ 방법, 방식. ② Ⓤ (규칙 바른) 순서, 질서. ***deductive*** 〔***inductive***〕 ~ 연역〔귀납〕법. **me·thod·i·cal**[miθɑ́dikəl/-ɔ́-] *a.* 조직적인, 규율 바른. **-i·cal·ly** *ad.*
***Meth·od·ist**[méθədist] *n.* Ⓒ ① 감리교도《기독교 신교의 일파》. ② (m-) 엄격한 종교관을 가진 사람. ③ 《蔑》 격식 위주의 융통성이 없는 사람; 까다로운 사람. **-ic**[-ik], **-i·cal** [-əl] *a.* 감리교파의. **-ism**[-ìzəm] *n.*
meth·od·ol·o·gy [mèθədɑ́lədʒi/-ɔ́-] *n.* Ⓤ,Ⓒ 방법론.
me·thought[miθɔ́ːt] *v.* methink 의 과거.
meths[meθs] *n.* Ⓤ 변성 알코올 (methylated spirits).
Me·thu·se·lah[miθjúːzələ] *n.* ① 〖舊約〗 므두셀라《969세까지 살았다는 남자; 창세기 5:27》. ② Ⓒ 나이 많은 사람.
meth·yl[méθəl] *n.* Ⓒ 〖化〗 메틸.
méthyl álcohol 〖化〗 메틸알코올.
meth·yl·ate[méθəlèit] *vt.* (…에) 메틸을 섞다. ***~d spirit(s)*** 변성(變性) 알코올.
méthyl chlóride 〖化〗 염화메틸.
meth·yl·ene[méθəlìːn] *n.* Ⓤ 〖化〗 메틸렌.
me·tic·u·lous[mətíkjələs] *a.* 옹졸한; 지나치게 세심한. **~·ly** *ad.*
mé·tier[méitjei, ─┘] *n.* (F.) Ⓒ 직업; 전문; 장기(長技); (작가의) 수법, (화가의) '메티에'.
METO Middle East Treaty Organization.
me·ton·y·my[mitɑ́nəmi/-ɔ́n-] *n.* Ⓤ 〖修〗 환유(換喩)《보기: *crown*(=king); *wealth*(=rich people)》.
me-too[míːtúː] *vt.* 《美俗》 흉내내다. **~·ism** *n.* Ⓤ 《美》 모방주의.
‡**me·tre**[míːtər] *n.* 《英》 =METER.
***met·ric**[métrik] *a.* 미터법의; 계량의.
met·ri·cal[métrikəl] *a.* 운율의; 측량(용)의, 측량법의.
métric sýstem 미터법.
métric tón ⇨TON.
Met·ro[métrou] *n.* (the ~) (특히 파리의) 지하철; (m-) Ⓒ 《一般》 지하철.
me·trol·o·gy[mitrɑ́lədʒi/-ɔ́-] *n.* Ⓤ 도량형학.
met·ro·nome[métrənòum] *n.* Ⓒ 〖樂〗 박절기(拍節器), 메트로놈.
‡**me·trop·o·lis**[mitrɑ́pəlis/-ɔ́-] *n.* Ⓒ (일국의) 주요 도시; 수도(capital); 중심지.
‡**met·ro·pol·i·tan** [mètrəpɑ́litən/-ɔ́-] *a.* 수도의; 대주교〔대감독〕 교구의. ── *n.* Ⓒ 수도의 주민; 대주교.
metropólitan políce 수도 경찰.
met·tle[métl] *n.* Ⓤ 기질, 성질; 용기; 정열. ***on one's ~*** 분발하여. **~d**[-d], **~·some**[-səm] *a.* 위세 좋은.
MEV, Mev, mev million electron volts 메가 전자 볼트.
mew[1][mjuː] *n.* Ⓒ 야옹하는 소리. ── *vi.* 야옹울다《고양이가》.
mew[2] *n.* Ⓒ 〖鳥〗 갈매기.
mewl, mule[mjuːl] *vi.* 가냘픈 소리로〔고양이처럼〕 울다.
mews [mjuːz] *n. pl.* 《단수 취급》 《英》 (빈터 주위의) 마구간.
Mex. Mexican; Mexico.
‡**Mex·i·co** [méksikòu] *n.* 멕시코.
‡**-i·can**[-kən] *n., a.* Ⓒ 멕시코(사람)(의); Ⓤ 멕시코의 스페인 말.
mez·za·nine[mézənìːn] *n.* Ⓒ 중이층(中二層); 무대 밑.
mez·zo [métsou, médzou] *ad.* (It.) 〖樂〗 반쯤, 알맞게. ***~ forte*** 조금 세게.
mézzo-sopráno *n.* (*pl.* ***~s,*** ***-prani***[-prǽniː, -ɑ́ː-]) Ⓤ 메조소프라노; Ⓒ 메조소프라노 가수.
mézzo·tìnt *n.* Ⓒ 그물눈 동판의 일종; Ⓤ 그물눈 동판술.
MF Middle French; medium frequency. ***mf*** 〖樂〗 *mezzo forte.*

M

mfd. manufactured. **mfg.** manufacturing. **M.F.N.** Most Favo(u)red Nation. **mfr.** manufacture(r). **M.G.** Order of St. Michael and St. George. **Mg** 〖化〗 magnesium. **mg, mg.** milligram(s). **MGM** Metro-Goldwyn-Mayer. **Mgr.** *monseigneur.* **MHG, MHG., M.H.G.** Middle High German. **M.H.R.** 《美》 Member of the House of Representative. **MHz, Mhz** megahertz.

***mi**[miː] *n.* U,C 〖樂〗 미《장음계의 제 3음》.

M.I. Military Intelligence 군사 정보부. **mi.** mile; mill.

Mi·am·i[maiǽmi] *n.* 미국 Florida 주 남동부의 해안 도시·피한지.

mi·aow[miáu, mjau] *n., vi.* C (고양이가) 야옹(울다).

mi·as·ma[maiǽzmə, mi-] *n.* C (늪에서 나오는) 독기; 말라리아 병독.

Mic. Micah 〖舊約〗 미가서.

mi·ca[máikə] *n.* U 운모(雲母), 돌비늘. **∠·ceous**[maikéiʃəs] *a.* 운모(모양)의.

Mi·cah[màikə] *n.* 헤브라이의 예언자; 〖舊約〗 미가서.

:mice[mais] *n.* mouse의 복수.

Mich. Michaelmas; Michigan.

Mi·chael[màikəl] *n.* 〖聖〗 미가엘《대천사의 하나》; 남자의 이름.

Mich·ael·mas[míkəlməs] *n.* 미가엘 축일《9월 29일, 영국에서는 청산일(quarter days)의 하나》.

***Mi·chel·an·ge·lo** [màikəlǽndʒəlou] *n.* 이탈리아의 화가·조각가·건축가(1475-1564).

***Mich·i·gan**[míʃigən] *n.* 미국 중북부의 주《생략 Mich.》; 미시간호《5대호의 하나》.

mick, M-[mik] *n.* C 《俗·蔑》 아일랜드 사람.

mick·ey mouse[míki-] 《美俗》 케케묵은; 싸구려의; (M- M-) 미키 마우스《Walt Disney의 만화 영화의 주인공》; 《英空軍俗》 전동식 폭탄 투하 장치.

mick·le[míkəl] *n., a.* (*sing.*) 《古·Sc.》 많음, 많은, 다량(의). ***Many a little makes a ~.*** 《속담》 티끌 모아 태산.

MICR 〖컴〗 magnetic ink character reader 자기(磁氣) 잉크 문자 판독기.

mi·cro[máikrou] *n., a.* C 매우 작은 (것); 마이크로스커트.

mi·cro-[máikrou, -krə] '소(小)', 미(微), 100만분의 1'의 뜻의 결합사.

mi·crobe[máikroub] *n.* C 미생물, 세균.

mìcro·biólogy *n.* U 미생물학.

mícro·bùs *n.* C 《美》 마이크로〔소형〕 버스. 「학.

mìcro·chémistry *n.* U 미량 화

mícro·cìrcuit *n.* C 〖電〗 소형〔마이크로〕 회로; 집적회로.

mìcro·compúter *n.* C 〖컴〗 마이크로 컴퓨터.

mícro·còpy *n., vt., vi.* C 축사(縮寫)(하다)(cf. microfilm).

mi·cro·cosm [-kàzəm/-kɔ̀-] *n.* C (cf. macrocosm) 소우주; (우주의 축도로서의) 인간. **-cos·mic**[∸-kázmik/-kɔ́z-] *a.*

mìcro·económics *n.* U 미시(微視) 경제학.

mi·cro·far·ad[màikrəfǽrəd] *n.* C 〖電〗 백만분의 1 farad《전기 용량의 실용 단위》.

mi·cro·fiche[máikrəfìːʃ] *n.* U,C 마이크로피시《여러 장의 마이크로 필름을 수록한 시트 모양의 것》.

mícro·film *n., vt., vi.* U,C 마이크로 필름(에 찍다, 찍히다).

mícro·gràm, 《英》 **-gràmme** *n.* C 백만분의 1g.

mícro·gròove *n.* C (LP판의) 가는 홈; 그 LP 레코드.

mìcro·mánage *vt.* 세세한 점까지 관리〔통제〕하다. **~ment** *n.*

mi·crom·e·ter [maikrámitər/-rɔ́mi-] *n.* C (현미경·망원경용의) 마이크로미터, 측미계(測微計); 〖天〗 거리 측정기. **~ *caliper*** 〖機〗 마이크로미터 캘리퍼, 측미경기(測微徑器).

mìcro·míniature *a.* 초소형의. **-míniaturize** *vt.* (전자 장치 등을) 초소형화하다.

mi·cron[máikran/-krɔn] *n.* (*pl.* **~s, *-cra***[-krə]) C 미크론《1밀리미터의 천분의 1; 부호 μ》. **~·ize** [máikrənàiz] *vt.* (미크론 정도로) 미소(微小)화하다.

Mi·cro·ne·sia[màikrəníːʃə, -ʒə] *n.* 미크로네시아《적도 이북, 필리핀 동쪽의 군도》. **-sian** *n., a.* C 미크로네시아(사람)(의); U 미크로네시아말(의). 「마이크(로폰).

:mi·cro·phone[máikrəfòun] *n.* C

mìcro·phótograph *n.* C 마이크로 필름; 축소 사진; 현미경 사진.

mícro·prìnt *n.* C 축사(縮寫)사진.

microprócessing ùnit 〖컴〗 마이크로 처리 장치.

mìcro·prócessor *n.* C 마이크로 프로세서.

mícro·rèader *n.* C 마이크로리더《마이크로필름을 확대·투사하는 장치》.

:mi·cro·scope[máikrəskòup] *n.* C 현미경.

***mi·cro·scop·ic** [màikrəskápik/-ɔ́-], **-i·cal**[-əl] *a.* 현미경의; 극히 미세(微細)한.

mi·cros·co·py[maikráskəpi/-ɔ́-] *n.* U 현미경 검사〔사용법〕.

mícro·skìrt *n.* C 마이크로스커트 《미니스커트보다 짧음》.

mícro·súrgery *n.* U 〖醫〗 현미(顯微) 외과(수술).

mi·cro·tome[máikrətòum] *n.* C 마이크로톰《검경용(檢鏡用)의 얇은 조각을 써는 절단기, 검경용 메스》.

mícro·vòlt *n.* C 〖電〗 마이크로볼트

《100만분의 1볼트》.
mi·cro·wave[máikrouwèiv] *n.* Ⓒ 극(極)초단파《파장 1m-1cm》; = MICROWAVE OVEN.
mícrowave òven 전자 레인지.
mic·tu·ri·tion[mìktʃəríʃən] *n.* Ⓤ 〖醫〗 요의(尿意) 빈번; 방뇨(작용).
*__mid__[1] [mid] *a.* 중앙의, 중간의, 중부의. ***in ~ air*** 공중에, 허공에.
mid[2], **'mid** *prep.* 《詩》 =AMID.
mid. middle; midshipman.
míd·afternóon *n.* Ⓤ 이른 오후《3시 전후》.
Mi·das[máidəs] *n.* 〖그神〗 미다스《손에 닿는 모든 것을 황금으로 변하게 하는 힘을 부여받았던 프리지아의 왕》; Ⓒ 큰 부자; 《美》 조기 경보용 위성.
míd·còurse *a., n.* (우주선의) 궤도 중간의; Ⓒ 중간 궤도.
míd·cùlt *n.* Ⓤ,Ⓒ 《美》 중간 문화.
*__mid·day__[ˊdèi, ˊˊ] *n., a.* Ⓤ 정오(의), 한낮(의).
†**mid·dle**[mídl] *n., a.* Ⓤ (the ~) 중앙(의), 중간(의), 중부(의); Ⓒ 〖論〗 중명사(中名辭); (the ~, one's ~) (사람의) 몸통, 허리. ***at the ~ of*** …의 중간에. ***in the ~ of*** …의 한가운데에; …에 몰두하여.
míddle áge 중년《40-60세》.
*__míddle-áged__ *a.* 중년의.
Míddle Áges, the 중세(기).
Míddle América 중앙 아메리카, 미국의 중서부.
míddle árticle 《英》 (신문·잡지「의) 중간 기사.
Míddle Atlántic Státes, the 미국 중부 대서양 연안의 주.
*__míddle-cláss__ *a.* 중류 사회[중산 계급]의. 「류 사회.
míddle cláss(es) 중산 계급, 중
míddle cóurse 중도(中道).
míddle dístance (그림의) 중경(中景)(middle ground); 중거리(경주).
Míddle Éast, the 중동《Far East와 Near East와의 중간》.
Míddle Énglish ⇨ENGLISH.
míddle fínger 가운뎃손가락.
Míddle Kíngdom, the 중기 고대 이집트 왕국; 중국. 「활.
míddle lífe 중년; 《英》 중류의 생
míddle·màn *n.* Ⓒ 중매인, 매개자; 《美》 MINSTREL show의 중앙에 있는 사람(⇨INTERLOCUTOR).
míddle·mòst *a.* 한가운데의.
*__míddle nàme__ 중간 이름(보기: Lyndon Baines Johnson의 Baines).
míddle-of-the-róad *a.* 중용의, 중도(中道)의. **~er** *n.*
Míddle Páth 〖佛〗 중도(中道).
míddle-sízed *a.* 중형의, 중키의.
Míddle Státes =MIDDLE ATLANTIC STATES.
míddle térm 〖論〗 중명사(中名辭); 〖數〗 중항(中項).
míddle·wèight *n.* Ⓒ (권투·레슬링의) 미들급 선수.
Míddle Wést, the 미국 중서부 (Midwest).
mid·dling[mídliŋ] *a.* 중등의, 보통의. — *n.* (*pl.*) 중등품, 2급품. — *ad.* 중 정도로, 웬만큼(~ *good*), 꽤, 상당히.
mid·dy[mídi] *n.* = 《口》 MIDSHIPMAN; =MIDDY BLOUSE.
míddy blòuse (소녀가 입는) 세일러식의 깃이 달린 블라우스.
míd·fìeld *n., a.* Ⓤ (경기장의) 중앙부, 필드 중앙부(의). 「꼬마.
midge[midʒ] *n.* Ⓒ 모기, 파리매;
midg·et[mídʒit] *n., a.* Ⓒ 난쟁이; 꼬마; 극소형의 (물건); 아주 작은.
mídget súbmarine 〖海軍〗 (2인승의) 특수 잠수함.
MIDI[mídi] (< ***m****usic* ***i****nstrument* ***d****igital* ***i****nterface*) *n.* 〖컴〗 미디.
mi·di[mídi] *n.* Ⓒ 중간 길이의 스커트[드레스].
mid·i·ron[mídàiərn] *n.* Ⓒ 〖골프〗 2번 아이언《중거리용 클럽》.
mid·land[mídlənd] *a.* (나라의) 중부의; 내지의; (M-) 영국 중부 지방의; 육지로 둘러싸인. — *n.* (the ~) (나라의) 중부; (M-) 영국 중부 지방 방언. ***the Midlands*** 잉글랜드의 중부 여러 주.
‡**mid·night**[mídnàit] *n., a.* Ⓤ 자정(의), 한밤중(의). ***burn the ~ oil*** 밤 늦게까지 공부하다[일하다].
míd-óff *n.* Ⓒ 〖크리켓〗 투수 왼쪽에 자리잡은 외야수(外野手).
míd-ón *n.* Ⓒ 〖크리켓〗 투수 오른쪽에 자리잡은 외야수.
míd·rìff *n.* Ⓒ 횡경막; 몸통.
míd·shìp *a., n.* (the ~) 배의 중앙부(의).
mídship·man[-mən] *n.* Ⓒ 《英》 해군 소위 후보생; 《美》 (Annapolis) 해군 사관 학교 생도.
*__midst__[midst] *n.* Ⓤ 중앙, 한가운데. ***in our*** [***your, their***] ***~*** 우리들[당신들, 그 사람들] 가운데[사이]에서. ***in the ~ of*** …의 한 가운데에서. — *ad.* 중간에, 한가운데에. ***first, ~, and last*** 시종일관해서. — *prep.* 《詩》 …의 (한)가운데에.
míd·strèam *n.* Ⓤ 중류(中流).
*__míd·súmmer__ *n.* Ⓤ 한여름《하지(夏至) 무렵》.
Mídsummer Dáy 세례자 요한 축일《6월 24일(영국에서는 quarter days의 하나)》. 「광란.
mídsummer mádness 극도의
míd·tèrm *a.* 《美》 (학기, 대통령 임기 등의) 중간의(~ *election* 중간 선거). — *n.* Ⓤ (종종 *pl.*) 《美口》 중간 시험.
míd·tówn *n.* Ⓒ 《美》 downtown과 uptown의 중간 지대.
*__mid·wáy__ *a., ad.* 중도의(에). — [ˊˊ] *n.* Ⓒ 중도; 《美》 (박람회 따위의) 중앙로; 복도. 「WEST.
Míd·wést *n.* 《美》 = MIDDLE
mid·wife[mídwàif] *n.* (*pl.* **-wives**) Ⓒ 조산원, 산파. **~·ry**[-wàifəri,

M

-wìf-] *n.* Ⓤ 조산술, 조산학.
***míd·wínter** *n.* Ⓤ 한겨울.
Midx. Middlesex《이전의 잉글랜드 남부의 주》.
mien[mi:n] *n.* Ⓤ 《雅》 풍채, 태도.
miff[mif] *n.* (*sing.*) 《口》 부질없는 싸움; 분개. ── *vt., vi.* 《口》 불끈(하게)하다.
MIG, Mig[mig, émáidʒí:] *n.* Ⓒ 미그기《러시아의 제트 전투기》.
:might[1][mait] *n.* Ⓤ 힘《정신적·육체적》; 우세. ***with ~ and main,*** or ***with all one's ~*** 전력을 다하여.
†might[2] may의 과거. ① 《might+동사의 원형》 《가능성》 *It ~ happen sometime.* 혹은 언젠가 일어날는지도 모른다《may 보다 가능성이 적음》; 《허가》 *M- I use your car?* 차를 빌려 주시겠습니까《may보다 공손》; 《명령》 *You ~ imagine.* 좀 생각해 주세요《may보다 공손》; 《소망》 *You ~ help me.* 도와 주어도 좋으련만. ② 《~ have+과거분사》 *They ~ have helped me.* 도와줄 수 있었던 것을. ***as ~ be*** 〔***have been***〕 ***expected ...*** 예기했던 대로 …이다. ***~ as well*** …함이 좋을 것이다. ***~ as well ... as*** …할 정도라면 …하는 편이 낫다(*You ~ as well do anything as do that.* 딴 일은 몰라도 그것만은 그만두시오).
:might·y[máiti] *a., ad.* ① 힘센, 강대한. ② 위대한, 굉장한. ③ 거대한. ④ 《口》 몹시. ***high and ~*** 교만한. **míght·i·ly** *ad.* 힘차게.
mi·gnon·ette[mìnjənét] *n.* (F.) Ⓤ,Ⓒ 〖植〗 목서초(木犀草); Ⓤ 쑥색; Ⓒ 가는 실로 뜬 레이스.
mi·graine[máigrein/mí:-] *n.* (F.) Ⓤ,Ⓒ 〖醫〗 편두통.
mi·grant[máigrənt] *a.* 이주(移住)하는. ── *n.* Ⓒ 이주민; 철새.
:mi·grate[máigreit, ─́] *vi.* ① 이주하다. ② (새·물고기가 정기적으로) 이동하다.
:mi·gra·tion[maigréiʃən] *n.* ① Ⓤ,Ⓒ 이주, 이전; Ⓒ 이주자〔동물〕(의 떼). ② Ⓤ 〖化〗 (분자 내의) 원자 이동.
mi·gra·to·ry[máigrətɔ̀:ri/-təri] *a.* 이주하는.
mike[1][maik] *vi., n.* Ⓒ 《英俗》 게으름 (피우다). ***on the ~*** 게으르게.
***mike**[2] *n.* Ⓒ 《口》 마이크(로폰).
Míke Fínk[-fíŋk] 〖美傳說〗 갖가지 큰 일을 해낸 영웅적 뱃사공.
mil[mil] *n.* Ⓒ 〖電〗 밀《1인치의 천분의 1, 전선의 직경을 재는 단위》.
mil. military; militia.
mi·la·dy[miléidi] *n.* Ⓒ 마님(cf. milord, milor)《영국 귀부인에 대한 호칭; my lady의 와전》.
mil·age[máilidʒ] *n.* =MILEAGE.
Mil·an·ese [mìləní:z, -ní:s] *n.* (*pl.* ~), *a.* Ⓒ (이탈리아의) 밀라노(Milan) 사람(의).
milch[miltʃ] *a.* (소·산양 등이) 젖이 「나는.
mílch còw 젖소; 《비유》 돈줄.
:mild[maild] *a.* ① (태도가) 유순한, 온화한. ② (맛이) 순한, 달콤한(opp. bitter). ③ (기후가) 온화한(cf. moderate). ④ (병이) 가벼운(opp. serious). DRAW ***it ~.*** ***~ case*** 경증(輕症). ***~ steel*** 연강(軟鋼). **∠·en** *vt., vi.* ~하게 하다〔되다〕. ***∠·ly** *ad.* **∠·ness** *n.*
mil·dew[míldjù:] *n.* Ⓤ 곰팡이, 백분병균(白粉病菌). ── *vt., vi.* 곰팡나(게 하)다. **~·y** *a.*
†mile[mail] *n.* Ⓒ 마일《1,760야드, 1,609km》. ***not*** 100 ***~s from*** … 의 부근에《소재를 모호하게 말할 때》.
***mile·age**[∠idʒ] *n.* Ⓤ ① 마일수(에 의한 운임). ② (마일수 계산에 의한) 여비 수당.
míle·pòst *n.* Ⓒ 이정표(里程標).
***míle·stòne** *n.* Ⓒ ① 이정표. ② 획기적 사건.
mi·lieu [mi:ljú/mí:ljə:] *n.* (*pl.* ***~s, ~x***[-z]) (F.) Ⓒ 주위, 환경.
mil·i·tant**[mílitənt] *a., n.* 싸우고 있는; 투쟁적인; Ⓒ 호전적인 (사람); 투사. ***the church ~ 신전(神戰)의 교회《지상에서 악마나 사악과 싸우고 있는 기독교회》. **-tan·cy** *n.* Ⓤ 투지; 교전 상태.
***mil·i·ta·rism**[mílitərìzəm] *n.* Ⓤ 군국주의. **-rist** *n.*
mil·i·ta·rize[mílitəràiz] *vt.* 군국화하다; 전시 체제로 하다.
:mil·i·tar·y[mílitèri/-təri] *a.* ① 군(인)의, 군인다운, 군용의. ② 군인의 경력이 있는; 군인의 특징이 있는. ── *n.* (the ~) 《집합적》 군인, 군부.
mílitary affáirs 군사.
mílitary attaché (대〔공〕사관부) 육군 무관.
mílitary desérter 탈주병.
mílitary engineéring 군사 공학, 공병학.
mílitary hòspital 육군 병원.
mílitary márch 군대 행진곡.
mílitary políce 헌병대《생략 MP》.
mílitary sérvice 병역.
mílitary tèstament 군인의 구두(口頭) 유언.
mil·i·tate[mílitèit] *vi.* 작용하다, 크게 힘이 되다(*against; in favor of*).
***mi·li·tia**[milíʃə] *n.* Ⓒ 의용군; 《美》 국민군.
†milk[milk] *n.* Ⓤ 젖; 우유; 젖 모양의 액체; 유제(乳劑). ***cry over spilt ~*** 돌이킬 수 없는 일을 후회하다. ***~ and honey*** 풍요(豊饒). ***~ and water*** 물 탄 우유; 시시한 감상〔담화〕. ***~ for babies*** (서적·교리의) 어린이 상대의 것(opp. STRONG meat). ***~ of human kindness*** 따뜻한 인정《Sh., *Macb.*》. ***separated*** 〔***skim***〕 ***~*** 탈지유(脫脂乳). ***whole ~*** 전유(全乳). ── *vt.* (…의) 젖을 짜다; 착취하다, 밥으로 삼다; 즙을 짜내다; 도청하다. ***~ the bull*** 〔***ram***〕 가망 없는 일을 하다.
mílk bàr 밀크바《우유·샌드위치 따

위를 파는 가게》.
mílk-flòat *n.* Ⓒ《英》우유 배달차.
mílk glàss 젖빛 유리.
***mílk·màid** *n.* Ⓒ 젖 짜는 여자.
milk·man[⌐mæ̀n, -mən] *n.* Ⓒ 우유 배달부.
mílk pòwder 분유.
mílk rùn 우유 배달;《俗》(매일 이른 아침에 행하는) 폭격[정찰] 비행.
mílk snàke 회색의 독 없는 뱀.
mílk·sòp *n.* Ⓒ 유약한 사람.
mílk tòoth 젖니. 「(의).
mílk-whíte *n., a.* Ⓤ 유백색[젖빛]
milk·y**[mílki] *a.* ① 젖의, 젖 같은. ② 무기력한. ***the M- Way 은하(銀河).
:mill[1][mil] *n.* Ⓒ ① 물방앗간; 제분소. ② 제분기, 분쇄기; 공장. ③《俗》권투 경기, 치고 받기. ***go*** [***put***] ***through the ~*** 수련을 쌓다[쌓게 하다]. ***The ~s of God grind slowly, yet they grind exceeding small.***《속담》하늘의 응보는 때로 늦기는 해도 언젠가는 반드시 온다. ── *vt.* (곡물 등을) 갈아서 가루로 만들다; 분쇄하다; (나사 따위를) 융단으로 만들다; (화폐에) 깔쭉이를 내다, 주먹으로 때리다; (초콜릿 따위를) 저어 거품을 일게 하다. ── *vi.* 물방아를 쓰다;《俗》서로 치고받다; (가축 따위가) 떼를 지어 빙빙 돌다.
mill[2] *n.* Ⓒ《美》1센트의 10분의 1.
Mill[mil], **John Stuart**(1806-73) 영국의 경제학자·사상가.
míll·bòard *n.* Ⓤ 마분지, 서적 표지용 판지(板紙).
míll·dàm *n.* Ⓒ 물방아용 둑.
mil·le·nar·i·an[mìlənέəriən] *a., n.* 지복 천년(至福千年)의; Ⓒ 지복 천년설을 믿는 (사람).
mil·le·nar·y[míləneri/məlénəri] *a.* 천 개의; 천년의; 지복 천년의, 그 설을 믿는. 「지복 천년의.
mil·len·ni·al[miléniəl] *a.* 천년의;
mil·len·ni·um[miléniəm] *n.* (*pl.* ***~s, -nia***[-niə]) Ⓒ 천년의 기간; (the ~) 지복 천년《예수가 재림해서 지상을 지배하는》.
mil·le·pede[míləpì:d] *n.* Ⓒ 〖動〗 노래기.
:mill·er[mílər] *n.* Ⓒ ① 물방앗간 주인; 제분업자; 공장주. ② (흰 점이 있는) 나방의 일종. ***drown the ~*** (화주·반죽에) 물을 타다.
mil·les·i·mal[milésəməl] *a., n.* Ⓒ 천분의 1(의).
mil·let[mílit] *n.* Ⓤ 〖植〗 기장.
Mil·let[miléi], **Jean François** (1814-75) 프랑스의 화가.
mil·li-[mílə, -li] *pref.* '천분의 1'의 뜻: ***milli***bar; ***milli***gram(me); ***milli***liter; ***milli***litre; ***milli***meter; ***milli***metre.
mil·liard[míljɑ:rd] *n.* (F.) Ⓒ《英》10억. 「《기압의 단위》.
mil·li·bar [míləbɑ̀:r] *n.* Ⓒ 밀리바
mílli·gràm(me) *n.* Ⓒ 밀리그램《생략 mg》.
mílli·lìter,《英》**-tre** *n.* Ⓒ 밀리리터《생략 ml》. 「미터《생략 mm》.
***mílli·mèter,**《英》**-tre** *n.* Ⓒ 밀리
mílli·mícron *n.* Ⓒ 밀리미크론《천분의 1미크론; 기호 mμ》.
mil·li·ner[mílənər] *n.* Ⓒ 부인 모자 제조인[판매인].
mil·li·ner·y[-nèri/-nəri] *n.* Ⓤ 부인용 모자류[장신구류]; Ⓒ 그 판매업.
mill·ing[míliŋ] *n.* Ⓤ 맷돌로 갈기; 제분; (모직물의) 축융(縮絨); (화폐에) 깔쭉이를 내기; (화폐의) 깔쭉이.
mílling machìne 프레이즈반(盤).
†mil·lion[míljən] *n.* Ⓒ 백만; 무수; 백만 달러; (the ~) 대중. ── *a.* 백만의. ***a ~ to one*** 전혀 불가능한 것 같은. **~th** *n., a.* Ⓒ (the ~) 백만번째(의); 백만분의 1(의).
:mil·lion·(n)aire[⌐-έər] *n.* Ⓒ 백만 장자(cf. billionaire).
mil·lion·oc·ra·cy [mìljənɑ́krəsi/-nɔ́k-] *n.* Ⓤ 재벌[부호] 정치.
míll·pònd *n.* Ⓒ 물방아용 저수지.
míll·ràce *n.* Ⓒ 물방아용 물줄기.
Míłls bòmb [**grenàde**] [mílz-] 〖軍〗 난형(卵形) 고성능 수류탄.
míll·stòne** *n.* Ⓒ 맷돌. ***between the upper and the nether ~(s) 진퇴유곡에 빠져.
míll whèel 물방아 바퀴.
mi·lor(d)[milɔ́:r(d)] *n.* Ⓒ 각하, 나리(cf. milady)《프랑스 사람이 영국의 귀족·신사에게 씀; my lord의 와전》; 영국 신사.
milque·toast[mílktòust] *n.* Ⓒ《美》무기력한 사람, 마음이 약한 사람, 겁쟁이. **~·ish** *a.*
milt[milt] *n.* Ⓤ (물고기의) 이리; Ⓒ 비장. ── *a.* (수컷이) 번식기인. ── *vt.* (알을) 수정시키다. **⌐·er** *n.* Ⓒ 산란기의 물고기 수컷.
Mil·ton[míltən], **John**(1608-74) 영국의 시인《*Paradise Lost*》.
Mil·to·ni·an[miltóuniən], **Mil·ton·ic**[-tɑ́nik/-ɔ́-] *a.* Milton풍의.
mime[maim] *n.* Ⓤ,Ⓒ (고대 그리스·로마의) 몸짓 익살극; Ⓒ 그 배우. ── *vt.* 몸짓으로 연극을 하다.
mim·e·o·graph[mímiəgræ̀f] *n., vt.* Ⓒ 등사판; 등사판으로 인쇄하다.
mi·me·sis[mimí:sis, mai-] *n.* Ⓤ 〖生〗 의태(擬態).
mi·met·ic[mimétik, mai-] *a.* 모방의; 의태의; 〖醫〗 의사(疑似)의.
***mim·ic**[mímik] *a.* 흉내내는, 모방의; 가짜의. ── *n.* Ⓒ 흉내내는 사람. ── *vt.* (**-ck-**) 흉내 내(어 조롱하)다; 모사(模寫)하다.
***mim·ic·ry**[mímikri] *n.* Ⓤ 흉내; Ⓒ 모조품; Ⓤ 의태.
mim·i·ny-pim·i·ny[míminipímәni] *a.* 점잔빼는, 지나치게 세련된.
mi·mo·sa[mimóuzə, -sə] *n.* Ⓤ,Ⓒ 〖植〗 함수초(의 무리)《자귀나무 따위》.
Min. Minister; Ministry. **min.**

M

minimum; minute(s).

mi·na·cious[minéiʃəs] *a.* 위협〔협박〕적인.

min·a·ret[mínərèt, ⌐-⌐] *n.* Ⓒ (회교 교당의) 뾰족탑.

min·a·to·ry[mínətɔ̀:ri/-təri] *a.* = MINACIOUS.

˚**mince**[mins] *vt.* (고기 따위를) 잘게 다지다; 조심스레 말하다. ── *vi.* 맵시를 내며 종종걸음으로 걷다, 점잔 빼며 말하다. ── *n.* =⌐·**mèat** 잘게 썬 고기. ***make ~ meat of*** …을 난도질하다; …을 철저하게 해내다. **~ *pie*** 민스미트〔잘게 썬 고기〕를 넣은 파이. **mínc·ing** *a., n.* 점잔빼는; Ⓤ 점잔뺌(*Let us have no mincing of matters* 〔*words*〕. 까놓고 말하자).

†**mind**[maind] *n.* ① Ⓤ 마음, 정신. ② Ⓤ 기억(력). ③ Ⓤ,Ⓒ 의견, 생각; 의지. ④ Ⓤ 지력, 이성. ⑤ Ⓤ,Ⓒ 기질, 기분. ⑥ Ⓒ (마음의 소유자로서의) 사람. ***bear*** 〔***keep***〕 ***in ~*** 유념하다. ***be in two ~s*** 결심을 못하다. ***be of a person's ~*** …와 같은 의견이다. ***be out of one's ~*** 잊고 있다; 미치다. ***bring*** 〔***call***〕 ***to ~*** 상기하다. ***come to one's ~*** 머리에 떠오르다. ***give one's ~ to*** …에 전념하다. ***have a great ~ to*** 몹시 …하고 싶어 하다. ***have half a ~ to*** …할까 생각하고 있다. ***know one's own ~*** 결심이 되어 있다. ***make up one's ~*** 결심하다(resolve)(*to* do). ***~'s eye*** 심안(心眼), 상상력. ***of a ~*** 마음을 같이하여. ***Out of sight, out of ~.*** 《속담》 헤어져있다면 마음도 멀어진다. ***put a person in ~*** 생각나게 하다, 연상시키다. ***say*** 〔***tell***〕 ***one's ~*** 흉중을 털어 놓다; 직언하다. ***time out of ~*** 태고적, 옛날. ***to my ~*** 나의 생각으로는.

── *vt.* ① (…에) 주의를 기울이다; 마음에 두다, 주의하다, 조심하다(*~ the step* 발 밑을 조심하다). ② 전념하다(*M- your own business.* 웬 참견이냐(너 할일이나 하라)). ③ 《의문·부정문에서》 신경 쓰다, 염려하다, 싫어하다(*'Should you ~ my telling him?' 'No, not at all.'* '그에게 이야기해도 괜찮습니까' '예, 괜찮고 말고요' / *Would you ~ shutting the door?* 문을 좀 닫아 주실까요?). ④ (주의해서) 돌보다. ⑤ 《古·方》 잊지 않고 있다. ── *vi.* 정신차리다; 꺼리다; 걱정〔조심〕하다. ***if you don't ~*** 괜찮으시다면. ***~ you!*** 《삽입구》 알겠지, 잘 듣게. ***M- your eye!*** 정신차려! ***Never ~!*** 걱정마라; 네가 알바 아니다. **~·er**[⌐ər] *n.* Ⓒ 《주로 英》 지키는 사람. ˚**⌐·ful** *a.* 주의 깊은, 마음에 두는(*of*). **⌐·less** *a.* 분별없는, 부주의한. **(-)mind·ed** [⌐id] *a.* 할 마음이 있는.

mínd rèading 독심술(讀心術).

†**mine**[1][main] *pron.* 《I의 소유대명사》나의 것; 《詩·古》(모음 또는 h 자 앞에서) 나의(my). ***me and ~*** 나와 나의 가족.

‡**mine**[2] *n.* Ⓒ ① 광산; 광갱(鑛坑). ② 《비유》 보고(寶庫); 철광. ③ 〖軍〗 갱도(坑道). ④ 기뢰, 지뢰. ***charge a ~*** 지뢰를 장치하다. ***lay a ~*** 지뢰〔기뢰〕를 부설하다; 전복을 기도하다(*for*). ***spring a ~ on*** …을 기습하다. ── *vt.* 채굴하다; 갱도를 파다; 기뢰를 부설하다; 음모로 전복시키다(undermine).

míne detèctor 지뢰〔광물〕 탐지기.

「매장지.

míne fìeld 지〔기〕뢰원(原); 광석

míne làyer 기뢰 부설함(艦).

‡**min·er**[máinər] *n.* Ⓒ 갱부; 지뢰 공병.

‡**min·er·al**[mínərəl] *n.* ① Ⓒ 광물; 〖化〗 무기물. ② (*pl.*) 《英》 광천(鑛泉); 탄산수. ── *a.* 광물의〔을 포함한〕; 무기의.

min·er·al·ize[mínərəlàiz] *vt., vi.* 광(물)화하다; 광물을 함유시키다; 채광하다.

míneral kìngdom, the 광물계.

min·er·al·o·gy [mìnərǽlədʒi] *n.* Ⓤ 광물학. **-og·i·cal** [mìnərəlɑ́dʒikəl/-ɔ́-] *a.* **-gist**[mìnərɑ́lədʒist] *n.* Ⓒ 광물학자.

míneral òil 광유(鑛油)《석유 따위》.

míneral pìtch 아스팔트《천연의》.

míneral sprìng 광천(鑛泉).

míneral wàter 광천수, 《英口》 탄산수.

Mi·ner·va[minə́:rvə] *n.* 〖로神〗 미네르바《지혜의 여신; 그리스 신화의 Athena》.

míne swèeper 소해정(掃海艇).

míne swèeping 소해 (작업).

‡**min·gle**[míŋgəl] *vt., vi.* ① 섞(이)다. ② 사귀다, 어울리다. ***~ their tears*** 따라 울다.

min·gy[míndʒi] *a.* 인색한. 「(것).

min·i[míni] *a., n.* Ⓒ 《口》 (썩) 작은

‡**min·i·a·ture**[míniətʃər, -tʃùər] *n.* ① Ⓒ (작은) 모형; 축소화; 축도. ② Ⓤ 미세(微細)화법. ***in ~*** 소규모로; 축도의. ── *a.* 축도의; 소형의. ── *vt.* 미세화로 그리다; 축사(縮寫)하다. **-tur·ist** *n.* Ⓒ 세밀 화가, 미니어처 화가.

míniature cámera (35mm 이하의) 소형 카메라. 「이.

míni·bìke *n.* Ⓒ 《美》 소형 오토바

míni·bùs *n.* Ⓒ 마이크로버스.

míni·càb *n.* Ⓒ 《英》 소형 콜택시.

míni·càm(era) *n.* =MINIATURE CAMERA.

míni·càr *n.* Ⓒ 소형 자동차.

mìni·compúter *n.* Ⓒ 〖컴〗 미니 컴퓨터.

min·im[mínəm] *n.* Ⓒ 〖樂〗 2분음표; 미세한 물건; 액량의 최소 단위《1 dram의 1/60; 생략 min.》.

min·i·mal[mínəməl] *a.* 최소량〔수〕의, 극소의.

mínimal árt 미니멀 아트《최소한의 조형 수단으로 제작된 그림·조각》.

min·i·mize[mínəmàiz] *vt.* 최소로 하다; 최저로 어림잡다; 경시하다.
:min·i·mum [mínəməm] *n.* (*pl.* **~s, -ma**[-mə]) Ⓒ 최소량; 〖數〗 극소(opp. maximum). — *a.* 최소한도의, 최저의.
mínimum wáge 최저 임금.
***min·ing**[máiniŋ] *n.* Ⓤ 채광, 광업. — *a.* 채광의, 광산의(~ *industry* 광업).
min·ion[mínjən] *n.* Ⓒ 《蔑》 총애받는 사람《아이·여자·하인 등》; 앞잡이, 부하. **~ of fortune** 행운아.
míni·pìll *n.* Ⓒ 작은 알의 먹는 피임약.
míni·skìrt *n.* Ⓒ 미니스커트.
:min·is·ter[mínistər] *n.* Ⓒ ① 성직자. ② 장관, 대신, 각료. ③ 공사(公使). ④ 대리인; 하인. ***the prime ~*** 국무총리, 수상. ***vice-~*** 차관. — *vi.* 힘을 빌리다; 공헌하다(*to*); 쓸모가 있다; 봉사하다. — *vt.* (제사를) 올리다; 공급하다.
min·is·te·ri·al[mìnəstíəriəl] *a.* 대리의, 대행의; 장관〔각료〕의, 정부측의, 공사의; 목사의; 종속적인. ***the ~ party*** 여당.
mínister plenipoténtiary 특명 전권 공사.
min·is·trant[mínistrənt] *a.* 봉사하는, 보좌의. — *n.* Ⓒ 봉사자, 보좌역.
min·is·tra·tion[mìnəstréiʃən] *n.* Ⓤ (목사의) 직무; Ⓤ,Ⓒ 봉사; 보조.
:min·is·try[mínistri] *n.* ① (the ~) 성직(聖職). ② Ⓒ (M-) (장관 관할의) 부(部), 성(省); (영국·유럽의) 내각. ③ 《집합적》 목사들, 각료(閣僚). ④ Ⓤ,Ⓒ 직무, 봉사. ***M- of Defense*** 국방부.
míni·tràck *n.* 〖宇宙〗 (때로 M-) 미니트랙《인공 위성 등에서 내보내는 전파의 추적 장치》.
min·i·ver[mínəvər] *n.* Ⓤ (귀족 예복의) 흰 모피.
***mink**[miŋk] *n.* Ⓒ 〖動〗 밍크《족제비류》; Ⓤ 그 모피.
Min·ków·ski wòrld 〔**ùniverse**〕 [miŋkɔ́:fski-] 〖數〗 민코프스키 세계《4차원의 좌표에 따라 기술되는 시공(時空)》.
Minn. Minnesota.
min·ne·sing·er, M-[mínəsìŋər] *n.* Ⓒ (중세 독일의) 음유(吟遊) 시인.
:Min·ne·so·ta[mìnəsóutə] *n.* 미국 중북부의 주《생략 Minn.》.
min·now[mínou] *n.* Ⓒ 황어(黃魚), 피라미; 작은 물고기. ***throw out a ~ to catch a whale*** 새우로 고래를 낚다; 큰 이익을 위해 작은 이익을 버리다.
:mi·nor[máinər] *a.* ① 작은 쪽의 (opp. major). ② 중요하지 않은, 2류의; 〖樂〗 단음계의. ③ 손아래의 (*Jones* ~)《학교에서 같은성이 두 사람 있을 때》. ④ 《美》 부전공 과목의. — *n.* Ⓒ ① 미성년자. ② 〖論〗 소명사(小名辭); 소전제; 〖樂〗 단조. ③ (M-) 프란체스코회의 수사. ④ 《美》 부전공 과목. ***in a ~ key*** 〖樂〗 단조로, 음울한 곡조로.
:mi·nor·i·ty[minɔ́:riti, mai-] *n.* ① Ⓤ 미성년(기). ② Ⓒ 소수(파); 소수당(opp. majority).
mínor kéy 〖樂〗 단조.
mínor léague 《美》 마이너리그《2류의 프로 야구 연맹》.
mínor scále 〖樂〗 단음계.
Min. Plen. Minister Plenipotentiary.
min·ster[mínstər] *n.* Ⓒ 《英》 수도원 부속 교회당; 대성당.
***min·strel**[mínstrəl] *n.* Ⓒ ① (중세의) 음유(吟遊) 시인; 가수, 시인. ② (*pl.*) =⁓ **shòw** (흑인으로 분장한) 가극단. **~·sy** *n.* Ⓤ 음유 시인의 연예; 음유 시인들.
***mint**[1][mint] *n.* Ⓤ 〖植〗 박하(薄荷); Ⓒ 박하사탕.
mint[2] *n.* Ⓒ 조폐국; (*a* ~) 거액(*a ~ of money* 거액의 돈); (발명·음모 등의) 근원. — *vt.* (화폐를) 주조하다; (신어를) 만들어 내다; 발명하다. **~·age**[⁓idʒ] *n.* Ⓤ 조폐; 주조 화폐.
min·u·et[mìnjuét] *n.* Ⓒ 미뉴에트《3박자의 느린 춤》; 그 곡.
:mi·nus[máinəs] *prep.* ① 〖數〗 마이너스한, …을 뺀(7 ~ 4 *is* (*equal to*) 3. 7-4=3). ② 《口》 …을 잃고(*He came back ~ his arm.* 한 쪽 팔을 잃고 돌아왔다). — *a.* 마이너스의, 음(陰)의. — *n.* Ⓒ 음수(陰數); 마이너스 부호(-).
mi·nus·cule[mínʌskjù:l, ─⁓─] *a.* (글자가) 소문자의; 작은.
†min·ute[1][mínit] *n.* Ⓒ ① 분《시간·각도의 단위》; 잠시. ② 간단한 메모. ③ (~s) 의사록. ***any ~*** 지금 당장에라도. ***in a ~*** 곧. ***not for a*** 〔***one***〕 ***~*** 조금도 …않는. ***the ~*** (***that***) …하자마자(*The ~* (*that*) *he saw me, he ran away.*). ***this ~*** 지금 곧. ***to the ~*** 정확히 (그 시간에). ***up to the ~*** 최신 유행의. — *vt.* (…의) 시간을 정밀히 재다; 의사초안을 만들다; 기록하다. **~·ly**[1] *a., ad.* 일분마다(의).
:mi·nute[2][mainjú:t, mi-] *a.* 자디잔, 미소한. ② 정밀한. **~·ly**[2] *ad.* 세세하게, 상세하게. **~·ness** *n.*
mínute bòok 기록부; 의사록.
mínute gùn 분시포(分時砲)《1분마다 쏘는 조포·조난 신호포》.
mínute hànd (시계의) 분침.
min·ute·man[mínitmæ̀n] *n.* Ⓒ 《美》 (독립 전쟁 당시 즉각 출동할 수 있게 준비하고 있던) 민병.
mi·nu·ti·a[minjú:ʃiə, mai-] *n.* (*pl.* **-tiae**[-ʃiì:]) (L.) Ⓒ (보통 *pl.*) 상세(한 사정), 세목.
minx[miŋks] *n.* Ⓒ 말괄량이, 왈가닥, 바람난 처녀.
Mi·o·cene[máiəsì:n] *n., a.* (the ~) 〖地〗 중신세(中新世)(의).
:mir·a·cle[mírəkəl] *n.* Ⓒ ① 기적. ② 불가사의한 물건〔사람·일〕. ***to a***

~ 기적적으로, 신기할 정도로 훌륭히. ***work* 〔*do*〕 *a* ~** 기적을 행하다.
míracle plày (중세의) 기적극.
***mi·rac·u·lous** [mirǽkjələs] *a.* 기적적인, 놀랄 만한, 불가사의한. **~·ly** *ad.* 기적적으로.
mi·rage [mirɑ́:ʒ/ㅅ―] *n.* (F.) Ⓒ 신기루; 망상(妄想).
***mire** [maiər] *n.* Ⓤ ① 진흙; 진창; 습지; 수렁. ② 궁지. ***drag a person's name through the* ~** 아무의 이름을 더럽히다. ***stick* 〔*find oneself*〕 *in the* ~** 궁지에 빠지다. ── *vt.* 진창에 몰아 넣다; 곤경에 빠뜨리다; 진흙 투성이로 만들다; 더럽히다. ── *vi.* 진창〔곤경〕에 빠지다.
Mi·ro [mí:rou], **Joan** (1893-1930) 스페인의 초현실파 화가.
:mir·ror [mírər] *n.* Ⓒ ① 거울(looking glass). ② 모범, 전형(典型). ③ 있는 그대로 비추는 것. ── *vt.* 비추다; 반사하다, 반영하다.
:mirth [məːrθ] *n.* Ⓤ 환락, 유쾌, 명랑. **ㅅ·less** *a.* 즐겁지 않은, 서글픈.
***mirth·ful** [mə́:rθfəl] *a.* 유쾌한, 명랑한, 즐거운. **~·ly** *ad.*
MIRV [məːrv] multiple independently targeted reentry vehicle 다탄두 각개 목표 재돌입 미사일.
mir·y [máiəri] *a.* 진창인; 진흙투성이의; 더러운.
mis- [mis] *pref.* '잘못하여, 나쁘게, 불리하게' 따위의 뜻.
mìs·administrátion *n.* Ⓤ 실정(失政).
mìs·advénture *n.* Ⓤ 불운; Ⓒ 재난. ***by* ~** 잘못하여(*homicide by* ~ 〖法〗 과실 치사).
mìs·allíance *n.* Ⓒ 어울리지 않는 결혼, 잘못된 결합.
mis·an·thrope [mísənθròup, míz-], **-thro·pist** [misǽnθrəpist, miz-] *n.* Ⓒ 사람이 싫은 사람, 염세가.
mis·an·throp·ic [mìsənθrápik, mìz-/-θrɔ́-] *a.* 사람 싫어하는, 염세적인.
mis·an·thro·py [misǽnθrəpi, miz-] *n.* Ⓤ 사람을 싫어함, 인간 불신.
mìs·applicátion *n.* Ⓤ,Ⓒ 오용, 남용, 악용.
mìs·applý *vt.* 오용〔악용〕하다. **-applied** *a.* 악용된.
mìs·apprehénd *vt.* 오해하다. **-apprehénsion** *n.* Ⓤ 오해.
mìs·apprópriate *vt.* (남의 돈을) 악용하다; 횡령하다.
mìs·appropriátion *n.* Ⓤ 악용, 남용; 〖法〗 횡령.
mìs·arránge *vt.* 잘못 배치〔배열〕하다.
mìs·becóme *vt.* (*-came; -come*) (…에) 맞지 않다, (…에) 어울리지 않다, (…에) 적합하지 않다.
mìs·beháve *vi.* 무례한 짓을 하다; 방정치 못한 짓을 하다. **-behávior,** 《英》 **-háviour** *n.* Ⓤ 비행(非行).
mìs·belíef *n.* Ⓤ,Ⓒ 그릇된 신념〔신앙〕, 사교.
mìs·belíeve *vi., vt.* 《廢》 잘못 믿다, 이교를 믿다; 의심하다.
mìs·belíever *n.* Ⓒ 이교도.
mìs·cálculate *vt., vi.* 오산하다; 잘못 예측하다. **-calculátion** *n.*
mìs·cáll *vt.* 이름을 잘못 부르다.
mìs·cárriage *n.* Ⓤ,Ⓒ (편지의) 불착; 유산(流産); 실패.
mìs·cárry *vi.* 실패하다; 유산〔조산〕하다; 편지가 도착하지 않다, 잘못 배달되다.
mìs·cást *vt.* (아무에게) 부적당한 임무를 맡기다; (배우에게) 배역(配役)을 잘못하다.
***mis·cel·la·ne·ous** [mìsəléiniəs] *a.* 잡다한; 가지가지의(~ *goods* 잡화). **~·ly** *ad.*
mis·cel·la·ny [mísəlèini, misélǝni] *n.* Ⓒ 잡록, 논문집; 잡동사니.
mìs·chánce *n.* Ⓤ,Ⓒ 불행, 재난.
:mis·chief [místʃif] *n.* ① Ⓤ (정신 도덕적인) 해; Ⓤ,Ⓒ (물질적인) 손해, 위해(危害). ② Ⓒ 재난의 씨; 고장. ③ Ⓤ 장난, 익살. ***come to* ~** 폐가 되다. ***do a person a* ~** 아무에게 해를 가(加)하다. ***eyes full of* ~** 장난기 가득 찬 눈. ***like the* ~** 《口》 몹시, 매우. ***make* ~ *between*** …의 사이를 떼어놓다, …을 이간시키다. ***mean* ~** 악의를 품다. ***play the* ~ *with*** 해치다; 엉망으로 하다.
míschief-màker *n.* Ⓒ (소문 등으로) 이간질하는 사람.
***mis·chie·vous** [místʃivəs] *a.* 유해한; 장난치는. **~·ly** *ad.* **~·ness** *n.*
mis·con·ceive [mìskənsí:v] *vt., vi.* 오해하다, 오인하다, 잘못 생각하다(*of*). **-cep·tion** [ㅅ―sépʃən] *n.* Ⓤ,Ⓒ 잘못된 생각, 오인.
mis·con·duct [miskándʌkt/-kɔ́n-] *n.* Ⓤ 품행 불량, 간통. ── [mìskəndʌ́kt] *vt.* 실수하다. **~ *oneself*** 방정치 못한 행동을 하다, 품행이 나쁘다.
mìs·constrúction *n.* Ⓤ,Ⓒ 그릇된 조립〔구문〕; 오해, 곡해.
mìs·construé *vt.* 뜻을 잘못 해석하다, 오해하다, 그릇 읽다.
mìs·cóunt *n., vt., vi.* Ⓒ 오산(하다), 계산 착오(하다).
mis·cre·ant [mískriənt] *a.* 극악무도한; 이단의. ── *n.* Ⓒ 이단자, 극악 무도한 사람.
mìs·dáte *vt.* (…의) 날짜〔연대〕를 틀리다.
mìs·déal *vt., vi.* (*-dealt* [-délt]), *n.* Ⓒ 〖카드〗 패를 잘못 도르다〔도르기〕.
mìs·déed *n.* Ⓒ 범죄; 못된 짓.
mis·de·mean·or, 《英》 **-our** [mìsdimí:nər] *n.* Ⓒ 비행, 행실이 나쁨; 〖法〗 경범죄.
mìs·diréct *vt.* 그릇 지시하다; 잘못 겨냥하다; (편지의) 수취인 주소를 잘못 쓰다.
mìs·dóing *n.* Ⓒ (보통 ~s) 나쁜 짓, 비행, 범죄.
mise en scène [mì:z ɑ:n séin] (F.) 무대 장치; 연출; =MILIEU.
:mi·ser [màizər] *n.* Ⓒ 구두쇠, 수전

노. ~·ly a.

:mis·er·a·ble[mízərəbəl] a. 비참한, 불쌍한; 초라한. *-bly ad.

:mis·er·y[mízəri] n. U,C 불행, 비참; 비참한 신세, 빈곤.

mis·fea·sance [misfí:zəns] n. U,C 〖法〗 불법 행위, 직권 남용.

mìs·fíre n., vi. C (총 따위가) 불발(하다); 목적하는 효과를 못 내다.

mís·fit n. C 맞지 않는 것《옷·신 따위》. ― [-⌐] vt., vi. 잘못 맞추다; 잘 맞지 않다.

:mis·for·tune[misfɔ́:rtʃən] n. U 불운, 불행; C 재난. ***have the ~ to*** (do) 불행하게도 …하다.

mis·give [misgív] vt. (**-gave; given**) 의심을 일으키다, 불안하게 하다(*His heart misgave him about the result.* 결과가 근심스러웠다).

mis·giv·ing**[-gíviŋ] n. U,C 걱정, 불안, 의심. ***have ~s about …에 불안을 품다.

mìs·góvern vt. 악정을 하다. **~·ment** n. U 악정, 실정.

mìs·guíde vt. 잘못 지도하다, 잘못 생각하게 하다. **-gúided** a. 오도된.

mìs·hándle vt. 심하게 다루다, 학대하다.

***mis·hap**[⌐hæp, -⌐] n. C 재난, 불행한 사고; U 불운, 불행.

mish·mash[míʃmæ̀ʃ] n. (a ~) 뒤범벅.

mìs·infórm vt. 오보하다; 오해시키다(mislead). **-informátion** n.

mìs·intérpret vt. 그릇 해석하다. **-interpretátion** n. U 오해; 오역.

mìs·júdge vt., vi. 그릇 판단하다, 오해하다. **~ment** n.

mìs·láy vt. (**-laid**) 놓고 잊어버리다; 잘못 놓다.

***mis·lead**[-lí:d] vt. (**-led** [-léd]) 그릇 인도하다; 잘못하게 하다, 현혹시키다.

***mis·lead·ing**[mislí:diŋ] a. 오도하는, 오해하게 하는, 현혹시키는.

mìs·mánage vt. 잘못 관리〔취급〕하다, 잘못 처리하다. **~ment** n.

mìs·mátch vt. 짝을 잘못 짓다.

mìs·náme vt. 이름을 잘못 부르다.

mis·no·mer[-nóumər] n. C 잘못된 이름, 명칭의 오용, 잘못 부름.

mis·o-[mísou, -sə, máis-] '혐오(嫌惡)'의 뜻의 결합사.

mi·sog·a·my [misɑ́gəmi, mai-/-ɔ́-] n. U 결혼을 싫어함. **-mist** n. C 결혼을 싫어하는 사람.

mi·sog·y·ny [misɑ́dʒəni, mai-/-sɔ́dʒ-] n. U 여자를 싫어함. **-nist** n. C 여자를 싫어하는 사람.

mìs·percéive vt. 오인〔오해〕하다. **-percéption** n.

mìs·pláce vt. 잘못 놓다; (애정·신용을) 부당한 사람에게 주다; 때와 장소를 틀리다. **~d** a. **~ment** n. U 잘못 두기.

mís·prìnt n. C 오식(誤植). ― [-⌐] vt. 오식하다.

mis·pri·sion[misprίʒən] n. U 〖法〗 (공무원의) 비행; 범죄 은닉.

mìs·pronóunce vt., vi. 잘못 발음하다. **-pronunciátion** n. U,C 틀린 발음.

mìs·quóte vt. 잘못 인용하다. **-quotátion** n. U 잘못된 인용; C 잘못된 인용구.

mìs·réad vt. (**-read**[-réd]) 오독하다, 그릇 해석하다.

mìs·represént vt. 잘못 전하다; 바르게 나타내지 않다. **-representátion** n. U,C 왜곡한 진술; 오전(誤傳).

mìs·rúle n., vi. U 악정(을 하다). ***the Lord of M-*** 〖英史〗 크리스마스 연회의 사회자.

†miss[1][mis] n. C ① (M-) …양, …씨. ② 아가씨《하녀·점원 등이 부르는 호칭》; 처녀.

:miss[2] vt. ① (과녁 따위에) 못 맞히다, 잘못하다. ② (기회를) 놓치다; 길을 잃다; (기차 따위에) 타지 못하다; 빠뜨리고 듣다〔말하다, 쓰다〕. ③ 만나지 못하다; 없〔있지 않〕음을 깨닫다(*You were ~ed yesterday.* 어제는 없었지). ④ 없〔있지 않〕음을 서운하게 생각하다(*The child ~ed his mother very much.*); 없어서 부자유를 느끼다(*I ~ it very much.*); 그리워하다. ⑤ 모면하다(escape)(*~ being killed* 피살을 면하다). ― vi. ① 과녁을 빗나가다; 실패하다. ② 보이지 않게 되다; 행방 불명이 되다; 잡지 못하다(*of, in*). ***~ fire*** 불발로 끝나다(cf. misfire); 목적을 이루지 못하다. ***~ one's step*** 실족(失足)하다; 실패하다. ***~ out*** 생략하다. ***~ the point*** (이야기의) 요점을 모르다〔빠뜨리다〕. ― n. C 못맞힘; 못잡음; 실수; 탈락; 회피.

Miss. Mississippi.

mis·sal[mísəl] n. C 〖가톨릭〗 미사 전서(典書).

mis·sel[mísəl] n. C 〖鳥〗 큰개똥지빠귀.

mis·shap·en[misʃéipən] a. 보기 흉한; 기형의.

:mis·sile[mísəl/-sail] n., a. C 날아 가는 무기《팔매돌·화살·탄환 따위》(로서 쓰이는); 미사일(의)(cf. guided missile).

mis·sile·ry[mísəlri] n. U 《집합적》 미사일; 미사일 공학.

:miss·ing[mísiŋ] a. ① 없는; 모자라는. ② 보이지 않는; 행방 불명의.

míssing línk, the 〖動〗 잃어버린 고리《유인원과 사람 사이에 존재했다고 가상되는 동물》.

:mis·sion[míʃən] n. C ① 사절(단), 전도(단). ② (사절의) 임무, 직무. ③ 사명, 천직. ④ 《美》 해외 대〔공〕사관. ⑤ 〖軍〗 (작전상의) 비행 임무; 우주 비행 계획.

:mis·sion·ar·y[-èri/-əri] a., n. 전도의; C 선교사. 「사 양성소.

míssion schòol 전도 학교, 선교

mis·sis[mísiz, -is] n. C ① 마님

M

《하녀 등의 용어》. ② (the ~) (자기의) 아내, 마누라; (일가의) 주부.
:Mis·sis·sip·pi[mìsəsípi] *n.* 미국 남부의 주《생략 Miss.》; (the ~) 북아메리카에서 가장 긴 강. 「편지.
mis·sive[mísiv] *n.* Ⓒ 공식 서한;
***Mis·sou·ri**[mizúəri] *n.* 미국 중부의 주《생략 Mo.》.
mìs·spéll *vt.* (**~ed** [-t, -d], **-spelt**) (…의) 철자를 틀리다.
mìs·spént *a.* 낭비한.
mìs·státe *vt.* 허위〔잘못〕 진술하다. **~ment** *n.*
:mist[mist] *n.* Ⓤ,Ⓒ 안개. — *vi., vt.* 안개가 끼다, 흐리게 하다. **∠·i·ly** *ad.* **∠·i·ness** *n.* 「리기 쉬운.
mis·tak·a·ble[mistéikəbəl] *a.* 틀
†mis·take[mistéik] *vt., vi.* (**-took; -taken**) 틀리다, 잘못 생각하다. **~ *A* for *B*,** A를 B로 잘못 생각하다. — *n.* Ⓒ 잘못, 잘못 생각함; 실책; 〖컴〗 실수《원치 않는 결과를 초래하는 사람의 조작 실수》. ***and no ~*** 《앞의 말을 강조하여》 그것은 틀림없다. ***by ~*** 잘못하여. ***make a ~*** 실수하다, 잘못 생각하다. ***make no ~*** 《口》 틀림없이, 분명히.
:mis·tak·en[mistéikən] *v.* mistake의 과거분사. — *a.* 틀린, 잘못 생각한(*I'm sorry I was ~.* 나의 잘못이었다). **~ *identity*** 사람을 잘못 봄. **~·ly** *ad.*
***mis·ter**[místər] *n.* Ⓒ ① (M-) 군, 씨, 귀하, 님《생략 Mr.》. ② 《美口》 선생님, 나리, 여보시오, 형씨《호칭》.
mìs·tíme *vt.* 부적당한 때에 행하다〔말하다〕, 시기를 놓치다.
***mis·tle·toe**[mísltòu, -zl-] *n.* Ⓤ 〖植〗 겨우살이, 기생목(寄生木).
:mis·took[mistúk] *v.* mistake의 과거.
mìs·translàte *vt.* 오역하다. **-translátion** *n.*
mìs·tréat *vt.* 학대하다. **~ment** *n.* Ⓤ 학대.
:mis·tress[místris] *n.* Ⓒ ① 여주인, 주부. ② (M-) …부인《보통 Mrs. [mísiz]로 생략함》. ③ 여교사; 애인; 정부; 여지배자(*She is her own ~.* 그 여자는 자유의 몸이다). ***~ of the situation*** 형세를 좌우하는 것.
mìs·tríal *n.* Ⓒ 〖法〗 오판(誤判), 무효 심리《절차상 과오에 의한》.
***mis·trust**[mistrʌ́st] *vt.* 신용하지 않다, 의심하다. — *n.* Ⓤ 불신, 의혹. **~ful** *a.* 의심 많은.
***mist·y**[místi] *a.* 안개낀; 희미한; 애매한.
:mis·un·der·stand [mìsʌndərstǽnd] *vt.* (**-stood**) 오해하다. ***~·ing** *n.* Ⓤ,Ⓒ 오해; 불화(不和).
***mis·un·der·stood** [-ʌndərstúd] *vt.* misunderstand의 과거(분사). — *a.* 오해받은; 가치를 인정할 수 없는.
***mis·use**[-jú:z] *vt.* ① 오용하다《어구를》. ② 학대하다. — [-s] *n.* Ⓤ,Ⓒ 오용. **-ús·age** *n.* Ⓤ,Ⓒ 오용; 학대, 혹사(illtreatment).
M.I.T. Massachusetts Institute of Technology 매사추세츠 공과 대학.
mite[1][mait] *n.* Ⓒ 어린 아이; (보통 *sing.*) 적으나 갸륵한 기부; (a ~) 소량. ***not a ~*** 조금도 …아니다. ***widow's ~*** 가난한 과부의 한 푼《마가복음 XII:42》.
mite[2] *n.* Ⓒ 진드기.
mi·ter, 《英》 **-tre**[máitər] *n.* Ⓒ (bishop의) 주교관(主教冠). — *vt.* 주교(bishop)로 임명하다. **mí-tered,** 《英》 **-tred** *a.* 주교관을 쓴.
mí·tral *a.* 주교관 모양의.
Mith·ra·ism[míθrəìzəm] *n.* Ⓤ 미트라교《고대 페르시아의 종교; 빛의 신(神) Mithras를 숭배》.
mith·ri·da·tize [míθrədèitaiz/miθrídətàiz] *vt.* (독을 조금씩 마시어) 면독성(免毒性)을 기르다《이 방법을 쓴 Mithridates Ⅵ의 이름에서》.
***mit·i·gate**[mítəgèit] *vt.* 누그러뜨리다, 완화〔경감〕하다. **-ga·tion**[∸-géiʃən] *n.* Ⓤ,Ⓒ 완화〔제〕.
mi·to·chon·dri·a[màitəkándriə/-kɔ́n-] *n. pl.* 〖生〗 미토콘드리아《세포질 속의 호흡을 맡는 소기관》.
mi·to·sis[maitóusis, mi-] *n.* (*pl.* **-ses**[-si:z]) Ⓤ,Ⓒ 〖生〗 유사(有絲)분열.
†mitt[mit] *n.* Ⓒ ① (여성용) 손가락 없는 긴 장갑. ② (야구의) 미트. ③ =MITTEN.
mit·ten**[mítn] *n.* Ⓒ ① 벙어리장갑. ② (*pl.*) 《俗》 권투 글러브. ***give 〔***get***〕 ***the ~*** 애인을 차다〔에게 채이다〕.
†mix[miks] *vt.* 섞다, 혼합하다; 사귀게 하다. — *vi.* 섞이다(*in, with*); 교제하다(*with*). ***be ~ed up*** 뒤섞여서 혼란하다; (부정·나쁜 친구 따위에) 걸려들다. ***~ in*** 잘 섞다; 갑자기 싸움을 벌이다. ***~ it with*** …와 싸우다. **∠·er** *n.* Ⓒ 교제가(*a good ~er*); (주방용·콘크리트 등의) 믹서, 혼합기; 〖라디오·TV〗 음량 등의 조정 기술자〔장치〕.
:mixed[mikst] *a.* 섞인; 남녀 혼합의.
míxed-blóod *n.* Ⓒ 《美》 혼혈아, 튀기.
míxed chórus 혼성 합창.
míxed dóubles 〖테니스〗 남녀 혼합 복식.
míxed drínk 혼합주, 칵테일.
míxed ecónomy (자본주의·사회주의 병존의) 혼합 경제《영국에서 볼 수 있음》. 「합 농업.
míxed fárming (목축을 겸한) 혼
míxed fértilìzer 배합 비료.
míxed márriage (다른 종족·종교 간의) 잡혼.
míxed média 혼합 매체《영상·그림·음악 등의 종합적 예술 표현》.
míxed númber 〖數〗 대(帶)분수.
:mix·ture[míkstʃər] *n.* ① Ⓤ,Ⓒ 혼합물〔약〕; (감정의) 교차. ② Ⓤ,Ⓒ 혼

합. ③ Ⓒ,Ⓤ 첨가물. ④ Ⓒ 혼방 직물.
míx-ùp *n.* Ⓒ 혼란; 《口》 난투.
miz·(z)en[mízən] *n.* Ⓒ 〖船〗 뒷돛대의 가로돛; =⇩. 「대.
míz(z)en·màst *n.* Ⓒ 〖船〗 뒷돛
míz(z)en·tòp *n.* Ⓒ 뒷 돛대의 장루(檣樓).
miz·zle[mízəl] *n., vi.* Ⓤ,Ⓒ 《方》 이슬비(가 내리다). **míz·zly** *a.*
mk. mark. **MKS, mks, m.k.s.** meter-kilogram-second 미터·킬로그램·초(秒)《3 기본 단위》. **ML, ML., M.L.** Medieval 〔Middle〕 LATIN. **ml, ml.** milliliter(s). **MLA, M.L.A.** Modern Language Association. **MLD, M.L.D., m.l.d.** minimum lethal dose 〖醫·藥〗 최소 치사량. **MLF.** Multilateral (Nuclear) Force (북대서양 조약 기구의) 다변핵군(多邊核軍). **MLG, M.L.G.** Middle Low German. **Mlle.** *Mademoiselle.* **Mlles.** *Mesdemoiselles.* **MM.** Majesties; *Messieurs* (F.=Sirs). **mm, mm.** millimeter(s). **Mme.** *Madame.* **Mmes.** *Mesdames.* **Mn** manganese.
mne·mon·ic[ni:mánik/-ɔ́-] *a.* 기억을 돕는; 기억(술)의. ***a* ~ *code*** 〖컴〗 연상 기호 코드. — *n.* Ⓒ〖컴〗 연상기호. **~s** *n.* Ⓤ 기억술.
mo[mou] *n.* 《口》=MOMENT. ***Wait half a ~.*** 잠깐 기다려 다오.
MO, M.O. Mass Observation; Medical Officer. **Mo** 〖化〗 molybdenum. **Mo.** Missouri; Monday. **M.O., m.o.** money order.
mo·a[móuə] *n.* Ⓒ 공조(恐鳥)《멸종된 뉴질랜드산의 타조 비슷한 큰 새》.
:moan[moun] *vi., vt.* 신음하다; 끙끙거리다; 한탄하다. — *n.* Ⓒ 신음소리. **∠·ful** *a.* Ⓒ 신음하는, 슬픈듯한, 구슬픈.
***moat**[mout] *n., vt.* Ⓒ (성 둘레에) 해자(垓字)(를 두르다).
:mob[mab/-ɔ-] *n.* Ⓒ 군중, 폭도(暴徒), 오합지졸. — *vt., vi.* (***-bb-***) 떼지어 습격하다.
mób·càp *n.* Ⓒ (18-19세기경의) 여자용 실내 모자의 일종.
***mo·bile**[móubəl, -bi:l/-bail] *a.* 자유로 움직이는, 변하기 쉬운. — *n.* Ⓒ 가동물(可動物); 《美俗》 자동차; 〖美術〗 모빌 작품. 「동식 주택.
móbile hóme 트레일러주택, 이
***mo·bil·i·ty**[moubíləti] *n.* Ⓤ 가동성, 기동성; 감격성.
mo·bi·lize[móubəlàiz] *vt.* 동원하다; 가동성을 부여하다; 유통시키다. **-li·za·tion**[∸bilәzéiʃən] *n.* Ⓤ 동원; 유통시킴.
Mö·bi·us strìp[méibiəs-/mə́:-] 〖數〗 뫼비우스의 띠《장방형의 띠를 180 회전시켜서 양끝을 붙인 곡면(曲面), 면이 하나뿐임》.
mób làw 〔**rùle**〕 폭민 정치; 사형(私刑).
mob·oc·ra·cy [mabákrəsi/mɔbɔ́k-] *n.* Ⓤ 폭민 정치; (지배자로서의) 폭민.
mób psychólogy 군중 심리.
MOBS[mabz/-ɔ-] multiple orbit bombardment system 다수 궤도 폭격 시스템.
mob·ster[mábstər/-ɔ́-] *n.* Ⓒ 갱의 한 사람(gangster).
moc·ca·sin [mákəsin, -zən/mɔ́kəsin] *n.* Ⓒ 북아메리카 토인의 신발; 독사의 일종.
mo·cha[móukə] *n.* Ⓤ 모카 (커피).
:mock[mak, -ɔ:-/-ɔ-] *vt., vi.* ① 조소하다(*at*); 흉내내어 우롱하다. ② 무시하다. — *n.* Ⓒ 조소(의 대상); 우롱; 모방; 모조품. — *a.* 모조의 (~ *diamond*); 거짓의(*with* ~ *gravity* 진지한 체하고서). **∠·er** *n.* Ⓒ 조소하는사람.
móck áuction 협잡 경매.
mock·er·y**[mákəri, -ɔ́:-/-ɔ́-] *n.* ① Ⓤ 조롱. ② Ⓒ 조소의 대상; 흉내; 헛수고. ***make a ~ of 우롱하다, 놀리다.
mock·ing·bird [mákiŋbə̀:rd/mɔ́(:)k-] *n.* Ⓒ (북아메리카 남부와 서인도 일대에 있는) 입내새; 지빠귀류의 새.
móck sún 〔**móon**〕 〖氣〗 환일(幻日)〔환월〕.
móck tùrtle (**sóup**) (송아지 머리로 만든) 가짜 자라 수프.
móck-ùp *n.* Ⓒ 실물 크기의 모형. **~ *stage*** 실험 단계.
mod[mad/-ɔ-] *n.* Gael 사람들의 시와 음악의 집회.
mod·al[móudl] *a.* 형태〔형식〕상의; 〖文〗 법(mood)의; 〖論〗 양식의. **~·ly** *ad.* **mo·dal·i·ty**[moudǽləti] *n.* Ⓤ,Ⓒ 형태, 양식; 〖論〗 (판단의) 양식; (의무·재산 처리의) 실행 방법.
:mode[moud] *n.* ① Ⓒ 양식, 하는 식; 식. ② Ⓤ 유행. ③ Ⓒ 〖樂〗 선법(旋法), 음계(*major* ~ 장음계). ④ Ⓒ 〖컴〗 방식, 모드, 모형. ***out of ~*** 유행에 뒤떨어져, 한물 지나고.
Mod. E. Modern ENGLISH.
†mod·el[mádl/-ɔ́-] *n.* Ⓒ ① 모형, 원형, 본, 설계도. ② (화가 등의) 모델; 마네킨. ③ 모범. ④ 〖컴〗 모형. — *a.* 모범적인, 모형의. — *vt.* (《英》 ***-ll-***) 모양〔모형〕을 만들다; (점토 따위를 어떤 형으로) 뜨다, 설계하다, (…을) 본뜨다(*after, on, upon*). **~ *school*** 시범학교. **~·(l)ing** *n.* Ⓤ 모형 제작; 〖美術〗 살 붙이는 기법; 〖컴〗 (어떤 현상의) 모형화. **~(*l*)*ing clay*** 소상용(塑像用) 점토.
Módel T 발달 초기의, 구식의.
mo·dem[móudèm] *n.* 〖컴〗 변복조(變復調) 장치.
:mod·er·ate[mádərət/-ɔ́-] *a.* ① 온건한, 온화한. ② (양·정도가) 알맞은, 웬만한, 보통의; 절제하는. ③ (병세가) 중간 정도의(*a ~ case*) 《'*mild*'와 '*serious*'의 중간》. — *n.*

M

M

Ⓒ 온건한 사람; (M-) 〖政〗 온건파의 사람. ── [-dərèit] *vt., vi.* 삼가다, 완화하다, 알맞게 하다; 누그러지다; 중재인 노릇을 하다, 사회(司會)하다. * **~·ly** *ad.* 적당하게, 중간 정도로.
móderate bréeze 〖氣〗 건들 바람《초속 6-8m》.
móderate gále 〖氣〗 센바람《초속 14-17m》.
mod·er·a·tion** [màdəréiʃən] *n.* Ⓤ 적당, 중용; 완화, 절제. ***in ~ 정도에 맞게.
mod·er·a·tism [mádərətìzəm/ mɔ́d-] *n.* Ⓤ 온건주의《특히 정치상·종교상의》.
mod·e·ra·to [màdərá:tou/mɔ̀-] *ad.* (It.) 〖樂〗 중간 속도로, 모데라토.
mod·er·a·tor [mádərèitər/-ɔ́-] *n.* Ⓒ 조정자; 조절기; 사회자, 의장; (Oxford 대학의) B. A. 시험 위원; 〖理〗 (원자로의) 감속재(減速材).
:mod·ern [mádərn/-ɔ́-] *a.* 현대의; 근대적인, 당세풍의, 모던한.
Módern Énglish ⇨ENGLISH.
módern hístory 근대사.
mod·ern·ism [-ìzəm] *n.* Ⓤ 현대식, 현대 사상; 근대 어법; 〖宗〗 근대주의. **-ist** *n.* Ⓒ 현대주의자.
***mod·ern·ize** [mádərnàiz/-ɔ́-] *vt., vi.* 근〔현〕대화하다. **-i·za·tion** [ˌ--izéiʃən/-nai-] *n.* Ⓤ 근〔현〕대화.
módern jázz 모던 재즈《1940년대부터 발달》.
módern pentáthlon, the 근대 5종 경기.
módern schóol 〔**síde**〕 《英》 현대어〔과학〕 중시의 중·고등학교〔학과〕.
módern tímes 현대.
:mod·est [mádist/-ɔ́-] *a.* ① 조신(操身)하는, 겸손한. ② 수줍은; 수수한. * **~·ly** *ad.* **:mód·es·ty** *n.* Ⓤ 조심스러움; 수줍음; 겸양; 정숙.
mod·i·cum [mádikəm] *n.* (a ~) 소량, 소액.
:mod·i·fy [mádəfài/-ɔ́-] *vt.* ① 가감하다, 완화하다. ② 수정하다, 제한하다. ③ 〖文〗 수식하다. ④ 〖컴〗 (명령의 일부를) 변경하다. * **-fi·ca·tion** [ˌ--fikéiʃən] *n.* Ⓤ,Ⓒ 가감; 수정; 수식. **:-fi·er** *n.* Ⓒ ① 수정자; 〖文〗 수식어. ② 〖컴〗 변경자.
mod·ish [móudiʃ] *a.* 유행의, 멋쟁이의.
mo·diste [moudí:st] *n.* (F.) Ⓒ 양재사, 장신구상.
mod·u·late [mádʒəlèit/mɔ́-] *vt.* 조절〔조정〕하다, 음조(音調)를 바꾸다; 〖無電〗 변조하다. **-la·tion** [ˌ--léiʃən] *n.* Ⓤ,Ⓒ 조절, 억양; 〖無電〗 변조; 〖컴〗 변조. **-la·tor** [ˊ--ˌtər] *n.* Ⓒ 〖컴〗 변조기.
mod·ule [mádʒu:l/mɔ́dju:l] *n.* Ⓒ (도량·치수의) 단위, 기준; 〖建〗 (각 부분의) 산출 기준; 모듈. …선(船)《우주선의 구성 단위》(*a lunar* ~ 달 착륙선); 〖컴〗 모듈.
mo·dus o·pe·ran·di [móudəs àpərǽndai/mɔ́dəs ɔ̀pərǽndi:] Ⓒ (L.) 활동방식, 운용법; (범인의) 수법; (일의) 작용 방법.
mo·dus vi·ven·di [-vivéndi:, -dai] (L.) 생활 양식; 잠정 협정.
Mo·gul [móugʌl, ─ˊ] *n.* Ⓒ 무굴 사람《인도를 정복한 몽골 사람》; 거물. ***the Great*** 〔***Grand***〕 ~ 무굴 황제.
Mógul Émpire, the 무굴 제국《인도 사상 최대의 이슬람 왕조; 1526-1858》.
mo·hair [móuhɛər] *n.* Ⓤ 모헤어《앙골라 염소의 털》; Ⓤ,Ⓒ 모헤어천.
Mo·ham·med [mou*h*ǽmid, -med] *n.* (570?-632) 마호메트《이슬람교의 개조》.
Mo·ham·med·an [mou*h*ǽmidən, -med-] *a.* Mohammed의; 이슬람교의. ── *n.* Ⓒ 회교도. **~·ism** [-ìzəm] *n.*
Mo·howk [móuhɔ:k] *n.* Ⓤ 모호크말; Ⓒ 모호크 사람《New York주에 살던 북아메리카 토인》.
Móhs' scàle [móuz-] 〖鑛〗 모스 굳기계〔경도계〕.
moil [mɔil] *vi.* 악착같이 일하다 (TOIL[1] *and* ~). 「감.
moire [mwɑ:r] *n.* Ⓤ 물결무늬의 옷
:moist [mɔist] *a.* ① 습한, 눅눅한. ② 비가 많은. * **~·en** [mɔ́isn] *vt.* 습하게 하다, 적시다.
:mois·ture [mɔ́istʃər] *n.* Ⓤ 습기, 수분.
móisture-sénsitive *a.* 습기 차기 쉬운, 습기로 쉽게 변질〔변색〕되는.
MOL Manned Orbiting Laboratory 유인(有人) 궤도 실험실.
mo·lar[1] [móulər] *n., a.* Ⓒ 어금니
mo·lar[2] *a.* 〖理〗 질량의. 「(의).
mo·las·ses [məlǽsiz] *n.* Ⓤ 당밀(糖蜜).
:mold[1], 《英》 **mould**[1] [mould] *n.* Ⓒ ① 형(型), 거푸집. ②《비유》 모양, 모습. ③ (*sing.*) 특성, 성격. ── *vt.* 거푸집에 넣어 만들다; 연마하다. **ˊ·ing** *n.* Ⓤ 주조; Ⓒ 주조물; 〖建〗 장식 쇠시리.
mold[2], 《英》 **mould**[2] *n.* Ⓤ 곰팡이. ── *vt., vi.* 곰팡나(게 하)다.
mold[3], 《英》 **mould**[3] *n.* Ⓤ 옥토(沃土), 경토(耕土); 《英·方》 토지. ***man of ~*** (죽으면 흙이 되는) 인간.
Mol·da·vi·a [mαldéiviə, -vjə/mɔl-] *n.* 몰다비아《러시아 흑해 연안의 한 지방》.
móld·bòard *n.* Ⓒ 보습; 불도저의 흙밀이 판.
mold·er [móuldər] *vi., vt.* 썩어문드러지(게 하)다, 썩다, 허물어지다.
mold·y, 《英》 **mould·y** [móuldi] *a.* 곰팡난; 진부한.
móldy fíg 《俗》 전통 재즈의 팬; 시대에 뒤진 사람〔것〕.
mole[1] [moul] *n.* Ⓒ 사마귀.
mole**[2] *n.* Ⓒ 〖動〗 두더지. ***blind as a ~ 눈이 아주 먼.
mole[3] *n.* Ⓒ 방파제, 돌제(突堤).
mole[4] *n.* Ⓒ 〖化〗 몰, 그램분자(mol).
***mo·lec·u·lar** [məlékjələr] *a.* 분자의, 분자로 된.

molécular biólogy 〖生〗 분자 생물학.
molécular genétics 〖生〗 분자 유전학.
molécular wéight 〖化〗 분자량.
***mol·e·cule**[málikjù:l/-ɔ́-] *n.* Ⓒ 〖理〗 분자.
móle·hill *n.* Ⓒ 두더지가 파올린 흙.
***mo·lest**[məlést] *vt.* ① 괴롭히다, 지분거리다. ② 방해〔간섭〕하다. **mo·les·ta·tion**[mòulestéiʃən] *n.* Ⓤ 훼방, 방해.
Mo·liere [mòuljέər/mɔ́liεər] *n.* (J.B. Poquelin의 펜네임) (1622-73) 프랑스의 극작가.
mol·li·fy[máləfài/-ɔ́-] *vt.* 누그러지게 하다, 달래다. **-fi·ca·tion**[⌐–fikéiʃən] *n.* Ⓤ,Ⓒ 완화, 진통.
mol·lusc, -lusk[máləsk/-ɔ́-] *n.* Ⓒ 연체 동물. **mol·lus·coid**[məlʌ́skɔid/mɔl-] *n., a.* Ⓒ 의(擬)연체 동물(의).
mol·ly·cod·dle[málikàdl/mɔ́likɔ̀dl] *vt.* 응석받이로 기르다. ── *n.* Ⓒ 뱅충맞이.
Mól·o·tov cócktail[málətàf-/mɔ́lətɔ̀f-] 화염병(火焰甁).
molt[moult] *vt., vi.* (동물이) 탈피하다, 털을 갈(게 하)다. ── *n.* Ⓤ,Ⓒ 탈피, 털갈이, 그 시기.
***mol·ten**[móultn] *v.* melt의 과거분사. ── *a.* 녹은; 주조된.
Mo·luc·cas[mou*l*ʌ́kəz] *n.* 몰루카 군도《동인도 제도의 군도, 인도네시아령; 향신료(香辛料)가 나므로 Spice Islands라고도 함》.
mo·lyb·de·num[məlíbdənəm] *n.* Ⓤ 〖化〗 몰리브덴《기호 Mo》.
mom[mɑm/-ɔ-] *n.*《口》=MUMMY[2].
†**mo·ment**[móumənt] *n.* ① Ⓒ 순간; 때, 현재. ② Ⓤ 중요성. ③ Ⓒ 〖哲〗 계기, 요소. ④ Ⓤ 〖機〗 (축(軸) 둘레의) 운동률, 모멘트, 역률(力率). ***at any*** ~ 언제라도. ***at the*** ~ 당시. ***for the*** ~ 당장. ***in a*** ~ 곧. ***Just a*** ~., or ***One*** ~., or ***Half a*** ~., or ***Wait a*** ~. 잠깐 (기다려 주시오). ***man of the*** ~ 시대의 각광을 받는 인물, 요인. ***of no*** ~ 중요치 않은, 시시한. ***the*** (***very***) ~ ***that ...*** …할 찰나. ***this*** ~ 지금 곧. ***to the*** ~ 제시각에, 일각도 어김없이.
‡**mo·men·tar·y** [móumәntèri/-təri] *a.* 순간의, 찰나의. **-tar·i·ly** *ad.* 잠깐, 시시 각각.
mo·ment·ly[-li] *ad.* 각 일각, 시시 각각.
***mo·men·tous**[mouméntəs] *a.* 중대한, 중요한. ~**·ly** *ad.*
mo·men·tum** [mouméntəm] *n.* (*pl.* ~s, -ta***[-tə]) Ⓤ,Ⓒ (물체의) 타성(惰性), 여세; Ⓤ 〖機〗 운동량.
mom·ma[mámə/-ɔ́-] *n.*《美口·小兒》=MOTHER.
mom·my [mámi/mɔ́mi] *n.*《美·兒》=MOM.
mo-mo[móumòu] *n.* Ⓒ《美》얼간이, 반편이.
***Mon.** Monastery; Monday.
mon·a·chal [mánəkəl] *a.* = MONASTIC.
mon·a·chism[mánəkìzəm/-ɔ́-] *n.* =MONASTICISM.
mon·ac·id[mɑnǽsid/-ɔ-] *a.* 〖化〗 일산(一酸)의.
Mon·a·co[mánəkòu/-ɔ́-] *n.* 모나코《프랑스 남동의 작은 나라》.
mon·ad[móunæd, -á-/-ɔ́-] *n.* Ⓒ 단일체; 〖哲〗 단자(單子)《원자·혼·개인·신 따위》; 〖生〗 단세포 생물; 〖化〗 일가 원소(一價元素).
Mo·na Li·sa[móunə lí:sə, -zə] 모나리자(=*La Gioconda*).
‡**mon·arch**[mánərk/-ɔ́-] *n.* Ⓒ 군주. **mo·nar·chal**[məná:*r*kəl] *a.* 군주의, 군주다운.
mo·nar·chic[məná:*r*kik], **-chi·cal**[-əl] *a.* 군주(정치, 국)의.
mon·ar·chism[mánərkìzəm/-ɔ́-] *n.* Ⓤ 군주주의. **-chist** *n.* Ⓒ 군주제주의자.
***mon·ar·chy**[mánərki/-ɔ́-] *n.* Ⓤ 군주 정치 〔정체〕; Ⓒ 군주국.
***mon·as·ter·y**[mánəstèri/mɔ́nəstəri] *n.* Ⓒ 수도원.
***mo·nas·tic**[mənǽstik] *a.* 수도원의; 수도사의; 금욕〔은둔〕적인. **-ti·cism**[-təsìzəm] *n.* Ⓤ 수도원 생활〔제도〕.
mon·au·ral[mɑnɔ́:rəl/mɔn-] *a.* (레코드 따위가) 모노럴의; 한쪽 귀의〔에 쓰는〕 (cf. stereophonic).
†**Mon·day**[mʌ́ndei, -di] *n.* Ⓒ《보통 무관사》월요일. ~**·ish** *a.* 느른한《일요일 다음이라》.
Mónday (**mórning**) **quárterback**《美口》미식 축구 시합이 끝난 뒤 에러를 비평하는 사람; 결과를 가지고 이러쿵저러쿵 비평하는 사람.
monde[mɔ̃:*n*d] *n.* (F.) Ⓒ 세상, 사회, 사교계.
Mon·dri·an[mɔ́:ndriɑ:n/mɔ́n-], **Peiter Cornelis**(1872-1944) 네덜란드의 추상파 화가《파리에 살았음》.
Mo·nél mètal[mounél-] 〖商標〗 모넬 메탈《니켈·동의 합금; 산에 강함》.
Mo·net[mounéi], **Claude**(1840-1926) 모네《프랑스의 화가; 인상파의 창시자》.
***mon·e·tar·y**[mánətèri/mʌ́nitəri] *a.* 화폐의, 금전상의.
mon·e·tize [mánətàiz, mʌ́ni-] *vt.* 화폐로 정하다; 화폐로 주조하다. **-ti·za·tion**[⌐–tizéiʃən/-tai-] *n.*
†**mon·ey**[mʌ́ni] *n.* Ⓤ 돈. ***coin*** ~《口》돈을 많이 벌다. ***for*** ~ 돈으로; 돈을 위해. ***hard*** ~ 경화(硬化); 정금(正金). ***lucky*** ~ 행운이 온다고 몸에 지니고 다니는 돈. ***make*** ~ 돈을 벌다. ~ ***for jam***《英俗》거저 번 돈. ***M- makes the mare to go.***《속담》돈이면 귀신도 부린다. ~ ***on*** 〔***at***〕 ***call*** =CALL ~. ~***'s worth*** 돈에 상당하는 물건, 돈만큼의 가치.

M

paper ~ 지폐. *raise* ~ *on* …을 저당하여 돈을 마련하다. *ready* ~ 맞돈, 현금. *small* ~ 잔돈. *soft* ~ 지폐. *standard* ~ 본위(本位) 화폐.
móney·bàg *n.* Ⓒ 지갑; (*pl.*) 부자; 부(富).
móney chànger 환전상(換錢商).
móney·grùbber *n.* Ⓒ 축재; 돈만 아는 사람, 수전노.
móney·grùbbing *n., a.* Ⓒ 축재(에 열심인), 축재가의.
móney làundering 돈세탁(money-washing)《금융기관과의 거래나 계좌를 통하여 부정한 돈의 출처를 모르게 하는 것》.
móney·lènder *n.* Ⓒ 대금업자.
móney·màking *n.* Ⓤ 돈벌이.
móney·màn *n.* Ⓒ《口》자본가, 재정가, 투자가.
móney màrket 금융 시장.
móney òrder (송금)환.
móney pòlitics 금권 정치.
móney ràtes 금리.
móney wàges 명목 임금.
mon·ger[mʌ́ŋgər] *n.* Ⓒ 상인, …상, …장수(fish*monger*).
Mon·gol[máŋgəl, -goul/mɔ́ŋgɔl] *n., a.* Ⓒ 몽골 사람(의). **~·ism**[-ìzəm] *n.* Ⓤ 〖醫〗 몽골증(症)《선천적 치매증의 일종》.
Mon·go·li·a[maŋgóuliə, -ljə/mɔŋ-] *n.* 몽골. **-an**[-ən] *n., a.* Ⓒ 몽골 사람(의); 몽골인종(에 속하는); Ⓤ 몽골어(語)(의).
mon·gol·oid[máŋgəlɔ̀id/-ɔ́-] *a., n.* Ⓒ 몽골인 비슷한 (사람); 〖醫〗 몽골증(症)의 (환자).
mon·goose[máŋgu:s, mán-/-ɔ́-] *n.* (*pl.* **~s**) Ⓒ 몽구스《인도산 족제비 비슷한 육식 동물, 독사를 먹음》.
mon·grel[mʌ́ŋgrəl, -á-] *n., a.* Ⓒ 잡종(의)《주로 개》.
mon·ism[mánizəm/-ɔ́-] *n.* Ⓤ 〖哲〗 일원론(一元論). **món·ist** *n.* Ⓒ 일원론자. **mo·nis·tic**[mounístik, mə-], **-ti·cal**[-əl] *a.*
mo·ni·tion[mouníʃən, mə-] *n.* Ⓤ,Ⓒ 경고; 훈계; (법원의) 소환(召喚).
mon·i·tor[mánitər/mɔ́n-] *n.* Ⓒ ① 권고자, 경고자; 경고가 되는 것, ② 학급 위원. ③ 〖軍〗 (회전 포탑이 있는) 저현(低舷) 장갑함. ④ 〖動〗 큰 도마뱀의 일종《열대산; 악어의 존재를 알린다 함》. ⑤ (펌프 등의) 자유 회전 통구(筒口). ⑥ 외국방송 청취원, 외전(外電) 방수(傍受)자. ⑦ 〖放送〗 모니터 장치《음질·영상을 조절하는; ~ screen이라고도 함》; 모니터《방송에 대한 의견을 방송국에 보고하는 사람》. ⑧ (원자력 공장의 위험탐지용) 방사능 탐지기. ⑨ 〖컴〗 모니터 (~ *mode* 모니터 방식). ── *vt., vi.* ① (…을) 감시하다, 감독하다; (…을 데이터로) 추적하다. ② 〖放送〗 (…을) 모니터(장치)로 감시〔조정〕하다; (방송을) 모니터하다; (…을) 방수하다; 외국방송을 청취하다. ③ (방사능의 강도를) 검사하다. **-to·ri·al**[ㅡ-tɔ́:riəl] *a.* 경고의, 감시의.
mon·i·tor·ing[mánitəriŋ/mɔ́n-] *n.* 〖컴〗 감시《프로그램 수행 중 일어날 수 있는 여러 오류에 대비하는 것》.
mon·i·to·ry[-tɔ̀:ri/-təri] *a.* 경고의, 권고의, 훈계의. ── *n.* Ⓒ (bishop의) 계고장(戒告狀).
:**monk**[mʌŋk] *n.* Ⓒ 수도사, 중. **∠·ish** *a.* 수도사 티가 나는, 중 냄새 나는《나쁜 의미로》.
†**mon·key**[mʌ́ŋki] *n.* Ⓒ ① 원숭이. ② 장난 꾸러기; 흉내를 내는 아이, 젊은 것; (말뚝 박는 기계의) 쇠달구. ③《英俗》 500파운드. *get* 〔*put*〕 *one's* ~ *up* 성내다〔성내게 하다〕. ~ *business* 〔*tricks*〕《俗》장난, 기만. *suck the* ~ (병 따위에) 입을 대고 마시다. *young* ~ 젊은 것. ── *vi.* 《口》 장난치다, 놀려대다 (*with*). ── *vt.* 흉내내다, 놀려대다. **~·ish** *a.* 원숭이 같은, 장난 좋아하는.
mónkey bùsiness 《口》 ① 기만, 사기. ② 장난, 짓궂은 짓.
mónkey nùt 《주로 英俗》 땅콩.
mónkey·shìne *n.* Ⓒ (보통 *pl.*) 《美俗》 장난.
mónkey sùit 《美俗》 제복; (남자용) 예복.
mónkey wrènch 자재(自在) 스패너.
mon·o-[mánou, -nə/mɔ́n-] '일(一), 단(單)'의 뜻의 결합사.
móno·chòrd *n.* Ⓒ (음정(音程) 측정용) 일현금(一絃琴).
mon·o·chrome[mánəkròum/-ɔ́-] *n.* Ⓒ 단색(화); Ⓤ 그 화법 〖컴〗 단색(~ *display* 단색 화면 표시기/ ~ *monitor* 단색 모니터). **-chro·mati·c**[ㅡㅡ-mǽtik] *a.*
mon·o·cle[mánəkəl/mɔ́-] *n.* Ⓒ 단안경(單眼鏡).
mon·o·cli·nous [mànəkláinəs/mɔ̀n-] *a.* 〖植〗 양성화(兩性花)의.
mo·noc·u·lar [mənákjələr/mɔnɔ́-] *a.* 단안(용)의.
móno·cùlture *n.* Ⓤ 〖農〗 단작(單作).
móno·cỳcle *n.* Ⓒ 일륜차(一輪車).
mon·o·cyte[mánəsàit/mɔ́n-] *n.* 〖生〗 단핵(單核) 백혈구.
móno·dràma *n.* Ⓒ,Ⓤ 모노드라마, 1인극.
mon·o·dy[mánədi/-ɔ́-] *n.* Ⓒ (그리스 비극의) 서정적 독창부; 만가.
mo·noe·cious[məní:ʃəs] *a.* 〖植〗 자웅동주의; 〖動〗 자웅동체의.
mo·nog·a·my[mənágəmi/mənɔ́-] *n.* Ⓤ 일부 일처제〔주의〕(opp. polygamy). **-mist** *n.* Ⓒ 일부 일처주의자. **-mous** *a.*
mon·o·gram [mánəgræ̀m/mɔ́n-] *n.* Ⓒ 짜맞춘 글자《도형화한 머리 글자 등》.
mon·o·graph [mánəgræ̀f/mɔ́nəgrà:f] *n., vt.* Ⓒ (특정 테마에 대한) 전공 논문(을 쓰다).
mon·o·ki·ni[mànəkí:ni/mɔ̀n-] *n.*

Ⓒ 토플리스 수영복; (남성용의) 극히 짧은 팬츠.

mon·o·lith[mánəlìθ/-ɔ́-] *n.* Ⓒ 돌 하나로 된 비석·기둥(따위); 통바위, 단암(單岩). **~·ic**[∸–líθik] *a.* 단암(單岩)의; (사상·정책이) 일관된, 혼란이 없는.

mon·o·logue, 《美》 **-log**[mánəlɔ̀:g, -àg/mɔ́nəlɔ̀g] *n.* Ⓒ 독백(극); 이야기의 독차지.

mon·o·ma·ni·a [mànəméiniə, -njə/-ɔ̀-] *n.* Ⓤ 편집광(偏執狂). **-ac** [∸–∸–æ̀k] *n.* Ⓒ 편집광 환자.

Mon·o·mark[mánəmà:rk/mɔ́n-] *n.* 《英》〖商標〗(소유자·상품명·제작자 등을 등록한) 짜맞춤 기호[문자].

mon·o·mer[mánəmər/mɔ́n-] *n.* Ⓒ 〖化〗 단량체; 단위체.

mon·o·met·al·lism[mànəmétəlìzəm/mɔ̀n-] *n.* Ⓤ 〖經〗 (화폐의) 단본위제(單本位制).

mo·no·mi·al[mounóumiəl, mən-] *a., n.* Ⓒ 〖數〗 단항식(의); 〖生〗 한 말로 된《명칭》.

mon·o·pho·bi·a [mànəfóubiə/mɔ̀n-] *n.* Ⓤ 〖醫〗 고독 공포증.

mon·o·phon·ic[mànəfánik/mɔ̀nəfɔ́n-] *a.* ① =MONAURAL. ② 〖樂〗 단선율(가곡)의; 〖컴〗 모노포닉.

mon·oph·thong [mánəfθɔ̀:ŋ/mɔ́nəfθɔ̀ŋ] *n.* Ⓒ 단모음(cf. diphthong).

mon·o·pitch[mánəpìtʃ/-ɔ́-] *n.* Ⓤ (말·노래 소리의) 단조로움.

mon·o·plane[mánəplèin/-ɔ́-] *n.* Ⓒ 단엽 비행기.

mo·nop·o·list[mənápəlist/-ɔ́-] *n.* Ⓒ 전매(론)자; 독점(론)자. **-lis·tic**[–∸–lístik] *a.* 독점적인; 전매의.

***mo·nop·o·lize**[-làiz] *vt.* 독점하다, 전매권을 얻다. **-li·za·tion**[–∸–lizéiʃən/-lai-] *n.* Ⓤ 독점, 전매.

‡**mo·nop·o·ly**[mənápəli/-ɔ́-] *n.* ① Ⓤ,Ⓒ 독점(권), 전매(권). ② Ⓒ 독점물, 전매품; 전매 회사, 독점자.

mon·o·rail[mánərèil/-ɔ́-] *n.* Ⓒ 단궤(單軌) 철도, 모노레일.

mon·o·so·di·um glu·ta·mate [mànəsóudiəm glú:təmeit/mɔ̀n-] 글루탐산 나트륨《조미료》.

mon·o·syl·la·ble [mánəsìləbəl/-ɔ́-] *n.* Ⓒ 단음절어. ***speak*** [***answer***] ***in ~*** 퉁명스럽게 말[대답]하다. **-lab·ic**[∸––lǽbik] *a.*

mon·o·the·ism[mánəθi:ìzəm/-ɔ́-] *n.* Ⓤ 일신교, 일신론. **-is·tic**[∸––ístik] *a.* 일신론[교]의.

mon·o·tone[mánətòun/-ɔ́-] *n.* (a ~) 단조(음). — *vt.* 단조롭게 이야기하다.

‡**mo·not·o·nous**[mənátənəs/-ɔ́-] *a.* 단조로운, 변화가 없어 지루한. **~·ly** *ad.* **~·ness** *n.* ***-ny** *n.* Ⓒ 단음(單音); 단조; Ⓤ 단조로움.

Mon·o·type[mánətàip/-ɔ́-] *n.* Ⓒ 〖商標·印〗 자동 주조 식자기, 모노타이프(cf. linotype).

mon·ov·u·lar[manóuvjələr/mən-] *a.* 〖生〗 일란성의(cf. biovular).

mon·ox·ide[manáksaid/mənɔ́k-] *n.* Ⓤ,Ⓒ 〖化〗 일산화물.

Mon·roe[mənróu], **James**(1758-1831) 미국 제5대 대통령(1817-25).

Monróe Dóctrine(유럽 각국은 미대륙 각국에 대하여 간섭해서는 안 된다고 한) 먼로주의《↑》.

mon·sei·gneur [mànseinjə́:r/mɔ̀nse-] *n.* (*pl.* ***messeigneurs*** [mèseinjə́:rz/-sen-]) (F.) 전하, 각하《생략 Mgr.》.

****mon·sieur***[məsjə́:r] *n.* (*pl.* ***messieurs*** [mesjə́:r]) (F.) 씨, 귀하, 님《생략 M.=Mr.》.

mon·soon[mansú:n/-ɔ-] *n.* (the ~) (인도양·남아시아의) 계절풍.

‡**mon·ster**[mánstər/-ɔ́-] *n.* Ⓒ ① 괴물, 도깨비; 거수(巨獸). ② 악독한 사람. — *a.* 거대한.

mon·stros·i·ty [manstrásəti/mɔnstrɔ́s-] *n.* Ⓤ 기형(畸形); 괴물; 지독한 행위.

***mon·strous**[mánstrəs/-ɔ́-] *a.* ① 거대한; 괴물 같은; 기괴한. ② 어처구니 없는; 극악 무도한. **~·ly** *ad.* ⌊**~·ness** *n.*

Mont. Montana.

mon·tage[mantá:ʒ/mɔn-] *n.* (F.) Ⓤ,Ⓒ 혼성화; 합성[몽타주] 사진, 〖映〗 몽타주《작은 화면의 급속한 연속에 의한 구성》; 필름 편집.

Mon·taigne [mantéin/mɔn-], **Michel Eyquem de** (1533-92) 몽테뉴《프랑스의 철학자·수필가 (*Essais*)》.

Mon·tan·a[mantǽnə/mɔn-] *n.* 미국 북서부의 주《생략 Mont.》.

Mont Blanc [mɔŋ blá:ŋ] 몽블랑《알프스의 최고봉(4,810m)》.

Mon·te Car·lo[mànti ká:rlou/mɔ̀n-] 몬테카를로《모나코의 도시; 공설 도박장이 있음》.

Mon·te·ne·grin [màntəní:grin/-ɔ̀-] *n., a.* Ⓒ 몬테네그로 사람(의).

Mon·tes·quieu[màntəskjú:/mɔ̀n-], **Charles**(1689-1755) 몽테스키외《프랑스의 정치 사상가; *De l'Esprit des Lois*(법의 정신)》.

†**month**[mʌnθ] *n.* Ⓒ 월, 달. ***a ~ of Sundays*** 《口》 오랫동안. ***a ~'s mind*** 〖가톨릭〗 사후 1개월째 되는 날의 연(煉) 미사. ***last ~*** 전달. ***~ by ~*** 다달이. ***this day ~*** 내달[전달]의 오늘. ***this ~*** 이달.

‡**month·ly**[∠li] *a.* 매달의; 월 1회의. — *n.* Ⓒ 월간 잡지; (*pl.*) 《口》 월경.

Mont·re·al [màntriɔ́:l, mʌ̀n-/mɔ̀n-] *n.* 몬트리올《캐나다 최대의 도시; 상공업 중심지》.

Montreál Prótocol 몬트리올 의정서《1987년 오존층 보호를 위해 채택됨》.

‡**mon·u·ment**[mánjəmənt/-ɔ́-] *n.* Ⓒ ① 기념비, 기념상, 기념문, 기념관(따위); 기념물. ② 문서, 기록. ***the M-*** 1666년 런던 대화재 기념탑.

M

*__mon·u·men·tal__[mànjəméntl/-ɔ́-] *a.* ① 기념(물)의, 기념되는. ② 불멸의. ③ 거대한; 《口》 어처구니 없는. ④ 〖美術〗 실물보다 큰. ~ ***mason*** 묘석 제조인. ~**·ly**[-təli] *ad.*

__moo__[mu:] *vi.* (소가) 음매 울다. ── *n.* Ⓒ 그 우는 소리.

__mooch__[mu:tʃ] *vi., vt.* 《俗》 건들건들〔살금살금〕 거닐다, 배회하다; 훔치다, 우려내다. ∠**·er** *n.*

‡__mood__[1][mu:d] *n.* Ⓒ 마음(의 상태), 기분. ***a man of ~s*** 변덕쟁이. ***be in no ~*** (***for***) …할 마음이 없다. ***in the ~*** …할 마음이 나서.

*__mood__[2] *n.* U,C ① 〖文〗 법(cf. indicative, imperative, subjunctive). ② 〖論〗 논식(論式). ③ 〖樂〗 선법(mode), 음계법.

*__mood·y__[mú:di] *a.* 까다로운; 우울한. **móod·i·ly** *ad.* **-i·ness** *n.*

†__moon__[mu:n] *n.* (보통 the ~) 달; Ⓒ 위성; (보통 *pl.*) 《詩》 월(month). ***below the ~*** 이 세상의. ***cry for the ~*** 실현 불가능한 것을 바라다. ***full ~*** 만월. ***shoot the ~*** 《俗》 야반 도주하다. ── ***vi. vt.*** 멍하니 바라보다〔거닐다〕; 멍하니 시간을 보내다(*away*).

__móon·bèam__ *n.* Ⓒ 달빛.

__móon·bùggy__ *n.* Ⓒ 월면차(月面車).

__móon·càlf__ *n.* Ⓒ (선천적) 백치.

__móon-fàce__ *n.* Ⓒ 둥근 얼굴.

__móon·flìght__ *n.* U,C 달 여행〔비행〕.

__móon jèep__ 월면차(月面車).

__móon·lèt__ *n.* Ⓒ (자연 또는 인공의) 소위성.

‡__móon·lìght__ *n., a.* Ⓤ 달빛(의). ── *vi.* 《口》 아르바이트하다.

__móonlight flítting__ 야반 도주.

*__móon·lìt__ *a.* 달빛에 비친, 달빛어린.

__moon·man__[∠mæ̀n] *n.* Ⓒ 월인(月人), 달탐험가.

__móon·pòrt__ *n.* Ⓒ 달로켓 발사기지.

__móon·qùake__ *n.* Ⓒ 월진(月震).

__móon·scòoper__ *n.* Ⓒ 자동 월면 물질 채집선(船).

*__móon·shìne__ *n.* Ⓤ ① 달빛. ② 부질없는 생각. ③ 《美口》 밀주, 밀수입주. **-shìner** *n.* Ⓒ 《美口》 주류 밀조자〔밀수입자〕.

__móon·shìp__ *n.* Ⓒ 달 여행용 우주선.

__móon·shòt__ *n.* Ⓒ 달로켓 (발사).

__móon·stòne__ *n.* U,C 월장석(月長石).

__móon·stròll, -wàlk__ *n.* Ⓒ 월면 보행.

__móon·strùck__ *a.* 실성한《광기(狂氣)와 달빛과는 상관 관계가 있다고 여겨 왔음》.

__Móon týpe__ (맹인용의) 문식 선자(線字)《영국인 W. Moon 발명》.

__móon·wòrk__ *n.* Ⓤ 월면 작업.

__moon·y__[∠i] *a.* 달 같은; 초승달 모양의; 《口》 꿈 같은; 얼빠진.

__Moor__[muər] *n.* Ⓒ 무어 사람《아프리카 북서부에 사는 회교도》. ~**·ish** [múəriʃ] *a.* 무어 사람〔식〕의.

‡__moor__[1][muər] *n.* U,C (heath가 무성한) 황야, 사냥터.

*__moor__[2] *vt.* (배를) 계류하다, 정박시키다.

__moor·age__[mú(:)ridʒ/múər-] *n.* U,C 계류(소); 계류료(料).

__móor·gàme__ *n.* Ⓒ 〖鳥〗 붉은뇌조.

__moor·ing__[múəriŋ] *n.* Ⓒ (보통 *pl.*) 계류 기구; (*pl.*) 계선장, 정박장; Ⓤ 계류, 계선.

__moor·land__[∠lǽnd, -lənd] *n.* Ⓤ 《英》 (heath가 무성한) 황야.

*__moose__[mu:s] *n.* (*pl.* ~) Ⓒ 〖動〗 큰사슴.

__moot__[mu:t] *n., a., vt.* (a ~) 집회; 모의 재판; 논의의 여지가 있는; 토의하다.

__móot cóurt__ (대학의) 모의 법정.

__móot pòint__ 〔__quéstion__〕 논쟁〔문제〕점.

*__mop__[1][mɑp/-ɔ-] *n.* Ⓒ 자루걸레. ***a ~ of hair*** 더벅머리. ── ***vt.*** (***-pp-***) 자루걸레로 닦다; 훔쳐 내다 (*up*); (이익을) 빨아 먹다.

__mop__[2] *n., vi.* (***-pp-***) Ⓒ 찡그린 얼굴; 얼굴을 찡그리다.

__mope__[moup] *vi., vt.* 침울해지다, 침울하게 하다; 풀이 죽다, 풀죽게 하다. ── *n.* Ⓒ 침울한 사람; (*pl.*) 우울. **móp·ish** *a.* 침울한.

__móp·hèad__ *n.* Ⓒ 《俗》 더벅머리.

__mo·raine__[mouréin, mɔ:-/mɔ-] *n.* Ⓒ 〖地〗 빙퇴석(氷堆石).

‡__mor·al__[mɔ́(:)rəl, -ɑ́-] *a.* ① 도덕상의; 윤리적인. ② 교훈적인; 도덕적인, 품행 방정한. ③ 정신적인《지지·의미 따위의》; 개연적인. ── *n.* Ⓒ (우화·사건 등의) 교훈; (*pl.*) 수신; 도덕, 윤리(학); 예절, 몸가짐. ***point a ~*** 보기를 들어 교훈하다. *∠**·ly** *ad.* 도덕적으로; 실제로, 진실로.

__móral cértainty__ 결코 틀림이 없음, 확실성.

__móral códe__ 도덕률.

__móral cóurage__ 도덕적〔참다운〕 용기.

*__mo·rale__[mourǽl/mɔrɑ́:l] *n.* Ⓤ 사기, 풍기(*the ~ of soldiers*).

__móral házard__ 〖保險〗 도덕〔인위〕적 위험.

*__mor·al·ist__[mɔ́(:)rəlist, -ɑ́-] *n.* Ⓒ 도학자, 도덕가, 윤리학자; 덕육가. **-is·tic**[∸-ístik] *a.* 도학〔교훈〕적인.

*__mo·ral·i·ty__[mɔ(:)rǽləti, mɑ-] *n.* ① Ⓤ 도덕성; 윤리학; 도덕률; 도의; 덕성. ② Ⓒ 교훈적인 말, 훈화. ③ =∠ **plày** (16세기경의) 교훈극.

__mor·al·ize__[mɔ́(:)rəlàiz, -ɑ́-] *vt., vi.* 도를〔도덕을〕 설교하다; 도덕적으로 해석하다; 설교하다. **-iz·er** *n.* Ⓒ 도를 설교하는 사람.

__móral láw__ 도덕률.

__móral obligátion__ 도덕적 책임.

__móral philósophy__ 〔__scíence__〕 도덕학, 윤리학.

__Móral Re-Ármament__ 도덕 재무장 운동《생략 MRA》.

__móral sénse__ 도덕 관념, 양심.

__móral túrpitude__ 부도덕한 행위.

__móral víctory__ 정신적 승리《지고도 사기가 왕성해지는 경우》.

mo·rass[mərǽs] *n.* Ⓒ 소지(沼地); 늪.
mor·a·to·ri·um [mɔ̀(ː)rətɔ́ːriəm, mɑ̀r-] *n.* (*pl.* **~s, -ria**[-riə]) Ⓒ 〖法〗 일시적 정지(령), 지급 유예(령), 지급 유예 기간.
*__mor·bid__[mɔ́ːrbid] *a.* ① 병적인, 불건전한; 병의. ② 섬뜩한. **-i·ty** *n.* Ⓤ 병적인 상태, 불건전. **~·ly** *ad.*
mórbid anátomy 병리 해부학.
mor·da·cious[mɔːrdéiʃəs] *a.* 신랄한, 비꼬는. **~·ly** *ad.* **-dac·i·ty** [-dǽsəti] *n.*
mor·dant[mɔ́ːrdənt] *a.* 비꼬는, 부식성(腐蝕性)의; 매염(媒染)의; 색을 정착시키는.
†**more**[mɔːr] *a.* 《many 또는 much 의 비교급》 ① 더 많은; 더 큰. ② 그 이외의. (**and**) **what is ~** 더욱이 (중요한 것은). ── *n., pron.* 더 많은 수〔양, 정도〕; 그 이상의 것. ── *ad.* 《much의 비교급》 더욱 (많이); 더 일층. **all the ~** 더욱 더. **and no ~** …에 불과하다. **be no ~** 이미 없다, 죽었다. **~ and ~** 점점 더. **~ or less** 다소, 얼마간. **~ than ever** 더욱 더. **much** 〔**still**〕 **~** 하물며. **no ~** 이미 …하지 않다. **no ~ than** 겨우, 단지. **no ~... than** …이 아닌 것과 마찬가지로 …이 아니다(*I am no ~ mad than you are.* 네가 미치지 않았다면 나 또한 마찬가지이다). **the ~ ... the ~** …하면 할수록 …하다.
More[mɔːr], Sir **Thomas**(1478-1535) 영국의 정치가·사상가(《*Utopia*의 저자》).
more·ish[mɔ́ːriʃ] *a.* 《口》 더 먹고 싶어지는, 아주 맛있는.
‡**more·o·ver**[mɔːróuvər] *ad.* 더욱이.
mo·res[mɔ́ːriːz, -reiz] *n. pl.* 관습, 습관.
mor·ga·nát·ic márriage[mɔ̀ːrgənǽtik-] 귀천 상혼(貴賤相婚)《왕족·귀족이 평민의 여자와 결혼한 경우로, 처자는 남편·아버지의 재산·신분을 계승할 수 없음》.
morgue[mɔːrg] *n.* (F.) Ⓒ 시체 공시소; 《美》 (신문사의) 자료부, 자료집.
mor·i·bund[mɔ́(ː)rəbʌ̀nd, mɑ́r-] *a.* 《雅》 다 죽어가는, 소멸해가는.
Mor·mon[mɔ́ːrmən] *n.* Ⓒ 모르몬 교도. **~·ism**[-ìzəm] *n.* Ⓤ 모르몬교.
*__morn__[mɔːrn] *n.* Ⓒ 《詩》 아침.
†**morn·ing**[mɔ́ːrniŋ] *n.* ① Ⓤ,Ⓒ 아침, 오전; 주간. ② Ⓤ 여명. **in the ~** 오전중. **of a ~** 언제나 아침나절에.
mórning áfter 숙취; (악에서의) 뉘우침.
mórning-áfter pìll (성교 후에 먹는) 경구 피임약.
mórning càll (호텔의) 모닝콜; 아침 방문《실제는 오후 3시까지의 정식 사교 방문》.
mórning còat 모닝 코트.
mórning drèss 여성용 실내복; (남자의) 보통 예복《morning coat, frock coat 따위》.
mórning glòry 나팔꽃.
mórning pàper 조간 (신문).
Mórning Práyer (영국 국회의) 아침 기도.
mórning ròom 《英》 낮에 쓰는 거실.
mórning sìckness 입덧.
mórning stár 샛별《금성》.
mórning wàtch 〖海〗 아침 당직.
Mo·ro[mɔ́ːrou] *n.* (*pl.* **~s**) Ⓒ (필리핀의) 모로족의 토인; Ⓤ 모로말.
Mo·roc·co[mərɑ́kou/-ɔ́-] *n.* 아프리카 북서안의 회교국; (m-) Ⓤ 모로코 가죽.
mo·ron[mɔ́ːrɑn/-rɔn] *n.* Ⓒ 〖心〗 정신박약자《지능지수 50-69이고 정신 연령 8-12세인 성인》; 《口》 저능자.
*__mo·rose__[məróus] *a.* 까다로운, 시무룩한, 부질없는.
mor·pheme[mɔ́ːrfiːm] *n.* Ⓒ 〖言〗 형태소(形態素)《syntactical한 관계를 나타내는 요소; 예컨대 *Is* Tom*'s* sister sing*ing?* 의 이탤릭 부분과 이 글을 발음할 때의 (rising) intonation 따위》(cf. semanteme, phoneme).
Mor·phe·us[mɔ́ːrfiəs, -fjuːs] *n.* 〖로神〗 꿈·잠의 신.
mor·phi·a[mɔ́ːrfiə], **-phine** [-fiːn] *n.* Ⓤ 〖化〗 모르핀. **mor·phin·ism**[⌐-ìzəm] *n.* Ⓤ 〖醫〗 모르핀 중독. **mor·phi·(n)o·ma·ni·ac** [⌐-(n)əméiniæ̀k] *n.* Ⓒ 모르핀 중독자.
mor·phol·o·gy[mɔːrfɑ́lədʒi/-ɔ́-] *n.* Ⓤ 〖生〗 형태학; 〖言〗 어형론, 형태론(accidence) (cf. syntax).
mór·ris dánce[mɔ́(ː)ris-, mɑ́-] Ⓒ 《英》 모리스춤《주로 May Day에 가지는 가장 무도》.
Mór·ri·son shèlter [mɔ́(ː)risn-, mɑ́-] 《英》 강철제 실내 방공(防空) 대피소.
*__mor·row__[mɔ́(ː)rou, -ɑ́-] *n.* (the ~) 《雅》 ① 이튿날. ② (사건) 직후.
Mórse códe〔**álphabet**〕[mɔ́ːrs-] 모스 (전신) 부호.
*__mor·sel__[mɔ́ːrsəl] *n.* Ⓒ (음식의) 한 입, 한 조각; (a ~) 소량.
‡**mor·tal**[mɔ́ːrtl] *a.* ① 죽어야 할. ② 인간의. ③ 치명적인; 불치의. ④ 불구대천의《적 따위》. ⑤ 《口》 대단한. ⑥ 《口》 길고 긴, 지루한. ⑦ 《口》 생각할 수 있는, 가능한. **be of no ~ use** 아무짝에도 쓸 데 없다. **in a ~ hurry** 몹시 서둘러. **~ wound** 치명상. ── *n.* Ⓒ 죽어야 할 것; 인간; 《諧》 사람, 놈. **~·ly** *ad.* 치명적으로; 굉장히.
*__mor·tal·i·ty__[mɔːrtǽləti] *n.* Ⓤ 죽음을 면할 수 없음; 죽어야 할 운명; 사망수, 사망률.
mortálity ràte 사망률.
mortálity tàble 〖保險〗 사망률 통계표.
mor·tar[1][mɔ́ːrtər] *n.* Ⓤ 모르타르, 회반죽. ── *vt.* 모르타르로 굳히다.
*__mor·tar__[2] *n., vt.* Ⓒ 철확, 절구, 유발; 박격포(로 사격하다).

M

mórtar·bòard *n.* Ⓒ (모르타르용) 흙손; (대학의) 사각 모자.
*__mort·gage__[mɔ́:rgidʒ] *n.* Ⓤ,Ⓒ 〖法〗 저당(권), 저당잡히기. ***on*** ~ 저당잡아. — *vt.* 저당잡히다. **mort·ga·gee**[mɔ̀:rgədʒí:] *n.* Ⓒ 저당권자. **mort·ga·gor**[mɔ́:rgidʒər, mɔ̀:rgedʒɔ́:r] *n.* Ⓒ 저당권 설정자.
mórtgage ràte 저당 금리.
mor·tice[mɔ́:rtis] *n.* =MORTISE.
mor·ti·cian[mɔ:rtíʃən] *n.* Ⓒ 《美》 장의사(葬儀社)(undertaker).
*__mor·ti·fy__[mɔ́:rtəfài] *vt.* ① (고통·욕정을) 억제〔극복〕하다. ② 굴욕을 느끼게 하다; (기분을) 상하게 하다. — *vi.* 탈저(脫疽)에 걸리다. *__-fi·ca·tion__[ˌ--fikéiʃən] *n.* Ⓤ 〖宗〗 고행, 금욕; 굴욕, 억울함; 탈저. **~·ing** *a.* 분한; 고행의.
mor·tise, -tice[mɔ́:rtis] *n.* Ⓒ 〖建〗 장붓구멍. — *vt.* 장부촉 이음으로 잇다.
mort·main[mɔ́:rtmèin] *n.* Ⓤ 〖法〗 (법인에 의한 부동산의) 영구 소임.
mor·tu·ar·y[mɔ́:rtʃuèri/-tjuəri] *n.* Ⓒ 시체 임시 안치소. — *a.* 죽음의, 매장의. 「(Moses)의.
Mo·sa·ic[mouzéiik, mə-] *a.* 모세
*__mo·sa·ic__ *n., a.* Ⓤ 모자이크(의), 쪽매붙임 세공(의), 모자이크식의.
mosáic gòld 모자이크 금《황화제2주석을 주성분으로 함》.
Mosáic Láw 모세의 율법.
*__Mos·cow__ [máskou, -kau/mɔ́skou] *n.* 모스크바《러시아의 수도》.
*__Mo·ses__[móuziz] *n.* 〖聖〗 모세《헤브라이의 입법자》.
*__Mos·lem__[mázləm, -lem/-ɔ́-] *n.* (*pl.* ~(*s*)), *a.* =MUSLIM.
mosque[mask/-ɔ-] *n.* Ⓒ 이슬람교 교당.
:**mos·qui·to** [məskí:tou] *n.* (*pl.* ~(*e*)*s*) Ⓒ 〖蟲〗 모기.
mosquíto bòat 《美》 고속 어뢰정.
mosquíto cànopy 소형의 모기장.
mosquíto cràft 소함정《수뢰정 등》.
mosquíto cùrtain 〔**nèt**〕 모기장.
mosquíto flèet 《美》 쾌속 소함정대.
mosquíto nètting 모기장 감.
:**moss**[mɔ:s, -ɑ-] *n.* Ⓤ,Ⓒ 이끼. — *vt.* 이끼로 덮다.
móss·bàck *n.* Ⓒ 《口》 구식 사람; 극단적 보수주의자; 촌놈.
móss-gròwn *a.* 이끼 낀; 시대에 뒤진.
móss róse 〖植〗 이끼장미.
*__moss·y__[ˊi] *a.* 이끼 낀, 이끼 같은; 케케 묵은.
†**most** [moust] *a.* 《many 또는 much의 최상급》 ① 가장 큰〔많은〕. ② 대부분의. — *n., pron.* 가장 많은 것, 대부분, 대개의 것; 최고의 정도. ***at*** (***the***) ~ 많아야, 기껏해서. ***for the*** ~ ***part*** 주로, 보통. ***make the*** ~ ***of*** …을 충분히 이용하다; …을 크게 소중히 여기다, 한껏 좋게〔나쁘게〕 말하다. — *ad.* 《much의 최상급》 가장, 가장 많이; 매우. *__ˊ-ly__ *ad.* 대개.
móst-fávored-nátion clàuse (국제법상의) 최혜국 조항(最惠國條項).
móst signíficant bit 〖컴〗 (자릿수가) 최상(위)비트《생략 MSB》.
mot[mou] *n.* (F.) Ⓒ 경구(警句); 명구.
M.O.T. 《英》 Ministry of Transport 운수성.
mote[mout] *n.* Ⓒ (한 조각의) 티끌; 아주 작은 조각〔결점〕. ~ ***and beam*** 티와 들보; 남의 작은 과실과 자기의 큰 과실. ~ ***in another's eye*** 남의 사소한 결점《마태복음 7:3》.
mo·tel[moutél] (<*mo*torists' ho*tel*) *n.* Ⓒ 모텔《자동차 여행자 숙박소》.
mo·tet[moutét] *n.* Ⓒ 〖樂〗 경문가(經文歌), 모테트.
:**moth**[mɔ(:)θ, mɑθ] *n.* Ⓒ 〖蟲〗 나방; 좀벌레; 《비유》 유혹의 포로.
móth·bàll *n.* Ⓒ 좀약《나프탈렌 따위》. ***in*** ~***s*** 퇴장(退藏)하여.
móthball flèet 《美》 예비 함대.
móth-èaten *a.* 좀먹은; 시대에 뒤진, 구식의.
†**moth·er**[mʌ́ðər] *n.* ① Ⓒ 어머니. ② Ⓒ 수녀원장. ③ (the ~) 《비유》 근원, 원인. ***aftificial*** ~ (병아리의) 인공 사육기. ***every*** ~***'s son*** 누구나 다. — *vt.* ① (…의) 어머니가 되다; 낳다. ② 어머니로서 돌보다; (…의) 어머니라고 나서다. *__~·hood__[-hùd] *n.* Ⓤ 어머니임, 모성(애). *__~·ly__ *a.* 어머니의, 어머니 같은. 「판.
móther·bòard *n.* 〖컴〗 어미(기)
Móther Cár·ey's chícken 〔**góose**〕[-kɛ́əriz-] 〖鳥〗 바다제비, 바다쇠오리.
Móther Chúrch 어머니 같은 교회; (m- c-) 본(本)교회; 본산(本山).
móther cóuntry 본국, 모국.
móther·cràft *n.* Ⓤ 육아법.
móther éarth 대지.
Móther Góose 영국 민간 동요집의 전설적 작자; 그 동요집.
Móther Húb·bard[-hʌ́bərd] 길고 헐렁한 여자용 가운.
moth·er·ing[mʌ́ðəriŋ] *n.* Ⓤ 《英》 귀성(歸省), 친정 나들이.
*__móther-in-làw__ *n.* Ⓒ 장모, 시어머니.
móther·lànd *n.* Ⓒ 모국, 조국.
móther·less *a.* 어머니가 없는.
móther·lìke *a.* 어머니의; 어머니 같은.
Móther Náture 어머니 같은 자연; (m- n-) 《美俗》 마리화나.
móther-of-péarl *n.* Ⓤ 진주층(層), 진주모(母), 자개.
Móther's Dày 《美》 어머니 날《5월의 둘째 일요일》(cf. Father's Day).

M

móther shíp 《주로 英》 모함.
Móther Stàte 《美》 Virginia주의 통칭.
móther supérior 수녀원장.
móther-to-bé *n.* Ⓒ 임신부.
móther tóngue 모국어.
móther wít 타고난 지혜〔슬기〕.
moth·proof[mɔ́(:)θprù:f, -ɑ́-] *a.* 방충제를 바른. ── *vt.* 방충 처리하다.
*__mo·tif__[moutí:f] *n.* (F.) Ⓒ (예술 작품의) 주제; 주선율; 레이스 장식.
:**mo·tion**[móuʃən] *n.* ① Ⓤ,Ⓒ 움직임, 운동. ② Ⓒ 동작, 몸짓. ③ Ⓒ (의회 등에서의) 동의. ④ Ⓒ〖法〗신청; 변통(便通). ***in*** ~ 움직여, 활동하여. ***on the*** ~ ***of*** …의 동의로. ***put*** 〔***set***〕 ***in*** ~ 움직이게 하다. ── *vi., vt.* 몸짓으로 신호하다(*to, toward, away; to* do). :**~·less** *a.* 움직이지 않는, 정지한.
:**mótion pícture** 《美》 영화.
*__mo·ti·vate__[móutəvèit] *vt.* 용기를 주다, 자극하다, 꼬드기다. *__-va·tion__[─́─véiʃən] *n.* Ⓤ,Ⓒ 동기를 줌.
mo·ti·vá·tion·al reséarch [mòutəvéiʃənəl-] (구매) 동기 조사.
:**mo·tive**[móutiv] *a.* 운동을 일으키는, 동기가 되는. ── *n.* Ⓒ 동기, 동인(動因). ── *vt.* =MOTIVATE. **~·less** *a.* 동기〔이유〕 없는.
mótive pówer 원동력; 《집합적》 기관차.
mot·ley[mátli/-ɔ́-] *a.* 잡색의; 잡다한. ── *n.* Ⓤ 뒤범벅; 어릿광대의 얼룩덜룩한 옷. ***wear*** ~ 광대역을 하다(cf. wear RUSSET).
:**mo·tor**[móutər] *n.* Ⓒ ① 원동력. ② 발동기, 전동기, 모터, 내연 기관. ③〖解〗운동 근육〔신경〕. ── *a.* 움직이게 하는, 원동의. ── *vt., vi.* 자동차로 가다〔수송하다〕.
mótor·bìke *n.* Ⓒ 《口》 모터 달린 자전거; 소형 오토바이.
mótor·bòat *n.* Ⓒ 모터보트, 발동기선.
mo·tor·cade[-kèid] *n.* Ⓒ 자동차 「행렬.
:**mótor·càr** *n.* Ⓒ 자동차.
mótor còurt 《美》 =MOTEL; AUTO COURT.
*__mótor·cỳcle__ *n.* Ⓒ 오토바이.
mótor·dròme *n.* Ⓒ 자동차 시운전장〔경주로〕.
*__mo·tor·ist__[móutərist] *n.* Ⓒ 자동차 운전〔여행〕자.
mo·tor·ize[móutəràiz] *vt.* (…에) 동력 설비를 하다; 자동차화하다. **~*d unit*** 자동차 부대. **-i·za·tion**[─́─izéiʃən] *n.*
mótor lòdge 《美》 =MOTEL.
mo·tor·man[móutərmən] *n.* Ⓒ 전차 운전수.
mótor mùscle 운동 근육.
mótor nèrve 운동 신경.
mótor pòol 《美》 (관청·군대 따위의) 배차용 자동차군(群); 주차장.
mótor scòoter 스쿠터.
mótor shìp 발동기선.
mótor spírit 《주로 英》 가솔린.
mótor torpédo bòat 〖海〗 고속 어뢰정(생략 M.T.B.).
mótor·wày *n.* Ⓒ 《英》 고속도로.
mot·tled[mátld/-ɔ́-] *a.* 얼룩진, 잡색의.
:**mot·to**[mátou/-ɔ́-] *n.* (*pl.* ~(*e*)*s*) Ⓒ ① (방패 등에 새긴) 명(銘). ② 금언; 표어, 모토. ③ (논문 등의 첫머리에 인용한) 제구(題句). ④〖樂〗반복 악구.
mou·jik[mu:ʒík, ─́─] *n.* =MUZHIK.
:**mould**[mould], **&c.** 《英》 =MOLD, &c.
moult[moult] *v., n.* 《英》 =MOLT.
:**mound**[maund] *n.* Ⓒ ① 흙무덤, 작은 언덕, 석가산(石假山). ②〖野〗투수판(***take the*** ~ 투수가 되다).
:**mount**[1][maunt] *vi., vt.* 오르다, (말에) 타다; 앉히다; (보석을) 박다; (대지(臺紙)에) 붙이다; 무대에 올리다, (물가가) 오르다. ~ ***guard over*** …을 지키다. ── *n.* Ⓒ (승용) 말; 대지(臺紙); (보석의) 대좌(臺座); 포가(砲架).
mount[2] *n.* Ⓒ 산, 언덕; (M-) …산 《생략 Mt》.
*__moun·tain__[màuntin] *n.* Ⓒ 산. ***a*** ~ ***of*** 산더미 같은, 엄청난. ***make a*** ~ (***out***) ***of a molehill*** 침소봉대하다. ~ ***high*** (파도 따위가) 산더미 같은〔같이〕. ***remove*** ~***s*** 기적을 행하다. ***the*** ~ ***in labor*** 태산명동 서일필; 애만 쓰고 보람 없음.
móuntain àsh 〖植〗 마가목류.
móuntain chàin 산맥.
móuntain déw 《美口》 밀조주.
*__moun·tain·eer__[màuntəníər] *n.* Ⓒ 등산가; 산악 지대 주민. ── *vi.* 등산하다. *__~·ing__ *n.* Ⓤ 등산.
móuntain lìon 퓨마.
:**moun·tain·ous**[máuntənəs] *a.* ① 산이 많은. ② (파도 따위) 산더미 같은.
móuntain òyster 《美》 요리한 양 또는 소의 불알.
móuntain rànge 산맥; 산악지방.
móuntain rìce 밭벼.
móuntain sìckness 고산병. 「리.
móuntain·sìde *n.* (the ~) 산허
móuntain (stándard) tìme 《美》 산지(山地) 표준시.
móuntain sýstem 산계(山系).
moun·te·bank[máuntəbæ̀ŋk] *n.* Ⓒ 사기꾼; 돌팔이 약장수〔의사〕. **~·er·y** *n.* Ⓤ 사기, 협잡.
*__mount·ed__[máuntid] *a.* ① 말 탄, 기마의. ②〖軍〗기동력이 있는. ③ (보석이) 박힌; 붙박이한.
:**mourn**[mɔ:rn] *vi., vt.* 슬퍼하다(*for, over*); 애도하다, 몽상〔거상〕하다. *__∠·er__ *n.* Ⓒ 애도자, 상중(喪中)의 사람, 회장자(會葬者).
:**mourn·ful**[mɔ́:rnfəl] *a.* 슬픔에 잠긴, 슬픈; 애처로운. **~·ly** *ad.*
:**mourn·ing**[mɔ́:rniŋ] *n.* Ⓤ ① 슬픔, 애도. ② 상(喪); 《집합적》 상복. ***go into*** 〔***take to, put on***〕 ~ 거상하다; 상복을 입다. ***half***

〔*second*〕 ～ 약식 상복. *in* ～상중인; 상복을 입고. *leave off* 〔*get out of*〕 ～ 탈상하다.
móurning bànd 상장(喪章).
móurning còach (검은) 장의 마차; 영구차. 「편지지.
móurning pàper 까만 테를 두른
†**mouse**[maus] *n.* (*pl.* *mice*) Ⓒ ① 새앙쥐. ②《俗》얻어맞은 눈두덩이의 멍. ③〖컴〗다람쥐, 마우스(～ *button* 마우스 단추/～ *cursor* 마우스 깜박이/～ *driver* 다람쥐 돌리개/～ *pad* 다람쥐〔마우스〕판). (*as*) *poor as a chruch* ～ 매우 가난한, 찰가난의. *like a drowned* ～ 비참한 몰골로. ～ *and man* 모든 생물. ── [mauz] *vt.* (고양이가) 쥐를 잡다; 찾아 헤매다.
MOUSE[maus] Minimum Orbital Unmanned Satellite of Earth 소형 지구 궤도 무인 인공 위성.
mous·er[máuzər] *n.* Ⓒ 쥐 잡는 동물《고양이·올빼미 따위》.
móuse·tràp *n.* Ⓒ 쥐덫.
***mous·tache**[mʌ́stæʃ, məstǽʃ] *n.* 《주로 英》=MUSTACHE.
†**mouth**[mauθ] *n.* Ⓒ ① 입. ② 부양가족, 식구. ③ 출입구. ④ 찡그린 얼굴. ⑤ 건방진 말투. *by word of* ～ 구두로. *down in the* ～《口》낙심하여. *from hand to* ～ 하루살이 생활의. *have a foul* ～ 입정이 사납다. *in the* ～ *of* …에 말하게 한다면, …의 말에 의하면. *laugh on the wrong side of one's* ～ 울면서 웃다, 갑자기 울상을 짓다. *make a* ～, or *make* ～*s* (입을 삐죽 내밀고) 얼굴을 찡그리다(cf. make FACES). *make a person's* ～ *water* (먹고 싶어) 군침을 흘리게 하다. *open one's* ～ *too wide* 지나친 요구를 하다. *put words into a person's* ～ 할 말을 가르쳐 주다; 하지도 않은 말을 했다고 하다. *take the words out of another's* ～ 남이 말하려는 것을 앞질러 말하다. *useless* ～ 밥벌레, 식충이. *with one* ～ 이구동성으로. *～·[´fùl] *n.* Ⓒ 한 입(의 양), 입 가득, 소량.
móuth-filling *a.* 호언 장담하는.
móuth òrgan 하모니카.
***móuth·pìece** *n.* Ⓒ ① 빨대 구멍; (악기의) 부는 구멍. ②〖拳〗마우스피스; 재갈. ③ 대변자.
móuth-to-móuth *a.* (인공 호흡이) 입으로 불어넣는 식의.
móuth·wàsh *n.* Ⓤ,Ⓒ 양치질 약.
móuth-wàtering *a.* 군침을 흘리게 하는, 맛있어 보이는.
mouth·y[máuði] *a.* 수다스러운; 흰소리 치는.
***mov·a·ble**[mú:vəbəl] *a.* 움직일 수 있는, 이동할 수 있는. ～ *feast* 해에 따라 날짜가 달라지는 축제일《Easter 따위》. ── *n.* Ⓒ 가재, 가구; (*pl.*) 동산. **-bil·i·ty**[˗˗bíləti] *n.* Ⓤ 가동성.
†**move**[mu:v] *vt.* ① 움직이다, 이동시키다; (정신적으로) 움직이다, 감동시키다. ② (동의를) 제출하다, 호소하다. ③ (창자의) 배설을 순하게 하다. ── *vi.* ① 움직이다, 이전하다; 흔들리다; 나아가다. ② 활약하다, 행동하다; (사건이) 진전하다. ③ 제안〔신청〕하다. ④ (창자의) 변이 통하다. *feel* ～*d to* do (…하고) 싶은 마음이 들다. ～ *about* 몸을 움직이다; 돌아다니다; 이리저리 거처를 옮기다. ～ *for* …의 동의를 내다. ～ *heaven and earth to* do 온갖 노력을 다하여 …하다. ～ *in* …로 이사하다. *M- on!* 빨리 가라《교통 순경의 명령》. ～ *out* 물러나다; 이사하다. ～ *a person to anger* 〔*tears*〕 아무의 감정을 자극하여 성내게 하다〔울리다〕. ── *n.* Ⓒ ① 움직임, 운동, 이전. ② 행동, 조처; 진행, 추이(推移). ③〖체스〗말의 움직임. ④〖컴〗옮김. *be up to every* ～ *on the board,* or *be up to* 〔*know*〕 *a* ～ *or two* 민첩하다, 빈틈 없다. *get a* ～ *on*《口》전진하다, 서두르다, 출발하다. *make a* ～ 움직이다, 떠나다; 행동을 취하다; 이사하다;〖체스〗말을 움직이다. *on the* ～ 이리저리 움직여; 진행〔활동〕중. **móv·er** *n.*
†**move·ment**[´mənt] *n.* ① Ⓤ,Ⓒ 움직임, 운동. ② Ⓒ 동작; 동정. ③ Ⓒ (시계 톱니바퀴 따위의) 기계 장치. ④ Ⓒ (사회적·정치적) 운동. ⑤ Ⓤ (소설 따위의) 줄거리의 진전. ⑥ Ⓒ〖樂〗악장; 리듬. ⑦ Ⓤ,Ⓒ (시대 따위의) 동향; (시장·주가의) 활황, 변동. ⑧ Ⓒ 변통(便通). *in the* ～ 풍조를 타고.
†**mov·ie** [mú:vi] *n.* Ⓒ《口》영화; (흔히 the ～) 영화관. *go to the* ～*s* 영화 구경 가다.
móvie·dom[-dəm] *n.* Ⓤ 영화계.
móvie·gòer *n.* Ⓒ《口》자주 영화 구경 가는 사람.
móvie hòuse《俗》영화관.
‡**mov·ing**[mú:viŋ] *a.* ① 움직이는. ② 감동시키는; 동기가 되는; 원동력의. ～**·ly** *ad.* 감동적으로.
móving àrm〖컴〗옮김팔.
móving pícture 영화.
móving stáircase 〔《英》 **pavement**〕 에스컬레이터.
***mow**[1][mou] *vt.* (～*ed*; ～*ed*, *mown*) ① (풀을) 깎다, 베다. ② 쓰러뜨리다. *´**·er** *n.* Ⓒ 풀 깎는 기계; 풀 베는 사람.
mow[2][mau/mou] *n.* Ⓒ 건초 더미; 건초 곳간.
mówing machìne 풀 베는 기계.
mown[moun] *v.* mow[1]의 과거분사.
moy·a[mɔ́iə] *n.* Ⓤ〖地〗화산니(火山泥).
Mo·zam·bique [mòuzəmbí:k] *n.* 모잠비크《아프리카 남동부의 공화국》.
Mo·zart[móutsɑ:rt], **Wolfgang Amadeus**(1756-91) 오스트리아의

작곡가.

mp 〖樂〗 *mezzo piano*(It.=half soft). ***M.P.** Metropolitan Police; Military Police; Mounted Police; Municipal Police. **m.p.** melting point. **MPC** (U.S.) Military Payment Certificate. **MPEA** 《美》 Motion Picture Export Association. **mpg, m.p.g.** miles per gallon. **mph, m.p.h.** miles per hour. **M. Ph.** Master of Philosophy. **MPU** 〖컴〗 microprocessor unit 초소형 연산 처리 장치.

†**Mr.** [místər] *n.* (*pl.* ***Messrs*** [mésərz]) 씨, 귀하, 님, 군《=mister, 남자의 성(명)·직업 따위의 앞에 붙임》(*Mr. Smith; Mr. Ambassador, Mr. Mayor, &c.*).

M.R. 《英》 Master of the Rolls; municipal reform(er). **MRA** Moral Re-Armament. **MRBM** medium range ballistic missile. **M.R.C.A.** multirole combat aircraft 다목적 전투기. **MRI** magnetic resonance imaging 자기 공명 영상법.

†**Mrs.** [mísiz] *n.* (*pl.* ***Mmes*** [meidáim]) …부인, 님, 여사.

MRSA 〖醫〗 methicillin-resistant staphylococcus aureus 메티실린 내성 황색 포도구균《병원내 감염의 주원인으로, 보통의 항생물질은 효과가 없음》. **MRT** mass rapid transit 대량 수송 교통 기관. **MRV** moon roving vehicle 월면차(月面車).

Ms. [miz] *n.* (*pl.* ***Mses, Ms's Mss*** [-iz]) Miss와 Mrs.를 합친 여성에의 경칭.

MS, Ms., ms, ms. (*pl.* ***MSS, mss., &c***) manuscript. **M.S.** master of science 이학(理學) 석사. **MSA** Mutual Security Act. **MSC** Manned Spacecraft Center 유인 우주 본부. **M.S(c).** Master of Science. **MS-DOS** [émèsdás/-dɔ́s] Microsoft disk operating system. **M.Sgt, M/Sgt.** Master Sergeant 《美》 상사. **MSI** medium-scale integration 〖컴〗 중규모 집적회로. **M.S.L., m.s.l.** mean sea level. **MSS, mss.** manuscripts. **MST** 《美》 Mountain Standard Time.

†**Mt.** [maunt] Mount². **mt., mtn.** mountain. **M.T.B.** motor torpedo boat 쾌속 어뢰정. **Mt. Rev.** Most Reverend. **Mts., mts.** mountains. **MTV** 《美》 Music Television 음악 전문 방송 회사.

mu [mju:/mju] *n.* U,C 그리스어 알파벳의 12번째 글자《M, *μ*; 로마자 M, m에 해당》.

†**much** [mʌtʃ] *a.* (***more; most***) 다량의, 다액의, 많은. ── *n., pron.* U 다량. ***make*** 〔***think***〕 ~ ***of*** …을 중히 여기다; …을 떠받들다. ~ ***of*** 상당한, 대단한《언제나 부정으로》(*He is not ~ of a scholar.* 대단한 학자는 아니다). ***so*** ~ 같은 양의; 그만큼의. ***so*** ~ ***for*** …은 이만, …의 이야기는 이것으로 끝. ***this*** ~ 이것만은, 여기까지는. ***too*** ~ ***for***(***me***) 힘에 겨운. ***too*** ~ ***of a good thing*** 좋은 일도 지나치면 귀찮은 것. ── *ad.* 크게; 《비교급·최상급에 붙여서》 훨씬; 대략. ***as*** ~ ***as*** (…와 같은) 정도. ***as*** ~ ***as to say*** …이라는 듯이. ~ ***less*** 하물며 …않다. ~ ***more*** 더구나 …이다. ~ ***the same*** 거의 같은. ***not so*** ~ ***... as*** …라기보다는 오히려. ***... not so*** ~ ***as*** …조차 하지 않다. ***without so*** ~ ***as*** …조차 아니하고.

mu·cha·cho [mutʃá:tʃou] *n.* (Sp.) (*fem.* ***-cha*** [-tʃə]) C 《美南西》 소년, 젊은이; 사용인.

much·ness [mʌ́tʃnis] *n.* U 《古》 많음. ***much of a*** ~ 《口》 거의 같은, 대동 소이한.

mu·ci·lage [mjú:səlidʒ] *n.* U 점액(粘液), 고무풀.

mu·cin [mjú:sin] *n.* U 〖生化〗 점액소(粘液素), 점액질.

muck [mʌk] *n.* U 퇴비; 오물; (a ~) 불결한 상태.

muck·er [mʌ́kər] *n.* C 《英俗》 예절 없는 사람; 《英俗》 친구; 〖鑛〗 버력을 제거하는 사람.

múck·ràke *n., vi.* C 쇠스랑; 《美》 추문을 들추다. **-ràker** *n.* C 추문을 들추는 사람.

múck·wòrm *n.* C 구더기; 수전노.

mu·cous [mjú:kəs] *a.* 점액의, 점액을 분비하는.

múcous mémbrane 점막(粘膜).

mu·cus [mjú:kəs] *n.* U 점액; 진(*nasal* ~ 콧물).

:**mud** [mʌd] *n.* U 진흙, 진창. ***stick in the*** ~ 궁지에 빠지다; 보수적이다, 발전이 없다. ***throw*** 〔***fling***〕 ~ ***at*** …을 헐뜯다.

mud·dle** [mʌ́dl] *vt.* ① 혼합하다, 뒤섞다; 엉망으로 만들다. ② 얼근히 취하게 하다; 어리둥절하게 하다. ── *vi.* 갈피를 못잡다. ~ ***away 낭비하다. ~ ***on*** 얼렁뚱땅 해나가다. ~ ***through*** 이럭저럭 헤어나다. ── *n.* C (보통 a ~) 혼잡, 혼란.

múddle·hèaded *a.* 당황한, 얼빠진, 멍청한, 멍텅구리의.

:**mud·dy** [mʌ́di] *a.* ① 진흙의, 진흙투성이의, 질퍽거리는. ② 충충한《색》; 혼란한; 흐린. ── *vt.* 진흙투성이로 만들다; 흐리게 하다. **múd·di·ly** *ad.* **múd·di·ness** *n.* 「무리).

mud·fish [∠fìʃ] *n.* C 미꾸라지(의

múd flàt (썰물 때의) 개펄.

múd·guàrd *n.* C (차의) 흙받기.

múd·pàck *n.* C (미용의) 산성 백토(白土)팩.

múd pùppy 《美》〖動〗 영원.

múd·ròom *n.* C 흙 묻은 옷·신발 등을 두는 방〔곳〕.

múd·stòne *n.* U 이암(泥岩).

M

mu·ez·zin[mju(:)ézin] *n.* Ⓒ 회교 교당에서 기도 시각을 알리는 사람.
muff[1] [mʌf] *n.* Ⓒ 머프《여자용, 모피로 만든 외짝 토시》.
muff[2] *n.* Ⓒ 얼뜨기; 스포츠에 서툰 사람. ── *vt.* 실수하다; 공을 (못받고) 놓치다.
***muf·fin**[mʌ́fin] *n.* Ⓒ 머핀《살짝 구운 빵, 버터를 발라 먹음》.
muf·fle[mʌ́fəl] *vt.* 덮어 싸다; 따뜻하게 하기 위하여 싸다; 소리를 죽이(려고 싸)다; 누르다. **~d** *a.* (뒤덮여) 잘 들리지 않는. **~d *curse*** 무언(無言)의 저주.
***muf·fler**[mʌ́flər] *n.* Ⓒ ① 머플러, 목도리. ② 벙어리 장갑; 권투 장갑. ③ 소음(消音) 장치.
muf·ti[mʌ́fti] *n.* ① Ⓤ 평복, 사복, 신사복. ② Ⓒ 회교 법전 설명관. ***in*** **~** 평복으로.
***mug**[1] [mʌg] *n.* Ⓒ 원통형 찻잔, 머그《손잡이 있는 컵》.
***mug**[2] *vt., vi.* (**-gg-**) 《英口》 벼락 공부하다. ── *n.* Ⓒ《英口》 벼락 공부하는 사람.
mug·gy[mʌ́gi] *a.* 무더운.
múg shòt 《美俗》 얼굴 사진.
mug·wump[mʌ́gwʌ̀mp] *n.* Ⓒ 《美》 당파에 초연한 사람; 《口》 두목, 거물.
mu·jik[mu:ʒík, ∠–] *n.* =MUZHIK.
mu·lat·to[mju(:)lǽtou, mə-] *n.* (*pl.* **~es**) Ⓒ 백인과 흑인과의 혼혈아. ── *a.* 황갈색의.
***mul·ber·ry**[mʌ́lbèri/-bəri] *n.* ① Ⓒ 뽕나무; 오디. ② Ⓤ 짙은 자주색.
mulch[mʌltʃ] *n., vt.* Ⓤ (이식한 식물의) 뿌리 덮개(를 하다).
mulct[mʌlkt] *n., vt.* Ⓒ 벌금(을 과하다); 빼앗다(~ *a person* (*in*) 10 *dollars,* 10달러 벌금을 과하다).
***mule**[1] [mju:l] *n.* Ⓒ ① 〖動〗 노새《수나귀와 암말과의 잡종》. ② 얼간이, 고집쟁이. ③ 잡종. ④ (실내용) 슬리퍼. **múl·ish** *a.* 노새 같은, 고집센, 외고집의.
mule[2] *vi.* =MEWL.
mu·le·teer[mjù:lətíər] *n.* Ⓒ 노새 모는 사람.
mull[1] [mʌl] *n.* Ⓤ 얇고 부드러운 모슬린.
mull[2] *vt.* 《英》 그르치다, 엉망진창으로 만들다. ── *n.* 《英》 그르침; 혼란. ***make a* ~ *of*** …을 그르치다; 엉망으로 만들다.
mull[3] *vt.* (술에) 향료·설탕·달걀을 넣고 데우다.
mul·lah[mʌ́lə, mú(:)-] *n.* Ⓒ 물라《고승·학자에 대한 회교도의 경칭》; 회교의 신학자.
mul·ler[mʌ́lər] *n.* Ⓒ 막자《그림 물감·약 등을 개는》; 분쇄기.
mul·let[mʌ́lit] *n.* (*pl.* **~s,** 《집합적》 ~) Ⓒ 〖魚〗 숭어과의 물고기.
mul·li·gan[mʌ́ligən] *n.* ① Ⓤ 《美俗》 스튜 요리의 일종. ② Ⓒ 〖골프〗 스코어에 안드는 쇼트.
mul·li·ga·taw·ny[mʌ̀ligətɔ́:ni] *n.* Ⓤ (동인도의) 카레가 든 수프.
mul·lion[mʌ́ljən, -liən] *n.* Ⓒ 〖建〗 창의 세로 창살, 장살대.
mul·ti-[mʌ́lti, -tə] '많은(many)'의 뜻의 결합사.
mùlti·chánnel *a.* 〖通信〗 다중(多重) 채널의.
mùlti·cólored, 《英》 **-oured** *a.* 다색(多色)의.
mul·ti·far·i·ous[mʌ̀ltəféəriəs] *a.* 가지 가지의, 각양 각색의.
múlti·fòrm *a.* 여러 모양을 한, 다양한; 여러 종류의.
Mul·ti·graph, m-[-grӕf, -grɑ̀:f] *n.* Ⓒ 〖商標〗 소형 윤전 인쇄기.
múlti·hèaded *a.* 두부(頭部)가 많은, 《특히》 다탄두의(*a* ~ ***rocket*** 다탄두 로켓).
mùlti·láteral *a.* 다변(형)의; 여러 나라가 참가한. **~ *trade*** 다변적 무역.
mùlti·média *n.* (*pl.*) 《단수 취급》 〖컴〗 다중 매체.
mùlti·millionáire *n.* Ⓒ 억만장자.
mùlti·nátional *a., n.* 다국적의; Ⓒ 다국적 기업(의).
mùlti·núclear *a.* 다핵(多核)의.
mul·ti·ple**[mʌ́ltəpəl] *a.* ① 복합의; 다양한. ② 배수의. ── *n.* Ⓒ 배수, 배량(倍量). ***least common **~** 최소공배수.
múltiple-chóice *a.* 다항식 선택의.
múltiple chóice tèst 선다형 테스트.
múltiple crópping 다모작(多毛作).
múltiple fárming 다각 농업.
múltiple shóp [**stóre**] 《英》 연쇄점(《美》 chain store).
mul·ti·plex[mʌ́ltəplèks] *a., n.* 다양[복합]의; Ⓤ 〖컴〗 다중(多重)(의); 다중 송신(의). **~·er** *n.* Ⓒ 〖컴〗 다중화기. **~·ing** *n.* Ⓤ 〖컴〗 다중화.
múltiplex bróadcasting 음성 다중 방송.
múltiplex télegraphy 〖電信〗 다중(多重) 송신법.
mul·ti·pli·cand[mʌ̀ltəplikǽnd] *n.* Ⓒ 〖數〗 피승수(被乘數); 〖컴〗 곱힘수.
***mul·ti·pli·ca·tion** [mʌ̀ltəplikéiʃən] *n.* ① Ⓤ,Ⓒ 곱셈. ② Ⓤ 증가, 배가(倍加), 증식.
multiplicátion tàble (곱셈) 구구표《12×12까지 있음》.
mul·ti·plic·i·ty[mʌ̀ltəplísəti] *n.* Ⓤ (종종 a ~) 중복; 다양성. ***a* 〔*the*〕 ~ *of*** 많은.
*****mul·ti·ply**[mʌ́ltəplài] *vt., vi., n.* 늘리다; 붇다, 번식시키다, 번식하다; 곱하다; Ⓤ,Ⓒ 〖컴〗 곱하기(하다). **-pli·er** *n.* Ⓒ 〖數〗 승수(乘數); 〖電·磁〗 증폭기(增幅器), 배율기(倍率器); 〖컴〗 곱함수.
mùlti·pólar *a.* 〖電〗 다극(多極)의.
mùlti·prócessing *n.* Ⓤ 〖컴〗 다중(多重)처리.

M

múlti·pròcessor *n.* Ⓒ 〚컴〛 다중 처리기《장치나 시스템 따위》.
mùlti·prógramming *n.* Ⓤ 〚컴〛 다중 프로그램 짜기.
mùlti·púrpose *a.* 다목적의, 용도가 많은.
mùlti·rácial *a.* 다민족의〔으로 된〕. **~ism** *n.* Ⓤ 다민족 공존〔평등〕(사회).
múlti·scàn *n.* Ⓤ 〚컴〛 다중훑기, 검색(~ *monitor* 다중 훑기 화면기).
múlti·scrèen *n.* Ⓒ 4면 또는 9면으로 된 분할 스크린; 다수〔다각〕화면.
mul·ti·shift[mʌ́ltiʃìft] *a.* 여러번 교대하는. 「작업.
múltishift wòrking 단시간 교대
múlti·stàge *a.* 다단(多段)식의(*a* ~ *rocket* 다단식 로켓).
mùlti·tásking *n.* Ⓤ 〚컴〛 다중 작업《하나의 CPU로 복수 작업》.
:mul·ti·tude [mʌ́ltətjùːd] *n.* ① Ⓒ,Ⓤ 다수. ② (the ~(s)) 군중. ***a ~ of*** 다수의. ***the ~*** 대중. **-tu·di·nous**[mʌ̀ltətjúːdənəs] *a.* 수많은.
mùlti·úser *n.* Ⓒ 〚컴〛 다중 사용자.
mùlti·válent *a.* 〚化〛 다원자가(多原子價)의, 삼가(三價) 이상의.
mul·tum in par·vo[mʌ́ltəm in páːrvou] (L.) 소형이나 내용 풍부.
mum[1][mʌm] *int., a.* 쉿!; 말 마라!; 무언의. ***Mum's the word!*** 남에게 말 마라. — *vi.* (***-mm-***) 무언극을 하다.
mum[2] *n.* Ⓒ 《兒》 엄마(mummy).
***mum·ble**[mʌ́mbəl] *vi., vt.* ① 중얼거리다. ② (이가 없는 입으로) 우물우물 먹다. — *n.* Ⓒ 중얼거리는 말.
mum·bo jum·bo [mʌ́mbou dʒʌ́mbou] 무의미한 의식; 알아 들을 수 없는 말; 우상(偶像).
mum·mer[mʌ́mər] *n.* Ⓒ 무언극 배우; 배우.
mum·mer·y[mʌ́məri] *n.* Ⓒ 무언극; Ⓤ,Ⓒ 허례, 점잔빼는 동작〔의식〕.
mum·mi·fy[mʌ́mifài] *vt.* 미라로 만들다; 바짝 말리다.
***mum·my**[1][mʌ́mi] *n.* ① Ⓒ 미라. ② Ⓤ 갈색 안료(顔料)의 일종.
mum·my[2][mʌ́mi] *n.* Ⓒ 《兒》 엄마.
mùmmy whèat 이집트 밀.
mump[mʌmp] *vi.* 《英》 뚱해 있다; 오만상을 짓다; 구걸하다; 속이다.
mumps[mʌmps] *n. pl.* ① 《단수 취급》 〚醫〛 이하선염(耳下腺炎), 항아리 손님. ② 부루퉁한〔성난〕 얼굴.
***munch**[mʌntʃ] *vt., vi.* 우적우적 먹다, 으드득으드득 깨물다.
mun·dane[mʌ́ndein, ⌐⌐] *a.* 현세의, 속세(俗世)의, 우주의.
Mu·nich[mjúːnik] *n.* 뮌헨《독일의 Bavaria의 도시; (G.) München》.
:mu·nic·i·pal[mjuːnísəpəl] *a.* 지방 자치제의, 시(市)의. ~ ***government*** 시당국. ~ ***law*** 국내법. ~ ***office*** 시청.
mu·nic·i·pal·ism [mjuːnísəpəlìzəm] *n.* Ⓤ (시·읍 등의) 지방 자치주의.
***mu·nic·i·pal·i·ty** [mjuːnìsəpǽləti] *n.* Ⓒ 자치체《시·읍 등》; 《집합적》 자치체 당국.
mu·nif·i·cent[mjuːnífəsənt] *a.* 아낌 없이 주는, 손이 큰(opp. niggardly). **-cence** *n.*
mu·ni·ment[mjúːnəmənt] *n.* Ⓒ (보통 *pl.*) 〚法〛 권리 증서, 땅문서; 증서; 공식 기록.
***mu·ni·tion**[mjuːníʃən] *n.* Ⓒ (보통 *pl.*) 군수품; 필수품, 자금(*for*). — *vt.* (…에) 군수품을 공급하다.
Múntz mètal[mʌ́nts-] 먼츠 메탈《아연과 구리의 합금》.
mu·ral[mjúərəl] *a.* 벽의, 벽에 걸린. ~ ***painting*** 벽화.
:mur·der[mə́ːrdər] *n.* Ⓤ 살인(*M-!* 사람 살려!); 〚法〛 모살(謀殺), 고살(故殺). ***like*** BLUE ~. ***M- will out.*** 《속담》 나쁜 짓은 드러나게 마련이다. — *vt.* 살해하다; (곡을 서투르게 불러서〔연주하여〕) 망치다. **:~·er** *n.* Ⓒ 살인자.
***mur·der·ous**[mə́ːrdərəs] *a.* 살인의, 흉악한; 살인적인; 지독한《더위 따위》.
mu·ri·at·ic[mjùəriǽtik] *a.* 염화(鹽化)수소의.
múriatic ácid 염산(鹽酸).
murk·y[mə́ːrki] *a.* 어두운; 음울한.
:mur·mur[mə́ːrmər] *vi., vt.* 웅성대다, 졸졸 소리내다, 속삭이다; 투덜거리다(*at, against*). — *n.* Ⓒ 중얼거림, 불평; (시내의) 졸졸거리는 소리, (파도의) 출렁거리는 소리, 속삭임.
mur·phy[mə́ːrfi] *n.* Ⓒ 《俗》 감자.
mur·rain[mə́ːrin] *n.* Ⓤ 가축의 전염병.
mur·rhine[mə́ːrin] *a.* 형석(螢石)(제)의, 꽃무늬 유리의.
mus. museum; music(al); musician.
Mus·cat[mʌ́skət] *n.* 아라비아 동남단 Oman 토후국의 수도. ~ ***and Oman*** Oman의 구칭.
mus·cat *n.* Ⓒ 포도의 일종.
mus·ca·tel[mʌ̀skətél] *n.* Ⓤ,Ⓒ 머스커텔《muscat로 만든 포도주》; =⇧.
:mus·cle[mʌ́səl] *n.* ① Ⓤ,Ⓒ 근육. ② Ⓤ 완력; 영향력. ③ Ⓤ 《口》 힘, 압력. ***flex one's ~s*** 《口》 비교적 쉬운 일로 힘을 시험해 보다. ***not move a ~*** 까딱도 않다. — *vi.* 《口》 완력을 휘두르다.
múscle-bòund *a.* (운동과다로) 근육이 굳어버린.
Mus·co·vite[mʌ́skəvàit] *n., a.* Ⓒ 모스크바 사람; 러시아 사람(의); (m-) Ⓤ 〚鑛〛 백운모. 「아.
Mus·co·vy[mʌ́skəvi] *n.* 《古》 러시
***mus·cu·lar**[mʌ́skjələr] *a.* 근육의; 근육이 늠름한. **~·i·ty**[⌐-lǽrəti] *n.* Ⓤ 근육이 억셈, 힘셈.
Mus. D., Mus. Doc., Mus. Dr. *Musicae Doctor* (L. =Doctor of Music).

M

Muse[mju:z] *n.* Ⓒ 〖그神〗 뮤즈신 《시·음악·그 밖의 학예를 주관하는 9 여신 중의 하나》; (보통 one's ~; the ~) 시적 영감, 시심(詩心); (m-) 시인. ***the Muses*** 뮤즈의 9여신.

:muse[mju:z] *vi.* ① 심사 묵고하다, 명상에 잠기다(*on, upon*). ② 골똘히 바라보다. **mús·ing** *a.* 생각에 잠긴.

†mu·se·um[mju:zí:əm/-zíəm] *n.* Ⓒ 박물관, 미술관.

muséum pìece 박물관의 진열품; 박물관 진열감, 진품(珍品).

mush[1][mʌʃ] *n.* Ⓤ 《美》 옥수수 죽; 죽 모양의 것; 《口》 값싼 감상(感傷).

mush[2] *n.* Ⓒ 《英俗》 박쥐우산; 전세 마차집.

:mush·room[mʌ́ʃru(:)m] *n.* Ⓒ ① 버섯, 버섯 모양의 것. ② 《古》 벼락 출세자. ③ 《俗》 여자용 밀짚 모자의 하나. ④ =⇩. — *vi.* 버섯을 따다; (탄알 끝이) 납작해지다.

múshroom clòud (핵폭발에 의한) 버섯 구름.

múshroom gròwth 급격한 성장.

mush·y[mʌ́ʃi] *a.* 죽 모양의, 걸쭉한; 《口》 감상적인, 푸념 많은.

†mu·sic[mjú:zik] *n.* ① Ⓤ 음악, 악곡; 악보; 음악적인 음향. ② Ⓤ,Ⓒ 듣기 좋은 소리, 묘음(妙音). ***face the ~*** 태연히 난국에 당하다; 당당하게 비판을 받다. ***~ to one's ears*** (들어) 기분 좋은 것. ***rough ~*** (야유하는) 환성(喚聲). ***set*** (*a poem*) ***to ~*** (시에) 곡을 달다.

:mu·si·cal[mjú:zikəl] *a.* 음악의; 음악적인; 음악을 좋아하는; 음악이 따르는. — *n.* Ⓒ 희가극, 뮤지컬. **~-ly** *ad.* 음악적으로.

músical cháirs (음악이 따르는) 의자 빼앗기 놀이.

músical cómedy 희가극, 뮤지컬 (cf. comic opera).

mu·si·cale[mjù:zikǽl] *n.* Ⓒ 사교 음악회.

músical ínstrument 악기.

músical sàw 악기로 쓰는 서양 톱 《휘어 켜거나 두드림》.

mu·si·cas·sette[mjú:zəkəsèt] *n.* Ⓒ 음악 카세트(테이프).

músic bòx 《美》 주크 박스(juke-box) (《英》 musical box).

músic hàll 《英》 연예관(演藝館); 음악당.

:mu·si·cian[mju(:)zíʃən] *n.* Ⓒ 음악가, 악사, 작곡가; 음악을 잘 하는 사람.

mu·si·col·o·gy [mjù:zikɑ́lədʒi/-kɔ́l-] *n.* Ⓤ 음악학.

músic pàper 오선지.

músic stànd 악보대.

músic stòol (높이가 조절되는) 피아노용 걸상.

mu·sique con·crète [myzík kɔ̃:ŋkrέ:t] (F.) 〖樂〗 뮈지크콩크레트 《자연음 따위를 넣은 즉물적(卽物的) 음악》.

musk[mʌsk] *n.* Ⓤ 사향(의 냄새); Ⓒ 〖動〗 사향 노루.

músk càt 사향 고양이.

músk dèer 사향 노루.

***mus·ket**[mʌ́skət] *n.* Ⓒ 머스켓 총 《구식 소총》.

mus·ket·eer[mʌ̀skətíər] *n.* Ⓒ musket를 가진 병사.

mus·ket·ry[mʌ́skətri] *n.* Ⓤ 《집합적》 소총; 소총 부대; 소총 사격술.

músk·mélon *n.* Ⓒ 머스크멜론《참외의 일종》.

músk òx (북아메리카의) 사향소.

músk·ràt *n.* Ⓒ 사향쥐.

musk·y[mʌ́ski] *a.* 사향내 나는; 사향의; 사향 비슷한.

Mus·lim, -lem[mʌ́zləm, múz-, mús-] *n.* (*pl.* ~(**s**)), *a.* Ⓒ 이슬람교[회교]도(의). **~·ism**[-ìzəm] *n.* Ⓤ 이슬람교.

***mus·lin**[mʌ́zlin] *n.* Ⓤ 모슬린《부인복·커튼용 면직물의 일종》.

muss[mʌs] *n., vt.* Ⓤ,Ⓒ 뒤죽박죽(으로 만들다), 혼란; 《俗》 언쟁, 소동.

mus·sel[mʌ́səl] *n.* Ⓒ 〖貝〗 홍합, 마합.

Mus·so·li·ni[mùsəlí:ni], **Benito** (1883-1945) 이탈리아의 파시스트 당수·수상(1922-43).

Mus·sorg·sky [musɔ́:rgski], **Modest Petrovich**(1835-81) 러시아의 작곡가.

Mus·sul·man[mʌ́səlmən] *n.* (*pl.* **~s**), *a.* Ⓒ 이슬람교도(의).

†must[1][強 mʌst, 弱 məst] *aux. v.* ① 《필요·의무·책임·명령》 …하지 않으면 안 된다《부정은 need not; 과거·미래·완료형 따위는 have to의 변화형을 사용함. must not는 '…해서는 안 된다'의 뜻》(*I ~ work.* 나는 일해야 한다). ② 《필연성·분명한 추정》 …임에 틀림없다(*It ~ be true.* 그것은 정말임에 틀림없다/*He ~ have written it.* 그가 그것을 썼음에 틀림없다). ③ 《주장》(*You ~ know.* 네가 알아 주기 바란다). ④ 《과거시제로서, 그러나 지금은 간접화법에 쓰임》 …하지 않으면 안 되었다. ⑤ 《과거 또는 역사적 현재로서》 운나쁘게 …했다(*Just as I was busiest, he ~ come worrying.* 하필이면 가장 바쁠 때 와서 훼방놓다니). — *a.* 절대 필요한(*a ~ book* 필독서/*~ bills* 중요 의안). — *n.* Ⓒ 필요한 일[것](*English is a ~* 영어는 필수 과목이다).

must[2] *n.* Ⓤ (발효전의) 과즙(果汁); 새 포도주.

must[3] *n., a.* Ⓤ 발정한 (상태)《교미기의 수코끼리나 낙타의》.

must[4] *n.* Ⓤ 곰팡이. **∠·y** *a.* 곰팡내 나는; 케케묵은; 무기력한.

***mus·tache**[mʌ́stæʃ, məstǽʃ] *n.* Ⓒ 콧수염; (고양이 따위의) 수염.

mus·tang[mʌ́stæŋ] *n.* Ⓒ 반야생의 말《소형, 미국 평원 지대산》.

mus·tard**[mʌ́stərd] *n.* Ⓤ 겨자; 갓. ***as keen as ~ 《口》 아주 열심인; 열망하여. ***grain of ~ seed*** 작지만 발전성이 있는 것《마태복음

13:31》. **French** ~ 초넣은 겨자.

*__mus·ter__[mʌ́stər] *n.* Ⓒ 소집, 점호, 검열. **pass** ~ 합격하다. — *vt.* ① 소집하다, 점호하다. ② (용기를) 분발시키다(*up*). ~ **in** 〔**out**〕 입대〔제대〕시키다.

múster ròll 병원(兵員)〔선원〕 명부.

†**must·n't**[mʌ́snt] must not의 단축.

mut[mʌt] *n.* =MUTT.

mu·ta·ble[mjú:təbəl] *a.* 변하기 쉬운, 변덕의. **-bil·i·ty**[∸–bíləti] *n.* Ⓤ 변하기 쉬움, 부정(不定); 변덕. **-bly** *ad.*

mu·ta·gen[mjú:tədʒən] *n.* Ⓒ 〖生〗 돌연 변이 유도물《약물·방사선 따위》.

mu·tant[mjú:tənt] *n.* Ⓒ 〖生〗 변종(變種), 돌연 변이체(體).

mu·ta·tion[mju:téiʃən] *n.* ① Ⓤ,Ⓒ 변화. ② Ⓒ 〖生〗 돌연 변이, 변종. ③ Ⓤ,Ⓒ 〖言〗 모음 변화.

mu·ta·tis mu·tan·dis[mju:téitis mju:tǽndis] (L.) 필요한 변경을 가하여, 준용해서.

:**mute**[mju:t] *a.* ① 벙어리의, 무언의. ② 〖音聲〗 폐쇄음의; 묵자(默字)의《*k*now의 *k*따위》. — *n.* Ⓒ ① 벙어리, 말 않는 배우, (동양의) 벙어리 하인. ② (고용된) 회장(會葬)꾼. ③ 〖樂〗 약음기(弱音器). — *vt.* (…의) 소리를 죽이다; (…에) 약음기를 달다.

*__mu·ti·late__[mjú:təlèit] *vt.* ① (수족을) 절단하다, 병신을 만들다. ② (책의 일부를 삭제하여) 불완전하게 하다.

mu·ti·la·tion [mjù:təléiʃən] *n.* Ⓤ,Ⓒ 절단, 훼손(毁損).

mu·ti·neer[mjù:təníər] *n.* Ⓒ 폭도, 반항자.

mu·ti·nous[mjú:tənəs] *a.* 폭동의; 반항적인.

*__mu·ti·ny__[mjú:təni] *n.* Ⓤ,Ⓒ 반란, 폭동, 반항. — *vt.* 반란을 일으키다, 반항하다.

mutt[mʌt] *n.* Ⓒ《俗》 잡종개, 똥개, 바보.

:**mut·ter**[mʌ́tər] *vi., vt.* 중얼거리다; 투덜거리다. — *n.* (*sing.*) 중얼거림; 불평.

:**mut·ton** [mʌ́tn] *n.* Ⓤ 양고기. ***dead as*** ~ 아주 죽어서.

mútton·chòp *n.* ① Ⓒ 양의 갈비고기. ② (*pl.*) 위는 조붓하고 밑으로 둥글게 퍼진 구레나룻.

mútton-hèad *n.* Ⓒ《口》 멍텅구리, 바보. **~ed** *a.* 어리석은.

:**mu·tu·al**[mjú:tʃuəl] *a.* 상호의; 공통의(common). ~ ***aid*** 상호 부조. ~ ***aid association*** 공제 조합. ~ ***friend*** 공통의 친구. ~ ***insurance*** 상호 보험. * **~·ly** *ad.* 서로.

mu·tu·al·ism[mjú:tʃuəlìzəm] *n.* Ⓤ 상호 부조론; 〖生〗 공서(共棲).

mu·tu·al·i·ty[mjù:tʃuǽləti] *n.* Ⓤ 상호 관계, 상관.

Mu·zak[mjú:zæk] *n.* Ⓤ 〖商標〗 전화나 무선으로 식당·상점·공장에 음악을 보내주는 시스템.

mu·zhik, -zjik[mu:ʒí(:)k, mú:ʒik] *n.* (Russ.) Ⓒ 러시아의 농민.

*__muz·zle__[mʌ́zəl] *n.* Ⓒ ① (동물의) 코·입부분. ② 총구(銃口). ③ 입마개, 부리망, 재갈. — *vt.* ① (개 따위에) 부리망을 씌우다. ② (언론을) 탄압하다, 말 못하게 하다.

múzzle·lòader *n.* Ⓒ 구장총(口裝銃), 전장포(前裝砲).

M.V. motor vessel. **MVD** *Ministerstvo Vnutrennikh Del*(Russ. =Ministry of Internal Affairs). **M.V.O.** Member of the Victorian Order. **Mx.** Middlesex《이전의 잉글랜드 남부의 주》.

†**my**[強 mai, 弱 mi] *pron.*《I의 소유격》 나의. ***My!,*** or ***Oh, my!,*** or ***My eye!*** 아이고!, 저런!

my·al·gi·a[maiǽldʒiə] *n.* Ⓤ 〖病〗 근육 류머티즘.

Myan·mar[mjʌ́nmɑ:r] *n.* 미얀마《1989년부터의 Burma의 공식 명칭》.

Myan·ma·rese[mjʌ̀nməri:z] *a., n.* 미얀마의; Ⓒ 미얀마 사람; Ⓤ 미얀마말.

my·ce·li·um[maisí:liəm] *n.* (*pl.* ***-lia***[-liə]) Ⓒ 〖植〗 균사(菌絲).

My·ce·nae[maisí:ni(:)] *n.* 미케네《그리스 남동부의 옛 도시, 청동기 문명의 중심지》.

my·col·o·gy[maikɑ́lədʒi/-5-] *n.* Ⓤ 균학(菌學). **-gist** *n.* Ⓒ 균학자.

my·co·sis[maikóusis] *n.* Ⓤ 〖病〗 사상균(絲狀菌)병.

my·e·li·tis[màiəláitis] *n.* Ⓤ 〖病〗 척수염.

M.Y.O.B. mind your own business.

my·o·car·di·al[màiəkɑ́:rdiəl] *a.* 심근(心筋)(층)의.

my·o·glo·bin[máiəglòubin] *n.* Ⓤ 〖生〗 미오글로빈《근육 세포 속의 헤모글로빈》.

my·o·pi·a[maióupiə], **-py**[máiəpi] *n.* Ⓤ 〖醫〗 근시안, 근시. **my·ope**[máioup] *n.* Ⓒ 근시안인 사람(short-sighted person). **my·op·ic**[-ɑ́p-/-ɔ́-] *a.* 근시의.

*__myr·i·ad__[míriəd] *n., a.* Ⓒ 만(萬)(의), 무수(한).

myr·i·a·gram,《英》 **-gramme** [míriəgræ̀m] *n.* Ⓒ 1만 그램.

myr·i·a·li·ter,《英》 **-tre**[-lì:tər] *n.* Ⓒ 1만 리터.

myr·i·a·me·ter,《英》 **-tre**[-mì:tər] *n.* Ⓒ 1만 미터.

myr·mi·don [mə́:rmədɑ̀n, -dən/-midən, -dɔ̀n] *n.* Ⓒ 부하, 졸개, 앞잡이, 수하(手下).

myrrh[mə:r] *n.* Ⓤ 몰약(沒藥)《향료·약제로 쓰이는 열대 수지》.

*__myr·tle__[mə́:rtl] *n.* Ⓤ,Ⓒ 〖植〗 도금양(桃金孃);《美》 =PERIWINKLE[1].

†**my·self**[maisélf, 弱 mə-] *pron.* (*pl.* ***ourselves***) 나 자신. ***by*** ~ 혼자서. ***for*** ~ 나 자신을 위해서; 남의 부림을 받지 않고, 자력으로. ***I am not*** ~. 몸〔머리〕 상태가 아무래도 이상하다.

mys·ta·go·gy[místəgòudʒi] *n.* Ⓤ

비법전수(秘法傳授). **-gog·ic**[ㅗ— gádʒik/-gɔ́-], **-i·cal**[-əl] *a.* **-gog(ue)**[-gɑ̀g/-ɔ̀-] *n.* Ⓒ 비법가.

:mys·te·ri·ous[mistíəriəs] *a.* 신비한; 불가사의한; 이상한. **~·ly** *ad.* **~·ness** *n.*

:mys·ter·y[místəri] *n.* ① Ⓤ 신비, Ⓒ 불가사의한 것(사람); 비밀. ② Ⓒ 비결, 비전(秘傳). ③ (*pl.*) 성체; 비의(秘儀); 비밀 의식. ④ Ⓒ 중세 종교극. ⑤ Ⓒ 괴기(추리) 소설. ***be wrapped in ~*** 비밀(수수께끼)에 싸여 있다, 전혀 모르다. ***make a ~ of*** …을 비밀로 하다, …을 신비화하다.

mýstery plày =MYSTERY ④.

mýstery stòry =MYSTERY ⑤.

mýstery tòur (**trìp**) 행선지를 정하지 않은 여행.

***mýs·tic**[místik] *a.* ① 신비한, 비법의. ② 비교(秘敎)의. — *n.* Ⓒ 신비주의자《명상·자기 포기로 신과의 합일을 구하는 자》. ***mýs·ti·cal** *a.* 신비의, 비법의. **mýs·ti·cal·ly** *ad.* 신비적으로.

mys·ti·cism[místəsìzəm] *n.* Ⓤ 비교(秘教), 신비주의.

mys·ti·fy[místəfài] *vt.* 신비화하다; 어리둥절하게 하다, 속이다. **-fi·ca·tion**[ㅗ—fikéiʃən] *n.* Ⓤ 신비화; 당혹시킴; Ⓒ 속이기.

mys·tique[mistí:k] *n.* Ⓒ (보통 *sing.*) 신비(적인 분위기); 비법.

:myth[miθ] *n.* ① Ⓒ,Ⓤ 신화(*the solar* ~ 태양 신화/*the Greek ~s* 그리스 신화). ② Ⓤ,Ⓒ 꾸민 이야기. ③ Ⓒ 가공의 사람(물건).

myth·ic[míθik], **-i·cal**[-əl] *a.* 신화(가공)의.

myth·o·log·i·cal [mìθəlɑ́dʒikəl/-ɔ́-] *a.* 신화의, 신화학(神話學)의, 가공의. **~·ly**[-kəli] *ad.*

***my·thol·o·gy**[miθɑ́lədʒi/-ɔ́-] *n.* Ⓤ 신화학; Ⓤ《집합적》신화; Ⓒ 신화집. **-gist** *n.* Ⓒ 신화학자, 신화 작자(편집자).

N

N, n[en] *n.* (*pl.* ***N's, n's***[-z]) Ⓒ N자 모양(의 것); 〖數〗 부정 정수(不定整數).

N 〖化〗 nitrogen; 〖理〗 newton(s); 〖電〗 neutral. **N, N., n.** north(-ern). **N.** National(ist); Norse; November. **N., n.** navy; noon. **n.** neuter; nominative; noun.

'n 《口》 and 또는 than의 단축.

Na 〖化〗 *natrium* (L. =sodium). **N.A.** National Army; North America(n). **n/a** no account. **NAACP** National Association for the Advancement of Colored People. **NAAFI** 《英》 Navy, Army and Air Force Institute(s). **NAAU** National Amateur Athletic Union. **NAB** National Association of Broadcasters.

nab[næb] *vt.* (***-bb-***) 《口》 (갑자기) 붙잡다; 잡아채다; 체포하다.

na·bob[néibɑb/-bɔb] *n.* Ⓒ (Mogul 제국 시대 인도의) 태수(太守); (인도에서 돌아온) 영국인 부호; 갑부.

na·celle[nəsél] *n.* Ⓒ (비행기·비행선의) 객실, 기관실; (기구의) 곤돌라, 채롱.

na·cre[néikər] *n.* Ⓒ 진주층(眞珠層)(mother-of-pearl).

Na·der·ism [néidərìzəm] *n.* Ⓤ 《美》 소비자 보호 운동.

na·dir[néidər, -diər] *n.* (the ~) 〖天〗 천저(天底) (opp. zenith); 《비유》 밑바닥; 침체기.

nae[nei] *a., ad.* 《Sc.》 =NO.

NAFTA[nǽftə] North American Free Trade Agreement 북미 자유 무역 협정.

nag[1][næg] *vt., vi.* (***-gg-***) 성가시게 잔소리하(여 괴롭히)다(*at*).

nag[2] *n.* Ⓒ (승용의) 조랑말(pony); 늙은 말.

Na·hum[néihəm] *n.* 나훔《헤브라이의 예언자》; 〖舊約〗 나훔서(書).

nai·ad[néiæd, nái-, -əd] *n.* (*pl.* ***~s, ~es***[-ədì:z]) (*or* N-) Ⓒ 〖그·로神〗 물의 요정(妖精)(water nymph); 수영 잘 하는 아가씨.

na·ïf[nɑ:í:f] *a.* =NAÏVE.

:nail[neil] *n.* Ⓒ ① 손톱, 발톱. ② 못. BITE ***one's ~s. hit the*** (***right***) ***~ on the head*** 바로 맞히다; 정곡을 찌르다. ***on the ~*** 즉석에서. — *vt.* ① 못을 박다, 못박아 놓다(*on, to*). ② 《口》 체포하다; (부정을) 찾아내다(detect). **ㅗ·less** *a.* 손톱(발톱)이 없는; 못이 필요 없는.

náil-bìting *n.* Ⓤ 손톱을 깨무는 버릇《불안 초조에서》; 《口》 욕구 불만. — *a.* 《口》 초조하게 하는.

náil·brùsh *n.* Ⓒ (매니큐어용의) 손톱솔.

náil file 손톱 다듬는 줄.

náil pòlish (**vàrnish**) 매니큐어액.

náil pùller 못뽑이.

náil scìssors 손톱 깎는 가위.

nain·sook[néinsuk] *n.* Ⓤ 인도산의 얇은 무명.

na·ïve, **na·ive**[nɑ:í:v] *a.* (F.) 순진한, 천진난만한. **~·ly** *ad.*

na·ïv·té, **na·ive·te**[-tei] *n.* (F.) Ⓤ 순진, 천진난만; Ⓒ 순진한 말(행동).

na·ive·ty[nɑ:í:vəti] *n.* =↑.

:na·ked[néikid] *a.* ① 벌거벗은. ②

드러난. ③ 있는 그대로의. **~ *eyes*** 육안. **~ *truth*** 있는 그대로의 사실. **~·ly** *ad.* **~·ness** *n.*

NAM., N.A.M. 《美》 National Association of Manufacture.

nam·a·ble, name·a-[néiməbəl] *a.* 지명할 수 있는; 이름 붙일 수 있는; 기념할 만한.

nam·by-pam·by [nǽmbipǽmbi] *a., n.* Ⓒ 지나치게 감상적인(글·이야기); 유약한〔여자 같은〕 (사람·태도).

†**name**[neim] *n.* ① Ⓒ 이름; 명칭. ② (a ~) 평판, 명성; 허명(虛名). ③ Ⓒ 명사(名士). ④ 〖컴〗 이름《(기록)철 이름, 프로그램이름 등》. ***bad*** 〔***ill***〕 **~** 악명, 악평. ***by* ~** 이름은. ***by*** 〔***of***〕 ***the* ~ *of*** …라는 이름의. ***call a person* ~*s,*** or 《稀》 ***say* ~*s to a person*** (아무의) 욕을 하다, (큰소리로) 꾸짖다. ***full* ~** (생략하지 않은) 성명. ***in God's* ~** 신에 맹세코; 도대체; 제발 (부탁이니). ***in* ~ (*only*)** 명의상. ***in the* ~ *of*** …의 이름을 걸고; …에 대신하여. ***make*** 〔***win***〕 ***a* ~** 이름을 떨치다. ***to one's* ~** 자기 소유의. ── *vt.* ① 명명하다; 이름을 부르다. ② 지명〔지정〕하다; 임명하다. **~ *after*** …의 이름을 따서 명명하다. ── *a.* 주지의, 잘 알려진. ***∠·less*** *a.* 이름 없는; 익명의; 세상에 알려지지 않은; 서출(庶出)의(bastard); 말로 표현할 수 없는; 언어 도단의. ‡**∠·ly** *ad.* 즉.

náme-càlling *n.* Ⓤ 욕설; 매도함; 험담함.

náme chìld (어떤 사람의) 이름을 따서 명명된 사람.

náme dày 영명(靈名)축일《같은 이름의 성인(聖人)의 축일》; (아이의) 명명일; 〖證〗 수도(受渡) 결제일.

náme-dròp *vi.* 유명한 사람의 이름을 아는 사람인 양 함부로 들먹이다. **~per** *n.* **~ping** *n.*

náme·plàte *n.* Ⓒ 명패, 명찰.

náme·sàke *n.* Ⓒ 같은 이름의 사람《특히, 남의 이름을 따서 명명된 사람》.

Na·mib·ia[nəmíbiə] *n.* 나미비아《아프리카 남부의 공화국》.

NANA North American Newspaper Alliance.

NAND[nænd] *n.* 〖컴〗 부정 논리곱《양쪽이 참인 경우에만 거짓이 되며 다른 조합은 모두 참이 되는 논리 연산(演算)》(**~** *gate* 아니또문, 낸드문《NAND 연산을 수행하는 문》/ **~** *operation* 아니또셈, 낸드셈)(<*not AND*).

nan·keen, -kin [nænkí:n] *n.* Ⓤ 남경(南京) 무명; (*pl.*) 그 바지.

Nan·king[nǽnkíŋ] *n.* 남경(南京).

nan·ny[nǽni] *n.* Ⓒ ① 유모; 아주머니. ② =**∠ gòat** 암염소.

nánny stàte, the 과보호 국가《복지 국가에 대한 경멸적 표현》.

nan·o-[nǽnə, néinə] '10억분의 1, 극미한'의 뜻의 결합사.

nan·o·sec·ond[nǽnəsèkənd] *n.* 나노초《10억분의 1초; 생략 ns, nsec》.

Nantes[nænts, (F.) nɑ̃:t] *n.* 서프랑스의 항구 도시. ***the Edict of* ~** 〖프史〗 낭트 칙령.

‡**nap**[1][næp] *n., vi.* (**-*pp*-**) Ⓒ 겉잠(들다), 깜빡 졸다. ***catch a person* ~*ping*** 아무의 방심을 틈타다. **∠·per**[1] *n.*

nap[2] *n., vt.* (**-*pp*-**) Ⓤ (직물 따위의) 보풀(을 일게 하다). **∠·less** *a.* **∠·per**[2] *n.* Ⓒ 보풀 세우는 사람〔기계〕.

na·palm[néipɑ:m] *n.* 〖軍〗 Ⓤ 네이팜《가솔린의 젤리화제(化劑)》; Ⓒ 네이팜탄(napalm bomb).

nape[neip] *n.* Ⓒ 목덜미.

na·per·y[néipəri] *n.* Ⓤ 테이블 보, 냅킨류.

naph·tha[nǽfθə, nǽp-] *n.* Ⓤ 〖化〗 나프타.

naph·tha·lene, -line [-lì:n], **-lin**[-lin] *n.* Ⓤ 나프탈렌.

naph·thol[nǽfθɔ:l, nǽp-, -θoul/-θɔl] *n.* Ⓤ 〖化〗 나프톨《방부제·물감의 원료》.

Na·píer·i·an lógarithm [nəpí:əriən-, nei-] 〖數〗 자연 대수(對數)(natural logarithm)《J. Napier가 발견》.

Ná·pi·er's ròd 〔**bònes**〕 [néipiərz-] 〖數〗 네이피어 계산봉(棒)《J. Napier가 고안한 곱셈·나눗셈 용구》.

‡**nap·kin**[nǽpkin] *n.* Ⓒ 냅킨; 손수건; 《주로 英》 기저귀.

***Na·ples**[néiplz] *n.* 나폴리《이탈리아 남부의 항구 도시》.

‡**Na·po·leon** [nəpóuliən, -ljən], **~ Bonaparte**(1769-1821) 나폴레옹 1세(재위 1804-15). **-le·on·ic** [─̀liánik/-ɔ́nik] *a.* 나폴레옹의, 나폴레옹 같은.

nap·py[1][nǽpi] *a.* 《英》 (술·맥주가) 독한, 찡 오르는.

nap·py[2] *n.* Ⓒ 《주로 英》 기저귀.

narc[nɑ:rk] *n.* Ⓒ 《美俗》 마약 단속관.

nar·ce·ine [nɑ́:rsiì:n, -in] *n.* Ⓤ 〖化〗 나르세인《마취성 알칼로이드》.

nar·cis·sism [nɑ́:rsisìzəm] *n.* Ⓤ 〖心〗 자기 도취(cf. Narcissus).

nar·cis·sus** [nɑ:rsísəs] *n.* (*pl.* **~*es,* -*si [-sai]) ① Ⓒ 수선화. ② (N-) 〖그神〗 물에 비친 자기 모습을 연모하여 빠져 죽어서 수선화가 된 미소년(cf. narcissism).

nar·co·lep·sy [nɑ́:rkəlèpsi] *n.* Ⓤ 〖醫〗 기면(嗜眠) 발작.

nar·co·sis[nɑ:rkóusis] *n.* Ⓤ (마취 따위에 의한) 혼수 상태.

***nar·cot·ic**[nɑ:rkátik/-ɔ́-] *a.* 마취성의; 마약(중독자)의. ── *n.* Ⓒ 마약 (중독자).

nar·co·tism [nɑ́:rkətìzəm] *n.* = NARCOSIS.

nar·co·tize[nɑ́:rkətàiz] *vt.* 마취시키다.

nard[nɑ:rd] *n.* =SPIKENARD.

nark[nɑ:rk] *n.* Ⓒ 《英俗》 (경찰의)

끄나풀, 경찰에 밀고하는 사람; 《주로 濠俗》 귀찮은 사람. ── *vt.* 괴롭히다, 짜증나게 하다. ***N- it!*** 《英俗》 집어치워; 조용히 해.

nar·rate[næréit, ⌐–] *vt., vi.* 말하다, 이야기하다. ***nar·rát·er, -rá·tor** *n.* Ⓒ 이야기하는 사람.

:nar·ra·tion[næréiʃən, nə-] *n.* ① Ⓤ 서술, 이야기하기. ② Ⓒ 이야기. ③ Ⓤ 〖文〗 화법(speech). ***direct* 〔*indirect*〕 ~** 직접〔간접〕 화법.

:nar·ra·tive[nǽrətiv] *n., a.* Ⓒ 이야기(의); Ⓤ 이야기체(의).

†nar·row[nǽrou] *a.* ① 좁은, 가는. ② 제한된. ③ 마음이 좁은. ④ 가까스로의, 아슬아슬한(close)(*We had a ~ escape.* 구사 일생했다). ⑤ (시험 따위) 엄밀한. ⑥ 〖音聲〗 (모음이) 긴장음의 (tense)《i, u에 대한 iː, uː 따위》. ***the ~ bed* 〔*house*〕** 무덤. ── *n.* Ⓒ 협로(狹路); 산협; (*pl.*) 《단수 취급》 (좁은) 해협; 하협(河峽). ── *vt., vi.* 좁히(어지)다; 제한하다. ***~·ly** *ad.*

nárrow-gáuge *a.* 〖鐵〗 협궤(狹軌)의《56.5인치 이하의》; 편협한.

***nárrow-mínded** *a.* 옹졸한. **~·ness** *n.*

nar·w(h)al[nɑ́ːrhwəl] *n.* Ⓒ 일각과(一角科)의 고래.

NAS National Academy of Sciences. **NASA** National Aeronautics and Space Administration 미국 항공 우주국.

***na·sal**[néizəl] *a., n.* ① 코의; 콧소리의. ② Ⓒ 〖音聲〗 비음(鼻音)(의). **~·ize**[-àiz] *vi., vt.* 콧소리로 말하다; 비음화하다. **~·i·za·tion**[⌐–izéiʃən] *n.* Ⓤ 비음화.

nas·cent[nǽsənt] *a.* 발생〔발전·성장〕하고 있는; 초기의; 〖化〗 발생 상태의. **nás·cen·cy** *n.*

Nas·ser [nɑ́ːsər, nǽs-], **Gamal Abdel** (1918-70) 이집트 대통령(1958-70).

na·stur·tium[nəstə́ːrʃəm, næs-] *n.* Ⓒ 〖植〗 한련.

:nas·ty [nǽsti, -ɑ́ː-] *n.* ① 더러운. ② 불쾌한. ③ 외설한, 천한. ④ (바다·날씨가) 험악한, 거친; 심한. ⑤ 심술궂은, 기분이 언짢은. ***a ~ one*** 거절, 타박. **nas·ti·ly** *ad.* **nas·ti·ness** *n.*

nat. national; native; natural.

na·tal [néitl] *a.* 출생의; 고향의. **~·i·ty**[neitǽləti, nə-] *n.* Ⓤ 출생(률).

na·tant [néitənt] *a.* 물에 뜨는; 헤엄치는.

na·ta·to·ri·al[nèitətɔ́ːriəl], **na·ta·to·ry**[néitətɔ̀ːri/-təri] *a.* 헤엄치는, 헤엄치기에 알맞은.

na·ta·to·ri·um [nèitətɔ́ːriəm] *n.* (*pl.* **~s, -ria**[-riə]) Ⓒ (실내) 수영장.

na·tes[néitiːz] *n. pl.* 〖解〗 엉덩이, 「둔부(臀部).

†na·tion[néiʃən] *n.* Ⓒ 국민, 국가; 민족.

†na·tion·al[nǽʃənəl] *a.* ① 전국민의, 국가 (특유)의. ② 국립의. ③ 애국적인. ***a ~ enterprise*** 국영 기업. ***the ~ flag*** 국기. ***~ government*** 거국 내각. ***a ~ park*** 국립공원. ── *n.* Ⓒ (특히 외국에 거주하는) 동포. **~·ly** *ad.* 국가적으로; 거국 일치로.

Nátional Aeronáutics and Spáce Administràtion 미국 항공 우주국, 나사《생략 NASA》.

nátional ánthem 국가(國歌).

nátional assémbly (신헌법 제정을 위한) 국민 회의〔의회〕.

nátional bánk 국립 은행.

Nátional Cáncer Ìnstitute, the 《美》 국립 암 연구소《생략 NCI》.

nátinal cémetery 《美》 국립 묘지.

Nátional Convéntion, the 〖프史〗 국민 의회; (n- c-) 《美》 (4년마다 행하는 정당의) 전국 대회.

nátional débt, the 국채.

nátional grìd 《英》 주요 발전소간의 고압선 회로망; 《英》 영국 제도(諸島)의 지도에 쓰이는 국정 좌표.

Nátional Gúard, the 《美》 주(州) 방위군《연방 정부 직할의》.

Nátional Héalth Sèrvice, the 《英》 국민 건강 보험.

nátional hóliday 국경일, 국민적 축제일.

nátional íncome 국민 총소득.

Nátional Insúrance 《英》 국가 보험 제도.

***na·tion·al·ism** [nǽʃənəlìzəm] *n.* Ⓤ ① 애국심; 국가주의. ② 국민성; 산업 국유주의. ***-ist** *n.* Ⓒ 국가〔민족〕주의자; (N-) 국민〔국수(國粹)〕당원. **-is·tic** *a.*

:na·tion·al·i·ty [næ̀ʃənǽləti] *n.* ① Ⓤ 국민성. ② Ⓤ,Ⓒ 국적. ③ Ⓒ 국민; 국가. ④ Ⓤ 애국심; 국민적 감정.

na·tion·al·ize[nǽʃənəlàiz] *vt.* 국가적으로 하다; 귀화시키다; 국유〔국영〕화하다. **-i·za·tion**[⌐–––izéi-/-laiz-] *n.* Ⓤ 국민화, 국유화.

Nátional Léague, the 내셔널 리그《미국 2대 프로 야구 연맹의 하나》.

nátional mónument 《美》 (정부 지정) 천연 기념물.

nátional próduct 〖經〗 (연간) 국민 생산.

Nátional Secúrity Cóuncil, the 《美》 국가 안전 보장 회의.

nátional sérvice 《英》 국민 병역 의무.

nátion·hòod *n.* Ⓤ 국민〔국가〕임.

nátion-státe *n.* Ⓒ 민족 국가.

nátion·wíde *a.* 전국적인.

:na·tive[néitiv] *a.* ① 출생의, 자기 나라의. ② 토착의, 토착민의. ③ 국산의. ④ 타고난; 자연 그대로의; 소박한. ***go ~*** 《口》 (백인이 미개지에서) 토착민과 같은 생활을 하다. ***~ land*** 모국, 본국. ***~ place*** 고향. ── *n.* Ⓒ ① 토착민, …태생의 사람(*of*). ② 원주민. ③ 토착 동물

〔식물〕.

Nátive Américan 아메리카〔북미〕 인디언.

nátive-bórn *a.* 토착의, 토박이의.

na·tiv·i·ty[nətívəti] *n.* ① Ⓤ 출생. ② (the N-) 예수 탄생; 크리스마스; (N-) Ⓒ 예수 탄생의 그림. ③ Ⓒ 〖占星〗 천궁도(天宮圖).

natl. national.

NATO, Na·to [néitou] (<*N*orth *A*tlantic *T*reaty *O*rganization) *n.* 나토《북대서양 조약 기구(1949)》.

na·tri·um [néitriəm] *n.* 《廢》 = SODIUM.

NATS Naval Air Transportation Service 해군 항공 수송단.

nat·ter[nǽtər] *vi.* 《濠》 재잘거리다; 《英》 투덜거리다. ── *n.* (a ~) 《주로 英》 잡담.

nat·ty[nǽti] *a.* 정연한; (복장 따위가) 말쑥한.

†**nat·u·ral**[nǽtʃərəl] *a.* ① 자연〔천연〕의, 자연계의. ② 미개의. ③ 타고난; 본능적인; 본래의; 보통의. ④ 꼭 닮은, 빼쏜; 사생의. ⑤ 〖樂〗 본위〔제자리〕의. ***one's ~ life*** 수명. ── *n.* Ⓒ ① 자연의 사물. ② 선천적인 백치. ③ 〖樂〗 제자리(음)표(♮); (피아노의) 흰 건반. ④ 《口》 타고난 재사(才士); 성공이 확실한 사람〔일〕. ⁑**~·ly** *ad.* 자연히; 날 때부터; 있는 그대로; 당연히. **~·ness** *n.*

nátural chíld 사생아, 서자; (양자에 대한) 친자(biological child).

nátural déath 자연사.

nátural énemy 천적(天敵).

nátural gás 천연 가스.

nátural hístory 박물학.

⁑**nat·u·ral·ism**[nǽtʃərəlìzəm] *n.* Ⓤ 자연의 본능에 따른 행동; 〖哲·文藝〗 자연주의, 사실(寫實)주의. ***-ist** *n.* Ⓒ 박물학자; 자연주의자.

nat·u·ral·is·tic[nӕ̀tʃərəlístik] *a.* 자연의; 자연주의의; 박물학(자)의.

nat·u·ral·ize[nǽtʃərəlàiz] *vt., vi.* 귀화시키다〔하다〕, 토착화하다; (외국어를) 받아들이다; 이식하다. **-i·za·tion**[⌐─-izéiʃən/-lai-] *n.* Ⓤ 귀화; 토착화.

nátural lánguage 〖컴〗 (인공·기계 언어에 대해) 자연 언어.

nátural láw 자연법.

nátural órder (동식물 분류상의) 「목(目).

nátural pérson 〖法〗 자연인.

nátural philósophy 자연 철학 《지금의 natural science, 특히 물리학》.

nátural resóurces 천연 자원.

nátural scíence 자연 과학.

nátural seléction 자연 도태〔선택〕.

nátural sýstem 〖生〗 (형태 유사에 의한) 자연 분류.

†**na·ture** [néitʃər] *n.* ① Ⓤ 자연(계). ② Ⓤ,Ⓒ 천성, 성질; Ⓒ …한 성질을 지닌 사람. ③ Ⓤ 원시 상태. ④ (*sing.*) 종류. ⑤ Ⓤ 체력; 생활기능. ⑥ Ⓤ,Ⓒ 본질. ***against ~*** 부자연한〔하게〕. ***by ~*** 타고난. ***draw from ~*** 사생하다. ***ease ~*** 대변〔소변〕보다. ***go the way of ~*** 죽다. ***in a*** 〔***the***〕 ***state of ~*** 자연 그대로; 벌거숭이로. ***in*** 〔***of***〕 ***the ~ of*** …의 성질을 지닌, …을 닮은. ***in*** 〔***by, from***〕 ***the ~ of things*** 〔***the case***〕 사물의 본질상, 필연적으로. ***pay one's debt to ~*** 죽다.

náture cùre 자연 요법.

náture stùdy (초등 교육의) 자연 연구〔관찰〕.

náture wòrship 자연 숭배.

na·tur·ism [néitʃərìzəm] *n.* = NATURALISM; Ⓤ 《英》 나체주의.

na·tu·ro·path[néitʃərəpӕ̀θ] *n.* Ⓒ 자연요법가.

na·tu·rop·a·thy [nèitʃərɑ́pəθi/-rɔ̀p-] *n.* Ⓤ 자연요법《약물을 쓰지 않고 자연 치유력에 의한 요법》. **-ro·path·ic**[nèitʃərəpǽθik] *a.*

⁑**naught**[nɔːt] *n.* ① Ⓤ 무(nothing). ② Ⓒ 영, 제로. ***all for ~*** 무익하게. ***bring*** 〔***come***〕 ***to ~*** 무효로 하다〔되다〕. ***set ... at ~*** 무시하다.

⁑**naugh·ty**[⌐-i] *a.* ① 장난스러운; 버릇〔본데〕 없는. ② 《廢》 못된, 사악한. **-ti·ly** *ad.* **-ti·ness** *n.*

Na·u·ru[nɑːúːruː] *n.* 나우루《적도 가까운 태평양상의 공화국》.

nau·se·a[nɔ́ːziə, -ʃə, -siə] *n.* Ⓤ 욕지기, 메스꺼움; 뱃멀미; 혐오.

nau·se·ate [-zièit, -ʃi-, -si-] *vt., vi.* 메스껍(게 하)다; 구역질나(게 하)다(*at*).

nau·seous[nɔ́ːʃəs, -ziəs] *a.* 구역질나는, 싫은. 「의; 선원의.

nau·ti·cal[nɔ́ːtikəl] *a.* 항해의; 배

náutical míle 해리(海里).

nau·ti·lus[nɔ́ːtələs] *n.* (*pl.* ***~es, -li***[-lài]) Ⓒ 〖貝〗 앵무조개; 〖動〗 배낙지; (N-) 노틸러스호《세계 최초의 미국 원자력 잠수함》.

⁑**na·val**[néivəl] *a.* 해군의; 군함의.

Nával Acàdemy (Annapolis 의) 미국 해군 사관 학교.

nával árchitecture 조선 공학(造船工學).

nával óffícer 해군 사관〔장교〕.

nával státion 해군 보급 기지, 해군 기지.

nával stòres 선내(船內) 물자; 선박용 도료《테레빈·수지 등》.

***nave**[1][neiv] *n.* Ⓒ (교회당의) 본당.

nave[2] *n.* Ⓒ (수레의) 바퀴통(hub).

na·vel[néivəl] *n.* Ⓒ 배꼽; (the ~) 중심, 중앙.

nável òrange 네이블 (오렌지).

nável strìng 탯줄.

***nav·i·ga·ble**[nǽvigəbəl] *a.* ① 항행할 수 있는. ② 항해에 견디는. **-bil·i·ty** [⌐─-bíləti] *n.*

***nav·i·gate**[nǽvəgèit] *vt.* ① 항행하다; (배·비행기를) 조종〔운전〕하다. ② (교섭 따위를) 진행시키다. ── *vi.* 항행〔조종〕하다. ⁑**-ga·tion** [⌐-géiʃən] *n.* Ⓤ 항해〔항공〕(술).

*__-ga·tor__ *n.* Ⓒ 항해자, 항해장(長); 해양 탐험가; 《英》 =NAVVY.
nav·vy[nǽvi] *n.* Ⓒ 《英口》 (운하·도로 공사의) 인부; (토목 공사용) 굴착기.
‡**na·vy**[néivi] *n.* ① Ⓒ 해군; 해군 장병. ② Ⓒ 《古》 선대(船隊). ③ = NAVY BLUE.
návy béan 《美》 흰강낭콩.
návy blúe 감색《영국 해군 제복의 빛깔》.
návy cùt (파이프용) 살담배.
Návy Depártment, the 《美》 해군부.
návy yàrd 《美》 해군 조선소, 해군 공창(工廠).
na·wab [nəwáːb, -wɔ́ːb] *n.* Ⓒ (Mogul 제국 시대의) 인도 태수(太守); =NABOB.
*__nay__[nei] *ad.* ① 《古》 아니(no). ② 그뿐만 아니라. — *n.* ① Ⓤ 아님; 거절. ② Ⓒ 반대, 반대 투표(자).
Naz·a·rene[næ̀zəríːn] *n.* Ⓒ 나사렛 사람; (the N-) 예수; Ⓒ 초기 기독교도.
Naz·a·reth[nǽzərəθ] *n.* 나사렛《예수가 자라난 Palestine의 마을》.
Na·zi[náːtsi, -ǽ-] *n.* (G.) Ⓒ 나치 당원《독일의 국가 사회당 당원》; (기타 국가의) 국수주의자(國粹主義者). *the* **~s** 나치당. — *a.* 나치당의. **~·ism**[-ìzəm] *n.* Ⓤ 국가 사회주의. **~·fy** *vt.* 나치화하다. **~·fi·ca·tion** [ㅗ-fikéiʃən] *n.* Ⓤ 나치화(opp. denazification).
N.B. New Brunswick; North Britain. **Nb** 〖化〗 niobium. **N.B., n.b.** *nota bene.* **NBC** National Broadcasting Company. **NbE** north by east 북미동(北微東). **NBER** National Bureau of Economic Research. **N.B.G., n.b.g.** no blood good 《俗》 가망 없음.
N-bomb[énbɑ́m/-bɔ̀m] *n.* Ⓒ 중성자 폭탄(neutron bomb).
NBS, N.B.S. National Bureau of Standard 미국 규격 표준국. **NbW** north by west 북미서(北微西). **NC** numerical control 수치 제어. **N.C.** North Carolina. **NCC** National Council of Churches. **N.C.C.V.D.** 《英》 National Council for Combating Venereal Diseases. **NCI** 《美》 National Cancer Institute; noncoded information. **N.C.O.** noncommissioned officer. **NCTE** 《美》 National Council of Teachers of English. **Nd** 〖化〗 neodymium. **n.d.** no date. **N.D., N.Dak.** North Dakota. **NE, N.E.** northeast. **Ne** 〖化〗 neon. **N.E.** New England. **N/E** no EFFECTs. **NEA, N.E.A.** 《美》 National Education Association.
Ne·án·der·thal màn[niǽndərtàːl-, -θɔ̀ːl-] 〖人類學〗 네안데르탈인《구석기 시대 유럽에 살던 원시 인류》.
neap[niːp] *n.* Ⓒ 소조(小潮). — *a.* 간만의 차가 가장 적은.
Ne·a·pol·i·tan [nìːəpɑ́lətən/nìːəpɔ́l-] *a., n.* Ⓒ Naples의 (사람).
néap tìde 소조(小潮).
†**near**[niər] *ad.* ① 가까이, 접근하여(closely). ② 거의(nearly). ③ 인색하게. **~ *at hand*** (장소가) 가까이에; (때가) 멀지 않아 곧. **~ *by*** 가까이에. **~ *upon*** 거의 …무렵. — *a.* ① 가까운; 근친의; 친밀한. ② 아주 닮은. ③ (마차 따위의) 왼쪽의(*the* ~ *ox, wheel, &c.*) (opp. off). ④ 인색한. ⑤ 아슬아슬한. ⑥ 모조의, 진짜에 가까운(~ *silk*). **~ *and dear*** 친밀한. **~ *race*** 백중(엎치락뒤치락)의 경쟁. **~ *work*** 세밀 작업. — *prep.* …의 가까이에. ***come*** [***go***] **~ *doing*** 거의 …할 뻔하다. — *vt., vi.* 가까이 가다; 절박하다, 닥치다. †**∠·ly** *ad.* 거의; 겨우; 밀접하게; 친하게. ***not* ~*ly*** (…에는) 어림도 없다. **∠·ness** *n.*
*__near·by__[níərbái] *a., ad.* 가까운; 가까이에서.
Néar Éast, the 근동(近東)《영국에서는 발칸 제국, 미국에서는 발칸과 서남 아시아를 가리킴》.
néar míss 근접 폭격, 지근탄(至近彈); (항공기의) 이상(異常) 접근.
néar móney 준(準)화폐《정부 채권이나 정기예금처럼 간단히 현금화할 수 있는 자산》.
néar·sìde *a.* 《英》 왼쪽의, (차에서) 도로가에 가까운 쪽의.
*__néar-síghted__ *a.* 근시의; 《비유》 소견이 좁은.
‡**neat**[niːt] *a.* ① 산뜻한; 단정한; 모양 좋은. ② 적절한; 교묘한. ③ 섞인 것이 없는; 정미(正味)의(net²).
*__∠·ly__ *ad.*
(')**neath**[niːθ] *prep.* 《詩》 =BENEATH.
néat-hánded *a.* 손재주 있는.
Neb. Nebraska.
neb·bish[nébiʃ] *n.* Ⓒ 《美俗》 시원찮은 사람, 운이 나쁜 사람.
NEbE northeast by east 북동미동. **NEbN** northeast by north 북동미북. **Nebr.** Nebraska.
*__Ne·bras·ka__[nibrǽskə] *n.* 미국 중서부의 주《생략 Neb(r).》.
*__neb·u·la__[nébjələ] *n.* (*pl.* **~, -lae** [-lìː]) Ⓒ 〖天〗 성운(星雲). **-lar** *a.* 성운(모양)의(*the nebular hypothesis* 성운설(說)).
neb·u·lous[nébjələs] *a.* 운무(雲霧)와 같은; 흐린, 희미한; 성운(모양)의. **-los·i·ty** [ㅗ-lɑ́səti/-ɔ́-] *n.* Ⓤ 성운; 막연.
nec·es·sar·i·an[nèsəsέəriən] *a., n.* =NECESSITARIAN.
†**nec·es·sar·y** [nésəsèri/-sisəri] *a.* 필요한; 필연적인. — *n.* (*pl.*) 필요물; 〖法〗 생활 필수품. ‡**-sar·i·ly** [nèsəsérəli, nésisəri-] *ad.* 필연적

으로; 부득이; 《부정어를 수반하여》 반드시 …(는 아니다).
ne·ces·si·tar·i·an[nisèsətέəriən] *a., n.* 필연론의; Ⓒ 필연론자. **~·ism** [-ìzəm] *n.* Ⓤ 필연론, 숙명론.
***ne·ces·si·tate** [nisésətèit] *vt.* 필요로 하다; 부득이 …하게 하다.
ne·ces·si·tous[nisésətəs] *a.* 가난한.
:ne·ces·si·ty[nisésəti] *n.* ① Ⓤ,Ⓒ 필요, 필연. ② Ⓒ 필요물, 필수품. ③ Ⓤ 궁핍. ***make a virtue of ~*** 당연한 일을 하고도 잘한 체하다; 부득이한 일을 군소리 없이 하다. ***of ~*** 필연적으로; 부득이.
†neck[nek] *n.* ① Ⓒ 목, 옷깃; Ⓤ,Ⓒ (양 따위의) 목덜미살. ② Ⓒ (병·바이올린 따위의) 목. ③ Ⓒ 지협, 해협. ***a stiff ~*** 완고(한 사람). ***bend the ~*** 굴복하다. ***break the ~ of*** 《口》 (일의) 고비를 넘기다. ***harden the ~*** 완고하게 저항하다. ***~ and ~*** 나란히; (경기에서) 비등비등하게. ***~ or nothing*** 필사적으로. ***risk one's ~*** 목숨을 걸고 하다. ***save one's ~*** 교수형[책임]을 모면하다, 목숨을 건지다. ***win by a ~*** (경마에서) 목길이만큼의 차로 이기다; 간신히 이기다. ―***vt., vi.*** 《美口》 (목을) 껴안다, 네킹하다.
néck·bànd *n.* Ⓒ 셔츠의 깃.
néck·clòth *n.* Ⓒ 《廢》 (남자의) 목도리; 넥타이.
neck·er·chief[ˊərtʃif, -tʃìːf] *n.* Ⓒ 목도리, 네커치프.
neck·ing[ˊiŋ] *n.* Ⓤ 《口》 (이성간의) 포옹, 애무.
***neck·lace**[ˊlis] *n.* Ⓒ 목걸이.
néck·lìne *n.* Ⓒ 네크라인《여자 드레스의 목 둘레에 판 선》.
***neck·tie**[ˊtài] *n.* Ⓒ 넥타이; 《美俗》 교수형 밧줄.
nécktie pàrty 《美俗》 (린치에 의한) 교수형.
néck·wèar *n.* Ⓤ 《집합적》 칼라, 넥타이, 목도리(따위).
ne·crol·a·try [nekrάlətri/-ɔ́-] *n.* Ⓤ 사자(死者) 숭배.
ne·crol·o·gy [nekrάlədʒi/-ɔ́-] *n.* Ⓒ 사망자 명부; 사망 기사.
nec·ro·man·cy[nékrəmæ̀nsi] *n.* Ⓤ 마술, 강신술(降神術). **-man·cer** *n.* Ⓒ 마술사, 강신술자. **-man·tic** [ˋ-mǽntik] *a.*
ne·croph·a·gous [nekrάfəgəs/-ɔ́-] *a.* (곤충이) 시체[썩은 고기]를 먹는.
nec·ro·pho·bi·a[nèkrəfóubiə] *n.* Ⓤ 〖精神病〗 공사(恐死)(증); 시체 공포(증).
ne·crop·o·lis[nekrάpəlis/-ɔ́-] *n.* Ⓒ (큰) 묘지(cemetery).
nec·rop·sy[nékrɑpsi/-ɔ-] *n.* Ⓤ 시체 해부, 검시.
ne·cro·sis [nekróusis] *n.* (*pl.* ***-ses***[-siːz]) Ⓤ,Ⓒ 〖醫〗 괴사(壞死); 탈저(脫疽); 〖植〗 흑반병(黑斑病).
nec·tar[néktər] *n.* Ⓤ 넥타, 감로(甘露); 꽃의 꿀; 〖그神〗 신들의 술. **~·e·ous**[nektέəriəs] *a.* nectar의[같은].
nec·tar·ine[nèktəríːn/néktərin] *n.* Ⓒ 승도복숭아. 「(蜜腺).
nec·ta·ry[néktəri] *n.* Ⓒ 〖植〗 밀선
NED, N.E.D. New English Dictionary《OED의 구칭》. **NEDC** 《英》 National Economic Development Council.
née, nee[nei] *a.* (F. =born) 구성(舊姓)은《기혼 부인 이름 뒤에 붙여 결혼 전의 성을 나타냄》.
†need[niːd] *n.* ① Ⓤ,Ⓒ 필요(성); 결핍, 빈곤. ② (보통 *pl.*) 필요한 것, 요구물. ③ Ⓤ 다급할 때. ***a friend in ~*** 어려울 때의 친구. ***be*** [***stand***] ***in ~ of*** …을 필요로 하다. ***had ~ to*** …하지 않으면 안되다. ***have ~ of*** [***for***] …을 필요로 하다. ***if ~ be*** [***were***] 필요하다면. ***serve the ~*** 소용에 닿다. ― ***vt.*** ① 필요로 하다. ② …할 필요가 있다; …하여야 한다. ― ***vi.*** 궁하다, 어렵다. ***~ not*** 《조동사 취급》 (…할) 필요가 없다. ***:ˊ-less*** *a.* 불필요한. ***~less to say*** [***add***] 말할[덧붙일] 필요도 없이. **ˊ-less·ly** *ad.* 불필요하게.
need·fire[níːdfàiər] *n.* Ⓤ (원래 유럽에서 나무를 비벼 일군) 가축 역병을 물리치는 불; 《Sc.》 봉화; 화톳불.
***need·ful**[níːdfəl] *a.* 필요한; 《古》 가난한.
:nee·dle[níːdl] *n.* Ⓒ ① 바늘, 바느질 바늘, 뜨개바늘. ② 자침(磁針); 축음기[주사기] 바늘. ③ 침엽(針葉). ***look for a ~ in a bottle*** [***bundle***] ***of hay*** 헛고생하다.
néedle bàth [**shòwer**] 물줄기가 가느다란 샤워.
néedle bòok 바늘겨레.
néedle màtch (접전하여) 개인적 감정·적의를 부추기는 경기.
néedle·pòint *n.* Ⓤ (의자 따위 커버의) 수놓은 두꺼운 천; Ⓒ 바늘 끝.
néedle vàlve 〖機〗 침판(針瓣).
néedle·wòman *n.* Ⓒ 재봉사, 침모, 바느질하는 여자.
***néedle·wòrk** *n.* Ⓤ 바느질, 자수.
:need·n't[níːdnt] need not의 단축.
needs[niːdz] *ad.* 꼭. ***must ~ do*** 꼭 …하겠다고 우겨대다; = ***~ must do*** …하지 않을 수 없다.
***need·y**[níːdi] *a.* 가난한. **néed·i·ness** *n.* Ⓤ 곤궁.
ne'er[nεər] *ad.* 《詩》 =NEVER.
né'er-do-wèll *n., a.* Ⓒ 쓸모 없는 사람(의); 무능한.
ne·far·i·ous[nifέəriəs] *a.* 악독한, 사악한. **~·ly** *ad.*
ne·gate[nigéit] *vt.* 부정하다, 취소하다; 〖컴〗 부정하다《부동의 작동을 하다》. **ne·gá·tion** *n.* Ⓤ 부정; 취소; 거절; 존재치 않음, 무.
:neg·a·tive[négətiv] *a.* ① 부정의 (~ *sentence* 부정문); 반대의; 소극적인. ② 음전기의. ③ 〖數〗 마이너스

N

의; 〖寫〗 음화의; 〖生〗 반작용적인; 〖醫〗 음성의. ── *n.* Ⓒ ① 부정어; 부정〔반대〕의 설. ② 반대측. ③ 소극성; 《古》 거부권. ④ 음전기, (전지의) 음극판. ⑤ 〖數〗 음수; 음화. ***in the ~*** 부정적으로(*He answered in the ~.* '아니' 라고 대답했다). ── *vt.* ① 거부하다; 부결하다. ② 반증하다. ③ 무효로 하다. **~·ly** *ad.* **-tiv·ism**[-ìzəm] *n.* Ⓤ 부정론.

négative lógic 〖컴〗 음논리.

neg·a·tron[négətrɑ̀n/-trɔ̀n] *n.* Ⓒ 〖理〗 음(陰)전자.

:ne·glect[niglékt] *vt.* ① 게을리하다, 소홀히하다. ② 무시하다. ③ 하지않고 두다(omit). ── *n.* Ⓤ 태만; 소홀; 무시. **~·ed**[-id] *a.* 소홀하게 다룬; 무시된; 세인에게 인정 못받는. **~·ful** *a.* 태만한; 부주의한.

neg·li·gee, ***nég·li·gé***[néglizèi, ⌐-⌐] *n.* Ⓒ (부인용의 낙낙한) 실내복, 네글리제; Ⓤ 약복(略服), 평상복. ── *a.* 소탈한, 터놓은.

neg·li·gent[néglidʒənt] *a.* 태만한; 부주의한; 무관심〔소홀〕한; 내버려둔. ***-gence** *n.*

***neg·li·gi·ble**[néglidʒəbl] *a.* 하찮은; 무시해도 좋은; 극히 적은, 사소한. **-bly** *ad.*

ne·go·ti·a·ble[nigóuʃiəbəl] *a.* 협정〔협상〕할 수 있는; 양도〔유통〕할 수 있는; 통행할 수 있는.

***ne·go·ti·ate**[nigóuʃièit] *vt.* ① 상의하다, 협상〔협정〕하다. ② 양도하다; 매도하다. ③ 통과하다; 뚫고 나가다; 뛰어넘다. **-a·tor** *n.* Ⓒ 교섭자, 양도인.

:ne·go·ti·a·tion[─⌐─éiʃən] *n.* ① Ⓤ,Ⓒ 협상. ② Ⓤ (증권 따위의) 양도. ③ Ⓤ (장애·곤란의) 극복.

Ne·gress [níːgris] *n.* Ⓒ (*or* n-) 《보통 蔑》 흑인 여자.

Ne·gri·to [negríːtou] *n.* (*pl.* ~(*e*)*s*) Ⓒ (필리핀·동인도 제도의) 체구가 작은 흑인.

Neg·ri·tude, n-[négrətjùːd] *n.* Ⓤ 흑인임; 흑인의 문화적 긍지.

:Ne·gro [níːgrou] *n.* (*pl.* ***~es***) Ⓒ ① 니그로, 흑인. ② (흑인 피를 받은) 검은 피부의 사람.

Ne·groid[níːgrɔid] *a.* 흑인의, 흑인 같은; 흑인 계통의. ── *n.* Ⓒ 흑인.

Ne·gro·pho·bi·a [nìːgroufóubiə] *n.* (*or* n-) Ⓤ 흑인 공포〔혐오〕.

ne·gus[níːgəs] *n.* Ⓤ 니거스술《포도주에 더운물·설탕·향료를 탄 음료》.

Neh. Nehemiah.

Ne·he·mi·ah[nìːimáiə] *n.* 〖聖〗 기원전 5세기의 헤브라이 지도자; 〖舊約〗 느헤미야서(書).

Neh·ru[néiruː/nɛ́əruː], **Jawaharlal**(1889-1964) 인도의 정치가, 수상; 1947-64.

***neigh**[nei] *n.* Ⓒ (말의) 울음 소리. ── *vi.* (말이) 울다.

†neigh·bor, 《英》 **-bour**[néibər] *n.* Ⓒ 이웃 사람; 이웃 나라 사람; 근처의 것. ── *a.* 이웃의. ── *vt., vi.* (…에) 이웃하다; 접근하다(*on, upon, with*). **:~·ing** *a.* 근처의, 인접한; 가까이 있는. **~·ly** *a.* 이웃다운; 친절한. **~·li·ness** *n.*

:neigh·bo(u)r·hood[-hùd] (<⇧) *n.* ① (*sing.*) 근처. ② 《수식어와 함께》 지방. ③ (*sing.*) 《집합적》 이웃 사람들. ④ Ⓤ 《古》 이웃의 정분. ***in the ~ of*** 《口》 …의 근처에; 대략.

néighbo(u)rhood ùnit 〖都市計劃〗 주택 지구.

†nei·ther[níːðər, nái-] *ad.* 《~ … nor …의 형태로》 …도 아니고 …도 아니다; …도 또한 …이 아니다. ***~ more nor less than …*** …와 아주 같은. ***'Tis ~ here nor there.*** 그것은 관계없는 일이다. ── *conj.* 《古》 또한 …도 않다(*"I am not tired." "N- am I."* '나는 피곤하지 않다' '나도 그렇다'). ── *a.* 어느쪽의 …도 …아닌. ── *pron.* 어느쪽도 …아니다.

Nel·son[nélsn], **Viscount Horatio** (1758-1805) 영국의 제독.

nel·son *n.* Ⓒ 〖레슬링〗 넬슨《뒤에서 겨드랑이 밑으로 팔을 넣어 목덜미에서 손을 모아 꽉 죄는 수》.

nem·a·tode[némətòud] *a., n.* Ⓒ 선충(線蟲)류(의).

nem. con. *nemine contradicente* (L.=no one contradicting) 이의 없이. **nem. diss.** *nemine dissentiente* (L.=no one dissenting) 이의 없이.

Nem·e·sis[néməsis] *n.* ① 〖그神〗 복수의 여신. ② (n-) Ⓤ 천벌; Ⓒ 천벌주는 자.

ne·o-[níːou-] *pref.* '신(新)' 의 뜻. **~·clássic**[nìːou-], **-sical** *a.* 신고전주의. **~·colónialism** *n.* Ⓤ 신식민주의. **~-Dáda** *n.* Ⓤ 네오다다이즘, 반예술. **~-Dárwinism** *n.* Ⓤ 신다윈설. **~-Hegélian** *a., n.* Ⓒ 신헤겔 철학(파)의 (철학자). **~-Impréssionism** *n.* Ⓤ 신인상주의(⇨SEURAT). **~-Kántianism** *n.* Ⓤ 신칸트파 철학. **~-Malthúsianism** *n.* Ⓤ 신맬서스주의. **~·plá·tonism** *n.* Ⓤ 신플라톤파 철학. **~·románticism** *n.* Ⓤ 신낭만주의(⇨STEVENSON). **~·trópical** *a.* (생물 지리학에서) 신열대의《중·남아프리카 및 서인도 제도》.

ne·o·dym·i·um[nìːədímiəm] *n.* Ⓤ 〖化〗 네오디뮴《희금속 원소의 하나; 기호 Nd》.

ne·o·lith·ic[nìːoulíθik] *a.* 신석기시대의(*the ~ Age*).

ne·ol·o·gism[niːɑ́lədʒìzəm/-ɔ́-], **-gy**[-dʒi] *n.* ① Ⓒ 신어(新語). ② Ⓤ 신어 사용. **-gist** *n.* Ⓒ 신어 창조자〔사용자〕.

ne·o·my·cin [nìːəmáisin] *n.* Ⓤ 〖藥〗 네오마이신《항생물질의 하나》.

***ne·on**[níːɑn/-ən, -ɔn] *n.* Ⓤ 〖化〗 네온《희가스류 원소의 하나; 기호 Ne》.

néon lámp 〔**líght, túbe**〕 네온「등.

néon sígn 네온 사인. 「일종》.
néon tétra 네온테트라《열대어의
ne·on·tol·o·gy [nìːɑntálədʒi/-ɔntɔ́l-] *n.* Ⓤ 현세(現世) 생물학(cf. paleontology). 「자; 초심자.
ne·o·phyte [níːəfàit] *n.* Ⓒ 신개종
ne·o·prene [níːəprìːn] *n.* Ⓤ 네오프렌《합성 고무의 일종》.
Ne·o·sal·var·san [nìːousǽlvərsæ̀n/-sən] *n.* 〖商標〗 네오살바르산《매독치료제》. 「Policy.
NEP, Nep [nep] New Economic
Ne·pal [nipɔ́ːl, -pɑ́ːl] *n.* 네팔《왕국》.
ne·pen·the [nipénθi] *n.* Ⓒ 시름이나 고통을 잊게 하는 약. **~s** [-θiːz] *n.* Ⓒ 〖植〗 네펜시스《식충 식물》; = NEPENTHE. 「카.
:neph·ew [néfjuː/-v-, -f-] *n.* Ⓒ 조
neph·rite [néfrait] *n.* Ⓤ 연옥(軟玉) (cf. jadeite). 「의.
ne·phrit·ic [nefrítik] *a.* 신장(염)
ne·phri·tis [nifráitis] *n.* Ⓤ 신장염.
ne plus ul·tra [nìː plʌs ʌ́ltrə] (L.= not more beyond) 그 이상 갈 수 없는 곳; (사업·업적의) 한계점.
nep·o·tism [népətìzəm] *n.* Ⓤ (임용 등에서의) 연고자 편중, 동족 등용.
***Nep·tune** [néptjuːn, -tʃuːn/-tjuːn-] *n.* 〖로神〗 바다의 신(cf. Poseidon); 〖天〗 해왕성.
Nep·tu·ni·an [neptjúːniən/-tjúː-] *a.* Neptune의; 〖地〗 수성(水成)의.
nep·tu·ni·um [neptjúːniəm/-tjúː-] *n.* Ⓤ 〖化〗 넵투늄《방사성 원소의 하나; 기호 Np, 번호 93》.
Ne·re·id, n- [níəriid] *n.* 〖그神〗 바다의 요정. 「학한 황제(54-58).
Ne·ro [níːrou] *n.* (37-68) 로마의 포
:nerve [nəːrv] *n.* ① Ⓒ 신경. ② Ⓒ 근(筋), 건(腱). ③ Ⓤ 기력, 용기; 침착; 체력, 정력, 원기. ④ Ⓤ 《口》 뻔뻔스러움. ⑤ (*pl.*) 신경 과민, 소심. ⑥ Ⓒ 〖植〗 잎맥; 〖蟲〗 시맥. ***a bundle of ~s*** 신경이 과민한 사람. ***get on one's ~s*** 《口》 …의 신경을 건드리다. ***have no ~s*** 태연하다. ***strain every ~*** 전력을 다하다. — *vt.* 힘을 북돋우다.
nérve blòck 〖醫〗 신경 차단.
nérve cèll 신경 세포. 「추.
nérve cènter 〔**cèntre**〕 신경 중
nérve fìber 〔**fìbre**〕 신경 섬유.
nérve gàs 〖軍〗 신경 가스.
nérve·less *a.* 힘없는; 기력〔용기〕없는; 신경〔잎맥, 시맥〕이 없는. **~·ly** *ad.* 「드리는.
nérve-ràcking *a.* 몹시 신경을 건
nérve-stràin *n.* Ⓤ,Ⓒ 신경 과로.
nerv·ine [nə́ːrviːn, -vain] *a., n.* 신경을 진정시키는; Ⓒ 신경 안정제.
:nerv·ous [nə́ːrvəs] *a.* ① 신경의, 신경이 있는. ② 신경질인; 침착하지 못한; 소심한(timid). ③ (문체 따위가) 힘찬. ***~·ly** *ad.* **~·ness** *n.*
nérvous bréakdown 〔**prostrátion**〕 신경 쇠약.
nérvous Néllie 〔**Nélly**〕 《美口》 겁쟁이.
nérvous sýstem 신경 계통.
nerv·y [nə́ːrvi] *a.* 《口》 뻔뻔스러운; 힘센, 원기 있는; 용기가 필요한; 《주로 英》 신경에 거슬리는 것 같은.
N.E.S., n.e.s. not elsewhere specified 〔stated〕 따로 특별한 기재가 없을 경우엔.
nes·ci·ence [néʃiəns/-siəns] *n.* Ⓤ 무지; 〖哲〗 불가지론(不可知論). **-ent** *a.* 무지한; 불가지론의(cf. agnostic).
†nest [nest] *n.* Ⓒ ① 둥지, 보금자리; 안식처. ② (악한 등의) 소굴. ③ (새·벌레 등의) 떼; (둥지 속의) 새끼, 알(따위). ④ (차례로 끼워 맞춘 물건의) 한 벌; 찬합. ***feather*** 〔***line***〕 ***one's ~*** 《口》 돈을 모으다, (부정하게) 사복을 채우다. ***foul one's own ~*** 자기 집〔편〕을 헐뜯다. — *vi.* ① 둥지를 만들다; 깃들이다. ② 새의 둥지를 찾다(cf. bird's-nesting).
nésted súbroutine 〖컴〗 내부 서브루틴《서로 다른 아랫경로 중에서 호출되는 아랫경로》. 「돈.
nést ègg 밑알; (저금 따위의) 밑
***nes·tle** [nésəl] *vi.* ① 아늑하게〔편하게〕 자리잡다〔앉다〕(*in, into*). ② 어른거리다(*among*). ③ 바싹 다가 붙다. — *vt.* 바싹 다가 붙이다.
nest·ling [néstliŋ] *n.* Ⓒ 둥지를 떠나기 전의 새끼; 젖먹이, 어린애.
Nes·tor [néstər, -tɔːr] *n.* 〖그神〗 Troy 전쟁 때 그리스군의 현명한 노장; (n-) Ⓒ 현명한 노인.
Nes·to·ri·an [nestɔ́ːriən] *a.* Nestorius (교파)의, 경교(景敎)의. **~·ism** [-ìzəm] *n.*
Nes·to·ri·us [nestɔ́ːriəs] *n.* (?-451?) Constantinople의 대주교.
†net[1] [net] *n.* Ⓒ ① 그물, 네트. ② 망(網)레이스. ③ 올가미, 함정. ***a ~ fish*** 그물로 잡은 물고기. ***cast*** (***throw***) ***a ~*** 그물을 던지다. — *vt.* (**-tt-**) 그물로 잡다〔덮다〕; (…에) 그물을 치다.
net**[2] *a.* (<neat) 정량(正量)의(10 *ozs.* ~, 정량 10온스)(cf. gross). ***~ price 정가(正價). ***~ profit*** 순이익. — *n.* Ⓒ 정량(正量); 순이익; 정가(따위). — *vt.* (**-tt-**) (…의) 순이익을 얻다.
neth·er [néðər] *a.* 아래의(cf. the Netherlands). ***the ~ world*** 〔***region***〕 지옥, 하계(下界). **~·most** [-mòust] *a.* 최하의.
***Neth·er·lands** [-ləndz] *n.* (the ~) 네덜란드(Holland). **-land·er** [-læ̀ndər/-lənd-] *n.* Ⓒ 네덜란드 사람. **-land·ish** [-læ̀ndiʃ/-lənd-] *a.* 네덜란드의.
Nétherlands Índies, the 네덜란드령 동인도 제도《현재의 인도네시아 공화국》.
net·i·zen [nétəzən, -sən] *n.* Ⓒ 네티즌《인터넷 이용자》.
nett [net] *a.* =NET[2].
net·ted [nétid] NET[1]의 과거(분사).

— *a.* 그물로 잡은; 그물을 친.
net·ting[nétiŋ] *n.* Ⓤ 그물 세공; 그물질.
net·tle[nétl] *n.* Ⓒ 〖植〗 쐐기풀. — *vt.* 초조하게 하다; 노하게 하다.
néttle ràsh 두드러기.
:**net·work**[nétwə̀ːrk] *n.* Ⓒ ① 그물 세공. ② 망상(網狀)조직. ③ 방송망. ④ 〖컴〗 네트워크; 망.

N

neu·ral[njúərəl] *a.* ① 〖解〗 신경(계)의. ② 〖컴〗 신경의(~ *net* 신경망).
néural nétwork 〖컴〗 신경 (통신)망.
neu·ral·gia[njuərǽldʒə] *n.* Ⓤ 신경통. **-gic** *a.*
neu·ras·the·ni·a [njùərəsθíːniə] *n.* Ⓤ 신경 쇠약.
neu·ri·tis[njuəráitis] *n.* Ⓤ 신경염(炎).
neu·ro-[njúərou, -rə/njúər-] '신경'의 뜻의 결합사.
neu·rol·o·gy[njuərάlədʒi/-rɔ́l-] *n.* Ⓤ 신경학. **-gist** *n.* Ⓒ 신경학자.
neu·ron[njúərɑn/-rɔn], **neu·rone**[-roun] *n.* Ⓒ 〖解〗 신경 단위.
neu·ro·pa·thol·o·gy[njùəroupəθάlədʒi/-θɔ́l-] *n.* Ⓤ 신경 병리학.
neu·rop·a·thy[njuərάpəθi/-rɔ́p-] *n.* Ⓤ 신경병, 신경장애. **neu·ro·path·ic**[↘rəpǽθik] *a.*
neu·rop·ter·ous [njuərάptərəs/-rɔ́p-] *a.* 〖蟲〗 맥시류(脈翅類)의.
***neu·ro·sis** [njuəróusis] *n.* (*pl.* **-ses**[-siːz]) Ⓤ,Ⓒ 신경증, 노이로제.
neu·ro·sur·ger·y [njùərousə́ːrdʒəri] *n.* Ⓤ 신경 외과학.
***neu·rot·ic**[njuərάtik/-rɔ́t-] *a.* 신경증의; 노이로제의. — *n.* Ⓒ 신경증환자.
neu·rot·o·my[njuərάtəmi/-rɔ́-] *n.* Ⓤ,Ⓒ 〖外科〗 (아픔을 더는) 신경 절제(切除).
neu·ter [njúːtər] *a.* 〖文〗 중성의; 〖生〗 무성의; 중립의. — *n.* ① (the ~) 〖文〗 중성(어)《*tree, it* 따위》. ② Ⓒ 무성 동물〔식물〕.
:**neu·tral** [njúːtrəl] *a.* ① 중립(국)의. ② 공평한. ③ 어느 편도 아닌, 어느 쪽에도 속하지 않은. ④ 〖生〗 무성의. — *n.* Ⓒ 중립자〔국〕; Ⓤ (톱니바퀴의) 동력을 전동(傳動)하지 않을 때의 위치. **~·ism**[-ìzəm] *n.* Ⓤ (엄정) 중립주의. **~·i·ty**[-trǽləti] *n.* Ⓤ 중립(상태); 중립 정책; 〖化〗 중성.
***neu·tral·ize**[njúːtrəlàiz] *vt.* ① 중립시키다. ② 〖化〗 중화하다; 〖電〗 중성으로 하다. ③ 무효로 하다. **-iz·er** *n.* **-i·za·tion**[≻–izéiʃən/-lai-] *n.* Ⓤ 중립화(상태 · 선언).
néutral vówel 〖音聲〗 중성 모음《ə, i 등》.
neu·tri·no[njuːtríːnou] *n.* Ⓒ 〖理〗 중성 미자(微子).
Neu·tro·dyne [njúːtroudàin] *n.* 〖商標〗 진공관을 사용한 라디오 수신 장치.
neu·tron [njúːtrɑn/njúːtrɔn] *n.* Ⓒ 〖理〗 중성자.
néutron bòmb 중성자 폭탄.
Nev. Nevada.
:**Ne·vad·a**[nivǽdə, -vάː-/nevάː-] *n.* 미국 서부의 주《생략 Nev.》.
ne·ve[neivéi] *n.* (F.) Ⓤ 만년설.
†**nev·er**[névər] *ad.* 결코〔일찍이, 조금도〕 …않다. **~ *again*** 두 번 다시 …않다. **~ *ever*** 결코 …않다. ***Well, I ~!*** 설마!
néver-énding *a.* 끝없는.
néver-fáiling *a.* 무진장의.
nèver·móre *ad.* 두번 다시 …않다.
néver-néver *n.* (the ~) 《英俗》 월부 구입, 분할부.
:**nev·er·the·less**[nèvərðəlés] *ad.* 그럼에도 불구하고, 그래도 역시.
néver-to-be-forgótten *a.* 영원히 못 잊을.
ne·vus [níːvəs] *n.* Ⓒ 〖醫〗 모반(母斑).
†**new**[njuː/njuː] *a.* ① 새로운; 처음 보는〔듣는〕. ② 처음 사용하는, 처음의; 일신된; 신임의. ③ 최근의. ④ 익숙하지 않은; 풋내기의. ⑤ 그 이상의. — *ad.* 새로이; 다시. **≺·ness** *n.*
Néw Áge 뉴에이지(의)《환경 · 의학 · 사상 등 광범위한 분야에 대하여 전체론적인 접근을 특징으로 함》.
Néw·ber·y Awàrd[njúːbəriː-] 뉴베리상《미국에서 최우수 아동 도서에 수여되는 상》.
***néw·bórn** *a.* 갓난; 재생한.
néw-búilt *a.* 신축의.
Nèw Caledónia 오스트레일리아 동쪽 남태평양의 섬《프랑스 식민지》.
New·cas·tle[njúːkæ̀səl, njúːkὰːsəl] *n.* 영국 북동부의 항구 도시《탄광지》. ***carry coals to ~*** 쓸데없는 짓을 하다.
***néw·còmer** *n.* Ⓒ 신참자.
Néw Críticism, the 신비평《작인(作因) · 창작 환경 따위를 중시하지 않고, 텍스트 자체를 분석함으로써 그 기교를 추구하는 심미적 비평》.
Néw Déal, the (미국의 F.D. Roosevelt 대통령이 주장한) 뉴딜 정책; 루스벨트정권.
Nèw Délhi[-déli] 인도의 수도.
Néw Económic Pólicy, the (러시아의) 신경제 정책(1921).
néw·el pòst[njúːəl-/njúː-] (나선 계단의) 어미기둥.
:**Nèw Éngland** 미국 북동부의 지방《⇨지도》.
new·fan·gled[≤fǽŋgəld] *a.* 신기한; 신기한 것을 좋아하는.
néw-fáshioned *a.* 신유행의.
:**New·found·land**[njúːfəndlæ̀nd, -lənd/njù–≤] *n.* 캐나다 동해안의 큰 섬; 캐나다 북동부의 주; [英 njuːfáundlənd] 뉴펀들랜드 개.
Néw Frontíer ⇨FRONTIER.
Nèw Guin·ea[-gíni] 오스트레일리아 북부의 세계 제2의 큰 섬(Papua).
***Nèw Hámp·shire**[-hǽmpʃiər] 미국 동부의 주《생략 N.H.》.
Nèw Héb·ri·des[-hébrədìːz] 오스트레일리아 북동쪽의 남태평양상의

군도.
Nèw Jér·sey[-dʒə́:rzi] 미국 동부의 주《생략 N.J.》.
Néw Jerúsalem 〖聖〗 천국.
néw-láid *a.* 갓 낳은(~ *eggs*); 《俗》 미숙한, 풋내기의.
Néw Léft 《美》 신좌익《1960년대에 나타난 학생 중심의 정치적 급진 그룹》.
néw líne 〖컴〗 새줄《단말기 등에서 다음 줄로 넘어가게 하는 기능》.
néw lóok, the 뉴룩《1947년에 유행한 여성복》; 《一般》 신형 복장〔스타일〕. 「새로이.
:new·ly[njú:li] *ad.* 최근, 요즈음;
néwly·wèd *n.* Ⓒ 신혼의 사람; (*pl.*) 신혼 부부.
:Nèw México 미국 남서부의 주《생략 N.M., N.Mex.》.
néw móon 초승달.
new·mown[njú:móun] *a.* (잔디·건초가) 막 벤.
†news[nju:z/nju:z] *n.* Ⓤ 뉴스, 보도; 색다른 사건; 소식. ***break the ~*** (흔히 나쁜) 소식을 알리다. ***No ~ is good ~.*** 《속담》 무소식이 희소식.
néws àgency 통신사.
néws·àgent *n.* Ⓒ 《英》 신문 판매인〔점〕.
néws ànalyst (텔레비전·라디오의) 뉴스 해설자.
néws·bèat *n.* Ⓒ (신문 기자의) 취재 담당 구역. 「신문 배달인.
néws·bòy *n.* Ⓒ 신문 파는 아이,
néws·brèak *n.* Ⓒ 보도 가치 있는 일〔사건〕.
néws·càst *n.* Ⓒ 뉴스 방송. **~er** *n.* Ⓒ 뉴스 방송자〔해설자〕.
néws cònference 《美》 (특히 정부 고관 등의) 기자 회견.
néws·dèaler *n.* 《美》 =NEWSAGENT.
néws fílm =NEWSREEL.
néws·hàwk *n.* Ⓒ 《美口》 (특히 의욕적인) 신문기자, 보도 통신원.
néws·hòund *n.* 《美》 =↑.
néws·less *a.* 뉴스〔소식〕 없는.
néws·lètter *n.* Ⓒ 주간 뉴스, 주보《17세기의 편지식 주간 신문, 현대 신문의 전신》; 속보(*a market* ~).
néws·màker *n.* Ⓒ 《美》 뉴스 가치가 있는 사건〔인물〕.
news·man[⌐mæ̀n, -mən] *n.* Ⓒ 《美》 신문 배달〔판매〕인; 신문인, 신문 기자.
néws·mònger *n.* Ⓒ 소문을 퍼뜨리고 다니는 사람, 수다쟁이.
†néws·pàper *n.* ① Ⓒ 신문(지). ② Ⓒ 신문사. ③ Ⓤ 신문용지. 「(界).
néwspaper·dom *n.* Ⓤ 신문계
néwspaper·màn *n.* Ⓒ 신문인, 신문 기자.
néwspaper vèndor 신문 판매기.
Néw·spèak *n.* Ⓒ '신언어'《국민의 선동·여론 조작에 쓰임; G. Orwell의 소설 '1984'에서》.
néws·prìnt *n.* Ⓤ 신문용지.
néws-rèader *n.* =NEWSCASTER.
néws·rèel *n.* Ⓒ 뉴스 영화.
néws·ròom *n.* Ⓒ 《英》 신문 열람실; 뉴스 편집실.
news sàtellite 통신 위성.
néws sèrvice 통신사.
néws·shèet *n.* Ⓒ (간단한) 한 장짜리 신문.
néws stàll 《英》 =NEWSSTAND.
néws·stànd *n.* Ⓒ (역 따위의) 신문·잡지 매점.
néws stòry 뉴스 기사. 「대.
Néw Stóne Áge, the 신석기 시
Néw Stýle, the 신력(新曆), 그레고리오력.
néws vàlue 보도 가치. 「팔이.
néws·vèndor *n.* Ⓒ (가두의) 신문
néws·wèekly *n.* Ⓒ 주간지.
néws·wòrthy *a.* 보도 가치가 있는.
news·y[⌐i] *a., n.* 《口》 뉴스가 많은; 이야기 좋아하는; =NEWSBOY.
newt[nju:t/nju:t] *n.* Ⓒ 〖動〗 영원.
***Néw Téstament, the** 신약 성서.
***New·ton**[njú:tn/njú:-], **Isaac** [áizək](1642-1727) 영국의 과학자·수학자. **New·to·ni·an**[nju:tóuniən] *a., n.* Newton(의 학설)의; Ⓒ Newton의 학설을 신봉하는 사람.
new·ton *n.* Ⓒ 〖理〗 뉴턴《힘의 mks 단위; 기호 N》.
:Néw Wórld, the 신세계.
:néw yéar 새해; (N- Y-, N- Year's) 정월 초하루, 정초의 수일간.
Néw Yèar's Dáy 〔**Éve**〕 정월 초하루〔섣달 그믐〕. 「사람.
†Nèw Yórk 뉴욕시〔주〕. **~·er** 뉴욕
***Nèw Zéa·land**[-zí:lənd] 남태평양의 영연방 자치국. **~·er** 뉴질랜드 사람.
†next[nekst] *a.* 다음의, 가장 가까운. ***in the ~ place*** 다음에; 둘째로. ***~ best*** 차선(次善)의, 그 다음으로 가장 좋은. ***~ door to*** 이웃집에; 거의 …에 가까운. ***~ of kin*** 〖法〗 최근친(最近親). ***~ to*** …의 다음에, 거의. ── *ad.* 다음에, 그리고 나서. ── *n.* Ⓒ 다음 사람〔것〕. ── *prep.* …의 이웃〔다음〕에.
néxt-bèst *a., n.* =SECOND-BEST.
***néxt-dòor** *a., ad.* 이웃의〔에〕.
néxt fríend 〖法〗 (지정) 대리인《소송에서 법정 무능력자의 대리인》.
nex·us[néksəs] *n.* (*pl.* ~(**es**)) Ⓤ,Ⓒ 이음, 연접, 연쇄(link); 연쇄적 계열; 〖文〗 넥서스《Jespersen의 용어로 주어와 술어의 관계; *Dogs bark.* 나 I don't like *them barking.* 의 이탤릭 부분; cf. junction》.
N.F. Norman French; Newfoundland. **NG, N.G.** 《美》 National Guard. **N.G.O.** nongovernmental organization. **N.H.** New Hampshire. **N.H.S.** National Health Service. **Ni** 〖化〗 nickel.
ni·a·cin[náiəsin] *n.* Ⓤ 〖生化〗 나이어신《nicotinic acid(니코틴산)의 상품명》.

Ni·ag·a·ra[naiǽgərə] *n.* Erie호와 Ontario호를 연결하는 강; =*∠ **Fálls** 나이애가라 폭포.

nib[nib] *n., vt.* (**-bb-**) Ⓒ 펜촉(을 끼우다); (새의) 부리; 끝.

*__nib·ble__[níbəl] *vt., vi., n.* Ⓒ 조금씩 갈아먹다[갉아먹음]; (물고기의) 입질(하다); 한번 물어 뜯기[뜯다].

Ni·be·lung·en·lied [ní:bəlùŋənlì:t, -lì:d] *n.* Ⓒ 니벨룽겐의 노래《독일의 국민적 서사시》.

nib·lick[níblik] *n.* Ⓒ 〖골프〗 쇠머리 골프채, 9번 아이언.

nibs[nibz] *n.* 《俗》 (his [her] ~) 거드름쟁이, 나으리《멸칭》.

N.I.C., NIC newly industrialized country 신흥 공업국.

ni·cad, Ni·Cad[náikæ̀d] *n.* Ⓒ 〖商標〗 니켈카드뮴 전지.

Nic·a·ra·gua [nìkərá:gwə/-rǽgjuə] *n.* 중미의 공화국.

Nice[ni:s] *n.* 니스《남프랑스의 항구 도시; 피한지》.

†**nice**[nais] *a.* ① 좋은, 훌륭한; 유쾌한(pleasing). ② 《口》 친절한(*to*). ③ 적당한. ④ 까다로운(*She is ~ in her eating*). ⑤ 엄한. ⑥ 미묘한(subtle); 정밀한(exact); 감상[식별]력 있는(*He has a ~ eye for china*). ⑦ 꼼꼼한; 민감한, 교양이 있는[엿보이는]. ⑧ 《口·反語》 곤란한, 싫은. ~ ***and*** (*warm*)(따뜻하여) 더할 나위 없는. ‡∠·**ly** *ad.* ∠·**ness** *n.*

ni·ce·ty[náisəti] *n.* Ⓤ 정밀; 미묘, 섬세; 까다로움; Ⓒ 우아한 것; 미세한 구별; (보통 *pl.*) 상세. ***to a ~*** 정확히, 꼭 알맞게.

niche[nitʃ] *n.* Ⓒ 벽감(壁龕)《조상(彫像)·꽃병 따위를 놓는》; 적소(適所). — *vt.* 《보통 과거분사형으로》 벽감에 놓다; (제 자리에) 앉히다.

Nich·o·las[níkələs], **Saint**(?–45?) 어린이·여행자·선원·러시아의 수호성인; =SANTA CLAUS.

Ni·chrome[nàikroum] *n.* Ⓤ 〖商標〗 니크롬.

Nick[nik] *n.* (Old ~) 악마(devil).

*__nick__ *n.* Ⓒ 새김눈. ***in the*** (***very***) ~ (***of time***) 아슬아슬한 때에, 꼭 알맞게. — *vt.* ① 새김눈을 내다; (칼로) 상처를 내다. ② 알아맞히다; 제시간에 꼭 대다. ③ 속이다(trick).

‡**nick·el**[níkəl] *n.* ① Ⓤ 〖化〗 니켈. ② Ⓒ 《美·캐나다》 5센트 백통화. — *vt.* (《英》 **-ll-**) 니켈 도금하다.

níckel-and-díme *a.* 《美口》 소액의; 하찮은, 사소한.

nick·el·o·de·on [nìkəlóudiən] *n.* Ⓒ 《美》 5센트 극장; =JUKE BOX.

níckel pláte 니켈 도금.

níckel-pláte *vt.* (…에) 니켈 도금하다.

níckel sílver 양은(洋銀).

nick·er[níkər] *n.* (*pl.* ~) Ⓒ 《英》 1파운드.

nick·nack [níknæ̀k] *n.* =KNICK-KNACK.

‡**nick·name**[níknèim] *n., vt.* Ⓒ 별명(을 붙이다).

nic·o·tin·a·mide[nikətínəmaid] *n.* Ⓤ 〖化〗 니코틴(산)아미드.

nic·o·tine[níkəti:n], **-tin**[-tin] *n.* Ⓤ 니코틴. **-tin·ism**[-ìzəm] *n.* Ⓤ 니코틴 중독.

níc·o·tin·ic ácid [nìkətínik-] 니코틴산《비타민 B의 한 성분》.

nid·dle-nod·dle[nìdlnɑ́dl/-ɔ́dl] *a.* (머리가) 끄덕거리는, 근들거리는. — *vt., vi.* 머리를 근들거리(게 하)다.

‡**niece**[ni:s] *n.* Ⓒ 조카딸, 질녀.

NIEs newly industrializing economies 신흥 공업 경제 지역《한국·싱가포르·타이완·홍콩 따위의 총칭》.

Nie·tzsche [ní:tʃə], **Friedrich Wilhelm** (1884–1900) 독일의 철학자.

nif·ty[nífti] *a.* 《俗》 멋진(stylish).

Ni·ger[náidʒər] *n.* 니제르《북아프리카 서부의 공화국》.

Ni·ge·ri·a[naidʒíəriə] *n.* 나이지리아《서아프리카의 공화국》.

nig·gard[nígərd] *n.* Ⓒ 인색한 사람. **~·ly** *a., ad.* 인색한[하게].

nig·ger[nígər] *n.* 《蔑》 =NEGRO. ~ ***minstrels*** 흑인으로 분장한 백인 희극단.

nig·gle[nígəl] *vi.* 하찮은 일에 안달하다[시간을 낭비하다]. **níg·gling** *a., n.*

nigh[nai] *ad., a., prep., v.* 《古·方》 =NEAR.

†**night**[nait] *n.* ① Ⓤ,Ⓒ 야간, 밤; 해질녘, 일몰. ② Ⓤ (밤의) 어둠. ③ Ⓤ 무지; 망각; 죽음. ***by ~*** 밤에는. ***have*** [***pass***] ***a good*** [***bad***] ~ 편히 자다[자지 못하다]. ***make a ~ of it*** 놀며[술마시며] 밤을 새우다. ~ ***after*** [***by***] ~ 매일 밤. ***a ~ out*** 밖에서 놀이로 새우는 밤; (하녀 등의) 외출이 자유로운 밤.

níght bìrd 밤새《올빼미·나이팅게일 등》; 밤에 나다니는 사람; 밤 도둑.

níght blìndness 야맹증.

níght·càp *n.* Ⓒ 잠잘 때 쓰는 모자, 나이트 캡; 《口》 잘 때 마시는 술; 《口》 〖野〗 더블헤더의 제 2경기, 당일 최후의 경기.

níght clùb 나이트 클럽.

níght cràwler 《美方》 밤에 기어 나오는 큰 지렁이.

níght·drèss *n.* Ⓒ 잠옷.

*__níght·fàll__ *n.* Ⓤ 해질녘.

níght glàss 〖海〗 야간용 망원경.

*__níght·gòwn__ *n.* =NIGHTDRESS.

níght·hàwk *n.* Ⓒ 〖鳥〗 쏙독새의 일종; 밤샘하는 사람; 밤도둑.

níght hèron 〖鳥〗 푸른백로.

*__night·in·gale__[náitəngèil, -tiŋ-] *n.* Ⓒ ① 나이팅게일《유럽산 지빠귓과의 새, 밤에 욺》. ② 목청이 고운 가수.

Night·in·gale, Florence(1820–1910) 영국의 여성 박애주의자《근대 간호법의 창시자》.

níght·jàr *n.* Ⓒ 〖鳥〗 쏙독새.

níght làtch 안에서는 열쇠 없이 열고 밖에서는 열쇠로 여닫는 빗장.

níght lètter 《美》 야간 전보(《英》

overnight telegram).
níght lìfe (밤의) 환락.
níght·lòng *a.* 밤을 새우는, 철야의.
***night·ly**[⸗li] *a., ad.* 밤의〔에〕, 밤마다의; 밤마다.
***night·mare**[⸗mὲər] *n.* Ⓒ 몽마(夢魔); 악몽(같은 경험·일); 가위눌림. **-mar·ish**[-mὲəriʃ] *a.* 악몽 같은.
níght nùrse 야간 근무 간호사.
níght òwl 《口》 밤샘하는 사람.
níght pìece 야경화(夜景畫).
nights[naits] *ad.* 매일 밤, (거의) 밤마다.
níght sàfe (은행 따위의) 야간〔시간외〕 예금 창구, 야간 금고.
níght schòol 야간 학교.
níght·scòpe *n.* Ⓒ 암시경(暗視鏡)《어둠 속에서 물체가 보이도록 적외선을 이용한 광학기기》.
níght·shàde *n.* Ⓤ,Ⓒ 가지속(屬)의 식물《유독한 것이 많음》.
níght shìft (주야 교대제의) 야간 조; 야근 시간.
níght·shìrt *n.* Ⓒ (남자의) 긴 잠옷.
níght sòil 인분《밤에 치는 데서》.
níght·spòt *n.* 《美口》 =NIGHT CLUB.
níght·stànd *n.* Ⓒ 침실용 소탁자.
níght·stìck *n.* Ⓒ 경찰봉.
níght stòol 침실용 변기, 요강.
níght·stòp *vi.* (**-pp-**) 〖空〗 야간 비행장에 머무르다.
***níght·tìme** *n.* Ⓤ 야간, 밤.
níght·wàlker *n.* Ⓒ 몽유병자; 밤에 배회하는 사람; 밤도둑; =NIGHT CRAWLER.
níght·wàlking *n.* Ⓤ 밤에 나다님.
níght wàtch 야경(시간).
níght wátchman 야경꾼.
níght wòrk 밤일, 야간 작업.
NIH National Institutes of Health 《美》 국립 위생 연구소.
ni·hil·ism[náiəlìzəm, ní:ə-] *n.* Ⓤ 허무주의, 니힐리즘. **-ist** *n.* **-is·tic** [⸗-ístik] *a.*
-nik[nik] *suf.* 《俗》 '…관계하는 사람, 열심가' 의 뜻 : beat***nik***.
Ni·ke[náiki:] *n.* 〖그神〗 승리의 여신; Ⓒ 《美》 나이키《지대공 미사일》; 나이키《미국의 스포츠화·의류 제조 회사; 그 제품》.
nil[nil] *n.* Ⓤ 무(nothing); 〖컴〗 없음 (~ *pointer* 없음 알리개). **~ *admirari***[ædmirέərai] (L. =to wonder at nothing) 무감동(한 태도).
‡**Nile**[nail] *n.* (the ~) 나일강.
nill[nil] *vi.* 《다음 용법뿐》 ***will he,*** ~ ***he*** 좋든 싫든.
nim[nim] *vt.* (**-mm-**) 《古》 훔치다.
***nim·ble**[nímbəl] *a.* ① 재빠른. ② 영리한, 현명한. **~·ness** *n.* **-bly** *ad.*
nim·bus[nímbəs] *n.* (*pl.* **~es, -bi** [-bai]) Ⓒ 후광(halo); 〖氣〗 비구름.
nim·by, NIM·BY[nímbi] (＜*not in my back yard*) *n.* Ⓒ 주변에 꺼림칙한 건축물 설치를 반대하는 주민.
nim·i·ny-pim·i·ny [nímənipí-məni] *a.* 아니꼬운, 태깔 부리는; 투미한.
Nim·rod[nímrɑd/-rɔd] *n.* 〖聖〗 니므롯《Noah의 자손으로, 이름난 사냥꾼》; Ⓒ (n-) 사냥꾼.
nin·com·poop [nínkəmpù:p, níŋ-] *n.* Ⓒ 바보.
†**nine**[nain] *n., a.* ① Ⓤ,Ⓒ 아홉(의). ② Ⓒ 9명〔개〕의 1조, 야구 팀. ③ (the N-) 뮤즈의 아홉 여신. ***a ~ day's wonder*** 한 때의 소문, 남의 말도 사흘. **~ *times*** 〔***in*** **~ *cases*〕 *out of ten*** 십중팔구. (***up***) ***to the ~s*** 완전히. 「〔으로〕.
níne·fòld *a., ad.* 9배의〔로〕, 9겹의
níne·pìn *n.* ① (~s) 《단수 취급》 9주희(柱戲). ② Ⓒ 9주희에 쓰는 핀.
†**nine·teen** [naintí:n, ⸗-] *n., a.* Ⓤ,Ⓒ 19(의). ***talk ~ to the dozen*** 쉴새 없이 지껄이다. ‡**~th** *n., a.* Ⓤ 제19(의); Ⓒ 19분의 1(의).
níne-to-fíve *a.* 아침 9시부터 저녁 5시까지 근무하는 사람의.
†**nine·ty**[náinti] *n., a.* Ⓤ,Ⓒ 90(의). **níne·ti·eth** *n., a.* Ⓤ 제90(의); Ⓒ 90분의 1(의).
nínety-níne *n., a.* Ⓤ,Ⓒ 99(의).
nin·ny[níni] *n.* Ⓒ 바보.
†**ninth**[nainθ] *n., a.* Ⓤ 제9(의); Ⓒ 9분의 1(의).
Ni·o·be[náioubì:] *n.* 〖그神〗 니오베《자식 사랑이 지나쳐 14명의 아이들이 모두 살해당하고, 돌로 변한 후에도 계속 울었다는 여자》.
ni·o·bi·um[naióubiəm] *n.* Ⓤ 〖化〗 니오브《금속 원소의 하나》.
Nip[nip] (＜*Nip*ponese) *n.* Ⓒ 《美俗·蔑》 일본인.
nip**[1][nip] *vt.* (**-pp-**) ① (집게발 따위가) 집다; 물다, 꼬집다. ② 잘라내다, 따내다(*off*). ③ 상하게 하다; 해치다; 이울게 하다. ④ (찬바람 따위가 손·귀를) 얼게 하다. ― *vi.* ① 집다; 물다. ② (추위가) 살을 에다; 《俗》 날쌔게 움직이다, 뛰다 (*along, away, off*). **~ *in 〔***out***〕 《口》 급히 뛰어들다〔나가다〕. **~ *in the bud*** 봉오리 때에 따다; 미연에 방지하다. ― *n.* (a ~) ① 한 번 물기〔집음〕. ② 상해(霜害); 모진 추위. ③ 한 조각. **~ *and tuck*** 《美口》 (경기 따위에서) 막상막하로, 호각(互角)으로. **⸗·ping** *a.* (바람 따위) 살을 에는 듯한; 신랄한.
nip[2] *n.* Ⓒ (술 따위의) 한 모금. ― *vi., vt.* (**-pp-**) 홀짝홀짝 마시다.
nip·per[nípər] *n.* ① Ⓒ 집는〔무는〕 사람〔것〕. ② (*pl.*) (게의) 집게발; 집게, 족집게, 못뽑이. ③ Ⓒ 《英》 소년, (노점의) 사동.
nip·ple[nípəl] *n.* Ⓒ 젖꼭지 (모양의 것); (젖병의) 고무 젖꼭지.
nip·py[nípi] *a.* (바람 따위) 살을 에는 듯한; 날카로운, 《英口》 기민한.
nir·va·na, N-[nə:rvɑ́:nə, niər-, -vǽnə] *n.* (Skt.) Ⓤ 〖佛〗 열반(涅槃). 「HUT.
Nís·sen hùt[nísən-] =QUONSET

nit[nit] *n.* Ⓒ (이 따위의) 알, 유충.
ni·ter, 《英》 **-tre**[náitər] *n.* Ⓤ 〖化〗 질산칼륨, 초석(硝石); 칠레초석.
nit·er·y[náitəri] *n.* 《美俗》 =NIGHT CLUB.
nít-pìck *vi.* 《口》 (이 잡듯이) 수색하다; (시시한 일로) 끙끙 앓다.
nít-pìcking *n., a.* 《美口》 Ⓤ 흠을 들추는 (일).
ni·trate[náitrit, -treit] *n.* Ⓤ,Ⓒ 질산염; 질산칼륨〔나트륨〕. **~ *of silver*** 질산은. ── *vt.* 질산(염)으로 처리하다; 니트로화(化)하다.
ni·tra·tion[naitréiʃən] *n.* Ⓤ 〖化〗 니트로화(化).
ni·tric[náitrik] *a.* 〖化〗 질소의, 질소를 함유하는.
nítric ácid 질산.
ni·tride[náitraid, -trid] *n.* Ⓒ 〖化〗 질화물.
ni·tri·fy[náitrəfài] *vt., vi.* 〖化〗 질화하다; (토양 따위를) 질소(화합물)로 포화(飽和)하다. **-fi·ca·tion**[╲─fikéiʃən] *n.*
ni·trite[náitrait] *n.* Ⓒ 〖化〗 아질산염(亞窒酸鹽).
ni·tro-[náitrou, -trə] niter의 뜻의 결합사.
nìtro·céllulose *n.* Ⓤ 〖化〗 니토로셀룰로오스.
nìtro explósive 니트로 화약.
***ni·tro·gen**[náitrədʒən] *n.* Ⓤ 〖化〗 질소. **ni·trog·e·nous**[naitrɑ́-/-ɔ́-] *a.*
nítrogen cỳcle 〖生〗 질소 순환.
nítrogen dióxide 〖化〗 이산화 질소.
nítrogen fixàtion 〖化〗 질소 고정「(법).
nítrogen óxide 〖化〗 산화 질소, 질소 산화물.
nìtro·glýcerin, -glýcerine *n.* Ⓤ 〖化〗 니트로 글리세린.
ni·trous[náitrəs] *a.* 〖化〗 질소의, 질소를 함유하는; (칠레) 초석의.
nítrous ácid 아질산.
nítrous óxide 〖化〗 아산화 질소, 소기(笑氣).
nit·ty-grit·ty[nítigríti] *n.* (the ~) 《美俗》 냉엄한 현실; (문제의) 핵심.
nit·wit[nítwìt] *n.* Ⓒ 《口》 바보, 멍텅구리.
nix[niks] *n.* Ⓤ 《俗》 무(nothing); 거부, 금지. ── *ad.* 아니(no). ── *vt.* 거부〔금지〕하다.
Nix·on [níksən], **Richard Milhous** (1913-94) 미국 제 37대 대통령(1969-74).
N.J. New Jersey. **NL, N.L.** New Latin; National League.
n.l. new line 〖校正〗 별행(別行).
N.lat. North latitude. **NLF** National Liberation Front.
NLRB 《美》 National Labor Relations Board. **N.M., N.Mex.** New Mexico. **NNE** north-northeast. **NNW** north-northwest.
†**no**[nou] *ad.* 아니오; …이 아니다; 조금도 …이 아니다. ***No can do.*** 《口》 그런 일은 못한다. ── *n.* (*pl.* **~es**) Ⓤ,Ⓒ '아니'라는 말; 부정, 거절; Ⓒ (보통 *pl.*) 반대 투표(자). ***no man's land*** 소유자가 없는 경계(境界) 지구; 〖軍〗 적과 아군 최전선의 중간지; 《美軍俗》 여군 숙영지. ***no*** SHOW. ── *a.* ① 없는; 아무 것도 없는. ② 결코 …아닌〔않는〕. ***There is no*** (do)***ing.*** (…하는) 것은 도저히 불가능하다.
No.**[nʌ́mbər] 제…번(番)(number). ***No. 1 제1〔일류, 최대〕(의 것). ***No. 1 Dress*** 제1호 군복《예복 대신이 되는군복》.
No., no. north; northern; *numero*(L. =by number).
No·a·chi·an [nouéikiən], **No·ach·ic**[-ǽkik, -éi-] *a.* 노아(Noah)(시대)의.
***No·ah**[nóuə] *n.* 〖聖〗 노아《신앙이 두터운 헤브라이의 가장(家長)》.
nob[nɑb/-ɔ-] *n.* Ⓒ 《俗》 머리.
nob·ble[nɑ́bəl/-ɔ́-] *vt.* 《英俗》 (약품 투여 등으로 말을) 경마에서 못 이기게 하다; 속임수를 쓰다; (범인을) 잡다.
nob·by[nɑ́bi/-ɔ́-] *a.* 《英俗》 멋부린, 「일류의.
***No·bel**[noubél], **Alfred**(1833-96) 스웨덴의 화학자. **~·ist** *n.* Ⓒ 노벨상 수상자.
***Nóbel príze** 노벨상.
***no·bil·i·ty**[noubíləti, -li-] *n.* Ⓤ ① 숭고함, 고상함. ② 고귀한 태생〔신분〕; (the ~) 귀족 (계급).
***no·ble**[nóubəl] *a.* ① 고귀한; 고상한. ② 훌륭한; 귀중한. ── *n.* Ⓒ 귀족. **~·ness** *n.* ***no·bly** *ad.* 훌륭하게, 고결하게, 고귀하게, 귀족답게.
nóble gás 〖化〗 희(希)가스.
***noble·man**[-mən] *n.* Ⓒ 귀족.
nóble-mínded *a.* (마음이) 숭고한, 넓은, 고결한.
no·blesse o·blige [noublés oublí:ʒ] (F.) 높은 신분에는 의무가 따른다.
nóble·wòman *n.* Ⓒ 귀부인.
†**no·bod·y**[nóubàdi, -bədi/-bɔ̀di] *pron.* 아무도 …않다. ── *n.* Ⓒ 《口》 하찮은 사람.
nock[nɑk/-ɔ-] *n.* Ⓒ 활고자; 오늬.
noc·tam·bu·list[nɑktǽmbjəlist] *n.* Ⓒ 몽유병자.
***noc·tur·nal** [nɑktə́:rnl/nɔk-] *a.* 밤의(opp. diurnal); 〖動〗 밤에 활동하는; 〖植〗 밤에 피는.
noc·turne [nɑ́ktə:rn/-ɔ́-] *n.* Ⓒ 〖樂〗 야상곡; 〖美術〗 야경화(night piece).
nod**[nɑd/-ɔ-] *vi.* (**-dd-**) ① 끄덕이다; 끄덕하고 인사하다. ② 졸다; 방심〔실수〕하다. ③ (꽃 따위가) 흔들거리다. ***Even Homer sometimes ~s. 《속담》 원숭이도 나무에서 떨어질 때가 있다. ***~ding acquaintance*** 만나면 인사나 할 정도의 사이. ── *vt.* (머리를) 끄덕이다; 끄덕여 표시하다; 굽히다. ── *n.* Ⓒ 끄덕임《동의·인사 따위》; 졺; (사람을 턱

으로 부리는) 지배력. ***be at a person's ~*** 아무의 지배하에 있다. ***the land of N-*** 〖聖〗 잠의 나라; 수면.
nod·al [nóudl] *a.* node의〔같은〕.
nod·dle [nádl/-ɔ́-] *n.* Ⓒ 《口》 머리.
nod·dy [nádi/-ɔ́-] *n.* Ⓒ 바보.
node [noud] *n.* Ⓒ 마디, 혹; 〖植〗 마디《잎이 나는 곳》; 〖理〗 마디《진동체의 정지점〔선·면〕》; (조직의) 중심점; 〖컴〗 마디, 노드《네트워크의 분기점이나 단말 장치의 접속점》.
no·dose [nóudous] *a.* 마디 있는〔많은〕. **no·dos·i·ty** [noudásəti/-ɔ́-] *n.*
nod·ule [nádʒu:l/nɔ́dj-] *n.* Ⓒ 작은 혹〔마디〕; 작은 덩이. **nód·u·lar** *a.*
no·el [nouél] *n.* Ⓒ 크리스마스의 축가; Ⓤ (N-) 크리스마스.
nó-fàult *n., a.* Ⓤ 《美》 (자동차 보험에서) 무과실 보험《과실 유무에 관계없이 피해자 자신의 보험에서 지불되는 방식》(의).
nog[1] [nag/-ɔ-] *n.* Ⓒ 나무못; (못을 박기 위해, 벽돌 사이에 넣는) 나무 벽돌.
nog[2] *n.* Ⓤ 《英》 독한 맥주의 일종《원래는 영국 Norfolk산》; 《美》 달걀술.
nog·gin [nágin/-ɔ́-] *n.* Ⓒ 작은 잔; 액량 단위《1/4 pint》; 《美口》 머리.
nó-gó *a.* 《俗》 진행 준비가 돼 있지 않은; 《英》 출입 금지의.
nó-hítter *n.* Ⓒ 〖野〗 노히트 게임.
no·how [nóuhàu] *ad.* 《口·方》 아무리 해도 …않다. — *a.* (몸이) 편찮은.
†**noise** [nɔiz] *n.* ① Ⓤ,Ⓒ 소음; 소리, 시끄러운 목소리, 법석. ② Ⓤ (TV·라디오의) 잡음; 〖컴〗 잡음《회선의 난조로 생기는 자료의 착오》. ***make a ~*** 떠돌다. ***make a ~ in the world*** 평판이 나다, 유명해지다. — *vt.* 소문을 퍼뜨리다. ***be ~d abroad that*** …이라는 말이 퍼지다. — *vi.* 떠들다. ***∠·less** *a.* 소리 안 나는, 조용한. **∠·less·ly** *ad.*
nóise pollùtion 소음 공해.
noi·some [nɔ́isəm] *a.* 해로운; 싫은; 악취 나는. **~·ly** *ad.* **~·ness** *n.*
‡**nois·y** [nɔ́izi] *a.* 시끄러운; 와글거리는. ***nóis·i·ly** *ad.* **nóis·i·ness** *n.*
no·lens vo·lens [nóulenz vóulenz] *ad.* (L.) 싫든 좋든.
nol pros. *nolle prosequi*(L.=to be unwilling to prosecute) 〖法〗 고소 취하 고시서(告示書).
nom [nɔ̃:m] *n.* (F.) Ⓒ 이름. ***~ de guerre*** [∸də gέər] 가명. ***~ de plume*** [∸də plú:m] 필명(pen name).
nom. nominative.
***no·mad** [nóumæd, -məd, nɔ́mæd] *n.* Ⓒ 유목민; 방랑자. — *a.* 유목의; 방랑의. **~·ic** [noumǽdik] *a.* 유목민의; 방랑의. **~·ism** [-ìzəm] *n.* Ⓤ 유목〔방랑〕 생활.
no-man [nóumæ̀n] *n.* (*pl.* ***-men*** [-mèn]) Ⓒ 좀처럼 동조하지 않는 자, 옹고집쟁이(opp. yes-man).
nó màn's lànd ⇨NO.
no·men·cla·tor [nóumənklèitər] *n.* Ⓒ (동·식물 따위의 학명) 명명자.
no·men·cla·ture [nóumənklèitʃər, nouménklə-] *n.* Ⓤ,Ⓒ (전문어의) 명명법; Ⓤ 《집합적》 전문어, 학술 용어, (분류학적) 학명.
***nom·i·nal** [námənl/-ɔ́-] *a.* ① 이름의; 이름뿐인, 근소한. ② 〖文〗 명사의. **~·ism** [-ìzəm] *n.* Ⓤ 〖哲〗 유명론(唯名論), 명목론. **~·ly** *ad.*
nóminal válue (증권 따위의) 액면 가격.
nóminal wáges 〖經〗 명목 임금.
‡**nom·i·nate** [námənèit/nɔ́mi-] *vt.* 임명하다; (후보자로) 지명하다.
‡**-na·tion** [∸-néiʃən] *n.* Ⓤ,Ⓒ 임명〔지명〕(권). **nóm·i·na·tor** *n.*
***nom·i·na·tive** [námənətiv/-ɔ́-] *n., a.* Ⓒ 〖文〗 주격(의), 주어; 지명에 의한; (증권 따위가) 기명식의.
nom·i·nee [nàməní:/-ɔ̀-] *n.* Ⓒ 임명〔지명〕된 사람.
nom·o·gram [námәgræ̀m/-ɔ́-] *n.* Ⓒ 〖數〗 계산 도표.
nom·o·thet·ic [nàməθétik/nɔ̀-] *a.* 입법의, 법의.
non- [nan/nɔn] *pref.* '비, 불, 무' 따위의 뜻. **∼·abstáiner** *n.* Ⓒ 음주가. **∼·accéptance** *n.* Ⓤ 불승낙; 〖商〗 (어음) 인수 거절. **∼·admíssion** *n.* Ⓤ 입장 불허. **∼·aggréssion** *n.* Ⓤ 불침략. **∼·appéarance** *n.* Ⓤ 〖法〗 (법정에의) 불출두. **∼·atténdance** *n.* Ⓤ 결석. **∼·bellígerent** *n., a.* 비교전의; Ⓒ 비교전국(의). **∼·cértifiable** *a.* 《英》 정신병이라고 증명할 수 없는; 《諧》 제정신의. **∠·com** [nánkàm/nɔ́nkɔ̀m] *n.* 《口》 =NON COMMISSIONED officer. **∼·combátant** *n., a.* Ⓒ 〖軍〗 비전투원(의); (전시의) 일반 시민(의). **∼·commíssioned** *a.* 위임장이 없는; (장교로) 임명되지 않은(*a ~commissioned officer*). **∼·commíttal** *a.* 언질을 주지 않는; (태도 등이) 애매한. **∼·complíance** *n.* Ⓤ 불순종. **∼·condúcting** *a.* 〖理〗 부전도(不傳導). **∼·condúctor** *n.* Ⓒ 〖理〗 부도체. **∼·cónfidence** *n.* Ⓤ 불신임. **∼·confórmance** *n.* Ⓤ 순응하지 않음; 불일치. **∼·convértible** *a.* (지폐가) 불환의. **∼·cooperátion** *n.* Ⓤ 비협력; (Gandhi 파의) 비협력 정책. **∼·delívery** *n.* Ⓤ 인도 불능; 배달 불능. **∼·esséntial** *a.* 긴요하지 않은. **∼·exístence** *n.* Ⓤ,Ⓒ 비존재. **∼·exístent** *a.* 존재하지 않는. **∼·féasance** *n.* Ⓤ 〖法〗 의무 불이행. **∼·férrous** *a.* 쇠를 함유하지 않은, 비철의(*~ferrous metals* 비철금속《금·은·구리·납 따위》). ***∼·fíction** *n.* Ⓤ 논픽션《소설 이외의 산문 문학》. **∼·fulfíllment** *n.* Ⓤ 불이행. **∼·intervéntion** *n.* Ⓤ (외교·내정상의) 불간섭. **∼·júror** *n.* Ⓒ 선서 거부자; (N-) 〖英史〗 (1688년의 혁명 후, William Ⅲ와 Mary에 대한) 충성 선서 거부자《국교(國敎) 성직자》. **∠·línear** *a.* 직선이 아닌, 비선형(非

N

線形)의. ~·**métal** *n.* Ⓒ 〖化〗 비금속 원소. ~·**metállic** *a.* 〖化〗 비금속의. ~·**móral** *a.* 도덕과는 관계 없는(cf. immoral). ~·**núclear** *a.* 비핵(非核)의. ~·**objéctive** *a.* 〖美術〗 비객관적인, 추상적인. ~·**pártisan** *a.* 초당파의; 무소속의; 객관적인(objective). ~·**prodúctive** *a.* 비생산적인; 직접 생산에 관여하지 않는. ~·**prófit** *a.* 비영리적인; 이익이 없는. ~·**proliferátion** *n.* Ⓤ 비증식(非增殖), (핵무기 등의) 확산 방지. ~·**prós** *vt.* (**-ss-**) 〖法〗(원고를 법정 결석의 이유로) 패소시키다. ∠·**reader** *n.* Ⓒ 독서하지 않는〔할 수 없는〕 사람; 읽는 법을 늦게 깨우치는 아이. ~·**representátional** *a.* 〖美術〗 비묘사적인. ~·**résident** *a., n.* Ⓒ 어떤 장소〔임지〕에 거주하지 않는 (사람). ~·**resístant** *a., n.* 무저항의, 맹종적인; Ⓒ 무저항(주의)자. ~·**restríctive** *a.* 〖文〗(수식 어구가) 비제한적인. ~·**schéduled áirline(s)** 부정기 항공《항공 수송을 주로 하지만 임시로 여객 수송도 하는 것; 생략 nonsked》. ~·**sectárian** *a.* 어느 종파에도 관계하지 않은. ∠·**sélf** *n.* Ⓒ 비(非)자기《면역계에 의한 공격성을 유발하는 외래성 항원(물질)》. ~·**skéd** *n.* 《口》=NONSCHEDULED AIRLINE(S). ~·**skíd** *a.* (타이어가) 미끄러지지 않는. ~·**stíck** *a.* (특히 음식이) 눌어 붙지 않는《냄비 따위》. ~·**stóp** *a., ad.* 도중 무착륙의〔으로〕, 도중 무정차의〔로〕. ~·**suppórt** *n.* Ⓤ 지지가 없음; 〖法〗 부양 의무 불이행. ~·**ténured** *a.* (대학 교수가) 종신 재직권이 없는. ~·**únion** *a.* 노동 조합에 속하지 않는〔을 인정치 않는〕. *~·**víolence** *n.* Ⓤ 비폭력(주의). ~·**vóter** *n.* Ⓒ (투표) 기권자.

non·age [nánidʒ, nɔ́n-] *n.* Ⓤ 〖法〗 미성년; 미성숙(기).

non·a·ge·nar·i·an [nànədʒənέəriən, nòun-/nòunədʒinέər-] *a., n.* Ⓒ 90대(代)의 (사람).

non·a·gon [nánəgàn/nɔ́nəgɔ̀n] *n.* Ⓒ 9각〔9변〕형.

nonce [nɑns/-ɔ-] *n.* 《다음 구로만 쓰임》 ***for the*** **~** 당분간, 목하. — *a.* 임시의. **~ *use*** 〔***word***〕 임시 용법(用法)〔어〕.

non·cha·lant [nànʃəlɑ́:nt, nánʃələnt/nɔ́nʃələnt] *a.* 무관심한, 냉담한. ~·**ly** *ad.* **-lance** *n.*

non com·pos men·tis [nɑn kάmpəs mèntis/nɔn kɔ́mpɔs-] (L. =not of sound mind) 정신이 건전치 못한, 정신 이상의.

nòn·confórming *a.* 복종치 않는; 《英》 국교를 신봉치 않는. **-confórmist** *n.* Ⓒ 비동조자; (N-) 《英》 비국교도. **-confórmity** *n.* Ⓤ 비동조; 부조화; (N-)《英》 비국교주의.

non·de·script [nàndiskrípt/nɔ́n-∸] *a., n.* Ⓒ 정체 모를 (사람·것).

nòn·disjúnction *n.* Ⓤ,Ⓒ 〖生〗(상동(相同) 염색체의) 비분리.

non·dúrable gòods 비내구재(非耐久財)《의류·식품 따위》.

†**none** [nʌn] *pron.* ① 아무도 …않다〔아니다〕. ② 아무 것도〔조금도〕 …않다〔아니다〕(*It is ~ of your business.* 쓸데 없는 참견이다). — *ad.* 조금도 …하지 않다. **~ *the less*** 그런데도 불구하고.

non·éntity *n.* Ⓤ 실재하지 않음; Ⓒ 하찮은 사람〔것〕.

none·such [nʌ́nsʌ̀tʃ] *n.* Ⓒ 비길 데 없는 사람〔것〕, 절품(絶品)(paragon).

non-impáct prìnter 〖컴〗 안때림〔비충격〕 인쇄기《무소음을 목적으로 무타격으로 인자(印字)하는 프린터》.

nòn·íron *a.* 다림질이 필요 없는.

non·pa·reil [nànpərél/nɔ́npərəl] *a., n.* Ⓒ 비길 데 없는 (사람·것); 〖印〗 논파렐 활자《6포인트》.

non·plus [nànplʌ́s/nɔ̀n-] *n., vt.* 당혹(當惑)(시키다). ***put*** 〔***reduce***〕 ***… to a*** **~** …을 난처하게 하다. ***stand at a*** **~** 진퇴 양난이다.

‡**non·sense** [nánsens/nɔ́nsəns, -sens] *n.* Ⓤ 어리석은 말〔생각·짓〕, 넌센스. ***N-!*** 바보 같은 소리! **non·sén·si·cal** *a.* 무의미한, 엉터리 없는.

non seq. *non sequitur.*

non se·qui·tur [nɑn sékwitər/nɔn-] (L. =it does not follow) (전제와 관계 없는) 불합리한 추론〔결론〕.

non·such [nʌ́nsʌ̀tʃ] *n.* =NONESUCH.

nòn·súit *n., vi.* Ⓒ 〖法〗 소송 각하(却下)(하다).

non-U [nànjú:/nɔ̀n-] *a.* 《口》(특히 영국의) 상류 계급에 걸맞지 않는.

non·únion shóp 반(反)노조 기업.

non·vol·a·tile [nɑnválətl/nɔnvɔ́lətail] *a.* 〖컴〗 비휘발성《전원이 끊겨도 정보가 소거되지 않는》.

noo·dle[1] [nú:dl] *n.* Ⓒ (흔히 *pl.*) 누들《달걀과 밀가루로 만든 국수》.

noo·dle[2] *n.* Ⓒ 멍텅구리; 《俗》 머리.

***nook** [nuk] *n.* Ⓒ (아늑한) 구석; 피난처.

†**noon** [nu:n] *n.* Ⓤ 정오; 《주로 雅》 야반; (the ~) 전성기. — *a.* 정오의. *∠·**dày** *n., a.* Ⓤ 정오(의). ***as clear*** 〔***plain***〕 ***as ~day*** 아주 명백한.

***no one, no-one** [nóuwʌ̀n] *pron.* =NOBODY.

noon·ing [nú:niŋ] *n.* Ⓤ 《美方》 낮; 낮 휴식 (시간); 점심.

nóon·tìme, -tìde *n.* =NOON.

noose [nu:s] *n., vt.* Ⓒ 올가미(에 걸다, 로 잡다)(cf. lasso); 속박하는 것.

NOP [nɑp/nɔp] (< *no-op*eration) *n.* 〖컴〗 무작동, 무연산.

n.o.p. not otherwise provided (for).

no-par [nóupɑ̀:r] *a.* 액면 가격이 없는.

NOR [nɔ:r] (< *not*+*or*) *n.* 〖컴〗 부정논리합, 아니또는, 노어(~ *gate* 아니또는문, 노어문/ ~ *operation* 아니또는셈, 노어셈).

†**nor**[1] [nɔːr, 弱 nər] *conj.* (and not; or not).
nor', nor[2][nɔːr] *n., a., ad.* = NORTH.
Nor. North; Norway; Norwegian.
NORAD North American Air Defence Command.
Nor·dic[nɔ́ːrdik] *n., a.* Ⓒ 〖人類〗 북유럽인(의); 〖스키〗 노르딕 경기의.
Nórdic combíned 〖스키〗 노르딕 복합 경기《점프와 거리의 종합 점수를 겨룸》.
Norf. Norfolk.
Nor·folk[nɔ́ːrfək] *n.* 영국 동부의 주. ~ ***Island*** 남태평양상의 섬《오스트레일리아령(領)》.
Nórfolk jácket 밴드가 달린 남자용의 웃옷.
*__norm__[nɔːrm] *n.* Ⓒ 규준; 규범; 노르마《노동 기준량》; 〖컴〗 기준.
⁑**nor·mal**[nɔ́ːrməl] *a.* ① 정상의 (regular); 보통의; 표준의; 전형적인. ② 〖數〗 수직의, 직각을 이루는. ③ 〖化〗 규정(規定)의; (실험 따위의) 처치를 받지 않은《동물 따위》. — *n.* Ⓤ 상태; 표준; 〖컴〗 정규; Ⓒ 〖數〗 수직선〔면〕. **~·cy, ~·i·ty**[nɔːrmǽləti] *n.* Ⓤ 정상. **~·ize** [-àiz] *vt.* 정상으로 하다. **~·i·za·tion**[∸–izéiʃən/-laiz-] *n.* Ⓤ 정상화. * **~·ly** *ad.* 순리로; 정규적으로; 순리로 나가면, 본래 같으면.
nórmal schòol 교육 대학《2년제》.
*__Nor·man__[nɔ́ːrmən] *a.* 노르만 사람의. — *n.* Ⓒ 노르만 사람.
Nórman Cónquest, the 노르만인의 영국 정복《1066년》.
*__Nor·man·dy__[-di] *n.* 노르망디《프랑스의 북서 지방》.
Nor·man·esque[nɔ̀ːrmənésk] *a.* 〖建〗 노르만식〔풍〕의.
Nórman-Frénch *n., a.* =ANGLO-FRENCH.
nor·ma·tive[nɔ́ːrmətiv] *a.* 표준〔규준〕의, 규범이 되는, 규준이 있는. ~ ***grammar*** 〖文〗 규범 문법.
Norse[nɔːrs] *a.* 고대 스칸디나비아(사람·말)의; (특히) 고대 노르웨이(사람)의. — *n.* (the ~) 《복수 취급》 노르웨이 사람; Ⓤ 노르웨이 말. **~·man**[∸mən] *n.* Ⓒ 옛 스칸디나비아 사람.
†**north**[nɔːrθ] *n.* ① (the ~) 북; 북방; (*or* N-) (한 나라의) 북부 지방. ② (N-) 《美》 미국 북부《Maryland, Ohio 및 Missouri 주 이북》. ③ Ⓒ 《詩》 북풍. ***in*** 〔***on, to***〕 ***the ~ of*** …의 북부에〔북쪽에 접하여, 북쪽에 위치하여〕. ~ ***by east*** 〔***west***〕 북미(微)동〔서〕. — ***a.*** 북쪽의, 북향의; 북쪽에 있는; 북쪽으로부터의. — *ad.* 북쪽에, 북쪽으로. **∠·ward** *n., a., ad.* (the ~) 북방; 북방(으로)의; 북방으로, 북방에. **∠·ward·ly** *ad., a.* 북방으로(의); 북방으로부터(의). **∠·wards** *ad.* =NORTHWARD.
⁑**Nórth América** 북아메리카.
Nor·thamp·ton·shire[nɔːrθhǽmptənʃìər] *n.* 영국 중부의 주《약칭 Northants.》.
Nórth Atlántic Cóuncil, the 북대서양 조약 기구 이사회.
Nórth Atlántic Tréaty Organizàtion, the 북대서양 조약 기구.
Nórth Bríton 스코틀랜드 사람.
Nórth Cápe 노르곶《노르웨이 북단》; 노스곶《뉴질랜드 북단》.
*__Nórth Carolína, the__ 미국 남대서양 연안의 주《생략 N.C.》.
Nórth Còuntry, the 영국 북부 지방; 《美》 알래스카와 캐나다의 Yucon 지방을 포함하는 지역.
Northd NORTHUMBERLAND.
*__Nórth Dakóta__ 미국 중서부의 주 《생략 N. Dak., N. D.》.
⁑**north·east**[nɔ̀ːrθíːst; (海) nɔ̀ːríːst] *n.* (the ~) 북동(지방). ~ ***by east*** 〔***north***〕 북동미동〔북〕. — ***a.*** 북동(향)의; 북동쪽에 있는; 북동쪽으로부터의. — ***ad.*** 북동으로〔에〕, 북동으로부터. **~·ward** *n., a., ad.* (the ~) 북동(의); 북동으로(의). **~·ward·ly** *ad., a.* 북동으로(의); 북동으로부터(의). **~·wards** *ad.* = NORTHEASTWARD.
north·east·er[-ər] *n.* Ⓒ 북동풍; 북동의 폭풍. **~·ly** *ad., a.* 북동으로(의); 북동으로부터(의).
*__north·east·ern__[-ərn] *a.* 북동의; 북동으로의; 북동으로부터의.
Nórtheast Pássage, the (북대서양으로부터 아시아의 북해안을 따라서 태평양에 나오는) 북동 항로.
north·er[nɔ́ːrðər] *n.* Ⓒ 북풍; 북쪽으로부터의 찬바람. **~·ly** *ad., a.* 북으로(의); 북쪽으로부터(의).
⁑**north·ern**[-n] *a.* ① 북의, 북에 있는; 북으로(부터)의. ② (N-) 《美》 북부 여러 주의. **~·er** *n.* Ⓒ 북국인; (N-) 《美》 북부 제주(諸州)의 사람.
Nórthern Cróss, the 북십자성《백조 자리》.
Nórthern Hémisphère, the 북반구.
Nórthern Íreland 북아일랜드.
nórthern líghts 북극광(北極光).
nórthern·mòst *a.* 가장 북쪽의, 최북단의, 극북의.
Nórth Frígid Zòne, the 북한대(寒帶).
north·ing[nɔ́ːrθiŋ, nɔ́ːrð-] *n.* Ⓤ 〖海〗 북거(北距)《앞서 측정한 지점으로부터 북방의 어느 지점까지의 위도(緯度)차》; 북진, 북항(北航).
Nórth Ísland (New Zealand의) 북쪽섬.
Nórth Koréa 북한.
north·land[nɔ́ːrθlənd] *n.* Ⓒ 북극; (the ~)(한 나라의) 북부 지방.
North·man[∸mən] *n.* Ⓒ 고대 스칸디나비아 사람; 북유럽 사람.
north-north·east〔**·west**〕[nɔ́ːrθnɔ̀ːrθíːst〔wést〕] *n., a., ad.* (the ~) 북북동〔서〕(의, 에).
Nórth Póle, the 북극.

Nórth Séa, the 북해.
Nórth Stár, the 북극성.
North·um·ber·land[nɔːrθʌ́mbərlənd] *n.* 잉글랜드 북쪽 끝의 주.
North·um·bri·an [nɔːrθʌ́mbriən] *n.* Ⓤ Northumbria (영국 북부의 고대 왕국)의 사투리.
:**north·west**[nɔ̀ːrθwést; (海) nɔ̀ːrwést] *n.* ① (the ~) 북서(지방). ② (N-) 《美》 북서지방《워싱턴·오리건·아이다호의 3주》. ~ ***by west*** 〔***north***〕 북서미서〔북〕. ── *a.* 북서의; 북서에 있는; 북서로부터의. ── *ad.* 북서쪽으로〔에〕, 북서쪽으로부터. ~·**ward** *n., ad., a.* (the ~) 북서쪽(의); 북서쪽으로(의). ~·**ward·ly** *ad., a.* 북서쪽으로(의); 북서쪽으로부터(의). ~·**wards** *ad.* =NORTHWESTWARD.
north·west·er[nɔ̀ːrθwéstər; (海) nɔ̀ːrwéstər] *n.* Ⓒ 북서풍; 북서의 강풍(nor'wester). ~·**ly** *ad., a.* 북서로(의); 북서로부터(의).
*__north·west·ern__[-n] *a.* ① 북서의; 북서로의; 북서로부터의. ② (N-) 《美》 미국 또는 캐나다 북서 지방의.
Nórthwest Pássage, the (북대서양으로부터 북아메리카 북해안을 따라서 태평양에 나오는) 북서 항로.
Norw. Norway; Norwegian.
:**Nor·way**[nɔ́ːrwei] *n.* 노르웨이《북유럽의 왕국》. ***Nor·we·gian**[nɔːrwíːdʒən] *a., n.* 노르웨이(사람·말)의; Ⓒ 노르웨이 사람; Ⓤ 노르웨이 말.
nor'·west·er[nɔːrwéstər] *n.* =NORTHWESTER; (수부용의) 유포(油布) 우비.
Nos., nos. numbers.
n.o.s. not otherwise specified.
†**nose**[nouz] *n.* ① Ⓒ 코. ② (a ~) 후각(기관); 직감력(直感力)(*for*). ③ Ⓒ 돌출부; 뱃머리, 기수(機首); 원통(圓筒)〔대통〕의 끝; 총부리. ***count*** 〔***tell***〕 ~***s*** 찬성〔출석〕자의 수를 세다. ***cut off one's ~ to spite one's face*** 홧김에 자기에게 손해되는 일을 해〔말해〕버리다. ***follow one's ~*** 곧바로 가다; 본능대로 행동하다. ***lead a person by the ~*** (아무를) 마음대로 부리다; (아무를) 뜻대로 다루다. ~ ***to*** ~ 얼굴을 맞대고. ***pay through the ~*** 엄청난 값을 치르다. ***put*** 〔***poke, thrust***〕 ***one's ~ into*** …에 쓸데없이 참견하다. ***put a person's ~ out of joint*** 아무의 기선을 제하다. ***turn up one's ~ at*** …을 경멸하다. ***under a person's ~*** 아무의 코밑〔면전〕에서; 상대방의 기분에 개의하지 않고. ── *vt.* ① 냄새를 맡다; 냄새를 맡아내다, 낌새채다(*out*). ② 코를 비벼대다. ③ (배가) 전진하다. ── *vi.* ① 냄새맡다(*at, about*). ② 찾다(*after, for*). ③ 캐내다(pry)(*into*). ④ (배가) 전진하다. ~ ***down*** 〖空〗 기수를 아래로 하다. ~ ***out*** (은밀히) 찾아내다. ~ ***over*** 〖空〗 (착륙시 기수를 밑으로) 꺾다.
nóse bàg (말 목에 거는) 꼴망태.
nóse·bànd *n.* Ⓒ (말의) 재갈가죽.
nóse·blèed *n.* Ⓤ 코피, 비(鼻)출혈.
nóse còne 노즈콘《로켓·미사일 따위의 원추형 두부(頭部)》.
nose·count[nóuzkàunt] *n.* (인구 조사 등의) 인원수 계산.
nóse dìve 〖空〗 급강하; (가격의) 폭락.
nóse-dìve *vi.* 급강하하다; (가격 등이) 폭락하다.
nóse·gày *n.* Ⓒ (향기가 좋은) 꽃다발.
nóse·pìece *n.* Ⓒ (투구의) 코싸개 (cf. visor); =NOSEBAND.
nóse·ràg *n.* Ⓒ 《俗》 손수건.
nóse rìng (소의) 코뚜레, (야만인의) 코고리.
nose-thumb·ing [⁄-θʌ̀miŋ] *n.* Ⓤ 《美》 비웃는 몸짓《엄지손가락을 콧등에 대고 딴 손가락을 흔드는》.
nos·ey[nóuzi] *a.* =NOSY.
nosh[nɑʃ/nɔʃ] *n.* Ⓒ 《口》 가벼운 식사, 간식; 음식. ── *vi., vt.* 가벼운 식사를 하다, 간식하다, 먹다.
nosh·ery[nɑ́ʃəri/nɔ́ʃ-] *n.* Ⓒ 《口》 식당, 레스토랑.
nó-shów *n.* Ⓒ 《美口》 (좌석을 예약하고도) 출발할 때까지 나타나지 않는 손님.
*__nos·tal·gi·a__[nɑstǽldʒiə/nɔs-] *n.* Ⓤ 향수, 회향병(homesickness); 회고의 정. **-gic** *a.* 향수적인; 회고적인.
Nos·tra·da·mus [nɑ̀strədéiməs/nɔ̀s-] *n.* 노스트라다무스《프랑스의 점성학자·의사; 1503-66》; Ⓒ 예언자, 점성가.
*__nos·tril__[nɑ́stril/-ɔ́-] *n.* Ⓒ 콧구멍.
no-strings[nóustríŋs] *a.* 《口》 무조건의.
nos·trum[nɑ́strəm/-ɔ́-] *n.* Ⓒ 엉터리약; 매약; (문제 해결의) 묘안.
nos·y[nóuzi] *a.* 《口》 시시콜콜히 캐기 좋아하는. 「람.
Nósy Párker 《口》 참견 잘하는 사
†**not**[強 nɑt/-ɔ-; 弱 nt] *ad.* …이 아니다, …않다.
no·ta be·ne[nóutə bíːni] (L.= note well) 단단히 주의하라, 주의.
:**no·ta·ble**[nóutəbəl] *a.* ① 주목할 만한; 현저한(striking); 저명한. ② 《古》 (주부가) 살림 잘하는. ── *n.* Ⓒ (보통 *pl.*) 명사. *-**bly** *ad.* 현저히; 특히. **-bil·i·ty**[⁀-bíləti] *n.* Ⓤ 저명; Ⓒ (보통 *pl.*) 명사.
NOTAM notice to airman (안전 운항을 위한) 항공 정보.
no·ta·rize[nóutəràiz] *vt.* (공증인이) 증명하다(certify).
nó·ta·ry (**públic**)[nóutəri(-)] *n.* Ⓒ 공증인.
no·ta·tion[noutéiʃən] *n.* Ⓤ 기호법; 〖數〗 기수(記數)법; 〖樂〗 기보(記譜)법; Ⓒ (수·양 따위의) 한조의 기호; 《美》 메모; 기록(record); 써놓음; 〖컴〗 표기법. ***decimal*** ~ 10진법.
*__notch__[nɑtʃ/-ɔ-] *n.* Ⓒ ① (V자형의) 새김눈. ② 《美》 (깊고 좁은) 산

길. ③ 《口》 단(段), 급(級). — *vt.* (…에) 금[새김눈]을 내다(*into*); 금을 그어 기록하다(*up, down*).

†**note**[nout] *n.* ① Ⓒ 표; 기호. ② Ⓒ 메모; 주(註), 주석. ③ Ⓒ 짧은 편지. ④ Ⓒ (외교상의) 통첩, (간단한) 성명[보고]서; 초고. ⑤ Ⓒ 어음, 지폐. ⑥ Ⓒ 〖神〗 진정(眞正)이라는 증거. ⑦ Ⓒ 〖樂〗 음표, (전용되어서) 가락, 선율, 노래; 어조(語調). ⑧ Ⓒ (새의) 울음소리; (악기·목소리 등의) 소리. ⑨ Ⓒ (피아노 따위의) 건. ⑩ (보통 *sing.*) 특징; Ⓤ 주의, 주목(notice). ⑪ Ⓤ 저명, 중요(*a man of ~* 명사). ***compare ~s*** 의견을 교환하다. ***make a ~*** [***take ~s***] ***of*** …을 필기하다. ***take ~ of*** …에 주의하다. — *vt.* 적어두다(*down*); 주목[주의]하다; 주(註)를 달다; (글 속에서) 특히 언급하다; 지시하다, 의미하다. ***not·ed**[ˊ-id] *a.* 유명한(*for*).

†**note·book**[ˊbùk] *n.* Ⓒ 공책, 노트; 어음장.

nótebook compùter 〖컴〗 노트북 컴퓨터.

nóte pàper 편지지.

‡**nóte·wòrthy** *a.* 주목할만한, 현저한.

†**noth·ing**[nʌ́θiŋ] *pron.* 아무 일[것]도 …아님. — *n.* ① Ⓤ 무, 영; 존재하지 않는 것. ② Ⓒ 시시한 사람[것]. ***come to ~*** 실패로 끝나다. ***for ~*** 무료로; 무익하게; 이유없이. ***have ~ to do with*** …에 조금도 관계가 없다. ***make ~ of*** 대수롭게 보지 않다, …을 우습게 여기다; 이해할 수 없다. ***~ but*** =ONLY. ***think ~*** …을 경시하다[얕보다]. — *ad.* 조금도 …이 아니다[…않다]. ***~·ness*** *n.* Ⓤ 무, 공; 존재하지 않음; 무가치; Ⓒ 시시한 것; Ⓤ 인사 불성, 죽음.

†**no·tice**[nóutis] *n.* ① Ⓤ 주의, 주목. ② Ⓤ 통지, 신고. ③ Ⓤ 예고, 경고. ④ Ⓒ 공고, 게시; 소개, 비평. ⑤ Ⓤ 애고(愛顧). ***at a moment's ~*** 곧, 즉각. ***at short ~*** 갑자기. ***bring to*** [***under***] ***a person's ~*** 아무의 주의를 환기시키다. ***come into*** [***under***] ***a person's ~*** 아무의 눈에 띄다. ***give ~*** 통지하다; 예고하다. ***take ~*** 주의하다, 보다(***take no ~ of*** …에 주의하지 않다). ***until further ~*** 추후에 통지가 있을 때까지. ***without ~*** 무단히, 통고 없이. — *vt.* ① 알게 되다, 인식하다; 주의하다. ② 통지하다; 언급하다; 평하다. * ***~·a·ble*** *a.* 눈에 띄는; 주목할 만한. ***~·a·bly*** *ad.*

nótice bòard 《주로 英》 게시판.

‡**no·ti·fy**[nóutəfài] *vt.* (…에게) 통지[통고]하다; 공고하다; 신고하다. **-fi·a·ble** *a.* (전염병 따위가) 신고해야 할. **-fi·ca·tion**[ˋ-fikéiʃən] *n.* Ⓤ 통지; Ⓒ 통지서, 신고서.

‡**no·tion**[nóuʃən] *n.* Ⓒ ① 생각, 의견; 신념; 개념; 견해; 의지. ② 어리석은 생각[의견]; (*pl.*) 《美》 방물(*a ~ store*). ***~·al*** *a.* 개념적인; 비현실적인; 공상적인; 《美》 변덕스러운.

no·to·ri·e·ty[nòutəráiəti] *n.* Ⓤ (보통, 나쁜 뜻의) 평판, 악명; Ⓒ 《주로 英》 화제의 인물.

***no·to·ri·ous**[noutɔ́:riəs] *a.* (보통, 나쁜 의미로) 유명한, 악명 높은.

****No·tre Dame***[nòutrə dá:m, -déim] (F.=Our Lady) 성모 마리아; 노트르담 성당.

Not·ting·ham[nátiŋəm/-ɔ́-] *n.* 영국 중부의 도시.

Not·ting·ham·shire[-ʃiər] *n.* 영국 중부의 주.

‡**not·with·stand·ing** [nàtwiðstǽndiŋ, -wiθ-/nɔ̀t-] *prep.* …에도 불구하고. — *ad.* 그런데도 불구하고. — *conj.* …에도 불구하고, …한데. 「《당과》.

***nou·gat**[nú:gət, -gɑ:] *n.* Ⓤ,Ⓒ 누가

nought[nɔ:t] *n.* =NAUGHT. — *ad.* 《古》 조금도 …않다.

‡**noun**[naun] *n., a.* Ⓒ 〖文〗 명사(용법의).

‡**nour·ish**[nə́:riʃ, nʌ́r-] *vt.* ① (…에) 영양분을 주다; 기르다; 살찌게[기름지게] 하다; 육성하다(foster). ② (희망 따위를) 품다. * ***~·ing*** *a.* 영양분이 되는[많은]. * ***~·ment*** *n.* Ⓤ 영양물, 음식물.

nou·veau riche[nú:vou rí:ʃ] (F.) (*pl.* ***nouveaux riches***) 벼락 부자.

nou·veau ro·man [nú:vou roumá:ŋ] (F.) 누보 로망《프랑스의 신소설》.

nou·velle vague[nu:vél vá:g] (F.) 누벨바그《1960년대의 프랑스·이탈리아의 전위적 영화》.

***Nov.** Nevember.

no·va[nóuvə] *n.* (*pl.* ***-vae***[-vi:], ***~s***) Ⓒ 〖天〗 신성(新星).

No·va Sco·tia[nóuvə skóuʃə] 캐나다 남동부의 반도 및 그 주.

‡**nov·el**[návəl/-ɔ́-] *a.* 신기한. — *n.* Ⓒ (장편) 소설. ***~·ette***[ˋ-ét] *n.* Ⓒ 단편 소설; 〖樂〗 피아노 소곡. * ***~·ist*** *n.* Ⓒ 소설가. ‡***~·ty*** *n.* Ⓤ 새로움; Ⓒ 새로운[색다른] 일[것]; (*pl.*) 작은 신안물(新案物)《장난감, 값싼 보석 따위》.

no·vel·la[nouvélə] *n.* (It.) (*pl.* ***~s, -le***[-lei]) Ⓒ 중편 소설, 소품(小品). 「월.

†**No·vem·ber** [nouvémbər] *n.* 11

no·ve·na[nouví:nə] *n.* (*pl.* ***~s, -nae***[-ni:]) Ⓒ 〖가톨릭〗 9일 기도.

***nov·ice**[návis/-ɔ́-] *n.* Ⓒ ① 수련자《수사와 수녀》; 수련 수사[수녀]; (기독교에의) 새 귀의자. ② 초심[미숙]자.

no·vi·ti·ate, -ci·ate[nouvíʃiit] *n.* Ⓤ 수습 기간; (수사·수녀의) 수도 기간; Ⓒ 초심자; 수련 수사[수녀]; 수도자 숙소.

No·vo·cain(e)[nóuvəkèin] *n.* Ⓤ 〖商標〗 노보카인《국부 마취제》.

†**now**[nau] *ad.* ① 지금, 지금은; 지금 사정으로는. ② 곧; 방금. ③ 그

리고는(then); 다음에; 《명령·감탄사적》 자, 그런데. — *a.* 《美俗》 유행의, 최신 감각의. **~ and then** [**again**] 때때로. **~ ... ~** 혹은 … 혹은, …하다가도 …하고(~ *cloudy,* ~ *fine* 흐렸다 개였다). **~ that** … 이기 때문에. **~ then** 자 그러면; 《호칭》 얘 얘! — *conj.* …이니까, …인 이상은(now that). — *n.* Ⓤ 지금, 현재.

NOW 《美》 National Organization of Woman.

NOW accòunt[náu-] 《美》 수표도 발행되고 이자도 붙는 일종의 당좌예금 구좌.

:now·a·days[náuədèiz] *n., ad.* Ⓤ 지금(은).

nó·wày(s), nó·wìse *ad.* 조금도 「…않다.

:no·where[nóuhwὲər] *ad.* 어디에도 …없다. **get ~** 얻는 바가 없다; 아무 쓸모[효과] 없다. 「독]한.

nox·ious[nákʃəs/-ɔ́-] *a.* 유해[유

***noz·zle**[názəl/-ɔ́-] *n.* Ⓤ (대통·파이프 등의) 주둥이, 노즐; 《俗》 코.

NP neuropsychiatric. **Np** 〖化〗 neptunium. **N.P.** Natary Public. **n.p., n/p** 〖商〗 net proceeds; new paragraph; no pagination, no paging; notes payable. **NPT** nonproliferation treaty. **NRA, N.R.A.** 《美》 National Recovery Administration. **N.S.** National Society; New Style; Nova Scotia. **n.s.** *non satis*(L.=not sufficient); not specified. **NSA** 《美》 National Security Agency; 《美》 National Student Association. **NSC** 《美》 National Security Council. **NSF** 《美》 National Science Foundation; National Society Foundation. **N.S.P.C.C.** National Society for the Prevention of Cruelty to Children. **N.S.W.** New South Wales. **Nt** 〖化〗 niton. **NT, N.T.** New Testament; **NTB** nontariff barrier. **NTC** nontrade concern 농업 비교역 대상.

nth[enθ] *a.* 〖數〗 n번째의. **to the ~ degree** [**power**] n차(次)[n승(乘)]까지; 어디까지든지; 극도로.

NTP normal temperature and pressure 상온 상압(常溫常壓)《0℃, 760㎜》.

nu[nju:] *n.* Ⓤ,Ⓒ 그리스어 알파벳의 열세째 글자《*N, ν*; 영어의 N, n에 해당》.

nu·ance[njú:ɑ:ns, ─́] *n.* Ⓒ (어조·의미·감정 등의) 미묘한 차이, 색조(色調), 뉘앙스.

nub[nʌb] *n.* Ⓒ 혹, 매듭; 작은 덩이; (the ~) 《口》 (이야기의) 핵심.

nub·bin[nʌ́bin] *n.* Ⓒ 작은 덩어리; 작은 조각; 작은[덜익은] 옥수수 이삭.

nub·by[nʌ́bi] *a.* 혹 있는.

nu·bile[njú:bil, njú:bail] *a.* (여자가) 혼기의.

:nu·cle·ar[njú:kliər] *a.* 〖生〗 (세포) 핵의[을 이루는]; 〖理〗 원자핵의, 핵무기의, 핵보유의.

núclear-ármed *a.* 핵장비의, 핵무장하고 있는.

núclear bómb 핵폭탄.

núclear chárge 핵 전하(電荷).

núclear énergy 원자력, 핵 에너지.

núclear fámily 핵가족.

núclear físsion 〖理〗 핵분열.

núclear-frée zòne 비핵(무장) 지대.

núclear fúel 〖理〗 핵연료.

núclear fúsion 〖理〗 핵융합.

núclear phýsicist 원자 물리학자.

núclear phýsics (원자)핵 물리학.

núclear plànt 원자력 발전소.

núclear pówer ① 원자력. ② 핵(무기) 보유국.

núclear reáctor 원자로.

Núclear Régulatory Commìssion, the 《美》 원자력 규제 위원회 《생략: NRC; 1974년 발족》.

núclear súbmarine 원자력 잠수

núclear tést 핵실험. 「함.

núclear umbrélla, the 핵우산.

núclear wár 핵 전쟁.

núclear wárhead 핵탄두.

núclear wéapon 핵무기.

nu·cle·ate[njú:klièit] *vt., vi.* (…의) 핵을 이루다; 핵이 되다. — [-kliit] *a.* 핵이 있는.

nu·clé·ic ácid[nju:klí:ik-, -kléi-] 〖生化〗 핵산(核酸).

nu·cle·on [njú:kliàn/-ɔ̀n] *n.* Ⓒ 〖理〗 핵입자《원자핵의 양자(proton) 또는 중성자(neutron)》.

nu·cle·on·ics[njù:kliániks/-ɔ́n-] *n.* Ⓤ (원자)핵공학.

***nu·cle·us**[njú:kliəs] *n.* (*pl.* **-clei** [-kliài]) Ⓒ ① 핵, 심(心); 중심. ② 〖理〗 원자핵; 〖氣〗 원자단(團); 〖生〗 세포핵; 〖天〗 혜성핵(彗星核).

nu·clide[njú:klaid] *n.* Ⓒ 〖理〗 핵종(核種).

***nude**[nju:d] *a.* 발가벗은; 드러내 놓은. — *n.* Ⓒ 〖美術〗 나체화[상], 누드. **in the ~** 나체로; 노골적으로.

núd·ism *n.* Ⓤ (건강·미용 따위를 위한) 나체주의. **nú·di·ty** *n.* Ⓤ 벌거벗음; Ⓒ 나체의 것, 그림, 상.

nudge[nʌdʒ] *vt., n.* Ⓒ (주의를 끌려고) 팔꿈치로 가볍게 찌르다[찌름].

nu·ga·to·ry[njú:gətɔ̀:ri/-təri] *a.* 하찮은, 무가치한; 쓸모없는.

nug·get[nʌ́git] *n.* Ⓒ 덩어리; 천연 금괴; 《美俗》 귀중한것; (*pl.*)=MONEY.

:nui·sance[njú:səns] *n.* Ⓒ ① 폐, 귀찮은 일; 성가신 사람. ② 〖法〗 불법 방해(*a public* [*private*] ~). **Commit no ~.** 소변 금지《게시》.

núisance tàx 소액 소비세.

nuke[nju:k] *n.* Ⓒ 《美俗》 핵무기, 원자력 발전소. — *vt.* (…을) 핵무기로 공격하다.

null[nʌl] *a.* 무효의; 무가치한; 아무것도 없는; 영의; 〖數〗 공집합(空集合)의; 〖컴〗 빈《정보의 부재》(~ *char-*

acter 빈문자/~ *string* 빈문자열).
~ ***and void*** 〖法〗 무효의.
nul·li·fy[nʌ́ləfài] *vt.* (법적으로) 무효로 하다, 파기하다, 취소하다; 쓸모없게 만들다. **-fi·ca·tion**[≻—fikéiʃən] *n.*
nul·li·ty[nʌ́ləti] *n.* Ⓤ 무효; Ⓒ 〖法〗 무효한 일〔것〕; Ⓤ 전무(全無); Ⓒ 시시한 사람〔것〕. ~ ***suit*** 혼인 무효 소송.
Num(**b**)**.** Numbers 〖舊約〗 민수기.
***numb**[nʌm] *a.* 저린, 마비된; 무감각하게 된. — *vt.* 감각을 잃게 하다; 마비시키다. **∠·ly** *ad.* **∠·ness** *n.*
†**num·ber**[nʌ́mbər] *n.* ① Ⓒ 수; Ⓤ,Ⓒ 총수. ② Ⓒ 숫자. ③ Ⓒ 번호, 넘버, 제(몇)호, (잡지의) 호(*the Coronation* ~ *of 'The Listener'* '리스너' 지(誌) 대관식(戴冠式)호). ④ Ⓒ 동료. ⑤ Ⓒ 〖文〗 수《단수·복수의》; 〖컴〗 수, 숫자. ⑥ (*pl.*)《廢》 산수. ⑦ (*pl.*) 다수. ⑧ (*pl.*) 수의 우세. ⑨ (*pl.*) 시(verse), 운율(韻律). ⑩ Ⓒ 〖樂〗 박자; 악보. ⑪ Ⓒ 《美俗》 (특별히 선발된) 사람, 물건(*This is our most popular* ~. 이 물건이 저희 가게에서 제일 잘 나갑니다). ⑫ (Numbers) 〖舊約〗 민수기. ***a great*** 〔***large***〕 ~ ***of*** 대단히 많은, 굉장한. ***a*** ~ ***of*** 다소의; 많은. ***get*** 〔***have***〕 ***a person's*** ~ 아무의 본성을 간파하다. ***in*** ~***s*** 분책(分冊)하여. OPPOSITE ~. ***without*** ~ 무수한. — *vt.* (…에) 번호를 달다〔붙이다〕; 세다; (…의 속에) 넣다, 산입하다; 총계 …이 되다; (…의) 수를 정하다. ***~·less** *a.* 무수한; 번호가 없는.
númber crùncher 《口》 (복잡한 계산을 하는) 대형 컴퓨터.
númbering machìne 번호기, 넘버링 (머신).
númber plàte (자동차의) 번호판, (가옥의) 번지 표시판.
númber(**s**) **pòol** 〔**gàme**〕 (소액의 돈을 거는 불법의) 숫자 도박.
Númber Tén 영국 수상 관저.
num(**b**)**·skull**[nʌ́mskʌ̀l] *n.* Ⓒ 《口》 바보.
nu·men [njúːmən] *n.* (*pl.* ***-mina*** [-minə]) Ⓒ 수호신.
nu·mer·a·ble[njúːmərəbəl] *a.* 셀 수 있는.
:**nu·mer·al**[njúːmərəl] *n.* Ⓒ 숫자; 〖文〗 수사(數詞). — *a.* 수의; 수를 나타내는.
nu·mer·ate[njúːmərèit] *vt., vi.* (…을) 세다, 계정하다; (숫자를) 읽다. — [-rit] *a.* 기본적인 계산 능력을 갖는.
nu·mer·a·cy[njúːmərəsi/njúː-] *n.* Ⓤ 수량적 사고 능력, 기본적 계산력.
nu·mer·a·tion[njúːməréiʃən] *n.* Ⓤ 계산(법); 〖數〗 명수법(命數法), 수 읽기.
nu·mer·a·tor [njúːmərèitər] *n.* Ⓒ 〖數〗 (분수의) 분자(cf. denominator); 계산하는 사람, 계산기.
nu·mer·ic[njuːmérik], ***-i·cal** [-əl] *a.* 수의, 수를 나타내는, 수에 의한; 숫자로 나타낸; 〖컴〗 숫자(적). **-i·cal·ly** *ad.* 「판.
numéric(**al**) **kéypad** 〖컴〗 숫자
:**nu·mer·ous**[njúːmərəs] *a.* 다수의, 많은.
nu·mis·mat·ic[njùːməzmǽtik] *a.* 화폐(연구)의, 메달의. **~s** *n.* Ⓤ 화폐〔메달〕 연구, 고전학(古錢學).
Núm Lóck kèy 〖컴〗 숫자 걸쇠《숫자 키와 화살표 키를 겸용하는 키 무리의 키 기능을 반전 시키는 키》.
***nun**[nʌn] *n.* Ⓒ 수녀.
nun·ci·o[nʌ́nʃiòu] *n.* (*pl.* **~s**) Ⓒ 로마 교황 사절(使節); 《廢》 사절.
nun·ner·y[nʌ́nəri] *n.* Ⓒ 수녀원.
***nup·tial**[nʌ́pʃəl] *a.* 결혼(식)의. — *n.* (보통 *pl.*) 결혼(식).
†**nurse**[nəːrs] *n.* Ⓒ ① 유모(wet nurse); (젖을 먹이지 않는) 보모(dry nurse). ② 간호인, 간호사. ③ 양육〔보호〕자. ***put out to*** ~ 수양 아이로 주다. — *vt.* ① 젖을 먹이다; 어린애를 보다. ② 간호하다; 열심히 치료하다. ③ 양육하다; 보호하다; 위로하다. — *vi.* 젖을 먹이다; 젖을 먹다; 간호사로 일하다, 간호하다.
núrse chìld 수양 아이.
nurs(**e**)**·ling**[nə́ːrsliŋ] *n.* Ⓒ 젖먹이; 묘목.
núrse·màid *n.* Ⓒ 애 보는 여자.
:**nurs·er·y**[nə́ːrsəri] *n.* Ⓒ ① 육아실, 아이방. ② 묘상(苗床); 양어장. ③ 양성소, (악의) 온상(hot bed). ***day*** ~ 탁아소.
núrsery góverness 보모(保姆) 겸 가정 교사.
núrsery·màid *n.* Ⓒ 애 보는 여자.
núrsery·màn *n.* Ⓒ 종묘원(種苗園) 주인.
núrsery rhỳme 동요, 자장가.
núrsery schòol 보육원.
núrsery tàle 동화.
***nurs·ing**[nə́ːrsiŋ] *a.* 양육〔보육〕하는. — *n.* Ⓤ (직업으로서의) 육아.
núrsing bòttle 수유(授乳)병.
núrsing hòme (사립의) 요양소.
***nur·ture** [nə́ːrtʃər] *vt.* 양육하다; 가르치다, 길들이다; 영양물을 주다. — *n.* Ⓤ 양육; 교육; 영양물.
†**nut**[nʌt] *n.* Ⓒ ① 견과(堅果)《호두·밤 따위》. ② 난문제; 까다로운 사람. ③ 〖機〗 너트, 암나사. ④ 《俗》 머리, 대가리. ⑤ 괴짜, 미치광이. ⑥ (*pl.*) 불알. ***be*** **~*s*** ***to*** 〔***for***〕 …이 가장 좋아하는 것이다. ***be*** 〔***dead***〕 **~*s*** ***on*** 《俗》 …을 썩 잘 하다; …을 아주 좋아하다. ***for*** **~*s*** 《俗》 《부정문에서》 조금도. ***a hard*** ~ ***to crack*** 난문제; 만만찮은 사람. ***off one's*** ~ 《俗》 미쳐서(cf. off one's HEAD). — *vi.* (***-tt-***) 나무 열매를 줍다〔찾다〕.
N.U.T. 《英》 National Union of Teachers.

nu·tant[njú:tənt] *a.* 〖植〗(꽃 따위가) 숙이는 성질의.
nu·ta·tion[nju:téiʃən] *n.* Ⓤ,Ⓒ 고개를 끄덕임〔숙임〕; 〖天〗장동(章動)《달·태양의 인력으로 인한 지축의 진동》; 〖植〗전두(轉頭) 운동.
nút-brówn *n., a.* Ⓤ 밤색(의).
nút·càse *n.* Ⓒ 《俗》 머리가 돈 사람.
nút·cràcker *n.* Ⓒ (보통 *pl.*) 호두까는 기구; 〖鳥〗산갈가마귀.
nút·hàtch *n.* Ⓒ 〖鳥〗동고비.
nút hòuse 《俗》 정신 병원.
nut·meg[⌐mèg] *n.* Ⓒ 〖植〗육두구(나무·열매), 육두구의 인(仁)《약용·조미료》.
nu·tri·a[njú:triə] *n.* Ⓒ 〖動〗누트리아(coypu); Ⓤ 그 털가죽.
nu·tri·ent[njú:triənt] *a., n.* 영양이 되는; Ⓒ 영양물.
nu·tri·ment[njú:trəmənt] *n.* Ⓤ,Ⓒ 영양물, 음식물.
***nu·tri·tion**[nju:tríʃən] *n.* Ⓤ ① 영양(섭취, 상태). ② 영양물, 음식물. ③ 영양학. **~·al** *a.* **~·ist** *n.* Ⓒ 영양학자; 영양사(士).
nu·tri·tious[nju:tríʃəs] *a.* 영양이 되는〔많은〕.
nu·tri·tive[njú:trətiv] *a.* 영양의; 영양이 되는〔있는〕.
nút·shèll *n.* Ⓒ 견과(堅果)의 껍질. (*to say*) ***in a*** **~** 간단히〔한 마디로〕(말하면).
nut·ting[⌐iŋ] *n.* Ⓤ (나무) 열매 줍기. ***go*** **~** (나무) 열매 주우러 가다.
nút trèe 견과수, 《특히》 개암나무.
nut·ty[⌐i] *a.* 견과(堅果)가 든; 견과 같은 (맛의); 《俗》 미친(crazy).
nux vom·i·ca [nʌ́ks vɑ́mikə/-vɔ́m-] 마전(馬錢)(나무, 열매); 그 열매로 만드는 약제《스트리키닌 원료》.
nuz·zle[nʌ́zəl] *vt.* (돼지가) 코로 파헤치다〔비비다〕, 코를 들이 밀다; 끌어 안다. — *vi.* 코로 구멍을 파다; 코로 밀어〔비비〕대다(*into, against*); 바싹 붙어 자다.
N.V. New Version. **NW, N.W., n.w.** northwest(ern); North Wales. **NWA** Northwest Airlines. **NWbN**〔**W**〕north-west by north〔west〕 북서미북〔서〕. **NWC** 《美》 National War College. ***N.Y.** New York (State). **N.Y.C.** New York City〔Central〕.
nyc·ta·lo·pi·a[nìktəlóupiə] *n.* Ⓤ 〖醫〗야맹증.
:ny·lon[náilɑn/-lən, -lɔn] *n.* Ⓤ 나일론; (*pl.*) 나일론 양말, 《특히》 스타킹.
:nymph[nimf] *n.* Ⓒ ①〖神話〗님프《바다·강·샘·숲 따위에 사는 요정(妖精)》; 아름다운 소녀. ② (유충과 성충 중간의) 어린 벌레; 번데기. **~ *pink*** 적자색(赤紫色). **⌐·ish** *a.* 님프의, 님프 같은.
nymph·et[nímfit] *n.* Ⓒ 성에 눈뜬 10대 초의 소녀.
nym·pho·ma·ni·a[nìmfəméiniə] *n.* Ⓤ〖病〗(여자의) 성욕 이상 항진증, 색정광(色情狂). **-ni·ac**[-niæ̀k] *a., n.* Ⓒ 색정증의 (여자).
NYSE New York Stock Exchange.
nys·tag·mus [nistǽgməs] *n.* Ⓤ 〖醫〗안구 진탕증(振湯症).
NYT The New York Times.
N.Z., N.Zeal. New Zealand.

O

O[1], **o**[ou] *n.* (*pl.* ***O's, o's***[-z]) Ⓒ O자형의 것.
:O[2] *int.* 오!; 저런!; 아!
O[3] 〖文〗object; 〖化〗oxygen. **O, o** 〖電〗ohm. **O.** Observer; Ocean; October; Ohio; Old; Ontario; Order; Oregon. **o.** *octavus* (L.=pint); octavo; off; old; only; order; 〖野〗out(s). **OA** 〖컴〗office automation 사무 자동화. **OAEC** Organization for Asian Economic Cooperation.
oaf[ouf] *n.* Ⓒ 기형아; 백치(아(兒)), 천치, 뒤틈바리.
O·a·hu[ouɑ́:hu:] *n.* 하와이 군도 중의 섬.
:oak[ouk] *n.* Ⓒ 떡갈나무〔졸참나무〕(비슷한 관목); Ⓤ 그 재목.
óak àpple〔**gàll**〕떡갈나무 몰식자(沒食子).
***oak·en**[⌐ən] *a.* 떡갈나무〔졸참나무〕제(製)의.
oa·kum [óukəm] *n.* Ⓤ 뱃밥(cf. calk[1]).
OAMS Orbit Attitude Maneuvering System 궤도 조정 장치. **O.&M.** organization and methods. **OAO** Orbiting Astronomical Observatory 천체 관측 위성. **O.A.P.** 《英》 old-age pension(-er). **OAPEC** Organization of Arab Petroleum Exporting Countries.
oar**[ɔ:*r*] *n.* Ⓒ 노; 노 젓는 사람. ***be chained to the **~** (노예선의 노예처럼) 고역을 강제당하다. ***have an*** **~** ***in every man's boat*** 누구의 일에나 말참견하다. ***put***〔***thrust***〕 ***in one's*** **~** 쓸데 없는 참견을 하다《in은 문장 끝에 와도 무방함》. — *vt., vi.* 노젓다.
óar·lòck *n.* Ⓒ 노받이.
óars·man[-zmən] *n.* Ⓒ 노 젓는 사람(rower).
O.A.S. on active service; (F.) *Organization de l'Armée secrète* 비밀 군사 조직; Organization of American States 아메리카주(洲)

기구.

o·a·sis** [ouéisis] *n.* (*pl.* ***-ses [-si:z]) Ⓒ 오아시스; 위안의 장소.

oast [oust] *n.* Ⓒ (홉(hop)·엿기름 등의) 건조 가마.

óast hòuse 《英》 (홉) 건조장.

:oat [out] *n.* Ⓒ (보통 *pl.*) 귀리《특히 말의 주식》; 《古》 보리피리, 목가(牧歌). ***feel one's ~s*** 《口》 원기 왕성하다; 《口》 (마음이) 들뜨다; 잘난 체하다. ***sow one's wild ~s*** 젊은 혈기로 방탕을 하다. ***wild ~*** 귀리 비슷한 잡초; (*pl.*) 젊은 혈기의 도락.

óat·càke *n.* Ⓒ 얇은 오트밀 케이크.

oat·en [ˊn] *a.* 귀리로〔귀리 짚으로〕 만든.

oat·er [óutər] *n.* Ⓒ 《俗》 〖映·TV〗 서부극(horse opera).

:oath [ouθ] *n.* (*pl.* **~s** [-ðz, -θs]) Ⓒ ① 맹세, 선서. ② (강조·분노를 표시할 때의) 신명 남용(神名濫用). ③ 저주, 욕설. ***make*** 〔***take, swear***〕 ***an ~*** 선서하다. ***on*** 〔***upon***〕 ***~*** 맹세코.

***oat·meal** [óutmi:l] *n.* Ⓤ 오트밀(죽); 곱게 빻은 귀리.

OAU Organization for African Unity. **OB** old boy 졸업생, 교우.

Ob., Obad. Obadish. **ob.** *obiit.* (L. =he 〔she〕 died); oboe.

O·ba·di·ah [òubədáiə] *n.* 헤브라이의 예언자; 〖舊約〗 오바댜서(書).

ob·bli·ga·to [àbligá:tou/ɔ̀-] *a., n.* (*pl.* ***~s***) (It.) 〖樂〗 (반주가) 꼭 필요한; Ⓒ 불가결한 성부(聲部); 조주(助奏).

ob·du·rate [ábdjurit/ɔ́b-] *a.* 완고한, 냉혹한. **~·ly** *ad.* **-ra·cy** *n.*

O.B.E. Officer of the British Empire.

:o·be·di·ence [oubí:diəns] *n.* Ⓤ (권위·법률에 대한) 복종; 〖가톨릭〗 귀의(歸依), (교회의) 권위, 지배. ***in ~ to*** …에 복종하여.

:o·be·di·ent [oubí:diənt] *a.* 순종하는, 유순한(*to*). ***Your*** (***most***) ***~ servant*** 근백(謹白)《공문서의 끝맺음말》. **~·ly** *ad.* ***Yours ~ly*** 근백(謹白)《공문서 등에서 끝맺음말》.

o·bei·sance [oubéisəns, -bí:-] *n.* Ⓒ (존경을 표시하는 정중한) 인사; Ⓤ 존경, 복종. ***do*** 〔***make, pay***〕 ***~ to*** …에게 경의를 표하다. ***make*** (***an***) ***~ to*** …에게 경례하다.

***ob·e·lisk** [ábəlìsk/ɔ́b-] *n.* Ⓒ 방첨탑(方尖搭); 〖印〗 단검표(dagger) 《†》.

ob·e·lize [ábəlàiz/ɔ́b-] *vt.* 단검표를 붙이다.

O·ber·on [óubəràn, -rən] *n.* 〖中世傳說〗 오베론《Titania의 남편으로 요정(妖精)의 왕》.

o·bese [oubí:s] *a.* 뚱뚱한. **o·be·si·ty** [-bí:səti] *n.* Ⓤ 비만, 비대.

:o·bey [oubéi] *vt., vi.* 복종하다; (*vt.*) …(이 시키는) 대로 움직이다.

ob·fus·cate [abfʌ́skeit, ˊ-ˋ/ɔ́bfʌskèit] *vt.* (마음을) 어둡게 하다; 어리둥절하게 하다; 멍하게 하다. **-ca·tion** [ˋ--kéiʃən] *n.*

ob·i·it [óubiit] *vi.* (L. =he 〔she〕 died) 죽다《묘비 등에 씀》.

o·bit·u·ar·y [oubítʃuèri] *n., a.* Ⓒ (약력을 붙인) 사망 기사; 사망의; 사망을 기록한.

obj. object(ive); objection.

†ob·ject [ábdʒikt/ɔ́-] *n.* Ⓒ ① 물체, 물건. ② 대상(*of, for*); 목적(물). ③ 〖哲〗 객관, 대상, 객체. ④ 〖文〗 목적어. ⑤ 불쌍한〔우스운, 어리석은, 싫은〕 사람〔것〕. ⑥ 〖컴〗 목적, 객체《정보의 세트와 그 사용 설명》. —— [əbdʒékt] *vi.* 반대〔불복〕하다(*to*). —— *vt.* 반대 이유로 들다, 반대하다. **~·less** *a.* 목적 없는. **ob·jéc·tor** *n.* Ⓒ 반대자.

óbject còde 〖컴〗 목적 부호《컴파일러〔옮김틀〕·어셈블러〔짜맞추개〕의 출력으로 실행 가능한 기계어의 꼴이 된 것》.

óbject file 〖컴〗 목적철.

óbject glàss 〖光〗 대물(對物) 렌즈.

ob·jec·ti·fy [əbdʒéktəfài] *vt.* 객관화하다, 대상으로 삼다. **-fi·ca·tion** [-ˋ-fikéiʃən] *n.*

:ob·jec·tion [əbdʒékʃən] *n.* ① Ⓤ,Ⓒ 반대, 이의(異議); 혐오. ② Ⓒ 반대 이유; 난점; 장애. * **~·a·ble** *a.* 이의 있는; 싫은.

:ob·jec·tive [əbdʒéktiv] *a.* ① 객관적인; 편견이 없는. ② 실재의; 외적(外的)인. ③ 목표의; 〖文〗 목적(격)의. —— *n.* Ⓒ ① 목표, 목적(물); 실재물. ② 〖文〗 목적격〔어〕. ③ 대물 렌즈. * **~·ly** *ad.* 객관적으로. **-tiv·ism** [-təvìzəm] *n.* Ⓤ 〖哲〗 객관주의〔성〕. **-tiv·i·ty** [ˋ-tívəti] *n.* Ⓤ 객관성.

objéctive cáse 〖文〗 목적격.

objéctive corrélative 〖文學〗 객관적 상관물《작자가 어떤 정서를 점층적으로 작품 속에 그려 넣는 데에 사용하는 상황, 또는 일련의 사건》.

objèctive póint 〖軍〗 목표 지점; 《一般》 목표.

óbject lànguage 대상 언어.

óbject lèns =OBJECT GLASS.

óbject lèsson 실물(實物) 수업.

óbject-òriented *a.* 〖컴〗 객체 지향의(~ *language* 객체 지향 언어).

óbject plàte (현미경의) 검경판(檢鏡板).

ob·jet d'art [ɔ̀bʒɛdá:r] (F.) (*pl.* ***objets d'art***) 작은 미술품.

ob·jur·gate [ábdʒərgèit/ɔ́b-] *vt.* 심하게 꾸짖다〔비난하다〕. **-ga·tion** [ˋ-géiʃən] *n.*

ob·late [ábleit, -ˊ/ɔ́b-, -ˊ] *a.* 〖幾〗 편원(扁圓)의.

ob·la·tion [abléiʃən] *n.* Ⓒ (신에 대한) 제물; Ⓤ (성체 성사의) 빵과 포도주의 봉헌(奉獻); Ⓤ (교회에의) 기부.

ob·li·gate [ábləgèit/ɔ́b-] *vt.* (도덕·법률상의) 의무를 지우다; 강제하다.

:ob·li·ga·tion [àbləgéiʃən/ɔ̀blə-] *n.*

① Ⓒ 계약서. ② U,C 의무; 책임. ③ Ⓒ 채무; 증서. ④ U,C 은혜. ***be*** 〔***lie***〕 ***under an*** ～ ***to*** …해야 할 의무〔의리〕가 있다. ***put under an*** ～ (아무에게) 은혜를 베풀다.

ob·li·ga·to *a., n.* =OBBLIGATO.

ob·lig·a·to·ry[əblígətɔ̀ːri, áblig-/ɔblígətəri] *a.* (도덕·법률상의) 의무로서 지게 되는(*on, upon*); 필수의.

:o·blige[əbláidʒ] *vt.* ① …할 의무를 지우다; 별수 없이 …하게 하다(*to* do); 강제하다. ② (…에게) 은혜를 베풀다; 고맙게 여기도록 하다. ***be*** ～***d*** 감사하다(*I am much* ～*d* (*to you*). 참으로 고맙습니다). ～ (*a person*) **by** do*ing* (아무에게) …하여 주다. **o·blíg·ing** *a.* 친절한.

O

ob·li·gee[àblədʒíː/ɔ̀b-] *n.* Ⓒ 〚法〛 권리자, 채권자.

ob·li·gor[àbləgɔ́ːr/ɔ̀blə-] *n.* Ⓒ 〚法〛 의무자, 채무자.

***ob·lique**[əblíːk] *a.* 비스듬한; 부정한; 간접의, 완곡한; 〚文〛 사격(斜格)의. —— *vi.* 비스듬히 되다. ～**·ly** *ad.* **-líq·ui·ty**[əblíkwəti] *n.* Ⓤ 경사; 부정(행위).

oblíque ángle 빗각.

oblíque cáse 〚文〛 사격《주격·호격 이외의 격》.

***ob·lit·er·ate**[əblítərèit] *vt.* 지우다, 말살하다; 흔적을 없애다. **-a·tion** [–ᅩ–éiʃən] *n.*

ob·liv·i·on**[əblíviən] *n.* Ⓤ 망각; 잊기 쉬움. ***fall 〔***sink, pass***〕 ***into*** ～ 세상에서 잊혀지다.

***ob·liv·i·ous**[əblíviəs] *a.* 잊기 쉬운, (…을) 잊고(*of*); 관심 없는(unmindful). ～**·ly** *ad.* ～**·ness** *n.*

***ob·long**[ábləːŋ/ɔ́blɔŋ] *n., a.* Ⓒ 장방형(長方形)(의).

ob·lo·quy[ábləkwi/ɔ́b-] *n.* Ⓤ (항간의) 욕; 비난; 오명; 불명예.

ob·nox·ious[əbnákʃəs/-ɔ́-] *a.* 불쾌한; 밉살스러운. ～**·ly** *ad.*

o·boe[óubou] *n.* Ⓒ 오보에《목관악기》. **ó·bo·ist** *n.* Ⓒ 오보에 취주자.

obs. observation; observatory; obsolete.

ob·scene[əbsíːn] *a.* 외설한; 추잡한. ～**·ly** *ad.* **ob·scen·i·ty**[-sénəti, -síːn-] *a.*

ob·scur·ant(**·ist**) [əbskjúərənt (-ist)/ɔbskjúər-] *n.* Ⓒ 비교화(非敎化)주의자. **-ant·ism**[-ìzəm] *n.* Ⓤ 비교화주의.

:ob·scure[əbskjúər] *a.* 어두운; 불명료한; 모호한; 세상에 알려지지 않은; 눈에 띄지 않는, 숨은; 미천한. —— *vt.* 어둡게 하다; 덮어 감추다; (주제 따위를) 불명료하게 하다; (남의 명성 따위의) 빛을 잃게 하다. **ob·scu·ra·tion**[àbskjuəréiʃən/ɔ̀b-] *n.*

ob·scu·ri·ty**[əbskjúərəti] *n.* ① Ⓤ 어두컴컴함; 불명료; Ⓒ 난해한 곳. ② Ⓒ 무명인〔장소〕. ③ Ⓤ 미천. ***retire into ～ 은퇴하다. ***sink into*** ～ 세상에 묻히다.

ob·se·quies[ábsəkwiz/ɔ́b-] *n. pl.* (장중(莊重)한) 장례식. **-qui·al** [absíːkwiəl/ɔb-] *a.*

ob·se·qui·ous[əbsíːkwiəs] *a.* 추종적인.

ob·serv·a·ble[əbzə́ːrvəbəl] *a.* 관찰할 수 있는, 주목할 만한; 주목해야 할; 지켜져 있는; 지켜야 할. **-bly** *ad.* 눈에 띄게.

:ob·serv·ance[əbzə́ːrvəns] *n.* ① Ⓤ (법률·관례의) 준수(*of*). ② Ⓒ (지켜야 할) 의식; 습관; (수도회의) 규율.

***ob·serv·ant**[əbzə́ːrvənt] *a.* ① 주의 깊은(*of*); 관찰력이 예리한. ② (법률을) 준수하는(*of*). ～**·ly** *ad.*

:ob·ser·va·tion [àbzərvéiʃən/ɔ̀-] *n.* ① U,C 관찰(력), 주목; 감시. ② U,C (과학상의) 관찰; 〚海〛 천측(天測). ③ Ⓒ 관찰 결과; (*pl.*) 관측 보고. ④ Ⓒ (관찰한) 소견, 언설(言說). ～**·al** *a.*

observátion ballóon 관측 기구.

observátion cár 전망차.

observátion pòst 〚軍〛 관측소(觀測所)(cf. O pip).

***ob·serv·a·to·ry** [əbzə́ːrvətɔ̀ːri/-təri] *n.* Ⓒ ① 천문〔기상〕대; 관측소. ② 전망대; 감시소.

:ob·serve[əbzə́ːrv] *vt.* ① 주시〔주목〕하다; 관찰〔관측〕하다; 연구하다. ② 지키다; (제례·의식을 규정대로) 거행하다, 축하하다. ③ 말하다. —— *vi.* 관찰하다; 소견을 말하다(*on, upon*).

:ob·serv·er[-ər] *n.* Ⓒ ① 관찰〔관측〕자. ② (회의의) 옵서버. ③ 준수자.

ob·serv·ing[-iŋ] *a.* 관측적인; 주의 깊은; 관찰력이 예리한.

ob·sess[əbsés] *vt.* (악마·망상 등이) 들리다(haunt); 붙어 다니다.

ob·sés·sion *n.* Ⓤ 들러붙음; Ⓒ 강박 관념, 망상.

ob·sés·sive-compúlsive [əbsésiv-] *a.* 강박의. —— *n.* Ⓒ 강박신경증 환자.

ob·sid·i·an[əbsídiən] *n.* Ⓤ 〚鑛〛 흑요석(黑曜石).

ob·so·les·cent[àbsəlésənt/ɔ̀b-] *a.* 쓸모 없이 되고 있는. **-cence** *n.*

***ob·so·lete**[ábsəlìːt/-ɔ́-] *a.* 쓸모없이 된, 안 쓰는; 구식의.

:ob·sta·cle[ábstəkəl/-ɔ́-] *n.* Ⓒ 장애(물).

óbstacle còurse 〚軍〛 장애물 통과 훈련장〔과정〕; 빠져나가야 할 일련의 장애.

ob·stet·ric[əbstétrik/ɔb-], **-ri·cal** [-əl] *a.* 산과(産科)의. **-rics** *n.* Ⓤ 산과학.

ob·ste·tri·cian [àbstetríʃən/ɔ̀b-] *n.* Ⓒ 산과의사.

:ob·sti·nate[ábstənit/ɔ́bstə-] *a.* ① 완고한, 억지센, 끈질긴. ② (저항따위) 완강한. ③ (병 따위) 난치의. ⁑～**·ly** *ad.* ***-na·cy** *n.* Ⓤ 완고; 난치; Ⓒ 완고한 언행.

ob·strep·er·ous[əbstrépərəs] *a.* 소란한; 날뛰는; 다루기 힘든. ～**·ly** *ad.*

*__ob·struct__[əbstrʌ́kt] *vt., vi.* (통로 등을) 막다; (통행 등을) 가로막다; (사물의 진행이나 사람의 활동을) 방해하다. *__ob·strúc·tion__ *n.* Ⓤ 장애; 방해; Ⓒ 장애〔방해〕물. **ob·strúc·tive** *a.* 방해하는.

†**ob·tain**[əbtéin] *vt.* (노력의 결과를) 손에 넣다; 획득하다. — *vi.* (풍습 따위가) 행해지다. *~·**a·ble** *a.* 얻을〔획득할〕수 있는.

ob·trude[əbtrú:d] *vt.* 떠맡기다, 불쑥 내밀다. — *vi.* 주제넘게 나서다. ~ ***oneself*** 주제넘게 나서다(*upon, into*). **ob·tru·sion**[-ʒən] *n.* Ⓤ 무리한 강요(*on*); 주제넘은 참견. **ob·trú·sive** *a.* 강요하는 듯한; 중뿔나게 참견하는, 주제넘은.

ob·tuse[əbtjú:s] *a.* 둔한; 〖數〗 둔각(鈍角)의; 머리가 둔한, 둔감한. ~ ***angle*** 〖數〗 둔각. ~ ***triangle*** 둔각 삼각형. ~·**ly** *ad.*

ob·verse[ɑ́bvə:rs/ɔ́b-] *n.* (the ~) (화폐·메달 등의) 표면(opp. reverse); 거죽; (사실의) 이면. — [ɑbvə́:rs, ⌐−/ɔ́bvə:rs] *a.* 표면의; 상대하는.

ob·vert[ɑbvə́:rt/ɔb-] *vt.* (…을 딴 면이 나오게) 뒤집다; 〖論〗 (명제를) 환질(換質)하다.

ob·vi·ate[ɑ́bvièit/ɔ́-] *vt.* (위험 등을) 제거하다, 미연에 방지하다.

‡**ob·vi·ous**[ɑ́bviəs/ɔ́-] *a.* 명백한. ‡~·**ly** *ad.* ~·**ness** *n.*

OC oral contraceptive 경구 피임약. **Oc., oc.** ocean. **o/c** 〖商〗 overcharge. **o'c.** o'clock.

oc·a·ri·na[ɑ̀kərí:nə/ɔ̀-] *n.* Ⓒ 오카리나《오지로 만든 긴 달걀형의 피리》.

OCAS Organization of Central American States 중앙 아메리카 기구.

‡**oc·ca·sion**[əkéiʒən] *n.* ① Ⓒ (특수한) 경우, 기회. ② (*sing.*) (행동 사건이 일어날) 호기(好機). ③ Ⓤ 원인, 이유; 근거. ④ Ⓒ 특별한 행사, 축전(祝典). ***give ~ to*** …을 일으키다. ***improve the ~*** 기회를 이용하다. ***on*** 〔***upon***〕 ~ 이따금. ***rise to the ~*** 난국에 잘 대처하다. — *vt.* 일으키다.

‡**oc·ca·sion·al**[əkéiʒənəl] *a.* 이따금의, 때때로의; 특별한 기회에 만든〔쓰는〕; 임시로 쓰는. ~·**ism**[-ìzəm] *n.* Ⓤ 〖哲〗 우인론(偶因論). ‡~·**ly** *ad.* 때때로(now and then).

*__Oc·ci·dent__[ɑ́ksədənt/ɔ́-] *n.* (the ~) 서양, 구미(歐美); 서반구(西半球); (the o-) 서방(西方).

*__Oc·ci·den·tal__[ɑ̀ksədéntl/ɔ̀-] *a., n.* 서양의; Ⓒ 서양 사람. ~·**ism** [-təlìzəm] *n.* Ⓤ 서양풍, 서양 문화. ~·**ist** *n.* Ⓒ 서양 숭배자.

oc·cip·i·tal[ɑksípətl/ɔ-] *a.* 〖解〗 후두부(後頭部)의.

oc·ci·put[ɑ́ksəpʌ̀t/ɔ́-] *n.* (*pl.* ***occipita***[ɑksípitə/ɔ-]) Ⓒ 〖解〗 후두부.

oc·clude[əklú:d/ɔ-] *vt.* 막다, 폐색하다; 〖化〗 (물질이 가스를) 흡수하다. — *vi.* 〖齒〗 교합(咬合)하다. **oc·clu·sion**[-lú:ʒən] *n.* Ⓤ 폐색; 흡수; 교합.

oc·clúd·ed frónt[əklú:did-/ɔ-] 〖氣〗 폐색 전선.

oc·cult[əkʌ́lt, ɑ́kʌlt/ɔkʌ́lt] *a.* 신비〔초자연·마술〕적인, 불가사의의. ~·**ism** *n.* Ⓤ 신비학(學). **oc·cul·ta·tion**[⌐−téiʃən] *n.* Ⓤ,Ⓒ 은폐; 〖天〗 엄폐(掩蔽).

oc·cu·pan·cy[ɑ́kjəpənsi/ɔ́-] *n.* Ⓤ (토지·가옥의) 점유, 거주; Ⓒ 점유 기간.

*__oc·cu·pant__[ɑ́kjəpənt/ɔ́-] *n.* Ⓒ (토지·가옥의) 점유〔거주〕자.

‡**oc·cu·pa·tion**[ɑ̀kjəpéiʃən/ɔ̀-] *n.* ① Ⓤ 점유, 점령; 거주. ② Ⓒ 직업, 업무.

*__oc·cu·pa·tion·al__[-əl] *a.* 직업의. **occupátional diséase** 직업병. **occupátional thérapy** 〖醫〗 작업 요법.

occupátion brìdge 사설 전용교.

occupátion frànchise 《英》 차지인(借地人) 투표권.

‡**oc·cu·py**[ɑ́kjəpài/ɔ́-] *vt.* ① 점령〔거주〕하다; 사용하다; (장소를) 잡다. ② (지위를) 차지하다. ③ (마음을) 사로잡다. ④ 종사시키다. **-pi·er** *n.* Ⓒ 점유〔거주〕자, 점령자, 차지인(借地人), 차가인(借家人).

‡**oc·cur**[əkə́:r] *vi.* (*-rr-*) 일어나다, 마음에 떠오르다; 나타나다, 존재하다(exist). ***It ~red to me that...*** …라는 생각이 머리에 떠올랐다.

*__oc·cur·rence__[əkə́:rəns, əkʌ́r-] *n.* Ⓤ 발생(happening); Ⓒ 사건.

OCD Office of Civil Defense 민간 방위국. **OCDM** 《美》 Office of Civil and Defense Mobilization 미국 민방위 동원 본부.

†**o·cean**[óuʃən] *n.* ① Ⓤ (the ~) 대양; …양. ② (an ~) 끝없이 넓음; (*pl.*) 《口》 막대한 양. ***~s of*** 많은 ….

o·cea·nar·i·um [òuʃənɛ́əriəm] *n.* (*pl.* ***-ums, -ia***[-riə]) Ⓒ 해양 수족관.

ócean-gòing *a.* 외양(外洋) 항행의.

O·ce·a·ni·a[òuʃiǽniə, -ɑ́:niə] *n.* 대양주. **-an** *a., n.* Ⓒ 대양주의 (사람).

o·ce·an·ic[òuʃiǽnik] *a.* 대양산(大洋産)의, 대양에 사는; (O-) 대양주의. **-ics** *n.* Ⓤ 해양공학.

o·cea·nog·ra·phy [òuʃiənɑ́grəfi/-nɔ́g-] *n.* Ⓤ 해양학. **-pher** *n.* Ⓒ 해양학자.

o·cea·nol·o·gy [òuʃiənɑ́lədʒi/-nɔ́l-] *n.* Ⓤ 해양자원〔공학〕 연구; 해양학.

o·cel·lus[ouséləs] *n.* (*pl.* ***-li***[-lai]) Ⓒ (곤충 등의) 단안(單眼); (하등 동물의) 안점(眼點)《감각기라고 생각되고 있는》; 눈알처럼 생긴 무늬.

o·ce·lot[óusəlɑ̀t, ɑ́s-/óusilɔ̀t] *n.* Ⓒ (라틴 아메리카산) 표범 비슷한 스라소니.

O

o·cher, 《英》 **o·chre**[óukər] *n.* Ⓤ 황토(색); 《俗》 금화.

†**o'clock**[əklák/-ɔ́k] *ad.* …시(時).

OCR 〖컴〗 optical character reader 〔recognition〕 광학 문자 판독 장치(～ *card* 광학 문자 판독 카드). **OCS** Officer Candidate School. ***Oct.** October. **oct.** octavo.

oct(a)-[ákt(ə)/ɔ́k-] '8'의 뜻의 결합사.

oc·ta·gon [áktəgàn/ɔ́ktəgən] *n.* Ⓒ 팔변형; 팔각형. **oc·tag·o·nal** [-tǽg-] *a.*

oc·ta·he·dron[àktəhíːdrən/ɔ̀ktəhéd-] *n.* (*pl.* **～s, -dra**[-drə]) Ⓒ 8면체.

oc·tal[áktl/ɔ́k-] *a.* 〖電〗 (진공관이) 접속핀 8개인; 〖컴〗 8진법의. **—** *n.* Ⓤ,Ⓒ 〖컴〗 8진법〔수〕.

oc·tane[áktein/ɔ́-] *n.* Ⓤ 옥탄《석유중의 무색 액체 탄화수소》.

óctane nùmber 〔**ràting**〕 옥탄가(價).

oc·tant [áktənt/ɔ́-] *n.* Ⓒ 원의 8분의 1; 〖天〗 (다른 천체에 대한) 이각(離角) 45°의 위치; 〖空·海〗 8분의(分儀)《측정 범위 90°》.

oc·tave[áktiv, -teiv/ɔ́k-] *n.* Ⓒ 〖樂〗 옥타브, 8도 음정; 제8음.

Oc·ta·vi·an [aktéiviən/ɔk-] = AUGUSTUS.

oc·ta·vo[aktéivou/ɔ-] *n.* (*pl.* **～s**), *a.* Ⓒ 8절판의 (책)《보통 6×9½인치》.

oc·ten·ni·al[akténiəl/ɔk-] *a.* 8년마다의; 8년 계속되는. **～·ly** *ad.*

oc·tet(te)[aktét/ɔ-] *n.* Ⓒ ① 8중창(重唱)곡, 8중주(重奏)곡, 8중창단, 8중주단; 8개짜리 한 벌. ② 〖컴〗 8중수.

oc·til·lion[aktíljən/ɔ-] *n.* Ⓒ 《英》 백만의 8제곱; 《美》 천의 9제곱.

†**Oc·to·ber**[aktóubər/ɔk-] *n.* 10월.

oc·to·ge·nar·i·an [àktədʒənέəriən/ɔ̀ktoudʒənέər-] *a., n.* Ⓒ 80세의 (사람); 80대의 (사람).

***oc·to·pus**[áktəpəs/ɔ́-] *n.* Ⓒ ① 〖動〗 낙지(비슷한 것). ② 다방면으로 해로운 세력을 떨치는 단체.

oc·to·roon[àktərúːn/ɔ̀-] *n.* Ⓒ (흑인의 피를 8분의 1받은) 흑백 혼혈아; 백인과 quadroon과의 혼혈아.

O.C.T.U. Officer Cadets Training Unit 《英》 사관 후보생 훈련대.

oc·tu·ple[áktjupəl, aktjúː-/ɔ́ktju-] *a.* 8배의. **—** *vt.* 8배로 하다.

oc·u·lar[ákjələr/ɔ́-] *a.* 눈의, 눈 같은; 눈으로 본; 시각(視覺)상의. **—** *n.* Ⓒ 접안경(接眼鏡).

oc·u·list[ákjulist/ɔ́-] *n.* Ⓒ 안과 의사.

OD[òudíː] (<*o*ver *d*ose) *n.* Ⓒ 마약의 과용.

od[ad/ɔd] *n.* Ⓤ 오드《과학 현상 설명을 위한 가설의 자연력》.

OD officer of the day 일직 사관; Ordnance Department 병기부; outside diameter 외경(外徑). **OD, O.D., o.d.** olive drab. **O.D.** Docter of Optometry; *oculus dexter* (L. =the right eye); Old Dutch 옛 네덜란드어; ordinary seaman; 〖商〗 overdraft; overdrawn 당좌 차월. **o.d.** on demand.

:**odd**[ad/ɔd] *a.* ① 나머지〔여분〕의; 우수리의. ② 때때로의, 임시의. ③ 홀수의(cf. even[1]). ④ 묘한. **～ *and even*** 홀 짝《알아맞히기 놀이》. ***∠·ly** *ad.* 괴상하게; 짝이 맞지 않게. **～*ly enough*** 이상한 이야기지만. **∠·ment** *n.* Ⓒ 남은 물건; (*pl.*) 잡동사니.

ódd-éven chèck 〖컴〗 홀짝 조사.

odd·i·ty[ádəti/ɔ́-] *n.* Ⓤ 이상함; Ⓒ 기인, 괴짜; 야릇한 것.

ódd-lòoking *a.* 괴상한.

ódd pàrity 〖컴〗 홀수 맞춤.

odds**[adz/ɔ-] *n. pl.* & *sing.* 불평등(한 것); 우열의 차, 승산(*The ～ are in his favor* 〔*against him*〕. 그에게 승산이 있다〔없다〕); 차이; 불화, 다툼; 가망, 가능성. ***at ～* (*with*)** (…와) 사이가 좋지 않아. ***by long* 〔*all*〕 *～ 훨씬. ***It is ～ that ...*** 아마도…. ***lay* 〔*give*〕 *～ of*** (three) ***to*** (one) (상대의 하나)에 대하여 (셋)의 비율로 걸다. ***make no ～*** 아무래도 좋다, 별차 없다. ***～ and ends*** 남은 것; 잡동사니. ***The ～ are that ...*** 아마도….

***ode**[oud] *n.* Ⓒ (고아하고 장중한) 송시(頌詩).

O·din[óudin] *n.* 〖北歐神話〗 지혜·문화·전쟁·죽음의 신.

***o·di·ous**[óudiəs] *a.* 밉살스러운, 싫은.

o·di·um[óudiəm] *n.* Ⓤ 증오; 비난; 평판이 나쁨.

o·dom·e·ter [oudámitər/oudɔ́-] *n.* Ⓒ 〖機〗 (차의) 주행거리계.

o·don·tol·o·gy [òudantálədʒi/ɔ̀dɔntɔ́l-] *n.* Ⓤ 치과학(齒科學).

:**o·dor,** 《英》 **o·dour**[óudər] *n.* Ⓒ 냄새; 방향(芳香); 기미; Ⓤ 평판. ***be in* 〔*fall into*〕 *bad* 〔*ill*〕 *～*** 평이 나쁘다〔나빠지다〕. ***be in good ～ with*** …에게 평이 좋다.

o·dor·if·er·ous [òudərífərəs] *a.* 냄새 좋은, 향기로운.

o·dor·ous[óudərəs] *a.* 《詩》 =⇧.

O·dys·se·us[oudísjuːs, -siəs] *n.* 〖그神〗 =ULYSSES.

Od·ys·sey[ádəsi/ɔ́d-] *n.* 트로이 전쟁 후의 Odysseus의 10년 방랑을 그린 Homer작의 서사시; (o-) Ⓒ 긴 방랑 여행.

OE, O.E. Old English **O.E., o.e.** omissions excepted 탈락은 제외(cf. E. & O.E.). **O.E.C.D.** Organization for Economic Cooperation and Development. **O.E.D., OED** Oxford English Dictionary《구칭 N.E.D》.

Oed·i·pus[édəpəs, íːd-] *n.* 〖그

神〗Sphinx의 수수께끼를 풀었으며, 모르고 아버지를 죽이고 어머니를 아내로 한 그리스의 왕.

Óedipus còmplex 〖精神分析〗 에디퍼스 콤플렉스, 친모복합(親母複合)《아들이 아버지에 반발하고 어머니를 사모하는 경향》(cf. Electra complex).

O.E.E.C. Organization for European Economic Cooperation《뒤에 O.E.C.D.로 발전》.

OEM Office for Emergency Management 비상시 관리국; original equipment manufacturing 〔manufacturer〕 주문자 상표에 의한 생산〔생산자〕.

oe·nol·o·gy [iːnɑ́lədʒi/-ɔ́-] *n.* Ⓤ 포도 재배법, 포도주 양조학.

OEP 《美》 Office of Emergency Planning.

o'er [ɔ́ːr, óuər] *ad., prep.* 《詩》 = 「OVER.

Oer·li·kon [ə́ːrlikɑ̀n/-ɔ̀n] *n.* 엘리콘《대함선·지대공(地對空) 유도탄》.

oe·soph·a·gus [isɑ́fəgəs/-ɔ́-] *n.* (*pl.* **-gi** [-dʒài, -gai]) = ESOPHAGUS.

†**of** [強 ɑv, ʌv/ɔv; 弱 əv] *prep.* ① 《소유·귀속》 …의, …에 속하는. ② 《거리·분리》 …의, …부터(*north of Paris*). ③ 《기원》 …에서(out of)(*come of a noble family*). ④ 《美口》 …전(to)(*a quarter of ten*). ⑤ 《원인·이유》 …에서, …로 인하여(*die of cholera*). ⑥ 《재료》 …로 된; …의, …로 만든(*The house was made of brick*). ⑦ 《분량》 …의(*a cup of tea*); …을 가진(*a house of five rooms*). ⑧ 《부분》 …의 가운데의, …중에서(*one of them*). ⑨ 《관계》 …의, …에 관한, …을, …이(*a story of adventure*). ⑩ 《작자·행위자》 ('…에 관해서는'의 뜻에서 '…은') …의; …에 의한(by)(*That is very kind of you indeed.* 친절에 참으로 감사합니다). ⑪ 《부사구를 만듦》 (*of late* 최근 / *of an evening* 흔히 저녁 나절 같은 때에 / *all of a sudden* 갑자기). ⑫ 《목적격 관계》 …의, …을(*the creation of man* 인류의 창조(創造)). ⑬ 《동격 관계》 …의, …라는(named) (*the city of Rome*). ⑭ 《형용사구를 만듦》 …한, …이 있는(*a man of ability*).

OF, OF., O.F. Old French.

O.F. Odd Fellow.

o·fay [óufei] *n.* Ⓒ 《蔑》 백인.

†**off** [ɔːf/ɔf] *ad.* ① (시간·공간적으로) 떨어져서(away); 저쪽으로. ② 절단되어서; (가스·전기 등이) 끊어져서. ③ 없어질 때까지; 남김없이. ④ 생계를 이어; 기거하여. ***be* ~** 떠나다. **~ *and on,*** or ***on and* ~** 때때로, 단속적으로. **~ *with*** …을 벗은. ***O- with you!*** 가라. ***take oneself* ~** 떠나다. ***well*** 〔***badly, ill***〕 **~** 살림이 넉넉한〔어려운〕(cf. COME ~). — *a.* ① (말·차·도로의) 우측《먼 쪽》의《원래 쌍두 마차에 탈 때 왼쪽 말에서 탔기 때문에》. ② 〖海〗 바다〔난바다〕쪽으로 향한. ③ 본도(本道)에서) 갈라진, 지엽(枝葉)의. ④ 비번(非番)의(cf. ~ DUTY). ⑤ 평상보다 좋지 못한, 흉작의; 급이 낮은. ⑥《口》 있을 법하지 않은. ⑦ (전기·가스 등이) 나가서. — *prep.* …에서 (떨어져서, 벗어나서)(away from); …에서 빗나가서; …의 난〔앞〕바다에. — *int.* 가라!. — *n.* (the ~) 〖크리켓〗 (타자의) 우전방; 〖컴〗 끄기.

Off. Offered; officer; official; officinal.

of·fal [ɔ́ːfəl, ɑ́f-/ɔ́f-] *n.* Ⓤ 부스러기; 고깃부스러기; 겨, 기울.

óff·bèat *a.* 파격적인, 보통과 다른; 자유로운. — *n.* Ⓒ 〖樂〗 오프비트《4박자의 재즈곡》.

óff-chànce *n.* (*sing.*) 만에 하나의 가능성, 도저히 있을 것 같지 않은 일.

óff-còlo(u)r *a.* 빛〔안색〕이 좋지 않은; 점잖지 못한.

óff-dùty *a.* 비번의, 휴식의.

:of·fence [əféns] *n.* 《英》 = OFFENSE.

:of·fend [əfénd] *vt.* 감정을 해치다; 성나게 하다. — *vi.* 죄를 범하다; (법률·예의 등을) 어기다(*against*). ***~·er** *n.* Ⓒ 범죄자. **~·ing** *a.* 불쾌한, 싫은.

:of·fense, 《英》 **-fence** [əféns] *n.* ① Ⓒ 죄; 위반, 반칙. ② Ⓤ 감정을 해치기, 모욕; 손상받은 감정, 화냄, 불쾌. ③ Ⓤ,Ⓒ 공격(자측). ***give* ~ *to*** …을 성나게 하다. ***take* ~** 성내다.

:of·fen·sive [əfénsiv] *a.* ① 불쾌한, 싫은; 무례한; 괘씸한. ② 공격적인, 공격용의(opp. defensive). — *n.* Ⓒ (보통 the ~) 공격, 공세. ***peace* ~** 평화 공세. **~·ly** *ad.* **~·ness** *n.*

†**of·fer** [ɔ́ːfər, ɑ́f-/ɔ́f-] *vt.* ① 제공〔제의〕하다, 신청하다. ② 팔려고 내놓다; 값을 부르다. ③ (신에게) 바치다. ④ 꾀하다, 시도하다. ⑤ 나타내다. — *vi.* 나타나다; 일어나다. **~ *one's hand*** (악수 따위를 위해) 손을 내밀다; 구혼하다. **~ *up*** (기도를) 드리다. — *n.* Ⓒ 제언; 신청; 제의; 매긴 값(bid). ***~·ing** *n.* Ⓤ 신청; 제공; 헌납; Ⓒ 공물(供物); 선물; (특히 교회에의) 헌금.

of·fer·to·ry [ɔ́ːfərtɔ̀ːri, ɑ́f-/ɔ́fətəri] *n.* Ⓒ (예배 볼 때 모으는) 헌금; 그때 봉창하는 성구(聖句), 부르는 찬송가, 연주되는 음악.

óff·hànd *ad., a.* 즉석에서(의); 아무렇게나, 되는 대로의.

†**of·fice** [ɔ́ːfis, ɑ́f-/ɔ́f-] *n.* ① Ⓤ,Ⓒ 직무, 임무, 일. ② (*pl.*) 진력, 주선. ③ (the ~; one's ~) 〖宗〗 의식, 기도. ④ Ⓤ 공직. ⑤ Ⓒ 관공서, 관청; 《英》 성(省); 《美》 국. ⑥ Ⓒ 사무소〔실〕, 회사. ⑦ Ⓒ (관청·회사·사무소 등의) 직원. ⑧ (*pl.*) (주택의) 가사실《부엌·세탁장·축사(畜舍)·변소 따위》. ***be in*** 〔***out of***〕 **~** 재직하고 있다〔있지 않다〕; (정당이) 정권을 잡고 있다〔에서 물러나 있다〕. ***by*** 〔***through***〕 ***the good ~s***

of …의 알선으로.
óffice bòy 급사, 사환.
óffice·hòlder *n.* Ⓒ 공무원.
óffice hòurs 집무 시간; 영업 시간.
†**of·fi·cer**[-ər] *n.* Ⓒ ① 관리, 공무원(*a police* ~ 경관). ② (회 등의) 간사, 임원. ③ 장교, 사관(opp. man). ④ (상선의) 선장, 고급 선원. *an* ~ *of the day* 일직 사관. ― *vt.* 《보통 수동》 장교를 배치하다; (장교로서) 지휘[통솔]하다.
‡**of·fi·cial**[əfíʃəl] *a.* 직무[공무]상의; 공(公)의; 공식[공인]의; 관공서풍의. ― *n.* Ⓒ 공무원, 직원. ~·**dom** *n.* Ⓤ 관계(官界); 관료 (기질). ~·**ese**[‒`‒í:z] *n.* Ⓤ (완곡하고 이해하기 어려운) 관청 독특한 문체[용어]. ~·**ism**[-ìzəm] *n.* Ⓤ 관제(官制); (관청적인) 형식주의. *~·**ly** *ad.*
of·fi·ci·ant[əfíʃiənt] *n.* Ⓒ 사회자; 사제자(司祭者).
of·fi·ci·ate[əfíʃièit] *vt.* 직무를 행하다; 사회하다; (신부가) 사제하다.
of·fi·ci·nal[əfísənl] *a.* 〖藥〗 약국에서 파는(opp. magistral); (식물 따위) 약효 있는; 약국에 있는.
of·fi·cious[əfíʃəs] *a.* 참견 잘 하는 (meddlesome); 〖外交〗 비공식의. ~·**ly** *ad.* ~·**ness**
off·ing[ɔ́:fiŋ/ɔ́f-] *n.* (the ~) 난바다. ***gain*** [***keep***] ***the*** ~ 난바다로 나가다, 난바다를 항해하다. ***in the*** ~ 난바다에, 눈으로 볼 수 있는 곳에, 가까이에; 절박하여.
off·ish[ɔ́:fiʃ/ɔ́f-] *a.* 《口》 쌀쌀한.
óff-kéy *a.* 음정[가락·예상]이 벗어난.
óff-lìcense *n.* Ⓒ 《英》 (점내에서 음주는 허용되지 않는) 주류 판매 면허(가 있는 가게).
óff-límits *a.* 출입 금지의(*to*).
óff-lìne *a.* 〖컴〗 따로잇기의, (중앙처리 장치에) 직결되지 않은; 철도에서 떨어진. ― *n.* 〖컴〗 따로잇기, 이음. 「의.
óff-péak *a.* 절정을 지난, 한산할 때
óff-prìnt *n.* Ⓒ (잡지의) 발췌 인쇄물.
óff-pùtting *a.* 《英》 느낌이 나쁜; 당혹하게 하는.
óff·scòurings *n. pl.* 찌꺼기 (refuse); 쓰레기; 인간 쓰레기[폐물].
óff·scréen *a., ad.* 〖映·TV〗 화면 밖의[에서]; 사생활의[에서].
***óff-séason** *n., a.* Ⓒ 한산기(閑散期), 시즌오프; 제철이 아닌.
***off·set**[`sèt] *n.* Ⓒ ① 차감 계산; 벌충. ② 〖植〗 분지(分枝). ③ 〖印〗 오프셋판; 〖建〗 벽단(壁段)《고층 건물 상부의 물러난 부분》. ― [‒´/´‒] *vt.* 차감 계산하다; 〖印〗 오프셋판으로 하다; 〖建〗 (초고층 빌딩을) 벽단식(壁段式)으로 건축하다.
óff·shòot *n.* Ⓒ 분지(分枝); 지맥(支脈); 지류; 갈랫길; 분파(分派); 분가(分家).
óff·shóre *ad.* 난바다로 (향하여). ― *a.* 난바다(로)의; 역외(域外)의. ~ ***fisheries*** 근해 어업. ~ ***purchase*** 역외 구입.
óff síde 반대측의; 〖蹴·하키〗 오프사이드의.
‡**óff·sprìng** *n.* Ⓒ 《집합적》 자식; 자손; 결과.
óff·stáge *a.* 무대 뒤의.
óff-stréet *a.* (뒷)골목의.
óff-the-cúff *a.* 즉석의《연설 따위》.
óff-the-jób *a.* 취업 시간 이외의; 실직[일시 해고]중인.
óff-the-récord *a., ad.* 기록해두지 않은[않고]; 비공개[비공식]의[으로].
óff-tráck *a.* 경마장 밖의(~ *betting* (경마의) 장외 도박).
óff yèar 생산(활동)이 적은 해; (대통령 선거 같은) 큰 선거가 없는 해.
oft[ɔ:ft/ɔft] *ad.* 《詩·古》 =OFTEN.
†**of·ten**[ɔ́:fən, -tən/ɔ́f-] *ad.* 종종, 자주. ***as*** ~ ***as*** …때마다. ***as*** ~ ***as not*** 종종, 빈번히.
óften·tìmes, óft·tìmes *ad.* 《古》 =OFTEN.
o·gee[óudʒi:, ‒´] *n.* Ⓒ 〖建〗 반(反)[S자] 곡선.
o·gle[óugəl] *n., vt., vi.* Ⓒ (보통 *sing.*) 추파(를 던지다).
OGO orbiting geophysical observatory 지구 물리 관측 위성.
o·gre[óugər] *n.* Ⓒ (동화의) 사람 잡아 먹는 귀신. ~·**ish, ó·grish** *a.* 귀신 같은, 무서운.
†**oh**[ou] *int.* 오!; 아!; 앗! ― *n.* (*pl.* ~***s,*** ~***'s***) Ⓒ oh하고 외치는 소리; 《美》 제로.
OHG, O.H.G. Old High GERMAN.
***O·hi·o**[ouháiou] *n.* 미국 북동부의 주; (the ~) 오하이오 강.
ohm[oum] *n.* Ⓒ 〖電〗 옴《저항의 MKS 단위; 기호 Ω》.
óhm·mèter *n.* Ⓒ 옴계, 전기 저항계, 〖컴〗 저항계.
O.H.M.S. On His [Her] Majesty's Service 공용《공문서의 무료 배달 표시》.
o·ho[ouhóu] *int.* 오호!; 하아!, 저런!《놀람·기쁨·비웃음을 나타냄》.
†**oil**[ɔil] *n.* ① Ⓤ 기름; 광유, 석유; 올리브유; 기름 같은 것. ② (*pl.*) 유화(油畵) 물감; Ⓒ 유화; Ⓤ 유포(油布). ***burn the midnight*** ~ 밤이 깊도록 공부하다. ~ ***of vitriol*** 황산. ***pour*** ~ ***on the*** (***troubled***) ***waters*** 거친 수면에 기름을 퍼붓다; 분쟁을 가라앉히다. ***smell of*** ~ 고심[공부]한 흔적이 보이다. ***strike*** ~ 유맥(油脈)을 찾아내다; 노다지를 만나다. ― *vt.* ① (…에) 기름을 바르다[치다]; 기름을 먹이다. ② (지방 따위를) 녹이다; (바퀴 따위에) 기름을 발라서 움직이게 하다. ③ (…에) 뇌물을 쓰다, 매수하다(bribe); 《英俗》 속이다. ― *vi.* (지방 따위가) 녹다. ***have a well*** ~***ed tongue*** 아첨을 잘 하다. ~ ***a person's hand*** [***palm***] 아무에게 뇌물을 주다(cf. butter(*v.*)). ~ ***one's tongue*** 아첨하다. ~ ***the wheels*** 바퀴에 기름

을 치다; (뇌물 따위로) 일을 원활하게 해나가다. **~ed**[-d] *a.* 기름을 바른. **∠·er** *n.* Ⓒ 급유자; 급유기(器)〔장치〕.
óil bòmb 유지 소이탄.
óil bùrner 오일버너; 중유를 연료로 하는 배.
óil càke 기름 찌꺼기, 깻묵.
***óil·clòth** *n.* U,C 유포(油布).
óil còlo(u)r 유화(油畵)물감; 유화.
óil drùm 석유 드럼통.
óil èngine 석유 엔진.
óil fìeld 유전(油田).
óil mèal 깻묵가루《사료·비료》.
óil pàinting 유화(법).
óil·pàper *n.* Ⓤ 유지(油紙).
óil prèss 착유기, 기름틀.
óil-rích *a.* 석유를 풍부하게 산출하는.
óil sànd 유사(油砂), 오일샌드《고점도의 석유를 함유하고 있는 다공성 사암(多孔性砂岩)》.
óil·skìn *n.* Ⓤ 유포(油布), 방수포; (*pl.*) 방수복《윗도리와 바지》. 「름.
óil slìck 〔**spìll**〕 수면에 유출한 기
óil·tànker *n.* Ⓒ 유조선.
óil wèll 유정(油井).
***oil·y**[ɔ́ili] *a.* ① 기름의〔같은〕; 기름 바른; 기름 먹인; 번드르르한. ② 말솜씨 좋은. **óil·i·ly** *ad.*
oint·ment**[ɔ́intmənt] *n.* U,C 연고. ***a FLY[1] ***in the ~.***
OJ 《美口》 orange juice.
O·jib·wa(y)[oudʒíbwei] *n.* (*pl.* **~(*s*)**), *a.* Ⓒ 원래 5대호(大湖) 부근에 살던 아메리카 토인(의).
:**OK, O.K.**[óukéi] *a., ad.* 《口》 좋아; 틀림없어, 승인필(畢). — *vt.* 승인하다. — *n.* (*pl.* **~'s**) Ⓒ 승인.
o·ka·pi[oukɑ́:pi] *n.* Ⓒ 오카피《아프리카의 기린 비슷한 동물》.
o·kay, o·key[óukéi] *a., ad., v., n.* 《口》 =OK.
o·key-doke [óukidóuk], **-do·key**[-i] *a., ad.* 《口》 =OK.
O·khotsk[oukɑ́tsk/-ɔ́-] *n.* ***the Sea of ~*** 오호츠크해.
***O·kla·ho·ma**[òukləhóumə] *n.* 미국 중남부의 주《생략 Okla.》.
o·kra[óukrə] *n.* Ⓒ 〖植〗 오크라; 오크라의 깍지.
OL., O.L. Old Latin; 〖電〗 overload. **Ol., Olym.** Olympiad.
†**old**[ould] *a.* (***older, elder; oldest, eldest***) ① 나이 먹은; …세의; 오랜; 옛날(부터)의. ② 과거의, 시대에 뒤떨어진, 구식인; 헌; 못쓰게 된; 이전의; 전시대의, 고대의. ③ 늙은이 같은, 고리타분한. ④ 노성한; 숙련된. ⑤ 그리운. ⑥ 《口》 굉장한《다른 형용사 뒤에 붙이는 강세어》(***have a fine ~ time*** 즐거운 때를 보내다). ⑦ (색이) 충충한. ***dress ~*** 점잖은 옷치장을 하다. ***for an ~ song*** 헐값으로. ***for ~ sake's sake*** 옛날의 정으로. — *n.* Ⓤ 옛날. ***of ~*** 옛날의; 옛날은〔부터〕.
óld áge 노년《대체로 65세 이상》.
óld-áge *a.* 노년자의〔를 위한〕, 노인의.
óld-áge pènsion 《英》 양로 연금.
óld bírd 노련가.
óld bónes 노골(老骨), 노체.
óld bóy 《주로 英》 (친근하게) 여보게, 자네(~ chap, ~ fellow); 《英》 졸업생《특히 public school의》; 쾌활한 노인.
óld cóuntry, the (이민의) 조국, 고국《종종 영국 식민지의》.
Óld Domínion, the 《美》 Virginia 주의 속칭.
***old·en**[∠ən] *a.* 《詩》 오래된; 옛날의.
Óld Énglish ⇨ENGLISH.
:**óld-fáshioned** *a.* 유행에 뒤떨어진, 구식의.
óld-fóg(e)y(ish) *a.* 구식의.
Óld Frénch 고대 프랑스어《800-1400년경》.
Óld Glóry, the 미국 국기, 성조기.
óld góld 빛 안 나는 금색.
óld guárd, the 《집합적》 보수파.
óld hánd ① 숙련공, 노련가(*at*). ② 《美》 정당 내의 보수파.
Óld Hárry 악마.
óld hát 《口》 시대에 뒤떨어진.
Óld Hígh Gérman ⇨GERMAN.
Óld Icelándic 고대 아이슬란드어.
old·ie, old·y[óuldi] *n.* Ⓒ 《口》 시대에 뒤떨어진 사람〔것〕《특히 유행가, 영화》.
old·ish[∠iʃ] *a.* 좀 늙은〔오래된〕.
Óld Látin 고대 라틴어《기원전 7-1세기》.
óld-líne *a.* 보수적인; 역사가 오랜.
óld máid 올드미스, 노처녀; 잔소리 심한 사람; 〖카드〗 도둑 잡기.
óld-máidish *a.* 노처녀 같은, 잔소리 심한; 딱딱한.
óld mán 《口》 부친; 남편; 보스, 선장, 사장《우두머리를 가리킴》; 《호칭》 여보게; 숙련자.
óld máster 대화가《특히 15-18세기 유럽의》; 거장의 작품.
Óld Níck 악마.
Óld Nórse 고대 스칸디나비아 말《Viking 시대부터 1300년경까지》; =OLD ICELANDIC.
Óld Sáxon 고대 색슨어《800-1100년경 사용된 독일 북서부의 방언》.
óld schòol tíe 《英》 (public school 출신자가 매는) 넥타이; public school 출신자; 학벌 (의식).
óld sóldier 노병, 고참병; 《比》 숙련자; 《美俗》 빈 술병. 「인.
old·ster [óuldstər] *n.* Ⓒ 《口》 노
Óld Stóne Áge, the 구석기 시대.
óld style 구체 활자; (the O- S-) (율리우스력(曆)에 의한) 구력(舊曆).
***Óld Téstament, the** ⇨TESTAMENT.
***óld-tíme** *a.* 옛날(부터)의. **-tímer** *n.* Ⓒ 《口》 고참; 구식 사람.
Óld Tóm 진(gin)의 일종.
óld wíves' tàle 미신, 허튼 구전(口傳).
óld wóman 노파; 《口》 마누라; 어머니; 소심한 남자.

óld-wómanish *a.* 노파 같은; 잔소리 심한.
Óld Wórld, the 구세계《유럽·아시아·아프리카》; 동반구.
óld·wórld *a.* 구세계의; 옛날(풍)의; (O- W-) 구세계의《아메리카 대륙 이외의》, 동반구(東半球)의.
Óld Yéar's Dày 섣달 그믐날.
o·le·ag·i·nous [òuliǽdʒənəs] *a.* 유질(油質)의; 말주변 좋은.
o·le·an·der [òuliǽndər] *n.* Ⓒ 〖植〗 서양협죽도(夾竹桃).
o·lé·ic ácid [oulí:ik-] 〖化〗 올레산.
o·le·in [óuliin] *n.* Ⓤ 〖化〗 올레인《올레산과 글리세린의 에스테르》.
O
o·le·o [óuliòu], **o·le·o·mar·ga·rin(e)** [òulioumá:rdʒərì:n] *n.* Ⓤ 동물성 마가린.
o·le·o·phil·ic [òulioufílik] *a.* 〖化〗 친유성(親油性)의.
o·le·o·res·in [òuliourézən] *n.* Ⓤ 올레오레진《수지와 정유의 혼합물》.
Ó lèvel 《英》 보통급(ordinary level) 《G.C.E.의 기초 학력 시험》.
ol·fac·tion [ɑlfǽkʃən/ɔ-] *n.* Ⓤ 후각(嗅覺) (작용).
ol·fac·to·ry [ɑlfǽktəri/ɔ-] *a.* 후각(嗅覺)의, 냄새의. — *n.* Ⓒ (보통 *pl.*) 후관(嗅官), 코.
ol·fac·tron·ics [àlfæktrániks/ɔ̀lfæktrɔ́-] *n.* Ⓤ 취기(臭氣) 분석학[법].
ol·i·garch [áləgà:rk/ɔ́l-] *n.* Ⓒ 과두(寡頭) 정치의 집정자(執政者); 과두제 지지자. **-gar·chy** *n.* Ⓤ 과두 정치; Ⓒ 과두 정치 집정자; 과두제 국가. **-gar·chic** [ㅡㅡgá:rkik], **-chi·cal** [-əl] *a.*
ol·i·gop·o·ly [àləgápəli/ɔ̀ligɔ́-] *n.* Ⓤ,Ⓒ 소수 독점, 과점(寡占).
:ol·ive [áliv/ɔ́-] *n., a.* ① Ⓒ 올리브 나무[열매]. ② Ⓤ 올리브 재목; 올리브색《황록색·(살갗의) 미색》(의).
ólive brànch 올리브 가지《평화의 상징》; 화평[화해]의 제의; 자식.
ólive cròwn (옛 그리스의 승리자가 쓴) 올리브 관(冠).
ólive dráb 《美》 짙은 황록색(의 군복).
ólive gréen 올리브색, 황록색.
ólive òil 올리브유(油).
ol·i·vine [áləvìn/ɔ̀ləví:n] *n.* Ⓤ 〖鑛〗 감람석(橄欖石).
ol·la [álə/ɔ́-] *n.* Ⓒ (스페인·라틴 아메리카의) 흙으로 만든 물독; Ⓤ 스튜(stew).
-ol·o·gist [álədʒist/ɔ́l-] *suf.* '…학자, …론자(論者)'의 뜻.
-ol·o·gy [álədʒi/ɔ́l-] *suf.* '…학(學), …론(論)'의 뜻.
O·lym·pi·a [əlímpiə, ou-] *n.* 고대 올림픽이 열렸던 그리스의 평야; 미국 Washington 주의 주도.
O·lym·pi·ad [əlímpiæ̀d, ou-] *n.* Ⓒ (옛 그리스의) 올림피아기(紀)《한 올림피아 경기로부터 다음 경기까지의 4년간》; 국제 올림픽 대회.
O·lym·pi·an [əlímpiən, ou-] *a.* 올림포스 산의; 신과 같은; 하늘(위)의; 당당한; 거드름 빼는; Olympia의. ***the ~ Games*** (고대의) 올림피아 경기. — *n.* Ⓒ 올림포스 산의 신; 올림픽 대회 출전 선수.
:O·lym·pic [əlímpik, ou-] *a.* 올림피아 경기의; Olympia의. — *n.* (the ~s) 국제 올림픽 대회.
Olympic Gámes, the (고대의) 올림피아 경기; 국제 올림픽 대회.
Olym·pism [əlímpizəm, ou-] *n.* Ⓤ 올림픽 정신.
***O·lym·pus** [əlímpəs, ou-] *n.* 올림포스 산《그리스의 여러 신들이 살고 있었다 함》; 하늘.
O.M. 《英》 Order of Merit.
O·man [oumá:n] *n.* 아라비아 남동부의 왕국.
o·ma·sum [ouméisəm] *n.* (*pl.* **-sa** [-sə]) Ⓒ 겹주름위《반추 동물의 제 3 위(胃)》.
***o·me·ga** [oumégə, -mí:-, -méi-] *n.* Ⓤ,Ⓒ 그리스어 알파벳의 끝글자 《Ω, ω》; (the ~) 최후; Ⓒ 〖理〗 오메가 중간자.
***om·e·let(te)** [ámәlit/ɔ́m-] *n.* Ⓒ 오믈렛.
:o·men [óumən] *n.* Ⓒ,Ⓤ 전조, 징조; 예감. ***an evil*** [***ill***] ***~*** 흉조. ***be of good ~*** 징조가 좋다. — *vt.* 전조가 되다.
om·i·cron [ámikràn, óu-/ɔ́mikrɔ̀n] *n.* Ⓤ,Ⓒ 그리스어 알파벳의 열 다섯째 글자《O, o》.
***om·i·nous** [ámənəs/ɔ́mə-] *a.* 불길한; 험악한; 전조(前兆)의(*of*). **~·ly** *ad.* 불길하게도.
o·mis·si·ble [oumísəbəl] *a.* 생략할 수 있는.
o·mis·sion** [oumíʃən] *n.* ① Ⓤ 생략; 탈락; Ⓒ 생략물, 탈락 부분. ② Ⓤ 태만. ***sins of ~ 태만죄.
:o·mit [oumít] *vt.* (**-tt-**) 생략하다; (…하기를) 잊다; 게을리하다.
om·ni- [ámni/ɔ́m-] '전(全), 총(總), 범(汎)'의 뜻의 결합사: *omnipotent.*
om·ni·bus** [ámnəbʌ̀s, -bəs/ɔ́m-] *n.* Ⓒ 승합마차[자동차], 버스; =< **bóok** 한 작가의 한 권으로 된 작품집. — *a.* 잡다한 것을 포함한, 총괄적인. ***~ film 옴니버스 영화.
ómnibus vólume =OMNIBUS BOOK.
om·ni·com·pe·tent [àmnikámpətənt/ɔ̀mnikɔ́m-] *a.* 전권(全權)을 쥔.
om·ni·di·rec·tion·al [-dirékʃənəl] *a.* 〖電子〗 전(全)방향성의.
om·ni·far·i·ous [-fέəriəs] *a.* 잡다한, 가지각색의.
om·nif·ic [ɑmnífik/ɔ-] *a.* 만물을 창조하는.
om·nip·o·tent [ɑmnípətənt/ɔ-] *a.* 전능의. — *n.* (the O-) 전능의 신. **-tence** *n.*
om·ni·pres·ent [àmnəprézənt/ɔ̀-] *a.* 편재(遍在)하는. **-ence** *n.*
om·nis·cient [ɑmníʃənt/ɔm-] *a.* 전지(全知)의. — *n.* (the O-) 하느

님. **-cience** *n.*
om·niv·o·rous[ɑmnívərəs/ɔ-] *a.* 무엇이나 먹는; 잡식의; 무엇이든지 좋다는 식의(*an ~ reader* 남독가(濫讀家)). **~·ly** *ad.*
OMR 〖컴〗 optical mark reader 표빛읽개, 광학 표시 판독(*~ card* 표빛 카드, 광학 표시 판독 카드).
†**on**[ɑn, ɔ:n/ɔn] *prep.* ①《접촉》…의 위에[의], …에. ②《근거·이유》…에 의거하여(*act on principle*). ③《근접》…의 가까이에 …을 향하여(toward)(*march on Paris*). ④…에 대해서. ⑤《날짜·때·결과》…에, …와 동시에, …한 다음에(*on Sunday / on the instant* 즉시로). ⑥《상태》…하여(*be on fire* 타고 있다). ⑦《관계》…에 관계하여, …에 대하여(about)(*a book on music*). ⑧《수단》…으로(*play on the piano*). ⑨《누가》…에 더하여(*heaps on heaps* 쌓이고 쌓여). — *ad.* ① 위에. ② 향하여. ③ 진행하여, 행해져서(*'Othello' is on.* '오셀로' 상연중). ④ (가스·전기)가 통하여. AND **so on. be on** 《俗》 내기에 응하다. **be well on** 잘 되어가다; (내기에) 이길 듯하다. **be on about** 《口》 …에 대해 투덜거리다. **from that day on** 그날 이후. **later on** 나중에, 후에. **neither off nor on** 관계 없는(*to*); 우유부단한. **on and** OFF. **on and on** 계속하여, 자꾸.
ON, ON., O.N. Old Norse.
o·nan·ism[óunənìzəm] *n.* Ⓤ 성교중절《피임 등을 목적한》; 수음(手淫).
ón-bóard compúter 〖컴〗 내장 전산기.
†**once**[wʌns] *ad.* ① 한 번, 한 곱. ② 일찍이; (장래) 언젠가. ③ 일단 …하면. **ever ~ in a while** 때때로. **more than ~** 한 번만이 아니고, 여러 번이나. **~ and again** 몇 번이고. **~ for all** 한[이]번만; 단호히. **~ in a way** [**while**] 간혹. **~ over** 다시 한 번. **~ too often** 늘, 자주. **~ upon a time** 옛날. — *n.* Ⓤ 한 번, 동시. **all at ~** 갑자기; 일제히. **at ~** 즉시; 동시에. **for** (**this**) **~** 이번만은. — *conj.* 한 번 …하면, …하자마자. — *a.* 이전의.
ónce-òver *n.* (*sing.*) 《美口》 대충 한 번 훑어보기. **give a person** [**thing**] **the ~** 아무를 한 번 만나두다[물건을 대충 봐두다].
onc·er[wʌ́nsər] *n.* Ⓒ 《英口》 (의무적으로) 한 번만 하는 사람.
on·co·gene[ɑ́ŋkədʒì:n/ɔ́-] *n.* Ⓒ 발암(發癌) 유전자.
on·co·gen·e·sis[⌐–dʒénəsis] *n.* Ⓤ 발암, 종양 발생.
on·col·o·gy[ɑŋkɑ́lədʒi/ɔŋkɔ́-] *n.* Ⓤ 종양학(腫瘍學).
ón·còming *a.* 다가오는; 새로 나타나는; 장래의. — *n.* Ⓤ 접근.
ón·còst *n.* Ⓤ 《英》 간접비.
†**one**[wʌn] *a.* 하나의; 동일한; 일체(一體)의; 어떤; (the ~) 유일한. **be all ~** 전혀 같다, 어떻든 상관없다. **for ~ thing** 한 예를 들면. **~ and the same** 동일한. — *n.* Ⓤ,Ⓒ 하나, 한 개, 한 사람. **all in ~** 전부가 하나로 되어서. **at ~** 일치하여. **make ~** (모임의) 일원이 되다; 하나로 되다; 결혼으로 결합하다. **~ and all** 누구나다. **~ by ~** 하나[한 사람]씩. — *pron.* 사람; 누구나;《명사의 반복을 피하여》 그것. **no ~** 아무도 …아니다. **~ another** 서로. **~ ..., another** [**the other**] **...** 한 편은… 또 한 편은…. **the ~ ..., the other** 전자는… 후자는. **⌐·ness** *n.* Ⓤ 단일[동일, 통일]성, 일치, 합일.
óne-àrmed *a.* 외팔의.
óne-armed bándit 《口》 도박용 슬롯머신.
óne-base hít 〖野〗 단타(單打).
óne-éyed *a.* 애꾸눈의, 외눈이.
óne-hòrse *a.* 말 한 필이 끄는; 《美口》 보잘것 없는, 빈약한.
O'Neill[ouní:l], **Eugene**(1888–1953) 미국의 극작가.
óne-légged *a.* 한[외]다리의.
óne-mán *a.* 한 사람만의, 개인의 (*a ~ show* 개인전(展)).
óne-night stánd 《美》 하룻밤만의 흥행.
óne-óff *a., n.* Ⓒ 《英》 1회 한의 (것), 한 개에 한하는 (것), 한 사람을 위한 (것).
óne-píece *a., n.* Ⓒ (옷이) 원피스(의). 「부담이 되는.
on·er·ous [ɑ́nərəs/ɔ́-] *a.* 귀찮은,
‡**one's**[wʌnz] *pron.* one의 소유격; one is의 단축. 「[비행기].
óne-séater *n.* Ⓒ 1인승의 자동차
†**one·self**[wʌnsélf] *pron.* 스스로; 자기 자신을. **be ~** 자제하다; 자연스럽게 행동하다.
óne-shòt *a.* 《俗》 1회[1예]뿐인.
óne-síded *a.* 한 쪽만 있는; 한 쪽으로 치우친; 균형이 맞지 않는; 문제의 한 쪽 면밖에 보지 못하는, 편파적인.
óne-stèp *n., vi.* (**-pp-**) Ⓒ 원스텝(을 추다); 그 곡.
óne-tìme *a.* 이전의.
óne-to-óne *a.* 1대 1의, 한 쌍이 되는, 대조적인.
óne-tráck *a.* (철도가) 단선인;《口》 하나밖에 모르는, 편협한.
óne-twó *n.* Ⓒ 〖拳〗 원투(*a ~ to the jaw*).
òne-úp *a.* 한 발 앞선, 한 수 위인. — *vt.* (**-pp-**) (…의) 한 수 위로 나오다(*You have ~ped me.* 나보다 한 발 앞선 일을 했다).
òne-úp·man·shìp *n.* Ⓤ 상대보다 일보 앞서기; 우월감.
óne-wáy *a.* 일방 통행[교통]의; 편도(片道)의; 일방적인.
ONF Old North French.
ón·gòing *a.* 전진하는, 진행하는.
ONI Office of Naval Intelligence 《美》 해군 정보부.

:on·ion[ʌ́njən] *n.* ① U,C 양파; U 양파 냄새. ② C 《俗》 인간. ***know one's ~s*** 《俗》 자기 일에 정통하고 있다. ***off one's ~(s)*** 《주로 英》 어리석은; 머리가 돈. **~·y** *a.*
ónion·skìn *n.* C 양파 껍질; U 광택 있는 얇은 반투명지.
ón-lìcense *n.* U 《英》 점내(店內) 주류 판매 허가.
ón-límits *a.* 〖軍〗 출입 허가의.
ón-lìne *a.* 〖컴〗 온라인의, 바로잇기의(~ *help*/~ *processing*/~ *processing system* 바로잇기 처리 체계); (중앙 처리 장치에) 직결한.
ón-line réal tíme sỳstem 〖컴〗 온라인 실(實)시간 처리 시스템.
ón-line sérvice 〖컴〗 온라인 서비스《통신 회선을 이용한 데이터베이스 서비스》.
ón·lòoker *n.* U 방관자. **ón·look·ing** *a.* 방관하는.
†on·ly[óunli] *a.* 유일한, 단 하나[한 사람]의; 최상의. — *ad.* 오직, 단지; 겨우, …만. ***have ~ to*** (do) …하기만 하면 된다. ***if ~*** …하기만 하면; …라면 좋을 텐데. ***not ~ … but (also)*** …뿐만 아니라 또한. ***~ just*** 이제 막 …한. ***~ not (a child)*** 거의 (어린이나) 마찬가지. ***~ too*** 유감스럽게도; 대단히. — *conj.* 단, 오직; …을 제외하고 (*that*).
ón/óff contròl 〖컴〗 켜고 끄기, 점멸 제어.
on·o·mat·o·poe·ia [ὰnəmæ̀təpíːə/ɔ̀-] *n.* U 〖言〗 의성(법); C 의성어; U 〖修〗 성유(聲喩)법. **-poe·ic** [-píːik], **-po·et·ic**[-pouétik] *a.*
ón·rùsh *n.* C 돌진; 분류.
***ón·sèt** *n.* (the ~) 공격; 개시.
ón·shóre *a., ad.* 육지를 향하는[향하여]; 육상의[에서].
ón·síde *a., ad.* 〖美蹴·하키〗 정규 위치의[에].
ón-sìte *a.* 현장[현지](에서)의.
ón·slàught *n.* C 맹공격.
Ont. Ontario.
***On·tar·i·o**[ɑntέəriòu/ɔn-] *n.* ① 캐나다 남쪽의 주. ② (Lake ~) 온타리오호《미국·캐나다 사이의》.
***on·to**[強 ɑ́ntuː ɔ́ːn-, 弱 -tə] *prep.* …의 위에.
on·tog·e·ny [ɑntɑ́dʒəni/ɔntɔ́dʒ-] *n.* U 〖生〗 개체 발생.
on·tol·o·gy [ɑntɑ́lədʒi/ɔntɔ́l-] *n.* U 〖哲〗 존재론, 실체론. **on·to·log·ic**[ὰntəlɑ́dʒik/ɔ̀ntəlɔ́-], **-i·cal**[-əl] *a.*
o·nus[óunəs] *n.* (the ~) 책임; 무거운 짐.
:on·ward[ɑ́nwərd/ɔ́-] *a.* 전방으로의, 전진의. — *ad.* 전방에; 나아가서. **:~s** *ad.* =ONWARD.
on·y·mous[ɑ́nəməs/ɔ́n-] *a.* (책·기사 따위에) 이름을 밝힌.
on·yx[ɑ́niks/ɔ́-] *n.* U 〖鑛〗 오닉스, 얼룩마노(瑪瑙).
oo·long[úːlɔ(ː)ŋ] *n.* U (중국산) 오룡차(烏龍茶).
oops[uːps] *int.* 어럽쇼, 아뿔싸.
***ooze**[1][uːz] *vi.* 스며나오다, 줄줄 흘러 나오다; (비밀 등이) 새다(*out*); (용기 등이) 점점 없어지다(*away*). — *vt.* 스며나오게 하다. — *n.* U 스며나옴; 분비물. **óoz·y**[1] *a.* (줄줄) 스며나오는.
ooze[2] *n.* U (해저·강바닥 등의) 연한 개흙. **óoz·y**[2] *a.* 진흙의; 곤죽 같은.
OP observation post. **op.** *opera;* operation; opposite; *opus* (L. = work). **O.P.** opposite prompt side. **o.p.** out of print; over proof. **OPA** 《美》 Office of Price Administration.
o·pac·i·ty[oupǽsəti] *n.* U 불투명(체); 모호; 우둔.
***o·pal**[óupəl] *n.* U 〖鑛〗 단백석(蛋白石), 오팔.
o·pal·esce[òupəlés] *vi.* (단백석 같은) 젖빛 광택을 내다. **-és·cence** *n.* U 젖빛. **-cent** *a.* 젖빛 광택을 내는.
ópal glàss 유백색 유리(opaline).
o·pal·ine[óupəlàin, -lìːn] *a.* 단백석의, 단백석 같은; 젖빛 광택을 내는. — [-lìːn] *n.* U 젖빛 유리.
***o·paque**[oupéik] *a.* 불투명한; 광택 없는, 충충한(dull); 불명료한; 우둔한.
óp árt[ɑ́p-/ɔ́p-] 광학 예술(optical art).
op. cit.[ɑ́p sít/ɔ́p-] *opere citato* (L. =in the work cited) 앞에 든 책에[인용서에].
ÓP còde[ɑ́p-/ɔ́p-] 〖컴〗 연산 코드(operation code).
ope[oup] *v., a.* 《古》 =OPEN.
OPEC[óupek] Organization of Petroleum Exporting Countries 석유 수출국 기구.
óp-éd páge[ɑ́péd-/ɔ́p-] (<*op*posite *ed*itorial page) 《美》 (신문의) 사설란 반대쪽의 특집쪽[면].
†o·pen[óupən] *a.* ① 열린; 드러나 있는; 노출된. ② 무개(無蓋)의. ③ 펼쳐진; 넓은. ④ 공개의, 공공의; 이용할 수 있는; 자유로운. ⑤ (지위·직 등이) 비어 있는(unfilled). ⑥ 관대한. ⑦ 솔직한. ⑧ 미결정의. ⑨ 〖軍〗 (도시가) 무방비의, (국제법상) 보호를 받고 있는. ⑩ 공공연한. ⑪ (직물이) 발이 성긴. ⑫ 개점[개업·개회] 중인, 개최 중인. ⑬ (감화 등) 받기 쉬운, (…을) 면할 수 없는(subject) (*to*). ⑭ (지식·사상 등을) 받아들이기 쉬운(*to*). ⑮ (강·바다 등이) 얼지 않는. ⑯ 해금(解禁)의; 《美口》 주류 판매·도박을 허용하고 있는. ⑰ 〖樂〗 개방음의. ⑱ 〖音聲〗 (모음이) 개구음(開口音)인, (자음이) 개구적인. ⑲ 〖印〗 (활자가) 음각(陰刻)의. ***be ~ to*** …을 쾌히 받아들이다; …을 받기 쉽다; …에 문호가 개방되어 있다. ***be ~ with*** …에게 숨김이 없다. ***have an ~ hand*** 인색하지 않다. ***keep one's mouth ~*** 걸신들려 있다. — *n.* (the ~) 빈터, 광장; 넓은 장소[해면], 옥외(屋外); 〖컴〗 열기. — *vt.* 열다; 펴다; 트다; 개간

하다; (대열 등을) 벌이다; 공개하다; 개업하다; 개시하다; 털어놓다; 누설하다(*to*). ── *vi.* 열리다; 넓어지다; (마음 등이) 커지다; 시작하다(*with*); (대열 등이) 벌어지다; 〖海〗 보이게 되다. ~ ***into*** …로 통하다. ~ ***on***…에 면하다〔통하다〕. ~ ***one's eyes*** 깜짝 놀라다. ~ ***out*** 열다; 펴(지)다; 발달시키다〔하다〕; 속을 터놓다. ~ ***the door to*** …에 기회〔편의〕를 주다. ~ ***up*** 열다; 펴다; 개발하다; 나타내다; 개시하다. ⁑ **~·ly** *ad.* 솔직히; 공공연히.

ópen áccess 《英》 (도서관의) 개가식(開架式).

ópen áir 옥외, 야외.

⁑**ópen-áir** *a.* 옥외〔야외〕의.

ópen-and-shút *a.* 명백한.

ópen-ármed *a.* 두 팔을 벌린; 충심으로부터의.

ópen bállot 기명 투표, 공개 투표.

ópen bóat 갑판이 없는 배.

ópen-bóok examinátion 교과서·참고서 등의 지참을 허용하는 시험.

ópen cár 무개차(無蓋車).

ópen·càst *n., ad., a.* 《주로 英》 = OPEN-PIT.

ópen cóurt 공개 법정.

ópen·cùt *n., ad., a.* =OPEN-PIT.

ópen dóor (통상상의) 문호 개방.

ópen-éared *a.* 경청하는.

ópen-énd *a.* 〖經〗 (투자 신탁의) 자본액 가변(可變)의(opp. closed-end); 광고 방송의 문구를 넣을 부분을 비워 둔《녹음》.

o·pen·er[óupənər] *n.* Ⓒ 여는 사람, 개시자; 여는 도구, 병〔깡통〕따개.

ópen-éyed *a.* 눈을 뜬; 깜짝 놀란; 「방심하지 않는.

ópen-field *a.* 공동 경작의.

ópen fórum 공개 토론회.

ópen-hánded *a.* 활수한.

ópen-héarted *a.* 솔직한; 친절한.

ópen hóuse 공개 파티; (학교 따위의) 공개일(日); 손님을 환대하는 집. ***keep*** ~ (언제나) 손님을 환대하다.

ópen hóusing 《美》 주거 개방《인종·종교에 의한 주택 매매의 차별 금지》.

⁑**o·pen·ing**[óupəniŋ] *n.* ① Ⓤ 열기; 개방. ② Ⓒ 개시; 모두(冒頭). ③ Ⓒ 구멍, 틈. ④ Ⓒ 빈터, 광장. ⑤ Ⓒ 취직 자리. ⑥ Ⓒ 기회. ── *a.* 개시의.

ópening bàtsman 〖野〗 (그 회의) 선두 타자.

ópening hòurs 영업 시간, (도서관 따위의) 개관 시간.

ópening nìght (연극·영화 따위의) 초연; 첫날(밤).

ópening tìme 개점 시간, (도서관 따위의) 개관 시간.

ópen létter 공개장.

ópen-márket operátion 〖經〗 (중앙 은행의) 공개 시장 조작.

ópen-mínded *a.* 편견 없는.

ópen-móuthed *a.* 입을 벌린; (놀라서) 입이 딱 벌어진; 욕심사나운; 시끄러운.

ópen-pìt *n., ad., a.* Ⓒ 노천굴(掘)(로〔의〕).

ópen-pit míning 노천 채광.

ópen-plán *a.* (넓은 사무실·공간 따위를 벽없이) 낮은 칸막이로 구획을 지은 방의 배치의.

ópen pórt 자유항; 부동항.

ópen prímary 《美》 공개 예선 대회《투표자의 소속을 명시하지 않는 직접 예비 선거》.

ópen príson 경비(警備)를 최소한으로 줄인 교도소.

ópen quéstion 미결 문제.

ópen sándwich 위에 빵을 겹쳐 놓지 않은 샌드위치.

ópen séa, the 공해(公海).

ópen séason 수렵〔어업〕 해금기(解禁期).

ópen sécret 공공연한 비밀.

ópen sésame '열려라 참깨'《문 여는 주문(呪文)》; 바라는 결과를 가져오는 유효한 수단.

ópen shélf 《美》 =OPEN ACCESS.

ópen shóp 오픈 숍《비노조원도 고용하는 공장》(opp. closed shop).

ópen sýllable 개음절(開音節)《모음으로 끝나는》.

ópen sýstem 〖컴〗 열린 체계.

Ópen Univérsity 영국의 방송 대학《1971년 발족》.

ópen·wòrk *n.* Ⓤ 도림질 세공.

⁑**op·er·a**[ápərə/ɔ́-] *n.* Ⓒ 가극, 오페라; Ⓤ 가극의 상연; Ⓒ 가극장.

o·pe·ra *n.* (F.) opus의 복수.

op·er·a·ble[ápərəbəl/ɔ́-] *a.* 실시가능한; 수술이 가능한.

op·ér·a bouffe[ápərə bú:f/ɔ́-] (F.) 희가극. 「쌍안경.

ópera glàss(es) 관극용의 소형

ópera hàt 오페라 해트《접을 수 있는 실크 해트》.

ópera hòuse 가극장.

op·er·and[ápərænd/ɔ́-] *n.* Ⓒ 〖數〗 연산수(演算數), 피연산 함수; 〖컴〗 연산 대상, 실행 대상.

⁑**op·er·ate**[ápərèit/ɔ́-] *vi.* ① (기계 등이) 움직이다, 일하다. ② 작용하다, 영향을 미치다(*on, upon*). ③ (약이) 듣다. ④ 수술을 하다(*on, upon*). ⑤ 군사 행동을 취하다. ── *vt.* 운전〔조종〕하다; 《美》 경영하다.

op·er·at·ic[àpərǽtik/ɔ̀-] *a.* 오페라(풍)의.

op·er·at·ing**[ápərèitiŋ/ɔ́-] *a.* 수술(용)의; 경영〔운영〕상의. ~ ***expenses 운영비; 수술비. ~ ***room*** 〔***table***〕 수술실〔대〕. ~ ***theater*** (계단식) 수술 교실.

óperating sýstem 〖컴〗 운영 체제《프로그램의 제어·데이터 관리 따위를 행하는 소프트웨어; 생략 OS》.

⁑**op·er·ation**[àpəréiʃən/ɔ̀-] *n.* ① Ⓤ 가동, 작용. ② Ⓤ 행동, 활동. ③ Ⓤ 효과, (약의) 효력. ④ Ⓤ,Ⓒ 방법; (기계의) 운전. ⑤ Ⓤ,Ⓒ 사업; 경영. ⑥ Ⓤ 실시. ⑦ Ⓒ 수술. ⑧ Ⓒ 〖數〗 운산(運算). ⑨ (보통 *pl.*)

〖軍〗 군사 행동, 작전. ⑩ Ⓒ 투기 매매, (시장의) 조작. ⑪ Ⓒ〖컴〗작동, 연산. ***come*** 〔***go***〕 ***into*** ~ 운전〔활동〕을 시작하다; 실시되다; 유효하게 되다. ***in*** ~ 운전〔활동, 실시〕중에. ***put into*** ~ 실시하다. ***~·al** *a.* 조작상의; 〖軍〗 작전상의.
operátion còde 〖컴〗 연산 코드.
operátions 〔《英》 **operátional**〕 **resèarch** 기업 경영상의 과학적 조사 연구; 작전 연구《생략 OR》.
op·er·a·tive** [ápərətiv, -rèi-/ɔ́-] *a.* 일〔활동〕하는; 운전〔작용〕하는; 효력 있는, (약 등) 잘 듣는; 수술의; 실시의. ***become ~ 실시되다. — *n.* Ⓒ 직공; 《美口》 탐정, 형사.
:op·er·a·tor [ápərèitər/ɔ́-] *n.* Ⓒ ① (기계의) 운전자; (전신) 기사; (전화) 교환원. ② (외과) 수술자. ③ 《美》 경영자. ④ 〖證〗 투기사. ⑤ 〖數〗 연산기호. ⑥ 〖컴〗 연산자; 조작원. ⑦ 〖遺傳〗 작동 유전자(~ gene).
o·per·cu·lum [oupə́:rkjələm] *n.* (*pl.* ***-la*** [-lə], **~s**) Ⓒ 〖植〗 삭개(蒴蓋), 선개(蘚蓋); 〖動〗 (조개의) 딱지, (물고기의) 아감딱지.
op·er·et·ta [àpəréta/ɔ̀-] *n.* Ⓒ 소희가극, 오페레타.
oph·thal·mi·a [αfθǽlmiə/ɔ-] *n.* Ⓤ 〖醫〗 안염(眼炎). **-mic** *a.* 눈의.
oph·thal·mol·o·gy [àfθælmáləd͡ʒi/ɔ̀fθælmɔ́l-] *n.* Ⓤ 안과학. **-gist** *n.* Ⓒ 안과 의사.
o·pi·ate [óupiit] *n., a.* Ⓒ 아편제(劑); 《口》 마취제; 진정제; 아편을 함유한; 최면〔진정〕의.
o·pine [oupáin] *vt., vi.* (…라고) 의견을 말하다, 생각하다(*that*).
:o·pin·ion [əpínjən] *n.* ① Ⓒ 의견. ② Ⓒ (보통 *pl.*) 소신. ③ Ⓒ 평가, 평판. ④ Ⓤ,Ⓒ 전문가의 의견, 감정; Ⓤ 여론. ***act up to one's ~s*** 소신을 실행하다. ***be of*** (***the***) ~ ***that*** …라고 믿다. ***have a good*** 〔***bad***〕 ~ ***of*** …을 좋게〔나쁘게〕 생각하다; …을 신용하다〔하지 않다〕. ***have the courage of one's ~s*** 소신을 당당하게 표명하다.
o·pin·ion·at·ed [-èitid], **-a·tive** [-èitiv] *a.* 자설(自說)을 고집하는, 독단적인.
opínion pòll 여론 조사.
O pip [óu píp] 《軍俗》 =OBSERVATION POST.
***o·pi·um** [óupiəm] *n.* Ⓤ 아편. **~·ism** [-ìzəm] *n.* Ⓤ 아편 중독.
ópium dèn 아편굴.
ópium èater 〔**smòker**〕 아편쟁이.
ópium pòppy 〖植〗 양귀비.
Ópium Wàr, the (영국·청나라간의) 아편 전쟁(1839-42).
OPM other people's money 남의 돈; output per man, 1인당 생산량.
o·pos·sum [əpásəm/əpɔ́-] *n.* Ⓒ 〖動〗 (미국 남부산) 주머니쥐(cf. possum). ***play*** ~ 《美俗》 죽은 시늉을 하다.
opp. oppose(d); oposite. 「료.
op·po [ɔ́pou] *n.* Ⓒ 《英俗》 친한 동
:op·po·nent [əpóunənt] *n.* Ⓒ 적, 상대; 반대자. — *a.* 대립〔반대〕하는.
***op·por·tune** [àpərtjú:n/ɔ́pər⌐] *a.* 형편 좋은; 행운의; 적절한. **~·ly** *ad.* **-tun·ism** [-ìzəm] *n.* Ⓤ 기회주의. **-tun·ist** *n.*
:op·por·tu·ni·ty [-əti] *n.* Ⓤ,Ⓒ 기회, 호기.
op·pos·a·ble [əpóuzəbəl] *a.* 반대〔대항〕할 수 있는; 마주 보게 할 수 있는.
:op·pose [əpóuz] *vt.* (…에) 반대하다; 저항하다; 방해하다; 대항시키다; 대조시키다; 맞보게 하다.
op·posed** [əpóuzd] *a.* 반대의, 적대〔대항〕하는; 대립된; 마주 바라보는. ***be ~ to …에 반대이다.
:op·po·site [ápəzit/ɔ́-] *a.* 마주 보는; 반대의, 역(逆)의; 〖植〗 대생(對生)의. — *n.* Ⓤ 반대의 것; 반대자〔어〕. — *ad.* 반대〔맞은〕쪽에. — *prep.* …의 맞은〔반대〕쪽의〔에〕.
ópposite númber 대등한 지위에 있는 사람; 대등한 위치.
:op·po·si·tion [àpəzíʃən/ɔ̀-] *n.* ① Ⓤ 반대, 저항; 대항; 방해; 대조. ② 《집합적》 (종종 the O-) 반대당. ***in ~ to*** …에 반대하여. ***the*** 〔***His, Her***〕 ***Majesty's O-*** 《英》 야당. **~·ist** *n.* Ⓒ 반대자.
:op·press [əprés] *vt.* 압제하다; 압박하다; 답답한 느낌을 주다; 우울하게 하다. ***op·prés·sor** *n.* Ⓒ 압제자.
:op·pres·sion [əpréʃən] *n.* ① Ⓤ,Ⓒ 압박; 압제(tyranny). ② Ⓤ 우울; 답답함(dullness).
***op·pres·sive** [əprésiv] *a.* ① 압제적인; 가혹한. ② 답답한. **~·ly** *ad.* **~·ness** *n.*
op·pro·bri·ous [əpróubriəs] *a.* 입이 건; 모욕적인, 상스러운; 창피한. **~·ly** *ad.* **-bri·um** [-briəm] *n.* Ⓤ 불명예; 욕.
OPS, O.P.S. Office of Price Stabilization 물가 안정국.
op·si·math [ápsimæ̀θ/ɔ́-] *n.* Ⓒ 만학(晩學)하는 사람.
op·so·nin [ápsənin/ɔ́p-] *n.* Ⓒ 〖生化〗 옵소닌.
opt [αpt/ɔpt] *vi.* 선택하다(*for, between*). ***~ing out*** 〖經〗 (국제 통화기금 특별 인출권의) 선택적 거부권.
opt. optative; optical; optician; optics; optional.
op·ta·tive [áptətiv/ɔ́-] *a.* 〖文〗 기원(祈願)을 나타내는.
***op·tic** [áptik/ɔ́-] *a.* 눈의; 시각의. — *n.* Ⓒ 《諧》 눈. ***~s** *n.* Ⓤ 광학(光學). ***óp·ti·cal** *a.* 눈의; 시력의〔을 돕는〕; 광학(상)의.
óptical árt =OP ART.
óptical bár-còde rèader 〖컴〗 광(光)막대부호읽개〔판독기〕.
óptical communicátion 〖컴〗 광(光)통신.

óptical dísk 〖컴〗 광(光)디스크 (laser disk)《videodisk, compact disk, CD-ROM 따위》.
óptical fíber 〖電·컴〗 광(光)섬유.
óptical láser dìsk 〖컴〗 광(光)레이저 디스크. 「이저.
óptical máser 광(光)메이저, 레
óptical móuse 〖컴〗 광(光)마우스〔광다람쥐〕.
óptical scánner 〖컴〗 광스캐너《빛을 주사하여 문자·기호·숫자를 판독하는 기기(機器)》.
óptical scánning 광학 주사(走査).
op·ti·cian[ɑptíʃən/ɔ-] *n.* Ⓒ 안경상, 광학 기계상.
***op·ti·mism**[ɑ́ptəmìzəm/ɔ́pt-] *n.* Ⓤ 낙천주의 (opp. pessimism). **-mist** *n.* Ⓒ 낙천가. ***-mis·tic** [⌐—místik] *a.* 낙천적인.
op·ti·mi·za·tion [ɑ̀ptəməzéiʃən/ɔ̀p-] *n.* Ⓤ 최대의 활용; 〖컴〗 최적화.
op·ti·mum[ɑ́ptəməm/ɔ́p-] *n.* (*pl.* ~*s, -ma*[-mə]) Ⓒ 〖生〗 (성장·번식 등의) 최적(最適) 조건. — *a.* 최적의, 최선(最善)의.
op·tion**[ɑ́pʃən/ɔ́-] *n.* ① Ⓤ 선택권, 선택의 자유, 수의(隨意). ② Ⓒ 선택물. ③ Ⓒ 〖商〗 (일정한 프리미엄을 지불하고 계약 기간 중 언제든지 할 수 있는) 선택 매매권. ④ Ⓒ 〖컴〗 별도, 추가 선택. ***have no ~ but to do …하는 수밖에 없다. ***make one's ~*** 선택하다. * **~·al** *a.*
op·to·e·lec·tron·ics[ɑ̀ptouilèktrɑ́niks/ɔ̀ptouilèktrɔ́-] *n.* Ⓤ 광전자공학.
op·tom·e·ter[ɑptɑ́mitər/ɔptɔ́m-] *n.* Ⓒ 시력 측정 장치.
op·tom·e·try[ɑptɑ́mətri/ɔptɔ́mi-] *n.* Ⓤ 검안(檢眼)(법).
op·u·lent[ɑ́pjələnt/ɔ́-] *a.* 부유한; 풍부한. **~·ly** *ad.* **-lence** *n.* Ⓤ 부(富); 풍부.
o·pus[óupəs] *n.* (*pl. opera*) (L.) Ⓒ 작(作), 저작; 〖樂〗 작품《생략 op.》. 「OPUS.
opus magnum (L.) =MAGNUM
OR[ɔːr] *n.* 〖컴〗 논리합(論理合).
OR, O.R. operations research.
O.R., o.r. owner's risk 〖商〗 (수송 화물의) 위험 화주 부담(危險貨主負擔).
†**or**[ɔːr, 弱 ər] *conj.* 또는; 즉; 그렇지 않으면《종종 else를 수반함》.
-or[1][ər] *suf.* '…하는 사람, …하는 것'의 뜻: act*or*, refrigerat*or*.
-or[2], 《英》 **-our** *suf.* '동작·상태·성질' 따위를 나타내는 명사를 만듦: col*or*, colo*ur*; hon*or*, hon*our*.
***or·a·cle**[ɔ́(ː)rekəl, ɑ́-] *n.* Ⓒ ① 신탁(神託)(소). ② (신탁을 전하는) 사람. ③ 성언(聖言). ④ 현인(賢人).
o·rac·u·lar[ɔːrǽkjələr/ɔ-] *a.* 신탁의〔같은〕; 뜻이 모호한; 현명한; 독단적인; 점잔 빼는, 젠체하는.
***o·ral**[ɔ́ːrəl] *a.* 구두〔구술〕의; 〖解〗 입의. **~·ly** *ad.*
óral appróach (외국어의) 구두(口頭) 도입 교수법.
óral hístory 구술 역사(자료)《역사적 중요 인물의 구술 증언의 녹음; 그것에서 얻은 자료》.
o·rang[ɔːrǽŋ, əːrǽŋ] *n.* =ORANGUTAN.
†**or·ange**[ɔ́(ː)rindʒ, ɑ́-] *n.* ① Ⓒ,Ⓤ 오렌지, 귤; Ⓒ 오렌지 나무. ② Ⓤ 오렌지 빛. — *a.* 오렌지의, 오렌지 같은; 오렌지 빛의.
or·ange·ade[⌐—éid] *n.* Ⓤ 오렌지에이드, 오렌지 즙.
órange blòssom 오렌지꽃《신부가 순결의 표시로 머리에 꽂음》.
órange pékoe (실론·인도산의) 고급 홍차. 「오렌지 밭〔온실〕.
or·ange·ry[ɔ́(ː)rindʒəri, ɑ́-] *n.* Ⓒ
o·rang·u·tan[ɔːrǽŋutæ̀n, ərǽŋ-], **-ou·tang**[-ŋ] *n.* Ⓒ 〖動〗 성성이.
***o·ra·tion**[ɔːréiʃən] *n.* Ⓒ (형식을 갖춘) 연설.
***or·a·tor**[ɔ́(ː)rətər, ɑ́-] *n.* Ⓒ 연설자; 웅변가.
or·a·to·ri·o[ɔ̀(ː)rətɔ́ːriou, ɑ̀-] *n.* (*pl.* ~*s*) Ⓒ 〖樂〗 오라토리오, 성담곡(聖譚曲).
***or·a·to·ry**[1][ɔ́ːrətɔ̀ːri, ɑ́-/ɔ́rətə-] *n.* Ⓤ 웅변(술). **-tor·i·cal**[⌐—tɔ́ːrikəl/-tɔ́r-] *a.* 「실.
or·a·to·ry[2] *n.* Ⓒ 작은 예배당, 기도
***orb**[ɔːrb] *n.* Ⓒ 천체; 구(球), 구체(球體); 세계; 보주(寶珠)《왕권의 상징》; 안구, 눈(알).
or·bic·u·lar[ɔːrbíkjələr], **-late** [-lit] *a.* 공 모양의; 완전한.
‡**or·bit**[ɔ́ːrbit] *n.* Ⓒ (천체의) 궤도; (인생의) 행로; 〖解〗 안와(眼窩); 세력 범위. — *vt.* (지구 따위의) 주위를 돌다; (인공 위성을) 궤도에 올리다. — *vi.* 선회 비행하다; 궤도를 돌다. * **~·al** *a.* 궤도의; 안와의.
or·bit·er[ɔ́ːrbitər] *n.* Ⓒ 선회하는 것; (특히) 인공 위성.
Or·ca·di·an[ɔːrkéidiən] *a.* Orkney(제도)의.
‡**or·chard**[ɔ́ːrtʃərd] *n.* Ⓒ 과수원; 《집합적》 과수원의 과수. **~·ist** *n.* Ⓒ 과수 재배자(orchardman).
‡**or·ches·tra**[ɔ́ːrkəstrə] *n.* Ⓒ ① 오케스트라; 관현악단. ② (무대 앞의) 주악석. ③ (극장의) 일층석(의 앞쪽). **-tral** [ɔːrkéstrəl] *a.* 오케스트라(용)의. 「단석.
órchestra pìt (무대 앞의) 관현악
or·ches·trate[ɔ́ːrkəstrèit] *vt., vi.* 관현악용으로 작곡〔편곡〕하다. **-tra·tion**[⌐—tréiʃən] *n.*
or·chid[ɔ́ːrkid] *n., a.* Ⓒ 〖植〗 난초(꽃); Ⓤ 연자줏빛(의).
or·chis[ɔ́ːrkis] *n.* Ⓒ (야생의) 난초.
***or·dain**[ɔːrdéin] *vt.* ① (신·운명이) 정하다. ② (법률이) 규정하다. ③ (성직자로) 임명하다.
***or·deal**[ɔːrdíːəl] *n.* Ⓒ 호된 시련; Ⓤ (고대 튜턴 민족의) 죄인 판별법《불을 잡게 하거나 독약 등을 마시게

하고도 무사하면 무죄로 한》.

†**or·der**[ɔ́:rdər] *n.* ① Ⓒ (보통 *pl.*) 명령; (법정의) 지령(서). ② Ⓤ 정돈, 정리. ③ Ⓤ 질서; 이치; 조리. ④ Ⓤ 순서. ⑤ Ⓤ 복장. ⑥ Ⓤ 정상적인 상태. ⑦ Ⓒ (종종 *pl.*) 계급, 신분; 등급; 사제의 계급. ⑧ Ⓒ 성직 수임식(授任式). ⑨ Ⓒ 수도회; 기사단; 결사, 우애(友愛) 조합. ⑩ Ⓒ 〖商〗 주문(서); 지불 명령서; 환(어음). ⑪ (O-) Ⓒ 훈위(勳位), 훈장. ⑫ Ⓒ 〖生〗 목(目). ⑬ Ⓤ (회의 등의) 규칙; Ⓒ 〖宗〗 의식. ⑭ Ⓤ 〖數〗 위수(位數); 〖化〗 차수(次數). ⑮ Ⓒ 〖建〗 주식(柱式), 건축 양식. ⑯ Ⓒ 《주로 英》 무료 입장권. ⑰ Ⓒ (음식점의) 일인분(의 식사)(portion). ⑱ Ⓒ 〖컴〗 차례, 주문. ***be on ~*** 주문중이다. ***call to ~*** (의장이) 정숙을 명하다. ***give an ~ for*** …을 주문하다. ***in ~ to*** 〔***that***〕 …하기 위하여. ***in short ~*** 곧. ***made to ~*** 맞춘. ***on the ~ of*** …와 비슷하여. ***out of ~*** 뒤죽박죽이 되어; 고장이 나서; 기분이 나빠서. ***take ~s*** 성직자가 되다. ***take ~ with*** …을 처분하다. ***the ~ of the day*** 일정. — *vt.* (…을) 명령〔지시〕하다; (…에게) 가도록 명하다; 주문하다; 정돈하다; (신·운명 등이) 정하다. — *vi.* 명령을 내리다. ***~ about*** 〔***around***〕 여러 곳으로 심부름 보내다〔이것저것 마구 부리다〕.

órder bòok 주문 기록 장부.

órdered líst 〖컴〗 차례 목록, 순서 리스트.

órder fòrm 주문 용지.

*__or·der·ly__[-li] *a.* 순서 바른, 정돈된; 질서를 잘 지키는; 순종하는. — ***n.*** Ⓒ 전령, 연락병; (특히 군(軍)의) 병원 잡역부. **-li·ness** *n.*

órder pàper 《英》 (하원의) 의사 일정표.

*__or·di·nal__[ɔ́:rdənəl] *a.* 순서를 나타내는; 〖生〗 목(目)의. — ***n.*** Ⓒ 서수(序數); 〖英國敎〗 성직 수임식 규범(規範); 〖가톨릭〗 미사 규칙서.

órdinal númber 서수.

*__or·di·nance__ [ɔ́:rdənəns] *n.* Ⓒ 법령; 〖宗〗 의식.

:**or·di·nar·y**[ɔ́:rdənèri/-dənri] *a.* 보통의, 평범한; 보통 이하의; 〖法〗 직할(直轄)의. — ***n.*** ① (the ~) 보통(의 일·상태). ② Ⓒ 《주로 英》 정식(定食); 여관(의 식당). ③ (the ~) 〖宗〗 의식 차례서. ④ Ⓒ 관할권을 갖는 (대)주교 또는 성직자. ⑤ Ⓒ 《美》 유언 검인 판사. ***in ~*** 상임의; (함선이) 대기중인(*a physician in ~* 상시 근무하는 시의(侍醫)/*a ship in ~* 예비함). ***out of the ~*** 유다른. *__-na·ri·ly__[⌒⌒nérəli, ⌒⌒⌒⌒/⌒dənri-] *ad.* 통상, 보통으로.

órdinary lével 《英》 G.C.E.의 기초 학력 시험.

órdinary séaman 〖英海軍〗 3등 수병; 〖海〗 2등 선원. 「로좌표.

or·di·nate[ɔ́:rdənit] *n.* Ⓒ 〖數〗 세

or·di·na·tion [ɔ̀:rdənéiʃən] *n.* Ⓤ,Ⓒ 성직 수임(식), 서품식.

ord·nance[ɔ́:rdnəns] *n.* Ⓤ 《집합적》 포(砲); 병기, 군수품; 병참부.

órdnance màp 《英》 육지 측량부의 지도.

órdnance sùrvey, the (영국 정부의) 육지 측량부.

Or·do·vi·cian[ɔ̀:rdəvíʃən] *n., a.* (the ~) 〖地〗 오르도비스기(紀)(의); 오르도비스층(의).

or·dure[ɔ́:rdʒər/-djuər] *n.* Ⓤ 오물; 똥; 외설한 일; 상스러운 말.

:**ore**[ɔ:r] *n.* Ⓤ,Ⓒ 광석, 원광(原鑛).

Ore(g). Oregon.

*__Or·e·gon__[ɔ́:rigàn, -gən/ɔ́rigən] *n.* 미국 북서부의 주《생략 Oreg., Ore.》.

org. organ; organic; organism; organized; organizer.

†**or·gan**[ɔ́:rgən] *n.* Ⓒ ① 오르간, (특히) 파이프오르간; 배럴오르간(barrel organ); 리드오르간(reed organ). ② (생물의) 기관. ③ (정치적) 기관(機關); 기관지(紙·誌).

or·gan·dy, -die[ɔ́:rgəndi] *n.* Ⓤ 얇은 모슬린.

órgan grìnder 배럴오르간 연주자.

*__or·gan·ic__[ɔ:rgǽnik] *a.* ① 〖化〗 유기의; 탄소를 함유한; 유기체의. ② 조직〔유기〕적인. ③ 〖醫〗 기관(器官)의; 장기(臟器)를 침범하는, 기질성(器質性)의(*an ~ disease*)(opp. functional). ④ 기본적인; 고유의. **-i·cal·ly** *ad.* 유기〔조직〕적으로; 유기체의 일부로.

orgánic chémistry 유기 화학.

orgánic evolútion 생물 진화.

*__or·gan·ism__[ɔ́:rgənìzəm] *n.* Ⓒ 유기체, (미)생물; 유기적 조직체.

*__or·gan·ist__[ɔ́:rgənist] *n.* Ⓒ 오르간 연주자.

:**or·gan·i·za·tion** [ɔ̀:rgənəzéiʃən/-nai-] *n.* ① Ⓤ 조직, 구성, 편성. ② Ⓒ 체제, 기구; 단체, 조합, 협회.

organizátion màn 조직인《회사일 따위에 열을 올리는 사람》.

:**or·gan·ize**[ɔ́:rgənàiz] *vt., vi.* (단체 따위를) 조직〔편성〕하다; (노동자를) 조합으로 조직하다; 창립하다; 체계화하다; 조직화하다. ***~d labor*** 조합 가입 노동자. ***-iz·er** *n.* Ⓒ 조직〔편성〕자, 발기인, 창립〔주최〕자; 〖生〗 형성체.

or·gasm[ɔ́:rgæzəm] *n.* Ⓤ,Ⓒ (성적) 흥분의 절정.

ÓR gàte 〖컴〗 논리합 게이트.

*__or·gy, -gie__[ɔ́:rdʒi] *n.* Ⓒ (보통 *pl.*) 진탕 마시고 떠들기; 법석대기, 유흥; (*pl.*) 《古그·로》 주신(酒神) Bacchus제(祭); 《美俗》 섹스 파티.

o·ri·el[ɔ́:riəl] *n.* Ⓒ 〖建〗 (보통 2층의) 밖으로 튀어 나온 창문.

:**o·ri·ent**[ɔ́:riənt] *n.* ① (the O-) 동양; 《古》 (the ~) 동쪽. ② Ⓒ (동양산의) 질이 좋은 진주; Ⓤ 그 광택. — [-ènt] *vt., vi.* 동쪽으로 향하게 하다; 성단(聖壇)을 교회의 동쪽으로 오게 세우다; 바른 방위에 놓다;

(환경 등에) 바르게 순응하다. ~ ***oneself*** 자기의 태도를 정하다. ― *a.* (해가) 떠오르는;《古》동쪽의; (보석의) 광택이 아름다운.

:O·ri·en·tal[ɔ̀:riéntl] *a., n.* 동양의; (o-) 동쪽의; Ⓒ 동양 사람. **~·ism, o-**[-təlìzəm] *n.* Ⓤ 동양풍; 동양학. **~·ist, o-** *n.* Ⓒ 동양통(通), 동양학자. **~·ize, o-**[-àiz] *vt., vi.* 동양식으로 하다[되다].

o·ri·en·tate[ɔ́:riəntèit] *vt.* =ORIENT.

***o·ri·en·ta·tion**[ɔ̀:rientéiʃən] *n.* Ⓤ,Ⓒ ① 동쪽으로 향하게 함; (교회의) 성단을 동향으로 함. ② 방위(측정). ③ 〖心〗 소재식(所在識); 〖生〗 정위(定位). ④ 태도 시정; (새 환경에의) 순응, 적화(適化); (신입생 등의) 지도, 안내.

orientátion còurse (신입생·신입사원에 대한) 안내[지도] 과정.

o·ri·ent·ed[ɔ́:rientid] *a.* 방향이 정해진, 지향성의.

o·ri·en·teer·ing[ɔ̀:rientíəriŋ] *n.* Ⓤ 오리엔티어링《지도와 나침반으로 목적지를 찾아가는 경기; 이 경기의 참가자는 orienteer》. 「가리.

***or·i·fice**[ɔ́:rəfis, ɑ́-] *n.* Ⓒ 구멍; 아

orig. origin; original(ly).

:or·i·gin[ɔ́:rədʒin/ɔ́ri-] *n.* Ⓤ,Ⓒ 기원, 근원; 〖컴〗 근원; Ⓤ 가문(家門), 태생; 혈통.

:o·rig·i·nal[ərídʒənəl] *a.* 원시의; 최초의; 원물(原物)[원작·원문]의; 독창적인, 발명의 재간이 있는; 신기한. ― *n.* Ⓒ 원물, 원작; (the ~) 원문; 원어;《古》기인(奇人); 기원, 근원. ***~·ly** *ad.* 본래; 최초에(는).

oríginal dáta 〖컴〗 근원 자료.

oríginal gúm 우표 뒤에 발라 놓은 풀《생략 o.g., O.G.》.

***o·rig·i·nal·i·ty** [ərìdʒənǽləti] *n.* Ⓤ ① 독창성[력]; 신기(新奇); 창의. ② 기인(奇人); 진품; 진짜.

oríginal sín 〖神〗 원죄.

***o·rig·i·nate**[ərídʒənèit] *vt.* 시작하다; 일으키다; 발명하다. ― *vi.* 시작되다; 일어나다, 생기다. **-na·tor** *n.* Ⓒ 창작자, 발기인. **-na·tion**[-̀-́-néiʃən] *n.* Ⓤ 시작; 창작; 발명; 기원.

o·rig·i·na·tive[ərídʒənèitiv] *a.* 독창적인, 발명의 재간이 있는; 신기한.

o·ri·ole[ɔ́:riòul] *n.* Ⓒ 〖鳥〗 (유럽산) 꾀꼬리의 일종; (미국산) 찌르레기과(科)의 작은 새.

O·ri·on** [əráiən] *n.* 〖그神〗 오리온《거대한 사냥꾼》; 〖天〗 오리온자리. ***~'s Belt 오리온자리의 세 별.

or·i·son[ɔ́:rəzən, ɑ́-] *n.* Ⓒ (보통 *pl.*) 기도.

Órk·ney Íslands[ɔ́:rkni-] 스코틀랜드 북동방의 영국령의 제도《*adj.*는 Orcadian》.

Or·lon[ɔ́:rlɑn/-ɔn] *n.* Ⓤ 〖商標〗 올론《합성 섬유의 일종》.

or·mo·lu [ɔ́:rməlù:] *n.* Ⓤ 오몰루《구리·아연·주석의 합금; 모조금(模造金)용》.

:or·na·ment[ɔ́:rnəmənt] *n.* Ⓤ 장식; Ⓒ 장식품; 광채[명예]를 더하는 사람[행위]. ― [-mènt] *vt.* 꾸미다. ***-men·tal**[̀-méntl] *a.* 장식(용)의; 장식적인. **-men·ta·tion**[̀-̀-téiʃən] *n.* Ⓤ 장식(품). 「한.

or·nate[ɔ:rnéit] *a.* (문체 등) 화려

or·ner·y[ɔ́:rnəri] *a.*《美口》품성이 비열한;《주로 方》하찮은, 흔한.

or·ni·thol·o·gy [ɔ̀:rnəθɑ́lədʒi/-θɔ́-] *n.* Ⓤ 조류학(鳥類學). **-gist** *n.* Ⓒ 조류학자. **-tho·log·ic**[-θəlɑ́dʒik/-ɔ́-], **-i·cal**[-əl] *a.*

o·ro·ide[ɔ́:rouàid] *n.* Ⓤ 오로이드《구리·아연의 합금》.

o·rol·o·gy[ɔ:rɑ́lədʒi] *n.* Ⓤ 산악학(山岳學).

ÓR operátion 〖컴〗 논리합 연산.

o·ro·tund[ɔ́:rətʌ̀nd] *a.* (목소리가) 낭랑한; 호언 장담하는.

:or·phan[ɔ́:rfən] *n.* Ⓒ 고아; 한쪽 부모가 없는 아이. ― *a.* 고아의[를 위한]; (한쪽) 부모가 없는. ― *vt.* 고아로 만들다. **~·age**[-idʒ] *n.* Ⓒ 고아원; = **~·hood**[-hùd] *n.* Ⓤ 고아의 몸[신세].

Or·phe·us[ɔ́:rfiəs/-fju:s] *n.* 〖그神〗 오르페우스《수금(竪琴)의 명수》. **Or·phe·an**[ɔ:rfí:ən], **Ór·phic** *a.* Orpheus의; 아름다운 음률의.

or·ris, or·rice[ɔ́(:)ris, ɑ́-] *n.* Ⓒ 〖植〗 흰 붓꽃의 일종; =**órrisroot**[-rù:t] 오리스 뿌리.

or·th(o)-[ɔ́:rθ(ou), -θ(ə)] '정(正), 직(直)'의 뜻의 결합사《모음 앞에서는 orth-》: ***ortho***dox.

or·tho·clase [ɔ́:rθəklèis] *n.* Ⓤ 〖鑛〗 정장석(正長石).

or·tho·don·tics [ɔ̀:rθədɑ́ntiks/-dɔ́n-] *n.* Ⓤ 치열 교정(술).

***or·tho·dox**[ɔ́:rθədɑ̀ks/-ɔ̀-] *a.* ① (특히 종교상) 정교(正教)의, 정통파의. ② 일반적으로 옳다고 인정된; 전통[보수]적인. **~·y** *n.* Ⓤ 정교 (신봉); 일반적인 설에 따름.

Órthodox Chúrch, the 그리스 정교회.

or·tho·ep·y[ɔ:rθóuəpi, ́-̀èpi] *n.* Ⓤ 올바른 발음(법); 정음학(正音學).

or·tho·gen·e·sis[ɔ̀:rθoudʒénəsis] *n.* Ⓤ 〖動〗 정향(定向) 진화설; 〖社會〗 계통 발생설.

or·thog·o·nal [ɔ:rθɑ́gənl/-θɔ́g-] *a.* 〖數〗 직교의. **~ *projection*** 정사영(正射影).

or·thog·ra·phy [ɔ:rθɑ́grəfi/-ɔ́-] *n.* Ⓤ 바른 철자; 정서법(正書法). **or·tho·graph·ic** [ɔ̀:rθəgrǽfik], **-i·cal**[-əl] *a.*

or·tho·pe·dic, 《英》 **-pae·dic** [ɔ̀:rθoupí:dik] *a.* 정형 외과의. **~s** *n.* Ⓤ (특히 유아의) 정형 외과(수술). **-dist** *n.* Ⓒ 정형 외과 의사.

or·thop·ter·ous[ɔ:rθɑ́ptərəs/-ɔ́-] *a.* 〖蟲〗 직시류(直翅類)의.

or·thop·tic[ɔ:rθɑ́ptik/-ɔ́-] *a.* 〖眼

科】 시각 교정의; 정시(正視)의.
or·to·lan[ɔ́:rtələn] *n.* Ⓒ (유럽산) 멧새류(類).
-ory[ɔ́:ri, əri/əri] *suf.* ① '…로서의, …의 효력이 있는' 등의 뜻의 형용사를 만듦: compuls*ory,* prefa*tory.* ② '…소(所)'의 뜻의 명사를 만듦: dormit*ory,* fact*ory,* labora*tory.* 「양(羚羊).
o·ryx[ɔ́:riks] *n.* Ⓒ (아프리카산) 영
Os 〖化〗 osmium. **OS** 〖컴〗 operating system 운영 체제. **O.S.** Old Saxon; Old Style; ordinary seaman (O.D.). **O.S.A., O.S.B., O.S.D., O.S.F.** Order of St. Augustine, St. Benedict, St. Dominic, St. Francis.
Os·car[áskər, ɔ́-] *n.* 〖映〗 아카데미상 수상자에게 수여되는 작은 황금상(像).
os·cil·late[ásəlèit/ɔ́s-] *vi.* (진자〔추〕 모양으로) 진동하다; (마음·의견 등이) 동요하다. ― *vt.* 〖電〗 전류를 고주파로 변환시키다; 진동시키다. **-la·tion**[⌐–léiʃən] *n.* Ⓤ,Ⓒ 진동; 한 번 흔들기. **-la·tor** [ásəlèitər/ɔ́s-] *n.* Ⓒ 〖電〗 발진기(發振器); 〖理〗 진동자(子); 동요하는 사람. **-la·to·ry** [ásələtɔ̀:ri/ɔ́silətəri] *a.* 진동〔동요〕하는.
os·cil·lo·graph[əsíləgræ̀f, -grɑ̀:f] *n.* Ⓒ 오실로그래프, 진동 기록기.
os·cil·lo·scope[əsíləskòup] *n.* Ⓒ 〖電〗 오실로스코프《전압·전류 등의 변화를 형광 스크린에 나타내는 장치》.
os·cine[ásin/ɔ́sain] *a., n.* Ⓒ 〖鳥〗 명금류의 (새).
os·cu·late[áskjəlèit/ɔ́-] *vi., vt.* (…에) 입맞추다; 접촉하다〔시키다〕. **-la·to·ry**[-lətɔ̀:ri/-təri] *a.* 키스의.
OSI Office of Special Investigation 특별 수사대.
o·sier[óuʒər] *n.* Ⓒ《英》 꽃버들(의 가지)《버들 세공용》.
O·si·ris[ousáiəris] *n.* 고대 이집트의 주신(主神). 「웨이의 수도.
Os·lo[ázlou, ás-/ɔ́z-, ɔ́s-] *n.* 노르
os·mics[ázmiks/ɔ́-] *n.* Ⓤ 향기학.
os·mi·um[ázmiəm/ɔ́-] *n.* Ⓤ 〖化〗 오스뮴《금속 원소의 하나; 기호 Os》.
os·mo·sis[ɑzmóusis, ɑs-/ɔz-] *n.* Ⓤ 〖理〗 삼투(滲透)(성). 「tory.
OSO Orbiting Solar Observa-
os·prey[áspri/ɔ́-] *n.* Ⓒ 〖鳥〗 물수리(fishhawk).
OSRD, O.S.R.D. 《美》 Office of Scientific Research and Development. **OSS, O.S.S.** 《美》 Office of Strategic Service; Overseas Supply Store.
os·se·ous[ásiəs/ɔ́-] *a.* 뼈의, 뼈있는; 뼈로 된; 뼈가 앙상한.
os·si·fy[ásəfài/ɔ́-] *vt., vi.* 골화(骨化)하다; 경화(硬化)하다; 냉혹하게 하다〔되다〕; 보수적으로 하다〔되다〕. **-fi·ca·tion**[⌐–fəkéiʃən] *n.*
os·ten·si·ble[ɑsténsəbəl/ɔ-] *a.* 표면상의, 겉꾸밈의, 가장한.
os·ten·ta·tion [ɑ̀stentéiʃən/ɔ̀-] *n.* Ⓤ 자랑해 보임, 허영, 과시.
os·ten·ta·tious[-téiʃəs] *a.* 허세부리는; 겉꾸미는, 화려한. **~·ly** *ad.*
os·te·o-[ɑ̀stiou, -tiə/ɔ́s-] '뼈'의 뜻의 결합사.
os·te·ol·o·gy[ɑ̀stiálədʒi/ɔ̀stiɔ́l-] *n.* Ⓤ 골학(骨學).
os·te·o·path[ástiəpæ̀θ/ɔ́-] *n.* Ⓒ 정골의(整骨醫).
os·te·op·a·thy[ɑ̀stiápəθi/ɔ̀stiɔ́p-] *n.* Ⓤ 정골 요법(整骨療法).
os·te·o·po·ro·sis[ɑ̀stioupəróusis/ɔ̀s-] *n.* (*pl.* **-roses**[-si:z]) Ⓤ 〖醫〗 골다공증(骨多孔症); 〖畜産〗 골연증(骨軟症).
ost·ler[áslər/ɔ́-] *n.* Ⓒ (여관의) 말구종(hostler).
ost·mark[ɔ́:stmɑ̀:rk, ɑ́-] *n.* Ⓒ 옛 동독의 화폐 단위《생략 Om》.
os·tra·cism[ástrəsìzəm/ɔ́-] *n.* Ⓤ (옛 그리스의) 패각 추방(貝殼追放)《투표에 의한 추방》; 추방.
os·tra·cize [ástrəsàiz/ɔ́-] *vt.* 패각 추방을 하다; (국외로) 추방하다; 배척하다.
os·trich** [ɔ́(:)stritʃ, ɑ́-] *n.* Ⓒ 〖鳥〗 타조. ***bury one's head in the sand like an ~ 어리석은 짓을 하다. ~ ***belief*** 〔***policy***〕 눈 가리고 아웅하기, 자기 기만의 얕은 지혜. ~ ***farm*** 타조 사육장.
Os·tro·goth [ástrəgɑ̀θ/ɔ́strəgɔ̀θ] *n.* 〖史〗 동(東)고트족(cf. Visigoth).
O.T. Old Testament. **O.T.B.** Offtrack betting.
O·thel·lo [ouθélou] *n.* Shakespeare 작의 비극; 그 주인공《무어 사람》.
†**oth·er** [ʌ́ðər] *a.* 딴; 다른(*than, from*); 또 그밖의; 다음의; 저쪽의; (the ~) 또 하나의, 나머지의. ***every*** ~ 하나 걸러. ***in*** ~ ***words*** 바꿔 말하면. ***none*** ~ ***than*** 다름아닌. ***the*** ~ ***day*** 〔***night***〕 일전〔요전날 밤〕에. ***the*** ~ ***party*** 〖法〗 상대방. ***the*** ~ ***side*** (미국에서 본) 유럽. ***the*** ~ ***world*** 내세, 저승. ― *pron.* 딴 것〔사람〕; (the ~) 다른 하나, 나머지 것. ***of all*** ~***s*** 모든 것〔사람〕 중에서 특히. ***some ... or*** ~ 무언〔누군·어딘〕가. ― *ad.* 그렇지 않고, 딴 방법으로.
‡**oth·er·wise**[-wàiz] *ad.* 딴 방법으로, 달리; 딴 점에서는; 다른 상태로; 그렇지 않으면. ― *a.* 다른.
óther·wórldly *a.* 내세〔저승〕의; 공상적인.
o·tic[óutik] *a.* 〖解〗 귀의.
o·ti·ose[óuʃiòus] *a.* 쓸모 없는; 한가한; 게으른. 「(耳炎).
o·ti·tis [outáitis] *n.* Ⓤ 〖醫〗 이염
o·to·lar·yn·go·l·o·gy[òutoulæ̀riŋgálədʒi/-gɔ́l-] *n.* Ⓤ 이(비)인후학.
o·tol·o·gy[outálədʒi/-ɔ́-] *n.* Ⓤ 이과의학(耳科醫學).
o·to·scope [óutəskòup] *n.* Ⓒ 〖醫〗 이경(耳鏡).

Ot·ta·wa[átəwə/ɔ́-] *n.* 오타와《캐나다의 수도》.
*__ot·ter__[átər/ɔ́-] *n.* (*pl.* **~s,** 《집합적》 ~) Ⓒ 〖動〗 수달; Ⓤ 수달피.
ótter tràwl 트롤망.
Ot·to·man[átəmən/ɔ́-] *a.* 터키(사람)의. ― *n.* (*pl.* **~s**) Ⓒ 터키 사람; (o-) (등널이 없는) 긴 소파.
O.U. Oxford University.
ouch[autʃ] *int.* 아야!
†**ought**[1][ɔ:t] *aux. v.* …해야만 하다; …하는 것이 당연하다; …하기로 되어 있다; …으로 정해져 있다.
ought[2] *n., ad.* =AUGHT[1].
ought[3] *n.* Ⓤ 《俗》 무(無), 영(零).
ought·n't[ɔ:tnt] ought not의 단축.
Oui·ja [wí:dʒə] *n.* Ⓒ 〖商標〗 위저《심령(心靈) 전달의 점판(占板)》.
‡**ounce**[auns] *n.* Ⓒ 온스《상형(常衡) $^1/_{16}$ pound, 금형(金衡) $^1/_{12}$ pound; 액량 《美》 $^1/_{16}$ [《英》 $^1/_{20}$] pint: 생략 oz.; *pl.* ozs》; (an ~) 소량.
†**our**[auər, ɑ:r] *pron.* 우리의.
†**ours**[auərz, ɑ:rz] *pron.* 우리의 것.
our·self[àuərsélf, ɑ:r-] *pron.* 짐〔나〕스스로《저자·군주·재판관 등의 자칭》.
†**our·selves**[àuərsélvz, ɑ:r-] *pron.* 우리 자신(을, 이, 에게).
-ous[əs] *suf.* 형용사 어미를 만듦; courage*ous,* fam*ous,* monstr*ous.*
ou·sel[ú:zəl] *n.* =OUZEL.
*__oust__[aust] *vt.* 내쫓다(*from, of*). **∠·er** *n.* Ⓤ,Ⓒ 추방; (불법 수단에 의한 재산) 탈취, 불법 몰수.
†**out**[aut] *ad.* ① 밖으로, 밖에; 떨어져서; 외출하여; 부재 중으로. ② 실직하여; 정권을 떠나서; 〖競〗 아웃되어. ③ 불화하여; 스트라이크 중에. ④ 벗어나서; 탈이 나서; 잘못되어; 못쓰게 되어. ⑤ (불이) 꺼져서. ⑥ 공개되어, 출판되어; 사교계에 나와; 나타나서; (꽃이) 피어; 탄로되어. ⑦ 완전히; 끝까지. ⑧ 큰 소리로. ⑨ 돈에 궁해서. ***be ~ for*** [***to*** do] …을 얻으려고〔하려고〕 애쓰다. ***down and ~*** 거덜이 나. ***~ and about*** (환자가) 외출할 수 있게 되어. ***~ and away*** 훨씬, 비길 데 없이. ***~ and ~*** 완전히, 철저히. ***~ of*** …의 안으로부터; …의 사이에서; …의 출신인; …의 범위 밖에; …이 없어서; 《재료》 …로; …에서; …때문에. ***~ there*** 저쪽에; 《俗》 싸움터에. ***~ to*** 열심히 하려고 하는. ― *a.* 밖의; 떨어진; 야당의; 〖野〗 수비측의; 유별난; 활동〔사용〕 중이 아닌. ― *n.* ① Ⓒ 지위〔세력〕을 잃은 사람; 못쓰게 된 것. ② (*sing.*) 《俗》 도피구, 변명. ③ Ⓒ 〖野〗 아웃. ***at*** [***on the***] ***~s*** 불화하여. ***from ~ to ~*** 끝에서 끝까지. ***make a poor ~*** 성공하지 못하다, 두드러지지 않다. ― *prep.* …을 통하여 밖으로; 《詩》 …으로부터, …에서. ― *vi.* 나타나다; 드러나다. ― *vt.* 쫓아내다; 《英俗》 죽이다; 〖野〗 아웃이 되게 하다; 〖拳〗 때려 눕히다. ― *int.* 나가, 꺼져.
out-[aut] *pref.* '밖의〔으로〕, …이상으로, …을 넘어, 보다 많이 …하는' 따위의 뜻: *out*door, *out*live.
out·age[áutidʒ] *n.* Ⓤ,Ⓒ (정전에 의한) 기계의 운전 정지; 정전.
óut-and-óut *a.* 완전한, 철저한. **~er** *n.* Ⓒ 《俗》 (어떤 성질을) 철저히 갖춘 사람〔물건〕, 전형; 극단으로 나가는〔끝까지 하는〕 사람.
òut·bálance *vt.* …보다 무겁다; …보다 낫다〔뛰어나다〕.
òut·bíd *vt.* (**-bid, -bade; -bid, -bidden; -dd-**) …보다 비싼 값을 매기다.
óut·bòard *a., ad.* 배 밖의〔에〕; 뱃전의〔에〕.
óutboard mótor 선외(船外) 발동기.
óut·bòund *a.* 외국행의.
òut·bóx *vt.* …보다 낫게 권투를 하다(outdo in boxing).
òut·bráve *vt.* 용감한 점에서 …보다 낫다; 용감히 (…에) 맞서다.
‡**óut·brèak** *n.* Ⓒ 발발; 폭동.
óut·bùilding *n.* Ⓒ (본채의) 부속 건축물, 딴채.
*__òut·búrst__ *n.* Ⓒ 폭발.
óut·càst *a.* (집·친구로 부터) 버림받은; 집 없는; 배척받은. ― *n.* Ⓒ 버림받은〔집 없는〕 사람, 추방자.
òut·cláss *vt.* …보다 고급이다〔낫다〕, (…을) 능가하다.
óut-còllege *a.* 《英》 대학 구내 밖에 사는; 대학 기숙사에 들지 않은.
‡**óut·còme** *n.* Ⓒ 결과.
óut·cròp *n.* Ⓒ (광맥의) 노출, 노두(露頭). ― [ㅅㄹ] *vi.* (**-pp-**) 노출하다.
*__óut·crỳ__ *n.* Ⓤ 부르짖음, (갑작스러운) 외침; 떠들썩함; 경매. ― [ㅅㄹ] *vt., vi.* …보다 큰 소리로 외치다; 야료하다; 큰 소리로 외치다.
òut·dáte *vt.* 시대에 뒤떨어지게 하다.
òut·dístance *vt.* 훨씬 앞서다《경주·경마에서》; 능가하다.
*__òut·dó__ *vt.* (**-did; -done**) …보다 낫다, 물리쳐 이기다.
‡**óut·dòor** *a.* 문 밖의.
‡**òut·dóors** *n., ad.* Ⓤ 문밖(에서, 으로). ~ ***man*** 옥외 생활〔운동〕을 좋아하는 사람.
‡**out·er**[áutər] *a.* 바깥(쪽)의, 외면의(opp. inner). ― *n.* 〖射擊〗 (표적판의) 과녁 밖. **~·mòst** *a.* 가장 밖의〔먼〕.
Óuter Hóuse 《Sc.》 (Edinburgh의 국회 의사당 안의) 단독 심리실 《Court of SESSION의 판사가 단독 심리함》.
óuter mán, the 풍채, 몸차림.
óuter spáce (대기권 밖의) 우주, 외계(外界).
óuter·wèar *n.* Ⓤ 《집합적》 겉옷; 외투.
òut·fáce *vt.* 노려보다; 꿈쩍도 않다; (…에게) 대담하게 대항하다.
*__óut·fìeld__ *n.* (the ~) ① 〖野·크리켓〗 외야. ② 《집합적》 외야수; 외진

곳의 밭. *~**er** *n.* Ⓒ 외야수.
:**óut·fit** *n.* Ⓒ ① (여행 따위의) 채비, 도구. ②《美口》(채광·철도 건설·목축 따위에 종사하는 사람들의) 일단. — *vt.* (**-tt-**) (…에게) 필수품을 공급하다, 채비를 차리다(*with*). — *vi.* 몸차림을 하다, 준비하다. ~**ter** *n.* Ⓒ 여행용품상.
òut·flánk *vt.* (적의) 측면을 포위하다[돌아서 후방으로 나가다]; (…을) 선수치다; 허를 찌르다.
óut·flòw *n.* Ⓤ 유출; Ⓒ 유출물.
òut·géneral *vt.* (《英》 **-ll-**) 전술로[작전으로] 이기다.
óut·gò *n.* (*pl.* **~es**) Ⓒ 경비, 지출(opp. income). — [⌐⌐] *vt.* 능가하다.
*__óut·gòing__ *a.* 나가는; 출발하는; 사교적인. — *n.* Ⓤ 나감; (*pl.*) 경비.
òut·grów *vt.* (**-grew; -grown**) ① (…에) 들어가지 못할 정도로 커지다. ② (…보다도) 커지다.
óut·gròwth *n.* Ⓒ 자연의 결과; 가지; 생장물; 성장.
óut·guàrd *n.* Ⓒ 〖軍〗 전초(outpost).
òut·guéss *vt.* (…을) 선수치다.
out-Her·od, -her·od[⌐hérəd] *vt.*《흔히 다음 구로》. ~ **Herod** 포학함이 헤롯 왕을 능가하다(⇨HEROD)《비슷한 구; *out-Lupin Lupin*(신출귀몰 하기가 뤼팽을 능가하다) 따위》.
óut·hòuse *n.* Ⓒ =OUTBUILDING; 옥외 변소.
*__out·ing__[⌐iŋ] *n.* Ⓒ 소풍.
out·laid[-léid] *v.* outlay의 과거(분사).
óut·lànder *n.* Ⓒ 외국인;《口》 국외자(局外者).
out·land·ish[àutlǽndiʃ] *a.* 이국풍(異國風)의; 색다른.
òut·lást *vt.* …보다 오래 계속되다[가다], …보다 오래 견디다.
*__out·law__[áutlɔ̀:] *n.* Ⓒ ① 법률의 보호를 빼앗긴 사람; 추방자(exile). ② 무법자; 상습범. — *vt.* (…로 부터) 법률의 보호를 빼앗다; 비합법으로 하다; 법률의 효력을 잃게 하다. ~·**ry** *n.* Ⓤ,Ⓒ 법익(法益) 박탈; 법률 무시.
*__óut·lày__ *n.* Ⓒ 지출; 경비. — [⌐⌐] *vt.* (**-laid**) 소비하다.
:**out·let**[⌐lèt] *n.* Ⓒ 출구(出口); 배출구; 판로.
:**out·line**[⌐làin] *n.* Ⓒ 윤곽; 약도(법); 대요; 개략; (종종 *pl.*) 요강. ***in*** ~ 윤곽만의; 대강의; 〖컴〗 테두리, 아우트라인. ***give an ~ of*** …의 대요를 설명하다. — *vt.* (…의) 윤곽을 그리다; 약술하다(sketch).
*__out·live__[àutlív] *vt.* …보다 오래 살다[계속하다·견디다].
:**out·look**[áutlùk] *n.* Ⓒ ① 전망(*on*); 예측(prospect)(*for*). ② 견지(*on*). ③ 망보기, 경계(lookout); 망루. 「떨어진; 외딴.
óut·lỳing *a.* 중심에서 떠난; 멀리
òut·machíne *vt.* 〖軍〗 기계 장비면에서 (적을) 능가하다.
òut·manéuver, 《英》 **-manoéuvre** *vt.* 책략으로 (…에게) 이기다.
òut·mátch *vt.* …보다 낫다, (…에게) 이기다.
out·mod·ed[⌐móudid] *a.* 시대에 뒤떨어진, 구식의.
óut·mòst *a.* 가장 밖의[먼].
òut·númber *vt.* …보다 수가 많다; 수에서 (…을) 능가하다.
òut-of-bóunds *a.* 〖競〗 아웃오브바운즈; 테두리를 넘은.
*__òut-of-dáte__ *a.* 시대에 뒤떨어진; 현재는 사용하지 않는.
óut-of-dóor *a.* =OUTDOOR.
óut-of-dóors *a.* =OUTDOORS. — *n., ad.* Ⓤ =OUTDOORS. 「않는.
óut-of-fócus *a.* 〖寫〗 핀트가 맞지
óut-of-pócket *a.* 현금 지불의 (~ *expenses* (경비중의) 현금지불 비용).
óut-of-prínt *a., n.* Ⓒ 절판된 (책).
óut-of-the-wáy *a.* 벽지의, 외딴; 특이한, 색다른.
óut·pàrty *n.* Ⓒ 야당.
óut·pàtient *n.* Ⓒ 외래 환자(cf. inpatient).
òut·perfórm *vt.* (기계·사람이) …보다 우수하다. 「우다.
òut·pláy *vt.* (경기에서) 이기다, 지
òut·póint *vt.* …보다 많이 득점하다; 〖요트〗 …보다 이물을 바람부는 쪽으로 돌려서 범주(帆走)하다.
óut·pòst *n.* Ⓒ 〖軍〗 전초(진지); 전진 거점.
out·pour[⌐pɔ̀:*r*] *n.* Ⓒ 유출(물). — [⌐⌐] *vt., vi.* 유출하다.
out·pour·ing[àutpɔ̀:riŋ] *n.* Ⓒ 유출(물); (*pl.*)(감정의) 분출[발로].
:**out·put**[⌐pùt] *n.* Ⓤ,Ⓒ ① 산출, 생산(고). ② 〖電·機〗 출력(出力). ③ 〖컴〗 출력《컴퓨터 안에서 처리된 정보를 외부 장치로 끌어내는 일; 또 그 정보》.
óutput dàta 〖컴〗 출력 데이터.
óutput devìce 〖컴〗 (인쇄기, VDU 등의) 출력 장치.
:**out·rage**[⌐rèidʒ] *n., vt.* Ⓤ,Ⓒ 폭행[모욕](하다); (법률·도덕 등을) 범하다; 난폭(한 짓을 하다).
*__out·ra·geous__[àutréidʒəs] *a.* 난폭한; 포악한, 괘씸한; 심한. ~·**ly** *ad.*
òut·rán *v.* outrun의 과거.
òut·ránk *vt.* …보다 윗 자리에 있다.
ou·tré[u:tréi] *a.* (F.) 상도를 벗어난; 이상[기묘]한.
òut·réach *vi., vt.* (…의) 앞까지 도달하다[미치다]; 펴다. 뻗치다. — *n.* Ⓤ,Ⓒ 뻗치기; 뻗친 거리.
òut·ríde *vt.* (**-rode; -ridden**) …보다 빨리[잘, 멀리] 타다; (배가 폭풍우를) 헤치고 나아가다.
óut·rìder *n.* Ⓒ 말탄 종자(從者)《마차의 전후[좌우]의》; 선도자(先導者)《경호 오토바이를 탄 경관 등》.
óut·rìgger *n.* Ⓒ (카누의 전복 방지용의) 돌출 부재(浮材); 돌출 노받이(가 있는 보트).
*__out·right__[⌐ràit] *a.* 명백한, 솔직

한; 완전한. ── [⌐⌐] *ad.* 철저히, 완전히; 명백히; 당장; 솔직하게.
òut·ríval *vt.* (《英》 *-ll-*) 지우다, 능가하다.
òut·róde *v.* outride의 과거.
***òut·rún** *vt.* (*-ran; -run; -nn-*) …보다 빨리 달리다; 달려 앞지르다; 달아나다; (…의) 범위를 넘다.
òut·séll *vt.* (*-sold*) …보다 많이〔비싸게〕 팔다.
***óut·sèt** *n.* (the ~) 착수, 최초.
òut·shíne *vt.* (*-shone*) …보다 강하게 빛나다; …보다 우수하다, 낫다.
†**out·side** [⌐sáid, ⌐⌐] *n.* (*sing.*) (보통 the ~) 바깥쪽; 외관; 극한. ***at the*** (***very***) ~ 기껏해야. ~ ***in*** 뒤집어서, 바깥쪽이 보이지 않아. ***those on the*** ~ 국외자. ── *a.* 바깥쪽〔외부〕의; 옥외의; 국외(局外)(자)의; 《口》 최고의. 극한에 달한. ── *ad.* 밖으로〔에〕; 문밖으로〔에서〕. ***be*** 〔***get***〕 ~ ***of*** 《美俗》 …을 양해〔이해〕하다; …을 마시다〔먹다〕. ~ ***of*** …의 바깥에〔으로〕. ── *prep.* …의 밖에〔으로, 의〕; …의 범위를 넘어서, …이외에; 《美口》 …을 제외하고 (except).
óutside bróadcast 스튜디오 밖에서의 방송.
***out·sid·er** [àutsáidər] *n.* Ⓒ ① 외부 사람; 국외자; 문외한; 초심자. ② 승산이 없는 말〔사람〕.
out·sit [àutsít] *vt.* (*-sat; -tt-*) (남보다) 오래 머무르다.
óut·sìze *a., n.* 특대의; Ⓒ 특대품.
out·skirts** [⌐skə̀ːrts] *n. pl.* (도시의) 변두리, 교외; 주변. ***on 〔***at, in***〕 ***the ~ of*** …의 변두리에.
òut·smárt *vt.* 《口》 …보다 약다〔수가 높다〕; (…을) 압도하다.
òut·spóken *a.* 솔직한, 숨김없이 말하는; 거리낌 없는.
òut·spréad *vt., vi.* (~) 펼치(어지)다. ── *a.* 펼쳐진.
òut·stánd *vi.* (*-stood*) 돌출하다, 뛰어나다.
:**òut·stánding** *a.* 눈에 띄는, 걸출한; 중요한; 돌출한; 미불(未拂)의; 미해결의.
óut·stàtion *n.* Ⓒ (본대에서 먼) 주둔지; (중심지에서 먼) 분견소〔지소〕, 출장소.
òut·stáy *vt.* …보다 오래 머무르다.
òut·stép *vt.* (*-pp-*) 도(度)를 넘다; 범하다; 지나치다.
***òut·strétched** *a.* 펼친, 뻗친.
òut·stríp *vt.* (*-pp-*) …보다 빨리 가다, 앞지르다; 능가하다.
óut-tráy *n.* Ⓒ (서류의) 기결함(函) (cf. in-tray).
óut·tùrn *n.* U,C 생산고, 산출액.
out·vie [⌐vái] *vt.* (…에) 경쟁해서 이기다.
òut·vóte *vt.* 표수로 (…에게) 이기다.
òut·wálk *vt.* …보다 멀리〔빨리, 오래〕 걷다; 앞지르다.
:**out·ward** [áutwərd] *a.* ① 밖으로 향하는〔가는〕; 바깥 쪽의; 표면의; 외면적인. ② 육체의. ***the ~ eye*** 육안. ***the ~ man*** 육체. ── *ad.* 바깥 쪽에〔으로〕. **~·ly** *ad.* 바깥 쪽으로〔에〕; 외면에; 외형상. **~s** *ad.* = OUTWARD.
óutward-bóund *a.* 외국행의.
out·wear [àutwέər] *vt.* (*-wore; -worn*) …보다 오래가다; 입어 해어뜨리다; 다 써버리다; (풍습 등을) 쇠퇴하게 하다.
òut·wéigh *vt.* …보다 무겁다; (가치·세력 등이) (…을) 능가하다.
òut·wít *vt.* (*-tt-*) (…의) 허를 찌르다, 선수치다.
òut·wóre *v.* outwear의 과거.
óut·wòrk *n.* ① Ⓒ 〖築城〗 외루(外壘). ② Ⓤ 밖에서 하는 일. ── [⌐⌐] *vt.* 일에서 (…를) 능가하다, 보다 일을 잘 〔빨리〕하다.
òut·wórn *v.* outwear의 과거분사. ── [⌐⌐] *a.* 입어서〔써서〕 낡은.
ou·zel [úːzəl] *n.* Ⓒ 〖鳥〗 (유럽산) 지빠귀의 무리《특히 blackbird》; 물까마귀.
o·va [óuvə] *n.* ovum의 복수.
***o·val** [óuvəl] *a., n.* Ⓒ 달걀 모양의 (것), 타원형의 (물건).
o·var·i·ot·o·my [ouvὲəriάtəmi/-ɔ́t-] *n.* Ⓤ 〖醫〗 난소 절제술.
o·va·ry [óuvəri] *n.* Ⓒ 난소; 〖植〗 씨방.
o·vate [óuveit] *a.* 〖生〗 달걀 모양의 (*an ~ leaf* 달걀꼴의 잎).
o·va·tion [ouvéiʃən] *n.* Ⓒ 대환영, 대갈채; 대인기.
:**ov·en** [ʌ́vən] *n.* Ⓒ 솥, (요리용) 화덕, 오븐; (난방·건조용) 작은 노(爐).
:**o·ver** [óuvər] *prep.* ① …의 위에. ② …을 덮어. ③ 온통. ④ …을 넘어서, …을 통하여. ⑤ …의 저쪽에. ⑥ …을 가로질러서. ⑦ 《시간·장소》 …중. ⑧ …의 위에, …을 지배하여. ⑨ …에 관하여(about). ⑩ …을 하면서. ⑪ …이상. ~ ***all*** 끝에서 끝까지. ── *ad.* ① 위에(above). ② 넘어서; 건너서; 저쪽에. ③ 거꾸로; 넘어져서. ④ 온통, 덮이어. ⑤ 가외로. ⑥ 끝나서. ⑦ 구석구석까지. ⑧ (어느 기간을) 통하여. ⑨ 통틀어. ⑩ 한번 더; 되풀이하여. ⑪ 《주로 복합어로》 너무나. ***all*** ~ 완전히 끝나서. ***all ~ with*** …은 완전히 절망적이어서; …은 만사 끝나서. ***It's all ~ with ~ ...*** (병 따위에서) 회복하다. ~ ***again*** 다시 한 번. ~ ***against*** …에 대〔면〕하여, …와 대조하여. ~ ***and above*** 그 밖에. ~ ***and*** ~ (***again***) 여러번 되풀이하여. ~ ***here*** 〔***there***〕 이〔저〕쪽에. ── *a.* 위의(upper); 끝의; 《보통 복합어로서》 상위의(~*lord*), 여분의(~*time*), 과도한(~*act*). ── *n.* Ⓤ 여분.
o·ver- [òuvər, ⌐─] *pref.* '과도로〔의〕, 여분의, 위의〔로〕, 밖의〔으로〕, 넘어서, 더하여, 아주' 따위의 뜻.
òver·abúndant *a.* 남아 돌아가는.
òver·áct *vt., vi.* 지나치게 하다; 과장하여 연기하다.

óver·áge *a.* 적령(適齡)을 넘은; 노후(老朽)한.

*__óver·àll__ *n.* (*pl.*)(가슴판이 붙은) 작업 바지; 《英》(의사·여자·아이의) 일옷, 덧옷. — *a.* 끝에서 끝까지의; 전반적인, 종합적인.

óverall pèace 전면 강화.

óver·anxíety *n.* Ⓤ 지나친 걱정.

òver·ánxious *a.* 지나치게 근심하는. **~ly** *ad.* **~ness** *n.*

òver·árch *vt., vi.* (…의) 위에 아치를 만들다; 아치형을 이루다; (…의) 중심이 되다, 전체를 지배하다.

óver·àrm *a.* 〖球技〗 (어깨 위로 손을 들어 공을) 내리던지는, 내리치는; 〖水泳〗 팔을 물 위로 내어 앞으로 쭉 뻗치는.

òver·áwe *vt.* 위압하다.

òver·bálance *vt.* …보다 균형을 잃게 하다. — *vi.* 넘어지다. — [⌐—⌐—] *n.* Ⓤ,Ⓒ 초과(량).

òver·béar *vt.* (**-bore; -borne**) 위압하다, 지배하다; 전복시키다. **~·ing** *a.* 거만한.

òver·bíd *vt.* (**-bid; -bid, -bid·den; -d·d-**) 에누리하다; (남보다) 비싼 값을 매기다. —[⌐—⌐] *n.* Ⓒ 비싼 값.

óver·blòuse *n.* Ⓒ 오버블라우스《스커트나 슬랙스 밖으로 내어 입음》.

òver·blówn *a.* 과도한; (폭풍 따위가) 멎은; (꽃이) 활짝 필 때를 지난.

*__óver·bòard__ *ad.* 배 밖으로, (배에서) 물 속으로; 《美》 열차에서 밖으로. ***throw* ~** 물속으로 내던지다; 《口》 저버리다, 돌보지 않다.

óver·brìdge *n.* Ⓒ 가도교(架道橋).

òver·brím *vt., vi.* (**-mm-**) 넘치(게 하)다.

òver·búrden *vt.* (…에게) 지나치게 적재(積載)하다〔지우다〕.

òver·búsy *a.* 지나치게 분주한.

*__òver·cáme__ *v.* overcome의 과거.

òver·cáreful *a.* 지나치게 조심하는〔마음을 쓰는〕.

*__òver·cást__ *vt.* (~) ① 구름으로 덮다; 어둡게 하다. ② 휘갑치다. — *a.* 흐린; 어두운; 음침한; 휘갑친.

òver·chárge *n., vt.* Ⓒ 엄청난 대금(을 요구하다); 엄청난 값; 적하(積荷) 초과; 짐을 지나치게 싣다; 과(過)충전(하다).

òver·clóud *vt., vi.* 흐리게 하다, 흐려지다; 어둡게 하다, 어두워지다; 침울하게 하다, 침울해지다.

:__óver·còat__ *n.* Ⓒ 외투. **~ing** *n.* Ⓤ 외투 감.

òver·cólor *vt.* 지나치게 채색하다; 지나치게 (기사를) 윤색하다; 과장하다.

:__òver·cóme__ *vt.* (**-came; -come**) ① 이겨내다, 극복하다; 압도하다. ② 《수동으로 써서》 지치다, 정신을 잃다(*by, with*).

óver·compensátion *n.* Ⓤ 〖精神分析〗 (약점을 감추기 위한) 과잉 보상.

òver·cónfidence *n.* Ⓤ 과신(過信), 자만심. **-cónfident** *a.*

òver·cóoked *a.* 너무 익힌〔삶은, 구운〕.

òver·cróp *vt.* (**-pp-**) 지나치게 경작하다, 작물을 너무 지어 피폐케 하다《토지를》.

*__òver·crówd__ *vt.* (사람을) 너무 많이 들여 넣다, 혼잡하게 하다. ***~ed** *a.* 초만원의.

òver·devélop *vt.* 과도하게 발달시키다; 〖寫〗 현상을 지나치게 하다.

òver·dó *vt.* (**-did; -done**) 지나치게 하다; 과장하다; 《보통 수동 또는 재귀적으로》 (몸 따위를) 너무 쓰다, 과로케 하다; 너무 삶다〔굽다〕. **~ *it*** 지나치게 하다; 과장하다. **~ *one-self*** 〔***one's strength***〕 무리를 하다.

óver·dòse *n.* Ⓒ 약의 적량(適量) 초과. — [⌐—⌐] *vt.* (…에) 약을 너무 많이 넣다〔먹이다〕.

óver·dràft, -dràught *n.* Ⓒ (은행의) 당좌 대월(當座貸越)(액)《예금자측에서 보면 차월(借越)》; (어음의) 초과 발행.

òver·dráw *vt.* (**-drew; -drawn**) (예금 등을) 초과 인출하다; (어음을) 초과 발행하다; 과장하다.

òver·dréss *vt., vi.* 옷치장을 지나치게 하다(*oneself*). — [⌐—⌐] *n.* Ⓒ (얇은 옷감으로 된) 윗도리.

òver·drínk *vt., vi.* (**-drank; -drunk**) 과음하다(*oneself*).

òver·dríve *vt.* (**-drove; -driven**) (사람·동물을) 혹사하다. — [⌐—⌐] *n.* Ⓒ 〖機〗 오버드라이브, 증속 구동(增速驅動).

òver·dúe *a.* (지불) 기한이 지난; 「연착한.

óver·èager *a.* 지나치게 열심인, 너무 열중하는.

*__òver·éat__ *vt., vi.* (**-ate; -eaten**) 과식하다(*oneself*).

òver·émphasize *vt., vi.* 지나치게 강조하다.

òver·emplóyment *n.* Ⓤ 과잉고용.

òver·éstimate *vt.* 과대 평가하다; 높이 사다. **-estimátion** *n.* Ⓤ 과대 평가.

òver·excíte *vt.* 지나치게 자극하다〔흥분시키다〕.

òver·expóse *vt.* 〖寫〗 지나치게 노출하다. **-expósure** *n.* Ⓤ,Ⓒ 노출 과도.

óver·fàll *n.* Ⓒ 단조(湍潮)《바닷물이 역류에 부딪쳐 생기는 해면의 물보라 파도》; (운하·수문의) 낙수하는 곳.

òver·fatígue *vt.* 과로케 하다. — *n.* Ⓤ 과로.

òver·féed *vt., vi.* (**-fed**) (…에) 과하게 먹(이)다.

òver·fíll *vt.* 지나치게 넣다.

óver·flìght *n.* Ⓒ (어느 지역의) 상공 비행, 《특히》 영공 침범.

:__òver·flów__ *vt.* (강 등이) 범람하다; (물 등) (…에서) 넘치다; (…에) 다 못들어가 넘치다. — *vi.* 범람하다; 넘치다; 넘칠 만큼 많다(*with*). — [⌐—⌐] *n.* Ⓤ 범람; Ⓒ 충만; Ⓒ 배수로; Ⓒ 〖컴〗 넘침《연산결과 등이 계산기의 기억·연산단위 용량보다 커

짐). **~ing** *a.* 넘쳐 흐르는, 넘칠 정도의.

o·ver·ful·fill, 《英》 **-fil**[-fulfíl] *vt.* (표준) 이상으로 생산하다.

o·ver·ground [óuvərgràund] *a.* 지상의. ***be still*** ~ 아직 살아 있다.

òver·grów *vt.* (***-grew; -grown***) (풀이) 만연하다; 너무 자라다; …보다도 커지다. — *vi.* 너무 커지다.

óver·gròwth *n.* Ⓒ 전면에 난 것; Ⓤ,Ⓒ 과도 성장; 무성.

óver·hànd *a., ad.* 〖野〗 내리던지는, 내리던져서; 〖水泳〗 손을 물 위로 쭉 뻗는〔뻗어서〕; 휘갑치는, 휘갑쳐서. — *vt.* 휘갑치다.

òver·háng** *vt.* (-hung***) (…의) 위에 걸치다; 닥쳐서 불안케 하다, 위협하다. — *vi.* 덮치다; 절박하다. — [⌐—⌐] *n.* Ⓒ 쑥 내밂; 쑥 내민 것〔부분〕.

***o·ver·haul**[òuvərhɔ́:l] *vt.* (수리하려고) 분해 검사하다; 〖海〗 (삭구를) 늦추다. — [⌐—⌐] *n.* Ⓤ,Ⓒ 분해 검사.

:òver·héad *ad.* 위로 (높이); 상공에; 위층에. — [⌐—⌐] *a.* 머리 위의, 고가(高架)의; 전반적인, 일반의. — [⌐—⌐] *n.* Ⓒ ① (~(s)) 〖商〗 간접비, 제경비. ② 〖컴〗 부담.

:o·ver·hear[-híər] *vt.* (***-heard*** [-hə́:rd]) 도청하다; 엿듣다.

òver·héat *vt., vi.* 너무 뜨겁게 하다, 과열시키다〔하다〕.

òver·indúlge *vt., vi.* 지나치게 방임하다; 방종하게 굴다.

òver·inflátion *n.* Ⓤ 극단적으로 부풀게 함; 극단적인 통화 팽창.

óver·ìssue *n.* Ⓒ (지폐·어음 등의) 남발, 한외(限外) 발행.

òver·jóy *vt.* 매우 기쁘게 하다, 미칠듯이 기쁘게 하다. ***be ~ed*** (…에) 미칠 듯이 기뻐하다(*at, with*). **~ed** *a.* 대단히 기쁜.

óver·kìll *n.* Ⓤ (핵무기의) 과잉 살상력.

òver·kínd *a.* 지나치게 친절한.

òver·lábor *vt.* 일을 너무 시키다; (…에) 너무 공들이다.

òver·láden *a.* 짐을 지나치게 실은.

***óver·lànd** *ad.* 육로로〔를〕, 육상으로〔을〕. — *a.* 육로의.

o·ver·lap**[òuvərlǽp] *vt., vi.* (-pp-***) (…에) 겹치(어 지)다; 일부분이 일치하다, 중복하다. — [⌐—⌐] *n.* Ⓤ,Ⓒ 겹침; 중복 (부분); 〖映〗 오버랩《한 장면을 다음 장면과 겹치는 일》; 〖컴〗 겹침. **~·ping** *n.* 〖컴〗 겹치기.

òver·láy *vt.* (***-laid***) 겹치다; (장식을) 달다; 압도하다. — [⌐—⌐] *n.* Ⓒ 덮개, 씌우개; 덧장식; 〖컴〗 오버레이(~ ***structure*** 오버레이 구조).

óver·lèaf *ad.* (종이의) 뒷 면에; 다음 페이지에.

òver·léap *vt.* (***~ed, -leapt***) 뛰어넘다; 빠뜨리다, 생략하다. ***~ oneself*** 지나치게 하여 실패하다.

òver·líe *vt.* (***-lay; -lain***) (…의) 위에 눕다, (…의) 위에서 자다; (어린아이 위에) 덮쳐서 질식시키다.

***òver·lóad** *vt.* 짐을 과하게 싣다. — [⌐—⌐] *n.* Ⓒ 과중한 짐; 〖컴〗 과부하.

:o·ver·look[òuvərlúk] *vt.* 내려다보다, 바라보다; 빠뜨리고 보다; 눈감아주다; 감독하다; …보다 높은 곳에 있다; (…을) 넘어 저쪽을 보다.

óver·lòrd *n.* Ⓒ (군주 위의) 대군주(大君主).

o·ver·ly[-li] *ad.* 《美·Sc.》 과도하게, 지독하게.

ò·ver·mán *n.* Ⓒ 직공장(foreman); (탄광의) 갱내 감독.

òver·máster *vt.* 압도하다; (…에) 이겨내다.

òver·mátch *vt.* …보다 낫다.

óver·múch *a., ad.* 과다(한); 과도(하게). — *n.* Ⓤ 과도, 과잉.

***òver·níght** *ad.* 밤새도록; 전날 밤에. — [⌐—⌐] *a.* 밤중에 이루어지는〔일어나는〕; 전날 밤의; 밤을 위한. — [⌐—⌐] *n.* Ⓒ 《口》 일박(一泊) 허가증; Ⓤ 《古》 전날 밤.

óvernight bág 〔**cáse**〕 작은 여행용 가방.

óvernight pòll 심야 여론조사《TV 프로그램의 방영 후 시청자의 반응을 확인하는》.

òver·páss *vt.* (***~ed, -past***) 넘다 (pass over); 빠뜨리다; 못보고 넘기다; 능가하다. — [⌐—⌐] *n.* Ⓒ 육교, 구름다리; 고가 도로〔철도〕.

òver·páy *vt.* (***-paid***) (…에) 더 많이 지불하다. **~ment** *n.*

òver·péopled *a.* 인구 과잉의.

òver·pláy *vt.* 과장하여 연기하다; 보다 잘 연기하다; 과장해서 말하다.

óver·plùs *n.* Ⓒ 여분.

òver·pópulated *a.* 인구 과잉의.

òver·populátion *n.* Ⓤ 인구 과잉.

***òver·pówer** *vt.* ① (…으로) 이겨내다; 압도하다. ② 깊이 감동시키다, 못견디게 하다. **~ing** *a.* 압도적인, 저항할 수 없는.

***òver·prodúction** *n.* Ⓤ 생산 과잉.

óver·próof *a.* 표준량《보통 50%》 이상으로 알코올을 함유한.

òver·ráte *vt.* 과대 평가하다.

òver·réach *vt.* 속이다; 지나쳐 가다; 퍼지다; 두루 미치다. ***~ oneself*** 몸을 지나치게 뻗다; 무리가〔책략이〕 지나쳐서 실패하다.

òver·ríde *vt.* (***-rode; -ridden***) (장소를) 타고 넘다; 짓밟다; 무시하다; 무효로 하다, 뒤엎다; 이겨내다; (말을) 타서 지치게 하다.

óver·rípe *a.* 너무 익은.

òver·rúle *vt.* 위압〔압도〕하다; (의론·주장 등을) 뒤엎다, 무효로 하다; 각하하다.

òver·rún** *vt.* (-ran; -run; -nn-***) (…의) 전반에 걸쳐 퍼지다; (잡초 등이) 무성하다; (…을) 지나쳐 달리다; 초과하다; (강 등이) (…에) 범람하다. —[⌐—⌐] *n.* Ⓒ 만연, 무성; 잉여.

óver·séa(s)** *ad.* 해외로, 외국으로. — *a.* 해외(에서)의; 외국의; 외국으로 가는. ~ ***Koreans 〔***Chinese***〕

해외 교포〔화교〕.
òver·sée *vt.* (*-saw; -seen*) 감독하다; 몰래〔흘끗〕 보다. **óver·sèer** *n.* Ⓒ 감독자.
òver·séll *vt.* (*-sold*) 지나치게 팔다; (주식·상품 등을) 차금매매(差金賣買)하다.
òver·sét *vt., vi.* (~; *-tt-*) 뒤엎다, 뒤집히다; 타도하다. ── [ˊ-ˋ] *n.* Ⓒ 전복, 타도.
òver·séxed *a.* 성욕 과잉의.
*__òver·shádow__ *vt.* (…에) 그늘지게 하다; 무색하게 만들다.
*__óver·shòe__ *n.* (보통 *pl.*) 오버슈즈, 방한〔방수〕용 덧신.
òver·shóot *vt.* (*-shot*) (과녁을) 넘겨 쏘다; …보다 높게〔멀리〕 쏘아 실패하다. ── *vi.* 지나치게 멀리 날아가다. ~ *oneself* 〔*the mark*〕 지나치게 하다; 과장하다. ── [ˊ-ˋ] *n.* 지나침(으로 인한 실패); 〖컴〗 오버슈트.
òver·shót *v.* overshoot의 과거(분사). ── [ˊ-ˋ] *a.* (물레방아가) 상사식(上射式)의; 위턱이 쑥 나온.
óver·sìght *n.* Ⓤ,Ⓒ 빠뜨림, 실수; Ⓤ 감독. *by* (*an*) ~ 까딱 실수하여.
òver·símplify *vt.* (…을) 지나치게 간소화하다.
óver·sìze *a.* 너무 큰, 특대의. ── *n.* Ⓒ 특대형(의 것).
óver·skìrt *n.* Ⓒ 겉 스커트, (스커트 겉에 입는) 반스커트.
*__òver·sléep__ *vi., vt.* (*-slept*) 지나치게 자다(*oneself*).
óver·spìll *n.* Ⓒ 흘러떨어진 것, 넘쳐나온 것; (대도시에서 넘치는) 과잉 인구.
*__òver·spréad__ *vt., vi.* (~) 전면에 펴다〔퍼지다〕; 덮다.
òver·stáff *vt.* (…에) 필요 이상의 직원을 두다.
òver·státe *vt.* 허풍을 떨다, 과장하다.
òver·stáy *vt.* (…보다) 너무 오래 머무르다.
òver·stép *vt.* (*-pp-*) 지나치다, 한도를 넘다.
òver·stóck *vt.* 지나치게 공급하다〔사들이다〕. ── [ˊ-ˋ] *n.* Ⓤ 공급〔재고〕 과잉.
òver·stráin *vt.* 너무 팽팽하게 하다, 너무 긴장시키다; 무리하게 사용하다. ── [ˊ-ˋ] *n.* Ⓤ 지나친 긴장〔노력〕; 과로.
òver·strúng *a.* 지나치게 긴장한, 신경 과민의.
òver·stúffed *a.* (의자 따위) 두껍게 속을 채워 넣은.
òver·subscríbe *vt., vi.* 모집액 이상으로 신청하다《공채 등을》.
òver·supplý *vt.* 지나치게 공급하다. ── [ˊ--ˋ] *n.* Ⓤ 공급 과잉.
o·vert[óuvəːrt, -ˊ] *a.* 명백한; 공공연한(opp. covert). **~·ly** *ad.* 명백히, 공공연히.
‡**o·ver·take**[òuvərtéik] *vt.* (*-took; -taken*) ① (…에) 뒤따라 미치다. ② (폭풍·재난이) 갑자기 덮쳐오다.
òver·tásk *vt.* (…에) 무리한 일을 시키다; 혹사하다.
òver·táx *vt.* (…에) 중세(重稅)를 과하다; (…에) 과중한 짐〔부담〕을 지우다.
óver-the-cóunter *a.* 〖證〗 장외 거래의; 〖藥〗 의사 처방이 필요 없이 팔리는《약 따위》.
‡**o·ver·throw** [òuvərθróu] *vt.* (*-threw; -thrown*) ① 뒤집어엎다. ② 타도하다; (정부·국가 등을) 전복시키다; 폐지하다. ── [ˊ-ˋ] *n.* Ⓒ 타도, 전복; 파괴.
*__óver·tìme__ *n.* Ⓤ 정시외 노동 시간, 잔업 시간; 초과 근무. ── *a., ad.* 정시 외의〔에〕. ── [ˋ-ˊ] *vt.* (…에) 시간을 너무 잡다.
òver·tíre *vt., vi.* 과로시키다〔하다〕.
óver·tòne *n.* Ⓒ 〖樂〗 상음(上音)(opp. undertone); 배음(倍音).
*__o·ver·took__[òuvərtúk] *v.* overtake의 과거.
òver·tóp *vt.* (*-pp-*) (…의) 위에 치솟다; 능가하다.
òver·tráin *vt., vi.* 지나치게 훈련하다〔훈련하여 건강을 해치다〕.
*__o·ver·ture__[óuvərtʃər, -tʃùər] *n.* Ⓒ 〖樂〗 서곡; (보통 *pl.*) 신청, 제안.
‡**o·ver·turn**[òuvərtə́ːrn] *vt., vi.* 뒤엎다, 뒤집히다; 타도하다. ── [ˊ-ˋ] *n.* Ⓒ 전복, 타도, 파멸.
òver·úse *vt.* 과용하다. ── [ˊ-jùːs] *n.* Ⓤ 과용, 혹사, 남용.
òver·válue *vt.* 지나치게 평가〔존중〕하다.
óver·vìew *n.* Ⓒ 개관(槪觀).
òver·wátch *vt.* 망보다, 감시하다.
o·ver·ween·ing[-wíːniŋ] *a.* 뽐내는, 교만한.
òver·wéigh *vt.* (…보다) 무겁다〔중요하다〕; 압도하다.
*__óver·wèight__ *n.* Ⓤ 초과 중량, 과중. ── [ˋ-ˊ] *a.* 중량을 초과한. ── *vt.* 지나치게 싣다; 부담을 지나치게 지우다.
‡**o·ver·whelm** [òuvərhwélm] *vt.* ① (큰 파도나 홍수가) 덮치다, 물에 잠그다. ② 압도하다. ③ (마음을) 꺾다. * **~·ing** *a.* 압도적인; 저항할 수 없는. **~·ing·ly** *ad.*
o·ver·win·ter[-wíntər] *vi.* 겨울을 지내다.
òver·with·hóld *vt.* 《美》 (세금)을 초과하여 원천징수하다.
‡**òver·wórk** *vt.* (*~ed, -wrought*) ① 지나치게 일을 시키다; 과로시키다. ② (…에) 지나치게 공들이다. ── *vi.* 지나치게 일하다; 과로하다. ── [ˊ-ˋ] *n.* Ⓤ 과로; 초과 근무.
òver·wríte *vt., vi.* (*-wrote; -written*) 너무 쓰다; 다른 문자 위에 겹쳐서 쓰다. ── *n.* 〖컴〗 겹쳐쓰기《이전의 정보는 소멸》.
òver·wróught *v.* overwork의 과거(분사). ── *a.* 《古》 지나치게 일한; 《古》 과로한; 흥분한; 지나치게 공들인.
òver·zéalous *a.* 지나치게 열심인.
o·vi-[óuvi, -və] 'egg' 의 뜻의 결합사.

Ov·id[ávid/ɔ́-] *n.* (43 B.C.-A.D. 17?) 로마의 시인.
o·vi·duct[óuvədʌ̀kt] *n.* Ⓒ 수란관(輸卵管), 난관.
o·vi·form[óuvəfɔ̀:rm] *a.* 난형(卵形)의.
o·vip·a·rous[ouvípərəs] *a.* 난생(卵生)의.
o·vi·pos·i·tor[òuvəpázitər/-ɔ́-] *n.* Ⓒ 〖蟲〗 (곤충의) 산란관.
o·void[óuvɔid] *a., n.* Ⓒ 난형의 (것); 난형체.
o·vu·lar[óuvjulər] *a.* 밑씨의; 난자의.
o·vu·late[óuvjulèit] *vi.* 배란(排卵)하다.
o·vule [óuvju:l] *n.* Ⓒ 〖動〗 난자; 〖植〗 밑씨.
o·vum [óuvəm] *n.* (*pl.* ***ova***) Ⓒ 〖生〗 난자, 알.
:**owe**[ou] *vt.* ① 빚지고 있다. ② 은혜를 입고 있다(*to*). ③ (사은(謝恩)·사죄·원한 등의 감정을) 품다. — *vi.* 빚이 있다(*for*).
Ow·en[óuən], **Robert**(1771-1858) 영국의 사회 개혁자. **~·ism**[-ìzəm] Ⓤ 공상적 사회주의.
OWI, O.W.I. Office of War Information 《美》 전시 정보국.
:**ow·ing**[óuiŋ] *a.* 빚지고 있는; 지불해야 할(due). ~ ***to*** …때문에, …로 인하여.
:**owl**[aul] *n.* Ⓒ ① 올빼미. ② 젠 체하는 사람. ③ 밤을 새우는 사람, 밤에 나다니는 사람. **∠·et** *n.* Ⓒ 올빼미 새끼; 작은 올빼미. **∠·ish** *a.* 올빼미 비슷한; 점잔 뺀 얼굴을 한.
ówl·lìght *n.* Ⓤ 황혼, 땅거미, 희미한 빛.
†**own**[oun] *a.* ① 자기 자신의, 그것의. ② 독특한. ③ (혈연 관계가) 친(親)인(real). ***be one's ~ man*** 〔***master***〕 자유의 몸이다, 남의 지배를 받지 않다. ***get one's ~ back*** 앙갚음하다(*on*). — *n.* Ⓒ 자기〔그〕 자신의 것〔사람〕. ***come into one's ~*** (당연한 권리로) 자기의 것이 되다; 정당한 신용〔성공〕을 얻다. ***hold one's ~*** 자기의 입장을 지키다, 지지 않다. ***my ~*** 《호칭》 애야, 아야 (착한 애구나). ***on one's ~*** 《口》 자기가, 자기의 돈〔책임〕으로, 혼자 힘으로. — *vt.* ① 소유하다. ② 승인하다; 자백하다; 자기의 것으로 인정하다. — *vi.* 자백하다(*to*). ~ ***up*** 모조리〔깨끗이〕 자백하다.
:**own·er** [óunər] *n.* Ⓒ 임자, 소유자. **~·less** *a.* 임자 없는. ***~·ship** [-ʃìp] *n.* Ⓤ 임자임; 소유(권).
ówner-drìver *n.* Ⓒ 오너드라이버 《자가용차를 소유하고 있는 운전자》.
ówn gòal 〖蹴〗 자살 골; 자신에게 불리한 행동〔일〕.
:**ox**[ɑks/ɔ-] *n.* (*pl.* ***~en***) Ⓒ (특히 거세한) 수소, 소(속(屬)의 동물).
Ox. Oxford(shire).
ox·al·ic[ɑksǽlik/ɔk-] *a.* 괭이밥의, 괭이밥에서 채취한.
oxálic ácid 수단(蓚酸).
ox·a·lis[áksəlis/ɔ́-] *n.* Ⓒ 〖植〗 괭이밥.
ox·bow[∠bòu] *n.* Ⓒ 《美》 (소의) 멍에; (강의) U자형 물굽이.
Ox·bridge[áksbridʒ/ɔ́-] *n., a.* Ⓤ 《英》 Oxford 대학과 Cambridge 대학(의); 일류 대학(의).
óx·càrt *n.* Ⓒ 우차, 달구지.
ox·en[∠ən] *n.* ox의 복수.
óx·èye *n.* Ⓒ 데이지, 프랑스 국화; (사람의) 왕방울 눈. **~d**[-d] *a.* (소같이) 눈이 큰, 아름다운 눈의.
óxeye dáisy 프랑스 국화(菊花).
Oxf. Oxford(shire).
***Ox·ford**[áksfərd] *n.* ① 영국 남부의 도시; 옥스퍼드 대학. ② Ⓒ (보통 o-) (*pl.*) =∠ **shóes** (끈 매는 보통의) 신사용 단화. ③ Ⓤ (o-) 진회색 《Oxford gray라고도 함》.
Óxford bágs 《英》 통 넓은 바지.
Óxford blúe 감색(紺色).
Óxford mòvement, the 옥스퍼드 운동《1833년경부터 Oxf.대학에서 일어난 가톨릭 교의 재흥(教義再興) 운동》.
Ox·ford·shire[áksfərdʃìər, -ʃər/ɔ́-] *n.* 잉글랜드 남부의 주《생략 Oxon.》.
ox·hide[∠hàid] *n.* Ⓤ 쇠가죽.
ox·i·dant[áksədənt/ɔ́-] *n.* Ⓒ 〖化〗 옥시던트, 산화체, 강산화성 물질.
ox·i·date [áksədèit/ɔ́-] *v.* =OXIDIZE.
ox·i·da·tion[àksədéiʃən/ɔ̀-] *n.* Ⓤ 〖化〗 산화(酸化).
***ox·ide**[áksaid/ɔ́-], **ox·id**[-sid] *n.* Ⓤ,Ⓒ 〖化〗 산화물.
ox·i·dize**[áksədàiz/ɔ́-] *vt., vi.* 〖化〗 산화시키다〔하다〕; 녹슬(게 하)다. ***~d silver 그을린 은. **-di·za·tion** [àksədizéiʃən/ɔ̀ksədai-] *n.* Ⓤ 산화.
ox·lip[áksllìp/ɔ́-] *n.* Ⓒ 앵초(櫻草)의 일종.
Oxon. Oxfordshire; *Oxinia* (L.= Oxford, Oxfordshire); Oxonian.
Ox·o·ni·an[ɑksóuniən/ɔ-] *a., n.* Ⓒ Oxford (대학)의 (학생, 출신자).
óx·tàil *n.* Ⓤ,Ⓒ 쇠꼬리《수프재료》.
ox·ter[ákstər/ɔ́-] *n., vt.* Ⓒ 《Sc.》 겨드랑(에 끼다).
ox·y·a·cet·y·lene[àksiəsétəli:n/ɔ̀-] *a.* 산소 아세틸렌의. ~ ***blowpipe*** 〔***torch***〕 산소 아세틸렌 용접기.
ox·y·ac·id [áksiǽsid/ɔ́k-] *n.* Ⓤ 〖化〗 산소산.
:**ox·y·gen** [áksidʒən/ɔ́-] *n.* Ⓤ 〖化〗 산소.
ox·y·gen·ate [áksidʒənèit/ɔ́k-], **-gen·ize**[-dʒənàiz] *vt.* 〖化〗 산소로 처리하다; 산화시키다. **-gen·a·tion**[⌒--éiʃən] *n.* Ⓤ 산소 처리법; 산화.
óxygen dèbt 〖醫〗 산소채(債).
óxygen màsk 〖空〗 산소 마스크.
óxygen tènt 〖醫〗 산소 텐트.
ox·y·h(a)em·o·glo·bin [àksihí:məglòubin/ɔ̀k-] *n.* Ⓤ 〖生〗 산소 헤모글로빈.
ox·y·hy·dro·gen[àksiháidrədʒən/ɔ̀k-] *a.* 〖化〗 산수소의. ~ ***torch*** 〔***blowpipe***〕 산수소 용접기.

O

ox·y·mo·ron [àksimɔ́:rɑn/ɔ̀ksimɔ́:rɔn] *n.* Ⓒ 〖修〗 모순 형용법《보기: *cruel kindness, thunderous silence, etc.*》.
o·yes, o·yez [óujes, -jez] *int.* 들어라!; 조용히!《광고인 또는 법정의 서기가 포고(布告)를 읽기 전에 세 번 반복하여 외치는 소리》.
:oys·ter [ɔ́istər] *n.* Ⓒ 〖貝〗 굴.
óyster bèd 〔**bànk, fàrm, fìeld**〕 굴 양식장.
óyster cràb (굴 껍질에 공생(共生)하는) 속살이(게).
óyster cùlture 〔**fàrming**〕 굴 양식(업).
óyster mìne 수압 기뢰(機雷)《배가 통과하면 수압으로 폭발함》.
óyster plànt 〖植〗 선모(仙茅).
·oz. ounce(s).
o·zone [óuzoun, —́] *n.* Ⓤ 〖化〗 오존; 《口》 신선한 공기. **o·zo·nif·er·ous** [òuzouníf*ə*rəs] *a.* 오존을 함유한.
ózone alèrt 오존 경보.
ózone làyer 오존층.
o·zon·er [óuzənər] *n.* Ⓒ 《美俗》 야외 광장, (특히) 차를 탄 채로 들어가는 극장.
ózone shìeld (특히 강렬한 태양 광선을 흡수하는) 오존층.
o·zon·ize [óuzənàiz] *vt.* 오존으로 처리하다; (산소를) 오존화하다. **-iz·er** *n.* Ⓒ 오존 발생기〔관(管)〕. **-i·za·tion** [⌐—izéiʃ*ə*n/-ai-] *n.* Ⓤ 오존화.
o·zo·no·sphere [ouzóunəsfiər] *n.* (the ~) 〖氣〗 오존층.
ozs. ounces.

P

P, p [pi:] *n.* (*pl.* ***P's, p's*** [-z]) Ⓒ P자 모양의 것. ***mind one's p's and q's*** 언행을 조심하다.
P phosphorus; 〖數〗 probability. **p.** page; participle; past; penny; pint; population. ***p.*** 〖樂〗 *piano*[2]. **P.A., P/A** power of attorney; private account. **Pa** 〖化〗 protactinium. **Pa.** Pennsylvania. **p.a.** participial adjective; PER annum.
pa [pɑ:] *n.* 《口》 =PAPA.
PAA Pan-American World Airways.
Pab·lum [pǽbləm] *n.* 〖商標〗 유아용 식품 이름; Ⓒ (p-) 무미건조한 책, 유치한 사상.
pab·u·lum [pǽbjələm] *n.* Ⓤ 영양(물); 음식; 마음의 양식.
PAC Political Action Committee. **P.A.C.** Pan-American Congress. **Pac.** Pacific. **PACAF** 〖美軍〗 Pacific Air Forces.
:pace [peis] *n.* Ⓒ ① 한 걸음(step); 보폭(步幅)《약 2.5 피트》. ② 걸음걸이; 보조; 걷는 속도, 진도; (생활·일의) 페이스, 속도. ③ (말의) 측대보(側對步)《한 쪽 앞 뒷다리를 동시에 드는 걸음걸이》. ***go at a good ~,*** or ***go*** 〔***hit***〕 ***the ~*** 대속력으로〔상당한 속도로〕 가다; 난봉 피우다, 방탕하게 지내다(cf. GO it). ***keep ~ with*** …와 보조를 맞추다; …에 뒤지지 않도록 하다. ***put a person through his ~s*** 아무의 역량을 시험해 보다. ***set*** 〔***make***〕 ***the ~*** 보조를 정하다; 정조(整調)하다; 모범을 보이다(*for*). — *vt.* ① (규칙 바르게) …을 걸어 다니다. ② 보측(步測)하다(*out*). ③ 보조를 바르게 하다. — *vi.* ① 보조 바르게 걷다. ② (말이) 일정한 보조로 달리다.
páce·màker *n.* Ⓒ 보조 조절자; 《一般》 지도자; 주동자; 〖醫〗 페이스메이커《전기의 자극으로 심장의 박동을 계속시키는 장치》; 〖解〗 박동원(搏動原).
páce·sètter *n.* Ⓒ 보조 조절자; 《一般》 지도자, 주동자(⇧).
pa·cha [pɑ́:ʃə] *n.* =PASHA.
pach·y·derm [pǽkidə:rm] *n.* Ⓒ 후피(厚皮)동물《코끼리·하마 따위》; 둔감한 사람.
:pa·cif·ic [pəsífik] *a.* ① 평화의〔를 사랑하는〕; 온화한; 화해적인. ② (P-) 태평양(연안)의. ***the P-*** (***Ocean***) 태평양.
pa·cif·i·cate [pəsífikèit] *vt.* = PACIFY.
pac·i·fi·ca·tion [pæ̀səfəkéiʃ*ə*n] *n.* Ⓤ 강화 (조약); 화해; 진압.
Pacífic Rím, the 환태평양.
Pacífic (**Stándard**) **Tìme** (미국의) 태평양 표준시.
pac·i·fi·er [pǽsəfàiər] *n.* Ⓒ 달래는 사람〔것〕, 조정자; (고무) 젖꼭지.
pac·i·fism [pǽsəfìzəm] *n.* Ⓤ 평화주의, 반전론. ***-fist** *n.* Ⓒ 평화주의자.
·pac·i·fy [pǽsəfài] *vi.* ① 달래다, 가라앉히다. ② 평화를 수립하다.
:pack[1] [pæk] *n.* Ⓒ ① 꾸러미, 다발, 묶음, 짐짝. ② (담배의) 갑; (카드의) 한 벌《52 장》. ③ (악한 등의) 일당; (사냥개·사냥감의) (한) 떼. ④ 총빙(叢氷), 큰 성엣장 떼. ⑤ (조직화된) 일단, 전함대(戰艦隊). ⑥ 〖醫〗 습포(濕布), 찜질(하기); (미용술의) 팩. ⑦ 〖컴〗 압축《자료를 압축시키는 일》. ***in ~s*** 떼를 지어. — *vt.* ① 싸다, 꾸리다, 포장하다(*up*). ② (과일·고기 따위를) 포장〔통조림으로〕하다. ③ 가득 채우다(*with*); 채워 넣다; 패킹하다. ④ (말 따위에) 짐을 지우다. ⑤ 《美口》 (포장하여) 운반하다. ⑥ 〖컴〗 압축하다. — *vi.* ① 짐을 꾸리다, 짐이 꾸려지다, 포장되다.

② (짐을 꾸려 가지고) 나가다. ~ ***off*** 내쫓다; 급히 나가다. ***send a person ~ing*** 아무를 해고하다, 쫓아내다. ***´~·er*** *n.* Ⓒ 짐 꾸리는 사람; 포장꾼[업자]; 통조림업자; 《美》 식료품 포장 출하(出荷)업자.

pack² *vt.* (위원 등을) 자기편 일색으로 구성하다.

†**pack·age**[´-idʒ] *n., vt.* ① Ⓤ 짐꾸리기, 포장(하다). ② Ⓒ 꾸러미, 짐. ③ Ⓒ (포장용) 상자. ④ Ⓒ 〖컴〗 패키지《범용(凡用) 프로그램》. **~(*d*) *tour*** (여행사 주최의) 비용 일체를 한 목에 내고 하는 여행(all-expense tour).

páckage dèal 일괄 거래.

páckage stòre 《美》 주류 소매점 《가게에서는 마실 수 없는》. 「말.

páck ànimal 짐 나르는 짐승, 짐

pácked lúnch (점심) 도시락.

***pack·et**[pǽkit] *n.* Ⓒ ① 소포; (작은) 묶음. ② =~ **bòat** 우편선, 정기선. ③ 《英俗》 (투기 등에서 번[잃은]) 상당한 금액; 일격, 강타. ④ 〖컴〗 패킷. ***buy* [*catch, get, stop*] *a* ~** 《英俗》 총알에 맞다; 갑자기 변을 당하다.

pácket swìtching 〖컴〗 다발 엇바꾸기[전환하기, 교환기].

páck·hòrse *n.* Ⓒ 짐말, 복마.

***pack·ing**[´-iŋ] *n.* Ⓤ ① 짐꾸리기, 포장(재료). ② 채워 넣는 것, '패킹'. ③ 통조림 제조(업).

pácking bòx [**càse**] 포장 상자.

pácking hòuse [**plànt**] 식품 가공[포장] 공장; 출하장. 「(業).

pácking ìndustry 식육 공급업

pácking shèet 포장지.

pack·man[´-mən] *n.* Ⓒ 행상인.

páck·sàck *n.* Ⓒ 룩색, 배낭.

páck·sàddle *n.* Ⓒ 길마.

páck·thrèad *n.* Ⓤ 포장끈.

PACOM Pacific Command 《美》 태평양 지구 사령부.

pact[pækt] *n.* Ⓒ 계약, 협정, 조약.

:**pad**¹[pæd] *n.* Ⓒ ① 덧대는 것, 채워넣는 것; 안장 밑(받침). ② 스탬프패드. ③ 한 장씩 떼어 쓰게 된 종이철《편지지 따위》. ④ (개·여우 따위의) 육지(肉趾)《발바닥》, 발. ⑤ 수련의 큰 잎. ⑥ 〖컴〗 판. — *vt.* (*-dd-*) ① (…에) 채워 넣다. ② (군소리를 넣어 문장을) 길게 하다(*out*). ③ (인원·장부 따위의 숫자를) 허위 조작하여 불려서 기입하다. ***~ded cell*** (벽에 부드러운 것을 댄) 정신 병원의 병실. **´~·ding** *n.* Ⓤ 채워 넣는 물건; 메워서 채움.

pad² *n.* Ⓒ 《英俗》 도로; 길을 밟는 (발소리 따위의) 무딘 소리, 쿵. — *vt., vi.* (*-dd-*) 터벅터벅 걷다; 도보 여행하다.

:**pad·dle**¹[pǽdl] *n.* Ⓒ ① 노(젓기), 한 번 저음; 노[주걱] 모양의 물건; 《美》 (탁구의) 라켓. ② (외륜선(外輪船)의) 물갈퀴; 〖工〗 날개 판; 〖컴〗 패들. ③ (빨래) 방망이. — *vt.* ① (…을) 노로 젓다. ② 방망이로 치다, 철썩 때리다. ~ ***one's own canoe*** 독립독보(獨立獨步)하다. **~r** *n.* Ⓒ 탁구 선수.

pad·dle² *vi.* (물속에서 손발을) 철벙거리다; 물장난하다; (어린애가) 아장아장 걷다. 「(外輪船).

páddle bòat [**stèamer**] 외륜선

páddle·fìsh *n.* Ⓒ 철갑상어의 일종.

páddle tènnis 《美》 패들테니스《나무 판자 라켓과 스펀지 공을 쓰는 테니스》.

páddle whèel (기선의) 외륜.

páddling pòol (공원 등의) 어린이 물놀이터.

pad·dock[pǽdək] *n.* Ⓒ (마구간 근처의) 작은 목장; 경마장에 딸린 울친 땅. 「(계의) 사람《별명》.

Pad·dy[pǽdi] *n.* Ⓒ 《俗》 아일랜드

pad·dy[pǽdi] *n.* Ⓒ 논; Ⓤ 쌀, 벼.

páddy field 논.

páddy wàgon 《美》 죄수 호송차.

Pa·de·rew·ski [pæ̀dəréfski, -rév-], **Ignace Jan**(1860-1941) 폴란드의 피아니스트·정치가 수상.

pad·lock[pǽdlɑ̀k/-ɔ̀k] *n., vt.* Ⓒ 맹꽁이 자물쇠(를 채우다).

pa·dre[pɑ́:dri, -drei] *n.* Ⓒ (이탈리아·스페인 등지의) 신부, 목사; 종군 신부.

pae·an[pí:ən] *n.* Ⓒ 기쁨의 노래, 찬가; 승리의 노래.

paed-, &c. =PED-, &c.

***pa·gan**[péigən] *n., a.* Ⓒ 이교도《기독교·유대교·이슬람교에서 본》(의); 무종교자(의). **~·ism**[-ìzəm] *n.* Ⓤ 이교(신앙). **~·ize**[-àiz] *vt., vi.* 이교(도)화하다.

†**page**¹[peidʒ] *n.* Ⓒ ① 페이지. ② 〖印〗 한 페이지의 조판. ③ 기록, 문서. ④ (역사상의) 사건, 시기. ⑤ 〖컴〗 페이지. — *vt.* (…에) 페이지를 매기다.

***page**² *n.* Ⓒ ① 시동(侍童), 근시(近侍); 수습 기사(騎士). ② (호텔 따위의 제복을 입은) 급사(~ boy). — *vt.* (급사에게) 이름을 부르게 하여 (사람을) 찾다, (급사가 하듯이) 이름을 불러 (사람을) 찾다.

***pag·eant**[pǽdʒənt] *n.* ① Ⓤ 장관(壯觀). ② Ⓒ 장려(壯麗)[장엄]한 행렬. ③ Ⓒ (화려한) 야외극, 패전트. ④ Ⓤ 허식, 겉치레. **~·ry** *n.* Ⓤ,Ⓒ 장관; 허식.

páge bòy =PAGE² (*n.*); 〖美容〗 안말이《머리 스타일》.

páge hèading 〖컴〗 쪽머리.

páge nùmber 〖컴〗 페이지 번호.

PAGEOS passive geodetic satellite 측지(測地)용 위성.

pag·i·nate[pǽdʒənèit] *vt.* (책에) 페이지를 매기다. **-na·tion**[⌐-néiʃən] *n.* Ⓤ 페이지 매기기; 〖컴〗 페이지 매김; 《집합적》 페이지 수.

pag·ing[péidʒiŋ] *n.* =PAGINATION.

pa·go·da[pəgóudə] *n.* Ⓒ (동양의) 탑(*a five-storied* ~, 5층탑).

pah[pɑ:] *int.* 흐웅!, 체!《경멸·불쾌

등을 나타냄》.

†**paid**[peid] *v.* pay의 과거(분사). ― *a.* 유급의; 고용된; 지급필(畢)의; 현금으로 치른.

páid-ìn *a.* 이미 지급된, 지급필의.

páid-ùp *a.* 지급을 끝낸.

:**pail**[peil] *n.* Ⓒ (물 담는) 들통, 양동이; 한 통의 양(量). ~**·ful**[∠fùl] *n.* Ⓒ 한 통 (가득).

†**pain**[pein] *n.* ① Ⓤ,Ⓒ 아픔, 고통. ② Ⓤ 괴로움, 고뇌. ③ (*pl.*) 고생, 애씀. ④ Ⓤ 《古》 형벌. ***be at the ~s of*** do*ing* …하려고 애쓰다. ***for one's ~s*** 고생한〔애쓴〕 값으로〔보람으로〕; 《反語》 애쓴 보람도 없이 (혼나다). ***on*** 〔***upon, under***〕 ***~ of*** 어기면 …의 벌을 받는다는 조건으로. ***~ in the neck*** 《口》 싫은 것〔녀석〕. ***take*** (***much***) ***~s*** (크게) 애쓰다. ― *vt., vi.* 아프게 하다, 괴롭히다; 아프다.

:**pain·ful**[∠fəl] *a.* 아픈, 괴로운; 쓰라린. *~**·ly** *ad.* 고통스럽게; 애써서. ~**·ness** *n.*

páin·kìller *n.* Ⓒ 《口》 진통제.

páin·less *a.* 아픔〔고통〕이 없는. ~**·ly** *ad.* ~**·ness** *n.*

*__pains·tak·ing__[∠ztèikiŋ] *a., n.* 부지런한; 공들인; 힘드는; Ⓤ 수고, 고심. ~**·ly** *ad.*

†**paint**[peint] *n.* ① Ⓤ,Ⓒ 채료, 페인트; 칠, 도료. ② Ⓤ 화장품, 연지, 루즈. ― *vt.* ① (채료로) 그리다; 채색〔색칠〕하다; 페인트 칠하다. ② 화장하다. ③ (생생하게) 묘사하다. ④ (약을) 바르다. ― *vi.* ① 그림을 그리다. ② 화장하다, 연지〔루즈〕를 바르다. ***~ in*** 그려넣다; 그림물감으로 두드러지게 하다. ***~ out*** 페인트로 지우다. ***~ the town red*** 《俗》 야단법석하다.

páint bòx 그림물감 상자.

páint·brùsh *n.* Ⓒ 화필(畫筆).

:**paint·er**[1][∠ər] *n.* Ⓒ ① 화가. ② 페인트공, 칠장이, 도장공.

paint·er[2] *n.* Ⓒ 〖海〗 배를 매어 두는 밧줄.

paint·er[3] *n.* Ⓒ 아메리카표범(cf. panther).

:**paint·ing**[∠iŋ] *n.* ① Ⓒ 그림. ② Ⓤ 그리기; 화법. ③ Ⓤ 페인트칠. ④ Ⓤ 〖컴〗 색칠.

páint pòt 페인트 통.

†**pair**[pɛər] *n.* Ⓒ ① 한 쌍(*a ~ of shoes* 신발 한 켤레); (두 부분으로 된 것의) 하나, 한 자루(*a ~ of scissors* 가위 한 자루). ② 부부, 약혼한 남녀; (동물의) 한 쌍. ③ (한데 맨) 두 필의 말. ④ (짝진 것의) 한 쪽〔짝〕. ⑤ 〖政〗 서로 짜고 투표를 기권하는 반대 양당 의원 두 사람; 그 타합. ***another*** 〔***a different***〕 ***~ of shoes*** 〔***boots***〕 별문제. ***in ~s,*** or ***in a ~*** 둘이 한 쌍〔짝〕이 되어. ― *vt., vi.* ① 한 쌍이 되(게 하)다. ② 결혼시키다〔하다〕(*with*); 짝지우다; 짝짓다. ③ (*vi.*) 〖政〗 반대당의 의원과 짜고 기권하다. ***~ off*** 둘〔두 사람〕씩 가르다〔짝짓다〕.

páir-òar *n.* Ⓒ (두 사람이 젓는) 쌍노 보트.

páir prodùction 〖理〗 쌍생성(雙生成)《입자와 반입자의 동시 생성》.

pais·ley[péizli] *n., a.* Ⓤ 페이즐리 (모직)(의).

*__pa·ja·ma__[pədʒá:mə, -ǽ-] *n., a.* (*pl.*) 파자마(의), 잠옷(의).

pajáma pàrty 파자마 파티《10대 소녀들이 친구 집에 모여 파자마 바람으로 밤새워 노는 모임》.

Pa·ki·stan[pà:kistá:n, pǽkistæ̀n] *n.* 파키스탄.

Pa·ki·sta·ni[-i] *a., n.* Ⓒ Pakistan의 (사람).

:**pal**[pæl] *n.* Ⓒ 《口》 ① 동료, 친구. ② 짝패, 공범. ③ =PEN PAL. ― *vi.* (*-ll-*) 사이가 좋아지다.

PAL Philippine Air Lines. **Pal.** Palestine.

†**pal·ace**[pǽlis, -əs] *n.* Ⓒ 궁전; 큰 저택.

pal·a·din[pǽlədin] *n.* Ⓒ (Charlemagne 대제의) 친위 기사《12명 있었음》; 무사 수업자(修業者).

pa·lae·o-, &c. =PALEO-, &c.

pal·an·quin, -keen[pæ̀lənkí:n] *n.* Ⓒ (중국·인도 등지의) 1인승 가마.

pal·at·a·ble[pǽlətəbəl] *a.* 맛좋은; 상쾌한. **-bly** *ad.*

pal·a·tal[pǽlətl] *a.* 〖解〗 구개(口蓋)의; 〖音聲〗 구개음의. ― *n.* Ⓒ 〖音聲〗 구개음《[j] [ç] [i:] 따위》. ~**·ize**[-təlàiz] *vt.* 구개(음)화하다. ~**·i·za·tion**[pæ̀lətəlizéiʃən] *n.* Ⓤ 〖音聲〗 구개음화.

*__pal·ate__[pǽlit] *n.* Ⓒ ① 〖解〗 구개, 입천장. ② (보통 *sing.*) 미각; 취미, 기호; 심미.

pa·la·tial[pəléiʃəl] *a.* 궁전의〔같은〕; 웅장한.

pal·a·tine[pǽlətàin] *a., n.* Ⓒ 자기 영지 내에서 왕권의 행사가 허용된 (영주)《백작》.

Pa·láu (**Íslands**)[pəláu(-)] *n.* (태평양 서부의) 팔라우 제도.

pa·lav·er[pəlǽvər, -á:-] *n., vt., vi.* Ⓤ (특히 아프리카 토인과 무역상과의) 상담(을 하다); 잡담(하다), 수다(떨다); 아첨; 감언(甘言).

:**pale**[1][peil] *a.* ① 창백한. ② (빛깔이) 엷은. ③ (빛이) 어슴푸레한. ― *vt., vi.* ① 창백하게 하다〔되다〕. ② 엷게 하다, 엷어지다. ***~ before*** 〔***beside***〕 …와 비교하여 무색하다〔훨씬 못하다〕. ∠**·ly** *ad.* ∠**·ness** *n.*

pale[2] *n., vt.* Ⓒ 끝이 뾰족한 말뚝(으로 두르다); (the ~) 경계; 구내. ~**d**[-d] *a.* 울타리를 둘러친. **pál·ing** *n.* Ⓤ 말뚝(을 둘러)박기; Ⓒ 말뚝(의 울타리).

pále·fàce *n.* Ⓒ 《때로 蔑》 백인《북아메리카 토인과 구별하여》.

pa·le·o-[péiliou, pǽ-] '고(古), 구(舊), 원시'의 뜻의 결합사.

pa·le·o·bot·a·ny [pèilioubátəni,

pǽl-/-bɔ́t-] *n.* Ⓤ 고(古) 식물학.
Pa·le·o·cene[péiliəsì:n, pǽl-] *n., a.* (the ～) 〖地〗 팔레오세(世)(의)《제 3기(紀)의 제 1기》.
pa·le·og·ra·phy[pèiliágrəfi, pǽl-/-ɔ́g-] *n.* Ⓤ 고문서(학).
pa·le·o·lith·ic[pèiliəlíθik, pǽl-] *a.* 구석기 시대의.
pa·le·on·tol·o·gy[pèiliəntáləd3i, pǽl-/-tɔ́l-] *n.* Ⓤ 고생물학.
Pa·le·o·zo·ic[pèiliəzóuik, pǽl-] *n., a.* (the ～) 고생대(암층)(의).
***Pal·es·tine**[pǽləstàin] *n.* 팔레스타인《아시아 남서부의 옛 나라, 현재는 이스라엘과 아랍 지구로 분할됨》.
pal·ette[pǽlit] *n.* Ⓒ 팔레트, 조색(調色)판; 팔레트 위의 (여러 색의) 그림물감.
pálette knìfe 팔레트 나이프《그림물감을 섞는 데 씀》.
pal·frey[pɔ́:lfri] *n.* Ⓒ 《古》 (특히, 여자가 타는) 작은 말.
Pa·li[pá:li] *n.* Ⓤ 팔리어(語).
pal·imp·sest[pǽlim*p*sèst] *n.* Ⓒ 거듭 쓴 양피지(의 사본)《본디 문장을 긁어 지우고 그 위에 다시 쓴 것》.
pal·i·sade[pæ̀ləséid] *n.* Ⓒ 뾰족 말뚝; 울타리; (*pl.*) (강가의) 벼랑. ── *vt.* 방책(防柵)을 두르다. 「한.
pal·ish[péiliʃ] *a.* 좀 창백한; 파리
***pall**[1][pɔ:l] *n.* Ⓒ 관[무덤] 덮는 천; 막. ── *vt.* 관 씌우개로[처럼] 덮다.
pall[2] *vi.* (너무 먹거나 마셔) 맛이 없어지다; 물리다(*on, upon*). ── *vt.* 물리게 하다.
pal·la·di·um[1][pəléidiəm, -djəm] *n.* (*pl.* ***-dia***[-diə]) Ⓤ,Ⓒ 보호(물), 보장.
pal·la·di·um[2] *n.* Ⓤ 〖化〗 팔라듐《금속 원소의 하나》.
Pál·las (**Athéna**) [pǽləs(-)/-læs(-)] *n.* =ATHENA.
páll·bèarer *n.* Ⓒ 관을 들거나 옆을 따라가는 장송자(葬送者).
pal·let[1][pǽlit] *n.* Ⓒ 짚으로 된 이부자리; 초라한 잠자리.
pal·let[2] *n.* Ⓒ (도공(陶工)의) 주걱; (화가의) 팔레트; 〖機〗 (톱니바퀴의) 미늘, 바퀴 멈추개.
pal·li·ate[pǽlièit] *vt.* (병세가 잠정적으로) 누그러지게 하다; 변명하다. **-a·tion**[⌐─éiʃən] *n.*
pal·li·a·tive [pǽlièitiv, -liə-] *a.* (병세 따위를) 완화시키는; (죄를) 경감하는; 변명하는. ── *n.* Ⓒ (일시적) 완화제; 변명; 참작할 만한 사정; 고식적인 수단.
pal·lid[pǽlid] *a.* 해쓱한, 창백한 (cf. pale[1]). **～·ly** *ad.* **～·ness** *n.*
Pall Mall[pél mél, pǽl mǽl] 펠멜가(街)《런던의 클럽 거리》; 영국 육군성; (p- m-) (옛날의) 구기(球技)의 일종; 펠멜 구기장.
pal·lor[pǽlər] *n.* Ⓤ 해쓱함, 창백 (cf. pale[1])
pal·ly[pǽli] *a.* 우호적인, 친한.
⁑**palm**[1][pɑ:m] *n.* Ⓒ ① 손바닥. ② 장갑의 손바닥. ③ 손목에서 손가락 끝까지의 길이, 수척(手尺)《폭 3-4인치, 길이 7-10인치》. ④ 손바닥 모양의 부분《노의 편평한 부분, 사슴뿔의 넓적한 부분 따위》. ***grease*** [***gild, tickle***] ***a person's*** ～ 아무에게 뇌물을 주다(cf. OIL a person's hand). ***have an itching*** ～ 뇌물을 탐내다; 욕심이 많다. ── *vt.* (요술로) 손바닥에 감추다. ～ ***off*** 속여서 (가짜를) 안기다(*on, upon*).
⁑**palm**[2] *n.* Ⓒ ① 〖植〗 종려, 야자. ② 종려나무의 가지[잎]《승리의 상징》. ③ (the ～) 승리. ***bear*** [***carry off***] ***the*** ～ 《古·廢》 우승하다. ***yield*** [***give***] ***the*** ～ ***to*** …에게 승리를 양보하다, 지다.
pal·mar[pǽlmər] *a.* 손바닥의.
pal·mate[pǽlmeit, -mit], **-mat·ed**[-meitid] *a.* 〖植〗 손바닥 모양의; 〖動〗 물갈퀴가 있는.
Pálm Béach 미국 Florida 주 남동해안의 피한지(避寒地).
***palm·er**[pá:mər] *n.* Ⓒ 성지 순례자《참예(參詣)의 기념으로 종려나무의 가지를 가지고 돌아갔음》; 순례.
pal·met·to[pælmétou] *n.* (*pl.* ～(***e***)***s***) Ⓒ (미국 남동부산) 야자과의 일종. 「재배 온실.
pálm hòuse (종려·야자 따위의)
palm·ist[pá:mist] *n.* Ⓒ 손금[수상]쟁이. **-is·try** *n.* Ⓤ 수상술(手相術).
pal·mit·ic[pælmítik] *a.* 〖化〗 팔미틴산의; 야자유에서 빼낸.
palmític ácid 〖化〗 팔미틴산.
pálm lèaf 종려잎.
pálm òil 야자유; 《美俗》 뇌물.
Pálm Súnday Easter 직전의 일요일.
pálm·top compúter[pá:mtàp-/-tɔ̀p-] 〖컴〗 팜톱 컴퓨터《손바닥에 올려 놓을 정도로 작은》.
palm·y[pá:mi] *a.* 종려[야자]의; 야자가 무성한; 번영하는; 의기 양양한.
pal·pa·ble[pǽlpəbəl] *a.* 만질[감촉할] 수 있는; 명백한. **-bly** *ad.* **-bil·i·ty**[⌐─bíləti] *n.*
pal·pi·tate[pǽlpətèit] *vi.* (가슴이) 두근거리다; 떨리다(*with*). **-ta·tion**[⌐─téiʃən] *n.* Ⓤ,Ⓒ 두근댐, 동계(動悸); 〖醫〗 심계 항진(心悸亢進).
pal·pus[pǽlpəs] *n.* (*pl.* ***-pi***[-pai]) Ⓒ (곤충 따위의) 더듬이, 촉수(觸鬚).
pal·sied[pɔ́:lzid] *a.* 마비된, 중풍에 걸린; 떨리는.
pal·sy[pɔ́:lzi] *n., vt.* Ⓤ 중풍; 무기력; 마비(시키다).
pal·ter[pɔ́:ltər] *vi.* 속이다(*with*); 되는 대로[적당히] 다루다(*with*); 값을 깎다, 흥정하다(*with, about*).
pal·try[pɔ́:ltri] *a.* 하찮은; 무가치한; 얼마 안 되는.
Pa·mirs[pəmíərz] *n.* (the ～) 파미르 고원.
pam·pas[pǽmpəz, -pəs] *n. pl.* (the ～) (남아메리카, 특히 아르헨티나의) 대초원.

pámpas gràss 팜파스초(草)《남아메리카 원산의 참억새; 꽃꽂이에 씀》.

pam·per[pǽmpər] *vt.* 어하다, 지나치게 떠받들다; 실컷 먹게 하다; (식욕 따위를) 지나치게 채우다.

:pam·phlet[pǽmflit] *n.* Ⓒ 팸플릿; (시사 문제의) 소(小)논문. **~·eer** [⌐-flətíər] *n., vi.* Ⓒ 팸플릿을 쓰는 사람[쓰다, 출판하다].

Pan[pæn] *n.* 〖그神〗 판《숲·들·목양(牧羊)의 신; 염소의 뿔과 다리를 가졌으며 피리를 붊》.

:pan[1][pæn] *n.* Ⓒ ① 납작한 냄비. ② 접시(모양의 것), (천칭의) 접시; (구식총의) 약실. ③《俗》상판대기. ── *vt.* (**-nn-**) ① (사금을 가려내기 위하여) 냄비에 (감흙을) 일다(*off, out*). ②《口》혹평하다. **~ *out*** (사금을) 일어내다; 사금이 나오다;《口》…한 결과가 되다(~ *out well*).

pan[2] (<panorama) *vt., vi.* (**-nn-**) (카메라를) 좌우로 움직이다(cf. tilt[1]); (*vt.*) (카메라를 돌려 …을) 촬영하다.

PAN[pæn] peroxyacetyl nitrate 스모그 중의 질소산화물; polyacrylonitrile 폴리아크릴로니트릴.

Pan. Panama.

pan-[pæn] '전(全), 범(汎)(all)'의 뜻의 결합사.

pan·a·ce·a[pæ̀nəsíːə] *n.* Ⓒ 만능약, 만병 통치약.

pa·nache[pənǽʃ, -náːʃ] *n.* Ⓤ 당당한 태도; 겉치레, 허세; Ⓒ (투구의) 깃털장식. 「주의.

Pàn-Áfricanism *n.* Ⓤ 범아프리카

PANAM, Pan Am ⇨PAA.

***Pan·a·ma**[pǽnəmàː, ⌐-⌐] *n.* ① (the Isthmus of ~) 파나마 지협. ② 파나마 공화국; 그 수도. ③ (p-) =**pánama hát** 파나마 모자.

Pánama Canál (Zòne), the 파나마 운하 (지대).

Pàn-Américan *a.* 범미(汎美)의. ***the ~ Union*** 범미 연맹《북남미 21개국의 친선을 꾀함》. **~ism** *n.* Ⓤ 범미주의.

Pàn-Árabism *n.* Ⓤ 범(汎)아랍주의.

Pan-Cake[pǽnkèik] *n.* Ⓒ,Ⓤ 〖商標〗 고형(固形)분.

***pan·cake**[pǽnkèik] *n.* ① Ⓒ,Ⓤ 팬케이크《일종의 핫케이크》. ② Ⓒ 〖空〗 (비행기의) 수평 낙하. ── *vi.* 〖空〗 수평 낙하하다.

Páncake Dày Ash Wednesday 바로 전 화요일《pancake를 먹는 습관에서》.

Pán·chen Láma[páːntʃen-] 판첸 라마《Dalai Lama 다음가는 라마교의 부교주(副敎主)》.

pan·chro·mat·ic[pæ̀nkroumǽtik] *a.* 〖寫〗 전정색(全整色)의.

pan·cre·as[pǽŋkriəs] *n.* Ⓒ 〖解〗 췌장(膵臟). **-cre·at·ic**[⌐-ǽtik] *a.*

pan·da[pǽndə] *n.* Ⓒ 〖動〗 판다《히말라야 등지에 서식하는 너구리 비슷한 짐승》; 흑백곰의 일종(giant ~)《티베트·중국 남부산》.

pánda càr 《英》 (경찰의) 순찰차.

pan·dect[pǽndekt] *n.* (the Pandects) 유스티니아누스 법전《533년에 Justinian I의 명으로 만들어진 로마 법전》; Ⓒ 법전(집).

pan·dem·ic[pændémik] *a., n.* Ⓒ 전국적[세계적] 유행의 (병)(cf. epidemic).

pan·de·mo·ni·um[pæ̀ndəmóuniəm, -njəm] *n.* ① (P-) 마귀굴, 복마전(伏魔殿). ② Ⓒ 수라장; Ⓤ 대혼란.

pan·der[pǽndər] *vt., vi., n.* 나쁜 일[매춘]의 알선을 하다(*to*); Ⓒ 그 사람.

p & h 《美》 postage and handling 포장 송료.

P. and L. profit and loss 손익.

***Pan·do·ra**[pændɔ́ːrə] *n.* 〖그神〗 판도라《인류 최초의 여자, Prometheus를 벌주기 위해 Zeus가 지상에 내려 보냄》.

Pandóra's bóx 〖그神〗 판도라의 상자《Zeus가 Pandora에게 준》; 여러 재앙의 씨.

pan·dow·dy[pændáudi] *n.* Ⓒ,Ⓤ 《美》 애플파이.

:pane[pein] *n.* Ⓒ (한 장의) 창유리.

pan·e·gyr·ic[pæ̀nədʒírik] *n.* Ⓒ 칭찬의 연설[글], 찬사(*upon*); 격찬. **-i·cal**[-əl] *a.*

pan·e·gy·rize[pǽnədʒəràiz] *vt., vi.* 칭찬하다; (…의) 찬사를 하다.

:pan·el[pǽnl] *n.* Ⓒ ① 판벽널, 판자널. ② 화판(畫板); 패널판의 사진《4×8.5 인치》; 폭이 좁고 긴 그림[장식]. ③ 양피지 조각; 〖法〗 배심원 명부, 《집합적》 배심원; 《英》 건강 보험 의사 명부. ④ 《집합적》 (토론회의) 강사단; (3, 4명의) 그룹, 위원; 〖放〗 (퀴즈 프로) 회답자들. ── *vt.* (《英》 **-ll-**) 판벽널을 끼우다. **~·(l)ist** *n.* Ⓒ (토론회 따위의) 강사, 참석자.

pánel bèater (자동차의) 판금공(板金工).

pánel discùssion (연사·의제가 미리 정해져 있는) 공개 토론회.

pánel gàme =PANEL SHOW.

pánel hèating (마루·벽으로부터의) 복사 난방. 「판벽널.

pan·el·(l)ing [-iŋ] *n.* Ⓤ 《집합적》

pánel shòw (라디오·TV의) 퀴즈 프로. 「트럭.

pánel trùck 《美》 소형 유개(有蓋)

pán·fish *n.* Ⓒ 프라이용의 민물고기.

pán·frỳ *vt.* 프라이팬으로 튀기다.

***pang**[pæŋ] *n.* (cf. pain) Ⓒ 고통; 격통; 마음 아픔.

pan·go·lin[pæŋgóulin] *n.* Ⓒ 〖動〗 천산갑(穿山甲).

pán·hàndle *n.* Ⓒ 프라이팬의 자루; (P-) 《美》 좁고 긴 땅. ── *vt., vi.* 《美》 (길에서) 구걸하다. **-hàndler** *n.* Ⓒ 거지.

Pánhandle Státe, the 미국 West Virginia 주의 별칭.

Pan·hel·len·ic [pæ̀nhəlénik, -helíːn-] *a.* 범(汎)그리스(주의)의; 《美》 전(全)대학생 클럽의(cf. Greekletter fraternity).

:pan·ic[pǽnik] *n.* ⓊⒸ 낭패, 당황(sudden fear); Ⓒ〖經〗공황. ── *a.* 공황적인, 낭패의. ── *vt.* (**-ck-**)《俗》(청중을) 열광케 하다. ***be at ~ stations*** (…을) 서둘러 하지 않으면 안 되다; (…때문에) 몹시 당황하다(*over*). **pán·ick·y** *a.*《口》=PANIC.

pan·i·cle[pǽnikəl] *n.* Ⓒ〖植〗원추꽃차례.

pan·ic-mon·ger[pǽnikmʌ̀ŋgər] *n.* Ⓒ 공황을 일으키는 사람.

pánic-strìcken, -strùck *a.* 공황에 휩쓸린; 당황한, 허둥거리는.

Pàn-Islámic *a.* 범(汎)이슬람의, 이슬람교도 전반의.

pan·nier[pǽnjər, -niər] *n.* Ⓒ (말의 등 양쪽에 걸치는) 옹구; (옛날의) 스커트 버팀테.

pan·ni·kin[pǽnikin] *n.* Ⓒ《주로 英》작은 접시〔냄비〕; 금속제의 작은 컵.

pan·o·ply[pǽnəpli] *n.* Ⓤ ① 성대한 의식(*of*). ② (한 벌의) 갑주(甲冑). ③ 완전한 장비〔덮개〕.

pan·op·ti·con [pænáptikàn/-nɔ́ptikɔ̀n] *n.* Ⓒ 원형 감옥《중앙에 감시소가 있는》.

:pan·o·ra·ma[pæ̀nərǽmə, -ɑ́:-] *n.* Ⓒ 파노라마; 전경(全景); 개관(槪觀); 잇달아 변하는 광경〔영상〕. **-ram·ic** [-rǽmik] *a.*

Pàn-Pacífic *a.* 범(汎)태평양의.

pán·pìpe, Pán's pìpes *n.* Ⓒ 판(Pan)피리《파이프를 길이의 차례대로 묶은 옛 악기》.

:pan·sy[pǽnzi] *n.* Ⓒ〖植〗팬지(의 꽃);《俗》여자 같은〔나약한〕사내, 동성애의 남자.

:pant[pænt] *n., vi.* Ⓒ 헐떡임, 헐떡이다, 숨이 참〔차다〕; (엔진이 증기 따위를) 확 내뿜다〔내뿜는 소리〕; 동계(動悸), 두근거리다; 열망하다(*for, after*). ── *vt.* 헐떡거리며 말하다(*out, forth*).

Pan·ta·gru·el·ism[pæ̀ntəgrú:əlìzəm] *n.* Ⓤ 팡타그뤼엘적 유모어《무무하고 풍자적》.

pan·ta·let(te)s[pæ̀ntəléts] *n. pl.* (1830-50년경의) 긴 드로즈 (자락의 장식).

***pan·ta·loon**[pæ̀ntəlú:n] *n.* Ⓒ ① (근대 무언극(無言劇)의) 늙은이 어릿광대역《clown의 상대역》. ②《주로 美》(*pl.*) 바지.

pan·tech·ni·con [pæntéknikàn, -kən/-kən] *n.* Ⓒ《英》가구 진열장(場)〔창고〕; =∠ **vàn** 가구 운반차.

pan·the·ism[pǽnθiìzəm] *n.* Ⓤ 범신론(汎神論); 다신교. **-ist** *n.* Ⓒ 범신론자. **-is·tic**[∠-ístik], **-i·cal** [-əl] *a.*

pan·the·on[pǽnθiən] *n.* (the P-) (로마의) 판테온, 만신전(萬神殿); Ⓒ 한 나라 위인들의 무덤·기념비가 있는 건물;《집합적》한 국민이 믿는 신들.

***pan·ther**[pǽnθər] *n.* Ⓒ〖動〗퓨마; 표범; 아메리카표범(jaguar).

pant·ies[pǽntiz] *n. pl.* 팬티; (어린애의) 잠방이.

pánti·hòse *n.*《英》=PANTY HOSE.

pan·to [pǽntou] *n.*《英》=PANTOMIME ②.

pan·to·graph [pǽntəgræ̀f, -grɑ̀:f] *n.* Ⓒ 축도기(縮圖器); (전차 지붕의) 팬터그래프, 집전기(集電器).

***pan·to·mime**[pǽntəmàim] *n., vt., vi.* ① ⓊⒸ 무언극(을 하다);《英》(크리스마스 때의) 동화극. ② Ⓤ 몸짓(으로 나타내다), 손짓.

pan·to·scop·ic [pæ̀ntəskápik/-skɔ́p-] *a.* 시야가 넓은. ~ ***camera*** 광각(廣角) 카메라.

pán·to·thén·ic ácid [pǽntəθénik-]〖生化〗판토텐산《비타민 B 복합체의 하나》.

***pan·try**[pǽntri] *n.* Ⓒ 식료품(저장)실(室), 식기실.

pan·try·man[-mən] *n.* Ⓒ (호텔 등의) 식료품〔식사〕계원.

:pants[pænts] *n. pl.*《주로 美》바지; (여자용) 드로어즈;《英》(남자용)속바지, 팬츠. ***beat the ~ off***《俗》완패시키다. ***bore the ~ off a person*** 아무를 질력나게 하다. ***wear the ~*** 내주장하다.

pánt·sùit *n.* Ⓒ《美》팬트슈트《상의와 바지로 된 여성용 슈트》.

pánty hòse《美》《복수 취급》팬티스타킹.

pánty-wàist *n., a.* Ⓒ 짧은 바지가 달린 아동복(의);《口》계집애 같은(사람).

pan·zer[pǽnzər/-tsər] *a.* (G.) 장갑(裝甲)의.

pánzer ùnit〔**divìsion**〕기계화〔기갑〕부대, 기갑 사단.

pap[pæp] *n.* Ⓤ (어린애·환자용) 빵죽;《俗》(관리의) 음성 수입.

:pa·pa[pɑ́:pə, pəpɑ́:] *n.* Ⓒ 아빠.

pa·pa·cy[péipəsi] *n.* ① (the ~) 교황의 지위〔권력〕. ② Ⓒ 교황의 임기. ③ Ⓤ 교황 정치.

***pa·pal**[péipəl] *a.* 로마 교황의; 교황 정치의; 로마 가톨릭 교회의.

pa·paw[pɔ́:pɔ:, pəpɔ́:] *n.* Ⓒ (북미산의) 포포(나무); ⒸⓊ 포포 열매.

pa·pa·ya[pəpáiə] *n.* Ⓒ (열대산) 파파야(나무); ⒸⓊ 파파야 열매.

†pa·per[péipər] *n.* ① Ⓤ 종이; 벽지, 도배지. ② Ⓒ 신문. ③ Ⓤ 어음; 지폐. ④ (*pl.*) 신분 증명서; 서류. ⑤ Ⓒ 논문; 시험 문제; 답안. ⑥ Ⓒ 종이 용기, 포장지. ***on ~*** 서류〔이론〕상으로는. ***put pen to ~*** 붓을 들다, 쓰기 시작하다. ── *vt.* ① 종이에 쓰다. ② 종이로 싸다(*up*). ③ 도배지〔종이〕를 바르다, …뒤에 종이를 대다. ── *a.* ① 종이의〔로 만든〕. ② 종이 같은, 얇은, 무른. ③ 서류(상)의.

páper·bàck *n.* Ⓒ (염가판) 종이 표지 책(paper book). ── *a.* 종이 표지의.

páper bóok 소송 절차에 관한 서류.

páper·bòund *a.* 종이 표지의.
páper bòy 〔**gìrl**〕 신문 파는 소년〔소녀〕.
páper chàse =HARE and hounds.
páper-còver *n.* =PAPERBACK.
páper fèed 〖컴〗 (프린터의) 종이 먹임.
páper gòld 국제 통화 기금의 특별 인출권. 「구사.
páper·hànger *n.* Ⓒ 도배장이, 표
páper·hànging *n.* Ⓤ 도배.
páper knìfe 종이 베는 칼.
páper·less *a.* 정보나 데이터를 종이를 쓰지 않고 전달하는.
páper mìll 제지 공장.
páper mòney 〔**cùrrency**〕 지폐.
páper náutilus 〖動〗 오징어·문어 따위의 두족류(頭足類).
páper prófit 장부상의 이익.
páper stàndard 지폐 본위(의 화폐 제도).
páper-thín *a.* 종이처럼 얇은; 아슬아슬한. 「세.
páper tíger 종이 호랑이, 허장성
páper wár(fare) 지상 논전, 필전.
páper·wèight *n.* Ⓒ 서진(書鎭).
páper·wòrk *n.* Ⓤ 탁상 사무, 문서 업무, 서류를 다루는 일.
pa·per·y [péipəri] *a.* 종이 모양의, 종이같이 얇은; 취약한.
pa·pier-mâ·ché [péipərməʃéi/pǽpjeimáːʃei] *n., a.* (F.) Ⓤ 혼응지(混凝紙)《송진과 기름을 먹인 딱딱한 종이; 종이 세공용》; 혼응지로 만든.
pa·pil·la [pəpílə] *n.* (*pl.* ***-lae*** [-liː]) Ⓒ 젖꼭지, 유두; (모근(毛根) 따위의) 작은 젖꼭지 모양의 돌기; (혓바닥의) 미관구(味官球). **pap·il·lose** [pǽpəlòus] *a.* 작은 젖꼭지 모양의 돌기가 많은.
pap·il·lo·ma [pæ̀pəlóumə] *n.* (*pl.* ***-mata*** [-tə]) Ⓒ 〖醫〗 유두종(乳頭腫).
pap·il·lon [pǽpəlɑ̀n/-lɔ̀n] *n.* Ⓒ 애완견의 일종《스파니엘종(種)》.
pa·pist [péipist] *n., a.* Ⓒ 《蔑》 가톨릭 교도(의).
pap·py [pǽpi] *a.* 빵죽 같은.
pap·ri·ka, -ca [pæprí:kə] *n.* Ⓒ 고추의 일종. ***Spanish*** ~ 피망.
Pap·u·a [pǽpjuə] *n.* = NEW GUINEA.
pap·u·la [pǽpjələ] *n.* (*pl.* ***-lae*** [-lìː]) Ⓒ ① 작은 돌기. ② 〖醫〗 구진(丘疹)(papule), 여드름, 부스럼.
pa·py·rus [pəpáirəs/-páiər-] *n.* (*pl.* ***-ri*** [-rai]) Ⓤ 〖植〗 파피루스《고대 이집트·그리스·로마 사람의 제지 원료》; 파피루스 종이; Ⓒ (파피루스로 된) 옛 문서.
par** [pɑːr] *n.* ① (a ~) 동등; 동수준. ② Ⓤ 〖經〗 평가(平價), 액면 가격; 환평가(換平價). ③ Ⓤ 〖골프〗 표준 타수. ***above ~ 액면 이상으로. ***at*** ~ 액면 가격으로. ***below*** ~ 액면 이하로; 건강이 좋지 않아. ***on a ~ with*** …와 같아〔동등하여〕. ***~ of exchange*** (환의) 법정 평가. — *a.* 평균〔정상, 평가〕의.

par. paragraph.
par·a-[1] [pǽrə] *pref.* ① '측면, 이상, 이외, 부정, 불규칙'의 뜻. ② 〖醫〗 '의사(疑似), 부(副)'의 뜻.
par·a-[2] ① '보호, 방호'의 뜻의 결합사. ② '낙하산'의 뜻의 결합사.
pár·a-am·i·no·ben·zó·ic ácid [pǽrəəmì:noubenzóuik-] 〖化〗 파라아미노안식향산《물감·약품 제조용》.
par·a·ble [pǽrəbəl] *n.* Ⓒ 비유(담), 우화.
pa·rab·o·la [pərǽbələ] *n.* Ⓒ 〖數〗 포물선; 파라볼라.
par·a·bol·ic [pæ̀rəbɑ́lik/-ɔ́-], **-i·cal** [-əl] *a.* 우화적인; 포물선(모양의). ***parabolic antenna*** 파라볼라 안테나.
***par·a·chute** [pǽrəʃùːt] *n., vi., vt., a.* Ⓒ 낙하산(으로 내리다, 으로 투하하다); 낙하산 수송의. **-chùt·er, -chùt·ist** *n.* Ⓒ 낙하산병(兵).
:**pa·rade** [pəréid] *n.* Ⓒ ① 행렬, 시위 행진. ② 과시, 자랑하여 보이기; 장관; 〖放〗 (프로·히트송 따위의) 열거(*hit* ~). ③ 〖軍〗 열병식(장). ④ 《주로 英》 산책장; 산보하는 사람들, 인파. ***make a ~ of*** …을 자랑해 보이다. ***on*** ~ (배우 등) 총출연하여. — *vt.* ① 열병하다; (열병을 위해) 정렬시키다. ② (거리 따위를) 누비고 다니다. ③ 과시해 보이다. — *vi.* 줄을 지어 행진하다; 열병을 위해 정렬하다. **pa·rad·er** [-ər] *n.* Ⓒ 행진하는 사람.
paráde gròund 열병〔연병〕장.
paráde rést 〖軍〗 '열중 쉬어'의 자세〔구령〕.
par·a·digm [pǽrədàim, -dim] *n.* Ⓒ 범례; 〖文〗 어형 변화표.
:**par·a·dise** [pǽrədàis] *n.* ① (P-) 천국; 에덴 동산. ② Ⓒ 낙원.
:**par·a·dox** [pǽrədɑ̀ks/-dɔ̀ks] *n.* ① Ⓤ,Ⓒ 역설《일견 모순된 것 같으나 바른 이론; 보기: *The child is father of the man.*》. ② Ⓒ 모순된 설〔인물·일〕. **~·i·cal** [⌐-⌐ikəl] *a.*
par·af·fin [pǽrəfin], **-fine** [-fìːn] *n., vt.* Ⓤ 파라핀(으로 처리하다); 메탄계의 탄화수소.
páraffin òil 파라핀유; 《英》 등유.
par·a·gon [pǽrəgən, -gɑ̀n] *n.* Ⓒ ① 모범, 전형; 뛰어난 인물; 일품(逸品). ② 〖印〗 패러건 활자《20포인트》.
:**par·a·graph** [pǽrəgræ̀f, -grɑ̀ːf] *n.* Ⓒ ① (문장의) 마디, 절(節), 단락. ② 단락 부호《¶》. ③ (신문의, 표제 없는) 단평(短評). — *vt.* ① (문장을) 단락으로 나누다. ② (…의) 기사를 쓰다. **~·er** *n.* Ⓒ 단평 기자.
Par·a·guay [pǽrəgwài, -gwèi] *n.* 남아메리카 중부의 공화국. **~·an** [⌐-⌐ən] *n., a.* 파라과이(의); Ⓒ 파라과이 사람(의). 「새의 일종.
par·a·keet [pǽrəkìːt] *n.* Ⓒ 앵무
par·al·lax [pǽrəlæ̀ks] *n.* Ⓤ,Ⓒ 〖天·寫〗 시차(視差).
:**par·al·lel** [pǽrəlèl] *a.* ① 평행의 (*to, with*). ② 동일 방향〔목적〕의

(*to, with*); 대응하는; 유사한. ③ 〖컴〗 병렬의. ── *n.* Ⓒ ① 평행선〔면〕. ② 유사물; 대등자〔물〕. ③ 대비. ④ 위선(緯線). ⑤ 〖印〗 평행 부호《‖》. ⑥ 〖컴〗 병렬. ***draw a ~ between*** …을 비교하다. ***have no ~*** 유례가 없다. ***in ~ with*** …와 병행하여. ***without (a) ~*** 유례 없이. ── *vt.* (《英》 *-ll-*) ① 평행하다〔시키다〕. ② 필적하다〔시키다〕. ③ 비교하다(*with*). **~·ism** *n.* Ⓤ 평행; 유사; 대응; 〖哲〗 평행론; 〖生〗 평행 현상; 〖修〗 대구법(對句法).

párallel bárs 평행봉.

párallel compúter 〖컴〗 병렬 컴퓨터.

par·al·lel·e·pi·ped[pæ̀rəlèləpái-pid, -píp-] *n.* Ⓒ 〖數〗 평행 6면체.

párallel ínterface 〖컴〗 병렬 접속기.

par·al·lel·ism[pǽrəlelìzəm] *n.* Ⓤ 평행; Ⓒ 비교, 대응; 유사.

par·al·lel·o·gram [pæ̀rəlélə-græ̀m] *n.* Ⓒ 평행 4변형.

párallel prínter 〖컴〗 병렬 프린터.

párallel prócessing 〖컴〗 병렬 처리《몇 개의 자료를 동시에 처리하는 방식》.

Par·a·lym·pics[pæ̀rəlímpiks] *n.* (the ~) 파랄림픽, 신체 장애자 올림픽.

pa·ral·y·sis** [pərǽləsis] *n.* (*pl.* ***-ses[-sì:z]) Ⓤ,Ⓒ ① 〖醫〗 마비. ② 무기력, 무능력; 정체(停滯).

parálysis á·gi·tans [-ǽdʒə-tæ̀nz] 〖病〗 진전(震顫) 마비.

par·a·lyt·ic[pæ̀rəlítik] *a., n.* 마비의〔된〕; 무력한; Ⓒ 중풍 환자.

:**par·a·lyze,** 《英》 **-lyse**[pǽrəlàiz] *vt.* 마비시키다; 무능력하게 하다.

pàra·magnétic *a., n.* 상자(常磁)성의; Ⓤ 상자성체. **-mágnetism** *n.* Ⓤ 〖理〗 상자성.

par·a·me·ci·um [pæ̀rəmí:ʃiəm, -si-] *n.* (*pl.* ***-cia***[-ʃiə, -siə]) Ⓒ 〖動〗 짚신벌레.

par·a·med·ic[pæ̀rəmédik] *n.* Ⓒ ① 낙하산 위생병〔군의관〕. ② 준의료 종사자《조산원 등》.

par·a·med·i·cal [pæ̀rəmédikəl] *a.* 준의료 종사자의, 준의료 활동의.

pa·ram·e·ter[pərǽmitər] *n.* Ⓒ 〖數·컴〗 매개 변수, 파라미터; 〖統〗 모수(母數).

par·a·met·ron [pæ̀rəmétrɑn, -rən] *n.* Ⓒ 파라메트론《컴퓨터의 회로 소자(素子)》.

pàra·mílitary *a.* 군 보조의, 준(準)군사적인.

***par·a·mount**[pǽrəmàunt] *a.* 최고의; 주요한; 보다 우수한(*to*).

par·a·mour[pǽrəmùər] *n.* Ⓒ (기혼자의) 정부(情夫·情婦); 연인.

par·a·noi·a[pæ̀rənɔ́iə] *n.* Ⓤ 〖醫〗 편집광(偏執狂). **-ac**[-nɔ́iæk] *a., n.* Ⓒ 편집광의 (환자).

pàra·nórmal *a.* 과학적〔합리적〕으로는 설명할 수 없는.

***par·a·pet**[pǽrəpit, -pèt] *n.* Ⓒ 난간; (성의) 흉장(胸牆).

par·a·pher·na·lia [pæ̀rəfər-néiljə] *n.* Ⓤ (개인의) 자질구레한 소지품〔세간〕; 장치, 여러 가지 도구.

:**par·a·phrase**[pǽrəfrèiz] *n.* Ⓒ (상세하고 쉽게) 바꿔쓰기, 말하기; 의역(意譯). ── *vt., vi.* 의역하다.

par·a·ple·gi·a [pæ̀rəplí:dʒiə] *n.* Ⓤ 〖醫〗 하반신 불수.

pàra·proféssional *n., a.* Ⓒ (교사·의사 따위의) 전문직 조수(의).

pàra·psychólogy *n.* Ⓤ 초(超)심리학《심령 현상의 과학적 연구 분야》.

Pa·rá rúbber[pɑrá:-] 파라 고무《남아메리카산》.

par·a·sab·o·teur[pæ̀rəsæ̀bətə:r, ⌐–⌐–⌐] *n.* Ⓒ 후방 교란을 목적으로 하는 낙하산병.

***par·a·site**[pǽrəsàit] *n.* Ⓒ ① 기생 생물, 기생충〔균〕. ② 기식자, 식객. **-sit·ism**[-sàitizəm] *n.* Ⓤ 기생(상태); 〖病〗 기생충 감염증. **-sit·ic** [pæ̀rəsítik], **-si·cal**[-əl] *a.* 기생의, 기생적인; 〖電〗 와류(渦流)의.

par·a·si·tol·o·gy [pæ̀rəsaitɑ́lə-dʒi, -si-/-tɔ́l-] *n.* Ⓤ 기생충학.

:**par·a·sol**[pǽrəsɔ̀:l, -sɑ̀l/-sɔ̀l] *n.* Ⓒ 양산, 파라솔.

par·a·sym·pa·thét·ic nérvous sýstem[pæ̀rəsìmpəθétik-] 〖解·生〗 부교감(副交感)신경계.

par·a·tax·is [pæ̀rətǽksis] *n.* Ⓤ 〖文〗 병렬(竝列)(구문)《보기 : *He is tall, you know* (*that*). cf. hypotaxis》.

par·a·thi·on[pæ̀rəθáiɑn/-ɔn] *n.* Ⓤ 파라티온《농약》.

par·a·thý·roid glànds [pæ̀r-əθáirɔid-] 〖解〗 부갑상선(副甲狀腺).

par·a·troop[pǽrətrù:p] *a., n.* (*pl.*) 공정대(空挺隊)(의). **~·er** *n.* Ⓒ 공정대원.

pàra·týphoid *n., a.* Ⓤ 〖醫〗 파라티푸스(의).

paratýphoid fèver 파라티푸스.

par a·vion[pɑ:rævjɔ́:ŋ] (F.) 항공편으로《항공 우편물의 표시》.

par·boil[pɑ́:rbɔ̀il] *vt.* 반숙(半熟)이 되게 하다; 너무 뜨겁게 하다(overheat); (태양 따위가) 태우다.

:**par·cel**[pɑ́:rsəl] *n.* ① Ⓒ 소포, 꾸러미, 소화물. ② Ⓒ (토지의) 한 구획. ③ (a ~) 한 떼, 한 무더기. ***by ~s*** 조금씩. PART ***and ~.*** ── *vt.* (《英》 *-ll-*) ① 분배하다(*out, into*). ② 소포로 하다(*up*).

párcel póst 소포 우편.

parch**[pɑ:rtʃ] *vt.* ① (콩 따위를) 볶다, 덖다, 태우다. ② 바싹 말리다. ③ 갈증을 느끼게 하다(*with*). ── *vi.* 바싹 마르다; 타다. ***be ~ed with thirst 목이 타다. **~ed**[-t] *a.* 볶은, 덖은, 탄; 바싹 마른. **∠·ing** *a.* 타는〔태우는〕 듯한.

***parch·ment**[pɑ́:rtʃmənt] *n.* ① Ⓤ 양피지. ② Ⓒ 양피지 문서.

pard[1][pɑ:rd] *n.* 《古》 =LEOPARD.

P

pard[2] *n.* Ⓒ 《俗》 동아리, 짝패.
pard·ner[pá:rdnər] *n.* 《口》 =⇧.
:**par·don**[pá:rdn] *n.* ① Ⓤ 용서. ② Ⓒ 〖宗〗 면죄; 〖法〗 사면. ***I beg your ~.*** 죄송합니다; 실례입니다만… 《상대방의 말을 반대할 때》; 《끝을 올려 발음하여》 다시 한 번 말씀해 주십시오; 《성난 어조로》 다시 한 번 말해 봐라! ── *vt.* 용서하다; 〖法〗 사면하다. **~·a·ble** *a.* 용서할 수 있는. **~·er** *n.* Ⓒ 용서하는 사람; 〖史〗 면죄부 파는 사람.
*__pare__[pεər] *vt.* ① (…의) 껍질을 벗기다. ② 잘라〔깎아〕내다(*off, away*). ③ (예산 따위를) 조금씩 줄이다, 절감하다(*away, down*).
pa·ren·chy·ma[pəréŋkəmə] *n.* Ⓤ 〖解〗 실질(實質); 〖植〗 유(柔)조직.
†**par·ent**[pέərənt] *n.* Ⓒ ① 어버이. ② (*pl.*) 조상. ③ (동식물의) 어미, 모체. ④ 근원, 원인. **~·hood**[-hùd] *n.* Ⓤ 어버이임; 친자 관계.
:**par·ent·age**[-idʒ] *n.* Ⓤ 어버이임; 태생, 혈통; 가문.
*__pa·ren·tal__[pəréntl] *a.* 어버이(로서)의.
párent còmpany 모(母)회사.
párent dirèctory 〖컴〗 윗자료방.
párent èlement 〖理〗 어미원소《핵분열할 때 daughter element를 만드는 원소》.
*__pa·ren·the·sis__ [pərénθəsis] *n.* (*pl.* ***-ses***[-sì:z]) Ⓒ ① 삽입구. ② (보통 *pl.*) (둥근) 괄호. ③ 간격. **-size** [-θəsàiz] *vt.* 괄호 속에 넣다; 삽입구를 넣다. **par·en·thet·ic** [pæ̀rənθétik], **-i·cal**[-əl] *a.* 삽입구의; 설명적인.
párent-téacher associàtion 사친회《생략 P.T.A.》.
pa·re·sis[pərí:sis, pǽrə-/pǽri-] *n.* Ⓤ 〖醫〗 국부(局部) 마비.
pa·ret·ic[pərétik, -rí:t-] *a., n.* Ⓒ 〖醫〗 국부 마비(성)의 (환자).
par ex·cel·lence [pɑ:r èksəlá:ns] (F.) 특히 뛰어난.
par·fait[pɑ:rféi] *n.* Ⓒ,Ⓤ 파르페《길쭉한 글라스에 아이스크림·과일 조각을 담은 빙과》.
parfáit glàss 파르페 글라스(cf. 「⇧).
par·get[pá:rdʒit] *n.* Ⓤ 석고; 회반죽. ── *vt., vi.* (《英》 ***-tt-***) (…에) 회반죽을 바르다.
par·he·li·on[pɑ:rhí:liən, -ljən] *n.* (*pl.* ***-lia***[-liə, -ljə]) Ⓒ 〖氣〗 환일(幻日), 햇무리(mock sun).
pa·ri·ah[pəráiə, pǽriə] *n.* Ⓒ (남부 인도의) 최하층민; 사회에서 버림받은 자.
pa·ri·e·tal[pəráiətl] *a.* 〖解〗 강벽(腔壁)의; 정수리(부분)의; 〖植〗 자방벽(子房壁)의; 《美》 학교 구내에 사는. ── *n.* Ⓒ 〖解〗 정수리뼈.
paríetal bòne 〖解〗 정수리뼈.
par·i·mu·tu·el[pǽrimjú:tʃuəl] *n.* Ⓤ 건 돈 전부를 이긴 말에 건 사람들이 분배받는 방법; Ⓒ 건 돈 기록기.
par·ing[pέəriŋ] *n.* Ⓤ 껍질을 벗김; Ⓒ 벗긴 껍질, 깎은 부스러기.
†**Par·is**[pǽris] *n.* ① 파리《프랑스의 수도》. ② 〖그神〗 파리스《Troy의 왕 Priam의 아들》.
Páris Chàrter 파리 헌장《1990년 CSCE 정상들이 민주주의와 평화·통합의 새 시대를 선언한 헌장》.
Páris gréen 《英》 〖化〗 패리스그린 《유독한 도료·살충제》.
*__par·ish__[pǽriʃ] *n.* Ⓒ ① (교회의) 교구, 본당(本堂). ② 《집합적》 교구의 주민. ③ (미국 Louisiana주의) 군. ***all over the ~*** 《英》 어디에나, 도처에(everywhere). ***go on the ~*** 교구의 신세를 지고 살다.
párish chùrch 《英》 교구 교회.
párish clèrk 《英》 교회의 서무계원. 「교구민.
pa·rish·ion·er[pəríʃənər] *n.* Ⓒ
párish régister 교구 기록부《세례·결혼·사망 따위》.
*__Pa·ri·sian__[pərízən, -ziən] *a.* 파리(식·사람)의. ── *n.* Ⓒ 파리 사람.
Páris whíte (상질·미립의) 마분(磨粉); 파리백(白)《도료·그림물감 따위의 하양》.
par·i·ty[pǽrəti] *n.* Ⓤ 동등, 동격; 일치; 〖商〗 등가(等價), 평가(平價); 유사; 〖經〗 '패리티'《농가의 수입과 생활비와의 비율》; 〖컴〗 패리티; = PARITY BIT.
párity bìt 〖컴〗 패리티 비트.
párity chèck 〖컴〗 패리티 검사《컴퓨터 조작의 잘못을 발견하는 방법》.
párity èrror 〖컴〗 패리티 오류.
†**park**[pɑ:rk] *n.* Ⓒ ① 공원. ② 큰 정원; 《英》 사냥터. ③ 주차장. ④ 〖軍〗 (군대 숙영 중의) 군수품 저장소, 포창(砲廠). ***the P-*** =HYDE PARK. ── *vt.* ① 공원으로서〔사냥터로서〕 둘러 막다. ② (포차 따위를) 기지에 정렬시키다. ③ 주차시키다. ④ 《口》 두다, 두고 가다.
par·ka[pá:rkə] *n.* Ⓒ (알래스카·시베리아의) 후드 달린 털가죽 재킷; 후드 달린 재킷〔스목〕(cf. anorak).
*__park·ing__[´-iŋ] *n., a.* Ⓤ 주차(의); 〖컴〗 둠, 파킹. ***No ~.*** 주차 금지.
párking lìght 《美》 (자동차) 주차등. 「park).
párking lòt 《美》 주차장(《英》 car
párking mèter 주차 시간 표시기.
párking òrbit 〖宇宙〗 대기(待機) 궤도《우주선을 더 먼 궤도에 올려 놓기 위하여 임시로 돌게 하는 궤도》.
párking tìcket 주차 위반 호출장.
Pár·kin·son's disèase[pá:rkinsənz-] 〖醫〗 진전(震顫) 마비(paralysis agitans).
Párkinson's láw 파킨슨의 법칙 《영국의 C. Parkinson이 제창한 풍자적 경제 법칙》.
párk·lànd *n.* Ⓤ 수목이 듬성듬성 있는 초원지, 풍치 지구.
párk rànger (국립) 공원 관리인.
párk·wày *n.* Ⓒ 《美》 공원도로《중앙에 가로수나 잔디가 있는 큰 길》.
park·y[pá:rki] *a.* 《英俗》 싸늘한.

차가운《아침·공기 등》.

par·lance[pá:rləns] *n.* Ⓤ 말투, 어조, 어법(語法).

par·lay[pá:rlei, -li] *vt., vi.* 《美》 원금과 상금을 다시 다음 승부에 걸다; 차례차례로 교묘히 이용하다.

***par·ley**[pá:rli] *n., vi.* Ⓒ 상의, 협의, 교섭; (특히 전쟁터에서 적과의) 담판(을 하다).

‡**par·lia·ment**[pá:rləmənt] *n.* ① Ⓒ 의회, 국회(cf. diet², congress). ② (P-) 영국 의회.

par·lia·men·tar·i·an [pà:rləmentέəriən] *n.* Ⓒ 의회 법규〔정치〕에 정통한 사람.

par·lia·men·tar·i·an·ism[-ìzəm] *n.* Ⓤ 의회 정치〔제도〕.

***par·lia·men·ta·ry**[-méntəri] *a.* ① 의회의, 의회가 있는. ② 의회에서 제정된. ③ 의회 법규〔관습〕에 따른.

parliaméntary láw 국회법; 회칙.

parliaméntary procédure 의회「운영 절차.

‡**par·lor,** 《英》 **-lour**[pá:rlər] *n., a.* Ⓒ 객실(의), 거실; (호텔·클럽의) 담화실; 《美》 영업실, …점(店).

párlor càr 《美》 특등 객차.

párlor gàme 실내의 놀이.

párlor hòuse 《俗》 고급 유곽.

párlor·màid *n.* Ⓒ 잔심부름 하는 계집아이, (방에 딸린) 하녀.

par·lous[pá:rləs] *a.* 《古》 위험한 (perilous); 빈틈 없는. — *ad.* 몹시.

Pár·me·san chéese[pá:rmizæ̀n-] (탈지유(脫脂乳)로 만든 북이탈리아산의 딱딱한) 파르마 치즈.

Par·nas·si·an[pɑ:rnǽsiən] *a., n.* Parnassus산의; 시(詩)의; Ⓒ 고답파의 (시인).

Parnássian schòol 고답파 《1866-90년경 형식을 중시한 프랑스 시인의 일파》.

Par·nas·sus[pɑ:rnǽsəs] *n.* 그리스 남부의 산《Apollo와 Muses의 영지(靈地)》; Ⓤ 문단, 시단.

pa·ro·chi·al[pəróukiəl] *a.* 교구의 〔를 위한〕; 지방적인; 편협한. ~-**ism**[-ìzəm] *n.* Ⓤ 교구 제도; 지방 근성; 편협.

par·o·dy[pǽrədi] *n.* Ⓤ,Ⓒ 풍자적 〔조롱적〕 모방 시문(詩文); 서투른 모방. — *vt.* 풍자적으로 모방하다; 서투르게 흉내내다. **-dist** *n.* Ⓒ 풍자적〔조롱적〕 모방 시문 작자.

pa·role[pəróul] *n., vt.* Ⓤ 포로의 선서; 가석방; 집행 유예; (포로를) 선서시키고 석방하다; 가석방하다.

par·o·nym[pǽrənim] *n.* Ⓒ 〖言〗 동원어(同源語)《wise와 wisdom 따위》; =HOMOPHONE. 「KEET.

par·o·quet[pǽrəkèt] *n.* =PARA-

pa·rot·id[pərátid/-ɔ́-] *n.* Ⓒ 〖解〗 이하선(耳下腺). — *a.* 귓가의.

par·o·ti·tis[pæ̀rətáitis] *n.* Ⓤ 〖醫〗 (유행성) 이하선염(炎), 항아리손님.

par·ox·ysm[pǽrəksìzəm] *n.* Ⓒ 발작; (감정의) 격발(激發). **-ys·mal** [pæ̀rəksízməl] *a.*

par·quet[pɑ:rkéi] *n.* ① Ⓤ 쪽모이 세공한 마루. ② Ⓒ 《美》 (극장의) 아래층 앞자리, 오케스트라 박스와 parquet circle(⇩) 사이의 자리. — *vt.* (《英》 **-tt-**) 쪽모이 세공 마루를 깔다. ~·**ry**[pá:rkətri] *n.* Ⓤ 쪽모이 세공〔깔기〕.

parquét círcle 《美》 (극장의 2층 관람석 밑) parquet ②의 뒤쪽.

parr[pɑ:r] *n.* (*pl.* ~**s,** 《집합적》 ~) Ⓒ 〖魚〗 (아직 바다로 내려가지 않은) 새끼 연어.

par·ra·keet[pǽrəkì:t], **par·ro·ket, -quet**[pǽrəkèt] *n.* =PARAKEET.

par·ri·cide[pǽrəsàid] *n.* Ⓤ 어버이〔존속〕 살해(죄); Ⓒ 그 범인. **-cid·al**[⌐—sáidl] *a.*

‡**par·rot**[pǽrət] *n., vt.* Ⓒ 〖鳥〗 앵무새; 앵무새처럼 말을 되뇌다〔입내내다〕; 그 사람.

párrot fèver 〖醫〗 앵무병.

par·ry[pǽri] *vt.* 받아넘기다, 슬쩍 피하다, 비키다; 어물쩍거리다, 둘러〔꾸며〕대다. — *n.* Ⓒ (펜싱의) 받아넘김, 슬쩍 피함; (말을) 둘러댐.

parse[pɑ:rs] *vt.* (글을 문법적으로) 해부하다; (어구의 품사·문법 관계를) 설명하다.

par·sec[pá:rsèk] *n.* Ⓒ 〖天〗 파섹 《천체간 거리의 단위; 3.26 광년》.

Par·see, -si[pá:rsi:, —⌐] *n.* Ⓒ 페르시아계의 조로아스터 교도.

par·ser [pá:rzər] *n.* Ⓒ 〖컴〗 파서 《키워드에 의해 입력된 정보를 번역 처리하는 프로그램》.

par·si·mo·ni·ous [pà:rsəmóuniəs] *a.* 인색한. ~·**ly** *ad.* **-ny**[pá:rsəmòuni/-məni] *n.*

pars·ley[pá:rsli] *n.* Ⓤ 〖植〗 양미나리, 파슬리.

pars·nip[pá:rsnip] *n.* Ⓒ 〖植〗 양〔아메리카〕방풍나물.

***par·son**[pá:rsən] *n.* Ⓒ 교구 목사; 《一般》 목사. ~·**age**[-idʒ] *n.* Ⓒ 목사관.

†**part**[pɑ:rt] *n.* ① Ⓒ 부분, 일부; (책 따위의) 부, 편; 신체의 부분. ② Ⓤ (일의) 역할, 구실. ③ Ⓒ (배우의) 역; 대사. ④ Ⓤ (상대하는) 한쪽 편; 쪽, 편(side). ⑤ (*pl.*) 지방, 지구. ⑥ (*pl.*) 자질; 재능. ⑦ Ⓒ 〖樂〗 음부(音部), 성부(聲部), 악장(樂章). ⑧ Ⓒ 《美》 머리의 가르마. ***a ~ of speech*** 품사. ***for my ~*** 나(로서)는. ***for the most ~*** 대부분은. ***in ~*** 일부분. ***~ and parcel*** 중요 부분. ***play a ~*** 역(役)을 하다; 시치미를 떼다. ***take (it) in good*** 〔***bad***〕 ***~*** (그것을) 선의〔악의〕로 해석하다. ***take ~ in*** …에 관계〔참가〕하다. ***take ~ with,*** or ***take the ~ of*** …에 편들다〔가담하다〕. — *vt.* ① 나누다. ② (머리를) 가르다. ③ 절단하다; 떼어 놓다. ④ 《古》 분배하다. — *vi.* ① 갈라지다, 떨어지다; 터지다, 쪼개지다. ② (…와) 헤

어지다(*from*). ③ (남에게) 넘겨주다 (*with*). ④ 떠나다. ⑤ 죽다. **~ *company with*** …와 헤어지다. **~ *with*** …을 해고하다; (남에게) 넘겨주다; 《稀》 …와 헤어지다. — *a.* 부분의. — *ad.* 일부분(*a room ~ study, ~ studio* 서재 겸 아틀리에); 어느 정도. **:∠·ly** *ad.* 일부분, 얼마간.

part. participle; particular.

***par·take** [pɑːrtéik] *vi.* (**-took; -taken**) ① 한 몫 끼다, 참여하다(share)(*of, in*); 같이[함께]하다. ② 얼마큼 먹다[마시다](*of*). ③ (성질 따위가 …의) 기미가 있다(*of*). — *vt.* (…에) 참여하다, 함께하다. **par·ták·er** *n.* Ⓒ 함께하는 사람, 관여자(*of, in*).

par·tak·en [pɑːrtéikən] *v.* partake의 과거분사.

P

par·terre [pɑːrtέər] *n.* Ⓒ (극장의) 무대 앞부분의 뒤쪽 좌석《미국에서는 2층 관람석의 아래》.

par·the·no·gen·e·sis [pɑ̀ːrθənoudʒénəsis] *n.* Ⓤ 〖生〗 단성[처녀] 생식.

Par·the·non [pάːrθənɑ̀n, -ən] *n.* 파르테논《그리스의 아테네 신전》.

Par·thi·a [pάːrθiə] *n.* 파르티아《현 이란 부근을 중심으로 한 고대 국가》.

Pár·thi·an shót [pάːrθiən-] 마지막 화살; 떠나며 내뱉는 가시돋힌 말.

:par·tial [pάːrʃəl] *a.* ① 부분적인. ② 불완전[불공평]한. ③ 특히 좋아하는(*to*). ***~·ly** *ad.* **~·ness** *n.*

par·ti·al·i·ty [pɑ̀ːrʃiǽləti] *n.* Ⓤ 불공평, 편파; (a ~) 편애, 기호(*for, to*).

***par·tic·i·pant** [pɑːrtísəpənt] *a.* 관계하는(*of*). — *n.* Ⓒ 참가자, 관계자, 협동자.

:par·tic·i·pate [pɑːrtísəpèit] *vi., vt.* ① 관여[관계]하다; 가담[참여]하다(*in, with*). ② (…한) 기미가 있다(*of*). **-pa·tor** *n.* Ⓒ 관계자, 참가자, 협동자. **:-pa·tion** [-ˌ-ˊpéiʃən] *n.* Ⓤ 참가, 관계; 협동.

:par·ti·ci·ple [pάːrtəsìpəl] *n.* Ⓒ 〖文〗 분사. **:-cip·i·al** [pɑ̀ːrtəsípiəl] *a.* 〖文〗 분사의. ***participial construction*** 〖文〗 분사 구문.

:par·ti·cle [pάːrtikl] *n.* Ⓒ ① 미분자(微分子); 미량(微量). ② 〖理〗 질점(質點). ③ 〖文〗 불변화사(不變化詞)《관사·전치사, 접속사, 감탄사》, 접두[접미]사.

párticle accélerator 〖理〗 입자가속기(加速器).

par·ti-col·ored, 《英》 **-oured** [pάːrtikʌ̀lərd] *a.* 잡색(雜色)의.

:par·tic·u·lar [pərtíkjələr] *a.* ① 특수한, 특정의(cf. special); 고유의, 독특한. ② 각별한; 현저한. ③ 상세한. ④ 까다로운(*about, in, over*). — *n.* ① Ⓒ 사항, 항목. ② (*pl.*) 자세한 내용[점]. ③ (the ~) 특색. ***in ~*** 특히, 상세하게. ***the London ~*** 런던의 명물《안개 따위》. **:~·ly** *ad.* 특히; 낱낱이; 상세히.

partícular áverage 〖海上保險〗 단독 해손(海損).

par·tic·u·lar·ism [pərtíkjələrìzəm] *n.* Ⓤ 자당(自黨)[자국] 제1주의; (연방 등의) 자주 독립주의; 〖神學〗 특정인 은총론《신의 은총이 특정인에게 주어진다고 하는》. **-ist** *n.*

par·tic·u·lar·i·ty [pərtìkjəlǽrəti] *n.* Ⓤ 특성, 특이성, 특색; 상세함; 세심한 주의; 까다로움.

par·tic·u·lar·ize [pərtíkjələràiz] *vt., vi.* 상술하다; 열거하다; 특기하다. **-i·za·tion** [-ˌ-ˊ-ləriʒéiʃən/-rai-] *n.*

***part·ing** [pάːrtiŋ] *n.* ① Ⓤ,Ⓒ 이별, 고별; 별세. ② Ⓤ 분리; 출발. ③ Ⓒ 분기점. — *a.* ① 고별[이별]의; 최후의. ② 떠나가는. ③ 나누는.

***par·ti·san** [pάːrtəzən/pɑ̀ːtizǽn] *n., a.* Ⓒ ① 도당(徒黨)(의 한 사람); 한 동아리; 당파의. ② 〖軍〗 유격병(의). **~·ship** [-ʃìp] *n.* Ⓤ 당파심; 가담.

par·ti·ta [pɑːrtíːtə] *n.* (It.) Ⓒ 〖樂〗 파르티타《변주곡집, 또는 조곡(組曲)의 일종》.

***par·ti·tion** [pɑːrtíʃən] *n., vt.* Ⓤ 분할(하다); 구획(하다); Ⓒ 부분; 칸막이; 벽; 칸막이(이 하)다; 〖컴〗 분할.

par·ti·tive [pάːrtətiv] *a., n.* Ⓒ 〖文〗 부분을 나타내는 (말)《some, few, any 등》.

par·ti·zan *n.* =PARTISAN.

párt mùsic 합창[중창]곡.

:part·ner [pάːrtnər] *n.* Ⓒ ① 협동자; 동아리, 공동자(共同者). ② 〖法〗 조합원, 사원. ③ 배우자; (댄스의) 파트너; (경기의) 짝패. **~·less** *a.* 상대가 없는. ***~·ship** [-ʃìp] *n.* Ⓤ 공동, 협력; Ⓒ 조합, 상사, 합명[합자]회사; Ⓤ,Ⓒ 조합 계약, 공동 경영.

par·toc·ra·cy [pərtάkrəsi, pɑːr-] *n.* Ⓤ 일당 독재 정치.

párt òwnership 공동 소유.

par·took [pɑːrtúk] *v.* partake의 과거.

***par·tridge** [pάːrtridʒ] *n.* (*pl.* **~s,** 《집합적》 ~) Ⓒ 〖鳥〗 반시·자고의 무리; (미국의) 목도리뇌조.

párt sòng (특히 반주 없는) 합창곡.

párt(s) per míllion 백만분율, 피피엠《미소 함유량의 단위; 생략 PPM》.

***part-time** [pάːrttàim] *a.* 시간제의, 파트타임의. **-tímer** *n.* Ⓒ 시간제의 근무자(cf. full-timer); 정시제(定時制) 학교의 학생.

par·tu·ri·ent [pɑːrtjúəriənt] *a.* 출산의, 출산에 관한.

par·tu·ri·tion [pɑ̀ːrtjuəríʃən] *n.* Ⓤ 출산, 분만.

†par·ty [pάːrti] *n.* Ⓒ ① 당(파); 정당; (the P-) (공산)당. ② 〖軍〗 분견대(分遣隊), 부대; 일행; 대(隊); 한동아리, 자기편. ③ (사교의) 모임. ④ 〖法〗 (계약·소송의) 당사자(*the third ~* 제삼자). ⑤ 《口》 사람. ***be a ~ to*** …에 관계하다.

make one's ~ good 자기 주장을 관철하다〔입장을 유리하게 하다〕.
— *a.* 정당〔당파〕의.

párty-còlored *a.* = PARTI-COLORED.

párty góvernment 정당 정치.

párty lìne (전화의) 공동 가입선; (정당의) 정책 노선; (공산당의) 당강령.

párty líner 당의 정책에 충실한 사람.

párty màn 당원, 당인.

párty plátform 정당 강령, 정강.

párty pólitics 정당 본위 정치《자기 당의 이익만 생각하는》; 당략.

párty spírit 당파심, 애당심; 파티열(熱).

párty-spírited *a.* 당파심이 강한.

párty vòte 정당의 정책 방침에 의한 투표.

párty wáll 〖法〗 (이웃집과의) 경계벽.

pár válue 액면 가격.

par·ve·nu[pá:rvənjù:] *n.* (F.) Ⓒ 벼락 출세자.

PAS[1] Pan-American Society.

PAS[2], **P.A.S.**[pæs] *n.* 파스《결핵 치료약》(< *p*ara-*a*mino*s*alicylic acid).

pas[pɑ:] *n.* (F.)(*pl.* ~ [-z]) Ⓒ (댄스의) 스텝; 선행권, 우선권.

PASCAL[pæskǽl] *n.* Ⓒ 〖컴〗 파스칼《ALGOL의 형식을 따르는 프로그램언어》.

Pas·cal[pǽskəl], **Blaise**(1623-62) 프랑스의 철학자·수학자·물리학자.

pas·chal[pǽskəl, -ɑ̀:-] *a.* (종종 P-) 유월절(踰越節)(passover)의; 부활절의.

pa·sha[pá:ʃə] *n.* Ⓒ 파샤《터키의 문무고관의 존칭》. **~·lik, -lic**[pəʃá:lik] *n.* Ⓤ 파샤의 관할구〔권〕.

pasque·flow·er[pǽskflàuər] *n.* Ⓒ 양할미꽃《아네모네속》.

pas·quin·ade[pæ̀skwənéid] *n.* Ⓒ (사람 눈에 띄게 한) 풍자문, 풍자.

†**pass**[1][pæs, pɑ:s] *vi.* (***~ed***[-t], ***past***) ① 지나다, 나아가다(*away, out, by*), 통과하다(*by, over*). ② (때가) 경과하다. ③ 변화하다(~ *into nothingness* 무(無)로 돌아가다), 되다(become)(*to, in*). ④ (시험에) 합격하다; (의안이) 통과하다. ⑤ 소실〔소멸〕하다; 떠나다; 끝나다; 죽다. ⑥ (사건이) 일어나다. ⑦ 통용하다(*for, as*). ⑧ 판결을 내리다; (판결이) 내려지다(*on, upon*). ⑨ (재산 따위가 남의 손에) 넘어가다. ⑩ (술잔 따위가) 돌다. ⑪ (구기(球技)에서) 공을 패스하다; 〖카드〗 패스하다; 〖펜싱〗 찌르다(*on, upon*).
— *vt.* ① 지나가다; 통과시키다; 넘(어 가)다, 건너다, 횡단하다. ② (시간을) 보내다, 지내다. ③ 움직이다; (밧줄 따위를) 휘감다; 꿰다, 꿰뚫다. ④ (의안이) 통과〔가결〕하다. ⑤ (시험에) 합격하다, 급제시키다. ⑥ 양도하다; 넘겨주다; 돌리다. ⑦ 못보고 지나치다, 눈감아 주다, 간과하다; 아무것도 않고 그대로 두다. ⑧ (판결을) 선고하다, (판단을) 내리다; (의견을) 말하다. ⑨ 약속하다. ⑩ (한도를) 넘다; …보다 낫다. ⑪ 《美》 거르다, 빼먹다, 생략하다. ⑫ (공을) 패스하다; 〖野〗 (4구 또는 히트로 주자를) 1루(壘)에 나가게 하다. ⑬ (대소변을) 보다(~ *water* 소변보다).
~ away 떠나다; 끝나다; 스러지다, 안쓰이게 되다; 죽다. ***~ by*** (…을) 지나(가)다; (때가) 지나가다; 눈감아 주다; 못보고 지나치다〔빠뜨리다〕; 무시하다. ***~ into*** …으로 변하다; (…의 손)으로 넘어가다. ***~ off*** 떠나다; 차차 사라지다; 잘 되어가다; 일어나다(happen); (가짜를) 쥐어주다〔갖게 하다〕(*on*); (그 자리를) 얼버무려 꾸미다; 가짜로 통하다(~ *oneself off as* 짐짓 …으로 행세하다). ***~ on*** 나아가다; 넘겨주다. ***~ out*** 나가다; 《口》 의식을 잃다. ***~ over*** 건너다; 통과하다; (때를) 보내다; 생략하다; 못보고 빠뜨리다〔넘어가다〕, 무시하다. ***~ the*** BABY. ***~ through*** 빠져 나가다; 관통하다; 경험하다. ***~ up*** 《美俗》 그대로 보내다, 간과하다; 포기하다.
— *n.* Ⓒ ① 합격, 급제; 《英》 보통 급제《우등 급제가 아닌》. ② 패스《무료 입장〔승차〕권》; 통행〔입장〕허가. ③ 모양, 상태; 위기. ④ (최면술의) 안수(按手); 요술, 속임수. ⑤ 산길(path). ⑥ 물길, 수로. ⑦ 〖펜싱〗 찌르기; 〖球技·카드〗 패스; 〖野〗 사구(四球), 출루(出壘)(walk). ⑧ 〖컴〗 과정. ***bring to ~*** 이룩하다; 야기시키다. ***come to ~*** 일어나다(happen)(*come to a nice* 〔*pretty*〕 ~ 난처〔곤란〕하게 되다). **∠·er** *n.*

*__pass__[2] *n.* Ⓒ ① 산길, 고갯길; 고개. ② 물길, 수로. ③ 〖軍〗 요충지.

pass. passenger; *passim;* passive.

*__pass·a·ble__ [pǽsəbəl, -á:-] *a.* ① 통행할 수 있는. ② 어지간한, (성적이) 보통인. ③ (화폐 따위) 통용되는; (의안이) 통과될 수 있는. **-bly** *ad.*

pas·sa·ca·glia[pɑ̀:səká:ljə, pæ̀-] *n.* 〖樂〗 파사칼리아《3박자의 조용한 춤곡》.

‡**pas·sage**[pǽsidʒ] *n.* ① Ⓤ,Ⓒ 통행, 통과; 통행권. ② Ⓤ (사건의) 진행; (때의) 경과; 추이. ③ Ⓤ 여행, 항해. ④ Ⓤ 뱃삯, 찻삯; 항행권. ⑤ Ⓒ 통로, 샛길; 《英》 복도; 수로(水路). ⑥ Ⓒ (문장·연설의) 한 절; 〖樂〗 악절. ⑦ Ⓤ,Ⓒ (의안의) 통과, 가결. ⑧ (*pl.*) 밀담, 교섭. ⑨ Ⓤ 논쟁; 격투(combat). ***make a ~*** 항해하다. ***~ of arms*** 시합, 싸움, 격투; 논쟁. ***take ~ in*** …을 타고 도항(渡航)하다. ***work one's ~*** 뱃삯 대신 배에서 일하다.

pássage bìrd 철새.

pássage mòney 뱃삯, 찻삯.

*__pássage·wày__ *n.* Ⓒ 통로, 복도.

páss·bòok *n.* Ⓒ 은행 통장; (외

상) 거래장.
páss chèck 입장권; 재 입장권.
páss degrèe 〖英大學〗 (우등 아닌) 보통 졸업 학위.
pas·sé[pæséi, pá:sei] *a.* (F.) 과거의; 한창때가 지난; 시대에 뒤진.
†**pas·sen·ger**[pǽsəndʒər] *n.* Ⓒ 여객, (특히) 선객.
pássenger bòat 여객선.
pássenger càr 객차.
pássenger lìst 승객〔탑승자〕 명부.
pássenger plàne 여객기.
pássenger sèat (특히 자동차의) 조수석.
pássenger sèrvice 여객 수송.
pássenger tràin 여객 열차.
*****pas·ser-by**[pǽsərbái, pá:-] *n.* (*pl.* ***-s-by***) Ⓒ 지나가는 사람, 통행인.
pas·sim[pǽsim] *ad.* (L.) (인용서(書)의) 여기저기에.
*****pass·ing**[pǽsiŋ, -á:-] *a.* ① 통행〔통과〕하는. ② 목전〔현재〕의. ③ 잠시〔순식〕간의. ④ 대충의; 우연의. ⑤ 합격의; 뛰어난. ― *n.* Ⓤ 통행, 통과; 경과; 죽음; (의안의) 통과, 가결. ***in*** ~ …하는 김에. ― *ad.* 《古》 대단히. ~**·ly** *ad.* 대충, 대강; 《古》 몹시.
pássing bèll 조종(弔鐘).
:**pas·sion**[pǽʃən] *n.* ① Ⓤ,Ⓒ 격정, 열정. ② Ⓤ 감정의 폭발; 격노. ③ Ⓤ 열렬한 애정; 정욕. ④ Ⓤ 정열, 열심(*for*); 열애하는 것. ⑤ (the P-) 예수의 수난; Ⓤ 《古》 (순교자의) 수난. ***fall*** 〔***fly, get***〕 ***into a*** ~ 벌컥 성내다. ~**·less** *a.* 정열이 없는; 냉정한.
:**pas·sion·ate**[pǽʃənit] *a.* ① 감정에 지배되는. ② 성 잘 내는. ③ 열렬한, 감정적인. *~**·ly** *ad.*
pássion·flòwer *n.* Ⓒ 〖植〗 시계초(時計草).
pássion màrk 《美口》 키스마크(hickey).
Pássion plày 예수 수난극(劇).
Pássion Wèek 수난 주간.
:**pas·sive**[pǽsiv] *a.* ① 수동의. ② 무저항의. ③ 활발하지 못한. ④ 〖文〗 수동〔피동〕의. ― *n.* (the ~) 〖文〗 수동태. ~**·ly** *ad.* **pas·sív·i·ty** *n.* Ⓤ 수동(성).
pássive bélt (자동차의) 자동 안전 벨트.
pássive resístance (정부에 대한) 소극적 저항.
pássive restráint (차의) 자동 방호 장치《자동 벨트·에어백 등》.
pássive smóking 간접적 끽연《타인이 내뿜는 담배 연기를 들이마시는 일》.
pássive vóice 〖文〗 수동태.
páss·kèy *n.* Ⓒ 결쇠; 사용(私用)의 열쇠.
pass·man[´mæ̀n, -mən] *n.* Ⓒ 《英》 (대학의) 보통 급제생《특히, 보통의 졸업생; cf. classman》.
Páss·òver *n.* (the ~) (유대인의) 유월절(踰越節).
:**pass·port**[´pɔ̀:rt] *n.* Ⓒ 여권(旅券), 패스포트.
páss·wòrd *n.* Ⓒ 암호(말); 〖컴〗 암호.
†**past**[pæst, pɑ:st] *a.* ① 과거의, (이제 막) 지난. ② 요전의. ③ 〖文〗 과거의. ― *ad.* 지나쳐서(by). ― *n.* ① (the ~) 과거; (*sing.*) 과거의 일); 경력; 수상쩍은〔아름답지 못한〕 경력. ② (the ~) 〖文〗 과거(시제), 과거형. ― *prep.* ① (시간이) …을 지나서(after) (*half* ~ *two,* 2시 반). ② …을 넘어서. ③ …이 미치지 않는, …이상. ~ ***belief*** 믿을 수 없는.
:**paste**[peist] *n.* Ⓤ,Ⓒ ① 풀. ② (과자용의) 반죽(dough). ③ 반죽해 이긴 것, 페이스트《생선고기 뭉갠 것, 크림 치약, 연고(軟膏), 이긴 흙, 모조보석의 원료용 납유리 따위》. ④ 〖컴〗 붙임, 붙이기. SCISSORS ***and*** ~. ― *vt.* 풀로 붙이다(*up, on, down, together*); 《俗》 (주먹으로) 때리다. **pást·er** *n.* Ⓒ 고무풀 칠한 붙임용지; 풀칠하는 사람.
páste·bòard *n.* Ⓤ 판지(板紙).
pas·tel[pæstél/´-] *n.* Ⓤ 파스텔; 파스텔 화법; 파스텔풍의 색조(色調); Ⓒ 파스텔화(畵).
pas·tern[pǽstə:rn] *n.* Ⓒ (말의) 발회목뼈《뒷발톱과 발굽과의 사이》.
Pas·ter·nak[pǽstərnæ̀k], **Boris Leonidovich**(1890-1960) 옛 소련의 시인·소설가.
Pas·teur[pæstə́:r], **Louis**(1822-95) 프랑스의 화학자.
pas·teur·ism[pǽstərìzəm] *n.* Ⓤ 광견병 예방 접종법; 파스퇴르 멸균법.
pas·teur·ize[pǽstəràiz, -tʃə-] *vt.* (개에) 광견병 예방 접종을 하다. **-i·za·tion**[⌐-izéiʃən] *n.*
pas·til[pǽstil], **pas·tille**[pæstí:l] *n.* Ⓒ 정제(錠劑); 향정(香錠).
*****pas·time**[pǽstàim, -á:-] *n.* Ⓤ,Ⓒ 오락; 기분 전환.
pást máster 명인, 대가; (조합·협회 따위의) 전(前)회장.
*****pas·tor**[pǽstər, -á:-] *n.* Ⓒ 주임 목사; 정신적 지도자.
*****pas·to·ral**[pǽstərəl, -á:-] *a.* 목자(牧者)의; 전원(생활)의; 목사의. ***the P- Symphony*** 전원 교향곡《Beethoven의 교향곡 제 6 번》. ― *n.* Ⓒ 목가, 전원시〔극·화〕; (bishop) 교서(敎書).
pástoral cáre (종교 지도자·선생 등의) 충고, 조언.
pas·to·rale [pæ̀stərá:l, -rá:li] *n.* (*pl.* ***-li*** [-li:], ~***s***) Ⓒ 〖樂〗 전원곡, 목가적 가극.
pas·tor·ate[pǽstərit, -á:-] *n.* Ⓒ 목사의 직〔지위·임기〕; (the ~) 목사단(團).
:**pást párticiple** 〖文〗 과거분사.
:**pást pérfect** 〖文〗 과거완료.
:**pas·try**[péistri] *n.* Ⓤ,Ⓒ 반죽 과자〔식품〕.
pástry còok 반죽 과자 만드는 사람.

:**pást ténse** 〖文〗 과거 시제.
pas·tur·age[pǽstʃuridʒ, pɑ́:stju-] *n.* Ⓤ 목초(지); 목축(업).
:**pas·ture**[pǽstʃər, -ɑ́:-] *n.* Ⓤ,Ⓒ 목장, 방목장; 목초지; Ⓤ 목초. — *vt., vi.* 방목하다; (풀을) 뜯(어 먹)다. **pas·tur·er**[-ər] *n.* Ⓒ 목장주.
pásture·lànd *n.* Ⓤ,Ⓒ 목장, 목초지.
past·y[1][pǽsti, pɑ́:-] *n.* Ⓤ,Ⓒ 《주로 英》 고기 파이.
past·y[2][péisti] *a.* 반죽〔풀〕 같은; (얼굴이 부증으로 들떠) 누런; 창백한, 늘어진(flabby).
pásty-fáced *a.* 창백한 얼굴의.
P.Á. sỳstem 확성 장치(public-address system).
:**pat**[1][pæt] *vt., vi.* (*-tt-*) ① (납작한 것으로) 가볍게 두드리다. ② 쳐서 모양을 만들다. — *n.* Ⓒ ① 가볍게 두드리기〔두드리는 소리〕. ② (버터 따위의) 작은 덩어리.
pat[2] *a.* 꼭맞는, 안성맞춤의; 적절한 (*to*). — *ad.* 꼭(들어 맞아서); 적절히. ***stand*** ~ (트럼프 따위) 처음 패 그대로 하다; (결의 등을) 고수하다.
pat. patent(ed); patrol; pattern. **PATA** Pacific Area Travel Association 태평양 지구 여행 협회.
:**patch**[pætʃ] *n.* Ⓒ ① 깁는 헝겊. ② (상처에 대는) 헝겊 조각, 안대(眼帶). ③ (불규칙한) 반점. ④ 작은 지면. ⑤ 〖컴〗 깁기《프로그램이나 데이터의 장애 부분에 대한 임시 교체 수정》. ***not a ~ on*** …와는 비교가 안 되는. — *vt.* ① (…에) 헝겊을 대고 깁다(*up*); 수선하다. ② (사건·분쟁 따위를) 가라앉히다(*up*). ③ 일시 미봉하다(*up*). **∠·y** *a.* 누덕누덕 기운; 주워 모은; 조화되지 않은. **∠·ing** *n.* 〖컴〗 깁기.
pátch tèst 첩포(貼布) 시험《헝겊 조각에 바른 항원(抗原)을 피부에 붙여서 알레르기 반응을 봄》.
pátch·wòrk *n.* Ⓤ,Ⓒ 쪽모이 세공(細工); 주워 모은 것.
pate[peit] *n.* Ⓒ 《口》 머리; 두뇌.
pâ·té de foie gras[pɑ:téi də fwɑ́: grɑ́:] (F.) (지방이 많은 거위의) 간(肝) 파이.
pa·tel·la[pətélə] *n.* (*pl.* ***-lae***[-li:]) Ⓒ 종지뼈, 슬개골.
pat·en[pǽtn] *n.* Ⓒ 〖宗〗 성반(聖盤), 파테나《제병(祭屛) 담는 얇은 접시》.
pa·ten·cy[péitənsi, pǽt-] *n.* Ⓤ 명백(함); 〖醫〗 (결핵의) 개방성.
:**pa·tent**[pǽtənt, péit-] *n.* Ⓒ 특허(품·증). — *a.* ① (전매) 특허의, 《口》 신안의. ② 명백한. ③ 열려 있는. ④ 〖醫〗 (결핵 따위가) 개방성의. — *vt.* (…의 전매) 특허를 얻다. **~·ly** *ad.* 명백히, 공공연히.
pátent attòrney 《美》 변리사.
pa·tent·ee[pæ̀təntí:, pèi-] *n.* Ⓒ 전매특허권 소유자.
pátent ínsides 〔**óutsides**〕 한 쪽면만 인쇄한 신문《작은 신문사는 이것을 사서 뒷면에 자기들 기사를 인쇄함》.
pátent léather (검은 광택이 나는) 에나멜 가죽.
pátent médicine 매약(賣藥).
Pátent Óffice 특허청.
pátent rìght 특허권.
pa·ter[péitər] *n.* Ⓒ 《英口》 아버지.
pa·ter·fa·mil·i·as[pèitərfəmíliəs, -æs] *n.* Ⓒ 〖로法〗 가장(家長).
***pa·ter·nal**[pətə́:rnəl] *a.* 아버지(편)의, 아버지다운(opp. maternal); 아버지로부터 물려받은. **~·ism**[-ìzəm] *n.* Ⓤ (정치·고용 관계의) 부자(父子)주의; 온정주의; 간섭정치. **~·ly** *ad.* 아버지로서, 아버지답게.
pa·ter·nal·is·tic[pətə̀:rnəlístik] *a.* 온정주의의. **-ti·cal·ly** *ad.*
pa·ter·ni·ty[pətə́:rnəti] *n.* Ⓤ 아버지임; 부계(父系)(cf. maternity).
patérnity lèave (맞벌이 부부의) 남편의 출산·육아 휴가.
patérnity tèst 부계(父系)〔부자 감별〕 시험《혈액 검사에 의한》.
pa·ter·nos·ter [pǽ:tərnɑ̀:stər/-nɔ̀s-] *n.* Ⓒ (라틴어의) 천주경(天主經)(을 욀 때의 묵주의 큰 구슬).
†**path**[pæθ, -ɑ:-] *n.* (*pl.* ***~s***[-ðz, -θz/-ðz]) Ⓒ ① (사람이 다녀서 난) 길, 작은 길; 보도; (정원·공원 안의) 통로; 진로. ② (인생의) 행로. ③ 〖컴〗 경로. **∠·less** *a.* 길 없는; 인적 끊긴.
:**pa·thet·ic**[pəθétik], **-i·cal**[-əl] *a.* 가련한; 감동시키는. ***the*** ~ 감상적인 것. **-i·cal·ly** *ad.*
páth·fìnder *n.* Ⓒ 개척자, 탐험자; (폭격기를 이끄는) 선도기(先導機)(의 조정사).
páth·náme *n.* Ⓒ 〖컴〗 경로명.
path·o·gen·ic[pæ̀θədʒénik] *a.* 발병시키는, 병원(病原)이 되는.
pa·thog·no·mon·ic[pæ̀θəgnoumɑ́nik/-mɔ́n-] *a.* 〖醫〗 질병 특유의.
pa·thol·o·gy[pəθɑ́lədʒi/-ɔ́-] *n.* Ⓤ 병리학; 병상(病狀). **path·o·log·ic**[pæ̀θəlɑ́dʒik/-ɔ́-], **path·o·log·i·cal**[-əl] *a.* 병리학의; 병적인.
***pa·thos**[péiθɑs/-θɔs] *n.* Ⓤ (문장·음악·사건 따위의) 애틋함을 자아내는 힘, 애수감, 비애; 〖藝〗 '파토스', 정감(情感)(opp. ethos).
***páth·wày** *n.* Ⓒ (작은) 길.
:**pa·tience**[péiʃəns] *n.* Ⓤ ① 인내(심); 끈기. ② 《英》 혼자 노는 카드놀이(solitaire).
:**pa·tient**[péiʃənt] *a.* ① 인내력이 강한. ② 근면한. — *n.* Ⓒ 환자. * **~·ly** *ad.*
pat·i·na[pǽtənə] *n.* Ⓤ 녹, 녹청; 「고색(古色).
pa·ti·o[pǽtiòu, pɑ́:-] *n.* (*pl.* ***~s***) Ⓒ (스페인·라틴 아메리카식 집의) 안뜰.
Pat. Off. Patent Office.
pat·ois[pǽtwɑ:] *n.* (F.) (*pl.* ~ [-z]) Ⓒ 방언.
pa·tri·al[péitriəl] *a., n.* Ⓒ 《英》 (부

모가 영국 태생이므로) 영국 거주권이 있는 (사람).

pa·tri·arch[péitriɑ̀ːrk] *n.* Ⓒ 가장, 족장(族長); 개조(開祖), 창설자; 장로, 고로(古老); (초기 교회·그리스 정교회의) 주교. **-ar·chal**[ㅡ-ɑ́ːrkəl] *a.* **-ar·chate**[ㅡ-ɑ̀ːrkit] *n.* Ⓤ,Ⓒ patriarch의 지위〔직권·임기〕. **-ar·chy** *n.* Ⓤ 가장〔족장〕 정치〔제도〕.

pa·tri·cian[pətríʃən] *n., a.* Ⓒ (고대 로마의) 귀족(의); 《一般》 귀족적인, 귀족에 어울리는.

pat·ri·cide[pǽtrəsàid] *n.* Ⓒ 부친 살해범; Ⓤ 부친 살해죄. **-cid·al**[ㅡ-sáidl] *a.*

Pat·rick[pǽtrik], **Saint**(389?-461?) 아일랜드의 수호 성인.

pat·ri·mo·ny [pǽtrəmòuni/-məni] *n.* Ⓤ,Ⓒ 세습 재산; 어버이로부터 물려받은 것; 교회 재산. **-ni·al** [pæ̀trəmóuniəl, -njəl] *a.*

:pa·tri·ot[péitriət, -ɑ̀t/pǽtriət] *n.* Ⓒ 애국자; (점령군에의) 협력 거부자 (cf. collaborator). ***~·ism**[-triətìzəm] *n.* Ⓤ 애국심. ***~·ic**[pèitriɑ́tik/pæ̀trió-] *a.* 애국의; 애국심이 강한.

Pátriot mìssile 패트리어트 (미사일 요격) 미사일.

pa·tris·tic[pətrístik], **-ti·cal** [-əl] *a.* (초기 기독교의) 교부(教父)의; 교부의 유저(연구)의. **-tics** *n.* Ⓤ 교부학, 교부의 유저 연구.

pa·trol**[pətróul] *n.* ① Ⓤ 순회, 순시, 정찰. ② Ⓒ 순시인, 순경; 정찰대《척후·비행기·함선 따위의》. ③ Ⓒ 《집합적》 소년단의 반《8명》. ***on **~** 순회 중. ── *vt., vi.* (***-ll-***) 순회하다; (거리를) 행진하다. **~·ler** *n.*

pa·trol·man[-mən] *n.* Ⓒ 《美》 순찰 경관, 순시인.

partról òfficer 《美》 순경, 순찰〔외근〕 경관.

patról wàgon 《美》 죄수 호송차.

:pa·tron[péitrən] *n.* Ⓒ ① 후원자, 패트런. ② (상점의) 단골 손님, 고객. ③ 수호 성인(聖人). ④ 〖古로〗 (해방된 노예의) 옛 주인. ***~·age** [pǽtrənidʒ, péit-] *n.* Ⓤ 후원; 애고(愛顧); 은혜를 베푸는 듯한 태도, 덕색(德色); 《英》 서임권(敍任權). **~·ess** *n.* Ⓒ patron의 여성. ***~·ize** [-àiz] *vt.* 후원하다; 아끼고 사랑하다; 덕색질하다. **~·iz·ing**[-àiziŋ] *a.* 은인인 체하는, 생색을 내는, 은혜라도 베푸는 듯싶은.

pátron sáint 수호 성인.

pat·ro·nym·ic[pæ̀trənímik] *a., n.* Ⓒ 부조(父祖)의 이름을 딴 (이름)《보기: *Johnson* < *John*》.

pat·sy[pǽtsi] *n.* Ⓒ 《美俗》 쉬이 속아 넘어가는 사람, '봉'.

pat·ten[pǽtn] *n.* Ⓒ 덧나막신.

***pat·ter**[1][pǽtər] *vt., vi.* ① 또닥또닥〔후두두후두두〕 소리를 내다; 후두두후두두 비가 뿌리다. ② 타닥타닥 잦은 걸음으로 달리다. ── *n.* (*sing.*) 그 소리.

pat·ter[2] *n., vt., vi.* Ⓤ 재게 재잘거림; 재잘대다; (도둑·거지 등의) 변말.

:pat·tern[pǽtərn] *n.* Ⓒ ① 모범; 본보기; 본. ② 양식; 모형. ③ 무늬, 바탕, (옷 따위의) 견본. ④ 《美》 (양복지의) 1착분. ⑤ 〖컴〗 패턴. ***run to*** **~** 틀에 박히다. ── *vt., vi.* (본을 따라) 만들다(*after, upon*); (행위의) 본보기에 따르다; 무늬를 넣다.

páttern-bòmb *vt.* (편대로) 일제 폭격하다. **~ing** *n.*

***pat·ty**[pǽti] *n.* Ⓤ,Ⓒ 작은 파이.

pátty pán 작은 파이 굽는 냄비.

pat·u·lin[pǽtʃulin, -tju-] *n.* Ⓤ 패툴린《감기에 특효인 항생물질 약》.

P.A.U. Pan-American Union 범미 동맹.

pau·ci·ty[pɔ́ːsəti] *n.* (a ~) 소수; 소량; 결핍.

***Paul**[pɔːl], **Saint**(?-67?) 바울《예수의 사도》.

Páu·li exclúsion prìnciple [páuliː-] 〖理〗 파울리의 배타원리.

Pau·line[pɔ́ːlain] *a.* 성 바울의. ── *n.* ① (런던의) St. Paul's School의 학생. ② [pɔːlíːn, ㅡㅡ] 여자 이름. ***the*** **~** ***Epistles*** [pɔ́ːlain-] (신약성서 중의) 바울 서간.

pau·low·ni·a[pɔːlóuniə] *n.* Ⓒ 오동나무.

paunch[pɔːntʃ] *n.* Ⓒ 배(belly); 올챙이배. **ㅡ·y** *a.* 올챙이배의.

pau·per[pɔ́ːpər] *n.* Ⓒ (생활 보호를 받는) 빈곤자, 가난한 사람. **~·ism** [-ìzəm] *n.* Ⓤ 빈곤. **~·ize**[-àiz] *vt.* 가난하게 하다; 피구호자가 되게 하다.

:pause[pɔːz] *n.* Ⓒ ① 휴지(休止), 중지, 중단. ② 지체; 주저. ③ 단락, 구두(句讀); 〖樂〗 늘임표(◡, ⌒). ④ 〖컴〗 (프로그램 실행의) 쉼. ***give*** **~** ***to*** …을 주저케 하다. ── *vi.* ① 휴지(休止)하다; 기다리다(*for*). ② 머뭇거리다(*upon*).

:pave[peiv] *vt.* ① 포장하다(*with*). ② 덮다; 수월케 하다. **~** ***the way for*** 〔***to***〕 …을 위해 길을 열다〔트다〕; …을 수월하게 하다. **páv·ing** *n.* Ⓤ 포장 (재료).

:pave·ment[ㅡmənt] *n.* ① Ⓒ 《英》 포장 도로, 인도(cf. 《美》 sidewalk); 《美》 차도. ② Ⓤ 포장 (재료).

pávement àrtist 《英》 거리의 화가《포도 위에 색분필로 그림을 그려 돈을 얻음》; 《美》 길가에서 개인전을 하는 화가.

:pa·vil·ion[pəvíljən] *n.* Ⓒ ① 큰 천막. ② (야외 경기장 따위의) 관람석. ③ (병원의) 병동(病棟); (공원·정원의) 정자, 별채. ④ 《詩》 하늘. ── *vt.* 큰 천막을 치다〔으로 덮다〕.

páving brìck 포장용 벽돌.

páving stòne 포석(鋪石).

Pav·lov[pǽvlɔːf, -lɑv/-lɔv], **Ivan Petrovich**(1849-1936) 러시아의 생물학자·의학자《노벨 의학상(1904)》.

pav·lov·ism[pǽvləvìzəm] *n.* Ⓤ

파블로프 학설《조건반사를 밝힌》.

ː**paw**[pɔː] *n.* Ⓒ ① (개·고양이 따위의) 발. ②《口》(사람의) 손. ── *vi., vt.* ① (앞)발로 치다〔긁다〕. ② 서투르게〔거칠게〕 다루다, 만지작거리다(*over*).

pawl[pɔːl] *n.* Ⓒ (톱니바퀴의 역회전을 막는) 톱니 멈춤쇠.

pawn**[1][pɔːn] *n.* Ⓤ 저당; Ⓒ 저당물, 질물(質物). ***in 〔***at***〕 ~ 전당〔전당〕 잡혀. ── *vt.* ① 전당잡히다. ② (생명·명예를) 걸다, (…을) 걸고 맹세하다.

pawn[2] *n.* Ⓒ (장기의) 졸(卒); 남의 끄나풀〔앞잡이〕 짓하는 사람.

páwn·bròker *n.* Ⓒ 전당포 주인.

páwn·shòp *n.* Ⓒ 전당포.

páwn tìcket 전당표.

paw·paw[pɔ́ːpɔ̀ː] *n.* =PAPAW.

PAX private automatic exchange.

†**pay**[pei] *vt.* (***paid***) ① 치르다; (대금·봉급 등을) 지불하다. ② 변제하다. ③ (사업 따위가 아무에게) 이익을 주다, 보상하다. ④ 대갚음하다. ⑤ (방문 따위를) 하다(give), (주의·존경 따위를) 하다. ⑥ (벌을) 주다. ── *vi.* ① 지불하다; 변제하다. ② (일 따위가) 수지맞다, 괜찮다. ③ 벌을 받다(*for*). ~ ***as you go*** (빚을 지지 않고) 현금으로 해나가다; 수입에 따른 지출을 하다; 원천과세(源泉課稅)를 물다. ~ ***back*** 도로 갚다; 보복하다. ~ ***down*** 맞돈으로 지불하다. ~ ***for*** …의 댓가를 치르다; …을 보상하다. ~ ***in*** 불입하다. ~ ***off*** (빚을) 전부 갚다; 봉급을 주고 해고하다; 앙갚음하다; 〖海〗 (이물을) 바람 불어가는 쪽으로 돌리다. ~ ***one's way*** 빚을 지지 않고 살다. ~ ***out*** (빚을) 지불하다; (아무에게) 분풀이〔앙갚음〕하다; 〖海〗 (밧줄을) 풀어내다. ~ ***up*** 전부 지불하다; (주(株)를) 전액 불입하다. ── *n.* Ⓤ ① 지불 (능력이 있는 사람). ② 급료, 보수. ③ 갚음, 응보. ***in the ~ of*** …에게 고용되어. ***∠·a·ble** *a.* 지불해야 할; 지불할 수 있는; (광산 따위) 수지 맞을 듯싶은.

páy-as-you-éarn *n., a.* Ⓤ《英》 원천 과세(源泉課稅)(제도)(의)《생략 P.A.Y.E.》.

páy-as-you-énter *n.* Ⓤ 승차시(乘車時) 요금 지불 방식《생략 P.A.Y.E.》.

páy-as-you-gó plàn 현금 지급주의, 원천 징수 방식.

páy·dày *n.* Ⓒ 지불일, 봉급날.

páy dìrt《美》 수지맞는 채굴지.

P.A.Y.E. pay-as-you-earn; pay-as-you-enter.

pay·ee[peiíː] *n.* Ⓒ 수취인.

páy ènvelope《美》 봉급 봉투(《英》 pay packet).

pay·er[péiər] *n.* Ⓒ 지불인.

páying guèst 하숙인.

páy lìst =PAYROLL.

páy lòad 인건비; 수익 하중(收益荷重); 유도탄의 탄두; 그 폭발력.

páy·màster *n.* Ⓒ 회계원; 〖軍〗 재정관.

ː**pay·ment**[∠mənt] *n.* Ⓤ,Ⓒ 지불(액), 납부, 불입; 변상; Ⓤ 보복.

páy·òff *n.* (*sing.*) 급료 지불(일); 청산; 보상; 《口》 예기치 않은 사건; (이야기의) 클라이맥스.

pay·o·la[peióulə] *n.* Ⓤ《俗》 뇌물《가수가 자기 노래 선전을 위해 디스크 자키에게 쥐어 주는 돈》, 매수.

páy phòne《美》 =PAY STATION.

páy·ròll *n.* Ⓒ 급료 지불부; 지불 급료의 총액. ***off the ~*** 해고되어. ***on the ~*** 고용되어.

páy státion《美》(주화를 넣어 쓰는) 공중 전화(실).

payt. payment.

pay-TV[péitìːvíː] *n.* Ⓤ 유료 방송 텔레비전.

Pb 〖化〗 *plumbum*(L. =lead). **P.B.** prayer Book. **PBX** private branch exchange. **P.C.** Police Constable; Privy Council 〔Councilor〕. **PC** 〖컴〗 program counter 프로그램 계수기; personal computer 개인용 컴퓨터. **pc.** piece; price(s). **p.c.** per cent; postcard. **PCB** 〖컴〗 printed circuit boards 인쇄 회로 기판. **PCM** 〖컴〗 pulse code modulation 펄스 코드 변조. **PCP** 〖컴〗 primary control program 피시피. **PCS** punch(ed) card system. **Pd** 〖化〗 palladium. **pd.** paid. **P.D.** police department. **P.D., p.d.** *per diem.* **PDP** 〖電〗 plasma display panel 플라스마 화면 표시판. **PDQ, p.d.q.** 《口》 pretty damn quick 곧, 즉시.

PE[pìːíː] (<*p*hysical *e*ducation) *n.* Ⓤ 《口》 체육.

P.E. petroleum engineer; Protestant Episcopal.

ː**pea**[piː] *n.* (*pl.* ~***s***) Ⓒ 완두(콩); (BEAN과 구별하여) (둥근) 콩; 완두콩 비슷한 식물. ***green ~*** 푸른 완두. ── *a.* 완두콩 만한 (크기의).

†**peace**[piːs] *n.* ① Ⓤ 평화. ② (the ~) 치안, 공안(公安). ③(종종 P-) Ⓤ 강화 (조약)(*the P- of Paris* 파리 강화 조약). ④ Ⓤ 안심, 평안(平安). ***at ~*** 평화롭게; 사이좋게(*with*). ***hold*** 〔***keep***〕 ***one's ~*** 침묵을 지키다. ***in ~*** 평화롭게; 안심하여. ***make one's ~ with*** …와 화해하다. ***make ~*** 화해〔강화〕하다. ***wage the ~*** 《美》 평화를 유지하다. ── *int.* 조용히! ***∠·a·ble** *a.* 평화로운, 평화를 좋아하는; 평온한. ː**∠·ful** *a.* 평화로운〔적인〕; 평온한. ***∠·ful·ly** *ad.*

Péace Còrps 평화 봉사단.

péace·màker *n.* Ⓒ 조정자, 중재인.

péace·màking *n., a.* Ⓤ 조정(의), 중재(의).

péace·mònger *n.* Ⓒ《蔑》 평화론자.

peace·nik[∠nik] *n.* Ⓒ 평화 운동

가, 평화 데모광(狂).
péace offènsive 평화 공세.
péace òffering (신에게 바치는) 사은의 제물; 화해의 선물.
péace òfficer 치안관, 경관.
péace pìpe =CALUMET.
péace·tìme *n., a.* Ⓤ 평시(의).
:peach[1] [piːtʃ] *n., a.* ① Ⓒ,Ⓤ 복숭아; Ⓒ 복숭아 나무. ② Ⓤ 복숭앗빛(의). ③ Ⓒ 《俗》 미인; 멋진 것. **∠·y** *a.* 복숭아 같은; 복숭앗빛의.
peach[2] *vi.* 《俗》 (특히 공범자를) 밀고하다(*against, on, upon*).
:pea·cock [píːkὰk/-kɔ̀k] *n.* (*pl.* **~s,** 《집합적》 ~) Ⓒ ① 공작(의 수컷). ② 허영 부리는 사람.
péacock blúe 광택 있는 청색.
péa·fòwl *n.* Ⓒ 공작《암·수》.
péa gréen 연둣빛(light green).
péa·hèn *n.* Ⓒ 암공작. 「킷.
péa jàcket (선원 등의) 두꺼운 재
:peak[1] [piːk] *n.* Ⓒ ① 봉오리, 산꼭대기; 고봉(孤峰). ② 첨단, 뾰족한 끝. ③ 최고점, 절정. ④ (모자의) 앞챙. **~ed**[1] [piːkt, píːkid] *a.* 뾰족한.
peak[2] *vi.* 바싹 여위다. **~·ed**[2] [píːkid] *a.* 여윈(thin).
:peal [piːl] *n.* Ⓒ ① (포성·천둥·웃음소리 등의 길게 끄는) 울림; 종소리의 울림. ② (음악적으로 음률을 고른) 한 벌의 종, 종악(鐘樂)(chime). ― *vi., vt.* (종 따위가) 울려 퍼지(게 하)다, (우렁차게) 울리다.
pe·an [píːən] *n.* =PAEAN.
***pea·nut** [píːnʌ̀t] *n.* ① Ⓒ,Ⓤ 땅콩, 낙화생. ② Ⓒ《俗》 변변치 않은 사람. ③ (*pl.*) 하찮은 것; 적은 액수.
péanut bùtter 땅콩 버터.
péanut òil 낙화생 기름.
:pear [pɛər] *n.* Ⓒ,Ⓤ 서양배; Ⓒ 서양배 나무.
†pearl [pəːrl] *n.* ① Ⓒ 진주. ② Ⓒ 일품(逸品), 정화(精華). ③ Ⓒ 진주 같은 것《이슬·눈물 따위》. ④ Ⓤ 진줏빛(bluish gray). ⑤ Ⓒ 【印】 펄형 활자《5포인트》. ***cast*** 〔***throw***〕 ***~s before swine*** 돼지에 진주를 던져주다. ― *a.* 진주(빛·모양)의. ― *vt., vi.* 진주로 장식하다; 진주를 캐다.
péarl àsh 진주회(灰), 조제(粗製) 탄산 칼륨.
péarl bàrley 정백(精白)한 보리.
péarl dìver 진주조개를 캐는 잠수부; 《俗》 접시닦이. 「선].
péarl·er *n.* Ⓒ 진주 채취자[채취
péarl gráy 〔**gréy**〕 진줏빛.
Péarl Hárbor 진주만《하와이 Oahu 섬의 만(灣)》.
péarl làmp 젖빛유리 전구.
péarl òyster 진주조개.
péarl shèll 진주조개. 「식한].
pearl·y [pə́ːrli] *a.* 진주 같은[로 장
péar-shàped *a.* 서양배[호리병박] 모양의; (음성이) 낭랑한. 「있는.
peart [piərt] *a.* 《方》 발랄한, 활기
:peas·ant [pézənt] *n.* Ⓒ 소농(小農), 농부; 시골뜨기. **~·ry** *n.* Ⓤ 《집합적》 소작인, 농민.
pease [piːz] *n.* (*pl.* ~) 《古·英方》 =PEA. 「푸딩.
péase pùdding 《주로 英》 콩가루
péa·shòoter *n.* Ⓒ 콩알총.
péa sòup 완두콩 수프; =⇩.
péa·sòuper *n.* Ⓒ 《주로 英口》 (런던의) 누런 짙은 안개.
peat [piːt] *n.* Ⓤ 토탄(土炭)(덩어리). **∠·y** *a.* 토탄 같은, 토탄이 많은.
pea·v(e)y [píːvi] *n.* Ⓒ (벌채 인부가 쓰는) 갈고랑 장대.
***peb·ble** [pébəl] *n., vt.* Ⓒ (둥근) 조약돌; (가죽 따위의) 표면을 도톨도톨하게 하다. **péb·bly** *a.* 자갈이 많은.
p.e.c. photoelectric cell.
pe·can [pikǽn, -kάːn] *n.* Ⓒ (미국 남부산) 피칸(나무)《hickory의 일종》.
pec·ca·dil·lo [pèkədílou] *n.* (*pl.* **~(*e*)*s***) Ⓒ 가벼운 죄, 조그마한 과오; 작은 결점.
pec·cant [pékənt] *a.* 죄 있는, 죄를 범한; 부정한, 타락한; 그릇된.
pec·can·cy [-si] *n.*
pec·ca·ry [pékəri] *n.* (*pl.* **-ries,** 《집합적》 ~) Ⓒ (미국산) 산돼지류.
peck[1] [pek] *n.* Ⓒ 펙《영국의 건량(乾量) 단위, 8 quarts, 9.74 리터》; 1펙들이 되; (a ~) 많음(*a ~ of trouble*).
:peck[2] *vi., vt.* (부리 따위로) 쪼다, 쪼아 먹다; 쪼아 줍다(*up*); 쪼아 파다; 조금씩 먹다; 흠을 잡다(*at*); (타이프로) 쳐내다. ― *n.* Ⓒ 쪼기; 쪼아낸 구멍[자국]; 가벼운 키스.
peck·er [pékər] *n.* Ⓒ 딱따구리; 《英》 곡괭이; 《英俗》 원기, 용기.
pec·tic [péktik] *a.* 【化】 펙틴의.
pec·tin [péktin] *n.* Ⓤ 【生化】 펙틴.
pec·to·ral [péktərəl] *a.* 가슴의 (~ *fin* 가슴지느러미).
pec·tose [péktous] *n.* Ⓤ 【化】 펙토오제《덜 익은 과실 속에 있는 다당류》.
pec·u·late [pékjəlèit] *vi., vt.* (공금 따위를) 잘라 쓰다, 횡령하다. **-la·tion** [∸-léi-] *n.* **-la·tor** *n.*
:pe·cu·liar [pikjúːljər] *a.* 독특한, 특유한(*to*); 특별한; 묘한(odd). ***~·ly** *ad.* ***-li·ar·i·ty** [-∸liǽrəti] *n.* Ⓤ 특(수)성, 특질; Ⓒ 괴상함; Ⓒ 기이한 버릇.
pe·cu·ni·ar·y [pikjúːnièri/-njəri] *a.* 금전(상)의. 「trian.
ped. pedal; pedestral; pedes-
ped·a·gog·ic [pèdəgάdʒik, -góu-/-ɔ́-], **-i·cal** [-əl] *a.* 교육학[자]의. **-ics** *n.* =PEDAGOGY.
ped·a·gog(ue) [pédəgὰg, -gɔ̀ːg/-gɔ̀g] *n.* Ⓒ 《蔑》 교사; 현학자(衒學者).
ped·a·go·gy [pédəgòudʒi, -ὰ-/-ɔ̀-] *n.* Ⓤ 교육(학).
***ped·al** [pédl] *n., a.* Ⓒ 페달(의), 발판; 발의. ― *vi., vt.* (《英》 **-ll-**) 페달을 밟다[밟아 움직이다]. 「트.
ped·a·lo [pǽdəlòu] *n.* Ⓒ 페달식 보
pédal pùsher 자전거 타는 사람, 사이클 선수; (*pl.*) (여자용의, 장딴지까지 내려오는) 반바지.

pédal stèel (guitár) 페달 스틸기타《페달로 조현(調弦)을 바꾸는 스틸기타》.
ped·ant[pédənt] *n.* Ⓒ 학자연하는 사람; 공론가(空論家). **pe·dan·tic** [pidǽntik] *a.* 학자연하는. **péd·ant·ry** *n.* Ⓤ 학자연함; 현학(衒學).
ped·dle[pédl] *vt., vi.* 행상하다; 소매하다. ***ped·dler** *n.* Ⓒ 행상인.
ped·dling[pédliŋ] *a.* 《특히》 하찮은, 사소한; 작은 일에 구애되는, 곰상스러운.
ped·er·as·ty[pédəræ̀sti, pí:d-] *n.* Ⓤ (특히 소년과의) 남색(男色).
ped·es·tal**[pédəstl] *n.* Ⓒ ① (동상·기둥 등의) 주춧대, 대좌(臺座), (꽃병 등의) 받침. ② 근저; 기초. ③ 〖機〗 축받이. ***put 〔***set***〕 ***a person on a*** ~ 아무를 받들어 모시다. — *vt.* (《英》 ***-ll-***) 대(臺)에 올려놓다.
***pe·des·tri·an**[pədéstriən] *a.* 도보의; 단조로운; 진부한. — *n.* Ⓒ 보행자; 도보주의자. **~·ism**[-ìzəm] *n.* Ⓤ 도보주의.
pedéstrian précinct 보행자 전용 도로 구획.
pe·di·a·tri·cian [pì:diətríʃən], **-at·rist**[-ǽtrist] *n.* Ⓒ 소아과 의사. **-át·rics** *n.* Ⓤ 〖醫〗 소아과.
ped·i·cab[pédikæ̀b] *n.* Ⓒ (동남아시아 등의) 페달식 삼륜 인력거.
ped·i·cel[pédisəl, -sèl], **-cle** [-ikəl] *n.* Ⓒ 〖植〗 작은 꽃자루〔화경(花梗)〕.
ped·i·cure[pédikjùər] *n.* Ⓤ 발 치료《티눈·물집 따위의》; Ⓤ,Ⓒ 페디큐어《발톱가꾸기》(cf. manicure).
ped·i·gree[pédəgri:] *n.* Ⓒ 계도(系圖); Ⓤ,Ⓒ 가계(家系), 가문; Ⓒ《美俗》 (경찰의) 전과 기록부. **~d**[-d] *a.* 유서 있는; 혈통이 확실한.
ped·i·ment[pédəmənt] *n.* Ⓒ 〖建〗 (그리스식 건축의) 박공(벽).
***ped·lar**[pédlər] *n.* =PEDDLER.
pe·dol·o·gy[1] [pidálədʒi/-ɔ́-] *n.* Ⓤ 토양학. 「〖醫〗 소아과.
pe·dol·o·gy[2] *n.* Ⓤ 아동〔육아〕학;
pe·dom·e·ter[pidámitər/-dɔ́m-] *n.* Ⓒ 보수계(步數計).
pe·dun·cle[pidʌ́ŋkəl] *n.* Ⓒ 〖植〗 꽃자루, 화경; 〖動〗 육경(肉莖).
pee[pi:] *vi.* 《俗》 쉬하다, 오줌누다. — *n.* Ⓤ 오줌(piss).
peek[pi:k] *vi.* 엿보다(*in, out*). — *n.* (*sing.*) 엿보기; 〖컴〗 집어내기.
peek·a·boo[pí:kəbù:] *n.* 《美》 = BOPEEP; Ⓒ 비치는 옷. — *a.* 비치는, 잔 구멍이 많은.
:peel[pi:l] *n.* Ⓤ (과일·야채 등의) 껍질. — *vt., vi.* (…의) 껍질을 벗기다, 껍질이 벗겨지다(*off*), 허물벗다. **∠·ing** *n.* Ⓤ 껍질을 벗김; (*pl.*) (벗긴) 껍질.
peel·er[1][∠ər] *n.* Ⓒ 《英古俗》 순경.
peel·er[2] *n.* Ⓒ 껍질 벗기는 사람〔기구〕; 《俗》 스트리퍼.
:peep[1][pi:p] *n.* (a ~) 엿보기, 훔쳐봄; Ⓤ 출현, 보이기 시작함. ***have*** 〔***get***〕 ***a*** ~ ***at*** …을 잠깐 보다. ~ ***of day*** 〔***dawn***〕 새벽. — *vi.* 엿보다, 훔쳐보다(*at, into, through*); 나타나다; (성질 따위가) 부지중 드러나다(*out, forth*).
peep[2] *n.* Ⓒ (새끼새·쥐 등의) 삐악삐악〔짹짹〕 우는 소리. — *vi.* 삐악삐악〔짹짹〕 울다; 작은 소리로 이야기하다.
péep·er *n.* Ⓒ 엿보는 사람; 캐묻기 좋아하는 사람; (보통 *pl.*) 《俗》 눈; Ⓒ 《美俗》 사립 탐정.
péep·hòle *n.* Ⓒ 들여다 보는 구멍.
Péeping Tóm 엿보기 좋아하는 사내.
péep shòw 요지경.
péep sìght (총의) 가늠구멍.
***peer**[1][piər] *vi.* (눈을 한데 모아) 응시하다(*into, at*); 희미하게 나타나다, 보이기 시작하다(*out*).
peer**[2] *n.* Ⓒ 귀족; 동배(同輩), 동등한 사람. ***without a ~ 비길 데 없는. ***∠·less** *a.* 비길 데 없는.
peer·age[píəridʒ] *n.* (the ~) 《집합적》 귀족; 귀족 계급(의 지위); Ⓒ 귀족 명감(名鑑). 「여자 귀족.
peer·ess[píəris] *n.* Ⓒ 귀족 부인;
peeve[pi:v] *vt., vi., n.* 짜증나게〔속타게〕 하다; Ⓒ 짜증나게 하는 것.
pee·vish[pí:viʃ] *a.* 성마른, 짜증이 난; 부루퉁〔지르퉁〕한. **~·ly** *ad.*
pee·wit[pí:wit] *n.* =PEWIT.
:peg[peg] *n.* Ⓒ 나무못; 마개; 걸이못; (악기의) 줄조르개; (천막의) 말뚝; 이유, 구실, 계기; 《口》 (평가 따위의) 등급; 단계(degree); 《口》 다리, (나무로 만든) 의족(義足); 《英》 빨래집게. ***a*** ~ ***to hang on*** 구실, 계기. ***a round*** ~ ***in a square hole,*** or ***a square*** ~ ***in a round hole*** 부적임자(不適任者). ***take a person down a*** ~ (***or two***) 《口》 아무의 콧대를 꺾다. — *vt.* (***-gg-***) (…에) 나무못을 박다〔으로 고정시키다, 죄다〕(*down, in, out*); (주가 등을) 안정시키다. — *vi.* 부지런히 일하다(*away*).
Peg·a·sus[pégəsəs] *n.* 〖그神〗 시신(詩神) 뮤즈가 애용한 날개 달린 말; 〖天〗 페가수스자리.
pég-bòard *n.* Ⓒ 페그보드《구멍에 나무못을 꽂는 놀이판》.
pég pànts 《美》 끝이 좁은 바지.
pég tòp (서양배 모양의) 나무 팽이; (*pl.*) 허리가 넓고 밑이 좁은 팽이 모양의 바지.
peign·oir[peinwá:r, ∠-] *n.* (F.) Ⓒ (여자의) 화장옷. 「칭.
Pei·ping[péipíŋ] *n.* Peking의 구
pe·jo·ra·tive [pidʒɔ́:rətiv, pí:dʒərèi-, pédʒə-] *a., n.* 경멸의; Ⓒ 경멸어《보기: *poetaster*》.
Pe·kin·ese[pì:kiní:z], **-king·ese**[-kiŋí:z] *a.* 북경(인)의. — *n.* Ⓒ 북경 사람; 발바리. 「이징.
***Pe·king**[pí:kíŋ] *n.* 북경(北京), 베
Péking mán 북경원인(猿人)《유골이 북경 부근에서 발견됨(1927)》.

P

pe·koe[pí:kou] *n.* Ⓤ (인도·스리랑카산) 고급 홍차.
pe·lag·ic[pəlǽdʒik] *a.* 대양[원양]의(~ *fishing* 원양 어업). 「(富).
pelf[pelf] *n.* Ⓤ《보통 蔑》금전, 부
*__pel·i·can__[pélikən] *n.* Ⓒ 〖鳥〗 펠리컨.
pélican cróssing《英》누름버튼식 횡단 보도《*pe*destrian *li*ght *con*trolled crossing 에서》.
pe·lisse[pəlí:s] *n.* Ⓒ 여자용 긴 외투; (용기병(龍騎兵)의) 안에 털을 댄 웃옷.
pel·la·gra[pəléigrə, -lǽg-] *n.* Ⓤ 〖醫〗 펠라그라, 옥수수홍반(紅斑)《피부병》.
pel·let[pélit] *n., vt.* Ⓒ (진흙·종이의) 뭉친 알(로 맞히다); (육식조(肉食鳥)가) 게워낸 덩어리; 알약; 작은 총알. 「膜).
pel·li·cle[pélikəl] *n.* Ⓒ 피막(被
pell-mell[pélmél] *n., ad., a.* (a ~) 혼란, 난잡(하게, 한), 엉망진창(으로, 의); 몹시 허둥대어.
pel·lu·cid[pəlú:sid] *a.* 투명한; (뜻 따위) 명백한.
Pel·o·pon·ne·sus, -sos[pèləpəní:səs] *n.* 그리스 남부의 반도《초기 미케네 문명 중심지》.
:**pelt**[1][pelt] *vt.* (…에) (내)던지다; (질문·욕설 따위를) 퍼붓다(*with*). ── *vi.* (비 따위가) 세차게 퍼붓다; 급히 가다. ── *n.* Ⓤ 내던짐; 질주. (*at*) *full* ~ 전속력으로.
pelt[2] *n.* Ⓒ (양·염소 따위의) 생가죽; 《諧》 (사람의) 피부. **∠·ry** *n.* Ⓤ 《집합적》 생가죽(pelts or furs); Ⓒ (한 장의) 생가죽(a pelt; a fur).
pel·vis [pélvis] *n.* (*pl.* ***pelves*** [pélvi:z]) Ⓒ 〖解〗 골반.
Pém·broke tàble[pémbruk-] 버터플라이테이블《양쪽에 댄 판을 펼쳐서 넓힐 수 있음》.
pem·mi·can[pémikən] *n.* Ⓤ 페미컨《말린 쇠고기에 지방·과일을 섞어 굳힌 식품》. 「쓰다.
†**pen**[1][pen] *n.* Ⓒ 펜. ── *vt.* (**-nn-**)
:**pen**[2] *n.* Ⓒ (가축의) 우리, 축사(畜舍); =SUBMARINE PEN. ── *vt.* (***penned, pent; -nn-***) 우리에 넣다; 가두다(*in, up*).
pen[3] *n.* Ⓒ《美俗》 구치소.
Pen., pen. peninsula; penitent; penitentiary. **P.E.N.**(Internation Association of) Poets, Playwrights, Editors, Essayists, and Novelists 국제 펜클럽.
pe·nal[pí:nəl] *a.* 형(벌)의, 형(벌)을 받아야 할; 형사[형법]상의. **~·ize**[-àiz] *vt.* 유죄로 선고하다; (경기에서 반칙자에게) 벌칙을 과하다.
pénal còde 형법(전).
pénal sérvitude 징역.
:**pen·al·ty**[pénəlti] *n.* Ⓒ ① 형벌. ② 벌금. ③ (경기의 반칙에 대한) 벌; 페널티. ***on*** [***under***] ***~ of*** 어기면 …한 벌을 받는다는 조건으로.
pénalty clàuse 〖商〗 (계약 중의) 위약 조항.
pénalty kíck 〖蹴〗 페널티킥.
*__pen·ance__[pénəns] *n.* Ⓤ 참회, 고행; 〖가톨릭〗 고해 (성사).
pén-and-ínk *a.* 펜으로 쓴.
pe·na·tes, P-[pənéiti:z, -nɑ:-] *n. pl.* 〖로神〗 가정의 수호신. 「수.
:**pence**[pens] *n.*《英》penny의 복
pen·chant[péntʃənt; pɑ̃:ŋʃɑ̃:ŋ] *n.* (F.) Ⓒ 강한 경향, 기호, 취미(*for*).
†**pen·cil**[pénsəl] *n.* Ⓒ 연필(모양의 것); 《古》 화필; 〖光〗 광속(光束). ── *vt.* (《英》 **-ll-**) 연필로 쓰다[그리다]. **~(l)ed** *a.* 연필로 쓴.
péncil pùsher《美口》사무원; 서기; (신문) 기자.
péncil shàrpener 연필 깎개.
*__pend·ant__[péndənt] *n.* Ⓒ (로켓(locket) 같은) 드림 장식; (지붕·천장에서의) 늘임 장식; 매단 램프; 〖海〗 =PENNANT. ── *a.* =⇩.
pend·en·cy [péndənsi] *n.* Ⓤ 밑으로 드림, 현수(懸垂); 미결, 미정.
pend·ent [péndənt] *a.* 늘어진; 쑥 내민; 미결정의. ── *n.* =⇧.
*__pend·ing__[péndiŋ] *a.* 미결정의. ── *prep.* …동안, …중(during); …까지.
pénding tràу《英》미결 서류함.
pen·du·lous[péndʒələs] *a.* 매달린, 늘어진; 흔들리는.
*__pen·du·lum__[péndʒələm] *n.* Ⓒ 진자(振子), 추, 흔들이.
Pe·nel·o·pe[pinéləpi] *n.* 〖그神〗 페넬로페《Odysseus의 귀환을 20년간 기다린 정숙한 아내》; Ⓒ 열녀.
pe·ne·plain, -plane[pí:niplèin, ∸─∸] *n.* Ⓒ 〖地〗 준평원.
pen·e·tra·ble[pénitrəbəl] *a.* 스며들[침투할] 수 있는; 관통[간파]할 수 있는.
:**pen·e·trate**[pénətrèit] *vt.* 꿰뚫다, 스며들다; 관통하다; 통찰하다; (빛 따위가) 통하다; 간파하다; 깊이 감명시키다. ── *vi.* 스며들어가다; 뚫고 들어가다(*into, through, to*). ***-trat·ing** *a.* 꿰뚫는, 침투하는; 날카로운; 통찰력이 있는; (목소리 따위) 새된. ***-tra·tion**[∸─tréiʃən] *n.* Ⓤ 관통; 투철(력); 통찰력, 안식(眼識); 세력 침투. **-trà·tive** *a.* 관통력 있는, 스며드는; 마음에 사무치는; 예민한. 「귄.
*__pen·guin__[péŋgwin, pén-] *n.* Ⓒ 펭
pén·hòlder *n.* Ⓒ 펜대; 펜꽂이.
pen·i·cil·lin[pènəsílin] *n.* Ⓤ 〖藥〗 페니실린《항생물질약》.
pen·i·cil·li·um[pènəsíliəm] *n.* (*pl.* ***~s, -lia***[-liə]) Ⓒ 푸른곰팡이 《페니실린 원료》.
:**pen·in·su·la**[pənínsələ, -sjə-] *n.* Ⓒ 반도. **-lar** *a.*
pe·nis[pí:nis] *n.* (L.=tail) (*pl.* ***~es, -nes***[-ni:z]) Ⓒ 음경(陰莖).
*__pen·i·tent__[pénətənt] *a., n.* 뉘우치는, Ⓒ 참회하는 (사람); 〖가톨릭〗 고해자. **-tence** *n.* **~·ly** *ad.*
pen·i·ten·tial[pènəténʃəl] *a.* 회오

의; 속죄의. ── *n.* =⇧; 〖가톨릭〗 고해 세칙서. **~·ly** *ad.*
pen·i·ten·tia·ry[pènəténʃəri] *n.* Ⓒ 〖가톨릭〗 고해 신부; 《英》 감화원; 《美》 주〔연방〕 교도소. ── *a.* 회오의; 징벌의; 감옥에 갈《벌 따위》.
pén·knìfe *n.* (*pl.* ***-knives***) Ⓒ 주머니칼.
pén·lìght, -lìte *n.* Ⓒ 만년필형 회중 전등.
pen·man[∠mən] *n.* Ⓒ 서가(書家); 저작가. **~·ship**[-ʃìp] *n.* Ⓤ 서법(書法); 필적.
Penn., Penna. Pennsylvania.
pén nàme 필명(筆名), 펜네임.
***pen·nant**[pénənt] *n.* Ⓒ 길고 조붓한 삼각기; 《美》 페넌트, 우승기.
pen·nate[péneit] *a.* 〖植·動〗 날개가 있는.
pen·ni·form[pénəfɔ̀ːrm] *a.* 날개꼴의; 우상(羽狀)의.
***pen·ni·less**[pénilis] *a.* 무일푼의, 몹시 가난한.
pen·non[pénən] *n.* Ⓒ (본래 기사의 창에 단) 긴 삼각기; 《一般》 기(旗).
***Penn·syl·va·ni·a** [pènsilvéiniə, -njə] *n.* 미국 동부의 주(州)《생략 Pa., Penn., Penna.》.
Pennsylvánia Dútch 〔**Gér-man**〕《美》 독일계 Pennsylvania 이민의 자손; 그 방언《영독 혼성어》.
⁑**pen·ny**[péni] *n.* (*pl.* (액수) ***pence,*** (개수) ***pennies***) Ⓒ 페니《영국의 청동화, 1/12 shilling》; 《美·캐나다》 1 cent 동전; 금전. ***a bad ~*** 달갑잖은 사람〔물건〕. ***A ~ for them!*** = ***A ~ for your thoughts!*** 무얼 그리 생각하고 있지. ***a pretty ~*** 큰 돈. ***In for a ~, in for a pound.*** ⇨IN(*ad.*). ***turn an honest ~*** 정직하게 일하여 돈을 벌다. ***Take care of the pence, and the pounds will take care of themselves.*** 《속담》 티끌 모아 태산.
pénny-a-líner *n.* Ⓒ 3류〔싸구려〕 작가(hack writer).
pénny dréadful 3류 소설.
pénny gáff 《英》 3류 극장.
pénny-in-the-slòt *n.* Ⓒ 《英》 (동전에 의한) 자동 판매기. ── *a.* (기계가) 동전을 넣으면 작동하는.
pénny píncher 구두쇠, 노랑이.
pénny·wèight *n.* Ⓤ,Ⓒ 페니웨이트 《영국의 금형량의 단위, 1/2 온스》.
pénny-wíse *a.* 푼돈을 아끼는. ***~ and pound-foolish*** 《속담》 한푼 아끼다 천냥 잃기.
pen·ny·worth[-wə̀ːrθ] *n.* Ⓒ 1페니어치(의 양); (a ~) 소액; Ⓒ 거래액.
pe·nol·o·gy[piːnálədʒi/-ɔ́-] *n.* Ⓤ 행형학(行刑學).
⁑**pén pàl** 펜팔(pen-friend).
pen·sile[pénsil, -sail] *a.* 매달려 늘어진; (새가) 매달린 둥지를 짓는.
⁑**pen·sion**[pénʃən] *n., vt.* Ⓒ (…에게) 연금(을 주다). ***~ off*** 연금을 주어 퇴직시키다. **~·a·ble** *a.* 연금을 받을 자격이 있는. **~·ar·y** *a., n.* 연금의, 연금을 받는; Ⓒ 연금 타는 사람. **~·er** *n.* Ⓒ 연금 타는 사람.
pen·si·on[pɑːnsjɔ́ːŋ] *n.* (F.) Ⓒ (프랑스·벨기에 등지의) 하숙.
***pen·sive**[pénsiv] *a.* 생각에 잠긴; 구슬픈. **~·ly** *ad.* **~·ness** *n.*
pén·stòck *n.* Ⓒ 수문; 《美》 수로, (물방아 등의) 홈통.
pent[pent] *v.* pen[2]의 과거(분사).
pen·t(a)-[pént(ə)] '다섯'의 뜻의 결합사. 「별표(☆).
pen·ta·cle[péntəkəl] *n.* Ⓒ 5각의
***pen·ta·gon**[péntəgàn/-gɔ̀n] *n.* Ⓒ 5각형, 5변형; 〖築城〗 5능보(稜堡); (the P-) 미국 국방부. **-tag·o·nal**[pentǽgənəl] *a.* 5각〔변〕형의.
pen·ta·he·dron [pèntəhíːdrən/-héd-] *n.* (*pl.* ***~s, -ra***) Ⓒ 5면체(面體).
pen·tam·e·ter[pentǽmitər] *n.* Ⓒ 〖韻〗 오보격(五步格).
Pen·ta·teuch[péntətjùːk] *n.* (the ~) 모세오경(五經)《구약의 첫 5편》.
pen·tath·lon [pentǽθlən, -lɑn] *n.* Ⓤ (보통 the ~) 5종 경기.
pen·ta·va·lent [pèntəvéilənt] *a.* 〖化〗 5가(價)의.
Pen·te·cost [péntikɔ̀ːst/-kɔ̀st] *n.* 오순절(五旬節)《Passover 후 50일째의 유대의 축일》; 성령 강림절(聖靈降臨節)(Whitsunday).
pént·hòuse *n.* Ⓒ 달개 지붕; 옥상의 소옥(小屋).
Pen·to·thal[péntəθæ̀l] *n.* Ⓤ 〖商標〗 펜토탈《마취제》.
pént ròof 〖建〗 차양.
pént-úp *a.* 억제된; 갇힌.
pe·nult[píːnʌlt, pinʌ́lt] *n.* Ⓒ 어미에서 둘째의 음절. **pe·nul·ti·mate** [-təmit] *a., n.* Ⓒ 어미에서 둘째의 (음절).
pe·num·bra[pinʌ́mbrə] *n.* (*pl.* ***-brae***[-briː], ***~s***) Ⓒ 〖天〗 (일·월식 때의) 반음영(半陰影); 태양 흑점 주변의 반영부(半影部).
pe·nu·ri·ous[pinjúəriəs] *a.* 인색한; 가난한. 「窮).
pen·u·ry[pénjəri] *n.* Ⓤ 빈궁(貧
pe·on[píːən] *n.* Ⓒ (중남미의) 날품팔이 노동자; (멕시코에서) 빚을 갚기 위해 노예로서 일하는 사람. **~·age** [-idʒ] *n.* Ⓤ 빚 대신에 노예로서 일하기; 그 제도.
pe·o·ny[píːəni] *n.* Ⓒ 〖植〗 작약(꽃).
†**peo·ple**[píːpl] *n.* Ⓒ 국민, 민족; 《이하 모두 복수 취급》 인민; 《一般》 사람들; (the ~) 민중; (the ~) 하층 계급; (어떤 지방·단체에 속하는) 사람들; 신민, 종자(從者); (one's ~) 가족, 친척. ***P- say that...*** 세상에서는 …이라고들 말한다. ── *vt.* (…에) 사람을 살게 하다〔채우다〕; (동물 따위를) 많이 살게 하다(*with*).
péople's commíssar (러시아의) 인민 위원.
péople's cómmune (중국의) 인

민 공사(人民公社).
péople's frónt 인민 전선(popular front).
pep[pep] (<*pep*per) *n.* Ⓤ《美口》 원기. — *vt.* (*-pp-*) 기운을 북돋다.
P.E.P. 《英》 Political and Economic Planning.
pep·lum[pépləm] *n.* (*pl.* ~*s*, *-la* [-lə]) Ⓒ (스커트의) 주름 장식; 허리가 짧은 장식 스커트.
:**pep·per** [pépər] *n.* Ⓤ 후추; Ⓒ 〖植〗 후춧과의 식물; 고추. — *vt.* (…에) 후춧가루를 치다, 후춧가루로 양념하다; 듬뿍 뿌리다; (총알·질문 따위를) 퍼붓다.
pépper-and-sált *a.*, *n.* Ⓤ 흑백점이 섞인 (옷감), (머리가) 희끗희끗한.
pépper càster 후춧가루병.
pépper·còrn *n.* Ⓒ (말린) 후추 열매; 하찮은 물건.
pep·per·mint[-mìnt] *n.* Ⓤ 〖植〗 박하; 박하유; Ⓒ 박하 사탕.
pep·pery [pépəri] *a.* ① 후추의[같은]; 매운. ② 격렬한《연설 따위》. ③ 성마른.
pép pìll 《美俗》 각성제.
pep·py[pépi] *a.* 《口》 원기 왕성한.
pep·sin(e) [pépsin] *n.* Ⓤ 펩신, 소화소(消化素), 소화제.
pép tàlk 격려 연설, 격려의 말.
pep·tic[péptik] *a.* 소화를 돕는, 소화할 수 있는; 펩신의. — *n.* Ⓤ 소화제.
pep·tide[péptaid] *n.* Ⓤ 〖生化〗 펩타이드《둘 이상의 아미노산 결합물》.
pep·tone[péptoun] *n.* Ⓤ 펩톤《단백질이 펩신에 의해 가수 분해된 것》.
:**per**[強 pəːr, 弱 pər] *prep.* (L.) …에 의하여; …에 대해, …마다. ***as ~*** …에 의하여. ***as ~ usual*** 《諧》 평상시[여느 때]와 같이.
per-[pər] *pref.* ① '완전히, 끝까지 (…하다)'의 뜻: *per*fect. ② '매우'의 뜻: *per*fervid. ③ 〖化〗 '과(過)'의 뜻: *per*oxide.
per. period; person. **P.E.R.** price earning ratio.
per·ad·ven·ture [pəːrədvéntʃər/pər-] *ad.* 《古》 우연히; 아마. — *n.* Ⓤ 《古》 의심, 의문; 우연.
per·am·bu·late[pərǽmbjəlèit] *vt.*, *vi.* 돌아다니다; 순시[순회]하다. ***-la·tor** *n.* Ⓒ 유모차(車); 순회자. **-la·tion**[–ˋ–léiʃən] *n.*
per ánnum (L.) 1년에 대해, 1년마다《생략 per an(n)., p.a.》.
per·cale[pərkéil] *n.* Ⓤ 톡톡한 무명의 일종.
per cáp·i·ta[-kǽpətə] (L.) 1인당, 머릿수로 나누어.
:**per·ceive**[pərsíːv] *vt.* 지각(知覺)하다; 알아[눈치]채다, 인식하다; 이해하다.
:**per·cent, per cént**[pərsént] *n.* (*pl.* ~, ~*s*) Ⓒ 퍼센트, 100분《기호 %》; 《口》 =⇩.
***per·cent·age**[pərséntidʒ] *n.* Ⓒ 백분율; 비율, 율; 부분; 수수료; Ⓤ 이익.
per·cen·tile[pərséntail, -til] *n.*, *a.* Ⓒ 〖統計〗 백분위수(百分位數)(의) (cf. decile, quartile).
per cént·um[-séntəm] (L.) 백(百)에 대해.
***per·cep·ti·ble**[pərséptəbəl] *a.* 지각할 수 있는. **-bly** *ad.*
***per·cep·tion**[pərsépʃən] *n.* Ⓤ,Ⓒ 지각(작용·력·대상)(perceiving).
per·cep·tive[pərséptiv] *a.* 지각하는; 지각력 있는.
:**perch**[1][pəːrtʃ] *n.* Ⓒ (새의) 횃대; 높은 지위[장소]; 퍼치《길이의 단위, 5.03m; 면적의 단위, 25.3m^2》. ***hop*** [***tip over***] ***the ~*** 죽다《본디 새에 일컬음》(cf. hop the TWIG). ***knock a person off his ~*** 아무를 이기다[해치우다]. — *vi.* (새가) 횃대에 앉다(*on*); 앉다(*on, upon*). — *vt.* (높은 곳에) 두다, 얹다.
perch[2] *n.* (*pl.* ~*es*, 《집합적》 ~) Ⓒ 농어류(類)의 물고기.
per·chance[pərtʃǽns, -áː-] *ad.* 《古·詩》 =MAYBE.
per·cip·i·ent[pərsípiənt] *a.* 지각하는; 지각력 있는. — *n.* Ⓒ 지각자(知覺者); (정신 감응술의) 영통자.
per·co·late[pə́ːrkəlèit] *vt.* (액체를) 거르다; 스며나오게 하다. — *vi.* 스며나오다. **-la·tor** *n.* Ⓒ 여과기(器). 커피 끓이개. **-la·tion**[ˋ–léiʃən] *n.* Ⓤ,Ⓒ 여과, 침투; 〖藥〗 침제(浸劑).
per·cus·sion[pərkʌ́ʃən] *n.* Ⓤ,Ⓒ 충격, 진동; 타악기의 연주; 〖醫〗 타진(打診); (*pl.*) (악단의) 타악기부.
percússion càp 뇌관. 「기.
percússion ìnstrument 타악
percússion sèction (악단의) 타악기부.
per díem [-díːəm, -dáiəm] (L.) 하루에 대해, 일급.
per·di·tion[pərdíʃən] *n.* Ⓤ 멸망, 전멸; 지옥; 지옥에 떨어짐; (정신적) 파멸.
per·du(e) [pəːrdjúː] *a.* 보이지 않는, 숨은. ***lie ~*** 잠복하다.
per·dure[pə(ː)rdjúər/-djúː-] *vi.* 영속하다; 참다, 견디다.
per·e·gri·nate[pérəgrinèit] *vi.*, *vt.* 편력(遍歷)하다, 여행하다. **-na·tion** [ˋ––néiʃən] *n.* **-na·tor** *n.*
per·e·grin(e) [pérəgrin] *a.* 외국[외래]의; (새 따위가) 이주(移住)하는.
péregrine fálcon (매 사냥에 쓰던) 송골매.
per·emp·to·ry[pərémptəri] *a.* 단호한; 거만한, 도도한; 결정[절대]적인. **-ri·ly** *ad.* **-ri·ness** *n.*
***per·en·ni·al**[pəréniəl, -njəl] *a.*, *n.* 연중(年中) 끊이지 않는; 영원한; Ⓒ 다년생의 (식물). **~·ly** *ad.*
†**per·fect**[pə́ːrfikt] *a.* 완전한, 결점 없는; 숙달한(*in*); 전적인; 〖文〗 완료의. — *n.* Ⓒ 〖文〗 완료 시제[형]. — [pərfékt] *vt.* 완성[개선]하다; 완전하게 하다. **~·er** *n.* **:~·ly** *ad.* **~·ness** *n.* **~·i·ble** *a.* 완전히 할

수 있는, 완전해질 수 있는.
pérfect cádence 〖樂〗 완전 종지(법).
pérfect gáme 〖野·볼링〗 퍼펙트 게임, 완전 시합.
:per·fec·tion[pərfékʃən] *n.* Ⓤ 완전; Ⓒ 완전한 사람〔물건〕; Ⓤ 완성; 극치. ***to*** ~ 완전히.
per·fec·to[pərféktou] *n.* (*pl.* ~***s***) Ⓒ 양끝이 가느다란 중치의 여송연.
pérfect párticiple 〖文〗 완료 분사《past participle임; 보기: *Having seen* it myself, I can believe it. 이 눈으로 본 것이니 믿을 수 있다》.
pérfect rhýme 완전 각운(脚韻)《같은 음 또는 같은 철자로 뜻이 다른 것: rain, reign; dear, deer》.
per·fid·i·ous[pərfídiəs] *a.* 불성실한, 배반하는. ~**·ly** *ad.* ~**·ness** *n.* 「반.
per·fi·dy[pə́:rfədi] *n.* Ⓤ 불신; 배
per·fo·rate[pə́:rfərèit] *vt.* 구멍을 뚫다〔내다〕; (우표 등에) 줄 구멍을 내다. — *vi.* 꿰뚫다(*into, through*). — [-rit] *a.* 관통된. **-ra·tor** *n.* Ⓒ 구멍 뚫는 기구. **-ra·tion**[⌐–réiʃən] *n.* Ⓤ 관통; Ⓒ (필름·우표 등의) 줄구멍.
per·force[pərfɔ́:rs] *ad.* 무리하게; 부득이, 필연적으로.
:per·form[pərfɔ́:rm] *vt., vi.* 하다(do); 실행하다; 성취하다; 연기(演技)하다; 연주하다; (*vi.*) (동물이) 재주를 부리다 ***~·er** *n.* Ⓒ 행위자, 실행〔수행〕자; 연기〔연주〕자.
:per·form·ance[-əns] *n.* ① Ⓒ 연기, 연주, 흥행. ② Ⓤ 수행, 성취, 실행. ③ U,C 일; 작업; (기계류의) 성능; 공적; 성과. ④ Ⓤ 〖컴〗 성능.
perfórmance àrt 퍼포먼스 아트《육체의 행위를 음악·영상·사진 등을 통하여 표현하려는 1970년대에 시작된 예술 양식》.
perfórmance tèst 작업〔업적〕검사.
perfórming árts 공연〔무대〕예술《연극·음악·무용 따위》.
:per·fume[pə́:rfju:m] *n.* ① Ⓤ 방향(芳香). ② U,C 향수, 향료. — [pə(:)rfjú:m] *vt.* 방향으로 채우다; 향수를 뿌리다.
per·fum·er[pə:rfjú:mər] *n.* Ⓒ 향료상(商); 향내를 피우는 사람〔물건〕. ~**·y**[-ri] *n.* ① Ⓤ 《집합적》 향료; 향수류. ② U,C 향수 제조〔판매〕(소).
per·func·to·ry[pərfʌ́ŋktəri] *a.* 되는 대로의, 마지못해 하는, 기계적인; 형식적인. **-ri·ly** *ad.*
per·fuse[pərfjú:z] *vt.* (물 따위를) 쏟아 붓다; (빛을) 충만시키다; 〖醫〗 (액체를) 주입하다.
per·go·la [pə́:rgələ] *n.* Ⓒ 퍼골라《덩굴을 지붕처럼 올린 정자 또는 길》, 등나무 시렁.
perh. perhaps.
†per·haps [pərhǽps, pərǽps] *ad.* 아마, 혹시(maybe), 어쩌면(possibly). 「精).
pe·ri[píəri] *n.* Ⓒ (Per.) 요정(妖
per·i·car·di·tis[pèrika:rdáitis] *n.* Ⓤ 〖醫〗 심낭염(心囊炎).
per·i·car·di·um[pèrəká:rdiəm] *n.* (*pl.* ***-dia***[-diə]) Ⓒ 〖解〗 심낭.
per·i·carp[pérəkà:rp] *n.* Ⓒ 〖植〗 과피(果皮).
per·i·cra·ni·um [pèrəkréiniəm] *n.* (*pl.* ***-nia***[-niə]) Ⓒ 〖解〗 두개골막(膜); 《古》 두개골, 두뇌.
per·i·do·tite[pèrədóutait, pərídətàit] *n.* U,C 감람암(岩).
per·i·gee[pérədʒi:] *n.* Ⓒ (*sing.*) 〖天〗 근지점(近地點)(opp. apogee).
per·i·he·li·on[pèrəhí:liən, -ljən] *n.* (*pl.* ***-lia***[-liə, -ljə]) Ⓒ 〖天〗 근일점(opp. aphelion).
:per·il[pérəl, -ril] *n.* U,C 위험, 모험. — *vt.* (《英》 ***-ll-***) 위험에 빠뜨리다. ***at one's*** ~ 위험을 무릅쓰고. ***at the*** ~ ***of*** …을 걸고. ***in*** ~ ***of*** …이 위험에 직면하여.
:per·il·ous[pérələs, -ril-] *a.* 위험한. ~**·ly** *ad.* ~**·ness** *n.*
péril pòint 〖經〗 임계 세율(臨界稅率)《국내 산업을 압박하지 않을 한도의 관세의 최저점》.
per·i·lune[pérəlù:n] *n.* Ⓒ (달을 도는 인공 위성의) 근월점(近月點).
pe·rim·e·ter[pərímitər] *n.* Ⓒ (평면도의) 주변; 주변의 길이; 〖軍〗 (전선의) 돌출부.
per·i·ne·um[pèrəní:əm] *n.* (*pl.* ***-nea***[-ní:ə]) Ⓒ 〖解〗 회음.
†pe·ri·od[píəriəd] *n.* Ⓒ 기간; 시대; (어느 기간의) 완결; 수업 시간 교시(校時); (경기의) 한 구분《전반·후반 등》; 〖天·理〗 주기(週期); 〖地〗 기(紀); 문장의 종결; 마침표, 피리어드; 〖修〗 =PERIODIC SENTENCE; (*pl.*) 미문(美文); (*pl.*) 월경; (병의) 경과. ***come to a*** ~ 끝나다.
***pe·ri·od·ic**[pìəriádik/-ɔ́d-] *a.* 주기〔단속〕적인; 〖修〗 도미문(掉尾文)의.
***pe·ri·od·i·cal** [-əl] *a.* 정기 간행(물)의; =⇧. — *n.* Ⓒ 정기 간행물, 잡지. ~**·ly** *ad.* **-o·dic·i·ty**[-ədísəti] *n.* Ⓤ 주기성(周期性); 주율(周律).
periódic láw 〖化〗 주기율. 「수.
periódic fùnction 〖數〗 주기 함
periódic séntence 도미문(掉尾文)《주절이 문미에 있는 글》.
periódic sýstem 〖化〗 주기계(系)《주기율에 따른 원소 체계》.
periódic táble 〖化〗 주기(율)표.
per·i·os·te·um[pèriástiəm/-ɔ́-] *n.* (*pl.* ~***s***, ***-tea***[-tiə]) Ⓒ 〖解〗 골막.
per·i·os·ti·tis[pèriastáitis/-ɔs-] *n.* Ⓤ 〖醫〗 골막염.
per·i·pa·tet·ic[pèrəpətétik] *a.* (걸어) 돌아다니는; 여행하며 다니는; (P-) 소요(逍遙)학파의, 아리스토텔레스 학파의. — *n.* Ⓒ 걸어 돌아다니

는 사람, 행상인; (P-) 소요학파의 학도.

pe·riph·er·al[pərífərəl] *a.* ① 주위〔주변〕의; 말초의. ② 주변적〔말초적〕인; (…에 대해) 중요치 않은(*to*). ③ 〖컴〗 주변 장치의. ~ ***device*** 주변 장치. ~ ***equipment*** 주변 장비. ~ ***nerves*** 말초신경. ~**·ly** *ad.*

pe·riph·er·y [pərífəri] *n.* Ⓒ (*sing.*) (원(圓)·타원의) 둘레, 원주(圓周); 바깥면.

per·i·phrase[pérəfrèiz] *n.* =⇧. — *vt.* 에둘러 말하다.

pe·riph·ra·sis[pərífrəsis] *n.* (*pl.* ***-ses***[-si:z]) Ⓒ 〖修〗 완곡법(婉曲法) 《에둘러 하는 표현》. **per·i·phras·tic**[pérəfrǽstik] *a.* 에둘러 말하는.

per·i·scope[pérəskòup] *n.* Ⓒ 잠망경(潛望鏡).

†**per·ish**[périʃ] *vi.* 죽다, 멸망하다; 썩어〔사라져〕 없어지다; 말라〔시들어〕 죽다, 무너지다. — *vt.* 《보통 수동》 몹시 곤란하게 하다, 괴롭히다(*with*). ~**·a·ble** *a., n.* 부패〔파멸〕하기 쉬운; (*pl.*) (수송 중에) 부패되기 쉬운 것. ~**·ing** *a.* (추위 따위) 혹독한; 《부사적으로》 지독하게, 몹시.

per·i·stal·sis[pèrəstǽlsis, -ɔ́:-] *n.* (*pl.* ***-ses***[-si:z]) Ⓒ 〖生〗 (창자 따위의) 연동(蠕動).

per·i·style[pérəstàil] *n.* Ⓒ (건물·안마당을 둘러싸는) 주열(柱列); 열주랑(列柱廊)《기둥으로 둘러싸인 장소》.

per·i·to·ne·um, -nae·um [pèrətəní:əm] *n.* (*pl.* ***-n(a)ea*** [-ní:ə]) Ⓒ 복막(腹膜).

per·i·to·ni·tis[pèritənáitis] *n.* Ⓤ 〖病〗 복막염.

per·i·wig[périwig] *n.* Ⓒ (특히 변호사가 쓰는) 가발(假髮)(wig).

per·i·winkle[1][pérəwiŋkl] *n.* Ⓒ 〖植〗 협죽도과(科)의 식물.

per·i·winkle[2] *n.* Ⓒ 경단고둥류(類).

per·jure[pə́:rdʒər] *vt.* 《~ one-self로 하여》 거짓 맹세하다, 위증(僞證)하다. ~**d**[-d] *a.* 거짓 맹세〔증언〕한. **pér·jur·er** *n.* Ⓒ 위증자.

per·ju·ry[pə́:rdʒəri] *n.* Ⓤ,Ⓒ 거짓 맹세, 위증.

perk[pə:rk] *vi., vt.* 머리를 쳐들다. 새침떨다, 점잔빼다, 의기 양양해 하다(*up*). **∠·y** *a.* 건방진, 오지랖넓은; 의기 양양한.

perm[pə:rm] *n.* Ⓒ《口》 파마(permanent wave).

per·ma·frost[pə́:rməfrɔ̀:st/-frɔ̀st] *n.* Ⓤ 영구 동토대(凍土帶)《북극지방의》.

per·ma·nence [pə́:rmənəns] *n.* Ⓤ 영속(성); 영구. **-nen·cy** *n.* = PERMANENCE; Ⓒ 영속물; 종신관(終身官), 종신 고용.

‡**per·ma·nent**[pə́:rmənənt] *a.* 영구한, 불변의; 영속하는. — *n.*《口》 = ~ **wáve** 퍼머넌트. * ~**·ly** *ad.*

pérmanent mágnet 〖理〗 영구 자석.

pérmanent tóoth 영구치. 「도.

pérmanent wáy 《英》 (철도의) 궤

per·man·ga·nate[pə:rmǽŋgənèit, -nit] *n.* Ⓤ 〖化〗 과(過)망간산염.

per·me·a·ble[pə́:rmiəbəl] *a.* 침투할 수 있는. **-bil·i·ty**[∸—bíləti] *n.* Ⓤ 침투성.

per·me·ance [pə́:rmiəns] *n.* Ⓤ 침투; 〖工〗 투자율(透磁率).

per·me·ate[pə́:rmièit] *vt.* 침투하다; 스며들다; 충만하다. — *vi.* 스며퍼지다; 널리 퍼지다(*in, among, through*). **-a·tion**[∸—éiʃən] *n.* Ⓤ 침투, 충만; 보급.

Per·mi·an[pə́:rmiən] *n., a.* (the ~) 페름기〔계〕(의).

per·mis·si·ble[pə:rmísəbəl] *a.* 허용되는, 지장 없는.

‡**per·mis·sion**[pə:rmíʃən] *n.* Ⓤ 허가; 면허; 허용.

per·mis·sive[pə:rmísiv] *a.* 허가하는; 허용된; 수의(隨意)의.

‡**per·mit**[pə:rmít] *vt., vi.* (**-tt-**) 허락〔허용〕하다; (…하게) 내버려 두다〔방임하다〕; 가능하게 하다; 용납하다 (admit)(*of*). ***weather ~ting*** 날씨만 좋으면. — [∠—] *n.* Ⓒ 허가증, 면허장.

per·mu·ta·tion [pə̀:rmjutéiʃən] *n.* Ⓤ,Ⓒ 교환; 〖數〗 순열(cf. combination).

***per·ni·cious**[pə:rníʃəs] *a.* 유해한; 치명적인(fatal); 파괴적인. ~**·ly** *ad.* ~**·ness** *n.* 「혈.

pernícious anémia 〖病〗 악성 빈

per·nick·et·y[pərnikəti] *a.* 《口》 곰상스러운, 까다로운; 다루기 힘든.

per·o·rate[pérərèit] *vi.* (연설을) 끝맺다; 결론짓다; 열변을 토하다. **-ra·tion**[∸—réiʃən] *n.* Ⓤ,Ⓒ 〖修〗 (연설의) 결론, 끝맺음.

per·ox·ide[pərɑ́ksaid/-ɔ́-], **-ox·id**[-sid] *n.* Ⓤ 〖化〗 과산화물〔수소〕. ~ ***of hydrogen*** 과산화수소. — *vt.* (머리털을) 과산화수소로 표백하다.

peróxide blònde (금발처럼) 머리를 물들인 여자.

***per·pen·dic·u·lar**[pə̀:rpəndíkjələr] *a.* 수직의; 〖幾〗 직각을 이루는; 깎아지른 듯한. — *n.* Ⓒ 수선(垂線); 수직면; Ⓤ (the ~) 수직의 위치. ~**·ly** *ad.* ~**·i·ty**[∸—∸—lǽrəti] *n.* Ⓤ 수직, 직립.

per·pe·trate[pə́:rpətrèit] *vt.* (나쁜짓·죄를) 저지르다, 범하다. **-tra·tor** *n.* Ⓒ 범인. **-tra·tion**[∸—tréiʃən] *n.* Ⓒ 범행, 범죄; Ⓤ 나쁜 짓을 행함.

‡**per·pet·u·al**[pərpétʃuəl] *a.* 영구한; (관직 따위) 종신의; 끊임없는; 〖園藝〗 사철 피는. * ~**·ly** *ad.*

perpétual cálendar 만세력.

per·pet·u·ate[pə(:)rpétʃuèit] *vt.* 영속〔영존〕시키다; 불후(不朽)하게 하다. **-a·tor** *n.* **-a·tion**[—∸—éiʃən] *n.* Ⓤ 영속, 불후(화).

per·pe·tu·i·ty[pə̀ːrpətjúːəti] *n.* Ⓤ 영속, 영존(永存); Ⓒ 종신 연금; Ⓤ 영대(永代) 재산〔소유권〕. **in** 〔**to, for**〕 ~ 영구히.

:per·plex[pərpléks] *vt.* 곤란케 하다, 당황케 하다, 혼란시키다. **~ed** [-t] *a.* 당황〔혼란〕한. **~·ing** *a.* 곤란〔당황〕케 하는; 복잡한. **~·i·ty** *n.* Ⓤ 당황; 혼란; 곤란케 하는 것〔일〕.

per pro. *per procurationem*(L.= by the agency).

per proc·u·ra·ti·o·nem [pəːr prɑ̀kjəreiʃióunem/-prɔ̀k-] 〖法〗 대리로《생략 ⇧》.

per·qui·site[pə́ːrkwəzit] *n.* Ⓒ (*sing.*) 임시 수입, 손씻이, 팁; (직무상의) 부수입. 「(-al).

Pers. Persia(n). **pers.** person

per se[pəːr séi, -síː] *ad.* (L.) 그 자체, 본질적으로는.

:per·se·cute[pə́ːrsikjùːt] *vt.* (이교도를) 박해〔학대〕하다; 지근거리다, 괴롭히다(*with*). **-cu·tive** *a.* **-cu·tor** *n.* Ⓒ 박해자. ***-cu·tion**[⌒-kjúːʃən] *n.* Ⓤ (종교적) 박해.

Per·seph·o·ne[pəːrséfəni] *n.* 〖그神〗 지옥의 여왕(Proserpina).

Per·seus[pə́ːrsjuːs, -siəs] *n.* 〖그神〗 Medusa를 퇴치한 영웅; 〖天〗 페르세우스 자리.

***per·se·vere**[pə̀ːrsəvíər/-si-] *vi.* 인내하다, 굴치 않고 계속하다(*in, with*). **:-ver·ance** [-víːrəns/-víər-] *n.* Ⓤ 인내; 고집. **-vér·ing** *a.* 참을성 있는.

:Per·sia[pə́ːrʒə, -ʃə/-ʃə] *n.* 페르시아《1935년 Iran으로 개칭》.

:Per·sian[pə́ːrʒən, -ʃən/-ʃən] *a.* 페르시아(사람·말)의. — *n.* Ⓒ 페르시아 사람; Ⓤ 페르시아어.

Pérsian Gúlf, the 페르시아 만.

Pérsian lámb 페르시아 새끼양; 그 모피.

per·si·flage[pə́ːrsəflɑ̀ːʒ, pɛ̀ərsiflɑ́ːʒ] *n.* Ⓤ 놀림, 농담.

***per·sim·mon** [pəːrsímən] *n.* Ⓒ 감(나무).

:per·sist[pəːrsíst, -zíst] *vi.* 고집하다; 주장하다(*in*); 지속하다.

:per·sist·ent[pəːrsístənt, -zís-] *a.* 고집하는, 불굴의; 지속하는; 〖植〗 상록의. **~·ly** *ad.* **-ence, -en·cy** *n.* Ⓤ 고집; 지속(성).

†per·son[pə́ːrsən] *n.* Ⓒ 사람; (보통 *sing.*) 신체; 풍채, 인품, 인격, 개성; Ⓤ,Ⓒ 〖文〗 인칭; 〖法〗 인(人)《자연인과 법인의 총칭》. **in ~** 스스로, 몸소. **~·a·ble** *a.* 풍채가 좋은, 품위 있는.

per·so·na[pərsóunə] *n.* (*pl.* ***-nae*** [-niː]) (L.) Ⓒ (극·소설의 등장) 인물, 역. DRAMATIS PERSONAE. **~ *grata*** 〔***non grata***〕 (외교관으로서) 탐탁스러운〔스럽지 않은〕 인물《주재국 입장에서》.

***per·son·age**[pə́ːrsənidʒ] *n.* Ⓒ 사람; 저명 인사; (소설 따위의) 인물.

:per·son·al[pə́ːrsənəl] *a.* ① 개인의, 사적(私的)인(private). ② 본인(직접)의(*a ~ interview* 면접); 신체의; 용모〔풍채〕의. ③ 개인에 관한, 개인적인. ④ 인신 공격의. ⑤ 〖文〗 인칭의. ⑥ 〖法〗 (재산이) 개인에 속하는, 동산(動産)의. **become ~** 인신 공격을 하다. — *n.* Ⓒ《美》(신문의) 인사란(欄). **~·ize**[-àiz] *vt.* 개인적으로 하다; 인격화하다.

pérsonal cólumn (신문의) 개인 광고난.

pérsonal compúter 〖컴〗 개인용 컴퓨터.

pérsonal efféets (개인) 소지품《옷, 책 등》.

pérsonal equátion 〖天〗 (관측상의) 개인차. 「산.

pérsonal estáte 〔**próperty**〕 동

pérsonal fóul (경기의) 방해, 반칙《몸이 닿는 일》.

:per·son·al·i·ty[pə̀ːrsənǽləti/-li-] *n.* Ⓤ,Ⓒ 개성; 인격; 인물; 사람임; (보통 *pl.*) 인물 비평; 인신 공격.

personálity cúlt 개인 숭배.

personálity tèst 〖心〗 성격 검사.

:per·son·al·ly[pə́ːrsənəli] *ad.* 몸소, 스스로; 나 개인적으로(는), 자기로서는; 자기의 일로서, 빗대어; 인품으로서(는).

pérsonal prónoun 인칭 대명사.

per·son·al·ty[pə́ːrsənəlti] *n.* Ⓤ 〖法〗 동산.

per·son·ate[pə́ːrsənèit] *vt.* (…의) 역을 맡아 하다; (…으로) 분장하다, (…의) 이름을 사칭하다. **-a·tor** [-nèitər] *n.* Ⓒ 연기자, 배우; 사칭자. **-a·tion**[⌒-néiʃən] *n.*

per·son·i·fy[pəːrsɑ́nəfài/-ɔ́-] *vt.* 인격〔의인(擬人)〕화하다; 체현(体現)하다. ***-fi·ca·tion**[-⌒-fikéiʃən] *n.* Ⓤ 의인〔인격〕화; Ⓤ,Ⓒ 〖修〗 의인법; 체현, 화신, 전형(典刑).

***per·son·nel**[pə̀ːrsənél] *n.* Ⓤ《집합적》 인원, 전직원; 〖軍〗 요원(要員); (회사 따위의) 인사과.

personnél càrrier (장갑한) 군(軍)수송차.

personnél depàrtment 인사과.

***per·spec·tive**[pəːrspéktiv] *n.* Ⓤ 원근(遠近)화법; Ⓒ 투시도(透視圖); 전망; 균형. — *a.* 원근화법에 의한.

Per·spex[pə́ːrspeks] *n.* Ⓤ 〖商標〗《英》(항공기의) 방풍 유리《투명 플라스틱》.

per·spi·ca·cious[pə̀ːrspəkéiʃəs] *a.* 이해가 빠른, 명민한. **-cac·i·ty** [-kǽsəti] *n.*

per·spic·u·ous[pəːrspíkjuəs] *a.* 알기 쉬운, 명백한. **per·spi·cu·i·ty** [⌒-kjúːəti] *n.*

***per·spire**[pərspáiər] *vi., vt.* 땀흘리다. ***per·spi·ra·tion**[pə̀ːrspəréiʃən] *n.* Ⓤ 발한(發汗) 작용; Ⓒ,Ⓤ 땀.

:per·suade[pəːrswéid] *vt.* 설복〔설득〕하다(*to, into*) (opp. dissuade); 납득시키다(*of; that*); 납득시키려들다; 주장하다.

P

*per·sua·sion[pərswéiʒən] n. ① Ⓤ 설득(력). ② Ⓒ 확신, 신념; 신앙, 신조. ③ Ⓒ 종파. ④ Ⓒ《諧》종류(*a man of military* ~ 군인).
*per·sua·sive[pərswéisiv] a. 설득력 있는.
pert[pəːrt] a. 버릇[거리낌]없는, 건방진;《口》활발한, 기운찬.
PERT[pəːrt] program evaluation and review technique 퍼트《복잡한 프로젝트를 계획 관리하는 방식》.
*per·tain[pərtéin] vi. 속하다(*to*); 관계하다(*to*); 적합하다(*to*).
per·ti·na·cious[pə̀ːrtənéiʃəs] a. 끈질긴, 집요한, 완고한; 끈기 있는. ~·ly ad. -nac·i·ty[-nǽsəti] n.
*per·ti·nent[pə́ːrtənənt] a. 적절[타당]한, (…에) 관한(*to*). ~·ly ad. -nence, -nen·cy n.
*per·turb[pərtə́ːrb] vt. 교란하다, 혼란하게 하다; 당황[불안]하게 하다. per·tur·ba·tion[pə̀ːrtərbéiʃən] n.
*Pe·ru[pərúː] n. 페루《남아메리카의 공화국》.
pe·ruke[pərúːk] n. Ⓒ 가발(假髮)(wig).
*pe·ruse[pərúːz] vt. 숙독[정독]하다; 읽다. *pe·rús·al n. Ⓤ,Ⓒ 숙독; 통독.
Pe·ru·vi·an[pərúːviən, -vjən] a. 페루(사람)의. — n. Ⓒ 페루 사람.
Perúvian bárk 키나 껍질.
*per·vade[pərvéid] vt. (…에) 널리 퍼지다; 침투하다. per·va·sion[-ʒən] n. per·va·sive[-siv] a.
*per·verse[pərvə́ːrs] a. 심술궂은, 빙퉁그러진; 사악한, 나쁜. ~·ly ad. ~·ness n. per·vér·si·ty n. Ⓤ 빙퉁그러짐, 외고집; 사악. per·vér·sive a. 곡해하는; 그르치게 하는.
per·ver·sion [pərvə́ːrʒən, -ʃən] n. Ⓤ,Ⓒ 곡해; 악용; Ⓤ 악화; (성적) 도착(到着).
*per·vert[pərvə́ːrt] vt. ① (정도에서) 벗어나게 하다. ② 곡해하다. ③ 악용[오용]하다. — [pə́ːrvəːrt] n. Ⓒ 배교자(背教者); 성욕 도착자.
per·vi·ous[pə́ːrviəs, -vjəs] a. 통과[침투]시키는(*to*); (사리 따위를) 아는(*to*).
pe·se·ta[pəséitə] n. Ⓒ 페세타《스페인의 화폐 단위》; 페세타 은화.
pes·ky[péski] a.《美口》성가신, 귀찮은.
pe·so[péisou] n. (*pl.* ~s) 페소《멕시코·쿠바·라틴 아메리카 등지의 화폐 단위》; 페소 은화.
*pes·si·mism [pésəmìzəm, -si-] n. Ⓤ 비관(주의·론); 염세관(opp. optimism). -mist n. Ⓒ 비관론자, 염세가. *-mis·tic[ㅗ-místik] a.
*pest[pest] n. Ⓒ 유해물; 성가신 사람[물건]; 해충; Ⓤ 악성 유행병, 페스트.
Pes·ta·loz·zi [pèstəlátsi/-ɔ́-], Johann Heinrich (1746-1827) 스위스의 교육 개량가.
pes·ter[péstər] vt. 괴롭히다.
pést·hòuse n. Ⓒ 격리 병원.
pes·ti·cide[péstəsàid] n. Ⓤ,Ⓒ 살충제.
pes·tif·er·ous[pestífərəs] a. 전염하는; 병균을 옮기는; 유해한;《口》성가신.
pes·ti·lence [péstələns, -ti-] n. ① Ⓤ,Ⓒ 악성 유행병. ② Ⓤ 페스트. -lent a. 치명적인; 유해한; 평화를 파괴하는; 성가신.
pes·ti·len·tial[pèstəlénʃəl] a. 악역(惡疫)의; 유행병[전염병]을 발생하는; 유해한; 성가신.
pes·tle[pés*t*l] n. Ⓒ 막자, 공이. — vt., vi. pestle로 갈다[찧다].
†pet[1][pet] n. Ⓒ 페트, 애완 동물; 마음에 드는 물건[사람]. — a. 귀여워하는, 마음에 드는; 애정을 나타내는; 득의의. — vt., vi. (-tt-) 귀여워하다;《口》(이성을) 애무[페트]하다.
pet[2] n. Ⓒ 씨무룩함, 부루퉁함. *be in a* ~ 부루퉁해 있다. *take the* ~ 성내다. — vi. (-tt-) 부루퉁해지다.
PET[pet] positron emission tomography.
*pet·al[pétl] n. Ⓒ 꽃잎.
pe·tard[pitáːrd] n. Ⓒ (옛적의 성문 파괴용) 폭발물; 폭죽. HOIST[2] *with one's own* ~.
*Pe·ter[píːtər], Saint(?-67?) 베드로《예수 12사도 중의 한 사람》;〖新約〗베드로서(書).
pe·ter[píːtər] vi.《口》(광맥 따위가) 점점 소멸하다(fail)(*out*).
Péter Fùnk《美》(경매의) 야바위(패).
pe·ter·man[píːtərmən] n. Ⓒ《俗》금고 털이.
Péter Pán J. M. Barrie작의 동화극(의 주인공); 어른이 되어도 언제나 아이같은 사람.「지(葉柄).
pet·i·ole[pétiòul] n. Ⓒ〖植〗잎꼭
pet·it[péti/pətiː] a. (F.) 작은. ~ *jury* [*larcent*] =PETTY JURY [LARCENY].
pe·tite[pətíːt] a. (F.) (여자가) 몸집이 작고 맵시 있는.
petíte bour·geoi·síe [-buərʒwɑːzíː] 소시민(小市民) 계급.
‡pe·ti·tion[pitíʃən] n. Ⓒ 탄원, 진정; 애원; 기원; 탄원[진정]서. — vt., vi. 청원[신청]하다(*for, to*); 기원하다. ~·ar·y[-èri/-nəri] a. *~·er n.
pét náme 애칭.
Pe·trarch[píːtrɑːrk/pét-] n. (1304-74) 이탈리아의 시인.
pet·rel[pétrəl] n. Ⓒ 바다제비류(類).
pé·tri dìsh[píːtri-] 페트리 접시《세균 배양 접시》.
pet·ri·fac·tion[pètrəfǽkʃən] n. Ⓤ 돌로 화함, 석화(石化) (작용); Ⓒ 화석(fossil); Ⓤ 망연 자실.
pet·ri·fy[pétrəfài] vt., vi. 돌이 되게 하다, 돌이 되다; 굳(어 지)게 하다; 둔하게 하다; 망연자실하(게 하)

다, 제정신을 잃게 하다.
pet·ro-[pétrou, -rə] '바위, 돌, 석유'의 뜻의 결합사.
pètro·chémical *n., a.* Ⓒ (보통 *pl.*) 석유 화학 제품〔약품〕(의).
pètro·chémistry *n.* Ⓤ 석유〔암석〕 화학.
pétro·dòllar *n.* Ⓒ 산유국의 달러 화폐, 오일 달러.
pe·trog·ra·phy[pitrágrəfi/-5-] *n.* Ⓤ 암석 기재(記載)〔분류〕학.
pet·rol[pétrəl] *n.* Ⓤ《英》가솔린.
pet·ro·la·tum [pètrəléitəm] *n.* Ⓤ 〖化〗 바셀린; 광유(鑛油).
pétrol bòmb《英》화염병.
***pe·tro·le·um** [pitróuliəm, -jəm] *n.* Ⓤ 석유.
pe·trol·o·gy[pitrálədʒi/-5-] *n.* Ⓤ 암석학(cf. petrography).
pet·ti·coat**[pétikòut] *n., a.* Ⓒ 페티코트《여자·어린이의 속치마》; 스커트; (*pl.*)《口》여자, 여성(의). ~ ***government 치맛바람, 내주장.
pet·ti·fog [pétifàg, -fɔ̀(:)g] *vi.* (*-gg-*) 되잖은〔억지〕 이론을 늘어 놓다. ~**·ger** *n.* Ⓒ 궤변가, 엉터리 변호사. ~**·ging** *a.* 궤변으로 살아가는 속임수의; 보잘 것 없는.
pet·tish[pétiʃ] *a.* 까다로운, 성 마른.
***pet·ty**[péti] *a.* ① 사소한, 하찮은. ② 옹졸한, 인색한. ③ 소규모의.
pétty cásh 소액 지불 자금; 용돈.
pétty júry 소배심(小陪審)《12명으로 구성》.
pétty lárceny 〖法〗 가벼운 절도죄; 좀도둑.
pétty òfficer (해군의) 하사관.
pet·u·lant[pétʃələnt] *a.* 까다로운; 성마른. ~**·ly** *ad.* **-lance, -lan·cy** *n.*
pe·tu·ni·a[pitjú:niə, -njə] *n.* Ⓒ 〖植〗 피튜니아(꽃).
***pew**[pju:] *n.* Ⓒ (교회의) 벤치형 좌석; 교회의 가족석.
pe·wee[pí:wi:] *n.* Ⓒ 〖鳥〗 (미국산) 딱새의 일종《다리가 짧고, 언뜻 보아 waxwing 비슷함》.
pe·wit[pí:wit] *n.* Ⓒ 〖鳥〗 댕기물떼새; (유럽산) 갈매기의 일종; = PEWEE.
pew·ter[pjú:tər] *n.* Ⓤ 백랍(白臘), 땜납《주석과 납의 합금》;《집합적》백랍제의 기물(器物).
pf 〖樂〗 *piano forte.* **pf.** pfennig; preferred; proof. **PFC, Pfc.** Private First Class. **pfd.** preferred.
pfen·nig[pfénig] *n.* (*pl.* ~***s,*** ***-nige***[-nigə]) Ⓒ 페니히《독일의 동전 1/100 마르크》.
pfg. pfennig. **PFLP** Popular Front for the Liberation of Palestine. **Pg.** Portugal; Portuguese. **P.G., p.g.** paying guest. **PGA** Professional Golfers' Association. **P.H.** public health;《美》(Order of the) Purple Heart.
pha·e·ton[féiətn/féitn] *n.* Ⓒ 쌍두 경(輕)4륜 마차; 무개(無蓋) 자동차의 일종.
phag·o·cyte[fǽgəsàit] *n.* Ⓒ 〖生〗 식(食)세포.
phal·an·ger[fəlǽndʒər] *n.* Ⓒ 오스트레일리아산의 유대(有袋) 동물.
Pha·lanx[féilæŋks, fǽl-] *n.* (*pl.* ~***es, phalanges*** [fəlǽndʒi:z]) Ⓒ 〖古그〗 방진(方陣); 밀집대(隊); 결사(結社); 지골(指骨), 지골(趾骨).
phal·lism[fǽlizəm], **-li·cism**[-ləsìzəm] *n.* Ⓤ 남근(男根) 숭배.
phal·lus[fǽləs] *n.* (*pl.* ***-li***[-lai]) Ⓒ 남근상(像); 〖解〗 =PENIS; CLITORIS.
phan·er·o·gam [fǽnərougæ̀m] *n.* Ⓒ 〖植〗 꽃식물(cf. cryptogam).
phan·tasm[fǽntæzəm] *n.* Ⓒ 곡두, 환영(幻影); 환상. **-tas·mal**[fæntǽzməl] *a.* 환영의〔같은〕; 공상의.
phan·tas·ma·go·ri·a[fæntæzməgɔ́:riə] *n.* Ⓒ (초기) 환등의 일종; 주마등 같은 광경. **-gór·ic** *a.*
phan·ta·sy[fǽntəsi, -zi] *n.* = FANTASY.
***phan·tom**[fǽntəm] *n.* Ⓒ 곡두, 환영; 유령, 도깨비; 착각, 환상. — *a.* 유령 같은; 환영의; 가공의.
phántom círcuit 〖電〗 중신 회선(重信回線).
phántom límb 〖醫〗 유령통(痛)《절단한 다리나 팔에 아픔을 느끼는 신경적 증상》.
phántom prégnancy 상상 임신.
Phar. pharmaceutical; pharmacist; pharmacy.
Phar·aoh[féərou] *n.* Ⓒ 고대 이집트왕의 칭호.
Phar·i·sa·ic[fæ̀rəséiik], **-i·cal** [-əl] *a.* 바리새 사람〔파〕의; (p-) 형식을 존중하는, 위선의. **-sa·ism** [ᅩ-ìzəm] *n.* Ⓤ 바리새주의; (p-) 형식주의, 위선.
Phar·i·see[fǽrəsi:] *n.* Ⓒ 바리새(파의) 사람; (p-) 형식주의자, 위선자. ~**·ism** *n.* =PHARISAISM.
phar·ma·ceu·tic [fà:rməsú:tik/-sjú:t-], **-ti·cal**[-əl] *a.* 조제(調製)(상)의. **-céu·tist** *n.* Ⓒ 약제사. **-céu·tics** *n.* Ⓤ 조제학.
phar·ma·cist[fá:rməsist] *n.* = DRUGGIST.
phar·ma·col·o·gy[fà:rməkálədʒi/-5-] *n.* Ⓤ 약학, 약리학.
phar·ma·co·poe·ia [fà:rməkəpí:ə] *n.* Ⓒ 약전(藥典).
phar·ma·cy[fá:rməsi] *n.* Ⓤ 조제법(調製法); 약학; Ⓒ 약국; 약종상.
pha·ros[féərɑs/-rɔs] *n.* Ⓒ 등대, 항로 표지.
pha·ryn·ge·al[fərίndʒiəl, fæ̀rindʒí:əl], **pha·ryn·gal**[fəríŋgəl] *a.* 〖解〗 인두(咽頭)의 (~ artery 경(頸)동맥).
phar·yn·gi·tis [fæ̀rindʒáitis] *n.* Ⓤ 〖醫〗인두염.
pha·ryn·go·scope[fəríŋgəskòup]

n. Ⓒ 〖醫〗 인두경(咽頭鏡).

phar·ynx[fǽriŋks] *n.* (*pl.* **~es,** ***pharynges***[fərínd3i:z]) Ⓒ 〖解〗 인두.

:phase[feiz] *n.* Ⓒ (변화·발달의) 단계, 형세, 국면; (문제의) 면(面), 상(相); 〖天〗 (달, 기타 유성의) 상(象); 〖理〗 위상(位相); 〖化〗 상(相); 〖컴〗 위상, 단계. — *vt.* 위상으로[단계로] 나누(어 나타내)다.

pháse(-cóntrast) microscope 위상차(位相差) 현미경.

pháse(-difference) mìcroscope =⇧.

pháse modulàtion 〖電〗 위상 변조(位相變調).

pháse-òut *n.* Ⓒ 단계적 폐지[제거, 철수].

phat·ic[fǽtik] *a.* (말 따위가 깊은 뜻이 없는) 의례적인, 사교적인.

Ph.C. Pharmaceutical chemist.

Ph.d. [pí:èitʃ dí:] *Philosophiae Doctor*(L.=Doctor of Philosophy).

***pheas·ant**[fézənt] *n.* Ⓒ 꿩.

phe·nac·e·tin(e)[finǽsətin] *n.* Ⓤ 페나세틴《해열 진통제》.

phe·nix[fí:niks] *n.* =PHOENIX.

phe·no·bar·bi·tal [fì:nəbá:*r*bətɔ̀:l/-bit-] *n.* Ⓤ 페노바르비탈《수면 진통제》.

phe·nol [fí:noul, -nɑl/-nɔl] *n.* Ⓤ 〖化〗 페놀, 석탄산(酸).

phe·nol·phthal·ein [fì:noulθǽli(:)n/-nɔl-] *n.* Ⓤ 〖化〗 페놀프탈레인.

***phe·nom·e·na**[finɑ́mənə/-nɔ́mi-] *n.* phenomenon의 복수.

phe·nom·e·nal[finɑ́mənəl, -ɔ́-] *a.* 현상의; 자연 현상의; 경이적인, 굉장한. **~·ism**[-ìzəm] *n.* Ⓤ 〖哲〗 현상론.

:phe·nom·e·non [finɑ́mənɑ̀n/-nɔ́minən] *n.* (*pl.* ***-na***) Ⓒ 현상; (*pl.* **~s**) 경이(적인 것), 진기한 사물[사람].

phe·no·type[fí:nətàip] *n.* Ⓒ 〖遺傳〗 표현형(表現型)《환경에 따라 외부에 나타나는》. 「닐기(基).

phen·yl[fénil, fí:n-] *n.* Ⓤ 〖化〗 페

phen·yl·al·a·nine[fènəlǽlənì:n] *n.* Ⓤ 〖生化〗 페닐알라닌.

phen·yl·ke·to·nu·ri·a[fènəlkì:tənjú:riə] *n.* Ⓤ 〖醫〗 페닐케톤뇨증(尿症)《생략 PKU》.

pher·o·mone[férəmòun] *n.* Ⓒ 〖生〗 페로몬《어느 개체에서 분비되어, 동종의 다른 개체의 성적·사회적 행동에 변화를 주는 유인 물질》.

phew[ɸ:, fju:] *int.* 쳇!《초조·혐오·놀람 따위를 나타내는 소리》.

Ph. G. Graduate in Pharmacy.

phi[fai] *n.* Ⓤ,Ⓒ 그리스어 알파벳의 21째 글자《Φ, *φ*, 영어의 ph에 해당》.

phi·al[fáiəl] *n.* Ⓒ 작은 유리병; 약병.

Phí Bè·ta Káp·pa[fái bèitə kǽpə, -bì:tə-] 《美》 우등 학생 및 졸업생의 교우회(校友會)(1776년 설립).

Phil. Philemon; Philip; Philippians; Philippine(s). **phil.** philology; philosophical; philosophy.

***Phil·a·del·phi·a**[fìlədélfiə, -fjə] *n.* 미국 펜실베이니아주 남동부의 도시《생략 Phila.》.

Philadélphia láwyer 《美》 민완 변호사, 수완 있는 법률가.

phi·lan·der[filǽndə*r*] *vi.* (남자가) 엽색하다; 여자를 희롱하다(*with*). **~·er** *n.*

phil·an·thrope[fílənθroup] *n.* = PHILANTHROPIST.

phi·lan·thro·py[filǽnθrəpi] *n.* Ⓤ 박애, 자선; Ⓒ 자선 행위[사업, 단체]. **-thro·pist** *n.* Ⓒ 박애주의자. **-throp·ic**[filənθrɑ́pik/-ɔ́-] *a.* 박애의.

phi·lat·e·ly[filǽtəli] *n.* Ⓤ 우표 수집[연구]. **-list** *n.* Ⓒ 우표 수집가.

Phi·le·mon[filí:mən/-mɔn] *n.* 〖聖〗 빌레몬서(書).

***phil·har·mon·ic** [fil*h*ɑ:*r*mɑ́nik, fìlə*r*-/-mɔ́n-] *a.* 음악 애호의《주로 악단 이름에 쓰임》(*London P- Orchestra*).

Phil·ip[filip] *n.* 빌립《예수 12사도의 한 사람》.

Phi·lip·pi·ans[filípiəns] *n. pl.* 《단수 취급》 〖聖〗 빌립보서(書).

Phi·lip·pic[filípik] *n.* Demosthenes 가 Philip 왕을 공격한 연설; Cicero가 Marcus Antonius를 공격한 연설; (p-) Ⓒ 격렬한 공격 연설.

***Phil·ip·pines**[fíləpì:nz, -li-] *n.* (the ~) 필리핀 군도; 필리핀 공화국《정식 명칭:Republic of the ~》.

***Phi·lis·tine** [fíləstì:n, filístin, fílistàin] *n.* Ⓒ 필리스틴 사람《옛날, 유대인의 강적》; 《諧》 잔인한 적《집달리·비평가 등》; (*or* p-) 속물(俗物). — *a.* 필리스틴 사람의; (*or* p-)교양이 없는. **-tin·ism**[fíləstinìzəm] *n.* Ⓤ 속물 근성, 무교양.

phi·lol·o·gy[filɑ́ləd3i/-ɔ́-] *n.* Ⓤ 《주로 英》 문헌학; 언어학(linguistics). **-gist** *n.* Ⓒ 문헌[언어]학자. **phil·o·log·i·cal**[filəlɑ́d3ikəl/-ɔ́-] *a.* 문헌[언어학](상)의. **-i·cal·ly** *ad.*

phil·o·mel[fíləmèl], **phil·o·me·la**[filo*u*mí:lə] *n.* 《詩》 = NIGHTINGALE.

:phi·los·o·pher[filɑ́səfə*r*/-ɔ́-] *n.* Ⓒ 철학자; 철인.

philósopher's stòne (연금술가(鍊金術家)가 찾던) 현자의 돌《비금속을 금으로 바꾸는》; (실행 불가능한) 이상적 해결법.

***phil·o·soph·ic** [filəsɑ́fik/-ɔ́-], **-i·cal**[-əl] *a.* 철학의; 철학에 통달한[몰두한]; 현명한, 냉정한. **-i·cal·ly** *ad.*

phi·los·o·phize[filɑ́səfàiz/-ɔ́-] *vi.* 철학적으로 사색하다; 이론을 세

우다.
:phi·los·o·phy[filásəfi/-ɔ́-] *n.* ① Ⓤ 철학; Ⓒ 철리, 원리. ② Ⓤ 침착; 깨달음.
phil·ter, 《英》 **-tre**[filtər] *n.* Ⓒ 미약(媚藥); 마법의 약. — *vt.* 미약으로 홀리게 하다.
phi·mo·sis [faimóusis] *n.* (*pl.* **-ses**[-si:z]) Ⓒ 〖醫〗 포경(包莖).
phle·bi·tis[flibáitis] *n.* Ⓤ 〖醫〗 정맥염(炎).
phle·bot·o·my[flibátəmi/-ɔ́-] *n.* Ⓤ,Ⓒ 〖醫〗 자락(刺胳), 사혈(瀉血), 방혈(放血) (bloodletting).
phlegm[flem] *n.* Ⓤ 담, 가래; 〖廢〗 점액; 냉담, 무기력; 지둔(遲鈍).
phleg·mat·ic[flegmǽtik], **-i·cal** [-əl] *a.* 《廢》 점액질의; 냉담한; 둔감한.
phlo·gis·ton[floudʒístən] *n.* Ⓤ 〖地〗 플로지스톤, 연소(燃燒).
phlox[flaks/-ɔ-] *n.* Ⓒ 〖植〗 플록스(꽃).
Phnom Penh[pənɔ́:m pén] 캄보디아 공화국의 수도.
pho·bi·a[fóubiə] *n.* Ⓤ,Ⓒ 공포증.
-pho·bi·a[fóubiə] *suf.* '…(공포)병'의 뜻의 명사를 만듦: Anglo*phobia*.
pho·co·me·li·a[fòukoumí:liə] *n.* Ⓤ 〖醫〗 해표지증(海豹肢症).
pho·com·e·lus[foukámiləs/-ɔ́-] *n.* Ⓒ 〖醫〗 해표지증의 기형(환)자.
Phoe·be[fí:bi] *n.* 〖로神〗 달의 여신; 《詩》 달.
phoe·be *n.* Ⓒ (미국산) 작은 명금(鳴禽)의 일종.
Phoe·bus[fí:bəs] *n.* 〖그神〗 태양신(Apollo); 《詩》 태양, 해(sun).
Phoe·ni·ci·a[finíʃiə] *n.* 페니키아 《시리아 서부에 있던 옛나라》. **-an** *a., n.* 페니키아(사람·말)의; Ⓒ 페니키아 사람; Ⓤ 페니키아말.
phoe·nix**[fí:niks] *n.* 〖이집트神話〗 불사조. ***the Chinese ~ 봉황새.
phon[fan/fɔn] *n.* Ⓒ 〖理〗 폰《음의 강도의 단위》.
pho·nate[fóuneit] *vt., vi.* 〖音聲〗 목소리를 내다, 발성하다.
***phone**[1][foun] *n., v.* 《口》 =TELEPHONE.
phone[2] *n.* Ⓒ 〖音聲〗 음성, 단음(單音).
-phone[foun] '음'의 뜻의 결합사.
phóne bòok 전화번호부.
phóne bòoth (공중) 전화 박스 (《英》 phone box).
pho·ne·mat·ic[fòuni:mǽtik] *a.* 〖音聲〗 음소(phoneme)의.
pho·neme[fóuni:m] *n.* Ⓒ 〖音聲〗 음소《어떤 언어에 있어서 음성상의 최소의 단위》.
pho·ne·mic[founí:mik] *a.* 〖音聲〗 음소의; 음소론의. **~s** *n.* Ⓤ 음소론.
pho·net·ic[founétik] *a.* 음성(상)의, 음성을 나타내는. ~ ***notation*** 음성 표기법. ~ ***signs*** 〔***symbols***〕 음표 문자. ~ ***transcription*** 표음 전사(轉寫). **-i·cal·ly** *ad.* **~s** *n.* Ⓤ 음성학.
pho·ne·ti·cian[fòunətíʃən] *n.* Ⓒ 음성학자.
pho·ney[fóuni] *a., n.* =PHONY.
pho·nic[fóunik] *a.* 소리의; 음성의; 유성(有聲)의. **~s** *n.* Ⓤ (발음 교습용) 간이 음성학; 음향학.
pho·no-[fóunou, -nə] '음, 소리'란 뜻의 결합사.
pho·no·car·di·o·gram [fòunəká:rdiəgrǽm] *n.* Ⓒ 〖醫〗 심음도(心音圖).
pho·no·gen·ic[fòunədʒénik] *a.* 《美》 전화에 가장 적합한 음성을 가진, 전화에 맞는.
pho·no·gram[fóunəgrǽm] *n.* Ⓒ (속기용) 표음 문자.
***pho·no·graph**[fóunəgrǽf, -grà:f] *n.* Ⓒ 《美》 축음기.
pho·nog·ra·phy[founágrəfi/-ɔ́-] *n.* Ⓤ (표음 문자에 의한) 속기(速記).
pho·nol·o·gy[founálədʒi/-ɔ́-] *n.* Ⓤ 음성학(phonetics), 음운론; 음성사론(音聲史論), 사적(史的) 음운론.
pho·nom·e·ter [founámitər/-nɔ́m-] *n.* Ⓒ 측음기; 음파 측정기.
pho·no·scope[fóunəskòup] *n.* Ⓒ (악기의) 검현기(檢弦器).
pho·ny[fóuni] *a., n.* Ⓒ 《口》 가짜(의).
phos·gene[fásdʒi:n, fáz-] *n.* Ⓤ 〖化〗 포스겐《1차 대전 때 사용된 독가스》.
***phos·phate**[fásfeit/-ɔ́-] *n.* Ⓤ,Ⓒ 〖化〗 인산염; (소량의 인산을 함유한) 탄산수; Ⓒ (보통 *pl.*) 인산 비료.
phos·phor[fásfər/fɔ́s-] *n.* Ⓤ 〖理〗 인광 물질. ② (P-) 《詩》 샛별. ~ ***bronze*** 인청동(燐青銅).
phos·pho·rate[fásfərèit/-ɔ́-] *vt.* 인(燐)과 화합시키다, 인을 가하다.
phos·pho·resce[fàsfərés/-ɔ̀-] *vi.* 인광(燐光)을 발하다. **-res·cence** [-résns] *n.* Ⓤ 인광(을 냄). **-res·cent** *a.* 인광을 발하는.
***phos·phor·ic** [fasfɔ́:rik/fɔsfɔ́r-] *a.* (5가(價)의) 인(燐)의; 인을 함유하는; 인 모양의.
phosphóric ácid 아인산.
phos·pho·rous[fásfərəs/-ɔ́-] *a.* 인(燐)의; 인을 함유하는.
phos·pho·rus[fásfərəs/-ɔ́-] *n.* Ⓤ 〖化〗 인(燐).
phos·phu·ret·(t)ed[fásfjərètid/-ɔ́-] *a.* 〖化〗 인(燐)과 화합한.
:pho·to[fóutou] *n.* (*pl.* **~s**) 《口》 =PHOTOGRAPH.
pho·to-[fóutou, -tə] '사진·빛·광전자'란 뜻의 결합사.
phóto·cèll *n.* =PHOTOELECTRIC CELL; =PHOTOTUBE.
phòto·chémical *a.* 광화학(光化學)의.
photochémical smóg 광화학 스모그.
phòto·chémistry *n.* Ⓤ 광화학.

phòto·composítion *n.* Ⓤ 〖印〗 사진 식자.
phóto·cùrrent *n.* Ⓤ 광전류(光電流).
phòto·eléctric *a.* 광전(光電)의; 광전자 사진 장치의.
photoeléctric céll 광전지(光電池)《생략 p.e.c.》.
phòto·engráving *n.* Ⓤ 사진 제판(술); Ⓒ 사진판 (인쇄화).
phòto·fínish *a.* (경마 따위) 사진 판정의.
phòto·fínishing *n.* Ⓤ 필름 현상.
phóto·flash lámp =FLASH-BULB.
phóto·flood lámp 〖寫〗 촬영용 일광등(溢光燈).
pho·to·gen·ic[fòutədʒénik] *a.* (풍경·얼굴·배우 등) 촬영에 알맞은; 〖生〗 발광성(發光性)의.
†**pho·to·graph**[fóutəgræ̀f, -grɑ̀:f] *n., vt., vi.* Ⓒ 사진(으로 찍다, 을 찍다, 에 찍히다), 촬영하다.
***pho·tog·ra·phy** [fətágrəfi/-ɔ́-] *n.,* Ⓤ 사진술, 촬영술. ***-pher** *n.* Ⓒ 사진사. ***pho·to·graph·ic**[fòutəgrǽfik] *a.* 사진의, 사진 같은; 극히 사실적인〔정밀한〕.
pho·to·gra·vure[fòutəgrəvjúər] *n., vt.* Ⓤ 그라비아 인쇄(로 복사하다); Ⓒ 그라비아 사진.
phòto·jóurnalism *n.* Ⓤ 사진 보도를 주체로 하는 신문·잡지(업); 사진 뉴스.
phòto·lithógraphy *n.* Ⓤ 사진 평판.
phóto·màp *n., vt., vi.* (**-pp-**) Ⓒ (항공) 사진 지도(를 만들다).
pho·tom·e·ter [foutámitər/-ɔ́-] *n.* Ⓒ 광도계(光度計).
pho·tom·e·try[foutámətri/-ɔ́-] *n.* Ⓤ 광도 측정(법).
phòto·mícrogràph *n.* Ⓒ 현미경〔마이크로〕 사진.
phòto·montáge *n.* Ⓒ 몽타주 사진; Ⓤ 몽타주 제작.
pho·to·mu·ral[fòutoumjúərəl] *n.* Ⓒ (전시·광고용) 벽(壁)사진.
pho·ton[fóutan/-tɔn] *n.* Ⓒ 〖理〗 광자.
phóto opportúnity (정부 고관·유명 인사 등의) 카메라맨과의 회견.
phòto·périod *n.* Ⓒ 〖生〗 광주기(光周期). ~**·ism** *n.* Ⓤ 〖生〗 광주기성; 〖農〗 일장(日長) 효과.
pho·to·pho·bi·a[fòutəfóubiə] *n.* Ⓤ 〖醫〗 수명(羞明), 광선 공포증.
pho·to·phone[fóutəfòun] *n.* Ⓒ 광선 전화기.
phóto·plày *n.* Ⓒ 영화극〔각본〕.
phòto·sénsitive *a.* 감광성(感光性)의.
phóto·sphère *n.* Ⓒ 〖天〗 광구(光球).
pho·to·stat[fóutoustæ̀t] *n.* Ⓒ 직접 복사 사진기; 직접 복사 사진. — *vt.* 직접 복사 사진기로 촬영하다.
phòto·sýnthesis *n.* Ⓤ 〖生·生化〗 (탄수화물 따위의) 광합성(光合成).
pho·to·tax·is [fòutoutǽksis], **-tax·y**[-tǽksi] *n.* Ⓤ 〖生〗 주광성(走光性).
phòto·télegràph *n.* Ⓒ 사진 전송기; 전송사진. **-telégraphy** *n.* Ⓤ 사진 전송(술).
phóto·tìmer *n.* Ⓒ 〖寫〗 자동 노출 장치; 경주 판정용 카메라.
pho·tot·ro·pism[foutátrəpìzəm/-ɔ́-] *n.* Ⓤ 〖植〗 굴광성(屈光性). *positive* 〔*negative*〕 ~ 향〔배〕일성.
phóto·tùbe *n.* Ⓒ 〖電〗 광전관.
phr. phrase.
***phrase**[freiz] *n.* Ⓒ ① Ⓤ 말(씨). ② 성구(成句), 관용구; 금언. ③ 〖文〗 구(句); 〖樂〗 악구(樂句). *set* ~ 상투 문구, 성구. — *vt.* 말로 표현하다; 〖樂〗 악구로 구분하다. **phràs·ing** *n.* Ⓤ 말씨; 어법; 〖樂〗 구절법.
phráse bòok 숙어집, 관용구집.
phra·se·ol·o·gy[frèiziálədʒi/-ɔ́-] *n.* Ⓤ 말(씨), 어법.
phre·net·ic[frinétik], **-i·cal** [-əl] *a.* 발광한; 열광적인.
phren·ic[frénik] *a.* 〖解〗 횡격막의; 〖生〗 마음〔정신〕의.
phre·ni·tis[frináitis] *n.* Ⓤ 〖病〗 뇌염; 횡경막염(炎).
phre·nol·o·gy [frinálədʒi/-ɔ́-] *n.* Ⓤ 골상학. **-gist** *n.* Ⓒ 골상학자.
phre·no·log·i·cal [frènəlázikəl/-ɔ́-] *a.*
Phryg·i·a[frídʒiə] *n.* 프리지아《소아시아의 옛 나라》. **~an** *a., n.* 프리지아(사람)의; Ⓒ 프리지아 사람; Ⓤ 프리지아말.
PHS Public Health Service.
phthi·sis [θáisis], **phthis·ic** [tízik, θízik] *n.* Ⓤ 〖醫〗 폐결핵; 천식.
phy·col·o·gy [faikálədʒi/-kɔ́l-] *n.* Ⓤ 조류학(藻類學).
phy·lo·gen·e·sis[fàilədʒénəsis], **phy·log·eny** [failádʒəni/-lɔ́dʒ-] *n.* Ⓤ,Ⓒ 〖生〗 계통 발생(론).
phy·lum[fáiləm] *n.* (*pl.* **-la**[-lə]) Ⓒ 〖生〗 (분류상의) 문(門).
***phys·ic**[fízik] *n., vt.* (**-ck-**) Ⓤ,Ⓒ 약(을 먹이다), 하제(下劑)(를 쓰다); 치료하다; Ⓤ 《古》 의술.
‡**phys·i·cal**[fízikəl] *a.* 물질의, 물질적인; 자연의(법칙에 의한); 물리학상의〔적인〕; 육체의. * **~·ly** *ad.*
phýsical chémistry 물리 화학.
phýsical educátion 〔**cúlture**〕 체육.
phýsical examinátion 신체 검사.
phýsical geógraphy 지문(地文)학, 자연 지리학.
phýsical jérks 《英》 미용 체조.
phýsical scíence 자연과학; 물리학.
phýsical théraphy 물리 요법 (physiotherapy).
phýsic gárden 약초 재배원.
‡**phy·si·cian**[fizíʃən] *n.* Ⓒ (내과)

의사.
*__phys·i·cist__[fízisist] *n.* Ⓒ 물리학자.
*__phys·ics__[fíziks] *n.* Ⓤ 물리학.
__phs·i·oc·ra·cy__[fìziákrəsi/-ɔ́-] *n.* Ⓤ 중농〔농본〕주의.
__phys·i·o·crat__[fíziəkræ̀t] *n.* Ⓒ 중농〔농본〕주의자.
__phys·i·og·no·my__ [fìziágnəmi/-ɔ́-] *n.* ① Ⓤ 인상〔관상〕학; Ⓒ 인상, 얼굴 생김새. ② Ⓤ 지형; 특징. __-nom·i·cal__[ㅗ-əgnámikəl] *a.* 관상(학)의. __-nom·i·cal·ly__ *ad.* 인상〔관상〕(학)상. __-mist__ *n.* Ⓒ 인상〔관상〕학자, 관상가.
__phys·i·og·ra·phy__[fìziágrəfi/-ɔ́-] *n.* Ⓤ 지문학(地文學); 《美》 지형학. __-pher__ *n.* Ⓒ 지문학자.
*__phys·i·ol·o·gy__[fìziálədʒi/-ɔ́-] *n.* Ⓤ 생리학; 생리 현상〔기능〕. *__-o·log·ic__[-əládʒik/-ɔ́-], __-i·cal__[-əl] *a.* 생리학(상)의. __-gist__ *n.* Ⓒ 생리학자.
__phys·i·o·ther·a·py__[fìziouθérəpi] 「*n.* Ⓤ 물리 요법.
__phy·sique__[fizí:k] *n.* Ⓒ 체격.
__pi__[1][pai] *n.* Ⓤ,Ⓒ 그리스 알파벳의 16째 글자(Π, π, 영어의 P, p에 해당함); Ⓒ 〖數〗 원주율.
__pi__[2] *a.* 《英俗》 믿음이 깊은(pious). ~ __*jaw*__ 《英》 설교조의 이야기.
__P.I.__ Philippine Islands.
___pi·a·nis·si·mo___[pì:ənísəmòu] *ad., a.* (It.) 〖樂〗 아주 여리게; 최약음(最弱音)의. — *n.* (*pl.* __*~s, -mi*__[-mi:]) Ⓒ 최약음(부).
*__pi·an·ist__[piǽnist, pí:ə-, pjǽn-] *n.* Ⓒ 피아니스트.
†__pi·an·o__[1] [piǽnou, pjǽn-] *n.* (*pl.* __*~s*__) 피아노.
___pi·a·no___[2][piá:nou] *ad., a.* (It.) 〖樂〗 여리게; 여린.
__pi·an·o·for·te__ [piǽnəfɔ̀:rt, piæ̀nəfɔ́:rti] *n.* =PIANO[1].
__Pi·a·no·la__[pì:ənóulə] *n.* Ⓒ 〖商標〗 피아놀라, 자동 피아노.
__pi·as·ter,__ 《英》 __-tre__[piǽstər] *n.* Ⓒ 피아스터《스페인·터키의 옛 은화; 이집트·시리아 등지의 화폐 단위》.
__pi·at, P-__[pàiæt] *n.* Ⓒ 대전차포.
__pi·az·za__[piǽzə/-ǽtsə] *n.* Ⓒ (이탈리아 도시의) 광장; 《美》 =VERANDA.
__pi·ca__[páikə] *n.* Ⓤ 〖印〗 파이커 활자《12포인트》; 파이커 (활자의) 세로의 길이《약 4 mm》.
__pic·a·dor__[píkədɔ̀:r] *n.* Ⓒ (투우개시때 소를 창으로 찔러 성나게 하는) 말탄 투우사(cf. toreador).
__pic·a·resque__[pìkərésk] *a.* 악한을 다룬《소설 따위》. — *n.* (the ~) 악한을 소재로 한 것.
__pic·a·roon__[pìkərú:n] *n.* Ⓒ 악한, 도둑; 해적(선).
__Pi·cas·so__[piká:sou, -ǽ-], __Pablo__ (1881-1973) 스페인 태생의 프랑스(입체파의) 화가·조각가·도예가.
__pic·a·yune__[pìkəjú:n] *n.* Ⓒ 《美》 소액 화폐; 《口》 하찮은 사람〔것〕. — *a.* 《口》 하찮은.
__Pic·ca·dil·ly__[pìkədíli] *n.* 런던 번화가의 하나.
__Píccadilly Círcus__ 피커딜리 광장《피커딜리가(街) 동쪽 끝에 있는 둥근 광장》.
__pic·ca·lil·li__[píkəlìli] *n.* Ⓤ 〖料理〗 (인도의) 겨자절임.
__pic·co·lo__[píkəlòu] *n.* (*pl.* __*~s*__) Ⓒ 피콜로《높은 음의 작은 피리》.
†__pick__[pik] *vt.* ① 따다, 뜯다. ② (뾰족한 것으로) 파다; (구멍을) 뚫다. ③ (귀·이 따위를) 우비다, 쑤시다. ④ (새로부터 깃털을) 쥐어〔잡아〕뜯다. ⑤ (뼈에 붙은 고기를) 뜯다. ⑥ 골라잡다, 고르다. ⑦ (주머니에서) 훔치다, 소매치기하다(~ *pockets*). ⑧ (자물쇠 등을) 비집어 열다. ⑨ (…에 대해 싸움할) 계기〔꼬투리〕를 잡다(*with*); (싸움을) 걸다. ⑩ 〖樂〗 (현악기를) 손가락으로 타다. — *vi.* 쑤시다, 찌르다(*at*); 고르다; 훔치다, 소매치기하다. ~ __*a quarrel with*__ …에 싸움을〔시비를〕 걸다. ~ __*at*__ 조금씩 먹다; 《美口》 트집잡다, 잔소리하다. ~ __*holes*__ 〔__*a hole*__〕 __*in*__ …의 트집을 잡다. ~ __*off*__ 뜯다; 하나씩 겨누어 쏘다. ~ __*on*__ …을 고르다; 《口》 …을 헐뜯다, 괴롭히다. ~ __*oneself up*__ (넘어진 사람이) 스스로 일어서다. ~ __*out*__ 고르다; 장식하다, 돋보이게 하다(*with*); 분간하다; (뜻을) 잡다, 파악하다. ~ __*over*__ (가장 좋은 것만을) 골라내다. ~ __*up*__ 주워 올리다; (배·차 따위가) 도중에서 태우다, (손님을) 태우다; 우연히 손에 넣다; (라디오따위로) 청취하다; (말 따위를) 배우지 않고 익히다; 《美口》 (여자와) 좋아지다; (원기 따위를) 회복하다; 속력을 늘리다; 《口》 우연히 아는 사이가 되다(*with*); 《美》 정돈하다. — *n.* ① Ⓤ 선택; (보통 the ~) 가장 좋은 물건, 정선품(精選品). ② Ⓒ (한 시기의) 수확 작물; (현악기의) 채, 피크. ④ Ⓒ 찍는〔찌르는〕 도구, 곡괭이, 이쑤시개, 송곳 (따위). __~ed__[-t] *a.* 쥐어 뜯은; 깨끗이 한; 정선한.
__pick·a·back__[ㅗəbæ̀k] *ad.* 등〔어깨〕에 지고, 업고(piggyback).
__pick·a·nin·ny__[ㅗənìni] *n.* Ⓒ 흑인아이; 《諧》 어린 아이.
__pick·ax(e)__[ㅗæ̀ks] *n., vt.* Ⓒ 곡괭이(로 파다). 「켈.
__pick·el__[píkəl] *n.* (G.) Ⓒ 〖登山〗 피
__pick·er·el__[píkərəl] *n.* Ⓒ 〖魚〗 (작은 종류의) 창꼬치(cf. pike[2]).
*__pick·et__[píkit] *n., vt., vi.* Ⓒ 말뚝(을 둘러치다, 에 매다); 〖軍〗 소초(小哨)(를 배치하다), 초병(哨兵)(근무를 하다); (노동 쟁의의) 감시원(노릇을 하다), 피킷(을 치다).
__pícket fénce__ 말뚝 울타리, 울짱.
__pícket lìne__ (노동 쟁의의) 피킷라인; 〖軍〗 전초선; (말을 매는) 고삐.
*__pick·ing__[píkiŋ] *n.* ① Ⓤ 뜯음, 채집(採集). ② (*pl.*) 이삭; 남은 것; 훔친 물품.

*__pick·le__[píkəl] *n.* Ⓤ (고기나 야채를) 절이는 물《소금물·초 따위》; (금속 따위를 씻는) 묽은 산(酸); Ⓤ,Ⓒ 절인 것《특히 오이지》; (a ~) 《口》 곤경. ── *vt.* 절이 국물에 절이다; 묽은 산으로 씻다.

__píck·lòck__ *n.* Ⓒ 자물쇠 여는 도구; 자물쇠를 비틀어 여는 사람, 도둑.

__píck-me-ùp__ *n.* Ⓒ 《口》 각성제《술 따위》; 흥분제.

__píck-òff__ *n.* Ⓒ 〖野〗 견제구로 아웃 「시킴.

*__píck·pòcket__ *n.* Ⓒ 소매치기.

*__píck·ùp__ *n.* ① Ⓒ 《口》 우연히 알게 된 사람; 습득물. ② Ⓒ 《口》 (경기·건강의) 호전. ③ Ⓤ (자동차의) 가속; Ⓒ 픽업, 소형 트럭. ④ Ⓒ 〖野〗 타구를 건져 올리기. ⑤ Ⓒ (라디오·전축의) 픽업. ⑥ Ⓒ (자동차 등) 무료 편승자.

†__pic·nic__[píknik] *n.* Ⓒ 소풍, 피크닉; 《俗》 즐거운 일, 쉬운 일. ── *vi.* (***-ck-***) 소풍을 가다; 피크닉식으로 식사를 하다.

__pi·cot__[pí:kou] *n.* Ⓒ 피코《레이스 따위 가장자리의 장식 고리》. ── *vi., vt.* 피코로 장식하다. 「산.

__píc·ric ácid__[píkrik-] 〖化〗 피크르

__PICS__ production information and control system.

__Pict__[pikt] *n.* Ⓒ 픽트 사람《스코틀랜드 북부에 살던 민족》.

__pic·to·graph__[píktəgræ̀f, -grɑ̀:f] *n.* Ⓒ 그림 문자.

*__pic·to·ri·al__[piktɔ́:riəl] *a.* 그림의〔으로 나타낸〕; 그림이 든; 그린 것〔그림〕같은. ── *n.* Ⓒ 화보, 그림이 실린 잡지〔신문〕. **~·ly** *ad.*

†__pic·ture__[píktʃər] *n.* Ⓒ 그림; 초상; 사진; 아름다운 풍경, 아름다운 것; 사실(적인 묘사); 상(象); 심상(心像)(mental image); 꼭 닮은 것; 화신(化身); (보통 *pl.*) 영화; 〖컴〗 그림. ***out of the ~*** 엉뚱하게 잘못 짚어, 무관계하여. ── *vt.* 그리다; 묘사하다; 상상하다(*to oneself*).

__pícture càrd__ (카드의) 그림 패, 그림 엽서.

__pícture gàllery__ 화랑(畫廊).

__pícture·gòer__ *n.* Ⓒ 《英》 영화 팬.

__pícture hòuse__〔__pàlace__〕《英》 영화관.

__Píc·ture·phone__[-fòun] *n.* 〖商標〗 텔레비전 전화.

__pícture shòw__ 《美》 영화(관), 그림 전시회.

‡__pic·tur·esque__[pìktʃərésk] *a.* 그림같은, 아름다운; 생생한.

__pícture tùbe__ 브라운관.

__pícture wrìting__ 그림에 의한 설명.

__pic·tur·ize__[píktʃəràiz] *vt.* 그림으로 보이다; 영화화하다.

__pic·ul__[píkəl] *n.* Ⓒ 피컬, 담(擔)《중국·타이 등지의 중량단위; 약 60kg》.

__pid·dle__[pídl] *vi.* 《美》 (…을) 낭비하다; (…을) 질질 끌다; 《小兒》 쉬하다, 오줌누다. __pid·dling__[-dliŋ] *a.* 사소한, 시시한.

__pidg·in__[pídʒin] *n.* Ⓤ 《英口》 (볼)일, 거래; (몇 언어가 섞인) 혼합어(jargon).

__pídgin Énglish__ 피진 영어《중국어·말레이어·포르투갈어 등을 영어에 혼합한 통상용의 말》.

‡__pie__[1][pai] *n.* Ⓤ,Ⓒ ① 파이《과일이나 고기를 밀가루반죽에 싸서 구운 것》. ② 《美俗》 썩 좋은 것; 거저먹기; 뇌물. ***have a*** FINGER ***in the ~.***

__pie__[2] *n.* Ⓒ 까치(magpie).

__píe·bàld__ *a., n.* Ⓒ (흑백) 얼룩의 (말).

†__piece__[pi:s] *n.* Ⓒ 조각, 단편; 한 조각; 부분(품); 한 구획; 한 개, 한 장; 한 예; (일정한 분량을 나타내는) 한 필, 한 통(따위); 화폐; (작품의) 한 편; 한 곡(따위); 총, 대포; (장기 등의) 말. ***all to ~s*** 산산조각으로; 《方》 철저히. ***a ~ of water*** 작은 호수. ***come to ~s*** 산산조각이 되다. ***go to ~s*** 자제심을 잃다, 신경 쇠약이 되다(cf. collect oneself; collect one's thoughts 냉정을 찾다). ***into*** 〔***to***〕 ***~s*** 산산조각으로. ***of a ~*** 같은 종류의, 일치하여(*with*). ── *vt.* 접합(接合)하다, 잇대어서 수리하다〔만들다〕(*on, out, together, up*).

pièce de ré·sis·tance[pjéis də rèzistɑ̃:ns] (F.) 식사 중의 주요 요리; 주요물, 백미(白眉).

__píece-dỳed__ *a.* 짜고난 뒤에 염색한 (opp. yarn-dyed).

__píece gòods__ 피륙.

__piece·meal__[⌐mì:l] *ad., a.* 조금씩(의), 산산이; 조각난.

__píece·ràtes__ *n.* =⇩

__píece·wòrk__ *n.* Ⓒ 도급일, 삯일.

__píe chàrt__ 〖統〗 (원을 반지름으로 구분하는) 파이 도표.

__pied__[paid] *a., n.* Ⓒ 얼룩덜룩한 (말); 잡색의. 「한.

__pie-eyed__[páiàid] *a.* 《美俗》 술취

__píe-in-the-skỳ__ *a.* 《口》 극락 같은, 유토피아적인; 그림의 떡인.

__pie·plant__[páiplæ̀nt, ⌐plɑ̀:nt] *n.* Ⓒ 《美》 〖植〗 대황(大黃)(rhubarb).

‡__pier__[piər] *n.* Ⓒ 부두, 선창; 방파제; 교각(橋脚); 〖建〗 창문 사이 벽. **⌐·age** [píəridʒ] *n.* Ⓤ 부두세(稅).

†__pierce__[piərs] *vt.* 꿰찌르다; 꿰뚫다, 관통하다; (…에) 구멍을 내다; 돌입하다; (고함 소리 따위가) 날카롭게 울리다; 감동시키다; 통찰하다; (…에) 스며들다. ── *vi.* 들어가다, 꿰뚫다. *__piérc·ing__ *a.* 꿰찌르는; 뼈에 사무치는; 날카로운; 통찰력 있는.

__píer glàss__ (창 사이 벽에 거는) 체경.

__pi·er·rot__[pí:əròu] (<F. *Pierre*=Peter) *n.* (F.) Ⓒ (P-) 피에로《프랑스 무언극의 어릿광대》; 어릿광대.

__Pie·ta__[pì:eitɑ́:, pjei-] *n.* (It.) Ⓒ 피에타《예수의 시체를 안고 슬퍼하는 마리아상(像)》.

__pi·e·tism__[páiətìzəm] *n.* Ⓤ (P-) (17세기말 독일의) 경건파(敬虔派)(의 주의); 경건(한 체함). **-tist** *n.* Ⓒ (P-) 경건파 교도; 경건한 체 하는

사람.
***pi·e·ty**[páiəti] *n.* ⓊⒸ 경건(한 언행); Ⓤ (어버이·웃어른 등에 대한) 공순(恭順), 순종, 효성.
pi·e·zo·e·lec·tric·i·ty[paiìːzouilèktrísəti] *n.* Ⓤ 〖理〗 압전기.
pif·fle[pífəl] *n., vi.* Ⓤ 《口》 허튼소리(를 하다).
pif·fling[píflin] *a.* 《口》 하찮은, 시시한.
†**pig**[pig] *n.* Ⓒ 돼지, 새끼 돼지; Ⓤ 돼지고기; Ⓒ 《口》 (추접스러운, 게걸스러운, 또는 욕심 많은) 돼지 같은 사람; Ⓤ 무쇠덩이. ***bring* 〔*drive*〕 *one's* ~*s to a pretty* 〔*a fine, the wrong*〕 *market*** 오산하다. ***buy a* ~ *in a poke* 〔*bag*〕** 잘 보지도 않고 물건을 사다. ***make a* ~ *of oneself*** 잔뜩 먹다; 욕심부리다.
píg·bòat *n.* Ⓒ 《美軍俗》 잠수함.
‡**pi·geon**[pídʒən] *n.* Ⓒ 비둘기.
pígeon brèast 〖醫〗 새가슴.
pígeon Ènglish =PIDGEIN ENGLISH.
pígeon hàwk (미국산) 송골매.
pígeon-hèarted *a.* 겁많은, 소심한.
pígeon·hòle *n., vi.* Ⓒ 비둘기장의 출입 구멍; 서류 정리장(에 넣다); 정리하다, 기억해 두다; 뒤로 미루다, 묵살하다.
pígeon-lívered *a.* 온순한, 마음 약한.
pígeon pàir 《英》 이성(異性) 쌍둥이; 《英》 (자식이) 남자하나 여자하나.
pígeon·tòed *a.* 안짱다리의.
pig·ger·y[pígəri] *n.* Ⓒ 돼지우리; Ⓤ 불결한 곳.
pig·gish[pígiʃ] *a.* 돼지 같은; 탐욕스러운; 불결한.
pig·gy, -gie[pígi] *n.* Ⓒ 돼지새끼. — *a.* 욕심 많은.
píggy·bàck *a., ad.* 등에 업힌〔업혀서〕.
píggy bànk 돼지 저금통.
píg·hèaded *a.* 고집센, 완고한.
píg ìron 무쇠, 선철(銑鐵).
***pig·ment**[pígmənt] *n.* ⓊⒸ 그림물감; 〖生〗 색소.
pig·men·ta·tion [pìgməntéiʃən] *n.* Ⓤ 〖生〗 염색; 색소 형성.
pig·my, P-[pígmi] *n., a.* =PYGMY.
píg·pèn *n.* Ⓒ 돼지우리.
píg·skìn *n.* Ⓤ 돼지의 생가죽〔무두질한 가죽; Ⓒ 《口》 축구공.
píg·stỳ *n.* Ⓒ 돼지우리.
píg·tàil *n.* Ⓒ 돼지꼬리; 변발(辮髮); 꼰 담배. 「창.
***pike**[1][paik] *n.* Ⓒ 〖史〗 미늘창(槍),
pike[2] *n.* (*pl.* ~*s*, 《집합적》 ~) Ⓒ 〖魚〗 창꼬치(cf. pickerel).
pike[3] *n.* Ⓒ 통행세를 받는 곳; 유료 도로.
pike[4] 《口》 *vi.* 훌쩍 가버리다, 떠나가다, 나아가다; 죽다; 주저하다, 뒷걸음치다(*on*).
pike·man[ˊmən] *n.* Ⓒ (유료 도로의) 통행료 징수원.
pik·er[ˊər] *n.* Ⓒ 《美口》 쩨쩨한 노름꾼; 구두쇠.
píke·stàff *n.* (*pl.* ***-staves*** [-stèivz]) Ⓒ 창자루. ***as plain as* ~** 아주 명백한.
pi·las·ter[pilǽstər] *n.* Ⓒ 〖建〗 벽기둥《벽에서 불쑥 내밀게 만든 기둥》.
Pi·late[páilət], **Pontius** 예수를 처형한 Judea의 총독.
pi·lau, -law[piláu, -lɔ́ː], **pi·laf(f)** [piláːf/ pílæf] *n.* Ⓤ 육반(肉飯)《볶은 쌀에 고기·후춧가루를 섞은 요리》.
pilch[piltʃ] *n.* Ⓒ 기저귀 (커버).
pil·chard[píltʃərd] *n.* Ⓒ 정어리류(類)《sardine의 성어(成魚)》.
‡**pile**[1][pail] *n.* Ⓒ ① 퇴적(堆積), 더미(heap). ② 화장(火葬)의 장작더미. ③ 《口》 대량(of). ④ 대건축물(의 집단). ⑤ 쌓은 재화(財貨); 재산. ⑥ 〖電〗 전퇴(電堆), 전지. ⑦ 〖理〗 원자로(爐)《reactor의 구칭》. — *vt.* 쌓아 올리다(on, up); 축적하다; 산더미처럼 쌓다. — *vi.* 《口》 와글와글 밀어닥치다(*in, off, out, down*). ~ ***arms*** 〖軍〗 걸어총하다. ~ ***it on*** 《口》 과장하다. ~ ***up*** (배를) 좌초시키다; (비행기를) 결딴내다; (*vi.*) 충돌하다.
pile[2] *n., vt.* Ⓒ (건조물의 기초로서의) 큰 말뚝(을 박아 넣다). **píl·ing** *n.* Ⓤ 《집합적》 큰 말뚝; 말뚝 박기.
pile[3] *n.* Ⓤ 솜털(down); 양털; (우단(羽緞) 따위의) 보풀.
píle drìver 말뚝 박는 기구.
píle hàmmer 말뚝 박는 헤머.
piles[pailz] *n. pl.* 〖病〗 치질.
píle·ùp *n.* Ⓒ (자동차의) 다중 충돌.
pil·fer[pílfər] *vt., vi.* 훔치다, 좀도둑질하다. ~**·age**[-fəridʒ] *n.* Ⓤ 좀도둑질; 〖水產海運〗 발화(拔貨).
‡**pil·grim**[pílgrim] *n.* Ⓒ 순례〔방랑·여행〕자; 《美》 (P-) Pilgrim Fathers 의 한 사람.
***pil·grim·age**[pílgrimidʒ] *n., vi.* ⓊⒸ 순례 여행; 긴 여행〔나그네길〕; 인생행로; 순례하다.
Pílgrim Fáthers, the 1620년 May flower 호를 타고 Plymouth에 건너온 영국 청교도단.
‡**pill**[pil] *n.* Ⓒ ① 알약, 환약; 작은 구형의 것. ② 《俗》 (야구·골프 등의) 공. ③ 《俗》 싫은 사람.
pil·lage[pílidʒ] *n., vt., vi.* Ⓤ 약탈(하다).
‡**pil·lar**[pílər] *n.* Ⓒ 기둥(모양의 것); 주석(柱石). ***from* ~ *to post*** 여기저기에.
píllar bòx 《英》 우체통.
píll·bòx *n.* Ⓒ (작은) 환약 상자; 작은 요새, 토치카.
pil·lion[píljən] *n.* Ⓒ (같이 타는 여자용의) 뒤안장.
pil·lo·ry[píləri] *n.* Ⓒ 〖史〗 칼〔형틀〕《죄인의 목과 양손을 널빤지 구멍에 끼운 채 뭇사람 앞에서 망신을 당하게 하던 옛날의 형 틀》. — *vt.* 칼을 씌워 세우다; 웃음거리로 만들다.

:pil·low[pílou] *n.* Ⓒ 베개; 방석, 덧대는 물건(pad). ── *vt.* 베개로 하다.
píllow·càse, -slìp *n.* Ⓒ 베갯잇.
pi·lose [páilous] *a.* 부드러운 털로 덮인.
†pi·lot[páilət] *n.* Ⓒ 도선사(導船士), 수로(水路) 안내인; 키잡이; 〖空〗 조종사; 지도자; 〖機〗 조절기. ***drop the*** ~ 훌륭한 지도자를 물리치다. ── *vt.* 도선(導船)하다; 지도하다; (비행기를) 조종하다. ── *a.* 시험적인, 예비적인. **~·age**[-idʒ] *n.* Ⓤ 도선(료); 비행기 조종술. **~·less** *a.* 조종사 없는(*a ~less airplane* 무인기). 「球).
pílot ballòon 측풍 기구(測風氣
pílot bìscuit [**brèad**] (뱃사람의) 건빵. 「씨.
pílot bùrner (가스 점화용의) 불
pílot chàrt 항해도, 항공도.
pílot chùte 유도 낙하산.
pílot fìsh 방어류의 물고기.
pílot làmp 표시등(燈).
pílot lìght =PILOT LAMP; PILOT BURNER.
pílot òfficer 《英》 공군 소위.
pílot plànt 시험 공장.
pílot tàpe (스폰서 모집용의) 견본 비디오테이프. 「의.
pil·u·lar[píljulər] *a.* 환약(모양)
pi·men·to [piméntou] *n.* (*pl.* ***~s***) =PIMIENTO; =ALLSPICE; Ⓤ 선명한 적색.
pi·mien·to [pimjéntou] *n.* (*pl.* ***~s***) Ⓒ 〖植〗 피망《요리용》.
pimp[pimp] *n., v.* =PANDER.
pim·per·nel [pímpərnèl, -nəl] *n.* Ⓒ 〖植〗 별봄맞이꽃.
pim·ple[pímpl] *n.* Ⓒ 여드름, 뾰루지. **~d**[-d] *a.* 여드름이 난[투성이의].
†pin[pin] *n.* Ⓒ ① 핀, 못바늘. ② 핀 달린 기장(記章); 장식 핀, 브로치. ③ (나무)못; 빗장. ④ 〖海〗 밧줄을 비끄러매는 말뚝(belaying pin), 노받이; (현악기 따위의) 주감이. ⑤ 〖볼링〗 병 모양의 표주(標柱), 핀. ⑥ 〖골프〗 hole을 표시하는 깃대. ⑦ (*pl.*) 《口》 다리(leg). ⑧ 하찮은 것. ***in a merry ~*** 기분이 매우 좋아. ***not care a ~*** 조금도 개의[상관]치 않다. ***~s and needles*** (손발의) 저림. ***on ~s and needles*** 조마조마하여. ── *vt.* (***-nn-***) (…에) 핀을 꽂다(*up, together, on, to*); 핀을 찌르다; 옴쭉달싹 못하게 하다, (그 자리에) 못박다; 억누르다; 속박하다(*down*). ***~ one's faith on*** [***to***] …을 신뢰하다.
pin·a·fore[pínəfɔ̀ːr] *n.* Ⓒ (어린애의) 앞치마; 소매 없는 간이복.
pin·ball[pínbɔ̀ːl] *n.* Ⓤ 핀볼, 코린트 게임.
pínball machìne 핀볼 기계.
pince-nez[pǽnsnèi] *n.* (F.) Ⓒ 코안경.
pin·cers[pínsərz] *n. pl.* 집게, 펜치. 못뽑이; 〖動〗 (게 따위의) 집게발; 〖軍〗 협공(전).
píncers mòvement 〖軍〗 협공작전. 「셋(tweezers).
pin·cette [pænsét] *n.* (F.) Ⓒ 핀
:pinch[pintʃ] *vt.* ① 꼬집다, 집다, 물다. ② 잘라내다, 따다(*out*). ③ (구두 따위가) 죄다. ④ 괴롭히다(*for*); 수척하게 하다; (추위 따위로) 움츠러[지지러]들게 하다; 바싹 조리차하다[줄이다]. ⑤ 《俗》 훔치다(*from, out, of*). ⑥ 《口》 체포하다. ── *vi.* 죄어들다, (구두 따위가) 꼭끼다; 인색하게 굴다; (광맥이) 가늘어지다. ── *n.* Ⓒ 꼬집음, 집음; 소량, 조금; (the ~) 압박; 어려움, 곤란; 위기; Ⓒ 《俗》 훔침; 《俗》 포박(捕縛). ***at*** [***in, on***] ***a ~*** 절박한 때에. **∠·er** *n.* Ⓒ 집는[무는] 사람[도구]; (*pl.*) =PINCERS.
pinch·beck[píntʃbèk] *n.* Ⓤ 핀치벡《구리와 아연의 합금; 모조금(金)용》; Ⓒ 가짜; 값싼 보석류. ── *a.* 핀치벡의, 핀치벡으로 만든; 가짜의.
pínch-hít *vi.* (~; ***-tt-***) 〖野〗 핀치히터로 나서다; 대역(代役)을 하다(*for*).
pínch hítter 〖野〗 핀치히터, 대(代)타자.
pín·cùshion *n.* Ⓒ 바늘 겨레.
:pine[1][pain] *n.* Ⓒ 소나무; Ⓤ 그 재목.
***pine**[2] *vi.* 수척해지다(*out, away*); 몹시 그리다[동경하다], 갈망하다(*for, after*).
pín·e·al bódy [**glánd**] [píniəl-] 〖解〗 (뇌의) 송과선(松果腺).
:píne·àpple *n.* Ⓒ 〖植〗 파인애플; 《軍俗》 폭탄, 수류탄.
píne còne 솔방울.
píne nèedle 솔잎.
píne rèsin 송진.
píne trèe 소나무.
Píne Trèe Státe, the 미국 Main주의 딴 이름.
pin·feath·er[pínfèðər] *n.* Ⓤ 새의 솜털.
ping[piŋ] *n., vi.* (a ~) 핑 (소리가 나다)《총탄이 나는 소리》.
ping-pong[píŋpɑ̀ŋ, -pɔ̀(ː)ŋ] *n.* Ⓤ 핑퐁, 탁구.
Píng-Pong párents 《美》 핑퐁 부모《이혼 후에 아이를 탁구공처럼 자기들 사이를 오가게 하는 부모》.
pín·hèad *n.* Ⓒ 핀 대가리; 사소한[하찮은] 것. 「구멍.
pín·hòle *n.* Ⓒ (바늘로 찌른) 작은
pin·ion[1][pínjən] *n.* Ⓒ 새의 날개끝 부분; 날개; 칼깃, 날개깃. ── *vt.* (날지 못하도록) 날개 끝을 자르다[날개를 묶다]; (…의) 양팔을 동이다; 묶다; 속박하다(*to*).
pin·ion[2] *n.* Ⓒ 〖機〗 (큰 톱니바퀴에 맞 물리는) 작은 톱니바퀴.
:pink[1][piŋk] *n.* Ⓒ 석죽, 패랭이(의 꽃); Ⓤ,Ⓒ 도홍[분홍]색, 핑크빛; (the ~) 전형(典刑), 극치; Ⓒ 《美俗》 (때로 P-) 좌경한 사람. ── *a.*

도홍〔분홍〕색의; 《俗》 좌경한. **∠·ish** *a.* 불그레한.
pink[2] *vt.* 찌르다; 가장자리를 들쭉날쭉하게 자르다; 장식 구멍을 내다.
pínk-cóllar *a.* 핑크칼라《전통적으로 여성이 하는 직종에 종사하는》.
pínk-cóllar jòbs 여성에 알맞는 직업.
pínk disèase 〖醫〗 선단동통(증)(先端疼痛(症))《유아병》.
pínk·èye *n.* Ⓤ 〖病〗 급성 전염성 결막염.
pink·ie[píŋki] *n.* Ⓒ 새끼 손가락.
pínk lády 핑크레이디《칵테일의 일종》.
pink·o[píŋkou] *n.* Ⓒ《美俗》좌익적인 사람.
pínk slìp 《美口》 해고 통지.
pínk·ster flòwer[píŋkstər-] 핑크색의 진달래.
pínk téa 《口》 공식적인 리셉션.
pín mòney (아내·딸에게 주는, 또는 자기의) 용돈.
pin·na[pínə] *n.* (*pl.* **~s, -nae** [-ni:]) Ⓒ 〖動〗 날개; 날개 모양의 부분.
pin·nace[pínis] *n.* Ⓒ 함재용(艦載用) 중형 보트; 소형스쿠너.
***pin·na·cle**[pínəkəl] *n., vt.* Ⓒ 〖建〗 작은 뾰족탑; 높은 산봉우리; 정점(頂點)을 붙이다; 높은 곳에 두다.
pin·nate[píneit, -nit] *a.* 깃 모양의; 〖植〗 깃꼴잎이 있는.
Pi·noc·chi·o[pinάkiou/-ɔ́-] *n.* Ⓒ 피노키오《이탈리아 동화의 주인공》.
pi·noc(h)·le[pí:nəkl, -nʌ̀kl] *n.* Ⓤ 카드놀이의 일종.
pín·pòint *n.* Ⓒ 핀〔바늘〕 끝; 아주 작은 물건; 소량; 정확한 위치 결정. — *a.* 핀 끝(만큼)의; (폭격이) 정확한. — *vt., vi.* 정확하게 가리키다〔폭격하다〕.
pín·strìpe *n.* Ⓒ 가는 세로 줄무늬(의 옷감·옷).
***pint**[paint] *n.* Ⓒ 파인트《1/2 quater; 《英》=0.57리터, 《美》=0.47리터》; 1파인트들이 그릇.
pin·tle[píntl] *n.* Ⓒ (경첩 따위의) 축(軸).
pin·to[píntou] *a.* (흑백) 얼룩의. — *n.* (*pl.* **~s**) Ⓒ《美西部》얼룩말; 얼룩 잠두(蠶豆).
pínt-sìze *a.*《美口》비교적 자그마한.
pín·ùp *n., a.* Ⓒ《口》벽에 핀으로 꽂는 (사진); 매력적인 (여자).
pín·whèel *n.* Ⓒ 회전 불꽃; (장난감의) 종이 팔랑개비.
pín·wòrm *n.* Ⓒ 요충(蟯蟲).
pinx. *pinxit* (L. =he 〔she〕 painted it).
pin·y[páini] *a.* 소나무의〔같은〕; 소나무가 우거진.
pi·on[páiαn/-ɔn] *n.* Ⓒ 〖理〗 파이(*π*) 중간자(pi meson).
:pi·o·neer[pàiəníər] *n., vt., vi.* Ⓒ 개척자; 선구자; (P-) 미국의 혹성 탐사기; 〖軍〗 공병; 개척하다; 솔선하다.
:pi·ous[páiəs] *a.* 신앙심이 깊은, 경건한; 신앙이 깊은 체하는; 종교적인; 《古》 효성스러운(opp. impious). **~·ly** *ad.*
pip[1][pip] *n.* Ⓒ (사과·귤 따위의) 씨.
pip[2] *n.* Ⓤ,Ⓒ 가금(家禽)의 혓병; 《諧》 가벼운 병.
pip[3] *n.* Ⓒ (카드놀이 패나 주사위 위의) 점, 별.
pip[4] *vi.* (*-pp-*) (병아리가) 삐악삐악 울다; (시보(時報)가) 삐이하다. — *vt.* (병아리가 껍질을) 깨고 나오다. — *n.* Ⓒ (시보의) 삐이(소리).
pip[5] *vt.* (*-pp-*) 《英》 (총으로) 쏘다; 《英俗》 배척하다; 못쓰게 하다. — *vi.* 《英俗》 죽다(*out*).
pip·age, pipe-[páipidʒ] *n.* Ⓒ (물·가스·기름의) 파이프 수송; 수송관.
:pipe[paip] *n.* Ⓒ ① 관(管), 도관(導管). ② (담배의) 파이프; 한 대의 담배. ③ 피리, 관악기, (파이프 오르간의) 관; (*pl.*) =BAGPIPE; 〖海〗 호적(號笛). ④ 노래 소리; 새의 울음소리. ⑤ 술통. ⑥ 〖컴〗 연결, 파이프. ***the* ~ *of peace*** =CALUMET. — *vt.* (피리를) 불다; 노래하다; 새된 소리로 말하다; 〖海〗 호적으로 부르다; 도관(導管)으로 나르다〔공급하다〕; (옷 따위에) 가선 끈을 달다. — *vi.* 피리를 불다; 새된 소리를 내다; 〖海〗 호적으로 명령〔신호〕하다. **~ *down*** 〖海〗 호적을 불어 일을 끝마치게 하다; 《俗》 조용〔잠잠〕해지다, 침묵하다. **~ *up*** 취주(吹奏)하기 시작하다; 소리지르다. **~·ful**[∠fùl] *n.* Ⓒ (담배) 파이프 하나 가득.
pípe clày 파이프 점토(粘土).
pípe drèam 《口》 (아편 흡연자가 하는 따위의) 큰 공상(空想).
pípe èngine 〖空〗 피스톤식 엔진 (opp. jet engine).
pípe·làyer *n.* Ⓒ (수도관·가스관) 배관공.
***pípe·lìne** *n.* Ⓒ 송유관; 정보 루트. ***in the* ~** 수송〔진행〕중에. — *vt.* 도관으로 보내다.
pípe òrgan 파이프 오르간.
***pip·er**[páipər] *n.* Ⓒ 피리 부는 사람. ***pay the* ~** 비용을 부담하다.
pípe smòker 《美》 아편 중독자.
pi·pet(te)[pipét] *n.* Ⓒ 〖化〗 피펫.
pip·ing[páipiŋ] *n.* Ⓤ 피리를 붊; 관악(管樂) (pipe music); 새된 소리; 《집합적》 관(管); 관의 재료; (옷의) 가선끈. — *a.* 새된, 픽픽〔지글지글〕끓는; 태평한(***the* ~ *times of peace***(북이 아니고, 피리소리 울리는) 태평 성세《Sh.》). **~ *hot*** 픽픽 끓을정도로 뜨거운.
pip·it[pípit] *n.* Ⓒ 종다리의 무리.
pip·kin[pípkin] *n.* Ⓒ 작은 질그릇 병; 《方》 (나무) 들통.
pip·y[páipi] *a.* 관(管) 모양의; 관이 있는; 새된《목소리 따위》.
pi·quant[pí:kənt] *a.* 얼얼한, 톡 쏘는(맛 따위); 시원스런, 통쾌한; 《古》 신랄한. **pí·quan·cy** *n.*
pique[pi:k] *n.* Ⓤ 성남; 기분이 언

짢음, 지르퉁함. ── *vt.* 성나게 하다; (감정을) 상하게 하다; (흥미 따위를) 자아내다;《古》자랑하다. ~ ***oneself on*** 〔***upon***〕 …을 자랑하다.

pi·qué[pikéi/pí:kei] *n.* (F.) Ⓤ 피케《골지게 짠 무명》.

pi·quet[pikét, -kéi] *n.* Ⓤ 피켓《두 사람이 하는 카드놀이》.

pi·ra·cy[páiərəsi] *n.* Ⓤ,Ⓒ 해적 행위; 저작권 침해.

:**pi·rate**[páiərət] *n.* Ⓒ 해적(선); 저작권 침해자; 약탈자. ── *vt., vi.* 해적질하다; 약탈하다; 저작권을 침해하다. **pi·rat·ic**[paiərǽtik], **-i·cal** [-əl] *a.*

pir·ou·ette[pìruét] *n., vt.* Ⓒ (스케이트·댄스에서) 발끝 돌기; 발끝으로 급선회하다.

Pi·sa[pí:zə] *n.* 피사《사탑으로 유명한 이탈리아 북서부의 소도시》.

pis·ca·ry[pískəri] *n.* Ⓤ,Ⓒ 〖法〗 어업권; 어장.

pis·ca·to·ri·al [pìskətɔ́:riəl], **pis·ca·to·ry** [pískətɔ:ri/-təri] *a.* 어부〔어업〕의.

Pis·ces[páisi:z, pis-] *n. pl.* 〖天〗 물고기자리; 쌍어궁(雙魚宮)《황도(黃道) 12궁(宮)의 하나》.

pis·ci·cul·ture[písikʌ̀ltʃər] *n.* Ⓤ 양어법.

pis·ci·na[pisáinə, -sí:-] *n.* (*pl.* ***-nae***[-ni:], **~*s***) Ⓒ 양어못; (교회의) 성배 수반(聖杯水盤).

pish[piʃ] *int.* 흥!; 체!《경멸·혐오》.

pis·mire[písmàiər] *n.* Ⓒ 개미 (ant).

piss[pis] *n., vi., vt.* 《卑》 Ⓤ,Ⓒ 오줌 「(누다).

Pis·sar·ro[pi:sɑ́rou], **Camille** (1830-1903) 프랑스의 인상파 화가.

pissed[pist] *a.* 《美俗》 화난; 《英俗》 (곤드레만드레) 취한.

pis·ta·chi·o[pistɑ́:ʃiòu] *n.* (*pl.* **~*s***) Ⓒ 〖植〗 피스타치오; 그 열매 〔향료〕; Ⓤ 산뜻한 녹색.

***pis·til**[pístil] *n.* Ⓒ 〖植〗 암술.

:**pis·tol**[pístl] *n., vt.* (《英》 ***-ll-***) Ⓒ 권총(으로 쏘다).

pis·ton[pístən] *n.* Ⓒ 〖機〗 피스톤.

píston ròd 피스톤간(桿).

:**pit**[1][pit] *n.* Ⓒ ① 구덩이, 움푹한 곳. ② 함정. ③ 〖鉱〗 곧은 쌤, 수갱, 채굴장. ④ (the ~) 지옥. ⑤ 《英》 (극장의) 아래층 뒤쪽 좌석(의 관객). ⑥ 투계(鬪鷄)〔투견(鬪犬)〕장. ⑦ 얽은 자국. ⑧ 《美》 거래소의 일구획. ***the ~ of the stomach*** 명치. ── *vt.* (***-tt-***) 구멍을 내다, 구덩이를 〔우묵하게〕 만들다; 곰보를 만들다; (닭·개 등을) 싸움붙이다(*against*).

pit[2] *n., vt.* (***-tt-***) Ⓒ《美》 (복숭아 따위의) 씨(를 빼다).

pit·a·pat[pítəpæ̀t] *ad.* 파닥파닥 (뛰다 (따위)); 두근두근 (가슴이 뛰다 (따위)).

:**pitch**[1][pitʃ] *n.* Ⓤ 피치, 역청(瀝青); 수지, 송진. ── *vt.* 피치를 칠하다.

:**pitch**[2] *vt.* ① (말뚝을) 세우다; (천막을) 치다; (주거를) 정하다. ② (목표를 향해) 던지다; (투수가 타자에게) 투구하다. ③ 〖樂〗 조절하다. ── *vi.* 던지다; 〖野〗 투수를 맡다; 아래로 기울다; (배가) 뒷질하다; 천막을 치다. ***~ed battle*** 정정당당한 싸움; 격전, 격론. ***~ in*** 《美口》 기운차게 하다, 시작하다. ***~ into*** 《口》 맹렬히 공격하다; 호되게 꾸짖다. ***~ on*** 〔***upon***〕 고르다. ── *n.* Ⓒ 던짐, 고정 위치; 투구; (보통 the ~) (배의) 뒷질; 점(point); 정도; Ⓤ,Ⓒ 〖樂〗 음의 높이; 경사도; Ⓒ 피치《톱니바퀴의 톱니와 톱니 사이의 거리》; 〖컴〗 문자 밀도, 피치.

pítch-blàck *a.* 새까만, 캄캄한.

pítch·blènde *n.* Ⓤ 역청 우라늄광(鑛).

pítch còal 역청탄, 유연탄.

pítch-dárk *a.* 캄캄한.

pitch·er[1][ㅿ-ər] *n.* Ⓒ 물주전자. ***The ~ goes to the well once too often.*** 《속담》 꼬리가 길면 밟힌다. **~·ful**[-fùl] *n.* Ⓒ 물주전자 하나 가득의 양.

:**pitch·er**[2] *n.* Ⓒ 던지는 사람; 〖野〗 투수.

pítcher plànt 낭상엽(囊狀葉)의 식충 식물.

pítch·fòrk *n.* Ⓒ 건초용 쇠스랑〔갈퀴〕; 〖樂〗 음차(音叉).

***pitch·ing**[pítʃiŋ] *n.* Ⓤ 〖野〗 투구〔법〕; 포석(鋪石); 배의 뒷질.

pitch·man[ㅿmən] *n.* Ⓒ 노점상인; 《俗》〖라디오·TV〗 야단스러운 선전을 하는 사람.

pítch·òut *n.* Ⓒ 〖野〗 피치아웃《러너가 도루할 것을 예상하고 타자가 치지 못하게 공을 빗던지기》. 「무.

pítch pìne 송진을 채취하는 소나

pítch pìpe 〖樂〗 율관(律管).

pitch·y[ㅿi] *a.* pitch[1]가 많은〔와 같은〕, 진득진득한; 새까만.

***pit·e·ous**[pítiəs] *a.* 불쌍한, 애처로운.

pít·fàll *n.* Ⓒ 함정, 유혹.

pith**[piθ] *n.* Ⓤ 〖植〗 수(髓); 진수(眞髓), 요점; 《古》 정력, 원기; 힘. ***the ~ and marrow 가장 중요한 점. **ㅿ·less** *a.* 수(髓)가 없는; 기력이 없는.

pít·hèad *n.* Ⓒ 갱구(坑口); 그 부근의 건물.

Pith·e·can·thro·pus [pìθikǽnθrəpəs/-kənθróu-] *n.* (*pl.* ***-pi*** [-pài]) Ⓒ 원인(猿人), 피테칸트로푸스.

pith·y[píθi] *a.* 수(髓)의〔같은〕, 수가 많은; 기력이 있는; 간결한.

pit·i·a·ble[pítiəbəl] *a.* 가엾은; 비천한. **-bly** *ad.*

***pit·i·ful**[pítifəl] *a.* 불쌍한; 비루한; 《古》 인정 많은.

***pit·i·less**[-lis] *a.* 무정한, 무자비한. **~·ly** *ad.*

pit·man[pítmən] *n.* Ⓒ 갱부(坑夫).

pi·ton[pí:tɑn/-ɔ-] *n.* Ⓒ 〖登〗 뾰족한 산꼭대기; (등산용의) 바위에 박는 못, 마우어하켄.

Pí·tot tùbe[pí:tou-] 〖理〗 피토관.

Pitt[pit], **William**(1708-78), (1759-1806) 영국의 정치가 부자(父子).

pit·tance[pítəns] *n.* Ⓒ 약간의 수입.

pit·ter·pat·ter[pítərpæ̀tər] *n.* (*sing.*) 후두두《비 따위의 소리》; 푸드득(하는 소리).

pi·tu·i·tar·y[pitjú:ətèri/-təri] *n.* Ⓒ 뇌하수체(제제(製劑)).

pitúitary glànd 〔**bòdy**〕 〖解〗 뇌하수체.

‡**pit·y**[píti] *n.* Ⓤ 연민, 동정; Ⓒ 애석한 일; 유감의 원인. ***for ~'s sake*** 제발. ***have*** 〔***take***〕 ***~ on*** …을 불쌍히 여기다. ***It is a ~*** 〔***a thousand pities***〕 ***that*** …이라니 딱한 일〔가엾은 일, 유감천만〕이다. ***out of ~*** 딱하게〔가엾이〕 여겨. ***What a ~!*** 참으로 딱하다〔유감이다〕. — *vt., vi.* 가엾게 여기다. **~·ing** *a.* 불쌍히 여기는, 동정하는. **~·ing·ly** *ad.*

***piv·ot**[pívət] *n.* Ⓒ 선회축(旋回軸); (부채의) 사북; 중심점, 요점. — *vt.* 선회축 위에 놓다, 선회축을 붙이다. — *vi.* 축으로 회전하다, 축상(軸上) 회전하다. **~·al** *a.*

pix[piks] *n. pl.* (*sing.* ***pic***) 《美俗》 〖新聞〗 사진; 영화.

pix·el[píksəl] *n.* Ⓒ 〖컴〗 픽셀, 화소(畫素).

pix·i·lat·ed[píksəlèitid] *a.* 머리가 좀 돈; 이상〔야릇〕한; 《美俗》 취한.

pix·y, pix·ie[píksi] *n.* Ⓒ 요정(妖精).

pizz. *pizzicato.*

piz·za[pí:tsə] *n.* (It.) Ⓤ,Ⓒ 토마토·치즈·고기 따위가 얹힌 큰 파이.

piz·zi·ca·to[pìtsiká:tou] *a., ad.* 《It.》 〖樂〗 피치카토의〔로〕; 현(絃)을 손톱으로 타는〔뜯어〕. — *n.* (*pl.* ***-ti***[-ti:]) Ⓒ 피치카토곡(曲).

pj's[pí:dʒéiz] *n. pl.* 《美口》 =PAJAMAS.

pk. pack; park; peak; peck.

pkg. package(s). **pkt.** packet.

pl. place; plate; plural. **P.L.** Paradise Lost; perfect liberty; Poet Laureate. **P.L.A.** Port of London Authority.

plac·a·ble[plǽkəbəl, pléi-] *a.* 달래기 쉬운; 관대한; 온화한. **-bil·i·ty**[ˊ–bíləti] *n.*

‡**plac·ard**[plǽka:rd, -kərd] *n.* Ⓒ 벽보; 간판; 포스터; 플래카드. — [英+ –ˊ] *vt.* 간판을〔벽보를〕 붙이다; 벽보로 광고하다; 게시하다.

pla·cate[pléikeit, plǽk-/pləkéit] *vt.* 달래다.

pla·ca·to·ry[pléikətɔ̀:ri, plǽk-] *a.* 달래는, 회유〔융화〕적인(~ *policies* 회유책).

†**place**[pleis] *n.* ① Ⓒ 장소; 곳. ② Ⓤ 공간, 여지. ③ Ⓒ 지방, 소재지 《시·읍·면 따위》. ④ Ⓒ 거소, 주소, 주택, 저택, 건축물. ⑤ Ⓒ 위치, 지위, 계급, 관직(office), 근무처. ⑥ Ⓒ 본분, 역할, 직무; (현재 차지하고 있는) 위치, 지위. ⑦ Ⓒ (공간에 있어서의) 순서, 〖競〗 선착《1착에서 3착까지》. ⑧ Ⓒ 좌석. ⑨ Ⓒ 〖數〗 자리, 위(位)(*to 3 decimal ~s* 소수점 이하 세 자리까지). ⑩ Ⓒ 여지; 기회, 호기(好機)(*a ~ in the sun* 출세의 좋은 기회). ***give ~ to*** …에게 자리〔지위〕를 물려 주다. ***in*** 〔***out of***〕 ***~*** 적당〔부적당〕한 (위치에). ***in ~ of*** …의 대신으로. ***know one's ~*** 자기 분수를 알다. ***make ~ for*** …을 위해 자리를 만들다. ***take ~*** 일어나다(happen); 개최되다. ***take the ~ of*** …의 대리를 하다. — *vt.* 두다, 놓다; 배치〔정돈〕하다; 직위에 앉히다, 임명하다; (주문을) 내다; 투자하다; 장소를〔연월·등급을〕 정하다; 인정〔확인〕하다, 생각해 내다.

pla·ce·bo[pləsí:bou] *n.* Ⓒ (실효 없는) 안심시키기 위한 약; 《一般》 위안.

pláce hùnter 구직자.

pláce kìck 〖蹴〗 플레이스킥.

pláce-kìck *vt., vi.* 〖蹴〗 플레이스킥하다.

place·man[ˊ–mən] *n.* Ⓒ 《英》 관리, 공무원《특히 사욕을 채우는 자》.

***place·ment**[pléismənt] *n.* Ⓤ 놓음, 배치; 직업 소개; 채용, 고용; 〖蹴〗 공을 땅에 놓기《place kick을 위해》, 그 위치; (학력에 의한) 반 편성.

plácement tèst (신입생 따위의 반편성을 위한) 학력 테스트.

pláce-nàme *n.* Ⓒ 지명.

pla·cen·ta[pləséntə] *n.* (*pl.* ***~s, -tae***[-ti:]) Ⓒ 〖解·動〗 태반.

plac·er[plǽsər] *n.* Ⓒ 〖鑛〗 충적광상(沖積鑛床), 사광(砂鑛); 세광소(洗鑛所), 사금 채취장.

plácer góld 사금.

plácer mìning 사금 채취.

***plac·id**[plǽsid] *a.* 평온한; 침착〔잔잔〕한. **~·ly** *ad.* **~·ness** *n.* **pla·cid·i·ty** *n.* Ⓤ 평정, 평온.

plack·et[plǽkit] *n.* Ⓒ (스커트의) 아귀. 「(비늘).

plac·oid[plǽkɔid] *a.* 방패 모양의

pla·gia·rize[pléidʒiəràiz, -dʒjə-] *vt., vi.* (남의 문장·고안 등을) 표절하다, 도용하다. **-rism**[-rìzəm] *n.* Ⓤ 표절; Ⓒ 표절물. **-rist** *n.* Ⓒ 표절자.

pla·gi·o·clase [pléidʒiəklèis] *n.* Ⓒ 〖鑛〗 사장석(斜長石).

‡**plague**[pleig] *n.* ① Ⓒ 역병(疫病). ② (the ~) 페스트. ③ Ⓤ,Ⓒ 천재, 재해; 천벌. ④ Ⓒ 《口》 성가신 사람; 귀찮은 일; 말썽. — *vt.* 역병에 걸리게 하다; 괴롭히다. **plá·gu(e)y** *a.* 《古·方》 성가신, 귀찮은.

plaice[pleis] *n.* (*pl.* ***~s,*** 《집합적》 ~) Ⓒ 가오리·넙치의 무리.

***plaid**[plæd] *n.* Ⓤ 격자무늬; Ⓒ (스코틀랜드 고지인이 걸치는) 격자무늬 나사의 어깨걸이; 격자무늬 나사. **~·ed**[ˊid] *a.*

P

†**plain**[plein] *a.* ① 명백한; 평이한; 쉬운; 단순한. ② 무늬〔장식〕없는. ③ 보통의. ④ 소박〔순수〕한; (음식이) 담백한. ⑤ 솔직한. ⑥ (여자가) 예쁘지 않은. ⑦ 평탄한. ***in ~ terms* 〔*words*〕** 솔직히 말하면. **:∠·ly** *ad.* 명백하게; 솔직히. **∠·ness** *n.*

pláin bònd 〖商〗 무담보 채권.

pláin clóthes 평복, 통상복.

pláin-clóthes màn 사복 형사.

pláin déaling 솔직, 정직.

pláin lánguage (통신문의) 암호를 사용하지 않은 표현.

pláin-lòoking *a.* 잘나지 못한, 보통으로 생긴.

pláin sáiling 〖海〗 평온한 항해; 순조로운 진행.

pláin pàper (괘선이 없는) 백지; (사진의) 광택이 없는 대지(臺紙).

plains·man[∠zmən] *n.* Ⓒ 평원의 주민.

pláin sòng 〖宗〗 단선율 성가; 정선율(定旋律); 단순·소박한 곡〔선율〕.

pláin spèaking 직언(直言).

pláin-spóken *a.* (말이) 솔직한.

plaint[pleint] *n.* Ⓒ 불평; 《古·詩》 비탄; 〖法〗 고소(장).

pláin tèa 홍차와 버터가 딸린 빵만 나오는 오후의 식사.

plain·tiff[pléintif] *n.* Ⓒ 〖法〗 원고(原告)(opp. defendant).

***plain·tive**[pléintiv] *a.* 애처로운, 슬픈. **~·ly** *ad.* **~·ness** *n.*

pláin wàter 담수.

***plait**[pleit, plæt/plæt] *n., vi.* Ⓒ 주름(을 잡다); 꼰 끈; 땋은 머리; 엮은 밀집(braid); 짜다, 엮다, 땋다.

†**plan**[plæn] *n.* Ⓒ 계획, 설계; 방책; 방법; 도면, 설계도; (시가 등의) 지도. — *vt., vi.* (***-nn-***) 계획(설계)하다; 설계도를 그리다; 뜻하다 (*to* do).

plan·chette[plæntʃét/plɑːnʃét] *n.* Ⓒ 플랑셰트《하트 모양의 점치는 판》.

:**plane**[1][plein] *n.* Ⓒ ① (수)평면. ② (발달의) 정도, 수준. ③ 비행기; 〖空〗 날개. — *a.* 평평한, 수평한; 평면의. — *vi.* 활주하다; (보트가 달리면서) 수면에서 떠오르다.

plane[2] *n.* Ⓒ 대패; 평평하게 깎는 기계. — *vt., vi.* 대패질하다; 대패로 깎다. **plán·er** *n.* Ⓒ 평삭기(平削機).

pláne[3] **(trèe)** *n.* Ⓒ 플라타너스.

pláne geómetry 〖數〗 평면 기하학.

pláne ìron 대팻날.

:**plan·et**[plǽnit] *n.* Ⓒ 유성(遊星), 혹성; 운성(運星).

plan·e·tar·i·um**[plæ̀nətέəriəm] *n.* (*pl.* ***~s, -ia[-iə]) Ⓒ 플라네타륨, 행성의(儀), (천상의를 설비한) 천문관(館).

***plan·e·tar·y**[plǽnətèri/-təri] *a.* 혹성의 (작용에 의한); 방랑하는, 부정(不定)한; 지상〔현세〕의.

plan·e·tes·i·mal [plæ̀nətésəməl] *n., a.* 〖天〗 미(微)행성체(의). ***~ hypothesis*** 미행성설《미행성이 모여 행성이나 위성이 되었다는》.

pláne trèe 플라타너스.

plán·hòlder *n.* Ⓒ 연금 가입자.

pla·ni·form[pléinəfɔ̀ːrm] *a.* 평평한.

pla·nim·e·ter[pleinímitər] *n.* Ⓒ 플래니미터《불규칙한 도형의 면적을 재는 구적계》.

plan·i·sphere[plǽnisfìər] *n.* Ⓒ 성좌 조견표.

:**plank**[plæŋk] *n.* Ⓒ ① 두꺼운 판자. ② 정강(政綱)의 조항. ***walk the ~*** 뱃전 밖으로 내민 판자 위를 눈을 가린 채 걸림을 당하다《해적의 사형》. — *vt.* ① 판자를 깔다; 밑에 놓다(*down*). ② 《口》 즉시 지불하다 (*down, out*). ③ 《美》 (고기를) 판자위에서 구운 채 내놓다. **∠·ing** *n.* Ⓤ 판자깔기; 《집합적》 두꺼운 판자.

plank·ton[plǽŋktən] *n.* Ⓤ 《집합적》 〖生〗 플랑크톤, 부유(浮游) 생물.

planned[plænd] *a.* 계획된; 정연한.

plánned ecónomy 계획 경제.

plánned párenthood (산아 제한에 의한) 가족 계획.

plan·ning[plǽniŋ] *n.* Ⓤ 계획; 평면 계획; 〖컴〗 계획화.

plán posítion ìndicator (레이더의) 평면 위치 표시기《약칭 PPI》.

†**plant**[plænt, -ɑː-] *n.* ① Ⓒ 식물; 《협의》 (수목에 대한) 풀, 초본(草本); 묘목, 접나무. ② Ⓒ 기계 일습, (공장의) 설비; 공장; 장치. ③ Ⓒ (보통 *sing.*) 《俗》 책략, 속임수; (청중 등 사이에 끼어드는) 한통속; 밀정. — *vt.* ① 심다, (씨) 뿌리다. ② (물고기를) 방류(放流)하다, (굴 따위를) 양식하다. ③ 놓다, 설비하다; 건설하다. ④ 식민(植民)하다. ⑤ 처박아 넣다, 찌르다(*in, on*); 《口》 (타격을) 주다. ⑥ (주의·교의(敎義)를) 주입하다. ⑦ 《俗》 (훔친 물건을) 감추다. ***~ on*** (가짜를) 속여서 안기다. ***~ out*** (모판에서) 땅으로 옮겨 심다; (모종을) 간격을 두어 심다. **∠·er** *n.* Ⓒ 심는〔씨 뿌리는〕 사람; 파종기(機); 재배자, 농장 주인; 식민자.

Plan·tag·e·net [plæntǽdʒənit] *n.* Ⓒ 〖英史〗 플랜태저넷 왕가(1154-1485) 의 사람.

plan·tain[1][plǽntin] *n.* Ⓒ 〖植〗 질경이.

plan·tain[2] *n.* Ⓤ,Ⓒ (요리용) 바나나.

:**plan·ta·tion**[plæntéiʃən] *n.* Ⓒ 대농원, 재배장; 식림(植林)(지); 식민(지).

plantátion sòng 《美》 대농장에서 흑인이 부르던 노래.

plánt fòod 비료.

plant·ing[plǽntiŋ, plɑ́ːn-] *n.* Ⓤ 심기, 재배; 파종; 식수 조림; 〖建〗 기초 밑층.

plánt kìngdom, the 식물계.

plánt lòuse 진디(aphis).

plaque[plæk/plɑːk] *n.* Ⓒ (벽에 거는 장식용) 틀, 액자.

plash[plæʃ] *n.* (*sing.*) 점벙점벙,

철벅철벅(소리); 웅덩이. — *vt., vi.* 점벙점벙 소리나(게 하)다. **∠·y** *a.*

***plas·ma**[plǽzmə], **plasm** [plǽzəm] *n.* Ⓤ ① 〚生〛 원형질; 〚解·生〛 혈장(血漿), 임파액; 유장(乳漿). ② 〚理〛 플라스마《자유로 움직일 수 있는 하전(荷電)입자의 집단》.

plásma displày 〚컴〛 플라스마 디스플레이《플라스마의 방전을 이용한 표시 장치》.

plas·mid[plǽzməd] *n.* Ⓒ 〚生〛 플라스미드《염색체의 유전 결정 인자》.

plas·mol·y·sis[plæzmáləsis] *n.* Ⓤ 〚生〛 원형질 분리.

:plas·ter [plǽstər, -ɑ́:-] *n.* ① Ⓤ 회반죽; 석고. ② Ⓤ,Ⓒ 반창고, 고약. ~ ***of Paris*** 구운 석고. — *vt.* 회반죽을 바르다; 온통 발라 붙이다; 고약을 붙이다. **~·er** *n.* Ⓒ 미장이; 석고장(匠).

pláster cást 석고상(像); 〚醫〛 깁스 붕대. ***get out of the*** ~ 깁스가 떨어지다.

pláster sáint 완전한 인간《도덕적 결점도 인간적 결점도 없는》.

***plas·tic**[plǽstik] *a.* ① 형성하는; 소조(塑造)할 수 있는, 어떤 형태로도 될 수 있는. ② 유연한; 감수성이 강한. ③ 소조(술)의; 〚醫〛 성형의. — *n.* Ⓤ 가소성(可塑性) 물질, 플라스틱. **plas·tic·i·ty**[plæstísəti] *n.* Ⓤ 가소성, 유연성.

plástic árt 조형 미술.

plástic bág 비닐 봉투, 쓰레기 주머니.

plástic bómb 플라스틱 폭탄.

plástic cláy 배토(坏土), 소성(塑性) 점토.

plástic crédit 《美》 크레디트 카드에 의한 신용 대출.

plástic móney 크레디트 카드.

plástic operátion 성형 수술.

plástics índustry 플라스틱 산업.

plástic súrgery 성형 외과.

plat[plæt] *n.* Ⓒ 구획한 땅, 작은 땅; 《美》 (토지의) 도면, 지도.

:plate[pleit] *n.* ① Ⓒ 판금; 판유리. ② Ⓒ 표찰. ③ Ⓒ 금속판, 전기판, 연판(鉛版); 금속 판화(版畫); 도판(圖板). ④ Ⓒ 〚寫〛 감광판(感光板), 종판(種板). ⑤ Ⓒ 〚史〛 쇠미늘 갑옷. ⑥ Ⓒ (납작하고 둥근) 접시; 접시 모양의 것; 요리 한 접시; (1인분의) 요리. ⑦ (the ~) (교회의) 헌금 접시. ⑧ Ⓤ 《집합적》 《주로 英》 금[은](도금한) 식기; 금[은]상배. ⑨ Ⓒ 〚齒〛 의치 가상(義齒假床). ⑩ Ⓒ 〚解·動〛 얇은 켜[층]. ⑪ Ⓒ 〚建〛 (벽 위의) 도리. ⑫ Ⓒ 〚野〛 본루, 투수판. ⑬ Ⓒ 〚電〛 (진공관의) 양극. ⑭ Ⓤ 소의 갈비 밑의 얇은 고기. — *vt.* (금·은 따위를) 입히다, 도금하다; 판금(板金)으로 덮다; 전기판[연판]으로 하다. **∠·ful**[pléitfùl] *n.* Ⓒ 한 접시(분).

***pla·teau**[plætóu/∠–] *n.* (*pl.* **~s, ~x**[-z]) Ⓒ 고원; 〚心〛 플래토 상태 《학습의 안정기》.

pláte básket 《英》 식기 바구니.

pláte gláss 두꺼운 판유리.

pláte·làyer *n.* Ⓒ 《英》 〚鐵〛 선로공.

plat·en[plǽtən] *n.* Ⓒ (인쇄기의) 압판(壓版); (타이프라이터의) 롤러.

pláten préss 평압 인쇄기.

:plat·form[plǽtfɔ̀:rm] *n.* Ⓒ ① 단(壇), 교단, 연단; (층계의) 층계참. ② (역의) 플랫폼; 《美》 (객차의) 승강단, 덱. ③ (정당의) 강령; 계획.

plátform scále 앉은뱅이 저울.

plátform tìcket 《英》 (역의) 입장권.

plat·i·na[plǽtənə, plətí:nə] *n.* Ⓤ 플라티나《천연 그대로의 백금; cf. platinum》.

plat·ing[pléitiŋ] *n.* Ⓤ 도금; 철판 씌우기, 장갑(裝甲); 그 철판.

***plat·i·num** [plǽtənəm] *n.* Ⓤ 백금; 백금색(色).

plátinum blónde 엷은 금발(의 여자).

plat·i·tude [plǽtətjù:d/-tjù:d] *n.* Ⓤ 단조, 평범; Ⓒ 평범[진부]한 이야기. **-tu·di·nous** [∸–tjú:dənəs/-tjú:-] *a.*

***Pla·to**[pléitou] *n.* 플라톤《그리스의 철학자(427?-347? B.C.)》.

***Pla·ton·ic** [plətánik/-ɔ́-] *a.* 플라톤(철학)의; (연애 따위) 정신적인; 이상[비현실]적인.

Platónic lóve 정신적 연애.

Pla·to·nism [pléitənìzəm] *n.* Ⓤ 플라톤 철학. **-nist** *n.* Ⓒ 플라톤학파의 사람.

pla·toon[plətú:n] *n.* Ⓒ 《집합적》 〚軍〛 소대《company와 squad의 중간》.

***plat·ter**[plǽtər] *n.* Ⓒ 《美》 (타원형의 얕은) 큰 접시; 《美俗》 레코드, 음반; 〚野〛 본루; 〚컴〛 원판.

plat·y·pus[plǽtipəs] *n.* (*pl.* **~es, -pi**[-pài-]) Ⓒ 〚動〛 오리너구리(duckbill).

plau·dit[plɔ́:dət] *n.* Ⓒ (보통 *pl.*) 박수, 갈채; 칭찬.

***plau·si·ble**[plɔ́:zəbəl] *a.* (핑계가) 그럴 듯한; 말솜씨가 좋은. **-bly** *ad.* **-bil·i·ty**[∸–bíləti] *n.*

†play[plei] *vi.* ① 놀다, 장난치며 놀다, 뛰놀다. ② 살랑거리다, 흔들거리다; 어른거리다, 번쩍이며 비치다. ③ 분출하다. ④ 경기를 하다. ⑤ 내기[노름]하다. ⑥ 거동하다. ⑦ 연주하다(*on, upon*). ⑧ 연극을 하다. ⑨ 가지고 놀다, 농락하다(*with, on, upon*). — *vt.* ① (놀이를) 하다. ② (사람·상대 팀과) 승부를 겨루다, (…의) 상대가 되다. ③ 흔들[너울·어른]거리게 하다. ④ (극을) 상연하다, (…의) 역(役)을 맡아 하다. ⑤ 악기를 타다[켜다], (곡을) 연주하다. ⑥ (낚시에 걸린 고기를) 가지고 어르다. ⑦ 가지고 놀다, 우롱하다. ⑧ (탄알 따위를) 발사하다. ⑨ 〚카드〛 패를 내어놓다. ~ ***at*** …을 하며 놀다. ~ ***away*** (재산을) 탕진하다; 놀며 (때를)

보내다. ~ ***both ends against the middle*** 양다리 걸치다; 어부지리를 노리다. ~ ***down*** 얕보다(minimize); (회화·연기의) 정도를 낮추다. ~ ***fair*** 공명정대하게 행하다. ~ ***foul*** 〔***false***〕 속임수를 쓰다, 야바위치다. ~ ***into the hands of***… 에게 유리하게 행동하다, …을 일부러 이기게 하다. ~ ***it low down on*** 《俗》…에게 대해 불공평〔부정〕한 짓을 하다. ~ ***off*** 속이다; …에 창피를 주다, 업신여기다; 결승전을 하다. ~ ***on*** 〔***upon***〕 …을 이용하다, …에 편승하다. ~ ***out*** (연주·경기 따위를) 끝까지 다하다; 다 써버리다; 기진맥진케 하다. ~ ***to the*** GALLERY. ~ ***up*** (경기 따위에서) 분투하다. ~ ***up to*** …을 후원하다; …에게 아첨하다. — *n.* ① Ⓤ 놀이, 유희. ② Ⓒ 장난, 농담. ③ Ⓤ,Ⓒ 내기, 노름. ④ Ⓤ 경기; 경기의 차례; 경기 태도. ⑤ Ⓒ 연극, 희곡. ⑥ Ⓤ 활동, 행동; 작용; 마음대로의 움직임, 운동의 자유. ⑦ Ⓤ,Ⓒ 번쩍임, 어른거림. ***at*** ~ 놀고. ***come into*** ~ 일〔작용〕하기 시작하다. ***give*** 〔***free***〕 ~ ***to*** 자유로 …하게 하다. ***in full*** ~ 충분히 활동하고 있는. ***in*** ~ 농으로; 활동하고 있는. ~ ***on words*** 익살.

pláy·bàck *n.* Ⓒ 녹음 재생(기 장치).

pláy·bìll *n.* Ⓒ 연극의 프로그램〔광고 전단〕.

pláy·bòy *n.* Ⓒ (돈많은) 난봉꾼, 탕아.

pláy·dày *n.* (학교의) 휴일; 《英》 (광부 등의) 휴업일; 《美》 학교 대항 경기회.

†**play·er** [pléiər] *n.* Ⓒ 경기자; 직업 선수; 배우; 연주자; 자동 연주 장치.

pláyer piáno 자동 피아노.

pláy·fèllow *n.* Ⓒ 놀이 친구(playmate).

play·ful [´fəl] *a.* 놀기 좋아하는; 농담의. ~**·ly** *ad.*

pláy·gìrl *n.* Ⓒ (쾌락에 몰두하는) 여자.

pláy·gòer *n.* Ⓒ 연극 구경 잘 다니는 사람.

:**play·ground** [´gràund] *n.* Ⓒ 운동장.

pláy·hòuse *n.* Ⓒ 극장; (아이들) 놀이집.

pláying càrd 트럼프 패.

pláy·màker *n.* Ⓒ (팀 경기에서) 공격의 계기를 만드는 선수.

:**pláy·màte** *n.* Ⓒ 놀이 친구.

pláy-òff *n.* Ⓒ (비기거나 동점인 경우의) 결승 경기.

pláy·pèn [´pèn] *n.* Ⓒ (격자로 둘러친) 어린이 놀이터.

***pláy·thìng** *n.* Ⓒ 장난감(toy).

pláy·tìme *n.* Ⓤ 노는 시간.

pláy·wrìght *n.* Ⓒ 극작가.

pla·za [plɑ́:zə, plǽzə] *n.* (Sp.) Ⓒ (도시의) 광장.

***plea** [pli:] *n.* Ⓒ 탄원; 구실; 변명, 변호; 〖法〗 항변(抗辯).

pleach [pli:tʃ] *vt.* (가지와 가지를) 얽히게 하다; (…을) 엮다.

:**plead** [plí:d] *vt.* (~***ed,*** 《美口·方》 ***ple***(***a***)***d*** [pled]) 변호〔항변〕하다; 주장하다; 변명으로서 말하다. — *vi.* 변호〔항변〕하다(***against***); 탄원하다(***for***); 〖法〗 답변하다. ~ ***guilty*** 〔***not guilty***〕 (심문에 대해 피고가) 죄상을 인정하다〔인정하지 않다〕. ⌐**·er** *n.* Ⓒ 변론자; 변호사; 탄원자. ⌐**·ing** *n.* Ⓤ 변론; 변명; 〖法〗 변호.

†**pleas·ant** [plézn̩t] *a.* 유쾌한 (pleasing), 즐거운; 쾌활한; 맑은. *~**·ly** *ad.* ~**·ness** *n.* ~**·ry** *n.* Ⓤ 익살; Ⓒ 농담.

†**please** [pli:z] *vt.* ① 기쁘게 하다, 만족시키다; (…의) 마음에 들다. ② 부디, 제발. — *vi.* 기뻐하다; 좋아하다, 하고 싶어하다. ***be*** ~***d*** …이 마음에 들다; (…을) 기뻐하다. ***be*** ~***d to*** do 기꺼이 …하다; …해 주시다. ~ ***god*** 신의 뜻이라면, 잘만 나간다면. ***with if you*** ~ 부디; 실례를 무릅쓰고; 글쎄 말에요, 놀랍게도. ~**d** [-d] *a.* :**pléas·ing** *a.* 유쾌한; 만족한; 붙임성 있는.

pleas·ur·a·ble [pléʒərəbəl] *a.* 유쾌한; 즐거운, 기분좋은.

†**pleas·ure** [pléʒər] *n.* ① Ⓤ 즐거움; 쾌락; Ⓒ 유쾌한 것〔일〕. ② Ⓤ,Ⓒ 오락. ③ Ⓤ 의지; 욕구; 기호. ***at*** ~ 마음대로. ***take a*** ~ ***in*** …을 즐기다, 좋아하다. ***with*** ~ 기꺼이.

pléasure bòat 유람선.

pléasure gròund 유원지.

pléasure-sèeker *n.* Ⓒ 쾌락을 추구하는 사람.

pléasure trìp 유람 여행.

pleat [pli:t] *n., vt.* Ⓒ 주름(을 잡다).

plebe [pli:b] *n.* Ⓒ 《美》 사관학교의 최하급생.

***ple·be·ian** [plibí:ən] *n.* Ⓒ (옛 로마의) 평민. — *a.* 평민〔보통〕의; 비속한.

pleb·i·scite [plébəsàit, -sit] *n.* Ⓒ 국민 투표.

plebs [plebz] *n.* (*pl.* ***plebes*** [plí:bi:z]) (the ~) (옛 로마의) 평민; 민중.

plec·trum [pléktrəm] *n.* (*pl.* ~***s,*** ***-tra*** [-trə]) Ⓒ (현악기의) 채.

pled [pled] *v.* plead의 과거(분사).

:**pledge** [pledʒ] *n.* ① Ⓤ,Ⓒ 서약. ② (the ~) 금주의 맹세. ③ Ⓤ,Ⓒ 담보〔저당〕(물); 질물(質物). ④ Ⓒ 축배. ⑤ Ⓒ 보증. ⑥ Ⓒ 표시; 입회 서약자. ***take*** 〔***sign***〕 ***the*** ~ 금주의 맹세를 하다. — *vt.* 서약하다〔시키다〕; 저당〔전당〕잡히다, 담보로 넣다; (건강을 위해) 축배를 들다. **pledg·ée** *n.* Ⓒ 질권자. **plédg·er,** 〖法〗 **pledg**(**e**)**·ór** *n.* Ⓒ 전당 잡히는 사람; (금주의) 서약자.

Ple·iad [plí:əd, pláiəd/ pláiəd] *n.* (*pl.* ~***es*** [-dì:z]) ① Ⓒ 〖그神〗 Atlas의 일곱 딸 중의 하나. ② (the ~es) 〖天〗 묘성(昴星).

Pleis·to·cene [pláistəsì:n] *a., n.*

〖地〗 플라이스토세(世)(의), 홍적세(의).

*ple·na·ry [plíːnəri, plén-] *a.* 충분한; 완전한; 절대적인; 전원 출석의. ~ ***meeting*** 〔***session***〕 본회의.

plen·i·po·ten·ti·ar·y [plènipəténʃəri, -ʃièri] *n.* Ⓒ 전권 대사〔위원〕. — *a.* 전권을 가지는.

plen·i·tude [plénətjùːd/-tjùːd] *n.* Ⓤ 충분; 완전; 풍부.

*plen·te·ous [pléntiəs, -tjəs] *a.* = PLENTIFUL.

‡plen·ti·ful [pléntifəl] *a.* 많은. ~·ly *ad.*

†plen·ty [plénti] *n.* Ⓤ 풍부, 많음, 충분(*of*). ***in*** ~ 많이; 충분히. — *a.* 《口》 많은, 충분한. — *ad.* 《口》 충분히.

ple·o·chro·ic [plìːəkróuik] *a.* (투명한 결정이 각도에 따라) 다색성(多色性)의.

ple·o·nasm [plíːənæ̀zəm] *n.* Ⓤ 용어법(冗語法); Ⓒ 용어구(句). **-nas·tic** [⌐–nǽstik] *a.*

pleth·o·ra [pléθərə] *n.* Ⓤ 과다(過多); 《廢》 다혈증. **ple·thor·ic** [pliθɔ́ːrik, -θár-, pléθə-/pleθɔ́r-] *a.*

pleu·ra [plúərə] *n.* (*pl.* ***-rae*** [-riː]) Ⓒ 〖解〗 늑막.

pleu·ri·sy [plúərəsi] *n.* Ⓤ 〖醫〗 늑막염.

Plex·i·glas [pléksəglæ̀s, -àː-] *n.* Ⓤ 〖商標〗 플렉시 유리《플라스틱 유리》.

plex·us [pléksəs] *n.* (*pl.* ~***es***, ~) Ⓒ 〖解〗 망(網), 총(叢); 복잡한 관계.

pli·a·ble [pláiəbəl] *a.* 휘기 쉬운, 유연(柔軟)한; 고분고분한, 유순한. **-bil·i·ty** [⌐–bíləti] *n.* Ⓤ 유연(성); 유순(성).

pli·ant [pláiənt] *a.* =PLIABLE. **-an·cy** *n.* =PLIABILITY.

pli·ers [pláiərz] *n. pl.* 집게; 굽히는 사람〔것〕.

plight[1] [plait] *n.* Ⓒ (보통 *sing.*) (나쁜) 상태, 곤경.

plight[2] *n., vt.* Ⓒ 서약〔약혼〕(하다). ~ ***one's troth*** 서약〔약혼〕하다.

plinth [plinθ] *n.* Ⓒ 〖建〗 원주(圓柱)의 토대(土臺), 주각(柱脚).

Pli·o·film [pláiəfìlm] *n.* 〖商標〗 투명 방수포《우비·포장용》.

PLO Palestine Liberation Organization. **PL/1** 〖컴〗 programming language one.

*plod [plad/-ɔ-] *vi., vt.* (***-dd-***), *n.* 터덕거리다, Ⓒ 무거운 발걸음으로 걷다〔걷기〕(*on, along*); 그 발소리; (*vi.*) 꾸준히 일〔공부〕하다(*at, away, through*).

plonk[1] [plank/-ɔ-] *v., n., ad.* = PLUNK.

plonk[2] *n.* Ⓤ 《英口》 값싼 포도주.

plop [plap/-ɔ-] *n.* (a ~) 풍덩〔첨벙〕 떨어짐. — *ad.* 풍덩, 첨벙하고. — *vi., vt.* (***-pp-***) 풍덩하고 떨어지다〔떨어뜨리다〕.

plo·sive [plóusiv] *n., a.* Ⓒ 〖音聲〗 파열음(의).

‡plot [plat/-ɔ-] *n.* Ⓒ (나쁜) 계획, 음모; (소설·극 따위의) 줄거리; 작은 지면(地面); 도면(圖面). — *vt.* (***-tt-***) 계획하다, 음모를 꾸미다; 도면을 작성하다; (토지를) 구획하다(*out*); 도면에 기입하다. — *vi.* 음모를 꾀하다(*for, against*). ⌐**·ter** *n.* Ⓒ 음모자; 〖컴〗 도형 출력 장치, 플로터.

plótting pàper 방안지, 모눈종이.

‡plough [plau] *n., v.* 《英》 =PLOW.

plov·er [plʌ́vər] *n.* Ⓒ 〖鳥〗 물떼새.

‡plow [plau] *n.* Ⓒ 쟁기; 제설기(除雪機)(snowplow); Ⓤ 《英》 경작지; (the P-)북두칠성. ***follow the*** ~ 농업에 종사하다. ~ ***back*** 재투자하다. ***put*** 〔***set***〕 ***one's hand to the*** ~ 일을 시작하다. ***under the*** ~ 경작되어. — *vt.* 쟁기질하다, 갈다; 두둑을 만들다; 파도를 헤치고 나아가다; 《英口》 낙제시키다. — *vi.* 쟁기로 갈다; 갈듯이 나아가다(*through*); 《英口》 낙제하다. ~ ***one's way*** 고생하며 나아가다. ~ ***the sand***(***s***) 헛수고하다.

plów·bòy *n.* Ⓒ 쟁기 멘 소나 말을 모는 아이, 촌사람.

plów·lànd *n.* Ⓤ 경지(耕地).

plow·man [⌐mən] *n.* Ⓒ 쟁기질하는 사람; 농부.

plów·shàre *n.* Ⓒ 보습.

‡pluck [plʌk] *vt.* ① (새의) 털을 잡아 뽑다; (꽃·과실 따위를) 따다; 잡아당기다〔뽑다〕. ② 《英》 (용기를) 불러 일으키다(*at*). ③ 《俗》 잡아채다, 탈취〔사취〕하다. ④ (현악기의 줄을) 퉁겨 소리내다. ⑤ 《英俗》 낙제시키다. — *vi.* 획 당기다(*at*); 붙잡으려고 하다(*at*). ***get ~ed*** 낙제하다. ~ ***up*** 잡아뽑다; 뿌리째 뽑다; (용기를) 불러 일으키다. — *n.* (a ~) 잡아당김, 쥐어뜯음; Ⓤ (소 따위의) 내장; 용기. ⌐**·y** *a.* 용기 있는, 기력이 좋은, 단호한.

*plug [plʌg] *n.* Ⓒ ① 마개; (충치의) 충전물(充塡物); 소화전(栓) (fireplug); 〖機〗 (내연 기관의) 점화전(栓) (spark plug); 〖電·컴〗 플러그. ② 고형(固形) 담배, 씹는 담배. ③ 《주로 美俗》 늙어 빠진 말(馬). ④ 《口》 (라디오·텔레비전 프로 사이에 끼우는) 짧은 광고 방송; 선전(문구). ⑤ 실크해트. — *vt.* (***-gg-***) 마개를 하다, 틀어 막다; 《俗》 탄환을 쏘다; 치다, 때리다; 《口》 (라디오·텔레비전 등에서) 집요하게 광고하다. — *vi.* 《口》 부지런히 일하다. ~ ***in*** 〖電〗 플러그를 끼우다.

plug·ger [plʌ́gər] *n.* Ⓒ 충전 기구《치과의용》; 《口》 꾸준히 일하는 사람; 《美俗》 선전꾼.

plúg-ùgly *n.* Ⓒ 《口》 깡패, 망나니.

‡plum [plʌm] *n.* Ⓒ 양오얏(나무); (케이크에 넣는) 건포도; Ⓤ 진보라색; Ⓒ 《俗》 정수(精粹), 일품; 《英俗》 10만 파운드의 돈, 큰 재산.

P

***plum·age**[plú:midʒ] *n.* Ⓤ《집합적》 깃털.
plumb[plʌm] *n.* Ⓒ 추(錘); 측연(測鉛); Ⓤ 수직. ***off* 〔*out of*〕 ～** 수직이 아닌. ── *a., ad.* 수직의〔으로〕; 《口》 순전한〔히〕, 전혀; 정확히. ── *vt.* 다림줄로 조사하다; 수직되게 하다(*up*); 깊이를 재다; 헤아려 알다.
plum·ba·go[plʌmbéigou] *n.* (*pl.* **～s**) Ⓤ 흑연, 석묵(石墨).
plúmb bòb 측량추(錘).
plumb·er[plʌ́mər] *n.* Ⓒ 연관공(鉛管工), 배관공.
plumb·ing[∠iŋ] *n.* Ⓤ 배관 공사〔업〕; 수심 측량; 《집합적》 연관류.
plum·bism[plʌ́mbizəm] *n.* Ⓤ 〖醫〗 연(鉛)중독, 연독증(鉛毒症).
plúmb lìne 추선(錘線), 다림줄.
plúm cáke 〔púdding〕 건포도가 든 케이크〔푸딩〕.
:plume[plu:m] *n.* Ⓒ ① (보통 *pl.*) (큰) 깃털; 깃털 장식. ② (원폭의 수중 폭발로 인한) 물기둥. ***borrowed* ～*s*** 빌려 입은 옷; 남에게서 빌린 지식. ── *vt.* (새가 부리로) 깃털을 고르다; 깃털로 장식하다. **～ *oneself on*** …을 자랑하다.
plum·met[plʌ́mit] *n.* Ⓒ 추. ── *vi.* 수직으로 떨어지다.
plu·mose[plú:mous] *a.* 깃털이 있는; 깃털 모양의.
:plump[1][plʌmp] *a.* 부푼; 통통하게 살찐. ── *vi., vt.* 통통히 살찌다(*out, up*); 살찌게 하다(*up*).
***plump**[2] *vi.* 털썩〔쿵〕 떨어지다(*down, into, upon*); 《주로 英》 (연기(連記) 투표에서) 한 사람에게만 투표하다(*for*). ── *n.* Ⓤ 털썩 떨어짐, 그 소리. ── *ad.* 털썩; 갑자기; 곧장; 노골적으로. ── *a.* 노골적인; 퉁명스런.
plum·y[plú:mi] *a.* 깃털 있는; 깃털 모양의; 깃털로 장식한〔꾸민〕.
***plun·der**[plʌ́ndər] *vt., vi., n.* 약탈하다; 착복하다; Ⓤ 약탈(품).
:plunge[plʌndʒ] *vt.* ① 처박다(*into*); 던져넣다, 찌르다(*into*). ② (어떤 상태로) 몰아넣다〔빠뜨리다〕(*into*). ── *vi.* ① 뛰어들다, 다이빙하다(*into*); 돌진하다(*into, down*). ② (말이) 뒷다리를 들고 뛰어오르다. ③ (배가) 뒷질하다. ④ 《口》 큰 도박을 하다. ── *n.* (*sing.*) 처박음; 뛰어듦; 돌진; 배의 뒷질. ***take the* ～** 모험하다, 과감한 행동을 하다.
plúng·er *n.* Ⓒ 뛰어드는 사람; 〖機〗 (펌프 따위의) 피스톤; 《口》 무모한 도박꾼〔투기꾼〕.
plunk[plʌŋk] *vt., vi., n.* (기타 따위) 퉁 소리나게 하다〔소리나다〕; 《口》 쿵하고 내던지다〔떨어뜨리다〕; Ⓒ (*sing.*) 쿵하고 던짐〔떨어짐〕; 그 소리. ── *ad.* 《口》 쿵(하고); 정확히.
plu·per·fect[plu:pə́:rfikt] *n., a.* ⓊⒸ 〖文〗 대과거(의), 과거완료(의).
plur. plural; plurality.
:plu·ral[plúərəl] *a., n.* Ⓤ 복수(의); Ⓒ 복수형. **～·ism**[-ìzəm] *n.* Ⓤ 〖哲〗 다원론. **～·ist** *n.* Ⓒ 〖哲〗 다원론자. **～·is·tic**[∠-ístik] *a.* 〖哲〗 다원론의.
plu·ral·i·ty[pluərǽləti] *n.* Ⓤ 복수성(性); Ⓒ (대)다수; Ⓒ 득표차《최고 득표자와 차점자의》.
:plus[plʌs] *prep.* …을 더하여. ── *a.* 더하기의, 정(正)의; 〖電〗 양(陽)의; 여분의. ── *n.* Ⓒ 플러스 기호, 정수(正數), 정량(正量); 여분; 이익.
plús fóurs 골프 바지《무릎 아래 4인치인 데서》.
plush[plʌʃ] *n.* Ⓤ 견면(絹綿) 벨벳, 플러시천; (*pl.*) 플러시로 만든 바지.
Plu·tarch[plú:tɑ:rk] *n.* (46?-120?) 그리스의 전기 작가(傳記作家).
Plu·to[plú:tou] *n.* 〖그神〗 저승의 왕; 〖天〗 명왕성(冥王星).
plu·toc·ra·cy[plu:tɑ́krəsi/-ɔ́-] *n.* Ⓤ 금권 정치; Ⓒ 부호 계급, 재벌.
plu·to·crat[plú:toukræ̀t] *n.* Ⓒ 부호 (정치가). **plu·to·crat·ic**[∠-krǽtik] *a.* 금권 정치의; 재벌의.
plu·to·de·moc·ra·cy[plù:toudimɑ́krəsi/-ɔ́-] *n.* Ⓤ (서유럽의) 금권 민주 정치.
Plu·to·ni·an[plu:tóuniən, -njən] *a.* Pluto의, 지옥의.
Plu·ton·ic [plu:tɑ́nik/-ɔ́-] *a.* Pluto의; (p-) 〖地〗 (지하) 심성(深成)의; 화성론의.
plu·to·ni·um [plu:tóuniəm, -njəm] *n.* Ⓤ 〖化〗 플루토늄《방사성 원소의 하나; 기호 Pu》.
Plu·tus[plú:təs] *n.* 〖그神〗 플루토스《부의 신》.
plu·vi·al[plú:viəl, -vjəl] *a.* 비의, 비가 많은; 〖地〗 비의 작용에 의한.
plu·vi·om·e·ter [plù:viɑ́mitər/-ɔ́mi-] *n.* Ⓒ 우량계.
:ply[1][plai] *vt.* ① (도구 등을) 부지런히 쓰다. ② (…에) 열성을 내다, 부지런히 일하게 하다. ③ (음식 등을) 강요하다(*with*). ④ (질문 등을) 퍼붓다(*with*). ⑤ (강 등을) 정기적으로 건너다. ── *vi.* ① 정기적으로 왕복하다(*between*). ② 부지런히 일하다.
ply[2] *n.* Ⓤ (밧줄의) 가닥, 올; 겹(fold), 두께; 경향, 버릇.
***Plym·outh**[plíməθ] *n.* 영국 남서부의 군항; 미국 Massachusetts 주의 도시.
Plýmouth Róck Pilgrim Fathers가 처음 상륙했다는 미국 Plymouth에 있는 바위; 플리머스록《닭의 품종》.
plý·wòod *n.* Ⓤ 합판, 베니어 합판 《'veneer'와는 다름》.
Pm 〖化〗 promethium. **pm.** pamphlet; premium. **P.M.** Pacific Mail; Past Master; Paymaster; Police Magistrate; Postmaster; *post mortem* (L.=after death); Prime Minister; Provost Marshal.
:P.M., p.m.[pí:ém] 오후《*post meridiem* (L.=afternoon)》.
P.M.G. Pall-Mall Gazette; Paymaster General; Postmaster

General. **pmh, pmh.** per man-hour. **pmk.** postmark. **PMLA** Publication of the Modern Language Association (of America). **PNdB** perceived noise decibel(s) 소음 감각 데시벨, PN 데시벨. **pneum.** pneumatic(s).

pneu·mat·ic[nju:mǽtik/nju(:)-] *a.* 공기의 (작용에 의한); 공기를 함유한〔채운〕; 기학(氣學)(상)의. **-i·cal·ly** *ad.* **∼s** *n.* Ⓤ 기체 역학(氣體力學).

pneumátic dispátch (우편물·소포 등의) 압축공기 전송기(傳送機).

pneumátic túbe 기송관(氣送管).

pneu·mo·co·ni·o·sis[njù:moukòunióusis/njù:-] *n.* Ⓤ 〖醫〗 폐진증(肺塵症). **-ni·ot·ic**[-átik/-ɔ́-] *n.* Ⓒ 폐진증 환자.

pneu·mo·ni·a[nju:móunjə, -niə] *n.* Ⓤ 〖醫〗 폐렴. **pneu·mon·ic**[-má-/-ɔ́-] *a.*

pneu·mo·tho·rax[njù:mouθɔ́:ræks/njù:-] *n.* Ⓤ 〖醫〗 기흉(氣胸).

pneumothórax tréatment 기흉술.

Pnom Penh[pnám pén/pnɔ́m-] *n.* ⇨PHNOM PENH.

pnxt. =PINX.

po[pou] *n.* Ⓒ 《英口》 실내 변기, 요강.

Po 〖化〗 polonium. **po., p.o.** 〖野〗 putout. **P.O., p.o.** Petty Officer; postal order; post office.

poach[1][poutʃ] *vt., vi.* (밀렵하러 남의 땅에) 침입하다(*on*); 밀렵하다; 짓밟다. **∠·er** *n.* Ⓒ 밀렵〔침입〕자.

poach[2] *vt.* 수란(水卵)을 뜨다.

POB, P.O.B., P.O. Box Post Office Box 우편 사서함.

Po·ca·hon·tas[pòukəhántəs/-ɔ́-] *n.* (1595?-1617) Captain Smith 의 목숨을 구하였다고 전해지는 북아메리카 토인의 소녀.

pock[pak/-ɔ-] *n.* Ⓒ 두창(痘瘡), 얽은 자국.

pock·et[pákit/-ɔ́-] *n.* Ⓒ ① 포켓; 주머니; (*sing.*) (포켓 속의) 돈; 자력. ② 〖撞〗 (당구대 네 모서리의) 포켓. ③ 〖採〗 광혈(鑛穴), 광맥류(瘤). ④ 우묵한 땅; 굴. ⑤ 〖空〗 에어포켓. ⑥ 〖軍〗 (포위된) 고립 지역. ***be in* 〔*out of*〕 ∼** 돈이 있다〔없다〕; 이득을〔손해를〕 보다. ***empty* ∼** 한 푼도 없는 사람. ***have a person in one's* ∼** 아무를 마음대로 다루다. ***in* ∼** 접어 끼우게 된(*a book with a map in* ∼ 접지도가 든 책). ***put one's hand in one's* ∼** 돈을 내다, 기부하다. ***put one's pride in one's* ∼** 자존심을 억누르다. ***suffer in one's* ∼** 손해를 보다. **—** *vt.* ① 포켓에 넣다; 착복하다. ② (모욕 등을) 꾹 참다; (감정 등을) 억누르다. ③ (주자(走者)를) 둘러싸고 방해하다. ④ 《美》 (의안 등을) 묵살하다. **—** *a.* 포켓용〔소형〕의. **∼·ful**[-fùl] *n.* Ⓒ 주머니 가득(한 분량).

pócket báttleship (제 1 차 대전 때 독일의 1 만톤 급) 소형 전함.

***pócket·bòok** *n.* Ⓒ 지갑; 《美》 핸드백; 포켓북; 수첩; (one's ∼) 재원.

pócket edìtion 포켓판(版).

pócket hándkerchief 손수건.

pócket·knífe *n.* Ⓒ 접칼, 주머니칼.

pócket mòney 용돈.

pócket pìece 행운의 동전《부적으로 주머니에 넣고 다니는 돈》.

pócket sìze(d) *a.* 포켓형의, 소형의; 좁은, (규모가) 작은.

pócket vèto 《美》 (대통령의) 의안의 묵살.

póck·màrk *n., vt.* Ⓒ 곰보(를 만들다). **∼ed**[-t] *a.* 마마 자국이 있는.

po·co[póukou] *ad.* (It.) 〖樂〗 포코, 조금. **∼ *a* ∼** 〖樂〗 포코아포코, 조금씩, 서서히.

pod**[pad/-ɔ-] *n.* Ⓒ ① (완두 등의) 꼬투리. ② (제트 엔진·화물·무기 등을 넣는) 비행기 날개 밑의 부푼 곳. ③ (우주선의) 분해 가능한 구성 단위. **—** *vi.* (-dd-***) 꼬투리가 생기다〔맺다〕. **—** *vt.* 꼬투리를 까다.

P.O.D. pay on delivery; Post Office Department; Pocket Oxford Dictionary.

podg·y[pádʒi/-ɔ́-] *a.*《주로 英》 땅딸막한(pudgy).

po·di·a·try[poudáiətri] *n.* Ⓤ 〖醫〗 족병학(足病學); 족부 치료. **-trist** *n.* Ⓒ 족병의(醫).

po·di·um[póudiəm] *n.* (*pl.* ***-dia*** [-diə]) Ⓒ 대(臺); 〖動·解〗 발.

Po·dunk[póudʌŋk] *n.*《美口》 (단조로운) 시골 읍.

pod·zol, -sol[pádzɔ̀(:)l/pɔ́d-] *n.* Ⓤ 포드졸《불모의 토양》.

Poe[pou], **Edgar Allan** (1809-49) 미국의 시인·소설가.

P.O.E. 《英》 port of entry 통관항.

†**po·em**[póuim] *n.* Ⓒ 시; 시적인 문장; 아름다운 물건.

po·e·sy[póuizi, -si] *n.* Ⓤ 《古》《집합적》 시, 운문(韻文); 작시(법).

‡**po·et**[póuit] *n.* Ⓒ 시인; 시인 기질의 사람.

po·et·as·ter [póuitæ̀stər/∸–∸–] *n.* Ⓒ 엉터리 시인.

po·et·ess[póuitis] *n.* Ⓒ 여류 시인.

***po·et·ic**[pouétik], **-i·cal**[-əl] *a.* 시의; 시인의, 시인 같은; 시적인, 시취(詩趣)가 풍부한; 시에 적합한.

po·et·i·cism [pouétəsìzəm] *n.* Ⓤ,Ⓒ 시적 표현, 진부한 표현.

poétic jústice (시에 나타나는 것과 같은) 이상적 정의, 인과 응보.

poétic lícense 시적 허용《시적 효과를 위해 문법·형식·사실 따위의 파격(破格)》.

po·et·ics[-s] *n.* Ⓤ 시학.

póet láureate 《英》 계관 시인.

‡**po·et·ry**[póuitri] *n.* Ⓤ ① 《집합적》 시, 운문. ② 작시; 시정(詩情).

Póets' Córner 영국 London의 Westminster Abbey 안의 유명한 시인의 묘와 기념비가 있는 곳; 《諧》 (신문·잡지 등의) 시란(詩欄).

pó-fàced *a.* 《英口》 자못 진지[심각]한 얼굴의.
POGO polar orbiting geophysical observatory 극궤도 지구 물리 관측 위성.
pó·go (**stìck**) [póugou(-)] *n.* (*pl.* **~s**) Ⓒ 포고《용수철 달린 한 막대로, 이를 타고 뜀》.
po·grom [pougrám, póugrəm/pɔ́grəm] *n.* (Russ.) Ⓒ (조직적인) 학살, (특히) 유대인 학살.
poi [pɔi, póui] *n.* Ⓒ,Ⓤ 토란 뿌리(또는, 으깬 바나나)로 만든 하와이의 식품.
poign·ant [pɔ́injənt] *a.* 찌르는 듯한, 매서운; 통렬한; (혀를) 톡 쏘는, (코를) 찌르는. **póign·an·cy** *n.*
poin·set·ti·a [pɔinsétiə] *n.* Ⓒ 〖植〗 포인세티아.
†**point** [pɔint] *n.* ① Ⓒ (뾰족한) 끝, 첨단, 끝; 곶. ② Ⓒ 〖數〗 점, 소수점 (4.6=four point six); 구두점; 종지부; (온도계·나침반의) 도(度); 점 (*the boiling* ~ 비등점). ③ Ⓒ 정도. ④ Ⓒ 득점. ⑤ Ⓒ 시점(時點), 순간; 지점. ⑥ Ⓤ (특수한) 목적. ⑦ Ⓒ 항목, 세목. ⑧ Ⓒ 특징, 특질. ⑨ Ⓒ 요점, 논점; (우스운 이야기 따위의) 끝장. ⑩ Ⓒ 《美》 (학과의) 단위; (*pl.*) 《英》 (철도의) 전철기; 〖海〗 방위; Ⓤ 〖印〗 포인트《활자 크기의 단위, 약 1/72 인치》. ⑪ Ⓤ 손으로 짠 레이스. ⑫ Ⓒ 암시. ⑬ 〖컴〗 포인트《그림 정보의 가장 작은 단위》. ***at the ~ of*** …의 직전에, …할 무렵에. ***at the ~ of the sword*** [***bayonet***] 칼을 들이대어, 무력으로. ***carry*** [***gain***] ***one's ~*** 주장을 관철하다. ***come to the ~*** 요점을 찌르다. ***full ~*** 종지부. ***give ~s to*** …에게 핸디캡을 주다, …보다 낫다. ***in ~*** 적절한(*a case in ~* 적절한 예). ***in ~ of*** …에 관하여. ***make a ~ of*** …을 강조하다; 반드시 …하다(*…ing*). ***on the ~ of doing*** 바야흐로 …하려하여. ***~ of view*** 관점; 마음가짐. ***to the ~*** 적절한[하게], 요점을 벗어나지 않은. ── *vt.* ① 뾰족하게 하다; 끝을 붙이다. ② 강조하다. ③ (손가락·무기 따위를) 향하게 하다(*at*); 주의하다; 가리키다. ④ (사냥개가 사냥감을) 알리다. ⑤ 점을 찍다, 구두점을 찍다. ⑥ 메지에 회반죽을 바르다. ── *vi.* 가리키다, 보이다(*at, to*); (…한) 경향이 있다(*toward*); (사냥개가) 멈춰서서 사냥감 있는 곳을 알리다. ***~ off*** 점으로 구별하다. ***~ out*** 지적하다.
póint-blánk *a., ad.* 직사(直射)의; 직사하여; 솔직한[히].
póint dùty 《英》 (교통 순경 등의) 교통 정리 근무.
‡**point·ed** [pɔ́intid] *a.* 뾰족한; (말이) 가시돋친; 빈정대는, 노골적인; 두드러진. **~·ly** *ad.*
***point·er** [´-ər] *n.* Ⓒ ① 지시하는 사람[물건]. ② (시계·계기의) 지침; 교편(敎鞭). ③ 《美口》 암시. ④ 포인터《사냥개》. ⑤ (*pl.*) (the P-) 〖天〗 지극성(指極星)《큰 곰자리 중의 두 별》. ⑥ 〖컴〗 포인터.
Póint Fóur (**prògram**) 제 4 정책 《Truman 대통령의 미개발 지역 경제 원조 정책》.
poin·til·lism [pwǽntəlìzəm] *n.* Ⓤ (프랑스 신인상파 화가의) 점묘법(點描法).
point·ing [´-iŋ] *n.* Ⓤ 뾰족하게 함, 가늘게 함; (뾰족한 것을 향하게 하여) 지시(하기); 구두법(句讀法); 〖建〗 메지 바르기.
póint làce 손으로 뜬 레이스.
póint·less *a.* 뾰족한 끝이 없는; 무딘; 요령 없는; 무의미한.
póint-of-sále *a.* 점두의, 판매 촉진용의, 판매시점의.
points·man [´-smən] *n.* Ⓒ 《英》 전철수(轉轍手); 교통 순경.
póint sỳstem 〖印〗 포인트식; (맹인용의) 점자 방식; 〖教育〗 학점(진급)제; (운전 위반에 대한 벌칙) 점수제.
póint-to-póint ràce 〖競馬〗 자유 코스의 크로스컨트리.
***poise** [pɔiz] *vt.* 균형 잡히게 하다; (창 따위를 잡고) 자세를 취하다. ── *vi.* 균형잡히다; 허공에 매달리다; (새 따위가) 하늘을 돌다. ── *n.* ① Ⓤ 평형, 균형. ② Ⓤ 안정; 평정(平靜); 미결단. ③ Ⓒ (몸·머리 따위의) 가짐새.
‡**poi·son** [pɔ́izən] *n.* Ⓤ,Ⓒ 독(약); 해독, 폐해. ── *vt.* (…에) 독을 넣다[바르다]; 독살하다; 악화시키다; 해치다, 못쓰게 하다. ── *a.* 해로운. **~·ing** *n.* Ⓤ 중독.
póison gás 독가스.
póison ívy 〖植〗 덩굴옻나무.
póison másk 방독면.
***poi·son·ous** [pɔ́izənəs] *a.* 유독[유해]한; 악의 있는.
póison pén (익명으로) 악의의 편지를 쓰는 사람.
póison-pén *a.* 독필을 휘두르는; 악의로 써어진.
poke**[1] [pouk] *vt.* ① (손가락·막대기 따위로) 찌르다, 밀다(*away, in, into, out*). ② (구멍을) 질러서 뚫다. ③ 《英俗》 (…와) 성교하다. ④ 〖컴〗 (자료를) 어느 번지에 넣다. ── *vi.* 찌르다(*at*); 천착하다; 어정거리다. ***~ fun at …을 놀리다. ***~ one's nose into*** …에 말참견을 하다, 쓸데없는 참견을 하다. ── *n.* Ⓒ 찌름; 《口》 게으름뱅이; 〖컴〗 집어넣기.
poke[2] *n.* Ⓒ 《美中部·Sc.》 주머니; 《古》 포켓. 「온 여자 모자.
póke[3] (**bònnet**) *n.* Ⓒ 앞챙이 쑥나
***pok·er**[1] [póukər] *n.* Ⓒ 찌르는 사람[물건]; 부지깽이; 낙화용구(烙畫用具).
pok·er[2] *n.* Ⓤ 포커《카드 놀이》.
póker fàce 《口》 (의식적인) 무표정한 얼굴.
póker wòrk 낙화(烙畫).

poke(·weed)[póuk(wìːd)] *n.* Ⓒ 〖植〗 (북아메리카산) 자리공.
pok·(e)y[póuki] *a.* 느린, 둔한; 단정치 못한; 비좁은; 초라한; 시시한.
POL 〖軍〗 petroleum, oil, and lubricats. **Pol.** Poland; Polish.
*__Po·land__[póulənd] *n.* 폴란드(공화국). **~·er**[-ər] *n.* Ⓒ 폴란드 사람.
:**po·lar**[póulər] *a.* ① 극의, 극지(極地)의. ② 전극〔자극〕의. ③ 〖化〗 이온화한. ④ 정반대 성질의.
pólar bèar 북극곰; 흰곰.
pólar cáp 〖天〗 극관(極冠).
pólar círcle 극권(極圈).
pólar coórdinates 〖數〗 극좌표.
Po·lar·is[pouléəris, -lǽr-] *n.* 〖天〗 북극성; Ⓒ (p-) 《美》 (폴라리스 잠수함에서 발사되는) 중거리 탄도탄.
po·lar·i·ty[poulǽrəti] *n.* Ⓤ 극성(極性), (전기의) 양극성(兩極性).
po·lar·ize[póuləràiz] *vt.* 〖電〗 극성(極性)을 주다; 〖光〗 편광(扁光)시키다. **-iz·er** *n.* Ⓒ 〖光〗 편광기(偏光器). **-i·za·tion**[ˌ--rizéiʃən/-raiz-] *n.* Ⓤ 귀극(歸極), 편극; 〖電〗 성극(成極) (작용); 〖光〗 편광.
po·lar·oid[póulərɔ̀id] *n.* Ⓤ 폴라로이드, (*pl.*) 인조 편광판; (P-) 그 상표명. ***P- camera*** 폴라로이드 카메라《촬영후 곧 양화가 됨》.
pol·der[póuldər] *n.* Ⓒ 폴더《해면보다 낮은 간척지》.
Pole[poul] *n.* Ⓒ 폴란드인.
pole[1][poul] *n.* Ⓒ ① 막대기, 기둥, 장대. ② 척도의 단위(rod) 《5.03 미터》; 면적의 단위《25.3 평방 미터》. — *vt.* (배에) 삿대질하다.
:**pole**[2] *n.* Ⓒ (천구(天球)·구체(球體) 따위의) 극; (지구의) 극지; 〖理〗 전극, 자극(磁極); (성격·학설 따위) 정반대.
póle·àx(e) *n.* Ⓒ 자루가 긴 전부(戰斧); 도살용의 도끼.
póle·càt *n.* Ⓒ 〖動〗 (유럽산) 족제비의 일종; (북아메라카산) 스컹크.
póle jùmp 〔**vàult**〕 장대 높이뛰기.
po·lem·ic[pouléмik/pɔ-] *n.* Ⓒ 논쟁(가). — *a.* 논쟁의. **-i·cal**[-əl] *a.* **~s** *n.* Ⓤ 논쟁법, (신학상의) 논증법.
po·len·ta[pouléntə/pɔ-] *n.* (It.) Ⓤ 옥수수죽《이탈리아 농부의 음식》.
póle·stàr *n.* (the ~) 북극성; Ⓒ 목표.
póle·vàult *vi.* 장대높이 뛰기를 하다.
pole·ward(s)[ˊ-wərd(z)] *ad.* 극지로 향하여.
†**po·lice**[pəlíːs] *n., vt.* Ⓤ 경찰; 《집합적》 경찰관; 공안; 치안(을 유지하다).
políce àction 군대의 치안〔경찰〕 활동, 국제 평화·질서 유지를 위한 정규군의 지역적인 군사 행동.
políce bòx 〔**stànd**〕 파출소.
políce càr (경찰) 순찰차.
políce commíssioner 《英》 경시총감; 《美》 시경찰국장.
políce cónstable 《英》 순경(policeman).
políce còurt 〔**mágistrate**〕 즉결 재판소〔재판소 판사〕《경범죄를 즉결함》.
políce dòg 경찰견.
políce fòrce 경찰대; 경찰력.
†**po·lice·man**[-mən] *n.* Ⓒ 경관, 순경.
políce stàte 경찰 국가.
*__políce stàtion__ 경찰서.
po·lice·wom·an[-wùmən] *n.* Ⓒ 여자 경찰관, 여순경.
:**pol·i·cy**[1][pάləsi/pɔ́li-] *n.* Ⓤ,Ⓒ 정책, 방침; 수단; Ⓤ 심려(深慮).
pol·i·cy[2] *n.* Ⓒ 보험 증서; 《美》 숫자 도박.
pólicy·hòlder *n.* Ⓒ 보험 계약자.
pólicy·màker *n.* Ⓒ 정책 입안자.
po·li·o[póuliòu] (<⇩) *n.* Ⓤ 《口》 소아마비.
po·li·o·my·e·li·tis[pòulioumàiəláitis] *n.* Ⓤ 〖病〗 (급성) 회백 척수염; 소아마비.
po·lis[póulis] *n.* (*pl.* ***-leis***[-lais]) 〖史〗 (고대 그리스의) 도시 국가.
*__Pol·ish__[póuliʃ] *a., n.* 폴란드(사람·말)의; Ⓤ 폴란드말; Ⓒ 폴란드 사람.
:**pol·ish**[pάliʃ/-ɔ́-] *vt., vi.* 닦다, 광나게 하다, 윤을 내다〔이 나다〕; 퇴고(推敲)하다, 개선하다; 《古》 세련되(게 하)다, 품위있게 하다〔되다〕. ~ ***off*** 《口》 재빨리 끝내다; (적수를) 제압하다. ~ ***up*** 《口》 마무리하다; 광택을 내다. — *n.* Ⓤ,Ⓒ 닦기; Ⓤ,Ⓒ 광택(제), 닦는 가루약; Ⓤ 세련, 품위 있음. **~ed**[-t] *a.* 닦은; 광택이 있는; 세련된.
Pólish Córridor, the 폴란드 회랑「(回廊).
Po·lit·bu·reau, -bu·ro[pάlitbjùərou, pəlít-/pɔ́litbjùər-, pəlít-] *n.* (Russ.) (the ~) (러시아의 당중앙 위원회의) 정치국《1952년부터 Presidium(최고 회의 간부회)으로 되었음》.
:**po·lite**[pəláit] *a.* 공손한, 예절 바른; 세련된, 품위 있는. :**~·ly** *ad.* ***~·ness** *n.*
*__pol·i·tic__[pάlətik/-ɔ́-] *a.* 사려 깊은; 교활한; 시기에 적합한; 정치상의. ***the body ~*** 정치적 통일체, 국가. :**~s** *n.* Ⓤ 정치(학); 정략; 정견; 경영.
:**po·lit·i·cal**[pəlítikəl] *a.* 정치(상)의; 국가의; 정당(활동)의; 당략의; 행정의. ***~·ly** *ad.*
polítical áction 정치적 행위.
polítical asýlum (정치적 망명자에 대한) 정부의 보호.
polítical ecónomy 《古》 경제학(economics); 정치 경제학.
polítical párty 정당.
polítical scíence 정치학.
:**pol·i·ti·cian** [pὰlətíʃən/pɔ̀li-] *n.* Ⓒ 정치가, 정객(政客); 행정관.
pol·i·tick[pάlətik/-ɔ́-] *vi.* 《美口》 정치(운동)에 손을 대다.
pol·i·ty[pάləti/-ɔ́-] *n.* Ⓤ 정치; Ⓒ 정체; 국가.

pol·ka[póulkə/pɔ́lkə] *n.* Ⓒ 폴카《경쾌한 춤》; 그 곡. ── *vi.* 폴카를 추다.
pólka dòt 물방울 (무늬).
***poll**[poul] *n.* Ⓒ 머리(head); (선거의 머릿수, 즉) 투표수의 계산; 선거인 명부; (보통 *sing.*) 투표; 투표수, 투표 결과; (*pl.*)(the ~)《美》투표소; Ⓒ 여론 조사. ── *vt.* 명부에 올리다; (표를) 얻다〔기록하다〕; 투표하다; (머리를) 깎다; (머리카락·가지 등을) 자르다, (가축의) 뿔을 잘라내다.
póll·bòok *n.* Ⓒ 선거인 명부.
poll·ee[poulíː] *n.* Ⓒ (여론 조사의) 피조사자, 조사 대상.
***pol·len**[pálən/-ɔ́-] *n.* Ⓤ 꽃가루.
pol·len·o·sis [pàlənóusis/pɔ̀l-] *n.* Ⓤ 〖醫〗 꽃가루 알레르기.
pol·lex[páleks/pɔ́l-] *n.* (*pl.* ***-lices*** [-ləsìːz]) Ⓒ 엄지손가락.
pol·li·nate[pálənèit/-ɔ́-] *vt.* 〖植〗 수분(授粉)〔가루받이〕하다. **-na·tion** [ㅗ-néiʃən] *n.*
poll·ing[póuliŋ] *n.* Ⓤ 투표; 〖컴〗 폴링.
pólling bòoth 기표소(記票所).
pólling plàce 투표소.
pol·li·no·sis[pàlənóusis/pɔ̀l-] *n.* Ⓤ 〖醫〗 꽃가루 알레르기, 꽃가룻병(病).
pol·li·wog, -ly·wog [páliwàg/pɔ́liwɔ̀g] *n.* Ⓒ 올챙이.
poll·ster[póulstər] *n.* Ⓒ《종종 蔑》 여론 조사자.
póll tàx 인두세.
pol·lu·tant[pəlúːtənt] *n.* Ⓒ 오염 물질.
***pol·lute**[pəlúːt] *vt.* 더럽히다, 불결하게 하다; (신성을) 더럽히다.
pol·lut·er[pəlúːtər] *n.* Ⓒ 오염자; 오염원.
***pol·lu·tion**[pəlúːʃən] *n.* Ⓤ 오염; 공해; 불결; 모독; 〖醫〗 몽정(夢精).
Pol·lux[páləks/-ɔ́-] *n.* 〖그神〗 Zeus의 쌍둥이의 한 사람《다른 사람은 CASTOR》; 〖天〗 쌍둥이 자리 중의 1등성.
Pol·ly·an·na[pàliǽnə/pɔ̀l-] *n.* Ⓒ 지나친 낙천가《미국의 E. Porter의 소설 여주인공의 이름에서》.
***po·lo**[póulou] *n.* Ⓤ 폴로《마상 구기(馬上球技)》.
Po·lo[póulou], **Marco** (1254?-1324?) 이탈리아의 여행가.
pol·o·naise[pàlənéiz/-ɔ̀-] *n.* Ⓒ 폴로네즈《폴란드의 무도(곡)》; 여자옷의 일종.
pólo·nèck *a.* 접는〔자라목〕 깃의《스웨터 등》.
po·lo·ni·um [pəlóuniəm] *n.* Ⓤ 〖化〗 폴로늄《방사성 원소; 기호 Po》.
pólo shìrt 폴로셔츠(cf. T-shirt).
pol·troon[paltrúːn/-ɔ-] *n.* Ⓒ 비겁한 사람, 겁쟁이. **~·er·y** *n.* Ⓤ 비겁, 겁많음.
pol·y-[páli/pɔ́li] '다(多), 복(複)'의 뜻의 결합사.
pol·y·an·dry [páliæ̀ndri/pɔ́-] *n.* Ⓤ 일처 다부(一妻多夫).
pol·y·an·thus [pàliǽnθəs/pɔ̀-] *n.* Ⓤ,Ⓒ 〖植〗 앵초〔수선〕의 일종.
pol·y·chlor·in·at·ed bi·phen·yl[pàliklɔ́ːrənèitid baifénl/pɔ̀l-] 폴리브롬화 비페닐《절연물 등에 쓰이는 공해 물질》.
póly·chròme *a., n.* Ⓒ 다색의 (작품); 다색쇄(의).
pòly·clínic *n.* Ⓒ 종합 진료소; 종합 병원.
pól·y·es·ter (rèsin)[pálièstər(-)/-ɔ́-] *n.* Ⓤ 〖化〗 폴리에스테르 합성수지.
pol·y·eth·y·lene[pàliéθəlìːn/-ɔ̀-] *n.* Ⓤ 〖化〗 폴리에틸렌《합성 수지》.
po·lyg·a·my[pəlígəmi] *n.* Ⓤ 일부다처제〔주의〕(opp. monogamy). **-mist** *n.* **-mous** *a.*
pol·y·glot[págliglàt/pɔ́liglɔ̀t] *a., n.* Ⓒ 수개 국어에 능통한 (사람); 수개 국어로 쓴 (책); (특히) 수개 국어로 대역(對譯)한 성서.
pol·y·gon[páligàn/pɔ́ligɔ̀n] *n.* Ⓒ 다각〔다변〕형. **po·lyg·o·nal**[pəlígənl] *a.*
pol·y·graph [páligræ̀f/pɔ́ligràːf] *n.* Ⓒ 복사기; 《稀》 다작가(多作家); 고동(鼓動) 기록기, 거짓말 탐지기.
po·lyg·y·ny[pəlídʒəni] *n.* Ⓤ 일부다처; 〖植〗 다(多)암꽃술.
pol·y·he·dron[pàlihíːdrən/pɔ̀l-] *n.* (*pl.* ***~s, -dra***[-drə]) Ⓒ 다면체. **-dral** *a.*
pol·y·his·tor[pàlihístər/pɔ̀l-],
pol·y·math[pálimæ̀θ/pɔ́l-] *n.* Ⓒ 박학자, 박식한 사람.
pol·y·mer[páləmər/-ɔ́-] *n.* Ⓒ 〖化〗 중합체(重合體). **~·ize**[pəlímərài z, pálə-/pɔ́lə-] *vt., vi.* 〖化〗 중합시키다〔하다〕.
pol·y·mor·phism[pàlimɔ́ːrfizəm/pɔ̀l-] *n.* Ⓤ 다형(多形); 〖化〗 동질이상; 〖地〗 동질 다상.
Pol·y·ne·sia[pàləníːʒə, -ʃə/pɔ̀l-] *n.* 폴리네시아. **-sian** *n.* Ⓒ 폴리네시아 사람; Ⓤ 폴리네시아 말. ── *a.* 폴리네시아(사람·말)의; (p-) 다도(多島)의.
pol·y·no·mi·al[pàlənóumiəl/-ɔ̀-] *n., a.* Ⓒ 〖數〗 다항식(의); 〖動·植〗 다명(多名)(의).
pol·yp[pálip/-ɔ́-] *n.* Ⓒ 〖動〗 폴립《산호의 무리》; 〖醫〗 식육(瘜肉), 폴립《코의 점막 따위에 생기는 줄기 있는 말랑말랑한 종기》.
po·lyph·o·ny[pəlífəni] *n.* Ⓤ 〖音聲〗 다음(多音); 〖樂〗 다성곡(多聲曲); 대위법. **pol·y·phon·ic**[pàlifánik/pɔ̀lifɔ́-] *a.* 〖樂〗 대위법의.
pol·y·pro·pyl·ene [pàlipróupəlìːn/-ɔ̀-] *n.* Ⓤ 〖化〗 폴리프로필렌《폴리에틸렌 비슷한 합성 수지》.
pol·y·sac·cha·ride [pàlisǽkəràid/pɔ̀l-], **-rid** [-rid] *n.* Ⓤ 〖化〗 다당류.
pol·y·se·my[pálisìːmi/pɔ́l-] *n.* Ⓤ

다의성(多義性).

pòly·stýrene *n.* Ⓤ 〖化〗 폴리스티렌《무색 투명한 합성 수지의 하나》.

pol·y·syl·la·ble [pálisìləbəl/-5-] *n.* Ⓒ 다음절어《3음절 이상》. **-lab·ic** [⌐-—læbik] *a.*

pol·y·tech·nic [pàlitéknik/-5-] *a.* 공예의. — *n.* Ⓤ,Ⓒ 공예 학교.

pol·y·the·ism [páliθi:ìzəm/-5-] *n.* Ⓤ 다신론(多神論), 다신교(敎). **-ist** *n.* Ⓒ 다신론자〔교도〕. **-is·tic** [⌐-—ístik] *a.*

poly·ure·thane [pàlijúərəθèin/pɔ̀lijúərə-] *n.* Ⓤ 〖化〗 폴리우레탄.

pòly·vínyl *a.* 〖化〗 폴리비닐의.

polyvínyl chlóride 〖化〗 폴리 염화 비닐.

pom·ace [pʌ́mis] *n.* Ⓤ 사과즙을 「짜낸 찌끼.

***po·made** [poumá:d, -méid] *n., vt.* Ⓤ 포마드(를 바르다).

po·ma·tum [pouméitəm] *n.* = POMADE.

pome [poum] *n.* Ⓒ 이과(梨果)《사과·배 따위》.

pome·gran·ate [pámәgrænit, pʌ́m-/pɔ́m-] *n.* Ⓒ 〖植〗 석류 (나무).

Pom·er·a·ni·a [pàməréiniə, -njə/-ɔ̀-] *n.* 포메라니아《발트해 연안의 한 지방, 현재 독일과 폴란드로 분할》. **-an** *n.* Ⓒ 포메라니아종의 개.

po·mi·cul·ture [póumikʌ̀ltʃər] *n.* Ⓤ 과수 재배.

pom·mel [pʌ́məl, pám-] *n.* Ⓒ (검(劍)의) 자루 끝; 안장의 앞머리. — *vt.* (**-ll-**) 자루 끝〔주먹〕으로 (연달아) 치다.

po·mol·o·gy [poumáləd͡ʒi/-5-] *n.* Ⓤ 과실 재배학.

Po·mo·na [pəmóunə] *n.* 〖로神〗 과수(果樹)의 여신.

‡**pomp** [pamp/-ɔ-] *n.* Ⓤ 장관, 화려; (보통 *pl.*) 허식.

pom·pa·dour [pámpədɔ̀:r/pɔ́mpədùər] *n.* Ⓤ (남녀의) 다듬어 올린 머리.

pom·pa·no [pámpənòu/pɔ́m-] *n.* (*pl.* ~**s**) Ⓒ 〖魚〗 (서인도 제도·북아메리카산) 전갱이의 일종.

Pom·pei·i [pampéii/pɔm-] *n.* 폼페이《화산의 분화로 매몰된 이탈리아의 옛 도시》.

pom·pom [pámpàm/pɔ́mpɔ̀m] *n.* Ⓒ 자동 고사포; 자동 기관총.

pom·pon [pámpàn/pɔ́mpɔ̀n] *n.* Ⓒ (비단실·털실의) 방울 술 (장식); 〖植〗 퐁퐁달리아〔국화〕.

***pomp·ous** [pámpəs/-5-] *a.* 호화로운; 거드름 피우는; 건방진; (말 따위) 과장된. **~·ly** *ad.* **pom·pos·i·ty** [pampásəti/pɔmpɔ́-] *n.*

ponce [pans/-ɔ-] *n.* Ⓒ 《英俗》 (매춘부의) 정부. — *vi.* 정부가 되다. — *vt.* 정부 노릇하다; 몰래 지내다.

pon·ceau [pansóu/pɔn-] *n.* Ⓒ 개양귀비; Ⓤ 선홍색(鮮紅色).

pon·cho [pántʃou/-5-] *n.* (*pl.* ~**s**) Ⓒ 판초《한가운데 구멍을 뚫어 머리를 내놓게 만든 외투》; (판초식) 비옷.

‡**pond** [pand/-ɔ-] *n.* Ⓒ (연)못.

***pon·der** [pándər/-5-] *vt., vi.* 숙고하다(*on, over*).

pon·der·a·ble [pándərəbəl/-5-] *a.* 무게를 달 수 있는, 무게가 있는.

***pon·der·ous** [pándərəs/-5-] *a.* 대단히 무거운; (무거워서) 다루기 힘든; 묵직한, 육중한; 답답한.

pone [poun] *n.* Ⓒ,Ⓤ 《美南部》 옥수수 빵(의 한 조각).

pon·gee [pand͡ʒí:/-ɔ-] *n.* Ⓤ 견주 「(繭紬).

pon·go [páŋgou/-5-] *n.* (*pl.* ~**s**) Ⓒ 유인원(類人猿), 성성이; 《英海俗》 (육군의) 군인, 육병(陸兵).

pon·iard [pánjərd/-5-] *n.* Ⓒ 단검.

pon·tiff [pántif/-5-] *n.* Ⓒ 교황; 주교; (유대교의) 제사장; 고위 성직자.

pon·tif·i·cal [pantífikəl] *a.* 교황〔주교〕의. — *n.* (*pl.*) 주교의 제복(祭服).

pon·tif·i·cate [pantífikit/-ɔ-] *n.* Ⓤ 교황〔주교〕의 지위〔직책·임기〕. — [-kèit] *vt., vi.* 거드름 피우며 이야기하다.

pon·toon [pantú:n/-ɔ-] *n.* Ⓒ 〖軍〗 (배다리용의) 납작한 배; (수상 비행기의) 플로트; (침몰선 인양용의) 잠함(潛函). 「橋).

póntoon brídge 배다리, 부교(浮

‡**po·ny** [póuni] *n.* Ⓒ 조랑말; 《美俗》 자습서; 《口》 작은 잔.

póny expréss 《美》 (말에 의한) 속달 우편.

póny tàil (뒤에 묶어) 드리운 머리.

P.O.O. 《英》 Post Office Order 우편환.

pooch [pu:tʃ] *n.* Ⓒ 《美俗》 (시시한) 개, 잡종개.

poo·dle [pú:dl] *n.* Ⓒ 푸들《작고 영리한 복슬개》.

poof [pu(:)f] *int.* (숨을 세게 내뿜어) 훅; =POOH.

pooh [pu:] *int.* 흥!; 체!

Pooh Bah [pú:bá:] 여러 관직을 겸하는〔난체하는〕 남자《가극 *The Mikado* 에서》.

pooh-pooh [pú:pú] *vt., int.* 경멸하다; =POOH.

‡**pool**[1] [pu:l] *n.* Ⓒ 웅덩이; 작은 못; (냇물이) 괸 곳; (수영용) 풀; 《美》 유층(油層), 천연 가스층.

***pool**[2] *n.* Ⓒ (카드·경마 등의) 건 돈; 기업가 합동(의 구성원); 합동 자금; 《美俗》 (단체 등에서 공유하는) 시설, 설비; Ⓤ 《美》 내기 당구의 일종. — *vt.* 자금을〔물자를〕 합동하다.

póol·ròom *n.* Ⓒ 《美》 당구장; 장외 도박장.

poop[1] [pu:p] *n.* Ⓒ 고물(의 상갑판). — *vt.* (파도가) 고물을 치다.

poop[2] *vt.* 《美俗》 《보통 수동으로》 피로하게 하다(*I'm ~ed out.* 지쳤다).

poop[3] *n.* Ⓒ 《英俗》 하찮은 자; 바보, 멍청이.

†**poor** [puər] *a.* 가난한; 부족한; 빈약한; 초라한; 열등한; 조잡한; 불쌍

한; (토지가) 메마른; 시시한; 운수 나쁜; 형편이 좋지 못한. ***∠·ly** *a., ad.* 《口》 건강이 시원치 않은; 가난하게; 초라하게; 빈약하게; 서투르게.

póor bòx 자선함(函).

póor bòy 샌드위치의 일종.

póor·hòuse *n.* Ⓒ (공립의) 구빈원(救貧院).

póor làw 빈민 구호법.

póor ràte 《英》 구빈세(稅).

póor whíte (미국 남부의) 가난한 백인.

pop**[1][pap/-ɔ-] *vi* (**-pp-**) 뻥 울리다〔소리내어 터지다〕; 탕 쏘다(fire) (*at*); 《口》 불쑥 움직이다〔들어오다, 나가다, 가다, 오다〕(*in, out, up, down, off*). ── *vt.* 뻥 소리를 나게 하다; 발포하다; (마개를) 뻥 뽑다; 《美》 (옥수수를) 튀기다; 《口》 갑자기 찌르다〔놓다, 넣다, 꺼내다〕(*in, out, on*); 《英俗》 전당 잡히다; 부풀게 하다; 〖野〗 내야 플라이를 치다; 《美俗》 (경구 피임약을) 함부로 먹다. ~ ***the question 《口》 (여자에게) 구혼하다. ── *n.* Ⓒ 펑〔뻥〕하는 소리; 발포; Ⓤ 탄산수. ── *ad.* 뻥하고; 갑자기, 돌연히.

pop[2] (<*pop*ular) *a.* 통속적인. ── *n.* Ⓤ 대중 가요; Ⓒ 그 곡.

pop[3] (<*pap*a) *n.* Ⓒ 《美口》 아버지; 아저씨《손윗 사람에 대한 호칭》.

pop. popular(ly); population.

P.O.P. 《英》 Post Office Preferred; 〖寫〗 printing-out paper (cf. D.O.P.); point of purchase 구매 시점(時點).

póp árt 《美》 대중 미술《광고·만화·상업 미술 따위를 모방한》.

***pop·corn** [∠kɔ̀ːrn] *n.* Ⓤ 《美》 옥수수의 일종《잘 튀겨짐》; 튀긴 옥수수, 팝콘.

***Pope**[1], **p-**[poup] *n.* Ⓒ 로마 교황.

Pope[2], **Alexander** (1688-1744) 영국의 시인.

pop·er·y[póupəri] *n.* Ⓤ 《蔑》 가톨릭교(의 제도, 관습).

Pop·eye[pápai/pɔ́p-] *n.* 포파이《미국 만화의 주인공》.

póp·èyed *a.* 《口》 퉁방울눈의; 눈이 휘둥그래진.

póp·gùn *n.* Ⓒ (장난감의) 공기총.

pop·in·jay[pápindʒèi/-ɔ́-] *n.* Ⓒ 수다스럽고 젠체하는 사람.

pop·ish[póupiʃ] *a.* 《蔑》 가톨릭교의, 로마 교황의.

***pop·lar**[páplər/-ɔ́-] *n.* Ⓒ 포플라, 사시나무; Ⓤ 그 재목.

pop·lin[páplin/-ɔ́-] *n.* Ⓤ 포플린《옷감》. 「운 과자.

póp·òver *n.* Ⓒ 속이 텅 빈 살짝 구

pop·per[pápər/-ɔ́-] *n.* Ⓒ 펑 소리를 내는 사람〔물건〕; 《美》 옥수수 튀기는 기구.

pop·pet[pápit/-ɔ́-] *n.* Ⓒ 《英口》 여자〔남자〕아이, (호칭으로) 예쁜애; 〖機〗 양판; 선반 머리; 〖海〗 침목《진수할 때 배 밑을 굄》.

***pop·py**[pápi/-ɔ́-] *n.* Ⓒ 〖植〗 양귀비(의 꽃); Ⓤ 진홍색.

póppy·còck *n., int.* Ⓤ 《美口》 허튼 소리; 어처구니 없는!(bosh).

póp·shòp *n.* 《英俗》 =PAWNSHOP.

pop·si·cle[pápsikəl/-ɔ́-] *n.* Ⓒ 《美》 아이스 캔디.

póp·tòp *a., n.* Ⓒ (깡통 맥주처럼) 잡아올려 따는 (용기).

***pop·u·lace**[pápjələs/-ɔ́-] *n.* (the ~) 서민, 대중; 하층 계급.

†**pop·u·lar**[pápjələr/-ɔ́-] *a.* 대중의〔에 의한〕; 민간의; 대중적〔통속적〕인; 인기 있는, 평판이 좋은; 대중용의; 유행의, 널리 행해지는. ***~·ly** *ad.* 일반적으로; 통속적으로.

pópular frònt, P- F-, the 인민 전선.

‡**pop·u·lar·i·ty** [pàpjəlǽrəti/-ɔ̀-] *n.* Ⓤ 인기, 인망; 통속.

pop·u·lar·ize [pápjələràiz/-ɔ́-] *vt.* 통속적으로 하다, 대중화하다, 보급시키다. **-i·za·tion**[pàpjələrizéiʃən/pɔ̀pjələrai-] *n.*

pópular sóng 유행가.

pópular vóte 《美》 (대통령 선거인을 뽑는) 일반 투표.

pop·u·late[pápjəlèit/-ɔ́-] *vt.* (…에) 주민을 거주시키다; 식민(植民)하다; (…에) 살다.

‡**pop·u·la·tion**[pàpjəléiʃən/-ɔ̀-] *n.* Ⓤ,Ⓒ 인구; 주민; 〖統〗 모(母)집단.

Pop·u·list[pápjəlist/-ɔ́-] *n.* Ⓒ 〖美史〗 인민당원. **-lism**[-lìzəm] *n.* Ⓤ 〖美史〗 인민당의 주의.

***pop·u·lous**[pápjələs/-ɔ́-] *a.* 인구가 조밀한; 사람이 붐빈; 사람수가 많은.

póp-ùp *n.* Ⓒ 〖野〗 내야 플라이. ── *a.* ① 펑 튀어나오는. ② 〖컴〗 팝업(~ *menu* 팝업 메뉴/*a* ~ *window* 팝업 윈도).

***por·ce·lain**[pɔ́ːrsəlin] *n.* Ⓤ 자기(磁器); 《집합적》 자기 제품.

‡**porch**[pɔːrtʃ] *n.* Ⓒ 현관, 차 대는 곳; 《美》 베란다.

por·cine[pɔ́ːrsain, -sin] *a.* 돼지의〔같은〕; 불결한.

por·cu·pine[pɔ́ːrkjəpàin] *n.* Ⓒ 〖動〗 호저(豪猪).

***pore**[1][pɔːr] *vi.* 몰두하다, 숙고〔주시〕하다(*on, upon, over*).

pore[2] *n.* Ⓒ 털구멍; 세공(細孔); 기공(氣孔).

por·gy[pɔ́ːrgi] *n.* Ⓒ 도미 무리.

pork[pɔːrk] *n.* Ⓤ ① 돼지고기. ② 《美俗》 (정부의 정략적) 보조금. **∠·er** *n.* Ⓒ 식용 돼지. **∠·y** *a.* 돼지의, 돼지 같은, 살찐.

pórk bàrrel 《美俗》 선심 교부금《여당 의원의 인기를 높히기 위해 정부가 주는 정책적인 국고 교부금》.

pórk·pie hát 챙이 말린 꼭대기가 납작한 소프트 모자.

porn[pɔːrn] *n.* 《俗》 =PORNO.

por·no[pɔ́ːrnou] *n.* =PORNOGRAPHY. ── *a.* =PORNOGRAPHIC.

por·nog·ra·phy[pɔːrnágrəfi/-ɔ́-] *n.* Ⓤ 포르노, 호색 문학; 《집합적》

포르노 영화〔책, 사진 따위〕. **por·no·graph·ic**[pɔ̀ːrnəgrǽfik] *a.*

por·o·mer·ic[pɔ̀ːrəmérik] *n.* Ⓤ 합성 다공 피혁(多孔皮革).

po·rous[pɔ́ːrəs] *a.* 작은 구멍〔기공〕이 많은〔있는〕; 삼투성(滲透性)의. **po·ros·i·ty** [pourásəti / pɔːrɔ́-] *n.* Ⓤ 다공성(多孔性), 유공성; 삼투성.

por·phy·ry[pɔ́ːrfəri] *n.* Ⓤ 〖地〗 반암(班岩).

por·poise[pɔ́ːrpəs] *n.* Ⓒ 돌고래.

***por·ridge**[pɔ́ːridʒ, pá-/-ɔ́-] *n.* Ⓤ 《주로 英》 (오트밀) 죽.

por·rin·ger [pɔ́ːrindʒər, -á-/-ɔ́-] *n.* Ⓒ (수프·porridge용의) 우묵한 접시.

:**port**[1] [pɔːrt] *n.* Ⓒ 항구(harbor), 무역항; (세관이 있는) 항구; 항구 도시; (배의) 피난소; 공항. ***any ~ in a storm*** 궁여지책.

port[2] *n.* =PORTHOLE; 〖컴〗 단자, 포트.

port[3] *n., a.* Ⓤ 좌현(左舷)(의). — *vt., vi.* 좌현으로 향(하게)하다.

port[4] *n.* Ⓤ 태도; (the ~) 〖軍〗 '앞에 총'의 자세. — *vt.* '앞에 총' 하다.

port[5] *n.* Ⓤ (달고 독한) 붉은 포도주; 포트 와인.

Port. Portugal; Portuguese.

***port·a·ble**[pɔ́ːrtəbəl] *a., n.* 들고 다닐 수 있는; (건물, 도서관 따위) 이동〔순회〕할 수 있는; Ⓒ 휴대용의 (라디오, 텔레비전, 타이프라이터); 〖컴〗 (프로그램이 다른 기종에) 이식(移植) 가능한; 휴대용의. **-bil·i·ty** [ㅗ—bíləti] *n.*

pórtable compúter 휴대용 컴퓨터.

pórt ádmiral 〖英海軍〗 해군 통제부 사령관.

por·tage[pɔ́ːrtidʒ] *n.* Ⓤ 운반; 운임; (두 수로 사이의) 육로 운반; Ⓒ 연수 육로(連水陸路). — *vt.* (배·화물 따위를) 연수 육로로 나르다.

***por·tal**[pɔ́ːrtl] *n.* Ⓒ (당당한) 문, 입구; 정문.

pórtal-to-pórtal pày (직장 문에 들어선 후 퇴근때까지의) 구속 시간제 임금.

Pórt Árthur (중국의) 뤼순(旅順)의 별칭.

port·cul·lis[pɔːrtkʌ́lis] *n.* Ⓒ (옛날 성문의) 내리닫이 쇠살문.

por·tend[pɔːrténd] *vt.* (…의) 전조(前兆)가 되다, 예고하다.

por·tent[pɔ́ːrtənt] *n.* Ⓒ (흉사의) 전조; 흉조. **por·tén·tous** *a.* 불길한; 이상한; 놀라운.

:**por·ter**[1][pɔ́ːrtər] *n.* Ⓒ ① 운반인, (역의) 짐꾼. ② 《美》 특등〔침대〕차의 사환.

***por·ter**[2] *n.* Ⓒ 문지기; (건물의) 관리인.

por·ter[3] *n.* Ⓤ 흑맥주.

pórter·hòuse (stéak) *n.* Ⓤ,Ⓒ 《美》 고급 비프스테이크.

port·fo·li·o[pɔːrtfóuliòu] *n.* (*pl.* **~s**) Ⓒ 종이 끼우개, 손가방; Ⓤ 장관의 직. ***a minister without ~*** 무임소 장관.

pórt·hòle *n.* Ⓒ 〖海〗 현창(舷窓); 포문(砲門).

por·ti·co [pɔ́ːrtikòu] *n.* (*pl.* **~(*e*)*s***) Ⓒ 〖建〗 주랑(柱廊) 현관.

por·tiere[pɔːrtjέər, -tiέər] *n.* (F.) Ⓒ (문간의) 막(幕), 커튼.

:**por·tion**[pɔ́ːrʃən] *n.* Ⓒ ① 부분; 몫; (음식의) 일인분. ② 〖法〗 상속 재산; 지참금. ③ (*sing.*) 운명. — *vt.* 분배하다(*out*); 몫〔상속분·지참금〕을 주다.

Port·land[pɔ́ːrtlənd] *n.* 미국 Maine〔Oregon〕 주의 항구 도시.

Pórtland cemént 포틀랜드 시멘트《모르타르·콘크리트용》.

port·ly[pɔ́ːrtli] *a.* 비만한; 당당한.

port·man·teau[pɔːrtmǽntou] *n.* (*pl.* **~s, ~x**[-z]) Ⓒ 《英》 대형여행 가방《양쪽으로 열리게 된》(cf. Gladstone bag).

portmánteau wòrd 〖言〗 두 단어가 합쳐 한 단어가 된 말《*brunch* (<*br*eakfast+l*unch*) 따위》.

:**por·trait**[pɔ́ːrtrit, -treit] *n.* Ⓒ ① 초상(화); 인물 사진. ② (말에 의한) 묘사. ③ 〖컴〗 세로(방향).

por·trai·ture[pɔ́ːrtrətʃər] *n.* Ⓤ 초상화법.

***por·tray**[pɔːrtréi] *vt.* ① (…의) 그림을 그리다. ② (말로) 묘사하다. ③ (극으로) 표현하다. **~·al** *n.* Ⓤ 묘사; Ⓒ 초상(화).

Ports·mouth[pɔ́ːrtsməθ] *n.* 영국 남부의 해항(海港).

***Por·tu·gal**[pɔ́ːrtʃəgəl] *n.* 포르투갈.

***Por·tu·guese**[pɔ̀ːrtʃəgíːz, -s] *n.* (*pl.* ~) Ⓒ 포르투갈 사람; Ⓤ 포르투갈 말. — *a.* 포르투갈의; 포르투갈 사람〔말〕의.

por·tu·lac·a[pɔ̀ːrtʃəlǽkə] *n.* Ⓒ 〖植〗 채송화.

pórt wíne =PORT[5].

POS point-of-sale.

:**pose**[1][pouz] *n.* Ⓒ ① 자세, 포즈. ② 꾸민 태도, 겉꾸밈. — *vi.* ① 자세〔포즈〕를 취하다. ② 짐짓 꾸미다. 가장하다(*as*). — *vt.* ① 자세〔포즈〕를 취하게 하다. ② (문제 따위를) 제출〔제의〕하다. **pós·er**[1] *n.* Ⓒ 짐짓 꾸미는 사람.

pose[2] *vt.* (어려운 문제로) 괴롭히다. **pos·er**[2] *n.* Ⓒ 난문(難問).

Po·sei·don[pousáidən, pə-] *n.* 〖그神〗 바다의 신《로마 신화의 Neptune에 해당함》.

po·seur[pouzə́ːr] *n.* (F.) Ⓒ 젠체하는 사람.

posh[1][paʃ/pɔʃ] *int.* 체!《경멸·혐오를 나타냄》.

posh[2] *a.* 《口》 멋진; 호화로운.

pos·i·grade[pázəgrèid/-ɔ́-] *a.* 로켓이나 우주선의 진행 방향에 추진력을 주는.

pos·it[pázit/-ɔ́-] *vt.* 놓다, 두다; 〖論〗 가정하다.

†**po·si·tion**[pəzíʃən] *n.* ① Ⓒ 위치; 장소. ② Ⓤ,Ⓒ 적소(適所), 소정의 위치(*be in* ~). ③ Ⓒ 자세; 태도, 견

해. ④ U,C 지위, (특히 높은) 신분. ⑤ C 일자리, 직(職). ⑥ C 처지, 입장. ***be in a* ~ *to*** do …할 수 있다. ***be out of* ~** 적소를 얻지 못하고 있다.

:pos·i·tive[pázətiv/-ɔ́-] *a.* ① 확실한; 명확한; 확신하는. ② 독단적인; 우쭐한. ③ 적극적인; 절대적인. ④ 실재의; 실제적인; 실증적인. ⑤ 《口》 순전한. ⑥ 〖理·醫〗 양(성)의; 〖數〗 양(陽)의; 〖寫〗 양화(陽畫)의; 〖文〗 원급(原級)의. — *n.* ① C 실재; 현실. ② (the ~) 〖文〗 원급. ③ C (전지의) 양극판; 〖寫〗 양화; 〖數〗 양수. *~**·ly** *ad.* 확실히; 절대적으로; 적극적으로. **~·ness** *n.*

pósitive electrícity 〖理〗 양(陽) 전기.

pósitive sígn 〖數〗 플러스 기호.

pos·i·tiv·ism[pázətivìzəm/-ɔ́-] *n.* U 실증주의〔철학〕; 확신; 독단(주의). **-ist** *n.* C 실증주의자〔철학자〕.

pos·i·tron[pázətràn/pɔ́zətrɔ̀n] *n.* C 〖理〗 양전자(陽電子).

pósitron emìssion tomògra·phy 〖醫〗 양전자 방사 단층 촬영(법) 《생략 PET》.

poss. possession; possessive; possible; possibly.

pos·se[pási/-ɔ́-] *n.* C 경관대; (sheriff 가 징집하는) 민병대.

:pos·sess[pəzés] *vt.* ① 소유〔점유〕하다. ② (악령 따위가) 들리다. ③ (마음·감정을) 지배하다; 유지하다. ④ 《古》 잡다, 손에 넣다, 획득하다. ***be ~ed by* 〔*with*〕** (악령 따위에) 들려 있다. ***be ~ed of*** …을 소유하고 있다. ***~ oneself*** 자제하다. ***~ oneself of*** …을 획득하다. **~ed** [-t] *a.* 홀린; 미친; 침착한.

:pos·ses·sion[pəzéʃən] *n.* ① U 소유; 점유. ② (*pl.*) 소유물; 재산. ③ C 영지, 속령(屬領). ④ U 자제(自制). ***get* 〔*take*〕 *~ of*** …을 손에 넣다, 점유하다. ***in ~ of*** …을 소유하여. ***in the ~ of*** …의 소유의.

:pos·ses·sive[pəzésiv] *a.* ① 소유의; 소유욕이 강한; 소유를 주장하는. ② 〖文〗 소유(격)의. — *n.* 〖文〗 (the ~) 소유격, 소유대명사.

posséssive cáse 〖文〗 소유격.

posséssive prónoun 〖文〗 소유대명사.

***pos·ses·sor**[pəzésər] *n.* C 소유자; 점유자. **-so·ry**[-ri] *a.* 「(酒).

pos·set[pásit/-ɔ́-] *n.* C,U 밀크주

:pos·si·bil·i·ty[pàsəbíləti/-ɔ̀-] *n.* ① U 가능성. ② C 가능한 일. ③ C (보통 *pl.*) 가망. ***by any* ~** 《조건에 수반하여》 만일에, 혹시; 《부정에 수반하여》 도저히 (…않다), 아무래도 (…않다). ***by some* ~** 어쩌면, 혹시.

†pos·si·ble[pásəbəl/-ɔ́-] *a.* ① 있을〔일어날〕 수 있는; 가능한. ② 《口》 웬만한, 참을 수 있는. **:-bly** *ad.* 어쩌면, 아마; 무슨 일이 있어도, 어떻게든지 해서.

POSSLQ[páslkjù:/pɔ́s-] (< *p*erson of the *o*pposite *s*ex *s*haring *l*iving *q*uarters) *n.* C 《美》 동거생활자《미국 인구 조사국의 용어》.

pos·sum[pásəm/-ɔ́-] *n.* 《口》 = OPOSSUM. ***play* 〔*act*〕 ~** 꾀병부리다; 죽은 체하다; 시치미떼다.

:post[1] [poust] *n.* ① C 기둥. ② 〖競馬〗 (the ~) 출발〔결승〕의 표주(標柱). — *vt.* ① (고시 따위를 기둥에) 붙이다; (벽 따위에) 삐라를 붙이다 (*P- no bills.* 벽보 엄금); 게시하다. ② 《英》 (대학에서, 불합격자를) 게시하다. ③ 《美》 사냥 금지를 게시하다.

:post[2] *n.* C ① 지위, 맡은 자리; 직분. ② (초병(哨兵)·경찰관의) 부서. ③ 주둔지; 주둔 부대. ④ 《美》 (재향군인회의) 지방 지부. ⑤ (미개지의) 통상(通常) 거류지. — *vt.* (보초 등을) 배치하다. **~ *a cordon*** 비상선을 펴다.

†post[3] *n.* ① (the ~) 《英》 우편. ② U 《집합적》 《英》 우편물. ③ (the ~) 《英》 우체국; 우체통. ④ (P-) …신문(*the Sunday P-*). ***by* ~** 우편으로. ***by return of* ~** 편지받는 대로 곧《회답 바람》. ***general* ~** 우체국 놀이《실내 유희의 일종》; 아침의 (제 1 회) 배달 우편. — *vt.* 우송〔투함〕하다; 〖簿〗 (분개장에서 원장에) 전기하다; (최신 정보 등을) 알리다, 정통하게 하다. — *vi.* 역마〔역마차〕로 여행하다; 급히 여행하다; (말의 보조에 맞추어) 몸을 상하로 흔들다. — *ad.* 빠른 말(馬)로; 황급히.

post-[poust] *pref.* '후(後)(after)'의 뜻.

P.O.S.T. Pacific Ocean Security Treaty. 「금.

:post·age[póustidʒ] *n.* U 우편 요

póstage dùe 우편 요금 부족.

póstage mèter (요금 별납 우편물의) 우편 요금 미터 스탬프.

:póstage stàmp 우표.

:post·al[póustəl] *a.* 우편의; 우체국의. — *n.* 《美口》 =⇩.

***póstal càrd** 《美》 우편 엽서.

póstal còde =POST-CODE.

Póstal Guíde Nùmber (영국의) 우편 번호.

post·al·i·za·tion[pòustəlizéiʃən/-lai-] *n.* U 전지역 송료 균일제.

póstal (móney) òrder 우편환.

póstal sèrvice 우편 업무; (the P- S-) (미국) 우정 공사.

post·a·tom·ic[pòustətámik/-tɔ́-] *a.* 원자 폭탄 (사용) 이후의(*the ~ world*) (opp. preatomic).

póst-bàg *n.* C 《英》 =MAILBAG.

post·bel·lum [pòustbéləm] *a.* (L.) 전후의(opp. antebellum).

póst·bòx *n.* C 우체통(《美》 mailbox); (각 가정의) 우편함.

póst·bòy *n.* C 우편물 집배인; = POSTIL(L)ION.

:póst·càrd *n.* C 《英》 우편 엽서; 《美》 사제 (그림) 엽서.

póst chàise 역마차.
póst-còde *n.* Ⓒ 《英》 우편 번호 (《美》 zip code).
póst·dáte *vt.* 날짜를 실제보다 늦추어 달다.
post·ed[póustid] *a.* ① 지위가〔직장이〕 있는. ② 《口》 (사정에) 밝은, 정통한.
:**post·er**[póustər] *n.* Ⓒ ① 포스터, 벽보. ② 전단 붙이는 사람.
poste res·tante[pòust restɑ́:nt] (F.) 유치(留置) 우편《봉투에 표기》.
***pos·te·ri·or**[pɑstíəriər/pɔstíə-] *a.* ① (위치가) 뒤의, 후부의. ② (순서·시간이) 뒤의, 다음의(*to*). ③ 〖動〗 미부(尾部)의. — *n.* Ⓒ 엉덩이 (buttocks). ~**·i·ty**[-ˋ-ˊ-árəti/-ɔ́-] *n.* Ⓤ (위치·시간이) 다음임.
:**pos·ter·i·ty**[pɑstérəti/pɔs-] *n.* Ⓤ 《집합적》 자손, 후세.
pos·tern[póustəːrn, pɑ́s-] *n., a.* Ⓒ 뒷문(의), 통용문(의); 작은 문; 내밀한.
Póst Exchànge 〖美陸軍〗 매점《생략 PX, P.X.》.
post·fac·tum[pòustfǽktəm] *a.* 사후(事後)의.
póst·frée *a.* 우편 요금 무료의.
pòst·glácial *a.* 후빙기의.
pòst·gráduate *a., n.* (대학 졸업 후의) 연구과의; Ⓒ 연구과〔대학원〕 학생(의, 을 위한).
póst·háste *n., ad.* Ⓤ 지급(으로).
póst hòrse 역마, 파발마.
post·hu·mous[pɑ́stʃuməs/pɔ́s-] *a.* 유복자(遺腹子)로 태어난; (저자) 사후에 출판된; 사후의.
pos·til·ion, 《英》 **-til·lion**[pous-tíljən, pɑs-] *n.* Ⓒ (마차말의 맨앞줄 왼쪽 말에 타는) 기수장(騎手長).
pòst·impréssionism *n.* Ⓤ 〖美術〗 후기 인상파《Cézanne, Gogh, Gauguin, Matisse, Derain 등》.
post·lude [ˊlu:d] *n.* Ⓒ 〖樂〗 후주곡《예배후의 오르간 곡》; (악곡의) 종말부; 《一般》 종결부.
***post·man** [póustmən] *n.* Ⓒ 우편물 집배인. 「찍다).
póst·màrk *n., vt.* Ⓒ 소인(消印)(을
***póst·màster** *n.* Ⓒ 우체국장.
póstmaster géneral 《美》 우정공사 총재; 《英》 체신 공사 총재.
post me·rid·i·em [pòust mərídièm, -diəm] (L.) 오후《생략 p.m., P.M.》. 「장.
póst·mìstress *n.* Ⓒ 여자 우체국
post·mor·tem[poustmɔ́:rtəm] *a., n.* 사후(死後)의; Ⓒ 검시(檢屍)(의); 사후(事後) 토의.
†**póst òffice** ① 우체국. ② (the P-O-) 《英》 체신 공사; 《美》 우정성《1971년 the Postal Service로 개편》. ③ 우체국 놀이《'우편' 배달이 늦어진 아이는 벌로서 키스를 청구당함》.
póst-office bòx 사서함《생략 P.O. Box》.
póst-office òrder 우편환.
pòst·óperative *a.* 수술 후의.

póst·páid *a., ad.* 《美》 우편 요금 선불의〔로〕.
:**post·pone**[poustpóun] *vt.* 연기하다. ~**·ment** *n.*
post·pran·di·al [pòustprǽndiəl] *a.* 식후의.
póst·rìder *n.* Ⓒ (예전의) 파발꾼, 기마 우편 집배인.
póst ròad 우편 도로; 역마 도로.
***post·script**[póustskrìpt] *n.* Ⓒ (편지의) 추신(追伸), 추백(追白)《생략 P.S.》; 《英》 뉴스 방송 후의 해설.
post-traumátic stréss disòrder (정신적) 외상(外傷)후 스트레스 장애《생략 PTSD》.
pos·tu·lant[pɑ́stʃələnt/pɔ́s-] *n.* Ⓒ (특히 성직) 지원〔지망〕자.
pos·tu·late[pɑ́stʃəlèit/pɔ́s-] *vt., vi.* 요구하다(*for*); (자명한 것으로) 가정하다. — [-lit] *n.* Ⓒ 가정; 근본 원리, 필요 조건.
***pos·ture**[pɑ́stʃər/-ɔ́-] *n.* Ⓤ,Ⓒ 자세; Ⓒ 상태. — *vi., vt.* 자세를 취하다〔취하게 하다〕; …인 체하다. **pos·tur·al** *a.* 자세〔상태〕의; 위치상의.
***póst·wár** *a.* 전후의.
po·sy[póuzi] *n.* Ⓒ 꽃; 꽃다발.
:**pot**[pɑt/-ɔ-] *n.* ① Ⓒ 단지, 항아리, 화분, 병, 속깊은 냄비; 단지 하나 가득(한 물건); (물고기나 새우를 잡는) 바구니. ② (the ~) 《口》 한 번에 건 돈. ③ Ⓤ 《美俗》 마리화나. ***go to*** ~ 영락〔파멸〕하다, 결딴나다. ***keep the*** ~ ***boiling*** 살림을 꾸려나가다; 경기좋게 계속해 가다. ***make the*** ~ ***boil*** 생계를 세우다. ***take a*** ~ ***at*** …을 겨냥하여 쏘다. — *vt.* (*-tt-*) 단지〔항아리〕에 넣다; 화분에 심다; 쏘다(shoot). — *vi.* 쏘다(*at*).
po·ta·ble[póutəbəl] *a.* (물이) 음료에 적합한. — *n.* (*pl.*) 음료, 술.
po·tage[poutɑ́:ʒ/pɔ-] *n.* (F.) Ⓤ 포타주《진한 수프》.
pót àle (위스키·알코올 따위의) 증류 찌끼. 「POTASSIUM.
pot·ash[pɑ́tæʃ/-ɔ́-] *n.* Ⓤ 잿물; =
***po·tas·si·um** [pətǽsiəm] *n.* Ⓤ 〖化〗 포타슘, 칼륨《기호 K》.
potássium brómide 브롬화칼륨.
potássium cárbonate 탄산칼륨.
potássium chlórate 염소산칼륨.
potássium chlóride 염화칼륨.
potássium cýanide 시안화칼륨.
potássium hydróxide 수산화칼륨.
potássium íodide 요오드화칼륨.
potássium nítrate 질산칼륨.
potássium permánganate 과망간산칼륨.
potássium súlfate 황산칼륨.
po·ta·tion[poutéiʃən] *n.* Ⓤ 마시기; Ⓒ (보통 *pl.*) 음주; Ⓤ 술.
†**po·ta·to**[pətéitou] *n.* (*pl.* ~*es*) Ⓒ 감자; 《美》 고구마. ***drop a thing like a hot*** ~ 당황하여 버리다. ***Irish*** 〔***white***〕 ~ 감자. ***sweet***

〔*Spanish*〕 ~ 고구마. 「레.
potáto bèetle 〔**bùg**〕 감자잎벌
potáto bòx 〔**tràp**〕《俗》입.
potáto chìp 〔《英》 **crìsp**〕 얇게 썬 감자 튀김. 「구.
potáto màsher 감자 으깨는 도
po·ta·to·ry [póutətɔ̀:ri/-təri] *a.* 음주의; 술에 빠지는.
pót·bèlly *n.* Ⓒ 올챙이배(의 사람); (배가 불룩한) 난로.
pót·bòiler *n.* Ⓒ 생활을 위한 문학〔미술〕 작품(을 만드는 사람).
pót chèese 《美》 =COTTAGE CHEESE.
***po·tent** [póutənt] *a.* ① 힘센, 유력한; 세력〔효력〕이 있는. ② (남성이) 성적(性的) 능력이 있는. ③ (약 등) 효력이 있는. ④ (도덕적으로) 영향력이 강한. **~·ly** *ad.* **pó·ten·cy** *n.* Ⓤ 세력; 효력.
***po·ten·tate** [póutəntèit] *n.* Ⓒ 유력자; 세력가, 군주.
:po·ten·tial [poutén∫əl] *a.* ① 가능한; 잠재적인. ② 〖理〗 전위(電位)의; 〖文〗 가능법의(~ *mood*). ── *n.* Ⓤ ① 가능성; 잠세(潛勢); 잠재(능)력. ② 〖理〗 전위; 〖文〗 가능법《I *can do* it., He *may come.*과 같은 'mood'》. **~·ly** *ad.* ***-ti·al·i·ty** [-∫iǽləti] *n.* Ⓤ 가능성; Ⓒ 잠재력.
pót·hèad *n.* Ⓒ《美俗》마리화나 중독자.
poth·er [páðər/-ɔ́-] *n.* Ⓤ 소동; 자욱한 연기〔먼지〕. ── *vt., vi.* 괴롭히다; 걱정하다.
pót·hèrb *n.* Ⓒ 데쳐 먹는 야채; 조미용 야채.
pót·hòle *n.* Ⓒ ① 〖地〗 돌개 구멍《하상의 암석에 생긴》; (노면에 팬) 구멍. ② (수직으로 구멍이 난) 깊은 동굴. **-hòler** *n.* Ⓒ 동굴 탐험자. **-hòling** *n.* Ⓤ 동굴 탐험.
pót·hòok *n.* Ⓒ 불 위의 남비 따위를 매다는 S형 고리; 고리 달린 긴 부젓가락; (어린이의) 꼬부랑 글씨.
pót·hòuse *n.* Ⓒ《英》(작은) 맥주집.
pót·hùnter *n.* Ⓒ 닥치는 대로 쏘는 사냥꾼; 상품을 노린 경기 참가자.
po·tion [póu∫ən] *n.* Ⓒ (약 따위의) 1회 분량, 한 잔. 「음식.
pót·lùck *n.* Ⓤ 있는 것으로 장만한
pótluck sùpper 《美》각자 먹을 것을 갖고 와서 하는 저녁 파티.
***Po·to·mac** [pətóumək] *n.* (the ~) 미국 Washington 시를 흐르는 강. 「두 스튜.
pót·pìe *n.* Ⓤ,Ⓒ 고기 파이; 고기 만
pót plànt (관상용의) 화분 식물, 분종(盆種).
pot·pour·ri [pòupurí:, poupúəri] *n.* (F.) Ⓒ 화향(花香)《꽃잎과 향료를 섞은 실내 방향제》; 혼성곡; (문학의) 잡집(雜集). 「파편.
pót·shèrd *n.* Ⓒ 사금파리, 도기의
pót·shòt *n.* Ⓒ 식용만을 목적으로 하는 총사냥; (잘 조준하지 않는) 근거리 사격.
pot·tage [pátidʒ/-ɔ́-] *n.* =POTAGE.
pot·ted [pátid/-ɔ́-] *a.* 화분에 심은; 단지〔항아리〕에 넣은; 병조림의.
***pot·ter**[1] [pátər/-ɔ́-] *n.* Ⓒ 도공(陶工), 옹기장이. ***~·y** *n.* Ⓤ 도기, 오지 그릇; 도기 제조(업); Ⓒ 도기제조소, 가마.
pot·ter[2] *v.* 《英》 =PUTTER[1].
pótter's cláy 〔**éarth**〕 도토(陶土), 질흙.
pótter's field 무연(無緣) 묘지.
pótter's whèel 녹로(轆轤), 물레.
Pótt's disèase [páts-/-ɔ́-] 포트병, 척추 카리에스.
pot·ty[1] [páti/-ɔ́-] *a.* 《英口》 사소한; 쉬운; 미친 듯한. **pót·ti·ness** *n.*
pot·ty[2] *n.* Ⓒ 어린이용 변기, 《兒》 변소.
pótty-tràined *a.* 《英》(어린애가) 대소변을 가리게 된.
pótty-tráining *n.* Ⓤ 대소변을 가리도록 길들임.
***pouch** [paut∫] *n.* Ⓒ 작은 주머니; 〖動〗(캥거루 따위의) 육아 주머니. ── *vt.* 주머니에 넣다; 자루처럼 만들다; 오므라지게 하다. ── *vi.* 자루 모양으로 되다. **~ed** [-t] *a.* 주머니가 있는; (동물이) 유대(有袋)의.
poul·ter·er [póultərər] *n.* Ⓒ《주로 英》 가금상(家禽商), 새 장수.
poul·tice [póultis] *n., vt.* Ⓒ (…에) 찜질약〔습포약〕(을 붙이다).
***poul·try** [póultri] *n.*《집합적》 가금(家禽)《닭·칠면조·오리 따위》.
***pounce**[1] [pauns] *vi., vt.* 붙잡으려 들다(*upon, on*); 갑자기 덮치다〔오다, 튀다〕. ── *n.* Ⓒ 붙잡으려 덤벼듦, 급습. 「는) 지림분(止淋粉).
pounce[2] *n.* Ⓤ (잉크의 번짐을 막
†pound[1] [paund] *n.* Ⓒ 파운드《무게 단위, 16온스, 453.6그램, 생략 lb.》; 파운드《영국 화폐 단위, 100 pence, 기호 £》.
***pound**[2] *vt.* 세게 연타하다; 짓빻다. ── *vi.* ① 세게 치다(*on*); 난타하다(*on, at*). ② (심장이) 두근거리다. ③ 쿵쿵 걷다(*about, along*). ── *n.* 타격; 치는 소리; 강타.
pound[3] *n., vi.* Ⓒ (주인 잃은 소·개 따위의) 우리(에 넣다); 동물을 넣는 울; 구치소; 구류하다.
pound·age [⌐idʒ] *n.* Ⓤ (무게·금액) 1파운드에 대한 수수료〔세금〕.
pound·al [⌐əl] *n.* Ⓒ 〖理〗 파운달《힘의 단위, 질량 1파운드의 질점(質點)에 작용하여 매초 1피트의 가속도를 일으키는 힘, 13.8다인》.
póund càke 파운드 케이크《설탕·버터·밀가루를 각 1파운드씩의 비율로 섞어 만든 케이크》.
póund còin 파운드 화폐.
póund-fóolish *a.* 한푼을 아껴 천냥을 잃는(cf. penny-wise).
póund nèt (물속에 치는) 정치망(定置網).
póund nòte 《보통 숫자와 함께 써서》 …파운드 지폐(*a 5-~,* 5파운드 지폐).

póund sìgn 파운드 기호《£》.
póund stérling (영국 화폐) 1파운드.
‡**pour**[pɔːr] *vt.* ① 쏟다, 붓다(*into, in, on*); (총알을) 퍼붓다. ② (은혜를) 많이 베풀다. ③ 도도히 말하다. — *vi.* 흘러 나오다(*down, forth, out*); 억수같이 퍼붓다. ***It never rains*** BUT ***it ~s.*** — *n.* Ⓒ 유출(流出); 호우(豪雨).
*__pout__[paut] *vi., n.* Ⓒ 입을 빼물다 〔삐죽거림〕; 뿌루퉁하다〔하기〕. — *vt.* (입을) 삐죽 빼물다〔고 말하다〕. **∠·y** *a.* 찌무룩한.
‡**pov·er·ty**[pávərti/-ɔ́-] *n.* Ⓤ ① 가난. ② 빈약; (필요물의) 결핍(*in, of*). ③ 불모.
póverty lìne 빈곤(소득)선《최저 생활 유지에 필요한 소득 수준》.
póverty-strìcken *a.* 매우 가난한.
póverty tràp 《英》 빈곤의 올가미《수입이 늘면 국가의 보호 수당을 받지 못해 오히려 빈곤에서 벗어나지 못하는 상황을 이름》.
pow[pau] *int.* 펑, 꽝《타격이나 파열 소리》.
POW, P.O.W. prisoner of war.
‡**pow·der**[páudər] *n.* ① Ⓤ 가루, 분말. ② Ⓤ 가루분(face powder); Ⓒ 가루약; Ⓤ 화약(gunpowder). ③ =POWDER BLUE. — *vt., vi.* 가루로 하다〔가 되다〕(*~ed egg* 분말 달걀/ *~ed milk* 분유); 가루를 뿌리다; 가루분을 바르다. **~·y**[-i] *a.* 가루(모양)의; 가루투성이의; 가루가 되기 쉬운, 무른.
pówder blúe 담청색(light blue) (가루 물감).
pówder hòrn 뿔로 만든 화약통.
pówder kèg (옛날의) 화약통; 위험한 상황.
pówder magazìne 화약고(庫).
pówder mìll 화약 공장.
pówder mònkey (군함의) 소년 화약 운반수; 다이너마이트 장치원.
pówder pùff 분첩.
pówder ròom 화장실; 여성용 세면소; 욕실(浴室).
†**pow·er**[páuər] *n.* ① Ⓤ 힘; 능력. ② (*pl.*) 체력; 지력, 정신력. ③ Ⓤ 세력, 권력, 지배력; 정권. ④ Ⓒ 유력자; 강국. ⑤ Ⓒ 〖數〗 멱(冪), 거듭제곱. ⑥ Ⓤ 〖理〗 작업률, 공률; 〖機〗 동력; (렌즈의) 확대력. ⑦ Ⓒ (보통 *pl.*) 신(神). ***a ~ of*** 《口》 많은. ***in one's ~*** 힘이 미치는 범위내에; 지배하에. ***~ of attorney*** 위임장. ***the Great Powers*** 열강(列強). ***the ~s that be*** 당국.
pówer bàse (정치 운동의) 지반.
pówer·bòat *n.* Ⓒ 발동기선, 모터 〔보트.
pówer càble 〖電〗 고압선.
pówer cùt (일시적) 송전 정지, 정전.
pówer dìve 〖空〗 (엔진을 건 채로의) 급강하.
pówer drìll 동력 천공기.
‡**pow·er·ful**[páuərfəl] *a.* 강력한; 유력한; 《주로 方》 많은. **~·ly** *ad.* **~·ness** *n.*
pówer gàme 권력 획득 경쟁.
pówer gàs 동력 가스.
pówer·hòuse *n.* Ⓒ 발전소.
*__pówer·less__ *a.* 무력한, 무능한. **~·ly** *ad.* **~·ness** *n.*
pówer lìne 〖電〗 송전선.
pówer lòom 동력 직기(織機).
pówer pàck 〖電〗 전원함(電源函).
pówer plànt 발전소; 발전 장치.
pówer plày 〖美蹴〗 파워 플레이《집단 집중 공격》; (기업·정치상의) 공격적 행동 작전.
pówer pólitics 무력 외교.
pówer reàctor 동력로(爐).
pówer shòvel 동력 삽.
pówer státion =POWERHOUSE.
pówer stéering (자동차의) 파워 스티어링, 동력 조타(操舵) 장치.
pówer strùcture 《美》 권력 기구.
pówer tàke-off (트럭·트랙터의) 동력 인출(引出) 장치.
pówer ùnit 내연 기관.
pow·wow[páuwàu] *n.* Ⓒ (북아메리카 원주민이 질병의 완쾌·사냥의 성공 따위를 비는) 주문(呪文) 의식; 북아메리카 원주민〔과의〕 회의; 《美口》 회의, 회합. — *vi.* ~의 의식을 행하다; 《美口》 협의하다.
pox[pɑks/-ɔ-] *n.* (the ~) 매독.
pp 〖樂〗 *pianissimo.* **pp.** pages; past participle. **p.p.** parcel post; past participle; postpaid; =PER PRO. **ppb, PPB** part(s) per billion, 10억분의…. **PPB(S)** planning, programming, budgeting (system) 컴퓨터에 의한 기획·계획·예산 제도. **P.P.C., p.p.c.** *pour prendre congé* (F. =to take leave).
PP fáctor 〖生化〗 (<pellagra-preventive factor) 항(抗)펠라그라 인자《펠라그라 예방에 쓰는 니코틴산·니코틴산아미드》.
PPHM, pphm part(s) per hundred million, 1억분의…. **PPI** Plan Position Indicator 고성능 전파 탐지기(電波探知機). **ppl., p.pl.** participial. **PPM, ppm, p.p.m.** par(s) per million, 100만분의…; 〖컴〗 pages per minute 쪽수/분. **ppr., p.pr.** present participle. **P.P.S.** *post postscriptum* (L. =additional postscript). **PPV, ppv** pay-per-view (TV의) 프로그램 유료 시청제. **Pr** 〖化〗 praseodymium. **Pr.** Provençal. **Pr., pr.** preferred (stock) 우선(주). **pr.** pair(s); present. **P.R.** Proportional Representation 비례 대표; public relations; Puerto Rico. **P.R.A.** President of the Royal Academy.
*__prac·ti·ca·ble__ [prǽktikəbəl] *a.* ① 실행할 수 있는. ② 실용에 맞는. ③ (도로 따위) 통행할 수 있는. **-bil-**

P

i·ty[≻--bíləti] *n.*
ː**prac·ti·cal**[prǽktikəl] *a.* ① 실지의, 실제적인. ② 실용적인; 유용한. ③ 실지 경험이 있는; 노련한. ④ 실질상의; 분별 있는(*a ~ mind*). ː~·**ly** *ad.* 실제로; 실질상; 실용적으로; 거의.
práctical jóke 못된 장난.
práctical núrse 환자 시중 전문의 간호사.
†**prac·tice**[prǽktis] *n.* ① Ⓤ 실시, 실행; 실제. ② Ⓤ,Ⓒ (개인의) 습관, (사회의) 관습. ③ Ⓒ 연습; 숙련. ④ Ⓒ (의사·변호사 등의) 업무. ⑤ Ⓤ 〖法〗 소송 절차. ***be in ~*** 연습〔숙련〕돼 있다; 개업하고 있다. ***in ~*** 실제상으로는. ***out of ~*** 연습 부족으로. ***put ... into*** 〔***in***〕 ***~*** …을 실행하다. — *vt.* ① 늘 행하다; 실행하다. ② 연습〔훈련〕하다. ③ (의사·변호사 등을) 업으로 하다. — *vi.* ① 습관적으로 하다. ② 연습하다(*on, at, with*). ③ (의사·변호사 등이) 개업하다. ④ (약점에) 편승하다, 속이다(*on, upon*). ~**d**[-t] *a.* 연습〔경험〕을 쌓은. ***~d hand*** 숙련가.
práctice-téach *vi.* 교육 실습을 하다.
práctice tèacher 교육 실습생.
práctice tèaching 교육 실습.
prac·ti·cian[præktíʃən] *n.* Ⓒ 숙련자; 실제가; =PRACTITIONER.
ː**prac·tise**[prǽktis] *vt., vi.* 《英》= PRACTICE.
*__prac·ti·tion·er__[præktíʃənər] *n.* Ⓒ 개업자, 《특히》 개업의(醫), 변호사.
prae·no·men[pri:nóumən, -men] *n.* (*pl.* ***-nomina***[-námina/-ɔ́-]) Ⓒ 〖古로〗 첫째 이름《Gaius Julius Caesar의 Gaius》.
prae·pos·tor [pri:pástər/-ɔ́-] *n.* Ⓒ 《英》 ('public school'의) 반장.
prae·tor[prí:tər] *n.* Ⓒ 〖로史〗 집정관(執政官)(consul); (후에, consul 다음가는) 행정관.
prag·mat·ic[prægmǽtik], **-i·cal** [-əl] *a.* 쓸데없이 참견하는; 독단적인; 〖哲〗 실용주의의; 실제적인; 활동적인. **-i·cal·ly** *ad.*
prag·ma·tism[prǽgmətìzəm] *n.* Ⓤ 쓸데없는 참견; 독단(성); 실제적임; 〖哲〗 실용주의. **-tist** *n.* Ⓒ 〖哲〗 실용주의자; 참견하는 사람.
*__Prague__[prɑ:g] *n.* 프라하《체코의 수도》.
ː**prai·rie**[prέəri] *n.* Ⓒ 대초원《특히 북아메리카의》.
práirie chìcken (북아메리카산) 뇌조(雷鳥)의 일종.
práirie dòg 〖動〗 (북아메리카산) 마멋(marmot)의 무리.
práirie schòoner 《美》 (개척 시대의) 대형 포장 마차.
Práirie Stàte 《口》 Illinois주의 딴 이름.
práirie wòlf =COYOTE.
ː**praise**[preiz] *n., vt.* Ⓤ 칭찬(하다); (신을) 찬미(하다).
práise·wòrthy *a.* 칭찬할 만한, 기특한.
pra·line[prá:li:n] *n.* Ⓤ,Ⓒ 호두·아몬드를 넣은 사탕.
pram[præm] (<perambulator) *n.* Ⓒ 《英口》 유모차.
*__prance__[præns/-ɑ:-] *vi* ① (말이 기운이 뻗쳐) 뒷다리로 뛰다(*along*). ② (사람이) 말을 껑충껑충 뛰게 하여 나아가다. ③ 뻐기며 걷다(*about*); 뛰어돌아다니다. — *n.* (a ~) 도약.
prang[præŋ] *n., vt.* Ⓒ 《英俗》 맹폭격(하다), 격추시키다; 추락(시키다).
*__prank__[1][præŋk] *n.* Ⓒ 농담, 못된 장난. ≺·**ish** *a.* 장난의; 장난을 좋아하는.
prank[2] *vt., vi.* 장식하다(*with*); 성장(盛裝)하다, 잘 차려입다(*up, out*).
pra·se·o·dym·i·um [prèiziou-dímiəm, -si-] *n.* Ⓤ 〖化〗 프라세오디뮴《희금속 원소; 기호 Pr》.
prat[præt] *n.* Ⓒ 《俗》 궁둥이.
prate[preit] *n., vt., vi.* Ⓤ (재잘재잘) 쓸데 없는 말(을 하다), 수다 떨다.
prat·fall[prǽtfɔ:l] *n.* Ⓤ 《俗》 엉덩방아; 실수.
prat·tle[prǽtl] *vi., vt., n.* Ⓤ 어린애 같이 (멋대로) 지껄이다; 혀짤배기 소리(를 하다); 수다 (떨다); (물 따위) 졸졸하는 소리.
Prav·da[prá:vdə] *n.* (Russ. = truth) 옛 소련 공산당 기관지(cf. Izvestia).
prawn[prɔ:n] *n.* Ⓒ 〖動〗 참새우.
prax·is[prǽksis] *n.* (*pl.* ***praxes*** [-si:z]) Ⓤ,Ⓒ 습관, 관례; 연습; 응용; 〖文〗 예제, 연습 문제(집).
ː**pray**[prei] *vi.* 간원하다(*for*); 빌다, 기도하다(*to*). — *vt.* (…에게) 바라다; 기원하다; 기원하여 이루어지게 하다(*out, into*); 제발. ***be past ~ing for*** 개전(改悛)의 가망이 없다. ≺·**er**[1] *n.* Ⓒ 기도〔기원〕하는 사람.
ː**prayer**[2] [prεər] *n.* ① Ⓤ 기원; 간원. ② Ⓤ 기도식; 기도의 문구. ③ Ⓒ 기도의 목적물. ***the Book of Common P-*** (영국 국교회의) 기도서. ***the*** LORD***'s P-***.
práyer bòok[prέər-] 기도서.
prayer·ful[prέərfəl] *a.* 기도에 열심인, 신앙심깊은.
práy-ìn *n.* Ⓒ 《美》 기도로 항의하는 「집회.
práying mántis 〖蟲〗 사마귀.
PRC People's Republic of China. **P.R.B.** Pre-Raphaelite Brotherhood.
pre-[prì:, pri] *pref.* '전, 앞, 미리' 「따위의 뜻.
ː**preach**[pri:tʃ] *vi.* 설교하다; 전도하다. — *vt.* 설교하다; (도를) 전하다; 창도(唱道)하다. *≺·**er** *n.* Ⓒ 설교자; 목사. ~·**i·fy**[≺əfài] *vi.* 《口》 지루하게 설교하다. *≺·**ing** *n.* Ⓤ,Ⓒ 설교. ≺·**ment** *n.* Ⓤ,Ⓒ 설교; 지루한 설교. ≺·**y** *a.* 《口》 설교하기 좋아하는, 설교적인.
pre·am·ble[prí:æmbəl/-≺-] *n.*

Ⓒ (법률·조약 등의) 전문(前文), 머리말.
pre·ámplifier *n.* Ⓒ 〖電〗 전치(前置) 증폭기. 「예보.
prè·annóuncement *n.* Ⓤ 예고,
prè·arránge *vt.* 미리 타합〔상의〕하다; 예정하다. **~ment** *n.*
prè·atómic *a.* 《美》 원폭 (사용) 이전의(opp. postatomic).
preb. prebendary.
preb·end[prébənd] *n.* Ⓒ (cathedral이나 collegiate church에 속하는 목사의) 봉급, 성직급(給); = PREBENDARY. **-en·dar·y**[prébəndèri/-dəri] *n.* Ⓒ 수급(受給) 성직자.
prec. preceding.
Pre·cam·bri·an[prìːkǽmbriən] *n., a.* (the ~) 〖地〗 선(先)캄브리아기(紀)(의).
pre·can·cel[prìːkǽnsəl] *vt.* (《英》 *-ll-*) (우표에) 사용 전에 소인을 찍다.
*__pre·car·i·ous__ [prikέəriəs] *a.* ① 남의 뜻에 좌우되는. ② 불안정한. ③ 위험한. **~·ly** *ad.*
pre·cast[prìːkǽst/-ɑ́ː-] *vt.* (~), *a.* 〖建〗 (콘크리트를) 미리 틀에 넣어 만들다〔만든〕, 프리카스트의.
précast cóncrete 〖土〗 (조립용) 콘크리트 부품.
:**pre·cau·tion**[prikɔ́ːʃən] *n.* ① Ⓤ 조심, 경계. ② Ⓒ 예방책(*against*). **~·ar·y**[-nèri/-nə-] *a.*
:**pre·cede**[prisíːd] *vt., vi.* ① 앞서다; 선행(先行)하다. ② (…의) 상위에 앉다, …보다 중요하다〔낫다〕, (…에) 우선하다. **-cé·dence, -den·cy** *n.* Ⓤ 선행; 상위, 상석; 우선권; 〖컴〗 우선 순위. *__-céd·ing__ *a.* 선행하는, 앞의; 전술(前述)한.
*__prec·e·dent__ [présədənt] *n.* Ⓒ 선례; Ⓤ,Ⓒ 〖法〗 판례. **pre·ced·ent** [prisíːdənt] *a.* …에 앞서는, 앞의.
pre·cen·sor[prisénsər] *vt.* (출판물·영화 등을) 사전 검열하다.
pre·cen·tor[priséntər] *n.* Ⓒ (교회 성가대의) 선창자(先唱者).
*__pre·cept__[príːsept] *n.* ① Ⓤ,Ⓒ 교훈; 격언. ② Ⓒ 〖法〗 명령서.
pre·cep·tor[priséptər] *n.* Ⓒ 교훈자, 교사.
pre·ces·sion[priséʃən] *n.* Ⓤ,Ⓒ 선행; 〖天〗 세차(歲差) (운동).
precéssion of the équinoxes 〖天〗 세차 운동.
*__pre·cinct__[príːsiŋkt] *n.* Ⓒ ① 《주로 英》 경내(境內), 구내. ② (행정) 관구(管區); (*pl.*) 경계, 주위, 부근.
pre·ci·os·i·ty [prèʃiɑ́səti/-ɔ́-] *n.* Ⓤ (말씨 따위에) 몹시 신경을 쓰기 〔까다롭게 굴기〕, 점잔빼기.
:**pre·cious**[préʃəs] *a.* ① 귀중한, 비싼; 소중한. ② 귀여운. ③ 점잔빼는; 꾀까다로운. ④ 《口》 지독한, 순전한; 《反語》 대단한(*a ~ fool*). ── *ad.* 《口》 대단히. ── *n.* Ⓒ 《호칭》 소중한 사람(*My ~!*). **~·ly** *ad.* **~·ness** *n.*
précious métals 귀금속.
précious stóne 보석. 「벼랑.
*__prec·i·pice__[présəpis] *n.* Ⓒ 절벽,
pre·cip·i·tant[prisípətənt] *a.* 거꾸로 떨어지는, 곤두박이치는; 저돌적으로 돌진하는; 돌연한; 성급한. ── *n.* Ⓒ 〖化〗 침전제. **-tance, -tan·cy** *n.* Ⓤ 몹시 허둥댐, 경솔, 황급; Ⓒ 경솔한 행위.
*__pre·cip·i·tate__[prisípətèit] *vt., vi.* ① 거꾸로 떨어뜨리다〔떨어지다〕, 곤두박이치(게 하)다. ② 무턱대고 재촉하다, 촉진하다. ③ 〖化〗 침전시키다〔하다〕; 〖氣〗 응결시키다〔하다〕. ── [-tit, -tèit] *a.* 거꾸로의; 무모〔경솔〕한; 돌연한. ── [-tit, -tèit] *n.* Ⓤ,Ⓒ 〖化〗 침전물; 〖氣〗 응결한 수분《비·눈 따위》. **~·ly**[-titli] *ad.*
*__pre·cip·i·ta·tion__[prisìpətéiʃən] *n.* ① Ⓤ 거꾸로 투하〔낙하〕하기; 투하, 낙하. ② Ⓤ 화급(火急), 황급; 촉진; 경솔. ③ Ⓤ 침전; Ⓒ 침전물; Ⓤ 강수《비·눈·이슬 따위》; 강수량.
*__pre·cip·i·tous__ [prisípətəs] *a.* 험한; 성급한, 경솔한.
pré·cis[préisiː, ─́─] *n.* (F.) (*pl.* ~ [-z]) Ⓒ 대요, 개략.
:**pre·cise**[prisáis] *a.* ① 정확한. ② 세심한; 꼼꼼한. ③ 조금도 틀림없는. ***to be ~*** 《독립구》 정확히 말하면. :**~·ly** *ad.* 정확히; 《대답으로서》 바로 그렇다. **~·ness** *n.*
pre·ci·sian[prisíʒən] *n.* Ⓒ 딱딱한〔꼼꼼한〕 사람.
*__pre·ci·sion__[prisíʒən] *n., a.* Ⓤ 정확(한), 정밀(한); 〖컴〗 정밀도.
precísion bómbing 정조준 폭격.
precísion ínstrument 정밀 기계.
pre·clude[priklúːd] *vt.* 제외하다; 방해하다(*from*); 불가능하게 하다. **pre·clu·sion**[-ʒən] *n.* **pre·clú·sive** *a.* 제외하는; 방해하는(*of*).
pre·co·cious[prikóuʃəs] *a.* 조숙한, 올된; 〖植〗 일되는, 올벼의. **pre·coc·i·ty**[-kɑ́səti/-ɔ́-] *n.*
prè-Colúmbian *a.* (Columbus의) 아메리카 발견 이전의.
pre·con·ceive [prìːkənsíːv] *vt.* 예상하다. ***~d idea*** 선입관, 편견.
pre·con·cep·tion[prìːkənsépʃən] *n.* Ⓒ 예상; 선입관.
pre·con·cert[prìːkənsə́ːrt] *vt.* 미리 협정〔상의〕하다.
pre·con·di·tion[prìːkəndíʃən] *n.* Ⓒ 전제 조건. ── *vt.* 미리 조건을 조성해 놓다.
pre·co·nize[príːkənàiz] *vt.* (공공연히) 선언〔성명〕하다; 기리다; 소환하다; 〖가톨릭〗 (교황이 주교를) 임명하다.
pre-Cónquest *a.* the NORMAN CONQUEST 이전의.
pre·cur·sor[prikə́ːrsər] *n.* Ⓒ 선구자; 선배; 전조(前兆). **-so·ry** *a.* 전조의.
pred. predicate; predicative.
pre·da·cious, -ceous[pridéiʃəs] *a.* 〖動〗 포식성(捕食性)의, 육식성의.
pre·da·tion[pridéiʃən] *n.* Ⓤ 약탈;

P

〖生〗 포식(捕食).

pred·a·tor[prédətər] *n.* Ⓒ 약탈자; 〖生〗 포식자, 육식 동물.

pred·a·to·ry[prédətɔ̀:ri/-təri] *a.* 약탈하는; =PREDACIOUS.

***pre·de·ces·sor** [prèdisésər, ⌐—⌐—/prí:disèsər] *n.* Ⓒ ① 전임자. ② 앞서의 것. ③《古》 선조.

pre·des·ti·nate[pridéstənèit] *vt.* 예정하다; (신이) 예정하다. — [-nit] *a.* 예정된, 숙명의. **-na·tion** [—⌐—néiʃən] *n.* Ⓤ 예정; 숙명; 〖神〗 운명 예정설.

pre·des·tine[pridéstin] *vt.* (신이 운명을) 예정하다.

***pre·de·ter·mine** [prì:ditə́:rmin] *vt.* 미리 결정하다〔방향을 정하다〕; 예정하다. **-mi·na·tion** [⌐—⌐mənéiʃən] *n.*

pred·i·ca·ble[prédikəbəl] *a., n.* Ⓒ 단정할 수 있는 (것); 속성.

***pre·dic·a·ment**[pridíkəmənt] *n.* Ⓒ 상태; 궁경(窮境).

pred·i·cate[prédikit] *n., a.* Ⓒ 〖文〗 술어(의), 술부(의); 〖論〗 빈사(賓辭)(의); 〖컴〗 술어. — [-kèit] *vt.* 단언하다; 서술하다. **-ca·tion** [⌐—kéiʃən] *n.* Ⓤ,Ⓒ 단언; 〖文〗 서술.

***pred·i·ca·tive**[prédikèitiv/pridíkətiv] *a.* 〖文〗 서술〔술어〕적인(opp. attributive). — *n.* ~·**ly** *ad.*

pred·i·ca·to·ry[prédikətɔ̀:ri/-təri] *a.* 설교의, 설교하는, 설교에 관한.

:pre·dict[pridíkt] *vt., vi.* 예언하다. ***pre·díc·tion** *n.* Ⓤ 예언(하기). **pre·díc·tive** *a.* **pre·díc·tor** *n.* Ⓒ 예언자; 〖軍〗 대공(對空) 조준 산정기(算定機).

pre·di·gest [prì:didʒést, -dai-] *vt.* (음식을) 소화하기 쉽게 요리하다; 쓰기〔알기〕 쉽게 간단히 하다.

pre·di·lec·tion[prì:dəlékʃən] *n.* Ⓒ 좋아함, 편애(偏愛)(*for*).

pre·dis·pose[prì:dispóuz] *vt.* 미리 (…에) 기울게 하다(*to, toward*); (병에) 걸리기 쉽게 하다(*to*). ***-po·si·tion**[⌐—pəzíʃən] *n.* Ⓒ 경향(*to*); 〖病〗 소인(素因)(*to*).

***pre·dom·i·nant** [pridámənənt/-ɔ́-] *a.* 우세한; 뛰어난; 현저한. ~·**ly** *ad.* **-nance** *n.*

pre·dom·i·nate[pridámənèit/-ɔ́-] *vi.* 지배하다(*over*); 우세하다(*over*). **-na·tion**[—⌐—néiʃən] *n.*

pre·e·lec·tion[prì:ilékʃən] *n., a.* Ⓒ 예선(의); 선거전의 (운동).

pree·mie[prí:mi] *n.* Ⓒ《美口》 조산아.

pre·em·i·nent [priémənənt] *a.* 발군의, 뛰어난; 현저한. ~·**ly** *ad.* **-nence** *n.*

pre·empt[priémpt] *vt.* 선매권(先賣權)에 의하여 (공유지를) 획득하다; 선취하다. **pre·émp·tion** *n.* Ⓤ 선매(권). **pre·émp·tive** *a.* 선매의, 선매권 있는.

preen[pri:n] *vt.* (새가) 부리로 (날개를) 다듬다; 몸단장〔몸치장〕하다 (~ *oneself*).

prè-exíst *vi.* 선재(先在)하다. ~·**ence** *n.* Ⓤ (영혼) 선재.

pref. preface; prefactory; preference; preferred; prefix.

pre·fab[prí:fæ̀b] *n., a.* Ⓒ 조립(組立) 가옥(의). — *vt.* (**-bb-**) =⇩.

pre·fab·ri·cate[pri:fǽbrikèit] *vt.* (가옥 따위의) 조립 부분품을 제조하다. ***~d house*** 조립 가옥〔주택〕.

:pref·ace[préfis] *n., vt.* Ⓒ (책의) 서문〔머리말〕(을 쓰다); 허두(虛頭)(를 놓다), 시작하다(*by, with*).

pref·a·to·ry [préfətɔ̀:ri/-tə-], **-ri·al**[prèfətɔ́:riəl] *a.* 서문의, 머리말의; 허두의, 서두의.

pre·fect[prí:fekt] *n.* Ⓒ (고대 로마의) 장관; (프랑스의) 지사(知事); 《英》 (public school의) 반장.

:pre·fec·ture[prí:fektʃər] *n.* Ⓤ prefect의 직(職)〔직권·임기〕; Ⓒ prefect의 관할 구역〔관저〕; 도(道), 현(縣). **-tur·al**[—⌐tʃərəl] *a.*

:pre·fer[prifə́:r] *vt.* (**-rr-**) ① (오히려 …을) 좋아하다, 택하다(~ *tea to coffee* 커피보다 홍차를 좋아하다). ② 제출하다. ③ 승진시키다. ④ 〖法〗 우선권을 주다. ~·**ment** *n.* Ⓤ 승진; 〖宗〗 고위(高位).

***pref·er·a·ble**[préfərəbəl] *a.* 택할 만한, 오히려 나은, 바람직한. ***-bly** *ad.* 오히려, 즐겨, 이왕이면.

:pref·er·ence[préfərəns] *n.* ① Ⓤ 선택; 편애(*to, for, over*). ② Ⓒ 좋아하는 것. ③ Ⓤ,Ⓒ 우선권; (관세의) 특혜.

préference shàre 〔**stòck**〕 우선주(株).

pref·er·en·tial[prèfərénʃəl] *a.* 우선의; 선택적인; 특혜의.

preferéntial shóp 노동 조합원 우대공장, 노동 조합 특약 공장.

preferéntial táriff 특혜 관세.

preferéntial tráding agrèement 특혜 무역 협정《생략 PTA》.

preferéntial vóting 순위 지정 연기(連記) 투표.

preférred shàre 〔**stòck**〕 우선주(株).

pre·fig·ure[pri:fígər] *vt.* 미리 나타내다, 예시하다; 예상하다.

:pre·fix[prí:fiks] *n.* Ⓒ 〖文〗 접두사(cf. affix, suffix). — [—⌐] *vt.* 앞에 놓다; 접두사로 붙이다(*to*).

pre·for·ma·tion[prì:fɔrméiʃən] *n.* Ⓤ 사전 형성(~ *theory* 〖生〗 (개체 발생에 대한) 전성설(前成說)).

preg[preg] *a.* 《口》 임신한.

pre·gla·cial[pri:gléiʃəl] *a.* 빙하기 전의.

preg·na·ble[prégnəbəl] *a.* 공략할 수 있는; 공격당하기 쉬운.

***preg·nant**[prégnənt] *a.* ① 임신한. ② (…이) 가득 찬(*with*); 풍부한. ③ 뜻깊은, 함축성 있는. **-nan·cy** *n.*

pre·hen·sile[prihénsil/-sail] *a.* 〖動〗 (발·꼬리가) 잡기〔감기〕에 알맞은, 휘감기는.

***pre·his·tor·ic**[prì:histɔ́:rik/-tɔ́r-],

-i·cal[-əl] *a.* 유사 이전의.
pre·ig·ni·tion[prì:igníʃən] *n.* Ⓤ 조기 착화《내연기관의》.
pre·in·for·ma·tion[prì:infərméiʃən] *n.* Ⓤ 미리〔사전에〕 정보를 알림〔알고 있음〕.
pre·judge[pri:dʒʌ́dʒ] *vt.* 미리 판단하다; 심리(審理)하지 않고 판결하다. **~·ment** *n.*
‡prej·u·dice[prédʒədis] *n.* ① Ⓤ,Ⓒ 편견, 비뚤어진 생각(*against*). ② Ⓤ 〖法〗 손해, 불리. ── *vt.* 편견을 갖게 하다; 해치다, 손상시키다. **~d**[-t] *a.* 편견을 가진.
prej·u·di·cial[prèdʒədíʃəl] *a.* 편견을 품게 하는, 불리한, 손해를 주는(*to*).
pre·kin·der·gar·ten[pri:kíndərgà:rtn] *a.* 유치원 가기 전 어린이의; 유치한, 미숙한.
prel·a·cy[préləsi] *n.* Ⓤ prelate의 직(職)〔지위〕; 《집합적》 고위 성직자들; Ⓒ 고위 성직자에 의한 감독 제도.
***prel·ate**[prélit] *n.* Ⓒ 고위 성직자《bishop, archbishop 등》.
prel·a·tism[prélətìzəm] *n.* Ⓤ (교회의) 감독 제도〔정치〕.
pre·lect[prilékt] *vi.* (대학 강사가) 강의하다, 강연하다.
pre·lec·tor[priléktər] *n.* Ⓒ (특히 대학의) 강사. 「시식(試食).
pre·li·ba·tion[prì:laibéiʃən] *n.* Ⓤ
pre·lim[prí:lim, prilím] *n.* Ⓒ 《口》 (보통 *pl.*) 예비 시험(preliminary examination); (권투 등의) 오픈 게임.
‡pre·lim·i·na·ry[prilímənèri/-nə-] *a.* 예비의, 준비적인. **~ *examination*** 예비 시험. **~ *hearing*** 〖法〗 예심. ── *n.* Ⓒ (보통 *pl.*) ① 예비 행위. ② 예선.
***prel·ude**[prélju:d, préi-] *n.* Ⓒ 〖樂〗 전주곡; 서막; 준비 행위. ── *vt.* 전주곡이 되다; 서두가 되다. ── *vi.* 전주곡을 연주하다; 서막이 되다(*to*).
pre·ma·ture[prì:mətjúər, ∠-∠] *a.* 너무 이른; 때 아닌; 너무 서두른. **~·ly** *ad.* **-tú·ri·ty** *n.*
pre·med·i·cal[pri:médikəl] *a.* 의예과(醫豫科)의.
pre·med·i·tate[pri:médətèit] *vt., vi.* 미리 생각〔계획〕하다. **-tat·ed**[-id] *a.* 미리 생각한. **-ta·tion**[-∸-téiʃən] *n.*
‡pre·mier[primíər, prí:miər] *n.* Ⓒ (종종 P-) 수상. ── *a.* 제일위의; 최초의, 가장 오래된. **~·ship**[-ʃìp] *n.* Ⓤ,Ⓒ 수상의 직〔임기〕.
pre·mière[primíər, -mjέər] *n.* (F.) Ⓒ (연극의) 첫날, 초연(初演); 주연 여배우.
***prem·ise**[prémis] *n.* ① Ⓒ 〖論〗 전제. ② (*pl.*) (the ~) 〖法〗 전술한 사항〔재산〕. ③ (*pl.*) (대지가 딸린) 집, 구내. ── [primáiz] *vt., vi.* 미리 말하다; 전제로 하다.
prem·iss[prémis] *n.* 〖論〗 =PREMISE.
pre·mi·um**[prí:miəm] *n.* Ⓒ ① 보수, 상(여)금(bonus). ② 덧돈, 프리미엄. ③ 보험료; 사례, 수업료. ④ 〖經〗 할증 가격, 수수료(agio), (화폐 교환 때의) 초과 가치《금화의 지폐에 대한 경우 따위》. ***at a ~ 프리미엄이 붙어, 액면 이상으로; 진중(珍重)되어. 「어음.
prémium nòte 보험료 지불 약속
prémium sỳstem 상여 제도《시간급을 정하고 소정 시간보다 빨리 하면 할증 급여를 줌》.
pre·mo·lar[pri:móulər] *a., n.* Ⓒ 소구치(小臼齒)(의).
pre·mo·ni·tion [prì:məníʃən] *n.* Ⓒ 예고; 예감.
pre·mon·i·to·ry [primánitɔ̀:ri/-mɔ́nitəri] *a.* 예고의; 전조(前兆)의.
pre·na·tal[pri:néitl] *a.* 출생 전의. 「PRENTICE.
pren·tice[préntis] *n.* 《口》 =AP-
***pre·oc·cu·pa·tion**[pri:àkjəpéiʃən/-ɔ̀-] *n.* Ⓤ 선취; 선입관; 열중.
***pre·oc·cu·py** [pri:ákjəpài/-ɔ́-] *vt.* ① 먼저 차지하다. ② 마음을 빼앗다; 깊이 생각게 하다. ***-pied** *a.* 몰두한, 열중한; 선취되어 있는.
pre·or·dain[prì:ɔ:rdéin] *vt.* (운명을) 예정하다. **-di·na·tion**[∸-dənéiʃən] *n.*
pre-owned[pri:óund] *a.* 중고(中古)의(secondhand).
prep[prep] *n.* Ⓤ 《口》 예습; 사전 준비; =PREPARATORY SCHOOL.
pre. preparatory; preposition.
pre·paid[pri:péid] *v.* prepay의 과거(분사). ── *a.* 선불(先拂)의.
‡prep·a·ra·tion [prèpəréiʃən] *n.* ① Ⓤ,Ⓒ 준비; 예습(*for*). ② Ⓒ 조합제(調合劑); 조제 식품. ***in ~ for*** …의 준비로.
pre·par·a·tive[pripǽrətiv] *a.* = PREPARATORY. ── *n.* Ⓤ 준비 (행위).
pre·par·a·to·ry** [pripǽrətɔ̀:ri/-təri] *a.* 준비의, 예비의. **~ *course 예과. **~ *to*** …의 준비로서, …에 앞서.
prepáratory schòol 《英》 (public school 진학을 위한) 예비교; 《美》 (대학 진학을 위한) 대학 예비교.
†pre·pare[pripέər] *vt.* ① 준비하다〔시키다〕(*for*). ② 각오시키다(*for, to*). ③ 조리〔조정·조합〕하다. ── *vi.* 준비〔각오〕하다(*for*). ***be ~d to*** …의 준비〔각오〕를 하고 있다. **pre·par·ed·ly**[-pέ(:)ridli/-pέər-] *ad.* 준비〔각오〕하여. **pre·pár·ed·ness** *n.* Ⓤ 준비; 군비의 충실.
pre·pay[pri:péi] *vt.* (**-paid**) 선불하다. **~·ment** *n.*
pre·pense[pripéns] *a.* 〖法〗 미리 생각한, 계획적인, 고의의. ***of malice ~*** 가해할 의사를 가지고.
pre·plan[pri:plǽn] *vt.* (**-nn-**) 면

밀히 계획을 세우다.

pre·pon·der·ant [pripɑ́ndərənt/ -5-] *a.* 무게〔수·세력 따위〕에 있어 더한; 우세한; 압도적인(*over*). **-ance** *n.* (a ～) 무게에 있어서의 우위; 우세.

pre·pon·der·ate [pripɑ́ndərèit/ -5-] *vi.* 무게〔수·양·세력 따위〕에 있어서 더하다〔낫다〕(*over*); 우위를 점하다.

:prep·o·si·tion [prèpəzíʃən] *n.* Ⓒ 〖文〗 전치사. **～·al** *a.* 전치사의(*～al phrase* 전치사구).

pre·pos·sess [prìːpəzés] *vt.* 《보통, 수동》 좋은 인상을 주다; 《보통, 수동》 선입관이 되다. **～·ing** *a.* 귀염성 있는, 호감을 갖게 하는. **-sés·sion** *n.* Ⓒ 선입관(적 호감)《드물게, 반감》, 편애(偏愛).

***pre·pos·ter·ous** [pripɑ́stərəs/-5-] *a.* 비상식의, 터무니없는. **～·ly** *ad.*

pre·po·ten·cy [pripóutənsi] *n.* Ⓤ 우세, 〖遺傳〗 우성 유전(력).

pre·preg [príːprèg] *n.* Ⓤ 수지(樹脂) 침투 가공제.

pre·proc·es·sor [príːprɑ̀sesər/ -prɔ̀-] *n.* Ⓒ 〖컴〗 앞처리기.

pre·puce [príːpjuːs] *n.* ＝FORESKIN.

Pre-Raph·a·el·ite [priːrǽfiəlàit] *a., n.* Ⓒ 라파엘 전파(前派)의 (화가).

pre·re·cord [prìːrikɔ́ːrd] *vt.* (라디오·텔레비전 프로를) 방송 전에 녹음〔녹화〕하다〔해 두다〕.

pre·req·ui·site [priːrékwəzit] *a., n.* Ⓒ 미리 필요한 (물건), 없어서는 안 될(*to, for*); 필요 조건(*to, for*).

***pre·rog·a·tive** [prirɑ́gətiv/-5-] *n.* Ⓒ (보통 *sing.*) 특권, (제왕의) 대권(大權).

Pres. President; Presbyter(ian).

pres. present; president.

pres·age [présidʒ] *n.* Ⓒ 전조; 예감; 예언. ── [⁺priséidʒ] *vt.* 전조가 되다; 예감하다; 예언하다.

pres·by·o·pi·a [prèzbióupiə] *n.* Ⓤ 〖眼科〗 노안(老眼).

pres·by·ter [prézbitər] *n.* Ⓒ (초대〔장로〕 교회) 장로; (감독 교회) 목사.

***Pres·by·te·ri·an** [prèzbitíəriən] *a.* 장로제의; 장로교회의. ── *n.* Ⓒ 장로교회원. **～·ism** [-ìzəm] *n.* Ⓤ 장로 제도.

pres·by·ter·y [prézbitèri/-təri] *n.* Ⓒ 장로회의; 장로회 관할구; 교회 내 성직자석.

pre·school [príːskúːl] *a.* 학령 미달의.

pre·sci·ent [préʃiənt, príː-] *a.* 미리 아는, 선견지명이 있는. **-ence** *n.*

:pre·scribe [priskráib] *vt.* ① 명하다. ② (약을) 처방하다, (요법을) 지시하다. ③ 시효로써 무효로 하다. ── *vi.* ① 명령하다(*for*). ② 처방을 쓰다(*to, for*). ③ 시효에 의하여 청구하다〔무효로 되다〕(*to, for*). **pre·scríp·tion** *n.* Ⓤ 명령, 규정; Ⓒ 법규; 처방(전(箋)), 처방약; Ⓤ 시효.

pre·script [príːskript] *n.* Ⓒ 명령; 규정; 법령. ── *a.* 규정의.

prescríption drùg 의사 처방전이 필요한 약.

pre·scrip·tive [priskríptiv] *a.* 규정〔지시〕하는; 시효에 의한.

pre·sell [priːsél] *vt.* (**-sold** [-sóuld]) (발매 전 상품을) 미리 선전하다.

:pres·ence [prézəns] *n.* ① Ⓤ 있음, 존재. ② Ⓤ 출석. ③ Ⓤ (사람이) 있는 곳; 면전. ④ Ⓤ,Ⓒ 풍채, 태도. ⑤ Ⓒ 유령. ⑥ Ⓤ (라디오·스테레오 따위의) 현장감(現場感). ***in the ～ of*** …의 면전에서. ***～ of mind*** 침착.

présence chàmber 《주로 英》 알현실.

†pres·ent[1] [prézənt] *a.* ① 있는; 출석하고 있는. ② 현재의. ③ 〖文〗 현재(시제)의. ── *n.* (the ～) 현재; Ⓒ (보통 the ～) 〖文〗 현재 시제; (*pl.*) 〖法〗 본문, 본 증서. ***at ～*** 목하, 현재. ***for the ～*** 당분간, 현재로서는. ***Know all men by these ～s that...*** …이 서류에 의하여 …을 증명하다.

†pres·ent[2] *n.* Ⓒ 선물.

†pre·sent[3] [prizént] *vt.* ① 선사하다; (정식으로) 제출하다. ② (광경을) 나타내다, (극을) 상연하다. ③ 말하다. ④ 넘겨〔건네〕주다, 내놓다. ⑤ 소개하다, 배알시키다. ⑥ (무기를) 돌리다, 겨누다(*at*). ⑦ 《英》 〖宗〗 추천하다. ***P- arms!*** 《구령》 받들어총. **～ *oneself*** 출두하다; 나타나다. **～·a·ble** *a.* 남 앞에 내 놓을 수 있는, 보기 흉하지 않은; 예의바른; 선물에 적합한.

***pres·en·ta·tion** [prìːzentéiʃən, prèzən-] *n.* ① Ⓤ,Ⓒ 증정; 선물. ② Ⓤ 소개; 배알. ③ Ⓤ 제출; 제시. ④ Ⓒ 표현; 상연; (목사의) 추천.

presentátion còpy 증정본.

***présent-dáy** *a.* 현대의.

pre·sen·ti·ment [prizéntəmənt] *n.* Ⓒ (불길한) 예감, 불안감.

:pres·ent·ly [prézəntli] *ad.* 이내, 곧; 목하, 현재; 《古》 즉시.

pre·sent·ment [prizéntmənt] *n.* Ⓤ 진술; 상연; 연출; 묘사; Ⓒ 초상; Ⓤ 제출; 제시; 〖法〗 배심관의 고발.

***pres·er·va·tion** [prèzərvéiʃən] *n.* Ⓤ 보존, 저장; 보호; 방부(防腐).

pre·serv·a·tive [prizə́ːrvətiv] *a.* 보존하는, 보존력이 있는; 방부(防腐)의. ── *n.* Ⓤ,Ⓒ 방부제, 예방약.

:pre·serve [prizə́ːrv] *vt.* ① 보존하다; 유지하다. ② 방부 조치를 하다; (음식물을) 저장하다. ③ 보호하다; 사냥을 금하다. ── *n.* ① Ⓤ (*pl.*) (과일의) 설탕 절임. ② Ⓒ 금렵지(禁獵地), 양어장. **pre·sérv·er** *n.* Ⓒ 보호자; 구조자.

:pre·side [prizáid] *vi.* 사회〔통할〕하

다(*at, over*).

*__pres·i·den·cy__[prézidənsi] *n.* Ⓤ president의 직〔임기〕.

†__pres·i·dent__ [prézidənt] *n.* (종종 P-) Ⓒ ① 대통령. ② 총재, 장관, 의장, 회장, 총장, 학장, 교장, 사장(등).

__président-eléct__ *n.* Ⓒ (취임전의) 대통령 당선자.

*__pres·i·den·tial__[prèzidénʃəl] *a.* president의. ~ *timber* 대통령감.

__presidéntial prímary__ 《美》(각 정당의) 대통령 선거인 예선회.

__presidéntial yéar__ 《美》 대통령 선거의 해.

__pre·sid·i·um__[prisídiəm] *n.* (the P-) (구소련 최고 회의의) 간부회.

†__press__[1][pres] *vt.* ① 누르다, 밀어붙이다. ② 눌러펴다, (다리미로) 다리다. ③ 짜다, 짜내다; (…의) 액(液)을 짜다. ④ 압박하다; 꼭 껴안다. ⑤ (의론 따위를) 밀고 나아가다; (의견 따위를) 강제하다; 강요하다. ⑥ 서두르게 하다. ⑦ 간원하다; 조르다; 괴롭히다. ⑧ 〖컴〗 누르다《글쇠판이나 마우스의 버튼을 아래로 누르는》. — *vi.* ① 누르다(*up, down, against*); 밀고 나아가다(*up, down, against*). ② 서두르다(*on, forward*). ③ (떼가) 몰려〔밀려〕 들다(*up, round*). ④ (마음을) 무겁게 하다(*upon*). ⑤ 급박하다(*on, upon*); 강요하다(*for*). *be ~ed for* …이 절박하다; …에 궁하다. — *n.* ① Ⓤ,Ⓒ 누름; 압박. ② Ⓤ (밀치락 달치락의) 혼잡, 군집. ③ Ⓒ 압착기; 인쇄기. ④ Ⓤ 인쇄술. ⑤ Ⓒ (보통 P-) 인쇄소〔회사〕; 출판사. ⑥ (the ~) 《집합적》 신문, 잡지, 정기 간행물; Ⓒ (신문·잡지의) 논평. ⑦ Ⓤ 급박, 번망(煩忙). ⑧ Ⓒ 찬장, 서가(書架). *go* 〔*come*〕 *to* (*the*) ~ 인쇄에 돌려지다. *in the ~* 인쇄중. *send to* (*the*) ~ 인쇄에 돌리다. ∠·**er** *n.* Ⓒ 압착기〔공〕.

__press__[2] *vt.* 강제적으로 병역에 복무시키다; 징발하다.

__préss àgency__ 통신사(news agency).

__préss àgent__ (극단 따위의) 선전원, 홍보 담당원, 대변인.

__préss bàn__ 기사 (게재) 금지.

__préss·bòard__ *n.* Ⓤ,Ⓒ 판지.

__préss bòx__ (경기장의) 기자석.

__préss-button wàr__ =PUSH-BUTTON WAR.

__préss campáign__ 신문에 의한 선전 활동.

__préss cùtting__ 〔《英》 __clìpping__〕 신문에서 오려낸 것.

__préss cònference__ 기자 회견.

__préss còrps__ 《美》 신문 기자단.

__préss corrèctor__ 교정원.

__préss gàllery__ 신문 기자석〔단〕.

:__press·ing__[∠iŋ] *a., n.* 화급한, 긴급한; 무리하게 조르는; Ⓒ 프레스한 레코드.

__press·man__ [∠mən] *n.* Ⓒ 《英》 신문 기자.

__préss·màrk__ *n.* Ⓒ (도서관 장서의) 서가 기호.

__préss òfficer__ (큰 조직·기관의) 공보관〔담당자〕.

__préss rèader__ 교정자.

__préss sècretary__ 《美》 신문 담당 비서, (대통령) 공보관.

__préss-stùd__ *n.* Ⓒ (장갑 따위의) 스냅 단추.

__préss-ùp__ *n.* Ⓒ 《英》 (체조의) 엎드려 팔굽히기.

:__pres·sure__[préʃər] *n.* ① Ⓤ,Ⓒ 압력, 압력도(度), 전압. ② Ⓤ 압박, 강제. ③ Ⓤ,Ⓒ 절박, 번망(煩忙). ④ Ⓤ,Ⓒ 어려움, 궁핍(~ *for money* 돈에 궁함); (*pl.*) 곤경. *put ~ on* …을 압박〔강압〕하다.

__préssure càbin__ 〖空〗 (예압(豫壓)된) 기밀실(氣密室).

__préssure còoker__ 압력 솥.

__préssure gàuge__ 압력계; (화약의) 폭압계(爆壓計).

__préssure gràdient__ 〖氣〗 기압 경도(傾度).

__préssure gròup__ 〖政〗 압력 단체.

__préssure hùll__ (잠수함의) 기밀실(氣密室).

__préssure pòint__ 압점(壓點)《지혈을 위해 누르는 신체의 각 부위》.

__préssure sùit__ 〖空〗 여압복(與壓服)《고도 비행용》, 우주복.

__préssure wèlding__ 압력 용접.

__pres·su·rize__[préʃəràiz] *vt.* (고도 비행중인 비행기 밀실의) 기압을 정상으로 유지하다; 고압 상태에 두다; 압력 솥으로 요리하다.

__pres·ti·dig·i·ta·tion__[prèstədìdʒitéiʃən] *n.* Ⓤ 요술. **-ta·tor**[∸-dídʒətèitər] *n.* Ⓒ 요술쟁이.

*__pres·tige__[prestíːʒ] *n.* Ⓤ 위신, 명성.

__pres·ti·gious__[prestídʒəs] (<⇧) *a.* 명성이 높은.

__pres·to__[préstou] *a., ad.* (It.) 〖樂〗 빠른; 빠르게; 《요술쟁이의 용어》 번개같이(*Hey ~, pass!* 자, 빨리 변해라). — *n.* (*pl.* ~*s*) Ⓒ 빠른 곡.

__pré·stressed cóncrete__ [príː-strèst-] 프리스트레스트콘크리트《강선(鋼線) 등을 넣은》.

__pre·sum·a·ble__ [prizúːməbəl] *a.* 가정〔추정〕할 수 있는, 그럴 듯한. *__-bly__ *ad.* 아마; 그럴 듯하게.

:__pre·sume__[prizúːm] *vt.* ① 추정〔가정〕하다; …이라고 생각하다. ② 대담히도〔뻔뻔스럽게도〕 …하다(*to do*). — *vi.* (남의 약점 따위를) 기화로 삼다〔이용하다〕(*on, upon*). __pre·súm·ing__ *a.* 주제넘은.

__pre·sump·tion__[prizʌ́mpʃən] *n.* ① Ⓒ 추정(推定)〔가정〕(의 근거); …할 것 같음, 가망. ② Ⓤ 주제넘음, 뻔뻔스러움.

__pre·sump·tive__[prizʌ́mptiv] *a.* 추정(推定)의〔에 의거한〕; 추정의 근거가 되는. *heir ~* 추정 상속인(cf. heir apparent). ~·**ly** *ad.*

*__pre·sump·tu·ous__[prizʌ́mptʃuəs] *a.* 주제넘은, 뻔뻔스러운, 건방진. ~·**ly** *ad.* ~·**ness** *n.*

__pre·sup·pose__ [prìːsəpóuz] *vt.* 미

리 상상하다; 필요 조건으로서 요구하다, 전제하다. **-po·si·tion**[-sʌpəzíʃən] *n.* Ⓤ 예상, 가정; Ⓒ 전제(조건).

pret. preterit(e).

prêt-à-por·ter[prètɑpɔrtéi] *n., a.* (F.) Ⓒ 프레타포르테(의), (고급) 기성복(의). 「《수입 등》.

pre·tax[prì:tǽks] *a.* 세금 포함한

pre·teen[pri:tí:n] *n.* Ⓒ 10대에 거의 이르는 아이.

***pre·tence**[priténs] *n.* 《英》 =PRETENSE.

:pre·tend[priténd] *vt.* ① …인 체하다, 가장하다; 속이다. ② 감히〔억지로〕 …하려고 하다. — *vi.* 속이다; 요구하다; 자부하다(*to*). **~·ed**[-id] *a.* …체한, 거짓의. **~·er** *n.* Ⓒ …체하는 사람; 사기꾼; 왕위를 노리는 사람.

pre·tense**[priténs] *n.* ① Ⓤ,Ⓒ 구실. ② Ⓒ,Ⓤ 허위, 거짓 꾸밈, 가장. ③ Ⓤ (허위의) 주장, 요구; 허세 (부리기). ***make a ~ of …인 체하다. ***on the*** 〔***under*** (***the***)〕 ***~ of*** …을 구실로 (하여).

***pre·ten·sion**[priténʃən] *n.* ① Ⓤ,Ⓒ 주장, 요구. ② Ⓒ 권리. ③ Ⓒ 자부; Ⓤ 가장; 과시; Ⓒ 빙자.

***pre·ten·tious**[priténʃəs] *a.* 자부하는; 뽐내는; 허세를 부리는. **~·ly** *ad.* **~·ness** *n.*

pre·ter·hu·man[prì:tərhjú:mən] *a.* 초인간적인.

pret·er·it(e)[prétərit] *n., a.* (the ~) 〖文〗 과거(의).

pre·ter·mit[prì:tərmít] *vi.* (*-tt-*) 불문에 부치다, 간과하다; 게을리하다, 등한히 하다; 중절하다. **-mís·sion** *n.* Ⓤ,Ⓒ 간과; 무시; 탈락; 중단.

pre·ter·nat·u·ral[prì:tərnǽtʃərəl] *a.* 초자연적인; 이상한. **~·ly** *ad.*

pre·test[prí:tèst] *n.* Ⓒ 예비 시험〔검사〕. — [ㅗㅡ] *vt., vi.* 예비 시험을〔검사를〕 하다. 「명.

***pre·text**[prí:tekst] *n.* Ⓒ 구실, 변

pre·tor[prí:tər] *n.* =PRAETOR.

pre·tri·al[pri:tráiəl] *n., a.* 〖法〗 사전 심리; 공판전의.

pret·ti·fy[prítifài] *vt.* 《蔑》 야단스레 꾸미다, 아름답게 하다.

†pret·ty[príti] *a.* ① 예쁜, 아름다운, 귀여운; 멋진. ② 《口》 (수량이) 상당한; 《反語》 심한. ***sitting ~*** 《俗》 유복하여, 안락한〔하게〕. — *ad.* 꽤; 매우. — *n.* Ⓒ 《호칭》 귀여운 애〔사람〕; (*pl.*) 고운 물건《장신구 따위》. **prét·ti·ly** *ad.* **-ti·ness** *n.*

pret·zel[prétsəl] *n.* Ⓒ 단단한 비스킷《소금을 묻힌 것; 맥주 안주》.

:pre·vail[privéil] *vi.* ① 이기다(*over, against*). ② 우세하다; 유행〔보급〕되다. ③ 잘 되다. ④ 설복하다(*on, upon; with*). ***~·ing** *a.* 널리 행해지는, 유행의; 일반의, 보통의; 우세한, 유력한.

***prev·a·lent**[prévələnt] *a.* ① 널리 행해지는〔퍼진〕, 유행하고 있는; 일반적인. ② 우세한. ***-lence** *n.* Ⓤ 널리 행해짐, 유행; 우세.

pre·var·i·cate[privǽrəkèit] *vi.* 얼버무려 넘기다(equivocate), 속이다. **-ca·tor** *n.* Ⓒ 얼버무려 넘기는 사람. **-ca·tion**[-ㅗㅡ-kéiʃən] *n.*

pre·vent[privént] *vt.* ① 방해하다, 방해하여 …하지 못하게 하다(hinder)(~ *him from going;* ~ *his* 〔*him*〕 *going*). ② 예방하다, 일어나지 않게 하다(check)(*from*). **~·a·ble, ~·i·ble** *a.* 방해〔예방〕할 수 있는. **:pre·vén·tion** *n.* Ⓤ 방지, 예방(법)(*against*).

***pre·ven·tive**[privéntiv] *a.* 예방의, 방지하는(*of*). — *n.* Ⓒ 방지하는 물건; 예방법〔책, 약〕.

prevéntive deténtion 〔**cús·tody**〕 〖英法〗 예비 구금; 〖美法〗 예비 구류.

prevéntive médicine 예방 의학.

Prevéntive Sérvice 《英》 (밀수 단속의) 연안 경비대.

prevéntive wár 예방 전쟁.

pre·view[prí:vjù:] *n., vt.* Ⓒ (극·영화의) 시연(試演)(을 보다), 시사(試寫)(를 보다); =PREVUE; 〖컴〗 미리보기.

:pre·vi·ous[prí:viəs] *a.* ① 앞서의, 이전의(*to*). ② 《口》 너무 일찍 서두른, 조급한. **~·ly** *ad.*

prévious convíction 전과(前科).

prévious quéstion 〖議會〗 선결문제.

pre·vi·sion[privíʒən] *n.* Ⓤ,Ⓒ 선견, 예지(豫知). **~·al** *a.*

pre·vue[prí:vjù:] *n.* Ⓒ 〖映〗 예고편(trailer).

***pre·war**[prí:wɔ́r] *a.* 전전(戰前)의. 「장.

prex·y[préksi] *n.* Ⓒ 《俗》 학장, 총

:prey[prei] *n.* ① Ⓤ 먹이. ② Ⓤ 희생. ③ Ⓤ 포식(飽食). ④ Ⓒ 약탈품. ***beast*** 〔***bird***〕 ***of ~*** 맹수〔맹조〕. — *vi.* 먹이로 하다(*on, upon*); 괴롭히다, 해하다(*on, upon*); 약탈하다(*on, upon*).

pri·a·pism[práiəpìzəm] *n.* Ⓤ 〖病〗 지속 발기증; 호색.

†price[prais] *n.* ① Ⓒ 값, 대가. ② (*sing.*) 대상(代償); 보수, 현상; 희생. ③ Ⓤ 《古》 가치. ***above*** 〔***beyond, without***〕 ***~*** (값을 헤아릴 수 없을 만큼) 귀중한. ***at any ~*** 값이 얼마이든, 어떤 희생을 치르더라도. ***at the ~ of*** …을 걸고서. ***what ~*** 〖競馬〗 (인기말의) 승산은 어떠한가; 《口》 어떻게 생각하는가; 《口》 무슨 소용 있나(*What ~ going there?* 거기 가서 무슨 소용이 있는가). — *vt.* 값을 매기다; 《口》 값을 묻다. ***~*** (***a thing***) ***out of the market*** (살 수 없을 만큼) 엄청난 값을 매기다. ***~·less** *a.* 돈으로 살 수 없는, 대단히 귀중한; 《俗·反語》 말도 아닌, 어처구니 없는.

príce càrtel 가격 협정.

príce contròl 물가 통제.

príce cùtting 할인, 값을 깎음.
príce fìxing 가격 협정〔조작〕.
príce ìndex 물가 지수.
príce lìst 정가표, 시세표.
príce suppòrt 가격 유지《정부의 매입이나 보조금 등으로의》.
príce tàg (상품에 붙이는) 정찰.
príce wàr 에누리 경쟁.
prick**[prik] *n.* Ⓒ ① 찌름. ② 찔린 상처, 찔린 구멍; 격렬한 아픔; (양심의) 가책. ③ 날카로운 끝. ***kick against the ~s 쓸데 없는 저항을 하다. ── *vt.* ① 찌르다; (뾰족한 것으로) 구멍을 뚫다〔표를 하다〕. ② 아프게 하다, 괴롭히다. ③《古》(말에) 박차를 가하다. ── *vi.* ① 따끔하(게 찌르)다; 따끔따끔 쑤시다. ② (귀가) 쫑긋 서다(*up*). ③《古》(박차를 가해) 말을 달리다(*on, forward*). **~ *up one's ears*** (개 따위가 귀를) 쫑그리다; (사람이) 귀를 기울이다.
prick·le[príkəl] *n.* Ⓒ 가시, 바늘; (*sing.*) 따끔따끔한 느낌〔아픔〕. ── *vt., vi.* 찌르다; 따끔따끔 쑤시(게 하)다.
prick·ly[ˊli] *a.* 가시가 많은; 따끔따끔 쑤시는.
príckly héat 땀띠.
príckly péar 〖植〗 선인장의 일종; 그 열매《식용》.
príck-ùp *a.*《口》 꼿꼿한.
:**pride**[praid] *n.* ① Ⓤ 자만, 자부, 거만; 자존심. ② Ⓤ,Ⓒ 자랑(으로 삼는 것). ③ Ⓤ 득의, 만족; 경멸; 득의의 모습. ④ Ⓒ (*sing.*) 한창. ***take a ~ in*** …에 긍지를 갖다. ***the ~ of manhood*** 남자의 한창 때. ── *vt.* 뽐내다, 자랑하다(*oneself on*).
:**priest**[pri:st] *n.* Ⓒ 성직자, 목사, 사제. **ˊ·ness** *n.* Ⓒ (주로 기독교 이외의) 수녀, 여승. **ˊ·ly** *a.* 성직자의; 성직자 같은〔다운〕.
príest·cràft *n.* Ⓤ (속세에 세력을 펴려는) 성직자의 정략.
príest·hòod *n.* Ⓤ 성직; 《집합적》 성직자.
Priest·ley[prí:stli], **John Boynton** (1894-1984) 영국의 소설가·극작가.
prig[prig] *n.* Ⓒ 딱딱한〔젠체하는〕 사람, 뽐내는 사람, 학자연하는 사람. **ˊ·ger·y** *n.* Ⓤ 딱딱함; Ⓒ 젠체하기. **ˊ·gish** *a.* 딱딱한; 아는 체하는.
prim[prim] *a.* (***-mm-***) 꼼꼼한, 딱딱한, 새침떼는, 얌전빼는, 짐짓 점잔빼는. **ˊ·ly** *ad.* **ˊ·ness** *n.*
pri·ma·cy[práiməsi] *n.* Ⓤ 제1위; primate의 직〔지위〕; 〖가톨릭〗 교황의 수위권(首位權).
pri·ma don·na [prí:mə dάnə/-dɔ́nə] (It.) (*pl.* **~*s***) (가극의) 주역 여가수.
pri·ma fa·ci·e[práimə féiʃiì:, -ʃi:] (L.) 일견한 바(로는).
pri·mal[práiməl] *a.* 최초의, 원시의; 주요한; 근본의.
:**pri·ma·ry**[práimèri, -məri] *a.* ① 최초의, 원시적인. ② 수위의, 주요한. ③ 본래의, 근본의. ④ 초보의. ⑤〖醫〗 제1기의; 〖電〗 1차의. ── *n.* Ⓒ ① 제1위의〔주요한〕 사물. ② 원색. ③〖文〗 일차어(一次語)《명사 상당 어구》. ④《美》 대통령 후보 예비 선거. **-ri·ly** *ad.* 첫째로; 주로.
prímary áccent 제 1 악센트.
prímary cáre 〖醫〗 1차 진료《응급치료 등 주거지에서 행하는 초기 진료》.
prímary cólo(u)rs 원색《빨강·노랑·파랑》.
prímary educátion 초등 교육.
prímary elèction 《美》 예비 선거.
prímary gróup 〖社〗 제1차 집단《가정·친구 등》.
prímary índustry 제1차 산업.
***prímary schòol** 초등 학교; 《美》 3〔4〕학년급의 초등 학교.
pri·mate[práimit, -meit] *n.* Ⓒ 수석주교, 대주교; 〖動〗 영장류(靈長類). ***P- of All England,*** Canterbury 의 대감독. ***P- of England,*** York 의 대감독.
Pri·ma·tes[praiméiti:z] *n. pl.* 〖動〗 영장류.
:**prime**[1][praim] *a.* ① 최초의; 원시적인. ② 근본적인; 수위의, 주된. ③ 최상의, 우수한. ④〖數〗 소수(素數)의. ── *n.* ① (the ~) 최초, 초기; 봄. ② (the ~, one's ~) 전성; 청춘; 최량의 상태〔부분〕. ③ Ⓒ 〖數〗 소수(素數). ④ Ⓒ 분(分)(minute); 프라임 부호(′)《분, 피트, 수학의 대시 따위를 나타냄》.
prime[2] *vt.* (총포에) 화약을 재다; 충분히 먹게〔마시게〕하다(*with*); 미리 가르치다, 코치〔훈수〕하다(*with*); (펌프에) 마중물을 붓다; (페인트나 기름의) 초벌칠을 하다.
príme cóst 매입 가격, 원가.
príme merídian 본초 자오선.
:**príme mínister** 수상, 국무총리.
príme móver 원동력, 원동기.
príme númber 〖數〗 소수(素數).
prim·er**[1][prímər/práim-] *n.* ① Ⓒ 입문서. ② [prímər] Ⓤ 〖印〗 프리머 활자. ***great 〔***long***〕 **~** 대〔소〕 프리머《18〔10〕 포인트 활자》.
prim·er[2][práimər] *n.* Ⓒ 뇌관; 장전(裝塡)하는 사람〔기구〕.
príme ràte (미국 은행이 일류 기업에 적용하는) 표준 금리.
príme tíme (라디오·텔레비전의) 골든 아워.
pri·meur[primə́:r] *n.* (F.) Ⓒ (보통 *pl.*) (과일·야채의) 만물; 일찍 핀 꽃; 빠른 뉴스.
pri·me·val[praimí:vəl] *a.* 태고의, 원시(시대)의.
prim·ing[práimiŋ] *n.* Ⓤ,Ⓒ 기폭제(起爆劑); (페인트 등의) 초벌칠.
:**prim·i·tive**[prímətiv] *a.* ① 태고의; 초기의; 원시의. ② 원시적인, 소박한. ── *n.* Ⓒ 문예부흥기 이전의 화가; 그 작품.
prímitive chúrch 초기 그리스도 교회.
pri·mo·gen·i·tor[pràimoudʒénə-

tər] *n.* Ⓒ 조상, 선조; 시조.
pri·mo·gen·i·ture[-dʒénətʃər] *n.* Ⓤ 장자〔만아들〕임; 장자 상속권.
pri·mor·di·al[praimɔ́ːrdiəl] *a.* 원시의; 원시 시대부터 존재하는; 근본적인.
primp[primp] *vi., vt.* 멋부리다, 몸단장을 잘 하다.
*__prim·rose__ [prímròuz] *n.* ① Ⓒ 앵초(櫻草), 그 꽃. ② Ⓤ 앵초색, 연노랑. ── *a.* 앵초(색)의; 화려한.
prímrose páth 환락의 길; 방탕, 난봉.
Pri·mus[práiməs] *n.* Ⓒ 〖商標〗 석유 스토브의 일종.
prin. principal(ly); principle.
†**prince**[prins] *n.* Ⓒ ① 왕자, 황자, 친왕(親王)《영국에서는 왕〔여왕〕의 아들 또는 손자》. ② (봉건 시대의) 제후, 영주; (작은 나라의) 왕; (영국 이외의) 공작(公爵). ③ (보통 *sing.*) 제 1인자, 대가. ~ ***of evil*** 〔***darkness***〕 마왕(魔王). ~ ***of the blood*** 황족. ***P- of Wales*** 웨일즈공《영국 왕세자》. **∠·ly** *a.* 왕자〔왕후(王侯)〕의, 왕자〔왕후〕 같은; 기품 높은; 왕자〔왕후〕에 어울리는, 장려한.
Prínce Álbert (**còat**) 《美》 프록코트《1860년 방미 때 착용한 데서》.
prínce cónsort 여왕의 부군(夫君).
prince·dom[∠dəm] *n.* Ⓤ,Ⓒ prince의 지위·영토·권위.
prince·ling[∠liŋ] *n.* Ⓒ 어린 군주, 소공자.
prin·ceps[prínseps] *n.* (*pl.* ***prin-cipes***[-səpìːz]) Ⓒ 주요한 것, 제 1위의 사람〔것〕; 초판본.
Prínce Régent 섭정(攝政) 태자.
prínce róyal 제 1왕자.
‡**prin·cess**[prínsis, -səs, prinsés; 이름 앞 ∠–] *n.* Ⓒ ① 공주, 왕녀, 황녀, 왕자비. ② (영국 이외의) 공작부인. ~ ***of the blood*** (여자의) 황족, 왕족.
príncess (**dréss**) *n.* Ⓒ 몸에 꼭끼는 원피스.
príncess róyal 제 1공주.
‡**prin·ci·pal**[prínsəpəl] *a.* ① 주된; 가장 중요한. ② 원금(元金)의. ── *n.* Ⓒ ① 장(長), 우두머리; (초등 학교·중학교의) 교장; 사장, 회장. ② (*sing.*) 원금; 기본 재산. ③ 〖法〗 주범; (채무자의) 제 1 (연대) 책임자. * **~·ly** *ad.* 주로; 대개.
príncipal áxis (기계의) 주축선.
príncipal bóy 《英》 (무언극에서) 남역(男役)《보통 여배우가 맡음》.
príncipal cláuse 〖文〗 주절(主節).
*__prin·ci·pal·i·ty__[prìnsəpǽləti] *n.* Ⓒ 공국(公國)《prince가 통치하는 나라》. ② (the P-) 《英》 =WALES. ③ 주권. ④ (*pl.*) 제 7위의 천사, 권품(權品)천사. 「화형.
príncipal párts (동사의) 주요 변
prin·ci·pate[prínsəpèit, -səpit] *n.* Ⓤ (로마 제국 초기의) 원수 정치; Ⓤ,Ⓒ 최고의 지위〔권위〕.
prin·cip·i·um [prinsípiəm] *n.* (*pl.* ***-ia***[-piə]) (L.) Ⓒ 원리; 초보.
‡**prin·ci·ple**[prínsəpəl] *n.* ① Ⓒ 원리, 원칙; 법칙. ② Ⓒ 주의. ③ Ⓤ 도의, 절조. ④ Ⓒ 동인(動因), 소인(素因); 본원(本源). ⑤ Ⓒ 〖化〗 소(素), 정(精). ***in*** ~ 원칙으로, 대체로. ***on*** ~ 주의에 따라. **~d**[-d] *a.* 절조 있는; 주의〔원칙〕에 의거한.
prink[priŋk] *vt., vi.* 멋부리다, 치장하다.
‡**print**[print] *vt.* ① 찍다, 자국을 내다. ② 인쇄하다; 출판하다. ③ 활자체로 쓰다; 날염(捺染)하다; (마음에) 새기다(*on*). ④ 〖寫〗 인화(印畫)하다 (*out, off*); (…의) 지문을 채취하다 (~ *him*). ⑤ 〖컴〗 인쇄〔프린트〕하다. ── *vi.* 인쇄〔출판〕하다; 활자체로 쓰다; (사진 따위가) 인화되다, 박혀지다. ── *n.* ① Ⓤ 인쇄(자체, 상태). ② Ⓒ 인쇄물; 출판물, 신문(지). ③ Ⓒ 판화(版畫). ④ Ⓒ 흔적, 자국; 인상. ⑤ Ⓤ,Ⓒ 날염포(捺染布), 사라사. ⑥ Ⓒ 〖寫〗 인화(印畫), 양화(陽畫). ⑦ 〖컴〗 인쇄, 프린트. ***blue*** ~ 청사진. ***in*** ~ 인쇄〔출판〕되어. ***out of*** ~ 절판되어.
print·a·ble[príntəbəl] *a.* 인쇄할 수 있는; 인쇄〔출판〕할 가치가 있는; 인화(印畫)할 수 있는.
prínted círcuit 인쇄 회로(回路), 프린트 배선.
prínted-círcuit bòard 〖컴〗 인쇄 회로 기판.
prínted gòods 사라사.
prínted màtter 〔**pàper**〕 인쇄물.
prínted wòrd, the (신문·잡지 따위에) 인쇄된〔활자화 된〕 것.
*__print·er__[∠ər] *n.* Ⓒ ① 인쇄인, 인쇄업자; 인쇄〔식자〕공. ② 〖컴〗 프린터. 「어기.
prínter contróller 〖컴〗 프린터 제
prínter hèad 〖컴〗 프린터 헤드.
prínter ínterface 〖컴〗 프린터 접속기.
prínter fòrmat 〖컴〗 (프린터에 인쇄될) 인쇄 양식.
prínter's dévil 인쇄 수습공《인쇄 잉크로 얼굴이 더럽혀진》.
‡**print·ing**[∠iŋ] *n.* ① Ⓤ 인쇄(술, 업). ② Ⓒ 인쇄물; 인쇄 부수. ③ Ⓤ 활자체의 문자. ④ Ⓤ,Ⓒ 날염(捺染); 〖寫〗 인화(印畫).
prínting blòck 판목(版木).
prínting hòuse 인쇄소.
prínting ìnk 인쇄용 잉크.
prínting machìne 인쇄기.
prínting òut (사진의) 인화.
prínting-out pàper 인화지.
prínting pàper 인쇄지.
prínting prèss 인쇄기; 날염기.
prínting spèed 〖컴〗 인쇄 속도.
prínt-òut *n.* Ⓒ 〖컴〗 출력 정보 지시 테이프. 「키.
prínt scréen kèy 〖컴〗 화면 인쇄
prínt shèet 〖컴〗 인쇄 용지.
prínt·shòp *n.* Ⓒ 판화(版畫) 가

게; 《美》 인쇄소.
prínt·wòrks *n.* 《단·복수 취급》 날염(捺染)〔사라사〕 공장.
‡pri·or¹[práiər] *a.* 전의, 앞(서)의; 보다 중요한(*to*).
pri·or² *n.* Ⓒ 수도원 부원장《abbot의 다음》, 소(小)수도원의 원장.
pri·or·ess[práiəris] *n.* Ⓒ 여자 수도원 부원장《abbess의 다음 직위》; 여자 소(小)수도원장.
***pri·or·i·ty** [praiɔ́:rəti, -ɑ́-/-ɔ́-] *n.* Ⓤ ① (시간적으로) 먼저임(*to*); (순위·중요성이) 앞섬, 보다 중요함, 우선권. ② 《美》 (국방상의 중요도에 따라 정해진) 교통〔수송〕 순위 우선; 《美》 (전시 생산품의) 우선 배급, 그 순위. ③ 〖컴〗 우선 순위.
pri·o·ry[práiəri] *n.* Ⓒ 소(小)수도원《그 원장은 prior, 또는 prioress》.
***prism**[prízəm] *n.* Ⓒ 〖光學〗 프리즘; 〖幾〗 각기둥. **pris·mat·ic**[prizmǽtik], **-i·cal**[-əl] *a.* 분광(分光)의; 무지개빛의; 찬란한; 각기둥의.
prismátic cólors 스펙트럼의 7색.
prísm binòculars 프리즘 쌍안경.
prísm glàss 프리즘 쌍안경의 굴절 반사 렌즈.
‡pris·on[prízn] *n.* Ⓒ 형무소, 감옥, 구치소.
príson bìrd 죄수.
príson brèaker 탈옥자.
príson càmp 포로 수용소.
‡pris·on·er[príznər] *n.* Ⓒ ① 죄수; 형사 피고. ② 포로. ③ 붙잡힌 사람〔물건〕. ***hold*** 〔***keep***〕 (*a person*) ~ (아무를) 포로로 잡아두다. ***make*** 〔***take***〕 *a person* ~ 아무를 포로로 하다. 「이.
prísoner's báse 진(陣)빼앗기 놀
príson fèver 발진 티푸스.
pris·sy[prísi] *a.* 《美口》 신경질의; 지나치게 꼼꼼한. **prís·si·ly** *ad.*
pris·tine[prísti(:)n, -tain] *a.* 원래의, 원시 시대의, 원시적인, 소박한.
prith·ee[príði:] *int.* 《古》 바라건대, 아무쪼록, 부디《(I) pray thee의 와전》.
***pri·va·cy**[práivəsi/prív-] *n.* Ⓤ ① 은둔, 은퇴; 사생활, 프라이버시. ② 비밀, 비밀성.
‡pri·vate[práivit] *a.* ① 사사로운, 개인의, 개인적인; 사용(私用)〔사유〕의. ② 비밀의; 비공개의. ③ 민간의; 관직을 갖지 않은, 평민의. ④ 남의 눈에 띄지 않는, 은둔한. ~ ***citizen*** 평민. ― *n.* Ⓒ 사병, 졸병. ***in*** ~ 비공개로, 비밀로. * ~·**ly** *ad.*
prívate attórney 〖法〗 대리인.
prívate detéctive 사설 탐정.
prívate énterprise 민영 사업.
pri·va·teer[pràivətíər] *n.* Ⓒ 사략선(私掠船)《전시중 적선 약탈의 허가를 받은 민간 무장선》; 사략선 선장; (*pl.*) 그 승무원. ― *vi.* 사략선으로 순항(巡航)하다.
prívate éye (사설) 탐정.
prívate fírst cláss 〖美陸軍〗 일등병《생략 pfc.》.
prívate láw 사법(私法).
prívate líne 〖컴〗 전용 회선.
prívate méans (투자 따위에 의한) 불로 소득.
Prívate Mémber (종종 p- m-) 《英》 (각료 외의) 일반 의원.
prívate párts 음부.
prívate sécretary (개인) 비서.
prívate sóldier 졸병, 사병. 「선.
prívate wíre 개인 전용 전신〔전화〕
pri·va·tion [praivéiʃən] *n.* Ⓤ,Ⓒ (생활 필수품 등의) 결핍; 상실, 결여; 박탈.
priv·a·tive[prívətiv] *a., n.* 〖文〗 결여의, 결성(缺性)의; Ⓒ 결성어(語), 결성사(辭)《*un-, -less* 따위》.
pri·vat·ize[práivətàiz] *vt.* (국유〔공영〕 기업을) 사기업〔민영〕화하다.
prì·vat·i·zá·tion *n.* 「무.
priv·et [prívit] *n.* Ⓤ 〖植〗 쥐똥나
‡priv·i·lege[prívəlidʒ] *n., vt* Ⓤ,Ⓒ 특권〔특전〕(을 주다). * ~**d** *a.* 특권〔특전〕이 있는〔부여된〕.
priv·i·ly[prívəli] *ad.* 비밀히.
priv·i·ty[prívəti] *n.* Ⓤ,Ⓒ 내밀히 관지(關知)하기《동의·공감을 뜻함》(*to*).
***priv·y**[prívi] *a.* ① 내밀히 관여하고 있는(*to*). ② 《古》 비밀의. ― *n.* Ⓒ 옥외(屋外) 변소. 「室).
prívy chámber 궁정의 사실(私
Prívy Cóuncil 《英》 추밀원(樞密院).
Prívy Cóuncillor 《英》 추밀 고문관《생략 P.C.》.
prívy pùrse 《英》 내탕금(內帑金).
prívy séal 《英》 옥새(玉璽).
prix fixe[prí: fíks] (F.) 정식(定食) (값).
†prize¹[praiz] *n.* Ⓒ ① 상품(賞品), 경품. ② (경주의) 목적물. ― *a.* 상품으로 주어진; 상품을 줄 가치가 있는〔줄 만한〕; 입상한; 현상의. 「선.
***prize²** *n.* Ⓒ 포획물; 포로; 나포 함
prize³ *vt.* 《주로 英方》 지레로 올리다〔움직이다〕, 비집어 열다(*off, out, up, open*).
príze còurt (전시 중 해상) 포획물 심판소.
príze féllowship 《英》 (시험 성적이 탁월한 자에게 주는) 장학금.
príze fìght 〔**fìghter**〕 현상 권투 경기〔프로 복서〕.
príze-gìving *n.* Ⓒ 표창식, 상품〔상금〕 수여식. ― *a.* 상품〔상금〕 수여의.
príze·man[⊿mən] *n.* Ⓒ 수상자.
príze mòney 포획 상금; 《一般》 상금.
príze rìng 현상 권투(장).
príze·wìnner *n.* Ⓒ 수상자〔작품〕.
pro¹** [prou] *ad.* 찬성하여. ~ ***and con 찬부 두 갈래로. ― *n.* (*pl.* ~***s***) Ⓒ 찬성론. ~***s and cons*** 찬·부 양론; 찬부의 이유.
pro²** *n.* (*pl.* ~s***) Ⓒ 《口》 프로, 직업 선수. ― *a.* 직업적인.

pro-[prou] *pref.* '대리, 부(副), 찬성, 편드는, 친(親)…(for)' 등의 뜻 (*pro*ctor, *pro*slavery).

P.R.O. Public Relations Office(r). **prob.** probably; problem.

:prob·a·bil·i·ty [prὰbəbíləti/-ɔ́-] *n.* ① Ⓤ 있음직함, Ⓒ 가망. ② Ⓤ 〖哲〗 개연성; 〖統·컴〗 확률. ***in all*** ~ 아마, 십중팔구는.

:prob·a·ble[prábəbəl/-ɔ́-] *a.* 있음직한, 사실 같은, …할〔일〕 듯 싶은, 확실할 듯한. †**-bly** *ad.* 아마.

pro·bate[próubeit] *n.*, *a.*, *vt.* Ⓤ 유언 검인(檢認)(의); 《美》(유언서를) 검인하다.

próbate dùty 유언 증여 동산세.

pro·ba·tion**[proubéiʃən] *n.* ① Ⓤ 시험, 검정(檢定). ② Ⓤ,Ⓒ 수습 (기간). ③ Ⓤ 시련. ④ Ⓤ 〖法〗 집행유예, 보호 관찰. ***on ~ 시험 삼아; 집행 유예로, 보호 관찰로. **~·ar·y** [-nèri/-nəri] *a.* **~·er** *n.* Ⓒ 수습〔집행유예〕중인 사람.

***probe**[proub] *n.* Ⓒ ① 〖外〗 탐침(探針), 소식자(消息子). ② 시험. ③ 《美》(불법 행위에 대한 입법부의) 조사. ④ 공중 급유용 파이프; 우주 탐사용 로켓. ⑤ 〖컴〗 문안침, 탐색침. — *vt.* 탐침으로〔소식자로〕 찾다; 자세히 살피다; 조사〔정사(精査)〕하다.

pro·bi·ty[próubəti, prάb-] *n.* Ⓤ 성실, 청렴.

prob·lem[prábləm/-ɔ́-] *n.* Ⓒ 문제; 난문(難問); 의문. — *a.* 문제의. ***a ~ child*** 문제아(兒).

prob·lem·at·ic [prὰbləmǽtik/-ɔ̀-], **-i·cal**[-əl] *a.* 문제의, 의문의, 불확실한. **-i·cal·ly** *ad.*

pro bo·no pu·bli·co[próu bóunou pʌ́blikòu] (L.) 공익을 위하여.

pro·bos·cis[proubásis/-ɔ́-] *n.* (*pl.* ***~es, -cides***[-sədì:z]) Ⓒ (코끼리의) 코; (맥(貘) 등의) 부리《코 포함》; (나비·나방의) 주둥이; 《諧》(사람의) 코.

pro·caine[proukéin, ⌐-] *n.* Ⓤ 〖藥〗 프로카인《국부 마취제의 일종》.

:pro·ce·dure[prəsí:dʒər] *n.* Ⓤ,Ⓒ 절차; 조치; (행위·상태 등의) 진행; 〖컴〗 프로시저.

procédure óriented lánguage 〖컴〗 처리 중심 언어.

:pro·ceed[prousí:d] *vi.* ① 나아가다(*to*). ② 시작하다; 착수하다(*to*). ② 계속하다(*in, with*). ③ 발생하다, 생기다(*from, out of*). ④ 처분하다, 소송 절차를 밟다(*against*). — [próusi:d] *n.* (*pl.*) 수입, 매상고. **:~·ing** *n.* Ⓤ,Ⓒ 행동; Ⓒ 조치, 조처; (*pl.*) 소송 절차; (*pl.*) 의사록, (학회의) 회보.

:proc·ess[práses/próu-] *n.* ① Ⓤ,Ⓒ 진행, 경과; 과정. ② Ⓒ 순서, 방법; 〖컴〗 처리. ③ Ⓒ 〖生〗 돌기. ④ Ⓒ 〖法〗 피고 소환장, 영장. ⑤ Ⓒ 〖印〗 사진 제판법. ***in*** ~ 진행하여, …중(*of*). — *a.* (화학적으로) 가공한. — *vt.* 처리〔가공〕하다; 기소하다. **próc·es·sor** *n.* Ⓒ 《美》 농산물 가공업자; 〖컴〗 처리기, 프로세서.

prócess(ed) chéese 가공 치즈.

proc·ess·ing[prásesiŋ/próu-] *n.* 〖컴〗 (자료의) 처리.

prócessing ìndustry 식품 가공업.

prócessing tàx 농산물 가공세.

prócessing ùnit 〖컴〗 처리 장치.

:pro·ces·sion [prəséʃən] *n.* Ⓒ 행렬; Ⓤ 행진. **~·al** *a., n.* 행렬(용)의; Ⓒ 행렬 성가(聖歌).

prócess prìnting 원색 제판법.

prò-chóice *a.* (인공) 임신 중절 합법화 찬성의.

:pro·claim [proukléim, prə-] *vt.* 선언하다; 공표하다; 나타내다.

proc·la·ma·tion[prὰkləméiʃən/-ɔ̀-] *n.* Ⓤ 선언; Ⓒ 선언서.

pro·cliv·i·ty[prəklívəti] *n.* Ⓒ 경향, 성벽(性癖)(*for, to, to* do).

pro·con·sul[proukánsəl/-ɔ́-] *n.* Ⓒ 〖古로〗 지방 총독.

pro·cras·ti·nate[proukrǽstənèit] *vi., vt.* 지연하다. **-na·tor** *n.* Ⓒ 미루는 사람. **-na·tion**[-⌐-néiʃən] *n.* Ⓤ 지연.

pro·cre·ate[próukrièit] *vt.* (아버지로서) 자식을 보다; 자손을 낳다; (신종(新種) 따위를) 내다. **-a·tion** [⌐-éiʃən] *n.* Ⓤ 출산; 생식. **-a·tive** *a.* 낳는; 생식력 있는.

Pro·crus·tes[proukrʌ́sti:z] *n.* 〖그神〗 고대 그리스의 강도《사람을 철침대의 길이에 맞추어 다리를 자르든가, 잡아늘였다고 함》. **-te·an** *a.* 폭력으로 규준(規準)에 맞추는.

proc·tol·o·gy[prɑktálədʒi/prɔktɔ́l-] *n.* Ⓤ 항문〔직장〕병학, 항문과.

proc·tor[práktər/-ɔ́-] *n.* Ⓒ 〖法〗 대소인(代訴人), 대리인; 학생감.

pro·cum·bent[proukʌ́mbənt] *a.* (납죽) 엎드린; 〖植〗 (줄기가) 땅을 기는.

pro·cur·a·ble [proukjúərəbəl, prə-] *a.* 얻을〔취득할〕 수 있는.

proc·u·ra·tion[prὰkjəréiʃən/prɔ̀-] *n.* Ⓤ 획득; 〖法〗 대리, 위임; Ⓒ 위임장.

proc·u·ra·tor[⌐-èitər] *n.* Ⓒ (소송) 대리인; 〖古로〗 행정〔재무〕관.

:pro·cure [proukjúər, prə-] *vt.* ① (노력하여) 얻다. ② 《古》 가져오다, …시키다. ③ (매춘부를) 알선하다. *** ~·ment** *n.* Ⓤ 획득; 《美》 조달.

Pro·cy·on [próusiὰn/-siɔ̀n] *n.* 〖天〗 프로키온《작은개자리의 일등성》.

prod[prɑd/-ɔ-] *vt.* (***-dd-***) 찌르다; 자극하다, 격려〔편달〕하다. — *n.* Ⓒ 찌르는 바늘; (가축 모는) 막대기; 찌름; 자극, 촉진.

***prod·i·gal**[prádigəl/-ɔ́-] *a.* 낭비하는; 아낌없이 주는(*of*); 풍부한. — *n.* Ⓒ 낭비자, 방탕한 아들. **~·i·ty**[⌐-gǽləti] *n.* Ⓤ 낭비; 풍부, 활수함.

***pro·di·gious** [prədídʒəs] *a.* 거대

〔막대〕한; 놀랄 만한, 놀라운.

*__prod·i·gy__[prádədʒi/-ɔ́-] *n.* Ⓒ 천재(天才); 경탄(할 물건·일).

†__pro·duce__[prədjú:s] *vt.* ① 생기게 하다, 산출〔생산〕하다; 낳다. ② 초래하다. ③ 만들다, 제조하다. ④ 공급하다; 보이다, 제출하다. ⑤ (극 따위를) 상연하다; 《英》 연출하다(《美》 direct). ⑥ 〖幾〗 연장하다. ~ ***on the line*** 대량 생산하다(cf. assembly line). ── [prádju:s/prɔ́d-] *n.* Ⓤ 산물, 농산물; 생산액.

‡__pro·duc·er__[-ər] *n.* Ⓒ ① 생산자. ② 《英》 (극의) 연출가(《美》 director). 〖映〗 프로듀서. 「(연료).

__prodúcer gàs__ 〖化〗 발생로 가스

__prodúcer(s') gòods__ 생산재(財).

__prodúcer(s') prìce__ 생산자 가격.

‡__prod·uct__[prádəkt/-ɔ́-] *n.* Ⓒ ① 생산품; 제작물. ② 결과, 성과. ③ 〖數·컴〗 곱, 적(積).

‡__pro·duc·tion__[prədʌ́kʃən] *n.* ① Ⓤ 생산; 제작; Ⓒ 생산〔제작〕물, 작품. ② Ⓤ (영화의) 제작, 연출; Ⓒ 제작소. 「산 공정.

__prodúction lìne__ (일관 작업의) 생

‡__pro·duc·tive__[prədʌ́ktiv] *a.* 생산적인; (…을) 낳는, 산출하는(*of*); 다산(多産)의; 비옥한. *__-tiv·i·ty__[pròudʌktívəti, prà-/prɔ̀-] *n.* Ⓤ 생산성; 다산; 생산력.

__próduct liabìlity__ (제품에 의한 피해에 대한) 생산자 책임. 「문.

__pro·em__[próuem] *n.* Ⓒ 머리말, 서

__prof__[prɑf/-ɔf] *n.* Ⓒ 《口》 교수.

__Prof.__ Professor.

__prò-fámily__ *a.* 《美》 임신 중절 반대법에 찬성하는.

__prof·a·na·tion__ [pràfənéiʃən/-ɔ̀-] *n.* Ⓤ,Ⓒ (신성) 모독.

*__pro·fane__[prəféin] *a.* (신성) 모독의, 불경한; 세속적인; 이교적인, 사교(邪敎)의. ── *vt.* (신성을) 더럽히다; 남용하다. ~·__ly__ *ad.* ~·__ness__ *n.*

__pro·fan·i·ty__[prəfǽnəti] *n.* Ⓤ 모독, 불경; Ⓒ 모독적인 언행.

*__pro·fess__[prəfés] *vt.* ① 공언〔명언(明言)〕하다. ② …라고 자칭〔주장〕하다. ③ (…을) 신앙한다고 공언하다. ④ …인 체하다. ⑤ (어떤 일을) 직업으로 삼다; (학문·기술 따위를) 지니고 있다고 공언하다. ⑥ (…을) 교수(敎授)하다. ── *vi.* 공언하다; 신앙을 고백하다; 대학 교수로 있다.

__pro·fessed__[prəfést] *a.* 공언한; 공공연한; 서약하고 종교단에 든; 겉꾸밈의, 가장한, 자칭의. __-fess·ed·ly__ [-fésidli] *ad.*

‡__pro·fes·sion__[prəféʃən] *n.* ① Ⓒ (전문적, 지적) 직업. ② Ⓤ (the ~) 《집합적》 동업자들; 《俗》 배우들. ③ Ⓒ 공언; 신앙 고백. ***by*** ~ 직업은.

‡__pro·fes·sion·al__[prəféʃənəl] *a.* 직업적인; 지적(知的) 직업에 종사하는; 전문의. ── *n.* Ⓒ 지적 직업인; 직업 선수. ~·__ism__[-ʃənəlìzəm] *n.* Ⓤ 전문가〔직업 선수〕 기질. ~·__ize__[-ʃənəlàiz] *vt.* 직업화하다. ~·__ly__ *ad.*

‡__pro·fes·sor__[prəfésər] *n.* Ⓒ ① (대학의) 교수; (남자) 선생. ② 공언자(公言者); 《英》 신앙 고백자. ~-__ship__[-ʃip] *n.* Ⓤ 교수의 직〔직위〕.

__pro·fes·so·ri·al__ [pròufəsɔ́:riəl, pràf-/prɔ̀-] *a.* 교수의, 교수다운; 학자연하는.

*__prof·fer__[práfər/-ɔ́-] *vt.* 제공하다; 제의하다. ── *n.* Ⓤ 제공; Ⓒ 제공물.

*__pro·fi·cient__[prəfíʃənt] *a.* 숙련된, 숙달한(*in, at*). ── *n.* Ⓒ 능수, 달인(達人)(*in*). ~·__ly__ *ad.* __-cien·cy__ *n.* Ⓤ 숙달.

*__pro·file__[próufail] *n.* Ⓒ 옆얼굴, 측면; 윤곽; 인물 단평(短評); 소묘(素描); 측면도. ***in*** ~ 측면에서 보아, 옆모습으로는. ── *vt.* (…의) 윤곽을 〔측면도를〕 그리다; 인물평을 쓰다.

‡__prof·it__[práfit/-ɔ́-] *n.* Ⓤ,Ⓒ (종종 *pl.*) (장사의) 이윤; 이익. ***make a*** ~ ***of*** …으로 이익을 보다. ***make one's*** ~ ***of*** …을 이용하다. ── *vt.* (…에) 이익이 되다. ── *vi.* 이익을 얻다, 남다(*by, from, of*). ~·__less__ *a.* 이익 없는; 무익한.

*__prof·it·a·ble__[-əbəl] *a.* 유익한; 이문이 있는. __-bly__ *ad.*

__prof·it·eer__[pràfitíər/prɔ̀fi-] *vi., n.* 폭리를 탐하다; Ⓒ 그 사람.

__prófit màrgin__ 〖商〗 이윤폭(幅).

__prófit shàring__ (노사간의) 이익 분배법.

__prof·li·gate__[práfligit/-ɔ́-] *a., n.* 품행〔행실〕이 나쁜; 낭비하는; Ⓒ 방탕자. __-ga·cy__ *n.*

‡__pro·found__[prəfáund] *a.* 깊은; 심원한; 마음으로부터의; 정중〔공손〕한 《절 따위》. *~·__ly__ *ad.* __pro·fun·di·ty__ [prəfʌ́ndəti] *n.*

*__pro·fuse__[prəfjú:s] *a.* 아낌없는(*in, of*); 풍부한. *__pro·fu·sion__[-fjú:ʒən] *n.* Ⓤ 대량, 풍부, 활수, 낭비.

__prog__[prɑg/-ɔ-] *n.* Ⓒ 《英俗》 (Oxford·Cambridge 대학의) 학생감. ── *vt.* (*-gg-*) (학생을) 처벌하다.

__pro·gen·i·tor__ [proudʒénətər] *n.* Ⓒ 조상, 선조; 선배; 원본(original).

__pro·gen·i·ture__ [proudʒénətʃər] *n.* Ⓤ 자손을 낳음; =⇩.

__prog·e·ny__[prádʒəni/-ɔ́-] *n.* Ⓤ 《집합적》 자손.

__pro·ges·ter·one__[proudʒéstəròun], __-ges·tin__[-dʒéstin] *n.* Ⓤ 〖生化〗 프로게스테론《여성 호르몬의 일종》.

__pro·ges·to·gen__[proudʒéstədʒen] *n.* Ⓤ 〖藥〗 황체 호르몬제.

__prog·na·thous__[prágnəθəs/prɔgnéi-] *a.* 턱이 튀어나온, 주걱턱의.

__prog·no·sis__[prɑgnóusis/-ɔ-] *n.* (*pl.* *-ses*[-si:z]) Ⓤ,Ⓒ 〖醫〗 예후(豫後); 예측. __prog·nos·tic__[-nás-/-ɔ́-] *a., n.* 〖醫〗 예후의; 전조를 보이는(*of*); Ⓒ 전조, 징후; 예측.

__prog·nos·ti·cate__[prɑgnástikèit/ prɔgnɔ́s-] *vt.* (전조에 의하여) 미리

알다; 예언〔예시(豫示)〕하다. **-ca·tion**[--́-kéiʃən] *n.* Ⓤ (전조에 의한) 예지(豫知); 예언, 예시; Ⓒ 전조.

pro·gram, 《英》 **-gramme**[próugræm, -grəm] *n.* Ⓒ 프로그램, 차례표; 예정, 계획(표); 〖컴〗 프로그램 《처리 절차를 지시한 것》.

prógram dirèctor (라디오·TV의) 프로 편성자.

pro·gram·ma·ble[próugræməbəl, --́--] *a.* 프로그램으로 제어할 수 있는; 〖컴〗 프로그램할 수 있는. — *n.* Ⓒ (특정한 일을 행할 수 있게) 프로그램할 수 있는 전자 기기《전산기·전화》.

prógram màintenance 〖컴〗 프로그램 보수.

prógrammed cóurse 〖教〗 프로그램 학습 과정.

pro·gram·(m)er[-ər] *n.* Ⓒ 〖放〗 프로그램 제작자; 〖컴〗 프로그래머.

pro·gram·(m)ing[-iŋ] *n.* Ⓤ 프로그램의 작성〔실시〕; 〖컴〗 프로그래밍.

prógramming lànguage 〖컴〗 프로그램 언어.

prógram mùsic 〖樂〗 표제 음악.

prógram pìcture 동시 상연 영화.

:prog·ress[prágres/-óu-] *n.* Ⓤ 전진, 진보; 발달. ***in* ~** 진행중. ***make* ~** 진행하다; 진척하다. — [prəgrés] *vi.* 전진〔진행, 진보〕하다.

***pro·gres·sion** [prəgréʃən] *n.* ① Ⓤ 전진, 진행. ② Ⓒ 〖數〗 수열.

:pro·gres·sive[prəgrésiv] *a.* 전진〔진보〕하는; 누진적인; 진보주의의; 〖文〗 진행형의(*the* ~ *form*). ~ ***jazz*** 비(非)재즈적 요소를 가미한 모던 재즈의 한 양식. ~ ***taxation*** 누진 과세. — *n.* Ⓒ 진보론자; (P-) 《美》 진보당원; (공산당원의 영향으로) 적화(赤化)된 포로. **~·ly** *ad.*

Progréssive Párty, the 《美》 진보당.

:pro·hib·it [prouhíbit] *vt.* 금지〔방해〕하다.

:pro·hi·bi·tion[pròuhəbíʃən] *n.* Ⓤ 금지; Ⓒ 금령(禁令); (P-) Ⓤ 《美》 주류 제조 판매 금지령. **~·ism** [-ìzəm] *n.* Ⓤ 주류 제조 판매 금지주의. **~·ist** *n.* Ⓒ 그 주의자.

pro·hib·i·tive [prouhíbətiv], **-to·ry**[-tɔ̀:ri/-təri] *a.* 금지〔방해〕하는.

:pro·ject[prədʒékt] *vi., vt.* ① 고안〔계획〕하다. ② 내던지다. ③ 불쑥 내밀(게 하)다. ④ (탄환 따위를) 발사하다. ⑤ 객관〔구체〕화하다. ⑥ 투영하다, 영사하다. ⑦ 〖幾〗 투영도를 만들다. ⑧ 〖化〗 (…을) 투입하다. — [prádʒekt/-ɔ́-] *n.* ① 계획, 기업; 〖教育〗 연구 과제; 개발 토목 계획. ② 《美》 공영 단지. ③ 〖컴〗 과제. ***Project Apollo*** 〔***Mercury, Surveyor***〕 《美》 (우주선) 아폴로〔머큐리, 서베이어〕 계획.

pro·jec·tile[prədʒéktil, -tail] *a.* 발사하는; 추진하는. — [prədʒéktl, -tail/prɔ́dʒiktàil] *n.* Ⓒ 발사물〔체〕, 탄환.

pro·ject·ing[prədʒéktiŋ] *a.* 돌출한.

pro·jec·tion** [prədʒékʃən] *n.* ① Ⓤ,Ⓒ 돌출(부); Ⓤ 사출, 발사. ② Ⓤ,Ⓒ 〖數〗 투영법〔화〕; 〖地〗 평면 도(법); Ⓒ 〖映〗 영사. ③ Ⓤ 계획. ④ Ⓤ 〖心〗 주관의 객관화. ⑤ 〖컴〗 비춰내기. ~ ***television 투사식 텔레비전. **~·ist** *n.* Ⓒ 〖映〗 영사기사(映寫技師); TV기사.

projéction bòoth (영화관의) 영사실.

pro·jec·tive[prədʒéktiv] *a.* 〖幾〗 사영의, 투영의; 〖心〗 투영법의.

pro·jec·tor[prədʒéktər] *n.* Ⓒ 계획자; 엉터리 회사의 창립자; 투사기(投射機); 영사기.

prol. prologue.

pro·late[próuleit, --́] *a.* 〖數〗 편장(扁長)한.

prole[proul] *n.* =PROLETARIAN.

pro·le·gom·e·na[pròuləgámənə/-ləgɔ́m-] (*sing.* ***-non***[-nàn/-nən]) *n. pl.* 서언, 서문.

***pro·le·tar·i·an**[pròulətέəriən] *n., a.* Ⓒ 프롤레타리아〔무산 계급〕(의). **-i·at(e)**[-iət] *n.* Ⓤ (the ~) 《집합적》 프롤레타리아트, 무산 계급; 〖로史〗 최하층 사회.

prò-lífe *a.* 임신 중절 합법화에 반대하는. **-lífer** *n.*

pro·lif·er·ate [proulífərèit] *vt., vi.* 〖生〗 (관생(貫生)에 의해) 증식〔번식〕시키다〔하다〕. **-a·tion**[--̀-éiʃən] *n.* Ⓤ 〖植〗 관생《생장의 종점인 꽃에서 새로운 줄기나 눈이 자라나는 일》.

***pro·lif·ic**[proulífik] *a.* 아이를 (많이) 낳는; 다산(多産)의; (토지가) 비옥한; 풍부한(*in, of*). **-i·ca·cy** *n.* Ⓤ 출산력; 다산; 풍부.

pro·lix[proulíks] *a.* 장황한, 지루한, 지루하게 말하는. **~·i·ty**[proulíksəti] *n.*

***pro·log(ue)** [próulɔ:g, -lag/-lɔg] *n.* Ⓒ (연극의) 개막사(opp. epilog(ue)); 서막; (소설·시 따위의) 머리말; 서막적 행동〔사건〕.

:pro·long[proulɔ́:ŋ/-lɔ́ŋ] *vt.* 늘이다, 연장하다. **~ed**[-d] *a.* 오래 끈.

pro·lon·ga·tion[--̀-géiʃən] *n.* Ⓤ 연장; Ⓒ 연장 부분.

PROM[pram/-ɔ-] 〖컴〗 programmable ROM 피롬.

prom[pram/-ɔ-] *n.* Ⓒ 《美口》 (대학·고교 따위의) 무도회.

prom. promenade; promontory.

***prom·e·nade**[pràmənéid, -ná:d/prɔ̀məná:d] *n.* Ⓒ ① 산책, 산보. ② 산책하는 곳. ③ (무도회 개시 때의) 내객 전원의 행진. — *vi., vt.* 산책하다. **-nád·er** *n.*

promenáde cóncert 야외 음악회《산책·댄스하면서 듣는》.

promenáde dèck 산책 갑판《1등 선객용》.

Pro·me·the·us [prəmí:θiəs, -θju:s] *n.* 〖그神〗 프로메테우스《하늘에서 훔친 불을 인류에게 주어 Zeus의 분노를 산 신(神)》.

pro·me·thi·um[prəmíːθiəm] *n.* Ⓤ 〖化〗 프로메튬《구명 illinium》.

:prom·i·nent[prámənənt/prɔ́m-] *a.* 돌출한; 눈에 띄는; 현저한, 중요한; 저명한. **-nence** *n.* Ⓤ 돌출; Ⓒ 돌출물; Ⓤ 현저. **~·ly** *ad.*

pro·mis·cu·ous [prəmískjuəs] *a.* 난잡한; 무차별의; 우연한, 되는 대로의. **-cu·i·ty**[pràmiskjúːəti/prɔ̀m-] *n.*

†prom·ise [prámis/-ɔ́-] *n.* Ⓒ 약속(한 일, 물건); Ⓤ 촉망, 가망. ***the Land of P-*** = the Promised Land. — *vt., vi.* 약속하다; 가망이〔우려가〕 있다. ***the Promised Land*** 〖聖〗 약속의 땅; 천국; (the p- l-) 희망의 땅. **próm·is·ing** *a.* 유망한.

prom·is·so·ry[práməsɔ̀ːri/prɔ̀məsəri] *a.* 약속의; 지불을 약속하는.

prómissòry nóte 약속 어음.

pro·mo[próumou] (<*promo*tion) *a.* 선전의, 선전에 도움이 되는.

prom·on·to·ry [prámǝntɔ̀ːri/prɔ́məntəri] *n.* Ⓒ 곶, 갑(岬).

:pro·mote[prəmóut] *vt.* ① 촉진〔조장〕하다. ② 승진〔진급〕시키다(*to*) (opp. demote). ③ (사업을) 발기하다. ④ 《美》 선전하여 (상품의) 판매를 촉진하다. **pro·mót·er** *n.* Ⓒ 촉진자; (주식 회사의) 발기인; 주창자; 흥행주(主). **pro·mó·tion** *n.* Ⓤ 승진, 진급; 촉진; 발기, 주창.

:prompt [prampt/-ɔ-] *a.* 신속한; 곧〔기꺼이〕 …하는; 즉시의. — *vt.* 촉진〔고무, 자극〕하다; 생각나게 하다; (사상·감정을) 환기하다; (배우에게 숨어서) 대사를 일러주다, (퀴즈 따위에서 사회자가) 힌트를 주다. — *n.* Ⓒ (숨어서) 대사를 일러줌; 〖컴〗 길잡이, 프롬프트. **∠·er** *n.* Ⓒ 〖劇〗 (숨어서) 배우에게 대사를 일러주는 사람. **∠·ly** *ad.* **∠·ness** *n.*

prómpt·bòok *n.* Ⓒ prompter용 대본.

prómpt bòx 〖劇〗 prompter가 숨어 있는 좌석.

prómpt càsh 현금, 맞돈, 즉시불.

promp·ti·tude [prámptətjùːd/prɔ́mp-] *n.* Ⓤ 민속(敏速).

prom·ul·gate [práməlgèit, proumʌ́l-/prɔ́məl-] *vt.* 공포〔반포〕하다; (교의 등을) 널리 펴다. **-ga·tor** *n.* Ⓒ 위의 일을 하는 사람. **-ga·tion** [∽–géiʃən] *n.*

pron. pronominal; pronoun; pronounced; pronunciation.

***prone**[proun] *a.* ① 수그린; 납죽 엎드린. ② 내리받이의. ③ (…의) 경향이 있는, (…하기) 쉬운(*to*).

prong [prɔːŋ/-ɔ-] *n., vt.* Ⓒ (포크나 사슴의 뿔 따위, 갈래진 물건의) 끝(으로 찌르다).

próng·hòrn *n.* Ⓒ 〖動〗 (북미 서부산) 영양(羚羊)의 일종.

:pro·noun[próunàun] *n.* Ⓒ 〖文〗 대명사. **pro·nom·i·nal**[prounámənəl/prənɔ́m-] *a.* 대명사의, 대명사적인.

:pro·nounce[prənáuns] *vt.* ① 발음하다. ② (의견 등을) 말하다; 선고하다; 단언하다. — *vi.* ① 발음하다. ② 의견을 말하다; 판단을 내리다 (*on, upon*). **~·ment** *n.* Ⓒ 선언; 선고; 의견; 결정.

pro·nóunced *a.* 뚜렷한, 단호한. **-nounc·ed·ly**[-sidli] *ad.*

pron·to [prántou/-ɔ́-] *ad.* 《美俗》 급속히.

pron·to·sil [prántəsil/-ɔ́-] *n.* Ⓤ 〖藥〗 프론토실《화농성 세균에 의한 병의 특효약》.

pro·nun·ci·a·men·to[prənʌ̀nsiəméntou, -ʃiə-] *n.* (*pl.* **~s**) Ⓒ 선언서; (특히, 스페인계 남미 제국의) 혁명 선언; 군사 혁명.

:pro·nun·ci·a·tion [prənʌ̀nsiéiʃən] *n.* Ⓤ,Ⓒ 발음(하는 법).

:proof[pruːf] *n.* ① Ⓤ,Ⓒ 증명; 증거, 증언. ② Ⓒ 시험; Ⓤ 시험필(畢)(의 상태); Ⓒ,Ⓤ 〖印〗 교정쇄(刷). ③ Ⓤ (주류의) 표준 강도. ***in ~ of*** …의 증거로서. ***put*** 〔***bring***〕 ***to the ~*** 시험하다. — *a.* 시험필의; (…에) 견디는(*against*); (주류가) 표준 강도의.

próof lìst 〖컴〗 검사 목록.

proof·read[prúːfrìːd] *vt., vi.* (***-read*** [-rèd]) 교정하다. **~·er** *n.* Ⓒ 교정원. **~·ing** *n.*

próof shèet 교정쇄(刷).

prop**[1][prap/-ɔ-] *vt.* (-pp-***) 버티다 (*up*); 버팀대를 대다. — *n.* Ⓒ 지주(支柱), 버팀대; 지지자.

prop[2] *n.* Ⓒ 〖數〗 명제; 《口》〖劇〗 소품; 《口》〖空〗 =PROPELLER.

prop. proper(ly); property; proposition; proprietary; proprietor.

:prop·a·gan·da[pràpəgǽndə/-ɔ̀-] *n.* Ⓤ 선전(된 주의·주장); Ⓒ 선전 기관. **~ *film*** 선전 영화. **-gán·dism** *n.* Ⓤ 선전 (사업); 전도, 포교. **-gán·dist** *n.* Ⓒ 선지자. **-gán·dize** *vt., vi.* 선전〔포교〕하다.

***prop·a·gate** [prápəgèit/-ɔ́-] *vt.* 번식시키다; 선전하다, 보급시키다; (빛·소리 등을) 전하다. — *vi.* 번식하다; 보급하다. **-ga·tor** *n.* Ⓒ 선전자. **-ga·tion**[∽–géiʃən] *n.*

pro·pane [próupein] *n.* Ⓤ 〖化〗 프로판(가스)《탄화수소의 일종》.

pro pa·tri·a [prou péitriə] (L.) 조국을 위하여.

pro·pel** [prəpél] *vt.* (-ll-***) 추진하다. **~·lant** *n.* Ⓤ,Ⓒ (총포의) 발사 화약; (로켓의) 연료. **~·lent** *a., n.* 추진하는; =PROPELLANT. **~·ler** *n.* Ⓒ 프로펠러, 추진기; 추진자.

propélling péncil 《英》 샤프 펜슬 (《美》 mechanical pencil).

pro·pen·si·ty [prəpénsəti] *n.* Ⓒ 경향, 버릇, …벽(癖)(*to, for*).

†prop·er [prápər/-ɔ́-] *a.* ① 적당한, 옳은. ② 예의바른. ③ 독특한; 〖文〗 고유의. ④ 엄밀한 의미에서의

《보통 명사 뒤에 붙임》; 진정한. ④ 《英口》 순전한. ***in a ~ rage*** 불같이 노하여. ***China ~*** 중국 본토. **~·ly** *ad.* ***~ly speaking*** 바르게 말하면.

próper ádjective 〖文〗 고유 형용사《Korean 따위》.

próper fráction 〖數〗 진(眞)분수.

próper mótion 〖天〗 (항성의) 고유운동. 「명사.

*__próper nóun__ 〔**náme**〕 〖文〗 고유

:**prop·er·ty**[prɑ́pərti/-ɔ́-] *n.* ① Ⓤ 재산; 소유물. ② Ⓒ 소유지. ③ Ⓤ 소유(권). ④ Ⓒ 특성. ⑤ (*pl.*) 〖劇〗 소품(小品). ***man of ~*** 자산가. ***real*** 〔***personal, movable***〕 ~ 부동산〔동산〕. **-tied** *a.* 《美》 재산 있는.

próperty ànimal 《美》 연극·영화용으로 길들인 동물.

próperty màn 〔**màster**〕 〖劇〗 소품 담당.

próperty tàx 재산세.

pro·phase[próufèiz] *n.* Ⓒ 〖生〗 (유사(有絲) 분열 또는 감수 분열의) 전기(前期).

*__proph·e·cy__ [prɑ́fəsi/prɔ́fə-] *n.* Ⓤ,Ⓒ 예언; 신의 계시; Ⓒ 〖聖〗 예언서.

*__proph·e·sy__ [prɑ́fəsài/prɔ́fə-] *vt., vi.* 예언하다.

:**proph·et**[prɑ́fit/-ɔ́-] *n.* Ⓒ 예언자; 신의 뜻을 알리는 사람; (the Prophets) 〖舊約〗 예언서. **~·ess** *n.* Ⓒ 여자 예언자.

*__pro·phet·ic__ [prəfétik], **-i·cal** [-əl] *a.* 예언(자)의; 예언적인(*of*); 경고의. **-i·cal·ly** *ad.*

pro·phy·lac·tic [pròufəlǽktik/prɔ̀f-] *a., n.* (병을) 예방하는; Ⓒ 예방약〔법〕; 콘돔.

pro·phy·lax·is [-lǽksis] *n.* Ⓤ,Ⓒ 〖醫〗 예방(법).

pro·pin·qui·ty [prəpíŋkwəti] *n.* Ⓤ (장소·때·관계의) 가까움; 근사; 친근.

pro·pi·ón·ic ácid[pròupiɑ́nik-/-ɔ́n-] 〖化〗 프로피온산《곰팡이 방지용으로 빵에 씀》.

pro·pi·ti·ate[prəpíʃièit] *vt.* 달래다; 화해시키다; (…의) 비위를 맞추다. **-a·to·ry**[-ʃiətɔ̀:ri/-təri] *a.* **-a·tion**[–⌐ʃiéiʃən] *n.*

pro·pi·tious [prəpíʃəs] *a.* 순조로운, 형편이 (…에) 좋은(*for, to*); 상서로운. **~·ly** *ad.* **~·ness** *n.*

prop·jet [prɑ́pdʒèt/-ɔ́-] *n.* 〖空〗 = TURBOPROP.

própjet éngine 분사 추진식 엔진.

prop·man [prɑ́pmæ̀n/-ɔ́-] *n.* = PROPERTY MAN. 「납(蜜蠟).

prop·o·lis [prɑ́pəlis/-ɔ́-] *n.* Ⓤ 밀

pro·po·nent [prəpóunənt] *n.* Ⓒ 제안자; 지지자.

:**pro·por·tion** [prəpɔ́:rʃən] *n.* ① Ⓤ 비율. ② Ⓤ 〖數〗 비례. ③ Ⓤ (각 부분의) 균형, 조화. ④ Ⓒ 몫, 부분. ⑤ (*pl.*) (각 부분을 모은) 면적, 용적, 크기. ***in ~ to*** …에 비례하여; …와 균형이 잡혀. ***out of ~ to*** …와 균형이 안 잡혀. ***sense of ~*** (엉뚱한 짓을 하지 않는) 신사적 양식(良識). — *vt.* 균형잡히게 하다, 비례시키다(*to*); 할당〔배분〕하다(*to*). **~·a·ble** *a.* 균형이 잡힌. **~ed**[-d] *a.* 균형이 잡힌; 균형이 …한(*ill-~ed* 균형이 안 잡힌).

*__pro·por·tion·al__[-əl] *a.* 균형이 잡힌; 〖數〗 비례의. **~·ly** *ad.* 비례하여.

propórtional representátion (선거의) 비례 대표(제). 「간격.

propórtional spácing 〖컴〗 비례

*__pro·por·tion·ate__ [prəpɔ́:rʃənit] *a.* 균형 잡힌, 비례한(*to*). **~·ly** *ad.*

:**pro·pose** [prəpóuz] *vt.* 신청하다; 제안하다; 추천〔지명〕하다; 기도하다, 꾀하다. — *vi.* 계획하다; 청혼하다. **-pos·al** *n.* Ⓤ,Ⓒ 신청; 제안, 계획; 청혼. **-pos·er** *n.* Ⓒ 신청인; 제안자.

:**prop·o·si·tion** [prɑ̀pəzíʃən/-ɔ̀-] *n.* Ⓒ ① 제의, 제안. ② 서술(敍述). ③ 〖數〗 정리(定理); 〖論〗 명제. ④ 《美口》 기업, 사업; 상품. ⑤ 《口》 (처리할) 것; 상대, 놈, 녀석. ⑥ 《美口》 (여자에의) 유혹. 「제 함수.

propositional fúnction 〖數〗 명

pro·pound [prəpáund] *vt.* (문제·계획을) 제출〔제의〕하다.

pro·pri·e·tar·y [prəpráiətèri/-təri] *a.* 소유(주)의; 재산이 있는; 독점의, 전매의. ***~ classes*** 유산〔지주〕 계급. ***~ medicine*** 특허 매약. ***~ rights*** 소유권. — *n.* Ⓒ 소유자; 《집합적》 소유자들; Ⓤ,Ⓒ 소유(권).

propríetary náme (상품의) 특허 등록명, 상표명.

*__pro·pri·e·tor__ [prəpráiətər] *n.* (*fem.* ***-tress*** [-tris]) Ⓒ 소유자; 경영자. **~·ship**[-ʃip] *n.* Ⓤ 소유권.

*__pro·pri·e·ty__ [prəpráiəti] *n.* Ⓤ ① 적당, 타당. ② 예의 바름; 교양; (the proprieties) 예의 범절.

props[prɑps/-ɔ-] *n.* =PROPERTY MAN.

pro·pul·sion [prəpʌ́lʃən] *n.* Ⓤ 추진(력). **-sive** *a.*

próp wòrd 〖文〗 지주어(支柱語)《형용사나 형용사 상당 어구에 붙어 이를 명사의 구실을 하게 하는 말; a white sheep and a black one에서 one》. 「(基)의.

pro·pyl[próupil] *a.* 〖化〗 프로필기

pro·rate [prouréit, ⌐–] *vt.* 안분하여 분배〔할당〕하다.

pro·rogue[prouróug] *vt.* (영국 등지에서 의회를) 정회하다. **pro·ro·ga·tion**[pròurəgéiʃən] *n.*

pros. prosceníum; prosecuting; prosody.

pro·sa·ic[prouzéiik] (<prose) *a.* 산문(체)의; 평범한, 지루한. **-i·cal·ly** *ad.*

pro·sce·ni·um [prousí:niəm] *n.* (*pl.* ***-nia***[-niə]) (the ~) 앞 무대《막과 주악석(奏樂席) 사이》.

pro·scribe [prouskráib] *vt.* (사람을) 법률의 보호 밖에 두다; 추방하

다; 금지〔배척〕하다. **-scríp·tion** *n.* **-scríp·tive** *a.*

:prose[prouz] *n.* Ⓤ 산문(체); 평범〔지루〕한 이야기. — *a.* 산문의; 평범한, 공상력이 부족한. — *vi.* 평범하게 쓰다〔이야기하다〕.

pros·e·cute** [prásəkjùːt/prɔ́s-] *vt.* (조사를) 수행하다; (사업을) 경영하다; 〖法〗 (사람·죄를) 고소〔기소〕하다. — *vi.* 기소하다. **-cu·tor** *n.* Ⓒ 수행자; 기소자. ***public prosecutor 검찰관, 검사. **-cu·tion**[∸-kjúːʃən] *n.* Ⓤ 수행; 종사; Ⓤ,Ⓒ 기소; Ⓤ (the ~) 《집합적》 기소자측.

prósecuting attórney 《美》 검찰관.

pros·e·lyte [prásəlàit/prɔ́s-] *n.* Ⓒ 개종자; 전향자. — *vt., vi.* 개종〔전향〕시키다〔하다〕. **-lyt·ize**[-lətàiz] *vt., vi.* =PROSELYTE.

pro·ser[próuzər] *n.* Ⓒ 산문가; 평범한 일을 쓰는 사람; 장황히 말하는 사람.

Pro·ser·pi·na [prousə́ːrpənə], **-ne**[-ni] *n.* 〖로神〗 =PERSEPHONE.

pro·sit[próusit] *int.* (L. =May it do you good!) (축배 때의) 축하합니다.

pro·slav·er·y[prousléivəri] *a., n.* Ⓤ 노예 제도 지지(의).

pros·o·deme[prásədiːm/-ɔ́-] *n.* =SUPRASEGMENTAL PHONEME.

pros·o·dy[prásədi/-ɔ́-] *n.* Ⓤ 운율학, 작시법.

pro·so·po·poe·ia, -pe·ia[prousòupəpíːə] *n.* Ⓤ 〖修〗 의인법; 활유법(活喩法).

:pros·pect[práspekt/-ɔ́-] *n.* ① Ⓒ 조망(眺望); 경치; 전망. ② Ⓤ,Ⓒ 예상; 기대; 가망. ③ Ⓒ 단골이 될 듯한 손님. ***in*** ~ 예기〔예상〕되어, 가망이 있어, 유망하여. — [prəspékt] *vt., vi.* (광산 따위를) 찾다; 시굴(試掘)하다. **-pec·tor**[práspektər/prəspék-] *n.* Ⓒ 탐광자(探鑛者), 시굴자.

***pro·spec·tive**[prəspéktiv] *a.* 예기된, 유망한; 장래의. **~·ly** *ad.*

pro·spec·tus[prəspéktəs] *n.* (학교·회사 설립 등의) 취지서, 내용, 견본, 안내서.

***pros·per** [práspər/-ɔ́-] *vi., vt.* 번영〔성공〕하다〔시키다〕.

:pros·per·i·ty[prospérəti/prɔspé-] *n.* Ⓤ 번영; 성공; 행운.

:pros·per·ous [práspərəs/-ɔ́-] *a.* 번영하는; 운이 좋은, 행운의; 잘 되어가는, 순조로운. **~·ly** *ad.*

prós·tate (glànd) [prásteit(-)/-ɔ́-] *n.* Ⓒ 〖解〗 전립샘, 섭호선(攝護腺).

pros·ti·tute[prástətjùːt/prɔ́stətjùːt] *n.* Ⓒ 매춘부; 돈의 노예. — *vt.* 매음시키다〔하다〕; (능력 등을) 악용하다. **-tu·tion**[∸-tjúːʃən] *n.* Ⓤ 매춘; 타락.

***pros·trate**[prástreit/-ɔ́-] *a.* 부복한, 엎드린, 넘어진; 패배〔항복〕한. — *vt.* 엎드리게 하다, 넘어뜨리다; 굴복시키다; 극도로 피곤하게 하다. **pros·trá·tion** *n.* Ⓤ,Ⓒ 부복; Ⓤ 피로, 의기 소침.

pros·y[próuzi] *a.* 산문적인; 평범한, 지루한.

Prot. Protestant.

pro·tac·tin·i·um[pròutæktíniəm] *n.* Ⓤ 〖化〗 프로탁티늄《방사성 원소; 기호 Pa, 번호 91》.

pro·tag·o·nist[proutǽgənist] *n.* Ⓒ (소설·극 따위의) 주인공; 주창자.

prot·a·sis [prátəsis/-ɔ́-] *n.* Ⓒ 〖文〗 (조건문의) 전제절(節)(*cf.* apodosis).

pro·te·ase[próutièis] *n.* Ⓤ 〖生化〗 프로테아제, 단백질 분해 효소.

:pro·tect[prətékt] *vt.* 지키다, 막다; 보호하다(*from, against*); 〖經〗 (외국 물품에 과세하여 국내 산업을) 보호하다.

:pro·tec·tion[prətékʃən] *n.* ① Ⓤ 보호, 방어(*from, against*). ② Ⓒ 보호하는 사람〔물건〕. ③ Ⓤ 〖經〗 보호 무역 (제도) (opp. free trade). ④ Ⓒ 여권(旅券). ⑤ Ⓤ 〖컴〗 보호. **~·ism**[-ìzəm] *n.* Ⓤ 보호 무역론〔무역주의〕. **~·ist** *n.* Ⓒ 보호 무역론자; 야생 동물 보호론자.

***pro·tec·tive**[prətéktiv] *a.* 보호〔방어〕하는; 상해(傷害) 방지의; 〖經〗 보호 무역의.

protéctive cólo(u)ring 〖動〗 보호색.

protéctive cústody 보호 구치.

protéctive mímicry 〔**resémblance**〕 〖動〗 보호 의태(擬態).

protéctive táriff 보호 관세(율).

***pro·tec·tor**[prətéktər] *n.* Ⓒ ① 보호〔옹호, 방어〕자. ② 보호물〔기, 장치〕. ③ 〖英史〗 섭정.

pro·tec·tor·ate[prətéktərit] *n.* Ⓒ 보호국〔령〕.

pro·tec·to·ry [prətéktəri] *n.* Ⓒ 소년원.

pro·té·gé[próutəʒèi, ∸-∸] *n.* (*fem.* ***-gée***[-ʒèi]) (F.) Ⓒ 피보호자.

pro·tein [próutiːin], **-teid** [-tiːid] *n.* Ⓤ,Ⓒ 단백질. — *a.* 단백질의〔을 함유하는〕.

pro tem. *pro tempore.*

pro tem·po·re [prou témpərìː/-ri] (L. =for the time) 일시적으로〔인〕, 잠시적으로〔인〕; 임시로〔의〕.

pro·te·ol·y·sis [pròutiáləsis/-tiɔ́l-] *n.* Ⓤ 〖化〗 단백질 가수 분해.

Prot·er·o·zo·ic [prɑ̀tərəzóuik/prɔ̀t-] *n.* (the ~) 〖地〗 원생대. — *a.* 원생대의.

:pro·test[prətést] *vt., vi.* 항의하다(*against*); 단언〔주장〕하다; (*vt.*) (약속 어음 따위의) 지급을 거절하다. — [próutest] *n.* Ⓤ,Ⓒ 이의; 언명; Ⓒ (어음의) 거절 증서. ***under*** ~ 항의하며, 마지못해서.

***Prot·es·tant** [prátəstənt/prɔ́t-] *n.* Ⓒ 〖基〗 신교도; (p-) 항의자. — *a.* 신교도의; (p-) 이의를 제기하는. **~·ism**[-ìzəm] *n.* Ⓤ 신교(의 교리); 《집합적》 신교도; 신교 교회.

Prótestant Epíscopal Chúrch

미국 감독 교회, 미국 성공회.

prot·es·ta·tion [pràtistéiʃən, pròutes-] *n.* Ⓤ,Ⓒ 항의(*against*); 단언(*of, that*).

Pro·teus [próutju:s, -tiəs] *n.* 〖그神〗 변화 무쌍한 바다의 신.

pro·tha·la·mi·um [pròuθəléimiəm] *n.* (*pl.* **-mia** [-miə]) Ⓒ 결혼 축가.

pro·thal·li·um [prouθǽliəm] *n.* (*pl.* **-lia** [-liə]) Ⓒ 〖植〗 전엽체《양치류의》.

pro·throm·bin [prouθrámbin/-ɔ́-] *n.* Ⓤ 〖生化〗 프로트롬빈《응혈 인자의 일종》.

pro·ti·um [próutiəm, -ʃiəm] *n.* Ⓤ 〖化〗 프로튬《수소의 동위 원소》.

pro·to·col [próutəkɔ̀l, -kɔ̀:l/-kɔ̀l] *n.* Ⓒ 의정서; Ⓤ (외교상의) 의례(儀禮); 〖컴〗 (통신) 규약.

pro·ton [próutan/-tɔn] *n.* Ⓒ 〖理·化〗 프로톤, 양자(陽子).

pro·to·ne·ma [pròutəní:mə] *n.* 〖植〗 원사체(原絲體).

próton sýnchrotron 〖理〗 양자 「가속 장치.

pro·to·plasm [próutouplæ̀zəm] *n.* Ⓤ 〖生〗 원형질.

pro·to·type [próutoutàip] *n.* Ⓒ 원형; 모범; 〖컴〗 원형.

Pro·to·zo·a [pròutouzóuə] *n. pl.* 〖動〗 원생 동물.

pro·to·zo·an [pròutəzóuən] *n., a.* Ⓒ 〖動〗 원생 동물(의).

pro·tract [proutrǽkt, prə-] *vt.* 오래[질질] 끌게 하다, 연장하다; 뻗치다, 내밀다; (각도기·비례자로) 제도하다. **~·ed** [-id] *a.* 오래 끈. **-trac·tile** [-til, -tail] *a.* (동물의 기관 따위) 신장성(伸長性)의. **-trác·tion** *n.*

pro·trac·tor [-ər] *n.* Ⓒ 각도기.

***pro·trude** [proutrú:d] *vt., vi.* 내밀다; 불쑥 나오다. **-trud·ent** [-ənt] *a.* **-tru·sion** [-ʒən] *n.* Ⓤ 돌출; Ⓒ 돌출부. **-trú·sive** *a.*

pro·tu·ber·ant [proutjú:bərənt] *a.* 불룩 솟은, 불쑥 나온. **-ance, -an·cy** *n.* Ⓤ 돌출, 융기; Ⓒ 돌출[융기]부, 혹.

†**proud** [praud] *a.* ① 자랑[자만]하고 있는; 자랑으로 생각하는(*of*). ② 자존심이 있는. ③ 거만한. ④ 영광으로 여기는. ⑤ 자랑할 만한; 당당한. ***be ~ of*** …을 자랑하다; …을 영광으로 생각하다. ***do a person ~*** 《口》 아무를 우쭐하게 하다. ⁑**∠·ly** *ad.*

próud flésh (아문 상처의) 군살.

Proust [pru:st], **Marcel** (1871-1922) 프루스트《프랑스의 소설가》.

Prov. Provençal; Provence; Proverbs; Providence; Provost.

prov. province; provincial; provisional; provost.

†**prove** [pru:v] *vt.* (**~d; ~d,** 《美·古》 ***proven***) ① 입증[증명]하다. ② (유언서를) 검인(檢認)하다. — *vi.* …이라 판명되다, …이 되다. **próv·a·ble** *a.* 증명할 수 있는.

prov·en [prú:vən] *v.* 《美·古》 prove 의 과거분사.

prov·e·nance [právənəns/prɔ́v-] *n.* Ⓤ 기원, 출처.

Pro·ven·çal [pròuvənsá:l, pràv-/prɔ̀va:n-] *a., n.* Provence의; Ⓒ 프로방스 사람(의); Ⓤ 프로방스 말(의).

Pro·vence [prouvá:ns] *n.* (프랑스 남동부의) 프로방스 지방.

prov·en·der [právindər/prɔ́-] *n.* Ⓤ 꼴, 여물; 음식물.

pro·ve·ni·ence [prəví:njəns] *n.* 《美》 =PROVENANCE.

⁑**prov·erb** [právə:rb/-ɔ́-] *n.* Ⓒ 속담; 평판[정평] 있는 것. ***the (Book of) Proverbs*** 〖舊約〗 잠언(箴言).

pro-verb [próuvə̀:rb] *n.* Ⓒ 〖文〗 대(代)동사.

***pro·ver·bi·al** [prəvə́:rbiəl] *a.* ① 속담(투)의; 속담으로 표현된; 속담으로 된. ② 평판 있는. **~·ly** *ad.* 속담대로; 일반으로 널리 (알려져).

†**pro·vide** [prəváid] *vt.* 준비[마련]하다(*for, against*); 조건을 정해두다, 규정하다(*that*); 공급하다(*with*). — *vi.* 대비[준비]하다(*for, against*); 예방책을 취하다; 부양하다(*for*). ***be ~d with*** …의 설비가 있다, …의 준비가 되어 있다. ***-vid·ed** [-id], ***-víd·ing** *conj.* …할 조건으로(*that*), 만약 …이라면.

***prov·i·dence** [právədəns/prɔ́v-] *n.* Ⓤ,Ⓒ ① 섭리, 신(神)의 뜻, 신조(神助). ② 장래에 대한 배려, 조심, 검약. ③ (P-) 신(神).

prov·i·dent [právədənt/prɔ́v-] *a.* 선견지명이 있는, 신중한, 알뜰한.

prov·i·den·tial [pràvədénʃəl/prɔ̀v-] *a.* 섭리의, 하느님 뜻에 의한; 행운의. **~·ly** *ad.*

pro·vid·er [prəváidər] *n.* Ⓒ 공급자. ***lion's ~*** 〖動〗 =JACKAL; 남의 앞잡이. ***universal ~*** 잡화상.

⁑**prov·ince** [právins/-ɔ́-] *n.* ① Ⓒ 주(州), 성(省). ② (the ~s) (수도·주요 도시 이외의) 지방, 시골. ③ Ⓤ 본분; (활동의) 범위, (학문의) 부문.

***pro·vin·cial** [prəvínʃəl] *a.* ① 주[영토]의. ② 지방[시골]의, 촌스러운, 조야(粗野)한; 편협한. — *n.* Ⓒ 지방민, 시골뜨기. **~·ism** [-ìzəm] *n.* Ⓤ,Ⓒ 시골티; Ⓤ 조야; 편협; 지방 사투리.

próving gròund 《美》 (새 장비·새 이론 따위의) 실험장(場).

⁑**pro·vi·sion** [prəvíʒən] *n.* ① Ⓤ 준비(*for, against*); 공급, 지급. ② Ⓒ 공급량; (*pl.*) 식량, 저장품. ③ 〖法〗 Ⓒ 조항, 규정. ***make ~*** 준비하다(*for, against*). — *vi.* 식량을 공급하다.

***pro·vi·sion·al** [prəvíʒənəl] *a.* 임시의, 일시[잠정]적인. **~·ly** *ad.*

pro·vi·so [prəváizou] *n.* (*pl.* **~(e)s**) Ⓒ 단서(但書); 조건.

pro·vi·so·ry [prəváizəri] *a.* 단서가 붙은, 조건부의; 임시의.

pro·vi·ta·min [prouváitəmin/-vít-] *n.* Ⓒ 〖生化〗 프로비타민《체내

에서의 비타민화하는 물질》.

prov·o·ca·tion**[pràvəkéiʃən/-ɔ̀-] *n.* Ⓤ 성나게 함; 자극; 성남, 화. ***under ~ 성을 내어.

***pro·voc·a·tive** [prəvákətiv/-ɔ́-] *a., n.* Ⓒ 성나게 하는 (것); 자극하는 (것); 도발적인.

‡pro·voke[prəvóuk] *vt.* ① 성나게 하다, 자극하다. ② (감정 따위를) 불러일으키다; 일으키다(*of*). **pro·vók·ing** *a.* 성이 나는, 속타게[울컥거리게] 하는. **-vók·ing·ly** *ad.* 자극적으로; 성[화]날 정도로.

prov·ost[právəst/-ɔ́-] *n.* Ⓒ (영국의 college의) 학장; 〖宗〗 =DEAN; 《Sc.》 시장(市長).

próvost guàrd 《美》《집합적》 헌병대.

próvost màrshal 〖陸軍〗 헌병 사령관; 〖海軍〗 미결감장(未決監長).

***prow**[prau] *n.* Ⓒ 이물 (모양의 물건); (비행기 따위의) 기수(機首).

***prow·ess**[práuis] *n.* Ⓤ ① 용기; 무용(武勇). ② 훌륭한 솜씨.

***prowl**[praul] *vt., vi.* (먹이를 찾아) 헤매다. — *n.* (a ~) 배회, 찾아 헤맴. ~**·er** *n.* Ⓒ 배회자, 좀도둑.

prówl càr 《美》 (경찰의) 순찰차 (squad car).

prox. *proximo.*

prox·e·mics[prɑksí:miks/prɔk-] *n.* Ⓤ 근접학(近接學)《인간과 문화적 공간의 관계를 연구함》.

prox·i·mal[práksəməl/prɔ́k-] *a.* 〖解·植〗 (신체·식물의 중심부에) 가까운 쪽의, 기부(基部)의.

prox·i·mate[práksəmit/prɔ́k-] *a.* (장소·시간이) 가장 가까운; 근사한.

prox·im·i·ty[prɑksíməti/-ɔ-] *n.* Ⓤ (장소·시간·관계의) 접근(*to*).

proxímity fùze 〖美軍〗 (탄두의) 근접 폭발 신관.

prox·i·mo [práksəmòu/-ɔ́-] *ad.* (L.=next (month)) 내달《생략 prox.》.

prox·y[práksi/-ɔ́-] *n.* Ⓒ 대리(인); 대용물; 대리 투표; 위임장.

prs. pairs. **PRT** personal rapid transit 개인 고속 수송.

prude[pru:d] *n.* Ⓒ (남녀 관계에) 얌전한 체하는 여자, 숙녀연하는 여자.

‡pru·dent[prú:dənt] *a.* 조심성 있는, 신중한; 분별 있는. ~**·ly** *ad.* **-dence** *n.* Ⓤ 사려, 분별; 신중; 검소(economy).

pru·den·tial[pru:dénʃəl] *a.* 조심성 있는, 신중한; 분별 있는.

prud·er·y[prú:dəri] *n.* Ⓤ 얌전한[점잖은] 체함, 숙녀연함; Ⓒ 짐짓 점잔빼는 행위[말].

prud·ish[prú:diʃ] *a.* 숙녀인 체하는, 새침떠는.

prune**[1][pru:n] *n.* Ⓒ 서양 자두; 말린 자두. ~s and prism***(***s***) 점잔빼 말투, 특별히 공손한 말씨.

***prune**[2] *vt.* ① (나무를) 잘라 내다, (가지를) 치다(*away, off, down*). ② (여분의 것을) 없애다, 바싹 줄이다, (문장을) 간결하게 하다.

prun·er[prú:nər] *n.* Ⓒ 가지 치는 사람; (*pl.*) 가지치기[전정] 가위.

prun·ing[prú:niŋ] *n.* Ⓤ (심은 나무 등의) 가지치기, 전지(剪枝).

prúning hòok [**shèars**] 전정 낫[가위].

pru·ri·ent[prúəriənt] *a.* 호색(好色)의, 음탕한.

pru·ri·go[pruəráigou] *n.* Ⓤ 〖醫〗 양진(痒疹).

Prus·sia[prʌ́ʃə] *n.* 프러시아《원래 독일 북부에 있던 왕국》. **-sian** *n., a.* Ⓒ 프러시아 사람(의).

Prussian blue 감청(紺靑).

prús·sic ácid[prʌ́sik-] 〖化〗 청산(靑酸).

***pry**[1][prai] *vi.* 엿보다(peep)(*about, into*); 일일이 알고 싶어하다(*into*). — *n.* Ⓒ 꼬치꼬치 캐기 좋아하는 사람.

pry[2] *n.* Ⓒ 지레. — *vt.* 지레로 올리다[움직이다]; 애써서 얻다(*out*).

Ps., Psa. Psalm(s). **P.S.** Privy Seal; Public School. ***P.S., p.s.** passenger steamer; postscript.

‡psalm[sɑ:m] *n.* Ⓒ 찬송가, 성가; (P-) (시편중의) 성가. ***the*** (***Book of***) ***Psalms*** 〖舊約〗 시편. — *vt.* 성가를 불러 찬미하다. ~**·ist** *n.* Ⓒ 찬송가 작자; (the P-) (시편의 작자라고 일컬어지는) 다윗왕.

psálm·bòok *n.* Ⓒ =PSALTER.

psal·mo·dy[sá:mədi, sǽlmə-] *n.* Ⓤ 성가 영창; 《집합적》 찬송가(집).

Psal·ter[sɔ́:ltər] *n.* (the ~) 시편; (p-) Ⓒ (예배용 기도서) 성가집.

PSAT 《美》 Preliminary Scholastic Aptitude Test 대학 진학 적성 검사. **PSB** 〖컴〗 program specification block 프로그램 명세 블록.

pseud. pseudonym.

pseu·do(-)[sú:dou] *a.* 《口》 가짜의, 거짓의; 유사한.

pseu·do·clas·sic [sù:douklǽsik], **-si·cal**[-əl] *a.* 의고전적(擬古典的)인.

psèudo-instrúction *n.* Ⓒ 〖컴〗 유사 명령어.

pseu·do·nym[sú:dənim] *n.* Ⓒ (저자의) 아호(雅號), 필명.

pseu·do·po·di·um[sù:dəpóudiəm] *n.* Ⓒ 〖動〗 위족(僞足).

pshaw[ʃɔ:] *int.* 체!; 흥!; 기가 막혀!《경멸·초조 등을 나타냄》. — *vi., vt.* 흥 코웃음치다(*at*).

psi[sai, psai] *n.* 그리스어 알파벳의 스물 셋째 글자《Ψ, ψ, 영어의 ps에 해당》.

psi·lo·cin[sáiləsən] *n.* =⇩.

psi·lo·cy·bin[sàiləsáibin] *n.* Ⓤ 실로시빈《멕시코산 버섯에서 나는 환각제》.

psit·ta·co·sis[sìtəkóusis] *n.* Ⓤ 〖醫〗 앵무병.

P.SS., p.ss. *postscripta* (L.=

postscripts).
psst [pst] *int.* 저, 여보세요, 잠깐《주의를 끌기 위해 부르는 말》.
P.S.T. Pacific Standard Time.
psych [saik] *vt., vi.* 《美俗》 정신적으로 혼란케 하다[해지다]; (육감으로) 꿰뚫어 보다; 정신 분석을 하다.
Psy·che [sáiki] *n.* 〖그神〗 프시케, 사이키《나비의 날개를 가진 미소녀로 표현되는 인간의 영혼》; (p-) 《보통 단수형》 Ⓒ 영혼, 정신.
psy·che·del·ic [sàikədélik] *a.* 도취(감)의; 환각을 일으키는; 사이키풍의. — *n.* Ⓒ 환각제 (사용자).
psy·chi·a·try [saikáiətri] *n.* Ⓤ 정신병학. **-trist** *n.* Ⓒ 정신병 의사[학자]. **-at·ric** [sàikiǽtrik] *a.*
psy·chic [sáikik], **-chi·cal** [-əl] *a.* 혼의; 정신의; 심령(현상)의, 초자연적인; 심령 작용을 받기 쉬운. — *n.* Ⓒ 영매(靈媒), 무당.
psỳchic dístance 심리적 거리.
psỳchic íncome 정신적 보수《명예, 신용 따위》.
psỳchic médium 영매(靈媒).
psy·cho [sáikou] *n.* Ⓒ 《俗》 정신병자; Ⓤ 정신 분석. — *a.* 정신병학의, 신경증의.
psy·ch(o)- [sáik(ou)] '정신, 영혼, 심리학'의 뜻의 결합사.
psỳcho·análysis *n.* Ⓤ 정신 분석(학). **-anályst** *n.* Ⓒ 정신 분석학자.
psy·cho·del·ic [sàikoudélik] *a., n.* =PSYCHEDELIC.
psỳcho·dráma *n.* Ⓤ 〖精神病理〗 심리극《정신병 치료로서 환자에게 시키는 연극》.
psỳcho·génic *a.* 〖心〗 심인성(心因性)의, 정신 작용[상태]에 의한.
psỳcho·kinésis *n.* Ⓤ 염력(念力)(작용).
psỳcho·linguístics *n.* Ⓒ 언어 심리학.
***psy·cho·log·i·cal** [sàikəládʒikəl/-5-] *a.* 심리학의, 심리(학)적인(~ *acting* 심리 연기). **~·ly** *ad.*
psychológical móment 심리적인 호기; 절호의 기회.
psychológical wárfare 심리전, 신경전.
:**psy·chol·o·gy** [saikálədʒi/-5-] *n.* Ⓤ 심리학; 심리 (상태). ***-gist** *n.* Ⓒ 심리학자.
psỳcho·neurósis *n.* Ⓤ 정신 신경증, 노이로제.
psy·cho·path [sáikoupæ̀θ] *n.* Ⓒ 정신병자.
psỳcho·pathólogy *n.* Ⓤ 정신 병리학.
psy·chop·a·thy [saikápəθi/-5-] *n.* Ⓤ 정신병; (발광에 가까운) 정신 착란. **psy·cho·path·ic** [sàikəpǽθik] *a.* 정신병의; 미칠 듯한.
psy·cho·pro·phy·lax·is [sàikouprɑ̀filǽksis/-ɔ̀-] *n.* Ⓤ 자연[무통] 분만 도입법(Lamaze technique).
psy·cho·sis [saikóusis] *n.* (*pl.* **-ses** [-si:z]) Ⓤ,Ⓒ (심한) 정신병, 정신 이상.
psy·cho·so·mat·ic [sàikousoumǽtik] *a.* 정신 신체 양쪽의, 심신의. **~s** *n.* Ⓤ 정신 신체 의학.
psychosomátic médicine 정신 신체 의학.
psỳcho·súrgery *n.* Ⓤ 정신 외과《뇌 수술》.
psỳcho·téchnics *n.* Ⓤ 정신 기법(技法)《임상 심리학의 일종》.
psỳcho·technólogy *n.* Ⓤ 심리 공학, 인간 공학.
psỳcho·thérapy *n.* Ⓤ (암시나 최면술에 의한 신경병의) 정신 요법.
psy·chot·ic [saikátik/-5-] *a., n.* 정신병의; Ⓒ 정신병자.
psy·chrom·e·ter [saikrámitər/-krɔ́m-] *n.* Ⓒ 건습구 습도계.
psy·op [sáiɑ̀p/-ɔ̀-] (<*psy*chological *op*eration) *n.* Ⓒ 〖美軍〗 심리작전.
psy·war [sáiwɔ̀:r] *n.* 《美》 =PSYCHOLOGICAL WARFARE.
Pt 〖化〗 platinum. **pt.** part; payment; pint(s); point; port.
P.T. Pacific Time; physical training; postal telegraph; post town; pupil teacher. **p.t.** past tense; post town; =PRO TEM. **PTA, P.T.A.** Parent-Teacher Association; preferential trading agreement 특혜 무역 협정.
ptar·mi·gan [tá:rmigən] *n.* Ⓒ 〖鳥〗 뇌조(雷鳥).
ptbl. portable.
PT bóat 《美》 어뢰정《PT=Patrol Torpedo》.
Pte. Private 《英》 병사(cf. Pvt.).
pter·o·dac·tyl [tèroudǽktil] *n.* Ⓒ 〖古生〗 익수룡(翼手龍).
pter·o·saur [térousɔ̀:r] *n.* Ⓒ 〖古生〗 익룡(翼龍).
ptg. printing. **PTM** pulse-time modulation. **P.T.O., p.t.o.** please turn over.
Ptol·e·ma·ic [tɑ̀ləméiik/-ɔ̀-] *a.* (천문학자) 프톨레마이오스의.
Ptolemáic sýstem [**théory**], **the** 천동설(天動說).
Ptol·e·my [táləmi/tɔ́l-] *n.* 2세기경의 그리스의 수학·천문·지리학자.
pto·maine [tóumein, —⌐] *n.* Ⓤ 〖化〗 프토마인.
pts. parts; payments; pints; points; ports. **Pu** 〖化〗 plutonium. **PTSD** post-traumatic stress disorder.
pty·a·lin [táiəlin] *n.* Ⓤ 〖生化〗 프티알린, 타액소.
pub [pʌb] *n.* Ⓒ 《英口》 목로술집, 선술집(public house).
pub. public; publication; published; publisher; publishing.
púb crawl 《英俗》 술집 순례《2차, 3차 다니는》.
pu·ber·ty [pjú:bərti] *n.* Ⓤ 사춘기《남자 14세, 여자 12세경》; 묘령.
pu·bes [pjú:bi:z] *n.* Ⓤ 음모(陰毛);

〖植·動〗 솜털; Ⓒ 음부.

pu·bes·cent[pju:bésnt] *a.* 사춘기에 이른; 〖動·植〗 솜털로 뒤덮인.

pu·bic[pjú:bik] *a.* 음모의; 음부의; 치골의(*the ~ region* 음부 / *the ~ hair* 음모).

pu·bis [pjú:bis] *n.* (*pl.* **-bes** [-bi:z]) Ⓒ 〖解〗 치골(恥骨).

†**pub·lic**[pʌ́blik] *a.* ① 공중의; 공공의. ② 공립의, 공영(公營)의. ③ 공개의. ④ 공공연한; 널리 알려진. ⑤ 국제적인. ― *n.* Ⓤ ①(the ~) 《집합적》 공중, 국민, 사회. ② (때로 a ~) 《집합적》 …계(界); 동아리, 패거리, 팬. ***in ~*** 공공연히. ***~ good* 〔*benefit, interests*〕** 공익. * **~·ly** *ad.* 공공연히; 여론으로.

públic-addréss sỳstem (강당 등의) 확성 장치.

pub·li·can[pʌ́blikən] *n.* Ⓒ 《英口》 선술집(public house)의 주인; (고대 로마의) 수세리(收稅吏).

:**pub·li·ca·tion**[pʌ̀bləkéiʃən] *n.* ① Ⓤ 발표, 공표. ② Ⓤ 발행; 출판; Ⓒ 출판물.

públic chárge 정부 구호 대상자.

públic convénience 《주로 英》 (역 따위의) 공중 변소.

públic domáin (주나 정부의) 공유지; 공유 재산; 공유《특허·저작권의 소멸 상태》. ***in the ~*** (저작권·특허권 소멸에 의해) 자유로 사용할 수 있는.

públic-domáin sóftware 〖컴〗 퍼블릭 도메인 소프트웨어《저작권 포기 등으로 저작권이 보호되지 않는 소프트웨어》.

públic énemy 공적(公敵).

públic házard 공해(公害).

públic héalth 공중 위생.

públic héaring 공청회. 「숙.

públic hòuse 《英》 선술집; 여인

pub·li·cist[pʌ́blisist] *n.* Ⓒ 국제법학자; 정치 평론가; 광고 취급인.

:**pub·lic·i·ty**[pʌblísəti] *n.* Ⓤ 널리 알려짐, 주지; 공표; 평판; 선전.

publícity àgent 광고 대리업자.

pub·li·cize[pʌ́bləsàiz] *vt.* 선전〔공표〕하다.

públic láw 공법. 「이 있는.

públic-mínded *a.* 공공심(公共心)

públic núisance 〖法〗 공적 불법 방해; 공해; 세상의 골칫거리.

públic óffice 관공서; 관청.

públic opínion (póll) 여론(조사).

públic philósophy (문화·정치의 기반으로서의) 민중 도덕.

públic relátions 홍보〔피아르〕 활동《생략 P.R.》; 섭외 사무; P.R. 담당원.

públic relátions ófficer 섭외 담당원〔장교〕.

públic sále 공매(公賣), 경매.

***públic schóol** 《美》 공립 학교; 《英》 기숙사제의 사립 중등 학교《귀족주의적인 대학 예비교; Eton, Harrow, Winchester, Rugby 등은 특히 유명》.

públic séctor 공공 부문.

públic sérvant 공무원.

públic sérvice 공익 사업; 공무; 사회 봉사.

públic spírit 공공심(公共心).

públic-spírited *a.* =PUBLIC-MINDED.

públic utílity 공익 사업(체).

públic wórks 공공 토목 공사.

:**pub·lish** [pʌ́bliʃ] *vt.* ① 발표〔공표〕하다; (법률 따위를) 공포하다. ② 출판〔발행〕하다. * **~·er** *n.* Ⓒ 출판업자; 발표자; 《美》 신문 경영자.

Puck[pʌk] *n.* 장난 좋아하는 요정(妖精).

puck *n.* Ⓒ 퍽《아이스하키용의 고무로 만든 원반》.

puck·a[pʌ́kə] *a.* 《印英》 일류의, 고급품의; 진짜의; 신뢰할 수 있는.

púcka gèn[-dʒèn] 〖英軍〗 확실한 보도.

puck·er[pʌ́kər] *vt., vi.* 주름을 잡다; 주름잡히다; 주름살짓다; 주름지다; 오므리다(*up*); 오므라지다(*up*). ― *n.* Ⓒ 주름, 주름살.

:**pud·ding**[púdiŋ] *n.* ① Ⓤ,Ⓒ 푸딩《과자》; 《英》 (식사 끝에 나오는) 디저트; 소시지의 일종. ② Ⓒ 푸딩 모양의 것; 《口》 땅딸보. ***more praise than ~*** (실속 없는) 헛 칭찬.

púdding fàce 무표정하고 둥글 납작한 얼굴.

púdding-hèad *n.* Ⓒ 바보, 멍청이.

pud·dle[pʌ́dl] *n.* Ⓒ 웅덩이; Ⓤ 이긴 진흙《진흙과 모래를 물로 이긴 것》. ― *vt.* 흙탕물로 적시다; 흙탕물이 되게 하다; 이긴 진흙이 되게 하다; (물의 유출을 막기 위해) 이긴 진흙을 바르다; (산화제를 넣어 녹은 쇠를) 정련하다. ― *vi.* 흙탕을 휘젓다(*about, in*). **púd·dling** *n.* Ⓤ 연철(鍊鐵)(법). **púd·dly** *a.* (길 따위) 웅덩이가 많은; 진흙투성이의, 흙탕의.

pu·den·da [pju:déndə] *n. pl.* (*sing.* **-dum** [-dəm]) 〖解〗 (여성의) 외음부.

pudg·y[pʌ́dʒi] *a.* 땅딸막한, 뭉툭한.

pueb·lo[pwéblou, puéb-] *n.* (*pl.* **~s**) Ⓒ 《美》 벽돌이나 돌로 만든 토인 부락; (P-) (pueblo에 사는) 토인족.

pu·er·ile [pjú:əril, -ràil] *a.* 어린애 같은. **-il·i·ty**[pjù:əríləti] *n.* Ⓤ 어린애 같음; 유년기; Ⓒ 어린애 같은 언행.

pu·er·per·al[pju:ə́:rpərəl] *a.* 〖醫〗 해산의. ***~ fever*** 산욕열(産褥熱).

Puér·to Rí·co[pwɛ̀ərtə rí:kou/pwə́:rtə-] 푸에르토리코《서인도 제도 동부의 섬, 미국 자치령》.

:**puff**[pʌf] *n.* Ⓒ ① 한 번 붊, 그 양, 훅불기. ② 부풂. ③ (머리털의) 술; (화장용의) 분첩. ④ 슈크림(모양의 과자). ⑤ 과장된 칭찬; 과대 광고. ⑥ (여자 옷 소매의) 부푼 주름. ― *vi.* ① 입김을〔연기를〕 훅 뿜다(*out, up*). ② 푹푹거리며 움직이다〔뛰다〕(*away, along*). ③ 헐떡이다.

④ 부풀어 오르다(*out, up*). — *vt.* ① (연기 따위를) 훅 내뿜다, (담배를) 피우다. ② 훅 불어 버리다(*away*). ③ 헐떡이게 하다. ④ 부풀어 오르게 하다, 과장하여 칭찬하다. **∠·er** *n.* Ⓒ 훅 부는 사람〔물건〕; 〖魚〗 복어류. **∠·er·y** *n.* Ⓤ,Ⓒ 과대 선전(*mutual ~ery* 상호 칭찬). **∠·y** *a.* 훅 부는, 한 바탕 부는《바람》; 부푼; 뚱뚱한; 숨찬. 「사.

púff àdder (아프리카산의) 큰 독

púff·bàll *n.* Ⓒ 〖植〗 말불버섯.

puf·fin[pʌ́fin] *n.* Ⓒ 바다행무《해조(海鳥)》(sea parrot).

púff slèeve 퍼프 소매. 「자코.

pug[1][pʌg] *n.* Ⓒ 발바리의 일종; 사

pug[2] *n.* Ⓒ 《俗》 권투 선수(pugilist).

pug[3] *n.* Ⓤ,Ⓒ 이긴 흙. — *vt.* (**-gg-**) 흙을 이기다〔채워 넣다〕.

pugh[pjuː] *int.* 흥, 체《경멸, 혐오 등을 나타냄》.

pu·gil·ism[pjúːdʒəlìzəm] *n.* Ⓤ 권투. **-ist** *n.* Ⓒ (프로) 권투 선수. **-is·tic**[∸–ístik] *a.*

pug·na·cious[pʌgnéiʃəs] *a.* 툭하면 싸우는. **~·ly** *ad.* **pug·nac·i·ty** [-nǽsəti] *n.*

púg nòse 사자코.

pu·is·sant[pjúːisənt, pwísənt] *a.* 《詩·古》 힘센. **-sance** *n.*

puke[pjuːk] *n., v.* 《口》 =VOMIT.

puk·ka[pʌ́kə] *a.* 《印英》 =PUCKA.

pu·las·ki[pəlǽski, pjuː-] *n.* Ⓒ 《美》 괭이와 도끼를 합친 도구.

pul·chri·tude[pʌ́lkrətjùːd] *n.* Ⓤ 아름다움. 「다.

pule[pjuːl] *vi.* (어린애가) 슬프게 울

Pú·litz·er Príze[púlitsər-] 《美》 퓰리처상《1회 수상은 1917년》.

†**pull**[pul] *vt.* ① 당기다. ② (이·마개 따위를) 뽑다(*up*). ③ (꽃·과실 따위를) 따다; 찢다; 당기어 손상시키다. ④ (수레 따위를) 끌어 움직이다; (배를) 젓다. ⑤ (고삐를 당겨 말을) 멈추다; 〖競馬〗 (지려고 말을) 제어하다; 적당히 다루다. ⑥ (찌푸린 얼굴을) 하다(~ *a face*). ⑦ 《口》 행하다. ⑧ 〖印〗 수동 인쇄기로 찍어내다. — *vi.* 끌다, 잡아당기다(*at*); 당겨지다; (배가) 저어지다, 배를 젓다(*away, for, out*); 마시다(*at*); (담배를) 피우다(*at*). ***P- devil, ~ baker!*** (줄다리기 등에서) 어느 편도 지지 마라! ~ ***down*** 헐다; (정부 등을) 넘어뜨리다; (가치·지위를) 떨어뜨리다; (병 따위가 사람을) 쇠약게 하다. ~ ***foot*** 《俗》 죽자하고 뛰다; 도망가다. ~ ***for*** 《口》…을 돕다. ~ ***in*** (목 따위를) 움추리다; 절약하다; (말을) 제어하다; 《俗》 체포하다; (기차가) 들어오다, (배가 물가 따위에) 접근하다. ~ ***off*** 벗다; (경기에) 이기다, (상을) 타다; 잘 해내다. ~ ***on*** (잡아당겨) 입다. ~ ***oneself together*** 원기를 회복하다(cf. COLLECT[1] oneself). ~ ***out*** 잡아 빼다; 배를 저어나가다; (기차가 역을) 떠나다; (이야기 따위를) 끌다. ~ ***out of the fire*** 실패를 성공으로 돌리다. ~ ***round*** (건강을) 회복시키다. ~ ***through*** (병·난국을) 겪어내게 하다; 곤란을 겪어내다. ~ ***together*** 협력해서 하다. ~ ***to pieces*** 갈기갈기 찢다; 혹평하다. ~ ***up*** 뽑다; 근절하다; (말·수레를) 정지시키다, 정지하다. — *n.* ① Ⓒ 끌어〔잡아〕당김; 당기기; 한 번 노를 젓기; 《口》 (술·담배 따위의) 한 모금. ② Ⓤ 끄는 힘, 인력. ③ Ⓒ 당기는 손잡이(handle), 당기는 줄. ④ Ⓤ 곤란한 등반(登攀)〔여행〕; 노력. ⑤ Ⓤ 《俗》 연고, 연줄; (개인적인) 이점.

púll·bàck *n.* Ⓒ 철수; 후퇴.

púll·dòwn *a.* 접기식의《침대, 보트》. — *n.* 〖컴〗 풀다운.

púll-down mènu 〖컴〗 풀다운 메뉴.

púller-ín *n.* (*pl.* ***pullers-in***) Ⓒ 《美》 (상점 등의) 여리꾼.

pul·let[púlit] *n.* Ⓒ (1년이 안 된) 어린 암탉.

***pul·ley**[púli] *n.* Ⓒ 도르래. — *vt.* 도르래로 올리다〔를 달다〕.

púll·ìn *n.* Ⓒ 《英》 (길가의) 간이식당.

Púll·man (**càr**)[púlmən-] *n.* (*pl.* **~*s***) 풀먼식 차량《침대차·특등차》.

púll·òut *n.* Ⓒ (잡지 따위의) 접어 넣는 페이지; 철수.

púll·òver *n.* Ⓒ 스웨터.

pul·mom·e·ter [pʌlmɑ́mitər/ -mɔ́-] *n.* Ⓒ 폐활량계.

pul·mo·nar·y[pʌ́lmənèri, púl-/ pʌ́lmənəri] *a.* 폐의; 폐를 침범하는; 폐병의; 폐를 가진.

***pulp**[pʌlp] *n.* ① Ⓤ 과육(果肉); 치수(齒髓); 펄프《제지 원료》. ② Ⓒ (보통 *pl.*) 《俗》 (질이 나쁜 종이의) 저속한 잡지, 싸구려 책. **∠·y** *a.* 과육〔펄프〕 모양의, 걸쭉한.

***pul·pit**[púlpit, pʌ́l-] *n.* Ⓒ 설교단; (the ~) 《집합적》 목사; (the ~) 설교; 《英空軍俗》 조종석.

púlp·wòod *n.* Ⓤ 펄프용 나무.

pul·que[púlki, -kei] *n.* Ⓤ (멕시코·중앙 아메리카산의) 용설란주(酒).

pul·sate[pʌ́lseit/–∸] *vi.* 맥이 뛰다, 고동하다; 진동하다. 오싹오싹하다. **pul·sá·tion** *n.* **pul·sá·tor** *n.* Ⓒ (세탁기 따위의) 진동기(器).

pul·sa·tile[pʌ́lsətil, -tàil] *a.* ① 맥박 치는; 두근두근하는. ② 〖樂〗 쳐서 울리는. — *n.* Ⓒ 〖樂〗 타악기.

‡**pulse**[1][pʌls] *n.* Ⓒ ① 맥박; 고동. ② (생명·감정·의지 등의) 움직임; 느낌, 의향. ③ (규칙적으로) 뜀. ④ (전파 등의) 순간 파동, 펄스. ⑤ 〖컴〗 펄스. — *vi.* 맥이 뛰다; 진동하다.

pulse[2] *n.* Ⓒ 콩류, 콩《beans, peas, lentils 따위》.

púlse·jet éngine 〖空〗 펄스 제트 엔진.

púlse modulátion 펄스 변조.

púlse rádar 펄스 변조 레이더.

púlse-time modulátion 〖無電〗

펄스시(時) 변조《생략 PTM》.
pul·sim·e·ter[pʌlsímitər] *n.* Ⓒ 〖醫〗 맥박계.
pul·ver·ize[pʌ́lvəràiz] *vt.* 가루로 만들다; (액체를) 안개 모양으로 만들다; 《俗》 (의론 따위를) 분쇄하다. ── *vi.* 가루가 되다. **-iz·er**[-àizər] *n.* Ⓒ 분쇄자[기]; 분무기. **-i·za·tion** [pʌ̀lvərizéiʃən] *n.* Ⓤ 분쇄.
pu·ma[pjúːmə] *n.* (*pl.* **~s,** 《집합적》 ~) Ⓒ 아메리카사자, 퓨마; Ⓤ 그 모피.
pum·ice[pʌ́mis] *n., vt.* Ⓤ 경석(輕石)(으로 닦다).
pum·mel[pʌ́məl] *vt.* (《英》 **-ll-**) 주먹으로 연거푸 치다.
:pump[1][pʌmp] *n.* Ⓒ 펌프 (달린 우물). ── *vt., vi.* ① 펌프로 (물을) 올리다, 퍼내다(*out, up*). ② 펌프로 공기를 넣다(*up*). ③ 펌프의 손잡이 같이 (위아래로) 움직이다. ④ (머리를) 짜내다. ⑤ 《口》 넘겨짚어 알아내다, 유도심문하다.
pump[2] *n.* Ⓒ (보통 *pl.*) 끈 없는 가벼운 신《야회용·무도용》, 펌프스.
pum·per·nick·el[pʌ́mpərnìkəl] *n.* Ⓤ,Ⓒ 조제(粗製)의 호밀빵.
pump·kin** [pʌ́mpkin, pʌ́ŋkin] *n.* Ⓒ,Ⓤ (서양) 호박. ***be some ~s 《美俗》 대단한 인물[물건, 곳]이다.
púmp prìming 《美》 (펌프의 마중물 같은) 정부의 재정 투융자에 의한 경제 회복 정책.
pun[pʌn] *n.* Ⓒ (동음 이의어를 이용한) 재담, 신소리(*on, upon*). ── *vi.* (**-nn-**) 신소리[재담]하다(*on, upon*).
Punch[pʌntʃ] *n.* 펀치《영국 인형극 ~ *and Judy*의 주인공, 곱사등이며 코가 굽은, Judy의 남편》; 펀치지(誌)《영국의 풍류 만화 잡지》. ***as pleased as ~*** 매우 기뻐서.
:punch[1] *vt.* 주먹으로 때리다; 《美西部》 (가축을) 몰다. ── *n.* ① Ⓒ 주먹으로 때리기(*on*), 치기. ② Ⓤ 《口》 박력; 활기; 효과.
:punch[2] *n.* Ⓒ 구멍 뚫는 기구, 타인기(打印器), 표 찍는 가위, 찍어서 도려 내는 기구, 펀치; 〖컴〗 구멍, 펀치. ── *vi.* (구멍을) 뚫다; 찍어내다; (표를) 찍다.
***punch**[3] *n.* Ⓤ,Ⓒ 펀치《포도주·설탕·레몬즙·우유 따위의 혼합 음료》.
punch[4] *n.* Ⓒ (살찌고 다리가 짧은) 짐말.
púnch·bàll *n.* 《英》 =PUNCHING BAG.
púnch-drùnk *a.* (권투 선수가) 맞고 비틀비틀하는; 《口》 (머리가) 혼란한; 망연 자실한.
púnch(ed) cárd 〖컴〗 천공 카드.
pun·cheon[pʌ́ntʃən] *n.* Ⓒ 간주(間柱); (탄갱의 천장을 받치는) 버팀기둥, 동바리; 《美》 (마루청으로 쓰는) 켠 재목; 큰 나무통.
punch·er[∠ər] *n.* Ⓒ 키펀치; 타인기; 《口》 카우보이.
Pun·chi·nel·lo[pʌ̀ntʃənélou] *n.* (*pl.* **~(*e*)*s***) Ⓒ (이탈리아 인형극의) 어릿광대, 땅딸보.
púnching bàg (권투 연습용의) 매달아 놓은 자루(《英》 punchball).
púnch lìne 급소를 찌르는 명문구.
punct. punctuation.
punc·til·i·o[pʌŋktíliòu] *n.* (*pl.* **~s**) Ⓒ (의식(儀式) 따위의) 미세한 점; Ⓤ 형식 차림. **punc·tíl·i·ous** *a.* (예의범절에) 까다로운, 형식을 차리는, 꼼꼼한.
:punc·tu·al[pʌ́ŋktʃuəl] *a.* 시간을 엄수하는. **~·ly** *ad.* **~·i·ty**[∠–ǽləti] *n.*
punc·tu·ate[pʌ́ŋktʃuèit] *vt.* 구두점을 찍다; (이야기를) 중단하다; 강조하다.
***punc·tu·a·tion**[∠–éiʃən] *n.* Ⓤ 구두(법); 《집합적》 구두점.
punctuátion màrk 구두점.
***punc·ture**[pʌ́ŋktʃər] *n.* Ⓤ 찌름; Ⓒ (찔러 생긴) 구멍, (타이어의) 펑크. ── *vt.* 찌르다; 구멍을 뚫다. ── *vi.* 펑크나다.
pun·dit[pʌ́ndit] *n.* Ⓒ (인도의) 학자; 《諧》 박식한 사람.
pun·gent[pʌ́ndʒənt] *a.* (혀나 코를) 자극하는; 날카로운, 신랄한; 가슴을 에는 듯한; 마음을 찌르는.
pún·gen·cy *n.* Ⓤ 자극; 신랄; Ⓒ 신랄한[자극이 강한] 것.
Pu·nic[pjúːnik] *a.* 고대 카르타고(사람)의; 신의 없는.
Púnic Wárs, the (로마와 카르타고 사이의) 포에니 전쟁.
:pun·ish[pʌ́niʃ] *vt.* 벌하다, 응징하다(*for, with, by*); 호되게 해치우다, 혼내주다. **~·a·ble** *a.* 벌 줄 수 있는, 벌주어야 할. **~·ment** *n.* Ⓤ 벌, 처벌; Ⓒ 형벌(*for, on*); Ⓤ 가혹한 처사, 학대; 〖拳〗 강타.
pu·ni·tive[pjúːnətiv], **-to·ry** [-nətɔ̀ːri/-təri] *a.* 형벌의; 벌 주는.
Pun·jab[pʌndʒáːb, ∠–] *n.* 원래 인도 북부의 한 주(州)《지금은 인도와 파키스탄으로 분할》.
punk[pʌŋk] *n.* Ⓤ 《美》 불쏘시개(용의 썩은 나무); Ⓒ 《美俗》 애송이, 풋내기; 쓸모 없는 인간; 《美俗》 면, 연동(戀童); Ⓤ 《美俗》 실없는 소리. ── *a.* 《美俗》 빈약한, 하찮은.
púnk ròck 펑크록《1970년대 후반에 영국에서 일어난 사회 체제에 대한 반항적인 음악의 조류》.
pun·ster[pʌ́nstər] *n.* Ⓒ 신소리를 잘하는 사람.
punt[1][pʌnt] *n.* Ⓒ (삿대로 젓는 양끝이 네모진) 너벅선; 〖美式蹴〗 펀트《손에서 떨어뜨린 공을 땅에 닿기 전에 차기》. ── *vt., vi.* (보트를) 삿대로 젓다; 〖美式蹴〗 펀트하다.
punt[2] *vt.* 〖카드〗 물주에게 대항하여 걸다; 《英》 (경마 따위에서) 돈을 걸다.
pu·ny[pjúːni] *a.* 아주 작은, 미약한; 보잘 것 없는.
***pup**[pʌp] *n.* Ⓒ ① 강아지; (여우·이리·바다표범 등의) 새끼. ② 《口》 건방진 풋내기. ── *vi.* (**-pp-**) (암캐

가) 새끼를 낳다.

pu·pa[pjúːpə] *n.* (*pl.* ***-pae*** [-piː], **∼*s***) Ⓒ 번데기《chrysalis의 과학적 명칭》. **pú·pal**[-pəl] *a.*

pu·pate[pjúːpeit] *vi.* 번데기가 되다, 용화(蛹化)하다.

pu·pil[1][pjúːpəl] *n.* Ⓒ 학생.

pu·pil[2] *n.* Ⓒ 〖解〗 눈동자, 동공.

púpil téacher (초등 학교의) 교생(敎生).

***pup·pet**[pʌ́pit] *n.* Ⓒ 강아지; 꼭두각시, 괴뢰; 건방진 풋내기.

púppet góvernment 〔**státe**〕 괴뢰 정부〔국가〕.

púppet plày 〔**shòw**〕 인형극.

***pup·py**[pʌ́pi] *n.* Ⓒ 강아지; 건방진 풋내기.

pur[pəːr] *n., v.* (**-rr-**) =PURR.

pur·blind[pə́ːrblàind] *a.* 반소경의, 흐려 뵈는; 우둔한.

pur·chas·a·ble[pə́ːrtʃəsəbəl] *a.* 살 수 있는.

:pur·chase[pə́ːrtʃəs] *vt.* ① 사다; 노력하여 얻다. ② 지레〔도르래〕로 올리다. — *n.* ① Ⓤ 구입; Ⓒ 구입품. ② Ⓤ (토지로부터의 해마다의) 수익(고). ③ Ⓤ (당기거나 오르거나 할 때의) 손 잡을〔발 붙일〕데. ***púr·chas·er*** *n.* Ⓒ 사는 사람, 구매자.

púrchase jòurnal 〖商〗 구입 일계장〔원장〕.

púrchase tàx 《英》 물품세.

púrchasing pòwer 구매력.

:pure[pjuər] *a.* 순수한, 더러움 없는; 순혈〔순종〕의; 깨끗한; 순정(純正)의; 오점 없는, 순전한; 단순한; 순이론적인. (*a fool*) ∼ ***and simple*** 순전한 (바보). **∠·ly** *ad.* **∠·ness** *n.*

púre·blòod *a., n.* =PUREBRED. **∼ed** *a.* =PUREBRED.

púre·bréd *a., n.* 순종의; Ⓒ 순종 동물〔식물〕.

***pu·rée,* pu·ree**[pjuréi, ∠-/pjúriː] *n.* (F.) Ⓒ,Ⓤ 퓌레《야채 등을 삶아 거른 것》; 그것으로 만든 진한 스프.

pur·ga·tion[pəːrgéiʃən] *n.* Ⓤ 정화(淨化); (하제(下劑)로) 변이 잘 나오게 하기.

pur·ga·tive[pə́ːrgətiv] *a., n.* Ⓒ 하제(의).

pur·ga·to·ry[pə́ːrgətɔ̀ːri/-təri] *n.* Ⓤ 〖가톨릭〗 연옥(煉獄); Ⓤ,Ⓒ 고행, 고난, 지옥 같은 곳. **-to·ri·al**[∠-tɔ́ːriəl] *a.* 연옥의; 정죄적(淨罪的)인, 속죄의.

:purge[pəːrdʒ] *vt.* ① (몸·마음을) 깨끗이 하다(*of, from*). ② 일소하다(*away, off, out*). ③ (정당·반대 분자 따위를) 추방〔숙청〕하다. ④ (죄·혐의를) 풀다(*of*). ⑤ 변통(便痛)시키다. — *vi.* 깨끗이 하다. — *n.* Ⓒ 정화; 추방; 하제(下劑). **pur·gée** *n.* Ⓒ 피(被)추방자.

***pu·ri·fy**[pjúərəfài] *vt.* 정화하다, 깨끗이 하다(*of, from*); 심신을 깨끗이 하다; 정련〔정제(精製)〕하다. **-fi·er** *n.* Ⓒ 깨끗이 하는 사람; 청정기(淸淨器), 청정 장치. **-fi·ca·tion**[∠-fikéiʃən] *n.*

pu·rine[pjúəriːn], **pu·rin**[-rin] *n.* Ⓤ 〖生化〗 퓨린《요산(尿酸) 화합물의 기(基)》.

pur·ism[pjúərizm] *n.* Ⓤ,Ⓒ (언어 따위의) 순수주의, 국어 순정(純正)주의. **pur·ist** *n.*

***Pu·ri·tan**[pjúərətən] *n., a.* Ⓒ 청교도(의); (p-) (도덕·종교상) 엄격한 (사람). **∼·ism**[-ìzəm] *n.* Ⓤ 청교(주의); (p-) (도덕·종교상의) 엄정주의.

pu·ri·tan·ic[pjùərətǽnik], **-i·cal**[-əl] *a.* 청교도적인; 엄격한.

***pu·ri·ty**[pjúərəti] *n.* Ⓤ ① 청정(淸淨), 청결. ② 결백. ③ (언어의) 순정(純正).

purl[1][pəːrl] *vi., n.* (작은 내가) 졸졸 흐르다; (*sing.*) 졸졸 흐름; 그 소리.

purl[2] *n., vt., vi.* Ⓒ (고리 모양의) 가장 자리 장식(을 달다); Ⓤ 〖編物〗 뒤집어 뜨기〔뜨다〕.

pur·lieu[pə́ːrljuː] *n.* Ⓒ 세력권내; (*pl.*) 근처, 주변, 교외.

pur·loin[pəːrlɔ́in] *vt., vi.* 도둑질하다.

pu·ro·my·cin[pjùərəmáisin] *n.* Ⓤ 퓨로마이신《항생 물질의 일종》.

:pur·ple[pə́ːrpəl] *n.* ① Ⓤ,Ⓒ 자줏빛; Ⓤ (옛날 황제나 왕이 입던) 자줏빛 옷. ② (the ∼) 왕위; 고위; 추기경의 직(위). ***be born in the*** ∼ 왕후(王侯)의 신분으로 태어나다. — *a.* 자줏빛의; 제왕의; 화려한; 호화로운. — *vt., vi.* 자줏빛이 되(게 하)다. **pur·plish, pur·ply**[-li] *a.* 자줏빛을 띤.

Púrple Héart 〖美陸軍〗 명예 상이 기장; (p- h-) 《俗》 (보랏빛 하트형) 흥분제.

púrple mártin (미국산의) 큰 제비.

púrple pássage 〔**pátch**〕 (책 속의) 명문이 있는 대문.

pur·port[pə́ːrpɔːrt] *n.* Ⓤ 의미, 요지, 취지. — [-∠] *vt.* 의미하다, 취지로 하다; …이라 칭하다.

†pur·pose[pə́ːrpəs] *n.* ① Ⓒ 목적, 의도; 용도. ② Ⓤ 의지, 결심. ③ Ⓤ 효과. ***on*** ∼ 일부러. ***to good*** ∼ 매우 효과적으로, 잘. ***to little*** 〔***no***〕 ∼ 거의〔아주〕 헛되이. — *vt.* 계획하다, …하려고 생각하다. **∼·ly** *ad.* 일부러, 고의로.

pur·pose·ful[-fəl] *a.* 목적 있는; 고의의; 의미심장한, 중대한; 과단성 있는. **∼·ly** *ad.*

pur·pose·less[-lis] *a.* 목적이 없는; 무의미한, 무익한. **∼·ly** *ad.*

púrpose-máde *a.* 《英》 특수 목적을 위해 만들어진.

pur·pos·ive[pə́ːrpəsiv] *a.* 목적이 있는; 목적에 맞는; 과단성 있는.

pur·pu·ra[pə́ːrpjurə] *n.* Ⓤ 〖醫〗 자반병(紫斑病).

***purr**[pəːr] *vi., vt., n.* (고양이가 만족하여) 가르랑거리다; Ⓒ 그 소리; 목을 울리다〔울려서 알리다〕.

pur sang[pyə sɑ́ːŋ] (F.) 《명사 뒤에》 순혈〔순종〕의; 철저한, 순수한

(*He is a liar* ~. 그는 순전한 거짓말쟁이다.)

‡purse[pəːrs] *n.* Ⓒ ① 돈주머니, 돈지갑. ② (*sing.*) 금전, 자력, 국고. ③ 상금, 기부금. ***hold the ~ strings*** 금전 출납을 취급하다. ***make a*** SILK ***~ out of a sow's ear.*** ── *vt., vi.* (돈주머니 아가리처럼) 오므리다(*up*); 오므라지다.

púrse-pròud *a.* 재산을 자랑하는.

purs·er[pə́ːrsər] *n.* Ⓒ (선박의) 사무장.

púrse-snàtcher (지갑·핸드백을 채가는) 날치기.

purse strìngs 돈주머니끈; 재산상의 권한. 「쇠비름.

purs·lane[pə́ːrslin] *n.* Ⓤ,Ⓒ 〖植〗

pur·su·ance [pərsúːəns/-sjúː-] *n.* Ⓤ 추구; 속행(續行); 수행, 이행. ***in ~ of*** …을 좇아서, …을 이행하여. ***-ant** *a.* (…에) 따른(*to*).

‡pur·sue[pərsúː/-sjúː] *vt.* ① 추적하다. ② 추구하다. ③ 수행하다, 종사하다; 속행하다. ④ (길을) 찾아 가다. ── *vi.* 좇아가다, 따라가다. ***pur·sú·er** *n.* Ⓒ 추적자; 추구자; 수행자; 연구자.

‡pur·suit[pərsúːt/-sjúːt] *n.* ① Ⓤ 추적, 추격; 추구. ② Ⓤ 속행, 수행; 종사. ③ Ⓒ 직업, 일; 연구. ***in ~ of*** …을 좇아서.

pursúit plàne 추격기, 전투기.

pur·sui·vant[pə́ːrswivənt] *n.* Ⓒ 《英》 문장원 속관(紋章院屬官); 《古》 종자(從者). 「한.

pur·sy[pə́ːrsi] *a.* 숨이 가쁜; 뚱뚱

pu·ru·lent[pjúərələnt] *a.* 곪은, 화농성의; 고름 같은. **-lence** *n.*

pur·vey[pərvéi] *vt.* (식료품을) 공급[조달]하다. **~·ance** *n.* Ⓤ (식료품의) 조달; 《廢》 조달[식료]품. **~·or** *n.* Ⓒ 어용(御用) 상인, 식료품 조달인.

pur·view[pə́ːrvjuː] *n.* Ⓤ (활동) 범위; 권한; 〖法〗 요항, 조항.

pus[pʌs] *n.* Ⓤ 고름, 농즙.

†push[puʃ] *vt.* ① 밀다; 밀어 움직이다. ② 쑥 내밀다. ③ (계획 등을) 밀고 나가다; 강하게 주장하다; 추구하다. ④ 확장하다. ⑤ (상품 등을) 억지로 떠맡기다. ⑥ 궁박게 하다. ── *vi.* 밀다; 밀고 나가다(*on*); 노력하다; 돌출하다; (싹이) 나다. ***be ~ed for*** (돈·시간 따위에) 쪼들리다. ***~ along*** 출발하다; (다시) 한 걸음 더 나아가다. ***~ off*** (배를) 밀어내다; 《口》 떠나다, 돌아가다. ***~ out*** 밀어내다; (싹 따위를) 내밀다. ***~ over*** 밀어 넘어뜨리다. ***~ up*** 《口》 증가하다. ── *n.* ① Ⓒ 밂, 한번 밀기; 추진; 돌진; 분투. ② Ⓤ 기력, 진취적 기상. ③ Ⓤ,Ⓒ 《口》 억지, 적극성. ④ 《집합적》 《口》 동아리, 일당. ⑤ 〖컴〗 밀어넣기. **∠·er** *n.* Ⓒ 미는 사람[것]; 〖空〗 추진식 비행기; 보조 기관차. **∠·ful** [∠fəl] *a.* 적극적인; 오지랖넓은. **∠·ing** *a.* 미는; 활동적인; 억지가 센.

púsh·bàll *n.* Ⓤ 푸시볼《큰 공을 두 팀이 서로 밀어 상대방 골에 넣는 경기》; Ⓒ 그 경기의 공. 「단추.

púsh bùtton (벨·컴퓨터 등) 누름

púsh-bùtton wàr 누름단추식 전쟁《유도탄, 무인기 따위에 의한 전쟁》.

púsh·càrt *n.* Ⓒ 《美》 손수레.

púsh·chàir *n.* Ⓒ 《英》 접는 식의 유모차.

púsh·dòwn *n.* Ⓤ 〖컴〗 끝먼저내기 《새로 기억된 항목이 먼저 도출될 수 있는 기억 방식》.

púsh-in crìme [**jòb**] 《美》 (문이 열리자 마자 덮치는) 주택 침입강도.

Push·kin[púʃkin], **Alexander Sergeevich** (1799-1837) 러시아의 시인.

púsh·òver *n.* Ⓒ 《美俗》 편한[쉬운] 일, (경기에서) 약한 상대.

púsh·ùp *n.* ① Ⓒ (체조의) 엎드려 팔굽히기(press-up). ② Ⓤ 〖컴〗 처음 먼저내기.

push·y[∠i] *a.* 《美口》 자신만만한, 오지랖넓은.

pu·sil·lan·i·mous[pjùːsəlǽnəməs] *a.* 겁많은, 무기력한. **-la·nim·i·ty**[-sələníməti] *n.*

puss[pus] *n.* Ⓒ 《의인적 호칭》 고양이(cf. chanticleer); 소녀.

***puss·y**[púsi] *n.* Ⓒ ① 《兒》 고양이. ② 털이 있는 부드러운 것《버들개지 등》(catkin). ③ 《卑》 여자의 음부; 성교.

pússy·càt *n.* Ⓒ 《兒》 고양이.

pússy·fòot *vi., n.* (*pl.* **~s**) Ⓒ 《美口》 살그머니 걷다[걷는 사람]; 소극적인 생각을 하다[하는 사람]; 《주로 英》 금주주의자.

pússy wíllow (미국산) 갯버들.

pus·tule[pʌ́stʃuːl] *n.* Ⓒ 〖醫〗 농포(膿疱); 〖動·植〗 소돌기(小突起); 여드름, 물집, 사마귀.

†put[put] *vt.* (~; ***-tt-***) ① 놓다, 두다, 고정시키다; 넣다(*in, to*). ② (어떤 물건에) 붙이다(*to*). ③ (어떤 상태·관계로) 두다, 하다(*in, to, at, on, under*). ④ 기록하다; 설명하다; 표현[번역]하다(*into*). ⑤ (문제를) 제출하다, (질문을) 하다. ⑥ 평가하다, 어림잡다(*at*). ⑦ (방향으로) 돌리다, 진로를 잡다(*off, out*). ⑧ (손을 어깨까지 굽혀) 던지다. ⑨ 사용하다(*to*). ⑩ (일, 책임, 세금 등을) 지우다; …에게 돌리다, …의 탓으로 하다. ***be ~ to it*** 강권에 못이겨 …하게 되다, 몹시 곤란받다. ***~ about*** (배의) 방향을 바꾸다; 퍼뜨리다; 공표하다. ***~ aside*** [***away, by***] 치우다, 떼어[남겨] 두다; 버리다. ***~ back*** (본래의 장소·상태로) 되돌리다, …을 방해하다; 되돌아가다. ***~ down*** 내려놓다; 억누르다, 진정하게 하다, 말 못하게 하다; 줄이다; 적어 두다, (예약자로서) 기입하다; 평가하다(*at, as, for*); (…의) 탓으로 하다(*to*); 〖空〗 착륙하다. ***~ forth*** 내밀다; (싹·힘 따위를) 내다; (빛을)

P

발하다. ~ ***forward*** 나아가게 하다; 제언[주장]하다; 촉진하다; 추천하다; 눈에 띄게 하다. ~ ***in*** 넣다; 제출하다; 신청하다(*for*); 《口》(시간을) 보내다; 입항하다. ***Put it there!*** 《美俗》 악수[화해]하자. ~ ***off*** (옷을)벗다; 제거하다; 연기하다, 기다리게 하다; (가짜 물건을) 안기다(*on, upon*); 피하다, 회피하다; 단념케 하다(*from*); 출발하다. ~ ***on*** 입다, 몸에 걸치다; …체하다; 늘다; 일시키다, 부추기다. ~ ***oneself forward*** 주제넘게 굴다; 입후보하다. ~ ***out*** 내다, 쫓아내다; (불을) 끄다; 방해하다, 난처하게 하다; (싹·힘 따위를) 내다; (눈을) 상하게 하다; 출판하다; 〖크리켓·野〗 아웃시키다; 출범하다. ~ ***over*** 연기하다; 호평을 얻게 하다, 성공하다. ~ ***through*** 꿰뚫다; 해내다; (전화를) 연결하다. ~ ***together*** 모으다; 합계하다. ~ (*a person*) ***to it*** 강제하다; 괴롭히다. ~ ***up*** 올리다, 걸다; 보이다; 상연하다, (기도를) 드리다; (청원을) 제출하다; 입후보로 내세우다, 건립하다; 저장하다; 제자리에 두다, 치우다; (칼집에) 넣다; 숙박시키다; 《口》 (몰래) 꾀하다. ~ ***upon*** 속이다. ~ (*a person*) ***up to*** (아무에게) 알리다; 부추기어 …하게 하다. ~ ***up with*** …을 참다[견디다]. 「의.

pu·ta·tive[pjúːtətiv] *a.* 추정(상)

pút-òff *n.* Ⓒ 핑계; 변명; 연기.

pút-òn *a.* 《俗》 겉치레의. — *n.* Ⓒ 속임, 못된 장난; 비꼼; (*sing.*) 겉치레, 젠체함.

pút-òut *n.* Ⓒ 〖野〗 척살, 터치아웃.

put-put[pʌ́tpʌ̀t] *n.* Ⓒ《口》(소형 엔진의) 펑펑[통통]하는 소리. — *vi.* 펑펑[통통] 소리를 내며 나아가다.

pu·tre·fac·tion[pjùːtrəfǽkʃən] *n.* Ⓤ 부패 (작용); Ⓒ 부패물. **-tive** *a.*

pu·tre·fy[pjúːtrəfài] *vt., vi.* 부패시키다[하다]; 곪(게 하)다.

pu·tres·cent[pjuːtrésənt] *a.* 썩어가는; 부패의. **-cence** *n.*

pu·trid[pjúːtrid] *a.* 부패한; 타락한.

putsch[putʃ] *n.* (G.) Ⓒ 소폭동, 소란.

putt[pʌt] *vt., vi.* 〖골프〗 (홀 쪽으로 공을) 가볍게 치다. — *n.* Ⓒ 경타(輕打).

put·tee[pʌtíː, ⌐—] *n.* Ⓒ (보통 *pl.*) 감는[가죽] 각반. 「다.

put·ter[1][pʌ́tər] *vi.* 꾸물꾸물 일하

put·ter[2][pútər] *n.* Ⓒ 놓는 사람; 〖鑛〗 운반부(夫).

put·ter[3][pʌ́tər] *n.* Ⓒ 〖골프〗 경타자; 경타용 채.

pútting grèen 〖골프〗 (홀 주위의) 경타 구역(cf. tee, fairway).

put·ty [pʌ́ti] *n., vt.* Ⓤ (유리 접합용의) 퍼티(로 고정하다, 로 메우다).

pútty mèdal 《英》 퍼티로 만든 가짜 메달; 《英諧》 작은 노력에 대한 근소한 보수.

pút-ùp *a.* 《口》 미리 꾸민; 미리 짠.

:puz·zle[pʌ́zl] *n.* Ⓒ 수수께끼, 난문; (*sing.*) 당혹. — *vt.* 당혹시키다, (머리를) 괴롭히다[짜내다](*over*); 생각해내다. — *vi.* 당혹하다(*about, over*); 머리를 짜다(*over*). ~ ***out*** 생각해내다.

p.v. par value; post village.

PVA polyvinyl alcohol [acetate].

PVC polyvinyl chloride. **Pvt.** Private 《美》 병사(cf. Pte.). **P.W.** =POW; public works. **PWA** Public Works Administration; a person with AIDS 에이즈 보균자. **PWD, P.W.D.** Psychological Warfare Division. **P.W.D.** Public Works Department. **PWR** pressurized water reactor 가압수형 (동력용) 원자로. **pwt.** pennyweight. **PX** Post Exchange. **pxt.** =PINX.

py·ae·mi·a, py·e·mi·a[paiíːmiə] *n.* Ⓤ 〖醫〗 농혈증(膿血症).

pyc·nom·e·ter [piknɑ́mitər] *n.* Ⓒ 〖理〗 비중병《액체의 비중을 재는 장치》.

py·e·li·tis[pàiəláitis] *n.* Ⓤ 〖醫〗 신우염(腎盂炎).

Pyg·ma·lion[pigméiljən, -liən] *n.* 〖그神〗 자작의 조각품을 사랑한 그리스의 조각가.

***pyg·my**[pígmi] *n., a.* Ⓒ 난쟁이; (P-) (아프리카·동남 아시아의) 피그미족; 아주 작은.

py·jam·as[pədʒɑ́ːməz, -ǽ-] *n. pl.* 《英》 =PAJAMAS.

pyk·nic[píknik] *a., n.* Ⓒ 비만형의 (사람).

py·lon[páilɑn/-lɔn] *n.* Ⓒ (고대 이집트 사원의) 탑문; (고압선의) 철탑; 〖空〗 (비행장의) 목표탑.

py·lor·ic[pailɔ́ːrik] *a.* 〖動〗 유문(幽門)(부)의.

py·lo·rus[pailɔ́ːrəs, pi-] *n.* (*pl.* ***-ri***[-rai]) 〖解〗 유문(幽門)).

pymt. payment.

py·or·rhoe·a, -rhe·a [pàiəríːə] *n.* Ⓤ 〖醫〗 치조농루(齒槽膿漏).

:pyr·a·mid [pírəmid] *n.* Ⓒ 피라미드, 금자탑; 각추(角錐). **py·ram·i·dal**[pirǽmədəl] *a.* 「미.

pyre[paiər] *n.* Ⓒ 화장용의 장작더

Pyr·e·nees[pírəniːz/⌐—⌐] *n. pl.* 피레네 산맥《프랑스와 스페인 국경의》.

py·re·thrum[paiəríːθrəm] *n.* Ⓒ 〖植〗 제충국(除蟲菊); Ⓤ 그 가루.

py·ret·ic[paiərétik] *a.* 열병의, 열병에 걸린; 열병 치료의.

Py·rex[páiəreks] *n., a.* Ⓤ 《美》 〖商標〗 (내열용의) 파이렉스 유리(로 만든).

pyr·i·dox·ine[pìrədɑ́ksi(ː)n/-dɔ́k-] *n.* Ⓤ 〖生化〗 피리독신《비타민 B_6를 말함》.

py·ri·tes[paiəráitiːz, pə-] *n.* Ⓤ 〖鑛〗 황철광; 황화(黃化) 금속의 총칭.

py·ro- [páiərou, -rə] '불, 열(熱)'의 뜻의 결합사.

py·ro·clas·tic[pàiərəklǽstik] *a.*

〖地〗 화쇄암(火碎岩)의, 화산 쇄설암(碎屑岩)으로 된.
py·rog·ra·phy [paiərάgrəfi/-ɔ́-] *n.* Ⓤ 낙화술(烙畫術).
py·rol·a·try [paiərάlətri/-ɔ́-] *n.* Ⓤ 배화교(拜火教).
py·rol·y·sis [paiərάləsis/-rɔ́l-] *n.* Ⓤ 〖化〗 열분해.
py·ro·ma·ni·a [pàiərəméiniə] *n.* Ⓤ 방화광(狂). 「*n.* Ⓒ 고온계.
py·rom·e·ter [paiərάmitər/-rɔ́mi-]
py·ro·tech·nic [pàiəroutéknik], **-ni·cal** [-əl] *a.* 불꽃의, 불꽃 같은; 불꽃 제조(술)의. **~s** *n.* Ⓤ 불꽃 제조술; 《복수 취급》 불꽃(올리기); (변설 따위의) 멋짐.
py·rox·ene [paiərάksi:n/-rɔ́k-] *n.* Ⓤ 〖鑛〗 휘석(輝石).
py·rox·y·lin(e) [paiərάksəlin/-ɔ́-] *n.* Ⓤ 질산 섬유소, 면화약.
Pyr·rhic [pírik] *a.* 고대 그리스의 Epirus 왕 Pyrrhus의.
Pýrrhic vìctory 막대한 희생을 치르고 얻은 승리.
Py·thag·o·ras [piθǽgərəs] *n.* (582?-500? B.C.) 피타고라스《그리스의 철학자·수학자》.
Py·thag·o·re·an [piθæ̀gəríːən] *a., n.* Ⓒ 피타고라스의 (학설 신봉자). ~ ***proposition*** 〔***theorem***〕 〖數〗 피타고라스의 정리.
py·thon [páiθαn, -θən] *n.* Ⓒ (열대산) 비단뱀.
pyx [piks] *n.* Ⓒ 〖가톨릭〗 성합(聖盒).

Q

Q, q [kjuː] *n.* (*pl.* ***Q's, q's*** [-z]) Ⓒ q자형의 것. ***Q and A*** 질의응답(Question and Answer).
Q. quarto; Quebec; queen; question. **q.** quarto; query; question; quintal; quire.
Qa·tar [kάːtαːr] *n.* 카타르《페르시아만 연안의 토후국》.
Q.B. Queen's Bench. **q.b.** 〖美式蹴〗 quarterback.
Q-bòat, Q-shìp *n.* Q보트《제1차 세계 대전에서 독일 잠수함을 유인하기 위하여 상선을 가장한 영국 군함》.
Q.C. Quartermaster Corps; Queen's Counsel.
Q cléarance 극비 문서 취급 인가, 최고 기밀 참여 허가.
Q depártment 〖軍〗 병참부.
Q.F. quick-firing.
Q fáctor 〖電·理〗 Q인자《공명의 예리함을 나타내는 양; 핵반응에 있어서의 반응열》.
ql. quintal. **QM, Q.M.** Quartermaster. **QMC** Quartermaster Corps. **Q.M.G.** Quartermaster General. **qr.** quarter; quire. **qt.** quantity; quart(s).
Q.T., q.t. 《俗》 quiet. ***on the*** (***strict***) **~** 내밀히, 몰래.
qto. quarto. **qts.** quarts. **qu.** quart; quarter(ly); quasi; queen; query; question.
qua [kwei, kwαː] *ad.* (L.) …로서, …의 자격으로.
*__quack__[1] [kwæk] *vi.* (집오리 따위가) 꽥꽥 울다. **—** *n.* Ⓒ 우는 소리.
quack[2] *n.* Ⓒ 돌팔이 의사; 식자연하는 사람; 사기꾼. **—** *a.* 가짜〔협잡·사기〕의; 돌팔이 의사가 쓰는. **~ *doctor*** 돌팔이 의사. **~ *medicine*** 가짜 약. **∠·er·y** *n.* Ⓤ 엉터리 치료; 사기꾼 같은 짓.
quáck-quàck *n.* Ⓒ 《兒》 집오리; 꽥꽥; 재잘재잘.
quáck·sàlver *n.* Ⓒ 돌팔이 의사; 《古》 협잡꾼.
quad [kwαd/-ɔ-] *n.* 《口》 = QUADRANGLE; Ⓒ 《口》 네 쌍둥이(의 한 사람); 4채널 (스테레오).
quad·plex [kwάdpleks/-ɔ́-] *n.* Ⓒ 4인 가족용 아파트.
quad·ran·gle [kwάdræ̀ŋgəl/-ɔ́-] *n.* Ⓒ 사변〔사각〕형, 정방형; (건물에 둘러 싸인 네모꼴의) 안뜰; 안뜰 둘레의 건물. **quad·rán·gu·lar** *a.* 사변형의.
quad·rant [kwάdrənt/-ɔ́-] *n.* Ⓒ 〖幾〗 사분원(주), 사분면; 사분의(四分儀).
quad·ra·phon·ic [kwὰdrəfάnik/kwɔ̀drəfɔ́nik] *a.* (녹음 재생이) 4채널의.
quad·rate [kwάdrit, -reit/-ɔ́-] *a., n.* Ⓒ 네모의, 정사각형(의).
quad·rat·ic [kwαdrǽtik/kwɔd-] *a., n.* 〖數〗 2차의; Ⓒ 2차 방정식. **~ *equation*** 이차방정식.
quad·ren·ni·al [kwαdréniəl/-ɔ-] *a.* 4년마다 일어나는; 4년간의.
quad·ri- [kwάdrə/-ɔ́-] '4'의 뜻의 결합사.
quàdri·centénnial *n., a.* 4백년의; Ⓒ 4백년 기념(일).
quàdri·láteral *n., a.* Ⓒ 4변형(의); 4변의.
qua·drille [kwαdríl, kwə-] *n.* Ⓒ 카드리유《네 사람이 추는 춤; 그 곡》.
quad·ril·lion [kwαdríljən/-ɔ-] *n.* Ⓒ 《美·프》 천의 5제곱, 천조(千兆)《1에 0이 15개 붙음》; 《英·獨》 백만의 4제곱《1에 0이 24개 붙음》.
quàdri·plégia *n.* Ⓤ 〖醫〗 사지(四肢) 마비.
quad·ri·va·lent [kwὰdrəvéilənt/kwɔ̀d-] *a.* 〖化〗 4가(價)의.
quad·roon [kwαdrúːn/-ɔ-] *n.* Ⓒ 4분의 1 혼혈아《백인과 mulatto와의 혼혈인》(cf. octoroon).

quad·ru·ped[kwádrupèd/-ɔ́-] *n.* Ⓒ 네발 짐승. — *a.* 네발 가진.
quad·ru·ple[kwadrú:pəl, kwád-ru-/kwɔ́dru-] *a.* 4겹의; 4부분으로〔4단위로〕된; 4배의; 〖樂〗 4박자의. — *n.* Ⓤ (the ~) 4배. — *vt., vi.* 4배로 만들다〔되다〕. **-ply**[-i] *ad.*
quad·ru·plet[kwádruplit/-ɔ́-] *n.* Ⓒ 4개 한 조〔벌〕; 네 쌍둥이의 한 사람; (*pl.*) 네 쌍둥이(cf. triplet).
quad·ru·pli·cate[kwadrú:plikit/-ɔ-] *a.* 4배의, 4겹의; 4통 작성한. — *n.* Ⓒ 4개짜리 중의 하나; 4통 작성한 서류의 한 통. ***in*** **~** (같은 문서를) 네 통으로 하여. — [-kèit] *vt.* 4배로〔네겹으로〕 하다; 4통 작성하다.
quaff[kwa:f, kwæf] *n., vt., vi.* Ⓒ 꿀꺽꿀꺽 마심〔마시다〕.
quag·gy[kwǽgi] *a.* 늪지〔수렁〕의.
quag·mire[kwǽgmàiər] *n.* Ⓒ 늪지; 궁지.
qua·hog, -haug[kwɔ́:hɔ:g, -hag/-hɔg] *n.* Ⓒ 〖貝〗 (북아메리카산) 대합의 일종. 「스 외무성.
Quai d'Or·say[kèi dɔ:rséi] 프랑
***quail**[1][kweil] *n.* (*pl.* **~s,** 《집합적》 ~) Ⓒ 메추라기.
quail[2] *vi.* 주눅들다, 기가 죽다(*at, before, to*).
:**quaint**[kweint] *a.* 색다르고 재미있는, 고풍이며 아취 있는; 기이(奇異)한. **∠·ly** *ad.* **∠·ness** *n.*
***quake**[kweik] *n., vi.* Ⓒ 흔들림, 흔들리다, 진동(하다); 떨림, 떨리다(*with, for*); 《口》 지진.
qúake·pròof *a.* 내진성의.
***Quak·er**[kwéikər] *n.* Ⓒ 퀘이커교도. **~·ess** *n.* Ⓒ 여자 퀘이커교도. **~·ish** *a.* 퀘이커교도와 같은; 근엄(謹嚴)한. **~·ism**[-ìzəm] *n.* Ⓤ 퀘이커교도의 교의〔습관·근엄성〕. 「칭.
Quáker Cíty Philadelphia의 속
Quáker gùn 《美》 (배 따위의) 가짜 대포, 나무 대포.
***qual·i·fi·ca·tion** [kwàləfəkéiʃən/kwɔ̀l-] *n.* ① Ⓒ (*pl.*) 자격(부여) (*for*). ② Ⓒ 자격 증명서. ③ Ⓤ,Ⓒ 제한, 조절.
:**qual·i·fy**[kwáləfài/-ɔ́l-] *vt.* ① (…에게) 자격〔권한〕을 주다, 적격으로 하다; 《美》 (…에) 선서하고 법적 자격을 주다. ② 제한하다, 한정하다; 완화하다; 약하게 하다. ③ (…으로) 간주하다, 평하다. ④ 〖文〗 한정〔수식〕하다. — *vi.* 자격을 얻다, 적격성을 보이다. ***-fied**[-d] *a.* 자격 있는, 적임의; 면허받은; 한정된, 조건부의. **-fi·er** *n.* Ⓒ 자격을 주는 사람〔것〕; 〖文〗 한정〔수식〕어구; 〖컴〗 정성자. **~·ing** *a.* 자격을 주는; 한정〔수식〕하는. ***~ing examination*** (자격) 검정 시험.
***qual·i·ta·tive** [kwálətèitiv/kwɔ́l-ətə-] *a.* 성질상의, 질적인. 「분석.
quálitative análysis 〖化〗 정성
:**qual·i·ty** [kwáləti/-ɔ́l-] *n.* ① Ⓤ 질; 성질; 품질. ② Ⓒ 특질, 특성; 재능. ③ Ⓤ 음질, 음색. ④ Ⓤ 양질(良質), 우량성. ⑤ Ⓤ 《古》 고위(高位), (높은) 사회적 지위; (the ~) 상류 사회(의 사람들).
quálity contròl 품질 관리.
quálity tìme 질 높은〔소중한〕 시간 《가족이 단란하게 지내는 등의》; 머리가 잘 도는 시간《오전 등의》.
qualm[kwa:m, -ɔ:-] *n.* Ⓒ (*pl.*) 현기증; 메스꺼움, 구역질; (갑작스런) 불안, 의구심, (양심의) 가책. ***~s of conscience*** 양심의 가책. **∠·ish** *a.*
quan·da·ry [kwándəri/-ɔ́-] *n.* Ⓒ 당혹; 당황; 궁경(predicament).
quan·ti·fier[kwántəfàiər/kwɔ́n-] *n.* Ⓒ 〖컴〗 정량자.
***quan·ti·ta·tive** [kwántətèitiv/kwɔ́n-] *a.* 양적인, 양에 관한; 계량(計量)할 수 있는. 「분석.
quántitative anàlysis 〖化〗 정량
:**quan·ti·ty**[kwántəti/kwɔ́n-] *n.* Ⓤ 양; Ⓒ (특정한) 수량, 분량; (*pl.*) 다량, 다수. ***a*** **~** ***of*** 다소의. ***in*** **~** 〔***quantities***〕 많이, 다량으로.
quántity survèyor 〖建〗 견적사(見積士).
quan·ti·za·tion [kwàntəzéiʃən/kwɔ̀ntai-] *n.* Ⓤ 〖化〗 양자화(量子化).
quan·tize [kwántaiz/kwɔ́n-] *vt.* 〖理〗 (…을) 양자화(量子化)하다.
quan·tum[kwántəm/-ɔ́-] *n.* (*pl.* ***-ta***[-tə]) Ⓒ 양; 정량; 몫; 〖理〗 양자(量子).
quántum jùmp 〔**lèap**〕 〖理〗 양자 도약; 돌연한 비약; 약진.
quántum mechánics 양자 역학.
quántum nùmber 〖理〗 양자수.
quántum phýsics 양자 물리학.
quántum thèory 양자론.
quar. quarter(ly).
quar·an·tine[kwɔ́:rəntì:n, -á-] *n.* Ⓒ 검역 정선(停船) 기간; 검역소; Ⓤ 격리, 교통 차단. — *vt.* 검역하다; 격리하다; (한 나라를) 고립시키다.
quárantine flàg 〖海〗 (황색의) 검역기.
quárantine òfficer 〔**stàtion**〕 검역관〔소〕.
quark[kwɔ:rk] *n.* Ⓒ 〖理〗 쿼크 모형《가설적 입장》.
:**quar·rel**[1] [kwɔ́:rəl, -á-] *n.* Ⓒ ① 싸움, 말다툼; 불화. ② 싸움〔말다툼〕의 원인, 불화의 씨. ③ 불평. — *vt.* (《英》 ***-ll-***) (…와) 싸움〔말다툼〕하다(*with, for*); 티격나다; 불평하다(*with*). * **~·some** *a.* 싸움〔말다툼〕 좋아하는.
quar·rel[2] *n.* Ⓒ 〖史〗 (crossbow에 쓰는) 네모진 촉이 달린 화살.
***quar·ry**[1][kwɔ́:ri, -á-] *n.* Ⓒ 채석장; (지식·자료 따위의) 원천. — *vi.* 채석장에서 떠내다; (책에서) 찾아내다.
quar·ry[2] *n.* (*sing.*) 사냥감; 먹이; 추구물(追求物); 복수의 대상.
quarry·man[∠mən] *n.* Ⓒ 채석공, 석수.
***quart**[kwɔ:rt] *n.* Ⓒ 쿼트《액량의 단위: 4분의 1 갤런, 약 1.14 리터; 건

량(乾量)의 단위; 1/8펙》; 1쿼트 들이 그릇.

quart. quarter(ly).

†**quar·ter**[kwɔ́:rtər] *n.* Ⓒ ① 4분의 1; 《美》 25센트 (은화); 15분(간); 4분기, 3개월, 1기(期)《1년을 4지불 기로 나눈 하나》; 《美》 (4학기제의) 한 학기. ② 4방위《동서남북》의 하나, 방향, 방면, 그 방향의 장소. ③ 지역; 지구, …가(街). ④ (정보의) 출처, 소식통. ⑤ (*pl.*) 주소, 숙소; 부서. ⑥ (항복자 등의) 구명(救命)(을 허락함). ⑦ 짐승의 네 발의 하나, 각(脚). ⑧ 〖海〗 선미부(船尾部), 고물쪽. ⑨ 〖紋〗 방패를 직교선(直交線)으로 4분한 그 한 부분; 방패의(가진 사람이 보아) 오른쪽 위 4분의 1의 부분에 있는 문장(紋章). ⑩ 〖蹴〗 =QUARTERBACK. ***at close ~s*** 접근하여. ***give ~ to*** …에게 구명(救命)을 허락하다. — *vt.* 4(등)분하다; (죄인을) 네 갈래로 찢다; 숙박시키다; 〖海〗 부서에 배치하다; 〖紋〗 (4분한) 방패에 (무늬를) 배치하다. — *vi.* 〖海〗 고물에 바람을 받고 달리다. — *a.* 4분의 1의.

quárter·bàck *n.* Ⓒ 〖美式蹴〗 쿼터백《네 사람의 백필드 중의 한 사람; 센터의 후방, 백의 중앙 부근에 위치함》.

quárter dày 4계(季) 지불일《영국에서는 Lady Day(3월 25일), Midsummer day(6월 24일), Michaelmas(9월 29일), Xmas(12월 25일); 미국에서는 1월, 4월, 7월, 10월의 각 초하루》. 「갑판.

quárter·dèck *n.* (the ~) 〖海〗 후

quar·terd[-d] *a.* 4분된; 숙사(宿舍)가 주어진; 〖紋〗 (방패가) 4분된.

quàrter·fínal *n., a.* Ⓒ 준준결승(의)(cf. semifinal).

quárter-hòrse *n.* Ⓒ 《美》 4분의 1 마일을 고속으로 달리는 경주용 말의 한 품종, 준마. 「의) 옆창.

quárter lìght 《英》 (마차·자동차

quar·ter·ly[-li] *a., ad.* 연 4회의〔에〕; 철마다의〔에〕. — *n.* Ⓒ 연 4회 간행물, 계간지(季刊誌).

quárter·màster *n.* Ⓒ 〖美陸軍〗 병참 장교; 〖海軍〗 조타(操舵)수.

Quártermaster Còrps 〖美陸軍〗 보급〔병참〕부대《생략 Q. C., QMC》.

quártermaster géneral 〖美陸軍〗 병참감《생략 QMG》.

quárter nòte 〖樂〗 4분 음표.

quárter·sàw *vt.* (***~ed; ~ed, -sawn***) (통나무를) 세로로 넷으로 켜다. 「방의 토지.

quárter séction 《美》 반 마일 4

quárter sèssions 〖英法〗 (연(年) 4회의) 주(州)재판소《1971년 폐지되고 Crown Court가 설치됨》.

quárter·stàff *n.* Ⓒ 옛날 영국 농민이 쓰던 6-8피트의 막대.

***quar·tet(te)**[kwɔ:rtét] *n.* Ⓒ 4중주〔창〕(곡); 4중주〔창〕단; 4개 한 벌.

quar·to [kwɔ́:rtou] *n.* (*pl.* **~s**) Ⓤ,Ⓒ 4절판; Ⓒ 4절판의 책《약 9×12인치》. — *a.* 4절판의.

quartz[kwɔ:rts] *n.* Ⓤ 〖鑛〗 석영.

quártz clòck 수정시계《정밀 전자시계》.

quartz·ite[kwɔ́:rtsait] *n.* Ⓤ 〖鑛〗 규암(硅岩).

qua·sar[kwéisɑ:r, -zər] *n.* Ⓒ 〖天〗 항성상(恒星狀) 천체.

quash[kwɑʃ/-ɔ-] *vt.* 누르다, 진압하다, 가라앉히다; 〖法〗 취소하다, 폐기하다.

qua·si-[kwéizai, -sai] *pref.* '준(準)…, 유사(類似)…'의 뜻.

quási·párticle *n.* Ⓒ 〖理〗 준입자(準粒子).

quási-stéllar òbject 〖天〗 준항성상(準恒星狀) 천체《생략 QSO》.

quas·sia[kwɑ́ʃiə/kwɔ́ʃə] *n.* Ⓒ 소태나뭇과의 나무《남아메리카산》; Ⓤ 그 쓴 액체《강장제, 홉(hop)의 대용》.

qua·ter·cen·te·na·ry [kwɑ̀:tər-séntənèri/kwæ̀tərsentí:nəri] *n.* Ⓒ 4백년제(祭).

qua·ter·nar·y[kwətə́:rnəri, kwɑ́:tərnèri] *n., a.* 4요소로 되는; Ⓒ 4개 한 벌(의); 〖地〗 4개 한 벌(의); (the Q-) 〖地〗 제4기(紀)(의).

quat·rain[kwɑ́trein/-ɔ́-] *n.* Ⓒ 4행시(詩).

quat·re·foil[kǽtərfɔ̀il, kǽtrə-] *n.* Ⓒ 네 잎, 사판화(四瓣花); 〖建〗 사엽(四葉) 장식.

***qua·ver**[kwéivər] *vi.* (목소리가) 떨리다; 떨리는 목소리로 노래하다〔말하다〕; (악기로) 떠는 소리를 내다. — *n., vt.* Ⓒ 떨리는 목소리(로 노래하다, 말하다); 진음(震音); 〖樂〗 8분음표. **~·y** *a.* 떨리는 목소리의.

quay[ki:] *n.* Ⓒ 부두, 안벽(岸壁).

quáy·sìde *n.* Ⓒ 부두 지대.

Que. Quebec. 「매춘부.

quean[kwi:n] *n.* Ⓒ 뻔뻔스런 계집;

quea·sy[kwí:zi] *a.* (음식물 따위가) 구역질 나는; (위·사람이) 메슥거리기 잘하는; 안정되지 않는, 불쾌한; 까다로운. **-si·ly** *ad.* **-si·ness** *n.*

Que·bec[kwibék] *n.* 퀘벡《캐나다의 주; 그 주도》.

†**queen**[kwi:n] *n.* Ⓒ ① 왕비; 여왕; (…의) 여왕; 여왕벌〔개미〕. ② 아내, 연인. ③ (카드·체스의) 퀸. ④ 《空俗》 (무인기를 조작하는) 모기(母機). ⑤ 《美俗》 (남색의) 면(cf. punk). — *vt., vi.* 여왕으로서 군림하다. **∠·ly** *a., ad.* 여왕의〔같은, 같이〕; 여왕다운〔답게〕; 위엄 있는.

Quéen Ánne's láce =WILD CARROT.

quéen ánt 여왕 개미.

quéen bée 여왕벌.

quéen cónsort 왕비, 황후.

quéen dówager 황태후.

quéen móther 태후, 대비.

quéen régent 섭정 여왕.

quéen régnant (주권자로서의) 여왕.

Queens[kwi:nz] *n.* New York시

동부의 한 구(區).
Quéens·ber·ry rùles [kwí:nzbèri-/-bəri-] 〖拳〗 퀸즈베리 규칙《영국인 Queensberry 후작이 설정》; 표준률. 「旗).
quéen's cólour 《英》 연대기(聯隊
quéen's Énglish ⇨ENGLISH.
quéen-sìze *a.* 《美口》 중특대(中特大)의《king-size보다 작음》.
quéen's wàre 크림빛의 Wedgwood 도자기.
quéen wàsp 암펄, 여왕벌.
:queer [kwiər] *a.* ① 기묘한, 우스운; 별난. ② 몸〔기분〕이 좋지 않은; 기분〔정신〕이 좀 이상한. ③ 수상한; 《美俗》 가짜의; 나쁜, 부정한. ④ 《英俗》 술취한. — *n.* Ⓒ 《美俗》 가짜돈; 남자 동성애자. — *vt.* 《俗》 결딴내다. **∠·ly** *ad.* **∠·ness** *n.*
***quell** [kwel] *vt.* (반란을) 진압하다; (감정을) 가라앉히다; 소멸시키다.
Quél·part Ísland [kwélpɑ:rt-] 퀠파트《우리 나라 제주도의 별칭》.
:quench [kwentʃ] *vt.* 《詩》 (불 따위를) 끄다; (욕망 등을) 억제하다; (갈증을) 풀다. **∠·less** *a.* 끌〔누를〕 수 없는.
quern [kwəːrn] *n.* Ⓒ 맷돌.
quer·u·lous [kwérjələs] *a.* 툴툴거리는; 성마른.
***que·ry** [kwíəri] *n.* Ⓒ 질문, 의문; 의문 부호; 〖컴〗 질문, 조회《data base에 대한 특정 정보의 검색 요구》 (~ *language* 질문〔조회〕 문자). — *vt.* (…에게) 묻다, 질문하다. — *vi.* 질문을 하다; 의문을 나타내다.
:quest [kwest] *n.* Ⓒ 탐색, 탐구(물). *in* ~ *of* (…을) 찾아. — *vt.* 탐색하다.
†ques·tion [kwéstʃən] *n.* Ⓒ 질문; Ⓤ 의심, 의문; Ⓒ 〖文〗 의문문; 심문; 논쟁; 문제; 사건; (의안의) 채결(의 제의). ***beside the*** ~ 문제 밖이어서. ***beyond*** 〔***without***〕 ~ 의심할 나위도 없이, 확실히. ***call in*** ~ 의심을 품다, 이론(異論)을 제기하다. ***in*** ~ 논의 중의, 문제의. ***out of*** ~ 《古》 확실히. ***out of the*** ~ 논할 가치가 없는, 문제가 안되는. ***put the*** ~ (의장이) 가부를 채결하다. ***Q-!*** (연사를 주의시켜) 본론을 말하시오!; 이의 있소! — *vt.* (…에게) 묻다, 질문하다; 심문하다; 탐구하다; 의심하다; 논쟁하다. **~·a·ble** *a.* 의심스러운; 수상쩍은. **~·less** *a.* 의심 없는, 명백한.
ques·tion·ing [-iŋ] *n.* Ⓤ 질문, 심문. — *a.* 의심스러운, 묻는 듯한. **~·ly** *ad.*
:quéstion màrk 의문부호《?》.
quéstion màster 《英》 (퀴즈 프로 등의) 질문자, 사회자.
ques·tion·naire [kwèstʃənέər] *n.* (F.) Ⓒ (조목별로 쓴) 질문서, 앙케트(cf. opinionaire). 「시간.
quéstion tìme 《英》 (의회의) 질문
quet·zal [ketsɑ́:l], **que·zal** [keisɑ́:l] *n.* Ⓒ 중앙 아메리카산의 깃털이 고운 새.
queue** [kju:] *n.* Ⓒ 땋아 늘인 머리, 변발(辮髮); 《英》 (순번을 기다리는 사람이나 자동차 따위의) 긴 열; 〖컴〗 큐. JUMP ***the ~. — *vi.* 《英》 긴 열을 이루다〔이루어 기다리다〕; 〖컴〗 대기 행렬을 짓다.
quéue-jùmp *vi.* 《口》 줄에 새치기하다; 부정 이득을 얻다.
Que·zon [kéizɑn, -sɔ:n/-sɔn] *n.* 마닐라에 인접한 필리핀의 수도.
quib·ble [kwíbl] *n.* Ⓒ 둔사(遁辭), 핑계, 견강 부회; (수수께끼) 익살. — *vi.* 둔사를 농하다, 신소리하다.
†quick [kwik] *a.* ① 빠른, 재빠른, 민속한; 즉석의, 당장의. ② 성급한; (커브가) 급한. ③ 이해가 빠른; 민감한; 날카로운. ④ 《古》 살아 있는. — *ad.* 서둘러서, 빨리. — *n.* Ⓤ ① (the ~)(손〔발〕톱 밑의) 생살; 상처의 붉은 살. ② 감정의 중추(中樞), 급소; 중요 부분. ③ 살아 있는 사람들. ***the*** ~ ***and the dead*** 생존자와 사망자. ***to the*** ~ 속살까지; 통렬히; 순수하게. **†∠·ly** *ad.* 서둘러서; 빨리. **∠·ness** *n.*
quíck-and-dírty *a.* 《美口》 싸게 만들 수 있는; 질이 나쁜. — *n.* Ⓒ 《美俗》 싸구려 식당. 「자산.
quíck ássets 〖會計〗 당좌〔유동〕
quíck brèad 《美》 베이킹파우더·소다를 써서 구운 빵《corn bread, muffins 따위》.
quíck-chànge *a.* 재빨리 변장하는《배우 등》; 재빨리 교환되는.
quíck-èared *a.* 귀밝은.
:quick·en [∠ən] *vt.* ① (…에게) 생명을 주다, 살리다. ② 고무하다; 활기 있게 하다. ③ 서두르게 하다, 속력을 올리다. — *vi.* 살다; 활기띠다; (속력이) 빨라지다.
quíck-éyed *a.* 눈치빠른.
quíck-fíre *a.* 속사(용)의.
quíck-fírer *n.* Ⓒ 속사포.
quíck-frèeze *vt.* (***-froze; -frozen***) (식료품을) 급속 냉동하다《맛이 변하지 않도록》.
quíck hédge 산울타리.
quick·ie, quick·y [kwíki] *n.* Ⓒ 《俗》 (급히 서둘러 만든) 날림 영화〔소설〕; 《美俗》 (술을) 단숨에 들이켬, 서둘러서 하는 일《여행, 성교 따위》. — *a.* 속성의.
quíck-lìme *n.* Ⓤ 생석회.
quíck màrch 속보 (행진).
quíck òne 《口》 (쭈욱) 단숨에 들이켜는 술.
quíck·sànd *n.* Ⓒ (*pl.*) 유사(流砂).
quíck-scénted *a.* 후각이 예민한; 냄새 잘 맡는.
quíck·sèt *n., a.* Ⓒ 《英》 (주로 산사나무의) 산울타리(의).
quíck-síghted *a.* 눈이 빠른.
quíck·sìlver *n.* Ⓤ 수은.
quíck sòrt 〖컴〗 퀵 정렬.
quíck·stèp *n.* Ⓒ (*sing.*) 속보 (행진); 속보(速步) 행진곡; 활발한 춤의

스텝. 「내는.

quíck-témpered *a.* 성마른, 성 잘

quíck tìme 〖軍〗 빠른 걸음, 속보 《1시간 4마일》.

quíck-wítted *a.* 기지에 찬, 재치 있는. 「잎(분).

quid[1] [kwid] *n.* Ⓒ (씹는 담배의) 한

quid[2] *n.* (*pl.* ～) Ⓒ 《英俗》 1파운드 금화〔지폐〕; 1파운드.

quid·di·ty [kwídəti] *n.* Ⓒ 본질, 실질; 억지, 견강 부회.

quid·nunc [kwídnʌ̀ŋk] *n.* Ⓒ 무엇이나 듣고 싶어하는 사람, 수다쟁이, 캐기 좋아하는 사람.

quid pro quo [kwìd prou kwóu] (L.) 대상물(代償物); 대갚음.

qui·es·cent [kwaiésnt] *a.* 조용한; 활동없는. **-cence, -cen·cy** *n.*

†**qui·et** [kwáiət] *a.* 조용〔고요〕한; 평정(平靜)한; (마음이) 평온한; 얌전한; 침착한; 점잖은, 수수한. — *ad.* 조용히, 고요히, 평온히. — *n.* Ⓤ 조용함; 정지(靜止); 침착, 평정. — *vt.* 고요〔조용〕하게 하다; 달래다; 누그러뜨리다, 가라앉히다. — *vi.* 조용해지다(*down*). ～**·ism** [-ìzəm] *n.* Ⓤ 정적주의(靜寂主義)《17세기 말의 신비적 종교 운동》. ～**·en** *vt., vi.* 《英》 =QUIET. ～**·ist** *n.* †～**·ly** *ad.* ～**·ness** *n.*

qui·e·tude [kwáiətjù:d] *n.* Ⓤ 고요, 조용함, 정온(靜穩); 평온.

qui·e·tus [kwaií:təs] *n.* (*sing.*) (채무 등의) 해제, 총결산; 치명타; 죽음.

quiff [kwif] *n.* Ⓒ 《英》 (이마에 드린) 만 머리, (남자의) 앞머리.

***quill** [kwil] *n.* Ⓒ ① 큰 깃《날개·꼬리 따위의 튼튼한》; 깃촉. ② =∠ **pén** 깃촉 펜; 이쑤시개, (낚시의) 찌. ③ (보통 *pl.*) (호저(豪猪)의) 가시.

quíll drìver 《俗》 필경, 서기; 기자; 문필가.

***quilt** [kwilt] *n.* Ⓒ 누비 이불; 침상 덮개. — *vt.* 누비질하(여 꿰매)다; (지폐·편지 등을) …갈피에 꿰매 넣다. — *vi.* 《美》 누비 이불을 만들다. ∠**·ing** *n.* Ⓤ 누비질; 누비 이불감.

quin [kwin] *n.* =QUINTUPLET.

qui·na·ry [kwáinəri] *a.* 다섯의, 다섯으로 된, 다섯씩의. — *n.* Ⓒ 5개 한세트; 〖數〗 5진법. 「매).

quince [kwins] *n.* Ⓒ 마르멜로 (열

quin·cen·te·na·ry [kwìnséntənèri], **-ten·ni·al** [kwìnsenténiəl] *a.* 500년(째)의; 500년 계속되는; 500세의. — *n.* Ⓒ 500년제(祭).

qui·nine [kwáinain/kwiní:n] *n.* Ⓤ 키니네, 퀴닌.

quin·quen·ni·al [kwiŋkwéniəl] *a.* 5년마다〔일어나는〕; 5년간 계속되는.

quin·sy [kwínzi] *n.* Ⓤ 〖醫〗 편도선염(炎).

quint [kwint] *n.* 《口》 =QUINTUPLET.

quin·tal [kwíntl] *n.* Ⓒ 퀸틀《=100kg., 《美》 100lb., 《英》 112lb.》.

quin·tes·sence [kwintésns] *n.* (the ～) 정수(精髓), 진수(眞髓); 전형(典型)(*of*). **-sen·tial** [kwìntəsénʃəl] *a.*

quin·tet(te) [kwintét] *n.* Ⓒ 5중주단; 5중주〔창〕곡; 5개 한 벌〔세트〕.

quin·til·lion [kwintíljən] *n.* Ⓒ 《美·프》 천의 6제곱; 《英》 백만의 5제곱.

quin·tu·ple [kwintjú(:)pl/kwíntju:pl] *a.* 5배의, 5겹의, 5부분으로 된. — *vt., vi.* 5배로 만들다〔되다〕. — *n.* Ⓒ 5배.

quin·tu·plet [kwintʌ́plət, -tjú:-/kwíntju-] *n.* Ⓒ 다섯 쌍둥이 중의 한 사람; 5개 한 벌.

quin·tu·pli·cate [kwintjú:plikit] *a.* 5배의; 5중의; (베끼는 중) 다섯 번째의. — *n.* Ⓒ 5개 한 세트 중의 하나. — [-pləkèit] *vt.* (…의) 복사를 5개〔장〕 만들다.

quip [kwip] *n.* Ⓒ 명언(名言), 경구(警句); 빈정대는 말; 신랄한 말; 둔사(遁辭)(quibble); 기묘한 것.

quire[1] [kwáiər] *n.* Ⓒ (종이) 1첩(帖), 1권(卷)《24장 또는 25장》.

quire[2] *n.* 《古》 =CHOIR.

quirk [kwə:rk] *n.* Ⓒ 빈정거림, 기벽(奇癖); 둔사(遁辭); 갑작스런 굽이; (서화의) 멋부려 쓰기〔그리기〕.

quirt [kwə:rt] *n., vt.* Ⓒ (가죽으로 엮은) 승마 채찍(으로 때리다).

quis·ling [kwízliŋ] *n.* Ⓒ 매국노, 배반자. **quis·le** *vi.* 조국을 팔다. **quis·ler** *n.* Ⓒ 매국노, 배반자.

:**quit** [kwit] *vt.* (～, ～*ted*; *-tt-*) ① 그만두다; 사퇴하다; 떠나다; 포기하다; 놓아버리다. ② (갚아서 빚 따위를) 면하다; 갚다; 면하게 하다(～ *oneself of* …을 면하다). ～ ***oneself*** 처신하다. — *n.* Ⓒ 〖컴〗 끝냄《현 체계에서 이전 상태로의 복귀·처리 중지를 뜻하는 명령어〔키〕; 그 신호》. — *pred., a.* 자유로워; (의무·부담 따위를) 면하여.

quít·clàim *n., vi.* Ⓤ,Ⓒ 〖法〗 권리 포기(서); 권리를 포기하다.

†**quite** [kwait] *ad.* 아주, 전혀, 완전히; 실제로, 거의; 《口》 꽤, 대단히.

Qui·to [kí:tou] *n.* 키토《에콰도르의 수도》.

quits [kwits] *pred. a.* 승패 없이 대등하여(*with*). ***call*** 〔***cry***〕 ～ 비긴 것으로 하다.

quit·tance [kwítəns] *n.* Ⓤ,Ⓒ (채무의) 면제 (증서), 영수(증); 보답.

quit·ter [kwítər] *n.* Ⓒ 《口》 (경쟁·일·의무 등을) 이유없이 중지〔포기〕하는 사람.

:**quiv·er**[1] [kwívər] *vi., vt., n.* 떨다, 떨게 하다; Ⓒ (*sing.*) 진동, 떨림.

quiv·er[2] *n.* Ⓒ 전통(箭筒), 화살통.

qui vive [ki: ví:v] (F.) 누구야!《보초의 수하(誰何)》. ***on the*** ～ 경계하여.

quix·ot·ic [kwiksátik/-ɔ́-] *a.* 돈키호테식의; 기사(騎士)연하는; 공상적인, 비현실적인. **-i·cal·ly** *ad.*

quix·ot·ism [kwíksətìzəm], **-ot·ry** [-tri] *n.* Ⓤ 돈키호테적인 성격;

Q

Ⓒ 공상적 행위.

***quiz**[kwiz] *vt.* (*-zz-*) ① 《美》 (…에게) 질문하다, (…의) 지식을 시험하다. ② 놀리다, 희롱하다. — *n.* (*pl.* **~zes** [kwíziz]) Ⓒ 《美》 시문(試問), 질문; 퀴즈; 장난; 놀리는〔희롱하는〕 사람.

quíz gàme 〔**prògram, shòw**〕 퀴즈 게임〔프로〕.

quíz kìd 《口》 신동(神童).

quíz·màster *n.* Ⓒ (퀴즈 프로의) 사회자.

quiz·(z)ee[kwizíː] *n.* Ⓒ 질문을 받는 사람. 「즈 프로.

quiz·zer[kwízər] *n.* Ⓒ 질문자; 퀴

quiz·zi·cal[kwízikəl] *a.* 놀리는, 희롱하는, 지나친 장난을 하는; 기묘한, 우스꽝스러운. **~·ly** *ad.*

quod[kwad/-ɔ-] *n., vt.* (*-dd-*) Ⓒ 《英》 형무소(에 넣다), 투옥(하다).

quod vi·de [kwad váidi/kwɔd-] (L.) 그 말〔항〕을 보라, …참조《생략 q.v.》.

quoin[kwɔin] *n.* Ⓒ (벽·건물의) 외각(外角); 귀돌; 쐐기 모양의 버팀.

quoit [kwait/kwɔit] *n.* Ⓒ 쇠고리; (*pl.*) 쇠고리 던지기.

quon·dam[kwándəm/kwɔ́n-] *a.* 이전에 …이었던, 옛날의.

Quón·set hùt[kwánsət-/-ɔ́-] 퀀셋병사(兵舍)(Nissen hut).

quo·rum[kwɔ́ːrəm] *n.* Ⓒ (회의의) 정족수(定足數).

quot. quotation.

quo·ta[kwóutə] *n.* Ⓒ 몫; 할당; 할당액(額).

quot·a·ble[kwóutəbəl] *a.* 인용할 수 있는; 인용할 만한; 인용에 적당한.

:quo·ta·tion[kwoutéiʃən] *n.* ① Ⓤ 인용; Ⓒ 인용어〔구·문〕. ② Ⓤ,Ⓒ 견적(見積).

:quotátion màrks 인용 부호(“ ” 또는 ‘ ’)(inverted commas).

:quote[kwout] *vt.* ① 인용하다; 인증(引證)하다. ② 〖商〗 (…의) 시세를 말하다; 견적하다(*at*). — *vi.* 인용하다(*from*); 〖商〗 시세를〔견적을〕 말하다(*for*). — *n.* Ⓒ 인용구〔문〕, 인용 부호.

quóted stríng 〖컴〗 따옴(문자)열.

quoth[kwouθ] *vt.* 《古》 말하였다《1인칭·3인칭 직설법 과거, 언제나 주어 앞에 놓음》(*“Yes,” ~ he, “I will.”*).

quo·tid·i·an [kwoutídiən/kwɔ-] *a.* 매일의, 매일 일어나는; 평범한.

quo·tient[kwóuʃənt] *n.* Ⓒ 〖數·컴〗 몫.

quo·ti·e·ty[kwoutáiəti] *n.* Ⓤ 율, 계수(係數).

q.v. [kjúː víː, *h*wítʃ síː] *quod vide* (L.=which see) 이 문구를〔말을〕 참조하라.

QWER·TY, qwer·ty[kwə́ːrti] *n., a.* Ⓒ 표준형 키보드(식의)《영문 타자기 등의 맨 윗줄 문자순에서》.

Qy. query.

R

R, r[aːr] *n.* (*pl.* **R's, r's**[-z]) ***the r months*** R자(가 들어) 있는 달《9월부터 이듬해 4월까지; 굴(oyster)의 식용 기간》. ***the three R's*** 읽기·쓰기·셈(*r*eading, w*r*iting and a*r*ithmetic).

R radical; radius; restricted(보호자 동반을 요하는 영화). **R, r** 〖電〗 resistance; royal. **R.** Réaumur (온도계의) 열씨(列氏); Republican. **R., r.** rabbi; railroad; railway; rector; *regina*(L.=queen); *rex* (L.=king); right; river; road; rook; royal; ruble; rupee.

® registered trademark.

Ra[raː] *n.* 라신(神)《이집트의 태양신》.

Ra 〖化〗 radium. **R.A.** Rear Admiral; Royal Academy; Royal Academician; Royal Artillery. **R.A.A.F.** Royal Australian Air Force.

rab·bet[rǽbit] *n., vt.* Ⓒ 〖木工〗 개탕(치다), 사개(로 물리다).

rab·bi[rǽbai], **rab·bin**[rǽbin] *n.* (*pl.* **~(*e*)*s***) Ⓒ 랍비《유대의 율법 박사의 존칭》; 선생.

rab·bin·i·cal[rəbínikəl, ræ-] *a.* 랍비의; 랍비의 교의(教義)〔말투, 저작〕의.

†rab·bit[rǽbit] *n.* Ⓒ (집)토끼(의 털가죽)(cf. hare).

rábbit èars 〖TV〗 실내용 V자형 소형 안테나; 《俗》 (관객의) 야유에 성내는 선수.

rábbit fèver 야토병(野兎病)《토끼 등에서 옮는 전염병》.

rábbit hèart 《美口》 겁(쟁이).

rábbit-mòuthed *a.* 언청이의.

rábbit pùnch 〖拳〗 후두부에 가한 펀치《반칙》.

rab·bit·ry[rǽbitri] *n.* 《집합적》 토끼; 토끼 사육장.

rábbit wàrren 토끼 사육장; 길이 복잡한 장소.

rab·ble[rǽbəl] *n.* ① Ⓒ 《집합적》 와글대는 어중이떠중이, 무질서한 군중(mob). ② (the ~) 하층 사회. **~·ment** *n.* Ⓤ 소동.

Rab·e·lais[rǽbəlèi], **François** (1494?-1553) 프랑스의 작가.

rab·id[rǽbid] *a.* 맹렬한, 열광적인; 광포한; 미친. **~·ness, ra·bíd·i·ty** *n.* 「광견병.

ra·bies [réibiːz] *n.* Ⓤ 〖病〗 공수병,

R.A.C. Royal Armo(u)red Corps.

rac·coon[rækú:n, rə-] *n.* Ⓒ 완웅(浣熊)《북아메리카산 곰의 일종》; Ⓤ 그 털가죽.
raccóon dòg 너구리.
†**race**[1][reis] *n.* ① Ⓒ 경주, 경마; (the ~s) 경마대회; Ⓒ …싸움; 경쟁. ② Ⓒ (사람의) 일생; (태양·달의) 운행; (시간의) 경과; (이야기의) 진전. ③ Ⓒ 수로(水路). ***run a ~*** 경주하다. — *vi., vt.* (…와) 경주〔경쟁〕하다〔시키다〕(*with*); 질주하다; (기관 따위가) 헛돌(게 하)다; (*vt.*) (재산을) 경마로 날리다(*away*).
†**race**[2] *n.* ① Ⓤ,Ⓒ 민족, 종족, 인종. ② Ⓤ 가문, 가계(家系); 자손. ③ Ⓒ 품종. ④ Ⓒ 부류, 패거리, 동아리. ***finny ~*** 어류(魚類).
ráce càrd 경마 순번표.
ráce·còurse *n.* Ⓒ 경마장.
ráce-cùp *n.* Ⓒ (경주·경마 등의) 우승배.
ráce·gòer *n.* Ⓒ 경마팬〔광〕.
ráce gròund 경주장, 경마장.
ráce hàtred 인종적 반감〔증오〕.
ráce·hòrse *n.* Ⓒ 경마말.
ra·ceme[reisí:m, rə-] *n.* Ⓒ 〖植〗 총상 꽃차례.
ráce mèeting 경마대회; 경륜대회.
ra·ce·mic[reisí:mik, rə-] *a.* 〖化〗 라세미산(酸)의. 「(酸).
racémic ácid 〖化〗 라세미〔포도〕산
rac·e·mi·za·tion [ræ̀səmizéiʃən/-mai-] *n.* 〖化〗 라세미화(化); 라세미화법《화석연대 결정법의 하나》.
ráce prèjudice 인종적 편견.
rac·er[réisər] *n.* Ⓒ 경주자; 경마말; 경주 자전거〔요트〕(따위).
ráce rìot 인종 폭동《특히 미국의》.
ráce stànd 경마〔경마장〕 관람석.
ráce sùicide 민족 자멸《산아 제한에 의한 인구의 줄어듦》.
ráce·tràck *n.* Ⓒ 경마장.
ráce wàlker 경보 선수.
ráce wàlking 〖스포츠〗 경보.
ráce·wày *n.* Ⓒ《美》 경마장, 트랙; 물길, 수로; 〖電〗(건물 안 전선의) 배관. 「ETS.
ra·chi·tis[rəkáitis, ræ-] *n.* =RICK-
Rach·ma·ni·noff[rɑ:kmɑ́:nənɔ̀:f, rækmǽnə-], **Sergei**(1873-1943) 러시아의 작곡가·피아니스트.
*****ra·cial**[réiʃəl] *a.* 인종상의.
rácial stèering 《美》 인종 차별적 부당 유도《부동산업자가 백인용과 흑인용의 부동산 일람표를 따로 마련하기》.
rácial uncónscious =COLLECTIVE UNCONSCIOUS.
Ra·cine[rəsí:n], **Jean Baptiste** (1639-99) 프랑스의 극시인.
*****rac·ing**[réisiŋ] *n.* Ⓤ 경주, 경마. — *a.* 경주(용)의; 경마광의.
rácing càr 경주용 자동차.
rácing fòrm (말·기수·기록 따위를 실은) 경마 신문.
rac·ism[réisizəm], **ra·cial·ism** [réiʃəlìzəm] *n.* Ⓤ 민족주의, 민족 우월 사상.
:**rack**[1][ræk] *n.* ① Ⓒ 선반; (기차 등의) 그물 선반; 모자〔옷·칼〕걸이; 격자꼴 시렁. ② (the ~) 고문대《이 위에서 사지를 잡아당김》; 괴롭히는 것. ③ Ⓒ (톱니가 맞물리는) 톱니판. ***live at ~ and manger*** 유복하게 살다. ***on the ~*** 고문을 받고; 괴로워하여, 걱정하여. — *vt.* 선반〔시렁〕에 얹다; 고문하다; 괴롭히다; 잡아당기다. ***~ one's brains*** 머리를 짜내다.
rack[2] *n.* Ⓤ 뜬구름, 조각구름; 파괴(wreck), 황폐. ***go to ~ and ruin*** 파멸〔황폐〕하다.
rack[3] *n., vi.* Ⓒ (말의) 가볍게 달리기〔달리다〕.
ráck càr 《美》 자동차 운반용 화차.
rack·et[1][rǽkit] *n.* (a ~) 소동, 소음(騷音)(din); Ⓒ 등치기, 공갈; 속임, 협잡(수단); 《美俗》 직업, 장사. ***go on the ~*** 들떠서 떠들다〔법석치다〕. ***stand the ~*** 시련에 견뎌 내다; 책임을 지다; 셈을 치르다. **~·y** *a.* 떠들썩한; 떠들썩하기를 좋아하는. 「켓.
†**rack·et**[2] *n.* Ⓒ (정구·탁구 등의) 라
rack·et·eer[ræ̀kitíər] *n., vi.* Ⓒ 등치기; 공갈 취재하다.
rácket prèss 라켓프레스《라켓 테가 물러나지 않도록 끼워두는 틀》.
ráck mònster 졸음; (졸음이 오는) 전신피로.
ráck ràilway 〔**ràilroad**〕 아프트식 톱니레일 (등산) 철도.
ráck-rènt *n., vi.* Ⓤ,Ⓒ 비싼 땅세〔집세〕(를 받다).
ra·con[réikɑn/-kɔn] *n.* Ⓒ 레이콘《레이더용 비컨》.
rac·on·teur[ræ̀kɑntə́:r/-kɔn-] *n.* (F.) Ⓒ 말솜씨 좋은 사람. 「COON.
ra·coon[rækú:n, rə-] *n.* =RAC-
rac·quet[rǽkit] *n.* =RACKET[2].
rac·y[réisi] *a.* 팔팔〔발랄〕한, 생기있는(lively); 신랄한(pungent); 본바닥의; 풍미있는; (풍류담(談) 등이) 외설한(*risqué*). **rác·i·ly** *ad.* **rác·i·ness** *n.*
rad. radical; radius; radix.
RADA Royal Academy of Dramatic Art 영국 왕립 연극학교.
*****ra·dar**[réidɑ:r] *n.* Ⓒ 전파 탐지기, 레이더.
rádar astrònomy 레이더 천문학.
rádar dàta prócessing sỳstem 항공로 레이더 정보처리 시스템《생략 RDP》.
rádar fènce 〔**scrèen**〕 레이더망.
ra·dar·man[-mən] *n.* Ⓒ 레이더 기사.
rádar tèlescope 레이더 망원경.
*****ra·di·al**[réidiəl] *a.* 방사상(放射狀)의. **~·ly** *ad.*
ra·di·an[réidiən] *n.* Ⓒ ① 〖數〗 호도(弧度). ② 〖컴〗 라디안《단위》.
*****ra·di·ance**[réidiəns], **-an·cy**[-i] *n.* Ⓤ 빛남, 광휘.
:**ra·di·ant**[-diənt] *a.* ① 빛나는, 빛〔열〕을 발하는. ② 방사〔복사(輻射)〕

R

의. ③ (표정이) 밝은.

*__ra·di·ate__[réidièit] *vi., vt.* ① (빛·열 따위를) 방사[발산]하다; 빛나다. ② (얼굴이 기쁨 따위를) 나타내다; (도로 따위가) 팔방으로 뻗(치)다. ── [-diit] *a.* 발산하는, 방사상(狀)의.

*__ra·di·a·tion__[rèidiéiʃən] *n.* ① Ⓤ (열·빛 따위의) 방사, 발광(發光), 방열(放熱). ② Ⓒ 방사물[선].

radiátion biophýsics 방사선 생물학.

radiátion chémistry 방사선 화학.

radiátion fàllout 방사성 낙하물.

radiátion fòg 복사 안개《밤에 복사열에 의해 생기는 안개》.

radiátion sìckness 방사선병.

*__ra·di·a·tor__[réidièitər] *n.* Ⓒ ① 라디에이터, 방열기; (자동차·비행기 따위의) 냉각기. ② 〖無線〗 공중선.

:__rad·i·cal__[rǽdikəl] *a.* ① 근본[기본]의; 철저한. ② 급진적인, 과격한. ── *n.* Ⓒ ① 급진주의자. ② 〖化〗 기(基); 〖數〗 근호(√); 〖言〗 어근. **~·ism**[-ìzəm] *n.* Ⓤ 급진론[주의]. * **~·ly** *ad.*

rádical ríght 급진 우익, 극우.

rad·i·cle[rǽdikəl] *n.* Ⓒ 〖植〗 어린 뿌리; 〖解〗 소근(小根)《혈관·신경의 말단의》.

ra·di·i[réidiài] *n.* radius의 복수.

*__ra·di·o__[réidiòu] *n.* (*pl.* **~s**) Ⓒ 라디오(수신 장치). ***listen (in) to the ~*** 라디오를 듣다. ── *a.* 라디오[무선]의. ── *vt., vi.* 무선 통신하다.

ra·di·o-[réidiou, -diə] '방사·복사·반지름·라듐·무선'의 뜻의 결합사.

*__ràdio·áctive__ *a.* 방사성의, 방사능이 있는; 방사성에 의한. **~ *burn*** 열상(熱傷)《원자의 재 따위로 인한 화상》. **~ *isotope*** 〖化〗 방사성 동위 원소. **-actívity** *n.* Ⓤ 방사능.

radioáctive dáting 방사능 연대 측정.

ràdio·ámplifier *n.* Ⓒ 〖電〗 고주파 증폭기.

rádio astrònomy 전파 천문학.

rádio bèacon 라디오 비컨, 무선 표지(소).

rádio bèam 신호[라디오] 전파.

ràdio·biólogy *n.* Ⓤ 방사선 생물학.

ràdio·bróadcast *vt., vi., n.* Ⓤ 라디오[무선] 방송(하다).

ràdio·cárbon *n.* Ⓤ 방사성 탄소《화석 등의 연대 측정에 씀》.

ràdio·chémistry *n.* Ⓤ 방사 화학.

Rádio Cíty 뉴욕 시의 환락가.

rádio còmpass 무선 방위 측정기.

rádio contròl 무선 조종.

rádio·dùst *n.* Ⓤ 방사능재, 방사능 진(塵).

ràdio·élement *n.* Ⓒ 방사성 원소.

rádio fréquency 무선 주파수.

ra·di·o·gen·ic[rèidioudʒénik] *a.* 방사능에 의해 생기는; 방송에 맞는.

ra·di·o·gram[réidiougræ̀m] *n.* Ⓒ 무선 전보; =⇩.

ra·di·o·gram·o·phone[rèidiougræ̀məfòun] *n.* Ⓒ 라디오 겸용 전축.

ra·di·o·graph[réidiougræ̀f, -ɑ̀:-] *n., vt.* Ⓒ 뢴트겐 사진(으로 찍다).

ra·di·og·ra·phy[rèidiágrəfi/-ɔ́-] *n.* Ⓤ X선 사진술.

ràdio·ísotope *n.* =RADIOACTIVE isotope.

rádio knìfe 〖醫〗 전기 메스《수술용》.

ràdio·lócate *vt.* (…의 위치를) 전파로 탐지하다.

rádio·lòcator *n.* Ⓒ 전파 탐지기.

rádio·màn *n.* Ⓒ 무선 기사, 방송 사업 종사자.

ra·di·on·ics[rèidiániks/-ɔ́-] *n.* =《美》 ELECTRONICS.

rádio pàger 무선 호출 수신기.

rádio·phòne *n., v.* =RADIOTELEPHONE.

ràdio·phóto(graph) *n.* Ⓒ 무선 전송 사진.

rádio recéiver 라디오 수신기.

ra·di·os·co·py[rèidiáskəpi/-ɔ́-] *n.* Ⓤ 뢴트겐 검사.

rádio sèt 라디오 수신[발신]기.

rádio·sònde *n.* Ⓒ 라디오 존데《상층 기상 전파 관측기》.

rádio stàr 〖天〗 전파별《우주 전파원의 하나》.

rádio stàtion 라디오 방송국; 무선국.

ràdio·stérilized *a.* X선[감마선]으로 살균된.

ràdio·télegram *n.* Ⓒ 무선 전보.

ràdio·télegraph *n., vt., vi.* Ⓤ 무선 전신(을 발하다). **-telégraphy** *n.* Ⓤ 무선 전신술.

ràdio·télephone *n., vt., vi.* Ⓒ 무선 전화(를 걸다). **-teléphony** *n.* Ⓤ 무선 전화술.

rádio télescope 〖天〗 전파 망원경.

ràdio·thérapy *n.* Ⓤ 방사선 요법.

ra·di·o·ther·my[réidiouθə̀:rmi] *n.* Ⓤ 〖醫〗 방사선열 요법.

*__rad·ish__[rǽdiʃ] *n.* Ⓒ 〖植〗 무.

*__ra·di·um__[réidiəm] *n.* Ⓤ 〖化〗 라듐.

*__ra·di·us__[réidiəs] *n.* (*pl.* **-dii** [-diài]) Ⓒ ① 반지름, 반경. ② 지역, 범위; (바퀴의) 살. ③ 〖解〗 요골(橈骨). **~ *of action*** 행동 반경.

rádius véctor 〖數·天〗 동경(動徑).

ra·dix[réidiks] *n.* Ⓒ ① 〖數〗 기(基), 근; 기수(基數)《통계의》; 〖컴〗 기수. ② 〖植〗 뿌리; 〖言〗 어근.

ra·dome[réidoum] *n.* Ⓒ 레이돔《항공기 외부의 레이더안테나 덮개》.

ra·don[réidɑn/-dɔn] *n.* Ⓤ 〖化〗 라돈《방사성 희(稀)가스류 원소》.

RAF, R.A.F. Royal Air Force.

raf·fi·a[rǽfiə] *n.* Ⓒ Madagascar산의 종려나무; Ⓤ 그 잎의 섬유.

raf·fle[rǽfəl] *n.* Ⓒ 복권식(福券式) 판매. ── *vi., vt.* 복권식 판매에 가입하다[로 팔다].

*__raft__[1][ræft, -ɑ:-] *n., vt., vi.* Ⓒ 뗏목(으로 짜다, 가다, 보내다). **∠·er**[1], **ráfts·man** *n.* Ⓒ 뗏사공.

raft[2] *n.* (a ~) 《美口》 다수, 다량.

*__raft·er__[2][rǽftər, -ɑ́ː-] *n.* Ⓒ 서까래.
:__rag__[1][ræg] *n.* ① Ⓤ,Ⓒ 넝마(조각), 단편(斷片); (*pl.*) 누더기, 남루한 옷. ② Ⓒ 걸레 같은 것; 《蔑》(극장의) 막(幕); 손수건; 신문; 지폐. ***chew the ~*** 불평을 하다; 종잘거리다. ***take the ~ off*** 《美》…보다 낫다, …을 능가하다. ***the R-*** 《英俗》 육·해군인 클럽. ― *a.* 누더기의, 너덜너덜해진.
__rag__[2] *vt.* (**-gg-**), *n.* 《俗》(못살게) 괴롭히다, 꾸짖다; 놀리다, Ⓒ (…에게) 못된 장난(을 하다); 법석(떨다).
__rag·a·muf·fin__[rǽgəmʌ̀fin] *n.* Ⓒ 남루한 옷을 입은 부랑아.
__rág-and-bóne màn__ 《英》 넝마 장수.
__rág bàby〔dòll〕__ 봉제 인형(stuffed doll).
__rág·bàg__ *n.* Ⓒ 넝마 주머니.
:__rage__[reidʒ] *n.* ① Ⓤ 격노; 격렬, 맹위《바람·파도·역병 따위의》. ② (*sing.*) 열망, 열광. ③ (the ~) 대유행(하는 것). ***in a ~*** 격노하여. ― *vi.* 격노하다; 맹위를 떨치다; 크게 성하다.
:__rag·ged__[rǽgid] *a.* ① 남루한(tattered), 해진, 찢어진; 초라한. ② 울툭불툭〔깔쭉깔쭉〕한, 껄끄러운, (암석이) 비쭉비쭉한. ③ 고르지 못한, 조화되지 않은, 불완전한. **~·ly** *ad.*
__rágged róbin__ 〖植〗 전추라의 일종.
__rágged schòol__ 〖英史〗(수업료 면제의) 빈민 학교.
__rag·ing__[réidʒiŋ] *a.* 사납게 날뛰는, 맹렬한; 격노한.
__rag·lan__[rǽglən] *n.* Ⓒ 래글런《소매가 솔기없이 깃까지 이어진 외투》.
__rág·màn__ *n.* Ⓒ 넝마 장수〔주이〕.
__ra·gout__[rægúː] *n.* (F.) Ⓤ,Ⓒ 라구《스튜의 일종》.
__rág·pìcker__ *n.* Ⓒ 넝마주이.
__rág·tag(and bóbtail)__[rǽgkæ̀g(-)] *n.* =RIFFRAFF.
__rag·time__[rǽgtàim] *n.* Ⓤ 〖樂〗 래그타임; 재즈.
__rág tràde, the__ 《俗》 피복 산업, 양복업《특히 여성의 겉옷》.
__rág·wèed__ *n.* Ⓒ 《美》〖植〗 개쑥갓속(屬)의 식물《이 꽃가루는 화분증(hay fever)의 원인》.
__rah__[rɑː] *int., n.* 《美》 =HURRAH.
*__raid__[reid] *n., vt., vi.* 습격〔침입〕하다 (*into*); Ⓒ (경찰이) 급습(하다)(*on*). **∠·er** *n.* Ⓒ 침입자; 습격기; 〖軍〗 특공대원.
:__rail__[1][reil] *n.* ① Ⓒ 가로장(대), 난간; (*pl.*) 울타리. ② Ⓒ 궤조(軌條), 레일; Ⓤ,Ⓒ 철도. ***by ~*** 기차로; 철도편으로. ***off the ~s*** 탈선하여, 문란하여, 어지러워. ― *vt.* 가로장〔난간〕으로 튼튼히 하다〔을 붙이다〕(fence). ***∠·ing**[1] *n.* Ⓒ (보통 *pl.*) 레일; 난간; 울; Ⓤ《집합적》그 자료.
__rail__[2] *vi.* 몹시 욕하다(revile); 비웃다 (scoff)(*at, against*). **∠·ing**[2] *n.* Ⓤ 욕설, 푸념.
__rail__[3] *n.* Ⓒ 〖鳥〗 흰눈썹뜸부기류(類).
__ráil·bìrd__ *n.* Ⓒ 《美口》(울타리에서 경마나 조련을 구경하는) 경마광.
__rail·ler·y__[réiləri] *n.* Ⓤ (악의 없는) 놀림(말); 농담(banter).
__rail·man__[∠mən] *n.* Ⓒ 철도원.
__ráil mòtor__ 전동차, 기동차.
†__rail·road__[réilròud] *n., vt.* Ⓒ 《美》 철도《종업원도 포함해서》; 철도를 놓다〔로 보내다〕; 《美口》(의안을) 무리하게 통과시키다; 《俗》(귀찮은 존재를 없애려고 부당한 죄목으로) 투옥하다. **~·er** *n.* Ⓒ 《美》 철도(종업)원; 철도 부설(업)자.
__ráilroad màn__ =RAILROADER.
:__ráilroad stàtion__ 철도역.
†__rail·way__[réilwèi] *n.* Ⓒ 《英》 철도.
__rail·way·man__[-mən] *n.* =RAILROAD MAN.
:__ráilway stàtion__ =RAILROAD STATION.
__rai·ment__[réimənt] *n.* Ⓤ《집합적》《雅》 의류(衣類)(garments)
†__rain__[rein] *n., vi., vt.* Ⓤ,Ⓒ 비(가 오다), 빗발처럼 쏟아지다〔퍼붓다〕; (*pl.*) 우기(雨期). ***It never ~s but it pours.*** 《속담》 비만 오면 (반드시) 억수같이 쏟아진다; 엎친데 덮치기. ***It ~s*** CATs ***and dogs. ~ or shine*** 비가 오건 날이 개건. **∠·less** *a.* 비오지 않는.
__rain·band__[réinbæ̀nd] *n.* 〖理〗 우선(雨線)《태양 스펙트럼 중의 흑선; 대기중 수증기의 존재를 나타냄》.
†__rain·bow__[∠bòu] *n.* Ⓒ 무지개.
__ráinbow tròut__ 〖魚〗 무지개송어《캐나다 원산》.
__ráin chèck__ 우천 입장 보상권《경기를 중지할 때, 관객에게 내주는 차회 유효권》.
__ráin clòud__ 비구름.
:__rain·coat__[∠kòut] *n.* Ⓒ 비옷, 레인코트.
__ráin·dròp__ *n.* Ⓒ 빗방울.
:__rain·fall__[∠fɔ̀ːl] *n.* Ⓤ 강우(降雨); Ⓤ,Ⓒ 강우량.
__ráin gà(u)ge__ 우량계.
__ráin·màker__ *n.* Ⓒ (마술 따위에의한) 강우사(降雨師); 인공 강우 전문가.
__ráin·màking__ *n.* Ⓤ 인공 강우.
__ráin·pròof__ *a.* 비가 새들지 않는, 방수의.
__ráin·stòrm__ *n.* Ⓒ 폭풍우, 호우.
__ráin·tìght__ *a.* =RAINPROOF.
__ráin·wàter__ *n.* Ⓤ 빗물.
__ráin·wèar__ *n.* Ⓤ 비옷, 우비.
__ráin·wòrm__ *n.* Ⓒ 〖動〗 지렁이.
†__rain·y__[∠i] *a.* 비의, 우천의, 비가 많은. **~ *season*** 장마철, 우기.
__ráiny dáy__ 우천; (장차의) 곤궁한 때.
:__raise__[reiz] *vt.* ① 일으키다, 세우다. ② 높이다; 올리다; (먼지 따위를) 일으키다; 승진시키다. ③ (집을) 짓다; (외치는 소리를) 지르다; (질문·이의를) 제기하다; (군인을) 모집하다; (돈을) 거두다; (동식물·아이를) 기르다. ④ 가져오다, 야기시키다; 출현시키다, (망령 등을) 불러내다; (죽은 자를) 소생시키다. ⑤ (사냥개가) 몰

이하다; (빵을) 부풀리다(～*d bread*); (포위·금지 따위를) 풀다. ⑥ 〖海〗 …이 보이는 곳까지 오다(*The ship* ～*d land.*); 〖카드〗 …보다 더 많이 돈을 걸다; 〖數〗 제곱하다. **～ *a dust*** 먼지를 일으키다; 남의 눈을 속이다; 소동을 일으키다. **～ *Cain* 〔*hell, the devil*〕** 《俗》 큰 법석을 벌이다〔일으키다〕. **～** MONEY ***on.*** **～ *oneself*** 뻗어 올라가다; 출세하다. —— ***n.*** Ⓒ 《美》 올림; 오르막(길); 높은 곳; 증가, 가격〔임금〕 인상; 그러모으기. ***make a*** **～** 변통〔조달〕하다; 찾아내다. **ráis·er** ***n.***

:raised[reizd] ***a.*** 높인; 돋을새김의. **～ *type*** (맹인용) 점자(點字). **～ *work*** 돋을새김 세공.

†rai·sin[réizən] ***n.*** Ⓤ,Ⓒ 건포도.

rai·son d'ê·tre [réizoun détrə] (F.) 존재 이유.

raj[rɑ:dʒ] ***n.*** (the ～) 《Ind.》 지배, 통치(rule).

ra·ja(h) [rá:dʒə] ***n.*** Ⓒ 《Ind.》 왕, 군주; (Java, Borneo의) 추장.

:rake[1][reik] ***n.*** Ⓒ 갈퀴, 쇠스랑; 써레; 고무래. —— ***vt.*** ① 갈퀴로 그러모으다; 써레로 긁다〔긁어 고르다〕. ② (불을) 헤집어 일으키다; (불을) 잿속에 묻다. ③ 찾아 다니다; 내다보다. ④ 〖軍〗 소사(掃射)하다(enfilade). **～ *down*** 《美俗》 꾸짖다; (내기 등에서) 돈을 따다.

rake[2] ***n., vi., vt.*** Ⓒ 경사(지다, 지게 하다)(slant).

rake[3] ***n., vi.*** Ⓒ 난봉꾼; 난봉피우다.

ráke-òff ***n.*** Ⓒ 《口》 (부정한) 배당, 몫, 리베이트(rebate).

rak·ish[1][réikiʃ] ***a.*** (배·자동차가) 경쾌한, 스마트한.

rak·ish[2] ***a.*** 방탕한.

râle[rɑ:l] ***n.*** (F.) (폐의) 수포음(水泡音).

Ra·leigh[rɔ́:li], **Sir Walter** (1552?-1618) 영국의 군인·탐험가·문인; (1861-1922) 영국의 비평가.

rall. =⇩.

ral·len·tan·do[rɑ̀:ləntá:ndou/ræ̀-lentǽn-] ***a., ad.*** (It.) 〖樂〗 점점 느린〔느리게〕《생략 rall.》.

:ral·ly[1][rǽli] ***vt., vi.*** (다시) 모으다〔모이다〕; (세력·기력·체력을) 회복(케)하다; (힘을) 집중하다; (***vi.***) 〖테니스〗 (쌍방이) 연달아 되받아치다. —— ***n.*** ① (a～) 재집합, 재거(再擧); 되돌림, 되찾음, 회복. ② Ⓒ 시위 운동, 대회. ③ Ⓒ 〖테니스〗 계속하여 되받아치기.

ral·ly[2] ***vi.*** 놀리다.

rállying pòint 집합지, 집결지; 활력 회복점, 세력을 회복하는 계기.

ram**[ræm] ***n. ① Ⓒ 숫양(cf. ewe); (R-) 〖天〗 양자리〔궁〕. ② Ⓒ 〖史〗 파성(破城) 메(battering ram); (군함의) 충각(衝角); (땅을 다지는) 달구(rammer). —— ***vt.*** (***-mm-***) 부딪다; 파성 메로 치다; 충각으로 부딪다; 달구로 다지다.

RAM [ræm] (＜*r*andom-*a*ccess *m*emory) ***n.*** Ⓤ 〖컴〗 램, 임의 접근 기억 장치.

R.A.M. 《英》 Royal Academy of Music.

Rá·man effèct[rá:mən-] 〖理〗 라만 효과.

ram·ble**[rǽmbəl] ***n., vi. Ⓒ 산책(하다), 어정거림〔거리다〕; 종작〔두서〕없는 이야기(를 하다); (담쟁이 덩굴 따위가) 뻗어 퍼지다(*over*). **rám·bler** ***n.*** Ⓒ 산보하는 사람; 덩굴장미; = RANCH HOUSE.

ram·bling[rǽmbliŋ] ***a.*** 어슬렁어슬렁 거니는; 산만한; 어수선한; (덩굴이) 뻗어 나간, 널리 퍼지는.

ram·bunc·tious [ræmbʌ́ŋkʃəs] ***a.*** 《美口》 몹시 난폭한(unruly); 시끄러운.

ram·e·kin, -quin [rǽmikin] ***n.*** Ⓤ,Ⓒ 〖料理〗 치즈 그라탱(cheese gratin); (보통 ***pl.***) 그것을 넣는 틀 접시.

ram·ie, ram·ee[rǽmi:] ***n.*** Ⓒ 모시(풀); Ⓤ 그 섬유.

ram·i·fy[rǽməfài] ***vt., vi.*** 분지(分枝)하다; 분파하다. **-fi·ca·tion**[ˌ–fikéiʃən] ***n.***

rám·jet (èngine) [rǽmdʒèt(-)] ***n.*** Ⓒ 램제트《분사 엔진의 일종》.

ram·mer[rǽmər] ***n.*** Ⓒ (땅을 다지는) 달굿대, 달구(ram).

ram·mish[rǽmiʃ] ***a.*** 수양(羊) 같은; 악취가 심한; 맛이 진한.

ra·mose[réimous, rəmóus] ***a.*** 가지가 많은; 가지로 갈라진.

ramp[1][ræmp] ***vi.*** (사자가) 뒷다리로 서다, 덤벼들다〔들려하다〕(cf. rampant); 날뛰다(rush about); 〖建〗 물매지다(slope). —— ***n.*** Ⓒ 물매, 경사(면·로(路)), 루프식 입체 교차로.

ramp[2] ***n., vt., vi.*** Ⓒ 《英俗》 사기(하다).

ram·page [***v.*** ræmpéidʒ, ***n.*** ˊ–] ***vi., n.*** 날뛰다; Ⓤ 날뜀, 설침. ***go* 〔*be*〕 *on the* 〔*a*〕 ～** 날뛰다.

ramp·ant**[rǽmpənt] ***a. ① 마구 퍼지는, 만연〔창궐〕하는; 분방한; (유행병 등이) 맹렬한. ② 〖紋〗 뒷발로 선(*a lion* ～ 뒷발로 일어선 사자)(cf. ramp[1]). **rámp·an·cy** ***n.*** Ⓤ 만연; 맹렬; (초목의) 무성.

ram·part**[rǽmpɑ:rt, -pərt] ***n., vt. Ⓒ 누벽(壘壁)〔성벽〕(을 두르다); 방어(물).

ram·rod[rǽmrɑ̀d/-rɔ̀d] ***n.*** Ⓒ (총포의) 꽂을대.

rám·shàckle ***a.*** 쓰러질 듯한; 흔들흔들하는.

†ran[ræn] ***v.*** run의 과거.

R.A.N. Royal Australian Navy.

:ranch[ræntʃ, rɑ:ntʃ] ***n., vi.*** Ⓒ 큰 농장(을 경영하다, 에서 일하다); 목장(에서 일하는 사람들). ***ˊ·er, ～·man**[ˊmən] ***n.*** Ⓒ 농장〔목장〕 경영자〔노동자〕.

ránch hòuse 《美》 목장주의 가옥; 지붕의 경사가 완만한 단층집.

ran·cid[rǽnsid] ***a.*** 악취가 나는, 썩은 냄새〔맛이〕나는; 불유쾌한. **～·ly**

ad. ~·**ness,** ~·**i·ty**[rænsídəti] *n.*
ran·cor, 《英》 **-cour** [rǽŋkər] *n.* Ⓤ 원한, 증오. ~·**ous** *a.* 원한을 품은, 증오하는.
r & b, R & B rhythm and blues. **R & D** research and development.
*ran·dom**[rǽndəm] *n., a.* Ⓤ 마구잡이; 닥치는〔되는〕 대로의(*a* ~ *guess* 어림 짐작); 〖컴〗 막…, 무작위. ***at*** ~ 되는〔닥치는〕대로.
rándom áccess 〖컴〗 비순차적 접근, 임의 접근.
rándom fíle 〖컴〗 임의 파일, 비순차적 파일.
ran·dom·ize[rǽndəmàiz] *vt.* 〖컴〗 무작위화하다.
rándom númbers 〖컴〗 난수.
rándom sámpling 〖統計〗 무작위 추출.
R & R rest and recreation 〖軍〗 휴양〔위로〕 휴가.
ra·nee, -ni[rɑ́:ni, ─´] *n.* Ⓒ (인도의) 왕비; 여왕.
*rang**[ræŋ] *v.* ring[1]의 과거.
*range**[reindʒ] *n.* ① Ⓒ 열(列), 줄, 연속(series); 산맥. ② Ⓤ,Ⓒ 범위; 한계; 음역; 사정(射程). ③ Ⓒ 사격장. ④ Ⓒ 계급; 부류. ⑤ Ⓒ 목장. ⑥ Ⓒ (요리용 가스·전기) 레인지(cookstove)(*a gas* ~ 가스 레인지). ⑦ 〖컴〗 범위. ── *vt.* ① 늘어놓다, 정렬시키다; 가지런히 하다; 분류하다. ② (…의) 편에 서다(*He is* ~*d against* 〔*with*〕 *us.* 우리의 적〔편〕이다). ③ (…을) 배회하다; (연해를) 순항(巡航)하다. ④ (총·망원경 따위를) 가늠하다, 겨누다; 사정을 정하다. ── *vi.* ① 늘어서다, 일직선으로 되어 있다(*with*); 잇달리다; (범위가) 걸치다, 미치다(*over; from … to …*). ② 어깨를 나란히 하다(rank)(*with*). ③ 배회〔방황〕하다, 서성거리다; 순항하다; 변동하다(*between*). ~ ***oneself*** (결혼·취직 따위로) 신상을 안정시키다; 편들다(*with*).
ránge fìnder (사격용) 거리 측정기; 〖寫〗 거리계(計).
*rang·er**[réindʒər] *n.* Ⓒ ① 돌아다니는 사람, 순회자. ② (숲·공원 따위를) 지키는 사람, 감시인, 무장 경비원(*a Texas R-*); 《美》 특별 유격대원; (R-) 《美》 〖宇宙〗 레이저 계획.
rang·y[réindʒi] *a.* 팔 다리가 가늘고 긴; (동물 따위가) 돌아다니기에 알맞은; 산(山)이 많은.
*rank**[1][ræŋk] *n.* ① Ⓤ,Ⓒ 열, 횡렬; 정렬. ② (*pl.*) 군대, 병졸. ③ Ⓤ,Ⓒ 계급(grade); 직위, 신분; 품위; 순서. ④ Ⓤ 고위, 고관. ⑤ 〖컴〗 순번. ***break*** ~(***s***) 열을 흩뜨리다; 낙오하다. ***fall into*** ~ 정렬하다, 줄에 늘어서다. ~ ***and fashion*** 상류사회. ~ ***and file*** 하사관병, 사병; 대중. ***rise from the*** ~***s*** 일개 사병〔미천한 신분〕에서 출세하다. ── *vi., vt.* 자리〔지위〕를 차지하다; 등급을 매기다, 평가하다(*above, below*); 늘어서다〔세우다〕; 부류에 넣다. ∠·**ing** *n.* Ⓤ 등급〔자리, 지위〕 매기기; 서열, 랭킹.
rank[2] *a.* 조대(粗大)한(large and coarse); 우거진, 널리 퍼진; 냄새나는; 지독한; 천한, 외설한. ∠·**ly** *ad.* ∠·**ness** *n.*
ran·kle[rǽŋkəl] *vt.* (경멸·원한 따위가) 괴롭히다.
ran·sack[rǽnsæk] *vt.* 샅샅이 뒤지다; 약탈하다.
*ran·som**[rǽnsəm] *n., vt.* Ⓒ 몸값(을 치르고 자유롭게 하다); Ⓤ 〖神〗 속죄(하다).
rant[rænt] *vi., n.* Ⓤ 고함(치다), 폭언〔노호〕(하다); 호언(하다).
R.A.O.C. Royal Army Ordnance Corps.
*rap**[1][ræp] *n., vt., vi.* Ⓒ (*-pp-*) 가볍게 두드림〔두드리다〕; 비난(하다)(*take the* ~ 비난을 받다); 내뱉듯이 말하다(*out*).
rap[2] *n.* Ⓒ 《口》 동전 한푼, 조금.
ra·pa·cious[rəpéiʃəs] *a.* 강탈하는; 욕심 사나운(greedy); 〖動〗 생물을 잡아먹는. ~·**ly** *ad.* **ra·pac·i·ty**[rəpǽsəti] *n.* Ⓤ 탐욕.
RAPCON[rǽpkɑn/-ɔn] *n.* (레이더에 의한) 항공 교통 관제(<*Ra*dar *Ap*proach *Con*trol).
*rape**[1][reip] *n., vt.* Ⓤ,Ⓒ 강간(하다); 강탈(하다).
rape[2] *n.* Ⓤ 〖植〗 평지.
Raph·a·el[rǽfiəl, réi-] *n.* 이탈리아의 화가(1483-1520); 대천사의 하나.
*rap·id**[rǽpid] *a.* 신속한, 빠른, 급한(swift); (비탈이) 가파른(steep). ── *n.* Ⓒ (보통 *pl.*) 여울. ***ra·pid·i·ty**[rəpídəti] *n.* Ⓤ 신속; 속도. *~·**ly** *ad.* 빠르게; 서둘러.
rápid éye mòvement ⇨REM[1].
rápid-fíre *a.* 속사(速射)의. ~ ***gun*** 속사포.
rápid tránsit (고가 철도·지하철에 의한) 고속 수송.
ra·pi·er[réipiər] *n.* Ⓒ (찌르기에 쓰는 양날의) 장검(長劍).
rap·ine[rǽpin, -pain] *n.* Ⓤ 약탈, 「강탈.
rap·ist[réipist] *n.* Ⓒ 강간 범인.
ráp mùsic 랩 음악《1970년대 말부터 발전한 팝 뮤직의 한 스타일》.
rap·port[ræpɔ́:r] *n.* (F.) Ⓤ (친밀·조화된) 관계; 일치.
rap·proche·ment[ræprouʃmɑ́:ŋ/ ræprɔ́ʃmɑ:ŋ] *n.* (F.) Ⓒ (국가간의) 친선; 국교 회복.
rap·scal·lion[ræpskǽljən] *n.* = RASCAL.
ráp shèet 《美俗》 (경찰이 보관하는) 체포〔범죄〕 기록.
*rapt**[ræpt] *a.* ① (육체·영혼을 이승으로부터) 빼앗긴(*away, up*). ② (생각에) 마음을 빼앗긴, 골똘한, 열중한(absorbed); 황홀한(*with* ~ *attention*); 열심인. 「의.
rap·to·ri·al[ræptɔ́:riəl] *a.* 맹금류
*rap·ture**[rǽptʃər] *n.* Ⓤ,Ⓒ 미칠 듯

한 기쁨, 광희(狂喜), 무아(無我), 황홀(ecstasy). **ráp·tur·ous** *a.*

:rare[1][rεər] *a.* 드문, 드물게 보는; (공기가) 희박한(thin). **:∠·ly** *ad.* 드물게; 썩 잘. **∠·ness** *n.*

***rare**[2] *a.* (고기가) 설구워진, 설익은.

rare·bit [rέərbit] *n.* =WELSH RABBIT.

ráre-éarth èlement 〖化〗 희토류(稀土類) 원소《57번부터 71번 원소까지》. 「원소군(群).

ráre-éarth mètals 희토류 금속

ráre éarths 희토류 (산화물).

rár·ee shòw[rέəri-] 요지경; 《一般》 구경 거리.

rar·e·fy[rέərəfài] *vt., vi.* 희박하게 하다〔되다〕; 순화(純化)하다, 정화하다; (*vt.*) 정미(精微)하게 하다(subtilize). **-fac·tion**[∸–fǽkʃən] *n.*

rare·ripe[rέərràip] *a.* 《美》 올되는, 조숙한. —— *n.* Ⓒ 올된 과일〔야채〕.

rar·i·ty[rέərəti] *n.* Ⓤ 드묾, 진기; 희박; Ⓒ 진품.

R.A.S.C. Royal Army Service Corps.

:ras·cal[rǽskəl/-ɑ́:-] *n.* Ⓒ 악당(rogue). **~·ly** *a.* 악당의, 비열한. **~·i·ty**[ræskǽləti/rɑ:s-] *n.* Ⓤ 악당 근성; Ⓒ 악당 행위.

rase[reiz] *v.* =RAZE.

R

:rash[1][ræʃ] *a.* 성급한; 무모한. **∠·ly** *ad.* **∠·ness** *n.*

rash[2] *n.* (a ~) 뾰루지, 발진(發疹), 부스럼.

rash·er[rǽʃər] *n.* Ⓒ (베이컨·햄의) 얇게 썬 조각.

rasp[ræsp, -ɑ:-] *n.* Ⓒ 이가 굵고 거친 줄, 강판. —— *vt.* 줄질하다, 강판으로 갈다; 쉰목소리로 말하다; 속을 지글지글 태우다. —— *vi.* 북북 문지르다〔소리 나다〕, 쓸리다, 갈리다(grate). **~ *on*** (신경에) 거슬리다.

***rasp·ber·ry**[rǽzbèri, rɑ́:zbəri] *n.* Ⓒ ① 나무딸기(의 열매). ② 《俗》 입술과 혀를 진동시켜 내는 소리《이의·경멸 따위를 나타냄》.

:rat[ræt] *n.* Ⓒ ① 쥐(cf. mouse). ② 배반자; 파업 불참 직공. ③ 《美》 (여자 머리의) 다리. ***Rats!*** 《俗》 바보같은 소리 마라!; 에이(빌어먹을)!; 설마! ***smell a* ~** (계략 따위를) 낌새〔알아〕채다. —— *vi.* (**-tt-**) 쥐를 잡다; 《俗》 변절하다, 파업을 깨다.

rat·a·ble[réitəbəl] *a.* 견적〔어림〕할 수 있는; 《英》 과세해야 할.

rat·a·fi·a[rӕtəfíə] *n.* Ⓤ 과실주(酒)의 일종.

ra·tan[rætǽn, rə-] *n.* =RATTAN.

rat-(a-)tat[rǽt(ə)tǽt] *n.* Ⓒ 쾅쾅, 둥둥《소리》.

rát·bàg *n.* Ⓒ 《英俗》 불쾌한 사람.

ratch·et[rǽtʃət], **ratch**[rætʃ] *n., vt.* Ⓒ 미늘 톱니(를 붙이다); 갈고리 톱니〔N자 톱니〕 모양(으로 하다).

rátchet whèel 미늘 톱니바퀴(cf. escapement).

†rate[1][reit] *n.* Ⓒ ① 비율, 율; 정도, 속도. ② (배·선원 따위의) 등급; 시세(*the* ~ *of exchange* 환율); 값(*at a high* ~). ③ (보통 *pl.*) 《英》 세금; 지방세(*~s and taxes* 지방세와 국세). ***at a great*** **~** 대속력으로. ***at any*** **~** 하여튼, 좌우간. ***at that*** **~** 《口》 저런 상태〔푼수〕로는, 저 형편으로는. ***give special ~s*** 할인하다. —— *vt.* 견적〔평가〕하다; …으로 보다〔여기다〕; 도수(度數)를 재다; 등급을 정하다; 지방세를 과하다. —— *vi.* 가치가 있다. 견적〔평가〕되다; (…의) 등급을 가지다.

rate[2] *vt., vi.* 욕설하다; 꾸짖다.

ráte-càpping *n.* Ⓤ 《英》 지방 자치 단체가 지방세 징수액의 상한을 정하는 일.

rat·ed[réitid] *a.* 〖電〗 정격(定格)의(~ *voltage* 정격 전압).

ráte·pàyer *n.* Ⓒ 《英》 납세자.

rát·fink *n.* Ⓒ 《美口》 꼴보기 싫은 놈, 배반자.

rathe[reið] *a.* 《英詩》 일찍 피는, 올되는.

†rath·er[rǽðər, -ɑ́:-] *ad.* ① 오히려, 차라리; 다소, 약간. ② (or ~) 좀 더 적절히 말하면. ③ [rǽðə́:r/rɑ́:ðə́r] 《英口》 그렇고 말고(Certainly!), 물론이지(Yes, indeed!) (*"Do you like Mozart?" "R-!"*). ***had*** 〔***would***〕 **~ ... *than*** …보다는 〔하느니〕 오히려 …하고 싶다〔…하는 편이 낫다〕(*He would* ~ *ski than eat.* 밥먹기보다도 스키를 좋아한다) (cf. had BETTER[1]). ***I should* ~ *think so.*** 그렇고 말고요. ***I would* ~ *not*** …하고 싶지 않다.

raths·kel·ler [rɑ́:tskèlər] *n.* (G.) Ⓒ (독일의) 지하실 비어 홀〔식당〕.

***rat·i·fy**[rǽtəfài] *vt.* 비준〔재가〕하다. ***-fi·ca·tion**[∸–fikéi-] *n.*

rat·ing[1][réitiŋ] *n.* Ⓒ 평점; Ⓤ,Ⓒ 평가, 견적; Ⓤ,Ⓒ 과세(액); Ⓒ (배·선원의) 등급; 〖電〗 정격(定格); (라디오·TV의) 시청률.

rat·ing[2] *n.* Ⓤ,Ⓒ 꾸짖음, 질책.

ra·tio**[réiʃou, -ʃiòu/-ʃiòu] *n.* (*pl.* **~s**) Ⓤ,Ⓒ 비(율). ***direct 〔***inverse***〕 **~** 정〔반〕비례.

ra·ti·oc·i·nate [rӕʃióusənèit/-tiɔ́s-] *vi.* 추리〔추론〕하다. **-na·tive** *a.* **-na·tion**[∸–∸–néiʃən] *n.*

rátio cóntrol 〖컴〗 비율 제어《두 양 사이에 어떤 비례를 유지시키려는 제어》.

ra·tion**[rǽʃən, réi-] *n.* Ⓒ ① 정액, 정량; 1일분의 양식; 배급량(*the sugar* ~). ② (*pl.*) 식료(食料). ***iron* ~** 비상용휴대 식량. K RATION. ***~ing by the purse 《英》 물가의 (부당한) 인상. —— *vt.* 급식〔배급〕하다. ***~ing system*** 배급 제도.

ra·tion·al**[rǽʃənl] *a.* ① 이성 있는, 이성적인; 합리적인. ② 〖數〗 유리수(有理數)의(opp. irrational). **~·ism**[-ʃənəlìzəm] *n.* Ⓤ 합리주의. ***the Saint of ~ism =J.S. MILL. **~·ist**[-ʃənəlist] *n.* **~·ly** *ad.* **~·i·ty**

[⌐ʃənǽləti] *n.* Ⓤ 합리성, 순리성; (보통 *pl.*) 이성적 행동.
ra·tion·ale[ræ̀ʃənǽl/-nɑ́:l] *n.* (L.) (the ~) 이론적 해석; 《稀》 근본적 이유, 이론적 근거.
ra·tion·al·ize[rǽʃənəlàiz] *vt.* 합리화하다; 합리적으로 다루다; 이론적으로 설명[생각]하다; 이유를 붙이다; 〖數〗 유리화하다. **-i·za·tion**[⌐—izéiʃən/-laiz-] *n.* 「理數).
rátional númber 〖컴〗 유리수(有
rátion bòok 배급 통장.
rat·lin(e)[rǽtlin], **-ling**[-liŋ] *n.* Ⓒ (보통 *pl.*) 〖船〗 밧줄 사다리.
R.A.T.O., Ra·to [réitou] 〖空〗 rocket-assisted take-off 로켓추진 이륙.
rát pòison 쥐약.
rát ràce 《美》 무의미한 경쟁; 악순환. 「나무.
rat·tan[rætǽn, rə-] *n.* Ⓒ 등(藤)
rat-tat[rǽtǽt] *n.* (a ~) 쾅쾅, 똑똑《문의 knocker 소리 등》.
rat·ter[rǽtər] *n.* Ⓒ 쥐덫, 쥐 잡는 개; 《俗》 배반자.
:**rat·tle**[rǽtl] *vi.* 왈각달각[덜걱덜걱]하다[소리나다], 왈각달각 달리다; 우르르 떨어지다(*along, by, down, &c.*). — *vt.* 왈각달각[덜거덕덜거덕] 소리내다; 빨리 말하다(*away, off, out, over*); 놀라게 하다, 혼란시키다 (confuse), 갈팡거리게 하다; (사냥감을) 몰아내다. — *n.* ① Ⓤ,Ⓒ 왈각달각《소리》; Ⓒ 딸랑이《장난감》. ② Ⓒ 수다[수선]쟁이. ③ Ⓒ (목구멍의) 꼬르륵 소리《특히 죽을 때》. ④ Ⓒ 방울뱀의 둥근 고리 끝. ⑤ Ⓒ 야단법석.
ráttle·bòx *n.* Ⓒ 딸랑이《장난감》.
ráttle·bràin *n.* Ⓒ (골이 빈) 수다쟁이. **~ed** *a.* 골이 빈.
ráttle·hèad *n.* =RATTLEBRAIN. **~ed** *a.* 「**~d** *a.*
ráttle·pàte *n.* =RATTLEBRAIN.
rat·tler[rǽtlər] *n.* Ⓒ 왈각달각하는[소리 내는] 것; 수다쟁이; 《美口》 화물 열차(따위).
***ráttle·snàke** *n.* Ⓒ 방울뱀.
ráttle·tràp *n.* Ⓒ 털터리 마차(따위); 《美俗》 수다쟁이; 《俗》 입.
rat·tling[rǽtliŋ] *a., ad.* 덜거덕거리는; 활발한; 굉장[훌륭]한[하게] (*That's ~ fine.*)
rát·tràp *n.* Ⓒ 쥐덫; 절망적인 상태; 허술한 집.
rat·ty[rǽti] *a.* 쥐의, 쥐 같은, 쥐가 많은; 《俗》 초라한.
rau·cous [rɔ́:kəs] *a.* 쉰목소리의 (hoarse), 귀에 거슬리는.
***rav·age**[rǽvidʒ] *n., vt., vi.* Ⓤ 파괴(하다); 휩쓸다, 황폐케 하다; (the ~s) 파괴된 자취, 참해.
***rave**[reiv] *vi., vt.* (미친 사람같이) 헛소리하다, 소리치다; 정신 없이 떠들다, 격찬하다; (풍랑이) 사납게 일다.
rav·el[rǽvəl] *vt., vi.* (《英》 ***-ll-***) 엉클어지(게 하)다, 풀(리)다. — *n.* Ⓒ 엉클림; 풀린 실. **~·(l)ing** *n.* Ⓒ 풀린 실.
***ra·ven**[1][réivən] *n., a.* Ⓒ 큰까마귀; 새까만, 칠흑 같은.
rav·en[2][rǽvən] *n., vt.* Ⓤ 약탈(하다). **~·ing** *a.* 탐욕스런. **~·ous** *a.* 굶주린; 탐욕스런(greedy). **~·ous·ly** *ad.*
ráven-háired[réivən-] *a.* 흑발(黒髮)의. 「티.
ráve-ùp *n.* Ⓒ 《英口》 떠들썩한 파
***ra·vine**[rəví:n] *n.* Ⓒ 협곡(峡谷).
rav·ing[réiviŋ] *a.* 헛소리를 하는; 광란의; 《美口》 굉장한. — *n.* Ⓤ,Ⓒ 헛소리; 광란. **~·ly** *ad.*
ra·vi·o·li[ræ̀vióuli] *n.* (It.) Ⓤ 매콤한 다진 고기를 싼 납작한 단자.
rav·ish[rǽviʃ] *vt.* (여자를) 능욕하다(violate); 황홀케 하다(enrapture); (빼)앗아 가다. **~·ing** *a.* 마음을 빼앗는, 황홀케 하는. **~·ment** *n.* Ⓤ 무아(無我), 황홀; 강탈; 강간.
:**raw**[rɔ:] *a.* ① 생[날]것의(~ *fish*); 원료 그대로의; 가공하지 않은; 물 타지 않은. ② 세련되지 않은, 미숙한 (*a ~ soldier*). ③ (날씨가) 궂고 으스스한. ④ 껍질이 벗겨진, 따끔따끔 쑤시는, 얼얼한(sore). ⑤ 《俗》 잔혹한, 불공평한(*a ~ deal* 심한 대우). ⑥ 〖컴〗 (입력된 그대로의) 원, 미가공. **~ *silk*** 생사(生絲). — *n.* (the ~) 까진[벗겨진] 데(*touch a person on the ~* 아무의 약점을 찌르다). **⌐·ness** *n.*
ráw·bóned *a.* 깡마른.
ráw·hìde *n., vt.* (**~d**) Ⓤ 생가죽, 원피(原皮); Ⓒ 가죽 채찍(으로 때리다).
ráw matérial 원료. 「다).
:**ray**[1][rei] *n.* Ⓒ ① 광선; 방사선, 열선(熱線). ② 광명, 번득임, 서광 (*a ~ of hope* 한가닥의 희망). ③ (보통 *pl.*) 방사상(狀)의 것. — *vt., vi.* (빛을) 내쏘다, 방사하다; (*vi.*) 번득이다(*forth, off, out*).
ray[2] *n.* Ⓒ 〖魚〗 가오리.
ráy gùn 광선총.
Ráy·leigh wàve[réili-] 〖理〗 레일리파(波).
***ray·on**[réiɑn/-ɔn] *n.* Ⓤ 인조견(사), 레이온.
raze[reiz] *vt.* 지우다(erase); (집·도시를) 파괴하다.
rá·zon (bòmb)[réizɑn(-)/-zɔn(-)] *n.* Ⓒ (무선 유도의) 방향·항속 범위 가변 폭탄.
:**ra·zor**[réizər] *n.* Ⓒ 면도칼.
rázor·bàck *n.* Ⓒ 〖動〗 큰돌고래; 《美》 반야생의 돼지.
razz[ræz] *n., vt.* Ⓤ,Ⓒ 《俗》 혹평[조소](하다).
raz·zle(-daz·zle)[rǽzəl(dǽzəl)] *n.* (the ~) 《俗》 대법석; (겉으로) 화려한 움직임《쇼 따위》.
Rb 〖化〗 rubidium. **R.B.A.** Royal Society of British Artists. **RBE** relative biological efficiency (방사선의) 생물학적 효과 비율. **r.b.i.** run(s) batted in.

R

R.C., RC Red Cross; Reserve Corps; Roman Catholic. **RCA** Radio Corporation of America. **R.C.A.F., RCAF** Royal Canadian Air Force. **R.C.Ch.** Roman Catholic Church. **rcd.** received. **R.C.M., R.C.P., R.C.S.** Royal College of Music, Physicians, Surgeons. **RCMP, R.C.M.P.** Royal Canadian Mounted Police 캐나다 기마 경찰대.

ŕ-còlored *a.* 〖音聲〗 (모음이) r의 음색을 띤《further[fə́:rðər]의 [ə:r, ər]》.

R.C.S. 《英》 Royal Corps of Signals. **R/D** refer to drawer. **Rd., rd.** road. **RDB** Research and Development Board. **R.D.C.** Rural District Council 지방 의회; Royal Defence Corps. **R.D.F.** radio direction finding (비행기 따위의) 무선 방향 탐지. **RDS** 〖컴〗 relational data system 관계 데이터 시스템; respiratory distress syndrome (신생아의) 호흡 장애 증후군; Radio Data system. **RDX** Research Development Explosive (백색·결정성·비수용성의 강력 폭약). **Re** 〖化〗 rhenium; rupee.

re[1][rei, ri:] *n.* U,C 〖樂〗 레《장음계의 둘째 음》.

re[2][ri:] *prep.* (L.) 〖法·商〗 …에 관하여.

re-[rì:, ri:] *pref.* '다시, 다시 …하다, 거듭'의 뜻: *recover.*

R.E. Right Excellent; Royal Engineers.

†**reach**[ri:tʃ] *vt.* ① (손을) 뻗치다, 내밀다; 뻗어서 잡다[집다]; 집어서 넘겨주다(*Please ~ me that book.*). ② 도착하다; 닿다, 미치다, 이르다, 달하다; 달성하다. ③ (마음을) 움직이다, 감동시키다(*Men are ~ed by flattery.*). ④ (…와) 연락이 되다. — *vi.* 손[발]을 뻗치다; 발돋움하다; 뻗다; 얻으려고 애쓰다(*after, at, for*); 닿다, 퍼지다(*to, into*). — *n.* ① U (손을) 뻗침. ② U 손발을 뻗을 수 있는 범위; 미치는[닿는] 범위, 한계; 세력 범위. ③ C 이해력. ④ C 조붓한 후미. ***within*** (***easy***) ~ (용이하게) 닿을[얻을] 수 있는.

réach-me-dòwn *a., n.* 기성품의; (*pl.*) 《英》 기성복.

***re·act**[ri:ǽkt] *vi.* ① (자극에) 반응하다(*on, upon*); 〖理〗 반작용하다. ② 반동[반발]하다(*to*). ③ 반항하다(*against*); 역행하다.

re-act[rì:ǽkt] *vt.* 거듭 행하다, 재연하다.

re·ac·tance[ri:ǽktəns] *n.* U 〖電〗 감응 저항.

‡**re·ac·tion**[ri:ǽkʃən] *n.* U,C ① 반응, 반동, 반작용; 〖政〗 (보수) 반동. ② 〖電〗 재생. ***~·ar·y** [-ʃənèri/-ʃənəri] *a., n.* 반동의, 보수적인; 반작용의; 〖化〗 반응의; C 반동[보수]주의자.

reáction èngine 〖空〗 반동 엔진《로켓·제트엔진처럼 분출물에 의한 반동을 에너지원으로 하는 엔진》.

re·ac·tive[ri:ǽktiv] *a.* 반동[반응]의. **~·ly** *ad.*

***re·ac·tiv·i·ty**[ri:æktívəti] *n.* U 반작용; 반응; 반발.

***re·ac·tor**[ri:ǽktər] *n.* C 반응을 보이는 사람[물건]; 원자로(爐) (atomic reactor; cf. pile[1]).

†**read**[1][ri:d] *vt.* (***read***[red]) ① 읽다, 독서하다; 낭독하다. ② 이해하다; 해독하다; (꿈 따위를) 판단하다; 알아채다, 간파하다; 배우다(~ *law*). ③ (…의) 뜻으로 읽다; (…라고) 읽을 수 있다; (…을) 가리키다(*The thermometer ~s 85 degrees.*). ④ (정오표 따위에서, …라고 있는 것은) …의 잘못(*For "set" ~ "sit".*). ⑤ (컴퓨터에 정보를) 주다(*in*); (컴퓨터에서 정보를) 회수하다(*out*). — *vi.* ① 읽다, 독서[공부]하다; 낭독하다. ② …라고 씌어져 있다; …라고 읽다; …라고 해석할 수 있다. ③ 읽어 들려주다(*to, from*). ④ 〖컴〗 데이터를 읽다. ***be well ~*** [red] ***in*** …에 정통하다, …에 밝다[환하다]. ***~ a person's hand*** 손금을 보다. ***~ between the lines*** 언외(言外)의 뜻을 알아내다. ***~ into*** …의 뜻으로 해석[곡해]하다. ***~ out of*** …에서 제명하다. ***~ to oneself*** 묵독하다. ***~ up*** 시험공부하다; 전공하다(*on*). ***~ with*** …의 공부 상대를 하다《가정교사가》. **∠·a·ble** *a.* 읽을 만한, 읽어 재미있는; (글자가) 읽기 쉬운. — *n.* 〖컴〗 읽기.

†**read**[2][red] *v.* read[1]의 과거(분사).

read·a·bil·i·ty[rì:dəbíləti] *n.* U 〖컴〗 읽힘성, 가독성.

réad-àfter-wríte vèrify 〖컴〗 쓴 뒤읽기 검사.

‡**read·er**[rí:dər] *n.* C ① 독본, 리더. ② 독자, 독서가. ③ (대학) 강사(lecturer). ④ 출판사 고문《원고를 읽고 채부(採否) 결정에 참여함》; 교정원(proof-reader). ⑤ 〖컴〗 읽개, 판독기.

réader·shìp *n.* C (보통 *sing.*) (신문·잡지의) 독자수; 독자층; U (대학) 강사의 직[지위].

réad héad [rí:d-] 〖컴〗 읽기머리(틀).

†**read·ing**[rí:diŋ] *n.* ① U 읽기, 독서(력); 학식. ② C 낭독; 의회의 독회(讀會). ③ U 읽을 거리. ④ C 해석, 판단. ⑤ C (계기의) 시도(示度).

réading bòok 독본.

réading dèsk 독서대.

réading glàss 독서용 확대경.

réading màtter (신문·잡지의) 기사, 읽을 거리.

réading ròom 열람실.

re·ad·just [rì:ədʒʌ́st] *vt.* 다시 하다; 재조정하다. **~·ment** *n.*

re·ad·mit[rì:ədmít] *vt.* 다시 인정

〔허가〕하다; 재입학시키다.

réad-ónly *a.* 〖컴〗 읽기 전용의(~ *memory* 늘기억 장치, 읽기 전용 기억 장치《생략 ROM》).

réad·òut *n.* U,C 〖컴〗 정보 판독〔취득〕.

réad/wríte hèad 〖컴〗 읽기 쓰기 「머리틀.

†**read·y**[rédi] *a.* ① 준비된, 채비가 된(prepared)(*to, for*). ② 기꺼이 …하는(willing); 이제라도 …할 것 같은(be about)(*to* do); 걸핏하면 …하는, …하기 쉬운(be apt)(*to* do). ③ 즉석의, 재빠른(*a ~ welcome*); 교묘한; 곧 나오는; 손쉬운, 편리한, 곧 쓸 수 있는. ***get* 〔*make*〕 ~** 준비〔채비〕하다. ***~ to hand*** 손 가까이에 있는. — *vt.* 준비〔채비〕하다. — *n.* U 〖컴〗 준비《실행 준비가 완료된 상태》(~ *list* 준비 목록/~ *time* 준비 시간). ***réad·i·ly*** *ad.* 쾌히; 곧, 즉시; 쉽사리. ***réad·i·ness*** *n.*

réady-cóoked *a.* 조리를 마친; 곧 먹을 수 있는.

:**réady-máde** *a.* 만들어 놓은, 기성품의(opp. custom-made); (의견이) 얻어 들은, 독창성이 없는.

réady-mìx *a., n.* C (각종 성분을) 조합한 (물건·상품).

réady móney 현금.

réady réckoner 계산 조견표(早見表).

réady resérve 예비군.

réady ròom 〖空〗 조종사 대기실.

réady-to-wéar *n., a.* C 《美》 기성복(의).

réady wít 기지(機智), 재치.

réady-wítted *a.* 재치 있는, 꾀바른.

re·a·gent [riːéidʒənt] *n.* C 시약(試藥).

†**re·al**[ríːəl, ríəl] *a.* ① 실재〔실존〕하는, 현실의. ② 진실한; 진정한. ③ 부동산의(cf. personal); 〖數〗 실수(實數)의. ***~ life*** 실생활. — *ad.*《美口》 =REALLY. ***~·ism***[ríːəlìzəm/ríəl-] *n.* U 현실〔사실〕주의; 현실성; 〖哲〗 실재론. ***~·ist***[ríːəlist/ríəl-] *n.* †**~·ly** *ad.* 실제로; 정말로.

***réal estàte** 부동산.

***re·al·is·tic**[rìːəlístik] *a.* 사실〔현실·실제〕적인. **-ti·cal·ly** *ad.*

:**re·al·i·ty**[riːǽləti] *n.* ① U 진실〔실제〕임; 실재(함); 현실성(actuality). ② C 사실, 현실. ③ U,C 〖哲〗 실체. ***in ~*** 실제로는(in fact); 참으로(truly).

:**re·al·ize**[ríːəlàiz] *vt.* ① 실현하다; 사실적으로 표현하다; 현실같이 보이게 하다. ② 실감하다, (절실히) 깨닫다. ③ (증권·부동산을) 현금으로 바꾸다, (…에) 팔리다. **-iz·a·ble** *a.* ***-i·za·tion**[ㅅ-izéiʃən/-laiz-] *n.*

:**realm**[relm] *n.* C ① 〖法〗 왕국(kingdom). ② 영토, 범위. ③ 분야, 부문, 영역.

réal McCóy[-məkɔ́i] (the ~)《美口》 진짜.

réal móney 현금.

réal númber 〖컴〗 실수(實數)《유리수와 무리수의 총칭》.

re·al·po·li·tik[reiάːlpòulitìːk] *n.* (G.) U 현실 정책.

réal próperty 부동산.

réal tíme 〖컴〗 실(實)시간.

réal-tíme *a.* 〖컴〗 실시간의(~ *processing* 즉시〔실시간〕 처리/~ *system* 즉시〔실시간〕 체계).

re·al·tor[ríːəltər] *n.* C 《美》 부동산 중매인.

re·al·ty[ríːəlti] *n.* U 부동산.

réal wáges 실질 임금(opp. nominal wages).

ream[1][riːm] *n.* C 연(連)《20 quires (=480 장 또는 500 장)에 상당하는 종이의 단위》.

ream[2] *vt.* (구멍을) 크게 하다. **ㅅ·er** *n.* C 구멍을 넓히는 송곳.

re·an·i·mate[rìːǽnəmèit] *vt.* 소생〔회생〕시키다; 기운을 북돋우다.

:**reap**[riːp] *vt.* ① 베다, 베어〔거두어〕들이다. ② 획득하다; 얻다, (행위의 결과로서) 거두다. ***~ as* 〔*what*〕 *one has sown*** 뿌린 씨를 거두다《자업 자득》. ***ㅅ·er** *n.* C 베어 들이는 사람; 수확기(機). **ㅅ·ing** *a.*

réaping hòok (추수용의) 낫.

réaping machìne 자동 수확기.

***re·ap·pear**[rìːəpíər] *vi.* 다시 나타나다; 재발하다. **~·ance**[-əpíərəns] *n.* C 재현, 재발.

re·ap·point[rìːəpɔ́int] *vt.* 다시 임명하다, 복직〔재선〕시키다.

re·ap·prais·al[rìːəpréizəl] *n.* U,C 재평가.

re·ap·praise[rìːəpréiz] *vt.* (…을) 재평가하다.

***rear**[1][riər] *vt.* ① 기르다, 키우다; 사육하다; 재배하다. ② 올리다(lift), 일으키다(raise); 세우다(~ *a temple*). — *vi.* (말이) 뒷발로 서다. **ㅅ·er** *n.* C 양육자; 사육자; 재배자; 뒷다리로 서는 버릇이 있는 말.

:**rear**[2] *n.* ① (the ~) 뒤, 뒷면, 배후; 〖軍〗 후위. ② C 《口》 변소; 《口》 궁둥이. ***bring* 〔*close*〕 *up the ~*** 후위를 맡다, 맨 뒤에 오다. — *a.* 뒤〔후방〕의; 배후(로부터)의, 뒷면의 (*a ~ window* 뒤창); 〖軍〗 후위의. — *vi.* 《英俗》 변소에 가다.

réar ádmiral 해군 소장.

réar énd 후부; 후미(後尾); 《口》 엉덩이.

réar guárd 후위(군).

re·arm[riːάːrm] *vi., vt.* 재무장하다〔시키다〕; 재군비하다. **re·ár·ma·ment** *n.*

réar·mòst *a.* 맨 뒤의.

***re·ar·range**[rìːəréindʒ] *vt.* 재정리〔재배열〕하다; 배치 전환하다; 다시 정하다. **~·ment** *n.*

réar síght (총의) 가늠자.

réar·vìew mírror[ríərvjùː-] (자동차의) 백미러.

rear·ward[ríərwərd] *ad., a.* 뒤로(의), 후부의〔에〕. **~s** *ad.* 뒤로.

***rea·son**[ríːzən] *n.* ① U,C 이유, 동기. ② U 사리; 이성, 제정신, 분

R

별. ***as ~ was*** 이성에 따라서. ***be restored to ~*** 제정신으로 돌아오다. ***bring to ~*** 사리를 깨닫게 하다. ***by ~ of*** …때문에, …의 이유로. ***hear*** 〔***listen to***〕 ***~*** 도리에 따르다. ***in ~*** 사리에 맞는. ***lose one's ~*** 미치다. ***practical*** 〔***pure***〕 ***~*** 실천〔순수〕 이성. ***stand to ~*** 사리에 맞다. ***with ~*** (충분한) 이유가 있어서. — *vt.* 논하다, 추론하다 (*about, of, upon*); 설복하다. ***~ a person into*** 〔***out of***〕 사리로 타일러 …시키다〔그만두게 하다〕. ***~·ing** *n.* Ⓤ 추론, 추리; 논증.

:rea·son·a·ble[-əbəl] *a.* ① 합리적인, 분별 있는. ② 무리 없는, 온당한; (값이) 알맞은. **~·ness** *n.* ***-bly** *ad.* 합리적으로, 온당하게; 꽤.

re·as·sem·ble[rì:əsémbəl] *vt., vi.* 다시 모으다〔모이다〕. 「〔주장〕하다.

re·as·sert[rì:əsə́:*r*t] *vt.* 거듭 단언

re·as·sess[rì:əsés] *vt.* 재평가하다; (…을) 다시 할당하다; (…에) 재과세하다. **~·ment** *n.*

re·as·sume[rì:əsú:m] *vt.* 다시 취하다; 다시 떠맡다; 다시 시작하다; 다시 가정하다. **-sump·tion**[rì:əsʌ́m*p*ʃən] *n.*

***re·as·sure**[rì:əʃúə*r*] *vt.* 안심시키다; 재보증〔재보험〕하다. **-súr·ing** *a.* 안심시키는; 믿음직한. **-súr·ance** *n.*

reave[ri:v] *vt., vi.* (***reaved, reft***) 《古》 약탈하다.

re·bar, re-bar [rí:bà:*r*] (<*re*inforcing *bar*) *n.* Ⓒ (콘크리트 보강용) 철근.

re·bate[rí:beit, ribéit] *n., vt.* Ⓒ 할인(하다); 일부 환불(하다).

re·bec(**k**) [rí:bek] *n.* Ⓒ 중세의 2 또는 3현악기《활로 켬》. 「아내.

Re·bek·ah[ribékə] *n.* 〖聖〗 이삭의

:reb·el[rébəl] *n.* Ⓒ 반역자. — [ribél] *vi.* (**-ll-**) 모반〔반역〕하다 (*against*); 싫어하다(*at*); 반발하다 (*against*).

:re·bel·lion[ribéljən] *n.* Ⓤ,Ⓒ 모반, 반란. ***-lious**[-ljəs] *a.* 모반의; 반항적인; 다루기 어려운.

re·bind[ri:báind] *vt.* (**-bound** [-báund]) 다시 묶다〔제본하다〕.

re·birth[ri:bə́:*r*θ] *n.* (*sing.*) 다시 태어남, 갱생, 재생, 부활.

re·boot[ri:bú:t] 〖컴〗 *vt., vi.* 되띄우다《띄우기(bootstrap) 프로그램을 다시 올리다(load)》. — *n.* 되띄우기.

re·born[ri:bɔ́:*r*n] *a.* 재생한, 갱생한.

re·bound[ribáund] *vi., n.* 되튀다, Ⓒ 되튀기; (감정 따위의) 반발, 반동 (reaction); 〖籠〗 리바운드를 잡다, 리바운드.

re·broad·cast [ri:brɔ́:dkæ̀st, -kà:st] *n., vt., vi.* (**~**(***ed***)) Ⓤ,Ⓒ 재〔중계〕방송(하다).

re·buff[ribʌ́f] *n., vt.* Ⓒ 거절(하다), 박참, 박차다; 좌절(시키다).

re·build[ri:bíld] *vt.* (**-built**[-bílt]) 재건하다, 다시 세우다.

:re·buke[ribjú:k] *n., vt.* Ⓤ,Ⓒ 비난(하다), 징계(하다).

re·bus[rí:bəs] *n.* Ⓒ 그림 수수께끼 《손(hand)·모자(cap)의 그림으로 'handicap'을 나타내는 따위》.

re·but[ribʌ́t] *vt.* (**-tt-**) 반박〔반증〕하다(disprove). **~·tal** *n.*

rec[rek] *n.* =RECREATION.

rec. receipt; received; recipe; record(er); recorded; recording.

re·cal·ci·trant[rikǽlsətrənt] *a., n.* Ⓒ 반항적인 (사람), 복종하지 않는, 다루기 힘든, 어기대는 (사람). **-trance, -tran·cy** *n.*

re·ca·lesce[rì:kəlés] *vi.* 〖冶〗 (뜨거워진 쇠가 냉각 중) 다시 뜨거워지다, 재열(再熱)하다. **-lés·cence** *n.* 〖冶〗 Ⓤ 재열. **-lés·cent** *a.*

:re·call[rikɔ́:l] *vt.* ① 다시 불러 들이다; (외교관 따위) 소환하다. ② 취소하다; (일반 투표로) 해임하다. ③ 생각나(게 하)다, 상기시키다. — *n.* Ⓤ 다시 불러들임, 소환; 취소; (결함 상품의) 회수; 해임; 상기; 〖컴〗 (입력한 정보의) 되부르기. ***beyond*** 〔***past***〕 ***~*** 돌이킬 수 없는. **~·a·ble** *a.* **~·ment** *n.*

re·cant[rikǽnt] *vt.* 취소하다, 철회하다. — *vi.* 자설(自說)〔앞서 말한 것〕의 철회를 공포하다. **re·can·ta·tion**[rì:kæntéiʃən] *n.*

re·cap[rí:kǽp] *vt.* (**-pp-**) (타이어 표면을 가류(加硫) 처리하고 고무조각을 대서) 재생시키다(cf. retread). — [⌐⌐] *n.* Ⓒ (고무 댄) 재생 타이어.

re·ca·pit·u·late[rì:kəpítʃəlèit] *vt.* 요점을 되풀이하다; 요약하다. **-la·tion**[⌐-⌐-léi-] *n.* Ⓤ,Ⓒ 요약; 〖生〗 발생 반복《선조의 발달 단계의, 태내에서의 요약적 되풀이》; 〖樂〗 (소나타 형식의) 재현부.

***re·cap·ture**[ri:kǽptʃə*r*] *n., vt.* Ⓤ 탈환(하다).

re·cast[rí:kæ̀st, -kà:st] *n.* Ⓒ 개주(改鑄); 개작; 배역〔캐스트〕 변경; 재계산. — [⌐⌐] *vt.* (***recast***) recast 하다.

rec·ce[réki] *n.* Ⓤ,Ⓒ 《軍口》 정찰 (reconnaissance).

recd. received.

***re·cede**[risí:d] *vi.* ① 물러나다〔서다〕, 멀리 물러가다; 쑥 들어가다, 움츠리다. ② 손을 떼다(*from*); (가치가) 떨어지다, 쇠퇴하다.

:re·ceipt[risí:t] *n.* ① Ⓤ 수령, 수취. ② Ⓒ 영수증; (*pl.*) 영수액. ③ Ⓒ 《古》 처방, 제법(recipe). ***be in ~ of*** 〖商〗 …을 받다. — *vt.* 영수필(畢)이라고 쓰다; 영수증을 떼다.

†re·ceive[risí:v] *vt.* ① 받다, 수취하다; 수령하다. ② (공격·질문 따위를) 받아 넘기다, 수신(受信)하다; 수용하다; 맞이하다; 대접〔접대〕하다 (entertain). ③ 이해〔용인〕하다. ④ 〖컴〗 수신하다. **~d**[-d] *a.* 일반적으로 인정된, 용인된. **:re·céiv·er** *n.* Ⓒ 수취인; 받는 그릇; 수신〔수화〕기;

〖컴〗 수신기. **re·céiv·ing** *a.* 수신(용)의.
Recéived Pronunciátion 《英》 표준 발음《생략 R.P.》.
Recéived Stándard (**Éng-lish**) 공인 표준 영어.
recéiving ènd 받는 쪽, 희생자. ***be at*** 〔***on***〕 ***the*** ~ 받는 쪽이다; 공격의 표적이 되다.
recéiving lìne 손님을 맞는 주최자·주빈들의 늘어선 줄.
recéiving òrder 《英》 (파산 재산의) 관리 명령(서).
recéiving sèt 수신기; 수상기(受像機).
*****re·cent**[rí:sənt] *a.* 최근의(late); 새로운. ***~·ly** *ad.* 요사이, 최근(lately). **~·ness, ré·cen·cy** *n.* Ⓤ (사건 따위) 새로움.
*****re·cep·ta·cle**[riséptəkəl] *n.* Ⓒ 용기(容器); 저장소.
*****re·cep·tion**[risépʃən] *n.* ① Ⓤ 받아들임, 수령, 수리(受理); 수용. ② Ⓒ 응접, 접대, 환영(의 모임). ③ Ⓤ 입회 (허가). ④ Ⓤ 평판; 시인; 수신(상태). **~·ist**[-ʃənist] *n.* Ⓒ 응접계원, 접수계원.
recéption àrea 피난 지역.
recéption cènter 《英》 살 곳을 잃은 가족을 위한 공공 수용 시설.
recéption dèsk 접수부; (호텔의) 프런트.
recéption òrder 《英》 (정신 병원에의) 입원 허가〔명령〕.
recéption ròom 응접실; 접견실.
***re·cep·tive**[riséptiv] *a.* 잘 받아들이는(*of*), 민감한. **-tiv·i·ty**[-⌐tív-əti, rì:sep-] *n.*
re·cep·tor[riséptər] *n.* Ⓒ 〖生〗 수용기(受容器); 감각 기관〔세포〕.
*****re·cess**[rí:ses, risés] *n.* ① Ⓤ,Ⓒ 휴식; 쉬는 시간; (대학 따위의) 휴가; (의회의) 휴회. ② (보통 *pl.*) 깊숙한〔후미진〕 곳; (마음) 속; 은거지, 구석; 벽에 움푹 들어간 선반(niche); 방안의 후미져 구석진 곳(alcove). ― *vt.* (벽에) 움푹 들어간 선반을 만들다, 구석에 두다, 감추다; 뒤로 물리다. ― *vi.* 《美》 휴업하다, 쉬다.
***re·ces·sion**[1][riséʃən] *n.* ① Ⓤ 퇴거, 퇴장(receding). ② Ⓒ (경기 등의) 후퇴(기). ③ Ⓒ (벽 등의) 움푹 들어간 선반(recess). **~·al**[-ʃənəl] *a., n.* Ⓒ 퇴장할 때 부르는 (찬송); 휴회〔휴정〕의.
re·ces·sion[2] *n.* Ⓤ (점령지 등의) 반환.
re·ces·sive[risésiv] *a.* 퇴행의, 역행의; 〖遺傳〗 열성(劣性)의.
re·cher·ché[rəʃέərʃei] *a.* (F.) 정선된(choice), 꼼꼼한, 정성들인.
re·cid·i·vism[risídəvìzəm] *n.* Ⓤ 상습적 범행, 반복 범죄 성향. **-vist** *n.* Ⓒ 누범자, 상습범.
*****rec·i·pe**[résəpi:] *n.* Ⓒ 처방; 요리법; 방법(*for*).
re·cip·i·ent[risípiənt] *a., n.* Ⓒ 받아들이는 (사람), 수취인.
***re·cip·ro·cal**[risíprəkəl] *a.* 상호의, 호혜적(互惠的)인; 역(逆)의(*a ~ ratio* 역비). ― *n.* Ⓒ 상대되는 것; 〖數〗 역수(《1/5과 5 따위》). **~·ly** [-kəli] *ad.*
re·cip·ro·cate[-rəkèit] *vt., vi.* 교환하다; 보답하다, 답례하다(*with*); 〖機〗 왕복 운동시키다〔하다〕. **-ca·tion**[-⌐-kéiʃən] *n.*
recíprocating èngine 왕복 기관, 피스톤식 기관.
rec·i·proc·i·ty[rèsəprɑ́səti/-ɔ́-] *n.* Ⓤ 교호 작용; 호혜주의. 「소, 말
re·ci·sion[risíʒən] *n.* Ⓤ 취소, 말
***re·cit·al**[risáitl] *n.* Ⓒ ① 암송; 상술(詳述); 이야기. ② 독주〔독창〕(회).
***rec·i·ta·tion**[rèsətéiʃən] *n.* ① Ⓤ,Ⓒ 자세한 이야기; 암송, 낭독; Ⓒ 암송문. ② Ⓤ,Ⓒ 《美》 (예습 과목의) 암송; 그 수업.
rec·i·ta·tive[rèsətətí:v] *n.* Ⓒ (가극의) 서창(敍唱)부〔조〕《노래와 대사와의 중간의 창영(唱詠)법》.
*****re·cite**[risáit] *vt., vi.* ① 암송〔음송〕하다. ② (자세히) 이야기하다, 말하다(narrate).
reck[rek] *vt., vt.* 《詩·雅》 주의하다; 개의하다; (…에 대하여) 중대하다.
*****reck·less**[⌐lis] *a.* 무모한; 개의치 않는(*of*). **~·ly** *ad.* **~·ness** *n.*
*****reck·on**[rékən] *vt.* ① 세다, 계산하다. ② 평가하다; 단정하다(*that*); 생각하다, 간주하다(regard)(*as, for; to* be). ③ 돌리다(*to*). ― *vi.* 세다, 계산하다; 《美》 생각하다; 기대하다(*on, upon*); 고려에 넣다, (…와) 셈〔청산〕하다(*with*). **~·er** *n.* ***~·ing** *n.* Ⓤ,Ⓒ 계산(서), 셈; 청산, 측정; 청산일; 최후의 심판일. ***out in one's ~ing*** 기대가 어긋나서.
re·claim**[rikléim] *vt.* ① (…의) 반환을 요구하다; 되찾다. ② 교화〔교정〕하다; 《古》 (매사냥의 매를) 길들이다. ③ 개척하다; 매립(埋立)하다. ― *n.* Ⓤ 교화, 개심(의 가능성). ***past ~ 회복〔교화〕의 가망이 없는.
rec·la·ma·tion[rèkləméiʃən] *n.* Ⓤ,Ⓒ 개간, 매립; 개선, 교정.
***re·cline**[rikláin] *vi., vt.* 기대(게 하)다(*on*); (*vi.*) 의지하다(rely)(*on, upon*).
re·cluse[riklú:s, réklu:s; *a.* riklú:s] *a., n.* 속세를 버린; Ⓒ 속세를 떠난 사람. 「쓸쓸한.
re·clu·sive[riklú:siv] *a.* 은둔한
*****rec·og·ni·tion**[rèkəgníʃən] *n.* Ⓤ,Ⓒ ① 인식, 승인. ② 표창. ③ 아는 사이; 인사(greeting). ***in ~ of*** …을 인정하여; …의 보수〔답례〕로서.
re·cog·ni·zance [rikɑ́gnəzəns/ -ɔ́-] *n.* Ⓤ,Ⓒ 〖法〗 서약(서); 보증〔보석〕금.
*****rec·og·nize**[rékəgnàiz] *vt.* ① 인정하다; 인식〔인지〕하다. ② 승인하다; (사람을) 알아보다; (아무개로) 알아보고 인사하다. ③ 《美》 (의회에서) 발언을 허가하다. **-niz·a·ble** *a.*
***re·coil**[rikɔ́il] *n., vi.* Ⓤ 튀어 되돌아

R

옴〔오다〕, 반동(하다); (공포·혐오 따위로) 뒷걸음질(치다)(*from*); 움츠리다; 퇴각하다(*from, at, before*).
re-coil[riːkɔ́il] *vt., vi.* 다시 감다〔감기다〕.
re·coin[riːkɔ́in] *vt.* 개주(改鑄)하다.
:rec·ol·lect[rèkəlékt] *vt.* 회상하다. **:-léc·tion** *n.* U,C 회상; 기억.
re-col·lect[riːkəlékt] *vt.* 다시 모으다; (마음을) 가라앉히다(compose).
re·com·bi·nant [riːkʌ́mbənənt/-ɔ́-] *n.* C 〖生化〗 재(再)결합된 개체.
re·com·bi·na·tion[rìːkàmbənéiʃən/-kɔ̀m-] *n.* U 〖生化〗 (유전자의) 재결합.
:rec·om·mend[rèkəménd] *vt.* ① 추천하다. ② 권고〔충고〕하다(*to* do; *that*). ③ 좋은 느낌을 갖게 하다(*Her elegance ~s her.* 그녀는 품위가 있어 호감을 준다). **~·a·ble** *a.* 추천할 수 있는, 훌륭한.
:rec·om·men·da·tion[rèkəmendéiʃən] *n.* U 추천; C 추천장; U 권고; C 장점. **-mend·a·to·ry**[-méndətɔ̀ːri/-təri] *a.* 추천의; 장점이 되는; 권고적인.
re·com·mit[rìːkəmít] *vt.* (*-tt-*) 다시 행하다〔범하다〕; 다시 투옥하다; (의안 따위를 위원회에) 다시 회부하다. **~·ment, ~·tal** *n.*
:rec·om·pense[rékəmpèns] *n., vt.* 갚다; U,C 보답(하다); 보상(하다).
:rec·on·cile[rékənsàil] *vt.* ① 화해시키다(*to, with*). ② 단념시키다. ③ 조화〔일치〕시키다(*to, with*). *~ oneself to* …에 만족하다, 단념하고 …하다. **~·ment, *-cil·i·a·tion** [ㅗ-sìliéiʃən] *n.* U,C 조정; 화해; 조화, 일치. ***-cil·i·a·to·ry**[ㅗ-síliətɔ̀ːri/-təri] *a.*
re·con·dite[rékəndàit, rikʌ́ndait/rikɔ́n-] *a.* 심원한; 난해한; 숨겨진.
re·con·fig·ure[rìːkənfígjər/-gər] *vt.* (항공기·컴퓨터의) 형〔부품〕을 교체하다.
:re·con·nais·sance [rikánəsəns/-ɔ́-] *n.* U,C 정찰(대).
reconnaissance satellite 정찰위성.
re·con·noi·ter, 《英》 **-tre**[rèkənɔ́itər, rìː-] *vt.* (적정(敵情)을) 정찰하다; (토지를) 조사〔답사〕하다.
***re·con·sid·er**[rìːkənsídər] *vt., vi.* 재고하다; 〖議會〗 재심하다. **~·a·tion** [ㅗ-sidəréiʃən] *n.*
:re·con·struct[rìːkənstrʌ́kt] *vt.* 재건〔개조〕하다. **:-strúc·tion** *n.* **-tive** *a.*
re·con·vert[rìːkənvə́ːrt] *vt.* 복당(復黨)〔재개종·재전환〕시키다. **-vér·sion**[-ʃən, -ʒən] *n.* U 복당; (평화산업으로의) 재전환.
†re·cord[rikɔ́ːrd] *vt.* 기록하다. — [rékərd/-kɔːrd] *n.* C ① 기록; (경기의) (최고) 기록. ② 음반, 레코드(disc). ③ 이력; (학교의) 성적. ④ 〖컴〗 레코드(file의 구성 요소가 되는 정보의 단위). *on* 〔*off*〕 *the ~* 공식〔비공식〕으로. **:~·er**[-ər] *n.* C 기록원〔기〕; 녹음기.
récord-brèaking *a.* 기록 돌파의, 공전의.
récord brèaker 기록 경신자.
récord film 기록 영화.
récord hòlder (최고) 기록 보유자.
***re·cord·ing**[-iŋ] *a.* 기록〔녹음〕하는, 기록용의, 기록계원의. — *n.* U,C 기록, 녹음; C 녹음 테이프, 음반.
recórding ángel 〖宗〗 인간계(界)를 기록하는 천사.
Récord Òffice 《英》 (런던의) 공문서 보관소.
:récord plàyer 레코드 플레이어.
recórd·tỳing *a.* 타이〔동점〕 기록의.
***re·count**[rikáunt] *vt.* (자세히) 이야기하다.
re-count[ríːkàunt] *n.* C 재(再)계산. — [-ㅗ] *vt.* 다시 계산하다.
re·coup[rikúːp] *vt.* 벌충하다, 보상하다; 메우다. *~ oneself* 손실(등)을 회복하다.
***re·course**[ríːkɔːrs, rikɔ́ːrs] *n.* ① U,C 의지(가 되는 것). ② U 〖法〗 상환 청구. *have ~ to* …에 의지하다, …을 사용하다.
:re·cov·er[rikʌ́vər] *vt.* ① 되찾다, 회복하다. ② 회복시키다. ③ 보상하다, 벌충하다. ④ 〖컴〗 복구시키다《경미한 상태에서 정상 상태로 돌림》. — *vi.* 회복〔완쾌〕하다; 소생하다; 소송에 이기다; 〖컴〗 복구하다. *~ oneself* 소생하다; 제정신〔냉정〕을 되찾다. **:~·y**[-vəri] *n.* U,C 회복, 완쾌; 되찾음, 회수; 승소; 〖컴〗 복구.
re-cov·er[riːkʌ́vər] *vt.* …덮개〔표지〕를 갈아 붙이다.
rec·re·ant[rékriənt] *a.* 겁많은, 비겁한; 불성실한. — *n.* C 비겁자; 변절자. **-an·cy** *n.*
rec·re·ate[rékrièit] *vt., vi.* 휴양시키다〔하다〕, 기운나게 하다(refresh); 즐기(게 하)다.
re-cre·ate[riːkriéit] *vt.* 재창조하다; 개조하다.
†rec·re·a·tion[rèkriéiʃən] *n.* U,C 휴양, 보양, 기분 전환, 오락.
***rec·re·a·tion·al**[rèkriéiʃənəl] *a.* 오락적인, 기분 전환이 되는; 휴양의.
recreátion gròund 《英》 운동장, 유원지.
recreátion ròom 〔**hàll**〕 오락실.
re·crim·i·nate[rikrímənèit] *vi.* 되받아 비난하다, 응수하다. **-na·tion** [ㅗ-ㅗnéiʃən] *n.*
réc ròom 〔**hàll**〕 《口》 =RECREATION ROOM.
re·cru·desce[rìːkruːdés] *vi.* 재발하다, 재연하다《병, 아픔, 불평 등이》.
re·cru·des·cence[rìːkruːdésns] *n.* U,C 재발(再發).
***re·cruit**[rikrúːt] *vt.* ① (신병·신회원을) 모집하다; (…에) 신병(등)을 넣다; 보충하다. ② (수를) 유지하다, 증가하다; 원기를 북돋우다. — *vi.* 신병을 모집하다; 보충하다; 보양하

다, 원기가 회복되다. —— *n.* Ⓒ 신병, 신입 사원, 신회원; 신참자.
rect. receipt; rectified; rector; rectory.
rec·tal[réktl] *a.* 〖解〗 직장의.
*__rec·tan·gle__[réktæ̀ŋgəl] *n.* Ⓒ 직사각형. *__-gu·lar__[-ˊgjələr] *a.* 직사각형의.
rec·ti-[rékti, -tə] '바른, 곧은'의 뜻의 결합사.
rec·ti·fy[réktəfài] *vt.* 고치다, 바로잡다(correct); 수정하다; 〖電〗 정류(整流)하다. *~ing tube* 〔*valve*〕 정류관. **-fi·er** *n.* **-fi·ca·tion**[ˌ-fikéiʃən] *n.* Ⓤ 시정; 수정; 정류.
rècti·línear *a.* 직선의〔을 이루는〕, 직선으로 둘러싸인.
rec·ti·tude[réktətjù:d] *n.* Ⓤ 정직, 성실(integrity).
rec·to[réktou] *n.* (*pl.* **~s**) Ⓒ (책의) 오른쪽 페이지; (종이의) 표면 (opp. verso).
*__rec·tor__[réktər] *n.* Ⓒ ① 〖英國教〗 교구 사제; 〖監督教會〗 교구 목사; 〖가톨릭〗 (수도)원장. ② 교장, 학장, 총장. **~·ship**[-ʃìp] *n.* **rec·to·ry** [réktəri] *n.* Ⓒ rector의 저택〔수입〕. **rec·to·ri·al**[rektɔ́:riəl] *a.*
rec·tum[réktəm] *n.* (*pl.* **-ta**[-tə]) Ⓒ 직장(直腸).
re·cum·bent[rikʌ́mbənt] *a.* 가로누운, 기댄; 경사진; 활발하지 못한. **-ben·cy** *n.*
re·cu·per·ate[rikjú:pərèit] *vt., vi.* (건강·원기 따위를) 회복시키다〔하다〕. **-a·tion**[-ˌ-ˌ-éiʃən] *n.* **-a·tive** [-rèitiv, -rə-] *a.*
*__re·cur__[rikə́:r] *vi.* (**-rr-**) (이야기가) 되돌아가다(*to*); 회상하다; (생각이) 다시 떠오르다; 재발하다; 되풀이하다.
re·cur·rent [rikə́:rənt, -ʌ́-] *a.* 회귀〔재발·순환〕하는. **-rence** *n.*
recúrrent féver 〖病〗 회귀열(回歸熱).
recúrring décimal 〖數〗 순환소수.
re·cur·sion[rikə́:rʒən] *n.* Ⓤ 회귀; 〖數〗 귀납; 〖컴〗 되부름.
recúrsion fòrmula 〖數〗 귀납식, 회귀 공식.
re·cur·sive[rikə́:rsiv] *a.*〖컴〗 반복적인, 회귀적인; 〖數〗 귀납적인.
re·cy·cle[ri:sáikəl] *vt., vi.* (불용품을) 재생하다, 원상으로 하다. **-cling** *n.* Ⓤ 재생 이용.
†**red**[red] *a.* (**-dd-**) ① 빨간; 작열하는. ② 피에 물든, 잔인한(*a ~ vengeance*). ③ (정치적) 적색의, 혁명적인, 공산주의의, 과격한(radical); (R-) 러시아의. ***turn ~*** 붉어지다; 적화하다. —— *n.* ① Ⓤ,Ⓒ 빨강 (물감); Ⓤ 붉은 옷. ② (종종 R-) Ⓒ 공산당원. ③ (the ~) 적자(opp. black). ***in the ~*** 적자를 내어(in debt). ***see ~*** 격노하다. ***the Reds*** 적군(赤軍).
re·dact [ridǽkt] *vt.* 작성하다 (draft); 편집하다(edit); (원작을) 축소하다. **re·dác·tion** *n.* Ⓤ,Ⓒ 편집, 교정, 개정(판).
réd alért (공습의) 적색 경보; 긴급 비상 사태.
Réd Ármy 적군(赤軍), 옛 소련군.
réd·blìnd *a.* 적색 색맹의.
réd blóod cèll 〔**còrpuscle**〕 적혈구.
réd·brèast *n.* Ⓒ 울새(robin); (미국산) 도요새의 일종.
réd·brìck *a.* 《英》 (대학이) 역사가 짧은, 신설 대학의.
réd·càp *n.* Ⓒ 《美》 (역의) 짐꾼; (R-) 《英口》 헌병.
réd cárpet 정중〔성대〕한 대우, 환대; (고관을 맞는) 붉은 융단.
réd cént 《美》 1센트 동전; 피천; 보잘것 없는 액수〔양〕.
réd córpuscle 적혈구(red blood cell).
*__Réd Cróss, the__ 적십자(사); (r- c-) 성(聖)조지 십자장(章)《영국 국장》.
Réd Cróss Society, the 적십자사.
*__red·den__ [rédn] *vt., vi.* 붉게 하다, 붉어지다.
*__red·dish__[rédiʃ] *a.* 불그스름한.
réd-dòg *vt., vi.* (**-gg-**) 〖美式蹴〗 (…으로) 스크럼선을 넘어 돌진하다.
*__re·deem__[ridí:m] *vt.* ① 되사다, 되찾다, 회복하다. ② 속죄하다; 구조하다(rescue). ③ (약속을) 이행하다 (fulfill). ④ 보상하다; (결점을) 보충하다. ⑤ 태환(兌換)하다; (국채 따위를) 상환하다. ⑥ (몸값을 치르고) 구해 내다. **~·a·ble** *a.* 되살〔되받을〕 수 있는; 상환〔태환〕할 수 있는; 속죄할 수 있는. **~·er** *n.* Ⓒ 환매(還買)하는 사람; (저당물을) 찾는 사람; 구조자. ***the Redeemer*** 예수, 구세주.
re·deem·ing[-iŋ] *a.* 벌충하는, 명예 회복의(*a ~ point* (다른 결점을 벌충하는) 장점).
*__re·demp·tion__[ridémpʃən] *n.* Ⓤ ① 되사기, 되받기(redeeming). ② (속전을 내고) 죄인을 구제함; 상각(償却); 구출(rescue). ③ (예수에 의한) 속죄, 구원(salvation). ④ 벌충.
re·de·ploy[rì:diplɔ́i] *vt.* (부대 따위를) 전진〔이동〕시키다; (노동력을) 재배치하다. **~·ment** *n.*
réd flág 적기(赤旗)《위험 신호기·혁명기》; (the R- F-) 적기가(歌); 성나게 하는 물건.
Réd Guárd 홍위병《중국 문화 혁명 때의》.
réd-hánded *a.* 잔인한; 현행범의.
réd hàt 추기경(의 붉은 모자).
réd·hèad *n.* Ⓒ 빨간 머리의 사람; 〖鳥〗 흰죽지류(類)의 새.
réd hérring 훈제(燻製) 청어; 사람의 주의를 딴 데로 돌리게 하는 것〔도구, 수단〕.
*__réd-hót__ *a.* ① 빨갛게 단. ② 열의에 찬; 격렬한(violent). ③ (뉴스가) 새로운, 최신의.
re·dif·fu·sion[rì:difjú:ʒən] *n.* Ⓤ

공개[재]방송; (영화관에서의) 텔레비전 프로 상영[중계]. 「언.
Réd Índian 아메리카 토인, 인디
red·in·gote[rédiŋgòut] (<*riding coat*) *n.* Ⓒ 인버네스 비슷한 옛날의 남자 외투; (그와 비슷한 지금의) 여자 코트.
réd ínk 붉은 잉크; 《口》 적자, 손실. 「다].
réd-ínk *vt.* 붉은 잉크로 기입하다[쓰
red·in·te·grate[redíntəgrèit] *vt., vi.* (완전히) 원상 복구하다(reestablish). **-gra·tion**[-⌒-gréiʃən] *n.*
re·di·rect[rì:dirékt, -dai-] *vt.* 방향을 고치다; 수신인 주소를 고쳐 쓰다. — *a.* 〖法〗 재(再)직접의. ~ *examination* 재직접 심문.
re·dis·trict[ri:dístrikt] *vt.* 《美》 (주·군(郡)을) 재구분하다; 선거구를 재구획하다.
red·i·vi·vus[rèdəváivəs] *a.* 되살아난(*a Napoleon* ~ 나폴레옹의 재래).
réd lámp (병원·약방의) 붉은 외등; 정지[위험] 신호.
réd láne 《兒》 목.
réd léad 연단(鉛丹).
réd-létter *a.* 붉은 글자의, 기념할 만한(*a* ~ *day* 경축일).
réd líght (교통의) 붉은 신호; 위험 신호. ***see the*** ~ 위험을 느끼다, 겁내다.
réd-líght dìstrict 홍등가.
réd màn =RED INDIAN.
réd mèat 붉은 고기《소·양고기 등》.
réd·nèck *n.* Ⓒ 《美·蔑》(남부의) 촌사람, (가난한) 백인 농장 노동자.
red·o·lent[rédələnt] *a.* 향기로운; (…의) 향기가 나는; (…을) 생각나게 하는(suggestive)(*of*); (…을) 암시하는. **-lence** *n.* **~·ly** *ad.*
***re·dou·ble**[ri:dʌ́bəl] *vt., vi.* 강화하다[되다]; 배가하다; 《古》 되풀이하다(repeat); 〖브리지〗(상대가 배액을 건 때) 다시 그 배액을 걸다.
re·doubt[ridáut] *n.* Ⓒ 〖築城〗 (요충지의) 각면 보루(角面堡壘); 요새.
re·doubt·a·ble[-əbəl] *a.* 무서운; 존경할 만한. **-bly** *ad.*
re·dound[ridáund] *vi.* (…에) 기여하다(contribute)(*to*); (결과로서) …이 되다; 되돌아오다(*upon*).
réd pépper 고추(가루)(cayenne pepper).
***re·dress**[ridrés] *vt., n.* Ⓤ,Ⓒ (부정 따위를) 바로잡다[바로잡음]; 개선[구제](하다); 배상(하다). **~·a·ble** *a.* **~·er, re·drés·sor** *n.*
re-dress[ri:drés] *vt.* 다시 입히다[손질하다]; 붕대를 고쳐 감다.
Réd Séa, the 홍해(紅海).
réd·shìrt *n.* Ⓒ 《美》 1년 유급하여 선수 생활을 연장하는 대학생. — *vt.* 유급 선수이므로 1년간 출전을 안 시키다.
réd-shòrt *a.* 〖冶〗 열을 가하면 무른《유황분이 많은 쇠 등》.
réd·skìn *n.* =RED INDIAN.

Réd Squáre (모스크바의) 붉은 광장.
Réd Stár 국제적 동물 애호 단체.
réd tápe[**tápism**] (공문서 매는) 붉은 띠; 관공서식, 형식[관료]주의, 번문욕례(煩文縟禮).
réd tíde 적조(赤潮)《미생물 때문에 바닷물이 붉게 보이는 현상》.
réd·tòp *n.* Ⓒ 휜겨이삭《목초》.
:re·duce[ridjú:s] *vt.* ① 줄이다, 축소하다. ② (어떤 상태로) 떨어뜨리다. ③ 말라빠지게 하다. ④ 진압하다, 항복시키다. ⑤ 변형시키다, 간단히 하다; 분류[분해]하다. ⑥ 격하시키다(degrade); 영락[약화]시키다; (페인트 등을) 묽게 하다(dilute); 퇴화시키다. ⑦ 〖化〗 환원하다; 〖數〗 환산하다, 약분하다; 〖冶〗 제련하다; 〖外〗 (탈구 따위를) 정복(整復)하다. — *vi.* 줄다; (식이요법으로) 체중을 줄이다. **~d**[-t] *a.* 감소[축소]한, 할인한; 영락한; 환원한. **re·dúc·er** *n.* **re·dúc·i·ble** *a.*
redúcing àgent 〖化〗 환원제.
re·duc·ti·o ad ab·sur·dum [ridʌ́ktiòu æd æbsə́:rdəm] (L.) = REDUCTION to absurdity.
:re·duc·tion[ridʌ́kʃən] *n.* ① Ⓤ 변형. ② Ⓤ,Ⓒ 감소(액), 축소. ③ Ⓤ 저하, 쇠미. ④ Ⓤ 정복, 정골(整骨). ⑤ Ⓤ 〖化〗 환원. ⑥ Ⓤ 〖數〗 환산, 약분. ⑦ Ⓤ,Ⓒ 〖論〗 환원법. ~ ***to absurdity*** 〖論〗 귀류법.
redúction divísion 〖生〗 감수분열.
redúction gèar 감속 기어[장치].
re·dun·dant[ridʌ́ndənt] *a.* 쓸데없는, 군; 장황한; 번거로운. **~·ly** *ad.* **-dance, -dan·cy** *n.* Ⓤ,Ⓒ 과잉, 여분; 〖컴〗 중복(*redundancy check* 중복 검사).
re·du·pli·cate[ridjú:pləkèit] *vt.* 이중으로 하다, 배가하다; 되풀이하다. — [-kit] *a.* 중복된. **-ca·tion** [-⌒-kéiʃən] *n.* Ⓤ,Ⓒ 이중화, 배가; 반복; 〖言〗 (문자·음절의) 중복《(동모음) *murmur;* (이모음) *zigzag*》.
réd wíne 붉은 포도주.
réd·wìng *n.* Ⓒ 〖鳥〗 개똥지빠귀의 일종.
réd·wòod *n.* Ⓒ 미국 삼나무; Ⓤ 붉은색의 목재.
re·ech·o[ri(:)ékou] *n.* (*pl.* **~es**), *vt., vi.* Ⓒ 다시 반향(하다).
:reed[ri:d] *n.* Ⓒ ① 갈대. ② (피리의) 혀. ③ 《詩》 갈대 피리; 전원시; 화살. ***a broken*** ~ 믿지 못할 사람. **⌒·y** *a.* 갈대 같은[가 많은]; 갈대 피리 비슷한 소리의; (목소리가) 새된.
réed òrgan 리드 오르간《보통의 풍금》(cf. pipe organ).
re-ed·u·cate[ri:édʒukèit] *vt.* 재교육하다, 세뇌하다.
***reef**[1][ri:f] *n.* Ⓒ 암초(*strike a* ~ 좌초하다); 광맥.
reef[2] *n., vt.* Ⓒ 〖海〗 (돛의) 축범부(縮帆部); 축범하다, 짧게 하다. **⌒·er**

n. Ⓒ 돛 줄이는 사람; (선원 등의) 두꺼운 상의; 《美俗》 마약이 든 궐련; 《美俗》 냉동차, 냉동선(船).
réef knòt 옭매듭(square knot).
reek[ri:k] *n., vi.* Ⓤ 김(을 내다); Ⓤ,Ⓒ 악취(를 풍기다); (…의) 냄새가 나다(~ *of blood* 피비린내 나다).
∠·y *a.*
:reel[1][ri:l] *n.* Ⓒ ① (전선·필름 따위를 감는) 얼레, 릴; 실패. ②〖映〗 1권《약 1000 ft.》(*a six ~ film,* 6권 짜리). ③ (낚싯대의) 줄 감개, 릴. ④〖컴〗 릴《자기 또는 종이 테이프를 감는 틀; 또 그 테이프》. (*right*) *off the ~* (실 따위가) 술술 풀려; 막힘 없이《이야기하다》; 주저없이, 즉시. ── *vt.* 얼레에 감다, (실을) 잣다. ── *vi.* (귀뚜라미 따위가) 귀뚤귀뚤 울다.
reel[2] *vi.* 비틀거리다; (대오·전열이) 흐트러지다; 현기증나다.
reel[3] *n.* (Scotland의) 릴(춤).
***re·e·lect**[rì:ilékt] *vt.* 재선하다.
***-léc·tion** *n.*
re·en·force[rì:enfɔ́:rs] *v.* =REINFORCE.
re·en·list[rì:enlíst] *vt., vi.* 재입대시키다[하다].
***re-en·ter**[ri:éntər] *vi., vt.* 다시 들어가다[넣다]; (우주선이) 재돌입하다.
~·a·ble *a.* 〖컴〗 재입(再入) 가능한.
-try *n.*
re-éntry còrrider (우주선의 대기권) 재돌입 회랑[통로].
***re·es·tab·lish**[rì:estǽbliʃ] *vt.* 재건하다. **~·ment** *n.*
reeve[1][ri:v] *vt.* (**~d, rove**) 〖海〗 (밧줄을) 꿰다(*through*), 구멍에 꿰어 동여매다.
reeve[2] *n.* Ⓒ 〖英史〗 (고을의) 수령, (지방의) 장관; (장원(莊園)의) 감독.
re-ex·am·ine[rì:egzǽmin] *vt.* 재시험[재심리]하다. **-i·na·tion**[∠⌒⌒əneíʃən] *n.*
re-ex·port[rì:ikspɔ́:rt] *vt.* 재수출하다. ── [ri:ékspɔ:rt] *n.* Ⓤ,Ⓒ 재수출(품). **-por·ta·tion**[∠–⌒téiʃən] *n.*
ref. referee; reference; referred; reformation; reformed; refrain.
Ref. Ch. Reformed Church.
re·fec·tion [rifékʃən] *n.* Ⓒ 식사 (meal); Ⓤ (원기) 회복.
re·fec·to·ry[riféktəri] *n.* Ⓒ (수도원·학교 등의) 식당.
:re·fer[rifə́:r] *vt.* (*-rr-*) ① 문의[조회]하다; 참조시키다(~ *a person to a book*). ② (…에) 돌리다, (…에) 속하는 것으로 하다(attribute) (*to*). ── *vi.* ① 인증(引證)하다, 참조[문의]하다(*to*). ② 관계하다, 대상으로 삼다(*to*). ③ 언급하다, 암암리에 가리키다(*to*). *~ oneself to* …에게 의뢰하다, …에게 맡기다. **~·a·ble**[réfərəbəl, rifə́:r-] *a.*
***ref·er·ee**[rèfəríː] *n., vt.* Ⓒ 중재인; 심판원, 중재[심판]하다.
:ref·er·ence[réfərəns] *n.* ① Ⓤ 참조; 참고; Ⓒ 참조문; 참고 자료. ② Ⓒ 참조 부호《* † § 따위》(~ mark); 인용문; 표제. ③ Ⓤ 언급; 관계; 〖文〗 (대명사가) 가리킴, 받음. ④ Ⓤ 문의; 조회; Ⓒ 조회처, 신원 보증인. ⑤ Ⓤ 위탁, 부탁. ⑥ Ⓤ 〖컴〗 참조(*a ~ manual* 참조 설명서). *cross ~* (같은 책 중의) 전후 참조. *frame of ~* (일관된) 몇 개의 사실; 체계적인 원리. *in* [*with*] *~ to* …에 관하여. *make ~ to* …에 언급하다. *without ~ to* …에 관계 없이, …에 불구하고.
réference bòok 참고 도서《사전·연감 등》.
réference líbrary 참고 도서관《대출은 않음》. 「②.
réference màrk =REFERENCE
ref·er·en·dum [rèfəréndəm] *n.* (*pl.* **~s, -da**[-də]) Ⓒ 국민 투표.
ref·er·ent[réfərənt] *n.* Ⓒ 〖言〗 말이 가리키는 사물[대상].
ref·er·en·tial[rèfərénʃəl] *a.* 지시의; 지시하는; 관련한(~ *use of a word* 말의 지시적 용법).
re·fill[ri:fíl] *vt.* 다시 채우다[채워 넣다]. ── [∠–] *n.* Ⓒ 다시 채워 넣기[넣은 물품].
***re·fine**[rifáin] *vt.* ① 정제[정련]하다, 순화(純化)하다. ② 세련되게 하다, 고상[우아]하게 하다, (문장을) 다듬다. ── *vi.* ① 순수해지다, 세련되다, 개선되다(*on, upon*). ② 정밀[교묘]하게 논하다(*on, upon*).
:re·fined[rifáind] *a.* 정제[정련]한; 세련된, 우아한.
***re·fine·ment**[-mənt] *n.* Ⓤ ① 정제, 정련, 순화. ② 세련, 고상함, 우아. ③ 세밀한 구별[구분]; 공들임; 정교함, 극치(~*s of cruelty* 용의주도한 잔학 행위).
re·fin·er[rifáinər] *n.* Ⓒ 정제[정련]기. ***~·y** *n.* Ⓒ 제련[정련]소.
re·fit[ri:fít] *vt., vi.* (*-tt-*) (배 따위를) 수리[개장(改裝)]하다; 수리[개장]되다. ── [rí:fìt] *n.* Ⓒ 수리, 개장. **~·ment** *n.* 「reflex(ive).
refl. reflection; reflective(ly);
re·fla·tion[rifléiʃən] *n.* Ⓤ 통화 재팽창, 리플레이션(cf. deflation, inflation).
:re·flect[riflékt] *vt.* ① 반사[반향]하다; 비치다; 반영하다. ② (명예·불신 따위를) 가져오다(*on, upon*). ── *vi.* ① 반사[반향]하다; 반성[숙고]하다. ② (…에) 불명예를 끼치다(*on, upon*). ③ (인물, 또는 그 미점 따위를) 이리저리 되생각하다; (숙고하여) 비난하다; 트집을 잡다; 비방하다(blame)(*on, upon*). *~ on oneself* 반성하다. ***re·fléc·tive** *a.*
reflécting tèlescope 반사 망원경.
:re·flec·tion, 《英》 **re·flex·ion** [riflékʃən] *n.* ① Ⓤ 반사(광·열); Ⓒ 반영, 영상; 빼쏜 것. ② Ⓤ 반성, 숙고(*on* [*upon*] ~ 숙고한 끝에). ③ Ⓒ (*pl.*) 감상(感想), 비난, 치욕(*on, upon*). *angle of ~* 반사각. *cast a ~ on* …을 비난하다, …의

수치가〔치욕이〕 되다.

*__re·flec·tor__[rifléktər] *n.* Ⓒ ① 반사물, 반사기. ② 반사(망원)경.

*__re·flex__[ríːfleks] *a.* 반사의, 반사적인, 꺾인, 반대 방향의. ── *n.* Ⓒ ① 반사; 반사광; 영상; 반영. ②〖生〗 반사 작용. ③ 리플렉스 수신기. ***conditioned*** ~ 조건 반사.

réflex cámera 리플렉스〔반사식〕 카메라.

re·flex·ion[riflékʃən] *n.* 《英》 =REFLECTION.

re·flex·ive[rifléksiv] *a., n.* Ⓒ〖文〗 재귀의; 재귀 동사〔대명사〕 《He ***behaved himself*** like a man.》. ~**·ly** *ad.*

ref·lu·ent[réfluənt] *a.* 역류하는; (조수 등이) 물러나는.

re·flux[ríːflʌ̀ks] *n.* Ⓤ 역류; 썰물.

re·for·est[riːfɔ́ːrist, -á-/-ɔ́-] *vt.* 다시 식림(植林)하다.

:**re·form**[rifɔ́ːrm] *vt.* 개혁하다, 개정〔개량〕하다; 교정(矯正)하다(~ *oneself* 개심하다). ── *vi.* 좋아지다; 개심하다. ── *n.* Ⓤ,Ⓒ 개정, 개량; 교정, 감화. **~·a·ble** *a.* *~**·er** *n.*

re-form[riːfɔ́ːrm] *vt., vi.* 고쳐〔다시〕 만들다. **re-for·ma·tion**[ˌ--méiʃən] *n.* Ⓤ 재구〔편〕성.

*__ref·or·ma·tion__ [rèfərméiʃən] *n.* ① Ⓤ,Ⓒ 개정, 개혁, 혁신. ② (the R-) 종교 개혁.

re·form·a·tive[rifɔ́ːrmətiv] *a.* 개혁의; 교정의.

re·form·a·to·ry [rifɔ́ːrmətɔ̀ːri/-təri] *a.* =⇧. ── *n.* Ⓒ 《美》 감화원, 소년원.

Refórm Bìll, the〖英史〗(1832년의) 선거법 개정안.

refórm schòol 《美》 감화원, 소년원.

re·fract[rifrǽkt] *vt.*〖理〗 굴절시키다. **re·frác·tive** *a.* 굴절의, 굴절하는. **re·frác·tion** *n.* Ⓤ 굴절 (작용) (*the index of refraction* 굴절률). **re·frác·tor** *n.* Ⓒ 굴절 매체〔렌즈, 망원경〕.

refrácting tèlescope 굴절 망원경.

refráctive índex 굴절률.

re·frac·to·ry[rifrǽktəri] *a.* 다루기 힘든, 고집이 센; (병이) 난치의; 용해〔가공〕하기 어려운.

:**re·frain**[1][rifréin] *vi.* 그만두다, 자제〔억제〕하다(*from*).

:**re·frain**[2] *n.* Ⓒ (노래의) 후렴 (문구); 상투 문구(常套文句).

re·fran·gi·ble [rifrǽndʒəbəl] *a.* 굴절성의.

:**re·fresh**[rifréʃ] *vt., vi.* ① 청신하게 하다〔되다〕, 새롭게 하다〔되다〕(renew). ② 원기를 회복하다〔시키다〕. ③〖컴〗 (화상이나 기억 장치의 내용을) 재생하다(~ ***memory*** 재생 기억 장치). ~ ***oneself*** 음식을 들다. ~**·er** *n., a.* Ⓒ 원기를 북돋우는 것; 청량음료; 보습과(補習科); 보습〔복습〕의. *~**·ing** *a.* 상쾌하게 하는.

refrésher cóurse 재교육 과정, 보습과.

:**re·fresh·ment** [-mənt] *n.* ① Ⓤ 원기 회복, 휴양. ② Ⓒ 원기를 북돋우는 것. ③ (흔히 *pl.*) (간단한) 음식물, 다과.

refréshment càr 식당차.

refréshment ròom (역·회관 등의) 식당.

Refréshment Súnday 사순절(Lent) 중의 제 4 일요일(cf. Mid-Lent Sunday).

re·frig·er·ant[rifrídʒərənt] *a., n.* 냉각시키는; Ⓒ 청량제; 냉각〔냉동〕제.

re·frig·er·ate[rifrídʒərèit] *vt.* 차게하다(cool); 냉동〔냉장〕하다. **-a·tion**[-ˌ-éiʃən] *n.* Ⓤ 냉각, 냉동, 냉장. *__-a·tor__ *n.* Ⓒ 냉장고; 냉동기〔장치〕.

refrígerating machìne 〔**èngine**〕 냉동기, 냉동 장치.

refrígerator cár (철도의) 냉동차.

reft[reft] *v.* reave의 과거 (분사).

re·fu·el[riːfjúːəl] *vt., vi.* (…에) 연료를 보급하다.

:**ref·uge**[réfjuːdʒ] *n.* ① Ⓤ 피난; 은신, 도피. ② Ⓒ 피난처; 은신〔도피〕처. ③ Ⓒ 의지가 되는 물건〔사람〕. ④ Ⓒ 핑계, 구실. ⑤ Ⓒ (가로의) 안전 지대((safety) island).

*__ref·u·gee__[rèfjudʒíː, ˌ--ˌ] *n.* Ⓒ 피난자, 망명자, 난민.

refugée càpital 도피 자본.

re·ful·gent[rifʌ́ldʒənt] *a.* 찬란하게 빛나는(radiant). **-gence** *n.* Ⓤ 광휘.

*__re·fund__[1][riːfʌ́nd] *vt., vi.* 환불〔상환〕하다. ── [ˌ-] *n.* Ⓒ 환불, 상환. ~**·ment** *n.*

re·fund[2][riːfʌ́nd] *vt.* (채무·공채 등을) 차환(借換)하다.

re·fur·bish[riːfə́ːrbiʃ] *vt.* 다시 닦다, 일신하다.

re·fur·nish[riːfə́ːrniʃ] *vt., vi.* 새로 갖추다; (…에) 새로 설치하다.

:**re·fus·al** [rifjúːzəl] *n.* ① Ⓤ,Ⓒ 거절, 사퇴. ② (the ~) 우선 선택권, 선매권(先買權).

†**re·fuse**[1][rifjúːz] *vt., vi.* ① (부탁·요구·명령·청혼 등을) 거절〔사퇴〕하다. ② (말이) 안 뛰어넘으려 하다. **re·fús·er** *n.*

ref·use[2][réfjuːs, -z] *n., a.* Ⓤ 폐물(의), 지질한 (물건).

réfuse dùmp (도시의) 쓰레기 폐기장.

re·fute[rifjúːt] *vt.* (설·의견 따위를) 논파〔반박〕하다. **re·fu·ta·ble**[-əbəl, réfjə-] *a.* **ref·u·ta·tion**[rèfjutéiʃən] *n.*

reg. regent; regiment; register; regular.

*__re·gain__[rigéin] *vt.* ① 되찾다, 회복하다. ② (…로) 되돌아가다.

*__re·gal__[ríːgəl] *a.* 국왕의; 국왕다운; 당당한.

re·gale[rigéil] *vt.* 대접하다; 즐겁게 하다(entertain)(*with*). ── *vi.* 성찬을 먹다(*on*); 크게 기뻐하다. ~ ***oneself*** 먹다, 마시다.

re·ga·li·a[rigéiliə, -ljə] *n. pl.* 왕위를 나타내는 보기(寶器)《왕관·홀(scepter) 따위》; 《집합적》(회·계급을 표시하는) 기장(emblems).
re·gal·ism[ríːgəlìzəm] *n.* Ⓤ 제왕교권설《국왕의 교회 지배를 인정하는》.
re·gal·i·ty[rigǽləti] *n.* Ⓤ 왕권.
†**re·gard**[rigáːrd] *vt.* ① 주시하다; 중시〔존중〕하다. ② (…로) 간주하다(*as*); 관계하다. ── *vi.* 유의하다. ***as ~s*** …에 관하여는. ── *n.* ① Ⓤ 주의, 관심(*to*), 배려, 걱정(care)(*for*). ② Ⓤ,Ⓒ 존경, 호의. ③ Ⓤ 관계. ④ Ⓤ 점(*in this ~* 이 점에 관하여). ⑤ (*pl.*) (안부 전해주십시오라는) 인사(*Give my kindest ~s to your family.* 여러분에게 안부 전해주십시오). ***in*** 〔***with***〕 ***~ to*** …에 관하여. ***without ~ to*** …에 관계〔상관〕 없이. **~·a·ble** *a.* **~·er** *n.* **~·ful** *a.* 주의 깊은; (…을) 존중하는(*of*). ⁑**~·ing** *prep.* …에 관하여, …한 점에서는. ***~·less** *a., ad.* 부주의한; (…에) 관계〔상관〕없는〔없이〕; 《口》(비용에) 개의치 않고; (결과야) 어쨌든.
***re·gat·ta**[rigǽtə] *n.* Ⓒ 레가타《보트 경조(競漕)(회)》.
re·gen·cy[ríːdʒənsi] *n.* Ⓤ 섭정 정치〔시대〕; 섭정의 지위; Ⓒ 섭정 기간.
***re·gen·er·ate**[ridʒénərèit] *vt., vi.* 갱생〔재생〕시키다〔하다〕. ── [-rit] *a.* 개심〔갱생〕한; 쇄신된. **-a·cy** *n.* **-a·tive** *a.* **-a·tion**[─ ̀─éiʃən] *n.*
re·gen·er·a·tor[ridʒénərèitər] *n.* Ⓒ ① 갱생자; 갱신자, 개혁자. ② 〖機〗 축렬기〔실〕《엔진 등의》, 열교환기; 〖電〗 재생기.
re·gent[ríːdʒənt] *n., a.* Ⓒ (*or* R-) 섭정(의). ***Prince*** 〔***Queen***〕 ***R-*** 섭정 황태자〔왕후〕.
re·ger·mi·nate[riːdʒə́ːrmənèit] *vi.* 다시 싹트다.
reg·i·cide[rédʒəsàid] *n.* Ⓤ 국왕 시해(弑害), 대역; Ⓒ 국왕 시해자, 대역 죄인. 「하다.
re·gild[riːgíld] *vt.* 다시 도금(鍍金)
re·gime, *ré·gime[reiʒíːm] *n.* Ⓒ 정체, 정권; 정부; (사회) 제도; = ⇩.
reg·i·men[rédʒəmən, -mèn] *n.* Ⓒ 〖醫〗 섭생(법), 식이 요법, 양생; 〖文〗 지배; (Jespersen의 문법에서, 전치사의) 목적어.
***reg·i·ment**[rédʒəmənt] *n.* Ⓒ 연대; (보통 *pl.*) 많은 무리. ── [-mènt] *vt.* 연대〔단체〕로 편성하다, 조직화하다, 통제하다.
reg·i·men·tal[rèdʒəméntl] *a., n.* 연대의(*the ~ colors* 연대기); (*pl.*) 군복.
reg·i·men·ta·tion[-mentéiʃən] *n.* Ⓤ (연대) 편성; 조직화; 통제.
Re·gi·na[ridʒáinə] *n.* (L.) 현여왕《생략 R.; 보기 E.R. =Elizabeth Regina》.
⁑**re·gion**[ríːdʒən] *n.* Ⓒ ① (*pl.*) 지방, 지구. ② (신체의) 부위. ③ 범위, 영역. ④ 〖컴〗 영역《기억 장치의 구역》. ***in the ~ of*** …의 부근에. ***the airy ~*** 하늘. ***the upper*** 〔***lower, nether***〕 ***~s*** 천국〔지옥〕. ***~·al** *a.* 지방의(*~ government* 지방 자치체).
régional edítion 〖出版〗 지역판.
régional líbrary 《美》 지역 도서관《보통 같은 주의 근린 지역 공동의 공립 도서관》.
re·gion·al·ism[ríːdʒənəlìzəm] *n.* Ⓤ 지방(분권)주의, 지역주의; (문학상의) 지방주의; 지방색, 지방 사투리.
⁑**reg·is·ter**[rédʒəstər] *n.* ① Ⓒ 기록〔등록〕부, 표시기, 자동 기록기, 금전 등록기. ② Ⓒ (난방의) 환기〔통풍〕 장치. ③ Ⓤ,Ⓒ 〖樂〗 성역(聲域), 음역, (풍금의) 음전(音栓). ④ Ⓤ 〖印〗 (선·색 등의) 정합(整合). ⑤ 〖컴〗 기록기《소규모의 기억 장치》. ── *vt., vi.* ① 기록〔등록·등기〕하다, 기명(記名)하다, 등기우편으로 하다; (계기가) 나타내다. ② (…의) 표정을 짓다(*Her face ~ed joy.*). ③ 〖印〗 (선·난·색 따위를〔가〕) 바르게 맞(추)다. **~ed**[-d] *a.* 등록한; 등기 우편의.
régistered máil 《美》 등기 우편.
régistered núrse 《美》 공인 간호사.
régister òffice 등기소(registry); 《美》 직업 소개소.
régister(ed) tònnage 〖海〗 (배의) 등록 톤수.
reg·is·trant[rédʒəstrənt] *n.* Ⓒ (상표 등의) 등록자.
reg·is·trar[rédʒəstràːr, ─ ─ ́] *n.* Ⓒ 기록〔등록〕계원; 등기 관리; (대학의) 사무관《학적부 등을 기록》.
***reg·is·tra·tion**[rèdʒəstréiʃən] *n.* ① Ⓤ 기입, 등기, 등록; (우편물의) 등기. ② Ⓒ 《집합적》 등록자수. ③ Ⓒ (온도계 등의) 표시.
registrátion nùmber 〔**màrk**〕 (자동차의) 등록 번호, 차량 번호.
registrátion plàte (자동차의) 번호판.
reg·is·try[rédʒəstri] *n.* Ⓤ 기입; 등기, 등록; Ⓒ 등기소, 등록소.
re·glaze[riːgléiz] *vt.* (창의) 깨진 유리를 갈아 끼우다.
reg·nal[régnəl] *a.* 치세의; 왕국의; 국왕의(*in the third ~ year* 치세 제3년에). ***the ~ day*** 즉위 기념일.
reg·nant[régnənt] *a.* 통치하는; 우세한; 유행의. ***Queen R-*** 여왕.
re·gorge[riːgɔ́ːrdʒ] *vt., vi.* 게우다, 토하다; (물이) 역류하다.
re·gress[ri(ː)grés] *vi.* 복귀하다, 퇴보〔역행〕하다. ── [ríːgres] *n.* Ⓤ 복귀; 퇴보, 역행. **re·gres·sion**[ri(ː)gréʃən] *n.* =REGRESS. **-sive** *a.*
⁑**re·gret**[rigrét] *n., vt.* (*-tt-*) Ⓤ 유감(으로 생각하다), 애석(하게 여기다); 후회(하다); 아쉬움(을 느끼다) (~

R

one's happy days 즐거웠던 때를 못내 아쉬워하다); (*pl.*) 《美》 (초대·안내 따위의) 사절(장)(*Please accept my* ~*s.*). ***express*** ~ ***for*** 변명을 늘어놓다, 사과하다. ***to my*** ~ 유감스럽게도. ~·**ful** *a.* 유감스러운; 후회하고 있는. ~·**ful·ly** *ad.*

***re·gret·ta·ble**[rigrétəbəl] *a.* 유감스러운, 섭섭한; 아까운, 분한.

regt. regent; regiment.

:**reg·u·lar**[régjələr] *a.* ① 규칙적인; 정례(定例)의. ② 정연한, 계통이 선. ③ 정식의, 정규의, 상비의(*the* ~ *soldier* 정규병). ④ 일상의, 통례의. ⑤ 면허증이 있는, 본직의. ⑥ 〖美政〗 공인된. ⑦ 〖文〗 규칙 변화의. ⑧ 본격적인; 《口》 완전한, 틀림 없는(*a* ~ *rascal* 철저한 악당). ⑨ 정해 놓은(*his* ~ *joke* 늘 하는 농담). ⑩ 《美》 충실한(*a* ~ *Democrat*). ***keep*** ~ ***hours*** 규칙적인 생활을 하다. ~ ***fellow*** 호한(好漢). ~ ***holiday*** 정기 휴일. — *n.* Ⓒ 정규병(cf. volunteer); 상용 고용인; 《美》 충실한 당원. ~·**ize**[-àiz] *vt.* 규칙 바르게 하다, 질서를 세우다. ~·**i·za·tion** [ˌ---rizéiʃən/-rai-] *n.* :~·**ly** *ad.* 규칙 바르게; 정식으로; 《俗》 아주. ~·**i·ty**[ˌ--lǽrəti] *n.*

Régular Ármy 《美》 정규〔상비〕군.

régular conjugátion 〖文〗 규칙활용.

reg·u·late**[régjəlèit] *vt.* ① 규칙바르게 하다. ② 규정〔통제·단속〕하다. ③ 조절하다. -**la·tor** *n.* Ⓒ 조절기〔장치〕; (시계의) 조정기; 표준 (시계). *-**la·tion**[ˌ--léi-] *n., a.* Ⓒ 규칙(의), 규정(의)(*a regulation uniform* 제복); 보통의, 통례의. ***traffic regulations 교통 법규.

re·gur·gi·tate[rigə́:rdʒətèit] *vi., vt.* (세차게) 역류하다; 토하다, 게우다. -**ta·tion**[-ˌ-téiʃən] *n.*

re·ha·bil·i·tate[rì:həbílətèit] *vt.* 원상태대로 하다; 복권〔복위·복직〕시키다; (…의) 명예를 회복하다. *-**ta·tion**[ˌ-ˌ-ətéiʃən] *n.*

re·hash[ri:hǽʃ] *vt.* 다시 저미다〔굽다〕; 개작하다《특히 문학적 소재를》; 바꿔 말하다. — [ˊˌ] *n.* Ⓒ (*sing.*) 재탕, 개작.

re·hear[ri:híər] *vt.* (-***heard***) 다시 듣다; 〖法〗 재심(再審)하다.

re·hears·al**[rihə́:rsəl] *n.* Ⓤ,Ⓒ (연극·음악 등의) 연습, 리허설. ***dress ~ (실제 의상을 입고 하는) 최종 연습.

***re·hearse**[rihə́:rs] *vt., vi.* 복창하다; (예행) 연습을 하다; (…을) 되풀이하다; 암송〔복창〕하다.

Reich[raik, raiç] *n.* (G.) (the ~) 독일 (국가). ***the Third*** ~ (나치의) 제 3 제국《1933-45》.

reichs·mark[ráiksmɑ̀:rk] *n.* (G.) 독일의 화폐 단위 (1925-48).

re·i·fy[rí:əfài] *vt.* 실체화하다《추상 관념을》.

:**reign**[rein] *n.* Ⓤ 통치, 지배; 권세; Ⓒ 치세, 성대(聖代). — *vi.* 군림〔지배〕하다(*over*); 널리 퍼지다(*Silence* ~*ed.* 침묵이 깔려 있었다).

re·im·burse[rì:imbə́:rs] *vt.* 변상〔상환·환불〕하다. ~·**ment** *n.*

re·im·port[rì:impɔ́:rt] *vt.* 재〔역〕수입하다. — [ˌ-ˊ] *n.* Ⓤ,Ⓒ 재〔역〕수입(품). -**por·ta·tion**[ˌ--téiʃən] *n.*

re·im·pose[rì:impóuz] *vt.* (폐지된 세금을) 다시 부과하다.

rein**[rein] *n.* Ⓒ (보통 *pl.*) 고삐; 권력; 억제 (수단). ***draw ~ (말을 멈추기 위해) 고삐를 당기다; 속력을 늦추다; 그만두다. ***give*** ~ 〔***the*** ~***s***〕 ***to*** (말을) 마음대로 가게 하다; 자유를 주다. ***hold a*** ~ ***on*** …을 억제〔제어〕하다.

re·in·car·nate [rì:inkɑ́:rneit] *vt.* (영혼에게) 다시 육체를 주다, 다시 태어나게 하다, 화신(化身)시키다. -**na·tion**[ˌ---néiʃən] *n.* Ⓒ 재생, 환생, 화신.

***rein·deer**[réindìər] *n.* Ⓒ *sing.* & *pl.* 순록(馴鹿).

***re·in·force**[rì:infɔ́:rs] *vt.* 보강〔증강〕하다, 강화하다; 증원(增員·增援)하다.

reinfórced cóncrete 철근 콘크리트.

re·in·force·ment[-mənt] *n.* Ⓤ 보강; Ⓒ (보통 *pl.*) 증원군〔함선〕. ~ ***bar*** 〔***iron***〕 (콘크리트용) 철근.

re·in·state[rì:instéit] *vt.* 원상태로 하다; 회복〔복위·복직·복권〕시키다. ~·**ment** *n.*

re·in·sure [rì:inʃúər] *vt.* 재보험하다. -**súr·ance** *n.*

re·in·vig·or·ate[rì:invígərèit] *vt.* (…을) 다시 활기 띠게 하다, 되살리다, 소생시키다.

re·is·sue[ri:íʃu:/-ísju:] *n., vt.* Ⓒ 재발행(하다); 〖映〗 신판.

re·it·er·ate[ri:ítərrèit] *vt.* (행위·요구 등을) 되풀이하다. -**a·tion**[-ˌ-éiʃən] *n.*

reive[ri:v] *vi.* 《Sc.》 습격하다, 약탈하다.

:**re·ject**[ridʒékt] *vt.* ① 물리치다, 거절하다(refuse). ② 토하다(vomit). ***re·jéc·tion** *n.*

rejéction slìp 출판사가 원고에 붙여 저자에게 보내는 거절 쪽지.

re·jig[ridʒíg] *vt.* (-***gg***-) (공장에) 다시 설비를 하다.

:**re·joice**[ridʒɔ́is] *vi.* 기뻐하다(*at, in, over; to* do); 즐기다; 축하하다. — *vt.* 기쁘게 하다. ~ ***in*** …을 향유하다, …을 누리고 있다(*I* ~ *in health*). ***re·jóic·ing**(·**ly**) *n.* (*ad.*)

re·join[1][ri:dʒɔ́in] *vi., vt.* 재결합〔재합동〕하다〔시키다〕.

re·join[2][ridʒɔ́in] *vt.* 대답하다. ~·**der** *n.* Ⓒ 답변, 대꾸(retort); (원고의 답변에 대한) 피고의 항변.

re·ju·ve·nate[ridʒú:vənèit] *vt., vi.* 다시 젊어지(게 하)다; 원기를 회복하다〔시키다〕. -**na·tor** *n.* -**na·tion** [-ˌ-néiʃən] *n.*

re·kin·dle[rikíndl] *vt., vi.* 다시 점

화시키다〔하다〕, 다시 불붙다.

rel. relating; relative; relatively; released; religion; religious.

re-laid[ri:léid] *v.* re-lay²의 과거(분사).

re·lapse[rilǽps] *n., vi.* Ⓒ (나쁜 길로) 되돌아감〔가다〕, 타락(하다); (병이) 재발(하다).

:re·late[riléit] *vt.* 이야기〔말〕하다; 관계〔관련〕시키다(*to, with*); 친척으로 삼다(*to*). — *vi.* 관계가 있다(*to, with*). ***re·lat·ed**[-id] *a.* 관계 있는(*to*).

:re·la·tion[riléiʃən] *n.* ① Ⓤ,Ⓒ 관계, 관련. ② Ⓤ 친척 관계, 연고(緣故); Ⓒ 친척. ③ Ⓒ 이야기(account); Ⓤ 진술. ***in ~ to*** …에 관(련)하여. ***~·ship**[-ʃìp] *n.* Ⓤ,Ⓒ 관계; 친척 관계.

re·la·tion·al[riléiʃənəl] *a.* 관계가 있는; 친족의; 〖文法〗 문법 관계를 나타내는, 상관적인(*a ~ data base* 〖컴〗 관계 자료틀).

:rel·a·tive[rélətiv] *a.* ① 관계 있는, 관련된(*to*). ② 상대〔비교〕적인; 비례한(*to*). ③ 〖文〗 관계를 나타내는. *~ merits* 우열(優劣). — *n.* Ⓒ 친척; 〖文〗 관계사. *** ~·ly** *ad.* 상대〔상관〕적으로, 비교적으로.

rélative ádjective 관계 형용사.

rélative áddress 〖컴〗 상대(相對)번지《다른 번지〔기준 번지〕로부터 떨어진 거리로써 표현된 번지》.

:rélative ádverb 관계 부사.

réative cláuse 관계사절.

:rélative prónoun 관계 대명사.

rel·a·tiv·ism[rélətivìzəm] *n.* Ⓤ 〖哲〗 상대론, 상대주의. **-ist** *n.* Ⓒ 상대론자, 상대주의자; 상대성 원리 연구자.

rel·a·tiv·i·ty[rèlətívəti] *n.* Ⓤ 관련성; 상호 의존; 〖理〗 상대성(원리).

:re·lax[rilǽks] *vi., vt.* 늦추(어지)다, 긴장을 풀(게 하)다; 편히 쉬(게 하)다; 관대해지다〔하게 하다〕; 약해지다, 약하게 하다.

***re·lax·a·tion**[rì:lækséiʃən] *n.* ① Ⓤ 느즈러짐, 이완; 경감. ② Ⓤ 긴장을 풂; 기분 전환; Ⓒ 소창거리, 오락.

reláxed thróat 인후 카타르.

***re·lay**[rí:lei] *n.* ① Ⓒ 갈아 타는 말, 역말. ② Ⓒ 갈아 쓰는 재료(공급). ③ Ⓒ 교대자, 새 사람. ④ Ⓒ 계주(繼走). ⑤ Ⓤ 〖放〗 중계. ⑥ Ⓒ 〖컴〗 계전기(繼電器). — [⊿—, riléi] *vt.* 중계로 전하다; 교체시키다; 〖放〗 중계하다.

re-lay[ri:léi] *vt.* (*-laid*) 바꿔 놓다; 고쳐 칠하다; (세금을) 다시 부과하다.

rélay bróadcast 중계 방송(rebroadcast).

rélay hòrse 갈아 타는 말.

rélay ràce 역전 경주; 계주; 릴레이 경주.

rélay stàtion 〖無電〗 중계국.

:re·lease[rilí:s] *n., vt.* Ⓤ 해방〔석방〕(하다)(*from*); 해제〔면제〕(하다)(*from*); (권리를) 포기(하다), 양도(하다); Ⓤ (폭탄을) 투하(하다); Ⓒ 〖寫〗 릴리즈; 〖電〗 안전기; Ⓤ 공연, 공개, 판매; 〖映〗 개봉(하다); 〖컴〗 배포《하드웨어나 소프트웨어 신제품을 시장에 내놓음》.

re-lease[ri:lí:s] *vt.* (토지·가옥을) 갱신 계약하여 빌려주다; 전대(轉貸)하다; 〖法〗 양도하다.

rel·e·gate[réləgèit] *vt.* 좌천하다; 추방하다(banish); (사건 등을) 위탁〔이관〕하다(hand over). **-ga·tion** [⊿—géiʃən] *n.*

***re·lent**[rilént] *vt.* 누그러지다, 상냥해지다, 측은하게〔가엾게〕 생각하다(*toward*). **~·ing·ly** *ad.* 상냥하게. **~·less** *a.* 무자비한. **~·less·ly** *ad.*

***rel·e·vant**[réləvənt] *a.* 관련된; 적절한(*to*). **-vance, -van·cy** *n.*

re·li·a·bil·i·ty[rilàiəbíləti] *n.* Ⓤ 확실성; 신빙성; 〖컴〗 믿음성, 신뢰도.

***re·li·a·ble**[rilάiəbəl] *a.* 신뢰할〔믿을〕 수 있는, 확실한. **-bly** *ad.*

***re·li·ance**[rilάiəns] *n.* Ⓤ 신뢰; 의지. **-ant** *a.*

***rel·ic**[rélik] *n.* Ⓒ ① (*pl.*) 유물, 유적. ② 유습, 유풍. ③ (성인·순교자의) 유물, 유보(遺寶); 기념품. ④ (*pl.*)《古·詩》 유골.

rel·ict[rélikt] *n.* Ⓒ 〖生態〗 잔존 생물; 《古》 미망인, 과부.

:re·lief[rilí:f] *n.* ① Ⓤ 구조, 구출; (고통·걱정 따위의) 제거, 경감. ② Ⓤ 안심, 기분 전환; 소창, 휴식. ③ Ⓤ 구제금, 보조금. ④ Ⓤ 교체, 증원; Ⓒ 교대자. ⑤ Ⓤ (토지의) 기복, 고저. ⑥ Ⓤ 돋을새김; Ⓒ 부조(浮彫)(세공), 릴리프. ⑦ Ⓤ (그림의) 윤곽의 선명, 현저, 탁월. ***bring into ~*** 두드러지게〔뚜렷하게〕 하다. ***give a sigh of ~*** 한숨 돌리다. ***high ~*** 높은 돋을새김. ***in (bold) ~*** 부조되어서, 또렷하게.

re·lief·er[rilí:fər] *n.* Ⓒ 〖野〗 구원투수; 《美口》생활 보호를 받고 있는 사람.

relíef fùnd 구호 기금.

relíef màp 모형 지도《지형의 기복을 돋을새김한 것》.

relíef prìnting 활판 인쇄.

relíef ròad (혼잡 완화를 위한) 우회 도로.

relíef vàlve 〖機〗 안전판(安全瓣).

relíef wòrks 실업자 구제 사업.

:re·lieve[rilí:v] *vt.* ① 구제〔구출〕하다; (고통·걱정 등을) 경감하다, 덜다(ease); (근심을) 덜어주다(*of, from*); 안심시키다. ② 교대하다; 쉬게 하다; 해직〔해임〕하다(*of, from*). ③ 단조로움을 깨뜨리다, 변화를 주다. ④ 돋보이게 하다; 대조시키다. ***be ~d (to hear)***(…라 듣고) 안심하다. ***~ nature*** 〔***oneself***〕 대변〔소변〕을 보다. ***~ one's feelings*** (울거나 고함쳐서) 후련하게 하다. ***~ (a person) of*** (아무에게서) …을 없애〔제거해〕 주다; 《諧》 훔치다, 빼앗다.

relíeving òfficer 빈민 구제 임원.

re·lie·vo[rilí:vou] *n.* Ⓤ 〖美〗 부조(浮彫).

:re·li·gion[rilídʒən] *n.* Ⓤ 종교; 신앙(심). ***make*** (***a***) **~ *of*** (do*ing*), or ***make it ~ to*** (do) 반드시 …하다.

re·lig·i·os·i·ty [rilìdʒiásəti/-ɔ́-] *n.* Ⓤ 광적인 신앙, 신앙이 깊은 체함.

:re·li·gious[rilídʒəs] *a.* ① 종교상(의), 종교적인; 종단(宗團)에 속하는. ② 신앙 깊은; 양심적인; 엄정한(strict). ***with ~ care*** 세심한 주의를 기울여. **~·ly** *ad.* **~·ness** *n.*

***re·lin·quish**[rilíŋkwiʃ] *vt.* ① 포기하다; 양도하다. ② 놓아주다(let go). **~·ment** *n.*

rel·i·quar·y[réləkwèri/-əri] *n.* Ⓒ 유물〔유골〕함(函).

rel·ique[rélik] *n.* 《古》 =RELIC.

rel·ish**[réliʃ] *n.* ① Ⓤ 풍미(flavor), 향기. ② Ⓤ 식욕, 흥미, 의욕, 기호(*for*). ③ U,C 조미료, 양념. ④ Ⓤ 기미, 소량(*of*). ***with ~ 맛있게; 재미있게. — *vt.* 맛보다; 좋아하다; 즐기다; 맛을 들이다. — *vi.* 맛이〔풍미가〕있다(*of*); 기미가 있다, 냄새가 나다(*of*). **~·a·ble** *a.* **~·er** *n.* **~·ing·ly** *ad.*

re·live[ri:lív] *vt.* (상상 속에서) 재생하다; (…을) 다시 체험하다. — *vi.* 되살아나다.

re·load[ri:lóud] *vt., vi.* (…에) 다시 짐을 쌓다〔싣다〕; 다시 탄약을 재다.

re·lo·cate[ri:lóukeit] *vt.* ① 다시 배치하다; (주거·공장 등을) 새 장소로 옮기다. ② 〖컴〗 다시 배치하다.

re·lo·ca·tion[rì:loukéiʃən] *n.* Ⓤ 재배치; 《美》(적(敵) 국민의) 강제 격리 수용.

***re·luc·tant**[rilʌ́ktənt] *a.* 마지못해 하는, 마음이 내키지 않는(unwilling); 《詩》 다루기 힘든. **~·ly** *ad.* ***-tance** *n.* Ⓤ 싫어함; 본의 아님.

:re·ly[rilái] *vi.* 의지하다, 기대를 걸다, 믿다(depend)(*on, upon*).

REM[1][rem](<*rapid eye movement*) *n.* (*pl.* **~s**) Ⓒ 〖心〗 꿈을 꿀 때의 급격한 안구 운동.

REM[2] 〖컴〗 설명《BASIC어(語); 프로그램중의 첫머리에 쓰이어 연산과 관계 없이 프로그램 작성의 주의 사항으로 삽입하는 것》.

rem[rem] *n.* (*pl.* **~**) Ⓒ 〖理〗 렘《인체에의 피해 정도에 입각한 방사선량의 단위》.

†re·main[riméin] *vi.* ① 남다, 살아남다. ② 머무르다(*at, in, with*). ③ …한 채로〔대로〕이다. ④ 존속하다, (업적 등이) 현존하다. ***I ~ yours faithfully.*** 돈수(頓首), 경구(敬具)《편지의 끝맺음 말》. **~ *with*** (…의) 수중에 있다, (…에) 속하다. — *n.* (*pl.*) ① 잔존물; 유해, 유골. ② 유물, 유적; 화석.

***re·main·der**[riméindər] *n.* ① (the ~) 나머지; Ⓒ 〖數〗 잉여; 〖컴〗 나머지. ② Ⓒ 잔류자; (팔다가 철지난) 남은 책. — *vt.* 남은 책을 싸게 처분하다.

re·make[ri:méik] *vt.* (**-made**) 고쳐〔다시〕 만들다, 개조하다.

re·man[ri:mǽn] *vt.* (**-nn-**) (…에) 새로이 승무원을 태우다.

re·mand[rimǽnd, -á:-] *n., vt.* Ⓤ 재구류(하다); 송환(하다).

:re·mark[rimá:rk] *n.* ① Ⓤ 주의, 주목, 관찰. ② Ⓒ 의견, 비평. ③ Ⓒ 〖컴〗 설명. ***make ~s*** 의견을 말하다; 비난하다. ***pass a ~*** 의견을 말하다. ***pass without ~*** 묵과하다. — *vt.* 알아채다, 주의하다, (한마디) 말하다. — *vi.* 유의하다; 비평하다(*on, upon*).

:re·mark·a·ble[-əbəl] *a.* 주목할 만한, 현저한, 비범한, 보통이 아닌. ***-bly** *ad.* 현저하게, 눈에 띄게.

re·mar·ry[ri:mǽri] *vi., vt.* (…와) 재혼하다〔시키다〕.

Rem·brandt[rémbrænt], (**Harmenszoon**) **van Rijn**(1606-69) 네덜란드의 화가.

re·me·di·a·ble[rimí:diəbəl] *a.* 치료〔구제〕할 수 있는.

re·me·di·al[rimí:diəl] *a.* 치료〔구제〕하는; 바로잡을 수 있는.

:rem·e·dy[rémədi] *n.* U,C ① 의약; 의료(법); 구제〔교정〕(법)(*for*). ② 배상, 변상. — *vt.* 치료〔구제·교정·배상〕하다.

†re·mem·ber[rimémbər] *vt.* ① 기억하고 있다; 생각해 내다. ② 선물〔팁〕을 주다. ③ 안부를 전하다, 전언하다(*R- me kindly to* …에게 안부 전해 주시오). — *vi.* 생각해 내다; 기억하고 있다; 기억력이 있다.

:re·mem·brance[-brəns] *n.* ① U,C 기억(memory); 회상; Ⓤ 기념. ② Ⓒ 기념품(souvenir); (*pl.*) 전언.

re·mem·branc·er[-brənsər] *n.* Ⓒ 생각나게 하는 사람〔것〕; 비망록; 기념품. ***King's*** 〔***Queen's***〕 ***R-*** 《英》 왕실 채권 집행관.

re·mil·i·ta·rize [ri:mílitəràiz] *vt.* 재군비하다. **-ri·za·tion** [∸–––ri-zéiʃən/-rai-] *n.*

:re·mind[rimáind] *vt.* 생각나게 하다, 깨우치다(~ *him of; to* do; *that*). ***~·er** *n.* Ⓒ 생각나게 하는 사람〔것〕; 조언; 〖商〗 독촉장.

rem·i·nisce[rèmənís] *vt., vi.* 추억에 잠기다〔을 이야기하다〕.

***rem·i·nis·cence**[rèmənísns] *n.* ① Ⓤ 회상, 추억. ② (*pl.*) 회상록, 경험담. ***-cent** *a.* 추억의, 회상적인; (…을) 생각나게 하는(*of*).

re·miss[rimís] *a.* 부주의한; 태만한(negligent); 무기력한(languid).

re·mis·si·ble[rimísəbəl] *a.* 용서〔면제〕할 수 있는.

re·mis·sion[rimíʃən] *n.* Ⓤ 면제; 사면; U,C (일시적인) 경감.

:re·mit[rimít] *vt.* (**-tt-**) ① (돈·짐 따위를) 보내다. ② (죄·세금을) 면제〔경감〕하다; (노염·고통을) 누그러뜨리다. ③ (소송을) 하급 법원에 환송하다; 조회하다(*to*); (사건의 결정을

다른 곳에) 의뢰하다; (재조사를 위해) 연기하다. ④《古》 다시 투옥하다. ── *vi.* 송금하다, 지불하다; 경감하다. **~·tance**[-əns] *n.* Ⓤ 송금; Ⓒ 송금액. **~·ter** *n.* Ⓒ 송금인.

re·mit·tent[rimítənt] *a.* (열이) 오르내리는.

***rem·nant**[rémnənt] *n.* Ⓒ ① 나머지; 자투리; 찌꺼기, 끄트러기. ② 유물, 유풍.

re·mod·el [riːmádl/-ɔ́-] *vt.* (《英》 *-ll-*) 개조[개축]하다, 모델을 고치다.

re·mold, 《英》 **-mould**[riːmóuld] *vt.* 개조[개작]하다; 개주(改鑄)하다.

re·mon·e·tize[riːmánətàiz, -ʌ́-] *vt.* (…을) 다시 통용[법적] 화폐로 사용하다.

re·mon·strance[rimánstrəns/-ɔ́-] *n.* Ⓤ,Ⓒ 항의, 반대; 충고. **-strant** *a., n.* Ⓒ 항의[반대·충고]하는 (사람).

re·mon·strate[rimánstreit/-ɔ́-] *vt., vi.* 항의[반대]하다(*against*); 충고하다(~ *with him on a matter*). **-stra·tion**[rìːmɑnstréiʃən/rìːmɔn-] *n.* **re·món·stra·tive** *a.* **re·món·stra·tor** *n.*

rem·o·ra[rémərə] *n.* Ⓒ 〖魚〗 빨판상어; 《古》 방해(물).

***re·morse**[rimɔ́ːrs] *n.* Ⓤ (심한) 회한, 후회, 양심의 가책. **~·ful** *a.* **~·ful·ly** *ad.* **~·less(·ly)** *a.* (*ad.*) 무정한(무정하게도).

:re·mote[rimóut] *a.* ① 먼, 아득한; 멀리 떨어진, 궁벽한, 외딴. ② (혈연이) 먼. ③ 미미한, 근소한. **~·ly** *ad.* **~·ness** *n.*

remóte bátch sýstem 〖컴〗 원격 일괄 시스템.

remóte contról 〖機〗 원격 조작[제어].

remóte jób èntry 〖컴〗 원격 작업 입력《생략 RJE》.

remóte sénsing (레이더 등에 의한) 지형 원격 측정법.

re·mount [riːmáunt] *vi., vt.* 다시 (말을) 타다; 다시 오르다; 말을 갈아타다; 갈아 끼우다[대다]; 되돌아가다, 거슬러 올라가다. ── [⌐⌐] *n.* Ⓒ 갈아 탈 말.

re·mov·a·ble[rimúːvəbəl] *a.* 옮길[제거할] 수 있는; 해임할 수 있는.

***re·mov·al**[rimúːvəl] *n.* Ⓤ,Ⓒ ① 이사, 이동. ② 제거, 살해. ③ 해임, 해직.

†re·move[rimúːv] *vt.* ① (…을) 옮기다. ② 없애다, 치우다; 죽이다. ③ 벗(기)다, 끄르다. ④ 떠나게[물러가게] 하다; 해임[해직]하다. ── *vi.* 옮기다, 이사하다; 떠나다. *~ oneself* 물러가다. ── *n.* Ⓒ ① 이전, 이동. ② 간격, 거리. ③ 단계(*It is but one ~ from beggary.* 거지꼴이나 매한가지다); 촌수(寸數). ④ 진급. ***~d**[-d] *a.* 떨어진, 먼; 관계가 먼; …촌(寸)의. ***first cousin once*** [***twice***] ***~d*** 사촌의 자녀[손자], 양친[조부모]의 사촌.

RÉM slèep 〖生〗 렘수면《빠른 안구운동이 수반되는 수면으로, 꿈을 꾸는 것은 이 때임》.

re·mu·ner·ate[rimjúːnərèit] *vt.* 보수를 주다, 보상[보답]하다(reward). **-a·tive**[-rèitiv/-rə-] *a.* 보답이 있는; 유리한. **-a·tion**[-⌐⌐éiʃən] *n.*

Re·mus[ríːməs] *n.* 〖로神〗 이리의 젖으로 길러진 쌍둥이의 하나(cf. Romulus).

***ren·ais·sance**[rènəsáːns, -záː-/rinéisəns] *n.* ① Ⓒ 부활, 재생; 부흥. ② (the R-) (14-16세기의) 문예 부흥, 르네상스.

re·nal[ríːnəl] *a.* 신장의, 콩팥의.

re·name[riːnéim] *vt.* 개명[개칭]하다. ── *n.* 〖컴〗 새이름《파일 이름의 변경》.

re·nas·cent[rinǽsənt] *a.* 재생하는; 부흥하는. **-cence**[-səns] *n.*

rend**[rend] *vt., vi.* (rent***) 째(지)다, 찢(기)다(tear); 쪼개(지)다, 갈라지다(split); (*vt.*) (마음을) 괴롭히다; 잡아떼다, 강탈하다(*away, off*).

:ren·der[réndər] *vt.* ① 돌려주다 (*R- unto Caesar the things that are Caesar's.* 〖聖〗 가이사의 것은 가이사에게 돌리라). ② 지불하다. ③ 돌보다, 진력하다(give). ④ 제출하다(submit). ⑤ 표현[묘사]하다; 번역하다(*into*); 연출[연주]하다. ⑥ …으로 만들다(make), 바꾸다. ⑦ (기름을) 녹이다, 녹여서 정제(精製)하다. **~·a·ble**[-dərəbəl] *a.*

***ren·dez·vous** [rándivùː/-ɔ́-] *n.* (*pl.* ~ [-z]) (F.) Ⓒ ① 〖軍〗 집결지; 만날 약속(을 한 장소), 회합. ② (우주선의) 궤도 회합, 랑데부. ── *vi., vt.* 집합하다[시키다]; 약속한 장소에서 만나다.

ren·di·tion[rendíʃən] *n.* Ⓒ 번역; 연출, 연주(rendering).

ren·e·gade[rénigèid] *n.* Ⓒ 배교자(背敎者); 변절자, 탈당원. ── *a.* 저버린; 배반의.

re·nege[riníg, -nég/-níːg] *vi.* 〖카드〗 선의 패와 똑같은 패를 (가지고 있으면서) 내지 않다; 약속을 어기다.

:re·new[rinjúː] *vt.* ① 개신[갱신]하다. ② 되찾다, 회복하다. ③ 재개(再開)하다; 되풀이하다; (계약서 따위를) 고쳐 쓰다; 바꾸다. ***~·al** *n.* Ⓤ,Ⓒ 재개; 갱신. **~ed**[-d] *a.* 갱신한, 새로운.

re·nin[rénin] *n.* Ⓤ 〖生化〗 레닌《고혈압 따위의 원인이 된다는 신장(腎臟)내 단백질》.

ren·net[rénit] *n.* Ⓤ 레닛《송아지의 위벽에 있는 rennin 함유 물질, 치즈 따위를 만드는 데 씀》.

ren·nin [rénin] *n.* Ⓤ 레닌《우유를 엉기게 하는 위액 속의 효소》.

Re·no[ríːnou] *n.* Nevada 주의 도시《이혼이 쉬운 곳으로 알려짐》.

Re·noir [rénwɑːr], **Pierre Auguste** (1841-1919) 프랑스 인상파의 대표 화가.

***re·nounce**[rináuns] *vt., vi.* 포기

R

하다, 양도〔단념〕하다; 부인〔거절〕하다; (저)버리다, 관계를 끊다(~ *a friend*/~ *friendship*); 의절하다(disown). **~·ment** *n.*

ren·o·vate[rénəvèit] *vt.* 혁신〔개선〕하다; 회복하다. **-va·tion**[ㅡㅡvéiʃən] *n.*

***re·nown** [rináun] *n.* Ⓤ 명성(fame). * **~ed**[-d] *a.* 유명한.

:rent[1] [rent] *n.* Ⓤ 지대(地代), 집세, 방세, 빌리는 삯. ***For ~.*** 《美》 셋집〔셋방〕 있음(《英》 to let). — *vt.* (…에) 지대〔집세〕를 물다; 빌려 주다, 임대(賃貸)〔임차(賃借)〕하다. — *vi.* 임대되다. ***ㄹ·al** *n.* Ⓤ 임대료. **ㄹ·er** *n.* Ⓒ 차지인(借地人), 세든 사람.

rent[2] *n.* Ⓒ (구름의) 갈라진 틈; 균열; 골짜기; 대립, 분열.

rent[3] *v.* rend의 과거(분사).

rent-a-car[réntəkɑ̀:r] *n.* Ⓒ 렌터카《차를 세놓는 회사 또는 세놓는〔얻은〕 자동차》.

rent·al[réntl] *n.* Ⓒ ① 임대〔임차〕료; 임대료 수입. ② 《美》 셋집, 셋방, 렌터카. ③ 임대. ④ 〖컴〗 임차(賃借). — *a.* 《美》 임대의.

réntal càr 렌터카.

réntal lìbrary 《美》 (유료) 대출 도서관(cf. reference library).

rént chàrge 대지료(貸地料), 지대.

re·nun·ci·a·tion[rinʌ̀nsiéiʃən, -ʃi-] *n.* Ⓤ,Ⓒ 포기, 부인, 단념(renouncing).

***re·o·pen**[ri:óupən] *vt., vi.* 다시 열다, 재개(再開)하다.

***re·or·gan·ize** [ri:ɔ́:rgənàiz] *vt., vi.* 재편성하다, 개혁하다; 정리하다. ***-i·za·tion**[ㅡㅡㅡnizéiʃən] *n.*

re·o·ri·ent[ri:ɔ́:riènt] *vt.* 새로 순응시키다; 재교육하다. **-en·ta·tion**[ㅡㅡㅡentéiʃən] *n.*

rep[1] [rep] *n.* Ⓤ 골지게 짠 천.

rep[2] *n.* Ⓤ 《俗》 평판, 명성(reputation).

rep[3] *n.* Ⓒ 《俗》 난봉꾼, 타락한 사람(reprobate).

rep[4] *n.* Ⓒ 《美俗》 대표(representative).

rep[5] *n.* (*pl.* ~) Ⓒ 〖理〗 렙《방사선 조사량의 단위》.

Rep. Representative; Republic(an). **rep.** repeat; report; reported. 「(분사).

re·paid [ri:péid] *v.* repay의 과거

:re·pair[1] [ripέər] *n., vt.* Ⓤ 수선〔수리〕(하다); 회복〔교정(矯正)〕(하다); 배상〔보상〕(하다). ***under ~s*** 수리 중. **~·a·ble**[-əbl] *a.*

re·pair[2] *vi.* 가다; 종종 다니다; 찾아가다.

re·pa·per[ri:péipər] *vt.* (…에) 벽지를 갈아 붙이다; 종이로 다시 싸다.

rep·a·ra·ble[répərəbəl] *a.* 수리〔배상〕할 수 있는; 돌이킬 수 있는.

***rep·a·ra·tion**[rèpəréiʃən] *n.* ① Ⓤ 배상; 보상. ② (*pl.*) 배상금. ③ Ⓤ 수리. **re·par·a·tive**[ripǽrətiv] *a.*

rep·ar·tee[rèpɑ:rtí:] *n.* Ⓒ 재치 있는 즉답; Ⓤ 재치, 기지.

re·past [ripǽst, -ɑ́:-] *n.* Ⓒ 식사(meal).

re·pat·ri·ate[ri:péitrièit/-ǽ-] *vt., n.* (포로 따위를) 본국에 송환하다; Ⓒ 송환〔귀환〕자. **-a·tion**[ㅡㅡㅡéiʃən] *n.*

:re·pay[ri:péi] *vt.* (***-paid***) 갚다; 보답하다. **~·ment** *n.*

***re·peal**[ripí:l] *n., vt.* 무효로 하다; Ⓤ 폐지〔철폐〕(하다).

:re·peat[ripí:t] *n.* Ⓒ 반복, 되풀이; 〖樂〗 반복절〔기호〕. — *vt.* ① 되풀이하다; 암송하다. ② 《美》 이중 투표하다《선거의 부정 행위》. ***~ oneself*** 같은 말을 되풀이하다. * **~·ed**[-id] *a.* 되풀이된, 종종 있는. * **~·ed·ly** *ad.* 되풀이하여, 몇번이고. **~·er** *n.* Ⓒ 되풀이 하는 물건〔사람〕; 연발총; (불법적) 이중 투표자.

repéating décimal 순환 소수.

repéating rìfle 연발총.

repéat kèy 〖컴〗 되돌이키.

re·pel**[ripél] *vt.* (-ll-***) ① 쫓아버리다, 격퇴〔거절·반박〕하다. ② 〖理〗 반발하다. ③ 불쾌〔혐오〕감을 주다.

re·pel·lent[-ənt] *a.* 튀기는, 반발하는; 느낌이 나쁜, 싫은. — *n.* Ⓤ,Ⓒ 방충제; 방수 가공제; 〖醫〗 (종기 따위를) 삭게 하는 약.

:re·pent[ripént] *vi., vt.* 후회하다(regret)(*of*). ***~·ance** *n.* Ⓤ 후회, 회개. **~·ant** *a.*

re·per·cus·sion[rì:pərkʌ́ʃən] *n.* Ⓤ,Ⓒ 되튀기(recoil), 되찌름; 반동; 반향; Ⓒ (보통 *pl.*) 영향.

rep·er·toire[répərtwɑ̀:r] *n.* Ⓒ 레퍼토리, 연예〔상연〕 목록.

rep·er·to·ry [répərtɔ̀:ri/-təri] *n.* Ⓒ (지식 등의) 축적; 저장(소), 보고(寶庫); =REPERTOIRE.

répertory còmpany 〔**thèater**〕 레퍼토리 극단〔극장〕.

:rep·e·ti·tion[rèpətíʃən] *n.* Ⓤ,Ⓒ 반복, 되풀이; Ⓒ 암송문; 복사. **re·pet·i·tive**[ripétətiv] *a.*

re·pine[ripáin] *vi.* 불평을 말하다, 투덜거리다(*at, against*).

:re·place[ripléis] *vt.* ① 제자리에 놓다, 되돌리다; 돌려 주다. ② 복직〔복위〕시키다. ③ (…에) 대신하다, 교대시키다(*by, with*). — *n.* Ⓤ 〖컴〗 새로바꾸기. * **~·ment** *n.* Ⓤ 반환; 교체; 〖컴〗 대체.

re·plant[ri:plǽnt/-ɑ́:-] *vt.* 이식(移植)하다.

re·plen·ish[riplénìʃ] *vt.* 보충〔추가〕하다; 다시 채우다(*with*). **~ed** [-t] *a.* 가득해진. **~·ment** *n.*

re·plete[riplí:t] *a.* 가득 찬, 충분한; 포식한(*with*). **re·plé·tion** *n.*

rep·li·ca[réplikə] *n.* (It.) Ⓒ 모사(模寫), 복제(複製)(facsimile).

rep·li·cate[réplikèit] *vt.* 되풀이하다; 복제하다; 사본을 뜨다; 되접다.

rep·li·ca·tion[rèpləkéiʃən] Ⓤ,Ⓒ ① 답; 대답에 대한 응답; 〖法〗 원고

R

의 재항변. ② 복사, 모사. ③ 반향. ④ 〖統計〗 실험의 반복.
†**re·ply**[riplái] *n., vi., vt.* Ⓒ 대답〔대꾸〕(하다)(answer), 응답(하다); 응전(하다); 반향(反響)(하다).
réply càrd 왕복 엽서.
réply cóupon 반신권《우표와 교환이 가능》.
†**re·port**[ripɔ́:*r*t] *n., vt., vi.* ① Ⓒ 보고〔보도〕(하다); Ⓤ,Ⓒ 소문(내다). ② (보고하기 위해) 출두하다, 신고하다. ③ Ⓒ (보통 *pl.*) 판결〔의사〕록. ④ Ⓒ 총성, 포성, 폭음. ⑤ Ⓒ 〖컴〗 보고서. ~ ***oneself*** 신고하다, 출두하다; 도착을 알리다. ***R- to the Nation*** (영국 정부가 2주일마다 일류 신문에 발표하는) '국민에의 보고'. ***through good and evil*** ~ 평판이 좋든 나쁘든. **~·ed·ly**[-idli] *ad.* 보도〔세평·전하는 바〕에 의하면. ***~·er** *n.* Ⓒ 통신〔보도〕원, 탐방 기자; 보고〔통보〕자; 의사〔판결〕 기록원; 기관지.
re·port·age[ripɔ́:*r*tidʒ, rèpɔ:*r*tá:ʒ] *n.* (F.) Ⓤ 보고 문학, 르포르타주 (문체).
repórt càrd (학교) 성적표.
repórted spéech 〖文〗 간접화법 (indirect narration).
repórt stàge (영국 하원의) 보고 위원회, 제 3 독회.
‡**re·pose**[1][ripóuz] *vt.* 쉬게 하다, 눕히다(*on, in*). ── *vi.* 쉬다, 눕다, 자다, 놓여 있다(*in, on*); 영면하다. ── *n.* Ⓤ ① 휴식, 안면; 영면(永眠); 휴지(休止). ② 침착; 조화. **~·ful** *a.* 평온한. **~·ful·ly** *ad.*
re·pose[2] *vt.* (신뢰·희망을) 두다, 걸다(set, place)(*in*).
re·pos·it[ripázit/-pɔ́z-] *vt.* 저장〔보존〕하다. **re·po·si·tion**[rì:pəzíʃən, rèp-] *n.*
re·pos·i·to·ry [ripázitɔ̀:ri/-pɔ́zitəri] *n.* Ⓒ 창고; 용기(容器); (지식 등의) 보고(寶庫); 납골당(納骨堂); 믿을 수 있는 사람(confidant).
re·pos·sess[rì:pəzés] *vt.* 되찾(게 하)다.
re·pous·sé[rəpu:séi/─́─] *a., n.* (F.) (금속 따위의 안쪽을 쳐서) 도드라지게 한 (무늬의); Ⓤ 돋을무늬 세공; Ⓒ 돋을무늬 세공품.
repp[rep] *n.* =REP[1].
rep·re·hend[rèprihénd] *vt.* 꾸짖다, 비난하다. **-hén·sion** *n.* **-hén·si·ble** *a.* 비난당할 만한.
‡**rep·re·sent**[rèprizént] *vt.* ① 묘사하다, 나타내다; 의미하다. ② 말하다, 기술하다, 단언하다. ③ 상연〔연출〕하다. ④ 대표하다; (…의) 대표자〔대의원〕이다. ⑤ (…에) 상당하다 (correspond to). ***~ed*** SPEECH. ***-sen·ta·tion**[─́──téiʃən] *n.* Ⓤ 표현, 묘사; 〖컴〗 표현; Ⓒ 설명; 진술; (*pl.*) 진정; Ⓤ,Ⓒ 상연, 연출; Ⓤ 대표(권).
‡**rep·re·sent·a·tive** [rèprizéntətiv] *a.* ① 대표〔전형〕적인. ② 대리의; 대의제의. ③ 표현하는(*of*). ~ ***government*** 대의 정체. ── *n.* Ⓒ ① 대표자, 대리인, 대의원. ② 상속인. ③ 대표물, 견본; 전형. ***the House of Representatives*** 《美》 하원; 민의원.
***re·press**[riprés] *vt.* 억제하다 (restrain); 억압하다, 억누르다; 진압하다. **re·prés·sion** *n.* **-sive** *a.*
re·pres·sor [riprésə*r*] *n.* Ⓒ 억압자; 〖生〗 억제 물질.
re·prieve[riprí:v] *n., vt.* Ⓒ (…형의) 집행 유예〔일시적 연기〕(를 하다)(cf. probation).
rep·ri·mand[réprəmæ̀nd/-mà:nd] *n., vt.* Ⓤ,Ⓒ 징계(하다).
***re·print**[rí:prìnt] *n.* Ⓒ 재판(再版), 번각(飜刻). ── [─́] *vt.* 재판〔번각〕하다.
re·pris·al[ripráizəl] *n.* Ⓤ,Ⓒ 보복; 「무력 행사.
re·prise[ripráiz] *n.* Ⓒ ① (보통 *pl.*) 〖英法〗 토지 수입에서 지불되는 연간 경비《차지료·연금 따위》. ② 〖樂〗 (소나타 형식의) 재현부, 반복. ***beyond* 〔*above, besides*〕 *~s*** 제경비를 지불한 나머지의.
‡**re·proach**[ripróutʃ] *n.* Ⓤ 비난; 불명예. ── *vt.* 비난하다; 체면을 손상시키다. **~·ful** *a.* 책망하는, 책망하는 듯한, 비난하는; 부끄러운. **~·ful·ly, ~·ing·ly** *ad.* **~·less** *a.* 더할 나위 없는.
rep·ro·bate[réprəbèit] *vt.* 비난하다; (신이) 저버리다. ── *a., n.* Ⓒ 구제할 길 없는 (무뢰한); 신에게 버림 받은 (사람). **-ba·tion**[─́béiʃən] *n.* Ⓤ 비난, 거절; (신의) 저버림.
re·proc·ess [ri:práses/-próus-] *vt.* (폐품 따위를) 재생하다.
***re·pro·duce**[rì:prədjú:s] *vt.* 재생〔재현〕하다; 복사하다, 모조〔복제〕하다; 재연〔재판〕하다; 생식〔번식〕하다. **-duc·i·ble**[-əbəl] *a.* 재생〔복제〕할 수 있는.
***re·pro·duc·tion** [rì:prədʌ́kʃən] *n.* ① Ⓤ 재생, 재현; 재건; 재생산. ② Ⓤ 모조, 복제; Ⓒ 모조〔복제〕품. ③ Ⓤ 생식 (작용). **-dúc·tive** *a.*
reprodúction pròof 〖印〗 전사지.
re·prog·ra·phy [ri:prágrəfi/-prɔ́g-] *n.* Ⓤ (문헌 등의) 복사술《전자 카피 등에 의한》.
***re·proof**[riprú:f] *n.* Ⓤ 비난(rebuke), 질책; Ⓒ 비난의 말.
***re·prove**[riprú:v] *vt.* 비난하다.
‡**rep·tile**[réptil, -tail] *n.* Ⓒ 파충류; 비열한(漢). ── *a.* 파행성의, 기어다니는; 비열한. **rep·til·i·an**[reptíliən] *a., n.*
‡**re·pub·lic**[ripʌ́blik] *n.* Ⓒ 공화국. ***R- of Korea*** 대한민국《생략 ROK》. ***R- of South Africa*** 남아프리카 공화국.
re·pub·li·can**[ripʌ́blikən] *a.* 공화국〔정체·주의〕의. ***the R- Party 《美》 공화당. ── *n.* Ⓒ 공화론자; (R-) 《美》 공화당원. **~·ism**[-ìzəm] *n.* Ⓤ 공화주의, 공화 정치, 공화제.
re·pu·di·ate[ripjú:dièit] *vt.* 의절

(義絶)하다; 거절[거부]하다; 부인하다. **-a·tion**[–ᅩ–éiʃən] *n.*

re·pug·nance[ripʌ́gnəns] *n.* Ⓤ 반감, 증오(aversion). **-nant** *a.*

***re·pulse**[ripʌ́ls] *n., vi.* (*sing.*) 격퇴[논박·거절](하다). **re·púl·sion** *n.* Ⓤ 반감, 증오; 격퇴; 거절; 〖理〗 반발 (작용). **re·pul·sive**[-siv] *a.* 몹시 불쾌한; 쌀쌀한; 〖理〗 반발하는.

rep·u·ta·ble[répjətəbəl] *a.* 평판 좋은, 명성 있는; 훌륭한.

:rep·u·ta·tion[rèpjətéiʃən] *n.* Ⓤ 평판; 명성.

:re·pute[ripjú:t] *n.* Ⓤ 세평, 평판; 명성(good fame), 호평. — *vt.* 《보통 수동》 …라 평[생각]하다, …로 보다(*He is* ~*d as* [*to be*] *honest.*). **re·put·ed**[-id] *a.* 평판이 좋은; …라고 일컬어지는(*the* ~*d author* 저자(著者)라는 사람). **re·put·ed·ly**[-idli] *ad.* 세평으로는.

:re·quest[rikwést] *vt.* 바라다; 요구하다, (신)청하다(ask for). — *n.* Ⓤ,Ⓒ ① 요구, 소원, 의뢰, 간청. ② 수요. ***by*** [***at the***] ~ ***of*** …의 요구[요청]에 따라. ***much in*** ~ (인기가 있어) 사방에서 끄는.

req·ui·em, R- [rékwiəm, rí-] *n.* Ⓒ 〖가톨릭〗 진혼 미사(곡); 진혼곡, 레퀴엠.

†re·quire[rikwáiər] *vt.* 요구하다, 구하다; (…을) 필요로 하다; 명하다. **:~·ment** *n.* Ⓒ 요구; 필요물[조건]; 자격.

***req·ui·site**[rékwəzit] *a., n.* Ⓒ 필요한 (물건), 요건.

req·ui·si·tion[rèkwəzíʃən] *n.* Ⓤ 요구; 수요, 징발, 징용; Ⓒ (전시의) 징발[징집] 명령(서). — *vt.* 징발[징용·접수(接收)]하다; (문서로) 요구하다.

re·quit·al[rikwáitl] *n.* Ⓤ 보답; 보상; 보복.

re·quite[rikwáit] *vt.* 보답[답례]하다; 보상하다; 보복하다. **~·ment** *n.*

re·ra·di·a·tion [rì:reidiéiʃən] *n.* Ⓤ 〖理〗 (전자의) 재복사, 2차 전자 복사.

rere·dos[ríərdɑs/-dɔs] *n.* Ⓒ (제단 뒤의) 장식벽[가리개].

re·route[ri:rú:t, -ráut] *vt., vi.* (…의) 여정을 변경하다.

re·run [ri:rʌ́n] *vt.* (*-ran; -run; -nn-*) 재상연하다; 〖컴〗 (…을) 다시 실행하다. — [ᅩᅩ] *n.* Ⓒ 재상연; 〖컴〗 재실행.

re·scind [risínd] *vt.* 폐지하다(repeal); 무효로 하다; 취소하다. **~·ment** *n.*

re·scis·sion[risíʒən] *n.* Ⓤ 폐지, 취소, 무효로 함; (계약 등의) 해제.

re·script[rí:skrìpt] *n.* Ⓒ 칙답서(勅答書); 칙어.

:res·cue[réskju:] *n., vt.* Ⓤ,Ⓒ 구조[구제](하다); Ⓤ (불법으로) 탈환(하다). **rés·cu·er** *n.* Ⓒ 구조[구원]자.

réscue sùit (특히 소방관의) 내열[내화]복.

:re·search[risə́:rtʃ, rí:sə:rtʃ] *n.* Ⓤ (종종 *pl.*) 연구, 조사(*after, for*). — *vi.* 연구[조사]하다(*into*). ***~·er** *n.*

reséarch lìbrary 학술 도서관.

reséarch profèssor 연구 (전문) 교수.

re·seat[ri:sí:t] *vt.* 다시 놓다[앉히다]; 복위[복직]시키다; (의자를) 새 천으로 갈아 대다.

re·sect[risékt] *vt.* 〖醫〗 (뼈 따위를) 절제하다, 깎아내다.

re·sec·tion[risékʃən] *n.* Ⓤ 〖醫〗 절제(술).

:re·sem·ble[rizémbəl] *vt.* (…와) 비슷하다. ***-blance** *n.* Ⓤ,Ⓒ 유사, 닮음, 비슷함(*between, to, of*); Ⓒ 초상.

***re·sent**[rizént] *vt.* (…을) 분개하다; 원망하다. **~·ful(·ly)** *a.* (*ad.*) ***~·ment** *n.* Ⓤ 노함, 분개; 원한.

re·ser·pine[risə́:rpi(:)n] *n.* Ⓤ 〖藥〗 레세르핀《혈압 강하제》.

res·er·va·tion**[rèzərvéiʃən] *n.* ① Ⓤ,Ⓒ 보류, 삼가함; 조건, 제한. ② Ⓤ,Ⓒ (좌석 따위의) 예약. ③ Ⓒ 《美》 (인디언) 보호지역. ***without ~ 거리낌[기탄]없이; 무조건으로.

:re·serve[rizə́:rv] *vt.* ① 보류하다; (따로) 떼어 두다; 보존[보유]하다. ② (좌석을) 예약하다; 따로 해 두다; 운명짓다. ③ (토론·판결 등을) 연기하다; 삼가해 두다. ***All rights*** ~***d.*** (일체의) 판권 소유. ~ ***oneself for*** …에 대비하여 정력을 길러두다. — *n.* Ⓤ 보류, 유보, 보존; 예비; 〖컴〗 예약; Ⓒ 예비품, (은행의) 예비[적립]금; 예비 선수; (*the* ~) 예비부대, 예비[후비]병; Ⓒ 특별 보류지(*a game* ~ 금렵 지역); Ⓤ 제한; 사양. ***in*** ~ 따로 떼어(둔); 예비[보결]의. ***without*** ~ 거리낌[기탄]없이, 털어놓고; 무제한[무조건]으로. ***~d**[-d] *a.* 겸양하는, 수줍어하는; 예약된; 보류한. **re·serv·ed·ly** [-idli] *ad.* 조심스레, 터놓지 않고.

resérve bànk 《美》 준비 은행《연방 준비 은행제에 의한》.

resérve cíty 《美》 준비금시(準備金市)《국립 은행 조례에 의하여 정해진 금융 중심 도시의 하나》.

resérved wórd 〖컴〗 예약어.

resérve prìce 경매의 한정[최저] 가격.

「향 군인.

re·serv·ist[-ist] *n.* Ⓒ 예비병; 재

***res·er·voir**[rézərvwɑ̀:r, -vwɔ̀:r] *n.* Ⓒ 저장소; 저수지; 석유[가스] 탱크; (램프의) 기름통; (지식·경험의) 축적.

re·set[ri:sét] *vt.* (~; *-tt-*) 다시 놓다[맞추다, 끼우다, 짜다]; 〖컴〗 재시동[리셋]하다. — [ᅩᅩ] *n.* Ⓒ 바꾸기; 〖컴〗 재시동, 리셋(*a* ~ *key* 재시동키).

re·shuf·fle[ri:ʃʌ́fəl] *vt., n.* Ⓒ (카드패를) 다시 치다[침]; 개각(改閣)(하다); (인원의) 배치 변경; 전환(시키다).

:**re·side**[rizáid] *vi.* ① 살다, 주재하다(*at, in*). ② 존재하다, 있다(*in*).
:**res·i·dence**[rézidəns] *n.* Ⓤ 거주, 주재; Ⓒ 주재 기간; 주택, 저택. **-den·cy** *n.* Ⓤ 전문의의 실습 기간; 관저.
:**res·i·dent**[-dənt] *a.* ① 거주하는; 숙식〔입주〕하는. ② 고유의, 내재하는(inherent); 〖컴〗 상주의. — *n.* Ⓒ 거주〔주재〕자; 레지던트《병원에서의 전문의(專門醫)실습생》; 〖컴〗 상주. ***foreign ~s*** 재류(在留) 외국인. ~ ***minister*** 변리 공사. ~ ***tutor*** 입주 가정 교사.
*__res·i·den·tial__[rèzidénʃəl] *a.* 거주(지)의; 주택용의.
residéntial hotél 거주용 호텔, 호텔식 아파트.
résident prògram 〖컴〗 상주(常駐) 프로그램.
re·sid·u·al[rizídʒuəl] *n., a.* Ⓒ 나머지〔잉여〕(의); (*pl.*) (출연자에게 주는) 재방송료. ~ ***property*** 잔여 재산.
re·sid·u·ar·y [-èri/-əri] *a.* 〖法〗 잔여 (재산)의. ~ ***legatee*** 잔여 재산 수증자(受贈者).
res·i·due[rézidjù:] *n.* Ⓒ 〖法〗 잔여 (재산); 〖數〗 잉여.
re·sid·u·um [rizídʒuəm] *n.* (*pl.* ***-sidua***) Ⓒ 잔여, 나머지 (물건); 찌꺼기; 〖數〗 나머지, 오차; 최하층민, 인간 쓰레기.
:**re·sign**[rizáin] *vt.* (직을) 사임하다; 포기〔단념〕하다. — *vi.* 사직하다(*from*). ***be ~ed,*** or ***~ oneself*** 체념하다; 몸을 맡기다(*to*). **~ed** [-d] *a.* 복종적인; 체념한; 사직한. **~·ed·ly**[-idli] *ad.*
*__res·ig·na·tion__[rèzignéiʃən] *n.* Ⓤ,Ⓒ 사직; 양위, 물러남; Ⓒ 사표; Ⓤ 체념(*to*); 포기.
re·sil·ient[rizíljənt, -liənt] *a.* 되튀는; 탄력성 있는. **-ience, -ien·cy** *n.*
*__res·in__[rézin] *n.* Ⓤ,Ⓒ 수지(樹脂), 송진; 합성 수지. **~·ous**[rézənəs] *a.* 수지질의, 진이 있는.
:**re·sist**[rizíst] *vt.* 저항〔반항〕하다(oppose); 방해하다; 무시하다; 참다; 격퇴하다. :**~·ance**[-əns] *n.* Ⓤ 저항, 반항; 반대. **~·ant** *a.* **~·er** *n.* Ⓒ 저항자; 반정부주의자. **~·less** *a.* 저항하기〔억누르기〕 어려운. **re·sís·tor** *n.* Ⓒ 〖電·컴〗 저항기.
re·sis·tiv·i·ty [rì:zistívəti] *n.* Ⓤ 저항력; 〖電〗 저항률.
re·sole[ri:sóul] *vt.* 구두 창을 갈다.
re·sol·u·ble [rizáljəbəl, rézə-/rizɔ́-] *a.* 용해할 수 있는; 해결할 수 있는.
*__res·o·lute__[rézəlù:t] *a.* 굳은 결의의, 단호한. **~·ly** *ad.* **~·ness** *n.*
:**res·o·lu·tion**[rèzəlú:ʃən] *n.* ① Ⓒ 결심; 과단; 결의(안). ② Ⓤ 분해, 분석(*into*); 해결, 해답(solution). ③ Ⓤ 〖컴〗 해상도.
:**re·solve**[rizálv/-ɔ́-] *vt.* ① 분해〔분석〕하다; 해체하다; 변체(變體)〔변형, 변모〕시키다. ② (분석하여) 해결하다; 결심〔각오〕하다. ③ 결정〔표결〕하다, 의결하다. ④ (종기를) 삭게 하다. — *vi.* 결심〔결정〕하다(*on, upon*); 분해하다; (결국 …이) 되다, (…로) 귀착하다(*into*); (종기가) 삭다; 〖法〗 무효로 되다. — *n.* Ⓤ,Ⓒ 결심, 결의; Ⓤ 불굴. * **~d** *a.* 결의한, 단호한. **re·solv·ed·ly**[-idli] *ad.*
res·o·nance[rézənəns] *n.* Ⓤ 공명; 〖電〗 공진(共振). **-nant** *a.*
res·o·na·tor[-nèitər] *n.* Ⓒ 공명〔공진〕기.
re·sorb[risɔ́:rb] *vt.* 재흡수하다.
res·or·cin·ol [rezɔ́:rsənɔ̀(:)l/-à:l] *n.* Ⓤ 〖化·藥〗 레조르시놀, 레조르신《염색·약제용》.
:**re·sort**[rizɔ́:rt] *vi.* ① 자주 가다, 모여들다(*to*). ② 의지하다(*to*), 힘을 빌리다. — *n.* ① Ⓒ 유흥지; 사람이 많이 모이는 장소, 번화가; 드나드는〔자주 가는〕 장소. ② Ⓤ 의지; Ⓒ 수단(recourse). ***health*** 〔***summer, winter***〕 ~ 보양〔피서·피한〕지. ***in the last*** ~ 최후 수단으로, 결국에는.
*__re·sound__[rizáund] *vi., vt.* 울리다, 울려퍼지다; 반향하다; 평판이 자자해지다〔하게 하다〕.
:**re·source**[rí:sɔ:rs, rizɔ́:rs] *n.* ① Ⓒ (보통 *pl.*) 자원; 물자; 재원, 자력(資力); 〖컴〗 자원. ② Ⓒ 수단, 방법; 무료를 달래기; Ⓤ 기략(機略). **~·ful** *a.* 자력〔기략〕이 풍부한. **~·less** *a.* 기략〔자력〕이 부족한.
†**re·spect**[rispékt] *n.* ① Ⓤ 존경(esteem) (*for*). ② (*pl.*) 경의, 인사; 전언. ③ Ⓤ 주의, 관심, 고려. ④ Ⓤ,Ⓒ 관계; 점. ***give one's ~s to*** …에게 안부 전하다. ***have*** ~ (…을) 존경하다(*for*); (…에) 관계가 있다, (…을) 고려하다(*to*). ***in no*** ~ 아무리〔어느 모로〕 보아도 …아니다. ***in ~ of*** …에 관하여. ***in ~ that*** 《古》 …인 고로, …때문에. ***in this*** ~ 이 점에서. ***~ of persons*** 편벽된 특별 대우, 편애. ***without ~ to*** 〔***of***〕 …을 고려치 않고. ***with ~ to*** …에 관하여. — *vt.* 존경〔존중〕하다; 고려〔관계〕하다. ***as ~s*** …에 관하여(는), …에 대하여는. ***~ oneself*** 자중하다. ***~ persons*** 사람을 차별 대우하다, 편애하다. * **~·ful(·ly)** *a.* (*ad.*) 정중한〔하게〕. **~·ing** *prep.* …에 관하여.
:**re·spect·a·ble**[-əbəl] *a.* 존경할 만한, 훌륭한; 신분〔평판〕이 좋은; 품위 있는; 보기 흉치 않은; 상당한. ~ ***minority*** 소수이지만 무시할 수 없는 수(의 사람들). **-bly** *ad.* **-bil·ity**[-⌐-bíləti] *n.* Ⓤ 존경할 만한 일; 체면; 《단·복수 취급》 훌륭한 사람들, 명사들; (*pl.*) 인습적 의례〔관습〕.
*__re·spec·tive__[rispéktiv] *a.* 각자의; 각각〔각기〕의. * **~·ly** *ad.* 각각, 각기《흔히 문미에서》.
*__res·pi·ra·tion__ [rèspəréiʃən] *n.* Ⓤ 호흡 (작용).
res·pi·ra·tor[réspərèitər] *n.* Ⓒ (인공 호흡용) 마스크; 인공 호흡기;

《英》 방독면.
re·spir·a·to·ry[réspərətɔ̀:ri, rispáiərə-/rispáiərətəri] *a.* 호흡의.
re·spire[rispáiər] *vi., vt.* 호흡하다.
res·pite[réspit] *n., vt.* U,C 연기(하다); (사형 집행을) 유예(하다); 휴식(시키다).
re·splend·ent[rispléndənt] *a.* 찬연한, 눈부신. **-ence, -ency** *n.*
:re·spond[rispánd/-ɔ́-] *vi.* 대답하다; 응하다; 감응이 있다. **~·ent** *a., n.* C 대답〔응답〕하는 (사람); 〖法〗 (이혼 소송 따위의) 피고(의).
:re·sponse[rispáns/-ɔ́-] *n.* U,C 응답; C (보통 *pl.*) (교회에서의) 응답송; U,C 감응; 〖컴〗 응답. ***in ~ to*** …에 응하여〔따라〕.
respónse tìme 〖컴〗 응답 시간.
:re·spon·si·bil·i·ty [rispɑ̀nsəbíləti/-pɔ̀n-] *n.* U,C 책임; 책무(*of, for*); 책임 대상《가족, 부채 따위》.
:re·spon·si·ble[rispánsəbəl/-ɔ́-] *a.* 책임 있는; 책임을 져야 할(*to* a person; *for* a thing); (지위가) 중대한; 책임을 다할 수 있는, 신뢰할 수 있는(reliable). **-bly** *ad.* **~·ness** *n.*
re·spon·sive** [rispánsiv/-ɔ́-] *a.* 대답하는; 감응〔감동〕하기 쉬운(*to*). ***cast a ~ glance 눈으로 대답하다. **~·ly** *ad.* **~·ness** *n.*
†rest[1] [rest] *n.* ① U,C 휴식, 휴양 (*take a ~*); 수면; 죽음, 영면; U 안심. ② C 휴식〔숙박〕처(*for*). ③ C 대(臺), 지주(支柱). ④ C 〖樂〗 휴지(부), 쉼표. ***at ~*** 휴식〔안심〕하고, 잠들어; 영면하여. ***day of ~*** 안식일, 일요일. ***go to ~*** 자다, 죽다. ***lay to ~*** 매장하다. **—** *vi., vt.* ① 쉬(게 하)다, 정지(靜止)하다〔시키다〕. ② 눕다, 눕히다, 기대(게 하)다 (*on, upon, against*). (이하 *vi.*) ③ 자다; 영면하다. ④ 의지하다(*in, on, upon*); (…에) 있다(*It ~s with you to decide.* 결정은 네게 달려 있다). ***be ~ed*** 쉬다. ***~ in peace*** (지하에) 고이 잠들다. ***~ on one's arms*** 무장한 채 쉬다; 방심하지 않다. **∠·ful** *a.* 마음을 편안케 하는; 편안한, 평온한.
:rest[2] *n.* (the ~) 나머지, 그 밖의 것〔사람들〕. ***among the ~*** 그 중에서도 (특히); 그 중에 끼어서. ***for the ~*** 그 외는, 나머지는. **—** *vi.* …인〔한〕 채이다〔로 있다〕. ***~ assured*** 〔***satisfied, content***〕 안심〔만족〕하고 있다.
rést àrea 《英》 (고속도로 따위의) 대피소(《英》 lay-by)
re·state[ri:stéit] *vi.* 재진술하다, 고쳐 말하다. **~·ment** *n.*
:res·tau·rant [réstərənt, -rɑ̀:nt/-rɔ̃:ŋ] *n.* (F.) C 요리〔음식〕점.
res·tau·ra·teur [rèstərətə́:r/-tɔ:r-] *n.* (F.) C 요리점 주인.
rést cùre 〖醫〗 (정신병 등의) 안정 요법.
rést dày 휴일; 안식일.
rést hòme 요양소, 보양소.
rést hòuse 여행자 숙박소; 《美》 (충분한) 보양 시설. 「층계참.
résting plàce 휴게소; (계단의)
res·ti·tute[réstətjù:t] *vt.* (…을) 원상태로 되돌리다.
res·ti·tu·tion[rèstətjú:ʃən] *n.* U 반환, 상환, 배상; 회복; 복직; 〖理〗 복원. ***make ~*** 배상하다.
res·tive[réstiv] *a.* 침착하지 못한, 불안해 하는(uneasy); 다루기 힘든, 고집 센; (말 따위가) 앞으로 나아가려 않는, 어거하기 힘든.
:rest·less[réstlis] *a.* 침착하지 않은; 불안한; 부단한, 끊임없는; 쉬지 않는; 잠잘 수 없는; 활동적인. **~·ly** *ad.* **~·ness** *n.* 「量).
rést màss 〖理〗 정지 질량(靜止質
re·stock[ri:sták/-stɔ́k] *vt., vi.* (…을) 새로 사들이다; (농장에) 다시 가축을 들이다; (…을) 보급하다.
re·stor·a·ble[ristɔ́:rəbəl] *a.* 회복될 수 있는; 본래대로 될 수 있는.
***res·to·ra·tion**[rèstəréiʃən] *n.* U 회복; 복구; 복고; 복위; 복원; (the R-) 〖英史〗 (Charles Ⅱ 의) 왕정 복고(시대)《1660-88》.
re·stor·a·tive[ristɔ́:rətiv] *a., n.* C 원기를 회복하는 (약), 강장제.
:re·store[ristɔ́:r] *vt.* 본래대로 하다, 복구하다; 회복〔부흥〕하다; (건강 등을) 되찾다; 복위시키다; 돌려주다; 〖컴〗 되깔기하다. **re·stór·er** *n.* **re·stór·ing** *a.*
:re·strain[ristréin] *vt.* 억제〔제지·억압〕하다; 구속〔감금〕하다(confine). ***~ oneself*** 자제하다. ***~ed** *a.* 온당한; 구속〔억제〕된. **~·ed·ly**[-idli] *ad.* 「명령.
restráining òrder 〖法〗 가처분
re·straint**[ristréint] *n.* ① U,C 억제. ② U 구속, 속박, 감금; 검속. ③ U,C 자제, 삼감; 제한. ***~ of trade 거래 제한. ***without ~*** 거리낌없이.
***re·strict**[ristríkt] *vt.* 제한하다(*to, within*). ***~·ed** *a.* ***re·stríc·tion** *n.* U,C 제한; 구속. ***re·stric·tion·ism**[-ìzəm] *n.* U (무역 · 이민 등의) 제한주의. **-ist** *n.* ***re·stríc·tive** *a., n.* 제한하는; 〖文〗 제한적(용법)인; 한정적인; C 〖文〗 한정사.
restrícted área 《美》 (군인의) 출입 금지 구역; 《英》 (자동차의) 속도 제한 구역.
restríction ènzyme 〖生化〗 제한 효소《세포에 침입해 들어오는 DNA를 절단 배제하는 효소》.
rést ròom 휴게실; 변소.
rést stòp =REST AREA.
†re·sult[rizʌ́lt] *n.* U,C 결과; C (보통 *pl.*) (시험의) 성적; C (계산의) 답. **—** *vi.* (결과로서) 생기다, 일어나다(*from*); (…에) 귀착하다, (…이) 되다(*in*). ***~·ant**[-ənt] *n., a.* C 결과(로서 발생하는); 〖理〗 합성적인; 합력; 〖數〗 종결식.
:re·sume[rizú:m/-zjú:m] *vt.* ① 다시 시작하다; 다시 잡다(*~ one's*

seat 자리에 돌아오다). ② 되찾다; (건강을) 회복하다. ③ (다시 초들어) 요약하다(summarize). ***re·sump·tion**[rizʌ́mpʃən] *n.* Ⓤ,Ⓒ 재개시.

ré·su·mé[rézuméi, ⏑⏑⏑] *n.* (F.) Ⓒ 적요(摘要); 이력서.

re·sur·face[riːsə́ːrfis] *vi.* (잠수함이) 떠오르다.

re·surge[risə́ːrdʒ] *vi.* 재기하다; 부활하다, 되살아나다; 재현하다. **re·sur·gence**[-dʒəns] *n.* Ⓤ 재기, 부활. **re·sur·gent**[-dʒənt] *a.*

res·ur·rect[rèzərékt] *vt.* 소생〔부활〕시키다; 다시 소용되게 하다; 파내다. ***-réc·tion** *n.* Ⓤ 부활; (the R-) 예수의 부활; (시체) 발굴.

re·sus·ci·tate[risʌ́sətèit] *vi., vt.* 소생〔부활〕하다〔시키다〕. **-ta·tion**[-⏑-téiʃən] *n.*

re·sus·ci·ta·tor[risʌ́sətèitər] *n.* Ⓒ 부활하는〔시키는〕 사람; 인공 호흡기, 소생실.

***re·tail**[ríːteil] *n., a.* Ⓤ 소매(小賣)(의). — *ad.* 소매로. — [riːtéil] *vt., vi.* 소매하다〔되다〕; [ritéil] (이야기를) 받아 옮기다. **~·er** *n.*

:re·tain[ritéin] *vt.* ① 보유하다, 보지〔유지〕하다. ② 계속 실행하다; 기억하고 있다. ③ (변호사·하인을) 고용해 두다. **~·er** *n.* Ⓒ 보유자; 〖史〗 부하, 종자, 가신(家臣); =RETAINING FEE.

retáined óbject 〖文〗 보류 목적어《She was given a *doll.* A doll was given *her.*》.

retáining fèe (고용 변호사의) 고용료, 변호사 수당.

retáining fòrce 〖軍〗 견제(牽制) 「부대.

retáining wàll 옹벽(擁壁).

re·take [*v.* riːtéik: *n.* ⏑⏑] *vt.* (*-took; -taken*), *n.* 다시 취(取)하다; 되찾다; Ⓒ 〖寫·映〗 재촬영(하다); 재시험.

re·tal·i·ate[ritǽlièit] *vt., vi.* 앙갚음〔보복〕하다. **-a·tion**[-⏑-éiʃən] *n.* **-a·tive** *a.* **-a·to·ry**[-tɔ̀ːri/-təri] *a.*

re·tard[ritáːrd] *vt., vi.* 늦게 하다, 늦어지다, 늦추다, 늦추어지다; (*vt.*) 방해하다. — *n.* Ⓤ,Ⓒ 지연; 방해. **re·tar·da·tion**[rìːtaːrdéiʃən] *n.* Ⓤ,Ⓒ 지연; 방해(물); 〖理〗 감속도.

re·tar·date[ritáːrdeit] *n.* Ⓒ 《美》 지능이 낮은 사람.

re·tard·ed[ritáːrdid] *a.* 지능이 뒤진, 지진의《IQ 70~85정도》(*a* ~ *child* 지진아).

retch[retʃ] *n., vi.* Ⓒ 구역질(나다).

re·tell[riːtél] *vt.* (*-told*) 다시 이야기하다; 되풀이하다; 다시 세다.

re·ten·tion[riténʃən] *n.* Ⓤ 보지(保持), 보유, 유지; 기억(력); 〖醫〗 (요(尿))폐색. **-tive** *a.* 보지하는(*of*), 보지력이 있는; 기억력 좋은.

ret·i·cence[rétəsəns], **-cen·cy**[-si] *n.* Ⓤ,Ⓒ 침묵, 과묵; 삼감. **-cent** *a.* **-cent·ly** *ad.*

re·tic·u·late[ritíkjəlit] *a.* 그물 모양의. — [-lèit] *vt., vi.* 그물 모양으로 하다〔되다〕. **-la·tion**[-⏑-léiʃən] *n.* Ⓤ (종종 *pl.*) 망상(網狀)(물·조직).

ret·i·cule[rétikjùːl] *n.* Ⓒ (그물 모양의) 핸드백.

ret·i·na[rétənə] *n.* (*pl.* ~*s, -nae* [-nìː]) Ⓒ 〖解〗 망막(網膜).

ret·i·no·scope[rétənəskòup] *n.* Ⓒ 검안경.

ret·i·nue[rétənjùː] *n.* Ⓒ 《집합적》 수행원.

re·tir·a·cy[ritáiərəsi] *n.* Ⓤ,Ⓒ 《美》 퇴직, 은퇴.

:re·tire[ritáiər] *vi.* 물러나다, 퇴각하다(*from, to*); 자다; 퇴직〔은퇴〕하다. — *vt.* 물러나게 하다; (지폐 따위를) 회수하다; 〖野·크리켓〗 아웃시키다(put out). ***~d**[-d] *a.* 퇴직〔은퇴〕한; 궁벽한, 외딴(secluded). ***~·ment** *n.* Ⓤ,Ⓒ 퇴직, 퇴역; 퇴각. ***re·tír·ing** *a.* 은퇴하는, 물러나는; 수줍은, 내성적인, 겸손한.

retírement pènsion 《英》 (국민보험의) 퇴직 연금.

retíring àge 퇴직 연령, 정년.

re·told[riːtóuld] *v.* retell의 과거(분사).

re·tool[riːtúːl] *vt.* (공장의) 기계를 재정비하다; (기계·설비를) 재편성하다. — *vi.* 기계〔설비〕를 갱신하다.

***re·tort**[1] [ritɔ́ːrt] *n., vi., vt.* Ⓤ,Ⓒ (…라고) 말대꾸(하다), 대갚음(하다), 역습(을 가하다); 보복(하다)(*on, upon, against*).

re·tort[2] *n.* Ⓒ 〖化〗 레토르트《증류기》.

re·touch[riːtʌ́tʃ] *n., vt.* Ⓒ 수정(하다).

re·trace[ritréis] *vt.* 근본〔근원〕을 찾다; 거슬러 올라가(서 조사하)다; 회고하다; (왔던 길을) 되돌아가다, 되물러나다. ~ ***one's steps*** 되돌아가다; 다시 하다.

re·tract[ritrǽkt] *vt.* 뒤로 물리다, 움츠러들이다; 철회〔취소〕하다. **~·a·ble** *a.* **re·trac·tá·tion** *n.* **re·trac·tile**[ritrǽktil, -tail] *a.* 움츠릴 수 있는. **re·trác·tion** *n.* **re·trác·tive** *a.*

re·tral[ríːtrəl] *a.* 배부(背部)의, 후부의.

re·tread[riːtréd] *vt.* (~*ed*) (타이어의) 바닥을 갈아 대다(cf. recap). — [⏑⏑] *n.* Ⓒ 재생 타이어; 《美俗》 재소집병.

:re·treat[ritríːt] *n.* ① Ⓤ,Ⓒ 〖軍〗 퇴각(의 신호); 귀영 나팔〔북〕(소리). ② Ⓒ 은퇴〔피난〕(처). ③ Ⓤ,Ⓒ 〖敎會〗 묵상(시간), 정수(精修). ***beat a*** ~ 퇴각하다; 사업을 그만두다. — *vi., vt.* 물러나(게 하)다, 퇴각하다.

re·trench[ritréntʃ] *vt., vi.* 삭제〔단축〕하다, 절약하다. **~·ment** *n.*

re·tri·al[riːtráiəl] *n.* Ⓤ,Ⓒ 〖法〗 재심.

ret·ri·bu·tion[rètrəbjúːʃən] *n.* Ⓤ 보복; 벌; 응보. **re·trib·u·tive**[ritríbjətiv] *a.* **re·trib·u·to·ry**[-tɔ̀ːri/-təri] *a.*

re·triev·al[ritríːvəl] *n.* Ⓤ 만회; 〖컴〗 (정보의) 검색.

R

retríeval sỳstem 〖컴〗 정보 검색 시스템.

***re·trieve**[ritríːv] *vt.* ① (잃어버린 명예·신용 따위를) 회복하다, (손해본 것을) 되찾다. ② 정정(訂正)하다; (과실을) 보상〔벌충〕하다. ③ 구하다 (*from, out of*); 생각해 내다. ④ 〖컴〗 (정보를) 검색하다. ― *vi.* (사냥개가) 잡은 것을 찾아서 가져오다. ― *n.* Ⓤ 회복, 되찾음. **re·tríev·a·ble** *a.* **re·tríev·al** *n.* **re·tríev·er** *n.* Ⓒ retrieve하는 사람; 사냥개(의 일종).

ret·ro-[rétrou, -rə] *pref.* '뒤로, 거꾸로, 거슬러, 재복귀의' 등의 뜻.

rètro·áctive *a.* 소급하는. ~ ***law*** 〔***tax***〕 소급법〔세〕.

ret·ro·cede[rètrəsíːd] *vi.* 돌아가다, 물러가다(recede); 〖醫〗 내공(內攻)하다. **-ces·sion**[-séʃən] *n.* Ⓤ 후퇴; 내공.

rétro-èngine *n.* =RETROROCKET.

rétro·fire *vt.* (역추진 로켓에) 점화하다. ― *vi.* 역추진 점화하다. ― *n.* Ⓤ (로켓의) 역추진 점화.

ret·ro·flex(ed)[rítrəflèks(t)] *a.* 뒤로 휜〔굽은〕; 〖醫〗 후굴한; 〖音聲〗 반전음(反轉音)의.

ret·ro·grade[rétrəgrèid] *vi.* 후퇴〔퇴보·역행〕하다; 쇠퇴〔악화〕하다. ― *a.* 후퇴〔퇴보·쇠퇴〕하는.

ret·ro·gress[-grès, ⌐-⌐] *vi.* 후퇴〔퇴보·퇴화·악화〕하다. **-gres·sion**[⌐-gréʃən] *n.* **-grés·sive** *a.*

rétro·ròcket *n.* Ⓒ (천체 착륙이 가능한) 역추진 로켓.

ret·ro·spect[rétrəspèkt] *n., vt., vi.* Ⓤ 회고〔회상〕(하다). ***in*** ~ 회상하여(보면). **-spec·tion**[⌐-spékʃən] *n.* **-spéc·tive** *a.*

re·trous·sé[rètruːséi/rətrúːsei] *a.* (F.) 들창코의(turned up).

ret·ro·vert[rètrəvə́ːrt] *vt.* (…을) 뒤로 굽히다, 후굴시키다《특히 자궁을》.

re·try[riːtrái] *vt.* 재심하다; 다시 시도하다.

†**re·turn**[ritə́ːrn] *vi.* 돌아가〔오〕다, 되돌아가〔오〕다; 대답하다. ― *vt.* ① 돌려주다, 되돌리다; 반사하다. ② 보답〔대갚음〕하다; 대답하다, 답신〔보고〕하다. ③ (이익 따위를) 낳다. ④ (선거구가, 국회의원을) 뽑다. ― *n.* ① Ⓤ,Ⓒ 돌아옴〔감〕; 반환; 대갚음. ② Ⓤ,Ⓒ 복귀, 회복; (병의) 재발; 〖컴〗 복귀. ③ (보통 *pl.*) 이익, 보고서; (*pl.*) 통계표. ④ Ⓒ 국회의원 당선. ⑤ Ⓒ 왕복표. ***by*** ~ ***of post*** (편지 답장을) 되짚어 곧, 지급으로. ***in*** ~ 보수〔보답·답례〕로서, 그 대신으로(*for*). ***Many happy*** ~***s*** (***of the day***)***!*** 축하합니다《생일 따위의 축사》. ***secure a*** ~ (국회의원에) 선출되다. ~**ed**[-d] *a.* 돌아온.

retúrn addréss (우편의) 발신인 주소; 〖컴〗 복귀 번지.

retúrn cárd (보통 상업용의) 왕복엽서(cf. reply card).

re·turn·ee[ritə̀ːrníː] *n.* Ⓒ 귀환〔반송(返送)〕자; 복학자.

retúrn gáme 〔**mátch**〕 설욕전.

retúrning òfficer 《英》 선거 관리관.

retúrn kèy 〖컴〗 복귀(글)쇠.

retúrn tícket 《英》 왕복표.

***re·un·ion**[riːjúːnjən] *n.* Ⓤ 재결합; Ⓒ 친목회.

re·u·nite[rìːjuːnáit] *vi., vt.* 재결합〔화해〕하다〔시키다〕.

Reu·ters[rɔ́itərz] *n.* (영국의) 로이터 통신사.

rev[rev] (<*rev*olution) *n., vt., vi.* (***-vv-***) Ⓒ 《口》 발동기의 회전(을 증가시키다)(*up*).

Rev. Revelation; Reverend.

rev. revenue; reverse(d); review(ed); revise(d); revision; revolution; revolving.

re·val·ue[riːvǽljuː] *vt.* 재평가하다. **-u·a·tion**[⌐-⌐-éiʃən] *n.*

re·vamp[riːvǽmp] *vt.* 조각을〔새갑피를〕 대(고 깁)다; 수선하다; 개작〔개선〕하다; 쇄신하다.

re·vanch·ism[rəváːnʃizəm, -tʃi-] *n.* (F.) Ⓤ 실지 회복 운동〔주의〕. **-ist** *n., a.*

Revd. Reverend.

‡**re·veal**[rivíːl] *vt.* 들추어내다; 나타내다; 보이다; (신이) 계시하다. ~ ***itself*** 드러〔나타〕나다; 알려지다. ~ ***oneself*** 이름을 밝히다. ~**·ment** *n.* Ⓤ 폭로; 계시.

rev·eil·le[révəli/rivǽli] *n.* (F.) Ⓤ (종종 the ~) 기상 나팔〔북〕 소리.

rev·el**[révəl] *n., vi.* (《英》 ***-ll-) Ⓤ,Ⓒ 술잔치(를 베풀다, 를 베풀고 법석대다); 한껏 즐기다(*in*). ~ ***it*** 술마시며 떠들다. ~**·(l)er** *n.*

***rev·e·la·tion**[rèvəléiʃən] *n.* ① Ⓤ (비밀의) 폭로, 누설; 발각; Ⓒ 뜻밖의 새 사실(*What a* ~*!* 천만 뜻밖인데!). ② Ⓤ 〖神〗 (신의) 묵시, 계시(cf. reveal); (the R-, (the) Revelations) 〖聖〗 요한 계시록.

rev·el·ry[révəlri] *n.* Ⓤ (또는 *pl.*) 술잔치, 주연, 술마시고 법석댐.

rev·e·nant[révənənt] *n.* Ⓒ 죽음의 세계〔추방〕에서 돌아온 자; 망령.

‡**re·venge**[rivéndʒ] *n., vi.* Ⓤ,Ⓒ 앙갚음〔복수〕(하다); 원한(을 풀다). ***have*** 〔***take***〕 ***one's*** ~ 원한을 풀다. ***in*** ~ ***for*** 〔***of***〕 …의 앙〔대〕갚음으로서. ― *vt.* (…의) 복수를 하다 (*She* ~*d her husband.* 남편의 원수를 갚았다); 《수동 또는 재귀적》 원한을 풀다(*She was* ~*d* 〔*She* ~*d herself*〕 *on* 〔*upon*〕 *her husband.*). ~**·ful** *a.* 앙심 깊은; 복수의.

‡**rev·e·nue**[révənjùː] *n.* ① Ⓤ (국가의) 세입; 수익; 수입원〔항목〕; (*pl.*) (국가·개인의) 총수입, 소득 총액. ② (the ~) 국세청, 세무서.

révenue cùtter (세관의) 밀수 감시선.

révenue expènditure 〖商〗 수익 지출《수익을 얻기 위한 지출》.

révenue òfficer 《美》 밀수 감시관.
rev·e·nu·er[révənjùːər] *n.* Ⓒ 세무관, (세관의) 감시정(艇).
révenue stàmp 수입 인지.
révenue táriff 수입 관세.
révenue tàx 수입세.
re·ver·ber·ate [rivə́ːrbərèit] *vi., vt.* 반향〔반사〕하다〔시키다〕. **-ant** *a.* **-a·to·ry**[-tɔ̀ːri/-təri] *a.* 반향〔반사〕의. **-a·tion** [-⌐-réiʃən] *n.* 「(爐).
revérberating fúrnace 반사로
re·ver·ber·a·tor [rivə́ːrbərèitər] *n.* Ⓒ 반사기(器), 반사경, 반사등, 반사로(爐).
re·vere[1][riviər] *vt.* 존경하다.
re·vere[2] *n.* =REVERS.
*__rev·er·ence__[révərəns] *n.* Ⓤ 존경; Ⓒ 존경심(deep respect) (*We hold him in* ~.); 경례(deep bow); (R-) 님《성직자에 대한 경칭》 (*his* 〔*your*〕 *R-*).
*__rev·er·end__[-d] *a.* 존경할 만한, 존귀한; (보통 the R-) …신부《경칭; 생략 Rev.》; 성직의. ***Right*** 〔***Most***〕 ***R-*** bishop 〔archbishop〕의 존칭. — *n.* Ⓒ 《口》 성직자, 목사.
rev·er·ent[-t] *a.* 경건한. **~·ly** *ad.*
rev·er·en·tial[rèvərénʃəl] *a.* =⇧. **~·ly** *ad.* 「상.
rev·er·ie [révəri] *n.* U,C 몽상, 공
re·vers [riviər, -vɛ́ər] *n.* (*pl.* ~[-z]) (F.) Ⓒ (옷깃·소매 등의) 접어 젖힌 단. 「반전.
re·ver·sal[rivə́ːrsəl] *n.* Ⓒ 역전,
:__re·verse__[rivə́ːrs] *vt.* 거꾸로 하다, 뒤집다; 역전〔역류〕하다; 〖法〗 취소〔파기〕하다. — *vi.* 거꾸로 되다〔돌다〕, 되돌아가다. — *a.* 거꾸로〔역(逆)〕의; 뒤〔이면〕의. — *n.* (the ~) 반대; (화폐·메달 등의) 뒷면(opp. obverse); U,C 역(회전); Ⓒ 불행. **~·ly** *ad.* 「어.
revérse géar (자동차의) 후진 기
re·vers·i·ble[rivə́ːrsəbəl] *a.* 거꾸로 할〔뒤집을〕 수 있는; 취소할 수 있는.
re·ver·sion[rivə́ːrʒən, -ʃən] *n.* U,C 역전, 복귀; 귀속; 격세(隔世) 유전; Ⓒ 〖法〗 복귀권; 상속권. **~·al** [-əl], **~·ar·y**[-èri/-əri] *a.*
*__re·vert__[rivə́ːrt] *vi.* ① 본래〔예전〕상태로 돌아가다, 되돌아가다; 〖法〗 복귀〔귀속〕하다(*to*). ② 회상하다(*to*). ③ 격세 유전하다(*to*). **~·i·ble** *a.*
rev·er·y[révəri] *n.* =REVERIE.
re·vet[rivét] *vt.* (*-tt-*) 돌·콘크리트 등으로 덮다《제방·벽 등의 겉을》. **~·ment** *n.* Ⓒ 〖土〗 기슭막이, 호안(護岸), 옹벽.
:__re·view__[rivjúː] *n., vt.* ① U,C 재검토(하다); Ⓒ 검열〔검사·사열〕(하다); 사열식. ② Ⓒ 평론, 비평(하다); 평론 잡지(*the Edinburgh R-*). ③ Ⓒ 복습(하다); 연습 (문제). ④ U,C 관찰(하다); 회고(하다). ⑤ U,C 〖法〗 재심(리)(하다). ***court of*** ~ 재심 법원. ***naval*** ~ 관함식(觀艦式). ***pass in*** ~ 검사하다, 검사받다. — *vi.* 평론을 쓰다. **~·al** *n.* **~·er** *n.* Ⓒ 평론가; 검열자.
*__re·vile__[riváil] *vt., vi.* 욕(설)하다.
*__re·vise__[riváiz] *vt.* 개정(改訂)〔교정(校訂)〕하다; 교정(校正)하다. ***~d edition*** 개정판. — *n.* Ⓒ 개정〔교정〕(판); 교정〔재교〕쇄(刷). **re·vís·er** *n.*
Revísed Stándard Vérsion, the 개정 표준 성서.
Revísed Vérsion (of the Bíble), the 개역(改譯) 성서.
*__re·vi·sion__[rivíʒən] *n.* U,C 개정, 교정; Ⓒ 개정판.
re·vis·it[riːvízit] *n., vt.* Ⓒ 재방문〔재유(再遊)〕(하다).
re·vi·so·ry[riváizəri] *a.* 개정의.
*__re·viv·al__[riváivəl] *n.* U,C 재생; 부활; 부흥; 신앙 부흥; (R-) 문예 부흥; (극·영화 따위의) 재상연. ***R- of Learning*** =RENAISSANCE. **~·ist** *n.* Ⓒ 신앙 부흥 운동자.
:__re·vive__[riváiv] *vi., vt.* 부활하다〔시키다〕. 「다.
re·viv·i·fy [riːvívəfài] *vt.* 부활시키
rev·o·ca·ble[révəkəbəl] *a.* 폐지〔취소〕할 수 있는(cf. irrevocable).
re·voke[rivóuk] *vt., n.* 폐지하다; 취소하다; Ⓒ 〖카드〗 낼 수 있는 패를 갖고 있으면서 딴 패를 내다〔냄〕.
rev·o·ca·tion[rèvəkéiʃən] *n.*
:__re·volt__[rivóult] *n., vi.* U,C 반란〔폭동〕(을 일으키다) (*against*); 반항(하다); Ⓤ 반감(을 품다), 구역질나다(*at, against, from*). — *vt.* 구역질나게 하다, 비위를 거스르다, 반감을 품게 하다. **~·ing** *a.* 구역나는, 싫은.
:__rev·o·lu·tion__[rèvəlúːʃən] *n.* U,C 혁명; Ⓒ 회전; Ⓤ 주기(cycle). AMERICAN REVOLUTION. ***English R-*** 영국 혁명(1688). ***French R-*** 프랑스 혁명(1789-99; 1830). ***~·ar·y** [-nèri/-nəri] *a.* 혁명적인. **~·ist** [-ʃənist] *n.* Ⓒ 혁명가. **~·ize** [-ʃənàiz] *vt.* 혁명을 일으키다.
Revolútionary Wár =AMERICAN REVOLUTION.
*__re·volve__[rivάlv/-ɔ́-] *vi., vt.* 회전하다〔시키다〕(*about, round*); (*vt.*) 궁리〔숙고〕하다. ***re·vólv·er** *n.* Ⓒ 연발권총.
re·volv·ing[rivάlviŋ/-ɔ́-] *a.* 회전하는, 선회하는; 회전식의, 윤전식의. ***a ~ chair*** 회전 의자. ***a ~ door*** 회전 도어. ***~ credit*** 〖商〗 회전 신용장《소정액 한도내에서 계속 이용이 되는》. ***~ fund*** 회전 자금《대출과 회수의 이행으로 자금을 회전시키는》.
re·vue[rivjúː] *n.* (F.) U,C (본디, 프랑스의) 시사(時事) 풍자극; 레뷔《경쾌한 음악·무용극》.
re·vul·sion[rivʌ́lʃən] *n.* Ⓤ (감정 따위의) 격변; (자본 따위의) 회수.
:__re·ward__[riwɔ́ːrd] *n., vt.* U,C 보수〔상여·사례금〕(을 주다); 보답하다. **~·ing** *a.* (…할) 보람이 있는.

:re·write [riːráit] *vt.* (*-wrote; -written*) 다시[고쳐] 쓰다.
Reyn·ard [rénərd, réinɑːrd] *n.* (중세 동물 이야기의) 여우의 이름; (r-) Ⓒ 여우(cf. chanticleer).
Reyn·olds [rénəldz], **Sir Joshua** (1723-92) 영국의 초상 화가.
RF 〖컴〗 radio-frequency modulator 아르에프 변조기. **rf.** 〖野〗 right fielder. **R.F.** *République Française;* Reserve Force; Royal Fusiliers. **r.f.** radio frequency; range finder; rapid fire. **R.F.A.** Royal Field Artillery. **RFC** Reconstruction Finance Corporation. **R.F.C.** Royal Flying Corps; Rugby Football Club. **RFD., R.F.D.** 《美》 Rural Free Delivery. **rg., r.g.** 〖美式蹴〗 right guard. **R.G.A.** Royal Garrison Artillery.
RGB mònitor 〖컴〗 3원색 화면기.
RGB vìdeo 〖컴〗 3원색 영상[비디오].
R.G.S. Royal Geographic Society. **Rgt.** regiment. **Rh** rhesus; 〖化〗 rhodium. **R.H.** Royal Highlanders 영국 고지 연대병; Royal Highness; right hand. **R.H.A.** Royal Horse Artillery.
Rhae·to-Ro·man·ic [rìːtouroumǽnik] *a., n.* Ⓤ 레토로만어(의)《스위스 남부, Tyrol과 이탈리아 북부에서 사용되는 일련의 로망스어》.
rhap·so·dy [rǽpsədi] *n.* Ⓒ (고대 그리스의) 서사시의 음송부(吟誦部); 광상시[문], 열광적인 말; 〖樂〗 광상곡. **-dize** [-dàiz] *vt., vi.* 열광적으로 쓰다[얘기하다]; 광상곡을 짓다. **rhap·sod·ic** [ræpsɑ́dik/-ɔ́-], **-i·cal** [-əl] *a.*
rhe·a [ríːə] *n.* Ⓒ (남미산) 타조.
Rhen·ish [réniʃ, ríːn-] *a.* Rhine 강(지방)의. — *n.* Ⓤ 《英》 라인 포도주. 「늄《기호 Re》.
rhe·ni·um [ríːniəm] *n.* Ⓤ 〖化〗 레
rhe·ol·o·gy [riːɑ́lədʒi/-ɔ́-] *n.* Ⓤ 변형 유체학(變形流體學).
rhe·om·e·ter [riːɑ́mitər/-ɔ́-] *n.* Ⓒ 〖電〗 전류계; 〖醫〗 혈류계.
rhe·o·stat [ríːəstæ̀t] *n.* Ⓒ 〖電〗 가감(加減) 저항기, 리어스탓.
rhe·o·tax·is [rìːətǽksis] *n.* Ⓤ 〖生〗 주류성(走流性).
rhe·sus [ríːsəs] *n.* Ⓒ 〖動〗 원숭이의 일종《북인도산; 의학 실험용》.
Rhésus báby 리서스 베이비《모친의 혈액이 Rh 음성인데도, Rh 양성 때문에 용혈 현상을 일으킨 태아》.
Rhésus fàctor =RH FACTOR.
***rhet·o·ric** [rétərik] *n.* Ⓤ 수사(修辭)(학); Ⓤ,Ⓒ 미사(美辭).
rhe·tor·i·cal [ritɔ́(ː)rikəl, -tɑ́r-] *a.* 수사(修辭)적인.
rhetórical quéstion 수사(修辭)적 의문, 반어(反語)《*Who knows?* =No one knows》.
rhet·o·ri·cian [rètəríʃən] *n.* Ⓒ 수사가.
rheum [ruːm] *n.* Ⓤ 〖醫〗 점막 분비물《눈물·코·침 따위》; 카타르, 감기. **∠·y** *a.* 점액을 분비하는, 코카타르에 걸린. 「류머티스의 (환자).
rheu·mat·ic [rumǽtik] *a., n.* Ⓒ
:rheu·ma·tism [rú(ː)mətìzəm] *n.* Ⓤ 류머티스.
rhéu·ma·toid arthrítis [-tɔ̀id-] 류머티스성 관절염.
Rh fáctor 〖生化〗 리서스 인자(因子)(Rhesus factor)《인간이나 rhesus의 적혈구 속의 응혈소; 이것이 없는 사람(Rh^-)이, 있는 사람(Rh^+)에게서 수혈을 받으면 위험한 용혈(溶血) 반응을 일으킴》.
rhi·nal [ràinl] *a.* 코의(nasal).
***Rhine** [rain] *n.* (the ~) 라인강《독일 서부를 꿰뚫고 북해로 흘러듦》.
rhine·stone [∠stòun] *n.* Ⓤ,Ⓒ (유리의) 모조 다이아몬드. 「주.
Rhíne wìne 라인 지방산의 흰포도
rhi·no [ráinou] *n.* (*pl.* **~s**) Ⓒ 《英俗》 돈; =⇩.
***rhi·noc·er·os** [rainɑ́sərəs/-nɔ́s-] *n.* (*pl.* **~, ~es**) Ⓒ 〖動〗 무소.
rhi·no·plas·ty [ráinəplæ̀sti] *n.* Ⓤ 〖醫〗 코 성형술.
rhi·zoid [ráizɔid] *a.* 뿌리 같은.
rhi·zome [ráizoum] *n.* Ⓒ 〖植〗 뿌리줄기, 땅속줄기.
rho [rou] *n.* Ⓤ,Ⓒ 그리스어 알파벳의 열일곱째 글자(*P*, *ρ*; 영어의 R, r에 해당》. 「부의 주《생략 R.I.》.
Rhòde Ísland [roud-] 미국 북동
Rho·de·si·a [roudíːʒiə] *n.* 아프리카 남부의 백인 국가《1965년 일방적인 독립 선언을 함》.
rho·di·um [róudiəm] *n.* Ⓤ 〖化〗 로듐《금속 원소; 기호 Rh》.
rho·do·den·dron [ròudədéndrən] *n.* Ⓒ 〖植〗 철쭉속의 식물《만병초 따위》.
rhomb [rɑmb/rɔm] *n.* =RHOMBUS.
rhom·bic [rɑ́mbik/-ɔ́-] *a.* 마름모꼴의.
rhom·boid [rɑ́mbɔid/-ɔ́-] *n., a.* Ⓒ 마름모꼴(의). **~·al** [–∠l] *a.* =RHOMBOID.
rhom·bus [rɑ́mbəs/-ɔ́-] *n.* (*pl.* **~·es, -bi** [-bai]) Ⓒ 마름모꼴.
rhu·barb [rúːbɑːrb] *n.* ① Ⓤ 〖植〗 대황[장군풀](뿌리《하제(下劑)용》); 대황 소스. ② Ⓒ 격론, 말다툼.
rhum·ba [rʌ́mbə] *n.* =RUMBA.
rhyme** [raim] *n.* Ⓤ 운(韻), 각운(脚韻), 압운(押韻); Ⓒ 동운어(同韻語); Ⓒ 압운시(詩), 시; Ⓤ 운문. ***double [***female, feminine***] **~** 여성운, 이중운《보기: *mountain, fountain*》. ***eye*** [***printer's, sight, spelling, visual***] **~** 시각운(視覺韻)《발음과 관계 없는, 철자만의 압운; 보기: *nasal, canal*》. ***nursery* ~** 자장가. ***single*** [***male, masculine***] **~** 남성운, 단운(單韻)《보기: eagle *eyes*, surm*ise*》. ***without* ~ *or***

reason 영문 모를. — *vi.* 시를 짓다; 운이 맞다(*to, with*). — *vt.* 시로 만들다; 운이 맞게 하다(*with*).
rhyme·ster[ˊstər] *n.* Ⓒ 엉터리〔변변치 못한〕 시인.
:rhythm[ríðəm, ríθ-] *n.* Ⓤ,Ⓒ 율동, 리듬; 운율.
rhýthm and blúes 리듬 앤드 블루스《흑인 음악의 일종; 생략 R&B》.
·rhyth·mic[ríðmik] *a.* 율동적인; 운율이 있는; 규칙적으로 순환하는.
rhýthm mèthod 주기 피임법.
R.I. Rhode Island; Royal Institution 왕립 과학 연구소.
ri·al·to[riǽltou] *n.* (*pl.* **~s**) ① (R-) (예전의) 베니스의 상업 지구; (the R-) 베니스 대운하의 대리석 다리. ② Ⓒ (뉴욕의 Broadway 같은) 극장가; (증권 등) 거래소.
:rib[rib] *n.* Ⓒ ① 〖解〗 갈빗대; 갈비(에 붙은 고기). ② 〖造船〗 (배의) 늑재(肋材); 〖植〗 주엽맥(主葉脈); (곤충의) 시맥(翅脈); (우산의) 살. ③ (논·밭의) 두렁, 둑, 이랑, (피륙의) 골. ④《諧》 아내《신이 아담의 갈빗대로 이브를 창조했다는 데에서》. ***poke*** 〔***nudge***〕 ***a person in the ~s*** 아무의 옆구리를 살짝 찔러 주의시키다. — *vt.* (**-bb-**) (…에) 갈빗대를 붙이다, (우산의) 살을 대다; 이랑을 만들다; 놀리다, 조롱하다(tease).
rib·ald[ríbəld] *a., n.* Ⓒ 입이 더러운 (사람); 상스러운 (사람). **~·ry** *n.* Ⓤ 야비한 말.
rib·(b)and[ríbənd] *n.*《古》=⇩.
:rib·bon[ríbən] *n., vi.* Ⓤ,Ⓒ 끈(을 달다), 리본(으로 꾸미다). **~ed**[-d] *a.* 리본을 단.
ríbbon bùilding《英》 대상(帶狀) 건축《고속 도로변에 점포나 주택이 세워져 가는 일》.
ríbbon devèlopment《英》 (교외 도시의) 대상(帶狀) 발전(cf. ⇧).
ríbbon pàrk 대상 녹지(帶狀綠地).
ri·bo·fla·vin[ráibouflèivin, ˊ—ˊ—] *n.* Ⓤ 〖生化〗 리보플라빈《비타민 B_2(=G)》.
ri·bo·nu·clé·ic ácid[ràibənju:klíːik-/-nju-] 〖生化〗 리보 핵산(核酸)《생략 RNA》.
ri·bose[ráibous] *n.* Ⓤ 〖化〗 리보오스《여러 핵산 속에 포함되는 당의 일종》.
Ri·car·do [riká:rdou], **David** (1772-1823) 영국의 경제학자.
†rice[rais] *n.* Ⓤ 쌀; 벼; 밥(*boil* 〔*cook*〕 ~ 밥을 짓다). — *vt.*《美》 (삶은 감자 따위를) ricer로 뽑아내다. **ríc·er** *n.* Ⓒ 라이서《다공(多孔) 압착기로서 삶은 감자 따위를 쌀톨만한 크기로 뽑아내는 취사용구》.
ríce bòwl 미작 지대.
ríce field 논.
ríce flòur 쌀가루.
ríce pàper 라이스 페이퍼, 얇은 고급 종이.
ríce wàter 미음.
†rich[ritʃ] *a.* ① 부자의, 부유한. ② …이 풍부한(*in*); 풍요한(*a ~ harvest* 풍작). ③ (토지가) 비옥한. ④ 값진, 귀중한; (복장 따위가) 훌륭한, 사치한. ⑤ 맛〔자양〕 있는; 진한, 짙은 맛이 있는(~ *wine*). ⑥ (빛깔이) 선명한; (소리·목소리가) 잘 울리는. ⑦《口》 재미있는; 우스운, 당치도 않은(*That's a ~ idea.*). ***the ~*** 부자(들). **:rich·es**[ˊiz] *n. pl.*《보통 복수 취급》 부(富), 재산, 재보. **:ˊ·ly** *ad.* **·ˊ·ness** *n.*
Rich·ard[rítʃərd] *n.* 남자 이름. ~ **I**(=*Richard the LionHearted*) (1157-99) 사자왕 리처드 1세(재위 1189-99).
Ríchard Róe 〖法〗 (본디) 피고의 가명(假名);《一般》 소송의 어느 한 쪽의 가명(cf. John Doe).
Rích·ter scàle[ríktər-] 지진의 진도 눈금《magnitude 1-10》.
rick[rik] *n., vt.* Ⓒ (비를 피하기 위해 풀로 이엉을 해 씌운) 건초·짚 따위의 가리; (볏)가리(로 하다).
rick·ets[ríkits] *n. pl.*《단수 취급》〖病〗 구루병(佝僂病)(rachitis), 곱사등. **rick·et·y** [ríkiti] *a.* 구루병의; 쓰러지기 쉬운, 비슬비슬하는; 약한.
rick·ett·si·a [rikétsiə] *n.* (*pl.* **-siae**[-ìː], **~s**) Ⓒ 리케차《발진티푸스 따위의 병원체》.
rick·ey[ríki] *n.* Ⓤ,Ⓒ《美》 라임 과즙(lime juice)에 진(gin)·탄산수 등을 탄 음료.
rick·shaw[ríkʃɔː], **-sha**[-ʃɑː] *n.* (Jap.) Ⓒ 인력거.
ric·o·chet[ríkəʃèi] *vi., vt., n.* Ⓒ 튀어서〔물을 차고〕 날다〔날기〕; 도탄(跳彈)(하다).
:rid[rid] *vt.* (*rid*, **~ded; -dd-**) 제거하다, 면하게 하다(*of*). ***be*** 〔***get***〕 ***~ of***, or ***~ oneself of*** …을 면하다; 쫓아버리다. **ˊ·dance** *n.* Ⓤ 면함; 쫓아버림. ***make clean ~·dance of*** …을 일소하다.
:rid·den[rídn] *v.* ride의 과거 분사.
:rid·dle[1][rídl] *n., vi.* Ⓒ 수수께끼(를 내다). — *vt.* (수수께끼를) 풀다(unriddle).
rid·dle[2] *n.* Ⓒ 어레미, 도드미. — *vt.* ① 체질해 내다(sift). ② 정사(精査)하다. ③ (총알로) 구멍 투성이를 만들다.
†ride[raid] *vi.* (***rode***,《古》 ***rid; ridden***,《古》 ***rid***) ① (말·차·기차 따위를) 타고 가다, 타다(~ *in* 〔*on*〕 *a train*). ② 걸터 타다, 말을 몰다; (말·차 따위가) 태우고 가다(*This camel ~s easily.* 편하게 탈 수 있다《순하다》). ③ 탄 기분이 …하다. ④ (물위·하늘에) 뜨다(~ *at anchor* 정박하다). — *vt.* ① (…을) 타다, 탈 수 있게 되다. ② 말을〔차를〕 타고 지나가다〔건너다〕. ③ 지배하다;《俗》 괴롭히다《보통 p.p.형: cf. bedridden, hagridden》. ④《俗》 놀리다. ⑤ 태우고 가다〔나르다〕. ***let ~***《俗》 방치하다. ***~ down*** (말 따위를) 지

R

나치게 타서 기진맥진케 하다; 말을 타고 뒤쫓다; 넘어뜨리다; 이기다 (overcome). ~ ***for a fall*** 《口》 무모한 짓을 하다. ~ ***herd on*** 카우보이로서 일하다. ~ ***no hands*** 양손을 놓고 자전거를 타다. ~ ***out*** (폭풍우·곤란 따위를) 헤쳐 나아가다. ~ ***over*** 짓밟다, 압도하다. ~ ***up*** (셔츠·넥타이 따위가) 비어져 올라가다〔내밀다〕(move up). — *n.* Ⓒ 탐, 말〔기차·배〕로 가는 여행; 말길. ***have*** 〔***give***〕 ***a*** ~ (말·차에) 타다〔태우다〕.

:rid·er[´-ər] *n.* Ⓒ 타는 사람, 기수(騎手); 추가 조항. ~**·less** *a.* 탈 사람이 없는.

:ridge[ridʒ] *n., vt., vi.* Ⓒ 산마루, 산등성이, 분수선(分水線); 산맥; (지붕의) 마룻대(를 대다); 이랑(을 짓다, 지다).

rídge bèam 〔**pìece, pòle**〕 마룻대, 들보, (천막) 기둥.

·rid·i·cule[rídikjùːl] *n., vt.* Ⓤ 비웃음, 비웃다.

:ri·dic·u·lous[ridíkjələs] *a.* 우스운, 어리석은. ~**·ly** *ad.* ~**·ness** *n.*

rid·ing[1][ráidiŋ] *n.* Ⓤ 승마; 승차; 말길.

rid·ing[2] *n.* Ⓒ 《英》 (York 주 따위의 행정) 구(區).

ríding hàbit 여자용 승마복.

ríding làmp 〔**lìght**〕 〖海〗 정박등.

ríding màster 마술(馬術) 교관.

rife[raif] *a.* 유행하는, 한창(*with*).

riff[rif] *n.* Ⓒ 〖樂〗 리프, 반복 악절〔선율〕《재즈에서》.

rif·fle[rífəl] *n., vi., vt.* Ⓒ 《美》 여울(을 흐르다, 이 되다); 〖카드〗 양손에 나눠 쥔 패를 튀기며 한데 섞다〔섞기〕.

riff·raff[rífræ̀f] *a., n.* (the ~) 《복수 취급》 하찮은 (물건·사람들); Ⓤ 쓰레기, 폐물.

:ri·fle[ráifəl] *n.* Ⓒ 강선총(腔線銃), 라이플총; (*pl.*) 소총부대. — *vt.* ① (총·포신의 내부에) 강선(腔線)을 넣다; 소총으로 쏘다. ② 강탈하다; 훔치다; 발가벗기다. ~**·man** *n.* Ⓒ 소총사수(射手). **rí·fling** *n.* Ⓤ 강선을 넣음.

rífle grenàde 〖軍〗 총류탄.

rift[rift] *n., vt., vi.* Ⓒ (벌어〔갈라〕진) 틈, 균열(을 만들다, 이 생기다).

·rig[1][rig] *n., vt.* (**-gg-**) Ⓒ 선구(船具)를 장치하다〔함〕, 의장(艤裝)(하다), 범장(帆裝)(하다); 《口》 차려 입히다(*out*); 날림〔임시변통〕으로 짓다(*up*); 《美》 말을 맨 마차. **´-ging** *n.* 《집합적》 삭구(索具).

rig[2] *n., vt.* (**-gg-**) Ⓤ,Ⓒ 장난; 속임수〔농간〕(부리다). ~ ***the market*** 시세(時勢)를 조종하다.

Ri·ga[ríːgə] *n.* Latvia 공화국 수도·항구.

rig·ger[rígər] *n.* Ⓒ 장비원; 〖空〗 조립정비공; 〖建〗 (공사장의 낙하물 방지용) 바깥 비계.

†right[rait] *a.* ① 곧은(*a* ~ *line*), 올바른, 정당〔당연〕한; 직각의. ② 적절한; 바람직한; 건강한; 제정신인. ③ 정면의, 바깥쪽의. ④ (물건을 오른손으로 잡는 것이 바르다고 보아) 오른쪽(손)의. ***at*** ~ ***angles with*** …와 직각으로. ***do the*** ~ ***thing by*** …에(게) 의무를 다하다. ***get it*** ~ 올바르게 이해하다〔시키다〕. ***get on the*** ~ ***side of*** …의 마음에 들다. ***get*** 〔***make***〕 ~ 바르게 되다〔하다〕, 고치다, 고쳐지다. ***one's*** ~ ***hand*** 오른팔《미더운 사람》. ***on the*** ~ ***side of*** (*fifty*)(50세) 이하로. ***put*** 〔***set***〕 ~ 고치다, 바르게 하다. ***R-*** (***you are***)***!*** 맞았어; 알았어. ~ ***as rain*** 매우 건강하여. ***the*** ~ ***man in the*** ~ ***place*** 적재 적소. ***the*** ~ ***way*** 올바른 방법(으로), 바르게. — *ad.* 바르게; 정당하게, 당연히; 적당하게; 아주, 꼭, 곧; 오른쪽에〔으로〕; 매우. ***come*** ~ 바르게 되다. ***Eyes*** ~***!*** 《구령》 우로 봐! ***go*** ~ 잘 돼가다. ***if I remember*** ~ 분명히《기억이 '분명'치 않을 때에도 말함》. ***It serves*** 〔《俗》 ***Serve***〕 ***him*** ~. 그래 싸다, 꼴 좋다. ***R- about!*** 뒤로 돌아! ~ ***along*** 《美》 쉬지 않고, 잇따라. ~ ***and left*** 좌우로, 사방으로〔에서〕; 닥치는 대로. ~ ***away*** 〔***now, off, straight***〕 《美口》 곧, 당장, 즉시. ***R- dress!*** 《구령》 우로 나란히! ~ ***here*** 《美》 바로 여기서〔곧〕. ***R- turn!*** 《구령》 우향우! ***turn*** ~ ***round*** 한바퀴 빙 돌다〔돌리다〕. — *n.* ① Ⓤ 정의, 공정; (*pl.*) (올)바른 상태; (*pl.*) 진상. ② Ⓤ,Ⓒ (종종 *pl.*) 권리, (주주의) 신주(新株) 우선권. ③ Ⓤ 오른쪽; (the R-) 우익, 우파. ***be in the*** ~ 옳다. BILL[1] ***of Rights.*** ***by*** 〔***of***〕 ~(***s***) 당연히, 의당히; 본래 같으면(if rights were done). ***by*** 〔***in***〕 ~ ***of*** …에 의하여, …의 권한으로. ***civil*** ~***s*** 공민권. ***do a person*** ~***s*** 공평히 다루다〔평하다〕. ***get*** 〔***be***〕 ***in*** ~ ***with*** …의 마음에 들(어 있)다. ***in one's*** 〔***own***〕 ~ 자기의 정당한 요구로서; 부모에게서 물려받은〔받아〕(*a peeress in her own* ~ (결혼에 의해 된 것이 아닌) 귀족 부인). ~ ***of way*** (남의 토지내의) 통행권; 우선권. ***to*** ~***s*** 《口》 정연하게. ***to the*** ~ 오른쪽에. — *vt.* 곧바로 세우다〔일으키다〕; 바르게 하다, 바로 잡다(adjust); (방 따위를) 정돈하다; 구(救)하다. — *vi.* 똑바로 되다, (기울어진 배 따위가) 제 위치로 돌아가다. ~ ***itself*** 원상태로 돌아가다, 똑바로 되다. ~ ***oneself*** (쓰러질 듯한) 몸의 균형을 바로 잡다.

ríght·abòut-fáce *n.* Ⓒ 뒤로 돌아(의 구령); 방향 전환.

ríght alígnment 〖컴〗 오른줄 맞춤.

:ríght ángle 직각.

ríght-ángled *a.* 직각의.

·right·eous[ráitʃəs] *a.* 바른, 공정한, 고결한; 당연한. ~**·ly** *ad.* **·**~**·ness** *n.*

right field 〖野〗 우익(右翼).

***right·ful**[ˊfəl] *a.* 올바른, 합법의, 정당한. **~·ly** *ad.*

***right-hand** *a.* 오른쪽(손)의, 우측의; 의지가 되는, 심복의.

right-handed *a.* 오른손잡이의; 오른손으로 한; 오른손용의; 오른쪽으로 도는《시계와 같은 방향의》.

right·ist[ˊist] *a., n.* Ⓒ 우익〔우파〕의 (사람), 보수파의 (사람).

***right·ly**[ráitli] *ad.* ① 바르게, 틀림없이. ② 공정하게; 정당하게. ③ 적절히.

right-minded *a.* 공정한 (의견을 가진); 마음이 바른.

right·o[ráitòu] *int.* 《주로 英口》 = 좋다(ALL right!).

right-on *a.* 《美俗》 바로 그대로의; 정보에 정통한; 현대적인; 시대의 첨단을 가는; 세련된.

right triangle 직각 삼각형.

right wing 우파, 우익.

right-wing *a.* 우익의. **~er** *n.* Ⓒ 우파〔우익〕의 사람.

***rig·id**[rídʒid] *a.* 굳은; 엄정한, 엄(격)한; (비행선이) 경식(硬式)인. **~·ly** *ad.* **~·ness, ri·gid·i·ty** *n.*

rig·ma·role[rígməròul] *n.* Ⓤ 지지한 소리, 조리 없이 긴 글.

***rig·or,** 《英》 **-our** [rígər] *n.* Ⓤ 엄하기, 엄격함(severity); 굳음(stiffness).

rigor mor·tis[-mɔ́ːrtis] 〖生〗 사후 경직(死後硬直).

***rig·or·ous**[rígərəs] *a.* 엄한; 엄격〔엄정〕한. **~·ly** *ad.* **~·ness** *n.*

ríg-òut *n.* Ⓒ 《英俗》 준비, 장비《여행 채비 따위의》.

Rig-Ve·da[rigvéidə; 英+-víːdə] *n.* 리그베다《인도 최고(最古)의 성전(聖典)》.

R.I.I.A. 《英》 Royal Institute of International Affairs.

rile[rail] *vt.* 《주로 美》 흐리게 하다; 성나게 하다.

Ril·ke[rílkə], **Rainer Maria** (1875-1926) 독일의 시인.

***rill**[ril] *n.* Ⓒ 시내.

:**rim**[rim] *n., vt.* (**-mm-**) Ⓒ 가장자리〔테·림〕(를 대다).

rime[1][raim] *n., v.* =RHYME.

rime[2] *n., vt.* Ⓤ 서리; 흰 서리(로 덮다).

rime·ster [ráimstər] *n.* = RHYMESTER.

rim·less[rímlis] *a.* 테 없는.

Rim·sky-Kor·sa·kov [rímskikɔ́ːrsəkɔ̀ːf/-kɔ̀f], **Nikolai Andreevich** (1844-1908) 러시아의 작곡가.

***rind**[raind] *n.* Ⓤ,Ⓒ (과일의) 껍질(peel); 나무껍질(bark); (치즈의) 굳은 껍질.

rin·der·pest[rìndərpèst] *n.* (G.) Ⓤ 〖獸醫〗 우역(牛疫).

†**ring**[1][riŋ] *vi.* (***rang,*** 《稀》 ***rung; rung***)(방울·종 따위가) 울리다, 울려 퍼지다(*out*); (초인종을 울려서) 부르다(*for*); 평판이 자자하다; …처럼 들리다(sound). — *vt.* (방울·종 따위를) 울리다, 치다; 울려서 부르다; 울려퍼지게 하다. **~ *again*** 반향하다, 메아리치다. **~ *in*** 〔***out***〕 종을 울려서 맞이하다〔보내다〕《새해·묵은 해를》. **~*ing frost*** 밟으면 소리가 나는 서리. **~ *in one's ears*** 〔***heart***〕 귀〔기억〕에 남다. **~ *off*** 전화를 끊다. **~ *up*** …에 전화를 걸다; 금전등록기의 키를 눌러 (어떤 금액)을 꺼내다. — *n.* Ⓒ (벨 따위의) 울리는 소리, 울림; 전화 호출; 〖컴〗 링. ***give a person a*** **~** 《口》 전화를 걸다. **ˊ·er**[1] *n.* Ⓒ 울리는 사람; 아주 비슷한 사람(*for*).

:**ring**[2] *n.* Ⓒ ① 고리; 반지, 귀〔코〕고리, 팔찌. ② 나이테, 연륜; 고리 모양의 물건; 빙 둘러 앉은〔선〕 사람들; (*pl.*) 물결무늬. ③ 경마장; 경기장; 권투장. ④ (the ~)(현상 붙은) 권투(prize fighting); 경쟁, 선거전. ⑤ 《美》 도당(徒黨), 한패. ***be in the*** **~** ***for*** 경쟁에 나서다. ***have the*** **~** ***of truth*** 사실처럼 들리다. ***make a*** **~** (상인이) 동맹을 맺어 시장을 좌우하다. ***make*** 〔***run***〕 **~*s round a person*** 《口》 아무보다 훨씬 빨리 달리다〔하다〕. ***ride*** 〔***run, tilt***〕 ***at the*** **~** 〖史〗 말을 달려 높이 매단 고리를 창으로 찔러 떼다《옛날의 서양식 무술》. ***win the*** **~** 《古》 상을 받다, 이기다. — *vt.* (**~*ed***) 둘러싸다(*about, in, round*); 반지〔코고리〕를 끼다. **ˊ·er**[2] *n.*

Ringer's solution 〔**fluid**〕 [ríŋərz-] 링거액.

ring finger 약손가락, 무명지.

ring·leader *n.* Ⓒ 장본인, 괴수.

ring·let[ríŋlit] *n.* Ⓒ 작은 고리; 고수머리(curl).

ring·master *n.* Ⓒ (곡마단 등의) 조련사《단장이 아님》.

ring·side *n.* (the ~) (서커스·권투 등의) 링사이드, 맨 앞 자리.

ring·worm *n.* Ⓤ 〖醫〗 윤선(輪癬), 백선(白癬).

rink[riŋk] *n.* Ⓒ (빙판의, 또는 롤러 스케이트의) 스케이트장.

***rinse**[rins] *vt., n.* Ⓒ 헹구다〔기〕, 가시다〔기〕(*away, out*).

Ri·o de Ja·nei·ro[ríːou dei ʒənɛ́ərou, -də dʒəníər-] 브라질의 전 수도.

:**ri·ot**[ráiət] *n.* ① Ⓒ 폭동, 소동. ② Ⓤ 야단 법석; 방탕. ③ (a ~) 색채〔음향〕의 난무(*The garden was a ~ of color.* 정원은 울긋불긋 몹시 아름다웠다). ***read the*** **~** ***act*** (소요(騷擾) 단속령을 낭독하여) 폭도의 해산을 명령하다. ***run*** **~** 난동을 부리다; 널리 (뻗어) 퍼지다, (온갖 꽃이) 만발하다. — *vi.* (술마시고) 떠들다, 폭동을 일으키다. — *vt.* 법석대며 보내다. **~·ous** *a.* 폭동의; 소란스러운; 분방한.

Riot Act, the 〖英法〗 소요 단속령.

riot gun (폭동 진압용) 단(短)총신 연발 산탄총.

R

ríot squàd 〔**políce**〕 폭동 진압대, 경찰 기동대.

*__rip__[1][rip] *vt.* (**-pp-**) 찢다, 쪼개다; 베어내다, (칼로) 갈라 헤치다; 난폭하게 말하다(*out*). ── *vi.* 찢어지다, 터지다, 쪼개지다; 돌진하다. ***Let him ~.*** 말리지 마라, 내버려 둬라. ── *n.* Ⓒ ① 잡아찢기, 터짐; 찢긴〔터진, 갈라진〕 데. ② =RIPSAW. ③ 《英俗》 돌진, 스피드.

rip[2] *n.* Ⓒ (두 개의 조류가 만나는) 거센 물결〔파도〕.

R.I.P. *requiesca(n)t in pace*(L.= May he 〔she, they〕 rest in peace.).

ri·par·i·an [ripɛ́əriən, rai-/rai-pɛ́ər-] *a.* 강변의; 강기슭에 사는.

ríp còrd 〖空〗 (낙하산을) 펼치는 줄.

:**ripe**[raip] *a.* 익은; 잘 발달된, 원숙한, 풍만한, 나이 지긋한; (종기가) 푹 곪은; …할 때인(ready)(*for*). ***man of ~ years*** 나이 지긋한 사람. ~ ***age*** 고령(高齡). ~ ***beauty*** 여자의 한창때.

*__rip·en__[ráipən] *vi., vt.* 익(히)다, 원숙하(게 하)다.

ríp·òff *n.* Ⓒ 《美俗》 도둑; 횡령, 착취; 사취, 엉터리 상품.

rip·per[rípər] *n.* Ⓒ 잡아 찢는 사람〔도구〕; 《英俗》 훌륭한〔멋진〕 것〔사람〕; 《美方》 쌍썰매.

rip·ping[rípiŋ] *a., ad.* 《英俗》 멋진; 멋지게. **~·ly** *ad.*

:**rip·ple**[rípəl] *n., vi., vt.* Ⓒ 잔 물결(이 일다, 을 일으키다); (머리 따위) 웨이브(가 되다, 를 만들다); (*pl.*) 찰랑찰랑〔수런수런〕(소리 나다, 소리내다)(*a ~ of laughter*). **-ply** *a.*

rip-roar·ing[rípr ɔ̀:riŋ] *a.* 《口》 큰 소동의.

ríp·sàw *n.* Ⓒ 내릴톱.

Rip Van Win·kle[rip væn wíŋkəl] 미국의 작가 W. Irving 작 *The Sketch Book* 중의 한 주인공; 시대에 뒤떨어진 사람.

†**rise**[raiz] *vi.* (***rose; risen***) ① 일어나다, 일어서다. ② (탑·산이) 우뚝 솟다. ③ 오르다; 솟다, 높아지다, 증대〔증수(增水)〕하다. ④ 등귀하다; 부풀다. ⑤ 떠오르다; 날아오르다, 이륙하다. ⑥ 발(생)하다(*from*); 봉기하다, 반란을 일으키다(rebel)(*against*). ⑦ 자리를 뜨다, 떠나다, 산회(散會)하다, 철퇴하다. ⑧ 향상〔승진〕하다. ~ ***in arms*** 무장 궐기 하다. ~ ***in the world*** 출세하다. ~ ***to one's feet*** 일어서다. ── *n.* Ⓒ 상승, 오르막길; 대지(臺地); 증대, 등귀; 승진, 출세; (계단의) 높이; Ⓤ 발생, 기원. ***give ~ to*** …을 일으키다. ***on the ~*** 증가하여, 올라서. ***take ~*** 발(생)하다(*from, in*). **rí·ser** *n.* Ⓒ 일어나는 사람(*an early riser*); (계단의) 층뒤판《디딤판에 수직된 부분》.

*__ris·en__[rízn] *v.* rise의 과거 분사.

ris·i·ble[rízəbəl] *a.* 웃음의, (잘) 웃는; 웃기는, 우스운(funny). **ris·i·bíl·i·ty** *n.* Ⓤ 우스움.

*__ris·ing__[ráiziŋ] *a.* 올라가는, 오르는; 오르막(길)의; 증대〔증수〕하는; 승진하는. ***the ~ generation*** 청년(층). ── *n.* Ⓤ 상승; 등귀; 기립, 기상; Ⓒ 반란. ── *prep.* 《方》 (나이가) …에 가까운; 《口》 …이상의(*of*).

:**risk**[risk] *n.* ① Ⓤ 위험, 모험. ② Ⓒ 〖保險〗 위험률; 보험 금액, 피보험자〔물〕; 위험 분자. ***at all ~s*** 만난을 무릅쓰고, 반드시, 꼭. ***at the ~ of*** …을 걸고. ***run a*** 〔***the***〕 ***~,*** or ***run ~s*** 위험을 무릅쓰다. ── *vt.* 위태롭게 하다; 걸다; 대담하게 해 보다. **∠·y** *a.* 위험한; =RISQUÉ.

rísk càpital 〖經〗 투하 자본.

risk·ful[rískfəl] *a.* 위험한, 위험이 많은.

rísk mòney (은행 등에서 출납계에게 주는) 부족금 보상 수당.

ri·sot·to [risɔ́:tou/-sɔ́t-] *n.* (It.) Ⓤ,Ⓒ 쌀이 든 스튜.

ris·qué[riskéi/∠–] *a.* (F.) 문란한, 외설의. 「게.

rit. *ritardando*(It.) 〖樂〗 점점 느리

ri·tar·dan·do [rì:tɑ:rdɑ́:ndou] *a., ad.* (It.) 〖樂〗 리타르단도, 점점 느리게〔느린〕.

*__rite__[rait] *n.* Ⓒ 의식(儀式); 전례(典禮); 관습.

*__rit·u·al__[rítʃuəl] *n., a.* Ⓒ 의식서(書); Ⓤ 의식(의). **~·ism**[-ìzəm] *n.* Ⓤ 의식 존중〔연구〕. **~·ist** *n.* Ⓒ 의식 존중주의자.

:**ri·val**[ráivəl] *n.* Ⓒ 경쟁 상대, 적수; 호적수, 맞수, 필적자(equal). ── *a.* 경쟁 상대의. ── *vt., vi.* (《英》 **-ll-**) (…와) 경쟁〔필적〕하다. ***~·ry** *n.* Ⓤ,Ⓒ 경쟁, 대항.

rive[raiv] *vi., vt.* (***~d; ~d, riven*** [rívən]) 찢(기)다; (*vi.*) 잡아뜯다〔떼다〕.

†**riv·er**[rívər] *n.* Ⓒ 강. ***sell a person down the ~*** 《美》 =DOUBLE-CROSS.

ríver bàsin 유역(流域).

ríver bèd 강바닥, 하상(河床).

ríver·hèad *n.* Ⓒ 수원(水源).

riv·er·ine[rívəràin] *a.* 강의; 강변의; 강 기슭의.

ríver nòvel =ROMAN-FLEUVE.

*__ríver·sìde__ *n., a.* (the ~) 강변(의).

*__riv·et__[rívit] *n., vt.* Ⓒ 대갈못〔리벳〕(으로 죄다, 을 박다); (애정을) 굳게 하다, 두텁게 하다; (마음·시선을) 집중하다(*on, upon*). 「계.

rívet gùn (자동식) 리벳을 박는 기

Riv·i·er·a[rìviɛ́ərə] (보통 the ~) 남프랑스의 Nice에서 북이탈리아의 Spezia에 이르는 피한지(避寒地).

*__riv·u·let__[rívjəlit] *n.* Ⓒ 개울, 시내(brook).

R.L.S. Robert Louis Stevenson. **R.M.** Resident Magistrate; Royal Mail; Royal Marines. **RM., r.m.** reichsmark(s). **rm.** (*pl.* ***rms.***) ream; room. **R.M.A.** Royal Marine

Artillery; Royal Military Academy. **R.M.C.** Royal Military College. **R.M.L.I.** Royal Marine Light Infantry. **R.M.S.** Railway Mail Service; Royal Mail Service; Royal Mail Steamer [Steamship]. **Rn.** 〚化〛 radon. **R.N.** Registered Nurse; Royal Navy. **RNA** ribonucleic acid. **R.N.A.S.** Royal Naval Air Service《현재는 R.A.S.》. **R.N.D.** Royal Naval Division. **R.N.R.** Royal Naval Reserve.

roach[1][routʃ] *n.* =COCKROACH.

roach[2] *n.* (*pl.* **~es,**《집합적》~) Ⓒ〚魚〛붕어·황어류의 민물고기.

†**road**[roud] *n.* Ⓒ 도로, 가로; 방도; 방법(*to*);《美》=RAILROAD; (*pl.*) =ROADSTEAD. ***be in one's*** [***the***] ~ 방해가 되다. ***be on the*** ~ 여행하고 있다. ***get out of one's*** [***the***] ~ 길을 비켜주다. ***hit the*** ~《俗》여행을 떠나다, 여행을 계속하다. ***on the*** ~ (상용) 여행 중에; 순회 공연 중에. ***take to the*** ~ 여행을 떠나다;《古》노상 강도가 되다.

róad àgent《美古》노상 강도.

róad·bèd *n.* Ⓒ (보통 *pl.*)(철도의) 노반(路盤).

róad·blòck *n.* Ⓒ〚軍〛노상방책(防柵)(barricade); 장애물.

róad·bòok *n.* Ⓒ 도로 안내서.

róad còmpany 지방 순회 극단.

róad gàme (야구·농구 등의) 순회[원정]시합.

róad gàng 도로 수리반; 도로 수리 죄수들.

róad hòg 타차선으로 나와 다른 차의 통행을 방해하는 운전사, 마구 자동차[자전거]를 달리는 사람.

róad·hòlding *n.* Ⓤ 자동차의 주행 안정성.

róad·hòuse *n.* Ⓒ (운전사 상대의) 여인숙(inn).

róad màp 도로 지도.

róad mètal《英》포장용 자갈.

róad rùnner (미국 서부산의) 뻐꾸기 비슷한 새.

***róad·shòw** *n., vt.* Ⓒ 순회 흥행;〚映〛특별 흥행, 로드쇼(로서 상영하다).

***róad·sìde** *n., a.* (the ~) 길가(의).

róad·stèad *n.* Ⓒ〚海〛정박지.

road·ster[⌐stər] *n.* Ⓒ 탈것《말·수레·자동차 등》; 로드스터《좌석이 한 개인 무개(無蓋) 자동차》; 도보 여행(자).

róad-tèst *n., vt.* (차를 노상에서) 시운전하다; Ⓒ 그 시운전.

***róad·wày** *n.* (the ~) 도로; 차도.

róad·wòrk *n.* Ⓤ (운동 선수 등의) 로드워크; (*pl.*) 도로 공사.

:**roam**[roum] *vi., vt., n.* Ⓒ 돌아다니다[다님], 배회(하다).

roan[roun] *a., n.* Ⓒ 황회색 또는 적갈색 바탕에 회색 또는 흰 얼룩이 섞인 (말·소 따위).

:**roar**[rɔːr] *vi.* ① (맹수가) 포효하다, 으르렁거리다. ② 왁자그르르 웃다; 울리다, 반향하다(*again*). — *vt.* 소리쳐 말하다, 외치다. — *n.* Ⓒ 포효; 노호; 폭소. ***~·ing**[⌐iŋ] *a.* 포효[노호]하는, 짖는; 떠들썩한; 경기가 좋은.

:**roast**[roust] *vt.* ① (고기를) 굽다; (오븐으로) 익히다; 볶다; 데우다. ②《口》놀리다(chaff), 조롱하다(banter). — *vi.* (생선이[고기가]) 구워지다; 뜨거워지다. ~ ***oneself*** 불을 쬐다. — *a.* 불고기로 한. ~ ***beef*** (소의) 불고기. — *n.* Ⓤ 굽기; 불고기;《口》조롱, 놀림. ***rule the*** ~ 주인 노릇을 하다; 지배하다. **⌐·er** *n.* Ⓒ 굽는[볶는] 기구[사람].

:**rob**[rɑb/-ɔ-] *vt.* (**-bb-**) 강탈하다 (~ *him of his purse*); 훔치다; (…의) 속을 뒤져 훔치다(~ *a house*). — *vi.* 강도질을 하다. :**⌐·ber** *n.* Ⓒ 도둑, 강도. ***⌐·ber·y** *n.* Ⓤ,Ⓒ 강탈.

:**robe**[roub] *n.* Ⓒ 길고 품이 큰 겉옷; (*pl.*) 의복; 예복, 법복; 긴 유아복. ***the*** (***long***) ~ 법복, (성직자의) 법의. — *vt., vi.* (…에게) 입히다; 법복을[법의를] 입다.

Rob·ert[rɑ́bərt/-ɔ́-] *n.* 로버트《남자 이름; 애칭은 Bert, Bob, Dob, Robin 등》.

:**rob·in**[rɑ́bin/-ɔ́-] *n.* Ⓒ ① 울새 (~ redbreast). ② 큰 개똥지빠귀.

Róbin Hòod ⇨HOOD.

rób·in's-egg blúe [rɑ́binzèg-/rɔ́-] 녹색을 띤 청색.

Rób·in·son Crúsoe[rɑ́binsən-/-ɔ́-] ⇨CRUSOE.

ro·bomb [róubɑm/-bɔm] *n.* = ROBOT BOMB.

ro·bot [róubət, rɑ́b-/róubɔt, rɔ́b-, -bət] *n.* Ⓒ 인조 인간, 로봇(같은 사람).

róbot bòmb 무인 제트 폭격기.

ro·bot·ics[roubɑ́tiks/-bɔ́t-] *n.* Ⓤ 로봇 공학.

róbot lànguage〚컴〛로봇 언어.

róbot pìlot 자동 조종 장치.

róbot revolùtion 로봇 혁명《산업 혁명과 비교하여 쓰는 말》.

:**ro·bust**[roubʌ́st, róubʌst] *a.* 억센, 튼튼한(sturdy), 정력적인; (연습 따위가) 격심한; 조야한.

roc[rɑk/-ɔ-] *n.* Ⓒ (아라비아 전설의) 큰 괴조(怪鳥).

R.O.C.《英》Royal Observer Corps.

†**rock**[1][rɑk/-ɔ-] *n.* Ⓤ,Ⓒ 바위, 암석; Ⓒ《美》돌(any piece of stone); Ⓤ 암반; (*sing.*) 견고한 기초[버팀]; Ⓒ 암초; 화근. ***on the*** **~*s***《口》난파[좌초]하여;《口》빈털터리가 되어; (몇개의) 얼음덩어리 위에 (부은)《위스키 따위》. ***sunken*** ~ 암초. ***the R- of ages*** 예수.

:**rock**[2] *vt.* 흔들어 움직이다; 흔들다. — *vi., n.* Ⓒ 흔들리다[림]. **~*ing chair*** [***horse***] 흔들 의자[목마]. **⌐·er** *n.* Ⓒ 흔들 의자[목마](의 다리).

rock·a·bil·ly[rɑ́kəbìli/rɔ́k-] *n.* Ⓤ

로커빌리《열광적인 리듬의 재즈 음악》.
róck and róll ⇨ROCK-' N' -ROLL.
róck bóttom 맨 밑바닥; 기저(基底); 깊은 속, 진상; 불행의 씨.
róck-bóttom *a.* 맨밑바닥의; (값이) 최저인.
róck-bòund *a.* 바위가 많은〔에 둘러싸인〕.
róck cáke 겉이 딱딱하고 꺼칠한 「쿠키.
róck cándy 《美》 얼음사탕.
róck-clìmbing *n.* Ⓤ 암벽 등반, 록클라이밍.
róck crỳstal 수정.
róck drìll 착암기.
Rock·e·fel·ler [rάkəfèlər/rɔ́k-], **John D.** (1839-1937) 미국의 석유왕.
Róckefeller Cénter, the 록펠러 센터《New York 시 중심지에 있는 상업·오락 지구》.
†**rock·et** [rάkit/-ɔ́-] *n., vt.* ① Ⓒ 봉화〔화전(火箭)〕(를 올리다). ② Ⓒ 로켓(을 쏴 올리다). ③ (a ~) 《英俗》 심한 질책. ***get a ~*** 《軍俗》 크게 혼나다. ── *vi.* (새가) 훌쩍 날아오르다; (값이) 갑자기 뛰어오르다; 급속도로 출세하다; (로켓처럼) 돌진하다. **~·ry** *n.* Ⓤ 로켓 공학〔실험〕.
rócket bàse 로켓 기지.
rócket bòmb 로켓 폭탄.
rock·e·teer [rὰkitíər/rɔ̀k-] *n.* Ⓒ 로켓 기사〔사수, 조종사〕.
rócket èngine 〔**mòtor**〕 (초음속 비행기 등의) 로켓 엔진.
rócket làuncher 로켓포.
rócket plàne 로켓 비행기.
rócket-propélled *a.* 로켓 추진식의.
rócket propùlsion (비행기의) 로켓 추진.
rócket rànge 로켓 시사장(試射場).
róck·fèst *n.* Ⓒ 《美》 로큰롤 음악제, 록 뮤직 페스티벌.
róck gàrden 암석 정원; 석가산(石假山)이 있는 정원.
róck·hòund *n.* Ⓒ 《美口》 지질학자; 돌 수집가.
rócking chàir 〔**hòrse**〕 ⇨ ROCK[2].
rock-'n'-roll [rάkənróul/rɔ́k-] *n.* Ⓤ 로큰롤《박자가 격렬한 재즈곡; 그 춤》.
róck òil 《주로 英》 석유.
róck·ríbbed *a.* 완고한.
róck sàlt 암염(岩鹽).
róck wòol 암면(岩綿)《절연재》.
‡**rock·y**[1] [⌐i] *a.* ① 바위의〔같은, 많은〕; 암석질의. ② 완고한, 냉혹한. ***the Rockies*** 로키 산맥.
rock·y[2] *a.* 흔들흔들하는(skaky); 《口》 비슬거리는.
ro·co·co [rəkóukou] *n., a.* Ⓤ 로코코 양식《18세기 전반(前半)에 유행한 화려한 건축 양식》(의).
‡**rod** [rɑd/-ɔ-] *n.* Ⓒ 장대, 긴 막대, 낚싯대; 작은 가지; 지팡이, 회초리; 권표(權標); 권력; 로드《길이의 단위, 약 5m》; 《美俗》 권총; 간균(稈菌). ***kiss the ~*** 벌을 달게 받다. ***Spare the ~ and spoil the child.*** 《속담》 귀한 자식 매로 키워라.
‡**rode** [roud] *v.* ride의 과거.
ro·dent [róudənt] *a., n.* 갉는, Ⓒ 설치류(齧齒類)의 (동물).
ro·de·o [róudiòu, roudéiou] *n.* (*pl.* **~s**) Ⓒ 《美》 (카우보이들의 승마술·올가미 던지기 따위의) 경기대회; 소떼를 몰아 모음.
Ro·din [roudǽn], **Auguste** (1840-1917) 프랑스의 조각가.
rod·o·mon·tade [rὰdəmantéid, -tά:d/rɔ̀dəmɔn-] *n., vi.* Ⓤ 호언장담(하다). ── *a.* 허풍떠는.
roe[1] [rou] *n.* Ⓤ,Ⓒ 물고기의 알, 곤이. ***soft ~*** 이리.
roe[2] *n.* Ⓒ 노루의 일종《~ deer라고도 함》.
roe·buck [róubʌ̀k] *n.* Ⓒ 노루의 수 「컷.
Roent·gen [réntgən/rɔ́ntjən, rʌ́ntgən], **Wilhelm K.** (1845-1923) 뢴트겐선을 발명한 독일 물리학자.
roent·gen·o·gram [réntgənəgræ̀m/rɔntgénə-, rɔ́ntjənə-] *n.* Ⓒ 뢴트겐〔X선〕 사진.
Róentgen ràys 뢴트겐〔X〕선.
ro·ga·tion [rougéiʃən] *n.* Ⓒ 〖로史〗 (호민관 등이 인민에게 제출하는) 법률안; 또 그 (안의) 제출; (*pl.*) 〖宗〗 예수 승천 축일 전 3일간 계속하는 기도, 기원절의 의식.
Rogátion Dàys 승천 축일 전의 3일간.
rog·er [rάdʒər/-ɔ́-] *int.* 《美俗》 좋아; 알았어!
‡**rogue** [roug] *n.* Ⓒ 악한(rascal); 개구쟁이, 장난꾸러기; 녀석《애칭》; 무리에서 따로 떨어진 동물〔코끼리〕. **ro·guer·y** [⌐əri] *n.* Ⓤ,Ⓒ 나쁜짓; 장난. **ro·guish** [⌐iʃ] *a.* 깡패의; 장난치는.
rógues' gállery 전과자 사진첩.
roil [rɔil] *vt.* 휘젓다, 휘정거리다; 성나게 하다.
rois·ter [rɔ́istər] *vi.* 술마시며 떠들다. **~·er** *n.*
ROK [rɑk/-ɔ-] Republic of Korea; 《俗》 Korean soldier. **ROKA** Republic of Korea Army.
Ro·land [róulənd] (=It. *Orlando*) *n.* Charlemagne 대제의 12용사 중의 한 사람. ***a ~ for an Oliver*** 막상막하, 대갚음.
‡**role, rôle** [roul] *n.* (F.) Ⓒ 구실, 역할, 역(役).
róle-plàying *n.* Ⓤ 〖心〗 역할 연기《심리극 따위에서》.
†**roll** [roul] *vt., vi.* ① 굴리다; 구르다. ② (눈알을) 희번덕거리다. ③ 둥그렇게 하다, 동그래지다(*in, into, up*), 휘감(기)다, 휘말(리)다. ④ (*vt.*) 혀를 꼬부려 발음하다. ⑤ (*vi.*) (파도·들판 따위가) 굽이치다, 완만하게 기복(起伏)하다. ⑥ (구름·안개·연기가) 뭉게뭉게 피어 오르다, 하늑거리며 오르다(*The mist ~ed away.* 안개가 걷혔다). ⑦ (*vt.*) 롤러로 (판판하게) 밀(어 늘이)다. ⑧ (배·비행기를) 옆질하(게 하)다(cf. pitch[2]).

⑨ 허리를 좌우로 흔들며 걷다《뱃사람의 걸음걸이》. ⑩ (*vt.*) 숙고하다. ⑪ (북 따위를[가]) 둥둥 울리다, (천둥이) 울리다. ⑫ 떠는 소리로 울다[노래하다], (목소리를) 떨다. ⑬ (*vt.*) 《俗》 (만취된 사람 등의) 주머니를 털다. ⑭ (*vi.*) 《口》 쌔고쌨다(*She is ~ing in money.*). **~ back** 되돌리다; (통제에 의해 물가를) 원래대로 내리다. **~ in** 꾸역꾸역 모여 들다. **~ on** 굴러 나아가다; 세월이 흐르다. **~ up** (휘)감다, 휘말다; 동그래지다; 감아 올리다, 감기어 올라가다; 피어 오르다; (돈이) 모이다; 나타나다. — *n.* Ⓒ ① 회전, 구르기. ② 굽이침. ③ 두루마리, 한 통[필], (말린) 한 개(*a ~ of bread*). ④ 롤빵; 롤러. ⑤ (원래는 갖고 다니기 위해 둘둘 만) 기록; 표, 명부(*call the ~* 점호하다). ⑥ 울림. ⑦ 〖海〗 옆질. ⑧ 〖空〗 횡전(橫轉). ⑨ 《美俗》 돈 뭉치, 자본. **on the ~s** 명부에 올라. **on the ~s of fame** 역사에 이름을 남기어. **~ of hono(u)r** 전사자 명부. **strike off the ~s** 제명하다.

Rol·land[rɔːlǽŋ, rɔlɑ̃], **Romain** (1866-1944) 프랑스의 소설가·음악평론가·극작가《1915년 노벨 문학상》.

róll·bàck *n.* Ⓒ 〖政〗 롤백 (통제에 의한) 물가 인하 (정책); 반격전술(*a ~ policy*); 〖컴〗 주기억장치로 데이터를 되돌림.

róll bóok 출석부, 출근부.

róll càll 점호, 〖軍〗 점호 나팔[신호].

:roll·er[⌐ər] *n.* Ⓒ (땅고르기·인쇄·압연용) 롤러; 큰 놀; 〖鳥〗 롤러카나리아.

róller bèaring 〖機〗 롤러 베어링.

róller blàde 롤러 블레이드《롤러가 한 줄로 박힌 롤러 스케이트》.

róller còaster 《美》 (스릴을 즐기는) 환주차(環走車).

róller·dròme *n.* Ⓒ 《美》 롤러스케이트장(場).

róller skàte 롤러 스케이트 (구두).

róller-skàte *vi.* ⇧로 스케이트 타다.

róller tòwel 환상(環狀) 타월《롤러에 걸어서 씀》.

rol·lick[rálik/-ɔ́-] *vi.* 시시덕거리다 (frolic). **~·ing, ~·some** *a.* 쾌활한, 명랑하게 떠드는.

:roll·ing[róuliŋ] *a., n.* 구르는; Ⓤ 구르기, 굴리기[하기]. ***A ~ stone gathers no moss.*** 《속담》 우물을 파도 한 우물을 파라.

rólling mìll 판금[압연(壓延)]공장.

rólling pìn 밀방망이.

rólling stóck 《집합적》 철도 차량 《기관차·객차》.

Rolls-Royce[róulzrɔ́is] *n.* Ⓒ 〖商標〗 롤스로이스《영국제 고급 자동차》.

róll-tòp désk 접는 뚜껑이 달린 책상.

róly-póly *a., n.* Ⓒ 토실토실한 (아이); Ⓤ,Ⓒ 《주로英》 꽈배기 푸딩.

Rom[roum/rɔm] *n.* (*pl.* **~a**[⌐ə]) 남자 집시, 집시 소년.

ROM 〖컴〗 read only memory 롬 《늘 기억 장치》.

Rom. Roman; Romania(n); Romanic; 〖新約〗 Romans. **rom.** 〖印〗 Roman type.

Ro·ma·ic[rouméiik] *n., a.* Ⓤ 현대 그리스어(語)(의).

ro·maine [rouméin] *n.* Ⓤ 상치의 일종.

†Ro·man[róumən] *a.* 로마(사람)의; (로마) 가톨릭교의; 로마(숫)자의. — *n.* Ⓒ 로마 사람; Ⓒ (*pl.*) 가톨릭[천주]교도; Ⓤ 〖印〗 로마체 (활자). (***The Epistle of Paul the Apostle to the***) **~s** 〖新約〗 로마서.

ro·man à clef [rɔmɑ̃ːn ɑː kléi] (F.) 실화 소설.

Róman álphabet 로마자.

Róman cándle 꽃불의 일종.

Róman Cátholic 가톨릭교의 (교도).

Róman Cathólicism 천주교, (로마) 가톨릭교; 그 교의·의식.

:ro·mance [roumǽns, róumæns] *n.* Ⓒ 중세 기사 이야기, 전기(傳奇)소설, 연애[모험] 소설, 정화(情話); 소설적인 사건, 로맨스(love affair); Ⓤ,Ⓒ 꾸며낸 이야기, 공상 (이야기); Ⓤ (R-) 로만스어(파). — *a.* (R-) 로망스말의. — *vi.* 꾸며낸 이야기를 하다; 거짓말하다(lie); 공상하다.

ro·mánc·er *n.* Ⓒ 전기 소설 작가; 공상[과장]가; 꾸며낸 이야기를 하는 사람.

Rómance lánguages, the 로망스어《프랑스·스페인·이탈리아어 따위의 라틴 계통의 여러 말》.

Róman Cúria, the 로마 교황청.

Róman Émpire, the (고대) 로마 제국《27 B.C. – A.D. 395》.

Ro·man·esque [ròumənésk] *n., a.* Ⓤ (중세 초기의) 로마네스크 건축양식《아치 꼭대기가 둥금》(의).

ro·man-fleuve [roumɑ́ːŋflə́ːv] *n.* (F.) Ⓒ 대하(大河) 소설(river novel) 《몇대에 걸친 인물을 묘사하는 장편소설》(cf. saga).

Ro·ma·ni·a [rouméiniə, -njə] *n.* =RUMANIA.

Ro·man·ic[roumǽnik] *n., a.* Ⓤ 로망스어(의).

Ro·man·ize[róumənàiz] *vt., vi.* 로마화하다; 로마 글자로 쓰다; 가톨릭교도로 하다[가 되다]. **-i·za·tion**[⌐—izéiʃən/-naiz-] *n.*

Róman létter [**týpe**] 로마체 활자(cf. Gothic, italic).

Róman nóse 매부리코(cf. aquiline).

Róman númerals 로마숫자《Ⅰ, Ⅱ, Ⅴ, Ⅹ, L(50), C(100), D(500), M(1000), MCMLXIX(1969) 따위》.

Róman schòol 로마[라파엘라]파.

:ro·man·tic[roumǽntik, rə-] *a.* 전기(傳奇)(소설)적인, 공상[비현실]적인; 로맨틱한; 낭만주의의. ***R-Movement*** (19세기 초엽의) 낭만주의 운동. **~ *school*** 낭만파. — *n.* Ⓒ 낭만파의 예술가[시인]; (*pl.*) 낭

만적 사상.
ro·man·ti·cism[roumǽntəsìzəm] *n.* Ⓤ 낭만적 정신; 낭만주의《형식을 배제하고 분방한 상상력을 중시하는 18세기 말부터 19세기 초엽의 사조》(cf. classicism, realism). **-cist** *n.* Ⓒ 낭만주의자.
Rom·a·ny[rámǝni/-ɔ́-] *n., a.* Ⓤ 집시말(의); Ⓒ 집시(의).
†**Rome**[roum] *n.* 로마; 고대 로마시(市)〔국가〕. ***Do in ~ as the Romans do.*** 《속담》 입향 순속(入鄕循俗).
Rom·ish[róumiʃ] *a.* (로마) 가톨릭의《흔히 경멸조를 내포》.
romp[ramp/-ɔ-] *vi.* 까불(며 놀)다, 뛰놀다(frolic)(*about*). ── *n.* Ⓤ 까붊; Ⓒ 까불며 뛰노는 아이. **∠·ers** *n. pl.* 놀이옷, 롬퍼스.
Rom·u·lus [rámjələs/-ɔ́-] *n.* 〖로神〗 REMUS의 동생《로마의 창건자, 초대의 왕》. 「〔13〕행시(詩).
ron·deau [rándou/-ɔ́-] *n.* Ⓒ 10
ron·do [rándou/-ɔ́-] *n.* (*pl.* **~s**) (It.) Ⓒ 〖樂〗 론도, 회선곡(回旋曲).
Rö́ntgen ràys =ROENTGEN RAYS.
rood[ru:d] *n.* Ⓒ 십자가 (위의 예수상); 《英》 루드《면적 단위= 1/4 acre (약 1단=300평)》. ***by the R-*** 신에 맹세코.
†**roof**[ru:f] *n.* (*pl.* **~s;** 때로 ***rooves*** [-vz]), *vt.* Ⓒ 지붕(을 달다); 집. ***~ of the mouth*** 입천장, 구개. ***~ of the world*** 높은 산맥, (특히) Pamir 고원. ***under the parental ~*** 부모슬하에서. **∠·er** *n.* **∠·ing** *n.* Ⓤ 지붕이기; 지붕이는 재료. **∠·less** *a.*
róof gàrden 옥상 정원.
rook[1][ruk] *n., vi., vt.* Ⓒ 〖鳥〗 (유럽산) 띠까마귀; (카드놀이에서) 속임수 쓰다〔쓰는 사람〕. **∠·er·y** *n.* Ⓒ 띠까마귀(따위)가 떼지어 사는 곳; 빈민굴.
rook[2] *n.* Ⓒ 〖체스〗 성장(城將)(castle)《장기의 차(車)에 해당》.
rook·ie[rúki] *n.* Ⓒ 《俗》 신병, 신참, 풋내기.
†**room**[ru(:)m] *n.* Ⓒ 방(의 사람들); (*pl.*) 셋방, 하숙(lodgings); Ⓤ 장소, 여지(*for; to* do). ***in the ~ of*** …의 대신으로. ***make ~*** 자리를 양보하다, 장소를 만들다(*for*). (***There is***) ***no ~ to turn in.*** 비좁다, 답답하다. ── *vt., vi.* 방을 주다, 숙박시키다; 유숙하다(*at, with, together*). **∠·er** *n.* Ⓒ 《美》 세든 사람, 하숙인. **~·étte** *n.* Ⓒ 《美》 (Pullman car의) 개인용 침실. **~·ful**[∠fùl] *n.* Ⓒ 방(하나) 그득(한 사람·물건). **∠·ie** *n.* Ⓒ 동숙자. **∠·y** *a.* 널찍한 (spacious). 「객실계.
róom clèrk 호텔의 프런트 접수계,
róoming hòuse 《美》 하숙집.
róom-màte *n.* Ⓒ 《美》 한 방(을 쓰는) 사람, 동숙자.
róom sèrvice (호텔 등의) 룸서비스; 룸서비스계.
Roo·se·velt[róuzəvèlt, róuzvəlt], **Franklin Delano** (1882-1945) 미국 32대 대통령(1933-45)《생략 F. D.R.》; **Theodore**(1858-1919) 미국 26대 대통령(1901-09).
:**roost** [ru:st] *n.* Ⓒ (닭장의) 홰(perch); 휴식처, 잠자리. ***at ~*** 취침중에. ***Curses, like chickens, come home to ~.*** 《속담》 누워서 침뱉기. ***go to ~*** 잠자리에 들다. ***rule the ~*** 《口》 마음대로 하다. ── *vi., vt.* (홰에) 앉다; 보금자리에 들다. ***∠·er** *n.* Ⓒ 《美》 수탉(《英》 cock).
:**root**[1][ru:t] *n.* Ⓒ ① 뿌리; (*pl.*) 근채(根菜), 지하경. ② 근본; 근저(根底), 근거. ③ 근원; 선조; 〖聖〗 자손; 본질. ④ 〖文〗 어간(stem); 〖言〗 어근; 〖數〗 근; 〖樂〗 기음(基音)《기초화음》. ⑤ 〖컴〗 뿌리. ***pull up by the ~s*** 뿌리째 뽑다. ***~ and branch*** 전부 완전히. ***strike*** 〔***take***〕 ***~*** 뿌리 박히다, 정착하다. ── *vi., vt.* ① 뿌리박(게 하)다; 정착하다〔시키다〕. ② 뿌리째 뽑다, 근절하다(*up, out*). ***~·ed**[∠id] *a.* **∠·let** *n.* Ⓒ 가는 뿌리.
root[2] *vt., vi.* (돼지가) 코로 파헤집다; 찾다.
root[3] *vi.* 《美俗》 요란스레 응원하다 (*for*). **∠·er** *n.* Ⓒ 응원자.
róot bèer 탄산수의 일종《sassafras 등의 뿌리로 만듦》.
róot cròp 근채(根菜) 식물《감자·순무 등》.
róot dirèctory 〖컴〗 뿌리(자료)방.
róot hàir 〖植〗 뿌리털(根毛).
róot·stòck *n.* Ⓒ 뿌리 줄기(根莖); (접목의) 접본; 근원.
†**rope**[roup] *n.* ① Ⓤ,Ⓒ (밧)줄, 새끼. ② (the ~) 교수형(絞首刑)(용 밧줄). ③ Ⓒ (*pl.*) 둘러친 장소《권투장 등》의 밧줄. ④ Ⓒ (*pl.*) 비결, 요령. ***a ~ of sand*** 못믿을 것. ***come to the end of one's ~*** 진퇴유곡에 빠지다. ***give*** (***a person***) ***~*** (***enough to hang himself***) 멋대로 하게 내버려 두(어 자업자득이 되게 하)다. ***on the high ~s*** 사람을 얕〔깔〕보아; 의기 양양하여, 뽐내어. ***on the ~*** (등산가들이) 로프로 몸을 이어 매고. ── *vt.* (밧)줄로 묶다〔잇다, 당기다〕; 올가미를 던져 잡다. ── *vi.* (끈끈하여) 실같이 늘어지다. ***~ in*** 《俗》 끌어〔꾀어〕 들이다.
róp·y *a.* 밧줄 같은; 끈끈한, 실이 늘어지는.
rópe·dàncer, rópe·wàlker *n.* Ⓒ 줄타기 광대.
rópe·dàncing, rópe·wàlking *n.* Ⓤ 줄타기.
rópe làdder 줄사닥다리.
rópe skìpping 줄넘기.
rópe·wày *n.* Ⓒ (화물 운반용) 삭도; (사람을 나르는) 공중 케이블.
Roque·fort[róukfərt/rɔ́kfɔ:r] *n.* Ⓒ 〖商標〗 로크포르《염소 젖으로 만든 냄새가 강한 프랑스 치즈》.

Ror·schach (tèst) [rɔ́ːrʃɑːk(-)] *n.* Ⓒ 〖心〗 로르샤흐 검사《잉크 얼룩 같은 여러 도형을 해석시켜 성격을 판단함》.
ror·ty [rɔ́ːrti] *a.* 《英俗》 유쾌한; 멋있는; 즐거운.
ro·sa·ry [róuzəri] *n.* Ⓒ 〖가톨릭〗 묵주, 로자리오; 장미원.
†**rose**[1] [rouz] *n.* ① Ⓒ 장미(꽃)《영국의 국화》. ② Ⓤ 장미빛. ③ Ⓒ 장미무늬〔매듭〕; 원화창(圓花窓). ④ (*pl.*) 발그레한 얼굴빛. ⑤ Ⓒ 미인. ***Alpine*** **~** 〖植〗 석남. ***bed of ~s*** 안락한 지위〔신분〕. ***gather (life's) ~s*** 환락을 일삼다. ***~ of Sharon*** 무궁화; 〖聖〗 샤론의 장미《실체는 미상(未詳)》. ***under the ~*** 비밀히(<L. *sub rosa*). ***Wars of the Roses*** 〖英史〗 장미 전쟁《York 가(家)(흰 장미의 문장)와 Lancaster가(家)(붉은 장미의 문장)의 싸움(1455-85)》. ── *a.* 장미빛의.
†**rose**[2] *v.* rise의 과거.
ro·se·ate [róuziit] *a.* 장미빛의 (rosy); 밝은, 행복한; 낙관적인 (optimistic). 「도; 만병초.
rose·bay [róuzbèi] *n.* Ⓒ 〖植〗 협죽
róse bèetle 〔**bùg**〕 투구벌레의 일종《장미를 해침》.
*__róse·bùd__ *n.* Ⓒ ① 장미 봉오리. ② 아름다운 소녀.
róse·bùsh *n.* Ⓒ 장미나무〔덩굴〕.
róse còlo(u)r 장미빛, 도화색; 유망, 호황(好況).
róse-còlo(u)red *a.* 장미〔연분홍〕빛의; 편한; (전망이) 밝은, 유망한; 낙관적인.
róse gàrden 장미 화원.
róse lèaf 장미의 잎〔꽃잎〕.
rose·mar·y [⌐mɛ̀əri] *n.* Ⓒ 〖植〗 로즈메리《상록 관목(灌木); 정절 등의 상징》.
róse mòss 〖植〗 채송화.
Ro·sét·ta stòne [rouzétə-] 로제타석(石)《1799년 이집트의 Rosetta에서 발견되어 상형 문자 해독의 열쇠가 된 비석》.
ro·sette [rouzét] *n.* Ⓒ 장미 매듭(의 리본); 장미꽃 장식; 〖建〗 원화창(圓花窓).
róse wàter 장미 향수; 겉발림말.
róse wíndow 원화창(圓花窓).
róse·wòod *n.* Ⓒ 자단(紫檀)《콩과의 나무; 열대산》; Ⓤ 그 재목.
ros·i·ly [róuzili] *ad.* 장미빛으로, 붉어져; 유망하게, 밝게.
ros·in [rázən, -ɔ́(ː)-] *n., vt.* Ⓤ 수지(樹脂)《송진 따위》(를 바르다).
Ros·set·ti [rouséti, -z-/rɔséti], **Dante Gabriel** (1828-82) 영국의 시인·화가; **Christina G.** (1830-94) 그의 여동생, 시인.
Ros·si·ni [rɔːsíːni/rɔ-], **Gioacchino Antonio** (1792-1868) 이탈리아의 작곡가. 「명부.
ros·ter [rástər/rɔ́s-] *n.* Ⓒ (근무)
ros·tral [rástrəl/-ɔ́-] *a.* 주둥이의〔가 있는〕; 뱃부리 장식이 달린.
ros·trum [rástrəm/-ɔ́-] *n.* (*pl.* ***~s, -tra*** [-trə]) Ⓒ 연단(演壇)(platform).
‡**ros·y** [róuzi] *a.* ① 장미빛의, 불그스름한; 장미로 꾸민. ② 유망한. ③ 밝은 (기분의)(cheerful).
ROT rule of thumb 주먹구구.
*__rot__ [rɑt/-ɔ-] *vi., vt.* (***-tt-***) 썩(게 하)다; 썩어 문드러지(게 하)다. ── *n.* Ⓤ 부패, 썩음; 《俗》 케케묵은 농담 (*Don't talk ~!* 허튼 수작 그만둬!).
Ro·tar·i·an [routɛ́əriən] *n.* Ⓒ 로터리 클럽 회원.
*__ro·ta·ry__ [róutəri] *a.* 회전하는. ── *n.* Ⓒ 윤전기; 환상 교차점; 〖電〗 회전 변류기.
Rótary Clùb, the 로터리 클럽《사회 봉사를 목적으로 하는 실업가 등의 사교 단체》.
rótary préss 윤전기(輪轉機).
*__ro·tate__ [róuteit/−⌐] *vi., vt.* 회전하다〔시키다〕; 교대하다〔시키다〕. ***~ crops*** 윤작하다. *__ro·tá·tion__ *n.* Ⓤ,Ⓒ 회전; 교대(*by* 〔*in*〕 *rotation* 교대로, 차례로); 돌려짓기; 〖컴〗 회전《컴퓨터 그래픽에서 모델화된 물체가 좌표계의 한 점을 중심으로 도는 것》. **ro·tá·tion·al** *a.* 회전의; 순환의. **ró·ta·tor** *n.* Ⓒ 회전하는 것, 회전기. **ro·ta·to·ry** [róutətɔ̀ːri/-təri] *a.*
ROTC, R.O.T.C. Reserve Officer's Training Corps (*or* Camp).
rote [rout] *n.* Ⓤ 기계적인 방식〔암기〕. ***by ~*** 암기하여, 기계적으로.
ro·to·gra·vure [ròutəgrəvjúər] *n.* Ⓤ 사진 요판(凹版). 「전자.
ro·tor [róutər] *n.* Ⓒ (발전기의) 회
ro·to·vate [ròutəvéit] *vi.* 《英》 (땅을) 경운기로 갈다.
‡**rot·ten** [rátn/-ɔ́-] *a.* 부패한; 약한, 부서지기 쉬운(*a ~ ice*); 《俗》 나쁜, 더러운(nasty). ***R- Row*** 런던의 Hyde Park의 승마길(the Row).
rot·ter [rátər/-ɔ́-] *n.* Ⓒ《주로 英俗》 변변찮은 녀석, 보기싫은 녀석.
Rot·ter·dam [rátərdæ̀m/rɔ́t-] *n.* 네덜란드 남서부의 항구.
ro·tund [routʌ́nd] *a.* 토실토실 살찐; 낭랑한. **ro·tún·di·ty** *n.*
ro·tun·da [routʌ́ndə] *n.* Ⓒ 〖建〗 (둥근 지붕의) 원형 건물; 둥근 천장의 큰 홀.
Rou·ault [ruːóu], **Georges** (1871-1958) 루오《프랑스의 야수파 화가》.
rou·ble [rúːbəl] *n.* =RUBLE.
rou·e [ruːéi, ⌐−] *n.* (F.) Ⓒ 방탕자 (rake). 「지(를 바르다).
*__rouge__ [ruːʒ] *n., vi., vt.* Ⓤ (입술) 연
†**rough** [rʌf] *a.* ① 거친, 껄껄〔울퉁불퉁〕한. ② 텁수룩한(shaggy). ③ 거센, 파도가 높은. ④ 사나운, 난폭한; 예의없는. ⑤ (보석 따위) 닦지 않은; 가공되지 않은. ⑥ 개략(槪略)〔개산〕의. ⑦ 서투른; 불친절한, 냉혹한 (*on*). ⑧ (소리가) 귀에 거슬리는. ⑨ (술맛이) 떫은〔나쁜〕. ⑩ = ASPIRATE. ***have a ~ time*** 되게 혼나다, 고생하다. ***~ rice*** 현미(玄米).

R

~ **work** 고된〔거친〕 일. — *ad.* 거칠게; 대충. — *n.* Ⓤ,Ⓒ 거칠음, 거친 물건; Ⓒ《주로 英》난폭한〔우악스런〕 사람; Ⓤ〖골프〗불량 지역; 학대. **in the** ~ 미가공〔미완성〕의; 대체로. — *vt.* 거칠게 하다, 껄껄〔우툴두툴〕하게 하다; 난폭하게 다루다; 대충 해내다〔모양을 만들다〕. ~ **it** 비참한〔고된〕 생활에 견디다; 난폭한 짓을 하다. ~ **out** 대충 마무르다. **∠-ly** *ad.* 거칠게; 대강. **~ly estimated** 개산(概算)으로, 대충잡아. **~ly speaking** 대충 말해서.

rough·age[rʌ́fidʒ] *n.* Ⓤ 거친 물건〔재료〕; 섬유질 식품.

róugh-and-réady *a.* 즉석의; (인품이) 세련되지 못한, 무무한.

róugh-and-túmble *a., n.* 뒤범벅이 된, 어지러운; Ⓤ,Ⓒ 난투.

róugh·càst *vt.* 러프코트로 마무리하다; (…의) 대체적인 줄거리를 세우다. — *n.* Ⓤ 러프코트《회반죽과 자갈을 섞어 바른 벽》; 대체적인 줄거리.

róugh cóat(ing)=ROUGHCAST *n.*

róugh-drý *vt.* (말리기만 하고) 다림질은 안 하다. 「다〔하다〕.

rough·en[rʌ́fən] *vi., vt.* 거칠게 되

róugh-héw *vt.* (**~ed; -hewn, ~ed**) 대충 자르다〔깎다〕, 건목치다.

róugh-héwn *a.* 대충 깎은, 건목친; 조야한.

róugh·hòuse *n., vt., vi.* (*sing.*) (특히 옥내에서의) 법석(을 떨다); (농삼아) 거칠게 다루다.

róugh·nèck *n.* Ⓒ《美口》우락부락한 사람, 난폭자.

róugh·rìder *n.* Ⓒ 사나운 말을 잘 다루는 기수, 조마사.

róugh·shód *a.* (말이) 못이 나온 편자를 신은. **ride ~ over** 난폭하게〔야멸치게〕 다루다.

róugh-spóken *a.* 말을 거칠게 하는. 「기 도박》.

rou·lette[ru:lét] *n.* Ⓤ 룰렛《공굴리

Rou·ma·ni·a[ru:méiniə, -njə] *n.* =RUMANIA.

†**round**[raund] *a.* ① 둥근. ② 토실토실 살찐. ③ 한바퀴〔일주〕의. ④ 완전한(*a* ~ *lie* 새빨간 거짓말). ⑤ 대강의, 끝수〔우수리〕가 없는(*a* ~ *number* 개수, 어림수《500·3,000따위》). ⑥ 상당한(*a good* ~ *sum*). ⑦ 잘 울리는, 낭랑한. ⑧ 활발한. ⑨ 솔직한(frank). ⑩〖音聲〗입술을 동그랗게 한. — *n.* Ⓒ ① 원(형); 둥근 물건; (조각의) 환조(丸彫); (빵의) 둥글게 썬 조각; 사닥다리의 가로장《둥글린 것》(rung[1]). ② 한바퀴, 순회(지구)(*go* 〔*make*〕 *one's ~s* 순회하다). ③ 회전, 주기. ④ 범위. ⑤ (승부의) 한판(*play a* ~). ⑥ 연속. ⑦ (탄약의) 한 발분, 일제 사격. ⑧ 원무(圓舞), 윤창(輪唱). **daily** ~ 매일의 일〔근무〕. **in the** ~ 모든 점으로 보아(*Seoul in the* ~ 서울의 전모). — *ad.* 돌아서; 둘레에; 둥글게; 가까이; 차례차례로. **all** ~ 널리 미치게. **all the year** ~, 1년 내내. **ask** (*a person*) ~ (아무를) 초대하다. **come** ~ 돌아오다; 회복하다. **come ~ to** *a person's* **view** 의견에 동의하다. ~ **about** 원을 이루어, 둘레에; 멀리 빙 돌아서; 반대쪽에. ~ **and** ~ 빙빙; 사방에 널리 미쳐서. **win** (*a person*) ~ 자기편으로 끌어들이다. — *prep.* ① …을 돌아서, …의 둘레에. ② …의 근처〔주변·일대〕에. ③ …을 꼬부라져서, 모퉁이를 돈 곳에(~ *the corner*). **come** ~ (*a person*) 꾀로 앞지르다〔넘기다〕; 감언으로 속이다. — *vi., vt.* 둥글게 되다〔하다〕; 돌다; (*vt.*) 완성하다; (*vi.*) 토실토실 살찌다, 원숙해지다. ~ **down** (수·금전 등의) 우수리를 잘라 버리다. ~ **off** 둥글게 하다; (모진 것을) 둥글리다; 잘 다듬어 마무르다; 원숙하게 하다. ~ **on** (친구 등을) 역습하다, 끽 소리 못하게 하다; 고자질〔밀고〕하다. ~ **out** 둥글게 하다; 살찌게 하다; 완성하다. ~ **up** 동그랗게 뭉치다; 숫자를 우수리가 없게 하다; 몰아 대다〔모으다〕; 《口》검거하다. — *n.* Ⓒ 원; 〖컴〗맺음.

˙**róund·abòut** *a., n.* Ⓒ 멀리 도는; 에움길, 에두름; 에두르는; 사내아이의 짧은 웃옷; 《英》회전 목마; 《英》환상 십자로, 로터리.

róund ángel 360°의 각도.

róund dànce 윤무(輪舞); 원무(圓舞).

róund dòwn 〖컴〗잘라버림.

round·ed[∠id] *a.* 둥글게 한〔만든〕.

roun·del[ráundl] *n.* Ⓒ 고리, 둥근 것, 원반; 〖空〗(날개의) 둥근 마크.

roun·de·lay[ráundəlèi] *n.* Ⓒ 후렴이 있는 짧은 노래; 원무(圓舞)의 일종.

róund·er *n.* Ⓒ 순회자; 주정뱅이; 상습범; (*pl.*) 구기(球技)의 일종.

róund-éyed *a.* (깜짝 놀라) 눈을 둥그렇게 뜬.

Róund·hèad *n.* Ⓒ〖英史〗원두당원(圓頭黨員)《1642-52의 내란 당시 머리를 짧게 깎은 청교도 의원; Charles Ⅰ에 반항》.

róund·hòuse *n.* Ⓒ〖海〗후갑판 선실; 원형 기관 차고.

round·ish[∠iʃ] *a.* 둥그스름한.

round·ly[∠li] *ad.* 둥글게; 완전히, 충분히, 솔직하게; 단호히; 몹시; 기운차게; 대충.

round·ness[∠nis] *n.* Ⓤ 둥글음, 완전함, 솔직함; 호됨.

róund òff 〖컴〗반올림.

róund róbin 사발통문의 탄원서; 원탁회의; 리그전; 연속.

róund-shóuldered *a.* 새우등의.

rounds·man[∠zmən] *n.* Ⓒ《英》주문 받으러 다니는 사람, 외무원; 《美》순찰 경관.

róund-tàble *a.* 원탁의(~ *conference* 원탁 회의).

róund-the-clóck *a.* 24시간 연속(제)의.

róund-the-wórld *a.* 세계 일주의.

róund tríp 왕복 여행; 주유(周遊)

여행.
róund-tríp *a.* 《美》 왕복(여행)의 (~ *ticket* 왕복표).
róund-trípper *n.* Ⓒ 《野俗》 홈런.
róund·ùp *n.* Ⓒ 가축을 몰아 한데 모으기; (범인 등의) 일제 검거.
róund vówel 원순(圓脣)모음《ɔ, u, œ, ø, y 따위》.
róund·wòrm *n.* Ⓒ 회충.
:rouse[rauz] *vt.* 일으키다; 날아오르게 하다; 격려하다; 성나게 하다; 휘젓다. — *vi., n.* 일어나다, 잠이 깨다; U,C 눈뜸, 각성; 분발(하다), (감정이) 격해지다. **róus·er** *n.* Ⓒ 환기[각성]시키는 사람. **róus·ing** *a.* 격려하는; 활발한; 터무니없는.
Rous·seau[ru:sóu/∠–], **Jean Jacques** (1712-78) 프랑스의 사상가·저술가.
roust[raust] *vt.* 《美口》 두드려 깨우다(*up*); (…을) 쫓아내다(*out*).
roust·a·bout [ráustəbàut] *n.* Ⓒ 《美》 부두 노무자.
***rout**[1][raut] *n.* U,C 패배; 무질서한 군중(mob). — *vt.* 패주시키다.
rout[2] *vt., vi.* (돼지가) 코로 파헤집다(root)(*up*); (사람을 잠자리·집에서) 끌어내다(force out).
:route[ru:t, raut] *n.* Ⓒ 길, 노선, 노정; 항로; 《美》 (신문 등의) 배달구역. ***go the*** **~** (임무 따위를) 끝까지 해내다; 완투하다. — *vt.* (…의) 길[노선]을 정하다; 발송하다.
route·man[∠mən] *n.* 《美》 = ROUNDSMAN.
:rou·tine[ru:tí:n] *n.* C,U 상례적인 일, 판에 박힘, 정해짐, 정해진 순서; 〖컴〗 루틴《어떤 작업에 대한 일련의 명령군(群); 완성된 프로그램》. — *a.* 일상의, 판에 박힌. 「일률.
rou·tin·ize[ru:tí:naiz] *n.* Ⓤ 천편
roux[ru:] *n.* (F.) U,C 〖料理〗 루《녹인 버터와 밀가루를 섞은 것》.
:rove[1][rouv] *vi.* 헤매다, 배회하다 (wander)(*over*). — *n., vt.* Ⓤ 유력(遊歷)[유랑](하다), 배회(하다); (R-) 개 이름. ***on the*** **~** 배회하고.
rove[2] *v.* reeve[1]의 과거(분사).
rove[3] *n.* Ⓒ 거칠게 자은 실. — *vt.* 실을 거칠게 잣다.
rov·er**[róuvər] *n.* Ⓒ 배회자; 해적; 월면차(月面車). ***at **~*s*** 막연히.
rov·ing[róuviŋ] *a.* 헤매는; 이동하는; 산만한; 두리번거리는.
róving ambássador 〔**mínister**〕 순회[무임소] 대사[공사].
:row[1][rou] *n.* Ⓒ 열, 줄; 죽 늘어선 〔줄지은〕 집; 거리; 가로수; (the R-) 《英》 =ROTTEN ROW; 〖컴〗 행. ***a hard*** 〔***long, tough***〕 **~** ***to hoe*** 《美》 힘든〔지긋지긋한〕 일, 큰 일.
:row[2] *vt.* (배를) 젓다, 저어서 운반하다; (…으로) 젓다. — *vi., n.* (a ~) 젓다; 젓기; 경조(競漕)(하다). **~ *down*** 저어서 따라 미치다. **~*ing boat*** 《英》 =ROWBOAT. **~ *over*** 상대방의 배를 앞지르다. **∠·er** *n.* **∠·ing** *n.*
:row[3][rau] *n.* ① U,C 《口》 소동, 법석. ② Ⓒ 꾸짖음(*get into a* ~ 꾸지람 듣다). ③ Ⓒ 《口》 말다툼. ***make kick up a*** **~** 법썩을 일으키다; 항의하다. — *vt., vi.* 《口》 욕질하다; 《口》 떠들다, 말다툼하다.
row·an [róuən, ráu-] *n.* Ⓒ 〖植〗 마가목의 일종; 그 열매.
rów·bòat[róu-] *n.* Ⓒ (손으로 젓는) 배, 노젓는 배, 상앗대배.
row·dy[ráudi] *n., a.* Ⓒ 난폭자; 난폭한. **~·ism**[-ìzəm] *n.*
row·dy·dow·dy[-dáudi] *a.* 시끄러운; 야비한.
row·el[ráuəl] *n., vt.* (《英》 ***-ll-***) Ⓒ (박차의) 톱니바퀴(를 대다).
rów hòuse[róu-] 《美》(줄지어 선) 규격이 같은 주택(의 한 채분).
row·lock [rálək, rʌ́-/rɔ́-] *n.* Ⓒ 《英》 (보트의) 노걸이, 노받이.
:roy·al[rɔ́iəl] *a.* 왕〔여왕〕의; 국왕에 의한; 왕가의; 왕자(王者)다운; 훌륭한, 당당한(*a* ~ *game*); 장엄한; 왕립의; 칙허(勅許)의; 거창한. ***have a*** **~** ***time*** 굉장히 즐겁게 지내다. ***His*** 〔***Her***〕 ***R- Highness*** 전하〔비(妃)전하〕. **~ *assent*** (의회를 통과한 법안에 대한) 국왕의 재가. **~ *household*** 왕실. **~ *touch*** 연주창 환자에게 왕이 손을 댐《왕이 손을 대면 낫는다고 생각됐음》. ***the R- Air Force*** 영국 공군. ***the R- Marines*** 영국 해병대. ***the R- Navy*** 영국 해군. **~·ist** *n.* Ⓒ 왕당파; (R-) 왕당원(cf. Roundhead). **~·ly** *ad.* 왕답게, 당당하게.
Róyal Acádemy, the 《英》 왕립 미술원.
róyal blúe 진한 청색.
Róyal Exchánge, the (런던의) 왕립 증권 거래소《생략 R.E.》.
róyal flúsh (포커에서) 같은 마크의 최고점 패로부터 연속된 5장.
roy·al·ism[rɔ́iəlìzəm] *n.* Ⓤ 왕당주의; 군주주의.
róyal pálm 종려 나무의 일종.
róyal púrple 짙푸른 자줏빛.
***róyal róad** 왕도(王道); 지름길.
Róyal Socíety, the 영국 학술원.
róyal stándard 《英》 왕기(旗).
***roy·al·ty**[rɔ́iəlti] *n.* ① Ⓤ 왕〔여왕〕임; 왕권; (보통 *pl.*) 왕의 특권; 왕족, 황족. ② Ⓒ (본래는 왕실에 진납된) 상납금; 채굴권; 인세; (희곡의) 상연료; 특허권 사용료.
RP Radiopress. **R.R.** 《英》 received pronunciation. **RPG** 〖컴〗 Report Program Generator 보고서 프로그램 생성(生成)루틴. **rpm, r.p.m.** revolutions per minute. **r.p.s.** retail price survey 소매 가격 조사; revolutions per second. **rpt.** report.
R-rat·ed[á:rrèitid] *a.* 《俗》 준성인 영화의.
RSC 〖拳〗 referee stop contest.
R.S.P.C.A. Royal Society for the Prevention of Cruelty to

R

Animals. **R.S.V.P.** *Répondez s'il vous plaît*(F.=please reply). **rt.** right. **Rt. Hon.** Right Honourable. **RTL** 〖컴〗 resistor-transistor logic 저항 트랜지스터 논리. **RTO** Railway Transportation Office. **Ru** 〖化〗 ruthenium. **R.U.** Rugby Union.

:rub[rʌb] *vt., vi.* (*-bb-*) ① 문지르다, 마찰하다; 닦다. ② (*vt.*) 문질러 〔비벼〕 지우다〔없애다〕. ③ (*vt.*) 초조하게 만들다. ④ (*vi.*) 문질리다. ⑤《口》그럭저럭 살아 나가다(*along, on, through*). **~ *down*** 문질러 없애다; 마사지하다; 몸을 훑어서 조사하다. **~ *in***《俗》되풀이 말하다. **~ *off*** 문질러 없애다〔떼다〕. **~ *one's hands*** 두 손을 비비다《득의·만족을 나타냄》. **~ *up*** 닦다; 복습하다(~ *up Latin*); 한데 개다〔섞다〕(mix). ── *n.* (a ~) 문지름, 마찰; (the ~) 장애, 곤란; 빈정거림, 욕설. ***~s and worries of life*** 인생의 고초. ***There's the ~.*** 그것이 골치아픈〔위태로운〕 점이다《Sh(ak)》. **∠·bing** *n.* U,C 마찰; 연마; 마사지; 탁본.

rub. ruble.

rub-a-dub[rʌ́bədʌ̀b] *n.* C 둥둥《북 소리》.

ru·ba·to[ru:bɑ́:tou] *a., n.*(It.) C 〖樂〗 루바토(의)《음부 길이를 적절히 증감한 (템포)》.

:rub·ber[1][rʌ́bər] *n.* ① U 고무; C 고무 제품; 고무 지우개(*India* ~); (*pl.*)《美》고무신. ② C 문지르는 〔비비는〕 사람, 안마사; 칠판 지우개. ③ C 숫돌, 줄. ── *vt.* (천에) 고무를 입히다. ── *vi.*《美古俗》목을 늘이(고 보)다, 뒤돌아보다. **~·ize** [-ràiz] *vt.* (…에) 고무를 입히다〔대다〕. **~·ly** *a.* 고무같은, 탄력 있는.

rub·ber[2] *n.* C 3판 승부(의 결승전).

rúbber bánd 고무 밴드.

rúbber cemént 고무풀《접착제》.

rúbber chéck《美口》부도 수표.

rúbber-fàced *a.* 얼굴 표정을 계속 바꾸는.

rúbber·nèck *vi., n.* C 보고 싶어서 목을 늘이다〔늘이는 사람〕, 무엇이나 알고 싶어하다〔하는 사람〕, 호사가(好事家); 관광객. **~er** *n.*

rúbber plànt 〔**trèe**〕 고무나무.

rúbber stámp 고무 도장.

rúbber-stámp *vt.* (…에) 고무도장을 찍다;《口》무턱대고 도장을 찍다〔받아 들이다〕.

***rub·bish**[rʌ́biʃ] *n.* U 쓰레기; 잠꼬대, 허튼 소리. **~·y** *a.*

rub·ble[rʌ́bəl] *n.* U 잡석, 밤자갈.

rúb·dòwn[rʌ́bdàun] *n.* =MASSAGE.

rube[ru:b] *n.* C《美俗》(순진한) 시골 뜨기.

ru·bel·la[ru:bélə] *n.* U 〖醫〗 풍진(風疹)(German measles).

Ru·bens[rú:bənz, -binz], **Peter Paul**(1577-1640) Flanders의 화가.

Ru·bi·con [rú:bikɑ̀n/-kən] *n.* (the ~) 이탈리아 중부의 강. ***cross the ~*** 결행하다.

ru·bi·cund[rú:bikʌ̀nd/-kənd] *a.* (얼굴 따위가) 붉은(ruddy).

ru·bid·i·um[ru:bídiəm] *n.* U 〖化〗 루비듐《금속 원소》.

ru·ble[rú:bəl] *n.* 루블《러시아의 화폐 단위; =100 kopecks; 기호 R, r》.

ru·bric[rú:brik] *n.* C 주서(朱書), 붉은 인쇄〔글씨〕; 예배 규정.

***ru·by** [rú:bi] *n., a.* C 홍옥, 루비(빛의); U 진홍색(의); 〖拳〗 피; U《英》〖印〗 루비(⇨agate).

ruche[ru:ʃ] *n.* C (레이스 따위) 주름끈〔장식〕. **rúch·ing** *n.* U《집합적》주름 장식.

ruck[rʌk] *n.* C 다수; 대중; 잡동사니.

ruck·sack[rʌ́ksæ̀k, -ú-] *n.* C 륙색, 배낭.

ruck·us[rʌ́kəs] *n.* U,C《美口》야단 법석.

ruc·tion[rʌ́kʃən] *n.* U,C《口》소동, 싸움, 난투.

***rud·der**[rʌ́dər] *n.* C (배의) 키; 〖空〗 방향타(舵). **~·less** *a.* 키가 없는; 지도자가 없는.

rúdder·pòst *n.* C 〖船〗 키를 장치하는 고물의 기둥.

rud·dle[rʌ́dl] *n., vt.* U 적토(赤土)(로 붉게 칠하다).

***rud·dy**[rʌ́di] *a.* 붉은; 혈색이 좋은.

:rude[ru:d] *a.* ① 버릇없는, 난폭한. ② (날씨 따위가) 거친, 거센. ③ 자연 그대로의. ④ (어림 따위) 대강의 (rough). ***be ~ to*** …을 욕뵈다. ***say ~ things*** 무례한 말을 하다. **∠·ness** *n.*

***rude·ly**[rú:dli(ː)] *ad.* 거칠게; 버릇없게; 서투르게.

ru·di·ment[rú:dəmənt] *n.* (*pl.*) 기본, 초보; C 발육 불완전 기관. **-men·tal**[∸−méntl], **-men·ta·ry** [-təri] *a.* 초보의; 〖生〗 발육 부전의; 흔적의.

rue[1][ru:] *vt., vi.* 뉘우치다, 슬퍼하다, 한탄하다. ── *n.* U《古》회한, 비탄. **∠·ful(·ly)** *a.* (*ad.*)

rue[2] *n.* U 운향(芸香)《노란꽃이 핌》.

ruff[rʌf] *n.* C (16세기경 남녀 옷의) 수레바퀴 모양의 주름 옷깃. **~ed** [-t] *a.* 주름 옷깃이 있는.

***ruf·fi·an**[rʌ́fiən, -fjən] *n., a.* C 악한, 불량배; 흉악한. **~·ism** [-ìzəm] *n.* **~·ly** *a.* 흉악한.

ruf·fle**[1][rʌ́fəl] *vt.* ① 물결을 일으키다, (깃털을) 세우다. ② 교란시키다, 속타게〔초조하게〕하다. ③ (물결 모양의) 주름 가장자리를 달다. ④ (트럼프 패를) 쳐서 뒤섞다. ── *vi.* 물결이 일다; 속타다; 뽐내다. **~ *it 뽐내다. ── *n.* ① C 주름 가장자리〔장식〕. ② C 잔 물결. ③ C,U 동요; 속탐, 화(냄).

ruf·fle[2] *vi.* 북을 나직이 둥둥 치다. ── *n.* C 북을 나직이 둥둥 치는 소리.

:rug[rʌg] *n.* C 깔개, 융단, 양탄자;《주로 英》무릎 덮개.

rúg·by (**fóotball**)[rʌ́gbi(-)] *n.* (종종 R-) U 럭비(축구).

:rug·ged[rʌ́gid] *a.* 울퉁불퉁한, 걸걸

한(rough); 엄격한; 험악한(~ *weather*); 괴로운; 조야한; 단단한; 귀에 거슬리는; 튼튼한(*a ~ child*). **~·ly** *ad.* **~·ness** *n.*

rug·ger[rʌ́gər] *n.* Ⓤ《英俗》럭비.

:ru·in[rú:in] *n.* (*pl.*) 폐허; Ⓤ 파멸(의 상태); 몰락; 파산; 황폐; 손해. ***be the ~ of*** (…의) 파멸의 원인이 되다. ***bring to ~*** 실패시키다. ***go to ~*** 멸망하다. ― *vt., vi.* 파괴하다, 파멸시키다; 영락시키다[하다]. **~·a·tion**[⌐–éiʃən] *n.* **~·ous** *a.* 파괴적인, 파멸을 가져오는; 황폐한; 영락한.

†rule[ru:l] *n.* ① Ⓒ 규칙, 표준, 법칙. ② Ⓒ 관례, 정례. ③ Ⓤ 지배, 통치. ④ Ⓒ 규준; 자(ruler). ⑤ Ⓒ 괘(罫), 괘선(罫線). ***as a ~*** 대개, 일반적으로. ***by ~*** 규칙으로[대로]. ***hard and fast ~*** 까다로운 표준[규정]. ***make it a ~ to*** 하는 것을 상례로 하다, 늘 …하기로 하고 있다. ***~ of the road*** 교통규칙. ***~ of three*** 비례. ***~ of thumb*** 개략의 측정, 개산(概算); 실제 경험에서 얻은 법칙. ― *vt.* 규정하다; 통치[지배]하다; 판정하다; 자로 줄을 긋다; 억제하다. ― *vi.* 지배하다(*over*); 판정하다; 〖商〗 보합(保合)을 이루다(*Prices ~ high.* 높은 시세에 머물러 있다). ***~ out*** 제외[배제]하다. **⌐·less** *a.* 규칙이 없는; 지배되지 않는.

:rul·er[rú:lər] *n.* Ⓒ 통치[지배]자, 주권자.

:rul·ing[rú:liŋ] *a.* 통치[지배]하는; 우세한; 일반의. ― *n.* Ⓤ 지배; Ⓒ 판정; 선(긋기). ***~ class*** 지배 계급. ***~ passion*** (행동의 근원이 되는) 주정(主情). ***~ price*** 시세, 시가. **~·ly** *ad.*

***rum**[1][rʌm] *n.* Ⓤ 럼주《당밀 따위로 만듦》;《美·一般》술.

rum[2] *a.* (*-mm-*)《英俗》이상한, 별스런(odd). ***feel ~*** 기분이 나쁘다.

Rum. Rumania(n).

Ru·ma·n·ia [ru:méiniə, -njə] *n.* 루마니아. **~n** *n., a.* Ⓒ 루마니아 사람(의); Ⓤ 루마니아말(의).

rum·ba[rʌ́mbə, rú(:)m-] *n., vi.* (Sp.) Ⓒ 룸바《본디 쿠바 토인의 춤》(를 추다).

***rum·ble**[rʌ́mbəl] *n.* (*sing.*) 우르르 소리, 덜커덕[요란한] 소리; =⌐ **sèat** (구식 자동차 후부의) 접었다 폈다 하는 식의 좌석; 소문; 불평. ― *vi.* 우르르 울리다; 덜커덕덜커덕 소리가 나다.

rúmble-túmble *n.* Ⓒ 털털이(차(車)); 몹시 흔들림.

ru·men[rú:min/-mən] *n.* Ⓒ (반추 동물의) 첫째 위(胃).

ru·mi·nant[rú:mənənt] *a., n.* Ⓒ 되새기는; 심사[묵상]하는; 반추 동물《소·양·낙타 따위》.

ru·mi·nate[rú:mənèit] *vi., vt.* 되새기다; 심사[묵상]하다(ponder) (*about, of, on, over*). **-na·tion**[⌐–néiʃən] *n.* Ⓤ 반추; 생각에 잠김, 묵상.

rum·mage[rʌ́midʒ] *vt., vi.* 뒤적거리며[뒤져] 찾다; 찾아내다(*out, up*). ― *n.* (a ~) 샅샅이 뒤짐; Ⓤ 잡동사니, 허섭스레기(odds and ends).

rúmmage sàle 자선 바자; 재고품 정리 판매. 「(rum[2]).

rum·my[1] [rʌ́mi] *a.*《英俗》야릇한

rum·my[2] *n.* Ⓤ 카드놀이의 일종.

rum·my[3] *n.* Ⓒ《美俗》주정뱅이.

:ru·mor,《英》**-mour**[rú:mər] *n., vt.* Ⓤ,Ⓒ 풍문, 소문(을 내다).

rúmo(u)r-mònger *n.* Ⓒ 소문을 퍼뜨리는 사람.

***rump**[rʌmp] *n.* Ⓒ (사람·새·짐승의) 궁둥이;《英》(쇠고기의) 엉덩이살; 나머지; 잔당, 잔류파.

rum·ple[rʌ́mpəl] *vt.* 구기다, 주름지게 하다; 헝크러뜨리다.

rum·pus[rʌ́mpəs] *n.* (*sing.*)《口》소음, 소란(row[3]).

rúm·rùnner *n.* Ⓒ《美口》주류 밀수입자[선]. 「판매점.

rúm-shòp *n.* Ⓒ《美口》술집, 주류

†run[1][rʌn] *vi.* (*ran; run; -nn-*) ① 달리다; 급하게 가다. ② 달아나다(*~ for one's life*). ③ 다니다, 왕복하다. ④ 나아가다. ⑤ 기다(creep), (담쟁이 덩굴·포도 따위가) 휘감겨 오르다(climb). ⑥ 대강 훑어보다. ⑦ (때가) 지나다. ⑧ 뻗다, 퍼지다. ⑨ 번지다(spread). ⑩ (강 따위가) 흐르다; 콧물이[고름·피가] 나오다, 흘러나오다(*My nose ~s.*); 흘리고 있다(*You're ~ning at the nose.*). ⑪ …이[하게] 되다(*~ dry* 말라붙다/*~ hard* 몹시 궁색하다/*~ low* 적어지다). ⑫ (모양·크기 등이) …이다(*These apples ~ large.*). ⑬ 계속하다(last). ⑭ 일어나다, 행해지다. ⑮ (기억이) 떠오르다. ⑯ 〖法〗 효력이 있다. ⑰ (경기·선거 등에) 나가다(*for*); (경주·경마에서) …등이 되다. ⑱ 수월하게[스르르] 움직이다. ⑲ 말은[문구는] …이다. ⑳ 멋대로 행동하다, 어거하기 힘들다(*~ wild*). ㉑ (물고기 떼가) 이동하다. ㉒ 풀리다(ravel); 녹다. ㉓ 달하다(*to*). ― *vt.* ① 달리게 하다(*~ a horse*); (길을) 가다(*~ a course*). ② 뒤쫓다, 몰다(*~ a hare*); 알아내다(*~ the rumor to its source*). ③ (…와) 경쟁하다(*I'll ~ him a mile.*); (말을) 경마에 내보내다. ④ (아무를) 출마시키다(*~ him for the Senate* 상원의원에 입후보시키다). ⑤ (칼로) 꿰찌르다(*into*). ⑥ 꿰매다. ⑦ (…을) 흐르게 하다(flow with)(*The streets ran blood.* 거리는 온통 피바다였다). ⑧ (어떤 상태로) 만들다. ⑨ 무릅쓰다(*~ a risk*). ⑩ 지장없이 움직이다. ⑪ 경영하다. ⑫ 빠져나가다. ⑬ 밀수(입)하다(smuggle). ⑭《美》(광고·기사 따위를) 내다, 발표하다(*~ an ad in The Times* 타임즈지(紙)에 광고를 내다). ~

R

about 뛰어다니다. ~ **across** 뜻밖에 만나다. ~ **after** …을 뒤쫓다; 추구하다. ~ **against** 충돌하다; 뜻하지 않게 만나다. ~ **away** 도망치다. ~ **away with** 《口》 …을 가지고 달아나다; …와 사랑의 도피를 하다; 지레짐작하다. ~ **close** 바싹 뒤쫓다; 육박하다. ~ **down** (*vi.*) 뛰어내려가다; (아무를 방문하러) 시골에 가다; (태엽이 풀려서 시계가) 서다; 줄다, 쇠약해지(게 하)다; (*vt.*) 바싹 뒤따르다[뒤쫓다]; 부딪쳐 넘어뜨리다, 충돌하다; 찾아내다; 《口》 헐뜯다. ~ **for** 부르러 가다; …의 후보로 나서다(~ *for Congress*). ~ **for it** 도망치다. ~ **in** (*vi.*) 잠깐 들르다; 일치[동의]하다; (*vt.*) 〖印〗 행을 바꾸지 않고 이어 짜다; 《俗》 체포하여 교도소에 집어 넣다. ~ **into** 뛰어들다; 빠지다(~ *into debt* 빚을 지다); (강물이 바다로) 흘러 들어가다; …에 충돌하다; 딱 마주치다; …으로 기울다; 달하다. ~ **off** (용케) 도망치다; (이야기가) 갑자기 탈선하다; 유출하다[시키다]; 거침없이 [줄줄] 쓰다[낭독하다]; 《美》 (연극을) 연속 공연하다; 인쇄하다. ~ **a** (*person*) **off his legs** 지치게 하다. ~ **on** 계속하다; 도도하게 말을 계속하다; 〖印〗 이어짜다; 경과하다; (…에) 미치다; 좌초하다. ~ **out** 뛰어[흘러]나오다, 새다; 끝나다, 다하다; 만기가 되다; (시계가) 서다; (원고를 인쇄하였을 때) 예정 이상으로 늘어나다; 〖野〗 러너를 아웃시키다; (밧줄을) 풀어내다. ~ **out of** 다 써버리다. ~ **over** (차가 사람 등을) 치다; 넘치다, 피아노를 빨리 치다. ~ **through** 꿰찌르다; 대강 훑어 읽다; 소비하다; (글씨를) 줄을 그어 지우다. ~ **up** (*vi.*) 뛰어 오르다; 증가하다, 부쩍부쩍 자라다; 달하다(*to*); (*vt.*) 올리다; 증가하다; 급조(急造)하다. — *n.* ① Ⓒ 달림; 한달음, 〖軍〗 구보(cf. double time); 경주. ② (a ~) 여행. ③ (a ~) 진행, 행정(行程). ④ Ⓤ 흐름; 유출; Ⓒ 시내; 수관(水管), 파이프. ⑤ (the ~) 유행, 주문 쇄도; (은행의) 지불 청구의 쇄도(*on*). ⑥ (the ~) 방향, 추세; 형세, 경향(trend). ⑦ (a ~) 흐름과 같이 잇따름; 한 연속; 연속. ⑧ Ⓒ 보통(의 것), 종류, 계급(class). ⑨ Ⓒ 도로. ⑩ Ⓒ 방목장, 사육장(*a chicken* ~). ⑪ (the ~) 사용[출입]의 자유. ⑫ (the ~) 조업[운전] (시간); 작업량. ⑬ Ⓒ 〖野〗 생환(生還)《1점》; 〖크리켓〗 득점; 1점. ⑭ Ⓒ 급주(急奏). ⑮ Ⓒ (양말의) 전선(傳線)(《英》 ladder)(*in*); Ⓤ 떼지어 이동하는 물고기. ⑯ 〖컴〗 실행. **at a** ~ 구보로. **by the** ~, or **with a** ~ 갑자기, 왈칵. **common** ~ **of people** 보통의 사람, 대중. **have a good** ~ 굉장한 인기를 얻다. **have a** ~ **for one's money** 노력[지출]한 만큼의 보람이 있다; 《美》 이익을 얻고자 기를 쓰다. **have the** ~ **of one's teeth** (노동의 보수로서) 식사를 제공받다. **in the long** ~ 마침내, 결국(은). **keep the** ~ **of** 《美》 뒤[빠]지지 않다. **let** (*a person*) **have his** ~ 자유를 주다, 마음대로 하게 하다. **on the** ~ 《口》 도주하여; 뛰어 다니며. ~**(s) batted in** 〖野〗 타점《생환 득점; 생략 r. b. i.》.

†**run²**[rʌn] *v.* run¹의 과거분사.

rún·abòut *n.* Ⓒ 떠돌이, 부랑자; 소형 자동차[발동선].

run·a·gate[´-əgèit] *n.* Ⓒ 《古》 부랑자.

rún·aròund *n.* (the ~) 《口》 회피, 도피; 어물쩍거림, 핑계.

***rún·awày** *n., a.* Ⓒ 도망(자), 달아난 (말), 사랑의 도피; 눈맞아 도피한; (경주에서) 쉽게 이긴.

rún chàrt 〖컴〗 실행 절차도.

run·down[*a.* ´dáun ; *n.* ´´] *a., n.* 몹시 지친; 파손[황폐]된; (시계 따위가) 선; Ⓒ 적요; 감수(減數), 감원.

rune[ru:n] *n.* Ⓒ (보통 *pl.*) 룬 문자《북유럽의 고대 문자》; 룬 문자의 시; 신비로운 기호. **rú·nic** *a., n.* 룬 문자의; Ⓒ 루닉체의 활자.

rung¹[rʌŋ] *n.* Ⓒ (사닥다리의) 가로장.「거].

:**rung²** *v.* ring¹의 과거분사[《稀》 과

rún-ìn *a., n.* Ⓒ 〖印〗 이어짜는 (부분); 추가의 (원고·교정); 《美口》 말다툼.

run·let[rʌ́nlit], **run·nel**[rʌ́nl] *n.* Ⓒ 시내, 개울.

:**run·ner**[rʌ́nər] *n.* Ⓒ ① 달리는 사람, 경주자[말]. ② (스케이트·썰매의) 활주면. ③ 좁고 길쭉한 테이블보[융단]. ④ 〖植〗 덩굴. ⑤ (양말의) 전선(ladder). ⑥ 《美》 유객(誘客)꾼; 밀수업자; 심부름꾼.

rúnner-úp *n.* (*pl.* **-s-up**) Ⓒ (경기 따위의) 차점자[팀].

:**run·ning**[rʌ́niŋ] *n.* Ⓤ 달리기, 경주, 운전; 유출, 고름이 나옴. **be in** [**out of**] **the** ~ 경주·경쟁에 참가[불참]하다; 승산이 있다[없다]. **take up the** ~ 앞장서다, 솔선하다. — *a.* 달리는, 흐르는; 잇다른, 연속하는(*for six days* ~ 연(連) 6일간); 미끄러운, 원활하게 되어가는[나아가는]; (덩굴 따위가) 뻗는.

rúnning accòunt 당좌 계정.

rúnning bóard (자동차의) 발판.

rúnning cómmentary (스포츠 프로 등의) 실황 방송; 필요에 따라 수시로 하는 설명[해설].

rúnning dòg 《蔑》 〖政〗 추종자, 주구(走狗), 앞잡이.

rúnning fíre 〖軍〗 (움직이면서 하는) 연속 급사격; (질문 따위의) 연발.

rúnning hánd (글씨의) 흘림(체).

rúnning héad(**line**) 난외(欄外) 표제.「기면 죄어짐》.

rúnning knót 던짐올가미 매듭《당

rúnning màte 짝지은 입후보자 중 하위의 사람《부통령 등》.

rúnning títle =RUNNING HEAD.

rúnning wáter 수도; 급수; 유수

(流水).
run·ny[rʌ́ni] *a.* 액체 비슷한, 점액을 분비하는(*a* ~ *nose*).
rún·òff *n.* ① Ⓤ,Ⓒ 흘러 없어지는 것; (도로의) 배수(排水)(기). ② Ⓒ (동점자의) 결승전.
rún-of-(the-)míll *a.* 보통의.
rún-òn *n., a.* Ⓒ 추가(한); 〖韻〗 다음 행에 계속(되는).
rún·pròof *a.* (양말의) 올이 안 풀어지는; (염색이) 번지지〔배지〕 않는.
runt[rʌnt] *n.* Ⓒ 송아지; 《蔑》 난쟁이; 작은 동물〔식물〕. **∠·y** *a.*
rún-thròugh *n.* Ⓒ 통독(通讀); 예행 연습.
rún-tìme *n.* Ⓒ 〖컴〗 실행 시간.
rún-ùp *n.* Ⓒ 도움닫기.
***rún·wày** *n., vt.* Ⓒ 주로(走路); 활주로(를 만들다); (동물의) 다니는 길; (재목 등을 굴러내리는) 비탈길.
ru·pee[ruːpíː] *n.* Ⓒ 루피《인도·파키스탄·스리랑카의 화폐 단위; 생략 r, R, Re》; 루피 은화.
rup·ture[rʌ́ptʃər] *n.* Ⓤ 파열; Ⓤ,Ⓒ 결렬; 불화; Ⓒ 헤르니아, 탈장(脫腸). — *vt., vi.* 깨뜨리다; 찢(어지)다, 터뜨리다, 터지다; 헤르니아에 걸리(게 하)다.
⁑**ru·ral**[rúərəl] *a.* 시골풍의, 전원의. **~·ize**[-àiz] *vt., vi.* 전원화하다.
rúral delívery sèrvice 《美》 지방 우편 배달.
ru·ral·i·ty [ruərǽləti] *n.* Ⓤ 시골티; 전원 생활; Ⓒ 시골 풍습.
rur·ban[rə́ːrbən] *a.* 교외 주택지의, 전원 도시의. **~·i·za·tion**[∸–izéiʃən/-naiz-] *n.* Ⓤ 도비화(都鄙化)《도시와 농촌이 교류하여 공통적 양상이 나타나는 일》.
Rus. Russia(n).
ruse[ruːz] *n.* Ⓒ 계략(stratagem).
†**rush**[1][rʌʃ] *vi.* 돌진〔돌격〕하다(*on, upon*); 급행하다. — *vt.* 돌진시키다, 재촉하다, 몰아치다; 돌격하다; (공을) 급송구하다; 《美口》 (여자와) 뻔질나게 교제하다. — *n.* ① Ⓒ 돌진, 돌격. ② (*sing.*) 몰려듦, 답지(遝至). ③ (a ~) 쇄도. ④ Ⓒ 《美大學》 (울타리·보도(步道)·막대기 따위를 다투어 빼앗는 학급간의) 난투. ⑤ Ⓒ (보통 *pl.*) 《美》〖映〗 (제작 도중의) 편집용 프린트. ***in a ~*** 갑자기, 와아하고. ***~ hour*** (교통이) 한창 붐비는 시간. ***with a ~*** 돌격〔쇄도〕하여, 와아하고 (한꺼번에). — *a.* 돌진하는; 지급(至急)의.
rush[2] *n.* Ⓒ 등심초, 골풀; 하찮은 물건. ***not care a ~*** 아무렇지도 않게 생각하다. **∠·y** *a.* 등심초가 많은〔로 만든〕.
rúsh·càndle, rúsh·lìght *n.* Ⓒ 등심초 양초; 약한 빛; 실력 없는 교사.
rusk[rʌsk] *n.* Ⓒ 러스크《살짝 구운 비스킷》; 오븐(oven)으로 토스트한 빵〔과자〕.
Rus·kin[rʌ́skin], **John**(1819-1900) 영국의 미술 비평가, 사회개량가.
Russ[rʌs] *a., n.* 《古》 *sing. & pl.* = RUSSIAN.
Russ. Russia(n).
Rus·sell[rʌ́səl], **Bertrand**(1872-1970) 영국의 수학자·저술가; 노벨 문학상 수상(1950).
rus·set[rʌ́sət] *n., a.* Ⓤ 황〔적〕갈색(의); 황갈색의 천《농부용》; Ⓒ 황〔적〕갈색 사과의 일종.
⁑**Rus·sia**[rʌ́ʃə] *n.* 러시아; (r-)=∠ **léather** 〔**cálf**〕 러시아 가죽. ⁑**Rús·sian** *a., n.* 러시아의; Ⓒ 러시아 사람(의); Ⓤ 러시아 말(의).
Rússian roulétte 탄환이 1개 든 권총의 탄창을 회전시켜 총구를 자기 머리에 대고 방아쇠를 당기는 무모한 내기; 생사를 건 무서운 짓.
Rus·so-[rʌ́sou, -sə] '러시아(사람)의' 뜻의 결합사.
Rússo-Koréan *a.* 한러의.
⁑**rust**[rʌst] *n.* Ⓤ 녹(슨 빛); 〖植〗 녹병; 무위(無爲). ***gather ~*** 녹슬다. ***keep from ~*** 녹슬지 않게 하다. — *vi., vt.* 녹슬(게 하)다; 녹병에 걸리(게 하)다; 둔해지다. **∠·less** *a.* 녹슬지 않는.
⁑**rus·tic**[rʌ́stik] *a.* ① 시골(풍)의, 전원(생활)의(rural). ② 조야한, 우락부락한. ③ 소박한, 순수한. ④ 통나무로 만든(*a ~ bridge*). — *n.* Ⓒ 시골뜨기. **rús·ti·cal·ly** *ad.*
rus·ti·cate[rʌ́stəkèit] *vi.* 시골에 가다; 시골살이하다. — *vt.* 시골살이 시키다; 시골풍으로 하다; 《英》(대학에서) 정학(停學)을 명하다. **-ca·tion**[∸–kéiʃən] *n.*
rus·tic·i·ty[rʌstísəti] *n.* Ⓤ 시골풍, 전원 생활; 소박함; 예모없음.
⁑**rus·tle**[rʌ́səl] *vi., vt.* 바스락바스락〔와삭와삭〕 소리나다〔소리내다〕; 《美口》 기운차게 하다〔일하다〕; (가축을) 훔치다. — *n.* Ⓤ,Ⓒ 살랑〔바스락〕거리는 소리; 옷 스치는 소리; 《美口》 도둑질. ***~ in silks*** 비단옷을 입고 있다〔걷다〕. **rús·tler** *n.* Ⓒ《美口》 활동가; 가축 도둑. ***rús·tling** *a., n.*
rúst·pròof *a.* 녹 안나게 한.
⁑**rust·y**[1][rʌ́sti] *a.* 녹슨, 부식한, 녹빛의, 퇴색한; 낡아빠진; (목) 쉰; 〖植〗 녹병의.
rust·y[2] *a.* =RANCID.
rust·y[3] *a.* 완고한; 반항적인. ***ride*** 〔***turn***〕 ***~*** 《俗》 완고하게〔반항적으로〕 굴다.
rut[1][rʌt] *n.* Ⓒ 바퀴 자국; 상례(*get into a ~* 틀에 박히다). — *vt.* (**-tt-**) 바퀴 자국을 남기다. **rut·ted** [∠id] *a.* **rút·ty** *a.*
rut[2] *n.* Ⓤ (동물의) 발정(기), 암내남. ***at*** 〔***in***〕 ***the ~*** 발정기가 되어. ***go to*** (***the***) ***~*** 암내를 내다. — *vi.* (**-tt-**) 발정기가 되다.
ru·ta·ba·ga[rùːtəbéigə] *n.* Ⓒ 황색 큰순무의 일종.
Ruth[ruːθ] *n.* 〖聖〗 룻《Boaz의 아내; 시어머니 Naomi에 대한 효도로 유명》; 〖구약〗 룻기(記).
ru·the·ni·um[ruːθíːniəm, -njəm] *n.* Ⓤ 〖化〗 루테늄《금속 원소; 기호

Ru; 번호 44).
*__ruth·less__[rú:θlis] *a.* 무정한(pitiless); 잔인한(cruel). ~·**ly** *ad.*
ru·tile[rú:ti:l, -tail] *n.* Ⓤ 〖鑛〗 금홍석(金紅石).
rut·tish[rʌ́tiʃ] *a.* 발정한; 호색의.
R.V. recreation vehicle; reentry vehicle 재돌입 우주선; Revised Version (of the Bible).
Rwan·da[ruɑ́:ndə] *n.* 아프리카 중동부의 공화국.
Rx[ɑ́:réks] *n.* (*pl.* ~'*s*, ~*s*) Ⓒ 약, 치료법; 대책.
Ry., ry. railway.
-ry[ri] *suf.* 《명사어미》 ① 상태·성질: bigot*ry*, rival*ry*. ② 학술: chemist*ry*. ③ 행위: mimic*ry*. ④ 총칭: jewel*ry*, peasant*ry*.
*__rye__[rai] *n.* Ⓤ 호밀《빵 원료·가축 사료》; 호밀 위스키.
rýe bréad (호밀로 만든) 흑빵.
rýe gràss 독보리《사료용》.
ry·ot[ráiət] *n.* Ⓒ 《印》 농부(peasant), 소작인.
Ryu·kyu[rjú:kjú:] *n.* 류큐(琉球) 열도.

S

S, s[es] *n.* (*pl.* **S's, s's**[-iz]) Ⓒ S자 모양의 것.
S Shelter; subject; sulfur. **S.** Saturday; Senate; Sunday. **S., s.** saint; school; south; southern. **s.** second; section; shilling; son.
:**$, $** dollar(s).
SA support assistance. **S.A.** Salvation Army; (G). *Sturm Abteilung* (나치) 돌격대(원); South Africa; South America; South Australia.
Saar[sɑ:r, (G.) zɑ:r] *n.* (the ~) (독일 서부의) 자르 강[지방].
*__Sab·bath__[sǽbəθ] *n., a.* (the ~) 안식일(~ day)《기독교에서는 일요일, 유대교에서는 토요일》(의).
Sábbath brèaker 안식일을 안 지키는 사람.
Sab·bat·i·cal [səbǽtikəl] *a.* 안식일의.
Sabbátical léave 《美》 연구 휴가《대학 교수가 7년마다 얻는 1년간의 휴가》.
Sabbátical yéar (이스라엘 사람이 경작을 쉰 7년마다의) 안식년; =⇧.
*__sa·ber,__ 《英》 **-bre**[séibər] *n., vt.* Ⓒ (특히 기병의) 군도(軍刀); 사브르(로 베다, 죽이다); 〖美空軍〗 F-86형 제트 전투기.
sáber ràttling 무력의 과시; 무력에 의한 위협.
sáber sàw 소형 전기톱의 일종.
Sa·bine[séibain/sǽ-] *n., a.* Ⓒ (옛날 이탈리아 중부에 살던) 사빈 사람(의); Ⓤ 사빈 말(의).
Sá·bin vàccine[séibin-] 세이빈 백신《소아마비 생(生)백신》.
*__sa·ble__[séibəl] *n., a.* Ⓒ 〖動〗 검은담비; Ⓤ 그 가죽; 《詩》〖紋〗 흑색(의), 암흑(의).
SABMIS sea-based antiballistic missile intercept system 해저[잠수함] 요격 미사일망 (체제) 《통칭 Sea-based ABM system》.
sab·ot[sǽbou] *n.* (F.) Ⓒ 프랑스[벨기에] 농민의 나막신[목화(木靴)]; 두꺼운 나무굽을 댄 가죽 구두[신].
sab·o·tage[sǽbətɑ̀:ʒ, -tidʒ] *n. vi., vt.* (F.) Ⓤ 사보타주《노동쟁의 중, 고의로 생산·작업을 방해하는 일》(하다); (패전국 국민의 점령군에 대한) 반항 행위(를 하다).
sab·o·teur[sæ̀bətə́:r] *n.* (F.) Ⓒ sabotage하는 사람.
SAC Strategic Air Command 《美》 전략 공군 총사령부.
sac[sæk] *n.* Ⓒ (동·식물의) 주머니 모양의 부분, 낭(囊).
sac·cate[sǽkeit] *a.* 낭상(囊狀)의; 유낭(有囊)의.
sac·char·i·fy[səkǽrəfài] *vt.* (녹말을) 당화(糖化)하다.
sac·cha·rim·e·ter[sæ̀kərímitər] *n.* Ⓒ 검당계(檢糖計).
sac·cha·rin [sǽkərin] *n.* Ⓤ 사카린.
sac·cha·rine [sǽkəràin, -rin] *a.* (목소리 등이) 감미로운; 당질(糖質)의. — [-rin, -ri:n] *n.* =⇧.
sac·er·do·tal[sæ̀sərdóutl] *a.* 성직자의; 성직자 같은(priestly); 사제(司祭)(제)의. ~·**ism**[-təlìzəm] *n.* Ⓤ 성직자[사제]제(制)[기질].
SACEUR, SAC Eur Supreme Allied Commander, Europe.
sa·chem[séitʃəm] *n.* Ⓒ (북아메리카 토인의) 추장.
sa·chet[sæʃéi/--] *n.* (F.) Ⓒ 작은 주머니; 향낭(香囊).
:**sack**[1][sæk] *n.* Ⓒ ① 마대, 부대, 큰 자루. ②《美·一般》 주머니 부대(bag). ③《野俗》 누(壘). ④《美俗》 침낭(寢囊), 잠자리. ⑤ =SACQUE. ⑥ 《俗》 해고; 퇴짜. ***get*** [***give***] ***the*** ~ 《俗》 해고되다[하다] (cf. send (a person) PACK[1]ing). ***hold the*** ~ 《美口》 남의 뒤치닥거리나 하다, 억지로 책임을 지다. — *vt.* ① 자루[부대]에 넣다. ②《俗》 목자르다, 해고하다. ③《俗》 (경기에서) 패배시키다. ~ ***out*** 《美俗》 잠자리에들다, 눕다.
sack[2] *n., vt.* Ⓤ (the ~) 약탈(품); 약탈하다.
sack[3] *n.* Ⓤ 흰포도주《sherry 등》.
sack·but[sǽkbʌ̀t] *n.* Ⓒ 트롬본 비

숫한 중세의 관악기.

sáck·clòth *n.* Ⓤ 즈크, 두꺼운 삼베; (뉘우치는 표시로 입던) 거친 삼베옷. **~ *and ashes*** 회오(悔悟), 비탄.

sáck còat 《美》 신사복 상의.

sáck drèss 색드레스《여성용의 풍신한 겉옷》.

sack·ful[⌐fùl] *n.* Ⓒ 자루〔부대〕가득(한 분량).

sack·ing[⌐iŋ] *n.* Ⓤ 즈크지(地)〔감〕(<sack[1]); 약탈(<sack[2]).

sáck ràce 자루뛰기 경주《두 다리를 자루에 넣고 껑충껑충 뜀》.

sacque[sæk] *n.* Ⓒ 여자·어린이용의 헐렁한 상의.

sac·ra·ment[sǽkrəmənt] *n.* Ⓒ 〖宗〗 성예전(聖禮典), 성사《신교에서는 세례와 성찬; 가톨릭 및 동방교회에서는 영세, 견진, 성체, 고해, 혼배, 신품, 종부의 7성사(聖事)》; (the ~, the S-) 성체성사(용의 빵), 성체(聖體); 신성한 물건; 상징; 선서(oath). **-men·tal**[⌐–méntl] *a.*

Sac·ra·men·to[sæ̀krəméntou] *n.* 미국 California주의 주도.

:sa·cred[séikrid] *a.* ① 신성한; (신에게) 바친, (신을) 모신. ② (…에게) 바쳐진(*to*). ③ 종교적인; 신성 불가침의. **~·ly** *ad.* **~·ness** *n.*

Sácred Cóllege, the 〖가톨릭〗 추기경단《교황의 최고 자문 기관》.

sácred ców 인도의 성우(聖牛); 《비유》 신성 불가침의 일〔물건〕.

sácred íbis 〖鳥〗 (옛 이집트에서 영조(靈鳥)로 삼던) 따오기.

:sac·ri·fice[sǽkrəfàis, -ri-] *n., vt., vi.* ① Ⓒ 제물. ② Ⓒ,Ⓤ 희생(으로 하다), 헌신. ③ Ⓒ 투매(投賣)(하다); 그로 인한 손실. ④ Ⓒ 〖野〗 (*vi.*) 희생타(를 치다); (*vt.*) 희생타로 진루(進壘)시키다. ***at a ~*** 손해를 보고, 싸구려로. **-fi·cial**[sæ̀krəfíʃəl] *a.*

sácrifice búnt 〔**hít**〕 〖野〗 희생번트, 희생타.

sácrifice flý 〖野〗 희생 플라이.

sac·ri·lege[sǽkrəlidʒ] *n.* Ⓤ (성물·성소 따위에 대한) 불경, 모독. **-le·gious**[⌐–lídʒəs] *a.*

sac·ris·tan[sǽkristən] *n.* Ⓒ (교회의) 성물(聖物) 관리인, 성당지기.

sac·ris·ty[sǽkristi] *n.* Ⓒ 성물실(聖物室), 성물 안치소.

sac·ro·sanct[sǽkrousæ̀ŋkt] *a.* 신성 불가침의, 지성(至聖)의. **-sanc·ti·ty**[-təti] *n.*

sa·crum [séikrəm, sǽk-] *n.* (*pl.* **~s, -cra**[-krə]) Ⓒ 〖解〗 천골(薦骨).

†sad[sæd] *a.* (**-dd-**) ① 슬픈; 슬퍼하는. ② (빛깔이) 어두운, 우중충한. ③ 《口》 지독한, 어이없는. ④ 《古》 진지한. ⑤ 《方》 (빵이) 설구워진. ***a ~der and a wiser man*** 고생을 맛본 사람. ***in ~ earnest*** 《古》 진지하게. ***~ to say*** 불행하게도, 슬프게도. **:⌐·ly** *ad.* **:⌐·ness** *n.*

sad·den[sǽdn] *vt., vi.* 슬프게 하다〔되다〕; 우중충하게 하다〔해지다〕.

:sad·dle[sǽdl] *n.* Ⓒ ① (말·자전거 따위의) 안장. ② (양 따위의) 등심고기; 안장 모양의 물건. ③ 산등성이. ***in the ~*** 말을 타고; 권력을 쥐고. **— *vt., vi.*** ① (…에) 안장을 놓다. ② (…에게) (부담·책임을) 짊어지우다.

sáddle·bàg *n.* Ⓒ 안낭(鞍囊).

sáddle·bòw *n.* Ⓒ 안장 앞고리.

sáddle·clòth *n.* Ⓒ 안장 밑받침.

sáddle hòrse 승용말.

sad·dler[sǽdlər] *n.* Ⓒ 마구상(商), 마구 파는〔만드는〕 사람. **~·y** *n.* Ⓤ 《집합적》 마구; Ⓤ 마구 제조〔판매〕업; Ⓒ 마구상.

sáddle shòes 《美》 새들신《구두끈 있는 등 부분을 색이 다른 가죽으로 씌운 Oxford shoes》.

sáddle sòap 가죽 닦는 비누.

sáddle·sòre *a.* (말탄 후에) 몸이 아픈〔뻐근한〕; (말이) 안장에 쓸린.

sáddle stìtch 〖製本〗 주간지처럼 책 등을 철사로 박는 제본 방식.

sáddle·trèe *n.* Ⓒ 안장틀.

sád dòg 난봉꾼, 깡패.

Sad·du·cee[sǽdʒəsìː, -djə-] *n.* Ⓒ 사두개 교도. **-ce·an**[⌐–síːən] *a.*

sad·i·ron[sǽdàiərn] *n.* Ⓒ 다리미, 인두.

sad·ism[sǽdizəm, séid-] *n.* Ⓤ 가학 변태 성욕; (일반적으로) 잔학(행위)(opp. masochism). **sád·ist** *n.* Ⓒ 가학성 변태 성욕자.

sad·o·mas·o·chism [sæ̀doumǽzəkìzəm, sèid-, -mǽs-] *n.* Ⓤ 가학 피학성(被虐性) 변태성욕.

sád sàck 《美口》 머저리 군인.

S.A.E., s.a.e. 《英》 stamped addressed envelope 회신(回信)용 봉투.

sa·fa·ri [səfáːri] *n.* Ⓒ (아프리카에서의) 사냥 여행.

†safe[seif] *a.* ① 안전한(*from*), 무사한. ② 틀림 없는; 몹시 조심하는; 믿을 수 있는. ③ (죄수 등) 도망할〔난폭의〕 우려가 없는. ***from a ~ quarter*** 확실한 소식통으로부터. ***on the ~ side*** 만일을 염려하여, 안전을 기하여. ***~ and sound*** 무사히. ***~ hit*** 〖野〗 안타. **— *n.*** Ⓒ ① 금고. ② 파리장. **:⌐·less** *ad.*

sáfe·blòwing *n.* Ⓤ (폭약에 의한) 금고털이《행위》.

sáfe·brèaker *n.* Ⓒ 금고터는 도둑.

sáfe-cónduct *n.* Ⓤ (전시의) 안전통행증; Ⓒ 그 통행권.

sáfe·cràcker *n.* =SAFEBREAKER.

sáfe-depòsit *a.* 안전 보관의(***a ~ box*** 대여 금고).

***sáfe·guàrd** *n., vt.* Ⓒ 보호(하다), 호위(하다); 보호〔방호〕물; =SAFE-CONDUCT.

sáfe·kéeping *n.* Ⓤ 보호, 보관; 「호위.

:safe·ty[séifti] *n.* Ⓤ 안전; Ⓒ 안전기(器)〔판(瓣)〕. ***in ~*** 안전〔무사〕히. ***play for ~*** 안전을 기하다.

sáfety bèlt 구명대(帶); 〖空〗 (좌석의) 안전 벨트.

sáfety càtch (총포의) 안전 장치.

S

sáfety cùrtain (극장의) 방화막.
sáfety film 불연성(不燃性) 필름.
sáfety first 안전 제일.
sáfety glàss 안전 유리.
sáfety ìsland 〔**ìsle**〕 (가로의) 안전 지대(safety zone).
sáfety hàt 안전모《작업용 헬멧》.
sáfety làmp (광부용의) 안전 램프.
sáfety màtch 안전 사냥.
sáfety nèt (서커스 등의) 안전망; 《비유》 안전책.
sáfety pìn 안전핀.
sáfety ràzor 안전 면도(날).
sáfety vàlve 안전판(瓣).
sáfety zòne (도로 위의) 안전 지대.
saf·flow·er[sǽflàuər] *n.* Ⓒ 〖植〗 잇꽃; Ⓤ 잇꽃물감《주홍》.
*__saf·fron__[sǽfrən] *n., a.* Ⓒ 〖植〗 사프란; Ⓤ 사프란색(의), 샛노란색(의) (orangeyellow).
S. Afr. South Africa(n).
*__sag__[sæg] *vi.* (**-gg-**) ① (밧줄 따위가) 축 처지다〔늘어지다〕, 휘다, 굽다, 기울다. ② (땅이) 두려빠지다. ③ (물가가) 내리다; 하락하다. ④ (의기 따위가) 약해지다. ⑤ 〖海〗 표류하다(drift). ── *n.* Ⓒ (a ~) 처짐, 늘어짐, 휨; 침하(沈下); 하락; 표류.
sa·ga[sɑ́:gə] *n.* Ⓒ (북유럽의) 무용전설; 계도(系圖) 소설, 대하 소설 (*roman-fleuve*).
*__sa·ga·cious__[səgéiʃəs] *a.* 현명한; 명민한. **~·ly** *ad.* **~·ness** *n.*
*__sa·gac·i·ty__[səgǽsəti] *n.* Ⓤ 총명, 현명.
sága nòvel =ROMAN-FLEUVE.
SAGE [seidʒ] Semi-Automatic Ground Environment 반자동 방공망(cf. BADGE).
*__sage__[1][seidʒ] *a., n.* 현명한, 어진; 현인인 체하는; Ⓒ 현인.
sage[2] *n.* Ⓒ 〖植〗 샐비어(잎)《요리·약용》.
ságe·brùsh *n.* Ⓤ 〖植〗 산쑥 무리.
ságe chéese 치즈의 일종《sage[2]로 조미한》.
ságe grèen 샐비어 잎의 빛깔《회녹색》.
ságe gròuse (*fem.* ***sage hen***) 〖鳥〗 뇌조의 일종《북아메리카 서부의 산쑥(sagebrush)이 많은 지방에 삶》.
sag·gy[sǽgi] *a.* 밑으로 처진.
Sa·ghal·ien[sǽgəlì:n, ⌣⌣⌐] *n.* = SAKHALIN.
Sag·it·ta·ri·us [sæ̀dʒitɛ́əriəs] *n.* 〖天〗 궁수자리, 인마궁.
sa·go[séigou] *n.* (*pl.* **~s**) Ⓤ 〖植〗 사고《사고야자의 녹말》.
ságo pàlm (동인도산의) 사고야자.
Sa·har·a[səhɑ́:rə, -hɛ́ərə] *n.* (the ~) 사하라 사막; (s-) Ⓒ 황야, 불모의 땅.
sa·hib[sɑ́:hib] *n.* Ⓒ 《印英》 나리; (S-) 각하, 선생님.
†**said**[sed] *v.* say의 과거 (분사). ── *a.* 전기(前記)한, 앞서 말한.
Sai·gon[saigɑ́n/-ɔ́-] *n.* 사이공《구 베트남의 수도》.

†**sail**[seil] *n.* ① Ⓒ 돛. ② Ⓒ 돛배; …척의 배. ③ (a ~) 범주(帆走), 항정(航程); 범주력. ④ Ⓒ (풍창의) 날개. ***in*** **~** 범선(帆船)을 타고. ***make*** **~** 출범하다; 돛을 늘려 급히 가다. ***set*** **~** 출범하다(*for*). ***strike*** **~** 돛을 내리다. ***take in*** **~** 돛을 줄이다; 이상을 억누르다. ***take the*** WIND[1] ***out of a person's*** **~*s*** ***of.*** ***under*** **~** 항해중. ── *vi., vt.* ① 범주〔항행〕하다. ② (*vi.*) (수중을) 미끄러지듯 나가다. ③ (하늘을) 날다; 선드러지게 걷다. ④ (*vt.*) (배를) 달리다. **~ *close to the wind*** 바람을 옆으로 받으며 범주하다; (법망을 뚫으며) 위태롭게 처세하다. **~ *in*** 입항하다; 《俗》 마음을 다져먹고 착수하다. **~ *into*** 《俗》 공격하다, 나쁘게 말하다; 대담하게 시작하다.
sáil·bòat *n.* Ⓒ 요트, 범선.
sáil·clòth *n.* Ⓤ 범포(帆布), 즈크.
sáil·er *n.* Ⓒ 《형용사와 함께》 …배〔선〕(*a good* 〔*fast*〕 **~** 쾌속선/*a bad* **~** 느린 배).
sáil·fish *n.* Ⓒ 〖魚〗 돛새치.
‡**sáil·ing** *n.* ① Ⓤ 범주(帆走). ② Ⓤ 항행(력). ③ Ⓤ 항해(술). ④ Ⓤ,Ⓒ 출범. ***plain*** 〔***smooth***〕 **~** 평탄한 항해; (일의) 순조로운 진행.
sáiling bòat 《英》 범선, 요트.
sáiling màster 선장; 항해장.
sáiling shìp 〔**vèssel**〕 범선, 돛배.
†**sail·or**[⌐ər] *n.* Ⓒ 선원, 수부, 수병. ***bad*** 〔***good***〕 **~** 뱃멀미하는〔안하는〕 사람. **~·ing** *n.* Ⓤ 선원 생활; 선원의 일. **~·ly** *a.* 뱃사람다운〔에 적합한〕.
sáil·plàne *n.* Ⓒ 〖空〗 글라이더.
‡**saint**[seint] *n.* (*fem.* **~ess**) Ⓒ ① 성인, 성도. ② (S-) [英+ sənt, sint] 성(聖) … 《생략 St.》 (*St. Paul* 성도 바울). ── *vt.* 성인으로 하다, 시성(諡聖)하다. **⌐·ed** *a.* 성인이 된; 덕이 높은. **⌐·ly** *a.* 성인〔성도〕같은, 거룩한. **⌐·hòod** *n.* Ⓤ 성인의 지위; 《집합적》 성인, 성도.
Sáint Bernárd (**dòg**) 세인트 버너드 (개)《본래 알프스의 성베르나르 고개의 수도원에서 기르던 구명견》.
Sàint Mártin's sùmmer (St. Martin's Day (11월 11일)경의) 화창한 날씨.
Sàint Pátrick's Dáy 성패트릭의 축일《3월 17일》.
Saint-saëns[sɛ̃ŋsɑ́:ŋ], **Charles Camille** (1835-1921) 프랑스의 작곡가.
Sáint's dày 성인〔성도〕 축일.
Sàint Válentine's Dày ⇨VALENTINE.
Sàint Ví·tus's dànce[-váitəsiz-] 무도병(舞蹈病).
saith[seθ] *v.* says의 고체(古體).
‡**sake**[seik] *n.* Ⓤ 위함, 목적, 이유. ***for convenience'*** **~** 편의상. ***for God's*** 〔***goodness', heaven's, mercy's***〕 **~** 부디, 제발. ***for his name's*** **~** 그의 이름을 생각해서〔보

아], (명성의) 덕분으로. ***for old ~'s ~*** 옛정을[옛 정분을] 생각하여[해서]. ***for the ~ of*** (…을) 위하여, (…을) 생각해서. ***Sakes (alive)!*** 《美》 이거 놀랐는걸.

Sa·kha·lin[sækəlíːn] *n.* 사할린(섬).

sal[1][sæl] *n.* 〖化·藥〗 염(鹽). ***~ ammoniac*** 염화 암모늄. ***~ soda*** 탄산[세탁] 나트륨. ***~ volatile***[vəlǽtəli] 탄산 암모니아수(水)《각성제》.

sal[2][sɑːl] *n.* (Hind.) 사라쌍수(沙羅雙樹)(~ tree라고도 함).

sa·laam[səlɑ́ːm] *n., vt., vi.* Ⓒ (회교도가 오른손을 이마에 대고 허리를 굽히는) 인사(를 하다).

sal·a·ble[séiləbəl] *a.* 팔기에 알맞은, 팔림새가 좋은; (값이) 적당한. **-bil·i·ty**[∸–bíləti] *n.*

sa·la·cious[səléiʃəs] *a.* 호색적인(lewd); 외설한. **sa·lac·i·ty**[-lǽs-] *n.*

:sal·ad [sǽləd] *n.* U,C 샐러드; Ⓤ 「샐러드용 야채.

sálad dàys 풋내기[청년] 시절.

sálad drèssing 샐러드용 흰소스.

sálad òil 샐러드유(油).

sal·a·man·der[sǽləmæ̀ndər] *n.* Ⓒ 〖動〗 도롱뇽, 영원; 〖傳說〗 불도마뱀; 불의 정(精); 휴대용 난로.

sa·la·mi [səlɑ́ːmi] *n. pl.* (*sing.* ***-me***[-mei]) U,C 살라미《이탈리아산의 훈제(燻製) 소시지》.

sa·lar·i·at(e)[səlέəriət] *n.* Ⓒ 봉급 생활자 (계층).

sal·a·ried[sǽlərid] *a.* 봉급을 받는 [타는], 유급의.

:sal·a·ry[sǽləri] *n., vt.* U,C (…에게) 봉급(을 주다, 지불하다)(cf. wages).

sálary càp 〖野〗 샐러리 캡《선수의 연봉 급등을 억제하기 위해 팀의 총연봉을 정하여 그 한도에서 각 선수에게 분배하는 것》.

†sale[seil] *n.* ① U,C 판매, 매각. ② (*pl.*) 매상고. ③ Ⓒ 팔림새. ④ Ⓒ (보통 *pl.*) 특매(特賣). ***a bill of ~*** 〖法〗 매매 증서. ***... for ~*** 팔려고 내놓은. ***on ~*** =for ~; 《美》 특가로. ***~ on credit*** 외상 판매.

sale·a·ble[séiləbəl] *a.* =SALABLE.

sales·clerk[séizklə̀ːrk/-klɑ̀ːk] *n.* Ⓒ 《美》 판매원, 점원.

sáles ènginee̊r 판매 전문 기술자.

sáles·gìrl *n.* Ⓒ 《美》 여점원.

sáles·làdy *n.* Ⓒ 《美》 여점원.

:sales·man[séilzmən] *n.* Ⓒ ① 점원. ② 《美》 세일즈맨, 외판원. **~·shìp** *n.* Ⓤ 판매(술).

sáles·pèrson, -pèople *n.* Ⓒ 판매원.

sáles promòtion 판매 촉진법[활동].

sáles represèntative 외판원[부].

sáles resìstance 판매 저항《구매자의 구매 거부》.

sáles·ròom *n.* Ⓒ (판)매장; 경매장.

sáles slìp 매상 전표.

sáles tàlk 상담(商談); 설득력 있는 권유[의론].

sáles tàx 물품 판매세.

sáles·wòman *n.* Ⓒ 여점원.

sal·i·cýl·ic ácid[sæləsílik-] 살리실산(酸).

sa·li·ent[séiliənt, -ljə-] *a.* 현저한; 돌출한, 철각(凸角)의. — *n.* Ⓒ 철각; (참호 등의) 돌출부. **~·ly** *ad.* **-ence** *n.*

sa·line[séilain] *a.* 소금의, 소금[염분]을 함유한, 짠. — [英+səláin] *n.* Ⓤ 식염제. **sa·lin·i·ty**[səlínəti] *n.*

sal·i·nom·e·ter[sælənɑ́mitər] *n.* Ⓒ 염분(鹽分)계.

Salis·bur·y[sɔ́ːlzbèri/-bəri] *n.* 영국 Wiltshire주의 도시; 짐바브웨이의 수도. ***plain as ~*** 아주 명백한.

Sálisbury Pláin, the 영국 남부 Salisbury 북쪽의 넓은 고원 지대 《Stonehenge가 있음》.

sa·li·va[səláivə] *n.* Ⓤ 침, 타액.

sal·i·var·y[sǽləvèri/-vəri] *a.* 침[타액]의.

sal·i·vate[sǽləvèit] *vi., vt.* 침을 흘리다; (수은을 써서) 침이 많이 나오게 하다. **-va·tion**[∸–véiʃən] *n.* Ⓤ 타액 분비; 유연증(流涎症).

Sálk vàccine [sɔ́ːlk-] 소크 백신《소아마비 예방용》.

***sal·low**[1][sǽlou] *a.* 누르스름한; 혈색이 나쁜. — *vt., vi.* 창백하게 하다[되다].

sal·low[2] *n.* Ⓒ 땅버들(가지).

:sal·ly[sǽli] *n.* Ⓒ ① (농성군(軍)의) 출격. ② 외출; 소풍, 여행. ③ (감정·기지 따위의) 용솟음; 경구(警句), 익살. — *vi.* 출격하다, 여행길을 떠나다; 튀어[뿜어]나오다.

sal·ma·gun·di [sæ̀lməgʌ́ndi] *n.* U,C (고기·양파·달걀 따위의) 잡탕요리; Ⓒ 뒤범벅, 잡탕; 잡록(雜錄).

:salm·on[sǽmən] *n.* (*pl.* **~s,** 《집합적》 ~), *a.* Ⓒ 연어(의); Ⓤ 연어 살빛(의).

sal·mo·nel·la [sæ̀lmənélə] *n.* (*pl.* ~(*s*), ***-lae***[-néliː]) Ⓒ 살모넬라균(菌).

sálmon tròut 송어.

Sa·lo·me[səlóumi] *n.* 〖聖〗 살로메 《춤을 잘 추어 그 상으로 헤롯에게 청하여 세례 요한의 머리를 얻은 소녀; 마태복음 14 : 6-11》.

***sa·lon**[səlɑ́n/sǽlɔːn] *n.* (F.) Ⓒ ① 객실, 응접실; 명사의 모임; 상류사회. ② 미술 전람회장.

***sa·loon**[səlúːn] *n.* Ⓒ ① 큰 방, 홀. ② (여객기의) 객실; (배 등의) 사교실. ③ 《美》 바, 술집; 《英》 =⇩.

salóon bàr 고급 바[술집].

salóon càbin 일등 선실.

salóon càr 《英》 특별 객차; 세단형 승용차.

salóon kèeper 《美》 술집 주인.

salóon pàssenger 일등 선객.

salóon pìstol [**rífle**] 《英》 옥내 사격장용 권총[소총].

S

Sal·op[sǽləp] *n.* 영국 서부 Shropshire주의 고친 이름《1974년 개정》.
sal·si·fy[sǽlsəfi, -fài] *n.* Ⓤ 〖植〗 선모(仙茅)《뿌리는 식용》.
SALT[sɔːlt] Strategic Arms Limitation Talks 전략 무기 제한 협정.
†**salt**[sɔːlt] *n.* ① Ⓤ 소금, 식염. ② Ⓒ 〖化〗 염(鹽)(류). ③ (*pl.*) 염제(鹽劑). ④ Ⓤ 자극, 흥미; 풍자, 기지. ⑤ Ⓒ 식탁용 소금 그릇. ⑥ Ⓒ (노련한) 뱃사람. ***eat*** (*a person's*) ~ …의 손님〔식객〕이 되다. ***in*** ~ 소금을 친〔뿌린〕; 소금에 절인. ***not worth one's*** ~ 봉급만큼의 일을 못하는. ***the ~ of the earth*** 〖聖〗 세상의 소금《마태복음 5:13》; 사회의 건전한 사람들, 중견. ***take*** (*a person's words*) ***with a grain of*** ~ (아무의 이야기를) 에누리하여 듣다. ── *a.* 짠, 소금에 절인. ── *vt.* ① 소금에 절이다, 소금으로 간을 맞추다. ② (사람을 속이기 위해) 다른 물건을 섞다. ~ ***a mine*** (비싸게 팔아넘기고자) 광산에 딴 광산의 질좋은 광석을 섞어 넣다. ~ ***away*** 〔***down***〕 소금에 절이다; 《口》 저축해〔모아〕두다; (증권을 안전히) 투자하다(store away). ~·**ed**[⌐id] *a.* 짠맛의; 소금에 절인. ⌐·**ish** *a.* 소금기가 있는, 짭짤한.
sal·ta·tion[sæltéiʃən] *n.* Ⓤ 뜀, 도약; 급변; 〖生〗 돌연변이; 〖農〗 도류(跳流).
「릇.
sált·cèllar *n.* Ⓒ (식탁용) 소금 그
salt·ern[⌐ərn] *n.* Ⓒ 염전; 제염소.
salt·ine[sɔːltíːn] *n.* Ⓒ 《美》 짭짤한 크래커.
Sált Làke Cíty 미국 Utah주의 주도; Mormon교의 메카.
sált lìck 짐승이 소금을 핥으러 오는 곳《말라붙은 염호(鹽湖) 따위》.
sált mìne 〔**pìt**〕 (암(岩))염갱(鹽坑).
sált·pàn *n.* Ⓒ 염전; 소금 가마.
salt·pe·ter, 《英》 **-tre**[sɔ̀ltpíːtər/ ⌐⌐⌐] *n.* Ⓤ 초석(硝石); 칠레 초석.
sált·shàker *n.* Ⓒ 식탁용 소금 그릇《윗 부분에 구멍이 뚫린》.
sált-wáter *a.* 소금물의, 바닷물 속에 사는.
sált·wòrks *n. pl.* Ⓒ 제염소.
*__salt·y__[sɔ́ːlti] *a.* ① 소금기가 있는; 바다 냄새가 풍기는; 짜릿한; 기지에 찬. ② (말이) 신랄한.
sa·lu·bri·ous[səlúːbriəs] *a.* 건강에 좋은. **-bri·ty** *n.*
sal·u·tar·y[sǽljətèri/-təri] *a.* 유익한; 건강에 좋은.
*__sal·u·ta·tion__[sæ̀ljətéiʃən] *n.* Ⓤ 인사; Ⓒ 그 말.
sa·lu·ta·to·ri·an[səlùːtətɔ́ːriən] *n.* Ⓒ 《美》 (졸업식에서) 인사말을 하는 학생.
sa·lu·ta·to·ry[səlúːtətɔ̀ːri/-təri] *n., a.* Ⓒ 《美》 (졸업생 대표가 내빈을 환영하는) 인사(말); 인사〔환영〕의.
:**sa·lute**[səlúːt] *n., vi., vt.* Ⓒ ① 인사(하다, 하여 맞이하다). ② 경례(하다); 받들어 총(을 하다), 예포. ③ (광경이) 비치다; (소리가) 들리다. ***fire a*** ~ 예포를 쏘다.
Salv. Salvador.
sal·va·ble[sǽlvəbəl] *a.* 구제〔구조〕할 수 있는.
「SALVADOR.
Sal·va·dor [sǽlvədɔ̀ːr] *n.* ⇨EL
Sal·va·do·ran[⌐-dɔ́ːrən] *a., n.* Ⓒ 엘살 바도르 공화국의 (국민).
*__sal·vage__[sǽlvidʒ] *n.* Ⓤ ① 해난〔화재〕 구조, 재산 구조. ② 구조 화물〔재산〕, 구조료. ③ 폐물 이용, 폐품 수집. ── *vt.* 구조하다.
*__sal·va·tion__[sælvéiʃən] *n.* Ⓤ 구조; Ⓒ 구조자〔법〕; Ⓤ (죄의) 구제. ***find*** ~ 개종하다. ~·**ist** *n.* Ⓒ 구세군 군인.
Salvátion Ármy, the 구세군.
salve[1][sæ(ː)v, sɑːv/sælv] *n., vt.* Ⓤ,Ⓒ 《詩》 연고(軟膏); Ⓒ 덜어주는 것, 위안(*for*); 위안하다, 가라앉히다; 《古》 연고를 바르다.
salve[2][sælv] *vt.* =SALVAGE.
sal·ver[sǽlvər] *n.* Ⓒ (금속의 둥근) 쟁반(tray).
sal·vi·a[sǽlviə] *n.* Ⓒ 〖植〗 샐비어.
sal·vo[sǽlvou] *n.* (*pl.* ~(*e*)*s*) Ⓒ 일제 사격; 〖空〗 (폭탄의) 일제 투하(cf. stick[1]); (일제히 하는) 박수 갈채.
Salz·burg[sɔ́ːlzbəːrg/sǽlts-] *n.* 잘츠부르크《오스트리아 서부의 도시, Mozart의 탄생지》.
SAM[sæm] surface-to-air missile 지대공(地對空) 미사일; 〖컴〗 sequential access method 순차 접근 방식. **Sam.** 〖舊約〗 Samuel.
S.Am. South America(n).
sam·a·ra[sǽmərə] *n.* Ⓒ (단풍나무·느릅나무 따위의) 시과(翅果).
Sa·mar·i·tan[səmǽrətn] *a., n.* Ⓒ 〖聖〗 사마리아(사람)의; 사마리아 사람. ***good*** ~ 착한 사마리아인(人); 자선가《누가복음 10:30-37》.
Sa·mar·i·um[səmέəriəm, -mǽr-] *n.* Ⓤ 〖化〗 사마륨《희토류 원소의 하나; 기호 Sm》.
sam·ba[sǽmbə] *n.* Ⓒ 삼바《아프리카 기원의 브라질 댄스곡》.
sam·bo[sǽmbou] *n.* (*pl.* ~(*e*)*s*) Ⓒ 흑인과 인디언(또는 mulatto)과의 튀기.
Sám Brówne (**bèlt**) [sǽm bráun(-)] 장교의 혁대.
†**same**[seim] *a.* (the ~) ① 같은, 동일한, 마찬가지의, 똑같은(*as*). ② 《종종 蔑》 전술한, 예의. ③ 다름 없는; (the 없이) 단조로운. ── *ad.* (the ~) 마찬가지로. ALL (*ad.*) ***the*** ~. ***at the ~ time*** 동시에; 그러나, 그래도. ***the ~ ... that*** …과 동일한 …. ***the very*** ~ 바로 그. ── *pron.* (the ~) 동일인(同一人), 그 사람〔것, 일〕; (the 없이) 〖法·商〗 《卑》 동인(同人)(들); 동건(同件); 그 물건〔것〕. ⌐·**ness** *n.* Ⓤ 동일, 일률.
S. Amer. South America(n).
Saml. 〖舊約〗 Samuel.

sam·let[sǽmlit] *n.* Ⓒ 연어과의 물고기 새끼. 「군도.

Sa·mo·a[səmóuə] *n.* 남서 태평양의

SAMOS satellite anti-missile observation system.

sam·o·var[sǽmouvɑ̀:r, ⌐—⌐] *n.* Ⓒ 사모바르《러시아의 물 끓이는 주전자》.

Sam·o·yed[sæ̀məjéd/sǽmɔièd] *n.* Ⓒ 사모예드 사람《시베리아의 몽고족》; Ⓤ 사모예드어(語); [英+səmɔ́ied] Ⓒ 사모예드 개.

samp[sæmp] *n.* Ⓤ 《美》 (맷돌에) 탄 옥수수(죽).

sam·pan[sǽmpæn] *n.* Ⓒ 삼판《중국의 거룻배》.

‡**sam·ple**[sǽmpl/-ɑ́:-] *n., a.* Ⓒ 견본〔표본〕(의); 〖컴〗 표본, 본보기, 샘플. — *vt.* (…의) 견본을 뽑다, 시식(試食)하다. **-pler** *n.* Ⓒ 견본 검사원; 견본 채취구; 시식〔시음〕자; (여학생의) 자수 견본 작품.

sam·pling**[-iŋ] *n.* Ⓤ 견본 추출; Ⓒ 추출 견본; 〖컴〗 표본 조사. ***random ~ 〖統〗 무작위 추출법.

Sam·son[sǽmsn] *n.* 〖聖〗 헤브라이의 역사(力士); Ⓒ 힘센 장사.

***Sam·u·el**[sǽmjuəl] *n.* 〖聖〗 헤브라이의 사사(士師)·예언자; 사무엘기(記).

san·a·tive[sǽnətiv] *a.* 병을 고치는; 치료력이〔약효가〕 있는.

***san·a·to·ri·um**[sæ̀nətɔ́:riəm] *n.* Ⓒ 요양소〔지〕.

san·a·to·ry[sǽnətɔ̀:ri/-təri] *a.* = SANATIVE.

sanc·ti·fy**[sǽŋktəfài] *vt.* 성별(聖別)〔성화〕하다, 신성하게 하다; 정화하다(purify); 정당화하다. ***sanctified airs 성자연하는 태도. **-fi·ca·tion**[⌐—fikéiʃən] *n.*

sanc·ti·mo·ni·ous[sæ̀ŋktəmóuniəs, -njəs] *a.* 신성한 체하는; 신앙이 깊은 체하는. **~·ness** *n.*

sanc·ti·mo·ny[sǽŋktəmòuni/-mə-] *n.* Ⓤ 신앙 깊은 체하기.

***sanc·tion**[sǽŋkʃən] *n.* ① Ⓤ 인가, 재가; 지지. ② (도덕률 등의) 구속(력). ③ Ⓒ 제재, 상벌; 처벌; 국제적 제재(制裁). — *vt.* 인가〔재가·시인〕하다.

***sanc·ti·ty**[sǽŋktəti] *n.* Ⓤ 신성(함); (*pl.*) 신성한 의무〔감정〕.

***sanc·tu·ar·y**[sǽŋktʃuèri/-tʃuəri] *n.* Ⓒ 성소(聖所), 신전, 성당; (교회당의) 지성소; (법률이 미치지 않는) 성역, 피난처; Ⓤ 보호.

sanc·tum[sǽŋktəm] *n.* Ⓒ 성소; 서재, 사실(私室).

sánctum sanc·tó·rum[-sæŋktɔ́:rəm] (L.) 지성소; 밀실, 사실, 서재.

†**sand**[sænd] *n.* ① Ⓤ 모래; (*pl.*) 모래알. ② (*pl.*) 모래벌판, 백사장《바닷가 등의》; 모래톱. ③ (*pl.*) (모래시계의) 모래(알); 《비유》 시각; 수명(壽命). ④ Ⓤ 《美俗》 용기(grit). ⑤ Ⓤ 《俗》 설탕. ***man of*** ~ 용기 있는 사람. — *vt.* (…에) 모래를 뿌리다〔섞다, 로 닦다, 속에 파묻다〕.

‡**san·dal**[sǽndl] *n.* Ⓒ (보통 *pl.*)(고대 로마 등의) (짚신 같은) 가죽신; (여자·어린이용의) 샌들(신); 《美》 운두가 얕은 덧신.

sándal·wòod *n.* Ⓒ 〖植〗 백단향; Ⓤ 그 재목. ***red*** ~ 자단(紫檀).

sánd·bàg *n., vi., vt.* (***-gg-***) Ⓒ 모래 주머니(로 틀어막다); (흉기용의) 모래 부대(로 치다).

sánd·bànk *n.* Ⓒ (하구 따위의) 모래톱; 사구(砂丘). 「톱.

sánd·bàr *n.* Ⓒ (하구 따위의) 모래

sánd·blàst *n.* Ⓒ (연마용의) 모래 뿜는 기구; Ⓤ 분사(噴砂).

sánd·bòx *n.* Ⓒ 모래통《기관차의 미끄럼 방지용》; (어린이의) 모래놀이통; 모래 거푸집.

sánd·bòy *n.* Ⓒ 모래 파는 소년《다음 구로만 씀》. (***as***) ***jolly*** 〔***happy***〕 ***as a*** ~ 아주 명랑한.

sánd dòllar 〖動〗 섬게의 일종《미국 동해안산》.

sánd dùne 사구(砂丘).

sánd·flỳ *n.* Ⓒ 〖蟲〗 눈에놀이《피를 빪》. 「glass).

sánd·glàss *n.* Ⓒ 모래시계(hour-

sánd hìll 사구(砂丘).

sánd·hòg *n.* Ⓒ (잠함 등에서 일하는) 지하〔수중〕 작업원.

Sand·hurst[sǽndhə:rst] *n.* 영국 육군 사관학교의 소재지《Berkshire의》. 「대부.

S & L savings and loan 저축

sánd·lòt *n.* Ⓒ 《美》 빈터; (특히 아이들) 놀이터. 「ochism.

S and 〔**&**〕 **M** sadism and mas-

sánd·màn *n.* (the ~) 잠귀신《모래를 어린이 눈에 뿌려 졸음이 오게 한다는》.

sánd pàinting (북아메리카 인디언의) 주술적(呪術的)인 색채 모래 그림. 「(로 닦다).

sánd·pàper *n., vt.* Ⓤ 사포(砂布)

sánd·pìper *n.* Ⓒ 〖鳥〗 도욧과의 새《삑삑도요·깝작도요 따위》.

sánd pìt 모래 채취장, 사갱(砂坑).

sánd shòe (보통 *pl.*) 《英》 테니스화; 즈크제·고무 바닥의 신.

sánd·stòne *n.* Ⓤ 사암(砂岩).

sánd·stòrm *n.* Ⓒ 모래 폭풍.

sánd tràp 《美》 〖골프〗 벙커(《英》 bunker)《모래땅의 장애 구역》.

‡**sand·wich**[sǽndwitʃ/sǽnwidʒ, -tʃ] *n.* Ⓤ,Ⓒ 샌드위치. — *vt.* 사이에 끼우다.

sándwich bàr (보통 카운터식의) 샌드위치 전문의 간이 식당.

sándwich bòard 샌드위치맨이 걸치는 광고판.

sándwich còin 《美》 샌드위치 경화《양쪽에 은을 입힌 25센트 경화 따위》.

sándwich cóurse 《英》 샌드위치 코스《실업 학교 따위에서 실습과 이론 연구를 3개월 내지 6개월씩 번갈아 하는 교육 제도》.

S

Sándwich Íslands 하와이 제도의 구칭.

sándwich màn 샌드위치맨《몸 앞뒤에 광고판을 걸치고 다님》.

***sand·y**[sǽndi] *a.* 모래(빛)의; 모래투성이의; 불안정한.

sánd yácht 사상(砂上) 요트《바퀴 셋이 달린》.

***sane**[sein] *a.* 제정신의; (사고방식이) 건전한, 분별이 있는; 합리적인. **∠·ly** *ad.* **∠·ness** *n.*

San·for·ize[sǽnfəràiz] (<Sanford 고안자의 이름) *vt.* 《美》 샌포라이즈 가공하다.

:**San Fran·cis·co**[sæ̀n frænsískou] 샌프란시스코《California주의 항구 도시》.

†**sang**[sæŋ] *v.* sing의 과거.

sang-froid[sɑ:ŋfrwɑ́:, sæŋ-] *n.* (F. =cold blood) Ⓤ 냉정, 침착.

san·gui·nar·y [sǽŋgwənèri/-nəri] *a.* 피비린내 나는; 잔인한.

***san·guine**[sǽŋgwin] *a.* ① 명랑한; 희망에 찬, (…을) 확신하는(*of*); 혈색이 좋은(ruddy). ② =SANGUINARY.

san·guin·e·ous[sæŋgwíniəs] *a.* 피의; 피빛의; 다혈질의; 낙천적인.

san·i·tar·i·an[sæ̀nətέəriən] *a., n.* 위생의; Ⓒ 위생학자.

***san·i·tar·i·um** [sæ̀nətέəriəm] *n.* (*pl.* **~s, -ia**[-iə]) 《美》 =SANATORUIM.

:**san·i·tar·y**[sǽnətèri/-təri] *a., n.* 위생(상)의, 청결한; Ⓒ 공중 변소.

sánitary bèlt 월경대.

sánitary córdon =CORDON SANITAIRE.

sánitary engineér 위생 기사; 배관공; 《美俗》 쓰레기 청소〔수집〕원.

sánitary nápkin 〔**bélt**〕 월경대.

san·i·tate[sǽnətèit] *vt.* (…을) 위생적으로 하다; (…에) 위생 시설을 하다.

***san·i·ta·tion**[sæ̀nətéiʃən] *n.* Ⓤ 위생 (시설); 하수구 설비.

san·i·tize [sǽnətàiz] *vt.* =SANITATE.

san·i·ty[sǽnəti] *n.* Ⓤ 정신이 건전함, 온건, 건전.

San Jo·sé [sɑ́:n *h*ouzéi] Costa Rica의 수도.

:**sank**[sæŋk] *v.* sink의 과거.

San Ma·ri·no[sæ̀n mərí:nou] 이탈리아 동부의 작은 공화국; 그 수도.

sans [sænz; F. sɑ̃] *prep.* 《古》 =WITHOUT.

Sans. Sanskrit.

San Sal·va·dor[sæn sǽlvədɔ̀:*r*] El Salvador의 수도.

sans-cu·lotte[sæ̀nzk*j*ulɑ́t/-lɔ́t] *n.* (F.) Ⓒ 과격 공화당원《프랑스 혁명 당시 귀족식의 반즈봉을 입지 않은 공화당원을 일컫는 말》; 과격파의 사람. **-cu·lót·tism** *n.*

San·skrit, -scrit[sǽnskrit] *n., a.* Ⓤ 산스크리트〔범어〕(의).

†**San·ta Claus**[sǽntə klɔ̀:z/∸–∠] (<*St. Nicholas*) 산타클로스.

San·ta Fe[sǽntə féi, ∸–∠] 미국 New Mexico주의 주도.

Sánta Fé Tráil Santa Fe와 (Missouri주의) Independence간의 교역로(交易路), 19세기의 미국 발전사상의 중요 도로.

San·ta·ya·na[sæ̀ntiǽnə, -tiɑ́:nə], **George** (1863-1952) 스페인 태생의 미국의 시인·철학자.

San·ti·a·go[sæ̀ntiɑ́:gou] *n.* 칠레의 수도.

San·to Do·min·go[sæ̀ntou də-míŋgou] 도미니카 공화국의 수도.

san·to·nin(e)[sǽntənin] *n.* Ⓤ 산토닌.

São Pau·lo[sɑ̃uŋ páulu:] 상파울루《브라질 남부의 도시》.

:**sap**[1][sæp] *n.* ① Ⓤ 수액(樹液); 기운, 생기, 원기, 활력. ② Ⓒ 《美俗》 바보(saphead). **∠·less** *a.* 시든, 활기 없는; 재미 없는.

sap[2] *n., vt., vi.* (***-pp-***) Ⓒ 〖軍〗 (성내(城內) 적군 안으로의) 대호(對壕)(를 파서 공격하다); (신앙·신념 따위를) 점점 무너뜨리다〔무너지다〕; Ⓤ 그 무너짐; 점점 약화시키다.

sáp·hèad *n.* Ⓒ 《俗》 바보.

sap·id[sǽpid] *a.* 풍미 있는(savory); 흥미진진한(opp. insipid).

sa·pi·ent[séipiənt, -pjə-] *a.* 현명한, 영리한. **-ence, -en·cy** *n.* Ⓤ 아는 체하는 태도, 아는 체함.

sa·pi·en·tial[sèipiénʃəl] *a.* 지혜의. ***the* ~ *books*** 지혜의 서《구약성서 중의 잠언, 전도서, 아가 등》.

***sap·ling**[sǽpliŋ] *n.* Ⓒ 어린 나무, 묘목; 젊은이.

sap·o·dil·la[sæ̀pədílə] *n.* Ⓒ 〖植〗 사포딜라《열대 아메리카산의 상록수》; 그 열매.

sap·o·na·ceous[sæ̀pənéiʃəs] *a.* 비누 같은(soapy), 비누질의; 구변 좋은, 잘 얼러맞추는.

sa·pon·i·fy[səpɑ́nəfài/-pɔ́n-] *vt.* 비누화시키다. **-fi·ca·tion**[–∸–fikéiʃən] *n.* Ⓤ 비누화.

sap·per [sǽpə*r*] *n.* Ⓒ 《英》 공병(工兵).

Sap·phic[sǽfik] *a., n.* Sappho(풍)의; (*pl.*) 사포풍의 시.

***sap·phire**[sǽfaiə*r*] *n., a.* Ⓤ,Ⓒ 사파이어, 청옥(青玉); Ⓤ 사파이어 빛깔(의).

sápphire wédding 결혼 45주년 기념.

Sap·pho[sǽfou] *n.* 600 B.C. 경의 그리스 여류 시인.

sap·py[sǽpi] *a.* 수액(樹液)이 많은; 싱싱한, 기운 좋은; 《俗》 어리석은.

sap·suck·er[sǽpsʌ̀kə*r*] *n.* Ⓒ 딱따구리의 일종《북아메리카산》.

sáp·wòod *n.* Ⓤ (목재의) 백목질, 변재(邊材)《나무껍질과 심재(心材) 중간의 연한 부분》.

sar·a·band[sǽrəbæ̀nd] *n.* Ⓒ (스페인의) 사라반드 춤(곡).

Sar·a·cen[sǽrəsən] *n.* Ⓒ 사라센 사람《십자군에 대항한 이슬람교도》. **~·ic**[∸–sénik] *a.*

Sar·ah[sέərə] *n.* 〖聖〗 사라《Abra-

ham의 아내, Isaac의 어머니》.
sa·ran[səræ̃n] *n.* Ⓤ 사란《고온에서 가소성(可塑性)을 갖는 합성 수지의 일종》; (S-) 그 상표 이름.
sar·casm[sá:rkæzəm] *n.* Ⓤ 빈정댐, 비꼼, 풍자; Ⓒ 빈정대는[비꼬는] 말. ***sar·cas·tic**[sɑ:rkǽstik] *a.*
sarce·net[sá:rsnit] *n.* =SARSENET.
sar·co·ma[sɑ:rkóumə] *n.* (*pl.* **~s, ~ta**[-tə]) Ⓤ,Ⓒ 〖醫〗 육종(肉腫).
sar·coph·a·gus[sɑ:rkáfəgəs/-ɔ́-] *n.* (*pl.* **-gi**[-gài, -dʒài], **~es**) Ⓒ 석관(石棺).
sard[sɑ:rd] *n.* Ⓤ,Ⓒ 〖鑛〗 홍옥수(紅玉髓)《보석》.
sar·dine**[sɑ:rdí:n] *n.* Ⓒ 〖魚〗 정어리. ***packed like ~s 빽빽이[꽉] 들어차서.
Sar·din·i·a[sɑ:rdíniə, -njə] *n.* 이탈리아 서쪽 지중해에 있는 섬《이탈리아령》. **~n** *a., n.* Ⓒ 사르디니아 섬의 (사람).
sar·don·ic[sɑ:rdánik/-ɔ́-] *a.* 냉소적인, 빈정대는. **-i·cal·ly** *ad.*
sar·don·yx[sɑ:rdániks/sá:dəniks] *n.* Ⓤ,Ⓒ 〖鑛〗 붉은 줄무늬 마노(瑪瑙).
sar·gas·so[sɑ:rgǽsou] *n.* (*pl.* **~(e)s**) Ⓒ 모자반《해초》.
Sargásso Séa, the 조해(藻海)《북대서양, 서인도 제도 북동부의 해초가 많은 잔잔한 해역》.
sarge[sɑ:rdʒ] *n.* 《美口》 =SERGEANT.
sa·ri[sá:ri(:)] *n.* Ⓒ (인도 여성의) 사리《휘감는 옷》.
sa·rin[sá:rin] *n.* Ⓤ 〖化〗 사린《독성이 강한 신경 가스》.
sa·rong[sərɔ́:ŋ, -á-/-ɔ́-] *n.* Ⓒ 사롱《말레이 제도 원주민의 허리 두르개》; Ⓤ 사롱용의 천.
sar·sa·pa·ril·la[sà:rsəpərílə] *n.* Ⓒ 청미래덩굴속의 식물《열대 아메리카산의 약초》; Ⓤ 그 뿌리《강장제》; 그 뿌리를 가미한 탄산수.
sarse·net[sá:rsnit] *n.* Ⓤ (안감용) 얇은 비단.
sar·to·ri·al[sɑ:rtɔ́:riəl] *a.* 재봉[바질]의, 양복장이의.
Sar·tre[sá:rtrə], **Jean Paul** (1905-80) 프랑스의 실존주의 작가·철학자.
SAS[sæs] Scandinavian Airlines System. **SASE** 《美》 selfaddressed stamped envelope 자기 주소를 적은 반신용 봉투.
***sash**[1][sæʃ] *n.* Ⓒ 장식띠; (여성·어린이의) 허리띠, 어깨띠.
sash[2] *n.* Ⓤ,Ⓒ (내리닫이 창의) 새시, 창틀. — *vt.* (…에) 새시를 달다.
sa·shay[sæʃéi] *vi.* 《美口》 미끄러지듯이 나아가다; 움직이다, 돌아다니다.
sásh còrd [**lìne**] (내리닫이 창의) 도르래 줄.
sásh wíndow 내리닫이 창(cf. casement window).
sas·sa·fras [sǽsəfræ̀s] *n.* Ⓒ 사사프라스《북아메리카산 녹나무과의 교목》; Ⓤ 그 뿌리의 말린 껍질《향료·강장제》.
sas·sy[sǽsi] *a.* 《口》 =SAUCY.
SAT Scholatic Aptitude Test 학력 적성 검사.
†**sat**[sæt] *v.* sit의 과거(분사).
***Sat.** Saturday; Saturn.
***Sa·tan**[séitən] *n.* 사탄, 마왕. **sa·tan·ic**[seitǽnik, sə-] *a.*
S.A.T.B. soprano, alto, tenor, bass.
***satch·el**[sǽtʃəl] *n.* Ⓒ (멜빵이 달린) 학생 가방; 손가방.
sate[1][seit] *vt.* 물리게[넌더리 나게] 하다(*with*).
sate[2][seit, sæt] *v.* 《古》 sit의 과거.
sa·teen[sætí:n] *n.* Ⓤ 면[모]수자(綿[毛]繻子).
***sat·el·lite**[sǽtəlàit] *n.* Ⓒ ① 〖天〗 위성. ② 종자(從者). ③ 위성국, 위성 도시. ④ 인공 위성.
sátellite cìty [**tòwn**] 위성 도시; 신흥 주택 도시.
sátellite stàtion (인공 위성의) 우주 정거장, 우주 기지.
sátellite télephone 위성 전화《인공 위성을 이용하는 이동 전화》.
sa·ti·a·ble[séiʃiəbəl/-ʃjə-] *a.* 물리게 할 수 있는, 만족시킬 수 있는.
sa·ti·ate[séiʃièit] *vt.* 물리게[넌더리 나게] 하다, 물릴 정도로 주다. **-a·tion**[ㅗ-éiʃən] *n.*
sa·ti·e·ty[sətáiəti] *n.* Ⓤ 포만, 만끽; 과다(*of*).
***sat·in**[sǽtən] *n., a.* Ⓤ 새틴, 견수자(絹繻子)(의, 비슷한), 매끄러운 (smooth and glossy). **~·ly** *a.*
sat·i·net(te)[sæ̀tənét] *n.* Ⓤ 모조 수자(繻子).
sátin·wòod *n.* Ⓒ 〖植〗 (동인도산의) 마호가니류(類); Ⓤ 그 재목.
***sat·ire**[sǽtaiər] *n.* Ⓤ 풍자(문학); Ⓒ 풍자시[문]; Ⓤ 비꼼(*on*). **sa·tir·ic**[sətírik], **-i·cal**[-əl] *a.* **sat·i·rize**[sǽtəràiz] *vt.* 풍자하다; 빗대다.
sat·is·fac·tion**[sæ̀tisfǽkʃən] *n.* ① Ⓤ 만족(*at, with*); 만족시킴; Ⓒ 만족시키는 물건. ② Ⓤ 이행; 변제(辨濟). ③ Ⓤ 사죄; 결투(duel). ④ Ⓤ 〖神〗 속죄. ***demand ~ 사죄를 요구하다; 결투를 신청하다. ***give ~*** 만족시키다; 사죄하다; 결투 신청에 응하다. ***in ~ of*** …의 보상으로. ***make ~ of*** …을 변제[배상]하다.
***sat·is·fac·to·ry**[sæ̀tisfǽktəri] *a.* 만족한, 더할 나위 없는. ***-ri·ly** *ad.*
sat·is·fy**[sǽtisfài] *vt.* ① (욕망 따위를) 만족시키다, 채우다, 이루다. ② (부채 따위를) 지불하다, 갚다. ③ (아무를) 안심시키다, (걱정·불안을) 가라앉히다. ④ (의심·의문을) 풀게 하다. ***be satisfied 만족하다, 기뻐하다(*with; with* do*ing; to* do); 납득[확신]하다(*of; that*). ***rest satisfied*** 만족하고 있다. ***~ oneself*** 만

S

족〔납득〕하다; 확인하다(*of; that*). *~·ing *a.*

sat·rap[séitræp, sǽt-/sǽtrəp] *n.* Ⓒ (고대 페르시아의) 태수; (독재적인) 총독, 지사.

***sat·u·rate**[sǽtʃərèit] *vt.* ① 적시다, 배어들게 하다, 흠뻑 적시다(soak). ② (전통·편견 따위를) 배어들게 하다(*with, in*). ③ 〖化〗 포화시키다(*with*). ④ 집중 폭격하다.

sáturated solútion 포화용액.

sat·u·ra·tion[sæ̀tʃəréiʃən] *n.* Ⓤ 침윤(浸潤); 포화; (밝기에 대한) 채도(彩度)《색의 포화도》. 「폭격.

sàturation bòmbing 〖軍〗 집중

sàturation pòint 포화점; 인내〔참을성〕의 한계점.

†**Sat·ur·day**[sǽtərdèi, -di] *n.* Ⓒ 《보통 무관사》 토요일.

***Sat·urn**[sǽtərn] *n.* ① 〖로神〗 농사의 신. ② 〖天〗 토성.

Sat·ur·na·li·a[sæ̀tərnéiliə, -ljə] *n.* (고대 로마에서 12월에 지낸) 농신제(農神祭); (s-)(*pl.* **~s, ~**) Ⓒ (야단) 법석. **-li·an** *a.*

sat·ur·nine[sǽtərnàin] *a.* 〖占星〗 토성의 정기를 받은〔받아 태어난〕; 뚱한, 음침한.

sa·tyr[sǽtər, séi-] *n.* (종종 S-) 〖그神〗 사티로스《반인 반수의 숲의신, Bacchus의 종자》; Ⓒ 호색한(漢). **~·ic**[sətírik] *a.*

‡**sauce**[sɔːs] *n.* ① Ⓤ,Ⓒ 소스. ② Ⓤ 《美》 과일의 설탕 조림(apple ~). ③ Ⓤ,Ⓒ 흥미를 더하는 것. ④ Ⓤ《口》 건방짐. ***Hunger is the best ~.*** 《속담》 시장이 반찬. ***None of your ~!*** 건방진 소리 마라! ***What's ~ for the goose is ~ for the gander.*** 《속담》 남잡이가 제잡이; (말다툼에서) 그것은 내가 할 말이다. — *vt.* ① 맛을 내다(season). ② 《口》 (…에게) 무례한 말을 하다.

sáuce·bòat *n.* Ⓒ 배 모양의 소스 그릇.

sáuce·bòx *n.* Ⓒ 《口》 건방진 놈.

***sáuce·pàn** *n.* Ⓒ 손잡이 달린 속깊은 냄비, 스튜 냄비.

‡**sau·cer**[sɔ́ːsər] *n.* Ⓒ 받침접시.

sáucer-éyed *a.* 눈이 큰.

sáucer éyes 쟁반같이 둥근 눈.

sau·cer·man[-mæ̀n] *n.* Ⓒ 비행접시의 승무원; 우주인.

***sau·cy**[sɔ́ːsi] *a.* 건방진(pert); 멋진, 스마트한. **sáu·ci·ly** *ad.* **sáu·ci·ness** *n.*

Sa·ú·di Arábia[sɑːúːdi-, sáu-] 사우디아라비아《아라비아 반도의 회교 왕국》.

sauer·kraut[sáuərkràut] *n.* (G.) Ⓤ 소금절이 양배추.

Saul[sɔːl] *n.* 〖聖〗 사울《이스라엘의 초대왕》; 사도 바울의 처음 이름.

sau·na[sáunə] *n.* Ⓒ (핀란드의) 증기욕〔탕〕.

saun·ter[sɔ́ːntər] *vi., n.* 산책하다, 어정거리다, (a ~) 어슬렁어슬렁 거닐다〔거닐기〕.

sau·ri·an[sɔ́ːriən] *a., n.* Ⓒ 도마뱀 무리의 (동물).

‡**sau·sage**[sɔ́ːsidʒ/sɔ́s-] *n.* ① Ⓤ,Ⓒ 소시지, 순대. ② 〖空〗 소시지형 계류 기구《관측용》. 「HUND.

sáusage-dòg *n.* 《口》 =DACHS-

sau·té[soutéi, sɔː-/ˊ-] *a., n.* (F.) Ⓤ,Ⓒ 기름에 살짝 튀긴 (요리). ***pork ~*** 포크소테.

sau·terne[soutə́ːrn] *n.* Ⓤ (프랑스의 Sauterne 산의) 흰 포도주.

sauve qui peut [sóuv kìː pə́ː] (F.) 궤주(潰走), 총퇴각, 총붕괴(cf. stampede).

‡**sav·age**[sǽvidʒ] *a., n.* 야만적인; 사나운; Ⓒ 잔인한 (사람), 야만인. **~·ly** *ad.* **~·ry**[-əri] *n.* Ⓤ 만행; 잔인.

***sa·van·na(h)**[səvǽnə] *n.* Ⓤ,Ⓒ (특히 열대·아열대의) 대초원.

sa·vant[səvɑ́ːnt/sǽvənt] *n.* Ⓒ (대)학자, 석학.

sa·vate[səvǽt] *n.* Ⓤ 사바트《손·발도 쓰는 프랑스식 권투》.

†**save**[1][seiv] *vt.* ① (…에서) 구해내다, 구조하다, 살리다. ② (죄에서) 건지다, 제도(濟度)하다(*from*). ③ (금전·곤란·노고 따위를) 덜다, 면케 하다. ④ 절약〔저축〕하다, 모으다, (버리지 않고) 떼어 두다. — *vi.* 구하다; 모으다; 절약하다; (음식·생선 따위가) 오래 가다. ***A stitch in time ~s nine.*** 《속담》 제때의 한 땀은 아홉 수고를 던다. (***God***) ***~ 〔defend〕 me from my friends!*** 부질없는 참견〔걱정〕 마라! ***~ one's breath*** 쓸데 없는 말을 않다. ***~ oneself*** 수고를 아끼다. ***~ one's face*** 면목〔체면〕이 서다. ***S- the mark!*** 《삽입구》 이거참 실례(의 말을 용서하십시오). ***~ up*** 저축하다. — *n.* Ⓒ (축구 등에서) 상대편의 득점을 막음; 〖컴〗 갈무리, 저장, 세이브.

‡**save**[2] *prep.* …을 제외하고, …은 별도로 치고(except). — *conj.* …을 제외하고, …외에는.

sáve-as-you-éarn *n.* Ⓤ 《英》 급료 공제 저금.

sav·er[ˊ-ər] *n.* Ⓒ 구조자; 절약가.

‡**sav·ing**[séiviŋ] *a.* ① 구(제)하는. ② 절약하는. ③ …을 더는, 보상〔벌충〕이 되는. ④ 〖法〗 제외하는. — *n.* Ⓤ,Ⓒ 구조, 구제; 저축, (*pl.*) 저금; 절약. ***~ clause*** 단서. — *prep.* …을 제외하고, …에 대하여 실례지만. ***~ your presence 〔reverence〕*** 당신 앞에서 실례입니다만. — *conj.* …외에는.

sávings accòunt 보통 예금 계좌 (cf. checking account).

sávings and lóan associàtion 《美》 저축 대부 조합.

sávings bànk 저축 은행.

sávings bònd (미국의) 저축 채권.

sávings certíficate 국채의 일종.

***sav·ior,** 《英》 **-iour**[séivjər] *n.* Ⓒ 구조자, 구제자; (the S-) 구세주《예

수》. ~·**hòod,** ~·**shìp** *n.*
sa·voir-faire [sǽvwɑːrfέər] *n.* (F.) Ⓤ 재치, 수완(tact).
sa·voir-vi·vre [-víːvrə] *n.* (F.) Ⓤ 예절바름, 교양 있음.
***sa·vor,** 《英》 **-vour** [séivər] *n.* Ⓤ 맛, 풍미; 향기; 기미(*of*); 《古》 명성. — *vt., vi.* (…에) 맛을 내다; (…의) 맛이 나다, (…한) 기미가 있다. ~·**ous** *a.* 맛이 좋은.
sa·vor·y[1], 《英》 **-vour·y**[1] [séivəri] *a.* 맛좋은, 풍미 있는; 평판 좋은. — *n.* Ⓒ 《英》 (식사 전후의) 싸한 맛이 나는 요리, 입가심 요리.
sa·vor·y[2], 《英》 **-vour·y**[2] *n.* Ⓤ 꿀풀과의 요리용 식물.
Sa·voy [səvɔ́i] *n.* 프랑스 남동부의 지방; 이탈리아의 왕가(1861-1946).
sav·vy [sǽvi] 《美俗》 *vt., vi.* 알다, 이해하다. — *n.* Ⓤ 상식, 이해, 재치.
†**saw**[1] [sɔː] *v.* see[1]의 과거.
saw[2] *n.* Ⓒ 격언, 속담.
‡**saw**[3] *n., vt.* (~*ed;* ~*n*[sɔːn], 《稀》 ~*ed*) Ⓒ 톱(으로 자르다, 으로 켜서 만들다). — *vi.* 톱질하다; 톱으로 켜지다. ~ *the air* 팔을 앞뒤로 움직이다.
sáw·bònes *n.* Ⓒ 《俗》 외과의사(surgeon).
sáw·bùck *n.* Ⓒ 《美》 톱질 모탕(sawhorse); 《美俗》 10달러 지폐.
sáw·dùst *n.* Ⓤ 톱밥. ***let the ~ out of*** (인형 속에서 톱밥을 끄집어내듯) 약점을 들춰내다; 콧대를 꺾어놓다.
sáw·fish *n.* Ⓒ 〖魚〗 톱상어.
sáw·hòrse *n.* Ⓒ 톱질 모탕.
***sáw·mìll** *n.* Ⓒ 제재소.
***sawn** [sɔːn] *v.* saw[3]의 과거분사.
sáw-tóothed *a.* 톱니 모양의, 들쭉날쭉한.
saw·yer [sɔ́ːjər] *n.* Ⓒ 톱장이.
sax [sæks] *n.* Ⓒ 《口》 색소폰(saxophone).
Sax. Saxon; Saxony.
sax·horn [sǽkshɔ̀ːrn] *n.* Ⓒ 색스혼《금관 악기》.
sax·i·frage [sǽksəfridʒ] *n.* Ⓤ 〖植〗 범의귀.
Sax·on** [sǽksn] *n., a.* Ⓒ (앵글로) 색슨 사람(의); (독일의) Saxony 사람(의); Ⓤ 색슨 말(의). ~ ***word (외래어에 대해) 본래의 영어《보기: *dog, father, glad, house, love, &c.*》.
Sax·o·ny [sǽksəni] *n.* 남부 독일의 지방; (S-) Ⓤ 위 지방산의 양털〔모직물〕.
sax·o·phone [sǽksəfòun] *n.* Ⓒ 색소폰《목관 악기》.
†**say** [sei] *vt., vi.* (**said**) ① 말하다. ② (기도를) 외다; 암송하다(~ *one's lessons*). ③ 이를테면, 글쎄(*Call on me tomorrow,* ~, *in the evening.* 내일 저녁께라도 와주게). ④ 《美口》 이봐, 저어, 잠깐(《英》 I say). ***have nothing to ~ for oneself*** 변명하지 않다. ***hear ~*** 소문〔풍문〕에 듣다. ***I ~!*** 《英口》 이봐; 저어; 그래 (놀랐는걸); 《강조》 …라니깐; 《반복》 지금 말했듯이. ***It goes without ~ing*** (***that***) …은 말할 것(까지)도 없다. ***let us ~*** 예컨대, 이를테면, 글쎄. ***not to ~*** …라고는 말할 수 없을지라도. ***~ for oneself*** 변명하다. ***~ out*** 속을 털어놓다. ***~ over*** 되풀이해 말하다; 건성으로 말하다. ***~s I*** 《俗》 …라고 내가 말했단 말야. ***~ something*** 간단한 연설을 하다; =say GRACE. ***This is ~ing a great deal.*** 그거 큰일이군. ***that is to ~*** 즉, 말하자면; 적어도. ***though I ~ it*** (***who should not***) 내 입으로 말하기는 쑥스럽지만〔뭣하지만〕. ***to ~ nothing of*** …은 말할 것도 없고. ***What ~ you*** 〔***do you ~***〕 ***to …?*** …할 마음은 없나. ***You don't ~ so!*** 설마(하니)! — *n.* ① Ⓤ 할 말, 주장. ② Ⓤ 발언의 차례〔기회〕, 발언권. ③ 《美》 (the ~) (최종) 결정권. ***have*** 〔***say***〕 ***one's ~*** 할 말〔주장〕을 말하다, 발언하다. *∠·**ing** *n.* Ⓒ 격언; 속담; 말.
S.A.Y.E. 《英》 =SAVE-AS-YOU-EARN.
say·(e)st [séi(i)st] *vt., vi.* 《古》 say의 2인칭 단수 현재《thou를 주어로 함》.
say-so [séisòu] *n.* (*sing.*) 《美口》 독단(적 성명); 최종 결정권.
Sb stibium. **sb., s.b.** 〖野〗 stolen base(s). **SBA** Small Business Administration 《美》 중소기업청.
S-bànd *n.* Ⓒ S밴드《1550-5200 메가헤르츠의 초단파대(帶)》.
SbE south by east 남미동.
SbW south by west 남미서.
Sc. 〖化〗 scandium. **Sc.** science; Sotch; Scots; Scottish.
sc. scale; scene; science; screw; scilicet. **S.C.** Security Council (of the U.N.); South Carolina; Supreme Court.
s.c. 〖印〗 small capitals.
scab [skæb] *n.* ① Ⓒ 딱지; Ⓤ 붉은 곰팡이 병; Ⓤ 검은별 무늬병. ② Ⓒ 비조합원 노동자; 《俗》 파업 파괴자, 배반자; 무뢰한. — *vi.* (**-bb-**) ① (상처에) 딱지가 앉다. ② 파업을 깨다. ∠·**by** *a.* 딱지투성이인; 붉은 곰팡이 병에 걸린; 천한, 비열한, 더러운.
***scab·bard** [skǽbərd] *n., vt.* Ⓒ 칼집(에 꽂다, 넣다).
sca·bies [skéibiìːz, -biːz] *n.* Ⓤ 〖醫〗 옴, 개선(疥癬).
scab·rous [skǽbrəs/skéi-] *a.* 껄껄〔울퉁불퉁〕한; 다루기 어려운; =RISQUÉ.
scad [skæd] *n.* (*pl.*) 《美俗》 많음; 거액(巨額); 경화(coin).
***scaf·fold** [skǽfəld, -fould] *n., vt.* Ⓒ 〖建〗 비계(를 만들다); 교수대(에 매달다); (야외의) 관객석. ~·**ing** *n.* Ⓤ 비계 (재료).

S

scag[skæg] *n.* 《美俗》 =HEROIN.
scagl·io·la[skæljóulə] *n.* Ⓤ (장식용) 인조 대리석.
sca·lar[skéilər] *a.* 층계를 이루는, 단계적인; 눈금의 수치로 나타낼 수 있는《이를 테면 온도》. — *n.* Ⓒ 〖數〗 스칼라.
scal·a·wag, 《英》 **scal·la-**[skǽləwæ̀g] *n.* Ⓒ 《口》 무뢰한, 깡패.
***scald**[1][skɔ:ld] *vt.* ① (뜨거운 물·김에) 화상을 입히다. ② 데치다, 삶다. — *n.* ① Ⓒ (뜨거운 물 따위에) 뎀, 화상. ② Ⓤ (더위로) 나뭇잎이 시들시들함; (과일의) 썩음.
scald[2] *n.* =SKALD.
scálding téars (비탄의) 뜨거운 눈물, 피눈물.
:**scale**[1][skeil] *n.* Ⓒ ① 눈금, 척도(尺度); 비율; 축척(縮尺); 자. ② 〖樂〗 음계. ③ 진법(進法); 등급, 계급; 순차로 비교된 크기. ④ 규모, 스케일. ⑤ (물가·임금 등의) 비율, 율(*to a* ~ 일정한 비율로). ⑥《廢》 사닥다리, 계단. ⑦ 〖컴〗 크기 조정, 스케일. ***a*** **~ *of one inch to one mile,*** 1마일 1인치의 축척. ***decimal*** **~** 십진법. ***folding*** **~** 접자. ***on a large*** **~** 대규모로. ***play*** 〔***sing***〕 ***one's*** **~*s*** 음계를 연주〔노래〕하다. ***out of*** **~** 일정한 척도에서 벗어나, 균형을 잃고. ***social*** **~** 사회의 계급. — *vt.* 사다리로 오르다, 기어오르다; 축척으로 제도하다; (비율에 따라) 삭감〔증대〕하다(*down, up*); 적당히 판단하다.
:**scale**[2] *n.* Ⓒ 천칭(天秤)의 접시; (종종 *pl.*) 저울, 천칭, 체중계; (the Scales) 〖天〗 천칭자리〔궁〕. ***hold the*** **~*s even*** 공평하게 판가름하다. ***throw one's sword into the*** **~** 힘〔무력〕에 의하여 요구를 관철하다. ***tip the*** **~*s*** 한쪽을 우세하게 하다; 무게가 …나가다. ***turn the*** **~** ***at*** (*...pounds*) (…파운드)의 무게가 나가다. — *vt., vi.* 천칭으로 달다; 무게가 …이다.
:**scale**[3] *n.* ① Ⓒ 비늘(모양의 것); 〖植〗 인편(鱗片). ② Ⓤ 물때; 버캐; 쇠똥; 이똥. ③ =∠·**ìnsect** 개각충(介殼蟲), 깍지진디. ***remove the*** **~*s from a person's eyes*** 아무의 눈을 뜨게 하다. ***Scales fell from his eyes.*** 잘못을 깨달았다《사도행전 9:18》. — *vt.* (…의) 비늘을 벗기다; 비늘로 덮다; 껍데기〔물때·이똥〕를 떼다. — *vi.* 비늘이 떨어지다; 작은 조각이 되어 떨어지다.
scále·bòard *n.* Ⓒ (액자·거울의) 뒤판; 〖印〗 얇은 목제 인테르.
scaled[skeild] *a.* 비늘이 떨어진, 껍질이 벗겨진; 비늘 모양의.
sca·lene[skeilí:n] *a., n.* 부등변(不等邊)의; Ⓒ 부등변 삼각형.
scal·ing[skéiliŋ] *n.* Ⓤ 〖理〗 스케일링, 비례 축소; 〖컴〗 크기 조정.
scáling làdder 공성(攻城)〔소방〕 사다리.
scal·lion[skǽljən] *n.* Ⓒ 골파 (shallot), 부추(leek).
scal·lop[skɑ́ləp, -ǽ-/-ɔ́-] *n., vt.* Ⓒ 가리비(의 조가비), 속이 얕은 냄비(에 요리하다); 부채꼴(로 하다, 로 자르다).
***scalp**[skælp] *n.* Ⓒ ① (털이 붙은 채로의) 머릿가죽; (적의 머리에서 벗긴) 머릿가죽. ② 승리의 징표, 전리품. — *vt.* (…의) 머릿가죽을 벗기다; 《美口》 (증권·표 등을) 이문 남겨 팔다; 작은 이문을 남기다; 혹평하다. ∠·**er** *n.* Ⓒ (주식 매매로) 약간의 이문을 남기는 사람, 암표상.
scal·pel[skǽlpəl] *n.* Ⓒ 〖外〗 메스.
scal·y[skéili] *a.* 비늘이 있는, 비늘 모양의; 《俗》 천한; 인색한.
scam[skæm] *n.* Ⓒ 《美俗》 사기, 야바위.
scamp[skæmp] *n.* Ⓒ 무뢰한, 깡패. — *vi.* (일을) 되는 대로 해치우다. ∠·**ish** *a.* 망나니 같은.
***scamp·er**[skǽmpər] *n., vi.* 급히 내닫다〔도주하다〕; Ⓒ 급한 여행; 급하게 훑어 읽기.
scam·pi[skǽmpi] *n.* (*pl.* ~, ~***es***) Ⓒ 참새우; Ⓤ 참새우나 작은 새우를 기름에 튀긴 이탈리아 요리.
***scan**[skæn] *vt.* (**-nn-**) ① (시의) 운율을 고르다〔살피다〕. ② 자세히 조사하다. ③ (책 등을) 죽 훑어 보다. ④ 〖TV·레이더〗 주사(走査)하다; 〖컴〗 훑다, 주사하다.
Scan., Scand. Scandinavia(n).
:**scan·dal**[skǽndl] *n.* ① Ⓤ,Ⓒ 추문, 의옥(疑獄); Ⓒ 치욕(이 되는 물건·일). ② Ⓒ (추문에 대한 세상의) 반감, 분개. ③ Ⓤ 중상, 욕. **~·ize** [-dəlàiz] *vt.* 분개시키다; 중상하다. ***be*** **~*ized*** 분개하다(*at*). ***~·ous** *a.* 명예롭지 못한, 못된; 중상적인.
scándal·mònger *n.* Ⓒ 추문을 퍼뜨리는 사람.
scándal shèet 《美》 가십 신문〔잡지〕.
Scan·di·na·vi·a [skæ̀ndənéiviə] *n.* 스칸디나비아; 북유럽. ***~n** *a., n.*
scan·di·um [skǽndiəm] *n.* Ⓤ 〖化〗 스칸듐《금속 원소; 기호 Sc》.
scan·ner[skǽnər] *n.* Ⓒ 정밀히 조사하는 사람; 〖TV〗 주사기(走査機)〔판(板)〕; 주사 공중선; 〖컴〗 훑개, 주사기, 스캐너.
scan·ning[skǽniŋ] *n.* =SCANSION; Ⓤ 정사(精査); 〖TV·컴〗 스캐닝; 주사(走査).
scánning dìsk 〖TV〗 주사 원판.
scánning lìne 〖TV〗 주사선.
scan·sion[skǽnʃən] *n.* Ⓤ (시의) 운율 분석(scanning); 율독(律讀)(법).
***scant**[skænt] *a., vt.* 불충분한, 모자라는(*of*); 가까스로의; 인색한; 인색하게 굴다. ∠·**ly** *ad.*
scan·ties[skǽntiz] *n. pl.* 짧은 팬티.
scant·ling[skǽntliŋ] *n.* Ⓒ (5인치 각 이하의) 각재(角材), 오리목; Ⓤ 《집합적》 각재류.

:scant·y[skǽnti] *a.* 부족〔결핍〕한, 모자라는(*of*). **scánt·i·ly** *ad.* **scánt·i·ness** *n.*

SCAP Supreme Commander for the Allied Powers. **S.C.A.P.A.** Society for Checking the Abuses of Public Advertising.

scape·goat[skéipgòut] *n.* Ⓒ 〖聖〗 (사람 대신의) 속죄의 염소; 남의 죄를 대신 짊어지는 사람.

scape·grace[skéipgrèis] *n.* Ⓒ 깡패; 개구쟁이.

s. caps. 〖印〗 small capitals.

scap·u·la[skǽpjələ] *n.* (*pl.* ***-lae*** [-lìː]) Ⓒ 견갑골(肩胛骨). **~r** ***a.***

:scar[skɑːr] *n., vt.* (***-rr-***) Ⓒ 상처(를 남기다); (마음의) 상처. — *vi.* 흉터를 남기고 낫다.

scar·ab[skǽrəb] *n.* Ⓒ 투구벌레의 일종; 그 모양으로 조각한 보석(《부적》).

scar·a·mouch[skǽrəmùːʃ, -màutʃ] *n.* Ⓒ 허세 부리는 겁쟁이; 망나니.

:scarce[skεərs] *a.* ① 결핍한, 부족한(*of*). ② 드문, 희귀한. ***make oneself*** ~ 《口》 가만히 떠나(가)다; 결석하다. ~ ***books*** 진서(珍書). — *ad.* 《古》 =⇩. **∠·ness** *n.*

:scarce·ly[∠li] *ad.* 겨우; 거의〔좀처럼〕 …아니다. ~ ***any*** 거의 아무것도 없다. ~ ***... but*** …하지 않는 일은 좀처럼 없다. ~ ***ever*** 좀처럼 …(하지) 않다. ~ ***less*** 거의 같게. ~ ***... when*** 〔***before***〕 …하자마자.

***scar·ci·ty**[skέərsəti] *n.* Ⓤ,Ⓒ 결핍, 부족, 기근; Ⓤ 드묾.

scárcity vàlue 희소 가치(稀少價値).

:scare[skεər] *vt., vi.* 으르다; 겁을 집어먹다; 깜짝 놀라(게 하)다. ~ ***the pants off*** 《口》 놀래다. — *n.* (a ~) 놀람, 겁냄; Ⓒ 깜짝 놀라(게 하)는 일.

scáre bùying 〖經〗 비축(備蓄) 구입.

:scáre·cròw *n.* Ⓒ 허수아비; 넝마를 걸친 사람; 말라깽이.

scared·y-cat[skέərdikæ̀t] *n.* Ⓒ 《口》 겁쟁이.

scáre·mònger *n.* Ⓒ 유언비어를 퍼뜨리는 사람.

scáre(d) tràp 《美俗》 (가선공·비행기 등의) 안전 벨트.

:scarf[skɑːrf] *n.* (*pl.* ***~s, scarves***) Ⓒ ① 스카프, 목도리, 어깨걸이. ② 넥타이. ③ 《美》 테이블〔피아노·장농〕보.

scárf·pìn *n.* Ⓒ 《英》 넥타이 핀.

scárf·skìn *n.* (the ~) (손톱의) 표피(表皮).

scar·i·fi·er[skǽrəfàiər] *n.* Ⓒ 흙긁기용 농기구; 노면(路面) 파쇄기.

scar·i·fy[skǽrəfài] *vt.* 〖外〗 (…에서) 피부를 벗겨〔베어〕 내다; 혹평하다, 괴롭히다; (밭을) 일구다. **-fi·ca·tion**[skæ̀ərəfikéiʃən] *n.*

scar·la·ti·na[skɑ̀ːrlətíːnə] *n.* = SCARLET FEVER.

:scar·let[skɑ́ːrlit] *n., a.* Ⓤ 주홍색(의 옷·천); 주홍의; (죄악을 상징하는) 주홍빛.

scárlet féver 성홍열.

scárlet lády 행실이 나쁜〔바람기 있는〕 여자.

scárlet létter 주홍 글자(《옛날 간통자의 가슴에 꿰매 달게 한 붉은 헝겊의 A(=adultery) 자》).

scárlet rúnner 붉은꽃강낭콩.

scárlet ságe =SALVIA.

scárlet tánager 〖鳥〗 (북미산의) 풍금새.

scarves[skɑːrvz] *n.* scarf의 복수.

scar·y [skέəri] *a.* 《口》 겁많은(timid); 무서운(dreadful).

scat[1][skæt] *vi.* (***-tt-***) 《口》 《명령형》 빨리 가〔꺼져〕!, 쉿(《고양이를 쫓는 소리》). — *vt.* 쉿(Scat!)하여 쫓아 버리다.

scat[2] *n., vi.* (***-tt-***) Ⓤ 무의미한 음절의 재즈송(을 부르다).

scath·ing[skéiðiŋ] *a.* 해치는, 호된.

sca·tol·o·gy[skətɑ́lədʒi/-ɔ́-] *n.* Ⓤ 외설 연구〔취미〕; 대변학(大便學).

:scat·ter[skǽtər] *vt., n.* Ⓤ 흩뿌리다〔기〕; 쫓아버리다〔기〕. ****~·ed***[-d], **~·ing**[-iŋ] *a.* 산재한, 흩어진, 성긴.

scátter·bràin *n.* Ⓒ 덤벙이는〔차분하지 못한〕 사람.

scátter cùshion 《美》 (소파용의) 쿠션.

scátter·gòod *n.* Ⓒ 낭비가(spendthrift).

scátter·gùn *n.* Ⓒ 산탄총, 기관총(machinegun).

scátter rùg 소형 융단.

scáup dùck[skɔ́ːp-] 〖鳥〗 홍머리오리(widgeon).

scaur[skɑːr, skɔːr] *n.* 《Sc.·Ir.》= SCARE.

scav·enge[skǽvəndʒ] *vt., vi.* (시가를) 청소하다. **scáv·en·ger** *n.* Ⓒ 가로 청소인; 썩은 고기를 먹는 동물.

Sc. D. *Scientiae Doctor* (L. = Doctor of Science).

sce·na[ʃéinə] *n.* (It.) Ⓒ (오페라의) 한 장면; 극적 독창곡.

sce·nar·i·o[sinέəriòu, -nɑ́ːr-] *n.* (*pl.* **~s**) (It.) Ⓒ 〖劇〗 극본(劇本); 〖映〗 각본, 시나리오. **sce·nar·ist** [sinέərist, -nɑ́ːr-] *n.*

†scene[siːn] *n.* Ⓒ ① (극의) 장(場) (《생략 sc.》) (cf. act). ② (무대의) 배경이나 세트. ③ (사건 따위의) 장면; 사건; 큰 소동, 추태. ④ (한 구획의) 경치(cf. scenery). ⑤ (*pl.*) 광경, 실황(實況). ***behind the ~s*** 무대 뒤에서; 몰래, 음으로, 은밀히. ***change of*** ~ 장면의 전환〔변화〕; 전지(轉地). ***make a*** ~ 활극〔큰 소동〕을 벌이다; 언쟁하다. ***make the*** ~ 《美俗》 (행사·활동에) 참가하다, 나타나다. ***on the*** ~ 그 자리〔현장〕에서. ***quit the*** ~ 퇴장하다; 죽다.

scene·man[∠mən] *n.* Ⓒ 〖劇〗 무대장치계.

scéne pàinter 배경 화가.

:scen·er·y[síːnəri] *n.* Ⓤ 《집합적》 ① 〖劇〗 무대 배경(화), 세트. ② 경치, 풍경.

scéne·shìfter *n.* =SCENEMAN.

***sce·nic**[sí:nik, sén-] *a.* ① 무대의, 극의; 배경의. ② 풍경의.

scénic dríve 《美》 경치가 아름다운 길임을 알리는 도로 표지.

scénic ráilway (유원지의) 꼬마 철도《꼬마 열차가 달림》.

sce·no·graph[sí:nəgræf/-à:-] *n.* Ⓒ 원근도, 배경도.

:scent[sent] *vt.* ① 냄새 맡다, 알아채다(*out*). ② 냄새를 풍기다; 향수를 뿌리다. — *n.* ① Ⓒ 향기; 냄새. ② Ⓤ 《주로 英》 향수. ③ Ⓒ (사냥 짐승이 지나간) 냄새자취, 흔적; 실마리. ***follow up the ~*** 뒤를 쫓다. ***put* [*throw*] *a person off the ~*** 뒤쫓는 사람을 따돌리다, 자취를 감추다. **∠·less** *a.* 무취의; 냄새 자취를 남기지 않는.

***scep·ter,** 《英》 **-tre**[séptər] *n.*, *vt.* Ⓒ (왕이 가지는) 홀(笏); (the ~) 왕권(을 주다). **~ed**[-d] *a.* 홀을 가진; 왕위에 있는. 「&c.

scep·tic[sképtik], **&c.** =SKEPTIC,

:sched·ule[skédʒu(:)l/ʃédju:l] *n.* Ⓒ ① 《美》 예정(표), 계획(표); 【컴】 일정 스케줄; 시간표. ② (본문에 딸린) 별표, 명세표. ***on ~*** 예정[시간]대로. — *vt.* ① 표를[목록을] 만들다, 표[목록]에 올리다. ② 예정하다, 정하다.

schéduled flíght (비행기의) 정기편(定期便).

Sche·her·a·za·de [ʃəhèrəzá:də, -hìər-] *n.* (아라비안 나이트에 나오는) 인도 왕의 아내《매일밤 이야기를 하여 상심한 왕을 위로함》.

sche·ma[skí:mə] *n.* (*pl.* **~ta**[-tə]) Ⓒ 개요; 설계(도); 도표, 도식; (칸트 철학의) 선험적(先驗的) 도식.

sche·mat·ic[ski(:)mǽtik] *a.* 도해(圖解)의[에 의한]; 개요의.

sche·ma·tize[skí:mətàiz] *vt.* 도식화하다, 모형적으로 나타내다.

:scheme[ski:m] *n.* Ⓒ ① 안(案), 계획, 방법. ② 획책, 음모. ③ 조직, 기구. — *vt., vi.* 계획하다; 획책[음모]하다(*for; to* do). **schém·er** *n.* **schém·ing** *a.*

scher·zan·do [skɛərtsá:ndou] *ad., a.* (It.) 【樂】 스케르찬도, 익살스러운[스럽게].

scher·zo [skέərtsou] *n.* (It.) Ⓒ 【樂】 해학곡, 스케르초.

Schíck tèst[ʃík-] 【醫】 (디프테리아 면역의 유무를 보는) 시크 시험.

Schil·ler [ʃílər], **Johann Christoph Friedrich von** (1759-1805) 독일의 극작가·시인.

schil·ling[ʃíliŋ] *n.* Ⓒ 오스트리아의 화폐 단위《생략 S》.

schism[sízəm] *n.* Ⓤ,Ⓒ 분열; (교회의) 분립, 분파. **schis·mat·ic**[sizmǽtik] *a., n.* 분열의; Ⓒ 분립론자.

schist[ʃist] *n.* Ⓤ 편암(片岩).

schiz·o·gen·e·sis [skìzədʒénəsis] *n.* Ⓤ 【生】 분열 생식.

schiz·oid[skítsɔid] *a.* 정신 분열증의[비슷한].

schiz·o·phre·ni·a[skìtsəfrí:niə, skìzə-] *n.* Ⓤ 정신 분열증. **-phrén·ic** *a., n.* Ⓒ 정신 분열증의 (환자).

schle·miel[ʃləmí:l] *n.* Ⓒ 《美俗》 바보; 운이 나쁜 녀석.

schlock[ʃlɑk/-ɔ-] *a., n.* Ⓒ 《美俗》 싸구려의 (물건); 값싼 (물건).

schmal(t)z [ʃmɑ:lts] *n.* (G.) Ⓤ 《口》 (음악·문학 따위의) 극단적 감상주의.

Schmídt cámera[ʃmít-] 슈미트 카메라《천체 촬영용의 초광각(超廣角) 카메라》.

schmo(e)[ʃmou] *n.* (*pl.* ***schmoes***) Ⓒ 《美俗》 얼간이. 「이.

schmuck[ʃmʌk] *n.* Ⓒ 《美俗》 얼간

schnap(p)s[ʃnæps] *n.* Ⓤ,Ⓒ 네덜란드 진《술》; 독한 술.

schnau·zer[ʃnáuzər] *n.* Ⓒ 독일종의 테리어(개).

schnook[ʃnuk] *n.* Ⓒ 《美俗》 얼간이, 머저리.

schnor·kel[ʃnɔ́:rkəl] *n.* =SNORKEL. 「지.

schnor·rer[ʃnɔ́:rər] *n.* Ⓒ 《俗》 거

:schol·ar[skɑ́lər/-ɔ́-] *n.* Ⓒ ① 학자. ② 학도, 학생. ③ 장학생. ***~·ly** *a., ad.* 학자다운[답게]; 학문을 좋아하는; 학식이 있는. ***~·ship**[-ʃìp] *n.* Ⓤ 학식; 장학생의 자격; Ⓒ 장학금.

scho·las·tic**[skəlǽstik] *a.* ① 학교(교육)의. ② 학자[학생]의; 학자연하는. ③ 스콜라 철학(풍)의. ***~ year 학년. — *n.* (종종 S-) Ⓒ 스콜라 철학자; 현학[형식]적인 사람. **-ti·cism**[-təsìzəm] *n.* (종종 S-) Ⓤ 스콜라 철학《중세의 사변(思辨)적 종교 철학》; 방법(론)의 고수(固守).

scho·li·ast[skóuliæ̀st] *n.* Ⓒ (고전의) 주석자.

Schön·berg[ʃɔ́:nbə(:)rg], **Arnold** (1874-1951) (미국에 거주한) 오스트리아의 작곡가.

school[1][sku:l] *n., vi.* Ⓒ (물고기 따위의) 떼(를 이루다).

†school[2] *n.* ① Ⓤ 학교《교육》, 수업(시간)(***after ~*** 방과 후). ② Ⓒ 학교《건물》, 교사(校舍), 교실(***the fifth-form ~*** 《英》 5학년 교실). ③ (the ~) 《집합적》 전교 학생. ④ Ⓒ 양성소, 학관. ⑤ Ⓒ (대학의) 학부, 대학원. ⑥ Ⓒ 학파, 유파(流派). ⑦ Ⓒ 【樂】 (대위법) 교(칙)본. ***of the old ~*** 구식의; 고결한. — *vt.* 훈련하다, 교육하다.

schóol àge 학령(學齡); 의무 교육 연한.

schóol·bàg *n.* Ⓒ (통학용) 가방.

schóol bèll 수업 (개시·종료) 벨, 학교종.

schóol bòard 교육 위원회.

schóol·bòok *n.* Ⓒ 교과서.

†schóol·bòy *n.* Ⓒ 남학생.

schóol bùs 통학 버스.

schóol commìssioner 《美》 장학관, 장학사.

schóol dày 수업일; (*pl.*) 학교 시절.
schóol dìstrict 학구.
schóol fèe(s) 수업료.
schóol·fèllow *n.* Ⓒ 동창생, 학우.
schóol fìgure (피겨스케이트의) 규정 도형(圖形).
†**schóol·gìrl** *n.* Ⓒ 여학생.
schóol hòur 수업 시간.
:**schóol·hòuse** *n.* Ⓒ 교사(校舍).
*__schóol·ing__[´-iŋ] *n.* Ⓤ 교육(비).
schóol inspèctor 장학관[사].
schóol·kìd *n.* Ⓒ《口》학동, 아동.
school·ma'am[´-mɑ̀m, -mæ̀m], **-marm** [-mɑ̀ːrm] *n.* 《口》 = SCHOOLMISTRESS; Ⓒ 학자연하는 여자.
:**schóol·màster** *n.* Ⓒ 교사; 교장; 〖魚〗 도미의 일종.
school·man [´-mən] *n.* (*or* S-) Ⓒ 중세의 (신학) 교수, 스콜라 철학자; 《美》 교사, 선생.
*__schóol·màte__ *n.* Ⓒ 학우(學友).
schóol mèal 학교 급식.
schóol·mìstress *n.* Ⓒ 여교사[교장].
:**schóol·ròom** *n.* Ⓒ 교실; (가정의) 공부방.
schóol·tèacher *n.* Ⓒ (초·중등 학교의) 교사.
schóol·tìme *n.* Ⓤ 수업 시간; (보통 *pl.*) 학교 시절.
schóol·wòrk *n.* Ⓤ 학업 (성적).
schóol·yàrd *n.* Ⓒ 교정(校庭).
schóol yéar 학년도《미·영에서는 9월에서 6월까지》.
*__schoon·er__[skúːnər] *n.* Ⓒ 스쿠너《쌍돛의 종범(縱帆)식 돛배》; 《美口》 포장 마차; 《美口》 큰 맥줏잔.
Scho·pen·hau·er[ʃóupənhàuər], **Arthur**(1788-1860) 독일의 철학자.
Schu·bert[ʃúːbəːrt], **Franz** (1797-1828) 오스트리아의 작곡가.
Schu·mann [ʃúmɑːn], **Robert** (1810-56) 독일의 작곡가.
Schum·pe·ter [ʃúmpeitər], **Joseph Alois**(1883-1950) 오스트리아 태생의 미국 경제학자.
schuss[ʃu(ː)s] *n., vi.* Ⓒ 〖스키〗 직활강(하다).
schwa[ʃwɑː] *n.* Ⓒ 〖音聲〗 쉬와《애매한 모음 [ə]의 기호명; 헤브라이어의 *shĕ wa*에서 옴》. ***hooked*** ~ 갈고리 쉬와《[ɚ]의 기호 이름; 이 사전에서는 [ər]로 표시》.
Schweit·zer [ʃváitsər], **Albert** (1875-1965) 프랑스의 철학자·의사·오르가니스트《아프리카에서 흑인의 치료·교화에 헌신했음》.
sci. science; scientific.
sci·at·ic[saiǽtik] *a.* 좌골(座骨)의, 볼기의.
sci·at·i·ca[-ə] *n.* Ⓤ 좌골 신경통.
†**sci·ence**[sáiəns] *n.* ① Ⓤ (자연) 과학. ② Ⓤ,Ⓒ …학《개개의 학문 분야》. ③ Ⓤ (권투 따위의) 기술. ④ (S-) =CHRISTIAN SCIENCE. ***natural*** [***social***] ~ 자연[사회] 과학.
scíence fíction 공상 과학 소설《생략 SF》.
:**sci·en·tif·ic**[sàiəntífik] *a.* ① 과학의. ② 과학적인; 학술상의; 정확한. ③ 기량이 있는, 숙련된(*a* ~ *boxer*). **-i·cal·ly** *ad.*
:**sci·en·tist**[sáiəntist] *n.* Ⓒ ① (자연) 과학자. ② (S-) Christrian Science의 신자.
sci·fi[sáifái] *a., n.* Ⓒ《美》공상 과학 소설(science fiction)(의).
scil. scilicet.
scil·i·cet[síləsèt] *ad.* (L.) 즉, 곧 (namely)《생략 sc., scil.》.
scim·i·tar, -e·tar[símətər] *n.* Ⓒ (아라비아인 등의) 언월도(偃月刀).
scin·ti·gram [síntəgræ̀m] *n.* Ⓒ 〖醫〗 신티그램《트레이서를 사용한 체내 방사능의 자동적 기록》.
scin·tig·ra·phy[sintígrəfi] *n.* Ⓤ 섬광 계수법《방사성 물질 추적법의 하나》.
scin·til·la[sintílə] *n.* (a ~) (…의) 미량(微量), 극히 소량(*of*).
scin·til·late[síntəlèit] *vi.* 불꽃을 내다; 번쩍이다. **-lant** *a.* **-la·tion** [⌐—léiʃən] *n.* Ⓤ 불꽃을 냄; 번쩍임; 재기의 번득임; 신틸레이션《형광체에 방사선을 쬐었을 때의 섬광》.
scintillátion cóunter 신틸레이션 계수관.
sci·o·lism[sáiəlìzəm] *n.* Ⓤ 어설픔, 데앎, 천박한 지식. **-list** *n.*
sci·o·man·cy[sáiəmæ̀nsi] *n.* Ⓤ 영매술(靈媒術).
sci·on[sáiən] *n.* Ⓒ (접목의) 접지(椄枝); (귀족 등의) 자손.
scis·sion[síʒən, -ʃən] *n.* Ⓤ 절단, 분할, 분열.
scis·sor[sízər] *vt.* 가위로 자르다[도려[베어]내다](*off, out*).
:**scis·sors**[-z] *n. pl.* ①《보통 복수 취급》가위(*a* ~, ***a pair of*** ~ 가위 한 개). ②《단수 취급》〖레슬링〗 가위 조르기. ~ ***and paste*** 풀칠과 가위질(의 편집).
scíssors kìck 〖水泳〗 다리를 가위질하듯 놀리기.
SCLC Southern Christian Leadership Conference.
scle·rom·e·ter [sklərɑ́mətər/ skliərɔ́mi-] *n.* Ⓒ (광물용) 경도계(硬度計).
scle·ro·sis[skləróusis, skliər-] *n.* Ⓤ,Ⓒ 〖醫〗 경화(硬化)(증).
S.C.M. State Certified Midwife; Student Christian Movement.
*__scoff__[skɔːf, -ɑ-/-ɔ-] *vi., vt., n.* 비웃다(*at*); Ⓒ 비웃음; (the ~) 웃음거리(*of*). **∠·er** *n.* **∠·ing** *a.* **∠·ing·ly** *ad.* 냉소적으로.
scóff·làw *n.* Ⓒ《口》규칙 위반자. ***traffic*** ~ (상습적) 교통 위반자.
:**scold**[skould] *vt.* 꾸짖다. — *vi., n.* 쨍쨍[앙앙]거리다(*at*); Ⓒ 그런 여자. ***common*** ~ (이웃을 안 꺼리고) 쨍쨍거리는 여자. **∠·ing** *n., a.* Ⓤ,Ⓒ 잔소리(가 심한).
scol·lop[skɑ́ləp/-ɔ́-] *n., v.* =SCAL-

LOP.

sconce[1] [skɑns/-ɔ-] *n.* Ⓒ (벽의) 쑥 내민 촛대.

sconce[2] *n., vt.* Ⓒ 보루(堡壘)(를 만들다);《諧·俗》머리; Ⓤ 분별.

scone [skoun/-ɔn] *n.* ⒸⓊ 납작한 빵.

***scoop** [sku:p] *n.* Ⓒ ① (밀가루·설탕을 뜨는) 작은 삽, (아이스크림 따위를 뜨는 반구(半球)형의) 큰 숟갈, 스쿱. ② 한 삽[숟갈]. ③ 구멍; 움푹 팬 곳. ④《口》〖新聞〗스쿠프, 특종. ⑤《口》큰 벌이, 크게 벎. ── *vt.* 푸다, 뜨다(*up*); 도려내다(*out*); 《口》(타사(他社)를) 특종으로 앞지르다; 크게 벌다. **~·ful** [∸fùl] *n.* Ⓒ 한 삽[숟갈]분.

scoot [sku:t] *vi., vt.*《口》휙 달리(게 하)다. **∠·er** *n.* Ⓒ 스쿠터《한쪽 발로 땅을 차며 나아가는 어린이용 핸들 달린 스케이트》; (모터) 스쿠터《소형 오토바이》;《美》빙상 겸용 활주범선.

:scope [skoup] *n.* Ⓤ ① (능력·지식의) 범위; 〖컴〗유효 범위. ② (발휘할) 기회, 여지; 배출구. ③ 안계; 시계, 시야. ***give a person*** (***ample*** [***full***]) **~** (충분한) 활동의 자유를 주다(*to*). ***seek* ~** 배출구를 찾다(*for*).

sco·pol·a·mine [skəpáləmì:n, skòupəlǽmin] *n.* Ⓤ 스코폴라민《무통 분만용 마취제》.

scor·bu·tic [skɔ:rbjú:tik] *a.* 괴혈병(scurvy)의[에 걸린].

:scorch [skɔ:rtʃ] *vt., vi.* ① 그슬리다, 태우다; 그을다, 타다. ② (가뭄으로) 말리다, 시들(게 하)다. ③ (*vt.*) (적이 오기 전에)(…을) 초토화하다. ④ 독이 오르다. ⑤ (*vi.*)《口》(차가) 질주하다. ── *n.* Ⓒ 탐, 그을음, 눌음. **~ed** [-t] *a.* 탄. **∠·er** *n.* Ⓒ 태우는 물건[사람]; (a ~)《口》몹시 뜨거운 날, 맹렬한 비난, 혹평; 《口》(엔진이 과열될 정도로) 질주시키는 사람. **∠·ing(·ly)** *a.* (*ad.*)

scórched éarth pólicy 초토 전술.

:score [skɔ:r] *n.* Ⓒ ① 벤 자리[자국], 상처(자국); (기록·셈을 위한) 새긴 금. ② 계산; (술값 따위의) 셈, 빚. ③ 득점(표)(*win by a ~ of 2 to 0,* 2대 0으로 이기다). ④ (*pl.* ~) 20(개)《옛날 셈할 때 20까지 막대에 금을 새긴 데서》(*three ~ and ten* (인생) 70년); (*pl.*) 다수. ⑤ 성공; 행운; 멋진 응수. ⑥ 이유, 근거(*on that ~* 그 때문에; 그 점에서). ⑦ 《口》진상. ⑧〖樂〗총보(總譜), 악보(*in ~*). ⑨ (경기의) 출발선. ***by*** [***in***] **~s** 몇 십이나 되게, 많이. ***go off at* ~** 전속력으로 달리기 시작하다, (좋아하는 일을) 힘차게 시작하다; 신이 나게 이야기하다. ***keep the* ~** 점수를 매기다. ***know the* ~** 사실을 알고 있다; 일을 낙관하지 않다. ***settle*** [***clear, pay off***] ***old* ~*s,*** or ***quit the* ~*s*** 원한을 풀다(*with*). ***What a* ~*!*** 운이 억세게 좋기도 하군! ── *vt.* ① 눈금[벤[칼]자국]을 내다. ② 계산하다, (숫자를) 기록하다. ③ (원한을) 가슴 속에 새기다. ④ 득점하다, (승리를) 얻다, (성공을) 거두다. ⑤《美》말로 해내다, 윽박지르다. ⑥ (곡을) 총보에 기입하다. ── *vi.* 채점하다; 득점하다; 이기다(*against*). **~ *off***《英》윽박지르다, 해내다. **~ *out*** 지우다, 삭제하다. **~ *under*** …글자 밑에 줄을 긋다. **~ *up*** 기록[기입]하다; 외상으로 달아놓다. **scór·er** *n.* Ⓒ 득점 기록원; 득점자.

***scóre·bòard** *n.* Ⓒ 득점판.

scóre·bòok *n.* Ⓒ 득점 기입장(帳), 스코어북.

scóre·kèeper *n.* Ⓒ 기록원.

:scorn [skɔ:rn] *n.* Ⓤ 경멸, 비웃음; (the ~) 경멸의 대상. ***hold*** [***think***] ***it* ~ *to*** (do) …하는 일을 떳떳하게 여기지 않다. ***laugh*** (*a person*) ***to* ~** 냉소하다. ***think* ~ *of*** …을 경멸하다. ── *vt., vi.* 경멸하다; 떳떳하게 여기지 않다(*to* do).

***scorn·ful** [skɔ́:rnfəl] *a.* 경멸하는, 비웃는. ***~·ly** *ad.* 경멸하여.

Scor·pi·o [skɔ́:rpiòu] *n.* 〖天〗전갈(全蠍)자리, 천갈궁(天蠍宮).

***scor·pi·on** [skɔ́:rpiən] *n.* Ⓒ ① 〖動〗전갈; 도마뱀의 일종. ② 음흉한 사나이. ③〖聖〗전갈 채찍. ④ (the S-) =SCORPIO.

scórpion gràss =FORGET-ME-NOT.

***Scot** [skɑt/-ɔ-] *n.* Ⓒ 스코틀랜드 사람.

scot *n.*《다음 성구로》***pay one's* ~ *and lot*** 분수에 맞는 세금을 내다.

Scot. Scotch; Scotland; Scottish.

:Scotch [skɑtʃ/-ɔ-] *a.* 스코틀랜드(사람·말)의. ── *n.* ① Ⓤ 스코틀랜드말[방언]; ⓊⒸ 스카치 위스키. ② (the ~)《집합적》스코틀랜드 사람.

scotch *n., vt.* Ⓒ 얕은 상처(를 입히다); 반죽음시키다; 바퀴 멈추개(로 멎게 하다).

Scótch càp ⇨ GLENGARRY, TAM-O'-SHANTER.

Scótch coúsin 먼 친척.

Scótch fír 유럽소나무(cf. fir).

Scotch·man [∸mən] *n.* Ⓒ 스코틀랜드 사람.

Scótch míst (스코틀랜드 산지의) 안개비.

Scótch tápe 〖商標〗셀로판 테이프

Scótch térrier 짧은 다리·거친 털의 테리어의 일종.

Scótch whísky 스코틀랜드산 위스키, 스카치 위스키.

Scótch wóodcock 달걀과 anchovy 페이스트를 바른 토스트.

scot-free [skátfrí:/-ɔ́-] *a.* 처벌을[피해를] 모면한; 면세(免稅)의.

Sco·tia [skóuʃə] *n.*《詩》=SCOTLAND.

:Scot·land [skátlənd/-ɔ́-] *n.* 스코틀랜드《대브리튼의 북부》.

Scótland Yárd 런던 경찰청(의 수사과).
scot·o·graph[skátəgræ̀f, -grɑ̀:f/skɔ́t-] *n.* Ⓒ 맹인용〔암중(暗中)〕 사자기(寫字器); 뢴트겐 사진기.
Scots[skɑts/-ɔ-] *a., n.* (the ~) 《집합적》 스코틀랜드 사람; Ⓤ 스코틀랜드의 (말).
Scots·man[∠mən] *n.* Ⓒ 스코틀랜드 사람.
Scott [skɑt/-ɔ-], **Walter**(1771-1832) 스코틀랜드의 소설가·시인.
Scot·ti·cism[skátisìzəm/-ɔ́-] *n.* Ⓒ 스코틀랜드 어법〔사투리, 말투〕.
***Scot·tish**[skátiʃ/skɔ́t-] *a., n.* = SCOTCH.
***scoun·drel** [skáundrəl] *n.* Ⓒ 악당, 깡패.
***scour**[1][skauər] *vt., vi., n.* (a ~) 문질러 닦다〔닦기〕, 갈다, 갈기; 물로 씻어내다〔내기〕, 일소〔청소〕하다〔하기〕. **∠·ings** *n. pl.* 오물, 찌꺼기.
scour[2] *vi., vt.* 급히 찾아 다니다; 찾아 헤매다; 질주하다.
scour·er[skáuərər] *n.* Ⓒ 《특히》 나일론 수세미.
***scourge**[skə:rdʒ] *n.* Ⓒ ① 매, 채찍. ② 천벌《유행병·기근·전쟁 따위》. — *vt.* 매질하다; 벌하다; 몹시 괴롭히다.
⁑**scout**[1][skaut] *n.* Ⓒ ① 정찰병〔기·함〕. ② 소년〔소녀〕단원. ③ 《口》 녀석; (경기·예능 따위에서) 신인을 물색하는 사람. — *vi., vt.* 정찰하다; 소년〔소녀〕단원으로서 일하다(*for*); (신인을) 물색하다.
scout[2] *vt., vi.* 코웃음치다, 물리〔뿌리〕치다; (의견 등을) 거절하다.
scóut càr 〚美軍〛 (8인승의) 고속 정찰용 장갑차.
scóuting plàne 정찰기.
scóut·màster *n.* Ⓒ 소년단 단장; 정찰 대장.
scow[skau] *n.* Ⓒ 평저(平底) 대형 화물선.
***scowl**[skaul] *n., vi.* Ⓒ 찌푸린 얼굴(을 하다), 오만상(을 하다) (*at, on*); 잔뜩 찌푸린 날씨(가 되다).
scrab·ble[skrǽbəl] *n., vi., vt.* Ⓒ (*sing.*) 갈겨 쓰기〔쓰다〕, 손으로〔발로〕 비비다〔긁다〕; 손으로〔발로〕 비빔〔긁음〕; 손톱으로 할퀴〔할퀴다〕; (S-) 〚商標〛 글씨 채우기 게임.
scrag[skræg] *n., vt.* (*-gg-*) Ⓒ 말라빠진 사람〔동물〕; 마른〔가는〕 부분; 《俗》 (…의) 목을 조르다. **∠·gy** *a.* 말라빠진; 울퉁불퉁한.
scrag·gly[skrǽgli] *a.* 불규칙한; 고르지 않은, 삐죽삐죽한; 단정치 못한.
scram[skræm] *vi.* (*-mm-*) 《口》 도망하다; 《주로 명령형》 (나)가다.
⁑**scram·ble**[skrǽmbəl] *vi.* ① 기다, 기어 오르다. ② 서로 다투어 빼앗다(*for*). ③ 퍼지다; 불규칙하게 뻗다. — *vt.* ① (카드패 따위를) 뒤섞다; 그러모으다(*up*). ② 우유〔버터〕를 넣어 휘저어 익히다. **~d eggs** 우유·버터를 섞어 지진 달걀; 《英口》 장교 군모의 챙을 장식하는 금 몰. **~ on** 〔**along**〕 그럭저럭 해나가다. **~ through** 간신히 지내다. — *n.* Ⓒ (*sing.*) 기어오름; 쟁탈(전) (*for*). **-bler** *n.* Ⓒ scramble하는 사람〔물건〕; (비밀 통신의) 주파수대 변환기.
scrám·jèt (<*s*upersonic *com*bustion *ramjet*) *n.* Ⓒ 초음속 기류를 이용하여 연료를 태우는 램제트.
⁑**scrap**[1][skræp] *n.* ① Ⓒ 작은 조각, 나부랑이, 파편. ② (*pl.*) 남은 것. ③ (*pl.*) (신문 등의) 오려낸 것, 스크랩. ④ Ⓤ 《집합적》 폐물, 잡동사니; (*pl.*) 쇠부스러기, 파쇠. ***a ~ of paper*** 종잇조각; 《比》 휴지나 다름없는 조약. — *vt.* (*-pp-*) 폐기하다, 부스러기로 하다.
scrap[2] *n., vi.* (*-pp-*) Ⓒ 《口》 주먹다짐〔싸움〕(하다). **∠·per** *n.* Ⓒ 《口》 싸움꾼.
***scráp·bòok** *n.* Ⓒ 스크랩북.
⁑**scrape**[skreip] *vt.* ① 문지르다, 비벼 떼다〔벗기다〕(*away, off*). ② 면도하다; 문질러 만들다. ③ 긁어모으다; (돈을) 푼푼이 모으다. ④ (악기를) 켜다, 타다. — *vi.* ① 문질러지다(*against*); 스치며 나아가다(*along, past*). ② (악기를) 타다〔켜다〕. ③ 푼푼이 모으다. ④ 오른발을 뒤로 빼고 절하다. ⑤ 근근이 살아가다(*along*). ***~ an acquaintance*** …의 환심을 사고자 억지로 가까워지다(*with*). ***~ and screw*** 인색하게 절약하다. ***~ down*** 발을 구르며 야유하다; 반반하게 하다. ***~ through*** 간신히 통과〔합격〕하다. — *n.* Ⓒ ① 문지르는〔비비는〕 일, 문지른〔비빈〕 자국. ② 발을 뒤로 빼는 절. ③ 스치는〔비비적거리는〕 소리; 곤경《특히, 자초(自招)한》. ***get into a ~*** 곤경에 빠지다. **scráp·er** *n.* Ⓒ 스크레이퍼, 깎는〔긁는〕 도구; 신흙털개; 가죽 벗기는 기구; 구두쇠; 《蔑》 이발사.
scráp hèap 쓰레기 더미, 쓰레기 버리는 곳.
scra·pie[skréipi] *n.* Ⓤ (양(羊)의) 적리(赤痢)《전염병》.
scráp ìron 파쇠, 고철.
scrap·ple[skrǽpəl] *n.* Ⓤ 《美》 잘게 썬 돼지고기 플라이.
scrap·py[1][skrǽpi] *a.* 부스러기〔나부랑이〕의; 남은 것의; 단편적인, 지리멸렬한.
scrap·py[2] (<scrap[2]) *a.* 《口》 싸움을 좋아하는; 콧대가 센.
⁑**scratch**[skrætʃ] *vt., vi.* ① 긁(히)다, 긋다. ② 우비어 (구멍을) 파다. ③ 지우다, 말살하다. ④ 갈겨 쓰다. ⑤ 근근히 살아가다. ⑥ 그러모으다(*together, up*). ***~ about*** 뒤져 찾다(*for*). — *n.* Ⓒ ① 긁는 일〔소리〕; 긁힌〔할퀸〕 상처, 찰과상. ② 〚撞〛 어쩌다 맞기. ③ (핸디가 붙는 경주에서, 핸디도 벌칙도 적용되지 않는 자의) 스타트선〔시간〕; 영(零), 무(無). ④ 휘갈겨 쓰기〔씀〕. ***come (up) to the ~*** 《口》 출발 준비가 되다; 소정의 규준에 달하다. ***from ~*** 최초부터; 영〔무〕에서. ***~ the sur-***

face of …의 겉을 만지다《핵심에 닿지 않다》. *up to* ~ 표준(역량)에 달하여. — *a.* 급히〔부랴부랴〕 그러모은; 급조한; 핸디 없는(*a* ~ *race*). ∠·**er** *n.* ∠·**y** *a.* 날림의; 갈겨 쓴; (펜 따위가) 긁히는; 주워〔그러〕모은.

scrátch·bàck *n.* Ⓒ 등긁이.

scrátch còat 초벽, 초벽 바르기.

scrátch hìt 〖野〗 우연히 때린 안타.

scrátch lìne (경기의) 출발선.

scrátch pàd 《美》 떼어 쓰게 된 (메모) 용지(《英》 scribbling block); 〖컴〗 임시 저장용 기억 장소.

scrátch pàper 메모 용지.

scrátch tèst 〖醫〗 피부 반응 시험 《알레르기 반응을 시험하는》.

***scrawl**[skrɔːl] *n., vi., vt.* Ⓒ (보통 *sing.*) 갈겨씀; 갈겨쓰다; (…에) 낙서하다.

scrawn·y[skrɔ́ːni] *a.* 야윈, 말라빠진.

:**scream**[skriːm] *vi., vt.* 소리치다; 깔깔대다, 날카로운 소리를 지르다〔로 말하다〕. — *n.* Ⓒ 외침; 깔깔대는 소리, 날카로운 소리; 《口》 매우 익살스러운 사람〔물건〕. ∠·**er** *n.* Ⓒ scream 하는 사람; 《口》 깜짝 놀라게 하는 것《읽을거리 등》; 《美俗》 〖新聞〗 큼직한 표제(*~er bomb* 음향 폭탄). ∠·**ing** *a.*

***screech**[skriːtʃ] *vt., vi.* 날카로운 소리를 지르다; (끼하는 자동차의) 급정거 소리를 내다. — *n.* Ⓒ 날카로운 소리; 비명. ∠·**y** *a.*

scréech òwl 〖鳥〗 부엉이의 일종.

screed[skriːd] *n.* Ⓒ (보통 *pl.*) 긴 이야기〔편지〕.

:**screen**[skriːn] *n.* Ⓒ ① 병풍; 칸막이, 장지, 칸막이 커튼. ② 막(幕); 영사막; (the ~) 영화. ③ 〖TV·컴〗 화면(~ *dump* 화면퍼내기/~ *editing*〔*editor*〕 화편 편집〔편집기〕). ④ 망(網); 어레미. ⑤ 전위 부대〔함대〕. *folding* ~ 병풍. *mosquito* ~ 방충망. — *vt.* ① 가리다, 가로막다, 두둔하다(*from*); 칸막다. ② (모래·석탄 따위를) 체질하여 가려내다; (적격) 심사하다. ③ 영사〔상영〕하다, 촬영〔영화화〕하다. — *vi.* 영화에 맞다(*She ~s well.* 그녀는 화면에 잘 맞는다); 상영할 수 있다.

screen·ing[∠iŋ] *n.* Ⓤ,Ⓒ 체질하기; 심사; 가리기, 차폐; (*pl.*) (*sing.* & *pl.*) 체질한 찌끼.

scréen·plày *n.* Ⓒ 〖映〗 시나리오, 영화 대본.

scréen tèst 스크린 테스트《영화 배우의 적성〔배역〕 심사》.

scréen·wìper *n.* 《英》 =WINDSHIELD WIPER.

scréen·wrìter *n.* Ⓒ 시나리오 작가(scenarist).

:**screw**[skruː] *n.* Ⓒ ① 나사(못); 한 번 비틀기〔죔〕. ② (배의) 스크루, 추진기. ③ (보통 the ~) 압박, 강제. ④ 구두쇠. *a* ~ *loose* 느즈러진 나사, 고장. *put the* ~ *on,* or *apply the* ~ *to* …을 압박하다, 괴롭히다. — *vt.* ① 비틀어〔꽉〕 죄다. ② (용기 따위를) 분발시키다; 굽히다. ③ (얼굴을) 찡그리다. ④ (값을) 억지로 깎다(*down*); 무리하게 거두다〔이야기시키다, 단념시키다〕. ⑤ 괴롭하다. 「괴짜.

scréw·bàll *n.* Ⓒ 〖野〗 곡구; 《美俗》

scréw·drìver *n.* ① Ⓒ 드라이버, 나사돌리개. ② Ⓤ,Ⓒ 칵테일의 일종.

screwed[skruːd] *a.* ① 나사로 고정시킨. ② 《俗》 엉망인. ③ 《英俗》 술취한.

scréw jàck (나선) 잭, 간이 기중기.

scréw propèller (배·항공기 따위의) 추진기, 스크루.

scréw tàp 수도 꼭지.

scréw-tòpped *a.* 돌리는 마개용의 나삿니 달린《병 따위》.

scréw wrènch 〔**spànner**〕 (자재) 나사돌리개, 스패너.

screw·y[∠i] *a.* 《美俗》 머리가 돈.

***scrib·ble**[skríbl] *n., vt., vi.* Ⓤ,Ⓒ 갈겨 씀〔쓰다〕; Ⓒ 낙서(하다)(*No scribbling.* 낙서 금지《게시》). **-bler** *n.* Ⓒ 갈겨 쓰는 사람; 잡문 쓰는 사람.

scribe[skraib] *n.* Ⓒ 필기자; 〖史〗 서기; 저술가; 《戲》 야구 기자.

scrim[skrim] *n.* Ⓤ 올이 성긴 무명〔삼베〕《커튼용》.

scrim·mage[skrímidʒ] *n., vi., vt.* Ⓒ 격투(를 하다), 드잡이(하다); 〖럭비〗 스크럼(을 짜다) (scrummage).

scrimp[skrimp] *vt.* 긴축하다; (음식 등을) 바짝 줄이다. — *vi.* 인색하게 굴다, 아끼다. ∠·**y** *a.* 부족한; 인색한.

scrip [skrip] *n.* ① Ⓒ 종이 쪽지; 《美》 메모, 적요. ② Ⓤ《집합적》 가(假)주권, 가증권; Ⓒ 영수증. ③ Ⓤ 점령군의 군표. ④ Ⓒ 〖美史〗 1달러 이하의 소액 지폐.

scrip·sit[skrípsit] (L. =he 〔she〕 wrote) …씀《원고의 끝, 필자의 서명 뒤에 씀》.

:**script**[skript] *n.* ① Ⓤ 손으로 쓴 것, 필기(글씨), 필기체 활자. ② Ⓒ 〖法〗 원본, 정본(cf. copy). — *vt.* 각색하다, (이야기를) 시나리오화하다. ∠·**er** *n.* =SCENARIST.

scrípt gìrl 〖映〗 스크립트 걸《감독의 비서》.

***scrip·ture**[skríptʃər] *n.* Ⓤ 경전(經典), 성전. (*Holy*) *S-, the Scriptures* 성서(聖書)(the Bible). **-tural** *a.* 성서의.

scrípt·wrìter *n.* Ⓒ (영화·방송의) 대본 작가.

scrive·ner[skrívnər] *n.* Ⓒ 《古》 대서인(代書人); 공증인(公證人).

scrof·u·la[skrɔ́ːfjulə, -ɑ́-/-ɔ́-] *n.* Ⓤ 〖醫〗 연주창. **-lous** *a.* 연주창에 걸린; 타락한.

***scroll**[skroul] *n.* Ⓒ ① 두루마리, 족자. ② 소용돌이 장식〔무늬〕. ③ 수결(手決). ④ 〖컴〗 두루마리(~ *bar*/ *Scroll Lock key* 두루마리 걸쇠).

scróll sàw 실톱.

S

scróll·wòrk *n.* Ⓤ 소용돌이 장식, 당초(唐草) 무늬.
Scrooge [skru:dʒ] *n.* 스크루지《C. Dickens 작품의 한 주인공 이름》; Ⓒ (보통 s-) 수전노.
scroop [skru:p] *vi.* 끼익끼익하다. — *n.* Ⓒ 끼익끼익하는 소리.
scro·tum [skróutəm] *n.* (*pl.* **-ta** [-tə]) Ⓒ 〖解〗 음낭(陰囊).
scrounge [skraundʒ] *vi., vt.* 후무리다(pilfer), 훔치다.
:scrub[1] [skrʌb] *vt., vi.* (**-bb-**), *n.* 박박 문지르다〔비비다, 닦다〕; Ⓤ 그렇게 하기; Ⓒ 뼈빠지게 일하다〔하는 사람〕; Ⓤ 〖로켓〗 미사일 발사(를) 중지(하다).
scrub[2] *n., a.* Ⓤ 덤불, 관목(숲); Ⓒ 자잘한 (것, 사람); Ⓒ 《美口》 2류의 (선수). **∠·by** *a.*
scrub·ber [skrʌ́bər] *n.* Ⓒ ① 청소원; 갑판 청소원. ② 솔, 수세미, 걸레; 가스 정제 장치.
scrúb brùsh 세탁솔, 수세미.
scrúb·lànd *n.* Ⓤ 관목 지대.
scrúb·wòman *n.* =CHARWOMAN.
scruff [skrʌf] *n.* Ⓒ 목덜미(nape).
scrum [skrʌm], **scrum·mage** [skrʌ́midʒ] *n., v.* =SCRIMMAGE.
scrump·tious [skrʌ́mpʃəs] *a.* 《口》 멋진, 훌륭한.
scru·ple** [skrú:pl] *n.* ① Ⓤ,Ⓒ 망설임; 주저. ② Ⓒ 《약의 양 단위》 스크루플(=20 grains =$^1/_3$ dram = 1.296g). ③ Ⓒ 미량(微量). ***make no ~ to do 예사로…하다. ***man of no ~s*** 못된 짓을 예사로 하는 사람. ***without ~*** 예사로, 태연히. — *vt., vi.* 주저하다(hesitate)(*to* do).
***scru·pu·lous** [skrú:pjələs] *a.* ① 고지식한; 양심적인. ② 빈틈없는, 주의 깊은, 신중한; 정확한. **~·ly** *ad.* **~·ness** *n.*
scru·ti·neer [skrù:təníər] *n.* Ⓒ 《주로 英》 검사자; 《英》 (특히) 투표 검사인(《美》 canvasser).
***scru·ti·nize** [skrú:tənàiz] *vt., vi.* ① 자세히 조사하다. ② (사람을) 뚫어지게〔빤히〕 보다.
***scru·ti·ny** [skrú:təni] *n.* Ⓤ,Ⓒ 정밀 검사, 음미; 유심히 보는 일.
scu·ba [skú:bə] (< *s*elf-*c*ontained *u*nderwater *b*reathing *a*pparatus) *n.* Ⓒ 잠수 호흡기, 스쿠버.
scúba dìve 스쿠버 다이빙하다.
scúba dìver 스쿠버 다이버.
scúba dìving 스쿠버 다이빙.
scud [skʌd] *n., vi.* (**-dd-**) Ⓒ 질주(하다); Ⓤ 지나가는 비.
Scúd mìssile 스커드 미사일《구 소련제 지대지 미사일》.
scuff [skʌf] *vi.* 발을 질질 끌며 걷다; (구두 따위를) 닳도록 신다. — *n.* Ⓒ 발을 질질 끌며 걷는 걸음; 그 소리; 슬리퍼.
scuf·fle [skʌ́fl] *n., vi.* 격투〔난투〕(하다); =⇩.
scuf·fler [skʌ́flər] *n.* Ⓒ 경운기.
scug [skʌg] *n.* Ⓒ 《英學生俗》 존재가 희미한 학생.
scull [skʌl] *n.* Ⓒ 고물에 달아 좌우로 저어 나아가는 외노; 스컬《혼자서 양손에 하나씩 쥐고 젓는 노; 그것으로 젓는 경조(競漕) 보트》. **∠·er** *n.*
scul·ler·y [skʌ́ləri] *n.* Ⓒ (부엌의) 그릇 씻어 두는 곳.
sculp·sit [skʌ́lpsit] (L. =he 〔she〕 sculptured) …조각함《조각자의 서명 다음에 씀》.
sculp(t). *sculpsit.* (L. =he (*or* she) carved it); sculptor; sculpture.
***sculp·tor** [skʌ́lptər] *n.* (*fem.* **-tress** [-tris]) Ⓒ 조각가.
***sculp·ture** [skʌ́lptʃər] *n., vt.* Ⓤ 조각(술); Ⓒ 조각품; 조각하다. **~d** [-d] *a.* 조각된. **scúlp·tur·al** *a.*
sculp·tur·esque [skʌ̀lptʃərésk] *a.* 조각〔조상(彫像)〕과 같은.
scum [skʌm] *n., vi., vt.* (**-mm-**) Ⓤ (표면에 뜨는) 찌끼, 더껑이(가 생기다, 를 건져내다); 찌꺼기; Ⓒ 인간 쓰레기. **∠·my** *a.* 뜬 찌끼투성이의, 찌꺼기의; 비열한.
scup·per [skʌ́pər] *n.* Ⓒ (보통 *pl.*) (갑판의) 배수구.
scurf [skə:rf] *n.* Ⓤ 비듬; 때. **∠·y** *a.*
scur·ril·ous [skə́:rələs/skʌ́r-] *a.* 쌍스러운, 입이 건〔사나운〕. **~·ly** *ad.* **~·ness** *n.* **-ril·i·ty** *n.*
***scur·ry** [skə́:ri, skʌ́ri] *vi., vt., n.* (a ~; the ~) 서두르다〔름〕; (특히 말타고) 달림; 달리다.
scur·vy [skə́:rvi] *n.* Ⓤ 괴혈병. — *a.* 상스러운, 야비한.
scut [skʌt] *n.* Ⓒ (토끼 따위의) 짧은 꼬리; 《美俗》 비열〔야비〕한 사람.
scutch·eon [skʌ́tʃən] *n.* =ESCUTCHEON.
***scut·tle**[1] [skʌ́tl] *n.* Ⓒ (실내용) 석탄 그릇〔통〕.
scut·tle[2] *vi.* 허둥지둥 달리다〔도망치다〕. — *n.* Ⓤ (또는 a ~) 급한 걸음; 줄행랑.
scut·tle[3] *n.* Ⓒ (뱃전·갑판·지붕·벽 등의) 작은 창(의 뚜껑). — *vt.* 구멍을 내어 (배를) 침몰시키다; (희망·계획을) 포기하다.
scuz·zy [skʌ́zi] *a.* 《美俗》 던적스러운, 초라한.
Scyl·la [sílə] *n.* 큰 소용돌이 CHARYBDIS를 마주 보는 이탈리아 남단의 큰 바위《전설에서 의인화된 여괴(女怪)》. ***between ~ and Charybdis*** 진퇴 양난하여.
***scythe** [saið] *n., vt.* Ⓒ (자루가 긴) 큰낫(으로 베다); 〖로史〗 (chariot의) 수레바퀴에 단 낫.
Scyth·i·an [síðiən, -θ-] *a.* (흑해 북부의 옛나라) 스키티아(Scythia) (사람·말)의. — *n.* Ⓒ 스키티아 사람; Ⓤ 스키티아 말.
S/D sight draft. **S.D.** *Scientiae Doctor* (L.=Doctor of Science). **S.D., s.d.** standard deviation 〖統〗 표준 편차. **s.d.** *sine die.*

S

S.D., S. Dak. South Dakota.
'sdeath[zdeθ] *int.* 《古》 에이, 염병을 할!; 에이 지겨워!
SDI Strategic Defense Initiative 전략 방어 구상. **SDP** Social Democratic Party. **SDR** special drawing rights (IMF의) 특별 인출권.
Se 〖化〗 selenium. **SE, S.E., s.e.** southeast.
†**sea**[si:] *n.* ① Ⓒ 바다. ② Ⓒ 큰 물결; 놀(*a high* ~). ③ (the ~) 호수(*the S- of Galilee*). ④ Ⓒ (광대한) 퍼짐, …바다; 일대, 온통, 다량, 다수(*a* ~ *of blood, troubles, faces, &c.*). ***at*** ~ 항해 중에; 할 바를 모르고. ***by*** ~ 배〔바닷길〕로. ***follow the*** ~, or ***go to*** ~ 선원〔뱃사람〕이 되다. ***full*** ~ 만조. ***half*(-)*seas*(-)*over*** 항정(航程)의 절반을 끝내고〔마치어〕; 《俗》 얼근히 취하여. ***keep the*** ~ 제해권을 유지하다. ***on the*** ~ 배를 타고, 해상에(서), 해변에. ***put*** (***out***) ***to*** ~ 출범〔출항〕하다. ***the seven*** ~***s*** 칠대양.
séa anémone 〖動〗 말미잘.
séa bàss 〖魚〗 돗돔류의 물고기.
séa bàthing 해수욕.
séa·bèach *n.* Ⓒ 해변.
séa·bèd *n.* (the ~) 해저.
Sea·bee[síːbìː] (<*C.B.* (=construction battalion)) *n.* Ⓒ 《美》 해군 건설대원.
séa bìrd 바닷새, 해조.
séa·bòard *n.* Ⓒ 해안(선), 해안 지방.
séa·bòrn *a.* 바다에서 태어난〔생겨난〕.
séa·bòrne *a.* 배로 운반된; 해상 수송의.
séa bréam 도미(류).
séa bréeze (시원한) 바닷바람.
séa càlf 〖動〗 바다표범.
séa chànge 바다〔조수〕에 의한 변화; 변화, 변모. ***suffer a*** ~ 변화〔변모〕하다《Sh., *Tempest*》.
séa chéstnut =SEA URCHIN.
***séa·còast** *n.* Ⓒ 해안(선).
séa·còpter *n.* Ⓒ 수륙양용 헬리콥터.
séa còw 〖動〗 듀공; 해마.
séa cùcumber 해삼.
séa·cùlture *n.* Ⓤ 해산물의 양식(養殖).
séa dòg 바다표범의 일종; 노련한 선원; 해적.
séa-èar *n.* Ⓒ 〖貝〗 전복.
séa èlephant 〖動〗 해마.
séa·fàrer *n.* Ⓒ 뱃사람. **-fàring** *a., n.* Ⓤ 선원을 직업으로 하는 (일), 선원 생활; Ⓤ,Ⓒ 바다 여행.
séa fàrming 수산물 양식.
séa fìght 해전.
séa·fòod *n.* Ⓤ,Ⓒ 해산물(생선·조개류); 어개(魚介).
séa·fòwl *n.* =SEA BIRD.
séa·frònt *n.* Ⓤ,Ⓒ (도시·건물의) 바다로 향한 면; 해안 거리.
séa·gìrt *a.* 바다로 둘러싸인.
séa·gòing *a.* 배로 가는; 원양 항해에 알맞은.
séa gréen 바다빛, 청녹색.
séa-gréen *a.* 청녹색의.
séa gùll 갈매기.
séa hòg 〖動〗 돌고래.
séa hòrse 〖神話〗 해마(海馬); 〖魚·動〗 해마.
séa kàle 십자화과의 식물《유럽 해안산》.
séa kìng (중세 북유럽의) 해적왕.
‡**seal**[1][siːl] *n.* Ⓒ 바다표범, 물개, 강치; Ⓤ 그 털가죽. ***fur*** ~ 물개. — *vi.* 바다표범 사냥을 하다.
‡**seal**[2] *n.* Ⓒ ① 인(印), 인장; 도장. ② 봉인(지); 입막음, 함구. ③ 확증, 보증; 표시, 징후. ***break the*** ~ 개봉하다. ***Lord*** (***Keeper of the***) ***Privy S-*** 국새 상서(國璽尙書). ***put*** 〔***set***〕 ***one's*** ~ 날인〔인가·보증〕하다 (*to*). ~ ***of love*** 사랑의 표시《입맞춤·결혼 따위》. ***set the*** ~ ***on*** … 을 결정적인 것으로 하다. ***the Great S-*** 국새. ***under*** 〔***with***〕 ***a flying*** ~ 개봉하여. — *vt.* ① (…에) 날인〔조인〕하다; 확인〔보증·검인〕하다. ② (봉랍(封蠟) 따위로) 봉인〔밀폐〕하다 (*up*); 에워싸다, 움직이지 못하게 하다. ③ (아무의 입을) 틀어막다. ④ 확정하다.
Sea·lab[síːlæ̀b] *n.* Ⓒ 《美》 해저 실험실.
séa làne 항로.
seal·ant[síːlənt] *n.* Ⓤ,Ⓒ 밀봉제(密封劑).
séa làws 해사(海事) 법규.
séa làwyer 〖海〗 말 많은〔이론을 내세우는〕 선원; 성가신 사람(cf. ⇧).
sealed[siːld] *a.* 봉인한.
séaled bóok 내용 불명의 책〔일〕; 비밀.
séaled órders 봉함 명령.
séa lègs (*pl.*) 배가 흔들려도 예사로 걷기.
seal·er[1][síːlər] *n.* Ⓒ 바다표범잡이 어부〔어선〕.
seal·er[2] *n.* Ⓒ 날인자; 검인자; 봉인자; 도량형 검사관.
séa lèvel 해면(*above* ~ 해발).
séa lìly 〖動〗 갯나리.
seal·ing[síːliŋ] *n.* Ⓒ 봉인(함), 날인(함).
séaling wàx 봉랍(封蠟).
séa lìon 〖動〗 강치《태평양산》.
séal rìng 도장이 새겨진 반지.
séal·skìn *n.* Ⓤ 바다표범 가죽; Ⓒ 그것으로 만든 의복.
Sea·ly·ham[síːlihæ̀m] *n.* Ⓒ 테리어 개의 일종.
‡**seam**[siːm] *n.* Ⓒ ① 솔기; 갈라진 틈. ② 상처 자국. ③ 〖解〗 봉합선(線); 얇은 층. — *vt., vi.* 꿰매〔이어〕 맞추다; 틈〔금〕을 내다〔이 생기다〕, (…에) 솔기를 내다. **∠·less** *a.*
séa-màid, -màiden *n.* Ⓒ 《詩》 인어; 바다의 요정.
‡**sea·man**[síːmən] *n.* Ⓒ 뱃사람, 수병. **~·like, ~·ly** *a.* **~·ship**[-ʃìp] *n.* Ⓤ 항해 기술.
séaman appréntice 《美》 1등 수병.
séaman recrúit 《美》 2등 수병.
séa·màrk *n.* Ⓒ 항로 표지; 만조선(線), 해안선; 위험 표지.
***sea·men**[síːmən] *n.* seaman의 복수.
séa mèw 갈매기.

séa mìle =NAUTICAL MILE.
séa·mòunt *n.* Ⓒ 〖地〗 해산(海山).
seam·stress [síːmstris/sém-] *n.* Ⓒ 여자 재봉사, 침모.
seam·y [síːmi] *a.* 솔기가 있는〔드러난〕; 보기 흉한; 이면의. ***the ~ side*** (옷의) 안; (사회의) 이면, 암흑면《Sh., *Othello*》.
se·ance, *sé·ance* [séiɑːns] *n.* (F.) Ⓒ (개회 중인) 회(會); (특히) 강신술(降神術)의 회.
séa òtter 〖動〗 해달.
séa pàrrot 바다오리의 일종(puffin).
séa·pìece *n.* Ⓒ 바다 그림.
séa-pìg *n.* Ⓒ 돌고래; 듀공(dugong).
séa pìnk 〖植〗 아르메리아.
séa·plàne *n.* Ⓒ 수상 비행기.
séa plànt 해초.
:**séa·pòrt** *n.* Ⓒ 항구; 항구 도시.
séa pòwer 해군력; 해군국(國).
sear [siər] *vt., vi.* 태우다, 타다, 그을(리)다; (양심 따위) 마비시키다〔되다〕; 시들(게 하)다. — *n.* Ⓒ 탄〔눌은〕 자국. — *a.* 시든, 말라 죽은. ***the ~ and yellow leaf*** 노경, 늘그막《Sh., *Macb.*》.
:**search** [səːrtʃ] *vt.* ① 찾다; 뒤지다, 조사하다. ② (상처를) 찾다, (마음을) 탐색하다〔떠보다〕. — *vi.* 찾다(*after, for*). ***S- me!*** 《口》 =I don't know. ***~ out*** 찾아 내다. — *n.* Ⓒ 수색, 탐색; 〖컴〗 검색(*~ key* 검색 키). ***in ~ of*** …을 찾아. **∠·er** *n.* Ⓒ 탐색자; 검사관; 〖醫〗 탐침(探針).
séarch-and-destròy *a.* 게릴라를 이 잡듯 소탕하는(*~ operation* 수색 섬멸 작전).
*__search·ing__ [sə́ːrtʃiŋ] *a.* 수색하는; 엄중〔엄격〕한; 날카로운; (찬 바람 등이) 스며드는. — *n.* Ⓤ 수색, 음미. ***~s of heart*** 양심의 가책.
séarch·lìght *n.* Ⓒ 탐조등.
séarch pàrty 수색대.
séarch wàrrant 가택 수색 영장.
séa ròbber 해적.
séa ròute 해로.
séa ròver 해적(선).
séa·scàpe *n.* Ⓒ 바다 풍경(화).
séa·scòut *n.* Ⓒ 해양 소년단원; (*pl.*) 해양 소년단.
séa sèrpent 큰바다뱀《가상적인 동물》; 물뱀.
séa shèll 조가비.
:**sea·shore** [∠ʃɔ̀ːr] *n.* Ⓤ 해안.
*__séa·sìck__ *a.* 뱃멀미하는. **~ness** *n.* Ⓤ 뱃멀미.
:**sea·side** [∠sàid] *n., a.* (the ~) 해변(의). ***go to the ~*** (해수욕 하러) 해변에 가다.
†**sea·son** [síːzən] *n.* Ⓒ ① 철, 계절. ② 한물, 제철, 한창 때; 호기. ③ 《英口》 정기권(season ticket). ***at all ~s*** 1년 내내. ***close*** 〔***open***〕 ***~*** 금〔수〕렵기. ***dead*** 〔***off***〕 ***~*** 제철이 아닌 시기, 비철. ***for a ~*** 잠시. ***in good ~*** 때마침; 제때에 맞춰. ***in ~*** 마침 알맞은 때의, 한물의, 한창의; 사냥철인. ***in ~ and out of ~*** 항상. ***out of ~*** 제철이 아닌, 철 지난; 호기를 놓치어; 한물이 간〔지난〕; 금렵기인. ***the London ~*** 런던의 사교 계절《초여름》. — *vt.* ① 익히다; 단련하다; (재목을) 말리다. ② (…에) 간을 맞추다(*highly ~ed dishes* 매운 요리). ③ (…에) 흥미를 돋구다. ④ 누그러뜨리다. — *vi.* ① 익숙해지다, 익다. ② (재목 등이) 마르다. **~ed** [-d] *a.* 익은, (목재 따위) 말린; 익숙한, 단련한; 풍미를 곁들인; 조절〔가감〕한.
sea·son·a·ble [síːzənəbəl] *a.* 계절〔철〕에 맞는; 때에 알맞은; 순조로운.
*__sea·son·al__ [síːzənəl] *a.* 계절의; 때에 맞는; 계절에 의한. **~·ly** *ad.* 계절적으로.
sea·son·er [síːzənər] *n.* Ⓒ 양념치는 사람; 조미료; 양념.
sea·son·ing [síːzəniŋ] *n.* Ⓤ 조미; Ⓒ 조미료; 양념; 가미(加味)(물); Ⓤ 완화제; 건재(乾材)(법).
séason tícket 《英》 정기권.
séa stàr =STARFISH.
†**seat** [siːt] *n.* Ⓒ ① 자리, 좌석. ② 의자; (의자의) 앉는 부분, (바지의) 궁둥이. ③ 예약석(席), 의석; 의원의 지위. ④ 왕위, 왕권. ⑤ (말)타기. ⑥ 소재지(*the ~ of war* 싸움터); 중심지; 별장. — *vt.* ① (자리에) 앉게 하다; 좌석을〔지위를〕 주다. ② …사람분의 좌석을 가지다(*The theater will ~ 1,200.*), …명분의 설비를 하다(*The Public Hall is ~ed for 3,000.*). ***be ~ed*** 앉다(*Pray be ~ed.* 앉아 주십시오); 앉아 있다. ***keep one's ~*** 자리에 앉은 채로 있다; 지위를 유지하다. ***~ oneself*** 착석하다. **∠·er** *n.* Ⓒ …인승(人乘)(*a four-seater,* 4인승). **∠·ing** *n.* Ⓤ 착석(시킴); 수용력; 의자의 재료; 승마 자세.
séat bélt (여객기의) 좌석 벨트.
séat·màte *n.* Ⓒ (탈것 등의) 옆자리 사람, 동석자.
SEATO [síːtou] *n.* 동남아시아 조약기구(cf. NATO).
Se·at·tle [siːǽtl] *n.* 미국 Washington주의 항구 도시.
séa ùrchin 〖動〗 성게.
séa wàll (해안의) 방파벽(防波壁).
*__sea·ward__ [síːwərd] *a., ad.* 바다쪽의〔으로〕.
sea·wards [∠wərdz] *ad.* =SEAWARD.
séa wàter 바닷물.
séa·wày *n.* Ⓤ,Ⓒ 항로; 항행; 거친 바다(*in a ~* 파도에 시달려).
*__séa·wèed__ *n.* Ⓤ,Ⓒ 해초, 바닷말.
séa·wòrthy *a.* (배가) 항해에 알맞은, 내항성(耐航性)이 있는.
se·ba·ceous [sibéiʃəs] *a.* 기름의〔이 많은〕; 지방(질)의.
SEbE southeast by east 남동미동. **SEbS** southeast by south 남동미남. **SEC** Securities and Exchange Commission 《美》 증권

S

거래 위원회.

sec[1][sek] *n.* Ⓒ《口》초(秒).

sec[2] *a.* (F.) 맛이 쓴(dry)《포도주 따위》.

sec. secant; second(s); secretary; section(s).

se·cant[sí:kənt, -kænt] *n.* Ⓒ 〖幾〗할선(割線); 〖三角〗시컨트《생략 sec.》.

sec·a·teurs[sékətə̀:rz] *n. pl.*《주로 英》(한 손으로 쓰는) 전정 가위.

se·cede[sisí:d] *vi.* 탈퇴〔분리〕하다 (*from*).

se·cern[sisə́:rn] *vt.* 구별하다.

se·ces·sion[siséʃən] *n.* Ⓤ,Ⓒ 탈퇴, 분리(*from*); (S-) Ⓤ 〖美史〗(남북 전쟁의 원인이 된) 남부 11주의 분리. **~·ism**[-ìzəm] *n.* Ⓤ (종종 S-) 〖美史〗분리론〔주의〕; 〖建〗시세션식《인습 탈피에 의한 직선(존중)주의》. **~·ist** *n.*

***se·clude**[siklú:d] *vt.* 격리하다; 은퇴시키다. **se·clud·ed(·ly)**[-id(li)] *a.*, (*ad.*) 인가에서 멀리 떨어진〔져〕, 외진〔외져〕; 은퇴한〔하여〕. ***se·clu·sion**[-ʒən] *n.* Ⓤ 격리; 은퇴. **se·clú·sive** *a.*

†**sec·ond**[1][sékənd] *a.* ① 제 2의, 두번째의, 2등의, 2위의, …다음〔의 버금〕가는, 부수적인(*to*). ② (*a* ~) 또 하나의, 다른. ③ 다음의, 보조〔대용〕의. ***a ~ time*** 다시. ***every ~ day*** 하루 걸러. ***in the ~ place*** 둘째로. (*be*) ***~ to none*** 누구〔무엇〕에도 못(하)지 않은. ── *ad.* 둘째로. ── *n.* ① Ⓒ (보통 *sing.*) 두 번째, 둘째(의 것); 2등〔차점〕의 것; 제2의 것, 부본; 이등차. ② Ⓒ 조수; (결투·권투의) 입회자, 세컨드; 다른 사람, 후원자. ③ (*pl.*) 2급품, 2급 밀가루(의 빵); Ⓤ 2루(壘). ④ Ⓤ,Ⓒ 〖樂〗2도 (음정); (흔히) 알토. ***~ of exchange*** (환의) 제2 어음. ── *vt., vi.* ① 보좌하다; (권투 선수 등의) 입회하다. ② (제안에) 찬성하다.

†**sec·ond**[2] *n.* Ⓒ 초《시간·각도의 단위》. ***in a ~*** 삽시간에.

Sécond Ádvent 예수의 재림.

‡**sec·ond·ary**[sékəndèri/-dəri] *a.* ① 둘째의, 제2(위)의. ② 부(副)의; 보조의. ③ 중등의. ── *n.* Ⓒ ① 둘째의 사람. ② 보조자, 대리자. ③ 〖文〗2차어《형용사 상당어(구): *school boy*》.

sécondary áccent 〔**stréss**〕 제2악센트.

sécondary educátion 중등교「육.

sécondary índustry 제2차 산업.

sécondary schòol 중등 학교.

sécondary stórage 〖컴〗보조기억 장치.

sécond bállot 결선 투표.

sécond báse《보통 무관사 단수》〖野〗2루.

sécond-bést *a., n.* Ⓒ 둘째로 좋은 (것), 제2위의 (것). ***come off ~*** 2위가 되다.

sécond bírth 재생.

sécond chámber 상원(上院).

sécond chíldhood 망령, 노망.

sécond-cláss *a., ad.* 2등의〔으로〕; 이류의.

Sécond Cóming =SECOND ADVENT. 「作).

sécond cróp 그루갈이, 이작(裏

sec·ond·er[sékəndər] *n.* Ⓒ 후원자; (동의의) 찬성자.

sécond estáte《英》(상원) 귀족 의원; (프랑스의) 귀족.

sécond fíddle 제2 바이올린; 보좌역. ***play ~*** 보좌하다.

sécond flóor《美》2층;《英》3층.

sécond-generátion *a.* 2세의; 〖컴〗제2세대의《고체 소자(素子) 반도체를 쓰는 컴퓨터에 대해》.

***sécond hánd** (시계의) 초침.

***sec·ond·hand**[-hǽnd] *a.* ① 두 번째의; 간접의, 전해〔얻어〕들은, (남의 학설·의견을) 되팔아 먹는. ② 중고의, 헌; 헌 물건을 파는.

sécondhand smóke 간접 흡연《비흡연자가 본의 아니게 흡연자의 담배 연기를 마시는 일》.

Sécond Lády, the《美》부통령

sécond lieuténant 소위. ∟부인.

***sec·ond·ly**[sékəndli] *ad.* 둘째〔두 번째〕로.

sécond náture 제2의 천성《습성》.

sécond pápers《美》제 2차 서류《미국에 귀화하는 최종 신청서》.

sécond pérson 〖文〗(제)2인칭.

sécond-ráte *a.* 2류의, …만 못한.

sécond séx, the 제2의 성(性), 《집합적》여성.

sécond síght 천리안; 선견지명.

sécond-síghted *a.* 선견지명이 있는.

sécond-stóry màn《口》=CAT BURGLAR.

sécond-stríke *a.* 최초 반격용의《핵무기가 숨겨져 있어서 핵공격의 보복용이 되는》.

sécond-stríNger *n.* Ⓒ《口》2류쯤 되는 선수; 시시한 것〔사람〕; 대안(代案), 차선책.

sécond thóughts 재고(再考).

sécond wínd (격심한 운동 뒤의) 되돌린 숨, 원기의 회복.

‡**se·cre·cy**[sí:krəsi] *n.* Ⓤ 비밀(성); 기밀 엄수 (능력).

†**se·cret**[sí:krit] *a.* ① 비밀〔기밀〕의; 비밀을 지키는. ② 숨은, 외딴, 으슥한. ③ 신비스러운. ── *n.* Ⓒ ① 비밀, 기밀(*in* ~ 비밀히). ② (the ~) 비법, 비결. ③ (종종 ~s) (대자연의) 신비, 기적. ④ (*pl.*) 음부. ***be in the ~*** 기밀을 알고 있다. ***let a person into the ~*** 비밀을 밝히다; 비법을 가르치다. ***open ~*** 공공연한 비밀. ***~·ly** *ad.* 비밀로〔히〕.

sécret ágent 첩보원, 정보원, 간첩.

sec·re·tar·i·al [sèkrətέəriəl] *a.* secretary의.

sec·re·tar·i·at(e)[-tέəriət] *n.* Ⓒ

서기(관)의 직; 장관직; 비서과, 문서과, 총무처; (S-) (유엔) 사무국.

:sec·re·tar·y[sékrətèri/-tri] *n.* Ⓒ ① 비서(관), 서기(관); (회의) 간사. ② 장관. ③ 사자대(寫字臺). ***Home S-*** 내상(內相). ***S- of State*** 국무 대신; 《美》 국무장관. **~·ship** [-ʃìp] *n.* Ⓤ secretary의 직〔임기〕.

sécretary bìrd 뱀독수리《뱀을 먹음》.

sécretary-géneral *n.* Ⓒ 사무 총 「장〔국장〕.

sécret bállot 비밀 투표.

se·crete[sikríːt] *vt.* 비밀로 하다, 숨기다; 〖生〗 분비하다. **se·cré·tion** *n.* Ⓤ 분비; Ⓒ 분비물〔액〕. **se·cre·to·ry**[-təri] *a., n.* 분비하는; 분비선(腺).

se·cre·tin[sikríːtin] *n.* Ⓤ 〖醫〗 세크레틴《호르몬의 일종》.

se·cre·tive[síːkrətiv, sikríː-] *a.* 비밀의, 숨기는, 솔직하지 않은; 분비(성)의, 분비를 촉진하는. **~·ly** *ad.*

sécret párts =PRIVATE PARTS.

sécret políce 비밀 경찰.

sécret sérvice (국가의) 첩보 기관; 첩보 활동; (S- S-) 《美》 재무부 비밀검찰부《대통령 호위, 위폐범 적발 등을 담당》.

sécret socíety 비밀 결사.

:sect[sekt] *n.* Ⓒ 종파, 교파; 당파.

sect. section.

sec·tar·i·an [sektέəriən] *a., n.* Ⓒ 종파〔당파〕적인 (사람). **~·ism** [-ìzəm] *n.* Ⓤ 당파심; 학벌.

sec·tile[séktəl, -tàil] *a.* 절단 가능한《광물》.

:sec·tion[sékʃən] *n.* Ⓒ ① 절개(切開), 절단. ② 단면(도); 절단면; 단편; 부분(품). ③ 부(문), 과(課); 구분, 구(區), 구역, 구간. ④ (당)파; 마디, 절(節), 단락; 악절; 분대(分隊). ***in ~s*** 해체〔분해〕하여. — *vt.* ① 해체〔구분〕하다. ② 단면도를〔박편(薄片)을〕 만들다.

sec·tion·al[sékʃənəl] *a.* 부분〔구분·단락〕의〔이 있는〕; 지방〔부분〕적인; 조립식의. **~·ism**[-ìzəm] *n.* Ⓤ 지방주의; 당파심, 파벌주의. **~·ly** *ad.*

Séction Éight 《美》 부적격자로서의 제대(자); 정신이상자.

séction màrk 절표, 마디표(§).

séction pàper 《英》 모눈종이, 방안지(《美》 graph paper).

***sec·tor**[séktər] *n.* Ⓒ ① 〖幾〗 부채꼴. ② 〖數〗 함수척(尺). ③ 부문, 분야. ④ 부채꼴의 전투 지역. ⑤ 〖컴〗 (저장)테조각, 섹터.

***sec·u·lar**[sékjələr] *a.* ① 세속의, 현세의. ② 한 세기 한 번의; 백년마다의, 백년 계속되는, 불후의 (*the ~ bird* 불사조). — *n.* Ⓒ 재속(在俗) 신부, 속인. **~·ism**[-rìzəm] *n.* Ⓤ 현세주의; 종교 분리교육론〔주의〕. **~·ize**[-ràiz] *vt.* 환속시키다; 속용(俗用)으로 제공하다; (…을) 종교에서 분리시키다. **~·i·za·tion**[ˌ-ˌ--izéiʃən] *n.*

sec·u·lar·i·ty [sèkjulǽrəti] *n.* Ⓤ 세속주의; 번뇌; Ⓒ 속사(俗事).

se·cun·dus[sikʌ́ndəs] *a.* 제2의 (cf. primus, tertius).

se·cur·a·ble[sikjúərəbəl] *a.* 확보〔입수〕할 수 있는, 안전히 할 수 있는.

:se·cure[sikjúər] *a.* ① 안전한. ② 확실한. ③ 튼튼한(*against, from*). ④ 확신〔안심〕하는(*of*). — *vt.* ① 안전〔확실〕히 하다. ② 획득하다, 구하다(*from*). ③ 보증하다; 보험에 들다(*against*). ④ 단단히 잠그다〔채우다〕; 가두다, 붙들어매다(*to*). — *vi.* 안전하게 되다. **~·ly** *ad.*

:se·cu·ri·ty[sikjúəriti] *n.* ① Ⓤ 안전; 안심; 확실. ② ⓊⒸ 보호; 보장; 보증(금·인); 담보(물); 차용증(*for*). ③ (*pl.*) 증권, 증서, 채권. ***give* 〔*go*〕 *~ for*** …의 보증인이 되다. ***government securities*** 공채, 국채. ***in ~ for*** …의 담보로서.

secúrity ànalyst 증권 분석가.

secúrity assístance 《美》 안전 보장 원조《미국 정부의 안전 보장을 위한 대외 원조》.

Secúrity Còuncil, the (유엔) 안전 보장 이사회《생략 SC》.

secúrity pàct 안전 보장 조약.

secúrity polìce 비밀 경찰.

secúrity rìsk (치안상의) 위험 인물.

secy., sec'y. secretary.

se·dan[sidǽn] *n.* Ⓒ 세단형 자동차; =**∠ chàir** 가마, 남여(籃輿).

se·date[sidéit] *a.* 침착한; 진지한; 수수한. **~·ly** *ad.*

sed·a·tive[sédətiv] *a., n.* 가라앉히는; Ⓒ 진정제.

sed·en·tar·y**[sédəntèri/-təri] *a.* 줄곧 앉아 있는, 앉아서 일하는; 〖動〗 정주성(定住性)의. ***~ occupation 앉아서 일하는 직업.

sedge[sedʒ] *n.* Ⓤ 사초속(屬)의 식물. **sédg·y** *a.* 사초 같은〔가 무성한〕.

***sed·i·ment**[sédəmənt] *n.* Ⓤ 앙금, 침전물. **-men·tal**[sèdəméntl], **-men·tar·y** *a.* **-men·ta·tion**[ˌ--məntéiʃən] *n.* Ⓤ 침전 (작용), 침강.

se·di·tion[sidíʃən] *n.* Ⓤ 난동 선동, 치안 방해, 폭동 교사(행위). **-tious** *a.* 선동적인.

***se·duce**[sidjúːs] *vt.* ① (여자를) 유혹하다, 꾀어내다. ② 부추기다; 황홀케 하다. **~·ment** *n.* **se·dúc·er** *n.* **se·duc·tion**[sidʌ́kʃən] *n.* **se·dúc·tive** *a.*

sed·u·lous[sédʒuləs] *a.* 부지런한; 애써 공들인. **~·ly** *ad.* **~·ness** *n.* **se·du·li·ty**[sidjúːləti] *n.*

†see[1][siː] *vt.* (***saw; seen***) ① 보다; 구경하다. ② 식별하다, 이해하다; 조사하다; 알다. ③ 만나다; 방문하다(*~ the doctor*). ④ 경험하다; 의견을 갖다, 생각하다. ⑤ 묵인하다. ⑥ 유의하다. — *vi.* ① 보이다, 보다, 물체를 보다. ② 알다(*Well, I ~.*). ③ 주의하다; 돌보다. ***have seen* (*one's*) *better* 〔*best*〕 *days***

좋은〔떵떵거리던〕 때도 있었다. ***let me*** ~ 글쎄; 가만 있자. ~ ***about*** 정신 차리다, 조심하다; 고려하다. ~ ***after*** 돌보다. ~ ***a person home*** 집에까지 바래다 주다. ~ ***... done*** …이 …되는 것을 확인〔목격〕하다; 틀림없이 …되도록 하다. ***See here!*** 《美》 어이, 이봐, 여보세요(《英》 I say!; Look here!). ***Seeing is believing.*** 《속담》 백문이 불여일견. ~ ***into*** 조사〔간파〕하다. ~ ***much*** 〔***something, nothing***〕 ***of*** (…을) 자주 만나다〔더러 만나다, 거의 만나지 않다〕. ~ (***a person***) ***off*** 배웅하다. ~ ***out*** 현관까지 배웅하다; 끝까지 보다; 완수하다, 해내다; 《口》 이기다. ~ ***over*** 검사〔시찰〕하다. ~ ***that*** …하도록 주선〔주의〕하다. ~ ***things*** 환시(幻視)를〔환각을〕 일으키다(*You're ~ing things!* 꿈이라도 꾸고 있는게지). ~ ***through*** 간파하다. ~ (***a thing***) ***through*** 끝까지 해내다. ~ (***a person***) ***through*** 도와서 완수시키다. ~ ***to*** …에 주의하다. ~ ***to it that*** …하도록 노력〔배려〕하다. ***you*** ~ 이봐, 아시겠죠. ***You shall*** ~. 후에 얘기하자, 차차 알게 될 게다. **∠·a·ble** ***a.***

see[2] ***n.*** Ⓒ bishop의 지위〔교구〕; =DIOCESE. ***the Holy S-*** 로마 교황의 지위; 교황청.

†**seed**[siːd] ***n.*** (*pl.* ***~s,*** ~) ① Ⓤ,Ⓒ 씨, 종자. ② Ⓤ (물고기의) 알; (동물의) 정액. ③ (흔히 *pl.*) 《집합적》 자손(*of*); 근원(*of*). ***go*** 〔***run***〕 ***to*** ~ 꽃이 지고 열매를 맺다, 장다리가 돋아나다; 초췌해지다. ***raise up*** ~ 자식을 낳다. ***sow the good*** ~ 복음을 전하다. — ***vi.*** ① 씨를 뿌리다〔가 생기다〕. ② 성숙하다. — ***vt.*** ① (…에) 씨를 뿌리다. ② 〖競〗 시드하다《우수 선수끼리 처음부터 맞붙지 않도록 대진표를 짜다》. ~ ***down*** …에 씨를 뿌리다.

séed·bèd ***n.*** Ⓒ 묘상(苗床), 모판.

séed·càse ***n.*** Ⓒ 〖植〗 씨주머니; =SEED VESSEL.

séed còrn 씨앗용 곡식〔옥수수〕.

seed·er[∠ər] ***n.*** Ⓒ 씨뿌리는 사람; 파종기; 채종기(採種器); (인공 강우의) 모립(母粒) 살포 장치.

seed·i·ly[∠ili] ***ad.*** ⇨SEEDY.

seed·ing[∠iŋ] ***n.*** Ⓤ 파종; 인공 강우 모립(母粒) 살포.

séed machìne 파종기.

séed lèaf 떡잎, 자엽.

seed·ling**[síːdliŋ] ***n. Ⓒ 실생(實生) 식물; 모종, 묘목.

séed mòney 《美》 (새 사업의) 착수 자금.

séed òyster (양식용) 종자굴.

séed pèarl 알이 작은 진주《1/4 grain 이하》.

séed plànt 종자 식물.

séed plòt =SEEDBED.

seeds·man[síːdzmən] ***n.*** Ⓒ 씨뿌리는 사람; 씨앗 장수.

séed·tìme ***n.*** Ⓤ 파종기(期).

séed vèssel 〖植〗 과피(果皮).

seed·y[síːdi] ***a.*** 씨 많은; 야윈, 초라한, 기분이 좋지 않은. **séed·i·ly** ***ad.***

***see·ing**[síːiŋ] *prep., conj.* …이〔하〕므로, …인 사실〔점〕을 생각하면.

Séeing Éye (New Jersey주에 있는) 맹도견(盲導犬) 협회. ~ ***dog*** 맹도견, 장님의 길안내를 하는 개.

†**seek**[siːk] ***vt.*** (***sought***) ① 찾다, 구하다. ② 하고자 하다. ③ (…에) 가다(~ *one's bed* 취침하다). — ***vi.*** 찾다, 탐구하다(*after, for*). ~ ***a person's life*** 아무의 목숨을 노리다. ~ ***out*** 찾아내(려고 하)다, …와의 교제를 바라다. — ***n.*** (열·소리·광선 등의) 목표물 탐색; 〖컴〗 자리찾기(~ *time* 자리 찾기 시간). **∠·er** ***n.*** Ⓒ 탐구자; (미사일의) 목표물 탐색 장치; 그 장치를 한 미사일.

†**seem**[siːm] ***vi.*** ① …로 보이다, …(인 것) 같다. ② 생각이 들다, 있을 것〔…한 것〕처럼 보이다(*There ~s no point in going.* 갔댔자 아무 소용도 없을 것 같다). ***it ~s ...*** …인 것 같다〔처럼 생각되다〕. ***It ~s to me that ...*** 생각컨대. ***it should*** 〔***would***〕 ~ =it ~s. ***∠·ing** ***n., a.*** Ⓤ 거죽〔외관〕(의), 겉보기(만의). ***∠·ing·ly** ***ad.*** **∠·ly** ***a., ad.*** 적당한〔히〕; 점잖은〔게〕; =HANDSOME.

†**seen**[siːn] ***v.*** see[1]의 과거분사.

seep[siːp] ***vi.*** 스며나오다, 새다. **∠·age** ***n.*** Ⓤ 스며나옴, 삼출(滲出).

se·er**[síːər] ***n. (*fem.* ***~ess***[síː(ː)ris/síər-]) Ⓒ ① 보는 사람. ② [síər] 예언자; 환상가; 점쟁이.

seer·suck·er[síərsʌ̀kər] ***n.*** Ⓤ 아마 또는 면으로 짠 인도산 피륙.

‡**see·saw**[síːsɔ̀ː] ***n.*** ① Ⓤ 시소놀이; Ⓒ 시소판. ② Ⓤ,Ⓒ 동요, 변동; 일진일퇴. — ***a.*** 위아래로 움직이는, 동요하는. ~ ***game*** 접전, 백중전.

seethe**[siːð] ***vi. (***~d,*** 《古》 ***sod; ~d,*** 《古》 ***sodden***) 끓어 오르다, 뒤끓다; 소연해지다. **seeth·ing**[∠iŋ] ***a.***

see-through[síːθrùː] ***a.*** (옷이) 내비치는. — ***n.*** Ⓒ 내 비치는 옷.

seg·ment**[ségmənt] ***n. Ⓒ ① 조각, 부분, 분절(分節). ② 〖生〗 환절(環節); 〖幾〗 호(弧). ③ 〖컴〗 칸살. — ***vt., vi.*** 〖生〗 분열하다〔시키다〕; (*vt.*) 분할하다. **seg·men·tal**[segméntl] ***a.*** **seg·men·ta·tion**[∸–téiʃən] ***n.*** Ⓤ 〖컴〗 세그멘테이션.

segméntal phóneme 〖言〗 분절 음소(音素).

sé·go (**líly**) [síːgou(-)] ***n.*** Ⓒ (미국 남서부 산의) 백합.

seg·re·gate[ségrigèit] ***vt., vi.*** 분리〔격리〕시키다〔하다〕(*from*); 인종차별 대우를 하다; (*vi.*) 〖結晶〗 분결(分結)하다. — [-git] ***a.*** 분리한. **-ga·tion**[∸–géiʃən] ***n.***

sei·gneur[siːnjə́ːr/séi-], **seign·ior**[síːnjər/séi-] ***n.*** Ⓒ 영주(領主),

군주; 《존칭》 …님. 「센강.
*__Seine__[sein] *n.* (the ~) (Paris의)
seine[sein] *n., vt., vi.* Ⓒ 후릿그물, 예인망(曳引網)(으로 고기잡이하다).
sei·sin[síːzin] *n.* =SEIZIN.
seis·mic[sáizmik] *a.* 지진의. ~ ***center*** 〔***focus***〕 진원(震源)(지).
seis·mo·gram[sáizməgræ̀m] *n.* Ⓒ 지진 기록.
seis·mo·graph [sáizməgræ̀f, -grɑ̀ːf] *n.* Ⓒ 지진계(計). **seis·mog·ra·phy**[-mágrəfi/-ɔ́-] *n.* Ⓤ 지진 관측(법).
seis·mol·o·gy [saizmálədʒi/-ɔ́-] *n.* Ⓤ 지진학. **-gist** *n.* **seis·mo·log·i·cal**[≐məládʒikəl/-ɔ́-] *a.*
seis·mom·e·ter [saismámitər/-ɔ́-] *n.* Ⓒ 지진계.
:**seize**[siːz] *vt.* ① (붙)잡다; 압류하다. ② 이해[파악]하다; (병이) 침범하다. ③ 〖海〗 잡아[동여]매다. — *vi.* 움켜쥐다, 잡다. ***be ~d of*** … 을 가지고 있다. ***be ~d with*** (*a fever*) (열병)에 걸리다. ~ ***on*** 〔***upon***〕 홱 붙잡다; 이용하다.
sei·zin[síːzin] *n.* Ⓤ 〖法〗 (토지) 점유; 점유지[물], 재산.
*__sei·zure__[síːʒər] *n.* ① Ⓤ (붙)잡음. ② Ⓤ 강탈; 압류. ③ Ⓒ 발작.
se·lah[síːlə] *n.* 셀라《구약 '시편'에 나오는 헤브라이어 표현; 감탄어 또는 음악 부호로 추측됨》.
:**sel·dom**[séldəm] *ad.* 드물게, 좀처럼 …않는. ***not*** ~ 때때로, 흔히.
:**se·lect**[silékt] *vt.* 고르다, 뽑다, 뽑아[가려]내다. — *a.* ① 뽑아[가려]낸, 극상의. ② 선택에 까다로운 (*in*); (호텔 등) 상류 계급을 위한. **~·man** [silékt**t**mən] *n.* Ⓒ《美》 (New England의) 도시 행정 위원.
seléct commíttee 특별 위원회.
se·lect·ee[silèktíː] *n.* Ⓒ《美》(선발 징병 제도에 의한) 응소병.
:**se·lec·tion**[silékʃən] *n.* ① Ⓤ,Ⓒ 선택(물); 선발, 발췌; 가려[골라]냄. ② Ⓤ 도태(淘汰). ③ 〖컴〗 선택(~ *sort* 선택 정렬). ***artificial*** 〔***natural***〕 ~ 인위[자연] 도태.
*__se·lec·tive__[-tiv] *a.* ① 선택적인, 선택한, 도태의. ② 〖無電〗 분리식의.
Seléctive Sérvice《美》 의무 병역.
se·lec·tiv·i·ty[silèktívəti] *n.* Ⓤ 선택(성); 〖無電〗 분리성.
se·lec·tor[səléktər] *n.* Ⓒ 선택자; 선택기; 〖無電〗 분리 장치.
Se·le·ne[səlíːniː] *n.* 〖그神〗 달의 여신.
sel·e·nite[sélənàit] *n.* Ⓤ 투명 석고; 〖化〗 아(亞)셀렌산염(酸鹽).
se·le·ni·um[silíːniəm, -njəm] *n.* Ⓤ 〖化〗 셀레늄, 셀렌《기호 Se.》.
sel·e·nog·ra·phy [sèlənágrəfi/-ɔ́-] *n.* Ⓤ 월리학(月理學), 태음(太陰) 지리학.
sel·e·nol·o·gy [sèlənálədʒi/-ɔ́-] *n.* Ⓤ 월학(月學).
:**self**[self] *n.* (*pl.* ***selves***) ① Ⓤ,Ⓒ 자기, 자신; Ⓤ 〖哲〗 자아, 나(ego). ② Ⓤ 진수(眞髓). ③ Ⓤ 사욕, 이기심. ④ Ⓤ 〖商〗 본인; 《諧·卑》 나[당신] 자신. ***your good selves*** 〖商〗 귀점(貴店), 귀사. — *a.* (성질·색·재료 따위가) 단일의. **∠-abándoned** *a.* 자포 자기의. **∠-abándonment** *n.* Ⓤ 자포 자기; 방종. **∠-abásement** *n.* Ⓤ 겸비, 겸손. **∠-abhórrence** *n.* Ⓤ 자기 혐오. **∠-ábnegátion** *n.* Ⓤ 헌신, 희생. **∠-absórbed** *a.* 여념이 없는; 자기 중심의. **∠-absórption** *n.* Ⓤ 몰두, 자기 도취. **∠-abúse** *n.* Ⓤ 자기 비난; 수음(手淫). **∠-accusátion** *n.* Ⓤ 자책(의 마음). **∠-ácting** *a.* 자동의. **∠-addréssed** *a.* 반신용의, 자기 앞으로의 [쓴]. **∠-adhésive** *a.* 풀기 있는《봉투 따위》. **∠-adjústing** *a.* 자동 조절의. **∠-análysis** *n.* Ⓤ 자기 분석. **∠-appláuse** *n.* Ⓤ 자화자찬. **∠-assérting** *a.* 자기(권리)를 주장하는. **∠-assértion** *n.* Ⓤ 주제넘게 나섬, 자기 주장. **∠-assértive** *a.* 자기를 주장하는, 주제넘은. **∠-assúrance** *n.* Ⓤ 자신(自信). **∠-betráyal** *n.* Ⓤ 자기 배신[폭로]. **∠-bínder** *n.* Ⓤ 자동 수확 묶음기. **∠-búrning** *n.* Ⓤ 분신 자살. **∠-céntered,** 《英》 **-céntred** *a.* 자기 중심의. **∠-cólo(u)red** *a.* 단색의; 자연색의. **∠-commánd** *n.* Ⓤ 자제, 침착. **∠-complácence, -cency** *n.* Ⓤ 자기만족[도취]. **-cent** *a.* **∠-compósed** *a.* 침착한(calm). **∠-concéit(ed)** *n., a.* Ⓤ 자부심(이 센), 자만(하는). **∠-condémned** *a.* 자책의, 양심의 가책을 받은. **∠-cónfidence** *n.* Ⓤ 자신. **∠-cónfident** *a.* ***∠-cónscious** *a.* 자의식이 있는[센]; 남의 앞을 꺼리는, 수줍어하는. **∠-cónsequence** *n.* Ⓤ 자존, 자존심. **∠-consístent** *a.* 조리가 선, 자기 모순이 없는. **∠-cónstituted** *a.* 스스로 정한, 자임(自任)의. **∠-contáined** *a.* 말 없는, 속을 털어 놓지 않는; 자기 충족의; 〖機〗 그 자체만으로 완비한; 독립한 (아파트 등). **∠-contémpt** *n.* Ⓤ 자기 경멸. **∠-contént** *n.* Ⓤ 자기 만족. **∠-contradíction** *n.* Ⓤ 자가당착, Ⓒ 자기모순의 진술. **∠-contradíctory** *a.* 자가당착의. ***∠-contról** *n.* Ⓤ 자제, 극기(克己). **∠-críticism** *n.* Ⓤ 자기 비판. **∠-cúlture** *n.* Ⓤ 자기 수양. **∠-decéit** *n.* =SELF-DECEPTION. **∠-decéption** *n.* Ⓤ 자기 기만. **∠-decéptive** *a.* **∠-deféating** *a.* 자기 파멸로 이끄는; 의도와 반대로 작용하는. ***∠-defénse,** 《英》 **-fénce** *n.* Ⓤ 자위. **∠-defénsive** *a.* **∠-deníal** *n.* Ⓤ 자제, 극기. **∠-denýing** *a.* 금욕의. **∠-depéndence** *n.* Ⓤ 독립(독행). **∠-depreciátion** *n.* Ⓤ 자기 경시, 비하. **∠-destrúction** *n.* Ⓤ 자멸, 자살. **∠-destrúctive** *a.* **∠-determinátion** *n.* Ⓤ (남 지시에 의하지

S

않은) 자기 결정; 민족 자결. **∠-detérmining** *a.* 스스로 정하는, (민족) 자결의. **∠-devélopment** *n.* Ⓤ 자기 발전〔개발〕. **∠-devótion** *n.* Ⓤ 헌신. **∠-díscipline** *n.* Ⓤ 자기 훈련〔수양〕. **∠-dóubt** *n.* Ⓤ 자기 회의. **∠-dríve** *a.* 《英》 렌터카의. **∠-édit** *vt.* (신문 따위가) 자기 규제〔검열〕하다. **∠-éducated** *a.* 독학의; 자학자습의. **∠-educátion** Ⓤ 독학; 자기 교육. **∠-effácement** *n.* Ⓤ 표면에 나서지 않음, 자기 말살. **∠-emplóyed** *a.* 자가(自家) 경영의, 자영의. **∠-estéem** *n.* Ⓤ 자부(심), 자존(심). **∠-evaluátion** *n.* Ⓤ 자기 평가. ***∠-évident** *a.* 자명한. **∠-examinátion** *n.* Ⓤ 자기 반성. **∠-éxile** *n.* Ⓤ 자진 망명. **∠-exístent** *a.* 자존(自存)하는. **∠-expláining, ∠-explanátory** *a.* 자명한. **∠-expréssion** *n.* Ⓤ 자기 표현. **∠-féeder** *n.* Ⓒ (사료 따위의) 자동 보급 장치. **∠-féeding** *a.* 자동 보급식의. **∠-fertilizátion** *n.* Ⓤ 〖植〗 자화수정(自花受精). **∠-fílling** *a.* 자동 주입식의. **∠-forgétful, -forgétting** *a.* 사리(私利)를 돌보지 않는. **∠-góverned** *a.* 자치의; 자제의. **∠-góverning** *a.* 자치의(～*-governing colonies* 자치 식민지/～*-governing dominion* 자치령). ***∠-góvernment** *n.* Ⓤ 자치; 자제. **∠-hárdening** *a.* 〖冶〗 자경성(自硬性)의. **∠-háte, ∠-hátred** *n.* Ⓤ 자기혐오. ***∠-hélp** *n.* 자조, 자립. **∠-impórtant** *a.* 젠체하는. **∠-impórtance** *n.* **∠-impósed** *a.* 스스로 과한; 자진해서 하는. **∠-impróvement** *n.* Ⓤ 수양, 정진. **∠-indúced** *a.* 〖電〗 자기 유도의. **∠-indúlgence** *n.* Ⓤ 방종. **-gent** *a.* **∠-inflícted** *a.* 스스로 초래한〔부른〕. ***∠-ínterest** *n.* Ⓤ 사리(私利). **∠-ínterested** *a.* 자기 본위의. **∠-invíted** *a.* 불청객의. **∠-knówledge** *n.* Ⓤ 자각. **∠-lóve** *n.* Ⓤ 자애(自愛), 이기심〔주의〕. **∠-máde** *a.* 자력으로 출세〔성공〕한. **∠-mástery** *n.* Ⓤ 극기, 자제. **∠-mortificátion** *n.* Ⓤ 금욕. **∠-móving** *a.* 자동의. **∠-múrder** *n.* Ⓤ 자해, 자살. **∠-opínioned, -opínionated** *a.* 자부하고 있는; 완고한, 외고집의. **∠-percéption** *n.* Ⓤ 자각. **∠-píty** *n.* Ⓤ 자기 연민. **∠-póised** *a.* 평형을 얻은; 침착한. **∠-pollinátion** *n.* Ⓤ 〖植〗 자화 수분(受粉). **∠-pollútion** *n.* Ⓤ 자위(自慰) 행위. **∠-pórtrait** *n.* Ⓒ 자화상. **∠-posséssed** *a.* 침착한. **∠-posséssion** *n.* Ⓤ 침착, 냉정. **∠-práise** *n.* Ⓤ 자찬. **∠-preservátion** *n.* Ⓤ 자기 보존. **∠-príde** *n.* Ⓤ 자만(심). **∠-prófit** *n.* Ⓤ 자신의 이익. **∠-protéction** *n.* Ⓤ 자기방위, 자위. **∠-ráising** *a.* =SELF-RISING. **∠-realizátion** *n.* Ⓤ 자기 완성. **∠-recórding** *a.* 자동 기록의. **∠-regárd** *n.* =SELF-LOVE. **∠-régistering** *a.* 자기(自記)의, 자동기록의《기압계 따위》. **∠-régulating** *a.* 자동 조절의. **∠-relíance** *n.* Ⓤ 독립 독행, 자립. **∠-renunciátion** *n.* Ⓤ 자기 포기〔희생〕, 헌신. **∠-repróach** *n.* Ⓤ 자책(自責). ***∠-respéct(ing)** *n., a.* Ⓤ 자존(심)(이 있는). **∠-restráint** *n.* Ⓤ 자제. **∠-ríghteous** *a.* 독선적인. **∠-ríghting** *a.* 자동적으로 복원하는, 자동으로 일어나는 식의《구명정 따위》. **∠-rísing** *a.* 이스트를 넣지 않고 저절로 부푸는. ***∠-sácrifice** *n.* Ⓤ,Ⓒ 자기 희생, 헌신. **-ficing** *a.* ***∠-satisfáction** *n.* Ⓤ 자기 만족. **∠-sátisfied** *a.* 자기 만족의. **∠-schóoled** *a.* 독학의. **∠-séaling** *a.* (타이어가) 자동 펑크 방지식의; (석유 탱크 따위가) 자동 방루(防漏)식의. **∠-séeker** *n.* Ⓒ 이기주의자. **∠-séeking** *n., a.* Ⓤ 이기주의(의), 제멋대로(의). **∠-sérvice** *n., a.* Ⓤ (식당 등) 자급(自給)식(의). **∠-sláughter** *n.* Ⓤ 자살, 자멸. **∠-stárter** *n.* Ⓒ 자동 시동기. **∠-stýled** *a.* 자임하는, 자칭의. **∠-sufficiency** *n.* Ⓤ 자급 자족; 자부. **∠-sufficient, -sufficing** *a.* (자급) 자족의; 자부심이 강한. **∠-suggéstion** *n.* Ⓤ 자기 암시. **∠-suppórt(-ing)** *n., a.* Ⓤ 자각(이 있는), 자급(의), 자활(하는). **∠-surrénder** *n.* Ⓤ 자기 포기, 인종(忍從). **∠-sustáining** *a.* 자립〔자활〕의. **∠-táught** *a.* 독학의. **∠-tímer** *n.* Ⓒ 《美》 〖寫〗 자동 셔터. **∠-wíll** *n.* Ⓤ 아집(我執), 억지, 고집. **～-wílled** *a.* **∠-wínding** *a.* 자동적으로 감기는.

‡self·ish[sélfiʃ] *a.* 이기적인, 자기 본위의, 제멋대로의. **～·ly** *ad.* **～·ness** *n.*

sélf·less *a.* 사심〔이기심〕 없는. **～·ly** *ad.* **～·ness** *n.*

self·same[∠sèim] *a.* 꼭〔아주〕 같은, 동일한.

†sell[sel] *vt.* (***sold***) ① 팔다; 장사하다. ② 선전하다. ③ 배신하다; 《口》 속이다(*Sold again!* 또 속았다!). ④ 납득〔수락, 승낙〕시키다, 강제하다. ── *vi.* 팔리다. ***be sold on*** 《美》 …에 열중해 있다. ***～ a game*** 〔***match***〕 뇌물을 먹고 경기에서 져주다. ***～ off*** 싸구려로 처분하다. ***～ one's life dearly*** 적에게 손해를 입히고 전사하다. ***～ out*** 매진하다; 《美口》 배반하다. ***～ up*** 《英》 경매에 부치다. ── *n.* ① Ⓤ 판매 전술. ② Ⓒ 《俗》 속임(수). ③ Ⓤ 《口》 실망. **∠·òut** *n.* Ⓒ 매진; (흥행물 따위의) 초만원; 배신.

‡sell·er[sélər] *n.* Ⓒ 파는 사람; 팔리는 물건. ***best ～*** 날개 돋친 듯 잘 팔리는 물건〔책〕, 베스트셀러.

séllers' màrket 매주(賣主) 시장 《수요에 비해 공급이 딸려 매주에게 유리한 시황(市況)》.

***sell·ing**[séliŋ] *a.* 판매하는〔의〕, 판매에 종사하는; (잘) 팔리는. ── *n.* Ⓤ 판매, 매각.

séll-òff *n.* Ⓤ (주식·채권 따위의) 급락.
Sel·lo·tape [sélətèip] *n.* Ⓤ 〚商標〛 셀로테이프.
Sélt·zer (**wàter**) [séltsər(-)] *n.* Ⓤ 셀처 탄산수《독일에서 나는 광천》.
sel·vage, -vedge [sélvidʒ] *n.* Ⓒ 피륙의 변폭(邊幅)〔식서(飾緖)〕.
selves [selvz] *n.* self의 복수.
se·man·teme [simǽnti:m] *n.* 〚言〛 의의소(意義素)《*Tom's sister* is *sing*ing.의 사체(斜體)의 부분》(cf. morpheme).
se·man·tic [simǽntik] *a.* 의의(意義)에 관한. **~s** *n.* Ⓤ 〚言〛 어의론(語義論), 의미론. **-ti·cist** *n.*
sem·a·phore [séməfɔ̀:r] *n., vt., vi.* Ⓤ 수기(手旗)〔까치발〕 신호(로 신호하)다.
se·ma·si·ol·o·gy [simèisiɑ́lədʒi/-ɔ́-] *n.* =SEMANTICS.
se·men [sí:mən/-men] *n.* Ⓤ 정액.
***se·mes·ter** [siméstər] *n.* Ⓒ (2학기 제도의) 학기(*the first ~*, 1학기).
sem·i- [sémi, -mai/-mi] *pref.* '반, 얼마간'의 뜻. **~·ánnual** *a.* 반년마다의, 연(年) 2회의, 반기(半期)의. **~·ánnually** *ad.* **~·árid** *a.* 강수량 과소의. **~·automátic** *a.* 반자동식의《기계·총 따위》. **~·barbárian** *a., n.* 반미개의; Ⓒ 반미개인. **∠·brève** *n.* Ⓒ 〚樂〛 온음표. **∼·centénnial** *a.* 50년 마다의. **∠·circle** *n.* Ⓒ 반원. **∼·círcular** *a.* 반원(형)의(*~ circular canals* (귀의) 삼반규관(三半規管)). **~·cívilized** *a.* 반문명의. **:∠·còlon** *n.* Ⓒ 세미콜론(;). **∼·condúctor** *n.* Ⓒ 〚電·컴〛 반도체. **∼·cónscious** *a.* 의식이 반 있는〔불완전한〕. **∼·detáched** *a.* 〚建〛 반분리식의. **∼·devéloped** *a.* 반쯤 발달한, 발육 부전(不全)의. **∼·documéntary** *n.* Ⓒ 〚映〛 반기록영화《기록 영화를 극영화식으로 구성한 것》. **∠·fìnal** *n., a.* Ⓒ 준결승(의). **∼·flúid**, **∼·líquid** *n., a.* Ⓤ,Ⓒ 반액체(의). **∼·lúnar** *a.* 반월형의(*~ lunar valve* 〚解〛 반월판). **∠·made** *a.* 자력으로 만든〔성공한〕. **∼·manufáctures** *n.* Ⓒ 반〔중간〕제품. **∼·mónthly** *a., ad., n.* 반달〔보름〕마다(의); 월 2회(의); Ⓒ 월 2회의 출판물. **∼·official** *a.* 반관(半官)적인. **∼·párasite** *n.* 〚生〛 반기생(半寄生). **∼·pérmeable** *a.* 〚生〛 반투성(半透性)의《막 따위》. **∼·précious** *a.* 약간 귀중(貴重)한, 준(準)보석의. **∠·pro**, **~·proféssional** *a., n.* Ⓒ 반직업적인 (선수). **∠·quàver** *n.* Ⓒ 〚樂〛 16분 음표(♪). **∼·sólid** *n., a.* Ⓒ 반고체(의). **∠·tòne** *n.* Ⓒ 반음. **∼·transpárent** *a.* 반투명의. **∼·trópical** *a.* 아열대의. **∠·vòwel** *n.* Ⓒ 반모음《w, j따위》. **∼·wéekly** *ad., a., n.* Ⓒ 주(週) 2회(의); 주 2회 간행물. **∼·yéarly** *ad., a., n.* Ⓒ 연2회(의); 연2회 간행물.
sem·i·nal [sémənl, sí:m-] *a.* 정액의; 〚植〛 배자(胚子)의, 종자의; 생식의; 발전성이 있는.
:sem·i·nar [sémənɑ̀:r, ∸-∠] *n.* Ⓒ 《집합적》 (대학의) 세미나; 연습; 연구실.
***sem·i·nar·y** [sémənèri/-nə-] *n.* Ⓒ (고등학교 이상의) 학교; 〚가톨릭〛 신학교; 온상. **-nar·i·an** [∸-nέəriən/-nέər-] *n.* Ⓒ 신학교의 학생.
sem·i·na·tion [sèmənéiʃən] *n.* Ⓤ,Ⓒ 씨뿌리기, 파종; 전파, 보급.
sem·i·nif·er·ous [-nífərəs] *a.* 종자가 생기는; 정액을 만드는, 수정(輸精)의.
Sem·i·nole [sémənòul] *n., a.* Ⓒ (북아메리카 인디언의 한 종족) 세미놀 사람(의).
se·mi·ol·o·gy [sì:miɑ́lədʒi/-ɔ́l-] *n.* Ⓤ 기호학; 〚醫〛 증후학(症候學).
Sem·ite [sémait/sí:m-] *n.* Ⓒ 셈어족(語族)의 사람. **Se·mit·ic** [simítik] *a., n.* Ⓒ 셈 사람〔족〕의; Ⓤ 셈말(의). 「기울.
sem·o·li·na [sèməlí:nə] *n.* Ⓤ 밀
sem·pi·ter·nal [sèmpitə́:rnəl] *a.* 《雅》 영원한, 구원(久遠)의.
semp·stress [sémpstris] *n.* Ⓒ 여자 재봉사, 침모.
Sen., sen. senate; senator; senior.
sen·a·ry [sénəri] *a.* 6의.
:sen·ate [sénət] *n.* Ⓒ ① (고대 로마의) 원로원. ② 입법부, 의회. ③ (S-) (미국·프랑스의) 상원. ④ (대학의) 평의원회, 이사회.
:sen·a·tor [sénətər] *n.* Ⓒ 원로원 의원; (S-) 《美》 상원 의원; 평의원, 이사. **~·ship** [-ʃip] *n.* Ⓤ ~의 직〔지위〕. **-to·ri·al** [∸-tɔ́:riəl] *a.*
†**send** [send] *vt.* (**sent**) ① 보내다; 가게 하다; 차례로 돌리다. ② 내다, 발하다, 쏘다, 던지다. ③ (신이) 베풀다, 주시다, 내리다; 빠지게 하다, …되게〔되도록〕 하다, …시키다(*S- him victorious.* 그를〔왕을〕 이기게 해 주소서《영국 국가의 구절》). ④ 〚電〛 전도하다(transmit). —*vi.* 심부름꾼〔사람〕을 보내다(*for*), 편지를 부치다. **~ *a person about his business*** 쫓아내다, 해고하다. **~ *away*** 해고하다, 내쫓다. **~ *back*** 돌려주다. **~ *down*** 하강〔하락〕시키다; 〚英大學〛 정학〔퇴학〕을 명하다. **~ *for*** 부르러〔가지러〕 보내다. **~ *forth*** 보내다, 내다, 발〔방출〕하다; 파견하다. **~ *in*** 보내다, 제출하다. **~ *off*** (편지·소포를) 발송하다, 내다; 쫓아버리다; 배웅하다. **~ *on*** 회송(回送)하다. **~ *out*** 파견하다, 보내다, 내다; (싹 따위가) 돋아나다. **~ *over*** 파견하다; 방송하다. **~ *round*** 돌리다, 회송하다. **~ *up*** 올리다; 제출하다; (공을) 보내다; 《美俗》 교도소에 처넣다. **~ *word*** 전언하다, 알리다. ***∠·er** *n.* Ⓒ 발송인; 발신〔송신, 송화〕기.
sénd-òff *n.* Ⓒ 《口》 송별, 배웅;

S

(첫) 출발(*a* ~ *party* 송별회).
sénd-ùp *n.* Ⓒ《英口》흉내, 비꼼.
Sen·e·ca[1][sénikə] *n.* Ⓒ (아메리카 원주민의) 세니커족(族)(의 한 사람).
Sen·e·ca[2] *n.* (4?B.C.-65A.D.) 고대 로마의 철학자·비극 작가.
Sen·e·gal[sènigɔ́:l] *n.* 아프리카 서부의 공화국《수도 Darkar》.
se·nes·cent[sinésənt] *a.* 늙은, 노쇠한. **-cence** *n.* Ⓤ 노후, 노쇠.
sen·e·schal[sénəʃəl] *n.* Ⓒ (중세 귀족의) 집사(執事).
se·nile[sí:nail, sén-] *a.* 고령(高齡)의; 노쇠의〔에 의한〕. **se·nil·i·ty** [siníləti] *n.*
‡**sen·ior**[sí:njər] (cf. junior) *a.* ① 나이 많은, 연장(年長)의, 나이가 위인, 나이 더 먹은 (쪽의)《생략 sen., Sr. (*John Jones, Sr.*)》. ② 선임의, 상급의, 윗자리의. ③《美》최고 학년의. ─ *n.* Ⓒ 연장자; 선배; 선임자;《英》상급생;《美》최상급생.
sénior cítizen《美》65세 이상의 시민; 연금 생활자.
sénior cóllege《美》(junior college에 대하여) 4년제 대학.
sénior hígh schòol《美》고등학교《보통 제 10·11·12학년》.
sen·ior·i·ty[si:njɔ́:riti, -njɑ́r-] *n.* Ⓤ,Ⓒ 연장, 고참(권), 선임(임).
sénior màn〖英大學〗상급생.
sénior pártner (합명 회사의) 사장.
sénior sèrvice, the《英》해군.
sen·na[sénə] *n.* Ⓒ〖植〗센나; Ⓤ 그 잎《완하제(緩下劑)》.
se·ñor[seinjɔ́:r/se-] *n.* (*pl.* ~*es* [-njɔ́:reis]) (Sp.) …군〔님〕, … 씨; Ⓒ 신사. **se·ño·ra**[-rə] *n.* …부인〔여사〕; Ⓒ 숙녀; 귀부인. **se·ño·ri·ta**[sèinjərí:tə, sì:-] *n.* …양〔아가씨〕; Ⓒ 영양.
senr. senior.
sen·sate[sénseit] *a.* 감각을 지니고 있는; 감각으로 파악되는.
‡**sen·sa·tion**[senséiʃən] *n.* ① Ⓤ 감각; Ⓒ 느낌; 기분(feeling). ② Ⓤ,Ⓒ 감동, (대)인기(의 것), 센세이션(*the latest* ~ 최근 평판이 된 사건〔연극 (따위)〕).
*__sen·sa·tion·al__[-ʃənəl] *a.* ① 감각의〔이 있는〕. ② 감동적인; 선풍적 인기의, 선정적인; 대평판의. ~**·ly** *ad.* ~**·ism**[-ìzəm] *n.* Ⓤ 선정주의;〖哲〗감각론. ~**·ist** *n.* Ⓒ 선정적 작가; 선동 정치가; 감각론자.
†**sense**[sens] *n.* ① Ⓒ 감각(기관), 관능; 느낌, 의식, 육감, 감수력. ② (*pl.*) 제정신. ③ Ⓤ 분별(*a man of* ~ 지각 있는 사람). ④ Ⓒ 의미. ⑤ Ⓤ 다수의 의견, 여론(*the* ~ *of the meeting* 회(會)의 의향). ***come to one's ~s*** 제정신으로 돌아오다. ***common*** ~ 상식. ***five ~s*** 오감(五感). ***good*** ~ 양식. ***in a*** ~ 어떤 의미로는. ***in one's (right) ~s*** 제정신으로. ***make*** ~ (아무의 말이) 사리에 맞다. ***make ~ of*** …의 뜻을 이해하다. ***out of one's ~s*** 제정신을 잃어. ***stand to*** ~ 이치에 맞다. ***take leave of one's ~s*** 제정신을 잃다. ***talk*** 〔***speak***〕 ~ 조리에 맞는 말을 하다. ─ *vt.* 느껴 알다,《美口》알다, 납득하다;〖컴〗(데이터·테이프·펀치 구멍을) 읽다.
sénse-dàtum *n.* Ⓒ〖心〗(감각적 자극에 의한) 감각 자료《잔상·격통 등》;〖哲〗감각여건《대상에서 얻는 제1차적 자료》.
*__sénse·less__ *a.* 무감각한, 무의식의; 무분별한. ***fall*** ~ 졸도하다. ~**·ly** *ad.* ~**·ness** *n.*
sénse òrgan 감각 기관.
*__sen·si·bil·i·ty__ [sènsəbíləti, -sibíli-] *n.* ① Ⓤ 감각(력), 감성; 감도. ② (종종 *pl.*) 감정, 민감; (*pl.*)(예술 등에 대한) 감수성; 의식.
‡**sen·si·ble**[sénsəbəl] *a.* ① 지각할 수 있는; 느낄 정도의. ② 알아채고, 깨닫고, 알고(*of*). ③ 분별있는, 현명한. ***-bly** *ad.*
‡**sen·si·tive**[sénsətiv, -si-] *a.* ① 느끼기 쉬운; 민감한; 성 잘내는; 반응하는; 감광성(感光性)의. ② (정부 기밀 등) 극비에 부쳐야 할, 절대적 충성을 요하는. ~**·ly** *ad.* ~**·ness** *n.*
sénsitive ìtems 요주의 품목(要注意品目)《수입 제한을 해제하면 국내업자에게 손해를 입힐 품목》.
sénsitive pàper〖寫〗감광지, 인화지.
sénsitive plànt〖植〗함수초.
*__sen·si·tiv·i·ty__[sènsətívəti] *n.* Ⓤ,Ⓒ 민감(성), 감(수)성;〖寫〗감광도;〖컴〗민감도.
sensitívity tràining 집단 감수성 훈련.
sen·si·tize[sénsətàiz] *vt.* 민감하게 하다; 감광성(感光性)을 주다. ~***d paper*** 인화지. **-tiz·er**[-tàizər] *n.* 증감제(增減劑).
sen·si·tom·e·ter[sènsətɑ́mitər/-tɔ́mi-] *n.* Ⓒ〖寫〗감광도계(感光度計).
sen·sor[sénsər] *n.* Ⓒ〖機·컴〗감지기《빛·온도·방사능 따위의》.
sen·so·ri·um[sensɔ́:riəm] *n.* (*pl.* ~*s, -ria*[-riə]) Ⓒ 감각 중추.
sen·so·ry [sénsəri], **sen·so·ri·al**[sensɔ́:riəl] *a.* 지각의, 감각의; 감관(感官)의. ─ *n.* Ⓒ 감각 기관.
sénsory córtex (대뇌의) 감각〔지각〕피질(皮質).
*__sen·su·al__[sénʃuəl/-sju-] *a.* ① 관능적인(~ *pleasures*); 육욕의, 호색의. ② 감각의. ~**·ism**[-ìzəm] *n.* Ⓤ 쾌락〔육욕〕주의. ~**·ist** *n.* ~**·i·ty** [∸-ǽləti] *n.* Ⓤ 호색. ~**·ize**[-àiz] *vt.* 호색하게 만들다, 타락시키다.
sen·su·ous[sénʃuəs/-sju-] *a.* 감각적인; 민감한; 미적(美的)인.
†**sent**[sent] *v.* send의 과거(분사).
†**sen·tence**[séntəns] *n.* ① Ⓒ〖文〗문장, 글(*a simple* 〔*compound, complex*〕 ~ 단〔중, 복〕문). ② Ⓒ 결정, 의견. ③ Ⓤ,Ⓒ 판결, 선고, 형벌. ④ Ⓒ《古》격언. ⑤ Ⓒ〖樂〗악

S

구. ***pass*** ~ …에게 판결을 내리다 (*upon*). ***serve one's*** ~ 형을 살다. ── *vt.* 판결〔선고〕하다(*He was ~d to death by hanging.* 교수형을 선고 받았다). **-tén·tial** *a.*

séntence páttern 〖文〗 문형(文型).

sen·ten·tia [sentén∫iə] *n.* (*pl.* ***-tiae*** [-∫iì:]) Ⓒ 격언, 금언.

sen·ten·tious [sentén∫əs] *a.* 격언이 많은〔을 잘 쓰는〕; 간결한; 교훈조의, 짐짓 젠체하는. **~·ly** *ad.*

sen·tient [sén∫ənt] *a.* 감각〔지각〕력이 있는; 지각하는(*of*). **sen·tience, sen·tien·cy** *n.*

:sen·ti·ment [séntəmənt, -ti-] *n.* ① Ⓤ,Ⓒ 감정, 정(*a man of* ~ 감상적인 사람); 정서(cf. emotion); Ⓤ 정취, 다감. ② Ⓤ,Ⓒ 감상; 의견.

***sen·ti·men·tal** [⌐–méntl] *a.* 감정의; 다감한; 감상적인. **~·ism** [-təlìzəm] *n.* Ⓤ 감상주의〔벽(癖)〕, 다정다감. **~·ist** *n.* **~·ize** *vt.* **~·ly** *ad.*

sen·ti·men·tal·i·ty [sèntəmentǽləti] *n.* =SENTIMENTALISM.

sen·ti·nel** [séntinl] *n.* Ⓒ 보초, 파수병. ***stand ~ 보초서다. ***keep*** ~ 파수〔망〕보다.

sen·try [séntri] *n.* Ⓒ 보초, 감시병.

séntry bòx 보초막, 파수병막.

séntry gò 보초 근무 (구역).

Se·oul [sóul] *n.* 서울. **~·ite** [-ait] *n., a.* Ⓒ 서울 사람〔시민〕(의).

se·pal [sí:pəl] *n.* Ⓒ 꽃받침 조각.

sep·a·ra·ble [sépərəbl] *a.* 분리할 수 있는.

:sep·a·rate [sépərèit] *vt., vi.* 가르다; 갈라지다; 분리하다; 별거시키다〔하다〕; (*vt.*) 식별하다; 불화하게 하다. ── [sépərit] *a.* 갈라진, 분리한; 따로따로의, 단독의. ~ ***but equal*** 《美》 (흑인에 대한) 차별 평등 병행(주의)《차별은 하지만 교육·교통 기관 따위의 이용은 평등으로 하자는 주장》. ── [sépərit] *n.* Ⓒ 분책(分冊); 발췌 인쇄; (*pl.*) 〖服飾〗 세퍼레이츠. ***~·ly** [sépəritli] *ad.* 따로따로, 하나하나. **-ra·tor** *n.* Ⓒ (우유의) 지방 분리기.

séparate estáte 〖法〗 (아내의) 별도 소유 재산.

séparate máintenance (남편이 아내에게 주는) 별거 수당.

séparate pèace 단독 강화.

:sep·a·ra·tion [sèpəréi∫ən] *n.* Ⓤ,Ⓒ ① 분리, 이탈. ② 별거, 이혼. ③ 〖化〗 석출(析出).

separátion allòwance 별거 수당《특히 출정 군인의 아내가 받는》.

sep·a·ra·tism [sépərətìzəm] *n.* Ⓤ (정치·종교의) 분리주의(opp. unionism). **-tist** *n.*

sep·a·ra·tive [sépərèitiv, -rət-] *a.* 분리적 경향이 있는, 분리성의; 독립적인.

Se·phar·dim [səfá:rdim/se-] *n. pl.* (*sing.* ***-di*** [-di]) Ⓒ 스페인〔포르투갈〕계 유대인.

se·pi·a [sí:piə, -pjə] *n., a.* Ⓤ 오징어의 먹물; 세피아 (그림물감), 세피아색《고동색》(의).

se·poy [sí:pɔi] *n.* Ⓒ 인도 토민병(兵).

Sépoy Mútiny 〔**Rebéllion**〕 세포이의 반란(1857-59).

sep·sis [sépsis] *n.* Ⓤ 〖醫〗 패혈증〔작용〕.

***Sep(t).** September; Septuagint.

†Sep·tem·ber [septémbər, səp-] *n.* 9월.

sep·te·nar·y [séptənèri/septí:nəri] *a., n.* Ⓒ 7(의); 7개로 된; 7년간(의); 7년 1회의.

sep·tet, 《주로 英》 **-tette** [septét] *n.* Ⓒ 칠중주(곡); 7부 합창(곡); 일곱개 한조, 7인조.

sep·t(i)- [sépt(ə)] '7'의 뜻의 결합사.

sep·tic [séptik] *a.* 〖醫〗 부패(성)의.

sep·ti·ce·mi·a, -cae- [sèptəsí:miə] *n.* Ⓤ 패혈증. **-mic** *a.*

séptic tànk 오수 정화조(淨化槽).

sep·til·lion [septíljən] *n.* 《美·프》 천(千)의 8제곱; 《英》 백만의 7제곱.

sep·ti·mal [séptəməl] *a.* 7의.

sep·tu·a·ge·nar·i·an [sèpt∫uədʒənέəriən, -tju:-] *a., n.* Ⓒ 70세〔대〕의 (사람).

Sep·tu·a·gint [séptjuədʒìnt, -t∫u:-] *n.* (the ~) 70인 역(譯) 성서《가장 오래된 그리스어 성서》.

sep·tum [séptəm] *n.* (*pl.* ***-ta*** [-tə]) Ⓒ 격벽(隔壁); 〖生〗 격막, 중격(中隔).

sep·tu·ple [séptupl, septjú:-/séptju-] *n., a.* Ⓒ 7배(의). ── *vt., vi.* 7배하다〔가 되다〕.

sep·ul·cher,** 《英》 **-chre** [sépəlkər] *n.* Ⓒ 무덤, 매장소. ***the (***Holy***) ***S-*** 성묘《예수의 무덤》. ***whited*** ~ 회칠한 무덤, 위선자《마태복음 23 : 27》. ── *vt.* 매장하다.

se·pul·chral [sipʌ́lkrəl] *a.* 무덤의; 음침한.

sep·ul·ture [sépəlt∫ər] *n.* Ⓤ 매장; Ⓒ 《古》 무덤(sepulcher).

seq., seqq. *sequentia* (L. =the following)《보기 : p. 10 (et) seq (q). 10페이지 이하》.

se·quel [sí:kwəl] *n.* Ⓒ 계속, 연속, 후편(*to*); 결과(*to*). ***in the*** ~ 결국, 뒤에.

se·que·la [sikwí:lə] *n.* (*pl.* ***-lae*** [-li:]) Ⓒ 〖醫〗 후유증.

:se·quence [sí:kwəns] *n.* ① Ⓤ 연속, 연쇄. ② Ⓤ (계속되는) 순서, 차례. ③ Ⓒ,Ⓤ 결과. ④ Ⓒ 〖카드〗 순서로 된 동종의 패의 한 조. ⑤ 〖컴〗 순서. ***in regular*** ~ 차례대로. ~ ***of tenses*** 〖文〗 시제의 일치. ── *vt.* 〖컴〗 (자료를) 배열하다. **sé·quent** *n., a.* Ⓒ 귀결, 결과; 잇단, 잇달아 일어나는; 필연적인 결과로서 일어나는(*on, upon*).

se·quen·tial [sikwén∫əl] *a.* 잇달아 일어나는; 결과로서 따르는(*to*); 〖컴〗 축차(逐次)의. ── *n.* 〖컴〗 순차(~ *file* 순차(기록)철). **~·ly** *ad.*

sequéntial accéss 〖컴〗 순차 접

근(~ *method* 순차 접근 방법).
se·ques·ter**[sikwéstər] *vt.* ① 떼어놓다; 은퇴시키다. ② (재산을) 압류[몰수]하다. **~ *oneself 은퇴하다. **~ed**[-d] *a.* 은퇴한; 깊숙이 틀어박힌, 외딴.
se·ques·trate[sikwéstreit] *vt.* 몰수하다; 《古》=⇧. **-tra·tion**[sìːkwestréiʃən] *n.* Ⓤ 압류, 몰수; 은퇴.
se·quin[síːkwin] *n.* Ⓒ 옛 이탈리아·터키의 금화; 옷장식용의 둥근 금속판.
se·quoi·a[sikwɔ́iə] *n.* Ⓒ 세쿼이아《미국 Calif. 주산의 삼나뭇과의 거목》.
Sequóia Nátional Párk 미국 Calif. 주 중부의 국립 공원.
ser. series.
se·ragl·io[sirǽljou/serɑ́ːliòu] *n.* (*pl.* **~*s***) Ⓒ (터키 Sultan의) 궁정; 후궁, 도장방(harem).
se·ra·pe[sərɑ́ːpi/-pei] *n.* Ⓒ (멕시코 사람의) 화려한 숄[무릎 덮개].
ser·aph[sérəf] *n.* (*pl.* **~*s***, **~*im***) Ⓒ 3쌍 날개의 천사(cf. cherub).
se·raph·ic[sərǽfik/se-] *a.*
Serb[səːrb] *n., a.* Ⓒ,Ⓤ 세르비아 사람[말](의); 세르비아의.
Ser·bi·a[sə́ːrbiə, bjə] *n.* 세르비아 《구 유고의 일부, 본디 왕국》. **-an** *a., n.*
sere[siər] *a.* 《詩》 =SEAR.
***ser·e·nade**[sèrənéid, -ri-] *n.* Ⓒ 소야곡, 세레나데《사랑하는 여인 집 창 밑에서 연주[노래함]》. **—** *vt., vi.* (…에게) 세레나데를 들려주다[노래하다].
:se·rene[siríːn] *a.* (하늘이) 맑게 갠(clear); 고요한, 온화[잔잔]한(*a ~ smile*); 평화로운. ***Your S- Highness***(***es***) 전하《호칭》. **~·ly** *ad.* ***se·ren·i·ty**[sirénəti] *n.*
serf[səːrf] *n.* Ⓒ 농노(農奴)《토지와 함께 매매되는》; 혹사당하는 사람. **∠·age, ∠·dom, ∠·hood** *n.*
Serg. Sergeant.
***serge**[səːrdʒ] *n.* Ⓤ 서지, 세루《피륙》.
:ser·geant[sɑ́ːrdʒənt] *n.* Ⓒ 하사관, 중사, 상사《생략 Sergt., Sgt.》; 경사(警査); =**∠ at árms** 《英》 (왕실·의회의) 수위. **~·ship**[-ʃìp] *n.*
sérgeant fírst cláss 〖美軍〗 상사.
sérgeant májor 원사.
Sergt. Sergeant.
***se·ri·al**[síəriəl] *a.* 연속(물)의; 〖컴〗 (자료의 전송·연산이) 직렬의. **—** *n.* Ⓒ (신문·잡지·영화 따위의) 연속물, 정기 간행물, 분책(分冊); 〖컴〗 직렬. **~·ist** *n.* Ⓒ 연속물 작가. **~·ly** *ad.*
sérial ínput/óutput 〖컴〗 직렬 입·출력.
sérial ínterface 〖컴〗 직렬 접속기.
se·ri·al·ize[síəriəlàiz] *vi.* 연재하다, 연속물로서 방영하다.
sérial móuse 〖컴〗 직렬 마우스《serial port를 개재하여 컴퓨터에 접속되는 마우스》.
sérial nùmber 일련 번호.
sérial pórt 〖컴〗 직렬 단자[포트].
se·ri·ate[síəriit] *vt.* 연속시키다[배열하다]. **—** *a.* 연속적인. **-a·tion** [∸–éiʃən] *n.* Ⓤ 연속 배치.
se·ri·a·tim[sìəriéitim] *ad.* 연속하여, 순차로.
ser·i·cul·ture[sérikʌ̀ltʃər] *n.* Ⓤ 양잠(업)(養蠶業). **-tur·al**[∸–∸tʃərəl] *a.* **-tur·ist** *n.* Ⓒ 누에치는 사람.
:se·ries[síəriːz] *n. sing. & pl.* ① 일련, 연속, 계열. ② 총서, 시리즈. ③ 〖數〗 수열, 급수; 〖化〗 열(列); 〖地〗 통(統)《system(계)보다 하위의 지층(地層) 단위》; 〖電〗 직렬; 〖樂〗 (12음 음악의) 음렬(音列). ***arithmetical*** [***geometrical***] **~** 등차[등비] 급수.
séries-wòund *a.* 〖電〗 직렬로 감은.
ser·if[sérif] *n.* Ⓒ 〖印〗 세리프《H, I 따위의 아래위 가늘고 짧은 선》.
se·rig·ra·phy[sirígrəfi] *n.* Ⓤ 〖印〗 실크 스크린 인쇄(법)《등사 인쇄의 일종》.
se·ri·o·com·ic [sìərioukɑ́mik/sìərioukɔ́m-] *a.* 진지하면서도 우스운.
:se·ri·ous[síəriəs] *a.* ① 엄숙한, 진지한; (얼굴 등) 짐짓 위엄을 차린. ② 중대한; (병·상처가) 중한(opp. mild). **:~·ly** *ad.* **:~·ness** *n.*
ser·jeant[sɑ́ːrdʒənt] *n.* 《英》 = SERGEANT.
:ser·mon[sə́ːrmən] *n.* Ⓒ 설교; 잔소리. ***the S- on the Mount*** 산상수훈(山上垂訓)《마태복음 5:7》. **~·ize** [-àiz] *vt.* 설교하다.
se·rol·o·gy[sirɑ́lədʒi/-ɔ́l-] *n.* Ⓤ 혈청학.
se·ro·sa[siróusə] *n.* Ⓒ 〖解·動〗 장액막(腸液膜).
se·ro·to·nin [sìərətóunin] *n.* Ⓒ 〖生〗 세로토닌《혈액 속에 포함되는 혈관 수축 물질》.
se·rous[síərəs] *a.* 혈장(血漿)(serum)의[같은]; 물 같은.
:ser·pent[sə́ːrpənt] *n.* Ⓒ ① (큰) 뱀. ② 음험한 사람. ③ (S-) 〖天〗 뱀자리. ***the*** (***Old***) ***S-*** 〖聖〗 악마, 유혹자.
ser·pen·tine[sə́ːrpəntàin, -tìːn] *a.* 뱀의[같은]; 꾸불꾸불한, 음험한. **—** *n.* Ⓤ 〖鑛〗 사문석(蛇紋石).
ser·rate[sérit], **-rat·ed**[séreitid/–∸–] *a.* 톱니 모양의.
ser·ried[sérid] *a.* 밀집한, 빽빽이 들어찬.
se·rum[síərəm] *n.* (*pl.* **~*s***, ***-ra*** [-rə]) Ⓤ,Ⓒ 장액(漿液); 혈청.
†serv·ant[sə́ːrvənt] *n.* Ⓒ ① 하인, 머슴, 고용인. ② 봉사자(*the ~s of God* 목사). ***civil*** **~** 공무원, 문관. ***public*** **~** 공복(公僕), 공무원.
sérvant gìrl [**màid**] 하녀.
sérvants' háll 하인 방.
†serve[səːrv] *vt.* ① (…을) 섬기다, 봉사하다; 시중들다, 접대하다; (음식을) 차려내다, 제공하다. ② (…의) 소용에 닿다, 충분하다; (…에) 도움

되다; 만족시키다; 돕다(aid). ③ 다루다, 대(우)하다; 보답〔보복〕하다. ④ 근무하다; (형기·연한 등을) 보내다. ⑤ (영장 따위) 송달하다(deliver); 〖테니스〗 서브하다. ⑥ 〖海〗 감다; (대포등을) 조작〔발사〕하다. — *vi.* ① 섬기다, 봉사〔근무, 복역〕하다, (손님을) 시중들다. ② 소용〔도움〕되다. ③ 서브하다. ***as memory ~s*** 생각났을 때에. ***as occasion ~s*** 기회있는대로. ***Serve*(*s*) *him* 〔*you*〕 *right!*** 《口》 꼴 좋다! ***~ one's time*** 임기〔연한, 형기〕를 (끝)마치다. ***~ out*** 분배하다; 복수하다. — *n.* U,C 서브(방법, 차례). ***sérv·er** *n.*

Ser·vi·an[sə́:rviən] *a., n.* =SERBIAN.

†**serv·ice**[1][sə́:rvis] *n.* ① (종종 *pl.*) 봉사, 공헌, 애씀; U 유용, 조력. ② U,C 근무, 직무, 공무; 군무(*enter the ~*); (관청의) 부문, …부. ③ U 고용(살이). ④ C,U 예배(식). ⑤ U 시중, 서비스. ⑥ C 식기〔다구(茶具)〕 한벌(*a tea ~* 차세트). ⑦ C,U 기차편(便), 선편, 운행; (우편·전화·가스·수도 등의) 시설; 사업. ⑧ U (영장의) 송달; U,C 〖테니스〗 서브. ⑨ 〖海〗 감는 밧줄. ***be at a person's ~*** …의 마음대로, 임의로(*I am at your ~*. 무엇이든 말씀만 하십시오). ***have seen ~*** 실전(實戰)의 경험이 있다; 써서 낡았다. ***in active ~*** 재직중. ***in the ~*** 《英》 군무에 종사하고. ***of ~*** 도움이 되는, 유용한. ***on his* 〔*her*〕 *Majesty's ~*** 《英》 공용(公用)《공문서에 O.H.M.S.로 생략》. ***on ~*** 재직〔현역〕(의). ***take into one's ~*** 고용하다. ***take ~ with* 〔*in*〕** …에 근무하다. ***the Civil S-*** 문관. ***water ~*** (수도) 급수. — *vt.* ① (가스·수도 등을) 공급하다. ② 무료로 수리하다; (…을) 수리하다. ③ (수컷이 암컷과) 교미하다. — *a.* ① 실용의. ② 고용인용의. ③ 일상용의(cf. fulldress). ***~·a·ble*** *a.* 쓸모 있는, 소용에 닿는(*to*); 오래 쓸 수 있는.

serv·ice[2] *n.* =SERVICE TREE.

sérvice áce 〖테니스〗 서비스 에이스(ace).

sérvice àrea 〖放〗 (TV·라디오의) 시청 가능 구역.

sérvice bòok 기도서.

sérvice càp (차양달린) 군모.

sérvice cèiling 〖空〗 실용 상승한도.

sérvice chàrge 서비스 요금, 수수료.

sérvice clùb 사회 봉사 단체《로타리 클럽 따위》.

sérvice còurt 〖테니스〗 서비스 코트《서브 공을 넣는 자리》.

sérvice drèss 《英》 군인의 평상복, 보통 군복.

sérvice engineèr 수리기사, 수리공.

sérvice èntrance 종업원 출입구.

sérvice flàt 《英》 식사제공 아파트.

sérvice hàtch 《英》 (주방에서 식당으로) 요리를 내보내는 창구.

sérvice lìne 〖테니스〗 서브 라인.

sérvice·màn *n.* C (현역) 군인; 현역병; 《美》 수리공.

sérvice màrk (세탁소 등 서비스업자의) 등록 번호.

sérvice mèdal 《美》 종군 기장.

sérvice mòdule 〖宇宙〗 기계선(機械船)《생략 SM》.

sérvice pìpe (가스·수도의) 옥내관.

sérvice rìfle 군용총.

sérvice ròad 지선(支線)〔구내(構內)〕 도로.

sérvice stàtion 주유소; 수리소.

sérvice strìpe 〖美軍〗 (군복 소매에 붙이는) 정근장(精勤章).

sérvice trèe 〖植〗 마가목.

sérvice ùniform 〖軍〗 평상복.

sérvice wìre 〖電〗 옥내선.

sérvice·wòman *n.* C 여군.

ser·vi·ette [sə̀:rviét] *n.* =NAPKIN.

***ser·vile**[sə́:rvi:l, -vail] *a.* 노예의; 천한, 야비한, 굴욕적인, 자주성이 없는. **ser·víl·i·ty** *n.* U 노예 상태〔근성〕; 굴종; 예속.

sérvil wòrks 〖가톨릭〗 육체 노동《일요일엔 안 함》.

ser·vi·tor [sə́:rvətər/-vi-] *n.* C 《古·詩》 하인; (Oxf. 대학의) 근로장학생. 「C 하녀.

ser·vi·tress [sə́:rvətris/-vi-] *n.*

***ser·vi·tude**[sə́:rvətjù:d/-vitjù:d] *n.* U ① 노예 상태. ② 고역, 복역.

ser·vo[sə́:rvou] *n.* ① =SERVOMOTOR. ② =SERVOMECHANISM.

sérvo·mèchanism *n.* U 서보 기구, 자동 제어 장치.

sérvo·mòtor *n.* C 서보모터, 간접조속(調速) 장치.

ses·a·me** [sésəmi] *n.* C 참깨(씨). ***Open ~! 열려라 참깨!《주문》.

ses·qui·cen·ten·ni·al [sèskwisenténiəl, -njəl] *n., a.* C 150년(제(祭))(의).

ses·sile[sésil, -sail] *a.* 〖植〗 무병(無柄)의; 〖動〗 정착(성)의.

‡**ses·sion**[séʃən] *n.* ① U,C 개회〔개정〕(기)(*in ~* 개회〔개정, 회의〕중). ② C 수업(시간), 학기. ③ 〖컴〗 작업 시간. ***Court of S-*** 《Sc.》 최고 민사 법원. ***petty ~s*** 《英》 (치안 판사에 의한) 즉결 심판. **~·al** *a.*

ses·tet[sestét] *n.* C 6중창〔주〕; sonnet의 마지막 6행.

†**set**[set] *vt.* (***set; -tt-***) ① (…에) 두다, 놓다, 자리잡아 놓다(place); 끼우다; 심다, (씨를) 뿌리다; 세우다; 갖다 대다, 접근시키다; (활자를) 짜다. ② 향하다; (눈길·마음 따위를) 쏟다; (돛을) 올리다(*~ sail* 출범하다). ③ (도장을) 찍다; (불을) 붙이다; (암탉에게) 알을 안기다. ④ (값을) 매기다; (모범을) 보이다; (문제를) 내다. ⑤ (뼈를) 잇다, 접골하다; (톱의) 날을 세우다; (시계를) 맞추다; 덫〔함정〕을 놓다. ⑥ 고정시키다; (머리칼을) 길들이다, 잠재우다. ⑦ 종사시키다(*to*), 집중하다(*on*). ⑧

S

정하다; 약속하다; (가사에) 곡조를 붙이다. ⑨ …하게 하다, …상태로 하다; …시키다(make)(~ *the bell ringing* 종을 울리다). ── *vi.* ① (해·별 등이) 지다, 기울다. ② 굳어지다, 고정하다; 여물다, 익다. ③ 종사하다, 착수하다(~ *to work*). ④ 흐르다, 향하다; (흐름이 …로) 향하다(tend)(*to*). ⑤ 꺾꽂이하다. ⑥ (옷이) 맞다. ⑦ (사냥개가) 멈춰 서서 사냥감을 가리키다. (cf. setter); (암탉이) 알을 품다(brood). ***be hard*** **~** 곤궁한 처지에 있다. **~ *about*** 시작하다(~ *about doing*); 《英》 말을 퍼뜨리다. **~ *against*** 비교[대조]하다; 균형잡다; 대항시키다, 이간하다. **~ *apart*** 따로 떼어[남겨] 두다(reserve). **~ *aside*** 치우다, 남겨두다; 버리다, 폐기하다. **~ *at*** …을 덮치다, 부추기다. **~ *back*** 저지하다; (시계 바늘을) 뒤로 돌리다. **~ *bread*** 〖料理〗 빵을 이스트로 부풀리다. **~ *by*** 곁에 두다[놓다], 치우다; 저축하다; 존중하다. **~ *down*** (내려) 놓다; (차에서) 내리게 하다; 정하다; 적어넣다; (…의) 탓[원인]으로 돌리다(ascribe)(*to*); (…라고) 생각하다(*as*). **~ *forth*** 진술[말]하다, 설명하다; 출발하다; 《廢》 발포[발행]하다. **~ *forward*** 《古》 촉진하다. **~ *in*** 밀물지다, (조수가) 밀다; 밀어닥치다, (계절이) 시작되다, 정해지다, 확정되다. **~ *light*** [***little***] ***by*** …을 경시하다 (cf. ~ by). **~ *off*** 구획짓다, 가르다; (대조로) 드러나게[두드러지게] 하다, 꾸미다, 강조하다; 에끼다(against); 발사하다, (꽃불을) 올리다; 크게 칭찬하다; 폭발[폭소]시키다; 출발시키다[하다]. **~ *on*** 부추기다; 덮치다, 공격하다; 착수[출발]하다. **~ *on foot*** 시작하다. **~ *oneself against*** …에 대적하다. **~ *out*** 표시하다, 발포하다, 진술[말]하다, 설명하다; 구획짓다, 분계(分界)하다, 측정하다, 할당하다, 제한하다; 진열하다, 〖土木〗 (계획 위치를) 현장(現場)에 설정하다, (돌을) 쑥 내밀게 놓다, (간격을 두고 나무를) 심다; 〖印〗 활자 사이를 띄어 짜다; (여행)길을 떠나다, 착수하다; (조수가) 빠지다. **~ *over*** …위에 놓[두]다; 양도하다; 지배하다. **~ *to*** 시작하다. **~ *up*** 세우다, 일으키다, 올리다; 설립하다; 개업하다; 공급하다, (마련하여) 내다; 《俗》 한턱하다; (소리를) 높이다; 제출[신고]하다; 보이다; 입신[출세]시키다; 원기를 북돋우다, 취하게 하다; (활자를) 짜다. **~ *up for*** …라고 [···을] 자칭하다, …을 자처하다. **~ *upon*** 공격하다. ── *a.* ① 고정된; (눈길 따위가) 움직이지 않는; 단호한. ② 규정된[대로의], 정식의; 예정[지정]된(*at the ~ time*). ③ 일부러 지은[꾸민], 어색한(*a ~ smile* 억지웃음). ***all*** **~** 《口》 만반의 준비를 갖추어. ***of*** [***on, upon***] **~ *purpose*** 일부러. **~ *phrase*** 성구(成句), 상투어구. ***with ~ teeth*** 이를 악물고. ── *n.* ① Ⓤ 《詩》 (해가) 짐, 저묾, 일몰. ② Ⓒ (한) 세트, 한 벌(*a radio* [*TV*] *~ / a ~ of dishes*); (책·잡지의) 한 질; (서적의) 부; 〖컴〗 설정, 집합, 세트. ③ Ⓒ 〖테니스〗 세트. ④ Ⓒ 〖鑛〗 (측벽의) 동발; 어린 나무, 모[꺾꽂이]나무. ⑤ (*sing.*) 《집합적》 (둥지 속의) 한 배에 낳은 알; 동아리, 한 패(거리), 동무; 사람들(*the literary ~* 문단인). ⑥ (*sing.*) 추세, 경향(drift); 정해진 변형; 휨, 굽음; (the ~) 모양(새), 태도. ⑦ Ⓒ 무대 장치, 대도구, 세트. ⑧ 〖獵〗 = **déad** ∠ (사냥개가) 사냥물을 발견하고 멈춰 섬. ⑨ Ⓒ 〖數·論〗 집합. ***best*** **~** 상류 사회.

se·ta [síːtə] *n.* (*pl.* ***-tae*** [-tiː]) Ⓒ 강모(剛毛), 가시.

sét·bàck *n.* Ⓒ 좌절, 차질; 퇴보, 역류(逆流); 〖建〗 (고층 빌딩 상부의) 단형(段形) 물림.

sét-ìn *a.* 끼워넣는, 붙박이의.

sét·òff *n.* Ⓒ 에낌, 상쇄; 돋보이게 하는 물건, 장식.

sét·òut *n.* Ⓤ 출발, 개시; Ⓒ (식기의) 한 벌; 상차리기.

sét pìece 〖劇〗 소품(小品).

sét pòint 〖테니스〗 세트 포인트《세트의 승패를 정하는 한 점》.

sét scène 무대 장치, 세트.

sét·scrèw *n.* Ⓒ 멈춤나사.

sét squàre 삼각자(triangle).

set·tee [setíː] *n.* Ⓒ (등널이 있는) 긴 의자.

set·ter [sétər] *n.* Ⓒ ① set하는 사람. ② 세터《사냥물을 가리키는 사냥개》. ③ 식자공; 선동자; 밀고자.

***set·ting** [sétiŋ] *n.* ① Ⓤ 둠, 놓음, 붙박아둠; (보석) 박아넣기; Ⓒ 박아넣는 대. ② Ⓤ (톱) 날세움. ③ Ⓤ 작곡; Ⓒ (작곡된) 곡. ④ Ⓒ 〖劇〗 장치, 배경; 환경. ⑤ Ⓤ (해·달의) 짐. ⑥ Ⓒ (새의) 한 배의 알. ⑦ Ⓤ 〖印〗 식자.

sétting cìrcle (망원경 따위의) 지표환(指標環).

sétting còat (벽 따위의) 덧칠, 마무리칠.

sétting lòtion 세트 로션《머리 세트용 화장수》.

sétting pòint 빙점, 응고점.

sétting rùle 〖印〗 (식자용) 금속자.

sétting stìck 〖印〗 (식자용) 스틱.

sétting-úp èxercises 유연(柔軟) 체조, 미용체조.

†**set·tle**[1] [sétl] *vt.* ① (…에) 놓다, 정치(定置)[설정]하다; 자리잡게 하다, 안정[정주, 취업]시키다, 식민하다. ② 결정하다; 해결하다, 조정하다, 결말짓게 하다. ③ 진정시키다; 맑게 하다, 침전시키다; 굳어지게 하다. ④ 결산[청산]하다; 정돈[정리]하다. ⑤ (유산·연금 따위를) 주다, 넘겨[물려] 주다(*on, upon*). ── *vi.* ① 자리잡다, 정주(定住)하다; 안정되다. ② 결심하다; 결말짓다, 해결[처리]되다. ③ 가라앉다; 침하(沈下)[침전]하다, 맑아지다. ④ (새 따위가)

앉다. ⑤ 기울다. ~ ***accounts with a person*** 아무에게 셈을 치르다, 아무와 셈을 청산하다. ~ ***down*** (홍분 따위가) 가라앉다, 조용해지다; 침전하다; 정주하다; 자리잡다, 이주하다; (일 따위를) 본격적으로 대들어 하다. ~ ***in*** 정주〔거류〕하다; 식민하다; (새 집에) 자리잡게 하다. ~ ***into shape*** 모양〔윤곽〕이 잡히다. ~ ***on*** 〔***upon***〕 (법적으로) 정하다; (재산을) 물려주다. ~ ***one's affairs*** 유언을 써 (만사를 정해) 두다. ~ ***oneself*** 거처를 정하다〔잡다〕; 자리잡다; 털썩 앉다. ~ ***up*** 처리〔해결〕하다; 지불하다. ~ ***with*** …와 화해〔사화〕하다; 결말〔타결〕을 짓다; 결제하다. *~**d**[-d] *a.*

set·tle[2] *n.* Ⓒ (팔걸이가 있고, 등널이 높은) 긴 벤치.

‡**set·tle·ment**[-mənt] *n.* ① Ⓒ 낙착, 결말, 해결, 화해, 결정. ② Ⓤ 정주(定住); 생활의 안정, 자리잡음; Ⓒ 정주지. ③ Ⓤ 침전. ④ Ⓒ 변제, 결산; 〖法〗 (권리·재산 등의) 수여, 양도; 증여 재산. ⑤ Ⓤ 이민; Ⓒ 식민〔거류〕지; 《美》 부락. ⑥ Ⓒ 인보(隣保) 사업단《빈민가 개선 사업단》. ***Act of S-*** 〖英史〗 왕위 계승령(令).

‡**set·tler**[sétlər] *n.* Ⓒ ① 식민하여 사는 사람. ② 식민자. ③ 해결자; 침전기. ④ 《口》 마지막 결말을 짓는 것; 이주자.

set·tling[⌐iŋ] *n.* Ⓤ settle[1]하기; (*pl.*) 침전물, 앙금(sediment).

séttling dày 《英》 (주식 거래의) 결제〔청산〕일.

séttling tànk 침전 탱크.

sét-tò *n.* (a ~) 《口》 주먹다짐〔싸움〕; 말다툼, 시비.

***sét·ùp** *n.* Ⓒ ① (기계 따위의) 조립; 구성; 기구, 조직; 설비. ② 자세, 몸가짐. ③ 《美口》 짬짜미 경기. ④ 《美》 (술에 필요한) 소다수·얼음·잔 등의 일습. ⑤ 〖컴〗 준비, 세트업.

Seu·rat[sərɑ́:], **Georges**(1859-91) 프랑스의 화가《신인상파의 시조》.

†**sev·en**[sévən] *n., a.* Ⓤ,Ⓒ 일곱(의), 7(의); Ⓤ 일곱시. ***seventy times*** ~ 〖聖〗 몇 번이고《마태복음 18:22》.

séven·fòld *a., ad.* 7배〔겹〕의〔(으)로〕; 7부로 된.

Séven Hílls, the 로마의 일곱 언덕.

séven-league bóots 〖童話〗 (한 걸음에) 7 리그나 갈 수 있는 구두, 마술 신.

séven séas, the ⇨SEA.

Séven Sísters, the 〖天〗 묘성칠성(昴星七星).

séven stárs 북두 칠성; =⇧.

†**sev·en·teen**[-tí:n] *n., a.* Ⓤ,Ⓒ 17(의). ***sweet*** ~ 묘령. ‡~**th** *n., a.* Ⓤ 열일곱(번)째(의); Ⓒ 17분의 1(의).

†**sev·enth**[-θ] *n., a.* Ⓤ 일곱째(의); Ⓒ 7분의 1(의).

Séventh Dáy, the 주(週)의 제7일《안식일》.

séventh héaven, the 제 7 천국, 최고천(天); 최상의 행복.

†**sev·en·ty**[sévənti] *n., a.* Ⓤ,Ⓒ 70(의). ~ ***times*** SEVEN. ***the seventies*** (나이의) 70대; 70년대. **-ti·eth**[-iθ] *n., a.* Ⓤ 70번째(의); Ⓒ 70분의 1(의).

séven-year ítch 〖醫〗 옴; (결혼 7년째의) 바람기, 권태.

sev·er**[sévər] *vt.* 절단〔분할, 분리〕하다. — *vi.* 떨어〔잘라, 끊어〕지다. ~ ***one's connection with …와 관계를 끊다.

†**sev·er·al**[sévərəl] *a.* ① 몇몇의, 몇 개〔사람〕의. ② 여러 가지의(various); 각기〔각자, 각각〕의. ***S- men,*** ~ ***minds.*** 《속담》 각인 각색. — *pron.* 몇몇, 몇 개〔사람〕. ~**·fold** [-fòuld] *a., ad.* 몇 겹의〔으로〕, 몇 배의〔로〕. ~**·ly** *ad.* 각각, 제각기; 따로따로.

sev·er·al·ty[-ti] *n.* Ⓤ 별개임, 각자, 각각; 〖法〗 단독 소유(지).

sev·er·ance[sévərəns] *n.* Ⓤ,Ⓒ 분리; 단절; 해직.

séverance pày 해직 수당.

‡**se·vere**[sivíər] *a.* ① 엄한, 호된, 모진, 가혹한. ② 격렬한; (병이) 중한; 중대한; 곤란한. ③ 엄숙한; (추론(推論) 따위) 엄밀한. ④ (문체가) 군더더기 없는, 수수한; (건축 양식이) 간소한. ~**·ness** *n.*

‡**se·vere·ly**[sivíərli] *ad.* ① 호되게; 격심하게; 간소하게.

***se·ver·i·ty**[sivérəti] *n.* Ⓤ ① 엄격, 가혹; 엄중; 통렬함. ② 간소, 수수함.

Sev·ern[sévə:rn] *n.* (the ~) 잉글랜드 남서부의 강.

‡**sew**[sou] *vt.* (~***ed; sewn,*** ~***ed***) 꿰매다, 박다, 깁다; 꿰매어 붙이다 (*on*). — *vi.* 바느질하다. ~ ***in*** 꿰매〔박아〕 넣다. ~ ***up*** 꿰매〔박아〕 잇다, 꿰매 붙이다.

sew·age[sú:idʒ/sjú(:)-] *n.* Ⓤ 시궁창, 하수 오물.

***sew·er**[1][sú:ər/sjúər] *n.* Ⓒ 하수구(溝). ~**·age** *n.* Ⓤ 하수 설비.

sew·er[2][sóuər] *n.* Ⓒ 꿰매는〔바느질 하는〕 사람, 재봉사.

***sew·ing**[sóuiŋ] *n.* Ⓤ 재봉.

séwing còtton (무명의) 재봉실.

séwing machìne 재봉틀.

***sewn**[soun] *v.* sew의 과거분사.

‡**sex**[seks] *n.* ① Ⓤ 성(性). ② Ⓒ (보통 the ~) 《집합적》 남성, 여성. ③ Ⓤ 성교, 성욕. ***the fair*** 〔***gentle(r), softer, weaker***〕 ~ 여성. ***the rough*** 〔***sterner, stronger***〕 ~ 남성.

sex-[seks] '여섯, 6' 의 뜻의 결합사.

sex·a·ge·nar·i·an[sèksədʒinέəriən] *a., n.* Ⓒ 60세〔대〕의 (사람).

sex·ag·e·nar·y [səksǽdʒənèri/-nəri] *a., n.* Ⓒ 60(세, 대)의 (사람).

sex·a·ges·i·mal[sèksədʒésiməl] *a.* 60의; 60을 단위로 하는, 60진법의. — *n.* Ⓒ 60분수(~ fraction)

《분모가 60 또는 그 배수인 분수》.
sex·an·gu·lar [seksǽŋgiələr] *a.* 6각형의.
séx appèal 성적 매력.
sex·cen·te·nar·y [seksséntənèri] *a., n.* 600의; 600년의; Ⓒ 600년제(의).
séx chròmosome 〖生〗 성염색체.
séx educàtion 성교육.
séx hòrmone 성호르몬.
séx hỳgiene 성위생(학).
sex·ism [séksizəm] *n.* Ⓤ 남녀 차별(주의).
séx kìtten 《口》 성적 매력 있는 아가씨.
sex·less [sékslis] *a.* 무성(無性)의.
séx lìnkage 〖生〗 반성(伴性) 유전.
sex·ol·o·gy [seksáləd͡ʒi/-ɔ́-] *n.* Ⓤ 성과학.
sex·pot [sékspɑ̀t/-ɔ̀-] *n.* Ⓒ 《美俗》 성적 매력이 넘치는 여자.
sex·tan [sékstən] *a.* 〖醫〗 육일열(六日熱)의, 엿새마다 일어나는.
sex·tant [sékstənt] *n.* Ⓒ 〖海〗 육분의(六分儀); 《稀》 원의 6분의 1.
sex·tet(te) [sekstét] *n.* Ⓒ 6중창〔주〕; 여섯(개) 한 짝〔조〕.
sex·ton [sékstən] *n.* Ⓒ 교회 관리인, 교회의 사찰.
sex·tu·ple [sekstjú:pəl, sékstju-] *a.* 6배〔겹〕의, 6부로 된; 〖樂〗 6박자의. ── *vt., vi.* 6배하다〔가 되다〕.
:**sex·u·al** [sékʃuəl/-sju-] *a.* ① 성(性)의. ② 〖生〗 유성(有性)의. **~ *appetite*** 〔***intercourse***〕 성욕〔성교〕. **~ *generation*** 〖生〗 유성(有性) 세대. **~·ly** *ad.* ***~·i·ty** [sèkʃuǽləti/-sju-] *n.* Ⓤ 성별; 성적임; 성욕.
sèxual seléction 자웅 도태.
sex·y [séksi] *a.* 《口》 성적인; 성적 매력이 있는.
Sey·chelles [seiʃélz] *n.* 세이셸《인도양 서부의 군도로 이룩된 공화국》.
sez you [sèz jú:] 《美俗》 말은 그렇지만 글쎄 어떨지.
S.F. science fiction; sinking fund. **Sfc.** sergeant first class.
sfer·ics [sfériks] *n. pl.* =ATMOSPHERICS.
sfor·zan·do [sfɔ:rtsá:ndou/-ǽ-] *a., ad.* (It.) 〖樂〗 센; 세게.
S.F.R.C. Senate Foreign Relations Committee (미국) 상원 외교 위원회. **SG.** security guard.
S.G. Solicitor General. **s.g.** specific gravity. **sgd** signed.
Sgt. Sergeant. **sh.** shilling(s).
:**shab·by** [ʃǽbi] *a.* ① 초라한; (선물 따위가) 쩨쩨한. ② 입어서 낡은. **-bi·ly** *ad.* **-bi·ness** *n.*
shábby-gentéel *a.* 영락했으나 체모 차리는.
shack [ʃæk] *n.* Ⓒ (초라한) 오두막. ── *vi.* 살다, 머무르다. **~ *up*** 《美俗》 동서(同棲)하다; 숙박하다.
***shack·le** [ʃǽkəl] *n., vt.* Ⓒ (보통 *pl.*) 수갑, 차꼬, 쇠고랑(을 채우다); 속박(하다), 방해(하다).
shad [ʃæd] *n. sing. & pl.* 청어류(類).
shad·ber·ry [∠bèri/-bəri] *n.* Ⓒ 〖植〗 채진목(열매).
shad·bush [∠bùʃ] *n.* Ⓒ 채진목(나무).
shad·dock [ʃǽdək] *n.* Ⓒ 〖植〗 왕귤나무(열매).
†**shade** [ʃeid] *n.* ① Ⓤ (종종 the ~) 그늘; 응달; 〖컴〗 그늘, 음영(陰影). ② (*pl.*) (해질녘의) 어둠, 땅거미. ③ Ⓒ 차양, 커튼, 차일. ④ Ⓒ (명암의 도에 따른) 색조, 색의 뉘앙스. ⑤ Ⓒ 미미한 차; (a ~) 약간, (마음에) 좀(*a ~ larger* 좀 큰 듯싶음). ⑥ Ⓒ 망령(亡靈); (*pl.*) 저승(Hades). ***cat*** 〔***put, throw***〕 ***into the ~*** 무색게 하다. ***without light and ~*** (그림·문장이) 단조로운. ── *vt.* ① 그늘지게 하다, …으로부터 빛을 막다, 가리다, 어둡게 하다. ② 바림하다; (그림에) 음영〔그늘〕을 나타내다. ③ 조금씩 변화시키다. ── *vi.* (색조·의미 따위가) 조금씩 변해〔달라져〕가다(*into, off, away*). **shád·ing** *n.* Ⓤ 그늘지게 하기; (그림의) 명암〔음영〕법; (빛깔·명암 따위의) 미세한〔점차적인〕 변화. **∠·less** *a.*
sháde trèe 그늘을 짓는 나무.
:**shad·ow** [ʃǽdou] *n.* ① Ⓒ 그림자; 영상(映像). ② Ⓒ 명목뿐인 것; 곡두, 환영, 유령. ③ Ⓒ 미행자; 종자(從者). ④ (the ~s) 어둠, 땅거미. ⑤ Ⓒ (명성 등에 던지는) 어두운 그림자; 우울. ⑥ (*sing.*) 흔적, 자취, 조금, 약간. ⑦ Ⓒ 조짐, 징조. ***be worn to a ~*** 몹시 수척하다. ***catch at ~s*** 헛수고하다. ***live in the ~*** 세상에 알려지지 않고 살다. ***quarrel with one's own ~*** 하찮은 일에 화를 내다. ***the ~ of a shade*** 환영(幻影). ***the ~ of night*** 야음. ***under*** 〔***in***〕 ***the ~ of*** …의 보호 밑에; …의 바로 곁에. ── *a.* 《英俗》 (다급할 때 댈 수 있도록) 대강 모양이 된. ── *vt.* ① 가리다, 어둡게 하다; 덮다; 그림자를 만들다; 《古》 보호하다. ② (그림처럼) 붙어 다니다, 미행하다. ③ 조짐을 보이다(*forth*). ④ 우울하게 하다.
shádow·bòxing *n.* Ⓤ 〖拳〗 단독 연습.
shádow càbinet 야당〔예비〕 내각.
shádow fàctory 군수 공장으로 전환할 수 있는 공장.
shádow pìcture 〔**plày, shòw**〕 그림자놀이.
***shad·ow·y** [ʃǽdoui] *a.* ① 그림자 있는, 어두운; 몽롱한, 어렴풋한. ② 유령과 같은; 공허한, 덧없는.
shad·y** [ʃéidi] *a.* ① 그늘〔응달〕의, 그늘을 이루는; 희미한. ② 《口》 뒤가 구린, 수상한, 좋지 않은. ***keep ~ 《美俗》 비밀로 하다. ***on the ~ side of*** (***forty***) (사십)의 고개를 넘어. **shád·i·ly** *ad.* **shád·i·ness** *n.*
SHAEF, Shaef [ʃeif] Supreme Head-quarters Allied Expeditionary Force 연합국 파견군 최고 사령부.
:**shaft** [ʃæft, -ɑ-] *n.* Ⓒ ① 화살대, 창자루; 화살, 창. ② 샤프트, 굴대,

축(軸); 깃대; (수레의) 채; 굴뚝; 〖植〗 나무 줄기; 〖動〗 (새의) 깃촉; 〖建〗 기둥몸. ③ (엘리베이터의) 통로; 〖鑛〗 수갱(竪坑); 배기 구멍. ④ 광선. ⑤ (비웃음 따위의) 화살.

shag[1] [ʃæg] *n.* Ⓤ 더부룩한 털, 거친 털; 보풀(일게 짠 천); 거친 살담배. — *vt.* (*-gg-*) 더부룩하게 하다.

shag[2] *vt.* 추적하다; 《野俗》 (공을) 주워 되던지다.

shag·bark [⌐bὰːrk] *n.* Ⓒ 《美》 hickory의 일종; 그 열매; Ⓤ 그 재목.

***shag·gy** [⌐i] *a.* 털복숭이의, 털이 더부룩한〔많은〕. **-gi·ly** *ad.* **-gi·ness** *n.*

shággy-dóg stòry 듣는 이에겐 지루한 얼빠진 이야기; 말하는 동물 이야기.

sha·green [ʃəgríːn, ʃæ-] *n.* Ⓤ (무두질 않은) 껄끄러운 가죽.

shah [ʃɑː] *n.* (Per.) Ⓒ 이란 국왕의 칭호.

Shak. Shakespeare.

:**shake** [ʃeik] *vt.* (***shook; shaken***) ① 흔들다, 떨다, 진동시키다. ② 흩뿌리다; 휘두르다; 흔들어 깨우다(*up*); 흔들어 떨어뜨리다; 떨어버리다(*from; out of*). ③ 놀래다(*be ~n at* …에 흠칫 놀라다). ④ 흔들리게 하다. — ***vi.*** ① 떨다, 진동하다; 흔들리다. ② 〖樂〗 전음(顫音)을 쓰다. ③ 악수하다. ~ ***a foot*** 〔***a leg***〕 바삐 걷다, 댄스하다. ~ (*a person*) ***by the hand*** 악수하다. ~ ***down*** 흔들어 떨어뜨리다; 자리잡(히게 하)다; 동료와〔환경에〕 익숙해지다; 《美俗》 돈을 빼앗다, 등치다. ~ ***hands with*** 악수하다. ~ ***in one's shoes*** 전전긍긍하다, 벌벌 떨다. ~ ***off*** 떨어 버리다, 쫓아 버리다; (버릇·병 따위를) 고치다. ~ ***oneself together*** 용기를 내다. ~ ***one's head*** 고개를 가로 젓다《거절·비난》. ~ ***one's sides*** 배를 움켜쥐고 웃다. ~ ***out*** (속의 것을) 흔들어 떨다; (기 따위를) 펼치다. ~ ***up*** 세게 흔들다, (액체를) 흔들어 섞다; (베개를) 흔들어 모양을 바로잡다; 깨게 하다; 편달하다; 섬뜩하게 하다. — *n.* Ⓒ ① 흔들림, 동요; 《口》 지진; (the ~s) 《口》 오한. ② 《美》 흔들어 만드는 음료(*a milk* ~밀크 셰이크). ③ 순간. ④ (땅 따위의) 균열, (목재의) 갈라진 틈. ⑤ 〖樂〗 전음. ***all of a*** ~ 덜덜 떨어. ***be no great ~s*** 《俗》 대단한 일〔것〕이 못 되다. ***give a*** ~ 흔들다; 내쫓다. ***in the ~ of a lamb's tail,*** or ***in two ~s*** 눈 깜짝할 사이에, 삽시간에.

sháke·dòwn *n., a.* Ⓒ 조정; 가〔임시〕침대; 이잡듯하는 수색; Ⓤ,Ⓒ 《美俗》 등침, 강취(強取), 수회(收賄); 성능 테스트의〔를 위한〕《항해·비행 따위》.

sháke·hand grìp 〖卓〗 탁구채를 악수하듯이 쥐는 법.

:**shak·en** [ʃéikən] *v.* shake의 과거분사.

shak·er [ʃéikər] *n.* Ⓒ ① 흔드는 사람〔도구〕; 교반기. ② 후춧가루병, 소금담. ③ (S-) 진교도(震敎徒)《미국 기독교의 일파》(cf. Quaker).

:**Shake·speare, Shakspe(a)re** [ʃéikspiər], **William** (1564-1616) 영국의 극작가·시인. ***-spé(a)r·e·an, -i·an** *a., n.* 셰익스피어(시대·풍)의; Ⓒ 셰익스피어 학자.

sháke-ùp *n.* Ⓒ 급변화, 쇄신; (인사의) 대이동.

shake·o [ʃǽkou] *n.* (*pl.* ~**s**) Ⓒ (꼬꼬마 달린) 군모.

shak·y** [ʃéiki] *a.* 흔들리는, 떠는; 비슬비슬하는, 위태로운, 불확실한. ***look ~ 얼굴빛이 나쁘다.

shale [ʃeil] *n.* Ⓤ 혈암(頁岩), 이판암(泥板岩).

shále òil 혈암유(油).

†**shall** [強 ʃæl, 弱 ʃəl] *aux. v.* (p. ***should***) ① 1인칭에서 단순 미래를〔예정을〕 나타냄(*I ~ be at home tomorrow.*)《美口語에서는 이 때에도 will이 보통》. ② 2〔3〕인칭에서 말하는 사람의 의사를 나타냄(*You ~ have it.* 자네에서 주겠네/*He ~ come.* 그를 오게 하시오). ③ 1인칭에서 특히 강한 의사를 나타냄(*I ~* [強 ʃǽl] *go.* 무슨 일이 있어도 간다). ④ 각 인칭을 통해서 의무·필요·예언 따위를 나타냄(*Rome ~ perish.* 로마는 망하리라). ⑤ 《의문문》 1〔3〕인칭에서 상대의 의사를 물음(*S- I do it?; S- she sing?* 그 여자에게 노래를 시킬까요); 2인칭에서 상대의 예정을 물음《단순미래》(*S- you be at home tomorrow?*): ⇨should.

shal·loon [ʃælúːn] *n.* Ⓤ 셜룬 모직.

shal·lop [ʃǽləp] *n.* Ⓒ 조각배, 강배.

shal·lot [ʃəlɑ́t/-ɔ́-] *n.* Ⓒ 〖植〗 골파류.

:**shal·low** [ʃǽlou] *a., n.* 얕은; 천박한; Ⓒ (보통 *pl.*) 여울. — *vt., vi.* 얕게 하다〔되다〕.

shállow-bráined, -héaded, -páted *a.* 머리가 나쁜; 어리석은.

sha·lom [ʃɑːlóum] *int.* 안녕(하십시까)《유대인의 인사》.

shalt [強 ʃælt, 弱 ʃəlt] *aux. v.* 《古》 shall의 2인칭 단수·직설법 현재.

sham [ʃæm] *n., a.* Ⓤ 가짜(의), 속임(의); Ⓒ 협잡꾼, 사기꾼. ~ ***fight*** 모의전, 군사 연습. — ***vt., vi.*** (***-mm-***) 짐짓 …하는 체하다〔시늉을 하다〕, (…을) 가장하다.

sha·man [ʃɑ́ːmən, ʃǽm-] *n.* Ⓒ 샤먼, 무당; 《一般》 주술사.

sha·man·ism [-ìzəm] *n.* Ⓤ 샤머니즘.

sham·ble [ʃǽmbəl] *n., vi.* Ⓒ 비틀걸음; 비슬비슬 걷다.

sham·bles [ʃǽmbəlz] *n. sing.* & *pl.* ① Ⓒ 도살장. ② (a ~) 수라장; 대혼란.

:**shame** [ʃeim] *n.* ① Ⓤ 부끄럼, 수치; 불명예; 치욕. ② (a ~) 창피〔지독〕한 일(*What a ~!* 이거 무슨 창피인가!; 그건 너무하다). ***cannot do ... for very*** ~ 너무 부끄러워서 …할 수 없다. ***from*** 〔***for, out of***〕 ~ 부끄러워. ***life of*** ~ 부끄럽고 더

러운 생활, 추업(醜業). ***past* 〔*dead to*〕 ～** 부끄럼을〔수치를〕 모르는. ***put a person to* ～** 창피를 주다. ***S-* (*on you*)!, *For* ～!, or *Fie, for* ～!** 아이구, 부끄럽지도 않으냐!; 그게 무슨 망신이냐! ***think* ～** 수치로 알다(*to* do). ── *vt.* 부끄럽게 하다; 부끄러워 …하게 하다(*into; out of* do*ing*); 모욕하다.

sháme·fàced *a.* 부끄러워〔수줍어〕하는; 스스러워하는, 숫기 없는. **～·ly** *ad.* **～ness** *n.*

***shame·ful**[⌐fəl] *a.* 부끄러운, 창피한. **～·ly** *ad.* **～·ness** *n.*

***shame·less**[⌐lis] *a.* 부끄럼을 모르는, 파렴치한.

sháme-máking *a.* 《口》 수치를 보이는. 「사람, 사기꾼.

sham·mer [ʃǽmər] *n.* Ⓒ 속이는

sham·my[ʃǽmi] *n.* =CHAMOIS.

***sham·poo**[ʃæmpúː] *vt.* (비누·샴푸로 머리를) 감다, 씻다; 《古》 마사지하다. ── *n.* (*pl.* **～s**) Ⓒ 머리감기; Ⓤ,Ⓒ 세발제, 샴푸.

sham·rock[ʃǽmrɑk/-rɔk] *n.* Ⓤ,Ⓒ 토끼풀, 클로버.

sha·mus[ʃɑ́ːməs, ʃéi-] *n.* Ⓒ 《美俗》 사립 탐정, 순경.

shan·dry·dan[ʃǽndridæ̀n] *n.* Ⓒ 털털이 차〔마차〕; 포장 달린 경마차.

shan·dy(·gaff)[ʃǽndi(gæ̀f)] *n.* Ⓤ,Ⓒ 맥주와 진저에일의 혼합주. 「海).

Shang·hai [ʃæŋhái] *n.* 상하이(上

shang·hai[ʃæŋhái/⌐⌐] *vt.* 《海俗》 (억지로 뱃사람을 만들고자) 의식을 잃게 하여 배에 납치하다.

Shan·gri-La[ʃǽŋgrilɑ̀ː] *n.* (가공적) 이상향(鄕)《James Hilton의 소설 *Lost Horizon*에서》.

shank[ʃæŋk] *n.* Ⓒ 정강이; 다리; 손잡이, 자루, 긴 축(軸); 활자의 몸체〔인쇄 안 되는 부분〕; 구두창의 땅 안 밟는 부분; 《美口》 끝, 마지막, 나머지(*the* ～ *of the evening* 저녁 무렵). ***ride* 〔*go on*〕 *Shank's mare*** 걸어서 가다, 정강말 타다.

***shan't**[ʃænt, -ɑː-] shall not의 단축. 「집; 《濠》 선술집.

shan·ty[1][ʃǽnti] *n.* Ⓒ 오두막, 판잣

shan·ty[2] *n.* Ⓒ 뱃노래(chant(e)y).

SHAPE [ʃeip] Supreme Headquarters of Allied Powers in Europe 유럽 연합군(=NATO군) 최고 사령부.

†**shape**[ʃeip] *n.* ① Ⓤ,Ⓒ 모양, 형상; Ⓒ 형(型), 꼴. ② Ⓤ 자태, 꼴, 모습; Ⓒ 어렴풋한 모습(*a* ～ *of fear* 무서운 모습, 유령). ③ Ⓤ 상태, 형편. ***get* 〔*put*〕 *into* ～** 모습〔꼴〕을 갖추다, 형태를 이루다; 구체화하다. ***take* ～** 구체화하다, 실현하다. ── *vt.* ① 모양짓다, 형태를 이루다. ② 맞추다(*to*); (진로 등을) 정하다, 방향짓다. ③ 말로 표현하다(～ *a question*). ── *vi.* ① 형태를〔모양을〕 취하다, 모양이 되다. ② 다 되다, 구체화하다; 발전하다. **～ *up*** 《口》 일정한 형태〔상태〕가 되다; 잘 되어가다 (*Everything is shaping up well.* 만사가 잘 되어 간다); 동조하다; 좇다; 몸의 상태를 조절하다. ***⌐·less** *a.* **⌐·ly** *a.* 모양이 좋은.

shard[ʃɑːrd] *n.* Ⓒ 사금파리; 파편, 단편; (딱정벌레의) 겉날개, 시초.

†**share**[1][ʃɛər] *n.* ① (*sing.*) 몫, 할당; 분담. ② Ⓤ 역할. ③ Ⓒ 주(株)(식). ***go* ～*s*** 똑같이 나누다〔분담하다〕(*in, with*). ***on* ～*s*** 손익을 공동으로 분담하여. **～ *and* ～ *alike*** 등분하여; 똑같이 나누어. ── *vt.* 분배〔등분, 배당〕하다; 함께 하다; 분담하다(*in, with; between, among*).

shár·er *n.*

share[2] *n.* Ⓒ 보습의 날.

sháre·cròp *vi.* (**-pp-**) 《美》 소작하다. **～per** *n.* Ⓒ 《美》 소작인.

sháre·hòlder *n.* Ⓒ 주주(株主).

sháre-òut *n.* (*sing.*) 분배, 할당.

sháre·wàre *n.* Ⓤ 〖컴〗 맛보기, 나눠쓸모《저작권이 있는 소프트웨어로 무료·명목적 요금으로 사용할 수 있으나 계속 사용할 때는 유료로 하는 것》.

sha·ri·a[ʃəríːə] *n.* Ⓒ 이슬람법, 성법(聖法), 샤리아.

‡**shark**[ʃɑːrk] *n., vt., vi.* Ⓒ 상어; 사기꾼; 《美俗》 수완가; 속여 빼앗다; 사기하다. 「킨《얇은 레이온》.

shárk-skìn *n.* Ⓤ 상어가죽; 샤크스

‡**sharp**[ʃɑːrp] *a.* ① 날카로운. ② 예민한, 빈틈없는, 교활한; (물매가) 가파른. ③ 매서운, 통렬한(～ *words*); 살을 에는 듯한, 차가운. ④ 또렷한, 선명한; 활발한, 빠른(*a* ～ *walk*); 《俗》 멋진. ⑤ 새된, 드높은(*a* ～ *voice*); 〖樂〗 반음 높은(opp. flat); 〖音聲〗 무성음의《p, t, k, 따위》. ***as* ～ *as a needle*** 몹시 야무진, 빈틈없는. ***Sharp's the word!*** 자 빨리, 서둘러라! **～ *practices*** 사기. **～ *tongue*** 독설. ── *ad.* ① 날카롭게. ② 갑자기; 꼭, 정각(*at two o'clock* ～). ③ 기민하게, 날쌔게(*Look* ～*!* 조심해!; 빨리!); 빈틈 없이. ④ 〖樂〗 반음 높게. ── *n.* Ⓒ ① 〖樂〗 샤프, 올림표(♯). ② 《口》 사기꾼. ③ 《口》 전문가.

shárp-cút *a.* 또렷한. 「밝은.

shárp-éared *a.* 귀가 뾰족한; 귀가

shárp-édged *a.* 예리한; 빈틈없는.

***sharp·en**[⌐ən] *vt., vi.* 날카롭게 하다〔되다〕, 갈다. **～·er** *n.* Ⓒ 가는 사람; 가는〔깎는〕 기구.

sharp·er[⌐ər] *n.* Ⓒ 사기꾼. 「운〕.

shárp-éyed *a.* 눈이 날카로운〔매서

‡**sharp·ly**[ʃɑ́ːrpli] *ad.* ① 날카롭게. ② 세게, 호되게. ③ 급격하게; 날쌔게. ④ 빈틈없이. ⑤ 뚜렷이.

shárp-póinted *a.* 끝이 뾰족한.

shárp-sét *a.* 굶주린.

shárp·shòoter *n.* Ⓒ 사격의 명수, 명사수, 저격병.

shárp-síghted *a.* 눈이 날카로운.

shárp-tóngued *a.* 바른말 하는, 말이 신랄한, 독설의.

shárp-wítted *a.* 빈틈 없는, 약빠른, 기지가 날카로운.

:shat·ter[ʃǽtər] *vt.* ① 부수다, 분쇄하다. ② (손)상하다, 파괴하다. ― *n.* (*pl.*) 파편, 엉망이 된 상태.
shátter·pròof *a.* (깨어져도) 조각나 흩어지지 않는《유리 따위》.
:shave[ʃeiv] *vt.* (*~d; ~d, shaven*) ① 면도하다; 깎다; 밀다. ② 스쳐 지나가다, 스치다. ― *vi.* 수염을 깎다. ― *n.* Ⓒ ① 면도; 깎음; 깎은 부스러기, 깎는 연장. ② 스칠듯 말듯한 통과, 가까스로의 탈출. ***be*** 〔***have***〕 ***a close ~*** (***of it***) 아슬아슬하게 모면하다. ***by a*** (***close, narrow, near***) ***~*** 하마터면, 아슬아슬하게. **sháv·er** *n.* Ⓒ 깎는〔면도하는〕 사람; 이발사; 대패질하는 사람; 면도기구;《口》꼬마, 풋내기.
sháve·tàil *n.* Ⓒ《俗》〖美陸軍〗 풋내기〔신출내기〕 소위; (길들이기 시작한) 복마용(服馬用) 노새.
Sha·vi·an[ʃéiviən] *a., n.* Bernard Shaw(류)의; Ⓒ Shaw 숭배자.
***shav·ing**[ʃéiviŋ] *n.* ① Ⓤ 면도함〔질〕, 깎음. ② Ⓒ (보통 *pl.*) 깎아낸 부스러기, 대팻밥.
sháving brùsh 면도용 솔.
sháving crèam 면도용 크림.
Shaw[ʃɔː], **George Bernard** (1856-1950) 영국의 극작가·비평가.
***shawl**[ʃɔːl] *n.* Ⓒ 숄, 어깨 걸치개.
shay[ʃei] *n.* 《古·卑·方》 =CHAISE.
†she[ʃiː, 弱 ʃi] *pron.* 그 여자(는, 가)《배·국가·도시 따위도 가리킴》. ― *n., a.* Ⓒ 여자, 아가씨; 암컷(의) (*a ~ cat* 암고양이/*a ~ goat* 암염소/*two ~s and a he*).
s/he[ʃiːhíː] *pron.* =he or she, she or he.
sheaf [ʃiːf] *n.* (*pl.* ***sheaves*** [ʃiːvz]) Ⓒ (벼·화살·책 따위의) 묶음, 다발. ― *vt.* 다발〔단〕짓다, 묶다.
***shear**[ʃiər] *vt., vi.* (*~ed,*《方·古》 *shore; ~ed, shorn*) ① (가위로) 잘라내다(*off*), 베다, 깎다;《詩》(칼로) 베다. ② (…에게서) 빼앗다, 박탈하다. ― *n.* (*pl.*) 큰가위; 전단기(剪斷機); Ⓒ (양털의) 깎는 회수; (양의) 나이(year); Ⓤ 〖機〗 전단; 변형.
shear·ing[ʃíəriŋ] *n.* Ⓤ 양털깎기; 깎은 양털; 전단(剪斷) 가공.
***sheath**[ʃiːθ] *n.* (*pl.* *~s*[-ðz, -θz]) Ⓒ ① 칼집, 씌우개. ② 〖植〗 엽초(葉鞘); (벌레의) 시초(翅鞘).
sheathe[ʃiːð] *vt.* 칼집에 꽂다〔넣다〕; 덮다, 싸다.
sheath·ing[ʃíːðiŋ] *n.* Ⓤ 덮개, 피복물(被覆物); 흙막이; 〖電〗 외장(外裝); 〖建〗 지붕널.
sheave[1][ʃiːv] *n.* Ⓒ (도르래 같은) 「활차 바퀴.
sheave[2] *vt.* (밀 따위를) 단〔다발〕짓다(make into sheaves).
sheaves[ʃiːvz] *n.* sheaf, sheave[1]의 복수.
She·ba[ʃíːbə] *n.* 〖聖〗 세바《아라비아 남부의 옛 왕국》;《美口》 성적 매력이 많은 여자.
she·bang[ʃibǽŋ] *n.* Ⓒ《美口》(조직·계략·사건 등) 구성; 오두막, 집; 도박장.
***shed**[1][ʃed] *n.* Ⓒ 헛간, 의지간; 격납〔기관〕고.
:shed[2] *vt.* (*shed; -dd-*) ① (눈물·피를) 흘리다; (빛을) 내(쏘)다, 발하다. ② (껍질·껍데기 따위를) 벗(어버리)다, (뿔·깃털·이를) 갈다. ― *vi.* 탈피〔탈모(脫毛)〕하다, 깃털을 갈다. ***~ the blood of*** …을 죽이다, …을 상처입히다.
:she'd[ʃiːd, 弱 ʃid] she had 〔would〕의 단축.
sheen[ʃiːn] *n.* Ⓤ 빛남; 광채, 광택, 윤. **∠·y** *a.*
†sheep[ʃiːp] *n. sing. & pl.* ① Ⓒ 양; Ⓤ 양가죽. ② Ⓒ 온순한〔기가 약한〕 사람; 어리석은 사람. ③《집합적》 교구민, 신자. ***cast*** 〔***make***〕 ***~'s eyes*** 추파를 보내다(*at*). LOST ~. ***One may as well be hanged for a ~ as a lamb.***《속담》 기왕 내친 걸음이면 끝까지(cf. *In for the lamb, in for the ~.* 새끼양을 훔쳐 사형이 될 바에는 아예 어미양을 훔쳐 당하는 게 낫겠다). ***separate the ~ from the goats*** 〖聖〗 선인과 악인을 구별하다《마태복음 25:32》.
shéep·còte, -fòld *n.* Ⓒ 양사(羊舍).
shéep dòg 양지기 개.
shéep-fàrmer, -màster *n.* Ⓒ《英》 목양업자.
shéep·hèrder *n.* Ⓒ 양치는 사람〔목동〕.
shéep·hòok *n.* Ⓒ (자루 끝이 굽은) 목양 지팡이.
sheep·ish[∠iʃ] *a.* 기가 약한, 수줍어하는, 겁많은; 어리석은.
sheep·man[∠mæ̀n, -mən] *n.* Ⓒ 목양업자; =SHEEPHERDER.
shéep rànge 〔**rùn**〕 양 방목장.
shéep·skìn *n.* Ⓤ 양가죽; 양피지; Ⓒ《美口》 졸업증서.
shéep sòrrel 〖植〗 애기수영.
:sheer[1][ʃiər] *a.* ① 순전한(*~ nonsense*). ② 속이 비치는, (천이) 얇은. ③ 가파른; 수직의. ― *ad.* 전혀, 아주; 수직으로. **∠·ly** *ad.*
sheer[2] *vi.* 〖海〗 침로를 바꾸다; 벗어나다.
:sheet[ʃiːt] *n.* Ⓒ ① 시트, 홑이불《깔개·침구 등의 커버》. ② 한 장(의 종이); 편지,《口》 신문. ③ (쇠·유리의) 얇은 판; 펴진〔질펀한〕 면, 온통 …의 바다(*a ~ of water* 〔*fire*〕 온통 물〔불〕바다). ④《詩》 돛; 〖海〗 돛의 아딧줄; (*pl.*) (이물〔고물〕의) 공간. ***be*** 〔***have***〕 ***a ~*** 〔***three ~s***〕 ***in the wind***(***'s eye***)《俗》 거나하게〔억병으로〕 취하다. ***between the ~s*** 잠자리(속)에 들어. ***in ~s*** 얇은 판이 되어; 억수같이 퍼부어; 인쇄한 채로 제본되지 않고. ***pale as a ~*** 새파랗게 질리어. ― *vt.* (…에) 시트로 덮다. **∠·ing** *n.* Ⓤ 시트 감; 〖土〗 판자틀; 판금 (가공).
shéet ànchor 〖海〗 (비상용) 큰

닻; 최후의 의지(가 되는 사람·물건).
shéet glàss 판유리.
shéet ìron 철판.
shéet lìghtning 막을 친 듯한 번「개.
shéet mètal 판금.
shéet mùsic (책으로 철하지 않은) 낱장 악보.
shéet stèel 박판(薄板) (강철).
Shef·field[ʃéfiːld] *n.* 잉글랜드 중부의 공업 도시.
shé-góat *n.* Ⓒ 암염소(opp. he-「goat).
sheik(h)[ʃiːk/ʃeik] *n.* Ⓒ (아라비아 사람의) 추장, 족장(族長), 촌장; (회교도의) 교주; 《俗》(여자를 호리는) 난봉꾼. **∠·dom** *n.* Ⓒ ~의 영지(領地).
shek·el[ʃékəl] *n.* Ⓒ 세켈《옛 유대의 무게 단위·은화; 이스라엘의 통화 (단위)》; (*pl.*) 《俗》 =MONEY.
shel·drake[ʃéldrèik] *n.* Ⓒ 『鳥』 혹부리오리.
:shelf[ʃelf] *n.* (*pl.* ***shelves***[ʃelvz]) Ⓒ ① 선반, 시렁; 선반 모양의 장소; 바위턱(ledge). ② 모래톱, 암초. ***on the*** ~ 《俗》 (선반에 얹힌 채) 돌아보지 않아[팔리지 않아], 묵살되「어.
shélf ìce 빙붕(氷棚).
shélf lìfe (포장 식품 따위의) 보존기간.
shélf màrk (도서관의) 서가 기호「(書架記號).
:shell[ʃel] *n.* Ⓒ ① 껍질, 껍데기, 외피, 깍지, 조가비; (거북의) 등딱지. ② 약협(藥莢), 파열탄(彈), 포탄. ③ 외관. ④ 가벼운 보트《경조용》. ⑤ 《美》여성용의 소매 없는 헐렁한 블라우스. ⑥ 『理』 (원자의) 각(殼). ⑦ 『컴』 조가비, 셸. ― *vt.* (…을) 껍데기[껍질, 깍지]에서 빼내다, (…에서) 껍질을[껍데기를, 깍지를] 벗기다; 알맹이를 떼내다. ― *vi.* 벗겨[벗어]지다, 까[빠]지다. ~ ***off*** 벗겨[떨어]지다. ~ ***out*** 《俗》 (돈을) 지불하다, 넘겨 주다.
†she'll[ʃiːl, 弱 ʃil] she will [shall]의 단축.
shel·lac[ʃəlǽk] *n., vt.* (***-ck-***) Ⓤ 셀락《칠》(을 칠하다); 《美俗》 (느닷없이) 때리다, 참패시키다. **-láck·ing** *n.* Ⓒ (보통 *sing.*) 《俗》 채찍질(의 벌); 때려눕힘; 대패.
shéll còmpany 매수호가(買收呼價)의 대상이 되었던 2류 회사.
shéll ègg (분말로 하지 않은) 보통 달걀.
Shel·ley[ʃéli], **Percy Bysshe** [biʃ] (1792-1822) 영국의 시인.
shéll·fìre *n.* Ⓒ 포화(砲火).
***shéll·fìsh** *n.* Ⓤ,Ⓒ 조개; 갑각(甲殼) 동물《새우·게 따위》.
shéll hèap [**mòund**] 조개무지, 「패총.
shéll·pròof *a.* 방탄(防彈)의.
shéll shòck 전쟁성(性) 정신 이상.
shéll·wòrk *n.* Ⓤ 조가비 세공.
shell·y[ʃéli] *a.* 껍질[조개] 많은[같은].
:shel·ter[ʃéltər] *n.* ① Ⓒ 은신처, 피난[도피]처(*from*); 방공호. ② Ⓤ 차폐, 보호; Ⓒ 차폐물, 보호물(*from*). ― *vt., vi.* 보호하다; 피난하다. **~ed**[-d] *a.* **~·less** *a.*
shélter·bèlt *n.* Ⓒ 방풍림(防風林).
shélter tènt (2인용) 개인 천막.
***shelve**[1][ʃelv] *vt., vi.* (…에) 선반을 달다; 선반에 얹다, 처박아 두다, 묵살하다, 깔아뭉개다.
shelve[2] *vi.* 완만히 물매[경사]지다.
***shelves**[ʃelvz] *n.* shelf의 복수.
shelv·ing[ʃélviŋ] *n.* Ⓤ 선반에 얹기; 묵살, 연기; 면직; 선반 재료.
she·nan·i·gan[ʃinǽnigən] *n.* Ⓒ (보통 *pl.*) 《美口》 허튼소리; 사기, 속임수.
She·ol[ʃíːoul] *n.* (Heb.) Ⓤ 저승; (s-) =HELL.
:shep·herd[ʃépərd] *n.* (*fem.* ***~ess***) Ⓒ 양 치는 사람; 목사(pastor). ***the Good S-*** 예수. ― *vt.* (양을) 지키다; 이끌다.
shépherd dòg 양 지키는 개.
shépherd's chéck [**pláid**] 흑백 격자 무늬(의 천).
shépherd's cróok (끝이 굽은) 목양 지팡이.
shépherd's-púrse *n.* Ⓤ,Ⓒ 냉이.
sher·bet[ʃə́ːrbit] *n.* Ⓒ,Ⓤ 셔벗《빙과의 일종》; Ⓤ,Ⓒ 《英》 찬 과즙 음료.
sherd[ʃəːrd] *n.* =SHARD.
she·reef, she·rif[ʃeríːf] *n.* Mohammed의 자손; Morocco 왕; Mecca의 장관.
Sher·i·dan[ʃérədn], **Richard Brinsley** (1751-1816) 아일랜드 태생의 극작가·정치가.
:sher·iff[ʃérif] *n.* Ⓒ ① 《英》 주(州)장관. ② 《美》 보안관《county의 치안 책임자》.
sher·lock[ʃə́ːrlɑk/-lɔk] *n.* (*or* S-) Ⓒ 《口》 사설 탐정; 명탐정《Conan Doyle의 추리 소설의 주인공 Sherlock Holmes에서》.
Sher·pa[ʃɛ́ərpə, ʃə́ːr-] *n.* Ⓒ 세르파《히말라야 남쪽 지대의 주민》.
sher·ry[ʃéri] *n.* Ⓤ,Ⓒ 셰리《스페인산 흰 포도주》.
Shér·wood Fórest [ʃə́ːrwùd-] 영국의 Nottinghamshire에 있던 옛 왕실 소유림《Robin Hood의 전설로 유명》.
†she's[ʃiːz, 弱 ʃiz] she is [has]의 「단축.
Shét·land Íslands[ʃétlənd-] 스코틀랜드 북쪽의 군도.
Shétland póny Shetland 군도 원산의 힘센 조랑말.
shew[ʃou] *v.* 《古》 =SHOW.
SHF, S.H.F., s.h.f. superhigh frequency 초고주파.
Shi·ah[ʃíːə] *n.* =SHIITE.
shib·bo·leth [ʃíbəliθ/-lèθ] *n.* (Heb.) Ⓒ (인종·계급·충성 따위를 간파하기 위해) 시험해 보는 물음말; (당파의) 구호, 표어.
:shield[ʃiːld] *n.* Ⓒ 방패; 보호물[자]; (방패 모양의) 무늬. ― *vt.* 수호[보호]하다. **∠·er** *n.* Ⓒ 방호자[물].
:shift[ʃift] *vt.* 바꾸다, 옮기다, 제거

하다. ── *vi.* ① 바뀌다, 옮다, 움직이다. ② 이리저리 변통하다〔둘러대다〕, 꾸려나가다; 속이다. ③ (자동차의) 기어를 바꿔 넣다. **~ *about*** 방향이 바뀌다. ── *n.* Ⓒ ① 변경, 변화, 바꿔 넣음, 교대. ② (보통 *pl.*) 수단, 방책, 이리저리 변통함. ③ 속임. ④ 〖컴〗 이동, 시프트. ***for a ~*** 임시변통으로. ***make (a) ~*** 이리저리 변통하다. ***one's last ~*** 마지막 수단. **~ *of crops*** 돌려짓기, 윤작(輪作). **∠·er** *n.*

shíft kèy 〖컴〗 시프트 키, 윗(글)쇠.

shift·less[∠lis] *a.* 주변머리 없는, 무능한; 게으른. **~·ly** *ad.* **~·ness** *n.*

shift·y[∠i] *a.* 책략〔두름성〕이 풍부한; 잘 속이는(tricky).

shig·el·lo·sis [sìgəlóusis] *n.* Ⓤ 〖病〗 적리(赤痢).

Shi·ite[ʃíːait] *n.* Ⓒ 시아파 사람《이슬람교의 일파》.

shill[ʃil], **shil·la·ber**[ʃíləbər] *n.* Ⓒ《俗》 미끼꾼, 야바위패.

:shil·ling[ʃíliŋ] *n.* Ⓒ 실링《영국의 화폐 단위; 1파운드의 20분의 1; 생략 s.; 1971년 2월 폐지》; 1실링 은화. CUT ***off with a ~***. ***take the (King's* 〔*Queen's*〕*) ~*** 《英》 입대하다.

shil·ly-shal·ly[ʃíliʃæli] *n., a., ad., vi.* Ⓤ,Ⓒ 망설임; 망설이는; 망설여; 망설이다.

shil·ly[ʃáili] *ad.* =SHY[1]ly.

***shim·mer**[ʃímər] *vi., n.* 가물가물〔어렴풋이〕 비치다; Ⓤ 희미한 빛.

shim·my[ʃími] *n., vi.* Ⓒ《美》 몸을 흔드는 재즈춤(을 추다); 몹시 흔들리다〔흔들림〕; 《口》 =CHEMISE.

***shin**[ʃin] *n., vt., vi.* **(*-nn-*)** Ⓒ 정강이(를 차다); 기어오르다.

shín·bòne *n.* Ⓒ 정강이뼈, 경골(脛骨)(tibia).

shin·dig[ʃíndìg] *n.* Ⓒ《美口》 시끄러운〔즐거운〕 모임, 댄스 파티.

shin·dy[ʃíndi] *n.* Ⓒ《口》 야단법석 소동; =SHINDIG.

†shine[ʃain] *vi.* (***shone***) ① 빛나다, 반짝이다, 비치다. ② 빼어나다, 두드러지다. ── *vt.* ① 비추다, 빛내다. ② (p. & p.p. ***shined***) (구두를) 닦다. **~ *up to*** 《俗》 …에게 환심을 사려고 하다. ── *n.* Ⓤ ① 햇빛, 일광, (날씨의) 맑음(***rain or ~*** 비가 오건 날씨가 맑건간에). ② 빛; 빛남, 반짝임, 윤기. ③ (신 따위를) 닦음. ④ 《俗》 좋아함, 애착. ⑤ (보통 *pl.*) 《口》 장난; 《俗》 법석(***make* 〔*kick up*〕 *no end of a ~*** 큰법석을 떨다).

shín·er *n.* Ⓒ 빛나는 물건, 번쩍 띄는 인물; 《美》 은빛의 작은 담수어; 《俗》 퍼렇게 멍든 눈; 《英俗》 금화; (*pl.*) 돈.

***shin·gle**[1][ʃíŋgəl] *n., vt.* Ⓒ 지붕널(로 이다); (여성 머리의) 치깎기〔깎다〕.

shin·gle[2] *n.* Ⓤ 《英》《집합적》 (바닷가 따위의) 조약돌. **shín·gly** *a.*

shin·gles[ʃíŋgəlz] *n. pl.* Ⓒ 〖醫〗 대상포진(帶狀疱疹).

shín guàrd 정강이받침.

shin·ing[ʃáiniŋ] *a.* 빛나는; 화려한; 뛰어난.

shin·ny[ʃíni] *n., vi.* Ⓤ 시니《하키의 일종》(를 하다).

***shin·y**[ʃáini] *a.* ① 빛나는, 번쩍이는, 윤이 나는; (때 묻은 옷 따위) 번들거리는. ② 햇빛이 쬐는.

†ship[ʃip] *n.* Ⓒ 배, 함(艦); 《집합적》 (함선의) 전승무원. **~ *of the line*** 〖史〗 전열함(戰列艦). ***take ~*** 승선하다, 배로 가다. ***when one's ~ comes home*** 운이 트이면, 돈이 생기면. ── *vt.* **(*-pp-*)** ① (…을) 배에 싣다〔태우다〕; 수송하다; 《口》 쫓아버리다. ② 선원으로 고용하다. ③ 파도를 뒤집어 쓰다(**~ *a sea***). ④ (배에) 설비하다. ── *vi.* 배에 타다; 선원〔뱃사람〕으로 근무하다.

-ship[ʃìp] *suf.* 명사나 형용사에 붙여 '상태, 역할, 직책, 신분, 술(術)' 따위를 나타냄: sportsmans*ship*; hard*ship*.

shíp biscuit 〔**brèad**〕 (선원용) 건빵(hardtack).

shíp·bòard *n.* Ⓤ 배(***go on ~*** 승선하다).

shíp·buìlder *n.* Ⓒ 조선(造船) 기사, 배 목수.

shíp·buìlding *n.* Ⓤ 조선.

shíp canàl 선박용 운하.

shíp chàndler 선구상(船具商).

shíp·lòad *n.* Ⓒ 배 한 척분의 적하(積荷)(량), 한 배분.

shíp·màster *n.* Ⓒ 선장.

shíp·màte *n.* Ⓒ 동료 선원.

***ship·ment**[∠mənt] *n.* ① Ⓤ,Ⓒ 선적. ② Ⓒ (배·철도·트럭 따위의) 적하(積荷)(량), 적송품.

shíp mòney 〖英史〗 건함세(建艦稅).

shíp·òwner *n.* Ⓒ 배 임자, 선주.

shíp·per *n.* Ⓒ 선적인, 화주.

:shíp·ping *n.* Ⓤ ① 배에 싣기, 선적, 실어 보내기, 출하(出荷). ② 해운업; 《美》 수송. ③ 《집합적》 선박; 선박 톤수(total tonnage).

shípping àgent 해운업자.

shípping àrticles =SHIP'S ARTICLES.

shípping bìll 적하(積荷) 명세서.

shípping màster 《英》 (선원의 고용 계약 따위에 입회하는) 해원(海員) 감독관.

shíp's árticles 선원 계약서.

shíp's bòat 구명정.

shíp·shàpe *ad., a.* 정연히〔한〕.

shíp's húsband 선박 관리인.

shíp's pápers 〖海〗 선박 서류《배의 국적 증명서, 항해일지, 선원 명부, 승객 명부 따위》.

shíp-to-shíp *a.* (미사일 따위) 함대함(艦對艦)의.

shíp·wòrm *n.* Ⓒ 〖貝〗 좀조개.

shíp·wrèck** *n., vi., vt.* Ⓤ,Ⓒ 파선, 난파; Ⓒ 난파선; Ⓤ 파멸(make ~ of*** …을 잃다); 파선하다〔시키다〕; 파멸하다〔시키다〕.

S

shíp·wrìght *n.* Ⓒ 배 목수, 조선공.
***shíp·yàrd** *n.* Ⓒ 조선소.
shire[ʃáiər] *n.* (영국의) 주(county).
shíre hòrse 《英》 짐말, 복마.
shirk[ʃəːrk] *vt., vi.* (책임을) 피하다, 게을리하다. — *n.* =SHIRKER. **∠·er** *n.* Ⓒ 게으름뱅이, 회피자.
shirr[ʃəːr] *n.* U,C 《美》 주름잡기; =SHIRRING. — *vt.* (…에) 주름을 잡다; (달걀을) 접시 익힘으로 하다. **∠·ing** *n.* Ⓤ (폭이 좁은) 장식 주름.
†**shirt**[ʃəːrt] *n.* Ⓒ 와이셔츠; 셔츠. ***keep one's ~ on*** 《俗》 냉정하다, 성내지 않다. **∠·ing** *n.* U,C 와이셔츠 감. **∠·y** *a.* 《英》 기분이 언짢은, 성난. 「먹인》.
shírt frònt 와이셔츠의 앞가슴《풀
shírt-slèeve *a.* 와이셔츠 바람의 (*in one's ~* 웃옷을 벗고); 소탈한, 평이한, 비공식의; 평범한.
shírt·wàist *n.* Ⓒ (와이셔츠식 여성) 블라우스.
shish ke·bab[ʃíʃ kəbὰːb] 꼬치에 고기와 야채를 번갈아 끼워 구운 요리.
shit[ʃit] *n., vi.* (*~; -tt-*) Ⓤ 《卑》 똥(누다). — *int.* 염병할, 빌어먹을.
shiv[ʃiv] *n., vt.* (*-vv-*) Ⓒ 《俗》 면도날; 나이프(로 찌르다).
Shi·va[ʃíːvə] *n.* =SIVA.
‡**shiv·er**[1][ʃívər] *n., vi., vt.* Ⓒ 부들부들떪〔떨(게 하)다〕. ***give a person the ~s*** 오싹하게 하다. **~·y** [-vəri] *a.*
shiver[2] *n.* Ⓒ (보통 *pl.*) 파편, (깨진) 조각. — *vt., vi.* 부수다; 부서지다.
***shoal**[1][ʃoul] *n., vi., a.* Ⓒ 모래톱, 여울목(이 되다), 얕아지다; 얕은. **∠·y** *a.* 여울이 많은.
shoal[2] *n., vi.* Ⓒ 무리; 떼; 다수; 어군; 떼를 짓다〔지어 유영하다〕. ***~s of*** 많은.
shoat[ʃout] *n.* Ⓒ 새끼 돼지.
†**shock**[1][ʃak/-ɔ-] *n.* U,C ① 충격, 충돌, 격동; 진동. ② (정신적) 타격, 쇼크. — *vt.* (…에게) 충격을〔쇼크를〕 주다. — *vi.* 충돌하다. **∠·er** *n.* Ⓒ 오싹하게 하는 것; 《英口》 선정적인 소설. ***∠·ing** *a., ad.* 충격적인, 오싹〔섬뜩〕하게 하는, 무서운; 지독한, 망측한; 《口》 지독하게.
shock[2] *n.* Ⓒ 헝클어진 머리; 부스스한〔더부룩한〕 것.
shock[3] *n.* Ⓒ (옥수수·밀 따위의) 낟가리. — *vt., vi.* (낟가리를) 가리다.
shóck absòrber 완충기(器)〔장치〕.
shóck àction 〖軍〗 충격 (작전).
shóck dòg 삽살개.
shóck·héaded *a.* 머리가 덥수룩한, 난발의.
shóck·pròof *a.* 충격에 견디는.
shóck stàll 〖空〗 (비행기의 속도가 음속에 가까워질 때 일어나는) 충격파(波) 실속(失速).
shóck tàctics (장갑 부대 등의) 급습 전술; 급격한 행동.
shóck thèrapy (정신병의) 충격〔전격〕 요법.
shóck tròops 특공대.
shóck wàve 〖理〗 충격파(波).
shod[ʃad/-ɔ-] *v.* shoe의 과거(분사). 「거 분사.
shod·den[ʃάdn/-ɔ́-] *v.* shoe의 과
shod·dy[ʃάdi/-ɔ́-] *n.* Ⓤ 재생 털실; 재생 나사; 가짜, 위조품. — *a.* (헌 털실) 재생의; 가짜의, 굴퉁이의 (pretentious).
†**shoe**[ʃuː] *n.* (*pl.* **~s**, 《古》 ***shoon***) Ⓒ ① 《美》 신, 구두; 《英》 단화. ② 편자; (지팡이 등의) 끝쇠; (브레이크의) 접촉부; 타이어의 외피(外皮). DIE[2] ***in one's ~s. look after*** 〔***wait for***〕 ***dead men's ~s*** 남의 유산(등)을 노리다. ***Over ~s, over boots.*** 《속담》 이왕 내친 걸음이면 끝까지. ***stand in another's ~s*** 아무를〔남을〕 대신하다, 남의 입장이 돼보다. ***That's another pair of ~s.*** 그것과는 전혀 별문제. ***The ~ is on the other foot.*** 형세가 역전되었다. ***where the ~ pinches*** 곤란한〔성가신〕 점. — *vt.* (***shod; shod, shodden***) 신을〔구두를〕 신기다; 편자〔끝쇠〕를 대다.
shóe·blàck *n.* Ⓒ 구두닦이.
shóe·brùsh *n.* Ⓒ 구둣솔.
shóe bùckle 구두의 죔쇠.
shóe·hòrn *n.* Ⓒ 구둣주걱.
shóe·làce *n.* Ⓒ 구두끈.
shóe lèather 구두가죽; 《俗》 구두, 신.
***shóe·màker** *n.* Ⓒ 구두 만드는〔고치는〕 사람, 제화공.
shóe pòlish 구두약.
shóe·shìne *n.* Ⓒ 《美》 신을 닦음; 닦인 신의 겉면. 「세 자금.
shóe·strìng *n.* Ⓒ 구두끈; 《口》 영
shóestring majórity 간신히 넘은 과반수.
shóe trèe 구두의 골.
Sho·lo·khov [ʃóuloukɔːf, -kaf/-kɔf], **Mikhail** (1905-84) 러시아의 소설가《Nobel 문학상 수상(1965)》.
‡**shone**[ʃoun/ʃɔn] *v.* shine의 과거(분사). 「다).
shoo [ʃuː] *int., vt., vi.* 쉿(하고 쫓
shoo·fly[∠flài] *n.* Ⓒ 《美》 임시 도로〔선로〕; 《美》 경관의 행위를 조사하는(사복) 경관; 《美》 흔들의자《백조·말 따위의 동물의 모습으로 만든 목마》. ~ ***pie*** 당밀을 반죽한 가루와 겹쳐 구운 파이.
shóo-ìn[ʃúːìn] *n.* Ⓒ 《口》 당선〔우승〕이 확실한 후보자〔경쟁자〕.
‡**shook**[ʃuk] *v.* shake의 과거.
shóok-úp *a.* 《美俗》 몹시 흥분〔동요〕한.
shoon[ʃuːn] *n.* 《古》 shoe의 복수.
†**shoot**[ʃuːt] *vt.* (***shot***) ① 발사하다; (활·총을) 쏘다; 쏴 죽이다; 던지다; (질문을) 퍼붓다. ② 쑥 내밀다(~ *out one's tongue*). ③ (공을) 슈트하다. ④ (급류를) 내려가다. ⑤ 〖映〗

촬영하다(cf. shot[1]). ⑥ (대패로) 곧게 밀다〔깎다〕, (금·은실을) 짜넣다(*silk shot with gold*). ⑦ (육분의로) 고도를 재다(～ *the sun*). ― *vi.* ① 쏘다, 내쏘다; 사출하다; 질주하다. ② (털이) 나다; (싹이) 나오다, 싹을 내다; 돌출하다(*up*). ③ 들이쑤시다. ***be shot through with*** …로 그득 차 있다. ***I'll be shot if ...*** 결단코 …아니다. **～ *down*** (적기를) 격추하다; …의 꿈이 깨지다; (논쟁 등에서) 윽박지르다, 말로 해내다; 실망시키다. **～ *out*** 무력으로 해결하다. **～ *the moon*** 《英俗》 야반도주하다. **～ *the works*** 《美俗》 전력을 다하다; 전재산을 걸다. ― *n.* Ⓒ ① 사격(회); 《俗》 주사. ② 급류. ③ 어린 가지. ④ 물건을 미끄러져 내리는 장치(chute). **∠·er** *n.*

shoot-'em-up [ʃúːtəmʌ̀p] *n.* Ⓒ 《口》 총싸움·유혈장면이 많은 영화.

:shoot·ing [∠iŋ] *n.* ① Ⓤ 사격, 발사; 총사냥, 수렵(권). ② Ⓤ 사출; (영화) 촬영. ③ Ⓤ,Ⓒ 격통.

shóoting bòx 〔**lòdge**〕 《英》 사냥막.

shóoting ìron 《美口》 총, 권총.

shóoting rànge 사격장.

shóoting scrìpt 〖映〗 촬영 대본.

shóoting stàr 유성.

shóoting wár 실전(實戰), 무력전쟁(cf. cold war).

†shop [ʃɑp/-ɔ-] *n.* Ⓒ ① 《英》 가게 《미국에서는 보통 store》. ② 공장, 작업장. ③ 일터, 직장, 근무처. ***all over the ～*** 《俗》 사방팔방으로; 어수선하게 흩뜨려, 엉망으로. ***talk ～*** 장사〔전문〕 얘기만 하다. ***the other ～*** 경쟁 상대가 되는 가게. ― *vi.* (**-pp-**) 물건을 사다, 물건 사러〔장보러〕 가다.

shóp assìstant 《英》 점원.

shóp chàirman 〔**dèputy**〕 = SHOP STEWARD.

shóp flóor (공장 등의) 작업장; (the ～) 《집합적》 공장 근로자.

shóp·gìrl *n.* Ⓒ 여점원.

shóp·kèeper *n.* Ⓒ 《英》 가게 주인. ***the nation of ～s*** 영국(민) 《Napoleon이 경멸적으로 이렇게 불렀음》.

shóp·kèeping *n.* Ⓤ 소매업.

shóp·lìfter *n.* Ⓒ 들치기《사람》.

shóp·lìfting *n.* Ⓤ 들치기《행위》.

shop·man [∠mən] *n.* Ⓒ 점원.

shóp·per *n.* Ⓒ (물건) 사는 손님.

†shop·ping [∠iŋ] *n.* Ⓤ 물건사기, 쇼핑. ***go ～*** 물건 사러 가다.

shópping bàg 〔**bàsket**〕 장바구니.

shópping cènter 《美》 상점가(街).

shópping màll 보행자 전용 상점가.

shóp·sòiled *a.* =SHOPWORN.

shóp stèward 《주로 英》 (노조의) 직장 대표.

shóp·tàlk *n.* Ⓤ 장사〔직업〕상의 (전문) 용어.

shóp·wàlker *n.* Ⓒ 《英》 =FLOORWALKER.

shóp·wìndow *n.* =SHOW WINDOW.

shóp·wòrn *a.* (점포에) 오랫동안 내놓아 찌든.

shor·an [ʃɔ́ːræn] (< *Sh*ort *Ra*nge *N*avigation) *n.* (*or* S-) Ⓤ 〖空〗 단거리 무선 항법 장치.

†shore[1] [ʃɔːr] *n.* Ⓒ (강·호수의) 언덕; Ⓒ 해안; Ⓤ 뭍, 육지. ***in ～*** 해안 가까이. ***off ～*** 해안을 (멀리) 떨어져. ***on ～*** 육지〔뭍〕에서, 육지로.

shore[2] *n., vt.* Ⓒ 지주(支柱)(로 버티다)(*up*). **shór·ing** *n.* 《집합적》 지주.

shore[3] *v.* 《方》 shear의 과거.

shóre lèave 〖海軍〗 상륙 허가 (시간).

shóre·lìne *n.* Ⓒ 해안선.

shóre patròl 〖美海軍〗 헌병《생략 SP》.

shore·ward [∠wərd] *ad., a.* 해안〔육지〕 쪽으로〔의〕.

shorn [ʃɔːrn] *v.* shear의 과거분사.

†short [ʃɔːrt] *a.* ① 짧은; 키가 작은; 간단한. ② (길이·무게 따위가) 부족한, 모자라는; 〖商〗 공매(空賣)하는, 물품 부족의. ③ (짤막하고도) 퉁명스런(*a ～ answer*). ④ 무른, 깨지기 쉬운; 부서지기 쉬운, 헤식은, 푸석푸석한(cf. shorten)(*This cake eats ～*. 입에 대면 파삭파삭한다). ⑤ 독한《술 따위》. ⑥ 〖音聲〗 짧은 음의(*～ vowels*). ***be ～ of*** …에 미치지 못하다〔않다〕. ***be ～ with*** …에게 대하여 상냥하지 않다. ***in the ～ run*** 요컨대. ***little ～ of*** …에 가까운. ***make ～ work of*** 재빨리 처리하다. ***nothing ～ of*** 참으로〔아주〕…한. ***run ～*** 부족〔결핍〕하다. ***to be ～*** 요컨대, 간단히 말하면. ― *ad.* 짧게; 부족하여; 갑자기; 무르게; 무뚝뚝하게. ***bring*** 〔***pull***〕 ***up ～*** 갑자기 멈추다〔서다〕. ***come*** 〔***fall***〕 ***～ of*** 미달하다, 미치지 못하다, (기대에) 어긋나다. ***jump ～*** 잘못 뛰다. ***run ～*** 없어지다, 바닥나다(*of*). ***sell ～*** 공매(空賣)하다. ***～ of*** …이 아닌 한, …을 제외하고(*～ of lying* 거짓말만은 빼고/ *～ of that* 게까지는 못간다 하더라도). ***stop ～*** 갑자기 그치다, 중단하다. ***take*** (*a person*) ***up ～*** 이야기를 가로막다. ― *n.* ① Ⓤ 짧음, 간결, 간단. ② (the ～) 요점. ③ Ⓒ 결손, 부족; 짧은 것. ④ Ⓒ 단음; 단편 소설; (*pl.*) 반바지. ⑤ Ⓒ 〖野〗 유격수. ***for ～*** 약(略)하여. ***in ～*** 요컨대, 결국. ― *vt., vi.* 〖電〗 단락(短絡)〔쇼트〕하다. **:∠·ly** *ad.* 곧, 멀지 않아; 짤막하게, 쌀쌀〔무뚝뚝〕하게. **∠·ness** *n.*

:short·age [∠idʒ] *n.* Ⓤ,Ⓒ 부족, 결핍, 동이 남; Ⓒ 부족액〔량〕.

shórt ànd =AMPERSAND.

shórt bìll 단기 어음.

shórt·brèad, -càke *n.* Ⓤ,Ⓒ 쇼트 케이크.

shórt-chánge *vt.* 《口》 (…에게) 거스름돈을 덜 주다; 속이다.

shórt círcuit 〖電〗 누전, 쇼트.

shórt-círcuit *vt., vi.* 〖電〗 단락(短絡)〔쇼트, 합선〕시키다〔하다〕; 간략히 하다.

S

***shórt·còming** *n.* Ⓒ (보통 *pl.*) 결점; 결핍.
shórt cómmons 식량의 (공급) 부족, 불충분한 식사.
shórt cùt 지름길.
shórt·dàted *a.* 〖經〗 단기의《어음 따위》.
***short·en**[∠n] *vt., vi.* 짧게 하다, 짧아지다; (*vt.*) 무르게〔푸석푸석하게〕하다. **~·ing** *n.* Ⓤ 단축; 쇼트닝《빵·과자를 눅지게 하는 것; 버터 따위》.
shórt·fàll *n.* Ⓒ 부족액, 적자.
‡shórt·hànd *n., a.* Ⓤ 속기(의).
shórt-hánded *a.* 일손〔사람〕 부족의.
shórt·hòrn *n.* Ⓒ 뿔이 짧은 소《육우》.
shórt-líved *a.* 단명의, 덧없는, 일시적인.
shórt òrder (식당의) 즉석 요리.
shórt sále 《美》 〖商〗 단기 예측 매각, 공매(空賣).
***shórt-shórt** *n.* Ⓒ 장편(掌篇) 소설.
shórt shríft (사형 직전에 주는) 짧은 참회의 시간; 짧은 유예, 무자비. ***give* ~ *to*** 재빨리 해치우다.
shórt síght 근시; 단견(短見).
‡shórt-síghted *a.* 근시의, 선견지명이 없는. **~ness** *n.*
shórt-spòken *a.* 말씨가 간결한; 무접없는.
shórt·stòp *n.* Ⓒ 〖野〗 유격수.
shórt stóry 단편 소설.
shórt supplý 공급 부족.
shórt témper 성마름.
shórt-témpered *a.* 성마른.
shórt-tèrm *a.* 단기의.
shórt tíme 〖經〗 조업 단축.
shórt tón ⇨TON.
shórt tráck spèed skáting 쇼트 트랙《한 바퀴가 111.12 미터인 오벌 트랙에서 행하는 스피드 스케이트 경기》.
shórt-wáisted *a.* 허리둘레선이 높은《어깨와 허리 사이가 평균보다 짧은 옷을 말함》.
shórt wáve 단파.
shórt-wáve *a., vt.* 단파의; 단파로 보내다.
shórt-wínded *a.* 숨가빠하는, 헐떡이는.
short·y[ʃɔ́ːrti] *n.* Ⓒ 《口》 꼬마《사람, 물건》.
Sho·sta·ko·vich [ʃɑ̀stəkóuvitʃ/-ʃɔ́-], **Dimitri D.** (1906–75) 러시아의 작곡가.
‡shot[1][ʃɑt/-ɔ-] *n.* (*pl.* **~(*s*)**) ① Ⓒ 탄환, 포탄; Ⓤ 《집합적》 산탄(散彈); Ⓒ,Ⓤ 〖競〗 (16파운드 (이상)의) 포환. ② Ⓒ 발포, 발사; 사정(射程); 겨냥, 저격; 사격수(*a good* ~). ③ Ⓒ 《俗》 (약의) 한 번 복용; (1회의) 주사. ④ Ⓒ 〖映〗 촬영 거리. ***big*** **~** 《美》 거물, 명사. ***have a*** **~** 시도하다, 해보다(*at, for*); 노리다, 겨누다(*at*). ***like a*** **~** 곧. ***long*** **~** 원사(遠寫); 어림 짐작; 곤란한 기도(企圖). ***put the*** **~** 포환을 던지다. ― *vt.* (***-tt-***) …에 탄알을 재다, 장탄하다.
shot[2] *v.* shoot의 과거(분사). ― *a.* (직물이) 보기에 따라 빛이 변하게 짠, 양색(兩色)의(~ *silk*).
shote[ʃout] *n.* =SHOAT.
shót efféct, the 〖電子〗 (진공관의 음극에서 방사되는 열전자의) 산탄(散彈) 효과.
shót·gùn *n.* Ⓒ 새총, 산탄총.
shótgun márriage 〔**wédding**〕 (임신으로 인한) 강제적 결혼.
shót-pròof *a.* 방탄의.
shót-pùt *n.* (the ~) 투포환. **~·ter** *n.* Ⓒ 투포환 선수.
†should[強 ʃud, 弱 ʃəd] *aux. v.* ① shall의 과거; 《간접화법에서 표면상의 과거》 …할〔일〕것이다(*He said he* ~ *be at home.* =He said, "I *shall* be at home."). ② 《조건문에서, 인칭에 관계없이》(*If I* 〔*he*〕 ~ *fail* 만일 실패한다면). ③ 《조건문의 귀결의 단순미래》(*If he should do it, I* ~ *be angry.* 만약 그가 그런 일을 한다면 나는 화낼걸세). ④ 《의무·책임》 당연히 …해야한다(*You* ~ *do it at once.*). ⑤ 《이성적·감정적 판단에 수반하여》(*It is only natural that you* ~ *say so.; It is a pity he* ~ *be so ignorant.; Why* ~ *he be so stubborn?*). ⑥ 《완곡한 표현을 수반하여》…하겠죠, …일〔할〕 테지요(*I* ~ *think so.* 그러리라 생각합니다(만)). ***I*** **~** ***like to*** …하고 싶다〔싶습니다만〕. ***It*** **~** ***seem*** …인것〔한 것〕 같습니다, …처럼 생각되다 《It seems …보다 정중한 말투》.
†shoul·der[ʃóuldər] *n.* Ⓒ 어깨, 어깨고기《앞발의》(*the cold* ~ *of mutton* 양의 냉동 견육(肩肉)); 어깨에 해당하는 부분(*the* ~ *of a bottle; the* ~ *of a road* 도로 양쪽 변두리); 〖軍〗 어깨에 총의 자세. ***have broad*** **~s** 튼튼한 어깨를 가지고 있다. ***put*** 〔***set***〕 ***one's*** **~** ***to the wheel*** 노력〔전력〕하다. ***rub*** **~s** ***with*** …와 사귀다《유명 인사 따위》. **~** ***to*** **~** 밀집하여; 협력하여. ***straight from the*** **~** (욕설·타격 따위가) 곧장, 정면〔정통〕으로, 호되게. ***turn*** 〔***give***〕 ***the cold*** **~** ***to***… (전에 친했던 사람)에게 냉담히 굴다. ― *vt.* 짊어지다; 지다, 떠맡다; 밀어 헤치며 나아가다. ***S- arms!*** 《구령》 어깨에 총!
shóulder bàg 어깨에 걸고 다니는 핸드백.
shóulder bèlt (자동차 좌석의) 안전 벨트.
shóulder blàde 〔**bòne**〕 〖解〗 견갑골, 어깨뼈.
shóulder hòlster 권총 장착용 어깨띠.
shóulder knòt 〖軍〗 (정장의) 견장(肩章).
shóulder lòop 《美軍》 (장교의) 견장.
shóulder màrk 《美》 해군 장교의 견장.
shóulder stràp 견장. 「단축.
†should·n't [ʃúdnt] should not의
shouldst [ʃudst] *aux. v.* 《古》 =

SHOULD《주어가 thou 일 때》.

†**shout**[ʃaut] *vi.* 외치다, 소리치다, 부르짖다, 큰소리로 말하다(*at*); 고함치다(*for, to*); 떠들어대다(*for, with*) (*All is over but the ~ing.* 승부는 났다《남은 것은 갈채뿐》). ── *vt.* 외쳐[큰소리로] 말하다. ── *n.* Ⓒ 외침, 소리침, 큰소리; (*sing.; one's* ~)《俗》한 턱낼 차례(*It's my ~.*). **∠·er** *n.* Ⓒ 외치는 사람;《美》열렬한 지지자.

***shove**[ʃʌv] *vt., vi., n.* 밀(치)다; 찌르다; Ⓒ (보통 *sing.*) 밀기; 찌르기. **~ off** (배를) 밀어내다; 저어 나아가다;《口》떠나다, 출발하다.

‡**shov·el**[ʃʌ́vəl] *n.* Ⓒ 삽; 큰 순갈. ── *vt.* (《英》 *-ll-*) 삽으로 푸다[만들다].

shóvel·bòard *n.* =SHUFFLEBOARD.

shóvel hàt (주로 영국에서 목사가 쓰는) 모자의 일종.

†**show** [ʃou] *vt.* (*~ed; ~n,* 《稀》 *~ed*) ① 보이다, 나타내다. ② 알리다, 가리키다. ③ 진열[출품]하다. ④ 안내하다; 설명하다. ⑤ (감정을) 나타내다, (호의를) 보이다(~ *mercy*). ── *vi.* ① 보이다, 밖에 나오다(*Pardon, your slip is ~ing.* 실례입니다만 부인의 슬립(자락)이 밖으로 비져 나왔군요). ②《口》얼굴을 내밀다. ③《美》(경마에서) 3착이내에 들다. ④ 흥행하다. **~ (*a person*) over** 안내하며 돌아다니다. **~ off** 자랑해 보이다; 잘 보이다, 드러나게[돋보이게] 하다. **~ up** 폭로하다, 본성을 드러내다; 두드러지다; 나타나다. ── *n.* ① Ⓒ 보임, 표시. ② Ⓒ 전람(회), 구경(거리), 연극, 쇼; 영화; 웃음거리. ③ Ⓤ,Ⓒ 겉꾸밈, 과시. ④ Ⓒ 징후, 흔적; Ⓤ 외관. ⑤ Ⓒ (*sing.*)《口》기회(*He hasn't a ~ of winning.* 이길 가망은 없다). ⑥ Ⓤ《美》(경마에서) 3착. **for ~** 자랑해 보이려고. **give away the ~** 내막을 폭로하다; 마각[약점]을 드러내다; 실언하다. **in ~** 표면은. **make a ~ of** …을 자랑해 보이다. **make a ~ of oneself** 웃음거리가 되다. **no ~** 결석객(客)《여객기의 좌석 예약을 취소 안한 채의》. **~ of hands** (찬부의) 거수(擧手). **with some ~ of reason** 그럴듯하게.

shów·er[1] *n.*

shów·bìll *n.* Ⓒ 포스터, 광고 쪽지; 진행 순서표.

shów·bìz *n.*《美俗》=SHOW BUSINESS.

shów·bòat *n.* Ⓒ 연예선(演藝船).

shów bùsiness 흥행업.

shów càrd 광고 쪽지; 상품견본이 붙은 카드.

shów·càse *n.* Ⓒ 진열장.

shów·dòwn *n.* Ⓒ (보통 *sing.*) 폭로; 대결.

‡**show·er**[2][ʃáuər] *n.* Ⓒ ① 소나기. ② (눈물이) 쏟아짐; (탄알 따위가) 빗발 치듯함, 많음. ③《美》(결혼식 전의 신부에의) 선물 (증정회). ④ = SHOWER BATH. ── *vt.* 소나기로 적시다; 뿌리다. ── *vi.* 소나기가 쏟아지다; 빗발치듯 내리다[오다]. **~·y** *a.*

shówer bàth 샤워; 샤워 장치.

show·ing[ʃóuiŋ] *n.* Ⓒ 전시; 진열, 꾸밈; 전람[전시]회; (보통 *sing.*) 외관, 모양새; 성적; 주장. **make a good ~** 모양새가 좋다; 좋은 성적을 올리다. **on your own ~** 당신 자신의 변명에 의하여.

shów jùmping 〖馬〗장애물 뛰어넘기《경기》.

show·man[ʃóumən] *n.* Ⓒ 흥행사. **~·ship**[-ʃìp] Ⓤ 흥행술, 흥행적 수완[재능].

‡**shown**[ʃoun] *v.* show의 과거분사.

shów-òff *n.* Ⓤ 자랑해 보임, 과시; Ⓒ 자랑해 보이는 사람.

shów·pìece *n.* Ⓒ (전시용의) 우수 견본, 특별품.

shów·plàce *n.* Ⓒ 명승지.

shów·ròom *n.* Ⓒ 진열실.

shów·stòpper *n.* Ⓒ (무대 진행을 중단시킬 정도의) 대갈채를 얻은 것《노래·가수·배우 등》.

shów wìndow 진열창.

***show·y**[ʃóui] *a.* 화려한; 허세를[허영을] 부리는.

***shrank**[ʃræŋk] *v.* shrink의 과거.

shrap·nel[ʃrǽpnəl] *n.* Ⓤ《집합적》〖軍〗유산탄(榴散彈) (파편).

***shred**[ʃred] *n.* Ⓒ (보통 *pl.*) 조각, 끄트러기, 단편; 소량. ── *vt., vi.* (*~ded, shred; -dd-*) 조각조각으로 하다[이 되다].

shred·der[ʃrédər] *n.* Ⓒ 강판; 문서 절단기.

shrew[ʃru:] *n.* Ⓒ 앙알[으드등]거리는 여자; =SHREWMOUSE. **∠·ish** *a.*

‡**shrewd**[ʃru:d] *a.* ① 빈틈없는, 기민한, 약빠른. ② 모진, 심한. **∠·ly** *ad.* **∠·ness** *n.*

shréw·mòuse *n.* Ⓒ〖動〗뾰족뒤쥐.

‡**shriek**[ʃri:k] *n., vi.* Ⓒ 비명(을 지르다), 새된 소리를 지르다; 그 소리.

shriev·al·ty[ʃrí:vəlti] *n.* Ⓤ,Ⓒ《英》주 장관의 직[권한, 임기].

shrift[ʃrift] *n.* Ⓤ,Ⓒ《古》참회, 뉘우침.

shrike[ʃraik] *n.* Ⓒ〖鳥〗때까치.

‡**shrill**[ʃril] *a., n.* Ⓒ 날카로운 소리(의); 강렬한. ── *ad., vt., vi.* 높은 소리로 (말하다), 새된[날카로운] 소리로 (소리치다); 날카롭게 (울리다). **shríl·ly** *ad.*

***shrimp**[ʃrimp] *n.* Ⓒ 작은 새우; 난쟁이, 얼간이.

‡**shrine**[ʃrain] *n.* Ⓒ ① 감실(龕室), 성체 용기. ② 사당, 신전(神殿), 묘(廟). ── *vt.* 감실[사당]에 모시다.

‡**shrink**[ʃriŋk] *vi.* (*shrank, shrunk; shrunk*(*en*)) 줄어[오므라, 움츠러]들다; 뒷걸음질 치다(*away, back, from doing*). ── *vt.* 줄어들게 하다, 움츠리다. ── *n.* Ⓒ 수축; 뒷걸음질;《美俗》정신과 의사. **~·age** [∠idʒ] *n.* Ⓤ 수축(량); 감소, 하락.

shrínking víolet 수줍음을 타는

S

내성적인 사람.
shrínk-resìstant *a.* 줄지 않는, 방축(防縮)의.
shrive[ʃraiv] *vt.* (***shrove, ~d; shriven, ~d***) 《古》 (신부가) 참회를 듣고 죄를 용서하다. — ***vi.*** 《古》 참회를 듣다; 참회하다, 뉘우치다.
shriv·el[ʃrívəl] *vi., vt.* (《英》 ***-ll-***) 시들〔이울〕(게 하)다.
Shrop·shire[ʃrάpʃiər/-ɔ́-] *n.* 영국 Salop주의 구칭; Ⓒ (영국산) 뿔 없는 양《식육용》.
shroud[ʃraud] *n., vt.* Ⓒ 수의(壽衣)(를 입히다); 덮개(로 가리다〔싸다〕); (*pl.*) 〖海〗 양옆 뱃전에 버틴 돛대줄.
shrove[ʃrouv] *v.* shrive의 과거.
Shrove·tide[⌐tàid] *n.* 참회절《DENT전의 3일간》.
‡**shrub**[ʃrʌb] *n.* Ⓒ 관목(bush). **⌐·ber·y** *n.* Ⓒ 관목 심은 곳; Ⓤ《집합적》 관목숲. **⌐·by** *a.* 관목의〔이우거진〕; 관목성(性)의.
shrug**[ʃrʌg] *vt., vi.* (-gg-***), *n.* Ⓒ (보통 *sing.*) (어깨를) 으쓱하다〔하기〕. ~ ***one's shoulders*** (양손바닥을 위로 하여) 어깨를 으쓱하다《불쾌·불찬성·절망·경멸 따위의 기분을 나타냄》.
***shrunk**[ʃrʌŋk] *v.* shrink의 과거분사.
shrunk·en[ʃrʌ́ŋkən] *v.* shrink의 「과거분사.
shuck[ʃʌk] *n., vt.* Ⓒ 껍질〔껍데기, 꼬투리〕(을 벗기다); 《美》 조금(*I don't care a* ~. 조금도 상관 없다).
shucks[-s] *int.* 《口》 쳇!, 빌어먹을!《불쾌·초조·후회 등을 나타냄》.
‡**shud·der**[ʃʌ́dər] *n., vi.* Ⓒ 떪; 떨다.
shuf·fle**[ʃʌ́fl] *vt., vi.* ① 발을 질질 끌다; 〖댄스〗 발을 끌며 나아가다. ② 뒤섞다, (트럼프를) 섞어서 떼다(cf. cut). ③ 이리저리 움직이다; 속이다. ④ (옷 따위를) 걸치다, 벗다 (*into, out of*). ~ ***off (벗어) 버리다. — *n.* Ⓒ ① (보통 *sing.*) 발을 질질 끄는 걸음; 〖댄스〗 발끌기. ② 뒤섞음; 트럼프패를 쳐서 뗌〔떼는 차례〕. ③ 잔재주. ④ 속임, (말을) 어물거림〔꾸며댐〕. **~r** *n.* Ⓒ shuffle하는 사람.
shúffle·bòard *n.* Ⓤ (갑판 위에서 하는) 원반 치기 게임.
shun**[ʃʌn] *vt.* (-nn-***) (기)피하다 (avoid).
'shun[ʃʌn] *int.* 차렷!《Attention의 단축형》.
shunt[ʃʌnt] *vt.* 옆으로 돌리다〔비키다〕; 제거하다; 〖鐵〗 측선(側線)에 넣다, 전철(轉轍)〔입환〕하다. — *vi., n.* Ⓒ (보통 *sing.*) 한쪽으로 비키다〔비킴〕; 측선으로 들어가다 〔들어가기〕; Ⓒ 전철(기(器)); 〖電〗 분로(分路).
†**shut**[ʃʌt] *vt., vi.* (***shut; -tt-***) 닫(히)다; 잠그다, 잠기다. ~ ***away*** 격리하다, 가두다. ~ ***down*** 닫다; 《口》 (일시적으로) 휴업〔폐쇄〕하다. ~ ***in*** 가두다; (가로) 막다. ~ ***into*** …에 가두다; (도어 따위에 손가락이) 끼이다. ~ ***off*** (가스·물 따위를) 잠그다, (소리 따위를) 가로막다; 제외하다(*from*). ~ ***one's teeth*** 이를 악물다. ~ ***out*** 내쫓다, 들이지 않다; 가로막다; 영패시키다. ~ ***to*** (문 따위를) 꼭 닫다, 뚜껑을 덮다; (문이) 닫히다. ~ ***up*** (집을) 아주 닫다〔폐쇄하다〕; 감금〔투옥〕하다; 《口》 침묵하다〔시키다〕. — *n.* Ⓤ 닫음, 닫는 시간; 끝; 〖音聲〗 폐쇄음《[p] [b] 따위》. — *a.* 닫은, 잠근, 둘러싸인; 폐쇄음의; (음절이) 자음으로 끝나는.
shút·dòwn *n.* Ⓒ 공장 폐쇄, 휴업; 〖컴〗 중단.
shút-ìn *a., n.* Ⓒ (집에 꼭) 갇힌〔병「자〕.
shút·òff *n.* Ⓒ (막아 잠그는) 고동, 마개.
shút·òut *n.* Ⓒ 내쫓음, 공장폐쇄; 「영패.
‡**shut·ter**[ʃʌ́tər] *n., vt.* Ⓒ 덧문(을 달다, 닫다); 〖寫〗 셔터.
shútter·bùg *n.* Ⓒ 《美俗》 〖寫〗 사진광(狂).
***shut·tle**[ʃʌ́tl] *n., vi.* Ⓒ (베틀의) 북(처럼 움직이다); 왕복 운동〔운전〕(하다); 우주 왕복선.
shúttle bómbing 연속 왕복 폭격.
shúttle·còck *n., vt., vi.* Ⓒ (배드민턴의) 깃털공(치기 놀이); (깃털공을) 서로 받아 치다; 이리저리 움직이다.
shúttle diplòmacy (특사·고관 등에 의한) 왕복 외교. 「행.
shúttle sèrvice (근거리) 왕복 운
shúttle tráin 근거리 왕복 열차.
‡**shy**[1][ʃai] *a.* ① 내성적인, 수줍어〔부끄러워〕하는. ② 겁많은. ③ 조심성 많은(*of*). ④ 《俗》 부족한(*of, on*). ***fight*** ~ ***of*** (…을) 피하다. ***look*** ~ (…을) 의심하다(*at, on*). — *n., vi.* Ⓒ 뒷걸음질(치다); (말이) 놀라 물러서다〔물러섬〕. * **⌐·ly** *n.* * **⌐·ness** *n.*
shy[2] *vt., vi., n.* Ⓒ (몸을 틀어) 홱 (내) 던지다〔기〕; 《口》 냉소.
Shy·lock[ʃáilɑk/-lɔk] *n.* 샤일록《Sh(ak). 작 *The Merchant of Venice*의》; Ⓒ 냉혹한 고리 대금업자.
shy·ster[ʃáistər] *n.* Ⓒ 《美口》 악덕 변호사. 「음》.
si[si:] *n.* Ⓤ,Ⓒ 〖樂〗 시《장음계의 제7
Si 〖化〗 silicon.
SI Système International d'Unité (=International System of Units) 국제 단위. **S.I.** (Order of) the Star of India; Sandwich Islands; Staten Island.
Si·am[saiǽm, ⌐⌐] *n.* 샴《공식 이름 Thailand》.
Si·a·mese[sàiəmí:z] *a., n.* 샴의; Ⓒ 샴사람(의); Ⓤ 샴 말(의).
sib[sib] *a., n.* Ⓒ 일가(붙이)(의); 친척; 형제.
Si·be·li·us [sibéiliəs, -ljəs], **Jean** (1865-1957) 핀란드의 작곡가.
***Si·be·ri·a**[saibíəriə] *n.* 시베리아.

-an *a., n.*
sib·i·lant[síbələnt] *a., n.* 쉬쉬 소리를 내는(hissing); Ⓒ 〖音聲〗 치찰음(齒擦音)《[s] [z] [ʃ] [ʒ] 따위》.
sib·i·la·tion[sìbəléiʃən] *n.* Ⓤ 마찰음 발성; 식식거림.
sib·ling[síbliŋ] *a., n.* Ⓒ 형제의 (한 사람).
sib·yl[síbil] *n.* Ⓒ (옛 그리스·로마의) 무당, 여자 예언자〔신탁자〕; 마녀. **~·line**[síbəlìːn, -làin] *a.*
sic[sik] *vt.* 공격하다, 덤벼들다《특히 개에 대한 명령》(*S- him!*); 추기다.
sic[sik] *ad.* (L.) (원문) 그대로 (so, thus).
***Sic·i·ly**[sísəli] *n.* 시칠리아섬. **Si·cil·i·an**[sisíliən, -ljən] *a., n.*
†**sick**[1][sik] *a.* ① 병의(《英》 ill); 병자용의(*a ~ room* 병실). ②《주로 英》 욕지기가 나는(*feel ~*). ③ 싫증이 나는, 물린; 넌더리나는(*of*). ④ 아니꼬운, 역겨운(*at*). ⑤ 그리워하는, 흐노는(*~ for home*). ⑥ (색·빛이) 바랜, 창백한; 상태가〔몸이〕 좋지 않은; (술맛이) 변한; 〖農〗 (땅이) (…의 생장에) 맞지 않는(*clover-~*). ***be ~ at heart*** 비관하다. ***fall*** 〔***get***〕 ~ 병에 걸리다. ***go*** 〔***report***〕 ~ 〖軍〗 병결근 신고를 내다.
sick[2] *vt.* =SIC.
síck bày (군함의) 병실.
síck·bèd *n.* Ⓒ 병상(病床).
síck bènefit 《英》 질병 수당.
***sick·en**[síkən] *vt., vi.* ① 병나게 하다, 병이 되다. ② 역겹게 하다, 역겨워하다(*at*). ③ 넌더리〔싫증〕 나게 하다, 넌더리〔싫증〕내다(*of*). **~·ing** *a.*
sick·en·er[-ər] *n.* Ⓒ 진절머리 나게 하는 것.
síck héadache 편두통(migraine) 《구역질이 나는》.
sick·ish[ˊiʃ] *a.* 좀 느글거리는, (몸이) 좋지 않은.
sick·le**[síkəl] *n.* Ⓒ (작은) 낫. **~ *cell anemia 〖醫〗 겸형(鎌形) 적혈구 빈혈증.
síck lèave 병가(病暇).
síck lìst 환자 명부.
***sick·ly**[síkli] *a.* ① 골골하는, 병약한, 창백한. ② 몸에 나쁜(*a ~ season*). ③ 감상적〔병적〕인. ④ 역겹게 하는. — *ad.* 병적으로. — *vt.* 창백하게 하다. **-li·ness** *n.*
síck-màking *a.*《口》 토할 것 같은; 병에 걸릴 것 같은.
:**sick·ness**[ˊnis] *n.* ① Ⓤ,Ⓒ 병; 병태. ② Ⓤ《英》 역겨움, 구역질.
síckness bàg =DISPOSAL BAG.
síck·òut *n.* Ⓒ 병을 구실로 하는 비공식 파업.
síck pày 병가(病暇) 중의 수당.
síck·ròom *n.* Ⓒ 병실.
†**side**[said] *n.* ① Ⓒ 곁, 옆. ② Ⓒ 사면, (물체의) 측면, 쪽; 면(面). ③ Ⓒ 옆〔허〕구리(고기). ④ Ⓒ (적과 자기편의) 편, 조(組), 자기편. ⑤ Ⓒ 가, 끝, 변두리(*the ~ of the river* 강변, 강가); 뱃전. ⑥ Ⓒ (보통 *sing.*) (아버지쪽·어머니쪽의) 쪽, 계(系), 혈통. ⑦ Ⓤ《英俗》 젠체〔잘 난체〕하기(*He has lots of ~.* 굉장히 뽐내는 기세다). ***by the ~ of*** …의 곁〔옆〕에; …와 비교하여. ***change ~s*** 변절하다. ***hold*** 〔***shake***〕 ***one's ~s for*** 〔***with***〕 ***laughter*** 배를 움켜쥐고 웃다. ***on all ~s*** 사면팔방에. ***on the large*** 〔***small, high***〕 ~ 좀 큰〔작은, 높은〕 편인. ***on the right*** 〔***better, bright***〕 ~ ***of*** (*fifty*), (50세) 전인. ***on the wrong*** 〔***shady***〕 ~ ***of*** (*fifty*), (50)의 고개를 넘어. ***put on*** ~《俗》 젠체하다, 뽐내다; 〖撞〗 공을 틀어치다. ~ ***by*** ~ 나란히(*with*). ***split one's ~s*** 배를 움켜쥐고 웃다. ***take ~s*** 〔***a*** ~〕 편들다(*with*). — *a.* 한〔옆〕쪽의; 옆〔곁〕(으로부터)의(*a ~ view* 측면도); 그다지 중요치 않은; 부〔이〕차적인(*a ~ issue* 지엽적인 문제). — *vi.* 편들다, 찬성하다(*with*). — *vt.* 치우다, 밀어젖히다; 측면을 붙이다 (*~ a house*).
síde àrms 휴대 무기《권총·검 따위》.
***síde·bòard** *n.* Ⓒ 살강, 식기 선반.
síde·bùrns *n. pl.* 짧은 구레나룻.
síde·càr *n.* Ⓤ,Ⓒ (오토바이의) 사이드카.
síde dìsh (주요리에) 곁들여 내는 요리.
síde effèct 부작용.
síde-glànce *n.* Ⓒ 곁눈질; 짧은 언급.
síde hòrse 〖體操〗 안마.
síde ìssue 지엽적인 문제.
síde·kìck(er) *n.* Ⓒ (한) 동아리, 짝패(partner); 친구.
síde lìght 측면광(光); 옆창; 우연한 정보.
síde lìne 측선(側線); 〖競〗 사이드라인; (*pl.*) 사이드라인의 바깥쪽; 부업, 내직.
síde·lìne *vt.*《口》 (병·부상으로, 선수에게) 참가를 안 시키다.
síde·lòng *a., ad.* 옆의〔으로〕, 곁에〔으로〕, (엇)비스듬한〔히〕.
síde mèat 《美南部·中部》 =BACON.
síde òrder 별도 주문(의)《좀 더 먹고 싶을 때의 주문》.
síde·pìece *n.* Ⓒ (보통 the ~)(물건의) 측면부(wing).
si·de·re·al[saidíəriəl] *a.* 별의, 항성(恒星)의; 별자리의, 성좌의.
sidéreal dáy 항성일(恒星日)《24시간보다 약 4분 짧음》.
sid·er·ite[sídəràit] *n.* Ⓤ 능철광.
síde·sàddle *n.* Ⓒ (여자용의) 모로 앉게 된 안장.
síde shòw 여흥; 지엽적 문제.
síde·slìp *n., vi.* (**-pp-**) Ⓒ 옆으로 미끄러짐〔미끄러지다〕.
síde·splìtting *a.* 포복절도할〔의〕.
síde stèp (한걸음) 옆으로 비키기; (책임 따위의) 회피.
síde-stèp *vi., vt.* (**-pp-**) (한 걸음)

S

옆으로 비키다; 회피하다《책임을》.
síde strèet 옆길, 뒷골목.
síde·stròke *n.* Ⓤ (보통 the ~) 〖水泳〗 모재비헤엄, 사이드스트로크.
síde·swìpe *n., vt., vi.* Ⓒ 옆을 (스쳐) 치기〔치다〕.
síde·tràck *n., vt.* Ⓒ 〖鐵〗 측선〔대피선〕(에 넣다); 피하다.
:síde·wàlk *n.* Ⓒ《美》보도, 인도 (《英》 pavement).
síde·wàrd *a., ad.* 옆(으로)의; (*ad.*) =**sídewards** 옆에, 곁으로.
síde·wày *n.* Ⓒ 옆길; 인도.
:síde·wàys[-z], **síde·wìse** *a., ad.* 옆에(서), 옆의; 옆으로〔옆을〕 향한.
síde-whèel *a.* 〖海〗 (기선이) 외륜식(外輪式)의.
síde wìnd 옆바람; 간접적인 것《공격·방법·영향 등》.
síde·wìnder *n.* Ⓒ《口》 옆으로부터의 일격; 《美》방울뱀의 일종; 《美》 〖軍〗 공대공 미사일.
sid·ing[sáidiŋ] *n.* Ⓒ 〖鐵〗 측선(側線); 대피선; Ⓤ《美》(가옥의) 미늘판벽; 편들기, 가담.
si·dle[sáidl] *vi.* 옆걸음질하다; (가만히) 다가들다.
***Sid·ney**[sídni], **Sir Philip**(1554-86) 영국의 군인·시인·정치가.
SIDS sudden infant death syndrome 유아 돌연사 증후군.
:siege[si:dʒ] *n.* Ⓒ,Ⓤ 포위(공격). ***lay ~ to*** …을 포위하다, 줄기차게 공격하다. ***raise the ~ on*** …에 대한 포위를 풀다. ***stand a ~*** 포위(공격)에 굴하지 않다.
Síeg·fried Lìne[sí:gfri:d-] 지크프리트선《제2차 대전에 앞서 독일이 구축한 서부 일대의 요새선》.
Sien·kie·wicz [ʃenkjéivitʃ], **Henryk**(1846-1916) 폴란드의 소설가《주저(主著) *Quo Vadis*(1896)》.
si·en·na[siénə] *n.* Ⓤ 시에나 색, 황갈색(의 그림물감).
si·er·ra[siέərə] *n.* Ⓒ (보통 *pl.*) 톱니처럼 솟은 산맥.
Siérra Le·ó·ne[-lióuni] 아프리카 서부의 영연방내의 공화국《수도 Freetown》.
si·es·ta[siéstə] *n.* (Sp.) Ⓒ 낮잠.
***sieve**[siv] *n., vt.* Ⓒ 체(질하다); 거르다.
:sift[sift] *vt.* 체질하다, 밭다; (증언 따위를) 정사(精査)〔음미〕하다. — *vi.* 체를 빠져 (나오듯) 떨어지다; (빛이) 새어들다. **∠·er** *n.*
:sigh[sai] *n., vi.* ① Ⓒ 탄식, 한숨〔짓다〕. ② Ⓒ (바람이) 살랑거리다〔거리는 소리〕. ③ 그리(워 하)다(*for*). ④ 슬퍼하다(*over*). — *vt.* 한숨쉬며 말하다(*out*); (…을) 슬퍼하다.
†sight[sait] *n.* ① Ⓤ 시각, 시력. ② Ⓤ 시계(視界). ③ Ⓤ 봄, 일견, 힐끗 봄(glimpse), 목격, 관찰. ④ Ⓒ 구경거리, 웃음거리. ⑤ Ⓒ 광경; (*pl.*) (*the* ~) 명승지; 경치; Ⓤ 일람(一覽). ⑥ Ⓤ 보기, 견해. ⑦ Ⓒ (총의) 가늠쇠〔자〕. ⑧ Ⓒ《口》 많음. ***a (long) ~ better***《口》 훨씬 좋은〔나은〕. ***a ~ for sore eyes***《口》 보기만 해도 반가운 것《귀한 손님·진품》. ***at first ~*** 한 번 보아; 일견한 바로는. ***at*** 〔***on***〕 ***~*** 보자 곧, 보자마자; 보는 대로〔즉시〕. ***catch*** 〔***get***〕 ***~ of*** …을 발견하다. ***in a person's ~*** 아무의 눈 앞에서; …의 눈으로 보면. ***in ~*** (***of***)(…에서) 보이는〔보일 정도로 가까운 곳에〕. ***keep in ~*** …의 모습을〔자태를〕 놓치지 않도록 하다. ***know by ~*** 안면이 있다. ***lose ~ of*** …의 모습을 잃다〔놓치다〕. ***out of ~*** 안 보이는 곳에. ***Out of ~, out of mind.***《속담》 헤어지면 마음조차 멀어진다. ***see*** 〔***do***〕 ***the ~s*** 명소를 구경하다. ***take a ~ of*** …을 보다〔바로보다〕. ***take ~*** 노리다, 겨누다. — *vt.* 보다, 목격하다; 관측하다; 겨누다, 조준하다; 일람(一覽)시키다. **∠·less** *a.* 보지 못하는, 맹목의. **∠·ly** *a.* 보기 싫지 않은; 전망이〔경치가〕 좋은.
síght bìll 〔**dràft**〕 〖商〗 일람불 어음〔환어음〕.
síght-rèad *vt., vi.* (~ [-red]) 〖樂〗 악보를 보고 거침없이 연주하다, 시주〔시창〕(視奏〔視唱〕)하다.
:síght-sèeing *n., a.* Ⓤ 관광〔구경〕(의). ***~ bus*** 관광 버스.
***síght·sèer** *n.* Ⓒ 관광객.
síght·wòrthy *a.* 볼 만한.
sig·ma[sígmə] *n.* 그리스어 알파벳의 열여덟째 글자《Σ, σ, (어미에서는 ς); 로마자의 S, s에 해당》.
†sign[sain] *n.* Ⓒ ① 기호, 부호. ② (신호의) 손짓, 사인; 암호. ③ 간판, 길잡이. ④ 증거, 표시, 징후; 흔적, 자취. ⑤ 〖聖〗 기적(*seek a ~* 기적을 찾다). ⑥ 〖天〗 (12궁(宮)의) 궁(宮). ***make no ~*** (기절하여) 꿈쩍않다. ***~ manual*** (국왕 등의) 친서, 서명. ***~s and wonders*** 기적. — *vt., vi.* ① 신호〔군호〕하다. ② 서명〔조인〕하다. ③ (*vt.*) (상대에게) 서명시켜 고용〔계약〕하다. ④ (*vt.*) 기호를 달다. ⑤ (*vi.*) 서명하여 고용되다(*She ~ed for a year.*). ***~ away*** 〔***over***〕 (서명한 다음) 양도하다. ***~ off*** 방송이 끝남을 알리다; 서명하고 …을 끊다《술 따위》. ***~ on*** 계약서에 서명시키고 고용하다〔서명을 하고 고용되다〕. ***~ on the dotted line*** 사후(事後) 승낙을 강요당하다; 상대방의 조건을 묵인하다. ***~ up*** 《口》(계약서에) 서명하고 고용되다; 참가하다.
Si·gnac[sinjǽk], **Paul**(1863-1935) 프랑스 신인상파의 화가.
:sig·nal[sígnəl] *n.* Ⓒ 신호, 군호; 도화선(*for*); 〖카드〗 짝패에게 보내는 암호의 수. — *a.* 신호(용)의; 뛰어난, 훌륭한. — *vi., vt.* (《英》 ***-ll-***) 신호〔군호〕로 알리다; (*vt.*) (…의) 전조가〔조짐이〕 되다. **~·(l)ing** *n.* Ⓒ 신호. **~·ly** *ad.*
sígnal-bòx *n.* Ⓒ《英》(철도의) 신

호소.
Sígnal Còrps 〖美陸軍〗 통신단.
sig·nal·ize [-àiz] *vt.* 두드러지게〔눈에 띄게〕하다; 신호하다.
sígnal·man [-mən, -mæ̀n] *n.* Ⓒ (철도 따위의) 신호수.
sig·nal·ment [sígməlmənt] *n.* Ⓒ 인상서(人相書).
sig·na·to·ry [sígnətɔ̀:ri/-təri] *a., n.* 서명〔조인〕한; Ⓒ 서명인, 조인국.
sígnal tòwer 《美》 (철도의) 신호소.
***sig·na·ture** [sígnətʃər] *n.* Ⓒ ① 서명. ② 〖樂〗 (조·박자) 기호. ③ 〖印〗 접지 번호, (번호 매긴) 전지(全紙). ④ (방송 프로 전후의) 테마 음악.
sígn·bòard *n.* Ⓒ 간판.
sig·net [sígnit] *n.* Ⓒ 인발, 인장 (small seal).
sígnet rìng 인장을 새긴 반지.
***sig·nif·i·cance** [signífikəns] *n.* Ⓤ 의미(심장), 중대성. ***-cant** *a.* 의미 심장한; 중대한; …을 뜻하는 (*of*). **-cant·ly** *ad.*
sig·ni·fi·ca·tion [sìgnəfikéiʃən] *n.* Ⓤ 의미, 의의, Ⓒ 어의; Ⓤ,Ⓒ 표시, 지시. **sig·nif·i·ca·tive** [signífəkèitiv/-kətiv] *a.* 나타내는(*of*); 뜻이 있는.
***sig·ni·fy** [sígnəfài] *vt., vi.* 나타내다, 의미〔뜻〕하다; 예시하다; 중대하다.
sígn lànguage 수화(手話), 지화법(指話法); 손짓〔몸짓〕말.
sígn-òff *n.* Ⓤ 방송 종료.
si·gnor [sin:jɔ́:r, sí:njɔ:r] *n.* (It.) (*pl.* ***-ri*** [-ri:]) =MR., SIR.
si·gno·ra [sinjɔ́:rə] *n.* (It.) (*pl.* ***-re*** [-re]) =MRS., LADY.
si·gno·ri·na [sì:njɔ:rí:nə] *n.* (It.) (*pl.* ***-ne*** [-ne]) =MISS.
si·gno·ri·no [sìnjɔ:rí:nou] *n.* (It.) (*pl.* ***-ni*** [-ni]) =MASTER.
sígn·pòst *n.* Ⓒ 길잡이, 도표(道標).
Sikh [si:k] *n., a.* Ⓒ 시크교도(의). **~·ism** [´izəm] *n.* Ⓤ 시크교《인도 북부의 종교》.
Sik·kim [síkəm] *n.* 시킴《Nepal과 Bhutan 중간에 위치한 인도 보호령》.
si·lage [sáilidʒ] *n., vt.* =ENSILAGE.
†**si·lence** [sáiləns] *n.* ① Ⓤ 침묵; 정적. ② Ⓤ,Ⓒ 무소식(*Excuse me for my long ~.*). ③ Ⓤ 망각(*pass into ~* 잊혀지다); 침묵을 지킴, 비밀; 묵살. ***keep ~*** 침묵을 지키다. ***put to ~*** 윽박질러 침묵시키다, 잠잠하게 하다. — *vt.* 침묵시키다. — *int.* 조용히!; 입닥쳐! **sí·lenc·er** *n.* Ⓒ 침묵 시키는 사람〔것〕; 소음(消音)장치.
†**si·lent** [sáilənt] *a.* ① 침묵하는, 무언의. ② 조용한; 활동하지 않는. ③ 익명의. ④ 〖音聲〗 묵음의. ***~·ly** *ad.* 무언으로, 잠자코; 조용히.
Sílent Majórity 《특히 美》 그다지 의견을 말하지 않는 국민의 대다수; 일반 대중.
sílent pártner 《美》 익명 조합원 (《英》 sleeping partner).
sílent sóldier 《軍俗》 지뢰(地雷).
sílent spríng 공해나 살충제에 의한 자연 파괴.
Si·le·sia [sailí:ʃə, sil-, -ʒə] *n.* 체코와 폴란드에 걸친 지방; (s-) Ⓤ 실레지아 천.
Si·lex [sáileks] *n.* 〖商標〗 사일렉스 《내열(耐熱) 유리의 진공 커피 끓이개》; (s-) =SILICA.
***sil·hou·ette** [sìlu(:)ét] *n.* Ⓒ 실루엣, 그림자(그림); (옆얼굴의) 흑색 반면 영상(半面影像); 영상. — *vt.* 실루엣으로 하다(*a tree ~d against the blue sky* 파란 하늘을 배경으로 검게 보이는 나무).
sil·i·ca [sílikə] *n.* Ⓤ 〖化〗 실리카, 규토(珪土), (무수) 규산. 「조제》.
sílica gèl 〖化〗 실리카 겔《흡습·건
sil·i·cate [síləkit, -kèit] *n.* Ⓤ,Ⓒ 〖化〗 규산염. 「토(질)의.
si·li·ceous [silíʃəs] *a.* 규산의; 규
si·líc·ic ácid [silísik-] 〖化〗 규산.
sil·i·con [síləkən] *n.* Ⓤ 〖化〗 규소.
sil·i·co·sis [sìləkóusis] *n.* Ⓤ 〖醫〗 규폐증(珪肺症). **sil·i·cot·ic** [-kátik/-ɔ́-] *a.* 규폐증의.
†**silk** [silk] *n.* Ⓤ ① 비단, 견사(絹絲)(*raw ~* 생사). ② (*pl.*) 견직물, 비단옷. ③ 《英口》 왕실 변호사(의 제복). ***hit the ~*** 《美空軍俗》 낙하산으로 뛰어 내리다. ***take*** (***the***) ***~*** 왕실 변호사가 되다. ***You cannot make a ~ purse out of a sow's ear.*** 《속담》 돼지 귀로 비단 염낭은 만들 수 없다; 콩심은 데 콩 나고 팥 심은 데 팥 난다.
***silk·en** [´ən] *a.* 비단의〔으로 만든〕; 비단 같은 (윤이 나는), 반드러운; 비단옷을 입은, 사치스런.
sílk gówn (barrister가 입는) 비단 가운(cf. stuff gown).
sílk hát 실크 해트.
Sílk Róad, the 실크 로드, 비단길 《장안(長安)·돈황(敦煌)·바그다드·로마를 잇는 고대의 교역로》.
sílk-scrèen *a.* 실크 스크린의. ***~ print*** 〔***process***〕 실크 스크린 인쇄〔날염법〕.
sílk-stócking *n., a.* Ⓒ 비단 양말(을 신은); 사치스런 (사람).
sílk·wòrm *n.* Ⓒ 누에.
silk·y [´i] *a.* 비단의〔같은〕; 반드러
sill [sil] *n.* Ⓒ 문지방, 창턱. 「운.
sil·li·man·ite [síləmənàit] *n.* Ⓤ 〖鑛〗 규선석(硅線石).
***sil·ly** [síli] *a.* ① 어리석은; 바보 같은. ② 《古》 단순한, 천진한. ③ 《古》 아연한(stunned), 아찔한(dazed). — *n.* Ⓒ 《口》 바보. **síl·li·ness** *n.*
si·lo [sáilou] *n.* (*pl.* ***~s*** [-z]), *vt.* Ⓒ (목초 저장용의) 사일로(에 저장하다); 《美》 사일로《발사 준비된 미사일 지하 격납고》.
silt [silt] *n., vt., vi.* Ⓤ 침니(沈泥)(로 막다·막히다)(***up***).

S

sil·van[sílvən] *a.* =SYLVAN.
†**sil·ver**[sílvər] *n.* Ⓤ 은; 은화; 은그릇; 은실; 질산은; 은백, 은빛. ── *a.* 은의; 은색의, 은으로 만든, 은방울 굴리는 듯한, 낭랑한, 소리가 맑은. ── *vt.* (…에) 은을 입히다, 은도금(鍍金)하다; 질산은을 칠하다; 백발이 되게 하다.
sílver áge, the 백은 시대《로마 문학의 황금 시대에 버금가는 시대; Martial, Tacitus, Juvenal 등이 활약; 영문학에서는 Anne 여왕 시대》.
sílver·fish *n.* Ⓒ《一般》(각종) 은빛의 물고기; 〖蟲〗 반대좀.
sílver fòil 〔**lèaf**〕 은박(銀箔).
sílver fóx 은빛 여우(의 털가죽).
sílver-gráy *a.* 은백색의.
sílver-háired *a.* 은발의, 백발의.
sílver íodide 요오드화은(銀).
sílver líning 검은 구름의 은빛 언저리; 불행이 행복으로 바뀔 기미, (앞날의) 광명; 밝은 면.
sílver nítrate 〖化〗 질산은(銀).
sílver pàper 은박지, 은종이; 〖寫〗 은감광지.
sílver pláte 《집합적》 은(銀)식기.
sílver-pláted *a.* 은을 입힌, 은도금한.
sílver sálmon 〖魚〗 은연어.
sílver scréen, the 영화; 은막.
sílver·smìth *n.* Ⓒ 은세공장이.
sílver stàndard 은본위제.
Sílver Stár Mèdal 〖美陸軍〗 은성 훈장.
sílver stréak, the 영국 해협.
sílver-tóngued *a.* 웅변의, 구변이 좋은, 설득력이 있는. 「품.
sílver·wáre *n.* Ⓤ 《집합적》 은제
sílver wédding 은혼식《결혼 25주년의 축하식》.
***sil·ver·y**[-i] *a.* 은과 같은; 은빛의.
sil·vi·cul·ture[sílvikʌ̀ltʃər] *n.* Ⓤ 산림 육성, 식림법.
sim·i·an [símiən] *n., a.* Ⓒ 원숭이(의, 같은).
⁑**sim·i·lar**[símələr] *a.* 유사한, 닮은꼴의. ⁑**~·ly** *ad.* 똑같이.
***sim·i·lar·i·ty**[sìməlǽrəti] *n.* Ⓤ 비슷함, 유사, 상사.
sim·i·le[síməli:/-li] *n.* Ⓤ,Ⓒ 〖修〗 직유(直喩)《보기 : as busy *as a bee*》(cf. metaphor).
si·mil·i·tude[simílətjù:d] *n.* Ⓤ 유사; Ⓒ 비슷한〔닮은〕 얼굴, 상(像); =SIMILE.
sim·i·tar[símətər] *n.* =SCIMITAR.
***sim·mer**[símər] *vi., vt.* ① (…에) 부글부글 끓다, (끓어 오르기 전에) 픽픽 소리나(게 하)다. ② 뭉글 불로 익히다. ③(격노를 참느라고 속을〔이〕) 지글지글 끓(이)다; (웃음을) 지그시 참다. **~ down** 천천히 식다, 가라앉다. ── *n.* (*sing.*) simmer 하기.
si·mo·le·on[səmóuliən] *n.* Ⓒ《美俗》 달러.
si·mon-pure[sáimənpjúər] *a.* 진짜의, 정말의. ***the real S- P-*** 진짜.
si·mo·ny[sáiməni, sím-] *n.* Ⓤ,Ⓒ 성직 매매(의 죄).
si·moom[simú:m, sai-] *n.* Ⓒ 시뭄《아라비아 지방의 열풍》. 「TON.
simp [simp] *n.* 《美俗》 =SIMPLE-
sim·per[símpər] *n., vi., vt.* Ⓒ 억지〔얼빠진〕 웃음(을 짓다, 지어 말하다), 선웃음(치다).
†**sim·ple**[símpəl] *a.* ① 단순한, 간단한, 쉬운. ② 간소한, 질박한, 수수한. ③ 자연스러운; 솔직한. ④ 티없는, 천진한; 유치한. ⑤ 하찮은; 신분이 낮은. ⑥ 순연한, 순전한. ⑦ 〖植〗 (잎이) 갈라지지 않은; 〖化〗 단체(單體)의(*a ~ eye*). ***pure and ~*** 순전한. ── *n.* Ⓒ 단순한 것; 단체(單體); 바보; 《古》 약초(medicinal plant). **~·ness** *n.* =SIMPLICITY.
símple equátion 〖數〗 일차 방정식.
símple-hèarted *a.* 순진한, 성실한.
símple ínterest 〖商〗 단리(單利).
símple machíne 〖機〗 간단한 기계《나사·지레·도르래·쐐기·바퀴와 축·사면(斜面)의 6가지 중의 하나》.
símple-mínded *a.* 순진한; 단순한; 어리석은; 정신 박약의.
símple séntence 〖文〗 단문(單文).
sim·ple·ton[símpltən] *n.* Ⓒ 바보.
sim·plex[símpleks] *a.* 단순한, 단일의; 〖通信〗 단신(單信) 방식의(*~ telegraphy* 단신법(單信法)). ── *n.* (*pl.* **~es, -plices**[-pləsì:z], ***-plicia***[simplíʃiə]) 〖文法〗 단일어, 단순어; 〖通信〗 단신법(單信法); 〖數〗 단체(團體); 〖컴〗 단(單)방향.
⁑**sim·plic·i·ty**[simplísəti] *n.* Ⓤ 단순; 평이; 간소; 소박; 순진; 무지.
sim·pli·fi·ca·tion[sìmpləfikéiʃən] *n.* Ⓤ,Ⓒ 단일화; 간소화; 평이화.
sim·pli·fied[símpləfàid] *a.* 간이화한.
***sim·pli·fy**[símpləfài] *vt.* 단일〔단순〕하게 하다; 간단〔평이〕하게 하다.
⁑**sim·ply**[símpli] *ad.* 솔직히; 단순히; 다만; 어리석게; 전혀, 순전히.
sim·u·la·crum[sìmjuléikrəm] *n.* (*pl.* ***-cra***[-krə], **~s**) Ⓒ 모습, 환영(幻影); 상(像); 가짜.
***sim·u·late**[símjulèit] *vt.* (…으로) 가장하다〔겉꾸미다〕, (짐짓) (…인) 체하다(pretend); 흉내내다. ── [-lit, lèit] *a.* 짐짓 꾸민, 가장한; 의태(擬態)의. **-lant** *a.* **-la·tion**[∸–léiʃən] *n.* Ⓤ,Ⓒ 가장, 흉내; 꾀병; 〖컴·宇宙〗 시뮬레이션, 모의 실험. **-la·tive** *a.* **-la·tor** *n.*
si·mul·cast [sáiməlkæ̀st, sím-, -kɑ̀:st] *n., vt., vi.* Ⓤ,Ⓒ 〖TV·라디오〗 동시 방송(하다).
***si·mul·ta·ne·ous**[sàiməltéiniəs, sim-] *a.* 동시의〔에 일어나는〕. ***~·ly** *ad.* **~·ness** *n.* **-ne·i·ty**[-təní:əti] *n.*
simultáneous equátions 연립 방정식. 「동시 통역.
simultáneous interpretátion
⁑**sin**[1][sin] *n.* Ⓤ,Ⓒ (도덕상의) 죄(cf. crime); Ⓒ 잘못; 위반(*against*). ***for my ~s*** 《諧》 무엇에 대한 벌인

지. ***like*** **~** 《俗》 몹시. ***the seven deadly ~s*** 〖宗〗 7가지 큰 죄, 칠죄종(七罪宗). — *vi., vt.* (*-nn-*)(죄를) 짓다(*against*). ***~ one's mercies*** 행운에 감사하지 않다. **∠·less** *a.*

sin[2][sain] *n.* =SINE.

Si·nai[sáinai, -niài], **Mt.** 시내산 《모세가 십계를 받은》.

Sin·an·thro·pus [sinǽnθrəpəs] *n.* 〖人類〗 베이징 원인.

†**since**[sins] *ad.* 그 후, 그 아래; (지금부터 몇 해·며칠) 전에. ***ever ~*** 그 후 쭉〔내내〕. ***long ~*** 훨씬 이전에〔전부터〕. ***not long ~*** 바로 최근. — *prep.* …이래. — *conj.* …(한) 이래; …이〔하〕므로(because).

‡**sin·cere**[sinsíər] *a.* 성실한, 진실의.

‡**sin·cere·ly**[sinsíərli] *ad.* 성실하게; 충심으로. ***Yours ~,*** or ***Sincerely yours*** 돈수(頓首), 경구(敬具)《편지의 끝맺음말》.

***sin·cer·i·ty**[sinsérəti] *n.* Ⓤ 성실; 성의; 정직.

Sin·clair[sinklέər, síŋklεər], **Upton** (1878-1968) 미국의 소설가·사회 비평가.

sine [sain] *n.* Ⓒ 〖數〗 사인《생략 sin》.

si·ne·cure[sáinikjùər, síni-] *n.* Ⓒ (명목뿐인) 한직(閑職).

si·ne di·e [sáini dáii] (L.) 무기한으로〔의〕.

si·ne qua non [-kwei nán/-ɔ́-] (L.) 필요 조건〔자격〕.

sin·ew**[sínjuː] *n.* Ⓤ,Ⓒ 힘줄; (*pl.*) 근육; 힘(의 원천). ***the ~s of war 군자금; 돈. — *vt.* 건(腱)으로 잇다; 근력을〔원기를〕 북돋우다. **~·ly** *a.* 근골이 늠름한.

sin·fo·niet·ta [sìnfounjétə] *n.* (It.) Ⓒ 〖樂〗 소교향악(단).

***sin·ful**[sínfəl] *a.* 죄있는, 죄많은; 버릇없는. **~·ly** *a.* **~·ness** *n.*

†**sing**[siŋ] *vi., vt.* (***sang,*** 《古》《稀》 ***sung; sung***) 노래하다, 울다, 지저귀다; (*vi.*) 울리다, (벌레·바람·미사일 따위가) 윙윙거리다; (주전자 물이 끓어) 픽픽거리다. ***~ another song*** 〔***tune***〕 (가락을〔태도를〕 바꾸어) 겸손하게 나오다(cf. ~ *the same old song* 같은 일을 되풀이 하다). **~ *out*** 《口》 큰소리로 부르다, 소리치다. **~ *small*** 《口》 풀이 죽다. — *n.* Ⓒ 노랫소리, 우는 소리; (탄환·바람의) 윙윙소리. ‡**∠·er** *n.*

sing. single; singular.

sing·a·long[síŋəlɔ̀ːŋ/-lɔ̀ŋ] *n.* Ⓒ 노래 부르기 위한 모임.

Sin·ga·pore[síŋgəpɔ̀ːr/∠-∠] *n.* 싱가포르《말레이 반도 남단의 섬·공화국, 1965년 독립》.

singe[sindʒ] *vt., vi.* 태워 그스르다〔그을다〕, (*vt.*) (새나 돼지 따위의) 털을 그스르다. ***~ one's feathers*** 〔***wings***〕 명성을 손상하다; 실패하다. — *n.* Ⓒ (조금) 탐, 눌음.

Sin·gha·lese[sìŋgəlíːz, -líːs] *n., a.* Ⓒ Ceylon(섬)의 사람; Ⓤ 그 말(의).

‡**sing·ing**[síŋiŋ] *n.* Ⓤ 노래하기; 노랫소리; 지저귐; 귀울림.

†**sin·gle**[síŋgəl] *a.* ① 단 하나의. ② 혼자의, 독신의. ③ 《英》 편도의(*a ~ ticket*). ④ 단식의, 홑의, 단식 시합의. ⑤ 〖植〗 외겹(꽃)의. ⑥ 성실한; 일편단심의(~ *devotion*). ⑦ 일치한, 단결한. ***~ blessedness*** 《諧》 독신《Sh.》. ***~ combat*** (단 둘의) 맞상대 싸움. ***with a ~ eye*** 성심성의로. — *n.* Ⓒ 한개, 단일, 〖野〗 단타(單打); (*pl.*) 〖테니스〗 단식 시합, 싱글. — *vi.* 단타를 치다.

síngle-ácting *a.* 〖機〗 단동(單動)식의, 한 방향으로만 움직이는.

síngle-bréasted *a.* (윗도리·외투가) 싱글의, 외줄 단추의.

síngle-dènsity *n., a.* Ⓤ 〖컴〗 단밀도(의).

single éntry 〖野〗 단식 부기.

síngle-éyed *a.* 홑눈의, 단안(單眼)의; 한마음의, 성실한.

síngle fíle 일렬 종대(로).

síngle-hánded *a., ad.* 한 손〔사람〕의; 한마음의, 성실한; 단독으로.

síngle-héarted *a.* 성실한.

síngle-lóader *n.* Ⓒ 단발총.

síngle-mínded *a.* 성실한.

sin·gle·ness[síŋgəlnis] *n.* Ⓤ 단일, 단독; 성의.

síngle párent fàmily 편친(片親) 가정.

síngle-phàse *a.* 〖電〗 (모터가) 단상(單相)인.

síngle séater 단좌 비행기; 1인승 자동차.

síngle stándard 〖經〗 단(單)본위제; (남녀 평등의) 단일 도덕률.

síngle·stìck *n.* Ⓒ 목도(木刀); Ⓤ (한손으로 하는) 목검술.

síngle tàx 〖經〗 단일세; 지조(地組).

sin·gle·ton[síŋgəltən] *n.* Ⓒ 외동이, 한 개의 것; 〖카드〗 (달리 낼 패가 없는) 한 장(패).

síngle·trèe *n.* Ⓒ 물추리 막대《마구의 끄는 줄을 매는 가로대》.

***sin·gly**[síŋgli] *ad.* 혼자서, 단독으로; 하나씩; 제 힘으로.

Síng Sìng 미국 N.Y. 주에 있는 교도소.

sing·song[síŋsɔ̀ːŋ/-sɔ̀ŋ] *n., a., vt., vi.* (a ~) 단조(로운); Ⓒ 《英》 즉흥 노래〔성악〕 대회; 단조롭게 노래〔얘기〕하다.

‡**sin·gu·lar**[síŋgjələr] *a.* ① 단 하나의, 개개의; 각각의; 〖文〗 단수의. ② 독특한; 훌륭한, 멋진; 이상〔기묘〕한, 현저한. — *n.* (the ~) 〖文〗 단수(형). ***all and ~*** 모조리. **~·ly** *ad.* **-lar·i·ty**[∠-lǽrəti] *n.* Ⓤ 이상, 기이; 기이한 버릇; 비범; 단독; 단일.

***sin·is·ter**[sínistər] *a.* ① 불길한; 사악한, 음험한, 부정직한; 불행한. ② 〖紋〗 방패의 왼쪽《마주 보아 오른쪽》의; 왼쪽의. **~·ly** *ad.*

sin·is·tral[sínistrəl] *a.* 왼쪽의; 왼손잡이의; 왼쪽으로 말린《고둥 따위》.

‡**sink**[siŋk] *vi.* (***sank, sunk; sunk, sunken***) ① 가라앉다, 침몰하다. ② (해·달 등이) 지다; 내려앉다. ③ 쇠약해지다; 몰락〔타락〕하다. ④ 스며들

다(*in, into, through*). ⑤ 우묵[홀쭉]해지다, 쑥 빠지다; 처지다, 낮아지다, (바람이) 잔잔해진다. — *vt.* ① 가라앉히다, 침몰시키다. ② 낮추다, 숙이다, 떨어뜨리다. ③ 약하게 하다; 낮게 하다; 줄이다. ④ (재산을) 잃다; (자본을) 무익하게 투자하다. ⑤ 조각하다, 새겨 넣다; 파다. ⑥ (국채를) 상환하다. ⑦ (이름·신분을) 숨기다; 무시하다. **~ *oneself*** 사리(私利)를 버리(고 남을 위하)다. **~ *or swim*** 운을 하늘에 맡기고, 성패간에. **~ *the shop*** 직업[전문]을 숨기다. — *n.* Ⓒ (부엌의) 수채; 하수구(溝), 구정물통; 소굴(*a* ~ *of iniquity* 악한의 소굴). **∠·er** *n.* Ⓒ sink 하는 사람[것]; 《美俗》 도넛; 〖野〗 '싱커'《드롭시키는 투구(投球)》.

sink·ing[síŋkiŋ] *n.* Ⓤ,Ⓒ 가라앉음; 침하; 투자; 저하; 무기력.

sínking fùnd 감채(減債) 기금.

sínk ùnit 부엌 설비《수채, 찬장, 조리대》(kitchen unit).

sin·less[sínlis] *a.* 죄 없는.

***sin·ner**[sínər] *n.* Ⓒ (도덕상의) 죄인.

Sinn Fein [ʃín féin] 신페인당(黨)《아일랜드 독립당》.

Si·no-[sáinou, -nə, sín-] '중국'의 뜻의 결합사.

Sìno-Koréan *a.* 한중의, 한국과 중국에 관한. — *n.* Ⓤ 한국어 속의 중국어.

Si·nol·o·gy[sainálədʒi, si-/-ɔ́-] *n.* Ⓤ 중국학. **-gist** *n.*

sin·u·ous[sínjuəs] *a.* 꾸불꾸불한; 빙퉁그러진; 복잡한. **~·ly** *ad.*

S

si·nus[sáinəs] *n.* (*pl.* **~es;** ~) Ⓒ 우묵한 곳; 〖解〗 동(洞), 두(竇), (특히) 정맥동; 〖醫〗 누(瘻).

si·nus·i·tis [sàinəsáitis] *n.* Ⓤ 〖醫〗 정맥동염(靜脈洞炎); 부비강염(副鼻腔炎).

Si·on[sáiən] *n.* =ZION.

Sioux[su:] (*pl.* ~[su:z]) *a., n.* (the ~) 수족《북미 인디언의 한 종족》(의). **Síou·an** *a., n.* Ⓒ 수족(의).

:sip[sip] *n.* Ⓒ 한 모금, 한번 홀짝임[마심]. — *vt., vi.* (**-pp-**) 홀짝홀짝 마시다[빨다].

***si·phon**[sàifən] *n., vt., vi.* Ⓒ 사이펀(으로 빨아올리다, 을 통하다).

SIPRI Stockholm International Peace Research Institute 스톡홀름 국제 평화 연구소.

†sir[強 sə:r, 弱 sər] *n.* ① 님, 선생(님), 나리. ② 이봐!《꾸짖을 때 따위》. ③ (*pl.*) 《상용문》 각위(各位), 여러분. ④ 《英》 (S-) 경(卿)《knight 또는 baronet 의 이름 또는 성에 붙임》.

***sire**[saiər] *n.* Ⓒ ① 노년자; 장로. ② 폐하, 전하《군주에의 경칭》. ③ 《詩》 아버지, 부조(父祖). ④ 씨말. — *vt.* (씨말이) 낳다(beget).

***si·ren**[sáiərən] *n.* ① (S-) 〖그神〗 사이렌《아름다운 노랫소리로 뱃사람을 유혹하여 난파시켰다는 요정》. ② Ⓒ 미성(美聲)의 가수; 인어. ③ Ⓒ 경적, 사이렌. — *a.* 매혹적인.

síren sùit 《英俗》 (몸에 맞는) 가죽옷.

si·ri·a·sis [siráiəsis] (*pl.* **-ses** [-si:z]) *n.* Ⓤ 〖醫〗 일사병.

Sir·i·us [síriəs] *n.* 〖天〗 시리우스, 천랑성(天狼星).

sir·loin[sə́:rlɔin] *n.* Ⓤ,Ⓒ (소의 윗부분의) 허리고기.

si·roc·co[sirákou/-ɔ́-] *n.* (*pl.* **~s**) Ⓒ 시로코 바람; (기분이 나쁜) 열풍.

sir·(r)ee[sərí:] *int.* 《美》 sir 의 강조형《yes, no의 뒤에 붙음》.

***sir·up**[sírəp, sə́:rəp] *n.* =SYRUP.

sis[sis] *n.* 《口》 =SISTER.

sí·sal (hèmp)[sáisəl(-), sís(-)] *n.* Ⓤ 사이잘삼《로프용》.

sísal·kràft *n.* Ⓤ 사이잘크라프트지(紙)《튼튼한 판지》.

sis-boom-bah[sísbù:mbá:] *int.* 후레이후레이. — *n.* Ⓤ 《美俗》 보는 스포츠《특히 풋볼》.

sis·sy[sísi] *n.* Ⓒ 소녀; 《口》 여자 같은[나약한] 사내(아이).

†sis·ter[sístər] *n.* Ⓒ ① 자매, 언니, 누이《누나·여동생》. ② 여자 친구[회원]. ③ 〖가톨릭〗 수녀. ***be like ~s*** 매우 다정하다. — *a.* 자매의[와 같은]; 짝[쌍]의. **~ *language*** 자매어. ***the three Sisters*** 〖그神〗 운명의 3여신. **~·hood**[-hùd] *n.* Ⓤ 자매의 관계[정]; Ⓒ (종교적인) 여성단체, 부인회. **~·ly** *ad.*

síster-gérman *n.* (*pl.* ***sisters-german***) Ⓒ 같은 부모를 가진 자매, 친자매.

síster-in-làw** *n.* (*pl.* ***sisters-) Ⓒ 올케·시누이·형수·계수·처남댁·처형·처제 등.

síster shíp 자매선《같은 설계로 건조된 동형선》.

Sis·y·phe·an[sìsəfí:ən] *a.* 〖그神〗 Sisyphus 왕의; 끝없는(~ *labor* 끝없는 헛수고).

Sis·y·phus[sísəfəs] *n.* 〖그神〗 그리스의 못된 왕《죽은 후 지옥에 떨어져, 벌로서 큰 돌을 산꼭대기에 옮기게 되었으나 끝내 이루지 못했음》.

†sit[sit] *vi.* (**sat,** 《古》 **sate; sat; -tt-**) ① 앉다, 걸터 앉다, 착석하다. ② (선반 따위의) 얹혀 있다. ③ (새가) 앉다; 알을 품다. ④ (옷이) 맞다(~ *well* [*ill*] *on him*). ⑤ (바람이) 불다. ⑥ 출석하다. ⑦ 의석을 갖다; 의원이 되다(~ *in Congress*). ⑧ 개회[개정]하다. — *vt.* 착석시키다; (말을) 타다. ***make*** (*a person*) **~ *up*** 《俗》 깜짝 놀라게 하다; 고생시키다. **~ *at home*** 죽치다, 칩거하다. **~ *back*** (의자에) 깊숙이 앉다; 일을 피하다; 아무 일도 하지 않고 일이 일어나기를 기다리다. **~ *down*** 앉다; 착수하다(*to*); (모욕을) 감수하다(*under*). **~ *for*** (시험을) 치르다; (초상화를) 그리게 하다, (사진을) 찍게 하다; (선거구를) 대표하다. **~ *heavy on*** (*a person*) 먹은 것이 얹히다, 징건하다; 괴롭히다. **~ *in***

judgment on …을 (멋대로) 비판하다. ~ ***light on*** 부담[고통]이 되지 않다. ~ ***loosely on*** (의견·주의 등이) 중요시 되지 않다, 아무래도 좋다. ~ ***on*** [***upon***] (위원회 따위의) 일원이다; 심리하다; 《口》 윽박지르다. ~ ***on one's*** HANDS. ~ ***on the fence*** 형세[기회]를 관망하다. ~ ***out*** (댄스 따위에서) 축에 끼지 않다; (음악회·시험장에서) 마지막까지 남다; (딴 손님보다) 오래 앉아 있다. ~ ***under*** …의 설교를 듣다. ~ ***up*** 일어나다; 상반신을 일으키다; 자지 않고 있다(~ *up late* 밤 늦게까지 안 자다); 깜짝 놀라다, 깜짝 놀라 정신차리다. ***sít·ter** *n.* Ⓒ sit하는 사람, 착석자; BABY-SITTER; 《俗》 수월한 일. ***sit·ting**[sítiŋ] *n.* Ⓤ 착석; Ⓒ 한 차례 일; 회기; 개정(기간). ***at a*** [***one***] ***sitting*** 단숨에.

SITC Standard International Trade Classification 표준 국제 무역 분류.

sit·com[sítkɑ̀m/-ɔ̀-] *n.* 《美俗》 = SITUATION COMEDY.

sít-dòwn (strìke)[⌐dàun(-)] *n.* Ⓒ 농성 파업.

:site[sait] *n.* Ⓒ 위치, 장소; 용지, 부지.

sít-ìn *n.* Ⓒ 연좌 (농성) 항의《특히 미국의 인종차별에 대한》.

si·tol·o·gy[saitɑ́lədʒi/-tɔ́l-] *n.* Ⓤ 영양학, 식품학.

sítting dúck 손쉬운 표적(easy target); 봉.

†sítting ròom 거실.

sit·u·ate[sítʃuèit] *a.* 《古》 =⇩.

:sit·u·at·ed[sítʃuèitid] *a.* 있는, 위치한(*at, on*); 입장에 놓인.

:sit·u·a·tion[sìtʃuéiʃən] *n.* Ⓒ ① 위치, 장소. ② 형세; 입장, 처지. ③ 지위, 직(職). ④ (연극의) 아슬아슬한 고비.

situátion còmedy 〖TV〗 연속 코미디.

situátion ròom 전황 보고실.

sít·ùp *n.* Ⓒ 반듯이 누웠다가 상체만 일으키는 복근(腹筋) 운동.

sitz·krieg[sítskrì:g] *n.* (G.) 지구전(持久戰)(cf. *blitzkrieg*).

Si·va[sí:və, ʃí:-] *n.* 〖힌두教〗 시바, 대자재천(大自在天)《파괴의 신》.

†six[siks] *n., a.* Ⓤ,Ⓒ 6(의). ***at ~es and sevens*** 혼란하여; 불일치하여. ***gone for ~*** 〖英軍〗 전투중 행방불명되어. ***It's ~ of one and half-a-dozen of the other.*** 오십보 백보다. **⌐·fòld** *a., ad.* 6배의[로], 6겹의[으로].

síx-fóoter *n.* Ⓒ 《口》 키가 6피트인 사람, 키다리.

***síx·pènce** *n.* Ⓒ 《英》 6펜스; 6펜스 은화《1971년 2월 폐지》.

síx·pènny *a.* 《英》 6펜스의; 값싼, 시시한.

síx-shóoter *n.* Ⓒ 《口》 6연발 권총.

†six·teen[síkstí:n] *n., a.* Ⓤ,Ⓒ 16(의). ***sweet ~*** =sweet SEVENTEEN. **:~th** *n., a.* Ⓤ 열여섯(번)째(의); 16분의 1(의)(*a sixteenth note* 〖樂〗 16분음표).

†sixth[siksθ] *n., a.* Ⓤ 여섯째(의); 6분의 1(의); 〖樂〗 제 6도(음정); 《英》 6학년(sixth form).

síxth cólumn 제 6 렬《FIFTH COLUMN을 도와 패배주의적 선전을 하는 그룹》.

síxth sénse 제 6 감, 직감.

†six·ty[síksti] *n., a.* Ⓤ,Ⓒ 60(의) **:-ti·eth** *n., a.* Ⓤ 60(번)째(의); 60분의 1(의).

síxty-fòur-dóllar quéstion 《美口》 가장 중요한 문제《라디오 퀴즈 프로에서》.

síxty-fòurth nòte 〖樂〗 64분 음표.

siz·a·ble[sáizəbəl] *a.* 꽤 큰.

†size[1][saiz] *n.* ① Ⓤ,Ⓒ 크기, 치수; Ⓒ (모자·구두 따위의) 사이즈, 형. ② (the ~)《口》 실정. ***be of a ~*** 같은 크기다(*with*). — *vt.* 어느 크기로 짓다; (…을) 크기별로 가르다; (…의) 치수를 재다. ~ ***down*** 점차 작게 하다. ~ ***up*** 《口》 치수를 어림잡다; (남을) 평가하다; 어떤 크기[표준]에 달하다.

size[2] *n., vt.* Ⓤ 반수(礬水)(를 칠하다); 풀(먹이다).

siz·er[sáizər] *n.* Ⓒ 치수 측정기; (과일 등의 대소별) 선별기.

siz·zle [sízəl] *vi.* 지글지글하다. — *n.* (*sing.*) 지글지글하는 소리.

S.J. Society of Jesus.

skald[skɔ:ld] *n.* Ⓒ 옛 스칸디나비아의 음송(吟誦) 시인.

†skate[1][skeit] *n., vi.* Ⓒ 스케이트 구두(의 날); 롤러 스케이트; 스케이트를 지치다. ***get*** [***put***] ***one's ~ on*** 《口》 서두르다. ~ ***over*** (이야기 중에서) 잠깐 언급하다[비추다]. ***skát·er** *n.* Ⓒ 스케이트 타는 사람.

skate[2] *n.* Ⓒ 〖魚〗 홍어.

skáte·bòard *n.* Ⓒ 스케이트보드《바퀴 달린 길이 60cm 정도의 활주판, 그 위에 타고 서서 지침》.

†skat·ing[⌐iŋ] *n.* Ⓤ 스케이트.

skáting rìnk 스케이트장.

skee·sicks, -zicks[skí:ziks] *n.* Ⓒ 《美》 부랑자, 깡패, 쓸모 없는 사람.

skeet[ski:t] *n.* Ⓤ 트랩 사격의 일종.

skein[skein] *n.* Ⓒ 타래 다발; 엉클림; (기러기 따위의) 떼.

skel·e·tal[skélətl] *a.* 골격의; 해골의[같은].

:skel·e·ton[skélətn] *n.* Ⓒ 골격, 해골; 여윈 사람[동물]; 뼈대, 골자. — *a.* 해골의; 여윈. ***family ~,*** or ***~ in the cupboard*** (남에게 숨기고 싶은) 집안의 비밀. ~ ***at the feast*** 좌흥을 깨드리는 것. **~·ize** [-àiz] *vt.* 해골로 하다; 개요를 적다(summarize); 인원을 대폭 줄이다.

skéleton clòck 투시 시계《기계 내부가 보이는 시계》.

skéleton crèw 〖海〗 기간 정원(基幹定員).

skéleton kèy (여러 자물쇠에 맞는) 결쇠.

skep·tic, 《英》 **scep-**[sképtik] *n.* Ⓒ 의심 많은 사람, 회의론자. —

S

a. =⇩. **skep·ti·cism**[-təsìzəm] *n.* Ⓤ 회의주의.

***skep·ti·cal**[sképtikəl] *a.* 의심이 많은, 회의적인.

:**sketch**[sketʃ] *n.* Ⓒ 스케치; 사생화; 애벌〔대충〕 그림; 초안. ── *vt., vi.* (…의) 약도〔스케치〕를 그리다; 사생하다, (…의) 개략을 진술하다.

skétch·bòok *n.* Ⓒ 사생첩, 스케치북; 소품〔단편, 수필〕집.

skétch màp 약도, 겨냥도.

sketch·y[ˊi] *a.* 사생(풍)의; 개략〔대강〕의.

skew [skju:] *a.* 비스듬한, 굽은; 〖數〗 비대칭의. ── *n.* Ⓤ,Ⓒ 비뚤어짐, 휨; 잘못. ── *vi., vt.* 비뚤어진〔일그러지〕(게 하)다; 굽다, 구부리다.

skew·er[skjúːər] *n., vt.* Ⓒ 꼬챙이(에 꽂다)《고기를》.

skéw-èyed *a.* 《英》 곁눈질의, 사팔눈의. 「져.

skéw-whìff *a., ad.* 《英口》 비뚤어

†**ski**[ski:] *n.* (*pl.* ~(*s*)), *vi.* Ⓒ 스키(를 타다). ˊ**·er** *n.* †ˊ**·ing** *n.* Ⓤ 스키(를 타기); 스키술.

ski·ag·ra·phy[skáiəgræ̀fi/-grɑ̀:f] *n., vt.* Ⓒ (…의) X선 사진(을 찍다).

ski·a·scope [skáiəskòup] *n.* Ⓒ 〖醫〗 (눈의 굴절을 판정하는) 검영기(檢影器).

skí-bòrne *a.* (부대 등이) 스키로 이동하는.

skid[skid] *n., vi.* (a ~) (***-dd-***) 옆으로 미끄러지기〔지다〕《차가》; 옆으로 미끄러짐을 막다; 미끄럼막이; 《美俗》 (the ~s) 몰락의 길.

skid·dy[skídi] *a.* (도로가) 옆으로 미끄러지기 쉬운. 「배.

skiff[skif] *n.* Ⓒ (혼자 젓는) 작은

ski·ffle[skífəl] *n.* Ⓤ 재즈와 포크송을 혼합한 음악의 일종《냄비·손 따위도 즉석에서 이용함》.

ski·jor·ing[skíːdʒɔ̀:riŋ] *n.* Ⓤ (말 따위에 끌리는) 스키 놀이.

skí jùmp 스키 점프(장).

:**skil·ful**[skilfəl] *a.* =SKILLFUL.

skí lìft 스키어 운반기《케이블 의자》, 리프트.

:**skill**[skil] *n.* Ⓤ 숙련, 교묘, 솜씨(*in, to* do). ***~·ed**[-d] *a.* 숙련된. :**skil(l)·ful**[ˊfəl] *a.* 숙련된, 교묘한. ***skíll·ful·ly** *ad.*

skil·let[skílit] *n.* Ⓒ 《美》 프라이팬; 《英》 스튜 냄비.

:**skim**[skim] *vt.* (***-mm-***) ① (찌끼 따위를) 떠〔걷어〕내다(*off*). ② (표면을) 스쳐 지나가다, 미끄러져 나가다. ③ 대충 훑어 읽다. ── *vi.* 스쳐 지나가다(*along, over*); (살얼음·찌끼)로 덮이다. ~ ***the cream off*** …의 노른자위를 빼내다. ˊ**·mer** *n.* Ⓒ skim하는 사람〔것〕; 그물 국자.

skím mílk 탈지유.

ski·mo·bile[skíːmoubìːl] *n.* Ⓒ 설상차(雪上車).

skimp[skimp] *vt., vi.* 찔름찔름〔감질나게〕 주다; 바싹 줄이다〔조리차하다〕, 검약하다; (일을) 날림으로 하다.

†**skin**[skin] *n.* ① Ⓤ,Ⓒ 피부, 가죽. ② Ⓤ,Ⓒ 가죽 제품; (술의) 가죽 부대. ③ Ⓒ 《美俗》 구두쇠; 사기꾼. ***be in*** (*a person's*) ~ (아무의) 입장이〔처지가〕 되다. ***by*** 〔***with***〕 ***the ~ of one's teeth*** 가까스로, 간신히. ***have a thick*** 〔***thin***〕 ~ 둔감〔민감〕하다. ***in*** 〔***with***〕 ***a whole*** ~ 《口》 무사히. ***jump out of one's*** ~ (기쁨·놀람 따위로) 펄쩍 뛰다. ***save one's*** ~ 《口》 부상을 안 입다. ── *vt.* (***-nn-***) ① 가죽〔껍질〕을 벗기다; 살가죽이 벗어지게〔까지게〕 하다. ② 가죽으로 덮다(*over*). ③ 《俗》 사취하다, 속이다. 「한.

skín-déep *a.* 얕은, 피상적인; 천박

skín-dìve *vi.* 스킨다이빙을 하다.

:**skín-dìver** *n.* Ⓒ 스킨다이빙하는 사람.

:**skín dìving** 스킨다이빙.

skín effèct 〖電〗 (주파수 전도체의) 표피 효과.

skín flìck 《美俗》 포르노 영화.

skín·flìnt *n.* Ⓒ 구두쇠.

skín fòod 크림류(類), 미안수.

skin·ful[skínfùl] *n.* (a ~) 가죽 부대 하나 가득; 《口》 배불리, 잔뜩.

skín gàme 《美口》 사기, 협잡.

skín gràfting 〖外〗 피부 이식(술).

skín·hèad *n.* Ⓒ 《英俗》 스킨헤드족《장발족에 대항하여 머리를 빡빡 깎은 전투적 보수파 청년》.

skín hòuse 《美俗》 스트립 극장, 포르노 영화관. 「뱀.

skink[skiŋk] *n.* Ⓒ (모래땅의) 도마

skin·ner[skínər] *n.* Ⓒ 가죽 상인; 가죽 벗기는 사람; 사기꾼; 《美口》 (트랙터 따위의) 운전사. 「마른.

skin·ny[ˊi] *a.* 가죽과 같은; 바싹

skínny-dìp 《美口》 *vi.* (***-pp-***), *n.* Ⓒ 알몸으로 수영하다〔수영함〕.

skín-pòp *vt., vi.* (***-pp-***) 《美俗》 (마약을) 피하 주사하다.

skín tèst 〖醫〗 피부 시험.

skín·tíght *a.* 몸에 꼭 끼는.

:**skip**[skip] *vi.* (***-pp-***) ① 뛰다, 줄넘기하다; 뛰놀다, 뛰어다니다. ② 거르다, 빠뜨리다(*over*). ③ 《口》 급히 떠나다. ── *vt.* ① 가볍게 뛰다; (물을 차고) 스쳐가다(~ *stones on a pond*). ② (군데군데) 건너 뛰다, 빠뜨리다. ── *n.* Ⓒ 도약(跳躍); 줄넘기; 건너뜀; 〖컴〗 넘김, (행·페이지의) 뒤로 물림.

skíp bòmbing 저공 폭격.

skí-plàne *n.* Ⓒ 설상 비행기.

***skip·per**[1][ˊər] *n.* Ⓒ skip하는 사람〔것〕; 팔딱팔딱 뛰는 곤충; 〖蟲〗 팔랑나비.

skip·per[2] *n., vt.* Ⓒ (어선·(작은) 상선 따위의) 선장(으로 근무하다); (팀의) 주장; 〖美空軍〗 기장(機長).

skípper's dàughter 높은 흰 파도.

skípping ròpe 줄넘기줄.

skíp-stòp *n., a.* (버스·엘리베이터 따위) 정거하지 않음〔않는〕, 통과(의).

skíp tràcer 《口》 행방 불명자 수색인, (특히 보험 회사 등에 고용되어

있는) 행방 불명 채무자 수색원(員).
skíp zòne 〖通信〗 도약대(帶), 불감(不感) 지대.
skirl[skəːrl] *n., vi., vt.* 《Sc.》 (*pl.*) 날카로운〔새된〕 소리(를 내다, 로 말하다).
***skir·mish**[skə́ːrmiʃ] *n., vi.* Ⓒ 작은 충돌(을 하다). **~·er** *n.* Ⓒ 〖軍〗 척후병; 산병(散兵).
‡**skirt**[skəːrt] *n.* ① Ⓒ (옷의) 자락; 스커트. ② (*pl.*) 가장자리, 변두리; 교외(outskirts). ③ Ⓒ 《俗》 계집(애). — *vt.* (…에) 자락을〔스커트를〕 달다; (…과) 경계를 접하다. — *vi.* 변두리〔경계〕에 있다〔살다〕; 가를 따라 (나아)가다(*along*).
skí sùit 스키복.
skit[1][skit] *n.* Ⓒ 풍자문(文), 희문(戲文); 익살극.
skit[2] *n.* 《口》 떼, 군중; (*pl.*) 다수(lots).
skit·ter·y[⌐əri] *a.* =⇩.
skit·tish[skítiʃ] *a.* (말 따위) 잘 놀라는; 변덕스러운(fickle); 수줍어하는(shy).
skit·tles[skítlz] *n. pl.* 구주희(九柱戲). ***beer and ~*** 마시며 놀며 (하는 태평 생활). ***S-!*** 시시하게!
skoal[skoul] *int., vi.* 축배! 건배하다. — *n.* Ⓒ 축배, 건배.
Skr., Skt. Sanskrit.
skú·a (gúll)[skjúːə(-)] *n.* Ⓒ 〖鳥〗 큰갈매기; 도둑갈매기.
skul·dug·ger·y[skʌldʌ́gəri] *n.* Ⓤ 《美口》 부정 행위, 사기, 속임수.
skulk[skʌlk] *vi.* 슬그머니〔몰래〕 달아나다〔숨다〕(*behind*); 기피하다; = **⌐·er** skulk하는 자; 이리떼.
skull**[skʌl] *n.* Ⓒ 두개골; 머리; 두뇌. ***have a thick ~ 둔감하다.
skúll and cróssbones (죽음의 상징인) 해골 밑에 대퇴골을 열십자로 짜지은 그림《해적기, 독약의 표지》.
skúll·càp *n.* Ⓒ 테 없는 모자.
skúll cràcker 건물 철거용 철구(鐵球).
***skunk**[skʌŋk] *n.* Ⓒ (북미산) 스컹크; Ⓤ 그 털가죽; Ⓒ 《口》 역겨운 녀석. — *vt.* 《美俗》 〖競〗 영패시키다.
†**sky**[skai] *n.* Ⓒ (종종 *pl.*) 하늘; (*the* ~) 천국; (종종 *pl.*) 날씨. ***laud*** 〔***praise***〕 ***to the skies*** 몹시 칭찬하다〔치살리다〕. ***out of a clear ~*** 갑자기, 느닷없이.
ský àrmy 〔**tròops**〕 《美》 공수 부대.
ský-blúe *a.* 하늘색의.
ský·bòrne *a.* 공수의.
ský·càp *n.* Ⓒ 《美》 공항 포터.
ský·dìving *n.* Ⓤ 스카이 다이빙.
ský·flàt 고층 아파트.
ský-hígh *a., ad.* 까마득히 높은〔높게〕.
skýhook ballòon 고도 우주선 관측기구.
ský·jàck *vt.* (비행기를) 탈취하다.
Sky·lab [⌐læ̀b] *n.* Ⓒ 우주 실험실 《지구 선회 위성》.
‡**ský·làrk** *n.* Ⓒ 종달새; 《口》 야단법석. — *vi.* 법석대다, 희롱거리다.
ský·lìght *n.* Ⓒ 천창(天窓).
***ský·lìne** *n.* Ⓒ 지평선; 하늘을 배경으로 한 윤곽《산·나무 따위의》.
***ský·lòunge** *n.* Ⓒ 스카이 라운지 차 《시내를 돌아 승객을 태운 채로, 크레인이 달린 헬리콥터에 매달아 공항으로 운반함》.
sky·man[⌐mən] *n.* Ⓒ 《口》 공수부대의 병사; 비행사.
ský màrshal 항공 보안관《비행기 납치 등을 방지하기 위한 미국 연방 정부의 단속관》.
ský nèt 영국의 군사용 통신 위성.
ský pìlot 《俗》 비행사; 목사, 성직자.
ský·ròcket *n., vi., vt.* Ⓒ 쏴올리는 꽃불(처럼 높이 솟구치다), 폭등하다 〔시키다〕; 갑자기 유명하게 하다.
***ský·scràper** *n.* Ⓒ 마천루, 고층 건축물.
ský scrèen 미사일 탄도의 옆방향으로의 궤도 일탈 탐지용 광학 장치.
ský sìgn 공중〔옥상〕 광고.
sky·tel[skaitél] *n.* Ⓒ 전세기·자가용기를 위한 작은 호텔.
Ský tràin 스카이트레인《영국 항공의 점보기의 애칭》.
ský trùck 《口》 대형 화물 수송기.
ský·wàlk *n.* Ⓒ (빌딩 사이의) 고가 도로.
ský·ward *ad., a.* 하늘 위로(의). 「**~s** *ad.*
ský·wày *n.* Ⓒ 《口》 항공로; 고가식 고속 도로.
ský·wrìting *n.* Ⓤ (비행기가 연기 따위로) 공중에 글씨 쓰기.
slab**[slæb] *n., vt.* (-bb-***) Ⓒ 석판(石版), 두꺼운 판〔평판(平板)〕(으로 하다); (고기의) 두껍게 벤 조각.
slack**[1][slæk] *a.* ① 느슨한, 느즈러진, 늘어진. ② 기운 없는, 느른한; 긴장이 풀린, 느린. ③ 침체된, (날씨가) 좋지 못한; 경기가 없는. — *n.* ① Ⓤ,Ⓒ 느즈러진 곳, 느즈러짐. ② Ⓒ 불황기. ③ (*pl.*) 슬랙스《느슨한 바지》. — *vi., vt.* ① 느슨해〔느즈러〕 지다, 늦추다. ② 약해지다, 약하게 하다. ③ 게으름 부리다. ***~ off 늦추다; 게으름피다. ***~ up*** 속력을 늦추다. ***⌐·en** *vi., vt.* =SLACK. **⌐·er** *n.* Ⓒ 게으름뱅이; 병역 기피자. **⌐·y** *ad.* **⌐·ness** *n.*
slack[2] *n.* Ⓤ 분탄(粉炭).
slacks[slæks] *n., pl.* ⇨SLACK[1].
slag[slæg] *n., vt., vi.* (***-gg-***) Ⓤ (광석의) 용재(溶滓)〔슬래그〕(로 만들다, 가 되다).
***slain**[slein] *v.* slay의 과거분사.
slake[sleik] *vt.* (불을) 끄다, (갈증을) 풀다, (노여움을) 누그러뜨리다, (원한을) 풀다; (석회를) 소화(消和)하다. — *vi.* 꺼지다, 풀리다, 누그러지다; (석회가) 소화되다.
sláked líme 소석회(消石灰).
sla·lom [slάːləm, -loum] *n.* (Norw.) Ⓤ (보통 *the* ~) 〖스키〗 회전 경기.
slam**[slæm] *n., vt., vi.* (-mm-***) Ⓒ (보통 *pl.*) 쾅(하고 닫다, 닫히다);

쿵(하고 내던지다); (*vt.*)《美口》 혹평(하다); 〖카드〗 전승(하다).
slám-báng《口》 *ad.* 퉁하고, 탕하고; 맹렬히. ― *a.* 시끄러운; 맹렬한; 힘찬; 썩 좋은.
slám dùnk 〖籠〗 강력한 덩크슛.
***slan·der**[slǽndər, -ɑ́:-] *n., vt.* Ⓤ,Ⓒ 중상(하다); 〖法〗 비훼(誹毁)하다. **~·er**[-ər] *n.* **~·ous**[-əs] *a.* 중상적인, 헐뜯는. **~·ous·ly** *ad.*
:slang[1][slæŋ] *n.* Ⓤ 속어. ― *vi.* 속어를〔야비한 말을〕 쓰다. **∠·y** *a.*
slang[2] *v.*《古》 sling의 과거.
slank[slæŋk] *v.*《古》 slink의 과거.
:slant[slænt, -ɑ:-] *n., vi., vt.* (*sing.*) 물매〔경사〕(지다, 지게 하다); Ⓒ 경향(이 있다); 기울(게 하)다, (*vt.*) 편견으로 말하다〔쓰다〕; Ⓒ《美口》 (특수한) 견지. **∠·ing(·ly)** *a.* (*ad.*) **∠-wise** *ad., a.* 비스듬히〔한〕.
:slap[slæp] *n., ad., vt.* (*-pp-*) Ⓒ 철썩(하고); 손바닥으로 때림〔때리다〕; 모욕; 털썩〔쾅〕(놓다, 던지다);《口》 갑자기; 정면으로.
sláp-báng, sláp·dàsh *ad., a.* 무턱대고〔댄〕; 엉터리로(인).
sláp·hàppy *a.*《口》 (펀치를 맞고) 비틀거리는; 머리가 둔한.
sláp·jàck *n.*《美》 =GRIDDLECAKE; Ⓤ 카드놀이의 일종.
sláp·shòt *n.* Ⓒ 〖아이스하키〗(puck의) 강타(함).
sláp·stìck *n., a.* Ⓒ (어릿광대의) 끝이 갈라진 타봉(打棒); Ⓤ 익살극(의).
***slash**[slæʃ] *n., vt.* Ⓒ ① 획 내리쳐 벰〔베다〕, 난도질(치다); 깊숙이 베다〔벰〕. ② 핵핵 채찍질하다〔함〕. ③ (옷의 일부의) 터놓은 자리(를 내다). ④ 삭제〔삭감〕(하다). ⑤ 혹평(하다). ⑥ 사선《/》. **∠·ing** *a.* 맹렬한, 신랄한;《口》 멋진, 훌륭한.
slat[slæt] *n., vt.* (*-tt-*) Ⓒ (나무·금속의) 얇고 좁은 조각(을 대다).
S. Lat. south latitude.
:slate[1][sleit] *n., vt.* ① Ⓒ 슬레이트(로 지붕을 이다); Ⓤ 점판암(粘板岩). ② Ⓒ 석판(石板)〔예정표〕(에 적다); Ⓤ 석판색《청회색》. ③ Ⓒ《美》 후보자 명부(에 등록하다). ***clean ~*** 훌륭한 기록〔경력〕. ***clean the ~*** (공약·의무 등을) 일체 백지로 돌리다, 과거를 청산하(고 새 출발하)다.
slate[2] *vt.*《英口》 혹평하다.
sláte clùb《英》 (매주 소액의 돈을 부어나가는) 공제회.
sláte péncil 석필.
slat·ing[sléitiŋ] *n.* Ⓤ 슬레이트로 지붕 이기; Ⓒ (지붕 이는) 슬레이트.
slat·tern[slǽtərn] *n.* Ⓒ 칠칠치 못한〔흘게늦은〕 계집. **~·ly** *a.*
***slaugh·ter**[slɔ́:tər] *n., vt.* Ⓤ 도살(하다); Ⓤ,Ⓒ (대량) 학살(하다). **~·ous**[-əs] *a.* 잔학한.
sláughter hòuse 도살장; 수라장.
Slav[slɑ:v, slæv] *n., a.* Ⓒ 슬라브인(의); 슬라브어의; (the ~s) 슬라브민족(의).
:slave[sleiv] *n., vi.* Ⓒ 노예(처럼 일하는 사람); 뼈빠지게 일하다(*at.*)
sláve drìver 노예 감독인; 무자비하게 부리는 주인.
sláve·hòlder *n.* Ⓒ 노예 소유자.
sláve·hòlding *n., a.* Ⓤ 노예 소유(의). 「노예(무역)선.
slav·er[1][sléivər] *n.* Ⓒ 노예상(인);
slav·er[2][slǽvər] *n., vi., vt.* Ⓤ 침(을 흘리다, 으로 더럽히다); 낯간지러운 아첨(을 하다).
:slav·er·y[sléivəri] *n.* Ⓤ 노예의 신분; 노예 제도; 고역, 중노동.
sláve shìp 노예(무역)선.
sláve tràde 노예 매매. 「매자.
sláve tràder 노예 상인, 노예 매
Slav·ic[slɑ́:vik, -ǽ-] *n., a.* Ⓤ 슬라브어(의); 슬라브 민족의.
slav·ish[sléiviʃ] *a.* 노예적인; 비열한, 비굴한, 천한; 독창성이 없는. **~·ly** *ad.*
Sla·vo·ni·an[sləvóuniən] *a., n.* Ⓒ (유고 북부의) Slavonia의 (사람); Ⓤ 슬라브어.
Sla·von·ic[sləvɑ́nik/-ɔ́-] *a., n.* =SLAVONIAN; Ⓤ 슬라브어파.
slaw[slɔ:] *n.* Ⓤ《美》 양배추샐러드.
:slay[slei] *vt.* (***slew; slain***)《詩》 끔찍하게 죽이다, 학살하다, 죽이다(kill); 파괴하다.
SLBM satellite-launched ballistic missile; submarine-launched ballistic missile.
slea·zy[slí:zi] *a.* (천 따위) 여린, 얄팍한.
***sled**[sled] *n., vi., vt.* (*-dd-*) Ⓒ 썰매(로 가다, 로 나르다).
sled·ding[∠iŋ] *n.* Ⓤ 썰매로 나름〔에 탐〕. ***hard ~***《美》 불리한 상태, 난국. 「《英》 =SLEIGH.
***sledge**[1][sledʒ] *n., vi., vt.* =SLED;
sledge[2] *n., vt.* Ⓒ 큰 망치(로 치다).
***sleek**[sli:k] *a.* (털이) 야드르르하고 부드러운, 함함한; 단정한(tidy); 말솜씨가 번드르한. ― *vt.* 매끄럽게 하다, 매만지다; 단정히 하다. **∠·ly** *ad.*
†sleep[sli:p] *vi., vt.* (***slept***) ① 자다; 묵다, 숙박시키다;《口》 이성과 자다. ② (*vi.*) 마비되다; (팽이가) 서다. **~ *around***《俗》 아무하고나 자다, (성적으로) 헤프다. **~ *away*** 잠을 자며 보내다; (두통 따위를) 잠을 자서 고치다. **~ *off*** 잠을 자 잊어버리다〔고치다〕. **~ *on*** 〔***over, upon***〕《口》 …을 하룻밤 자며 생각하다, 내일까지 미루다. **~ *out*** 자며 보내다; 잠을 자 술을 깨우다(~ ***out the whisk(e)y, wine, &c.***); 외박하다; (고용인이) 통근하다. ― *n.* ① (a ~) 수면 (시간); Ⓤ 잠듦, 영면; 동면(冬眠). ② Ⓤ 마비; 정지(靜止) (상태). ***go to ~*** 잠자리에 들다, 자다. ***one's last*** 〔***long***〕 ***~*** 죽음. ***∠·er** *n.* Ⓒ 자는 사람; 침대차;《英》 침목(tie);《美口》 뜻밖에 성공하는 사람. **∠·less** *a.*
sléep-ìn *n.* Ⓒ 철야 농성 데모.
:sleep·ing[∠iŋ] *n., a.* Ⓤ 수면〔휴지

(休止)] (중의). 「낭(寢囊).
sléeping bàg (등산·탐험용의) 침
sléeping càr [《英》 **càrriage**] 침대차. 「제.
sléeping dràught (물약인) 수면
sléeping mòdule 각 방이 우주 로켓의 캡슐 모양인 간이 호텔.
sléeping pártner 《英》 익명 조합원[관계자]. 「제.
sléeping pìll (정제·캡셀의) 수면
sléeping pòwder 수면제.
sléeping sìckness 〖醫〗 수면병.
sléep lèarning 수면 학습.
sléep·wàlker *n.* Ⓒ 몽유병자.
sléep·wàlking *n., a.* Ⓤ 〖醫〗 몽유병(의).
‡**sleep·y**[slíːpi] *a.* 졸린; 졸음이 오는 듯한. **sléep·i·ly** *ad.* **sléep·i·ness** *n.*
***sléepy·hèad** *n.* Ⓒ 잠꾸러기.
***sleet**[sliːt] *n., vi.* Ⓤ 진눈깨비(가 내리다). **∠·y** *a.*
‡**sleeve**[sliːv] *n., vt.* Ⓒ 소매(를 달다). ***have ... up*** [***in***] ***one's*** ~ (…을) 몰래[가만히] 준비하다. ***laugh in*** [***up***] ***one's*** ~ 속으로 웃다[우스워하다]. **∠·less** *a.* 소매 없는.
sléeve·bòard *n.* Ⓒ (소매 다리는) 다림질판.
sléeve lìnk (보통 *pl.*) 《英》 커프스단추(cuff link).
‡**sleigh**[slei] *n., vi., vt.* Ⓒ (대형) 썰매(로 가다, 로 나르다). **∠·ing** *n.* Ⓤ 썰매 타기.
sleight[slait] *n.* Ⓤ,Ⓒ 책략, 술수, 솜씨. ~ ***of hand*** 재빠른 손재주; 요술.
‡**slen·der**[sléndər] *a.* ① 가느다란, 가냘픈, 마른(slim). ② 빈약한, 얼마 안 되는, 미덥지 못한(*a* ~ *meal, hope, ground, &c.*). ~**·ize**[-ràiz] *vt., vi.* 가늘게 하다[되다]; (*vt.*) 여위게 하다, 날씬하게 하다.
†**slept**[slept] *n.* sleep의 과거(분사). 「(으로서 일하다).
sleuth[sluːθ] *n., vi.* Ⓒ 《美口》 탐정
sléuth·hòund *n.* Ⓒ 경찰견; 《美口》 탐정.
S lèvel 《英》 대학 장학금 과정 《*S*cholarship *level*의 단축형》.
***slew**[1][sluː] *v.* slay의 과거.
slew[2] *v.* =SLUE[1].
slew[3] *n.* 《美·캐나다》 =SLUE[2].
slew[4] *n.* (a ~) 《口》 많음(slue[3]).
‡**slice**[slais] *n.* Ⓒ ① (빵·고기 등의) 베어낸 한 조각, (생선의) 한 점. ② 부분; 몫(share[1]). ③ 얇게 저미는 식칼, 얇은 쇠주걱(spatula). ④ 〖골프〗 곡구(曲球)《오른손잡이면 오른쪽으로, 왼손잡이면 왼쪽으로 날아감》. — *vt., vi.* 얇게 베다[베어내다]; 나누다; 〖골프〗 곡구로 치다.
slick**[slik] *a.* ① 매끄러운; 번드르르한. ② 《口》 말솜씨가 번지르르한; 교활한(sly); 교묘한. ③ 《美俗》 최상의. — *n.* Ⓒ 매끄러운 곳; 《口》 (광택지를 사용한) 잡지. — *ad.* ① 매끄럽게; 교묘하게; 교활하게. ② 바로, 정면으로. ***run ~ ***into*** …과 정면 충돌하다. **∠·er** *n.* Ⓒ 《美》 레인코트; 《美口》 사기꾼; 도시 출신의 세련된 사람.
***slid**[slid] *v.* slide의 과거(분사).
***slid·den**[slídn] *v.* slide의 과거분사.
‡**slide**[slaid] *vi., vt.* (***slid; slid,*** 《美》 ***slidden***) 미끄러지(게 하)다; 미끄러져 가다[지나가다]; (수렁·죄악 따위에) 스르르 빠져들다(*into*). ***let things*** ~ 일이 되어가는 대로 내버려두다. — *n.* Ⓒ ① 미끄러짐, 활주, 〖野〗 슬라이딩. ② 단층(斷層), 사태(沙汰). ③ (화물용의) 미끄러 떨어뜨리는 대(臺). ④ 슬라이드《환등·현미경용의》.
slíde fàstener 지퍼(zipper).
slíde projèctor 슬라이드 영사기.
slíde rùle 계산자. 「화하는.
slid·ing[sláidiŋ] *a.* 미끄러지는; 변
slíding dóor 미닫이.
slíding scále 〖經〗 슬라이딩 스케일, 종가 임금(從價賃金) 제도; 《古》 =SLIDE RULE.
‡**slight**[slait] *a.* 근소한, 적은; 모자라는; 가날픈, 홀쭉한; 약한, 하찮은. — *n., vi.* Ⓒ 경멸(*to, upon*); 얕[깔]보다. **∠·ly** *ad.* 조금, 약간. **∠·ing·ly** *ad.*
sli·ly[sláili] *ad.* =SLYLY.
slim**[slim] *a.* (-mm-***) 홀쭉한; 호리호리한; 약한; 빈약한; 부족한; 하찮은. — *vi., vt.* (***-mm-***) 가늘어[홀쭉해]지(게 하)다. **∠·ly** *ad.*
slime[slaim] *n.* Ⓤ 찰흙; (물고기 따위의) 점액(粘液). — *vt.* 찰흙[점액]을 칠하다[벗기다]. **slím·y** *a.* 끈적끈적한, 질척질척한; 흙투성이인; 더러운; 굽실굽실하는. 「균.
slíme mòld [《英》 **mòuld**] 변형
slím·ming *n.* Ⓤ 슬리밍《살빼기 위한 감식(減食)·운동》.
sling**[sliŋ] *n.* Ⓒ 투석(기); 삼각 붕대; (총의) 멜빵; 매다는 사슬. — *vt.* (slung,*** 《古》 ***slang; slung***) 투석기로 던지다; 매달아 올리다; 매달다.
slíng·shòt *n.* Ⓒ 《美》 (고무줄) 새총, 투석기.
slink[sliŋk] *vi.* (***slunk,*** 《古》 ***slank; slunk***) 살금살금[가만가만] 걷다, 가만히[살며시] 도망치다 (sneak).
slink·y[∠i] *a.* 살금살금하는, 사람 눈을 피하는; (여성복이) 부드럽고 몸에 꼭 맞는; 날씬하고 우미한.
‡**slip**[1][slip] *vi.* (~***ped,*** 《古》 ***slipt;*** ~***ped; -pp-***) ① (쪼르르) 미끄러지다; 살짝[가만히] 들어가다[나가다]. ② 모르는 사이에 지나가다(*by*). ③ 깜빡 틀리다(*in*). ④ 스르르 빠지다[벗어지다, 떨어지다]. ⑤ 몰래[슬그머니] 달아나다. — *vt.* ① (쪼르르) 미끄러뜨리다; 쑥 집어넣다(*into*). ② 쑥 걸쳐 입다[신다](*on*); 벗다(*off*), 뽑다(*from*). ③ 풀어 놓다. ④ (기회를) 놓치다; …할 것을 잊다. ⑤ 무심

S

코 입밖에 내다. ⑥ (가축이) 조산하다. ***let*** ~ 엉결에 지껄이다〔이야기하다〕. ~ ***along***《俗》황급히 가다. ~ (*a person*) ***over on***《美口》속여서 …에 이기다. ~ ***up*** 헛디디다; 틀리다, 실수〔실패〕하다. — ***n.*** Ⓒ ① 미끄러짐. ②〖地〗사태, 단층(斷層). ③ 과실, 실패. ④ 쑥〔훌렁〕벗어지는〔빠지는〕물건, 베갯잇, (여성용의) 슬립, 속옷. ⑤ 개의 사슬〔줄〕. ⑥ 조선대(造船臺); (양륙용) 사면. ***give*** (*a person*) ***a*** ~ (아무의 눈을 속여) 자취를 감추다.

slip[2] ***n.*** Ⓒ 나뭇조각, 지저깨비, 전표, 쪽지, 부전(付箋); 꺾꽂이, 가지접붙이기; 호리호리한 소년〔소녀〕. — ***vt.*** (**-pp-**) (…의) 가지를 자르다《꺾꽂이용으로》.

slíp còver (의자 따위의) 커버.

slíp·knòt ***n.*** Ⓒ 풀매듭.

slíp-òn ***a., n.*** 입거나 벗기가 간단한; Ⓒ 머리로부터 입는 식의 (스웨터).

slíp·òver ***a., n.*** =⇧.

:slip·per[slípər] ***n.*** Ⓒ (보통 ***pl.***) 실내화; (마차의) 바퀴멈춤개. ***bed*** ~ 환자용 변기. — ***vt.*** (어린이를 징계하기 위해) slipper로 때리다.

slip·per·y**[slípəri] ***a. 미끄러운; 믿을 수 없는; 속임수의; 불안정한.

slíppery élm (북미산) 느릅나무의 일종; 그 (미끌미끌한) 속껍질《진통제》.

slíp·shòd ***a.*** 뒤축이 닳은 신을 신은; 단정치 못한(slovenly); (문장 등) 엉성한.

slipt[slipt] ***v.***《古》slip[1]의 과거.

slíp-ùp ***n.*** Ⓒ《口》잘못, 실책.

slit**[slit] ***n., vt. (***slit; -tt-***) Ⓒ 길게 벤자리(를 만들다), 틈〔금〕(을 만들다).

slith·er[slíðər] ***vi., n.*** Ⓒ 주르르 미끄러지다〔짐〕. ~**·y**[-i] ***a.*** 매끄러운, 미끌미끌한.

slít trènch〖軍〗개인호(cf. fox-hole).

sliv·er[slívər] ***vt., vi.*** 세로 짜개(지)다〔갈라지다〕, 찢(어지)다. — ***n.*** Ⓒ 찢어〔짜개〕진 조각; 나뭇조각;〖紡〗소모(梳毛), 소면(梳綿).

slob[slɑb/-ɔ-] ***n.*** Ⓒ《口》얼간이, 추레한 사람.

slob·ber[slábər/-ɔ́-] ***n.*** Ⓤ 침; Ⓒ 우는 소리; Ⓒ 퍼붓는 키스. — ***vi., vt.*** 침을 흘리다; 우는 소리를 하다. ~**·ly** ***a.***

sloe[slou] ***n.*** Ⓒ (미국산의) 야생 자두(열매); =BLACKTHORN.

slóe gín 자두로 맛들인 진.

slog[slɑg/-ɔ-] ***n., vi., vt.*** (**-gg-**) Ⓒ 강타(하다); Ⓤ 무거운 발걸음으로 걷다〔걸음〕; 꾸준히 일하다〔일함〕.

:slo·gan[slóugən] ***n.*** Ⓒ 함성(war cry); 슬로건, (선전) 표어.

SLOMAR Space, Logistics, Maintenance and Repair 우주병참 계획.

sloop[slu:p] ***n.*** Ⓒ〖海〗외대박이 돛배.

slop[1][slɑp/-ɔ-] ***n.*** Ⓤ 엎지른 물, 흙탕물; (***pl.***) (부엌의) 찌꺼기《돼지 등의 사료》; (***pl.***) 유동물(流動物)〔식(食)〕. — ***vt., vi.*** (**-pp-**) 엎지르다, 엎질러지다. ~ ***over*** 넘쳐 흐르다;《口》재잘거리다, 감정에 흐르다.

slop[2] ***n.*** Ⓒ《英俗》순경; (***pl.***) 싸구려 기성복; (***pl.***) 세일러복, 수병의 침구.

slóp bàsin《英》차 버리는 그릇《마시다 남은 차 따위를 버리는 그릇》.

:slope[sloup] ***n., vi., vt.*** Ⓒ 경사면; Ⓤ,Ⓒ 경사(도); Ⓤ,Ⓒ 비탈; 경사〔물매〕지(게 하)다.

slóp pàil 구정물통.

slop·py[slápi/-ɔ́-] ***a.*** 젖은, 젖어서 더러워진; 질척질척한; 단정치 못한, 너절한(slovenly); 조잡한;《口》무척 감상적인.

slóppy Jóe 헐렁헐렁한 스웨터《여성용》.

slops[slɑps/-ɔ-] ***n. pl.*** (싸구려) 기성복.

slóp·shòp ***n.*** Ⓒ 기성복점.

slóp sìnk (병원의) 오물용 수채.

slosh[slɑʃ/-ɔ-] ***n.*** Ⓤ《口》묽은 음료; =SLUSH. — ***vi., vt.*** 물〔진창〕속을 뛰어다니(게 하)다; 철벅철벅 휘젓다〔씻다〕; (***vi.***) 배회하다.

slot[slɑt/-ɔ-] ***n., vi.*** (**-tt-**) Ⓒ 가늘고 긴 구멍(을 내다); 요금 (넣는) 구멍;〖컴〗슬롯.

slót càr《美》슬롯 카《원격 조정으로 홈이 파인 궤도를 달리는 작은 장난감 자동차》.

sloth**[slouθ, slɔ:θ] (<slov+-TH) ***n. ① Ⓤ 나태, 게으름. ② Ⓒ〖動〗나무늘보. **∠·ful** ***a.*** 게으른.

***slót machìne**《英》자동 판매기;《美》자동 도박기, 슬롯머신.

slót ràcing《美》슬롯 카의 경주.

slouch[slautʃ] ***vi., n.*** Ⓒ (앞으로) 수그리다〔기〕, 구부리다〔기〕, 구부정하게 서다〔앉다, 걷다〕; 그렇게 서기〔앉기, 걷기〕;《口》너절한 사람, 게으름뱅이; (모자챙이) 늘어지다; =⇩. — ***vt.*** 늘어뜨리다. **∠·y** ***a.***

slóuch hát 챙이 처진 (중절) 모자.

slough[1][slau] ***n.*** Ⓒ 수렁, 진창; 타락(의 구렁텅이); [slu:]《美·캐나다》진구렁(slue[2]). **∠·y**[1] ***a.***

slough[2][slʌf] ***n.*** Ⓒ (뱀의) 벗은 허물; 딱지. — ***vi., vt.*** 탈피하다; (딱지 등이) 떨어지다, 떼다. **∠·y**[2] ***a.***

Slo·vak[slóuvæk] ***n., a.*** Ⓒ 슬로바키아 사람(의); Ⓤ 슬로바키아말(의).

Slo·va·ki·a [slouvá:kiə, -vǽk-] ***n.*** 슬로바키아《유럽 중부의 공화국》.

Slo·va·ki·an[slouvá:kiən, -vǽ-] ***n., a.*** =SLOVAK.

slov·en[slʌ́vən] ***n.*** Ⓒ 단정치 못한 사람. *****~**·ly** ***a., ad.*** 단정치 못한〔하게〕; 되는 대로(의).

Slo·ve·ni·a [slouví:niə, -njə] ***n.*** 슬로베니아《옛 유고슬라비아 연방에서 독립한 공화국》. ~**n** ***a.***

†slow[slou] ***a.*** ① 느린, 더딘; (시계가) 늦은. ② 둔한; 좀처럼〔여간해서〕…않는(*to* do). ③ 재미없는(dull). — ***ad.*** 느리〔더디〕게, 느릿느릿. — ***vt., vi.*** 더디게〔느리게〕하다〔되다〕(*down, up, off*). **†∠·ly** ***ad.***

slów còach 멍청이; 시대에 뒤떨어진 사람.
*__slów·dòwn__ *n.* Ⓒ 감속; (공장의) 조업 단축; 《美》 태업(《英》 go-slow).
slów mátch 도화선; 화승(火繩).
slów-mótion *a.* 느린, 굼뜬; 〖映〗 고속도 촬영의.
slów·pòke *n.* Ⓒ 《俗》 머리회전이나 행동이 느린 사람, 굼벵이.
slów-wave slèep =S SLEEP.
slów-wítted *a.* 머리가 나쁜.
sludge[slʌdʒ] *n.* Ⓤ 진흙, 진창; 질척질척한 눈; 작은 부빙(浮氷)〔성엣장〕.
slue[1][slu:] *vt., vi.* 돌(리)다; 비틀「(리)다.
slue[2] *n.* Ⓒ 늪, 수렁.
slue[3] *n.* =SLEW[4].
*__slug__[1][slʌg] *n.* Ⓒ ① 행동이 느린〔굼뜬〕 사람〔말, 차 따위〕. ② 〖動〗 괄태충; (느린) 잎벌레. ③ (구식총의 무거운) 산탄(霰彈); 작은 금속 덩어리. ④ 〖印〗 대형의 공목; (라이노타이프의) 1행(분의 활자). 「타(하다).
slug[2] *n., vt., vi.* (*-gg-*) Ⓒ 《美口》 강
slug·fest[slʌ́gfèst] *n.* Ⓒ 《口》 (권투의) 난타전; (야구의) 타격전.
slug·gard[slʌ́gərd] *n., a.* Ⓒ 게으름뱅이; 게으른.
slug·ger[slʌ́gər] *n.* Ⓒ 《美口》 (야구의) 강타자.
*__slug·gish__[slʌ́giʃ] *a.* 게으른, 게으름 피우는; 느린; 활발치 못한; 불경기인. **~·ly** *ad.* **~·ness** *n.*
sluice[slu:s] *n., vi.* Ⓒ 수문(水門); 봇물, 분류(奔流)(하다). — *vt.* 수문을 열고 흘려보내다; (…에) 물을 끼얹다; 〖採〗 (감흙을) 유수(流水)로 일다; (통나무를) 물에 띄워 보내다.
slúice gàte 수문.
slúice·wày *n.* Ⓒ (수문이 있는) 방수로, 인공 수로.
slum[slʌm] *n., vi.* (*-mm-*) Ⓒ (*pl.*) (더러운) 뒷거리; (the ~s) 빈민굴〔촌〕(을 방문하다).
:__slum·ber__[slʌ́mbər] *n., vi., vt.* Ⓒ,Ⓤ (종종 *pl.*) 잠(자다, 자며 보내다); 휴지(休止)하다. **~·ous**[-əs] *a.* 졸린(듯한); 졸음이 오게 하는; 조용한.
slúmber pàrty 《美》 파자마파티《10대의 여자가 여자 친구 집에 모여 잠옷 바람으로 밤새워 노는 모임》.
slum·lord[slʌ́mlɔ̀:rd] *n.* Ⓒ 《美俗》 빈민가의 셋집 주인.
slump[slʌmp] *n., vi.* Ⓒ (가격·인기 따위) 폭락(하다); 부진, 슬럼프.
*__slung__[slʌŋ] *v.* sling의 과거(분사).
slunk[slʌŋk] *v.* slink의 과거(분사).
slur[slə:r] *vt.* (*-rr-*) 가볍게 다루다, 대충 훑어보다, 소홀히〔되는 대로〕하다(*over*); 분명치 않게 계속 말하다〔쓰다〕; 〖樂〗 계속해서 연주〔노래〕하다; 모욕〔중상〕하다, 헐뜯다. — *n.* Ⓒ 또렷치 않은 연속 발음; 〖樂〗 연결기호, 슬러《또는》; 모욕, 중상(*on, at*).
slur·ry[slə́:ri] *n.* Ⓤ 슬러리《물에 점토, 시멘트 등을 혼합한 현탁액》.
slush[slʌʃ] *n.* Ⓤ 눈석임, 진창, 곤죽; 푸념; 윤활유(grease); 《美俗》 뇌물; 위조 지폐. **∠·y** *a.*
slúsh fùnd 《美》 부정 자금, 뇌물〔매수〕 자금; (배·군함의 승무원·봉급자 따위의).
slut[slʌt] *n.* Ⓒ 흘게늦은〔칠칠지 못한〕 계집; 몸가짐이 헤픈 여자, 계명워리, 《美》 매춘부; 《諧》 계집애; 암캐. **∠·tish** *a.* 단정치 못한.
:__sly__[slai] *a.* ① 교활한, 음흉한. ② 은밀한. ③ (눈·윙크 등) 장난스러운, 익살맞은. ***on the ~*** 은밀히, 몰래. ***~ dog*** 교활한 자식. **∠·ly** *ad.* 교활하게; 음험하게; 익살맞게.
SM service module. **Sm** 〖化〗 Samarium. **S.M.** *Scientiae Magister*(L. =Master of Science); Sergeant Major; Soldier's Medal.
*__smack__[1][smæk] *n.* Ⓒ 맛, 풍미; (a ~) 기미. — *vi.* 맛이〔기미가〕 있다 (*of*).
*__smack__[2] *n., vt., vi.* Ⓒ 혀차기, 입맛다심; 혀를 차다, 입맛을 쩍쩍 다시다; 찰싹 때리다; (입술을) 쪽하고 소리내다; 쪽하는 키스(를 하다). — *ad.* 《口》 찰싹; 갑자기, 정면〔정통〕으로. **∠·ing** *a.* 입맛다시는; 빠른; 강한.
smack[3] *n.* Ⓒ 《美》 활어조(活魚槽)가 있는 어선.
smack·er[smǽkər] *n.* Ⓒ 입맛 다시는 사람; 철썩 때리는 일격; 《美俗》 달러; 《英俗》 파운드; 《英》 굉장한 물건, 일품.
†__small__[smɔ:l] *a.* 작은; 좁은; (수입 따위) 적은; 시시한, 하찮은, 인색한(*a man of ~ mind* 소인(小人)); 떳떳지 못한, 부끄러운. ***and ~ wonder*** …이라고 해서 놀랄 것은 못 된다. ***feel ~*** 떳떳지 못하게〔부끄럽게〕 여기다. ***look ~*** 풀이 죽다. ***no ~*** 적지 않은, 대단한. — *ad.* 작게, 잘게; 작은 (목)소리로. ***sing ~*** 겸손하다. — *n.* (the ~) 작은 부분〔물건〕, 소량; 세부; (*pl.*) 《英口》 (자잘한) 빨래. ***a ~ and early*** 빨리 파해버리는 적은 인원의 만찬회. ***in ~*** 작게, 소규모로. ***the ~ of*** …의 가장 가는 부분(*the ~ of back* 잔허리).
smáll árms 휴대용 무기.
smáll béer 《英古》 약한 맥주; 《집합적》 《英口》 하찮은 것〔사람〕.
smáll cápital 〔**cáp**〕 〖印〗 소형〔작은〕대문자.
smáll chánge 잔돈; 시시한 이야기〔소문〕.
smáll frý 《집합적》 어린애들, 갓난애, 작은 동물, 동물의 새끼, 작은 물고기, 시시한 친구들〔것〕.
smáll hólder 《英》 소(小)자작농.
smáll hólding 《英》 소자작 농지.
smáll hóurs 한밤중《1·2·3시경》.
smáll-mínded *a.* 도량이 좁은, 비열한, 째째한.
small·ness[smɔ́:lnis] *n.* Ⓤ 미소(微小); 미소(微少); 빈약.

S

smáll potátoes 《美口》 시시한 것〔사람들〕.
***smáll·pòx** *n.* Ⓤ 〖醫〗 천연두.
smáll ràin 부슬비, 이슬비(fine rain). 「《지도》.
smáll·scále *a.* 소규모의; 소축척의
smáll tàlk 잡담, 세상 이야기.
smáll tíme (하루에 몇 번씩 상연하는) 싸구려 연예〔연극〕(cf. big-time).
smáll-tíme *a.* 《口》 시시한, 보잘것없는, 삼류의.
smáll·wáres *n. pl.* 《英》 방물, 잡화, 일용품.
smarm[smɑːrm] *vt.* 《英口》 (기름쳐) 매끄럽게 하다; 뒤바르다; 빌붙다. **∠·y** *a.* 《英口》 몹시 알랑대는.
:smart[smɑːrt] *a.* ① 약삭빠른, 똑똑한. ② 멋진, 스마트한; 유행의. ③ 빈틈없는, 교활한, 방심할 수 없는. ④ 야발스러운, 깜찍한, 건방진. ⑤ 욱신욱신 쑤시는; 날카로운, 강한. ⑥ 돌돌한, 재빠른, 날랜; 활발한. ⑦ 머리가 빨리 도는. ⑧ 《口·方》 (금액·사람 수 따위) 꽤 많은〔상당한〕. ***a ~ few*** 꽤 많음〔많은〕. — *n.* Ⓒ 아픔, 격통; 고통, 비통, 분개. — *vi.* 욱신욱신 아프다; 괴로워하다, 분개하다(*under*); 대갚음을 받다. ***~ for*** …때문에 벌받다. **∠·ness** *n.*
smárt àl·eck 〔**àl·ec**〕 [-ǽlik] 《口》 건방진〔잘난 체하는〕 녀석.
smárt bómb 《美軍俗》 스마트 폭탄《레이저 광선에 의하여 목표에 명중하는》.
smart·en[smɑ́ːrtn] *vt., vi.* smart 하게 하다〔되다〕.
smart·ly[smɑ́ːrtli] *ad.* 세게; 호되게; 재빠르게.
smárt móney 《英》 부상 수당; 〖法〗 위약〔손해, 징벌적〕 배상금; 《美》 직업적인 노름꾼(의 판돈).
smárt sèt 《집합적》 유행의 첨단을 걷는 사람들, 최상류 계급.
smash**[smæʃ] *vt., vi.* ① 분쇄하다, 박살내다〔나다〕. ② (사업의) 실패〔파멸, 파산〕시키다〔하다〕. ③ 대패시키다. ④ 충돌시키다〔하다〕; (*vi.*) 맹렬히 나아가다. ⑤ 〖테니스〗 스매시하다, 맹렬하게 내리치다(*vt.*). — *n.* Ⓒ ① 깨뜨려 부숨. ② 쨍그렁하고 부서지는 소리. ③ 대패; 파산. ④ 충돌. ⑤ 스매시. ⑥ 《美》 (음악회·극장의) 대성공, 대만원. ***go to ~ 《口》 부서지다; 파산〔완패〕하다. — *ad.* 철썩; 쨍그렁; 정면〔정통〕으로. **∠·ing** *a.* 맹렬한; (상황(商況)이) 활발한; 《口》 굉장한.
smash·er[smǽʃər] *n.* Ⓒ 《俗》 ① 맹렬한 타격〔추락〕; 찍소리 못하게 하는 의론. ② 분쇄자; 〖테니스〗 스매시를 잘하는 선수. ③ 《英》 멋진 사람〔것〕.
smásh·ùp *n.* Ⓒ (기차 따위의) 대충돌; 대실패, 파멸, 파산.
smat·ter·ing[smǽtəriŋ] *n.* (a ~) 어설픈〔선부른〕 지식.
smaze[smeiz] (<*sm*oke+h*aze*) *n.* Ⓤ 연하(煙霞)(thin smog).
***smear**[smiər] *vt.* (기름 따위를) 바르다; (기름 따위로) 더럽히다; 문질러 더럽히다; (명성·명예 등을) 손상시키다; 《美俗》 철저하게 해치우다. — *vi.* 더럽혀지다. — *n.* Ⓒ 얼룩, 더럼; 중상. **~·y**[smíəri] *a.* 더러워진; 얼룩이 진. 「방.
sméar wòrd 남을 중상하는 말, 비
†smell[smel] *vt.* (***smelt, ~ed***) 냄새맡다; 맡아내다, 알아〔낌새〕채다(*out*). — *vi.* 냄새맡다, 맡아보다(*at*); 악취가 나다; 냄새맡고 다니다; (…의) 냄새〔낌새〕가 나다(*of*). — *n.* Ⓒ 냄새맡음; Ⓤ 후각(嗅覺); Ⓒ,Ⓤ 냄새; Ⓤ 낌새.
smélling bòttle smelling salts를 넣는 병.
smélling sàlts 정신들게 하는 약《탄산암모니아가 주제(主劑)로 된》.
:smelt[1] [smelt] *v.* smell의 과거(분사).
smelt[2] *n.* Ⓒ 〖魚〗 빙어.
smelt[3] *vt., vi.* 〖治〗 용해하다, 제련하다. **∠·er** *n.* Ⓒ 용광로; 제련소.
Sme·ta·na[smétənə], **Bedrich** (1824-84) 체코의 작곡자.
smid·gen, -gin[smídʒin] *n.* (a ~) 《美口》 소량, 미량.
smi·lax[smáilæks] *n.* Ⓒ 〖植〗 청미래 덩굴(류).
†smile[smail] *n., vi.* Ⓒ 미소(하다), 방긋거림〔거리다〕; 냉소(하다)(*at*); 은혜〔호의〕(를 보이다). ***smíl·ing*** *a.* 방글거리는, 명랑한.
smirch[sməːrtʃ] *vt., n.* (이름을) 더럽히다; Ⓒ 오점.
smirk[sməːrk] *n., vi., vt.* Ⓒ 능글〔중글〕맞은 웃음(을 웃다).
smite**[smait] *vt.* (smote, smit; smitten,*** 《古》 ***smit***) ① 《文語》 때리다, 강타하다; 죽이다. ② (병이) 덮치다; (욕망이) 치밀다; (마음을) 괴롭히다; 매혹하다(*with*). — *vi.* 때리다, 부딪치다(*on*).
***smith**[smiθ] *n.* Ⓒ 대장장이; 금속 세공장(匠)(cf. goldsmith).
Smith[smiθ], **Adam**(1723-90) 영국의 경제학자·윤리학자.
smith·er·eens[smìðəríːnz] *n. pl.* 《口》 산산조각, 파편.
smith·y[smíθi, -ði] *n.* Ⓒ 대장간.
smit·ten[smítn] *v.* smite의 과거분사.
***smock**[smɑk/-ɔ-] *n.* Ⓒ 작업복, 스목《작업용, 부인·어린이용의 덧옷》. — *vt.* 스목을 입히다; 장식 주름을 내다. **∠·ing** *n.* Ⓤ 장식 주름. 「복.
smóck fròck (유럽 농부의) 작업
:smog[smɑg, -ɔ(ː)-] *n.* Ⓤ 스모그, 연무(煙霧)(<*sm*oke+f*og*). — *vt.* (*-gg-*) 스모그로 덮다. **∠·gy** *a.* 스모그가 많은.
†smoke[smouk] *n.* ① Ⓤ 연기(같은 것)《안개·먼지 따위》. ② Ⓤ,Ⓒ 실체가 없는 것, 공(空). ③ Ⓒ 흡연, 한 대 피움〔피우는 시간〕. ④ Ⓒ (보통 *pl.*) 궐련, 여송연. ⑤ Ⓒ 모깃불. ***end in ~*** (중도에) 흐지부지되다.

from ~ into smother 갈수록 태산. ***like*** ~《俗》순조롭게; 곧, 당장. ― *vi.* 연기를 내다, 잘 타지 않고 연기를 내다; 김이 나다; 담배를 피우다; 얼굴을 붉히다; 《俗》대마초를 피우다. ― *vt.* 그을리다; 훈제(燻製)로 하다; 연기를 피워 구제(驅除)〔소독〕하다; (담배 따위를) 피우다; 담배를 피워 …하다. ~ ***one's time away*** 담배를 피우며 시간을 보내다. ~ ***out*** 연기를 피워 몰아내다; (탐지하여) 폭로하다.

smóke bàll 〖軍〗 연막탄; 〖野〗 강속구; 〖植〗 알불버섯.

smóke bòmb 〖軍〗 발연탄.

smoked[smoukt] *a.* 훈제(燻製)의; 유연(油煙)으로 그을린.

smóke-drìed *a.* 훈제의, 훈제한.

smóke-filled róom 《美》(정치적) 막후 협상실.

smóke hélmet 소방모(帽), (소방용) 방독면.

smóke·hòuse *n.* Ⓒ 훈제장(場).

smóke·less *a.* 연기 없는. 「화약.

smókeless pówder 무연(無煙)

***smok·er** [∠ər] *n.* Ⓒ 흡연자(*a heavy* ~); 흡연실〔차〕; 《美》남자만의 흡연 담화회.

smóker's héart 흡연 과다로 인한 심장병(tobacco heart).

smóke scrèen 연막; 《비유》위장.

smóke·stàck *n.* Ⓒ (공장·기관차·기선 따위의) 큰 굴뚝. ― *a.* (철강·화학·자동차 등의) 중공업의.

⁑**smok·ing**[∠iŋ] *n.* Ⓤ 흡연. ***No*** ~.

smóking càr 〔《英》**càrriage**〕 (열차의) 흡연칸.

smóking compàrtment (열차의) 흡연실.

smóking còncert 《英》흡연 자유의 음악회.

smóking jàcket (남자들의) 헐렁한 평상복.

smóking ròom 흡연실.

smóking stànd 스탠드식 재떨이.

***smok·y**[∠i] *a.* 연기 나는, 매운; 연기와 같은; 거무칙칙한, 그을은.

smóky quártz 〖鑛〗 연수정(煙水晶)(cairngorm).

smol·der, 《英》 **smoul-**[smóuldər] *vi.* 연기 나다, (내)내다; (불만이) 쌓이다. ― *n.* Ⓒ (보통 *sing.*) 내는 불; 연기 남〔피움〕.

Smol·lett[smálit/-ɔ́-], **Tobias** (1721-71) 영국의 소설가.

SMON[smɑn/-ɔ-] *n.* Ⓤ 스몬병, 아급성 척수 시신경증.

smooch¹[smu:tʃ] *n., vi.* (a ~)《口》키스(하다), 애무(하다).

smooch² *n., v.* =SMUDGE.

smooch·y[smú:tʃi] *a.*《美》더러운.

⁑**smooth**[smu:ð] *a.* ① 반드러운; 수염 없는; 매끄러운. ② 유창한; 귀에 거슬리지 않는, (소리가) 부드러운; 온화한, 매력으로〔비위 맞춰〕 남을 끄는, (말 따위가) 번지르한. ③ (바다가) 잔잔한. ④ (음료가) 입에 당기는. ⑤《美俗》멋진. ***in*** ~ ***water*** 장애를 돌파하여. ***make things*** ~ 장애를 제거하고 일을 쉽게 만들다. ~ ***things*** 겉발림말. ― *vt.* 반드럽게 하다, 펀펀하게 고르다, 다리다; 매만지다; 잘 보이다; 달래다, 가라앉히다. ― *vi.* 반드러워〔평온해〕지다. ~ ***away*** 〔***off***〕 (장애·곤란 등을) 없애다, 반드럽게 하다. ― *n.* (a ~) 반드럽게 함; 반드러운 부분; Ⓒ 평지; 《美》초원. ***take the rough with the*** ~ 곤경에 처해도 태연하게 행동하다. ∠·**ness** *n.*

smóoth·bòre *n.* Ⓒ 활강총(滑降銃)〔포〕.

smóoth-fáced *a.* 얼굴을 깨끗이 면도한; 호감을 주는; 양의 탈을 쓴.

smóoth ìron 다리미, 인두.

⁑**smooth·ly**[smú:ðli] *ad.* 매끈하게; 유창하게; 평온하게; 꺼리낌없이.

smóoth múscle 〖解〗 평활근.

smóoth·spóken, -tóngued *a.* 말솜씨가 좋은.

smor·gas·bord, smör·gas- [smɔ́:rgəsbɔ̀:rd] *n.* (Sw.) Ⓤ 여러 가지 전채(前菜)가 나오는 스웨덴식 식사《때로는 50접시에 이름》.

***smote**[smout] *v.* smite의 과거.

***smoth·er**[smʌ́ðər] *vt.* (…에게) 숨막히게 하다, 질식시키다; (재를 덮어) 끄다, (불을) 묻다; (친절·키스 따위를) 퍼붓다; (하품을) 눌러 참다; 쓱싹〔쉬쉬〕하다, 묵살하다; 찜으로 하다. ― *n.* (a ~) 자욱한 연기〔먼지, 물보라〕; 대혼란, 야단법석.

smudge[smʌdʒ] *n., vt., vi.* Ⓒ 얼룩(을 묻히다), 오점(을 찍다), 더럽히다(더러움); 《美》모깃불(을 피우다). **smúdg·y** *a.* 더럽혀진; 선명치 못한; 매운.

smug[smʌg] *a.* (**-gg-**) 혼자 우쭐대는, 젠체하는; 말쑥한(neat). ∠·**ly** *a.* ∠·**ness** *n.* Ⓒ 새침뗌, 젠체함.

***smug·gle**[smʌ́gəl] *vt., vi.* 밀수(입·출)하다(*in, out, over*); 밀항〔밀입국〕하다. ***smúg·gler** *n.* Ⓒ 밀수자〔선〕. **smúg·gling** *n.* Ⓤ 밀수.

smut[smʌt] *n.* Ⓤ,Ⓒ 그을음, 검댕(soot); 탄(炭)가루; 얼룩; Ⓤ 흑수병, 깜부기병; 외설한 이야기〔말〕. ― *vt., vi.* (**-tt-**) 더럽히다〔혀지다〕, 검게 하다〔되다〕; 깜부기병에 걸리(게 하)다. ∠·**ty** *a.* 그을은, 더럽혀진; 깜부기병의; 외설한.

smutch[smʌtʃ] *v., n.* =SMUDGE.

SMV slow-moving vehicle. **SN** service number 군번; serial number. **S/N** 〖商〗 shipping note.

Sn 〖化〗 *stannum*(L. =tin).

snack[snæk] *n.* Ⓒ 가벼운 식사, 간식; 맛, 풍미(smack¹); 몫. ***go*** ~***s*** (몫을) 반분하다. ***Snacks!*** 똑같이 나눠라!

snáck bàr 〔《英》**còunter**〕《美》간이 식당. 「이블.

snáck tàble 접을 수 있는 작은 테

snaf·fle[snǽfəl] *n., vt.* Ⓒ (말의) 작은 재갈(로 제어하다); 《英俗》훔치다, 후무리다(pinch).

S

sna·fu[snæfúː] *n., a.* Ⓒ 《俗》 혼란된 (상태). — *vt.* 혼란시키다.

snag[snæg] *n.* Ⓒ 꺾어진 가지; 가지 그루터기; 빠진〔부러진〕 이, 뻐드렁니; 물에 쓰러진〔잠긴〕 나무《배의 진행을 방해》; 뜻하지 않은 장애. ***strike a ~*** 장애에 부딪치다. — *vt.* (**-gg-**) 방해하다; 잠긴 나무에 걸리게 하다〔를 제거하다〕. **∠·gy** *a.*

snag·gle-tooth[snǽgəltùːθ] *n.* Ⓒ 뻐드렁니.

:snail[sneil] *n.* Ⓒ 달팽이; 《비유》 굼벵이, 느리광이. ***at a ~'s pace*** 〔***gallop***〕 느릿느릿.

:snake[sneik] *n.* Ⓒ 뱀; 《비유》 음흉한 사람. ***raise*** 〔***wake***〕 ***~s*** 소동을 일으키다. ***see ~*** 《美口》 알코올 중독에 걸려 있다. ***~ in the grass*** 숨어 있는 적〔위험〕. ***Snakes!*** 빌어먹을! ***warm*** 〔***cherish***〕 ***a ~ in one's bosom*** 믿는 도끼에 발등 찍히다《은혜를 원수로 갚받다》. — *vt.* 꿈틀거리다, 뒤틀다; 《美口》 잡아 끌다. — *vi.* 꿈틀꿈틀 움직이다. **snák·y** *a.* 뱀과 같은; 뱀이 많은; 음흉한.

snáke·bìrd *n.* Ⓒ 〖鳥〗 가마우지의 일종.

snáke·bìte *n.* Ⓒ 뱀에게 물린 상처.

snáke chàrmer 뱀 부리는 사람.

snáke dànce (Hopi족 인디언의) 방울뱀 춤; (우승 축하 데모의) 지그재그 행진.

snáke·skìn *n.* Ⓒ 뱀 가죽; Ⓤ 무두질한 뱀 가죽.

SNAP systems for nuclear auxiliary power 원자력 보조 전원(電源).

:snap[snæp] *vt., vi.* (**-pp-**) 덥석 물다, 물어뜯다(*at*); 달려들다; 똑 꺾다〔부러지다〕, 툭 끊다〔끊어지다〕, 쾅 닫(히)다; (탁) 튕기다, 딸깍 소리 내다; (권총을) 쏘다; 《口》 딱딱거리다; 버럭 소리치다(*out*); 잡아채다; 스냅 사진을 찍다; (*vi.*) (총이) 불발로 그치다; 번쩍 빛나다; (신경 따위가) 못 견디게 되다; 재빨리 움직이다. ***~ at*** 달려들다; 쾌히 응낙하다. ***~ into it*** 《美口》 본격적으로 시작하다. ***~ one's fingers at*** …을 경멸하다, 무시하다. ***~ short*** 똑 부러지다, 툭 끊어지다; (이야기를) 가로막다. ***~ up*** 덥석 물다; 잡아채다; 버릇없이 남의 말을 가로막다. — *n.* Ⓒ 덥석 물음; 버럭 소리침; 똑부러짐 (따위), 잘깍 하는 소리; 똑딱 단추; (날씨의) 급변, 갑작스런 추위; 스냅 사진; 〖野〗 급투(急投); Ⓤ 《口》 활기, 민활함, 정력, 활력; Ⓒ 《口》 수월한 일〔과목〕; 허둥대는 식사; 《英方》 (노동자·여행자의) 도시락. ***in a ~*** 곧. ***not care a ~*** 조금도 상관치 않다. ***with a ~*** 뚝〔탁〕하고. — *a.* 재빠른, 급한; 《俗》 쉬운. **∠·per** *n.* Ⓒ 딱딱거리는 사람; =**snápping tùrtle** (북아메리카의) 큰 자라.

snáp·dràgon *n.* Ⓒ 금어초(金魚草).

snáp fàstener 똑딱단추.

snap·pish[snǽpiʃ] *a.* (개 따위가) 무는 버릇이 있는; 딱딱거리는; 걸핏하면 성내는.

snap·py[snǽpi] *a.* 짤깍짤깍〔바지직바지직〕 소리나는; 《口》 활기 있는; (추위가) 살을 에는 듯한; 스마트한; =⇧.

snáp·shòot *vt.* 스냅 사진을 찍다.

snáp·shòt *n., vt.* Ⓒ 속사(速射); 스냅 사진(을 찍다).

***snare**[snɛər] *n., vt.* Ⓒ 덫〔함정〕(에 걸리게 하다); 유혹(하다); (보통 *pl.*) (북의) 향현(響絃)《장선(腸線)의 일종》.

snáre drùm (잘 울리게 향현을 댄) 작은 북.

***snarl**[1][snɑːrl] *vi.* (개가 이빨을 드러내고) 으르렁거리다; 고함치다. — *vt.* 호통치다, 소리지르며 말하다. — *n.* Ⓒ 으르렁거림, 고함; 으르렁거리는 소리.

snarl[2] *n., vi., vt.* Ⓒ 엉클어짐; 엉클리다, 엉클어지게 하다; 혼란(하다, 시키다).

snárl-ùp *n.* Ⓒ (교통의) 정체.

:snatch[snætʃ] *vt.* 와락 붙잡다, 잡아채다, 급히 먹다(*away, off*); 용하게〔운좋게〕 얻다; 간신히 손에 넣다〔구해내다〕(*from*); 《俗》 (어린이를) 유괴하다(kidnap). — *vi.* 잡으려고 하다, 움켜잡으려들다(*at*); (제의에) 기꺼이〔냉큼〕 응하다(*at*). ***~ a kiss*** 갑자기 키스하다. ***~ a nap*** 한숨 자다. ***~ up*** 확 잡아채다. — *n.* Ⓒ 잡아챔, 강탈; 《俗》 유괴; (보통 *pl.*) 작은 조각, 단편, (음식의) 한 입; 단시간(*a ~ of sleep* 한잠); Ⓒ 《美俗》 여자의 성기, 성교. ***by ~es*** 때때로 (생각난 듯이). **∠·y** *a.* 단속적(斷續的)인, 불규칙한; 이따금씩의.

snaz·zy[snǽzi] *a.* 《美》 멋진, 일류의; 매력적인.

SNCC 《美》 Student Nonviolent Coordinating Committee 학생 비폭력 조정 위원회.

sneak**[sniːk] *vi., vt.* 슬그머니 움직이다〔달아나다, 들어가다, 나가다〕(*away, in, out*); 《口》 후무리다; (*vi.*) 《英學生俗》 고자질하다; 《英俗》 굽실거리다(*to*). ***~ out of …을 슬쩍〔가만히〕 빠져나가다. — *n.* Ⓒ 비겁한 사람, 고자질꾼. **∠·er** *n.* Ⓒ 비열한 사람; (고무 바닥의) 즈크신. **∠-ing** *a.* 슬금슬금〔몰래〕하는〔달아나는〕; 비열한.

snéak thìef 좀도둑; 빈집털이.

***sneer**[sniər] *n., vi.* 비웃다; Ⓒ 조소(하다)(*at*). — *vt.* 비웃어 말하다.

sneeze**[sniːz] *n., vi.* Ⓒ 재채기(하다); 《口》 업신여기다(*at*). ***not to be ~d at 《口》 깔볼수 없는, 상당한.

snick[snik] *n., vt.* Ⓒ (…에) 눈금〔칼자국〕(을 내다); 〖크리켓〗 (공을) 깎아치다〔침〕.

snick·er[sníkər] *n., v.* =SNIGGER.

snide[snaid] *a.* (보석 따위가) 가짜의; (사람이) 비열한.

:sniff [snif] *vt.* 코로 들이쉬다(*in, up*); 냄새맡다. ── *vi.* 킁킁 냄새 맡다(*at*); 콧방귀 뀌다(*at*). ── *n.* Ⓒ sniff 함; 코웃음; 콧방귀. **∠·y** *a.*
snif·fle[snífəl] *n., v.* =SNUFFLE. ***the ~s*** 코막힘, 코감기; 훌쩍이며 욺.
snig·ger[snígər] *n., vi.* Ⓒ 《주로 英》 킬킬거리며 웃음〔웃다〕.
snip[snip] *vt., vi.* (***-pp-***) 가위로 싹둑 자르다. ── *n.* Ⓒ 싹둑 자름; 끄트러기, 자투리; 조금; (*pl.*) 함석 가위; Ⓒ 《美口》 하찮은 인물; 풋내기.
snipe [snaip] *n.* Ⓒ 〖鳥〗 도요새; 〖軍〗 저격(狙擊); 《美俗》 담배 꽁초. ── *vt., vi.* 도요새 사냥을 하다; 저격하다. **sníp·er** *n.* Ⓒ 저격병.
snip·pet[snípit] *n.* Ⓒ 단편; 《美口》 하찮은 인물.
snip·py[snípi] *a.* 그러모은; 단편적인; 《口》 무뚝뚝한(curt), 푸접없는, 건방진(haughty).
snitch[1][snitʃ] *vt.* 《俗》 잡아채다, 후무리다. ── *n.* Ⓤ 절도.
snitch[2] *vt., vi., n.* 《俗》 고자질하다; Ⓒ 밀고자, 통보자.
sniv·el[snívəl] *vi.* (《英》 ***-ll-***) 콧물을 흘리다; 훌쩍이며 울다; 우는 소리를 하다. ── *n.* Ⓤ 콧물; Ⓒ 우는 소리; 코멘 소리.
snob[snɑb/-ɔ-] *n.* Ⓒ (신사연하는) 속물(俗物); 금권(金權)주의자; 윗사람에게 아첨하고 아랫사람에게 교만한 인간; 《英》 동맹파업 불참 직공. **∠-ber·y** *n.* Ⓤ 속물 근성; Ⓒ 속물적 언동. **∠·bish** *a.*
snood[snu:d] *n., vt.* Ⓒ (스코틀랜드·북부 영국에서 처녀가 머리를 동이던) 머리띠 리본; 그것으로 동이다; 《美》 헤어네트, 네트모(帽).
snook[snu(:)k] *n.* Ⓒ 《俗》 엄지손가락을 코끝에 대고 다른 네 손가락을 펴보이는 경멸의 몸짓. ***cut*** 〔***cock***〕 ***a ~ at*** 《口》 냉소하다, 조롱하다.
snoop[snu:p] *vi., n.* Ⓒ 《口》 (못된 짓을 할 목적으로) 기웃거리며 서성대다〔서성대는 사람, 서성대기〕.
snoop·y[snú:pi] *a.* 엿보고 다니는; 호기심이 강한, 참견이 심한.
snoot[snu:t] *n.* Ⓒ 《美俗》 코(cf. snout); (경멸적인) 오만상; 《美口》 속물(snob).
snoot·y[snú:ti] *a.* 《口》 우쭐거리는, 건방진.
snooze[snu:z] *n.* (a ~) 《口》 겉잠. ── *vi., vt.* 꾸벅꾸벅 졸다; 빈둥거리며 시간을 보내다.
***snore** [snɔ:r] *n., vi., vt.* Ⓒ 코골; 《英》 (한) 잠; 코를 골다.
***snor·kel**[snɔ́:rkəl] *n.* Ⓒ 스노클《잠수함의 환기 장치; 잠수용 호흡 기구》.
***snort**[1][snɔ:rt] *vi., vt.* (말이) 콧김을 뿜다; (사람이) 씨근거리(며 말하)다《경멸·노염의 표시》; (엔진이) 씩씩 소리내다. ── *n.* Ⓒ 콧김; (엔진의) 배기음.
snort[2] *n.* 《英》 =SNORKEL.
snot·ty[snɑ́ti/snɔ́ti] *a.* ① 《卑》 콧물투성이의; 추레한. ② 《俗》 어쩐지 싫은, 하찮은《이상은 ∠ **nòsed** 라고도 함》. ③ 《俗》 건방진, 역겨운.
snout[snaut] *n.* Ⓒ (돼지·개·악어 따위의) 주둥이; (사람의) 크고 못생긴 코; 바위끝; =NOZZLE.
snóut bèetle 바구밋과의 곤충.
†**snow**[snou] *n.* Ⓤ 눈(내림); Ⓤ,Ⓒ 강설; Ⓤ 《詩》 순백, 백발; 《俗》 코카인〔헤로인〕 가루; 〖TV〗 화면에 나타나는 흰 반점. ── *vi.* 눈이 내리다(*It ~s.*); 눈처럼 내리다. ── *vt.* 눈으로 파묻히게〔갇히게〕 하다(*in, up*); 눈같이 뿌리다; 백발로 하다. ***be ~ed under*** 눈에 묻히다; 《美俗》 압도되다(be overwhelmed).
***snów·bàll** *n., vt., vi.* Ⓒ 눈뭉치(를 던지다); 《英》 차례차례 권유시키는 모금(募金)(법); 눈사람식으로 붇다; 〖植〗 불두화나무(guelder-rose).
snów·bànk *n.* Ⓒ 눈더미《특히 언덕이나 골짜기의》.
snów·bèrry *n.* Ⓒ 〖植〗 (북아메리카의) 인동덩굴과의 관목.
snów·bìrd *n.* Ⓒ 〖鳥〗 흰멧새; 《美俗》 코카인 중독자.
snów-blìnd *a.* 설맹(雪盲)의.
snów·bòund *a.* 눈에 갇힌.
snów bùnny 《俗》 〖스키〗 초심자《특히 여성》.
snów·càp *n.* Ⓒ 산정의 눈. 「로 덮인.
snów-càpped *a.* (산 따위가) 눈으
snów·drìft *n.* Ⓒ 휘몰아쳐 쌓인 눈.
snów·dròp *n.* Ⓒ 〖植〗 눈 꽃; 아네모네; 《美軍俗》 헌병.
***snów·fàll** *n.* Ⓒ 강설; Ⓤ 강설량.
snów fìeld 설원(雪原), 만년설.
***snów·flàke** *n.* Ⓒ 눈송이.
snów jòb 《美俗》 (그럴듯한) 발림말, 기만적인 진술.
snów lìne 〔**lìmit**〕 설선(雪線)《만년설의 최저선》.
***snów·màn** *n.* Ⓒ 눈사람; (히말라야의) 설인(雪人)《보통 *the abominable ~*》.
snów·mobìle *n.* Ⓒ (앞바퀴 대신 썰매를 단) 눈자동차, 설상차(雪上車).
snów·plòw, 《英》 **-plòugh** *n.* Ⓒ (눈 치우는) 넉가래, 제설기.
snów·shèd *n.* Ⓒ (철도변의) 눈사태 방지 설비.
***snów·shòe** *n., vi.* Ⓒ (보통 *pl.*) 설화(雪靴)(로 걷다).
snów·slìde *n.* Ⓒ 눈사태.
***snów·stòrm** *n.* Ⓒ 눈보라.
snów·sùit *n.* Ⓒ (어린이용) 방한복.
snów tìre 스노 타이어.
***snów-whíte** *a.* 눈같이 흰, 순백의.
‡**snow·y**[snóui] *a.* ① 눈의, 눈이 오는, 눈이 많은. ② 눈이 쌓인, 눈으로 덮인. ③ 눈 같은, 순백의, 깨끗한, 오점이 없는.
SNS Social Networking Service 온라인 사회관계망 서비스.
snub[snʌb] *n., vt.* (***-bb-***) Ⓒ 몰아세움; 몰아세우다; 냉대(하다); (말·배 등) 급정거(시키다). ── *a.* 들창코의; 코웃음치는.

S

snub·by[snʌ́bi] *a.* 사자코의; 냉정히 대하는.
snúb-nòsed *a.* 들창코의.
snuff[1][snʌf] *n., vt.* Ⓤ (까맣게 탄) 양초의 심지(를 잘라 밝게 하다); (촛불을) 끄다. ~ ***out*** (촛불을) 끄다, 소멸시키다; 《口》 죽다.
snuff**[2] *vt.* 냄새맡다. — *vi.* 코로 들이쉬다, 냄새 맡아보다(*at*); 코를 킁킁거리다. — *n.* Ⓒ 냄새; 코로 들이쉼; Ⓤ 코담배. ***in high ~ 의기양양하게. ***up to*** ~ 《英俗》 빈틈없는; 《口》 원기 왕성하게, 좋은 상태로.
snúff·bòx *n.* Ⓒ 코담배갑.
snúff-còlo(u)red *a.* 황갈색의.
snuff·er[snʌ́fər] *n.* Ⓒ 촛불 끄개; (보통 *pl.*)(양초의) 심지 자르는 가위.
snuf·fle[snʌ́fəl] *n., vi., vt.* Ⓒ 콧소리(가 되다, 로 노래하다); (the ~s) 코감기, 코가 멤[메다]; 코를 킁킁거리다.
snug**[snʌg] *a.* (**-gg-**) (장소가) 아늑한(*a* ~ *corner*); 깨끗한, 조촐[아담]한; 넉넉한; 숨은; (배가) 잘 정비된. ***as ~ ***as a bug in a rug*** 매우 편안하게, 포근히. ***lie*** ~ 숨어서 보이지 않는. **∠·ly** *ad.* **∠·ness** *n.*
snug·ger·y[∠əri] *n.* Ⓒ 《英》 아늑[아담]한 집[방].
snug·gle[snʌ́gəl] *vi., vt.* 다가붙다[들다]; 끌어안다(*up, to*).
†**so**[sou] *ad.* 그렇게; 그와 같이; 마찬가지로(*So am I.*); 맞았어, (당신의 말) 그대로(*"They say he is honest." "So he is."*); 그만큼; 그정도로; 《口》 매우; 그래서, 그러므로; 《문두에서》 그럼. ***and so*** 그리고 (…하였다); 그래서. ***as ... so*** …과 같이 또한. ***It so happened that ...*** 때마침[공교롭게도] …이었다. ***or so*** … 만큼. (*not*) ***so ... as*** …만큼 (…은 아니다). ***so ... as to*** …할 만큼. ***so as to*** (do) …하기 위하여, …하도록. ***So be it!*** 그렇다면 좋다 《승낙·단념의 말투》. ***so*** FAR. ***so far as*** …만으로는, …하는 한(에서는). ***so far as from doing*** …하기는 커녕. ***So long!*** 《口》 안녕. ***so long as*** …하는 한에는, …이면. ***So many men, so many minds.*** 《속담》 각인 각색. ***so so*** 《口》 그저 그렇다, 이럭저럭. ***so that*** …하기 위하여, …하도록; 따라서, 그러므로; 만일 …이면, …하기만 한다면. ***so ... that*** 대단히 …이[하]므로; …한 식으로, 공교롭게도 …하게. ***so to say*** [***speak***] 말하자면. ***So what?*** 《美口》 《반문》 그래서 어쨌다는 거야. — *conj.* …할 만큼; 그러므로, 따라서; 《古》 …하기만 한다면. — *int.* 설마; 됐어; 그대로 (가만히)!; 정말이냐! — *pron.* 《say, think, tell 따위의 목적어로서》 그렇게, 그같이(*I suppose so.*); 정도, 가량, 쯤(*a mile or so,* 1마일 가량).
So. south; southern. **S.O.** seller's option; shipping orders; staff officer; Standing Order; sub-office.

S

:soak[souk] *vt.* (물에) 잠[담]그다, 적시다; 흠뻑 젖게 하다; 스며들게 하다; 빨아들이다(*in, up*); 《비유》 (지식 등을) 흡수하다; (술을) 많이 마시다; 《俗》 벌하다, 때리다; 《俗》 우려내다, 중세(重稅)를 과하다. — *vi.* 잠기다; 담기다; (흠뻑) 젖다; 스며들다[나오다](*in, into, through; out*); 많은 술을 마시다. ***be ~ed*** [~ ***oneself***] ***in*** …에 몰두하다. ~ ***up*** 흡수하다; 이해하다. — *n.* Ⓒ (물에) 잠금, 젖음; 흠뻑 젖음; 큰비; 《俗》 술잔치; 《俗》 술고래.
***só-and-sò** *n.* (*pl.* **~s**) Ⓒ,Ⓤ 아무개, 누구 누구, 무엇 무엇. — *a.* 지겨운(damned).
:soap[soup] *n.* Ⓤ 비누; Ⓒ 《俗》 금전; (특히 정치적) 뇌물. — *vt., vi.* (…에) 비누를 칠하다[로 씻다]. **∠·y** *a.* 비누의; 비누투성이의[를 함유한]; 《俗》 낯간지러운 겉발림말의.
sóap bòiler 비누 제조업자.
sóap·bòx *n., vi.* Ⓒ 《美》 비누 상자 《포장용》; 빈 비누 궤짝《가두 연설의 연단으로 씀》; 가두 연설하다.
sóapbox órator 가두 연설가.
sóap bùbble 비눗방울; 굴퉁이.
sóap flàkes [**chìps**] (선전용의) 작은 비누.
sóap·less sóap [∠lis-] 중성 세제.
sóap òpera 《美口》 『라디오·TV』 (주부들을 위한 낮의) 연속 가정극《원래 비누 회사 제공》.
sóap pòwder 가루 비누.
sóap·stòne *n.* Ⓤ 동석(凍石)《비누 비슷한 부드러운 돌》.
sóap·sùds *n. pl.* 거품이 인 비눗물, 비누 거품.
:soar[sɔːr] *vi.* ① 높이[두둥실] 올라가다. ② (희망·사상 등이) 치솟다, 부풀다. ③ (물가가) 폭등하다. ④ 『空』 일정한 높이를 활공하다.
***sóar·ing** *n.* Ⓤ 높이 날기; 우뚝 솟음, 상승. — *a.* 높이 나는; 우뚝 솟은[솟는]; (희망이) 고원한.
sóaring flìght (글라이더의) 활공비행.
:sob[sɑb/-ɔ-] *vi.* (**-bb-**) 흐느끼다; (바람 따위가) 흐느끼는 듯한 소리를 내다. — *vt.* 훌쩍이면서 이야기하다(*out*); 흐느껴 …이 되게 하다. — *n.* Ⓒ 훌짝이는 울음. — *a.* 《美俗》 《한정적》 눈물을 자아내는.
S.O.B., s.o.b. 《俗》 son of a bitch.
:so·ber[sóubər] *a.* 취하지[술 마시지] 않은, 맑은 정신의; 진지한; 냉정한, 분별 있는; 과장 없는; (빛깔이) 수수한. ***appeal from Philip drunk to Philip*** ~ 상대방이 술 깬 뒤에 다시 이야기하다. — *vt.* (…의) 술 깨게 하다; 마음을 가라앉히다(*down*). — *vi.* 술이 깨다(*up, off*); 마음이 가라앉다(*down*). **~·ly** *ad.* **~·ness** *n.*
sóber-mínded *a.* 냉정한, 분별 있는, 진지한.
sóber·sìdes *n.* (*pl.* ~) Ⓒ 침착한 사람, 고지식한 사람.

so·bri·e·ty[so*u*bráiəti] *n.* Ⓤ 절주(節酒); 제정신, 진지함, 근엄. 「명.
so·bri·quet [sóubrikèi] *n.* Ⓒ 별
sób sìster 《美》(비극, 미담 등) 감상적 기사 전문의 여기자; 감상적 자선가.
sób stòry (**stùff**) 《美口》감상적인 얘기, 애화(哀話); 상대의 동정을 얻으려는 변명.
SOC 〖經〗 social overhead capital; Space Operations Center (NASA 의) 유인 우주 스테이션.
Soc., soc. socialist; society; sociology.
so·ca[sóukə] (<*so*ul *ca*lypso) *n.* Ⓒ 소카《칼립소에 솔 음악적 요소를 가미한 댄스 음악》. 「위.
:so-called[sóukɔ́:ld] *a.* 이른바, 소
***soc·cer**[sákər/-ɔ́-] *n.* Ⓤ 축구.
***so·cia·ble**[sóuʃəbəl] *a.* 사교적인, 사교를 좋아하는; 사귀기 쉬운, 붙임성 있는. — *n.* Ⓒ 《美》친목회; (마주 보는 좌석이 있는) 4륜 마차; (S자형) 소파. **-bly** *ad.* 사교적으로, 상냥하게. **-bil·i·ty**[∸-bíləti] *n.* Ⓤ 사교성, 사교적임.
:so·cial[sóuʃəl] *a.* 사회의(에 관한); 사회(사교)적인; 붙임성 있는; 사교계의; 사회 생활을 영위하는; 〖動·植〗 군거(群居)(군생)하는; 사회주의의; 성교의(에 의한). — *n.* Ⓒ 친목회.
so·ci·al·i·ty[sòuʃiǽləti] *n.* Ⓤ 사교(군거)성. **~·ly** *ad.* 「가.
sócial clímber 출세주의자, 야심
sócial cóntract (**cómpact**), **the** (루소 등의) 사회 계약(설), 민약론.
Sócial Crédit 〖經〗 사회 채권설.
sócial demócracy 사회 민주주의.
Sócial Démocratic Párty, the (영국의) 사회 민주당《생략 SDP》.
sócial disèase 사회병《결핵 등》; 성병. 「족, 계급간의》.
sócial dístance 사회적 거리《민
sócial dynámics 사회 역학.
sócial engineéring 사회 공학《사회 구조 개선의 연구》.
sócial évil 사회악. 「회.
sócial gáthering (**párty**) 친목
sócial hýgiene 성(性)위생.
sócial insúrance 사회보험《실업·후생 연금·건강 보험 따위》.
***so·cial·ism**[sóuʃəlìzəm] *n.* Ⓤ 사회주의. ***-ist** *n.* Ⓒ 사회주의자, 사회당. **-is·tic**[∸-ístik] *a.*
so·cial·ite[sóuʃəlàit] *n.* Ⓒ 사교계의 명사(名士).
so·cial·ize**[sóuʃəlàiz] *vt.* 사회(사교)적으로 하다; 사회주의화하다; 국영화하다. ***~d medicine 의료 사회화 제도. ***-i·za·tion**[∸-izéiʃən] *n.*
sócial órgainism 사회 유기체.
sócial óverhead cápital 〖經〗 사회 간접 자본《생략 SOC》.
Sócial Régister 〖商標〗《美》명사록.
sócial scíence 사회 과학.
sócial secúrity 사회 보장 (제도).
sócial sérvice (**wòrk**) 사회 (복지) 사업.
sócial stùdies 사회과《학교의 교과》. 「사업.
sócial wélfare 사회 복지; 사회
sócial wòrker 사회사업가.
:so·ci·e·ty[səsáiəti] *n.* ① Ⓤ 사회; 세상, 세인. ② Ⓤ 사교계; 상류 사회(의 사람들). ③ Ⓤ,Ⓒ (특정한) 사회, 공동체. ④ Ⓤ 사교; 교제; 남의 앞. ⑤ Ⓒ 회, 협회, 조합. ***S- of Friends*** 프렌드(퀘이커) 교회. ***S- of Jesus*** 예수회(cf. Jesuit).
so·ci·o-[sóusiou, -siə, -ʃi-] '사회, 사회학'의 뜻의 결합사.
sòcio·biólogy *n.* Ⓤ 생물 사회학.
sòcio·cúltural *a.* 사회 문화적인.
sòcio·económic *a.* 사회 경제적
sociol. sociology. 」인.
sòcio·linguístics *n.* Ⓤ 사회 언어학.
***so·ci·ol·o·gy** [sòusiálədʒi, -ʃi-/-ɔ́l-] *n.* Ⓤ 사회학. ***-gist** *n.* Ⓒ 사회학자. **-o·log·i·cal**[sòusiəládʒikəl, -ʃi-/-lɔ́dʒ-] *a.*
so·ci·om·e·try[sòusiámətri/-ɔ́-] *n.* Ⓤ 〖社〗 사회 측정(학); 사회 계량학. 「스, 짧은 양말.
:sock[1][sak/-ɔ-] *n.* Ⓒ (보통 *pl.*) 속
sock[2] *vt., n.* Ⓒ (보통 *sing.*)《俗》강타(強打)(하다). 「=SOCCER.
sock·er [sákər/-ɔ́-] *n.* 《주로 英》
***sock·et**[sákit/-ɔ́-] *n.* Ⓒ (꽂는) 구멍, (전구) 소켓. — *vt.* 소켓에 끼우다; 접속하다.
sock·o[sákou/-ɔ́-] *a.* 《美俗》멋진.
***Soc·ra·tes**[sákrətì:z/-ɔ́-] *n.* 소크라테스《그리스 철학자; 469-399 B.C.》. 「라테스(철학)의.
So·crat·ic [səkrǽtik/sɔ-] *a.* 소크
sod**[1][sad/-ɔ-] *n.* Ⓤ,Ⓒ 잔디, 뗏장. ***under the ~ 지하에 묻혀, 저승에서. — *vt.* (***-dd-***) 잔디로 덮다.
sod[2] *v.* 《廢》 seethe의 과거.
sod[3] (<sodomite) *n.* Ⓒ《英俗》비역쟁이.
:so·da[sóudə] *n.* ① Ⓤ 소다《(중)탄산소다·가성 소다 등》. ② Ⓤ,Ⓒ 소다수(水), 탄산수.
sóda àsh 소다회(灰)《공업용 탄산소다》. 「(판매장).
sóda fòuntain 소다수(水) 탱크
sóda lìme 소다 석회.
so·dal·i·ty[soudǽləti] *n.* Ⓤ 교우(交友), 우애; Ⓒ 조합, 협회; 〖가톨릭〗 형제회.
sóda pòp 《美口》 소다수《병이나 캔에 넣은 청량 음료》.
sóda wàter 소다수.
sod·den[1][sádn/-ɔ́-] *a.* 흠뻑 젖은 (*with*); 물기를 빨아들여 무거운; (빵이) 설구워진; 술에 젖은; 멍청한, 얼빠진. — *vt., vi.* (물에) 잠그다, 잠기다, 흠뻑 젖(게 하)다(*with*); 붇(게 하)다. 「사.
sod·den[2] *v.* 《廢》 seethe의 과거분
***so·di·um**[sóudiəm] *n.* Ⓤ 〖化〗 나트륨《금속 원소; 기호 Na》.
sódium bicárbonate 〖化·藥〗 중

S

탄산나트륨. 「금.
sódium chlóride 염화나트륨, 소
sódium flúoride 〖化〗 플루오르화 나트륨《소독·방부제》.
sódium hydróxide 수산화나트륨, 가성소다.
sódium nítrate 질산나트륨.
sódium péntothal 〖藥〗 펜토탈 나트륨《마취·최면약용》.
Sódium-vapor làmp 〖電〗 나트륨등《금속 증기 방전관의 일종》.
Sod·om[sádəm/sɔ́d-] *n.* 〖聖〗 소돔《죄악 때문에 신에 의해 멸망당했다는 도시》; Ⓒ 죄악이 판치는 곳.
sod·om·y[sádəmi/-ɔ́-] *n.* Ⓤ 비역, 남색(男色); 수간(獸姦). **-om·ite** [-əmàit] *n.* Ⓒ 남색가; 수간자.
so·ev·er[souévər] *ad.* 아무리 … 이라도; 《부정문에서》 아무리, 조금도 (…않다).
-so·ev·er [souévər] *suf.* what, who, whom, how, where 등에 붙여 '비록 …일지라도'의 뜻을 강조하는 결합사.
:so·fa[sóufə] *n.* Ⓒ 소파, 긴 의자.
So·fi·a[sóufiə, soufí:ə] *n.* 불가리아의 수도. 「omon.
S. of Sol. 〖舊約〗 Song of Sol-
†soft[sɔ(:)ft, sɑft] *a.* ① (유)연한, 부드러운; 매끈한. ② (윤곽이) 흐릿한; (음성이) 조용한, (광선이) 부드러운; (기후가) 상쾌한, 온난한. ③ 온화한, 상냥한; 약한, 나약한; 어리석은; 관대한. ④《英》(날씨가) 누진, 구중중한; (물이) 연성(軟性)의; 알코올분(分)이 없는. ⑤ 수월한, 손쉬운. ⑥ 〖音聲〗 연음(連音)의《*gem*의 *g*, *cent*의 *c* 따위》. — *ad.* 부드럽게, 조용하게, 상냥하게. — *n.* Ⓒ 부드러운 물건〔부분〕. — *int.*《古》 쉿!, 잠깐! ~ ***glances*** 추파. ~ ***news*** 중요하지 않은 뉴스. ~ ***nothings*** (잠자리에서의) 사랑의 속삭임. ~ ***thing*** 〔***job***〕 수월하게 돈 벌 수 있는 일. ~ ***things*** 겉발림말; (잠자리에서의) 사랑의 말. ***the*** ~(***er***) ***sex*** 여성. **:** ˊ**·ly** *ad.* ˊ**·ness** *n.*
sóft·bàll *n.* Ⓤ 연식 야구; Ⓒ 그 공.
sóft-bóiled *a.* 반숙(半熟)의.
sóft cóal 역청탄(瀝靑炭), 유연탄.
sóft còpy 〖컴〗 화면 출력, 소프트 카피《인쇄 용지에 기록한 것을 hard copy라고 하는 데 대해 기록으로 남지 않는 화면 표시 출력을 이름》.
sóft-córe *a.* (성묘사가) 그리 노골적인 아닌《포르노》; 온순한(cf. hard-core). 「(책).
sóft-còver *a., n.* Ⓒ 종이 표지의
sóft cúrrency 연화(軟貨)《달러와 교환할 수 없는 화폐 : cf. hard currency》.
sóft drínk 청량 음료. 「위》.
sóft drúg 약한 마약《마리화나 따
:sof·ten[sɔ́(:)fən, sáfən] *vt., vi.* 부드럽게 하다〔되다〕; 연성(軟性)으로 하다〔되다〕; 상냥〔온화〕하게 하다〔되다〕; (*vt.*) (폭격 따위로 적의) 저항력을 약화시키다(*up*).
sóft fòcus 〖寫〗 연초점(軟焦點), 연조(軟調). 「hard goods).
sóft gòods 〔**wàres**〕 직물류 (cf.
sóft-héaded *a.* 투미한, 멍청한.
sóft-héarted *a.* 마음씨가 상냥한.
sóft-lànd *vt., vi.* 연착륙하다.
sóft-lànder *n.* Ⓒ 연착륙선.
sóft lánding 연착륙.
sóft lìne 온건 노선.
sóft pálate 연구개(軟口蓋).
sóft·pédal *vi.* (피아노의) 약음 페달을 밟다. — *vt.*《口》(태도·어조를) 부드럽게 하다. 「문〕 과학.
sóft scíence 사회 과학, 행동〔인
sóft séll, the 온건한 판매술.
sóft shóulder 비포장 갓길.
sóft sóap 물비누; 《口》 아첨.
sóft-sóap *vt., vi.*《口》 아첨하다; 물비누로 씻다. **~er** *n.* Ⓒ《口》 아첨꾼, 빌붙는 사람. 「득력 있는.
sóft-spóken *a.* 말씨가 상냥한; 설
sóft tóuch《俗》(금전 문제에) 잘 속는 사람; 쉽게 지는 사람〔팀〕.
***soft·ware**[ˊwὲər] *n.* Ⓤ 〖컴〗 소프트웨어《프로그램 체계의 총칭》; (로켓·미사일의) 설계, 연료 (따위).
sóftware pàckage 〖컴〗 소프트웨어 패키지.
sóft wáter 단물, 연수(軟水).
sóft·wòod *n.* Ⓤ 연목(재); Ⓒ,Ⓤ 침엽수 (목재).
soft·y, -ie[ˊi] *n.* Ⓒ《口》 감상적인 〔무기력한〕 남자; 바보, 얼간이.
sog·gy[sági/-ɔ-] *a.* 물에 적신, 흠뻑 젖은; (빵이) 덜 구워져 눅눅한; 둔한.
SOHO Small Office Home Office. 「지; 생육지; 나라.
:soil[1] [sɔil] *n.* Ⓤ 흙, 토양; Ⓤ,Ⓒ 토
***soil**[2] *vt.* 더럽히다, (…에) 얼룩〔오점〕을 묻히다; (가명(家名) 따위를) 더럽히다; 타락시키다. — *vi.* 더러워지다. — *n.* Ⓤ 더럼, 오물; 거름, 비료. **~ed**[-d] *a.* 더러워진.
sóil conditioner 토질 개량제.
sóil scìence 토양학.
soi·ree, *soi·rée*[swɑ:réi/ˊ-ˋ] *n.* (F.) Ⓒ 야회(夜會).
***so·journ**[sóudʒə:rn/sɔ́-] *n., vt.* Ⓒ 체재(하다), 머무르다.
Sol[sɑl/-ɔ-] *n.* 〖로神〗 태양신; 태양.
sol[soul/sɔl] *n.* Ⓤ,Ⓒ 〖樂〗 솔.
Sol. solicitor; Solomon.
***sol·ace**[sáləs/sɔ́l-] *n., vt., vi.* Ⓤ 위안, 위로(를 주다, 가 되다); Ⓒ 위안물.
so·lan[sóulən] *n.* =GANNET.
:so·lar[sóulər] *a.* 태양의〔에 관한〕; 태양에서 오는, 햇빛〔태양열〕을 이용한; 태양의 운행에 의해 측정한.
sólar báttery 〔**céll**〕 태양 전지.
sólar cálendar 태양력(曆).
sólar colléctor 태양열 집열기.
sólar cýcle 〖天〗 태양 순환기, 28
sólar eclípse ⇨ECLIPSE. 「주년.
sólar énergy 태양 에너지.
sólar fláre 태양면 폭발.
sólar hóuse 태양열 주택.

S

so·lar·i·um[soulέəriəm] *n.* (*pl.* *-ia*[-riə]) Ⓒ 일광욕실; 해시계(sundial).
so·la·ri·za·tion[sòulərizéiʃən] *n.* Ⓤ 〖寫〗 솔라리제이션《과도 노출로 영상의 흑백을 반전시키는 방법》.
so·lar·ize[sóulərὰiz] *vt., vi.* 햇볕에 쐬다, 감광시키다; (집에) 태양열 이용 설비를 설치하다; 〖寫〗 (…에) 솔라리제이션을 행하다.
sólar pánel 태양 전지판.
sólar pléxus 〖解〗 태양 신경총(叢).
sólar sỳstem 〖天〗 태양계.
sólar wínd, the 태양풍.
sólar yéar 〖天〗 태양년《365일 5시간 48분 46초》.
†**sold**[sould] *v.* sell의 과거(분사).
sol·der[sάdər/sɔ́ldər] *n.* Ⓤ 땜납; Ⓒ 결합물. ***soft*** ~ 아첨. — *vt.* 납땜하다; 결합하다; 수선하다. ***~ing iron*** 납땜 인두.
†**sol·dier**[sóuldʒər] *n.* Ⓒ (육군의) 군인; (officer에 대하여) 사병; (역전의) 용사; 전사(戰士). ~ ***of fortune*** (돈이나 모험을 위해 무엇이든 하는) 용병(傭兵). — *vi.* 군대에 복무하다; 《口》 빈둥거리다, 꾀부리다. **~·ing** *n.* Ⓤ 군대 복무. **~·like, ~·ly** *a.* 군인다운, 용감한. **~·y**[-i] *n.* Ⓤ 《집합적》 군인; 군사 교련〔지식〕.
‡**sole**[1][soul] *a.* 유일한; 독점적인; 단독의; 〖法〗 미혼의. ~ ***agent*** 총대리점. ‡**∠·ly** *ad.* 단독으로; 오로지, 단지, 전혀.
***sole**[2] *n.* Ⓒ 발바닥; 신바닥(가죽); 밑부분, 밑바닥. — *vt.* (…에) 구두 밑창을 대다.
sole[3] *n.* Ⓒ 〖魚〗 혀넙치, 혀가자미.
sol·e·cism[sάləsìzəm/-ɔ́-] *n.* Ⓒ 문법〔어법〕 위반; 예법에 어긋남; 잘못, 부적당.
‡**sol·emn**[sάləm/-ɔ́-] *a.* 엄숙한; 격식 차린, 진지한(체하는); 종교상의, 신성한; 〖法〗 정식의. ***S- Mass*** = HIGH MASS. ***~·ly** *ad.* **~·ness** *n.*
***so·lem·ni·ty**[səlémnəti] *n.* Ⓤ 엄숙, 장엄; 점잔뺌; Ⓒ (종종 *pl.*) 의식.
sol·em·nize[sάləmnὰiz/-ɔ́-] *vt.* (특히, 결혼식을) 올리다; (식을 올려) 축하하다; 장엄하게 하다. **-ni·za·tion**[ˌ--zéiʃən] *n.*
so·le·noid[sóulənɔ̀id] *n.* Ⓒ 〖電〗 솔레노이드《원통꼴 코일》.
sol-fa [sòulfά/sɔ̀l-] *n., vt., vi.* Ⓤ 〖樂〗 계명 창법(으로 노래하다).
sol·feg·gio [sαlfédʒou, -dʒiòu/sɔlfédʒiòu] *n.* Ⓤ,Ⓒ 〖樂〗 솔페지오 창법, 계명으로 노래하기.
‡**so·lic·it**[səlísit] *vt., vi.* (일거리·주문 따위를) 구하다, 찾다(*for*); 간청〔간원〕하다(*for*); (매춘부가 남자를) 끌다, (나쁜 짓을) 교사하다. **-i·ta·tion**[səlìsətéiʃən] *n.*
***so·lic·i·tor**[səlísətər] *n.* Ⓒ 간청하는 사람; 《美》 외판원; 〖英法〗 (사무) 변호사; 《美》 (시·읍의) 법무관.
solícitor géneral (*pl.* ***-s general***) 《英》 법무 차관, 차장 검사; 《美》 수석 검사.
so·lic·i·tous[səlísətəs] *a.* 걱정하는(*for, about*); 열심인; 열망하는(*to do*). **~·ly** *ad.*
so·lic·i·tude[səlísət*j*ù:d] *n.* Ⓤ 걱정; 열망, 갈망; (*pl.*) 걱정거리.
‡**sol·id**[sάlid/-ɔ́-] *a.* ① 고체의; 속이 비지 않은. ② 〖數〗 입방의, 입체의. ③ 짙은, 두꺼운. ④ 꽉 찬(*with*); 견고한, 튼튼한; 똑같은; 순수한. ⑤ 완전한; 단결된; (학문이) 착실한; 진실의, 신뢰할 수 있는; 분별 있는; (재정적으로) 견실한. ⑥ 연속된; (복합어가) 하이픈 없이 된《보기 : *softball*》; 〖印〗 행간을 띄지 않고 짠. ⑦ 《美口》 사이가 좋은; 《美俗》 훌륭한, 멋진. — *n.* Ⓒ 고체; 〖數〗 입(방)체. **~·ly** *ad.*
sol·i·dar·i·ty[sὰlədǽrəti/-ɔ̀-] *n.* Ⓤ 단결; 연대 책임.
sólid fúel (로켓의) 고체 연료.
sólid geómetry 입체 기하(학).
so·lid·i·fy[səlídəfὰi] *vt., vi.* 응고(凝固)시키다〔하다〕; 단결시키다〔하다〕. **-fi·ca·tion**[-ˌ--fikéiʃən] *n.*
so·lid·i·ty[səlídəti] *n.* Ⓤ 단단함; 고체성; 견고; 견실; 고밀도.
sólid méasure 부피, 체적, 용적.
sólid-státe *a.* 〖電〗 솔리드스테이트의《트랜지스터 따위가 고정된 회로로 전류 조정을 할 수 있는》.
sol·i·dus[sάlidəs/-ɔ́-] *n.* (*pl.* ***-di***[-dὰi]) Ⓒ 고대 로마의 금화; (실링을 표시하는) 빗금, 사선(/).
so·lil·o·quy[səlíləkwi] *n.* Ⓤ,Ⓒ 혼잣말; Ⓒ (연극의) 독백. **-quize**[-kwὰiz] *vi.* 혼잣말〔독백〕하다.

sol·i·taire[sάlətὲər/sɔ́l-] *n.* Ⓒ (반지에) 한 개 박은 보석; Ⓤ 혼자 하는 카드놀이.
‡**sol·i·tar·y**[sάlitèri/sɔ́litəri] *a.* ① 혼자의, 단독의; 단일의. ② 고독한, 외로운. ③ 쓸쓸한. — *n.* Ⓒ 혼자 사는 사람; 은둔자. **-tar·i·ly** *ad.* **-tar·i·ness** *n.*
sólitary confínement 독방 감금.
‡**sol·i·tude**[sάlit*j*ù:d/sɔ́li-] *n.* Ⓤ 고독; 외로움, 쓸쓸함; Ⓒ 쓸쓸한 장소.
so·lo**[sóulou] *n.* (*pl.* ***~s, -li[-li:]) Ⓒ 독주(곡), 독창(곡); 독무대; 단독 비행; 〖카드〗 whist의 일종. — *a.* 독주〔독창〕의; 독주부를 연주하는; 단독의. — *vi.* 단독 비행하다. **~·ist** *n.* Ⓒ 독주〔독창〕자.
Sol·o·mon**[sάləmən/-ɔ́-] *n.* 〖聖〗 기원전 10세기의 이스라엘 왕; Ⓒ 현인. ***the SONG ***of*** ~.
Sólomon Íslands, the 솔로몬 군도《남태평양 New Guinea 동쪽에 있는 섬들; 1975년 독립》.
Sólomon's séal 〖植〗 죽대; 육성형(六星形)《삼각형 두 개를 엇걸어 포갠 꼴; 신비의 힘이 있다고 함》.
So·lon [sóulən] *n.* (638?-559? B.C.) 아테네의 입법가; Ⓒ 《美口》 국

회의원.
sol·stice[sálstìs/-ɔ́-] *n.* Ⓒ 〖天〗 지(至). ***summer*** (***winter***) ~ 하[동]지.
***sol·u·ble**[sáljəbəl/-ɔ́-] *a.* 용해될 수 있는; 해결할 수 있는. **-bil·i·ty** [sàljəbíləti/-ɔ̀-] *n.* Ⓤ 가용성(可溶性).
sol·ute[sálju:t/sɔ́l-] *n.* Ⓒ 〖化〗 용질.
:so·lu·tion[səlú:ʃən] *n.* ① Ⓤ 해결, 해명. ② Ⓤ,Ⓒ 용해 (상태); 용액. **~·ist** *n.* Ⓒ (신문·텔레비전 따위의) 퀴즈 해답 전문가.
:solve[sɑlv/-ɔ-] *vt.* 해결하다; 설명하다. **sólv·a·ble** *a.* 해결할 수 있는.
***sol·vent**[sálvənt/-ɔ́-] *a.* 용해력이 있는; 지불 능력이 있는; 마음을 누그러지게 하는. — *n.* Ⓒ 용제(溶劑), 용매(*of, for*); 약화시키는 것. **sól·ven·cy** *n.* Ⓤ 용해력; 지불 능력.
So·ma·li·a[soumá:liə, -ljə] *n.* 소말리아《이디오피아에 인접한 공화국》.
so·mat·ic[soumǽtik] *a.* 신체의; 〖解·動〗 체강(體腔)(벽)의.
***som·ber,** 《英》 **-bre**[sámbər/-ɔ́-] *a.* 어둠침침한; 거무스름한; 음침한, 우울한.
som·bre·ro [sɑmbréərou/sɔm-] *n.* (*pl.* **~s**) (Sp. =hat) Ⓒ 챙 넓은 중절모《멕시코 모자》.
†some[sʌm, 弱 səm] *a.* 어느, 어떤; 얼마(간)의《수·양》; 누군가의; 대략; 《口》 상당한, 대단한. ***in* ~ *way* (*or other*)** 이럭저럭 해서. **~ *day*** 언젠가, 머지 않아. **~ *one*** 어떤 사람, 누군가; 어느 것인가 하나(의); 누구인가 한 사람(의). **~ *time*** 잠시; 언젠가, 뒷날. **~ *time or other*** 머지 않아서, 조만간. — *pron.* 어떤 사람들[물건]; 얼마간, 다소. — *ad.* 《口》 얼마쯤, 다소; 《美俗》 상당히.
†some·bod·y [sʌ́mbàdi, -bədi/ -bɔ̀di] *pron.* 어떤 사람, 누군가. — *n.* Ⓒ 상당한 인물.
:some·how[sʌ́mhàu] *ad.* ① 어떻게든지 하여, 그럭저럭; 어떻든지, 좌우간. ② 웬일인지. **~ *or other*** 이럭저럭; 웬일인지.
†some·one[sʌ́mwʌ̀n, -wən] *pron.* =SOMEBODY.
sóme·plàce *ad.* 《美口》 =SOMEWHERE.
***som·er·sault** [sʌ́mərsɔ̀:lt], **som·er·set**[ㅗ-sèt] *n., vi.* Ⓒ 재주넘기, 공중제비(하다). ***turn a* ~** 재주넘다.
†some·thing[sʌ́mθiŋ] *pron., n.* 어떤 물건[일], 무엇인가; 얼마간; 다소; Ⓤ 가치 있는 물건[사람]. ***be* ~ *of a*** 조금[좀] …하다, 좀 …한 데가 있다. ***take a drop of* ~** 한 잔하다. ***That is* ~.** 그것은 다소 위안이 된다. ***There is* ~ *in it.*** 그건 일리가 있다. ***think* ~ *of oneself*** (시원찮은데도) 자기를 상당한 인물로 여기다. — *ad.* 얼마쯤, 다소; 꽤.
:some·time[sʌ́mtàim] *ad., a.* 언젠가, 조만간; 이전(의).
†some·times [sʌ́mtàimz, səmtáimz] *ad.* 때때로, 때로는, 이따금.
:some·what[sʌ́m*h*wɑ̀t/-*h*wɔ̀t] *ad.* 얼마간, 다소. — *pron.* 어느 정도.
†some·where[sʌ́m*h*wὲər] *ad.* 어딘가에, 어디론가; 어느땐가(~ *in the last century*).
som·nam·bu·late [sɑmnǽmbjəlèit/sɔm-] *vi., vt.* 잠결에 걸어다니다, 몽유(夢遊)하다.
som·nam·bu·lism[-lìzəm] *n.* Ⓤ 몽유병. **-list** *n.* Ⓒ 몽유병자.
som·nif·er·ous[sɑmnífərəs/sɔm-] *a.* 최면의; 잠[졸음]이 오(게 하)는.
som·no·lent[sámnələnt/-ɔ́-] *a.* 졸린; 최면(催眠)의. **-lence** *n.*
†son[sʌn] *n.* ① Ⓒ 아들; 사위, 양자; (보통 *pl.*) (남자의) 자손. ② Ⓒ (…의) 아들, 계승자. ③ Ⓒ 《호칭》 젊은이. ④ (the S-) 예수. ***his father's* ~** 아버지를 빼쏜 아들(cf. CHIP of the old block). **~ *of a bitch*** 《蔑》 개자식, 병신 같은 놈, 치사한 놈.
so·nant[sóunənt] *a.* 소리의[가 있는]; 울리는; 〖言〗 음절의[을 나타내는]; 〖音聲〗 유성음의. — *n.* Ⓒ 음절 주음(主音); 〖音聲〗 유성음.
so·nar[sóunɑ:r] *n.* Ⓒ 《美》 수중 음파 탐지기(《英》 asdic).
***so·na·ta**[səná:tə] *n.* Ⓒ 〖樂〗 소나타, 주명곡(奏鳴曲).
sonáta fòrm 소나타 형식.
son·a·ti·na[sɑ̀nətí:nə/-ɔ̀-] *n.* (*pl.* ***-ne***[-nei]) Ⓒ 〖樂〗 소나티나, 소(小)주명곡.
sonde[sɑnd/-ɔ-] *n.* Ⓒ 〖로켓〗 고층 기상 측정기, 존데.
†song[sɔ(:)ŋ, -ɑ-] *n.* Ⓒ 노래, 창가, 가곡; 가창; 시; Ⓤ (새의) 지저귐, (시냇물의) 졸졸 소리. ***for a* (*mere*) ~, or *for an old* ~** 아주 헐값으로. ***make a* ~ *about*** 《英俗》 …을 자랑[자만]하다. **~ *and dance*** 《美口》 (거짓말 등을 섞은) 이야기, 설명, 변명. ***the S- of Solomon,*** or ***the S- of Songs*** 〖舊約〗 아가(雅歌)(Canticles).
sóng·bìrd *n.* Ⓒ 명금(鳴禽); 여자 가수.
sóng spàrrow (북미산의) 멧종다리.
***song·ster**[ㅗstər] *n.* Ⓒ 가수(singer); 가인(歌人), 시인; 명금(鳴禽).
song·stress[ㅗstris] *n.* ⇧의 여성.
sóng thrùsh 〖鳥〗 (유럽산) 지빠귀; 《美》 =WOOD THRUSH.
son·ic[sánik/-ɔ́-] *a.* 음(파)의; 음속의.
sónic báng =SONIC BOOM.
sónic bárrier (**wàll**) 음속 장벽 《비행기 따위의 속도가 음속과 일치하는 순간의 공기 저항》.
sónic bóom 충격 음파《항공기가 음속을 돌파할 때 내는 폭발음과 비슷한 소리》.
sónic míne 〖軍〗 음향 기뢰《스크루의 진동으로 폭발하는 장치》.
sónic spéed 음속.
so·nif·er·ous[souníførəs] *a.* 소리를 내는[전하는].

són-in-làw *n.* (*pl.* **sons-in-law**) Ⓒ 사위.

***son·net**[sánət/-ɔ́-] *n., vi.* Ⓒ 『韻』 소네트, 14행시(를 짓다). **～·eer** [⌐–íər] *n.* Ⓒ 소네트 시인.

son·ny[sʌ́ni] *n.* Ⓒ 《口》 아가, 얘야 《애칭》.

so·nor·i·ty[sənɔ́:rəti, -á-] *n.* Ⓤ 울려퍼짐; 『音聲』 (음의) 들림.

***so·no·rous**[sənɔ́:rəs] *a.* 울려퍼지는, 낭랑한; 당당한, (표현이) 과장된.

†**soon**[su:n] *ad.* 이윽고, 이내, 곧; 빨리; 기꺼이. ***as*** 〔***so***〕 ***～ as*** …하자 마자 (곧). ***as ～ as possible*** 될 수 있는 대로 빨리. ***no ～er than*** …하자 마자. ***～er or later*** 조만간. ***would*** 〔***had***〕 ***～er … than*** …보다는 차라리 … 하고 싶다.

***soot**[sut, su:t] *n., vt.* Ⓤ 그을음, 검댕(으로 덮다, 더럽히다). ***∠·y** *a.* 그을은.

sooth[su:θ] *n., a., ad.* Ⓤ 《古》 진실(의); 참으로. ***in*** (***good***) ***～*** 실로, 참으로.

‡**soothe**[su:ð] *vt.* 위로하다; 가라앉히다; (고통 등을) 완화시키다(relieve); 달래다.

sóoth·sàyer *n.* Ⓒ 예언자, 점쟁이.

sop[sɑp/-ɔ-] *n.* Ⓒ (우유·수프 따위에 적신) 빵 조각; 뇌물. — *vt.* (**-pp-**) (빵 조각을) 적시다(*in*); 흠뻑 적시다; 빨아들이다(*up*), 닦아〔훔쳐〕내다. — *vi.* 스며들다; 흠뻑 젖다.

SOP Standard Operating Procedure 관리 운용 규정; Study Organization Plan《시스템 설계법의 하나》.

soph·ism[sáfizəm/-ɔ́-] *n.* Ⓤ,Ⓒ 궤변; Ⓤ 옛 그리스의 궤변학파 철학. **-ist** *n.* Ⓒ (종종 S-) 소피스트《고대 그리스의 수사(修辭)·철학·윤리 등의 교사》; 궤변학자; 궤변가. **so·phís·tic, -ti·cal** *a.* 궤변적인. **-ti·cal·ly** *ad.*

so·phis·ti·cate[səfístəkèit] *vt.* 궤변으로 현혹시키다; (원문을) 멋대로 뜯어고치다; 세파에 닳고닳게 하다; (술 따위에) 섞음질하다; (취미·센스를) 세련되게 하다. — *vi.* 궤변부리다. ***-cat·ed**[-id] *a.* 세파에 닳고닳은; 억지로 끌어댄; 섞음질한; (작품·문체가) 몹시 기교적인; 고도로 세련된. **-ca·tion**[–⌐–kéiʃən] *n.*

soph·ist·ry[sáfistri/-ɔ́-] *n.* Ⓤ,Ⓒ (고대 그리스의) 궤변술; 궤변, 구차한 억지 이론.

Soph·o·cles[sáfəklì:z/-ɔ́-] *n.* (495?-406?B.C.) 그리스의 비극 시인.

***soph·o·more** [sáfəmɔ̀:*r*/sɔ́f-] *n.* Ⓒ 《美》 (고교·대학의) 2년생.

soph·o·mor·ic [sàfəmɔ́:rik/sɔ̀fəmɔ́r-], **-i·cal**[-əl] *a.* 《美》 2년생의; 무식하면서 짐짓 재는; 머리가 미숙한.

sop·o·rif·er·ous [sàpəríførəs/sɔ̀p-] *a.* 최면의, 최면 작용이 있는.

sop·o·rif·ic[sàpərífik/sɔ̀p-] *a., n.* 최면의; 졸린; Ⓒ 수면제.

sop·ping[sápiŋ/-ɔ́-] *a.* 흠뻑 젖은. 「은.

sop·py[sápi/-ɔ́-] *a.* 젖은, 흠뻑 젖

***so·pra·no** [səprǽnou/-rá:-] *n.* (*pl.* **～s, -ni**[-ni:]) Ⓤ 소프라노; 소프라노부(部); Ⓒ 소프라노 가수. — *a.* 소프라노의〔로 노래하는〕, 소프라노용의.

sorb[sɔ:*r*b] *vt.* 흡착〔흡수〕하다.

sor·cer·er [sɔ́:*r*sərə*r*] *n.* (*fem.* **-ceress**) Ⓒ 마술사, 마법사.

sor·cer·y[sɔ́:*r*səri] *n.* (cf. ⇧) Ⓤ 마법, 마술. 「한.

***sor·did** [sɔ́:*r*did] *a.* 더러운; 야비

‡**sore**[sɔ:*r*] *a.* 아픈, 따끔따끔 쑤시는, 얼얼한; 슬픈; 성마른; 성난; 고통을〔분노를〕 일으키는; 격심한, 지독한. — *n.* Ⓒ 상처, 진무른데; 고통거리, 비통; 옛 상처, 언짢은 추억. — *ad.* 《古·詩》 아프게, 심하게. ***∠·ly** *ad.* **∠·ness** *n.*

sóre·hèad *n.* Ⓒ 《口》 툭하면 화내는 사람, 성마른 사람.

sóre spót 〔**póint**〕 아픈 곳, 약점, 남의 감정을 상하게 하는 점.

sóre thróat 후두염, 목의 아픔.

sor·ghum[sɔ́:*r*gəm] *n.* Ⓤ 수수; 사탕수수의 시럽.

so·ror·i·ty [sərɔ́:rəti, -á-] *n.* Ⓒ 《英》 여성 종교 단체; 《美大學》 여학생회(cf. fraternity).

sor·rel[1] [sɔ́:rəl, -á-] *n., a.* Ⓤ 밤색(의); Ⓒ 구렁말.

sor·rel[2] *n.* Ⓒ 『植』 참소리쟁이·수영·괭이밥류(類).

‡**sor·row**[sárou, sɔ́:r-] *n.* ① Ⓤ 슬픔(의 원인). ② Ⓤ,Ⓒ (종종 *pl.*) 고난, 불행. — *vi.* 슬퍼〔비탄〕하다(*for, at, over*). **‡～·ful** *a.* 슬픈; 슬퍼 보이는; 애처로운, 가슴아픈.

†**sor·ry**[sári, sɔ́:ri] *a.* 유감스러운, 미안한(*for; that, to* do); 후회하는; 《한정적》 슬픈; 가엾은, 딱한.

†**sort**[sɔ:*r*t] *n.* Ⓒ ① 종류. ② 품질, 성질. ③ 어떤 종류의 사람〔것〕. ④ 정도, 범위; 방식, 방법. ⑤ 『컴』 차례짓기, 정렬. ***a ～ of*** …과 같은 물건, 일종의. ***in*** 〔***after***〕 ***a ～*** 얼마간, 다소. ***in some ～*** 어느 정도. ***of a ～*** 일종의, 신통찮은. ***of ～s*** 여러 가지 종류의; 그저 그만한. ***of the ～*** 그러한. ***out of ～s*** 《口》 기분〔건강〕이 언짢은. ***～ of; ～er*** 《口》 얼마간; 말하자면; …같은(*She ～ of smiled.* 웃은 것 같았다). — *vt.* 분류하다(*over, out*); 구분하다(*out*). 「람, 분류기.

sort·er[sɔ́:*r*tə*r*] *n.* Ⓒ 분류하는 사

sor·tie[sɔ́:*r*ti:] *n.* Ⓒ (농성군의) 반격, 출격; 『空軍』 단기(單機) 출격.

sórt procédure 『컴』 정렬 과정.

‡**SOS**[ésòués] *n.* Ⓒ (무전) 조난 신호; 《一般》 구조 신호, 구원 요청.

so-so, so·so[sóusòu] *a.* 좋지도 나쁘지도 않은, 그저 그렇고 그런. — *ad.* 그저 그만하게, 그럭저럭.

sot[sɑt/-ɔ-] *n.* Ⓒ 주정뱅이, 모주

(drunkard). **∠·tish** *a.*

sot·to vo·ce[sátou vóutʃi/sɔ́t-] *ad.* (It.) 낮은 소리로; 방백(傍白)으로(aside); 비밀히.

sot-weed [sátwìːd/sɔ́t-] *n.* Ⓒ 《口》 담배.

sou[suː] *n.* (*pl.* **~s**)(F.) Ⓒ 수《5상팀 상당의 구(舊) 프랑스 화폐》; (a ~) 하찮은 물건.

sou·brette[suːbrét] *n.* (F.) Ⓒ (희극이나 가극에 나오는) 시녀; 그 역을 맡은 여배우〔가수〕.

souf·flé[suːfléi/∠–] *n.* Ⓤ,Ⓒ 수플레《오믈렛의 일종, 달걀을 거품 내서 구운 요리》. ── *a.* 부푼.

sough[sau, sʌf] *vi., n.* 윙윙거리다, 쏴아하다; Ⓒ 그 소리.

:sought[sɔːt] *v.* seek의 과거(분사).

†soul[soul] *n.* Ⓒ 영혼, 정신; 혼; Ⓤ 기백, 열정; Ⓒ (*sing.*) 정수(精髓); Ⓒ (the ~) 전형; 화신(化身); Ⓒ 사람. ***by*** 〔***for***〕 ***my ~*** 정말이지, 단연코. ***for the ~ of me*** 아무리 해도. ***keep ~ and body together*** =keep BODY and ~ together. ***upon my ~*** 맹세코, 확실히. **∠·ful** *a.* 감정어린, 감정적인. **∠·less** *a.* 영혼〔정신〕이 없는; 기백없는; 무정한.

sóul bròther 〔**sìster**〕 《美》 형제《흑인끼리의 호칭》. 「식.

sóul fòod 《美口》 흑인 특유의 음

sóul màte 《특히》 (이성의) 마음의 친구; 애인, 정부(情夫, 情婦); 지지자.

sóul mùsic 《美口》 흑인 음악《rhythm and blues의 일종》.

†sound[1][saund] *n.* Ⓤ,Ⓒ 소리, 음향; Ⓤ 소음, 잡음; 음조; 들리는 범위; Ⓤ,Ⓒ 〖音聲〗 음(phone); Ⓒ (목소리의) 인상, 느낌. ── *vi.* 소리 나다, 울리다; 울려퍼지다; 소리를 내다, 들리다; 생각되다. ── *vt.* 소리나게 하다; (북 따위로) 군호〔명령〕하다; 알리다; 발음하다; 타진하다.

†sound[2] *a.* 건전〔건강〕한; 상하지〔썩지〕 않은; 확실한, 안전한, 견실한; 올바른, 합리적인; 철저〔충분〕한; 〖法〗 유효한. ── *ad.* 충분히(*sleep* ~). **∠·ly** *ad.* **∠·ness** *n.*

:sound[3] *vt.* (측연(測鉛)으로 물의) 깊이를 측량하다; 〖醫〗 소식자(消息子)로 진찰하다(종종 *out*); (사람의) 의중〔속〕을 떠보다(*on, about; as to*). ── *vi.* 수심을 재다; (고래 따위가) 물밑으로 잠기다. ── *n.* Ⓒ 〖醫〗 소식자. 「의) 부레.

sound[4] *n.* Ⓒ 해협; 후미; (물고기

sóund arrèster 〖機〗 방음 장치.

sóund bàrrier 음속 장벽(sonic barrier). 「BORAD.

sóund·bòard *n.* =SOUNDING

sóund bòx (악기·축음기의) 사운드 박스. 「카메라.

sóund càmera (영화의) 녹음용

sóund-condìtion *vt.* (…의) 음량 조절을 하다.

sóund effècts 음향 효과.

sóund engìnéer 〖放〗 음향 조정 기사.

sóund fìlm 발성 영화(용 필름).

sound·ing[1][∠iŋ] *a.* 소리를 내는; 울려 퍼지는; 거창하게 들리는, 과장된.

sound·ing[2] *n.* Ⓤ,Ⓒ (종종 *pl.*) 측심(測深); (*pl.*) (측량된) 수심; (*pl.*) 측연선(測鉛線)으로 잴 수 있는 곳《깊이 600피트 이내》.

sóunding bòard (악기의) 공명판 (soundboard).

sóunding lèad[-lèd] 측연(測鉛).

sóunding lìne 측연선(線).

sóunding ròcket (기상) 탐사〔관측〕 로켓.

sóund·less[1] *a.* 소리나지 않는.

sóund·less[2] *a.* 깊이를 헤아릴 수 없는, 아주 깊은.

sóund mìxer 음량 음색 조절기.

sóund múltiplex bròadcast 음성 다중 방송.

sóund pollùtion 소음 공해.

sóund·pròof *a., vt.* 방음의; (…에) 방음 장치를 하다.

sóund recòrding 녹음.

sóund tràck 〖映〗 (필름 가장자리의) 녹음띠. 「런 트럭.

sóund trùck (선전용) 확성기 달

sóund wàve 〖理〗 음파.

:soup[1][suːp] *n.* Ⓤ 수프 《종류에서는 Ⓒ》; (the ~) 《俗》 짙은 안개. ***from ~ to nuts*** 처음부터 끝까지, 일일이. ***in the ~*** 《俗》 곤경에 빠져. **∠·y** *a.* 수프와 같은.

soup[2] *vt.* 《俗》 《~ ***up*** 의 형태뿐임》 (모터의) 마력을 늘리다; 〖空〗 속력을 늘리다; (…에) 활기를 주다.

soup·çon[suːpsɔ́ːŋ/∠–] *n.* (F.) (a ~) 소량; 기미(氣味)(*of*).

sóup plàte 수프 접시.

:sour[sauər] *a.* 시큼한, 신; 산패(酸敗)한; 발효한; 시큼한〔쉰〕 냄새가 나는; 까다로운, 찌무룩한; (날씨가) 냉습한; (토지가) 불모의. ***~ grapes*** 기벽(機癖), 오기(傲氣)《이솝의 여우 이야기에서》. ***~ gum*** 《美》 =TUPELO. ── *ad.* 찌무룩〔지르퉁〕하게. ── *vt., vi.* 시게 하다〔되다〕; 지르퉁하게 하다〔되다〕. ── *n.* Ⓒ 신 것; (the ~) 싫은 것, 불쾌한 일; Ⓤ,Ⓒ 《美》 사워《산성 알코올 음료》.

:source[sɔːrs] *n.* Ⓒ 수원(지), 근원, 원천; 출처, 출전(出典); 원인 〖컴〗 바탕, 원천, 소스.

sóurce bòok 원전(原典).

sóurce còde 〖컴〗 바탕〔원천〕 부호, 소스 코드. 「스 데이터.

sóurce dàta 〖컴〗 원시 데이터, 소

sóurce dìsk 〖컴〗 원시 디스크, 소스 디스크. 「파일.

sóurce fìle 〖컴〗 원시 파일, 소스

sóurce lánguage 〖컴〗 원시언어《번역 처리의 입력(入力)이 되는 본디의 프로그램 언어》.

sóurce matèrial 연구 자료.

sóurce prògram 〖컴〗 원시 프로그램, 소스 프로그램《바탕 언어로 나타낸 프로그램》.

S

sóur crèam 사워크림, 산패유(酸敗乳).
sóur·dòugh *n.* Ⓒ 알래스카〔캐나다〕의 탐광〔개척〕자.
sou·sa·phone[súːzəfòun] *n.* Ⓒ 수자폰《tuba의 일종》.
souse[saus] *vt.* 물에 담〔잠〕그다(*in, into*), 흠뻑 적시다; 식초〔소금물〕에 담그다; 《俗》 취하게 하다. — *vi.* 물에 담기다; 흠뻑 젖다; 《俗》 취하다. — *n.* Ⓒ 물에 담그기, 흠뻑 젖음; Ⓤ (절임용) 소금물; 돼지 대가리〔귀·다리〕의 소금절임; Ⓒ 《美俗》 주정뱅이, 모주꾼. — *ad.* 첨벙, 풍덩. **~d** *a.* 《俗》 몹시 취한(*get ~d*).
sou·tane[suːtáːn] *n.* Ⓒ 〖가톨릭〗 수단《사제의 평복》.
†**south**[sauθ] *n.* (the ~) 남(쪽); 남부(지방); (S-) 《美》 남부 제주(諸州). ***in* 〔*on, to*〕 *the ~ of*** …의 남부에〔남쪽에 접하여, 남쪽에〕. ***~ by east* 〔*west*〕** 남미동(南微東)〔서〕. — *a.* 남(향)의; 남쪽에 있는; 남쪽에서의; (S-) 남부의. — *ad.* 남(쪽)으로〔에, 에서〕. ***∠·ward** *a., ad., n.* 남(향)의; 남쪽에 있는; (the ~) 남(쪽)으로〔에〕; 남방. **∠·ward·ly** *ad., a.* 남(쪽)으로(의); (바람이) 남으로부터(의). **∠·wards** *ad.* = SOUTHWARD.
Sòuth África 남아프리카 공화국.
Sòuth Áfrican Dútch 남아프리카의 공용 네덜란드말(Afrikanns).
‡**Sóuth América** 남아메리카.
South·amp·ton[sauθhǽmptən] *n.* 영국 남부의 항구 도시.
***Sóuth Chína Séa, the** 남중국해.
***Sóuth Dakóta** 미국 중서부의 주《생략 S. Dak.》.
‡**south·east** [sàuθíːst: (海) sauíːst] *n.* (the ~) 남동(지방). ***~ by east* 〔*south*〕** 남동미(微)동〔남〕. — *a.* 남동(향)의; 남동에 있는; 남동에서의. — *ad.* 남동으로〔에, 에서〕. **~·er** *n.* Ⓒ 남동풍. **~·er·ly** *ad., a.* 남동으로〔에서〕(의). ***~·ern** *a.* 남동(으로, 에서)의. **~·ward** *n., a., ad.* (the ~) 남동(에 있는); 남동으로(의). **~·ward·ly** *ad., a.* 남동으로(부터)(의). **~·wards** *ad.* = SOUTHEASTWARD.
south·er[sáuðər] *n.* Ⓒ 마파람, 남풍.
south·er·ly[sʌ́ðərli] *ad., a.* 남쪽으로(부터)(의). — *n.* Ⓒ 남풍.
‡**south·ern**[sʌ́ðərn] *a.* 남쪽의; 남쪽으로(부터)의; 남쪽에 있는; (S-) 《美》 남부 제주(諸州)의. — *n.* Ⓒ 남부 사람. **~·er** *n.* Ⓒ 남쪽〔남국〕 사람; (S-) 《美》 미국 남부의 사람. **~·mòst** *a.* 남단의.
Sóuthern Cróss, the 〖天〗 남십자성.
Sóuthern Hémisphere, the 남반구(南半球).
Sóuthern Líghts, the 〖天〗 남극광(南極光).
Sou·they[sáuði, sʌ́ði], **Robert** (1774-1843) 영국의 계관(桂冠) 시인.
Sóuth Frígid Zóne, the 남한대(南寒帶).
south·ing[sáuðiŋ] *n.* Ⓤ 남진(南進); 〖海〗 남항(南航).
Sóuth Ísland 뉴질랜드의 가장 큰 섬.
sóuth·lànd *n.* Ⓒ 남국; 남부 지방.
sóuth·pàw *a., n.* Ⓒ 《口》 〖野〗 왼손잡이의 (투수).
Sóuth Póle, the 남극.
Sóuth Sèa Íslands, the 남양제도.
Sóuth Séas, the 남태평양.
sóuth-sòuth-éast 〔**-west**〕 *a., n.* (the ~) 남남동〔서〕(의).
‡**south·west**[sàuθwést; (海) sàuíːst] *n.* (the ~) 남서(지방); (S-) 《美》 남서부 지방. ***~ by west* 〔*south*〕** 남서미(微)서〔남〕. — *a.* 남서(향)의; 남서에 있는; 남서에서의. — *ad.* 남서로〔에, 에서〕. **~·er** *n.* Ⓒ 남서(열(烈))풍. **~·er·ly** *ad., a.* 남서로(부터)(의). ***~·ern** *a.* 남서(로, 에서)의. **~·ward** *n., a., ad.* (the ~) 남서(에 있는); 남서로(의). **~·ward·ly** *a., ad.* 남서로(부터)(의). **~·wards** *ad.* =SOUTHWESTWARD.
Sóuth-West África 남서 아프리카《남아연방의 위임 통치령》.
Sóuth Yémen 남예멘《아라비아 남단의 공화국; 수도 Aden; 1967년 독립》.
***sou·ve·nir**[sùːvəníər, ∠-∠] *n.* Ⓒ 기념품, 선물.
souvenír shèet 기념 우표 시트.
sou'·west·er[sàuwéstər] *n.* = SOUTHWESTER; Ⓒ (수부(水夫)가 쓰는 챙 넓은) 폭풍우용 방수모(帽).
‡**sov·er·eign**[sávərin/sɔ́v-] *n.* Ⓒ 군주, 주권자; 영국의 옛 1파운드 금화. — *a.* 주권이 있는; (지위·권력이) 최고의; 자주〔독립〕의; 최상의; (약 따위가) 특효 있는. ***~ power*** 주권. ***~·ty** *n.* Ⓤ 주권; 주권자의 지위; Ⓒ 독립국.
‡**so·vi·et**[sóuvièt] *n.* (Russ.) Ⓒ 회의, 평의회; (종종 S-) 소비에트《소련의 평의회》. — *a.* 소비에트〔평의회〕의; (S-) 소비에트 연방의. **~·ize** [-tàiz] *vt.* 소비에트화(化)하다.
So·vi·e·tol·o·gy [sòuviətálədʒi/-tɔ́l-] *n.* Ⓤ 소비에트(정체) 연구.
Sóviet Rússia 소연방《⇩의 통칭》.
Sóviet Únion, the 소연방《정식 명칭은 Union of Soviet Socialist Republics》.
‡**sow**[1][sou] *vt.* (*~ed; sown, ~ed*) (씨를) 뿌리다; (…에) 씨를 뿌리다; 흩뿌리다, 퍼뜨리다. — *vi.* 씨를 뿌리다. **∠·er** *n.* Ⓒ 씨 뿌리는 사람, 파종기.
sow[2][sau] *n.* Ⓒ (성장한) 암퇘지.
sów·bèlly[sáu-] *n.* Ⓒ 《美口》 돼지고기 절임, 절인 베이컨.
***sown**[soun] *v.* sow[1]의 과거분사.
sox[saks/sɔks] *n. pl.* 짧은 양말(socks).
soy[sɔi], **soy·a**[sɔ́iə] *n.* Ⓤ 간장(~ sauce); =**∠ bèan** 콩.

sóy sàuce 간장.
SP shore patrol 〔police〕 해군 헌병; Submarin Patrol. **Sp.** Spain; Spaniard; Spanish. **sp.** special; specific; specimen; spelling; spirit.
spa[spɑː] *n.* Ⓒ 광천(鑛泉), 온천(장).
†**space**[speis] *n.* ① Ⓤ 공간. ② Ⓤ 우주 (공간), 대기권밖. ③ Ⓒ 구역, 공지. ④ Ⓤ 여지, 빈 데, 여백. ⑤ Ⓤ,Ⓒ 간격, 거리; 시간《특정한 거리의》. ⑥ Ⓤ 〖라디오·TV〗 (스폰서를 위한) 광고 시간. ⑦ Ⓒ 〖印〗 행간, 어간(語間). ⑧ Ⓤ,Ⓒ (악보의) 줄사이. ⑨ Ⓤ (기차·비행기 등의) 좌석. ⑩ 〖컴〗 사이, 스페이스. ***blank* ~** 여백. ***open* ~** 빈 터, 공지. — *vt., vi.* (…에) 간격을 두다; (행간을) 띄우다.
spáce-air vèhicle 우주 대기 겸용선.
spáce bàr 〖컴〗 사이 띄(우)개, 스페이스 바.
spáce-bòund *a.* 우주로 향하는.
spáce bùs 우주 버스. 「기밀실》.
spáce càpsule 우주캡슐《우주선의
spáce chàracter 〖컴〗 사이 문자《space bar에 의해 입력되는 문자 사이의 공백》.
space·craft[⌐kræ̀ft, -krɑ̀ːft] *n.* Ⓒ =SPACESHIP.
spáced-óut *a.* 《美俗》 마약을 써서 멍해진.
spáce engineéring 우주 공학.
spáce flìght 우주 비행〔여행〕.
spáce hèater 실내 난방기.
spáce làb 우주 실험실.
‡**spáce·màn** *n.* Ⓒ 우주 비행사.
spáce mèdicine 우주 의학.
‡**space·ship**[⌐ʃìp] *n.* Ⓒ 우주선, 우주 여행기(機)(spacecraft).
spáce shùttle 우주 왕복선.
‡**spáce stàtion** 우주 정거장.
spáce sùit 우주복.
‡**spáce tràvel** 우주 여행.
spáce·wàlk *n., vi.* Ⓒ 우주 유영(하다).
spáce wèapon 우주 병기.
spáce wrìter (원고의 길이에 따라 원고료를 받는) 필자.
spac·ing[spéisiŋ] *n.* Ⓤ 간격을 두기; 〖印〗 간격, 어간(語間), 행간.
***spa·cious**[spéiʃəs] *a.* 넓은, 널찍한.
spade**¹[speid] *n.* Ⓒ 가래, 삽; 〖軍〗 포미(砲尾)박기《발사시의 후퇴를 막음》; (고래를 째는) 끌. ***call a ~ a ~ 직언(直言)하다. — *vt.* 가래로〔삽으로〕 파다. **~·ful**[⌐fùl] *n.* Ⓒ 한 삽 가득, 한 삽(분).
***spade**² *n.* Ⓒ 〖카드〗 스페이드 패; (*pl.*) 스페이드 한 벌; Ⓒ 《俗》 흑인.
spáde·wòrk *n.* Ⓤ 삽질; 힘드는 기초 공작〔연구〕.
spa·dix [spéidiks] *n.* (*pl.* **~es, -dices**[speidáisiːz]) Ⓒ 〖植〗 육수(肉穗) 꽃차례.
spa·ghet·ti[spəgéti] *n.* (It.) Ⓤ 스파게티.
‡**Spain**[spein] *n.* 스페인.
spake[speik] *v.* 《古·詩》 speak의 과거.
Spam[spæm] *n.* Ⓤ 〖商標〗 (미국제의) 돼지고기 통조림.
‡**span**¹[spæn] *n.* Ⓒ ① 한 뼘《보통 9인치》; 경간(徑間)《다리·아치 따위의 지주(支柱) 사이의 간격》. ② 짧은 길이〔거리·시간〕; 전장(全長). ③ 〖空〗 (비행기의) 날개길이. ④ 〖컴〗 범위. — *vt.* (**-nn-**) 뼘으로 재다; (강에 다리 따위를) 놓다(***with***); (다리가 강에) 걸쳐 있다; (…에) 걸치다, 미치다.
span² *n.* Ⓒ (한 멍에에 매인) 한 쌍의 말 (따위).
span³ *v.* 《古》 spin의 과거.
span·dex[spǽndeks] *n.* Ⓤ 스판덱스《신축성이 풍부한 합성 섬유》.
spang[spæŋ] *ad.* 《美口》 당장에, 직접; 정확히; 완전히.
span·gle**[spǽŋgəl] *n.* Ⓒ 스팽글《무대 의상 따위에 다는 번쩍이는 장식》; 번쩍번쩍 빛나는 작은 조각《별·운모·서리 따위》. — *vt.* 스팽글로 장식하다; 번쩍번쩍 빛나게 하다; (반짝이게) 뿌려 깔다〔박다〕(with***). — *vi.* 번쩍번쩍 빛나다.
Span·glish[spǽŋgliʃ] *n.* Ⓤ 스페인영어《미국 남서부나 라틴아메리카의 영어》. 「사람.
‡**Span·iard**[spǽnjərd] *n.* Ⓒ 스페인
span·iel[spǽnjəl] *n.* Ⓒ 스패니얼《털이 길고 귀가 늘어진 개》; 비굴한 알랑쇠.
†**Span·ish**[spǽniʃ] *n.* (the ~) 《집합적》 스페인 사람; Ⓤ 스페인어(語). — *a.* 스페인의, 스페인풍의; 스페인 사람〔말〕의.
Spánish América 스페인어권 아메리카.
Spánish Armáda, the (스페인의) 무적 함대.
Spánish Inquisítion, the (15-16세기의) 스페인 종교 재판《극히 잔혹했음》.
Spánish Máin, the 〖史〗 카리브해 연안 지방; (지금의) 카리브해.
Spánish móss 〖植〗 소나무겨우살이의 일종.
***spank**¹[spæŋk] *vt., n.* Ⓒ (엉덩이를 손바닥 따위로) 철썩 갈기다〔갈김〕. **⌐·ing**¹ *n.* Ⓤ,Ⓒ 손바닥으로 볼기치기.
spank² *vi.* 질주하다. **⌐·er** *n.* Ⓒ 〖海〗 맨 뒷 돛대의 세로 돛; 《口》 날랜 말, 준마; 《方》 근사한 사람〔물건〕. **⌐·ing**² *a.* 빠르며 활발한; (바람이) 거센; 《口》 멋진.
span·ner[spǽnər] *n.* Ⓒ 손뼘으로 재는 사람; 《주로 英》 스패너《공구》.
SPAR, Spar[spɑːr] *n.* Ⓒ 《美》 연안 경비 여성 예비 대원.
spar¹[spɑːr] *n.* Ⓒ 〖海〗 원재(圓材)《돛대·활대 따위》; 〖空〗 익형(翼桁). — *vt.* (**-rr-**) (배에) 원재를 대다.
spar² *vi.* (**-rr-**) (권투 선수등이) 주

먹으로 치고 받다; (닭이) 서로 차다; 말다툼하다. — *n.* Ⓒ 권투; 투계(鬪鷄); 언쟁.
spar[3] *n.* Ⓤ 〖鑛〗 철평석(鐵平石)《판상(板狀)의 결이 있는 광석의 총칭》. ***calcareous*** ~ 방해석(方解石).
spár dèck 〖海〗 (배의) 상갑판.
:**spare**[spɛər] *vt.* 아끼다, 절약하다; 없는 대로 지내다〔넘기다〕; (어떤 목적에) 떼어두다; 나누어 주다; (시간 따위를) 할애하다(*for*); 《英古》 억누르다, 삼가다; 용서하다, 살려주다; (수고 따위를) 끼치지 않다; (아무를) …한 변을 당하지 않게 하다. — *vi.* 검약하다; 용서하다. — *a.* 여분의; 예비의; 야윈; 부족한, 빈약한. — *n.* Ⓒ 예비품. **spár·ing** *a.* 검약하는, 아끼는(*of*); 인색한. **spár·ing·ly** *ad.* 아껴서, 삼가서.
spáre-part súrgery 이식 수술; 인공 장기 이식 수술.
spáre·rìb *n.* (보통 *pl.*) 돼지 갈비.
spáre ròom 객실.
:**spark**[1][spɑːrk] *n.* Ⓒ 불꽃, 불똥; 〖電〗 스파크; (내연 기관의) 점화 장치; 섬광; 생기, 활기; 《종종 부정문에》극히 조금, 흔적. ***as the ~s fly upward*** 필연적으로. — *vi., vt.* 불꽃을 튀기다; 번쩍이다; 활기를〔자극을〕 주다, (…의) 도화선이 되다.
spark[2] *n.* Ⓒ 멋쟁이(beau), 색골; 정부, 연인. — *vt., vi.* 《口》 미남인 체하다; 구애(求愛)하다.
spárk arrèster (굴뚝 따위의) 불똥막이. 「점화 코일.
spárk còil 〖電〗 (내연 기관 등의)
spárk dischàrge 〖電〗 불꽃 방전.
:**spar·kle**[spáːrkəl] *n., vi., vt.* Ⓤ,Ⓒ 불꽃(을 튀기(게 하)다); 번쩍임; 번쩍이다; 광휘(를 발하다), 빛나다; 생기(가 있다). ***-kling** *a.*
spar·kler[-ər] *n.* Ⓒ 불꽃을 내는 물건; 미인, 재사(才士); 불꽃; 번쩍이는 보석, (특히) 다이아몬드; 《口》 반짝이는 눈.
spárk plùg (내연 기관의) 점화전(點火栓); 《口》 (일·사업의) 중심 인물; 지도자.
spar·ring[spáːriŋ] *n.* Ⓤ 권투, 복싱; 언쟁, 논쟁.
spárring pàrtner (권투의) 연습 상대; (우호적인) 논쟁 상대.
:**spar·row**[spǽrou] *n.* Ⓒ 참새.
***sparse**[spɑːrs] *a.* ① (머리털이) 성긴. ② (인구 따위) 희소한, 희박한. ③ 빈약한. **∠·ly** *ad.*
***Spar·ta** [spáːrtə] *n.* 스파르타. ***-tan** *a., n.* Ⓒ 스파르타(식)의 (사람); 검소하고 굳센 (사람).
spasm[spǽzəm] *n.* Ⓤ,Ⓒ 〖醫〗 경련; Ⓒ 발작(fit[2]).
spas·mod·ic [spæzmádik/-ɔ́-], **-i·cal**[-əl] *a.* 경련(성)의; 발작적인; 흥분한. **-i·cal·ly** *ad.*
spas·tic[spǽstik] *a.* 〖病〗 경련(성)의〔에 의한〕. — *n.* Ⓒ 경련〔뇌성 마비〕 환자.
spat[1][spæt] *v.* spit[1]의 과거(분사).
spat[2] *n., vi.* (**-tt-**) Ⓒ 가벼운 싸움(을 하다); 가볍게 때림〔때리다〕; (비 따위가) 후두두 뿌리다.
spat[3] *n.* Ⓒ (보통 *pl.*) 짧은 각반.
spat[4] *n.* Ⓒ 조개〔굴〕의 알.
spate[speit] *n.* Ⓒ 《英》 홍수; 큰비; (a ~)(감정의) 격발.
spathe[speið] *n.* Ⓒ 〖植〗 불염포(佛焰苞).
***spa·tial**[spéiʃəl] *a.* 공간의; 공간적인; 장소의; 우주의.
spa·ti·og·ra·phy [spèiʃiágrəfi/-ɔ́g-] *n.* Ⓤ 우주(宇宙) 지리학.
***spat·ter**[spǽtər] *vt.* 튀기다, 뿌리다(*with, on*); (욕설을) 퍼붓다(*with*). — *vi.* 튀다, 흩어지다. — *n.* Ⓒ 튀김, 튀긴 것; 빗소리, 먼데서의 총소리.
spátter dàsh (승마용의 진흙막이) 긴 각반.
spat·u·la[spǽtʃulə/-tju-] *n.* Ⓒ (보통, 쇠로 된) 주걱; 〖醫〗 압설자(壓舌子).
spav·in[spǽvin] *n.* Ⓤ,Ⓒ 〖獸醫〗 (말의) 비절내종(飛節內腫).
***spawn**[spɔːn] *n.* Ⓤ ① 《집합적》(물고기·개구리·조개 따위의) 알. ② 〖植〗 균사(菌絲). ③ 《蔑》 우글거리는 아이들; 산물, 결과. — *vt., vi.* (물고기 따위가) (알을) 낳다.
spay[spei] *vt.* (동물의) 난소(卵巢)를 떼내다.
S.P.C.A. Society for the Prevention of Cruelty to Animals.
S.P.C.C. Society for the Prevention of Cruelty to Children. **S.P.C.K.** Society for Promoting Christian Knowledge.
†**speak**[spiːk] *vi.* (***spoke,*** 《古》 ***spake; spoken***) 이야기〔말〕하다〔걸다〕; 연설하다; (의견·감정을) 표명〔전〕하다; 탄원하다; (대포·시계 따위가) 울리다; (개가) 짖다. — *vt.* 이야기〔말〕하다; 알리다; (말을) 쓰다; 나타내다(*His conduct ~s a small mind.* 행동만 보아도 알 수 있듯이 소인(小人)이다). ***generally ~ing*** 대체로 말하면. ***properly*** 〔***roughly, strictly***〕 ***~ing*** 정당히〔대충, 엄밀히〕 말하면. ***not to ~ of*** …은 말할 것도 없고, 물론. ***so to ~*** 말하자면. ~ ***by the book*** 정확히〔딱딱하게〕 말하다. ~ ***for*** 대변〔변호〕하다; 요구〔주문〕하다. ~ (***well, ill***) ***of*** (…을) (좋게, 나쁘게) 말하다. ~ ***out*** 〔***up***〕 큰 소리로 이야기하다; 거리낌 없이 말하다. ~ ***to*** 이야기 걸다; 언급하다; 꾸짖다; 증명하다. :**∠·er** *n.* Ⓒ 이야기하는 사람; 연설자, 변사; (S-) (영·미의) 하원 의장; 확성기.
spéak·eàsy *n.* Ⓒ 주류 밀매점, 무허가 술집.
:**speak·ing**[∠iŋ] *n.* Ⓤ 말하기, 담화, 연설; 정치적 집회. — *a.* 이야기하는; 이야기하기에 적합한; 이야기를 할 정도의(~ *knowledge of English* 말할 정도의 영어 지식); 말이라도 할 듯한(*a ~ likeness* 꼭 닮

은 초상화); 생생한. ***on*** ～ TERMS. ～ ***acquaintance*** 만나면 말을 주고받는 정도의 교분. 「폰.
spéaking trùmpet 확성기; 메가
spéaking tùbe 통화관.
:**spear**[1] [spiər] *n., vt.* Ⓒ 창(으로 찌르다).
spear[2] *n., vi.* Ⓒ (식물의) 싹; 어린 가지(shoot); 싹이 트다.
spéar gùn 작살(총).
spéar·hèad *n.* Ⓒ 창끝; (공격·사업 따위의) 선두, 선봉. 「兵).
spear·man [∠mən] *n.* Ⓒ 창병(槍
spéar·mìnt *n.* Ⓤ 〖植〗 양(洋)박하.
spéar sìde 부계(父系), 아버지쪽 (cf. spindle side).
spec[spek] *n.* Ⓤ,Ⓒ 《英口》 투기 (speculation). ***on*** ～ 투기적으로, 요행수를 바라고.
†**spe·cial**[spéʃəl] *a.* 특별[특수]한; 전문의; 특별한 기능[목적]을 가진; 특정의; 예외적인; 각별한. ── *n.* Ⓒ ① 특별한 사람[것]; 특파원. ② 특별 시험; 특별 열차; (신문의) 호외; 특별 요리, 특제품. *～·**ist** *n.* Ⓒ 전문가[의(醫)](*in*). :～·**ly** *ad.*
Spécial Bránch 《英》 (런던 경시청의) 공안부(公安部).
spécial correspóndent 특파원.
spécial delívery 《美》 속달 우편(물)(《英》 express delivery); 속달 취급인(印).
Spécial Dráwing Rìghts (IMF의) 특별 인출권《생략 SDR(s)》.
spécial efféts (영화·TV의) 특수 효과; 특수 촬영.
spécial eléction 보궐 선거.
spécial hándling 《美》 소포 속달.
***spe·ci·al·i·ty**[spèʃiǽləti] *n.* 《英》 =SPECIALTY.
:**spe·cial·ize**[spéʃəlàiz] *vt., vi.* 특수화하다; 한정하다; 상설(詳說)하다; 전문적으로 다루다, 전공하다(*in*). *-**i·za·tion**[∸-izéi-/-lai-] *n.* 「증.
spécial lícense 결혼 특별 허가
spécial púrpose compúter 특수 목적 컴퓨터《한정된 분야의 문제만 처리할 수 있는》.
***spe·cial·ty**[spéʃəlti] *n.* Ⓒ 전문, 전공; 특질; 특제품; 특별 사항; 〖法〗 날인증서.
spe·ci·a·tion[spì:ʃiéiʃən] *n.* Ⓤ 〖生〗 종분화(種分化).
spe·cie[spí:ʃi(:)] *n.* Ⓤ 정금(正金), 정화(正貨).
:**spe·cies** [-z] *n. sing. & pl.* Ⓒ 〖生〗 종(種)(*the Origin of S-*); 종류(kind[2]); 〖論〗 종(種)개념; 〖가톨릭〗 (미사용의) 빵과 포도주; (the ～) 인류.
***spe·cif·ic**[spisífik] *a.* 특수[특정]한; 독특한; 명확한; 〖生〗 종(種)의; 〖醫〗 특효 있는. ── *n.* Ⓒ 특효약(*for*); (*pl.*) 세목; 명세. -**i·cal·ly** *ad.* 특히; 특효적으로.
spec·i·fi·ca·tion[spèsəfikéiʃən] *n.* Ⓤ 상술, 상기; 〖컴〗 명세; Ⓒ 명세 사항; (보통 *pl.*) (공사·설계 따위의) 명세서.
specífic dúty 〖商〗 종량세(從量稅).
specífic grávity 〖理〗 비중.
specífic héat 〖理〗 비열.
***spec·i·fy**[spésəfài] *vt.* 일일이 들어 말하다; 명세서에 적다.
:**spec·i·men**[spésəmin, -si-] *n.* Ⓒ 견본, 표본; 《口》 (특이한) 인물, 괴짜.
spe·cious[spí:ʃəs] *a.* 허울좋은. 그럴듯한. ～·**ly** *ad.*
***speck**[spek] *n.* Ⓒ 작은 반점(斑點); 얼룩; 극히 작은 조각. ── *vt.* (…에) 반점을 찍다. ∠·**less** *a.* 얼룩[반점]이 없는.
***speck·le**[spékəl] *n.* Ⓒ 반점, 얼룩; (피부의) 기미. ── *vt.* (…에) 작은 반점을 찍다. ～**d** *a.* 얼룩진.
specs[speks] *n. pl.* 《口》 안경.
:**spec·ta·cle**[spéktəkəl] *n.* Ⓒ (눈으로 본) 광경; 장관(壯觀); 구경거리; (*pl.*) 안경. ～**d**[-d] *a.* 안경을 쓴.
***spec·tac·u·lar**[spektǽkjələr] *a.* 구경거리의; 장관인, 눈부신.
:**spec·ta·tor**[spékteitər, ─∸─] *n.* Ⓒ 구경꾼; 관찰자, 목격자; 방관자.
spéctator spórt 관객 동원력이 있는 스포츠.
***spec·ter,** 《英》 -**tre**[spéktər] *n.* Ⓒ 유령. 「복수.
***spec·tra**[spéktrə] *n.* spectrum의
***spec·tral** [spéktrəl] *a.* 유령의[같은]; 〖理〗 스펙트럼의[에 의한].
spec·trom·e·ter [spektrɑ́mitər/-trɔ́mi-] *n.* Ⓒ 〖光〗 분광계(分光計).
spec·tro·scope[spétrəskòup] *n.* Ⓒ 〖光〗 분광기.
spec·tros·co·py [spektrɑ́skəpi/-ɔ́-] *n.* Ⓤ 분광학[술].
***spec·trum**[spéktrəm] *n.* (*pl.* ～**s**, -**tra**) Ⓒ 〖理〗 스펙트럼, 분광; (눈의) 잔상(殘像); 〖라디오〗 가청 전파.
***spec·u·late**[spékjəlèit] *vi.* 사색하다(*on, upon*); 추측하다(*about*); 투기(投機)를 하다(*in, on*). ── *vt.* (…의) 투기를 하다. :-**la·tion**[∸-léiʃən] *n.* Ⓤ,Ⓒ 사색, 추측; 투기(*in*).
***spec·u·la·tive**[spékjəlèitiv, -lə-] *a.* 사색적인; 순이론적인; 위험을 내포한; 투기의, 투기적인. ～·**ly** *ad.*
***spec·u·la·tor**[spékjəlèitər] *n.* Ⓒ 사색가; 투기(업)자; 암표상.
spec·u·lum[spékjələm] *n.* (*pl.* -**la** [-lə], ～**s**) Ⓒ 금속경(鏡); 검경(檢鏡).
:**sped**[sped] *v.* speed의 과거(분사).
†**speech**[spi:tʃ] *n.* ① Ⓤ 말, 언어; 국어, 방언; 표현력. ② Ⓤ 이야기, 담화; 말투; 말[얘기]하기; 언어 능력. ③ Ⓒ 연설; Ⓤ 연설법; 〖文〗 화법. ***direct* [*indirect, represented*]** ～ 직접[간접·묘출] 화법. ～·**i·fy** [∠əfài] *vi.* 《諧·蔑》 연설하다, 열변을 토하다. *∠·**less** *a.* 말을 못 하는, 잠자코 있는.
spéech clìnic 언어 장애 교정소.
spéech dày 《英》 (학교) 졸업식날.

spéech rèading (농아자의) 독화법(讀話法), 독순술(讀唇術).
spéech sòund 언어음《보통의 소리·기침·재채기 따위에 대하여》.
spéech thèraphy 언어장애 교정(술).
†**speed**[spi:d] *n.* ① Ⓤ 신속, 빠르기; Ⓤ,Ⓒ 속도, 속력; Ⓒ 〖機〗 변속 장치. ② Ⓤ 《古》 성공, 번영. ③ Ⓤ 《俗》 각성〔흥분〕제(methamphetamine). ***at full ~*** 전속력으로. ***wish good ~*** 성공을 빌다. — *vi.* (***sped, ~ed***) 급히 가다, 질주하다(*along*); (자동차로) 위반 속도를 내다; 진행하다; 해〔살아〕나가다; 《古》 성공하다. — *vt.* 서두르게 하다; 속력을 빨리하다; 촉진하다; 《古》 성공시키다, 돕다(*God ~ you!* 《古》 성공을 빕니다); 성공을〔도중 무사를〕 빌다(wish Godspeed to). ***~ up*** 속도를 내다.
spéed·bòat *n.* Ⓒ 쾌속정.
spéed còp 《俗》 속도 위반 단속 경찰.
spéed·er *n.* Ⓒ 스피드광(狂); 차량 속도 위반자; 속도 조절 장치.
spéed·ing *n.* Ⓤ 속도 위반. — *a.* (차가) 속도를 위반한.
spéed lìmit 제한 속도.
speed·om·e·ter [spi:dámitər/-ɔ́mi-] *n.* Ⓒ 속도계.
spéed tràp 속도 감시 구역.
***spéed-ùp** *n.* Ⓤ,Ⓒ 가속(加速); 생산 증가, 능률 촉진.
spéed·wày *n.* Ⓒ 《美》 고속 도로; 오토바이 경주장.
spéed·wèll *n.* Ⓒ 〖植〗 꼬리풀의 일종.
⁑**speed·y**[spí:di] *a.* 민속한, 재빠른; 조속한, 즉시의. ***spéed·i·ly** *ad.*
spe·l(a)e·ol·o·gy [spì:liáləd3i/-ɔ́l-] *n.* Ⓤ 동굴학.
⁑**spell**[1] [spel] *vt.* (***spelt, ~ed***) (낱말을) 철자하다; 철자하여 …라 읽다; 의미하다, (…의) 결과가 되다. — *vi.* 철자하다. ***~ out*** (어려운 글자를) 판독하다; 상세〔명료〕하게 설명하다; (생략 않고) 다 쓰다. **∠·er** *n.* Ⓒ 철자하는 사람; 철자 교본.
⁑**spell**[2] *n.* Ⓒ 주문(呪文), 주술; 마력(魔力), 매력. ***cast a ~ on*** …에 마술을 걸다, …을 매혹하다. ***under a ~*** 마술에 걸려, 매혹되어. — *vi.* 주문으로 얽어매다; 매혹하다.
***spell**[3] *n.* Ⓒ 한 바탕의 일; (날씨 따위의) 한 동안의 계속; 한 동안; 《美口》 병의 발작, 기분이 나쁜 때; 교대. — *vt.* 《주로 美》 일시 교대하다; 《濠》 (…에) 휴식을 주다.
spéll·bìnd *vt.* (***-bound***) 주문으로 꼼짝못하게 얽다; 호리다.
spéll·bòund *a.* 주문에 걸린; 홀린; 넋을 잃은.
⁑**spell·ing**[spéliŋ] *n.* Ⓒ 철자; Ⓤ 철자법.
spélling bèe 철자 경기.
spélling bòok 철자(법) 교본.
spélling chècker 〖컴〗 맞춤법 검사기.
spélling pronunciàtion 철자 발음《boatswain[bóusn]을 [bóutswèin]으로 읽는 따위》.
spelt[spelt] *v.* spell[1]의 과거(분사).
Spen·cer [spénsər], **Herbert** (1820-1903) 영국의 철학자.
†**spend**[spend] *vt.* (***spent***) ① (돈을) 쓰다(*in, on, upon*); (노력 따위를) 들이다, 바치다, (시간을) 보내다. ② 다 써버리다, 지쳐빠지게 하다. — *vi.* 돈을 쓰다; 낭비하다.
spénd·ing *n.* Ⓤ 지출; 소비.
spénding mòney 용돈.
spénd·thrift *n.* Ⓒ 낭비가; 방탕자. — *a.* 돈을 헤프게 쓰는.
Speng·ler[spéŋglər], **Oswald** (1880-1936) 독일의 철학자·문명 비평가.
Spen·ser[spénsər], **Edmund**(1552?-99) 영국의 시인《*The Faerie Queene*》.
†**spent**[spent] *v.* spend의 과거(분사).
sperm[1] [spə:rm] *n.* Ⓒ 정충, 정자; Ⓤ 정액.
sperm[2] *n.* =SPERM WHALE; =SPERM OIL; =SPERMACETI.
sper·ma·cet·i [spə̀:rməséti, -sí:ti] *n.* Ⓤ 경랍(鯨蠟); 경뇌유(鯨腦油).
sper·mat·ic [spə:rmǽtik] *a.* 정액의, 생식의; 정낭(精囊)의.
sper·ma·to·zo·on [spə:rmæ̀təzóuən/spə́:rmətə-] *n.* (*pl.* ***-zoa*** [-zóuə]) Ⓒ 〖生〗 정충.
spérm òil 향유고래 기름.
spérm whàle 향유고래.
spew[spju:] *vt., vi.* 토하다, 게우다.
sp.gr. specific gravity.
sphag·num [sfǽgnəm] *n.* (*pl.* ***-na*** [-nə]) Ⓤ 물이끼.
⁑**sphere**[sfiər] *n.* Ⓒ ① 구(球), 구체(球體), 구면(球面). ② 천체; 별; 지구본, 천체의(儀); 하늘, 천공(天空). ③ 활동 범위, 영역.
***spher·i·cal** [sférikəl] *a.* 구형의, 구(球)(면)의.
sphérical geómetry 구면 기하학.
sphérical tríangle 구면 삼각형.
sphérical trigonómetry 구면 삼각법.
spher·ics [sfériks] *n.* Ⓤ 구면 기하학〔삼각법〕.
sphe·roid [sfíərɔid] *n., a.* Ⓒ 〖幾〗 구형(球形)체(의); 회전 타원체. **sphe·roi·dal** *a.*
sphinc·ter [sfíŋktər] *n.* Ⓒ 〖解〗 괄약근(括約筋).
⁑**sphinx** [sfiŋks] *n.* (*pl.* ***~es, sphinges*** [sfíndʒi:z]) ① (the S-) 〖그神〗 스핑크스《여자 머리, 사자 몸에, 날개를 가진 괴물》; (카이로 부근에 있는) 사자 몸·남자 얼굴의 스핑크스 석상(石像). ② Ⓒ 스핑크스의 상; 수수께끼의 인물.
sphyg·mo·graph [sfígməgræ̀f, -grà:f] *n.* Ⓒ 〖醫〗 맥박 기록기.
sphyg·mus [sfígməs] *n.* Ⓒ 맥박, 고동(pulse).
spic·ca·to [spiká:tou] *a., ad.* 〖樂〗 스피카토의〔로〕.
⁑**spice**[spais] *n., vt.* Ⓒ,Ⓤ 조미료,

S

향신료(를 치다)(*with*); 정취를 (곁들이다); (a ~) 《古》 기미(*of*). ***S- Islands*** =MOLUCCAS.

spic·i·ly[spáisili] *ad.* 향기롭게; 얼얼[통쾌]하게; 비꼬아서; 생생하게; 외설한 표현으로, 상스럽게.

spick-and-span[spíkənspǽn] *a.* 아주 새로운; 말쑥한, 산뜻한.

spic·ule[spíkjuːl, spáik-] *n.* Ⓒ 침상체(針狀體); 〖動〗 (해면 따위의) 침골; 〖植〗 소수상(小穗狀) 꽃차례.

spic·y[spáisi] *a.* 향료 같은[를 넣은]; 방향이 있는; 싸한; 《口》 생기가 있는; 상스런.

:spi·der[spáidər] *n.* Ⓒ 〖蟲〗 거미(비슷한 것); 계략을 꾸미는 사람; 프라이팬; 삼발이. **~·y**[-i] *a.* 거미(집) 같은; 아주 가느다란.

spíder màn 고층 건물 따위의 높은 데서 일하는 사람.

spíder mònkey 거미원숭이《라틴 아메리카산》.

spíder wèb 거미줄.

spiel[spiːl] 《口》 *n.* Ⓤ,Ⓒ (손님을 끌기 위한) 너스레, 수다. — *vi.* 떠벌리다.

spiel·er[spíːlər] *n.* Ⓒ 《俗》 수다꾼; (시장 따위의) 여(마)리꾼; 야바위꾼.

spiff·y[spífi] *a.* 《俗》 말쑥한(trim), 스마트한.

spig·ot[spígət] *n.* Ⓒ (통 따위의) 주둥이, 마개, 꼭지(faucet).

spik[spik] *n.* Ⓒ 《美口·蔑》 스페인계 미국인, (특히) 멕시코인.

***spike**[1][spaik] *n., vt.* Ⓒ 큰 못(을 박다); (신바닥의) 스파이크(로 상처를 입히다); 방해하다; 《美俗》 (음료에) 술을 타다.

spike[2] *n.* Ⓒ 이삭; 수상(穗狀) 꽃차례.

spíke héel 스파이크힐《여자 구두의 끝이 가늘고 높은 뒷굽》.

spike·let[⌐lit] *n.* Ⓒ 소수상(小穗狀) 꽃차례, 작은 이삭.

spike·nard[spáiknɑːrd, -nərd] *n.* Ⓤ 〖植〗 감송(甘松)(향).

spik·y[spáiki] *a.* ① (철도의) 큰 못 같은, 끝이 뾰족한; 큰 못 투성이인. ② 《英口》 골치 아픈《상대 따위》, 완강한, 성마른.

spile[spail] *n., vt.* Ⓒ 나무마개, 꼭지(를 꽂다); 《美》 (수액(樹液)을 채집하기 위한) 삽관(揷管)(을 달다).

spill**[1][spil] *vt.* (spilt, ~ed***) ① (액체·가루를) 엎지르다, (피를) 흘리다; 흩뿌리다. ② 《口》 (차·말에서) 내동댕이 치다. ③ 〖海〗 (돛의) 바람을 새게 하다. ④ 《俗》 지껄이다, 누설하다. — *vi., n.* 엎질러지다, Ⓒ 엎질러짐; 《口》 (가격 따위의) 급락.

spill[2] *n.* Ⓒ 지저깨비, 나뭇조각; 불쏘시개《유황을 발랐음》, 점화용 심지.

spíll·òver *n.* Ⓤ 유출; Ⓒ 유출량; 과잉.

spíll·wày *n.* Ⓒ (저수지의) 방수로, 여수구(餘水口).

***spilt**[spilt] *v.* spill[1]의 과거(분사).

:spin[spin] *vt., vi.* (***spun,*** 《古》 ***span; spun; -nn-***) 잣다, 방적(紡績)하다; (선반 따위를) 회전시켜 만들다; (실을) 토하다; (거미가) (집을) 짓다; (팽이 따위) 뱅글뱅글 돌(리)다; 《英俗》 낙제시키다[하다]; (*vi.*) 질주하다; (*vi.*) 눈이 핑 돌다, 어질어질하다. ***send a person ~ning*** 힘껏 후려쳐 비틀거리게 하다. ***~ a yarn*** 장황하게 말을 늘어놓다. ***~ out*** (시간을) 질질 끌다. — *n.* Ⓤ,Ⓒ 회전; (a ~)(자전거·말 따위의) 한번 달리기; Ⓒ 〖空〗 나선식 강하(降下); (a ~)(물가 따위의) 급락.

***spin·ach**[spínitʃ/-nidʒ, -nitʃ] *n.* Ⓤ 시금치.

spi·nal[spáinl] *a.* 가시의; 〖解〗 등뼈의, 척추의.

spínal còlumn 〖解〗 등마루, 척주(backbone).

spínal còrd 척수(脊髓).

***spin·dle**[spíndl] *n.* Ⓒ 방추(紡錘); 물렛가락; 굴대. — *vi.* 가늘게 길어지다. **spín·dling** *a., n.* Ⓒ 껑충한(사람·것). **spín·dly** *a.* 껑충한.

spíndle-lègged, -shànked *a.* 다리가 가늘고 긴.

spíndle·lègs, -shànks *n. pl.* 가늘고 긴 다리(를 가진 사람).

spíndle sìde 모계(母系), 어머니 쪽(cf. spear side).

spíndle trèe 〖植〗 화살나무.

spín drìer (세탁기의) 탈수기.

spín·drìft *n.* Ⓤ (파도의) 물보라.

spín-drý *vt.* (탈수기에서 빨래를) 원심력으로 탈수하다.

***spine**[spain] *n.* Ⓒ 등뼈, 척주; 〖植·動〗 가시; (책의) 등. **~d**[-d] *a.* 척주가 있는. **⌐·less** *a.* 척주[가시]가 없는; 무골충의.

spi·nel[spinél] *n.* Ⓤ 〖鑛〗 첨정석(尖晶石).

spin·et[spínit, spinét] *n.* Ⓒ 하프시코드 비슷한 옛 악기; 소형 피아노.

spin·na·ker[spínikər] *n.* Ⓒ 〖海〗 (요트의) 이물 삼각돛.

***spin·ner**[spínər] *n.* Ⓒ 실 잣는 사람; 방적기(機); 거미. **~·et**[-nərèt] *n.* Ⓒ (누에 따위의) 방적돌기.

spin·ner·y[spínəri] *n.* Ⓒ 방적 공장.

spin·ney[spíni] *n.* Ⓒ 《英》 잡목숲.

:spin·ning[spíniŋ] *n., a.* Ⓤ 방적(의); 방적업(의).

spínning jènny (초기의) 방적기.

spínning machìne 방적기.

spínning mìll 방적 공장.

spínning whèel 물레.

spín·òff *n.* ① Ⓤ 모회사가 주주에게 자회사의 주를 배분하는 일. ② Ⓤ,Ⓒ 부산물; 파생물.

spi·nose[spáinous] *a.* 가시가 있는[많은]; 가시 모양의.

Spi·no·za[spinóuzə], **Baruch** or **Benedict de**(1632-77) 네덜란드의 철학자.

***spin·ster**[spínstər] *n.* Ⓒ 미혼 여성; 노처녀(old maid); 실 잣는 여자. **~·hood**[-hùd] *n.*

spin·y[spáini] *a.* 가시가 많은[와 같은]; 어려운.

spíny rát 고슴도치.
spi·ra·cle[spáiərəkl, spír-] *n.* Ⓒ 공기구멍; (곤충의) 숨구멍; (고래의) 분수공(噴水孔).
:spi·ral[spáiərəl] *a., n.* Ⓒ 나선형의(것), 나선(용수철); 〖空〗 나선 비행; 〖經〗 (악순환에 의한) 연속적 변동. ***inflationary*** ~ 악(순환)성 인플레. — *vt., vi.* 나선형으로 하다〔이 되다〕. ~**·ly** *ad.* 「狀星雲).
spíral nébula 〖天〗 와상 성운(渦
spíral stáircase 나선형 계단.
spi·rant [spáiərənt] *n., a.* Ⓒ 〖音聲〗 마찰음(의).
:spire[spaiər] *n., vt.* Ⓒ 뾰족탑(을 세우다); (식물의) 가는 줄기〔싹〕. — *vi.* 쑥 내밀다; 싹 트다.
spi·ril·lum [spaiərílәm] *n.* (*pl.* ***-rilla***[-rílə]) Ⓒ 〖生〗 나선균.
†spir·it[spírit] *n.* ① Ⓤ (사람의) 정신, 영혼. ② (the S-) 신, 성령. ③ Ⓒ 신령, 유령, 악마. ④ Ⓤ 원기; 생기; 기개; (*pl.*) 기분. ⑤ Ⓒ (정신면에서 본) 사람, 인물. ⑥ Ⓤ (사람들의) 기풍, 기질; Ⓒ 시대 정신; (입법 따위의) 정신. ⑦ Ⓤ 알코올, 주정; Ⓒ (보통 *pl.*) (독한) 술; 알코올 용액. ***catch a person's*** ~ 의기에 감동하다. ***give up the*** ~ 죽다. ***in high*** 〔***low, poor***〕 ~***s*** 원기 있게〔없이〕, 기분이 좋아〔언짢아〕. ***in*** ~***s*** 명랑〔발랄〕하게. ***in*** (***the***) ~ 내심, 상상으로. ***people of*** ~ 패기 있는 사람들. ~ ***of the staircase*** = ESPRIT D'ESCALIER. ~ ***of wine*** 주정(酒精), (에틸) 알코올. — *vt.* 북돋다(*up*); 채가다, (아이를) 유괴하다 (*away, off*). ~**·less** *a.* 생기 없는.
˚spir·it·ed[spíritid] *a.* 원기 있는, 활기찬; …정신의. ~**·ly** *ad.*
spir·it·ism[spíritìzəm] *n.* Ⓤ 강신(降神)술.
spírit làmp 알코올 램프.
spírit lèvel 주정 수준기(水準器).
spi·ri·to·so[spìrətóusou] *a., ad.* (It.) 〖樂〗 힘찬, 힘차게, 활발한〔히〕.
:spir·it·u·al[spíritʃuəl/-tju-] *a.* 영적인, 정신의〔적인〕; 신성한; 종교〔교회〕의. ~ ***father*** 신부(神父); 〖가톨릭〗 대부(代父). — *n.* Ⓒ (미국 남부의) 흑인 영가. ~**·is·tic**[⌐----ístik] *a.* 유심론적; 강신술적.
spir·it·u·al·i·ty [spìritʃuǽləti/-tju-] *n.* Ⓤ,Ⓒ 영성(靈性).
spir·it·u·al·ize [spíritʃuəlàiz/-tju-] *vt.* 정신적으로 하다, 영화(靈化)하다; 마음을 정화(淨化)하다. **-i·za·tion**[⌐----izéiʃən/-lai-] *n.*
spi·ri·tu·el[spìritʃuél/-tju-] *a.* (F.) (*fem.* ***-elle***) 우아〔고상〕한, 세련된.
spir·it·u·ous[spíritʃuəs/-tju-] *a.* 알코올을 함유한; (발효가 아니고) 증류(蒸溜)시켜 만든.
spi·ro·ch(a)ete [spáiərəkì:t/spàiərəkí:t] *n.* Ⓒ (매독의) 스피로헤타, 나선상 균.
spi·rom·e·ter [spaiərámitər/spàiərɔ́mi-] *n.* Ⓒ 폐활량계(肺活量計).
spirt[spə:rt] *n., v.* =SPURT.
:spit[1][spit] *vt., vi.* (***spat,*** 《古》 ***spit; -tt-***) ① (침을) 뱉다(*at*); 《俗》 내뱉듯이 말하다(*out*). ② (*vi.*) (고양이가) 성나서 그르렁거리다. ③ (비가) 후두두후두두 내리다, (눈이) 한두송이씩 흩날리다. — *n.* Ⓤ 침(을 뱉음); (곤충의) 게거품. ***the*** (***very, dead***) ~ ***of*** 《口》 …을 꼭 닮음, …을 빼쏨.
spit[2] *n., vt.* (***-tt-***) Ⓒ 굽는 꼬챙이(에 꿰다); (사람을) 꿰찌르다(stab); 곶, 돌출한 모래톱.
spít·bàll *n.* Ⓒ 종이를 씹어서 공처럼 뭉친 것; 〖野〗 스피트볼.
:spite[spait] *n.* Ⓤ 악의, 원한. ***in*** ~ ***of*** …에도 불구하고; …을 돌보지 않고. ***in*** ~ ***of oneself*** 저도 모르게. ***out of*** ~ 분풀이로, 앙심으로. — *vt.* (…에) 짓궂게 굴다. ⌐**·ful** *a.* 악의 있는, 짓궂은. ⌐**·ful·ly** *ad.*
spít·fire *n.* Ⓒ 화포(火砲); 불뚱이《사람》; (S-) 《英》 스피트파이어기(機)《제 2차 대전의》.
spit·tle[spítl] *n.* Ⓤ 침.
spit·toon[spitú:n] *n.* Ⓒ 타구(唾具).
spitz[spits] *n.* Ⓒ 스피츠《포메라니아 종(種)의 애완용 개》. 「건달.
spiv[spiv] *n.* Ⓒ 《英口》 암거래꾼,
:splash[splæʃ] *vt., vi.* ① (물·흙탕물을) 튀기다; 튀기며 가다. ② (*vt.*) 흩뿌린 것 같은 무늬로 하다. ③ (*vi.*) 튀다. ~ ***down*** (우주선이) 착수(着水)하다. — *n.* Ⓒ 튀김, 철벅철벅, 첨벙; 반점(斑點). ***make a*** ~ 철벅하고 소리내다; 《口》 큰 호평을 얻다. ⌐**·y** *a.* 튀는; 철벅철벅 소리내는; 반점〔얼룩〕투성이의. 「받기.
splásh·bòard *n.* Ⓒ (자동차의) 흙
splásh·dòwn *n.* Ⓒ (우주선의) 착수(着水).
splásh guàrd (자동차의) 흙받기.
splat[splæt] *n.* Ⓒ (특히, 의자의) 등널.
splat·ter[splǽtər] *vi., vt., n.* Ⓒ (물·진흙 따위를) 튀기다〔튀김〕.
splay[splei] *vt., vi.* (창틀 따위) 바깥쪽으로 벌어지(게 하)다, 외면 경사로 하다. — *a.* 바깥으로 벌어진; 모양새 없는. — *n.* Ⓒ 〖建〗 바깥쪽으로 벌어짐; 빗면.
spláy·fòot *n.* Ⓒ 평발, 편평족(扁平足). ~**ed** *a.*
spláy·mòuth *n.* Ⓒ 메기입.
spleen[spli:n] *n.* Ⓒ 비장(脾臟), 지라; Ⓤ 언짢음, 노여움, 원한 (*against*); 《古》 우울. ⌐**·ful** *a.* ⌐**·ish** *a.*
:splen·did[spléndid] *a.* 화려〔장려〕한; 빛나는, 훌륭한, 굉장한; 《口》 근사한. ~**·ly** *ad.* ~**·ness** *n.*
splen·dif·er·ous[splendífərəs] *a.* 《口》 멋진, 호화로운.
:splen·dor, 《英》 **-dour**[spléndər] *n.* Ⓤ (종종 *pl.*) 광휘, 광채; 화려;

S

훌륭함; (명성이) 혁혁함.
sple·net·ic[splinétik] *a.* 비장(脾臟)의, 지라의; 성마른, 까다로운.
splen·ic[splíːnik, splén-] *a.* 비장의.
splice[splais] *n., vt.* Ⓒ (밧줄의 가닥을) 꼬아 잇기[잇다]; 《俗》 결혼시키다.
spline[splain] *n., vt.* Ⓒ 자재 곡선자; (바퀴와 굴대의 동시 회전을 위한) 키홈(을 만들다).
splint[splint] *n., vt.* Ⓒ 〖外〗 부목(副木)(을 대다); 얇은 널조각; 비골(腓骨).
***splin·ter**[splíntər] *n.* Ⓒ 지저깨비; 파편. — *vt., vi.* 쪼개(지)다, 찢(기)다, 깎이다. — *a.* 분리된. **~·y** *a.* 찢어[쪼개]지기 쉬운, 파편의, 파편투성이인.
splínter gròup [**pàrty**] 분파, 소수파.
:split[split] *vt., vi.* (*~; -tt-*) ① 분열[분리]시키다[하다](*away*), 쪼개[빠개](지)다(*up*). ② 《俗》 밀고하다 (peach[2]). **~ *hairs*** [***straws***] 지나치게 세세한 구별을 짓다. **~ *one's sides*** 배를 움켜 쥐고 웃다. **~ *one's vote*** [***ticket***](같은 선거에서) 별개의 당[후보자]에게 (연기(連記)) 투표하다. **~ *the difference*** 타협[접근]하다. — *a.* 쪼개[찢어]진, 갈라진, 분리[분할]된. — *n.* Ⓒ ① 분할, 분리; 《口》 몫; 갈라진 금, 균열. ② 불화. ③ 《俗》 밀고자. ④ (종종 *pl.*) 양다리를 일직선으로 벌리고 앉는 곡예. ⑤ 《口》 (술·음료의) 반 병, 작은 병. ⑥ 《口》 얇게 썬 과일에 아이스크림을 곁들인 것. **∠·ting** *a.* 빠개지는 듯한, 심한(*a* ~*ting headache*).
splít decísion 〖拳〗 레퍼리·심판 전원 일치가 아닌 판정.
splít infínitive 〖文〗 분리 부정사 《보기 : He has began *to* really *understand* it.》.
splít mínd 정신 분열증.
splít personálity 정신 분열증; 이중 인격.
splít shíft 분할 근무, 분할 시프트.
splít tícket [**vóte**] (각기 다른 정당 후보자에게의) 분할(연기(連記)) 투표.
splít-ùp *n.* Ⓒ 분리, 분열, 해체, 분해; 이혼; 주식 분할.
splodge[splɑdʒ/-ɔ-] *n., v.* = SPLOTCH.
splosh[splɑʃ/-ɔ-] *n., v.* = SPLASH; Ⓤ 《英俗》 돈.
splotch [splɑtʃ/-ɔ-] *n., vt.* Ⓒ 큰 얼룩(을 묻히다). **∠·y** *a.* 얼룩진.
splurge [spləːrdʒ] *n., vt., vi.* Ⓒ 《美口》 과시(誇示)(하다).
splut·ter[splʌ́tər] *v., n.* =SPUTTER.
:spoil[spɔil] *vt., vi.* (***spoilt***, ***~ed***) ① 망치다, 못쓰게 되다[하다], 손상케 하다; (*vi.*) (음식이) 상하다. ② 약탈하다. ③ (*vi.*) 아이를 응석받이로 키우다(*a ~ed child* 버릇 없는 아이). ***be ~ing for*** …이 하고 싶어 좀이 쑤시다. — *n.* ① Ⓤ (또는 *pl.*) 약탈품; (수집가의) 발굴물. ② (*pl.*) 《美》 (여당이 얻는) 관직, 이권.
spoil·age[∠idʒ] *n.* Ⓤ 못쓰게 함[됨], 손상(물); (음식의) 부패.
spóiler pàrty 《美》 방해 정당《2대 정당의 한쪽을 선거에서 방해하기 위해 결성된 정당》.
spoils·man[∠zmən] *n.* Ⓒ 《美》 이권[엽관] 운동자.
spóils sỳstem 《美》 엽관 제도《여당이 차지하는「사」》.
spoilt[spɔilt] *v.* spoil의 과거(분
†**spoke**[1] [spouk] *v.* speak의 과거.
spoke**[2] *n.* Ⓒ (수레바퀴의) 살; (사닥다리의) 가로장; 바퀴 멈추개. ***put a ~ in a person's wheel 남의 일에 헤살놓다. — *vt.* (…에) 살을 달다.
†**spo·ken**[spóukən] *v.* speak의 과거분사. — *a.* 입으로 말하는, 구두[구어(口語)]의. **~ *language*** 구어.
***spokes·man**[spóuksmən] *n.* Ⓒ 대변인.
spoke·wise[spóukwàiz] *a., ad.* 방사형의[으로].
spo·li·a·tion[spòuliéiʃən] *n.* Ⓤ 강탈; 약탈《특히 교전국에 의한 중립국 선박의》.
spon·dee[spándiː/-ɔ́-] *n.* Ⓒ 〖韻〗 (고전시의) 장장격(長長格); (영시(英詩)의) 양양격(揚揚格)《∠∠》.
:sponge[spʌndʒ] *n.* ① Ⓤ,Ⓒ 해면(海綿); 해면 모양의 물건《빵·과자 따위》. ② Ⓒ 〖動〗 해면동물; 《口》 식객; 술고래. ***pass the ~ over*** 해면으로 닦다; …을 아주 잊어버리다. ***throw*** [***chuck***] ***up the ~*** 〖拳〗 졌다는 표시로 해면을 던지다; 패배를 자인하다. — *vt.* ① 해면으로 닦다[문지르다](*down, over*); 해면에 흡수시키다(*up*). ② 《口》 우려내다, 등치다. — *vi.* ① 흡수하다. ② 해면을 따다. ③ 기식(寄食)하다(*on, upon*).
spónge bàg 화장품 주머니.
spónge bìscuit [**càke**] 카스텔라의 일종.
spónge cúcumber [**góurd**] 〖植〗 수세미외, 그 제품.
spong·er[∠ər] *n.* Ⓒ 《口》 객식구, 식객.
spónge rúbber 스펀지 고무.
***spon·gy**[spʌ́ndʒi] *a.* 해면질[모양]의, 구멍이 많은, 흡수성의, 푹신푹신한.
:spon·sor[spánsər/-ɔ́-] *n.* Ⓒ ① 대부(代父), 대모(代母). ② 보증인; 후원자; (방송의) 광고주, 스폰서. — *vt.* ① 보증하다, 후원하다. ② 방송 광고주가 되다. ③ (신입 회원을) 소개하다. ***~·ship**[-ʃip] *n.*
spon·ta·ne·ous** [spantéiniəs/spɔn-] *a.* 자발적인; 자연 발생적인; 천연의; (문장이) 시원스러운. **~ *combustion 자연 발화(發火). **~·ly** *ad.* **~·ness** *n.* **-ne·i·ty**[∸təníːəti] *n.* Ⓤ 자발[자연]성; Ⓒ 자발 행위.

S

spontáneous generátion 〖生〗 자연발생(설).
spoof[spu:f] *vt., vi., n.* Ⓒ 《俗》 장난으로 속이다〔속임〕; 놀리다; 흉내(내다).
spook[spu:k] *n.* Ⓒ 《口》 유령. **∠·y** *a.* 《口》 유령 같은; 무시무시한; 겁많은.
spool[spu:l] *n., vt.* Ⓒ 실패(에 감다); (테이프 등의) 릴, 스풀.
spool·er[spú:lər] *n.* Ⓒ 〖컴〗 스풀러.
spool·ing[spú:liŋ] *n.* Ⓤ 〖컴〗 스풀링.
‡**spoon**[spu:n] *n.* Ⓒ ① 숟가락 (모양의 물건). ② 높이치기용(用)의 골프채의 일종《끝이 나무로 됨》. ③ (낚시의) 미끼쇠. ***be born with a silver*** 〔***gold***〕 ***~ in one's mouth*** 부잣집에 태어나다. ***be ~s on*** … 에 반하다. ***hang up the ~*** 《俗》 죽다. — *vt., vi.* ① 숟가락으로 뜨다 (*out, up*). ② 《俗》 새롱거리다, 애무하다. **∠·fùl** *n.* Ⓒ 한 술.
spóon·bìll *n.* Ⓒ 〖鳥〗 노랑부리 저어새.
spóon·drìft *n.* Ⓤ (파도의) 물보라.
spóon-fèd *a.* 숟가락으로 음식을 받아먹는; 과잉 보호의; (산업 따위가) 보호 육성된.
spóon·fèed *vt.* (***-fed***) (…에게) 숟가락으로 떠먹이다; 떠먹이듯 가르치다; 너무 어하다.
spóon fòod 〔**mèat**〕 유동식(流動食).
spoon·y[spú:ni] *n., a.* Ⓒ 《주로 英》 얼간이(의); 《口》 여자에 무른 (남자) (*on, upon*). 「(짙다).
spoor[spuər] *n., vt., vi.* Ⓤ,Ⓒ 자귀
spo·rad·ic[spərǽdik], **-i·cal** [-əl] *a.* 산발적인; 산재(散在)하는, 드문드문한; 돌발적인. **-i·cal·ly** *ad.*
***spore**[spɔ:r] *n., vi.* Ⓒ 〖植〗 홀씨 〔포자·종자〕(가 생기다).
spor·ran[spárən/-ɔ́-] *n.* Ⓒ (정장한 스코틀랜드 고지 사람이 kilt 앞에 차는) 털가죽 주머니.
†**sport**[spɔ:rt] *n.* ① Ⓤ 오락; 운동, 경기. ② (*pl.*) 운동〔경기〕회. ③ Ⓤ 농담, 장난, 희롱; Ⓒ 웃음〔조롱〕거리; (돌연) 변종(變種); (the ~) 농락당하는 것(*the ~ of the fortune*). ④ Ⓒ 운동가, 사냥꾼; 《口》 노름꾼; 좋은 녀석; 시원시원한 남자. ***for*** 〔***in***〕 ***~*** 농으로. ***make ~ of*** (…을) 놀리다. — *vi.* 놀다, 장난치다; 까불다, 희롱하다(*with*). — *vt.* 낭비하다; 《口》 과시하다. ***∠·ing** *a.* 스포츠맨다운, 경기를 좋아하는, 스포츠용의; 정정당당한; 모험적인.
spórting hòuse 《美口》 도박장; 갈보집.
spor·tive[spɔ́:rtiv] *a.* 장난치는, 장난의, 까부는.
spórt(s) càr 스포츠카.
spórts·càst *n.* Ⓒ 스포츠 방송.
‡**sports·man** [∠mən] *n.* (*fem* ***-woman***) Ⓒ 스포츠맨, 운동가, 사냥꾼; 정정당당히 행동하는 사람; 《美古》 도박사. **~·like**[-làik] *a.* ‡**~·ship**[-ʃìp] *n.*
spórts·wèar *n.* Ⓤ 《집합적》 운동복; 간이복.
sport·y[spɔ́:rti] *a.* 《口》 운동가다운; 발랄한; (복장이) 멋진, 스포티한 (opp. dressy); 화려한; 태도가 괄괄한.
†**spot**[spɑt/-ɔ-] *n.* Ⓒ ① 점, 얼룩, 반점; 〖天〗 (태양의) 흑점. ② 오점, 결점, 오명. ③ (어떤) 지점, 장소. ④ (a ~) 《口》 조금. ⑤ 《美俗》 1달러(*a ten ~*, 10달러 지폐). ⑥ 집비둘기의 일종; 〖魚〗 조기류(類). ⑦ (*pl.*) 〖商〗 현물. ***hit the ~*** 《口》 만족하다, 꼭 알맞다, 더할 나위 없다. ***on*** 〔***upon***〕 ***the ~*** 즉석에서, 당장; 그 장소에(서); 《俗》 빈틈없이, 준비가 되어; 《俗》 곤경에 빠져; 《俗》 위험에 노출되어(*be put on the ~* 피살되다). — *vt.* (***-tt-***) ① (…에) 반점〔얼룩·오점〕을 묻히다; 얼룩지게 하다. ② 산재(散在)시키다. ③ 《口》 (우승자·범인 등을) 점찍다, 알아내다, 발견하다. — *a.* 당장의, 현금(거래)의; 현장인도(現場引渡)의; 〖TV·라디오〗 현지(중계) 프로의.
spót annòuncement 짧은 (삽입) 광고 방송.
spót càsh 현금.
spót chèck 〔**tèst**〕 《美》 무작위〔임의〕 견본 추출; 불시 점검(點檢).
***spót·less** *a.* 얼룩〔결점〕이 없는; 결백한.
***spót·lìght** *n., vt.* Ⓒ 〖劇〗 스포트라이트(를 비추다); (the ~) (세인의) 주시.
spót màrket 현물 시장.
spót néws 긴급〔임시〕 뉴스.
spót-òn *a., ad.* 《英口》 정확한〔히〕, 확실한〔히〕.
spot·ted[∠id] *a.* 반점〔오점〕이 있는, 얼룩덜룩한; (명예를) 손상당한.
spótted féver 텍사스열(熱); 뇌척수막염. 「한결같지 않은.
spot·ty[∠i] *a.* 얼룩〔반점〕 투성이의;
***spouse**[spaus, -z/-z] *n.* Ⓒ 배우자; (*pl.*) 부부.
spout[spaut] *vt., vi.* ① 내뿜다. ② (으스대며) 도도히 말하다. ③ (*vt.*) 《俗》 전당잡히다. — *n.* Ⓒ ① (주전자·펌프 등의) 주둥이, 꼭지. ② 분출, 분류; 회오리, 물기둥. ③ (옛날 전당포의) 전당물 반송(搬送) 승강기. ④ 《英俗》 전당포. ***up the ~*** 《英俗》 전당잡혀; 곤경에 놓여.
S.P.Q.R. *Senatus Populusque Romanus* (L. =the Senate and People of Roman); small profits and quick returns.
S.P.R. Society for Physical Research. 「을) 삠; 삐다.
sprain [sprein] *n., vt.* Ⓒ (손목 등
‡**sprang**[spræŋ] *v.* spring의 과거.
sprat[spræt] *n.* Ⓒ 〖魚〗 청어속(屬)의 작은 물고기. ***throw a ~ to catch a herring*** 새우로 잉어를 낚다《작은 밑천으로 큰 것을 바라다》.
***sprawl**[sprɔ:l] *vi., vt., n.* Ⓒ (보통 *sing.*) 큰대자로 드러눕다〔누움〕, 큰

대자로 때려 눕히다〔눕힘〕; 마구 퍼지다〔퍼짐〕.

:spray[sprei] *n.* ① Ⓤ 물보라. ② Ⓒ 흡입기(吸入器), 분무기. ③ Ⓒ (잎·꽃·열매 등이 달린) 작은 가지, 가지 무늬〔장식〕. — *vt., vi.* ① 물보라를 일으키다〔일게 하다〕, 안개〔살충제〕를 뿜다〔*upon*〕. ② 산탄(散彈)을 퍼붓다(*upon*). **∠·er** *n.* Ⓒ 분무기, 흡입기.

spráy càn 스프레이통.

spráy gùn (도료·살충제의) 분무기.

†spread[spred] *vt., vi.* (~) ① 펴다, 펼치다, 퍼뜨리다, 퍼지다, 유포(流布)하다. ② (*vt.*) 흩뿌리다, 바르다(~ *bread with jam* 빵에 잼을 바르다). ③ 배치하다; (식사를) 차리다(~ *for dinner;* ~ *the table;* ~ *tea on the table*). ④ 뻗(치)다. ⑤ (*vi.*) 걸치다, 미치다, 열리다, 피다, 번지다. ~ **oneself** 퍼지다, 뻗다; 《口》 자신을 잘 보이려고 노력하다; 분발하다; 충분히 실력을 나타내다; 자랑하다. — *n.* ① Ⓤ 폭, 퍼짐, 범위. ② (*sing.*) (보통 the ~) 유포(流布); 유행, 보급. ③ Ⓒ《口》 성찬. ④ Ⓒ 시트, 식탁보. ⑤ Ⓤ,Ⓒ (빵에) 바르는 것《치즈·잼 따위》. ⑥ Ⓒ《美》 (신문의) 큰 광고, 큰 기사, 2페이지에 걸친 삽화. ⑦ Ⓤ,Ⓒ 허리통이 굵어짐.

spréad éagle 날개를 펼친 독수리《미국의 국장(國章)》; 자랑꾼.

spréad-èagle *a., vt.* 날개를 편 독수리 형태의〔로 하다〕; 《美口》 (특히 미국이) 제나라 자랑을 하는.

spréad·shèet *n.* Ⓒ ①〚會計〛 매트릭스 정산표. ②〚컴〛 스프레드 시트, 펼친 셈판, 확장 문서.

spree[spri:] *n.* Ⓒ 법석댐, 흥청거림; 술잔치. **on the ~** 들떠서.

sprig[sprig] *n., vt.* (**-gg-**) Ⓒ 어린 가지(를 치다); (도기·천에) 잔가지 (무늬)(를 넣다); 《蔑》 애송이.

***spright·ly**[spráitli] *a., ad.* 쾌활한〔하게〕.

†spring[spriŋ] *n.* ① Ⓒ (종종 *pl.*) 샘(*a hot* ~ 온천); 원천, 원동력. ② Ⓒ 기원, 근원, 시작. ③ Ⓤ 봄. ④ Ⓤ,Ⓒ 청춘 (시절). ⑤ Ⓒ 도약(跳躍). ⑥ Ⓤ 반동; 탄력. ⑦ Ⓒ 용수철, 태엽, 스프링. — *vi.* (**sprang, sprung; sprung**) ① (근원을) 발하다, 싹트다, 생기다, 일어나다. ② 도약하다, 뛰다, 튀다; 튀기다(*off*); 우뚝 솟다. ③ (판자가) 휘다, 굽다. — *vt.* ① 뛰어 넘다, 뛰어오르게 하다. ② 쪼다, 가르다; 휘게 하다; 폭발시키다. ③ 용수철을 되튀기게 하다, 용수철을 달다. ④ 느닷없이 꺼내다(*He sprang a surprise on me*). ⑤ 날아가게 하다. ⑥《美俗》 석방하다. ~ **a leak** 물샐 구멍이 생기다. ~ **a mine** 지뢰를 폭발시키다. ~ **a somersault** 재주 넘다. ~ **on** 〔**upon**〕 …에 덤벼 들다.

spríng bálance 용수철 저울.

spríng·bòard *n.* Ⓒ 뜀판.

spríng·bòk *n.* Ⓒ (남아프리카의) 영양(羚羊)의 일종.

spríng chícken 영계, 햇닭; 《俗》 「풋내기.

spríng-cléan *vt.* 춘계 대청소를 하다. **~ing** *n.*

springe[sprindʒ] *n.* Ⓒ 덫(trap[1]).

spring·er[spríŋər] *n.* Ⓒ 뛰는 것《사람·개·물고기 따위》, (특히) 범고래; 햇닭. 「춘수(春愁).

spríng féver 초봄의 나른한 느낌,

spríng gùn (동물이 닿으면 발사되는) 용수철 총(set gun).

spríng·hàlt *n.* =STRINGHALT.

spríng·hèad *n.* Ⓒ 근원, 원천.

spríng lòck 용수철 자물쇠.

spríng tíde 한사리; 분류.

spríng·tìde *n.* =⇩.

:spríng·tìme *n.* Ⓤ (the ~) 봄; 청춘. 「泉).

spríng wàter 용수(湧水), 용천(湧

spring·y[spríŋi] *a.* 용수철 같은, 탄력 있는; 경쾌한; 샘이 많은, 습한.

:sprin·kle[spríŋkəl] *vt.* (물·재 따위를) 끼얹다, 붓다, 뿌리다. — *vi.* 물을 뿌리다; 비가 뿌리다(*It* ~*s.*). — *n.* Ⓒ ① 흩뿌림. ② 부슬비. ③ (*sing.*) 드문드문함, 소량. ***-kling** *n.* Ⓤ 흩뿌리기, 살수; Ⓒ (비 따위가) 뿌림; 조금, 드문드문함(*a sprinkling of gray hairs* 희끗희끗한 머리).

sprin·kler[-ər] *n.* Ⓒ 살수기〔차〕; 스프링쿨러, 물뿌리개. 「장치.

sprínkler sỳstem 자동 살수 소화

sprint[sprint] *n., vi.* Ⓒ 단거리 경주; 단시간의 대활동; 단거리를 질주하다. **∠·er** *n.* Ⓒ 단거리 선수.

sprit[sprit] *n.* Ⓒ〚船〛 사형(斜桁)《돛을 펼치는 활대》.

sprite[sprait] (<**spirit**) *n.* Ⓒ 요정(妖精); 도깨비, 유령; 〚컴〛 쪽화면.

sprít·sàil *n.* Ⓒ 사형범(斜桁帆).

sprock·et[sprákit/-ɔ́-] *n.* Ⓒ 사슬톱니바퀴(~ wheel)《자전거 등의》.

***sprout**[spraut] *n.* Ⓒ 눈, 새싹; (*pl.*) 싹양배추(Brussels sprouts). — *vi.* 싹이 트다; 갑자기 자라다. — *vt.* ① 싹트게 하다. ② (뿔·수염을) 기르다. ③ (…의) 싹〔순〕을 따다.

***spruce**[1][spru:s] *n.* Ⓒ,Ⓤ 가문비나무속(屬)의 나무; Ⓤ 그 재목.

spruce[2] *a.* 말쑥한(trim). — *vt., vi.* (옷차림을) 말쑥하게〔맵시 있게〕 하다(*up*). **∠·ly** *ad.*

:sprung[sprʌŋ] *v.* spring의 과거(분사). 「ble).

spry[sprai] *a.* 활발한; 재빠른(nim-

spt. seaport.

spud[spʌd] *n., vt.* (**-dd-**) Ⓒ 작은 가래(로 파다; 로 제거하다); 《口》 감 ⌊자.

spue[spju:] *v.* =SPEW.

spume[spju:m] *n., vi.* Ⓤ 거품(이 일다)(foam). **spúm·y** *a.*

spu·mo·ne[spu:móuni, spə-] *n.* (It.) Ⓤ (잘게 썬 과일·호두가 든 이탈리아식) 아이스크림.

:spun[spʌn] *v.* spin 의 과거(분사). — *a.* 자은; 실 모양으로 한; 잡아늘

인; 지쳐빠진.
spún gláss 유리 섬유.
spún góld 금실.
spunk[spʌŋk] *n.* Ⓒ 《口》 용기; 부싯깃(tinder). ***get one's ~ up*** 《口》 용기 백배하다. **∠·y** *a.* 《口》 씩씩한, 용기 있는; 성마른.
spún ráyon 방적 인견.
spún sílk 방적 견사(絹絲).
spún súgar 솜사탕.
spún yárn 〖海〗 꼰 밧줄.
:spur[spəːr] *n.* Ⓒ ① 박차. ② 격려. ③ (새의) 며느리발톱. ④ 짧은 가지; (바위·산의) 돌출부. ⑤ (등산용) 아이젠. ***give the ~*** 격려〔자극〕하다. ***on the ~ of the moment*** 엉떨결에, 앞뒤 생각 없이, 순간적인 …로. ***win one's ~s*** 〖史〗 (황금의 박차와 함께) knight 작위를 받다; 이름을 떨치다. ── *vt., vi.* (**-rr-**) (…에) 박차를 가하다〔달다〕; 격려〔자극〕하다. **~ *a willing horse*** 필요 이상으로 재촉하다.
spúr gèar 평(平)톱니바퀴.
spu·ri·ous[spjúəriəs] *a.* 가짜의 (false); 그럴싸한; 사생아의.
spúr-of-the-móment *a.* 《口》 즉석의, 순간의.
***spurn**[spəːrn] *vt., vi.* 쫓아버리다; 걷어차다; 일축하다. ── *n.* Ⓒ 걷어차기; 일축; 퇴짜, 자빡.
***spurt**[spəːrt] *n., vi., vt.* Ⓒ 분출(하다); 한바탕 분발(하다), 역주(力走)(하다).
spúr whèel 〖機〗 평(平)톱니바퀴.
Sput·nik[spútnik, -ʌ́-] (<Russ. =satellite) *n.* Ⓒ 스푸트니크《구소련의 인공 위성》.
***sput·ter**[spʌ́tər] *vi., vt.* 침을 튀기다〔튀기며 말하다〕; (불똥 등이) 탁탁 튀다. ── *n.* Ⓤ 입에서 튀김〔튀어나온 것〕; 빨리 말함; 탁탁하는 소리.
spu·tum [spjúːtəm] *n.* (*pl.* ***-ta*** [-tə]) Ⓤ,Ⓒ 침(saliva); 담, 가래.
:spy[spai] *n.* Ⓒ 스파이, 탐정. ── *vt., vi.* 탐정〔염탐〕하다(*on*); 찾아내다(*out*); 면밀히 조사하다(*into*).
spý·glàss *n.* Ⓒ 작은 망원경.
spý-hòle *n.* Ⓒ (문에 설치한 방문자 확인용의) 내다보는 구멍.
spý rìng 간첩단(團).
Sq. Squadron. **sq.** sequence; *sequens*(L.=the following one); square. **sq. in.** square inch(es).
SQL[síːkwəl] 〖컴〗 structured query language 표준 질문 언어.
sq. mil. square mile(s). **sqq.** *sequentia* (L. =the following ones).
squab[skwɑb/-ɔ-] *n., a.* Ⓒ (날개가 아직 돋지 않은) 새끼 비둘기; 똥똥한 (사람); 《英》 쿠션.
squab·ble[skwɑ́bəl/-ɔ́-] *n., vi.* Ⓒ (사소한 일로) 싸움(을 하다)(*with*).
***squad**[skwɑd/-ɔ-] *n.* Ⓒ 《집합적》 〖軍〗 분대, 반; 팀.
squád càr (경찰의) 순찰차.
***squad·ron**[∠rən] *n.* Ⓒ 《집합적》 기병 대대《120-200 명》; 소함대; 비행 중대; 집단. 「장《소령》.
squádron lèader 《英》 비행 중대
squal·id[skwɑ́lid/-ɔ́-] *a.* 더러운, 너저분한(filthy); 천한(mean²). **~·ly** *ad.* **~·ness** *n.* **squa·líd·i·ty** *n.*
***squall¹**[skwɔːl] *n.* Ⓒ 돌풍, 질풍, 스콜; 《口》 싸움, 소동. ── *vi.* 질풍이 휘몰아치다. **∠·y** *a.* 돌풍의; 《口》 험악한.
squall² *n., vi., vt.* 꽥꽥 떠들다, 소리치다; …라고 말하다; Ⓒ 그 소리. **∠·er** *n.*
squal·or[skwɑ́lər/-ɔ́-] *n.* Ⓤ 불결함; 비참함; 비열.
squa·mous[skwéiməs] *a.* 비늘 모양의; 비늘로 덮인. 「비하다.
squan·der [skwɑ́ndər] *vt., vi.* 낭
†square[skwɛər] *n.* Ⓒ ① 정사각형. ② (사각) 광장, (시가의) 한 구획. ③ T자, 곱자. ④ 평방, 제곱《생략 sq.》. ⑤ 방진(方陣)(*a magic ~* 마(魔)방진). ***by the ~*** 정밀하게. ***on the ~*** 직각으로; 《口》 정직〔공평〕하게. ***out of ~*** 직각을 이루지 않고; 비스듬히; 《口》 불규칙〔부정확〕하게. ── *a.* ① 정사각형〔네모〕의. ② 모난; 튼튼한. ③ 정직한, 꼼꼼한; 공평한. ④ 수평의; 평등의, 대차(貸借)가 없는. ⑤ 평방의(*six feet ~*, 6피트 평방/*six ~ feet,* 6평방 피트). ⑥ 《口》 (식사 따위) 충분한. ***get (things) ~*** (일을) 정돈하다. ***get ~ with*** …와 대차(貸借) 없이 되다, 비기다, 보복〔대갚음〕하다. ── *vt.* ① 정사각형〔직각·수평〕으로 하다. ② (대차 관계를) 결산〔청산〕하다(settle). ③ 시합의 득점을 동점으로 하다. ④ 일치〔조화〕시키다. ⑤ 〖數〗 제곱하다. ⑥ (어깨를) 펴다. ⑦ 《俗》 매수하다. ── *vi.* ① 직각을 이루다. ② 일치하다. ③ 청산하다. **~ *accounts*** 결산〔대갚음〕하다(*with*). **~ *away*** 〖海〗 순풍을 받고 달리다. **~ *off*** 자세를 취하다. **~ *oneself*** 《口》 (과거의 잘못을) 청산하다, 보상하다. **~ *the circle*** 불가능한 일을 꾀하다. ── *ad.* ① 직각〔사각〕으로. ② 정통〔정면〕으로. ③ 공정〔정직〕하게. ***∠·ly** *ad.* 정사각형〔사각·직각〕으로; 정직〔공정〕하게; 정면으로; 단호히. **∠·ness** *n.*
squáre-bàshing *n.* Ⓤ 《英軍俗》 군사 교련. 「《[ ]》.
squáre bráckets 〖印〗 꺽쇠괄호
squáre dànce 스퀘어댄스.
squáre déal 공평한 처사.
squáred páper 모눈종이, 방안지.
squáre-éyed *a.* 《諧》 (눈이) 텔레비전을 너무 본.
squáre knòt =REEF KNOT.
squáre méasure 〔**númber**〕 〖數〗 제곱적(積)〔수〕.
spuáre mátrix ① 〖數〗 사각형 행렬, 정방(正方) 행렬. ② 〖컴〗 정방행렬《행과 열이 같은 수인》. 「의.
squáre-rígged *a.* 〖海〗 가로 돛식
squáre róot 제곱근.

squáre sàil 가로돛.
squáre shóoter 《口》 정직한 사람.
squáre-shóuldered *a.* 어깨가 딱 벌어진.
squáre-tóed *a.* (구두의) 끝이 네모진; 구식인; 꼼꼼한(prim).
squar·ish[skwέəriʃ] *a.* 네모진.
squash**[1][skwɑʃ/-ɔ-] *vt., vi.* ① 으깨다; 으끄러〔으스러〕지다; 흐물흐물하게 하다〔되다〕. ② 억지로 밀어넣다, 〔헤치고 들어가다〕(*into*). ③ (*vt.*) 진압하다, 《口》 찍소리 못하게 하다. ~ ***hat 소프트 (모자). ― *n.* ① Ⓒ,Ⓤ 짜그러짐〔뜨림〕; 와싹하는 소리. ② Ⓒ 으스러져 흐물흐물한 물건. ③ Ⓒ 《英》 과즙 음료. ④ Ⓤ 정구 비슷한 공놀이, 스쿼시. **∠·y** *a.* 으스러지기 쉬운; 흐물흐물한; 모양이 찌그러진.
squash[2] *n.* Ⓒ 호박류(類).
squásh rácquets 〔**ràckets**〕 스쿼시《사방이 벽으로 둘러싸인 코트에서 자루가 긴 라켓과 고무공으로 하는 구기》.
squásh tènnis 《美》 스쿼시테니스 《스쿼시 비슷한 구기》.
squat** [skwɑt/-ɔ-] *vi.* (~ted, squat; -tt-***) 웅크리다, 쭈그리다; 《口》 펄썩 앉다; 공유지〔남의 땅〕에 무단히 거주하다. ― *a.* 웅크린(*a ~ figure*); 땅딸막한. ― *n.* Ⓤ 웅크리기; 쭈그린 자세. **∠·ter** *n.* **∠·ty** *a.* 땅딸막한.
squaw[skwɔː] *n.* Ⓒ 북아메리카 토인의 여자〔아내〕; 《諧》 마누라.
squawk[skwɔːk] *vi.* (물새 따위가) 꽥꽥〔깍깍〕거리다; 《美俗》 (큰 소리로) 불평을 하다. ― *n.* Ⓒ 꽥꽥〔깍깍〕하는 소리; 불평.
squáwk bòx 《美口》 사내〔구내〕 방송용 스피커.
squeak**[skwiːk] *vi., vt.* (쥐 따위가) 찍찍 울다, 끽끽거리다; 삐걱거리다; 꽥꽥하는 소리로 말하다; 《英俗》 밀고하다. ― *n.* Ⓒ 찍찍〔끽끽〕거리는 소리; 밀고. ***narrow ~ 《俗》 위기 일발. **∠·y** *a.* 끽끽하는, 삐걱거리는. **∠·er** *n.* Ⓒ 끽끽거리는 것; 꽥꽥거리는 사람; 《英俗》 밀고자.
squeal[skwiːl] *vi., vt.* 끽끽 울다; 비명을 울리다; 《俗》 밀고하다. ― *n.* Ⓒ 끽끽 우는 소리; 비명; 밀고. **∠·er** *n.* Ⓒ 끽끽 우는 동물; 《俗》 밀고자.
squeam·ish[skwíːmiʃ] *a.* (괴)까다로운, 결벽한; 곧잘 느글거려지는; 점잔빼는.
squee·gee[skwíːdʒiː, ∸∠/∠∸, ∸∠] *n., vt.* Ⓒ (물기를 닦아내는) 고무 걸레(로 훔치다).
:squeeze[skwiːz] *vt.* ① 굳게 쥐다〔악수하다〕, 꼭 껴안다. ② 밀어〔틀어〕 넣다(*in, into*); 압착하다; 짜내다(*out, from*). ③ 착취하다. ~***d orange*** 즙을 짜낸 찌끼; 더 이상 이용 가치가 없는 것. ― *vi.* ① 압착되다, 짜지다. ② 밀어 헤치고 나아가다 (*in, into, out, through*). ― *n.* Ⓒ ① 꼭 쥠〔껴안음〕. ② 압착, 짜냄. ③ (*a* ~) 혼잡, 붐빔. ④ 짜낸 (소량의) 과일즙 (따위). ⑤ 곤경. ⑥ 본뜨기.
squéez·er *n.* Ⓒ 압착기.
squéeze plày 〚野〛 스퀴즈플레이; 〚카드〛 으뜸패로 상대방의 중요한 패를 내놓게 하기.
squelch[skweltʃ] *vt.* 짓누르다, 찌부러뜨리다; 진압하다; 《口》 찍소리 못하게 하다. ― *vi.* 철벅철벅하는 소리를 내다. ― *n.* Ⓒ (보통 *sing.*) 철벅철벅하는 소리; 찌부러진 물건; 《口》 찍소리 못하게 하기.
squib[skwib] *n.* Ⓒ 폭죽, 도화 폭관(導火爆管); 풍자. ― *vt., vi.* (***-bb-***) 풍자하다; (폭죽을) 터뜨리다.
squid[skwid] *n.* Ⓒ 오징어.
squif·fy[skwífi] *a.* 《英俗》 거나하게 취한; 일그러진, 비스듬한.
***squint**[skwint] *n.* Ⓒ 흑보기, 사팔눈〔뜨기〕; 곁눈질, 《口》 흘낏 보기, 일별; 경향(*to, toward*). ― *vi.* 사팔눈이다; 곁눈질로〔눈을 가늘게 뜨고〕 보다(*at, through*); 엳핏 보다(*at*); 경향이 있다. ― *vt.* 사팔눈으로 하다; (눈을) 가늘게 뜨다.
squínt-èyed *a.* 사팔눈의; 편견을 가진.
:squire[skwaiər] *n.* Ⓒ 《英》 시골 유지, (지방의) 대(大)지주; 《美》 치안〔지방〕 판사; 기사의 종자(從者); 여자를 모시고 다니는 신사. ― *vt.* (주인·여자를) 모시고 다니다.
squir(e)·ar·chy[skwáiərɑːrki] *n.* Ⓒ (the ~) (영국의) 지주 계급; Ⓤ 지주 정치.
squirm[skwəːrm] *vi., n.* Ⓒ 꿈틀〔허위적〕거리다〔거림〕; 몸부림치다〔침〕; 머뭇거리다〔거림〕; 어색해 하다〔하기〕. **∠·y** *a.*
:squir·rel[skwə́ːrəl/skwír-] *n.* Ⓒ 다람쥐; Ⓤ 그 털가죽.
squirt[skwəːrt] *n., vt., vi.* Ⓒ 분출(하다); 분수; 주사기; 《口》 건방진 젊은이(upstart).
sq. yd. square yard(s). **Sr** 〚化〛 strontium. **Sr.** Senior; *Señor;* Sir; Sister. **SRAM** short-range attack missile. **SRBM** short-range ballistic missile.
Sri Lan·ka[sríː lɑ́ːŋkə] *n.* 스리랑카《Ceylon의 고친 이름》.
S.R.O. STANDING ROOM Only.
SS *Sancti* (L. =Saints); Saints; steamship. **S.S.** Silver Star; Sunday School; *Schutzstaffel* 나치스 독일의 친위대. **SSA** Social Security Act. **S.S.A.F.A.** 《英》 Soldiers', Sailors' and Airmen's Families Association. **SSCAE** 《美》 Special Senate Committee on Atomic Energy. **SSE** south southeast. **S.Sgt** staff sergent.
S slèep 〚生〛 서파(徐波) 수면(slow-wave sleep)《렘수면과 번갈아 일어나는 안정된 깊은 수면으로, 이때 꿈은 거의 꾸지 않음; cf. REM sleep》.
SSM surface-to-surface missile.
S.S.R.C. 《英》 Social Science

Research Council. **SSS** 《美》 Selective Service System. **SST** supersonic transport. **SSW** south-southwest.

:St.[1] [seint, sənt, sin*t*] *n.* =SAINT.

:St.[2] Strait; stratus; Street. **st.** stanza; stet; stitch; stone; stumped.

:stab[stæb] *vt.* (**-bb-**), *n.* (푹) 찌르다; Ⓒ (푹) 찌름; 중상(하다); 《口》 기도(企圖). — *vi.* 찌르며 덤벼들다 (*at*). ~ (*a person*) ***in the back*** (아무를) 중상하다. **∠·ber** *n.* Ⓒ 찌르는 것; 자객.

:sta·bil·i·ty[stəbíləti, -li-] *n.* Ⓤ 안정; 고정, 불변; 착실.

***sta·bi·lize**[stéibəlàiz] *vt.* 안정시키다; (…에) 안정 장치를 하다. **-liz·er** *n.* Ⓒ 안정시키는 사람[것]; 안정 장치. ***-li·za·tion**[∸—lizéiʃən/-lai-] *n.* Ⓤ 안정, 고정.

:sta·ble[1] [stéibl] *a.* 안정된, 견고한; 〖理·化〗 안정(성)의; 영속성의; 착실한; 복원력(復原力)이 있는.

***sta·ble**[2] *n.* Ⓒ ① (종종 *pl.*) 마구간, 외양간. ② 《집합적》 (마구간의) 말. ③ 〖競馬〗 말 조련장[기수]. ④ 《俗》 《집합적》 (한 사람의 감독 밑의) 사람들[권투선수, 매춘부들]. — *vt., vi.* 마구간에 넣다[살다].

stáble·bòy *n.* Ⓒ 마부《특히 소년》.

sta·ble·man[-mən] *n.* Ⓒ 마부.

stac·ca·to[stəkɑ́:tou] *ad., a.* (It.) 〖樂〗 단음적(斷音的)으로; 단음적인.

stack**[stæk] *n.* Ⓒ ① (건초·밀짚 등의) 더미; 낟가리. ② 〖軍〗 걸어총. ③ (*pl.* 또는 a ~) 《口》 다량, 많음. ④ 조립 굴뚝; (기차·기선의) 굴뚝. ⑤ (*pl.*) 서가(書架). ⑥ 〖컴〗 스택, 동전통. ***S- arms! 걸어총. — *vt.* ① 낟가리를 쌓다. ② 걸어총하다. ③ 〖空〗 (착륙 대기 비행기를) 고도차를 두어 대기시키다. ④ 〖카드〗 부정한 수로 카드를 치다. ***have the cards ~ed against one*** 대단히 불리한 입장에 놓이다.

stacked[stækt] *a.* 《美俗》 (여성이) 육체미 있는.

stáck ròom (도서관의) 서고(書庫).

:sta·di·um[stéidiəm, -djəm] *n.* (*pl.* **~s, *-dia***[-diə]) Ⓒ ① 육상 경기장, 스타디움. ② 〖古그〗 경주장.

:staff [stæf, -ɑ:-] *n.* (*pl.* **~s, *staves***) Ⓒ ① 지팡이, 막대기, 장대. ② 지탱, 의지. ③ 권표(權標). ④ (창 따위의) 자루. ⑤ (이하 *pl.* **~s**) 직원, 부원; 〖軍〗 참모. ⑥ 〖樂〗 보표. ***be on the ~*** 직원[간부]이다. ***editorial ~*** 《집합적》 편집국(원). ***general ~*** 일반 참모; 참모부. ***~ of old age*** 노후의 의지. ***~ of life*** 생명의 양식. — *vt.* (…에) 직원을 두다.

stáff cóllege 〖英軍〗 참모 대학.

stáff òfficer 참모.

Staf·ford·shire[stǽfərdʃiər, -ʃər] *n.* 영국 중부의 주《생략 Staffs.》.

stáff sérgeant 〖軍〗 하사.

***stag**[stæg] *n.* Ⓒ (성장한) 수사슴; (거세한) 수짐승; 《美》 (파티에서) 여자를 동반치 않은 남자; =STAG PARTY. — *a.* 남자들만의.

†stage[steidʒ] *n.* Ⓒ ① 무대; (the ~) 연극; 배우업(業). ② 활동 무대. ③ 연단, 마루; 발판. ④ 역, 역참(驛站); (역참간의) 여정; 역[승합]마차. ⑤ (발달의) 단계. ***by easy ~s*** 천천히, 쉬엄쉬엄. ***go on the ~*** 배우가 되다. — *vt.* 상연하다; 연출하다; 계획[꾀]하다. — *vi.* 상연에 알맞다.

***stáge·còach** *n.* Ⓒ 역마차, (정기의) 승합 마차.

stáge·cràft *n.* Ⓤ 극작[연출]법.

stáge crèw 무대 뒤에서 일하는 사람.

stáge desìgner 무대 장치가.

stáge dirèction 연출; 각본(脚本)에서의 지시서《생략 S.D.》.

stáge dirèctor 무대 감독, 연출자.

stáge effèct 무대 효과.

stáge frìght (배우의) 무대 공포증.

stáge·hànd *n.* Ⓒ 무대 담당.

stáge mànager 무대 조감독.

stág·er *n.* Ⓒ 경험자, 노련한 사람. ***an old ~*** 노련가.

stáge ríght (극의) 상연권, 흥행권.

stáge sèt(**ting**) 무대 장치.

stáge-strùck *a.* 무대 생활을 동경하는.

stáge whìsper 〖劇〗 큰 소리로 하는 속삭임.

stág fílm 남성용 영화《도색·괴기 영화》.

stag·fla·tion [stæ̀gfléiʃən] *n.* Ⓤ 〖經〗 스태그플레이션《불황 속의 물가고》.

:stag·ger[stǽgər] *vi., vt.* ① 비틀거리(게 하)다, 흔들리(게 하)다. ② 망설이(게 하)다, 주춤하(게 하)다. ③ (이하 *vt.*) 깜짝 놀라게 하다. ④ 충격을 주다. ⑤ 서로 엇갈리게 배열하다; (시업 시간·휴식 시간 따위를) 시차제로 하다. — *n.* Ⓒ ① 비틀거림. ② (*pl.*) 현기, 어지러움. ③ (*pl.*) 《단수 취급》 (양·말의) 훈도증(暈倒症). ④ 엇갈림(의 배열), 시차(時差) 방식. **~·er** *n.* Ⓒ 비틀거리는 사람; 대사건, 난문제. ***~·ing** *a.* 비틀거리(게 하)는, 깜짝 놀라게 하는. **~·ing·ly** *ad.*

stágger sỳstem (출퇴근 시간 따위의) 시차제(時差制).

stag·ing[stéidʒiŋ] *n.* Ⓤ (건축물의) 비계; Ⓤ,Ⓒ (연극의) 상연; Ⓤ 역마차 여행; 역마차업(業); Ⓤ 〖宇宙〗 (로켓의) 다단식(多段式).

stáging àrea 〖軍〗 (전지에로의) 집결 기지.

stáging pòst 〖空〗 중간 착륙지.

stág mòvie =STAG FILM.

***stag·nant**[stǽgnənt] *a.* 흐르지 않는, 괴어 있는; 활발치 못한, 불경기의. **-nan·cy** *n.* **~·ly** *ad.*

stag·nate[stǽgneit] *vi., vt.* 괴다; 괴게 하다; 침체하다[시키다]; 불경기가 되(게 하)다. **stag·ná·tion** *n.*

stág pàrty 남자만의 연회.

stag·y[stéidʒi] *a.* 연극의〔같은〕, 연극조의, 과장된. **stág·i·ness** *n.*
staid[steid] *a.* 침착한, 차분한; 착실한. — *v.*《古》stay¹의 과거(분사).
:**stain**[stein] *vt.* ① (얼룩을) 묻히다, 더럽히다(*with*). ② (명예를) 손상시키다, 더럽히다. ③ (유리 따위에) 착색하다. — *vi.* 더러워지다, 얼룩지다. **~ed glass** 착색 유리, 색유리. — *n.* Ⓒ 얼룩(*on, upon*); 흠, 오점; Ⓤ,Ⓒ 착색(제). **∠·less** *a.* 더럽혀지지 않은; 녹슬지 않는; 흠 없는; 스테인리스(제)의.
stáinless stéel 스테인리스(강(鋼)).
:**stair**[stɛər] *n.* Ⓒ (계단의) 한 단; (*pl.*) 계단. ***below ~s*** 지하실〔하인방〕에(서). ***flight*** 〔***pair***〕 ***of ~s*** (한 줄로 이어진) 계단.
*****stáir·càse** *n.* Ⓒ 계단.
*****stáir·wày** *n.* =⇧.
:**stake**¹[steik] *n.* Ⓒ 말뚝; 화형주(火刑柱); (*pl.*) 화형. ***pull up ~s***《美口》떠나다, 이사〔전직〕하다. — *vt.* 말뚝에 매다; 말뚝으로 둘러치다(*out, off, in*).
stake² *n.* Ⓒ 내기; 내기에 건 돈; (*pl.*) (경마 따위의) 상금; (*sing.*) 내기 경마; (내기돈을 건 것 같은) 이해관계. ***at ~*** 문제가 되어서; 위태로워져서. — *vt.* 걸다; 재정적으로 원조하다;《口》(수익(受益) 계약에 의하여 탐광자(探鑛者)에게) 의식을 공급하다(grubstake).
stáke·hòlder *n.* Ⓒ 내기 돈을 맡는 사람.
stáke·òut *n.* Ⓒ《美口》(경찰의) 잠복.
Sta·kha·nov·ism[stəkɑ́:nəvìzəm] *n.* Ⓤ 스타하노프제도《구 소련의 능률 보상에 의한 생산 증강법》. **-ite** [-àit] *n.* Ⓒ (이 제도 밑에서 생산을 증강하고 보상을 받은) 노동자.
sta·lac·tite[stǽləktàit, stəlǽktait] *n.* Ⓤ 종유석(種乳石).
sta·lag·mite[stəlǽgmait, stǽləgmàit] *n.* Ⓒ〖鑛〗석순(石筍).
*****stale**[steil] *a.* ① (음식물이) 신선하지 않은, (빵이) 굳어진, (술이) 김빠진. ② 케케묵은, 시시한. ③ (연습으로) 피로한. — *vt., vi.* stale하게 하다〔해지다〕. **∠·ly** *ad.*
*****stale·mate**[stéilmèit] *n., vt.* Ⓤ,Ⓒ〖체스〗수가 막힘〔막히게 하다〕; 막다름; 막다르게 하다.
Sta·lin[stɑ́:lin], **Joseph**(1879–1953) 구 소련 정치가.
Sta·lin·ism[-ìzəm] *n.* Ⓤ 스탈린주의. **-ist** *n.*
:**stalk**¹[stɔ:k] *n.* Ⓒ〖植〗대, 줄기, 꽃꼭지, 잎꼭지;〖動〗경상부(莖狀部).
*****stalk**² *vi.* ① (적·사냥감에) 몰래 접근하다. ② (병이) 퍼지다(*through*). ③ 유유히〔뽐내며〕걷다, 활보하다. — *vt.* (적·사냥감에) 몰래 다가가다. — *n.* Ⓒ 몰래 접근〔추적〕함; 활보(imposing gait).
stálking-hòrse *n.* Ⓒ 숨을 말《사냥꾼이 몸을 숨기어 사냥감에 몰래 접근하기 위한 말, 또는 말 모양의 물건》; 구실, 핑계.
:**stall**¹[stɔ:l] *n.* Ⓒ ① 축사, 마구간〔외양간〕의 한 구획. ② 매점, 노점. ③ (교회의) 성가대석, 성직자석; (the ~s)《英》(극장의) 아래층 정면의 일등석. ④〖空〗실속(失速). — *vt.* ① (마구간〔외양간〕에) 칸막이를 하다. ② (말·마차를 진창〔눈구덩이〕속에서) 오도가도〔꼼짝〕못하게 하다; 저지하다. ③ (발동기를) 멈추게 하다. ④〖空〗실속시키다. — *vi.* ① 마구간〔외양간〕에 들어가다. ② 진창〔눈구덩이〕속에 빠지다, 오도가도 못하다. ③ (발동기가) 서다. ④〖空〗실속하다.
stall² *n.* ① Ⓒ《口》구실, 속임수. ② (*pl.*) (소매치기·도둑의) 한 동아리. — *vi., vt.* (추격자·요구 따위를) 요리조리 (회)피하다; (경기에서) 일부러 힘을 다내지 않다.
stáll-fèd *v.* stall-feed의 과거(분사). — *a.* (고기를 연하게 하기 위하여, 방목하지 않고) 우리 속에서 살찌운.
stáll-fèed *vt.* (**-fed**) 우리 속에서 길러 살찌우다.
stáll·hòlder *n.* Ⓒ《英》(시장의) 노점상.
stal·lion [stǽljən] *n.* Ⓒ 씨말, 수말, 종마.
*****stal·wart**[stɔ́:lwərt] *a., n.* Ⓒ 튼튼한〔억센〕(사람); 용감한 (사람); 충실한 (지지자·당원).
*****sta·men**[stéimən/-men] *n.* (*pl.* **~s, *stamina***¹[stǽmənə]) Ⓒ〖植〗수술.
stam·i·na² [stǽmənə] *n.* Ⓤ 정력, 스태미너; 인내(력).
:**stam·mer**[stǽmər] *vi., vt.* 말을 더듬다; 더듬으며 말하다(*out*). — *n.* Ⓒ (보통 *sing.*) 말더듬기.
†**stamp**[stæmp] *n.* Ⓒ ① 발을 구름. ②〖鑛〗쇄석기(碎石機)(의 해머). ③ 타인기(打印器); 도장; 소인(消印), 스탬프. ④ 표, 상표. ⑤ 인상, 표정. ⑥ 특징, 특질. ⑦ 종류, 형(型). ⑧ 우표, 수입 인지. — *vt.* ① 짓밟다(~ ***one's foot*** 발을 구르다《성난 표정》). ② 깊이 인상짓다. ③ 분쇄하다. ④ (형(型)을) 찍다, 눌러 자르다(*out*). ⑤ 표시하다; 도장〔소인〕을 찍다. ⑥ (…에) 우표〔인지〕를 붙이다. ***of the same ~*** 같은 종류의. ***put to ~*** 인쇄에 부치다. — *vi.* 발을 구르다; 발을 구르며 걷다. ***~ down*** 짓밟다. ***~ out*** (불을) 밟아 끄다; (폭동·병을) 누르다, 가라앉히다, 진압하다.
stámp àlbum 우표 앨범, 우표첩.
stámp collèctor 우표 수집가.
stámp dùty 〔**tàx**〕 인지세.
*****stam·pede**[stæmpí:d] *vi., vt., n.* Ⓒ (가축 떼가) 후닥닥 도망치다〔침〕; (군대·동물떼의) 궤주(潰走)(하다); 쇄도(하다, 시키다).
stamp·er[stǽmpər] *n.* Ⓒ stamp하는 사람;《英》(우체국의) 소인 찍는 사람; 압인기(押印器).
*****stance**[stæns] *n.* Ⓒ (보통 *pl.*) 선

자세; 위치; (공을 칠 때의) 발의 위치.

*__stanch__[1][stɔːntʃ, -ɑː-] *vt.* (상처를) 지혈하다; (물의) 흐름을 막다.

__stanch__[2] *a.* 굳은, 견고한; 신조에 철두철미한, 충실한, 확고한; 방수(防水)의.

__stan·chion__[stǽntʃən/stɑ́ːnʃən] *n.* Ⓒ (창·지붕 따위의) 지주(支柱); (가축을 매는) 칸막이 기둥.

†__stand__[stænd] *vi.* (***stood***) ① 서다; 멈춰 서다. ② 일어서다(*up*); 일어서면 높이가 …이다; 서 있다. ③ 놓여 있다; 위치하다, (…에) 있다. ④《보어·부사(구)를 수반하여》어떤 위치〔상태〕에 있다(*I ~ his friend.* 그 사람 편이다); 변경되지 않다, 그대로 있다(*It ~s good.* 여전히 유효하다). ⑤ (물이) 괴다; (눈물이) 어리다(*on, in*). ⑥ (배가 어떤 방향으로) 침로(針路)를 잡다. ― *vt.* ① 세우다, 세워 놓다. ② (입장을) 고수하다; 참다; 받다, 오래 가다. ③《口》비용을 치러 주다, 한턱 내다. ④ (배가 침로를) 잡다. ***as things*** 〔***matters***〕 ***~*** 현상태로는. ***~ a chance*** 기회가 있다, 유망하다. ***S- and deliver!*** 가진 돈을 모조리 털어 내놓아라!《강도의 말》. ***~ aside*** 비켜서다; 동아리에 끼지 않다. ***~ at ease*** 〔***attention***〕 쉬어〔차려〕 자세를 취하다. ***~ by*** 곁에 서다; 방관하다; 지지하다, 돕다; 고수하다; 준비하다. ***~ clear*** 멀어져 가다. ***~ corrected*** 잘못의 수정을 인정하다. ***~ for*** …을 나타내다; …에 입후보하다; (주의 따위를) 제창하다, 옹호하다; …에 편들다;《口》참다, 견디다;〖海〗…로 향하다, …의 방향으로 나아가다. ***~ good*** 진실〔유효〕하다. ***~ in*** …에 참가하다;《口》…와 사이가 좋다;《俗》돈이 들다. ***~ in for*** …을 대표하다. ***~ in with*** …에 편들다; …을 지지하다; …의 배당몫을 가지다. ***~ off*** 멀리 떨어져 있다; 멀리하다. ***~ on*** …에 의거하다, …에 의지하다; 요구〔주장〕하다. ***~ out*** 튀어 나오다; 두드러지다; 끝까지 버티다. ***~ over*** 연기하다〔되다〕. ***~ pat*** (포커에서) 돌라준 패 그대로를 가지고 하다; (개혁에 대하여) 현상 유지를 주장하다; 끝까지 버티다. ***~ to*** (조건·약속 등을) 지키다, 고집하다. ***~ treat*** 한턱 내다. ***~ up*** 일어서다; 지속하다; 두드러지다. ***~ up to*** …에 용감히 맞서다. ***~ well with*** …에게 평판이 좋다. ― ***n.*** Ⓒ 기립; 정지; 입장, 위치, 방어, 저항; (보통 *sing.*) 관람석, 스탠드; 대(臺), …세우개, …걸이; 매점;《美》(법정의) 증인석; 주차장; (순회 중인) 흥행지; (어떤 지역의) 입목(立木), 작물. ***bring*** 〔***come***〕 ***to a ~*** 정지시키다〔하다〕. ***make a ~*** 멈춰 서다(*at*); 끝내 버티고 싸우다.

__stánd-alóne__ *a.*〖컴〗(주변 장치가) 독립(형)의(*~ system* 독립 시스템).

‡__stand·ard__[stǽndərd] *n.* Ⓒ ① (지배자의 상징인) (군)기, 기치(旗幟). ② (본디 지배자가 정한) 도량형의 원기(原器), 기본 단위, 표준, 모범. ③ 수준. ④《英》(초등 학교의) 학년. ⑤〖造幣〗본위(本位)(*the gold* 〔*silver*〕 *~* 금〔은〕 본위제). ⑥《동사 'stand'의 의미와 함께》똑바로 곧은 지주(支柱), 남포대; (장미 따위의) 입목. ⑦ (곧바로) 자연목《특히 과수(果樹)》. ⑧〖컴〗표준. ***~ of living*** 생활 수준. ***under the ~ of*** …의 기치 아래서. ***up to the ~*** 합격하여. ― ***a.*** ① 표준의, 모범적인. ② 일류의, 권위 있는. ***~ coin*** 본위 화폐.

__stándard-bèarer__ *n.* Ⓒ〖軍〗기수(旗手); 지도자.

__stándard deviátion__〖統〗표준 편차.

__Stándard Énglish__ 표준 영어.

__stándard gàuge__〖鐵〗표준 궤간.

__stándard I/O devíce__〖컴〗표준 입·출력 장치.

*__stand·ard·ize__[-àiz] *vt.* 표준에 맞추다; 규격화〔통일〕하다;〖化〗표준에 의하여 시험하다. __-i·za·tion__[ˋ--zéiʃən] *n.*

__stándard làmp__《英》플로어 스탠드《바닥에 놓는 전기 스탠드》.

__stándard pláy__ 표준판, SP판《1분에 78회전하는 레코드판》.

__stándard tìme__ 표준시.

*__stánd-bỳ__ *n.* Ⓒ 의지가 되는 사람〔것〕; 구급선; 대기의 구령〔신호〕. ***on ~*** 대기하고 있는.

__stand·ee__[stændíː] *n.* Ⓒ《口》(열차·극장의) 입석 손님.

*__stánd-ìn__ *n.* Ⓒ《口》유리한 지위;〖映〗대역(代役).

‡__stand·ing__[stǽndiŋ] *a.* ① 서 있는, 선 채로의. ② 베지 않은, 입목(立木)의. ③ 움직이지 않는; (물 따위) 괴어 있는(*~ water* 흐르지 않는 물); 고정된. ④ 영구적인. ⑤ 상비〔상치(常置)〕의. ⑥ 정해진, 일정한, 판에 박힌(*Enough of your ~ joke!*). ― ***n.*** Ⓤ 섬, 서 있음, 서는 곳; 지위, 명성; 존속.

__stánding ármy__ 상비군.

__stánding commìttee__ 상임 위원(회).

__stánding órder__ 군대 내무 규정; (의회의) 의사 규칙.

__stánding ròom__ 서 있을 만한 여지; (극장의) 입석(立席)(*S- R- Only* 입석뿐임《생략 S.R.O.》).

__stánding stárt__〖競技〗서서 출발.

__stánding wáve__〖理〗정상파(定常波).

__stánd·òff__ *a., n.* Ⓤ 떨어져 있는〔있음〕; 냉담(한); Ⓒ (경기의) 동점, 무승부.

__stand·off·ish__[ˋɔ́(ː)fiʃ, -ɑ́f-] *a.* 쌀쌀한, 냉담한; 불친절한.

__stánd·òut__《美口》*n.* Ⓒ 두드러진 사람〔것〕; 걸출한 사람; 완고함. ― ***a.*** 걸출한, 탁월한.

__stánd·pàt__ *a., n.* Ⓒ《美口》현상유지를 고집하는 (사람). __~ter__ *n.* Ⓒ《美口》개혁 반대파의 (정당) 사람.

S

stánd·pìpe *n.* Ⓒ 배수탑(塔), 급수탱크.
‡**stánd·pòint** *n.* Ⓒ 입장, 입각점; 관점, 견지.
stánd·stìll *n.* Ⓒ,Ⓤ 정지, 휴지, 막힘.
stánd-ùp *a.* 서 있는, 곧추 선; 선 채로의; 정정당당한.
stan·hope[stǽnəp, -hòup] *n.* Ⓒ (2륜·4륜의) 포장 없는 1인승 경마차.
stank[stæŋk] *v.* stink의 과거.
stan·nic[stǽnik] *a.* 〖化〗(제 2) 주석의; 4가(價)의 주석을 함유하는.
stan·nous[-nəs] *a.* (제 1) 주석의; 2가(價)의 주석을 함유하는.
stan·num[stǽnəm] *n.* Ⓤ 〖化〗 주석.
***stan·za**[stǽnzə] *n.* Ⓒ (시의) 절, 연(聯).
sta·pes[stéipiːz] *n.* Ⓒ 〖解〗(귀의) 등골(鐙骨).
staph·y·lo·coc·cus [stæ̀fəloukɑ́kəs/-kɔ́k-] *n.* (*pl.* ***-cocci*** [-sai]) Ⓒ 〖菌〗 포도상구균.
***sta·ple**[1][stéipəl] *n.* ① Ⓒ (보통 *pl.*) 주요 산물[상품]. ② Ⓒ 주성분. ③ Ⓤ 원료. ④ Ⓤ (솜·양털 따위의) 섬유. ── *a.* 주요한; 대량 생산의. ── *vt.* (섬유를) 분류하다. **∠r**[1] *n.* Ⓒ 양털 선별공[상(商)].
sta·ple[2] *n., vt.* Ⓒ U자형의 거멀못(을 박다); 스테이플, 서류철쇠(로 철(綴)하다). ***stapling machine*** 호치키스《종이 철하는 기구》. **∠r**[2] *n.* Ⓒ 철하는 기구, 호치키스.
stáple fíber [**fíbre**] 인견(사), 스프(사).
stáple fóod 주식.
stáple próduct 주요 산물.
†**star**[stɑːr] *n.* Ⓒ ① 별, 항성; (the ~) 《詩》 지구. ② 별 모양(의 것), 별표 훈장; 별표《*》(asterisk). ③ 인기 있는 사람, 대가; 인기 배우, 스타. ④ (보통 *pl.*) 〖占星〗 운성(運星), 운수, 운. ⑤ (마소 이마의) 흰 점. ***see ~s*** (얻어 맞아) 눈에서 불꽃이 튀다. ***the Stars and Stripes*** 성조기. ── *vt.* (***-rr-***) 별로 장식하다; 별표를 달다; (…을) 주역으로 하다. ── *vi.* 뛰어나다; 주연(主演)하다. ── *a.* 별의; 주요한; 스타의.
stár·bòard *n., ad.* Ⓤ 〖海〗 우현(右舷)(으로). ── *vt.* (키를) 우현으로 돌리다, (진로를) 오른쪽으로 잡다.
***starch**[stɑːrtʃ] *n.* ① Ⓤ,Ⓒ 전분, 녹말, 풀. ② (*pl.*) 전분질 음식물. ③ Ⓤ 딱딱함, 형식차림. ④ Ⓤ 《口》 정력, 활기. ── *vt.* (의류에) 풀을 먹이다. **~ed**[-t] *a.* 풀 먹인; 딱딱한. **∠·y** *a.* 전분(질)의; 풀을 먹인, 뻣뻣한; 딱딱한.
Stár Chàmber, the 〖英史〗 성실청(星室廳)《전단(專斷) 불공정하기로 유명한 민사 법원, 1641년 폐지》; (s- c-) 불공정한 법정[위원회].
star·dom[stɑ́ːrdəm] *n.* Ⓤ 스타의 지위; 《집합적》 스타들.
stár dùst ① 소성단(小星團), 우주진(塵). ② 《口》 (티 없는) 황홀감.
‡**stare**[stɛər] *vi.* 응시하다, 빤히 보다(*at, upon*); (색채 따위가) 두드러지다. ── *vt.* 응시하다, 노려보아 … 시키다. ~ ***a person down*** [***out of countenance***] 아무를 빤히 쳐다보아 무안하게 하다. ~ ***a person in the face*** 아무의 얼굴을 빤히 쳐다보다; (죽음·위험 따위가) 눈앞에 닥치다. ── *n.* Ⓒ 응시. ***stár·ing** *a.* 응시하는; (색채가) 혼란한, 야한.
stár·fìsh *n.* Ⓒ 〖動〗 불가사리.
stár·gàze *vi.* 별을 보다[관찰하다]; 몽상에 빠지다. **~r** *n.* Ⓒ 별을 쳐다보는 사람; 천문학자; 몽상가.
***stark**[stɑːrk] *a.* ① (시체 따위가) 뻣뻣해진. ② 순전한, 완전한. ③ 강한, 엄한. ── *ad.* 순전히; 뻣뻣해져서.
stark·ers[stɑ́ːrkərz] *a.* 《英俗》 모두 벗은; 아주 미친 것의.
stárk-náked *a.* 홀랑 벗은, 전라의.
stár·less *a.* 별 없는.
star·let[∠lit] *n.* Ⓒ 작은 별; 신진 여배우.
***stár·lìght** *n., a.* Ⓤ 별빛(의).
stár lìghting 가로등을 어둡게 하기; 어둡게 한 거리.
stár·lìke *a.* 별 모양의[같은], 별처럼 빛나는.
star·ling[∠liŋ] *n.* Ⓒ 〖鳥〗 찌르레기.
star·lit[∠lìt] *a.* 별빛의.
stár màp 별자리표, 성좌표.
***star·ry**[stɑ́ːri] *a.* 별의; 별이 많은; 별빛의; 별처럼 빛나는; 별 모양의.
stárry-èyed *a.* 공상적인.
stár shèll 조명탄.
stár-spàngled *a.* 별을 점점이 박은. ***the S- Banner*** 성조기; 미국 국가.
†**start**[stɑːrt] *vi.* ① 출발하다(*on, for, from*); (기계가) 움직이기 시작하다; 시작하다(*on*). ② 일어나다; 생기다(*at, in, from*). ③ (놀람·공포로 눈 따위가) 튀어나오다(*out, forward*), 펄쩍 뛰다, 흠칫 놀라다(*at, with*). ④ (눈물 따위가) 갑자기 나오다. ⑤ 뛰어 비키다[물러나다](*aside, away, back*), 뛰어 오르다(*up, from*). ⑥ (선재(船材)·못 따위가) 느슨해지다. ── *vt.* ① 출발시키다. ② 운전시키다; 시작하(게 하)다. ③ (사냥감을) 몰아내다. ④ (선재·못 따위를) 느슨하게 하다. ~ ***in*** [***out, up***] =START. ── *n.* ① Ⓒ 출발(점); 개시. ② Ⓤ,Ⓒ 움찔하기. ③ Ⓒ (보통 *sing.*) 뛰어 오르기. ④ Ⓒ (경주의) 선발권, 출발. ⑤ Ⓤ,Ⓒ 유리. ⑥ (*pl.*) 발작; 충동. ***at the ~*** 처음에는, 최초에. ***get a ~*** 흠칫 놀라다. ***get*** [***have***] ***the ~ of*** …의 기선을 제압하다. ***∠·er** *n.* Ⓒ 시작하는 사람[것]; (경주·경마 따위의) 출발 신호원; (기차 따위의) 발차계원; 〖機〗 시동 장치.
START Strategic Arms Reduction Talks 전략 무기 감축 회담.
stárting blòck 〖競技〗 스타팅 블록, 출발대(臺).
‡**stárting pòint** 출발점, 기점.

:star·tle[stɑ́ːrtl] *vt.* 깜짝 놀라게 하(여 …시키)다. ― *vi.* 깜짝 놀라다 (*at*). ― *n.* Ⓒ 놀람. **-tler** *n.* Ⓒ 놀라게 하는 사람〔것〕; 놀라운 사건.
***stár·tling** *a.* 놀랄 만한.
***star·va·tion**[stɑːrvéiʃən] *n.* Ⓤ 굶주림; 아사(餓死). 「금.
starvátion wàges 기아(飢餓) 임
:starve[stɑːrv] *vi.* 굶주리다, 아사하다; 《口》 배고프다; 갈망하다(*for*). ― *vt.* 굶주리게 하다; 굶겨죽이다; 굶주려 …하게 하다. **~ *out*** 굶주리게 하다. **∠·ling** *a., n.* Ⓒ 굶주려서 야윈 (사람·동물).
Stár Wàrs 《美》 별들의 전쟁《SDI의 속칭》.
stash[stæʃ] *vt., n.* 《美俗》 따로 떼어〔감춰, 간수해〕 두다; Ⓒ 그 물건.
sta·sis [stéisis] *n.* (*pl.* **-ses** [-siːz]) Ⓤ,Ⓒ 〖病〗 혈행 정지, 울혈(鬱血); 정체, 정지.
stat. statics; statuary; statute(s).
†state[steit] *n.* ① Ⓒ (보통 *sing.*) 상태, 형세. ② Ⓒ 계급; 지위, 신분; 고위(高位). ③ Ⓒ (*or* S-) 국가, 나라. ④ Ⓒ 《口》 근심, 흥분〔불만〕 상태. ⑤ Ⓤ 위엄, 당당함; 장관; 의식. ⑥ Ⓒ (보통 S-) (미국·오스트레일리아의) 주(州)(cf. territory). ⑦ (the States) 미국. ⑧ 〖컴〗 (컴퓨터를 포함한 automation의) 상태 (~ *table* 상태표). ***Department*** 〔***Secretary***〕 ***of S-*** 《美》 국무부〔장관〕. ***in ~*** 공식으로, 당당히. ***lie in ~*** (매장 전에) 유해가 정장(正裝) 안치되다. ***S- of the Union message*** 《美》 대통령의 연두 교서. ***States Rights*** 《美》 (중앙 정부에 위임치 않은) 주의 권리. ― *a.* 국가의〔에 관한〕; (*or* S-) 《美》 주(州)의; 의식용의. **~ *criminal*** 국사범(犯). **~ *property*** 국유 재산. **~ *socialism*** 국가 사회주의. (***turn***) **~*'s evidence*** 《美》 공범 증언(을 하다). ***visit of ~*** 공식 방문. ― *vt.* 진술〔주장〕하다; (날짜 등을) 지정하다, 정하다; (문제 등을) 명시하다. **stat·ed**[∠id] *a.* 진술된; 정해진. **∠·hood** *n.* Ⓤ 국가의 지위; 《美》 주(州)의 지위.
státe·cràft *n.* Ⓤ 정치적 수완.
Státe Depàrtment, the 《美》 국무부. 「는) 주화(州花).
státe flówer 《美》 (주를 상징하
Státe·hòuse *n.* Ⓒ 《美》 주(州) 의회 의사당.
státe·less *a.* 국적〔나라〕 없는; 《英》 위엄이 없는.
:state·ly[∠li] *a.* 위엄 있는, 장엄한.
státe·li·ness *n.* Ⓤ 위엄, 장엄.
státe médicine =SOCIALIZEd medicine.
:state·ment[∠mənt] *n.* ① Ⓤ,Ⓒ 진술, 성명. ② Ⓒ 진술서, 성명서; 〖商〗 보고〔계산〕서. ③ 〖컴〗 명령문.
Stát·en Ísland [stǽtn-] New York만 안의 섬(=Richmond 구(區)).
státe-of-the-árt *a.* 최신식의, 최신기술을 도입한.
státe pàpers 공문서.
státe·ròom *n.* Ⓒ (궁전의) 큰 응접실; (기차·기선의) 특별실.
státe-rùn *a.* 국영의.
:states·man[stéitsmən] *n.* (*fem.* **-woman**) Ⓒ 정치가. **~·like**[-làik], **~·ly** *a.* 정치가다운. **~·ship**[-ʃìp] *n.* Ⓤ 정치적 수완.
státe(s)·sìde *a., ad.* 《美口》 미국의〔에서, 에서는〕.
státe sócialism 국가 사회주의.
státe univérsity 《美》 주립 대학.
státe·wíde *a.* 《美》 주(州) 전체의〔에 걸친〕.
***stat·ic**[stǽtik], **-i·cal**[-əl] *a.* 정지(靜止)한, 정직인; 정체(靜體)의; 〖電〗 정전〔공전(空電)〕의; 〖컴〗 정적(靜的)《재생하지 않아도 기억 내용이 유지되는》. ― *n.* (-ic) Ⓤ 정전기, 공전 (방해). **stát·ics** *n.* Ⓤ 정역학(靜力學).
státic electrícity 정전기.
státic mémory 〖컴〗 정적(靜的) 기억장치.
státic préssure 정압(靜壓), 정상(定常) 압력.
státic RAM[-rǽːm] 〖컴〗 정적(靜的) 램.
†sta·tion[stéiʃən] *n.* Ⓒ ① 위치, 장소. ② 정거장, 역. ③ …국(局), …소(所). ④ (경찰의) 파출소. ⑤ (군대의) 주둔지. ⑥ 방송국. ⑦ 지위, 신분. ⑧ 〖컴〗 국《네트워크를 구성하는 각 컴퓨터》.
státion àgent 《美》 역장.
***sta·tion·ar·y**[stéiʃənèri/-nəri] *a.* 정지(靜止)한; 고정된.
státionary frónt 〖氣〗 정체 전선(停滯前線).
státionary órbit 〖理〗 정상(定常) 궤도, 정지(靜止) 궤도.
státionary státe 〖理〗 정상(定常) 상태. 「常波).
státionary wáve 〖理〗 정상파(正
státion brèak 《美》 〖라디오·TV〗 (방송국명·주파수 따위를 알리는) 프로와 프로 사이의 토막 시간.
sta·tion·er[stéiʃənər] *n.* Ⓒ 문방구상. ***~·y**[-nèri/-nəri] *n.* Ⓤ 문방구, 문구. 「방서.
státion hòuse 경찰서; 정거장; 소
státion·màster *n.* Ⓒ 역장.
státion wàg(g)on 《美》 좌석을 젖혀 놓을 수 있는 상자형 자동차(《英》 estate car).
stat·ism[stéitizəm] *n.* Ⓤ (정치·경제의) 국가 통제. 「CIAN.
stat·ist [stéitist] *n.* =STATISTI-
sta·tis·tic[stətístik], ***-ti·cal** [-əl] *a.* 통계의, 통계학(상)의. ― *n.* (-tic) Ⓒ 통계 항목(의 하나). **-ti·cal·ly** *ad.* 「학.
statístical mechánics 통계 역
stat·is·ti·cian[stæ̀tistíʃən] *n.* Ⓒ 통계학자.
:sta·tis·tics[stətístiks] *n.* Ⓤ 통계

학; 《복수 취급》 통계(자료).
sta·tor[stéitər] *n.* Ⓒ 〖電〗 고정자(固定子)《발전기 등의》.
stat·u·ar·y[stǽtʃuèri/-tjuəri] *n.* Ⓤ 《집합적》 조상(彫像)(군(群)); 조상술; Ⓒ 《稀》 조상가. ── *a.* 조상(용)의.
:stat·ue [stǽtʃu:, -tju:] *n.* Ⓒ 상(像), 조상(彫像).
stat·u·esque[stæ̀tʃuésk/-tju-] *a.* 조상 같은, 윤곽이 고른; 위엄이 있는.
stat·u·ette[stæ̀tʃuét/-tju-] *n.* Ⓒ 소상(小像).
:stat·ure[stǽtʃər] *n.* Ⓤ 신장(身長); (심신의) 성장, 발달.
sta·tus**[stéitəs, stǽt-] *n.* Ⓤ,Ⓒ ① 상태; 지위; 〖法〗 신분. ② 〖컴〗 (입출력 장치의 동작) 상태. **~ (*in*) *quo (L.) 현황. **~ *quo ante*** 이전의 상태.
státus sỳmbol 신분의 상징《소유물·재산·습관 따위》.
stat·u·ta·ble[stǽtʃutəbəl/-tju:-] *a.* =STATUTORY.
***stat·ute**[stǽtʃu(:)t/-tju:t] *n.* Ⓤ 법령; 규칙.
státute bòok 법령 전서.
státute làw 성문법.
státute mìle 법정(法定) 마일《1609.3m》.
stat·u·to·ry[stǽtʃutɔ̀:ri/-tjutəri] *a.* 법령의; 법정의; 법에 저촉되는.
St. Au·gus·tine[sèint ɔ́:gəstì:n/ sənt ɔ:gʌ́stin] ⇨AUGUSTINE.
***staunch**[stɔ:ntʃ, -ɑ:-] *v., a.* = STANCH[1, 2].
stave**[steiv] *n.* Ⓒ 통널; (사닥다리의) 디딤대; 막대; 장대; (시가의) 절, 연(聯); 시구; 〖樂〗 보표(譜表). ── *vt.* (**~*d,* *stove) 통널을 붙이다; (통·배 따위에) 구멍을 뚫다(*in*). ── *vi.* 깨지다, 부서지다. **~ *off*** 간신히 막다.
staves[steivz] *n.* stave, staff의 복수.
†stay[1][stei] *vi.* (**~*ed,*** 《英古·美》 ***staid***) ① 머무르다; 체재하다(*at, in, with*). ② 묵다, 멈춰서다; 기다리다. ③ …인 채로 있다; 견디다, 지탱하다, 지속하다. ④ 《古》 굳게 서 있다. ── *vt.* ① 막아내다, 방지하다. ② (식욕 따위를) 만족시키다. ③ (판결 따위를) 연기하다. ④ 지속하다. ***come to* ~** 계속되다, 영속적인 것으로 되다. **~ *away*** (집을) 비우다 (*from*). ── *n.* ① Ⓒ (보통 *sing.*) 체재 (기간). ② Ⓤ,Ⓒ 억제, 방해. ③ Ⓤ,Ⓒ 〖法〗 연기, 중지. ④ Ⓤ 《口》 끈기, 지구력. **∠·er** *n.* Ⓒ 체재자; 끈기 있는 사람〔동물〕; 지지자〔물〕.
stay[2] *n.* Ⓒ 지주(支柱); (*pl.*) 《주로 英》 코르셋. ── *vt.* 버티다.
stay[3] *n.* Ⓒ (돛대·굴뚝 따위를 버티는) 버팀줄. ── *vt.* 버팀줄로 버티다; (배를) 바람 불어오는 쪽으로 돌리다.
stáy-at-hòme *a., n.* Ⓒ 집에만 틀어박혀 있는 (사람).
stáy-dówn strìke (탄갱의) 갱내 농성 파업.
stáying pòwer 내구력, 인내력.
stáy-ìn (strìke) 《英》 =SIT-DOWN (strike).
stáy·sàil *n.* Ⓒ 지삭범(支索帆).
S.T.C. Senior Training Corps.
S.T.D. *Sacrae Theologiae Doctor* (L. =Doctor of Sacred Theology).
Ste. *Sainte* (F.=*fem.* of 'saint').
:stead[sted] *n.* ① Ⓤ 대신(*in his* ~ 그 대신에). ② Ⓒ 이익; 장소. ***in* (*the*) ~ *of*** =INSTEAD of. ***stand* (*a person*) *in good* ~** (아무에게) 도움이 되다.
***stead·fast**[stédfæ̀st, -fəst/-fəst] *a.* 견실〔착실〕한; 부동〔불변〕의. **~·ly** *ad.* **~·ness** *n.*
stead·ing[stédiŋ] *n.* 《Sc.·英北部》 =FARMSTEAD.
stead·y[stédi] *a.* ① 흔들리지 않는; 견고한, 안정된. ② 한결같은; 꾸준한, 간단 없는. ③ 규칙적인. ④ 침착한; 착실한. ⑤ 〖海〗 (침로·바람 따위) 변치 않는. ── *vt., vi.* 견고하게 하다〔해지다〕, 안정시키다〔되다〕. ── *n.* Ⓒ 《美俗》 이미 정해진 친구〔애인〕. **:stéad·i·ly** *ad.* 견실하게; 착실히, 꾸준히. **stéad·i·ness** *n.*
stéady-góing *a.* 착실한.
stéady-státe *a.* (성질, 구조가) 정상인, 비교적 안정한. ***the* ~ *theory*** 정상 우주론.
:steak[steik] *n.* Ⓒ,Ⓤ (쇠고기·생선의) 베낸 고깃점; 불고기, (비프) 스테이크.
stéak·hòuse *n.* Ⓒ 스테이크 전문 식당.
†steal[sti:l] *vt.* (***stole; stolen***) 훔치다; 몰래〔가만히〕 …하다; 몰래〔슬쩍〕 손에 넣다; 〖野〗 도루하다. ── *vi.* 도둑질하다; 몰래 가다〔침입하다, 나가다〕; 조용히 움직이다. ── *n.* Ⓒ 《口》 도둑질; 훔친 물건; 〖野〗 도루; 횡재, 싸게 산 물건. **∠·er** *n.* Ⓒ 도둑. ***∠·ing** *n.* Ⓤ 훔침; Ⓒ 〖野〗 도루; (*pl.*) 훔친 물건.
***stealth**[stelθ] *n.* Ⓤ 비밀. ***by* ~** 몰래. ── *a.* (종종 S-) 레이더 포착 불능의.
***stealth·y**[stélθi] *a.* 비밀의, 몰래 한. **stéalth·i·ly** *ad.*
:steam[sti:m] *n.* Ⓤ (수)증기, 김; 《口》 힘, 원기. ***at full* ~** 전속력으로. ***by* ~** 기선으로. ***get up* ~** 증기를 올리다, 김을 내다; 기운을 내다. ***let off* ~** 여분의 증기를 빼다; 울분을 풀다. ***under* ~** (기선이) 증기로 움직여져; 기운〔힘〕을 내어. ── *vi.* 증기〔김〕을 내다; 증발하다; 증기로 움직이다; 김이 서려 흐리다. ── *vt.* 찌다; (…에) 증기를 쐬다. **~ *along*** 〔***ahead, away***〕 《口》 힘껏 일하다, 착착 진척되다. **~*ing hot*** 몹시 뜨거운. **∠·ing** *a., n.* 김을 내뿜는〔내뿜을 만큼〕; Ⓤ 김쐬기; 기선 여행(거리). **∠·y** *a.* 증기〔김〕의, 김이 오르는; 안개가 짙은.
stéam bàth 증기탕.
:stéam·bòat *n.* Ⓒ 기선.
stéam bòiler 기관(汽罐), 증기 보

일러.
*__stéam èngine__ 증기 기관(機關).
:__steam·er__[´ər] *n.* Ⓒ ① 기선. ② 증기 기관. ③ 찌는 기구.
__stéam fitter__ 스팀 장치 설비[수리].
__stéam hàmmer__ 증기 해머.
__stéam héat__ 증기열(량).
__stéam-héated__ *a.* 증기 난방의.
__stéam ìron__ 《美》 증기 다리미.
__stéam ràdio__ 《英口》 (텔레비전과 구별하여) 라디오.
__stéam ròller__ (땅 고르는 데 쓰는) 증기 롤러; 강압 수단.
__stéam·ròller__ *vt.* 강행[압도]하다.
:__stéam·shìp__ *n.* Ⓒ 기선.
__stéam shòvel__ 증기삽.
__stéam tùrbine__ 증기 터빈.
__stéam whìstle__ 기적(汽笛).
__ste·ap·sin__[stiǽpsin] *n.* Ⓤ 스테압신 《췌장에서 분비되는 지방 분해 효소》.
__ste·a·rin__[stí:ərin/stíə-] *n.* Ⓤ 〖化〗 스테아르; 스테아르산《양초 제조용》.
__ste·a·tite__[stí:ətàit/stíə-] *n.* Ⓤ 〖鑛〗 동석(凍石). __-tit·ic__[‥-títik] *a.*
__sted·fast__[stédfæ̀st, -fəst/-fəst] *a.* =STEADFAST.
*__steed__[sti:d] *n.* Ⓒ 《詩·諧》 (승용) 말; 기운찬 말.
:__steel__[sti:l] *n.* ① Ⓤ 강철. ② 《집합적》 검(劍). ③ Ⓤ 강철 같은 단단함[세기·빛깔]. ***cast*** [***forged***] ~ 불림강철, 주강(鑄鋼), 단강(鍛鋼). ***cold*** ~ 도검, 총검 (따위). ***draw one's*** ~ 칼[권총]을 뽑아들다. ***grip of*** ~ 꽉 쥐기. (*foe*) ***worthy of one's*** ~ 상대로서 부족이 없는 (적). ― *a.* 강철로 만든; 강철같이 단단한; 강철빛의. ― *vt.* ① 강철로 날을 만들다; 강철을 입히다; 강철같이 단단하게 하다. ② 무감각[무정]하게 하다. __´·y__ *a.* 강철의[같은], 강철로 만든; 단단한; 무정한.
__stéel bánd__ 〖樂〗 스틸 밴드《드럼통을 이용한 타악기 밴드; Trinidad에서 시작됨》.
__stéel blúe__ 강철빛.
__stéel-clád__ *a.* 갑옷으로 무장한, 강철을 입힌.
__stéel gráy__ [《英》 __grév__] 푸른빛이 도는 잿빛[회색].
__stéel mìll__ 제강 공장.
__stéel wóol__ 강모(鋼毛)《금속 연마재》.
__stéel·wòrk__ *n.* Ⓒ 강철 제품; (~s) *sing. & pl.* 제강소.
__stéel·wòrker__ *n.* Ⓒ 제강소 직공.
__stéel·yàrd__ *n.* Ⓒ 대저울.
__steen·bok__[stí:nbɑ̀k, stéin-/-bɔ̀k] *n.* Ⓒ 아프리카산 영양(羚羊)의 일종.
:__steep__[1][sti:p] *a.* 험한, 가파른; 《口》 엄청난. ― *n.* Ⓒ 가풀막, 절벽.
*__steep__[2] *vt.* (…에) 적시다, 담그다 (*in*); 몰두시키다(*in*). ― *n.* Ⓤ,Ⓒ 담금, 적심; Ⓤ 담그는 액체.
__steep·en__[stí:pən] *vt., vi.* 험하게[가파르게] 하다[되다].
*__stee·ple__[stí:pəl] *n.* Ⓒ (교회의) 뾰족탑. __~d__ *a.*
__stéeple·chàse__ *n.* Ⓒ 교외 횡단 경마[경주]; 장애물 경주.
__stéeple·jàck__ *n.* Ⓒ (뾰족탑·높은 굴뚝 따위의) 수리공.
*__steep·ly__[stí:pli] *ad.* 가파르게, 험준하게.
:__steer__[1][stiər] *vt.* (…의) 키를 잡다, 조종하다; (어떤 방향으로) 돌리다; 인도하다. ― *vi.* 키를 잡다; 향하다, 나아가다(*for, to*). ~ ***clear of*** …을 피하다; …에 관계하지 않다. ― *n.* Ⓒ 《美口》 조언, 충고.
__steer__[2] *n.* Ⓒ (2-4살의) 어린 수소; 식육용의 불깐 소.
__steer·age__[-idʒ] *n.* Ⓤ (상선의) 3등 선실; 고물, 선미; 조타(操舵)(법), 조종.
__stéerage·wày__ *n.* Ⓤ 〖海〗 키효율 속도《키를 조종하는 데 필요한 최저 속도》.
__stéering commìttee__ 《美》 운영 위원회.
__stéering gèar__ 조타 장치.
__stéering whèel__ (자동차의) 핸들; (배의) 타륜(舵輪).
__steers·man__[stíərzmən] *n.* Ⓒ 키잡이.
__steg·o·saur__[stègəsɔ́:r] *n.* (*pl.* ***-sauri***[-sɔ́:rai]) Ⓒ 〖古生〗 검룡(劍龍).
__stein__[stain] *n.* Ⓒ 맥주용 큰 컵《오지로 만듦》.
__Stein·beck__[stáinbek], __John Ernst__ (1902-68) 미국의 소설가.
__ste·le__[stí:li] *n.* (*pl.* ***-lae***[-li:], ~***s***[-li:z]) Ⓒ 〖考〗 (비문·조각 따위가 있는) 돌기둥, 비석.
__stel·lar__[stélər] *a.* 별의[같은]; 주요한.
__stel·late__[stélit, -leit], __-lat·ed__[-leitid] *a.* 별 모양의.
__stel·li·form__[stéləfɔ̀:rm] *a.* 별 모양의; 방사상의.
:__stem__[1][stem] *n.* Ⓒ ① (초목의) 대, 줄기, 꽃자루, 잎자루[꼭지], 열매꼭지. ② 줄기 모양의 부분, (연장의) 자루, (잔의) 굽, (파이프의) 축(軸). ③ 종족, 혈통. ④ 〖言〗 어간(語幹)《변하지 않는 부분》. ⑤ 〖海〗 이물. ***work the*** ~ 《美俗》 구걸하다. ― *vt.* (***-mm-***) (과일 따위에서) 줄기를 떼다. ― *vi.* 《美》 발(發)하다, 생기다, 일어나다(*from, in; out of*). __´·less__ *a.* 대[줄기, 자루, 축] 없는.
__stem__[2] *vt.* (***-mm-***) 저지하다, 막다; (바람·파도를) 거슬러 나아가다; 저항하다.
__stem cell__ 줄기세포
__stem·winder__ [´wàindər] *n.* Ⓒ 용두 태엽 시계.
__stench__[stentʃ] *n.* Ⓒ (보통 *sing.*) 악취(를 풍기는 것).
__sten·cil__[sténsil] *n., vt.* Ⓒ 스텐실[형판(型板)](으로 형을 뜨다); 등사원지; 등사하다.
__Sten·dhal__[stændɑ́:l, sten-] *n.* (1783-1842) 프랑스의 소설가.
__Stén (gùn)__[sten(-)] *n.* Ⓒ 경기관총의 일종.
*__ste·nog·ra·pher__ [stənɑ́grəfər/-ɔ́-] *n.* Ⓒ 속기사.
*__ste·nog·ra·phy__ [stənɑ́grəfi/-ɔ́-]

S

n. Ⓤ 속기(술). **sten·o·graph·ic** [stènəgrǽfik] *a.*

sten·o·type [sténətàip] *n.* Ⓒ 속기용 타이프라이터; (그것에 쓰는) 속기 문자. **-typ·y** [-tàipi] *n.* Ⓤ 보통의 문자를 쓰는 속기술.

Sten·tor [sténtɔːr] *n.* 50명몫의 목소리를 냈다고 하는 그리스의 전령; (s-) Ⓒ 목소리가 큰 사람. **sten·to·ri·an** [stentɔ́ːriən] *a.* 우레같은 목소리의.

†**step** [step] *n.* ① Ⓒ 걸음. ② Ⓒ 한 걸음, 일보(의 거리); 짧은 거리. ③ Ⓒ,Ⓤ 걸음걸이; (댄스의) 스텝, 추는 법; 보조. ④ (*pl.*) 보정(步程). ⑤ Ⓒ 디딤판; (사닥다리의) 단(段); (*pl.*) 발판 사닥다리, 발판. ⑥ Ⓒ 발소리; 발자국. ⑦ Ⓒ 진일보(進一步), 수단, 조치. ⑧ Ⓒ (사회 계층 중 하나의) 계급; 승급. ⑨ Ⓒ 〖樂〗 (온)음정. ***in a person's* ~** 아무의 전례를 따라. ***in* 〔*out of*〕 ~** 보조를 맞추어〔흩뜨리어〕. **~ *by* ~** 한걸음 한걸음; 착실히. ***watch one's* ~** 《美》 조심하다. — *vi.* (《詩》 ***stept; -pp-***) 걷다, 가다, 일정한 걸음거리로 나아가다; (자동차의 스타터 따위를) 밟다(*on*); 《口》 급히 가다; (좋은 일 따위에) 얻어 걸리다(*into*). — *vt.* 걷다; (…을) (춤)추다; 보측(步測)하다(*off, out*). **~ *down*** 내리다; (전압 따위를) 낮추다. **~ *in*** 들어가다; 간섭하다; 참가하다. **~ *on it*** 《口》 서두르다. **~ *out*** 《美口》 놀러 나가다. ***S- this way, please.*** 이리로 오십시오. **~ *up*** 접근하다, 다가가다(*to*); 《美口》 빠르게 하다.

step- [step] *pref.* '배다른, 계(繼)…'의 뜻. **∠·bròther** *n.* Ⓒ 이부(異父)〔이복〕 형제. **∠·chìld** *n.* (*pl.* ***-children***) Ⓒ 의붓 자식. **∠·dàugh·ter** *n.* **~·fàther** *n.* ˙**∠·mòther** *n.* **∠·mótherly** *a.* **∠·párent** *n.* **∠·síster** *n.* **∠·són** *n.*

stép-by-stép *a.* 단계적인.

stép-dòwn *a.* (기어가) 감속의; 〖電〗 전압을 내리는.

Ste·phen·son [stíːvənsn], **George** (1781-1848) 증기 기관차를 완성한 영국 사람.

stép-ìn *a.* (여성의 속옷·신 따위) 발을 꿰어 넣어 입는〔신는〕.

stép·làdder *n.* Ⓒ 발판 사다리, 발판.

stép-òff *n.* Ⓒ 헛디딤.

steppe [step] *n.* (the S-s) 스텝 지대; Ⓒ (나무가 없는) 대초원.

stépped-úp *a.* 증가된, 강화된.

step·per [stépər] *n.* Ⓒ (특수한) 걸음걸이를 하는 사람〔동물〕.

stépping stòne 디딤돌, 징검돌; 수단.

stép ròcket 다단식(多段式) 로켓.

stept [stept] *v.* 《詩》 step의 과거(분사).

stép-ùp *a.* 증가된, 강화된; 〖電〗 전압을 올리는.

stép·wìse *a., ad.* 계단식의〔으로〕; 한 걸음씩.

˙**ster·e·o** [stériòu, stíər-] *n.* Ⓤ 입체 음향, 스테레오; Ⓒ 스테레오 전축, 재생 장치; =STEREOTYPE.

ster·e·o·graph [stériəgrǽf/stíəriəgràːf] *n., vt.* Ⓒ 입체 사진(을 작성하다); 입체경(鏡)용의 사진.

ster·e·og·ra·phy [stèriágrəfi/stìəriɔ́g-] *n.* Ⓤ 입체〔실체〕 화법. **-o·graph·ic** [∸-əgrǽfik/-ɑ́ː-] *a.*

ster·e·o·phon·ic [stèriəfánik/stìəriəfɔ́n-] *a.* 입체 음향(효과)의.

stereophónic sòund sýstem 스테레오 전축.

ster·e·oph·o·ny [stèriáfəni/stìəriɔ́f-] *n.* Ⓤ 입체 음향 (효과).

ster·e·o·scope [stériəskòup/stíər-] *n.* Ⓒ 입체〔실체〕경.

˙**ster·e·o·type** [stériətàip/stíər-] *n.* Ⓒ ① 〖印〗 연판(鉛版) (제조법); 연판 제조〔인쇄〕. ② 판에 박은 문구; 상투〔항용〕 수단. — *vt.* 연판으로 하다〔인쇄하다〕; 판에 박다. **~d** [-t] *a.* 연판으로 인쇄한; 판에 박은. **-typ·y** *n.* Ⓤ 연판 인쇄술〔제조법〕.

˙**ster·ile** [stéril/-rail] *a.* (opp. fertile) 균 없는, 살균한; 메마른, 불모의; 자식을 못 낳는(*of*); 효과 없는(*of*). **ste·ril·i·ty** [stəríləti] *n.*

ster·i·lize [stérəlàiz] *vt.* 살균〔소독〕하다; 불모로〔불임케〕 하다; 무효로〔무익하게〕 하다. **-liz·er** *n.* Ⓒ 소독기. **-li·za·tion** [∸-lizéiʃən/-lai-] *n.*

˙**ster·ling** [stə́ːrliŋ] *n., a.* Ⓤ 영화(英貨)〔파운드〕(의); (순은(純銀) 92.5%를 함유하는) 표준량의; 표준 은으로 만든; 순수한, 훌륭한, 신뢰할 만한. **~ *area* 〔*bloc, zone*〕** 파운드 지역. **~ *silver*** 순은, 표준은.

:**stern**[1] [stəːrn] *a.* 엄격한, 준엄한; 단호한, 굳은; 쓸쓸한, 황량한. **∠·ly** *ad.* **∠·ness** *n.*

:**stern**[2] *n.* Ⓒ ① 고물, 선미(船尾). ② 《一般》 뒷부분; (동물의) 엉덩이. ***down by the* ~** 〖海〗 고물이 물속에 내려 앉아.

Sterne [stəːrn], **Laurence** (1713-68) 영국의 소설가.

ster·num [stə́ːrnəm] *n.* (*pl.* ***-na*** [-nə], **~*s***) Ⓒ 〖解〗 흉골(胸骨).

ster·nu·ta·tion [stə̀ːrnjətéiʃən] *n.* Ⓤ 재채기.

stérn·ward *a., ad.* 고물의〔로〕, 후부의〔로〕. **~s** *ad.* =STERNWARD.

stérn·wày *n.* Ⓤ 배의 후진.

stérn·whèeler *n.* Ⓒ 〖海〗 선미 외륜(外輪) 기선.

ster·oid [stérɔid] *n.* Ⓒ 〖生化〗 스테로이드.

ster·to·rous [stə́ːrtərəs] *a.* 〖醫〗 코고는 소리가 큰; 숨이 거친.

stet [stet] *vi., vt.* (**-*tt*-**) 〖校正〗 살리라, 생(生)(《'지운 부분을 살리라'》); 살리다.

steth·o·scope [stéθəskòup] *n.* Ⓒ 〖醫〗 청진기.

ste·ve·dore [stíːvədɔ̀ːr] *n.* Ⓒ 부

두 일꾼.
Ste·ven·son[stí:vənsn], **Robert Louis** (1850-94) 스코틀랜드의 신낭만주의의 소설가·시인·수필가.
stew**[stju:/stju:] *vt., vi.* 뭉근한 불로 끓이다〔에 끓다〕(*The tea is ~ed.* 차가 너무 진해졌다); (*vt.*) 스튜 요리로 하다; 《口》 마음 졸이(게 하)다. ***~ in one's own juice 자업 자득으로 고생하다. — *n.* ① U,C 스튜. ② (a ~) 《口》 근심, 초조. ***get into a ~*** 속이 타다, 마음 졸이게 되다. ***in a ~*** 《口》 마음 졸이며.
***stew·ard**[stjú:ərd/stjú(:)əd] *n.* C 집사; (클럽·병원 따위의) 식사 담당원; (기선·여객기 따위의) 급사, 여객계원; (연회·쇼 따위의) 간사.
***stew·ard·ess**[-is] *n.* C 여자 steward; (기선·여객기 따위의) 여자 안내원, 스튜어디스. **~·ship** *n.* U ~의 직.
stewed[stju:d] *a.* 뭉근한 불로 끓인; 스튜로 한; 《英》 (차가) 너무 진한.
stéw·pàn *n.* C 스튜 냄비.
St. Ex. Stock Exchange. **stg.** sterling.
St. He·le·na [sèint həlí:nə/sèntilí:-] 대서양 남부의 영국령의 섬 《나폴레옹의 유배지(流配地)》.
stib·i·um[stíbiəm] *n.* U 〖化〗 안티몬.
†**stick**[1][stik] *n.* C ① 나무 토막, (나무에서 쳐낸, 꺾은, 또는 주워 모은) 잔가지, 물거리. ② 단장, 지팡이; 막대 모양의 물건; (야구의) 배트; (하키의) 스틱; 〖空〗 조종간(桿). ③ 〖英空〗 연속 투하 폭탄(cf. salvo). ④ 〖印〗 식자용 스틱. ⑤ 《口》 멍청이. ⑥ (the ~s) 《美口》 오지(奧地), 시골. ***get*** 〔***have***〕 (***hold of***) ***the wrong end of the ~*** (이론·이야기 등을) 오해하다, 잘못 알다. ***in a cleft ~*** 진퇴 유곡에 빠져. — *vt.* 막대기로 버티다.
‡**stick**[2] *vt.* (***stuck***) ① (…으로) 찌르다, 꿰찌르다(*into, through*). ② 찔러 죽이다; 찔러 넣다(*in, into*); 찔러 붙박다〔꽂다〕, 꿰뚫다(*on*); 불쑥 내밀다(*out*). ③ 붙이다, 들러붙게 하다(*on*); 고착시키다. ④ 걸리게 하다(*My zipper's stuck.* 지퍼 멈추개가 걸려 움직이지 않는다). ⑤ 막다르게〔꼼짝 못하게〕 하다; 《口》 난처〔당황〕하게 하다; 《俗》 (손해 따위로) 큰 곤란을 겪게 하다. ⑥ 《俗》 엄청난 값을 부르다, 탈취하다, 속이다. ⑦ 《俗》 참다. — *vi.* ① 찔리다. ② 불쑥 내밀다. ③ 들러붙다, 점착하다(*on, to*). ④ 빠져서 박히다. ⑤ 고집하다, 충실하다(*to, by*). ⑥ 멈추다. ⑦ 《口》 난처하게 되다, 망설이다. ***be stuck on*** 《口》 …에 홀딱 반하다. ***~ around*** 《口》 옆에서 기다리다. ***~ at*** …을 열심히 하다, 파고들다; …에 구애되다; 망설이다. ***~ fast*** 고착하다; 막다르다. ***~ out*** 튀어 나오다, 불쑥 내밀다; 《美口》 두드러지다; 좀처럼 들어주지 않다; 끝까지 버티다. ***~ up*** 솟아 나와 있다, 곧추 서다; 《俗》 곤란하게 하다; 《俗》 (강도 따위가) 흉기로 위협하다, 강탈하다. ***~ up for*** 《口》 …을 지지〔변호〕하다. — *n.* C 한번 찌름. **∠·er** *n.* C 찌르는 사람〔연장〕; 《美》 풀 묻힌 레테르, 스티커; 《美》 밤송이, 가시; 《口》 수수께끼.
stíck·bàll *n.* U 《美》 (좁은 장소에서 하는) 약식 야구.
stícking plàce 〔**pòint**〕 발판; 나사가 걸리는 곳. ***screw one's courage to the ~*** 단행할 결의를 굳히다.
stícking plàster 반창고.
stíck-in-the-mùd *a., n.* C 《口》 고루한 (사람), 시대에 뒤진 (사람), 굼뜬 (사람).
stick·le[stíkəl] *vi.* 하찮은 일에 이의를 말하다, 완고하게 주장하다; 망설이다. **-ler** *n.* C 까다로운 사람(*for*). 「기.
stíckle·bàck *n.* C 〖魚〗 큰가시고
stíck·pìn *n.* C 《美》 넥타이핀.
stick-to-it·ive[stìktú:itiv] *a.* 《美口》 끈질긴, 끈덕진. **~·ness** *n.*
stíck·ùp *n.* C 《美俗》 (특히, 권총) 강도, 강탈.
***stick·y**[stíki] *a.* 끈적끈적한, 점착성의; 《口》 이의를 말하는; 무더운; 《口》 귀찮은. **stíck·i·ly** *ad.*
stícky bómb 점착 폭탄《투하 후 명중한 목적물에 들러붙어, 나중에 폭발함》.
stícky-fíngered *a.* 《美俗》 손버릇이 나쁜, 도벽이 있는.
‡**stiff**[stif] *a.* ① 뻣뻣한, 경직(硬直)한; 잘 움직이지 않는, 빡빡한. ② (밧줄 따위) 팽팽한. ③ 반죽이 되게 된. ④ 딱딱한, 거북한, 격식을 차린. ⑤ (바람 따위) 심한. ⑥ 곤란한. ⑦ 완고한. ⑧ (술 따위) 독한. ⑨ 《口》 비싼. ⑩ 〖商〗 강세(強勢)의. — *n.* C 《俗》 시체; 《俗》 딱딱한 사람; 《俗》 뒤틈바리. ***∠·ly** *ad.* **∠·ness** *n.*
***stiff·en**[∠ən] *vt., vi.* ① 뻣뻣〔딱딱〕하게 하다; 뻣뻣〔딱딱〕해지다. ② 세게 하다, 세어지다. ③ 강경하게 하다, 강경해지다. 「완고한.
stíff-nécked *a.* 목덜미가 뻣뻣한;
sti·fle**[stáifəl] *vt.* 질식시키다; 숨막히게 하다; (불을) 끄다; 억〔짓〕누르다; 진압하다; 숨겨 두다. — *vi.* 질식하다; (연기가) 나다. ***~ ... in the cradle 채 자라기 전에 …을 없애다.
stí·fling *a.* 숨 막히는.
stig·ma**[stígmə] *n.* (*pl.* ***~s, -mata [-mətə]) C ① 《古》 (노예나 죄수에게 찍던) 낙인. ② 오명, 치욕. ③ 눈에 띄게 하기 위한 기호. ④ 〖植〗 암술머리. ⑤ 〖動〗 기공(氣孔), 숨구멍. ⑥ 〖醫〗 (피부의) 소적반(小赤斑). **stig·mat·ic**[stigmǽtik] *a.* 낙인이 찍힌; 명예롭지 못한; 암술머리〔기공, 소적반〕의.
stig·ma·tize[∠tàiz] *vt.* (…에) 낙인을 찍다; (…에) 오명을 씌우다, 비

난하다(*as*). **-ti·za·tion**[ㅗ—tizéiʃən/-tai-] *n.*

***stile**[stail] *n.* Ⓒ (사람은 넘을 수 있으나 가축은 다닐 수 없게, 울타리 따위에 만든) 층계; =TURNSTILE.

sti·let·to[stilétou] *n.* (*pl.* ~(*e*)*s*), *vt.* Ⓒ 가는 단검(으로 찌르다, 죽이다).

†**still**[1][stil] *a.* ① 고요한; 정지(靜止)한, 움직이지 않는. ② (목소리가) 낮은. ③ 물결이 일지 않는; (포도주 따위) 거품이 일지 않는. ~ ***small voice*** 양심의 속삭임. — *ad.* ① 상금, 아직, 여전히. ② 더욱 더, 더 한층; 그럼에도 불구하고, 그래도. ③ 조용히. ④《古·詩》늘. ~ ***less***《부정구 다음에》하물며[더군다나] …않다(*He does not know English, ~ less Latin.* 영어도 모르거늘 하물며 라틴어 따위를 알 턱이 있나). ~ ***more***《긍정구 다음에》더군다나 …이다, 하물며 …에 있어서랴(*He knows Latin, ~ more English.* 라틴어도 알고 있다, 영어 따위는 말할 것도 없다). — *vt., vi.* 고요[조용]하게 하다, 진정시키다, 잠잠[고요]해지다; 누그러뜨리다, 누그러지다. — *n.* ① (the ~) 침묵, 고요. ② Ⓒ 정물(靜物) 사진; (영화에 대하여) 보통의 사진; (영화의) 스틸. — *conj.* 그럼에도 불구하고. * ㅗ**·ness** *n.* Ⓤ 고요, 침묵; 정지(靜止). ~**·y**[1] [stíli] *a.*《詩》고요한. **stil·ly**[2] [stílli] *ad.* 고요히.

still[2] *n.* Ⓒ 증류기(蒸溜器); 증류소(所).

stíll·bìrth *n.* Ⓤ,Ⓒ 사산(死産); Ⓒ 「사산아(兒).

stíll·bòrn *a.* 사산(死産)의.

stíll hùnt《美》사냥감에 몰래 다가가기; 몰래 하기; 암약.

stíll-hùnt *vi., vt.* 매복시키다; 비밀 공작을 하다; 몰래 다가가다.

stíll lífe (*pl.* ~*s*) 정물(靜物)(화).

Stíll·son wrènch[stílsən-]〚商標〛파이프렌치, L자형 나사돌리개.

stilt[stilt] *n.* Ⓒ (보통 *pl.*) 죽마(竹馬). ~**·ed**[ㅗid] *a.* 죽마를 탄; (문체 따위) 과장한; 딱딱한.

***stim·u·lant**[stímjələnt] *a.* 자극성의, 흥분시키는. — *n.* Ⓤ,Ⓒ 자극(물), 흥분제.

:**stim·u·late** [stímjəlèit] *vt.* ① 자극하다; 격려하다. ② 술로 기운을 북돋우다, 취하게 하다. ③ 흥분시키다. — *vi.* 자극이 되다. **-la·tive**[-lèitiv/-lə-] *a.* 자극하는. **-la·tor**[-lèitər] *n.* Ⓒ 자극[격려]하는 사람[것]. * **-la·tion**[ㅗ—léi-] *n.*

***stim·u·lus**[stímjələs] *n.* (*pl.* **-li** [-lài]) Ⓤ 자극, 흥분; Ⓒ 자극물, 흥분제.

sti·my[stáimi] *n., v.* =STYMIE.

:**sting**[stiŋ] *vt.* (***stung,***《古》***stang; stung***) ① (바늘 따위로) 찌르다, 쏘다. ② 얼얼하게[따끔따끔 쑤시게] 하다; 괴롭히다; (혀 따위를) 자극하다; 자극하여 …시키다(*into, to*). ③《俗》속이다, 엄청난 값을 부르다. — *vi.* ① 찌르다, 바늘이[가시가] 돋치다(*a ~ing tongue* 독설). ② 얼얼하다(*Mustard ~s.*); 욱신욱신 쑤시다. — *n.* Ⓒ ① 찌르기; 찔린 상처. ②〚動·植〛바늘, 가시(털); 독아(毒牙). ③ 격통, 고통(거리). ④ 비꼼; 자극물(物). ㅗ**·er** *n.* Ⓒ 쏘는 동물[식물]; 침, 가시;《口》빈정거림; 빈정거리는 사람. 「한 맥주.

stin·go[stíŋgou] *n.* Ⓤ,Ⓒ《英俗》독

stíng·rày *n.* Ⓒ〚魚〛가오리.

stin·gy[stíndʒi] *a.* 인색한; 부족한, 빈약한.

stink**[stiŋk] *n., vi., vt.* (stank, stunk; stunk***) Ⓒ 악취(惡臭)(를 풍기다, 풍기게 하다); (*vi.*) 평판이 나쁘다; (*vt.*) 악취를 풍겨 내쫓다(*out*); (*vt.*)《俗》(…의) 냄새를 맡아내다. ㅗ**·ing** *a.* (고약한) 냄새나는, 구린.

stínk bòmb 악취탄.

stínk·bùg *n.* Ⓒ〚蟲〛노린재의 무리; 악취를 풍기는 벌레.

stínk·wèed *n.* Ⓒ 악취 식물.

stint**[stint] *vt.* 바싹 줄이다, 절약하다. — *n.* Ⓤ 제한, 절약, 내기 아까워함; Ⓒ 정량(定量), 할당(된 일). ***without ~ 아낌없이.

stipe[staip], **sti·pes**[stáipi:z] *n.* Ⓒ〚植〛줄기, 잎꼭지[자루].

sti·pend[stáipend] *n.* Ⓒ 급료(cf. wages). **sti·pen·di·ar·y**[staipéndièri/-diəri] *a., n.* 유급(有給)의; Ⓒ 유급자;《英》유급 치안 판사.

stip·ple[stípəl] *vt.* 점화(點畫)[점각(點刻)]하다; 점채(點彩)하다. — *n.* Ⓤ 점화[점각·점채]법; Ⓒ 점화. **-pler** *n.*

stip·u·late[stípjəlèit] *vt.* (계약서 따위에) 규정하다; 계약의 조건으로서 요구하다. — *vi.* 계약[규정]하다, 명기하다(*for*). **-la·tion**[ㅗ—léiʃən] *n.* Ⓤ 약정; 규정; Ⓒ 조건. **-la·tor** [-lèitər] *n.* Ⓒ 계약자; 규정자.

stip·ule[stípju:l] *n.* Ⓒ〚植〛턱잎, 탁엽(托葉).

:**stir**[1][stə:r] *vt., vi.* (**-rr-**) ① 움직이다; 휘젓다, 뒤섞(여지)다. ② 흥분[분발]시키다[하다](*up*). ③ (이하 *vi.*) 활동하다; 유통하다, 전해지다. ***S- your*** STUMP***s!*** — *n.* ① Ⓒ 움직임, 활동; 휘젓기, 뒤섞기. ② Ⓤ 혼란, 큰 법석; 흥분. ③ Ⓒ 찌르기. ***make a*** ~ 평판이 나다. ~ ***and bustle*** 큰 법석. ㅗ**·rer** *n.* Ⓒ 휘젓는 사람; 교반기(器); 활동가. * ㅗ**·ring** *a.* 활동적인; 감동시키는, 북돋우는.

stir[2] *n.* Ⓒ,Ⓤ《俗》형무소.

Stir. Stirling《스코틀랜드의 도시》.

***stir·rup**[stírəp, stə́:rəp] *n.* Ⓒ 등자(鐙子); 등자 줄[가죽].

stírrup bòne =STAPES. 「술잔.

stírrup cùp (마상에서의) 작별의

stírrup pùmp 수동식(手動式) 소화 펌프.

:**stitch**[stitʃ] *n.* ① Ⓒ 한 바늘[땀, 뜸]; 꿰매는[뜨는] 법, 스티치; (실) 땀, (뜨개질의) 코. ② Ⓒ (a ~) (천

따위의) 조각. ③ (a ~) 《口》 약간. ④ (a ~) (옆구리 따위의) 격통. — *vt., vi.* 깁다, 꿰매다; 꿰매어 꾸미다; (책을) 철하다, 매다.

St. Mo·ritz [sèint mərí:ts/-mɔ́:rits] 세인트 모리츠《스위스 남동부의 휴양지; 스키·스케이트가 성함》.

stoat [stout] *n.* Ⓒ 〖動〗 (특히, 여름철 털이 갈색인) 담비; 족제비.

:stock [stɑk/-ɔ-] *n.* ① Ⓒ (초목의) 줄기; 《古》 그루터기; (접목의) 대목(臺木). ② Ⓒ (기계·연장의) 대(臺), 자루; (총의) 개머리. ③ (the ~s) 〖史〗 (죄인의) 망신 차꼬대. ④ (*pl.*) 조선대(造船臺). ⑤ Ⓤ 가계(家系), 혈통, 가문. ⑥ Ⓤ,Ⓒ 증권, (자본) 주식, 공채(증서). ⑦ Ⓒ,Ⓤ 저축; Ⓤ 저장품; 재고품, 스톡. ⑧ Ⓤ 《집합적》 가축. ⑨ Ⓤ (공업의) 원료; (수프나 소스 재료의) 삶아낸 국물. ⑩ Ⓒ 〖劇〗 레퍼토리식 전속 극단. ⑪ Ⓒ 바보, 비웃음의 대상. ⑫ Ⓒ,Ⓤ 〖植〗 자라난화(紫羅欄花). ***dead ~*** 농기구. ***farm ~*** 농장 자산《농구·가축·작물 따위》. ***in*** 〔***out of***〕 ***~*** (상품이) 재고가 있는〔품절되어〕. ***live ~*** 가축. ***on the ~s*** (배가) 건조중; 계획중. ***~ in trade*** 재고품; (목수 등의) 연장; 필요 수단. ***~ of knowledge*** 쌓아올린 지식. ***~s and stones*** 목석, 무정한 사람. ***take ~*** 재고품을 조사하다; 평가하다. ***take ~ in*** 《口》 …에 흥미를 가지다, …을 존중〔신용〕하다. ***take ~ of*** …을 검사하다. — *a.* ① 수중에 있는, 재고의. ② 보통의, 흔한. ③ 가축 사육의. ④ 주〔공채〕의. — *vt.* ① 사들이다. ② 저장하다, 공급하다(*with*). ③ (…에) 대(臺)를 달다. ④ (농장에) 가축을 넣다. ⑤ (…에) 씨를 뿌리다(*with*). — *vi.* 사들이다(*up*).

***stock·ade** [stɑkéid/-ɔ-] *n.* Ⓒ 방책(防柵); 울타리를 둘러 친 곳, 가축울; 〖美軍〗 영창. — *vt.* 울타리를 둘러치다〔막다〕.

stóck·brèeder *n.* Ⓒ 목축업자.

stóck·brèeding *n.* Ⓤ 목축업.

stóck·bròker *n.* Ⓒ 증권 중매인.

stóck càr 가축 운반 화차.

stóck certìficate 《美》 주권; 《英》 공채 증서.

stóck còmpany 《美》 주식회사; (극장 전속의) 레퍼토리 극단.

stóck dìvidend 주식 배당.

stóck exchànge 증권 거래소; 증권 매매인 조합.

stóck fàrmer 목축업자.

stóck fàrming 목축업.

stóck·fish *n.* Ⓒ 건어, 어물(魚物).

***stóck·hòlder** *n.* Ⓒ 《美》 주주(株主)(《英》 shareholder).

Stock·holm [stɑ́khoulm/stɔ́khoum] *n.* 스웨덴의 수도.

stock·i·nette, stock·i·net [stɑ̀kənét/-ɔ̀-] *n.* Ⓤ 《주로 英》 (속옷용의) 메리야스.

:stock·ing [stɑ́kiŋ/-ɔ́-] *n.* Ⓒ (보통 *pl.*) 스타킹, 긴 양말 (모양의 것). (*six feet*) ***in one's ~s*** 〔***~ feet***〕 양말만 신고, 구두를 벗고 (키가 6피트, 따위). **~·less** *a.*

stóck·jòbber *n.* Ⓒ 《美》 증권 중매인; 《英》 투기업자.

stock·man [´-mən] *n.* Ⓒ 《美》 목축업자; 창고 계원.

***stóck màrket** 증권 시장〔매매, 시세〕; 가축 시장.

stóck phràse 판에 박은 문구.

stóck·pìle *n., vt., vi.* Ⓒ (긴급용 자재의) 축적; 재고; 핵무기 저장; 비축하다.

stóck ràising 목축(업).

stóck·ròom *n.* Ⓒ 저장소〔실〕, 창고; 상품 (견본) 진열실.

stóck-stíll *a.* 움직이지 않는.

stóck·tàking *n.* Ⓤ 시재(時在) 조사, 재고(품) 조사; (사업 따위의) 실적 조사.

stóck tìcker (전신에 의한) 증권 시세 표시기.

stock·y [´-i] *a.* 땅딸막한, 단단한.

stóck·yàrd *n.* Ⓒ 가축 수용장.

stodg·y [stɑ́dʒi/-ɔ́-] *a.* (음식이) 진한; 소화가 잘 안 되는; (책이) 재미 없는(dull); (문체 따위가) 답답한; 진부한.

sto·gie, -gy [stóugi] *n.* Ⓒ 갸름한 싸구려 여송연(呂宋煙).

Sto·ic [stóuik] *n.* Ⓒ (아테네의) 스토아 철학자; (s-) 금욕주의자. — *a.* 스토아 학파의; (s-) =STOICAL.

Sto·i·cism [´-sìzəm] *n.* Ⓤ 스토아 철학; (s-) 금욕주의, 견인(堅忍)(patient endurance); 냉정.

sto·i·cal [-əl] *a.* 금욕의; 냉정한. **~·ly** *ad.*

stoke [stouk] *vt.* (불을) 쑤셔 일으키다; (난로 따위의) 불을 때다. — *vi.* 불을 때다. **stók·er** *n.* Ⓒ 화부; 자동 급탄기(給炭機).

stóke·hòld *n.* Ⓒ (기선의) 기관실.

stóke·hòle *n.* Ⓒ (기관의) 화구(火口); =STOKEHOLD.

STOL [stoul, éstoul] (< *s*hort *t*ake*o*ff and *l*anding aircraft) *n.* Ⓒ 단거리 이착륙기.

:stole[1] [stoul] *v.* steal의 과거.

stole[2] *n.* Ⓒ (끝을 앞으로 늘어뜨리는) 여자용 어깨걸이; 〖宗〗 영대(領帶)《성직자가 목에 둘러 앞으로 늘이는 갸름한 천》.

:sto·len [stóulən] *a.* steal의 과거분사. — *a.* 훔친.

stol·id [stɑ́lid/-ɔ́-] *a.* 둔감한, 멍청한. **~·ly** *ad.* **sto·lid·i·ty** [stəlídəti/stɔ-] *n.*

sto·lon [stóulɑn/-lɔn] *n.* Ⓒ 〖植〗 포복경(匍匐莖), 기는 줄기.

sto·ma [stóumə] *n.* (*pl.* **-mata** [-mətə]) Ⓒ 〖動·植〗 기공(氣孔).

:stom·ach [stʌ́mək] *n.* ① Ⓒ 위(胃); 배. ② Ⓤ 식욕(*for*). ③ Ⓤ 욕망, 기호, 기분(*for*). — *vt.* 삼키다; 먹다, 소화하다; (모욕 따위를) 참다(bear).

***stómach·àche** *n.* Ⓤ,Ⓒ 복통.

stom·ach·er [stʌ́məkər] *n.* Ⓒ

(15-16세기 경의) 여성용 삼각형의 가슴 장식.
stom·ach·ic [stəmǽkik] *a., n.* 위의, 소화를 돕는; Ⓒ 건위제(劑).
stómach pùmp 〖醫〗 위세척기.
sto·ma·ti·tis [stòumətáitis] *n.* Ⓤ 〖醫〗 구내염(口內炎).
sto·ma·to·l·o·gy [stòumətáləd3i] *n.* Ⓤ 구강병학.
stomp [stamp/stɔmp] 《口》 *vt.* (…을) 짓밟다; 쿵쿵 밟다. ── *vi.* 쿵쿵 발을 구르다; (…을) 짓밟다(*on*). ── *n.* Ⓒ 쿵쿵 밟음; 스톰프《세게 마루를 구르는 재즈 댄스의 일종》.
†**stone** [stoun] *n.* ① Ⓒ 돌; Ⓤ 석재(石材). ② Ⓒ 묘비; 숫돌, 맷돌. ③ Ⓒ 보석(*a nineteen ~ watch* 19석 시계). ④ Ⓒ 〖醫〗 결석(結石)(병). ⑤ Ⓒ (굳은) 씨, 핵(核). ⑥ (*sing. & pl.*) 《英》 스톤《중량의 단위, 14 파운드》. ***at a ~'s cast*** 〔***throw***〕 아주 가까운 곳에. ***cast the first ~*** 맨 먼저 비난하다. ***cast*** 〔***throw***〕 ***~s*** 〔***a ~***〕 ***at*** …을 비난하다. ***leave no ~ unturned*** 온갖 수단을 다하다(*to* do). ── *a.* 돌의, 석조(石造)의; 막사기그릇의. ── *vt.* (…에) 돌을 깔다〔놓다〕; (…에) 돌을 던지다〔던져 쫓다, 던져 죽이다〕; (…의) 씨를 빼다. **∠·less** *a.* 돌〔씨〕 없는.
Stóne Àge, the 석기 시대.
stóne-blínd *a.* 아주 눈이 먼.
stóne·brèaker *n.* Ⓒ (도로 표면을 마무리하기 위해서) 돌 깨는 사람; 쇄석기.
stóne-bróke *a.* 《俗》 무일푼의.
stóne brùise 돌을 밟아 생긴 (발바닥의) 상처.
stóne-cóld *a.* 돌같이 차가운.
stóne·cùtter *n.* Ⓒ 석공, 석수; 돌 깨는 기계.
stóne-déad *a.* 완전히 죽은.
stóne-déaf *a.* 전혀 못 듣는.
stóne fénce 《美俗》 칵테일의 하나《위스키와 사과주》.
stone frùit 핵과(核果).
Stone·henge [∠hènd3/∠∠] *n.* 영국 Wiltshire의 Salisbury 평원에 있는 거대한 석주군(石柱群).
stóne·màson *n.* Ⓒ 석공, 석수.
stóne òil 석유(petroleum).
stóne pìt 채석장.
stóne's cást 〔**thrów**〕 돌을 던지면 닿을 만한 거리《약 50-150 야드》.
stóne·wàll *n., a.* Ⓒ 돌담(같이 튼튼한). ── *vt., vi.* 〖크리켓〗 신중히 타구하다; 《英》 (의사를) 방해하다(filibuster).
stóne·wàlling *n.* Ⓤ 《美俗》 거짓말을 우김; 《英》〖政〗 의사 방해; 입을 다문 채 버팀.
stóne·wàre *n.* Ⓤ 석기; 막사기그릇.
stóne·wórk *n.* Ⓤ 돌세공; 〖建〗 석조 부분, 석조(건축)물.
stonk [staŋk/-ɔ-] *n., vt.* Ⓒ 맹폭격(하다).
‡**ston·y** [stóuni] *a.* 돌의, 돌 같은, 돌이 많은; 무정한; 무표정한.
stóny-bróke *a.* 《俗》 =STONE-BROKE.
†**stood** [stud] *v.* stand의 과거(분사).
stooge [stu:d3] *n., vi.* Ⓒ 《俗》 어릿광대의 보조〔얼간이〕 역(을 하다); 보조역〔보좌역〕(을 하다); 조수; 남의 뜻대로 하는 사람, 꼭두각시; 뛰어〔날아〕 다니다, (비행기로) 선회하다(*about, around*).
‡**stool** [stu:l] *n.* ① Ⓒ (등·팔걸이 없는) 걸상. ② Ⓒ 발판, 무릎 받치는 궤. ③ Ⓒ 걸상 비슷한 물건; 실내용 변기; 변소. ④ Ⓤ (대)변(*green ~* 녹변). ***fall between two ~s*** 욕심 부리다 모두 실패하다.
stóol pìgeon 후림 비둘기; 한통속; (경찰의) 끄나풀.
‡**stoop**[1] [stu:p] *vi.* ① 몸을〔허리를〕 굽히다(*over*); 허리가 굽다. ② (나무·벼랑 등이) 구부러지다. ③ 자신을 낮추어〔굽히어〕 …하다(*to* do); (…으로) 전락하다(*to*). ── *vt.* (머리·등 따위를) 굽히다. ***~ to conquer*** 굴욕을 참고 목적을 이루다. ── *n.* (a ~) 앞으로 몸을 굽힘; 새우등; 굴종, 겸손.
stoop[2] *n.* Ⓒ 《美》 현관의 툇마루.
†**stop** [stap/-ɔ-] *vt.* (**-pp-**) ① 멈추다, 그만두다, 세우다. ② 중지하다; 그만두게 하다, 방해하다. ③ (교통을) 스톱하다; 막다. ④ (속이 꿰져 나오는 것을) 멈추게 하다, 마개를 하다, 틀어 막다. ⑤ 〖拳〗 K.O.시키다. ── *vi.* ① 서다, 멈추다, 중지하다, (비 따위가) 멎다. ② 《口》 묵다. ***~ down*** 〖寫〗 렌즈를 조르다. ***~ off*** 《美口》 단기간 머무르다. ***~ over*** 《美》 도중 하차하다; =STOP OFF. ***~ to think*** 천천히 생각하다. ── *n.* Ⓒ ① 멈춤, 멎음, 중지, 휴지(休止). ② 정류소. ③ 장애물. ④ 〖機〗 멈추개. ⑤ 체재; 종지(終止); 구두점 (*a full ~* 종지부). ⑥ 〖樂〗 (오르간의) 스톱, 음전(音栓). ⑦ 〖音聲〗 폐쇄음《p, t, k; b, d, g 등》. ⑧ 〖컴〗 멈춤. ***put a ~ to*** …을 그치게〔끝내게〕 하다.
stóp-and-gó *a.* 조금 가다가 서는, (교통) 신호 규제의.
stóp·còck *n.* Ⓒ (수도 따위의) 꼭지, 고등.
stope [stoup] *n., vt., vi.* Ⓒ 채굴장(에서 채굴하다).
stóp·gàp *n., a.* Ⓒ 임시 변통(의), 빈 곳 메우기(에 쓰는).
stóp-go sígn 《英口》 교통 신호.
stóp·lìght *n.* Ⓒ 정지 신호; (자동차 뒤의) 스톱라이트, 정지등.
stóp·òut *n.* Ⓒ 《美》 일시 휴학생.
stóp·òver *n.* Ⓒ 도중 하차.
stop·page [∠id3] *n.* Ⓤ,Ⓒ 정지, 중지; 장애.
stóp páyment 〖商〗 (수표의) 지불정지 지시.
stóp·per *n., vt.* Ⓒ 멈추는〔막는〕 사람〔것〕; 마개(를 하다, 로 막다).
stóp·ping *n.* Ⓤ,Ⓒ 중지, 정지; 메우개.

stop·ple[stápəl/-ɔ́-] *n., vt.* Ⓒ 마개(를 하다).
stóp prèss 《英》 (윤전기를 멈추고 삽입하는) 최신 뉴스.
stóp·wàtch *n.* Ⓒ 스톱워치.
***stor·age**[stɔ́:ridʒ] *n.* ① Ⓤ,Ⓒ 보관; 저장(소), 창고. ② Ⓤ 보관료. ③ Ⓤ,Ⓒ 〖컴〗 기억 (장치).
stórage bàttery 축전지.
stórage cèll 축전지; 〖컴〗 기억 단위.
stórage règister 〖컴〗 기억 레지스터.
†**store**[stɔ:*r*] *n.* ① Ⓒ (종종 *pl.*) 비축, 저장, 준비; (지식 따위의) 축적; 다량(*of*). ② (*pl.*) 필수품; 저장소; 창고. ③ Ⓒ 《美》 상점. ④ (*pl.*) 《英》 백화점. ⑤ Ⓒ 〖컴〗 기억《데이터를 기억 장치에 저장하는 것》. ***in*** ~ 저장하여, 마침 가지고 있어, 준비하여 (*for*); (재난 따위가) 기다리고 있어 (*for*). ***set*** (***great***) ~ ***by*** 〔***upon***〕 …을 (크게) 존중하다. — *vt.* ① 저축〔저장〕하다(*up*); 떼어두다. ② 창고에 보관하다; 공급하다(*with*); 넣을 여지가 있다. ③ 〖컴〗 (정보를) 기억시키다.
stóre·frònt *n.* Ⓒ 《美》 (길거리에 면한) 점포〔빌딩〕의 정면(이 있는 방〔건물〕). 「보고.
***stóre·hòuse** *n.* Ⓒ 창고; (지식의)
***stóre·kèeper** *n.* Ⓒ ① 《美》 가게 주인. ② 창고 관리인.
stóre·ròom *n.* Ⓒ 저장실.
‡**sto·rey**[stɔ́:ri] *n.* 《英》 =STORY[2].
sto·ried[1][stɔ́:rid] *a.* 이야기〔역사·전설〕로 유명한; 역사〔전설〕화(畫)로 장식한. 「은, …층의.
sto·ried[2], **-reyed** *a.* …층으로 지
sto·ri·ette[stɔ̀:riét] *n.* Ⓒ 장편(掌編) 소설, 짧은 이야기.
sto·ri·ol·o·gy[stɔ̀:riálədʒi/-ɔ́l-] *n.* Ⓤ 민화〔전설〕 연구.
***stork**[stɔ:*r*k] *n.* Ⓒ 황새《갓난아이는 이 새가 갖다 주는 것이라고 아이들은 배움》.
†**storm**[stɔ:*r*m] *n.* Ⓒ ① 폭풍우; 큰 비〔눈〕; 심한 천둥. ② 빗발치듯 하는 총알〔칭찬〕; 우레 같은 박수; (노여움 따위의) 폭발, 격정. ③ 강습(強襲). ***a*** ~ ***in a teacup*** 헛소동, 집안 싸움. ***the*** ~ ***and stress*** 질풍 노도《18세기 후반의 독일 문예 운동 (시대); <G. *Sturm und Drang*》. — *vi.* ① (날씨가) 험악해지다. ② 돌진하다; 날뛰다. ③ 호통치다(*at*). — *vt.* 강습〔쇄도〕하다.
stórm-bèaten *a.* 폭풍우에 휩쓸린.
stórm bòat 〖軍〗 상륙용 배.
stórm·bòund *a.* 폭풍우로 갇힌.
stórm cèllar 폭풍 대피용 지하실.
stórm cènter 폭풍의 중심; 난동의 중심 인물〔문제〕.
stórm clòud 폭풍우를 동반한 먹구름; 동란의 조짐. 「문.
stórm dòor 비바람을 막기 위한 덧
stórming pàrty 〖軍〗 습격대, 공격부대.
stórm sìgnal 폭풍우 신호.
stórm tròoper (특히) 나치 돌격대원.
stórm tròops (Nazi의) 돌격대.
stórm wàrning 폭풍우 주의보.
stórm wìndow (비바람을 막기 위해) 창에 단, 덧문.
‡**storm·y**[∠i] *a.* ① 폭풍우의, 날씨가 험악한. ② 격렬한, 소란스러운.
stórmy pétrel 바다제비(storm petrel); 분쟁을 일으키는 사람.
†**sto·ry**[1][stɔ́:ri] *n.* ① Ⓒ 설화, 이야기; 소설; Ⓤ 전설. ② Ⓒ 신상 이야기; 경력; 전기 일화; 소문. ③ Ⓒ 《口》 꾸며낸 이야기; 거짓말. ④ Ⓤ (소설·극의) 줄거리. ⑤ Ⓒ (신문) 기사. ***to make a long*** ~ ***short*** 간단히 말하면. — *vt.* (이야기·사실(史實))로 꾸미다.
‡**sto·ry**[2] *n.* Ⓒ (집의) 층. ***the upper*** ~ 위층; 두뇌.
stóry·bòok *n.* Ⓒ 얘기〔소설〕책.
stóry·tèller *n.* Ⓒ 이야기꾼; 소설가; 《口》 거짓말쟁이.
stóry·tèlling *n.* Ⓒ 이야기하기; 《口》 거짓말하기.
stóry·wrìter *n.* Ⓒ 소설가, 이야기 작가.
stoup[stu:p] *n.* Ⓒ 물 따르는 그릇, 큰 컵; (교회 입구의) 성수반(聖水盤).
‡**stout**[staut] *a.* ① 살찐, 뚱뚱한. ② 억센, 튼튼한; 용감한. — *n.* ① Ⓤ 흑맥주. ② Ⓒ 살찐 사람; (*pl.*) 비만형의 옷. **∠·ly** *ad.* **∠·ness** *n.*
stóut-héarted *a.* 용감한.
‡**stove**[1][stouv] *n.* Ⓒ 스토브; 난로.
stove[2] *v.* stave의 과거(분사).
stóve·pìpe *n.* Ⓒ 난로의 굴뚝; 《美口》 실크해트.
stóve plànt 온실 식물.
stow[stou] *vt.* 챙겨〔꼭꼭 채워, 집어〕 넣다(*in, into*); 가득 채워넣다 (*with*). ~ ***away*** 치우다; 밀항하다. ***S- it!*** 《俗》 입닥쳐!, 그만둬! **~·age**[∠idʒ] *n.* Ⓤ 쌓아 넣기〔넣는 장소〕; 적하(積荷)(료(料)).
stów·awày *n.* Ⓒ 밀항자; 무임 승객; 숨는 장소.
Stowe[stou], **Harriet Beecher** (1811-96) 미국 작가《*Uncle Tom's Cabin*(1852)》.
STP standard temperature and pressure; Scientifically Treated Petroleum 가솔린 첨가제; 《美》 환각제의 일종.
St. Pe·ters·burg [sèint pí:tə*r*zbə̀:*r*g] 러시아 북서부의 도시《옛 이름 Leningrad》.
str. streamer; strait; string(s).
stra·bis·mal[strəbízməl], **-mic** [-mik] *a.* 사팔눈의, 사시의.
stra·bis·mus[strəbízməs] *n.* Ⓤ 사팔눈, 사시(斜視).
strad·dle[strǽdl] *vi., n.* 두 다리를 벌리다, 다리를 벌리고 걷다〔서다, 앉다〕; Ⓒ 그렇게 하기; 《口》 두길마보다〔보기〕, 양다리 걸치기; 〖英海軍〗 협차(夾叉) 포격(하다)(bracket).

S

— *vt.* (걸터) 타다, 걸치다; 《口》(…에 대해) 두길마보다, 양다리 걸치다 (~ *a question*).

Strad·i·va·ri·us [strædəvέəriəs, -vά:r-] *n.* Ⓒ 스트라디바리우스《이탈리아의 Antonius Stradivarius (1644-1737)가 제작한 바이올린·첼로 따위의 악기》.

strafe [streif, -rɑ:f] (<G.) *vt.* (지상의 적을) 기총소사〔폭격〕하다; 맹사격〔맹폭격〕하다; 《俗》 벌주다.

strag·gle [strǽgl] *vi.* 뿔뿔이〔산산이〕 흩어지다; 무질서하게 나아가다; (일행에서) 뒤떨어지다; (어지럽게) 뻗쳐 퍼지다, 우거지다(gad); 산재하다. **-gler** *n.* Ⓒ 낙오〔부랑〕자; 우거져 퍼지는 풀〔가지〕. **-gling, -gly** *a.*

†**straight** [streit] *a.* ① 곧은, 일직선의; 곧추 선. ② 솔직한; 올바른; 정연한. ③ 《口》 틀림없는(~ *news, tips, &c.*). ④ 《美》 철저한. ⑤ (음료가) 순수한, 섞음질하지 않은(~ *whiskey*). ⑥ 연속의(~ *A's* (성적이) 전수(全秀)); 〖포커〗 다섯 장 연속의(*a* ~ ***flush*** 같은 짝 패의 5장 연속《ace, king, queen, jack, ten》). ⑦ 에누리 없는. ***get*** 〔***make, put, set***〕 ***things*** ~ 물건을 정돈하다. ~ ***angle*** 평각. — *ad.* ① 곧게, 일직선으로; 곧추 서서. ② 직접적으로; 솔직하게. ③ 연속하여; 원작대로. ~ ***away*** 〔***off***〕 즉시, 곧. ~ ***out*** 솔직하게. — *n.* (the ~) 직선; 〖競馬〗 (최후의) 직선 코스; Ⓒ 〖포커〗 5장 연속. ***out of the*** ~ 비뚤어져.

stráight·awày *n., a.* Ⓒ 〖競馬〗 직선 코스(의).

stráight·brèd *a.* 순종의.

‡**straight·en** [ˊ-n] *vt., vi.* ① 똑바르게 하다〔되다〕. ② 정돈하다.

stráight-fáced *a.* 무표정한, 진지한 얼굴을 한.

stráight fíght 《英》 두 후보자의 맞대결.

***stráight·fórward** *a., ad.* ① 똑바로 (향하는). ② 솔직한〔하게〕, 간단한〔하게〕. ~**s** [-z] *ad.* =STRAIGHTFORWARD.

stráight-óut *a.* 《美口》 철저한, 완전한.

stráight tìme 규정 노동 시간(에 대한 임금).

***stráight·wày** *ad.* 곧, 당장.

‡**strain**[1] [strein] *vt.* ① 잡아당기다, 팽팽하게 켕기다. ② 긴장시키다; 힘껏 …하게 하다《눈을 크게 뜨다, 목소리를 짜내다, 따위》. ③ 너무 써서 손상시키다; (힘줄 따위를) 접질리다, 삐다; 곡해하다; 남용하다. ④ 꼭 껴안다. ⑤ 거르다, 걸러내다(*out, off*). — *vi.* ① 잡아당기다, 켕기다(*at*). ② 긴장하다; 노력하다(*after; to* do). ③ 스며나오다. ~ ***a point*** 억지로 갖다 붙이다. ~ ***at a*** GNAT. — *n.* ① U,C 당기기, 켕김, 긴장. ② U,C 큰 수고; 과로; Ⓒ 《口》 무거운 부담. ③ U,C 어긋남, 삠. ④ U,C 변형, 찌그러짐. ⑤ (종종 *pl.*) 선율, 노래; 가락(*in the same* ~). 말투. ***at*** (***full***) ~, or ***on the*** ~ 긴장하여. ~**ed** [-d] *a.* 긴장한; 무리한, 부자연한. ˊ-**er** *n.* Ⓒ 잡아당기는〔켕기는〕 사람〔기구〕; 여과기(濾過器).

strain[2] *n.* Ⓒ 종족, 혈통; (a ~) 특징, 기미; 기풍, 경향.

‡**strait** [streit] *a.* 《古》 ① 좁은. ② 엄중한. ***the*** ~ ***gate*** 〖聖〗 좁은 문《마태복음 7:14》. — *n.* ① Ⓒ 해협《고유명사로는 보통 *pl.*》. ② (보통 *pl.*) 궁핍, 곤란. ***Straits Settlements, the*** 해협 식민지.

strait·en [ˊ-n] *vt.* 궁핍하게 하다; 제한하다; 《古》 좁히다. ~**ed** [-d] *a.* 궁핍한.

stráit jàcket (미치광이나 난폭한 죄수 등에 입히는) 구속복(拘束服) (camisole).

stráit-làced *a.* 엄격한.

stráit-wáistcoat *n.* 《英》 =STRAIT JACKET.

***strand**[1] [strænd] *n.* Ⓒ 《詩》 물가, 바닷가. — *vt., vi.* 좌초시키다〔하다〕; 궁지에 빠지(게 하)다.

strand[2] *n.* Ⓒ (밧줄·철사 따위의) 가닥, 꼼; (한 가닥의) 실, 줄. — *vt.* (밧줄의) 가닥을 끊다; 꼬다.

†**strange** [streindʒ] *a.* ① 이상한, 묘한. ② 모르는, 눈〔귀〕에 선; 생소한, 익숙하지 못한, 경험이 없는(*to*); 낯선; 서먹서먹한. ③ 《古》 타국의. — *ad.* 《口》 묘하게. ‡ˊ-**ly** *ad.* ˊ-**ness** *n.*

‡**stran·ger** [stréindʒər] *n.* Ⓒ ① 낯선 사람; 새로 온 사람. ② 제삼자, 문외한, 무경험자. ③ 손님. ④ 《古》 외국인. ***make a*** 〔***no***〕 ~ ***of*** …을 쌀쌀하게〔친절하게〕 대하다.

***stran·gle** [strǽŋgəl] *vt.* ① 교살하다; 질식시키다. ② 억압〔묵살〕하다.

strángle hòld 〖레슬링〗 목조르기; 자유 행동〔발전 등〕을 방해하는 것.

stran·gu·late [strǽŋgjəlèit] *vt.* 목졸라 죽이다; 〖醫〗 괄약(括約)하다. **-la·tion** [ˋ--léiʃən] *n.*

‡**strap** [stræp] *n., vt.* (***-pp-***) ① 가죽끈(으로 묶다, 때리다). ② 가죽 손잡이. ③ 가죽 숫돌(로 갈다). ˊ-**ping** *a., n.* 《口》 몸집이 큰(*a* ~*ping girl*); U,C 매질, 채찍질; Ⓤ 반창고.

stráp·hànger *n.* Ⓒ 《口》 가죽 손잡이에 매달려 있는 승객.

stra·ta [stréitə, -ǽ-] *n.* stratum 의 복수.

***strat·a·gem** [strǽtədʒəm] *n.* U,C 전략; 계략.

***stra·te·gic** [strətí:dʒik], **-gi·cal** [-əl] *a.* ① 전략(상)의; 전략상 중요한. ② 국외 의존의 군수품 원료의. ③ 전략 폭격(용)의(cf. tactical). **-gi·cal·ly** *ad.* **-gics** *n.* Ⓤ 전략, 병법.

Stratégic Àir Commànd 《美》 전략 공군 사령부《생략 SAC》.

Stratégic Defénse Initiative

전략 방어 구상《생략 SDI》.
stratégic matérials (주로 외국에 의존하는) 전략 물자.
*__strat·e·gy__[strǽtidʒi] *n.* Ⓤ,Ⓒ ① 용병학, 병법. ② 전략; 교묘한 운용. **-gist** *n.* Ⓒ 전략가.
Strat·ford-on-A·von[strǽtfərd-ɑnéivən/-ɔn-] *n.* 잉글랜드 중부 도시; Shakespeare의 탄생·매장지.
strath[stræθ] *n.* Ⓒ《Sc.》 넓은 골짜기.
strat·i·fi·ca·tion[strӕ̀təfikéiʃən] *n.* Ⓤ,Ⓒ 〖地〗 성층(成層), 〖生〗 (조직의) 층(層) 형성; 사회 계층.
strat·i·fy[strǽtəfài] *vt., vi.* 층을 이루(게 하)다.
stra·tig·ra·phy[strətígrəfi] *n.* Ⓤ 층위학(層位學).
strat·o-[stréitou, strǽ-, -tə] '층운(層雲), 성층권'의 뜻의 결합사.
stra·toc·ra·cy [strətɑ́krəsi/-ɔ́-] *n.* Ⓤ 군정, 군인 정치.
strat·o·cruis·er[strǽtoukrù:zər] *n.* Ⓒ 성층권 비행기.
strat·o·sphere[strǽtəsfìər] *n.* (the ~) 성층권; 최고(위).
strat·o·vi·sion[strǽtəvìʒən] *n.* Ⓤ (비행기에 의한) 성층권 TV 방송.
*__stra·tum__ [stréitəm, -ǽ-] *n.* (*pl.* ***-ta***[-tə], ***~s***) Ⓒ 층; 지층; 사회 계층.
stra·tus[stréitəs] *n.* (*pl.* ***-ti***[-tai]) Ⓒ 안개구름.
Strauss[straus], **Johann**(1804-49; 1825-99) 오스트리아의 작곡가 부자(父子); **Richard**(1864-1949) 독일의 작곡가.
Stra·vin·sky[strəvínski], **Igor Fëdorovich**(1882-1971) 러시아 태생의 미국 작곡가.
:**straw**[strɔ:] *n.* ① Ⓤ 짚, 밀짚. ② Ⓒ 짚 한 오라기; (음료용) 빨대. ③ Ⓒ 밀짚모자. ④ Ⓒ 하찮은 물건. ***a ~ in the wind*** 풍향[여론]을 나타내는 것. ***catch*** 〔***snatch***〕 ***at a ~*** 〔***two ~s***〕 조금도 개의치 않다. ***make bricks without ~*** 불가능한 일을 꾀하다. ***man of ~*** 짚 인형; 가공 인물; 재산 없는 사람; 믿을 수 없는 사람. ***the last ~*** (끝내 파멸로 이끄는) 최후의 사소한 일. ── *a.* ① (밀)짚의, 짚으로 만든. ② 하찮은. ③ 가짜의.
:**straw·ber·ry**[strɔ́:bèri/-bəri] *n.* Ⓤ,Ⓒ 양딸기.
stráwberry blónde 불그레한 금발머리(의 여인).
stráw·bòard *n.* Ⓤ 마분지.
stráw-còlo(u)red *a.* 밀짚 빛깔〔담황색〕의.
stráw-hàt *n., a.* Ⓒ 밀짚모자; 《美》 여름 연극(의).
stráw pòll 《美》 비공식적인 여론조사.
stráw vòte 《美》 (여론 조사를 위한) 비공식 투표.
straw·y[strɔ́:i] *a.* 짚의; 짚 같은, 짚 모양의; 짚으로 만든; 짚으로 인.
:**stray**[strei] *vi.* ① 길을 잃다; 헤매다, 방황하다. ② 옆길로 빗나가다, 못된 길로 빠지다. ── *a.* ① 길 잃은, 일행에서 뒤처진. ② 뿔뿔이 흩어진; 고립한; 드문. ── *n.* Ⓒ 길 잃은 가축; 집〔길〕 잃은 아이. **~ed**[-d] *a.* 길 잃은; 일행에서 뒤처진.
:**streak**[stri:k] *n.* Ⓒ ① 줄, 줄무늬; 광맥. ② 성향(性向), 기미(***a ~ of genius*** 천재성의 번득임). ③ 《美口》 단기간. ***like a ~*** (***of lightning***) 전광석화와 같이; 전속력으로. ── *vt.* ① (…에) 줄을 긋다, 줄무늬를 넣다. ② 질주하다. ③ 나체로 대중 앞을 달리다. **∠·er** *n.* Ⓒ 스트리킹하는 사람. **∠·ing** *n.* Ⓤ 스트리킹《나체로 대중 앞을 달리기》. **∠·y** *a.* 줄이〔줄무늬가, 얼룩이〕 있는.
†**stream**[stri:m] *n.* Ⓒ ① 흐름, 시내. ② (사람·물건의) 흐름, 물결. ③ 경향, 풍조. ④ 〖컴〗 정보의 흐름. ***~ of*** CONSCIOUSNESS. ── *vi.* ① 흐르다, 끊임없이 잇따르다. ② 펄럭이다, 나부끼다. ── *vt.* ① 흘리다, 유출시키다. ② 펄럭이게 하다. ③ (학생을) 능력별로 편성하다.
*__stream·er__[∠ər] *n.* ① 기(旗)드림; (펄럭이는) 장식 리본; (배가 출발할 때 던지는) 테이프. ② (북극광 따위의) 사광(射光), 유광(流光). ③ 《美》 (신문의) 전단(全段) 표제.
stream·let[∠lit] *n.* Ⓒ 작은 시내.
stréam·lìne *n., a., vt.* Ⓒ 유선(流線), 유선형(의, 으로 하다); 간소화〔합리화〕하다. ***~d** *a.* 유선형의, 날씬한; 근대〔능률〕화한. **-lìner** *n.* Ⓒ 유선형 열차.
†**street**[stri:t] *n.* ① Ⓒ 가로, 거리 《미국의 큰 도시에서는, 특히 동서로 뚫린 길》 (cf. avenue). ② Ⓒ 차도(車道); …가(街), …로(路). ③ (the ~) 《집합적》 한 구역〔동네〕 사람들. ***not in the same ~ with*** 《口》 …에는 도저히 못 미치는. ***the man in the ~*** 보통 사람.
stréet Àrab ⇨ARAB.
:**stréet·càr** *n.* Ⓒ 《美》 시가 전차.
stréet clèaner 가로 청소부.
stréet crìes (행상인의) 외치는 소리.
stréet dòor 길쪽에 면한 문.
stréet làmp 가로등.
stréet ràilway (전차·버스 등의) 노선; 그 경영 회사.
stréet·scàpe *n.* Ⓒ 가두 풍경.
stréet ùrchin 부랑아.
stréet·wàlker *n.* Ⓒ 매춘부.
†**strength**[streŋkθ] *n.* ① Ⓤ 힘; 강하기, 강도; 농도. ② Ⓤ 저항〔내구〕력. ③ Ⓤ 병력. ④ Ⓤ 효력. ⑤ Ⓤ,Ⓒ 힘이 되는 것, 의지. ***on the ~ of*** …을 의지하여〔믿고〕.
:**strength·en**[∠ən] *vt., vi.* ① 강하게 하다; 강해지다. ② 기운을 돋우다; 기운이 나다.
*__stren·u·ous__[strénjuəs] *a.* 분투적인; 정력적인. **~·ly** *ad.*
strep·to·coc·cus[strèptəkɑ́kəs/-ɔ́-] *n.* (*pl.* ***-cocci***[-kɑ́ksai/-ɔ́-]) Ⓒ 연쇄상 구균.

strep·to·my·cin[strèptoumáisən] *n.* Ⓤ 스트렙토마이신《항생물질》.

:stress[stres] *n.* ① Ⓤ 압력, 압박; 강제; 긴장(*times of* ~ 비상시). ② Ⓤ 노력. ③ Ⓤ,Ⓒ 강조; 중요성; 강세, 악센트. ***lay*** ~ 중점을 두다(*on*). ***under*** ~ ***of*** …때문에,…에 몰려〔쪼들려〕. — *vt.* ① (…에) 압력을 가하다. ② 중점〔역점〕을 두다, 강조하다. ③ 강세를 두다.

stréss disèase 〖醫〗 (자극·긴장으로 일어난다는) 스트레스병(cf. ⇩).

stréss thèory 〖醫〗 (캐나다의 H. Selye 교수 주창의) 스트레스 학설.

:stretch[stretʃ] *vt.* ① 뻗치다, 잡아당기다〔늘이다〕; 펴다, 펼치다. ② 크게 긴장하다; 억지로 갖다붙이다; 남용하다. — *vi.* ① 뻗다, 퍼지다. ② 기지개를 켜다, 손발을 뻗다; 손을 내밀다(*out*). ③ (선의) 길이가 …이다; (토지가 …에) 미치다, 뻗치다. ④ 〖TV〗 (시간을 끌기 위해) 천천히 하다. ~ ***a point*** 도를 넘치다, 무리한 해석을〔양보를〕 하다. ~ ***oneself*** 기지개를 켜다. — *n.* ① Ⓒ (보통 *sing.*) 신장(伸張), 확장, 퍼짐. ② Ⓒ 긴장. ③ Ⓒ 뻗침, 한동안의 시간〔일, 노력〕; 범위. ④ Ⓒ (보통 *sing.*) 《俗》 징역. ⑤ Ⓒ 견강부회; 남용. ⑥ Ⓒ (경마장 양쪽의) 직선 코스. ***at a*** ~ 단숨에. ***on the*** ~ 긴장하여.

***stretch·er**[strétʃər] *n.* Ⓒ ① 뻗는〔펴는, 펼치는〕 사람〔도구〕. ② (화포(畫布)를 켕기는) 틀. ③ 들것.

strétcher-bèarer *n.* Ⓒ 들것 메는 사람.

strew**[stru:] *vt.* (~ed***; ***strewn***, ~***ed***) ① 흩뿌리다. ② 흩뿌려 뒤덮다(*with*).

stri·a[stráiə] *n.* (*pl.* ***-ae***[-ráii:]) Ⓒ (평행한) 가는 줄; 〖地〗 줄자국.

stri·at·ed [stráieitid/–´–], **stri·ate**[stráieit] *a.* 줄〔홈이〕 있는. **stri·á·tion** *n.* Ⓤ 줄〔홈〕을 침; 줄무늬〔자국〕, 가는 홈.

:strick·en[stríkən] *v.*《古》strike 의 과거분사. — *a.* ① (탄환 등에) 맞은, 다친. ② (병·곤란 따위가) 덮친(*with*). ~ ***in years*** 나이 먹은.

strick·le [stríkəl] *n.* Ⓒ 평미레; (낫 가는) 숫돌.

:strict[strikt] *a.* ① 엄(격)한. ② 정확한. ③ 절대적인. **:**∠**·ly** *ad.* ∠**-ness** *n.*

stric·ture[stríktʃər] *n.* Ⓒ (보통 *pl.*) 비난, 혹평(*on, upon*); 〖醫〗 협착.

:stride[straid] *vi.* (***strode***; ***stridden***, 《古》 ***strid***) ① 큰걸음으로 걷다, 활보하다. ② (…을) 성큼 (뛰어) 넘다(*over, across*). — *vt.* 성큼 (뛰어) 넘다. — *n.* Ⓒ ① 큰 걸음. ② 한 걸음(의 폭). ***hit one's*** ~ 《口》 가락을〔페이스를〕 되찾다. ***make great*** 〔***rapid***〕 ~***s*** 장족의 진보를 이루다; 급히 가다. ***take*** (*a thing*) ***in one's*** ~ 뛰어넘다; 쉽사리 해어나다.

stri·dent[stráidənt] *a.* 귀에 거슬리는, 삐걱〔끽끽〕거리는; (빛깔 등이) 야한. **-den·cy** *n.*

strid·u·late[strídʒəlèit] *vi.* (매미·귀뚜라미 따위가) 맴맴〔귀뚤귀뚤〕 울다.

:strife[straif] *n.* Ⓤ,Ⓒ 다툼, 투쟁, 싸움.

:strike[straik] *vt.* (***struck***; ***struck***; 《美》 ***stricken***) ① 치다, 때리다, 두드리다; (타격을) 가하다; 공격하다. ② 부딪다, 맞히다; 푹 찌르다; (화폐 따위를) 찍어내다; (성냥을) 긋다. ③ 뜻밖에 만나다, 발견하다; (…에) 충돌하다; 인상지우다. ④ (시계가 시간을) 치다. ⑤ 갑자기 …하게 하다; (공포 따위를) 느끼게 하다, (병에) 걸리게 하다, 괴롭히다(cf. stricken). ⑥ 생각나다, 발견하다. ⑦ 삭제하다. ⑧ (태도를) 취하다; (식물을) 뿌리박게 하다; (되의 곡물을) 평미레로 밀어 고르다. ⑨ 결산하다; (결)정하다. ⑩ (돛·기를) 내리다, (천막을) 거두다; (일을) 그만두다. ⑪ (물고기를) 낚아 채다. — *vi.* ① 치다, 때리다, 두들기다. ② 충돌하다, 좌초하다(*against, on*). ③ 불붙다; (빛이) 닿다, (소리가) 귀를 때리다. ④ (새 방향으로) 향하다; 갑자기〔뜻밖에〕 만나다(*on, upon*). ⑤ 꿰뚫다(*through, into*); (식물이) 뿌리박다. ⑥ (시계가) 치다; (항복·인사의 표시로) 기를 내리다. ⑦ 동맹파업을 하다. ~ ***a balance*** 수지를 결산하다. ~ ***at*** … 에게 치고 덤비다. ~ ***home*** 치명상을 입히다. 급소를 찌르다. ~ ***in*** 불쑥 말참견하다; 방해하다; (병이) 내공(內功)하다. ~ ***into*** 꿰찌르다; 갑자기 …하기 시작하다. ~ ***it rich*** 《美》 (부광(富鑛)·유전 따위를) 발견하다; 뜻하지 않게 성공하다. ~ ***off*** (목 따위를) 쳐서 떨어뜨리다; 삭제하다; 인쇄하다; (길을) 옆으로 벗어나다, 떨어지다. ~ OIL. ~ ***out*** (불꽃을) 쳐내다; …하기 시작하다; 손발로 물을 헤치며 헤엄치다; 생각해 내다, 발견하다; 삭제하다; 〖野〗 삼진하다〔시키다〕. ~ ***up*** 노래〔연주〕하기 시작하다; (교제를) 시작하다. — *n.* Ⓒ ① 치기, 타격. ② 파업, 스트라이크(*They are on* ~. 파업중/*go on* ~ 파업을 하다)(cf. lockout). ③ 〖野·볼링〗 스트라이크. ④ 《美》 (부광(富鑛)·유전의) 발견; 대성공. ***call a*** ~ 파업을 일으키다.

stríke·bòund *a.* 파업으로 기능이 정지된.

stríke·brèaker *n.* Ⓒ 파업 파괴자; 파업을 깨뜨릴 직공을 주선하는 사람.

stríke·brèaking *n.* Ⓤ 파업 파괴.

stríke fàult 〖地〗 주향(走向) 단층.

stríke-òut *n.* Ⓒ 〖野〗 삼진.

stríke pày (조합으로부터의) 파업 수당.

strik·er[∠ər] *n.* Ⓒ 치는 사람〔것〕; 동맹 파업자; 《美》 잡역부; 당번병.

:strik·ing[∠iŋ] *a.* ① 치는. ② 파업 중인. ③ 현저한, 두드러진; 인상적인. ~**·ly** *ad.*

S

stríking dìstance 공격 유효 거리.

Strind·berg [stríndbəːrg], **August** (1849-1912) 스트린드베리 《스웨덴의 극작가·소설가》.

:string [striŋ] *n.* ① Ⓤ,Ⓒ 실, 끈. ② Ⓒ 실에 꿴 것. ③ Ⓒ (활·악기 따위의) 현(弦); (*pl.*) 현악기; (the ~s) (관현악단의) 현악기부(部) (cf. the winds). ④ Ⓒ 〖植〗 섬유, 덩굴; 일련(一連), 일렬. ⑤ (*pl.*) 《美口》 부대 조건, 단서(但書). ⑥ Ⓒ 〖컴〗 문자열(文字列). ***attach ~s*** 조건을 붙이다. ***get*** 〔***have***〕 ***a person on a ~*** 아무를 마음대로 조종하다. ***on a ~*** 허공에 떠서, 아슬아슬 하여; (남이) 시키는 대로. ***pull the ~s*** 배후에서 조종하다, 흑막이 되다. — *vt.* (***strung***) ① 실에 꿰다; 끈으로 묶다; 현〔줄〕을 달다; (…의) 현을 조르다. ② (기분을) 긴장시키다(*up*); 흥분시키다. ③ (콩 따위의) 덩굴손을 없애다. ④ 일렬로 늘어세우다(*out*). ⑤ 《美俗》 속이다. — *vi.* ① 실이 되다. ② 줄지어 나아가다. ~ ***out*** 《美口》 늘이다, 펼치다. ~ ***up*** 《口》 목졸라 죽이다. **~ed** [-d] *a.* 현(弦)이 있는; 현악기의〔에 의한〕.

stríng àlphabet (맹인용) 끈 문자《매듭 방법으로 글을 나타냄》.

stríng bànd 현악단.

stríng bèan 깍지를 먹는 콩《어떤 종류의 강낭콩·완두 등》; 그 깍지.

stríng devèlopment =RIBBON DEVELOPMENT.

strin·gen·do [strinʒéndou] *ad.* (It.) 〖樂〗 스트린젠도《점점 빠르게》.

strin·gent [stríndʒənt] *a.* (규칙 따위가) 엄중한; (금융 사정이) 절박〔핍박〕한, 돈이 잘 안 도는; (의론 따위) 설득력이 있는, 유력한. **-gen·cy** *n.* **~·ly** *ad.*

string·er [stríŋər] *n.* Ⓒ (활의) 시위 메우는 장색(匠色); (철도의) 세로 침목; (배의) 종통재(縱通材); 〖建〗 세로 도리; 《美·Can.》 (신문·잡지 따위의) 지방 통신원; …급 선수(*a second* ~) 2군〔보결〕 선수).

string·halt [stríŋhɔ̀ːlt] *n.* Ⓤ 〖獸醫〗 (말의) 절름증.

「(단).

stríng quartét(te) 현악 4중주

string·y [stríŋi] *a.* 실의, 실 같은; (액체가) 실오리처럼 늘어지는, 끈적끈적한; 섬유질의; 힘줄이 많은.

:strip[1] [strip] *vt.* (***-pp-***) 벌거숭이로 만들다; (…의) 덮개를 없애다, 벗기다; (배·포(砲) 따위의) 장비를 떼다; 나삿니를 마멸시키다. — *vi.* 옷을 벗다. ~ ***off*** 벗기다, 빼앗다. **∠·per** *n.*

:strip[2] *n., vt.* (***-pp-***) Ⓒ ① 길고 가는 조각(으로 만들다). ② (신문·잡지의) 연재 만화(comic strip). ③ 활주로; (떼어낼 수 있게 된) 철판 활주로.

:stripe[1] [straip] *n.* Ⓒ ① 줄; 줄무늬. ② 〖軍〗 수장(袖章). ③ 종류, 형(型). — *vt.* (…에) 줄무늬를〔줄을〕 달다. ***~d** [-t] *a.*

stripe[2] *n.* Ⓒ 《古》 매〔채찍〕질; 채찍〔맷〕자국.

stríp·lìghting *n.* Ⓤ (가늘고 긴) 형광등에 의한 조명.

strip·ling [∠liŋ] *n.* Ⓒ 청년, 젊은이.

stríp mìning 노천 채광(採鑛).

stríp·tèase *n.* Ⓤ,Ⓒ 《美》 스트립쇼.

stríp·tèaser *n.* Ⓒ 스트리퍼.

:strive [straiv] *vi.* (***strove; striven***) ① 애쓰다, 노력하다(*to* do; *for, after*). ② 싸우다; 겨루다(*against, with*).

stro·bo·scope [stróubəskòup] *n.* Ⓒ 요지경의 일종; 스트로보스코프《급속히 회전〔운동〕하는 물체를 관찰〔촬영〕하는 장치》.

stro·bo·tron [stróubətràn/-ɔ̀n] *n.* Ⓒ 가스가 든 전자관(管).

strode [stroud] *v.* stride의 과거.

Strog·a·noff, s- [strágənɑf/strɔ́gənɔf] *a.* 스트로가노프(요리)의 《얇게 저민 고기 등을 sour cream, *bouillon,* mushrooms 따위를 넣어 끓인》(*beef* ~ 비프 스트로가노프).

:stroke[1] [strouk] *n.* Ⓒ ① 침, 때림, 일격. ② (시계의) 치는 소리(*on the* ~ *of six,* 6시를 치자). ③ (a ~) (운명의) 도래, 우연한 운(*a* ~ *of good luck*). ④ (심장의) 고동, 맥박. ⑤ (수영의) 한 번 손발 놀리기; 날개치기; 붓의 일필; 한 칼, 한 번 새김, (손이나 기구의) 한 번 움직임〔놀림, 내휘두름〕. ⑥ (a ~) 한바탕 일하기, 한 차례의 일; 수완. ⑦ (병의) 발작; 졸도. ⑧ (보트의) 한 번 젓기; 정조수(整調手). ⑨ 〖컴〗 스트로크; (키보드상의 키) 누르기, 치기(자판). ***at a ~*** 일격으로, 단번에. ***finishing ~*** 최후의 일격〔마무리〕. ***keep ~*** 박자를 맞추어 노를 젓다. — *vt.* (…에) 선을 긋다; (보트의) 정조수 노릇을 하다.

stroke[2] *vt., n.* Ⓒ 쓰다듬다〔듬기〕; 어루만지다〔기〕.

stróke fònt 〖컴〗 스트로크 폰트《선의 조합으로 인쇄되는》.

stróke òar (보트의) 정조수(整調手)가 젓는 노; 정조(수).

:stroll [stroul] *vi.* ① 어슬렁어슬렁 거닐다, 산책하다. ② 방랑〔순회 공연〕하다. — *vt.* (…을) 어슬렁어슬렁 거닐다. ***~ing company*** 순회 공연 극단. — *n.* Ⓒ 어슬렁어슬렁 거닐기, 산책. **∠·er** *n.* Ⓒ 어슬렁거리는〔산책하는〕 사람; 순회 배우; 간편한 유모차, (유아의) 보행기.

†strong [strɔːŋ/-ɔŋ] *a.* ① 강한, 힘찬; 튼튼한; (성격이) 굳센; 견고한. ② 잘 하는(~ *in mathematics*); (의론 따위가) 유력한. ③ 인원〔병력 등〕이 …인. ④ (목소리가) 큰; (차가) 진한; (맛 따위) 매운; (술 따위) 독한; 고약한 맛〔냄새〕의; (말씨가) 격렬한, 난폭한. ⑤ 열심인; 강렬한. ⑥ 〖文〗 강변화〔불규칙 변화〕의; 〖音聲〗 강음(強音)의; 〖商〗 강세(強勢)의. ***be ~ against*** …에 절대 반대다. ***have a ~ head*** 〔***stomach***〕 (사람이) 술이 세다. ~ ***meat*** 어려운 교의

S

(教養)(opp. milk for babies). *the ~er sex* 남성. ── *ad.* (힘)세게, 힘차게; 격렬하게. 「폭력.
stróng àrm (특히, 권총에 의한)
stróng·àrm *a.* 《口》 완력[폭력]을 쓰는. ── *vt.* (…에게) 폭력을 쓰다; (…에게서) 강탈하다.
stróng·bòx *n.* Ⓒ 금고.
stróng fórce, the 스트롱포스《원자핵 속에서 중성자·양자를 결합하고 있는 힘》. 「계급 9》.
stróng gále 〖氣〗 큰 센바람《풍력
***stróng·hòld** *n.* Ⓒ 요새; 본거지.
:strong·ly[strɔ́(ː)ŋli, strɑ́ŋ-] *ad.* 강하게; 튼튼하게; 열심히.
stróng màn 독재자, 유력자.
stróng-mínded *a.* 마음이 굳센, 과단성[결단력] 있는; (여자가) 기벽 있는, 오기 있는.
stróng pòint 장점; 거점, 요지.
stróng·ròom *n.* Ⓒ 금고실, 귀중품실; 광포한 정신병자 수용실.
stron·ti·um[strɑ́nʃiəm, -ti-/-ɔ́-] *n.* Ⓤ 스트론튬《금속 원소; 기호 Sr》.
strop[strɑp/-ɔ-] *n., vt.* (*-pp-*) Ⓒ 가죽숫돌, 혁지(革砥)(에 갈다).
stro·phan·thin[stroufǽnθin] *n.* Ⓤ 〖藥〗 스트로판틴《강심·혈압 강하제》.
stro·phe[stróufi] *n.* Ⓒ (고대 그리스 합창 무용단의) 좌향 선회; 그때 노래하는 가장(歌章); 〖韻〗 절(節), 연(聯).
strop·py[strɑ́pi/-ɔ́-] *a.* 《英俗》 잔뜩 골이 나 있는, 기분이 언짢은; (거칠어) 다루기 어려운.
***strove**[strouv] *v.* strive의 과거.
strow[strou] *v.* 《古》 =STREW.
STRTAC Strategic Army Corps 《美》 전략 육군 병단.
:struck[strʌk] *v.* strike의 과거(분사). ── *a.* 파업으로 폐쇄된[영향을 받은].
***struc·tur·al**[strʌ́ktʃərəl] *a.* ① 구조(상)의, 조직(상)의. ② 건축의. **~·ly** *ad.* **~·ism** *n.* Ⓤ 구조주의.
strúctural fórmula 〖化〗 구조식.
strúctural linguístics 구조 언어학. 「리학.
strúctural psychólogy 구조 심
:struc·ture[strʌ́ktʃər] *n.* ① Ⓤ 구조; 조직, 조립; 〖컴〗 구조. ② Ⓒ 구조[건조]물. 「적 언어.
strúctured lánguage 〖컴〗 구조
strúctured prógramming 〖컴〗 구조화 프로그래밍.
stru·del[strúːdl] *n.* Ⓒ,Ⓤ 과일이나 치즈에 밀가루를 입혀 구운 과자.
:strug·gle[strʌ́gl] *vi.* ① 허위적[버둥]거리다(*to*); 고투(苦鬪)하다, 싸우다(*against, with*). ② 노력하다(*to* do, *for*). ③ 밀어 헤치고 나아가다(*along, in, through*). *~ to one's feet* 간신히 일어나다. ── *n.* Ⓒ ① 버둥질. ② 노력. ③ 고투, 격투. *~ for existence* 생존 경쟁. *~ for life* 필사적인 노력. **strúg·gling** *a.* 허위적거리는; 고투하는, (특히) 생활난과 싸우는.

strum[strʌm] *vt., vi.* (*-mm-*) (악기를) 서투르게[되는 대로] 울리다[타다] (*on*). ── *n.* Ⓒ (악기를) 서투르게 타기; 그 소리.
stru·ma[strúːmə] *n.* (*pl.* *-mae* [-miː]) Ⓒ 〖醫〗 갑산선종; 〖植〗 (이끼 따위의) 혹 모양의 돌기. 「부.
strum·pet[strʌ́mpit] *n.* Ⓒ 매춘
***strung**[strʌŋ] *v.* string의 과거(분사). *highly ~* 몹시 흥분하여.
strúng-òut *a.* 《俗》 마약 중독의; 마약이 떨어져 괴로워하는.
***strut**[1][strʌt] *vi.* (*-tt-*), *n.* 점잔빼며 걷다(*about, along*); Ⓒ 점잔뺀 걸음.
strut[2] *n., vt.* (*-tt-*) Ⓒ 〖建〗 버팀목(을 대다), 지주(支柱)(를 받치다).
'struth[struːθ] *int.* 《口》 아아, 분해, 제기랄《God's truth의 간약형》.
strych·nine[stríknain, -ni(ː)n], **-nin**[-nin] *n.* Ⓤ 〖藥〗 스트리키닌.
S.T.S. Scottish Text Society.
Stu·art[stjúːərt] *n.* (보통 the ~s) 스튜어트가(家)《1371-1603년간 스코틀랜드, 1603-1714년간 잉글랜드와 스코틀랜드를 통치한 왕가》. ***Mary ~*** (1542-87)(*Mary, Queen of Scots*) 스코틀랜드의 여왕(재위 1542-67); 사촌인 Elizabeth I를 배반, 처형됨.
***stub**[stʌb] *n.* Ⓒ ① 그루터기. ② (연필·양초 따위의) 토막, 동강; 담배꽁초; (이의) 뿌리. ③ 《美》 (수표장(帳)의) 지널[베낌]별, 부본. ④ 유달리 짧은 물건. ── *vt.* (*-bb-*) ① (…을) 그루터기로 하다; 그루터기를 뽑아내다. ② (발부리를 그루터기·돌부리 등에) 부딪치다. **∠·by** *a.* 그루터기 같은[가 많은]; 땅딸막한; (털 등이) 짧고 뻣뻣한.
***stub·ble**[stʌ́bəl] *n.* Ⓤ ① (보리 따위의) 그루터기. ② 짧게 깎은 머리[수염]. **stúb·bly** *a.* 그루터기투성이의[같은]; 뭉구리의.
:stub·born[stʌ́bərn] *a.* ① 완고한; 말 안 듣는, 완강한. ② 다루기 어려운. **~·ly** *ad.* **~·ness** *n.*
stuc·co[stʌ́kou] *n.* (*pl.* *~(e)s*), *vt.* Ⓤ 치장 벽토(를 바르다); 그 세공.
:stuck[stʌk] *v.* stick[2]의 과거(분사).
stúck-úp *a.* 《口》 거만한.
stud**[1][stʌd] *n.* Ⓒ ① 장식 징[못]. ② (남자 셔츠의) 장식 단추; (기계에 박는) 볼트, 나사; 마개. ③ 〖建〗 샛기둥. ── *vt.* (*-dd-*) ① 장식못을 박다. ② 점점이 박다. ③ 산재시키다. ④ 샛기둥을 세우다. ***be ~ded with …이 점재하다; …이 점점 박혀 있다.
stud[2] *n.* Ⓒ ① 《집합적》 (번식·사냥·경마용으로 기르는) 말들. ② 씨말; 《口》 호색한(漢).
stúd·bòok *n.* Ⓒ (말의) 혈통 대장.
†stu·dent[stjúːdənt] *n.* Ⓒ (대학·고교 등의) 학생; 연구가, 학자.
stúdent bòdy 대학의 학생 전체.
stúdent cóuncil 《美》 학생 자치회.
stúdent intérpreter 수습 통역관; 외국어 연수생.

stúdent·shìp *n.* Ⓤ 학생 신분; Ⓒ 《英》 대학 장학금.

stúdent téacher 교육 실습생, 교생.

stúdent ùnion 학생 회관.

stúd fàrm 종마(種馬) 사육장.

stúd·hòrse *n.* Ⓒ 종마.

stud·ied[stʌ́did] *a.* 일부로 꾸민, (문체가) 부자연스러운; 심사 숙고한; 《古》 박식한, 정통한.

:stu·di·o[stjúːdiòu] *n.* (*pl.* **~s**) Ⓒ ① (화가·사진사 등의) 작업장, 아틀리에. ② 영화 촬영소. ③ (방송국의) 방송실, 스튜디오.

stúdio apàrtment 거실 겸 침실·부엌·욕실로 된 아파트.

stúdio còuch 침대 겸용 소파.

stu·di·ous[stjúːdiəs] *a.* 공부하는, 공부 좋아하는; 열심인; 애쓰는 (*of*); 주의 깊은. **~·ly** *ad.*

†stud·y[stʌ́di] *n.* ① Ⓤ 공부. ② Ⓤ,Ⓒ 조사; 연구. ③ Ⓒ 연구 대상〔과목〕; (*sing.*) 연구할〔볼〕 만한 것. ④ Ⓒ 습작; 스케치, 시작(試作); 연습곡(*étude*). ⑤ Ⓒ 서재, 연구실, 공부방. ⑥ Ⓒ 『劇』 대사 암송이 …한 배우(*a slow* 〔*quick*〕 *~* 대사 암송이 느린〔빠른〕 배우). — *vt.* ① 연구〔공부〕하다, 잘 조사하다, 유심히〔눈여겨〕 보다. ② 고려〔꾀〕하다. ③ (대사 등을) 암기하다. — *vi.* ① 연구〔공부〕하다. ② 애쓰다. ③ 《美》 숙고하다.

:stuff[stʌf] *n.* Ⓤ ① 원료. ② 요소, 소질. ③ 《주로 英》 (모)직물; (불특정의) 물건, 물질. ④ 《口》 소지품. ⑤ 잡동사니; 잠꼬대, 허튼 소리〔생각〕. ***doctor's ~*** 《口》 약. ***Do your ~!*** 《美俗》 네 생각대로 (말)해 버려라! ***S- (and nonsense)!*** 바보 같은 소리. — *vt.* ① (…에) 채우다; 《俗》 배불리 먹다〔먹이다〕. ② 《美》 (투표함을) 부정 투표로 채우다. ③ (귀·구멍 따위를) 틀어막다(*up*); 『料理』 소를 넣다; 메워〔틀어, 밀어〕넣다 (*into*); 박제(剝製)로 하다. — *vi.* 게걸스럽게〔배불리〕 먹다. **∠·ing** *n.* Ⓤ 채워넣기; (가구 따위에) 채워 넣는 깃털〔솜〕; 요리의 소〔속〕.

stúffed bírd 박제한 새.

stúffed shírt 《美俗》 (하찮은 주제에) 뽐내는 사람.

stúff gòwn 《英》 나사 가운(barrister가 되기 전에 입음; cf. silk gown).

stuff·y[∠i] *a.* 통풍이 안 되는; 답답한, 나른한; (머리가) 무거운; 딱딱한; 성난, 부루퉁한.

stul·ti·fy[stʌ́ltəfài] *vt.* 어리석어 보이게 하다, 무의미하게 하다; (나중의 모순된 행위로써) 무효가 되게 하다. **-fi·ca·tion**[⌐–fikéiʃən] *n.*

stum[stʌm] *n.* Ⓤ (미(未)발효의) 포도즙(must[2]). — *vt.* (***-mm-***) (…의) 발효를 방부제로 그치게 하다; 미발효 포도즙을 넣어 발효를 촉진하다.

:stum·ble[stʌ́mbəl] *vi.* ① 헛딛어 곱드러지다(*at, over*); 비틀거리다. ② 말을 더듬다, 더듬거리다(*through, over*), 망설이다. ③ 잘못을 저지르다, (도덕상의) 죄를 범하다. ④ 우연히 만나다, 마주치다(*across, on, upon*). — *vt.* 비틀거리게 하다, 망설이게 하다. — *n.* Ⓒ 비틀거림; 실책, 실수.

stúmble·bùm *n.* Ⓒ 《美俗》 비틀거리는〔서투른〕 복서; 무능한〔바보짓만 하는〕 사람.

stúmbling blòck 장애물, 방해물; 고민거리.

stu·mer[stjúːmər] *n.* Ⓒ 《英俗》 위조 수표, 가짜 돈〔물건〕; 사기.

:stump[stʌmp] *n.* Ⓒ ① 그루터기; (부러진 이의) 뿌리, (손이나 발의) 잘리고 남은 부분; (연필 따위의) 쓰다 남은 몽당이, (담배, 양초의) 꼬투리. ② 의족(義足); (*pl.*) 《俗·諧》 다리. ③ 똥똥한 사람; 무거운 발걸음〔발소리〕. ④ 『크리켓』 (삼주문의) 기둥(cf. bail[2]); (정치 연설할 때 올라서는) 나무 그루터기, 연단. ⑤ 《美口》 감행, 도전. ***on the ~*** 정치 운동을 하여. ***Stir your ~s!*** 빨리 서둘러라. ***up a ~*** 《美口》 꼼짝달싹 못하게 되어, 곤경에 빠져. — *vt.* ① 《口》 괴롭히다, 난처하게 하다(*I am ~ed.* 난처하게 됐다). ② 《美》 (지방을) 유세하다. ③ 《美口》 도전하다. — *vi.* 의족〔무거운 발걸음〕으로 걷다; 《美》 유세하다. **∠·er** *n.* Ⓒ 난문(難問); =STUMP ORATOR. **∠·y** *a.* 그루터기가 많은; 땅딸막한.

stúmp òrator 〔**spèaker**〕 선거〔정치〕 연설자.

stúmp spèech 선거〔정치〕 연설.

stun**[stʌn] *vt.* (-nn-***) ① (때려서) 기절시키다. ② 귀를 먹먹하게 하다; 어리벙벙하게 하다, 간담을 서늘케 하다. **∠·ner** *n.* Ⓒ 기절시키는 사람〔것·타격〕; 《口》 멋진 사람; 근사한 것. ***∠·ning** *a.* 기절시키는; 간담을 서늘케 하는; 《口》 근사한, 멋진.

***stung**[stʌŋ] *v.* sting의 과거(분사).

stún gàs 착란 가스《최루 가스의 일종》.

stunk[stʌŋk] *v.* stink의 과거(분사).

stunt[1][stʌnt] *vt.* 발육을 방해하다, 주접들게 하다. — *n.* Ⓒ 주접들기; 주접든 동식물. **∠·ed** *a.* 발육 부전의; 지지러진.

***stunt**[2] *n., vi., vt.* Ⓒ 묘기, 곡예(를 하다), 스턴트; 곡예 비행〔운전〕(을 하다).

stúnt màn 『映』 스턴트맨《위험한 장면의 대리역》.

stu·pa[stúːpə] *n.* Ⓒ 『佛』 사리탑.

stupe[1][stjuːp] *n.* Ⓒ 습포(濕布).

stupe[2] *n.* Ⓒ 《俗》 멍텅구리, 바보.

stu·pe·fa·cient [stjùːpəféiʃənt] *a.* 마취시키는. — *n.* Ⓒ 마취제 (narcotic).

***stu·pe·fy**[stjúːpəfài] *vt.* 마취시키다; (…의) 지각을 잃게 하다; 멍하게 하다. **-fac·tion**[⌐–fǽkʃən] *n.*

***stu·pen·dous**[stjuːpéndəs] *a.* 엄청난, 굉장〔거대〕한. **~·ly** *ad.*

:stu·pid[stjúːpid] *a.* 어리석은; 시

S

시한; 멍청한, 무감각한; 《英方》 고집 센. ~·ly *ad.*

*__stu·pid·i·ty__[stju:pídəti] *n.* Ⓤ 우둔; Ⓒ (보통 *pl.*) 어리석은 짓.

stu·por[stjú:pər] *n.* Ⓤ 무감각, 혼수; 망연.

*__stur·dy__[stə́:rdi] *a.* 억센; 건전한; 완강한; 불굴의. **stúr·di·ly** *ad.* **stúr·di·ness** *n.*

stur·geon[stə́:rdʒən] *n.* Ⓒ,Ⓤ 〖魚〗 철갑상어.

stut·ter[stʌ́tər] *vi., n.* Ⓒ 말을 더듬다〔더듬기〕, 말을 떠듬〔우물〕거리다〔거림〕. — *vt.* 떠듬적거리다(*out*). ~·er *n.*

St. Válentine's Dày ⇨VALENTINE.

St. Vítus('s) dánce[-váitəs(iz)-] 무도병(chorea).

sty[1][stai] *n.* Ⓒ 돼지우리; 더러운 집〔장소〕.

sty[2], **stye**[stai] *n.* Ⓒ 〖眼科〗 다래끼.

Styg·i·an[stídʒiən] *a.* 삼도(三途)내의, 하계(下界)의; 지옥의; 어두운, 음침한.

:**style**[stail] *n.* 《원뜻 : 첨필(尖筆)》 ① Ⓒ 첨필; (해시계의) 바늘. ② Ⓤ,Ⓒ 문체, 말투. ③ Ⓤ,Ⓒ 스타일; 양식, 형(型), 유행; 〖컴〗 모양새, 스타일《그래픽에서 선분이나 글씨의 그려지는 형태 지정》. ④ Ⓒ (특수한) 방법, 방식. ⑤ Ⓤ 고상함, 품위. ⑥ Ⓒ 호칭, 칭호, 직함. ⑦ Ⓒ 역법(曆法). ⑧ Ⓒ 〖植〗 화주(花柱). ***in good*** ~ 고상하게. ***in*** ~ 화려하게. ***the New*** 〔***Old***〕 ***S-*** 신〔구〕력(新〔舊〕曆). — *vt.* 이름 짓다, 부르다.

stýle·bòok *n.* Ⓒ 〖印〗 활자 견본책; 철자·약자·구두점 따위의 해설서(書); (유행옷의) 스타일북.

sty·let[stáilit] *n.* Ⓒ 단검(短劍); 〖外科〗 탐침(探針), 소식자.

styl·ist[⌐ist] *n.* Ⓒ 문장가, 명문가(名文家); (의복·실내 장식의) 의장가(意匠家). **sty·lís·tic** *a.* 문체(상)의; 문체에 공들이는. **sty·lís·tics** *n.* Ⓤ 문체론.

styl·ize[stáilaiz] *vt.* 스타일에 순응시키다, 양식에 맞추다; 인습적으로 하다.

sty·lo[stáilou] *n.* (*pl.* ~***s***) 《口》 = ⇩.

sty·lo·graph[stáiləgræ̀f, -grɑ̀:f] *n.* Ⓒ 연필 모양의 만년필.

sty·lus[stáiləs] *n.* Ⓒ 첨필(尖筆), 철필; 축음기 바늘, (레코드 취입용) 바늘.

sty·mie, -my[stáimi] *n.* Ⓒ 〖골프〗 방해구《자기 공과 홀과의 사이에 상대방의 공이 있고, 두 공의 거리가 6인치 이상인 상태》; 그 공〔위치〕. — *vt.* 방해구로 방해하다; 훼방놓다, 좌절시키다, 어찌 할 도리가 없게 하다.

styp·tic[stíptik] *a.* 출혈을 멈추는; 수렴성(收斂性)의. — *n.* Ⓒ 지혈제.

stýptic péncil 립스틱 모양의 지혈제《가벼운 상처에 바름》.

sty·rene [stáiəri(:)n, stír-] *n.* Ⓤ 〖化〗 스티렌《합성 수지·합성 고무의 원료》.

Styx[stiks] *n.* 〖그神〗 지옥(Hades)의 강, 삼도(三途)내.

sua·sion[swéiʒən] *n.* Ⓤ 설득, 권고(persuasion). **sua·sive**[swéisiv] *a.* 설득하는.

suave[swɑ:v] *a.* 상냥한, 유순한, 정중한. ⌐·**ly** *ad.* ⌐·**ness** *n.*

suav·i·ty[swɑ́:vəti, -ǽ-] *n.* Ⓤ 온화; Ⓒ (보통 *pl.*) 정중한 태도.

sub[sʌb] *n.* Ⓒ 보충원, 보결 선수; 잠수함; 중위, 소위. — *a.* 하위(下位)의. — *vi.* (***-bb-***) 대신하다; 대리를 보다.

sub[sʌb] *prep.* (L.) …의 아래〔밑에〕.

sub. subaltern; submarine; substitute; suburb(an); subway.

sub-[sʌb, səb] *pref.* '아래·하위(下位)·아(亞)·부(副)·반·조금' 따위의 뜻.

sùb·ácid *a.* 조금 신.

sùb·ágency *n.* Ⓒ 보조 기관; 부(副)대리점.

sùb·ágent *n.* Ⓒ 부대리인.

sùb·álpine *a.* 아(亞)고산대의.

sub·al·tern[səbɔ́:ltərn/sʌ́bltən] *n.* Ⓒ 차관, 부관; 〖英陸軍〗 대위 이하의 사관. — *a.* 하위의; 속관의; 〖英陸軍〗 대위 이하의.

sub·a·que·ous[sʌ̀béikwiəs] *a.* 수중(水中)(용)의.

sùb·árctic *a.* 아(亞)북극(지방)의.

sùb·átom *n.* Ⓒ 아원자(亞原子)《양자·전자 따위》. ~·**ic**[sʌ̀bətɑ́mik/-ɔ́-] *a.*

súb·chàser *n.* Ⓒ 구잠정(驅潛艇).

súb·clàss *n.* Ⓒ 〖生〗 아강(亞綱).

sùb·commíssioner *n.* Ⓒ 분과위원.

súb·commìttee *n.* Ⓒ 분과〔소〕위원회.

sùb·cónscious *n., a.* (the ~) 잠재 의식(의), 어렴풋이 의식하고 있는〔의식하기〕. ~·**ly** *ad.* ~·**ness** *n.*

sub·con·tract[sʌ̀bkɑ́ntrækt/-ɔ́-] *n.* Ⓒ 하청(계약). — [sʌ̀bkəntrǽkt] *vt., vi.* 하청(계약)하다. **-trac·tor**[sʌ̀bkɑ́ntræktər/-kəntrǽkt-] *n.* Ⓒ 하청인.

súb·cùlture *n.* Ⓤ 〖社〗 소(小)문화, 하위 문화.

súb·cùrrent *n.* Ⓒ (사상 등의) 부수적 사조; 저류(底流), 심층.

sùb·cutáneous *a.* 피하(皮下)의.

sùb·déacon *n.* Ⓒ 〖宗〗 차부제(次副祭), 부집사.

sub·deb[sʌ́bdèb] *n.* 《美口》 =⇩ (cf. debutante).

sùb·débutante *n.* Ⓒ 아직 사교계에 나서지 않은 15, 16세의 처녀; = TEENAGER.

sùb·diréctory 〖컴〗 아랫(자료)방《다른 자료방(directory) 아래에 있는 자료방》.

sùb·divíde *vt., vi.* 재분(再分)〔세분〕하다. *__-divísion__ *n.* Ⓤ 재분, 세분; Ⓒ (세분한) 일부; 분할 부지.

sub·dóminant *a., n.* Ⓒ 〖樂〗 버금딸림음(의).

:**sub·due**[səbdjú:] *vt.* ① 정복하다,

이기다; 복종시키다, 회유하다. ② 억제하다. **~d**[-d] *a.* (빛·색·가락 따위) 차분한, 부드러운(*a color of subdued tone* 차분한 빛깔); (목소리를) 낮추는, 누그러뜨리는. **sub·dú·al** *n.*

sùb·édit *vt.* 《英》 (…의) 부(副)주필 일을 보다. **-éditor** *n.*

súb·èntry *n.* Ⓒ 소표제(어).

súb·fàmily *n.* Ⓒ 〖生〗 아과(亞科).

sub fi·num[sʌb fáinəm] (L.) (참조할 장(章)·절(節) 따위의) 말미(末尾)에《생략 s.f.》.

sùb·fréezing *a.* 빙점하의.

súb·gènus *n.* (*pl.* ***-genera***[-dʒènərə], ***~es***) Ⓒ 〖生〗 아속(亞屬).

súb·gròup *n.* Ⓒ (무리를 나눈) 작은 무리, 하위군(群); 〖化·數〗 부분군(群).

súb·hèad(ing) *n.* Ⓒ 작은 표제《표제의 세분》.

sùb·húman *a.* 인간 이하의; 인간에 가까운.

subj. subject; subjective(ly); subjunctive.

sub·ja·cent[sʌ̀bdʒéisənt] *a.* 아래(밑)의, 아래에 있는.

†**sub·ject**[sʌ́bdʒikt] *a.* ① 지배를 받는, 종속하는(*to*). ② 받는, 받기〔걸리기〕 쉬운(*to*). ③ (…을) 받을 필요 있는(*This treaty is ~ to ratification.* 이 조약은 비준이 필요하다); (…을) 조건으로 하는, …여하에 달린(~ *to changes*). — *n.* Ⓒ ① 권력〔지배〕하에 있는 사람; 국민, 신하. ② 학과, 과목. ③ 주제, 화제; 〖文〗 주어, 주부; 〖論〗 주사(主辭); 〖哲〗 주체, 주관, 자아; 〖樂·美術〗 주제, 테마. ④ 피(被)실험자, 실험 재료. ⑤ …질(質)의 사람, (…성) 환자. ***on the ~ of*** …에 관하여. — [səbdʒékt] *vt.* ① 복종시키다(*to*); 받게〔걸리게〕 하다(*to*). ② 제시하다, 맡기다(*to*). ***sub·jéc·tion** *n.* Ⓤ 정복; 복종.

súbject-hèading *n.* Ⓒ (도서의) 사항〔타이틀〕 색인.

***sub·jec·tive**[səbdʒéktiv, sʌb-] *a.* ① 주관의, 주관적인; 개인적인. ② 〖文〗 주격의. **~·ly** *ad.* **-tiv·i·ty**[sʌ̀bdʒektívəti] *n.* Ⓤ 주관(성).

súbject màtter 주제, 내용.

sub·join[səbdʒɔ́in] *vt.* (말미에) 추가하다.

sub ju·di·ce[sʌb dʒúːdisi] (L.) 심리 중의, 미결의.

sub·ju·gate[sʌ́bdʒugèit] *vt.* 정복하다; 복종시키다. **-ga·tor** *n.* **-ga·tion**[ㅅ-géiʃən] *n.*

sub·junc·tion[səbdʒʌ́ŋkʃən] *n.* Ⓤ 첨가, 증보; Ⓒ 추가〔첨가〕물.

‡**sub·junc·tive**[-tiv] *a.* 〖文〗 가정〔가상〕법의. — *n.* (the ~) 가정〔가상〕법; Ⓒ 가정법의 동사《보기 : *ware* I a bird; if it *rain;* God *save* the Queen.》 (cf. imperative, indicative).

subjúnctive móod 〖文〗 가정법, 「가상법.

súb·lèase *n.* Ⓒ 전대(轉貸). — [-ㄹ] *vt.* 전대하다.

sub·les·see[sʌ̀blesíː] *n.* Ⓒ 전차인(轉借人).

sub·les·sor[sʌblésɔːr] *n.* Ⓒ 전대인(轉貸人).

sùb·lét *vt.* (~; ***-tt-***) 다시 빌려주다; 하청시키다.

sub·lieu·ten·ant [sʌ̀bluːténənt/-lət-] *n.* Ⓒ 《英》 해군 중위.

sub·li·mate[sʌ́bləmèit] *vt.* 순화(純化)하다; 〖化·心〗 승화시키다. — [-mit] *a., n.* 순화된; 승화(昇華)된; Ⓒ 승화물. **-ma·tion**[ㅅ-méiʃən] *n.* Ⓤ 순화; 승화.

‡**sub·lime**[səbláim] *a.* ① 고상〔숭고〕한. ② 장엄〔웅대〕한. — *n.* (the ~) 숭고(함), 장엄. — *vt., vi.* ① 〖化〗 승화시키다〔하다〕. ② 고상하게 하다〔되다〕. **~·ly** *ad.* **sub·lim·i·ty**[-líməti] *n.* Ⓤ 숭고, 장엄; Ⓒ 숭고한 사람〔물건〕.

sub·lim·i·nal[sʌ̀blímənəl] *a.* 〖心〗 식역하(識閾下)의, 잠재 의식의.

sub·lu·nar·y[-lúːnəri], **-nar**[-nər] *a.* 월하(月下)의; 지상의, 이 세상의.

sub·ma·chíne gùn[sʌ̀bməʃíːn-] 《美》 (휴대용) 소형 기관총.

sùb·márginal *a.* (토지가) 경작 한계에 달한.

‡**sub·ma·rine**[sʌ́bmərìːn, ㅅ-ㄹ] *n.* Ⓒ 잠수함. — *a.* 바다 속의〔에서 쓰는〕; 잠수함의; 잠수함으로 하는.

súbmarine càble 해저 전선.

súbmarine chàser 구잠정(驅潛艇)《잠수함 추격용》.

súbmarine pèn (지하의) 잠수함 대피소《그냥 'pen' 이라고도 함》.

súbmarine tènder 잠수모함(母艦).

sub·max·il·lar·y[sʌ̀bmǽksəlèri/-ləri] *a.* 〖解〗 하악(下顎)(골)의.

sub·merge**[səbmə́ːrdʒ] *vt.* ① 물속에 가라앉히다. ② 물에 잠그다. ③ 감추다. — *vi.* (잠수함 등이) 가라앉다, 잠항하다. ***the ~d tenth 사회의 맨밑바닥 사람들. **sub·mér·gence** *n.* Ⓤ 침몰, 잠항; 침수, 관수(冠水).

sub·merse[-mə́ːrs] *vt.* =SUBMERGE. **sub·mer·sion**[-ʒən, -ʃən] *n.* =SUBMERGENCE.

sub·mers·i·ble[səbmə́ːrsəbəl] *a.* 수중에 가라앉힐 수 있는; 잠수〔잠항〕할 수 있는. — *n.* Ⓒ 잠수〔잠항〕정, 잠수함.

***sub·mis·sion**[-míʃən] *n.* ① Ⓤ,Ⓒ 복종, 항복. ② Ⓤ 순종(*to*). ③ Ⓒ (의견의) 개진(開陳), 제안. **-sive** *a.* 순종하는, 유순한.

‡**sub·mit**[-mít] *vt.* (***-tt-***) ① 복종시키다(*to*). ② 제출하다(*to*). ③ 부탁하다, 공손히 아뢰다(*that*). — *vi.* 복종하다(*to*).

sub·mon·tane[sʌ̀bmɑ́ntein/-ɔ́-] *a.* 산 밑〔기슭〕의.

sùb·nórmal *a., n.* 정상 이하의; Ⓒ 정신 박약의 (사람).

sùb·núclear *a.* 원자핵내의.

S

sùb·núcleon *n.* Ⓒ 〖理〗 핵자(核子) 구성자.
sùb·oceánic *a.* 해저의〔에 있는〕 (*a* ~ *oil field* 해저 유전).
sùb·órbital *a.* 〖解〗 안와(眼窩) 밑의; 궤도에 오르지 않는.
súb·òrder *n.* Ⓒ 〖生〗 아목(亞目).
***sub·or·di·nate**[səbɔ́:rdənit] *a.* ① 하위〔차위〕의; 부수하는. ② 〖文〗 종속의. ― *n.* Ⓒ 종속하는 사람〔것〕, 부하. ― [-nèit] *vt.* 하위에 두다; 경시하다(*to*); 종속시키다(*to*). **-na·tive**[-nèitiv, -nə-] *a.* **-na·tion**[-⌐-néiʃən] *n.*
subórdinate cláuse 〖文〗 종속절.
subórdinate conjúnction 종속 접속사《*as, because, if, since, etc.*》.
sub·orn[səbɔ́:rn/sʌb-] *vt.* 거짓 맹세〔위증〕시키다; 매수하다, 나쁜 일을 교사하다. ~·**er** *n.* **sub·or·na·tion**[sʌ̀bɔ:rnéiʃən] *n.*
súb·plòt *n.* Ⓒ (극·소설의) 부가적 줄거리.
sub·poe·na, -pe-[səbpí:nə] *n., vt.* Ⓒ 〖法〗 소환장; 소환하다.
sùb·pólar *a.* 극지에 가까운, 북〔남〕극에 가까운.
súb·prògram *n.* Ⓒ 〖컴〗 서브프로그램.
súb·règion *n.* Ⓒ 〖生〗 (동식물 분포의) 아구(亞區).
Sub·roc[sʌ́brɑ̀k/-rɔ̀k] *n.* 서브록《대잠 미사일》(< *sub*marine + *roc*ket).
sub·ro·gate[sʌ́brəgèit] *vt.* 〖法〗 대위(代位)〔대리〕하다. **-ga·tion**[⌐-géiʃən] *n.* Ⓤ 대위(변제).
sub ro·sa [sʌb róuzə] (L.) 비밀히.
súb·routìne *n.* Ⓒ 〖컴〗 서브루틴.
***sub·scribe**[səbskráib] *vt.* ① 서명하다; (기부금 등에) 서명하여 동의하다, 기부하다. ② (신문·잡지 등을) 예약하다. ③ (주식 등에) 응모하다. ― *vi.* ① 서명〔기부〕하다(*to*); 기부자 명부에 써넣다. ② 찬성하다(*to*). ③ 예약〔구독〕하다; (주식 등에) 응모하다(*for*). ***sub·scríb·er** *n.* Ⓒ 기부자; 구독〔예약〕자; 응모〔서명〕자.
sub·script[sʌ́bskript] *a., n.* Ⓒ 아래〔밑〕에 쓴 (숫자·문자)《H_2O의 2, Σλκ의 κ 따위》; 〖컴〗 첨자(添字). ~***ed variable*** 〖컴〗 첨자 변수.
***sub·scrip·tion** [səbskrípʃən] *n.* ① Ⓒ 서명(승낙). ② Ⓤ 기부; Ⓒ 기부금. ③ Ⓤ 예약 구독료〔구독 기간〕; 예약, 응모.
subscríption cóncert 예약(제) 음악회.
subscríption télevision 〔**TV**〕 (유선으로 송신되는) 유료 텔레비전.
sub·sec·tion[sʌ́bsèkʃən] *n.* Ⓒ (section의) 세분, 소부(小部).
***sub·se·quent**[sʌ́bsikwənt] *a.* 뒤〔다음〕의; 뒤이어〔잇따라〕 일어나는(*to*). ~·**ly** *ad.* **-quence** *n.*
sub·serve[səbsə́:rv] *vt.* 돕다, (…에) 도움이 되다, 촉진하다.
sub·ser·vi·ent[-sə́:rviənt] *a.* 복종하는; 도움이 되는(*to*); 비굴한. **-ence** *n.*
súb·sèt *n.* Ⓒ 〖數〗 부분 집합.
***sub·side**[-sáid] *vi.* ① 가라앉다, (건물 따위가) 내려앉다; 침전하다. ② (홍수 따위가) 빠다; (폭풍·소동 따위가) 잠잠해지다. **sub·sid·ence** [səbsáidəns, sʌ́bsə-] *n.*
***sub·sid·i·ar·y**[-sídièri] *a.* ① 보조의; 보충적인. ② 종속〔부차〕적인. ③ 보조금의〔을 받을〕. ― *n.* Ⓒ 보조물; 보조자; 자(子)회사.
subsídiary cómpany 자(子)회사.
sub·si·dize[sʌ́bsidàiz] *vt.* 보조금을 주다; 돈을 주어 협력을 얻다, 매수하다.
sub·si·dy[⌐sidi] *n.* Ⓒ 보조금, 조성금.
***sub·sist**[səbsíst] *vi.* ① 생존하다, 생활하다(*on, by*). ② 존재하다. ― *vt.* 밥〔양식〕을 대다, 급양하다.
***sub·sist·ence**[-sístəns] *n.* Ⓤ ① 생존, 현존, 존재. ② 생활; 생계; 생활 수단.
subsístence allòwance 〔**mòney**〕 (여비 따위의) 특별 수당.
subsístence fàrming 자급(自給) 농업.
subsístence lèvel, the 최저 생활 수준.
sub·sist·ent[-sístənt] *a.* 생존하는; 실재하는; …에 고유한.
subsísting fàrming 《美》 자급 농업.
súb·sòil *n.* Ⓤ (보통 the ~) 하층토(土), 저토(底土).
sùb·sónic *a.* 음속 이하의(cf. sonic).
súb·spècies *n.* Ⓒ 〖生〗 아종(亞種).
:sub·stance[sʌ́bstəns] *n.* ① Ⓒ 물질; (어떤 종류의) 물건. ② Ⓤ 〖哲〗 실체, 본질. ③ (the ~) 요지; 실질; 알맹이; (직물의) 바탕. ④ Ⓤ 재산. ***in*** ~ 대체로; 실질적으로, 사실상.
sùb·stándard *a.* 표준 이하의.
:sub·stan·tial [səbstǽnʃəl] *a.* ① 실질의; 실재하는, 참다운. ② 〖哲〗 실체〔본체〕의. ③ 다대한, 중요한, 충분한. ④ 실질〔본질〕적인, 내용〔알맹이〕 있는; 견고한; 사실상의. ⑤ 자산이 있는, 유복한. ***~·ly**[-ʃəli] *ad.* **-ti·al·i·ty**[-⌐ʃiǽləti] *n.* Ⓤ 실질(이 있음); 실재성; 실체; 견고.
sub·stan·ti·ate[-stǽnʃièit] *vt.* 입증하다; 실체화하다. **-a·tion**[-⌐-éiʃən] *n.*
sub·stan·tive[sʌ́bstəntiv] *a.* 〖文〗 (실(實))명사의, 명사로 쓰인; 존재를 나타내는; 독립의; 현실의; 본질적인. ― *n.* Ⓒ 〖文〗 (실)명사. **-ti·val**[⌐-táivəl] *a.* (실)명사의.
súb·stàtion *n.* Ⓒ 지서(支署), 출장소.
:sub·sti·tute[sʌ́bstitjù:t] *n.* Ⓒ 대리인; 대체물, 대용품; 〖컴〗 바꾸기. ― *vt.* 바꾸다, 대용하다, 대체하다, 대리시키다. ― *vi.* 대리를 하다. ― *a.* 대리의. ***-tu·tion**[⌐-⌐ʃən] *n.* Ⓤ,Ⓒ 대리; 교체; 〖化〗 치환; 〖數〗 대입(법).
sùb·strátosphere *n.* (the ~) 아

성층권《성층권의 하부》.
sub·stra·tum[sʌ́bstrèitəm, -ræ̀-] *n.* (*pl.* **-ta**[-tə], **~s**) Ⓒ 하층(토); 기초.
súb·strìng *n.* Ⓒ 〖컴〗 아랫문자열.
súb·strùcture *n.* Ⓒ 기초 공사.
súb·sỳstem *n.* Ⓒ 하부 조직.
sub·teen[∠tíːn] *n., a.* Ⓒ teen-age 이하의 (아이); 13세 이하의 소녀.
sub·tem·per·ate[sʌ̀btémpərit] *a.* 아온대(亞溫帶)의.
sùb·ténant *n.* Ⓒ (토지·가옥 따위의) 전차인(轉借人).
sub·tend[səbténd] *vt.* 〖幾〗 (현(弦)이 호(弧)에, 변이 각에) 대(對)하다.
sub·ter·fuge[sʌ́btərfjùːdʒ] *n.* Ⓒ 구실; Ⓤ 속임수.
sub·ter·mi·nal[sʌ̀btə́ːrmənl] *a.* 종말〔말단〕 가까운 (곳에 있는).
sub·ter·ra·ne·an[sʌ̀btəréiniən], **-ne·ous**[-réiniəs, -njəs] *a.* 지하의; 비밀의, 숨은.
sub·til(e)[sʌ́tl, sʌ́btil] *a.* 《古》 =SUBTLE.
sub·til·i·ty[sʌbtíləti] *n.* =SUBTLETY.
sub·til·ize[sʌ́btəlàiz] *vt.* 희박하게 하다; 섬세하게 하다; 미세하게 구별하다. **-i·za·tion**[∸–izéiʃən/sʌ̀tilai-] *n.*
sub·til·ty[sʌ́btilti] *n.* 《古》 =SUBTLETY.
súb·tìtle *n.* Ⓒ (책의) 부제(副題); (*pl.*) 〖映〗 설명 자막.
⁑**sub·tle**[sʌ́tl] *a.* ① 포착하기〔잡기〕 어려운, 미묘한, 미세한. ② (약·독 따위) 서서히 효과가 나타나는; (미소·표정 따위) 신비스런. ③ 예민한; 교묘한. ④ 음흉한, 교활한. ⑤ 희박한. ***~·ty** *n.* 희박(함); 예민; 세밀한 구별. **súb·tly** *ad.*
sub·to·pi·a [sʌbtóupiə] *n.* Ⓤ,Ⓒ 《英·蔑》 (교외의) 난(亂)개발 지역.
sùb·tótal *n.* Ⓒ 소계(小計).
***sub·tract**[səbtrǽkt] *vt.* 〖數〗 덜다, 빼다(~ *2 from 7*, 7에서 2를 빼다)(cf. deduct). **~·er** *n.* Ⓒ 〖컴〗 뺄셈기; 공제자. ***sub·trác·tion** *n.* Ⓤ,Ⓒ 감법(減法), 뺄셈. **sub·trác·tive** *a.*
sub·treas·ur·y[sʌ́btrèʒəri] *n.* Ⓒ (금고의) 분고(分庫); 〖美〗 재무성의 분국(分局).
sùb·trópic, -ical *a.* 아열대의.
sùb·trópics *n. pl.* 아열대 지방.
⁑**sub·urb**[sʌ́bəːrb] *n.* ① Ⓒ (도시의) 변두리 지역, 교외. ② (*pl.*) 주변; (the ~s) 변두리 주택 지역. ***sub·ur·ban**[səbə́ːrbən] *a.* 교외의; 교외〔변두리〕에 사는; 교외(의 주민) 특유의. **sub·ur·ban·ite**[-bən-àit] *n.* Ⓒ 교외 거주자.
sub·ur·bi·a[səbə́ːrbiə] *n.* Ⓤ 《집합적》 교외 거주자; 교외 생활 양식.
sub·ven·tion[səbvénʃən] *n.* Ⓒ 보조금.
sub·ver·sion[səbvə́ːrʒən] *n.* Ⓤ 전복〔파괴〕(하는 것).
sub·ver·sive[səbvə́ːrsiv] *a.* 전복하는, 파괴하는(*of*). — *n.* Ⓒ 파괴〔불온〕분자.
sub·vert[səbvə́ːrt] *vt.* (국가·정체 따위를) 전복시키다, 파괴하다; (주의·주장을) 뒤엎다, 타락시키다.
sub vo·ce[sʌb vóusi] (L.) …의 항(項)에.
⁑**sub·way**[sʌ́bwèi] *n.* Ⓒ (보통 the ~) 《美》 지하철; 《英》 지하도.
sùb-zéro *a.* (특히 화씨의) 영도 이하의; 영하 기온용의.
⁑**suc·ceed**[səksíːd] *vt.* ① (…에) 계속하다. ② (…의) 뒤를 잇다. — *vi.* ① 계속되다, 잇따라 일어나다(*to*); 계승〔상속〕하다(*to*). ② 성공하다(*in*); (좋은) 결과를 가져오다. ③ 입신(출세)하다.
***suc·ceed·ing**[-iŋ] *a.* 계속되는, 다음의.
†**suc·cess**[səksés] *n.* Ⓤ 성공, 행운; 출세; Ⓒ 성공자. ⁑**~·ful** *a.* 성공한, 행운의. ⁑**~·ful·ly** *ad.*
⁑**suc·ces·sion**[-séʃən] *n.* ① Ⓤ 연속; Ⓒ 연속물. ② Ⓤ 상속, 계승(권); 상속 순위; 《집합적》 상속자들. ***in ~*** 연속하여. ***the law of ~*** 상속법.
succéssion dùty 〔**tàx**〕 상속세.
⁑**suc·ces·sive**[-sésiv] *a.* 연속적인, 잇따른. **~·ly** *ad.*
⁑**suc·ces·sor**[-sésər] *n.* Ⓒ 뒤를 잇는 사람; 후임〔후계〕자; 상속인.
suc·cinct[səksíŋkt] *a.* 간결한.
suc·cor, 《英》 **-cour**[sʌ́kər] *n., vt.* Ⓤ 구조(하다).
suc·co·tash [sʌ́kətæ̀ʃ] *n.* Ⓤ,Ⓒ 《美》 옥수수와 콩 등으로 만든 요리.
suc·cu·lent[sʌ́kjələnt] *a.* (과일 따위) 즙이 많은; 흥미진진한; 〖植〗 다육(多肉)의. **-lence** *n.*
***suc·cumb**[səkʌ́m] *vi.* ① 굴복하다, 지다(*to*). ② (…으로) 죽다(*to*).
†**such**[強 sʌtʃ, 弱 sətʃ] *a.* ① 이〔그〕러한, 이〔그〕와 같은; 같은. ② 《~ **...as**의 형식으로》 …과 같은; …하는 것과 같은 그러한. ③ 앞서 말한, 상기(上記)의. ④ 훌륭한; 대단한, 심한(*He's ~ a liar!*). ***~ and ~*** 이러이러한. — *pron.* ① 그러한〔이러한〕 사람〔물건〕. ② 〖商〗 전기한 물건. ***and ~*** 《口》 …따위. ***as ~*** 그 자격으로; 그것만으로.
súch·lìke *a., pron.* 그러한 사람〔물건〕.
⁑**suck**[sʌk] *vt.* ① 빨다; 빨아들이다(*in, down*). ② (물·지식 따위를) 흡수하다(*in*); (이익을) 얻다, 착취하다(*from, out of*). — *vi.* 빨다; 홀짝이다(*at*); 젖을 빨다. ***~ in*** 〔***up***〕 빨아들이다〔올리다〕, 흡수하다. — *n.* ① Ⓤ (젖을) 빨기〔빠는 소리〕; 흡인력. ② Ⓒ 《口》 한 번 빨기, 한 모금. ***at ~*** 젖을 빨고. ***give ~ to*** …에게 젖을 먹이다. ***∠·er** *n., vt., vi.* Ⓒ 빠는 사람〔물건〕; 젖먹이; 빨판, 흡반(이 있는 물고기); 〖植〗 흡지(吸枝); 흡입관(管); 《美俗》 (잘 속는) 얼간이; 《口》 꼬챙이 사탕(lollipop); (옥수수·담배 등의) 흡지(吸枝)를 떼어버리다; 흡지가 나다. **∠·ing** *a.* (젖을) 빠는, 흡수하는; 젖떨어지지

않은; 《口》 젖비린내 나는, 미숙한.
suck·le[sʌ́kəl] *vt.* (…에게) 젖을 먹이다; 기르다, 키우다. **súck·ling** *n., a.* Ⓒ 젖먹이; 어린 (짐승); 젖떨어지지 않은.
su·crose[sú:krous] *n.* Ⓤ 〖化〗 자당(蔗糖).
suc·tion[sʌ́kʃən] *n.* Ⓤ 빨기; 흡인(력). — *a.* 빨아들이게 하는; 흡인력에 의하여 움직이는.
súction pùmp 빨펌프.
Su·dan[su:dǽn, -dɑ́:n] *n.* 수단《이집트 남쪽의 독립국(1956)》.
Su·da·nese[sù:dəní:z] *a., n.* (*pl.* ***-nese***) Ⓒ 수단의 (사람).
su·da·to·ri·um [sù:dətɔ́:riəm] *n.* (*pl.* ***-ria***[-riə]) Ⓒ 한증막, 증기탕.
su·da·to·ry[sú:dətɔ̀:ri] *a.* 땀을 내게 하는; 발한실의. — *n.* Ⓒ 발한제; 발한실, 한증막.
†**sud·den**[sʌ́dn] *a.* 돌연한, 갑작스런. — *n.* 돌연. ***on*** 〔***of, all of***〕 ***a*** ~ 갑자기. †~**·ly** *ad.* 갑자기, 돌연, 불시에. ~**·ness** *n.*
súdden déath 급사; 〖競〗 연장전《먼저 득점한 쪽이 승리》.
súdden ínfant déath sỳndrome 유아 돌연사 증후군《생략 SIDS》.
su·dor·if·ic [sù:dərífik/sjù:-] *a., n.* 땀나(게 하)는; Ⓒ 발한제.
Su·dra[sú:drə] *n.* 수드라《인도 4성 중 최하급》.
suds[sʌdz] *n. pl.* (거품이 인) 비눗물; (비누) 거품; 《俗》 맥주.
***sue**[su:/sju:] *vt., vi.* ① 고소하다, 소송을 제기하다(~ *for damages* 손해 배상 청구 소송을 제기하다). ② 간청하다(*to, for*). ③ 《古》 (여자에게) 구혼〔구애〕하다.
suède[sweid] (F. =Sweden) *n., a.* Ⓤ 스웨드 가죽(비슷한 천)(으로 만든).
su·et[sú:ət] *n.* Ⓤ 쇠기름, 양기름. **sú·ety** *a.* 쇠〔양〕기름 같은.
Su·ez[su:éz, ⌐–] *n.* 수에즈 운하 남단의 항구 도시; 수에즈 지협(the Isthmus of ~). ***the*** ~ ***Canal*** 수에즈 운하.
suf., suff. suffix. **Suff.** Suffolk.
†**suf·fer**[sʌ́fər] *vt.* ① (고통·패전·손해를) 입다, 당하다, 겪다. ② 견디다. ③ 허용하여 …하게 하다. — *vi.* ① 괴로워하다, 고생하다(*from, for*). ② 병에 걸리다(*from*); 손해를 입다. ~**·a·ble**[-rəbəl] *a.* 참을 수 있는; 허용할 수 있는. **:**~**·er** *n.* Ⓒ 괴로워하는 사람; 피해자. **:**~**·ing** *n.* Ⓤ 고통, 괴로움; Ⓒ (종종 *pl.*) 재해; 피해; 손해.
suf·fer·ance[sʌ́fərəns] *n.* Ⓤ 관용, 묵허(默許); 인내력. ***on*** ~ 눈감아 주어, 덕분에.
:suf·fice[səfáis] *vi.* 충분하다, 족하다. — *vt.* (…에) 충분하다; 만족시키다. ***S- it to say that …*** …이라 하면 충분하다.
:suf·fi·cient[səfíʃənt] *a.* 충분한(*to* do, *for*). **:**~**·ly** *ad.* **-cien·cy** *n.* Ⓤ 충분; 《古》 능력, 자격.
:suf·fix[sʌ́fiks] *n., vt.* Ⓒ 〖文〗 접미사(로서 붙이다); 첨부하다.
***suf·fo·cate**[sʌ́fəkèit] *vt.* ① (…의) 숨을 막다; 질식(사)시키다; 호흡을 곤란케 하다. ② (불 따위를) 끄다. — *vi.* 질식하다. **-ca·tion**[⌐–kéiʃən] *n.*
Suf·folk[sʌ́fək] *n.* 잉글랜드 동부의 주《생략 Suff.》.
suf·fra·gan [sʌ́frəgən] *n., a.* Ⓒ 〖宗〗 부감독〔부주교〕(의); 보좌(補佐)의.
suf·frage**[sʌ́fridʒ] *n.* Ⓒ (찬성) 투표; Ⓤ 투표〔선거·참정〕권. ***manhood ~ 성년 남자 선거권. ***universal*** ~ 보통 선거. ***woman*** ~ 여성 선거〔참정〕권. **súf·fra·gist** *n.* Ⓒ 참정권 확장론자, (특히) 여성 참정권론자.
suf·fra·gette[sʌ̀frədʒét] *n.* Ⓒ (여자의) 여성 참정권론자.
suf·fuse[səfjú:z] *vt.* (액체·빛·빛깔 따위가) 뒤덮다, 채우다. **suf·fu·sion** [-ʒən] *n.*
Su·fi[sú:fi] *n.* Ⓒ (이슬람교의) 수피파《Sufism을 신봉함》. **Sú·fism** *n.* (이슬람교의) 범신론적 신비설.
†**sug·ar**[ʃúgər] *n.* Ⓤ 설탕; 〖化〗 당(糖)(*granulated* ~ 그래뉴당(糖), 굵은 설탕); Ⓒ 각사탕. ~ ***of lead*** 〔***milk***〕 연당(鉛糖)〔유당(乳糖)〕. — *vt.* ① (…에) 설탕을 넣다, 설탕을 입히다〔뿌리다〕; 설탕으로 달게 하다. ② (말을) 달콤하게〔사탕발림〕 하다. ③ 《俗》《수동태로》 저주하다(*I'm ~ed!* 빌어먹을!/*Pedantics be ~ed!* 같잖게 학자인 체하네!). — *vi.* ① 당화(糖化)하다. ② 《美》 단풍당(糖)을 만들다; 당액을 바짝 졸이다(*off*). ~**ed**[-d] *a.* 설탕을 뿌린〔쓴〕; (말이) 달콤한, 상냥한, 겉발림의.
súgar bàsin 《英》 =SUGAR BOWL.
súgar bèet 사탕무.
súgar bòwl 《美》 (식탁용) 설탕 그릇.
súgar càndy 《英》 얼음사탕.
sùgar càne 사탕수수.
súgar-còat *vt.* (알약 따위에) 당의(糖衣)를 입히다; 잘 보이게 하다.
súgar còrn 사탕옥수수.
súgar dàddy 《美俗》 금품 따위로 젊은 여성을 후리는 중년의 부자.
súgar diabétes 당뇨병.
súgar-frée *a.* 설탕이 들어 있지 않은, 무당(無糖)의.
súgar·hòuse *n.* Ⓒ 제당소(製糖所).
súgar lòaf (원뿔꼴의) 고체 설탕.
súgar màple 〖植〗 사탕 단풍.
súgar·plùm *n.* Ⓒ 캔디, 봉봉.
súgar tòngs 각사탕 집게.
sug·ar·y[ʃúgəri] *a.* 달콤한; 아첨의.
†**sug·gest**[səgdʒést] *vt.* ① 암시〔시사〕하다, 넌지시 비추다. ② 말을 꺼내다, 제안하다(*that*). ③ 연상시키다, 생각나게 하다. ~ ***itself to*** … 의 머리〔염두〕에 떠오르다. ~**·i·ble** *a.* 암시할 수 있는; (최면술에서) 암시에 걸리기 쉬운.

‡sug·ges·tion[səgdʒéstʃən] *n.* ① Ⓤ,Ⓒ 암시. ② Ⓤ,Ⓒ 생각남; 연상. ③ Ⓤ,Ⓒ 제안; 제의. ④ (*sing.*) 투, 기미(*a* ~ *of fatigue*). ⑤ Ⓤ (최면술의) 암시; Ⓒ 암시된 사물.

suggéstion bòx 건의함.

***sug·ges·tive**[səgdʒéstiv] *a.* ① 암시적인; 암시하는, 연상시키는(*of*). ② 유혹적인.

‡su·i·cide[sú:əsàid] *n.* ① Ⓤ,Ⓒ 자살; 자멸. ② Ⓒ 자살자. **-cid·al** [⌐–sáidl] *a.*

súicide pàct 정사[동반 자살]의 약속《두 사람 이상》.

su·i ge·ne·ris[sú:ai dʒénəris] (L. =of its own kind) 독특한, 독자적인.

†suit[su:t] *n.* 《원뜻 'follow'》 ① Ⓤ,Ⓒ 탄원, 청원, 간원(懇願); Ⓒ 〖法〗 소송; 고소. ② Ⓤ 구애(求愛), 구혼. ③ Ⓒ (옷) 한 벌, 갖춤벌《특히, 남자의 상의·조끼·바지》. ④ Ⓒ (카드의) 짝패 한 벌《각 13매》; (동 종류의 것의) 한 벌. ***follow*** ~ (카드놀이에서) 처음 내놓은 패와 같은 짝패를 내다; 남 하는 대로 하다. — *vt.* ① (…에게 갖춤벌의) 옷을 입히다. ② (갖추게 한다는 뜻에서) 적합[일치]하게 하다(*to, for*). ③ 적합하다, (…에) 어울리다. ④ (…의) 마음에 들다. — *vi.* ① 형편이 좋다. ② 적합하다. ~ ***oneself*** 제 멋대로 하다. ~ ***the action to the word*** 대사대로 행동하다《Sh., *Ham.*》; (약속·협박 등을) 곧 실행하다. **∠·ing** *n.* Ⓤ 양복지. ***∠·or** *n.* Ⓒ 원고; 간원자; 구혼자《남자》.

‡suit·a·ble[sú:təbəl] *a.* 적당한, 어울리는. **-bly** *ad.* **-bil·i·ty**[⌐–bíləti] *n.*

***suit·case**[sú:tkèis] *n.* Ⓒ (소형) 여행 가방, 슈트케이스.

***suite**[swi:t] *n.* Ⓒ ① 수행원, 일행; 한 벌 갖춤. ② (목욕실 따위가 있는) 붙은 방《호텔의》(*a* ~ *of rooms*); 한 벌의 가구. ③ 〖樂〗 조곡(組曲).

sulf-[sʌlf] '유황을 포함한'의 뜻의 결합사.

sul·fa[sʌ́lfə] *a.* 술파제의.

sul·fa·di·a·zine [sʌ̀lfədáiəzì:n, -zin] *n.* Ⓤ 술파다이진《폐렴 등의 특효약》.

súlfa drùg 술파제《술파계의 약제(⇩, ⇧)의 총칭》.

sul·fa·guan·i·dine[-gwǽnədì:n, -din] *n.* Ⓤ 술파구아니딘《적리(赤痢) 등의 치료제》.

sul·fa·níl·ic ácid[-nílik-] 술파닐산《물감·의약품용》.

sul·fate[sʌ́lfeit] *n., vi.* Ⓤ,Ⓒ 〖化〗 황산염(화하다). — *vt.* 황산과 화합시키다[으로 처리하다]; (축전지의 연판에) 황산염 화합물을 침전시키다.

sul·fide, -phide[sʌ́lfaid] *n.* Ⓤ,Ⓒ 〖化〗 황화물.

sul·fite[sʌ́lfait] *n.* Ⓒ 〖化〗 아황산염.

sul·fon·a·mide [sʌlfɑ́nəmàid/-fɔ́-] *n.* Ⓒ 〖藥〗 술폰아미드《세균성 질환 치료용》.

‡sul·fur[sʌ́lfər] *n., a.* Ⓤ 유황(색의), 황녹색(의).

sul·fu·rate[sʌ́lfjurèit] *vt.* 유황과 화합시키다, 유황으로 처리[표백]하다.

súlfur dióxide 이산화 유황, 아황산 가스.

sul·fu·re·ous[sʌlfjúəriəs] *a.* 유황(질·모양)의; 황내 나는.

sul·fu·ret[sʌ́lfjərèt] *n.* Ⓒ 황화물. — *vt.* 황화하다.

***sul·fu·ric**[sʌlfjúərik] *a.* 유황의; (6가(價)의) 유황을 함유하는.

sulfúric ácid 황산.

sul·fur·ous[sʌ́lfərəs] *a.* 유황의[같은]; (4가(價)의) 유황을 함유하는; 지옥불의[같은].

súlfurous ácid 아황산.

sulk[sʌlk] *vi., n.* (the ~s) 시무룩해지다[함]; 지루퉁함, 부루퉁함.

***sulk·y**[∠i] *a.* 찌무룩[지르퉁]한, 부루퉁한. — *n.* Ⓒ 1인승 2륜 경마차《혼자라서, 재미가 없다는 뜻에서》. **súlk·i·ly** *ad.* **súlk·i·ness** *n.*

***sul·len**[sʌ́lən] *a.* 찌무룩한, 지르[부루]퉁한; (날씨가) 음산한. **~·ly** *ad.* **~·ness** *n.*

sul·ly[sʌ́li] *vt.* (명성 따위를) 더럽히다; 손상하다.

sulph- =SULF-.

súl·pha, sul·pha·guán·i·dine, súl·phate, súl·phide, súl·phite, ‡súl·phur, súl·phu·rate, &c,. =SULFA, &c.

***sul·tan**[sʌ́ltən] *n.* Ⓒ 회교국 군주, 술탄; (the S-) 〖史〗 터키 황제.

sul·tan·a[sʌltǽnə, -ɑ́:-] *n.* Ⓒ 회교국 왕비; 회교국 군주의 어머니[자매·딸]; 《주로 英》 포도의 한 품종; 그 포도로 만든 건포도.

sul·tan·ate[sʌ́ltənit] *n.* Ⓤ,Ⓒ 술탄의 지위[권력·통치 기간·영토].

***sul·try** [sʌ́ltri] *a.* 무더운(close and hot), 숨막히게 더운. **súl·tri·ly** *ad.* **súl·tri·ness** *n.*

sum[sʌm] *n.* ① (the ~) 합계, 총계. ② (the ~) 개략, 요점. ③ Ⓒ (종종 *pl.*) 금액. ④ Ⓒ 《口》 산수 문제; (*pl.*) 계산(*do* ~*s* 계산하다). ⑤ 절정. ***in*** ~ 요약하면. ~ ***and substance*** 요점. ~ ***total*** 총계. — *vt.* (***-mm-***) 합계하다(*up*); 요약(해 말)하다, (…을) 재빨리 평가하다(*up*). — *vi.* 요약(해 말)하다(*up*). ~ ***to*** 합계하면 …이 되다. ***to*** ~ ***up*** 요약하면.

SUM surface-to-underwater missile.

su·mac(h) [ʃú:mæk, sjú:-] *n.* Ⓒ 옻나무[거망옻나무·붉나무]류; Ⓤ 그 마른 잎《무두질용·물감》.

Su·ma·tra [sumɑ́:trə] *n.* 수마트라섬.

súm chèck 〖컴〗 합계 검사.

Su·me·ri·an[su:míəriən] *a.* 수메르(Sumer)의《유프라테스 하구의 고대 지명》; 수메르인[어]의. — *n.* Ⓒ 수메르인; Ⓤ 수메르어.

sum·ma cum lau·de[sʌ́mə kʌm lɔ́:di] (L.) 최우등으로.

***sum·ma·rize**[sʌ́məràiz] *vt.* 요약

하다, 요약하여 말하다.
:**sum·ma·ry**[sʌ́məri] *a.* ① 개략의, 간결한. ② 약식의; 즉결의. — *n.* Ⓒ 적요, 요약. **-ri·ly** *ad.*
súmmary cóurt 즉결 재판소.
súmmary jurisdíction 즉결 재판권.
sum·ma·tion[sʌméiʃən] *n.* U,C 덧셈; 합계; Ⓒ 〖法〗 (배심에 돌리기 전의 반대측 변호인의) 최종 변론.
†**sum·mer**[sʌ́mər] *n.* ① U,C 여름(철), 하계. ② (the ~) 한창때, 청춘. ③ (*pl.*) 《詩》 연령. — *a.* 여름의. — *vi.* 여름을 지내다, 피서하다 (*at, in*). — *vt.* (여름철 동안) 방목하다. **súm·mer·y** *a.* 여름의; 여름다운.
súmmer càmp (아동 등의) 여름캠프. 「용 별장.
súmmer hòuse 정자; 《美》 피서
súmmer resórt 피서지.
sum·mer·sault[-sɔ̀ːlt], **-set**[-sèt] *n., a.* =SOMERSAULT, -SET.
súmmer schòol 하계 학교, 하계 강습회.
súmmer sólstice 하지(夏至).
súmmer squásh 호박류(類).
súmmer tìme 《英》 일광 절약 시간. 「한여름.
*__súmmer·tìme__ *n.* Ⓤ 여름철, 하계;
súmmer·wéight *a.* (옷 따위가) 여름용의, 가벼운.
súmming-úp *n.* Ⓒ 총합계; 요약.
:**sum·mit**[sʌ́mit] *n.* Ⓒ 정상, 절정; 수뇌부, 수뇌 회담.
sum·mit·eer[sʌ̀mitíər] *n.* Ⓒ 수뇌〔정상〕 회담 참석자.
sum·mit·ry[sʌ́mitri] *n.* U,C 수뇌 회담 방식.
súmmit tàlks 〔**mèeting, cònference**〕 수뇌〔정상〕 회담.
:**sum·mon**[sʌ́mən] *vt.* ① 호출〔소환〕하다. ② (의회를) 소집하다. ③ (…에게) 항복을 권고하다; 요구하다. ④ (용기를) 불러 일으키다(*up*). **~·er** *n.* Ⓒ 소환자.
*__sum·mons__[-z] *n.* (*pl.* **~es**) Ⓒ 소환(장), 호출(장); 소집(*serve with a* ~). — *vt.* 《口》 법정에 소환하다, 호출하다.
sum·mum bo·num [sʌ́məm bóunəm] (L.) 최고선(善).
sump[sʌmp] *n.* Ⓒ 오수(汚水)〔구정물〕 모으는 웅덩이; 〖鑛〗 물웅덩이; (엔진의) 기름통.
sump·ter[sʌ́mptər] *a., n.* Ⓒ 《古》 짐 나르는 (말, 노새).
súmpter hòrse 《古》 짐 싣는 말, 복마(卜馬).
sump·tu·ar·y [sʌ́mptʃuèri/-əri] *a.* 비용 절약의; 사치를 금하는. **~ *law*** 사치 금지령.
*__sump·tu·ous__[ˊ-tʃuəs] *a.* 값진, 사치스런. **~·ly** *ad.* **~·ness** *n.*
súm tótal 총계; 실질; 요지.
súm·ùp *n.* Ⓤ 《口》 요약, 종합.
†**sun**[sʌn] *n.* ① Ⓤ (보통 the ~) 태양. ② Ⓤ 햇빛; 양지쪽. ③ U,C (위성을 가진) 항성; 태양처럼 빛나는 것. ④ Ⓒ 《詩》 날(day), 해(year). ***from ~ to ~*** 해가 떠서 질 때까지. ***in the ~*** 양지쪽에서; 유리한 지위에서. ***see the ~*** 살아 있다. ***under the ~*** 천하에, 이 세상에; 도대체. — *vt.* (**-nn-**) 햇볕에 쬐다. — *vi.* 일광욕하다.
*__Sun.__ Sunday.
sún bàth 일광욕.
sún·bàthe *vi.* 일광욕을 하다.
:**sún·bèam** *n.* Ⓒ 햇빛, 광선.
Sún·bèlt, Sún Bèlt, the 선벨트, 태양 지대《미국 남부의 동서로 뻗은 온난지대》.
sún·blìnd *n.* Ⓒ 《주로 英》 (창밖의) 차양. 「색안경.
sún blìnkers (직사 광선을 피하는)
sún-blòck *n.* U,C 선블록, 햇빛 차단 크림〔로션〕.
sún·bònnet *n.* Ⓒ (베이비 모자형의 여자용) 햇볕 가리는 모자.
*__sún·bùrn__ *n.* Ⓤ 볕에 탐〔탄 빛깔〕. — *vt., vi.* 햇볕에 태우다〔타다〕.
sún·bùrnt *a.* 햇볕에 탄.
sún·bùrst *n.* Ⓒ 구름 사이로 갑자기 새어 비치는 햇살.
sún-cùred *a.* (고기·과일 등을) 햇볕에 말린.
Sund. Sunday.
†**Sun·day**[sʌ́ndei, -di] *n.* Ⓒ 《보통 무관사》 일요일; (기독교도의) 안식일. 「들이 옷.
Súnday bést 〔**clóthes**〕 《口》 나
Súnday-gò-to-méeting *a.* 《口》 (복장·태도가) 나들이 가는.
Súnday púnch 《口》 〖拳〗 최강타.
Súnday schòol 주일 학교(의 학생〔직원〕들).
sun·der[sʌ́ndər] *vt.* 가르다, 떼다, 찢다. — *vi.* 갈라지다, 분리되다. — *n.* 《다음 성구로만》 ***in ~*** 떨어져서, 따로따로.
sún·dèw *n.* Ⓒ 〖植〗 끈끈이주걱.
sún·dìal *n.* Ⓒ 해시계.
sún·dòg *n.* Ⓒ 환일(幻日); 작은〔불완전한〕 무지개.
*__sún·dòwn__ *n.* Ⓤ 일몰(시).
sún·drèss *n.* Ⓒ 선드레스《어깨·팔이 노출된 하복》.
sún-dríed *a.* 햇볕에 말린.
sun·dries[sʌ́ndriz] *n. pl.* 잡다한 물건, 잡동사니; 잡일, 잡비.
*__sun·dry__[sʌ́ndri] *a.* 잡다한, 여러 가지의. ALL ***and ~***.
sún·fàst *a.* 볕에 바래지 않는.
SUNFED Special United Nations Fund for Economic Development.
sun·fish [sʌ́nfìʃ] *n.* Ⓒ 〖魚〗 개복치; (북아메리카산의 작은) 민물고기 《식용》. 「(따위).
sún·flòwer *n.* Ⓒ 〖植〗 해바라기
†**sung**[sʌŋ] *v.* sing의 과거(분사).
sún·glàsses *n. pl.* 선글라스.
sún·gòd *n.* Ⓒ 태양신.
sún hèlmet 차일 헬멧.
:**sunk**[sʌŋk] *v.* sink의 과거(분사).

sunk·en[ˊən] *v.* sink의 과거분사. ── *a.* 가라앉은; 물밑의; 내려앉은; (눈 따위) 움푹 들어간; 살이 빠진;
sún làmp (인공) 태양등(燈).
sún·less *a.* 볕이 안 드는; 어두운, 음산한.
:sun·light[ˊlàit] *n.* Ⓤ 일광, 햇빛.
sún·lìt *a.* 햇볕에 쬐인, 볕이 드는.
Sun·nite[súnait] *n.* (회교의) 수니파 교도.
:sun·ny[sʌ́ni] *a.* ① 볕 잘 드는, 양지 바른. ② 태양 같은. ③ 밝은, 명랑한. ***on the ~ side of (fifty)*** (50세)는 아직 안 된. 「지진.
súnny-sìde úp (달걀의) 한쪽만
sún pàrlor 일광욕실(sunroom).
sún pòrch 유리를 끼운 베란다, 일광욕실; 위생적인 축사(畜舍)의 일종.
sún·pròof *a.* 햇빛을 통하지 않는, 내광성(耐光性)의.
sún·rày *n.* Ⓒ 일광; (*pl.*) 태양등 광선《의료용 인공 자외선》.
:sun·rise[ˊràiz] *n.* Ⓤ,Ⓒ ① 해돋이, 해뜰녘. ②《비유》 초기.
súnrise ìndustry (특히 전자·통신 방면의) 신흥 산업.
sún·ròom *n.* Ⓒ 일광욕실, 선룸.
sún·sèeker *n.* Ⓒ ① (따뜻한 지역으로의) 피한객. ② (우주선·위성의) 태양 추적 장치.
:sun·set[ˊsèt] *n.* Ⓤ,Ⓒ ① 일몰, 해질녘. ②《비유》 말기. 「양.
sún·shàde *n.* Ⓒ (대형) 양산; 차
:sun·shine[ˊʃàin] *n.* Ⓤ 햇빛; 양지(陽地); 맑은 날씨; 명랑. **sun-shin·y**[ˊʃàini] *a.*
Súnshine Státe《美》 Florida주의 속칭.
sún·spòt *n.* Ⓒ 태양 흑점.
sún·stròke *n.* Ⓤ 일사병.
sún·strùck *a.* 일사병에 걸린.
sún·tàn *n.* Ⓒ 햇볕에 탐; (*pl.*) (카키색의) 군복.
sún·tràp *n.* (찬 바람이 들어오지 않는) 양지 바른 곳.
sún-ùp *n.*《美》 =SUNRISE.
sún vìsor (자동차의) 차양판.
sun·ward[ˊwərd] *a., ad.* 태양 쪽으로의[쪽으로 향하는]; 태양 쪽으로.
sun·wards[-z] *ad.* =SUNWARD.
Sun Yat-sen[sún jɑ́:t-sén] (1866-1925) 쑨이셴(孫逸仙)《중국의 혁명가·정치가인 손문(孫文)》.
sup[1][sʌp] *vi., vt.* (***-pp-***) (…에게) 저녁을 먹(이)다[내다].
sup**[2] *vt., vi.* (-pp-***) 홀짝홀짝 마시다; 경험하다. ── *n.* Ⓒ 한 모금, 한 번 마시기.
sup. *supra* (L. =above).
su·per [sú:pər/sjú:-] *n.* Ⓒ 〖劇〗 단역(端役)(supernumerary); 여분[가외]의 것; 감독(superintendent), 지휘자; 〖商〗 특등품. ── *a.* 특급품의(superfine).
su·per-[sú:pər/sjú:-] *pref.* '위에, 더욱 더, 대단히, 초(超)…' 따위의 뜻. 「는.
su·per·a·ble[-əbəl] *a.* 이길 수 있
sùper·abóund *vi.* 대단히[너무] 많다, 남아 돌다(*in, with*).
sùper·abúndant *a.* 매우 많은; 남아 돌아가는. **-abúndance** *n.*
su·per·add[-ǽd] *vt.* 더 보태다.
su·per·an·nu·ate[-ǽnjuèit] *vt.* (연금을 주어) 퇴직시키다; 시대에 뒤진다 하여 물리치다. **-at·ed**[-id] *a.* 퇴직한; 노쇠한; 시대에 뒤진. **-a·tion**[ˋ--ˋ-éiʃən] *n.* Ⓤ 노후; 노년[정년] 퇴직; Ⓒ 정년 퇴직 연금.
su·per·a·tóm·ic bómb[-ətɑ́mik-/-ɔ́-] 수소 폭탄.
***su·perb**[supə́:rb] *a.* 장려한; 화려한; 굉장한, 멋진. **~·ly** *ad.*
su·per·bomb[sú:pərbɑ̀m/sjú:pəbɔ̀m] *n.* Ⓒ 수소 폭탄.
Súper Bówl, the 슈퍼볼《1967년에 시작된, 미국 프로 미식 축구의 왕좌 결정전》.
sùper·cárgo *n.* (*pl.* **~(*e*)*s***) Ⓒ (상선의) 화물 관리인.
súper·chàrge *vt.* (발동기 따위에) 과급(過給)하다; (…에) 과급기(機)를 사용하다; =PRESSURIZE. **-chárg·er** *n.* Ⓒ 과급기(機).
su·per·cil·i·ar·y [sù:pərsílièri/sjù:pəsíliəri] *a.* 눈 위의; 〖解〗 눈썹의. 「한.
su·per·cil·i·ous [-síliəs] *a.* 거만
súper·cìty *n.* Ⓒ 거대 도시.
su·per·co·los·sal[-kəlɑ́səl/-ɔ́-] *a.*《美口》 굉장히 큰, 초대작(超大作)의.
súper·compùter *n.* Ⓒ 슈퍼컴퓨터, 초고속 전산기.
sùper·condúctive *a.* 초전도(超傳導)의.
sùper·conductívity *n.* Ⓤ 〖理〗 초전도. 「도체.
sùper·condúctor *n.* Ⓒ 〖理〗 초전
sùper·cóol *vt., vi.* (액체를) 빙결시키지 않고 빙점하로 냉각하다.
su·per-du·per[-djú:pər] *a.*《美口》 훌륭한, 극상의.
sùper·égo *n.* Ⓒ (보통 the ~) 초자아(超自我).
sùper·éminent *a.* 매우 탁월한, 발군의. **-éminence** *n.*
su·per·er·o·ga·tion[-èrəgéiʃən] *n.* Ⓤ 직무 이상으로 근무하기. **-e·rog·a·to·ry**[-ərɑ́gətɔ̀:ri/-ərɔ́gətəri] *a.* 직무 이상으로 근무하는; 가외의.
sùper·éxcellent *a.* 탁월한.
sùper·expréss *a., n.* Ⓒ 초특급의 (열차).
:su·per·fi·cial[sù:pərfíʃəl/sjù:-] *a.* ① 표면의; 면적[평방]의. ② 피상적인, 천박한. **~·ly** *ad.* **-ci·al·i·ty** [-fìʃiǽləti] *n.*
su·per·fi·ci·es[-fíʃiì:z, -fíʃi:z] *n.* Ⓒ 표면; 면적; 외관.
sùper·fíne *a.* 극상의; 지나치게 섬세한; 너무 점잔빼는.
***su·per·flu·ous**[supə́:rfluəs/sju-] *a.* 여분의. **-flu·i·ty**[ˋ-flú:əti] *n.* Ⓤ,Ⓒ 여분(의 것), 남아 돌아가는 돈.
sùper·héat *vt.* 과열하다; (액체를)

증발시키지 않고 비등점 이상으로 가열하다; (수증기를) 완전 기화할 때까지 가열하다.

su·per·het·er·o·dyne [sù:pər-hétərədàin/sjù:-] *n., a.* Ⓒ 〖無電〗 슈퍼헤테로다인(의), 초(超)민감 수신 장치(의).

súper·hìgh fréquency 〖無電〗 초고주파《생략 SHF》.

sùper·híghway *n.* Ⓒ (입체 교차식의) 초고속 도로.

sùper·húman *a.* 초인적인.

sùper·impóse *vt.* 위에 놓다; 덧붙이다; 〖映〗 2중 인화(印畫)하다.

su·per·in·cum·bent [-inkʌ́m-bənt] *a.* 위에 있는〔가로놓인〕; 위로부터의《압력 따위》.

su·per·in·duce [-indjú:s] *vt.* 덧붙이다, 첨가하다.

***su·per·in·tend** [-inténd] *vt., vi.* 감독〔관리〕하다. **~·ence** *n.* Ⓤ 지휘, 관리. ***~·ent** *n., a.* Ⓒ 감독〔관리〕자; 공장장; 교장; 총경; 감독〔관리〕하는.

:su·pe·ri·or [səpíəriər, su-] *a.* (opp. inferior) ① 우수한, 나은 (*to, in*). ② 양질(良質)의, 우량한; 우세한. ③ 보다 높은, 보다 고위의. ④ …을 초월한, …에 동요되지 않는 (*to*). ⑤ 거만한. ⑥ 〖印〗 어깨 글자의《x^2, 2"의 ²·"따위의 일컬음》. **~ *person*** 《비꼬아서》 높은 양반, 학자 선생. **~ *to*** …보다 우수한; …에 동요되지 않는, 굴복하지 않는. — *n.* Ⓒ ① 윗사람, 상급자, 뛰어난 사람. ② (S-) 수도〔수녀〕원장. **~·ly** *ad.* ***~·i·ty** [-ɔ́(:)rəti, -ár-] *n.* Ⓤ 우세, 우월(*to, over*).

supérior cóurt 《美》 상급 법원.

Su·pe·ri·or, Lake 미국 5대호 중 최대의 호수. 「우월감.

superiórity còmplex 우월 복합,

súper·jèt *n.* Ⓒ 초음속 제트기.

superl. superlative.

su·per·la·tive** [səpə́:rlətiv, su:-] *a.* ① 최고의. ② 〖文〗 최상급의. — *n.* Ⓒ ① 최고의 사람〔것〕, 극치. ② 〖文〗 최상급. ***speak 〔***talk***〕 ***in ~s*** 과장하여 이야기하다.

su·per·lin·er [sú:pərlàinər/sjú:-] *n.* Ⓒ 초대형 외양 정기선.

su·per·man [-mæ̀n] *n.* Ⓒ 슈퍼맨 초인(超人).

***su·per·mar·ket** [-mà:rkit] *n.* Ⓒ 슈퍼마켓《cash-and-carry 식임》.

su·per·mart [-mà:rt] *n.* =⇧.

sùper·míCroscope *n.* Ⓒ 초현미경《전자현미경의 일종》.

su·per·nal [supə́:rnl/sju-] *a.* 《詩》 천상의; 신의; 높은.

***sùper·nátural** *a., n.* 초자연의, 불가사의한; (the ~) 초자연적인 힘〔영향·현상〕.

sùper·nórmal *a.* 비범한; 특이한.

sùper·nóva *n.* Ⓒ 〖天〗 초신성(超新聖)《갑자기 태양의 천-1억배의 빛을 냄》.

su·per·nu·mer·ar·y [sù:pərnjú:mərèri/sju:pənjú:mərəri] *a., n.* 정수(定數) 이상의; Ⓒ 가외의 (사람·것); 〖劇〗 단역.

sùper·órdinate *a., n.* Ⓒ 상위의 (사람·것).

su·per·pose [-póuz] *vt.* 위에 놓다, 겹치다(*on, upon*). **-po·si·tion** [-pəzíʃən] *n.* Ⓤ 중첩.

súper·pòwer *n.* Ⓒ 초강대국; 강력한 국제 관리 기관; Ⓤ 〖電〗 초출력.

su·per·sat·u·rate [-sǽtʃərèit] *vt.* 과도히 포화(飽和)시키다. **-ra·tion** [⁀-⁀-réiʃən] *n.*

Súper Sáver 《美》 초할인 국내 항공 운임《30일 전에 구입, 7일 이상의 여행이 조건》.

su·per·scribe [-skráib] *vt.* (…의) 위에 쓰다; (수취인) 주소 성명을 쓰다. **-script** [⁀-skrìpt] *a., n.* 위에 쓴; Ⓒ 어깨 글자〔숫자〕《a'', x^3 "·³ 따위》. **-scrip·tion** [⁀-skrípʃən] *n.* Ⓤ 위에 쓰기; Ⓒ 수취인 주소·성명.

***su·per·sede** [-sí:d] *vt.* ① (…에) 대신하다, 갈마들다. ② 면직시키다; 바꾸다. ③ 폐지하다.

su·per·son·ic [-sánik/-sɔ́n-] *a.* 초음파의; 초음속의, 초음속으로 나는 (cf. transsonic).

sùper·sónics *n.* Ⓤ 〖理〗 초음속학〔이론, 연구〕.

supersónic tránsport 초음속 수송기《생략 SST》.

supersónic wáves 초음파.

súper·stàr *n.* Ⓒ 슈퍼스타, 뛰어난 인기 배우.

:su·per·sti·tion [sù:pərstíʃən/sjù:-] *n.* Ⓤ,Ⓒ 미신, 사교(邪教). ***-tious** *a.* 미신적인, 미신에 사로잡힌.

súper·strùcture *n.* Ⓒ 상부 구조; (토대 위의) 건축물; 〖船〗 (중갑판 이상의) 상부 구조; 〖哲〗 원리의 체계.

súper·tànker *n.* Ⓒ 초대형 유조선. 「부가세.

súper·tàx *n.* Ⓤ,Ⓒ 《주로 英》 특별

Súper 301 provísions 슈퍼 301조《종래의 통상법 301조에 1988년 무역 자유화에 관한 우선 교섭국 특정 조항을 부여한 것》.

su·per·vene [sù:pərví:n] *vi.* 잇따라 일어나다, 병발하다. **-ven·tion** [-vénʃən] *n.*

***su·per·vise** [sú:pərvàiz/sjú:-] *vt.* 감독하다. ***-vi·sion** [⁀-víʒən] *n.* ***-vi·sor** [⁀-vàizər] *n.* Ⓒ 감독자; 〖컴〗 감독자, 슈퍼바이저. **-vi·so·ry** [⁀-váizəri] *a.* 감독의. 「내기.

súpervisor cáll 〖컴〗 감시자 불러

su·pine [su:páin] *a.* 번듯이 누운; 게으른. **~·ly** *ad.*

supp., suppl. supplement.

†**sup·per** [sʌ́pər] *n.* Ⓤ,Ⓒ 저녁 식사《특히, 낮에 'dinner'를 먹었을 경우의》. ***the Last S-*** 최후의 만찬.

súpper clùb 《美》 (식사·음료를 제공하는) 고급 나이트클럽.

sup·plant [səplǽnt, -á:-] *vt.* (부정 수단 따위로) 대신 들어앉다, 밀어내고 대신하다; (…에) 대신하다.

sup·ple[sʌ́pəl] *a.* 나긋나긋한, 유연한; 경쾌한; 유순한, 아첨하는. — *vt., vi.* 유연〔유순〕하게 하다〔되다〕.

:**sup·ple·ment**[sʌ́pləmənt] *n.* Ⓒ 보충, 보족(補足), 보유(補遺), 부록(*to*); 〖數〗 보각(補角). — [-mènt] *vt.* 보충하다, 추가하다; 보유를〔부록을〕 달다. **-men·tal**[-méntl], *** -men·ta·ry**[-təri] *a.*

sup·ple·tion[səplíːʃən] *n.* Ⓤ 〖文〗 보충법《보기 : go-*went*-gone; bad-*worse*》.

***sup·pli·ant**[sʌ́pliənt] *a., n.* Ⓒ 탄원〔간원〕하는 (사람). **-ance** *n.*

sup·pli·cant[-kənt] *n., a.* =SUPPLIANT.

***sup·pli·cate** [sʌ́pləkèit] *vt., vi.* 탄원하다(*to, for*); 기원하다(*for*). *** -ca·tion**[∸–kéiʃən] *n.* Ⓤ,Ⓒ 탄원; 기원.

sup·pli·ca·to·ry [sʌ́plikətɔ̀ːri/-təri] *a.* 탄원하는; 기원하는.

†**sup·ply**[1][səplái] *vt.* ① 공급하다(*with*). ② 보충하다. ③ (희망·필요를) 만족시키다. ④ (지위 따위를) 대신 차지하다. — *n.* ① Ⓤ 공급; 보급; Ⓒ (종종 *pl.*) 공급물, 저장 물자. ② Ⓒ 대리자. ③ (*pl.*) 필요 물자, 군수품. **sup·plí·er** *n.* Ⓒ supply 하는 사람〔것〕.

sup·ply[2][sʌ́pli] *ad.* 유연〔유순〕하게.

supplý-sìde[səplái-] *a.* (경제가) 공급면 중시의.

†**sup·port**[səpɔ́ːrt] *vt.* ① 지탱하다, 버티다; 견디다. ② 지지〔유지〕하다. ③ 부양하다. ④ 원조하다. ⑤ 옹호하다. ⑥ 입증하다. ⑦ 〖軍〗 지원하다. ⑧ 〖劇〗 (맡은 역을) 충분히 연기하다; 조연〔공연〕하다. — *n.* ① Ⓤ 지지; Ⓒ 지주(支柱); 지지물〔자〕. ② Ⓤ 원조; 부양. ③ Ⓒ 〖軍〗 지원(부대); 예비대. ④ 〖컴〗 지원. ***give ~ to*** …을 지지하다. ***in ~ of*** …을 옹호〔변호〕하여. **~·a·ble** *a.* 지탱할〔참을〕 수 있는; 지지〔부양〕할 수 있는. *** ~·er** *n.* Ⓒ 지지자, 지지물, 버팀. **~·ing** *a.*

suppórting prògram(**me**) 〖映〗 보조 프로그램, 동시 상영 영화.

†**sup·pose**[səpóuz] *vt.* ① 가정하다, 상상하다, 생각하다. ② 믿다. ③ 상정(想定)하다, (…을) 필요 조건으로 하다, 의미하다. ④《명령형 또는 현재 분사형으로》 만약 …이라면. ⑤《명령형으로》 …하면 어떨까(*S- we try?*). *** sup·posed**[-d] *a.* 상상된; 가정의; 소문난. **sup·pos·ed·ly**[-idli] *ad.* 상상〔추정〕상, 아마. *** sup·pós·ing** *conj.* 만약 …이라면(if).

***sup·po·si·tion**[sʌ̀pəzíʃən] *n.* Ⓤ 상상; Ⓒ 가정. **~·al** *a.*

sup·pos·i·ti·tious [səpɑ́zətíʃəs/-pɔ̀z-] *a.* 가짜의; 상상(상)의.

sup·pos·i·to·ry [səpɑ́zətɔ̀ːri/-pɔ́zətəri] *n.* Ⓒ 〖醫〗 좌약(坐藥).

:**sup·press**[səprés] *vt.* ① (감정 따위를) 억누르다, 참다. ② (반란 따위를) 진압하다. ③ (진상 따위를) 발표하지 않다; 발표를 금지하다; 삭제하다. ④ (출혈 따위를) 막다. *** sup·prés·sion** *n.* Ⓤ 억제; 진압; 발매 금지; 삭제.

sup·pres·sor[səprésər] *n.* Ⓒ 진압자; 억제자; 금지자. 「리드.

suppréssor grìd 〖電子〗 억제 그

sup·pu·rate[sʌ́pjərèit] *vi.* 곪다, 고름이 나오다. **-ra·tive** *a.* 화농성의; 화농을 촉진하는. **-ra·tion**[∸–réiʃən] *n.* Ⓤ 화농; 고름.

su·pra[súːprə] *ad.* (L.) 앞에; 위에.

su·pra-[súːprə/sjúː-] *pref.* '위의〔에〕'의 뜻.

sùpra·nátional *a.* 초국가적인.

sùpra·rénal *n., a.* Ⓒ 부신(副腎)의; 신장 위의.

su·pra·seg·mén·tal phóneme [-segméntl-] 〖言〗 겹친 음소.

***su·prem·a·cy**[səpréməsi, su(ː)-] *n.* Ⓤ 지고(至高), 최상; 주권, 대권(大權), 지상권(至上權).

:**su·preme**[səpríːm, su(ː)-] *a.* 지고〔최상〕의; 최후의. ***make the ~ sacrifice*** 목숨을 바치다. **~·ly** *ad.*

Supréme Béing, the 신, 하느님.

Supréme Cóurt, the《美》(연방 또는 여러 주의) 최고 재판소.

Supréme Sóviet, the (구소련의) 최고 회의.

Supt. Superintendent. 「의 뜻.

sur-[sər, sʌr, səːr] *pref.* '위, 상(上)'

su·rah[sjúərə] *n.* Ⓤ 부드러운 능직(綾織) 비단. 「지(停止).

sur·cease [səːrsíːs] *n.* Ⓤ 《古》 정

sur·charge[sə́ːrtʃɑ̀ːrdʒ] *n.* Ⓒ 과(過) 적재; 과중; 과충전(過充電); (대금 등의) 부당〔초과〕 청구; 추가 요금; (우표의) 가격〔날짜〕 정정인(訂正印); (우편의) 부족세(稅). — [–∸] *vt.* 지나치게 싣다〔채우다〕; 과충전하다; 과중한 부담을 지우다; (우표에) 가격〔날짜〕 정정인을 찍다.

sur·cin·gle[sə́ːrsìŋgəl] *n.* Ⓒ (말의) 뱃대끈.

sur·coat[sə́ːrkòut] *n.* Ⓒ (중세의 기사가 갑옷 위에 입던) 겉옷.

surd[səːrd] *n., a.* Ⓒ 〖數〗 무리수, 부진근수(不盡根數)(의); 〖音聲〗 무성음(의).

†**sure**[ʃuər] *a.* ① 틀림없는; 확실한; 신뢰할 수 있는. ② 자신 있는; 확신하는(*of; that*). ③ 확실히 …하는(*to* do, *to* be). ④ 튼튼한, 안전한. ***be ~*** 꼭 …하다(*to* do). ***for ~*** 확실히. ***make ~*** 확보하다; 확인하다. ***S-thing!***《美口》 그렇고 말고요. ***to be ~(!)*** 과연; 물론; 참말(*To be ~ he is clever.* 물론 머리는 좋지만); 저런!; 원!(따위). ***Well, I'm ~!*** 원, 놀랐는걸. — *ad.*《美口》 확실히, 꼭; 그렇고말고요! ***~ enough***《美口》 과연, 아니나 다를까; 참말로. †**∠·ly** *ad.* 확실히; 틀림없이; 반드시. 「실의.

sùre-enóugh *a.*《美口》 진짜의, 현

súre-fìre *a.*《美口》 확실한, (성공이) 틀림없는. 「착실한, 틀림없는.

sùre-fóoted *a.* 발디딤이 든든한;

S

*__sure·ty__[∠ti] *n.* Ⓒ,Ⓤ 보증; 담보(물건); Ⓒ 보증인; Ⓤ《古》확실한 것, 확실성. ***of a*** ~ 확실히.
*__surf__[sə:rf] *n.* Ⓤ 밀려오는 파도.
:__sur·face__[sə́:rfis] *n., a.* Ⓒ 표면(의); 외관(의), 겉보기(뿐의); 〖幾〗 면(面). — *vt.* 표면을 붙이다; 판판하게 하다; 포장(鋪裝) 하다.
súrface càr《美》노면(路面) 전차.
súrface màil (항공 우편에 대하여) 지상·해상 수송 우편.
súrface nòise (레코드의) 바늘소리《잡음》.
súrface prìnting 블록판 인쇄〔날염〕.
súrface ríghts 지상권(地上權).
súrface ténsion 〖理〗 표면 장력(張力).
súrface-to-áir mìssile 지대공(地對空) 미사일.
súrface-to-súrface mìssile 지대지(地對地) 미사일.
súrface wàter 지표수《지하수에 대해》; 〖地〗 표면 수량.
súrf and túrf 새우 요리와 비프스테이크가 한 코스인 요리.
súrf·bòard *n.* Ⓒ 파도타기 널.
súrf·bòat *n.* Ⓒ 거친 파도를 헤치고 나아가는데 쓰는 보트《구명용》.
*__sur·feit__[sə́:rfit] *n., vt., vi.* Ⓤ,Ⓒ 과다; 과식〔과음〕(시키다, 하다)(*of, on, upon*); 식상(食傷), 포만(飽滿); 식상하(게 하)다(*with*); 물리(게 하)다(*with*).
surf·er[sə́:rfər] *n.* Ⓒ 파도타기를 하는 사람.
súrf·ing *n.* Ⓤ 서핑, 파도타기; 미국서 생긴 재즈의 하나.
súrf-rìding *n.* Ⓤ 파도타기(surfing).
surg. surgeon; surgery; surgical.
*__surge__[sə:rdʒ] *vi.* 파도 치다, 밀어닥치다; (감정이) 끓어오르다. — *vt.* 〖海〗 (밧줄을) 늦추다, 풀어 주다. — *n.* Ⓒ 큰 파도, 물결 침; 굽이침; (감정의) 격동; (전류의) 파동, 서지; (바퀴 따위) 헛돌기; 〖컴〗 전기놀, 전기 파도.
:__sur·geon__[sə́:rdʒən] *n.* Ⓒ 외과 의사; 군의관; 선의(船醫).
súrgeon géneral《美》의무감(監); (S- G-) 공중(公衆) 위생국 장관.
*__sur·ger·y__[sə́:rdʒəri] *n.* Ⓤ 외과(수술); Ⓒ 수술실; 《英》의원, 진료소.
*__sur·gi·cal__[sə́:rdʒikəl] *a.* 외과(의사)의; 외과용의. ~·**ly** *ad.*
súrgical bòots 〔**shòes**〕 (정형외과용의) 교정(矯正) 구두.
surg·y[sə́:rdʒi] *a.* 크게 파도치는; 큰 파도에 의한.
Su·ri·nam[sù:rənɑ́m, -nǽm] *n.* 남아메리카 북동 해안의 독립국.
*__sur·ly__[sə́:rli] *a.* 지르퉁한, 까다로운, 무뚝뚝한. **-li·ly** *ad.* **-li·ness** *n.*
*__sur·mise__[sərmáiz, sə́:rmaiz] *n.* Ⓒ,Ⓤ 추량(推量); 추측(상의 일). — [-∠] *vt., vi.* 추측하다.
sur·mount[sərmáunt] *vt.* 오르다; (…의) 위에 놓다, 얹다; 극복하다, (곤란을) 이겨내다.
*__sur·name__[sə́:rnèim] *n., vt.* Ⓒ 성(姓); 별명(을 붙이다, 으로 부르다).
:__sur·pass__[sərpǽs, -pɑ́:s] *vt.* …보다 낫다; (…을) 초월하다. ~·**ing** *a.* 뛰어난, 탁월한.
sur·plice[sə́:rplis] *n.* Ⓒ (성직자나 성가대원이 입는, 소매 넓은) 중백의(中白衣). **sur·pliced**[-t] *a.* 중백의를 입은.
:__sur·plus__[sə́:rpləs] *n., a.* Ⓤ,Ⓒ 여분(의); 〖經〗 잉여(금).
sur·plus·age[sə́:rplәsidʒ] *n.* Ⓤ,Ⓒ 잉여, 과잉; 쓸데없는 말; 〖法〗 불필요한 변호.
†__sur·prise__[sərpráiz] *n.* ① Ⓤ 놀람. ② Ⓒ 놀라운〔뜻 밖의〕 일. ③ Ⓤ 불시의 공격, 기습. ***by*** ~ 불시에. ***take by*** ~ 불시에 습격하여 붙잡다; 기습을 하다; 깜짝 놀라게 하다. ***to one's*** (***great***) ~ (대단히) 놀랍게도. — *vt.* ① 놀라게 하다. ② 불시에 습격하다; 불시에 쳐서 …시키다. ③ 현행(現行) 중에 붙잡다. ***be ~d at*** 〔***by***〕 …에 놀라다. — *a.* 뜻밖의, 놀라운. :__sur·prís·ing__ *a.* 놀라운, 뜻밖의. *__sur·prís·ing·ly__ *ad.*
surpríse attàck 기습.
surpríse ènding (소설·극의) 급전.
surpríse vìsit 불시의 방문; 임검「(臨檢).
sur·real·ism[sərí:əlìzəm] *n.* Ⓤ 〖美術·文學〗 초현실주의.
:__sur·ren·der__[səréndər] *vt.* ① 인도(引渡)하다, 넘겨주다; 포기하다. ② (몸을) 내맡기다, (습관 따위에) 빠지다. — *vi.* 항복하다. ~ ***oneself*** 항복하다; 빠지다(*to*). — *n.* Ⓤ,Ⓒ 인도, 단념; 항복.
sur·rep·ti·tious[sə̀:rəptíʃəs/sʌ̀r-] *a.* 비밀의, 내밀〔부정〕한; 뒤가 구린.
Sur·rey[sə́:ri, sʌ́ri] *n.* 잉글랜드 남동부의 주《생략 Sy.》; Ⓒ (s-) 2석 4인승 4륜 유람 마차.
sur·ro·gate[sə́:rəgèit, -git/sʌ́r-] *n.* Ⓒ 대리인; 〖英國國教〗 감독 대리; 《美》(어떤 주에서) 유언 검증 판사. — *vt.* 〖法〗 (…의) 대리를 하다.
:__sur·round__[səráund] *vt.* 둘러〔에워〕싸다, 두르다. :~·**ing** *n., a.* Ⓒ 둘러싸는 것; (*pl.*) 주위(의 상황), 환경; 둘러 싸는, 주위의.
sur·tax[sə́:rtæ̀ks] *n., vt.* Ⓤ,Ⓒ《美》부가세(를 과하다);《英》소득세 특별부가세.
sur·veil·lance[sərvéiləns, -ljəns] *n.* Ⓤ 감시, 감독. ***under*** ~ 감독을 받고.
sur·veil·lant[sərvéilənt] *n.* Ⓒ 감시자; 감독자. — *a.* 감시〔감독〕하는.
:__sur·vey__[sərvéi] *vt.* 바라다보다, 전망하다; 개관(概觀)하다; 조사하다; 측량하다. — *vi.* 측량하다. — [sə́:rvei, sərvéi] *n.* Ⓒ 개관; Ⓤ,Ⓒ 조사(표); 측량(도). ~·**ing** *n.* Ⓤ 측량(술). *~·**or** *n.* Ⓒ 측량 기사;《美》(세관의) 검사관; (S-) 미국의 달 무

인(無人) 탐측 계획에 의한 인공 위성. **~or's measure** (60피트의 측쇄를 기준으로 하는) 측량 단위.
*__sur·viv·al__[sərváivəl] *n.* ① Ⓤ 잔존(殘存), 살아 남음. ② Ⓒ 생존자, 잔존물; 예부터의 풍습[신앙]. **~ of the fittest** 적자 생존(適者生存).
⁑__sur·vive__[sərváiv] *vt.* (…의) 후까지 생존하다, …보다 오래 살다; (…에서) 살아나다. ― *vi.* 살아 남다; 잔존하다. *__sur·ví·vor__ *n.* Ⓒ 살아남은 사람, 생존자.
*__sus·cep·ti·ble__[səséptəbəl] *a.* 예민하게 느끼는, 민감한; 동하기 쉬운, 정에 무른(*to*); …을 허락하는, …을 할 수 있는(*of*). **-bly** *ad.* 느끼기 쉽게. **-bil·i·ty**[–`–bíləti] *n.* Ⓤ 감수성(*to*); Ⓒ (*pl.*) 감정.
sus·cep·tive[səséptiv] *a.* 감수성이 강한(*of*).
⁑__sus·pect__[səspékt] *vt.* 알아채다, …이 아닐까 하고 생각하다; 의심하다, 수상쩍게 여기다(*of*). ― [sʌ́spekt] *n., pred. a.* Ⓒ 용의자; 의심스러운.
⁑__sus·pend__[səspénd] *vt.* ① 매달다. ② 허공에 뜨게 하다. ③ 일시 중지하다, 정직시키다, (…의) 특권을 정지하다. ④ 미결로 두다, 유보하다. ― *vi.* (은행 등이) 지불을 정지하다. *__~·ers__ *n. pl.* 《美》 바지 멜빵; 《英》 양말 대님.
suspénded animátion 가사(假死), 인사 불성.
*__sus·pense__[səspéns] *n.* Ⓤ 걱정, 불안; (소설·영화 따위의) 서스펜스; 미결정, 이도저도 아님. ***keep a person in ~*** 아무를 마음 졸이게 하다.
sus·pen·si·ble[səspénsəbəl] *a.* 드리울 수 있는; 중지할 수 있는; 결정 않고 둘 수 있는; 부유성의.
*__sus·pen·sion__[səspénʃən] *n.* ① Ⓤ 매닮; 매달림. ② Ⓒ 매다는 지주(支柱). ③ Ⓤ (특권의) 일시 정지, 정직; 중지, 미결정; 지불 정지. ④ Ⓒ 차체(車體) 버팀 장치. ⑤ Ⓒ 현탁액(懸濁液). **-sive** *a.* 중지[정지]의; 불안한; 이도저도 아닌.
suspénsion brìdge 조교(弔橋).
sus·pen·so·ry[səspénsəri] *a.* 매달아 두는; 중지의; 미결로 두는. ― *n.* Ⓒ 멜빵 붕대; 『解』 인대(靭帶), 현수근(懸垂筋).
⁑__sus·pi·cion__[səspíʃən] *n.* ① Ⓤ,Ⓒ 느낌, 낌새챔; 의심; 혐의. ② Ⓤ 소량, 미량(*a ~ of brandy*); 기미(*of*). ***above*** [***under***] ***~*** 혐의가 없는[있는]. ***on ~ of*** …의 혐의로.
⁑__sus·pi·cious__[səspíʃəs] *a.* 의심스러운, 괴이쩍은; 의심하는[많은]; 의심을 나타내는. **~·ly** *ad.* **~·ness** *n.*
sus·pire[səspáiər] *vi.* 《詩》 한숨을 쉬다(sigh).
Sus·sex[sʌ́siks] *n.* 잉글랜드 남동부의 구주(舊州)《생략 Suss.; 1974년 East Sussex와 West Sussex로 분리》.
⁑__sus·tain__[səstéin] *vt.* ① 버티다, 지지하다, 유지하다, 지속하다(*~ed efforts* 부단한 노력). ② 부양하다. ③ 견디다. ④ 받다, 입다. ⑤ 승인[시인]하다, 확인[확증]하다. **~·ing** *a.* 버티는, 지구적(持久的)인; 몸에 좋은; 힘을 북돋는(*~ing food*). **~ing program** 『放』 (스폰서 없는) 자주(自主) 프로, 비상업적 프로.
*__sus·te·nance__[sʌ́stənəns] *n.* Ⓤ ① 생명을 유지하는 것, 음식물; 영양물. ② 생계. ③ 유지; 지지.
sus·ten·ta·tion[sʌ̀stəntéiʃən] *n.* Ⓤ 생명의 유지; 부양; Ⓤ,Ⓒ 영양물, 음식물.
su·tra[sú:trə] *n.* (Skt.) Ⓒ 『佛』 경(經), 경전.
su·ture[sú:tʃər] *n.* Ⓒ 『外』 봉합(縫合), 꿰맨 자리(의 한 바늘); 『動·植』 봉합; 『解』 (두개골의) 봉합선.
su·ze·rain[sú:zərin, -rèin] *n.* Ⓒ 『史』 영주; (속국에 대한) 종주(국). **~·ty** *n.* Ⓤ 종주권; 영주의 지위[권력].
s.v. sailing vessel; *sub verbo* [*voce*] (L.=under the word).
svelte[svelt] *a.* (F.) (여자의 자태가) 미끈한, 날씬한.
SW shortwave. **SW, S.W., s.w.** southwest; southwestern. **Sw.** Sweden; Swedish.
swab[swɑb/-ɔ-] *n.* Ⓒ 자루 걸레; (소독 또는 약을 바르는 데 쓰는) 스펀지, 헝겊, 탈지면; 포강(砲腔) 소제봉(棒); 《俗》 솜씨 없는 사람. ― *vt.* (**-bb-**) 자루 걸레로 훔치다(*down*); (약을) 바르다, 약솜(등)으로 닦다.
swad·dle[swɑ́dl/-ɔ́-] *vt.* 포대기로 싸다《갓난 아기를》; 옷으로[붕대로] 감다.
swáddling bànds [**clòthes**] 기저귀, (특히, 갓난 아기의) 배내옷; 유년기; 《비유》 자유를 속박하는 힘.
swag[swæg] *n.* Ⓤ 《俗》 장물, 약탈품, 부정 이득; Ⓒ 《濠》 (삼림 여행자의) 휴대품 보따리; 꽃줄(festoon).
*__swag·ger__[swǽgər] *vi.* 거드럭거리며 걷다; 자랑하다(*about*); 으스대다, 뻐기다. ― *vt.* 을러대어 …시키다. ― *n.* Ⓤ 거드럭거리는 걸음걸이[태도]. ― *a.* 《英口》 스마트한, 멋진. **~·ing·ly** *ad.* 뽐내어.
swágger stìck [《英》 **càne**] (군인 등이 외출시에 들고 다니는) 단장.
Swa·hi·li [swɑːhí:li] *n.* (*pl.* **~, ~s**) 스와힐리 사람《아프리카 Zanzibar 지방에 사는 Bantu족》; Ⓤ 스와힐리 말.
swain[swein] *n.* Ⓒ 《古·詩》 시골 멋쟁이; =LOVER.
S.W.A.K., SWAK, swak [swæk] sealed with a kiss 키스로 봉한《아이들·연인이 편지에 씀》.
swale[sweil] *n.* Ⓒ 《美》 저습지(低濕地).
⁑__swal·low__[1][swɑ́lou/-ɔ́-] *vt., vi.* ① 삼키다. ② 빨아들이다. ③ 《口》 받아들이다, 곧이듣다. ④ 참다; (노여움을) 억누르다. ⑤ (말한 것을) 취소하

다. — *n.* Ⓒ 삼킴; 한 모금(의 양);
:swal·low[2] *n.* Ⓒ 제비. 「식도.
swállow·tàil *n.* Ⓒ 제비꼬리(모양의 것);《口》연미복(～ coat);〖蟲〗산호랑나비. **-tàiled** *a.* 제비꼬리 모양의.
:swam[swæm] *v.* swim의 과거.
swa·mi[swɑ́:mi] *n.* (*pl.* **～s**) Ⓒ 인도 종교가의 존칭.
:swamp[swɑmp/-ɔ-] *n.* Ⓒ,Ⓤ 늪, 습지. — *vt.* (물 속에) 처박다[가라앉히다]; 물에 잠기게 하다; 궁지에 몰아 넣다, 압도하다. **∠·y** *a.* 늪의, 늪이 많은; 질퍽질퍽한.
swámp·lànd *n.* Ⓤ 소택지.
:swan[swɑn/-ɔ-] *n.* Ⓒ 백조; 가수; 시인. ***black*** **～** (호주산) 검은 고니; 희귀한 물건[일]. ***the S- of Avon*** Shakespeare의 별칭.
swán dìve〖水泳〗(양팔을 펴고 하는) 제비식 다이빙.
swang[swæŋ] *v.*《古·方》swing의 과거.
swank[swæŋk] *vi., n.* Ⓤ 자랑해 보이다[보이기]; 허세(부리다), 뽐내며 걷다;《俗》멋부림; 스마트함. — *a.* =SWANKY. **∠·y** *a.*《口》멋진.
swáns·dòwn, swán's- *n.* Ⓤ 백조의 솜털《옷의 가장자리 장식·분첩용》.
swán sòng 백조의 노래《백조가 죽을 때 부른다는》; 마지막 작품.
swap[swɑp/-ɔ-] *n., vt., vi.* (*-pp-*) Ⓒ (물물) 교환(하다);《俗》부부 교환(을 하다);〖컴〗교환, 갈마들임.
swáp mèet《美》중고품 교환회[시장].
sward[swɔ:rd] *n., vt., vi.* Ⓤ 잔디(로 덮(이)다). 「거.
sware[swɛər] *v.*《古》swear의 과
:swarm[1][swɔ:rm] *n.* Ⓒ ① (곤충의) 떼. ② (분봉하는, 또는 벌집 속의) 꿀벌 떼. ③〖生〗부유(浮遊) (단)세포군(群). ④ (물건의) 다수, 무리, 군중. — *vi.* 떼짓다; (꿀벌이) 떼지어 분봉하다.
swarm[2] *vt., vi.* 기어 오르다(*up*).
swart[swɔ:rt], 《古》**swarth** [swɔ:rθ] *a.* =SWARTHY.
·swarth·y[swɔ́:rði, -θi] *a.* (피부가) 거무스레한, 거무튀튀한.
swash[swɑʃ/-ɔ-] *vt., vi., n.* Ⓒ 물을 튀기다[튀김, 튀기는 소리]; 좔좔《물소리》.
swásh·bùckler *n.* Ⓒ 허세부리는 사람[군인 등]. **-bùckling** *n., a.* Ⓤ 허세(부리는).
swas·ti·ka [swɑ́stikə] *n.* Ⓒ 만자《卍》; (나치 독일의) 갈고리 십자 기장(十字記章)《卐》.
swat[swɑt/-ɔ-] *vt.* (*-tt-*), *n.* Ⓒ 찰싹치다[때림], 파리채.
SWAT, S.W.A.T.[swat/swɔt]《美》Special Weapons and Tactics 스와트, 특별기동대, 특수공격대.
swatch[swɑtʃ/-ɔ-] *n.* Ⓒ 견본(조각).
swath[swɔ:θ, swɑθ] *n.* (*pl.* **～s** [-θs, -ðz]) Ⓒ 한 줄의 벤 풀[보리]; 한 번 낫질한 넓이; 작은 조각. ***cut a wide*** **～**《美》점잔 빼다.
swathe[1][sweið, swɑð] *vt.* 싸다, 붕대로 감다; 포위하다. — *n.* Ⓒ 싸는 천, 붕대.
swathe[2] *n.* =SWATH.
S wàve (지진의) S파, 횡파.
:sway[swei] *vt., vi.* 흔들(리)다; 지배하다, 좌우하다. — *n.* Ⓤ,Ⓒ 동요; Ⓤ 지배(권).
swáy·bàck *n., a.* Ⓒ (말의) 척주 만곡증; =SWAYBACKED. **-bàcked** *a.* (말의) 등이 우묵한; 등을 다친.
Swa·zi·land[swɑ́:zilæ̀nd] *n.* 남아프리카의 소왕국《1968년 독립》.
SWbS, S.W.bS. southwest by south. **SWbW, S.W.bW.** southwest by west.
:swear[swɛər] *vi.* (**swore,**《古》**sware; sworn**) 맹세하다;〖法〗선서하다; 서약하다; 벌받을 소리를 하다, 욕지거리하다(*at*). — *vt.* 맹세하다; 선서하다; 단언하다; 선서[서약]시키다; 맹세코 …한 상태로 하다. **～ *by*** (…을) 두고 맹세하다;《口》(…을) 크게 신용하다. **～ *in*** 선서를 시키고 취임시키다. **～ *off***《口》(술 따위를) 맹세코 끊다. **～ *to*** (맹세코) 단언하다, 확언하다. — *n.* Ⓒ《口》저주, 욕. **∠·ing** *n.* Ⓒ 맹세(의 말); 저주, 욕설《'Damn it!' 따위》.
swéar·wòrd *n.* Ⓒ 재수 없는 말, 욕, 저주.
:sweat[swet] *n.* ① Ⓤ 땀. ② (a ～) 발한(發汗)(작용). ③ Ⓤ,Ⓒ (표면에 끼는) 물기. ④ (a ～)《口》불안. ⑤ (a ～)《口》힘드는 일, 고역. ***by* [*in*] *the* ～ *of one's brow*** 이마에 땀을 흘려, 열심히 일하여. ***in a*** **～** 땀 흘려;《口》걱정하여. — *vi.* (***sweat,* ～*ed***[∠id]) ① 땀을 흘리다. ② 습기가 생기다; 스며 나오다; 표면에 물방울이 생기다. ③《口》땀흘려 일하다;《口》걱정하다. — *vt.* ① 땀을 흘리게 하다. ② 땀으로 적시다[더럽히다]. ③ 습기를 생기게 하다; (공업적 제조 과정에서) 스며나오게 하다; 발효시키다. ④ 혹사하다. ⑤《俗》고문하다. ⑥ (땜납을) 녹을 때까지 가열하다, 가열 용접하다; 가열하여 가용물(可熔物)을 제거하다. **～ *down***《美俗》몹시 압축하다, 소형으로 하다. **～ *out*** (감기 따위를) 땀을 내어 고치다.
swéat·bànd *n.* Ⓒ (모자 안쪽의) 땀받이.
sweat·ed[swétid] *a.* 저임금 노동의. **～ *goods*** 저임금 노동으로 만든 제품. **～ *labor*** 저임금 노동.
:sweat·er[∠ər] *n.* Ⓒ 스웨터; 땀흘리는 사람; 발한제(劑); 싼 임금으로 혹사하는 고용주.
swéater gìrl《俗》젖가슴이 풍만한 젊은 여자.
swéat glànd〖解〗땀샘.
swéat shìrt (두꺼운 감의) 낙낙

S

한 스웨터.
swéat·shòp *n.* Ⓒ 노동자 착취 공장.
sweat·y [swéti] *a.* 땀투성이의; 땀흘리게 하는.
Swed. Sweden; Swedish.
***Swede** [swi:d] *n.* Ⓒ 스웨덴 사람 《한 사람》.
***Swe·den** [swí:dn] *n.* 스웨덴.
***Swed·ish** [swí:diʃ] *a., n.* Ⓒ 스웨덴의; Ⓒ 스웨덴 사람(의); Ⓤ 스웨덴말(의)(cf. Swede).
:**sweep** [swi:p] *vt.* (***swept***) ① 청소하다, 털다(*away, off, up*). ② 일소하다(*away*). ③ 흘려보내다, 날려버리다. ④ 둘러 보다. ⑤ (…을) 스칠듯 지나가다. ⑥ 살짝 어루만지다. ⑦ (악기를) 타다. — *vi.* ① 청소하다. ② 획 지나가다. ③ 엄습하다; 휘몰아치다. ④ 옷자락을 끌며〔사뿐사뿐, 당당히〕 걷다. ⑤ 멀리 바라다보다. ⑥ 멀리 뻗치다. ***be swept off one's feet*** (파도에) 발이 휩쓸리다; 열중하다. ***~ the board*** (내기에 이겨) 탁상의 돈을 몽땅 쓸어가다, 전승하다. ***~ the seas*** 소해(掃海)하다; 해상의 적을 일소하다. — *n.* Ⓒ ① 청소, 일소. ② 불어제침, 한 번 휘두르기. ③ 밀어 닥침. ④ (물·바람 따위의) 맹렬한 흐름. ⑤ 만곡(彎曲). ⑥ 뻗침; 범위, 시계(視界). ⑦ (*pl.*) 먼지, 쓰레기. ⑧《주로 英》굴뚝〔도로〕 청소부. ⑨『海』길고 큰 노. ⑩ (두레박틀의) 장대. ⑪=SWEEPSTAKE(S). ***make a clean ~ of*** …을 전폐하다. * **∠·er** *n.* Ⓒ 청소부〔기〕.
***swéep·ing** *a.* ① 일소하는; 불어제치는. ② 파죽지세(破竹之勢)의. ③ 전반에 걸친, 대충의. ④ 대대적인, 철저한. — *n.* Ⓤ,Ⓒ 청소, 일소; 불어제침, 밀어내림; (*pl.*) 쓸어모은 것, 먼지, 쓰레기. **~·ly** *ad.*
swéep·stàke(s) *n.* Ⓒ 건 돈을 독점하는 경마, 또 그 상금; 건 돈을 독점〔분배〕하는 내기.
†**sweet** [swi:t] *a.* ① 달콤한, 맛있는, 향기로운. ② 맛이〔냄새가〕 좋은. ③ 신선한, 기분 좋은, 유쾌한. ④ 목소리가〔가락이〕 감미로운. ⑤《美口》수월하게 할 수 있는. ⑥ 친절한, 상냥한. ⑦ (땅이) 경작에 알맞은. ⑧《口》예쁜, 귀여운. ***be ~ on*** 〔***upon***〕《口》(…을) 그리워하다. ***have a ~ tooth*** 단 것을 좋아하다. — *n.* Ⓒ 단 것; 《英》식후에 먹는 단것; (*pl.*) 사탕, 캔디; (*pl.*) 즐거움, 쾌락; 연인, 애인. — *ad.* 달게; 즐겁게; 상냥하게; 순조롭게. **:∠·ly** *ad.* **:∠·ness** *n.*
swéet a·lýs·sum [-əlísəm/-ǽlisəm] 『植』향기얼리섬《원예 식물》.
swéet-and-sóur *a.* 새콤달콤하게 양념한.
swéet·brèad *n.* Ⓒ (송아지·새끼양의) 지라, 흉선(胸腺)《식용》.
swéet·brìer, -brìar *n.* Ⓒ 들장미의 일종.
swéet córn 《美》사탕옥수수.
***sweet·en** [∠n] *vt., vi.* 달게 하다〔되다〕; (향기 따위) 좋게 하다, 좋아지다; 유쾌하게 하다, 유쾌해지다; 누그러지(게 하)다. **∠·ing** *n.* Ⓤ,Ⓒ 달게 하는 것; 감미료.
swéet flág 『植』창포의 일종.
swéet gúm 『植』풍향수(楓香樹); 그 나무에서 채취한 향유(香油).
:**swéet·hèart** *n., vi.* Ⓒ 애인, 연인; 연애하다. ***~ contract*** 〔***agreement***〕 회사와 노조가 공모하여 낮은 임금을 주는 노동 계약.
sweet·ie [swí:ti] *n.* 《口》 ① Ⓒ 애인. ② (흔히 *pl.*) 《英》단 과자.
swéet·mèats *n. pl.* 사탕, 캔디, 봉봉, 설탕절임한 과일.
swéet òil 올리브유(油).
swéet pépper 피망.
swéet potàto 고구마.
swéet-scènted *a.* 향기가 좋은.
swéet shòp 《英》과자점.
swéet-tàlk *vt., vi.* 《美口》감언으로 꾀다; 아첨하다.
swéet-témpered *a.* 성품이 상냥한.
swéet wílliam 〔**W-**〕『植』아메리카패랭이꽃.
:**swell** [swel] *vi., vt.* (***~ed; ~ed, swollen***) ① 부풀(리)다. ② 부어오르(게 하)다(*out, up*). ③ (수량이) 붇다, 늘다; (수량을) 불리다. ④ 융기하다〔시키다〕. ⑤ (소리 따위) 높아지다, 높이다. ⑥ 우쭐해지다, 우쭐대게 하다. ⑦ (가슴이) 뿌듯해지다, (가슴을) 뿌듯하게 하다(*with*). ⑧ (*vi.*) 물결이 일다. — *n.* ① Ⓤ 커짐; 증대; Ⓒ 부풂; (*sing.*) (땅의) 융기), 구릉(丘陵); 큰 파도, 놀. ② Ⓤ 높은 소리; 『樂』(음량의) 증감(장치); Ⓒ 그 기호《<, >》. ③ Ⓒ 《口》명사(名士), 달인(達人)(*in, at*); (상류의) 멋쟁이. — *a.* ① 《口》맵시 있는, 멋진. ② 훌륭한, 일류의. * **∠·ing** *n., a.* Ⓤ,Ⓒ 증대, 팽창; Ⓒ 종기; 융기; 돌출부; Ⓤ,Ⓒ 놀; 부푼; (말이) 과장된.
swéll(ed) héad 잘난 체하는〔뽐내는〕 사람.
swéll·fish *n.* (*pl.* **~, ~es**) Ⓒ 『魚』복어.
swel·ter [swéltər] *vi.* 더위로 몸이 나른해지다, 더위 먹다; 땀투성이가 되다. — *n.* Ⓒ 무더움; 땀투성이.
:**swept** [swept] *v.* sweep의 과거(분사).
***swerve** [swə:rv] *vi., vt.* ① 빗나가(게 하)다, 벗어나(게 하)다(*from*), (공을) 커브시키다. ② 바른 길에서 벗어나(게 하)다(*from*). — *n.* Ⓒ 벗어남, 빗나감; 『크리켓』곡구(曲球).
:**swift** [swift] *a., ad.* 빠른; 빨리; 즉석의; …하기 쉬운(*to* do). — *n.* Ⓒ 『鳥』칼새. **:∠·ly** *ad.* ***∠·ness** *n.*
Swift [swift], **Jonathan** (1667-1745) 영국의 풍자 소설가《*Gulliver's Travels*》.
swíft-fóoted *a.* 발이 빠른.
swig [swig] *n., vi., vt.* (**-gg-**) Ⓒ 《口》꿀꺽꿀꺽 들이켬〔들이켜다〕.
swill [swil] *n., vt.* (a ~) 꿀꺽꿀꺽

들이켬〔들이켜다〕; 씻가시기; 씻가시다(*out*); Ⓤ 부엌찌끼《돼지먹이》.

†**swim**[swim] *vi.* (***swam,*** 《古》 ***swum; swum; -mm-***) 헤엄치다; 뜨다; 넘치다(*with*); 미끄러지다. ~ ***with*** 눈이 돌다, 어지럽다. — *vt.* 헤엄치(게 하)다; 띄우다. ~ ***the tide*** 〔***stream***〕 시대 조류에 따르다. — *n.* Ⓒ 수영, 헤엄치는 시간〔거리〕; 물고기의 부레; (the ~)《口》 시류(時流), 정세. ***be in*** 〔***out of***〕 ***the ~*** 실정에 밝다〔어둡다〕. ***∠·mer** *n.*

swím blàdder (물고기의) 부레.

swím fin (잠수용) 발갈퀴(flipper).

:**swim·ming**[∠iŋ] *n.* Ⓤ 수영. ~**·ly** *ad.* 거침 없이, 쉽게; 일사 천리로.

swímming bàth 《英》 (보통 실내의) 수영장.

swímming bèlt (띠 모양의) 부낭(浮囊).

swímming blàdder =SWIM BLADDER.

swímming còstume 《英》 수영복.

swímming gàla 수영 경기회.

swímming pòol 《美》 수영 풀.

swímming sùit 수영복.

swímming trùnks 수영 팬츠.

***swin·dle**[swíndl] *vt., vi.* 속이다; 사취(詐取)하다(*out of*). — *n.* Ⓒ 사취, 사기. **swín·dler** *n.* Ⓒ 사기꾼.

swíndle shèet 《美俗》 교제비; 접대비; 필요 경비.

***swine**[swain] *n.* (*pl.* ~) Ⓒ (가축으로서의) 돼지; 야비한 사람.

swíne·hèrd *n.* Ⓒ 돼지 치는 사람.

†**swing**[swiŋ] *vi.* ① 흔들거리다, 흔들리다. ② 회전하다. ③ 몸을 좌우로 흔들며 걷다. ④ 매달려 늘어지다, 그네 뛰다. ⑤《口》 교수형을 받다. ⑥《美俗》 성의 모험을 하다, 부부 교환을 하다; 실컷 즐기다. — *vt.* ① 흔들(거리게 하)다. ② 매달다. ③ 방향을 바꾸다. ④《美口》 교묘히 처리하다; 좌우하다. ⑤ 스윙식으로 연주하다. ~ ***the lead***[led]《英軍俗》 꾀병 부리다; 게으름 피우다. ~ ***to*** (문이) 삐걱 소리내며 닫히다. — *n.* ① C,U 동요, 진동(량), 진폭. ② C,U 율동, 가락. ③ Ⓒ 그네(뛰기). ④ C,U (골프·야구·정구의) 휘두르기. ⑤ Ⓒ 활보. ⑥ Ⓤ (일 따위의) 진행, 진척. ⑦ Ⓤ 활동(의 자유·범위). ⑧ Ⓤ 스윙 음악. ***give full ~ to*** (…을) 충분히 활동시키다. ***go with a ~*** 순조롭게〔척척〕 진행되다. ***in full ~*** 한창 진행중인, 한창인. ***the ~ of the pendulum*** 진자(振子)의 진폭; 영고 성쇠(榮枯盛衰). — *a.* 스윙음악(식)의. ***swíng·ing** *a.* 흔들거리는; 경쾌한; 《美俗》 활발한.

swíng bòat 《英》 보트 모양의 그네.

swíng brìdge 선개교(旋開橋).

swíng-bỳ *n.* Ⓒ (우주선의) 혹성 궤도 근접 통과.

swíng dòor (안팎으로 열리는) 자동식 문.

swinge[swindʒ] *vt.* 《古》 매질하다; 벌하다. **∠·ing** *a.* 《英口》 최고의; 굉장한; 거대한.

swing·er[swíŋər] *n.* Ⓒ 《俗》 유행의 첨단을 걷는 사람; 스와핑(swapping)을〔프리섹스를〕 하는 사람.

swínging dòor =SWING DOOR.

swin·gle[swíŋgəl] *n., vt.* Ⓒ 타마기(打麻器)(로 두드리다).

swíngle·trèe *n.* 물추리막대.

swíng mùsic 스윙 음악.

swíng shìft 《美口》 (공장의) 반(半) 야근《보통 오후 4시–밤 12시》.

swíng wìng 〚空〛 가변익(可變翼).

swin·ish[swáiniʃ] *a.* 돼지 같은; 더러운; 욕심 많은.

swipe[swaip] *n.* Ⓒ 〚크리켓〛 강타; (두레박틀의) 장대(well sweep); 들이켜기; (*pl.*) 《英口》 싼 맥주; 《美口》 말 사육자. — *vt., vi.* 《口》 강타하다; 《俗》 훔치다.

***swirl**[swəːrl] *vi.* (물·바람 따위가) 소용돌이치다; 소용돌이꼴로 되다, 휘감기다. — *vt.* 소용돌이치게 하다. — *n.* Ⓒ 소용돌이(꼴).

swish[swiʃ] *vt.* (지팡이를) 휘두르다; 휘휙 소리나게 하다; 싹 베어버리다(*off*). — *vi.* (비단옷 스치는 소리·풀베는 소리가) 삭삭거리다; (채찍질하는 소리가) 휙하고 나다. — *n.* Ⓒ 삭삭〔휙, 싹〕 소리; (지팡이·채찍의) 한 번 휘두르기.

:**Swiss**[swis] *a.* 스위스(사람·식)의. — *n.* Ⓒ 스위스 사람.

Swíss chárd[-tʃáːrd] 〚植〛 근대《식용》.

Swit. Switzerland.

:**switch**[switʃ] *n.* ① Ⓒ 휘청휘청한 나뭇가지〔회초리〕; (회초리의) 한번 치기. ② Ⓒ (여자의) 다리꼭지. ③ (*pl.*) 〚鐵〛 전철기; 〚電〛 스위치. ④ Ⓒ 전환. ⑤ 〚컴〛 스위치. — *vt.* 《美》 회초리로 치다; 휘두르다; 전철하다; 스위치를 끄다〔켜다〕(*off, on*); 《口》 바꾸다. — *vi.* 회초리로 때리다; 전철〔전환〕하다. ~ ***off*** (*a person*) (아무의) 방송 도중에 스위치를 끄다; 《美俗》 환각 체험을 하다〔에서 깨다〕. ~ ***on to*** (*a person*) (아무의) 방송을 듣기 위해 스위치를 켜다.

swítch·bàck *n.* Ⓒ (등산(登山) 전차의) 갈짓자 모양의 선로, 스위치백; 《英》 (오락용의) 롤러 코스터.

swítch·blàde (knífe) [∠blèid(-)] *n.* Ⓒ 날이 튀어나오게 된 나이프.

***swítch·bòard** *n.* Ⓒ 〚電〛 배전반(配電盤); (전화의) 교환대.

switch·er·oo[swìtʃəruː] *n.* Ⓒ 《美俗》 (태도·지위 따위의) 갑작스러운 〔예상도 못한〕 변화.

swítch-gèar *n.* Ⓤ 《집합적》 (고압용) 개폐기〔장치〕.

swítch-hìtter *n.* Ⓒ 〚野〛 좌우 어느 쪽에서나 칠 수 있는 타자.

switch·ing[swítʃiŋ] *n.* 〚컴〛 스위칭.

swítch·man[∠mən] *n.* Ⓒ 《美》 전철수.

swítch·òver *n.* Ⓒ 전환.

swítch·yàrd *n.* Ⓒ 《美》 (철도의) 조차장(操車場).

Switz. Switzerland.

Switz·er[swítsər] *n.* Ⓒ 스위스 사람; 스위스인 용병.

:Switz·er·land [swítsərlənd] *n.* 스위스.
swiv·el [swívəl] *n.* Ⓒ 전환(轉鐶); 회전고리; 회전대(臺); (회전 의자의) 대(臺); 회전 포가(砲架), 선회포(砲).
swível chàir 회전 의자.
swiz(z) [swiz] *n.* (*pl.* **-zzes** [ˊiz]) (a ~) 《英俗》 기대박(의 것), 실망.
swiz·zle [swízəl] *n.* Ⓒ 혼합주, 스위즐《칵테일의 일종》.
swízzle stìck 교반봉《칵테일용의》.
swob [swɑb/-ɔ-] *n., vt.* (**-bb-**) = SWAB.
:swol·len [swóulən] *v.* swell의 과거분사. — *a.* 부푼; 물이 불은; 과장된.
***swoon** [swu:n] *n., vi.* Ⓒ 기절〔졸도〕하다; 차츰 사라져가다〔쇠약해지다〕.
swoop** [swu:p] *vi.* (맹조(猛鳥) 따위가) 위에서 와락 덮치다, 급습하다. — *vt.* 움켜잡다, 잡아채다(*up*). — *n.* Ⓒ 위로부터의 습격〔급습〕. ***at one fell ~ 일거에.
swop [swɑp/-ɔ-] *n., v.* (**-pp-**) = SWAP.
:sword [sɔ:*r*d] *n.* Ⓒ 검(劍), 칼; (the ~) 무력; 전쟁. ***at the point of the*** ~ 무력으로. ***be at ~'s points*** 매우 사이가 나쁘다. ***cross ~s with*** …와 싸우다. ***measure ~s with*** (결투 전에) …와 칼의 길이를 대보다; …와 싸우다. ***put to the*** ~ 칼로 베어 죽이다.
swórd àrm 오른팔.
swórd bèlt 검대(劍帶).
swórd càne 속에 칼이 든 지팡이.
swórd cùt 칼자국; 칼에 베인 상처.
swórd dànce 칼춤, 검무.
swórd·fish *n.* Ⓒ 〖魚〗 황새치.
swórd gràss 칼 모양의 잎을 가진 풀《글라디올러스 따위》.
swórd guàrd (칼의) 날밑.
swórd knòt 칼자루에 늘어뜨린 술〔끈〕.
swórd lìly =GLADIOLUS.
sword·man [ˊmən] *n.* Ⓒ 《古》 = SWORDSMAN.
swórd·plày *n.* Ⓤ 검술.
swords·man [sɔ́:*r*dzmən] *n.* Ⓒ (명)검객; 《古》 군인. **~·shìp** *n.* Ⓤ 검술(솜씨).
***swore** [swɔ:*r*] *v.* swear의 과거.
sworn** [swɔ:*r*n] *v.* swear의 과거분사. — *a.* 맹세한; 선서〔서약〕한. ~ ***enemies 불구대천의 원수.
'swounds [zwaundz] (<*God's wounds*) *int.* 《古》 빌어먹을! (zounds).
Swtz. Switzerland.
:swung [swʌŋ] *v.* swing의 과거(분사). — *a.* 흔들거리는; 물결 모양의.
swúng dàsh 물결 대시(~).
syb·a·rite [síbəràit] *n.* Ⓒ 사치·쾌락을 추구하는 이. **-rit·ic** [sìbərítik], **-i·cal** [-əl] *a.*
***syc·a·more** [síkəmɔ̀:*r*] *n.* Ⓒ 《美》 플라타너스; 《英》 단풍나무의 일종; (이집트 등지의) 무화과나무.
syc·o·phant [síkəfənt] *n.* Ⓒ 아첨쟁이. **-phan·cy** *n.* Ⓤ 추종, 아첨.
***Syd·ney** [sídni] *n.* Ⓒ 시드니《오스트레일리아 동남부의 항구 도시》.
syl·la·bi [síləbài] *n.* syllabus의 복수.
syl·lab·ic [silǽbik] *a.* 〖音聲〗 음절의, 음절로 된; 음절을 나타내는, 음절적인; 음절마다 발음하는. — *n.* Ⓒ 음절 문자〔주음(主音)〕《예컨대 little [lítl]의 둘째번의 [l]이 실라빅이기 때문에 [lítl]은 두 음절이 됨》.
syl·lab·i·cate [silǽbəkèit] *vt.* 음절로 나누다, 분철하다. ***-ca·tion** [-ˊ-kéiʃən] *n.* Ⓤ 분철(법).
syl·lab·i·fy [silǽbəfài] *vt. n.* = SYLLABICATE. **-i·fi·ca·tion** [-ˊ-fikéiʃən]
:syl·la·ble [síləbəl] *n.* Ⓒ 음절; (음절을 나타내는) 철자; 한마디, 일언. — *vt.* 음절로 나누(어 발음하)다.
syl·la·bus [síləbəs] *n.* (*pl.* **~es, -bi**) Ⓒ (강의·교수 과정의) 대요, 요목.
syl·lo·gism [sílədʒìzəm] *n.* Ⓒ 〖論〗 삼단 논법; Ⓤ 연역(법). **-gis·tic** [ˋ-dʒístik] *a.* **-ti·cal·ly** *ad.*
syl·lo·gize [sílədʒàiz] *vi., vt.* 삼단 논법으로 논하다.
sylph [silf] *n.* Ⓒ 공기의 요정(妖精); 아름다운 여자, 미소녀.
syl·van [sílvən] *a.* 삼림의; 나무가 무성한; 숲이 있는. — *n.* Ⓒ 삼림에 사는〔출입하는〕 사람〔짐승〕.
sym- [sim] *pref.* =SYN-《b, m, p의 앞에 올 때의 꼴》.
sym. symbol; symmetrical; symphony.
sym·bi·o·sis [sìmbaióusis] *n.* (*pl.* **-ses** [-si:z]) Ⓤ,Ⓒ 〖生〗 공생(共生), 공동 생활.
:sym·bol [símbəl] *n., vt.* Ⓒ 상징〔표상〕(하다); 기호(로 나타내다). **~·ism** [-ìzəm] *n.* Ⓤ 기호의 사용, 기호로 나타냄; 상징적 의미; 상징주의; 〖컴〗 기호. **~·ist** *n.* Ⓒ 기호 사용자; 상징주의자. ***~·ize** [-àiz] *vt.* 상징하다; (…의) 상징이다; 기호로 나타내다〔를 사용하다〕; 상징화하다. **~·is·tic** [ˋ-ístik] *a.* 상징주의(자)의.
***sym·bol·ic** [simbɑ́lik/-ɔ́-], **-i·cal** [-əl] *a.* 상징의; 상징적인; …을 상징하는(*of*); 기호를 사용하는. **-i·cal·ly** *ad.*
sýmbolic addréss 〖컴〗 기호 번지.
symbólic lógic 기호 논리학.
symbólic wórds 〖言〗 상징어(군)《공통의 음소와 공통의 뜻을 갖는 어군(語群); *gl*are, *gl*ance, *gl*impse, *gl*immer, &c.》.
sym·met·al·lism [simétəlìzəm] *n.* Ⓤ 〖經〗 (화폐의) 복본위제(複本位制).
***sym·met·ric** [simétrik], **-ri·cal** [-əl] *a.* (좌우) 대칭(對稱)적인, 균형잡힌. **-ri·cal·ly** *ad.*
sym·me·try [símətri, -mi-] *n.* Ⓤ 좌우 대칭; 균형; (부분과 전체의) 조화. **-trize** [-tràiz] *vt.* 대칭적으로 하

다, 균형을 이루게 하다; 조화시키다.
:sym·pa·thet·ic [sìmpəθétik] *a.* ① 동정적인(*to*). ② 마음이 맞는. ③ 《口》 호의적인, 찬성하는. ④ 〖生〗 교감(交感)의(*the* ~ *nerve* 교감 신경). ⑤ 〖理〗 공명하는. ~ **ink** 은현잉크. **-i·cal·ly** *ad.*
sỳmpathetic vibrátion 〖理〗 공「진, 공명.
:sym·pa·thize [símpəθàiz] *vi.* ① 동정〔공명〕하다, 동의하다(*with*). ② 조화〔일치〕하다(*with*). **-thiz·er** *n.* Ⓒ 동정〔동조·공명〕자.
:sym·pa·thy [símpəθi] *n.* ① U,C 동정, 연민(*for*). ② Ⓤ 동의, 동조, 찬성, 공명(*with*). ③ Ⓤ 조화, 일치(*with*). ④ Ⓤ 〖生〗 교감(작용).
sýmpathy strìke 동정 파업(sympathetic strike).
sym·phon·ic [simfɑ́nik/-ɔ́-] *a.* 교향적인.
symphónic póem 교향시.
:sym·pho·ny [símfəni] *n.* Ⓒ 심포니, 교향곡; Ⓤ 음〔색채〕의 조화.
sýmphony órchestra 교향악단.
sym·po·si·um [simpóuziəm, -zjəm] *n.* (*pl.* **~s, -sia** [-ziə]) Ⓒ 토론〔좌담〕회; (고대 그리스의) 향연 《음악을 듣고 담론함》; (같은 테마에 관한 여러 사람의) 논(문)집.
:symp·tom [símptəm] *n.* Ⓒ 징후, 조짐; 〖醫〗 증후(症候). **symp·to·mat·ic** [∸–mǽtik], **-i·cal** [-əl] *a.* 징후〔증후〕가 되는〔를 나타내는〕(*of*); 징후의, 증후에 의한.
syn- [sin] *pref.* '공(共), 동(同)'의 뜻.
syn. synonym.
***syn·a·gogue** [sínəgɑ̀g, -ɔ̀:-/-ɔ̀-] *n.* Ⓒ (예배를 위한) 유대인 집회; 유대교 회당.
Syn·a·non [sínənən, -ɑ̀n] *n.* Ⓒ 《美》 마약 상습자에 대한 갱생 지도를 하는 사설 단체.
syn·apse [sinǽps, sáinæps] *n.* Ⓒ 〖生〗 시냅스, 신경 세포 연접(부).
sync, synch [siŋk] *n.* =SYNCHRONIZATION. — *vi., vt.* =SYNCHRONIZE.
syn·chro [síŋkrou] *n.* (*pl.* **~s**) Ⓒ 싱크로《회전 또는 병진(倂進)의 변위(變位)를 멀리 전달하는 장치》. — *a.* 동시 작동의.
sỳnchro-cýclotron *n.* Ⓒ 〖理〗 싱크로사이클로트론《입자 가속 장치의 일종》.
syn·chro·flash [síŋkrəflæ̀ʃ] *n., a.* Ⓒ 싱크로플래시《섬광구 동조(閃光球同調)장치》(의).
syn·chro·mesh [síŋkrəmèʃ] *n., a.* Ⓒ (자동차의) 톱니바퀴를 동시에 맞물게 하는 장치(의).
syn·chro·nism [síŋkrənìzəm] *n.* Ⓤ 동시 발생; 동시성; Ⓒ 대조 역사연표(年表); Ⓤ 〖美術〗 동시주의《시간의 차이를 동일 화면에 표현하는》.
***syn·chro·nize** [síŋkrənàiz] *vi.* ① 동시에 일어나다(*with*); 시간이 일치하다. ② (둘 이상의 시계가) 같은 시간을 가리키다. ③ 〖映〗 화면과 음향이 일치하다; 〖寫〗 (셔터와 플래시가) 동조(同調)하다. — *vt.* 동시에 하게 하다; (…에) 시간을 일치시키다. **~d** [-d] *a.* **-ni·za·tion** [∸–nizéiʃən/-naiz-] *n.* Ⓤ 시간을 일치시킴; 동시에 함; 동시성; (영화의) 화면과 음향과의 일치; 동시 녹음; 〖컴〗 (동기)화.
sýnchronized swímming 수중「발레.
syn·chro·nous [síŋkrənəs] *a.* 동시에 일어나는〔움직이는〕; 〖理·電〗 동일 주파수의, 동기(同期)의; (위성이) 정지(靜止)의; 〖컴〗 동기(同期)(적). **~·ly** *ad.*
sýnchronous sátellite 정지(궤「도) 위성.
syn·chro·scope [síŋkrəskòup] *n.* Ⓒ 〖電〗 동기 검정기.
syn·chro·tron [síŋkrətrɑ̀n/-ɔ̀n] *n.* Ⓒ 〖理〗 싱크로트론《cyclotron의 일종》(cf. bevatron).
sýnchro ùnit 〖電〗 동기(同期) 전동기의 일종.
syn·cline [síŋklain] *n.* Ⓒ 〖地〗 향「사(向斜).
Syn·com [síŋkɑ̀m/-kɔ̀m] (< *Syn*chronous *com*munications satellite) *n.* Ⓒ 미국의 정지형(靜止型) 통신 위성.
syn·co·pate [síŋkəpèit] *vt.* 〖文〗 (말의) 중간의 음을〔문자를〕 생략하다; 〖樂〗 절분(切分)하다, (악구에) 절분음을 쓰다. **-pa·tion** [∸–péiʃən] *n.* U,C 〖樂〗 절분(법); 〖文〗 =SYNCOPE.
syn·co·pe [síŋkəpi] *n.* Ⓤ 〖文〗 어중음(語中音) 생략《ever를 *e'er*로 하는 따위》; 〖樂〗 당김음법; 〖醫〗 기절.
syn·cre·tism [síŋkrətìzəm] *n.* Ⓤ ① (다른 사상, 신앙 등의) 합일, 합동, 융합. ② 〖言〗 융합《문법상 다른 기능을 갖는 둘(이상)의 형식이 동일 형식이 되는 것》.
syn·cre·tize [síŋkrətàiz] *vt., vi.* 합동〔결합, 융합〕하다〔시키다〕.
syn·det [síndet] *n.* Ⓒ 합성 세제.
syn·dic [síndik] *n.* Ⓒ (대학 등의) 평의원; 지방 행정 장관.
syn·di·cal·ism [síndikəlìzəm] *n.* Ⓤ 신디칼리즘《산업·정치를 노동 조합의 지배하에 두려는》. **~·ist** *n.*
***syn·di·cate** [síndikit] *n.* Ⓒ 《집합적》 ① 신디케이트, 기업 연합(cf. trust, cartel). ② 신문 잡지 연맹《뉴스나 기사를 써서, 많은 신문·잡지에 동시에 공급함》. ③ 평의원단. — [-dəkèit] *vt., vi.* 신디케이트를 만들다〔에 의하여 관리하다〕, 신문 잡지 연맹을 통하여 발표하다〔공급하다〕.
syn·drome [síndroum] *n.* Ⓒ 〖醫〗 증후군(症候群); 병적 현상.
syne [sain] *ad.* 《Sc.》 =SINCE; =「AGO.
syn·ec·do·che [sinékdəki] *n.* Ⓤ 〖修〗 제유법(提喩法)《일부로써 전체를, 또는 그 반대를 나타내는 것, 예컨대 *sail*로 ship을 나타내는 따위》.
syn·er·gy [sínərdʒi] *n.* Ⓤ ① 협력 작용; 공력 작용. ② 상승 작용; 〖社〗 공동 작업.
syn·od [sínəd] *n.* Ⓒ 종교 회의; (장로 교회의) 대회; 회의. **~·ic**

[sinádik/-ɔ́-], **-i·cal**[-əl] *a.* 종교 회의의; 〖天〗 합(合)의.

:syn·o·nym[sínənim] *n.* Ⓒ 동의어; 표시어《'letter'가 'literature'를 나타내는 따위》.

syn·o·nym·i·ty[sìnənímәti] *n.* Ⓤ 동의, 유의(성).

syn·on·y·mous [sinánəməs/-nɔ́n-] *a.* 동의(어)의(*with*). **~·ly** *ad.*

syn·on·y·my[sinánəmi/-nɔ́n-] *n.* Ⓤ 동의; Ⓒ 동의어집; Ⓤ 동의어 연구; 동의어 중복 사용.

syn·op·sis[sinápsis/-ɔ́-] *n.* (*pl.* **-ses**[-si:z]) Ⓒ 적요, 대의.

syn·op·tic[sináptik/-ɔ́-], **-ti·cal**[-əl] *a.* 개관〔대의〕의; (종종 S-) 공관적(共觀的), 공관 복음서의. **-ti·cal·ly** *ad.*

syn·o·vi·tis[sìnəváitis] *n.* Ⓤ 〖醫〗 활막염(滑膜炎).

:syn·tax[síntæks] *n.* Ⓤ 〖文〗 구문론, 문장론, 통어법(統語法); 〖컴〗 구문. **syn·tac·tic**[sintǽktik], **-ti·cal** [-əl] *a.*

***syn·the·sis**[sínθəsis] *n.* (*pl.* **-ses** [-sì:z]) ① Ⓤ 종합; 통합; Ⓒ 합성물. ② Ⓤ 〖化〗 합성. ③ Ⓤ 〖哲〗 (변증법에서, 정·반에 대하여) 합(合), 진테제(cf. thesis, antithesis). ④ Ⓤ 접골.

syn·the·size[sínθəsàiz] *vt.* 종합하다; 종합적으로 취급하다; 합성하다. **-siz·er** *n.* Ⓒ 종합하는 사람〔것〕; 신시사이저《음의 합성 장치》; 〖컴〗 합성기, 신시사이저.

syn·thet·ic**[sinθétik], **-i·cal**[-əl] *a.* ① 종합의, 종합적인. ② 〖化〗 합성의; 인조의. ③ 진짜가 아닌, 대용의. ④ 〖言〗 ('분석적'에 대하여) 종합적인. **~ *fiber 합성 섬유. **-i·cal·ly** *ad.* 종합〔합성〕적으로.

synthétic detérgent 합성 세제.

synthétic equípment 〖化〗 synthetic training에 필요한 설비.

synthétic résin 합성 수지(樹脂).

synthétic rúbber 합성〔인조〕고무.

syn·thet·ics[-s] *n. pl.* 합성 물질《약 따위》.

synthétic tráining 〖空〗 (비행사의) 종합적 지상 훈련.

syn·to·ny[síntəni] *n.* Ⓤ 〖電〗 동조(同調). **sýn·to·nous** *a.*

syph·i·lis[sífəlis] *n.* Ⓤ 〖病〗 매독. **-lit·ic**[≻–lítik] *a.*

sy·phon[sáifən] *n., v.* =SIPHON.

Syr. Syria(n); Syriac.

***Syr·i·a**[síriə] *n.* (지금의) 시리아; (지중해 동안의) 고대 시리아. **Syr·i·ac**[síriæ̀k] *n., a.* Ⓤ 고대 시리아 말(의); (고대) 시리아의.

sy·rin·ga[səríŋgə] *n.* Ⓒ 〖植〗 고광나무; =LILAC.

sy·rin·ge[səríndʒ, ∠–] *n.* Ⓒ 주사기; 세척기(洗滌器), 주수기(注水器), 관장기. — *vt.* 주사〔주입·세척〕하다.

syr·inx[síriŋks] *n.* (*pl.* ***syringes*** [siríndʒi:z], **~*es***) Ⓒ (새의) 울대; 〖解〗 이관(耳管), 유스타키오관(Eustachian tube); =PANPIPE.

:syr·up[sírəp, sə́:r-] *n.* Ⓤ 시럽; 당밀. **~·y** *a.*

sys·op[sísàp/-ɔ̀p] (<*sy*stem *op*erator) *n.* 〖컴〗《俗》(체계) 운영자.

syst. system.

sys·tal·tic [sistɔ́:ltik, -tǽl-] *a.* 〖醫〗 번갈아 수축과 팽창을 반복하는; 심장 수축 (기능)의.

†sys·tem[sístəm] *n.* ① Ⓒ 조직; 체계; 계통; 학설; 제도. ② Ⓒ 방식, 방법. ③ Ⓤ 순서. ④ 〖天〗 계(系); 〖地〗 계(系); (the ~) 신체. ⑤ 〖컴〗 시스템.

:sys·tem·at·ic[sìstəmǽtik], **-i·cal**[-əl] *a.* 조직〔계통〕적인; 정연한; 규칙바른; 〖生〗 분류상의. **-i·cal·ly** *ad.*

sys·tem·a·tize[sístəmətàiz] *vt.* 조직을 세우다; 조직〔체계〕화하다; 분류하다. **-ti·za·tion**[≻––tizéiʃən/-taiz-] *n.*

sys·tem·a·tol·o·gy[sìstəmətálədʒi/-tɔ́l-] *n.* Ⓤ 체계학, 계통학.

sýstem file 〖컴〗 시스템 파일《(1) 제어 프로그램이 필요로 하며 관리하는 파일. (2) 체계 논리 장치를 할당·처리하는 파일》.

sys·tem·ic[sistémik] *a.* 조직〔계통〕의; 〖生〗 전신의.

sys·tem·ize[sístəmàiz] *vt.* = SYSTEMATIZE.

sýstem máintenance 〖컴〗 시스템 유지보수《체계가 항상 정상으로 동작하도록 검사·점검하는》.

sýstem prògram 〖컴〗 시스템 프로그램《컴퓨터 시스템을 효율적으로 움직이기 위한 관리 프로그램의 총칭》.

sýstem prògramming 〖컴〗 시스템 프로그래밍.

sýstems anàlysis (능률·정밀도를 높이기 위한) 시스템 분석.

sýstems engineèring 시스템 공학.

sys·to·le[sístəli] *n.* Ⓤ,Ⓒ 〖生〗 심장수축.

sys·to·lic[sistálik/-tɔ́l-] *a.* 심장 수축의.

T

T, t[ti:] *n.* (*pl.* ***T's, t's***[-z]) Ⓒ T자 모양의 것. ***cross one's*** 〔***the***〕 ***t's,*** t자의 횡선(橫線)을 긋다; 사소한 점도 소홀히 하지 않다. ***to a T***

정확히, 꼭 들어맞게(to a nicety).

T temperature; tension. **T.** Territory; Testament; Trinity; Tuesday; Turkish (pounds). **t.** teaspoon(s); temperature; 〚文〛 tense; time; ton(s); town; 〚文〛 transitive; troy.

ta[tɑ:] *int.* 《英俗·兒》 thank you 의 단축·전화(轉化).

Ta 〚化〛 tantalum. **T.A.** transaction analysis 〚心〛 교류 분석. **T.A.** Territorial Army. **TAA** Technical Assistance Administration (유엔) 기술 원조국.

tab[1][tæb] *n., vt.* (**-bb-**) Ⓒ 드림〔끈·고리·휘장·찌지(tag)〕(을 달다); 《美口》 계산서; 〚컴〛 징검(돌), 태브《세트해 둔 장소로 커서를 옮기는 기능》. ***keep ~(s) on*** 《口》 …의 셈을 하다; …을 지켜보다. ***pick up the ~*** 《美口》 셈을 치르다, 값을 지불하다.

tab[2] *n.* Ⓒ (컴퓨터 따위의) 도표 작성 장치(tabulator).

T.A.B. Typhoid-paratyphoid A and B vaccine.

tab·ard[tǽbərd] *n.* Ⓒ 〚史〛 전령사(傳令使)의 옷; (기사가 갑옷 위에 입던) 문장(紋章) 박힌 겉옷.

Ta·bas·co[təbǽskou] *n.* Ⓤ,Ⓒ 〚商標〛 고추(capsicum)로 만든 매운 소스.

tab·by[tǽbi] *n.* Ⓒ (갈〔회〕색 바탕에 검은 줄무늬의) 얼룩고양이; 암코양이; 《주로 英》 심술궂고 수다스러운 여자; =TAFFETA. ── *a.* 얼룩진(*a ~ cat* 얼룩고양이).

***tab·er·na·cle**[tǽbərnæ̀kəl] *n.* Ⓒ ① 가옥(假屋), 천막집. ② (이스라엘 사람이 방랑 중 성전으로 사용한) 장막(tent), 유대 성소(聖所). ③ 《英》 (비국교파의) 예배소. ④ 영혼의 임시 거처로서의) 육체. ⑤ 닫집 달린 감실〔제단〕. ⑥ 성궤(聖櫃), 성기(聖器) 상자. **-nac·u·lar**[tæ̀bərnǽkjələr] *a.* tabernacle 의; 비속한.

táb kèy 〚컴〛 징검(글)쇠, 테브 키.

†**ta·ble**[téibəl] *n.* Ⓒ ① 테이블, 탁자, 식탁; (*sing.*, 종종 Ⓤ) 음식. ② 《집합적》 식탁을 둘러싼 사람들. ③ 〚地〛 고원(高原), 대지. ④ 서판(書板)(에 새긴 글자)(cf. tablet). ⑤ (수상(手相)이 나타나 있는) 손바닥. ⑥ 표(*the ~ of contents* 목차), 리스트. ⑦ 〚컴〛 표, 테이블. ***at ~*** 식사 중. ***keep a good ~*** (언제나) 잘 먹다. ***lay on the ~*** (심의를) 일시 중지하다, 무기 연기하다. ***lay*** 〔***set, spread***〕 ***the ~*** 식탁을 차리다. ***learn one's ~s*** 구구단을 외다. ***the Twelve Tables*** 12동판법(銅版法)《로마법 원전(451 B.C.)》. ***turn the ~s*** 형세를 역전시키다, 역습하다(*on, upon*). ***wait at*** 〔《美》 ***on***〕 ***~*** 시중을 들다. ── *vt.* 탁상에 놓다; 표로 만들다; 《美》 (의안 등을) 묵살하다.

tab·leau[tǽblou] *n.* (*pl.* ~*s*, ~*x* [-z]) Ⓒ 극적 장면; 그림; 회화적 묘사; 활인화(活人畵).

tábleau cùrtains 〚劇〛 한가운데서 양쪽으로 여는 막.

tableau vi·vant[-vivɑ́:ŋ] (F.) 활인화(活人畵).

***táble·clòth** *n.* Ⓒ 테이블 보.

ta·ble d'hôte[tɑ́:bəl dóut, tǽ-] (F.) 정식(定食).

táble·flàp *n.* Ⓒ (경첩을 달아서 접었다 폈다 할 수 있게 만든) 탁자의 판(板).

táble knìfe 식탁용 나이프.

táble·lànd *n.* Ⓒ 대지, 고원.

táble lìnen 식탁용 흰 천《테이블보, 냅킨 따위》.

táble mànners 식사 예법.

táble màt (식탁에서 뜨거운 접시 따위의 밑에 까는) 받침, 깔개.

táble mòney 《英》 (고급 장교의) 교제비.

:**táble·spòon** *n.* Ⓒ 식탁용 큰 스푼; =TABLESPOONFUL.

:**táble·spoonfùl** *n.* (*pl.* ***~s, -spoonsful***) Ⓒ 식탁용 큰 스푼 하나 가득한 분량.

:**tab·let**[tǽblit] *n.* Ⓒ ① (나무·상아·점토·돌 등의) 평판, 서판. ② (*pl.*) 메모장(帳), 편지지 첩. ③ 〚鐵〛 타블렛《안전 통과표》. ④ 정제(錠劑). ⑤ 〚컴〛 자리판.

táble tàlk 식탁 좌담, 다화(茶話).

táble tènnis 탁구.

táble·tòp *n.* Ⓒ 테이블의 표면. ── *a.* 탁상(용)의.

táble tùrning 심령의 힘으로 테이블을 움직이는 심령술의 일종.

táble·wàre *n.* Ⓤ 《집합적》 식탁용구, 식기류.

tàble wáter 식탁용 광천수(鑛泉水).

tab·loid[tǽblɔid] *n.* Ⓒ 타블로이드판 신문; (T-) 〚商標〛 정제(tablet). ── *a.* 요약한; 타블로이드판의.

ta·boo, -bu**[təbú:, tæ-] *n., a.* Ⓤ,Ⓒ (폴리네시아 사람 등의) 금기(禁忌)〔터부〕(의)(*a ~ word*); 금제(禁制)(ban)(의). ***put the ~ on, or ***put under the ~*** 금기〔금제〕하다.

ta·bor, 《英》 **-bour**[téibər] *n.* Ⓒ (납작한) 작은 북《손으로 침》.

tab·o·ret, 《英》 **-ou-**[tǽbərit] *n.* Ⓒ 낮은 대(臺); =STOOL; 수틀; 작은 북.

tab·u·lar[tǽbjələr] *a.* 표의, 표로 한; 얇은 판자(모양)의.

ta·bu·la ra·sa[tǽbjələ rɑ́:sə] (L. =erased tablet) 글자가 씌어 있지 않은 서판(書板)〔석판〕; 《비유》 (어린이의 마음의) 백지 상태, 때 안 묻은 마음.

tab·u·late[tǽbjəlèit] *vt.* 평판(平板) 모양으로 하다; (일람)표로 만들다. ── [-lit] *a.* 평면〔평판 모양〕의. **-la·tor** *n.* Ⓒ 도표 작성자; (컴퓨터 따위의) 도표 작성 장치. **-la·tion**[∸─léiʃən] *n.* Ⓤ 표로 만듦, 도표화.

TAC Tactical Air Command.

TACAN[tǽkæn] tactical air navigation 기상용(機上用) 단거리

항법 장치.

tach·o·graph[tǽkəgræ̀f, -ɑ̀:-] *n.* Ⓒ 자기(自記)(회전) 속도계.

ta·chom·e·ter[tækɑ́mitər, tə-/tækɔ́mi-] *n.* Ⓒ 속도 기록계; 유속계(流速計).

tach·y·car·di·a[tæ̀kikɑ́:rdiə] *n.* Ⓤ 〖醫〗 심계항진(心悸亢進), 심박급진(증).

ta·chym·e·ter[tækímitər, tə-] *n.* Ⓒ 〖測〗 시거의(視距儀).

tach·y·on[tǽkiɑ̀n/-ɔ̀n] *n.* Ⓒ 〖理〗 타키온《빛보다 빠른 가상의 소립자》.

tac·it[tǽsit] *a.* 무언의, 침묵의; 암묵(暗默)의. **~·ly** *ad.*

tac·i·turn[tǽsətə̀:rn] *a.* 말 없는, 과묵한. **-tur·ni·ty**[∸–tə́:rnəti] *n.* Ⓤ 과묵, 침묵.

tack**[1][tæk] *n.* ① Ⓒ (납작한) 못, 압정. ② Ⓒ 〖裁縫〗 가봉, 시침질. ③ Ⓒ 〖海〗 지그재그 항정(航程); Ⓤ,Ⓒ 돛의 위치에 따라 결정되는) 배의 침로. ④ Ⓤ,Ⓒ 방침, 정책. ***be on the wrong 〔***right***〕 **~** 방침이〔침로가〕틀리다〔옳다〕. **~ *and* ~** 〖海〗 계속적인 지그재그 항법으로. — *vt.* ① 못으로 고정시키다. ② 가봉하다, 시침질하다. ③ 덧붙이다, 부가하다(add). ④ 뱃머리를 바람쪽으로 돌려 진로를 바꾸다; 갈짓자로 나아가게 하다(*about*). ⑤ 방침을 바꾸다.

tack[2] *n.* Ⓤ 〖海〗 음식물. ***be on the*** **~** 《俗》 술을 끊고 있다. ***hard*** **~** 건빵.

:tack·le[tǽkəl] *n.* ① Ⓤ 도구(*fishing* ~ 낚시 도구). ② [téikəl] Ⓤ,Ⓒ 〖海〗 테이클《선구·삭구(索具)》. ③ Ⓤ,Ⓒ 복활차(複滑車). ④Ⓒ 〖美式蹴〗 태클. — *vt., vi.* ① (말에) 마구를 달다(harness). ② 도르래로 끌어 올리다〔고정하다〕. ③ 붙잡다. ④ 태클하다. ⑤ (일에) 달려들다, 부지런히 시작하다(*to*).

tack·y[tǽki] *a.* 《美口》 초라한; 야한; 시대에 뒤진.

ta·co[tɑ́:kou] *n.* (*pl.* **~s**[-z, -s]) Ⓒ 타코스《멕시코 요리; 저민 고기 등을 tortilla로 싼 것》.

tac·on·ite[tǽkənàit] *n.* Ⓤ 《美》 타코나이트 철광.

***tact**[tækt] *n.* ① Ⓤ 재치; 솜씨, 요령. ② Ⓤ,Ⓒ 촉감. **∠·ful** *a.* 솜씨 좋은; 재치 있는. **∠·ful·ly** *ad.*

tac·ti·cal[tǽktikəl] *a.* 병학(兵學)의; 전술(상)의; 전술적인(cf. strategical); 책략〔술책〕이 능란한; 빈틈없는. ***T- Air Command*** 《美》 전술 공군 사령부《생략 TAC》.

tac·ti·cian[tæktíʃən] *n.* Ⓒ 전술가; 책사(策士).

***tac·tics**[tǽktiks] *n.* Ⓤ 《단·복수 취급》 전술, 용병학(cf. strategy); 《복수 취급》 책략, 술책.

tac·tile[tǽktil/-tail] *a.* 촉각의; 만져서 알 수 있는.

táct·less *a.* 재치〔요령〕이 없는, 서투른. **~·ly** *ad.* **~·ness** *n.*

tac·tu·al[tǽktʃuəl/-tjuəl] *a.* = TACTILE. 「내아이》.

tad[tæd] *n.* Ⓒ 《美口》 꼬마《특히 사

***tad·pole**[tǽdpòul] *n.* Ⓒ 올챙이.

tae kwon do [táikwɑ́ndóu/-kwɔ́n-] *n.* Ⓤ 태권도.

tael[teil] *n.* Ⓒ 테일, 냥《중국의 구 화폐 단위, 또 중량 단위》.

ta'en[tein] *n.* 《古·詩》 =TAKEN.

T.A.F. Tactical Air Force.

taf·fe·ta[tǽfitə] *n., a.* Ⓤ (얇은) 호박단(琥珀緞)(의).

taff·rail[tǽfrèil] *n.* Ⓒ 〖船〗 고물의 난간; 고물의 상부.

Taf·fy[tǽfi] *n.* Ⓒ 《俗》 Wales 사람.

taf·fy[tǽfi] *n.* =TOFFEE; Ⓤ 《口》 아첨, 아부.

:tag[1][tæg] *n.* Ⓒ ① 꼬리표, 찌지, 정가〔번호〕표. ② 늘어뜨린 끝; 끈끝의 쇠붙이; (동물의) 꼬리. ③ (문장·연설 끝의) 판에 박힌 문구; 노래의 후렴; 〖劇〗 끝맺는 말. ④ =TAG QUESTION. ⑤ 〖컴〗 꼬리표《이것을 부착한 것의 소재를 추적하게 만든 전자 장치》. ***keep a*** **~** ***on...*** 《英口》 …을 감시하다. **~ *and rag,*** or **~, *rag and bobtail*** 야료꾼; 사회의 찌꺼기. — *vt.* (**-gg-**) tag를 달다; 잇다; 압운(押韻)하다; 《口》 붙어 다니다.

tag[2] *n.* ① Ⓤ 술래잡기(play ~). ② Ⓒ 〖野〗 터치아웃. — *vt.* ① (술래잡기에서 술래(it)가) 붙잡다. ② 〖野〗 터치아웃시키다. **~ *up*** 〖野〗(주자가) 베이스에 이르다, 터치업하다.

Ta·ga·log[tɑgɑ́:lɑg, təgɑ́:ləg] *n.* Ⓒ (루손 섬의 말레이족의 한 종족) 타갈로그 인; Ⓤ 타갈로그 말.

tág dày 《美》 가두 모금일(《英》 flag day).

tág màtch 두 사람씩 편짜고 하는 레슬링(tag team wrestling).

Ta·gore [təgɔ́:r], Sir **Rabindranath** (1861-1941) 인도의 시인.

tág quèstion 부가 의문.

tag·rag[tǽgræ̀g] *n.* =RAGTAG.

tág sàle 파치 염가 판매(장).

tág tèam 〖레슬링〗 태그팀《2인조팀》.

Ta·hi·ti[təhí:ti, tɑ:-] *n.* 타히티 섬《남태평양의 섬》.

t'ái chi (ch'uàn) [tái dʒi: (tʃwɑ̀:n)] 태극권(太極拳)《중국의 체조식 권법》.

tai·ga[táigə, taigɑ́] *n.* (Russ.) Ⓒ (시베리아 등지의) 상록 침엽수림 (지대), 타이가.

:tail[1][teil] *n.* Ⓒ ① 꼬리, 꽁지. ② 꼬리 모양의 것; 말미, 후부; (비행기의) 기미(機尾); 〖컴〗 꼬리. ③ 옷자락; (*pl.*) 《口》 연미복; 땋아 늘인 머리. ④ 수행원들; 군속(軍屬)들; 줄(로 늘어선 사람)(queue). ⑤ (보통 *pl.*) 화폐의 뒷면(opp. heads). ***cannot make head,*** or **~ *of*** 무슨 뜻인지 전혀 알 수 없다. ***get one's*** **~** ***down*** 작아지다, 기가 죽다. ***get one's*** **~** ***up*** 기운이 나다. ***go into*** **~*s*** (아이가 자라서) 연미

T

복을 입게 되다. ***keep one's ~ up*** 기운이 나 있다. ***~ of the eye*** 눈초리. ***turn ~*** 달아나다. ***with the ~ between legs*** 기가 죽어서, 위축되어, 겁에 질려. — *vt.* (…에) 꼬리를 달다; 잇다(*on, on to*); 꼬리를[끝을] 자르다; (…의) 꼬리를 잡아 당기다; 《口》 미행하다. — *vi.* 축 늘어뜨리다, 꼬리를 끌다; 뒤를 따르다. ***~ after*** …의 뒤를[줄에] 따르다. ***~ away*** [***off***] 낙오하다; (뒤처져) 뿔뿔이 되다; 점점 가늘어지다.

tail² *n., a.* Ⓤ 『法』 계사 한정(繼嗣限定); 한사(限嗣) 상속 재산《*estate in ~* 이라고도 함》; 한사의.

táil·bòard *n.* Ⓒ (짐마차의) 떼어낼 수 있는 뒷널.

táil·còat *n.* 연미복, 모닝코트.

táil énd 꼬리, 끝.

táil fìn (자동차 뒤끝 양측의) 수직 「판.

táil làmp [**lìght**] 미등(尾燈).

·tai·lor[téilər] *n.* Ⓒ 재봉사, (남성복의) 재단사. ***Nine ~s make*** [***go to***] ***a man.*** 《속담》 양복 직공 아홉 사람이 한 사람 구실을 한다《이로 인하여 양복 직공을 얕보아 *a ninth part of a man* (9분의 1의 사나이) 따위로 부르기도 함》. ***The ~ makes the man.*** 《속담》 옷이 날개. — *vi.* 양복점을 경영하다. — *vt.* (양복을) 짓다. **~ed**[-d] *a.* = TAILOR-MADE. **~·ing** *n.* Ⓤ 재봉업, 양복 기술.

táilor·bìrd *n.* Ⓒ 『鳥』 재봉새.

táilor-máde *a.* 양복점에서 지은; (특히 여성복을) 남자 옷처럼 지은, 산뜻한; 꼭맞는.

táil·pìece *n.* Ⓒ 꼬리 조각; (책의) 장말(章末)·권말의 컷.

táil·spìn *n.* Ⓒ ① 『空』 (비행기의) 나선식 급강하. ② 낭패, 혼란, 공황; 의기 소침.

táil wìnd 『空』 뒤에서 부는 바람.

·taint[teint] *vt., vi.* ① 더럽히다, 더러워지다, 오염시키다. ② 해독을 끼치다[받다], 썩(히)다. — *n.* ① Ⓤ,Ⓒ 더럼, 오명. ② Ⓤ (잠재한) 병독; 감염; 타락. ③ Ⓤ (또는 a ~) 기미(氣味)(*of*). **~·ed**[⌐id] *a.* 썩은; 더럽혀진.

Tai·peh, -pei[táipéi] *n.* 타이베이, 대북(臺北).

Tai·wan[táiwá:n/taiwǽn, -wá:n] *n.* 타이완(Formosa).

†take[teik] *vt.* (***took; taken***) ① 취하다. ② 잡다; 붙잡다. ③ 받다. ④ 획득하다(gain, win). ⑤ 섭취하다, 먹다; 마시다. ⑥ (병이) 들다(*~ cold* 감기들다). ⑦ 타다(*~ a train, plane, taxi*). ⑧ 받아들이다; 감수하다, 따르다(submit to). ⑨ 필요로 하다(*It will ~ two days.*). ⑩ 고르다, 채용하다. ⑪ (병에) 걸리다; (생명을) 빼앗다. ⑫ 빼다, 감하다(subtract). ⑬ 데리고 가다; (…으로) 통하다(lead); (여자 등을) 안내하다, 동반하다(escort). ⑭ 가지고 가다(carry)(*~ one's umbrella, lunch, &c.*). ⑮ (어떤 행동을) 취하다, 하다(*~ a walk, swim, trip*). ⑯ (사진을) 찍다, 촬영하다. ⑰ 느끼다(*~ pride, delight, &c.*). ⑱ 조사하다, 재다(*~ one's temperature* 체온을 재다). ⑲ 알다, 이해하다; 믿다; 생각하다. ⑳ 채용하다; 아내로 맞이하다. ㉑ 빌다(hire); 사다, (신문 따위를) 구독하다. ㉒ 받아 쓰다(*~ dictation*). ㉓ (윤이) 잘 나다(*Mahogany ~ a polish.* 마호가니 재목은 닦으면 윤이 난다), (색을) 흡수하다, (…에 잘) 물들다. ㉔ 끌다, (…의) 흥미를 끌다; (잘) 타고 넘다(*~ a fence*), 뚫고 나아가다. ㉕ 『文』 (어미·격·변화형 악센트 따위를) 취하다(*'Ox' ~s '-en' in the plural.*). — *vi.* ① 취하다, (붙)잡다. ② (장치가) 걸리다(catch); (톱니바퀴가) 맞물리다. ③ (물고기·새 등이) 걸리다, 잡히다. ④ 뿌리가 내리다. ⑤ (약이) 듣다, (우두가) 되다. ⑥ (극·책이) 호평을 받다. ⑦《口·方》 …으로 되다(become)(*~ ill* [*sick*] 병들다). ⑧ 《口》 (사진으로) 찍히다. ⑨ (색 따위가) 잘 묻다, 스며들다. ⑩ 제거하다, 줄이다. ⑪ 떼내어지다, 갈라지다(*It ~s apart easily.*). ⑫ 가다(*across, down, to*). ***~ after*** …을 닮다. ***~ away*** 제거하다; 식탁을 치우다. ***~ back*** 도로찾다; 취소하다. ***~ down*** 적어두다; (집을) 헐다; (머리를) 풀다; 《口》 속이다; 코를 납작하게 만들다. ***~*** (A) ***for*** (B), (A를 B)로 잘못 알다. ***~ from*** 감하다(*Her voice ~s from her charm.* 그 목소리로는 매력도 반감이다). ***~ in*** 받아들이다; 수용하다, 묵게 하다; (여성을 객실로부터 식당으로) 안내하다; (배가) 화물을 싣다; (영토 등을) 합병하다; 《주로 英》 (신문 따위를) 구독하다; 포괄하다; 고려에 넣다; (옷 따위를) 줄이다; (돛을) 접다; 이해하다; 믿다; 《口》 속이다. ***~ it easy*** 《보통 명령형》 마음을 편하게 가지다, 서두르지 않고 하다, 근심하지 않다. ***~ it hard*** 걱정하다, 슬퍼하다. ***~ it out on*** 《口》 (남에게) 마구 화풀이하다. ***~ off*** (*vt.*) 제거하다, 벗다; 떼다, 옮기다; 죽이다; 목자르다, 면직시키다; 감하다; 베끼다; 《口》 흉내내다, 흉내내며 놀리다; (이하 *vi.*) 《口》 떠나다; 이륙[이수]하다. ***~ on*** (*vt.*) 인수하다, 떠맡다; …을 가장하다; 체하다; (형세를) 드러내다; (살이) 찌다; 고용하다; 동료로 끌어들이다; (이하 *vi.*) 《口》 흥분하다, 떠들어대다, 노하다. ***~ out*** 꺼내다, 끄집어내다, 없애다; 받다. ***~ over*** 이어받다, 떠맡다; 접수하다. ***~ to*** …이 좋아지다, …을 따르다; …을 돌보다; …의 버릇이 생기다, …에 몰두하다. ***~ up*** 집어들다; 주워 올리다; (손님을) 잡다; (제자로) 받다; 보호하다; 체포하다; 흡수하다; (시간·장소를) 차지하다; (마음·주의를) 끌다; 말을 가로막다; 비난하다; (일을) 시작하다, (이갓돈을)

빌리다; (중단된 이야기를) 계속하다; 빚을 모두 갚다; (거처를) 정하다; (옷을) 줄이다. ~ ***upon oneself*** (책임 등을) 지다; 마음먹고 …하다. ~ ***up with*** …에 흥미를 갖다; 《口》 …와 사귀(기 시작하)다; 《古》 …에 동의하다, 찬성하다. — *n.* Ⓒ 포획〔수확〕(물·고); (입장권) 매상고; 촬영.

táke·awày *a., n.* 《英》 =TAKEOUT.

táke-hòme (pày) (세금 등을 공제한) 실수령 급료.

táke-ìn *n.* Ⓒ 《口》 사기, 협잡.

†**tak·en**[téikən] *v.* take의 과거분사.

táke-òff *n.* ① Ⓒ 《口》 (익살스러운) 흉내(mimicking). ② Ⓤ,Ⓒ 〖空〗 이륙, 이수(離水).

táke·òut *a., n.* Ⓒ 《美》 집으로 사가는 (요리)(《英》 takeaway).

táke·òver *n.* Ⓤ,Ⓒ 인계, 접수; 경영권 취득. 「〔것〕.

tak·er[téikər] *n.* Ⓒ take하는 사람

tak·est[téikist] *v.* 《古》 =TAKE 《thou가 주어일 때의 형태》.

tak·eth[téikiθ] *v.* 《古》 =TAKEs.

***tak·ing**[téikiŋ] *a.* ① 매력 있는. ② 《廢》 전염하는, 옮는. — *n.* ① Ⓤ 취득. ② Ⓒ (물고기 따위의) 포획고. ③ (*pl.*) 수입.

talc[tælk] *n., vt.* (~***ked***, ~***ed***; ~(***k***)***ing***) Ⓤ 곱돌(로 문지르다).

tal·cum[tǽlkəm] *n.* Ⓤ 활석(滑石), 곱돌(talc); = ∠ **pòwder** (면도 후에 바르는) 화장 분말.

:**tale**[teil] *n.* Ⓒ 이야기; 고자질, 험담; 소문; 거짓말. ***a ~ of a tub*** 터무니 없는 이야기. ***carry ~s*** 소문을 퍼뜨리고 다니다. ***tell its own ~*** 자명하다. ***tell ~s (out of school)*** 고자질하다, 비밀을 퍼뜨리다.

tále·bèarer, -tèller *n.* Ⓒ 고자질쟁이; 나쁜 소문을 퍼뜨리는 사람. **-bèaring** *n.*

:**tal·ent**[tǽlənt] *n.* ① Ⓒ 고대 그리스·헤브라이의 무게〔화폐〕 이름. ② Ⓤ 재능(*for*). ③ Ⓤ 《집합적》 재능 있는 사람들, 인재; Ⓒ 연예인. ~**·ed** [-id] *a.* 재능 있는. ~**·less** *a.*

tálent scòut (운동·실업·연예계의) 인재〔신인〕 발굴 담당자.

ta·ler[tɑ́:lər] *n. sing. & pl.* 《美》 독일의 옛 은화 이름. 「보결 배심원.

ta·les·man[télizmən, -li:z-] *n.* Ⓒ

ta·li[téilai] *n.* talus의 복수.

tal·is·man[tǽlismən, -z-] *n.* (*pl.* ~***s***) Ⓒ 호부(護符), 부적.

†**talk**[tɔ:k] *vi.* 말〔이야기〕하다; 의논하다(~ *over a matter* = ~ *a matter over*); (종알종알) 지껄이다. — *vt.* 말〔이야기〕하다; 논하다; 이야기하여 …시키다(*into; out of*). ~ ***about*** …에 대해 말하다. ~ ***at*** …을 비꼬다. ~ ***away*** (밤·여가를) 이야기하며 보내다; 노닥거리며 보내다. ~ ***back*** 말대꾸하다. ~ ***down*** 말로 지우다, 말로 꼼짝 못하게 만들다; 〖空〗 무전 유도하다. ~ ***freely of*** …을 꺼리낌 없이 말하다. ~***ing of*** …으로 말하면, …말이 났으니 말이지. ~ ***out*** 기탄없이 이야기하다, 끝까지 이야기하다. ~ ***over*** 논하다, …의 상의를 하다; 설득하다. ~ ***round*** (*vi.*) 장황하게 이야기하여 언제까지나 결말을 못내다; (*vt.*) 설득하다. ~ ***to*** …에게 말을 걸다; 《口》 군소리하다, 꾸짖다. ~ ***to oneself*** 혼잣말하다. ~ ***up*** 큰 소리로 말하다, 똑똑히 말하다. — *n.* ① Ⓒ 이야기, 담화; 의논. ② Ⓤ 소문; 객담, 빈말; (the ~) 이야깃거리. ③ Ⓤ 언어, 방언. ***make ~*** 소문거리가 되다; 시간을 보내기 위해 그저 지껄이다. ∠**·er** *n.*

talk·a·thon[tɔ́:kəθɑ̀n/-ɔ̀n] *n.* Ⓒ 《美》 (의사를 방해하기 위한) 지연 연설; (TV에서) 후보자와의 일문 일답.

***talk·a·tive**[∠ətiv] *a.* 말 많은.

:**talk·ie**[tɔ́:ki] *n.* Ⓒ 《口》 토키, 발성 영화.

:**talk·ing**[tɔ́:kiŋ] *a., n.* 말하는; 표정이 풍부한; Ⓤ 수다(스러운); Ⓤ 담화. 「유도 방식.

tálking-dówn sỳstem 〖空〗 무전

tálking pícture 〔fílm〕 발성 영화.

tálking pòint 화제. 「리.

tálking-tò *n.* Ⓒ 《口》 꾸지람, 잔소

tálk shòw 《美》 (방송에서) 유명 인사 특별 출연 프로《토론회·인터뷰》.

†**tall**[tɔ:l] *a.* ① 키 큰, 높은(*a ~ man, tower, tree, &c.*). ② …높이의(*six feet* 〔*foot*〕 ~ 신장 6피트). ③ 《口》 (값이) 엄청난. ④ 《口》 과장된(~ *talk* 흰소리/*a ~ story* 과장된 이야기).

táll·bòy *n.* Ⓒ 《英》 다리가 높은 장롱(cf. highboy).

***tal·low**[tǽlou] *n., vt.* Ⓤ 수지(獸脂)〔쇠기름〕(를 바르다); = ∠ **càndle** 수지 양초. ~**·y** *a.*

tállow-fàced *a.* 해쓱한.

tal·ly[tǽli] *n.* Ⓒ 〖史〗 (대차(貸借) 금액을 새긴) 부신(符信); 그 눈금; 짝의 한 쪽; 일치; 물표, 표, 패(tag); 계산, 득점. — *vt.* 부신(符信)에 새기다; 계산하다(*up*); 패를 달다; 대조하다. — *vi.* (꼭) 부합하다(*with*). 「원.

tálly clèrk 화물계; (선거의) 계표

tal·ly·ho[tǽlihòu] *n.* Ⓒ 쉭!《사냥꾼이 여우를 발견하고 개를 추기는 소리》; 《주로 英》 대형 4두 마차. — [∸∸∠] *int.* 쉭쉭!

tálly shèet 계산 기입지(記入紙); 《美》 투표수 기입지.

Tal·mud[tɑ́:lmud, tǽl-/tǽl-] *n.* (the ~) 탈무드《유대 법전 및 전설집》.

tal·on[tǽlən] *n.* Ⓒ (맹금(猛禽)의) 발톱(claw); (*pl.*) 움켜쥐는 손.

ta·lus[téiləs] *n.* (*pl.* ***-li***[-lai]) Ⓒ 〖解〗 거골(距骨), 복사뼈.

TAM Television Audience Measurement.

tam[tæm] *n.* =TAM-O'-SHANTER.

tam·a·ble[téiməbəl] (<tame) *a.*

길들일 수 있는, 사육할 수 있는.

tam·a·rack[tǽmərӕ̀k] *n.* Ⓒ 아메리카낙엽송; Ⓤ 그 재목.

tam·a·rind[tǽmərind] *n.* Ⓒ 타마린드《열대산 콩과(科)의 상록수》; Ⓤ 그 열매.

tam·a·risk[tǽmərisk] *n.* Ⓒ 〖植〗 위성류(渭城柳). 「(틀).

tam·bour[tǽmbuər] *n.* Ⓒ 북; 수

tam·bou·rin[tǽmbərìn] *n.* Ⓒ 탕부랭《남(南)프랑스의 무용(곡)》.

tam·bou·rine[tæ̀mbəríːn] *n.* Ⓒ 탬버린《가장자리에 방울을 단 손북》.

:**tame**[teim] *a.* ① 길든, 길들인; 순한. ② 무기력한. ③ 재미 없는, 따분한. — *vt., vi.* (길러) 길들(이)다; (*vt.*) 복종시키다, 누르다, 무기력하게 하다; (색을) 부드럽게 하다. **∠·less** *a.* 길들이기 힘든. **∠·ly** *ad.* **∠·ness** *n.*

Tam·er·lane[tǽmərlèin] (1336?-1405) 티무르《몽고왕》.

Tam·il[tǽmil] *n.* Ⓒ (남인도 및 Ceylon섬의) 타밀 사람; Ⓤ 타밀 말.

Tam·ma·ny[tǽməni] *n., a.* (the ~) 태머니파(의)《N.Y. 시의 Tammany Hall을 근거로 시정을 문란하게 한 미국 민주당의 일파》.

tam-o'-shan·ter [tǽməʃæ̀ntər/ ∸∸∸] *n.* Ⓒ (큰 혹두건 비슷한) 스코틀랜드의 베레모.

ta·mox·i·fen[təmάksəfən/-mɔ́k-] *n.* Ⓤ,Ⓒ 〖藥〗 유방암 치료에 쓰이는 항(抗)에스트로겐 약.

tamp[tæmp] *vt.* (흙을) 밟아[다져] 단단하게 하다; (폭약을 잰 구멍을) 진흙(등)으로 틀어막다.

tam·per[tǽmpər] *vi.* 간섭하다 (meddle); 만지작거리다, 장난하다 (*with*); (원문을) 함부로 변경하다 (*with*); 뇌물을 주다(*with*).

tam·pi·on[tǽmpiən] *n.* Ⓒ 나무마개; 포전(砲栓); (파이프오르간의) 음관전(音管栓).

*__tan__[tæn] *vt.* (**-nn-**) (가죽을) 무두질하다; (피부를) 햇볕에 태우다; 《口》 매질하다(thrash). — *vi.* 햇볕에 타다. — *n., a.* Ⓤ 탠 껍질《무두질용의 나무 껍질》; 황갈색(의); Ⓒ 햇볕에 탄 빛깔(의); (*pl.*) 황갈색 옷[구두].

tan, tan. tangent.

tan·a·ger[tǽnidʒər] *n.* Ⓒ (아메리카산의) 풍금조.

tán·bàrk *n.* Ⓤ 탠(tan) 껍질.

tan·dem[tǽndəm] *ad.* (한 줄로) 세로로 늘어서서. — *a., n.* Ⓒ 세로로 늘어세운 (말·마차); 2인승 자전거.

tang¹[tæŋ] *n.* (*sing.*) 싸한 맛; 톡 쏘는 냄새; 특성, 기미(氣味) (smack¹); 슴베《칼·끌 등의》.

tang² *n.* Ⓒ (금속 등의) 날카로운 소리. — *vt., vi.* (종 따위) 땡하고 울[리]다.

Tan·gan·yi·ka[tæ̀ŋgənjíːkə] *n.* 아프리카 동부의 지역《Zanzibar와 함께 Tanzania 구성》. ***Lake ~*** 중앙아프리카의 담수호(淡水湖).

tan·gent[tǽndʒənt] *n., a.* Ⓒ 〖數〗 탄젠트; 〖幾〗 접하는, 접선(의). ***fly* [*go*] *off at a ~*** 갑자기 옆길로 벗어나다. 「의 일종.

tan·ge·rine[tæ̀ndʒəríːn] *n.* Ⓒ 귤

*__tan·gi·ble__[tǽndʒəbəl] *a.* 만져서 알 수 있는; 확실[명백]한. — *n.* (*pl.*) 〖法〗 유형(有形) 재산. **-bly** *ad.* **-bil·i·ty**[∸—bíləti] *n.*

*__tan·gle__[tǽŋgəl] *vt., vi.* 엉키(게 하)다; 얽히(게 하)다, 빠뜨리다, 빠지다. — *n.* Ⓒ 엉킴, 분규, 혼란. **tan·gled, -gly** *a.* 엉킨.

tángle·fòot *n.* Ⓤ 《美西部俗》 (싸구려) 위스키, 독한 술. 「탱고 곡.

tan·go[tǽŋgou] *n.* Ⓒ 탱고; Ⓤ,Ⓒ

†**tank**[tæŋk] *n.* Ⓒ (물·가스 등의) 탱크, 통; 저수지; 〖軍〗 전차(戰車), 탱크. — *vt.* 탱크에 넣다[저장하다]. **~·age**[∠idʒ] *n.* Ⓤ 탱크 용량[저장·사용량]; (도살장의) 탱크 찌끼《비료》. **~ed**[-t] *a.* 탱크에 저장한; 《美口》 술취한. *__∠·er__ *n.* Ⓒ 탱커, 유조선; 공중 급유기; 〖美軍〗 전차대원.

tank·ard[∠ərd] *n.* Ⓒ (뚜껑·손잡이 달린) 대형 맥주컵.

tánk·bùster *n.* Ⓒ 대전차포; 〖空〗 대전차포 탑재기(塔載機). 「송용》.

tánk càr 〖鐵〗 탱크차《액체·기체수

tánk destròyer 대전차포.

tánk stàtion 《美》 급수역.

tánk trùck 《美》 탱크차, 유조[수조] 트럭. 「산염(酸鹽).

tan·nate[tǽneit] *n.* Ⓤ 〖化〗 타닌

tan·ner[tǽnər] *n.* Ⓒ 무두장이. **~·y** *n.* Ⓒ 제혁소(製革所); 무두질 공장.

tan·nic[tǽnik] *a.* 〖化〗 탠(tan) 껍질에서 얻은; 타닌성의.

tánnic ácid 타닌산.

tan·nin[tǽnin] *n.* Ⓤ 〖化〗 =⇧.

tan·ning[tǽniŋ] *n.* Ⓤ 무두질; 햇볕에 태움[탐]; Ⓒ 《口》 매질.

tan·sy[tǽnzi] *n.* Ⓒ 〖植〗 쑥국화, 양톱풀《약용·요리용》.

tan·ta·lize[tǽntəlàiz] *vt.* 보여서 감질나게 하다, 주는 체하고 안 주다 (cf. Tantalus). **-li·za·tion**[∸—lizéiʃən/-lai-] *n.* **-liz·ing(·ly)** *a.* (*ad.*)

tan·ta·lum[tǽntələm] *n.* Ⓤ 〖化〗 탄탈《금속 원소》.

Tan·ta·lus[tǽntələs] *n.* 〖그神〗 Zeus의 아들, 그리스의 왕《신벌(神罰)로 물 속에 턱까지 잠겼는데, 물을 마시려 하면 물이 빠지고, 머리 위의 과실을 따려고 하면 가지가 뒤로 물러갔음》(cf. tantalize).

tan·ta·mount[tǽntəmàunt] *a.* (보통 *pred. a.*) 동등한, 같은(*to*).

tan·ta·ra[tǽntərə, tæntάːrə, tæntǽrə] *n.* Ⓒ 나팔[뿔피리] 소리 (비슷한 소리).

tan·trum[tǽntrəm] *n.* Ⓒ 울화.

Tan·za·ni·a[tæ̀nzəníːə] *n.* 아프리카 중동부의 공화국《Tanganyika와 Zanzibar가 합병》.

Tao·ism[táuizəm, tάːouìzəm] *n.*

Ⓤ (노자(老子)의) 도교(道敎).
Tao·ist[táuist, tá:ou-] *n., a.* Ⓒ 도사(道士), 도교 신자(의); 도교의.
***tap**[1][tæp] *vt., vi.* (**-pp-**) ① 가볍게 치다〔두드리다〕; 똑똑 두드리다. ② (*vt.*) (구두 바닥에) 가죽을 대다. — *n.* Ⓒ ① 가볍게 치기; 그 소리. ② 창갈이 가죽. ③ (*pl.*) 〖軍〗 소등(消燈) 나팔.
tap**[2] *n.* Ⓒ ① 꼭지, 통주둥이(faucet). ② 마개(plug). ③ 〖電〗 탭, 콘센트. ④ 술의 종류〔품질〕. ⑤ 《英》 술집. ***on **~** (언제나 마실 수 있게) 꼭지가 달려; 언제든지 쓸 수 있게 준비되어. — *vt.* (**-pp-**) ① (통에) 꼭지를 달다, (통의) 꼭지로부터 술을 따르다(~ *a cask*). ② (…의) 꼭지를 따다. ③ (나무에) 진집을 내어 수액(樹液)을 받다. ④ 〖醫〗 째고 물(따위)을 빼다. ⑤ (전기 본선에서) 지선을 끌다; (본길에서) 샛길을 내다; (전화를) 도청하다.
táp dànce 탭댄스.
táp-dànce *vi.* 탭댄스를 추다.
†**tape**[teip] *n.* ① Ⓤ,Ⓒ (납작한) 끈; 테이프. ② Ⓒ (천 또는 강철로 만든) 줄자. ③ Ⓒ 녹음 테이프, 스카치테이프 (따위). ***breast the*** **~** 가슴으로 테이프를 끊다, (경주에서) 1착이 되다. — *vt.* (…에) 납작한 끈을〔테이프를〕 달다, 납작한 끈으로〔테이프로〕 묶다〔매다·철하다〕; 테이프에 녹음하다; 《俗》 (인물을) 평가하다(size up).
tápe dèck 테이프 덱《앰프·스피커가 없는 테이프 리코더》.
tápe·lìne, tápe mèasure *n.* Ⓒ 줄자.
tápe machìne 테이프 리코더; 《英》 증권 시세 표시기.
***ta·per**[téipər] *n.* Ⓒ 가는 초, 초먹인 심지; 《雅》 약한 빛; Ⓤ,Ⓒ 끝이 뾰족함〔뾰족한 모양〕. — *a.* 끝이 가는. — *vi., vt.* 점점 가늘어지다〔가늘게 하다〕, 점점 줄다(*away, off, down*). **~·ing** *a.* 끝이 가는.
tápe-recòrd *vt.* (…을) 테이프에 녹음하다.
:**tápe recòrder** 테이프 리코더, 녹음기.
tápe recòrding 테이프 녹음.
***tap·es·try**[tǽpistri] *n., vt.* Ⓤ,Ⓒ 무늬 놓은 두꺼운 천(의 벽걸이)(으로 꾸미다). **-tried** *a.*
tápe·wòrm *n.* Ⓒ 촌충.
tap·i·o·ca[tæ̀pióukə] *n.* Ⓤ 타피오카《cassava 뿌리의 전분》.
ta·pir[téipər] *n.* Ⓒ 〖動〗 맥(貊)《라틴 아메리카》.
tap·is[tǽpi:] *n.* (F.) 무늬놓은 두꺼운 테이블 보. ***on the*** **~** 심의 중에.
tap·per[tǽpər] *n.* Ⓒ ① 전신기의 키, 전건(電鍵). ② (열차의) 검차원.
táp·ròom *n.* Ⓒ 《주로 英》 (호텔 따위 안의) 술집.
táp·ròot *n.* Ⓒ 〖植〗 직근(直根).
tap·ster[tǽpstər] *n.* Ⓒ (술집의) 급사《특히 남자의》.
:**tar**[tɑ:r] *n., vt.* (**-rr-**) Ⓤ (콜)타르(를 칠하다); Ⓒ 《口》 뱃사람. **~** ***and feather*** 뜨거운 타르를 온몸에 칠하고 나서 새털을 꽂다《린치》.
tar·an·tel·la[tæ̀rəntélə] *n.* Ⓒ (남이탈리아의) 경쾌한 춤; 그 곡.
tar·ant·ism[tǽrəntìzəm] *n.* Ⓤ 무도병(舞蹈病).
ta·ran·tu·la[tərǽntʃələ] *n.* Ⓒ 독거미의 일종.
tar·do[tárdou/tá:-] *a., ad.* 《It.》 〖樂〗 느린; 느리게.
***tar·dy**[tá:rdi] *a.* (걸음걸이 등이) 느린(slow); 더딘(*in*); 늦은(late). **tár·di·ly** *ad.* **tár·di·ness** *n.*
tare[1][tɛər] *n.* Ⓒ 〖植〗 살갈퀴 (vetch); (*pl.*) 〖聖〗 가라지; 《비유》 해독.
tare[2] *n., vt* (*sing.*) 포장 중량(을 달다, 공제하다).
:**tar·get**[tá:rgit] *n.* Ⓒ 과녁, 목표; 목표액; 〖컴〗 대상. ***hit a*** **~** 과녁에 맞히다; 목표액에 달하다.
tárget compúter 〖컴〗 대상 컴퓨터.
tárget dìsk 〖컴〗 대상(저장)판.
tárget pràctice 사격 연습.
Tar·heel, t-[tá:rhì:l] *n.* Ⓒ 《美》 North Carolina의 주민〔태생 사람〕.
:**tar·iff**[tǽrif] *n.* Ⓒ ① 관세〔세율〕표. ② 관세(*on*). ③ 《英》 (여관 등의) 요금표; 《口》 운임(표). ④ 《口》 요금.
táriff wàll 관세 장벽(障壁).
tar·mac [tá:rmæk] (<*tar*+*mac*adam) *n.* Ⓒ 《英》 타맥《포장용 아스팔트 응고제》; 타르머캐덤 도로〔활주로〕.
tarn[tɑ:rn] *n.* Ⓒ (산 속의) 작은 호수, 늪.
tar·nish[tá:rniʃ] *vt., vi.* 흐리(게 하)다; (명예 따위) 손상시키다〔되다〕. — *n.* Ⓤ (a ~) (광물 따위의) 흐림, 녹; 더러움, 오점. **~ed**[-t] *a.*
ta·ro[tá:rou] *n.* (*pl.* **~s**) Ⓒ 타로토란《남양산의 식용·장식용 식물》.
tar·pau·lin[tɑ:rpɔ́:lin] *n.* Ⓤ 방수포; Ⓒ 방수 외투〔모자〕.
tar·pon[tá:rpən, -pɑn/-pɔn] *n.* (*pl.* **~s,** 《집합적》 ~) Ⓒ 미국 남해안산의 큰 물고기.
tar·ry[1][tǽri] *vi.* 머무르다(stay) (*at, in*); 망설이다, 늦어지다, 기다리다. — *vt.* 《古》 기다리다.
tar·ry[2][tá:ri] *a.* 타르(질(質))의; 타르를 칠한, 타르로 더럽혀진.
tar·sus[tá:rsəs] *n.* (*pl.* **-si**[-sai]) Ⓒ 〖解〗 (발의) 부골(跗骨); 안검 연골(眼瞼軟骨). **tár·sal** *a.*
***tart**[1][tɑ:rt] *a.* 시큼한, 짜릿한; 신랄한, 호된. **∠·ly** *ad.* **∠·ness** *n.*
tart[2] *n.* Ⓤ,Ⓒ 《英》 과일을 넣은 과자〔파이〕; Ⓒ 《英俗》 매춘부.
tar·tan[tá:rtn] *n.* Ⓒ (스코틀랜드의 고지 사람이 입는) 격자 무늬의 모직물(옷); Ⓒ 격자 무늬.

Tar·tar[tá:rtər] ***n., a.*** (the ~) 타타르사람(의, 같은); (t-) Ⓒ 난폭자 (*a young* ~ 다루기 힘든 아이). ***catch a*** ~ 만만치 않은 상대를 만나다.

tar·tar[tá:rtər] ***n.*** Ⓤ 〖化〗 주석(酒石); 치석(齒石). **~·ic**[-tǽrik] ***a.*** 주석의〔을 함유하는〕.

tár·tar(e) sàuce[tá:tər-] 마요네즈에 썬 오이나 올리브 등을 넣어 만든 소스.

tartáric ácid 〖化〗 주석산.

Tar·ta·rus [tá:rtərəs] ***n.*** 〖그神〗 (Hades 보다 훨씬 아래에 있는) 지옥 (골짜기); =HADES.

Tar·zan[tá:rzæn, -zən] ***n.*** 타잔《미국의 Edger Rice Burroughs 작 정글 모험 소설의 주인공》; Ⓒ (t-) 초인적 힘을 가진 사람.

:task[tæsk, -ɑ:-] ***n.*** Ⓒ (의무적인) 일; 직무; 작업, 사업; 고된 일; 〖컴〗 태스크《컴퓨터로 처리되는 일의 단위》. ***call*** 〔***take***〕 (*a person*) ***to*** ~ 비난하다, 꾸짖다(*for*). — ***vt.*** (…에) 일을 과(課)하다; 혹사하다.

tásk fòrce 《美》〖軍〗 기동 부대; 특수 임무 부대; 특별 전문 위원회; 프로젝트 팀.

tásk·màster ***n.*** Ⓒ 십장, 감독.

Tass[tæs] ***n.*** (옛 소련의) 타스 통신사《1992년 1월 30일부터 러시아 통신사와 통합해 ITAR-TASS로 개명됨》.

tas·sel**[tǽsəl] ***n., vt. Ⓒ 술(장식)(을 달다); (옥수수의) 수염(을 뜯다); (책의) 서표〔갈피〕 끈. — ***vi.*** (《英》 ***-ll-***) (옥수수 따위) 수염이 나다. **~(l)ed** [-d] ***a.***

†taste[teist] ***vt.*** (…의) 맛을 보다; 먹다, 마시다; 경험하다. — ***vi.*** (…의) 맛이 나다, 풍미〔기미〕가 있다 (*of*). — ***n.*** ① Ⓤ (a ~) 맛, 풍미. ② Ⓤ (the ~) 미각. ③ (a ~) 경험. ④ Ⓒ 시식(試食); 한 입, 한 번 맛보기. ⑤ Ⓤ,Ⓒ 취미, 기호; Ⓤ 심미안(審美眼)(*for*). ⑥ Ⓤ 풍치. ***a bad ~ in the mouth*** 개운치 않은 뒷맛, 나쁜 인상. ***in good*** 〔***bad***〕 ~ 품위 있게〔없게〕. ***to the King's*** 〔***Queen's***〕 ~ 더할 나위 없이. **tást·er** ***n.*** Ⓒ 맛〔술맛〕을 감정하는 사람; 〖史〗 독이 있는지 없는지 맛보는 사람. **tást·y** ***a.*** 맛있는; 《口》 멋진.

táste bùd 미뢰(味蕾), 맛봉오리《혀의 미각 기관》.

taste·ful[´fəl] ***a.*** 풍류 있는; 품위 있는, 풍아(風雅)한. **~·ly** ***ad.***

táste·less ***a.*** 맛 없는; 아취 없는, 품위 없는. **~·ly** ***ad.***

tat[tæt] ***vt., vi.*** (***-tt-***) 태팅(tatting)을 하다〔으로 만들다〕.

ta-ta[tá:tá/tætá:] ***int.*** 《주로 英》 《兒·俗》 안녕, 빠이빠이.

Ta·tar[tá:tər] ***n., a.*** =TARTAR.

tat·ter**[tǽtər] ***n. Ⓒ 넝마; (보통 *pl.*) 누더기 옷, — ***vt.*** 너덜너덜 해뜨리다〔찢다〕. **~ed**[-d] ***a.***

tàtter·demálion ***n.*** Ⓒ 누더기를 걸친 사람.

tat·ting[tǽtiŋ] ***n.*** Ⓤ 태팅《뜨개질의 일종》; 그렇게 뜬 레이스.

tat·tle[tǽtl] ***n., vi., vt.*** Ⓤ 객담〔뒷공론〕(을 하다); 고자질(하다). **tát·tler** ***n.***

táttle·tàle ***n., a.*** Ⓒ 밀고자(의).

tat·too[1][tætú:/tə-, tæ-] ***n.*** (*pl.* ***~s***), ***vi.*** Ⓒ 귀영(歸營) 나팔(을 불다), 귀영북(을 치다); 똑똑 두드리다〔두드리는 소리〕. ***beat the devil's ~*** 손가락으로 책상 등을 똑똑 두드리다《초조·기분이 언짢을 때》.

tat·too[2] ***n.*** (*pl.* ***~s***), ***vt.*** Ⓒ 문신(文身)(을 넣다).

tat·ty[tǽti] ***a.*** 《英》 초라한, 넝마의; 「싸구려의.

tau[tɔ:, tau] ***n.*** Ⓤ,Ⓒ 그리스어 알파벳의 19번째글자《T, t, 영어의 T, t에 해당》.

†taught[tɔ:t] ***v.*** teach의 과거(분「사).

taunt[tɔ:nt, -ɑ:-] ***vt., n.*** Ⓒ (보통 *pl.*) 욕설(을 퍼붓다); 조롱, 냉소; 《廢》 조롱거리; 욕하여 …시키다.

taupe[toup] ***n.*** Ⓤ 두더지색, 진회색.

Tau·rus[tɔ́:rəs] ***n.*** 〖天〗 황소자리; 「금우궁(金牛宮).

taut [tɔ:t] ***a.*** 〖海〗 팽팽하게 친 (tight)(*a ~ rope*); (옷차림이) 단정한(tidy).

taut·en[tɔ́:tn] ***vt., vi.*** (…을) 팽팽「하게 켕기다.

tau·tol·o·gy[tɔ:tálədʒi/-ɔ́-] ***n.*** Ⓤ,Ⓒ 뜻이 같은 말의 반복《보기 : *surrounding circumstances*》. **tau·to·log·i·cal(·ly)** [´təládʒikəl(i)/-ɔ́-] ***a.*** (***ad.***)

tav·ern**[tǽvərn] ***n. Ⓒ 선술집, 여인숙(inn).

taw[tɔ:] ***n.*** Ⓤ 돌튀기기; Ⓒ 튀김돌; Ⓒ 돌튀기기의 개시선(線).

taw·dry[tɔ́:dri] ***a., n.*** Ⓒ 몹시 야한; 값싼 (물건).

taw·ny**[tɔ́:ni] ***n., a. Ⓤ 황갈색(의) 《사자의 빛깔》.

:tax[tæks] ***n.*** ① Ⓤ,Ⓒ 세금, 조세 (*on, upon*). ② Ⓤ (a ~) (무리한) 요구; 과로(strain[1]). — ***vt.*** ① (…에) 과세하다. ② 무거운 짐을 지우다, 혹사하다; 무리한 요구를 하다. ③ 청구하다. ④ 비난하다(accuse). ⑤ 〖法〗 (소송 비용 등을) 사정(査定)하다. **´·a·ble** ***a.*** 과세의 대상이 되는.

:tax·a·tion[tækséiʃən] ***n.*** Ⓤ 과세; 세수(稅收).

táx collèctor 〔**gàtherer**〕 세무 공무원.

táx dòdger 탈세자.

táx evàsion 탈세.

táx-exémpt ***a.*** 면세의.

táx fàrmer 세금 징수 도급인.

táx-frée ***a.*** =TAX-EXEMPT.

†tax·i[tǽksi] ***n., vi., vt.*** Ⓒ 택시(로 가다, 로 운반하다); (비행기가) 육상〔수상〕을 활주하다〔시키다〕.

táxi·càb ***n.*** =TAXI.

táxi dàncer (댄스홀의) 직업 댄서.

tax·i·der·mal [tǽksidə̀:rməl], **-mic**[-mik] ***a.*** 박제(剝製)(술)의.

tax·i·der·my[-də:rmi] ***n.*** Ⓤ 박제

(剝製)술. **-mist** *n.*
tax·i·man[-mən] *n.* Ⓒ 택시 운전기사.
táxi·mèter *n.* Ⓒ 택시 요금 표시기.
táxi·plàne *n.* Ⓒ 전세 비행기.
táxi stànd 택시 승차장.
táxi·wày *n.* Ⓒ 〖空〗 (비행장의) 유도로(誘導路).
tax·on·o·my [tæksɑ́nəmi/-ɔ́-] *n.* Ⓤ 분류(학).
***táx·pàyer** *n.* Ⓒ 납세자.
táx redùction 감세(減稅).
táx retùrn 납세〔소득세〕 신고서.
TB[tíːbíː] *n.* Ⓤ (폐)결핵(*tu*b*erculosis*).
Tb 〖化〗 terbium. **T.B., t.b.** torpedo boat; trial balance; tubercle bacillus. **tbs., tbsp** tablespoon(ful). **Tc** 〖化〗 technetium. **T.C.** Tank Corps; traveler's check. **TCBM** transcontinental ballistic missile.
T-bár (líft)[tíːbɑ̀ːr(-)] *n.* Ⓒ 《美》 티바 리프트《스키장의 케이블에 매달린 2인승의 스키 리프트》.
Tchai·kov·sky[tʃaikɔ́ːfski, -ɑ́-], **Peter Ilych**(1840-93) 러시아의 작곡가.
TDY temporary duty. **Te** 〖化〗 tellurium. **T.E.** table of equipment 〖軍〗 장비표.
†**tea**[tiː] *n.* ① Ⓤ 차《보통, 홍차》 (*make* ~ 차를 끓이다). ② Ⓤ 《집합적》 차잎; Ⓒ 차나무. ③ Ⓤ (차 비슷한) 달인 물(*beef* ~). ④ Ⓤ,Ⓒ 《英》 티《5시경 홍차와 함께 드는 가벼운 식사》; Ⓤ 저녁 식사(supper) 《'dinner'를 낮에 들었을 때의》; Ⓤ 다과회. ***black* 〔*green*〕 ~** 홍〔녹〕차. ***high* 〔*meat*〕 ~** 고기 요리를 곁들인 오후의 차.
téa bàll 티 볼《작은 구멍이 뚫린 공 모양의 차를 우리는 쇠그릇》.
téa brèak 《英》 차 마시는 (휴게) 시간(cf. coffee break).
téa càddy 《英》 차통(筒).
téa càrt 〔**wàg(g)on**〕 다구(茶具) 운반대.
†**teach**[tiːtʃ] *vt.* (***taught***) 가르치다; 교수〔훈련〕하다. ── *vi.* 가르치다, 선생 노릇을 하다(*at*). ***I will ~ you to*** (*tell a lie, betray us, & c.*) (거짓말을, 배반을) 하면 용서 안할 테다. †**∠·er** *n.* Ⓒ 선생, (여)교사; (도덕적) 지도자; 사표(師表). ***∠·ing** *n.* Ⓤ 교수; 교의, 가르침.
téachers còllege 교육 대학.
téach-ìn *n.* Ⓒ 티치인《대학 안에서 학생이 중심이 된 정치·사회 문제 등의 토론 집회》; 토론회.
téaching àid 교구(教具).
téaching hòspital 의과 대학 부속 병원.
téa còzy (차 끓이는 주전자의) 보온 커버.
téa·cùp *n.* Ⓒ 찻잔; =TEACUP-FUL.
téacup·fùl *n.* Ⓒ 찻잔 하나 가득한 양. 「집.
téa·hòuse *n.* Ⓒ (동양의) 다방, 찻
teak[tiːk] *n.* Ⓒ 〖植〗 티크; Ⓤ 티크재(材)《가구재·조선재(造船材)》.
téa·kèttle *n.* Ⓒ 차〔물〕 끓이는 주
teal[tiːl] *n.* Ⓒ 〖鳥〗 상오리. ⌊전자.
téa lèaf 차잎; 엽차; (*pl.*) 차찌끼.
†**team**[tiːm] *n.* Ⓒ 《집합적》 ① 팀. ② (수레에 맨) 한 떼의 짐승《소·말 등》. ── *vi.* 한 떼의 짐승을 몰다; 팀이 되다. ── *vt.* 한 수레에 매다; 한데 맨 짐승으로 나르다.
téam gàme 단체 경기.
téam·màte *n.* Ⓒ 팀의 일원.
téam spírit 단체〔공동〕 정신.
team·ster[tìːmstər] *n.* Ⓒ 한무리의 말·소를 부리는 사람; 트럭 운전기사; 두목, 왕초.
téam·wòrk *n.* Ⓤ 협동 (작업).
téa pàrty 다과회(茶菓會).
téa plànt 차나무.
téa·pòt *n.* Ⓒ 찻주전자.
†**tear**[1][tiər] *n.* Ⓒ 눈물; (*pl.*) 비애. ***in ~s*** 울며. ***∠·ful** *a.* 눈물어린; 슬픈. **∠·ful·ly** *ad.* **∠·less** *a.*
tear**[2][tɛər] *vt., vi.* (tore; torn***) ① 찢(어 지)다, 잡아뜯다, 할퀴다, 쥐어뜯다(~ *one's hair*). ② 분열시키다〔하다〕. ③ (*vt.*) 괴롭히다. ④ (*vi.*) 돌진하다, 미친듯이 날뛰다(*about, along*). **~ *away*** 잡아째다〔떼다〕; 질주하다. **~ *down*** 당겨 벗기다, 부수다. **~ *round*** 법석떨(며 돌아다니)다. **~ *up*** 잡아찢다〔뽑다〕; 근절시키다. ── *n.* Ⓒ 째진〔뜯어진, 찢어진〕 곳; 돌진, 날뛰기, 격노; 《俗》 야단법석. **~ *and wear*** 소모(消耗). **∠·ing** *a.* 격렬한; 잡아 째는.
téar·awày[tέər-] *n.* Ⓒ 난폭한 사람〔동물〕; 불량배.
téar bòmb[tíər-] 최루탄.
téar·dròp[tíər-] *n.* Ⓒ 눈물방울.
téar dùct[tíər-] 누선(淚腺).
téar-gàs[tíər-] *vt.* (**-ss-**) (폭도 등에) 최루가스를 사용하다〔쏘다〕.
téar-jèrker[tíər-] *n.* Ⓒ 《口》 눈물을 짜게 하는 영화〔노래·이야기〕.
téa·ròom *n.* Ⓒ 다방.
téar smòke[tíər-] 최루 가스의 일종. 「룩진.
téar·stàined[tíər-] *a.* 눈물로 얼
téar strìp[tέər-] 《美》 (캔·담배갑 따위를 뜯기 쉽게 두른) 개봉띠.
***tease**[tiːz] *vt.* 괴롭히다; 놀려대다; 조르다. ── *n.* Ⓒ 괴롭히는 사람, 괴롭히기; 놀려대는 사람, 놀려대기; 조르는 사람, 조르기; tease 당하기. **téas·er** *n.*
tea·sel[tíːzəl] *n.* Ⓒ 〖植〗 산토끼꽃; 산토끼꽃의 구과(毬果)《모직의 보풀 세우는 데 씀》; 보풀세우는 기구. ── *vt.* (《英》 **-ll-**) 티즐〔보풀 세우는 기구〕로 보풀을 세우다.
téa sèrvice 〔**sèt**〕 찻그릇 한 세트, 티세트.
téa-shòp *n.* Ⓒ 다방; 《英》 경식당.
***téa·spòon** *n.* Ⓒ 찻숟가락; =⇩.
téa·spoonfùl *n.* (*pl.* **~s, -tea-**

T

spoonsful) Ⓒ 찻숟가락 하나의 양.
téa stràiner 차를 거르는 조리.
teat[ti:t] *n.* Ⓒ 젖꼭지(nipple).
téa-thìngs *n.* =TEA SERVICE.
téa tràу 찻쟁반.
tea·zel, -zle[tí:zl] *n., v.* =TEASEL.
Tec(h)[tek] *n.* Ⓒ《口》공예 학교, 공업〔공과〕대학〔학교〕.
tech[tek] *n., a.*《口》Ⓒ 기술자; Ⓤ 과학 기술(의).
tech·ie[téki:] *n.* Ⓒ《口》기술 특히 전자분야의 전문가·열광자.
tech·ne·ti·um[tekní:ʃiəm] *n.* Ⓤ 〖化〗테크네튬《인공 원소; 기호 Tc》.
tech·ne·tron·ic [tèknətránik/-trɔ́n-] *a.* 과학기술〔전자 공학〕이 지배하는《시대, 사회》, 정보화 시대의《사회》.
*__tech·nic__[tèknik] *n.* ① =TECHNIQUE. ② (*pl.*) 학술〔전문〕어, 학술〔전문〕적 사항〔법칙〕. ③ (*pl.*) 공예(학). ── *a.* =TECHNICAL.
:**tech·ni·cal**[téknikəl] *a.* ① 공업의, 공예의. ② 전문의; 기술(상)의; 학술의. **~·ly** *ad.*
tech·ni·cal·i·ty[tèknəkǽləti] *n.* Ⓤ 전문〔학술〕적임; Ⓒ 학술〔전문〕사항; 전문어.
téchnical knóckout 〖拳〗테크니컬 녹아웃《생략 TKO》.
téchnical schóol 공업 학교.
téchnical sérgeant 〖美陸軍〗중사《현재는 sergeant first class》.
téchnical suppórt 〖컴〗기술 지원《컴퓨터의 하드〔소프트〕웨어 판매자가 구매자에게 교육·수리·정기 점검 등의 지원을 하는 것》.
téchnical térms 술어; 전문어.
*__tech·ni·cian__[tekníʃən] *n.* Ⓒ 기술자; 전문가.
Tech·ni·col·or [téknikʌ̀lər] *n.* Ⓒ〖商標〗(미국의) 테크니컬러식 천연색 촬영법(에 의한 천연색 영화).
:**tech·nique**[tekní:k] *n.* Ⓒ (예술상의) 기법, 기교. 「등의 결합사.
tech·no-[téknou, -nə] '기술·응용'
tech·noc·ra·cy[teknákrəsi/-ɔ́-] *n.* Ⓤ,Ⓒ 기술자 정치, 기술 중심주의《1932년경 미국서 제창》. **tech·no·crat**[téknəkræ̀t] *n.*
tech·no·log·i·cal[tèknəládʒikəl/-ɔ́-] *a.* 공예의; 공예학의. **-gist** *n.*
technológical innovátion 기술 혁신.
*__tech·nol·o·gy__[teknálədʒi/-ɔ́-] *n.* Ⓤ,Ⓒ 과학〔공업〕기술; Ⓤ 공예(학); Ⓤ 전문어.
téchno·strèss *n.* Ⓤ 테크노 스트레스《컴퓨터 기술을 중심으로 한 사회에의 적응에 실패했을 때의 증상》.
tec·ton·ics[tektániks/-tɔ́n-] *n.* Ⓤ 축조학(築造學), 구조학; 〖地〗구조 지질학.
Ted[ted] *n.* Edward, Theodor, Theodore의 애칭; 《英口》=TEDDY BOY. 「機).
ted·der[tédər] *n.* Ⓒ 건초기(乾草
téd·dy bèar[tédi-] (특히 봉제품의) 장난감 곰.
Téddy bòy《口》(1950년대의 영국의) 반항적 청소년.
Te De·um[tí: dí:əm, téi déium] (L.) 테데움 성가《신에 대한 감사 찬가》.
:**te·di·ous**[tí:diəs, -dʒəs] *a.* 지루한, 장황한. **~·ly** *ad.*
te·di·um[tí:diəm] *n.* Ⓤ 권태.
tedium vi·tae[-váiti:] (L.) = ANNUI.
tee[ti:] *n., vt., vi.* Ⓒ ①〖골프〗공자리(위에 놓다《공을》); (QUOITS 따위의) 목표; 정확한 점. ② T자형의 물건. **~ *off*** (공을) 공자리에서 치기 시작하다; (제안 따위를) 개시하다. ***to a ~,*** or ***to a T-*** 정연히.
*__teem__[ti:m] *vi.* 충만하다, 많이 있다 (abound)(*with*). **∠·ing** *a.*
téen-àge *a.* 10대의. **-àger** *n.* Ⓒ 10대의 소년〔소녀〕.
teen·er[∠ər] *n.* =TEEN-AGER.
*__teens__[ti:nz] *n. pl.* 10대(*a girl in her ~*, 10대의 소녀). ***high*** 〔***middle, low***〕 ~ 18-19〔15-16(또는 16-17), 13-14〕세.
tee·ny·bop·per[tí:nibàpər/-bɔ̀-] *n.* Ⓒ 10대의 소녀; 히피의 흉내를 내거나 일시적 유행을 좇는 10대.
tee·pee[tí:pi:] *n.* =TEPEE.
tee·ter[tí:tər] *n.*《주로 美》*vi., vt.,* Ⓒ 시소(seesaw); 전후〔상하〕로 흔들어 움직이다.
†**teeth**[ti:θ] *n.* tooth의 복수.
teethe[ti:ð] *vi.* 이〔젖니〕가 나다.
téeth·ing *n.* Ⓤ 젖니의 발생.
tee·to·tal[ti:tóutl] *a.* 절대 금주의; 《口》절대적인, 완전한. **~·er,**《英》 **~·ler** *n.* Ⓒ 절대 금주가. 「팽이.
tee·to·tum[ti:tóutəm] *n.* Ⓒ 네모
Tef·lon[téflan/-lɔn] *n.* Ⓤ〖商標〗테플론《열에 강한 수지》.
t.e.g. top edge gilt〖製本〗천금(天金). 「피(外皮).
teg·u·ment[tégjəmənt] *n.* Ⓒ 외
Te·h(e·)ran[tì:ərá:n, -rǽn, tèhə-] *n.* 테헤란《이란의 수도》.
tel. telegram; telegraph(ic); telephone. **TEL** tetraethyl lead.
tel·au·to·gram[telɔ́:təgræ̀m] *n.* Ⓒ (⇩에 의한) 전송 서화 인쇄물.
Tel·Au·to·graph [telɔ́:təgræ̀f, -grà:f] *n.* Ⓒ〖商標〗서화(書畵) 전송기.
Tel A·viv[tél əví:v] *n.* 텔아비브《Israel 최대의 도시》.
tel·e-[télə], **tel-**[tel] '원거리의, 전신, 전송, 텔레비전'의 뜻의 결합사.
téle·càmera *n.* Ⓒ 텔레비전 카메라.
*__tel·e·cast__[téləkæ̀st, -kà:-] *n., vt., vi.* (**~**, ***~ed***) Ⓒ 텔레비전 방송(을 하다).
téle·càster *n.* Ⓒ 텔레비전 방송자; 텔레비전 뉴스 해설자.
tel·e·cin·e[téləsìni] *n.* Ⓒ 텔레비전 영화.
tèle·communicátion *n.* Ⓤ (보통

pl.)《단수 취급》〖컴〗 원격〔전자〕 통신.
tèle·contról *n.* Ⓤ (전파 등에 의한) 원격 조작.
téle·còurse *n.* Ⓒ 텔레비전 강좌.
tel·e·di·ag·no·sis[tèlədàiəgnóusis] *n.* Ⓤ 텔레비전 (원격) 진단.
tèle·facsímile *n.* Ⓒ,Ⓤ 전화 전송.
téle·fìlm *n.* Ⓒ 텔레비전 영화.
tel·e·gen·ic[tèlədʒénik] *a.* 텔레비전 (방송)에 알맞은(cf. photogenic).
:tel·e·gram[téləgræ̀m] *n.* Ⓒ 전보.
:tel·e·graph[téləgræ̀f, -grɑ̀:f] *n., vt., vi.* Ⓤ,Ⓒ 전신(기); 타전하다; 〖컴〗 전신. **-gra·ph·ic**[tèləgrǽfik] *a.*
télegraph móney òrder 전신환.
***te·leg·ra·phy**[təlégrəfi] *n.* Ⓤ 전신(술). **-pher** *n.* Ⓒ 전신 기수.
tel·e·ki·ne·sis[tèləkiní:sis, -kai-] *n.* Ⓤ 〖心靈術〗 격동(隔動)《외력을 가하지 않고 사람, 물건을 움직이는》.
téle·lècture *n.* Ⓒ 전화 강연《전화를 이용한 마이크 방송》.
téle·màrk *n., vi.* Ⓤ 〖스키〗 텔레마크 회전(하다).
tel·e·ol·o·gy[tèliálədʒi/-ɔ́-] *n.* Ⓤ 〖哲〗 목적론. **-o·log·i·cal**[-əládʒikəl/-ɔ́-] *a.* **-gist** *n.*
te·lep·a·thy[təlépəθi] *n.* Ⓤ 텔레파시, 정신 감응; 이심전심(以心傳心) 현상. **tel·e·path·ic**[tèləpǽθik] *a.* **-thist** *n.* Ⓒ 정신 감응(가능)론자.
†tel·e·phone[téləfòun] *n.* Ⓤ (종종 the ～) 전화; Ⓒ 전화기. ***by ～*** 전화로. **～ *booth*** 공중 전화 박스. **～ *directory*** 전화 번호부. **～ *exchange* (*office*)** 전화 교환국. ― *vt., vi.* (…와) 전화로 이야기하다; (…에게) 전화를 걸다(*to*), 전화로 불러내다.
télephone bòok 전화 번호부.
télephone pòle 전화선 전주.
te·leph·o·ny[təléfəni] *n.* Ⓤ 전화 통화법; 전화 통신. **tel·e·phon·ic**[tèləfánik/-ɔ́-] *a.*
tel·e·pho·to[téləfòutou] *n., a.* Ⓒ 망원 사진(의). **～ *lens*** 망원 렌즈.
tèle·phótograph *n., vt.* Ⓒ 망원 사진(을 찍다); 전송 사진(을 보내다). **-photográphic** *a.* **-photógraphy** *n.* Ⓤ 망원〔전송〕 사진술.
téle·plày *n.* Ⓒ 텔레비전 드라마〔극〕.
téle·prìnter *n.* 《주로 英》 =TELETYPEWRITER.
Tel·e·Promp·Ter[-prɑ̀mptər/-ɔ̀-] *n.* Ⓒ 〖商標〗 텔레프롬프터《글씨가 테이프처럼 움직여 연기자에 대사 등을 일러주는 장치》.
tel·e·ran[télərǽn] *n.* Ⓤ 텔레란《레이다 항공술》.
téle·recòrd *vt.* 〖TV〗 녹화하다.
:tel·e·scope[téləskòup] *n., vi., vt.* Ⓒ 망원경; (충돌하여) 박(히)다; 짧아지다, 짧게 하다.
tel·e·scop·ic[tèləskápik/-ɔ́-] *a.* 망원경의; 망원경으로 본〔볼 수 있는〕; 멀리 볼 수 있는; 뽑았다끼웠다 할 수 있는, 신축 자재의.
te·les·co·py[tiléskəpi] *n.* Ⓤ 망원경 사용〔제조〕법.
tèle·shópping *n.* 텔레쇼핑.
tel·e·text[télətèkst] *n.* Ⓤ 문자 다중(多重) 방송; 〖컴〗 텔레 텍스트.
tel·e·thon[téləθɑ̀n/-θɔ̀n] *n.* Ⓒ (자선 등을 위한) 장시간 텔레비전 프로그램.
***tel·e·type, T-**[télətàip] *n., vt., vi.* Ⓒ 〖商標〗 텔레타이프〔전신 타자기〕(로 송신하다, 를 조작하다).
tèle·týpewriter *n.* Ⓒ 텔레타이프, 전신 타자기.
tel·e·view[télǝvjù:] *vt., vi.* 텔레비전으로 보다. **～·er** *n.* Ⓒ 텔레비전 시청자.
tel·e·vise[-vàiz] *vt.* 텔레비전으로 보내다〔보다〕.
†tel·e·vi·sion[téləvìʒən] *n.* Ⓤ 텔레비전; Ⓒ 텔레비전 수상기.
tel·e·vi·sor[-vàizər] *n.* Ⓒ 텔레비전 장치.
Tel·ex[téleks] *n.* Ⓤ 텔렉스《국제 텔레타이프 자동 교환기》.
†tell[tel] *vt., vi.* (***told***) ① 말하다, 이야기하다, 언급하다. ② 고하다; 누설하다. ③ 명하다. ④ 알다(*Who can ～?* 《反語》 누가 알 수 있겠는가). ⑤ (*vt.*) 분간하다(～ *silk from nylon* 비단과 나일론을 분간하다). ⑥ (*vt.*) 세다(～ *one's beads* 염주를 세다). ⑦ (이하 *vi.*) 고자질하다 (*on, of*). ⑧ (약·말·타격이) 효력〔반응〕이 있다(take effects) (*on, upon*); 명중하다. ***all told*** 전부 다 해서. ***I* (*can*) *～ you,*** or ***Let me ～ you.*** 확실히, …이다《확신의 표현》. ***Don't ～ me...*** 설마 …은 아니겠지. ***I'll ～ you what*** 할 이야기가 있다. **～ *apart*** 식별하다. **～ *off*** 세어서 갈라놓다; (대(隊)를) 분견하다, 일을 할당하다; …에 번호를 붙이다; (결점을 들어서) 몹시 나무라다. **～ *on* (*him*)** (그의 일을) 고자질하다. **～ *the world*** 단정〔공언〕하다. ***You're ～ing me!*** 《俗》 알고 있네! ***∠·er** *n.* Ⓒ 이야기하는 사람; 금전 출납원; 투표 계표원. **∠·ing** *a.* 잘 듣는, 효과적인.
téll·tàle *n., a.* Ⓒ 고자질쟁이, 수다쟁이; (감정·비밀 등의) 표시, 증거; 자연히 나타나는, 숨길 수 없는.
tel·lu·ri·um[telúəriəm] *n.* Ⓤ 〖化〗 텔루르《비(非)금속 원소; 기호 Te》.
tel·ly[téli] *n.* Ⓒ 《英口》 텔레비전.
tel·pher[télfər] *n.* Ⓒ 공중 케이블(카).
Tel·star[télstɑ̀:r] *n.* Ⓒ (미국의) 통신위성.
tem·blor[témblɔ:r, -blər] *n.* Ⓒ 《美》 지진.
te·mer·i·ty[təmérəti] *n.* Ⓤ 만용, 무모.
Tém·in ènzyme[témən-] 〖生〗 테민 효소《RNA에서 DNA를 만드는 역전사(逆轉寫) 효소》.
:tem·per[témpər] *n.* ① Ⓤ (여러

T

가지 재료의) 알맞은 조합(調合) 정도, 적당한 정도. ② Ⓤ (마음의) 침착, 평정. ③ Ⓤ (강철의) 되불림, (회반죽의) 굳기. ④ Ⓒ 기질. ⑤ Ⓤ,Ⓒ 기분; 화. ***hot*** ~ 발끈거리는 성미. ***in a good*** [***bad***] ~ 기분이 좋아서[나빠서]. ***in a*** ~, or ***out of*** ~ 화가 나서. ***lose one's*** ~ 화내다. ***show*** ~ 화내다. ── *vt.* 눅이다; 달래다, 경감하다; (악기·목소리의 높이를) 조절하다; (강철 따위를) 되불리다; 단련하다; (진흙을) 반죽하다. ── *vi.* 부드러워지다; (강철이) 불리어지다.

tem·per·a[témpərə] *n.* Ⓤ 템페라화(법).

***tem·per·a·ment** [témpərəmənt] *n.* Ⓤ,Ⓒ ① 기질, 성미, 체질; 격정. ②〖樂〗(12) 평균율(법). **-men·tal** [ㅡㅡㅡméntl] *a.* 기질(상)의; 성미가 까다로운; 변덕스러운; 신경질의.

***tem·per·ance**[témpərəns] *n.* Ⓤ 절제, 삼감; 절주; 금주.

:tem·per·ate[témpərit] *a.* 절제하는, 삼가는; 온건한; 절[금]주의; (기후·계절이) 온난한.

Témperate Zóne, the 온대.

:tem·per·a·ture[témpərətʃər] *n.* Ⓤ,Ⓒ 온도; 체온. ***run a*** ~ 열이 있다, 열을 내다;《俗》홍분하다. ***take one's*** ~ 체온을 재다.

témperature-humídity índex 온습지수, 불쾌지수《생략 THI》.

tem·per·some[témpərsəm] *a.* 참을성이 없는.

:tem·pest[témpist] *a.* 사나운 비바람, 폭풍우[설]; 대소동.

tem·pes·tu·ous[tempéstʃuəs] *a.* 사나운 비바람의; 폭풍(우) 같은; 격렬한. ~**·ly** *ad.*

Tem·plar[témplər] *n.* =KNIGHT TEMPLAR.

tem·plate, -plet[témplit] *n.* Ⓒ (수지 등의) 형판, 본뜨는 자;〖컴〗순서도용 자, 템플릿.

:tem·ple[1][témpəl] *n.* Ⓒ 성당, 신전(神殿); 절; (T-) (Jerusalem의) 성전; (기독교의 어떤 종파의) 교회당.

***tem·ple**[2] *n.* Ⓒ (보통 *pl.*) 관자놀이.

Témple Bàr 런던 서쪽 끝의 문(門)《1879년 철거》.

tem·po[témpou] *n.* (It.) Ⓒ〖樂〗속도; 박자, 템포.

tem·po·ral**[1][témpərəl] *a.* ① 현세[뜬 세상]의; 세속의. ② 때의, 시간의. ③ 순간적인. ***lords ~, or ~ ***peers***《英》(성직자 아닌) 상원 의원 (cf. LORD spiritual).

tem·po·ral[2] *a.* 관자놀이의;〖解〗측두의.

:tem·po·rar·y[témpərèri/-rə-] *a.* 일시의, 잠시의, 임시의; 덧없는. ***-rar·i·ly** *ad.*

témporary file〖컴〗임시 (기록) 「파일.

témporary stórage〖컴〗임시 기억 장소.

tem·po·rize[témpəràiz] *vi.* 형세에 따르다, 기회주의적 태도를 취하다; 타협하다; (시간을 벌기 위해) 꾸물거리다. **-ri·za·tion** [ㅡㅡrizéiʃən/-rai-] *n.*

:tempt[tempt] *vt.* ① 유혹하다. ② (식욕을) 당기게 하다; 꾀다(*to* do). ③ 성나게 하다. ④ 무릅쓰다(~ *a storm* 폭풍우를 무릅쓰고 가다). ⑤《古》시도하다(attempt). ~ ***providence*** 모험하다. **∠·er** *n.* Ⓒ 유혹자; (T-) 악마. **∠·ing** *a.* 유혹적인, 마음을 끄는; 맛있어 보이는.

:temp·ta·tion[temptéiʃən] *n.* Ⓤ 유혹; Ⓒ 유혹물.

tempt·ress[témptris] *n.* Ⓒ 유혹하는 여자.

tem·pus fu·git[témpəs fjúːdʒit] (L =Time flies) 세월은 화살 같다.

†ten[ten] *n., a.* Ⓤ,Ⓒ 10(의); Ⓒ 열개[사람](의). ~ ***to one*** 십중 팔구(까지). ***the best*** ~, 10걸(傑), 베스트 텐. ***the T-*** COMMAND***ments. the upper*** ~ 귀족, 상류 사회(< the upper ten thousand).

ten·a·ble[ténəbəl] *a.* (성·진지 등) 지킬 수 있는; (학설 등) 조리에 닿는. **-bly** *ad.*

te·na·cious[tinéiʃəs] *a.* 고집하는, 완고한; (기억력이) 강한; 끈기 있는 (sticky). ~**·ly** *ad.* **te·nac·i·ty** [-nǽsəti] *n.* Ⓤ 고집; 완강, 끈질김; 강한 기억력; 끈기.

ten·an·cy[ténənsi] *n.* Ⓤ (땅·집의) 임차(賃借); Ⓒ 그 기간.

:ten·ant[ténənt] *n.* Ⓒ 차지인(借地人), 차가인(借家人), 소작인; 거주자. ── *vt.* 빌다, 임차하다; (…에) 살다. ~**·ry** *n.*《집합적》차지인, 차가인, 소작인(들).

ténant fàrmer 소작인.

ténant Fàrming 소작농.

ténant rìght《英》소작권, 차지권.

tén-cent stòre《美》10센트 균일의 상점.

:tend[1][tend] *vt.* 지키다(watch over); 돌보다, 간호하다. ── *vi.* 시중들다(*on, upon*); 주의하다(*to*). **∠·ance** *n.* Ⓤ 시중; 간호.

:tend[2] *vi.* 향하다, 기울다(*to*); 경향이 있다, …하기 쉽다(be apt)(*to* do); 도움이 되다(*to*).

ten·den·cious, -tious[tendénʃəs] *a.* 경향적인, 목적이 있는, 선전적인.

:ten·den·cy[téndənsi] *n.* Ⓒ 경향(*to, toward*); 버릇; (이야기의) 취지.

ten·der[1][téndər] *n.* Ⓒ 감시인; 돌보는 사람, 간호인; 부속선(附屬船); (기관차의) 탄수차(炭水車).

:ten·der[2] *vt.* 제출[제공·제의]하다; (감사 등을) 말하다;《美》(접견 등을) 허용하다. ── *vi.* 입찰하다(*for*). ── *n.* Ⓒ 제공(물), 신청; 입찰; 법화(法貨) (legal tender).

:ten·der[3] *a.* ① (살·피부·색·빛 따위가) 부드러운. ② 허약한, 무른; 부서지기[상하기] 쉬운. ③ 민감한. ④

T

상냥한, 친절한. ⑤ 젊은(*of* ~ *age* 나이 어린), 연약한. ⑥ 미묘한; 다루기 까다로운(*a* ~ *problem*). ⑦ (…을) 조심〔걱정〕하는(*of, for*). **~·ly** *ad.* 상냥하게, 친절히; 유약하게; 두려워하며. **~·ness** *n.*

ténder·fòot *n.* (*pl.* *~s, -feet*) Ⓒ (미국 서부의 목장·광산 등의) 신출내기, 풋내기.

ténder·héarted *a.* 상냥한, 인정많은.

ténder·lòin *n.* U,C (소·돼지의) 연한 등심; (T-) (뉴욕에 있던 악덕으로 이름난) 환락가; 부패한 거리.

ténder·mínded *a.* 이상주의적인; 낙관적인; 독단적인.

ten·don[téndən] *n.* Ⓒ 〖解〗 건(腱).

ten·dril[téndril] *n.* Ⓒ 〖植〗 덩굴손.

***ten·e·ment**[ténəmənt] *n.* Ⓒ 보유물, 차지(借地), 차가(借家); 가옥.

ténement hóuse 싸구려 아파트; 연립 주택.

ten·et[ténət, tíː-] *n.* Ⓒ 신조; 주의; 교의.

tén·fòld *a., ad.* 10배의〔로〕, 열 겹의〔으로〕.

tén-gallon hát 《美》 카우보이 모자.

Teng Hsiao-ping[téŋ sjáu píŋ] =DENG XIAOPING.

Tenn. Tennessee.

ten·ner[ténər] *n.* Ⓒ 《英口》 10파운드 지폐; 《美口》 10달러 지폐.

***Ten·nes·see**[ténəsíː] *n.* 미국 남동부의 주《생략 Tenn.》.

Ténnessee Válley Authòrity, the 테네시강 유역 개발 공사《생략 TVA》.

†**ten·nis**[ténis] *n.* Ⓤ 테니스.

ténnis còurt 테니스 코트.

ténnis èlbow 테니스 등이 원인으로 생기는 팔꿈치의 관절염.

ten·nist[ténist] *n.* Ⓒ 테니스를 하는 사람, 테니스 선수.

Ten·ny·son[ténəsən], **Alfred** (1809-92) 영국의 시인.

ten·on[ténən] *n., vt.* Ⓒ 〖木工〗 장부(를 만들다); 장부이음하다.

***ten·or**[ténər] *n.* ① (the ~) 진로; 취지, 대의. ② Ⓤ 〖樂〗 테너; Ⓒ 테너 가수.

ten·pins[ténpìnz] *n. pl.* 《美》《단수 취급》 십주희(十柱戲); 《복수 취급》 십주희용 핀.

***tense**[1][tens] *a.* 팽팽한; 긴장한. — *vt.* 팽팽하게 하다; 긴장시키다. **∠·ly** *ad.* **∠·ness** *n.*

:**tense**[2] *n.* U,C 〖文〗 시제(時制).

ten·sile[ténsəl/-sail] *a.* 장력(張力)의; 잡아늘일 수 있는(ductile). **~ strength** (항)장력((抗)張力).

ten·sil·i·ty[tensíləti] *n.*

ten·si·om·e·try[tènsiámətri/-ɔ́-] *n.* Ⓤ 장력학.

***ten·sion**[ténʃən] *n.* ① U,C 팽팽함, 긴장; (정신·국제 관계의) 긴장. ② Ⓤ 〖理〗 장력(*surface* ~ 표면 장력); 팽창력, (기체의) 압력; 〖電〗 전압. — *vt.* 긴장시키다.

ten·si·ty[ténsəti] *n.* Ⓤ 긴장(상태).

ten·sor[ténsər] *n.* Ⓒ 〖解〗 장근(張筋); 〖數〗 텐서.

tén-strìke *n.* Ⓒ (tenpins 게임에서) 기둥 10개를 전부 넘어뜨리기; 《口》 대성공.

†**tent**[tent] *n., vt., vi.* Ⓒ 텐트(에서 자다), 천막으로 덮다; 주거. ***pitch*** 〔***strike***〕 ***a*** ~ 텐트를 치다〔걷다〕.

ten·ta·cle[téntəkəl] *n.* Ⓒ 〖動〗 촉각, 촉수; 〖植〗 촉모(觸毛). **~d**[-d] *a.* 촉각〔촉모〕 있는.

***ten·ta·tive**[téntətiv] *a.* 시험적인, 시험삼아 하는.

tent càterpillar 천막벌레.

ten·ter·hook[téntərhùk] *n.* Ⓒ 재양틀의 갈고리. ***be on ~s*** 조바심하다.

†**tenth**[tenθ] *n., a.* ① Ⓤ (the ~) 제 10(의), 10째(의). ② Ⓒ 10분의 1(의). ③ Ⓤ (the ~) (달의) 10일. **∠·ly** *ad.* 열번째로〔에〕.

ténth-ràte *a.* (질이) 최저의.

tént shòw 서커스.

tént tràiler 텐트식 트레일러《이동 캠프》.

te·nu·i·ty[tenjúːəti] *n.* Ⓤ 가늚, 엷음; 희박〔빈약〕함.

ten·u·ous[ténjuəs] *a.* 가는, 얇은; 희박한; 미미한.

ten·ure[ténjuər] *n.* U,C (재산·지위 등의) 보유; 그 기간·조건. ***~ of life*** 수명. **ten·úr·i·al** *a.*

te·pa[tíːpə] *n.* Ⓤ 제암제(制癌劑).

te·pee[tíːpiː] *n.* Ⓒ (아메리카 토인의) 천막집.

tep·id[tépid] *a.* 미지근한, 미온의(lukewarm). **~·ly** *ad.* **~·ness** *n.* **te·píd·i·ty** *n.*

TEPP tetraethyl pyrophosphate 《살충제》.

ter·bi·um[tə́ːrbiəm] *n.* Ⓤ 〖化〗 테르븀《금속 원소》.

ter·cen·te·nary [təːrsénténèri, ––ténəri/təːsentíːnəri] *n., a.* Ⓒ 300년(의); 300년제(祭)(의).

ter·cet[tə́ːrsit, -sét] *n.* Ⓒ 〖韻〗 3행 (압운) 연구(聯句); 〖樂〗 3연음.

ter·gi·ver·sate[tə́ːrdʒivərsèit] *vt.* 변절〔전향, 탈당〕하다; 어물쩍거리다, 얼버무리다(evade). **-sa·tion** [∠––séiʃən] *n.*

:**term**[təːrm] *n.* 《원래의 뜻: 한계, 한정; (cf. terminus)》 ① Ⓒ 기한, 기간; 학기. ② Ⓒ (법원의) 개정기(開廷期); (지불의) 기일. ③ (*pl.*) (한정하는) 조건, 조항; (계약·지불·값 따위의) 약정. ④ (*pl.*) 요구액, 값. ⑤ (*pl.*) 친교 관계. ⑥ Ⓒ (한정된) 개념, 말, 용어(*a technical* ~ 학술어). ⑦ (*pl.*) 말투. ⑧ Ⓒ 〖論〗 명사; 〖數〗 항(項). ***bring a person to ~s*** 항복시키다. ***come to ~s*** 절충이 되다, 타협하다. ***in ~s of*** …에 의해서; …의 점에서(보면). ***make ~s with*** …와 타협하다. ***not on any ~s*** 결코 …아니다. ***on good*** 〔***bad***〕 ***~s*** 사이가 좋아서〔나

빠서] (*with*). ***on speaking ~s*** 말을 건넬 정도의 사이인(*with*). — *vt.* 이름짓다, 부르다.

ter·ma·gant[tə́:*r*məgənt] *a., n.* Ⓒ 잔소리가 심한 (여자). **-gan·cy** *n.*

térm dày 계산일, 지급일; 만기일.

ter·mi·na·ble [tə́:*r*mənəbəl] *a.* (계약·연금 등) 기한이 있는.

***ter·mi·nal**[tə́:*r*mənəl] *a.* ① 끝의, 마지막의; 종점의(*a ~ station* 종착역). ② 정기(定期)의; 학기의. — *n.* Ⓒ ① 말단; 《美》 종착역(《英》 terminus). ②〖電〗단자(端子). ③ 학기말 시험. ④〖컴〗단말(端末)기, 터미널《데이터 입출력 장치》. **~·ly** *ad.* 기(期)[학기]마다, 정기로.

términal equípment 단말 장치《컴퓨터 본체와 떨어져 통신 회선에 의해 연결된 입출력 기기, 읽기장치나 텔레타이프 등》.

términal ínterface〖컴〗단말기 사이틀.

términal vóltage〖電〗극전압.

***ter·mi·nate**[tə́:*r*mənèit] *vi., vt.* ① 끝나다, 끝내다; (*vi.*) 다하다. ② (*vt.*) 한정하다, (…의) 한계를 이루다. ***-na·tion**[⌐–⌐ʃən] *n.* U,C 종결; 만기; 말단; 한계; Ⓒ〖文〗(굴절) 어미.

terminátion pày 해고 수당.

ter·mi·ni[tə́:*r*mənài] *n.* terminus 의 복수.

ter·mi·nol·o·gy [tə̀:*r*mənálədʒi/-mənɔ́l-] *n.* Ⓤ 술어, 용어; U,C 용어법. **-no·log·i·cal** [⌐–nəládʒikəl/-ɔ́-] *a.*

ter·mi·nus**[tə́:*r*mənəs] *n.* (*pl.* ***-ni [-nài], ***~es***) Ⓒ ① 종점; 《英》 종착역 (cf. 《美》 terminal). ② 한계; 경계(표).

ter·mite[tə́:*r*mait] *n.* Ⓒ 흰개미.

térm páper 학기말 리포트[논문].

tern[tə:*r*n] *n.* Ⓒ〖鳥〗제비갈매기.

ter·na·ry[tə́:*r*nəri] *a.* 3의; 3원(元)의. 「펜.

ter·pene[tə́:*r*pi:n] *n.* Ⓤ〖化〗테르

Terp·sich·o·re[tə:*r*psíkəri] *n.*〖그神〗가무(歌舞)의 여신. **Terp·si·chore·an**[⌐––rí:ən] *a., n.* Terpsichore 의; (t-) 가무의; Ⓒ《諧》댄서, 무희.

:**ter·race**[térəs] *n.* Ⓒ ① 대지(臺地), 높은 지대(에 늘어선 집들); (뜰 따위의) 단(段). ③ (집에 이어진) 테라스. ③ 납작한 지붕. — *vt.* 대지[단, 테라스]로 하다. **~d**[-t] *a.* 테라스로 된, 테라스가 있는; 계단식의.

ter·ra-cot·ta[tèrəkátə/-kɔ́-] *n., a.* Ⓤ 붉은 질그릇《꽃병·기와·상(像) 따위》; 적갈색(의).

ter·ra fir·ma[térə fə́:*r*mə] (L.) 육지; 견고한 지위.

ter·rain[təréin] *n.* U,C 지대, 지세;〖軍〗지형.

ter·ra in·cog·ni·ta[térə inkágnitə/-kɔ́g-] (L.) 미지의 땅[영역].

Ter·ra·my·cin[tèrəmáisin] *n.* Ⓤ〖商標〗테라마이신《항생물질 약》.

ter·ra·pin[térəpin] *n.* Ⓒ (북아메리카산) 식용거북.

ter·rar·i·um[teréəriəm] *n.* Ⓒ 동물 사육장(cf. vivarium).

***ter·res·tri·al**[tiréstriəl] *a., n.* 지구의; 육지의; 육상의, 육지에 사는; 지상의; 속세의(worldly); Ⓒ 지상에 사는 것, 인간.

terréstrial glóbe 지구(본).

terréstrial gravitátion 지구 인력.

terréstrial mágnetism 지자기(地磁氣).

terréstrial plánet 태양에 가까운 네 혹성《수성·금성·지구·화성》.

†**ter·ri·ble**[térəbəl] *a.* 무서운; 《口》 극히 서투른. — *ad.* 《口》 몹시. **‡-bly** *ad.*

***ter·ri·er**[tériə*r*] *n.* Ⓒ 테리어《몸집이 작은 개》.

***ter·rif·ic**[tərífik] *a.* 무서운; 《口》 대단한, 굉장한.

:**ter·ri·fy**[térəfài] *vi.* 겁나게[놀라게] 하다.

ter·ri·to·ri·al**[tèrətɔ́:riəl] *a.* 영토의, 토지의; 지역적인; (T-) 《美》 준주(準州)의. ***~ waters 영해. ***~ principle***〖法〗속지(屬地)주의. — *n.* Ⓒ (T-) 《英》 국방(의용)군 병사.

:**ter·ri·to·ry**[térətɔ̀:ri/-təri] *n.* ① U,C 영토, 판도(版圖). ② U,C (과학 따위의) 분야; 지역, 지방; (행상인의) 담당 구역. ③ Ⓒ (T-)〖美史〗준주(準州).

:**ter·ror**[térə*r*] *n.* ① Ⓤ 공포, 무서움(*in ~* 무서워서). ② Ⓒ 무서운 사람[것]. ③ Ⓒ《口》성가신 녀석. ***the king of ~s*** 죽음. ***the Reign of T-*** 공포 시대《프랑스 혁명 중 1793년 5월부터 이듬해 7월까지》. **~·is·tic**[⌐–ístik] *a.* **~·ize**[-àiz] *vt.* 무서워하게 하다; 공포 정치로 누르다.

térror-strìcken, -strùck *a.* 겁[공포]에 질린.

tér·ry (clòth)[téri(-)] *n.* Ⓤ 테리천《보풀을 고리지게 짠 두꺼운 직물》.

térry tòwel 테리 타월.

terse[tə:*r*s] *a.* (문체가) 간결한(succinct). **∠·ly** *ad.* **∠·ness** *n.*

ter·tian[tə́:*r*ʃən] *a., n.* 사흘마다 일어나는, 격일의; Ⓤ〖醫〗격일열.

ter·ti·ar·y[tə́:*r*ʃièri, -ʃə-] *a., n.* 제 3 (위)의; (T-)〖地〗제 3 기(紀)[계(系)](의).

tértiary educátion 《英》 제3차 교육《중등 학교에 이어지는 직업 및 비(非) 직업 과정의 총칭》.

tértiary índustry 제 3 차 산업.

Ter·y·lene[térəli:n] *n.* Ⓤ〖商標〗테릴렌《폴리에스터 섬유》.

TESL[tesl] teaching English as a second language 제 2 외국어로서의 영어 교육.

tes·sel·late[tésəlèit] *vt.* 조각맞춤 세공을 하다, 모자이크로 하다. — [-lit] *a.* 모자이크로 한. **-lat·ed** [-id] *a.* **-la·tion**[⌐–léiʃən] *n.*

†**test**[test] *n.* Ⓒ ① 테스트, 검사, 시험(*put to the* ~ 시험하다). ② 시험물; 시약(試藥); 시금석. ③〖컴〗 시험, 테스트. ***stand the*** ~ 합격하다, 시험에 견디다. ― *vt.* 검사〔시험〕하다. **∠·a·ble** *a.* **∠·er** *n.*
Test. Testament.
tes·ta·ment**[téstəmənt] *n.*〖聖〗 성약(聖約)(서); Ⓒ〖法〗 유언(서); (T-) 신약성서. ***the New 〔***Old***〕 ***T-*** 신〔구〕약 성서.
tes·ta·men·ta·ry[∸—méntəri] *a.* 유언서의, 유언서에 의한.
tes·tate[tésteit] *a.* 유언서를 남기고 죽은.
tes·ta·tor[tésteitər, —∠—] *n.* (*fem.* ***-trix***[-triks]; *fem. pl.* ***-trices***[-trisìːz], ***-trixes***[-triksiz]) Ⓒ 유언자.
tést bàn 핵실험 금지 협정.
tést bèd (항공기 엔진 등의) 시험대.
tést càse 테스트 케이스, 첫 시도; 〖法〗 시소(試訴).
tést-drìve *vt.* (***-drove; -driven***) (자동차에) 시승하다.
test·ee[testíː] *n.* Ⓒ (시험 등의) 수험자.
test·er[téstər] *n.* Ⓒ 시험자; 시험기.
tést-fìre *vt.* (로켓·미사일 등을) 시험 발사하다.
tést flìght 시험 비행.
tést-flỳ *vt.* 시험 비행을 하다.
tes·ti·cle[téstikəl] *n.* Ⓒ (보통 *pl.*) 〖解·動〗 고환(睾丸).
‡**tes·ti·fy**[téstəfài] *vi., vt.* 증명〔입증〕하다, (*vi.*) 증인이 되다(*to*); (*vt.*) 확언하다. ~ ***one's regret*** 유감의 뜻을 표하다.
tes·ti·mo·ni·al[tèstəmóuniəl] *n.* Ⓒ 증명서; 표창장; 기념품; 사례.
‡**tes·ti·mony**[téstəmòuni/-məni] *n.* Ⓤ ① 증거; 증명, 증언. ② 신앙 성명. ③《古》 항의(*against*). ④ (*pl.*) 신의 가르침, 성서; 십계.
tes·tis[téstis] *n.* (*pl.* ***-tes***[-tìːz]) =TESTICLE.
tes·tos·ter·one[testástəròun/-ɔ́-] *n.* Ⓤ 테스토스테론《남성 호르몬》.
tést pàper 〖化〗 시험지(cf. litmus). 「형.
tést pàttern 〖TV〗 시험 방송용 도
tést pìlot (신조기(新造機)의) 시험조종사.
tést prògram 〖컴〗 시험용 프로그램, 테스트 프로그램.
tést rùn 시운전, 〖컴〗 모의 실행.
tést tùbe 시험관.
tést-tùbe *a.* 시험관에서 만들어낸; 인공 수정의.
tést-tube bàby 시험관 아기.
tést tỳpe 테스트타이프《시력 검사표의 문자들》 (cf. eye chart).
tes·ty[tésti] *a.* 성미 급한. **-ti·ly** *ad.* **-ti·ness** *n.*
tet·a·nus[tétənəs] *n.* Ⓤ 〖病〗 파상풍(cf. lockjaw).
tetch·y[tétʃi] *a.* 성미 까다로운.
tête-à-tête [téitətéit, tétətét] *ad., a., n.* (F.) 단 둘이서〔의〕; 마주보고, 마주 앉은; Ⓒ 비밀 이야기, 밀담; 마주 앉은 두 사람; 2인용 의자.
teth·er[téðər] *n., vt.* Ⓒ (소·말의) 매는 사슬〔밧줄〕(로 매다); 한계, 범위. ***at the end of one's*** ~ 갖은 수가 다하여, 궁지에 빠져.
tet·ra-[tétrə] '넷'의 뜻의 결합사.
tet·ra·cy·cline[tètrəsáikli(ː)n] *n.* Ⓤ〖藥〗 테트라사이클린《항생제》.
tét·ra·eth·yl lèad[tétrəèθil lèd] 〖化〗 4 에틸납.
tet·ra·gon[tétrəgàn/-gən] *n.* Ⓒ 4각형. **te·trag·o·nal**[tetrǽgənəl] *a.*
tet·ra·he·dron [tètrəhíːdrən/-héd-] *n.* (**~s, *-dra***[-drə]) Ⓒ 〖幾〗 4면체. **-he·dral**[-híːdrəl] *a.*
te·tral·o·gy[tetrǽlədʒi] *n.* Ⓒ〖古그〗 4부극《세 비극과 한 풍자극으로 이루어짐》.
te·tram·e·ter [tetrǽmitər] *n.* Ⓒ 〖韻〗 사보격(四步格).
tet·ra·pod[tétrəpàd/-ɔ̀-] *n.* Ⓒ (호안(護岸) 공사용의) 테트라포드; 네발 짐승. 「포진.
tet·ter[tétər] *n.* Ⓤ〖病〗 습진, 수
Teut. Teuton(ic).
Teu·ton [tjúːtən] *n.* Ⓒ 튜턴 사람《영국·독일·네덜란드·스칸디나비아 사람 등》; 독일 사람(German). **~·ic** [tjuːtán-/-ɔ́-] *a.* 튜턴〔게르만〕사람〔족·말〕의. **~·ism**[tjúːtənìzəm] *n.* Ⓤ 튜턴〔독일〕어법〔문화〕.
Tex. Texan; Texas.
Tex·an[téksən] *a., n.* Ⓒ 텍사스의 (사람).
***Tex·as**[téksəs] *n.* 미국 남서부의 주《생략 Tex.》.
Téxas léaguer 〖野〗 텍사스 리거《내야수와 외야수 사이에 떨어지는 안타》. 「경관.
Téxas Rànger 《美》 텍사스 기마
Téxas tówer 해중탑《해저 유정(油井)·등대·관측 레이더용》.
‡**text**[tekst] *n.* Ⓤ,Ⓒ 본문; Ⓒ 원문, 텍스트; 성구(聖句)《특히 설교 제목으로 인용되는》; 화제(topic), 논제; 〖컴〗 문서, 글월, 텍스트.
†**text·book**[∠bùk] *n.* Ⓒ 교과서.
téxt èditing 〖컴〗 텍스트 편집.
téxt edìtion 교과서판.
téxt èditor 〖컴〗 텍스트〔본문〕 편집기.
téxt file 〖컴〗 텍스트 파일.
tex·tile**[tékstail, -til] *a., n.* 직물의, 짠; Ⓒ 직물; 직물 원료. ~ ***fabrics 직물. ~ ***industry*** 직물 공업.
tex·tu·al[tékstʃuəl] *a.* 본문〔원문〕(상)의. **~·ly** *ad.*
***tex·ture**[tékstʃər] *n.* Ⓤ,Ⓒ ① 천, 감; 직물. ② (피부의) 결; (돌·목재의) 결, 조직. ③ (문장·그림·악곡의 심리적인) 감촉. ④〖컴〗 그물 짜기. **téx·tur·al** *a.*
T.F. tank forces; task force; 《英》 Territorial Force. **TFT** thin

T

film transistor. **TGIF** 《美》 Thank God It's Friday 금요일 만세《'내일부터 주말이다. 휴일이다'의 기분》. **Th** 〖化〗 thorium. **Th.** Thomas; Thursday. **T.H.** Territory of Hawaii.

-th [θ], **-eth** [eθ, iθ] *suf.* '4' 이상의 서수 어미(fif*th*, sixti*eth*); 《古》 3인칭 단수·직설법 현재의 동사 어미(do*th*, doe*th*).

Thack·er·ay [θǽkəri], **William Makepeace** (1811-63) 영국의 소설가.

Thai [tai, tά:i] *n.* Ⓒ 타이 사람; Ⓤ 타이 말. ── *a.* 타이의; 타이 말[사람]의.

Thai·land [táilənd, -lǽnd] *n.* 타이. **~·er** *n.* Ⓒ 타이 사람.

thal·a·mus [θǽləməs] *n.* (*pl.* **-mi** [-mài]) Ⓒ 〖解〗 시상(視床); 〖植〗 화탁(花托), 꽃턱. ***the optic ~*** 시신경상(視神經床).

tha·lid·o·mide [θəlídəmàid] *n.* Ⓤ 탈리도마이드《전에 진정·수면제로 쓰이던 약》. **~ *baby*** 기형아《탈리도마이드계 수면제의 영향에 의한 기형아; cf. phocomelus》.

thal·li·um [θǽliəm] *n.* Ⓤ 〖化〗 탈륨《금속 원소; 기호 Tl》.

thal·lo·phyte [θǽləfàit] *n.* Ⓒ 〖植〗 엽상(葉狀) 식물《이끼·말·균류 따위》.

:Thames [temz] *n.* (the ~) 런던을 흐르는 강. (*He will not*) ***set the ~ on*** FIRE.

†than [強 ðæn, 弱 ðən] *conj.* ① …보다(도) (*He is taller ~ I* (*am*). =《口》 ... *~ me.*). ② 《rather, sooner 등의 다음에서》 …하기보다는 (차라리) …. ③ 《other, else 등의 다음에서》 …밖에 딴, …이외에는, …과 다른. ── *prep.* 《than whom 의 꼴로》 …보다.

T

thane [θein] *n.* Ⓒ 〖英史〗 대향사(大鄕士)《귀족의 아래》; (스코틀랜드의) (왕령(王領)) 영주.

†thank [θæŋk] *vt.* 감사하다. ***I will ~ you to*** (*shut the window*). (창문을 닫)아 주시오. ***No, ~ you.*** 아니오, 괜찮습니다《사양》. ***T- God*** [***Heaven***]***!*** 옳지 됐다! ***T- you for nothing!*** 쓸데 없는 참견이다! ***Thanking you in anticipation.*** 이만 부탁드리면서《편지》. ***T- you for that ball!*** 미안합니다!《볼을 남에게 집어 달랄 때의 상투적인 말》. ***You may ~ yourself for*** (*that*). 자업자득일세. ── *n.* (*pl.*) 감사, 사의(謝意), 사례(*Thanks!* 고맙소). ***~s to*** …덕택에《반어적으로도》.

:thank·ful [∠fəl] *a.* 감사하고 있는 (*to* him *for* it). **~·ly** *ad.* **~·ness** *n.*

***thank·less** [∠lis] *a.* 감사하는 마음이 없는, 은혜를 모르는(ungrateful); 감사를 받지 못하는(*a ~ job* [*task*] 공을 알아 주지 않는 일).

:thanks·giv·ing [θæ̀ŋksgíviŋ/∠∠─] *n.* ① Ⓤ 감사, 사은. ② (T-) =**T-Dày** 《美》 추수 감사절《보통 11월의 넷째 목요일》.

thánk-you-mà'am *n.* Ⓤ 《美》 도로의 울퉁불퉁함《차가 갈 때 타고 있는 사람의 머리가 절하듯 앞으로 숙여지므로》.

†that [強 ðæt, 弱 ðət] (*rel.*) *pron.* (*pl.* ***those***) ① 저것; 그것; 저 사람[일·것]. ② 《this를 '후자'로 하여》 전자. ③ …의 그것. ④ (*rel. pron.*) (…하는) 바의. ***and all ~*** 및 그런 등속; …따위[등등]. ***and ~*** 게다가. ***at ~*** 그렇다 치더라도; 《口》 게다가, 그리고 또; 《口》 이야기는[일은] 그쯤하고, 끝내고; 《美》 만사[여러 가지]를 생각하여 보고. ***in ~*** =BECAUSE. ***~ is*** (***to say***) 즉. ***So ~'s ~.*** 《口》 이것으로 그만[끝]. ── [ðæt] *a.* 그, 저. ── [ðət] *conj.* …이라는 (것); 《이유》 …이므로(*I'm glad* (*~*) *you've come.*); 《목적》 …하기 위하여(*We work ~ we may live.*); 《결과》 …만큼, …이므로; 《판단》 …하다니(*Is he mad ~ he should speak so wild?* 그렇게 터무니 없는 말을 하다니 미쳤는가); 《소원》 …이면 좋으련만(*O* [*Would*] *~ he might come soon!*); 《놀라움·절실한 느낌·분개 등》 …되다니(*T- it should ever come to this!* (아아) 일이 이 지경이 될 줄이야!). ── *ad.* 《口》 그렇게 (so), 그 정도로(*I can't stay ~ long.* / 《俗》 *I am ~ sad I could cry.* 울고 싶을 정도로 슬프다).

***thatch** [θætʃ] *n., vt.* Ⓤ 이엉(을 이다); 짚(으로 이다); Ⓒ 초가지붕, 짚으로 이은 지붕. **~ed** [-t] *a.* **∠·ing** *n.* Ⓤ 지붕이기, 지붕이는 재료.

Thatch·er [θǽtʃər], **Margaret** (1925-) 영국 보수당의 정치가·수상(재직 1979-90). 「축.

†that's [ðæts] that is [has]의 단

thau·ma·tur·gy [θɔ́:mətə̀:rdʒi] *n.* Ⓤ 마법(magic).

***thaw** [θɔ:] *n., vi.* Ⓒ 해동, 눈이[서리가] 녹음, (눈·서리가) 녹다, 날씨가 풀리다; (몸이) 차차 녹다; (마음·태도가) 누그러지다, 풀리다. ── *vt.* 녹이다; 녹이다; 풀리게 하다.

Th. B. (L.) Bachelor of Theology. **Th. D.** (L.) Doctor of Theology.

†the [強 ði:, 弱 ðə(자음의 앞), ði(모음의 앞)] *def. art.* 그, 저, 예(例)의. ── (*rel.* & *dem.*) *ad.* …하면 할수록. ***T- sooner, ~ better.*** 빠르면 빠를수록 좋다. ALL ***~ better. none ~ better for*** doing …해도 마찬가지.

:the·a·ter, 《英》 **-tre** [θí:ətər] *n.* ① Ⓒ 극장. ② Ⓤ (the ~) (연)극; 극작품; 연극계. ③ Ⓒ (계단식) 강당, 수술 교실. ④ Ⓒ 활무대(*the ~ of war* 전쟁터). ***be*** [***make***] ***good ~*** (그 연극은) 상연에 적합하다.

théater·gòer *n.* Ⓒ 자주 연극을 보

러 가는 사람. **-going** *n., a.* Ⓤ 관극(의).
théater-in-the-róund *n.* Ⓒ 원형 극장.
théater of the absúrd 부조리「극.
***the·at·ri·cal**[θiǽtrikəl] *a.* 극장의; 연극(상)의; 연극 같은. **~·ly** *ad.* **~s** *n. pl.* 연극(조의 몸짓), 소인극.
Thebes[θi:bz] *n.* 테베《(1) 이집트 Nile 강변의 옛 도시. (2) 고대 그리스의 도시 국가의 하나》. **The·ban** [θí:bən] *a.*
***thee**[強 ði:, 弱 ði] *pron.* thou의 목적격.
:**theft**[θeft] *n.* Ⓤ,Ⓒ 도둑질; 절도.
thegn[θein] *n.* =THANE.
the·in(e)[θí:i(:)n] *n.* =CAFFEIN.
†**their**[強 ðɛər, 弱 ðər] *pron.* they의 소유격. **~s** *pron.* 그들의 것.
the·ism[θí:izəm] *n.* Ⓤ 유신론. **-ist** *n.* **the·ís·tic** *a.*
†**them**[強 ðem, 弱 ðəm] *pron.* they의 목적격.
:**theme**[θi:m] *n.* Ⓒ ① 논제, 화제, 테마. ② 과제 작문. ③〖樂〗주제, 주선율;〖라디오·TV〗주제 음악(signature).
†**them·selves**[ðəmsélvz] *pron. pl.* 그들 자신.
†**then**[ðen] *ad.* ① 그때, 그 당시. ② 그리고 나서, 이어서; 다음에(next). ③ 그러면; 그래서, 그러므로. ***and ~*** 그리고 나서, 그 위에. ***but ~*** 그러나 (또 한편으로는). ***now ... ~ ...*** 어떤 때에는 … 또 어떤 때에는 …. ***~ and there*** 그 때 그 자리에서; 즉석에서.
:**thence**[ðens] *ad.* 그러므로; 거기서부터; 그때부터. **~·fórth, ~·fórward(s)** *ad.* 그때 이래.
the·o-[θí:ə] '신(神)'의 뜻의 결합사.
the·oc·ra·cy[θi:ɑ́krəsi/θiɔ́-] *n.* Ⓤ 신정(神政); Ⓒ 신정국. **the·o·crat** [θí:əkræ̀t] *n.* Ⓒ 신정(주의)자. **the·o·crat·ic**[⏑–krǽtik], **-i·cal**[-əl] *a.*
the·od·o·lite[θiɑ́dəlàit] *n.* Ⓒ〖測〗경위의(經緯儀).
the·og·o·ny[-gəni] *n.* Ⓤ 신통계보학(神統系譜學).
the·o·lo·gian[θì:əlóudʒiən] *n.* Ⓒ 신학자.
the·o·logue[θí:əlɔ̀:g, -lɑ̀g/-lɔ̀g] *n.* Ⓒ《口》신학생.
***the·ol·o·gy**[θi:ɑ́lədʒi/θiɔ́-] *n.* Ⓤ 신학. ***the·o·log·ic** [θì:əlɑ́dʒik/-lɔ́-], **-i·cal**[-əl] *a.* **-i·cal·ly** *ad.*
***the·o·ret·ic**[θì:ərétik], **-i·cal** [-əl] *a.* 이론(상)의; 공론(空論)의. **-i·cal·ly** *ad.*
the·o·re·ti·cian[θì:ərətíʃən] *n.* Ⓒ (예술·과학 등의) 이론에 밝은 사람(cf. theorist).
the·o·rist[θí:ərist] *n.* Ⓒ 이론〔공론〕가.
the·o·rize[θí:əràiz] *vi., vt.* 이론을 세우다; 이론을 붙이다.
:**the·o·ry**[θí:əri] *n.* ① Ⓒ 학설, 설(說), (학문상의) 법칙. ② Ⓤ 이론; (탁상의) 공론. ③ Ⓒ《俗》의견.
the·o·so·ph·ic [θì:əsɑ́fik/θiəsɔ́f-], **-i·cal**[-əl] *a.* 접신(론)의, 신지학(神知學)의.
the·os·o·phy[θi:ɑ́səfi/θiɔ́-] *n.* Ⓤ 접신론〔학〕; 신지학(神知學). **-phist** *n.* Ⓒ 접신론자, 신지학자.
ther·a·peu·tic[θèrəpjú:tik] *a.* 치료(학)의. **-tics** *n.* Ⓤ 치료학〔법〕. **-tist** *n.*
ther·a·py[θérəpi] *n.* Ⓤ,Ⓒ 치료.
†**there**[ðɛər] *ad.* 그곳에, 거기에서〔로〕, 저곳에(서)〔으로〕; 그 점에서(는). ***Are you ~?***《전화》여보세요 (당신이요). ***be all ~***《俗》정신 똑바로 차리고 있다, 제정신이다; 빈틈 없다. ***get ~***《俗》성공하다. ***T- is*** 〔***are***〕***...*** …이 있다. ***There's a good boy!*** 아아 착한 아이지. ***T- you are!*** 거봐; (물건·돈 등을 내면서) 자, 여기 있습니다. ***You have me ~!*** 졌다; 손들었네. — *n.*《전치사 다음에》Ⓤ 거기(*from ~*). — *int.* 자!; 야!; 저봐!; 저런!; 그것 봐라! ***T- now!*** 그것 봐라!
thère·abóut(s) *ad.* 그 근처에; 그 무렵에; 대략, …쯤.
:**thère·áfter** *ad.* 그 뒤로, 그 이후; 그것에 의해서.
thère·át *ad.*《古》거기서, 그것에 의해서, 그런 까닭에; 그때.
:**thère·bý** *ad.* 그것에 의해서, 그 때문에. ***T- hangs a tale.*** 거기에는 까닭이 있다.
thère·fór *ad.*《古》그 때문에; 그 대신에.
†**there·fore**[ðɛ̀ərfɔ̀:r] *ad.* 그러므로; 그 결과.
thère·fróm *ad.*《古》거기서〔그것으로〕부터.
thère·ín *ad.*《古》그 속에, 그 점에서.
thèrein·áfter *ad.* 아래에, 아래「글에.
thèrein·befóre *ad.* 위에, 전문(前文)에.
thère·ínto *ad.*《古》그 속에〔으로〕.
thère·óf *ad.*《古》그것에 관해서; 그것의, 거기서〔그것으로〕부터.
thère·ón *ad.*《古》게다가, 그 위에; 그 즉시.
†**there's**[强 ðɛərz, 弱 ðərz] there is 〔has〕의 단축.
thère·tó *ad.*《古》거기에, 그밖에 다시, 거기에 더하여, 또.
thère·to·fóre *ad.*《古》그 이전에(는), 그 때까지.
thère·únder *ad.*《古》그 아래서〔에〕; 거기에 따라서.
thère·únto *ad.*《古》=THERETO.
:**thère·upón** *ad.* 그리하여 (즉시); 그러므로; 그 위에.
thère·wíth *ad.*《古》그것과 함께; 그 까닭에, 그것으로써; 그리하여; 곧.
there·with·al[ðɛ̀ərwiðɔ́:l] *ad.* 그래서; 그것과 함께; 그 밖에; 또.
therm[θə:rm] *n.* Ⓒ〖理〗섬《열량

T

단위》.

***ther·mal**[θə́:rməl] *a., n.* 열(량)의; 열에 의한; 열렬한; 따뜻한; Ⓒ 상승 온난 기류.

thérmal bréeder 〔**ráctor**〕 열증식로(熱增殖爐).

thérmal capácity 〖理〗 열용량.

thérmal effíciency 열효율.

thérmal pollútion (원자력 발전소의 폐수 따위로 인한) 열공해.

thérmal prínter 〖컴〗 열전사 프린터.

thérmal spríng 온천.

ther·mic[θə́:rmik] *a.* =THERMAL.

therm·i·on[θə́:rmàiən, -miən] *n.* Ⓒ 〖電〗 열전자, 열이온.

therm·is·tor [θə:rmístər] *n.* Ⓒ 〖理〗 서미스터《반도체를 이용한 저항기의 일종》.

ther·mo-[θə́:rmou, -mə] '열(熱)'의 뜻의 결합사.

thèrmo·barómeter *n.* Ⓒ 비점(沸點) 기압계; 온도 기압계.

thèrmo·chémistry *n.* Ⓤ 열화학.

thèrmo·dynámics *n.* Ⓤ 열역학(熱力學). **-dynámic, -ical** *a.*

thèrmo·electrícity *n.* Ⓤ 열전기. **-eléctric** *a.*

:ther·mom·eter [θərmámitər/-mɔ́mi-] *n.* Ⓒ 온도계, 한란계, 체온계(clinical ~). **ther·mo·met·ric** [θə:rməmétrik], **-ri·cal**[-əl] *a.*

thèrmo·núclear *a.* 열핵의.

thermonúclear reàction 열핵반응.

thermonúclear wèapon 열핵무기.

thèrmo·plástic *a., n.* Ⓒ 열가소성(熱可塑性)의 (물질)《플라스틱 따위》.

thèrmo·regulátion *n.* Ⓤ 온도〔체온〕 조절〔유지〕《특히 생체내(內)의》.

ther·mos[θə́:rməs/-mɔs] *n.* Ⓒ 보온병(保溫甁). ***T- bottle*** 〔***flask***〕 〖商標〗 =THERMOS.

thérmo·sètting *a.* (가소물(可塑物)의) 열경화(熱硬化)성의.

ther·mo·stat[θə́:rməstæ̀t] *n.* Ⓒ (자동) 온도 조절기.

thèrmo·thérapy *n.* Ⓤ 온열 요법, 열치료.

the·sau·rus[θisɔ́:rəs] *n.* (*pl.* **-ri** [-rai]) Ⓒ 보고(寶庫); 사전; 백과사전; 〖컴〗 관련어집, 시소러스.

†these[ði:z] *pron., a.* this의 복수.

The·seus[θí:sju:s, -siəs] *n.* 〖그神〗 아테네의 영웅《괴물 Minotaur를 퇴치》.

***the·sis**[θí:sis] *n.* (*pl.* **-ses**[-si:z]) Ⓒ ① 논제, 주제; 〖論〗 정립(定立); 〖哲〗 (변증법에서) 정(正), 테제(cf. antithesis, synthesis). ② (졸업·학위) 논문.

Thes·pi·an[θéspiən] *a., n.* 비극의, 비극적인; Ⓒ (비극) 배우.

Thess. Thessalonians.

Thes·sa·lo·ni·ans[θèsəlóuniənz] *n. pl.* 《단수 취급》 〖新約〗 데살로니가서(書)《데살로니가 사람에의 바울의 편지》.

the·ta[θéitə, θí:-] *n.* Ⓤ,Ⓒ 그리스어 알파벳의 여덟째 글자《***Θ***, *θ*, 영어의 th에 해당》.

The·tis [θí:tis, θét-] *n.* 〖그神〗 Achilles의 어머니《바다의 신 Nereus의 50명의 딸 중의 하나》.

thews[θju:z] *n. pl.* 근육, 힘줄; 근력.

†they[強 ðei, 弱 ðe] *pron.* ① he, she, it의 복수. ② (세상) 사람들. ③ (군 또는 민간의) 높은 양반; 당국자. ***T- say that ...*** …이라는 소문이다; …이라고 한다. **:~'d** they would 〔had〕의 단축. **:~'ll** they will 〔shall〕의 단축. **†~'re**[ðɛiər] they are의 단축. **†~'ve** they have의 단축.

thi·a·mine [θáiəmì:n, -min], **-min**[-min] *n.* Ⓤ 〖生化〗 티아민《그 염화물이 vitamin B_1》.

Thi·bet[tibét] *n.* =TIBET.

†thick[θik] *a.* ① 두꺼운, 굵은; 두께가 …인. ② 빽빽한, 우거진, 털 많은. ③ 혼잡한, 많은(*with*); (…로) 가득 찬, 덮인(*with*). ④ (액체가) 진한, 걸쭉한. ⑤ (연기·안개 따위가) 짙은, 흐린, 자욱한. ⑥ (목소리가) 탁한, 목쉰, 탁한 목소리의. ⑦ (머리가) 둔한, 우둔한(cf. thickhead). ⑧ 《口》 친밀한. ⑨ 《英口》 견딜 수 없는, 지독한. ***as ~ as thieves*** 매우 친밀한. ***have a ~ head*** 머리가 나쁘다. ***with honors ~ upon*** 넘치는 영광을 한몸에 받고. ── *ad.* 두껍게; 진하게; 빽빽하게; 빈번하게; 목쉰 소리로. ── *n.* (*sing.*) 가장 두꺼운〔굵은〕 부분; 우거진 수풀; (전쟁 따위의) 한창 때. ***through ~ and thin*** 좋은 때나 나쁜 때나, 만난(萬難)을 무릅쓰고. ***∠·ly*** *ad.*

***thick·en**[θíkən] *vt., vi.* ① 두껍게 하다, 두꺼워지다; 굵게 하다, 굵어지다. ② 진하게 하다, 진해지다; 빽빽하게 하다, 빽빽해지다. ③ 흐리게 하다; 흐려지다; 탁하게 하다, 탁해지다; 안개를 자욱하게 하다, 안개가 자욱해지다. ④ (이야기 줄거리 따위) 복잡하게 하다, 복잡해지다. ⑤ 심하게 하다, 심해지다; 강하게 하다, 강해지다. **~·ing** *n.* Ⓤ 두껍게〔굵게, 진하게〕 하기〔한 부분〕; Ⓤ,Ⓒ 농후(濃厚) 재료.

:thick·et[θíkit] *n.* Ⓒ 덤불, 잡목숲.

thíck·hèad *n.* Ⓒ 바보. **~·ed** *a.* 머리가 둔한.

***thick·ness**[θíknis] *n.* ① Ⓤ 두께; 짙음; 농도; 밀생. ② Ⓤ 불명료; 혼탁. ③ Ⓒ 가장 두꺼운 부분. ④ Ⓤ 빈번.

thick·set[*a.* ∠sét; *n.* ∠∠] *a., n.* 울창한, 빽빽한; 땅딸막한; Ⓒ 수풀; 우거진〔울창한〕 산울타리.

thíck-skínned *a.* (살)가죽이 두꺼운; 철면피한; 둔감한.

thíck-wítted *a.* 우둔한.

:thief[θi:f] *n.* (*pl.* ***thieves***[-vz]) Ⓒ 도둑.

thieve[θi:v] *vt., vi.* 훔치다; 도둑질하다.

thiev·er·y[θí:vəri] *n.* Ⓤ 도둑질.

***thieves**[θiːvz] *n.* thief의 복수형.
thíeves' Látin 도둑의 은어.
thiev·ish[θíːviʃ] *a.* 도벽이 있는, 도둑의, 도둑 같은; 남몰래 하는.
:thigh[θai] *n.* Ⓒ 넓적다리, 가랑이.
thígh·bòne *n.* Ⓒ 대퇴골(大腿骨).
thill[θil] *n.* Ⓒ (수레의) 채, 끌채.
thim·ble[θímbəl] *n.* Ⓒ (재봉용) 골무; 〖機〗 끼움쇠테《밧줄의 마찰 예방용》.
thim·ble·ful[-fùl] *n.* Ⓒ (술 따위의) 극소량.
thímble·rìg *n.* Ⓤ 골무 모양의 작은 잔 세 개와 작은 구슬 (또는 콩) 한 개로 하는 도박.
†thin[θin] *a.* (*-nn-*) ① 얇은, 가는. ② 야윈. ③ (청중이) 드문드문한, 얼마 안 되는. ④ 희박한(rare), 묽은. ⑤ (목소리가) 가는, 가냘픈; 힘 없는. ⑥ 깊이〔충실감·강도〕 없는; (변명 따위) 빤히 들여다보이는, 천박한, 빈약한. ***have a ~ time***《俗》 언짢은 일을 당하다. **—** *vt., vi* (*-nn-*) 얇게〔가늘게, 드문드문하게〕 하다〔되다〕; 야위(게 하)다; 약하게 하다, 약해지다. **~ *down*** 가늘게 하다〔되다〕. **~ *out*** (식물을) 솎다; (청중이) 드문드문해지다. **∠·ly** *ad.*
***thine**[ðain] *pron.* 《古·詩》《thou의 소유대명사》 너의 것; 《모음 또는 h자 앞에서》 너의(*in ~ eyes*).
thín fìlm transístor 〖電〗 박막 트랜지스터《액정 화면 표시의 전환 장치용》.
†thing[θiŋ] *n.* ① Ⓒ (유형·무형의) 물건, 무생물, 일; (*pl.*) 사물(*~s Korean* 한국의 풍물). ② (*pl.*) 사정, 사태. ③ Ⓒ 말하는 것, 말; 행위, 생각, 의견. ④ Ⓒ 작품, 곡. ⑤ Ⓒ 생물, 동물; 사람, 여자《경멸·연민·애정 등을 나타내어》(*a little young ~* 계집애). ⑥ Ⓒ 사항, 점. ⑦ (*pl.*) 《口》 소지품; 의복《주로 외투》, 도구; 재산, 물건(*~s personal* 〔*real*〕 동〔부동〕산). ⑧ (the ~) 유행. ⑨ (the ~) 바른 일, 중요한 일〔생각〕. ***know a ~ or two*** 빈틈없다, 익숙하다. ***make a good ~ of*** 《口》 …으로 이익을 보다. ***Poor ~!*** 가엾어라! ***see ~s*** 착각〔환각〕을 일으키다.
thing·a·my, thing·um·my[θíŋəmi], **thing·um·a·jig**[θíŋəmədʒìg], **thing·um(·a)·bob**[θíŋəm(ə)bɑ̀b/-bɔ̀b] *n.* Ⓒ 《口》 뭐라든가 하는 사람〔것〕, 아무개.
†think[θiŋk] *vt.* (***thought***) ① 생각하다. ② …라고 여기다, 믿다. ③ (…으로) 생각하다, 간주하다. ④ 상상하다. ⑤ …하려고 하다(*to*). ⑥ 예기하다. ⑦ 생각하여 …하다(*into*). **—** *vi.* ① 생각하다, 궁리〔숙고〕하다(*over, about, of, on*)(*I'll ~ about.* 생각해 봅시다《거절》). ② 생각해 내다(*of, on*). ③ 예기하다. **~ *aloud*** 무심코 혼잣말하다. **~** BETTER[1] ***of.*** **~ *highly*** 〔***much***〕 ***of*** …을 존경하다. **~ *little*** 〔***nothing***〕 ***of*** …을 가볍게 보다. **~ *of*** …의 일을 생각하다; 생각해 내다; 숙고하다; …을 해볼까 생각하다(do*ing*). **~ *out*** 안출하다; 곰곰이 생각하다, 생각한 끝에 해결하다. **~ *over*** 숙고하다. **~ *through*** 해결할 때까지 생각하다. **~ *twice*** 재고하다, 주저하다. **~ *up*** 안출하다. **~ *well*** 〔***ill***〕 ***of*** …을 좋게〔나쁘게〕 생각하다. **∠·a·ble** *a.* 생각할 수 있는. ***∠·er** *n.* Ⓒ 생각하는 사람, 사상가. **:~·ing**[∠iŋ] *n., a.* Ⓤ 생각(하는); 사려 깊은; 사고(思考).
thínk fàctory 《口》 =THINK TANK.
thínking càp 마음의 반성〔집중〕 상태.
thínk pìece (신문의) 시사 해설 (기사).
thínk tànk 《口》 두뇌 집단.
thín-skínned *a.* (살)가죽이 얇은; 민감한; 성마른.
†third[θəːrd] *n., a.* Ⓤ 제3(의), 세번째(의); Ⓒ 3분의 1(의); (*pl.*) 〖法〗 남편 유산의 3분의 1《미망인에게의》; Ⓤ 〖野〗 3루; Ⓒ 〖樂〗 제 3 음, 3 도 (음정). ***∠·ly** *ad.* 세째로.
thírd-cláss *a., ad.* 3등의〔으로〕.
thírd degrée 《美》 (경찰의) 고문(拷問), 가혹한 신문.
thírd estáte 제 3 계급《귀족·성직에 대한, 일반 대중》.
thírd fórce 제 3 세력《(1) 중도파. (2) 자유·공산 양진영의 어느 쪽에도 속하지 않은 중립국》.
thìrd-generátion *a.* 제 3 세대의; 집적 회로 컴퓨터의.
Thírd Internàtional, the 제 3 인터내셔널.
thírd màrket 《美》 상장주(上場株)의 장외 직접 거래 시장.
thírd párty 〖法〗 제 3 자. 「칭.
thírd pérson 제 3 자; 〖文〗 제 3 인
thírd ráil (송전용의) 제 3 레일.
thírd-ráte *a.* 3등의; 열등한.
thírd séx 동성애자. 「음악.
thírd stréam 재즈 수법의 클래식
Thírd Wáve, the 제 3의 물결.
thírd wórld 제 3 세계.
:thirst[θəːrst] *n.* ① Ⓤ 목마름, 갈증. ② (*sing.*) 갈망(*after, for, of*). ***have a ~*** 목이 마르다; 《口》 한잔 마시고 싶다. **—** *vi.* 갈망하다 (*after, for*).
:thirst·y[θə́ːrsti] *a.* 목마른; 술을 좋아하는; 건조한; 갈망하는(*for*). **thírst·i·ly** *ad.* **thírst·i·ness** *n.*
†thir·teen[θə̀ːrtíːn] *n., a.* Ⓤ,Ⓒ 13(의). **~th** *n., a.* Ⓤ 제13(의), 열세번째(의); Ⓒ 13분의 1(의).
:thir·ti·eth[θə́ːrtiiθ] *n., a.* Ⓤ 제 30(의); Ⓒ 30분의 1(의).
†thir·ty[θə́ːrti] *n., a.* Ⓤ,Ⓒ 30(의).
Thírty-nine Árticles 영국 국교의 신조.
thírty-sécond nòte 〖樂〗 32분음표.
†this[ðis] *pron.* (*pl.* ***these***) ① 이것, 이 물건〔사람〕. ② 지금, 오늘,

T

여기. ③ (that에 대해서) 후자. ***at ~*** 여기에 있어서. ***by ~*** 이 때까지에. ***~, that, and the other*** 이것 저것. — ***a.*** 이것의; 지금의. ***for ~*** ONCE. ***~ day week*** 지난주〔내주〕의 오늘. — ***ad.*** 《口》 이 정도까지, 이만큼. ***~ much*** 이만큼(은), 이 정도(는).

:this·tle[θísl] *n.* Ⓒ 〖植〗 엉겅퀴.

thístle·dòwn *n.* Ⓤ 엉겅퀴의 관모(冠毛).

***thith·er**[θíðər, ðíð-] *ad., a.* 《古》 저쪽에〔으로〕, 저기에〔로〕; 저쪽의. **~·ward(s)** *ad.* 저쪽으로.

tho(')[ðou] *conj., ad.* 《口》 = THOUGH.

Tho. Thomas.

thole[θoul], **thole·pin**[´-pìn] *n.* Ⓒ (뱃전의) 놋좆, 노받이.

Thom·as[táməs/-ɔ́-] *n.* 도마《예수 12사도의 한 사람》.

Tho·mism[tóumizəm] *n.* Ⓤ Thomas Aquinas(1225?-75)의 신학·철학설.

Thómp·son submachíne gùn [támpsn-/-ɔ́-] 톰슨식 소형 자동기관총.

thong[θɔːŋ, θaŋ/θɔŋ] *n.* Ⓒ 가죽끈; 회초리끈.

Thor[θɔːr] *n.* 〖北歐神〗 뇌신(雷神) 《cf. Thursday(<Thor's day)》.

tho·rax [θɔ́ːræks] *n.* (*pl.* ***~es, -ra·ces***[-rəsìːz]) Ⓒ 가슴, 흉부. **tho·rác·ic** *a.*

Thor·eau[θɔ́ːrou], **Henry David** (1817-62) 미국의 철인(哲人).

tho·ri·um[θɔ́ːriəm] *n.* Ⓤ 〖化〗 토륨《방사성 금속 원소; 기호 Th》.

:thorn[θɔːrn] *n.* ① Ⓒ (식물의) 가시. ② Ⓤ,Ⓒ 가시 있는 식물《산사나무 따위》. ③ (*pl.*) 고통〔고민〕거리. ***a ~ in the flesh*** 〔***one's side***〕 고생거리. ***crown of ~s*** (예수의) 가시 면류관. **´-·less** *a.*

thórn àpple 산사나무(의 열매); 흰독말풀.

Thorn·dike[θɔ́ːrndàik], **Edward Lee**(1874-1949) 미국의 심리학자·사서 편찬자.

***thorn·y**[θɔ́ːrni] *a.* 가시가 있는〔많은〕, 가시 같은; 고통스러운, 곤란한.

thor·o[θə́ːrou, θʌ́rə] *a.* 《口》 =THOROUGH.

tho·ron[θɔ́ːran/-rɔn] *n.* Ⓤ 〖化〗 토론《radon의 방사성 동위 원소; 기호 Tn》.

:thor·ough[θə́ːrou, θʌ́rə] *a.* 완전한, 충분한; 철저한; 순전한. **~·ly** *ad.* **~·ness** *n.*

***thor·ough·bred**[-brèd] *a., n.* Ⓒ 순종의(말·동물); 출신이 좋은(사람), 교양 있는; (T-) 서러브레드《말》.

thor·ough·fare**[-fɛ̀ər] *n.* ① Ⓒ 통로, 가로; 본도. ② Ⓤ 왕래, 통행 (No ~.*** 통행 금지).

***thórough·gòing** *a.* 철저한.

thórough-páced *a.* (말이) 모든 보조(步調)에 익숙한, 잘 조련된; 순전한(out-and-out).

Thos. Thomas.

†those[ðouz] *a., pron.* that의 복수.

thou**[ðau] *pron.* (*pl.* ***ye) 너는, 네가《현재는 《古·詩》, 신에 기도할 때, 또는 퀘이커 교도간에 쓰이며, 일반적으로는 you를 씀》.

†though[ðou] *conj.* …에도 불구하고, …이지만; 설사 …라도; …라 하더라도. AS[1] ***~. even ~*** =EVEN[1] if. — ***ad.*** 《문장 끝에서》 그래도.

†thought[θɔːt] *v.* think의 과거(분사). — ***n.*** ① Ⓤ 사고(력), 사색; (어떤 시대·계급의) 사상, 사조. ② Ⓤ,Ⓒ 생각, 착상; (보통 *pl.*) 의견. ③ Ⓤ,Ⓒ 사려, 배려, 고려. ④ Ⓤ 의향, (…할) 작정; 기대. ⑤ (a ~) 좀, 약간. ***at the ~ of*** …을 생각하면. ***have some ~s of doing*** …할 생각이 있다. ***quick as ~*** 즉시. ***take ~ for*** …을 걱정하다. ***upon*** 〔***with***〕 ***a ~*** 즉시.

thóught contròl 사상 통제.

:thought·ful[´fəl] *a.* 사려 깊은; 주의 깊은; 인정 있는(*of*); 생각에 잠긴. ***~·ly** *ad.*

***thought·less**[´lis] *a.* 사려가 없는; 경솔한(*of*); 인정 없는. **~·ly** *ad.* ***~·ness** *n.*

thóught-óut *a.* 곰곰이 생각한 뒤의, 깊이 생각하고, 주도한.

thóught rèading 독심술(讀心術).

thóught transfèrence 정신 감응 (현상); 천리안(千里眼).

†thou·sand[θáuzənd] *n., a.* Ⓒ 천(의); (*pl.*) 무수(한). ***(a) ~ and one*** 무수한. ***A ~ thanks*** 〔***pardons, applogies***〕. 참으로 감사합니다〔미안합니다〕. ***a ~ to one*** 거의 절대적인. ***one in a ~*** 희귀한〔뛰어난〕 것; 예외. ***~s of*** 몇 천의. **~·fold** *a., ad.* 천 배의〔로〕; 천의 부분으로 된. **~th**[-dθ/-tθ] *n., a.* Ⓤ 제 1 천(의); Ⓒ 천분의 1(의).

Thóusand Ísland dréssing 《美》 샐러드드레싱의 일종.

***thrall**[θrɔːl] *n.* Ⓒ 노예(*of, to*); = **thrál(l)·dom** Ⓤ 노예의 신분; 속박.

thrash**[θræʃ] *vt.* 때리다; 채찍질하다; 도리깨질하다. — ***vi. 도리깨질하다; (고통으로) 뒹굴다(*about*). ***~ out*** (안을) 충분히 검토하다. ***~ over*** 되풀이하다. — ***n.*** (a ~) (회초리로) 때리기; Ⓒ 물장구질. **´-·er** *n.* Ⓒ 때리는 사람〔물건〕; 도리깨질하는 사람, 탈곡기(脫穀機); 환도상어; (미국산) 앵무새류. **´-·ing** *n.* Ⓒ 채찍질; Ⓤ 도리깨질, 타작.

:thread[θred] *n.* ① Ⓤ,Ⓒ 실; 섬유; 재봉실, 꼰 실. ② Ⓒ 가는 것, 줄, 섬조(纖條); 나삿니. ③ Ⓒ (이야기의) 줄거리, 연속. ④ (the 〔one's〕 ~) (인간의) 수명. ***cut one's mortal ~*** 죽다. ***hang by*** 〔***on, upon***〕 ***a ~*** 위기 일발이다. ***~ and thrum*** 모조리, 전부; 옥석 혼효(玉石混淆)《선악이 뒤섞임》. — ***vt.*** (바늘에) 실을 꿰다; (구슬 따위

를) 실에 꿰다; 누비듯이[헤치며] 지나가다; 나삿니를 내다. — *vi.* 요리조리 헤치며 가다[지나가다]; 〖料理〗 (시럽 따위가) 실 모양으로 늘어지다.

thréad·bàre *a.* 해어져서 실이 드러난, 입어서 다 떨어진; 누더기를 걸친; 진부한, 케케 묵은.

Thréad·néedle Stréet 런던의 거리 이름《은행이 많음》. ***the Old Lady of ~*** 《英》 잉글랜드 은행《속칭》.

thréad·wòrm *n.* Ⓒ 요충. 「조.

:threat[θret] *n.* Ⓒ 위협, 협박; 흉

:threat·en[θrétn] *vt., vi.* ① 위협하다(*with; to* do). ② …할 듯하다, (…의) 우려가 있다; 닥치고 있다. **~·ing** *a.* 으르는; 험악한; (날씨가) 찌푸린.

†three[θri:] *n., a.* Ⓤ,Ⓒ 3(의); 《복수 취급》 세 사람[개](의). **~·fold** [´fòuld] *a., ad.* 3배의[로].

thrée-bágger *n.* 《俗》 = THREE-BASE HIT.

thrée-bàse hít 〖野〗 3루타.

thrée-cólo(u)r *a.* 3색의. **~ *process*** 3색판.

thrée-córnered *a.* 삼각의.

three-D[´dí:] *a.* 입체 영화의.

thrée-décker *n.* Ⓒ 〖史〗 3층 갑판의 군함.

thrée-diménsional *a.* 3차원의; 입체(영화)의; 〖軍〗 육해공군 입체 작전의.

thrée-hálfpence *n.* Ⓤ 《英》 1펜스 반《구화폐》.

thrée-hánded *a.* 세 개의 손이 달린; (유희 등) 셋이 하는. 「*stool*).

thrée-légged *a.* 다리가 셋인(*a* ~

thrée-másted *a.* 돛대가 셋인.

thrée·máster *n.* Ⓒ 세대박이 돛배.

thrée-mìle límit 〖國際法〗 해안에서 3 마일 이내의 한계《영해》.

thrée mìnutes' sílence (사자의 영에 드리는) 묵도《시간의 장단은 관계 없음》.

three·pence[θrépəns, θríp-] *n.* 《英》 Ⓤ 3펜스; Ⓒ 3펜스 동전.

three·pen·ny[θrépəni, θríp-] *a.* 3펜스의; 시시한, 싸구려의.

thrée-plý *a.* 세 겹의; (밧줄 따위) 세 겹으로 꼰.

thrée-póinter *n.* Ⓤ 〖空〗 =THREE-POINT LANDING; 절대 확실한[정확한] 것.

thrée-pòint lánding 〖空〗 3점 착륙《세 바퀴가 동시에 땅에 닿는 이상적인 착륙법》.

thrée-quárter *a.* 4분의 3의; (초상화 등이) 칠분신(七分身)의; (의복이) 칠분(길이)의. — *n.* Ⓒ 칠분신 초상화[사진]; 〖럭비〗 스리쿼터백.

thrée R's 읽기 쓰기 셈하기《*r*eading, w*r*iting, and a*r*ithmetic》.

thrée·scóre** *n., a.* Ⓤ 60(의), 60세(의). ~ (years***) ***and ten*** (사람의 수명) 70 세. 「3인경기(자).

three·some[´səm] *n.* Ⓒ 3인조;

thrée únities 〖劇〗 (때·장소·행동의) 삼일치《'하루 안에' '같은 장소에서' '옆길로 새지 않고' 진행하기》.

thrée-whéeler *n.* Ⓒ 3륜차.

threm·ma·tol·o·gy[θrèmətáləd3i/-tɔ́l-] *n.* Ⓤ 〖生〗 동식물 육성학, 사육학. 「애(도)가.

thren·o·dy[θrénədi] *n.* Ⓒ 비가,

thre·o·nine[θrí:əni:n, -nin] *n.* Ⓤ 트레오닌《필수 아미노산의 일종》.

thresh[θreʃ] *vt., vi.* =THRASH. **´·er** *n.* Ⓒ 매질하는 사람[것]; 타작하는 사람[것]; 탈곡기; =**thrésher shàrk** 〖魚〗 환도상어.

thréshing flòor (보리·밀 등의) 탈곡장.

thréshing machìne 탈곡기.

:thresh·old[θréʃhould] *n.* Ⓒ ① 문지방; 문간, 입구. ② 출발점, 시초. ③ 〖心〗 역(閾). ④ 〖컴〗 임계값. ***at*** [***on***] ***the ~ of*** …의 시초에.

:threw[θru:] *v.* throw의 과거.

:thrice[θrais] *ad.* 《古·雅》 세 번; 3배로; 매우(~ *blessed* [*happy, favo(u)red*] 매우 혜택받은[행복한]).

***thrift**[θrift] *n.* Ⓤ ① 검약(의 습관). ② 〖植〗 아르메리아. **´·less** *a.* 절약하지 않는; 낭비하는; 사치스러운. **´·less·ly** *ad.*

***thrift·y**[θrífti] *a.* ① 절약하는, 검소한; 알뜰한. ② 무성하는; 번영하는. **thríft·i·ly** *ad.* **thríft·i·ness** *n.*

:thrill[θril] *n.* Ⓒ (공포·쾌감의) 오싹[자릿자릿]하는 느낌, 전율, 스릴; 몸떨림. — *vt., vi.* 오싹[자릿자릿]하(게 하)다(*with*); 떨리(게 하)다; 몸에 사무치다(*along, in, over, through*). ***´·er** *n.* Ⓒ 오싹하게 하는 것[사람]; 선정 소설[극], 스릴러. **:´·ing** *a.* 오싹[자릿자릿, 조마조마]하게 하는. 「PENCE.

thrip·pence[θrípəns] *n.* =THREE-

:thrive[θraiv] *vi.* (***throve, ~d; thriven, ~d***) 성공하다; 번영하다; 부자가 되다; (동·식물이) 성장하다. **thrív·ing** *a.* 「분사.

***thriv·en**[θrívən] *v.* thrive의 과거

thro(')[θru:] *prep., ad., a.* 《古》 = THROUGH.

:throat[θrout] *n.* Ⓒ 〖解〗 목, 기관(氣管); 목소리; 좁은 통로; (기물(器物)의) 목. ***a*** LUMP[1] ***in one's*** [***the***] ~. ***clear one's*** ~ 헛기침하다. ***cut one another's ~s*** 서로 망할 짓을 하다. ***cut one's*** (***own***) ~ 자멸할 짓을 하다. ***jump down*** (*a person's*) ~ 《俗》 아무를 끽소리 못하게 만들다. ***lie in one's ~*** 맹랑한 거짓말을 하다. ***stick in one's ~*** 목에 걸리다; 말하기 어렵다; 맘에 들지 않다. **´·y** *a.* 후음(喉音)의; 목쉰 소리의; (소·개 등이) 목이 축 늘어진.

thróat mìcrophone 목에 대는 마이크로폰《결후(結喉)에서 음성을 직접 전함》.

throb**[θrɑb/-ɔ-] *n., vi.* (-bb-***) Ⓒ (빠른, 심한) 동계(動悸), (빠르게, 심하게) 두근거리다(*with*); 고동(치

다); (맥 따위가) 뛰다〔뜀〕; 떨림, 떨리다.

throe[θrou] *n.* (*pl.*) 격통; 산고(産苦), 고민, 사투(死鬪).

throm·bin[θrámbin/θrɔ́m-] *n.* Ⓤ 〖生化〗 트롬빈《혈액의 응혈 작용을 하는 효소》.

throm·bo·sis[θrambóusis/θrɔm-] *n.* Ⓤ,Ⓒ 〖病〗 혈전(증)(血栓(症)).

:throne[θroun] *n.* Ⓒ 왕좌, 옥좌; (the ~) 왕위, 왕권; 교황〔감독·주교〕의 자리. ── *vt.* 《p.p. 이외는 시(詩)》 왕좌에 앉히다, 즉위시키다.

:throng[θrɔːŋ/θrɔŋ] *n.* Ⓒ《집합적》 군중; 다수(의 사람들 따위). ── *vt., vi.* (…에) 모여들다, 쇄도하다(*about,* (*a*)*round*).

thros·tle[θrásl/-ɔ́-] *n.* Ⓒ《英》 〖鳥〗 노래지빠귀.

throt·tle[θrátl/-ɔ́-] *n.* Ⓒ 목; 〖機〗 조절판(調節瓣)(의 레버·페달). ***at full ~ =with the ~ against the stop*** 전속력으로. ── *vt.* (…의) 목을 조르다; 질식시키다; 억압하다; 〖機〗 (조절판을) 죄다, 감속(減速)시키다.

thróttle lèver 〖機〗 스로틀 레버.

thróttle vàlve 〖機〗 조절판.

†through[θruː] *prep.* ① …을 통하여, …을 지나서. ② …의 처음부터 끝까지. ③ …동안, 도처에. ④ …때문에; …에 의하여. ⑤ …을 끝내고. ── *ad.* ① 통해서. ② 처음부터 끝까지, 쭉 계속하여, …동안. ③ 완전히, 철저히; 시종 일관. ***~ and ~*** 철두 철미, 철저히. ── *a.* 쭉 통한, 직통의; 끝난.

:through·out[⌐àut] *prep., ad.* 도처에; (*prep.*)…동안, 통해서.

thróugh-pùt *n.* Ⓤ,Ⓒ (공장의) 생산(고); 〖컴〗 처리율.

thróugh-stòne *n.* =BONDSTONE.

thróugh strèet 직진 우선 도로.

thróugh·wày *n.* Ⓒ《美》 고속도로.

***throve**[θrouv] *v.* thrive의 과거.

†throw[θrou] *vt.* (***threw; thrown***) ① (내)던지다(*at, after, into, on*). ② 내동댕이치다, (말이) 흔들어 떨어뜨리다. ③ (배를 암초 등에) 얹히게 하다. ④ 급히 (몸에) 걸치다(*on, round, over*), 벗다(*off*). ⑤ (어떤 상태로) 빠뜨리다. ⑥ 갑자기 움직이다; (스위치, 클러치 등의 레버를) 움직이다. ⑦ (생사를) 꼬다. ⑧《美口》 짜고 일부러 지다. ⑨《口》 (회의 등을) 열다(give). ***~ about*** 던져 흩뜨리다; 휘두르다. ***~ away*** 내버리다; 낭비하다(*upon*); 헛되게 하다. ***~ back*** 되던지다; 거절하다; 반사하다; (동·식물이) 격세유전(隔世遺傳)을 하다. ***~ cold water*** 실망시키다(*on*). ***~ down*** 던져서 떨어뜨리다〔쓰러뜨리다〕; 뒤집어 엎다; 《美》 박차버리다. ***~ in*** 던져 넣다; 주입〔삽입〕하다; 덤으로 곁들이다. ***~ off*** 던져〔떨쳐〕버리다; (병을) 고치다; 《口》 (시 등을) 즉석에서 짓다; 사냥을 시작하다. ***~ oneself at*** … 의 사랑〔우정 등〕을 얻으려고 무진 애를 쓰다. ***~ oneself down*** 드러눕다. ***~ oneself on*** 〔***upon***〕 …에 몸을 맡기다, …을 의지하다. ***~ open*** 열어 젖히다; 개방하다(*to*). ***~ out*** 내던지다; 내쫓다; 내키어 증축하다; 발산하다; 부결하다. ***~ over*** 저버리다, 포기하다. ***~ up*** (창문을) 밀어 올리다; 《口》 토하다; 급조(急造)하다; 포기하다; (직책을) 사퇴하다. ── *n.* Ⓒ 던지기; 던지면 닿을 거리; (스위치·클러치의) 연결; 분리 스카프, 가벼운 두르개; (크랭크·피스톤 등의) 행정(行程). **⌐·er** *n.* Ⓒ 던지는 사람〔것〕; (도자기 만드는) 녹로공(轆轤工); 폭뢰(爆雷) 발사관.

thrów·awày *n.* Ⓒ (광고) 삐라, 전단(傳單).

thrów·bàck *n.* Ⓒ 되던지기; 역전; (동·식물의) 격세(隔世) 유전.

:thrown[θroun] *v.* throw의 과거분사.

***thrów-òff** *n.* Ⓤ (사냥·경주의) 개시.

thrów wèight (탄도 미사일의) 투사(投射) 중력《핵탄두의 파괴력을 나타냄》.

thru[θruː] *prep., ad., a.*《美口》 = THROUGH.

thrum[1][θrʌm] *vi., vt.* (**-mm-**) (현악기를) 뜯다, 타다, 퉁겨 소리내다; (책상 따위를 손가락으로) 똑똑 두드리다. ── *n.* Ⓒ 손톱으로 타기; 두드리는 소리.

thrum[2] *n.* Ⓒ 실나부랑이《직기(織機)에서 직물을 끊어낼 때에 남는》; 식서(飾緖); (*pl.*) 실보무라지.

***thrush**[θrʌʃ] *n.* Ⓒ 〖鳥〗 개똥지빠귀.

:thrust[θrʌst] *vt.* (***thrust***) ① 밀다, 찌르다; 찔러넣다(*into, through*). ② 무리하게 …시키다(*into*). ── *vi.* 밀다, 찌르다; 돌진하다. ── *n.* Ⓒ 밀기, 찌르기; 공격; 돌격; 혹평; Ⓤ 〖機〗 추진력.

thrust·er[θrʌ́stər] *n.* Ⓒ 미는〔찌르는〕 사람; 《口》 나서기 좋아하는 사람; (우주선의) 자세 제어 로켓.

thrúst stàge 앞으로 달아낸 무대.

thrú·wày *n.* Ⓒ《美》 고속 도로(expressway).

Thu·cyd·i·des [θjuːsídədìːz/θju(ː)-] *n.* (460?-400? B.C.) 투키디데스《그리스의 역사가》.

***thud**[θʌd] *vi.* (**-dd-**) 털썩 떨어지다, 쾅〔쿵〕 울리다. ── *n.* Ⓒ 털썩〔쾅, 쿵〕 소리.

thug[θʌg] *n.* Ⓒ (종종 T-) (옛 인도의 종교적) 암살단원; 자객, 흉한.

thug·ger·y[θʌ́gəri] *n.* Ⓤ 폭력 행위.

Thu·le[θjúːliː] *n.* (옛날 사람이 상상하였던) 극북(極北)의 땅. ⇨ ULTIMA THULE.

thu·li·um[θjúːliəm] *n.* Ⓤ 〖化〗 툴륨《희금속 원소; 기호 Tm》.

:thumb[θʌm] *n.* Ⓒ (손·장갑의) 엄지손가락. (*His*) ***fingers are all ~s.*** 손재주가 없다. ***bite one's ~ at***

모욕하다. ***Thumb down*** [***up***]***!*** 안 된다[좋다]《엄지 손가락으로 찬부를 나타냄》. ***under*** (*a person's*) **~**, or ***under the ~ of*** (*a person*) (아무)의 시키는 대로 하여. — *vt.* (책의 페이지를) (엄지)손가락으로 넘겨서 더럽히다[상하게 하다]; (페이지를) 빨리 넘기다; 서투르게 다루다. ***~ a ride*** 엄지손가락을 세워 자동차에 태워달라고 하다(cf. hitchhike).

thúmb ìndex (페이지 가장자리의) 반달 색인.

thúmb·màrk *n.* Ⓒ (책장에 남은) (엄지) 손가락 자국.

thúmb·nàil *n., a.* Ⓒ 엄지손톱; 극히 작은 (것); 스케치(의), 소(小)논문 (따위).

thúmb-pòt *n.* Ⓒ (한 송이를 꽂는) 꽃병.

thúmb·prìnt *n.* Ⓒ 엄지손가락 지문.

thúmb·scrèw *n.* Ⓒ 나비나사; 〖史〗 엄지손가락을 죄는 형틀.

thúmb·tàck *n.* Ⓒ 《美》 압정(押釘).

***thump**[θʌmp] *vt.* ① 탁[쿵] 때리다[부딪치다]. ② 심하게 때리다. — *vi.* ① 탁 부딪치다[소리 내다]. ② (심장이) 두근거리다. — *n.* Ⓒ 탁[쿵]하는 소리.

thump·ing[⌐iŋ] *a.* 《口》 거대한; 놀랄 만한, 터무니 없는. — *ad.* 《口》 엄청나게.

:thun·der[θʌ́ndər] *n.* ① Ⓤ 우레, 천둥; Ⓤ,Ⓒ 우레 같은 소리, 요란한 울림. ② Ⓤ 위협, 호통; 비난. (***By***) ***~!*** 이런, 제기랄, 빌어먹을! ***look like ~*** 몹시 화가 난 모양이다. ***steal*** (*a person's*) **~** (아무의) 생각[방법]을 도용하다, 장기(長技)를 가로채다. — *vi.* ① 천둥치다; 요란한 소리를 내다; 큰 소리로 이야기하다. ② 위협하다, 비난하다(*against*). — *vt.* 호통치다. **~·er** *n.* Ⓒ 호통치는 사람; (the T-) =JUPITER. **~·ing** *a.* 천둥치는; 요란하게 울리는; 《口》 엄청난. ***~·ous** *a.* 천둥을 일으키는; 우레 같은[같이 울리는].

thúnder·bìrd *n.* Ⓒ 천둥새《천둥을 일으킨다고 북아메리카 인디언들이 생각한 거대한 새》.

***thúnder·bòlt** *n.* Ⓒ 뇌전(雷電), 벼락; 청천 벽력.

thúnder·clàp *n.* Ⓒ 우뢰 소리; 청천 벽력.

thúnder·clòud *n.* Ⓒ 뇌운(雷雲).

thúnder·hèad *n.* Ⓒ 소나기구름(의 한 덩어리)《이것이 모이면 뇌운》.

thúnder·shòwer *n.* Ⓒ 뇌우(雷雨).

thúnder·squàll *n.* Ⓒ 천둥치며 오는 스콜. 「풍우.

***thúnder·stòrm** *n.* Ⓒ 천둥치는 폭

thúnder·stròke *n.* Ⓒ 낙뢰(落雷).

thúnder·strùck, -strìcken *a.* 벼락 맞은; 깜짝 놀란.

thun·der·y[θʌ́ndəri] *a.* 천둥 같은, 천둥 치는; (날씨가) 고약한; (얼굴이) 험상궂은.

***Thur., Thurs.** Thursday.

†**Thurs·day**[θə́:rzdei, -di] *n.* Ⓒ 《보통 무관사》 목요일(cf. Thor).

†**thus**[ðʌs] *ad.* ① 이와 같이, 이런 식으로. ② 따라서, 그러므로. ③ 이 정도까지. ***~ and ~*** 이러이러하게. ***~ far*** 여기[지금]까지는. ***~ much*** 이것만은.

thwack[θwæk] *vt., n.* Ⓒ (막대 따위로) 찰싹 때리다[때림].

***thwart**[θwɔ:rt] *vt.* (계획 등을) 방해하다; 반대하다, 좌절시키다. — *n.* Ⓒ 보트나 카누의 가로장《노젓는 사람이 앉음》; 카누의 창막이. — *ad., a.* 가로질러, 가로지른.

***thy**[ðai] *pron., a.* 너(thou)의 소유격. 「里香).

thyme[taim] *n.* Ⓤ 〖植〗 백리향(百

thy·mol[θáimoul, -mɔ:l/-mɔl] *n.* Ⓤ 〖化〗 티몰《방부제》.

thy·mus[θáiməs] *n., a.* Ⓒ 〖解〗 흉선(胸腺)(의).

thy·roid[θáirɔid] *n., a.* Ⓒ 갑상선[갑상 연골](의); 갑상선제(劑); 방패 모양의(무늬의). ***~ cartilage*** [***gland, body***] 갑상 연골[선].

thy·rox·in[θairáksin/-ɔ́-], **-ine** [-i(:)n] *n.* Ⓤ 〖生化〗 티록신, 갑상선 호르몬.

thyr·sus[θə́:rsəs] *n.* (*pl.* ***-si***[-sai]) 〖그神〗 Dionysus의 지팡이.

***thy·self**[ðaisélf] *pron.* 《thou, thee의 재귀형》 너 자신.

ti[ti:] *n.* Ⓤ,Ⓒ 〖樂〗 시《음계의 제7음

Ti 〖化〗 titanium. ⌊(si)》.

Tián·an·men Squáre[tjá:nɑ:n-mèn-] (the ~) (중국 북경에 있는) 톈안먼(天安門) 광장.

ti·ar·a[tiá:rə, -ɛ́ərə] *n.* Ⓒ 로마 교황의 삼중관(三重冠); (금·보석·꽃 따위를 단 부인용의) 장식관; 고대 페르시아 남자의 관(冠). 「흐르는 강.

Ti·ber[táibər] *n.* (the ~) 로마를

Ti·bet[tibét] *n.* 티베트. **~·an**[-ən] *a., n.* 티베트의; Ⓒ 티베트 사람(의); Ⓤ 티베트 말(의).

tib·i·a[tíbiə] *n.* (*pl.* ***-ae***[tíbiì:], ***~s***) Ⓒ 경골(脛骨); (옛날의) 플루트.

tic[tik] *n.* (F.) Ⓤ,Ⓒ 〖醫〗 안면(顔面) 경련.

tick**[1][tik] *n.* Ⓒ ① 똑딱 (소리). ② 《주로 英口》 순간. ③ 대조[체크]의 표《√따위》. — *vi.* (시계가) 똑딱거리다. — *vt.* ① 재깍재깍 가다《시계가》(*away, off*). ② 체크를 하다, 꺾자치다(*off*). ***~ out (전신기가 전신을) 똑똑 쳐내다.

tick[2] *n.* Ⓒ 〖蟲〗 진드기.

tick[3] *n.* Ⓒ 이불잇, 베갯잇; 《口》 = **ticking** 이불잇감.

tick[4] *n., vi.* Ⓤ 《주로 英口》 신용 대부(하다), 외상(으로 사다).

tick·er[tíkər] *n.* Ⓒ 똑딱거리는 물건; 체크하는 사람[것]; 전신 수신 인자기(印字機); 증권 시세 표시기; 《俗》 시계; 《俗》 심장.

tícker tàpe (통신·시세가 찍혀) ticker에서 자동적으로 나오는 수신용 테이프; (환영을 위해 건물에서 던지

는) 색종이 테이프.

†**tick·et**[tíkit] *n.* Ⓒ ① 표, 승차〔입장〕권. ② 게시표, 정찰, 셋집 표찰(따위). ③《美口》(교통 위반의) 소환장, 딱지. ④《美》(정당의) 공천 후보자 명부. ⑤ (the ~)《口》적당한 물건〔일〕, 안성맞춤인 일. — *vt.* (…에) 표찰을 달다;《美》표를 팔다.

tícket inspèctor《英》(열차 안의) 검표 승무원. 「매표소.

tícket òffice《美》출찰(出札)소,

tícket of léave《英》(예전의) 가출옥 허가서.

tícket-of-léave màn《英》(예전의) 가출옥자.

tícket wìndow 출찰구, 매표구.

tick·et·y·boo[tìkətibú:] *a.*《英俗》그저 그런, 괜찮은, 충분한.

***tick·le**[tíkəl] *vt.* ① 간질이다. ② 즐겁게 하다, 재미나게 하다. ③ 가볍게 대다〔움직이다〕. ④ (송어 따위를) 손으로 잡다. — *vi.* 간질거리다. — *n.* Ⓤ,Ⓒ 간지럼; 간질이기. **-lish, -ly** *a.* 간지럼 타는; 다루기 어려운, 델리킷한; 불안정한; 성마른. **~r** *n.* Ⓒ 간질이는 사람〔것〕;《美》비망록.

tíckler fìle 비망록.

tick·tack[tíktæ̀k] *n.* Ⓒ (시계의) 똑딱똑딱.

tick-tack-toe[⌐-tóu] *n.* Ⓤ (오목(五目) 비슷한) 세목(三目)놓기 게임.

tick-tick[tíktik] *n.* Ⓒ《兒》시계.

tick·tock[tíktɑ̀k/-tɔ̀k] *n.* Ⓒ (큰 시계의) 똑딱똑딱(하는 소리).

tick·y-tack(·y)[tíkitǽk(i)] *a.*《美口》달라진 것 없는, 무미건조한, 따분한. — *n.* Ⓤ《美》흔해빠진 싸구려 건재(建材)《특히, 팔려고 짓는 주택용》.

***tid·al**[táidl] *a.* 조수의 (작용에 의한); 간만(干滿)이 있는.

tídal cùrrent 조류.

tídal flów 하루의 시간에 따라 바뀌는 사람·차의 흐름. 「치는 강.

tídal rìver 조수 간만이 상류까지 미

tídal wàve 큰 파도, (지진에 의한) 해일; 조수의 물결; (인심의) 대동요.

tid·bit[tídbìt] *n.* Ⓒ (맛있는 것의) 한 입; 재미있는 뉴스.

tid·dler[tídlər] *n.* Ⓒ《英·兒》작은 물고기, (특히) 가시고기. 「취한.

tid·dl(e)y[tídli] *a.*《英俗》얼근히

tid·dly·winks[tídliwìŋks], **tid·dle·dy·winks**[tídldi-] *n.* Ⓤ 채색한 작은 원반을 종지에 튕겨 넣는 유희.

:tide[taid] *n.* ① Ⓒ 조수; 조류, 흐름; 풍조, 경향; 성쇠. ②《복합어 이외는 古》Ⓤ 계절, 때(*even* ~ 저녁). ***turn the*** **~** 형세를 일변시키다. — *vi.* 조수를 타고 가다; 극복하다. — *vt.* ① (조수에 태워) 나르다. ② (곤란 따위를) 헤어나게 하다, (어떻게 해서든지) 견뎌내게 하다. **⌐·less** *a.* 조수의 간만이 없는.

tíde·lànd *n.* Ⓤ 간석지, 개펄.

tíde rìp(s) (조류의 충돌로 생기는) 거센 파도.

tíde·wàiter *n.* Ⓒ (옛날 세관의) 감시원; 기회주의자. 「(의).

tíde·wàter *n., a.* Ⓤ 조수; 해안

tíde·wày *n.* Ⓒ 조로(潮路), 조류.

***ti·dings**[táidiŋz] *n. pl.* 통지, 소식.

:ti·dy[táidi] *a.* ① 단정한, 깨끗한 것을 좋아하는. ②《口》(금액이) 상당한;《口》꽤 좋은. — *vt., vi.* 정돈하다(*up*). — *n.* Ⓒ ① 의자의 등씌우개. ② 자질구레한 것을 넣는 그릇. **tí·di·ly** *ad.* **tí·di·ness** *n.*

†**tie**[tai] *vt.* (***tying***) ① 매다, 동이다, 붙들어매다(*to*); (…의) 끈을 매다. ② 결합〔접합(接合)〕하다;《口》결혼시키다; 속박하다. ③ (경기에서) 동점이 되다. ④〖樂〗(음표를) 연결하다. — *vi.* 매이다; 동점이〔타이로〕되다. ***be much ~d*** 조금도 틈이 없다. **~ *down*** 제한하다, 구속하다. **~ *up*** 단단히 묶다; 싸다; 방해하다, 못 하게 하다;《美》짜다, 연합하다(*to, with*); 구속하다; (재산 따위를) 자유로 사용〔처분〕 못 하게 하다. — *n.* Ⓒ ① 매듭; 끈, 구두끈, 줄, 쇠사슬 (따위). ② (*pl.*) 끈으로 매는 단화의 일종; 넥타이. ③ (*pl.*) 연분, 기반(羈絆). ④ 속박, 거추장스러운 것, 귀찮은 사람. ⑤ 동점(의 경기). ⑥〖工〗버팀목;《美》침목(枕木);〖樂〗붙임줄, 타이. ***play*** 〔***shoot***〕 ***off the ~*** 결승 시합을 하다.

tíe bèam〖建〗이음보, 지붕들보.

tíe·brèak(er) *n.* Ⓒ (테니스 따위의) 동점 결승 경기.

tíed hóuse《英》(어느 특정 회사의 술만 파는) 주점.

tíe-dỳe *n., vt.* Ⓤ 홀치기 염색(하다); Ⓒ 그 옷.

tíe-ìn *a.* 함께 끼어 파는.

tíe-in sále 끼어 팖.

tíe·pìn *n.* Ⓒ 넥타이 핀.

tier[tiər] *n.* Ⓒ (관람석 따위의) 1단(段); 열. — *vt., vi.* 층층으로 포개어 쌓(이)다.

***tíe·ùp** *n.* Ⓒ ① (스트라이크·사고 등에 의한) 교통 두절, 업무 정지. ② (철도 종업원의) 준법(遵法) 투쟁. ③ 제휴, 타이업, 협력.

tiff[tif] *n., vi.* Ⓒ 말다툼(을 하다); 기분이 언짢음〔언짢다〕; 기분을 상하다.

tif·fin[tífin] *n.* Ⓤ《印英》점심.

†**ti·ger**[táigər] *n.* Ⓒ ①〖動〗범, 호랑이. ② 포악한 사람. ③《口》(경기 따위의) 강적. ④《美》(만세 삼창(three cheers) 후의) 덧부르는 환호. **~·ish** *a.* 범 같은; 잔인한.

tíger càt 살쾡이.

tíger('s)-èye *n.* Ⓤ,Ⓒ 호안석(虎眼石).

tíger lìly〖植〗참나리.

:tight[tait] *a.* ① 탄탄한, 단단히 맨, 꽉 채운; 팽팽하게 켕긴; (옷 따위) 꼭 맞는, 갑갑한. ②《方》아담한, 말쑥한(neat[2]). ③ 빈틈없는, 발이 촘촘한, (물·공기 따위가) 새지 않는; 다루기 어려운, 옴짝달싹할 수 없는.

④ 거의 막상 막하의, 접전(接戰)의. ⑤ 〖商〗 핍박한, 《口》 돈이 잘 안 도는; 《口》 인색한. ⑥ 《俗》 술취한. ***be in a ~ place*** 진퇴양난이다. — ***ad.*** 단단히, 굳게; 푹. ***sit ~*** 버티다, 주장을 굽히지 않다. — ***n.*** (*pl.*) 몸에 꼭 끼는 속옷, 타이츠. **:∠·ly** *ad.* **∠·ness** *n.*

-tight[tàit] *suf.* '…이 통하지 않는, …이 새지 않는'의 뜻: air*tight*, water*tight*.

:tight·en[∠n] *vt., vi.* 바싹 죄(어지)다, 탄탄하게 하다〔되다〕.

tíght-físted *a.* 인색한, 구두쇠의.

tíght-kníт *a.* ① (올을) 쫀쫀하게 짠. ② 조직이 탄탄한, 단단하게 조립된. 「적은.

tíght-lípped *a.* 입을 꼭 다문; 말이

tíght·ròpe *n.* Ⓒ 팽팽한 줄. ***~ dancer*** 〔***walker***〕 줄타기 곡예사.

tíght·wàd[-wɑ̀d/-ɔ̀-] *n.* Ⓒ 《口》 구두쇠.

ti·gon[táigən] *n.* Ⓒ 〖動〗 범사자《수범과 암사자와의 튀기》.

ti·gress[táigris] *n.* Ⓒ 암범.

Ti·gris[táigris] *n.* (the ~) (메소포타미아 동부의) 티그리스강.

T.I.H. Their imperial Highnesses.

tike[taik] *n.* =TYKE.

til·de[tíldə] *n.* Ⓒ 스페인 말의 n 위에 붙이는 파선(波線) 부호《보기: cañon》.

:tile[tail] *n.* Ⓒ ① 기와, 타일《집합적으로도》. ② 하수 토관(下水土管). ③ 《口》 실크해트. (***pass a night***) ***on the ~s*** 방탕하여 (밤을 보내다). — ***vt.*** 기와를 이다, 타일을 붙이다. **tíl·er** *n.* Ⓒ 기와〔타일〕장이〔제조인〕; (Freemason의) 집회소 망꾼. **tíl·ing** *n.* Ⓤ 《집합적》 기와, 타일; 기와 이기, 타일 붙이기; 기와 지붕, 타일을 붙인 바닥〔목욕통〕(따위). 「때) 까지.

†till[1][til] *prep., conj.* …까지, (…할

:till[2] *vt., vi.* 갈다(cf. tilth). **∠·a·ble** *a.* 경작에 알맞은. **∠·age** *n.* Ⓤ 경작 (상태); 경작지; 농작물. **∠·er**[1] *n.* Ⓒ 경작자, 농부.

till[3] *n.* Ⓒ 돈궤, 귀중품함, 서랍.

till·er[2][tílər] *n.* Ⓒ 〖海〗 키의 손잡이.

tilt**[1][tilt] *vi.* ① 기울다. ② 창으로 찌르다(*at*); 마상(馬上) 창 경기를 하다. — ***vt. ① 기울이다(*up*). ② (창으로) 찌르다; 공격하다. ③ 〖映〗 (카메라를) 상하로 움직이다(cf. pan[2]). ***~ at windmills*** 가상의 적과 싸우다, 불가능한 일을 시도하다《Don Quixote 의 이야기에서》. — ***n.*** Ⓒ ① 기울기, 경사; 기울임. ② (창의) (한 번) 찌르기; 마상 창 경기. ③ 논쟁. (***at***) ***full ~*** 전속력으로; 전력을 다하여. ***have a ~ at*** 〔***against***〕 …을 공격하다. ***on the ~*** 기울어.

tilt[2] *n., vt.* Ⓒ (배·수레 등의) 포장; 차일(을 치다).

tilth[tilθ] *n.* Ⓤ 경작; 경지(cf. till[2]).

tílt·yàrd *n.* Ⓤ 마상 창 경기장.

Tim. Timothy. **T.I.M.** Their Imperial Majesties.

tim·bal[tímbəl] *n.* =TIMPANI.

:tim·ber[tímbər] *n.* ① Ⓤ 재목, 용재(用材); 큰 재목. ② (*pl.*) 〖海〗 선재(船材), 늑재(肋材). ③ Ⓤ 《집합적》 (재목용의) 수목; 《美》 삼림. ④ Ⓤ 《美》 인품, 소질. — ***vt.*** 재목으로 건축하다〔버티다〕. **~ed**[-d] *a.* 목조의; 수목이 울창한. **~·ing** *n.* Ⓤ 《집합적》 건축용재; 목공품.

tímber·fràme(d) *a.* 〖建〗 목골조(木骨造)의.

tímber hìtch 〖海〗 원재(圓材) 따위에 밧줄을 매는 방법.

tímber·lànd *n.* Ⓤ 《美》 삼림지.

tímber lìne (높은 산이나 극지(極地)의) 수목(樹木) 한계선.

tímber wòlf (북아메리카산의) 회색의 〔얼룩진〕 큰 이리.

tímber·yàrd *n.* Ⓒ 《英》 재목 두는 곳.

tim·bre[tǽmbər, tím-] *n.* Ⓤ,Ⓒ 음색(音色).

tim·brel[tímbrəl] *n.* = TAMBOURINE.

†time[taim] *n.* ① Ⓤ 시간, 때; 세월; 기간; 시각, 시(時), 시절; 표준시. ② (one's ~) 생애; Ⓒ (보통 *pl.*) 시대. ③ Ⓤ,Ⓒ 시기, 기회. ④ Ⓤ (복무) 연한; (one's ~) 죽을 때; 분만기; Ⓤ 《口》 형기(刑期); 근무 시간; 시간 급(給). ⑤ Ⓒ 경험, (혼났던) 일 (따위). ⑥ Ⓒ 시세; 경기. ⑦ Ⓤ 여가, 여유. ⑧ Ⓒ 번, 회(回); (*pl.*) 배(倍)(*ten ~s larger than that; Six ~s five is* 〔*are*〕 *thirty.* 6×5=30). ⑨ Ⓤ 〖樂〗 박자, 음표〔쉼표〕의 길이; 〖軍〗 보조(步調). ⑩ Ⓤ 〖競技〗 소요 시간, 시작!; 그만!. AGAINST ~. ***at a ~*** 한 번에; 동시에. ***at the same ~*** 동시에; 그러나, 그래도. ***at ~s*** 때때로. ***behind the ~s*** 구식의. ***for a ~*** 한때, 잠시. ***for the ~ being*** 당분간. ***from ~ to ~*** 때때로. ***gain ~*** 시간을 벌다; 여유를 얻다; 수고를 덜다. ***in good*** 〔***bad***〕 ***~*** 마침 좋은 때에 〔시간을 어겨〕; 곧〔늦어서〕. ***in*** (***less than***) ***no ~*** 즉시. ***in ~*** 이윽고; 시간에 대어(*for*); 장단을 맞춰(*with*). ***keep good*** 〔***bad***〕 ***~*** (시계가) 잘〔안〕 맞다. ***keep ~*** 장단을 맞추다(*with*). ***on ~*** 시간대로; 분할 지불로, 후불로. ***pass the ~ of day*** (아침·저녁의) 인사를 하다. ***~ after ~,*** or ***~ and again*** 여러 번. ***T- flies.*** 《속담》 세월은 쏜살같다. ***~ out of mind*** 아득한 옛날부터. ***to ~*** 시간대로. — ***vt.*** ① 시간을 재다. ② (…의) 박자를 맞추다. ③ 좋은 시기에 맞추다; (…의) 시간을 정하다. — ***vi.*** 박자를 맞추다, 장단이 맞다(*with*). — ***a.*** ① 때의. ② 시한(時限)의. ③ 후불의. **∠·less** *ad.* 영원한; 부정기(不定期)의. **:∠·ly** *a.* 때에 알맞은, 적시의. — ***ad.*** 알맞게.

T

tíme and a hálf (시간외 노동에 대한) 50퍼센트의 초과 근무 수당.
tíme bàse 〖레이더〗 시간축(軸).
tíme bèlt =TIME ZONE.
tíme bìll 정기불 약속 어음.
tíme bòmb 시한 폭탄.
tíme càpsule 타임 캡슐《그 시대를 대표하는 기물·기록을 미래에 남기기 위해서 넣어둔 그릇》. 「시간표.
tíme càrd 집무 시간 카드; 기차
tíme chàrter 정기 용선 계약.
tíme clòck =TIME RECORDER.
tíme depòsit 정기 예금.
tíme dràft 일람불 정기 어음.
tíme-expìred *a.* 제대 만기가 된, 만기 제대의. 「진).
tíme expòsure 타임 노출(의 사
tíme fàctor 시간적 요인.
tíme fràme 《英》 (어떤 일이 행해지는) 시기, 기간.
tíme fùse 시한 신관(信管).
tíme-hòno(u)red *a.* 옛날 그대로의, 유서 깊은.
tíme·kèeper *n.* Ⓒ 계시기(計時器)〔인(人)〕; 시계.
tíme kìller 심심풀이가 되는 것.
tíme làg (두 관련된 일의) 시간적 차, 시차.
tíme-làpse *a.* 계시(繼時) 노출(촬영)의《식물의 성장처럼 더딘 경과의 촬영법》.
tíme lìmit 시한(時限).
tíme lòck (어떤 시간이 되어야 열리는) 시한 자물쇠.
tíme machìne 타임 머신《과거나 미래를 여행하기 위한 상상상의 기계》.
tíme nòte 약속 어음.
tíme-óut *n.* Ⓒ 〖競技〗 (경기중 작전 협의 등을 위해 요구되는) 타임; (중간) 휴식 (시간).
tíme·pìece *n.* Ⓒ 시계.
tím·er[´-ər] *n.* Ⓒ 시간 기록계〔원〕, 계시기(計時器); (내연 기관의) 점화 조정 장치; 〖컴〗 시계, 타이머《시간 간격 측정을 위한 장치·프로그램》.
tíme recòrder 타임 리코더.
tíme(d)-reléase *a.* (약제나 비료 따위의 효과가) 지속성의.
tíme·sàving *a.* 시간 절약의.
tíme·sèrver *n.* Ⓒ 기회주의자, 시대에 영합하는 사람.
tíme·sèrving *a., n.* Ⓤ 사대적(事大的)인, 기회주의(의).
tíme shàring 〖컴〗 시(時)분할 (~ *system* 시분할 시스템).
tíme sìgnal 〖放〗 시보(時報).
tíme sìgnature 〖樂〗 박자 기호.
tíme spìrit 시대 정신. 「장가.
Tíme Squáre New York 시의 극
***time·ta·ble**[´-tèibl] *n.* Ⓒ 시간표《특히 탈것의》.
tíme tràvel (SF의) 시간 여행.
tíme·wòrk *n.* Ⓤ 시간제 일.
tíme·wòrn *a.* 낡은.
tíme zòne (지방) 표준 시간대(帶).
:tim·id[tímid] *a.* 겁많은, 수줍어하는. **~·ly** *ad.* **~·ness** *n.* **ti·míd·i·ty** *n.*
:tim·ing[táimiŋ] *n.* Ⓤ 타이밍《음악·경기 등에서 최대의 효과를 얻기 위한 스피드 조절》.
ti·moc·ra·cy[taimákrəsi/-mɔ́k-] *n.* Ⓤ 금권 정치, 명예 정치.
Ti·mor[tí:mɔ:r, timɔ́:r] *n.* 말레이 군도의 한 섬.
tim·or·ous[tímərəs] *a.* =TIMID.
Tim·o·thy[tímәθi] *n.* 〖聖〗 디모데《바울의 제자》; 〖新約〗 디모데서.
tím·o·thy (gràss) [tíməθi(-)] *n.* Ⓤ 〖植〗 큰조아재비.
tim·pa·ni[tímpəni] *n. pl.* (*sing.* *-no*[-nòu]) 《단수 취급》 팀파니《바닥이 둥근 북》. **-nist** *n.*
:tin[tin] *n.* ① Ⓤ 주석; 양철. ② Ⓒ 《주로 英》 주석 그릇, 양철 깡통. ── *a.* 주석으로〔양철로〕 만든. ── *vt.* (*-nn-*) ① 주석을 입히다. ② 《英》 통조림하다.
tin·cal[tínkəl] *n.* Ⓤ 천연붕사(天然硼砂). 「함.
tín cán 양철 깡통; 《美海軍俗》 구축
tinc·ture[tíŋktʃər] *n.* (a ~) 색, 색조; 기미, …한 티〔기·기미〕; Ⓤ 〖醫〗 정기제(丁幾劑). ── *vt.* 착색하다, 물들이다; 풍미를 곁들이다; (…의) 기미〔색조〕를 띠게 하다(*with*).
tin·der[tíndər] *n.* Ⓤ 부싯깃.
tínder·bòx *n.* Ⓒ 부싯깃통; 타기 쉬운 것, 성마른 사람.
tine[tain] *n.* Ⓒ (포크 따위의) 가지, (빗 따위의) 살; (사슴뿔의) 가지.
tín éar 《美口》 음치; 《俗》 재즈 음악 등을 이해하지 못하는 사람.
tín fòil 주석박(箔), 은종이.
ting[1][tiŋ] *n., vt., vi.* (a ~) 딸랑딸랑 (울리다).
ting[2] *n.* =THING.
tíng-a-lìng *n.* Ⓤ 방울 소리; 딸랑딸랑, 따르릉.
˙tinge[tindʒ] *n.* (a ~) ① 엷은 색(조). ② 기미, …기, …티. ── *vt.* ① 엷게 착색하다, 물들이다. ② 가미하다, (…에) 기미를 띠게 하다(*with*); 조금 바꾸다〔변질시키다〕.
˙tin·gle[tíŋgəl] *vi., n.* (a ~) ① 따끔따끔 아프다〔아픔〕, 쑤시다, 쑤심. ② 마음 졸이다, 조마조마함, 흥분(하다). ③ 딸랑딸랑 울리다(tinkle). **-gling** *a.* 쑤시는; 오싹 소름끼치는; 부들부들떠는.
tín hát 《口》 헬멧, 철모, 안전모.
tín·hòrn *n., a.* Ⓒ 《俗》 허풍쟁이; 겉뿐인 (사람).
˙tink·er[tíŋkər] *n.* Ⓒ ① 땜장이. ② 서투른 일〔장색〕. ── *vi., vt.* ① 땜장이 노릇을 하다. ② 서투른 수선을 하다(*away, at, with*); 만지작거리다.
tín kìcker 항공사고의 조사원.
˙tin·kle[tíŋkəl] *n., vi., vt.* Ⓒ (보통 *sing.*) 딸랑딸랑 (울리다); 딸랑딸랑 울리며 움직이다〔부르다, 알리다〕. **tín·kling** *a., n.* Ⓒ (보통 *sing.*) 딸랑딸랑 울리는 (소리).
tín lízzie 《俗》 소형의 싸구려 자동차, 중고 자동차.
tin·man[´-mən] *n.* Ⓒ 양철장이.
tinned[tind] *a.* 《英》 통조림의〔으로

한]; 주석[양철]을 입힌.
tin·ner[tínər] *n.* Ⓒ 주석 광부; 양철장이; 《英》 통조림공[업자].
tin·ni·tus[tináitəs, tínə-] *n.* Ⓤ 〖醫〗 귀울음, 이명(耳鳴).
tin·ny[tíni] *a.* 주석(tin)의[을 함유한]; 양철 같은 (소리의).
tín òpener 《英》 깡통따개.
tín-pan álley[tínpæ̀n-] 《美》 음악가·유행가 작사자[출판자] 등이 모이는 지역.
tín plàte 양철.
tin·sel[tínsəl] *n., vt.* (《英》 *-ll-*) Ⓤ (크리스마스 따위의) 번쩍번쩍하는 장식물; 금[은]실을 넣은 얇은 천; 번드르르하고 값싼 물건(으로 장식하다). — *a.* 번쩍거리는; 값싸고 번드르르한.
tín·smìth *n.* Ⓒ 양철장이.
:tint[tint] *n.* Ⓒ ① 엷은 빛깔; (푸른 기, 붉은 기 따위의) …기; 백색 바림 《백색을 가해서 되는 변화색》. ② 색의 농담; 색채(의 배합), 색조. ③ 〖彫刻〗 선음영(線陰影). — *vt.* (…에) 색(色)을 칠하다, 엷게 물들이다. **∠·ed**[∠id] *a.* 착색의[한].
tin·tin·nab·u·la·tion[tìntənæ̀bjəléiʃən] *n.* Ⓤ,Ⓒ 딸랑딸랑, 방울 소리.
Tin·to·ret·to[tìntərétou], **Il**[il] (1518-94) 베니스파의 화가.
tín·tỳpe *n.* Ⓤ,Ⓒ 에나멜판 인화 사진. 「품.
tín·wàre *n.* Ⓤ 《집합적》 양철 세공
:ti·ny[táini] *a.* 아주 작은.
:tip[1][tip] *n.* Ⓒ ① 끝, 선단. ② 정상. ③ 끝에 붙이는 것. ***at the ~s of one's fingers*** 정통하여. ***on*** [***at***] ***the ~ of one's tongue*** (말이) 목구멍까지 나와. ***to the ~s of one's fingers*** 모조리, 철두철미. — *vt.* (*-pp-*) (…에) 끝을 붙이다; 끝에 씌우다.
:tip[2] *vt.* (*-pp-*) ① 기울이다; 뒤집어엎다(*over, up*). ② 《英》 (뒤엎어) 비우다(*off, out*). ③ 인사하려고 벗다《모자를》. — *vi.* 기울다, 뒤집히다. — *n.* Ⓒ 기울임, 기울어짐, 기울.
:tip[3] *n.* Ⓒ ① 팁, 행하. ② 내보(內報), (경마 등의) 예상; 좋은 힌트, 비결. ③ 살짝 치기, 〖野·크리켓〗 '팁'. — *vt.* (*-pp-*) (…에) 팁을 주다; 《口》 (경마나 투기에서) 정보를 제공하다; 살짝 치다; 〖野·크리켓〗 팁하다. **~ *off*** 《口》 내보하다, 경고하다.
típ-and-rún *a.* 《주로 英》 전격적인 (*a ~ raid* 기습).
típ·càrt *n.* Ⓒ (뒤를 기울여 짐을 부리는) 덤프카.
típ·càt *n.* Ⓤ 자치기《어린이 놀이》; Ⓒ 그 나뭇조각. 「TEPEE.
ti·pi[tí:pi:] *n.* (*pl.* **~s**) 《美》 =
típ-òff *n.* Ⓒ 《口》 내보; 경고.
tip·pet[típit] *n.* Ⓒ (끝이 앞으로 늘어진 여자용) 어깨걸이; 목도리; (특히) (성직자·재판관의) 검은 스카프; (소매·스카프 등의) 길게 늘어진 부분.
tip·ple[típəl] *vi., vt.* (술을) 잘[습관적으로] 마시다. — *n.* Ⓒ (보통 *sing.*) (독한) 술. **~r** *n.* Ⓒ 술고래.
tip·ster[típstər] *n.* Ⓒ 《口》 (경마·투기 따위의) 정보 제공자.
tip·sy[típsi] *a.* 기울어진; 비틀거리는; 거나하게 취한.
:tip·toe[típtòu] *n.* Ⓒ 발끝. ***on ~*** 발끝으로 (걸어서); 살그머니; 열심히. — *vi.* 발끝으로 걷다. — *a.* ① 발끝으로 서 있는[걷는]; 주의 깊은, 살그머니 하는. ② 크게 기대하고 있는. — *ad.* 발끝으로.
típ·tóp *n., a.* (the ~) 정상(의); 《口》 극상(極上)(의).
típ-up séat (극장 따위의) 등받이를 세웠다 접었다하는 의자.
ti·rade[táireid, —∠] *n.* Ⓒ 긴 열변; 긴 비난 연설.
:tire[1][taiər] *vt., vi.* ① 피로하게 하다, 지치다(*with, by*). ② 넌더리나게 하다(*with*); 물리다(*of*). **~ *out,*** or **~ *to death*** 녹초가 되게 하다. **†~d**[-d] *a.* 피로한(*with*); 싫증난(*of*). ***∠·less** *a.* 지치지 않는; 꾸준한, 부단한. ***∠·some** *a.* 지루한, 싫증나는; 성가신. **tír·ing** *a.* 피로하게 하는; 싫증나는.
:tire[2], 《英》 **tyre**[taiər] *n., vt.* Ⓒ (쇠·고무의) 타이어(를 달다).
ti·ro[táirou/táiə-] *n.* (*pl.* **~s**) = TYRO.
Tir·ol[tiróul, tírəl], **&c.** ⇨ TYROL, &C.
Ti·ros[táirous] *n.* Ⓒ 미국의 기상 관측 위성의 하나.
'tis[tiz] 《古·時》 it is의 단축.
:tis·sue[tíʃu:] *n.* ① Ⓤ,Ⓒ 〖生〗 조직. ② Ⓤ,Ⓒ 얇은 직물. ③ Ⓒ (거짓말 따위의) 뒤범벅, 연속. ④ =∠ **pàper** 미농지.
tíssue cùlture 〖生〗 조직배양; 배양한 조직.
tit[1][tit] *n.* =TITMOUSE; Ⓒ 《一般》 작은 새.
tit[2] *n.* Ⓒ 젖꼭지.
tit[3] *n.* 《다음 성구로》 **~ *for tat*** 되받아 쏘아 붙이기, 대갚음.
Tit. Titus.
***Ti·tan**[táitən] *n.* ① (the ~s) 〖그神〗 타이탄《Olympus의 신들보다 앞서 세계를 지배하고 있던 거인족의 한 사람》. ② Ⓒ (t-) 거인, 위인; 태양신. — *a.* =TITANIC. **~·ic**[taitǽnik] *a.* 타이탄의[같은]; (t-) 거대한, 힘센.
Ti·ta·ni·a[titéiniə, tai-] *n.* 요정의 여왕《Skak. 작 '한 여름밤의 꿈'의》.
ti·ta·ni·um[titéiniəm] *n.* Ⓤ 〖化〗 티탄《금속 원소; 기호 Ti》.
tit·bit[títbìt] *n.* 《주로 英》 =TIDBIT.
***tithe**[taið] *n.* Ⓒ ① (종종 *pl.*) 《英》 십일조(十一租)《1년 수익의 10분의 1을 바치며, 교회 유지에 쓰임》. ② 작은 부분; 소액의 세금. — *vt.* 십일

조를 부과하다〔바치다〕.
Ti·tian[tíʃən] (1477?-1576) 이탈리아의 화가; (*or* t-) (*n., a.*) Ⓤ 황적색(의), 황갈색(의).
tit·il·late[títəlèit] *vt.* 간질이다; (…의) 흥을 돋우다. **-la·tion**[ˌ–léiʃən] *n.* Ⓤ 간질임; 기분좋은 자극, 감흥.
tit·i·vate[títəvèit] *vt., vi.* 《口》 멋부리다, 몸치장하다.
tit·lark[títlɑ̀:rk] *n.* Ⓒ 아메리카 논종다리.
:ti·tle[táitl] *n.* ① Ⓒ 표제, 제목; 책 이름; 〖映〗 자막, 타이틀. ② Ⓒ,Ⓤ 명칭; 칭호, 직함; 학위. ③ Ⓤ,Ⓒ 권리, 자격(*to, in, of; to* do); 〖法〗 재산 소유권; 권리증. ④ Ⓒ 선수권 (*a* ~ *match*). — *vt.* ① 표제를〔책 이름을〕 붙이다. ② (필름에) 자막을 넣다. ③ (…에) 칭호를〔직함을〕 주다. **tí·tled** *a.* 직함 있는.
títle dèed 〖法〗 부동산 권리 증서.
títle·hòlder *n.* Ⓒ 선수권 보유자.
títle màtch 선수권 시합.
títle pàge 타이틀 페이지《책의 속표지》.
títle pàrt 〔**ròle**〕 주제역《예를 들면 *King Lear* 중의 Lear 역》.
tit·mouse[títmàus] *n.* (*pl.* **-mice** [-màis]) Ⓒ 〖鳥〗 박새.
Ti·to[tí:tou], **Marshal** (1892-1980) 전 유고슬라비아의 대통령 (1953-1980).
Ti·to·ism[-ìzəm] *n.* Ⓤ 티토주의《국가주의적 공산주의》.
tit·ter[títər] *n., vi.* Ⓒ 킥킥 웃음, 킥킥 거리다.
tit·ti·vate *v.* =TITIVATE.
tit·tle[títl] *n.* (a ~) 조금, 미소(微少); Ⓒ (i, j 등의) 작은 점.
títtle-tàttle *n., vi.* Ⓤ 객적은 이야기(를 하다).
tit·u·lar[títʃulər] *a.* 이름뿐인; 직함이 있는; 표제〔제목〕의. **~·ly** *ad.*
Ti·tus[táitəs] *n.* 〖聖〗 디도《바울의 제자》; 〖新約〗 디도서(書)《바울의 디도에의 편지》.
tiz·zy[tízi] *n.* Ⓒ (보통 *sing.*) 《俗》 흥분(dither); 《英俗》 6펜스.
T́-jùnction *n.* Ⓒ T자(字) 길; T자꼴의 연결부.
TKO, T.K.O., t.k.o. 〖拳〗 technical knockout. **Tl** 〖化〗 thallium. **T.L.O., t.l.o.** 〖保險〗 total loss only. **Tm** 〖化〗 thulium.
T́-màn *n.* Ⓒ 《美口》 탈세 조사원 (< *Treasury-man*).
TMO telegraphic money order 전신환. **Tn** 〖化〗 thoron. **tn.** ton; train. **TNT, T.N.T.** trinitrotoluene.
to**[強 tu: 弱 tu, tə] *prep.* ① 《방향》 …으로, …에(*go to Paris*). ② 《정도》 …까지(*a socialist to the backbone*). ③ 《목적》 위해(*sit down to dinner*). ④ 《추이·변화》 …에, …으로(*turn to red*). ⑤ 《결과》 …한 〔하였던〕 것으로는, …하게도(*to my joy*). ⑥ 《적합》 …에 맞추어(*sing to the piano*/*It is not to my liking.* 취미에 맞지 않는다). ⑦ 《비교·대조·비율》 …에 비해서, …에 대해서(*ten cents to the dollar,* 1달러에 대하여 10센트). ⑧ 《소속》 …의 (*the key to this safe* 이 금고의 열쇠). ⑨ 《대상》 …을 위해서(*Let us drink to Helen.* 헬렌을 위해서 축배를 듭시다). ⑩ 《접촉》 …에 (*attach it to the tree*). ⑪ 《관계》 …에 대해서, 관해서(*an answer to that question*/*kind to us*). ⑫ 《시간》 …(분)전(*a quarter to six*). ⑬ 《부정사와 함께》(*It began to rain*). — [tu:] *ad.* 평상 상태로, 정지하여 (*The door is to.* 닫혀 있다); 앞에, 앞으로(*wear a cap wrong side to* 모자를 거꾸로 쓰고 있다). ***come to 의식을 회복하다. ***to and fro*** 여기저기에.
TO, T.O., t.o. table of organization; Telegraph Office; turn over.
toad**[toud] *n.* Ⓒ 두꺼비; 지겨운 놈. ***eat a person's ~s (아무)에게 아첨하다.
tóad·èater *n.* Ⓒ 아첨꾼.
tóad·fish *n.* Ⓒ 〖魚〗 아귓과의 물고기.
tóad·flàx *n.* Ⓒ 〖植〗 해란초.
tóad·stòol *n.* Ⓒ 버섯, 독버섯.
toad·y[ˊ-i] *n., vt., vi.* Ⓒ 아첨꾼; 아첨하다. **~·ism**[-ìzəm] *n.* Ⓤ 아첨.
tò-and-fró *a.* 앞뒤로 움직이는.
:toast[1][toust] *n.* Ⓤ 토스트. — *vt., vi.* (빵을) 토스트하다, 굽다; 불로 따뜻이 하다〔따뜻해지다〕. **ˊ·er**[1] *n.*
***toast**[2] *n.* Ⓒ 축배를 받는 사람; 축배, 축사. — *vt., vi.* (…을 위해서) 축배를 들다. **ˊ·er**[2] *n.*
tóast·màster *n.* Ⓒ 축배를 제창하는 사람; 축배의 말을 하는 사람; (연회의) 사회자.
:to·bac·co[təbǽkou] *n.*(*pl.* **~(e)s**) Ⓤ 《종류는 Ⓒ》 담배. **~·nist**[-kənist] *n.* Ⓒ 《주로 英》 담배 장수.
tobácco pìpe 파이프, 골통대.
tobácco plànt 담배 (나무).
tobácco pòuch 담배 쌈지.
to-bé *a.* 미래의. ***bride-~*** 미래의 신부.
to·bog·gan[təbágən/-ɔ́-] *n., vi.* Ⓒ 터보건《바닥이 판판한 썰매》(으로 달리다); 《美》 (물가가) 폭락하다.
tobóggan chùte 〔**slìde**〕 터보건 활강장(滑降場).
toc·ca·ta[təkɑ́:tə] *n.* (It.)Ⓒ 〖樂〗 토카타《오르간·하프시코드용의 화려한 환상곡》.
to·co[tóukou] *n.* Ⓤ 《英俗》 징계, 체벌(體罰).
to·coph·er·ol[toukáfəròul, -rɑ̀l/-kɔ́fəròul, -rɔ̀l] *n.* Ⓤ 〖生化〗 토코페롤《비타민 E의 본체》.
toc·sin[táksin/-ɔ́-] *n.* Ⓒ 경종(소리), 경보.
tod[tɑd/-ɔ-] *n.* 《英俗》《다음 성구

로》 ***on one's ~*** 혼자서, 자신이.

TOD time of delivery 배달 시간.

†**to·day, to-day**[tədéi, tu-] *n., ad.* Ⓤ 오늘; 현재, 오늘날.

tod·dle[tádl/-ɔ́-] *n., vi.* Ⓒ 아장아장 걷기〔걷다〕. **-dler** *n.* Ⓒ 아장아장 걷는 사람, 유아.

tod·dy[tádi/-ɔ́-] *n.* Ⓤ 야자술〔즙〕; Ⓤ,Ⓒ 토디《더운 물을 탄 위스키 따위에 설탕을 넣은 음료》.

to-dó *n.* Ⓒ (보통 *sing.*) 《口》 법석(fuss), 소동.

:**toe**[tou] *n.* Ⓒ ① 발가락. ② 발끝. ③ 도구의 끝. ***on one's ~s*** 《口》 활기있는, 빈틈없는. ***turn up one's ~s*** 《俗》 죽다. — *vt.* 발가락으로 대다; (양말 따위의) 앞부리를 대다. — *vi.* 발끝을 돌리다(*in, out*). ***~ the line*** 〔***mark, scratch***〕 스타트 라인에 서다; 명령〔규칙, 관습〕에 따르다.

tóe dànce (발레 따위의) 토댄스.

TOEFL 《美》 Test of English as a Foreign Language.

tóe hòld 〖登〗 조그마한 발판; 〖레슬링〗 발목 비틀기.

TOEIC Test of English for International Communication 국제 커뮤니케이션 영어 능력 테스트.

tóe·nàil *n.* Ⓒ 발톱; 비스듬히 박은 못.

tof·fee, -fy[tɔ́:fi, -á-/-ɔ́-] *n.* Ⓤ,Ⓒ 《주로 英》 토피《캔디》.

tog[tag/-ɔ-] *n., vt.* (**-gg-**) Ⓒ (보통 *pl.*) 《口》 옷(을 입히다)(*out, up*).

to·ga[tóugə] *n.* (*pl.* ***~s, -gae*** [-dʒi:]) Ⓒ 토가《고대 로마인의 헐렁한 겉옷》; (재판관 등의) 직복(職服).

†**to·geth·er**[təgéðər] *ad.* ① 함께, 공동으로. ② 서로. ③ 동시에, 일제히. ④ 계속하여(*for days ~*). ***~ with*** …에 함께.

to·geth·er·ness[-nis] *n.* Ⓤ 연대성; 연대감, 동류 의식.

tog·ger·y[tágəri/-ɔ́-] *n.* Ⓤ 《口》 의류(衣類).

tog·gle[tágəl/-ɔ́-] *n., vt.* Ⓒ 〖海〗 비녀장(으로 고정시키다); 〖컴〗 토글.

tóggle jòint 〖機〗 토글 이음쇠.

tóggle kèy 〖컴〗 토글 키.

tóggle swìtch 〖컴〗 토글 스위치.

To·go[tóugou] *n.* 서아프리카 기니만에 임한 공화국.

To·go·lese[tòugəlí:z] *n.* Ⓒ 토고 사람.

:**toil**¹[tɔil] *n., vi.* Ⓤ 수고; Ⓒ 힘드는 일; 수고하다; Ⓤ 고생(하다)(*at, on, for*); 애써 나아가다(*along, up, through*). ***~ and moil*** 뼈빠지게 일하다. **∠·er** *n.*

toil² *n.* (보통 *pl.*) 올가미(snare¹); 그물.

:**toi·let**[tɔ́ilit] *n.* ① Ⓤ 화장; 복장, 의상. ② Ⓒ 화장실, 변소. ***make one's ~*** 몸치장하다.

tóilet bòwl 변기.

tóilet pàper 〔**tìssue**〕 (부드러운) 휴지, 뒤지.

tóilet ròom 화장실; 《美》(변소가 붙은) 욕실.

toi·let·ry[-ri] *n.* (*pl.*) 화장품류.

tóilet sèt 화장 도구.

tóilet sòap 화장 비누.

tóilet tàble 화장대.

toi·lette[twa:lét, tɔi-] *n.* (F.) = TOILET ①.

tóilet tràining (어린이에 대한) 용변 훈련.

tóilet wàter 화장수.

toil·some[tɔ́ilsəm] *a.* 고된.

tóil·wòrn *a.* 지친, 야윈.

to·ing and fro·ing [tú:iŋ ənd fróuiŋ] 앞뒤로〔이리저리〕 왔다갔다 하기.

To·kay[toukéi] *n.* Ⓒ,Ⓤ (헝가리의 도시) Tokay 산 포도(주).

:**to·ken**[tóukən] *n.* Ⓒ ① 표, 증거. ② 《古》 전조(前兆). ③ 기념품, 유물(keepsake). ④ 대용 화폐(*a bus ~*). ⑤ 〖컴〗 징표. ***by the same ~,*** or ***by this*** 〔***that***〕 ***~*** 그 증거로; 그것으로 생각나는데, 그 위에(moreover). ***in*** 〔***as a***〕 ***~ of*** … 의 표시〔증거〕로서. ***more by ~ of*** 《古》 더 한층, 점점. — *a.* 명목상의, 이름만의(nominal).

tóken còin 대용 화폐《버스 요금·자동 판매기에 쓰임》.

tóken ìmport (소액의) 명목 수입.

tóken mòney 명목 화폐《보조 화폐·지폐 따위》.

tóken páyment (채권국에의) 일부 지불; (차용금 변제의) 내입금.

tóken stríke 《英》 (단시간의) 명목상의 스트라이크.

tóken vóte 《英》 (의회의) 가(假) 지출 결의.

†**told**[tould] *v.* tell의 과거(분사).

To·le·do[təlí:dou] *n.* Ⓒ 톨레도 칼《스페인 Toledo 시에서 제작》.

***tol·er·a·ble**[tálərəbəl/-ɔ́-] *a.* 참을 수 있는; 웬만한, 상당한(passable). ***-bly** *ad.*

***tol·er·ance**[tálərəns/-ɔ́-] *n.* ① Ⓤ 관용, 아량. ② Ⓤ,Ⓒ 〖醫〗 내약력(耐藥力). ③ Ⓤ,Ⓒ 〖造幣〗 공차(公差); 〖機〗 허용차(許容差), 여유. ④ Ⓤ,Ⓒ 〖컴〗 허용 한계. ***-ant** *a.*

***tol·er·ate**[-rèit] *vt.* ① 참다, 견디다(endure). ② 관대히 다루다; 묵인하다. ③ 〖醫〗 (…에 대해서) 내약력이 있다. **-a·tion**[∠-éiʃən] *n.* Ⓤ 관용, 묵인(indulgence); 신앙의 자유, 이교(異敎) 묵인.

***toll**¹[toul] *n., vt., vi.* (*sing.*) (죽음·장례식의) 종(을〔이〕 천천히 울리다).

***toll**² *n.* Ⓒ ① 사용료; 통행세, 통행료, 교량 통행료, 항만세; 운임, 장거리 전화료. ② (보통 *sing.*) 사상자(死傷者).

tóll bàr (tollgate의) 차단봉(棒).

tól(l)·bòoth *n.* Ⓒ (유료 도로의) 통행세 징수소.

tóll brìdge 유료교(橋).

tóll càll 《美》 장거리 전화 (통화).

tóll collèctor (통행) 요금 징수원.
tóll-frèe *a.* 《美》 무료 장거리 전화의 《기업의 선전·공공 서비스 등에서 요금이 수화자 부담인》.
tóll·gàte *n.* Ⓒ 통행료 징수소(의 문).
tóll·hòuse *n.* Ⓒ 통행료 징수소.
tóll·kèeper *n.* Ⓒ 통행료 징수인.
tóll lìne 장거리 전화선.
tóll ròad 유료 도로.
tóll·wày *n.* =TOLL ROAD.
Tol·stoy [tálstɔi/-ɔ́-], **Leo** (*Russ.* Lev) (1828-1910) 러시아의 문호.
Tol·tec [táltek/-ɔ́-] *n.* Ⓒ 톨텍 토인《멕시코 문명의 모체가 된 선주(先住) 민족》. **~·an** *a.*
tol·u·ene [táljuìːn/-ɔ́-] *n.* Ⓤ 〖化〗 톨루엔《물감·폭약용》.
tom [tɑm/-ɔ-] *n.* (T-) Thomas의 애칭; Ⓒ 동물의 수컷. ***T- and Jerry*** 달걀을 넣은 럼술. ***T-, Dick, and Harry*** 《口》 보통 사람; 너나없이.
tom·a·hawk [tɑ́məhɔ̀ːk/-ɔ́-] *n., vt.* Ⓒ (북아메리카 토인의) 도끼, 전부(戰斧)(로 찍다). ***bury the ~*** 화해하다.
:**to·ma·to** [təméitou/-mɑ́ː-] *n.* (*pl.* **~es**) Ⓒ,Ⓤ 토마토.
tomáto càn 《美》 경찰관 배지(badge).
:**tomb** [tuːm] *n., vt.* Ⓒ 무덤; 매장하다.
tom·boy [tɑ́mbɔ̀i/tɔ́m-] *n.* Ⓒ 말괄량이.
***tómb·stòne** *n.* Ⓒ 묘석.
tóm·càt *n.* Ⓒ 수고양이.
Tóm Cól·lins [-kɑ́linz/-ɔ́-] 진럼《진에 설탕·레몬즙·탄산수 등을 섞은》.
tome [toum] *n.* Ⓒ (내용이 방대한) 큰 책(large volume).
tóm·fóol *n.* Ⓒ 바보; 어릿광대. **~·er·y** [⌒⌒əri] *n.* Ⓤ,Ⓒ 바보짓.
Tom·my, t- [tɑ́mi/-ɔ́-] *n.* Ⓒ 《俗》 영국 병정.
Tómmy Át·kins [-ǽtkinz] =⇧.
Tómmy gún 경기관총.
tómmy·ròt *n.* Ⓤ 《口》 허튼 소리, 바보짓.
to·mo·gram [tóuməgræ̀m] *n.* Ⓒ 〖醫〗 단층(斷層) X선 사진.
to·mo·graph [tóuməgræ̀f/-grɑ̀ːf] *n.* Ⓒ 단층 사진 촬영 장치.
to·mog·ra·phy [toumɑ́grəfi/-ɔ́-] *n.* Ⓤ 〖醫〗 단층 사진술.
†**to·mor·row, to-mor·row** [təmɔ́ːrou, -ɑ́-, tu-/-ɔ́-] *n., ad.* Ⓤ 내일(은). ***the day after ~*** 모레.
Tóm Thúmb (동화의) 난쟁이.
tom·tit [tɑ́mtìt/-ɔ́-] *n.* Ⓒ 《英方》 〖鳥〗 곤줄박이(류).
tom-tom [tɑ́mtæ̀m/tɔ́mtɔ̀m] *n.* Ⓒ (인도 등지의) 큰 북(소리).
:**ton** [tʌn] *n.* ① Ⓒ 톤《중량 단위 : 영(英)톤(long *or* gross ton)=2,240파운드; 미(美)톤(short *or* American ton)=2,000파운드; 미터톤(metric ton)=1,000kg》. ② Ⓒ 톤《용적 단위; 배는 100 입방 피트; 화물은 40입방 피트》. ③ Ⓒ (보통 *pl.*) 《口》 다수, 다량.
ton·al [tóunəl] *a.* 음조의, 음색의; 색조의.
to·nal·i·ty [tounǽləti] *n.* Ⓤ,Ⓒ 음조, 색조.
ton·al·ly [tóunəli] *ad.* 음조상; 음색〔색조〕에 있어.
:**tone** [toun] *n.* ① Ⓒ 음질, 가락, 음(조); 논조; 어조, 말투. ② Ⓒ 기풍, 품격. ③ Ⓒ 〖樂〗 온음(정). ④ Ⓤ (몸의) 호조, 건강 상태. ⑤ Ⓒ 색조, 명암. ⑥ 〖컴〗 음색, 톤《(1)그래픽 아트·컴퓨터 그래픽에서의 명도. (2)오디오에서 특정 주파수의 소리·신호》. ― *vt., vi.* ① 가락〔억양〕을 붙이다, 가락〔억양〕이 붙다. ② 조화시키다〔하다〕. ***~ down*** 부드럽게 하다, 부드러워지다. ***~ up*** 강해지다, 강하게 하다.
tóne àrm (전축의) 음관(音管).
tóne còlo(u)r 음색.
tóne-dèaf *a.* 음치(音痴)의.
tóne-dèafness *n.* Ⓤ 음치.
tóne quálity 음색.
tong [tɔ(ː)ŋ, -ɑ-] *n.* (Chin. =당(黨)) Ⓒ 조합, 협회, 클럽; (미국에 사는 중국인의) 비밀 결사.
Ton·ga [tɑ́ŋgə/-ɔ́-] *n.* 남태평양의 소왕국《1970년 영국에서 독립》.
***tongs** [tɔ(ː)ŋz, -ɑ-] *n. pl.* 부젓가락, 집게.
:**tongue** [tʌŋ] *n.* ① Ⓒ 혀; Ⓤ,Ⓒ 〖料理〗 텅《소의 혀》; Ⓒ 혀 모양의 것; 갑(岬). ② Ⓒ 말; 국어. ***coated*** 〔***furred***〕 ***~*** 〖醫〗 설태(舌苔). ***find one's ~*** (놀란 뒤 따위) 겨우 말문이 열리다. ***hold one's ~*** 잠자코 있다. ***long ~*** 수다. ***lose one's ~*** (부끄러움 따위로) 말문이 막히다. ***on the*** TIP[1] ***of one's ~. on the ~s of men*** 소문이 나서. ***with one's ~ in one's cheek*** 느물거리는 조로; 비꼬아. ― *vt., vi.* ① (플루트 따위를) 혀를 사용하여 불다. ② (*vi.*) 혀를 사용하다. ③ (혀·화염이) 널름거리다(*up*).
tóngue-tìe *n., vt.* Ⓤ 혀짤배기임; 혀가 돌아가지 않게 하다. **-tied** *a.* 혀가 짧은; (무안·당혹 따위로) 말을 못하는.
tóngue twìster 빨리 하면 혀가 잘 안 도는 말.
***ton·ic** [tɑ́nik/-ɔ́-] *a.* ① (약이) 강장(強壯)용의. ② 〖醫〗 강직성의; 〖樂〗 음의, 으뜸음의; 〖音聲〗 강세가 있는. ― *n.* Ⓒ ① 강장제. ② 으뜸음.
to·nic·i·ty [tounísəti] *n.* Ⓤ 음조; (심신의) 건강, 강장; (근육의) 탄력성, 긴장 상태.
tónic sol-fá 〖樂〗 계명 창법, 계이름 부르기.
†**to·night, to-night** [tənáit, tu-] *n., ad.* Ⓤ 오늘밤(에).
ton·ing [tóuniŋ] *n.* Ⓤ 《英》 가락을 맞추기; 〖寫〗 조색(調色); 도금.
Ton·kin [tɑ́nkín/tɔ́n-] *n.* 베트남 북부의 지방.
***ton·nage** [tʌ́nidʒ] *n.* Ⓤ,Ⓒ ① (배

의) 용적 톤수; 용적량. ② (한 나라 상선의) 총톤수; (배의) 톤세(稅). ③ (화물 따위의) 톤수. ***gross*** 〔***net***〕 ~ (상선의) 총〔순〕톤수(cf. displacement).
ton·neau[tʌnóu/tɔ́nou] *n.* (*pl.* **~s, ~x**[-z]) (F.) Ⓒ (자동차의) 뒷좌석 부분.
to·nom·e·ter[tounámitər/-nɔ́m-] *n.* Ⓒ ① 음(音) 진동 측정기, 음차, 토노미터. ② 〖醫〗 혈압계; 안압계.
ton·sil[tánsil/-ɔ́-] *n.* Ⓒ 편도선.
ton·sil·lec·to·my[tànsəléktəmi/tɔ̀n-] *n.* U,C 편도선 절제(切除)(술).
ton·sil·li·tis[⌐—láitis] *n.* Ⓤ 편도「선염.
ton·so·ri·al [tansɔ́:riəl/tɔn-] *a.* 《諧》 이발(사)의.
ton·sure[tánʃər/-ɔ́-] *n.* Ⓤ 〖宗〗 삭발례(削髮禮); Ⓒ 삭발한 부분. — *vt.* (…의) 머리털을 밀다.
ton·tine[tánti:n, —⌐/tɔntí:n, ⌐—] *n.* Ⓒ 톤티(Tonti)식 연금법《가입자가 죽을 때마다 잔존자의 배당이 늘어 마지막 사람이 전액을 수령함》.
tón-ùp *a., n.* Ⓒ 《英俗》 오토바이 폭주족(族)《시속 100마일로 폭주함》(의).
To·ny[tóuni] *n.* Ⓒ 《美》 토니상《연극의 연간 우수상; 여우 Antoinette Perry의 애칭에서》.
ton·y[tóuni] *a.* 《俗》 멋진, 멋을 낸, 우아한.
†**too**[tu:] *ad.* ① 또한, 그 위에. ② 너무, 지나치게. ③ 대단히. ***all*** ~ 너무나. ***none*** ~ 조금도 …않은, …는 커녕. ***only*** ~ 유감이나; 더할 나위 없이.
†**took**[tuk] *v.* take의 과거.
†**tool**[tu:l] *n.* Ⓒ ① 도구, 공구, 연장; 공작 기계《선반 따위》. ② 끄나풀, 앞잡이. ③ 〖製本〗 압형기(押型器). ④ 〖컴〗 도구《software 개발을 위한 프로그램》. — *vt.* ① (…에) 도구를 쓰다. ② 〖製本〗 압형기로 무늬〔글자〕를 박다. ③ 《英口》 (마차를) 천천히 몰다. — *vi.* ① 도구를 사용하여 일하다. ② 《英口》 마차를 몰다(*along*). ⌐**·ing** *n.* Ⓤ 연장으로 세공하기; 압형기로 무늬〔글자〕박기.
tóol·bòx *n.* Ⓒ 연장통.
tool·kit[tú:lkìt] *n.* 〖컴〗 연장 모음.
tóol·shèd *n.* Ⓒ 도구 창고.
toot[tu:t] *n., vt., vi.* Ⓒ 뚜우뚜우 (울리다).
†**tooth**[tu:θ] *n.* (*pl.* ***teeth***) Ⓒ ① 이; 이 모양의 물건, (톱의) 이. ② 맛, 좋아하는 것. ***armed to the teeth*** 완전 무장하고. ***between the teeth*** 목소리를 죽이고. ***cast*** 〔***throw***〕 ***something in a person's teeth*** (…의 일로) 책망하다. ***in the teeth of*** …의 면전에서; …을 무릅쓰고; …에도 불구하고. ***show one's teeth*** 이를 드러내다, 성내다; 거역하다. ~ ***and nail*** 필사적으로. ***to the*** 〔***one's***〕 ~ 충분히, 완전히. — *vt.* ① (…에) 톱니를 붙이다, 깔쭉깔쭉〔들쭉날쭉〕하게 하다. ② 물다. — *vi.* (톱니바퀴가) 맞물다. **~ed**[-θt, -ðd] *a.* 이가 있는, 깔쭉깔쭉한. ⌐**·less** *a.* 이 없는, 이가 빠진.
:**tóoth·àche** *n.* U,C 치통.
***tóoth·brùsh** *n.* Ⓒ 칫솔.
tóoth·còmb *n., vt.* Ⓒ 《英》 참빗(으로 머리를 빗다).
tóoth decày 충치.
tóoth·pàste *n.* U,C 크림 모양의 치약.
tóoth·pìck *n.* Ⓒ 이쑤시개.
tóoth pòwder 가루 치약.
tóoth·some *a.* 맛있는.
too·tle[tú:tl] *vi.* (피리 따위를) 가볍게 불다. — *n.* Ⓒ 피리 소리.
tóo-tóo *a., ad.* 굉장한〔하게〕, 지독하게.
†**top**[1][tap/-ɔ-] *n.* Ⓒ ① 정상; 위 끝; 절정. ② 표면. ③ 수위, 수석; 상석; (보트의) 1번 노잡이; 최량〔중요〕부분. ④ 지붕, 뚜껑; 머리, 두부. ⑤ 〖製本〗 (책의) 상변(上邊)(***a gilt*** ~ 천금(天金)). ⑥ (구두의) 상부; (투구의) 털술, 섬유 다발. ⑦ 〖海〗 장루(墻樓). ***at the*** ~ ***of*** 될 수 있는 한 …으로. ***from*** ~ ***to toe*** 〔***bottom, tail***〕 머리끝에서 발끝까지; 온통. ***on*** ~ ***of it*** 게다가(besides). ***over the*** ~ 참호에서 뛰어나와. ***the*** ~ ***of the milk*** 《口》 프로그램 중에서 가장 좋은 것, 백미(白眉). — *a.* 제일 위의, 최고의; 수석의. — *vt.* (**-pp-**) ① (…의) 꼭대기를〔표면을〕 덮다(*with*). ② (…의) 꼭대기에 있다〔이르다〕; (…의) 위에 올라가다. ③ (…을) 넘다, (…을) 능가하다; (…의) 수위를 차지하다. ④ (식물의) 끝을 자르다. ⑤ 〖골프〗 (공의) 위쪽을 치다. — *vi.* 우뚝 솟다. ~ ***off*** 〔***up***〕 완성하다, 매듭을 짓다.
:**top**[2] *n.* Ⓒ 팽이. ***sleep like a*** ~ 푹 자다.
to·paz[tóupæz] *n.* Ⓤ 〖鑛〗 황옥(黃玉).
tóp bòots 승마 구두; 장화.
tóp-càp *vt.* (**-pp-**) 타이어의 표면을 갈아 붙이다.
tóp·còat *n.* Ⓒ (가벼운) 외투.
tóp-dówn *a.* 말단까지 조직화된; 상의 하달 방식의; 전체적인 구성에서 출발하여 세부에 이르는 방식의.
tóp dráwer 맨 윗서랍; (사회·권위 등의) 최상층.
tóp-drèss *vt.* (밭에) 비료를 주다; (도로 따위에) 자갈을 깔다.
to·pee, to·pi[toupí:, ⌐—/⌐—] *n.* Ⓒ (인도의) 헬멧.
top·er[tóupər] *n.* Ⓒ 술고래.
tóp·flíght *a.* 일류의.
top·gal·lant[tàpgǽlənt/-ɔ̀-] *n., a.* Ⓒ 〖船〗 윗돛대(의); 윗돛대의 돛.
tóp hàt 실크 해트.
tóp-héavy *a.* 머리가 큰.
To·phet(h)[tóufit, -fet] *n.* 〖聖〗 도벳; Ⓤ 지옥.
tóp·hóle *a.* 《英俗》 일류〔최고〕의.
to·pi·ar·y[tóupièri/-piəri] *a., n.* 장식적으로 전정(剪定)한 (정원); U,C

T

장식적 전정법.
:**top·ic**[tápik/-ɔ́-] *n.* Ⓒ 화제, 논제; (연설의) 제목. :**tóp·i·cal** *a.* 화제의; 제목의; 시사 문제의; 〖醫〗 국소(局所)의.
top·knot[tápnàt/tɔ́pnɔ̀t] *n.* Ⓒ (머리의) 다발; (새의) 도가머리.
tóp·less *a., n.* Ⓒ 가슴 부분을 드러낸 (옷·수영복); 매우 높은.
tóp-lével *a.* 《口》 최고〔수뇌〕의.
tóp·lófty *a.* 《口》 뽐내는.
tóp mánagement (기업의) 최고 경영 관리 조직. 「마스트.
tóp·màst *n.* Ⓒ 〖海〗 중간 돛대, 톱
tóp·mòst *a.* 최고의, 절정의.
tóp-nòtch *a.* 《美口》 일류의, 최고의.
to·pog·ra·phy[toupágrəfi/-ɔ́-] *n.* Ⓤ 지형학; 지세; 지지(地誌). **-pher** *n.* Ⓒ 지지(地誌)학자, 풍토기(風土記)작자; 지형학자. **top·o·graph·ic** [tàpəgrǽfik], **-i·cal**[-əl] *a.*
to·pol·o·gy[təpálədʒi/-ɔ́-] *n.* Ⓤ 지세학; 풍토지(誌) 연구; 〖數〗 위상(位相) 수학. **top·o·log·i·cal**[tàpəládʒikəl/tɔ̀pəlɔ́-] *a.* topology의. ***topological psychology*** (인간의 구체적 행동을 생활 공간내의 위상 관계에서 해명하는 K. Lewin 일파의) 토폴로기〔위상(位相)〕 심리학.
top·per[tápər/-ɔ́-] *n.* Ⓒ 위〔상층〕의 것; (과일 따위) 잘 보이려고 위에 얹은 좋은 것; 《口》 우수한 사람〔것〕, 뛰어난 것; 《口》 =TOP HAT; =TOPCOAT.
top·ping[tápiŋ/-ɔ́-] *a.* 우뚝 솟은; 《英口》 뛰어난.
top·ple[tápl/-ɔ́-] *vi., vt.* 쓰러지다, 쓰러뜨리다(*down, over*); 흔들거리다, 흔들리게 하다.
tóp-rànking *a.* 최고위의, 일류의.
TOPS thermoelectric outer planet spacecraft 열전기식 외행성 탐사 우주선.
tops[taps/-ɔ-] *a.* 최상의.
tóp·sàil *n.* Ⓒ 〖船〗 중간 돛대의 돛.
tóp sécret 《美》 극비.
tóp-sécret *a.* 《美》 극비의.
tóp sérgeant 《軍俗》 고참 상사.
tóp shèll 〖貝〗 소라. 「側).
tóp·sìde *n.* Ⓒ 흘수선 위의 현측(舷
tóp·sòil *n.* Ⓤ 표토(表土), 상층토.
top·sy-tur·vy[tápsitə́:rvi/tɔ́p-] *n., ad., a* Ⓤ 전도(轉倒), 거꾸로(된); 뒤죽박죽(으로, 의). **~·dom** *n.* Ⓤ 《俗》 전도, 뒤죽박죽, 혼란.
toque[touk] *n.* Ⓒ 테가 좁은 여성 모자.
tor[tɔ:r] *n.* Ⓒ (울퉁불퉁한) 바위산.
to·ra(h)[tɔ́:rə] *n.* (the ~)(유대교의) 율법; (the T-) 모세의 율법《구약 권두의 5서(書)》, 모세 오경(五經).
:**torch**[tɔ:rtʃ] *n.* Ⓒ ① 횃불. ② (연관공(鉛管工)이 쓰는) 토치 램프. ③ 《英》 막대 모양의 회중 전등. ④ (지식·문화의) 빛.
tórch·bèarer *n.* Ⓒ 횃불 드는 사람.
tórch·lìght *n.* Ⓤ 횃불빛.
:**tore**[tɔ:r] *v.* tear²의 과거.
tor·e·a·dor [tɔ́:riədɔ̀:r/tɔ́r-] *n.* (Sp.) Ⓒ (말탄) 투우사(cf. matador, picador).
to·re·ro[touréərou] *n.* (*pl.* **~s**) 투우사.
:**tor·ment**[tɔ́:rment] *n.* Ⓤ 고통, 고민(거리); Ⓒ 그 원인. ── [-ˊ] *vt.* 괴롭히다, 못살게 굴다; 나무라다. **~·ing** *a.* **tor·men·ter, -tor** *n.*
:**torn**[tɔ:rn] *v.* tear²의 과거분사.
tor·na·do [tɔ:rnéidou] *n.* (*pl.* **~es**) Ⓒ 큰 회오리바람.
To·ron·to[təránt ou/-rɔ́n-] *n.* 캐나다의 남동부 Ontario 주의 주도.
:**tor·pe·do**[tɔ:rpí:dou] *n.* Ⓒ ① 어뢰, 수뢰. ② 〖鐵〗 (경보용) 신호 뇌관. ③ 〖魚〗 시끈가오리. ***aerial ~*** 공뢰. ── *vt.* 어뢰(따위)로 파괴하다; 좌절 시키다.
torpédo bòat 어뢰정.
torpédo-boat destròyer (어뢰정) 구축함. 「(雷擊機).
torpédo càrrier 〔**plàne**〕 뇌격기
torpédo nèt(ting) 어뢰 방사관.
tor·pid[tɔ́:rpid] *a.* 마비된, 무감각한; (동면 중과 같이) 활발치 않은, 둔한. **~·ly** *ad.* **~·ness** *n.* **tor·píd·i·ty** *n.*
tor·por[tɔ́:rpər] *n.* Ⓤ 마비; 활동 정지; 지둔(至鈍).
torque[tɔ:rk] *n.* Ⓤ 〖機〗 비트는 힘, 우력(偶力); Ⓒ (고대 사람의) 비비꾄 목걸이.
:**tor·rent**[tɔ́:rənt/-ɔ́-] *n.* Ⓒ ① 분류(奔流). ② 억수같이 쏟아짐(*in ~s*). ③ (질문·욕 등의) 연발. **tor·ren·tial** [tɔ:rénʃəl, tar-/tɔr-] *a.*
***tor·rid**[tɔ́:rid, -á-/-ɔ́-] *a.* (햇볕에) 탄, 염열(炎熱)의; 열렬한.
Tórrid Zòne, the 열대.
tor·sion[tɔ́:rʃən] *n.* Ⓤ 비틀림. **~·al** *a.*
tor·so[tɔ́:rsou] *n.* (*pl.* **~s, -si** [-si]) (It.) Ⓒ 토르소《머리·손발이 없는 나체 조상(彫像)》; 허리통.
tort[tɔ:rt] *n.* Ⓒ 〖法〗 불법 행위.
tor·til·la[tɔ:rtí:jə] *n.* Ⓤ,Ⓒ (납작한) 옥수수빵《멕시코인의 주식》.
:**tor·toise**[tɔ́:rtəs] *n.* Ⓒ 거북; 느림보.
tórtoise-shèll *n.* Ⓤ 별갑(鱉甲). ── *a.* 별갑의, 별갑으로 만든; 별갑 무늬의; 삼색(三色)의.
tor·tu·ous[tɔ́:rtʃuəs] *a.* 꼬불꼬불한; 비틀린; 마음이 빙퉁그러진, 속검은. **~·ly** *ad.* **~·ness** *n.* **tor·tu·os·i·ty**[ˋ-ásəti/-ɔ́-] *n.*
:**tor·ture**[tɔ́:rtʃər] *n.* Ⓤ 고문; Ⓤ,Ⓒ 고통. ***in ~*** 괴로운 나머지〔김에〕. ── *vt.* ① (…을) 고문하다, 몹시 괴롭히다. ② 억지로 비틀다; 곡해하다; 억지로 갖다 붙이다(*into; out of*).
to·rus[tɔ́:rəs] *n.* (*pl.* ***-ri***[-rai]) Ⓒ 〖建〗 (두리 기둥 밑의) 큰 쇠시리; 〖植〗 꽃턱, 화탁(花托); 〖解〗 융기(隆

起); 〖幾〗 원환체(圓環體).

*__To·ry__[tɔ́:ri] *n.* 〖英史〗 왕당원(王黨員)《Eton교 출신이 많았음: cf. Whig》; Ⓒ 보수당원; 〖美史〗 (미국 독립 전쟁 당시의) 영국 왕당원; (t-) 보수적인 사람. ── *a.* 왕당(원)의; 보수주의자의. **~·ism**[-ìzəm] *n.*

Tos·ca·ni·ni [tàskəní:ni/tɔ̀s-], **Arturo** (1867-1957) 이탈리아 출생의 미국 심포니 지휘자.

tosh[tɑʃ/tɔʃ] *n.* Ⓤ 《英俗》 허튼[객적은] 소리; 〖크리켓·테니스〗 완구(緩球)느린 서브.

:**toss**[tɔ:s/-ɔ-] *vt.* (**~ed,** 《詩》 ***tost***) ① 던져 올리다; 던지다(fling) (~ *a ball*). ② 아래위로 몹시 흔들다; (풍파가 배를) 번롱하다. ③ (아무와) 돈던지기를 하여 결정짓다 (*I'll ~ you for it.* 돈던지기로 결정하자). ④ 〖테니스〗 토스하다, 높이 쳐 올리다. ── *vi.* 흔들리다; 뒹굴다; 돈던지기를 하다. **~ *oars*** (보트의) 노를 세워 경례하다. **~ *off*** (말이) 흔들어 떨어뜨리다; 손쉽게 해 치우다; 단숨에 들이켜다. ── *n.* ① Ⓒ 던지기, 던져 올리기, 던지는[던져 올리는] 거리. ② (the ~) (*sing.*) 상하의 동요; 흥분. ③ Ⓒ 《英》 낙마(落馬). ④ (the ~) 돈던지기.

tóssed gréen[tɔ́:st-, tɑ́st-/tɔ́st-] (드레싱을 쳐서 가볍게 휘저은) 야채 샐러드.

tóss·pòt *n.* Ⓒ 대주가, 주정뱅이.

tóss-ùp *n.* Ⓒ (보통 *sing.*) (승부를 가리는) 돈던지기; 《口》 반반의 가망성.

tost[tɔ:st, -ɑ-/-ɔ-] *v.* 《詩》 toss의 과거(분사).

tot[1][tɑt/-ɔ-] *n.* Ⓒ 어린 아이.

tot[2] (<total) *n., vt., vi.* (**-tt-**) Ⓒ 합계(하다).

:**to·tal**[tóutl] *n., a.* Ⓒ ① 전체(의), 합계(의). ② 완전한(*a ~ failure*). ── *vt., vi.* 합계하다, 합계 …이 되다. **~·ize**[-təlàiz] *vt.* **~·ly**[-təli] *ad.*

tótal ábstainer 절대 금주가.

tótal ábstinence 절대 금주.

tótal eclípse 〖天〗 개기식(皆旣蝕).

to·tal·i·tar·i·an [toutæ̀lətέəriən] *a., n.* 전체주의의(*a ~ state*); Ⓒ 전체 주의자. **~·ism**[-ìzəm] *n.*

to·tal·i·ty[toutǽləti] *n.* Ⓤ 전체; Ⓒ 합계. ***in ~*** 전체로.

to·tal·i·za·tor[tóutəlizèitər] *n.* Ⓒ 도율(睹率) 표시기; 가산기.

to·tal·iz·er[tóutəlàizər] *n.* Ⓒ 도율 표시기; 합계하는 사람[물건].

tótal sýstem 〖컴〗 종합 시스템.

tótal wár [**wárfare**] 총력전.

tote[tout] *vt., n.* Ⓤ 《美口》 나르다, 나르기, 짊어지다, 짊어지기; Ⓒ 나른[짊어진] 물건. **tót·er** *n.*

to·tem[tóutəm] *n.* Ⓒ 토템《북아메리카 토인이 종족·가족의 상징을 숭배하는 동물·자연물》; 토템상(像). **~-ism**[-ìzəm] *n.*

tótem pòle [**pòst**] 토템 기둥《토템을 새겨 북아메리카 토인이 집 앞에 세움》.

Tót·ten·ham púdding[tátənəm-/-ɔ́-] 《英俗》 (부엌 찌꺼기를 처리한) 돼지 먹이, 꿀꿀이 죽.

*__tot·ter__[tátər/-ɔ́-] *vi., n.* Ⓒ 비틀거리다, 비틀거림, 뒤뚝뒤뚝 걷다[걷기], 흔들리다, 흔들리기. **~·y** *a.*

tou·can[tú:kæn, -kən] *n.* Ⓒ 거취조(巨嘴鳥)《남아메리카산의 부리 큰 새》.

†**touch**[tʌtʃ] *vt.* ① (…에) 대다, 만지다; 접촉[인접]하다. ② 필적하다. ③ (악기의 줄을) 가볍게 타다; 〖幾〗 접하다; 접촉시키다; 조금 해치다[손상하다]. ④ 감동시키다(move). ⑤ 가볍게 쓰다[그리다]; 색깔을 띠게 하다; 가미하다; 언급하다. ⑥ 닿다, 달하다; 《부정구문》 사용하다, 먹다, 마시다; (…에) 손을 대다, 관계하다. ⑦ (…에) 들르다, 기항(寄港)하다. ⑧ 《俗》 (아무에게) 돈을 꾸다 (~ *him for fifty dollars*). ── *vi.* ① 대다; 접하다; (…의) 감촉이 있다. ② (…에) 가깝다(*at, to, on, upon*); 기항하다(*at*). **~ *and go*** 잠깐 들렀다가[언급하고] 나아가다. **~ *down*** 〖美式蹴〗 터치다운하다《공을 가진자가 상대방 골 라인을 넘어서는 일》; 〖空〗 착륙하다. **~ *off*** 정확히[솜씨 좋게] 나타내다; 휘갈겨 쓰다; (그림에) 가필하다; 발사하다; 개시시키다. **~ *on*** [***upon***] 간단히 언급하다; 대강하다; 가까와지다. **~ *out*** 〖野〗 척살(刺殺)하다. **~ *up*** (사진·그림을) 수정하다; 가볍게 치다; 상기시키다. ── *n.* ① Ⓒ 대기, 접촉; Ⓤ 〖醫〗 촉진(觸診); 촉감; 정신적 접촉, 동감; 감동. ② (a ~) 기미, 약간(*a ~ of salt*); 광기(狂氣), 가벼운 병. ③ Ⓤ 성질, 특성; 수법, 연주 솜씨; Ⓒ 가필, 일필(一筆), 필력, 솜씨. ④ Ⓤ 《美俗》 돈을 우려냄; Ⓒ 그 돈. ***keep in ~ with*** …와 접촉을 유지하다. ***put*** [***bring***] ***to the ~*** 시험하다. **~ *of nature*** 자연의 감정, 인정. **∠·a·ble** *a.* 만질[감촉할] 수 있는; 감동시킬 수 있는.

tóuch-and-gó *a.* 아슬아슬한, 위태로운, 불안한; 개략의.

tóuch·bàck *n.* Ⓒ 〖美式蹴〗 터치백《골 키퍼가 적의 공을 골 선상 또는 후방 지면에 대기》.

tóuch·dòwn *n.* Ⓤ,Ⓒ 〖럭비〗 터치다운(의 득점); 〖空〗 단시간의 착륙.

touched[tʌtʃt] *a.* 머리가 약간 돈; 감동한.

:**touch·ing**[∠iŋ] *a., prep.* ① 감동시키는, 애처로운. ② …에 관해서. **~·ly** *ad.* 비장하게, 애처롭게.

tóuch jùdge 〖럭비〗 선심, 터치 저지.

tóuch·lìne *n.* Ⓒ 〖럭비·蹴〗 측선, 터치라인.

tóuch-me-nòt *n.* Ⓒ 봉선화, 노랑물봉선화 (따위).

tóuch pàper 도화지(導火紙).

tóuch scrèen 〖컴〗 만지기 화면《손가락으로 만지면 컴퓨터에 입력되는 표

시 장치 화면》.

tóuch·stòne *n.* Ⓒ 시금석; (시험의) 표준. 「기》.

tóuch-tòne *a.* 누름단추식의《전화

tóuch·wòod *n.* Ⓤ 부싯깃(punk); 《英》 술래잡기의 일종.

touch·y[⌐i] *a.* 성마른, 성미 까다로운; 다루기 힘든; 인화(引火)성의.

:**tough**[tʌf] *a.* ① 강인한, 구부려도 꺾이지 않는, (줏대가) 센; 끈기 있는; 완고한. ② 곤란한, 고된, 괴로운(hard); 《美俗》 난폭한, 다루기 힘든. **⌐·en** *vt., vi.* tough하게 하다, tough 해지다. **⌐·ly** *ad.*

tóugh-mínded *a.* 감상적이 아닌, 현실적인, 굳센.

Tou·louse-Lau·trec [tu:lú:zloutrék], **Henri Marie Raymond de** (1864-1901) 프랑스의 화가.

tou·pee, tou·pet[tu:péi/⌐−] *n.* (F.) Ⓒ 가발(假髮), 다리.

:**tour**[tuər] *n., vi., vt.* Ⓒ 관광〔유람〕 여행(하다); 주유(周遊)(하다), 소풍(가다). ***go on a*** ~ 순유(巡遊)〔만유〕하다. ***on*** ~ 만유〔순업(巡業)〕하여. **⌐·ism**[túərizəm] *n.* Ⓤ 관광 여행〔사업〕; 《집합적》 관광객.

tour de force[tùər də fɔ́:rs] (F.) 힘부림 재주, 놀라운 재주.

tour·er[túərər] *n.* 《주로 英口》 = TOURING CAR.

tóuring càr 포장형 자동차.

tóuring còmpany 지방 순업(巡業) 중인 일행.

:**tour·ist**[túərist] *n.* Ⓒ 관광객.

tóurist bùreau 〔**àgency**〕 여행사, 관광 안내소.

tóurist càmp 관광객용 캠프. 「등.

tóurist clàss (기선·비행기의) 2

tóurist còurt 《美》 =MOTEL.

tóurist hòme 민박 숙소.

tóurist pàrty 관광단.

tóurist tìcket 유람표.

tóurist tràp (관광) 여행자 상대로 폭리를 취하는 장사.

tour·ma·lin(e)[túərməlì:n, -lin] *n.* Ⓤ,Ⓒ 전기석(電氣石).

***tour·na·ment**[túərnəmənt, tɔ́:r-] *n.* Ⓒ ① (중세의) 마상(馬上) 시합. ② 시합, 경기, 승자 진출전, 토너먼트(*a chess* ~).

tour·ney[túərni, tɔ́:r-] *n., vi.* = TOURNAMENT ① (에 참가하다).

tour·ni·quet[túərnikit, tɔ́:r-] *n.* Ⓒ 지혈기(止血器).

tou·sle[táuzəl] *vt., n.* 헝클어뜨리다; (*sing.*) 헝클어진 머리. **~d**[-d] *a.* 헝클어뜨린.

tout[taut] *vi.* 《口》 성가시도록 권유하다; 강매하다(*for*); 《英》 (연습 중의 경마말의) 상태를 몰래 살피다〔정보를 제공하다〕; 《美俗》 정보 제공을 업으로 삼다. ── *vt.* (…에게) 끈질기게 요구하다, 졸라대다(importune); 《英》 (말의) 상태를 살피다; 《美》 (상금의 배당에 한몫 끼려고, 말의) 정보를 제공하다. **⌐·er** *n.*

tout à fait[tù:t ɑ: féi] (F.) 아주, 완전히.

tout en·sem·ble[tù:t ɑ̃:sɑ́:bl] (F.) 전체(적 효과).

tow**[1][tou] *n., vt.* Ⓤ,Ⓒ ① (연안을 따라서) 배를 끌기〔끌다〕, 끌려가는 배. ② (소·개·수레 따위를) 밧줄로 끌다〔끌기〕, 끄는 밧줄. ***take in ~ 밧줄로 끌다〔끌리다〕; 거느리다; 돌보아주다.

tow[2] *n., a.* Ⓤ 삼 부스러기(로 만든).

tów·age *n.* Ⓤ 예선(曳船) (료).

†**to·ward**[təwɔ́:rd, tɔ:rd] *prep.* ① …의 쪽으로, …에 대하여, …으로의, …가까이, 무렵(~ *the end of July* 7월이 끝날 무렵이 되어서). ② …을 위하여〔생각하여〕 (for). ── [tɔ:rd/tóuəd] *a.* 《古》 온순한; (*pred. a.*) 절박해 있는(*There is a wedding* ~. 곧 결혼식이 있다).

:**to·wards**[təwɔ́:rdz, tɔ:rdz] *prep.* 《英》 =TOWARD.

tów·awày *n., a.* Ⓤ,Ⓒ (주차 위반 차량의) 견인(철거)(의).

tówaway zòne 주차 금지 지대《위반차량은 견인함》.

tów·bòat *n.* =TUGBOAT.

tów càr 〔**trùck**〕 구난차(救難車)〔트럭〕, 레커차(wrecker).

:**tow·el**[táuəl] *n., vt.* (《英》 ***-ll-***) Ⓒ 타월, 세수 수건(으로 닦다). ***throw*** 〔***toss***〕 ***in the*** ~ 〖拳〗 (패배의 인정으로) 타월을 (링에) 던지다; 《口》 패배를 인정하다, 항복하다. **~·(l)ing** *n.* Ⓤ 타월감〔천〕.

tówel hòrse 〔**ràck**〕 타월걸이.

†**tow·er**[táuər] *n.* Ⓒ 탑, 성루(城樓); 성채, 요새. ── *vi.* 높이 솟아오르다, 우뚝 솟다. * **~·ing** *a.* 높이 솟은; 거대한; 맹렬한. **~·y** *a.* 탑이 있는〔많은〕; 높이 솟은.

tów·hèad *n.* Ⓒ 엷은 황갈색 머리(의 사람).

tów·lìne *n.* Ⓒ (배의) 끄는 밧줄.

†**town**[taun] *n.* ① Ⓒ 읍(邑), 소도시; 《관사 없이》 (자기 고장) 근처의 주요 도시, 지방의 중심지; 번화가, 상가; 〖英史〗 성아래 (도시). ② 《집합적》 (the ~) 읍민, 시민. ***a man about*** ~ 놀고 지내는 사람《특히 런던의》. ***go down*** ~ 《美》 상가에 가다. ~ ***and gown*** (Oxf. 와 Camb. 의) 시민측과 대학측.

tówn clérk (읍〔시〕사무소의) 서기.

tówn cóuncil 시〔읍〕의회.

tówn cóuncilor 읍〔시〕의회 의원.

tówn críer (옛날에 공지사항을) 알리면서 다니던 읍직원.

tówn gàs 도시 가스. 「당.

tówn háll 읍사무소, 시청, 공회

tówn hòuse 도시의 저택《시골에 country house가 있는 사람의》.

tówn méeting 읍〔시〕민 대회; 《美》 (New England의) 군구(郡區) 대표자회(의).

tówn plánning 도시 계획.

tówn·scàpe *n.* Ⓒ 도시 풍경(화); Ⓤ 도시 조경법.

tówns·fòlk *n. pl.* 《집합적》 도시 주민; 읍민.

*__tówn·shìp__ *n.* Ⓒ 《英》 읍구(邑區); 《美·캐나다》 군구(郡區); 〖英史〗 (교구의) 분구(分區).

*__towns·man__ [⌐zmən] *n.* Ⓒ 도회지 사람; 읍민, 읍내 사람; 《美》 도시 행정 위원.

tówns·pèople *n., pl.* =TOWNSFOLK.

tówn tàlk 읍내의 소문; 소문의 근원.

tów·pàth *n.* Ⓒ (강·운하 연안의) 배 끄는 길.

tów·ròpe *n.* =TOWLINE.

tox·ae·mi·a, tox·e·mi·a [tɑksíːmiə/tɔk-] *n.* Ⓤ 독혈증(毒血症).

tox·ic [tɑ́ksik/-ɔ́-] *a.* (중)독의.

tox·i·col·o·gy [tɑ̀ksikɑ́lədʒi/tɔ̀ksikɔ́l-] *n.* Ⓤ 독물학. **-co·log·i·cal** [⌐–kəlɑ́dʒikəl/-ɔ́-] *a.* **-cól·o·gist** *n.* Ⓒ 독물학자.

tox·in [tɑ́ksin/-ɔ́-] *n.* Ⓒ 독소.

†**toy** [tɔi] *n.* Ⓒ ① 장난감(같은 물건). ② 하찮은 것. ***make a ~ of*** 희롱하다. ── *vi.* 장난하다; 희롱하다 (*with*); 시시덕거리다(*with*).

Toyn·bee [tɔ́inbi], **Arnold Joseph** (1889-1975) 영국의 역사가.

tóy·shòp *n.* Ⓒ 장난감 가게.

Tr 〖化〗 terbium.

†**trace**[1] [treis] *n.* ① Ⓤ,Ⓒ (보통 *pl.*) 발자국; 형적, 흔적. ② (a ~) 기미, 조금(*of*). ③ Ⓒ 선, 도형. ④ 〖컴〗 뒤쫓기, 추적. (***hot***) ***on the ~s of*** (…을) 추적하여. ── *vt.* ① (…의) 추적하다; 발견하다; 더듬어 가다, (…의) 유래를 조사하다. ② (선을) 긋다, (그림을) 그리다, 베끼다, 투사(透寫)하다. ③ (창문에) 장식 무늬(tracery)를 붙이다. ── *vi.* 뒤를 밟다; 나아가다. ***~ back*** 더듬어 올라가다. ***~ out*** 행방을 찾다; 베끼다, 그리다; 획책하다. **⌐·a·ble** *a.* trace 할 수 있는.

trace[2] *n.* Ⓒ (마차 말의) 봇줄. ***in the ~s*** 봇줄에 매이어; 매일의 일에 종사하여(in harness). ***kick over the ~s*** 말을 안 듣다.

tráce èlement 〖生化〗 미량(微量) 원소《체내의 미네랄 따위》.

trac·er [⌐ər] *n.* Ⓒ 추적자; 투사(透寫) 용구; 유실물 조사계; 분실물〔행방불명자〕 수사 연락〔조회〕; 〖軍〗 예광탄; 〖化·生〗 추적자(子)《유기체내의 물질의 진로·변화 등을 조사하기 위한 방사성 동위원소》; 〖컴〗 추적 루틴(routine).

trácer àtom 〔**èlement**〕 추적자(子), 추적 원소.

trácer bùllet 예광탄. 「늬 창살.

trac·er·y [tréisəri] *n.* Ⓤ,Ⓒ 장식 무

tra·che·a [tréikiə/trəkíːə] *n.* (*pl.* ***-cheae*** [-kiìː], ***~s***) Ⓒ 〖解〗 기관(氣管).

tra·che·i·tis [trèikiáitis/træ̀k-] *n.* Ⓤ 〖醫〗 기관염.

tra·che·ot·o·my [trèikiátəmi/træ̀kiɔ́t-] *n.* Ⓤ,Ⓒ 〖醫〗 기관 절제술.

tra·cho·ma [trəkóumə] *n.* Ⓤ 〖醫〗 트라코마.

*__trac·ing__ [tréisiŋ] *n.* Ⓤ 추적; 투사, 복사; Ⓒ 자동 기록 장치의 기록.

trácing pàper 투사지, 복사지.

‡**track** [træk] *n.* ① Ⓒ 지나간 자국, 흔적; (종종 *pl.*) 발자국. ② Ⓒ 통로; (인생의) 행로; 상도(常道); 궤도, 선로; 경주로, 트랙(*a race ~*). ③ Ⓤ 《집합적》 육상 경기. ④ Ⓒ 〖컴〗 트랙. ***in one's ~s*** 《口》 즉석에서, 곧. ***in the ~ of*** …의 예에 따라서, …의 뒤를 따라; …의 도중에. ***keep*** 〔***lose***〕 ***~ of*** …을 놓치지 않다〔놓치다〕. ***make ~s*** 《俗》 떠나다, 도망치다. ***off the ~*** 탈선하여; 주제에서 탈선해서; (사냥개가) 냄새 자취를 잃고, 잘못하여. ***on the ~*** 궤도에 올라, 단서를 잡아서(*of*); 올바르게. ── *vt.* ① (…에) 발자국을 남기다; (진흙·눈 따위를) 신발에 묻혀 들이다(*into*). ② 추적하다(*down*); 찾아 내다(*out*). ③ (배를) 끌다. **⌐·er** *n.* Ⓒ 추적자; 배를 끄는 사람; 사냥 안내인. **⌐·less** *a.* 길〔발자국〕 없는.

track·age [⌐idʒ] *n.* Ⓤ 《집합적》 (어떤 철도의) 전선(로)(全線(路)); Ⓤ,Ⓒ (다른 회사) 궤도 사용권〔료〕.

tráck and fíeld 육상 경기.

tráck bàll 〖컴〗 트랙 볼《ball을 손가락으로 이동시켜 CRT 화면상의 cursor를 이동시켜 그래픽 정보를 입력시키는 장치》.

tráck dénsity 〖컴〗 트랙 밀도.

tráck evènts 트랙 종목《러닝·허들 따위》.

trácking stàtion (인공위성) 추적소, 관측소.

tráck mèet 육상 경기회.

trácks per ínch 〖컴〗 트랙/인치 《플로피 디스크 등의 트랙 밀도를 나타내는 단위》.

tráck sỳstem 《美》 학력별 반편성.

‡**tract**[1] [trækt] *n.* Ⓒ ① 넓은 땅, 지역; (하늘·바다의) 넓이. ② 《古》 기간. ③ 〖解〗 관(管), 계통.

*__tract__[2] (<tractate) *n.* Ⓒ 소논문, 소책자, (종교관계의) 팜플렛. ***Tracts for the Times,*** Oxford movement의 소론집.

trac·ta·ble [trǽktəbəl] *a.* 유순한; 세공하기 쉬운. **-bil·i·ty** [⌐–bíləti] *n.*

trac·tate [trǽkteit] *n.* Ⓒ (소)논문.

trac·tile [trǽktil, -tail] *a.* 잡아 늘일 수 있는. **-tíl·i·ty** *n.* Ⓤ 신장성.

trac·tion [trǽkʃən] *n.* Ⓤ 견인(력)(牽引(力)), (바퀴 따위의) 마찰(friction). **~·al** *a.* **trác·tive** *a.* 견인하는.

tráction èngine 노면(路面) 견인 기관차.

*__trac·tor__ [trǽktər] *n.* Ⓒ ① 끄는 도구. ② 트랙터; 견인차. ③ 앞 프로펠러식 비행기.

tráctor-tráiler *n.* Ⓒ 견인 트레일러.

trad[træd] *a.* 《주로 英口》 =TRADITIONAL.

†**trade**[treid] *n.* ① Ⓤ 매매, 상업; 거래(*make a good* ~); 무역. ② Ⓒ 직업, 손일《목수·미장이 등》. ③ Ⓤ 《집합적》 (동)업자들; 고객. ④ Ⓒ 《美》 (정당간의) 거래, 타협. ⑤ (the ~s) 무역풍. ***be good for*** ~ 살 마음을 일으키게 하다. ~ ***première*** 〖映〗 (동업자만의) 내부 시사회. — *vi.* ① 장사〔거래〕하다(*in, with*); 사다; 교환하다(~ *seats*). ② (정당 등이) 뒷거래하다. — *vt.* 팔다, 매매하다. ~ ***away*** 〔***off*** 〕 팔아버리다. ~ ***in*** (물품을) 대가로 제공하다. ~ ***on*** (…을) 이용하다.

tráde agrèement 노동〔무역〕 협정.

tráde bàlance 무역 수지.

tráde bòok 일반용〔대중용〕 책.

tráde cỳcle 《英》 경기 순환.

tráde dèficit 무역 수지의 적자.

tráde dìscount 〖商〗 (동)업자간의 할인.

tráde edìtion 시중판(版), 보급판.

tráde gàp 무역의 불균형.

tráde-ìn *n.* Ⓒ 대가의 일부로서 제공하는 물품《중고차 따위》.

tráde jòurnal 업계지(誌).

tráde-làst *n.* Ⓒ 《口》 교환 조건으로의 칭찬의 말, '구수한 이야기'《이 것을 상대에게 이야기해 주고 동시에 상대로부터도 제 3자가 한 칭찬의 말을 듣기로 함; 생략 TL》.

***tráde·màrk** *n.* Ⓒ (등록) 상표.

tráde mìssion 무역 사절단.

tráde nàme 상표〔상품〕명; 상호.

tráde pàct 무역 협정.

tráde prìce 도매 가격.

:**trad·er**[⊿ər] *n.* Ⓒ 상인; 상선.

tráde ròute 통상(항)로.

tráde schòol 실업 학교.

trádes·fòlk *n. pl.* =TRADESPEOPLE.

***trades·man**[⊿zmən] *n.* Ⓒ 《英》 소매상인.

trádes·pèople *n.* 《복수 취급》 상인; 《英》《집합적》 소매상 (가족·계급).

tráde(s) únion (직업별) 노동 조합.

tráde(s) únionism 노동 조합 제도.

tráde(s) únionist 노동 조합원〔조합주의자〕.

tráde wìnd 무역풍.

tráding còmpany 〔**concèrn**〕 상사(商事) 회사.

tráding estáte 《英》 산업 지구.

tráding pòst 미개지의 교역소(交易所).

tráding stàmp 경품권《몇 장씩 모아서 경품과 교환함》.

:**tra·di·tion**[trədíʃən] *n.* Ⓤ,Ⓒ ① 전설, 구전. ② 관례, 인습, 전통. ③ 〖宗〗 (모세 또는 예수와 그 제자로부터 계승한) 성전. ~**·al,** ~**·ar·y** *a.* 전설(상)의; 전통〔인습〕적인.

tra·duce[trədjúːs] *vt.* 중상하다 (slander). ~**·ment** *n.* **tra·dúc·er** [-ər] *n.*

Tra·fal·gar[trəfǽlgər] *n.* 스페인 남서 해안의 곶(岬)《1805년 그 앞바다에서 Nelson이 프랑스·스페인 연합 함대를 격파하였음》.

Trafálgar Squáre 런던의 광장 《Nelson 기념주(柱)가 있음》.

†**traf·fic**[trǽfik] *n.* Ⓤ ① (사람·수레·배의) 왕래; 교통, 운수(량). ② 거래, 무역(*in*); 교제. ③ 화물(의 양), 승객(수). ④ 〖컴〗 소통(량). — *vt., vi.* (**-ck-**) 장사〔거래〕하다, 무역하다(*in, with*); (명예를) 팔다(*for, away*).

traf·fi·ca·tor[trǽfəkèitər] *n.* Ⓒ (자동차의) 방향 지시기.

tráffic cìrcle 《美》 원형 교차점, 로터리.

tráffic contrò̀l 교통 정리.

tráffic contról sỳstem 〖컴〗 소통 제어 체계.

tráffic còp 《美口》 교통 순경.

tráffic còurt 교통 재판소.

tráffic ìsland (가로의) 안전지대.

tráffic jàm 교통 마비〔체증〕.

traf·fick·er[trǽfikər] *n.* 〖蔑〗 상인, 무역업자.

tráffic polìceman 교통 순경.

tráffic sìgn 교통 표지.

tráffic sìgnal 〔**lìght**〕 교통 신호(기)〔신호등〕.

tráffic tìcket 교통 위반 딱지.

tráffic wàrden 《英》 교통 지도원.

:**trag·e·dy**[trǽdʒədi] *n.* Ⓤ,Ⓒ 비극; 참사. **tra·ge·di·an**[trədʒíːdiən] *n.* (*fem.* ***-dienne***[-dién]) Ⓒ 비극 배우〔작가〕.

:**trag·ic**[trǽdʒik], **-i·cal**[-əl] *a.* 비극의; 비극적인; 비참한. **trag·i·cal·ly** *ad.*

trag·i·com·e·dy[trӕdʒəkɑ́mədi/-ɔ́-] *n.* Ⓤ,Ⓒ 희비극. **-cóm·ic, -i·cal** *a.*

:**trail**[treil] *vt.* ① (옷자락 따위를) 질질 끌다, 늘어뜨리다; 끌며〔늘어뜨리며〕 가다. ② (…의) 뒤를 쫓다 (follow); 길게 이야기하다; (풀을) 밟아서 길을 내다. — *vi.* ① 질질 끌리다; (머리카락·밧줄 따위가) 늘어지다; 꼬리를 끌다. ② (담쟁이·뱀 따위가) 기다; 옆으로 뻗치다; 발을 끌며 걷다(*along*). ③ (목소리 따위가) 점점 사라지다. — *n.* Ⓒ ① (발)자국; (사냥 짐승의) 냄새 자국. ② 오솔길; 늘어진 것; (연기·구름의) 옆으로 뻗침. ③ 단서. ***off the*** ~ 냄새 자국을 잃고, 길을 잃고. ***on the*** ~ ***of*** …을 추적하여.

†**trail·er**[⊿ər] *n.* Ⓒ ① 끄는 사람〔것〕. ② 만초(蔓草). ③ 추적자; 동력차에 끌리는 차, 트레일러. ④ 〖映〗 예고편(prevue); (필름의) 감은 끝의 공백의 부분(cf. leader). ⑤ 〖컴〗 정보 꼬리.

tráiler bùs 견인차가 달린 대형 버스.

tráiler còach 《美》 이동 주택차.

tráiler càmp 〔**còurt, pàrk**〕 이동 주택 주차지.

tráiler pùmp 이동 소방 펌프.

T

tráiling plànt 덩굴풀, 만초(蔓草).

†**train**[trein] *vt.* ① 훈련〔양성·교육〕하다; (말·개 따위를) 훈련시키다, 길들이다. ② 〖園藝〗 손질하여 가꾸다 (~ *the vine over a pergola* 퍼골라에 포도 덩굴을 뻗어 나가게 하다). ③ (포를) 돌리다(*upon*). ④《古》 꾀다, 유혹하다(allure). — *vi.* ① 훈련〔연습〕하다; 몸을 단련하다(~ *for races*). ②《美俗》 사이좋게 하다(*with*.) ~ **down** (선수가) 단련하여 체중을 줄이다. ~ **it** 기차로 가다. — *n.* ① Ⓒ 뒤에 끄는 것, 옷자락; (새·혜성의) 꼬리. ② Ⓒ 열차(*by* ~); 기차 여행. ③ (보통 *sing.*) 열, 행렬; 연속(되는 것). ④《집합적》 일행; 종자(從者), 수행원. ⑤ Ⓤ《古》 차례, 순서(*in good* ~ 준비가 잘 갖추어져). **down** 〔**up, through**〕 ~ 하행〔상행, 직통〕 열차. **∠·a·ble** *a.* **~ed**[-d] *a.* (정식으로) 양성〔훈련〕된, 단련된. **~·ée** *n.* Ⓒ 훈련을 받는 사람; 직업 교육을 받는 사람; 《美》 신병. **∠·er** *n.* Ⓒ 훈련자; 조교사(調教師); 지도자, 트레이너; 〖美軍〗 조준수(照準手); 〖園藝〗 덩굴 식물을 얹는 시렁, 〖英空軍〗 훈련용 비행기.

tráin·bèarer *n.* Ⓒ (의식 때) 옷자락 들어주는 사람.

tráined núrse 유자격 간호사.

tráin fèrry (열차를 실은 채 건너는) 열차 연락선.

:**train·ing**[∠iŋ] *n.* Ⓤ ① 훈련, 교련, 트레이닝; (말의) 조교(調教). ② (경기의) 컨디션. ③ 정지법(整枝法), 가지 다듬기, 가꾸기.

tráining cὸllege 《英》 교원 양성소, 교육 대학. 「훈련소.

tráining schὸol 양성소; 소년원,

tráining sèat 소아용 서양식 변기.

tráining shìp 연습선, 연습함.

tráining squàdron 연습 함대.

tráin·lὸad *n.* Ⓒ 열차 적재량.

train·man[∠mən] *n.* Ⓒ《美》 열차 승무원; (특히) 제동수.

tráin ὸil 경유(鯨油), 어유(魚油).

tráin-spὸtter (열차의 형이나 번호를 외어 분별하는) 열차 매니아.

traipse[treips] *vi.* 《口》 싸다니다, 어정거리다; 질질 끌리다《치마 등이》.

***trait**[treit] *n.* Ⓒ 특색; 특징; 얼굴 모습.

***trai·tor**[tréitər] *n.* (*fem.* **-tress** [-tris]) Ⓒ 반역자, 매국노; 배반자(*to*). **~·ous** *a.*

tra·jec·to·ry[trədʒéktəri, trǽdʒik-] *n.* Ⓒ 탄도; (혜성·혹성의) 궤도.

:**tram**[træm] *n.* Ⓒ 궤도(차); 《英》 시가 전차; 석탄차, 광차(鑛車).

:**trám·càr** *n.* Ⓒ 《英》 시가 전차 (《美》 streetcar). 「《英》 전차선로.

trám·lìne[∠làin] *n.* Ⓒ (보통 *pl.*)

tram·mel[trǽməl] *n.* Ⓒ 말의 족쇄《조교용(助教用)》; (보통 *pl.*) 속박, 구속(물); 물고기〔새〕 그물; (pot 따위를 거는) 만능 갈고리; (*pl.*) 타원 컴퍼스. — *vi.* (《英》 **-ll-**) 구속하다; 방해하다. **~·(l)ed**[-d] *a.* 구속된.

:**tramp**[træmp] *vi.* ① 짓밟다(*on, upon*); (무겁게) 쿵쿵 걷다. ② 터벅터벅 걷다; 도보 여행하다, 방랑하다. — *vt.* (…을) 걷다; 짓밟다. — *n.* ① (*sing.* 보통 the ~) 무거운 발소리. ② Ⓒ 방랑자; 방랑 생활; 긴 도보 여행. ③ Ⓒ 〖海〗 부정기 화물선. ④ Ⓒ《美俗》 매춘부. **on (the) ~** 방랑하여. **∠·er** *n.*

:**tram·ple**[trǽmpəl] *vt., vi.* 짓밟다, 유린하다; 심하게 다루다, 무시하다 (~ *down;* ~ *under foot*). — *n.* Ⓒ 짓밟음, 짓밟는 소리.

tram·po·lin(e)[trǽmpəlìːn, ∸–∠] *n.* Ⓒ 트램펄린《쇠틀 안에 스프링을 단 즈크의 탄성을 이용하여 도약하는 운동 용구》.

trámp stéamer 부정기 화물선.

trám·rὸad *n.* Ⓒ (보통 *pl.*) (특히 광산 따위의) 궤도, 광차도(道).

trám·wày *n.* =TRAMLINE.

***trance**[træns, -ɑː-] *n., vt.* Ⓒ 꿈결, 비몽 사몽, 황홀〔혼수〕 상태(로 만들다).

***tran·quil**[trǽŋkwil] *a.* (《英》 **-ll-**) 조용한; 평온한. **~·lize**[-àiz] *vt., vi.* 진정시키다〔하다〕; 조용하게 하다, 조용해지다. **~·ly** *ad.* **~·ness** *n.* ***tran·quíl·(l)i·ty** *n.*

trans. transitive; transportation.

trans-[træns, trænz] *pref.* '횡단; 관통(*trans*atlantic)', '초월, 저쪽(*trans*alpine)', '변화(*trans*form)' 등의 뜻.

***trans·act**[trænsǽkt, -z-] *vt.* 취급하다, 처리하다; 하다 (do). — *vi.* 거래하다(deal)(*with*). **trans·ác·tion** *n.* Ⓤ,Ⓒ 처리; 거래; (*pl.*) (학회의) 보고서, 의사록; 〖컴〗 변동 자료《생략:TA》. **-ác·tor** *n.* 「철.

transáction file 〖컴〗 변동(기록)

transáction análysis 〖心〗 교류 분석《미국의 정신과의 Eric Berne이 시작한 심리 요법; 생략 TA》.

trans·al·pine[trænsǽlpain, -z-, -pin] *a., n.* Ⓒ (이탈리아쪽에서) 알프스 저편의 (사람).

trans·at·lan·tic[trӕnsətlǽntik, -z-] *a., n.* Ⓒ (보통 유럽측에서) 대서양 건너의 (사람), 아메리카의 (사람); 대서양 횡단의 (기선).

trans·ceiv·er[trænssíːvər] *n.* Ⓒ 라디오 송수신기.

tran·scend[trænsénd] *vt., vi.* 초월하다; 능가하다(excel). *(It)* **~s description.** 필설로는 다할 수 없다.

tran·scend·ence[trænséndəns], **-en·cy**[-i] *n.* Ⓤ 초월, 탁월; (신의) 초절성(超絶性). **-ent** *a., n.* 뛰어난, Ⓒ 탁월한(superior) (사람·물건); 물질계를 초월한 (신); 불가해(不可解)한; 〖칸트哲學〗 ('transcendental'과 구별하여) 초절적인.

tran·scen·den·tal[trӕnsendéntl] *a.* =TRANSCENDENT; 초자연적인; 모호한; 추상적인; 이해할 수 없

는; 〖칸트哲學〗 ('transcendent'와 구별하여) 선험적인; 〖數〗 초월 함수의. **~·ism**[-təlìzəm] *n.* Ⓤ 모호(함); 환상(성), 변덕; 불가해; (Kant의) 선험론; (Emerson의) 초절론. **~·ist**[-təlist] *n.* Ⓒ 선험론자, 초절론자.

trans·con·ti·nen·tal[trӕ̀nskɑn-tənéntl, trӕ̀nz-/trǽnzkɔ̀n-] *a.* 대륙 횡단의, 대륙 저쪽의.

***tran·scribe**[trænskráib] *vt.* 베끼다; 전사(轉寫)하다; (다른 악기용 따위로) 편곡하다; 녹음(방송)하다. ***tran·scríp·tion** *n.* Ⓤ 필사(筆寫), Ⓒ,Ⓤ 편곡; 녹음.

***tran·script**[trǽnskript] *n.* Ⓒ 베낀 것, 사본, 등본.

trans·duc·er [trænsdjúːsər] *n.* Ⓒ 〖理〗 변환기(變換器).

tráns·èarth *a.* 〖宇宙〗 지구로 향하「는.

tran·sept[trǽnsept] *n.* Ⓒ 〖建〗 (십자형식 교회당의 좌우의) 수랑(袖廊)(의 총칭).

:trans·fer[trǽnsfər] *n.* ① Ⓤ,Ⓒ 전환, 이동, 전임, 전학; Ⓤ (권리의) 이전, (재산의) 양도. ② Ⓤ 치환(置換), (명의의) 변경. ③ Ⓤ 대체(對替), 환(換). ④ Ⓤ 갈아타기; Ⓒ 갈아타는 표. ⑤ Ⓤ 〖컴〗 이송, 옮김. —— [trænsfə́ːr] *vt., vi.* (**-rr-**) 옮(기)다, 나르다; 양도하다; 전사(轉寫)하다; 전임시키다〔되다〕; 갈아타다. ***trans-ferred epithet*** 〖文〗 전이(傳移) 수식 어구《보기 : a man of *hairy* strength 털 많은 힘센 남자》. **~·a·ble** *a.* **~·ee**[ˌ-fəríː] *n.* **~·ence** [trænsfə́ːrəns, ˊ-fər-] *n.* Ⓤ,Ⓒ 이동, 전송(轉送); Ⓤ 양도; 〖精神分析〗 (어릴 때 감정의, 새 대상으로의) 전이(轉移). **~·(r)er,** 〖法〗 **~·or**[-fə́ːrər] *n.*

tránsfer cómpany 《美》 근거리 운송 회사《두 터미널 역 구간 등》.

tránsfer RNÁ 〖遺傳〗 전이 RNA, 운반 RNA.

tránsfer tàble 〖鐵〗 (지상식) 천「차대(遷車臺).

tránsfer tàx 상속세; 양도세.

trans·fig·u·ra·tion[træ̀nsfigjəréiʃən] *n.* Ⓤ,Ⓒ 변형, 변모; (the T-) (예수의) 변형《마태 복음 17:2》, 현성용(顯聖容) 축일《8월 6일》.

trans·fig·ure[trænsfígjər, -gər] *vt.* 변모〔변용〕시키다; 거룩하게 하다, 이상화하다.

trans·fix[-fíks] *vt.* 꿰뚫다; (못박은 것처럼) 그 자리에서 꼼짝 못 하게 하다. **~·ion** *n.*

:trans·form[-fɔ́ːrm] *vt.* ① 변형시키다, 바꾸다(*into*). ② 〖電〗 변압하다. ③ 〖컴〗 변화하다. **~·a·ble** *a.* **~·er** *n.* Ⓒ 변형〔변화〕시키는 사람〔것〕; 변압기. ***trans·for·ma·tion** [ˌ-fərméiʃən] *n.* Ⓤ,Ⓒ 변형, 변화; 변압; 〖컴〗 변환; Ⓒ (여자의) 다리.

trans·for·má·tion·al grámmar [træ̀nsfərméiʃənəl-] 〖言〗 변형 문법.

transformátion scène (막을 내리지 않는) 빨리 변하는 장면.

transformátion thèory 〖文〗 변형설.

trans·fuse[træsfjúːz] *vt.* 옮겨 붓다, 갈아 넣다; 스며들게 하다(*into*); 고취하다(instill)(*into*); 〖醫〗 수혈하다. **trans·fú·sion** *n.*

***trans·gress** [trænsgrés, -z-] *vt.* (…의) 한계를 넘다; (법을) 범하다(violate). —— *vi.* 법률을 범하다; 죄를 범하다(sin). **-grés·sor** *n.* **-grés·sion** *n.*

tran·ship[trænʃíp] *v.* =TRANS-SHIP.

***tran·sient**[trǽnʃənt, -ziənt] *a., n.* 일시적인, 덧없는; Ⓒ 《美》 단기 체류의 (손님). **~·ly** *ad.* **~·ness** *n.* **-sence, -sien·cy** *n.*

tránsient prógram 〖컴〗 비상주 풀그림〔프로그램〕.

tran·sis·tor[trænzístər, -sís-] *n.* Ⓒ 〖無電〗 트랜지스터《게르마늄 따위의 반도체(半導體)를 이용한 증폭 장치》.

***tran·sit** [trǽnsit, -z-] *n.* ① Ⓤ 통과, 통행; 운송; Ⓒ 통로. ② Ⓤ,Ⓒ 〖天〗 자오선 통과. ③ Ⓤ 경과; 변천. ④ Ⓤ 〖컴〗 거쳐 보냄. —— *vt.* 횡단하다; (…을) 통과하다.

tránsit cìrcle 〖天〗 =TRANSIT INSTRUMENT.

tránsit dùty 통행세.

tránsit ìnstrument 〖天〗 자오의(儀); 〖測〗 전경의(轉鏡儀), 트랜싯.

***tran·si·tion** [trænzíʃən, -sí-/-síʒən, -zíʃən] *n.* Ⓤ,Ⓒ 변천, 변이(變移); 과도기; 〖樂〗 (일시적) 전조(轉調)(cf. transposition). **~·al** *a.*

transítion pèriod 과도기.

:tran·si·tive[trǽnsətiv, -zi-] *a., n.* 〖文〗 타동의; Ⓒ 타동사. **~·ly** *ad.*

tránsitive vérb 〖文〗 타동사.

tran·si·to·ry [trǽnsətɔ̀ːri, -z-/-təri] *a.* 일시의, 일시적인, 오래 가지 않는, 덧없는, 무상한. **-ri·ly** *ad.*

tránsit vìsa 통과 사증.

trans·gen·ic [trænsdʒénik, trænz-] *a.* 이식 유전자의〔에 의한〕.

Trans·jor·dan [trænsdʒɔ́ːrdn, trænz-] *n.* Jordan 왕국의 옛 이름.

:trans·late[trænsléit, -z-, ˊ-] *vt.* 번역하다; 해석하다; 《俗》 (구두 따위를) 고쳐 만들다; 이동시키다; (행동으로) 옮기다; 〖컴〗 (프로그램·자료·부호 등을 딴 언어로) 번역하다. —— *vi.* 번역하다〔되다〕. **trans·lá·tion** *n.* Ⓤ,Ⓒ 〖컴〗 번역. **trans·lá·tor** *n.* Ⓒ 번역자; 〖컴〗 번역기.

trans·lit·er·ate [trænslítərèit, -z-] *vt.* 자역(字譯)하다, 음역하다. **-a·tion**[-ˌ-éiʃən] *n.*

trans·lu·cent[-lúːsənt] *a.* 반투명「의.

trans·mi·grate[-máigreit] *vi.* 이주하다; 다시 태어나다. **-gra·tor** *n.* **-gra·tion**[ˌ-gréiʃən] *n.* Ⓤ,Ⓒ 이주; 전생(轉生), 윤회(輪廻).

trans·mis·si·ble[-mísəbəl] *a.* 전할〔옮길〕 수 있는; 전달되는, 보내지는. **-sion** *n.* Ⓤ 전달, 송달; 전염; Ⓒ 전달되는 것; (자동차의) 전동(電動) 장치; 송신, 방송; Ⓤ 〖理〗 (빛 따위의) 전도; 〖生〗 형질(形質) 유전; 〖컴〗 전송. **-sive** *a.* 보내지는, 보내는.

transmíssion spèed 〖컴〗 전송 「속도.

***trans·mit**[-mít] *vt.* (**-tt-**) ① 보내다, 회송하다. ② 전달〔매개〕하다. ③ (빛·열을) 전도하다. ④ 송신하다, 방송하다. ⑤ (재산을) 전해 물리다; (못된 병을) 유전하다. ⑥ 〖컴〗 (정보를) 전송하다. **~·tal** *n.* **~·ta·ble** *a.* **~·tance** *n.* **~·ter** *n.* Ⓒ 회송〔전달〕자; 유전체; 송신기, 송화기; (무전) 송파기.

trans·mute[-mjúːt] *vt.* 변화〔변질〕시키다. **trans·mu·ta·tion**[⌐—téiʃən] *n.*

trans·o·ce·an·ic[træ̀nsouʃiǽnik, -z-] *a.* 해외의, 대양 횡단의.

tran·som[trǽnsəm] *n.* 〖建〗 상인방, 가로대; 《美》 =⌐ **wìndow** 교창(交窓).

tran·son·ic[trænsánik/-ɔ́-] *a.* = TRANSSONIC.

trans·pa·cif·ic[træ̀nspəsífik] *a.* 태평양 횡단의; 태평양 건너편의.

:trans·par·ent[trænspέərənt] *a.* 투명한; (문체 등이) 명료한; 솔직한; (변명이) 빤히 들여다뵈는. **-ence** *n.* Ⓤ 투명(도). **-en·cy** *n.* Ⓤ 투명(도); Ⓒ 투명화(畵). **~·ly** *ad.*

trans·pierce[trænspíərs] *vt.* 꿰뚫다, 관통하다.

tran·spi·ra·tion[træ̀nspəréiʃən] *n.* Ⓤ 증발, 발산.

trans·pire[trænspáiər] *vi., vt.* 증발〔발산〕하다〔시키다〕; 배출하다; (비밀이) 새다(become known); (일이) 일어나다.

***trans·plant**[trænsplǽnt, -plάːnt] *vt.* (식물·피부 등을) 이식하다; 이주시키다. **trans·plan·ta·tion**[⌐—téiʃən] *n.*

:trans·port[trænspɔ́ːrt] *vt.* 수송하다; 도취〔열중〕케 하다; 유형(流刑)에 처하다; 《廢》 죽이다. — [⌐—] *n.* ① Ⓤ 수송. ② Ⓒ 수송기, 수송선, 수송기관. ③ (a ~ 또는 *pl.*) 황홀, 도취, 열중. ④ Ⓒ 유형수. **~·a·ble** *a.* **~·er** *n.* **~·ive** *a.*

:trans·por·ta·tion [træ̀nspəːrtéiʃən/-pɔːrt-] *n.* Ⓤ 수송; 수송료; 수송 기관; 유형(流刑).

tránsport càfe 《英》 (간선 도로변의) 장거리 운전자용 간이 식당.

transpórter brìdge 운반교(橋) 《매어단 전차 비슷한 장치로 사람이나 물건을 나르는 다리》. 「부.

Transpórt Hòuse 《英》 노동당 본

transpórt shìp 운송선.

trans·pose[trænspóuz] *vt.* (위치·순서 따위를) 바꾸어 놓다, 전치(轉置)하다; 〖數〗 이항(移項)하다; 〖樂〗 이조(移調)하다. **trans·po·si·tion** [⌐pəzíʃən] *n.* (cf. transition).

tràns·séxual *a., n.* 성전환의; Ⓒ 성전환자; 성불명자.

trans·ship[tænsʃíp] *vt.* (**-pp-**) 다른 배〔차〕로 옮기다. **~·ment** *n.*

Trans-Si·be·ri·an[træ̀nssaibíəriən, træ̀nz-/-bíər-] *a.* 시베리아 횡단의.

tràns·sónic *a.* 〖空〗 음속에 가까운 《시속 700-780 마일》.

tran·sub·stan·ti·a·tion [træ̀nsəbstæ̀nʃiéiʃən] *n.* Ⓤ 변질; 〖神〗 화체(化體), 〖가톨릭〗 성변화(聖變化) 《성체성사의 빵과 포도주가 예수의 살과 피로 변질하기》.

tran·sude[trænsjúːd] *vi.* 스며나오다《막(膜) 따위를 통하여》.

trans·u·ran·ic [træ̀nsjurǽnik, -z-] *a.* 〖理〗 초(超)우란의. ***the ~ elements*** 초우란 원소.

trans·ver·sal [trænsvə́ːrsəl, -z-] *a., n.* 횡단하는(transverse); Ⓒ 〖機〗 절단선(의).

***trans·verse**[trænsvə́ːrs, -z-, ⌐—/⌐—] *a.* 가로의, 횡단하는, 교차하는.

trans·ves·(ti·)tism [trænsvés(tə)tizəm, trænz-] *n.* Ⓤ 복장 도착《이성의 복장을 하는 성도착》.

trans·ves·tite[-tait] *n.* Ⓒ 복장 도착자, 이성의 복장을 하는 사람.

:trap[1][træp] *n., vt.* (**-pp-**) Ⓒ ① 덫(에 걸리게 하다), 계략(에 빠뜨리다). ② (사격 연습용) 표적 날리는 장치 (cf. trapshooting). ③ 방취(防臭) U자관(管)(을 장치하다). ④ 뚜껑문(을 닫다). ⑤ 2륜 마차. ⑥ (*pl.*) 타악기류. ⑦ (옷(감) 따위가) 못에 걸려 찢긴 곳. ⑧ 《英俗》 순경; 《俗》 입. ⑨ 〖컴〗 사다리. — *vi.* 덫을 놓다; 덫 사냥을 직업으로 하다.

trap[2] *n.* Ⓒ (*pl.*) 《口》 휴대품, 수하물. 「는) 사닥다리.

trap[3] *n.* Ⓒ 발판, (다락방으로 올라가

tráp dóor (지붕·마루의) 뚜껑문.

tra·peze[træpíːz/trə-] *n.* Ⓒ (체조·곡예용) 대형 그네.

tra·pez·ist[træpíːzist] *n.* Ⓒ (서커스의) 그네 곡예사(trapeze artist).

tra·pe·zi·um[trəpíːziəm] *n.* (*pl.* **~s, -zia**[-ziə]) Ⓒ 《英》 사다리꼴; 《美》〖幾〗 부등변 사각형.

trap·e·zoid[trǽpəzɔ̀id] *n., a.* Ⓒ 《英》 부등변 사각형(의); 《美》 사다리꼴(의).

***trap·per**[trǽpər] *n.* Ⓒ 덫을 놓는 사람, (모피를 얻기 위해) 덫으로 새·짐승을 잡는 사냥꾼(cf. hunter).

trap·pings[trǽpiŋz] *n. pl.* 장식, 장신구; 말 장식.

Trap·pist[trǽpist] *n.* 트래피스트회 《프랑스의 La Trappe 창립(1664)》의 수사《계율 엄격》.

tráp·shòoting *n.* Ⓤ 트랩 사격.

***trash**[træʃ] *n.* Ⓤ 쓰레기, 잡동사니; 객담. **⌐·y** *a.*

trásh càn 쓰레기통.

trau·ma[trɔ́ːmə, tráu-] *n.* (*pl.*

T

-mata[-mətə]) [U,C] 〖醫〗 외상(성 증상). **trau·mat·ic**[-mǽtik] *a.*

***tra·vail**[trəvéil, trǽveil] *n.* [U] 산고(産苦), 진통(*in* ~); 고생, 노고. ── *vi.* 《雅》 고생하다; 진통으로 괴로워하다.

†**trav·el**[trǽvəl] *vi.* (《英》 *-ll-*) 여행하다; 이동하다; 팔고 다니다(*for, in*); (피스톤이) 움직이다; (생각이) 미치다. ── *vt.* (…을) 걷다, 지나가다(~ *a road*); (…을) 여행하다. ── *n.* [U] 여행; (*pl.*) 여행기, 기행(*Gulliver's Travels*). ~**ed,** 《英》 ~**led**[-d] *a.* 여행에 익숙한, 여행을 많이 한. ~**·er,** 《英》 ~**·ler** *n.* [C] 여행자; 순회 외교원; 이동 기중기; 〖船〗 고리도르래. 「여행 안내소.

trável àgency [**bùreau**] 여행사,

trável àgent 여행 안내업자.

tráveler's chèck 여행자용 수표.

tráveler's tàle 허풍.

‡**trav·el·ing,** 《英》 **-el·ling** [trǽvliŋ] *n., a.* [U] 여행(의); 이동(하는). 「이동 도서관.

tráveling líbrary 순회 도서관;

tráveling póst òffice 이동 우체국. 「판매원, 주문 맡는 사람.

tráveling sálesman 《美》 순회

trav·e·log(**ue**) [trǽvəlɔ̀:g, -lɑ̀g/-lɔ̀g, -lòug] *n.* [C] (슬라이드·영화 등을 이용하는) 여행담; 기행 영화.

trável sìckness 멀미.

trável tràiler 여행용 이동 주택.

‡**trav·erse** [trǽvə:rs, trəvə́:rs] *vt.* 가로지르다, 횡단하다; 방해하다(thwart). ── *vi.* 가로지르다; (산에) 지그재그 모양으로 오르다. ── *n.* [C] 횡단(거리); 가로장; 방해(물); (돛배의) 지그재그 항로; 지그재그 등산(길). ── *a., ad.* 횡단의, 횡단해서. 「일.

tráverse ròd (활차 달린) 커튼 레

tráverse tàble 〖鐵〗 천차대(遷車臺)《차를 다른 선로로 옮기는 데 쓰임》; 〖海〗 경위표(經緯表), 방위표.

trawl[trɔ:l] *n., vi., vt.* [C] 트롤망(網)(으로 잡다), 트롤 어업을 하다; 《美》 주낙(으로 낚다). **∠·er** *n.* [C] 트롤선(船)〔어부〕.

tráwl lìne 주낙.

tráwl·nèt *n.* [C] 트롤망, 저인망.

‡**tray**[trei] *n.* [C] 쟁반; 얕은 접시〔상자〕. 「耕法).

tráy àgricùlture 《美》 수경법(水

T.R.C. Thames Rowing Club.

***treach·er·y**[trétʃəri] *n.* [U] 배신, 배반; 반역(treason); [C] (보통 *pl.*) 배신 행위. **treach·er·ous** *a.* 배반〔반역〕의; 믿을 수 없는.

trea·cle[trí:kəl] *n.* [U] 《英》 당밀(糖蜜).

trea·cly[trí:kəli] *a.* 당밀 같은; (말 따위가) 달콤한; 끈득거리는.

‡**tread**[tred] *vi., vt.* (***trod,*** 《古》 ***trode; trodden, trod***) ① 밟다, 걷다, 짓밟다, 밟아 뭉개다(*on, upon*). ② (수새가) 교미하다(*with*). ~ ***down*** 밟아 다지다, 짓밟다; (감정·상대를) 억누르다. ~ ***in a person steps*** 아무의 본을 받다, 아무의 전철을 밟다. ~ ***lightly*** (미묘한 문제 따위를) 교묘하게 다루다(show tact). ~ ***on air*** 기뻐 날뛰다. ~ ***on a person's corns*** 화나게 하다. ~ ***on eggs*** 미묘한 문제에 직면하다. ~ ***on the neck of*** …을 정복하다. ~ ***out*** (불을) 밟아 끄다; (포도를) 밟아서 짜다. ~ ***on a person's toes*** 화나게 하다; 괴롭히다. ~ ***the boards*** 무대를 밟다. ── *n.* ① (*sing.*) 밟기, 밟는 소리; 발걸음, 걸음걸이. ② [C] (계단의) 디딤판, (사닥다리의) 가로장(rung[1]). ③ [U,C] (바퀴·타이어의) 레일〔지면〕 접촉부. ④ [C] (자동차의) (좌우) 바퀴거리.

trea·dle[trédl] *n., vi., vt.* [C] 발판〔페달〕(을 밟다); 발판을 밟아 움직이다《재봉틀 따위를》.

tréad·mìll *n.* [C] (옛날, 죄수에게 밟게 한) 답차(踏車); (the ~) 단조로운 일〔생활〕.

Treas. Treasurer; Treasury.

trea·son**[trí:zən] *n.* [U] 반역(죄); 《稀》 배신(*to*). ***high ~ 반역죄. ~**·a·ble,** ~**·ous** *a.*

†**treas·ure**[tréʒər] *n.* [U] 《집합적》 보배, 보물, 재보. ***spend blood and*** ~ 생명과 재산을 허비하다. ── *vt.* 비장(秘藏)하다, 진중히 여기다; 명기(銘記)하다(*up*).

tréasure hòuse 보고(寶庫).

tréasure hùnt 보물찾기(놀이).

treas·ur·er**[tréʒərər] *n.* [C] 회계원, 출납관〔원〕. ***Lord High T- 〖英史〗 재무상. ~**·ship**[-ʃip] *n.*

tréasure-tròve *n.* [C] 〖法〗 (소유자 불명의) 발굴재(發掘財)《금화·보석 따위》.

‡**treas·ur·y**[tréʒəri] *n.* [C] 보고, 보물; 국고; 기금, 자금; (T-) 재무성; 보전(寶典).

tréasury bìll 《英》 재무성 증권.

Tréasury Bòard 《英》 국가 재정위원회. 「채.

tréasury bònd (보통, 장기의) 국

Tréasury Depàrtment, the 《美》 재무부.

tréasury nòte 《英》 1파운드 지폐, 10실링 지폐; 《美》 재무성 증권.

‡**treat**[tri:t] *vt., vi.* ① 취급하다, 다루다, 대우하다. ② 대접하다, 한턱내다(*to*). ③ (매수의 목적으로) 향응하다. ④ 논하다(*of, upon*). ⑤ (*vt.*) (…라고) 생각하다, 간주하다(regard) (*as*). ⑥ (*vi.*) (약품 따위로) 처리하다(*with*). ⑦ (*vi.*) 상담〔교섭〕하다(*for, with*). ── *n.* [C] 향응; (one's ~) 한턱(낼 차례); 즐거운 일《소풍 따위》. STAND ~. ‡**∠·ment** *n.* [U,C] 취급, 대우, 처치, 치료; 논술.

***trea·tise**[trí:tis/-z, -s] *n.* [C] 논설, (학설) 논문(*on*).

‡**trea·ty**[trí:ti] *n.* [C] 조약, 맹약; [U] 계약, 교섭. 「港場).

tréaty pòrt 조약항(港), 개항장(開

***tre·ble** [trébəl] *n., a.* Ⓒ 3배(의), 세 겹(의); Ⓤ 〖樂〗 최고음부(의), 소프라노(의); Ⓒ 새된 (목소리·음). ― *vt., vi.* 3배로 하다, 3배가 되다. **-bly** *ad.*

tréble cléf 〖樂〗 '사' 음자리표.

†**tree** [tri:] *n.* Ⓒ ① 나무, 수목(cf. shrub). ② 목제품(*shoe* ~ 구두의 골). ③ 계통수(樹), 가계도(family tree). ④ 〖컴〗 나무꼴《나무처럼 편성된 정보 구조》. ~ ***of heaven*** 가죽나무. ~ ***of knowledge*** (***of good and evil***) 〖聖〗 지혜의 나무《Adam과 Eve가 그 열매를 먹고 천국에서 추방됨》. ~ ***of life*** 〖聖〗 생명의 나무. ***up a*** ~ 《俗》 진퇴 양난에 빠져. ― *vt.* ① (짐승을) 나무 위로 쫓다, 궁지에 몰아 넣다. ② (구두에) 골을 끼다. ③ 나무〔가로대·자루〕를 달다. **∠·less** *a.* **∠·like** [∠làik] *a.*

trée fèrn 〖植〗 목생(木生) 양치류.

trée fròg 〔**tòad**〕 청개구리.

trée lìne (고산·극지의) 수목 한계선(timberline).

trée-lìned *a.* (도로 따위가) 나무가 한 줄로 심어져 있는, 가로수의.

tree·nail [trí:nèil, trénəl] *n.* 나무못.

trée pèony 모란(꽃).

trée sùrgeon 수목 외과술 전문가.

trée sùrgery 수목 관리.

***trée·tòp** *n.* Ⓒ 우듬지.

trée rìng 나이테.

tre·foil [trí:fɔil, tré-] *n.* Ⓒ 클로버, 토끼풀속(屬)의 풀; 〖建〗 세 잎 장식.

trek [trek] *n., vi., vt.* (**-kk-**) Ⓒ 《南阿》 (달구지) 여행(을 하다); (달구지 여행의) 한 구간.

trel·lis [trélis] *n., vt.* Ⓒ 격자(로 만들다); 격자 시렁(으로 버티다), 격자울(로 두르다).

tréllis·wòrk *n.* Ⓤ 격자 세공.

trem·a·tode [trémətòud, trí:-] *n.* Ⓒ 흡충류(吸蟲類)《간디스토마 따위》.

‡**trem·ble** [trémbəl] *vi., vt., n.* 떨(게 하)다, (a ~) 진동(하다, 시키다); (*vi.*) 흔들리다; (*vi.*) 전율하다, 조바심하다(*at, for*). **trem·bler** *n.* ***trem·bling** *a., n.* **trem·bly** *a.* 덜덜 떠는.

trémbling póplar 〖植〗 사시 나무 「(aspen).

‡**tre·men·dous** [triméndəs] *a.* ① 무서운, 무시무시한. ② 《口》 대단한; 굉장한; 멋진. ***have a*** ~ ***time*** 《口》 아주 멋지게 지내다. **~·ly** *ad.*

trem·o·lo [tréməlòu] *n.* (*pl.* **~s**) (It.) Ⓒ 〖樂〗 전음(顫音), 트레몰로.

trem·or [trémər] *n.* Ⓒ 떨림, 전율; 떨리는 목소리〔음〕; 오싹오싹하는 흥분(thrill).

***trem·u·lous** [trémjələs] *a.* 떨리는; 전율하는; 겁많은. **~·ly** *ad.*

tre·nail [trí:nèil, trénəl] *n.* = TREENAIL.

‡**trench** [trentʃ] *n.* Ⓒ 도랑; 참호. ― *vt.* (홈을) 새기다; (논밭을) 파헤치다; (…에) 도랑을〔참호를〕 파다. ― *vi.* 참호를 만들다(*along, down*); 잠식(蠶食)〔접근〕하다(*on, upon*).

trench·ant [tréntʃənt] *a.* 찌르는 듯한; 통렬한(cutting); 효과적인, 강력한, 가차없는; 뚜렷한(clearcut) (*in* ~ *outline* 뚜렷하게). **~·ly** *ad.* **~·ness** *n.* **-an·cy** *n.*

trénch còat 참호용 방수 외투; 그 모양의 비옷.

trench·er[1] [tréntʃər] *n.* Ⓒ 도랑을 파는 사람; 참호병.

trench·er[2] *n.* Ⓒ 《古》 나무 접시; (빵·고기를) 써는 데 쓰는 목판.

trench·er·man [-mən] *n.* Ⓒ ① 《雅》 대식가. ② 식객(食客).

trénch fèver 참호열.

trénch gùn 〔**mòrtar**〕 박격포.

trénch mòuth (참호성) 구강염.

trénch wàrfare 참호전.

***trend** [trend] *n., vi.* Ⓒ 향(向); 경향(이 있다); 향하다 (*toward, upward, downward*). 「사람.

trénd-sètter *n.* Ⓒ 유행을 만드는

trend·y [tréndi] *a., n.* 최신 유행의; Ⓒ 유행의 첨단을 가는 (사람).

tre·pan[1] [tripǽn] *n., vt.* (**-nn-**) 〖外〗 둥근 톱(으로 수술하다《두개골을》); 둥글게 도려 내다.

tre·pan[2] *vt.* (**-nn-**) 《古》 함정에 빠뜨리다, 꾀다, 유인하다(*from, into*).

tre·phine [trifáin, -fí:n] *n., vt.* Ⓒ 〖外〗 자루 달린 둥근 톱(으로 수술하다). 「공포, 전율.

trep·i·da·tion [trèpədéiʃən] *n.* Ⓤ

tres·pass [tréspəs] *n., vi.* Ⓤ,Ⓒ ① 침입(하다)《남의 토지 따위에》; 침해(하다)(*on, upon*). ② 방해(하다)《남의 시간 따위를》, (호의에) 편승하다, 기회삼다(*on, upon*). ~ ***on a person's preserves*** 아무의 영역을 침범하다, 주제 넘게 굴다. **~·er** *n.*

tress [tres] *n.* Ⓒ (머리털의) 한 다발; 땋은 머리; (*pl.*) 삼단 같은 머리.

tres·tle [trésəl] *n.* Ⓒ 가대(架臺); 버팀다리, 구각(構脚).

tréstle brìdge 구각교(構脚橋).

tréstle·wòrk *n.* Ⓤ 트레슬, 구각(構脚)의 구조.

trf transfer; tuned-radio-frequency. **T.R.H** Their Royal Highnesses.

tri- [trai] *pref.* '셋, 세겹'의 뜻(*tri*angle).

tri·ad [tráiæd, -əd] *n.* Ⓒ 3개 한 벌, 세 폭짜리; 3부작; 〖樂〗 3화음; 〖化〗 3가 원소.

‡**tri·al** [tráiəl] *n.* ① Ⓤ,Ⓒ 시도, 시험. ② Ⓒ 시련, 곤란, 재난; 귀찮은 사람〔것〕. ③ Ⓤ,Ⓒ 〖法〗 재판, 심리. ***bring to*** 〔***put on***〕 ~ 공판에 부치다. ***make*** ~ ***of*** …을 시험해 보다. ***on*** ~ 시험적으로; 시험의 결과(로); 취조를 받고. ~ ***and error*** 〖心〗 시행 착오.

trìal bálance 〖簿〗 시산표(試算表).

tríal ballóon 관측 기구(氣球); (여론을 알기 위한) 시안(試案), 조금씩 내는 발표 (따위).

tríal hòrse 연습 상대《주로 연습 경기나 시범 경기에서 상대역을 맡는 선수》.
tríal jùry 심리 배심, 소배심(小陪審)(petty jury)《12명》.
tríal márriage 시험 결혼《합의하에 일정 기간 동서(同棲)함》.
tríal rún 〔**tríp**〕 시운전, 시승(試乘); 실험, 시행(試行).
tri·an·gle**[tráiæ̀ŋgəl] *n.* Ⓒ ① 삼각(형). ② 3개 한 벌, 3인조. ③ 삼각자. ④ 〖樂〗 트라이앵글. ***the eternal ~ 삼각 관계.
***tri·an·gu·lar**[traiǽŋgjələr] *a.* ① 삼각형의. ② 3자간의《다툼 따위》; 3국간의《조약 따위》.
tri·an·gu·late[traiǽŋgjəlèit] *vt.* 삼각형으로 하다〔가르다〕; 삼각 측량을 하다. —— [-lit, -lèit] *a.* 삼각의 (무늬 있는); 삼각형으로 된. **-la·tion**[--´--léiʃən] *n.* Ⓤ 삼각 측량〔구분〕.
tri·ar·chy[tráiɑːrki] *n.* Ⓤ 삼두(三頭) 정치; Ⓒ 삼두 정치국.
Tri·as[tráiəs] *n.* 〖地〗 트라이아스기(紀)(층). 「이아스기의.
Tri·as·sic[traiǽsik] *a.* 〖地〗 트라
trib·a·dism[tríbədìzəm] *n.* Ⓤ 여성간의 동성애(lesbianism).
***trib·al**[tráibəl] *a.* 부족의, 종족의. **~·ism**[-bəlìzəm] *n.* Ⓤ 부족제, 부족 근성.
tri·ba·sic[traibéisik] *a.* 〖化〗 삼염기(三鹽基)의.
:tribe[traib] *n.* Ⓒ《집합적》① 부족, 종족. ②《蔑》패거리. ③ 〖生〗 족(族). ***the scribbling*** ~ 문인들.
tribes·man[´zmən] *n.* Ⓒ 부족〔종족〕의 일원.
tri·bo·e·lec·tric·i·ty [tràibouilèktrísəti] *n.* Ⓤ 마찰 전기.
tri·bol·o·gy[traibɑ́lədʒi/-ɔ́-] *n.* Ⓤ 마찰 공학. 「고난; 시련.
trib·u·la·tion[trìbjəléiʃən] *n.* Ⓤ,Ⓒ
***tri·bu·nal**[traibjúːnl, tri-] *n.* ① Ⓒ 재판소, 법정. ② Ⓒ (여론의) 심판. ③ (the ~) 판사석, 법관석.
trib·une[1][tríbjuːn] *n.* Ⓒ 단(壇); 연단; 설교단.
trib·une[2] *n.* Ⓒ 〖로史〗 (평민에서 선출된) 호민관(護民官); 국민의 옹호자; (the T-) [-´] 신문의 이름(cf. Guardian).
***trib·u·tar·y**[tríbjətèri/-təri] *a.* 공물을 바치는; 종속하는; 보조의; 지류의. —— *n.* Ⓒ 공물을 바치는 사람; 속국; 지류.
:trib·ute[tríbjuːt] *n.* ① Ⓤ,Ⓒ 공물, 조세. ② Ⓒ 선물; 감사의 말〔표시〕, 찬사. 「삼륜차.
tri·car[tráikɑ̀ːr] *n.* Ⓒ《英》오토
trice[1][trais] *vt.* 〖海〗 (밧줄로, 돛을) 끌어 올리다, 끌어 올려서 묶다(*up*).
trice[2] *n.*《다음 성구로》***in a*** ~ 순식간에; 갑자기.
tri·cen·ten·ni·al [tràisenténiəl] *a., n.* =TERCENTENARY.
tri·ceps[tráiseps] *n.* (*pl.* ~(***es***)) Ⓒ 〖解〗 삼두근(三頭筋).
tri·chi·a·sis[trikáiəsis] *n.* Ⓤ 〖醫〗 첩모난생(睫毛亂生)(증)《속눈썹이 안구쪽으로 향함》.
tri·chi·na[trikáinə] *n.* (*pl.* ***-nae*** [-niː]) Ⓒ 선모충(旋毛蟲)《장(腸)·근육에 기생》. **trich·i·no·sis**[trìkənóusis] *n.* Ⓤ 선모충병.
tri·chol·o·gist[trikɑ́lədʒist/-ɔ́-] *n.* Ⓒ 양모(養毛)학자;《美俗》미용〔이발〕의 전문가.
tri·chord[tráikɔ̀ːrd] *n., a.* Ⓒ 3현(弦)악기; 3현의.
:trick[trik] *n.* Ⓒ ① 계략, 계교; 속임수, 요술; 〖映〗 트릭; (동물의) 재주(feat). ② 요령, 비결(knack). ③ (나쁜) 장난; (독특한) 버릇. ④《美》장난감(같은 장식); (*pl.*) 방물. ⑤ 〖카드〗 한 바퀴(분의 패). ⑥ 교대의 근무시간; (일의) 당번. ⑦《美口》소녀, 아이. ***do*** 〔***turn***〕 ***the*** ~《口》목적을 달성하다. ***know a*** ~ ***worth two of that*** 그것보다 훨씬 좋은 방법을 알고 있다. ***not*** 〔***never***〕 ***miss a*** ~ 《口》호기를 놓치지 않다, 주위 사정에 밝다. ***play a*** ~ ***on*** (*a person*) (아무에게) 장난을 하다. ***play ~s with*** …와 장난하다, …을 놀리다. ***the whole bag of ~s*** 전부. —— *vt.* 속이다; (…의) 기대를 저버리다; 모양내다(*out, up*). —— *vi.* 요술부리다; 장난하다. ~ ***a person into*** 〔***out of***〕 속여서 …시키다〔…을 빼앗다〕. **´·er·y** *n.* Ⓤ 책략; 속임수.
***trick·le**[tríkəl] *vi., vt.* 똑똑 떨어지다〔떨어뜨리다〕(*along, down, out*); (비밀 따위) 조금씩 누설되다〔하다〕(*out*). —— *n.* Ⓒ (보통 a ~) 뚝뚝 떨어짐; 실개천; 소량.
tríckle-down thèory 《美》트리클다운 이론《대기업에의 재정적 우대는 중소기업이나 소비자에게 파급 효과를 준다는 설》.
trick·ster [tríkstər] *n.* Ⓒ 사기꾼(cheat); 책략가.
trick·sy[tríksi] *a* 장난치는;《古》다루기 어려운;《古》교활한.
trick·y[tríki] *a.* 교활한(wily); 속이는; 복잡한, 까다로운; 다루기 어려운. **tríck·i·ly** *ad.*
tri·col·or,《英》**-our** [tráikʌ̀lər/tríkə-] *a., n.* 삼색의; Ⓒ 삼색기(旗).
tri·cot[tríkou, tráikət] *n.* (F.) Ⓤ 손으로 짠 털실 편물; 그 모조품; 트리코《골이 진 직물의 일종》.
tric·o·tine[trìkətíːn] *n.* Ⓤ (능직) 모직물의 일종.
tri·cus·pid[traikʌ́spid] *a., n.* Ⓒ 세 개의 뾰족한 끝이 있는 (이).
tri·cy·cle[tráisikəl] *n.* Ⓒ 세발 자전거; 삼륜 오토바이. **-cler, -clist** *n.*
tri·dent[tráidənt] *n., a.* Ⓒ 삼지창(槍)《Neptune 이 가진 것》; 세 갈래진.
tri·den·tate[traidénteit, -tit] *a.* 이가 셋 있는, 세 갈래진.

T

:tried[traid] *v.* try의 과거(분사). ― *a.* 시험이 끝난; 확실한.

tri·en·ni·al[traiéniəl] *a., n.* 3년 계속되는; Ⓒ 3년마다의 (축제); 3년생의 (식물). **~·ly** *ad.*

tri·er[tráiər] *n.* Ⓒ 실험자, 시험관(官)〔물〕; 심문자, 판사.

:tri·fle[tráifəl] *n.* ① Ⓒ 하찮은〔시시한〕 일〔물건〕. ② Ⓒ 소량, 조금; 푼돈. ③ Ⓒ,Ⓤ 트라이플《카스텔라류에 크림·포도주를 넣은 과자》. ***a* ~** 좀, 약간. ***not stick at* ~*s*** 하찮은 일에 구애를 받지 않다. ― *vi.* 실떡거리다, 실없는 짓〔말〕을 하다; 소홀히 하다(*with*); 가지고 장난하다, 만지작거리다(*with*). ― *vt.* (돈이나 시간을) 낭비하다(*away*).

tri·fler[tráiflər] *n.* Ⓒ 농담〔장난〕하는 사람; 시간을 낭비하는 사람.

:tri·fling[tráifliŋ] *a.* 사소한, 하찮은, 시시한; 경박한. **~·ly** *ad.*

tri·fo·li·ate[traifóuliit], **-at·ed** [-èitid] *a.* 세 잎의, 잎이 세 갈래로 갈라진; 〚建〛 삼엽(三葉) 쇠시리의.

tri·fo·ri·um[traifɔ́:riəm] *n.* (*pl.* ***-ria***[-riə]) Ⓒ 〚建〛 교회의 회중석 및 성가대석 측벽(側壁)의 아치와 clerestory 와의 사이의 부분.

trig[1][trig] *a.* (***-gg-***) 《주로 英》 말쑥한, 스마트한; 건강한. ― *vt.* (***-gg-***) 《英方》 꾸미다, 모양내다(*out, up*).

trig[2] *n.* 《學生俗》 =TRIGONOMETRY.

trig. trigonometric(al); trigonometry.

tri·gem·i·nal[traidʒémənəl] *n., a.* Ⓒ 〚解〛 삼차(三叉) 신경(의); 3중의.

***trig·ger**[trígər] *n.* Ⓒ 방아쇠; 〚컴〛 트리거《기계가 프로그램이 자동적으로 동작을 개시하도록 하는 것》. ***quick on the* ~** 《美口》 사격이 빠른; 재빠른; 빈틈 없는.

trígger fìnger 오른손의 집게손가락.

trígger-hàppy *a.* 《口》 권총 쏘기 좋아하는; 호전〔공격〕적인.

tri·gon[tráigan/-ɔn] *n.* Ⓒ 삼각형; (옛 그리스의) 삼각금(琴).

trig·o·nom·e·try [trìgənámətri/-nɔ́-] *n.* Ⓤ 삼각법. **-no·met·ric** [-nəmétrik], **-no·met·ri·cal**[-əl] *a.* 삼각법의, 삼각법에 의한.

tri·he·dron[traihí:drən/-hé-] *n.* (*pl.* ***~s, -dra***[-drə]) Ⓒ 삼면체. **-dral** *a.*

tri·lat·er·al[trailǽtərəl] *a., n.* 〚幾〛 세 변이 있는; Ⓒ 삼각형.

tril·by[trílbi] *n.* Ⓒ 《英口》 펠트 모자의 일종; (*pl.*) 《俗》 발.

***trill**[tril] *n., vt., vi.* Ⓒ 떨리는 목소리(로 말하다, 노래하다); 지저귐, 지저귀다; 〚音聲〛 전동음(顫動音)(으로 발음하다)(r 음을).

tril·lion[tríljən] *n., a.* Ⓒ 《英》 백만의 3제곱(의); 《美》 백만의 제곱(의), 1조(兆)의.

tril·li·um[tríliəm] *n.* (*pl.* ***~s***) Ⓒ 〚植〛 연령초(延齡草)(의 무리)《백합과(科)》.

tri·lo·bite[tráiləbàit] *n.* Ⓒ (고생대의) 삼엽충《최고(最古)의 화석 동물》.

tril·o·gy[trílədʒi] *n.* Ⓒ 3부작, 3부곡.

:trim[trim] *a.* (***-mm-***) 말쑥한, 정연한, 정돈된. ― *n.* Ⓤ ① 정돈(된 상태); 정비; 준비. ② 복장, 장식; (배의) 장비. ③ 건강 상태; 기분. ④ (또는 a ~) 손질, 깎아 다듬기. ***in* (*good*) ~** 상태가 좋아; 〚海〛 균형이 잘 잡혀. ***into* ~** 적당한 상태로. ***in traveling* ~** 여장(旅裝)하여. ***out of* ~** 상태가 나빠. ― *vt.* (***-mm-***) 말쑥하게 하다, 정돈하다; 장식하다(*with*); 깎아 다듬다; 깎아버리다(*away, off*); 〚海·空〛 (화물·승객의 위치를 정리하여) 균형을 잡다; (돛을) 조절하다; 《口》 지우다; 《口》 야단치다. ― *vi.* (두 세력의) 균형을 잡다, 기회주의적 입장을 취하다(*between*); 〚海·空〛 균형이 잡히다; 돛을 조절하다. **~ *a person's jacket*** 《俗》 때리다. **~ *in*** (목재를) 잘라 맞추다. **~ *one's course*** 돛을 조절하여 나아가다. **∠·ly** *ad.* **∠·ness** *n.* **∠·mer** *n.* Ⓒ trim하는 사람〔물건〕; 기회주의자.

trim·e·ter[trímətər] *a., n.* Ⓒ 〚韻〛 삼보격(三步格)의 (시구(詩句)).

***trim·ming**[trímiŋ] *n.* ① Ⓤ,Ⓒ 정돈; 손질, 깎아 다듬기. ② (보통 *pl.*) (요리의) 고명. ③ (보통 *pl.*) (의복·모자 등의) 장식; 잘라낸 부스러기, 가윗밥.

tri·month·ly[traimʌ́nθli] *a.* 3개월마다의.

Trin·i·dad and To·ba·go[trínədǽdəntəbéigou] 서인도 제도에 있는 영연방내의 독립국.

Trin·i·tar·i·an [trìnətɛ́əriən/-tɛ́ər-] *a., n.* 삼위 일체(설)의; Ⓒ 그 신봉자.

tri·ni·tro·ben·zene[trainàitroubénzin, -benzí:n] *n.* Ⓤ 〚化〛 트리니트로벤젠《폭약 원료; 생략 T.N.B.》.

tri·ni·tro·tol·u·ene [trainàitroutáljuì:n/-tɔ́-], **-tol·u·ol**[-táljuɔ̀:l, -òul/-tɔ́ljuɔ̀l] *n.* Ⓤ 〚化〛 트리니트로톨루엔《강력 폭약; 생략 T.N.T.》.

***trin·i·ty**[trínəti] *n.* (the T-) 〚神〛 삼위 일체《성부·성자·성신》; Ⓒ 〚美術〛 삼위 일체의 상징; 3인조, 3개 한 벌의 것.

Trínity Còllege 케임브리지 대학 최대의 학료(學寮)《Henry Ⅷ가 창설》.

Trínity Hòuse (런던의) 도선사(導船士) 조합.

Trínity Súnday 삼위 일체의 축일《Whitsunday 의 다음 일요일》.

trin·ket[tríŋkit] *n.* Ⓒ 작은 장신구; 방물; 시시한 것.

tri·no·mi·al[trainóumiəl] *n., a.* Ⓒ 〚數〛 삼항식(三項式)(의); 〚動·植〛 삼명법(三名法)(의)(cf. binomial). **~·ly** *ad.*

***tri·o**[trí:ou] *n.* Ⓒ ① 《집합적》 3인조, 3개 한 벌, 세폭 한짝(triad). ② 〚樂〛 삼중주, 삼중창. ***piano* ~** 피아

노 삼중주《피아노·바이올린·첼로》.

tri·ode[tráioud] *n., a.* Ⓒ 〖電〗 3극 진공관(의).

tri·o·let[tráiəlit] *n.* Ⓒ 〖韻〗 2운각(韻脚) 8행의 시, 트리올렛.

tri·ox·ide[traiɑ́ksaid/-ɔ́-], **-id** [-id] *n.* Ⓒ 〖化〗 3산화물(三酸貨物).

†**trip**[trip] *n.* Ⓒ ① (짧은) 여행, 소풍; 짧은 항해. ② 경쾌한 발걸음. ③ 실족; 과실; 실언. ④ 딴죽걸기; 곱드러짐, 헛디딤. ⑤ 〖機〗 벗기는 장치, 급(急) 시동. ***a round ~*** 일주 여행; 《美》 왕복 여행. ***make a ~*** 여행하다; 과실을 범하다. — *vi.* (***-pp-***) ① 가볍게 걷다〔춤추다〕. ② 실족하다(stumble), 걸려서 넘어지다, 헛디디다(*on, over*). ③ 실수하다; 잘못 말하다. — *vt.* ① 실족시키다; 헛디디게 하다. ② 딴죽걸다; (남의) 실수를 들춰 내다, 말 꼬리를 잡다. ③ 〖機〗 (톱니바퀴 따위의 제륜자(制輪子)를) 벗기다, 시동(始動)시키다; 〖海〗 (닻을) 떼다. ***catch*** (*a person*) ***~ping,*** or ***~ up*** 실수를 들춰 내다, 말꼬리를 잡다. ***go ~ping(ly)*** 착착 진행되다. ***~ it*** 춤추다.

tri·par·tite[traipɑ́:rtait] *a.* 3부로 나누어진; 3자간의(*a ~ treaty,* 3국 조약); 세 개 한 벌의, 세 폭짜리의; (정부(正副)) 3통 작성한.

tripe[traip] *n.* Ⓤ ① (식용으로 하는) 반추동물의 위. ② 《俗》 하찮은 것; 졸작.

trip·ham·mer[tríphæ̀mər] *n.* Ⓒ 〖機〗 (건축용 따위의) 스프링 해머, 동력 장치에 의해 아래위로 움직이게 된 해머.

tri·phib·i·an[traifíbiən] *a., n.* Ⓒ 입체전에 능한 (지휘관); =⇩.

tri·phib·i·ous[traifíbiəs] *a.* 육·해·공군 공동 작전의, 입체전의.

triph·thong[trífθɔ(:)ŋ, -θɑŋ] *n.* Ⓒ 〖音聲〗 삼중 모음《our[auər]의 발음 따위》(cf. diphthong).

tri·plane[tráiplèin] *n.* Ⓒ 삼엽(三葉) 비행기.

:tri·ple[trípəl] *a., n.* Ⓒ 3배의 (수·양), 세 겹의, 세 부분으로 된; 3루타. — *vt., vi.* 3배로〔3겹으로〕 하다〔되다〕; 3루타를 치다.

Tríple Allíance, the 3국 동맹《특히 러시아·프랑스에 대한 독일·이탈리아·오스트리아간(1882-83)의》.

Tríple Enténte, the (영국·프랑스·러시아) 3국 협상(1907).

tríple-héader *n.* Ⓒ 〖競〗 트리플헤더《농구 따위의 동일 경기장에서의 1일 3경기》(cf. double-header).

tríple júmp 삼단 뛰기.

tríple méasure =TRIPLE TIME.

tríple pláy 〖野〗 3중살(重殺).

tri·plet[tríplit] *n.* Ⓒ 3개 한 벌, 세 폭 한 짝(trio); 〖樂〗 3연음표; 《口》 세쌍둥이 중의 하나.

tríple thréat 세 분야에 고루 능숙한 명선수; 〖美式蹴〗 차기·패스·달리기에 고루 능숙한 명선수.

tríple tìme 〖樂〗 3박자.

trip·li·cate[tríplәkit] *a., n.* 3배의, 세 겹의, 3제곱의; 3부로 된; Ⓒ (정부(正副)) 3통의 (하나). — [-kèit] *vt.* 3배로 하다, 3중으로 하다; 3통으로 작성하다. **-ca·tion**[⌐-kéiʃən] *n.*

trip·loid[tríplɔid] *a.* 〖生〗 (염색체가) 3배수의. — *n.* Ⓒ 3배체.

tri·ply[trípli] *ad.* 3배〔겹으〕로.

tri·pod[tráipɑd/-pɔd] *n.* Ⓒ 〖寫〗 삼각(三脚)(*a ~ affair* 사진 촬영); 삼각걸상.

Trip·o·li[trípəli] *n.* 트리폴리《리비아의 수도》.

tri·pos [tráipɑs/-pɔs] *n.* Ⓒ (Camb. 대학의) 우등 시험, 우등 급제자 명부.

trip·per[trípər] *n.* Ⓒ trip하는 사람〔것〕; (톱니바퀴의) 시동기.

trip·ping[trípiŋ] *a.* 경쾌한. **~·ly** *ad.*

trip·tane[tríptein] *n.* Ⓤ 〖化〗 트립탄《무색·액상의 탄수화물》.

trip·tych[tríptik] *n.* Ⓒ (그림·조각 따위의) 석 장 연속된 것, 세 폭짜리.

tri·reme[tráiri:m] *n.* Ⓒ 〖古그〗 3단(段) 노의 군선(軍船).

tri·sect[traisékt] *vt.* 삼(등)분하다. **tri·sec·tion**[-sékʃən] *n.*

tri·syl·la·ble[traisíləbəl] *n.* Ⓒ 3음절어. **-lab·ic**[⌐-lǽbik] *a.*

trite[trait] *a.* 진부한. **⌐·ly** *ad.*

trit·i·um[trítiəm] *n.* Ⓤ 〖化〗 트리튬, 삼중수소《기호 T 또는 H^3》.

Tri·ton[tráitn] *n.* 〖그神〗 반인반어(半人半魚)의 바다의 신; Ⓒ (t-) 〖貝〗 소라고둥; (t-) 〖理·化〗 3중양자. ***a ~ among the minnows*** 군계일학(群鷄一鶴)《Sh., *Coriolanus*》.

:tri·umph[tráiəmf] *n.* ① Ⓒ 〖古로〗 개선식; 승리(*over*); 대성공. ② Ⓤ 승리의 기쁨, 승리감. ***in ~*** 의기양양하여. ***the ~ of ugliness*** 추악무비(醜惡無比). — *vi.* 승리를 거두다, 승리를 자랑하다, 이기다, 성공하다(*over*); 승리를〔성공을〕 기뻐하다.

***tri·um·phal**[traiʌ́mfəl] *a.* 승리〔개선〕의.

triúmphal árch 개선문.

***tri·um·phant**[traiʌ́mfənt] *a.* 승리를 거둔; 의기양양한. **~·ly** *ad.*

tri·um·vir[traiʌ́mvər] *n.* (*pl.* ***~s, -viri***[-viràii]) Ⓒ 〖古로〗 3집정관(執政官)의 한 사람.

tri·um·vi·rate[traiʌ́mvirit, -rèit] *n.* Ⓒ 삼두(三頭) 정치; 3인 관리제; 3인조.

tri·une[tráiju:n] *a.* 삼위 일체의.

tri·va·lent[traivéilənt] *a.* 3가(價)의. **-lence, -len·cy** *n.*

triv·et[trívit] *n.* Ⓒ 삼발이; 삼각대(三脚臺).

triv·i·a[tríviə] *n. pl.* 하찮은 일〔것〕.

:triv·i·al[tríviəl] *a.* ① 하찮은, 보잘것 없는. ② 보통의, 평범한, 일상의. ③ (사람이) 경박한. **~·ly** *ad.*

triv·i·al·i·ty[trìviǽləti] *n.* Ⓤ 하찮음, 평범; Ⓒ 하찮은 것〔생각·작품〕.

tri·week·ly[traiwí:kli] *ad., a., n.* 3주마다; 3주 1회(의), 1주 3회(의); Ⓒ 그 간행물.

T

-trix[triks] *suf.* -tor의 여성 접미사; avia*trix* 여성 파일럿.

Tri·zone[tráizoun], **Tri·zo·ni·a**[traizóuniə] *n.* (제2차 대전 후의) 서부 독일의 미국·영국·프랑스 3국의 점령 지구; Ⓒ (t-) 3국 지구. **Tri·zon·al, t-**[traizóunəl] *a.*

TRM trademark. **TRNA** transfer RNA.

tro·che[tróuki] *n.* Ⓒ 〖藥〗 정제(錠劑).

tro·chee[tróuki:] *n.* Ⓒ 〖韻〗 강약격(強弱格), 장단격(⌐×). **tro·cha·ic**[troukéiik] *a., n.* Ⓒ 장단격(의); (*pl.*) 장단격의 시.

tro·choid[tróukɔid] *n.* Ⓒ 〖幾〗 트로코이드.

***trod**[trɑd/-ɔ-] *v.* tread의 과거(분사).

***trod·den**[trádn/-ɔ́-] *v.* tread의 과거분사.

trode[troud] *v.* 《古》 tread의 과거.

trog·lo·dyte[trágləd àit/-ɔ́-] *n.* Ⓒ 혈거인(穴居人); 은자(隱者)(hermit); 〖動〗 유인원(類人猿); 〖鳥〗 굴뚝새.

troi·ka[trɔ́ikə] *n.* (Russ.) Ⓒ 3두 마차; 옆으로 늘어선 세 마리의 말; 삼두제(三頭制); (국제 정치의) 트로이카 방식《공산권·서유럽·중립권의 3자 협조》.

***Tro·jan**[tróudʒən] *a., n.* Ⓒ Troy의 (사람); 용사; 정력가.

Trójan hórse 〖그神〗 =WOODEN HORSE; 선전 공작대, 제5열.

Trójan Wár, the 〖그神〗 트로이 전쟁《그리스와 트로이와의 전쟁, ILIAD의 주제》.

troll[1][troul] *vt., vi.* 돌림노래하다; (일하면서) 노래하다; 견지질하다; 굴리다, 굴러다니다(roll). — *n.* Ⓒ 돌림노래; 견지; 제물낚시.

troll[2] *n.* 〖北歐神話〗 트롤도깨비《땅속 굴에 사는 거인, 난쟁이》.

trol·ley**[tráli/-ɔ́-] *n.* Ⓒ 손수레, 광차; (시가 전차의 폴 끝의) 촉륜(觸輪). ***slip 〔***be off***〕 ***one's*** ~ 《美俗》 머리가 돌다.

trólley bùs 무궤도 전차.

trólley càr 《美》 (트롤리식) 시가 전차.

trólley lìne 전차 선로.

trol·lop[tráləp/-ɔ́-] *n.* Ⓒ 윤락 여성; 매춘부.

trom·bone[trámboun, ⌐⌐/trɔmbóun] *n.* Ⓒ 트롬본《신축식 저음 나팔》. **-bón·ist** *n.* Ⓒ 트롬본 주자.

:troop[tru:p] *n.* Ⓒ ① 떼; 일단, 무리. ② (보통 *pl.*) 군대, 군세(軍勢). ③ (소년단의) 분대《16-32명》; 기병 중대《대위가 지휘하는 60-100명; 육군의 company에 해당》. — *vi.* ① 모이다, 몰리다(*up, together*). ② 떼지어 나가다〔오다, 가다〕(*off, away*). ③ 사귀다. — *vt.* 편성하다; (대를) 수송하다. ***~ing the colour(s)*** 《英》 군기(軍旗) 경례 분열식. **⌐·er** *n.* Ⓒ 기병; 《美》 기마 경관; 기병의 말; 수송선.

tróop càrrier 군대 수송기〔차〕.

tróop·shìp *n.* Ⓒ (군대) 수송선.

trope[troup] *n.* Ⓒ 〖修〗 비유(적용법).

tro·phol·o·gy[troufáləd ʒi/-ɔ́-] *n.* Ⓤ 영양학.

troph·o·plasm[tráfəplæ̀zəm/-ɔ́-] *n.* Ⓤ 〖生〗 (세포의) 영양 원형질.

:tro·phy[tróufi] *n.* Ⓒ 전리품; 전승 기념물《적의 군기·무기 따위》; (경기 등의) 트로피, 상품, 상배(賞杯).

:trop·ic[trápik/-ɔ́-] *n.* Ⓒ 회귀선(回歸線); (the ~s) 열대(지방)(의). ***the ~ of Cancer*** 〔***Capricorn***〕 북〔남〕회귀선.

:trop·i·cal[trápikəl/-ɔ́-] *a.* ① 열대의; 열대적인; 열정적인. ②(<trope) 비유의, 비유적인.

trópical aquárium 열대 수족관.

trópical físh 열대어.

trop·i·cal·ize[trápikəlàiz/-ɔ́-] *vt.* 열대(지방)에서 사용하기 알맞게 하다《방습·방열 처리 등을 하여》(cf. winterize).

trópical yéar 회귀년, 태양년.

tro·pism[tróupizəm] *n.* Ⓤ 〖生〗(자극에 대한) 향성(向性), 굴성(屈性).

trop·o·log·ic[tràpəládʒik/trɔ̀pəlɔ́dʒ-], **-i·cal**[-əl] *a.* 비유적인. **-i·cal·ly** *ad.*

trop·o·sphere[trápəsfìər/-ɔ́-] *n.* (the ~) 대류권(對流圈)《지구 표면의 대기층》.

trop·po[trápou/-ɔ́-] *ad.* (It.) 〖樂〗 너무. ***ma non ~*** 그러나 너무 …하지 않게.

:trot[trɑt/-ɔ-] *n.* ① (a ~) (말의) 속보(速步), (사람의) 총총걸음, 빠른 운동. ② Ⓒ 《美俗》 자습서, 자습용 번역서. ③ (the ~s) 《口》 설사. ***on the ~*** 쉴새없이 움직여; 도주 중이어서. — *vi., vt.* (**-tt-**) ① 〖馬術〗 (…에게) 속보로 달리(게 하)다; (*vt.*) 총총걸음으로 걷다, 서두르며 가다. ② (*vt.*) 빠른 걸음으로 안내하다(*round, to*); (*vt.*)《美俗》 자습서로 공부하다. ***~ about*** 분주히 뛰어다니다. ***~ out*** (말을) 끌어내어 걸려 보이다; 《口》 (물건을) 꺼내어 자랑해 보이다. **⌐·ter** *n.* Ⓒ 속보로 뛰는 말; (보통 *pl.*) 《口》 (돼지·양의) 족(足)《식용》.

troth[trɔ:θ, trouθ] *n.* Ⓤ 《古》 성실, 충절; 약속; 약혼(betrothal). ***plight one's ~*** 약혼하다. — *vt.* 《古》 약속〔약혼〕하다.

trot·line[trátlàin/-ɔ́-] *n.* Ⓒ 주낙의 일종.

Trot·sky[trátski/-ɔ́-], **Leon** (1879-1940) 러시아의 혁명가·저술자.

trou·ba·dour[trú:bədɔ̀:r, -dùər] *n.* Ⓒ (11-13세기의 남프랑스·북이탈리아 등지의) 서정 시인.

†trou·ble[trʌ́bəl] *n.* ① Ⓤ,Ⓒ 걱정(거리). ② Ⓤ 고생; 어려움; 귀찮음. ③ Ⓒ 귀찮은 일〔사람〕. ④ Ⓤ,Ⓒ 분쟁, 소동. ⑤ Ⓤ,Ⓒ 병(*I have a ~ with my teeth.* 이가 아프다); 고장, 장애. ***ask for ~*** 《俗》 곤경(困境)을 자초하다, 쓸데 없는 간섭을

하다. ***get into*** ~ 문제를 일으키다, 벌을 받다. ***in*** ~ 곤란해서; 욕을 먹어, 벌을 받고, 검거되어. ***It is too much*** ~. 달갑지 않은 친절이다. ***take*** ~ 수고하다, 노고를 아끼지 않다. — *vt.* ① 어지럽히다, 소란하게 하다. ② 괴롭히다, 부탁하다(*May I* ~ *you to do it for me?* 그것을 하여 주시겠습니까); 애먹이다. — *vi.* ① 애먹다, 애쓰다(*Pray don't* ~. 염려〔걱정〕하지 마십시오). ② 걱정하다. **~d**[-d] *a.* 곤란한, 난처한; 거친(~*d waters* 거친 바다; 혼란 상태).

tróuble·màker *n.* Ⓒ 말썽 꾸러기.

tróuble·shòot *vt.* (~*ed*, ***-shot***) (기계를) 수리하다; (분쟁을) 조정하다. — *vi.* 수리를 맡아 하다; 분쟁 조정역을 하다. **~er** *n.* Ⓒ 수리원; 분쟁 조정자.

:trou·ble·some[-səm] *a.* 귀찮은, 골치 아픈; 다루기 힘든. 「한

trou·blous[trʌ́bləs] *a.* 《古》 소란

·trough[trɔ:f, trɑf/trɔf] *n.* Ⓒ ① (단면이 V자형인 긴) 구유, 반죽 그릇; 여물통. ② 골; 〖氣〗 기압골; 홈통, (특히) 낙수받이.

trounce[trauns] *vt.* 호되게 때리다(beat); 벌주다; 《口》 (경기 등에서) 압도적으로 이기다.

troupe[tru:p] *n.* Ⓒ (배우·곡예사 등의) 일단(一團). **tróup·er** *n.*

:trou·sers[tráuzərz] *n. pl.* 바지 (*a pair of* ~ 바지 한 벌)《구어로는 'pants'》. 「펴는 기구.

tróuser strètcher 바지 주름을

trous·seau[trú:sou, ─ˊ] *n.* (*pl.* ~*s*, ~*x*[-z]) Ⓒ 혼수 옷가지, 혼수감.

·trout[traut] *n., vi.* Ⓒ 〖魚〗 송어(를 잡다). 「하다.

trow[trou] *vi., vt.* 《古》 믿다, 생각

trow·el[tráuəl] *n.* Ⓒ 흙손; 모종삽. ***lay it on with a*** ~ 흙손으로 바르다; 극구 칭찬하다. — *vt.* (《英》 ***-ll-***) 흙손으로 바르다. 「도시.

·Troy[trɔi] *n.* 소아시아 북서부의 옛

tróy wèight 트로이형(衡), 금형(金衡)《보석·귀금속의 형량(衡量)》.

trs. transpose 〖校正〗 거꾸로〔옆으로〕 된 자를 바로 세울 것.

·tru·ant[trú:ənt] *n., a.* Ⓒ 농땡이; 무단 결석하는 (사람·학생). ***play*** ~ 무단 결석하다. — *vi.* 농땡이 부리다, 무단 결석하다. **tru·an·cy** *n.*

·truce[tru:s] *n.* Ⓤ,Ⓒ 휴전; 중지.

truck[1][trʌk] *vt., vi.* 물물 교환하다 (barter); 거래하다. — *n.* Ⓤ 물물 교환; 현물 지급(제); 《口》 거래; 교제(*with*); Ⓒ 《美》 시장에 낼 야채; 하찮은 물건; Ⓒ 《口》 잡동사니. — *a.* 물물 교환의; 시장에 낼 야채의.

:truck[2] *n.* Ⓒ 손수레, 광차(鑛車); 《美》 화물 자동차, 트럭; 《英》 무개 화차. **ˊ·age** *n.* Ⓤ (수레·트럭의) 운임; 운송. **ˊ·er** *n.* =TRUCKMAN.

trúck fàrm 〔**gàrden**〕 《美》 시판용(市販用) 야채의 재배 농원.

trúck fàrmer 《美》 ⇧의 경영자.

truck·le[1][trʌ́kəl] *n., vi.* Ⓒ 작은 바퀴(로 움직이다); =TRUCKLE BED.

truck·le[2] *vi.* 굴종하다, 아첨하다.

trúckle bèd 바퀴 달린 낮은 침대《안 쓸 때는 보통 침대 밑에 밀어넣어 둠》. 「물.

trúck·lòad *n.* Ⓒ 트럭 1대 분의 화

truck·man[ˊmən] *n.* Ⓒ 트럭 운전사〔운송업자〕. 「제.

trúck sỳstem (임금의) 현물 지급

truc·u·lent[trʌ́kjələnt] *a.* 야만스런, 모질고 사나운, 잔인한. **-lence, -len·cy** *n.*

·trudge[trʌdʒ] *vi.* 무겁게 터벅터벅 걷다. ~ ***it*** 터벅터벅 걷다. — *n.* Ⓒ 무거운 걸음.

†true[tru:] *a.* ① 참다운, 틀림없는. ② 성실〔충실〕한. ③ 정확한, 바른; (기계가) 정밀한. ④ 진짜의; 순종의; 합법의. ⑤ (가능성·기대 따위를) 믿을 수 있는. ⑥ (방향·힘 등이) 일정한, 변치 않는. ***come*** ~ 정말이 되다, (희망이) 실현되다. ***hold*** ~ 유효하다, 들어맞다. ***prove*** ~ 사실로 판명되다. ~ ***bill*** 〖法〗 (대배심(grand jury)의) 공소(公訴) 인정서. ~ ***to life*** 실물 그대로. ~ ***to nature*** 핍진(逼眞)의. — *ad.* 진실로; 정확히. — *n.* (the ~) 진실; 정확한 상태; 〖컴〗 참. — *vt.* 바르게 맞추다.

trúe-blúe *n., a.* Ⓤ (퇴색 않는) 남빛(의); Ⓒ (주의에) 충실한 (사람).

trúe·bórn *a.* 적출(摘出)의; 순수한.

trúe·bréd *a.* 순종의; 뱀뱀이가 좋은. 「×식 테스트.

trúe-fálse tèst 《美》 정오 문제, ○

trúe-héarted *a.* 성실한.

trúe·lòve *n.* Ⓒ 애인.

truf·fle[trʌ́fəl] *n.* Ⓤ,Ⓒ 송로(松露) 무리의 버섯.

trug[trʌg] *n.* Ⓒ 《英》 (야채·과일 등을 담는) 직사각형의 운두 낮은 나무 그릇.

tru·ism[trú:izəm] *n.* Ⓒ 자명한 이치; 진부한〔판에 박은〕 문구.

:tru·ly[trú:li] *ad.* 참으로; 성실〔충실〕히; 바르게, 정확히. ***Yours (very)*** ~ 경구(敬具)《편지의 끝맺는 말》.

Tru·man[trú:mən], **Harry S.** (1884-1972) 제 33대의 미국 대통령 (1945-53).

:trump[1][trʌmp] *n.* Ⓒ ① (트럼프의) 으뜸패(의 한 벌). ② 비법, 비방. ③ 《口》 믿음직한 사람. ***play a*** ~ 으뜸패를〔비방을〕 내놓다. ***turn up*** ~***s*** 《口》 예상외로〔순조롭게〕 잘 되어 가다. — *vt., vi.* 으뜸패를 내놓(고 따)다; 비방을 쓰다; …보다 낫다, 지우다; 날조하다, 조작하다(*up*).

trump[2] *n.* Ⓒ 《古·詩》 나팔(trumpet).

trúmp càrd 으뜸패; 비법; 비방.

trúmped-úp *a.* 날조한《사건·범죄 등》.

trump·er·y[trʌ́mpəri] *a., n.* Ⓤ 《집합적》 겉만 번드르르한 (물건), 굴

통이; 하찮은 (물건); 허튼 소리, 잠꼬대.

:trum·pet[trʌ́mpit] *n.* Ⓒ 트럼펫, 나팔(소리); 나팔 모양의 물건, 나팔형 확성기. ***blow one's own*** ~ 제 자랑하다. ── *vi.* 나팔 불다; (코끼리 등이) 나팔 같은 (목)소리를 내다. ── *vt.* 나팔로 알리다; 퍼뜨려 알리다. **~·er** *n.* Ⓒ 나팔수; 떠벌이; 《美》 (북아메리카산의) 백조의 일종; (남아메리카산의) 두루미의 일종; 집비둘기.

trúmpet càll 소집 나팔; 긴급 명령.

trun·cate[trʌ́ŋkeit] *vt.* (원뿔·나무 따위의) 머리를〔끝을〕 자르다; (긴 인용구 따위를) 잘라 줄이다; 〖컴〗 끊다. ── *a.* 끝을〔두부(頭部)를〕 자른; 잘라 줄인. ~ ***cone*** 〔***pyramid***〕 〖幾〗 원〔각〕뿔대. **-ca·tion**[trʌŋkéiʃən] *n.* Ⓤ 〖컴〗 끊음, 끊기.

trun·cheon[trʌ́ntʃən] *n.* Ⓒ 《주로 英》 경찰봉; 권표(權標), 지휘봉. ── *vt.* 《古》 곤봉으로 때리다.

trun·dle[trʌ́ndl] *n.* Ⓒ 작은 바퀴, 각륜(脚輪); 바퀴 달린 침대〔손수레〕. ── *vt., vi.* 굴리다, 구르다, 밀고가다 (*along*); 돌(리)다.

trúndle bèd =TRUCKLE BED.

:trunk[trʌŋk] *n.* Ⓒ ① 줄기, 몸통. ② (대형) 트렁크. ③ 본체(本體), 주요부. ④ (전화의) 중계선; (철도 따위의) 간선(幹線). ⑤ (코끼리의) 코. ⑥ (*pl.*) (선수·곡예사의) 짧은 팬츠. ── *a.* 주요한.

trúnk càll 《英》 장거리 전화 호출.

trúnk càrrier 《美》 주요〔대형〕 항공 회사.

trúnk hòse (16-17세기의) 반바지.

trúnk lìne 간선(幹線).

trúnk ròad 《英》 간선 도로.

truss[trʌs] *n.* Ⓒ 〖建〗 가〔형〕구(架〔桁〕構), 트러스; 〖醫〗 탈장대(脫腸帶); 다발; 건초의 다발《56-60파운드》; 보릿짚 단《36파운드》; 〖海〗 하활대 중앙부를 돛대에 고정시키는 쇠붙이. ── *vt.* 〖料理〗 (요리전에) 날개와 다리를 몸통에 꼬챙이로 꿰다; (교량 따위를) 형구로 버티다; 다발짓다.

:trust[trʌst] *n.* ① Ⓤ 신임, 신뢰; Ⓒ 신용(*in*). ② Ⓒ 믿는 사람〔것〕. ③ Ⓤ 희망, 확신. ④ Ⓤ 신용 대부, 외상 판매. ⑤ Ⓤ 책임; 보관; 위탁; 신탁; Ⓒ 신탁물. ⑥ Ⓒ 〖經〗 기업 합동, 트러스트(cf. cartel, syndicate). ***in*** ~ 위탁하여. ***on*** ~ 외상으로; 남의 말대로. ── *a.* 신탁의. ── *vt.* ① 신뢰〔신용〕하다; 의지하다; 맡기다, 위탁하다. ② (비밀을) 털어놓다(*with*). ③ 희망〔기대〕하다(*to* do; *that*); 믿다. ④ 신용대부〔외상판매〕하다. ── *vi.* ① 믿다(*in*); 신뢰하다(*on*); 맡기다(*to*). ② 기대하다(*for*). ③ 외상 판매하다. **∠·a·ble** *a.* **∠·ful** *a.* 신용〔신뢰〕하고 있는. **∠·ing** *a.* 믿는.

trúst·bùster *n.* Ⓒ 《美》 트러스트〔기업 합동〕 해소를 꾀하는 사람; 반(反)트러스트법 위반 단속관.

trúst còmpany 신탁 회사; 신탁은행.

trúst dèed 신탁 증서.

***trus·tee** [trʌstíː] *n.* Ⓒ 피신탁인, 보관인, 관재인(管財人). **~·ship** [-ʃip] *n.* ⓊⒸ 수탁자의 직무; Ⓒ (국제 연합의) 신탁 통치 (지역).

trúst fùnd 신탁 자금〔기금〕.

trúst mòney 위탁금.

trúst tèrritòry (국제 연합의) 신탁 통치 지역.

***trust·wor·thy**[∠wə̀ːrðì] *a.* 신뢰할 수 있는, 확실한. **-thi·ness** *n.*

***trust·y**[trʌ́sti] *a., n.* Ⓒ 믿을 수 있는〔충실한〕 (사람); 《美》 모범수(囚).

†truth[truːθ] *n.* (*pl.* ~*s*[-ðz, -θs]) Ⓤ 진리; Ⓒ 진실, 사실; Ⓤ 성실; 정직. ***in*** ~ 실제, 사실은. ***of a*** ~ 《古》 참으로. ***to tell the*** ~, or ~ ***to tell*** 실은, 사실을 말하면.

***truth·ful**[∠fəl] *a.* 정직한; 성실한; 진실의. **~·ly** *ad.* **~·ness** *n.*

trúth sèrum 진심 토로약《먹으면 진심을 털어놓는다는 약》.

†try[trai] *vt.* ① (시험삼아) 해보다; 노력하다; 시험해 보다. ② 〖法〗 심리하다. ③ 괴롭히다, 시련을 겪게 하다. ④ 정련〔정제〕하다. ── *vi.* 시도해 보다, 노력하다(*at, for*). ~ ***on*** (옷을) 입어보다; 시험해 보다. ~ ***one's hand at*** …을 해보다. ~ ***out*** …을 철저히 해보다; 엄밀히 시험하다; 《美》 자기 적성을 시험해 보다(*for*). ── *n.* Ⓒ 시도, 시험; 노력. **:∠·ing** *a.* 시련의; 괴로운; 화나는.

trý-òn *n.* Ⓒ 《英口》 (속이려는) 시도; (가봉된 옷을) 입어보기, 가봉.

trý·òut *n.* Ⓒ 《美口》 적성 검사.

tryp·sin[trípsin] *n.* Ⓤ 〖生化〗 트립신《췌액 중의 소화 효소》.

try·sail[tráisèil, -səl] *n.* Ⓒ 〖船〗 작은 세로 돛.

trý squàre 곱자, 곡척(曲尺).

tryst[trist, trai-] *n., vt.* Ⓒ (…와) 만날 약속(을 하다), (약속한) 회합(장소); 회합(시간·장소를) 정하다.

trýst·ing plàce[trístiŋ-] 데이트〔회합〕 장소.

tsar[tsɑːr, zɑːr], **tsar·e·vitch, &c.** ⇨CZAR, CZAREVITCH, &c.

Tschai·kov·sky =TCHAIKOVSKY.

tsét·se (flỳ)[tsétsi(-)] *n.* Ⓒ 체체파리《남아프리카산, 수면병의 매개체》.

T/Sgt, T.Sgt. Technical Sergeant.

T-shirt[tíːʃəːrt] *n.* Ⓒ 티셔츠.

Tshing·tao[tsíŋtáu, tʃíŋ-] *n.* 칭따오(青島)《중국 동부의 항구》.

tsp. teaspoon(ful).

T squàre T자.

T.T. 《英》 telegraphic transfer 전신환; tuberculin-tested 투베르쿨린 검사가 끝난. **TTS** teletypesetter. **Tu** 〖化〗 thulium. **Tu.** Tuesday. **T.U.** trade union 노동조합; transmission unit 〖鐵〗 전도(傳導) 장치.

:tub[tʌb] *n.* Ⓒ ① 통, 동이; 목욕통; 《英口》 목욕. ② 《美俗》 뚱보. ③ 한 통의 분량. ④ 《口·蔑》 느리고 모양 없는 배. ― *vt., vi.* (**-bb-**) 통에 넣다 [저장하다]; 《英口》 목욕시키다[하다].
tu·ba[tjú:bə] *n.* Ⓒ 저음의 (큰) 나팔통.
tub·by[tʌ́bi] *a.* 통 모양의; 땅딸막한, 뚱뚱한(corpulent).
:tube[tju:b] *n.* Ⓒ ① 관(pipe), 통(cylinder); 관[통] 모양의 물건[기관(器官)]; (치약·그림물감 등이 든) 튜브. ② (특히 런던의) 지하철. ③ 《美》 진공관. **∠·less** *a.* 튜브[관] 없는.
túbe-bàby *n.* Ⓒ 시험관 아기.
túbeless tíre 튜브 없는 타이어.
tu·ber[tjú:bər] *n.* Ⓒ 〖植〗 괴경(塊莖); 〖解〗 결절(結節). **~·cle** *n.* Ⓒ 작은 돌기, 소결절(小結節); 〖醫〗 결핵 결절. **tu·bér·cu·lar** *a.*
túbercle bacìllus 결핵균.
tu·ber·cu·lin[tju(ː)bə́:rkjəlin] *n.* Ⓤ 투베르쿨린 주사액.
tubérculin tèst 투베르쿨린 반응「검사.
·tu·ber·cu·lo·sis[–⌐–lóusis] *n.* Ⓤ 〖醫〗 (폐)결핵《생략 T.B.》. **tu·bér·cu·lous** *a.*
tu·ber·ose[1] [tjú:bəròus] *a.* =TUBEROUS.
tube·rose[2][tjú:bəròuz] *n.* Ⓒ 〖植〗 월하향(月下香).
tu·ber·ous[tjú:bərəs] *a.* 괴경(塊莖)(tuber)이 있는.
tub·ing[tjú:biŋ] *n.* Ⓤ 배관(配管); 관재료(管財料); 파이프《집합적으로도》.
túb màt 욕조(안에 까는) 매트.
túb-thùmper *n.* Ⓒ 《美》 보도관, 대변인.
tu·bu·lar[tjú:bjələr] *a.* 관 모양의; 파이프의.
túbular fúrniture 파이프식 가구.
TUC, T.U.C. Trades Union Congress (영국의) 노동 조합 회의.
:tuck[tʌk] *vt.* ① (옷단을) 징그다, (주름을 접어) 호다; (소매·옷자락을) 걷어 올리다. ② 말다, 싸다; 포근하게 감싸다(~ *the children in bed*). ③ (좁은 곳으로) 밀어넣다, 틀어박다(*in, into, away*). ④ 《俗》 잔뜩 먹다(*in, away*). ― *vi.* 징그다, 주름을 잡다; 《俗》 (음식을) 긁어 넣듯이 처먹다(*in*). ~ ***the sheets in*** 시트 끝을 요 밑으로 접어넣다. ― *n.* ① Ⓒ (큰 옷을 줄이어) 징그기, (접어 넣은) 단. ② Ⓤ 《英俗》 먹을 것, 과자.
túck bòx 《英俗》 (기숙 학교의 초등 학생이 잘 가지고 다니는) 과자 상자.
tuck·er[1][∠ər] *n.* Ⓒ (옷단을) 징그는 사람; (재봉틀의) 주름잡는 기계; (17-18세기의 여성용의) 깃에 대는 천; =CHEMISETTE; 《濠俗》 음식물. ***one's best bib and ~*** 나들이옷.
tuck·er[2] *vt.* 《美俗》 피로케 하다(*out*).
túck-ìn *n.* Ⓒ (*sing.*) 《英俗》 많은 음식, 굉장한 진수 성찬.
túck-òut *n.* =⇧.
Tu·dor[tjú:dər] *a., n.* Ⓒ (영국의) 튜더 왕가[왕조]의 (사람); 〖建〗 튜더 양식(의).
·Tues. Tuesday.
†Tues·day[tjú:zdei, -di] *n.* Ⓒ 《보통 무관사》 화요일.
tu·fa[tjú:fə] *n.* Ⓤ 〖地〗 석회화(石灰華).
tuff[tʌf] *n.* Ⓤ 〖地〗 응회암(凝灰岩).
·tuft[tʌft] *n.* Ⓒ (머리털·실 따위의) 술, 타래; 덤불; 꽃[잎]의 송이[덩이]. ― *vt., vi.* (…에) 술을 달다; 송이져 나다. **~·ed**[∠id] *a.* **∠·y** *a.*
Tu Fu[tú: fú:] *n.* (712-770) 두보(杜甫)《중국 당대(唐代)의 시인》.
:tug[tʌg] *vt.* (**-gg-**), *n.* Ⓒ (힘껏) 잡아 당기다[당기기]; (배를) 끌다(tow[1]). ~ ***of war*** 줄다리기; 맹렬한 싸움.
·túg·bòat *n.* Ⓒ 예인선(船).
·tu·i·tion[tju:íʃən] *n.* Ⓤ 교수; 수업료. **~·al, ~·ar·y**[-èri/-əri] *a.*
tu·la·re·mi·a, -rae-[tù:lərí:miə] *n.* 《美》 =RABBIT FEVER.
†tu·lip[tjú:lip] *n.* Ⓒ 〖植〗 튤립.
túlip trèe (북아메리카산) 튤립나무.
tulle[tju:l] *n.* Ⓤ 튤《베일용의 얇은 비단 망사》.
tum[1][tʌm] *n.* Ⓒ (밴조 따위의) 소리.
tum[2] *n.* Ⓒ 《兒·諧》 배(腹).
:tum·ble[tʌ́mbəl] *vi.* ① 구르다, 넘어지다. ② 전락하다; 폭락하다. ③ 뒹굴다; 좌우로 흔들리다; 공중제비를 하다. ④ 《俗》 구르다시피 달려오다[달려나오다](*in, into, out, down, up*). ⑤ 부닥치다, 딱 마주치다(*on, into*). ― *vt.* 넘어뜨리다, 뒤집어엎다, 내동댕이치다, 내던지다, 던져 흩어지게 하다(*out, in, about*); 헝클어[구겨]뜨리다(rumple); 쏘아 떨어뜨리다. ― *n.* Ⓒ 전도(轉倒), 전락; 공중제비, 재주넘기; (a ~) 혼란. ***all in a ~*** 뒤죽박죽이 되어. **-bling** *n.* Ⓤ 텀블링《매트에서 하는 곡예》.
túmble·dòwn *a.* (집이) 찌부러질 듯한; 황폐한.
·tum·bler[-ər] *n.* Ⓒ ① 곡예사; 오뚝이《장난감》. ② 큰 컵 (하나 그득) 《전에는 밑이 튀어나와서 탁자에 놓을 수 없었음》. ③ 공중제비하는 비둘기.
túmble·wèed *n.* Ⓤ 회전초《가을 바람에 쓰러져 날리는 명아주·엉겅퀴 따위의 잡초; 북아메리카산》.
tum·brel[tʌ́mbrəl], **-bril**[-bril] *n.* Ⓒ 비료차; (프랑스 혁명 때의) 사형수 호송차; 〖軍〗 두 바퀴의 탄약차.
tu·me·fy[tjú:məfài] *vi., vt.* 부어[부풀어] 오르(게 하)다. **tu·me·fac·tion**[⌐–fǽkʃən] *n.* Ⓤ 부어오름; Ⓒ 종기.
Tu·men[tú:mʌ́n] *n.* (the ~) 두만강(豆滿江).
tu·mes·cent[tju:mésənt] *a.* 부어오르는; 종창(腫脹)성의. **-cence** *n.*
tu·mid[tjú:mid] *a.* 부은; 과장된. **~·ness, tu·míd·i·ty** *n.*
tum·my[tʌ́mi] *n.* Ⓒ 《兒》 배(腹).

T

túmmy·àche *n.* Ⓤ《口》배앓이, 복통.
túmmy bùtton 《口》배꼽.
tu·mor, 《英》 **-mour**[tjúːmər] *n.* Ⓒ 종창(腫脹), 부기; 종기. **~·ous** *a.* 종양의, 종양 모양의.
***tu·mult**[tjúːmʌlt, -məlt] *n.* Ⓤ,Ⓒ (크게) 떠들썩함; 소동; 혼란; 흥분.
***tu·mul·tu·ous**[tjuːmʌ́ltʃuəs] *a.* 떠들썩한; 흥분한, 혼란한. **~·ly** *ad.* **~·ness** *n.*
tu·mu·lus[tjúːmjələs] *n.* (*pl.* **-li** [-lài]) Ⓒ 고분(古墳).
tun[tʌn] *n., vt.* (**-nn-**) Ⓒ 큰 술통(에 넣다); 턴《액량의 단위(=252갤런)》.
tu·na[tjúːnə] *n.* Ⓒ 다랑어.
tun·a·ble[tjúːnəbəl] *a.* ⇨TUNE.
tun·dra[tʌ́ndrə, tún-] *n.* Ⓤ (북시베리아 등의) 툰드라, 동토대(凍土帶).
:tune[tjuːn] *n.* ① Ⓒ,Ⓤ 곡조, (노래) 곡. ② Ⓤ 장단이 맞음, 조화, 협조. ③ Ⓤ (마음의) 상태, 기분. ***in*** 〔***out of***〕 ~ 장단이 맞아서〔안맞아〕; 사이좋게〔나쁘게〕(***with***). ***sing another*** 〔***a different***〕 ~ 논조〔태도〕를 바꾸다; 갑자기 겸손해지다. ***to the ~ of*** (***fifty dollars***) (50달러)라는 다액의. — *vt.* (악기의) 음조를 맞추다; 조율(調律)하다; 조화시키다(*to*); 《詩》 노래하다. ~ ***to*** (라디오 등) 파장(波長)을 맞추다. ~ ***out*** (라디오 따위를) 끄다. ~ ***up*** (악기의) 음조를 정조(整調)하다; 노래하기〔연주하기〕 시작하다; 《諧》 울기 시작하다. **∠·ful** *a.* 음조가 좋은, 음악적인. **∠·ful·ly** *ad.* **∠·less** *a.* **∠·less·ly** *ad.* **tún(e)·a·ble** *a.* 가락을 맞출 수 있는. **-bly** *ad.*
túned-ín *a.* 《口》 새로운 감각에 통한, 새로운 것을 좋아하는.
tun·er[tjúːnər] *n.* Ⓒ 조율사(師); 〖라디오·TV〗 파장 조정기, 튜너.
túne·smìth *n.* Ⓒ 《美口》 (특히 대중 음악의) 작곡가.
tung[tʌŋ] *n.* (Chin.) =TUNG TREE.
túng òil 동유(桐油). 「스텐.
tung·sten[tʌ́ŋstən] *n.* Ⓤ 〖化〗 텅
túng trèe 유동(油桐)나무.
Tun·gus[tuŋgúz] *n., a.* Ⓒ 퉁구스 사람; Ⓤ 퉁구스어(의); 퉁구스족의.
tu·nic[tjúːnik] *n.* Ⓒ (고대 그리스·로마인의) 소매 짧은 윗도리; 허리에 착달라붙는 여자 저고리; (군인·경관의) 윗옷의 일종; 〖動〗 피막(被膜); 〖植〗 종피(種皮).
tun·ing[tjúːniŋ] *n.* Ⓤ 정조(整調), 조율(調律); 〖컴〗 세부 조정.
túning fòrk 소리굽쇠, 음차(音叉).
Tu·ni·sia[tjuːníː(ː)ʒiə] *n.* 북아프리카의 공화국.
tun·nage[tʌ́nidʒ] *n.* =TONNAGE.
:tun·nel[tʌ́nl] *n., vt., vi.* (《英》 **-ll-**) Ⓒ 터널(을 파다); 지하도.
túnnel dìode 터널 다이오드《터널 효과를 이용한 다이오드》.
túnnel effèct 〖理〗 터널 효과.
tun·ny[tʌ́ni] *n.* Ⓒ 《주로英》 다랑어.
tun·y[tjúːni] *a.* 《英》 음조가 좋은.
tup[tʌp] *n.* Ⓒ ① 《英》 숫양(羊). ② (말뚝박는) 증기 해머의 머리부분.
tu·pe·lo[tjúːpəlòu] *n.* (*pl.* **~s**) Ⓒ (북아메리카산의) 층층나뭇과(科)의 큰 나무; Ⓤ 그 목재《단단함》.
Tu·pi-Gua·ra·ni[tuːpíːgwàːrɑːníː] *n.* Ⓒ,Ⓤ (브라질의) 투피(과라니) 토인(말). 「PENCE.
tup·pence[tʌ́pəns] *n.* 《英》 = TWO-
tup·pen·ny[tʌ́pəni] *a., n.* 《英》 = TWOPENNY.
tuque[tjuːk] *n.* Ⓒ 긴 양말 모양의 털 방한모.
***tur·ban**[tə́ːrbən] *n.* Ⓒ (회교도의) 터번; 터번식 부인 모자. **~ed**[-d] *a.*
tur·bid[tə́ːrbid] *a.* 흐린, 흙탕물의; 어지러운. **tur·bíd·i·ty** *n.*
tur·bi·nate[tə́ːrbənit, -nèit] *a., n.* 나선형의, 소용돌이 모양의; Ⓒ 〖解〗 갑개골(甲介骨)(의). 「빈.
***tur·bine**[tə́ːrbin, -bain] *n.* Ⓒ 터
tur·bo·jet[tə́ːrboudʒèt] *n.* Ⓒ 〖空〗 터보 제트기; =⇧. 「진 엔진.
túrbojet èngine 터빈식 분사 추
tur·bo·lin·er[tə́ːrboulàinər] *n.* Ⓒ 터빈 열차《가스 터빈 엔진을 동력으로 하는 고속 열차》.
túr·bo·prop (èngine)[-pràp(-)/-ɔ̀-] *n.* Ⓒ 〖空〗 터보프롭 엔진.
tur·bot[tə́ːrbət] *n.* (*pl.* **~s,** 《집합적》 ~) Ⓒ 가자미류(類).
***tur·bu·lent**[tə́ːrbjələnt] *a.* (파도·바람이) 거친(furious); 광포한, 소란스러운. **-lence, -len·cy** *n.* **~·ly** *ad.*
tu·reen[tjuríːn] *n.* Ⓒ (뚜껑 달린) 수프 그릇.
turf**[təːrf] *n.* (*pl.* **~s,** 《稀》 ***turves) ① Ⓤ 잔디, 떼. ② Ⓒ 한 장의 뗏장. ③ Ⓤ,Ⓒ 토탄(peat). ④ Ⓤ (the ~) 경마(장). ***on the*** ~ 경마를 업으로 하여. — *vt.* 잔디로 덮다. **∠·man** *n.* Ⓒ 경마팬. **∠·y** *a.*
tur·gid[tə́ːrdʒid] *a.* 부은(swollen); 과장된. **~·ness, tur·gíd·i·ty** *n.*
Turk[təːrk] *n.* Ⓒ 터키인; 난폭자, 개구쟁이.
Turk. Turkey; Turkish.
Tur·ke·stan[tə̀ːrkistǽn, -tɑ́ːn] *n.* 중앙 아시아의 한 지방.
:Tur·key[tə́ːrki] *n.* 터키《공화국》.
:tur·key[tə́ːrki] *n.* ① Ⓒ 칠면조; Ⓤ 그 고기. ② Ⓒ 《俗》 실패; 《美俗》 (영화·연극의) 실패작. ***talk*** (***cold***) ~ 《美俗》 입바른 소리를 하다.
túrkey bùzzard (라틴 아메리카산의) 독수리의 일종《머리가 붉음》.
túrkey còck 수칠면조; 젠체하는 사람. 「=TURQUOISE.
Túrkey stòne 터키석의 일종;
:Turk·ish[tə́ːrkiʃ] *a., n.* Ⓒ 터키(인·식)의; Ⓤ 터키어(의).
Túrkish báth 터키탕. 「제국.
Túrkish Émpire, the 〖史〗 터키
Túrkish tówel 보풀이 긴 타월(천).

T

Tur·ko·man[tə́:rkəmən] *n.* Ⓒ,Ⓤ 투르코만 사람〔말〕.
tur·mer·ic[tə́:rmərik] *n.* Ⓤ (인도산) 심황; 심황 뿌리(의 가루)《조미료·물감용》.
***tur·moil**[tə́:rmɔil] *n.* Ⓤ (a ～) 혼란, 소동.
†**turn**[tə:rn] *vt.* ① 돌리다; (고동을) 틀다. ② (…을) 돌아가다(～ *the corner*). ③ 뒤집다(*back, in, up*); (책장을) 넘기다; 뒤집어 엎다. ④ 튀겨 보내다, 받아 막다(～ *a punch*). ⑤ 향하게 하다, 바꾸다(～ *water into ice*). ⑥ 번역하다. ⑦ 나쁘게 하다, (음식 따위를) 시게〔상하게〕하다(～ *his stomach* 메스껍게 하다/*Warm weather will* ～ *milk.*). ⑧ 돌게 만들다(*His head is* ～*ed.* 머리가 돌았다). ⑨ (선반·녹로 따위로) 갈리다; 형(形)을 만들다(*Her person is well* ～*ed.* 모습이 아름답다). ⑩ 생각해〔짜〕내다, 그럴듯하게 표현하다(*She can* ～ *pretty compliments.* 겉발림말을 잘 한다). ⑪ 넘기다, 지나다(*He has* ～*ed his fourteenth year.* 저 앤 벌써 14세다/*I'm* ～*ed of forty.* 사십고개를 넘었다). ― *vi.* ① 돌다, 회전하다. ② 구르다, 뒹굴다; 굼틀대다(*A worm will* ～.《속담》지렁이도 밟으면 꿈틀한다). ③ 방향을 바꾸다, 전향하다; 뒤돌아 보다. ④ 돌다, 구부러지다(～ *to the left*); 되돌아가다. ⑤ 기울다, 의지하다(*to*); …에 의하다(depend)(*on*). ⑥ 변하다, 일변〔역전〕하다; 단풍이 들다;《보어와 함께》…으로 변하다, …이 되다(*She* ～*ed pale.*). ⑦ (머리가) 어찔어찔하다, 핑 돌다; (속이) 메스껍다. ⑧ 선반(旋盤)을 돌리다; (선반으로 …이) 깎여지다, 만들어지다. ***make*** (*a person*) ～ ***in his grave*** 지하에서 편히 잠들지 못하게 하다〔슬퍼하게 만들다〕. ～ ***about*** 뒤돌아 보다; 방향을 바꾸다〔돌리다〕. ～ ***against*** 반항하다, 싫어하다. ～ (*a person*) ***round one's finger*** 제마음대로 다루다. ～ ***aside*** 비키다, 옆으로 피하다; 빗나가다; 외면하다. ～ ***away*** (얼굴을) 돌리다; 쫓아버리다; 해고하다; 피하다. ～ ***down*** 뒤집다, 접다; 엎어 놓다; (가스불 따위를) 낮추다, (라디오 소리를) 작게 하다; 거절하다. ～ ***in*** 안쪽으로 구부러지다〔구부리다, 향하(게 하)다〕; 들이다;《口》잠자리에 들다; 접어 넣다;《美》제출하다. ～ ***loose*** (풀어서) 놓아주다. ～ ***off*** (고동·스위치를 틀어) 멈추게 하다, 끄다; (이야기를) 딴 데로 돌리다;《주로 英》해고하다; 옆길로 들어서다, (길이) 갈라지다. ～ ***on*** (고동·스위치를 틀어) 나오게 하다, 켜다; (…에) 적대하다; (이야기가) …으로 돌아가다; …여하에 달리다(*on*). ～ ***out*** 밖으로 구부러지다〔구부리다, 향하(게 하)다〕; 뒤집다; 스트라이크를 시작하다;《口》잠자리에서 나오다; 외출〔출근〕하다; 결과가 …이 되다, …으로 판명되다(prove)(*to be; that*); 내쫓다, 해고하다; (속에 있는 물건을) 내놓다; 폭로하다; 만들어내다, 생산하다; 차려입히다, 성장(盛裝)시키다(fit out). ～ ***over*** 뒹굴리다, 돌아눕다; 넘어뜨리다; 인도(引渡)하다; (책장을) 넘기다; (…만큼의) 거래를 하다; (자금을) 회전시키다, 운전하다; 전업(轉業)하다; 숙고(熟考)하다. ～ ***round*** 기항(寄港)하다. ～ ***to*** …이 되다; 조회하다, 조사하다(refer to); …에게 조력을 구하다; 일을 착수하(게 하)다; (페이지를) 펴다(*Please* ～ *to page 10.*). ～ ***up*** 위로 구부러지(게 하)다〔향(하 게)하다〕; 위를 보(게 하)다; 나타나다, 생기다; 일어나다; 접어 줄이다; (가스불 따위를) 세게 하다, (라디오 소리를) 크게 하다; (엎어놓은 트럼프 패를) 뒤집다; 파뒤집다, 찾아내다;《口》구역질나게 하다. ～ ***upon*** (…의) 여하에 달리다; …을 적대(敵對)하다. ― *n.* Ⓒ ① 회전; 전향, 빗나감; 구부러짐, 모퉁이, 비틀림. ② 말투. ③ (a ～) 변화, 변화점. ④ 순번, 차례. ⑤ (a ～) 경향, 기질. ⑥ 모양, 형. ⑦ 한 바탕의 일, 한 판, 한 바퀴 돌기, 한 차례의 놀이, 산책, (연극·쇼의) 한 차례. ⑧ (새끼 등의) 한 사리. ⑨ 행위(*a good* 〔*an ill*〕 ～)(*to*). ⑩《口》놀람; 어지러움. ⑪【印】복자(伏字). ⑫ (*pl.*) 경도, 월경. ⑬【樂】돈꾸밈임. ***About*** 〔***Left***〕 ～*!* 뒤로 돌아〔좌향좌〕. ***at every*** ～ 어느 곳에나, 언제든지. ***by*** ～***s*** 교대로, 번갈아. ***give*** (*a person*) ***a*** ～ 놀라게하다. ***in*** ～ 차례로. ***on the*** ～《口》변하기 시작하여. ***out of*** (***one's***) ～ 순서없이, 순서에 어긋나게; 제가 나설 계제가 아닌데도《말참견하다, 따위》. ***serve one's*** ～ 소용〔도움〕이 되다. ***take a favorable*** ～ 차도가 있다. ***take*** ～***s*** 교대로 하다. ***to a*** ～ 알맞게《구워진 불고기 따위》, 충분히. ～ ***and*** ～ ***about*** 돌아가며, 윤번으로. ～ ***of speed*** 속력.
túrn·abòut *n.* Ⓒ 방향 전환; 변절, 전향; 회전 목마.
túrn·aròund *n.* Ⓒ 전환; 전향, 변절; (배 따위의) 왕복 시간.
túrnaround tìme【컴】회송 시간《일(job)을 제출하고 부터 완전한 출력이 반송되기까지의 경과 시간》.
túrn·bùckle *n.* Ⓒ 나사 조이개, 턴버클.
túrn·còat *n.* Ⓒ 변절자.
túrn·dòwn *a.* 접어 젖힌 깃의.
turned[tə:rnd] *a.* 녹로로 세공한.
turn·er[⌐ər] *n.* Ⓒ 선반공; 갈이장이. ～**·y** *n.* Ⓤ 녹로 세공, 갈이질.
‡**turn·ing**[⌐iŋ] *n.* ① Ⓤ 회전, 선회; 변절; 변화; Ⓒ 굴곡. ② Ⓤ 녹로〔선반〕세공.
túrning pòint 변환점, 전(환)기; 위기.
***tur·nip**[tə́:rnip] *n.* Ⓒ【植】순무.
túrnip·tòps *n. pl.* 순무의 잎.
túrn·kèy *n.* Ⓒ 교도관.
túrnkey sỳstem【컴】일괄 공급 체계.
túrn·òn *n.* Ⓤ (환각제 등에 의한)

도취《상태》; 흥분〔자극〕시키는 것.
***túrn·òut** *n.* Ⓒ ① 《집합적》 (구경·행렬 따위에) 나온 사람들; 출석자. ② 대피선. ③ 생산액, 산출고. ④ 《英》 동맹 파업(자). ⑤ 《口》 마차와 구종. ⑥ 채비.
túrn·òver *n.* Ⓒ 전복; 접은 것; (노동자의) 인사 이동(異動)·배치 전환; 투하 자본 회전(율); (일기(一期)의) 총매상고. — *a.* 접어 젖힌《칼라 따위》.
***túrn·pìke** *n.* Ⓒ 유료 도로, 통행료를 받는 문〔길〕.
túrn·plàte *n.* 《英》 =TURNTABLE.
túrn-ròund *n.* Ⓒ 반환 지점; 안팎 겸용 옷.
túrn·screw *n.* Ⓒ 《주로 英》 나사돌리개, 드라이버.
túrn sìgnal (lìght) 방향 지시등.
túrn·spit *n.* Ⓒ 산적 꼬챙이를 돌리는 사람; 턴스피트종의 개.
túrn·stìle *n.* Ⓒ 회전식 문.
túrn·stòne *n.* Ⓒ 꼬마물떼새.
túrn·tàble *n.* Ⓒ 〖鐵〗 전차대(轉車臺); (축음기) 회전반.
túrn·ùp *n., a.* Ⓒ 뜻밖에 나타난 사람; 돌발 사건; 《英口》 격투; 《英》 (바지 따위의) 접어 올린 (부분).
***tur·pen·tine**[tə́ːrpəntàin] *n., vt.* Ⓤ 테레빈; 테레빈유(油)(를 바르다).
tur·pi·tude[tə́ːrpətjùːd] *n.* Ⓤ 비열, 배덕(背德).
tur·quoise[tə́ːrkwɔiz] *n., a.* Ⓤ,Ⓒ 터키옥(玉)《보석》; 청록색(의).
***tur·ret**[tə́ːrit, tʌ́r-] *n.* Ⓒ ① (성벽의) 작은 탑, 망루; (선회) 포탑(砲塔). ② (전투기의) 조종석.
:tur·tle[tə́ːrtl] *n.* Ⓒ 바다거북; =∠ **dòve** 〖鳥〗 호도애. ***turn*** **~** (배 따위가) 뒤집히다.
túrtle·nèck *n.* Ⓒ (스웨터 따위의) 터틀넥; 터틀넥 스웨터.
túrtle shèll 별갑(鱉甲).
Tus·can[tʌ́skən] *a., n.* 토스카나(Tuscany)의; (기둥이) 토스카나식인; Ⓒ 토스카나 사람(의); Ⓤ 토스카나 말(의).
Tus·ca·ny[tʌ́skəni] *n.* 토스카나《이탈리아 중부의 지방》.
tush[tʌʃ] *int., vi.* 체! (하다).
tusk[tʌsk] *n., vt.* Ⓒ (긴) 엄니(로 찌르다).
tus·sah[tʌ́sə] *n.* Ⓒ 멧누에; Ⓤ 멧누에 명주〔실〕.
tus·sive[tʌ́siv] *a.* 〖醫〗 기침의, 기침에 의한.
tus·sle[tʌ́səl] *n., vi.* Ⓒ 격투(하다).
tus·sock[tʌ́sək] *n.* Ⓒ 풀숲, 덤불; 더부룩한 털.
tus·sore[tʌ́sɔːr] *n.* =TUSSAH.
tut[tʌt, ɿ] *int.* 체! — [tʌt] *vi.* (*-tt-*) 혀를 차다.
tu·te·lage[tjúːtəlidʒ] *n.* Ⓤ 보호〔감독〕(받음), 후견(後見)(guardianship); 교육, 지도; 피(被)후견.
tu·te·lar[tjúːtələr], **-lar·y**[-lèri/-ləri] *a., n.* 보호하는; 후견인의; Ⓒ 수호신.
:tu·tor[tjúːtər] *n.* (*fem.* **~ess**) Ⓒ 가정 교사; 《英》 (대학·고교의) 개인 지도 교사《보통 fellow가 담당》; 〖美大學〗 강사《instructor의 아래》; 〖法〗 후견인. — *vt., vi.* 가정 교사로서 가르치다; (학생을) 지도하다; 개인 지도 교사 노릇을 하다; 억제하다; 《美口》 개인 교수를 받다. **~·age, ~·ship**[-ʃip] *n.*
tu·to·ri·al[tjuːtɔ́ːriəl] *a.* tutor의. — *n.* Ⓒ ① (대학에서 tutor에 의한) 특별지도 시간〔학급〕. ② 〖컴〗 지침(서).
tutórial prògram 〖컴〗 지침프로그램《사용법·새로운 기능 등을 파악할 수 있게 만든 프로그램》.
tut·ti-frut·ti[túːtifrúːti] *n.* (It. =all fruits) Ⓤ,Ⓒ 설탕에 절인 과일(을 넣은 아이스크림).
tu·tu[túːtuː] *n.* (F.) Ⓒ 튀튀《발레용 짧은 스커트》.
tux[tʌks] *n.* 《美口》 =⇩.
tux·e·do[tʌksíːdou] *n.* (*pl.* **~(*e*)*s*** [-z]) Ⓒ 《美》 턱시도《남자의 약식 야회복》.
:TV[tíːvíː] *n.* Ⓒ 텔레비전.
TVA Tennessee Valley Authority.
TV dínner 텔레비전 식품《가열만 하면 먹을 수 있는 냉동 식품》.
TWA Trans-World Airlines.
twad·dle[twɑ́dəl/-ɔ́-] *n., vi.* Ⓤ 객적은 소리(하다).
Twain[twein], **Mark**(1835-1910) 미국의 소설가《Samuel Langhorne Clemens의 필명》.
twain[twein] *n., a.* 《古·詩》 = TWO.
twang[twæŋ] *n., vt., vi.* Ⓒ 현(弦)의 소리, 팅 (울리게 하다, 울리다); 콧소리(로 말하다).
'twas[twɑz/-ɔ-] 《詩·古》 =it was.
tweak[twiːk] *n., vt.* Ⓒ 비틀기, 꼬집다; 왈칵〔홱〕 당김〔당기다〕; (마음의) 동요, 고통.
twee[twiː] *a.* 《英俗》 귀여운.
***tweed**[twiːd] *n.* Ⓤ 트위드《스카치 나사(羅紗)》; (*pl.*) 트위드 옷.
'tween [twiːn] *prep.* 《詩》 = BETWEEN.
tween·y[twíːni] *n.* Ⓒ 《英口》 잡일 맡아 보는 하녀.
tweet[twiːt] *n., int., vi.* Ⓒ 짹짹(울다); 지저귀는 소리. **~·er**[∠ər] *n.* Ⓒ 고음(高音) 스피커.
tweez·ers[twíːzərz] *n. pl.* 족집게, 핀셋.
†twelfth[twelfθ] *n., a.* Ⓤ (보통 the ~) 제12(의); Ⓒ 12분의 1(의).
Twélfth Dày 주현절(Epiphany)《1월 6일; 크리스마스 후 12일째》.
Twélfth Nìght 주현절의 전야제《1월 5일》.
†twelve[twelv] *n., a.* Ⓤ,Ⓒ 12(의). ***the T-*** (예수의) 12사도. **∠·fòld** *ad., a.* 12배(의).
twelve·mo[∠mòu] *n.* =DUODECIMO.
twélve·mònth *n.* Ⓤ 12개월, 1년.
Twélve Tábles, the ⇨TABLE.

twélve-tóne *a.* 〖樂〗 12음(조직)의 (dodecaphonic).

†**twen·ty**[twénti] *n., a.* U,C 20(의).

*__twen·ti·eth__[-iθ] *n., a.* U (보통 the ~) 제 20(의), 스무번째(의); C 20분의 1(의).

'**twere**[twəːr] 《古·詩》 =it were.

twerp[twəːrp] *n.* C 《俗》 너절한 놈.

TWI, T.W.I. Training within Industry 기업내 (감독자) 훈련.

:**twice**[twais] *ad.* 두 번, 2회; 2배로[만큼]. ***think*** ~ 재고[숙고]하다.

twic·er[twáisər] *n.* C 《濠俗》 나쁜 놈; 배신자.

twíce-tóld *a.* 두 번 이야기한; 구문의, 진부한(~ *tales* 고담(古談), 옛날 이야기).

twid·dle[twídl] *vt., vi., n.* 만지작거리다, 가지고 놀다(*with*); (a ~) 가지고 놀기. ~ [***twirl***] ***one's thumbs*** (지루하여) 양손의 엄지손가락을 빙빙 돌리다.

:**twig**[1][twig] *n.* C 잔 가지, 가는 가지. ***hop the*** ~ 《俗》 갑작스레 죽다.

twig[2] *vt., vi.* (**-gg-**) 《英俗》 이해하다, 알다; 깨닫다, 알아차리다.

:**twi·light**[twáilàit] *n.* U 어둑새벽, 여명; 황혼, 땅거미; 희미한 빛, 여명기(期). — *a., vt.* 어스레하게 밝은 [밝히다].

twílight slèep (무통 분만법의) 반(半)마취 상태.

twílight zòne 중간 지대, 경계 영역; 도시의 노후화 지역.

twill[twil] *n.* U 능직(綾織), 능직물. ~**ed**[-d] *a.* 능직의.

'**twill**[twil, 弱 twəl] 《古·詩》 =it will.

:**twin**[twin] *a., n.* C 쌍둥이의 (한 사람); 닮은 (것); (*pl.*) 쌍둥이; (the Twins) 《단수 취급》 〖天〗 쌍둥이자리. — *vt., vi.* (**-nn-**) 쌍둥이를 낳다; 《廢》 짝을 이루다(*with*).

twín béd 트윈베드《둘을 합치면 더블베드가 됨》.

Twín Cíties 《美》 Minnesota 주의 미시시피강을 사이에 둔 St. Paul과 Minneapolis 시.

*__twine__[twain] *n., vt., vi.* U 끈실; (실을) 꼬다, 꼬기; (사리어) 감기[감다]; 얽힘, 얽히다.

twín-éngined *a.* (비행기가) 쌍발의.

twinge[twindʒ] *n., vi., vt.* C 쑤시는 듯한 아픔; 쑤시듯이 아프(게 하)다 쑤시다.

:**twin·kle**[twíŋkəl] *vi., vt., n.* 빤짝빤짝 빛나(게 하)다; (눈을) 깜빡거리다; (*sing.*) 빤짝임, 깜짝임; 깜빡할 사이. **twín·kling** *a., n.*

twín sèt 《英》 cardigan과 pullover의 앙상블《여자용》.

twín tòwns 자매 도시.

twín-tráck *a.* 두 방식[입장·조건·부분]으로 된.

*__twirl__[twəːrl] *vt., vi.* 빙글빙글 돌(리)다, 손끝으로 이리저리 만지작거리다. ~ ***one's thumbs*** ⇨TWIDDLE. — *n.* C ① 회전; 빙글빙글 돌리기. ② (펜의) 장식 글씨. ∠·**er** *n.* C 배턴걸《고적대의 선두에서 지휘봉을 돌리는 사람》.

twirp[twəːrp] *n.* =TWERP.

:**twist**[twist] *vt., vi.* ① 비틀(리)다; 꼬(이)다; 감(기)다. ② 구부리다, 구부러지다. ③ 나사 모양으로 만들다, 소용돌이치다. ④ (*vt.*) 곡해하다, 억지로 갖다 붙이다; 왜곡하여 말하다 (misrepresent). ⑤ 누비고 나아가다. ~ ***off*** 비틀어 떼다. ~ ***up*** 꼬다, (종이 등을) 나사 모양으로 꼬다. — *n.* ① C 뒤틀림, 꼬임, 비틀림. ② C 꼰 실, 새끼, 끈; 꽈배기 빵. ③ C (성격의) 비꼬임, 기벽(奇癖), 괴팍함(kink); 《英口》 사기. ④ U 《英》 혼합주; (the ~); 트위스트(춤). ∠·**er** *n.* C (새끼 따위를) 꼬는[비트는] 사람; 실꼬는 기계; 견강부회하는 사람; 《주로 英》 부정직한 사람; 〖球技〗 곡구(曲球); 《美》 회오리바람.

twis·ty[twísti] *a.* ① (길 따위가) 구불구불한. ② 부정직한.

twit[twit] *n., vt.* (**-tt-**) C 문책(하다), 힐책(하다); 조소(하다)(taunt).

*__twitch__[twitʃ] *vt., vi., n.* C 홱 잡아 당기다[당기기]; 씰룩씰룩 움직이(게 하)다; 경련(하다, 시키다); (*vt.*) 잡아채다(*off*). ∠·**ing**(·**ly**) *a.* (*ad.*)

*__twit·ter__[twítər] *n., vi., vt.* U (보통 the ~) 지저귐, 지저귀다; C 벌벌 떨다[떪]; 킥킥 웃다[웃음]; 안절부절 못함[못하다]; (*vi.*) 지저귀듯이 재잘거리다.

'**twixt**[twikst] *prep.* 《古·詩·方》 = BETWIXT.

†**two**[tuː] *n., a.* U,C 2(의), C 두 개[사람](의). ***a day or*** ~ 하루이틀. ***by*** ~***s and threes*** 드문드문, 삼삼오오. ***in*** ~ 두 동강으로. ***in*** ~***s*** 《俗》 곧, 순식간에. ***put*** ~ ***and*** ~ ***together*** 이것 저것 종합하여 생각하다, 결론을 내다. ***That makes*** ~ ***of us.*** 《口》 나도 마찬가지다. ~ ***and*** ~, or ~ ***by*** ~ 둘씩. ***T- can play at that game.*** (그렇다면) 이쪽에도 각오가 있다, 반드시 그 (앙)갚음을 한다.

twó-bàgger *n.* 《野俗》 =⇩.

twó-base hít 〖野〗 2루타.

twó-bìt *a.* 《美俗》 25센트의; 근소한, 보잘것 없는.

twó-by-fòur *a., n.* 가로 2인치[피트] 세로 4인치[피트]의; 《美口》 좁은, 《俗》 작은; C 폭 4인치 두께 2인치의 널.

twó cénts 《美口》 하찮은 것, 시시한 것.

twó cénts wòrth (보통 one's ~) (자기의) 의견.

twó-diménsional *a.* 2차원의; 평면적인, 깊이 없는(~ *array* 〖컴〗 2차원 배열).

twó-édged *a.* =DOUBLE-EDGED.

twó-fáced *a.* =DOUBLE-FACED.

two·fer[∠fər] *n.* Ⓒ《美口》(극장 등의) 반액 할인권.
twó-físted *a.* 양주먹을 쓸 수 있는;《美口》강한, 정력적인.
twó·fòld *a., ad.* 두 배의〔로〕, 2중의〔으로〕; 두 부분이〔요소가〕있는.
twó-fóur *a.*〖樂〗4분의 2박자의.
twó-hánded *a.* 양손이 있는, 양손을 쓸 수 있는; 2인용의.
two·pence[tʌ́pəns] *n.*《英》Ⓤ 2펜스; Ⓒ 2펜스 은화.
two·pen·ny[tʌ́pəni] *a., n.*《英》2펜스의, 싸구려의; Ⓤ《英》맥주의 일종; Ⓒ《英俗》머리(*Tuck in your* ~! 머리를 더 숙여라《등넘기놀이에서》).
「싸구려의.
twópenny-hálfpenny *a.* 하찮은,
twó-píece *n., a.* Ⓒ 투피스(의).
twó-plý *a.* 두 겹으로 짠; (실이) 두 겹인.
twó-séater *n.* Ⓒ 2인승 비행기〔자동차〕.
twó-síded *a.* 양면이〔표리가〕있는.
two·some[∠səm] *n.* Ⓒ (보통 *sing.*) 둘이 하는 경기〔댄스〕.
twó·stèp *n.* Ⓒ 2박자의 사교 댄스; 그 곡.
twó-tìme *vt., vi.*《俗》배신하다, 속이다《특히 남편, 아내, 애인을》.
twó-tóne *a.* 두 색의《같은 또는 다른 계통의 색을 배열한》.
twó-wáy *a.* 두 길의; 양면 교통의; 상호적인; 송수신 겸용의.
'twould[twud] =it would.
TWX teletypewriter exchange.
-ty[ti] *suf.* '십(十)'의 뜻(six*ty*).
Ty. Territory.
ty·coon[taikúːn] *n.* (Jap.) Ⓒ《美》실업계의 거물.
:ty·ing[táiiŋ] *v.* tie의 현재 분사. — *n.* Ⓒ 매듭; Ⓤ 매는(tie) 일.
tyke[taik] *n.* Ⓒ 똥개(dur); 개구쟁이, 아이.
tym·pa·ni[tímpəni] *n. pl.* = TIMPANI.
tym·pan·ic[timpǽnik] *a.* 고막〔중이(中耳)〕의.
tympánic mémbrane 고막.
tym·pa·nist [tímpənist] *n.* = TIMPANIST.
tym·pa·ni·tes[tìmpənáitiːz] *n.* Ⓤ〖醫〗고창(鼓脹).
tym·pa·ni·tis[tìmpənáitis] *n.* Ⓤ 중이염(中耳炎).
tym·pa·num[tímpənəm] *n.* (*pl.* ~*s*, *-na*[-nə]) Ⓒ〖解〗고막, 중이(中耳); 큰 북;〖建〗(gable과 현관 위쪽 사이 따위의) 삼각형의 작은 면.
Tyn·dale[tíndəl], **William** (1492?-1536) 영국의 종교 개혁가《신약 성서를 영역(1526), 이것은 A.V.의 모체가 되었음》.
Tyne and Wear[táinənd wíər] 영국 북동부의 주《1974년 신설》.
†type[taip] *n.* ① Ⓒ 형(型), 유형; 양식(style). ② Ⓒ 전형, 견본, 모범; 실례(가 되는 물건·사람). ③ Ⓒ 표, 부호, 상징. ④ Ⓤ,Ⓒ 활자, 자체(字體). ⑤ Ⓒ 혈액형. ⑥ Ⓒ〖컴〗꼴, 유형, 타입. ***in*** ~ 활자로 짠〔짜서〕. ***set*** ~ 조판하다. — *vt.* 타이프라이터로 찍다(typewrite); (혈액)형을 검사하다;《稀》상징하다; (…의) 전형이 되다.
týpe·càst *vt.* (~(*ed*)) (극중 인물의 신장·목소리 따위에 맞는) 배우를 배역하다.
týpe fòunder 활자 주조공〔업자〕.
týpe mètal 활자 합금.
týpe·sètter *n.* Ⓒ 식자공.
týpe·wrìte *vt.* (*-wrote; -written*) 타이프라이터로 찍다〔치다〕. **-wrìting** *n.* Ⓤ 타이프라이터 사용(법). **:-wrìter** *n.* Ⓒ 타이프라이터; = TYPIST.
-wrìtten *a.* 타이프라이터로 찍은.
typh·li·tis[tifláitis] *n.* Ⓤ 맹장염.
·ty·phoid[táifɔid] *a., n.* Ⓤ 장티푸스(의)〔같은〕; =∠ **féver** 장티푸스.
:ty·phoon[taifúːn] *n.* Ⓒ 태풍.
ty·phus[táifəs] *n.* Ⓤ 발진티푸스.
:typ·i·cal[típikəl] *a.* 전형적인; 대표적인; 상징적인(*of*); 특징 있는(*of*). ~**·ly** *ad.*
typ·i·fy[típəfài] *vt.* 대표하다; (…의) 전형이 되다; 상징하다; 예시(豫示)하다(foreshadow).
typ·ing[táipiŋ] *n.* Ⓤ 타이프라이터 치기〔사용법〕.
:typ·ist[táipist] *n.* Ⓒ 타이피스트.
ty·po[táipou] *n.* (*pl.* ~*s*) Ⓒ《口》오식(誤植)《*typo*graphic error의 단축형》.
ty·pog·ra·pher[taipágrəfər/-ɔ́-] *n.* Ⓒ 인쇄공, 식자공.
ty·po·graph·ic [tàipəgrǽfik], **-i·cal**[-əl] *a.* 인쇄(상)의(*typographic errors* 오식(誤植)).
ty·pog·ra·phy[taipágrəfi/-ɔ́-] *n.* Ⓤ 인쇄(술).
ty·pol·o·gy[taipálədʒi/-ɔ́-] *n.* Ⓤ 유형학(類型學); 활자〔인쇄〕학.
Tyr[tiər] *n.*〖北歐神話〗Odin의 아들, 승리의 신.
ty·ran·nic[tirǽnik, tai-], **-ni·cal**[-əl] *a.* 포학한, 무도한; 압제적인. ~**·ly** *ad.*
ty·ran·ni·cide[tirǽnəsàid, tai-] *n.* Ⓤ 폭군 살해; Ⓒ 폭군 살해자.
tyr·an·nize[tírənàiz] *vi., vt.* 학정〔폭정〕을 행하다, 학대하다(*over*).
ty·ran·no·saur [tirǽnəsɔ̀ːr] **-sau·rus**[tirǽnəsɔ́ːrəs] *n.* Ⓒ 육식 공룡(肉食恐龍)의 하나.
tyr·an·nous[tírənəs] *a.* 포악한, 폭군적인. ~**·ly** *ad.*
:tyr·an·ny[tírəni] *n.* ① Ⓤ,Ⓒ 전체 정치, 폭정. ② Ⓤ 포학, 학대; Ⓒ 포학한 행위. ③ Ⓤ〖그史〗참주(僭主)정치(cf. tyrant).
:ty·rant[táiərənt] *n.* Ⓒ ①〖그史〗참주(僭主)《전제 군주; 선정을 베푼이도 있었음》. ② 폭군.
Tyre[taiər] *n.* 고대 페니키아의 도시《부유함과 악덕으로 유명했음》. **Tyr·i·an**[tíriən] *a., n.*
tyre[taiər] *n., v.*《英》=TIRE[2].

ty·ro[táiərou] *n.* (*pl.* **~s**) Ⓒ 초심자; 신참자.
Tyr·ol[táiroul, tairóul, tiróul] *n.* (the ~) 알프스 산맥 중의 한 지방. **Tyr·o·lese**[tìrəlí:z], **Ty·ro·le·an** [tiróuliən] *a., n.*
tzar[zɑ:r, tsɑ:r], **tza·ri·na**[zɑ:rí:nə, tsɑ:-], **&c.** =CZAR, CZARINA, &c. 「(FLY).
tzét·ze (flỳ) [tsétsi(-)] *n.*=TSETSE

U

U, u [ju:] *n.* (*pl.* ***U's, u's***[-z]) Ⓒ U자형의 물건.
U 〖化〗 uranium. **UAM** underwater-to-air missile. **U.A.R.** United Arab Republic.
UAW 《美》 United Automobile Workers.
Über·mensch[ý:bərmènʃ] *n.* (G.) Ⓒ 초인(超人).
u·biq·ui·tous [ju:bíkwətəs] *a.* (동시에) 도처에 있는, 편재(遍在)하는; 《戱》 여기저기 모습을 나타내는. **-ui·ty** *n.* Ⓤ,Ⓒ 동시 편재(의 능력).
Ú-bòat *n.* Ⓒ U보트《제1·2차 대전 중의 독일 잠수함》.
Ú bòlt U자형 볼트. 「용).
u.c. upper case 〖印〗 대문자 (사
ud·der[ʌ́dər] *n.* Ⓒ (소·염소 등의) 젖통.
u·dom·e·ter[ju:dámitər/-dɔ́m-] *n.* Ⓒ 우량계(雨量計).
UFO, U.F.O.[jú:fou, jú:èfóu] *n.* Ⓒ 미확인 비행 물체(<*u*nidentified *f*lying *o*bject)(cf. flying saucer).
u·fol·o·gist[ju:fálədʒist/-fɔ́l-] *n.* Ⓒ UFO 연구가.
u·fol·o·gy[ju:fálədʒi/-ɔ́-] *n.* Ⓤ 미확인 비행 물체학.
U·gan·da[*j*u:gǽndə] *n.* 아프리카 동부의 공화국.
ugh[u:x, ʌx, ʌ] *int.* 억!; 윽!《혐오·공포 따위를 나타내는 소리》.
:ug·ly[ʌ́gli] *a.* ① 추한; 못생긴. ② 불쾌한, 지겨운. ③ (날씨가) 잔뜩 찌푸린, 험악한; 위험한. ④ 《美口》 심술궂은, 괴까다로운, 싸우기 좋아하는. ── *n.* Ⓒ 추한 것; 추남, 추녀; 《英》 (19세기에 유행한) 여자 모자의 챙. **úg·li·ly** *ad.* **úg·li·ness** *n.*
úgly cústomer 귀찮은 녀석, 성가신 놈, 말썽꾸러기.
úgly dúckling 미운 오리새끼《처음 집안 식구로부터 못난이 취급받다가 후에 잘되는 아이》.
uh[ʌ, ə] *int.* ① =HUH. ② 어어, 저《다음 말을 꺼내기 전에 내는 무의미한 발성; cf. huh》.
UHF, uhf 〖컴〗 ultrahigh frequency. **U.K.** United Kingdom (of Great Britain and Northern Ireland). **U.K.A.E.A.** United Kingdom Atomic Energy Authority.
u·kase [jú:keis, -keiz, ─ ́] *n.* Ⓒ (제정 러시아의) 칙령(勅令); 《一般》 (정부의) 법령, 포고.
U·kraine [ju:kréin, -kráin] *n.* 우크라이나《독립국 연합내의 한 공화국》.
u·ku·le·le[jù:kəléili] *n.* Ⓒ 우쿨렐레《기타 비슷한 4현(弦) 악기》.
ul·cer[ʌ́lsər] *n.* Ⓒ 〖醫〗 궤양; 병폐, 폐해. **~·ate**[-èit] *vi., vt.* 궤양이 생기(게 하)다, 궤양화(化)하다. **~·a·tion**[ˏ─éiʃən] *n.* Ⓤ 궤양. **~·ous** *a.* 궤양성의, 궤양에 걸린.
ul·lage[ʌ́lidʒ] *n.* Ⓤ 〖商〗 누손(漏損)량, 부족량《통·병 따위 액체의 누출·증발로 인한》.
ul·na[ʌ́lnə] *n.* (*pl.* **-nae** [-ni:], **~s**) Ⓒ 〖解〗 척골(尺骨). **ul·nar** [-*r*] *a.* 척골의.
Ul·ster[ʌ́lstər] *n.* 아일랜드의 한 주(州)의 옛이름; (현재는) 아일랜드 공화국 북부의 한 주; Ⓒ (u-) 얼스터 외투《품이 넓은 긴 외투》.
ult. ultimate(ly); ultimo.
ul·te·ri·or[ʌltíəriər] *a.* 저쪽의; 장래의, 금후의; (표면에) 나타나지 않은, (마음) 속의, 이면(裏面)의.
ul·ti·ma[ʌ́ltəmə] *n.* Ⓒ 〖文〗 끝음절. ── *a.* 최후의; 가장 먼.
:ul·ti·mate[ʌ́ltəmit] *a.* 최후의, 궁극적인; 최종적인; 본원적인, 근본의; 가장 먼. ── *n.* Ⓒ 최종점, 결론. ***in the ~*** 최후로. ***~·ly** *ad.* 최후로, 결국. 「석.
últimate análysis 〖化〗 원소 분
últimate constítuent 〖言〗 종극 구성 요소《더 이상 세분될 수 없는》.
ul·ti·ma Thu·le[ʌ́ltimə θjú:li(:)] (L.) 극한; 세계의 끝, 최북단.
***ul·ti·ma·tum**[ʌ̀ltəméitəm] *n.* (*pl.* **~s, -ta**[-tə]) Ⓒ 최후의 말〔제의·조건〕, 최후 통고〔통첩〕.
ul·ti·mo [ʌ́ltəmòu] *a.* 지난 달의《생략 ult.》.
ul·tra[ʌ́ltrə] *a.* 과격〔과도〕한, 극단의. ── *n.* Ⓒ 과격〔급진〕론자.
ul·tra-[ʌ́ltrə] *pref.* '극단으로, 초(超), 과(過)' 따위의 뜻.
ùltra·céntrifuge *n., vt.* Ⓒ 〖理〗 초원심 분리기(에 걸다).
ùltra·fáshionable *a.* 극단으로 유행을 좇는.
últra·high fréquency 〖電〗 극초단파《생략 UHF, uhf》.
ul·tra·ism[ʌ́ltrəìzəm] *n.* Ⓤ 과격론, 극단주의.
ul·tra·ma·rine [ʌ̀ltrəmərí:n] *a.* 해외의(overseas); 감청색(紺青色)의. ── *n.* Ⓤ 감청색; 울트라마린《감

청색 그림물감》.
ùltra·míčroscope *n.* Ⓒ 〖光〗 한외(限外)〔초〕현미경.
ùltra·módern *a.* 초현대적인.
ul·tra·mon·tane [ʌ̀ltrəmɑntéin/-mɔn-] *a., n.* 산 저쪽의; 알프스 남방의; 이탈리아의; 교황 절대권의; (U-) Ⓒ 교황 절대권론자.
ùltra·nátionalism *n.* Ⓤ 초(超)국가주의. **-ist** *n.*
ùltra·réd *a.* 적외선의(infrared).
ùltra·shórt *a.* 〖無電〗 초단파의.
ùltra·sónic *a.* 〖理〗 초음파의《매초 2만회 이상으로 사람 귀에 들리지 않음》. 「波學).
ùltra·sónics *n.* Ⓤ 초음파학(超音
últra·sound *n.* Ⓤ 〖理〗 초음파.
ùltra·víolet *a.* 자외(紫外)(cf. infrared). — *n.* Ⓤ 자외선. ~ ***rays*** 자외선.
U·lys·ses [ju(ː)lísiːz, ⌐—⌐] *n.* 〖그神〗 Ithaca의 왕《Homer의 시 *Odyssey*의 주인공》.
um·bel [ʌ́mbəl] *n.* Ⓒ 〖植〗 산형(繖形) 꽃차례.
um·ber [ʌ́mbər] *n.* Ⓤ 엄버《천연 안료(顔料); 원래는 갈색, 태우면 밤색이 됨》; 갈색, 암갈색, 밤색. — *a.* (암)갈색의.
um·bil·i·cal [ʌmbílikəl] *a.* 배꼽의; 《古》 중앙의. — *n.* Ⓒ 〖로켓〗 (우주선의 전력·산소 등의) 공급선; (우주 유영 때의) 생명줄.
umbílical còrd 〖解〗 탯줄; 〖로켓〗 =⇧.
um·bra [ʌ́mbrə] *n.* (*pl.* ***-brae*** [-briː]) Ⓒ 그림자; 〖天〗 본영(本影)《태양을 완전히 가리는 지구나 달의 그림자》; 태양 흑점 중앙의 암흑부; 암흑.
um·brage [ʌ́mbridʒ] *n.* Ⓤ 노여움, 화냄, 불쾌; 《古·詩》 그림자; 나무 그늘. ***take ~ at*** …을 불쾌히 여기다, …에 성내다. **um·bra·geous** [ʌmbréidʒəs] *a.* 그늘을 만드는, 그늘이 많은.
:um·brel·la [ʌmbrélə] *n.* Ⓒ 우산; 비호; 〖軍〗 지상군 원호 항공대; 핵(核)우산.
umbrélla shèll 삿갓조개.
umbrélla stànd 우산꽂이.
umbrélla trèe 〖植〗 (북미산) 목련속(屬)의 일종.
u·mi·ak [úːmiæ̀k] *n.* Ⓒ (에스키모의) 가죽배.
um·laut [úmlàut] *n.* (G.) 〖言〗 ① Ⓤ 움라우트, 모음 변이. ② Ⓒ 움라우트의 부호.
ump [ʌmp] *n., v.* 《口》 =⇩.
um·pir·age [ʌ́mpaiəridʒ] *n.* Ⓤ umpire의 지위〔직위, 권위〕; Ⓒ 심판, 재정.
:um·pire [ʌ́mpaiər] *n.* Ⓒ (경기의) 심판원, 엄파이어; 중재인; 〖法〗 재정인(裁定人). — *vi., vt.* 심판〔중재〕하다(*for*).
ump·teen [ʌ́mptíːn, ⌐⌐] *a.* 《俗》 아주 많은, 다수의.

'un [ən] *pron.* 《方》 =ONE (*a little* 〔*young*〕 ~ 아이, 젊은이).
un- [ʌn] ① 형용사 및 부사에 붙여서 '부정(否定)'의 뜻을 나타냄. ② 동사에 붙여서 그 반대의 동작을 나타냄. ③ 명사에 붙여서 그 명사가 나타내는 성질·상태를 '제거'하는 뜻을 나타내는 동사를 만듦: ***un***man.
un·a·bashed [ʌ̀nəbǽʃt] *a.* 부끄러워하지 않는, 태연한, 뻔뻔스러운.
un·a·bat·ed [ʌ̀nəbéitid] *a.* 줄지 않는, 약해지지 않는.
:un·a·ble [ʌnéibəl] *a.* …할 수 없는 (*to* do); 자격이 없는.
un·a·bridged [ʌ̀nəbrídʒd] *a.* 생략하지 않은, 완전한.
un·ac·a·dem·ic [ʌ̀nækədémik] *a.* 학구〔학문〕적이 아닌; 형식을 차리지 않는, 인습적이 아닌.
un·ac·cent·ed [ʌ̀nækséntid] *a.* 악센트〔강세〕 없는.
un·ac·com·mo·dat·ing [ʌ̀nəkɑ́mədèitiŋ/-ɔ́-] *a.* 불친절한; 융통성이 없는.
un·ac·com·pa·nied [ʌ̀nəkʌ́mpənid] *a.* 동반자가 없는, (…이) 따르지 않는; 〖樂〗 무반주의.
:un·ac·count·a·ble [ʌ̀nəkáuntəbəl] *a.* ① 설명할 수 없는, 까닭을 알 수 없는. ② 책임 없는(*for*). **-bly** *ad.*
un·ac·count·ed-for [ʌ̀nəkáuntidfɔ̀ːr] *a.* 설명이 안 된.
***un·ac·cus·tomed** [ʌ̀nəkʌ́stəmd] *a.* 익숙하지 않은(*to*); 보통이 아닌, 별난.
un·ac·quaint·ed [ʌ̀nəkwéintid] *a.* 알지 못하는, 낯선, 생소한(*with*).
un·ad·dressed [ʌ̀nədrést] *a.* (편지 따위) 수신인 주소 성명이 없는.
un·a·dopt·ed [ʌ̀nədɑ́ptid/-dɔ́pt-] *a.* ① 채용되지 않은. ② 《英》 (길이) 공도(公道)가 아닌, 사도(私道)의.
un·a·dorned [ʌ̀nədɔ́ːrnd] *a.* 꾸밈〔장식〕이 없는; 있는 그대로의.
un·a·dul·ter·at·ed [ʌ̀nədʌ́ltərèitid] *a.* 섞인 것이 없는; 순수한, 진짜의.
un·ad·vis·a·ble [ʌ̀nədváizəbəl] *a.* 권고할 수 없는, 득책이 아닌.
un·ad·vised [ʌ̀nədváizd] *a.* 분별 없는. **-vis·ed·ly** [-zidli] *ad.*
un·aes·thet·ic, -es- [ʌ̀nesθétik, -iːs-] *a.* 미적(美的)이 아닌; 악취미의.
un·af·fa·ble [ʌnǽfəbl] *a.* 애교가 없는, 무뚝뚝한, 공손〔친절〕하지 않은.
un·af·fect·ed[1] [ʌ̀nəféktid] *a.* 움직이지〔변하지〕 않는; 영향을 안 받는.
un·af·fect·ed[2] *a.* 젠체하지 않는, 있는 그대로의; 꾸밈 없는, 진실한.
un·a·fraid [ʌ̀nəfréid] *a.* 두려워하지 않는(*of*).
un·aid·ed [ʌnéidid] *a.* 도움을 받지 않는. ~ ***eyes*** 육안.
un·al·loyed [ʌ̀nəlɔ́id] *a.* 〖化〗 합금이 아닌, 순수한; 《비유》 (감정 등이)

진실의.
un·al·ter·a·ble[ʌnɔ́:ltərəbəl] *a.* 변경할〔바꿀〕 수 없는. **-bly** *ad.*
un·al·tered[ʌnɔ́:ltərd] *a.* 불변의.
un·am·big·u·ous[ʌ̀næmbígjuəs] *a.* 애매하지 않은, 명백한.
un-A·mer·i·can[ʌ̀nəmérikən] *a.* (풍속·습관 따위가) 아메리카식이 아닌; 비미(非美)〔반미〕적인.
***u·nan·i·mous** [ju(:)nǽnəməs] *a.* 동의의(*for, in*); 만장일치의, 이구동성의. **~·ly** *ad.* **u·na·nim·i·ty** [jù:nəníməti] *n.* Ⓤ 이의 없음; 만장 일치.
un·an·swer·a·ble[ʌnǽnsərəbəl, -ɑ́:-] *a.* 대답할 수 없는; 논박할 수 없는; 책임 없는.
un·an·swered[ʌnǽnsərd, -ɑ́-] *a.* 대답 없는; 논박되지 않은; 보답되지 않은.
un·ap·pre·ci·at·ed[ʌ̀nəprí:ʃièitid] *a.* 진가(眞價)가 인정되지 않은; 고맙게 여겨지지 않는.
un·ap·proach·a·ble[ʌ̀nəpróutʃəbəl] *a.* 접근하기 어려운; 따르기 어려운; (태도 따위) 쌀쌀한.
un·apt[ʌ̀nǽpt] *a.* 부적당한; 둔한, 서투른(*at; to* do); …에 익숙하지 않은(*to* do).
un·arm[ʌ̀nɑ́:rm] *vt.* 무기를 빼앗다; 무장 해제하다. — *vi.* 무기를 버리다.
***un·armed**[-d] *a.* 무기가 없는; 무장하지 않은.
u·na·ry[jú:nəri] *a.* 단일체의; 〖數〗 1진법의. 「셈.
únary operàtion 〖컴〗 단항(單項)
únary operàtor 〖컴〗 단항셈 기호 《하나의 연산수를 대상으로 하는 연산자》.
un·as·cer·tain·a·ble [ʌ̀næsərtéinəbəl] *a.* 확인할 수 없는.
un·a·shamed[ʌ̀nəʃéimd] *a.* 창피를 모르는, 몰염치한, 뻔뻔스러운.
un·asked[ʌnǽskt, -ɑ́:-] *a.* 부탁〔요구〕받지 않은; 초대받지 않은.
un·as·sum·ing[ʌ̀nəsjú:miŋ] *a.* 겸손한.
un·at·tached[ʌ̀nətǽtʃt] *a.* 부속되어 있지 않은; 무소속의, 중립의; 약혼〔결혼〕하지 않은; (장교가) 무보직의(cf. attaché).
***un·at·tain·a·ble**[ʌ̀nətéinəbəl] *a.* 이룰 수 없는, 도달〔달성〕하기 어려운.
un·at·tend·ed[ʌ̀nəténdid] *a.* 수행원〔시중꾼〕이 없는; 방치된; (의사의) 치료를 받지 않은.
un·at·trac·tive[ʌ̀nətrǽktiv] *a.* 남의 눈을 끌지 않는; 매력적이 아닌.
un·au·then·tic[ʌ̀nɔ:θéntik] *a.* 출처 불명의; 불확실한.
un·au·then·ti·cat·ed [ʌ̀nɔ:θéntikèitid] *a.* 확증되지 않은.
un·au·thor·ized[ʌnɔ́:θəràizd] *a.* 권한 밖의, 공인되지 않은; 독단의.
un·a·vail·ing[ʌ̀nəvéiliŋ] *a.* 무익한; 무효의; 헛된. **~·ly** *ad.*
un·a·void·a·ble[ʌ̀nəvɔ́idəbəl] *a.* 피할 수 없는. **-bly** *ad.*
***un·a·ware**[ʌ̀nəwέər] *a.* 눈치채지 못하는, 알지 못하는(*of, that*); 《稀》 부주의한, 방심하는. — *ad.* 뜻밖에, 불의에, 갑자기; 무심히. **~s** *ad.* =UNAWARE.
un·backed[ʌ̀nbǽkt] *a.* 지지〔후원자〕가 없는; (말이) 사람을 태워본 적이 없는; (의자가) 등받이 없는.
***un·bal·ance**[ʌ̀nbǽləns] *n., vt.* Ⓤ 불균형(하게 하다); 평형을 깨뜨리다. **~d**[-t] *a.* 평형이 깨진; 불안정한; 마음〔정신〕이 혼란된.
un·bar[ʌ̀nbɑ́:r] *vt.* (***-rr-***) (…의) 빗장을 벗기다, 열다, 개방하다.
un·bark[ʌ̀nbɑ́:rk] *vt.* (…의) 나무껍질을 벗기다.
***un·bear·a·ble**[ʌ̀nbέərəbəl] *a.* 참기〔견디기〕 어려운. **-bly** *ad.*
un·beat·en[ʌ̀nbí:tn] *a.* (채찍에) 매맞지 않은; 진 적이 없는; 사람이 다닌 일이 없는, 인적 미답의.
un·be·com·ing[ʌ̀nbikʌ́miŋ] *a.* 어울리지 않는; (격에) 맞지 않는(*to, of, for*); 보기 흉한, 버릇 없는.
un·be·known[ʌ̀nbinóun] *a.* 《口》 미지(未知)의, 알려지지 않은(*to*).
un·be·lief[ʌ̀nbilí:f] *n.* Ⓤ 불신앙; 불신; 의혹.
un·be·liev·a·ble [ʌ̀nbilí:vəbəl] *a.* 믿기 어려운, 믿을 수 없는.
un·be·liev·er [ʌ̀nbilí:vər] *n.* Ⓒ 믿지 않는 사람; 불신앙자; 회의자.
un·be·liev·ing[ʌ̀nbilí:viŋ] *a.* 안 믿는; 믿으려 하지 않는; 회의적인.
un·bend[ʌ̀nbénd] *vi., vt.* (***-bent, ~ed***) (굽은 것을) 곧게 하다〔되다〕; (긴장 따위를) 풀(게 하)다, 편히 쉬게 하다; 〖海〗 (돛을) 끄르다, (밧줄·매듭을) 풀다. **~·ing** *a.* 굽지 않는, 단단한; 고집센; 확고한.
un·bi·as(s)ed[ʌ̀nbáiəst] *a.* 편견이 없는, 공평한.
un·bid·den[ʌ̀nbídn] *a.* 명령〔지시〕받지 않은, 자발적인; 초대받지 않은.
un·bind[ʌ̀nbáind] *vt.* (***-bound***) 방면〔석방〕하다; (밧줄·매듭을) 풀다, 끄르다.
un·blam·a·ble[ʌ̀nbléiməbəl] *a.* 나무랄 데 없는, 무과실의, 결백한.
un·bleached[ʌ̀nblí:tʃt] *a.* 표백하지 않은, 바래지 않은.
un·blem·ished[ʌ̀nblémiʃt] *a.* 흠이 없는; 오점이 없는; 결백한, 깨끗한.
un·blink·ing[ʌ̀nblíŋkiŋ] *a.* 눈 하나 깜짝 않는; 태연한.
un·blush·ing[ʌ̀nblʌ́ʃiŋ] *a.* 얼굴을 붉히지 않은, 뻔뻔스러운.
un·bod·ied[ʌ̀nbádid/-ɔ́-] *a.* 육체를 떠난; 실체가 없는; 정신상의.
un·bolt[ʌ̀nbóult] *vt.* 빗장을 벗기다, 열다. **~·ed**[1][-id] *a.* 빗장을 벗긴.
un·bolt·ed[2][ʌ̀nbóultid] *a.* (밀가루 따위) 체질하지 않은.
un·born[ʌ̀nbɔ́:rn] *a.* 아직 태어나지 않은, 태내(胎內)의; 미래의, 후세의.
un·bor·rowed[ʌ̀nbɔ́:roud, -bɑ́r-/

-bɔ́r-] *a.* 모방이 아닌, 독창적인.

un·bos·om [ʌ̀nbúzəm] *vt.* (비밀 따위를) 털어놓다, 고백하다. **~ *oneself*** 흉금을 털어놓다, 고백하다.

un·bound [ʌ̀nbáund] *v.* unbind의 과거(분사). 「(제)한의.

un·bound·ed [ʌ̀nbáundid] *a.* 무

un·bri·dled [ʌ̀nbráidld] *a.* 굴레〔고삐〕를 매지 않은; 구속이 없는; 방일(放逸)한.

***un·bro·ken** [ʌ̀nbróukən] *a.* ① 파손되지 않은, 완전한. ② 중단되지〔끊기지〕 않은; 꺾이지 않은. ③ (말 따위가) 길들여지지 않은. ④ 미개간의.

un·buck·le [ʌ̀nbʌ́kəl] *vt.* (…의) 죔쇠를 끄르다〔벗기다〕.

un·build [ʌ̀nbíld] *vt.* (***unbuilt*** [-bílt]) (집, 건조물 따위를) 헐다, 헐어버리다.

un·bur·den [ʌ̀nbə́ːrdn] *vt.* (…의) 무거운 짐을 내리다; (마음의) 무거운 짐을 덜다, (마음을) 편하게 하다.

un·but·ton [ʌ̀nbʌ́tn] *vt.* (…의) 단추를 끄르다; 흉금을 털어놓다.

un·cage [ʌ̀nkéidʒ] *vt.* 새장〔우리〕에서 내놓다; 해방하다.

un·called-for [ʌ̀nkɔ́ːldfɔ̀ːr] *a.* 불필요한, 쓸데 없는; 지나친, 주제넘은.

un·can·ny [ʌ̀nkǽni] *a.* 초자연적인, 이상하게 기분 나쁜, 괴이한.

un·cap [ʌ̀nkǽp] *vt.* (***-pp-***) 모자를〔뚜껑을〕 벗기다. — *vi.* (경의를 표하여) 모자를 벗다.

un·cared-for [ʌ̀nkɛ́ərdfɔ̀ːr] *a.* 돌보는 사람 없는; 황폐한.

un·cer·e·mo·ni·ous [ʌ̀nserəmóuniəs] *a.* 격식〔형식〕을 차리지 않는, 스스럼 없는, 무간한; 버릇〔예의〕 없는. **~·ly** *ad.*

:un·cer·tain [ʌ̀nsə́ːrtn] *a.* ① 불확실한; 의심스러운; 분명치 않은. ② 일정치 않은; 변하기 쉬운, 믿을 수 없는. ③ (빛이) 흔들거리는. **~·ly** *ad.*

un·cer·tain·ty** [ʌnsə́ːrtnti] *n.* ① Ⓤ 반신반의; 불확정. ② Ⓒ 불명; 확신히 할 수 없는 일〔물건〕. ***the ~ principle, or ***the principle of ~*** 〖理〗 불확정성 원리.

un·chain [ʌ̀ntʃéin] *vt.* 사슬을 풀다; 자유를 주다, 석방하다.

un·chal·lenged [ʌntʃǽlindʒd] *a.* 도전을 받지 않는; 문제가 안 되는; 논쟁되지 않는.

un·change·a·ble [ʌntʃéindʒəbəl] *a.* 변하지 않는, 불변의. 「지 않는.

un·changed [ʌntʃéindʒd] *a.* 변하

un·charged [ʌntʃáːrdʒd] *a.* 짐을 싣지 않은; (총에) 장전이 안 된; 충전되어 있지 않은; 죄가 없는.

un·char·i·ta·ble [ʌntʃǽrətəbəl] *a.* 무자비한; (비평 등이) 가차 없는, 엄한.

un·chart·ed [ʌntʃáːrtid] *a.* 해도(海圖)에 기재돼 있지 않은; 미지의.

un·chaste [ʌntʃéist] *a.* 부정한, 외설한, 행실이 나쁜. **un·chas·ti·ty** [ʌntʃǽstəti] *n.*

un·checked [ʌntʃékt] *a.* 억제되지 않은; 조회〔검사〕받지 않은.

un·chris·tian [ʌnkrístʃən] *a.* 기독교(도)가 아닌, 비기독교적인.

un·church [ʌntʃə́ːrtʃ] *vt.* (…에게서) 교회의 특권을 빼앗다.

un·ci·al [ʌ́nʃiəl] *n., a.* Ⓤ (4-9세기에 쓰였던) 언셜 자체(字體)(의).

un·cir·cum·cised [ʌnsə́ːrkəmsàizd] *a.* 할례(割禮)를 받지 않은; 유대인이 아닌, 이교도의.

un·civ·il [ʌnsívəl] *a.* 예절 없는; 야만적인, 미개한. **-i·lized** [-əlàizd] *a.* 미개한, 야만적인.

un·clasp [ʌnklǽsp, -áː-] *vt.* 걸쇠를 벗기다; (쥐었던 손을) 펴다; (쥐었던 것을) 놓다.

†un·cle [ʌ́ŋkəl] *n.* Ⓒ 백부, 숙부, 아저씨; 《口》(친척 아닌) 아저씨. ***cry*** 〔***say***〕 **~** 《美口》 졌다고 말하다.

***un·clean** [ʌnklíːn] *a.* 더러운, 불결한; (도덕적으로) 더럽혀진; 사악(邪惡)한, 외설한; (종교 의식상) 부정(不淨)한. **~·ly** [-li] *ad.,* [ʌnklénli] *a.* 불결하게〔한〕; 부정(不貞)하게〔한〕.

un·clench [ʌ̀nkléntʃ] *vt., vi.* (굳게 닫힌 것을) 비집어 열다.

Úncle Sám 《美口》 미국 정부; (전형적인) 미국인.

Úncle Tóm 《美口·蔑》 백인에게 굴종하는 흑인.

Ùncle-Tóm *vi.* 《美口》 백인에게 굽실거리다.

un·cloak [ʌnklóuk] *vt., vi.* 외투를 벗기다〔벗다〕; (…의) 가면을 벗기다, 폭로하다; (계획 따위를) 공표하다.

un·close [ʌnklóuz] *vt., vi.* 열(리)다; 드러내다, 드러나다.

un·clothe [ʌnklóuð] *vt.* 옷을 벗기다; 발가벗기다; 덮개를 벗기다.

un·cloud·ed [ʌnkláudid] *a.* 구름 없는; 갠; 맑은, 환한, 명랑한.

un·co [ʌ́ŋkou] *a., ad.* 《Sc.》 낯이 선; 이상한; 기분 나쁜; 대단한〔히〕.

un·coil [ʌnkɔ́il] *vt., vi.* (감긴 것을) 풀다; 풀리다.

:un·com·fort·a·ble [ʌnkʌ́mfərtəbəl] *a.* 불쾌한, 불안〔부자유〕한. **-bly** *ad.*

un·com·mit·ted [ʌ̀nkəmítid] *a.* 미수의; 언질에 구속〔구애〕되지 않는; 의무가 없는; (법안이) 위원회에 회부되지 않은.

***un·com·mon** [ʌnkámən/-ɔ́-] *a.* 흔하지 않은, 드문, 이상〔비상〕한; 비범한. **~·ly** *ad.* 드물게; 매우, 진귀하게.

un·com·mu·ni·ca·tive [ʌ̀nkəmjúːnəkèitiv/-kə-] *a.* 속을 털어놓지 않는; 수줍어하는, 말이 없는.

un·com·plain·ing [ʌ̀nkəmpléiniŋ] *a.* 불평하지 않는.

un·com·pro·mis·ing [ʌnkámprəmàiziŋ/-ɔ́-] *a.* 양보〔타협〕하지 않는; 강경〔단호〕한, 완고한.

un·con·cern [ʌ̀nkənsə́ːrn] *n.* Ⓤ

U

무관심, 태연, 냉담. **~ed** *a.* 무관심한(*with, at*); 관계가 없는(*in*).

***un·con·di·tion·al**[ʌ̀nkəndíʃənəl] *a.* 무조건의; 절대적인. **~·ly** *ad.*

unconditional bránch 〖컴〗 무조건 가름《다음에 행할 명령의 주소〔번지〕를 무조건 변경하고 싶을 때 쓰이는 명령》.

unconditional jùmp 〖컴〗 무조건 건너뜀《항상 지정된 주소〔번지〕로 제어를 옮기는 동작의 명령 부호》.

un·con·di·tioned[ʌ̀nkəndíʃənd] *a.* 무조건의; 절대적인; 본능적인.

ùnconditioned respónse 〖心〗 무조건 반사.

un·con·gen·ial [ʌ̀nkəndʒíːniəl, -njəl] *a.* 성미에 안 맞는, 싫은; 부적당한, 맞지 않는.

un·con·nect·ed[ʌ̀nkənéktid] *a.* 관계가〔관련이〕 없는(*with*); (논리적으로) 앞뒤가 맞지 않는.

un·con·quer·a·ble [ʌnkáŋkərəbəl/-ɔ́-] *a.* 정복〔억제〕할 수 없는.

un·con·scion·a·ble [ʌnkánʃənəbəl/-ɔ́-] *a.* 비양심적인; 불합리한; 터무니 없는.

:**un·con·scious**[ʌnkánʃəs/-ɔ́-] *a.* 무의식의; 모르는(*of*); 부지중의; 의식 불명의. — *n.* (the ~) 〖精神分析〗 무의식. **~·ly** *ad.*

un·con·sti·tu·tion·al[ʌ̀nkànstətjúːʃənəl/-kɔ̀n-] *a.* 헌법에 위배되는, 위헌(違憲)의.

un·con·strained[ʌ̀nkənstréind] *a.* 구속받지 않는, 자유로운, 자발적인; 거북하지 않은, 편안한.

un·con·trol·la·ble[ʌ̀nkəntróuləbəl] *a.* 억제〔통제〕할 수 없는.

un·con·trolled[ʌ̀nkəntróuld] *a.* 억제되지 않는, 자유로운.

un·con·ven·tion·al [ʌ̀nkənvénʃənəl] *a.* 관습〔선례〕에 매이지 않는.

un·con·vert·i·ble[ʌ̀nkənvə́ːrtəbəl] *a.* 바꿀 수 없는; 〖經〗 (지폐가) 불환(不換)의, 태환이 안 되는.

un·con·vinced[ʌ̀nkənvínst] *a.* 납득을 않는; 모호한, 미심쩍어하는.

un·cooked[ʌnkúkt] *a.* 날것의, 요리하지 않은.

un·cork[ʌnkɔ́ːrk] *vt.* 코르크 마개를 빼다; 《口》 (감정을) 토로하다.

un·cor·rupt·ed[ʌ̀nkərʌ́ptid] *a.* 부패〔타락〕하지 않은.

***un·count·a·ble**[ʌnkáuntəbəl] *a.* 무수한, 셀 수 없는. — *n.* Ⓒ 〖文〗 불가산(不可算) 명사.

un·count·ed[ʌnkáuntid] *a.* 세지 않은; 무수한.

un·cou·ple[ʌnkʌ́pəl] *vt.* (…의) 연결을 풀다; (개를 맨) 가죽끈을 풀다.

un·cour·te·ous[ʌnkə́ːrtiəs] *a.* 예의를 모르는, 버릇 없는.

:**un·couth**[ʌnkúːθ] *a.* 무무한, 거친, 서툰; 기묘한; 기분 나쁜.

:**un·cov·er**[ʌnkʌ́vər] *vt.* ① (…의) 덮개를 벗기다; 모자를 벗다. ② 털어놓다, 폭로하다. — *vi.* 《古》 (경의를 표하여) 탈모하다.

UNCPUOS United Nations Committee on the Peaceful Uses of Outer Space.

un·cross [ʌnkrɔ́(ː)s, -krás] *vt.* (…의) 교차된 것을 풀다.

un·crown[ʌnkráun] *vt.* (…의) 왕위를 빼앗다. **~ed**[-d] *a.* 아직 대관식을 안 올린; 무관(無冠)의.

UNCTAD United Nations Conference on Trade and Development.

unc·tion[ʌ́ŋkʃən] *n.* Ⓤ (성별(聖別)의) 도유(塗油); (대관식의) 도유식; (바르는) 기름약, 연고 (도포(塗布)); 성유(聖油); 《비유》 달래는〔누이는, 기쁘게 하는〕 것, 감언; 종교적 열정; 겉으로만의 열심〔감동〕.

unc·tu·ous[ʌ́ŋktʃuəs] *a.* 기름〔연고〕 같은; 기름기가 도는; 미끈미끈한; 말치레가 번드레한; 짐짓 감동한 듯 싶은. **~·ly** *ad.*

un·cul·ti·vat·ed [ʌnkʌ́ltəvèitid] *a.* 미개간(未開墾)의; 교양 없는.

un·cul·tured[ʌnkʌ́ltʃərd] *a.* 개간〔재배〕되어 있지 않은; 교양이 없는.

un·cured[ʌnkjúərd] *a.* 낫지 않은, 치료〔구제〕되지 않은; (생선·고기가 절이거나 말려서) 저장〔가공〕 처리되지 않은.

UNCURK United Nations Commission for the Unification and Rehabilitation of Korea.

un·curl[ʌnkə́ːrl] *vt., vi.* (꼬불꼬불한 것, 말린 것 따위를) 펴다; (…이) 펴지다, 곧게 되다.

un·cut[ʌnkʌ́t] *a.* 자르지 않은; (책이) 도련(刀鍊)되지 않은; 삭제된 데가 없는; 《美俗》 (마약 따위가) 잡물이 안 섞인.

un·dam·aged[ʌndǽmidʒd] *a.* 손해를 받지 않은, 무사한.

un·dat·ed[ʌndéitid] *a.* 날짜 표시가 없는; 무기한의.

***un·daunt·ed**[ʌndɔ́ːntid] *a.* 겁내지 않는, 불굴의, 용감한.

un·de·ceive[ʌ̀ndisíːv] *vt.* (…을) 미몽(迷夢)에서 깨우치다, (잘못을) 깨닫게 하다.

un·de·cid·ed[ʌ̀ndisáidid] *a.* 미결의, 미정(未定)의; 우유 부단한; (날씨 따위가) 어떻게 될지 모르는.

un·de·fend·ed[ʌ̀ndiféndid] *a.* 방비가 없는; 변호인이 없는; (고소 따위) 항변이 없는.

un·de·fined[ʌ̀ndifáind] *a.* 확정되지 않은; 정의가 내려지지 않은; 〖컴〗 미정의.

un·de·lete[ʌ́ndilíːt] *n.* 〖컴〗 되살림《삭제 정보 부활 기능》.

un·de·liv·ered[ʌ̀ndilívərd] *a.* 석방되지 않은; 배달〔인도〕되지 않은.

un·dem·o·crat·ic [ʌndèməkrǽtik] *a.* 비민주적인.

***un·de·ni·a·ble**[ʌ̀ndináiəbəl] *a.* 부정할 수 없는; 다툴 여지가 없는; 우수한. **-bly** *ad.*

†**un·der**[ʌ́ndər] *prep.* ① …의 아래

〔밑〕에; …의 내부에, 보다 아래를〔밑을〕. ② (연령·시간·가격·수량 등) …이하의; (지위가) …보다 아래인〔의〕. ③ (지배·영향·보호·감독·지도 등)의 밑에, …하(下)에; (의무·책임)하에 (~ *one's hand and seal* 서명 날인하여). ④ (압박·고통·형벌·수술 등)을 받고; (조건·상태) 하(下)에 (~ *the new rules*). ⑤ …때문에 (~ *the circumstances*). ⑥ …에 따라서(~ *the law*). ⑦ …에 속하는. ⑧ …중에(~ *discussion* 토의 중에). ⑨ …의 밑에 (숨어서); …을 핑계로〔빙자하여〕. — *ad.* 아래에, 종속〔복종〕하여. — *a.* 아래의, 하부의; 하급의; 부족한.

un·der-[ʌ̀ndər, ⌐–] *pref.* '아래의〔에〕, 밑에서, 하급의, 보다 못한, 보다 작은, 불충분하게' 따위의 뜻.

ùnder·achíeve *vi.* 〖敎育〗 자기 지능 지수 이하의 성적을 얻다.

ùnder·áct *vt., vi.* 불충분하게 연기(演技)하다.

ùnder·áge *a.* 미성년의.

únder·bèlly *n.* Ⓒ 하복부, 아랫배. ***soft*** ~ (군사상의) 약점, 무방비 지대.

ùnder·bíd *vt.* (~; ~, ***-bidden; -dd-***) 보다 싼 값을 붙이다〔싸게 입찰하다〕. 「란.

ùnder·bréd *a.* 버릇〔본데〕 없이 자

***únder·brùsh** *n.* Ⓤ (큰 나무 밑에서 자라는) 작은 나무.

ùnder·búy *vt.* (***-bought***) (정가·부르는 값보다) 싸게 사다.

únder·càrriage *n.* Ⓒ (차량의) 차대; (비행기의) 착륙 장치《바퀴와 다리》.

ùnder·chárge *vt.* 제값보다 싸게 청구하다(*for, on*); (포에) 충분히 장약(裝藥)을 않다.

únder·clàss *n.* Ⓒ (the ~) 하층 계급, 최하층 계급.

ùnder·clássman[-mən] *n.* Ⓒ 《美》 (대학의) 1,2학년생.

únder·clòthes *n. pl.* 속옷, 내의.

únder·còver *a.* 비밀히 한, 비밀의; 첩보 활동의. ~ ***agent*** 〔***man***〕 첩보원, 스파이.

únder·cùrrent *n.* Ⓒ 저류(底流), 암류(暗流); 표면에 나타나지 않는 경향.

únder·cùt *n.* Ⓒ 소·돼지의 허리살. — [⌐–⌐] *vt.* (~; ***-tt-***) 하부를〔밑을〕 잘라〔도려〕내다; (남보다) 싼 값으로 팔다〔일하다〕.

ùnder·devéloped *a.* 개발〔발전·현상(現像)〕이 덜된, 후진(後進)의.

ùnder·dó *vt., vi.* (고기 따위를) 설익히다, 설굽다; 설익다; (일 따위를) 불충분하게 하다.

únder·dòg *n.* Ⓒ 싸움에 진 개; (생존 경쟁의) 패배자.

ùnder·dóne *a.* 설구운, 설익은.

únder·dràwers *n. pl.* 《美》 속바지, 팬츠.

ùnder·dréss *vi.* 너무 수수한 복장을 하다; (어울리지 않게) 약식의 복장을 하다.

ùnder·emplóyment *n.* Ⓤ 불완전 고용.

***ùnder·éstimate** *vt.* 싸게 어림하다; 과소 평가하다. — *n.* Ⓒ 싼 어림, 과소 평가.

ùnder·expóse *vt.* 〖寫〗 노출 부족으로 하다. **-expósure** *n.*

ùnder·féed *vt.* (***-fed***) 먹을 것을 충분히 주지 않다.

ùnder·fóot *ad.* 발 밑〔아래〕에; 《美》 가는 길에 방해가 되어; 짓밟아, 멸시하여.

únder·flòw *n.* Ⓒ 저류, 암류; 〖컴〗 아래넘침.

únder·gàrment *n.* Ⓒ 속옷, 내의.

:**un·der·go**[ʌ̀ndərgóu] *vt.* (***-went; -gone***) 경험하다; (시련을) 겪다, (시험·수술 따위를) 받다; (재난·위험 따위를) 당하다, 만나다; 견디다.

***un·der·grad·u·ate** [-grǽdʒuit, -èit] *n.* Ⓒ (대학의) 재학생.

:**un·der·ground**[ʌ́ndərgràund] *a.* 지하의〔에서 하는〕; 비밀의. — *ad.* 지하에〔에서〕; 비밀히, 몰래. — *n.* Ⓤ 지하(도); Ⓒ (보통 the ~) 《美》 지하철 (《美》 subway); 〖政〗 지하 조직〔운동〕.

úndergroun d chúrch 기성 종교단 이외의 교회.

únderground ecónomy 지하 경제 (활동). 「운동.

únderground móvement 지하

únderground núclear tést 지하 핵실험.

únderground ráilroad 《美》 지하철(《英》 underground railway); 〖美史〗 노예 탈출을 돕던 비밀 조직.

un·der·grown [ʌ̀ndərgróun] *a.* 발육이 불충분한.

únder·gròwth *n.* Ⓤ 발육 부전; (큰 나무 밑의) 관목, 덤불.

ùnder·hánd *a.* (구기에서) 밑으로 던지는〔치는〕; 비밀의, 부정한, 뒤가 구린. — *ad.* 밑으로 던져〔쳐〕; 비밀히. **~·ed** *a.* =UNDERHAND; 일손이 부족한.

ùnder·húng *a.* 아래턱이 내민, 주걱턱의.

ùnder·láin *v.* underlie의 과거.

ùnder·láy[1] [-léi] *vt.* (***-laid***) 밑에 놓다.

ùnder·láy[2] *v.* underlie의 과거.

únder·làyer *n.* Ⓤ 하층; 기초.

ùnder·líe *vt.* (***-lay; -lain; -lying***) (…의) 밑에 있다〔가로놓이다〕; (…의) 기초를 이루다.

:**un·der·line**[ʌ̀ndərláin] *vt.* …의 밑에 선을 긋다; 강조하다. — [⌐–⌐] *n.* Ⓒ 밑줄; (삽화·사진의) 해설 문구.

un·der·ling[ʌ́ndərliŋ] *n.* Ⓒ 《보통 蔑》 아랫 사람, 졸때기, 졸개.

***ùnder·lýing** *a.* 밑에 있는; 기초를 이루는, 근본적인.

ùnder·méntioned *a.* 하기〔아래〕의, 다음에 말하는.

U

·ùnder·míne *vt.* (…의) 밑을 파다, 밑에 갱도를 파다; 토대를 침식하다; (명성 등을) 은밀히 손상시키다; (건강 등을) 서서히 해치다.
únder·mòst *a.* 최하(급)의.
un·der·neath[ʌ̀ndərníːθ] *prep., ad.* (…의) 밑에〔의, 을〕. — *n.* (the ~) 하부, 하면(下面).
ùnder·nóurished *a.* 영양 부족의. **-nóurishment** *n.*
ùnder·páid *a.* 박봉의.
únder·pànts *n. pl.* 하의; (남자용) 팬츠.
únder·pàss *n.* Ⓒ (철도·도로의 밑을 통하는) 지하도.
ùnder·páy *vt.* (**-paid**) (급료·임금을) 충분히 주지 않다.
ùnder·pín *vt.* (**-nn-**) (건축물의) 토대를 갈아 놓다, 기초를 보강하다; 지지하다, 입증하다. **-pínning** *n.* Ⓤ,Ⓒ 건축물의 토대, 버팀; 지주; (추가적인) 버팀대.
únder·plòt *n.* Ⓒ (극·소설 등의) 곁줄거리, 삽화; 음모.
ùnder·prépared *a.* 준비가 불충분한, 준비 부족의.
ùnder·prívileged *a.* (경제·사회적으로) 충분한 권리를 못 가진.
ùnder·próof *a.* (알코올이) 표준 강도(50%) 이하의《생략 u.p.》.
·ùnder·ráte *vt.* 낮게 평가하다; 얕보다.
ùnder·rípe *a.* 미숙한, 설익은.
un·der·score[-skɔ́ːr] *vt.* (…의) 밑에 선을 긋다; 강조하다. — *n.* [ˊ-ˋ] Ⓒ 밑줄.
ùnder·séa *a.* 바다 속의〔에서 하는〕. — *ad.* 바다속에〔에서, 을〕. **-séas** *ad.* =UNDERSEA.
ùnder·sécretary *n.* (종종 U-) Ⓒ 차관(次官).
ùnder·séll *vt.* (**-sold**) (…보다) 싸게 팔다.
únder·sènse *n.* Ⓤ 잠재 의식; 숨은 뜻.
únder·shìrt *n.* Ⓒ 내의, 속셔츠.
ùnder·shóot *vt.* (**-shot**) 〖空〗 (활주로에) 못 미쳐 착륙하다; (총탄 등이) (…에) 이르지 못하다; (…을) 잘못 폭격하다. 「츠.
únder·shòrts *n. pl.* (남자용) 팬츠.
únder·shòt *a.* (물레방아가) 하사(下射)(식)의; (개 따위) 아래턱이 쑥 내민.
un·der·sign [-sáin] *vt.* (편지·서류의) 끝에 서명하다. **~ed**[-d] *a.* 아래 기명한. — *n.* [ˊ-ˋ] (the ~ed) 서명자, (서류의) 필자.
ùnder·sízed *a.* 보통보다 작은, 소형의.
ùnder·slúng *a.* (자동차 따위가) 굴대 밑에 테가 있는.
†un·der·stand [-stǽnd] *vt.* (**-stood**) ① 이해하다; 깨쳐 알다; (…의) 다루는 요령을 알고 있다. ② (학문 등에) 정통하다; 들어서 알고 있다. ③ 당연하다고 생각하다; 추측하다, (…의) 뜻으로 해석하다. ④ 《수동으로》 마음으로 보충 해석하다, (말을) 생략하다. — *vi.* 이해하다; 전해 듣고 있다. ~ ***each other*** 서로 양해하다; 동의하다. * **~·a·ble** *a.*
:un·der·stand·ing[-stǽndiŋ] *n.* Ⓤ 이해(력); 지력(知力); 깨달음, 지식; Ⓒ (보통 *sing.*) (의견·희망 따위의) 일치, 동의, 양해. ***on the ~ that*** …라는 조건으로〔양해 아래〕. ***with this ~*** 이 조건으로.
ùnder·státe *vt.* 삼가서 말하다; 줄잡아 말하다. **~ment** *n.*
un·der·stock[-stɑ́k/-stɔ́k] *vt.* (물건을) 충분히 들여놓지 않다.
†un·der·stood[-stúd] *v.* understand의 과거(분사). — *a.* 이해〔양해〕된, 암시된.
únder·stùdy *vt.* 〖劇〗 대역(代役)의 연습을 하다. — *n.* Ⓒ 〖劇〗 대역(代役) 배우; 《俗》 보결 선수.
ùnder·supplý *n.* Ⓤ 공급 부족, 불충분한 양. — *vt.* 불충분하게 공급하다.
:un·der·take [ʌ̀ndərtéik] *vt.* (**-took; -taken**) 떠맡다, 인수하다; 약속하다(*to* do); 보증하다; 착수하다, 기도(企圖)하다. **-ták·er** *n.* Ⓒ 인수인, 청부인; [ˊ-ˋ-] 장의사업자. **:-ták·ing** *n.* Ⓒ 인수한〔떠맡은〕 일, 기업, 사업; 약속, 보증; [ˊ-ˋ-] Ⓤ 장의사업(業).
un·der·tak·en[-téikən] *v.* undertake의 과거분사.
ùnder-the-cóunter *a.* 비밀 거래의, 암거래의; 불법의.
ùnder-the-táble *a.* 비밀〔암〕거래의. 「류.
únder·thìngs *n. pl.* 《口》 여자 속옷
únder·tòne *n.* Ⓒ 저음, 작은 소리; 엷은 빛깔, 다른 빛깔을 통해서 본 빛깔; 저류(底流), 잠재적 요소.
·un·der·took [ʌ̀ndərtúk] *v.* undertake의 과거.
únder·tòw *n.* Ⓤ 해안에서 되돌아치는 물결; 해저의 역류(逆流).
ùnder·válue *vt.* 싸게〔과소〕 평가하다; 얕보다. **-valuátion** *n.*
·únder·wáter *a.* 수중〔물속〕(용)의; 흘수선(吃水線) 밑의. 「속옷.
:únder·wèar *n.* Ⓤ 《집합적》 내의,
ùnder·wéight *n.* Ⓤ,Ⓒ 중량 부족〔미달〕. — *a.* 중량 부족의.
·un·der·went[ʌ̀ndərwént] *v.* undergo의 과거.
únder·wòod *n.* Ⓤ 큰 나무 밑의 관목, 총림(叢林); 덤불.
·únder·wòrld *n.* Ⓒ 하층 사회, 암흑가; 저승, 지옥; 이승.
ùnder·wríte *vt.* (**-wrote; -written**) 아래〔밑〕에 쓰다 《과거분사형으로》; (특히 해상 보험을) 인수하다; (회사의 발행 주식·사채(社債) 중, 응모자가 없는 부분을) 인수하다; (…의) 비용을 떠맡다. **-wríter** *n.* Ⓒ (특히 해상) 보험업자; 주식·사채 인수인.
ùnder·wrítten *v.* underwrite의 과거분사.

U

ùnder·wróte *v.* underwrite의 과거.

un·de·scrib·a·ble [ʌ̀ndiskráibəbəl] *a.* 형용할 수 없는, 필설로 못다 할.

un·de·served [ʌ̀ndizə́:rvd] *a.* (받을) 가치가[자격이] 없는, 과분한.

un·des·ig·nat·ed [ʌndézignèitid] *a.* 지정[지명]되지 않은; 임명되지 않은.

un·de·signed [ʌ̀ndizáind] *a.* 고의가 아닌; 우연의.

***un·de·sir·a·ble** [ʌ̀ndizáirəbəl] *a., n.* Ⓒ 바람직하지[탐탁지] 않은 (사람·물건).

un·de·ter·mined [ʌ̀ndità:rmind] *a.* 미정의.

un·de·vel·oped [ʌ̀ndivéləpt] *a.* (심신이) 충분히 발달하지 못한; (토지가) 미개발의; 현상(現像)이 안 된.

un·did [ʌndíd] *v.* undo의 과거.

un·dies [ʌ́ndiz] *n. pl.* 《口》 (여성·아동용) 내의, 속옷.

un·dig·ni·fied [ʌndígnəfàid] *a.* 위엄이 없는.

un·di·lut·ed [ʌ̀ndilú:tid, -dai-] *a.* 물 타지 않은, 희석하지 않은.

un·di·min·ished [ʌ̀ndiminiʃt] *a.* 줄지 않은, 쇠퇴되지 않은.

un·dis·ci·plined [ʌndísəplind] *a.* 훈련이 안 된; 군기(軍紀)가 없는.

un·dis·cov·ered [ʌ̀ndiskʌ́vərd] *a.* 발견되지 않은, 미지의.

un·dis·guised [ʌ̀ndisgáizd] *a.* 있는 그대로의, 가면을 쓰지 않은, 드러낸, 숨김 없는.

un·dis·mayed [ʌ̀ndisméid] *a.* 태연한.

un·dis·put·ed [ʌ̀ndispjú:tid] *a.* 의심[이의] 없는, 확실한; 당연한.

un·dis·solved [ʌ̀ndizálvd/-ɔ́-] *a.* 분해[해소·해제]되지 않은.

un·dis·tin·guish·a·ble [ʌ̀ndistíŋgwiʃəbəl] *a.* 구별[판별]할 수 없는. **-bly** *ad.*

un·dis·tin·guished [ʌ̀ndistíŋgwiʃt] *a.* 구별되지 않는; 평범한, 유명하지 않은.

***un·dis·turbed** [ʌ̀ndistə́:rbd] *a.* 방해되지 않는; 평온한.

un·di·vid·ed [ʌ̀ndiváidid] *a.* 나눌 수 없는, 연속된, 완전한; 전념하는.

***un·do** [ʌndú:] *vt.* (**-did; -done**) ① 원상태로 돌리다; 취소하다; 제거하다. ② 풀다, 끄르다, 늦추다; (의복 따위를) 벗기다. ③ 파멸[영락]시키다; 결딴내다. ④ 《古》 (수수께끼 등을) 풀다. **~·ing** *n.* Ⓤ 원상태로 돌리기; 끄름, 풂; 파멸.

un·do·mes·tic [ʌ̀ndəméstik] *a.* 가사와 관계 없는, 가정적이 아닌; 국산(품)이 아닌.

un·do·mes·ti·cat·ed [ʌ̀ndəméstəkèitid] *a.* (동물이) 길들여지지 않은.

***un·done** [ʌndʌ́n] *v.* undo의 과거분사. — *a.* 풀어진, 끌러진; 파멸[영락]한; 하지 않은, 미완성의.

***un·doubt·ed** [ʌndáutid] *a.* 의심할 여지 없는, 확실한. ⁑ **~·ly** *ad.*

UNDP United Nations Development Program 유엔 개발 계획.

un·drained [ʌndréind] *a.* 배수가 안 된, 물기가 남아 있는.

un·draw [ʌndrɔ́:] *vt.* (**-drew; -drawn**) (커튼을) 당겨 열다.

un·dreamed-of [ʌndrémtàv, -drí:md-/-ɔ̀v], **un·dreamt·of** [-drémt-] *a.* 꿈에도 생각 않은, 생각조차 못한, 뜻하지 않은.

***un·dress** [ʌndrés] *vt.* 옷을 벗기다; 장식을 떼다; 붕대를 끄르다. — *vi.* 옷을 벗다. — *n.* [⌐⌐] Ⓤ 평복, 약복(略服). — [⌐⌐] *a.* 평복의.

UNDRO United Nations Disaster Relief Organization.

***un·due** [ʌndjú:/-djú:] *a.* 과도한, 지나치게 많은; 부적당한; 매우 심한; (지불) 기한이 되지 않은.

un·du·lant [ʌ́ndjulənt] *a.* 파도 치는, 물결[파도] 모양의.

úndulant féver 〖醫〗 파상열(波狀熱).

un·du·late [ʌ́ndʒəlèit, -djə-] *vi.* 물결이 일다, 물결 치다; (땅이) 기복(起伏)하다, 굽이치다. — *vt.* 물결치게 하다; 기복지게[굽이치게] 하다. **-lat·ing** *a.* **-la·tion** [⌐—léiʃən] *n.*

un·du·la·to·ry [ʌ́ndjələtɔ̀:ri/-dʒələtəri] *a.* 파동의, 물결 치는; 놀치는, 기복하는, 굽이치는. ***the ~ theory*** (***of light***) 〖理〗 (빛의) 파동설.

***un·du·ly** [ʌndjú:li/-djú:-] *ad.* 과도하게; 부당하게.

un·dy·ing [ʌndáiiŋ] *a.* 불사(不死)의, 불멸[불후]의; 영원한.

un·earned [ʌnə́:rnd] *a.* 노력하지 않고 얻은. **~ *income*** 불로 소득.

únearned íncrement (토지 등의) 자연적 가치 증가.

un·earth [ʌnə́:rθ] *vt.* 발굴하다; (사냥감을) 굴에서 몰아내다; 발견[적발]하다. **~·ly** *a.* 이 세상 것이라고는 생각 안 되는; 이상한; 기분나쁜; 신비로운; 《口》 터무니 없는.

un·ease [ʌ̀ní:z] *n.* Ⓤ 불안, 걱정.

⁑**un·eas·y** [ʌní:zi] *a.* 불안한, 걱정되는; 불쾌한; 힘드는; 편치 못한; 불편한, 거북한, 딱딱한 (태도 등). ***un·éas·i·ly** *ad.* ***un·éas·i·ness** *n.*

un·ed·u·cat·ed [ʌnédʒukèitid] *a.* 교육을 받지 못한, 무지한.

U.N.E.F. United Nations Emergency Forces 유엔 긴급군.

un·em·ploy·a·ble [ʌ̀nimplɔ́iəbəl] *a.* (노령·병 등으로) 고용 불가능한.

***un·em·ployed** [ʌ̀nimplɔ́id] *a.* 일이 없는, 실직한; 사용[이용]되고 있지 않은; 한가한.

⁑**un·em·ploy·ment** [-mənt] *n.* Ⓤ 실업(失業).

unemplóyment bènefit 실업수당.

unemplóyment compensàtion 《美》 실업 보상.

un·en·cum·bered [ʌ̀ninkʌ́mbərd] *a.* 방해 없는, 부담 없는, (재산이) 채무 없는.

un·end·ing [ʌnéndiŋ] *a.* 끝없는;

U

무한한, 영구한.
un·en·dur·a·ble[ʌ̀nendjúərəbəl] *a.* 견딜 수 없는.
un·en·gaged[ʌ̀ningéidʒd] *a.* 선약〔약속〕이 없는, 약혼하지 않은; 일이 없는, 한가한.
un-Eng·lish[ʌníŋgliʃ] *a.* 영국식이 아닌; 영국인〔영어〕 같지 않은.
un·en·vi·a·ble[ʌnénviəbəl] *a.* 부럽지 않은, 부러워할 것 없는.
un·en·vied[ʌnénvid] *a.*(남이) 부러워하지 않는.
un·en·vi·ous[ʌnénviəs] *a.* =⇧.
UNEP[jú:nep] United Nations Environment Program 유엔 환경 계획 기구.
*__un·e·qual__[ʌní:kwəl] *a.* ① 같지 않은; 불평등〔불균등〕한. ②《廢》 불공평한, 일방적인. ③ 한결같지 않은, 변하기 쉬운. ④ 불충분한, 감당 못하는(*to*). ~(**l**)**ed** *a.* 견줄 데 없는. ~·**ly** *ad.*
un·e·quiv·o·cal[ʌ̀nikwívəkəl] *a.* 모호하지 않은, 명백한.
un·err·ing[ʌnə́:riŋ] *a.* 잘못이 없는; 틀림 없는; 정확〔확실〕한.
UNESCO[ju:néskou] (< *U*nited *N*ations *E*ducational, *S*cientific, and *C*ultural *O*rganization) *n.* 유네스코《국제 연합 교육과학 문화 기구》.
un·es·sen·tial[ʌ̀nisénʃəl] *a.* 중요하지 않은, 본질적이 아닌.
*__un·e·ven__[ʌní:vən] *a.* ① 평탄하지 않은. ② 한결같지〔고르지〕 않은. ③ 격차가 있는. ④ 홀수의. ~·**ly** *ad.* ~·**ness** *n.*
un·e·vent·ful[ʌ̀nivéntfəl] *a.* 평온 무사한.
un·ex·am·pled[ʌ̀nigzǽmpld/-á:-] *a.* 전례〔유례〕 없는; 비할 데 없는; 예외적인.
un·ex·cep·tion·a·ble [ʌ̀niksépʃənəbəl] *a.* 나무랄 데〔더할 나위〕 없는, 완전한.
un·ex·cep·tion·al[ʌ̀niksépʃənəl] *a.* 예외가 아닌, 보통의.
:__un·ex·pect·ed__[ʌ̀nikspéktid] *a.* 뜻밖의, 뜻하지 않은, 불의의. *~·**ly** *ad.* ~·**ness** *n.*
un·ex·plored[ʌ̀niksplɔ́:rd] *a.* 아직 탐험〔조사〕되지 않은.
un·fail·ing[ʌnféiliŋ] *a.* 틀림〔잘못〕이 없는, 신뢰할 수 있는; 확실한; 다함이 없는, 끊임없는. ~·**ly** *ad.*
*__un·fair__[ʌnfέər] *a.* ① 불공평한, 부당한. ② 부정(不正)한.
un·faith·ful[ʌnféiθfəl] *a.* 성실〔충실〕하지 않은, 부정(不貞)한; 부정확한. ~·**ly** *ad.*
un·fal·ter·ing[ʌnfɔ́:ltəriŋ] *a.* 비틀거리지 않는; 주저하지 않는, 단호한. ~·**ly** *ad.*
*__un·fa·mil·iar__[ʌ̀nfəmíljər] *a.* ① 잘 알지 못하는; 진기한. ② 생소한; 익숙지 않은; 경험이 없는(*with, to*).
un·fash·ion·a·ble[ʌnfǽʃənəbəl] *a.* 유행에 뒤진, 멋없는.

un·fas·ten[ʌnfǽsn/-á:-] *vt., vi.* 풀다, 풀리다, 늦추다, 헐거워〔느슨해〕지다, 열(리)다.
un·fath·om·a·ble[ʌnfǽðəməbəl] *a.* 깊이를 헤아릴 수 없는, 불가해한.
un·fath·omed[ʌnfǽðəmd] *a.* 측량할 수 없는; 헤아릴 수 없는.
*__un·fa·vor·a·ble,__ 《英》 **-vour-** [ʌnféivərəbəl] *a.* 형편이 나쁜, 불리한; 역(逆)의; 불친절한. **-bly** *ad.*
un·feel·ing[ʌnfí:liŋ] *a.* 느낌이 없는; 무정한, 잔인한. 「는.
un·feigned [ʌnféind] *a.* 거짓 없
un·felt[ʌnfélt] *a.* 느끼지 않는, 느낄 수 없는.
un·fenced[ʌnfénst] *a.* 담〔울〕이 없는; 무방비의.
un·fet·ter[ʌ̀nfétər] *vt.* 족쇄를 풀다; 석방하다.
un·fet·tered[-d] *a.* 차꼬가〔속박이〕 풀린; 자유로운.
*__un·fin·ished__[ʌnfíniʃt] *a.* 미완성의; 완전히 마무리(가공)되지 않은.
*__un·fit__[ʌnfít] *a.* 부적당한, 적임이 아닌(*to, for*); (육체적·정신적으로) 적당치 못한. — *n.* (the ~) 부적임자. — *vt.* (**-tt-**) 부적당하게 하다, 자격을 잃게 하다(*for*).
un·fix[ʌnfíks] *vt.* 풀다, 끄르다, 늦추다.
un·flag·ging[ʌnflǽgiŋ] *a.* 쇠(衰)하지 않는, 지칠 줄 모르는.
un·flat·tered[ʌnflǽtərd] *a.* 실물대로의.
un·fledged[ʌnflédʒd] *a.*(새가) 깃털이 다 나지 않은; 덜 발달한, 미숙한; 젖비린내 나는.
un·flinch·ing[ʌnflíntʃiŋ] *a.* 움츠리지〔주춤하지〕 않는, 단호한.
*__un·fold__[ʌnfóuld] *vt.* (접은 것을) 펴다, 열다; 나타내다, 표명〔설명〕하다.
unfólding hóuse 조립식 주택.
un·forced[ʌnfɔ́:rst] *a.* 강제되지 않은, 자발적인.
un·fore·seen[ʌ̀nfɔ:rsí:n] *a.* 예기치 못한, 뜻밖의.
un·for·get·ta·ble[ʌ̀nfə:rgétəbəl] *a.* 잊을 수 없는.
:__un·for·tu·nate__[ʌnfɔ́:rtənit] *a., n.* Ⓒ 불행한 (사람); (특히) 매춘부; 불길한; 유감스러운. :~·**ly** *ad.*
un·found·ed[ʌnfáundid] *a.* 근거 없는.
un·freeze [ʌnfrí:z] *vt.* 녹이다; 〖經〗 동결을 해제하다.
un·fre·quent[ʌnfrí:kwənt] *a.* = INFREQUENT.
un·fre·quent·ed[ʌ̀nfri:kwéntid] *a.* 인적이 드문; 한적한.
*__un·friend·ly__[ʌnfréndli] *a.* 우정이 없는, 불친절한, 적의 있는; 형편이 나쁜. — *ad.* 비(非)우호적으로.
un·frock[ʌnfrák/-ɔ́-] *vt.* 법의(法衣)를 벗기다; 성직〔특권〕을 박탈하다.
un·fruit·ful[ʌnfrú:tfəl] *a.* 열매를 맺지 않는; 효과가 없는.

un·furl[ʌnfə́:rl] *vt., vi.* 펼치다, 펼쳐지다; 올리다, 올라가다.
un·fur·nished[ʌnfə́:rniʃt] *a.* 공급되지 않은; 설비가 안 된; 비품이〔가구가〕 없는.
UNGA U.N. General Assembly.
un·gain·ly[ʌngéinli] *a.* 보기 흉한, 몰골스러운.
un·gen·er·ous[ʌndʒénərəs] *a.* 관대하지〔너그럽지〕 못한, 도량이 좁은, 인색한. **~·ly** *ad.*
un·gen·tle[ʌndʒéntl] *a.* 상냥하지 않은, 점잖지 못한; 예의 없는.
un·god·ly[ʌngádli/-ɔ́-] *a.* 신앙심 없는; 죄많은; 《口》 지독한, 심한.
un·gov·ern·a·ble[ʌngʌ́vərnəbəl] *a.* 제어할 수 없는, 제어가 어려운, 어찌할 도리 없는.
un·gov·erned[ʌngʌ́vərnd] *a.* 지배〔제어〕당하지 않는.
un·gra·cious[ʌngréiʃəs] *a.* 예절 없는, 무례〔야비〕한; 불쾌한.
un·grad·ed[ʌngréidid] *a.* 등급이 매겨져 있지 않은; 《美》 (길이) 물매가 뜨지 않은.
ungráded schòol (벽지의) 단급(單級) 초등 학교《한 교사가 한 교실에서 모든 학년을 가르침》.
un·gram·mat·i·cal [ʌ̀ngrəmǽtikəl] *a.* 문법에 맞지 않는.
***un·grate·ful**[ʌngréitfəl] *a.* ① 은혜를 모르는. ② 애쓴 보람 없는, 헛수고의; 불쾌한.
un·ground·ed[ʌngráundid] *a.* 근거〔이유〕 없는.
un·grudg·ing[ʌngrʌ́dʒiŋ] *a.* 활수한; 아끼지 않는. **~·ly** *a.*
un·guard·ed[ʌngɑ́:rdid] *a.* 부주의한; 방심하고 있는; 무방비의.
un·guent[ʌ́ŋgwənt] *n.* U,C 연고(軟膏).
un·gu·late[ʌ́ŋgjəlit, -lèit] *a., n.* 발굽이 있는; C 유제류(有蹄類)의 (동물).
un·hal·lowed[ʌnhǽloud] *a.* 성별(聖別)되지 않은; 신성하지 않은; 죄 많은.
un·ham·pered[ʌnhǽmpərd] *a.* 차꼬를 안 채운; 방해받지 않는.
un·hand[ʌnhǽnd] *vt.* (…에서) 손을 떼다, 손에서 놓다.
un·hand·some[ʌnhǽnsəm] *a.* 잘 생기지 않은; 야비한; 인색한. **~·ly** *ad.*
un·hand·y[ʌ̀nhǽndi] *a.* ① 손재주가 없는. ② 다루기 거북한〔힘든〕.
un·hang [ʌnhǽŋ] *vt.* (*-hung, ~ed*) (걸린 물건을) 벗기다, 떼다.
:un·hap·py[ʌnhǽpi] *a.* ① 불행한, 비참한, 슬픈. ② 계제가 나쁜; 부적당한. ***-pi·ly** *ad.* ***-pi·ness** *n.*
un·harmed[ʌnhɑ́:rmd] *a.* 무사한.
un·har·ness[ʌnhɑ́:rnis] *vt.* (말에서) 마구를 끄르다; 《古》 갑옷을 벗기다, 무장을 해제시키다.
UNHCR United Nations High Commissioner for Refugees.
un·health·ful[ʌnhélθfəl] *a.* 건강에 해로운.
***un·health·y**[ʌnhélθi] *a.* ① 건강하지 못한, 병약한; 건강을 해치는. ② (정신적으로) 불건전한, 유해한.
un·heard[ʌnhə́:rd] *a.* 들리지 않는; 변명이 허용되지 않는; 《古》 들은 바가 없는.
un·heard-of [ʌnhə́:rdɑ̀v/-ɔ̀v] *a.* 들은 적이 없는; 전례가 없는.
un·heed·ed[ʌnhí:did] *a.* 돌봐지지 않는, 주목되지 않는, 무시된.
un·hes·i·tat·ing[ʌnhézətèitiŋ] *a.* 망설이지 않는; 기민한. **~·ly** *ad.*
un·hinge[ʌnhíndʒ] *vt.* (…의〔에서〕) 돌쩌귀를 떼다; 떼어놓다; (정신을) 어지럽히다.
un·hitch[ʌnhítʃ] *vt.* (말 따위를) 풀어 놓다.
un·ho·ly[ʌnhóuli] *a.* 신성치 않은, 부정(不淨)한; 신앙심이 없는; 사악한; 《口》 심한, 발칙한. **-li·ness** *n.*
un·hon·ored, 《英》 **-oured**[ʌnánərd/-ɔ́-] *a.* 존경받지 못하는; (어음이) 인수 거절된.
un·hook[ʌnhúk] *vt.* 갈고리에서 벗기다; (의복의) 훅을 끄르다.
un·hoped-for[ʌnhóuptfɔ̀:r] *a.* 뜻밖의, 예기치 않은, 바라지도 않은.
un·horse[ʌnhɔ́:rs] *vt.* 말에서 흔들어 떨어뜨리다, 낙마시키다; 실각(失脚)시키다.
un·hulled[ʌnhʌ́ld] *a.* 껍질을 벗기지 않은.
unhúlled rìce 벼.
un·hurt[ʌnhə́:rt] *a.* 다치지 않은; 무사한.
u·ni-[jú:nə] *pref.* '일(一), 단(單)'의 뜻.
u·ni·ax·i·al [jù:niǽksiəl] *a.* 〖動·植〗 단축(單軸)의, 단경(單莖)의.
u·ni·cam·er·al[jù:nəkǽmərəl] *a.* (의회가) 단원제(單院制)의.
UNICEF[jú:nəsèf] (< *U.N. International Children's Emergency Fund*) *n.* 유니세프《(유엔) 국제 아동 긴급 기금; 현재는 United Nations Children's Fund지만 약어는 같음》.
ùni·céllular *a.* 단세포의.
úni·còrn *n.* C 일각수(一角獸)《이마에 한 개의 뿔이 있는 말 비슷한 상상의 동물》.
un·i·den·ti·fied[ʌ̀naidéntəfàid] *a.* 동일한 것으로 확인되지 않은.
unidéntified flýing óbject 미확인 비행 물체《생략 UFO》.
un·id·i·o·mat·ic [ʌ̀nidiəmǽtik] *a.* (어법(語法)이) 관용적이 아닌.
u·ni·di·réc·tion·al bùs[jù:nədirékʃənəl-, -dai-] 〖컴〗 한 방향 버스.
UNIDO[jú:nidou] United Nations Industrial Development Organization.
u·ni·fi·ca·tion[jù:nəfikéiʃən] *n.* U 통일, 단일화.
:u·ni·form[jú:nəfɔ̀:rm] *a.* 일정한, 한결같은; 균일한. — *n.* C,U 제복, 유니폼. — *vt.* 제복을 입히다. **~ed** [-d] *a.* 제복의〔을 입은〕. ***~·ly** *ad.* ***~·i·ty**[⌐-fɔ́:rməti] *n.* U,C 한결같음; 동일(성); 일정〔일관〕(성).

u·ni·fy[jú:nəfài] *vt.* 한결같게 하다, 통일하다.
u·ni·lat·er·al[jù:nəlǽtərəl] *a.* 한쪽만의; 일방적인; 〖法〗 편무(片務)의.
un·im·ag·i·na·ble[ʌ̀nimǽdʒənəbəl] *a.* 상상할 수 없는. **-bly** *n.*
un·im·ag·i·na·tive[ʌ̀nimǽdʒənətiv] *a.* 상상력이 없는.
un·im·paired[ʌ̀nimpέərd] *a.* 손상되지 않은; 약화되지 않은.
un·im·peach·a·ble [ʌ̀nimpí:tʃəbəl] *a.* 나무랄 데 없는, 죄가 없는.
*__un·im·por·tant__[ʌ̀nimpɔ́:rtənt] *a.* 중요하지 않은, 보잘 것 없는.
un·in·hab·it·ed[ʌ̀ninhǽbitid] *a.* 무인(無人)의; 사람이 살지 않는.
un·in·jured[ʌníndʒərd] *a.* 상해를 입지 않은; 손상되지 않은.
un·in·tel·li·gi·ble[ʌ̀nintélədʒəbəl] *a.* 이해할 수 없는; 분명치 않은.
un·in·ten·tion·al[ʌ̀ninténʃənəl] *a.* 고의가 아닌, 무심코 한.
un·in·ter·est·ing [ʌníntərəstiŋ] *a.* 흥미없는, 시시한.
un·in·ter·rupt·ed[ʌ̀nintərʌ́ptid] *a.* 끊임없는, 연속적인.
un·in·vit·ed[ʌ̀ninváitid] *a.* 초대받지 않은; 주제넘은.
:**un·ion**[jú:njən] *n.* ① Ⓤ 결합, 연합, 합동. ② Ⓤ,Ⓒ 결혼, 화합. ③ Ⓒ 동맹, (노동) 조합. ④ Ⓒ (U-) 연방; (the U-) 아메리카 합중국; (연방을 나타내는) 연합 기장《영국의 Union Jack, 미국 국기의 별 있는 부분 따위》. ⑤ (보통 the U-) 《美》 학생 클럽〔회관〕. ⑥ Ⓒ 〖機〗 접합관(管); 〖醫〗 유착(癒着), 유합. ⑦ 〖컴〗 합집합. ***trade* 〔《英》 *labo* (*u*)*r*〕 ~** 노동조합. **~·ism**[-ìzəm] *n.* Ⓤ 노동조합 주의(opp. separatism); (U-) 〖美史〗 (남북 전쟁때의) 연방주의. **~·ist** *n.* Ⓒ 노동조합주의자, 노동조합원.
únion càtalog(ue) 종합 도서 목록《둘 이상의 도서관 장서를 ABC 순으로 종합한 것》. 「Union Jack).
Únion flàg, the 영국 국기(=
un·ion·ize[jú:njənàiz] *vt., vi.* 노동조합으로 조직하다, 노동조합에 가입시키다〔가입하다〕. **-i·za·tion**[⌐—izéi-/-nai-] *n.*
únion jàck 연합 국기; (the U-J-) 영국 국기.
Únion of Sòuth Àfrica, the 남아프리카 연방.
Únion of Sóviet Sócialist Repúblics, the 소비에트 사회주의 공화국 연방《1991년 해체됨; 생략 U.S.S.R.》.
únion shòp 유니언숍《비조합원도 채용 후 조합에 가입하기로 고용주와 조합간에 협정이 된 사업체》.
únion sùit 《美》 아래위가 붙은 속셔츠. 「독특한; 진기한.
:**u·nique** [ju:ní:k] *a.* 유일(무이)한,
u·ni·sex[jú:nəsèks] *a.* 《口》 (복장 등이) 남녀 공통의. 「성(單性)의.
u·ni·sex·u·al [jù:nəsékʃuəl] *a.* 단
*__u·ni·son__[jú:nəsən, -zən] *n.* Ⓤ 조화, 일치; 〖樂〗 동음, 화음, 제창(齊唱). ***in* ~** 제창으로; 일치하여.
:**u·nit**[jú:nit] *n.* Ⓒ ① 한 개, 한 사람. ② 《집합적》 (구성) 단위; 〖數〗 부대; 〖理〗 단위. ③ 〖數〗 최소 완전수 《즉 1》. ④ 〖教育〗 (학과의) 단위, 단원(單元). ⑤ 〖컴〗 장치. **~ *price*** 단가.
U·ni·tar·i·an[jù:nətέəriən] *a., n.* Ⓒ 유니테리언파(派)의 (사람). **~·ism**[-ìzəm] *n.* Ⓤ 유니테리언파(派)의 교의《신교의 일파로, 신의 유일함을 주장하며 예수를 신격화하지 않음》.
u·ni·tar·y[jú:nətèri/-təri] *a.* 단일의; 단위(單位)의; 〖數〗 일원(一元)의, 귀일(歸一)(법)의.
únit chàracter 〖生〗 (Mendel 법칙의) 단위 형질.
únit còst 단위 원가.
:**u·nite**[ju:náit] *vt.* 하나로 하다, 결합〔접합〕하다; 합병하다; 결혼시키다; (성실 따위를) 겸비하다; (의견 등을) 일치시키다. ── *vi.* 하나로 되다; (행동·의견 등이) 일치하다.
:**u·nit·ed**[ju:náitid] *a.* 결합〔연합〕한; 일치〔결속〕된.
Uníted Árab Emírates, the 아랍 에미리트 연방.
Uníted Árab Repúblic, the 통일 아랍 공화국《생략 U.A.R.》.
:**Uníted Nátions, the** 국제 연합 《생략 U.N.》.
Uníted Préss Internátional, the 미국의 한 통신사《생략 UPI》.
†**Uníted Státes (of América), the** 아메리카 합중국, 미국《생략 U.S.(A.)》. 「인자.
únit fàctor 〖生〗 (유전상의) 단일
únit rúle 《美》 단위 선출제.
*__u·ni·ty__[jú:nəti] *n.* Ⓤ 단일(성); Ⓒ 개체, 통일(체); Ⓤ 조화, 일치; 일관성; Ⓒ 〖數〗 1. ***live in* ~** 사이좋게 살다.
Univ. Universalist; University.
univ. universal(ly); university.
UNIVAC[jú:nəvæ̀k] (< *Universal Automatic Computer*) *n.* 〖商標〗 유니박《전자 계산기의 일종》.
u·ni·va·lent[jù:nəvéilənt, ju:nívə-] *a.* 〖化〗 일가(一價)의.
u·ni·valve[jú:nəvæ̀lv] *a.* 〖動·植〗 단판(單瓣)의, 단각(單殼)의. ── *n.* Ⓒ 단각 연체 동물, 《특히》 복족류(腹足類).
:**u·ni·ver·sal**[jù:nəvə́:rsəl] *a.* ① 우주의, 만유의, 전세계의. ② 만인의, 널리〔일반적으로〕 행해지는; 보편적인 (opp. individual). ③ 만능의. ④ 〖論〗 전칭(全稱)의. ── *n.* Ⓒ 〖論〗 전칭 명제. * **~·ly** *ad.* 일반(적)으로, 널리; 어느 곳이나. **~·i·ty**[⌐——sǽləti] *n.* Ⓤ 보편성.
univérsal ágent 총대리점.
univérsal bóard 〖컴〗 범용 기판 《배선용 인쇄 패턴이 같은 모양의 인쇄 기판》.
univérsal cómpasses 자재(自

在) 캠퍼스. 「람).

univérsal dónor O형 혈액(의 사

U·ni·ver·sal·ism [jù:nəvə́:rsəlìzəm] *n.* Ⓤ 〖神〗 보편 구제설(普遍救濟設)《만인은 결국 구제된다는 설》. **-ist** *n.* Ⓒ ~의 신자(信者).

Univérsal Póstal Union, the 만국 우편 연합《1875년 결성; 생략 UPU》.

univérsal súffrage 보통 선거권.

univérsal tìme =GREENWICH TIME.

:u·ni·verse [jú:nəvə̀:rs] *n.* (the ~) 우주, 만물; 전세계.

U·ni·ver·si·ade [jù:nəvə́:rsiæ̀d] *n.* 유니버시아드《국제 대학생 경기 대회》.

:u·ni·ver·si·ty [jù:nəvə́:rsəti] *n.* Ⓒ 대학(교), 종합대학. ~ EXTENSION.

:un·just [ʌndʒʌ́st] *a.* 부정〔불법·불공평〕한. **~·ly** *ad.*

un·kempt [ʌnkémpt] *a.* (머리에) 빗질을 안 한; (옷차림이) 단정하지 못한.

:un·kind [ʌnkáind] *a.* 불친절한, 몰인정한, 냉혹한. **~·ly** *ad.* **~·ness** *n.*

un·know·a·ble [ʌnnóuəbəl] *a.* 알 수 없는; 〖哲〗 불가지(不可知)의.

un·know·ing [ʌnnóuiŋ] *a.* 무지한; 모르는, 알(아채)지 못하는(*of*). **~·ly** *ad.*

:un·known [ʌnnóun] *a.* 알려지지 않은; 미지의, 무명의. ***U- Soldier*** 〔《英》 ***Warrior***〕 전몰 무명 용사(勇士). — *n.* Ⓒ 미지의 인물〔물건〕; 〖數〗 미지수(數).

un·la·bored, 《英》 **-boured** [ʌnléibərd] *a.* 노력 없이 얻은; (땅이) 경작 안된; (문체 따위가) 자연스런.

un·lace [ʌnléis] *vt.* (구두·코르셋 따위의) 끈을 풀다〔늦추다〕.

un·la·ment·ed [ʌ̀nləméntid] *a.* 슬프게 여겨지지 않는, 슬퍼하는 사람 없는.

un·law·ful [ʌnlɔ́:fəl] *a.* 불법〔위법〕의, 비합법의; 사생(아)의. **~·ly** *ad.*

un·lead·ed [ʌ̀nlédid] *a.* 무연(無鉛)의《가솔린 등》.

un·learn [ʌnlə́:rn] *vt.* (*~ed* [-d, -t], *~t*) (배운 것을) 잊다; (버릇·잘못 등을) 버리다, 염두에서 없애다. **~·ed** [-id] *a.* 무식한, 무교육의; [-d] 배우지 않고 아는.

un·leash [ʌnlí:ʃ] *vt.* (…의) 가죽끈을 풀다; 해방하다.

un·leav·ened [ʌnlévənd] *a.* 발효시키지 않은; 《비유》 영향을 안받은.

†un·less [ənlés] *conj.* 만약 …이 아니면〔하지 않으면〕, …(이)외에는. — *prep.* …을 제외하고.

un·let·tered [ʌnlétərd] *a.* 배우지 못한, 문맹의.

un·li·censed [ʌnláisənst] *a.* 면허(장) 없는; 방종한.

:un·like [ʌnláik] *a.* 닮지 않은, 다른. — *prep.* …와 같지 않고, …과 달라서.

***un·like·ly** [ʌnláikli] *a.* 있을 것 같지 않은; 가망 없는, 성공할 것 같지 않은. **-li·hood** [-hùd] *n.*

un·lim·ber [ʌnlímbər] *vt., vi.* (대포의) 앞차를 떼다, 발포 준비를 하다.

***un·lim·it·ed** [ʌmlímitid] *a.* 끝없는, 무한한; 무제한의; 부정(不定)의.

un·lined [ʌnláind] *a.* 안을 대지 않은, 얇은; 선이 없는.

***un·load** [ʌnlóud] *vt.* (짐을) 부리다; (마음 따위의) 무거운 짐을 덜다; (총·포의) 탄알〔탄약〕을 빼내다; (소유주(株)를) 처분하다. — *vi.* 짐을 풀다.

***un·lock** [ʌnlák/-lɔ́k] *vt.* 자물쇠를 열다; (단단히 잠긴 것을) 열다; (마음속·비밀 따위를) 털어놓다. — *vi.* 자물쇠가 열리다.

un·looked-for [ʌnlúktfɔ̀:r] *a.* 예기치 않은, 의외의.

un·loose [ʌnlú:s], **un·loos·en** [ʌnlú:sn] *vt.* 풀다, 늦추다; 해방하다.

:un·luck·y [ʌnlʌ́ki] *a.* 불행한, 불행을 가져오는; 잘되지 않는; 불길한; 공교로운. **un·luck·i·ly** *ad.*

un·made [ʌnméid] *v.* unmake의 과거(분사).

un·make [ʌnméik] *vt.* (***-made***) 부수다, 파괴하다; 폐(廢)하다.

un·man [ʌnmǽn] *vt.* (***-nn-***) 남자다움을 잃게 하다; 용기를 꺾다. **~·ly** *a.* 사내답지 못한; 비겁한.

un·man·age·a·ble [ʌnmǽnidʒəbəl] *a.* 다루기 힘든, 제어하기 어려운.

un·manned [ʌnmǽnd] *a., ad.* 예절〔버릇〕없는〔없게〕, 무무한〔하게〕.

un·man·ner·ly [ʌnmǽnərli] *a. ad.* 예절〔버릇〕 없는〔없게〕, 무무한〔하게〕.

***un·mar·ried** [ʌnmǽrid] *a.* 미혼의.

un·mask [ʌnmǽsk/-á:-] *vt.* 가면을 벗기다; 정체를 폭로하다. — *vi.* 가면을 벗다.

un·match·a·ble [ʌnmǽtʃəbəl] *a.* 필적〔대항〕하기 어려운, 겨루기 어려운; 유례 없는.

un·matched [ʌnmǽtʃt] *a.* 상대가 없는, 비할〔견줄〕 데 없는.

un·mean·ing [ʌnmí:niŋ] *a.* 뜻없는, 무의미한; 멍청한, 표정없는.

un·meas·ured [ʌnméʒərd] *a.* 헤아릴〔측정할〕 수 없는; 한(정)없는; 도를 넘친. 「*to* do).

un·meet [ʌnmí:t] *a.* 부적당한(*for,*

un·men·tion·a·ble [ʌ̀nménʃənəbəl] *a.* 입에 담을 수 없는; (상스럽거나 해서) 말해서는 안 될.

un·mer·it·ed [ʌnméritid] *a.* 공(功)없이 얻은, 분에 넘치는; 부당한.

un·mind·ful [ʌnmáindfəl] *a.* 마음에 두지 않는, 염두에 없는, 부주의한, 무관심한(*of; that*).

***un·mis·tak·a·ble** [ʌ̀nmistéikəbəl] *a.* 틀릴 리 없는, 명백한. **-bly** *ad.*

U

un·mit·i·gat·ed [ʌnmítəgèitid] *a.* 누그러지지 않은, 완화〔경감〕되지 않은; 순전한, 완전한. 「순수한.
un·mixed [ʌnmíkst] *a.* 섞지 않은,
un·mo·lest·ed [ʌ̀nməléstid] *a.* 곤란〔괴로움〕받지 않는; 평온한.
un·moor [ʌ̀nmúər] *vt.* 배를 맨 밧줄을 풀다, 닻을 올리다. —— *vi.* 닻을 올리다.
un·mor·al [ʌnmɔ́(:)rəl, -á-] *a.* 도덕과 관계 없는(nonmoral).
un·mount·ed [ʌnmáuntid] *a.* 말 타고 있지 않은, 도보의; 대지(臺紙)에 붙이지 않은.
un·mov·a·ble [ʌnmú:vəbəl] *a.* 움직일 수 없는, 부동의.
***un·moved** [ʌnmú:vd] *a.* (결심 등이) 흔들리지 않는, 확고한; 냉정한.
un·muz·zle [ʌnmʌ́zəl] *vt.* (개의) 부리망을 벗기다; 언론의 자유를 주다. 「지명되지 않은.
un·named [ʌnnéimd] *a.* 무명의;
:un·nat·u·ral [ʌnnǽtʃərəl] *a.* ① 부자연한. ② 보통이 아닌, 이상한. ③ 인도(人道)에 어긋나는, 몰인정한. ~·**ly** *ad.* ~·**ness** *n.*
:un·nec·es·sar·y [ʌnnésəsèri/-səri] *a.* 불필요한, 무익한. ***-sar·i·ly** *ad.* 「기를〕 잃게 하다.
un·nerve [ʌnnə́:rv] *vt.* 기력을〔용
***un·no·ticed** [ʌnnóutist] *a.* 주의를〔남의 눈을〕 끌지 않는, 눈에 띄지 않는; 돌보아지지 않는.
un·num·bered [ʌnnʌ́mbərd] *a.* 세지 않은; 헤아릴 수 없는, 무수한.
UNO, U.N.O United Nations Organization《U.N.의 구칭》.
un·ob·served [ʌ̀nəbzə́:rvd] *a.* 관찰〔주의〕되지 않는; 지켜지지 않은.
un·ob·tru·sive [ʌ̀nəbtrú:siv] *a.* 겸손한.
***un·oc·cu·pied** [ʌnákjəpàid/-ɔ́-] *a.* ① (집·토지 따위가) 임자가 없는, 사람이 살고 있지 않는. ② 일이 없는, 한가한.
un·of·fend·ing [ʌ̀nəféndiŋ] *a.* 사람을 성나게 하지 않는; 죄 없는, 해롭지 않은. 「인.
***un·of·fi·cial** [ʌ̀nəfíʃəl] *a.* 비공식적
un·o·pened [ʌnóupənd] *a.* 열려 있지 않은; 개봉되지 않은; 페이지가 아직 잘리지 않은(cf. uncut).
un·or·gan·ized [ʌnɔ́:rgənàizd] *a.* 조직돼 있지 않은; 〖化〗 무기(無機)의; 《美》 노동 조합에 가입하지 않은.
un·or·tho·dox [ʌ̀nɔ́:rθədàks/-dɔ̀ks] *a.* 정통이 아닌, 이단적인; 파격적인.
un·pack [ʌnpǽk] *vt.* (꾸러미·짐을) 풀다; (속의 것을) 꺼내다; 〖컴〗 풀다《압축된 데이터를 원형으로 돌림》. —— *vi.* 꾸러미를〔짐을〕 끄르다.
un·paid [ʌnpéid] *a.* 지불되지 않은; 무급(無給)의, 무보수의; 명예직의. ***the great* ~** (명예직인) 치안 판사.
un·pal·at·a·ble [ʌnpǽlətəbəl] *a.* 입에 맞지 않는, 맛 없는; 불쾌한.
un·par·al·leled [ʌnpǽrəlèld] *a.* 견줄〔비할〕 데 없는, 전대 미문의.
un·par·don·a·ble [ʌnpá:rdənəbəl] *a.* 용서할 수 없는.
un·par·lia·men·ta·ry [ʌ̀npɑ:rləmentəri] *a.* 의회의 관례〔국회법〕에 어긋나는.
un·peo·ple [ʌnpí:pəl] *vt.* (…의) 주민을 없애다, 무인지경으로 만들다. ~**d** [-d] *a.* 주민이 없는.
un·per·ceived [ʌ̀npərsí:vd] *a.* 눈치〔알아〕채이지 않은.
un·per·son [ʌnpə́:rsən] *n.* Ⓒ 사람 대접 못받는 사람.
un·pick [ʌnpík] *vt.* (바늘 끝 따위로) 실밥을 뜯다.
un·pin [ʌnpín] *vt.* (**-nn-**) 핀을 빼어 늦추다, (옷 등의) 고정 핀을 뽑다.
un·pit·ied [ʌnpítid] *a.* 연민의 정을 받지 못하는, 동정을 받지 못하는.
un·placed [ʌnpléist] *a.* 〖競馬〗 등외의, 3등 안에 들지 않는.
:un·pleas·ant [ʌnplézənt] *a.* 불쾌한. ~·**ly** *ad.* ~·**ness** *n.* Ⓤ 불쾌. ***the late* ~*ness*** 《美諧》 남북 전쟁.
un·plumbed [ʌnplʌ́md] *a.* 측연(測鉛)으로 잴 수 없는; 깊이를 헤아릴 수 없는; 가스〔수도·하수〕관의 설비가 안된.
un·po·et·i·cal [ʌ̀npouétikəl] *a.* 시적이 아닌, 속된.
un·pol·ished [ʌnpáliʃt/-pɔ́l-] *a.* 닦지 않은; 세련되지 않은, 때를 벗지 못한, 무무한.
***un·pop·u·lar** [ʌnpápjələr/-ɔ́-] *a.* 인기〔인망〕없는, 시세 없는.
un·prac·ti·cal [ʌnprǽktikəl] *a.* 실용적이 아닌.
un·prac·ticed, 《英》 **-tised** [ʌnprǽktist] *a.* 실용에 쓰이지 않는; 실행되지 않는; 연습을 안쌓은, 미숙한.
***un·prec·e·dent·ed** [ʌnprésədèntid] *a.* 선례가 없는; 신기한.
un·prej·u·diced [ʌnprédʒədist] *a.* 편견이 없는, 공평한; (권리 따위가) 침해되지 않은.
un·pre·med·i·tat·ed [ʌ̀nprimédətèitid] *a.* 미리 생각되지 않은; 고의가 아닌, 우연한; 준비 없는.
***un·pre·pared** [ʌ̀npripέərd] *a.* 준비가 없는, 즉석의; 각오가 안된.
un·pre·tend·ing [ʌ̀npriténdiŋ] *a.* 허세부리지 않는, 겸손한, 삼가는.
un·pre·ten·tious [ʌ̀npriténʃəs] *a.* 젠체 않는, 겸손한.
un·priced [ʌnpráist] *a.* 값이 붙어 있지 않은; 값을 매길 수 없는.
un·prin·ci·pled [ʌnprínsəpəld] *a.* 절조가 없는; 교리를 배우지 않은.
un·pro·duc·tive [ʌ̀nprədʌ́ktiv] *a.* 비생산적인; 불모(不毛)의; 헛된.
un·pro·fes·sion·al [ʌ̀nprəféʃənəl] *a.* 전문가가 아닌, 비직업적인, 풋나기의; 직업 윤리에 어긋나는.
***un·prof·it·a·ble** [ʌnpráfitəbəl/-ɔ́-] *a.* 이익 없는; 무익한. **-bly** *ad.*
un·prop [ʌnpráp/-ɔ́-] *vt.* (**-pp-**) (…에서) 버팀대를 치우다.

U

un·pro·tect·ed[ʌ̀nprətéktid] *a.* 보호(자)가 없는; 무방비의; 관세의 보호를 받지 않은.

un·pro·voked[ʌ̀nprəvóukt] *a.* 자극 받지〔되지〕 않은, 정당한 이유가〔까닭이〕 없는. **-vok·ed·ly**[-vóukidli] *ad.*

un·pun·ished[ʌnpʌ́niʃt] *a.* 벌받지 않은, 처벌을 면한.

un·qual·i·fied[ʌnkwɑ́ləfaid/-ɔ́-] *a.* 자격이 없는; 적임이 아닌; 제한 없는, 무조건의; 순전한.

un·quench·a·ble[ʌnkwéntʃəbəl] *a.* 끌 수 없는, 억제할 수 없는. **-bly** *ad.*

***un·ques·tion·a·ble**[ʌnkwéstʃənəbəl] *a.* ① 의심할 여지가 없는, 확실한. ② 더할 나위 없는. ***-bly** *ad.*

un·ques·tioned[ʌnkwéstʃənd] *a.* 문제되지 않는; 의심이 없는.

un·ques·tion·ing[ʌnkwéstʃəniŋ] *a.* 의심치 않는; 주저하지 않는; 무조건의, 절대적인. **~·ly** *ad.*

un·qui·et[ʌnkwáiət] *a.* 침착하지 못한, 들뜬, 불안한, 불온한.

un·quote[ʌnkwóut] *vi.* 인용을 끝내다.

un·rav·el[ʌnrǽvəl] *vt.* (《英》 *-ll-*) (얽힌 실 따위를) 풀다; 해명하다, (이야기의 줄거리 따위를) 해결짓다. — *vi.* 풀리다, 풀어지다.

un·read[ʌnréd] *a.* (책 등이) 읽히지 않는; 책을 많이 읽지 않은, 무식한.

un·read·a·ble[ʌnríːdəbəl] *a.* 읽을 수 없는, 읽기 어려운; 읽을 가치가 없는, 시시한. 「굼뜬.

un·read·y[ʌnrédi] *a.* 준비가 없는;

***un·re·al**[ʌnríːəl] *a.* 실재(實在)하지 않는, 공상의.

un·rea·son[ʌ̀nríːzən] *n.* Ⓤ 무분별, 이성 결여; 무질서, 혼란; 불합리.

:un·rea·son·a·ble [ʌnríːzənəbəl] *a.* 비합리적인; 부조리한; (요금 따위) 부당한, 터무니 없는. **-bly** *ad.*

un·rea·son·ing[ʌnríːzəniŋ] *a.* 이성적으로 생각하지 않는, 사리에 맞지 않는.

un·rec·og·nized[ʌnrékəgnàizd] *a.* 인식〔인정〕되지 않은.

un·reel[ʌnríːl] *vt., vi.* (실패에서) 되풀다〔되풀리다〕.

un·re·flect·ing[ʌ̀nrifléktiŋ] *a.* 반사 않는; 반성하지 않는, 무분별한.

un·re·gard·ed[ʌ̀nrigɑ́ːrdid] *a.* 주의되지〔돌봐지지〕 않는, 무시된.

un·re·gen·er·ate[ʌ̀nridʒénərit] *a.* (정신적으로) 갱생하지 않는; 죄많은.

un·re·lent·ing[ʌ̀nriléntiŋ] *a.* 용서 없는, 무자비한; 굽힐 줄 모르는.

***un·re·li·a·ble**[ʌ̀nriláiəbəl] *a.* 신뢰할〔믿을〕 수 없는.

un·re·mem·bered [ʌ̀nrimémbərd] *a.* 기억되지 않은, 잊혀진.

un·re·mit·ting[ʌ̀nrimítiŋ] *a.* 끊임없는; 끈질긴.

un·re·quit·ed[ʌ̀nrikwáitid] *a.* 보답받지 못한; 보복을 당하지 않는.

un·re·served[ʌ̀nrizə́ːrvd] *a.* 거리낌 없는, 솔직한(frank); 제한이 없는; 예약되지 않은. **-serv·ed·ly** [-vidli] *ad.* 「(상태).

***un·rest**[ʌnrést] *n.* Ⓤ 불안; 불온

un·re·strained[ʌ̀nristréind] *a.* 억제되지 않은, 무제한의, 제멋대로의. **-strain·ed·ly**[-stréinidli] *ad.*

un·right·eous [ʌnráitʃəs] *a.* 부정한, 사악(邪惡)한, 죄많은. **~·ly** *ad.* **~·ness** *n.* 「기 상조의.

un·ripe[ʌnráip] *a.* 익지 않은; 시

***un·ri·valed,** 《英》 **-valled** [ʌnráivəld] *a.* 경쟁자가 없는, 비할 데 없는.

un·roll[ʌnróul] *vi., vt.* (말린 것을〔것이〕) 풀(리)다, 펴다, 펼쳐지다; 나타내다.

UNRRA[ʌ́nrə] United Nations Relief and Rehabilitation Administration 유엔 구제 부흥 사업국.

un·ruf·fled[ʌnrʌ́fəld] *a.* 떠들어대지 않는, 혼란되지 않은; 물결이 일지 않는; 조용한, 냉정한.

un·ru·ly[ʌnrúːli] *a.* 제어하기〔다루기〕 어려운, 무법한. **-li·ness** *n.*

UNRWA[ʌ́nrə, -rɑː] United Nations Relief and Works Agency 국제 연합 팔레스타인 난민 구제 사업 기구.

un·sad·dle[ʌnsǽdl] *vt.* (말에서) 안장을 떼다; 낙마(落馬)시키다.

***un·safe** [ʌnséif] *a.* 위험한; 불안한, 안전하지 않은.

un·said[ʌnséd] *v.* unsay의 과거(분사). — *a.* 말하지 않는.

***un·sat·is·fac·to·ry** [ʌ̀nsætisfǽktəri] *a.* 마음에 차지 않는, 불충분한. **-ri·ly** *ad.*

un·sat·is·fied[ʌnsǽtisfàid] *a.* 만족하지 않는.

un·sa·vor·y, 《英》 **-vour·y** [ʌnséivəri] *a.* 맛없는; 맛이〔냄새가〕 나쁜; (도덕상) 불미한.

un·say [ʌnséi] *vt.* (*-said*) (한 말을) 취소하다. 「Council.

UNSC United Nations Security

un·scared[ʌnskɛ́ərd] *a.* 위협당하지 않는, 겁내지 않는.

un·scathed[ʌnskéiðd] *a.* 다치지 않은, 상처 없는.

un·schol·ar·ly[ʌnskɑ́lərli/-ɔ́-] *a.* 학문이 없는, 학자답지 않은.

un·schooled[ʌ̀nskúːld] *a.* (학교) 교육을 안 받은; 배운 것이 아닌, 타고난《재능 등》.

un·sci·en·tif·ic[ʌ̀nsaiəntífik] *a.* 비과학적인. **-i·cal·ly** *ad.*

un·scram·ble[ʌnskrǽmbəl] *vt.* (혼란에서) 원상태로 돌리다; (암호를) 해독하다.

un·screw[ʌnskrúː] *vt.* 나사를 빼다; 나사를 돌려 늦추다.

***un·scru·pu·lous** [ʌnskrúːpjələs] *a.* 거리낌 없는, 예사로 나쁜 짓을 하

U

는; 무법한, 비양심적인. **~·ly** *ad.*
un·seal[ʌnsíːl] *vt.* 개봉(開封)하다; 열다.
un·search·a·ble[ʌnsə́ːrtʃəbəl] *a.* 찾아낼 수 없는; 신비한.
un·sea·son·a·ble[ʌnsíːzənəbəl] *a.* 계절에 맞지 않는, 철 아닌; 시기가 나쁜. **~·ness** *n.*
un·seat[ʌnsíːt] *vt.* 자리에서 내쫓다, 면직시키다; (의원의) 의석(議席)을 빼앗다; 낙마시키다.
un·seem·ly[ʌnsíːmli] *a., ad.* 보기 흉한[하게], 꼴사나운, 꼴사납게, 부적당한[하게].
:un·seen[ʌnsíːn] *a.* 본 적이 없는; 보이지 않는.
***un·self·ish** [ʌnsélfiʃ] *a.* 이기적이 아닌, 욕심[사심]이 없는. **~·ly** *ad.* **~·ness** *n.*
un·set·tle[ʌnsétl] *vt.* 어지럽히다, 동요시키다; 침착성를 잃게 하다. — *vi.* 동요하다. ***-tled**[-d] *a.* (날씨 따위가) 변하기 쉬운; 불안정한, 동요하는; 미결제의; (문제가) 미해결의; (주소 따위가) 일정치 않은; 정주자(定住者)가 없는.
un·sex[ʌnséks] *vt.* 성적 불능으로 하다; (특히) 여자다움을 없애다.
un·shack·le[ʌnʃǽkəl] *vt.* (…의) 차꼬를 벗기다, 속박에서 풀다; 석방하다, 자유의 몸으로 하다.
un·shak·en[ʌnʃéikən] *a.* 동요하지 않는; 확고한.
un·ship[ʌnʃíp] *vt.* (**-pp-**) (짐을) 배에서 부리다, (선객을) 하선시키다.
un·shod[ʌnʃád/-ʃɔ́d] *a.* 신발을 신지 않은; (말이) 편자를 박지 않은.
un·shrink·a·ble [ʌnʃríŋkəbəl] *a.* 줄어들지 않는.
un·shrink·ing[ʌnʃríŋkiŋ] *a.* 움추리지[무춤하지] 않는, 단호한, 끄떡없는.
「보기 거북한[흉한].
un·sight·ly[ʌnsáitli] *a.* 꼴사나운,
***un·skilled** [ʌnskíld] *a.* 익숙하지[숙련되지] 못한; 숙련이 필요치 않은.
un·skill·ful, 《英》 **-skil·ful**[ʌnskílfəl] *a.* 서투른, 솜씨 없는. **~·ly** *ad.*
un·so·cia·ble [ʌnsóuʃəbəl] *a.* 교제를 싫어하는, 비사교적인. **~·ness** *n.* **-bly** *ad.*
「인, 비사교적인.
un·so·cial [ʌnsóuʃəl] *a.* 비사회적
un·so·lic·it·ed[ʌ̀nsəlísətid] *a.* 탄원(嘆願)을 받지 않은; 의뢰 받지도 않은, 괜한, 쓸데 없는.
un·so·phis·ti·cat·ed[ʌ̀nsəfístəkèitid] *a.* 단순한; 순진한; 섞지 않은, 순수한; 진짜의.
un·sought[ʌnsɔ́ːt] *a.* 찾지 않는; 구하지 않는.
un·sound[ʌnsáund] *a.* 건전[건강]하지 않은; 근거가 박약한; (잠이) 깊이 안 든.
un·spar·ing[ʌnspɛ́əriŋ] *a.* (물건 따위를) 아끼지 않는, 손이 큰(*of, in*); 무자비한, 호된. **~·ly** *ad.*
***un·speak·a·ble**[ʌnspíːkəbəl] *a.* ① 이루 말할 수 없는. ② 언어 도단의; 심한. **-bly** *ad.*
un·spec·i·fied[ʌnspésəfàid] *a.* 특기[명기]하지 않은.
un·spot·ted[ʌnspátid/-ɔ́-] *a.* 반점이 없는; 오점이 없는; 결백한.
***un·sta·ble**[ʌnstéibəl] *a.* 불안정한; 변하기 쉬운; 〖化〗 (화합물이) 분해하기[다른 화합물로 변하기] 쉬운.
unstáble èlement 〖理〗 부정 원소(不定元素)《마지막에 방사성 isotope로 변하는 방사능 물질》.
un·stained[ʌnstéind] *a.* 더럽혀지지 않은, 오점이 없는.
***un·stead·y**[ʌnstédi] *a.* ① 불안정한; 변하기 쉬운, 미덥지 못한. ② 소행이 나쁜.
un·stick[ʌnstík] *vt.* (**unstuck** [-stʌ́k])(붙어 있는 것을) 잡아 떼다.
un·stint·ed[ʌnstíntid] *a.* 아낌없는, 활수(滑手)한.
un·stop[ʌnstáp/-stɔ́p] *vt.* (**-pp-**) (…의) 마개를 뽑다; 장애를 없애다.
un·strap[ʌnstrǽp] *vt.* (**-pp-**) (…의) 가죽끈을 끄르다[풀다].
un·stressed[ʌnstrést] *a.* (음절이) 강세[악센트]가 없는.
un·string[ʌnstríŋ] *vt.* (**-strung**) (…의) 줄을 벗기다[늦추다]; 실에서 뽑다; (신경·기운 등을) 약하게 하다.
un·strung [ʌnstrʌ́ŋ] *v.* unstring 의 과거(분사). — *a.* (줄 등이) 느즈러진; (신경이) 약해진, 신경질인.
un·stud·ied[ʌnstʌ́did] *a.* 배우지 않고 알게 된; 꾸밈 없는, (문체 따위가) 자연스러운; 배우지 않은.
un·sub·dued[ʌ̀nsədjúːd] *a.* 정복[진압, 억제]되지 않은.
un·sub·stan·tial[ʌ̀nsəbstǽnʃəl] *a.* 실질[실체]없는; 허물만의; 견고하지 않은; 비현실적인.
***un·suc·cess·ful**[ʌ̀nsəksésfəl] *a.* 성공하지 못한, 잘되지 않은, 실패한. **~·ly** *ad.*
***un·suit·a·ble**[ʌnsúːtəbəl] *a.* 부적당한, 어울리지 않은. **-bly** *ad.*
un·suit·ed[ʌnsúːtid] *a.* 부적당한 (*to, for*); 어울리지 않는.
un·sul·lied[ʌnsʌ́lid] *a.* 더럽혀지지 않은, 깨끗한.
un·sung[ʌnsʌ́ŋ] *a.* 노래되지 않은; 시가(詩歌)에 의해 찬미되지 않은.
un·sup·port·ed[ʌ̀nsəpɔ́ːrtid] *a.* 받쳐지지 않은; 지지되지 않는.
un·sur·passed[ʌ̀nsərpǽst, -áː-] *a.* 능가할 자 없는; 탁월한.
un·sus·pect·ed[ʌ̀nsəspéktid] *a.* 의심받지 않는; 생각지도 못할.
un·sus·pi·cious[ʌ̀nsəspíʃəs] *a.* 의심[수상]스럽지 않은; 의심치 않는.
un·sweep·a·ble[ʌnswíːpəbl] *a.* (말끔히) 쓸어버릴 수 없는; 〖海〗 소해(掃海)할 수 없는.
un·swept[ʌnswépt] *a.* 쓸리지 않는; 〖海〗 소해(掃海)되지 않는.
un·sys·tem·at·ic[ʌ̀nsistəmǽtik] *a.* 조직적이 아닌, 계통이 안선; 무질서한.

un·taint·ed[ʌntéintid] *a.* 때묻지 〔더럽혀지지〕 않은, 오점이 없는.
un·tamed[ʌntéimd] *a.* 길들지 않은, 억제〔훈련〕되지 않은.
un·tan·gle[ʌntǽŋgəl] *vt.* (…의) 엉킨 것을 풀다; (분규 등을) 해결하다.
un·tapped[ʌ̀ntǽpt] *a.* (통의) 마개를 안 뽑은; 이용〔활용〕되지 않은 《자원 등》.
un·taught[ʌntɔ́:t] *a.* 배운 것이 아닌, 자연히 터득한; 배우지 못한, 무식한.
UNTC United Nations Trusteeship Council.
un·ten·a·ble[ʌnténəbəl] *a.* 옹호〔지지〕할 수 없는; (집 등이) 거주할 수 없는.
un·thank·ful[ʌnθǽŋkfəl] *a.* 감사하지 않는(*to*); 고맙지 않은, 고맙게 여기지 않는.
un·think·a·ble[ʌnθíŋkəbəl] *a.* 생각할 수 없는; 있을 성 싶지(도) 않은.
un·think·ing[ʌnθíŋkiŋ] *a.* 생각〔사려〕 없는; 부주의한.
un·thought(-of) [ʌnθɔ́:t(ɑ̀v)/-(ɔ̀v)] *a.* 뜻밖의.
un·thread[ʌnθréd] *vt.* (바늘 따위의) 실을 빼다; (미로(迷路) 따위를) 빠져 나오다; (수수께끼 등을) 풀다.
un·thrift·y[ʌnθrífti] *a.* 낭비하는.
un·ti·dy[ʌntáidi] *a.* 단정치 못한.
***un·tie**[ʌntái] *vt.* (**untying**) 풀다, 끄르다; 속박을 풀다; (곤란 등을) 해결하다.
†**un·til**[əntíl] *prep.* 《때》 …까지, …에 이르기까지, …이 될 때까지. ── *conj.* ① 《때》 …까지, …때까지; 마침내. ② 《정도》 …할 때까지.
un·tilled[ʌntíld] *a.* 경작되지 않은; 갈지 않은.
***un·time·ly**[ʌntáimli] *a.* 때 아닌, 철 아닌; 계제가 나쁜. ── *ad.* 때 아닌 때에; 계제가 나쁘게.
un·tir·ing[ʌntáiəriŋ] *a.* 지치지 않는, 끈질긴, 불굴의.
un·ti·tled[ʌntáitld] *a.* 칭호〔작위〕가 없는; 권리가 없는; 제목이 없는.
***un·to**[ʌ́ntu, (자음 앞) ʌ́ntə] *prep.* 《古·雅》 …에; …까지《to와 같지만 부정사에는 안 씀》.
***un·told**[ʌntóuld] *a.* 이야기되지 않은, 밝혀지지 않은; 셀 수 없는.
***un·touch·a·ble**[ʌntʌ́tʃəbəl] *a.* 만질〔손댈〕 수 없는; (손) 대면 안되는. ── *n.* Ⓒ (인도에서 최하층의) 천민.
***un·touched**[ʌntʌ́tʃt] *a.* 손대지 않은; 언급되지 않은; 감동되지 않은.
un·to·ward[ʌntóuərd, -tɔ́:rd] *a.* 운이 나쁜; 부적당한; 《古》 완고한.
un·trained[ʌntréind] *a.* 훈련되지 않은.
un·trav·eled, 《英》 **-elled** [ʌntrǽvəld] *a.* (먼 데에) 여행한 적이 없는; 인적이 드문〔끊어진〕, 여행자가 없는.
un·tried[ʌntráid] *a.* (시험)해 보지 않은; 경험이 없는; 〖法〗 미심리(未審理)의.
un·trimmed[ʌntrímd] *a.* 장식이 붙어 있지 않은; (나뭇가지 따위를) 손질〔전정〕하지 않은; (가장자리를) 치지〔다듬지〕 않은.
un·trod(·den) [ʌntrɑ́d(n)/-ɔ́-] *a.* 밟힌 적이 없는; 인적 미답(人跡未踏)의.
un·trou·bled[ʌntrʌ́bəld] *a.* 괴로움을 안 당하는, 근심하지 않은; 잔잔한, 조용한.
***un·true**[ʌntrú:] *a.* 진실이 아닌; 불성실한; (표준·치수에) 맞지 않는.
un·truss [ʌntrʌ́s] *vt.* 《古》 풀다; 옷을 벗기다.
un·truth[ʌntrú:θ] *n.* Ⓤ 진실이 아님, 허위; Ⓒ 거짓말. **~·ful** *a.* 진실이 아닌, 거짓(말)의. **~·ful·ly** *a.* **~·ful·ness** *n.*
un·tu·tored[ʌntjú:tərd] *a.* 교사에게 배우지 않은, 교육 받지 않은; 무무한; 소박한.
***un·used**[ʌnjú:zd] *a.* ① 쓰지 않는; 사용한 적이 없는. ② [-jú:st] 익숙하지 않은(*to*).
‡**un·u·su·al**[ʌnjú:ʒuəl, -ʒəl] *a.* 보통이 아닌; 유별난, 진기한. * **~·ly** *ad.* **~·ness** *n.*
un·ut·ter·a·ble[ʌnʌ́tərəbəl] *a.* 발음할 수 없는; 이루 말할 수 없는; 말도 안 되는. **-bly** *a.*
un·var·ied[ʌnvέərid] *a.* 변하지 않은; 끈덕진; 단조로운.
un·var·nished[ʌnvɑ́:rniʃt] *a.* 니스칠을 안 한; 꾸밈 없는; 있는 그대로의.
un·var·y·ing[ʌnvέəriiŋ] *a.* 변치 않는.
un·veil[ʌnvéil] *vt.* (…의) 베일을 벗기다; (…의) 제막식을 올리다; (비밀을) 털어 놓다. ── *vi.* 베일을 벗다, 정체를 드러내다.
un·voiced[ʌnvɔ́ist] *a.* (목)소리로 내지 않는; 〖音聲〗 무성(음)의.
un·want·ed[ʌ̀nwɑ́ntid, -wɔ́(:)nt-] *a.* 바람직하지 못한, 쓸모없는; 불필요한.
un·war·rant·a·ble [ʌnwɔ́:rəntəbəl/-ɔ́-] *a.* 보증〔변호〕할 수 없는; 부당한.
un·war·rant·ed [ʌnwɔ́:rəntid/-ɔ́-] *a.* 보증되어 있지 않은; 부당한.
un·war·y[ʌnwέəri] *a.* 부주의한; 경솔한.
un·washed[ʌnwɑ́ʃt, -ɔ́:-/-ɔ́-] *a.* 씻지 않은; 불결한. ***the great ~*** 하층 사회 (사람들).
un·wa·ver·ing [ʌnwéivəriŋ] *a.* 동요하지 않는, 확고한.
un·wea·ried[ʌnwíərid] *a.* 지치지 않는, 끈덕진, 불굴의.
***un·wel·come**[ʌnwélkəm] *a.* 환영받지 못하는; 달갑지 않은, 싫은.
un·well [ʌnwél] *a.* 기분이 나쁜, 건강이 좋지 않은, 불쾌한; 《口》 월경 중인.
un·wept[ʌnwépt] *a.* 슬퍼해〔울어〕 주지 않는; (눈물이) 흘려지지 않는.
***un·whole·some**[ʌnhóulsəm] *a.* 건강에 좋지 않은; 불건전한, 유해

한. ~**·ly** *ad.* ~**·ness** *n.*

un·wield·y[ʌnwíːldi] *a.* 다루기 힘든; 부피가 큰, 모양이 없는.

:**un·will·ing**[ʌnwíliŋ] *a.* 바라지 않는, 마음 내키지 않는. ~**·ly** *ad.* ~**·ness** *n.*

un·wind [ʌnwáind] *vt., vi.* (***-wound***) 풀(리)다, 되감(기)다.

·**un·wise**[ʌnwáiz] *a.* 슬기 없는, 약지 못한, 어리석은. ~**·ly** *ad.*

un·wished(**-for**) [ʌnwíʃt(fɔ̀ːr)] *a.* 바라지 않는.

un·wit·ting[ʌnwítiŋ] *a.* 모르는, 무의식의. ~**·ly** *ad.* 부지불식간에.

un·wont·ed[ʌnwóuntid, -wɔ́ːnt-] *a.* 보통이 아닌, 이상한; 드문; 《古》 익숙하지 않은(*to*).

un·world·ly[ʌnwə́ːrldli] *a.* 비세속적인; 정신계의.

:**un·wor·thy**[ʌnwə́ːrði] *a.* ① 가치 없는. ② …의〔할〕 가치 없는(*of*). ③ 비열한, 부끄러운.

un·wound[ʌnwàund] *v.* unwind 의 과거(분사). ── *a.* 감긴 것이 풀린; 감기지 않은.

un·writ·ten[ʌnrítn] *a.* 써 있지 않은; 불문(不文)의; 글씨가 씌어 있지 않은, 백지의.

unwrítten láw 관습법, 불문율; 면제법《가족의 정조 유린 등에는 복수할 권리가 있다는 원칙》.

un·yield·ing[ʌnjíːldiŋ] *a.* 굽지 않는, 단단한; 굴하지〔굽히지〕 않는, 단호한. ~**·ly** *ad.*

un·yoke[ʌnjóuk] *vt.* (…의) 멍에를 벗기다; 속박을 떼다, 분리하다.

un·zip[ʌnzíp] *vt.* (***-pp-***) (…의) 지퍼를 열다. ── *vi.* 지퍼가 열리다.

U. of S. Afr. Union of South Africa.

†**up**[ʌp] *ad.* ① 위(쪽으)로, 위에. ② (남에서) 북으로. ③ 일어나서, 서서(*get up*). ④ 《美》 (해가, 수평선 위로) 떠 올라서. ⑤ (값·온도 따위가) 높이 올라(서). ⑥ …쪽으로, 접근하여(*He came up to me.*). ⑦ 아주, 완전히(*The house burned up.* 집이 전소했다). ⑧ 끝나서, 다하여(*It's all up with him.* 그는 이제 글렀다). ⑨ 일어나《발생》, 나타나(*What is up?* 무슨〔웬〕 일이야). ⑩ 숙달하여(*be up in mathematics* 수학을 잘 하다). ⑪ 저장하여, 가두어(*lay up riches* 부(富)를 쌓다). ⑫ 《美》 〖野〗 타수(打數)…. ⑬ 〖골프〗 득점이 앞서, 이기어. ⑭ 《口》〖테니스 따위〗 각(apiece). ***be up and doing*** 크게 활약하다. ***up against*** 《口》 …에 직면하여. ***up and down*** 올라갔다 내려갔다, 위 아래로; 이리 저리. ***Up Jenkins*** 동전돌리기 놀이. ***up to*** 《口》 …에 종사하여, …하려고 하여; …에 견디어, …할 수 있어; 계획 중에; …(에 이르기)까지; 《口》 …의 의무인. ***Up with it!*** 세워라!; 들어 올려라! ***Up with you!*** 일어서라!; 분발하라! ── *prep.* …의 위로〔에〕, 위쪽으로, …을 끼고〔따라서〕; (강의) 상류에, 오지(奧地)로. ***up hill and down dale*** 산 넘고 골짜기를 건너. ── *a.* 나아간, 올라간; 위의, 올라가는(*an up line*); 지상의; 가까운; 〖野〗 타수(打數) …의. ── *n.* Ⓒ 상승; 오르막; 출세, 행운. ***on the up and up*** 《美口》 성공하여; 정직하여. ***ups and downs*** 높낮이, 고저(高低), 기복; 상하; 영고 성쇠. ── *vt.* 들어 올리다; 증대하다. ── *vi.* 《口》 (갑자기) 일어서다; 치켜들다.

UP, U.P. United Presbyterian.

u.p. underproof; upper.

úp-and-cóming *a.* 《美》 진취적인, 정력적인; 유망한.

úp-and-dówn *a.* 오르내리는; 기복 있는; 성쇠가 있는.

úp-and-óver *a.* 《英》 밀어올려 수평으로 열리는《문》.

úp·bèat *n., a.* (the ~) 〖樂〗 약박(弱拍); (the ~) 상승 경향; 명랑한, 낙관적인.

up·braid[ʌpbréid] *vt.* 꾸짖다, 책하다, 비난하다. ~**ing** *n., a.* Ⓤ 비난(하는 듯한).

úp·brìnging *n.* Ⓤ 양육, (가정)교육.

UPC Universal Product Code.

úp·còming *a.* 다가오는, (간행·발표 등이) 곧 예정된.

úp·còuntry *n., a.* (the ~) 내지(內地)(의), 해안〔국경〕에서 먼. ── *ad.* 내지에〔로〕.

ùp·dáte *vt.* (기사 따위를) 아주 새롭게 하다; (…에) 극히 최근의 사건〔것〕까지 넣다〔싣다〕. ── [⌐⌐] *n.* Ⓤ,Ⓒ 〖컴〗 최신 정보, 갱신.

úp·dràft *n.* Ⓒ 기류의 상승; 상승기류.

ùp·énd *vt., vi.* 거꾸로 세우다〔하다〕; 서다; 일으켜 세우다.

ùp-frónt *a.* 정직한; 솔직한; 맨 앞 줄의; 중요한; 선불의.

up·grade[ʌ́pgrèid] *n.* Ⓒ 《美》 치받이; 〖컴〗 향상《제품의 품질·성능 등이 좋아짐》. ***on the*** ~ 상승하여; 진보하여. ── [⌐⌐] *a., ad.* 치받이의〔에서〕. ── [⌐⌐] *vt.* 승격시키다; 품질을 높이다.

úp·gròwth *n.* Ⓤ 성장, 발육; 발달; Ⓒ 성장〔발달〕물.

ùp·héave *vt., vi.* (**~d, -hove**) 들어 올리다; 치오르다; 상승시키다〔하다〕. **ùp·héaval** *n.* Ⓤ,Ⓒ 들어 올림; 융기; 격변, 동란.

·**up·held**[ʌphéld] *v.* uphold의 과거(분사).

·**úp·hill** *a.* 오르막의, 올라가는, 치받이의; 힘드는. ── *ad.* 치받이를 올라, 고개〔언덕〕 위로.

:**up·hold**[ʌphóuld] *vt.* (**-held**) ① (떠)받치다. ② 후원〔고무〕하다; 시인하다. ③ 〖法〗 (판결 따위를) 확인하다. ~**·er** *n.* Ⓒ 지지자.

up·hol·ster[ʌphóulstər] *vt.* (방을) 꾸미다, (…에) 가구를 설비하다; (가구에) 덮개〔스프링·속 따위〕를 씌우다〔달다, 넣다〕. ~**·er**[-stərər]

n. Ⓒ 실내 장식업자, 가구상. ~·y *n.* Ⓤ,Ⓒ 가구의 덮개[씌우개]; Ⓤ《집합적》가구류(類); 실내 장식업.
up·hove[ʌphóuv] *v.* upheave의 과거(분사).
UPI United Press International.
Up Jén·kins[-dʒéŋkinz] ⇨UP.
úp·kèep *n.* Ⓤ 유지(비).
***up·land**[ʌ́plənd, -læ̀nd] *n.* Ⓒ (종종 *pl.*) 고지, 산지(山地). ── *a.* 고지의, 고지에 사는[에서 자라는].
***up·lift**[ʌ̀plíft] *vt.* ① 들어 올리다. ② (정신을) 고양(高揚)하다. ③ (사회적·도덕적·지적으로) 향상시키다. ── [∠∠] *n.* Ⓤ ① 들어 올림. ② (정신적) 고양(高揚); (사회적·도덕적) 향상(에의 노력).
úplift brássiere (유방을 위로 받쳐주기 위한) 업리프트형 브래지어.
úp·lìnk *n.* Ⓒ 업링크《지상에서 우주선이나 위성으로의》 데이터[신호]송신.
úp·lòad *n.* 〖컴〗 올려주기《소프트웨어·정보 등을 소형 컴퓨터에서 대형 컴퓨터로 전송함》. ── *vt.* 올려주기하다.
up·mar·ket[ʌ́pmɑ̀ːrkit] *a.* 《英》 고급품(지향)의.
up·most[ʌ́pmòust/-məst] *a.* UPPERMOST.
†**up·on**[əpɔ́ːn, -pɑ́-/-pɔ́-] *prep.* = ON.
‡**up·per**[ʌ́pər] *a.* ① (더) 위의, 상부의. ② 상위[상급]의. ③ (지층(地層) 따위가) 후기의(more recent). ***get* [*have*] *the* ~ *hand of*** …에 이기다. ── *n.* Ⓒ (구두의) 갑피. ***on one's* ~*s*** 《口》 창이 다 떨어진 구두를 신은; 초라한 모습으로; 가난하여.
úpper áir 고층 대기.
úpper cáse 〖印〗 대문자 활자 케이스.
Úpper Chámber =UPPER HOUSE.
úpper-cláss *a.* 상류의; 《美》 (학교에서) 상급(학년)의. ~**man**[-mən] *n.* Ⓒ 《美》 (대학의) 상급생《junior(3년생) 또는 senior(4년생)》.
úpper crúst, the (파이 따위의) 겉껍질; 《口》 상류 사회.
úpper·cùt *n., vt., vi.* (*-cut; -tt-*) Ⓒ 〖拳〗 어퍼컷(으로 치다).
úpper hánd 지배, 우세.
Úpper Hóuse, the 상원(上院).
***úpper·mòst** *a.* 최상[최고]의; 맨먼저 마음에 떠오르는, 가장 눈에 띄는. ── *ad.* 최상에, 최고위에, 최초로[에].
úpper régions, the 하늘; 천국.
úpper stór(e)y 2층, 위층; 《俗》 머리, 두뇌.
úpper tén (**thóusand**) 《英》 상류[귀족] 사회.
Úpper Vól·ta[-vɑ́ltə/-ɔ́-] Burkina Faso의 구칭《1984년 개칭》.
úpper wórks 〖海〗 건현(乾舷)《배가 화물을 실은 뒤 물 위로 나온 부분》.
up·pish[ʌ́piʃ] *a.* 《口》 건방진.
up·pi·ty [ʌ́pəti] *a.* 《美口》 =UPPISH.
úp-póint *vt.* (배급품의) 수효를 늘리다.
ùp·ráise *vt.* 들어 올리다.
ùp·réar *vt.* 일으키다, 올리다; 기르다, 키우다.
‡**up·right**[ʌ́pràit] *a.* 곧은, 곧게 선; 올바른, 정직한. ── [─∠] *ad.* 똑바로, 곧추 서서. ── [∠∠] *n.* ① Ⓤ 직립(상태), 수직. ② Ⓒ 곧은 물건. ~·**ly** *ad.* ~·**ness** *n.*
úpright piáno 수형(竪型) 피아노.
ùp·rise *vi.* (*-rose; -risen*) 일어서다[나다]; 오르다; 오르막이[치받이가] 되다; 증대하다. ── [∠∠] *n.* Ⓒ 상승; 오르막.
up·ris·en[ʌprízn] *v.* uprise의 과거분사.
***up·ris·ing**[ʌ́pràiziŋ, ─∠─] *n.* Ⓒ ① 일어남. ② 오르막. ③ 반란, 폭동.
***up·roar**[ʌ́prɔ̀ːr] *n.* Ⓤ 큰 소란; 소동, 소음.
up·roar·i·ous[ʌprɔ́ːriəs] *a.* 몹시 떠들어 대는; 시끄러운. ~·**ly** *ad.*
***up·root**[ʌprúːt] *vt.* 뿌리째 뽑다; 근절시키다.
up·rose[ʌpróuz] *v.* uprise의 과거.
up·scale[ʌ́pskèil] *a.* 《美》 중류[평균] 이상의, 고소득층에 속하는.
‡**up·set**[ʌpsét] *vt.* (*-set; -tt-*) ① 뒤집어 엎다; (계획 따위를) 망치다. ② 마음을 뒤흔들어 놓다, 당황케 하다. ③ 몸을 해치다; 지게 하다. ── *vi.* 뒤집히다. ── [∠∠] *n.* Ⓤ,Ⓒ 전복; 마음의 뒤흔들림; 혼란; Ⓒ 《口》 불화; 패배. ── [─∠] *a.* 뒤집힌; 혼란한.
úpset príce 경매 개시 가격.
úp·shòt *n.* (the ~) 결과; 결론; (의론의) 요지(gist).
‡**up·side**[ʌ́psàid] *n.* Ⓒ 위쪽, 상부. ~ ***down*** 거꾸로; 혼란하여.
***úpside-dówn** *a.* 거꾸로의.
up·sides[ʌpsáidz] *ad.* 《英口》 피장파장으로, (…와) 호각으로(*with*).
up·si·lon[júːpsilɑ̀n/juːpsáilən] *n.* Ⓤ,Ⓒ 그리스어 알파벳의 20번째 글자《Υ, υ. 영어의 Y, y에 해당》.
úp·stáge *ad.* 무대의 뒤[안]쪽으로[에서]. ── *a.* 무대 뒤[안]쪽의; 거만한, 뽐내는.
‡**up·stairs**[ʌ́pstɛ́ərz] *ad.* 2층에[으로], 위층에[으로]; 《口》 〖空〗 상공에. ── *a.* 2층의. ── *n.* Ⓤ 《단수 취급》 이층, 위층.
ùp·stánding *a.* 곧추선, 직립한; 훌륭한.
úp·stàrt *n.* Ⓒ 벼락 출세자; 건방진 녀석.
úp·státe *a.* 《美》 주(州)의 북부[해안·도회에서 멀리 떨어진 곳]의. ── [∠∠] *n.* Ⓤ (특히 N.Y.) 주의 오지(奧地).
***úp·stréam** *ad., a.* 상류에[로 향하는], 흐름을 거슬러 올라가(는).
up·súrge *vi.* 파도가 일다; (감정이) 솟구치다; 급증하다. ── [∠∠] *n.* Ⓒ 솟구쳐 오름; 급증.
úp·swìng *n.* Ⓒ 위쪽으로 흔듦[흔들

림], 상승(운동); 향상, 약진.

úp·tàke *n.* (the ~) 이해, 이해력; 흡수. ***be quick in the*** ~ 이해가 빠르다.

up·thrust[ʌ́pθrʌ̀st] *n.* Ⓒ 밀어[들어]올림; 〖地〗 융기(隆起).

úp·tíght *a.* 《俗》 (경제적으로) 곤란한; 긴장하고 있는; 흥분한; 초조한.

up-to-date[ʌ́ptədéit] *a.* 최신의, 최근의 자료[정보 등]에 의거한; 최신식의, 현대적인, 시대에 뒤지지 않는, 최신의 정보에 밝은.

úp-to-the-mínute *a.* 극히 최근[최신]의, 최신식의.

úp-to-the-sécond *a.* 극히 최근[최신]의.

úp·tówn *ad.* 《美》 (도시의) 높은 지대에[로]. ── [ㅗㅡ] *a.* 《美》 (도시의) 높은 지대의; 주택 지구[주택가]의. ── [ㅗㅡ] *n.* Ⓒ 《美》 주택 지구, 주택가.

úp·tràin *n.* Ⓒ 상행 열차.

ùp·túrn *vt.* 위로 향하게 하다; 뒤집다; 파헤치다. ── [ㅗㅡ] *n.* Ⓒ 혼란, 격동; 상승; (경제의) 호전. **~ed** *a.* 위로 향한; 뒤집힌.

U.P.U. Universal Postal Union.

:up·ward[ʌ́pwərd] *a.* 위(쪽으)로 향하는[향한]; 상승하는.

up·ward(s)**[ʌ́pwərd(z)] *ad.* 위쪽으로, 위를 향해서; …이상. ~ ***of …보다 이상.

Ur 〖化〗 uranium.

u·ra·cil[júərəsil] *n.* Ⓤ 〖生化〗 우라실《리보 핵산의 성분의 하나인 염기성 물질》.

u·rae·mi·a [juərí:miə, -mjə] *n.* =UREMIA.

U·ral-Al·ta·ic[júərəlæltéiik] *a., n.* 우랄알타이 지방(주민)의; Ⓤ 우랄알타이 어족(語族)(의).

Úral Móuntains 우랄 산맥(the Urals).

u·ran·ic[juərǽnik] *a.* ① 하늘의; 천문의. ② 〖化〗 우라늄의, 우라늄을 함유한《특히 고(高)원자가로》.

u·ra·nite [júrənàit/júər-] *n.* Ⓤ 〖鑛〗 우라나이트《운모처럼 벗겨지는 인산(燐酸) 우라늄 광물의 총칭》.

u·ra·ni·um** [juréiniəm, -njəm/juər-] *n.* Ⓤ 〖化〗 우라늄《방사성 금속 원소; 기호 Ur》. ***enriched [***concentrated***] ~ 농축 우라늄. ***natural*** ~ 천연 우라늄. ~ ***fission*** 우라늄 핵분열. ~ ***pile*** 우라늄 원자로.

u·ra·nol·o·gy[jùərənɑ́lədʒi/-nɔ́l-] *n.* Ⓤ 천문학; Ⓒ 천체론.

U·ra·nus [júərənəs] *n.* 〖그神〗 우라누스신(神)《하늘의 화신》; 〖天〗 천왕성.

ur·ban**[ə́:rbən] *a.* 도회(풍)의, 도시에 사는. ~ ***district 《英》 준(準)자치 도시. ~ ***renewal*** [***redevelopment***] 도시 재개발. ~ ***sprawl*** 스프롤 현상《도시의 불규칙하고 무계획적인 교외 발전》.

ur·bane[ə:rbéin] *a.* 도회적인, 세련된, 예의 바른, 점잖은, 품위 있는. **ur·ban·i·ty**[-bǽnəti] *n.*

ur·ban·ite[ə́:rbənàit] *n.* Ⓒ 도회 사람.

ur·ban·ize[ə́:rbənàiz] *vt.* 도회화하다.

ur·ban·ol·o·gy[ə̀:rbənɑ́lədʒi/-ɔ́-] *n.* Ⓤ 도시학, 도시 문제 연구.

ur·bi·cul·ture[ə́:rbəkʌ̀ltʃər] *n.* Ⓤ 도회지(식) 생활, 도시 문화[문제].

***ur·chin**[ə́:rtʃin] *n.* Ⓒ 개구쟁이, 선머슴; 소년.

u·re·a[juərí:ə, júəriə] *n.* Ⓤ 〖化〗 요소(尿素).

u·re·mi·a[juərí:miə] *n.* 〖病〗 Ⓤ 요독증(尿毒症).

u·re·ter[juərí:tər] *n.* Ⓤ 〖解〗 수뇨관(輸尿管).

u·re·thra[juərí:θrə] *n.* (*pl.* ***-thrae*** [-θri:], **~s**) Ⓒ 〖解〗 요도(尿道).

u·re·thri·tis [jùərəθráitis] *n.* Ⓤ 〖醫〗 요도염.

:urge[ə:rdʒ] *vt.* ① 몰아대다, 재치다. ② 재촉하다. ③ 격려하다; 권고하다. ④ 주장하다. ⑤ 강요하다. ── *n.* Ⓒ 충동, 자극.

:ur·gent[ə́:rdʒənt] *a.* ① 긴급한, 중요한. ② 강요하는. **~·ly** *ad.* 절박하여; 빈번히, 자꾸. ***úr·gen·cy** *n.*

u·ric[júərik] *a.* 오줌[요소]의.

úric ácid 〖化〗 요산(尿酸).

u·ri·nal[júərənəl] *n.* Ⓒ ① (남자용) 소변기. ② 요강.

u·ri·nal·y·sis[jùərənǽləsis] *n.* (*pl.* ***-ses***[-sì:z]) Ⓤ,Ⓒ 오줌 분석, 검뇨(檢尿).

u·ri·nate[jú:ərənèit] *vi.* 소변을 보다.

u·rine[jú:ərin] *n.* Ⓤ 오줌, 소변. **u·ri·nal**[-rənəl] *n.* Ⓒ 소변기, 소변소. **u·ri·nar·y**[-rənèri] *a., n.* 오줌의, 비뇨기의; Ⓒ 소변소.

***urn**[ə:rn] *n.* Ⓒ ① (굽 또는 받침이 달린) 항아리. ② 납골(納骨) 단지; 무덤. ③ (따르는 꼭지가 달린) 커피 끓이개.

uro·chorme [júərəkròum] *n.* Ⓤ 〖生化〗 우로크롬《오줌의 색소 성분》.

u·ro·gen·i·tal[jùəroudʒénətl] *a.* 비뇨 생식기의.

u·rol·o·gy[juərɑ́lədʒi/juərɔ́l-] *n.* Ⓤ 비뇨기학, 비뇨과학.

u·ros·co·py[juərɑ́skəpi/juərɔ́s-] *n.* Ⓤ 검뇨(檢尿).

Úr·sa Májor [ə́:rsə-] 〖天〗 큰곰자리.

Úrsa Mínor 〖天〗 작은곰자리.

ur·sine[ə́:rsain, -sin] *a.* 곰의, 곰류의, 곰같은.

ur·ti·car·i·a [ə̀:rtikέəriə] *n.* Ⓤ 〖病〗 두드러기.

Uru. Uruguay.

U·ru·guay [júərəgwèi, -gwài] *n.* 남아메리카 남동부의 공화국. **~·an** [ㅡ-gwáiən] *a., n.* Ⓒ 우루과이의 (사람).

Úruguay Róund 우루과이 라운드 《1986년 우루과이의 GATT 각료회의에서 선언된 다자간 무역 협상》.

†us[強 ʌs, 弱 əs] *pron.* 《we의 목적격》 우리들을[에게].

:US, U.S. United States (of

America). **:USA, U.S.A.** Union of South Africa; United States of America; U.S. Army.
us·a·ble[júːzəbəl] *a.* 사용할 수 있는, 사용에 적합한.
USAEC United States Atomic Energy Commission. **U.S.A.F.** U.S. Air Force. **U.S.A.F.I.** U.S. Armed Forces Institute.
:us·age[júːsidʒ, -z-] *n.* ① Ⓤ 사용법, 취급법. ② Ⓤ,Ⓒ 관습, 관용(慣用). ③ Ⓤ (언어의) 관용법, 어법(語法).
us·ance[júːzəns] *n.* Ⓤ 〖商〗 유전스, 기한부 어음.
USCG U.S. Coast Guard. **USDA** United States Department of Agriculture.
Ú.S. Cóurt of Appéals 미국 연방 고등 법원.
Ú.S. Dístrict Cóurt 미국 연방 지방 법원.
†use[juːs] *n.* ① Ⓤ 사용, 이용. ② Ⓤ 효용, 이익. ③ Ⓒ 사용 목적, 용도. ④ Ⓤ 사용법; 다루는 법. ⑤ Ⓤ,Ⓒ 필요(*for*). ⑥ Ⓤ 사용권(*of*). ⑦ Ⓤ 습관. ⑧ Ⓤ 〖法〗 (토지 따위의) 수익권. ⑨ Ⓒ 각교회·교구 특유의 예식(禮式). ***have no ~ for*** …의 필요가 없다; 《口》 …은 싫다. ***in*** 〔***out of***〕 ***~*** 사용되고〔되지 않고〕, 행해져〔폐지되어〕. ***lose the ~ of*** …이 쓰지 못하게 되다. ***make ~ of*** …을 이용〔사용〕하다. ***of ~*** 쓸모 있는, 유용한. ***put to ~*** 쓰다; 이용하다. ***~ and wont*** 관습, 관례. — [juːz] *vt.* ① 쓰다; 소비하다; 활동시키다. ② 대우〔취급〕하다. ***~ up*** 다 써버리다; 《口》 지치게〔기진케〕 하다. **∠·a·ble** *a.* =USABLE. **:ús·er** *n.* Ⓒ 사용자.
úse-by dàte (포장 식품 따위의) 사용 유효 일부(日付) (cf. best-before date).
†used[1][juːst, (to의 앞) juːst] *a.* ① …에 익숙하여(*to*). ② [juːzd] 써서〔사용하여〕 낡은(*up*), 사용한〔된〕.
†used[2][juːst] *vi.* 《口》 …하는 것이 보통이었다, …하곤 했다(*to* do).
usedn't[júːsdnt] =used[2] not.
†use·ful[júːsfəl] *a.* 유용한; 편리한; 도움이 되는. **~·ly** *ad.* **~·ness** *n.*
úseful lóad (항공기의) 적재량.
:úse·less *a.* 쓸모〔소용〕 없는; 무익한. **~·ly** *ad.*
usen't[júːsnt] =USEDN'T.
úser-defínable *a.* 〖컴〗 사용자 정의(定義) 가능한《키의 기능 등을 사용자가 정의할 수 있는》.
úser-defíned fúnction 〖컴〗 사용자 정의 함수.
úser-fríendly *a.* (컴퓨터 따위가) 쓰기 쉬운, 다루기 간단한.
úser ìnterface 〖컴〗 사용자 사이틀.
USES United States Employment Service. **USHA** United States Housing Authority.
Ú.S. gállon 미국 갤런《약 3.7853 리터》.
Ú-sháped *a.* U자형의.
ush·er**[ʌ́ʃər] *n.* Ⓒ ① (교회·극장 따위의) 안내인; 수위, 접수계, 전갈하는 사람. ② (결혼식장에서) 안내를 맡은 사람. ③ 《古·蔑》 (영국 사립 학교의) 조교사(助敎師). — *vt.* 안내하다; 전갈하다. ***~ in 〔***out***〕 맞아 들이다〔배웅하다〕.
ush·er·ette [ʌ̀ʃərét] *n.* Ⓒ (극장 등의) 여자 안내원.
USIA, U.S.I.A. United States Information Agency. **USIS** U.S. Information Service. **USITC** United States International Trade Commission 미국 국제 무역 위원회. **USM** underwater-to-surface missile. **U.S.M.** U.S. Mail. **U.S.M.A., USMA** United States Military Academy. **USMC, U.S.M.C.** U.S. Marine Corps. **USN, U.S.N.** U.S. Navy. **USNA** U.S. National Army; U.S. Naval Academy. **USNG** U.S. National Guard.
ús·nic ácid[ʌ́snik-] 〖生化〗 우스닌산《항생 물질로 쓰이는 황색 결정; 지의류(地衣類) 속에 존재함》.
USO, U.S.O. United Service Organization.
ÚS Ópen, the 〖골프〗 전미 오픈《세계 4대 토너먼트의 하나》.
USP, U.S.P. U.S. Pharmacopoeia.
ÚS PGÁ, the 〖골프〗 전미 프로《세계 4대 토너먼트의 하나; PGA는 *P*rofessional *G*olf *A*ssociation의 머릿글자》.
U.S.R. United States Reserves. **USS, U.S.S.** United States Ship. **U.S.S.** U.S. Senate. **USSR, U.S.S.R.** Union of Soviet Socialist Republics. **usu.** usual, usually. **USTR** United States Trade Representative 미국 통상 대표.
†u·su·al[júːʒuəl, -ʒəl] *a.* 보통의; 언제나의, 통상의, 일상〔평소〕의, 예(例)의. ***as ~*** 여느때처럼. **†~·ly** *ad.* 보통, 대개.
u·su·fruct [júːzjufrʌ̀kt, -sju-] *n.* Ⓤ 〖法〗 용익권(用益權), 사용권.
u·su·rer[júːʒərər] *n.* Ⓒ 고리 대금업자.
u·su·ri·ous[juːʒúəriəs] *a.* 높은 이자를 받는; 고리(대금)의.
***u·surp** [jusə́ːrp, -z-/-z-] *vt.* (권력·지위 따위를) 빼앗다, 강탈〔횡령〕하다. **u·sur·pa·tion**[∸–péiʃən] *n.* **~·er** *n.*
u·su·ry[júːʒəri] *a.* Ⓤ 고리(高利); 고리 대금업.
U.S.V. United States Volunteers. **U.S.W.** ultra short wave. **Ut.** Utah. **U.T.** universal time.
·U·tah[júːtɑː] *n.* 미국 서부의 주《생

U

략 Ut.》. ~·an *a.*, *n.*
:**u·ten·sil**[ju:ténsəl] *n.* Ⓒ (부엌·낙농장 등의) 도구, 기구, 가정용품.
u·ter·ine[jú:tərin, -ràin/-ràin] *a.* 자궁의; 동모 이부(同母異父)의.
u·ter·us [jú:tərəs] *n.* (*pl.* ***-teri*** [-tərài]) Ⓒ 〖解〗 자궁(子宮).
u·tile[jú:tail] *a.* 유용한, 쓸모 있는.
u·til·i·tar·i·an[ju:tilətέəriən] *a.* 공리적인; 실용적인; 공리주의의. — *n.* Ⓒ 공리주의자. **~·ism**[-ìzəm] *n.* Ⓤ 〖哲〗 공리설〔주의〕《유용성이 선(善)이라는 주장》.
:**u·til·i·ty**[ju:tíləti] *n.* ① Ⓤ 유용, 효용, 실용; 〖컴〗 도움모, 유틸리티. ② Ⓒ (보통 *pl.*) 유용물. ③Ⓒ (보통 *pl.*) 공익 사업. ***public*** ~ 공익 사업. — *a.* (옷·가구 등) 실용 본위의.
utílity àircraft 다(多)용도 항공기《기종 U》.
utílity màn 〖劇〗 단역; 〖野〗 만능 보궐 선수; 닥치는 대로 할 수 있는 사람.
utílity pòle 전화선용 전주.
utílity prògram 〖컴〗 도움모 풀그림, 유틸리티 프로그램.
utílity ròom 허드렛방《세탁기·난방 기구 등을 두는 방》.
:**u·ti·lize** [jú:təlàiz] *vt.* 이용하다. **-liz·a·ble** *a.* **-li·za·tion**[ㅅ—lizéiʃən/-lai-] *n.*
:**ut·most**[ʌ́tmòust/-məst] *a.* 가장 먼; 최대(한도)의. — *n.* (the 〔one's〕 ~) 최대 한도, 극한. ***at the*** ~ 기껏해야. ***do one's*** ~ 전력을 다하다. ***to the*** ~ 극도로.
***U·to·pi·a**[ju:tóupiə] *n.* ① 유토피아《Thomas More의 *Utopia* 속의 이상국》. ② U,C (u-) 이상향(鄕); (u-) 공상적 정치〔사회〕 체제. **~n** *a.*, *n.* Ⓒ 유토피아의 (주민); (u-) 공상적 사회 개혁론자, 몽상가.
U·tril·lo [ju:trílou], **Maurice** (1883-1955) 프랑스의 화가.
:**ut·ter**[1][ʌ́tər] *a.* 전적인, 완전한; 절대적인. ***~·ly** *ad.* 전혀, 아주, 전연.
:**ut·ter**[2] *vt.* ① 발음〔발언〕하다. ② ((목)소리 등을) 내다. ③ (생각 따위를) 말하다, 나타내다. ④ (위조 지폐 따위를) 행사하다.
ut·ter·ance**[ʌ́tərəns] *n.* ① Ⓤ 말함, 발언, 발성. ② Ⓤ 말씨, 어조, 발음. ③ Ⓒ (입 밖에 낸) 말, 언설, 소리. ***give ~ ***to*** …을 입 밖에 내다, 말로 나타내다.
***útter·mòst** *a.*, *n.* =UTMOST.
Ú tùbe U자관(字管).
Ú-tùrn *n.*, *vi.* Ⓒ (자동차 따위의) U턴(을 하다), U자형 회전.
UUM underwater-to-underwater missile. **UV** 〖寫〗 ultraviolet.
u·vu·la[jú:vjələ] *n.* (*pl.* ***~s, -lae*** [-lì:]) Ⓒ 〖解〗 현옹(懸壅), 목젖. **-lar** *a.* 목젖의; 〖音聲〗 목젖을 진동시켜 발성하는.
ux·o·ri·ous[ʌksɔ́:riəs] *a.* 아내에게 빠진, 아내에게 무른.
Uz·bek[úzbek, ʌ́z-] *n.* Ⓒ 우즈베크 사람《우즈베키스탄에 사는 터키 민족》; Ⓤ 우즈베크 말.
Uz·bek·i·stan [uzbékistæ̀n, -stɑ̀:n] *n.* (the ~) 우즈베키스탄《중앙아시아의 공화국》.

V

V, v[vi:] *n.* (*pl.* ***V's, v's***[-z]) Ⓒ V 자형의 것; Ⓤ (로마 숫자의) 5.
V 〖化〗 vanadium; velocity; victory; *Vergeltungswaffe* (G. = reprisal weapon)(⇨V-1; ⇨V-2). **V.** Venerable; Viscount. **v.** verb; verse; *bersus* (L.=against); *vide* (L. =see); voice; volt; voltage; volume; *von* (G. = from, of). **Va.** Virginia. **V.A.** Vice-Admiral; 《美》 Veterans Administration.
vac [væk] *n.* Ⓒ 《英口》 휴가(vacation); =VACUUM CLEANER.
***va·can·cy**[véikənsi] *n.* ① Ⓤ 공허. ② Ⓒ 빈 자리, 공석, 결원(*on, in, for*). ③Ⓒ 공백, (빈)틈. ④ Ⓒ 빈 곳〔터·방 따위〕. ⑤ Ⓤ 방심 (상태).
:**va·cant**[véikənt] *a.* ① 공허한, 빈. ② 비어 있는, 사람이 안 사는; 결원의. ③ 멍한, 허탈한, 한가한. **~·ly** *ad.* 멍청하게, 멍하니.
va·cate[véikeit, —ㅅ/vəkéit] *vt.* 비우다; (집 등을) 퇴거하다; (직·지위 등에서) 물러나다; 〖法〗 무효로 하다, 취소하다. — *vi.* 물러나다; 《美口》 떠나가다; 휴가를 보내다〔얻다〕.
†**va·ca·tion**[veikéiʃən, vək-] *n.* ① Ⓒ (학교 따위의) 휴가〔방학〕, 휴일. ② U,C (법정의) 휴정기(休廷期). — *vi.* 휴가를 보내다.
vacátion·lànd *n.* Ⓒ 《美》 휴가자가 많이 찾는 곳《유원지·사적 관광지 등》.
vac·ci·nal[væksənəl] *a.* 〖醫〗 백신〔우두〕의.
vac·ci·nate[væksənèit] *vt.* (…에게) 우두를 접종하다; 백신 주사〔예방 접종〕하다. ***-na·tion** [væksənéiʃən] *n.* U,C 종두; 백신 주사, 예방접종.
vaccinátion scàr 우두 자국.
vac·cine[væksí:n, ㅅ—/ㅅㅅ] *n.* U,C 우두종; 백신.
vac·cin·i·a[væksíniə] *n.* Ⓤ 〖病〗 우두(cowpox).
vac·il·late[vǽsəlèit] *vi.* 동요하

다; (마음·생각이) 흔들리다. **-tion** [ㅡ-léiʃən] *n.*

vac·u·a[vǽkjuə] *n.* vacuum의 복수.

va·cu·i·ty[vækjúːəti] *n.* Ⓤ 공허; 빈 곳, 진공; Ⓤ (마음의) 공허, 방심; Ⓒ 얼빠진 것.

vac·u·ous[vǽkjuəs] *a.* 빈; (마음이) 공허한; 얼빠진; 무의미한.

:vac·u·um[vǽkjuəm] *n.* (*pl.* **~s**, ***vacua***[vǽkjuə]) Ⓒ 진공; 빈 곳; 공허; (*pl.* **~s**)《口》=VACUUM CLEANER. — *vt.*《口》진공 청소기로 청소하다.

vácuum bòttle [**flàsk**] 보온병.

vácuum bràke 진공 제동기.

vácuum clèaner 진공 청소기.

vácuum-pácked *a.* 진공 포장의.

vácuum pùmp 진공(배기) 펌프.

vácuum swèeper 전기[진공] 청소기.

vácuum tùbe 진공관.

va·de me·cum [véidi míːkəm] (L. =go with me) 필휴(必携)물; 편람.

***vag·a·bond**[vǽgəbɑ̀nd/-ɔ̀-] *n.* Ⓒ 방랑[부랑]자; 불량배. — *a.* 방랑하는, 방랑성의; 변변찮은; 떠도는. **~·age**[-idʒ] *n.* Ⓤ 방랑 (생활); 방랑성.

va·gar·y[véigəri, vəgɛ́əri] *n.* Ⓒ (보통 *pl.*) 변덕; 취광; 색다른 생각.

va·gi·na[vədʒáinə] *n.* (*pl.* **~s**, ***-nae*** [-niː]) Ⓒ 〖解〗 질(膣); 칼집 (같이 생긴 부분); 〖植〗 엽초(葉鞘).

***va·grant** [véigrənt] *a.* ① 방랑하는, 방랑성의; 방랑(자)의. ② 변하기 쉬운, 변덕스러운. — *n.* Ⓒ 부랑[방랑]자. **vá·gran·cy** *n.* Ⓤ 방랑 (생활); 환상, 공상.

:vague[veig] *a.* 모호[막연]한; 분명치 않은. ***∠·ly** *ad.* **∠·ness** *n.*

va·gus[véigəs] *n.* (*pl.* ***-gi***[-dʒai]) Ⓒ 〖解〗 미주신경(~ nerve).

:vain[vein] *a.* ① 쓸데 없는, 헛된. ② 가치 없는; 공허한. ③ 자부[허영]심이 강한(*of*). ***in* ~** 헛된, 헛되게; 경솔하게. ***∠·ly** *ad.*

vain·glo·ry[véinglɔ̀ːri/ㅡㅡㅡ] *n.* Ⓤ 자부(심), 자만; 허영, 허식. **-rious** [ㅡ∠riəs] *a.*

Vais·ya [váisjə, -ʃjə] *n.* Ⓒ 바이샤《인도 4성(性)의 제3계급, 평민》(cf. caste).

val·ance[vǽləns, véil-] *n.* Ⓒ (침대의 주위·창의 위쪽 등에) 짧게 드리운 천.

***vale**[veil] *n.* Ⓒ《詩》골짜기.

val·e·dic·tion[væ̀lədíkʃən] *n.* Ⓤ 고별.

val·e·dic·to·ri·an [væ̀lədiktɔ́ːriən] *n.* Ⓒ《美》(고별사를 하는) 졸업생 대표.

val·e·dic·to·ry [væ̀lədíktəri] *a.* 고별의. — *n.* Ⓒ《美》(졸업생 대표의) 고별사.

va·lence [véiləns], **-len·cy** [-lənsi] *n.* Ⓒ 〖化〗 원자가(原子價).

Va·len·ci·a[vəlénʃiə, -siə] *n.* 스페인 동부의 항구; (보통 *pl.*) Ⓒ 교직 나사(交織羅紗).

val·en·tine[vǽləntàin] *n.* Ⓒ St. Valentine's Day (⇩)에 이성에게 보내는 카드·선물 등; 그날에 택한 연인.

Val·en·tine**[vǽləntàin], **St.** 3세기 로마의 기독교 순교자. ***St. ~'s Day 성(聖)발렌타인 축일《2월 14일》(cf. ⇧).

va·le·ri·an[vəlíəriən] *n.* Ⓒ 〖植〗 쥐오줌풀속(屬)의 식물; Ⓤ 〖藥〗 그 뿌리에서 채취한 진정제.

val·et[vǽlit] *n.*, *vt.*, *vi.* Ⓒ (남자의 치다꺼리를 하는) 종자(從者)(로서 섬기다); (호텔의) 보이.

val·e·tu·di·nar·i·an [væ̀lətjùːdənɛ́əriən] *a.*, *n.* Ⓒ 병약한 (사람); 건강에 신경을 쓰는 (사람).

Val·hal·la [vælhǽlə] *n.* 〖北歐神話〗 Odin 의 전당(⇨VALKYRIE).

***val·iant**[vǽljənt] *a.* 용감한, 씩씩한. **~·ly** *ad.*

***val·id**[vǽlid] *a.* ① 근거가 확실한; 정당한. ② 〖法〗 정당한 수속을 밟은, 유효한. **~·ly** *ad.* **~·ness** *n.* ***va·líd·i·ty** *n.* Ⓤ 정당, 확실성; 유효; 〖法〗 효력.

val·i·date[vǽlədèit] *vt.* (법적으로) 유효케 하다; 확인하다; 비준하다. **-da·tion**[ㅡ-déiʃən] *n.*

va·lise[vəlíːs/-líz, -líːs] *n.* Ⓒ 여행 가방.

Val·kyr·ie[vælkíːri, -kəri], **Val·kyr**[vǽlkiər, -kər] *n.* 〖北歐神話〗 Odin신의 12시녀의 하나《싸움터에서 용감한 전사자를 골라 그 영혼을 Valhalla로 안내하였다고 함》.

†val·ley[vǽli] *n.* Ⓒ 골짜기, 계곡; 골짜기 비슷한 것; (큰 강의) 유역.

***val·or,**《英》**val·our**[vǽlər] *n.* Ⓤ 용기. **vál·or·ous** *a.* 용감한.

val·or·ize[vǽləràiz] *vt.*, *vi.* 물가를 정하다; (정부가) 물가를 안정시키다. **-i·za·tion** [væ̀lərizéiʃən/-rai-] *n.* Ⓤ (정부의) 물가 안정책.

valse[vɑ(ː)ls] *n.* (F.) =WALTZ.

†val·u·a·ble[vǽljuəbəl] *a.* 값비싼; 가치 있는; 귀중한; 평가할 수 있는. — *n.* Ⓒ (보통 *pl.*) 귀중품.

***val·u·a·tion**[væ̀ljuéiʃən] *n.* ① Ⓤ 평가. ② Ⓒ 사정 가격.

†val·ue[vǽljuː] *n.* ① Ⓤ 가치, 유용성. ② Ⓤ (a ~) 평가. ③ Ⓤ,Ⓒ 값어치, 액면 금액. ④ Ⓒ 대가(對價)(물), 상당 가격(물). ⑤ Ⓒ 의의(意義). ⑥ Ⓒ 〖數〗 값. ⑦ (*pl.*)(사회적) 가치(기준)《이상·습관·제도 등》. ⑧ Ⓒ 〖樂〗 음의 장단. ⑨ Ⓒ (*pl.*) 〖美術〗 명암(明暗)의 (정)도. — *vt.* 평가[존중]하다. **~ *oneself*** 뽐내다(*for*, *on*). **~·less** *a.* 가치가 없는, 하찮은.

vál·ue-add·ed nétwork [-ǽdid-] 〖컴〗 부가 가치 통신망《생략 VAN》.

válue-added táx 부가 가치세《생

략 VAT》.
val·ued[vǽlju:d] *a.* 평가된; 존중되는; (특정한) 가치를 가진.
válued pòlicy 〖保險〗 정액 보험 계약.
válue jùdg(e)ment 가치 판단.
val·u·er[vǽlju:ər] *n.* Ⓒ 평가자.
:valve[vælv] *n.* Ⓒ ① 〖機〗 판(瓣). ② 〖解〗 판(막)(瓣(膜)). ③ (쌍껍질조개의) 조가비; 〖植〗 (꼬투리, 포(苞), 깍지의) 한 조각. ④ (관악기의) 판. ⑤ 《英》〖電子〗 진공관.
val·vu·lar[vǽlvjələr] *a.* 판(瓣)(모양)의; 판이 달린; 판으로 활동하는; 〖醫〗 심장 판막의.
va·moose[væmú:s/və-], **-mose** [-móus] *vi., vt.* 《美俗》 물러가다, 도망치다; 행방을 감추다.
vamp[1][væmp] *n.* Ⓒ (구두의) 앞닫이《갑피의 앞 부분》; (헌 것을 새 것으로 보이기 위해 기운) 조각[천], (헌 것을 감추기 위해 댄) 천. — *vt.* (구두에) 앞닫이를 대다, 새 앞닫이를 붙여서 수선하다; 조각을 대다, (낡은 것을) 새것처럼 보이게 하다.
vamp[2] *n.* Ⓒ 요부, 탕녀. — *vt.* (남자를) 호리다.
vam·pire[vǽmpaiər] *n.* Ⓒ 흡혈귀; 남의 고혈을 짜는 사람; 요부, 탕녀; (중·남아메리카산) 흡혈박쥐.
van[1][væn] *n.* (the ~) 〖軍〗 전위(前衛), 선봉, 선진(先陣); 선구; Ⓒ 선도자. ***in the ~ of*** …의 선두에 서서. ***lead the ~ of*** …의 선두에 서다.
:van[2] *n.* Ⓒ (가구 운반용) 유개(有蓋) 트럭[마차]; 《英》 (철도의) 유개 화차. ***guard's ~*** 차장차(cf. caboose).
VAN 〖컴〗 value-added network 부가 가치 통신망.
va·na·di·um[vənéidiəm, -djəm] *n.* Ⓤ 〖化〗 바나듐《희금속 원소; 기호 V》.
vanádium stéel 바나듐강(鋼).
Van Ál·len (radiátion) bèlt [væn ǽlən-] 〖理〗 밴앨런대(帶)《지구를 둘러싼 방사능대》.
ván convèrsion 주거 설비를 갖춘 왜건(wagon)차.
Van·cou·ver[vænkú:vər] *n.* 캐나다 남서부의 항구 도시.

Van·dal[vǽndəl] *n.* 반달 사람《5세기에 Gaul, Spain, Rome을 휩쓴 민족》; (v-) Ⓒ 문화·예술의 파괴자. — *a.* 반달 사람의; (v-) 문화·예술을 파괴하는. **~·ism**[-ìzəm] *n.* Ⓤ 반달 사람식; (v-) 문화·예술의 파괴, 만행.
Van·dal·ic[vændǽlik] *a.* 반달인(人)의; (*or* v-) 문화·예술을 파괴하는; 야만적인.
van·drag·ger[vǽndrægər] *n.* Ⓒ 《英俗》 화차 도둑. **-ging** *n.* Ⓤ 통째로 채기《화차째로 훔치기》.
Van Dyck, Van·dyke[1] [væn dáik], **Sir Anthony** (1599-1641) Flanders의 초상화가《만년엔 영국서 삶》.
Van·dyke[2][vændáik] *n.* =VANDYKE BEARD [COLLAR]. — [英+ ∠–] *a.* Vandyke(풍)의.
Vandýke béard 짧고 끝이 뾰족한 턱수염.
Vandýke brówn 진한 갈색(의 그림 물감).
Vandýke cóllar 가장자리가 톱니 모양의 폭넓은 레이스 칼라.
***vane**[vein] *n.* Ⓒ ① 바람개비; (풍차·추진기 따위의) 날개. ② (새의) 날갯죽지《깃털축(軸) 양쪽의》.
van·guard[vǽngà:rd] *n.* Ⓒ 《집합적》 〖軍〗 전위; (the ~) 선구; Ⓒ 선도자; 지도적 지위.
***va·nil·la** [vənílə] *n.* ① Ⓒ 〖植〗 바닐라《열대 아메리카산 난초과 식물》; 그 열매. ② Ⓤ 바닐라 에센스《아이스크림·캔디 따위의 향료》.
:van·ish[vǽniʃ] *vi.* 사라지다(*into*); 소멸하다; 〖數〗 영이 되다.
vánishing pòint 〖美術·寫〗 (투시화법에서) 소실점(消失點); 물건이 다하는 소멸점.
:van·i·ty [vǽnəti, -ni-] *n.* ① Ⓤ 공허. ② Ⓤ,Ⓒ 무가치(한 것). ③ Ⓤ,Ⓒ 무익(한 행동). ④ Ⓤ 허영(심). ⑤ =VANITY CASE. ⑥ Ⓒ (거울 달린) 화장대.
vánity bàg [bòx, càse] (휴대용) 화장품 케이스.
Vánity Fáir 허영의 시장《Bunyan 작 *Pilgrim's Progress* 속의 시장 이름; Thackeray의 소설의 제목》; (종종 v- f-)(허영에 찬) 이 세상; 상류 사회.
vánity plàte (자동차의) 장식된 번호판.
vánity prèss [pùblisher] 자비 출판물 전문 출판사.
vánity sùrgery 성형 외과.
ván lìne 《美》 (대형 유개 화물 자동차를 사용하는) 장거리 이삿짐 운송 회사.
***van·quish**[vǽŋkwiʃ] *vt.* 정복하다; (…에게) 이기다.
***van·tage**[vǽntidʒ/-á:-] *n.* Ⓤ ① 우월, 유리한 지위[상태]. ② 《英》 〖테니스〗 밴티지《deuce 후 얻은 한 점》.
vántage gròund 유리한 지위.
van·ward[vǽnwərd] *a., ad.* 선두의, 선두로; 전방의, 전방으로.
vap·id[vǽpid] *a.* 김[맥]빠진; 흥미 없는; 생기 없는. **~·ly** *ad.* **~·ness** *n.* **va·pid·i·ty** [væpídəti, və-] *n.*
:va·por, 《英》 **-pour**[véipər] *n.* ① Ⓤ,Ⓒ 증기, 수증기, 김, 연무(煙霧), 안개, 아지랑이. ② Ⓤ 〖理〗 (액체·고체의) 기화 가스. ③ Ⓒ 실질이 없는 물건, 공상, 환상. ***the ~s*** 《古》 우울. — *vi.* 증기를 내다; 증발하다; 뽐내다, 허세부리다. **~·ish** *a.* 증기 같은, 증기가 많은; 우울하게 된. **~·ly** *a.* =VAPOROUS.
va·por·ize[véipəràiz] *vt., vi.* 증발 시키다[하다], 기화시키다[하다]. **-iz·er** *n.* Ⓒ 기화기, 분무기. **-i·za·tion**[vèipərizéiʃən/-rai-] *n.*

va·por·ous[véipərəs] *a.* 증기 같은, 증기가 많은; 안개 낀; 《古》 덧없는, 공상적인.
vápo(u)r bàth 증기욕(浴).
vápo(u)r tràil 비행운(雲)(contrail).
va·que·ro [vɑːkέərou] *n.* (*pl.* **~s**) (Sp.) Ⓒ (미국 남서부의) 카우보이; 가축 상인.
VAR visual aural range 〖空〗 고주파(高周波)를 이용한 라디오 비행 장치. **var.** variable; variant; variation; various.
va·ri-[vɑːríː, vάːri] *pref.* '다른, 여러 가지의, 변화 있는'의 뜻.
***var·i·a·ble**[vέəriəbəl] *a.* ① 변하기 쉬운. ② 변(경)할 수 있는. ③ 〖生〗 변이(變異)하는. — *n.* Ⓒ ① 변하기 쉬운〔변화하는〕 물건〔양(量)〕. ② 〖數〗 변수(變數). ③ 〖氣〗 변풍(變風). ④ 〖컴〗 변수. **-bly** *ad.* **-bil·i·ty**[∸−−bíləti] *n.* Ⓤ 변하기 쉬움; 〖生〗 변이성(變異性).
váriable ínterest rate 〖經〗 변동 금리.
var·i·ance**[vέəriəns] *n.* Ⓤ ① 변화, 변동. ② 상위(相違), 불일치. ③ 불화, 다툼(discord). ***at* ~ *with …와 불화하여; …와 틀려〔달라〕. ***set at* ~** 버성기게 하다, 이간하다.
***var·i·ant**[vέəriənt] *a.* ① 상이한. ② 가지가지의. ③ 변하는. — *n.* Ⓒ ① 변형, 변체(變體). ② (동일어(語)의) 이형(異形), 다른 발음; 이문(異文). ③ 이설(異說).
:**var·i·a·tion** [vὲəriéiʃən] *n.* ① U,C 변화, 변동. ② Ⓒ 변화량〔정도〕; 변화물. ③ Ⓒ 〖樂〗 변주곡. ④ U,C 〖生〗 변이.
var·i·col·ored, 《英》 **-oured** [vέərikʌ̀lərd] *a.* 잡색(雜色)의; 가지각색의.
var·i·cose[vǽrəkòus] *a.* 정맥 팽창의, 정맥류(瘤)의; 정맥류 치료용의.
:**var·ied**[vέərid] *a.* ① 가지가지의; 변화 있는. ② 변한. **~·ly** *ad.*
var·i·e·gate[vέəriəgèit] *vt.* 잡색으로 하다; 얼룩덜룩하게 하다; (…에게) 변화를 주다. **-gat·ed**[-id] *a.* 잡색의; 다채로운, 변화가 많은.
:**va·ri·e·ty**[vəráiəti] *n.* ① Ⓤ 변화, 다양(성). ② U,C 여러 가지를 그려 모은 것. ③ (a ~) 종류. ④ (a ~) 〖生〗 변종. ⑤ Ⓤ 〖言〗 변형. ⑥ U,C 버라이어티쇼. ***a* ~ *of*** 갖가지의.
varíety mèat 잡육(雜肉), 내장.
varíety shòw 〔**entertàinment**〕 《英》 버라이어티쇼.
varíety stòre 〔**shòp**〕 잡화점.
varíety thèatre 《英》 쇼극장, 연예관.
va·ri·o·la[vəráiələ] *n.* Ⓤ 〖醫〗 천연두.
var·i·o·rum[vὲəriɔ́ːrəm] *a., n.* 집주(集註)의; Ⓒ 집주판(版).
†**var·i·ous**[vέəriəs] *a.* ① 다른, 틀리는. ② 가지각색의. ③ 《口》 다수의. ④ 변화 많은, 다방면의. **~·ly** *ad.*
var·let[vάːrlit] *n.* Ⓒ 《古》 (기사(騎士)의) 시동(侍童); 종복; 악한.
var·mint[vάːrmint] *n.* Ⓒ 《方》 해충; 해로운 짐승〔사람〕; 무뢰한.
***var·nish**[vάːrniʃ] *n.* ① Ⓤ 《종류는 Ⓒ》 니스. ② (*sing.*) 니스를 칠한 표면; Ⓤ 겉치레; 속임. — *vt.* (…에) 니스 칠하다; 겉치레하다, 겉꾸미다.
várnish trèe 옻나무.
var·si·ty[vάːrsəti] *n.* Ⓒ 대학 등의 대표팀《스포츠의》; 《英口》 =UNIVERSITY.
***var·y**[vέəri] *vt.* ① (…에) 변화를 주다, 수정하다. ② 다양하게 하다. ③ 〖樂〗 변주하다. — *vi.* ① 변하다. ② (…와) 다르다(*from*). ③ 가지각색이다. **~·ing** *a.* 변화 있는, 다양한.
vas[væs] *n.* (*pl.* ***vase***[véisə]) Ⓒ 〖解·動·植〗 관(管), 맥관, 도관(導管).
vas·cu·lar[vǽskjələr] *a.* 맥관〔혈관〕의, 맥관〔혈관〕이 있는〔으로 된〕.
váscular plánt 관다발 식물.
vas de·fe·rens[væs défərènz] (*pl.* ***vasa deferentia***[véisə dèfərénʃiə]) 〖解·動〗 수정관(輸精管).
†**vase** [veis, -z/vɑːz] *n.* Ⓒ (장식용) 병, 단지; 꽃병.
vas·ec·to·my [væséktəmi] *n.* U,C 정관(精管) 절제(술).
vas·e·line[vǽsəliːn] *n., vt.* Ⓤ 바셀린(을 바르다); (V-) 그 상표명.
vas·o·mo·tor[væ̀soumóutər, vèizou-] *a.* 〖生〗 혈관 운동〔신경〕의.
***vas·sal**[vǽsəl] *n.* Ⓒ (봉건 군주에게서 영지를 받은) 가신(家臣); 종자, 노예. — *a.* 가신의〔같은〕; 예속하는. **~·age**[-idʒ] *n.* Ⓤ 가신임, 가신의 신분〔일〕; 예속; 《집합적》 (가신의) 영지.
:**vast**[væst, -ɑː-] *a.* 거대한, 광대한, 막대한; 《口》 대단한. * **∠·ly** *ad.* **∠·ness** *n.* **∠·y** *a.* 《古》 =VAST.
vat[væt] *n., vt.* (**-tt-**) Ⓒ (the ~) (양조·염색용의) 큰 통(에 넣다, 속에서 처리하다).
VAT value-added tax.
***Vat·i·can** [vǽtikən] *n.* (the ~) ① 바티칸 궁전, 로마 교황청. ② 교황 정치, 교황권.
Vátican Cíty, the 바티칸시(市) 《로마 시내에 있으며, 교황이 통치하는 세계 최소의 독립국》.
***vaude·ville**[vóudəvil] *n.* Ⓤ 《美》 보드빌 쇼; 《英》 가벼운 희가극.
***vaude·vil·lian**[vòudəvíljən] *n.* Ⓒ 보드빌 배우.
:**vault**[1][vɔːlt] *n.* Ⓒ ① 둥근 지붕, 둥근 천장 (모양의 것). ② 둥근 천장이 있는 장소〔복도〕. ③ 푸른 하늘 (the ~ of heaven). ④ 지하(저장)실; (은행 등의) 귀중품 보관실; 지하 납골소(納骨所). — *vt.* 둥근 천장꼴로 만들다, 둥근 천장을 대다.

V

~·ing¹[vɔ́:ltiŋ] *n.* Ⓤ 둥근 천장 건축물; 《집합적》 둥근 천장.
vault² *vi., n.* Ⓒ (높이) 뛰다, (장대·손을 짚고) 도약(하다). ―*vt.* 뛰어넘다. **∠·ing²** *a.* 도약하는, 도약용의; 과대한.
váult·ed *a.* 아치형 천장의[이 있는], 아치형의.
váulting hòrse (체조용의) 뜀틀.
vaunt[vɔ:nt] *n., vt., vi.* Ⓒ 자랑(하다). **~ *over*** …을 뽐내다[우쭐하다].
v. aux(il). verb auxiliary. **vb.** verb(al). **V.C.** Vice-Chairman; Vice-Chancellor, Vice-Consul; Victoria Cross; Viet Cong; Volunteer Corps. **VCR** video cassette recorder 카세트 녹화기. **Vd.** vanadium. **V.D.** venereal disease. **VDT** video [visual] display terminal 화상 표시 장치, 영상 단말기. **VDU** visual display unit 브라운관 디스플레이 장치.
've[v] have의 단축(I've done it).
***veal**[vi:l] *n.* Ⓤ 송아지 고기.
vec·tor[véktər] *n.* Ⓒ 〖理·數〗 벡터; 동경(動徑); 방향량(量); 〖컴〗 선그림《화상의 표현 요소로서의 방향을 지닌 선》. ―*vt.* (지상에서 전파로 비행기의) 진로를 인도하다.
Ve·da[véidə, ví:-] *n.* (Skt.) Ⓒ (종종 the ~s) 베다(吠陀)《브라만교의 성전》.
V-E Dày 제 2 차 세계 대전 유럽 전승 기념일《1945년 5월 8일》.
Veep[vi:p] *n.* 《美俗》 미국 부통령; (v-) =VICE-PRESIDENT.
veer[viər] *vi.* (바람의) 방향이 바뀌다; 방향[위치]를 바꾸다; (의견 따위가) 바뀌다(*round*). **~ *and haul*** (밧줄을) 늦추었다 당겼다 하다; (풍향이) 번갈아 바뀌다. ―*n.* Ⓒ 방향 전환. **~·ing**[ví(ː)riŋ/víər-] *a.* 늘 변하는, 불안정한.
veg [vedʒ] *n. sing.* & *pl.* 《英口》 (보통 요리된) 야채.
Ve·ga[ví:gə] *n.* 〖天〗 베가, 직녀성(星)《거문고자리의 1등성》.
†**veg·e·ta·ble** [védʒətəbəl] *n.* ① Ⓒ 야채, 푸성귀. ② Ⓤ 식물. ③ Ⓒ 식물 인간. ***green ~s*** 푸성귀. ―*a.* 식물[야채]의[같은]; 식물로 된.

végetable dìet 채식.
végetable gèlatin(e) 우무.
végetable kìngdom, the 식물계.
végetable spònge 수세미.
végetable tàllow 식물성 지방.
veg·e·tal[védʒətl] *a.* 식물(성)의; 성장(기능)의.
veg·e·tar·i·an[vèdʒətέəriən] *n.* Ⓒ 채식주의자. ―*a.* 채식(주의)의; 고기가 들지 않은. **~·ism**[-ìzəm] *n.* Ⓤ 채식주의[생활].
veg·e·tate[védʒətèit] *vi.* 식물처럼 자라다; 무위 단조한 생활을 하다.
***veg·e·ta·tion**[vèdʒətéiʃən, -dʒi-] *n.* Ⓤ ① 《집합적》 식물(plants). ② 식물의 성장.
veg·e·ta·tive[védʒətèitiv/-tət-] *a.* 식물처럼 성장하는; 식물(적 성장)의; 식물을 성장시키는; 무위 도식의.
***ve·he·ment**[ví:əmənt, ví:i-] *a.* 열정적인, 열렬한; 격렬한. ***-mence** *n.* **~·ly** *ad.*
:**ve·hi·cle**[ví:ikəl] *n.* Ⓒ ① 차량; 탈것. ② 매개물, 전달 수단. ③ 〖繪畫〗 (그림 물감을 녹이는) 용액. ④ 우주 차량《로켓·우주선 따위》. **ve·hic·u·lar**[vi:híkjələr] *a.*
véhicle cùrrency 국제 거래 통화.
:**veil**[veil] *n.* Ⓒ ① 베일, 너울. ② 가리개, 막; 덮어 가리는 물건. ③ 구실. ***beyond the ~*** 저승에. ***take the ~*** 수녀가 되다. ***under the ~ of*** …에 숨어서. ―*vt.* ① (…에) 베일을 걸치다[…로 가리다]. ② 싸다; 감추다. **~ed**[-d] *a.* 베일로 가린; 감춰진. **∠·ing** *n.* Ⓤ 베일로 가리기; 베일; 베일용 천.
:**vein**[vein] *n.* ① Ⓒ 정맥(靜脈); Ⓒ 《俗》 혈관. ② Ⓒ 〖植〗 엽맥(葉脈); (곤충의) 시맥(翅脈); 나뭇결, 돌결; 줄기. ③ Ⓒ 광맥. ④ (a ~) 특질, 성격, 기질(*a ~ of cruelty* 잔학성). ―*vt.* (…에) 맥을[줄기를] 내다. **~ed**[-d] *a.* 맥[줄기·엽맥·나뭇결·돌결]이 있는. **∠·y** *a.* 정맥[심줄]이 있는[많은].
ve·lar[ví:lər] *a., n.* Ⓒ 〖音聲〗 연구개(음)의; 연구개 (자)음《k, g, ŋ, x》.
Ve·láz·quez [vilá:skeis, -kəθ/-lǽskwiz], **Diego Rodríguez de Silvay** (1599-1660) 스페인의 화가.
Veld(t)[velt, felt] *n.* Ⓒ (the ~) (남아프리카의) 초원.
vel·lum[véləm] *n.* Ⓤ (필기·제본용의) 고급 피지(皮紙)《새끼양·송아지 가죽》; 모조 피지, 벨럼.
ve·loc·i·pede[vilásəpi:d/-lɔ́s-] *n.* Ⓒ (초기의) 이[삼]륜차; (어린이용) 세발 자전거.
***ve·loc·i·ty**[vilásəti/-ɔ́-] *n.* Ⓤ ① (또는 a ~) 빠르기, 속력. ② 〖理〗 속도.
ve·lo·drome[ví:lədròum] *n.* Ⓒ 사이클 경기장.
ve·lour(s) [vəlúər] *n.* Ⓤ 벨루어, 플러시 천《비단·양털·무명제(製) 벨벳의 일종》.
ve·lum [ví:ləm] *n.* (*pl.* **-la**[-lə]) Ⓒ (the ~) 〖解〗 연구개(軟口蓋); 〖生〗 피막(被膜).
ve·lure[vəlúər] *n.* ① Ⓤ 우단류(類). ② Ⓒ (실크 해트용) 비로드 솔. ―*vt.* 솔로 (실크 해트를) 손질하다.
:**vel·vet**[vélvit] *n.* ① Ⓤ,Ⓒ 벨벳(우단) (같은 물건). ② Ⓤ 《俗》 고스란한 이익. ―*a.* ① 벨벳제(製)의, 우단과 같은. ② 보드라운. * **~·y** *a.* 벨벳과 같은, 부드러운; (술이) 감칠맛이 있는.
vel·vet·een[vèlvətí:n] *n.* Ⓤ 무명

벨벳; (*pl.*) 면 비로드의 옷.

Ven. Venerable; Venice.

ve·nal[víːnl] *a.* 돈으로 좌우되는, 돈 힘으로의; 돈으로 얻을 수 있는, 매수되기 쉬운; 타락한. **~·ly** *a.* **~·i·ty**[vi(ː)nǽləti] *n.*

vend[vend] *vt.* 팔다; 행상하다; (의견을) 말하다. 「인, 사는 사람.

vend·ee [vendíː] *n.* Ⓒ 〖法〗 매수

vend·er [véndər], **ven·dor** [véndər, -dɔːr] *n.* Ⓒ 파는 사람, 행상인; 자동 판매기.

ven·det·ta[vendétə] *n.* Ⓒ (Corsica 섬 등지의) 근친 복수《피해자의 친척이 가해자(의 친척)의 목숨을 노리는》(blood feud).

vend·i·ble[véndəbəl] *a.* 팔 수 있는, 팔리는. ― *n.* Ⓒ (보통 *pl.*) 팔리는 물건.

vénding machìne 자동 판매기.

ven·dor[véndər, vendɔ́ːr] *n.* Ⓒ ① 〖法〗 매주(賣主), 매각인; 행상인, 노점상인(street ~). ② =VENDING MACHINE.

ven·due[vendjúː/-djúː] *n.* Ⓤ 《美》 공매, 경매.

ve·neer[viníər] *n.* ① Ⓒ,Ⓤ 베니어 《합판(plywood)의 맨 윗거죽 판, 또는 합판 각 켜의 한 장》. ② Ⓒ 겉치레〔꾸밈〕, 허식. ― *vt.* (…에) 겉꾸밈 널을 대다; 겉바르기하다; 겉치레하다.

***ven·er·a·ble**[vénərəbəl] *a.* ① 존경할 만한. ② 나이 먹어〔오래 되어〕 존엄한; 오래 되어 숭엄한. ③ 〖英國國敎〗 …부주교님; 〖가톨릭〗 가경자(可敬者)…《열복(列福)에의 과정에 있는 사람에 대한 존칭》.

ven·er·ate[vénərèit] *vt.* 존경〔숭배〕하다. **-a·tion**[ㅗ-éiʃən] *n.*

ve·ne·re·al[vəníəriəl] *a.* 성교의, 성교에서 오는; 성병의〔에 걸린〕. **~ *disease*** 성병《생략 V.D.》.

ve·ne·re·ol·o·gy [vinìəriɑ́lədʒi/-riɔ́l-] *n.* Ⓤ 성병학.

ven·er·y[vénəri] *n.* Ⓤ 《古》 성교; 호색(好色).

***Ve·ne·tian**[viníːʃən] *a.* 베니스(사람)의, 베니스풍〔식〕의. ― *n.* Ⓒ 베니스 사람; 《口》 =ㅗ **blínd** 널쪽발.

Ven·e·zue·la[vènəzwéilə] *n.* 남아메리카 북부의 공화국.

:venge·ance[véndʒəns] *n.* Ⓤ 복수, 원수 갚기. ***take*** 〔***inflict, wreak***〕 **~ *on*** …에게 복수하다. ***with a*** **~** 《口》 맹렬하게, 철저하게.

venge·ful[véndʒfəl] *a.* 복수심에 불타는. **~·ly** *ad.*

ve·ni·al [víːniəl, -njəl] *a.* (죄·과오 등이) 가벼운, 용서될 수 있는. **~·i·ty**[ㅗ-ǽləti] *n.* Ⓤ 경죄(輕罪).

:Ven·ice[vénis] *n.* 베니스《이탈리아 북동부의 항구 도시》.

ve·ni·re·man[vináirimən/-náiə-] *n.* Ⓒ 〖美法〗 (소집장으로 소집된) 배심원(후보자).

***ven·i·son**[vénəsən, -zən/vénizən] *n.* Ⓤ 사슴 고기.

ve·ni, ve·di, vi·ci[víːnai váidai váisai/véini: víːdi: víːtʃiː] (L.) (내) 왔노라, 보았노라, 이겼노라 《Caesar 의 전승 보고의 말》.

***ven·om**[vénəm] *n.* Ⓤ ① (뱀·거미 따위의) 독. ② 악의, 원한. ③ 독설. **~·ous** *a.* 유독한; 악의에 찬.

ve·nous[víːnəs] *a.* 정맥(속)의; 맥이〔줄기가〕 있는.

vent**[vent] *n.* Ⓒ ① 구멍, 빠지는 구멍. ② 바람 구멍, (자동차 등의) 환기용 작은 창. ③ (관악기의) 손구멍. ④ (옷의) 터진 구멍〔자리〕. ⑤ (물고기·새 등의) 항문(肛門). ⑥ (감정 등의) 배출구. ***find 〔***make***〕 ***a ~ in*** …에 배출구를 찾다, 나오다. ***give ~ to*** (감정을) 터트리다, 나타내다. ― *vt.* ① (…에) 구멍을 내다; 나갈 구멍을 터주다. ② (감정 등을) 터뜨리다; 배출구를 찾아내다(*oneself*). ③ 공표하다.

vent·age[véntidʒ] *n.* Ⓒ (공기·물의) 빠지는 구멍, 새는 구멍; (관악기의) 손구멍; (감정의) 배출구.

ven·ter[véntər] *n.* Ⓒ ① 〖動〗 배, 복부; (근육·뼈 따위의) 불룩한 부분. ② 〖法〗 배(womb), 모(母).

vént hòle (가스·연기 등의) 빠지는 구멍, 새는 구멍, 환기〔바람〕 구멍.

***ven·ti·late**[véntəlèit, -ti-] *vt.* ① 환기하다. ② (혈액을) 신선한 공기로 정화하다. ③ 환기 장치를 달다. ④ (문제를) 공표하다, 자유롭게 토론하다. **-la·tor** *n.* Ⓒ 환기하는 사람〔도구〕, 환기 장치. **:-la·tion**[ㅗ-léiʃən] *n.* Ⓤ 통풍 (상태), 환기 (장치); (문제의) 자유 토의.

ven·tral[véntrəl] *a.* 〖動·解〗 배의, 복부의.

ven·tri·cle[véntrikəl] *n.* Ⓒ 〖解〗 실(室), 심실(心室). **ven·tric·u·lar** [-ㅗkjələr] *a.*

ven·tril·o·quism [ventríləkwìzəm], **-quy**[-kwi] *n.* Ⓤ 복화(腹話)(술). **-quist** *n.* Ⓒ 복화술가.

:ven·ture[véntʃər] *n.* Ⓒ ① 모험(적 사업). ② 투기; 건 물건. ***at a ~*** 모험적으로; 되는 대로. ― *vt.* ① 위험에 직면케 하다, (내)걸다. ② 위험을 무릅쓰고〔용기를 내어〕 하다, 결행하다. ③ (의견 따위를) 용기를 내어 발표하다. ― *vi.* ① 위험을 무릅쓰고 해보다(*on, upon*). ② 대담하게도 (…을) 하다. ③ 용기를 내어 가다〔오다, 나아가다〕. **~·some** *a.* 모험적인, 대담한; 위험한.

vénture càpital 위험 부담 자본, 모험 자본.

vénture càpitalist 모험 투자가.

Vénture Scòut 《英》 (보이스카우트의) 연장 소년 단원《16-20세》.

ven·tur·ous[véntʃərəs] *a.* 모험을 좋아하는, 무모한; 위험한.

ven·ue[vénjuː] *n.* Ⓒ 〖法〗 범행지(부근), 현장; 재판지; 《口》 집합지, 밀회(장소).

***Ve·nus**[víːnəs] *n.* ① 〖로神〗 비너스 《사랑과 미의 여신》; 절세의 미인.

② 〖天〗 금성.
Ve·nu·sian[vənjú:siən, -ʃiən] *a., n.* 금성의; Ⓒ (상상의) 금성인(人).
Ve·nus's-fly·trap [ví:nəsiz-fláitræ̀p] *n.* Ⓒ 〖植〗 파리지옥풀.
VERA Vision Electronic Recording Apparatus 텔레비전의 프로그램 수록 장치.
ve·ra·cious[vəréiʃəs] *a.* 정직한; 진실의. **~·ly** *ad.*
ve·rac·i·ty[vərǽsəti] *n.* Ⓤ 정직; 진실; 정확.
Ver·a·cruz[vèrəkrú:z] *n.* 멕시코 남동부의 주 및 항구.
:ve·ran·da(h) [vərǽndə] *n.* Ⓒ 베란다.
:verb[və:rb] *n.* Ⓒ 〖文〗 동사.
***ver·bal**[və́:rbəl] *a.* ① 말의, 말에 관한. ② 말로 나타낸, 구두의. ③ 축어적인. ④ 말뿐인. ⑤ 〖文〗 동사의, 동사적인. **—** *n.* Ⓒ 〖文〗 준동사 《동명사·부정사·분사》. **~·ly** *ad.*
ver·bal·ism[və́:rbəlìzəm] *n.* Ⓤ 언어적 표현; Ⓒ 형식적 문구; Ⓤ 자구(字句)에 구애되기, 자구를 캐기; 말많음, 용장(冗長). **-ist** *n.* Ⓒ 말의 선택을 잘하는 사람; 자구(字句)에 구애하는 사람; 말많은 사람.
ver·bal·ize [və́:rbəlàiz] *vt.* 말로 나타내다; 〖文〗 동사로 바꾸다. **—** *vi.* 말이 자나치게 많다.
ver·ba·tim[vərbéitim] *ad., a.* 축어(逐語)적인[으로].
ver·be·na[vərbí:nə] *n.* Ⓒ 마편초속(屬)의 식물, 버베나.
ver·bi·age[və́:rbiidʒ] *n.* Ⓤ 군말이 많음.
ver·bose[və:rbóus] *a.* 말이 많은, 번거로운. **ver·bos·i·ty**[-bɑ́sə-/-ɔ́-] *n.* Ⓤ 다변(多辯), 용장(冗長).
ver·bo·ten [vərbóutn, fər-] *a.* (G.) 《美·캐나다》 (법률 등에 의해) 금지된.
ver·dant[və́:rdənt] *a.* 푸른 잎이 무성한, 청청한, 미숙한. **ver·dan·cy** *n.*
Verde[vərd], **Cape** 아프리카 최서단의 곶(岬).
Ver·di[vɛ́rdi], **Giuseppe**(1813–1901) 이탈리아의 가극 작곡자.
***ver·dict** [və́:rdikt] *n.* Ⓒ ① 〖法〗 (배심원의) 답신, 평결. ② 판단, 의견.
ver·di·gris[və́:rdəgrì:s, -gris] *n.* Ⓤ 녹청(綠青), 푸른 녹.
Ver·dun[vɛərdʌ́n/⌐–] *n.* 프랑스 북동부의 요새 도시.
ver·dure[və́:rdʒər] *n.* Ⓤ 신록(新綠); 푸릇푸릇한 초목; 신선함, 생기. **ver·dur·ous** *a.* 청청한, 신록의.
verge**[1][və:rdʒ] *n.* Ⓒ ① 가, 가장자리; (화단 등의) 가장자리. ② 끝, 경계, 한계. ***on the ~ of 막 …하려는 참에, 바야흐로 …하려고 하여. **—** *vi.* (…에) 직면하다; 접하다(*on*).
verge[2] *vi.* 바싹 다가가다(*on*); (…에) 향하다, 기울다(*to, toward*).
ver·ger[və́:rdʒər] *n.* Ⓒ 《英》 (성당·대학 따위의) 권표(權標) 받드는 사람; 사찰(司察).
Ver·gil[və́:rdʒəl/-dʒil] *n.* (70–19 B.C.) 로마의 시인.
ve·rid·i·cal[vərídikəl] *a.* 진실을 고하는, 진실한; 〖心〗 (꿈·예언 따위가) 현실로 일어나는.
ver·i·est[vériist] *a.* 《very의 최상급》 순전한, 철저한.
ver·i·fi·a·ble[vérəfàiəbəl] *a.* 입증[증명]할 수 있는.
ver·i·fi·ca·tion[vèrəfikéiʃən] *n.* Ⓤ 확인; 검증, 입증, 증언, 증명.
***ver·i·fy**[vérəfài, -ri-] *vt.* ① (…으로) 입증[증명]하다. ② 확인하다. ③ (사실·행위 따위가 예언·약속 따위를) 실증하다. ④ 〖法〗 (선서·증거에 의하여) 입증하다. ⑤ 〖컴〗 검증하다. **-fi·ca·tion**[⌐–fikéiʃən] *n.* Ⓤ 입증; 확인; 〖컴〗 검증. **-fi·er** *n.* Ⓒ 입증[증명]자, 검증자; 가스 계량기; 〖컴〗 검공기(檢孔機).
ver·i·ly[vérəli] (<very) *ad.* 《古》 참으로, 확실히.
ver·i·sim·i·lar[vèrəsímələr] *a.* 진실 같은, 있을 법한.
ver·i·si·mil·i·tude [vèrəsimílətjù:d] *n.* Ⓤ 정말 같음(likelihood), 박진(迫眞)함; Ⓒ 정말 같은 이야기[일].
***ver·i·ta·ble**[véritəbəl] *a.* 진실의.
ver·i·ty[vérəti] *n.* Ⓤ 진실(성); 진리; Ⓒ 진실한 진술.
ver·juice[və́:rdʒù:s] *n.* Ⓤ (설익은 과실로 만든) 신 과즙; 찌푸린 얼굴, 꽤까다로움, 찌무룩함.
Ver·meer[vɛərmíər], **van Delft** (1632–75) 네덜란드의 화가.
ver·meil[və́:rmil, -meil] *n.* Ⓤ 《詩》 주홍색; 금도금한 은[청동·구리].
ver·mi-[və́:rmə] '벌레, 충(蟲)'의 뜻의 결합사.
ver·mi·cel·li[və̀:rməséli, -tʃéli] *n.* (It.) Ⓤ 버미첼리《spaghetti 보다 가는 국수류(類)》.
ver·mi·cide[və́:rməsàid] *n.* Ⓤ,Ⓒ 살충제; (특히) 구충제. **-cid·al**[⌐–sáidəl] *a.* 살충(제)의.
ver·mic·u·lar[və:rmíkjələr] *a.* 연충(蠕蟲)(모양)의; 연동(蠕動)하는; 벌레 먹은 자국 같은, 꾸불꾸불한.
ver·mi·form[və́:rməfɔ̀:rm] *a.* 연충(蠕蟲)모양의, 돼지벌레 모양의 (wormlike). 「(蟲樣) 돌기.
vérmiform appéndix 〖解〗 충양
ver·mi·fuge [və́:rməfjù:dʒ] *n.* Ⓤ,Ⓒ 구충제.
ver·mil·ion[vərmíljən] *n.* Ⓤ 주(朱), 진사(辰砂); 주홍색. **—** *a.* 진사의; 주홍색[칠]의.
ver·min[və́:rmin] *n.* Ⓤ 《집합적》 (보통 *pl.*) 해로운 짐승[새]《쥐·두더지 따위; 영국에서는 엽조(獵鳥)나 가금(家禽)을 해치는 매·올빼미·여우·족제비 따위》; 사회의 해충, 건달, 깡패. **~·ous** *a.* 벌레가 많은, 벌레로 인해 생기는, 벼룩·이가 꾄; 벌레 같은; 비열한, 해독을 끼치는.

Ver·mont [və:rmɑ́nt/-mɔ́nt] *n.* 미국 북동부의《생략 Vt.》.

ver·mouth, -muth [vərmú:θ/və́:məθ] *n.* Ⓤ 베르무트《맛이 달콤한 백포도주》.

***ver·nac·u·lar** [vərnǽkjələr] *n.* Ⓒ ① (the ~) 제나라 말. ② 방언; (직업상의) 전문어. ③(학명이 아닌) 속칭. ── *a.* ① (언어가) 제나라의. ② 제고장 말로 쓰여진.

ver·nal [və́:rnl] *a.* 봄의, 봄같은; 청춘의, 싱싱한.

vèrnal équinox 춘분(春分)(점).

ver·nal·ize [və́:rnəlàiz] *vt.* 〖農·植〗 (식물을) 춘화(春化) 처리하다, 인공적으로 발육을 촉진하다.

Verne [və:rn/vɛən], **Jules** (1828–1905) 프랑스의 과학 소설가.

ver·ni·er [və́:rniər] *n.* Ⓒ 아들자, 부척(副尺), 유척(遊尺) (vernier scale); 〖機〗 (조정용) 보조 장치.

vérnier éngine 부(副)엔진《장거리 탄도 미사일의 방향·속도 수정용 로켓 엔진》.

vérnier rócket 소형 보조 로켓 엔진《우주선이 연(軟)착륙·도킹할 때의 속도·궤도 수정용》.

Ver·o·nal [vérənɔ̀:l, -nl] *n.* Ⓤ 〖商標〗 진정·수면제.

ve·ron·i·ca [virɑ́nikə/-ɔ́-] *n.* (the V-) 예수의 얼굴을 그린 헝겊; Ⓤ,Ⓒ 현삼과의 식물.

ver·ru·ca [verú:kə] *n.* (*pl.* ***-cae*** [-rú:si:]) Ⓒ 〖醫〗 무사마귀; 〖動·植〗 사마귀 모양의 돌기.

***Ver·sailles** [vərsái, vɛər-] *n.* 베르사이유《파리 근교의 도시》.

***ver·sa·tile** [və́:rsətl/-tail] *a.* 재주가 많은, 다예한, 다방면의; 변하기 쉬운, 변덕스러운. **~·ness** *n.* **-til·i·ty** [∸-tíləti] *n.*

‡verse [və:rs] *a.* ① Ⓤ 시(poem), 《집합적》 시가(poetry). ② Ⓒ 시의 한 행. ③ Ⓤ 시형(詩形). ④ Ⓒ (시의) 귀절. ⑤ Ⓒ (성서의) 절. ***give chapter and ~ for*** (인용구 따위의) 출처를 명백히 하다.

versed [və:rst] *a.* 숙달〔정통〕한, …에 환한(*in*).

ver·si·cle [və́:rsikəl] *n.* Ⓒ 짧은 시; 〖宗〗 (예배시 목사와 신도들이 번갈아 부르는) 창화(唱和)의 단구(短句).

ver·si·fi·ca·tion [və̀:rsəfikéiʃən] *n.* Ⓤ 작시(법); 시형(詩形); 음문화.

ver·si·fy [və́:rsəfài] *vi* 시를 짓다. ── *vt.* 시로 말하다, 시로 만들다; (산문을) 시로 고치다. **-fi·er** *n.* Ⓒ 시인; 엉터리 시인.

***ver·sion** [və́:rʒən, -ʃən] *n.* Ⓒ ① 번역, 역서(譯書). ② (예술상의) 해석(*a Dali ~ of Lady Macbeth* 달리가 묘사한 맥베스 부인). ③ (개인적인〔특수한〕 입장에서 본 어떤 사건의) 설명. ④ 〖컴〗 버전.

vers li·bre [vɛ́ər lí:brə] (F.) 자유시.

ver·so [və́:rsou] *n.* (*pl.* **~s**) Ⓒ (책의) 왼쪽 페이지; (물건의) 이면.

verst [və:rst] *n.* 베르스타《러시아의 옛 이정(里程), 1.067km》.

***ver·sus** [və́:rsəs] *prep.* (L.)(소송·경기 등의) …대(對)《생략 v., vs.》.

ver·te·bra [və́:rtəbrə] *n.* (*pl.* ***-brae*** [-brì:], **~s**) Ⓒ 척추골, 등뼈. **-bral** *a.*

ver·te·brate [və́:rtəbrit, -brèit] *n., a.* Ⓒ 척추 동물; 척추〔등뼈〕가 있는.

ver·tex [və́:rteks] *n.* (*pl.* ***~es, -tices*** [-təsì:z]) Ⓒ 최고점, 절정; 〖數〗 정점.

‡ver·ti·cal [və́:rtikəl] *a.* ① 수직의, 연직의(opp. horizontal). ② 정상의. ③ 천정(天頂)의. ④ 〖經〗 (생산 공정 따위의) 종(縱)으로 연결한. ⑤ 〖幾〗 정점의, 대정(對頂)의. ── *n.* Ⓒ 수직선〔면·권·위〕, 세로. **~·ly** *ad.*

vértical envélopment 〖軍〗 공수 부대에 의한 포위, 입체 포위 작전.

vértical féed 〖컴〗 세로 이동.

ver·ti·cal·i·ty [və̀:rtikǽləti] *n.* Ⓤ 수직(성), 수직 상태.

vértical táke-off (항공기의) 수직 이륙《생략 VTO》.

vértical únion 산업별 노동조합 (cf. horizontal union).

ver·tig·i·nous [və:rtídʒənəs] (<⇩) *a.* 빙빙 도는; 어지러운; 눈이 빙빙 도는 듯한; (눈이) 아찔아찔하는. **~·ly** *ad.*

ver·ti·go [və́:rtigòu] *n.* (*pl.* ***~es, -gines*** [və:rtídʒənì:z]) Ⓤ,Ⓒ 〖醫〗 현기증, 어지러움.

ver·tu [və:rtú:] *n.* =VIRTU.

verve [və:rv] *n.* Ⓤ (예술품의) 정열, 힘, 활기.

†ver·y [véri] *ad.* ① 대단히, 매우. ②《강조》 참말로, 아주. ***V- fine!*** 훌륭하다, 멋지다; 《反語》 훌륭하기도 해라. ***V- good.*** 좋습니다, 알았습니다. ***V- well.*** 좋아, 알았어《마지못한 승낙》. ── *a.* ① 참된, 정말의. ② 순전한. ③《강조》 바로 그, 같은. ④ …까지도. ⑤ 현실로.

véry hìgh fréquency 〖電〗 초단파《생략 VHF, vhf》.

Véry lìght 〔**sìgnal**〕 (Very pistol로 쏘아올리는) 베리식 신호광(光).

véry lòw fréquency 〖電〗 초장파《생략 VLF, vlf》.

Véry pìstol 베리식 신호 권총.

ves·i·cant [vésikənt] *a., n.* 〖醫〗 발포(發疱)하다〔시키다〕; Ⓤ,Ⓒ 발포제.

ves·i·cate [vésəkèit] *vt., vi.* 〖醫〗 발포시키다〔하다〕.

ves·i·cle [vésikəl] *n.* Ⓒ 〖醫·解·動〗 수포(水疱); 〖植〗 기포(氣泡); 〖地〗 기공(氣孔).

ves·per [véspər] *n.* (V-) 개밥바라기, 태백성(太百星); Ⓒ 《詩》 저녁, 밤; 저녁 기도; 저녁에 울리는 종; (*pl.*) 〖宗〗 만도(晩禱), 저녁 기도(의

V

시각)《canonical hours의 6회째》.
vésper bèll 저녁 기도의 종.
ves·per·tine[véspərtàin, -tìːn] *a.* 저녁의; 〖植〗 저녁에 피는; 〖動〗 저녁에 나타나는; 〖天〗 (별이) 저녁에 (사라)지는.
Ves·puc·ci[vespúːtʃi], **Amerigo** (*Americus Vespucius*) (1451-1512) 이탈리아의 항해가《'America'는 그의 이름에서 유래됨》.
:**ves·sel**[vésəl] *n.* Ⓒ ① 용기(容器), 그릇. ② (대형의) 배. ③ 비행선. ④ 〖解·生〗 도관(導管), 맥관(脈管). **~s of wrath** 〔**mercy**〕 〖聖〗 노여움〔자비〕의 그릇《하느님의 노여움을〔자비를〕 받을 사람들》.
:**vest**[vest] *n.* Ⓒ ① 조끼. ② (여성용의 V자형) 앞장식. ③ (여성용의) 속옷. — *vt.* ① 옷을 입히다, (특히 제복을) 입히다. ② (권리 따위를) 부여하다. ③ 소유〔지배〕권을 귀속시키다. — *vi.* ① 제복을 입다. ② (권리·재산 따위가) 귀속하다(*in*). **~ing order** 〖法〗 권리 이전 명령.
Ves·ta[véstə] *n.* 〖로神〗 베스타《난로와 그 불의 여신》; Ⓒ《英》 짧은 성냥의 일종(wax match).
ves·tal[véstl] *a.* Vesta의; vestal virgin의〔에 적합한〕; 순결한, 처녀의. — *n.* =VESTAL VIRGIN; Ⓒ 처녀; 수녀(nun).
véstal vírgin 고대 로마에서 Vesta를 섬기며 제단의 성화를 지킨 처녀의 한 사람; 《비유》 순결한 여성.
vest·ed[véstid] *a.* ① (재산 등의) 귀속이 정해진, 기득의《권리, 이권 등》. ② (특히) 제의(祭衣)를 입은. **~ rights** 〔**interests**〕 기득권〔권익〕.
vest·ee[vestíː] *n.* Ⓒ (여성복의) 앞장식.
ves·ti·bule[véstəbjùːl] *n.* Ⓒ 현관, 문간방; 《美》 (객차의) 연랑(連廊); 〖解·動〗 전정(前庭).
véstibule schòol (공장의) 신입 공원 양성소.
véstibule tràin 《美》 각 객차의 복도가 서로 통하는 열차.
***ves·tige**[véstidʒ] *n.* Ⓒ ① 흔적. ② 《보통 부정어를 수반하여》 극히 조금(*of*). ③ 〖生〗 퇴화 기관(器官). ④ 《稀》 발자취. **ves·tig·i·al**[vestídʒiəl] *a.* 흔적의; 〖生〗 퇴화한.
vest·ment[véstmənt] *n.* Ⓒ (보통 *pl.*) 의복; 〖宗〗 법의(法衣), 제복.
vést-pócket *a.* 회중용의, 아주 작은.
ves·try[véstri] *n.* Ⓒ (교회의) 제복실; 교회 부속실《주일 학교·기도회 등에 쓰이는》; (영국 국교회·미국 성공회의) 교구 위원회(敎區委員會). **~·man**[-mən] *n.* Ⓒ 교구민 대표자, 교구 위원.
ves·ture[véstʃər] *n.* Ⓤ 《古·雅》 의복; 덮개, 가리개(covering).
Ve·su·vi·us[visúːviəs], **Mount** 이탈리아 남서부의 활화산.
vet[1][vet] *n.* 《口》 =VETERINARIAN.
vet[2] *n.* 《美口》=VETERAN.
vet. veteran; veterinarian; veterinary.
vetch[vetʃ] *n.* Ⓤ 〖植〗 살갈퀴《잠두「속》.
:**vet·er·an**[vétərən] *n.* Ⓒ ① 고참병; 노련자, 베테랑. ② 《美》 퇴역〔재향〕 군인. — *a.* 실전의 경험을 쌓은; 노련한.
Véterans Administràtion, the 재향 군인 보훈국《생략 VA, V.A.》.
Véterans Dày 《美》 재향 군인의 날《Armistice Day의 개칭》.
vet·er·i·nar·i·an[vètərənέəriən] *n.* Ⓒ 수의(獸醫).
vet·er·i·nar·y [vétərənèri/-nəri] *n., a.* Ⓒ 수의(獸醫)(의)(*a* ~ *hospital* 가축 병원).
véterinary médicine 수의학.
***ve·to**[víːtou] *n.* (*pl.* **~es**) ① Ⓤ (법안에 대한 대통령·지사 등의) 거부권; 그 행사. ② Ⓒ 부재가(不裁可) 이유의 성명. ③ Ⓒ 금지; Ⓤ 금지권. **put** 〔**set**〕 **a** 〔**one's**〕 **~ upon** …을 거부〔금지〕하다. — *a.* 거부(권)의. — *vt.* 거부하다, 금지하다.
véto pòwer 거부권.
:**vex**[veks] *vt.* ① (사소한 일로) 성나게 하다, 짜증나게〔속타게〕 하다; 괴롭히다. ② 《古·詩》 뒤흔들리게〔들썩이게〕 하다, 동요시키다, (태풍 따위가) 뒤엎다. **be ~ed at** …에 성내다, …을 분해하다. **be ~ed with** (*a person*) (아무)에게 화를 내다. **~ed**[-t] *a.* 속타는, 짜증난, 성난; 말썽 있는. **~·ed·ly**[ˊidli] *ad.* **ˊ·ing** *a.* 화나는, 속상한, 성가신.
***vex·a·tion**[vekséiʃən] *n.* ① Ⓤ 애탐, 애태움, 화냄, 괴롭힘, 괴로움. ② Ⓤ (정신적) 고통, 고민. ③ Ⓒ 고민거리, 귀찮은 사물. **-tious** *a.* 화나는, 짜증나는, 속타는.
VF video frequency; voice frequency. **v.f.** very fair 〔fine〕; visual field. **VFO** variable frequency oscillator. **VFR** 〖空〗 visual flight rules. **VFW, V.F.W.** Veterans of Foreign Wars (of the U.S.). **VG, vg, v.g.** very good; *verbi gratia* (L. =for example). **VGA** 〖컴〗 Video Graphics Array.
V-girl [víːgəːrl] *n.* =VICTORY GIRL.
VHF, V.H.F., vhf very high frequency. **Vi** 〖化〗 virginium. **V.I.** Virgin Islands. **v.i.** verb intransitive; *vide infra* (L. =see below).
:**vi·a**[váiə, víːə] *prep.* (L.) …경유, 「…을 거쳐.
vi·a·ble[váiəbəl] *a.* 생존할 수 있는; (태아·갓난애 등이) 자랄 수 있는.
vi·a·duct[váiədʌ̀kt] *n.* Ⓒ 고가교(高架橋), 육교.
vi·al[váiəl] *n.* Ⓒ 작은 유리병, 약병(phial).
via me·di·a [-míːdiə] (L.) 중도(中「道).

V

vi·and[váiənd] *n.* (*pl.*)《집합적》 식품; (정선된) 음식, 성찬.
vi·at·i·cum[vaiǽtikəm] *n.* (*pl.* **-ca**[-kə], **~s**) Ⓒ 〖가톨릭〗 노자 성체(路資聖體)《임종 때의》; 〖古로〗 공무 여행 급여물, 여비.
vib·ist[váibist] *n.* Ⓒ《美》 비브라폰주자(奏者).
vi·brant[váibrənt] *a.* 진동하는; 울려 퍼지는; 활기찬; 〖音聲〗 유성(有聲)의.
vi·bra·phone[váibrəfòun] *n.* Ⓒ 비브라폰《전기 공명 장치가 붙은 철금(鐵琴)》.
:vi·brate[váibreit/–ˊ] *vi.* ① 진동하다, 떨다. ② 감동하다. ③ 마음이 떨리다, 흔들거리다. ④ (진자처럼) 흔들리다. — *vt.* ① 진동시키다. ② 감동시키다. ③ 오싹하게[떨리게, 흔들거리게]하다. ④ (진자가) 흔들어 표시하다.
vi·bra·tile[váibrətil, -tàil] *a.* 진동할 수 있는; 진동하는; 진동의.
***vi·bra·tion**[vaibréiʃən] *n.* ① Ⓤ,Ⓒ 진동, 떨림. ② Ⓒ (보통 *pl.*) 마음의 동요. ③ Ⓤ,Ⓒ 〖理〗 진동.
vi·bra·ti·un·cle[vaibréiʃiʌŋkl] *n.* Ⓤ,Ⓒ 가벼운 진동.
vi·bra·to[vibrá:tou] *n.* (*pl.* **~s**) (It.) Ⓤ,Ⓒ 〖樂〗 비브라토《소리를 떨어서 내는 효과》.
vi·bra·tor[váibreitər/–ˊ–] *n.* Ⓒ 진동하는[시키는] 물건; 〖電〗 진동기.
vi·bra·to·ry[váibrətɔ̀:ri/-təri] *a.* 진동(성)의; 진동하는[시키는].
vi·bur·num [vaibə́:rnəm] *n.* Ⓒ 〖植〗 가막살나무속의 식물; Ⓤ 그 말린 나무 껍질《약용》.
vic[vik] *n.* Ⓒ 〖英空軍〗 V자형 편대(비행).
Vic. Victoria(n). **vic.** vicar(age).
***vic·ar**[víkər] *n.* Ⓒ ① 〖英國國教〗 교구 신부. ② 〖美國聖公會〗 회당 신부《교구 부속의 교회를 관리함》. ③ 〖가톨릭〗 대리 감목(監牧), 교황 대리 감목; 대리자. **~·age**[-idʒ] *n.* Ⓒ vicar의 주택[봉급]; Ⓤ 그 지위[직].
vícar-géneral *n.* (*pl.* **vicars-**) Ⓒ 〖英國國教〗 (종교 소송 따위에 있어서의) (대)감독 대리《보통 평신도가 됨》; 〖가톨릭〗 대목(代牧).
vi·car·i·ous[vaikέəriəs, vik-] *a.* 대신의; 대리의; 〖生〗 대상(代償)의. **~·ly** *ad.* **~·ness** *n.*
:vice[1][vais] *n.* ① Ⓤ,Ⓒ 악, 사악, 부도덕, 악습. ② Ⓒ (말(馬) 따위의) 나쁜 버릇. ③ Ⓒ (인격·문장 등의) 결점.
vice[2] *n., v.*《英》 =VISE.
vice[3][váisi] *perp.* …의 대신으로[대리로서].
vice-[váis, vàis] *pref.* 관직을 나타내는 명사에 붙여서 '부(副)·대리·차(次)'의 뜻을 나타냄.
více ádmiral 해군 중장.
více-ágent *n.* Ⓒ 부대리인.
více-cháirman *n.* Ⓒ 부의장[회장·위원장].
více-cháncellor *n.* Ⓒ 대학 부총장.
více-cónsul *n.* Ⓒ 부영사.
vìce·gérent *n.* Ⓒ 권한 대행자; 대리인. — *a.* 권한을 대행하는; 대리의. **-gérency** *n.* Ⓤ 권한 대행자[대리인]의 지위[관구].
více·góvernor *n.* Ⓒ 부총독, 부지사.
více-mínister *n.* Ⓒ 차관.
***více-président** *n.* Ⓒ 부통령, 부총재; 부회장[사장·총장].
více-príncipal *n.* Ⓒ 부교장.
vìce·régal *a.* 부왕(副王)의, 태수[총독]의.
vìce-régent *n.* Ⓒ 부섭정.
vice·roy[ˊrɔi] *n.* Ⓒ 부왕(副王), 태수, 총독.
více squàd (경찰의) 풍기 단속반.
vi·ce ver·sa[váisi və́:rsə] (L.) 반대[역으]로; 역(逆) 또한 같음.
Vi·chy[ví:ʃi, víʃi:] *n.* 프랑스 중부의 도시; =ˊ **wàter** 비시 광천수(鑛泉水)《위장병·통풍에 좋음》.
vic·i·nage[vísənidʒ] *n.* Ⓤ 근처; 인접; Ⓒ 이웃 사람들.
vic·i·nal[vísənəl] *a.* 인근의; 한 지방의.
:vi·cin·i·ty[visínəti] *n.* Ⓤ,Ⓒ ① 근처, 근방, 주변. ② 근접(*to*).
:vi·cious[víʃəs] *a.* ① 사악한, 부도덕한, 타락한. ② 악습이 있는, (말(馬) 따위) 버릇 나쁜. ③ 악의있는. ④ 부정확한; 결함이 있는. ⑤ 지독한, 심한. **~·ly** *ad.* **~·ness** *n.*
vícious círcle [**cýcle**] 〖經〗 악순환; 〖論〗 순환 논법.
vícious spíral (임금 상승과 물가 앙등의 경우와 같은) 악순환.
***vi·cis·si·tude**[visísətjù:d] *n.* ① Ⓒ 변화, 변천. ② (*pl.*) 흥망, 성쇠.
:vic·tim[víktim] *n.* Ⓒ ① 희생(자), 피해자(*of*). ② 밥, 봉. ③ 산 제물. ***fall a ~ to*** …의 희생이 되다.
vic·tim·ize[víktəmàiz] *vt.* 희생으로 삼다, 괴롭히다; 속이다. **-i·za·tion**[ˊtimizéiʃən/-maiz-] *n.*
:vic·tor[víktər] *n.* Ⓒ 승리자, 정복자. — *a.* 승리(자)의.
Vic·to·ri·a[viktɔ́:riə] *n.* 영국의 여왕(1819-1901); Ⓒ (v-) 2인승 4륜 마차. ***Lake ~*** 아프리카 동부의 호수.
Victória Cróss 빅토리아 훈장《영국 최고의 무공 훈장; 생략 V.C.》.
Vic·to·ri·an**[viktɔ́:riən] *a.* ① 빅토리아 여왕(시대)의. ② 빅토리아 왕조풍의. ③ 구식인. ***~ age 빅토리아 왕조 시대(1837-1901). — *n.* Ⓒ 빅토리아 여왕 시대의 사람《특히 문학자》. **~·ism**[-ìzəm] *n.* Ⓤ 빅토리아 왕조풍.
:vic·to·ri·ous[viktɔ́:riəs] *a.* ① 이긴, 승리의. ② 승리를 가져오는.
:vic·to·ry[víktəri] *n.* ① Ⓤ,Ⓒ 승리. ② (V-) 〖古로〗 승리의 여신(상).
Víctory gàrden《美》 가정 채소밭《제2차 대전중, 정원 따위를 채소밭으로 한 것》.

Víctory gìrl 〖美軍〗 (직업적이 아닌) 위안부《생략 V-girl》.
Vic·tro·la [viktróulə] *n.* Ⓒ 축음기(phonograph)《상표명》.
*__vict·ual__ [vítl] *n.* Ⓒ (보통 *pl.*) 식료품. — *vt., vi.* (《英》 *-ll-*) (…에게) 식량을 공급하다[싣다]. **~·(l)er** *n.* Ⓒ (배·군대에의) 식량 공급자; 《英》 음식점[여관]의 주인; 식량 운송선.
vi·cu·ña [vikjú:nə, vai-] *n.* Ⓒ 〖動〗 (남아메리카산) 라마의 종류; Ⓤ 그 털로 짠 나사(vicuña cloth).
vi·de [váidi:] *v.* (L.) 보라(see)《생략 v.》 **~ *infra*** [ínfrə] 아래를 보라. **~ *supra*** [sú:prə] 위를 보라.
vi·de·li·cet [vidéləsèt] *ad.* (L.) 즉《viz.로 생략하고 보통 namely라 읽음》.
*__vid·e·o__ [vídiòu] *a., n.* 〖TV〗 영상 수송(용)의; Ⓤ 비디오; 텔레비전.
vídeo adàptor 〖컴〗 영상 맞춤틀.
vídeo·cònference *n.* Ⓒ 텔레비전 회의.
vídeo mònitor 〖컴〗 영상 화면기.
vídeo·phòne *n.* Ⓒ 텔레비전 전화.
Vídeo RÀM 〖컴〗 영상 램.
vídeo recòrder 테이프식 녹화기 [(機).
vídeo tàpe 비디오 테이프.
vídeo·tàpe *vt.* (…을) 테이프 녹화하다.
vídeo tàpe cassétte 비디오 테이프 카세트, 녹화 카세트.
vídeo tàpe recòrder 비디오 테이프 녹화기《생략 VTR》.
vídeo tàpe recòrding 비디오 테이프 녹화.
vídeo·tèx *n.* Ⓤ 〖컴〗 비디오 텍스.
*__vie__ [vai] *vi.* (***vying***) 경쟁하다, 다투다(*with*).
Vi·en·na [viénə] *n.* 빈《오스트리아의 수도; 독일 이름 Wien》.
Viénna sáusage 비엔나 소시지.
Vi·et·minh [vìetmín, vjèt-] *n.* 베트남 독립 동맹; Ⓒ 베트남 공산 운동 지지자.
Vi·et·nam, Viet Nám [vìetná:m, vjèt-, -nǽm] *n.* 베트남《인도차이나의 공화국》.
Vi·et(-)nam·ese [vìetnəmí:z, vjèt-] *a., n.* Ⓒ 베트남[월남]의 (사람).
Vietnám Wár, the 베트남 전쟁 (1954-73).
Vi·et·nik [viétnik] *n.* Ⓒ 월남 반전(反戰) 운동자. [전 용사.
Vi·et·vet [víetvet] *n.* Ⓒ 월남전 참
†**view** [vju:] *n.* ① Ⓒ (*sing.*) 보기, 봄. ② Ⓤ 시력, 시계. ③ Ⓒ 보이는 것, 경치, 광경. ④ Ⓒ 풍경화[사진]. ⑤ Ⓒ 보기, 관찰. ⑥ Ⓒ 고찰; 생각, 의견. ⑦ Ⓤ,Ⓒ 전망, 의도, 목적, 가망, 기대. ⑧ 〖컴〗 보임. ***end in ~*** 목적. ***in ~*** 보이어, 보이는 곳에; 고려하여; 목적으로서; 기대하여. ***in ~ of*** …이[에서] 보이는 곳에; …을 고려하여; …때문에. ***on ~*** 전시되어, 공개하여. ***point of ~*** 견지, 견해. ***private ~*** (전람회 따위의) 비공개 전람. ***take a dim*** [***poor***] ***~ of*** 비평적으로 보다, 찬성 않다. ***with a ~ to*** (do*ing*, 《俗》 do) …할 목적으로, …을 기대하여. ***with the ~ of*** (do*ing*) …할 목적으로. — *vt.* ① 보다, 바라보다. ② 관찰하다; 검사[임검(臨檢)]하다. ③ 이리저리 생각하다, 생각하다. ④ 《口》 텔레비전을 보다. — *vi.* 《口》 텔레비전을 보다. * **∠·er** *n.* Ⓒ 보는 사람; 텔레비전 시청자(televiewer). **∠·less** *a.* 눈에[눈이] 안 보이는; 의견 없는, 선견지명이 없는.
víew finder 〖寫〗 파인더.
*__view·point__ [∠pɔ̀int] *n.* Ⓒ ① 견해, 견지. ② 보이는 곳.
víew·pòrt *n.* Ⓒ 〖컴〗 보임창.
view·y [vjú:i] *a.* 《口》 ① 비현실적인 (생각을 가진), 공상적인. ② 이목을 끄는; 화려한, 볼 만한.
*__vig·il__ [vídʒil] *n.* ① Ⓤ,Ⓒ 밤샘, 철야, 불침번. ② Ⓤ 불면. ③ (the ~) 교회 축일의 전날[전야]; 철야로 기도하는 밤; (보통 *pl.*) 축일 전날밤의 철야 기도.
*__vig·i·lance__ [vídʒələns] *n.* Ⓤ ① 경계, 조심. ② 철야, 불침번, 불면. ③ 〖醫〗 불면증. [단(自警團).
vígilance committee 《美》 자경
*__vig·i·lant__ [-lənt] *a.* 자지 않고 지키는, 경계하는; 방심하지 않는. **~·ly** *ad.* [자경(自警) 단원.
vig·i·lan·te [vìdʒəlǽnti] *n.* Ⓒ 《美》
vigilánte còrps 《美》 자경단.
vi·gnette [vinjét] *n.* Ⓒ 당초문(唐草紋), (책의 타이틀 페이지·장(章) 머리[끝] 따위의) 장식 무늬; 윤곽을 흐리게 한 그림[사진]; 인물 스케치. — *vt.* 장식 무늬를 달다; (인물을 뚜렷이 드러내기 위해, 초상화[사진]의 배경을) 바림으로 하다.
:**vig·or,** 《英》 **-our** [vígər] *n.* Ⓤ ① 활기, 원기; 정력; 활력. ② 〖法〗 효력, 유효성.
:**vig·or·ous** [vígərəs] *a.* ① 원기가 있는, 활기에 찬. ② 힘찬, 기운찬. ③ 정력적인. * **~·ly** *ad.*
*__Vi·king, v-__ [váikiŋ] *n.* 바이킹《8-10 세기경 유럽의 스칸디나비아 해적; 《一般》 해적.
:**vile** [vail] *a.* ① 대단히 나쁜[싫은]. ② 상스러운, 야비한. ③ 부도덕한. ④ 빈약한, 하찮은, 변변찮은. ⑤ 지독한.
vil·i·fy [víləfài] *vt.* 비난하다; 중상하다. **-fi·ca·tion** [∸–fikéiʃən] *n.* Ⓤ 비난, 중상. [별장.
*__vil·la__ [vílə] *n.* Ⓒ (시골·교외의 큰)
†**vil·lage** [vílidʒ] *n.* Ⓒ ① 마을, 촌(락)《town보다 작음》. ② 《집합적》 (the ~) 촌민. :**víl·lag·er** *n.* Ⓒ 마을 사람, 촌민.
*__vil·lain__ [vílən] *n.* Ⓒ ① 악한, 악인. ② 《諧》 놈, 이 자식[녀석]. ③ =VILLEIN. **~·ous** *a.* 악인의; 악인[악당] 같은; 비열[악랄]한; 매우 나쁜, 지독한. **~·y** *n.* Ⓤ 극악, 무도(無道); Ⓒ 나쁜 짓.

V

vil·lein[vílən] *n.* Ⓒ 〖史〗 농노(農奴). **～·age** *n.* Ⓤ 농노의 신분; 농노의 토지 보유 (조건).
Vil·lon[viːjɔ́ːŋ], **François** (1431-63?) 프랑스의 방랑 시인.
vim[vim] *n.* Ⓤ 힘, 정력, 활기.
vi·na·ceous[vainéiʃəs] *a.* 포도(주) 빛깔의《특히 붉은 색에 대해》.
vin·ai·grette[vìnəgrét] *n.* Ⓒ 각성제 약병〔통〕; 냄새 맡는 약병〔통〕.
Vin·ci[víntʃi], **Leonardo da** = DA VINCI.
vin·ci·ble[vínsəbəl] *a.* 극복〔정복〕할 수 있는.
vin·di·cate[víndəkèit] *vt.* (불명예·의심 따위를) 풀다, (…의) 정당함〔진실임〕을 입증하다; 변호하다; 주장하다. **-ca·tor** *n.* Ⓒ 옹호〔변호〕자. **-ca·tion**[≻–kéiʃən] *n.* Ⓤ,Ⓒ 변호, 변명; 증명.
vin·di·ca·to·ry [víndikətɔ̀ːri/-təri] *a.* 옹호〔변호·변명〕하는.
vin·dic·tive[vindíktiv] *a.* 복수심이 있는, 앙심 깊은.
:vine[vain] *n.* Ⓒ 덩굴(식물); 포도나무.
víne·drèsser *n.* Ⓒ 포도(밭) 가꾸는 사람.
***vin·e·gar**[vínigər] *n.* Ⓤ (식)초.
vin·er·y[váinəri] *n.* Ⓒ 포도 온실; 《稀》 포도밭; Ⓤ《집합적》 포도나무.
***vine·yard**[vínjərd] *n.* Ⓒ 포도밭.
vin·i·cul·ture[vínəkʌ̀ltʃər] *n.* Ⓤ 포도 재배.
vin·om·e·ter [vainάmitər, vi-/-nɔ́-] *n.* Ⓒ 포도주 주정계(酒精計).
vi·nous[váinəs] *a.* 포도주의, 포도주 같은; 술취한.
***vin·tage**[víntidʒ] *n.* ① Ⓒ (한 철의) 포도 수확량; 거기서 나는 포도주; (포도주 양조용의) 포도 수확. ② =VINTAGE WINE. ③ Ⓤ,Ⓒ (어떤 시기·해의) 수확, 생산품.
víntage cár (자동차의 역사에 남는 우수한) 구형 자동차《1917-30년 제》.
víntage wíne (풍작인 해에 담근) 정선(精選)한 포도주《그 해의 연호를 붙여 팖》.
víntage yéar vintage wine이 양조된 해; 대성공의 해.
vint·ner [víntnər] *n.* Ⓒ 포도주(도매)상.
vi·nyl**[váinəl, vínəl] *n.* Ⓤ 〖化〗 비닐기(基); Ⓤ,Ⓒ 비닐. **～ *chloride 염화 비닐. **～ *polymer*** 비닐 중합체. **～ *resin*** 〔***plastic***〕 비닐 수지.
Vi·nyl·ite[váinəlàit] *n.* 〖商標〗 비닐라이트《레코드 등 성형품 제조용》.
vi·nyl·on[vínilαn/-ɔn] *n.* Ⓤ 비닐론《폴리비닐 알코올계의 합성 섬유; 의복·어망 제조용》.
Vin·yon[vínjαn/-ɔn] *n.* 〖商標〗 비니온《합성 섬유; 어망·옷 등의 원료》.
vi·ol[váiəl] *n.* Ⓒ 중세의 현악기.
vi·o·la[1][vióulə] *n.* Ⓒ 〖樂〗 비올라. **～ *da gamba***[də gάːmbə] viol류의 옛날 악기(bass viol).
vi·o·la[2][váiələ] *n.* Ⓒ 제비꽃속(屬)의 식물; (V-) 여자의 이름.
vi·o·la·ble[váiələbəl] *a.* 범할〔어길〕 수 있는; 더럽힐 수 있는.
:vi·o·late[váiəlèit] *vt.* ① (법률·규칙 따위를) 범하다, 깨뜨리다; 어기다. ② 침입〔침해〕하다. ③ (불법으로) 통과하다. ④ (신성을) 더럽히다, 강간〔능욕〕하다. **-la·tor** *n.* Ⓒ 위의 행위를 하는 사람. ***-la·tion**[≻–léiʃən] *n.* Ⓤ,Ⓒ 위반; 침해; 모독; 폭행.
:vi·o·lence[váiələns] *n.* Ⓤ ① 맹렬. ② 난폭, 폭력. ③ 손해, 침해. ④ 모독. ⑤ 〖法〗 폭행.
:vi·o·lent[váiələnt] *a.* ① 맹렬한, 격심한. ② (언사 따위가) 과격한. ③ 난폭한, 폭력에 의한. ④ 지독한. **～ *death*** 변사, 횡사. **:～·ly** *ad.*
:vi·o·let[váiəlit] *n.* ① Ⓒ 〖植〗 제비꽃(의 꽃). ② Ⓤ 보랏빛(bluish purple). — *a.* 보랏빛의, 제비꽃 향기가 나는. **～ *rays*** 자선(紫線); 《오용》 =ULTRAVIOLET rays.
:vi·o·lin[vàiəlín] *n.* Ⓒ ① 바이올린. ② 현악기. ③ (관현악 중의) 바이올린 연주자. ***～·ist**[-ist] *n.*
vi·ol·ist[váiəlist] *n.* Ⓒ viol 연주자.
vi·o·lon·cel·lo[vìːələntʃélou, vài-] *n.* (*pl.* **～*s***) =CELLO. **·-cél·list** = CELLIST.
vi·o·my·cin [vàiəmáisən] *n.* Ⓤ 〖藥〗 비오마이신《결핵 따위에 유효한 항생 물질》.
vi·os·ter·ol[vaiάstərɔ̀ːl/-ɔ́stərɔ̀l] *n.* Ⓤ 〖生化〗 비오스테롤《비타민 D를 함유하는 유상물(油狀物)》.
VIP, V.I.P. [víːàipíː] *n.* (*pl.* **～*s***) Ⓒ 《口》 높은 양반〔사람〕, 요인, 고관 (<*v*ery *i*mportant *p*erson).
***vi·per**[váipər] *n.* Ⓒ ① 독사, 살무사. ② 독사〔살무사〕 같은 놈〔사람〕. **～·ous**[-əs] *a.* 살무사의〔같은〕, 독이 있는; 사악한.
vi·ra·go[virάːgou, -réi-] *n.* (*pl.* **～(*e*)*s***) Ⓒ 잔소리 많은 여자, 표독스런 계집.
vir·e·o[víriòu] *n.* (*pl.* **～*s***) Ⓒ 미국산 명금(鳴禽).
Vir·gil[və́ːrdʒil] *n.* =VERGIL.
:vir·gin[və́ːrdʒin] *n.* ① Ⓒ 처녀, 미혼녀. ② Ⓒ 동정(童貞)인 사람. ③ (the V-) 성모 마리아. ④ (V-) = VIRGO. — *a.* ① 처녀의, 처녀인, 처녀다운; 순결한. ② 아직 사용되지〔밟히지〕 않은. ③ 경험이 없는, 처음의, 신선한.
vir·gin·al[və́ːrdʒənl] *a.* 처녀의〔같은, 다운〕; 순결한. — *n.* Ⓒ 16-7세기에 사용된 방형(方形) 무각(無脚)의 소형 피아노 비슷한 악기.
vírgin bírth 〖神〗 (예수의) 처녀 탄생설.
vírgin fórest 처녀림, 원시림.
***Vir·gin·ia**[vərdʒínjə] *n.* ① 미국 동부의 주(州)《생략 Va.》. ② Ⓤ 이 주에서 생산되는 담배.
Virgínia créeper 〖植〗 양담쟁이.
Virgínia réel 《美》 시골춤의 일종

V

《둘씩 짝지어 2열로 춤추는》; 그 곡.
Vírgin Íslands, the 서인도 제도 중의 미국령(領) 및 영국령의 군도.
vir·gin·i·ty[vərdʒínəti] *n.* Ⓤ 처녀임, 처녀성; 순결.
vir·gin·i·um[vəːrdʒíniəm] *n.* 〖化〗 버지늄《francium의 구칭; 기호 Vi》.
Vírgin Máry 〔**Móther**〕, **the** 성모 마리아.
Vírgin Quéen, the =ELIZABETH I.
vírgin sóil 처녀지, 미개간지.
vírgin wòol 미가공 양털.
Vir·go [vɔ́ːrgou] *n.* 〖天〗 처녀자리, (황도대(黃道帶)의) 처녀궁(宮).
vir·gule[vɔ́ːrgjuːl] *n.* Ⓒ 어느 쪽 뜻을 취해도 좋음을 나타내는 사선《A and/or B=A and B 또는 A or B》.
vi·ri·cide[váiərəsàid] *n.* Ⓤ,Ⓒ 살(殺)바이러스제.
vir·i·des·cent[vìrədésənt] *a.* 담녹색〔연둣빛〕의, 녹색을 띤.
vir·ile [vírəl, -rail] *a.* 성년 남자의; 남성적인; 힘찬; 생식력이 있는.
vi·ril·i·ty[viríləti] *n.* Ⓤ 남자다움; 힘참, 정력; 생식력.
vi·ri·on [váiəriɑ̀n/-ɔ̀n] *a.* 비리온《바이러스의 최소 단위; 핵산 분자와 단백질 분자로 됨》.
vi·rol·o·gy[vaiərɑ́lədʒi, -rɔ́l-] *n.* Ⓤ 바이러스 학(學). **-gist** *n.*
vir·tu[vəːrtúː] *n.* Ⓤ (미술품 따위의) 뛰어난 가치〔훌륭함〕; 《집합적》 미술품, 골동품; 미술품 애호. ***articles*** 〔***objects***〕 ***of*** ~ 골동품.
***vir·tu·al**[vɔ́ːrtʃuəl] *a.* ① 사실〔실질〕상의. ② 〖理·컴〗 가상의. ***~·ly** *ad.* 사실상.
vírtual áddress 〖컴〗 가상 번지.
vírtual displácement 〖力學〗 가상 변위(變位).
vírtual fócus 〔**ímage**〕 〖理〗 허초점〔허상(虛像)〕.
vírtual mémory 〖컴〗 가상 기억 장치.
vírtual reálity 가상 현실(감)《컴퓨터가 만든 가상 공간에 들어가, 마치 현실처럼 체험하는 기술》.
:vir·tue[vɔ́ːrtʃuː] *n.* ① Ⓤ 도덕적 우수성, 선량; 미덕; 고결. ② Ⓤ 정조. ③ Ⓒ 미점, 장점; 가치. ④ Ⓤ 효력, 효능. ***by*** 〔***in***〕 ***~ of*** …의 힘으로, …에 의하여. ***make a ~ of*** NECESSITY.
vir·tu·os·i·ty [vəːrtʃuɑ́səti/-ɔ́s-] *n.* Ⓤ 예술〔연주〕상의 묘기; 미술 취미, 골동품을 보는 안식.
vir·tu·o·so[vəːrtʃuóusou/-zou] *n.* (*pl.* ***~s, -si***[-siː]) Ⓒ 미술품 감정가, 골동품에 정통한 사람; 예술(특히, 음악)의 거장(巨匠).
***vir·tu·ous**[vɔ́ːrtʃuəs] *a.* ① 선량한, 도덕적인, 덕이 있는. ② 정숙한. **~·ly** *ad.* **~·ness** *n.*
vir·u·lent[vírjulənt] *a.* 맹독의, 치명적인; 악의에 찬; (병이) 악성인. **~·ly** *ad.* **-lence, -len·cy** *n.*
***vi·rus**[váiərəs] *n.* Ⓒ ① 바이러스, 여과성(濾過性) 병원체. ② (정신·도덕적) 해독. ③ 〖컴〗 전산균, 셈틀균《컴퓨터의 데이터를 파괴하는 등의 프로그램》.
vírus wárfare 세균전(biological warfare).
vírus X 인플루엔자 비슷한 증상을 일으키는 정체 불명의 바이러스 병독.
vis[vis] *n.* (*pl.* ***vires***[váiəriːz]) (L. =force) Ⓒ 힘.
Vis. Viscount(ess).
***vi·sa**[víːzə] *n.* Ⓒ (여권·서류 따위의) 배서(背書), 사증(査證). — *vt.* (여권 따위에) 배서〔사증〕하다.
vis·age[vízidʒ] *n.* Ⓒ 얼굴, 얼굴 모습.
vis-a-vis[vìːzəvíː] *a. ad.* (F.) 마주 보는〔보아〕, 마주 대하여(*to, with*). — *n.* Ⓒ (특히 춤에서) 마주 대하고 있는 사람; 마주 보고 앉게 된 마차〔의자〕.
Visc. Viscount(ess).
vis·cer·a [vísərə] *n. pl.* (*sing.* ***vis·cus***[vískəs]) ((the) ~) 내장(內臟).
vis·cer·al[vísərəl] *a.* ① 내장〔창자〕의; 내장을 해치는《병》. ② 《美·캐나다》 뱃속에서의; 감정적인, 본능을 드러낸; 비이성적인; 도리를 모르는.
vis·cid[vísid] *a.* 점착성의; 반유동체의. **~·i·ty**[visídəti] *n.* Ⓤ 점착(성); Ⓒ 끈적끈적한 것.
vis·cose [vískous] *n.* Ⓤ 비스코스《인견·셀로판 따위의 원료》.
vis·cos·i·ty[viskɑ́səti/-ɔ́-] *n.* Ⓤ 점착성, 점질(粘質); 점도(粘度).
***vis·count** [váikàunt] *n.* Ⓒ 자작(子爵). **~·cy** *n.* Ⓤ 자작의 지위. **~·ess** *n.* Ⓒ 자작 부인〔미망인〕; 여(女)자작.
vis·cous[vískəs] *a.* 끈적이는, 점착성의; 가소성(可塑性)의.
vise, 《英》 **vice** [vais] *n., vt.* Ⓒ 〖機〗 바이스(로 죄다).
vi·sé[víːzei] *n., vt.* (F.) =VISA.
Vish·nu[víʃnuː] *n.* 〖힌두敎〗 삼대신(三大神)의 하나.
:vis·i·ble[vízəbəl] *a.* ① 눈에 보이는. ② 명백한. ③ 면회할 수 있는. **-bly** *ad.* 눈에 띄게; 명백히. **vis·i·bil·i·ty**[⌐—bíləti] *n.* Ⓤ 눈에 보이는 것〔상태〕; Ⓤ,Ⓒ 시계(視界), 시거(視距).
vísible spéech 〖音聲〗 시화(視話)(법)《음성 기호 체계의 하나》.
Vis·i·goth[vízəgɑ̀θ/-gɔ̀θ] *n.* Ⓒ 서(西)고트 사람.
:vi·sion[víʒən] *n.* ① Ⓤ 시력, 시각. ② Ⓒ 광경, 아름다운 사람〔광경〕. ③ Ⓤ 상상력, (미래) 투시력, 예언력. ④ Ⓒ 환영; 환상; 허깨비, 유령. ***see ~s*** 꿈을 갖다; 미래의 일을 상상하다.
***vi·sion·ar·y**[víʒənèri/-nəri] *a.* ① 환영의, 환영으로 나타나는. ② 공상적인, 비현실적인; 환상에 잠기는. — *n.* Ⓒ 환영을 보는 사람; 공상가.
vísion-mìxer *n.* Ⓒ 〖TV〗 영상 믹

서《영상을 혼합하거나 조정하는 장치〔사람〕》.

†vis·it[vízit] *vt.* ① 방문하다; 문병하다. ② 체재하다, 손님으로 가다. ③ 구경〔보러〕 가다; 시찰 가다; 왕진하다. ④ (병·재해 따위가) 닥치다; (재난을) 당하게〔입게〕 하다. ── *vi.* ① 방문하다; 구경하다; 체재하다. ②《美口》지껄이다, 얘기하다(chat)(~ *over the telephone* 전화로 이야기하다). ~ ***with***《美口》…에 체재하다. ── *n.* Ⓒ ① 방문; 문병; 구경; 시찰; 왕진; 체재. ②《美口》(허물 없는) 이야기, 담화. ***pay a*** ~ 방문하다.

vis·i·tant[vízətənt] *n.* Ⓒ 방문자; 철새. ── *a.*《古》방문하는.

***vis·it·a·tion**[vìzətéiʃən] *n.* ① Ⓒ 방문. ② Ⓒ (고관·고위 성직자 등의) 시찰, 순시; 선박 임검. ③ (V-) 성모 마리아의 Elizabeth 방문, 그 축일《7월 2일》. ④ Ⓒ 천벌; 천혜(天惠).

vis·it·a·to·ri·al[vìzətətɔ́:riəl] *a.* 방문의; 순시〔시찰〕의; 임검의.

vis·it·ing[víziti ŋ] *n., a.* 방문의; Ⓤ 방문〔체재·시찰〕(하는).

vísiting-bóok *n.* Ⓒ 방문처〔내객〕 방명록.

vísiting càrd《주로 英》명함.

vísiting dày 면회일, 접객일.

vísiting fíreman《美口》귀한 손님〔시찰 단원〕; 돈 잘쓰는 여행자.

vísiting núrse 방문〔순회〕 간호사.

vísiting proféssor (타대학으로부터의) 객원 교수.

vísiting téacher (등교 못 하는 아동을 위한) 가정 방문 교사.

†vis·i·tor[vízitər] *n.* Ⓒ ① 방문자, 문병객, 체재객; 관광객. ② 순시자; (대학의) 장학사.

vísitors' bòok《英》숙박자 명부, 내객 방명록.

vi·sor[váizər] *n.* Ⓒ (투구의) 얼굴 가리개; (모자의) 챙; 마스크, 복면.

***vis·ta**[vístə] *n.* Ⓒ ① (가로수·거리 따위를 통해본 좁은) 전망, 멀리 보이는 경치; (툭 터진) 가로수 길, 거리. ② 예상; 전망.

vísta dòme (열차의) 전망대.

Vísta Vìsion〖商標〗비스타 비전《와이드 스크린 방식의 일종》.

***vis·u·al**[víʒuəl] *a.* 시각의, 시각에 인식되는; 보기 위한; 눈에 보이는. **~·ly** *ad.*

vísual acùity 시력(視力).

vísual áids 시각 교육용 기구.

vísual displáy (**ùnit**)〖컴〗영상 표시 (장치).

vísual flýing 유시계(有視界) 비행.

***vis·u·al·ize**[víʒuəlàiz] *vi., vt.* 눈에 보이게 하다; 생생하게 마음 속에 그리다. **-i·za·tion**[∽-əlizéiʃən] *n.* Ⓤ 구상화하기; Ⓒ 시각화한 사물.

vísual púrple〖生化〗시홍(視紅).

vísual shòw 공개 방송.

Vi·ta·glass [váitəglæ̀s, -ɑ̀:-] *n.*〖商標〗바이타글라스《자외선 투과 유리》.

:vi·tal[váitl] *a.* ① 생명의〔에 관한〕; 생명이 있는, 살아 있는; 생명 유지에 필요한. ② 대단히 필요〔중요〕한; 치명적인. ③ 활기에 찬, 생생한. ── *n.* (*pl.*) ① 생명 유지에 필요한 기관《심장·뇌·폐 따위》. ② 급소, 핵심. **~·ism**[-ìzəm] *n.* Ⓤ〖哲〗활력론;〖生〗생명력설. *** ~·ly** *ad.* 중대하게, 치명적으로.

vítal capácity 폐활량(肺活量).

vítal fórce 생명력, 활력.

***vi·tal·i·ty**[vaitǽləti] *n.* Ⓤ 생명력, 활력, 활기, 원기; 활력.

vi·tal·ize[váitəlàiz] *vt.* (…에게) 생명을 주다; (…에) 생기를 주다, 원기를 북돋우다.

Vi·tal·li·um[vaitǽliəm] *n.*〖商標〗바이탤륨《코발트와 크롬의 합금; 치과·외과 의료, 공업 주조(鑄造)에 씀》.

vítal pówer 생명력.

vítal sígns 생명 징후《맥·호흡·체온 및 혈압》.

vítal statístics 인구 동태 통계.

vítal wòund 치명상.

:vi·ta·min(**e**)[váitəmin/vít-] *n.* Ⓒ 비타민.

vi·ta·min·ize[váitəminàiz] *vt.* (음식 등에) 비타민을 첨가(보강)하다, 강화하다.

vi·ta·min·ol·o·gy [vàitəminάlədʒi/-ɔ́-] *n.* Ⓤ 비타민학.

vi·ta·scope[váitəskòup] *n.* Ⓒ (발명 초기의) 영사기.

vi·tel·lin [vitélin, vai-] *n.* Ⓤ〖化〗난황소(卵黃素).

vi·tel·line[vitélin, vai-] *a.* 난황의; 난황색의. 「른자.

vi·tel·lus [vitéləs] *n.* Ⓒ 난황, 노

vi·ti·ate[víʃièit] *vt.* (…의) 질을 손상시키다, 나쁘게 하다, 더럽히다, 썩이다; 무효로 하다. **vi·ti·a·tion**[∽-éiʃən] *n.*

vi·ti·cul·ture[vítəkʌ̀ltʃər] *n.* Ⓤ 포도 재배. 「〖病〗백버짐.

vit·i·li·go[vìtəlí:gou, -lái-] *n.* Ⓤ

vit·re·ous[vítriəs] *a.* 유리의; 유리 같은; 유리질의. 「리액(液).

vítreous húmo(**u**)**r** (눈알의) 유

vi·tres·cent[vitrésnt] *a.* 유리질로 되는; 유리질의(glassy). 「양의.

vit·ri·form[vítrəfɔ̀:rm] *a.* 유리 모

vit·ri·fy[vítrəfài] *vt., vi.* 유리화하다, 유리 모양으로 하다〔되다〕. **vit·ri·fac·tion**[∽-fǽkʃən], **vit·ri·fi·ca·tion**[∽-fikéiʃən] *n.* Ⓤ 유리화; 투명; Ⓒ 유리화된 것.

vit·ri·ol[vítriəl] *n.* Ⓤ〖化〗황산염, 반류(礬類); 황산; 신랄한 말〔비꼼〕. ***blue*** 〔***copper***〕 ~ 담반(膽礬), 황산동. ***green*** ~ 녹반(綠礬), 황산철(鐵). ***oil of*** ~ 황산. ***white*** ~ 호반(皓礬), 황산아연. **~·ic**[∽-άlik/-ɔ́-] *a.* 황산의〔같은〕; 황산에서 얻어지는; 통렬한.

vit·ta [vítə] *n.* (*pl.* ***-tae***[-ti:]) Ⓒ〖植〗유관(油管);〖動〗색대(色帶); (세로) 줄무늬.

V

vi·tu·per·ate[vaitjúːpərèit, vi-] *vt.* 욕(설)하다. **-a·tive**[-rèitiv] *a.* **-a·tion**[–⌐–éiʃən] *n.*
vi·va[váivə] *n., vt.* Ⓒ 구두 시험[시문(試問)](을 하다). 「(소리).
vi·va[víːvə] *int., n.* (It.) Ⓒ 만세
vi·va·ce [vivɑ́ːtʃei] *ad., a.* (It.) 〖樂〗 비바체, 활발하게[한].
vi·va·cious[vivéiʃəs, vai-] *a.* 활발한, 명랑한. **~·ly** *ad.* **vi·vac·i·ty** [-vǽsəti] *n.*
vi·van·dière[vìːvɑ̃ːndiɛ́ər] *n.* (F.) Ⓒ (프랑스 군대의) 종군 여상인.
vi·var·i·um [vaivɛ́əriəm] *n.* (*pl.* **~s, -ia**[-iə]) Ⓒ (자연적 서식 상태로 한) 동물 사육장, 식물 재배소.
vi·va vo·ce[váivə vóusi] (L.) 구두(口頭)로[의]; 구술 시험.
vive[viːv] *int.* (F.) 만세.
:viv·id[vívid] *a.* ① (색·빛 등이) 선명한, 산뜻한. ② (기억 따위가) 똑똑한; 생생한. * **~·ly** *ad.* **~·ness** *n.*
viv·i·fy[vívəfài] *vt.* (…에) 생기를 주다, 활기[원기]를 띠게 하다.
vi·vip·a·rous[vaivípərəs, vi-] *a.* 〖動〗 태생(胎生)의(cf. oviparous).
viv·i·sect[vívəsèkt, ⌐–⌐] *vt., vi.* 산채로 해부하다; 생체 해부를 하다. **-sec·tion**[⌐–sékʃən] *n.* Ⓤ 생체 해부. **-sec·tor** *n.* Ⓒ 생체 해부자.
vix·en[víksən] *n.* Ⓒ 암여우; 쨍쨍대는[짓궂은] 여자. **~·ish** *a.* 쨍쨍대는, 짓궂은.
Vi·yel·la[vaijélə] *n.* 〖商標〗 비옐라《면모(綿毛) 혼방의 능직물》.
viz. *videlicet* (L. =namely).
viz·ard[vízərd] *n.* =VISOR.
vi·zi(e)r[vizíər, vízjər] *n.* Ⓒ (이슬람교 여러 나라의) 고관, 장관. ***grand* ~** (터키 등의) 수상.
vi·zor[váizər] *n.* =VISOR.
V-J Dày (2차 대전의) 대일(對日) 전승 기념일《미국 1945년 8월 14일, 영국 8월 15일》.
V.L. Vulgar Latin.
Vla·di·vos·tok [vlæ̀divɑ́stɑk/ -vɔ́stɔk] *n.* 블라디보스톡《러시아 남동부의 군항》.
V.L.F. very low frequency. **VLSI** very large scale integration 초대규모 집적 회로.
V-mail [víːmèil] (<*Victory mail*). *n.* Ⓤ V우편《2차 대전시 미본토와 해외 장병간의 마이크로필림을 통한 우편》.
V nèck (의복의) V 꼴 깃.
vo·ca·ble[vóukəbəl] *n.* Ⓒ (뜻을 고려 않고, 소리의 구성으로서 본) 단어집.
:vo·cab·u·lar·y [voukǽbjəlèri/ -ləri] *n.* ① Ⓤ,Ⓒ 어휘. ② Ⓒ (알파벳순의) 단어집.
vocábulary èntry (사전·단어집 따위의) 표제어.
:vo·cal[vóukəl] *a.* ① 목소리의, 음성의[에 관한]. ② 목소리를 내는, 구두(口頭)의; (흐르는 물 등이) 속삭이는, 소리 나는. ③ 〖樂〗 성악의; 〖音聲〗 유성음의. **~ *music*** 성악. — *n.* Ⓒ 목소리. **~·ist** *n.* **~·ly** *ad.*
vócal còrds [**chòrds**] 성대.
vo·cal·ic[voukǽlik] *a.* 모음(성)의; 모음이 많은.
vo·cal·ize[vóukəlàiz] *vt.* 목소리로 내다, 발음하다; 〖音聲〗 모음[유성]화하다. — *vi.* 발성하다, 말하다, 노래하다, 소리치다. * **-i·za·tion**[⌐– izéiʃən] *n.*
***vo·ca·tion**[voukéiʃən] *n.* ① Ⓒ 직업, 장사. ② Ⓤ 〖宗〗 신(神)의 부르심, 신명(神命). ③ Ⓤ (특정 직업에 대한) 적성, 재능. ④ Ⓒ 천직, 사명.
***vo·ca·tion·al**[-əl] *a.* 직업(상)의; 직업 보도의.
vocátional diséase 직업병.
vocátional educátion 직업 교육. 「[보도].
vocátional guídance 직업 지도
voc·a·tive[vɑ́kətiv/vɔ́-] *n., a.* Ⓒ 〖文〗 호격(呼格)(의).
vo·cif·er·ant[vousífərənt] *a., n.* Ⓒ 큰 소리로 떠드는 (사람).
vo·cif·er·ous[vousífərəs] *a.* 큰 소리로 외치는, 시끄러운. **~·ly** *ad.*
vo·cod·er[vóukòudər] *n.* Ⓒ 보코더《음성을 분석·재구성하여 송신하는 장치》.
vod·ka [vɑ́dkə/vɔ́-] *n.* Ⓤ 보드카《러시아의 화주(火酒)》.
***vogue**[voug] *n.* ① (the ~) 유행. ② (a ~) 인기. ***be in* ~** 유행하고 있다. ***be out of* ~** (유행·인기가) 없어지다. ***bring* [*come*] *into* ~** 유행시키다[되기 시작하다].
†voice[vɔis] *n.* ① Ⓤ,Ⓒ (인간의) 목소리, 음성; (새의) 울음 소리. ② Ⓒ (바람·파도와 같은 자연물의) 소리. ③ Ⓤ 발성력, 발언력; 표현; (표명된) 의견, 희망. ④ Ⓤ 발언권, 투표권(*in*); Ⓒ 가수(의 능력); 〖樂〗 (성악·기악곡의) 성부(聲部). ⑤ Ⓒ 〖文〗 태(態); Ⓤ 〖音聲〗 유성음(有聲音). ***be in* (*good*) ~** (성악가·연설가 등의) 목소리가 잘 나오다. ***find one's* ~** 입밖에 내서 말하다, 용기를 내서 말하다. ***give* ~ *to*** (…을) 입밖에 내다. ***lift up one's* ~** 소리치다; 항의하다. ***mixed* ~*s*** 〖樂〗 혼성. ***raise one's* ~*s*** 언성을 높이다. ***with one* ~** 이구동성으로. — *vi.* ① 목소리를 내다, 말로 나타내다. ② 〖音聲〗 유성음으로 (발음)하다. **~d**[-t] *a.* 목소리로 낸; 〖音聲〗 유성음의.
vóice-bòx *n.* Ⓒ 후두(喉頭) (larynx).
***vóice·less** *a.* 목소리가 없는; 무음의, 벙어리의; 〖音聲〗 무성음의. **~·ly** *ad.*
Vóice of América 미국의 소리 방송《생략 VOA》.
vóice-òver *n.* Ⓒ (TV 따위의 화면 밖의) 해설 소리.
vóice·prìnt *n.* Ⓒ 성문(聲紋). 「식.
voíce recognítion 〖컴〗 음성 인
vóice vòte 발성 투표《찬부를 소리

의 크기에 따라 의결함》.

:void[vɔid] *a.* ① 빈, 공허한; (집·토지 따위가) 비어 있는. ② (…이) 없는, 결한(*of*). ③ 무익한; 〖法〗 무효의. — *n.* (a ~) 빈 곳; (the ~) 공간; (a ~) 공허(감). — *vt.* 무효로 하다, 취소하다; 배설하다, 비우다. **∠·a·ble** *a.* 무효로 할 수 있는; 배출〔배설〕할 수 있는.

void·er[vɔ́idər] *n.* Ⓒ 무효로 하는 사람.

voile[vɔil] *n.* Ⓤ 보일《엷은 직물》.

vol. volcano; volume; volunteer.

vo·lant[vóulənt] *a.* 나는, 날 수 있는; 〖紋〗 나는 모습의; 쾌속의.

Vo·la·pük[vòuləpjú:k, váləpùk/vɔ́ləpùk] *n.* Ⓤ 볼라픽《1879년경 독일인 J.M. Scheleyer가 창시한 국제어》.

vol·a·tile**[válətil/vɔ́lətàil] *a.* ① 휘발성의. ② 쾌활한; 변덕스러운; 일시적인, 덧없는. ③ 〖컴〗 (기억이) 휘발성의《전원을 끄면 데이터가 소실되는》(~ ***memory 휘발성 기억 장치). **-til·i·ty**[⌐—tíləti] *n.*

vol·a·til·ize [válətəlàiz/vɔlǽ-] *vt., vi.* 기화〔증발〕시키다〔하다〕. **-i·za·tion**[⌐——izéiʃən] *n.*

***vol·can·ic**[valkǽnik/vɔl-] *a.* ① 화산(성)의; 화산이 있는. ② (성질 따위가) 폭발성의, 격렬한.

volcánic gláss 흑요석(黑曜石).

vol·can·ism[válkənìzəm/vɔ́-] *n.* Ⓤ 화산 활동〔현상〕.

:vol·ca·no[valkéinou/vɔl-] *n.* (*pl.* ~(***e***)***s***) Ⓒ 화산. ***active*** 〔***dormant, extinct***〕 ~ 활〔휴, 사〕화산.

vol·can·ol·o·gy [vàlkənálədʒi/vɔ̀lkənɔ́l-] *n.* Ⓤ 화산학.

vole[1][voul] *n.* Ⓒ 들쥐류(類).

vole[2] *n.* 〖카드〗 전승(全勝). ***go the*** ~ 건곤일척의 승부를 하다; 여러 가지로 해보다.

Vol·ga[válgə/vɔ́-] *n.* (the ~) 카스피해로 흘러드는 러시아 서부의 강.

vo·li·tion[voulíʃən] *n.* Ⓤ 의지의 작용, 의욕; 의지력, 의지, 결의; 선택. **~·al** *a.* 의지의, 의욕적인.

Volks·lied [fɔ́:lkslì:t, -lì:d] *n.* (G.) Ⓒ 민요.

volks·wa·gen[fɔ́:lksvà:gən] (G. =folk's wagon) *n.* Ⓒ 폴크스바겐《독일(제)의 대중용 자동차》.

***vol·ley**[váli/vɔ́-] *n.* Ⓒ ① 일제 사격; 빗발치듯하는 탄환〔화살·돌〕; (질문·욕설의) 연발. ② 〖테니스·蹴〗 발리《공이 땅에 닿기 전에 치거나 차보내기》. — *vt.* ① 일제 사격하다; (질문 따위를) 연발하다. ② 발리로 되치다〔되차다〕. — *vi.* ① 일제히 발사되다. ② 발리를 하다.

:vólley·bàll *n.* Ⓤ 배구; Ⓒ 그 공.

vol·plane[válplèin/vɔ̀-] *n., vi.* Ⓒ 〖空〗 (엔진을 멈추고) 활공(하다).

vols. volumes.

Vol·stead·ism[válstedìzəm/vɔ́l-] *n.* Ⓤ 주류 판매 금지주의〔정책〕.

***volt**[voult] *n.* Ⓒ 〖電〗 볼트. **~·age** [⌐idʒ] *n.* Ⓤ,Ⓒ 전압(電壓)(량).

vol·ta·ic[valtéiik/vɔl-] *a.* 유전기(流電氣)의〔를 발생하는〕.

voltáic báttery 볼타 전지.

voltáic céll 전지.

Vol·taire [valtέər, voul-/vɔl-], **François Marie Aroute de** (1694-1778) 프랑스의 풍자가·계몽사상가《*Candide*(1759)》.

vol·tam·e·ter [valtǽmitər/vɔl-] *n.* Ⓒ 〖電〗 전량계(電量計).

vólt-ámpere *n.* Ⓒ 〖電〗 볼트암페어《생략 VA》.

volte-face[vàltəfá:s, vɔ̀(:)l-] *n.* (F.) Ⓒ 방향 전환; (의견·정책 따위의) 전향.

vólt·mèter *n.* Ⓒ 전압계.

vol·u·ble [váljəbəl/vɔ́-] *a.* 수다스러운, 입심 좋은, 말 잘 하는, 유창한. **-bly** *ad.* **~·ness** *n.* **-bil·i·ty** [⌐—bíləti] *n.*

:vol·ume[váljum/vɔ́-] *n.* ① Ⓒ 권(券); 책, 서적. ② Ⓤ 체적, 부피; 용적; 양(量); 음량. ③ Ⓒ 큰 덩어리, 대량. ④ Ⓤ 〖컴〗 용량, 부피, 볼륨. ***speak ~s*** 웅변으로 말하다, 의미 심장하다.

vol·u·me·nom·e·ter [vàljəmənámitər/vɔ̀ljuminɔ́mi-] *n.* Ⓒ 배수 용적계〔체적계〕.

vólume-prodúce *vt.* 대량 생산하다.

vol·u·met·ric[vàljəmétrik/vɔ̀-], **-ri·cal**[-əl] *a.* 용적〔체적〕 측정의.

***vo·lu·mi·nous**[vəlú:mənəs] *a.* ① (부피가) 큰 책의; 권수가 많은; 큰 부수(部數)의. ② 저서가 많은, 다작의. ③ 풍부한; 부피가 큰.

:vol·un·tar·y[váləntèri/vɔ́ləntəri] *a.* ① 자유 의사의, 자발적인. ② 의지에 의한; 임의의, 지원〔자원〕의. ③ 〖生〗 수의적인. ~ ***muscle*** 〖解〗 수의근(隨意筋). ~ ***service*** 지원 병역. — *n.* Ⓒ 자발적 행위; (교회에서 예배의 전, 중간, 후의) 오르간 독주. **-tar·i·ly** *ad.* 자발적으로. **-ta·rism**[-tərìzəm] *n.* Ⓤ 〖哲〗 주의설(主意說); 자유 지원제.

vóluntary convéyance 〔**dispósition**〕 〖法〗 임의〔무상〕 양도.

:vol·un·teer[vàləntíər/vɔ̀l-] *n.* Ⓒ 유지(有志), 지원자〔병〕. — *a.* 유지의; 지원병의; 자발적인. — *vt.* 자발적으로 나서다; 지원하다(*to* do). — *vi.* 자진해서 일을 맡다; 지원병이 되다(*for*).

vo·lup·tu·ar·y[vəlʌ́ptʃuèri/-əri] *n.* Ⓒ 주색〔육욕〕에 빠진 사람.

vo·lup·tu·ous[vəlʌ́ptʃuəs] *a.* 오관(五官)의 즐거움을 찾는, 관능적 쾌락에 빠진; 육욕을 자극하는; 관능적인, (미술·음악 따위) 관능에 호소하는. **~·ly** *ad.* **~·ness** *n.*

vo·lute[vəlú:t] *n., a.* Ⓒ 〖建〗 (이오니아 및 코린트식 기둥머리 장식의) 소용돌이 모양; 소용돌이(의).

***vom·it**[vámit/vɔ́-] *vt.* ① (먹은 것을) 게우다. ② (연기 따위를) 내뿜다;

(욕설을) 퍼붓다. ── *vi.* 토하다; (화산이) 용암 따위를 분출하다. ── *n.* Ⓒ 게움, 구토; Ⓤ 구토물, 게운 것; 토제(吐劑).

vom·i·to·ri·um [vɑ̀mətɔ́:riəm/vɔ̀m-] *n.* Ⓒ (고대 건축물의) 출입구.

vom·i·to·ry [vɑ́mətɔ̀:ri/vɔ́mitəri] *a.* 《古》 구토증을 나게 하는. ── *n.* Ⓒ (연기 등을) 빼내는 곳; =VOMITORIUM.

von [fɑn, 弱 fən/-ɔ-] *prep.* (G.) =from, of《독일인의 성(姓) 앞에 쓰이며, 흔히 귀족 출신임을 나타냄》.

V-one [ví:wʌ́n] *n.* 보복 병기 제1호《제2차 대전 때의 독일의 로켓 폭탄》.

von Néumann compùter [vɑn njú:mən-, -nɔ́imən-] *n.* 〖컴〗 노이만형 전산기《von Neumann이 제안한 기본 구성을 지닌 컴퓨터; 현재 대개 이 형임》.

voo·doo [vú:du:] *n.* (*pl.* **~s**) Ⓤ 부두교(敎)《아프리카에서 발생하여 서인도 제도, 미국 남부의 흑인들이 믿는 원시 종교》; Ⓒ 부두 도사(道士). ── *a.* 부두교의. **~·ism** [-ìzəm] *n.* Ⓤ 부두교.

vo·ra·cious [vouréiʃəs] *a.* 게걸스레 먹는, 대식(大食)하는; 대단히 열심인, 물릴 줄 모르는. **~·ly** *ad.* **~·ness** *n.* **vo·rac·i·ty** [-rǽsəti] *a.*

vor·tex [vɔ́:rteks] *n.* (*pl.* **~es, -tices** [-təsì:z]) Ⓒ (물·공기 따위의) 소용돌이; (the ~) (사회적·지적(知的) 운동 등의) 소용돌이.

vor·ti·cal [vɔ́:rtikəl] *a.* 소용돌이치는, 소용돌이 같은, 선회하는. **~·ly** *ad.*

Vos·tok [vɔ́:stɑk/vɔstɔ́k] *n.* (Russ. =east) 보스토크《러시아가 발사한 일련의 유인 위성》. 「여성.

vo·ta·ress [vóutəris] *n.* votary의

vo·ta·ry [vóutəri], **vo·ta·rist** [vóutərist] *n.* Ⓒ 종교적 생활을 하겠다고 맹세한 사람, 독신자; 열성가.

:vote [vout] *n.* ① Ⓒ 찬부 표시, 투표; (the ~) 투표[선거]권. ② Ⓒ 표결 사항; 투표수; 투표인; 투표 용지. ── *vi.* 투표로 결정하다[지지하다]; 《口》 (세상 여론이) 평하다, 결정하다; 《口》 제의하다. **~ *down*** (투표에 의해) 부결하다. **~ *in*** 선거하다. ***vót·er** *n.* Ⓒ 투표자; 유권자. **vót·ing** *n.* Ⓤ 투표.

vóting machìne 자동 투표 기록 계산기.

vóting páper 《英》 투표 용지.

Vóting Ríghts Àct 《美》 (흑인 및 소수 민족의) 투표권 법안《1965년 성립》.

vo·tive [vóutiv] *a.* (맹세를 지키기 위해) 바친; 기원의.

vo·tress [vóutris] *n.* 《古》 =VOTARESS.

***vouch** [vautʃ] *vi.* 보증하다; 확증하다(*for*). **∠·er** *n.* Ⓒ 보증인; 증거물, 증빙 서류; 영수증.

vouch·safe [vautʃséif] *vt.* 허용하다, 주다, 내리다. ── *vi.* …해 주시다(*to* do).

:vow [vau] *n.* Ⓒ (신에게 한) 맹세, 서약, 서원(誓願). ***take ~s*** 종교단의 일원이 되다. ***under a ~*** 맹세를 하고. ── *vt., vi.* 맹세하다; (…을) 할[줄] 것을 맹세하다; 단언하다.

:vow·el [váuəl] *n.* Ⓒ 모음(자).

vówel gradátion 〖言〗 모음 전환.

vówel hármony 모음 조화.

vówel mutátion 〖言〗 =UMLAUT.

vówel pòint (헤브라이어·아랍어 등의) 모음 부호.

vox [vɑks/-ɔ-] *n.* (*pl.* ***voces*** [vóusi:z]) (L.) Ⓒ 목소리, 음성; 말. ***~ populi*** [pɑ́pjəlài/-ɔ́-] 민성(民聲), 여론.

:voy·age [vɔ́iidʒ] *n.* Ⓒ (먼 거리의) 항해. ── *vi., vt.* 항해하다. **vóy·ag·er** *n.* Ⓒ 항해자.

vo·ya·geur [vwɑ̀:jɑ:ʒə́:r] *n.* (F.) Ⓒ 캐나다 변지(邊地)를 도보[카누]로 여행한 프랑스계(系) 캐나다인《특히 털가죽이나 사람을 운송하던 뱃사공》.

vo·yeur [vwɑ:jə́:r] *n.* (F.) Ⓒ 관음자(觀淫者).

V.P. Vice-President.

V́-pàrticles *n. pl.* 〖理〗 V입자.

VR virtual reality; voltage regulator. 「소리》.

vroom [vru:m] *n.* Ⓒ 부릉부릉《엔진

vs. versus. **V.S.** Veterinary Surgeon. **v.s.** *vide supra* (L.= see above).

V́-sìgn *n.* Ⓒ 승리의 사인《집게손가락과 가운뎃손가락으로 만들어 보이는 V자》.

V/STOL [ví:stoul] vertical short takeoff and landing (aircraft) 수직 단거리 이착륙(기). **Vt.** Vermont. **V-T** 《英》 video tape. **v.t., vt.** verb transitive. **VTO** vertical takeoff 수직 이륙(기).

VTOL [ví:tɔ̀:l/-tɔ̀l] *n.* Ⓤ 수직 이착륙; Ⓒ 수직 이착륙기(< *v*ertical *t*ake*o*ff and *l*anding).

V́-twó *n.* 보복 병기 제2호《제2차 대전 때의 독일의 로켓 폭탄》.

VTR video tape recording [recorder]. **Vul., Vulg.** Vulgate.

Vul·can [vʌ́lkən] *n.* 〖로神〗 불(火)과 대장일의 신. 「EBONITE.

vul·can·ite [vʌ́lkənàit] *n.* =

vul·can·ize [vʌ́lkənàiz] *vt.* (고무를) 유황 처리하다, 경화하다. **-i·zation** [⌐–izéiʃən] *n.*

:vul·gar [vʌ́lgər] *a.* ① 상스러운, 야비[저속]한. ② 일반의, 통속적인; (상류 계급에 대해) 서민의; 일반 대중의. ***the ~ (herd)*** 일반 대중. **~·ism** [-ìzəm] *n.* Ⓤ 속악(俗惡), 상스러움; Ⓤ,Ⓒ 저속한 말. **~·ly** *ad.*

vul·gar·i·an [vʌlgέəriən] *n.* Ⓒ 상스러운 사람, 속인; 상스러운[야비한] 어정뱅이.

vul·gar·i·ty [vʌlgǽrəti] *n.* Ⓤ 속악

(俗惡), 상스러움, 예의 없음, 야비함.
vul·gar·i·ze[vʌ́lgəràiz] *vt.* 속되게 하다; 대중화(大衆化)하다. **-za·tion**[ㅗ—izéiʃən/-raiz-] *n.*
Vúlgar Látin 통속 라틴어.
Vul·gate[vʌ́lgeit, -git] *n.* 불가타 성서《4세기에 된 라틴어역(譯) 성서; 가톨릭교회에서 사용》; (the v-) 통속어(通俗語).
vul·ner·a·ble[vʌ́lnərəbəl] *a.* 부상하기〔다치기〕 쉬운, 공격 받기 쉬운; (비난·유혹·영향 따위를) 받기 쉬운, 약점이 있는(*to*); 〖카드놀이〗(세판 승부 브리지에서 한 번 이겼기 때문에) 두 배의 벌금을 짊어질 위험이 있는 (입장의). ~ ***point*** 약점. **-bil·i·ty**[ㅗ—bíləti] *n.*
vul·ner·ar·y[vʌ́lnərèri/-rə-] *a.* 상처에 잘 듣는.
vul·pine[vʌ́lpain] *a.* 여우의〔같은〕 (foxy), 교활한(sly). 「심쟁이.
***vul·ture**[vʌ́ltʃər] *n.* Ⓒ 독수리; 욕
vul·tur·ine[vʌ́ltʃəràin], **vul·tur·ous**[-rəs] *a.* 독수리 같은; 탐욕스러운.
vul·va[vʌ́lvə] *n.* (*pl.* ***-vae***[-viː], ~***s***) Ⓒ 〖解〗 음문(陰門).
V.V.S.O.P very very superior old pale《보통 25~40년 된 브랜디의 표시》.
Vy·cor[váikɔːr] *n.* 〖商標〗 바이코어 유리《단단한 내열(耐熱) 유리이며 실험용 기구 제조 등에 쓰임》.
vy·ing[váiiŋ] (<vie) *a.* 다투는, 경쟁하는. ~**·ly** *ad.*

W

W, w [dʌ́blju(ː)] *n.* (*pl.* ***W's, w's***[-z]) Ⓒ W자 모양의 것.
W watt; 〖化〗 wolfram (G. =tungsten). **W, W., w.** west(ern). **W.** Wales; Wednesday; Welsh. **w.** week(s); wide; wife; with.
W.A. West Africa. **WAAF** 《英》 Women's Auxiliary Air Force.
WAAS 《英》 Women's Auxiliary Army Service. 「BLE.
wab·ble[wábəl/-ɔ́-] *v., n.* =WOB-
WAC[wæk] (<*W*omen's *A*rmy *C*orps) *n.* Ⓒ《美》 육군 여군 부대(원).
wack[wæk] *n.* Ⓒ《俗》 괴이한 사람, 기인. ***off one's*** ~《俗》 미친, 머리가 돈.
wack·y[wǽki] *a.*《美俗》 괴팍한; 광기가 있는. 「League.
WACL World Anti-Communist
wad[wad/-ɔ-] *n.* Ⓒ (부드러운 것의) 작은 뭉치; 씹고난 껌; (가득 찬) 뭉치, 덩어리; 채워〔메워〕 넣는 물건〔솜〕; 장전된 탄환을 고정시키는 충전물; 지폐 뭉치; 《美俗》 다액의 돈. — *vt.* (***-dd-***) 작은 뭉치로 만들다; 채워 넣다; (총에) 알마개를 틀어 넣다. **ㄴ·ding** *n.* Ⓤ 채우는 물건〔솜〕.
wad·dle[wádl/-ɔ́-] *vi.* (오리처럼) 어기적어기적 걷다. — *n.* (a ~) 어기적어기적 걸음; 그 걸음걸이.
:wade[weid] *vi.* ① (물 속을) 걸어서 건너다; (진창·눈 따위 걷기 힘든 곳을) 간신히 지나가다. ② 애를 써 나아가다(*through*). — *vt.* (강 따위를) 걸어서 건너다. ~ ***in*** 얕은 물속에 들어가다; 간섭하다; 상대를 맹렬히 공격하다. ~ ***into*** 《口》 맹렬히 공격하다; 힘차게 일에 착수하다. ~ ***through slaughter*** 〔***blood***〕 ***to*** (***the throne***) 살육을 해서 (왕위)를 얻다. — *n.* (a ~) 도섭(徒涉).
wád·er *n.* Ⓒ 걸어서 건너는 사람; 〖鳥〗 섭금(涉禽); (*pl.*) 《英》 (낚시꾼용) 긴 장화.
wadge [wadʒ/wɔdʒ] *n.* Ⓒ《英口》 뭉친 것; 덩어리, 뭉치.
wa·di[wádi/-ɔ́-] *n.* Ⓒ (아라비아·북아프리카 등지의, 우기 이외는 말라붙는) 마른 골짜기; 그 곳을 흐르는 강.
wáding bìrd 섭금(涉禽).
wáding pòol (공원 따위의) 물놀이터.
WADS Wide Area Data Service 광역 데이터 전송(傳送) 서비스.
wa·dy[wádi/-ɔ́-] *n.* =WADI.
WAF 《美》 Women's Air Force.
w.a.f. 〖商〗 with all faults 손상보증 없음.
***wa·fer**[wéifər] *n.* ① Ⓒ,Ⓤ 웨이퍼; 오블라토. ② Ⓒ 〖가톨릭〗(미사용의) 제병(祭餠)《얇은 빵》. ③ 봉함지(封緘紙). ~**·ly** *a.* 웨이퍼 같은; 얇은.
wáfer-thín *a.* 아주 얇은. 「《과자》.
waf·fle[1] [wáfəl/-ɔ́-] *n.* Ⓒ,Ⓤ 와플
waf·fle[2] *n., vt.* Ⓤ《英》 쓸데 없는 소리(를 지껄이다).
wáffle ìron 와플 굽는 틀.
***waft**[wæft, -ɑː-] *vt.* (수중·공중을) 부동(浮動)시키다, 떠돌게 하다. — *n.* Ⓒ 부동; (냄새 따위의) 풍김; (바람의) 한바탕 불기.
wag**[1] [wæg] *vt., vi.* (-gg-***) (상하·좌우로 빨리) 흔들(리)다. ~ ***the tongue*** (쉴새없이) 지껄이다. — *n.* Ⓒ 흔듦; 흔들거림.
wag[2] *n.* Ⓒ 익살꾸러기.
:wage[weidʒ] *n.* Ⓒ ① (보통 *pl.*) 임금, 급료《일급·주급 따위》. ②《古》 (보통 *pl.*) 갚음, 보답. — *vt.* (전쟁·투쟁을) 하다(*against*). ~ ***the peace*** 평화를 유지하다.
wáge clàim 임금 인상 요구.
wáge èarner 급료〔임금〕 생활자.
wáge frèeze 임금(賃金) 동결.

W

wáge lèvel 임금 수준.
wáge pàcket 《英》 급료 봉투 (《美》 pay envelope).
wa·ger**[wéidʒər] *n.* Ⓒ 노름; 내기에 건 돈〔물건〕. ~ ***of battle 〖史〗 결투(에 의한) 재판. — *vt.* (내기에) 걸다.
wáge scàle 임금표(賃金表).
wáge slàve 노예 임금 노동자《악조건·싸구려 임금으로 일하는 사람》.
wáge stòp 《英》 사회 보장 급부 지급 한도.
wáge·wòrker *n.* 《美》 =WAGE EARNER.
wáge·wòrking *n., a.* Ⓤ 임금 노동(의).
wag·ger·y[wǽgəri] *n.* Ⓤ 우스꽝스러움; Ⓒ 익살, 농담; 장난.
wag·gish[wǽgiʃ] *a.* 우스꽝스러운; 익살맞은; 농담 좋아하는.
wag·gle[wǽgəl] *v., n.* =WAG[1].
Wag·ner [vá:gnər], **Richard** (1813-83) 독일의 가극 작곡가.
Wag·ne·ri·an[-níəriən] *a.* 바그너(풍)의.
:wag·on, 《英》 **wag·gon**[wǽgən] *n.* Ⓒ (각종) 4륜차, 짐차; 《英》 무개화차. HITCH ***one's*** ~ ***to a star. on*** 〔***off***〕 ***the*** ~ 《美俗》 술을 끊고〔또 시작하고〕. — *vt.* wagon으로 나르다. ~**·er** *n.* Ⓒ (짐마차의) 마차꾼.
wag·on·ette[wæ̀gənét] *n.* Ⓒ (6-8인승의) 유람 마차.
wa·gon-lit[vagɔ̃li] *n.* (F.) Ⓒ (유럽 대륙 철도의) 침대차.
wágon·lòad *n.* Ⓒ wagon 한 대분의 짐.
wágon sòldier 《美軍俗》 야전병.
wágon tràin 《美》 (특히) 군용 짐마차의 행렬〔일대(一隊)〕.
wág·tàil *n.* Ⓒ 〖鳥〗 할미새.
Wa(h)·ha·bi[wəhá:bi, wɑ:-] *n.* (*pl.* ~***s***) Ⓒ (이슬람교의) 와하비파(派)《가장 보수적임》.
wa·hi·ne[wɑ:hí:nei] *n.* Ⓒ (하와이 등지의) 소녀, 젊은 여자.
waif[weif] *n.* Ⓒ 부랑자, 부랑아; 임자 없는 물품〔짐승〕; 표착물(漂着物). ~***s and strays*** 부랑아의 떼; 그러모은 것.
:wail[weil] *vi.* ① 울부짖다; 비탄하다(*over*). ② (바람이) 구슬픈 소리를 내다. — *vt.* 비탄하다. — *n.* ① Ⓒ 울부짖는 소리. ② (*sing.*) (바람의) 처량하게 울리는 소리.
wain[wein] *n.* Ⓒ 짐마차.
wain·scot[wéinskət, -skɔ̀ut] *n., vi.* (《英》 ***-tt-***) Ⓤ 〖建〗 벽판(壁板)(을 대다), 징두리널 (재료). ~**(t)ing** *n.* Ⓤ 벽판, 징두리널; 그 재료.
wain·wright[wéinràit] *n.* Ⓒ 짐마차 제조자; 수레 목수.
:waist[weist] *n.* Ⓒ ① 허리, 요부(腰部); 허리의 잘록한 곳. ② (의복의) 허리; 《美》 (여자·어린이의) 몸통옷, 블라우스. ③ (현악기 따위) 가운데의 잘록한 곳.
wáist·bànd *n.* Ⓒ (스커트 등의) 허리띠.
wáist bèlt 벨트, 밴드.
wáist·clòth *n.* Ⓒ 허리 두르개.
***waist·coat**[wéskət, wéistkòut] *n.* Ⓒ 《英》 조끼(《美》 vest).
wáist-déep *a., ad.* 깊이가 허리까지 차는〔차게〕.
waist·ed[wéistid] *a.* 허리 모양을 한; 《복합어》 …한 허리의.
wáist-hígh *a.* 허리 높이의.
wáist·lìne *n.* Ⓒ 허리의 잘록한 곳; 웨이스트 (라인), 허리통.
†wait[weit] *vi.* ① 기다리다(*for*). ② 시중들다(*at, on*). ③ 하지 않고 내버려 두다, 미루다. — *vt.* ① 기다리다. ② 시중을 들다. ③ 《口》 늦추다. ~ ***on*** 〔***upon***〕 …에게 시중들다; …을 섬기다; (연장자를 의례적으로) 방문하다; (결과가) 따르다. — *n.* Ⓒ ① 기다림, 기다리는 시간. ② (보통 *pl.*) 《英》 (크리스마스의) 성가대. ③ 〖컴〗 기다림, 대기. ***lie in*** 〔***lay***〕 ~ ***for*** …을 숨어〔매복해〕 기다리다. **:**∠**·er** *n.* Ⓒ 급사, 음식 나르는 쟁반; 기다리는 사람; =DUMB-WAITER.
:wáit·ing *a.* ① 기다리는 대기, 시중드는. ② 〖컴〗 대기의(~ *time* 대기시간). — *n.* Ⓤ 기다림, 기다리는 시간; 시중듦. ***in*** ~ (왕·여왕 등을) 섬기어.
wáiting gàme (게임 등에서의) 지연 작전.
wáiting lìst 순번 명부; 보궐인 명부.
wáiting màid 시녀.
wáiting ròom 대합실.
***wait·ress**[wéitris] *n.* Ⓒ 여급사, 여급.
waive[weiv] *vt.* (권리·요구 등을) 포기하다; 그만두다; 연기〔보류〕하다. **wáiv·er** *n.* Ⓤ 〖法〗 포기; Ⓒ 기권 증서.
†wake[1][weik] *vi.* (***woke, ~d; ~d,*** 《稀》 ***woke, woken***) ① 잠깨다, 일어나다(*up*); 깨어 있다; (정신적으로) 눈뜨다(*up, to*). ② 활기 띠다; 되살아나다. — *vt.* ① 깨우다, 일으키다(*up*). ② (정신적으로) 각성시키다; 분기시키다(*up*); 되살리다; 환기하다. ~ ***to*** …을 깨닫다. ***waking or sleeping*** 자나깨나. — *n.* Ⓒ (헌당식(獻堂式)의) 철야제(徹夜祭); 《Ir.》 밤샘, 경야.
wake[2] *n.* Ⓒ 항적(航跡); (물체가) 지나간 자국. ***in the ~ of*** …의 자국을 따라; …에 잇따라; …을 따라.
wake·ful[wéikfəl] *a.* 잠 못이루는, 잘 깨는; 자지 않는; 방심하지 않는. ~**·ly** *ad.* ~**·ness** *n.*
:wak·en[wéikən] *vt.* ① 깨우다, 일으키다. ② (정신적으로) 눈뜨게 하다, 분기시키다. — *vi.* 잠이 깨다, 일어나다; 깨닫다.
wake-rob·in [wéikrɑ̀bin/-ɔ̀-] *n.* 《美》 =TRILLIUM; =JACK-IN-THE-PULPIT.
wáke-ùp *n., a.* Ⓒ 깨우는 (것); 기상(起床).
wale[weil] *n.* Ⓒ 채찍 자국, 지렁이처럼 부르튼 곳; (피륙의) 골, 이랑.

W

— *vt.* (…에) 채찍〔맷〕자국을 내다, 부르트게 하다; 골지게 짜다.

:Wales[weilz] *n.* 웨일즈《Great Britain 섬의 남서부 지방》(cf. Cambria).

†walk[wɔ:k] *vi.* ① 걷다; 걸어가다; 산책하다. ② (유령이) 나오다. ③ 〖野〗 (사구(四球)로) 걸어 나가다. — *vt.* ① (길·장소를) 걷다; (말·개 따위를) 걸리다. ② 데리고 걷다, 동행하다. ③ 〖野〗 (사구로) 걸리다. ④ (무거운 것을) 걸리듯 좌우로 움직여 운반하다. ⑤ (…와) 걷기 경쟁을 하다. **~ *about*** 걸어다니다, 산책하다. **~ *away from*** …의 곁을 떠나다; (경주 등) 쉽사리 앞지르다. **~ *away* 〔*off*〕 *with*** …을 가지고 도망하다; (상 따위를) 타다. **~ *in*** 들어가다. **~ *into*** 《俗》 때리다, 욕하다; 《俗》 배불리 먹다. **~ *off*** (노하여) 가버리다; (죄인 등을) 끌고 가다; 걸어서 …을 없애다(~ *off a headache*). **~ *out*** 나다니다; 퇴장해 버리다; 갑자기 떠나다; 《口》 파업하다. **~ *out on*** 《美口》 버리다. **~ *over*** (대항할 말이 없어서 코스를) 보통 걸음으로 걸어 수월히 이기다. **~ *tall*** 가슴을 펴고 걷다, 스스로 긍지를 갖다. **~ *the boards*** 무대에 서다. **~ *the chalk*** (취하지 않았음을 경찰관에게 보이기 위해서) 똑바로 걸어 보이다. **~ *the hospitals*** (의학생이) 병원에서 실습하다. **~ *the street*** 매음하다. **~ *through life*** 세상을 살아가다. ***W- up!*** 어서 오십시오!《손님을 끄는 소리》. **~ *upon air*** 정신 없이 기뻐하다. **~ *up to*** …에 걸어서 다가가다. **~ *with God*** 하느님의 길을 걷다. — ***n.*** Ⓒ ① (*sing.*) 걷기; 보행; 걸음걸이; (말의) 보통 걸음. ② 산책. ③ 보도; 인도; 산책길. ④ 〖野〗 사구출루(四球出樓). ⑤ (가축의) 사육장. ***a ~ of* 〔*in*〕 *life*** 직업; 신분. ***go for* 〔*take*〕 *a ~*** 산책하(러 가)다. ***∠·er** *n.* Ⓒ 보행자; 산책하는 사람; (날거나 헤엄치지 않고) 걷는 새.

wálk·awày *n.* Ⓒ 낙승(樂勝).

walk·ie-look·ie[∠ilúki] *n.* Ⓒ 휴대용 텔레비전 카메라.

walk·ie-talk·ie, walk·y-talk·y [∠itɔ́:ki] *n.* Ⓒ 휴대용 무선 전화기.

wálk-ìn *n.* Ⓒ 밖에서 직접 들어갈 수 있는 아파트; (선거의) 낙승; 대형 냉장고.

:walk·ing[∠iŋ] *n., a.* Ⓤ 걷기; 걷는; 보행(용의).

wálking chàir =GO-CART.

wálking cráne 이동 기중기.

wálking díctionary 아는 것이 많은 사람.

wálking pàpers 《口》 해고 통지.

wálking stìck 지팡이; 대벌레.

wálking tòur 도보 유람 여행.

wálk-òn *n.* Ⓒ 〖劇〗 (대사가 없는) 단역《통행인 따위》.

wálk-òut *n.* Ⓒ 《美口》 동맹 파업; 항의하기 위한 퇴장.

wálk·òver *n.* Ⓒ 〖競馬〗 (경쟁 상대가 없을 때 코스를) 보통 걸음으로 걷기; 《口》 낙승; 부전승.

wálk-thròugh *n.* Ⓒ 〖劇〗 연기와 대사읽기를 동시에 하는 무대 연습; 〖TV〗 리허설.

wálk-ùp *a., n.* Ⓒ 《美口》 엘리베이터가 없는 (건물).

wálk·wày *n.* Ⓒ 《美口》 보도, 인도 《특히 공원, 정원 등의》; (공장 내의) 통로.

†wall[wɔ:l] *n.* Ⓒ ① 벽; (돌·벽돌 등의) 담. ② (보통 *pl.*) 성벽. ③ (모양·용도 등이) 벽과 같은 것. ***drive* 〔*push*〕 *to the ~*** 궁지에 몰아 넣다. ***give* (*a person*) *the ~*** (아무에게) 길을 양보하다. ***go to the ~*** 궁지에 빠지다; 지다; 사업에 실패하다. ***run one's head against the ~*** 불가능한 일을 꾀하다. ***take the ~ of* (*a person*)** 아무를 밀어제치고 유리한 입장을 차지하다. ***with one's back to the ~*** 궁지에 몰려서. — *vt.* 벽〔담〕으로 둘러싸다; 성벽을 두르다, 벽으로 막다(*up*). **~ed**[-d] *a.* 벽을 댄; 성벽을 두른.

wal·la·by[wɑ́ləbi/-ɔ́-] *n.* Ⓒ 〖動〗 작은 캥거루.

wal·la·roo[wɑ̀lərú:/wɔ̀l-] *n.* Ⓒ 〖動〗 큰 캥거루.

wáll·bòard *n.* Ⓤ,Ⓒ 인조 벽판(壁板).

:wal·let[wɑ́lit/-ɔ́-] *n.* Ⓒ 지갑; 《英古》 (여행용) 바랑.

wáll·èye *n.* Ⓒ 뿌옇게 흐린 눈; 눈이 큰 물고기. **~d** *a.* 각막이 뿌옇게 된, 뿌연 눈의; 사팔 눈의; (물고기의) 눈이 큰.

wáll·flòwer *n.* Ⓒ 〖植〗 계란풀; 무도회에서 상대가 없는 젊은 여자.

wáll gàme 《英》 벽면을 이용한 Eton 학교식 축구.

wáll néwspaper 벽신문, 대자보.

wal·lop [wɑ́ləp/-ɔ́-] *vt.* 《口》 때리다, 강타하다. — *n.* Ⓒ 《口》 강타, 타격력.

wal·lop·ing[-iŋ] *a.* 《口》 육중한, 커다란, 굉장히 큰; 센, 강한. — *n.* Ⓒ 강타; 완패.

wal·low[wɑ́lou/-ɔ́-] *vi.* (진창·물속 따위를) 뒹굴다, 허위적거리다; (주색 따위에) 빠지다, 탐닉하다(*in*). **~ *in money*** 돈에 파묻혀 있다, 돈이 주체 못할 만큼 많다. — *n.* (*a* ~) 뒹굶; Ⓒ (물소 따위가 뒹구는) 수렁.

wáll pàinting 벽화.

***wáll·pàper** *n., vt.* Ⓤ (벽·방 등에) 벽지(를 바르다).

Wáll Strèet 월가(街)〔스트리트〕; 미국 금융시장.

wáll-to-wáll *a.* 바닥 전체를 덮은 《카펫 따위》; 《口》 포괄적인.

***wal·nut**[wɔ́:lnʌ̀t, -nət] *n.* Ⓒ 호두 《열매·나무》; Ⓤ 그 목재; 호두색.

Wal·púr·gis Níght[vɑ:lpúərgis-, væl-] 발푸르기스의 밤《4월 30일밤; 마녀들과 마왕과의 주연》.

***wal·rus** [wɔ́(:)lrəs, wɑ́l-] *n.* Ⓒ 〖動〗 해마.

W

wálrus moustáche 팔자수염.

Wal·ton[wɔ́ltən], **Izaak**(1593-1683) 영국의 저술가.

waltz**[wɔːlts] *n.* Ⓒ 왈츠. — *vi.* 왈츠를 추다; 들떠서 춤추다; (경쾌하게) 춤추듯 걷다. ~ ***off with 《口》 경쟁자를 쉽게 물리치고 (상을) 획득하다; 유괴하다.

wam·pum[wámpəm/-ɔ́-] *n.* Ⓤ 조가비 염주《옛날, 북미 토인이 화폐나 장식으로 썼음》; 《美俗》 돈.

wan**[wan/-ɔ-] *a.* (-nn-***) ① 창백한, 해쓱한. ② 약한. **∠·nish** *a.* 좀 해쓱한.

***wand**[wand/-ɔ-] *n.* Ⓒ (마술사의) 지팡이; (직권을 나타내는) 관장(官杖); 〖樂〗 지휘봉; 《美》 (활의) 과녁판.

:**wan·der**[wándər/-ɔ́-] *vi.* ① 걸어 돌아다니다, 헤매다(*about*). ② 길을 잘못 들다, 옆길로 벗어나다(*off, out, of, from*). ③ 두서〔종잡을 수〕 없이 되다; (열 따위로) 헛소리하다, (정신이) 오락가락하다. * **~·er** *n.*

***wan·der·ing**[-iŋ] *a.* ① 헤매는; 옆길로 새는. ② 두서 없는. — *n.* (*pl.*) 산보, 방랑, 만유(漫遊); 헛소리. **~·ly** *ad.*

Wándering Jéw, the 방랑하는 유대인《예수를 모욕했기 때문에, 재림의 날까지 세계를 유랑할 벌을 받은 유대인》.

wan·der·lust[-lʌ̀st] *n.* Ⓤ 여행열; 방랑벽.

wánder-plùg *n.* Ⓒ 〖電〗 만능 플러그.

wane**[wein] *vi.* ① (달이) 이지러지다; (세력·빛 따위가) 이울다. ② 종말에 가까워지다. — *n.* (the ~) (달의) 이지러짐; 쇠미; 종말. ***in 〔***on***〕 ***the ~*** (달이) 이지러져서; 쇠미하여, 기울기 시작하여.

wan·gle[wǽŋgəl] *vt.* 《口》 책략으로 손에 넣다, 술책을 쓰다, 헤어나다.

wan·na [wɔ̀ːnə, wɑ̀-] 《美口》 = WANT to.

†**want**[wɔ(ː)nt, wɑnt] *vt.* ① 없다, 모자라다(*of*). ② 바라다; 필요하다. ③ 《부정사와 더불어》 …하고 싶다, 해주기를 바라다. ④ 해야 한다, 하는 편이 낫다. — *vi.* 부족하다(*in, for*); 곤궁하다. — *n.* ① Ⓤ 결핍, 부족; 필요; 곤궁. ② Ⓒ (보통 *pl.*) 필요품. ***for ~ of*** …의 결핍 때문에. ***in ~ of*** …이 필요하여; …이 없어. **:∠·ing** *a., prep.* 결핍한; 불충분하여; …이 없는, 부족하여.

wánt àd 《美口》 (신문의) 3행 광고(란); (신문의) 구직〔구인〕 광고.

want·ed [wɔ́(ː)ntid, wánt-] *v.* WANT의 과거·과거 분사. — *a.* …을 요구함; 지명 수배된 (사람).

***wan·ton** [wántən, -ɔ́(ː)-] *a.* ① 까닭 없는; 악의 있는; 분방한. ② 음탕한, 바람난. ③ 《詩》 들떠 날뛰는; 변덕스러운; 개구쟁이의. ④ 《詩》 (초목 따위) 우거진. — *n.* Ⓒ 바람둥이, 바람난 여자. — *vi.* ① 뛰어 돌아다니다, 장난치다, 까불다. ② 우거지다. **~·ly** *ad.* **~·ness** *n.*

WAP work analysis program 생산 관리 프로그램.

wap·i·ti [wápəti/-ɔ́-] *n.* (*pl.* **~s,** 《집합적》 ~) Ⓒ (북미산) 큰 사슴.

†**war**[wɔːr] *n.* ① Ⓤ,Ⓒ 전쟁. ② Ⓤ 군사, 전술. ③ Ⓤ,Ⓒ 싸움. ***at ~*** 교전 중인(*with*). ***declare ~*** 선전하다(*on, upon, against*). ***go to ~*** 전쟁하다(*with*). ***make*** 〔***wage***〕 ***~*** 전쟁을 시작하다(*on, upon, against*). ***the ~ to end ~*** 제1차 대전의 일컬음. ***W- between the States*** = CIVIL WAR. ***~ of nerves*** 신경전. — *vi.* (***-rr-***) 전쟁하다, 싸우다.

War. Warwickshire《영국의 주 이름》.

wár bàby 전쟁 사생아.

***war·ble**[wɔ́ːrbəl] *vi., vt.* 지저귀다; 지저귀듯 노래하다; 《美》 =YODEL. — *n.* (a ~) 지저귐. **wár·bler** *n.* Ⓒ 지저귀는 새, 《美》 (특히 색채가 고운) 명금(鳴禽); 가수.

wár bòss 《美口》 (각 지구의) 거두, 정계의 보스.

wár brìde 전쟁 신부《점령군의 현지처》.

wár chèst (전쟁·선거전 등의) 군자금.

wár clòud 전운(戰雲).

wár còrrespondent 종군 기자.

wár crìme 전쟁 범죄.

wár crìminal 전쟁 범죄인.

wár crỳ 함성; (정당의) 표어.

:**ward**[wɔːrd] *n.* ① Ⓤ 감시, 감독; 보호; 후견. ② Ⓒ 병실, 병동; (양로원 등의) 수용실; 감방. ③ Ⓒ 〖法〗 피후견자. ④ Ⓒ (도시의) 구(區). ⑤ Ⓤ 《古》 감금. ***be in ~ to*** …의 후견을 받고 있다. ***be under ~*** 감금되어 있다. — *vt.* 막다(*off*); 병실에 수용하다 《古》 보호하다.

-ward[wərd] *suf.* '…쪽으로'의 뜻: north*ward.*

wár dànce (토인의) 출진(出陣)〔전승(戰勝)〕춤.

wár dèbt 전채(戰債).

***war·den**[wɔ́ːrdn] *n.* Ⓒ ① 감시인, 문지기. ② 간수장; (관공서의) 장(長); 《英》 학장, 교장. ③ 교구(教區) 위원.

ward·er[wɔ́ːrdər] *n.* Ⓒ 지키는 사람, 감시인; 《주로 英》 간수.

wárd hèeler 《美》 (투표 따위를 부탁하며 다니는) 정계 보스의 측근자.

Wárd·our Strèet [wɔ́ːrdər-] 런던의 거리 이름; (영국) 영화업(계); (*a.*) 의고적(擬古的)인. ***~ English*** 의고문.

:**ward·robe**[wɔ́ːrdròub] *n.* ① Ⓒ 옷장; 의상실. ② 《집합적》 (개인 소유의) 의류, 의상 (전부).

wárdrobe bèd 서랍 침대《쓰지 않을 때는 접어서 양복장에 넣어 둠》.

wárd·ròom *n.* Ⓒ (군함의) 사관실.

-wards[wərdz] *suf.* 《주로 英》 = WARD.

ward·ship[wɔ́ːrdʃìp] *n.* Ⓤ 후견, 보호; 피후견인임.

wárd sìster 《英》 병실 담당 간호사.

W

:ware[1] [wɛər] *n.* ① (*pl.*) 상품. ② Ⓤ《집합적》 제품; 도자기.
ware[2] *a.* 《古·詩》 알(아 채)고 있는; 조심성 있는. — *vt.* 주의하다, 조심하다.
˙ware·house[wɛ́ərhàus] *n.* Ⓒ ① 창고. ②《주로 英》도매상, 큰 상점. — [⌐hàuz, -hàus] *vt.* 창고에 넣다〔저장하다〕. **～·man** *n.* Ⓒ 창고업자〔주〕; 창고 노동자, 창고계.
˙war·fare[wɔ́ːrfɛ̀ər] *n.* Ⓤ 전투(행위), 전쟁, 교전 (상태).
wár gàme 군인 장기; 도상(圖上) 작전 연습; 〖컴〗전쟁놀이.
wár·hàwk *n.* Ⓒ 매파《주전파》.
wár·hèad *n.* Ⓒ (어뢰·미사일의) 탄두(*an atomic* ～ 핵탄두).
wár-hòrse *n.* Ⓒ 군마; 《口》노병.
˙war·like[⌐làik] *a.* ① 전쟁〔군사〕의. ② 호전적인; 전투〔도전〕적인; 상무(尙武)의.
wár·lòck *n.* Ⓒ 남자 마술사; 요술쟁이; 점쟁이.
†warm[wɔːrm] *a.* ① 따뜻한; 몹시 더운. ② (마음씨·색이) 따뜻한; 친밀한; 마음에서 우러나는. ③ 열렬한, 흥분한. ④〖獵〗(냄새·자취가) 생생한. ⑤《口》(숨바꼭질 따위에서, 술래가 숨은 사람에) 가까운. ⑥ 불유쾌한. ⑦《英口》살림이 유복한. ***getting*** ～ 《口》(숨바꼭질의 술래가) 숨은 사람 쪽으로 다가가는; 진실에 가까워지는. ***grow*** ～ 흥분하다. ***in*** ～ ***blood*** 격분하여. ～ ***with*** 더운 물과 설탕을 섞은 브랜디(cf. COLD without). ～ ***work*** 힘드는 일. — *vt., vi.* ① 따뜻하게 하다, 따뜻해지다. ② 열중(하게)하다; 흥분시키다〔하다〕. ③ 동정적으로 되(게 하)다. ～ ***up*** 〖競〗준비 운동을 하다. — *n.* (a ～)《口》따뜻하게 하기, 따뜻해지기. ⌐**·er** *n.* Ⓒ 따뜻하게 하는 사람〔물건〕.
wárm-blóoded *a.* 온혈(溫血)의; 열혈의; 온정이 있는.
wárm bòot 〖컴〗다시 띄우기.
wármed-óver *a.* 《美》(요리 등을) 다시 데운; (작품 따위의) 재탕한.
wármed-úp *a.* =⇧.
wárm frònt 〖氣〗온난 전선.
wárm-héarted *a.* 친절한, 온정이 있는.
wárming pàn 긴 손잡이가 달린 「난상기(暖床器).
wárming-úp *n.* Ⓒ 〖競〗워밍업, 준비 운동.
warm·ish[⌐iʃ] *a.* 좀 따스한.
˙warm·ly[wɔ́ːrmli] *ad.* 따뜻이; 다정하게; 흥분하여.
wár·mònger *n.* Ⓒ 전쟁 도발자, 주전론자. **～ing** *n.* Ⓤ 전쟁 도발 행위.
wárm restàrt 〖컴〗다시 시동.
:warmth[wɔːrmθ] *n.* Ⓤ ① (기온·마음·색 따위의) 따뜻함. ② 열심, 열렬; 흥분, 화. ③ 온정.
wárm-ùp *n.* =WARMING-UP.
:warn [wɔːrn] *vt.* ① 경고하다(*against, of*); 경고하여 …시키다. ② 훈계하다; 예고〔통고〕하다.
wár neuròsis 전쟁 신경증.
:warn·ing[wɔ́ːrniŋ] *n.* ① Ⓤ,Ⓒ 경고; 훈계. ② Ⓒ 경보; 훈계가 되는 것〔사람〕. ③ Ⓤ 예고, 통지. ④ Ⓒ 전조. ***take*** ～ ***by*** …을 교훈으로 삼다.
wárning coloràtion 〖生〗경계색.
wárning mèssage 〖컴〗경고문.
wárning nèt 적(기)의 내침 탐색 경계망.
˙warp[wɔːrp] *vt.* ① (판자 따위를) 뒤둥그러지게 하다, 구부리다. ② (마음·진실 등을) 뒤틀리게 하다; 왜곡하다. ③〖海〗(배를) 밧줄로 끌다. — *vi.* 뒤둥그러〔구부러〕지다; 뒤틀리다. — *n.* ① (the ～) (피륙의) 날실(opp. woof). ② (a ～) 뒤둥그러짐; 비뚤어짐; 뒤틀림.
wár pàint 아메리카 인디언이 출진 전에 얼굴·몸에 바르는 물감; 《口》성장(盛裝).
wár·pàth *n.* Ⓒ (북아메리카 원주민의) 출정의 길. ***on the*** ～ 싸우려고; 노하여.
wár·plàne *n.* Ⓒ 군용기.
:war·rant[wɔ́(ː)rənt, -á-] *n.* ① Ⓤ 정당한 이유, 근거; 권한. ② Ⓒ 보증(이 되는 것). ③ Ⓒ 영장(*a* ～ *of arrest* 구속 영장/*a* ～ *of* ATTORNEY); 지급 명령서; 허가증). ④ Ⓒ 〖軍〗하사관 사령(辭令). — *vt.* 권한을 부여하다; 정당화하다; 보증하다; 《口》단언하다. ***I'll*** ～ (***you***)《삽입구》확실히. **～·a·ble** *a.* 보증할 수 있는; 정당한. **～·ed**[-id] *a.* 보증된; 보증하는.
war·ran·tee[wɔ̀(ː)rəntíː, -ɑ̀ː-] *n.* Ⓒ 피보증인.
war·rant·er [wɔ́(ː)rəntər, -ɑ́ː-], **-ran·tor**[-tɔ̀ːr] *n.* Ⓒ 〖法〗보증인.
wárrant òfficer 〖軍〗하사관, 준위.
war·ran·ty[wɔ́(ː)rənti, -á-] *n.* Ⓒ 보증, 담보; (확고한) 이유, 근거.
war·ren[wɔ́(ː)rən, -á-] *n.* Ⓒ 양토장(養兎場); 토끼의 번식지; 사람이 몰려 들끓는 지역.
war·ring[wɔ́ːriŋ] *a.* 서로 싸우는; 적대하는; 양립하지 않는.
˙war·ri·or[wɔ́(ː)riər, -á-] *n.* Ⓒ 무인(武人); 노병(老兵), 용사. 「보험.
wár rìsk insùrance 《美》전쟁
wár ròom (군의) 작전 기밀실. 「도.
War·saw[wɔ́ːrsɔː] *n.* 폴란드의 수
Wársaw Tréaty Organizàtion, the 바르샤바 조약 기구 (Warsaw Pact).

:war·ship[wɔ́ːrʃìp] *n.* Ⓒ 군함(war vessel).
wár sùrplus 잉여 군수품.
wart[wɔːrt] *n.* Ⓒ 사마귀; (나무의) 옹이. ⌐**·y** *a.* 사마귀 모양의〔가 많은〕.
wár·tìme *n., a.* Ⓤ 전시(의). 「성.
wár whòop (아메리카 토인의) 함
War·wick·shire [wɔ́(ː)rikʃiər, -á-, -ʃər] *n.* 영국 중부의 주《생략

Warks.》.
*__war·y__[wέəri] *a.* 주의 깊은(*of*).
__wár·i·ly__ *ad.* __wár·i·ness__ *n.*
†__was__[wɑz, 弱 wəz/-ɔ-] *v.* be의 1 인칭·3인칭 단수·직설법 과거.
†__wash__[wɑʃ, -ɔ(:)-] *vt.* ① 씻다, 빨다; 씻어내다(*off, out, away*). ② (종교적으로) 씻어 정하게 하다. ③ (물결이) 씻다, 밀려닥치다; 적시다; 떠내려 보내다, 쓸어 가다(*away, off, along, up, down*); 침식하다. ④ (색·금속 등을) 엷게 입히다, 도금하다. ⑤ 〖鑛〗 세광(洗鑛)하다. — *vi.* ① 씻다; 세탁이 잘 되다. ② 《英口》 믿을 만하다. ③ 물결이 씻다(*upon, against*). __~ down__ 씻어내다; (음식을) 쓸어 넣다. __~ one's hands__ 손을 씻다; 《완곡히》 변소에 가다. __~ one's hands of__ …에서 손을 떼다. __~ up__ __~ out__ 씻어내다; 버리다. __~ up__ (식후) 설거지하다. — *n.* ① (a ~) 씻기. ② (the ~) 세탁; (*sing.*) 세탁물. ③ Ⓤ (파도의) 밀려옴, 그 소리; 배 지나간 뒤의 물결, 비행기 지나간 뒤의 기류의 소용돌이. ④ Ⓤ 물기 많은 음식. ⑤ Ⓒ 세제(洗劑), 화장수. ⑥ Ⓒ (그림 물감의) 엷게 칠한 것; 도금. ⑦ Ⓤ 〖鑛〗 세광 원료. __∠·a·ble__ *a.* 세탁이 잘 되는.
__Wash.__ Washington[1].
__wásh-and-wéar__ *a.* (직물이) 세탁 후 다리지 않고 입을 수 있는.
__wásh·bàsin__ *n.* Ⓒ 《英》 세숫대야.
__wásh·bòard__ *n.* Ⓒ 빨래판.
__wásh·bòwl__ *n.* Ⓒ 《美》 세숫대야.
__wásh·clòth__ *n.* Ⓒ 세수〔목욕용〕 수건; 행주.
__wásh·dày__ *n.* Ⓤ,Ⓒ (가정에서의 일정한) 세탁날.
__wáshed-óut__ *a.* 빨아서 바랜; 《口》 기운 없는.
__wáshed-úp__ *a.* 《俗》 실패한, 퇴짜 맞은; 《口》 기진한.
*__wash·er__[∠ər] *n.* Ⓒ 세탁하는 사람; 세탁기; 좌철(座鐵), 와셔.
__wásher-drýer__ *n.* Ⓒ 탈수기 붙은 세탁기.
__wásher·wòman__ *n.* Ⓒ 세탁부(婦).
__wásh-hànd stànd__=WASHSTAND.
__wásh·hòuse__ *n.* Ⓒ 세탁장, 세탁소.
‡__wash·ing__[∠iŋ] *n.* Ⓤ,Ⓒ ① 빨래, 세탁. ② 《집합적》 세탁물; (*pl.*) 빨래(한) 물; 씻겨 나온 것《때·사금(砂金) 따위》.
__wáshing dày__ =WASHDAY.
__wáshing machìne__ 세탁기.
__wáshing sòda__ 세탁용 소다.
__wáshing stànd__ =WASHSTAND.
†__Wash·ing·ton__[1][wɑ́ʃiŋtən, -ɔ́(:)-] *n.* 미국의 수도; 미국 북서부의 주. __-to·ni·an__[∸-tóuniən] *a., n.* Ⓒ 위의 주〔시〕의 (사람).
†__Wash·ing·ton__[2], __Booker T.__ (1856-1915) 미국의 흑인 교육가; __George__ (1732-99) 미국 초대 대통령(재직 1789-97).
__wáshing-ùp__ *n.* Ⓤ 설거지.
__wash-leath·er__[wɔ́(:)ʃlèðər, wɑ́ʃ-] *n.* Ⓤ 유피(柔皮)《양, 영양 등의》.
__wásh·òut__ *n.* Ⓒ (도로·철도의) 유실, 붕괴; 붕괴된 곳; 《俗》 실패(자), 실망.
__wásh·ràck__ *n.* Ⓒ 세차장.
__wásh·ràg__ *n.* =WASHCLOTH.
__wásh·ròom__ *n.* Ⓒ《美》 ① 화장실. ② 세탁실. ③ 세면소.
__wásh sàle__ 〖證〗 (시장의 활기를 가장한) 위장 매매.
__wásh·stànd__ *n.* Ⓒ 《美》 세면대.
__wásh·tùb__ *n.* Ⓒ 빨래통.
__wash·y__ [wɑ́ʃi, -ɔ́(:)-] *a.* 물기가 많은; 묽은; (색이) 엷은; (문체 따위) 약한, 힘 없는.
†__was·n't__[wɑ́znt, wʌ́z-/wɔ́z-] was not의 단축.
*__wasp__[wɑsp, -ɔ(:)-] *n.* Ⓒ ① 〖蟲〗 장수말벌. ② 성 잘 내는 사람. __∠-ish__ *a.* 말벌 같은; 허리가 가는; 성 잘 내는; 심술궂은.
__WASP, Wasp__ (< *W*hite *A*nglo-*S*axon *P*rotestant) *n.* Ⓒ 《蔑》 백인 앵글로색슨 신교도《미국 사회의 주류》.
__wásp-wáisted__ *a.* 허리가 가는; 코르셋을 꽉 죈.
__was·sail__[wɑ́səl, -seil/wɔ́seil] *n.* Ⓤ 《古》 술잔치, 주연; 주연의 술; Ⓒ 축배의 인사. — *vi.* 주연에 나가다; 축배를 들다. — *int.* (건강을 축복하여) 축배!
__Wás·ser·mann tèst 〔reàction〕__ [wɑ́:sərmən-/wǽs-] 바서만 검사 〔반응〕《매독의 혈청 진단》.
*__wast__[wɑst, 弱 wəst/wɔst] *v.* 《古·詩》 be의 2인칭 단수 art의 과거.
__wast·age__[wéistidʒ] *n.* Ⓤ 소모(량); Ⓤ,Ⓒ 폐물.
‡__waste__[weist] *a.* ① 황폐한, 미개간의, 불모의. ② 쓸모 없는; 폐물의; 여분의. __lay ~__ 파괴하다, 황폐케하다. __lie ~__ (땅이) 황폐하다, 개간되지 않고 있다. — *vt.* ① 낭비하다 (*on, upon*). ② 황폐시키다. — *vi.* 소모하다; 헛되이〔낭비〕되다; 쇠약해지다(*away*). — *n.* ① Ⓒ (종종 *pl.*) 황무지; 황량한 전망. ② Ⓤ 낭비. ③ Ⓤ 쇠약; Ⓤ,Ⓒ 폐물, 찌꺼기. __go 〔run〕 to ~__ 헛되이 되다, 낭비되다. __∠·less__ *a.* 낭비 없는.
*__wáste·bàsket__ *n.* Ⓒ 휴지통.
__wáste·bìn__ *n.* Ⓒ 쓰레기통.
__wáste cocòon__ 지스러기 고치.
*__waste·ful__[∠fəl] *a.* 낭비하는, 불경제의. __~·ly__ *ad.* __~·ness__ *n.*
__wáste hèat__ 여열(餘熱).
__wáste ìndustry__ 산업 폐기물 처리업.
__wáste lànd(s)__ 황무지.
__wáste màtter__ 노폐물(老廢物).
__wáste·pàper__ *n.* Ⓤ 휴지.
__wástepaper bàsket__ 《英》 휴지통.
__wáste pìpe__ 배수관.
__wáste wàter__ (공장) 폐수, 폐액, 하수.
__wast·ing__[wéistiŋ] *a.* 소모성의, 소

모시키는; 황폐하게 하는. ~ ***disease*** 소모성 질환《결핵 등》.

wast·rel [wéistrəl] *n.* Ⓒ 낭비자; 《주로 英》 부랑자〔아〕; (제품의) 파치.

†**watch** [wɑtʃ, -ɔ:-] *n.* 《원뜻 'wake'》 ① Ⓒ 회중〔손목〕시계. ② Ⓤ 지켜봄, 감시; 주의, 경계. ③ Ⓤ 〖史〗 불침번, 야경. ④ Ⓒ 〖史〗 (밤을 3〔4〕분한) 1구분, 경(更). ⑤ Ⓒ,Ⓤ 〖海〗 (4시간 교대의) 당직, 당직 시간, 당직원. ***be on the ~ for*** …을 감시하고 있다; 방심치 않고 있다; 대기하고 있다. ***in the ~es of the night*** 밤에 자지 않고 있을 때에. ***keep*** (***a***) ~ 감시하다. ***on*** 〔***off***〕 ~ 당번〔비번〕인. ***pass as a ~ in the night*** 곧 잊혀지다. ~ ***and ward*** 밤낮없는 감시; 부단한 경계. — *vt.* ① 주시하다; 지켜보다; 감시하다. ② 간호하다, 돌보다. ③ (기회를) 엿보다. — *vi.* ① 지켜보다; 주의하다. ② 경계하다; 기대하다(*for*). ③ 자지 않고 있다, 간호하다. ~ ***out*** 《美口》 조심하다, 경계하다. ~ ***over*** 감시하다; 간호하다, 돌보다. **∠·er** *n.* Ⓒ 감시인; 간호인; 《美》 투표 참관인. ***∠·ful** *a.* 주의깊은; 방심하지 않는(*of, against*). **∠·ful·ness** *n.*

wátch bòx 망보는 막사; 초소.

wátch chàin 회중 시계의 쇠줄.

wátch crýstal 《美》 시계 유리.

wátch·dòg *n.* Ⓒ 집 지키는 개; (엄한) 감시인.

wátch fìre (야경의) 화톳불.

wátch glàss =WATCH CRYSTAL; (화학 실험용의) 시계 접시.

wátch guàrd 회중 시계의 줄〔끈〕.

***wátch·màker** *n.* Ⓒ 시계 제조〔수리〕인.

***watch·man** [∠mən] *n.* Ⓒ 야경꾼.

wátch mèeting 〔**nìght**〕 (교회의) 제야(除夜)의 예배식.

wátch òfficer (군함의) 당직 사관; 당직 항해사.

wátch·tòwer *n.* Ⓒ 감시탑, 망루(望樓).

wátch·wòrd *n.* Ⓒ 〖史〗 암호; 표어, 슬로건.

†**wa·ter** [wɔ́:tər, wɑ́tər] *n.* ① Ⓤ 물. ② Ⓤ 분비액《눈물·땀·침·오줌 따위》. ③ Ⓤ 물약, 화장수; (종종 *pl.*) 광천수. ④ (종종 *pl.*) 바다, 호수, 강; (*pl.*) 조수, 홍수, 물결, 놀. ⑤ (*pl.*) 영해, 근해. ⑥ Ⓤ (보석의) 품질, 등급; Ⓒ (피륙의) 물결 무늬. ⑦ Ⓒ 자산의 과대 평가 등에 의하여 불어난 자본〔주식〕. ***above ~*** (경제적인) 어려움을 모면하여. ***back ~*** 배를 후진(後進)시키다. ***bring the ~ to a person's mouth*** 군침을 흘리게 하다. ***by ~*** 배로, 해로로. ***cast one's bread upon the ~s*** 음덕(陰德)을 베풀다. ***get into hot ~*** 곤경에 빠져서. ***hold ~*** (그릇이) 물이 새지 않다; (이론·학설 따위가) 정연하고 빈틈이 없다, 옳다. ***in deep ~***(***s***) 《俗》 곤경에 빠져서. ***in low ~*** 돈에 옹색하여, 기운이 없어. ***in smooth ~***(***s***) 평온하게, 순조로이. ***like ~*** 물쓰듯, 펑펑. ***make*** 〔***pass***〕 ~ 소변보다. ***of the first ~*** (보석 따위) 최고급의; 일류의. ***take*** (***the***) ~ (배가) 진수하다; (비행기가) 착수하다. ***take ~*** (배가) 물을 뒤집어 쓰다; 《美俗》 기운을 잃다, 지치다. ***the ~ of crystallization*** 〖化〗 결정수. ***the ~ of forgetfulness*** 〖그神〗 망각의 강; 망각; 죽음. ***throw cold ~ on*** …에 트집을 잡다. ***tread ~*** 선헤엄치다. ***written in ~*** 허망한. — *vt.* ① (…에) 물을 끼얹다〔뿌리다, 주다〕; 적시다. ② 물을 타서 묽게 하다. ③ (피륙 등에) 물결 무늬를 넣다. ④ 불입 자본을 늘리지 않고 명의상의 증주(增株)를 하다. — *vi.* ① (동물이) 물을 마시다. ② (배·기관이) 급수를 받다. ③ 눈물이 나다, 침을 흘리다.

wáter ballèt 수중 발레.

wáter Bèarer 〖天〗 =AQUARIUS.

wáter bèd 물을 넣는 매트리스.

wáter bìrd 물새.

wáter blìster (피부의) 물집.

wáter bòa =ANACONDA.

wáter bòat 급수선.

wáter-bòrne *a.* 수상 운송의; 물에 떠 있는.

wáter bòttle (세면대·식탁용의 유리로 만든) 물병; 《주로 英》 수통.

wáter bràsh 가슴앓이.

wáter bùffalo 물소.

wáter-bùs *n.* Ⓒ 수상 버스.

wáter cànnon trùck 방수차《데모 진압용》.

wáter càrt 살수차.

wáter chùte 워터슈트《보트의 활강(滑降)》.

wáter clòck 물시계.

wáter clòset (수세식) 변소.

***wáter còlo(u)r** 수채화 물감; 수채화(법).

wáter-còol *vt.* 〖機〗 수냉(水冷)(식)으로 하다.

wáter còoler 음료수 냉각기.

wáter-còurse *n.* Ⓒ 물줄기, 강; 수로.

wa·ter·craft [-kræ̀ft, -ɑ̀:-] *n.* Ⓤ 조선술(操船術); 수상 경기의 기술; Ⓒ 배; 《집합적》 선박.

wáter crèss 〖植〗 양갓냉이.

wáter cùre 〖醫〗 수료법(水療法).

wáter·cýcle *n.* (the ~) 수상 자전거; 페달식 보트.

wáter dòg 《口》 노련한 선원, 헤엄잘치는〔좋아하는〕 사람.

wa·tered [wɔ́:tərd, wɑ́t-] *a.* 관개(灌漑)된; 물결 무늬가 있는; 물을 탄. ~ ***capital*** 의제(擬制) 자본.

‡**wa·ter·fall** [-fɔ̀:l] *n.* Ⓒ 폭포.

wa·ter·fast [-fæ̀st, -ɑ̀:-] *a.* (물감 따위가) 내수성(耐水性)인.

wáter fòuntain 분수식의 물 마시는 곳; 냉수기.

wáter·fòwl *n.* Ⓒ 물새.

wáter·frònt *n.* Ⓒ (보통 *sing.*) 물가의 토지, 둔치; (도시의) 강가, 호수가, 해안 거리.

wáter gàp 《美》 (물이 흐르는) 협곡(峽谷), 계곡.
wáter gàs 〖化〗 수성 가스.
wáter gàte 수문.
wáter gàuge 수면계(水面計).
wáter glàss 물안경; 물컵; 물유리 《달걀의 방부용》; =WATER GAUGE.
wáter grùel 묽은 죽, 미음.
wáter hàmmer 수격(水擊)《관(管) 안의 물의 흐름을 급히 멈췄을 때의 충격》.
wáter hòle 물웅덩이; 얼어붙은 못·호수 따위의 얼음 구멍.
wáter ìce 《英》 =SHERBET.
wa·ter·ing[wɔ́:təriŋ, wɑ́t-] *n., a.* Ⓤ 살수〔급수〕(의); 해수욕의.
wátering càn 〔**pòt**〕 물뿌리개.
wátering càrt 살수차.
wátering hòle 《美口》 술집.
wátering plàce (마소의) 물 마시는 곳; (대상(隊商) 등을 위한) 급수장; 온천장; 해수욕장.
wáter jàcket 〖機〗 (방열용) 수투(水套).
wáter lèvel 수평면; =WATERLINE.
wáter lìly 〖植〗 수련.
wáter·lìne *n.* Ⓒ 흘수선(吃水線).
wáter·lògged *a.* (목재 등) 물이 스며든; (배가) 침수한.
Wa·ter·loo[wɔ́:tərlú:, ˋ-ˊ] *n.* 워털루《벨기에 중부의 마을; 1815년 나폴레옹의 패전지》(의 싸움); Ⓒ 대패전; 대결전. ***meet one's ~*** 참패하다.
wáter màin 수도 본관(本管).
water·man[-mən] *n.* Ⓒ 뱃사공; 노젓는 사람.
wáter·màrk *n., vt.* Ⓒ (강의) 수위표; (종이의) 투문(透紋)(을 넣다).
***wáter·mèlon** *n.* Ⓒ 〖植〗 수박(덩굴).
wáter mìll 물레방아.
wáter nỳmph 물의 요정; 〖植〗 수련.
wáter òuzel 〖鳥〗 물까마귀.
wáter òx 물소.
wáter pàrting 분수계.
wáter pìpe 송수관; 수연통(水煙筒).
wáter plàne 수상(비행)기.
wáter plùg 소화전.
wáter pollùtion 수질 오염.
wáter pòlo 〖競〗 수구(水球).
***wáter pòwer** 수력.
***wa·ter·proof**[-prù:f] *a., n., vt.* 방수(防水)의; Ⓤ 방수 재료〔포·복〕, Ⓒ 레인코트; 방수처리(하다).
wáter·scàpe *n.* Ⓒ 물가의 풍경(화).
wáter·shèd *n.* Ⓒ 분수계; 유역.
wáter·sìde *n.* (the ~) 물가.
wáter skì 수상스키(의 용구).
wáter-skì *vi.* 수상스키를 하다.
wáter sòftener 연수제(軟水劑); 정수기.
wáter-sòluble *a.* 〖化〗 (비타민 등이) 수용성의.
wáter spàniel 워터 스패니엘《오리 사냥개》.
wáter·spòut *n.* Ⓒ 물기둥, 바다회오리; 홈통.
wáter sprìte 물의 요정.
***wáter supplỳ** 상수도; 급수(량).
wáter tàble 〖土〗 지하수면.
wáter·tìght *a.* 물을 통하지 않는; (의론 따위) 빈틈없는.
wáter tòwer 급수탑; 《美》 소화용 급수탑〔사다리차〕.
wáter vàpo(u)r 수증기.
***wáter·wày** *n.* Ⓒ 수로, 운하.
wáter whèel 수차(水車); 양수차.
wáter wìngs (수영용의) 날개형 부낭(浮囊).
wáter wìtch 《美》 수맥점(水脈占); 《英》 수맥 탐지기.
wáter·wòrks *n. pl.* 수도 설비, 급수소.
wáter·wòrn *a.* 물의 작용으로 깎인.
***wa·ter·y**[wɔ́:təri, wɑ́t-] *a.* ① 물의; 물이〔물기〕 많은; 비 올 듯한; 수중의. ② 눈물어린. ③ (액체가) 묽은, (색 따위) 엷은; 물빛의; (문장 따위) 약한, 맥빠진.
WATS Wide Area Telephone Service 광역 전화 서비스.
***watt**[wɑt/-ɔ-] *n.* Ⓒ 와트《전력의 단위》. **~·age**[ˊidʒ] *n.* Ⓤ 와트 수.
Watt[wɑt/-ɔ-], **James**(1736-1819) 증기 기관을 완성한 스코틀랜드인.
Wat·teau [wɑtóu/wɔ́tou], **Jean Antoine**(1684-1721) 와토《프랑스의 화가》.
wátt-hóur *n.* Ⓒ 〖電〗 와트시(時).
wat·tle[wɑ́tl/-ɔ́-] *n.* Ⓤ 휘추리(세공), 휘추리로 엮은 울타리; Ⓒ (닭·칠면조 따위의, 목 아래의) 늘어진 살; Ⓤ 아카시아의 일종. ― *vt.* (울타리·지방 따위를) 휘추리로 엮어 만들다; 겯다. **wat·tled**[-d] *a.* 휘추리로 결어 만든; 늘어진 살이 있는.
wátt·mèter *n.* Ⓒ 전력계.
Wave[weiv] *n.* WAVES의 대원.
†**wave**[weiv] *n.* Ⓒ ① 물결, 파도. ② 《詩》 (강·바다 등의) 물, 바다. ③ 파동, 기복, 굽이침; 파상 곡선; (머리털의) 웨이브; (감정 등의) 고조. ④ 격발, 속발(續發)(*a crime ~* 범죄의 연발). ⑤ (신호의) 한 번 흔듦, 신호. ⑥ 〖理〗 파(波), 파동. ⑦ 〖컴〗 파, 파동. ***make ~s*** 《美口》 풍파〔소동〕을 일으키다. ― *vi.* ① 물결치다; 흔들리다; 너울거리다; 펄럭이다; (파상으로) 기복하다, 굽이치다. ② 흔들어 신호하다(*to*). ― *vt.* ① 흔들다; 휘두르다; 펄럭이게 하다. ② 흔들어 신호하다〔나타내다〕(*She ~d him nearer.* 손짓으로 불렀다). ③ 물결치게 하다, (머리털에) 웨이브를 내다. ***~ aside*** 물리치다. ***~ away*** 〔***off***〕 손을 흔들어 쫓아버리다, 거절하다.
wáve bànd 〖無電·TV〗 주파대(周波帶).
wáve bòmbing 〖軍〗 파상 폭격.
wáve guíde 〖電子〗 도파관(導波管).
wáve·lèngth *n.* Ⓒ 〖理〗 파장.

W

wave·let[ˊlit] *n.* Ⓒ 작은 파도, 잔물결.

wáve mechànics 〖理〗 파동 역학.

wáve mòtion 파동.

*__wa·ver__[wéivər] *vi.* ① 흔들리다; (빛이) 반짝이다. ② 비틀거리다; 망설이다. — *n.* Ⓤ 망설임.

WAVES [weivz] (< *W*omen's *A*ppointed for *V*oluntary *E*mergency *S*ervice) *n.* Ⓒ 《美》 해군 여자 예비 부대.

wáve tràin 〖理〗 파동열(波動列), 등(等)간격 연속파.

wav·y[wéivi] *a.* 파상의, 파도〔굽이〕치는; 파도 많은, 물결이 일고 있는.

Wávy Návy 《英口》 해군의용 예비대《소맷부리의 물결 금줄에서》.

WAWF World Association of World Federalists.

‡**wax**¹[wæks] *n.* Ⓤ 밀랍(蜜蠟); 왁스; 납(蠟)(모양의 것). ~ ***in one's hands*** 뜻대로 부릴 수 있는 사람. — *vt.* (…에) 밀을 바르다, 밀을 입히다, 밀로 닦다. — *a.* 밀의, 밀로 만든. **~ed**[-t] *a.* 밀을 바른. **ˊ·en** *a.* 밀로 만든; (밀처럼) 말랑말랑한, 부드러운, 창백한. **ˊ·y** *a.* 밀 같은; 밀로 만든, 밀을 입힌, 밀을 함유한; 창백한; 유연(柔軟)한.

wax² *vi.* 차차 커지다; 증대하다; (달이) 차다; …이〔하게〕 되다.

wax³ *n.* (a ~) 《口》 불끈하기, 격분. ***in a*** ~ 불끈해서.

wáx bèan 《美》 완두의 일종.

wáx càndle 양초.

wáx mỳrtle 〖植〗 소귀나무.

wáx pàper 초 먹인 종이, 파라핀 종이.

wáx·wìng *n.* Ⓒ 〖鳥〗 여샛과의 새.

wáx·wòrk *n.* Ⓒ 납(蠟) 세공〔인형〕.

†**way**¹[wei] *n.* ① Ⓒ 길, 가로. ② Ⓤ 진로; 진행, 전진. ③ (*sing.*) 거리; 방향; 근처, 부근, 방면(*He lives somewhere Seoul* ~.). ④ Ⓒ 방법, 수단; 풍(風), 방식; 습관, 풍습. ⑤ (종종 *pl.*) 버릇; 방침, 의향; (처세의) 길. ⑥ Ⓤ 《口》 장사(*He is in the toy* ~. 장난감 장사를 하고 있다). ⑦ Ⓒ (…한) 점, 사항; (경험·주의 따위의) 범위. ⑧ (a ~) 《口》 상태. ⑨ (*pl.*) 진수대(進水臺). ***all the*** ~ 도중 내내; 멀리(서), 일부러; 《美》 =ANYWHERE. ***a long ~ off*** 멀리 떨어져서, 먼 곳에. ***by the*** ~ 도중에; 그런데. ***by ~ of*** …을 경유하여〔거쳐〕; …로서; …을 위하여, …할 셈으로. ***by ~ of doing*** 《英口》 …하는 버릇으로; …을 직업으로 하여; …으로 유명하여, …라는 상태〔지위〕로 (돼 있다)(*She's by ~ of being a pianist.*). ***come a person's*** ~ (아무에게) 일어나다; (일이) 잘 돼 나가다. ***find one's*** ~ …에 다다르다, 고생하며 나아가다(*to, in, out*). ***force one's*** ~ 무리하게 나아가다. ***gather*** 〔***lose***〕 ~ 〖海〗 속력을 내다〔늦추다〕. ***get in*** 〔***into***〕 ***the*** ~ 방해가 되다. ***get out of the*** ~ 제거하다, 처분하다; 피하다, 비키다. ***get under*** ~ 진행하기 시작하다, 시작되다; 출범(出帆)하다. ***give*** ~ 무너지다, 허물어지다; 굴복하다, 물러나다, 양보하다(*to*); 참다 못해 …하다(*give ~ to tears* 울음을 터뜨리다). ***go a good*** 〔***long***〕 ~ 크게 도움이 되다(*to, toward*). ***go little*** ~ 그다지 도움이 안되다(*to, toward*). ***go*** 〔***take***〕 ***one's own*** ~ 자기 마음대로 하다. ***go one's*** ~ 출발하다, 떠나다. ***go out of the*** ~ 딴데를 들르다; 애초 예정에 없던 일을 하다; 일부러〔주제넘게〕 …하다. ***go the ~ of all the earth*** 〔***all flesh, all living***〕 죽다. ***have a ~ with a person*** (사람) 다룰 줄 알다. ***have one's*** (***own***) ~ 제 마음〔멋〕대로 하다. ***in a bad*** ~ 형편이 나빠져서; 경기가 나빠. ***in a great*** ~ 대규모로; 《英》 (감정이) 격해서. ***in a small*** ~ 소규모로. ***in a*** ~ 어떤 점으로는, 보기에 따라서는; 어느 정도; 《英》 (감정이) 격해서. ***in no*** ~ 결코 …아니다. ***in one's*** ~ 능사로, 전문인. (***in***) ***one ~ or another*** 〔***the other***〕 어떻게든 해서, 이럭저럭. ***in the*** ~ 도중에; 방해가 되어. ***in the ~ of*** …의 버릇이 있어; …에 대하여; …에 유망하여. ***look nine ~s,*** or ***look two ~s to find Sunday*** 지독한 사팔눈이다. ***make one's*** ~ 가다, 나아가다; 성공하다. ***make*** ~ 길을 열다〔양보하다〕(*for*); 나아가다, 진보하다. ***once in a*** ~ 이따금. ***on the*** ~ 도중에. ***out of one's*** ~ 자기 쪽에서 (일부러). ***out of the*** ~ 방해가 안되는 곳에; 길에서 벗어나; 이상(異常)한; 살해되어. ***pay one's*** ~ 빚지지 않고 지내다. ***put a person in the ~ of*** …할 기회를 주다. ***see one's*** ~ 할 수 있을 것으로 생각하다(*to*). ***take one's*** ~ 나아가다(*to, toward*). ***the ~ of the world*** 세상의 관습. ***under*** ~ 진행중에; 항해중에. ***~s and means*** 수단, 방법; 재원(財源).

way² *ad.* 《美口》 훨씬, 멀리(away). ~ ***back*** 훨씬이전.

wáy·bìll *n.* Ⓒ 화물 운송장(狀).

way·far·er [ˊfɛ̀ərər] *n.* Ⓒ 《雅》 (특히 도보의) 나그네.

way·far·ing [ˊfɛ̀əriŋ] *n., a.* Ⓤ 《雅》 (도보) 여행(을 하는); 여행(의).

wáy ín 《英》 입구.

way·lay[wèiléi] *vt.* (***-laid***) 숨어 기다리다; (…을) 기다리다가 말을 걸다.

wáy óut 《英》 출구; 해결법.

wáy-óut *a.* 《美俗》 이상한, 색다른; 전위적인, 탁월한.

-ways[wèiz] *suf.* '방향·위치·상태'를 보이는 부사를 만듦.

*__wáy·sìde__ *n., a.* (the ~) 길가(의).

wáy stàtion 《美》 (철도의) 중간

역, 작은 역.
wáy-stòp *n.* Ⓒ (버스 등의) 정류장; (도중의) 휴게소.
wáy tràin 《美》 (각 역마다 정거하는) 보통 열차.
***way·ward**[wéiwərd] *a.* ① 정도(正道)에서 벗어난. ② 제멋대로 하는; 고집 센. ③ 변덕스러운; 일정하지 않은. **~·ly** *ad.* **∠·ness** *n.*
wáy·wòrn *a.* 여행에 지친.
W/B, W.B. waybill. **WBA** World Boxing Association. **WbN** west by north. **WbS** west by south. **WBS** World Broadcasting System 세계 방송망. **W.C.** West Central (London). **w.c.** water closet; without charge. **WCC** War Crime Commission 전범 조사 위원회. **W.C.T.U.** Women's Christian Temperance Union (미국) 기독교 부인 교풍회(矯風會). **W.D.** War Department.
†**we**[wiːl, 弱 wi] *pron.* ① 우리는〔가〕. ② 《제왕의 자칭》 짐(朕), 나. ③ (부모가 자식에게) 너, (간호사가 환자에게) 당신(*How are we today?* 오늘 좀 어떤지요).
†**weak**[wiːk] *a.* ① 약한; 힘없는; (권위·근거 등이) 박약한. ② 어리석은, 결단력이 없는. ③ (용액이) 묽은. ④ 약점 있는; 불충분한. ⑤ 〚文〛 약변화의; 〚音聲〛 (소리가) 악센트 없는, 약한. ⑥ 〚商〛 (시장이) 약세인, 내림세인. **~ *point*** 〔***side***〕 약점. **~ *verb*** 약변화, 동사. ***∠·ly** *a., ad.* 약한, 병약한; 약하게. **:∠·ness** *n.* Ⓤ 약함; 허약, 박약; 우둔; Ⓒ 약점; 못견디게 좋아하는 것; 편애(偏愛)(*for*).
:weak·en[∠ən] *vt., vi.* ① 약하게 하다; 약해지다. ② 묽게 하다. ③ 결단성이 없어지다, 우유부단하게 되다.
wéaker séx, the 여성.
wéak·héarted *a.* 마음 약한.
wéak-mínded *a.* 저능(低能)한; 마음이 약한.
wéak síster 《美俗》 (그룹내의) 주체스러운 사람, 무능자.
weal[1][wiːl] *n.* Ⓤ 《古》 복리, 행복. ***in ~ and*** 〔***or***〕 ***woe*** 화복(禍福) 어느 경우에도. 「부르튼 곳.
weal[2] *n.* Ⓒ 채찍 맞아 지렁이처럼
Weald[wiːld] *n.* (the ~) 윌드 지방《영국 남부의 삼림 지대》.
†**wealth**[welθ] *n.* ① Ⓤ 부(富); Ⓤ,Ⓒ 재산; 재화. ② Ⓤ 풍부(*of*). **:∠·y** *a.* 유복한; 풍부한.
wean[wiːn] *vt.* 젖떼다(*from*); 떼어놓다, 버리게 하다, 단념시키다(*from, of*). **∠·ling** *n.* Ⓒ 젖이 갓 떨어진 아이〔동물〕.
:weap·on[wépən] *n.* Ⓒ 무기, 병기, 흉기. ***women's ~s*** (여자의 무기인) 눈물《Shak., *Lear*, II. iv. 280》. **~·ry** *n.* Ⓤ 《집합적》 무기(weapons).
†**wear**[wɛər] *vt.* (***wore; worn***) ① 몸에 지니고 있다; 입고〔신고, 쓰고, 차고〕 있다. ② (수염을) 기르고 있다. ③ 얼굴에 나타내다. ④ 닳게 하다; 써서 낡게 하다; 닳아서 구멍이 생기게 하다. ⑤ 지치게 하다. ⑥ 〚海〛 (배를) 바람을 등지게 돌리다. — *vi.* ① 사용에 견디다, (오래) 가다. ② 닳아서 해지다(*away, down, out, off*). ③ (때 따위가) 점점 지나다(*away, on*). **~ *away*** 닳(리)다; 경과하다. **~ *down*** 닳(게 하)다; 닳려서 낮아지(게 하)다; 지치게 하다, (반항 등을) 꺾다. **~ *off*** 점점 줄어들다〔닳게 하다〕. **~ *one's years well*** 젊어 뵈다. **~ *out*** 써서〔입어〕 낡게 하다; 닳리다; 다(하게)하다; 지치(게 하)다. — *n.* Ⓤ ① 착용. ② 옷(*everyday ~* 평상복). ③ 입어 낡음, 닳아 해짐. ④ 지탱함. ***be in ~*** (옷이) 유행되고 있다. **~ *and tear*** 닳아해짐, 마손, 소모.
wéaring appàrel 의복.
:wea·ry[wíəri] *a.* ① 피로한; 싫어진, 싫증난(*of*). ② 지치게 하는; 넌더리 나는. — *vt.* 지치게 하다; 지루하게 하다. — *vi.* ① 지치다; 지루해지다, 싫증나다(*of*). ② 동경하다(*for*). ***wéa·ri·ly** *ad.* ***wéa·ri·ness** *n.* **wéa·ri·some** *a.* 피곤하게 하는; 싫증나는.
wéary wíl·lie [-wíli] 《俗》 게으른 사람; 방랑자.
wea·sel[wíːzəl] *n.* Ⓒ ① 족제비. ② 교활한 사람. ③ 수륙 양용차.
wéasel wòrds 핑계.
†**weath·er**[wéðər] *n.* Ⓤ ① 일기, 날씨. ② 황천(荒天). ***April ~*** 비가 오다 개다 하는 날씨; 울다 웃다 함. ***make heavy ~ of*** (작은 일을) 과장하여 생각하다. ***under the ~*** 《口》 몸이 편찮아; 얼근히 취하여. — *a.* 바람 불어오는 쪽의, 바람을 안은. — *vt.* ① 비바람에 맞히다; 외기(外氣)에 쐬다, 말리다; (암석을) 풍화시키다. ② 〚海〛 (…의) 바람을 거슬러 달리다. ③ (곤란 따위를) 뚫고 나아가다. — *vi.* 외기에 쐬어 변화하다, 풍화하다.
wéather-bèaten *a.* 비바람에 시달린; 햇볕에 탄.
wéather·bòard *n., vt., vi.* Ⓒ 미늘 판자(를 대다).
wéather-bòund *a.* 〚海·空〛 악천후로 출범(出帆)〔출항〕 못하고 있는, 비바람에 발이 묶인.
wéather brèeder 폭풍 전의 좋은 날씨. 「상국.
Wéather Bùreau, the 《美》 기
wéather càst 일기 예보.
wéather chàrt 일기〔기상〕도(圖).
***wéather·còck** *n.* Ⓒ 바람개비; 변덕쟁이.
wéather èye 기상 관측안(眼). ***keep one's ~ open*** 《俗》 방심않고 경계하다.
wéather fòrecast 일기예보.
wéather gàuge 바람 불어오는 쪽

W

의 위치; 우위(優位). 「자.
wéather gìrl 《美》 여성 일기 예보
wéather·glàss *n.* Ⓒ 청우계.
weath·er·ing[-iŋ] *n.* Ⓤ 풍화.
weath·er·ize[wèðəràiz] *vt.* (집의) 단열효과를 높이다.
***wéather·màn** *n.* Ⓒ 《美》 일기예보자, 예보관, 기상대 직원.
wéather·pròof *a., vt.* 비바람에 견디는〔견디게 하다〕.
wéather repòrt 일기 예보.
wéather sátellite 기상 위성.
wéather shìp 기상 관측선.
wéather-stàined *a.* 비바람에 바랜. 「측소.
wéather stàtion 측후소, 기상 관
wéather strìp 문풍지, 문틈마개.
wéather-tìght *a.* 비바람을 막는.
wéather vàne 바람개비(weathercock).
wéather·wèar *n.* Ⓒ 《英》 비옷.
wéather·wìse *a.* 일기를 잘 맞히는; 여론의 변화에 민감한.
wéather·wòrn *a.* 비바람에 상한.
:**weave** [wi:v] *vt.* (***wove,*** 《稀》 ***~d; woven,*** 〖商〗 ***wove***) ① 짜다, 엮다. ② (이야기 따위를) 꾸미다, 얽다. ***~ one's way*** 누비듯이 나아가다; (길을) 이리저리 헤치고 나아가다. — *vi.* ① 짜다. ② (좌우로) 헤치고 나아가다, 《空軍俗》 적기를 누비면서 잘 피하다. — *n.* Ⓤ (a ~) 짜기, 짜는 법. ***wéav·er** *n.* Ⓒ 짜는 사람, 직공(織工); =WEAVERBIRD.
wéaver·bìrd *n.* Ⓒ 〖鳥〗 피리새.
Web[web] *n.* =WORLD WIDE WEB.
:**web**[web] *n.* Ⓒ ① 거미집, 거미줄 모양의 것. ② 피륙; 한 베틀분의 천. ③ 꾸민 것(*a ~ of lies* 거짓말 투성이). ④ (물새의) 물갈퀴. ⑤ 한 두루마리의 인쇄용지. **~bed**[-d] *a.* 물갈퀴 있는. **∠·bing** *n.* Ⓤ (피대 따위로 쓰는 튼튼한) 띠; (깔개 따위의) 두꺼운 가장자리; 물갈퀴.
Wéb bròwser 〖컴〗 웹 브라우저.
We·ber[wéibər], **Max**(1864–1920) 독일의 경제〔사회〕학자.
we·ber[wébər, véi-, wí:-] *n.* Ⓒ 〖理〗 웨버《자속(磁束)의 단위; 기호 Wb》. 「물갈퀴 있는.
wéb-fòoted, wéb-tòed *a.* 발에
Wéb sìte 〖컴〗 웹 사이트.
Web·ster [wébstər], **Daniel** (1782–1852) 미국의 정치가·웅변가; **Noath** (1758–1843) 미국의 사전 편찬가.
Wéb tèlevision 웹 텔레비전.
wed** [wed] *vt.* (~ded; ~ded,*** 《稀》 ***wed; -dd-***) (…와) 결혼하다〔시키다〕; 결합하다(*to*). — *vi.* 결혼하다. ***~·ded**[∠id] *a.* 결혼한; 결합한; 집착한(*to*).
:**we'd** [wi:d, 弱 wid] we had 〔would, should〕의 단축.
***Wed.** Wednesday.
:**wed·ding**[wédiŋ] *n.* Ⓒ 결혼(식); 결혼 기념식. 「연.
wédding brèakfast 결혼 피로
wédding càke 혼례 케이크.
wédding càrd 결혼 청첩장.
wédding dày 결혼식 날; 결혼 기념일. 「레스.
wédding drèss (신부의) 웨딩드
wédding màrch 결혼 행진곡.
wédding rìng 결혼 반지.
we·deln[véidəln] *n.* (G.) Ⓤ 〖스키〗 베델른《좌우로 작게 스키를 흔들며 나가는 활주법》.
wedge**[wedʒ] *n.* Ⓒ 쐐기. — *vt.* ① 쐐기로 짜개다〔죄다〕. ② 무리하게 밀어 넣다(*in, into*), 밀고 나가다. ***~ away 〔***off***〕 밀어 제치다. 「형의.
wédge-shàped *a.* 쐐기형의; V자
wédge·wìse *ad.* 쐐기 꼴로.
wedg·ie [wédʒi] *n.* Ⓒ (흔히 *pl.*) 《美口》 쐐기꼴의 여자 구두.
wed·lock[wédlɑk/-lɔk] *n.* Ⓤ 결혼 (생활).
†**Wednes·day**[wénzdei, -di] *n.* Ⓒ 《보통 무관사》 수요일.
***wee**[wi:] *a.* 《주로 Sc.》 조그마한.
:**weed**[1][wi:d] *n.* ① Ⓒ 잡초. ② (the ~) 《口》 담배; 엽궐련; Ⓤ 《美俗》 마리화나. ③ Ⓒ 깡마르고 못생긴 사람〔말〕. — *vt., vi.* 잡초를 뽑다. ***~ out*** 잡초를〔못 쓸 것을〕 제거하다. **∠·er** *n.* Ⓒ 제초기, 제초하는 사람. **∠·y** *a.* 잡초의, 잡초 같은; 잡초가 많은; 호리호리한.
weed[2] *n.* Ⓒ 상장(喪章); (*pl.*) (미망인의) 상복.
weed·i·cide[wí:dəsàid] *n.* =⇩.
wéed-kìller *n.* Ⓒ 제초제.
†**week**[wi:k] *n.* Ⓒ ① 주(週). ② 평일, 취업일. ***this day*** 〔***today***〕 ***~*** 전주〔내주〕의 오늘. ***~ in, ~ out*** 매주마다.
:**week·day**[∠dèi] *n., a.* Ⓒ 평일(의).
:**week·end**[∠ènd] *n., a., vi.* Ⓒ 주말《토요일 오후 또는 금요일 밤부터 월요일 아침까지》; 주말의; 주말을 보내다. **~·er** *n.* Ⓒ 주말 여행자.
week·ends[∠ènz] *ad.* 주말에.
:**week·ly**[∠li] *a.* ① 1주간의; 1주간 계속되는. ② 주 1회의, 매주의. — *ad.* 주 1회, 매주. — *n.* Ⓒ 주간지(紙·誌).
ween[wi:n] *vt., vi.* 《古》 생각하다, 믿다; 기대하다. 「=WIENER.
wee·nie, -ny[1] [wí:ni] *n.* 《美俗》
wee·ny[2] *a.* 《口》 작은, 조그마한.
:**weep**[wi:p] *vi.* (***wept***) ① 울다, 눈물을 흘리다. ② 슬퍼하다, 비탄하다(*for, over*). ③ 물방울이 듣다. — *vt.* ① (눈물을) 흘리다; 비탄하다. ② (수분을) 스며 나오게 하다. ***~ away*** 울며 지내다. ***~ oneself out*** 실컷 울다. ***~ out*** 울며 말하다. **∠·er** *n.* Ⓒ 우는 사람; (장례식에 고용되어) 우는 남자〔여자〕. * **∠·ing** *a.* 우는, 눈물을 흘리는; (가지가) 늘어진.
weep·ie [wí:pi] *n.* Ⓒ 《英俗》 슬픈〔감상적〕 영화〔연극〕.
wéeping wíllow 〖植〗 수양 버들.
weep·y[wí:pi] *a.* 눈물 잘 흘리는.

W

wee·vil[wíːvəl] *n.* Ⓒ 〖蟲〗 바구밋과의 곤충.
wee·wee [wíːwìː] *n., vi.* Ⓒ 《俗·兒》 쉬(하다).
weft [weft] *n.* (the ~) 《집합적》 (피륙의) 씨실(woof).
wé-gròup *n.* =INGROUP.
:weigh[wei] *vt.* ① 저울에 달다, 손으로 무게를 헤아리다. ② (비교해서) 잘 생각하다. ③ (무게로) 압박하다, 내리 누르다(*down*). ④ (닻을) 올리다. ── *vi.* ① 무게를 달다; 무게가 …나가다. ② 중요시되다, 존중되다(*with*). ③ 무거운 짐이 되다, 압박하다(*on, upon*); 숙고하다. ④ 〖海〗 닻을 올리다. **~ *in*** (기수가 경마 후 〔권투 선수가 시합 전〕에) 몸무게를 달다. **~ *one's words*** 숙고하여 말하다, 말을 음미하다. **~ *out*** 달아서 나누다; (기수가 경마 전에) 몸무게를 달다.
wéigh·brìdge *n.* Ⓒ 계량대(臺)《차량·가축 등을 재는, 노면과 같은 높이의 대형 저울》.
wéigh-ìn *n.* Ⓒ 기수(騎手)의 레이스 직후의 계량.
†weight[weit] *n.* ① Ⓤ 무게, 중량. ② Ⓒ 저울눈, 형량(衡量). ③ Ⓒ 무거운 물건, 추, 분동(分銅); 무거운 짐; 압박; 부담. ④ Ⓤ 중요성; 영향력. ⑤ Ⓤ 〖統〗 가중치. ***by* ~** 무게로. ***give short* ~** 저울 눈을 속이다. ***have* ~ *with*** …에 있어 중요하다. ***pull one's* ~** 자기 체중을 이용하여 배를 젓다; 제구실을 다하다. **~*s and measures*** 도량형. ── *vt.* (…에) 무겁게 하다, 무게를 가하다; 무거운 짐을 지우다; 괴롭히다(*with*). ***∠·y*** *a.* 무거운, 유력한; 중요한; 영향력이 있는; 견디기 어려운.
wéight·less *a.* 무중력 상태인.
wéight lìfter 역도 선수.
wéight lìfting 역도.
wéight wàtcher 체중에 신경 쓰는 사람.
Wei·mar[váimɑːr] *n.* 바이마르《독일 서부의 도시》.
Wéimar Cònstitution, the 바이마르 헌법《1919년 바이마르 국민의회에서 제정된 독일 공화국 헌법》.
weir [wiər] *n.* Ⓒ 둑(dam); (물고기를 잡는) 어살.
***weird**[wiərd] *a.* 초(超)자연의; 이상한, 《口》 기묘한; 《古》 운명의. ── *n.* ⓊⒸ 《古·Sc.》 운명, (특히) 불운.
weird·ie, -y[wíərdi], **-o**[-ou] *n.* Ⓒ 《口》 괴짜.
Wéird Sísters, the 운명의 3여신(the Fates).
Weis·mann·ism [váismaːnìzəm] *n.* Ⓤ 〖生〗 (획득형질(獲得形質)의 유전을 부정하는) 바이스만 (유전학)설.
†wel·come [wélkəm] *a.* ① 환영받는. ② 고마운. ③ 마음대로 …할 수 있는(*to*). ***and* ~** 그것으로 됐다. ***You are* (*quite*) ~.** 《美》 ('Thank you.'에 대한 대답으로) 천만의 말씀. ── *int.* 어서 오십쇼! ── *n.* Ⓒ 환영(인사). ── *vi.* 환영하다.
***weld**[weld] *vt.* 용접(溶接)〔단접〕하다; 결합하다, 밀착시키다(*into*). ── *vi.* 용접〔단접〕되다. **∠·ment** *n.* ⓊⒸ 용접(한 것).
:wel·fare[wélfɛ̀ər] *n.* Ⓤ 행복, 후생, 복지 (사업). **~·ism** [∠-fɛ̀ər-izəm] *n.* Ⓤ 복지 정책〔보조금〕.
wélfare económics 후생 경제학.
wélfare fùnd 후생 기〔자〕금.
wélfare stàte 복지 국가.
wélfare stàtism 복지 국가주의.
wélfare wòrk 복지 후생 사업.
wélfare wòrker 복지 사업가.
wel·kin[wélkin] *n.* (the ~) 《古·詩》 창공.
:well[1][wel] *n.* Ⓒ ① 우물. ② 샘; 원천. ③ (층계의) 뚫린 공간, (엘리베이터의) 종갱(縱坑). ④ 우묵한 곳, 책상의 잉크병 받이. ── *vi.* 솟아나다(*up, out, forth*).
†well[2] *ad.* (***better; best***) ① 잘, 훌륭히; 만족스럽게. ② 적당히. ③ 충분히; 아주; 크게, 꽤; 상세히. ***as* ~** …도 또한, 그 위에; 마찬가지로. ***as* ~ *as*** …과 같이. ***may* (*as*) ~** …하는 것이 좋다. ***might as* ~** …하는 것이나 마찬가지다. ***W- done!*** 잘한다! ── *a.* ① 《美口》 건강한. ② 적당한. ③ 좋은, 만족한, 형편〔운〕 좋은. ***get* ~** 좋아지다, 낫다. ── *int.* ① 《놀라움》 어머, 저런. ② 《승인·양보》 과연; 그래 그럼. ③ 《기대, 이야기의 계속》 그런데; 그래서; 자. ④ 《항의》 그것이 어쨌단말야(***W-?***). ***W-, to be sure!*** 저런, 이것 놀랐는걸. ***W- then?*** 아하, 그래서?
†we'll[wiːl] we shall 〔will〕의 단축.
wéll-advísed *a.* 사려깊은, 현명한.
wéll-appóinted *a.* 충분히 장비〔설비·준비〕된.
wéll-bálanced *a.* 균형잡힌; 상식 있는; 제정신의.
wéll-beháved *a.* 행실〔품행〕좋은.
***wéll-béing** *n.* Ⓤ 복지, 안녕, 행복.
wéll·bòrn *a.* 집안이 좋은.
wéll·bréd *a.* 교양 있게 자란, 품위가 있는; (말 따위) 씨가 좋은.
wéll-búilt *a.* 잘 세워진〔만들어진〕; 《특히》 체격이 훌륭한《사람》.
wéll-chósen *a.* 정선(精選)된; (어구의) 적절한.
wéll-condítion *a.* 건강한; 행실이 바른; 선량한.
wéll-connécted *a.* 좋은 친척〔연줄〕이 있는.
wéll-dèck *n.* Ⓒ 〖海〗 오목 갑판.
wéll-defíned *a.* (정의가) 명확한; 윤곽이 뚜렷한.
wéll-dispósed *a.* 호의 있는; 선의의; 마음씨 좋은, 친절한.
wéll-dóing *n.* Ⓤ 선행.
wéll-dóne *a.* (고기가) 잘 구워진〔익은〕; 잘 한.
wéll-éarned *a.* 제 힘으로 얻은.

W

wéll-estáblished *a.* 기초가 튼튼한; 안정된, 확립한.
wéll-fávo(u)red *a.* 예쁜, 잘생긴.
wéll-féd *a.* 영양이 충분한; 살찐.
wéll-fíxed *a.* 《口》 유복한.
wéll-fóunded *a.* 근거〔이유〕 있는, 사실에 입각한. 「한.
wéll-gróomed *a.* 옷차림이 단정
wéll-gróunded *a.* 기본 훈련을 받은; =WELL-FOUNDED.
wéll·hèad *n.* Ⓒ 수원(水源).
wéll-héeled *a.* 《俗》 부유한, 아주 돈 많은. 「식한.
wéll-infórmed *a.* 정보에 밝은, 박
Wel·ling·ton[wéliŋtən], **Arthur Wellesley, 1st Duke of** (1769–1852) 영국의 장군·정치가.
wéll-inténtioned *a.* 선의의, 선의로 한.
wéll-képt *a.* 손질이 잘 된. 「인.
wéll-knít *a.* (체격이) 튼튼한, 째
****wéll-knówn** *a.* 유명한; 친한.
wéll-máde *a.* 모양 좋은, 균형이 잡힌; 잘 만든. 「잖은.
wéll-mánnered *a.* 예절 바른, 점
wéll-márked *a.* 분명한, 명확한.
wéll-mátched *a.* (색이) 잘 배합된; (부부가) 어울리는.
wéll-méaning *a.* 선의의, 선의에서 나온.
wéll-méant *a.* 선의로 한.
wéll-nígh *ad.* 거의.
wéll-óff *a.* 순조로운; 유복한.
wéll-óiled *a.* 《비유》 기름진; 능률적인; 《俗》 취한.
wéll-órdered *a.* 질서 정연한.
wéll-presérved *a.* 잘 보존된; (나이에 비해) 젊게 보이는.
wéll-propórtioned *a.* 균형이 잘 잡힌. 「(*in*).
well-read[⌐réd] *a.* 다독의; 박학한
wéll-régulated *a.* 잘 정돈된.
wéll-róunded *a.* (통통히) 살찐; (문체 따위가) 균형잡힌.
Wells[welz], **Herbert George** (1866–1946) 영국의 소설가.
wéll-sét *a.* (몸이) 건장한.
wéll sìnker 우물 파는 사람.
wéll-spént *a.* 뜻있게 쓰인, 유효하게 써진.
wéll-spóken *a.* 말씨가 점잖은; (표현이) 적절한.
wéll·sprìng *n.* Ⓒ 수원(水源); (무궁무진한) 원천.
wéll·stócked *a.* (상품·장서 등이) 풍부한.
wéll·súited *a.* 적절한, 편리한.
wéll swèep 방아두레박.
wéll-thóught-òf *a.* 평판이 좋은.
wéll-tímed *a.* 때를 잘 맞춘.
***wéll-to-dó** *a.* 유복한. ***the* ~** 부유 계급.
wéll-tríed *a.* 숱한 시련을 견뎌낸.
wéll-túrned *a.* 잘 표현된.
wéll·wìsher *n.* Ⓒ 호의를 보이는 사람.
wéll-wórn *a.* 써서 낡은; 진부한.
Wéls·bach bùrner [wélzbæk-, -ɑː-] 〖商標〗 벨스바흐 등《밝은 백열광을 발하는 가스등》.
***Welsh**[welʃ, weltʃ] *a.* 웨일스(사람·말)의. — *n.* (the ~)(*pl.*) 《집합적》 웨일스 사람; Ⓤ 웨일스어(語).
welsh[welʃ, weltʃ] *vi., vt.* 《俗》 경마에건 돈을 승자에게 치르지 않고 달아나다; 꾼 돈을 떼어먹다.
Wélsh Córgi 웨일즈산의 작은 개.
Welsh·man[⌐mən] *n.* Ⓒ 웨일즈 사람.
Wélsh rábbit 〔**rárebit**〕 녹인 치즈를 부은 토스트.
welt[welt] *n., vt.* Ⓒ 대다리《구두창에 갑피를 대고 맞꿰매는 가죽테》(를 대다); 가장자리 장식(을 붙이다); 채찍〔맷〕자국; 구타(하다).
wel·ter[wéltər] *vi.* 뒹굴다, 허위적〔버둥〕거리다(*in*); 묻히다, 잠기다, 빠지다(*in*). — *n.* (*sing.*) 뒹굶; 동요, 혼란.
wélter·wèight *n.* Ⓒ 〖競馬〗 (장애물 경주 따위에서) 말에 지우는 중량물; 웰터급 권투선수〔레슬러〕.
wen[wen] *n.* Ⓒ 혹.
wench[wentʃ] *n.* Ⓒ 《諧·蔑》 젊은 여자, 소녀; 《古》 하녀.
wend [wend] *vt.* (**~ed,** 《古》 ***went***) 돌리다. — *vi.* 《古》 가다.
†went [went] *v.* go의 과거; 《古》 wend의 과거(분사). 「사).
****wept** [wept] *v.* weep의 과거(분
†were [wəːr, 弱 wər] *v.* be의 과거 《직설법 복수, 가정법 단수·복수》.
†we're[wiər] we are의 단축. 「축.
†were·n't [wəːrnt] were not의 단
wer(e)·wolf[wíərwùlf, wə́ːr-] *n.* (*pl.* ***-wolves***) Ⓒ (전설에서) 이리가 된 사람, 이리 인간.
Wér·ner's sýndrome [wə́ːrnərz-, vέər-] 〖醫〗 베르네 증후군 《조로증의 일종; 백발, 당뇨병, 백내장 등을 일으킴》.
wert[wəːrt, 弱 wərt] *n.* 《古》 《주어가 thou인 때》 be의 2인칭·단수·직설법 및 가정법 과거.
Wes·ley [wésli, -z-], **John** (1703–91) 영국의 목사; 감리교회의 창시자. **~·an** *a., n.* 웨슬리의; Ⓒ 감리교회의 (교도).
Wes·sex[wésiks] *n.* 영국 남부의 고대 왕국; (지금의) Dorsetshire지방.
†west[west] *n.* ① (the ~) 서쪽, 서부 (지방). ② (the W-) 서양. ③ (the W-) (미국의) 서부지방. ***in*** 〔***on, to***〕 ***the ~ of*** (…의) 서부에 〔서쪽에 접하여, 서쪽에 위치하여〕. ***~ by north*** 〔***south***〕 서미(微) 북〔남〕. ***~-north*** 〔***-south***〕 ~ 서북〔남〕서. — *a.* 서쪽(으로)의; 서쪽에서의. — *ad.* 서쪽에〔으로, 에서〕. ***go ~*** 서쪽으로 가다; 《俗》 죽다.
Wést Cóuntry 잉글랜드의 Southampton과 Severn 강 어귀를 잇는 선의 서쪽 지방.
Wést Énd, the (런던의) 서부 지구《상류 지역》.

W

west·er·ly[wéstərli] *a., ad., n.* 서쪽으로 향한〔향하게〕; 서쪽에서(의); Ⓒ 서풍.

:west·ern[wéstərn] *a.* ① 서쪽의, 서쪽으로 향한, 서쪽에서의. ② (W-) 서양의. ③ (W-) 《美》 서부 지방의. ④ (W-) 서반구의. — *n.* Ⓒ (문학의) 서부물, 서부극〔음악〕. ~·**er** *n.* Ⓒ 서방에 사는 사람; (W-) (미국의) 서부 사람. ~·**most**[-mòust] *a.* 가장 서쪽의.

Wéstern Chúrch 서방〔로마 가톨릭〕 교회.

Wéstern civilizátion 서양 문명.

Wéstern (**Européan**) **Únion** 서구(西歐) 연맹《영국·프랑스·Benelux의 연맹》.

wéstern frònt, the (제1차 대전의) 서부 전선.

Wéstern Hémisphere 서반구《남북아메리카 대륙》.

west·ern·ize[wéstərnàiz] *vt.* 서양식으로 하다, 서구화하다. **-i·za·tion**[⌐—izéiʃən] *n.*

Wéstern (**Róman**) **Émpire, the** 서로마 제국(395-476).

Wéstern Samóa 서사모아《서태평양 사모아 제도의 독립국》.

Wést Gérmany 서독(西獨)《1990년 10월 East Germany를 흡수하여 통일 독일 탄생》.

Wést Índies, the 서인도 제도.

Wést Í·ri·an [-íriən] 서이리안《New Guinea 서쪽 반을 차지한 인도네시아 속령(屬領)》.

Wést Mídlands 영국 중부의 주《1974년 신설》.

West·min·ster[wéstmìnstər] *n.* 런던시 중앙의 자치구; 영국 국회(의사당).

Wéstminster Ábbey (런던의) 웨스트민스터 성당.

Wést Póint 《美》 육군 사관 학교.

Wést Síde, the 《美》 New York 주 Manhattan 섬의 서부 지구.

Wést Virgínia 미국 동부의 주《생략 W. Va.》.

:west·ward[wéstwərd] *n., a., ad.* (the ~) 서쪽; 서쪽(으로)의; 서방에〔으로〕. ~·**ly** *a., ad.* 서쪽으로의, 서쪽에; 서쪽에서의. **:** ~**s** *ad.*

:wet[wet] *a.* (*-tt-*) ① 젖은, 축축한. ② 비의, 비가 잦은. ③ 《美》 주류 제조 판매를 허가하고 있는. ***be all*** ~ 《美俗》 완전히 잘못되다. ~ ***through*** 〔***to the skin***〕 흠뻑 젖어서. — *n.* ① Ⓤ 습기, 물기. ② (the ~) 비; 우천. ③ Ⓒ 《美》 주류 제조 판매에 찬성하는 사람. ④ (a ~) 《英俗》 (한 잔의) 술. — *vt., vi.* (***wet, wetted; -tt-***) 적시다; 젖다. ~ ***the bed*** 자다가 오줌을 싸다. ⌐·**tish** *a.* 축축한.

wét·bàck *n.* Ⓒ 《美口》 (Rio Grande 강을 헤엄쳐 건너) 미국으로 밀입국한 멕시코 사람.

wét bárgain 술자리에서 맺어진 계약.

wét blánket 흥을 깨뜨리는〔탈을 잡는〕 사람〔것〕.

wét-búlb thermómeter 습구(濕球) 온도계.

wét céll 〖電〗 습전지.

wét dòck 습선거(濕船渠)(cf. dry dock).

wét dréam 몽정(夢精).

weth·er[wéðər] *n.* Ⓒ 불깐 숫양(羊).

wét lòok (직물의) 광택.

wét nùrse (젖을 주는) 유모(cf. dry nurse).

wét pàck 찬 찜질.

wét pláte 〖寫〗 습판(濕板).

wét sùit 잠수용 고무옷.

wét wàsh 젖은 빨래.

WEU Western European Union.

†we've[wiːv, 弱 wiv] we have의 단축.

w.f. wrong font 〖校正〗 '활자체가 틀림'. **WFTU** World Federation of Trade Unions. **W.G., w.g.** wire gauge. **W. Ger.** West GERMANIC.

whack[hwæk] *vt., vi.* 《口》 찰싹 때리다. — *n.* Ⓒ 구타; 몫; 시도. ⌐·**ing** *a., n.* 《英口》 엄청난; Ⓒ 철썩〔세게〕 치기, 강타. ⌐·**y** *a.* =WACKY.

whacked[hwækt] *a.* 《주로 英口》 기진맥진한.

whack·er [hwǽkər] *n.* Ⓒ 《俗》 (같은 것 중에서) 큰 사람〔물건〕; 허풍쟁이.

whack·o[hwǽkou] *int.* 《英俗》 만세《기쁨》.

:whale[1][hweil] *n.* Ⓒ 고래; 《美口》 굉장히 큰〔엄청난〕 것. — *vi.* 고래잡이에 종사하다.

whale[2] *vt.* 《口》 심하게 때리다; 매질하다.

whále·bàck *n.* Ⓒ 귀갑(龜甲) 갑판선.

whále·bòat *n.* Ⓒ (포경선 모양의, 노젓는) 구명 보트.

whále·bòne *n.* Ⓤ 고래 수염; Ⓒ 고래 수염 제품《코르셋 따위》.

whále fìn 고래 수염.

whále fishery 포경업〔장〕.

whale·man[⌐mən] *n.* Ⓒ 고래잡이《사람》.

whal·er[⌐ər] *n.* Ⓒ 포경선; =⇧.

whal·ing[1][⌐iŋ] *n.* Ⓤ 고래잡이《일》.

whal·ing[2] *a., n.* 《美俗》 =WHACKING.

wham[hwæm] *n* Ⓒ 광치는 소리; 충격. — *vt., vi.* (*-mm-*) 광치다, 후려갈기다.

wham·my [hwǽmi] *n.* Ⓒ 《美俗》 재수없는〔불길한〕 물건; 주문, 마력. ***put a*** 〔***the***〕 ~ ***on*** (…을) 트집잡다.

whang[hwæŋ] *vt., vi.* 《口》 찰싹〔탕〕 때리다〔울리다〕. — *n.* Ⓒ 찰싹〔탕〕 때림〔울림〕; 그 소리.

:wharf [hwɔːrf] *n.* (*pl.* ~***s, wharves***) Ⓒ 부두, 선창. ~·**age** [⌐idʒ] *n.* Ⓤ 부두 사용(료); 《집합적》 부두.

wharf·in·ger[hwɔ́ːrfindʒər] *n.* Ⓒ 부두 임자.

***wharves**[hwɔːrvz] *n.* wharf의 복수.

†what[hwat/hwɔt] (*rel.*) *pron.* ① 《의문사》 무엇; 어떤 것〔사람〕; 얼마《금액》. ② 《감탄》 얼마나. ③ 《의문

사》…(하는) 바의 것[일]; …(하는) 것[일]은 무엇이나(*do* ~ *you please* 네가 무엇을 하든); …와 같은(*He is not* ~ *he was.* 옛날의 그가 아니다). **and ~ not** 그밖의 여러 가지, …등등. **but ~** 《부정문에서》 …않는, …이외에는. **I'll** TELL **you ~. W- about** (*it*)**?** (그것은) 어떠한가. **W- for?** =WHY? **W- if...?** 만약 …라면 [하다면] 어찌 될 것인가; =WHAT THOUGH? **~ is called** 이른바. **~is more** 그 위에. **W- of it?** 그게 어쨌다는 건가. **~'s ~** 《口》 사물의 도리, 일의 진상. **W- though ...?** 설사 …라도 그것이 어떻단 말인가. **~ with ..., (and) ~ with** (…을) 하거나 또 (…을) 하거나하여, …다 …다하여. — *a.* ① 《의문사》 무슨, 어떤; 얼마의. ② 《감탄사》 정말이지, 어쩌면. ③ 《관계사》 (…하는) 바의; …할 만큼의.

***what·e'er** [*h*watɛ́ər/*h*wɔt-] (*rel.*) *pron., a.* 《詩》 =⇩.

:**what·ev·er** [*h*watévər/*h*wɔt-] (*rel.*) *pron.* ① (…하는) 것[일]은 무엇이나; 무엇이 …하든지. ② 《美口》《강조》 대체 무엇이[을](*W- do you mean?* 대체 어쩔 셈이냐?). — *a.* ① 《관계사》 (비록) 어떤 …이라도; 어떤 …을 ·· 라도. ② 《no나 any 다음에서》 조금의 …도.

whát-fòr *n.* Ⓤ 《口》 벌, 처벌, 잔소리.

whát·nòt *n.* Ⓒ (책·장식품을) 얹어 놓는 (장식) 선반.

†**what's** [*h*wats/*h*wɔts] what is [has]의 단축; 《口》 what does의 단축.

whats·is [*h*wɑ́tsiz/*h*wɔ́ts-] *n.* Ⓤ 《美口》 무엇[누구]인지, 무엇이라던가 하는 것[사람].

what·so·e'er [*h*wɑ̀t-souɛ́ər/*h*wɔ̀t-] (*rel.*) *pron., a.* =⇩.

***what·so·ev·er** [*h*wɑ̀t-souévər/*h*wɔ̀t-] (*rel.*) *pron., a.* 《강의어》 = WHATEVER.

wheal [*h*wi:l] *n.* Ⓒ 부르튼 채찍 자국; 뾰루지; 벌레 물린 자국.

:**wheat** [*h*wi:t] *n.* Ⓤ 밀. **∠·en** *a.* 밀의, 밀로 만든.

whéat bèlt 《美》 소맥 산출 지대.

Whéat·stone brìdge [*h*wí:t-stòun-, -stən-] 전기 저항 측정기.

whee [*h*wi:] *int.* 하아, 와아《기쁨·흥분》.

whee·dle [*h*wí:dl] *vt.* 감언으로 유혹하다(*into*); 감언이설로 속여 빼앗다(*out of*).

:**wheel** [*h*wi:l] *n.* Ⓒ ① 바퀴, 수레바퀴. ② (운명의) 수레바퀴. ③ 《美口》 자전거. ④ (자동차의) 핸들, 타륜(舵輪); 물레. ⑤ (*pl.*) 기계; 회전. ⑥ 《美俗》 《비유》 세력가, 거물. **at the ~** 타륜을 잡고; 지배하여. **a turn of the ~** 운명의 변천. **go on ~s** 순조롭게 나아가다. **grease the ~s** 바퀴에 기름을 치다; 일을 원활하게 진행시키다, 뇌물을 쓰다. **~s within ~s** 착잡한 사정, 복잡한 기구. — *vt.* ① (수레를) 움직이다; 수레로 나르다. ② 선회시키다. ③ 녹로로 만들다. — *vi.* 선회하다, 방향을 바꾸다(*about, round*); 자전거를 타다; (새 따위가) 원을 그리며 날다(따위). **~ed** [-d] *a.* 바퀴 있는. **∠·er** *n.* Ⓒ 수레로 나르는 사람; …륜차; (마차의) 뒷말; =WHEELWRIGHT.

whéel·bàrrow *n.* Ⓒ 외바퀴 손수레.

whéel·bàse *n.* Ⓒ 축거(軸距)《자동차 전후의 차축간의 거리》.

whéel·chàir *n.* Ⓒ (환자용의) 바퀴 달린 의자.

whéeler-dèaler *n.* Ⓒ 《美俗》 수완가.

whéel hòrse (마차의) 뒷말; 《美口》 일 잘하는 사람, 부지런한 사람.

wheel·man [∠mən] *n.* Ⓒ 자전거를 타는 사람; 〖海〗 =STEERSMAN.

whéel·wright *n.* Ⓒ 수레 목수.

wheeze [*h*wi:z] *vi., vt.* 씨근거리(며 소리내)다; 씩씩거리며 말하다. — *n.* Ⓒ 씩씩거리는 소리; (배우의) 진부한 익살; 진부한 이야기.

wheez·y [*h*wí:zi] *a.*

whelk[1] [*h*welk] *n.* Ⓒ 쇠고둥《7cm 정도의 식용 고둥》.

whelk[2] *n.* Ⓒ 여드름, 뾰루지.

whelm [*h*welm] *vt.* 물에 담그다; 압도하다.

whelp [*h*welp] *n.* Ⓒ 강아지; (사자·범·곰 등의) 새끼; 《蔑》 개구쟁이, 변변치 못한 아이. — *vi., vt.* (개 따위가) 새끼를 낳다.

†**when** [*h*wen] (*rel.*) *ad.* ① 언제. ② …한 바의, …한[하는] 때. ③ 바로 그 때. — *conj.* ① (…할) 때에. ② …때에는 언제나. ③ …함에도 불구하고, …인데[한데도]. — (*rel.*) *pron.* 언제; 그때. — *n.* (the ~) 때.

when·as [-ǽz] *conj.* 《古》 = WHEN, WHILE, WHEREAS.

***whence** [*h*wens] (*rel.*) *ad.* 《雅》 ① 어디서, 어찌하여. ② …바의, …하는 그 곳으로(부터).

whence·so·ev·er [*h*wènssouévər] (*rel.*) *ad.* 《雅》 어디서든지; 어떤 원인이든지.

***when·e'er** [*h*wenɛ́ər] (*rel.*) *ad.* 《詩》 =⇩.

:**when·ev·er** [-évər] (*rel.*) *ad.* …할 때에는 언제든지; 언제 …하더라도; 《口》 (도대체) 언제.

when·so·ev·er [*h*wènsouévər] (*rel.*) *ad.* 《古·雅》 《강의어》 =⇧.

†**where** [*h*wɛər] (*rel.*) *ad.* ① 어디에[서, 로, 에서], 어느 위치에[방향으로], 어느 점에서. ② …하는 바의 《장소》, 그러자 거기에서, …하는 장소에[로, 에서]. — *n.* (the ~) 어디; 장소; 광경.

***whére·abòuts** *ad., n.* ① 어디쯤에. ② Ⓤ 《복수 취급》 소재, 있는 곳, 행방.

:**where·as** [*h*wɛərǽz] *conj.* ① …

W

인 까닭에, …을 고려하면. ② 이에 반하여, 그러나, 그런데. ― *n.* Whereas(…인 까닭에)로 시작하는 문서.
*__whère·át__ (*rel.*) *ad.* ①《古》왜, 무엇때문에. ② 그러자, 그래서.
*__whère·bý__ (*rel.*) *ad.* ①《古》어떻게. ② 그에 의하여.
where·e'er [*h*wɛərέər] (*rel.*) *ad.* 《詩》=WHEREVER.
:**whére·fòre** (*rel.*) *ad., n.* 어째서, 그러므로; Ⓒ (종종 ~s) 이유.
where·fróm (*rel.*) *ad.* =WHENCE.
:**whère·ín** (*rel.*) *ad.* ①《雅》무엇 가운데에, 어떤 점에서. ② 그 중에, 그 점에서.
whère·ínto (*rel.*) *ad.*《古》무엇속으로; 그 속으로.
*__whère·óf__ (*rel.*) *ad.* ①《古》무엇에 관하여, 누구의. ② 그것에 관하여.
*__whère·ón__ (*rel.*) *ad.* ①《雅》무엇 위에. ② 그 위에.
where're [*h*wέərər] where are의 단축.
:**where's**[*h*wɛərz] where is [has]의 단축.
where·so·e'er [*h*wɛ̀ərsouέər] (*rel.*) *ad.*《詩》=⇩.
whére·so·èver (*rel.*) *ad.*《강의어》=WHEREVER.
whére·tò (*rel.*) *ad.* 《古》무엇에, 무슨 목적으로, 어디로, 어째서; 그것에, 그곳으로.
where·un·to[*h*wɛərʌ́ntu:, *h*wɛ̀ər-ʌntú:] *ad.*《古》=⇧.
*__where·up·on__[*h*wɛ̀ərəpán/-pɔ́n] (*rel.*) *ad.*《雅》=WHEREON; 거기서, 그래서, 그때문에.
:**wher·ev·er**[*h*wɛərévər] (*rel.*) *ad.* ① 어디에든지, 어디로든지. ②《口》대체 어디에.
*__where·with__ [*h*wɛər*w*íð, -wíθ] (*rel.*) *ad., n., rel. pron.* ①《古》무엇으로. ②《to붙은 부정사를 수반하여》그것으로, …하기 위한; (*n.*) =⇩; (*rel. pron.*)《to 붙은 부정사를 수반하여》…하기 위한 것.
whère·withál *ad.* =WHEREWITH. ― *n.* (the ~) (필요한) 자금, 수단.
wher·ry[*h*wéri] *n.* Ⓒ 나룻배; 경주용 보트;《英》(하천용) 폭넓은 돛배.
*__whet__[*h*wet] *vt.* (*-tt-*) ① (칼 따위를) 갈다. ② (식욕 등을) 자극하다, 돋우다. ― *n.* Ⓒ ① 갊. ② 자극(물); 식욕을 돋우는 물건. ③《方》잠시 동안.
†**wheth·er** [*h*wéðər] *conj.* …인지 어떤지; …인지 또는 …인지, …이든 또 …이든. ~ ***or no*** 어떻든, 하여간.
whét·stòne *n.* Ⓒ 숫돌.
whew[*h*wju:] *int., n.* 어휴!; 후!《놀라움·실망·안도 등을 나타냄》.
whey[*h*wei] *n.* Ⓤ 유장(乳漿)《우유에서 curd를 빼 낸 나머지 액체》.
whéy·fàced *a.* (공포 따위로) 얼굴이 창백한.
†**which**[*h*witʃ] *n.* Ⓤ (*rel.*) *pron.* ① 어느것[쪽]. ② …하는 바의《것·일》, 어느 것이든. ― (*rel.*) *n.* 어느 (쪽의); 그리고 그, 그런데 그.
:**which·ev·er**[-évər] (*rel.*) *pron., a.* ① 어느 …이든지. ② 어느 쪽이 …하든지.
whick·er[*h*wíkər] *vi.* 말이 울다; 소리를 죽이고 웃다, 킥킥거리다.
*__whiff__[*h*wif] *n.* (a ~) ① (바람 등의) 한 번 붊. ② 확 풍기는 냄새. ③ 담배의 한 모금. ― *vt., vi.* 훅 불다; 담배 피우다.
whif·fet[*h*wífit] *n.* Ⓒ 강아지;《美口》하찮은 사람[것].
whif·fle[*h*wífəl] *vi.* 살랑거리다; 방향이 바뀌다; 의견을 바꾸다, 아무렇게나 말하다. ― *vt.* 불어 없애다.
Whig[*h*wig] *n.*〖英史〗휘그당원(cf. Tory) ***the ~s*** Liberal Party의 전신. **~·ger·y**[⌐əri], **~·gism** [⌐izəm] *n.* Ⓤ 민권주의. **∠·gish** *a.*
†**while**[*h*wail] *n.* (a ~) (잠시) 동안, 때, 시간. ***after a ~*** 잠시 후에. ***between ~s*** 틈틈이. ***for a ~*** 잠시 동안. ***in a little ~*** 얼마 안 있어. ***once in a ~*** 가끔. ***the ~*** 그 동안, 그렇게 하고 있는 동안에. ***worth*** (***one's***) ~ 가치 있는. ― *conj.* ① …하는 동안에; …하는 동안, …하는 한(限). ② …에 대하여, 그런데, 그러나 한편. ― *vt.* 빈둥빈둥 (때를) 보내다(*away*).
whiles [*h*wailz] *ad.*《Sc.》때때로; 그러는 동안에. ― *conj.*《古》= WHILE.
whi·lom [*h*wáiləm] *ad.*《古》일찌기, 옛날에. ― *a.* 이전의.
*__whilst__[*h*wailst] *conj.*《주로 英》= WHILE.
*__whim__[*h*wim] *n.* Ⓒ 변덕, 일시적 기분. ***full of ~s*** (***and fancies***) 변덕스러운.
*__whim·per__ [*h*wímpər] *vi., vt.* 훌쩍훌쩍 울다; (개 따위가) 낑낑거리다. ― *n.* Ⓒ 흐느껴 욺, 낑낑거리는 소리. **~·er** *n.* Ⓒ 훌쩍훌쩍우는 사람. **~·ing·ly** *ad.* 훌쩍거리며, 킁킁거리며.
whim·s(e)y [*h*wímzi] *n.* Ⓤ 변덕, 색다름; Ⓒ 색다른 언동. *__whím·si·cal__ *a.* 변덕스러운.
whin[*h*win] *n.* Ⓤ《주로 英》〖植〗가시금작화(gorse).
*__whine__[*h*wain] *vi., vt.* ① 애처롭게 울다; (개 따위가) 낑낑거리다. ② 우는 소리를 하다. ― *n.* Ⓒ ① 애처럽게 우는 소리; (개 등이) 낑낑거리는 소리. ② 우는 소리.
whin·ny[*h*wíni] *vt., n.* (말이 낮은 소리로) 울다; Ⓒ 우는 소리.
:**whip**[*h*wip] *n.* ① Ⓒ 매[채찍](질). ② Ⓒ《주로 英》마부. ③ Ⓒ〖獵〗사냥개 담당원. ④ Ⓒ《英》(의회의) 원내 총무《중대 의결을 할 때 자기 당원의 출석을 독려함》. ⑤ Ⓤ,Ⓒ 크림·달걀 따위를 거품일게 한 디저트 과자. ― *vt.* (*-pp-*) ① 채찍질하다. ② 갑자기 움직이다(*away, into, off, out,*

up). ③ (달걀 따위를) 거품일게 하다. ④《口》(경기 등에서) 이기다. ⑤ 단단히 감다, 휘감다; (가장자리를) 감치다. ⑥ 낚싯대를 휙 던져 낚다(~ *a stream*). — *vi.* ① 채찍을 사용하다. ② 갑자기 움직이다(*behind; into; out of; round*). ~ **away** 뿌리치다. ~ **in** (사냥개 따위를) 채찍으로 불러모으다. ~ **... into shape** …을 억지를 써서 이룩하다. ~ **up** (말 따위에) 채찍질하여 달리게 하다; 그러모으다; 갑자기 부여잡다; 흥분시키다.

whíp·còrd *n.* Ⓤ 채찍끈; 능직물의 일종.

whíp cràne 간이 기중기.

whíp hànd 채찍 쥔 손, 오른손; 우위(優位). **get** 〔**have**〕 **the ~ of** …을 지배〔좌우〕하다.

whíp·làsh *n.* Ⓒ 채찍끈; =⇩.

whíplash ìnjury (자동차의 충돌로 인한) 목뼈의 골절상 및 뇌진탕.

whípper·snàpper *n.* Ⓒ 시시한 인간, 건방진 녀석.

whip·pet[*h*wípit] *n.* Ⓒ 경주용 작은개《영국산》.

whip·ping[*h*wípiŋ] *n.* Ⓤ,Ⓒ 채찍질(형벌).

whípping pòst (옛날의) 태형 기둥.

whip·poor·will[*h*wípərwìl] *n.* Ⓒ 〖鳥〗(미국 동부산) 쏙독새.

whip·py[*h*wípi] *a.* 탄력성이 있고 부드러운.

whíp-ròund *n.* Ⓒ《英》모금, 기부금 모금.

whíp·sàw *n.* Ⓒ 틀톱. — *vt.* 틀톱으로 자르다; 완전히 이기다.

whíp·stìtch *vt.* (천의 가장 자리를) 감치다. — *n.* Ⓒ 감쳐 공그르기. (**at**) **every ~** 이따금, 늘.

whir[*h*wəːr] *vi., vt.* (**-rr-**) 휙 날다; 휙 하다; 윙윙 돌다. — *n.* Ⓒ 휙하는 소리; 윙하고 도는 소리.

‡**whirl**[*h*wəːrl] *vt.* ① 빙빙 돌리다. ② 차로 신속히 운반하다. — *vi.* ① 빙빙 돌다. ② 질주하다. ③ 현기증 나다. — *n.* Ⓒ ① 선회; 소용돌이. ② 잇따라 일어나는 일. ③ 혼란.

whirl·i·gig[*h*wə́ːrligìg] *n.* Ⓒ 회전하는 장난감《팽이·팔랑개비 따위》; 회전목마; 회전 운동; 〖蟲〗물매암이.

***whírl·pòol** *n.* Ⓒ (강·바다의) 소용돌이 (모양의 물건).

***whírl·wìnd** *n.* Ⓒ ① 회오리바람, 선풍. ② 급격한 행동. **ride** (**in**) **the ~** (천사가) 선풍을 다스리다.

whir·ly·bird[*h*wə́ːrlibə̀ːrd] *n.* Ⓒ 《俗》=HELICOPTER.

whirr[*h*wəːr] *n., v.* =WHIR.

whish [*h*wiʃ] *vi.* 쌩하고 울리다. — *n.* Ⓒ 쌩하고 울리는 소리.

***whisk**[*h*wisk] *n.* Ⓒ ① 작은 비(모양의 솔). ② 철사로 만든 거품내는 기구. ③ (총채·솔 따위의) 한 번 털기. ④ 민첩한 행동. — *vt.* ① (먼지 따위를) 털다(*away, off*). ② (달걀 따위를) 휘저어서 거품내다. ③ 급히 채가다〔데려가다〕(*away, off*). ④ 가볍게 휘두르다. — *vi.* (급히) 사라지다(*out of, into*).

whísk bròom 작은 비, 양복 솔.

***whisk·er**[*h*wískər] *n.* Ⓒ ① (보통 *pl.*) 구레나룻; (고양이·쥐 등의) 수염. ② (가느다란) 침상 결정(針狀結晶). **~ed**[-d] *a.* 구레나룻 있는.

‡**whis·k(e)y**[*h*wíski] *n.* Ⓤ《종류는 Ⓒ》위스키.

‡**whis·per**[*h*wíspər] *vi.* ① 속삭이다; 몰래 말하다. ② (바람·냇물 따위가) 살랑살랑〔졸졸〕소리를 내다; 은밀히 말을 퍼뜨리다. **~ in a person's ear** 아무에게 귀띔하다. — *n.* Ⓒ 속삭임; 소근거림; 살랑살랑〔졸졸〕소리.

whíspering campàign 계획적 데마 (작전).

whist[1][*h*wist] *n.* Ⓤ 휘스트《카드놀이의 일종》.

whist[2] *int.*《英》쉿!; 조용히.

‡**whis·tle** [*h*wísəl] *vi.* ① 휘파람〔피리〕불다; 기적을 울리다. ② (탄환 등이) 팽 하고 날다. — *vt.* 휘파람을 불다〔불어 부르다, 신호하다〕. **~ for** …을 휘파람을 불어 부르다; 헛되이 바라다. — *n.* Ⓒ 휘파람; 호각, 경적. **wet one's ~**《口》한 잔하다. **~r** *n.*

whístle blòwer《美俗》밀고자.

whístle stòp (경적 신호가 있을 때만 열차가 서는) 작은 역; 작은 읍; (유세 중 작은 읍의) 단기 체류.

***whit** [*h*wit] *n.* Ⓤ 조금, 미소(微少)《보통 부정할 때 씀》. **not a ~** 조금도 …않다.

†**white**[*h*wait] *a.* ① 흰, 백색의, 하얀. ② 창백한; 투명한, 색없는. ③ 흰 옷의; (머리 따위) 은백색의. ④ 백색 인종의. ⑤ 결백한;《俗》공정한, 훌륭한. ⑥ 왕당파의, 반공산주의의. ⑦ 눈이 많은; 공백의. **bleed a person ~** (아무)에게서 (돈 따위를) 짜내다. — *n.* ① Ⓤ,Ⓒ 하양, 백색. ② Ⓤ 흰 그림 물감〔안료〕. ③ Ⓤ 흰 옷, 흰 천. — *vt.*《古》희게 하다. ***∠·ness** *n.* Ⓤ ① 흼; 백. ② 결백.

whíte alért 방공 경보《경보 해제》.

whíte ánt 흰개미(termite).

whíte bácklash《美》흑인에 대한 백인의 반발.

whíte·bàit *n.* Ⓤ 〖魚〗정어리〔청어〕의 새끼; 뱅어.

whíte béar 백곰.

whíte bírch 자작나무.

whíte bóok (정부가 발행하는) 백서.

whíte·càps *n. pl.* 흰 물결〔파도〕.

whíte cédar《美》노송나무속(屬)의 식물《미국 동부 연안의 늪에서 생장》.

whíte clóver 토끼풀, 클로버.

whíte cóal (동력원으로서의) 물.

whíte cóffee《英口》우유를 탄 커피.

whíte-cóllar *a.* 사무 계통의, 샐러리맨의.

Whíte Cóntinent, the 남극 대륙 (Antarctica).

whíte córpuscle 백혈구.

whíted sépulcher 〖聖〗위선자.

W

whíte dwárf 〖天〗 백색 왜성.
whíte élephant 흰코끼리; 성가신 소유물, 무용지물.
whíte énsign 영국 군함기(cf. red ensign).
whíte féather 겁쟁이, 겁의 상징 (*show the* ~ 겁을 내다).
whíte·fish *n.* Ⓒ (은)백색의 담수 식용어《송어무리》; 흰 물고기.
whíte flág (항복·휴전의) 백기.
whíte gasolíne 〔**gás**〕 무연(無鉛) 가솔린. 「공용》.
whíte góld 화이트 골드《귀금속 세
Whíte·hall [ㅅhɔ̀ːl] *n.* 런던의 관청가; Ⓤ《집합적》 영국 정부(의 정책).
whíte-hánded *a.* 손이 하얀, 노동하지 않은; 결백한.
whíte héat 백열; 격노.
whíte hópe 《美口》 촉망되는 사람.
whíte-hót *a.* 백열한〔의〕; 열렬한.
***Whíte Hòuse, the** 백악관《미국 대통령 관저》; 미국 대통령의 직권; 미국 정부.
Whíte Hòuse Óffice, the 《美》 대통령 관저 사무국.
whíte léad 백연(白鉛). 「말.
whíte líe 가벼운〔악의없는〕 거짓
whíte líght 대낮의 빛; 공정한 판단. 「스키.
whíte líghtning 《美俗》 밀조한 위
whíte-lívered *a.* 소심한, 겁많은;
whíte mán 백인. 「창백한.
whíte màtter (뇌의) 백질(白質).
***whít·en** [*h*wáitn] *vt., vi.* 희게 하다〔되다〕; 표백하다. **~·ing** *n.* Ⓤ 호분(胡粉), 백악(白堊).
whíte níght 백야; 잠 못 자는 밤.
whíte nóise 〖理〗 백색 잡음, 화이트노이즈《여러 가지 음파가 뒤섞인 소음》. 「의 일종.
whíte óak (북아메리카산) 참나무
whíte·òut *n.* Ⓤ,Ⓒ 〖氣〗 눈의 난반사로 백일색이 되어 방향 감각이 없어지는 극지 대기 현상. 「(白書).
whíte páper 백지; (정부의) 백서
whíte pépper 흰 후추.
whíte píne 스트로부스소나무《북아메리카 동부산》; 그 목재.
whíte plágue 폐결핵.
whíte póplar 〖植〗 흰포플러, 백양.
whíte potàto 감자.
whíte prímary 《美》 백인 예선회《미국 남부 여러 주의 백인만이 투표하던 민주당의 예비 선거》.
whíte ráce 백인(종).
Whíte Rússia 백러시아; (제정 러시아 시대의) 러시아 서부 지방.
whíte sàle (시트·셔츠 등) 흰 (섬유) 제품의 대매출.
whíte sàuce 화이트소스《버터·우유·밀가루로 만듦》.
whíte scóurge, the 폐결핵.
Whíte Séa 백해(白海)《러시아 북부》.
whíte sláve 백인 매춘부〔노예〕.
whíte·smìth *n.* Ⓒ 양철공.
whíte smóg 광(光)화학 스모그.
whíte suprémacy 백인 지배.
whíte tíe 흰 나비 넥타이; 연미복.
whíte trásh 가난한 백인.
whíte wár 무혈전(無血戰); 경제전.
***whíte·wàsh** *n.* ① Ⓤ 백색 도료. ② Ⓤ,Ⓒ 실패를 겉꾸림하는 일〔물건·수단〕. — *vt.* ① 백색 도료를〔회반죽을〕 칠하다. ② 실패를 겉꾸림하다; 《美口》 영패시키다.
whíte wáter 급류; 물보라; (여울 따위의) 흰 물결.
whíte wíne 백포도주.
whíte·y, W- [*h*wáiti] *n.* Ⓤ 《美俗·蔑》 흰둥이, 백인 (전체).
***whith·er** [*h*wíðər] (*rel.*) *ad.* 《古·雅》 ① 어디로; (…하는) 곳으로. ② (…하는) 어디로든지.
whith·er·so·ev·er [-souévər] (*rel.*) *ad.* 《古》 …하는 곳은 어디든지. 「의 일종.
whit·ing[1] [*h*wáitiŋ] *n.* Ⓒ 〖魚〗 대구
whit·ing[2] *n.* Ⓤ 호분(胡粉), 백악(白堊).
whit·ish [*h*wáitiʃ] *a.* 희읍스름한.
whit·low [*h*wítlou] *n.* Ⓤ 〖醫〗 표저(瘭疽).
Whit·man [*h*wítmən], **Walt** (1819–92) 미국의 시인.
Whit·sun [*h*wítsən] *a.* Whitsunday의.
Whit·sun·day [*h*wítsʌ́ndei, -di, -səndèi] *n.* Ⓤ,Ⓒ 성신 강림절《부활절 후의 제 7 일요일》.
Whit·sun·tide [*h*wítsəntàid] *n.* Ⓤ,Ⓒ 성신 강림절 주간《Whitsunday부터 1주일간, 특히 최초의 3일간》.
whit·tle [*h*wítl] *vt.* (칼로 나무를) 깎다; 깎아서 모양을 다듬다, 새기다; 삭감하다(*down, away, off*). — *vi.* (칼로) 나무를 깎다, 새기다.
whit·y [*h*wáiti] *a.* 흰빛을 띤.
***whiz(z)** [*h*wiz] *vi.* 윙윙〔핑핑〕하다, 붕 날다〔달리다〕. — *n.* Ⓒ 윙하는 소리; 《美俗》 숙련가.
WHO World Health Organization.
†**who** [huː, 弱 hu] (*rel.*) *pron.* ① 누구, 어떤 사람. ② (…하는) 사람, 그리고 그 사람은〔사람이〕, …하는 사람(은 누구든지).
whoa [*h*wou/wou] *int.* =WO.
who'd [huːd] who had 〔would〕의 단축.
who·dun·it [huːdʌ́nit] (<who done it) *n.* Ⓒ 《口》 추리 소설〔극·영화〕.
who·e'er [hu(ː)έər] (*rel.*) *pron.* 《詩》 =WHOEVER.
‡**who·ev·er** [huːévər] (*rel.*) *pron.* …하는 사람은 누구든(지), 누가 …을 하더라도〔하든〕.
†**whole** [houl] *a.* ① 전체의, 전…, 완전한. ② 건강한. ③ 통째(로, 의). ④ (형제 등) 친…. ⑤ 고스란한. ⑥ 다치지 않은. ⑦ 〖數〗 정수(整數)의. ***a ~ lot of*** 《俗》 많은. ***out of ~ cloth*** 터무니없는, 날조한. — *n.* Ⓒ ① 전부, 전체. ② 완전한 것; 통일체. ***as a ~*** 전체로서. ***on*** 〔***upon***〕

W

the ~ 전체로 보아서; 대체로. ∠-ness *n.*
whóle bròther 친형제.
whóle·còlo(u)red *a.* (온통) 일색의, 단색의.
***whóle·héarted(ly)** *a.* (*ad.*) 정성어린, 진심으로.
whóle hóg 《俗》 전체, 완전, 극단. 「한.
whóle-hóg *a.* 《俗》 철저한, 완전
whóle-lèngth *a.* 전장[전신]의.
whóle nòte 『樂』 온음표.
whóle nùmber 『數』 정수(整數).
whóle rèst 『樂』 온쉼표.
***whole·sale**[hóulsèil] *n., vt., vi.* Ⓤ 도매(하다). ― *a.* 도매의; 대대적인; 대강의. ― *ad.* 도매로; 대대적으로; 통틀어, 완전히; 대강. ~·**er** *n.*
:**whole·some** [∠səm] *a.* 건강에 좋은; 건전한, 유익한. ~·**ly** *ad.* ~-ness *n.*
whòle-sóuled *a.* =WHOLE-HEARTED.
whóle stèp [**tòne**] 『樂』 온음정.
whóle-whéat *a.* (밀기울을 빼지 않은) 전 밀가루로 만든.
who'll[hu:l, 弱 hul] who will [shall]의 단축.
:**whol·ly**[hóul/li] *ad.* ① 아주, 완전히. ② 오로지.
†**whom**[hu:m, 弱 hum] (*rel.*) *pron.* who의 목적격.
whom·éver (*rel.*) *pron.* whoever의 목적격.
whòm·so·éver (*rel.*) *pron.* whosoever의 목적격.
whoop**[hu:p, *h*wu:p] *vi.* ① 큰 소리로 외치다. ② (올빼미가) 후우후우 울다. ③ (백일해로) 그르렁거리다. ― *vt.* 소리지르며 말하다. ~ ***it up 《俗》 와와 떠들어대다. ― *n.* Ⓒ ① 외치는 소리. ② 후우후우 우는 소리. ③ 그르렁거리는 소리.
whoop·ee[*h*wú(:)pi:, wúpi:] *int., n.* Ⓤ 《美口》 와아《환희·흥분을 나타냄》; 야단 법석.
whóop·ing còugh [hú:piŋ-] 『醫』 백일해.
whop[*h*wɑp/*h*wɔp] *vt., vi.* (**-pp-**) 《口》 철썩 때리다; (경기 등에서) 완패시키다; 쿵 넘어지다. ― *n.* Ⓒ 철썩 때림, 그 소리; 쿵 넘어짐, 그 소리.
whop·per[∠ər] *n.* Ⓒ 《口》 엄청나게 큰 것; 엄청난 거짓말.
whop·ping[∠iŋ] *a., ad.* 《口》 터무니 없는[없이], 엄청난; 몹시.
whore[hɔ:*r*] *n.* Ⓒ 매춘부. ― *vi.* 매춘 행위를 하다; 매춘부와 놀다. ― *vt.* (여자를) 타락시키다; 갈보 취급하다.
who're[hú:ər] who are의 단축.
whóre·hòuse *n.* Ⓒ 매음굴.
whorl[*h*wə:*r*l] *n.* Ⓒ 『植』 윤생체(輪生體); 소용돌이; 『動』 (고둥의) 나선, 그 한 사리; 『解』 (내이(內耳)의) 미로(迷路). ~**ed**[-d] *a.* 나선 모양으로 된, 소용돌이가 있는.
whor·tle·ber·ry[*h*wə́:*r*tlbèri] *n.* Ⓒ 월귤나무의 일종; 그 열매.
:**who's**[hu:z] who is [has]의 단축.
†**whose**[hu:z] (*rel.*) *pron.* who [which]의 소유격.
who·so[hú:sou] (*rel.*) *pron.* 《古》 =WHO(SO)EVER.
who·so·ev·er[hù:souévər] (*rel.*) *pron.* 《강의어》 =WHOEVER.
whó's whó 유력자들; (W- W-) 인명록; 명사[신사]록.
†**why**[*h*wai] (*rel.*) *ad.* ① 왜, 어째서. ② …한 (이유), (왜 …(을) 했는)가의 (이유). ***W- not?*** 왜 안되는가. ***W- so?*** 왜 그런가. ― *n.* (*pl.*) 이유. ― *int.* ① 어마, 저런. ② 뭐. ③ 물론(*W-, yes.*).
W.I. West India(n); West Indies.
wick[wik] *n.* Ⓒ (양초·램프 따위의) 심지. ∠·**ing** *n.* Ⓤ 심지의 재료.
:**wick·ed**[wíkid] *a.* ① 나쁜, 사악한. ② 심술궂은; 장난이 심한. ③ 위험한; (말 따위) 버릇이 나쁜(*a* ~ *horse*). ~·**ly** *ad.* ~·**ness** *n.*
wick·er[wíkər] *n.* Ⓤ (결어 만드는) 채; 채그릇 세공. ― *a.* 채로 만든, 채그릇 세공의. 「공.
wícker·wòrk *n.* Ⓤ 고리 버들 세
wick·et[wíkit] *n.* Ⓒ 작은 문, 쪽문, 회전식 입구, 개찰구; 창구(窓口); 수문(水門); 『크리켓』 삼주문(三柱門), 위켓(장); (타자의) 칠 차례.
wícket dòor [**gàte**] 쪽문.
wícket·kèeper *n.* Ⓒ 『크리켓』 삼주문의 수비자.
wick·i·up[wíkiʌ̀p] *n.* Ⓒ 아메리카 토인의 오두막.
†**wide**[waid] *a.* ① 폭이 넓은; 폭이 …되는; 너른. ② (지식 등이) 해박한; 편견없는, 활짝[넓게] 열린. ③ (의복 등) 헐렁헐렁한, 헐거운. ④ (표적에서) 벗어난, 잘못 겨냥한, 동떨어진(*of*). ⑤ 『音聲』 개구음(開口音)의. ~ ***of the mark*** 과녁을 벗어나서; 엉뚱하게 잘못 짚어. ― *ad.* 넓게; 크게 벌리고; 멀리; 빗나가, 잘못 짚어. ***have one's eyes*** ~ ***open*** 정신을 바싹 차리다. ― *n.* Ⓒ 넓은 곳; 『크리켓』 빗나간 공.
:**wíde-ángle** *a.* (렌즈가) 광각(廣角)의.
wíde-awáke *a., n.* Ⓒ 잠이 완전히 깬; 방심[빈틈]없는; 테가 넓은 중절모.
wíde-éyed *a.* 눈을 크게 뜬.
:**wide·ly**[wáidli] *ad.* ① 널리; 먼곳에. ② 크게, 대단히.
***wid·en**[wáidn] *vt., vi.* 넓히다, 넓어지다.
wíde-ópen *a.* 활짝 연; (술·도박·매춘에 대해) 단속이 허술한.
wíde-scréen *a.* 『映』 와이드스크린의, 화면이 넓은.
***wíde·spréad** *a.* 널리 퍼진[미친], 일반적인, 만연한.
WIDF Women's International

Democratic Federation.
widg·eon[wídʒən] *n.* Ⓒ 〖鳥〗 홍머리오리.
†**wid·ow**[wídou] *n.* Ⓒ ① 미망인, 과부. ② 〖카드〗 돌리고 남은 패. — *vt.* 과부〔홀아비〕로 만들다. **~·ed** [-d] *a.* 아내를〔남편을〕 여읜. **~·er** *n.* Ⓒ 홀아비. **~·hood**[-hùd] *n.* Ⓤ 과부신세〔살이〕.
wídow's míte 과부의 적으나마 정성어린 헌금《마가복음 12 : 41-44》.
wídow's péak 이마 중앙에 V자형으로 난 머리.
wídow's wàlk (해안 주택 지붕의) 조망대《선원의 아내가 남편의 귀항을 기다린 데서》.
wídow's wèeds 미망인의 상복.
:**width** [widθ, witθ] *n.* ① Ⓤ,Ⓒ 넓이, 폭. ② Ⓒ (피륙 등의) 한 폭. **~·ways**[∠wèiz], **~·wise**[∠wàiz] *ad.* 옆(쪽)으로.
*__wield__[wi:ld] *vt.* ① (칼·필봉 등을) 휘두르다. ② (권력을) 휘두르다, 지배하다.
wie·ner(**·wurst**) [wí:nər(wə̀:rst)] *n.* Ⓤ,Ⓒ 《美》 위너 소시지.
wie·nie[wí:ni] *n.* 《美口》 =⇧.
†**wife** [waif] *n.* (*pl.* ***wives***) Ⓒ ① 처. ② 《古》 여자. ***old wives' tale*** 허황된 이야기. ***take to ~*** 아내로 삼다. **~·like**[∠làik], **∠·ly** *a.* 아내다운; 아내에 어울리는.
:**wig**[wig] *n.* Ⓒ 가발. — *vt.* (***-gg-***) (…에) 가발을 씌우다; 《英口》 몹시 꾸짖다. **~ged**[-d] *a.* 가발을 쓴.
wig·gle[wígəl] *vi., vt.* (짧고 빠르게) 뒤흔들(리)다. — *n.* Ⓒ 뒤흔듦, 뒤흔드는 선(線). **wíg·gler** *n.* Ⓒ 뒤흔드는 것〔사람〕; 장구벌레. **wíg·gly** *a.* 「사람.
wight[wait] *n.* Ⓒ 《古·方》 인간,
wig·wag[wígwæ̀g] *vt., vi.* (***-gg-***), *n.* 흔들다; Ⓤ,Ⓒ 수기(手旗) 신호(를 하다).
wig·wam[wígwɑm/-wɔm] *n.* Ⓒ (북아메리카 토인의) 오두막집.
wil·co[wílkou] (<I *will* *comply*) *int.* 《美》 〖無電〗 승낙.
†**wild**[waild] *a.* ① 야생의. ② (토지가) 황폐한; 사람이 살지 않는. ③ 야만의; 난폭한; 어거하기 힘든; 제멋대로의, 방탕한. ④ 소란스런; (폭풍우 따위가) 모진; 어지러운; 미친듯한, 열광적인(*with, about, for*); 《口》 열중한(*to* do). ⑤ 공상적인. ⑥ 무모한; 빗나간. ***grow ~*** 야생하다. ***run ~*** 사나워지다; 제멋대로 하다; 제멋대로 자라게 방치돼 있다. — *n.* (the ~) 황무지, 황야; (*pl.*) 미개지. — *ad.* 난폭하게; 되는 대로. **:∠·ly** *ad.* 난폭하게; 황폐하여; 무턱대고. **∠·ness** *n.*

wíld bóar 야생의 돼지, 멧돼지.
wíld càrd ① (카드놀이에서) 자유패, 만능패. ② 〖컴〗 만능 문자 기호 (~ *character* 와일드 카드 문자).
wíld cárrot 야생의 당근.
*__wíld·càt__ *n.* Ⓒ ① 살쾡이. ② 무법자. ③ 《美》 (객차·화차가 연결 안 된) 기관차. ④ (석유의) 시굴정(試掘井). — *a.* 무모한; 당돌한; 비합법적인; (기관차 등이) 폭주(暴走)하는. — *vt.* (석유 등을) 시굴하다.
wíldcat stríke 조합 본부의 지령 없이 지부가 멋대로 하는 파업.
wíld dúck 물오리.
Wilde[waild], **Oscar**(1856-1900) 영국의 소설가·극작가.
wil·de·beest [wíldəbì:st] *n.* 〖動〗 =GNU.
:**wil·der·ness** [wíldərnis] *n.* ① Ⓒ 황야, 사람이 살지 않는 땅. ② Ⓤ 끝없이 넓음.
wílderness àrea 《美》 (정부 지정의) 자연보호 지역. 「한.
wíld-éyed *a.* 눈이 날카로운; 과격
wíld·fire *n.* Ⓤ 옛날 화공(火攻)에 쓰인 화염제. ***spread like ~*** (소문 등이) 삽시간에 퍼지다.
wíld flòwer 야생의 화초; 그 꽃.
wíld fòwl 엽조(獵鳥).
wíld góose 기러기. 「도).
wíld-góose chàse 헛된 수색〔시
wíld óat (목장에 나는) 야생의 귀리《잡초》; (*pl.*) 젊은 혈기의 난봉 (*sow one's ~s* 젊은 혈기로 방탕을 하다). 「투.
wíld pítch 〖野〗 (투수의) 폭구, 폭
wíld tímes 난세(亂世).
Wíld Wést, the 《美》 (개척 시대의) 미국 서부 지방.
Wíld Wést Shòw 《美》 서부 개척 시대의 풍물을 보여주는 구경거리《사격·사나운 말타기·올가미던지기 등》.
wíld·wòod *n.* Ⓒ 자연림.
wile[wail] *n.* Ⓒ (보통 *pl.*) 책략, 간계(奸計). — *vt.* 속이다(*away, into, from; out of*). ***~ away*** 시간을 이럭저럭 보내다. 「&c.
*__wil·ful__[wílfəl], **&c.** =WILLFULL,
†**will**[1][強 will, 弱 *wəl*, l] *aux. v.* (p. ***would***). ①《단순미래》…할 것이다. ②《의지미래》…할 작정이다. ③《성질·습관·진리》 종종〔늘〕 …하다 (*People ~ talk.* 남의 입이란 시끄러운 법); 원하다; …할 수 있다(*The theater ~ hold two thousand persons.* 그 극장엔 2천명은 들어갈 수 있다). ④《공손한 명령》…해 주십시오(*You ~ not play here.* 이곳에서 놀지 말아 주시오). ⑤《추측》…일 것이다(*He ~ be there now.* 지금쯤은 거기 있을 것이다).
:**will**[2][wil] *n.* Ⓤ,Ⓒ 의지(력); 결의; 소원; 목적; (사람에 대한) 감정(*good* 〔*ill*〕 ~ 선의〔악의〕); Ⓒ 〖法〗 유언(장). ***against one's ~*** 본의 아니게. ***at ~*** 마음대로. ***do the ~ of*** (…의 뜻)에 따르다. ***have one's ~*** 자기 뜻〔의사〕대로 하다. ***with a ~*** 정성껏, 열심히. — *vt.* 결의하다; 바라다; 원하다; 의지의 힘으로 시키다; 유증(遺贈)하다. **willed**[-d] *a.* …할 의사를 가진.
*__will·ful__[wílfəl] *a.* 계획적인, 고의의; 고집 센. **~·ly** *ad.* **~·ness** *n.*

Wil·liam[wíljəm] *n.* 남자 이름.
Wil·liams[-z], **Tennesse** (1914-83) 미국의 극작가《필명》.
wil·lies[wíliz] *n. pl.* (the ~) 《美口》 겁, 섬뜩한 느낌.
:will·ing[wíliŋ] *a.* 기꺼이 …하는(*to* do); 자진해서 하는. ***~·ly** *ad.* ***~·ness** *n.*
will-o'-the-wisp[wíləðəwísp] *n.* Ⓒ 도깨비불; 사람을 호리는 것.
:wil·low[wílou] *n.* Ⓒ 버드나무; 《口》 버드나무 제품. WEEPING ~. **~·y** *a.* 버들이 우거진; 버들 같은; 낭창낭창한; 우아한.
wíll pòwer 의지력, 정신력.
Wil·son [wílsən], **Woodrow** (1856-1924) 미국 제 28대 대통령 (재직 1913-21).
wil·ly-nil·ly[wílinili] *ad.* 싫든 좋든. — *a.* 망설이는, 우유부단한.
wilt[1][wilt] *vi., vt.* (초목이) 시들(게 하)다, 이울(게 하)다; (사람이) 풀이 죽(게 하)다. — *n.* Ⓤ 〖植〗 청고병(青枯病).
wilt[2] *aux. v.* 《古》 =will《주어가 「thou일 때》.
Wil·ton[wíltən] *n.* Ⓒ 융단의 일종.
wil·y[wáili] *a.* 책략이 있는, 교활한.
wim·ble·don[wímbəldən] *n.* 런던 교외의 도시《국제 테니스 선수권 대회 개최지》.
wimp[wimp] *n.* Ⓒ 《口》 겁쟁이.
WIMP[wimp] (< *W*indows *I*cons *M*ouse *P*ull-Down-Menus) *n.* 〖컴〗 윔프《컴퓨터 이용을 쉽게 하는 일련의 사용자 사이틀(interface)》.
wim·ple[wímpəl] *n.* Ⓒ (수녀용의, 원래는 보통 여인도 썼던) 두건; 《英》 잔 물결. — *vt.* 두건으로 싸다; 잔 물결을 일으키다. — *vi.* 잔물결이 일다.
†win[win] *vt.* (**won; -nn-**) ① 쟁취하다; 획득하다; 이기다. ② 명성을 얻다; (노력하여) 이르다; 설득하다; 구워삶아서 결혼을 승낙시키다. — *vi.* 이기다; 다다르다; 소망을 이루다; (노력하여) …이 되다; (사람의 마음을) 끌다(*on, upon*). **~ out** 〔**through**〕 뚫고 나가다, 성공하다. **~ over** 자기편으로 끌어 들이다. 회유하다. — *n.* Ⓒ 승리, 성공; 번 돈; 상금.
wince[wins] *vi.* 주춤〔멈칫〕하다; 움츠리다(*under, at*). — *n.* Ⓒ (보통 *sing.*) 주춤함, 흠칫〔움찔〕함, 움츠림.
winch[wintʃ] *n.* Ⓒ 윈치, 수동(手動)식 크랭크.
Wín·ches·ter (rífle)[wíntʃèstər(-), -tʃəs(-)] *n.* Ⓒ 윈체스터 (연발)총《상표명》.
†wind[1][wind] *n.* ① Ⓤ,Ⓒ 바람; 큰 바람. ② Ⓤ 바람에 불려오는 냄새; 소문. ③ Ⓤ (위·장에 괴는) 가스 (*break* ~ 방귀 뀌다). ④ Ⓤ 숨, 호흡. ⑤ Ⓤ 객담, 빈말. ⑥ (the ~) 《집합적》 관악기(류); Ⓤ (the ~) 《단수 취급》 (오케스트라의) 관악부 (cf. the strings). **before** 〔**down**〕 **the ~** 〖海〗 바람을 등지고, 바람이 불어가는 쪽에. **between ~ and water** (배의) 흘수선에; 급소에. **cast** 〔**fling**〕 **to the ~** 내버리다, 포기하다. **find out how the ~ blows** 〔**lies**〕 풍향(風向)을 살피다; 형세를 엿보다. **get** 〔**recover**〕 **one's ~** 숨을 돌리다. **get ~ of** …한 풍문을 바람결에 듣다. **in the teeth** 〔**eye**〕 **of ~** 바람을 안고. **in the ~** 일어나려고 하여; 진행중에. **kick the ~** 《俗》 교살당하다. **lose one's ~** 숨을 헐떡이다. **off the ~** 〖海〗 바람을 등지고. **on the ~** 바람을 타고. **raise the ~** 《俗》 자금〔돈〕을 모으다. SAIL **close to the ~.** SECOND **~. take the ~ of** (다른 배의) 바람 웃녘으로 나가다; 보다 유리한 지위를 차지하다. **take the ~ out of** ***a person's*** **sails** (아무의) 선수를 치다, …을 앞지르다. **the four ~s** 사면 팔방. — *vt.* 바람에 쐬다, 통풍하다; 낌새 채다; 숨가쁘게 하다; 숨을 돌리게 하다.
:wind[2][waind] *vt.* (**wound**) ① (시계 태엽 등을) 감다; (털실 등을) 감아서 토리를 짓다(*into*); 휘감다. ② 구불구불 나아가다; 교묘히 들맞추다. — *vi.* 휘감기다(*about, round*); 구불구불 구부러지다, 구불구불 나아가다; (시계 태엽이) 감기다; 교묘히 들맞추다. **~ off** 되감다. **~ up** (실 등을) 다 감다; (닻을) 감아 올리다; (시계 태엽을) 감다; 긴장시키다; (연설을) 끝맺다(*by, with*); 결말을 짓다; (회사 따위를) 해산하다(*up*); 〖野〗 (투수가) 팔을 돌리다, 와인드업하다. — *n.* Ⓒ 감는 일, 한 번 감기; 굽이(침).
wind[3] [waind, wind] *vt.* (**~ed, wound**) (피리, 나팔 등을) 불다, 불어 신호하다.
wind·age[wíndidʒ] *n.* Ⓤ,Ⓒ 유극(遊隙)《탄알과 총열과의 틈》; (바람에 의한 탄환의) 편차; (편차를 일으키는) 풍력(風力).
wínd·bàg *n.* Ⓒ (백파이프의) 공기 주머니; 《口》 수다쟁이.
wínd-blòwn *a.* 바람에 날린; (머리를) 짧게 잘라 앞에 착 붙인.
wínd-bòrne *a.* (씨앗 따위가) 바람으로 옮겨지는.
wínd·brèak *n.* Ⓒ 방풍림(林); 바람막이 (설비).
wínd·brèaker *n.* Ⓒ 《美》 스포츠용 재킷의 일종; (W-) 그 상표.
wínd-bròken *a.* 〖獸醫〗 (말이) 천식에 걸린.
wínd·bùrn *n.* Ⓤ,Ⓒ 〖醫〗 풍상(風傷)《바람에 의한 피부 염증》.
wínd·chèater *n.* =PARKA.
wínd còne (비행장의) 원뿔꼴 바람개비(wind sock).
wind·ed[wíndid] *a.* 숨을 헐떡이는; 숨이 …인〔한〕.
wínd·fàll *n.* Ⓒ 바람에 떨어진 과일; 뜻밖의 횡재《유산 등》.
wínd·flòwer *n.* =ANEMONE.

W

wínd·gàuge *n.* Ⓒ 풍력〔풍속〕계.
*__wind·ing__[wáindiŋ] *a.* 굴곡하는, 꼬불꼬불한. ~ ***sheet*** 수의(壽衣). ~ ***staircase*** 나사 층층대. — *n.* Ⓤ 구부러짐, 굽기; 감기; Ⓒ 굴곡(부); 감은 것. 「악기.
wínd ìnstrument 관악기, 취주
wind·jam·mer[wínddʒæ̀mər] *n.* Ⓒ《美口》돛배; 돛배의 선원;《俗》수다쟁이.
wind·lass[wíndləs] *n.* Ⓒ 자아틀, 윈치(winch).
wind·less *a.* 바람 없는, 잔잔한.
:**wind·mill**[wíndmìl] *n.* Ⓒ 풍차;《俗》헬리콥터. ***fight*** 〔***tilt at***〕 **~*s*** 가상(假想)의 적과 싸우다.
†**win·dow**[wíndou] *n.* Ⓒ 창, 창구; 유리창; (우주선의) 재돌입 회랑; 〖컴〗 창, 윈도. ***have all one's goods in the*** (***front***) ~ 겉치레뿐이다, 피상적이다. 「상자.
wíndow bòx (창가에 놓는) 화초
wíndow drèssing 진열창 장식(법); 겉꾸밈.
wíndow énvelope 투명창 봉투《수신인의 주소가 비쳐 보이는》.
wíndow fràme 창틀.
wíndow·pàne *n.* Ⓒ 창유리.
wíndow sàsh (내리닫이 창의) 창문틀. 「이한 걸상.
wíndow sèat 방안의 창 밑에 붙박
wíndow-shòp *vi.* (**-pp-**) 사지 않고 진열창만 보고 다니다.
wíndow sìll 창턱.
wínd·pìpe *n.* Ⓒ 〖解〗 기관(氣管).
wínd pòwer generàtor 풍력 발전기.
wínd-pròof *a.* (옷 따위가) 방풍의.
wínd·ròw *n.* Ⓒ 말리기 위해 죽 널어 놓은 풀〔볏단〕; (바람에 불려서 몰린) 낙엽. — *vt.* (건초 따위를) 늘어놓다.
wínd scàle 〖氣〗 풍력 계급.
wínd·shìeld,《英》**-scrèen** *n.* Ⓒ (자동차 앞의) 바람막이 유리.
wíndshield 〔《英》 **wíndscreen**〕 **wìper** (자동차 따위의) 와이퍼.
wínd slèeve 〔**sòck**〕 =WIND CONE.
*__Wind·sor__[wínzər] *n.* 윈저가(家)《1917년 이래 현재에 이르는 영국의 왕실》. ***Duke of*** ~ =Edward Ⅷ.
Wíndsor cháir 다리·등 모두 가는 나무로 짠 고아(古雅)한 의자.
Wíndsor tíe (검은 비단의) 큰 나비 넥타이.
wínd·stòrm *n.* Ⓒ 폭풍.
wínd-swèpt *a.* 바람에 시달린, 바람에 노출된.
wínd·tìght *a.* 바람이 안 통하는(airtight).
wínd tùnnel 〖空〗 (모형 실험용) 풍동(風洞).
wínd·ùp[wáind-] *n.* Ⓒ 종결, 마무리; 〖野〗 와인드업《투구의 동작》.
wínd vàne 풍향계〔기〕.
wind·ward[wíndwərd] *a., ad.* 바람 불어오는 쪽의〔으로〕. — *n.* Ⓤ 바람 불어오는 쪽. ***get to*** (***the***) ~ ***of*** (다른 배·냄새 따위의) 바람 불어오는 쪽으로 돌다; …을 앞지르다.
:**wind·y**[wíndi] *a.* 바람이 센, 바람받이의; (장(腸)에) 가스가 생기는; 수다스러운; 말뿐인; 공허한.
:**wine**[wain] *n.* ① Ⓤ 포도주; 과실주. ② Ⓒ (포도주처럼) 기운을 돋우는〔취하게 하는〕 것. ③ Ⓤ 붉은 포도줏빛. ***in*** ~ 술에 취하여. ***new*** ~ ***in old bottles*** 새 술은 새 부대에; 옛 형식으로는 다룰 수 없는 새로운 주의. — *vt., vi.* 포도주로 대접하다; 포도주를 마시다.
wíne·bìbber *n.* Ⓒ 술고래, 모주꾼.
wíne·bìbbing *a., n.* Ⓤ 술을 많이 마시는 (일). 「그 포도주.
wíne cèllar 포도주 저장 지하실;
wíne-còlo(**u**)**red** *a.* 포도줏빛의.
wíne còoler 포도주 냉각기.
wíne gállon《美》(현행의) 표준 갤런《231입방인치; 영국은 전에 사용》.
wíne·glàss *n.* Ⓒ 포도주 잔.
wíne·gròwer *n.* Ⓒ 포도 재배 겸 포도주 양조자; (그 곳의) 일꾼.
wíne prèss(**er**) 포도 짜는 기구〔뭉개는 큰 통〕.
wíne réd 포도줏빛.
win·er·y[wáinəri] *n.* Ⓒ 포도주 양조장. 「부대.
wíne·skìn *n.* Ⓒ 포도주 담는 가죽
†**wing**[wiŋ] *n.* Ⓒ ① 날개; 날개 모양을 한〔구실을 하는〕 물건. ②《口·諧》(동물의) 앞발, (사람의) 팔. ③ 〖建〗 날개; 무대의 양 옆. ④ 비행; 〖軍〗 비행단; 《軍口》(*pl.*) (미국 공군의) 기장. ⑤ (보통 *sing.*) 〖政〗 (좌익·우익의) 익. ***add*** 〔***lend***〕 **~*s to*** … 을 촉진하다. ***give*** ~(***s***) ***to*** 날 수 있게 하다. ***on the*** ~ 비행중에; 활동중에; 출발하려고 하여. ***show the*** **~*s*** 〖軍〗 (평시에) 시위 비행을 하다. ***take under one's*** **~*s*** 비호하다. ***take*** ~ 날아가다. ***under the*** ~ ***of*** …의 보호 하에. — *vt.* (…에) 날개를〔깃을〕 달다; 날 수 있게 하다; 속력을 내게 하다; 날(리)다; (새의) 날개·(사람의) 팔에 상처를 입히다. ~ ***its way*** (새가) 날아가다. **~ed** [-d] *a.* 날개 있는; 고속(高速)의; (새가) 날개를 다친; (사람이) 팔을 다친. **∠·less** *a.*
wíng càse 〔**còver, shèath**〕 (곤충의) 시초(翅鞘), 겉날개.
wíng(**ed**) **chàir** 등널의 위쪽 좌우가 날개 모양으로 내민 안락 의자.
wíng commànder《英》공군 중령. 「걸벅적한 파티.
wing·ding[wíŋdiŋ] *n.* Ⓒ《美俗》시
wíng shìp 〖空〗 (편대의) 선두기의 좌〔우〕후방을 나는 비행기.
wíng·spàn *n.* Ⓒ (항공기) 양 날개의 길이.
wíng·sprèad *n.* Ⓒ (곤충·새 등의 펼친) 날개 길이; =⇧.
:**wink**[wiŋk] *vi.* 눈을 깜박이다; 눈짓하다(*at*); 보고도 못 본 체하다(*at*); (별 등이) 반짝이다. — *vt.* (눈을)

깜박이다; 눈짓으로 신호하다. ***like ~ing*** 《俗》 순식간에; 기운차게. — *n.* Ⓒ 눈깜박임; (별 등의) 반짝임; Ⓤ,Ⓒ 눈짓; 순간. ***forty ~s*** (식후의) 걷잠, 수잠. ***not sleep a ~,*** or ***not get a ~ of sleep*** 한숨도 못 자다. ***tip a person the ~*** 《俗》 남에게 눈짓하다. **∠·er** *n.* Ⓒ 깜박이는[눈짓하는] 사람[것]; 《口》 속눈썹.

win·kle[wíŋkəl] *n.* Ⓒ 【貝】 경단고둥류《식용》. — *vt.* 《口》 (조갯살 따위를) 뽑아내다(*out*).

*__win·ner__[wínər] *n.* Ⓒ ① 승리자. ② 이긴 말. ③ 수상자. ④ …을 얻는 사람.

*__wín·ning__ *a.* 결승의; 이긴; 사람의 마음을 끄는, 매력적인. — *n.* Ⓤ 승리; 성공; Ⓒ 상금, 상품.

wínning pòst (경마장의) 결승점, 결승표.

win·now[wínou] *vt.* (곡식에서) 겨를 까부르다(*away, out, from*); (진위 등을) 식별하다; (좋은 부분을) 골라[가려] 내다; 《古》 날개치다. — *vi.* 키질하다; 까부질하다. **~·er** *n.*

wínnowing bàsket [**fàn**] 키.

win·o[wáinou] *n.* Ⓒ 《俗》 주정뱅이, 알코올 중독자.

win·some[wínsəm] *a.* 사람의 마음을 끄는; 쾌활한.

†**win·ter**[wíntər] *n., a.* Ⓤ,Ⓒ 겨울(의); 만년(晩年); Ⓒ 나이, 세(歲). — *vi.* 겨울을 나다; 피한(避寒)하다(*at, in*). — *vt.* (동·식물을) 월동시키다; 얼리다.

wínter·grèen *n.* Ⓒ (북아메리카산) 철쭉과의 상록수류(類); Ⓤ 그 잎에서 얻는 기름.

win·ter·ize[-àiz] *vt.* (자동차·가옥 등에) 방한 장치를 하다(cf. tropicalize).

wínter·kìll *vt., vi.* 《美》 (보리 따위가) 추위로 죽(게 하)다.

wínter slèep 동면(hibernation).

wínter sólstice ⇨SOLSTICE.

wínter·tìme, 《詩》 **-tìde** *n.* Ⓤ 겨울(철).

wínter whèat 가을밀.

*__win·try__[wíntri], **win·ter·y**[wíntəri] *a.* 겨울의[같은]; 겨울다운; 추운; 냉담한.

wín-wín *a.* 《美口》 (교섭 따위에서) 쌍방에 유리한.

win·y[wáini] *a.* 포도주의[같은]《맛·냄새·성질 등》; 포도주에 취한.

*__wipe__[waip] *vt.* 닦다, 훔치다; 닦아내다(*away, off, up*); 비비다, 문지르다. ***~ (a person's) eye*** (아무를) 앞지르다, 선수 치다. ***~ out*** (얼룩을) 빼다; 《비유》 (부끄러움을) 씻다; 전멸 시키다. — *n.* Ⓒ 닦기, 한 번 닦기; 《俗》 찰싹 때리기; 손수건.

wípe-òut, wípe·òut *n.* Ⓒ 전멸; 완패; 《俗》 (파도타기·스키 따위에서) 나가 떨어지기.

:**wire**[wáiər] *n., a.* ① Ⓤ,Ⓒ 철사(로 만든); 전선; 【컴】 줄, 유선. ② Ⓤ 전신; Ⓒ 전보. ③ Ⓤ 철(조)망; Ⓒ (악기의) 금속현(弦). ***be on ~s*** 흥분해[속태우고] 있다. ***get under the ~*** 간신히 시간에 대다. ***pull (the) ~s*** 뒤[배후]에서 조종[책동]하다. — *vt.* 철사로 묶다; 전선을 가설하다[끌다]; (새를) 철망으로 잡다; 《口》 전보를 치다. — *vi.* 《口》 전보치다.

wíre àgency 《美》 통신사.

wíre cùtter 철사 끊는 펜치.

wíre·dàncer *n.* Ⓒ 줄타기 광대.

wíre·dràw *vt.* (**-drew; -drawn**) (금속을) 늘여 철사로 만들다; (시간·의론 등을) 질질 끌다.

wíre·dràwn *a.* (철사처럼) 길게 늘여진; (토론·구별 등이) 지나치게 세밀한.

wíre gàuge 와이어 게이지《철사 굵기를 재는》.

wíre·háir *n.* Ⓒ 털이 빳빳한 테리어개. **~ed** *a.* 털이 빳빳한.

:**wire·less** [∠lis] *a.* 무선(전신)의; 《英》 라디오의. ***~ set*** 라디오 수신기. ***~ station*** 무전국. ***~ telegraph*** [***telephone***] 무선 전보[전화]. — *n.* Ⓤ 무선 전신[전화]; = RADIO. — *vi., vt.* 무전을 치다.

wíre mémory 【컴】 와이어 메모리《자기박막을 도금한 선으로 짠 기억장치》.

wíre nètting 철망.

Wíre·phóto *n.* Ⓒ 【商標】 유선 전송 사진; Ⓤ 그 기술. — *vt.* (w-) (사진을) 유선 전송하다.

wíre-pùller *n.* Ⓒ 흑막.

wíre-pùlling *n.* Ⓤ 이면(裏面)의 책동.

wíre recòrder 철사 자기(磁氣) 녹음기.

wíre recòrding 철사 자기 녹음.

wíre rópe 와이어 로프, 강삭(鋼索).

wíre rópeway 공중 삭도(索道).

wíre scrèen 철망(창)문.

wire sèrvice 통신사.

wíre·tàp *vt., vi.* 도청하다. — *n.* Ⓒ 도청 장치.

wíre·tàpper *n.* Ⓒ 도청하는 사람, 정보꾼.

wir·ing[wáiəriŋ] *n.* Ⓤ 《집합적》 가선(架線).

*__wir·y__[wáiəri] *a.* 철사 같은; 철사로 만든; (사람이) 실팍진.

wis[wis] *vi.* 《英》 알다 《'I ~'의 형태의 삽입절로서》.

WISC Wechsler Intelligence Scale of Children 벡슬러 아동 지능 측정표. **Wis**(**c**)**.** Wisconsin.

*__wis·dom__[wízdəm] *n.* Ⓤ 지혜, 현명; 학문, 지식; 분별; 명언(名言), 금언; 《집합적》 《古》 현인(賢人).

wísdom tòoth 사랑니. ***cut one's ~*** 사랑니가 나다; 철이 나다[들다].

†**wise**[1][waiz] *a.* 현명한, 분별 있는; 영리해 보이는; 학문이 있는; 《美俗》 알고 있는. ***be*** [***get***] ***~ to*** [***on***] 《美俗》 …을 알(고 있)다. ***look ~*** (잘난체) 점잔빼다. ***none the ~r,*** or ***no ~r than*** [***as ~ as***] ***before*** 여전히 모르고. ***put a person ~ to*** …을 아무에게 알리다. ***~ after the event*** (어리석은 자의) 늦꾀《뒤

늦게 깨닫는》. ~ ***woman*** 여자 마술사; 여자 점쟁이; 산파. **∠·ly** *ad.* 현명하게. ***not ~ly but too well*** 방법은 서툴지만 열심히《Sh.》 — *vt., vi.* 《흔히 다음 구로만》 ~ ***up*** 《美俗》 알다, 알리다(*up*).
wise[2] *n.* (*sing.*) 방법; 정도; 양식, …식. ***in any*** ~ 아무리 해도. (***in***) ***no*** ~ 결코 …아니다〔않다〕. ***in some*** ~ 어딘지, 어딘가. ***on this*** ~ 이와 같이.
-wise[wàiz] *suf.* '…와 같이, …의 방향으로'의 뜻.
wise·a·cre[wáizèikər] *n.* Ⓒ 《蔑》 짐짓 아는 체하는 사람, 윤똑똑이.
wíse·cràck *n., vi.* Ⓒ 《口》 재치 있는〔멋진〕 대답(을 하다).
wíse gùy 《美俗》 건방진 놈.
†**wish**[wiʃ] *vt.* ① 바라다, 원하다; …하고 싶어 하다; …면 좋겠다고 생각하다. ② 빌다, 기원하다. — *vi.* 바라다(*for*); …이기를 빌다(*I ~ you a merry Christmas!* 크리스마스를 축하합니다). ***have nothing left to ~ for*** 만족스럽다, 더할 나위 없다. ~ ***on*** 《美俗》 (남에게) 강제하다, 떠맡기다. — *n.* Ⓤ,Ⓒ 소원, 바람; Ⓒ 원하는〔바라는〕 일〔것〕; (*pl.*) 기원.
wísh·bòne *n.* Ⓒ (새 가슴의) Y자 형의 뼈《dinner 후 여흥으로 두 사람이 서로 당겨, 긴 쪽을 쥔 사람은 소원이 이루어진다 함》.
wíshed-fòr *a.* 바라던.
*****wish·ful** [∠fəl] *a.* 원하는(*to* do; *for*); 갖고 싶은 듯한.
wísh fulfil(l)ment 〖心〗 (꿈 따위에 의한) 소원 성취.
wíshful thínking 희망적 관측.
wíshing bòne =WISHBONE.
wish·y-wash·y[wíʃiwàʃi/-wɔ̀ʃi] *a.* (차·수프 등이) 멀건, 묽은; (이야기 따위) 김빠진, 시시한.
wisp[wisp] *n.* Ⓒ (건초 등의) 한 모숨; (머리칼의) 다발; 작은 것; 도깨비불(will-o'-the-wisp); =WHISK BROOM.
*****wis·te·ri·a** [wistíəriə] *n.* Ⓤ,Ⓒ 등나무.
wist[wist] *v.* wit[2]의 과거(분사).
*****wist·ful**[wístfəl] *a.* 탐나는 듯한; 생각에 잠긴.
‡**wit**[1][wit] *n.* ① Ⓤ,Ⓒ 기지, 재치(cf. humor). ② Ⓒ 재치 있는 사람, 재사. ③ Ⓤ 지력, 이해. ④ (*pl.*) (건전한) 정신, 분별. ***at one's ~s'*** 〔***~'s***〕 ***end*** 어찌할 바를 몰라. ***have*** 〔***keep***〕 ***one's ~s about one*** 빈틈이 없다. ***have quick*** 〔***slow***〕 ***~s*** 약삭빠르다〔빠르지 않다〕. ***live by one's ~s*** 약빠르게 처세하다, 이럭저럭 둘러대며 살아가다. ***out of one's ~s*** 제정신을 잃어.
wit[2] *vi., vt.* (***wist; -tt-***) 《古》 알다. ***to*** ~ 즉.
‡**witch**[witʃ] *n.* Ⓒ 마녀; 쭈그렁 할멈, 못된 할멈; 《英》 매혹적인 여자. — *vt.* (…에게) 마법을 쓰다; 호리다. — *a.* 마녀의.
*****wítch·cràft** *n.* Ⓤ 마법; 마력; 매력.
wítch dòctor 마술사.
wítch èlm =WYCH ELM.
wítch·er·y[∠əri] *n.* =WITCHCRAFT.
wítch házel 〖植〗 조롱나무의 일종; 그 잎·껍질에서 낸 약《외상(外傷)용》.
wítch hùnt 《美俗》 마녀 사냥; 《비유》 정적을 박해하기 위한 모함·중상.
wítch·ing *a.* 마력〔매력〕 있는. ***the ~ time of night*** 한밤중.
†**with**[wið, wiθ] *prep.* ① …와 (함께); …의 속에(*mix ~ the crowd*). ② …을 가진〔지니고〕(*a man ~ glasses*). ③ …으로, …을 써서. ④ 《행동의 양식·상태를 나타내어》 …을 사용하여, 보여(~ *care* 주의해서). ⑤ …에 더하여. ⑥ …에 관하여(*What is the matter ~ you?*). ⑦ …때문에; …으로 인하여. ⑧ 보관하여. ⑨ …에 있어서. ⑩ …와 동시〔같은 방향〕에; …의 쪽에(*vote ~ the Democrat*). ⑪ …와 (떨어져)(*part ~ a thing* 물건을 내놓다). ⑫ …을 상대로. ⑬ (…의 허가)를 받고. ⑭ …에도 불구하고.
with·al[wiðɔ́:l, wiθ-] *ad.* 《古》 그 위에, 게다가; 또한. — *prep.* 《언제나 목적어 뒤에》 …으로써.
‡**with·draw** [wiðdrɔ́:, wiθ-] *vt.* (***-drew; -drawn***) 움츠리다(*from*); 물러서게 하다, 그만두게 하다(*from*); 회수하다(*from*); 철수하다; (특혜 등을) 빼앗다(*from*); 취소하다; (소송을) 취하하다. — *vi.* 물러서다〔나다〕, 퇴출하다; (회 따위에서) 탈퇴하다(*from*); 취소하다; (군대가) 철수하다. ***~·al** *n.*
*****with·drawn**[-drɔ́:n] *v.* withdraw의 과거분사. — *a.* (사람이) 내성적인; 외진, 인적이 드문.
*****with·drew**[-drú:] *v.* withdraw의 과거.
withe[wiθ, wið, waið] *n.* Ⓒ 버들가지; (장작 따위를 묶는) 넌출.
‡**with·er**[wíðər] *vi.* 이울다, 시들다, 말라 죽다(*up*); (애정이) 식다, 시들다(*away*). — *vt.* 이울게〔시들게, 말라 죽게〕 하다(*up*); 쇠퇴시키다, 약해지게 하다; 움츠러들게 하다. **~ed** [-d] *a.* 이운, 시든; 쇠퇴한.
with·ers[wíðərz] *n. pl.* (말 따위의) 두 어깨뼈 사이의 융기.
with·er·shins [wíðərʃìnz] *ad.* 《Sc.》 거꾸로; 태양 운행과 반대 방향으로《불길한 방향》.
*****with·held**[wiðhéld, wiθ-] *v.* withhold의 과거(분사).
*****with·hold** [wiðhóuld, wiθ-] *vt.* (***-held***) 억누르다; 주지〔허락하지〕 않다(*from*); 보류하다.
withhólding tàx 원천 과세.
†**with·in**[wiðín, wiθ-] *prep.* ① …의 안쪽에〔으로〕, …속〔안〕에. ② …의 한도 내에(서), …이내에〔로〕, …의 범위내에서. — *ad.* 안에, 속으로; 옥내〔집안〕에; 마음 속에.
†**with·out**[wiðáut, wiθ-] *prep.* …없이; …하지 않고; …이 없으면; …의 밖에(서). ***do*** 〔***go***〕 ~ …없이 때

우다. ～ *day* 무기한으로. ～ *leave* 무단히. ～ *reserve* 사양 않고, 거리낌 없이. — *ad.* 외부에; 집 밖에; 외〔표〕면은; …없이. — *conj.* 《古·方》…하지 않고서는.

***with·stand**[wiðstǽnd, wiθ-] *vt.* (*-stood*) (…에) 저항하다; (…에) 반항〔거역〕하다; (…에) 잘 견디다.

***with·stood**[-stúd] *v.* withstand의 과거(분사).

with·y[wíði] *n.* 《주로 英》=WITHE.

wít·less *a.* 우둔한.

:wit·ness[wítnis] *n.* ① Ⓒ 〖法〗 증인, 목격자. ② Ⓤ 증거, 증언. ③ Ⓒ 연서인(連署人). *bear* ～ *to* 〔*of*〕 …의 증거가 되다, …을 입증하다. *call a person to* ～ …을 증인으로 세우다. — *vt.* 목격하다; (증인으로서) 서명하다. — *vi.* 증언하다(*against, for, to*). *W- Heaven!* 《古》 하느님 굽어 살피소서.

wítness bòx 〔《美》 **stànd**〕 증인석.

wit·ti·cism[wítəsìzəm] *n.* Ⓒ 재치 있는 말, 명언; 익살.

wit·ting[wítiŋ] *a.* 《古》 알고 있는; 고의로, 알면서. ～**·ly** *ad.*

***wit·ty**[wíti] *a.* 재치〔기지〕 있는, 익살 잘 떠는. **wít·ti·ly** *ad.* **wít·ti·ness** *n.*

wive[waiv] *vt., vi.* (여자와) 결혼하다; 장가들다.

:wives[waivz] *n.* wife의 복수.

:wiz·ard[wízərd] *n., a.* Ⓒ (남자) 마술사; 요술쟁이; 《口》 천재, 귀재(鬼才), 천재적인, 굉장한. ～**·ry** *n.* Ⓤ 마술, 마법.

wiz·en(ed)[wízn(d)] *a.* 바싹 마른, 시든.

wk(s) week(s); work(s); wreck(s). **w.l.** water line; wave length. **w. long.** west longitude. **wmk.** water mark. **WMO** World Meteorological Organization (유엔) 세계 기상 기구. **WNW** west-north-west. **WO, W.O.** wait order; War Office; warrant officer.

wo[wou] *int.* 우어!《말을 멈추는 소리》.

woad[woud] *n.* Ⓤ 〖植〗 대청(大青); 그 잎에서 낸 물감.

wob·ble[wábəl/-ɔ́-] *vi.* 동요하다, 떨리다; (마음·방침 등이) 흔들리다, 불안정하다. — *n.* Ⓒ (보통 *sing.*) 비틀거림, 동요; 불안정.

Wo·den[wóudn] *n.* 앵글로색슨의 주신(主神)《북유럽 신화의 Odin에 해당함》.

:woe[wou] *n.* Ⓤ 비애; (큰) 고생, 고뇌; (*pl.*) 재난. — *int.* 슬프도다!, 아아! *W- be to* 〔*betide*〕 …은 화가 있을진저, …의 재앙이 있으라. *W-worth the day!* 오늘은 왜 이렇게 재수가 없을까.

woe·be·gone[ˊbigɔ̀(ː)n, -ɑ̀n] *a.* 수심〔슬픔〕에 잠긴, 비통한.

***woe·ful**[ˊfəl] *a.* 슬픔에 찬, 비참한; 애처로운; 《諧》 심한, 지독한(～ *ignorance* 일자무식). ～**·ly** *ad.*

:woke[wouk] *n.* wake[1]의 과거(분사).

wok·en[wóukən] *v.* wake[1]의 과거분사.

wold[would] *n.* Ⓤ,Ⓒ 《英》 (불모의) 고원(高原).

†wolf[wulf] *n.* (*pl.* **wolves**) Ⓒ 이리; 잔인한〔탐욕스런〕 사람; 《口》 색마, 엽색꾼. *cry* ～ 거짓말을 하여 법석 떨게 하다. *keep the* ～ *from the door* 굶주림을 면하다. *a* ～ *in a lamb's skin* 양의 탈을 쓴 이리. — *vi.* 이리 사냥을 하다. — *vt.* 게걸스레 먹다(*down*). ˊ**·ish** *a.* 이리 같은; 잔인한; 탐욕스런.

wólf càll (젊은 여성을 놀리는) 휘파람.

wólf·hòund *n.* Ⓒ (옛날 이리 사냥에 쓰던) 큰 사냥개.

wolf·ram[wúlfrəm] *n.* 〖化〗 =TUNGSTEN; =⇩.

wolf·ram·ite[wúlfrəmàit] *n.* Ⓤ 볼프람 철광, 흑중석광(黑重石鑛).

wol·ver·ine, -ene[wùlvəríːn/ˊ-ˋ] *n.* Ⓒ (미국 북부산) 오소리류(類); Ⓤ 그 모피.

:wolves[wulvz] *n.* wolf의 복수.

†wom·an[wúmən] *n.* (*pl.* **women**) Ⓒ (성인) 여자; 부인; 《집합적; 단수·무관사》 여성; (the ～) 여자다움; 《주로 方》 아내; 하녀. *make an honest* ～ *of* (애인 등을) 정식 아내로 삼다. *play the* ～ 여자같이 굴다. ～ *of the world* 산전 수전 겪은 여자. — *a.* 여자의. *～**·hood** [-hùd] *n.* Ⓤ 여자임; 여자다움; 《집합적》 여성. ～**·ish** *a.* 여성 특유의; 여자 같은. ～**·like**[-làik] *a.* 여자 같은; 여자다운; 여성에게 알맞은. *～**·ly** *a.* 여자 같은; 여자다운; 여성에게 어울리는.

wóman·kìnd *n.* Ⓤ 《집합적》 여성.

wóman súffrage 여성 참정권.

***womb**[wuːm] *n.* Ⓒ 자궁(子宮); 《비유》 사물이 발생하는 곳. *from the* ～ *to the tomb* 요람에서 무덤까지. *in the* ～ *of time* 장래.

wom·bat[wámbæt/wɔ́mbət] *n.* Ⓒ 웜바트《오스트레일리아의 곰 비슷한 유대(有袋) 동물》.

†wom·en[wímin] *n.* woman의 복수.

wómen·fòlk(s) *n. pl.* 부인, 여성; 여자들.

won[1][wɑn/wɔn] *n. sing. & pl.* 원《한국의 화폐 단위》.

:won[2][wʌn] *v.* win의 과거(분사).

†won·der[wʌ́ndər] *n.* ① Ⓤ 놀라움, 불가사의. ② Ⓒ 놀라운 사물〔일〕. *and no* ～ …도 무리가 아니다, 당연한 이야기다. *a* NINE *day's* ～. *do* 〔*work*〕 ～*s* 기적을 행하다. *for a* ～ 이상하게도. *in* ～ 놀라서. *No* 〔*Small*〕 ～ (*that*) …도 이상하지 않다. *to a* ～ 놀랄 만큼. — *vi., vt.* 이상하게 생각하다(*that*); 놀라다(*at, to*); …이 아닐까 생각하다, 알고 싶어지다(*if, whether, who, what, why, how*). ～**·ing** *a.* 이상한 듯한《표정 따위》. ～**·ment** *n.* Ⓤ 놀라움, 경이.

wónder bòy 사업〔사교〕에 성공한 청년, 시대의 총아.

†**won·der·ful**[wʌ́ndərfəl] *a.* ① 놀라운, 이상한. ② 《口》 굉장한. **~·ly** *ad.* **~·ness** *n.*

wónder·lànd *n.* Ⓤ 이상한 나라.

wónder-strùck, -strìcken *a.* 아연한, 깜짝 놀란.

˙**won·drous**[wʌ́ndrəs] *a.* 《詩·雅》 놀라운, 이상한. ── *ad.* 《古》 놀랄 만큼.

:**wont**[wɔːnt, wount, wʌnt] *a.* 버릇처럼 된, (버릇처럼) 늘 …하는(*to* do). ── *n.* Ⓤ 습관, 풍습. **~·ed** [∠id] *a.* 버릇처럼 된, 예(例)의.

†**won't**[wount, wʌnt] will not의 단축.

˙**woo**[wuː] *vt.* 구혼〔구애〕하다; (명예 등을) 추구하다; (아무에게) 조르다(*to* do). **∠·ed** *n.*

†**wood**[wud] *n.* ① Ⓒ (종종 *pl.*) 숲, 수풀. ② Ⓤ,Ⓒ 나무, 재목; 목질(木質). ③ Ⓤ 장작, 땔나무. ④ (the ~) (술)통. ⑤ (the ~) 목관 악기; 《집합적》 (악단의) 목관 악기부; (*pl.*) (악단의) 목관 악기 주자들. ***cannot see the ~ for the trees*** 작은 일에 구애되어 대국을 그르치다. ***from the ~*** (술 따위) 술통에서 갓낸. ***out of the ~(s)*** 어려움을〔위기를〕 벗어나. ── *a.* 나무로 만든. ── *vt.* 재목〔장작·수목〕을 공급하다; 식림(植林)하다. ── *vi.* 목재〔장작〕를 모아두다. ˙**~·ed**[∠id] *a.* 나무가 무성한; 《복합어로》 …한 목질의.

wóod álcohol 〔**spìrit**〕 메틸알코올.

wóod·bìne *n.* Ⓤ 인동덩굴; 양담쟁이.

wóod blòck 목판(화); (포장용) 나무 벽돌.

wóod càrving 목각; 목각술.

wóod·chùck *n.* Ⓒ 〖動〗 (북아메리카산) 마못류(類).

wóod·còck *n.* Ⓒ 〖鳥〗 누른도요.

wóod·cràft *n.* Ⓤ 숲(사냥)에 관한 지식; 목공〔목각〕술; 삼림학(學).

wóod·cùt *n.* Ⓒ 목판(화).

˙**wóod·cùtter** *n.* Ⓒ 나무꾼; 목판조각가.

:**wood·en**[wúdn] *a.* ① 나무의, 나무로 만든. ② 무뚝뚝한, 얼빠진.

wóod engràving 목각술; 목판화.

wóoden-hèaded *a.* 《口》 얼빠진.

Wóoden Hórse 트로이의 목마(cf. Trojan horse).

wóoden·wàre *n.* Ⓤ 《집합적》 나무 기구《통·바리때·밀방망이 따위》.

:**wood·land**[wúdlənd, -lǣnd] *n., a.* Ⓤ 삼림지(森林地)(의). **~·er** *n.*

wóod làrk 종다리의 일종.

˙**wood·man**[wúdmən] *n.* Ⓒ 나무꾼; 《英》 영림서원; 숲에서 사는 사람.

wóod·nòte *n.* Ⓒ 숲의 가락〔노래〕《새의 지저귐 따위》; 소박한 시(詩).

wóod nýmph 숲의 요정.

˙**wóod·pècker** *n.* Ⓒ 딱따구리.

wóod·pìle *n.* Ⓒ 장작 더미.

wóod pùlp (제지용) 목재 펄프.

wóod·rùff *n.* Ⓒ 〖植〗 선갈퀴.

wóod·shèd *n.* Ⓒ 장작 쌓는 헛간.

woods·man[∠zmən] *n.* Ⓒ 숲에 사는 사람; =LUMBERMAN; 사냥꾼.

wóod sòrrel 〖植〗 괭이밥류(類).

wóod tàr 목(木)타르.

wóod thrùsh (북아메리카 동부산) 개똥지빠귀의 일종.

wóod tùrning 녹로(轆轤) 세공, 갈이질.

wóod wìnd 목관 악기; (*pl.*) (오케스트라의) 목관 악기부.

wóod wòol (충전(充塡)용) 고운 대팻밥(excelsior).

˙**wóod·wòrk** *n.* Ⓤ 나무 제품; (가옥의) 목조부.

wóod·wòrm *n.* Ⓒ 〖蟲〗 나무좀.

˙**wood·y**[∠i] *a.* ① 나무가 무성한. ② 나무의, 목질(木質)의.

woof[wuːf] *n.* (the ~) 《집합적》 (피륙의) 씨(줄)(opp. warp).

†**wool**[wul] *n.* Ⓤ 양털; 털실; 모직물; 모직의 옷; 양털 모양의 물건; (흑인 등의) 고수머리. ***go for ~ and come home shorn*** 혹 떼러 갔다가 혹 붙여 오다. ***much cry and little ~*** 태산 명동(泰山鳴動)에 서일필(鼠一匹). ── *a.* 모직의.

:**wool·en,** 《英》 **wool·len**[wúlən] *a.* 양털(제)의. ── *n.* (*pl.*) 모직물; 모직의 옷.

Woolf[wulf], **Virginia**(1882-1941) 영국의 여류 소설가.

wóol·gàthering *n., a.* Ⓤ 얼빠짐, 멍청한; 방심(한).

wóol·gròwer *n.* Ⓒ 목양(牧羊)업자.

˙**wool·(l)y**[wúli] *a.* ① 양털(모양)의. ② 〖動·植〗 털〔솜털〕로 덮인. ③ (생각, 소리가) 희미한. ── *n.* (*pl.*) 《口》 모직의 옷《특히 스웨터 등》.

wóolly-héaded, -mínded *a.* 생각이 혼란된, 머리가 멍한.

wóol·pàck *n.* Ⓒ 양모 한 짝《보통 240 파운드》; 뭉게구름.

wóol·sàck *n.* Ⓒ 양털 부대; (the ~) 《英》 대법관〔상원 의장〕의 자리〔직〕.

wooz·y[wú(ː)zi] *a.* 《口》 (술 따위로) 멍청해진, 멍한.

Worces·ter·shire [wústərʃìər, -ʃər] *n.* 영국 남서부의 구주(舊州); Ⓤ 우스터소스《보통의 소스》.

Worcs. Worcestershire.

†**word**[wəːrd] *n.* ① Ⓒ 말, 단어; 〖컴〗 낱말, 워드(machineword). ② Ⓒ (종종 *pl.*) (짧은) 이야기, 담화, (입으로 하는) 말(*a ~ of praise*). ③ Ⓒ 명령(*His ~ is law.* 그의 명령은 곧 법률이다); 암호; 약속. ④ Ⓤ 기별, 소식. ⑤ (*pl.*) 말다툼. ⑥ (*pl.*) 가사(歌詞). ⑦ (the W-) 성서(the Word of God); (예수로 표상되는) 하느님의 뜻. ***be as*** GOOD ***as one's ~.*** ***big ~s*** 호언 장담. ***break one's ~*** 약속을 어기다. ***bring ~*** 알리다. ***by ~ of mouth*** 구두로. ***eat one's ~s*** 식언하다. ***give*** 〔***pledge, pass***〕 ***one's ~*** 약

속하다. ***hang on a person's ~s*** 아무의 말을 열심히 듣다. ***have the last ~*** 논쟁에서 상대방을 이기다; 최후의 단을 내리다. ***have ~s with*** …와 말다툼하다. ***in a* 〔*one*〕 *~*** 요컨대. ***keep one's ~*** 약속을 지키다. ***man of his ~*** 약속을 지키는 사람. ***My ~!*** 이런! ***on* 〔*with*〕 *the ~*** 말이 떨어지기가 무섭게. ***take a person at his ~*** 남의 말을 곧이듣다. ***the last ~*** 마지막〔결론적인〕 말; 유언; 《口》 최신 유행〔발명〕품; 최우수품, 최고 권위. ***upon my ~*** 맹세코; 이런! ***~ for ~*** 축어적으로, 한마디 한마디. ***~ of honor*** 명예를 건 약속〔언명(言明)〕. — *vt.* 말로 표현하다〔나타내다〕. **∠·ing** *n.* (*sing.*) 말씨, 어법. ***∠·less** *a.* 말 없는, 무언의; 벙어리의.

word·age[∠idʒ] *n.* Ⓤ 말씨; 어휘.

wórd·bòok *n.* Ⓒ 단어집; 사전; (가극 따위의) 가사집(歌詞集).

wórd èlement 어요소(語要素)《복합어를 만듦; 보기 electro-》.

wórd-for-wórd *a.* (번역이) 축어적(逐語的)인.

wórd òrder 〖文〗 어순(語順).

wórd pàinter 생기 있는 글을 쓰는 사람.

wórd·plày *n.* Ⓒ 말다툼, 언쟁; 익살, 둘러대기.

wórd pròcessing 〖컴〗 워드 프로세싱《생략 WP》(~ *program* 워드 프로세싱 프로그램 / ~ *system* 워드 프로세싱 시스템〔체계〕).

wórd pròcessor 〖컴〗 워드 프로세서, 문서〔글월〕처리기.

wórd splìtting 말의 너무 세세한 구별, 어법의 까다로움.

Words·worth [wə́ːrdzwə(ː)rθ], **William**(1770-1850) 영국의 자연파 계관 시인.

word·y[wə́ːrdi] *a.* 말의; 말이 많은; 장황한. **wórd·i·ness** *n.* Ⓤ 말이 많음, 수다(스러움).

†wore[wɔːr] *v.* wear의 과거.

†work[wəːrk] *n.* ① Ⓤ 일; 직업; 노동, 공부, 직무; 사업; 짓; 〖理〗 일(의 양). ② Ⓒ 제작물; (예술상의) 작품, 저작; (보통 *pl.*) 토목〔방어〕 공사. ③ (*pl.*) 《흔히 복합어로》 공장; (기계의) 움직이는 부분, 장치, 기계. ④ (*pl.*) 〖神〗 (신이 하신) 일. ***at ~*** 일하고, 운전〔활동〕 중에. ***fall* 〔*get, go*〕 *to ~*** 일에 착수하다; 작용하기 시작하다. ***in ~*** 취업하여. ***make short ~ of*** …을 재빨리 해치우다. ***man of all ~*** 만능꾼. ***out of ~*** 실직하여. ***set to ~*** 일에 착수(케)하다. ***~ in process*** 반제품. ***~ in progress*** (문예·미술 등의) 미완성품. ***~ of art*** 예술품. — *vi.* (*~ed, wrought*) ① 일하다, 작업을 하다(*at, in*). ② 공부하다, 노력하다(*against, for*). ③ 근무하고 있다, 바느질하다. ④ (기관·기계 등이 효과적으로) 움직이다, 돌다, 운전하다; 서서히〔노력하여〕 나아가다〔움직이다〕. ⑤ 발효(醱酵)하다. ⑥ 순조롭게〔잘〕 되어가다; 작용하다. ⑦ (마음·얼굴 등이) 심하게 움직이다, 실룩거리다. — *vt.* ① 일시키다; (사람·마소 등을) 부리다; (손가락·기계 따위를) 움직이다; (차·배 등을) 운전하다; (광산·사업 등을) 경영하다. ② (계획 등을) 실시하다, 세우다. ③ (문제 등을) 풀다. ④ 초래하다, (영향 따위를) 생기게 하다, 행하다. ⑤ 서서히〔애써서〕 나아가게 하다. ⑥ 세공(細工)하다; 반죽하다. ⑦ 단련하다; (사람을) 차차로 움직이다; 흥분시키다(*into*). ⑧ 발효시키다. ⑨ 《口》 (아무를) 움직여〔속여서〕 …을 얻다. ***~ away*** 계속해〔부지런히〕 일하다. ***~ in*** 삽입하다; 조화되다. ***~ loose*** 느슨해지다. ***~ off*** 서서히 제거하다; 처리하다. ***~ on* 〔*upon*〕** …에 작용하다; =work away. ***~ one's way*** 일하면서 여행하다; 애써서 나아가다. ***~ out*** (계획을) 세밀하게 세우다; (문제 등을) 풀다; (광산을) 다 파서 바닥내다, 써서 낡게 하다; (빚을 돈으로 갚는 대신) 일하여 갚다; 연습시키다; 애써서 완성하다; (합계를) 산출하다; (사람을) 지치게 하다; 결국 …이 되다. ***~ up*** 점차로 만들어내다; 서서히 흥분시키다, 선동하다; (이야기의 줄거리 따위를) 발전시키다(*to*); 정성들여 만들다; 뒤섞다; 대성〔집성〕하다. — *a.* 일하는, 노동의〔을 위한〕.

work·a·day[wə́ːrkədèi] *a.* 일하는 날의, 평일의; 평범한; 실제적인.

wórk àrea 〖컴〗 작업 영역.

wórk·bàg *n.* Ⓒ (특히, 재봉의) 도구 주머니. 「히 재봉〔바느질〕의》.

wórk·bàsket *n.* Ⓒ 도구 바구니《특

wórk·bènch *n.* Ⓒ (목수·직공 등의) 작업대; 〖컴〗 작업대.

wórk·bòok *n.* Ⓒ 연습장; 규정집, (예정·완성한) 작업 일람표.

wórk càmp 워크캠프《강제 노역장(勞役場); 종교 단체의 근로 봉사를 하는 모임》.

wórk·dày *n.* Ⓒ 작업일, 근무일; (하루의) 취업 시간. — *a.* =WORKADAY.

:wórk·er *n.* Ⓒ ① 일〔공부〕하는 사람, 일손, 일꾼, 노동자; 세공장(匠). ② 일벌, 일개미 (따위).

wórk fòrce 노동 인구, 노동력.

wórk·hòuse *n.* Ⓒ 《美》 소년원 (경범죄자의) 취〔노〕역소; 《英》 구빈원(救貧院).

:wórk·ing *n.* ① Ⓒ 작용. ② Ⓤ 일, 작동, 활동; 노동; 운전; 경영. ③ Ⓒ (보통 *pl.*) (광산·채석장 등의) 작업장. — *a.* 일하는; 노동(자)의; 작업(용)의; 경영의; 실제로 일하는, 실용의; 유효한.

wórking càpital 운전 자본.

wórking clàss(es) 노동 계급.

wórking clòthes 〔drèss〕 작업복.

wórking còuple 맞벌이 부부.

wórking dày =WORKDAY (*n.*)

wórking dràwing 공작도(圖), 설

계도; (공사의) 시공도.
wórking expènses 경영비.
wórking fàce (광산의) 막장, 채굴장.
wórking fùnd 운전 자금.
*__wórking·màn__ *n.* Ⓒ 노동자, 장색, 공원(工員).
wórking pàrty 특별 작업반; 《英》 (기업의 능률 향상을 위한) 노사(勞使)위원회.
wórk lòad 작업 부담량.
:__work·man__ [wə́:rkmən] *n.* Ⓒ 노동자, 장색. ~·**like** [-làik] *a., ad.* 직공다운; 능숙한; 능란하게; 솜씨 있게; 《종종 蔑》 손재간 있는. *~·**ship** [-ʃip] *n.* Ⓤ (장색의) 솜씨; (제품의) 완성된 품; (제)작품.
wórkmen's compensátion 노동자 재해 보상〔수당〕.
wórk·òut *n.* Ⓒ (경기의) 연습, 연습경기; (일반적으로) 운동; 고된 일.
wórk·pèople *n.* 《집합적, 복수 취급》 《英》 노동자들.
wórk·ròom *n.* Ⓒ 작업실.
wórks còuncil 《英》 공장 협의회; 노사(勞使) 협의회.
wórk shèet 〖會計〗 시산표(試算票).
*__work·shop__ [∠ʃàp/-ʃɔ̀-] *n.* Ⓒ 작업장, 일터; 공장; 《美》 강습회, 연구회.
wórk·stàtion *n.* Ⓒ 〖컴〗 작업(실) 전산기.
wórk·tàble *n.* Ⓒ 작업대.
wórk·wèek *n.* Ⓒ 주당 노동 시간〔일수〕.
work·wom·an [∠wùmən] *n.* (*pl.* **-women**) Ⓒ 여자 노동자; 침모.
†**world** [wə:rld] *n.* ① (the ~) 세계, 지구; 지구상의 한 구분. ② Ⓒ (보통 the ~) 분야, …계(界). ③ (the ~) 인류. ④ Ⓒ (보통 the ~) 세상; 세상사(事), 인간사. ⑤ Ⓒ 별, 천체. ⑥ Ⓒ 이승. ⑦ (the ~) 만물, 우주; 광활한 퍼짐〔범위〕. ⑧ (a 〔the〕 ~) 다수, 다량(*of*). ***as the ~ goes*** 일반적으로 말하면. ***come into the ~*** 태어나다. ***for all the ~*** 무슨 일이 있어도; 아무리 보아도, 꼭. ***for the ~*** 세상 없어도. ***get on in the ~*** 출세하다. ***How goes the ~ with you?*** 경기〔재미〕가 어떠십니까. ***in the ~*** 《의문사 다음에 써서》 도대체. ***make the best of both ~s*** 세속(世俗)의 이해와 정신적 이해를 조화시키다. ***man of the ~*** 세상 경험이 많은 사람. ***the next*** 〔***other***〕 ***~*** 저승, 내세(來世). ***to the ~*** 《俗》 아주, 완전히. ***~ without end*** 영원히.

Wórld Cóurt, the 국제 사법 재판소.
Wórld Cùp, the 월드컵《세계 축구 선수권 대회(배)》.
wórld-fámous *a.* 세계적으로 유명한.
wórld féderalism 세계 연방주의.
wórld féderalist 세계 연방주의자.
Wórld Ísland 세계섬《유럽·아시아·아프리카의 총칭》.
wórld lánguage 국제어《Esperanto 따위》.
world·ling [wə́:rldliŋ] *n.* Ⓒ 속인, 속물(俗物).
:__world·ly__ [wə́:rldli] *a.* ① 이 세상의, 현세의. ② 세속적인. **wórld·li·ness** *n.* Ⓤ 속된 마음.
wórldly-mínded *a.* 명리(名利)를 쫓는, 세속적인.
wórldly·wíse *a.* 세재(世才)가 뛰어난, 세상 물정에 밝은.
wórld pówer 세계 열강.
wórld séries 〖野〗 월드시리즈, 전미(全美) 프로 야구 선수권 대회.
wórld('s) fáir 세계 박람회.
wórld-shàking *a.* 세계를 뒤흔드는; 중대한.
wórld sóul 세계 정신.
wórld spírit 신; 우주를 움직이는 힘.
wórld vìew 세계관.
Wórld Wár I 〔**II**〕 [-wɔ́:r wʌ́n 〔tú:〕] 제 1 〔2〕차 세계 대전.
wórld-wèary *a.* 세상이 싫어진, 생활에 지친.
:__world·wide__ [∠wáid] *a.* 세상에 널리 알려진〔퍼진〕, 세계적인.
Wórld Wíde Wéb 〖컴〗 월드 와이드 웹《인터넷에 존재하는 정보 공간; 생략 WWW》.
:__worm__ [wə:rm] *n.* Ⓒ ① 벌레《지렁이·구더기 따위 같이 발이 없고 물렁한 것》. ② 벌레 같은 모양〔동작〕의 물건《나삿니 따위》. ③ (*pl.*) 기생충병. ***A ~ will turn.*** 《속담》 지렁이도 밟으면 꿈틀한다. ── *vi.* 벌레처럼 기다, 기듯 나아가다(*into, out of, through*); 교묘히 환심을 사다(*into*). ── *vt.* ① (벌레처럼) 서서히 나아가게 하다; 서서히 들어가게하다(*into*). ② (비밀을) 캐내다(*out, out of*). ③ 벌레를 없애다. ∠·**y** *a.* 벌레가 붙은〔먹은, 많은〕; 벌레 같은.
wórm-eàten *a.* 벌레 먹은; 케케묵은.
wórm gèar(ing) 〖機〗 웜 기어 (장치).
wórm·hòle *n.* Ⓒ (나무·과실 등의) 벌레 구멍.
wórm whèel 〖機〗 웜 톱니바퀴.
wórm·wòod *n.* Ⓤ 다북쑥속(屬)의 식물; 고민.
:__worn__ [wɔ:rn] *v.* wear의 과거 분사. ── *a.* ① 닳아〔낡아〕빠진. ② 녹초가 된.
*__wórn-óut__ *a.* ① 다 써버린; 닳아빠진. ② 진부한.
†**wor·ry** [wə́:ri, wʌ́ri] *vt* ① 괴롭히다, 걱정〔근심〕시키다. ② 물어뜯어 괴롭히다; 물고 흔들다. ── *vi.* ① 걱정〔근심〕하다, 괴로워하다(*about*). ② (개 따위가) 동물《쥐·토끼 등을》 물어뜯어 괴롭히다. ***I should ~.*** 《美口》 조금도 상관 없네. ***~ along*** 고생하며 헤쳐 나아가다. ── *n.* Ⓤ 근심, 걱정, 고생; Ⓒ 걱정거리, 고생거리. *__wor·ried__ [-d] *a.* 곤란한, 당혹한; 걱정스런. **wor·ri·er** [-ər] *n.* Ⓒ 괴롭히는 사람; 잔걱정이 많은 사람. **wór·ri·ment** *n.* Ⓤ 《美口》 걱정, 근심, 괴로움. **wór·ri·some** *a.* 귀찮은; 성가신.

wórry·wàrt *n.* Ⓒ 군걱정이 많은 사람.

†**worse**[wəːrs] *a.*《bad, evil, ill의 비교급》 더욱 나쁜. ***be ~ off*** 살림이 어렵다. ***(and) what is ~,*** or ***to make matters ~*** 설상가상으로. — *ad.*《badly, ill의 비교급》 더욱 나쁘게. — *n.* Ⓤ 더욱 나쁜 일[물건](*a change for the ~* 악화). ***have* [*put to*] *the ~*** 패배하다[시키다].

wors·en[wə́ːrsən] *vt., vi.* 악화시키다[하다].

:**wor·ship**[wə́ːrʃip] *n.* Ⓤ ① 숭배, 경모. ② 예배(식). ③ 각하(閣下). ***place of ~*** 교회. ***Your* [*His*] *W-*** 각하. — *vt., vi.* (《英》 ***-pp-***) ① 숭배[존경]하다. ② 예배하다. **-ful** [-fəl] *a.* 존경할 만한; 경건한. *~·(p)**er** *n.* Ⓒ 숭배[예배]자.

†**worst**[wəːrst] *a.*《bad, evil, ill의 최상급》 가장 나쁜. — *ad.*《badly, ill의 최상급》 가장 나쁘게. — *n.* (the ~) 최악의 것[상태·일]. ***at (the) ~*** 아무리 나빠도; 최악의 상태인. ***get* [*have*] *the ~ of it*** 패배하다, 지다. ***give (a person) the ~ of it*** (아무를) 지우다. ***if (the) ~ comes to (the) ~*** 최악의 경우에는. ***put (a person) to the ~*** (아무를) 지우다. — *vt.* 지우다, 무찌르다.

wor·sted[wústid, wə́ːr-] *n.* Ⓤ 소모사(梳毛絲), 털실; 소모직물. — *a.* 털실의, 털실로 만든.

wort[wəːrt] *n.* Ⓤ 맥아즙(麥芽汁)《맥주 원료》.

†**worth**[wəːrθ] *pred. a.* …만큼의 값어치가 있는; …만큼의 재산이 있는. ***for all one is ~*** 전력을 다하여. ***for what it is ~*** (사실 여부는 어쨌든) 그런 대로, 진위 선악은 차치하고. ***~ (one's) while*** 시간을 들일[애쓸] 만한 가치가 있는. — *n.* Ⓤ 값어치; (일정한 금액에) 상당하는 분량; 재산. *∠·**less** *a.* 가치 없는.

*__wórth·whíle__ *a.* 할 만한 가치가[보람이] 있는.

:**wor·thy**[wə́ːrði] *a.* ① 가치 있는, 훌륭한, 상당한. ② (…하기에) 족한, (…할) 만한; (…에) 어울리는(*of; to* do). — *n.* Ⓒ 훌륭한 인물, 명사. **wór·thi·ly** *ad.* **wór·thi·ness** *n.*

†**would**[wud, 弱 wəd, əd] *aux. v.*《will의 과거》 ①《미래》 …할 것이다; …할 작정이다. ②《과거 습관》 가끔[곧잘] …했다. ③《소원》 …하고 싶다, …하여 주시지 않겠습니까. ④《가정》 …할 텐데, 하였을 것을; 기어코 …하려고 하다. ⑤《추량》 …일 것이다.

*__would·be__[wúdbìː] *a.* ① 자칭(自稱)의, 제딴은 …인 줄 아는. ② …이 되고 싶은[되려고 하는].

†**would·n't**[wúdnt] would not의 단축.

wouldst[wudst] *aux. v.* 《古·詩》「=WOULD.

:**wound**[1][wuːnd] *n.* Ⓒ ① 부상, 상처. ② 손해; 고통; 굴욕. — *vt.* 상처를 입히다; (감정 등을) 해치다. :~·**ed**[∠id] *a.* 부상한, 상처 입은(*the ~ed* 부상자들).

wound[2][waund] *v.* wind[2]의 과거(분사).

:**wove**[wouv] *v.* weave의 과거(분「사).

:**wo·ven**[wóuvən] *v.* weave의 과거분사.

wóve pàper 투명 그물 무늬가 있「는 종이.

wow[wau] *n.* (*sing.*)《美俗》(연극 따위의) 대히트; 대성공. — *int.* 야아, 이거 참.

wow·ser[wáuzər] *n.* Ⓒ《濠》극단적인 결벽가(潔癖家);《美俗》흥을 깨는 사람.

WP, w.p. weather permitting; wire payment. **WPB** War Production Board. **W.P.C.**《英》woman police constable. **wpm** words per minute. **W.R.A.C.** Women's Royal Army Corps.

wrack[ræk] *n.* ① Ⓤ 파괴, 파멸. ② Ⓒ 난파선(의 표류물). ③ Ⓤ 바닷가에 밀린 해초. ***go to ~ and ruin*** 파멸하다, 거덜나다.

W.R.A.F. Women's Royal Air Force.

wraith[reiθ] *n.* Ⓒ (사람의 죽음 전후에 나타난다는) 생령(生靈); 유령.

*__wran·gle__[rǽŋgəl] *vi.* 말다툼[논쟁]하다. — *vt.* 논쟁하다;《美》목장에서 (말 따위를) 보살피다. — *n.* Ⓒ 말다툼. **-gler** *n.* Ⓒ《美》말지기;《英》(Cambridge 대학에서) 수학 학위 시험 1급 합격자.

:**wrap**[ræp] *vt.* (***~ped, wrapt; -pp-***) ① 싸다; 두르다; 휩싸다. ② 덮다, 가리다. — *vi.* 싸다, 휩싸이다. ***be ~ped up in*** …에 열중되다; …에 말려들다. ***~ up*** (방한구로) 휩싸다. — *n.* Ⓒ (보통 *pl.*) 몸을 싸는 것; 어깨 두르개, 무릎 가리개, 외투. ∠·**page**[∠idʒ] *n.* Ⓤ 포장지[재료]. *∠·**per** *n.* Ⓒ 싸는 사람[물건]; 포장지; 봉(封) 띠; (책의) 커버; 낙낙한 실내옷, 화장옷. ∠·**ping** *n.* Ⓤ (보통 *pl.*) 포장(지), 보자기.

wráp-ùp *n.* Ⓒ (뉴스 따위의) 요약; 결론; 결과.

*__wrath__[ræθ, rɑːθ/rɔːθ] *n.* Ⓤ ① 격노. ② 복수; 벌. ∠·**ful,** ∠·**y** *a.*《口》격노한.

wreak[riːk] *vt.* (성을) 내다; (원한을) 풀다; (복수·벌 따위를) 가하다(*upon*).

:**wreath** [riːθ] *n.* (*pl.* **~s** [riːðz, -θs]) Ⓒ ① 화환(花環). ② (연기·구름 따위의) 소용돌이.

*__wreathe__[riːð] *vt.* ① 화환으로 만들다[꾸미다]. ② 두르다; 싸다. — *vi.* (연기 등이) 동그라미를 지으며 오르다.

:**wreck**[rek] *n.* ① Ⓤ 파괴; 난파; Ⓒ 난파선. ② Ⓒ 잔해. ③ Ⓒ 영락한 사람. ④ Ⓒ (난파선의) 표류물. ***go to ~ (and ruin)*** 파멸하다.

W

— *vt.* 난파시키다; 파괴하다; (아무를) 영락시키다. — *vi.* 난파〔파멸〕하다; 난파선을 구조〔약탈〕하다. ***~·age**[∠idʒ] *n.* Ⓤ《집합적》난파, 파괴; 잔해, 난파 화물. **∠·er** *n.* Ⓒ 난파선 약탈자; 건물 철거업자; 레커차(車), 구난(救難)차〔열차〕; 난파선 구조원〔선〕.
wreck·ing[rékiŋ] *n.* Ⓤ 난파, 난선(難船); 난파선 구조 (작업);《美》건물 철거 (작업).
wrécking càr 구조차, 레커차.
***wren**[ren] *n.* Ⓒ 〖鳥〗 굴뚝새.
***wrench**[rentʃ] *n.* Ⓒ ① (급격한) 비틂; 염좌(捻挫). ② 〖機〗 렌치《너트·볼트 따위를 돌리는 공구》. ③ (이별의) 비통. — *vt.* ① (급격히) 비틀다, 비틀어 떼다(*away, off, from, out of*). ② 삐다, 접질리다. ③ (뜻·사실을) 왜곡하다; 억지로 갖다 붙이다. ④ (…에게) 몹시 사무치다〔영향을 미치다〕(affect badly).
***wrest**[rest] *vt.* ① 비틀다, 비틀어 떼다(*from*); 억지로 빼앗다(*from*). ② (사실·뜻을) 억지로 갖다 대다, 왜곡하다. — *n.* Ⓒ 비틂; 접질림.
***wres·tle**[résəl] *vi.* ① 레슬링〔씨름〕을 하다; 맞붙어 싸우다(*with*). ② (역경·난관·유혹 등과) 싸우다(*with, against*); (어려운 문제와) 씨름하다(*with*). — *vt.* (…와) 레슬링〔씨름〕하다. — *n.* Ⓒ 레슬링 경기; 맞붙어 싸움; 분투. ***-tler** *n.* Ⓒ 레슬링 선수, 씨름꾼. **:-tling** *n.* Ⓤ 레슬링, 씨름.
「② 나쁜 놈.
***wretch**[retʃ] *n.* Ⓒ ① 불운한 사람.
:wretch·ed[rétʃid] *a.* ① 불운한, 비참한. ② 나쁜; 지독한. **~·ly** *ad.* **~·ness** *ad.*
「〔삠〕, 접질림.
wrick[rik] *vt., n.* Ⓒ 가볍게 삐다
***wrig·gle**[rígəl] *vi.* ① 꿈틀거리다; 꿈틀〔허위적〕거리며 나아가다(*along, through, out, in*). ② 교묘하게 환심을 사다(*into*); 잘 헤어나다(*out of*). — *vt.* 꿈틀〔허위적〕거리게 하다. — *n.* Ⓒ (보통 *sing.*) 꿈틀거림. **wríg·gler** *n.* Ⓒ 꿈틀거리는 사람; 장구벌레. **-gly** *a.*
wright[rait] *n.* Ⓒ《稀》제작자《주로 복합어》(wheel*wright*, play*wright*).
wring**[riŋ] *vt.* (wrung***) ① 짜다; (새의 목 따위를) 비틀다; (물을) 짜내다, 착취하다(*from, out, out of*). ② 꽉 쥐다; 어거지로 얻다(*from, out of*). ③ 괴롭히다; (말의 뜻을) 왜곡하다. ***~ing wet*** 흠뻑 젖어. ***~ out*** (돈·물을) 짜내다. — *n.* Ⓒ 짜기. **∠·er** *n.* Ⓒ 짜는 사람; (세탁물) 짜는 기계.
:wrin·kle[1][ríŋkəl] *n., vt., vi.* Ⓒ (보통 *pl.*) 주름(잡다, 지다). **-kled**[-d] *a.* 주름진. **wrín·kly** *a.* 주름진, 주름 많은.
「안.
wrin·kle[2] *n.* Ⓒ《口》좋은 생각, 묘
:wrist[rist] *n.* Ⓒ 손목; 손목 관절.
wríst·bànd *n.* Ⓒ 소맷동.
wrist·let[rístlit] *n.* Ⓒ (방한용) 토시; 팔찌.
wríst pìn《美》〖機〗 피스톤 핀.
wríst wàrmer 벙어리 장갑.
wríst wàtch 손목시계.
writ[rit] *n.* Ⓒ 〖法〗 영장; 문서. ***Holy* 〔*Sacred*〕 *W-*** 성서. — *v.*《古》write의 과거(분사). ***~ large*** 대서특필하여; (폐해 따위가) 증대하여.
†**write**[rait] *vt.* (***wrote,***《古》***writ; written,***《古》***writ***) ① (글씨·문장 따위를) 쓰다; 문자로 나타내다, 기록하다. ② 편지로 알리다. ③ (얼굴 따위에) 뚜렷이 나타내다. ④ 〖컴〗 (정보를) 기억하게 하다, 써넣다. — *vi.* ① 글씨를 쓰다. ② 저작하다. ③ 편지를 쓰다(*to*). ④ 〖컴〗 (기억 장치에) 쓰다. ***~ a good* 〔*bad*〕 *hand*** 글씨를 잘〔못〕 쓰다. ***~ down*** 써 두다; (자산 따위의) 장부 가격을 내리다. ***~ off*** 장부에서 지우다, 껴자치다. ***~ out*** 써 두다; 정서하다; 다 써버리다. ***~ over*** 다시 쓰다; 가득히 쓰다. ***~ up*** 게시하다; 지상(紙上)에서 칭찬하다; 상세히 쓰다. **:wrít·er** *n.* Ⓒ 쓰는 사람, 필자, 기자; 저자.
wríte-dòwn *n.* Ⓤ 평가 절하, 상각《자산 따위의 장부 가격의 절하》.
wríte-ín *n.* Ⓒ《美》기명 투표.
wríte-ín campàign《美》(후보자를 위한) 표 모으기 운동.
wríte-òff *n.* Ⓒ (장부에서의) 삭제; (세금 따위의) 공제.
wríte protéct 〖컴〗 쓰기 방지.
wríte/réad hèad 〖컴〗 쓰기 읽기 머리틀《자기 테이프·저장판 등에 정보를 기록·읽기·지우기 등을 하는 작은 전자 자기 장치》.
wríter's cràmp 〖病〗 서경(書痙), 손가락 경련.
wríte-ùp *n.* Ⓒ《口》기사, (특히) 칭찬 기사, 남을 추어올리기.
writhe**[raið] *vt.* (~d; ~d,***《古·詩》***writhen***[ríðn]) 뒤틀다; 굽히다. — *vi.* 몸부림치다; 고민하다(*at, under, with*).
†**writ·ing**[ráitiŋ] *n.* ① Ⓤ 씀; 습자; 필적. ② Ⓤ 저술(업). ③ Ⓤ 문서, 편지, 서류, 문장. ④ (*pl.*) 저작. ***in ~*** 써서, 문장으로. ***~ on the wall*** 절박한 재앙의 징조. — *a.* 문자로 쓰는; 필기용의.
wríting brùsh 붓.
「갑.
wríting càse 문방구 갑(匣), 문
wríting dèsk 책상《종종 앞쪽으로 경사진》.
wríting ìnk 필기용 잉크(cf. printing ink).
wríting matèrials 문방구.
wríting pàper 편지지; 필기 용지.
wríting tàble 책상.
wríting wìll 유언서.
†**writ·ten**[rítn] *v.* write의 과거분사. — *a.* 문자로 쓴; 성문의. ***~ examination*** 필기 시험. ***~ language*** 문어(文語). ***~ law*** 성문법.
wrítten-óff *a.*《英空俗》전사한; (비행기가) 대파한.
「Service.
W.R.N.S. Women's Royal Naval

W

†**wrong**[rɔːŋ, rɑŋ] *a.* ① 나쁜, 부정한. ② 틀린; 부적당한. ③ 역(逆)의; 이면의. ④ 고장난; 상태가 나쁜. ***get*** [***have***] ***hold of the ~ end of the stick*** (이론·입장 등을) 잘못 알다. ***~ side out*** 뒤집어서. — *ad.* 나쁘게; 틀려서; 고장나서. ***go ~*** 길을 잘못 들다; 고장나다; (여자가) 몸을 그르치다. — ***n.*** ① Ⓤ 나쁜 짓; 부정. ② Ⓤ,Ⓒ 부당(한 행위·대우). ③ Ⓤ,Ⓒ 해(害). ***do ~*** 나쁜 짓을 하다; 죄를 범하다. ***do*** (*a person*) ***~,*** or ***do ~ to*** (*a person*) (아무에게) 나쁜 짓을 하다; 아무를 부당하게 다루다; (아무를) 오해하다. ***in the ~*** 나쁜; 잘못되어. ***put*** (*a person*) ***in the ~*** 잘못을 남의 탓으로 돌리다. ***suffer ~*** 해를 입다; 부당한 처사를 당하다. — *vt.* ① 해치다; 부당하게 다루다. ② 치욕을 주다; 오해하다. **∠·ful** *a.* 나쁜; 부정한, 불법의. **∠·ful·ly** *ad.*

wróng·dòer *n.* Ⓒ 나쁜 짓을 하는 사람, 범(죄)인.

wróng·dòing *n.* Ⓤ,Ⓒ 나쁜 짓(하기).

wróng-héaded *a.* 판단[생각·사상]이 틀린; 완미한.

***wrong·ly**[∠li] *ad.* 잘못하여; 부당히.

wróng númber 잘못 걸린 전화(를 받은 사람); 《俗》 부적당한 사람[물건].

†**wrote**[rout] *v.* write의 과거.

wroth[rɔːθ, rɑθ/rouθ] *pred. a.* 노하여.

***wrought**[rɔːt] *v.* work의 과거(분사). — *a.* 만든; 가공한; 세공한; 불린.

wróught íron 단철(鍛鐵).

wróught-úp *a.* 흥분한.

***wrung**[rʌŋ] *v.* wring의 과거(분사).

wry**[rai] *a.* ① 뒤틀린, 일그러진. ② (얼굴 따위) 찌푸린. ***make a ~ face 얼굴을 찡그리다. **∠·ly** *ad.* 냉담하게, 심술궂게, 비꼬는 투로 (dryly). **~·neck**[∠nèk] *n.* Ⓒ 목이 비뚤어진 사람; 딱따구릿과의 일종.

WSC World Student Council. **WSW** west-southwest. **WT** wireless telegraphy [telephone]. **wt.** weight. **W.Va.** West Virginia. **W.V.F.** World Veterans Federation. **WVS** 《英》 Women's Voluntary Service(s). **WW** 《美》 World War. **WWW** World Wide Web. **WX** women's extra large size. **Wy., Wyo.** Wyoming.

wych-elm[wítʃèlm] *n.* Ⓒ (유럽산) 느릅나무.

Wyc·liffe[wíklif], **John**(1320-84) 영국의 종교 개혁가·성서의 영역자.

wynd[waind] *n.* 《Sc.》 Ⓒ 골목길.

***Wy·o·ming**[waióumiŋ] *n.* 미국 북서부의 주《생략 Wy(o).》.

X

X, x[eks] *n.* (*pl.* ***X's, x's***[éksiz]) Ⓒ X자 모양의 것; Ⓤ (로마 숫자의) 10; Ⓒ 미지의 사람[것]; 〖數〗 미지수[량]; 《美》 성인 영화의 기호(*a X-rated film* 성인용 영화).

x[eks] *vt.* X표로 지우다[를 하다].

x 〖幾〗 abscissa.

Xan·a·du[zǽnədjùː] *n.* Ⓒ 도원경 《Coleridge의 *Kubla Khan*에서》.

xan·thine[zǽnθin] *n.* Ⓤ 〖生化〗 크산틴.

Xan·thip·pe [zæntípi] *n.* ① Socrates의 아내. ② Ⓒ 잔소리 많은 여자, 악처.

xan·thous[zǽnθəs] *a.* 황색의, 황색 인종의.

x-ax·is[éksæ̀ksis] *n.* Ⓒ 〖數〗 x축.

Xa·vi·er[zéiviər, zǽv-, -vjər], **Saint Francis** (1506-52) 인도·중국·일본 등에 포교한 스페인의 가톨릭 선교사.

X.C., x-c., x-cp. ex coupon 〖證〗 이자락(利子落).

X chrómosome 〖生〗 X염색체.

X.D., x-d. ex dividend 〖證〗 배당락(配當落). **Xe** 〖化〗 xenon.

xe·bec[zíːbek] *n.* Ⓒ (지중해에서 쓰인) 세대박이 작은 돛배.

xe·no·bi·ol·o·gy[zènoubaiɑ́lədʒi/-ɔ́-] *n.* Ⓤ 우주 생물학.

xen·o·gen·e·sis [zènədʒénəsis] *n.* Ⓤ (무성 생식과 유성 생식의) 세대 교번; =ALTERNATION of generations.

xe·non[zíːnɑn/zénɔn] *n.* Ⓤ 〖化〗 크세논《가스체의 희원소; 기호 Xe》.

xen·o·phile[zénəfàil] *n.* Ⓒ 외국(인)을 좋아하는 사람.

xen·o·phobe[zénəfòub] *n.* Ⓒ 외국(인)을 싫어하는 사람.

xen·o·pho·bi·a [zènəfóubiə, zìnə-] *n.* Ⓤ 외국(인) 혐오.

Xen·o·phon[zénəfən] *n.* (434?-355? B.C.) 그리스의 역사가·철학자.

X'er[éksər] *n.* Ⓒ X세대의 사람.

xe·ro·cam·e·ra[zíərəkæ̀mərə] *n.* Ⓒ 건조 사진기.

xe·rog·ra·phy[zirɑ́grəfi/-ɔ́-] *n.* Ⓤ 제로그라피, (정전(靜電)) 전자 사진, 정전 복사법.

xe·ro·phyte[zíərəfàit] *n.* Ⓒ 〖植〗 건생(乾生) 식물.

Xe·rox [zíərɑks/-rɔ-] *n.* ① 〖商標〗 제록스《전자 복사 장치》. ② Ⓒ 제록스에 의한 복사.

Xer·xes[zəːrksìːz] *n.* (519?-465? B.C.) 크세륵세스《옛 페르시아 왕》.

X Generàtion X세대《1980년대 중반에서 후반의 번영에서 소외된 실업과 불황에 시달린 세대》.

xi[zai, sai] *n.* Ⓤ,Ⓒ 그리스어 알파벳

의 14째 글자(Ξ, ξ, 영어의 X, x에 해당).
X.i., x-i., x-int. ex interest 〖證〗 이자락(利子落).
X·ing[krɔ́(ː)siŋ, krás-] (<X(cross) +ing) *n.* Ⓒ 동물 횡단길; (철길) 건널목.
-xion[kʃən] *suf.* 《주로 英》 =-TION.
xí párticle 〖理〗 크시입자(소입자의 하나).
xiph·oid[zífɔid] *a.* 〖解·動〗 검(劍) 모양의.
xí stàr 〖理〗 크시스타.
XL extra large.
:Xmas [krísməs] *n.* =CHRISTMAS.
Xn. Christian. **XO** executive officer.
XOR [eksɔ́ːr] *n.* 〖컴〗 오직 또는 배타적 OR(exclusive OR).
XP[káiróu, kíː-] 예수의 표호(標號) (☧로 나타냄; Christ에 해당하는 그리스문자 *XPIΣTOΣ*의 두 글자).
***X-ray**[éksrèi] *n., vt., a.* 엑스선(사진); X선으로 검사[치료]하다; 뢴트겐 사진을 찍다; X선의[에 의한].
X-ray diffràction 〖理〗 엑스선 회절(법).
X-ray phòtograph 엑스선 사진.
X-ray thèrapy 엑스선 요법.
X-rts. ex-rights 〖證〗 신주 특권락(新株特權落). **Xt.** Christ. **Xtian.** Christian.
Xtra[ékstrə] *n.* Ⓒ 호외; 〖映〗 엑스트라.
xy·lem[záiləm, -lem] *n.* Ⓤ 〖植〗 목질부(木質部).
xy·lene[záiliːn] *n.* Ⓤ 〖化〗 크실렌(물감의 원료).
xy·lo·graph[záiləgræ̀f, -grὰːf] *n.* Ⓒ (특히, 15세기의) 목판(화).
xy·lon·ite [záilənàit] *n.* =CELLULOID.
xy·loph·a·gous[zailáfəgəs/-lɔ́f-] *a.* 나무를 자르는[파먹어 드는](곤충·갑각류·연체동물 등).
xy·lo·phone[záiləfòun, zíl-] *n.* Ⓒ 목금, 실로폰. **-phon·ist**[-nist] *n.* Ⓒ 목금 연주자.
xyst[zist], **xys·tus**[zístəs] *n.* (*pl.* **-ti**[-tai]) Ⓒ 〖古그·로〗 (주랑식의) 옥내 경기장; (정원 안의) 산책길, 가로수길.

Y

Y, y[wai] *n.* (*pl.* **Y's, y's**[-z]) Ⓒ Y자형의 것; Ⓤ,Ⓒ 〖數〗 (제 2의) 미지수[량].
Y 〖化〗 yttrium; yen; yeomanry; Y.M.C.A. *or* Y.W.C.A. (*I'm staying at Y.*). **y** 〖幾〗 ordinate.
y. yard(s); year(s).
:yacht[jɑt/-ɔ-] *n., vi.* Ⓒ 요트(를 달리다, 경주를 하다). **∠·ing** Ⓤ 요트 조종[놀이].
yachts·man[∠mən] *n.* Ⓒ 요트조종[소유]자, 요트 애호가.
yack·e·ty-yak [jǽkətijǽk] *n.* Ⓤ 《俗》 시시한 회화[잡담].
yah[1][jɑː] *int.* 야아!(조소·혐오 등을 나타내는 소리).
yah[2] *ad.* 《美口》 =YES.
Ya·hoo[jáːhuː, jéi-] *n.* Ⓒ 야후('걸리버 여행기' 속의, 인간의 모습을 한 짐승).
Yah·we(h) [jáːwe, -ve] *n.* =JEHOVAH.
yak[jæk] *n.* Ⓒ 야크, 이우(犛牛)(티베트·중앙 아시아산의 털이 긴 소).
***Yale**[jeil] *n.* 예일 대학(미국 Connecticut주, New Haven 소재; 1701년 설립).
Yále lòck 예일 자물쇠(미국인 L. Yale이 발명한 원통 자물쇠).
Yal·ta[jɔ́ːltə/jáːl-] *n.* 얄타(러시아 크리미아 지방의 흑해 항구).
Yálta Cónference, the (미·영·소간의) 얄타 회담(1945).
Ya·lu[jáːlùː] *n.* (the ~) 압록강.
yam [jæm] *n.* Ⓒ 마(뿌리); 《美南部》 고구마; 《Sc.》 감자.
yam·mer [jǽmər] *vi., vt., n.* Ⓒ 《口》 끙끙[낑낑]거리다[거리기]; 불평을 늘어놓다[늘어놓음], 투덜거리며 말하다; (새가) 높은 소리로 울다[우는 소리, 울].
Yang·tze, -tse [jǽŋsi(ː), -tsiː] *n.* (the ~) 양쯔강.
Yank[jæŋk] *n., a.* 《俗》 =YANKEE.
yank [jæŋk] *vt., vi., n.* Ⓒ 《口》 확 잡아당기다[당김].
:Yan·kee[jǽŋki] *n.* Ⓒ ① 《美》 뉴잉그랜드 사람. ② (남북 전쟁의) 북군 병사; 북부 여러 주 사람. ③ 미국인. — *a.* 양키의. **~·ism**[-ìzəm] *n.* Ⓤ 양키 기질; 미국식 (말씨).
Yan·kee·dom [-dəm] *n.* Ⓤ 양키나라; 《집합적》 양키.
Yánkee Dóo·dle[-dúːdl] 양키 노래(독립 전쟁 당시의 군가).
yap[jæp] *n.* Ⓒ 요란스럽게 짖는 소리; 《俗》 시끄러운[객쩍은] 잔소리; 불량배, 바보. — *vi.* (**-pp-**) (개가) 요란스럽게 짖다; 《俗》 시끄럽게[재잘재잘] 지껄이다.
yapp[jæp] *n.* Ⓤ,Ⓒ 야프형 제본(성서처럼 가죽 표지의 가를 접은 제본 양식).
:yard[1][jɑːrd] *n.* Ⓒ ① 울안, 마당, (안)뜰. ② 작업장, 물건 두는 곳, (닭 따위의) 사육장. ③ (철도의) 조차장(操車場). — *vt.* (가축 등을) 울안에 넣다.
:yard[2] *n.* Ⓒ 야드(길이의 단위; 3피트, 약 91.4cm), 마(碼); 〖海〗 활대. ***by the ~*** 《比》 상세히, 장황하게.
yard·age[1][∠idʒ] *n.* Ⓤ (가축의) 위탁장 사용권[료]; (가축 하역의) 역구

내 사용료. 「이.
yard·age[2] *n.* Ⓤ 야드로 잼; 그 길
yárd·àrm *n.* Ⓒ 〖海〗 활대끝.
yárd·bìrd *n.* Ⓒ 초년병; 죄수.
yárd gòods 《美》 야드 단위로 파는 옷감.
yárd mèasure 야드자《줄자·대자》.
yárd·stìck *n.* Ⓒ 야드 자《대자》; 판단〔비교〕의 표준.
:yarn [jɑːrn] *n.* ① Ⓤ 방(적)사(紡(績)絲), 뜨개질, 피륙 짜는 실. ② Ⓒ 《口》 (항해자 등의 긴) 이야기; 허풍. ***spin a ~*** 긴 이야기를 하다. ― *vi.* 《口》 (긴) 이야기를 하다.
yárn-dỳed *a.* 짜기 전에 염색한(cf. piece-dyed). 「톱풀.
yar·row [jǽrou] *n.* Ⓤ,Ⓒ 〖植〗 서양
yash·mak [jǽʃmæk] *n.* Ⓒ (이슬람교국 여성이 남 앞에서 쓰는) 이중 베일.
yat·a·g(h)an [jǽtəgæ̀n, -gən] *n.* Ⓒ (이슬람교도의 자루 끝이 뭉툭한) 날밑 없는 칼.
yaw [jɔː] *vi., n.* Ⓒ 침로(針路)에서 벗어나다〔벗어남〕.
yawl [jɔːl] *n.* Ⓒ 고물 근처에 두 개째의 짧은 돛대가 있는 범선; 4〔6〕개의 노로 젓는 함재(艦載) 보트.
:yawn [jɔːn] *vi.* ① 하품하다. ② (입틈 등이) 크게 벌여져 있다. ― *vt.* 하품하며 말하다. ***make (a person) ~*** (아무를) 지루하게 하다. ― *n.* Ⓒ ① 하품. ② 틈, 금. ***~·ing** *a.* 하품하고 있는; 지루한.
yawp [jɔːp] *vi.* 《俗》 시끄럽게 외치다, 소리치다. ― *n.* Ⓒ 지껄임, 외치는 소리.
yaws [jɔːz] *n.* Ⓤ 〖醫〗 인도 마마.
y-ax·is [wáiæ̀ksis] *n.* Ⓒ 〖數〗 y축.
Yb 〖化〗 ytterbium.
Y chrómosome 〖生〗 Y염색체.
y·clept, y·cleped [iklépt] *a.* 《古·諧》 …이라고 불리어지는, …이라는 이름의.
yd. yard(s).
***ye**[1] [jiː, 弱 ji] *pron.* 《古·詩》《thou의 복수》 너희들; 《口》 =YOU.
Ye, ye[2] [ðiː, 弱 ðə, ði] *def. art.* 《古》 =THE.
yea** [jei] *ad.* ① 그렇다, 그렇지 (yes). ② 《古》 실로, 참으로. ― *n.* Ⓒ 찬성 찬성 투표(자). ***~s and nays 찬부(의 투표).
***yeah** [jɛə, jɑː] *ad.* 《口》 =YES (*Oh ~?* 정말이냐?).
yean [jiːn] *vt., vi.* (양 등이 새끼를) 낳다. **~·ling** *n.* Ⓒ 새끼양〔염소〕.
†year [jiər/jəːr] *n.* Ⓒ ① …년, …해, …살. ② 연도, 학년. ③ (태양년·항성(恒星)년 등의) 1년; (유성의) 공전 주기. ④ (*pl.*) 연령; (*pl.*) 노년. ***for ~s*** 몇 년이나. ***~ after*** 〔***by***〕 ***~*** 해마다, 매년. ***~ in, ~ out*** 연년세세, 끊임없이. ***~·ly** *a.* 연 1회의; 매년의; 그 해만의; 1년간의.
yéar·bòok *n.* Ⓒ 연감(年鑑), 연보.
yéar-énd *n., a.* Ⓒ 연말(의).
year·ling [∠liŋ] *n., a.* Ⓒ (동물의) 1년생; 당년의; 1년된. 「된.
yéar·lòng *a.* 1년〔오랜〕동안 계속
:yearn [jəːrn] *vi.* ① 동경하다, 그리워하다(*for, after*); 그립게 생각하다 (*to, toward*). ② 동정하다(*for*). ③ 간절히 …하고 싶어하다(*to* do). ***∠·ing** *n., a.* Ⓤ,Ⓒ 동경〔열망〕(하는). **∠·ing·ly** *ad.*
yéar-róund *ad.* 1년중 계속되는.
***yeast** [jiːst] *n.* Ⓤ ① 이스트, 빵누룩; 효모(균). ② 고체 이스트. ③ 영향을〔감화를〕 주는 것. ④ 거품. **∠·y** *a.* 이스트의〔같은〕; 발효하는; 불안정한.
yéast càke 고체 이스트《이스트를 밀가루로 굳힌 것》.
Yeats [jeits], **William Butler** (1865-1939) 아일랜드의 시인·극작가. 「강도.
yegg [jeg] *n.* Ⓒ 《美俗》 금고털이;
yelk [jelk] *n.* 《方》 =YOLK.
:yell [jel] *vi.* 큰 소리로 외치다, 아우성치다. ― *vt.* 외쳐 말하다. ― *n.* Ⓒ ① 외치는 소리, 아우성. ② 《美》 옐《대학생 등의 응원의 고함》.
†yel·low [jélou] *a.* ① 황색의; 피부가 누런. ② 편견을 가진; 질투심 많은. ③ 《口》 겁많은. ④ (신문 기사 등이) 선정적인. ***the sear*** 〔***sere***〕 ***and ~ leaf*** 늘그막, 노년. ― *n.* ① Ⓤ,Ⓒ 노랑, 황색. ② Ⓤ 황색(그림) 물감. ③ Ⓒ 노란 옷; Ⓤ,Ⓒ (달걀의) 노른자위. ― *vt., vi.* 황색으로 하다〔되다〕. ***∠·ish** *a.* 누르스름한.
yéllow·bàck *n.* Ⓒ 황색 표지책《19세기 후반의 싼 선정적 소설》.
yéllow-bèlly *n.* Ⓒ 비겁자.
yéllow·bìrd *n.* Ⓒ (미국산) 검은 방울새의 일종; (각종의) 노란새.
yéllow còvered líterature 《口》 통속 문학.
yéllow dóg 들개; 비열한 사람.
yéllow-dóg còntract 황견(黃犬) 계약《노조 불참을 조건으로 한 부정 고용 계약》.
yéllow féver 황열병(黃熱病).
yéllow flág 검역기《전염병 환자가 있는 표시, 또는 검역으로 정박중이라 해서 배에 다는 황색기; quarantine flag라고도 함》. 「의 일종.
yéllow·hàmmer *n.* Ⓒ 〖鳥〗 멧새
yéllow jàck 황열병; 검역기(檢疫旗). 「벌.
yéllow·jàcket *n.* Ⓒ 《美》〖蟲〗 말
yéllow jóurnal =YELLOW PRESS.
yéllow mètal 금; 놋쇠의 일종.
yéllow ócher 〔《英》 **óchre**〕 황토; 황토색 그림 물감. 「난.
yéllow páges 전화부의 직업별
yéllow péril, the 황화(黃禍)《황색 인종의 우세에 대하여 백인이 품고 있는 우려》. 「색 신문.
yéllow préss, the (선정적인) 황
yéllow ráce 황색 인종.
Yéllow Ríver, the 황허(黃河).
Yéllow Séa, the 황해.
yéllow sòap (고체) 세탁 비누.
yéllow spòt 〖醫〗 (망막의) 황반(黃班).
Yel·low·stone [jéloustòun] *n.* 미

국 와이오밍주의 강; =⇩.
Yéllowstone Nátional Párk (미국 와이오밍주 북서부의) 옐로스톤 국립 공원.
「동].
yéllow stréak 겁 많은 성격[행
yéllow wárbler 아메리카솔새.
*__yelp__[jelp] *vi.* (개·여우 따위의) 날카로운 울음 소리를 내다, 깽깽 울다. — *n.* Ⓒ 캥캥 짖는[우는] 소리.
Yem·en[jémən] *n.* 예멘《the Republic of Yemen이 정식 명칭》.
yen[1][jen] *n.* (Jap.) *sing.* & *pl.* 엔(円)《일본의 화폐 단위》.
yen[2] *n., vi.* (**-nn-**) Ⓒ 《美口》 열망(하다); 동경(하다)(*for*). ***have a ~ for*** 열망하다.
*__yeo·man__ [jóumən] *n.* (*pl.* **-men**) Ⓒ ① 『英史』 자유민. ② 《英》 소지주, 자작농. ③ 《英》 기마 의용병. ④ 《古》 (국왕·귀족의) 종자(從者). ⑤ 『美海軍』 (창고·서무계의) 하사관. ***~('s) service*** (일단 유사시의) 충성, 급할 때의 원조[도움]《Sh. *Haml.*》. **~·ly** *a., ad.* yeoman의 [다운, 답게]; 용감한[하게]; 정직한.
yeo·man·ry [jóumənri] *n.* Ⓤ 《집합적》 자유민; 소지주, 자작농; 기마 의용병.
yep[jep] *ad.* 《美口》 =YES.
†__yes__[jes] *ad.* ① 네, 그렇습니다; 정말, 과연《긍정·동의의 뜻으로 씀》. ② 그래요?, 설마? ③ 그 위에, 게다가 (~, ***and*** ...). — *n.* ⓊⒸ '네'라는 말[대답]《동의·긍정을 나타내는》. ***say ~*** '네'라고 (말)하다, 승낙하다. — *vi.* '네'라고 (말)하다.
yés màn 《口》 예스맨《윗사람 하는 말에 무엇이나 예예하는 사람》.
†__yes·ter·day__[jéstərdèi, -di] *n., ad.* Ⓤ 어제, 어저께; 최근.
yes·ter·night [jéstərnáit] *n., ad.* Ⓤ 《古·詩》 간밤, 엊저녁.
yes·ter·year[jéstərjíər/-jə́:r] Ⓤ 《古·詩》 작년; 지난 세월.
†__yet__ [jet] *ad.* ① 아직; 지금까지. ② 《부정사》 아직 (…않다), 당장은, 우선은. ③ 《의문문》 이미(*Is dinner ready ~?* 이미 식사 준비가 됐습니까); 머지 않아, 언젠가(는)(*I'll do it ~!* 언젠가는 하고 말 걸); 더우기, 그 위에. ④ 《nor와 함께》 …조차도. ⑤ 《비교급과 함께》 더 한층; 그럼에도 불구하고, 그러나. ***as ~*** 지금까지로서는. (***be***) ***~ to*** 아직 …않다(*Three are ~ to return.* 미귀환 3명). ***~ again*** 다시 한번. — *conj.* 그럼에도 불구하고, 그러나, 그런데도.
ye·ti[jéti] *n.* (히말라야의) 설인(雪人) (the abominable SNOWMAN).
*__yew__[ju:] *n.* Ⓒ 『植』 주목(朱木); Ⓤ 그 재목.
「ation.
Y.H.A. Youth Hostels Associ-
Yid·dish[jídiʃ] *n., a.* Ⓤ 이디시어(語)(의)《독일어·헤브라이어·슬라브어의 혼합으로, 헤브라이 문자로 쓰며 러시아·중유럽의 유대인이 씀》.
‡__yield__[ji:ld] *vt.* ① 생산[산출]하다, 생기게 하다. ② (이익을) 가져오다. ③ 주다, 허락하다; 양도하다; 포기하다; 명도(明渡)하다. ④ 항복하다. — *vi.* ① (토지 등에서) 농작물이 산출되다. ② 굴복하다. ③ (눌리어) 구부러지다, 우그러지다. ***~ consent*** 승낙하다. ***~ oneself*** (***up***) ***to*** …에 몰두하다. ***~ the*** [***a***] ***point*** 논점을 양보하다. — *n.* ⓊⒸ 산출(물); 산액(産額); 수확. *__∠·ing__ *a.* 생산적인; 하라는 대로 하는, 순종하는; 구부러지기 쉬운.
yíeld pòint 『理』 항복점《탄성 한계를 넘어서 되돌아가지 못하는 점》.
yip[jip] *vi.* (**-pp-**) 《口》 (개 따위가) 깽깽 짖다[울다]. — *n.* Ⓒ 깽깽거리는 소리.
yip·pie [jípi] *n.* Ⓒ (때로 Y-) 《美俗》 이피(족), 정치적 히피.
Y lèvel 『測』 Y자형 수준기(水準器).
Y.M.C.A. Young Men's Christian Association. **Y.M. Cath.A.** Young Men's Catholic Association.
yob [jɑb/jɔb], **yob·(b)o** [jábou/jɔ́b-] *n.* Ⓒ 《英俗》 신병, 건달, 무지렁이《boy를 거꾸로 한 것》.
yo·del, yo·dle[jóudl] *n., vt., vi.* Ⓒ 요들(로 노래하다, 을 부르다)《본성(本聲)과 가성(假聲)을 엇바꿔 가며 부르는 스위스나 티롤 지방의 노래》.
yo·ga, Y-[jóugə] *n.* Ⓤ 『힌두교』 요가, 유가(瑜枷).
yo·g(h)urt [jóugə:rt] *n.* Ⓤ 요구르트(cf. clabber).
yo·gi[jóugi] *n.* Ⓒ 요가 수도자.
yo·gism[jóugizəm] *n.* Ⓤ 요가의 교리[철리].
yo-heave·ho[jóuhì:vhóu] *int.* 어기여차!; 에이야 에이야!《뱃사람들이 닻을 감을 때 내는 소리》.
yoicks[jɔiks] *int.* 《英》 쉭!《여우 사냥에서 사냥개를 추기는 소리》.
‡__yoke__[jouk] *n.* Ⓒ ① (2마리의 가축의 목을 잇는) 멍에 (모양의 것). ② (멍에에 맨) 한 쌍의 가축[소]. ③ 멜대; (블라우스 따위의) 어깨, (스커트의) 허리. ④ 인연, 굴레; 구속, 속박; 지배. ***pass*** [***come***] ***under the ~*** 굴복하다. — *vt.* (…에) 멍에를 씌우다[에 매다]; 결합시키다; 한데 맺다(*to*). — *vi.* 결합하다; 어울리다.
yóke·fèllow, yóke-màte *n.* Ⓒ 일의 동료; 배우자.
yo·kel[jóukəl] *n.* Ⓒ 시골뜨기.
yolk[jou*l*k] *n.* ⓊⒸ (달걀의) 노른자위; Ⓤ 양모지(羊毛脂). 「方》 =⇩.
yon(d) [jɑn(d)/-ɔ-] *a., ad.* 《古·
‡__yon·der__[jándər/-ɔ́-] *ad., a.* 저쪽[저기]에[의]; 훨씬 저쪽의.
yoo-hoo[jú:hù:] *int.* 이봐, 야.
yore[jɔr] *n.* 《다음 용법뿐》 ***in days of ~*** 옛날에는. ***of ~*** 옛날의.
York[jɔ:rk] *n.* 요크가(家)《1461-85년 간의 영국의 왕가》; =YORKSHIRE. **∠·ist** *a., n.* Ⓒ 『英史』 요크가(家)[당]의 (사람).

Yorks. Yorkshire.
York·shire[ˊʃiər] *n.* 잉글랜드 북부의 주《1974년 North Y-, South Y-, West Y- 등으로 분리》.
Yórkshire térrier 요크셔 테리어《애완용의 작은 삽살개》.
Yo·sem·i·te[jousémiti] *n.* (미국 캘리포니아주 동부의) 요세미티 계곡.
†**you**[juː, 弱 ju, jə] *pron.* ① 당신(들)은[이], 자네[당신](들)에게(을). ② 사람, 누구든지. ***Are ~ there?*** 〖電話〗 여보세요. ***Y- there!*** 《호칭》 여보세요. ***Y- idiot, ~!*** 이 바보야!
you-all[juːɔ́l, jɔːl] *pron.* 《美南部口》(2 사람 이상에 대한 호칭으로) 너희들, 여러분. 「단축.
†**you'd** [juːd] you had (would)의
†**young**[jʌŋ] *a.* ① (나이) 젊은; 기운찬; 어린. ② (같은 이름의 사람·부자·형제를 구분할 때) 나이 어린 쪽(편)의(junior). ③ (시일·계절·밤 등이) 아직 이른, 초기의; 미숙한(*in, at*). ④ (정치 운동 등이) 진보적인. ── *n.* (the ~) 《집합적》 (동물의) 새끼. ***the ~*** 젊은이들. ***with ~*** (동물이) 새끼를 배어. **ˊ·ish** *a.* 약간 젊은.
yóung and àll 누구나 모두, 전원. 「들.
yóung blóod 청춘의 혈기; 젊은이
young·ling [ˊliŋ] *n.* Ⓒ 《詩》 어린 것, 유아, 어린 짐승, 어린 나무; 초심자. ── *a.* 젊은. 「젊은이.
‡**young·ster**[ˊstər] *n.* Ⓒ 어린이;
youn·ker[ˊkər] *n.* Ⓒ 《古》 젊은이, 소년.
†**your** [juər, jɔːr, 弱 jər] *pron.* ① 《you의 소유격》 당신(들)의. ②《古·口》 예(例)의(familiar), 이른바. ③ 《경칭으로》 (*Good morning, Y- Majesty!* 폐하, 안녕히 주무셨습니까). 「단축.
†**you're** [juər, 弱 jər] you are의
†**yours** [juərz, jɔːrz] *pron.* ① 당신의 것; 댁내. ② 당신의 편지. ***of ~*** 당신의. ***~ truly*** 여불비례(餘不備禮); 《諧》 =I, ME.
†**your·self**[juərsélf, jər-, jɔːr-] *pron.* (*pl.* ***-selves***) 당신 자신. ***Be ~!*** 《口》 정신 차려. 「복수.
†**your·selves**[-sélvz] *pron.* ⇧의
‡**youth**[juːθ] *n.* Ⓤ ① 젊음, 연소(年少). ② 청춘; 초기; 청년기. ③ 《집합적》 젊은이들.
‡**youth·ful**[júːθfəl] *a.* ① 젊은; 젊음에 넘치는. ② 젊은이의[에 적합한]. **~·ly** *ad.* **~·ness** *n.*
yóuth hòstel 유스 호스텔《주로 청년을 위한 비영리 간이 숙소》.
yóuth hóstel(l)er 유스 호스텔 협회 회원. 「단축.
†**you've**[juːv, 弱 juv] you have의
yowl[jaul] *vi.* 길고 슬프게 (우)짖다; 비통한 소리로 불만을 호소하다. ── *n.* Ⓒ 우는 소리.
Yo·yo [jóujòu] *n.* (*pl.* ***~s***) Ⓒ 〖商標〗 요요《장난감의 일종》.
y·per·ite[íːpəràit] *n.* Ⓤ 〖化〗 이페릿《독가스의 일종》.
yr. year(s); younger; your.
yt·ter·bi·um [itə́ːrbiəm] *n.* Ⓤ 〖化〗 이테르븀《희금속 원소; 기호 Yb》.
yt·tri·um[ítriəm] *n.* Ⓤ 〖化〗 이트륨《희금속 원소; 기호 Y》. 「조》.
Yü·an [juːɑ́ːn] *n.* 원(元)《몽고 왕
yu·an[juːɑ́ːn] *n.* Ⓒ 원(元)《중국의 화폐 단위》.
Yu·ca·tan[jùːkətɑ́ːn] *n.* 멕시코 남동부의 반도.
yuc·ca[jʌ́kə] *n.* Ⓒ 〖植〗 유카속의 목본 식물.
Yu·go·slav[júːgouslɑ̀ːv, -slæ̀v] *a., n.* 유고슬라비아(사람)의; Ⓒ 유고슬라비아 사람. 「유고슬라비아.
Yu·go·sla·vi·a [jùːgouslɑ́ːviə] *n.*
Yu·kon [júːkɑn/-ɔn] *n.* (the ~) 캐나다 북서부의 강. 「절).
yule, Y-[juːl] *n.* Ⓤ 크리스마스 (계
yúle·tìde *n.* Ⓤ 크리스마스 계절.
yum·my[jʌ́mi] *a.* 《口》 맛나는.
yum-yum[jʌ́mjʌ́m] *int.* 냠냠.
yup[jʌp] *ad.* 《美俗》 =YES.
yurt[jurt/juət] *n.* Ⓒ (몽고 유목민의) 이동용 천막《가죽, 펠트로 씌움》.
Y.W.C.A. Young Women's Christian Association.

Z

Z, z[ziː/zed] *n.* (*pl.* ***Z's, z's***[-z]) Ⓒ Z자 모양의 것; 〖數〗 (제 3의) 미지수[량]. ***from A to Z*** 처음부터 끝까지, 철두철미.
z atomic number; zenith distance. **Z., z.** zone; zero.
zaf·tig[zɑ́ːftik, -tig] *a.* 《美俗》 (여성이) 몸매가 좋은.
Za·ire[zɑ́ːiər, zɑːíər] *n.* 자이르《콩고 민주 공화국의 구칭》.
Zam·be·zi[zæmbíːzi] *n.* (the ~) 아프리카 남부의 강.
Zam·bi·a[zǽmbiə] *n.* 잠비아《아프리카 남부의 공화국》.
Za·men·hof[zɑ́ːmənhòuf/-hɔ̀f], **Lazarus Ludwig**(1859-1917) 폴란드의 안과 의사; ESPERANTO의 창안자.
za·ny[zéini] *n.* Ⓒ 익살꾼; 바보.
Zan·zi·bar[zǽnzəbɑ̀ːr/ˎ-ˊ] *n.* 아프리카 동해안의 섬《탕가니카와 함께 탄자니아 연합 공화국 구성》.
zap[zæp] *vt.* (***-pp-***) 《美俗》 치다, 타살하다; 습격하다. ── *n.* Ⓤ ① 정력, 원기. ② 〖컴〗 (EPROM상의 프로그램의) 지움.

Z

zap·per [zǽpər] *n.* Ⓒ《美》(전파를 이용한) 해충〔잡초〕 구제기(器); 《俗》 심한 비평.
Zar·a·thus·tra [zæ̀rəθúːstrə] *n.* =ZOROASTER.
Z-code [zíːkòud/zéd-] *n.* =ZIP CODE.
ZD zenith distance; zero defects.
‡zeal [ziːl] *n.* Ⓤ 열심, 열중(*for*).
Zea·land [zíːlənd] *n.* 덴마크 최대의 섬.
zeal·ot [zélət] *n.* Ⓒ 열중〔열광〕자. **~·ry** *n.* Ⓤ 열광.
‡zeal·ous [zéləs] *a.* 열심인, 열광적인. **~·ly** *ad.*
***ze·bra** [zíːbrə] *n.* Ⓒ 얼룩말.
zébra cròssing 《英》(흑백의 얼룩 무늬를 칠한) 횡단 보도.
ze·bra·wood [zíːbrəwùd] *n.* Ⓤ (기아나산의) 줄무늬 있는 목재.
ze·bu [zíːbjuː] *n.* Ⓒ 제부《중국·인도산의, 등에 큰 혹이 있는 소》.
Zech. Zechariah.
Zech·a·ri·ah [zèkəráiə] *n.* 기원전 6세기의 Israel 예언자; 〖舊約〗 스가랴서(書).
zed [zed] *n.* Ⓒ《英》 Z〔z〕자.
zee [ziː] *n.* Ⓒ《美》 Z〔z〕자.
Zeit·geist [tsáitgàist] *n.* (G.) (the ~) 시대 정신〔사조〕.
***ze·nith** [zíːniθ/zé-] *n.* Ⓒ ① 천정(天頂). ② 정점(頂點), 절정.
zénith dístance 〖天〗 천정(天頂) 거리.
zénith télescope 천정의(天頂儀).
Ze·no [zíːnou] *n.* (336?−264? B.C.) 그리스의 철학자, 스토아 학파 시조.
Ze·o·lite [zíːəlàit] *n.* Ⓤ 불석(沸石).
Zeph. Zephaniah.
Zeph·a·ni·ah [zèfənáiə] *n.* 헤브라이의 예언자; 〖舊約〗 스바냐서(書).
zeph·yr [zéfər] *n.*《雅》(Z-) (의인화(擬人化)한) 서풍; Ⓒ 산들바람, 연풍(軟風); Ⓤ,Ⓒ 가볍고 부드러운 실·천·옷.
zéphyr clòth 얇고 가벼운 캐시미어 모직.
zéphyr yàrn 〔**wòrsted**〕 (자수용의) 아주 가는 털실.
Zep·pe·lin, z- [zépəlin] *n.* Ⓒ 체펠린 비행선; 《一般》 비행선.
‡ze·ro [zíərou] *n.* (*pl.* ~(*e*)*s*) ① Ⓒ 영. ② Ⓤ 영점; (온도계의) 영도. ③ Ⓤ 무; 최하점. ④ Ⓤ 〖空〗 제로 고도(高度)《500피트 이하》. ***fly at*** ~ 제로 고도로 날다. ── *a.* 영의; 전무한. ── *vi., vt.* 겨냥하다; (…에) 표준을 맞추다(*in*).
zéro-base(d) búdgeting 제로베이스 예산(편성)《예산을 백지 상태로 돌려 놓고 검토》. 「《생략 ZD》.
zéro defécts 〖經營〗 무결점 (운동)
zéro G 〔**grávity**〕 무중력 (상태).
zéro hòur 〖軍〗 예정 행동〔공격〕 개시 시각; 위기, 결정적 순간.
zéro-sùm *a.* 피아(彼我) 득실에서 차감이 제로인.
zéro-zéro *a.* 〖氣〗 (수평·수직 모두가) 시계(視界)가 제로인.
zest** [zest] *n.* Ⓤ ① 풍미(를 돋우는 것)《레몬 껍질 등》. ② 묘미, 풍취. ③ 대단한 흥미, 열심. ***with ~ 대단한 흥미를 갖고, 열심히. ── *vt.* (…에) 풍미〔흥미〕를 더하다. **∠·y** *a.* (짜릿하게) 기분 좋은 풍미가 있는; 뜨거운. **~·ful** [∠fəl] *a.*
ze·ta [zéitə, zíː-] *n.* Ⓤ,Ⓒ 그리스어 알파벳의 여섯째 글자《Z, ζ; 영어의 Z, z에 해당》.
zeug·ma [zúːgmə] *n.* Ⓤ 〖文〗 액어법(扼語法)《하나의 형용사·동사로 두 개의 명사를 수식·지배하는 것; 보기: *kill* the boys and *destroy* the luggage를 *kill* the boys and the luggage》.
***Zeus** [zjuːs] *n.* 〖그神〗 제우스《Olympus 산의 주신(主神); 로마 신화의 Jupiter에 해당》.
‡zig·zag [zígzæ̀g] *a., ad.* 지그재그의〔로〕. ── *vi., vt.* (**-gg-**) 지그재그로 나아가(게 하)다. ── *n.* Ⓒ 지그재그〔Z자〕형(의 것).
zilch [ziltʃ] *n.* Ⓤ 《美口》 ① 무, 제로; 무가치한 것. ② (Z-) 아무개, 모씨(某氏).
zil·lion [zíljən] *n., a.* Ⓒ 《美口》 엄청나게 많은 수(의).
‡zinc [ziŋk] *n.* Ⓤ 〖化〗 아연.
zínc blènde 〖鑛〗 섬(閃)아연광.
zínc óintment 아연화 연고.
zínc óxide 산화아연. 「안료》.
zínc whíte 아연화, 아연백《백색
zing [ziŋ] *int., n.* Ⓒ 《美口》 쌩(소리). ── *vi.* (물체가 날아갈 경우 등) 쌩소리를 내다.
zing·er [zíŋər] *n.* Ⓒ 팔팔한〔빠릿빠릿한〕 사람; 재치있는 응답.
zin·ni·a [zíniə] *n.* Ⓒ 백일초속(屬)의 식물.
Zi·on [záiən] *n.* 시온 산《예루살렘에 있는 신성한 산》; 《집합적》 유대 민족; Ⓤ 천국; Ⓒ 그리스도 교회. **~·ism** [-ìzəm] *n.* Ⓤ 시온주의《유대인을 Palestine에 복귀시키려는 민족 운동》. **~·ist** *n.* Ⓒ 시온주의자.
zip [zip] *n.* Ⓒ (총알 따위의) 핑 (소리); Ⓤ 《口》 원기; 지퍼. ── *vi.* (**-pp-**) 핑 소리를 내다; 《口》 기운차게 나아가다; 지퍼를 닫다〔열다〕. ── *vt.* 빠르게 하다; 활발히 하다; 지퍼〔척으〕로 채우다〔열다〕. ~ ***across the horizon*** 갑자기 유명해지다. **∠·per** *n.* Ⓒ 지퍼, 척. **∠·py** *a.* 《口》 기운찬. 「code).
‡zíp còde 《美》 우편 번호(《英》 post-
zíp-fàstener *n.* 《英》 =ZIPPER.
zíp fùel 열 함유도가 높은 제트〔로켓용〕 연료.
zíp gùn 수제(手製) 권총.
zíp-lòck *a.* 집록식인《비닐 주머니의 아가리가 요철(凹凸)로 된 양쪽선이 맞물리어 닫아지게 되는》.
zir·con [zə́ːrkɑn/-kɔn] *n.* Ⓤ,Ⓒ 〖鑛〗 지르콘.
zir·co·ni·um [zərkóuniəm] *n.* Ⓤ 〖化〗 지르코늄《희금속 원소》.

zit[zit] *n.* Ⓒ《美俗》 여드름(pimple).
zith·er(n)[zíθər(n), zíð-] *n.* Ⓒ 30-40줄의 양금 비슷한 현악기.
zlot·y[zlɔ́ti/-ɔ́-] *n.* (*pl.* **~s,** 《집합적》 ~) Ⓒ 폴란드의 화폐 단위; 그 니켈화(貨).
Zn 〖化〗 zinc. **ZOA** Zionist Organization of America.
*__zo·di·ac__[zóudiæ̀k] *n.* (the ~) 〖天〗 황도대(黃道帶), 수대(獸帶); 12 궁도(宮圖). ***signs of the*** ~ 〖天〗 12궁(宮). **-a·cal**[zoudáiəkəl] *a.*
zof·tig[záftig/zɔ́f-] *a.* 《美俗》 (여자가) 몸매 좋은.
Zo·la[zóulə], **Emile**(1840-1902) 프랑스의 자연주의 소설가.
zom·bi(e)[zámbi/-ɔ́-] *n.* ① Ⓒ 초자연력에 의해 되살아난 시체; 《俗》 바보. ② Ⓤ (럼과 브랜디로 만든) 독한 술. 「[구역]으로 갈린.
zon·al[zóunəl] *a.* 띠(모양)의; 지역
zone[zoun] *n.* Ⓒ ① 〖地〗 대(帶). ② 지대, 구역. ③ 《美》 (교통·우편의) 동일 요금 구역. ④ 〖컴〗 존. ***in a*** ~ 멍청히, 집중이 안 되는 상태에. ***loose the maiden*** ~ ***of*** …의 처녀성을 빼앗다. ***the Frigid*** 〔***Temperate, Torrid***〕 ***Z-*** 한[온·열]대. — *vt., vi.* 지대로 나누다〔를 이루다〕.
zóne defènse 〖競〗 지역 방어.
zon·ing[zóuniŋ] *n.* Ⓤ 《美》 (도시의) 지구제; (소포 우편의) 구역제.
zonked[zaŋkt/-ɔ-] *a.* 《美俗》 취한; (마약으로) 흐리멍덩한.
zoo[zu:] *n.* Ⓒ 동물원.
zo·o·chem·is·try[zòuəkémistri] *n.* Ⓤ 동물 화학.
zo·og·a·my[zouágəmi/-ɔ́g-] *n.* Ⓤ 유성(有性) 생식, 양성 생식.
zo·o·ge·og·ra·phy[zòuədʒiágrəfi/-ɔ́-] *n.* Ⓤ 동물 지리학.
zo·og·ra·phy[zouágrəfi/-ɔ́-] *n.* Ⓤ 동물지학(動物誌學).
zo·ol·a·try[zouálətri/-ɔ́l-] *n.* Ⓤ 동물 숭배; 애완동물에의 편애.
zo·o·log·i·cal[zòuəládʒikəl/-ɔ́-] *a.* 동물학(상)의.
zoológical garden(s) 동물원.
zo·ol·o·gy[zouálədʒi/-ɔ́-] *n.* Ⓤ ① 동물학. ② 《집합적》 (어떤 지방의) 동물(상(相))(fauna). ***-gist** *n.* Ⓒ 동물학자.
*__zoom__[zu:m] *n., vi.* ① (a ~) 〖空〗 급상승(하다), 붕 (소리 나다). ② 《俗》 인기가 오르다, 붐을 이루다(cf. boom). ③ 〖映·寫〗 (줌 렌즈 효과로, 화면이) 갑자기 확대[축소]되다. — *vt.* (화면을) 갑자기 확대[축소]시키다. 「LENS.
zoom·er[zú:mər] *n.* =ZOOM-
zoom·ing[zú:miŋ] *n.* Ⓤ 〖軍〗 급상승, 줌상승; 〖컴〗 끝밀기, 확대.
zóom lèns 〖寫〗 줌 렌즈《경동(鏡胴)의 신축으로 초점 거리·사각(寫角)을 자유롭게 조절할 수 있는 렌즈》.
zo·on·o·my[zouánəmi/-ɔ́-] *n.* Ⓤ 동물 생리학.
zo·on·o·sis [zouánəsis/-ɔ́-] *n.* Ⓤ,Ⓒ 〖醫〗 동물 기생증《짐승에서 인간으로 옮는 질환》. 「동물 애호.
zo·oph·i·ly[zouáfəli/-ɔ́-] *n.* Ⓤ
zo·o·phyte[zóuəfàit] *n.* Ⓒ 식충(植蟲)《산호·말미잘 따위》.
zo·o·psy·chol·o·gy [zòuəsaikálədʒi/-kɔ́l-] *n.* Ⓤ 동물 심리학.
zo·o·spore[zóuəspɔ̀:r] *n.* Ⓒ 〖植〗 유주자(遊走子). 「분류학.
zo·o·tax·y[zóuətæ̀ksi] *n.* Ⓤ 동물
zóot sùit[zú:t-] 《美俗》 주트복(服)《어깨가 넓은 긴 윗도리에, 아래가 좁은 바지》. 「한.
zoot·y[zú:ti] *a.* 《俗》 화려한, 현란
Zo·ro·as·ter[zɔ́:rouæ̀stər, ⌐—⌐—] *n.* 이란의 조로아스터교의 개조(開祖)(*c.* 660-583B.C.)《이란어로는 Zarathustra》.
Zo·ro·as·tri·an [zɔ̀:rouǽstriən] *a., n.* 조로아스터(교)의, Ⓒ 조로아스터교도. **~·ism**[-ìzəm] *n.* Ⓤ 조로아스터교, 배화교(拜火敎).
Zou·ave[zu(:)á:v, zwa:v] *n.* Ⓒ 주아브병(兵)《아라비아 옷을 입은 알제리 사람으로 편성된 북아프리카의 프랑스 경보병(輕步兵)》; 〖美史〗 (주아브 복장을 한) 남북 전쟁의 의용병.
ZPG zero population growth.
Zr. 〖化〗 zirconium.
zuc·chet·to [zu:kétou, tsu:-] *n.* (*pl.* **~s**) Ⓒ 〖가톨릭〗 모관《신부는 검정, 주교는 보라, 추기경은 빨강, 교황은 흰색》.
zuc·chi·ni [zu(:)kí:ni] *n.* (*pl.* ~(**s**)) Ⓒ 《美》 (오이 비슷한) 서양호박.
Zu·lu[zú:lu:] *n.* (*pl.* ~(**s**)), *a.* Ⓒ 줄루 사람《아프리카 남동부의 호전적인 종족》(의); Ⓤ 줄루어(語)(의); Ⓒ 원뿔꼴의 밀짚 모자.
Zu·rich[zúrik] *n.* 취리히《스위스 북부의 주(의 주도)》.
Zweig[tswaig], **Stefan**(1881-1942) 오스트리아 태생의 영국의 (반나치) 작가.
zwie·back [swí:bæ̀k, -ba:k, zwí:-] *n.* (G.) Ⓒ 러스크《가벼운 비스킷》의 일종.
Zwing·li[zwíŋgli], **Huldreich** or **Ulrich** (1484-1531) 스위스의 종교 개혁자.
zy·gal[záigəl] *a.* H자 꼴의《특히 뇌의 열구(裂溝)》. 「합자(接合子).
zy·gote[záigout, zí-] *n.* Ⓒ 〖生〗 접
zy·mase[záimeis] *n.* Ⓤ 〖生化〗 치마아제, 발효소(發酵素).
zy·mol·o·gy[zaimálədʒi/-ɔ́-] *n.* Ⓤ 〖生化〗 발효학.
zy·mot·ic[zaimátik/-ɔ́-] *a.* 발효(성)의; 전염병[성]의.
zymótic diséase 발효병《발효가 병인(病因)으로 여겨졌던 smallpox 따위》. 「학(釀造學).
zy·mur·gy[záimə:rdʒi] *n.* Ⓤ 양조
zzz[zí:zí:zí:] *int.* 드르릉드르릉, 쿨쿨《코고는 소리》.

Z

머 리 말

— 개정판을 내면서 —

이 "신한영소사전(新韓英小辭典)"의 초판을 펴낸 것은 1961년이었다. 그 이후 독자들의 끊임없는 격려와 호평 속에서 여러 번 개정을 거듭하며 중쇄(重刷)를 되풀이해 오다가, 1992년에 제5 개정판을 내었고, 1996년 8월에는 휴대에 편리하면서도 활자와 지면을 기존의 소사전보다 크게 키운 같은 내용의 [illegible] 독자들로부터 분에 넘치 [illegible]

이제 [illegible]

화가 [illegible]

1. 새로 나온 과학·경제·정치·사회·환경·일상 생활 등에 관련된 중요한 신어들을 대폭 보충하였다.
2. 실무 영작문에 필요한 예문, 일상 생활·업무 관계 등으로 외국인과 대화할 때 그대로 활용할 수 있는 실용적인 예문을 많이 실었다.
3. 한 표제어에 대응하는 여러 개의 역어가 있어 그 쓰임에 혼동이 될 염려가 있는 낱말에는 그 용법·뜻의 차이를 알 수 있도록 가능한 한《 》, 또는 ( )안에 그 뜻이나 용도를 명기하였다.
4. 표제어 하나만으로 관련 사항을 폭넓게 파악할 수 없는 주요 사항에 대하여는 별도의 박스난을 설정하여 충분한 지식을 접할 수 있도록 하였다.
5. 실용성이 높은 다양한 내용을 부록으로 실었다.

개정 작업을 마치고 나니, 언제나처럼 "좀더 알차고 완벽한 사전을 만들었어야 했는데…" 하는 아쉬움이 남는다. 최선을 다했지만, 예상하지 못한 미비한 점도 있으리라 생각된다. 독자 여러분의 교시와 비판을 바라면서, 앞으로 더 노력하여 보다 실용적이고 알찬 사전을 만드는 것을 약속 드리는 바이다.

일러두기

이 사전의 구성

이 사전은 현재 널리 쓰이고 있는 우리말과 외래어, 학술 용어 및 시사어 등을 가나다순으로 배열하였다.

A. 표제어

(1) 표제어는 고딕 활자로 보였고 한문에서 온 말은 괄호 속에 한자를 병기하였으며 일부가 우리말이고 다른 일부가 한자어인 것은 —과 한자를 붙여 병기하였다.

보기 **가난**, **상임**(常任), **도도하다**(滔滔—)

(2) 접두사, 접미사 및 어미(語尾)로 쓰이는 표제어는 각기 그 앞뒤에 …을 붙였다.

보기 **가…**(假), **…강**(強), **…도록**

(3) 낱말은 각각 독립 표제어로 내놓는 것을 원칙으로 하되, 지면 절약을 위하여 경우에 따라서는 다음과 같은 방법을 쓰기도 하였다.

a) 표제어를 어간(語幹)으로 한 낱말은 역어가 길지 않을 때 독립 표제어로 내세우지 않고 어간인 표제어의 역어 다음에 병기해 주었다.

보기 ㄱ. **억지** unreasonableness; obstinacy; compulsion. ¶ ～부리다 〔쓰다〕 insist on having *one's* own way; persist stubbornly.

ㄴ. **엄살** ～하다 pretend pain〔hardship〕.

b) 동의어 및 원말과 준말 등은 병기해 준 것도 있다.

보기 **덕적덕적**, **덕지덕지** **가마**(니)

B. 역어와 용례

(1) 역어와 용례는 현대 영어를 표준으로 하였으며, 속어·전문어 및 속담 등도 필요에 따라 적절히 곁들였다.

(2) 영어의 철자는 미식을 위주로 하되, 특히 주의를 요하는 말은 영식을 아울러 보인 것도 있다. 단, 이 때에는 역어 뒤에 《英》을 보임으로써 그 구별을 나타냈다.

보기 **수표**(手票) a check《美》; a cheque《英》.

(3) 역어에 있어 미식·영식이 각기 그 표현을 달리할 때에는 다음처럼 표시했다.

보기 **왕복**(往復) …. ‖ ～차표 a round-trip ticket《美》; a return ticket《英》.

(4) 외래어(外來語)로서 아직 영어에 완전히 동화되지 않은 것은 이탤릭체(體)로 표시했다.

보기 **사후**(事後) ¶ ～의 *ex post facto*《라》.

(5) 표제어가 형용사일 때에는 (be)를 역어 앞에 붙여 형용사임을 나타냈다. 단, 동사로 밖에 표현되지 않는 경우, 그 구분을 명백히 할 필요가 있을 때는 역어 앞에 《서술적》, 역어 뒤라면 (서술적)이라고 표시했다.

보기 **어리둥절하다** (be) dazed〔stunned〕; bewildered; 《서술적》 be〔get〕 confused; be puzzled.

(6) *one* (*oneself*), *a person*: 이것들은 일반적으로 「사람」을 가리키는 명사·대명사임을 나타낸다. *one*은 주어와 같은 사람을, *a person*은 주어와 다른 사람임을 나타낸다.

보기 **가로막다** interrupt 《*a person*》.
생활(生活) ～하다 support *oneself*.

(7) 마찬가지로, *a thing*은 「물건」을, *a matter*는 「일」을, *a place*는 「장소」를 가리킨다.

(8) *do*는 일반적인 동사를 대표하며, *to do*는 부정사, *doing*은 동명사를 표시한다.
보기 **떳떳하다**…. ¶ …을 떳떳하지 않게 여기다 be too proud 《*to do*》; be above 《*doing*》.

C. 기호의 용법

(1) 〖 〗의 용법
학술어와 기타 전문 용어 및 그 약어를 표시할 때
보기 **양서류**(兩棲類) 〖動〗 Amphibia.

(2) 《 》의 용법
표제어 또는 용례의 뜻을 설명하거나 어법·용법상의 설명을 가할 때
보기 **양여**(讓與) 《영토의》 cession.
가게…. ¶ ～를 닫다 close the store; 《폐업》 shut 〔close〕 up store.
가곡(歌曲) 《노래》 a song; 《곡조》 a melody.

(3) 《 》의 용법
a) 역어의 각국별 용법 및 어원 등을 표시할 때
보기 **감옥**(監獄) a jail 《美》; a gaol 《英》.
마티네 a *matinée* 《프》.
b) 그 역어가 취하는 관련 전치사·형용사·동사 및 보충 설명적인 목적어 등을 보인다.
보기 **거처**(居處)…. ¶ ～를 정하다 take up *one's* residence 〔quarters〕 《*at, in*》.
개진(開陳) ～하다…; express 《*one's opinion*》.
반소(反訴) 《bring》 a cross action.

(4) ( )의 용법
a) 생략이 가능한 말을 쌀 때
보기 **프로그램** a program(me)
{= a program
{= a programme
데이트…. ～하다 date (with) 《*a girl*》.
{= date 《*a girl*》
{= date with 《*a girl*》.
b) 역어의 보충 설명 및 그 생략어·기호 따위
보기 **붕사**(硼砂) borax; tincal(천연의).
붕소(硼素) 〖化〗 boron(기호 B).
삼월(三月) March(생략 Mar.).
c) 복합어에 곁딸린 말들을 보였다.
보기 **양도**(讓渡)…. ‖ ～인 a grantor; a transferer(피～인 a transferee).
d) 머리글자로 만들어진 생략형 역어의 원어를 표시할 때
보기 **아이오시** IOC. (◀ the International Olympic Committee)
e) 표제어가 형용사임을 보이기 위해 be를 사용할 때
보기 **아름답다** (be) beautiful; pretty.

(5) 〔 〕의 용법
그 부분이 대치될 수 있음을 표시할 때
보기 **양원**(兩院) both 〔the two〕 Houses.
{= both Houses
{= the two Houses

(6) [ ]의 용법
그 역어의 복수형을 보였다.

보기 **용매**(溶媒) a menstruum [*pl.* ~s, -strua]

(7) ~는 표제어와 일치한다.

보기 **가속**(加速) .... ¶ ~적으로 with increasing speed.

(8) ☞는「다음의 항을 보라」, =은「다음 것과 같다」의 뜻임.

(9) ‖ 이하는 복합어, 연어를 보인다.

보기 **양심**(良心) .... ‖ ~선언 a declaration of conscience.

(10)「=」는 본래의 하이픈이 행말(行末)에 왔을 때 표시했다.

보기 **양화**(洋畫) ① 《서양화》 a Western=
style painting.

약 어 풀 이

(자명한 것은 생략)

《美》 …… 美國用法
《英》 …… 英國用法
《러》 …… 러시아語
《이》 …… 이탈리아語
《中》 …… 中國語
《프》 …… 프랑스語

〖建〗 …… 建築
〖經〗 …… 經濟
〖工〗 …… 工業
〖鑛〗 …… 鑛物·鑛山
〖教〗 …… 教育
〖軍〗 …… 軍事
〖基〗 …… 基督教
〖幾〗 …… 幾何
〖氣〗 …… 氣象
〖論〗 …… 論理學
〖農〗 …… 農業·農學
〖動〗 …… 動物學
〖文〗 …… 文法
〖法〗 …… 法律
〖寫〗 …… 寫眞
〖商〗 …… 商業
〖生〗 …… 生理學·生物學
〖船〗 …… 造船
〖聖〗 …… 聖經
〖數〗 …… 數學
〖植〗 …… 植物學
〖心〗 …… 心理學
〖樂〗 …… 音樂
〖冶〗 …… 冶金

《獨》 …… 獨逸語
《그》 …… 그리스語
《라》 …… 라틴語
《梵》 …… 梵語
《口》 …… 口語
《俗》 …… 俗語

〖野〗 …… 野球
〖藥〗 …… 藥學
〖魚〗 …… 魚類
〖言〗 …… 言語學
〖倫〗 …… 倫理學
〖衣〗 …… 衣服
〖醫〗 …… 醫學
〖理〗 …… 物理學
〖印〗 …… 印刷
〖電〗 …… 電氣
〖鳥〗 …… 鳥類
〖宗〗 …… 宗教
〖證〗 …… 證券
〖地〗 …… 地質·地理學
〖天〗 …… 天文學
〖哲〗 …… 哲學
〖鐵〗 …… 鐵道
〖蟲〗 …… 昆蟲
〖컴〗 …… 컴퓨터
〖土〗 …… 土木
〖韓醫〗, 〖漢醫〗 …… 韓醫學·漢醫學
〖海〗 …… 航海·海事
〖解〗 …… 解剖學
〖化〗 …… 化學

박스 기사 색인

부록 차례

KOREAN-ENGLISH DICTIONARY

가《가장자리》an edge; a border; a margin; a brink; a verge; 《옆》a side.

가(可)《성적》fairly good; 《좋음》good; right. ¶ ～히 (may) well; fairly well; (might) well / ～히 짐작할 수 있다 It can readily be imagined that ….

가…(假)《임시의》temporary; provisional; 《잠시의》transient; 《비공식의》informal. ¶ ～계약 provisional contract / ～계정(計定) temporary account / ～입학(入學) admission (of students) on probation / ～처분《make》provisional disposition.

…가(街) a street; St.(고유명사에). ¶ 3～ the 3rd St.

가가대소(呵呵大笑) ～하다 have a good laugh; laugh heartily.

가가호호(家家戶戶) each〔every〕house〔door〕; from door to door.

가감(加減) ～하다 add and deduct; moderate, adjust(조절). ‖ ～승제(乘除) addition, subtraction, multiplication and division; the four rules of arithmetic.

가건물(假建物)《build》a temporary building〔house〕.

가게 a shop; a store《美》; a booth(노점). ¶ ～를 보다 tend〔keep〕a shop / ～를 내다 open〔start〕a shop / ～를 닫다 close the store; 《폐업》shut〔close〕up store; wind up business.

가격(價格)《가치》worth; value; 《값》price. ¶ 일정한 ～으로 at a fixed price / ～을 유지하다 hold the price line / ～을 조작〔동결〕하다 manipulate〔freeze〕the price. ‖ ～인상 a price advance / ～인하 a price reduction; discount / ～차 a price margin / ～파괴 a price destruction〔slash〕/ ～폭 the price range / ～표 a price list.

가결(可決) approval; adoption; passage. ～하다 pass〔adopt〕《*a bill*》; carry《*a motion*》; approve; vote. ¶ 원안대로 ～하다 pass a bill as drafted / 거수로 ～하다 decide《*on a bill*》by (a) show of hands.

가결의(假決議) a temporary decision; a provisional resolution.

가경(佳景) fine scenery; a picturesque scene; a wonderful view.

가경(佳境) ①《고비》the most interesting〔exciting〕part《*of a story*》; the climax《*of a story*》. ¶ 얘기는 ～에 들어간다 Now we come to the most interesting part of the story. ② ＝가경(佳景).

가계(家系) a family line; lineage; pedigree. ‖ ～도 a family tree.

가계(家計) a family budget; household economy; 《생계》livelihood; living (expense). ‖ ～부 a household account book; a petty cashbook (～부를 적다 keep household accounts) / ～비 household expenses.

가곡(歌曲)《노래》a song; 《곡조》a melody; a tune. ‖ ～집 a collection of songs.

가공(加工) processing. ～하다 process; manufacture. ¶ 우유를 ～하다 process milk. ‖ ～공장 a processing plant / ～무역 processing trade / ～식품 processed foods / ～업 processing industries / ～업자 a processor / ～품 processed〔manufactured〕goods.

가공(可恐) ¶ ～할 fearful; fearsome; terrible; dreadful / ～할 만한 적 a terrible foe.

가공(架空) ①《허구적》¶ ～의 unreal; imaginary; fictitious / ～의 인물 an unreal person. ②《공중 가설》¶ ～의 overhead; aerial. ‖ ～삭도(索道) an aerial ropeway〔cableway〕/ ～전력선 an overhead power line.

가공사(假工事) provisional construction work.

가관(可觀) ¶ ～이다《볼 만하다》be well worth seeing; 《꼴이》be a sight / 경치가 ～이다 have a beautiful outlook; command a fine view / 노는 꼴이 ～이다 behave unseemly.

가교(架橋) ～하다 (build a) bridge; span 《*a river*》 with a bridge. ‖ ～공사 bridging works.

가교(假橋) a temporary bridge.

가구(家口) a household; a house (집). ‖ ～수 the number of households / ～주 a householder; the head of a family.

가구(家具) (household) furniture; upholstery. ¶ ～ 한 점〔세트〕 a piece〔set〕 of furniture. ‖ ～상 a furniture store; a furniture dealer(상인) / ～장이 a furniture maker.

가규(家規) rules of the house.

가극(歌劇) a musical drama; an opera; an operetta(소가극). ‖ ～단〔장, 배우〕 an opera company 〔house, singer〕.

가금(家禽) a domestic fowl; 《총칭》 poultry.

가급적(可及的) as ... as possible; as ... as *one* can. ¶ ～ 빨리 as soon as possible / ～이면 if possible.

가까스로 with difficulty; narrowly; barely. ¶ ～ 도망치다 have a narrow escape / ～ 제시간에 대다 be barely in time for 《*the train*》.

가까워지다 《때 · 거리가》 approach; draw〔get〕 near; be near 〔close〕 at hand; 《사이가》 become friendly; make friends with. ¶ 완성에 ～ be near completion / 종말에〔이〕 ～ draw to a close〔an end〕.

가까이 near; nearby; close by; 《친밀하게》 intimately. ～하다 make friends 《*with*》; keep company 《*with*》. ¶ ～ 가다 approach; draw〔come〕 near / 술을 ～하다 take wine habitually / 나쁜 벗들을 ～하지 마라 Keep away from bad company.

가깝다 《거리》 (be) near; close〔near〕 by; 《시간》 (be) near; immediate; 《관계》 (be) close; familiar; friendly; near; 《근사》 (be) akin to; close upon; allied to. ¶ 가까운 친구 a good〔close, best〕 friend / 가까운 친척 a near relative / 가까운 예(例) a familiar example / 가깝디 ～ be very close to; be near at hand / 가까운 사이이다 be on good〔intimate〕 terms 《*with*》 / 원숭이는 사람에 ～ The ape is closely allied to man.

가꾸다 《식물을》 grow; cultivate; raise; 《치장하다》 dress 《*oneself*》 up (옷으로); make *oneself* up(얼굴을); decorate (꾸미다).

가끔 occasionally; once in a while; from time to time. ¶ ～ 들르다 drop in from time to time.

가나다 the Korean alphabet. ¶ ～순으로 하다 alphabetize; arrange in alphabetical order.

가나오나 wherever *one* may go 〔be〕; always; all the time; constantly. ¶ ～ 그는 말썽을 일으킨다 He is a constant troublemaker.

가난 poverty; want; indigence(극빈); destitution(결핍); penury (빈궁). ～하다 (be) poor; destitute; needy; in want. ¶ 몹시 ～한 사람 a poverty-stricken man / ～한 집에 태어나다 be born poor / ～이 들다 be〔run〕 short of 《*something*》; suffer a dearth 〔shortage, need〕 of 《*talent*》 / 찢어지게 ～하다 be extremely poor / ～하게 살다 live in poverty〔need, want〕 / ～해지다 become poor; be reduced to poverty.

가난뱅이 a poor man; a pauper (극빈자); the poor (총칭).

가납(嘉納) acceptance; approval; appreciation. ～하다 accept 《*a present*》 with pleasure; approve; appreciate.

가내(家內) 《가족들》 a family; a household. ‖ ～공업 home〔domestic〕 industry.

가냘프다 (be) slender; slim; 《목소리가》 (be) feeble; faint. ¶ 가냘픈 팔 a thin and weak arm / 몸이 ～ be a slender build.

가누다 keep under control; keep steady. ¶ 고개를 ～ hold up *one's* head / 몸을 ～ keep *one's* balance.

가늘다 (be) thin; slender; fine (실 따위). ¶ 가는 목소리 a thin voice / 가는 다리 slender legs / 가는 실 a fine thread / 가는 막대기 a thin rod.

가늠 《헤아림》 guess; 《겨냥》 aim; sight; 《식별 · 어림》 discernment; estimate. ～하다, ～보다 (take) aim 《*at*》; sight 《*on*》; guess; weigh; estimate. ‖ ～쇠 the bead; the foresight / ～자 the sight(s); a gun sight.

가능(可能) ～하다 (be) possible. ¶ ～하다면 if (it is) possible / ～한 한 빨리 as soon as possible / ～한 범위 내에서 as far as possible / 실행 ～한 계획 a practicable〔feasible, workable〕 plan / 나는 그것이 ～하다고 생각한다 I think it's possible. ‖ ～성 possibility; potential (잠재적인).

가다 ① 《일반적》 go; come (상대방 본위); 《방문》 visit; call on 《*a person*》; 《출석》 attend; go to 《*church*》; 《떠나다》 go away 《*to*》; leave. ¶ …을 타고 ～ go by 《*train*, *bus*》/ 걸어 ~ walk; go on foot / 미국에 ~ go over to America / 2등을 타고 ~ travel 〔go〕 second class / 여수까지 ~ go as far as *Yeosu* / 하루 20 마일을 ~ make 〔cover〕 twenty miles a day / 집에 가는 도중에 on *one's* way home. ② 《시간이》 pass (by); go by; elapse; fly. ¶ 얼마 안 가서 before long / 시간이 ~ time passes / 세월이 가는 줄도 모르다 be unconscious of the flight 〔elapse〕 of time. ③ 《죽다》 die; pass away. ④ 《꺼지다》 go 〔die〕 out. ¶ 전깃불이 ~ electric light fails. ⑤ 《지탱하다》 wear; last; hold; be durable. ¶ 구두가 오래 ~ shoes wear well. ⑥ 《변하다》 go bad; rot; turn sour (시어지다); get stale(생선 따위). ¶ 맥주 맛이 ~ beer gets flat. ⑦ 《들다》 take; need; be required 〔needed〕. ¶ 품이 많이 가는 일 a work that requires much labor. ⑧ 《값어치》 be worth. ¶ 시가(時價) 백만원 가는 책 a book worth a million *won* today. ⑨ 《이해·짐작이》 ¶ 이해가 가는 처사 an understandable measure 〔step〕.

가다가 《때때로》 at times; now and then; once in a while.

가다듬다 《마음을》 brace *oneself* (up); collect *oneself;* 《목소리를》 put *one's* voice in tune.

가닥 a ply; a strand. ¶ 실 한 ~ a piece of string / 세 ~으로 꼰 밧줄 a rope of three strands / 한 ~의 희망 a ray of hope.

가단성(可鍛性) malleability. ¶ ~이 있는 malleable.

가담(加擔) 《원조》 assistance; support; 《참여》 participation; 《공모》 conspiracy. ~하다 《돕다》 assist; aid; take side with; 《참여하다》 take part 〔participate〕 in; be a party to; be involved in. ¶ 음모에 ~하다 take part in the plot. ‖ ~자 an accomplice; a conspirator.

가당(加糖) ¶ ~한 sweetened. ‖ ~분유 sugared powder 〔pulverized〕 milk / ~연유(煉乳) sweetened condensed milk.

가당찮다(可當―) (be) unreasonable, unjust, improper(온당찮다); excessive, extravagant (엄청나다); tough, hard(난감하다). ¶ 가당찮은 요구〔값〕 an excessive demand 〔an unreasonable price〕.

가당하다(可當―) 《합당하다》 (be) reasonable; proper; right; 《감당할 수 있다》 be able to cope with.

가도(街道) a highway; a main road. ‖ 경인(京仁) ~ the *Gyeongin* Highway.

가동(稼動) operation; work. ~하다 operate; run. ¶ ~을 시작〔중단〕하다 start 〔stop〕 operation / ~중이다 be working; be in operation; be at work. ‖ ~률(率) the rate of operation; the capacity utilization rate / ~시간 the hours of operation / ~일수 the number of workdays / 완전 ~ full(-scale) operation / 주야 ~ around-the-clock 〔24-hour〕 operation.

가동성(可動性) mobility; movability.

가두(街頭) 《모퉁이》 a street corner; 《십자로》 a crossing; 《가로》 a street. ‖ ~데모〔시위〕 a street demonstration / ~모금 street fund raising / ~선전 street 〔wayside〕 propaganda 〔advertising〕 / ~연설 a street 〔wayside, stump〕 speech / ~인터뷰 a curbside interview / ~풍경 a street scene.

가두다 shut 〔lock〕 in 〔up〕; confine 《*a person*》.

가두리 《모자·그릇의》 a brim; a rim; 《천·옷 따위의》 a fringe; a hem; 《장식》 a frill. ‖ ~양식 fish farming.

가드 a guard, a watchman(경비원); a guard(농구의).

가드락거리다 swagger; be elated.

가득 full; crowded. ~하다 be full 《*of*》. ¶ 한 잔 ~ a glassful / ~ 채우다〔차다〕 fill 〔be filled〕 up / 컵에 ~ 붓다 fill a cup to the brim / 사람들로 ~ 차 있다 be crowded with people.

가뜩이나 to add to; in addition to; moreover. ¶ ~ 곤란한데 to add to *one's* misery; to make matters worse.

가뜬하다 (be) light; nimble; 《심신이》 feel light 〔good〕. ¶ 가뜬히 lightly; nimbly; 《쉽게》 without difficulty 〔trouble〕.

가라사대 say. ¶ 공자 ~ Confucius said.... / 성경에 ~ The Bible says ....

가라앉다 ① 《밑으로》 sink; go down; go to the bottom; fall 〔cave〕 in (지반이). ¶ 가라앉은 배 a sunken ship 〔boat〕 / 물속으로 ~ sink 〔be submerged〕 under water. ② 《고요해지다》 become quiet; calm 〔quiet〕 down; 《풍파가》 go 〔die〕 down; subside. ¶ 바람이 ~ the wind dies down. ③ 《마음·성질이》 recover *one's* composure; restore the presence of mind; become calm; calm down. ④ 《부기·고통 등이》 abate, subside; go down. ¶ 부기가 가라앉았다 The swelling has gone down. ⑤ 《진압되다》 be put down; be suppressed; be quelled; 《분쟁이》 be settled.

가라앉히다 ① 《물속에》 sink; send

to the bottom. ¶ 배를 ~ sink a vessel. ②《마음·신경을》 compose 〔calm〕 *oneself;* calm down *one's* feelings; quiet; pacify. ¶ 노여움을 ~ calm 《*a person's*》 anger; quell *one's* anger (자신의). ③《아픔·부기를》 relieve; allay; abate. ¶ 고통을 ~ allay 〔ease〕 the pain. ④《진압·수습》 suppress; quell. ¶ 싸움을 ~ settle a quarrel / (긴장된) 정세를 ~ cool off the situation.

가락[1] ①《음조》 a key; a pitch; a tune; tone. ②《박자·장단》 time; (a) rhythm. ¶ ~에 맞춰 to the time of 《*the music*》.

가락[2] ①《방추》 a spindle. ②《가늘고 긴 물건》 a stick. ¶ 한 ~ a stick of 《*gluten candy*》.

가락국수 wheat vermicelli; Korean noodle; noodles. ‖ ~집 a (Korean) noodle shop.

가락지 a set of twin rings.

가람(伽藍) a Buddhist temple; a cathedral.

가랑눈 powdery 〔light〕 snow.

가랑머리 hair braided in two plaits.

「~가 내리다 drizzle.

가랑비 a drizzle; a light rain. ¶

가랑이 a crotch; a fork. ¶ ~를 벌리다 set *one's* legs apart.

가랑잎 dead 〔withered〕 leaves.

가래[1]《농기구》 a spade. ‖ ~질 spading (~질하다 plow; spade; do spadework).

가래[2]《담(痰)》 phlegm; sputum 〔*pl.* sputa〕. ¶ ~를 뱉다 spit phlegm out. ‖ ~침 spittle.

가래[3]《열매》 a kind of walnut.

가래[4]《긴 토막》 a piece; a stick. ¶ ~떡 bar rice cake / 떡 한 ~ a stick of rice cake.

가래톳 a bubo 〔*pl.* -es〕.

가량(假量)《쯤》 about; some; more or less; or so; approximately. ¶ 30명 ~ some thirty people / 2개월 ~ some two months / 1마일 ~ a mile or so / 예순살 ~의 노인 an old man of about sixty / 두 시간 ~ 지나면 in about two hours / ~없다《어림없다》 be poor at guessing;《당찮다》 be wide of the mark.

가련하다(可憐—) (be) poor; pitiful; pathetic; sad; wretched; miserable. ¶ 가련한 처지 a miserable condition; a sad plight / 가련히 여기다 take pity on 《*a person*》 / 가련한 친구로군 What a poor fellow he is!

가렴주구(苛斂誅求) extortion 〔exaction〕 of taxes; laying 〔imposing〕 heavy taxes 《*on*》.

가렵다 (be) itchy; itching; feel itchy. ¶ 가려운 데를 긁다 scratch an itchy spot / 온 몸이 ~ I feel itchy all over.

가령(假令) (even) if; though; although; supposing that; granted that. ¶ ~ 그것이 그렇다 치더라도 admitting that it is so / ~ 그가 그렇게 말했다 치〔하〕더라도 even if he did say so.

가로《폭》 width; breadth;《부사적》 across; sideways; horizontally; from side to side (좌우로). ¶ ~의 sidelong; horizontal / ~ 2피트 two feet wide 〔in width〕 / ~ 쓰다 write sideways / 줄을 ~ 치다 draw a horizontal line / ~ 놓다 lay 〔put〕 《*a thing*》 sideways / ~ 놓이다 lie across 〔sideways〕 / 배는 ~ 흔들렸다 The ship rolled from side to side.

가로(街路) a street; a road; an avenue 《美》; a boulevard. ‖ ~등 a street lamp / ~수 street 〔roadside〕 trees.

가로닫이 a sliding door 〔window〕.

가로되 say. ¶ 옛말에 ~ An old saying has it that ....

가로막다 interrupt 《*a person*》; obstruct 《*the view*》; block 〔bar〕 《*the way*》. ¶ 입구〔도로〕를 ~ block 〔obstruct〕 the entrance 〔road〕 / 그녀의 말을 ~ interrupt her; cut her short.

가로막히다 be 〔get〕 obstructed; be blocked (up); be barred.

가로맡다 take over; take upon *oneself*.

가로새다 sneak away from; slip away 〔off〕; get 〔go〕 away unobserved.

가로세로 《명사적》 breadth and length; 《부사적》 breadthwise and lengthwise; horizontally and vertically.

가로쓰기 writing in a lateral line; writing from left to right.

가로지르다《건너지름》 put 《*a bar*》 across;《가로긋다》 draw 《*a line*》 across;《건너감》 cross; go across.

가로채다 seize 《*a thing*》 by force; snatch (away) 《*from, off*》; intercept.

가로퍼지다 grow broad;《뚱뚱하다》 be thickset 〔stout〕.

「ment.

가료(加療) 《be under》 medical treat-

가루《분말》 powder; dust;《곡식가루》 flour; meal. ¶ ~로 만들다〔빻다〕 reduce to 〔grind into〕 powder. ‖ ~비누 soap powder 〔flakes〕 / ~약 powdered medicine / ~우유 powder(ed) milk; evaporated milk / ~음식 flour food.

가르다 ①《분할·분배》 divide; part; sever; split; distribute. ¶ 다섯으로 ~ divide into five parts / 이익을 반반으로 ~ split the profit

half-and-half / 머리를 한가운데서〔오른쪽에서〕 ～ part *one's* hair in the middle〔on the right〕/ 부부의 의를 ～ sever husband and wife; cut a husband from his wife. ② 《분류》 sort (out); group; classify; assort. ¶ 크게 둘로 ～ classify into two large groups. ③ 《구별》 discriminate; distinguish; know〔tell〕《*A*》 from 《*B*》; judge. ¶ 좋은 책과 나쁜 책을～ discriminate good and bad books.

가르랑거리다 ☞ 그르렁거리다.

가르마, 가리마 ¶ ～를 타다 part *one's* hair 《*on the left*》.

가르치다 《지식을》 teach; instruct; give lessons 《*in*》; educate(교육); coach(지도); enlighten(계몽); 《알아듣게》 show; tell. ¶ 수학을 ～ teach 《*a person*》 mathematics / 수영을 ～ teach〔show〕《*a person*》 (how) to swim / 피아노를 ～ give lessons in piano / 길을 가르쳐 주다 tell〔show〕《*a person*》 the way to a place.

가르침 《교훈》 teachings; an instruction; 《교의》 a doctrine; 《계율》 a precept; 《신조》 a creed. ¶ 소크라테스의 ～ the teachings of Socrates / ～을 받다 receive *one's* instruction; be taught 《*by*》.

가름하다 divide (up); separate; discriminate; 《대신하다》 substitute 《*one thing for another*》.

가리 《더미》 a stack; a pile; a rick. ‖ 노적～ ☞ 노적가리.

가리가리 to〔in〕 pieces; into〔to, in〕 shreds. ¶ 편지를 ～ 찢다 tear a letter into pieces.

가리개 a cover; a shade 《*over*》; a two-fold screen(병풍).

가리나무 tinder of pine needles and twigs.

가리다[1] ① 《고르다》 choose; select; make a choice of; prefer; pick out. ¶ 날을 ～ choose〔select〕 a day / 때와 장소를 가리지 않고 disregarding the time and place / 물불을 가리지 않는다 be willing to take any risk; dare the dangers of. ② 《까다롭다》 be fastidious〔particular〕《*about*》. ¶ 음식을 ～ be fastidious about food. ③ 《분별》 distinguish 《*between*》; tell〔discern〕《*A*》 from 《*B*》; have the sense 《*to do*》. ¶ 시비를 ～ tell right from wrong. ④ 《셈을》 square〔settle〕 accounts 《*with a person*》. ¶ 빚을 ～ clear off〔up〕 *one's* debts. ⑤ 《낯을》 be shy (of strangers). ⑥ 《머리를 빗다》 comb〔tidy〕 *one's* hair. ⌈heap 《*up*》.

가리다[2] 《쌓다》 pile up; stack; rick;

가리다[3] 《막다》 shield; screen; shelter; cover; shade(빛을); hide; conceal. ¶ 눈을 ～ blindfold / 얼굴을 ～ have *one's* face masked; cover *one's* face with *his* hands (두 손으로).

가리키다 point to〔at〕; indicate; show. ¶ 방향을 ～ point the direction.

가리틀다 ① 《방해하다》 prevent 《*a person*》 from 《*doing*》; counteract. ② 《요구하다》 demand a share of 《*a person's*》 unexpected gain.

가마[1] 《머리의》 the whirl of hair on the head; a hair whirl.

가마[2] ① ☞ 가마솥. ② 《기와·질그릇을 굽는》 a kiln; a stove; 《빵굽는》 an oven.

가마[3] 《탈것》 a palanquin; a sedan chair (주로 유럽의). ‖ ～꾼 a palanquin bearer.

가마(니)[4] a straw-bag〔-sack〕.

가마리 an object; a target; a focus; a butt. ‖ 욕～ the butt of abuse / 조소～ a laughingstock; the butt of derision.

가마솥 a cauldron; a large iron pot; 《기관(汽罐)》 a boiler.

가마우지 〖鳥〗 a cormorant.

가막조개 〖貝〗 a corbicula.

가만가만 stealthily; quiety; gently; softly; lightly.

가만있자 well; let me see.

가만히 ① 《넌지시》 covertly; tacitly; stealthily; imperceptibly; 《몰래》 in secret〔private〕; privately; secretly. ¶ ～ 남의 얼굴을 살피다 scan *a person* covertly / ～ 집을 빠져나오다 slip out of the house. ② 《조용히》 still; calmly; quietly; silently; motionlessly. ¶ ～ 놓다 put〔place〕《*a thing*》 cautiously / ～있다 keep still; remain quiet / ～ 누워 있다 lie motionless / 그런 모욕에 ～ 있진 않겠다 I would not stand such a humiliation.

가망(可望) hope; promise; chance; probability, possibility (가능성); a prospect(전망). ¶ ～ 없는 hopeless / 성공할 ～이 있다 have a good chance of success.

가맣다 ☞ 까맣다.

가매장(假埋葬) temporary interment〔burial〕. ～하다 bury temporarily; be provisionally buried.

가맹(加盟) joining; participation; alliance; affiliation. ～하다 get affiliated 《*with*》; join; take part in. ‖ ～국 a member nation 《*of the UN*》; a signatory (조약의) / ～단체 a member〔affiliated〕 organization / ～자 a member / ～점 a member store (of a chain store association).

가면(假面) a mask. ¶ …의 ～하에 under the mask of; under

color of / ～을 쓰다 mask *one's* face; wear a mask / ～을 벗다 unmask; throw off *one's* mask / ～을 벗기다 unmask 《*a villain*》; expose 《*an imposter*》. ‖ ～극 a masque / ～무도회 a mask(ed) ball.

가면허(假免許) a temporary license.

가명(家名) the family name; honor of *one's* family. ¶ ～을 더럽히다 disgrace〔stain〕the family name.

가명(假名) an assumed〔a false〕name; a fictitious name; an alias. ¶ ～으로 under an assumed name; incognito / ～을 쓰다 use a false〔fictitious〕name. ‖ ～계좌 a deposit〔bank account〕in a fictitious name.

가묘(家廟) a family shrine.

가무(歌舞) singing and dancing; all musical and other entertainments. ¶ ～음곡 일체를 중지시키다 order a suspension of all public performances in music and dancing.

가무러지다 faint; be dazed; be stunned.

가무스름하다 ☞ 거무스름하다.

가무잡잡하다 (be) darkish; dingy; dusky.

가문(家門) *one's* family〔clan〕. ¶ ～의 영예 an honor〔a credit〕to *one's* family / ～이 좋은〔나쁜〕of a good〔bad〕stock; of high〔low〕descent / 좋은 ～에 태어나다 come of a good stock〔family〕.

가문비〖植〗a spruce; a silver fir.

가물거리다 ① 《불빛이》 flicker; glimmer; blink. ¶ 가물거리는 불빛 a flickering light. ② 《희미하다》 be dim〔misty〕; 《정신이》 have a dim consciousness〔memory, *etc.*〕. ¶ 가물거리는 기억을 더듬다 trace back a vague memory.

가물다 be droughty〔dry〕; have a spell of dry weather.

가물들다 《날씨》 a drought sets in; 《농작물》 suffer from a drought; 《부족》 be in short supply.

가물치〖魚〗a snakehead.

가물타다 be easily affected by dry weather.

가뭄 dry weather; a drought.

가미(加味) 《맛》 seasoning; flavoring; 《부가》 an addition; an additive. ～하다 season〔flavor〕《*something*》 with 《*another*》; add 《*something*》 with 《*another*》(부가). ¶ 법에 인정을 ～하다 temper justice with mercy.

가발(假髮) 《wear》 a wig; false hair; 《부분적인》 a hair piece; a toupee.

가방 a bag; a satchel; a trunk (대형의); a suitcase(소형의). ¶ ～에 넣다 put 《*things*》 in a bag.

가법(家法) family rules〔traditions〕; household etiquette.

가벼이, 가볍게 lightly; rashly (경솔하게). ¶ ～ 보아 넘기다 overlook 《*a person's fault*》 / ～ 행동하다 act rashly / ～ 나무라다 give a light scolding / 형량을 ～ 하다 reduce a sentence.

가변(可變) variableness; 《형용사적》 variable. ‖ ～비용 variable expenses / ～익(翼) variable wings / ～자본 variable capital / ～저항기 a variable resistor / ～전압발전기 a variable voltage generator.

가볍다 ① 《무게가》 (be) light; not heavy. ¶ 가볍디 ～ be as light as a feather / 가벼운 짐 a light load; a light baggage / 체중이 ～ be light in weight. ② 《경미》 (be) slight; not serious; trifling. ¶ 가벼운 두통 a slight headache / 가벼운 범죄 minor offenses. ③ 《수월함》 (be) simple; easy; light. ¶ 가벼운 일 a light〔an easy〕work / 가벼운 기분으로 with a light heart. ④ 《식사 등》 (be) light; not heavy; plain. ¶ 가벼운 식사 a light meal; a snack. ⑤ 《사람이》 (be) rash; imprudent; indiscreet; thoughtless. ¶ 입이 ～ be glib tongued; be too talkative.

가보(家寶) a family treasure; an heirloom.

가봉(加俸) an extra〔additional〕allowance.

가봉(假縫) a fitting; basting; tacking ～하다 baste; tack; try〔fit〕《*a coat*》 on. ¶ 새 양복을 ～하러 양복점에 가다 go to the tailor for a fitting of a new suit.

가부(可否) 《옳고 그름》 right or wrong; 《적부》 suitableness; propriety; 《찬부》 ayes and noes; pros and cons; for and against; yes or no. ¶ ～간 right or wrong (옳고 그름); for or against(찬부) / ～를 논하다 argue for and against 《*a matter*》; discuss whether (it) is appropriate or not / 투표로 ～를 결정하다 decide 《*a matter*》 by vote; put 《*a matter*》 to vote.

가부장(家父長) a patriarch. ‖ ～정치 patriarchal government / ～제도 patriarchy; patriarchal system.

가불(假拂) an advance; advance payment. ～하다 pay in advance; make an advance. ¶ ～받다 receive〔draw, borrow〕*one's* wages in advance; get an advance. ‖ ～금 an advance.

가뿐하다 (be) light; not heavy.

가쁘다 《서술적》 pant〔gasp〕(for breath); be out of breath.

가사(家事) household affairs 〔chores〕; domestic duties; housework; housekeeping. ¶ ～를 처리하다 manage the household tasks 〔affairs〕 / ～에 얽매여 있다 be occupied with household cares.
가사(假死) apparent death; syncope; suspended animation. ¶ ～상태에 있다 be in a syncopic state.
가사(袈裟) a (Buddhist priest's) stole; a surplice; a cope.
가사(歌詞) the text 〔words〕 of a song; the (song) lyrics.
가산(加算) addition. ～하다 add; include. ¶ 이자를 ～하다 include interest; add interest to principal(원금에). ‖ ～금 additional dues / ～기 an adding machine / ～세 an additional tax / 중～세 a heavy additional tax.
가산(家産) family property 〔estate〕; *one's* fortune. ¶ ～을 탕진하다 go through *one's* (inherited) fortune.
가상(假想) imagination; supposition. ～하다 imagine; suppose. ¶ ～적인 imaginary; hypothetical / ～의 적(敵) a hypothetical 〔potential, supposed〕 enemy. ‖ ～현실《컴퓨터》virtual reality.
가상(假像) a false image; a ghost; 〖鑛〗 a pseudomorph.
가상히(嘉尙—) ¶ ～ 여기다 applaud 《*a person for his deed*》.
가새지르다 cross 《*A and B*》; place 《*things*》 crosswise.
가새풀 〖植〗 a milfoil; a yarrow.
가석방(假釋放) release on parole. ～하다 put 〔release〕 《*a person*》 on parole. ¶ ～되다 be paroled. ‖ ～자 a parolee; a criminal on parole.
가선(架線) wiring(공사); a wire(선). ‖ ～공사 wiring works.
가설(架設) construction; building; installation. ～하다 construct; 〔build〕 《*a bridge, a railroad*》; install 《*a telephone*》. ‖ ～공사 building 〔construction〕 work / ～비 the installation 〔building〕 cost.
가설(假設) temporary construction. ¶ ～의 temporary; transient. ‖ ～무대 《put up》 a makeshift stage / ～주택 a temporary dwelling; temporary housing(총칭).
가설(假說) 〖論〗 a hypothesis; assumption; supposition(가정). ¶ ～적인 hypothetical.
가성(苛性) causticity. ‖ ～석회(石灰) quicklime / ～소다〔알칼리〕 caustic soda 〔alkali〕.
가성(假性) ¶ ～의 false; pseud(o)-. ‖ ～근시 pseudomyopia / ～콜레라 pseudocholera.
가성(假聲) a feigned voice. ¶ ～을 내다 disguise *one's* voice.
가세(加勢) ～하다 《조력》 help; aid; assist; 《지지》 support; take sides 《*with*》. ¶ ～하러 가다〔오다〕 go 〔come〕 to 《*a person's*》 assistance.
가세(家勢) the fortunes of a family. ¶ ～가 기울었다 The family is down on its luck.
가소(可塑) ¶ ～의 plastic. ‖ ～물 plastics; plastic material / ～성 plasticity / ～제 a plasticizer.
가소롭다(可笑—) (be) laughable; ridiculous; nonsensical. ¶ 가소롭기 짝이 없다 be highly ridiculous; be quite absurd.
가속(加速) acceleration. ～하다 accelerate; speed up. ¶ ～적으로 with increasing speed. ‖ ～계 an accelerometer / ～도 (degree of) acceleration / ～력 an accelerating force / ～운동 an accelerated motion / ～장치 an accelerator.
가솔린 《휘발유》 gasoline.
가수(歌手) a singer; a vocalist(성악가). ‖ 대중～ a popular 〔pop〕 singer.
가수금(假受金) a suspense receipt.
가수분해(加水分解) 〖化〗 hydrolysis.
가수요(假需要) fictitious 〔disguised, speculative〕 demand.
가스 gas. ¶ ～를 켜다〔잠그다〕 turn on〔off〕 the gas / ～불을 올리다〔내리다〕 turn the gas up 〔down〕 / 배에 ～가 차다 have gas 〔wind〕 in the bowels / 셋집: ～·수도 완비 《게시》 House for Rent: with all main services. ‖ ～검침원 a gas-meter reader / ～계량기 a gas meter / ～관(管) a gas pipe / ～난로 a gas heater / ～레인지〔오븐〕 a gas range 〔oven〕 / ～수금원 a gas-bill collector / ～요금 a gas rate / ～전(栓) a gas tap / ～중독 gas-poisoning / ～탱크 a gas tank; a gasholder / ～폭발 a gas explosion / ～회사 a gas company / 도시〔천연, 프로판〕～ city 〔natural, propane〕 gas.
가슬가슬하다 (be) rough; peevish.
가슴 the breast; the chest(흉곽); the bosom(품); heart, mind (마음). ¶ ～의 병 chest troubles / ～속 깊이 간직한 생각 an idea cherished deep in *one's* heart / ～이 뭉클해지다 have a lump in *one's* throat / ～이 뛰다 *one's* heart throbs 《*with*》 / ～이 설레다 feel excited 〔elated〕; 《사물이 주어》 cause in 《*a person*》 a lift of the heart / ～이 후련해지다 feel relieved.
가슴앓이 〖醫〗 heartburn.
가습(加濕) humidification. ～하다

humidify. ‖ ~기 a humidifier.

가시[1] 《장미 따위의》 a thorn; 《풀잎 등의》 a prickle; 《덤불의》 a bramble; 《밤송이의》 a bur; 《나무·대·뼈 따위의》 a splinter; 《물고기의》 a spine. ¶ ~ 많은 thorny; spiny / ~가 목에 걸리다 have a bone stuck in *one's* throat / 손에 ~가 박이다 get a sticker in *one's* finger. ‖ ~나무 a thorn (bush); a bramble / ~나무울타리 a hedge of thorn / ~덤불〔밭〕 a thorn thicket / ~밭길 a thorny path.

가시[2] 《구더기》 a worm; a maggot.

가시광선(可視光線) visible rays.

가시다 ① 《씻어내다》 rinse; wash out. ¶ 병을 ~ rinse out a bottle. ② 《뒷맛을》 take off〔away〕; get rid of. ¶ 입안의 쓴 맛을 ~ take the bitter taste out of *one's* mouth. ③ 《없어지다》 disappear; leave; pass 《*off*》; 《누그러지다》 soften; lessen; calm down. ¶ 두통이 가셨다 Headaches passed off.

가시세다 《완고》 (be) stubborn; wilful; obstinate; headstrong.

가시철(一鐵) barbed wire. ‖ ~망 (barbed-)wire entanglements.

가식(假飾) affectation; hypocrisy. ~하다 affect; pretend; play the hypocrite. ¶ ~적(인) hypocritical; false; affected / ~이 없는 unaffected; unpretentious; frank(솔직한) / ~ 없이 행동하다 behave in a unaffected manner.

가심 a rinse; a wash(ing). ~하다 wash out.

가십 gossip. ‖ ~난 a gossip column.

가압(加壓) pressurization. ~하다 pressurize; apply〔give〕 pressure 《*to*》. ‖ ~장치 a pressure device.

가압류(假押留) provisional seizure. ~하다 seize 《*another's*》 property provisionally.

가야금(伽倻琴) a *gayageum;* a Korean harp.

가약(佳約) the pledge of eternal love; a deep pledge. ☞ 백년가약.

가언(假言) 〖論〗 a conditional (word). ¶ ~적 conditional; hypothetic(al). ‖ ~명제 a hypothetical proposition.

가업(家業) *one's* family trade〔business〕. ¶ ~을 잇다 succeed to *one's* father's business.

가없다 (be) boundless; endless. ¶ 가없는 바다 a boundless ocean.

가연(可燃) ¶ ~성 inflammability; combustibility / ~성의 combustible; inflammable. ‖ ~물 combustibles; inflammables.

가열(加熱) heating. ~하다 heat. ¶ ~ 살균하다 sterilize 《*milk*》 by heating. ‖ ~기 a heater; a heating apparatus / ~분해 decomposition by heating / ~시험 a heat(ing) test.

가엾다 《불쌍하다》 (be) pitiable; pitiful; poor; sad; miserable; 《애틋하다》 (be) pathetic; touching. ¶ 가엾게 여기다 feel pity 〔sorry〕 for; take pity on; pity 《*a person*》; sympathize with / 가엾어라 What a pity!; Alas, poor thing!

가오리 〖魚〗 a stingray.

가옥(家屋) a house; a building; 〖法〗 a messuage. ‖ ~관리비 the managing expense of a house / ~대장 a house register 〔ledger〕 / ~세 a house tax.

가외(加外) ¶ ~의 extra; spare; excessive / 가욋일을 하다 do extra work; work extra time. ‖ ~수입 extra income.

가요(歌謠) a song; a melody. ‖ ~곡 a popular song.

가용(可溶) ‖ ~물 a soluble body / ~성 solubility(~성의 soluble).

가용(可鎔) ‖ ~물 a fusible body / ~성 fusibility(~성의 fusible).

가용(家用) 《비용》 cost of household; household expenses; 《자가용》 domestic use; family use.

가운(家運) 《retrieve *one's*》 family fortune.

가운 a gown. ¶ 대학생의 ~ an academic gown.

가운데 ① 《중간》 the middle; the midway; the center, the heart(복판); 《안쪽》 the interior; the inside. ¶ ~에 가르마를 타다 part *one's* hair in the middle / ~를 잡다 hold 《*a thing*》 in the middle / ~로 들어가 주십시오 《버스 등에서》 Step forward, please. ② 《중에서》 between(둘); among(셋 이상); out of. ¶ 이 일곱 개 ~서 어느 것이든 다섯 개만 골라라 Choose any five 「out of 〔from among〕 these seven. ③ 《…하는 중》 in; amid(st).

가운뎃손가락 the middle finger.

가웃 (and) a half. ¶ 서 말 ~ three *mal* and a half.

가위 scissors; shears; clippers (털 베는). ¶ ~ 한 자루 a pair of scissors. ‖ ~질 scissoring / 가윗밥 cuttings.

가위(可謂) literally; exactly; truly; practically; in a sense; so to speak.

가위눌리다 have a nightmare.

가윗날 ☞ 추석.

가으내 throughout the autumn 〔fall〕.

가을 autumn; fall 《美》. ¶ ~의 autumn(al); fall. ‖ ~갈이 autumn plowing / ~경치 autumnal scenery / ~바람 autumn wind / ~보리 autumn-sown barley / 늦~ late autumn 〔fall〕 / 초~ early autumn 〔fall〕.

가이던스 guidance《*in the course of one's studies*》.

가이드 a 《*tour*》 guide (사람); a guide book (안내서).

가인(佳人) a beautiful woman; a beauty. ¶ ～박명(薄命) Beauties die young.

가일(佳日) an auspicious day.

가일층(加一層) (the) more; still 〔much〕 more; all the more. ¶ ～ 노력하다 make still more efforts.

가입(加入) joining; admission; subscription (전화 따위의). ～하다 join《*an association*》; become a member of《*a club*》. ¶ 야구부에 ～하다 join the baseball club. ‖ ～금 an entrance〔a membership〕 fee / ～신청 application for admission; subscription(전화 따위의) / ～자 a member; a (telephone) subscriber.

가자미〖魚〗a flatfish; a flounder.

가작(佳作) a fine piece (of work); a work of merit.

가장(家長) the head of a family; a patriarch (남자); a matriarch (여자); *one's* husband(남편).

가장(假葬) temporary burial. ～하다 bury temporarily.

가장(假裝) ①《변장》disguise; fancy dress. ～하다 disguise *oneself*《*as*》; dress up〔be disguised〕《*as*》. ¶ ～하여 in disguise / 여자로 ～하다 dress up as a woman. ‖ ～무도회 a fancy〔dress〕 ball; a masquerade / ～행렬 a fancy dress parade. ②《거짓》pretence; semblance; camouflage. ～하다 feign; pretend; affect; assume; make believe. ¶ …을 ～하여 under pretense〔the cloak〕 of / 우정을 ～하다 pretend to be a friend.

가장 most; least(적을 때). ¶ ～ 쉬운 방법 the easiest method.

가장귀 a crotch 〔fork〕 of a tree.

가장이 a branch; a twig.

가장자리 the edge; the verge; the brink; the margin.

가장집물(家藏什物) household furnishings.

가재〖動〗a crawfish; a crayfish 《英》. ¶ ～걸음 치다 crawfish; walk〔crawl〕 backward; make very slow progress / ～는 게 편이다《俗談》Like attracts like.

가재(家財) household belongings 〔goods〕; furniture and effects.

가전(家傳) ¶ ～의 hereditary; proprietary / ～의 보물 a family heirloom.

가전(家電) ‖ ～메이커 a household〔home〕 appliance manufacturer / ～산업 a home appliance industry / ～제품 electric home appliances.

가절(佳節) an auspicious occasion.

가정(家政) household management; housekeeping. ‖ ～과 (the) domestic economics (course) (학문); the department of domestic science(대학의) / ～부 a housekeeper; a lady-help.

가정(家庭) home; a family. ¶ ～의 home; domestic; family / ～용의 for domestic use / ～을 갖다 start a home; get married and settle down. ‖ ～경제 household〔domestic〕 economy / ～교사 a private teacher; a tutor(～교사를 두다 engage a tutor / ～교사를 하다 teach《*a boy*》 at his house) / ～교육 home education / ～내 폭력 violence in the home / ～란 a domestic column / ～문제 home problems / ～방문 a home visit (～방문하다 pay a home visit) / ～부인 a housewife / ～불화 family trouble〔discord〕; friction between man and wife(부부의) / ～생활 home life / ～의(醫) *one's* family doctor / ～의례 family rite / ～의례준칙 the Simplified Family Rite〔Ritual〕 Standards / ～쟁의 a family dispute; a domestic trouble / ～환경 *one's* family background; home environment.

가정(假定) (a) supposition; (an) assumption; a hypothesis; 〖法〗 (legal) fiction. ～하다 suppose; assume. ¶ ～적인 hypothetic(al); imaginary; assumptive / …이라 ～하여 on the assumption that…; supposing that…. ‖ ～법〖文〗the subjunctive mood.

가정법원(家庭法院) a family〔domestic relations〕 court.

가제 (cotton, antiseptic) gauze. ‖ 소독～ sterilized gauze.

가져가다 take〔carry〕 away; take 《*a thing*》along《*with one*》; walk off with(훔치다). ¶ 누군가가 내 우산을 가져갔다 Someone has walked off with my umbrella.

가져오다 ①《지참》bring (over); get; fetch. ¶ 가서 책을 가져오너라 Go and get〔bring〕 me a book. / 내 책상에서 책을 가져오너라 Please fetch a book from my desk. ②《초래》invite; cause; result〔end〕 in; bring about. ¶ 그는 나에게 온갖 걱정거리를 가져왔다 He caused all sorts of trouble to me.

가조(一調)〖樂〗the tone A.

가조약(假條約) a provisional treaty. ¶ ～을 맺다 conclude 〔make up, enter into〕 a provisional treaty《*with another country*》.

가조인(假調印) a preliminary〔provisional〕 signature; an initial signature. ~하다 sign provisionally; initial. ‖ ~식 an initialing ceremony.

가족(家族) a family; *one's* folks 〔people〕《美》. ¶ 6인 ~ a family of six / ~동반의 여행 a family trip / ~이 몇입니까 How large 〔big〕 is your family? ‖ ~계획 family planning / ~구성 a family structure / ~묘지 a family burial ground / ~수당 a family allowance / ~제도 the family system / ~회사 a family firm 〔concern〕 / ~회의 《have, hold》 a family council.

가주거(假住居) a temporary residence〔abode〕.

가주소(假住所) *one's* temporary residence〔address〕.

가죽《표피》 the skin; a hide(주로 마소의); 《무두질한》 (tanned) leather; tanned〔dressed〕 skin; chamois leather (양·사슴의); 《모피》 (a) fur. ¶ ~으로 만든 leather 《*belt*》 / ~을 벗기다 skin. ‖ ~공장 a tannery / ~부대 a leather bag / ~세공 leather work / ~장갑 leather gloves / ~제품 leather goods〔products〕 / ~표지 a leather cover.

가죽나무 〖植〗 a tree of heaven.

가중(加重) ① 《무겁게 함》 weighting. ~하다 weight. ‖ ~평균 weighted average. ② 《형벌》 ~하다 aggravate. ¶ 형(刑)을 ~하다 raise 〔aggravate〕 the penalty.

가증서(假證書) a provisional certificate; an interim bond.

가증하다(可憎—) (be) hateful; disgusting; detestable.

가지[1] a branch; a bough(큰); a twig, a sprig(작은); a spray(꽃 있는). ¶ ~를 뻗다 spread branches / ~를 꺾다 break (off) a branch / ~를 치다 cut〔lop〕 off branches; prune〔trim〕 《*a tree*》.

가지[2] 〖植〗 an eggplant; an egg apple (열매).

가지[3] 《종류》 a kind; a sort; a variety. ¶ ~각색의 various; sundry; all sorts of / 세 ~ three kinds / ~~경험 a varied experience / ~~ 이유로 for various reasons.

가지다 ① 《손에 쥐다》 have; take; hold; 《휴대·운반》 carry; have 《*something*》 with *one*. ¶ 나는 돈을 가지고 있지 않다 I have no money with me now. / 여행에 사진기를 가지고 가다 carry a camera on a trip. ② 《소유》 have; own; possess; keep; 《마음에》 have; cherish; harbor; hold. ¶ 확실한 인생관을 ~ have a clear view of life / 그에게 적의를 ~ hold malice toward him / 가게를 가지고 있다 keep〔own〕 a shop. ③ 《임신》 conceive; become pregnant. ¶ 아이를 가지고 있다 be pregnant.

가지런하다 (be) neat and trim; even; be of equal〔uniform〕 size〔height, *etc.*〕; be in order. ¶ 가지런히 trimly; evenly / 키가 ~ be of the same height.

가집행(假執行) 〖法〗 provisional execution. ~하다 execute provisionally.

가짜(假—) 《모조품》 an imitation; a sham; a spurious article; 《위조품》 a forgery; a counterfeit; a fake; a bogus. ¶ ~의 false; sham; bogus; fake(d); forged. ‖ ~다이아 a faked〔sham〕 diamond / ~대령 a pretended colonel / ~돈 counterfeit money; false money / ~박사학위 a faked doctoral degree / ~수표 a bogus check / ~편지 a forged letter / ~학생 a bogus student / ~형사 a phony detective.

가차없다(假借—) (be) merciless; relentless; ruthless. ¶ 가차없이 without mercy; relentlessly; unscrupulously.

가책(呵責) blame; rebuke; censure; pangs(양심의). ¶ 양심의 ~을 받다 feel the pangs of conscience.

가처분(假處分) provisional disposition. ~하다 make provisional disposition 《*of*》. ¶ ~신청을 하다 apply for an injunction. ‖ ~소득 a disposable income.

가청(可聽) 《형용사적》 audible; audio. ‖ ~거리 《within》 earshot / ~범위 the audible range / ~음 audible sounds.

가축(家畜) domestic animals; livestock(총칭). ¶ ~을 치다 raise livestock. ‖ ~병원 a veterinary hospital; a pet's hospital(애완 동물의) / ~사료 stock feed.

가출(家出) ~하다 run〔go〕 away from home; leave home. ‖ ~소녀〔소년〕 a runaway girl〔boy〕 / ~인 a runaway; an absconder.

가출옥(假出獄) ☞ 가석방.

가치(價値) value; worth; merit. ¶ ~ 있는 valuable; worthy / ~없는 worthless; of no value. ‖ ~관 *one's* sense of values / ~기준〔척도〕 a standard〔measure〕 of value / ~판단 valuation; evaluation / 실용~ utility value.

가친(家親) my father.

가칭(假稱) 《잠정의》 a provisional 〔tentative〕 name; 《사칭》 impersonation; false assumption. ~하다 call tentatively; assume a

false name(사칭하다).
가탄하다(可歎—) be lamentable〔deplorable, regrettable〕. ¶ 가탄할 일 a matter worthy of grief; a deplorable affair.
가탈부리다 make trouble; raise problems; hinder.
가탈지다 go wrong; run into problems〔hindrances〕.
가택(家宅) a house; a residence. ‖ ～수색 a house search(～수색하다 search a house / ～수색을 당하다 have *one's* house searched) / ～수색영장 a search warrant / ～침입《the charge of》housebreaking; (a) trespass(～침입하다 trespass《*a person's*》house).
가톨릭교(—教) Catholicism; the Roman Catholic Church. ¶ ～의 Catholic. ‖ ～도 a (Roman) Catholic.
가트《관세와 무역에 관한 일반 협정》GATT. (◀*G*eneral *A*greement on *T*ariffs and *T*rade)
가파르다《경사가》(be) steep; precipitous. ¶ 가파른 언덕〔비탈〕a steep hill〔slope〕.
가표(加標) a plus (sign) (+); the sign of addition.
가표(可票) an affirmative vote. ¶ ～를 던지다 cast an aye vote for《*a bill*》; vote in favor of《*a bill*》.
가풍(家風) the family tradition〔custom〕; the ways of a family.
가필(加筆) ～하다 correct; revise; retouch; touch up.
가하다(可—)《옳다》(be) right; rightful; reasonable;《좋다》(be) good; fair; nice.
가하다(加—) ①《가산》add (up); sum up;《부가》add. ¶ 원금에 이자를 ～ add interest to the principal. ②《주다》give; inflict《*on*》. ¶ 압력을 ～ pressure《*a person*》/ 일격을 ～ deal《*a person*》a blow / 열을 ～ apply heat. ③《증가》increase. ¶ 속도를 ～ speed up.
가학(加虐) maltreatment; cruelty. ～하다 be cruel to《*a person*》.
가해(加害) ①《손해를》doing harm; causing damage〔losses〕. ～하다 damage; do harm《*to*》; inflict a loss《*on*》. ②《상해를》inflicting injury; violence; an assault. ～하다 commit a violence《*on*》; assault. ‖ ～자 an assaulter; an assailant.
가호(加護) divine protection; providence; guardianship. ¶ 신명의 ～로 by the grace of God / 신의 ～를 빌다 pray to God for help.
가혹(苛酷)《무참》cruelty;《잔인》brutality;《엄혹》severity; harshness. ～하다 (be) merciless; severe; cruel; hard; harsh. ¶ ～하게 cruelly; harshly; severely; brutally / ～한 근로조건 severe working conditions / ～한 벌 a severe punishment / ～한 비평 severe〔harsh〕criticism / ～한 운명 a cruel fate / ～한 짓 a cruel act / ～한 처우 cruel treatment.
가훈(家訓)《observe》family precepts〔mottos〕.
가희(歌姬) a songstress; a chantress; a female singer.
각(各) each; every. ¶ ～자 each one; everybody.
각(角) ①〖動〗《뿔》a horn; an antler(사슴의). ‖ ～도장 a seal made of horn. ②《모퉁이》a corner; a turn(ing)(돌아가는). ③《사각》square. ④〖數〗《각도》an angle.
각가지(各—) various kinds; all sorts. ¶ ～의 various kinds〔all sorts〕of.
각각(各各)《따로따로》separately;《각기》respectively; each; every. ¶ ～의 each; respective; individual.
각각으로(刻刻—) every moment; moment by moment.
각개(各個) each; every one; one by one. ‖ ～격파 defeating one by one / ～교련 individual drill.
각개인(各個人) each; each〔every〕individual; each person. ¶ ～의 소유물 the belongings of each person.
각계(各界) every field〔sphere, walk〕of life; various circles〔quarters〕. ¶ ～각층의 명사 notables representing various departments of society.
각고(刻苦) hard work; arduous labor; indefatigable industry. ～하다 work hard; apply *oneself* closely to. ¶ ～정려하여 by dint of industry.
각골난망(刻骨難忘) ～하다 indelibly engrave on *one's* memory.
각광(脚光) footlights. ¶ ～을 받다《사람·일이》be in the limelight; be highlighted〔spotlighted〕.
각국(各國)《각 나라》every country; each nation;《여러 나라》various countries. ¶ 세계 ～ all countries of the world / ～의 무역 사정을 시찰하러 가다 go to various countries to observe trade affairs.
각기(脚氣) beriberi. ¶ ～에 걸리다 have an attack of beriberi.
각기(各其) each; respectively; apiece. ¶ 제 ～ respectively; in *one's* own way.
각기둥(角—)〖數〗a prism.
각도(角度) an angle;《관점》a viewpoint; a point of view; a standpoint. ¶ 45도의 ～에서 at an angle of 45 degrees / ～를 재다

take〔measure〕the angle《*of*》/ 여러 가지 다른 ~에서 보다 view〔look at〕《*a thing*》from different angles〔viewpoints, points of view〕. ‖ ~기 a protractor; a graduator.

각등(角燈) a square hand-lantern; a bull's-eye (렌즈가 달린).

각뜨다(脚—) cut up a carcass in parts; butcher.

각론(各論) an itemized discussion; particulars; details. ¶ ~으로 들어가다 go into the details〔particulars〕《*of a subject*》.

각료(閣僚) a cabinet member〔minister〕; a member of the Cabinet. ‖ ~급 회담 a minister-level conference / ~회의 a Cabinet meeting / 주요~ key ministers of the Cabinet.

각막(角膜)〘解〙the cornea. ‖ ~염 keratitis / ~은행 an eye bank / ~이식 corneal transplant(ation).

각목(角木) a square wooden club〔(stick)〕.

각박(刻薄) ~하다 (be) hard; severe; harsh; stern; heartless; stingy(인색한). ¶ ~한 세상 a hard〔tough〕world / 참 ~한 세상이로군 What a hard〔cold〕world we live in!

각반(脚絆)《wear》leggings; gaiters.

각방(各方), **각방면**(各方面) every direction; all directions. ¶ ~으로 in every direction / 사회 ~의 사람들 all classes of people; people in all walks of life.

각별하다(各別—) ①《특별》(be) special; particular; exceptional(파격적). ¶ 각별한 사랑〔호의〕special love〔favor〕/ 각별히 especially; particularly; exceptionally / 각별히 주의하다 pay special attention / 더운 날에 생맥주 맛은 ~ Draft beer tastes especially good on a hot day. ②《깍듯하다》(be) polite; courteous. ¶ 각별히 politely; civilly; courteously / 각별히 대하다 give a warm reception.

각본(脚本)《연극의》a play(book); a drama;《영화의》a (film) script; a scenario; a screenplay. ‖ ~작가 a playwright; a dramatist; a scenario writer.

각부(各部) each〔every〕part〔section〕; every department〔ministry〕(정부의). ‖ ~장관 the minister of each department.

각부분(各部分) each〔every〕part; all〔various〕parts.

각살림(各—) ~하다 live separately〔apart〕《*from*》. ¶ ~나다 set up *one's* own home.

각색(各色) ①《종류》every kind; all sorts. ¶ 각양~의 various; of every kind; of all sorts. ②《빛깔》various〔all〕colors; each color.

각색(脚色) dramatization. ~하다 dramatize《*a story*》; adapt《*a novel*》for a play. ‖ ~가 a dramatizer; an adapter.

각서(覺書) a memorandum; a memo;《외교상의》a note;《의정서》a protocol. ¶ 양국은 외교상의 ~를 교환했다 The two countries exchanged diplomatic notes with each other.

각선미(脚線美) the beauty of leg lines. ¶ ~ 있는 여자 a woman with nice〔shapely〕legs.

각설(却說) ①《화제를 돌림》~하다 resume《*one's story*》; return to the subject. ②《부사적》now; now to resume our story.

각설이(却說—)〘民俗〙a singing beggar (at the marketplace).

각설탕(角雪糖) cube〔lump〕sugar. ¶ ~ 한 개 a lump of sugar.

각섬석(角閃石)〘鑛〙amphibole.

각성(覺醒) awakening. ~하다 awake《*from*》; wake up《*to*》; be disillusioned(미몽에서). ¶ ~시키다 awaken; open《*a person's*》eyes; bring《*a person*》to (*his*) senses. ‖ ~제 a stimulant; a pep pill《美俗》.

각시《인형》a doll bride;《새색시》a bride. ¶ ~놀음하다 play with dolls.

각양(各樣) ¶ ~ (각색)의 various; all sorts of; a variety of / 사람의 마음은 ~각색이다 So many men, so many minds〔ways〕.

각오(覺悟)《마음 준비》preparedness; readiness;《결심》(a) resolution;《체념》resignation. ~하다 be prepared〔ready〕《*for*》; be resolved《*to do*》; be determined; be resigned. ¶ 노여움 살 것을 ~하고 말하다 dare *a person's* anger and say / 그것은 ~한 바다 I have expected as much. *or* I am prepared for it. / 나는 최선을 다할 ~이다 I am determined to do my best.

각운(脚韻) a rhyme.

각위(各位) every one (of you);《편지에서》Gentlemen; Sirs. ¶ 관계자 ~《서한에서》To whom it may concern / 회원 ~에게 to the members.

각의(閣議) a Cabinet council. ‖ 정례〔임시〕~ an ordinary〔extraordinary〕session of the Cabinet council.

각인(各人) each person; every one;《모두》everybody.

각자(各自) each; each〔every〕one. ¶ ~의 each; respective; *one's* own / ~ 도시락을 지참할 것 Everyone to bring his own lunch.

각재(角材) square lumber.
각적(角笛) a horn; a bugle.
각종(各種) every kind; various kinds; all kinds〔sorts〕《*of*》. ‖ ～동물 all kinds of animal / ～학교 (one of the) miscellaneous schools.
각주(角柱) a square pillar.
각주(脚註) footnotes. ¶ ～를 달다 give footnotes《*to*》.
각지(各地) every〔each〕place;《여러 지방》various places〔quarters〕;《전 지방》all parts of the country. ¶ 세계 ～로부터 from every corner〔all parts〕of the world.
각질(角質) horniness;〘生·化〙keratin; chitin(곤충 등의). ‖ ～층 horny layer; stratum corneum.
각처(各處) ☞ 각지.
각추(角錐)〘數〙a pyramid.
각추렴(各—) an equal split (of the expenses); a Dutch treat. ～하다 collect from each; split the cost〔account〕; go Dutch.
각축(角逐) (a) competition; rivalry; contest. ¶ ～(전)을 벌이다 compete《*with*》; contend《*with*》; vie《*with*》/ ～장 the arena of competition.
각층(各層) each class (of society). ¶ 각계 ～의 of all social standings / 각계～의 명사 notables in〔of〕all walks of life.
각파(各派) each party; all political parties〔groups〕(정당); each faction(파벌); all sects(종파); all schools(유파, 학파).
각필(閣筆·擱筆) ～하다 lay down *one's* pen; leave off〔stop〕writing.
각하(閣下)《2인칭》Your Excellency;《3인칭》His〔Her〕Excellency; Their Excellencies(복수).
각항(各項) each item〔paragraph〕; every clause.
각형(角形)《모난 형상》a square shape;《사각형》a quadrangle.
간《짠 정도·맛》seasoning (with salt); a salty taste; saltiness. ¶ ～을 치다 apply salt《*to*》; season with salt / ～보다 taste《*a thing*》to see how it is seasoned / ～이 맞다 be well〔properly〕seasoned / ～이 싱겁다 be not salty enough; be not well salted.
간(肝) ①〘解〙the liver. ‖ ～경변(증) cirrhosis of the liver. ②《배짱》pluck; courage; guts《口》. ¶ ～이 큰 daring; bold; plucky / ～이 콩알만 해지다 be amazed; be scared stiff; be terrified.
간(間) ①《길이》a *kan*(=5.965ft). ②《면적》☞ 칸. ③ ☞ 간살.
…간(間)《기간》for; during; a period;《사이》from … to …; between; among;《간격》an interval;《관계》relation(ship). ¶ 형제～ brotherly relation / 형제 ～의 싸움 a quarrel between brothers / 3일～에 in three days / 친구～에 among *one's* friends.
간간이(間間—) occasionally; at times; (every) now and then; once in a while; at intervals; from time to time. ¶ ～ 소나기가 오겠습니다 There will be showers from time to time.
간간짭잘하다 (be) pleasantly salty; good and salty.
간간하다《맛이》be somewhat 「salty.
간거르다(間—) be alternate; skip《*a thing*》every other.
간격(間隔)《시간·공간》a space; an interval. ¶ 5미터의 ～을 두고 at five-meter intervals; at intervals of five meters.
간결(簡潔) brevity; conciseness. ～하다 (be) brief; concise; succinct. ¶ ～히 briefly; concisely / ～한 설명 a brief explanation.
간계(奸計) a trick; an evil design; a vicious plan; a sly artifice.
간고(艱苦) hardships; suffering; 「privations.
간곡(懇曲) ～하다《정중》(be) polite; courteous;《친절》(be) kind; cordial. ¶ ～한 권고 kind advice / ～한 부탁 a polite request.
간과(干戈) arms; weapons (of war).
간과(看過) ～하다 fail to notice; overlook; pass over; connive at(묵인).
간교(奸巧) ～하다 (be) cunning; wily; sly; crafty; artful.
간국 salt〔brine〕water. ¶ ～에 절이다 soak in brine; pickle〔salt〕《*vegetables*》.
간균(桿菌)〘生〙a bacillus [*pl.* -li]; a bacterium [*pl.* -ria].
간극(間隙) a gap; an opening.
간기능검사(肝機能檢査)〘醫〙a liver-function exam(ination).
간난(艱難) hardship; privations. ¶ ～신고(辛苦)하다 undergo〔suffer, go through〕hardships.
간단(間斷) ¶ ～없는 continual; incessant; continuous / ～없이 incessantly; ceaselessly; continuously.
간단(簡單) brevity; simplicity. ～하다 (be) brief; simple; short; light(식사 따위가). ¶ ～한 편지 a brief letter / ～한 수속 a simple procedure / ～한 식사 a light meal / ～히 simply; briefly; in brief; easily, with ease(손쉽게) / ～히 말하면 to put it simply; in brief; to be brief / ～명료한 simple and plain〔clear〕/ ～히 말하다 give a short account《*of*》;

explain briefly.

간담(肝膽) ①《간과 쓸개》liver and gall. ②《속마음》*one's* innermost heart. ¶ ～을 서늘케 하다 strike chill into *a person's* heart; curdle *a person's* blood / ～이 서늘해지다 be extremely frightened; *one's* blood runs cold.

간담(懇談) a chat; a familiar talk. ～하다 have a familiar talk《*with*》; chat《*with*》. ‖ ～회 a social gathering〔meeting〕; a get-together for friendly talk.

간댕거리다 dangle; tremble. ¶ 간댕간댕 danglingly.

간데족족 everywhere; wherever *one* goes.

간도(間道) a bypath; a short cut「(지름길).

간동그리다 arrange neatly; bundle《*something*》up.

간두지세(竿頭之勢) the most critical situation.

간드랑거리다 swing gently; dan「gle.

간드러지다 (be) charming; coquettish; fascinating. ¶ 간드러지게 웃다 laugh coquettishly.

간들간들 《태도》charmingly; in fascinating manners;《바람》gently; lightly;《물체》rockingly; unsteadily.

간들거리다 ①《태도》act coquettishly; put on coquettish air. ②《바람》blow gently; breeze. ③《물체》shake; rock; totter.

간디스토마(肝―) 〖醫〗 distoma hepaticum; a liver fluke.

간략(簡略) simplicity; brevity. ¶ ～한 simple; brief; informal (약식) / ～히 simply; briefly; succinctly / ～한 기사 a short account / ～한 보고〔설명〕 a brief report〔explanation〕/ ～하게 하다 make simple〔brief〕; simplify; shorten / 출원 수속을 ～화하다 simplify an application procedure.

간막이(間―) ☞ 칸막이.

간만(干滿) ebb and flow; flux and reflux; tide. ¶ ～의 차 the range of tide; a tidal range.

간망(懇望) an entreaty; an earnest request. ～하다 entreat《*a person*》to《*do*》; beg earnestly.

간명(簡明) ☞ 간결. ¶ ～한 brief and to the point / ～하게 설명하다 explain briefly and to the point.

간물 salt(y) water; brine.

간물(乾物) ☞ 건물(乾物).

간밤 last night.

간병(看病) nursing. ☞ 병구완.

간부(奸婦) a wicked woman.

간부(姦夫) an adulterer.

간부(姦婦) an adulteress.

간부(幹部) the leading members; the (managing) staff; the executives; the management. ‖ ～요원 a staff in a responsible post / ～회 an executive council; a staff meeting / ～후보생 a military cadet.

간사(奸邪·奸詐) cunningness; wickedness. ～하다〔스럽다〕 (be) wicked; cunning; sly; crafty. ¶ ～한 사람 a wicked person.

간사(幹事)《사람》a manager; a secretary. ‖ ～장 a chief secretary / 원내～ the whip《英》; an executive secretary《美》.

간살(間―) ☞ 칸살.

간살부리다 flatter; adulate; fawn upon; curry favor with《*a person*》. ¶ 간살부리는 사람 a flatterer.

간상(奸商) a dishonest merchant; a fraudulent dealer. ‖ ～배 (a group of) dishonest〔crooked〕 merchants.

간상균(桿狀菌) a bacillus [*pl.* -li].

간색(間色) a compound〔secondary〕 color.

간석지(干潟地) a dry beach; a tideland; a beach at ebb tide.

간선(幹線) a trunk〔main〕 line. ‖ ～도로 a highway; a main〔trunk〕 road; an arterial road.

간섭(干涉) interference; intervention; meddling. ～하다 interfere《*in, with*》; meddle《*in, with*》; put *one's* nose into《口》. ¶ ～을 받다 be interfered with / 내정에 ～하다 intervene〔interfere〕 in the internal affairs of a country / 내 일에 ～하지 마라 Leave me alone. ‖ 무력～ armed intervention.

간소(簡素) simplicity. ¶ ～한 simple; plain (and simple) / ～한 식사 a homely〔plain〕 meal / ～한 생활을 하다 lead a simple life. ‖ ～화 simplification (～화하다 simplify).

간수(―水) ☞ 간물.

간수(看守) ☞ 교도관(矯導官).

간수하다 keep; have《*a thing*》in *one's* keeping; take custody〔charge〕《*of*》. ¶ 그것은 내가 간수하고 있다 I have it in my custody.

간식(間食) eating between meals; a snack. ～하다 eat《*something*》between meals; have a snack.

간신(奸臣) a treacherous〔unfaithful〕 retainer; a traitor.

간신(諫臣) a faithful advisor to the king; a devoted retainer.

간신히(艱辛―) narrowly; barely; with difficulty(힘겹게). ¶ ～ 살아가다 make〔earn〕 a bare living; barely make a living / ～ 도망치다 have a narrow escape; escape narrowly / ～ 시험에 합격하다 pass an examination with difficulty.

간악(奸惡) wickedness; treachery. ～하다 (be) wicked; villainous.

ㄱ

간암(肝癌) cancer of the liver.
간언(諫言) admonition; advice. ~하다 advise; admonish.
간염(肝炎) 〖醫〗 hepatitis. ‖ ~예방접종 the anti-hepatitis inoculation / 바이러스성 ~ viral hepatitis / A형〔B형〕~ hepatitis A〔B〕/ 전염성 ~ infectious hepatitis.
간원(懇願) ☞ 간청.
간유(肝油) cod-liver oil. ‖ ~드롭스 cod-liver oil drops.
간음(姦淫) adultery; misconduct; illicit intercourse. ~하다 commit adultery《*with*》; have illicit intercourse《*with*》. ‖ ~죄 adultery.
간이(簡易) simplicity; handiness; easiness. ~하다 (be) simple; easy; handy. ¶ 생활의 ~화 the simplification of living. ‖ ~법원 a summary court / ~수도 a provisional water supply system / ~숙박소 a cheap lodging house; a flophouse《美俗》/ ~식당 a quick-lunch room; a snack bar / ~주택 a simple frame house.
간작(間作) catch cropping. ~하다 intercrop; grow《*beans*》as a catch crop. ‖ ~물 a catch crop.
간장(一醬) soy (sauce).
간장(肝腸)《간과 창자》the liver and intestines; 《마음》(the) heart; the seat of emotion〔sorrow〕. ¶ ~을 태우다 torture with anxiety / ~을 녹이다《매료하다》charm; captivate.
간장(肝臟) 〖解〗 the liver. ‖ ~병 liver trouble / ~염 ☞ 간염.
간절(懇切) ~하다 (be) earnest; eager; fervent. ¶ ~한 부탁 *one's* earnest request / ~한 소원 *one's* fervent desire / ~히 earnestly; eagerly; sincerely / ~히 부탁하다 entreat / ~히 권하다 urge《*a person*》strongly; strongly advise.
간접(間接) indirectness. ¶ ~의 indirect; roundabout; secondhand / ~적인 영향 an indirect influence / ~적으로 indirectly; at second hand / ~으로 듣다 have the news at second hand; learn《*about something*》indirectly / 그 사건에 ~적인 관계가 있다 be indirectly concerned in the affair. ‖ ~목적어 an indirect object / ~무역 indirect trade / ~선거 indirect election / ~세 an indirect tax / ~조명 indirect〔concealed〕lighting / ~촬영《X선의》fluoroscopy; radiography / ~화법 indirect narration〔speech〕/ ~흡연 indirect smoke pollution; secondhand smoke.
간조(干潮) ebb tide; low water.
간주(看做) ~하다 consider〔regard, look upon〕《*as*》; take《*for*》. ¶ 해결된 것으로 ~하다 look upon《*a matter*》as settled / 침묵을 승낙으로 ~하다 regard silence as consent.
간주곡(間奏曲) 〖樂〗 an interlude; an intermezzo.
간지(干支) the sexagenary cycle.
간지(奸智) cunning; craft; guile; wiles; subtlety.
간지럼 a ticklish sensation. ¶ ~타다 be ticklish; be sensitive to tickling / ~태우다 tickle; titillate.
간지럽다 ①《몸이》(be) ticklish. ¶ 간지러워하다 feel ticklish / 발이 ~ My foot tickles. ②《마음이》be〔feel〕abashed; be pricked.
간직하다 keep; store; put away; harbor, hoard(가슴속에). ¶ 가슴속에 깊이 간직해 두다 keep in *one's* heart.
간질(癎疾) 〖醫〗 epilepsy; an epileptic fit(발작). ‖ ~환자 an epileptic.
간질세포(間質細胞) 〖解〗 interstitial cells.
간질이다 tickle; titillate. ¶ 겨드랑 밑을 ~ tickle《*a person*》under *his* arm.
간책(奸策) a dirty〔shrewd〕trick; a crafty design. ¶ ~을 부리다 play a dirty trick《*on*》.
간척(干拓) land reclamation by drainage. ~하다 reclaim《*land*》by drainage. ‖ ~사업〔공사〕reclamation works / ~지(地) reclaimed land.
간첩(間諜) a spy; a secret agent. ¶ ~노릇을 하다 spy《*into, on*》; act as spy. ‖ ~단 a spy ring / ~망 a espionage chain; a spy network / ~행위 espionage (action) / ~활동《do, have》espionage activities / 고정 ~ a resident spy; a sleeper agent / 이중 ~ a double agent.
간청(懇請) entreaty; solicitation; an earnest request. ~하다 entreat; implore; solicit《*a person for*》; earnestly request; ask; beg. ¶ ~에 의하여 at *a person's* earnest request.
간추리다 sum up; summerize; epitomize; abridge; brief《美》. ¶ 간추린 summarized; abridged / 이 이론을 간추리면 이러하다 This is a summary of the theory.
간친(懇親) ‖ ~회 a social meeting〔gathering〕; a social; a get-together《美》.
간통(姦通) adultery; illicit intercourse. ~하다 have (illicit) intercourse《*with*》; commit adultery《*with*》. ‖ ~죄 adultery.
간파(看破) ~하다 see through《*a fraud*》; read《*a person's thought*》;

penetrate. ¶ 동기를 ~하다 penetrate〔see through〕 *another's* motives / 한 눈에 그가 위선자임을 ~했다 saw at a glance that he was a hypocrite.

간판(看板) ①《상점 따위의》 a sign(-board); a billboard;《사무소·병원 등의》a doorplate; a shingle《美》. ¶ 옥상의 ~ a roof〔sky〕 sign / ~을 내걸다 set up〔hang out〕 a signboard. ‖ ~장이 a sign maker〔painter〕. ②《학벌·경력 따위의》a school〔business〕 career;《내세우는 것》a draw; a chief attraction;《허울》a (false) front; a figurehead. ¶ 그녀는 이 술집의 손님을 끄는 ~이다 She is what draws customers into this bar. *or* She is the chief attraction in this bar.

간편(簡便) ~하다 (be) simple; easy; handy; convenient. ¶ ~한 방법 an easy〔a simple〕 method.

간하다(諫—) advise《*a person*》 not to do; remonstrate《*with a person*》; admonish《*a person against*》.

간행(刊行) publication. ~하다 publish; issue; bring out. ‖ ~물 a publication.

간헐(間歇) intermittence. ¶ ~적(으로) intermittent(ly). ‖ ~열 intermittent fever / ~천 a geyser; an intermittent spring.

간호(看護) nursing; tending. ~하다 nurse; care for; attend on《*a sick person*》. ¶ ~를 해야할 환자가 있다 have sick people to look after / 그녀는 그를 헌신적으로 ~했다 She nursed him devotedly. ‖ ~보조원 a nurse's aide / ~인 a person tending the sick; a (sick) nurse / ~학 the science〔study〕 of nursing / ~학교 a nurses' school.

간호사(看護師) a (sick) nurse. ‖ 병원 ~ a hospital nurse / 수~ a head〔chief, staff〕 nurse / 정~ a registered nurse《美》(생략 RN) / 준~ a practical nurse《美》/ 파출 ~ a visiting〔hired〕 nurse.

간혹(間或) occasionally; sometimes; once in a while. ¶ ~있는 occasional; infrequent / ~ 오는 손님 a casual visitor / ~ 찾아오다 show up once in a while.

간힘쓰다 hold *one's* breath in an effort to endure〔stand〕 pain.

갇히다 be confined; be shut up; be locked up in; be imprisoned (감옥에).

갇힌물 standing〔stagnant, confined〕 water.

갈가마귀〖鳥〗a jackdaw.

갈거미〖蟲〗a long-legged spider.

갈겨쓰다 scrawl; scribble《*a letter*》. ¶ 갈겨 쓴 메모 a scribbled note.

갈고랑쇠 ①《쇠》an iron hook; a fluke. ②《사람》perverse〔cross minded〕 person.

갈고랑이 a hook; a gaff (작살의).

갈고쟁이 a hook.

갈구하다(渴求—) crave〔long, yearn, thirst〕 for; be thirsty after〔for〕; desire eagerly.

갈근(葛根) the root of an arrowroot.

갈기〖動〗a mane. ¶ ~ 있는 짐승 a maned beast.

갈기갈기 to pieces; (in) to shreds. ¶ ~ 찢다 tear to pieces; tear into strips.

갈기다《때리다》beat; strike; hit; knock; thrash;《베다》cut; slash; prune. ¶ 따귀를 ~ slap《*a person's*》 cheeks〔face〕/ 채찍으로 ~ lash; whip / 호되게 ~ hit《*a person*》 hard.

갈길 *one's* way; *one's* path;《목적지》designation.

갈다[1]《땅을》till; plow; plough《英》; cultivate; get《*the soil*》 turned over.

갈다[2]《바꾸다》renew; change; replace; alter; fix anew. ¶ 구두의 뒤축을 ~ reheel a shoe / 이름을 ~ change *one's* name.

갈다[3] ①《숫돌에》whet; sharpen; grind. ¶ 칼을 ~ sharpen a knife. ②《광이 나게》polish; burnish; cut(광석을). ¶ 금강석을 ~ cut〔polish〕 a diamond. ③《문지르다》rub; file(줄로). ¶ 먹을 ~ rub (down) an ink stick. ④《가루로》grind (down); rub fine; reduce to powder. ¶ 옥수수를 ~ grind corn into flour. ⑤《이를》grind〔grit〕 *one's* teeth. ¶ 이를 갈며 분해하다 grind *one's* teeth with vexation《*at*》.

갈대〖植〗a reed. ¶ ~ 많은 reedy / 여자의 마음은 ~와 같다 Woman is as fickle as a reed. ‖ ~발 a reed blind〔screen〕/ ~밭 a field of reeds.

갈등(葛藤) trouble; discord;《마음의》mental〔emotional〕 conflict. ¶ ~을 일으키다 cause; trouble; breed discord; give rise to complications.

갈라서다 break (off relations)《*with*》; separate; divorce *oneself*《*from*》; be divorced《*from*》(이혼). ¶ 아내와 ~ be parted from *one's* wife.

갈라지다 ①《물체가》split; be split; crack; be cracked; break; cleave. ¶ 두 조각으로 ~ be split into two pieces / 벽의 갈라진 틈 a crack in the wall. ②《사람 사이가》split〔break〕《*with a person*》; be divided. ¶

그 점에 관해 의견이 갈라졌다 The opinions were divided on the points.
갈래 《분기》 a fork; a divergence; 《분파》 a branch; a sect. ¶ 두 ~길 a crossroad(s) / 세 ~진 three-forked / ~지다 fork; be forked; diverge 《*from, into*》.
갈륨 〖化〗 gallium.
갈리다[1] ① 《갈게 하다》 get 《*a person*》 to change; have 〔get〕 《*something*》 replaced. ¶ 구두창을 ~ have *one's* shoes resoled. ② 《바뀌다》 be replaced 〔changed〕.
갈리다[2] 《칼 따위를》 have 《*a knife*》 sharpened (갈게 하다); be sharpened; be whetted.
갈리다[3] 《가루로》 make 《*a person*》 grind (up); have 《*grain*》 ground (갈게 하다); be ground to powder (갈아지다).
갈리다[4] 《분리》 be divided 《*into*》; break into; branch off 《*from*》; fork. ¶ 두 패로 ~ be divided into two groups / 여기서 길이 갈린다 At this point the road branches.
갈리다[5] 《논밭을》 make 《*a person*》 plow 〔plough 《英》〕; have 《*land*》 cultivated (갈게 함); be cultivated.
갈림길 a forked 〔branch〕 road; a fork (in the road); a crossroad(s) (십자로); a turning point (전환점). ¶ 생의 ~에 서다 stand at the crossroads of *one's* life.
갈마 (羯磨) *karma* 《梵》.
갈마들다 take turns; take by spells; alternate 《*with another*》.
갈망 (渴望) ~하다 long 〔yearn, thirst, crave〕 《*for*》; be anxious 《*for, to do*》. ¶ 지적(知的) ~ an intellectual thirst 〔desire〕.
갈망하다 《수습·처리하다》 deal 〔cope〕 with; manage 《*a matter*》; set 《*matters*》 right; square away.
갈매 〖植〗 Chinese green; lokato. ‖ ~나무 〖植〗 a kind of buckthorn.
갈매기 〖鳥〗 a sea gull.
갈무리하다 put 《*a thing*》 away in order; finish 《*a thing*》 up.
갈미 〖動〗 a sea cucumber.
갈보 a harlot; a prostitute; a street walker. ¶ ~ 노릇을 하다 go〔live〕 on the streets; walk the streets. ‖ ~집 a brothel; a whorehouse.
갈분 (葛粉) arrowroot starch.
갈비 the ribs; a rib(요리). ‖ ~구이 roasted ribs / ~찜 beef-rib stew / ~탕 beef-rib soup / 갈빗대 a rib / 쇠~ ribs of beef.
갈색 (褐色) brown. ¶ ~의 brown. ‖ ~인종 the brown races.
갈수 (渴水) a shortage of water; a water famine. ‖ ~기 the drought 〔dry〕 season.
갈수록 more and more; as time goes on(시간이). ¶ 날이 ~ as days go by / ~ 태산이다 things get worse and worse.
갈씬거리다 be close to almost reach 〔touch〕.
갈아내다 change; replace 《*an old thing with a new one*》; renew. ¶ 묵은 기왓장을 ~ replace an old tile.
갈아대다 replace; change; substitute; put in 《*something*》 new 《*for replacement*》. ¶ 우산대를 ~ put a new stem to an umbrella.
갈아들다 supplant; supersede; take the place of.
갈아들이다 replace 《*A*》 with 《*B*》; substitute 《*B*》 for 《*A*》.
갈아입다 change (*one's*) clothes. ¶ 갈아입을 옷 spare clothes; a change of clothes.
갈아타다 change cars 〔trains〕 《*at*》; transfer 《*to another train*》; transship(배를). ¶ 갈아타는 역 a transfer station; a junction / 목포행으로 ~ change for *Mokpo*.
갈이 ① 《논밭의》 plowing; ploughing 《英》; tillage; cultivating. ‖ ~질 farming. ② 《넓이》 the acreage that can be plowed by *a person* (in a day).
갈잎 《가랑잎》 fallen 〔dead〕 leaves; 《떡갈잎》 leaves of an oak.
갈증 (渴症) 《목마름》 thirst. ¶ ~이 나다 feel thirsty / ~을 풀다 appease *one's* thirst.
갈참나무 〖植〗 a white oak.
갈채 (喝采) cheers; applause. ~하다 applaud; cheer; give 《*a person*》 a cheer. ¶ 우뢰 같은 ~ a storm 〔thunder〕 of applause / ~를 받다 win 〔receive〕 applause.
갈철광 (褐鐵鑛) 〖鑛〗 limontle.
갈취 (喝取) ~하다 extort 《*money from a person*》 by threats.
갈치 〖魚〗 a hairtail; a scabbard fish.
갈퀴 a rake. ¶ ~로 긁어모으다 rake together 〔up〕.
갈탄 (褐炭) brown coal; lignite.
갈파 (喝破) ~하다 outshout; declare; proclaim.
갈팡질팡 confusedly; in a flurry; waveringly; this way and that. ~하다 be confused 〔perplexed〕 get flurried; do not know what to do; be at a loss.
갈포 (葛布) hemp cloth.
갈피 a space between folds 〔layers〕; 《요점》 the point; the sense; the gist. ¶ 책~ 속에 사진을 끼워 두다 keep a picture between the leaves of a book / ~를 잡을 수 없다 cannot make head or tail 《*of*》; cannot catch 〔grasp〕 the meaning 《*of*》.
갉다 《쏠다》 gnaw; nibble 《*at*》;

《긁다》 scratch; scrape.

갉아먹다 ① 《이로》 gnaw; nibble 《*at*》. ② 《재물을》 squeeze; extort.

감[1] 〚植〛 a persimmon. ‖ ～나무 a persimmon tree.

감[2] 《재료》 material; stuff; 《옷감》 texture; 《비유적》 a suitable person 《*for*》; good material 《*for*》. ¶ ～이 좋은 of fine texture / 기둥～ wood for a pillar / 사윗～ a likely son-in-law / ～이 좋다 That's good material. 「☞ 감하다.

감(減) (a) decrease; (a) deduction.

감(感) 《느낌》 feeling; sense; touch (촉감); 《인상》 an impression. ¶ 5～ the five senses / 공복～ a sense of hunger / …(한) ～을 주다 impress〔strike〕《*a person*》 as 《*a kind man*》; give the impression that … / 이 천은 가칠가칠한 ～이 있다 This cloth is rough to the touch.

감가(減價) reduction of price; depreciation; a discount. ～하다 reduce〔discount〕 the price 《*of*》. ‖ ～상각 depreciation / ～상각 준비 적립금 a depreciation reserve.

감각(感覺) sense; feeling; sensation(감성). ¶ 미적(美的) ～ *one's* sense of beauty / ～적 sensible; sensual / ～이 없는 senseless; numb / ～을 잃다 become senseless; be benumbed (추위로) / ～이 날카롭다〔둔하다〕 have keen〔dull〕 senses. ‖ ～기관 a sense organ / ～력 sensibility / ～론 sensationalism; sensualism / ～마비 sensory paralysis / ～신경 a sensory nerve / ～주의 sensualism / ～중추 a sensory center.

감감하다 ① 《소식이》 hear nothing of; learn no news of 《*a person*》. ¶ 그 후 소식이 ～〔감감무소식이다〕 I have not heard from him ever since. ② 《차이·시간 등이》 (be) far above; long (before). ¶ 내가 그의 학식을 따라 가려면 아직 ～ It will be long before I get as much knowledge as he has. ③ 《기억이》 forget entirely.

감개(感慨) deep emotion. ¶ ～무량하다 be deeply moved; be filled with deep emotion.

감격(感激) strong〔deep〕 emotion. ～하다 be deeply moved〔impressed, touched〕 《*by, with*》. ¶ (사람을) ～케 하는 연설 an inspiring 〔a touching〕 speech / ～적인 장면 a dramatic〔touching〕 scene / ～시키다 inspire; impress; give a deep impression 《*to a person*》 / ～의 눈물을 흘리다 be moved to tears / 그녀의 친절에 ～했다 I was deeply moved〔touched〕 by her kindness.

감광(感光) 《사진의》 exposure (to light); sensitization. ¶ ～시키다 expose 《*the film*》 to light. ‖ ～계 a sensitometer / ～도 photosensitivity / ～막〔필름〕 sensitive film / ～색소 light-sensitive pigments / ～제(劑) a sensitizer / ～지 sensitive paper / ～판(板) a sensitive plate. 「themum.

감국(甘菊) 〚植〛 a winter chrysan-

감군(減軍) a military manpower reduction; arms〔armament〕 reduction. ～하다 cut〔reduce〕 armed forces.

감금(監禁) confinement; imprisonment. ～하다 confine; imprison; detain; lock up. ¶ 자택에 ～하다 place 《*a person*》 under house arrest.

감기(感氣) a cold. ¶ 심한 ～ a bad cold / ～에 걸리다 catch〔take〕 (a) cold; have a cold / ～로 누워 있다 be laid up〔in bed〕 with a cold. ‖ ～약 medicine for a cold; a cold remedy.

감기다[1] ① 《넝쿨 따위가》 twine〔coil〕 around; wind itself round; entwine; 《태엽 따위가》 be wound; 《거치적거리다》 cling to; 《걸리다》 be caught in. ② 《감게 하다》 let 〔make〕 《*a person*》 wind.

감기다[2] 《눈》 《*one's* eyes》 be closed 〔shut〕 of their own accord; 《감게 하다》 let 《*a person*》 close 〔shut〕 《*his eyes*》.

감기다[3] 《씻기다》 wash〔bathe〕 《*a baby*》. ¶ 아기의 머리를 ～ wash a baby's hair / 멱을 ～ give a bath 《*to*》.

감내(堪耐) ～하다 bear; endure; stand; put up with. ¶ 불행을 ～하다 bear up under misfortune.

감다[1] 《눈》 shut〔close〕 《*one's eyes*》. ¶ 눈을 꼭 감고 with *one's* eyes shut tight.

감다[2] 《씻다》 wash; bathe; have a bath. ¶ 머리를 ～ wash *one's* hair.

감다[3] 《실 따위를》 wind; coil; twine; bind round. ¶ 시계 태엽을 ～ wind a clock / 목에 붕대를 ～ tie a bandage round the neck.

감당(堪當) ～하다 be equal to 《*a task*》; be capable of 《*doing*》; cope〔deal〕 with; be competent for. ¶ 적을 ～해 내다 cope with the enemy / ～하지 못하다 be unequal to; be incompetent for; be beyond *one's* power.

감도(感度) sensitivity; reception. ¶ ～가 좋다 be highly sensitive 《*to*》 / 이 부근은 라디오 ～가 나쁘다 Radio reception is not good around here.

감독(監督) superintendence; supervision; control; 《사람》 a supervisor; a superintendent; a manager(운동의); a director (영화의); a foreman(현장 근로자의). ～하다 superintend; supervise; control; oversee; direct; be in charge of. ¶ …의 ～하에 under the supervision 〔direction〕 of 《*a person*》 / 김～의 영화 a film directed by Mr. Kim / ～을 엄히 할 것 Strict supervision should be executed. / 시험 ～을 하다 proctor an examination. ‖ ～관 an inspector / ～관청 the supervisory 〔competent〕 authorities.

감돌다 《둘레를》 go 〔turn〕 round; 《굽이치다》 wind; meander; curve; 《…기운이》 linger; hang low.

감동(感動) impression; deep emotion. ～하다 be moved 〔touched, affected〕 《*by*》. ¶ ～시키다 impress; move; affect; appeal to 《*a person*》 / 크게 ～하다 be deeply moved.

감득(感得) ～하다 become awake 《*of*》; take a hint 《*of*》; 《깨닫다》 realize; perceive.

감등(減等) ～하다 《등급을》 lower the grade; 《형을》 demote; commute; reduce.

감람(橄欖) an olive. ‖ ～나무 〖植〗 an olive tree / ～빛 olive color 〔green〕 / ～석 〖鑛〗 olivine; peridot.

감량(減量) a loss in weight 〔quantity〕. ～하다 《양을》 reduce the quantity 《*of*》; 《체중을》 reduce 〔lower〕 *one's* weight. ¶ ～에 애를 먹다 have a hard time losing weight; have difficulty reducing *one's* weight. ‖ ～경영 belt-tightening management(～경영하다 streamline management) / ～식품 diet 〔low-caloried〕 food.

감로(甘露) nectar; honeydew. ‖ ～주 sweet liquor.

감루(感淚) tears of gratitude.

감리(監理) supervision; superintendence. ～하다 supervise.

감리교(監理敎) Methodism. ‖ ～신자 a Methodist / ～회 the Methodist Church.

감마선(―線) 〖理〗 gamma rays.

감면(減免) 《세금의》 reduction and exemption; 《형벌의》 mitigation and remission. ～하다 exempt; remit. ¶ 세금의 ～ reduction of and exemption from taxes / 여행자는 소비세가 ～된다 Tourists are exempt from paying the consumption tax. ‖ ～조건 conditions of reduction and exemption.

감명(感銘) (deep) impression. ～하다 be (deeply) impressed 〔moved, touched〕 《*by*》. ¶ ～시키다 impress 《*a person*》; make an impression on 《*a person*》.

감미(甘味) sweetness; a sweet taste. ¶ ～롭다 (be) sweet. ‖ ～료 sweetener / 인공～료 an artificial sweetener.

감방(監房) a cell; a ward. ¶ ～에 처넣다 throw 《*a person*》 into a cell.

감배(減配) a reduction in a dividend. ～하다 reduce the dividend 《*to* 10 %》 (배당); reduce 〔cut〕 the ration(배급).

감법(減法) 〖數〗 subtraction.

감별(鑑別) discrimination; discernment. ～하다 discriminate; discern. ¶ 병아리를 ～하다 sex a chicken; discern the sex of a fowl.

감복(感服) admiration. ～하다 admire; be struck with admiration 《*at*》; wonder 《*at*》. ¶ ～할 만한 업적 admirable results; praiseworthy achievements / ～시키다 excite 《*a person's*》 admiration; strike 《*a person*》 with admiration.

감봉(減俸) a pay 〔salary〕 cut. ～하다 reduce 《*a person's*》 salary 《*from* 300,000 *won to* 200,000 *won*》. ¶ ～당하다 have *one's* pay cut down.

감사(感謝) thanks; gratitude; appreciation; 《신에의》 thanksgiving. ～하다 thank; be thankful 〔grateful〕 《*for*》; feel grateful; express *one's* gratitude. ¶ ～의 표시로서 as a token of gratitude / 친절에 ～드립니다 I am very grateful for your kindness. *or* I appreciate your kindness. ‖ ～장 a letter of thanks 〔appreciation〕 / ～제 Thanksgiving Day 《美》 / ～패 an appreciation plaque.

감사(監事) 《사람》 an inspector; a supervisor; an auditor (회계의).

감사(監査) 《검사》 (an) inspection; audit (회계의). ～하다 inspect; audit 《*accounts*》 (회계를). ‖ ～보고 an audit report / ～역 an auditor / ～원(장) (the Chairman of) the Board of Audit and Inspection / ～증명 an audit certificate.

감산(減算) 〖數〗 subtraction.

감산(減産) 《자연적인》 a decrease 〔drop〕 in production 〔output〕; 《인위적》 a reduction of production; a 《20 *percent*》 production cut. ～하다 cut 〔reduce〕 production 《*by* 20 *percent*》. ¶ 불경기로 자동차를 10% ～하다 reduce production of cars by 10 percent due to the recession. ‖ ～체제

《introduce》 a policy of reducing production.

감상(感傷) sentimentality. ¶ ～적인 sentimental; emotional / ～적으로 되다 become sentimental. ‖ ～주의 sentimentalism / ～주의자 a sentimentalist.

감상(感想) feelings; thoughts; impression(s). ¶ ～을 말하다 state 〔give〕 *one's* impressions 《*of*》 / 한국에 대해 느끼신 ～은 어떻습니까 What is your impression of Korea? *or* How does Korea strike you? ‖ ～담 comments; expression of *one's* feeling / ～문 a description of *one's* impressions.

감상(鑑賞) appreciation. ～하다 appreciate; enjoy. ¶ 음악을 ～하다 listen 〔enjoy listening〕 to music. ‖ ～력 an appreciative power; an eye 《*for beauty*》 / 명화～회 a special show of noted 〔well-known〕 films.

감색(紺色) dark 〔navy〕 blue; indigo.

감성(感性) sensitivity; sensibility; susceptibility (감수성).

감세(減稅) reduction of taxes; a tax cut. ～하다 reduce 〔cut, lower〕 taxes. ¶ 대폭적인 ～를 하다 make a drastic cut in taxes. ‖ ～법안 a tax reduction bill / ～안 a tax cut program.

감소(減少) (a) decrease; (a) reduction. ～하다 decrease; fall off; drop; lessen; be reduced. ¶ 인구〔수입〕의 ～ a decrease in population〔*one's* income〕 / ～되고 있다 be on the decrease / 출생율이 10% ～했다 The birth rate has decreased 〔dropped〕 by ten percent.

감속(減速) speed reduction. ～하다 reduce the speed 《*of*》; slow down; decelerate. ¶ 교차점 앞에서 ～하다 slow down before the crossroads. ‖ ～경제 decelerated economy / ～장치 reduction gear.

감손(減損) decrease; diminution; loss (손해); wear (마손).

감쇄(減殺) ～하다 lessen; diminish; reduce; attenuate; deaden 《*force*》.

감수(甘受) ～하다 be resigned to; submit 《*to*》; put up with. ¶ 비난을 ～하다 submit to reproach / 모욕을 ～하다 swallow 〔put up with〕 an insult / 자기의 운명을 ～하다 accept *one's* lot without complaining.

감수(減水) the receding 〔subsiding〕 of water. ～하다 fall; subside; go down. ¶ 강물이 ～하기 시작했다 The level of the river has begun to fall 〔subside〕.

감수(減收) 《suffer》 a decrease in income 〔harvest, production〕.

감수(減壽) ～하다 shorten *one's* life; *one's* life is shortened.

감수(監修) (editorial) supervision. ～하다 supervise. ¶ 영한 사전을 ～하다 supervise the compilation of an English-Korean dictionary / 양 박사 ～ compiled under the supervision of Dr. Yang. ‖ ～자 an editorial supervisor.

감수성(感受性) sensibility; susceptibility; sensitivity. ¶ ～이 강한 sensitive 《*to*》; susceptible 《*to, of*》 / ～이 예민한 아이 a boy who has a high degree of sensibility.

감시(監視) 《파수》 watch; lookout; observation; surveillance. ～하다 watch; observe; keep watch 《*on, over*》. ¶ ～하에 두다 put 《*a person*》 under observation 〔police surveillance〕 / 엄중하게 ～되어 있다 be closely watched; be kept under close observation. ‖ ～기구 a supervisory organization / ～망 a surveillance network 〔system〕 / ～병 a guard / ～선 a patrol boat / ～소 a lookout; an observation post / ～원 a watchman.

감식(減食) reduction of *one's* diet; dieting. ～하다 go 〔be〕 on a diet; eat less. ‖ ～요법 a reduced diet cure.

감식(鑑識) judgment; discernment; 《범죄의》 (criminal) identification. ～하다 judge; discern; discriminate. ¶ 보석에 대한 ～안이 있다 have an eye for jewelry. ‖ ～가 a judge; a connoisseur 《*of*》 (미술품의) / 범죄〔지문〕～ criminal 〔fingerprint〕 identification / 시경 ～과 the Identification Section of the Metropolitan Police Bureau.

감실거리다 flicker; glimmer.

감싸다 《감아 싸다》 wrap 《*in*》; wind 《*something*》 round; 《비호》 protect; shield; take 《*a person*》 under *one's* wings. ¶ 죄인을 ～ shelter 〔harbor〕 a culprit.

감안(勘案) consideration. ～하다 take 《*something*》 into consideration 〔account〕. ¶ 잘 ～해서 after more mature consideration.

감액(減額) a reduction; a cut; a curtailment. ～하다 reduce; curtail; cut down.

감언(甘言) sweet talk; honeyed 〔sweet〕 words; flattery; cajolery. ¶ ～으로 속이다 coax 《*a person*》 into; deceive 《*a person*》 with honeyed words / ～에 넘어가다 be taken in by honeyed words. ‖ ～이설 soft and seductive language; flattery.

감연히(敢然一) boldly; daringly; fearlessly; resolutely. ¶ ～일어나다 stand up bravely《*against*》.
감염(感染)《간접의》infection;《접촉의》contagion. ～하다, ～되다《병·악습이》infect;《사람이 병에》get infected《*with*》; catch. ¶ ～성의 infectious; contagious / 병에 ～된 사람 an infected person / 콜레라에 ～되다 be infected with cholera / 이 병은 ～된다 This disease is infectious〔contagious〕. ‖ ～경로 an infection route / ～원 the source of infection.
감염식(減塩食) a low-salt diet.
감옥(監獄) a prison; a jail《美》; a gaol《英》. ‖ ～살이 imprisonment; a prison life; servitude (～살이하다 be in prison; serve a prison term).
감우(甘雨) a welcome〔seasonable〕rain. ☞ 단비.
감원(減員) reduction of the staff; a personnel cut. ～하다 lay off; reduce the personnel《*of*》. ‖ ～선풍 a sweeping reduction of the personnel.
감은(感恩) gratitude《*for kindness*》; gratefulness.
감읍(感泣) ～하다 be moved to tears; shed tears of gratitude《*for*》.
감응(感應)《전기의》induction; influence;《공감》sympathy;《영감》inspiration;《신명의》(divine) response; answer. ～하다 induce; sympathize《*with*》; respond《*to*》. ‖ ～전기 induced electric current / ～코일 an induction coil.
감자〖植〗a (white) potato.
감자(減資) (a) reduction of capital; capital reduction. ～하다 reduce the capital《*from … to…*》.
감작(減作) a short crop.
감전(感電) (receiving) an electric shock. ～하다 get shocked; be struck by electricity. ¶ ～되어 죽다 be killed by an electric shock; be electrocuted. ‖ ～사 electrocution.
감점(減點) a demerit mark. ～하다 give《*a person*》a demerit mark; take off〔deduct〕points. ¶ ～을 당하다 receive a cut in marks. ‖ ～법《스포츠의》the bad-mark system; a penalty count system.
감정(感情) feeling(s); (an) emotion(정서); (a) passion(격정); (a) sentiment. ¶ ～적인〔으로〕sentimental(ly); emotional(ly) / ～적인 사람 an emotional〔a passionate〕person / ～을 자극하다 stir〔excite〕《*a person's*》emotion / ～을 해치다 hurt《*a person's*》feelings; offend《*a person*》/ ～에 흐르다 give way to *one's* feelings / 일시적인 ～에 이끌려 on the impulse of the moment / ～을 나타내다〔억제하다〕express〔control〕*one's* feeling / 인간은 ～의 동물이다 Man is a creature of feelings. ‖ ～론 an emotionally-charged argument / ～이입〖心〗empathy.
감정(鑑定) ①《판단》judgment; an expert opinion(전문가의). ～하다 judge; give an (expert) opinion. ¶ 필적을 ～하다 give an expert opinion on handwriting / 술맛을 ～하다 taste liquor. ②《가격의》(an) appraisal. ～하다 appraise; estimate. ¶ 허위 ～을 하다 give a false appraisal. ‖ ～가격 an appraisal; the estimated value / 한국～원 the Korea Appraisal Board. ③《소송의》legal advice. ～하다 give legal advice.
감정인(鑑定人) a judge;《미술품의》a connoisseur;《술 따위의》a taster;《자산의》an appraiser;《법정의》an expert witness.
감죄(減罪) ☞ 감형.
감주(甘酒) rice nectar.
감지(感知) perception. ～하다 perceive; sense; become aware of. ¶ 지진〔위험〕을 ～하다 sense an earthquake〔danger〕. ‖ ～장치〖電子〗a sensor; a detector.
감지덕지하다(感之德之一) be〔feel〕very thankful〔grateful〕《*for*》.
감질나다(疳疾一) feel insatiable; never feel satisfied; feel〔be〕dying for more.
감쪽같다《수선해서》(be) as good as new〔before〕; just as it was;《꾸민 일이》(be) successful. ¶ 감쪽같이 nicely; successfully; artfully / 감쪽같이 속다 be nicely〔completely〕taken in; fall an easy victim to a trick.
감찰(監察)《행위》inspection;《사람》an inspector; a supervisor. ～하다 inspect; supervise. ‖ ～감〖軍〗an inspector general.
감찰(鑑札) a license. ¶ ～을 내주다〔내다〕grant〔take (out)〕a license. ‖ ～료 a license fee / 영업～ a business〔trade〕license.
감채(減債) partial payment of a debt. ‖ ～기금 a sinking fund; an amortization fund.
감청(紺青) deep〔ultramarine〕blue; navy〔dark〕blue.
감초(甘草)〖植〗a licorice (root). ¶ 약방의 ～ an indispensable man; a key person; a person active in all sorts of affairs.
감촉(感觸) the (sense of) touch; the feel; feeling. ～하다 touch; feel; perceive through the senses. ¶ ～이 부드럽다 feel soft; be soft to the touch; be pleasant to the taste (혀에).

감추다《숨겨두다》hide; conceal; put out of sight; keep secret; 《드러나지 않게》cover; veil; cloak; disguise. ¶ 몸을 ~ hide *oneself* / 나이를〔감정을〕 ~ conceal *one's* age〔feelings〕/ 행방을 ~ disappear; conceal *oneself* / 눈물을 ~ stifle *one's* tears.

감축(減縮) reduction; diminution; retrenchment. ~하다 reduce; diminish; retrench; curtail; cut down. ¶ 군비의 ~ the reduction of armaments / 경비를 ~하다 cut down the expenses.

감축(感祝) ~하다 celebrate〔congratulate〕enthusiastically; thank heartily.

감치다《잊히지 않다》linger〔haunt〕(in *one's* mind); be haunted《*by*》; 《꿰매다》hem; sew up.

감칠맛《맛》good flavor; savory taste; 《끄는 힘》charm; attraction.

감탄(感歎) admiration; wonder; marvel. ~하다 admire; be struck with admiration; marvel 《*at*》. ¶ ~할 만한 admirable; wonderful. ‖ ~문 an exclamatory sentence / ~부호 an exclamation mark / ~사 an interjection; an exclamation.

감퇴(減退) (a) decline; (a) decrease; (a) loss. ~하다 decline; lose; decrease; fall off. ¶ 기억력의 ~ failing of memory / 식욕의 ~ loss of appetite / 정력의 ~ a decline in energy / 수요는 전반적으로 ~되어 있다 The demand remains generally in a slump.

감투 ①《모자》a horsehair cap formerly worn by the common people. ②《벼슬》a high office; a distinguished post. ¶ ~를 쓰다 assume office; hold a prominent post. ‖ ~싸움 a struggle for an influential post.

감투(敢鬪) ~하다 fight courageously〔bravely〕. ‖ ~상 a prize for fighting-spirit / ~정신 a fighting spirit.

감하다(減—)《빼다》subtract; deduct《*from*》; 《줄이다》decrease; lessen; reduce; diminish; 《경감》mitigate. ¶ 값을 ~ cut down a price / 형(刑)을 ~ reduce a penalty《*by*》.

감행(敢行) ~하다 venture〔dare〕《*to do*》; carry out; risk. ¶ 적에게 야습을 ~하다 risk a night attack on the enemy.

감형(減刑) reduction of penalty; commutation of a sentence. ~하다 commute〔mitigate〕《*a sentence*》.

감호처분(監護處分) preventive custody.

감화(感化) influence; reform(교정). ~하다 influence; inspire; reform. ¶ ~를 받다 be influenced〔affected〕《*by*》/ …의 ~를 받아 under the influence of …. ‖ ~교육 reformatory instruction〔training〕/ ~력 power to influence / ~사업 reformatory work / ~원 a reformatory; a reform school.

감회(感懷) deep emotion; impressions; sentiments; reminiscences. ¶ ~에 젖다 be overcome by deep emotion / ~를 말하다 express〔give〕*one's* feelings〔sentiments〕《*about*》.

감흥(感興) interest; fun. ¶ ~을 자아내다 arouse〔stimulate〕*one's* interest.

감히(敢—) boldly; daringly; positively. ¶ ~ …하다 dare〔venture〕to《*do*》.

갑(甲)《앞의 것》the former; the one; 《등급》grade "A". ¶ ~과 을(乙) the former and the latter; the one and the other / ~을 주다 give《*a student*》A.

갑(匣) a case; a box; a pack (담배 따위의). ¶ 담배 한 ~ a pack of cigarettes.

갑(岬) a cape. ☞ 곶.

갑각(甲殼) a shell; a crust; a carapace. ‖ ~류〖動〗*Crustacea.*

갑갑증(—症) tedium; boredom.

갑갑하다《지루하다》(be) bored; tedious; 《답답하다》(be) stuffy; stifling; suffocating; heavy. ¶ 가슴이 ~ feel heavy in the chest / 갑갑해 죽겠다 be bored to death.

갑골문자(甲骨文字) inscriptions on bones and tortoise carapaces.

갑근세(甲勤稅) the earned income tax (of Grade A). ¶ 월급에서 ~를 공제하다 deduct the earned income tax from *one's* salary.

갑론을박(甲論乙駁) the pros and cons. ~하다 argue for and against《*a matter*》; argue pro and con.

갑문(閘門) a lock gate; a sluice (gate); a floodgate.

갑부(甲富) the richest man; the wealthiest; a millionaire.

갑상선(甲狀腺)〖醫〗the thyroid gland. ‖ ~비대 hypertrophied thyroid gland / ~염 thyroiditis / ~호르몬 thyroid hormone.

갑옷(甲—) (a suit of) armor.

갑자기《별안간》suddenly; all of a sudden; all at once; 《뜻밖에》unexpectedly. ¶ ~ 병에 걸리다 be suddenly taken ill / ~ 해고하다 dismiss《*a person*》without notice.

갑작스럽다 (be) sudden; abrupt; unexpected. ¶ 갑작스러운 일 an

unexpected thing〔happening〕.
갑절 ☞ 배(倍).
갑종(甲種) grade A; first grade; top-grade. ‖ ～합격자 a first grade conscript 《*in physical check-up*》.
갑충(甲蟲) 〖蟲〗 a beetle.
갑판(甲板) a deck. ¶ ～에 나가다 go on deck. ‖ ～사관 a deck officer / ～선원 a deck hand / ～승강구 a hatchway / ～실 a deckhouse / ～장 a boatswain.
값 《가격》 price; cost; 《가치》 value; worth. ¶ 엄청난 ～ an unreasonable price / 알맞은 ～ a reasonable price / ～나가는 expensive; dear / ～(이) 싼 lowpriced; cheap / ～지다 be valuable / ～을 치르다 pay for 《*an article*》 / ～을 올리다〔내리다〕 raise〔lower〕 the price / ～을 좀더 깎아주세요 Come down just a little more.
값어치 《가치》 value; worth. ¶ 한 푼의 ～도 없다 be not worth a penny.
갓[1] 《쓰는》 a Korean top hat (made of horsehair).
갓[2] 《방금》 fresh from; just (now); newly. ¶ ～ 지은 밥 rice hot from the pot / ～ 구운 빵 bread fresh from the oven / ～ 결혼한 부부 a newly wedded couple; newlyweds / ～스물이다 be just twenty years old.
갓난아이, 갓난애 a (newborn) baby.
강(江) a river. ¶ ～ 건너(에) across the river / ～을 따라 along the river / ～을 건너다 cross the river / ～을 거슬러 올라〔내려〕 가다 go up〔down〕 the river. ‖ ～가〔기슭〕 a riverside / ～둑 a river embankment; a levee / ～바닥 the bottom of a river; a riverbed / ～바람 breeze from the river / ～어귀 the mouth of a river / ～줄기 the course of a river.
…강(強) a little over〔more〕. ¶ 5할～ a little over 50 percent.
강간(強姦) (a) rape. ～하다 rape; commit rape 《*upon*》; violate. ‖ ～미수 an attempted rape / ～범 a rapist(사람) / ～죄 rape; criminal assault.
강강술래, 강강수월래 a Korean circle dance (under the bright full moon).
강건(強健) robust health. ¶ ～한 robust; healthy; strong.
강경(強硬) ～하다 (be) strong; firm; resolute. ¶ ～한 결의문 a strongly-worded resolution / ～한 태도를 취하다 take a firm attitude 《*toward*》 / ～히 반대하다 oppose 《*something*》 strongly. ‖ ～노선 a hard〔tough〕 line / ～수단 a drastic measure; a resolute step / ～파 the hard-lines; the hawks.
강관(鋼管) a steel pipe〔tube〕.
강구(講究) ～하다 study; consider; contrive; take measures 〔steps〕.
강국(強國) a great〔strong〕 power; a strong nation〔country〕. ¶ 세계의 ～ the powers of the world / 7대 ～ the Big Seven.
강권(強勸) ～하다 press; urge; recommend against 《*a person's*》 will. ¶ 사직을 ～하다 urge 《*someone*》 to resign.
강권(強權) authority; state power. ¶ ～을 발동하다 take forcible 〔strong〕 measures; appeal to legal action. ‖ ～발동 the invocation of the state power / ～정치 power〔a high-handed〕 politics.
강남(江南) 《서울의》 the south of the Han River. ‖ ～지역 the areas south of the Han River.
강낭콩 〖植〗 a kidney bean.
강다짐하다 ① 《마른밥을》 eat boiled rice without water or soup. ② 《까닭 없이 꾸짖음》 scold 《*a person*》 without listening to *his* story. ③ 《부림》 force 《*a person*》 to work without pay.
강단(講壇) a (lecture) platform(학술의); a pulpit(설교단); a rostrum (연단). ¶ ～에 서다 stand on a platform; 《비유적》 teach school.
강당(講堂) a (lecture) hall; an auditorium; an assembly hall.
강대(強大) ～하다 (be) mighty; powerful; strong. ‖ ～국 a powerful country; a big power.
강도(強度) strength; intensity; tenacity(질김); solidity(단단함). ‖ ～시험 a strength test 《*on a sample of steel*》.
강도(強盜) a burglar; a robber. ‖ ～질 burglary; robbery(～질하다 commit burglary〔robbery〕).
강동거리다 leap lightly; skip.
강동하다 (be) rather〔too〕 short.
강등(降等) demotion; degradation. ～하다 demote; reduce〔degrade〕 to a lower rank.
강력(強力) ～하다 (be) strong; powerful; mighty. ‖ ～범 a violent crime(죄); a criminal of violence(사람) / ～비타민제 a high-potency vitamin preparation / ～접착제 a high-strength adhesive.
강렬(強烈) ¶ ～한 severe; intense; strong / ～한 색채 a loud color / ～한 냄새 a powerful odor / ～한 인상 a strong impression.
강령(綱領) general principles; 《정당의》 a platform 《美》; a pro-

gramme《英》. ‖10대 ～ a 10-point programme.
강론(講論) a lecture. ～하다 lecture《on》.
강림(降臨) descent from Heaven; advent. ～하다 descend (from Heaven). ¶ 성령이 ～하셨다 The Holy spirit descended upon them. ‖～절 the Advent.
강매(強賣) ～하다 force a sale《on》; force〔press〕《*a person*》 to buy《*a thing*》. ¶ ～하는 판매원 a pushy salesman / ～사절《게시》No Soliciting〔Peddling〕. / 나는 그것을 ～당했다 I was forced to buy it. *or* They sold it to me by force.
강모(剛毛)〚動·植〛a bristle; a seta.
강물(江—) a river; a stream; river water. ¶ ～이 붇다 the river rises.
강박(強迫) coercion; compulsion. ～하다 compel; coerce; force. ‖ ～관념 an obsession(～관념에 사로잡히다 suffer from an obsession).
강변(江邊) a riverside. ‖ ～도로 a riverside road / ～도시고속도로 the riverside urban expressway.
강변하다(強辯—) reason against reason; insist obstinately《*on doing, that* ...》; quibble.
강병(強兵)《군사》a strong soldier;《병력》a powerful〔strong〕army.
강보(襁褓) swaddling clothes. ¶ 아기를 ～에 싸다 wrap a baby in swaddling clothes.
강보합(強保合) ¶ ～의〚證〛(be) firm〔steady〕with an upward tendency.
강북(江北) the north of a river;《서울의》the north of the Han River. ‖ ～지역 the areas north of the Han River.
강사(講士) a speaker.
강사(講師) a lecturer; an instructor;《직》lectureship. ¶ 서울대학교 ～ a lecturer at〔of〕Seoul National University.
강산(江山)《강과 산》rivers and mountains;《강토》*one's* native land. ¶ 삼천리 금수 ～ the beautiful land of Korea, far and wide.
강새암 ☞ 강짜.
강생(降生) incarnation. ～하다 be incarnated.
강선(鋼線) a steel wire.
강설(降雪) snowing; a snowfall. ‖～량 the (amount of) snowfall.
강성(強盛) ～하다 (be) powerful; thriving; flourishing.
강세(強勢)《음의》(a) stress; emphasis;《시세의》a strong〔firm〕tone. ¶ ～를 두다 emphasize; lay〔put〕emphasis〔stress〕《on》.
강속구(強速球)〚野〛fast〔speed〕ball. ¶ ～를 던지다 throw a fast〔speed〕ball. ‖ ～투수 a strong-armed pitcher; a speed ball hurler.
강쇠바람 the east wind in early autumn.
강수(降水) precipitation. ☞ 강우. ‖ ～량 (a) precipitation.
강술 ¶ ～을 마시다 drink liquor without snack〔food〕.
강습(強襲) ～하다 storm《*into*》; assault《*on*》; take《*a fort*》by storm.
강습(講習) a (short) course; a class. ¶ ～을 받다〔행하다〕take〔give〕a course《*in first aid*》. ‖ ～생 a student / ～소 a training school / 여름〔겨울〕～회 a summer〔winter〕school.
강시(僵屍) the body of a person frozen to death.
강신술(降神術) spiritualism.
강심(江心) the center of a river.
강심제(強心劑) a heart stimulant〔medicine〕; a cardiotonic drug.
강아지 a pup; a puppy.
강아지풀〚植〛a foxtail.
강압(強壓) pressure; oppression. ～하다 coerce; oppress; put pressure《*on*》. ¶ ～적 high-handed; coercive. ‖ ～수단 a high-handed〔coercive〕measure / ～정책 a high-handed policy; a big-stick policy《美俗》.
강약(強弱) strength and weakness; the strong and the weak; stress(음의).
강연(講演) a lecture; an address. ～하다 (give a) lecture《*on*》; address《*a meeting*》. ¶ 라디오〔TV〕로 ～하다 give a lecture on the radio〔TV〕. ‖ ～자 a lecturer; a speaker / ～회 a lecture meeting.
강온(強穩) toughness and moderateness. ‖ ～양면정책 a carrot-and-stick policy / ～양파 the hawks and the doves.
강요(強要) forcible demand; coercion. ～하다 force; coerce; demand; compel. ¶ 아무에게 …을 ～하다 force〔compel〕《*a person*》 to《*do*》.
강우(降雨) rain; a rainfall. ‖ ～기 the wet〔rainy〕season / ～량 the (amount of) rainfall〔rain〕/ ～전선 a rain front / 연～량 the annual rainfall《*in Seoul*》.
강의(講義) a lecture; an explanation(설명); an exposition(해설). ～하다 lecture; give a lecture; explain《*a book*》. ¶ ～를 빼먹다《학생이》cut〔quit〕a lecture. ‖ ～록 a transcript of lectures.
강인(強靭) ～하다 (be) tough; stiff; tenacious; unyielding. ¶ ～한

의지 a tough spirit; an iron will. ‖ ～성 strength; toughness; solidarity.
강자(強者) a strong man; the powerful, the strong(총칭). ¶ ～와 약자 the strong and the weak.
강장(強壯) ¶ ～한 strong; robust; sturdy; sound; stout. ‖ ～제 a tonic; a bracer《美口》.
강장동물(腔腸動物) a coelenterate.
강재(鋼材) steel (materials); rolled steel(압연강).
강적(強敵) a powerful enemy; a formidable rival〔foe〕.
강점(強占) ～하다 occupy〔possess〕《*a person's house*》 by force.
강점(強點) 《이점》 a strong point; an advantage; *one's* strength. ¶ 그의 ～은 …하다는 점이다 His strength lies in….
강정 a glutinous cake coated with rice〔sesame, *etc.*〕.
강정제(強精劑) a tonic.
강제(強制) compulsion; coercion; enforcement. ～하다 compel; force; coerce. ¶ ～적인 compulsory; forced / ～적으로 by force 〔compulsion〕; forcibly / ～적으로 …하게 하다 compel〔force〕《*a person*》 to do / ～로 계약서에 서명하다 sign the contract under compulsion. ‖ ～노동 forced labor / ～송환 enforced repatriation / ～수단 a coercive measure / ～수용소 a concentration camp / ～조정〔집행〕 compulsory mediation〔execution〕/ ～착륙 a forced landing / ～처분 disposition by legal force.
강조(強調) stress; emphasis. ～하다 stress; emphasize; put 〔lay〕 stress on. ¶ 지나치게 ～하다 overemphasize / 저축의 필요성을 ～하다 stress the need of savings.
강좌(講座) a (professional) chair; 《강의》 a lecture《*on music*》; a course. ¶ ～를 개설하다 establish 〔create〕 a chair《*of*》/ 라디오 영어～ a radio English course.
강주정(一酒酊) feigned drunkenness. ～하다 pretend to be drunk.
강직(剛直) ～하다 (be) upright; incorruptible. ¶ ～한 사람 a man of integrity.
강직(強直) ☞ 경직.
강진(強震) a violent〔severe〕 earthquake.
강짜 (unreasonable) jealousy〔complaint〕. ¶ ～ 부리다 show unreasonable jealousy; burn with unreasonable complaints.
강철(鋼鐵) steel. ¶ ～ 같은 의지 an iron will. ‖ ～판 a steel plate.
강청(強請) exaction; persistent demand. ～하다 extort《*money*》.
강촌(江村) a riverside village.
강추위 severe〔dry〕 cold weather.
강타(強打) a hard〔heavy〕 blow; 《야구의》 a heavy hit; a blast; 《골프·테니스의》 a (powerful) drive. ～하다 hit hard. ¶ ～를 퍼붓다 rain hard blows《*on*》/ 가슴을 ～당하다 get〔receive〕 a hard blow on the chest. ‖ ～자〖野〗 a heavy hitter; a slugger.
강탈(強奪) seizure; (a) robbery; hijacking《美口》. ～하다 seize; rob《*a person*》 of《*a thing*》; hijack. ‖ ～물 plunder; spoils; booty / ～자 a plunderer; a robber; a hijacker.
강태공(姜太公) an angler.
강토(疆土) a territory; a realm.
강판(鋼板) a steel plate(두꺼운); a steel sheet(얇은).
강판(薑板) a grater. ¶ ～에 갈다 grate《*a radish*》.
강평(講評) (a) comment; (a) review; (a) criticism. ～하다 comment on《*papers*》; make comments on; review.
강풍(強風) a strong〔high〕 wind; a gale. ‖ ～주의보 a strong-wind warning.
강하(降下) (a) descent; a fall; a drop. ～하다 descend; fall; drop. ¶ 기온의 ～ a drop in temperature. ‖ ～물《radioactive》 fallout / 급～ a sudden〔steep〕 descent; a nose dive.
강하다(強―) (be) strong; 《힘이》 powerful; mighty; 《정도·작용이》 intense; hard; 《능력·지식이》 competent; good《*at*》. ¶ 강하게 hard; severely; strongly; powerfully / 강해지다 grow strong / 강하게 하다 make strong; strengthen / 의지가 강한 사람 a man of strong will / 강한 빛 strong〔intense〕 light / 그는 수학에 ～ He is good at mathematics. / 오늘은 바람이 ～ It is blowing hard today.
강행(強行) ～하다 enforce; force. ¶ 저물가 정책을 ～하다 enforce a low-price policy.
강행군(強行軍) a forced march; 《비유적》 a very vigorous〔tight〕 schedule. ～하다 make a forced march.
강호(江湖) 《세상》 the (reading) public. ‖ ～제현 the general public; people at large.
강호(強豪) a veteran (player). ¶ 전국에서 선발한 ～ 팀 powerful teams selected from all over the country.
강화(強化) ～하다 strengthen; toughen(산업 따위); enforce;

tighten(단속을); reinforce(세력·구조 따위); consolidate(지위 따위); intensify(훈련 따위). ¶ 국방을 ~하다 strengthen the national defense. ‖ ~식품 enriched foods / ~유리 tempered glass.

강화(講和) peace; reconciliation. ~하다 make peace 《*with*》. ¶ 굴욕적인 ~ a humiliating peace. ‖ ~조건 conditions〔terms〕of peace / ~조약《conclude》a peace treaty / ~협상〔제의〕peace negotiations〔proposals〕.

갖… 《가죽》leather; fur. ‖ ~바치 a shoemaker / ~신 leather shoes / ~옷 clothes lined with fur.

갖은 all (sorts of); every (possible). ¶ ~ 고생《go through》all sorts〔kinds〕of hardships / ~수단《try》every means available〔conceivable〕; every possible means.

갖추다 《구비하다》have; possess; be endowed with《*talents*》; 《준비하다》prepare《*for*》; make preparations《*for*》; make〔get〕《*a thing*》ready. ¶ 위엄을 ~ have (a certain) dignity / 음악적 재능을 갖추다 be endowed with genius in music / 전쟁 준비를 ~ prepare for the war.

같다 ① 《동일》be (one and) the same; (be) identical. ¶ 똑~ be the very same; be just the same / 거의 ~ be much〔about, almost〕the same《*as*》/ 그것은 내 가방과 ~ That is the same bag as mine. ② 《동등》(be) equal 《*to*》; uniform; equivalent 《*to*》. ¶ 같은 액수 a like sum / 같은 자격으로 협상하다 negotiate on equal terms / 자네와 나는 키가 거의 ~ You are about as tall as I. ③ 《같은 모양》(be) similar; like; alike; such ... as. ¶ 그 같은 자 a man like him / 새것이나 ~ be as good as new / 꼭 ~ be exactly alike / 샛별 같은 눈 eyes like stars / 사형 선고와 ~ be same as a death sentence / 같은 입장에 있다 face the same situation; stand on same ground; be in the same boat. ④ 《공통》(be) common. ¶ 기원이 ~ have a common origin 《*with*》. ⑤ 《불변》(be) changeless; 《서술적》be〔remain〕unchanged; be the same. ¶ 성미는 젊었을 때와 ~ He remains the same in disposition as when he was young. ⑥ 《생각되다》seem; 《보이다》look (like); appear; seem; 《될 것 같다》be likely 《*to*》; probably. ¶ 참말 같은 거짓말을 하다 lie like the truth / 장사꾼 ~ look like a merchant / 비가 올 것 ~ It looks like rain. *or* It is likely to rain. ⑦《가정》if it were. ¶ 나 같으면 if it were me; if I were you / 옛날 같으면 if these were the old days.

같은 값이면 if... at all; if possible. ¶ ~ 잘해라 If you do it at all, do it well.

같이 ①《같게》like; as; likewise; similarly; (in) the same (way); equally (동등하게). ¶ 여느 때와~ as usual / 말씀하시는 바와 ~ as you say / 이와 ~ 하여 in this manner〔way〕/ 의견을 ~하다 share the same view. ②《함께》(along, together) with; in company with. ¶ ~ 살다 live together / ~ 자다 share the same bed / 자리를 ~하다 sit together / 행동을 ~하다 cooperate with / 운명〔기쁨〕을 ~하다 share *one's* fate〔joy〕/ 식사를 ~하다 dine together.

같잖다 (be) trivial; worthless. ¶ 같잖은 물건 a no-good thing / 같잖은 인간 a worthless〔good-for-nothing〕fellow.

갚다 ①《돈을》repay; pay back; refund. ¶빚을 ~ pay *one's* debts; pay the money back. ②《물어주다》indemnify; compensate《*for*》; requite. ¶ 손해본 것을 갚아주다 compensate〔indemnify〕《*a person*》for the loss. ③《죄를》atone〔expiate〕for. ¶ 죄를 ~ expiate for an offense. ④《은혜를》return; repay; requite. ¶ 공을 ~ reward《*a person*》for his service / 은혜를 원수로 ~ return evil for good. ⑤《원수를》revenge (자신의); avenge(타인의); requite; take vengeance《*upon*》. ¶ 아버지를 죽인 원수를 ~ avenge *one's* father's murder.

개 〖動〗a dog; a puppy(강아지); a hound(사냥개); a spy(앞잡이). ¶ ~ 같은 doggish; doglike / ~를 기르다 keep a dog.

개(箇) a piece. ¶ 사과 세 ~ three apples / 비누 두 ~ two pieces〔cakes〕of soap.

개가(改嫁) remarriage (of a woman). ~하다 marry again; remarry. ¶ ~를 권하다 advise (a woman) to remarry / ~한 여자 a woman married second time.

개가(凱歌) a triumphal〔victory〕song. ¶ 현대 과학의 ~ a triumph of modern science / ~를 올리다 sing in triumph; win a victory《*over*》.

개각(改閣) a cabinet shake-up〔reshuffle〕. ~하다 reorganize〔reshuffle〕the Cabinet. ¶ ~을 단행하다 effect a cabinet reshuffle.

개간(改刊) revision. ～하다 reprint; issue a revised edition.

개간(開墾) cultivation; reclamation. ～하다 bring under cultivation; clear 《*the land*》; reclaim 《*wasteland*》. ‖ ～사업 reclamation (work) / ～지 a reclaimed land / 미～지 a virgin soil.

개값 ¶ ～으로 at a sacrifice〔low price〕/ ～으로 팔다 sell dirt-cheap.

개강(開講) ～하다 begin *one's* first lecture 《*on*》; open a course.

개개(箇箇) ¶ ～의 individual; each one of.

개개풀어지다 ① 《국수 등이》 lose 《*its*》 stickiness; come loose. ② 《눈이》 get bleary; be bleary-eyed 〔heavy-eyed〕.

개고(改稿) rewriting *one's* manuscript; 《원고》 a rewritten manuscript. ～하다 rewrite *one's* manuscript.

개고기 ① 《고기》 dog meat. ② 《사람》 a rude and bad-tempered person. 「《美》.

개골창 a drain; a gutter; a ditch

개과(改過) ～하다 repent; mend *oneself;* turn over a new leaf.

개관(開館) the opening. ～하다 open 《*a hall*》. ‖ ～식 《hold》 an opening ceremony.

개관(概觀) a general survey 〔view〕; an outline. ～하다 survey; take a bird's-eye〔general〕 view 《*of*》.

개괄(概括) a summary. ～하다 summarize; sum up. ¶ ～적인 general / ～해서 말하면 on the whole; generally (speaking).

개교(開校) ～하다 open〔found〕a school. ‖ ～기념일 the anniversary of the founding of a school / ～식 the opening ceremony of a school.

개구리 a frog. ¶ 우물 안 ～ a man of narrow views. ‖ ～헤엄 ☞ 평영.

개구리밥 〖植〗 a great duckweed.

개구멍 a doghole. ‖ ～받이 a foundling; an abandoned child (found on a doorstep).

개구쟁이 a naughty〔mischievous〕 boy; a brat.

개국(開國) ～하다 《건국》 found a state; 《개방》 open the country to the world. ‖ ～주의 an open-door policy. 「gagster.

개그 a gag. ‖ ～맨 a gagman; a

개근(皆勤) perfect attendance. ～하다 do not miss a single day. ‖ ～상 a reward for perfect attendance 《*for two years*》 / ～수당 an allowance for nonabsence service / ～자 one who has not missed a day 《*at work*》.

개기(皆旣) 〖天〗 a total eclipse. ‖ ～일〔월〕식 a total solar〔lunar〕 eclipse. 「face.

개기름 (natural) grease on *one's*

개꿈 a wild〔silly〕dream.

개나리 〖植〗 a forsythia; the golden bell.

개념(概念) a general idea; a concept. ¶ ～적인 conceptional; notional / 행복의 ～ the concept 〔idea〕 of happiness. ‖ ～론 conceptualism / 기본～ fundamental notions.

개다[1] 《날씨·안개 따위가》 clear up 〔away, off〕; 《it가 주어》 be fine.

개다[2] 《물에》 knead 《*flour*》; mix up. ¶ 진흙을 ～ knead clay.

개다[3] 《접어서》 fold (up). ¶ 옷을 ～ fold (up) clothes / 이부자리를 ～ put away the bedding; fold up quilts.

개돼지 ¶ ～ 같은 사람 a brute (of a man); a man no better than a beast.

개떡 a bran cake; steamed bread of rough flour.

개떡같다 (be) worthless; rubbish. ¶ 개떡같이 여기다 don't care a bit 《*about*》.

개똥밭 《건밭》 a fertile land; 《더러운 곳》 a place all dirty with dog droppings. ¶ ～에도 이슬 내릴 날이 있다 《俗談》 Every dog has his day. 「worm.

개똥벌레 〖蟲〗 a firefly; a glow-

개략(概略) 《give》 an outline 《*of*》; a summary.

개량(改良) (an) improvement; (a) reform; betterment. ～하다 improve; reform; better. ¶ ～의 여지 room for improvement / 품질을 ～하다 improve the quality 《*of*》. ‖ ～종 an improved breed / ～형 an improved model.

개런티 a guarantee.

개론(概論) an introduction; an outline. ～하다 outline; survey. ¶ 영문학～ an introduction to English literature.

개막(開幕) ～하다 raise the curtain; begin the performance; open; start. ‖ ～식〔전〕 the opening ceremony〔game〕.

개머루 〖植〗 a wild grape.

개머리 a gunstock; a butt. ‖ ～판 the butt of a rifle.

개명(改名) ～하다 change *one's* name; rename.

개문(開門) opening a gate. ‖ ～발차 starting with doors open.

개미 〖蟲〗 an ant. ‖ ～떼 a swarm of ants / ～집 an ant nest; an anthill(둑).

개미핥기 〖動〗 an anteater.

개미허리 a slender〔slim〕waist.

개발(開發) development; exploitation(자원 등의); cultivation(능력의). ～하다 develop; exploit; cultivate. ¶ 새로운 시스템을 ～하다 develop a new system / ～중인 기계 a machine in the development stage / 잠재적 능력을 ～하다 develop *one's* latent ability. ‖ ～계획 a development project〔program, plan〕/ ～규제《carry out》development control / ～금융 development credit / ～도상국 a developing country / 저～국 an underdeveloped country.

개발코 a snub nose.

개밥 dog food. ¶ ～에 도토리다 be an outcast of *one's* associates.

개밥바라기《저녁의 금성》the evening star; Vesper; Hesperus; Venus.

개방(開放) ～하다 open. ¶ ～적(인) 분위기 a frank and easy atmosphere / …에 대하여 문호를 ～하다 open doors to … / 도서관은 일반에게 ～되어 있다 The library is open to the public. / ～금지《게시》Don't leave the door open. ‖ (문호) ～주의 the open-door policy.

개벽(開闢) the Creation. ¶ ～ 이래 since the beginning of the world.

개변(改變)《고침》change; alteration. ～하다 change; alter.

개별(個別) ¶ ～적(으로) individual(ly); separate(ly) / 문제를 ～적으로 검토하다 discuss the problems separately. ‖ ～심사 individual screening / ～절충 a separate negotiation《*with individuals*》.

개병 제도(皆兵制度) a universal conscription system.

개복 수술(開腹手術)〖醫〗an abdominal operation; laparotomy.

개봉(開封) unsealing; (a) release (영화의). ～하다 release《*a film*》; open《*a letter*》; break a seal. ‖ ～관 a firstrunner; a first-run theater / ～영화 a first-run〔a newly released〕film.

개비 a piece (of split wood); a stick. ¶ 성냥～ a matchstick.

개비(改備) ～하다 renew; refurnish; replace《*A with B*》.

개산(概算) a rough calculation. ～하다 make a rough estimate《*of*》.

개살구〖植〗a wild apricot. ¶ 빛좋은 ～다 be not so good as it looks; be deceptive.

개새끼《강아지》a pup; a puppy;《개자식》a "son-of-a-bitch".

개서(改書)《다시 씀》rewriting;《어음·증서 등의》(a) renewal. ～하다《어음 따위》renew《*a bill*》. ‖ ～어음 a renewed bill.

개선(改善) improvement; betterment; reformation. ～하다 improve; reform; better; make《*something*》better. ¶ 생활 ～ the betterment of living / 노동조건의 ～을 외치다 cry for better working conditions / 그 제도에는 ～의 여지가 많다 That system leaves much room for improvement. ‖ ～책 a reform measure; a remedy.

개선(改選) reelection. ～하다 reelect.

개선(疥癬) the itch. ☞ 옴.

개선(凱旋) a triumphal return. ～하다 return in triumph. ‖ ～가〔문〕a triumphal song〔arch〕/ ～군〔장군〕a victorious army〔general〕.

개설(開設) opening; establishment. ～하다 open; establish; set up. ¶ 신용장을 ～하다 open〔establish〕an L/C / 전화를 ～하다 have a telephone installed / 연구소를 ～하다 set up a research institute.

개설(槪說) a summary; an outline. ～하다 give an outline《*of*》.

개성(個性) individuality; personality. ¶ ～을 존중하다 respect《*one's*》personality / ～을 발휘하다〔발전시키다〕display〔develop〕*one's* personality.

개소(個所)《곳》a place; a spot;《부분》a part; a portion.

개소리 silly talk; nonsense.

개수(改修) repair; improvement. ～하다 repair; improve. ‖ 하천 ～공사 river improvement〔conservation〕works.

개수작(一酬酌) silly talk; nonsense; a foolish remark.

개술(槪述) ～하다 summarize; give an outline《*of*》.

개시(開市) ①《시장을 엶》～하다 open a market. ②《마수걸이》～하다 make the first sale of the day.

개시(開始) start; opening; beginning. ～하다 open; start; begin. ¶ ～부터 from the outset / 교섭을 ～하다 open negotiations / 영업을 ～하다 start business / 공격을 ～하다 launch〔open〕an attack《*on, against*》.

개신(改新) reformation; renovation. ～하다 reform; renew.

개심(改心) ～하다 reform *oneself;* turn over a new leaf.

개악(改惡) a change for the worse. ～하다 change for the worse. ¶ 헌법의 ～ an undesirable amendment to the constitution.

개안(開眼) opening *one's* eyes; gaining eyesight. ‖ ～수술 an eyesight recovery operation.

개암《열매》a hazelnut.

개업(開業) ～하다 start (a) business; open a store; start practice(의사·변호사의). ¶ ～대매출 an opening sale. ‖ ～비 the initial cost of business / ～의 a general〔medical〕practitioner(일반〔내과〕의).
개역(改譯) a revision of a translation. ～하다 revise〔correct〕a translation. ‖ ～판 a revised〔corrected〕version.
개연성(蓋然性) probability. ¶ ～이 높다 be highly probable.
개오(開悟) spiritual awakening. ～하다 be spiritually awakened.
개요(概要) an outline; a summary.
개운하다《기분이》 feel refreshed〔relieved〕;《맛이》(be) plain; simple. ¶ 맛이 개운한 음식 plain food.
개울 a brook; a streamlet.
개원(開院) ～하다 open the House (의회의); open a hospital〔an institution〕(병원·기관의). ‖ ～식《국회의》 the opening ceremony of the House〔Diet, National Assembly〕.
개의(介意) ～하다 mind; care about; pay regard to. ¶ ～치 않다 do not care about; pay no attention《*to*》.
개인(個人) an individual; a private person. ¶ ～의, ～적인 individual; personal; private / ～적으로 individually; personally; privately / ～ 자격으로 in *one's* private capacity / 내 ～ 의견으로는 in my personal opinion / ～용의 for private〔personal〕use / ～주택 a private residence. ‖ ～감정 personal feelings / ～교수 private lessons / ～기업 a private enterprise / ～문제 a private affair / ～소득 a personal income / ～숭배 a personality cult / ～용 컴퓨터 a personal computer / ～전(展) a private exhibition / ～전(戰) an individual match / ～주의 individualism / ～주의자 an individualist / ～택시(기사) an owner-driven taxi (driver).
개입(介入) intervention. ～하다 intervene《*in*》; meddle《*in*》. ¶ 남의 일에 ～하다 intervene in another's affairs / 무력～ armed intervention.
개자리 〖植〗 a snail clover.
개작(改作) (an) adaptation《*from*》. ～하다 adapt. ¶ 이야기를 연극으로 ～하다 adapt a story for the stage. ‖ ～자 an adapter.
개장(改裝) remodeling; redecoration. ～하다 remodel. ¶ 거실을 서재로 ～하다 remodel the living room into a study.
개장(開場) ～하다 open (the doors). ¶ 오후 1시 ～ The doors open at 1 p.m. ‖ ～식 the opening ceremony.
개장(국)(一醬(一)) dog-meat broth.
개재(介在) ～하다 lie〔stand〕between.
개전(改悛) repentance; penitence; reform. ～하다 repent〔be penitent〕《*of*》. ¶ ～의 빛이 뚜렷하다 show sincere repentance.
개전(開戰) the outbreak of war. ～하다 start〔open, begin〕war《*on, against*》.
개점(開店) ～하다 open〔set up〕a store. ¶ ～은 9시입니다 This store opens at nine. / 그 상점은 ～휴업 상태였다 The store was opened but there were few customers.
개정(改正)《수정》 revision; amendment;《변경》 alteration. ～하다 revise; amend; alter. ‖ ～세율 revised tax rates / ～안 a bill〔proposal〕to revise; a reform bill / ～정가 the revised price.
개정(改定) a reform; a revision. ～하다 reform; revise《*the tariff*》. ¶ 운임의 ～ a revision of fares.
개정(改訂) revision. ～하다 revise. ‖ ～증보판 a revised and enlarged edition.
개정(開廷) ～하다 open〔hold〕a court; give a hearing. ¶ ～중이다 The court is sitting.
개조(改造) remodeling; reconstruction; reorganization. ～하다 remodel; reconstruct; reorganize. ¶ 사회를 ～하다 reconstruct society.
개종(改宗) conversion. ～하다 get〔be〕converted; change *one's* religion〔sect〕. ‖ ～자 a convert.
개죽음 useless death. ～하다 die to no purpose; die in vain.
개중(個中) ¶ ～에는 among them〔the rest〕/ ～에는 반대자도 있었다 Some of them objected it.
개진(開陳) ～하다 state〔express, give〕《*one's opinion*》.
개집 a doghouse; a kennel.
개차반 the filthy scum (of the earth).
개착(開鑿) excavation. ～하다 excavate; cut; dig.
개찬(改竄) correction; revision (of writing). ～하다 correct; revise.
개찰(改札) the examination of tickets. ～하다 examine〔punch〕tickets. ‖ ～구 a ticket barrier〔gate〕.
개척(開拓)《토지의》 cultivation; reclamation;《개발》 exploitation. ～하다 reclaim《*wasteland*》; bring《*land*》 into cultivation(개간); open up(새로 열다); exploit.

¶ 시장을 ～하다 open up〔find〕a new market / 자원을 ～하다 exploit〔develop〕natural resources. ‖ ～사업 reclamation work / ～자 a pioneer; a frontiersman / ～자 정신 the pioneer〔frontier〕spirit / ～지 reclaimed land / 미～지 undeveloped land.

개천(開川) an open sewer〔ditch〕. ¶ ～에서 용난다《俗談》It's really a case of a kite breeding a hawk.

개천절(開天節) the National Foundation Day (of Korea).

개체(個體) an individual. ‖ ～발생〖生〗ontogenty.

개최(開催) ～하다 hold; open. ¶ ～중이다 be open; be in session(회의가). ‖ ～국 the host country《*for*》/ ～일 the date(s)《*for*〔*of*〕*the exhibition*》/ ～지 the site《*of*〔*for*〕*a meeting*》.

개축(改築) rebuilding; reconstruction. ～하다 rebuild; reconstruct. ‖ ～공사 reconstruction works.

개칭(改稱) ～하다 change the name〔title〕《*of*》; rename.

개키다 fold (up). ¶ 옷을 ～ fold the clothes up (neatly).

개탄(慨歎) ～하다 deplore; lament; regret. ¶ ～할 만한 deplorable; lamentable; regrettable.

개통(開通) ～하다 be opened to〔for〕traffic;《복구》be reopened (for service). ‖ ～식 the opening ceremony《*of a railroad*》.

개판(改版)〖印〗revision;《개정판》a revised edition. ～하다 revise; issue a revised edition.

개펄 a tidal〔mud〕flat.

개편(改編) reorganization. ～하다 reorganize.

개평《노름판의》the winner's tip. ¶ ～을 떼다〔주다〕take〔give〕away the winner's tip. ‖ ～꾼 onlookers expecting for the winner's tip.

개폐(改廢) ～하다 reorganize; make a change《*in*》.

개폐(開閉) opening and shutting〔closing〕. ～하다 open and shut. ‖ ～교 a drawbridge / ～기 a circuit breaker; a switch.

개표(開票) ballot counting. ～하다 open〔count〕the ballots〔votes〕. ‖ ～소 a ballot counting office / ～속보 up-to-the-minute (election) returns / ～참관인 a ballot counting witness.

개피떡 a rice-cake stuffed with bean jam.

개학(開學) the beginning of school. ～하다 school begins.

개함(開函) opening of a ballot box. ～하다 open the ballot boxes.

개항(開港) ～하다 open a port〔an airport〕(to foreign trade).

개헌(改憲) a constitutional amendment〔revision〕. ～하다 amend〔revise〕a constitution. ‖ ～론자〔지지자〕an advocate of constitutional amendment / ～안 a bill for amending the constitution.

개혁(改革) reform(ation); innovation. ～하다 reform; innovate. ¶ ～에 착수하다 start a reform. ‖ ～안 a reform bill / ～자 a reformer.

개화(開化) civilization; enlightenment. ～하다 be civilized〔enlightened〕. ¶ ～된 국민 civilized people.

개화(開花) flowering; efflorescence. ～하다 flower; bloom. ‖ ～기 the flowering〔blooming〕season〔time〕.

개황(概況) a general condition; an outlook.

개회(開會) ～하다 open a meeting. ¶ ～를 선언하다 declare《*the meeting*》open; call《*the meeting*》to order《美》. ‖ ～사 an opening address / ～식 the opening ceremony.

개흙 slime〔mud〕on the bank of an inlet; silt.

객고(客苦) discomfort suffered in a strange land; weariness from travel. ¶ ～에 지치다 be travel-worn.

객관(客觀)〖哲〗the object;《객관성》objectivity. ¶ ～적인 objective / ～화하다 objectify / 사물을 ～적으로 보다 look at a thing objectively. ‖ ～식 테스트〔문제〕an objective test〔question〕.

객기(客氣) ill-advised bravery; blind daring.

객담(客談) (an) idle〔empty〕talk.

객담(喀痰) expectorating; spitting. ‖ ～검사 the examination of *one's* sputum.

객사(客死) ～하다 die abroad. ¶ 런던에서 ～하다 die abroad in London.

객석(客席) a seat (for a guest).

객선(客船) a passenger boat.

객소리 idle〔useless〕talk. ～하다 say useless things.

객식구(客食口) a dependent; a hanger-on.

객실(客室) a guest room(여관 등의); a passenger cabin(배·비행기의).

객원(客員) a guest〔non-regular〕member. ‖ ～교수 a guest〔visiting〕professor.

객주(客主)《거간》a commission merchant〔agency〕;《객줏집》a peddler's inn; a commission agency home.

객지(客地) a strange〔an alien〕 land; *one's* staying place on a journey.

객쩍다 (be) unnecessary; useless. ¶ 객쩍은 소리를 하다 talk nonsense.

객차(客車) a passenger car〔coach〕.

객토(客土) soil brought from another place (to improve the soil).

객향(客鄕) a foreign land〔town〕.

객혈(喀血) hemoptysis. ～하다 expectorate blood; spit〔cough〔out〕 blood.

갤런 a gallon.

갯가재〖動〗a squilla.

갯지렁이〖動〗a lugworm; a lobworm; a nereid.

갱(坑) a (mining) pit; a shaft.

갱《강도》a gangster; a gang (집합적). ‖ ～단(團) a gang of robbers / ～영화 a gangster movie 〔film〕.

갱내(坑內)《in》the pit〔shaft〕. ‖ ～근로자 an underground〔a pit〕 worker / ～사고 an underground mine accident / ～수 mine water / ～출수 mine-flooding.

갱년기(更年期) the turn〔change〕 of *one's* life; a Critical Period; the menopause(여성). ‖ ～장애 a menopausal disorder.

갱도(坑道) a (mining) gallery; a drift(가로); a shaft, a pit(세로). ¶ ～를 파다 mine.

갱목(坑木) a pit prop; a mine 「pillar〔post〕.

갱부(坑夫) a miner; a mine worker; a pitman; a digger.

갱생(更生) rebirth; revival; regeneration. ～하다 be born again; start *one's* life afresh; be regenerated. ¶ ～시키다 rehabilitate 《*a person*》. ‖ ～원 a rehabilitation center.

갱신(更新) renewal; renovation. ～하다 renew; renovate. ¶ 계약을 ～하다 renew a contract.

갱지(更紙)《거친 종이》pulp paper; rough (printing) paper.

갱충쩍다 (be) loose and stupid; imprudent; careless.

갸륵하다 (be) praiseworthy; laudable; admirable; commendable. ¶ 갸륵한 정신 a commendable spirit / 갸륵한 행실 exemplary behavior; good conduct.

갸름하다 (be) pleasantly oval; nicely slender. ☞ 기름하다.

갹금(醵金)《기부금》a contribution;《모금》a collection. ～하다 contribute; raise money; collect funds. ¶ 유족을 위해 100만원을 ～하다 raise a million *won* for a bereaved family.

갹출(醵出) ～하다 contribute; chip in; donate《*to*》.

거간(居間)《행위》brokerage;《사람》a broker. ～하다 do (the) brokerage; act as a broker. ‖ ～꾼 a broker; a middleman.

거구(巨軀) a gigantic〔massive〕 figure; a big frame.

거국(擧國) the whole country〔nation〕. ¶ ～적(인) nationwide / ～적으로 on a nationwide scale. ‖ ～일치내각 a cabinet supported by the whole nation.

거금(巨金) big money; a large sum of money. ¶ ～을 벌다 make a lot of money.

거기 ①《장소》that place; there. ¶ ～서 (기다려라) (Wait) there. ②《그것》that;《범위》so far; to that extent. ¶ ～까지는 좋았으나… So far so good, but… / ～까지는 인정한다 I admit as much.

거꾸러뜨리다《사람·물체를》throw〔bring, knock, push〕 down;《패배·망하게 하다》overthrow; topple; defeat; ruin;《죽임》kill. ¶ 폭군을 ～ bring down a tyrant / 부패한 정부를 ～ overthrow the corrupt government.

거꾸러지다 fall (down); collapse; tumble down;《죽다》die. ¶ 앞으로 ～ fall forward.

거꾸로 reversely; (in) the wrong way;《안팎을》inside out;《아래위를》upside down; wrong side 〔end〕 up. ¶ ～하다 invert; turn 《*a thing*》upside down / 빗자루를 ～ 세우다 stand a broom the wrong end up / ～ 떨어지다 fall head over heels.

…거나 whether … or. ¶ 너야 하 ～ 말～ whether you do it or not.

거나하다 (be) half-tipsy; slightly drunk〔intoxicated〕.

거느리다《인솔하다》be accompanied〔followed〕 by《*a person*》; lead〔head〕《*a party*》;《지휘하다》be in command《*of an army*》;《부양하다》have a family (to support). ¶ 친선 사절단을 거느리고 도미하다 go to America, leading a goodwill mission / 그는 부하들을 거느리고 왔다 He came, followed by his men. / 김 장군이 거느리는 군대 the army under the command of General Kim.

…거늘 much〔still〕 more; much 〔still〕 less; while. ¶ 개조차 주인에게 충실하～ 하물며 사람에 있어서랴 If a dog is so faithful to its master, how much more should we human beings be!

…거니와 not only … but also …; as well as; admitting that. ¶ 얼굴도 곱거니와 마음씨도 곱다 have not only a pretty face but also

a lovely disposition / 그건 그렇거니와 … Be that as it may ….
거닐다 take a walk〔stroll〕. ¶ 공원을 ~ take a walk in the park.
거담(去痰) the discharge of phlegm. ‖ ~제 an expectorant.
거당(擧黨) the whole party.
거대(巨大) ¶ ~한 huge; gigantic; enormous; colossal / ~한 배 a *mammoth ship* / ~한 도시 a megalopolis.
거덜거덜하다 (be) shaky; unsteady; rickety.
거덜나다 be ruined; become〔go〕bankrupt; fail; go broke.
거동(擧動) 《처신》 conduct; behavior; 《행동》 action; movement. ¶ ~이 수상하다는 이유로 on account of *one's* suspicious behavior.
거두(巨頭) a leader; a prominent figure. ¶ 정계〔재계〕의 ~ a leading politician〔financier〕. ‖ ~회담 a top-level〔summit〕talk〔conference〕.
거두다 ① 《모으다》 gather (in); collect(돈을); harvest(곡식을). ¶ 세금을 ~ collect taxes / 곡식을 ~ harvest crops. ② 《성과 등을》 gain; obtain. ¶ 승리를 ~ gain〔win〕the victory / 좋은 성과를 ~ obtain excellent results. ③ 《돌보다》 take care of; look after. ¶ 아이들을 ~ take care of the children. ④ 《숨을》 die; breathe *one's* last.
거두절미(去頭截尾) ① 《자르기》 ~하다 cut off the head and tail 《*of it*》. ② 《요약》 ~하다 summarize; leave out details; make a long story short.
거드럭거리다 assume an air of importance; swagger.
거드름 a haughty attitude; an air of importance. ¶ ~스러운 haughty / ~피우며 haughtily / ~부리다 give *oneself* airs; act with an important air; behave haughtily.
…거든 ① 《가정》 if; when. ¶ 그를 만나~ 오라고 전해라 If you meet him, tell him to come here. ② 《더구나》 much〔still〕. ¶ 네가 그토록 공부해야 하~ 하물며 나는 어떠랴 If you must study so hard, how much more must I?
거들다 help; assist; aid; give〔lend〕a helping hand 《*to*》.
거들떠보다 pay attention 《*to*》; take notice 《*of*》. ¶ 거들떠보지도 않다 take no notice 《*of*》; ignore completely / 그는 나를 거들떠보지도 않았다 He took no notice of me. *or* He ignored me completely.
거듭 (over) again; repeatedly. ~하다 repeat 《*mistakes*》; do 《*a thing*》 over again. ¶ ~되는 실패 repeated failures / ~되는 불운 a series of misfortunes / ~나다 be born again; resuscitate / ~말하지만, 그는 죄가 없다 I repeat, he is innocent.
거래(去來) transactions; dealings; business; trade. ~하다 do〔transact〕business 《*with*》; deal〔have dealings〕《*with*》; trade 《*in silk with a person*》. ¶ ~를 개시하다〔중지하다〕 open〔close〕an account in 《*tea*》 《*with*》 / 돈~ lending and borrowing money. ‖ ~관계 business relations〔connections〕 / ~소 an exchange / ~액〔고〕 the volume〔amount〕of business; a turnover / ~은행 *one's* bank / ~처〔선〕 a customer; a client; a business connection (총칭).
거론(擧論) ~하다 take up a problem〔subject〕for discussion; make 《*it*》 a subject of discussion.
거룩하다 (be) divine; sublime; sacred; holy.
거룻배 a barge; a lighter; a sampan.
거류(居留) residence. ~하다 live〔reside〕《*in*》. ‖ ~민 《Korean》 residents 《*in, at*》 / ~지 a 《*foreign*》 settlement〔concession〕《*in Korea*》.
거르다[1] 《여과》 filter; strain; percolate.
거르다[2] 《차례를》 skip 《*over*》; omit. ¶ 하루〔이틀〕 걸러 every other〔third〕day / 점심을 ~ go without lunch.
거름 《비료》 manure; muck; a fertilizer. ¶ ~ 주다 manure; fertilize.
거리[1] a street; an avenue; a road. ¶ ~의 여자 a street girl.
거리[2] 《재료》 material; matter; stuff; 《대상》 the cause; a butt. ¶ 국~ soup makings / 웃음~ a laughingstock / 걱정~ the cause of *one's* anxiety.
거리(距離) (a) distance; an interval(간격); a range; 《차이》 a gap; (a) difference. ¶ ~가 있다 be distant; 《차이》 be different 《*from*》. ‖ ~감 a sense of distance / 직선~ distance in a straight line.
거리끼다 be afraid 《*of doing*》; hesitate 《*to do*》; refrain from 《*doing*》. ¶ 거리낌없이 openly; without hesitation〔reserve〕.
거마비(車馬費) traffic expenses; a carfare; a car〔taxi, bus, train〕fare.
거만(巨萬) ¶ ~의 부를 쌓다 amass a vast fortune; become a millionaire.

거만(倨慢) ～하다 (be) arrogant; haughty; insolent. ¶ ～을 빼다 give *oneself* airs; act haughtily; take an overbearing attitude.
거머리 ① 〖動〗 a leech. ② 《사람》 a bur.
거머무트름하다 (be) dark and chubby.
거머삼키다 swallow; gulp (down).
거머쥐다 take hold of; seize 《*on, upon*》; grasp.
거멀못 a clamp; a cramp.
거멓다 (be) deep black; jet-black.
거메지다 turn black; get tanned (볕에 타서).
거목(巨木) a great 〔big, monster〕 tree.
거무스름하다 (be) dark(ish); blackish; swarthy.
거문고 a *gŏmungo*; a Korean harp.
거물(巨物) 《사람》 a leading 〔prominent〕 figure; a bigwig 《口》. ¶ 당대의 ～ the lion of the day / 재계의 ～ a financial magnate / 정계의 ～ a leading figure in politics.
거미 a spider. ‖ ～줄 a spider's thread / ～집 a spider's web; a cobweb.
거미줄치다 ① spin 〔weave〕 a web. ② 《굶주리다》 go hungry; starve.
거병하다(擧兵 —) rise in arms; raise an army; take up arms.
거보(巨步) ¶ ～를 내딛다 make a giant step 《*toward*》.
거부(巨富) a man of great wealth; a (multi) millionaire.
거부(拒否) (a) refusal; denial. ～하다 deny; refuse; reject; veto 《*on*》. ¶ 아무의 제안을 ～하다 turn down 〔reject〕 *a person's* proposal. ‖ ～권 《exercise》 a veto / ～반응 a rejection symptom; an immune response(항원 항체 반응).
거북 a tortoise; a (sea) turtle.
거북선(— 船) the "Turtle Boat"; an ironclad battleship shaped like a turtle.
거북하다 《몸이》 feel 〔be〕 unwell; 《형편이》 (be) awkward; uncomfortable; ill at ease. ¶ 입장이 ～ be in an awkward position.
거비(巨費) an enormous expenditure; a great cost.
거사(擧事) ～하다 《반란 · 거병하다》 rise in revolt 〔arms〕; raise an army; 《큰 사업을》 start 〔launch〕 a big enterprise.
거상(巨商) a wealthy merchant; a merchant prince; a business magnate.
거상(巨像) a colossus; a gigantic statue.
거상(居喪) ～하다 be in mourning 《*for*》. ¶ ～을 입다 go into mourning 《*for two weeks*》.
거석(巨石) a huge stone; a megalith(기념물). ‖ ～문화 megalithic culture.
거성(巨星) a giant star; 《비유적》 a great man; a big shot 《口》. ¶ 문단의 ～ a great writer.
거세(去勢) ① 《불을 깜》 castration; emasculation. ～하다 castrate; emasculate; geld; sterilize(단종). ¶ ～한 소〔말〕 a bullock 〔gelding〕. ② 《세력 제거》 a purge(숙청); weakening(약화); exclusion (배제); eradication(근절). ～하다 purge; weaken; exclude.
거세다 (be) rough; wild; violent. ¶ 거센 세파 the storms of life / 거센 여자 an unruly woman.
거소(居所) a dwelling place; *one's* abode 〔residence〕.
거수(擧手) ～하다 raise *one's* hand; show *one's* hand(표결에). ‖ ～경례 a military salute(～경례하다 salute; give 〔make〕 a salute) / ～표결 voting by show of hands.
거스러미 《손톱의》 an agnail; a hangnail; 《나무의》 a splinter.
거스러지다 ① 《성질이》 grow wild; become rough 〔rude〕. ② 《털이》 bristle; get ruffled.
거스르다 ① 《거역》 oppose; go 〔act〕 against; disobey 《*one's parents*》; resist(반항하다); contradict(반론하다). ¶ 아무의 뜻을 ～ act against *a person's* wishes / 거슬러 올라가다 《강을》 go upstream; 《과거로》 go 〔date〕 back to; retroact (소급) / 시대의 조류를 ～ go against the current 〔tide〕 of the times. ② 《잔돈을》 give the change. ¶ 거슬러 받다 get the change.
거스름돈 change. ¶ ～을 받다〔주다〕 get 〔give〕 the change / 「여기 ～ 있습니다」—「그냥 두세요」 "Here is your change." — "Please keep the change."
거슬리다 offend; be offensive; displease; get on *one's* nerves. ¶ 귀에 ～ be harsh 〔unpleasant〕 to the ear / 눈에 ～ offend the eye; be an eyesore / 그 소리가 (신경에) 거슬린다 The noise gets on my nerves.
거슴츠레하다 《눈이》 (be) sleepy; drowsy; dull; fishy.
거시(巨視) ¶ ～적인 macroscopic / ～적으로 보다 take a broad view 《*of*》. ‖ ～경제학 macroeconomics / ～이론 a macroscopic theory.
거실(居室) a living 〔sitting 《英》〕 room. ‖ ～겸 침실 a bedroom-cum-living room.

거액(巨額) big [great, large, enormous] sum [amount] (of money). ¶ ～의 부채 a large debt / ～에 달하다 amount to a great sum.
거여목 〖植〗 a (snail) clover.
거역(拒逆) ～하다 disobey; oppose; go against; contradict; offend.
거울 ① 《모양을 보는》 a mirror; a looking glass. ¶ ～을 보다 look in a glass. ② 《모범》 a mirror; a model; an example. ¶ …을 ～로 삼다 model [pattern] after 《*a person*》; follow the example of 《*a person*》 / 신문은 사회의 ～이다 The press is the mirror of society.
거웃 pubic hair; pubes.
거위[1] 〖鳥〗 a goose [*pl.* geese]; 《수컷》 a gander.
거위[2] 《회충》 a roundworm.
거유(巨儒) a great scholar (of Confucianism).
거의 《대체로》 almost; nearly; practically; 《부정》 little; hardly; scarcely. ¶ ～ 다 almost all; mostly; the greater part 《*of*》 / ～ 불가능하다 be next to impossible / 그것을 믿는 사람은 ～ 없다 Scarcely anybody believes that.
거인(巨人) a giant; a great man (위인). ¶ 재계의 ～ a leading figure in financial circles; a financial magnate.
거장(巨匠) a (great) master; a *maestro*. ¶ 화단〔문단〕의 ～ a great painter〔writer〕.
거재(巨財) an enormous〔a huge〕 fortune. ¶ ～를 투입하다 invest millions 《*in an enterprise*》.
거저 free (of charge); for nothing. ¶ ～ 일하다 work for nothing.
거저먹기 an easy task〔job〕; a cinch 《美俗》. ¶ 그것은 ～다 That's an easy job. *or* That's nothing.
거적 a (straw) mat. ¶ ～을 깔다 spread a mat.
거절(拒絶) (a) refusal; (a) rejection; (a) denial. ～하다 refuse; reject; turn down. ¶ 딱 ～하다 give a flat refusal; refuse point=blank / 제안을 ～하다 turn down *a person's* offer. ‖ 《인수 · 지불의》 ～증서 〖法〗 a protest for nonacceptance〔nonpayment〕.
거점(據點) a position; a foothold; a base(기지).
거족(巨族) a powerful family; a mighty clan.
거족(擧族) ¶ ～적 nationwide; national / ～적으로 throughout the nation; on a national scale.
거주(居住) residence; dwelling. ～하다 live〔dwell, reside〕《*at, in*》; inhabit 《*a place*》. ‖ ～권 the right of residence / ～자 a resident / ～증명서 a certificate of residence / ～지 *one's* place of residence.
거죽 《표면》 the face; the surface; 《외면부》 the exterior; 《외견》 the appearance.
거중조정(居中調停) (inter)mediation; intervention; arbitration. ¶ ～에 나서다 undertake mediation.
거증(擧證) ～하다 establish a fact (by evidence). ‖ ～책임 the burden of proof.
거지 a beggar; a mendicant. ‖ ～근성 a mean spirit.
거지반(居之半) ☞ 거의.
거짓 fraud; falsehood; untruth; a lie(거짓말). ¶ ～의 false; untrue; unreal / 이 광고에는 ～이 있다 There is something untrue in this advertisement. ‖ ～울음 sham〔crocodile〕 tears / ～웃음 a feigned smile / ～증언 false testimony.
거짓말 a lie. ～하다 (tell a) lie. ¶ ～의 false / ～ 같은 이야기 an incredible story / 새빨간〔속이 들여다뵈는, 그럴듯한〕 ～ a downright〔transparent, plausible〕 lie. ‖ ～쟁이 a liar; a storyteller / ～탐지기 a lie detector.
거짓이름 《가명》 a false〔an assumed〕 name.
거찰(巨刹) a big Buddhist temple.
거창(巨創) ¶ ～한 great; huge; gigantic; colossal / ～한 계획 a mammoth enterprise.
거처(居處) *one's* (place of) residence; *one's* abode〔address〕. ～하다 reside; live. ¶ ～를 정하다 take up *one's* residence〔quarters〕《*at, in*》. ‖ 임시～ a temporary abode〔residence〕.
거추장스럽다 《거북함》 (be) burdensome; cumbersome; troublesome. ¶ 거추장스러운 짐 a piece of burdensome baggage.
거춤거춤 cursorily; roughly.
거취(去就) 《행동》 *one's* course of action; 《태도》 *one's* attitude. ¶ ～를 정하다 define〔decide〕 *one's* attitude / ～를 망설이다 be at a loss how to act / ～를 분명히 하다 make it clear where *one* stands.
거치(据置) 《저금 등의》 deferment. ～하다 leave unredeemed. ¶ ～의 unredeemable; deferred / 5년 ～의 대부 a loan unredeemable for five years / 3년 ～이다 be unredeemable for three years. ‖ ～기간 a period of deferment / ～예금 defered savings.
거치다 pass〔go〕 through; go by way 《*of*》; stop〔call〕 at *one's*

way. ¶ …을 거쳐 through; by way of; via / 런던을 거쳐 파리에 가다 go to Paris via〔by way of〕London.

거치적거리다 cause hindrance to; be a drag〔burden〕on〔to〕《*a person*》.

거칠다 (be) coarse; rough; harsh; violent. ¶ 바탕이 거친 천 coarse cloth / 거친 바다 the rough sea / 성질이 거친 사람 a rough-natured〔quick-tempered〕person / 거친 살결 a rough skin / 숨결이 ～ breathe hard / 거칠게 다루다 work《*a person*》too hard; handle roughly(물건을) / 말씨가 ～ be rough on *one's* speech; use harsh〔violent〕language.

거칠하다 (be) haggard; 《서술적》look emaciated. ☞ 까칠하다.

거침 ¶ ～없이 without a hitch; without hesitation(서슴지 않고) / ～없는 대답 a ready answer / ～없이 말하다 say without reserve〔hesitation〕.

거탄(巨彈) ① 《탄환》a heavy〔huge〕shell. ② 《비유적》a hit; a feature(영화의).

거포(巨砲) a big〔huge〕gun; 《강타자》a slugger《口》.

거푸 again and again; over again; repeatedly.

거푸집 《주형》a mold; a cast.

거풀거리다 flutter; flap; wave.

거품 a bubble; foam; froth. ¶ ～이 이는 foamy; frothy / ～이 일다 foam; froth; bubble / 물～이 되다 come to nothing.

거한(巨漢) a giant; a big〔large-built〕fellow〔man〕.

거함(巨艦) a big warship.

거행(擧行) performance; celebration. ～하다 hold〔give〕《*a reception*》; perform《*a ceremony*》. ¶ 결혼식을 ～하다 hold a wedding.

걱정 ①《근심》apprehensions; anxiety; concern; 《불안》uneasiness; fear; 《신경 씀》care; worry; trouble. ～하다 feel anxiey; be anxious《*about*》; be concerned; be worried《*by*》; trouble *oneself*《*about*》(☞ 근심). ¶ ～스러운 듯이 with a concerned air / ～스러운 나머지 in an excess of anxiety / ～을 끼치다 give《*a person*》trouble / ～으로 병이 되다 worry *oneself* ill. ‖ ～거리 a cause for anxiety; cares; worries; troubles / ～꾸러기 a (natural) worrier. ② 《꾸중》scolding; lecture; reproach. ～하다 scold; reprove; reprimand. ¶ ～듣다 receive a reprimand; be reproved.

건(巾) ① ☞ 두건. ② a hood.

건(件) a matter; a case; an affair. ¶ 예(例)의 ～ the matter in question.

건(腱) 〖解〗a tendon.

건(鍵) 〖樂〗a key.

건…(乾) dried. ‖ ～곡 dried grains / ～대구 a dried cod.

건각(健脚) strong legs.

건강(健康) health. ～하다 (be) well; healthy; sound; 《서술적》be in good health. ¶ ～에 좋은〔나쁜〕(un)healthful; good〔bad〕for the health / ～에 조심하다 take (good) care of *oneself* / ～을 회복하다 get *one's* health back; regain *one's* health / ～을 잃다 ruin〔injure〕*one's* health. ‖ ～관리 health care《*for the aged*》/ ～미 health beauty / ～상태 the condition of *one's* health / ～식품 health food / ～식품점 a health food store / ～진단《undergo》a medical examination; a physical checkup《美》/ ～체 a healthy body.

건건하다 (be) salty; brackish.

건곤일척(乾坤一擲) ～하다 stake all upon the cast.

건국(建國) the founding of a country〔state〕. ～하다 found a state〔nation〕. ‖ ～공로훈장 the Order of Merit for National Foundation / ～기념일 National Foundation Day.

건너 the opposite〔other〕side. ¶ ～편에 on the opposite〔other〕side / 저 ～ 숲 속에 in the wood(s) over there / 강 ～에 살다 live across the river / ～뛰다 jump across; skip (over)(읽을 때) / 미국으로 ～가다 go over to America.

건너다 cross《*a bridge*》; walk〔run, ride〕across; sail〔swim, wade〕across《*a river*》; go〔pass〕over《*to*》.

건널목 a (railroad) crossing. ‖ ～지기 a watchman; a flagman《美》/ ～차단기 a crossing barrier.

건네다 ①《건너게 하다》pass〔set〕《*a person*》over〔across〕; take〔ferry〕over(배로). ②《주다》hand (over); deliver; transfer.

건달(乾達) a good-for-nothing; a libertine; a scamp.

건답(乾畓) a rice field that dries easily; a dry paddy field.

…건대 when; if; according to. ¶ 듣～ as I hear; according to what people say.

건더기 《국의》solid stuff in soup; 《내용》a ground; substance.

건드러지다 ☞ 간드러지다.

건드레하다 《술 취해》(be) mellow; tipsy; 《서술적》be a bit high.

건드리다 《손대다》touch; jog; 《감정을》provoke; fret; tease(집적대

다)；《여자를》 become intimate 《with》. ¶ 비위를 ～ get〔jar〕on《a person's》 nerve.

건들거리다 《바람이》 blow gently；《물체가》 sway；dangle；《사람이》 idle〔dawdle〕 *one's* time away.

건류(乾溜) dry distillation；carbonization. ～하다 dry (up) by distillation；carbonize.

건립(建立) ～하다 build；erect.

…건마는 but；though；although；still；while. ¶ 생각은 있～ 돈이 없네 I want it, but I don't have the money to get it.

건망(健忘) forgetfulness；a short memory. ‖ ～증 amnesia(～증이 심하다 be forgetful；have a short〔poor〕memory.

건목치다 《일을》 do a cursory〔rough〕job of《*it*》.

건몸달다 get all heated up for nothing；run madly about to no purpose.

건물(建物) a building；a structure；an edifice(큰). ‖ 부속～ an attached building.

건반(鍵盤) a keyboard. ‖ ～악기 keyboard instruments.

건방지다 《젠체하다》(be) (self-)conceited；affected；《주제넘다》(be) cheeky；saucy；impudent；forward；impertinent；haughty；freshy《口》. ¶ 건방진 태도 an impudent manner / 건방지게 굴다 behave *oneself* haughtily / 건방진 소리 마라 None of your cheek. *or* Don't be so fresh. *or* Don't be smart with me.

건배(乾杯) a toast. ☞ 축배(祝杯).

건백(建白) ～하다 memorialize. ‖ ～서 a written memorial.

건빵(乾—) a cracker；hardtack；a (hard) biscuit《英》.

건사하다 ①《일거리를》provide work《*for*》. ②《수습》manage；control；deal〔cope〕with. ③《간수》keep；preserve；《보살피다》take care of.

건선거(乾船渠) a dry dock.

건설(建設) construction；erection；building. ～하다 construct；build；erect；establish. ¶ ～적 constructive / 복지 국가를 ～하다 establish〔build up〕a welfare state. ‖ ～공사 construction works / ～교통부 the Ministry of Construction & Transportation / ～용지 a building lot〔site〕/ ～현장 a construction site / 대한～협회 the Construction Association of Korea.

건성(乾性) ¶ ～의 dry. ‖ ～유 drying oil / ～피부 dry skin.

건성 《목적없이》aimlessly；《정신없이》absent-mindedly；halfheartedly. ¶ ～(으로) 듣다 listen to《*a person*》in an absent sort of way / ～으로 대답하다 give a vague answer.

건수(件數) ‖ 도난～ the number of cases of theft.

건습(乾濕) ‖ ～계 a psychrometer.

건시(乾柿) a dried persimmon.

건실(健實) ～하다 (be) steady；solid；sound；reliable；safe. ¶ ～하게 steadily；soundly / ～한 사상 sound ideas / ～한 사람 a steady〔reliable〕person.

건아(健兒) a healthy young man.

건어(乾魚) dried fish.

건옥(建玉) 〖證〗 engagement；a commitment.

건울음 make-believe crying. ¶ ～을 울다 shed crocodile tears.

건위(健胃) ‖ ～제 a peptic；a stomachic；a digestive.

건으로(乾—) without reason〔cause〕；to no purpose〔avail〕.

건의(建議) 《제의》a proposal；a suggestion. ～하다 propose；suggest；move. ‖ ～서 a memorial / ～안 a proposition；a motion / ～자 a proposer.

건장(健壯) ¶ ～한 strong；stout；robust；sturdy / ～한 체격 a tough〔robust〕constitution.

건재(建材) building〔construction〕materials. ¶ 새로운 ～ (a) newly developed building materials. ‖ ～상 building materials shop〔dealer(상인)〕.

건재(健在) ～하다 be well；be in good health〔shape〕.

건재(乾材) dried medicinal herbs. ‖ ～약국 a wholesale medicinal-herb store.

건전(健全) ～하다 (be) healthy；sound；wholesome. ¶ ～한 사상 wholesome ideas / ～한 신체에 ～한 정신 A sound mind in a sound body.

건전지(乾電池) a dry cell〔battery〕.

건조(建造) building；construction. ～하다 build；construct. ¶ ～중이다 be under construction. ‖ ～물 a building；a structure.

건조(乾燥) ¶ ～한 dry；dried；arid / 무미～한 dry；tasteless；dull / ～시키다 dry (up). ‖ ～기(期) the dry season / ～기(機) a dryer；a desiccator / ～실(室) a drying room / ～제(劑) a desiccant.

건주정(乾酒酊) ～하다 pretend to be drunk.

건지다 ①《물에서》take〔bring〕《*a thing*》out of water；pick up. ②《구명·구제》save〔rescue〕《*a person from*》；help《*a person*》out of；relieve《*a person from*》. ¶ 간신히 목숨을 ～ escape death by a hair's breadth. ③《손해에서》save《*from*》；retrieve. ¶ 밑천

을 ～ recoup *one's* capital.

건초(乾草) dry grass; hay.

건축(建築) construction; building; erection. ～하다 build; construct; erect. ¶ ～중이다 be under construction. ‖ ～가(家) an architect / ～공사 construction work / ～기술 building-construction techniques / ～물 a building / ～법규 the building code / ～비〔재료〕 building expenses〔materials〕 / ～사 a qualified〔registered〕 architect / ～양식 a style of architecture / ～업자 a builder; a building contractor.

건투(健鬪) a good fight; strenuous efforts(노력). ～하다 put up a good fight; exert *oneself* hard. ¶ ～를 빕니다 Good luck to you! *or* We wish you good luck.

건판(乾版) 〖寫〗 a dry plate.

건평(建坪) a floor space.

건폐율(建蔽率) building coverage; the building-to-land ratio.

건포(乾脯) dried slices of meat 〔fish〕.

건포도(乾葡萄) raisins.

건필(健筆) a ready〔facile, powerful〕 pen. ¶ ～을 휘두르다 wield a facile pen.

건함(建艦) naval construction.

걷다[1] ① 《걷어올리다》 tuck〔roll〕 up 《*one's sleeves*》; gather up 《*curtain*》; fold up(개키다). ② 《치우다》 take away; remove. ¶ 빨래를 ～ remove the laundry 《*from*》 / 천막을 ～ strike a tent.

걷다[2] 《발로》 walk; go on foot; stroll; trudge(터벅터벅). ¶ 걷기 시작하다 《아기가》 begin to toddle.

걷어차다 kick hard; give 《*a person*》 a hard kick.

걷어치우다 ① 《치우다》 put〔take〕 away; clear off; remove. ② 《그만둠》 stop; quit; shut〔close〕 (up) (점포 등을). ¶ 하던 일을 ～ stop doing a job; leave off *one's* work.

걷잡다 hold; stay; stop; 《막다》 check; keep 《*a danger*》 at bay. ¶ 걷잡을 새 없이 swiftly; quickly; before you can say any word / 걷잡을 수 없는 혼란에 빠지다 get into uncontrollable confusion.

걷히다 ① 《비·안개 등이》 clear up 〔away, off〕; lift. ¶ 안개가 ～ a fog lifts. ② 《돈 따위가》 be collected; be gathered.

걸걸하다(傑傑—) (be) openhearted; free and easy; 《쾌활》 (be) cheerful; sprightly.

걸근거리다 ① 《욕심내다》 covet; be greedy 《*for, of*》. ② 《목구멍이》 be scratchy.

걸다[1] ① 《땅이》 (be) rich; fertile. ② 《액체가》 (be) thick; heavy; turbid. ③ 《식성이》 (be) not particular; not fastidious. ④ 《언사가》 (be) foulmouthed; abusive.

걸다[2] ① 《매달다》 hang; suspend 《*from*》; put 《*a cloth*》 on〔over〕. ¶ 간판을 ～ put up a signboard / 못에 ～ hang 《*a thing*》 on a peg. ② 《올가미를》 lay 《*a snare*》; set 《*a trap*》. ③ 《시비를》 pick; provoke; fasten; force. ¶ 싸움을 ～ pick a quarrel 《*with a person*》. ④ 《돈을》 pay; advance; bet(노름에서). ¶ 계약금을 ～ advance money on a contract; pay earnest money. ⑤ 《목숨을》 stake; risk 《*one's life*》. ¶ 목숨을 걸고 싸우다 fight at the risk of *one's* life. ⑥ 《말을》 talk 〔speak〕 to 《*a person*》; address 《*a person*》. ⑦ 《전화를》 call (up); ring 《*a person*》 up; telephone 《*a person*》; make a (phone) call to 《*a person*》. ⑧ 《문고리를》 fasten; lock(자물쇠를). ⑨ 《발동을》 set 《*a machine*》 going; start 《*an engine*》.

걸러 at intervals of. ¶ 하루〔이틀〕 ～ every other〔third〕 day / 5피트 ～ at intervals of five feet. ☞ 거르다[2].

걸레 a dustcloth; a floor cloth; a mop(자루 달린). ¶ ～질하다 wipe with a wet〔damp〕 cloth; mop 《*the floor*》.

걸리다[1] ① 《매달림》 hang 《*from, on*》; be suspended 《*from*》. ¶ 벽에 걸려 있는 풍경화 a landscape hanging on the wall. ② 《걸려 안 떨어지다》 catch 《*on a nail*》; be caught 《*in, on*》; stick (in *one's* throat). ¶ 목에 걸린 생선가시 a fish bone caught in *one's* throat. ③ 《병에》 fall〔be taken〕 ill; catch. ¶ 감기에 ～ catch (a) cold. ④ 《잡히다》 be〔get〕 caught; be pinched 《俗》. ¶ 교통순경에게 ～ be pinched by a traffic cop / 법망에 ～ be caught by the law. ⑤ 《빠지다》 fall 《*into*》; 《말려듦》 be involved 《*in*》; get entangled 《*with*》. ¶ 나쁜 여자에게 ～ get entangled with a bad girl. ⑥ 《시간이》 take; require. ¶ 학교까지 10분 걸린다 It takes ten minutes to get to school. ⑦ 《마음에》 worry; weigh on *one's* mind. ¶ 그것이 마음에 걸린다 That worries me. ⑧ 《작동》 work; run. ¶ 시동이 걸리지 않다 cannot get the engine to start.

걸리다[2] 《걷게 하다》 make 《*a person*》 walk〔go on foot〕; walk 《*a person*》; 〖野〗 walk a batter.

걸림돌 a stumbling block; an obstacle.

걸맞다 (be) suitable《*for, to*》; becoming《*to*》. ¶ 걸맞은 becoming; suitable《*for*》; well-matched;《정도 따위가》well-balanced〔-proportioned〕/ 사회적 지위에 걸맞는 수입 income appropriate to *one's* social position. 「at.

걸머잡다 catch hold of; clutch

걸머지다 ①《등에》carry《*a thing*》on *one's* shoulder;《책임을》bear; take upon *oneself*. ②《빚을》be saddled with《*a debt*》; get〔run〕into《*debt*》. 「man.

걸물(傑物) a great〔remarkable〕

걸상(—床)《sit on〔in〕》a chair; a seat; a bench; a stool.

걸쇠 a catch; a latch.

걸식(乞食) ～하다 go begging; beg *one's* bread.

걸신(乞神) ¶ ～들리다 have a voracious appetite; have a wolf in *one's* stomach / ～들린 듯이 hungrily; greedily. 「arms!

걸어총(—銃)《구령》Stack〔Pile〕

걸음 walking; a step; pace(보조). ¶ ～이 빠른〔느린〕swift-〔slow-〕footed / 한 ～ 한 ～ step by step; by degrees / ～이 빠르다〔느리다〕be quick〔slow〕of foot / ～을 재촉하다 quicken *one's* pace. ‖ ～걸이 *one's* manner of walking. 「feet.

걸음마 ¶ ～를 하다 toddle; find its

…걸이《거는 제구》a peg; a rack;《얹는 것》a rest. ¶ 모자～ a hat-rack / 옷～ a clothes hanger.

걸작(傑作) a masterpiece; *one's* best work. 「for anything.

걸쩍거리다 be active; be ready

걸차다 (be) fertile; rich; productive. ¶ 걸찬 땅 a fertile land; rich soil.

걸출(傑出) ～하다 be outstanding〔distinguished, prominent〕《*at, in*》. ¶ ～한 인물 a distinguished character.

걸치다 ①《건너 걸치다》lay〔place, build〕over〔across〕;《기대어 놓다》place〔set up〕《*a thing against*》; put up《*against*》. ¶ 강에 다리가 걸쳐 있다 A bridge is laid across the river. ②《얹어 놓다》put〔drape〕《*a thing*》over. ¶ 어깨에 손을 ～ put〔lay〕*one's* hand on《*a person's*》shoulder. ③《옷을》slip〔throw〕on. ¶ 외투를 ～ slip on *one's* overcoat. ④《범위가》cover《*a wide field*》; range《*from … to*》;《시간·거리가》extend《*over*》. ¶ 여러 해에 ～ extend over so many years.

걸터앉다 sit《*on, in*》; sit astride.

걸터타다 mount; straddle.

걸프〖地〗the Gulf. ‖ ～전쟁 the war in the Gulf / ～협력회의 the Gulf Cooperation Council (생략 GCC).

걸핏하면 too often; readily; without reason. ¶ ～ …하다 be apt〔liable〕to《*do*》/ ～ 울다 tend to cry over nothing.

검(劍) a sword; a saber(군도); a bayonet(총검); a dagger(단검).

검객(劍客) a swordsman.

검거(檢擧) an arrest;《일제히》a roundup. ～하다 arrest;《일제히》round up. ¶ ～된 사람 a person in custody / 일제히 ～하다 make a wholesale arrest《*of*》; round up《*narcotic traffickers*》/ 마약 소지 혐의로 ～되다 be arrested for having drugs.

검경판(檢鏡板)《현미경의》an object plate; a slide.

검뇨(檢尿) a urine test. ¶ ～를 받다 have *one's* urine examined. ‖ ～기 a urinometer.

검누렇다 (be) dark yellow.

검다 (be) black; dark; swarthy; sooty(그을려). ¶ 검디 ～ be jet-black / 속검은 사람 a black-hearted person.

검댕 soot. ¶ ～투성이의 sooty; sooted / ～이 앉다 become sooty; be stained with soot.

검도(劍道) (the art of) fencing.

검둥이《살검은 이》a dark-skinned person;《흑인》a black〔colored〕person.

검량(檢量) measuring; weighing;《적하의》metage. ‖ ～기 a gauging rod / ～료 a weighing charge. 「ter; a galvanoscope.

검류계(檢流計)〖電〗a galvanome-

검무(劍舞) a sword dance.

검문(檢問) an inspection; a check; a search. ～하다 inspect; check up《*passers-by*》. ¶ 차를 ～하다 check up on〔search〕a car. ‖ ～소 a checkpoint.

검버섯 dark spots (on the skin of an old man); a blotch.

검변(檢便) a stool test; scatoscopy. 「grass〔leaves〕.

검부러기 remnants〔bits〕of dry

검불 dry grass; dead leaves.

검붉다 (be) dark-red.

검사(檢事) a public prosecutor; a district attorney《美》.

검사(檢査) (an) inspection;《undergo》an examination; a test; an overhaul(기계의). ～하다 inspect; examine; test; overhaul. ¶ ～를 받다 go through an inspection〔examination〕; be examined〔inspected〕/ 기계의 정기 ～ a periodical〔regular〕overhaul. ‖ ～관 an inspector〔examiner〕/ ～소 an inspecting office / ～필《게시》Examined. 「accounts.

검산(檢算) ～하다 verify〔check〕

검색(檢索) reference《*to*》. ～하다

refer to《*a dictionary*》; look up 《*a word*》 in《*a dictionary*》.
검소(儉素) frugality; simplicity. ～하다 (be) frugal; simple; plain. ¶ ～한 옷차림을 하다 be plainly dressed / ～하게 살다 live in a small way.
검속(檢束) (an) arrest. ～하다 arrest; take《*a person*》into custody.
검술(劍術) fencing; swordsmanship. ¶ ～의 달인 a master swordsman.
검시(檢屍)《hold》an inquest〔autopsy〕《*over*》. ～하다 examine a corpse. ‖ ～관 a coroner.
검안(檢眼) an eye examination. ～하다 examine〔test〕《*a person's*》eyes〔eyesight〕. ¶ ～을 받다 have *one's* eyes examined. ‖ ～경 an ophthalmoscope.
검약(儉約) thrift; economy. ～하다 economize《*on a thing*》; be thrifty〔frugal〕. ‖ ～가 a thrifty person.
검역(檢疫) quarantine; medical inspection. ～하다 quarantine. ‖ ～관〔소〕 a quarantine officer〔station〕.
검열(檢閱) censorship(간행물의); (an) inspection. ～하다 censor; inspect; examine. ¶ ～을 받다 be censored〔inspected〕; be submitted for censorship. ‖ ～관 an inspector; a film censor(영화의) / ～필《게시》Censored. / 사전～ pre-censorship / 신문～ press censorship.
검온기(檢溫器) a clinical thermometer.
검이경(檢耳鏡) an auriscope.
검인(檢印) a seal〔stamp〕(of approval).
검전기(檢電器) an electroscope; a detector(누전의).
검정 black (color).
검정(檢定)《give》official approval〔sanction〕《*to*》. ～하다 approve; authorize. ‖ ～고시〔시험〕 a qualifying〔license〕 examination / ～교과서 an authorized textbook / ～료 an authorization fee / 교육부～필 Approved by the Ministry of Education.
검증(檢證) verification; an inspection. ～하다 verify; inspect; probate(유언을). ¶ 살인 현장을 ～하다 inspect the scene of the murder.
검진(檢診) a medical examination; a physical checkup. ～하다 examine; check up. ¶ ～을 위해 병원에 가다 go to the doctor's for a checkup. ‖ 정기～ a regular health checkup / 집단～ a group checkup.
검질기다 (be) persistent; tenacious.
검찰(檢察) (investigation and) prosecution. ¶ ～측의 증인 a witness for the prosecution. ‖ ～관 a public prosecutor; a prosecuting attorney《美》/ ～당국 the prosecution / ～청 the Public Prosecutor's Office / ～총장 the Public Prosecutor-General; the Attorney General《美》/ 대～청 the Supreme Public Prosecutor's Office.
검출(檢出)〖化〗detection. ～하다 detect; find. ¶ 그의 피에서 비소가 ～되었다 Arsenic was detected in his blood. ‖ ～기 a detector.
검침(檢針) meter-reading. ～하다 check〔read〕《*gas*》meter. ‖ ～원 a《*gas-*》meter reader.
검토(檢討) (an) examination; (an) investigation. ～하다 examine; investigate; study; think over. ¶ ～할 여지가 있다 need more consideration / ～할 가치가 있다 be worth considering / 노동 문제는 지금 ～ 중이다 The labor problem is under examination. ‖ 재～ re-examination; review.
검푸르다 (be) dark-blue.
겁(怯)《소심》cowardice; timidity; 《공포》fear; fright. ¶ ～ 많은 cowardly; timid; weak-kneed / ～결에 in the excess of fear; driven by horror / ～(이) 나다 be seized with fear / ～내다 fear; dread; be afraid of / ～을 집어먹다 be frightened; be scared / ～을 주다 threaten; frighten; terrify; scare. ‖ ～쟁이 a coward; a chicken.
겁탈(劫奪)《약탈》plunderage; (a) robbery;《강간》rape. ～하다 plunder; rape〔violate〕《*a woman*》.
것《사람 · 물건》a one; the one; a thing; an object;《…것》the one that ...;《소유》the one of; -'s. ¶ 새 ～ a new one / 이～ this; this one / 저～ that; that one / 볼～ the one to see / 내～ mine.
겅둥하다 (be) rather short.
겅성드뭇하다 (be) sparse; thin; scattered.
겅정거리다 walk with rapid strides.
겉《표면》the face; the surface; the right side(옷의);《외면》the outside; the exterior; outward appearance(외관). ¶ ～으로는 outwardly; on the surface / ～만 보고 판단하다 judge by appearance / ～을 꾸미다 make outward show; put on a show. ‖ ～모양 outward appearance; show; look.
겉…《외부의》outer. ¶ ～꺼풀 an outer covering; a husk; a

crust / ～대《푸성귀의》the outer stalk / ～싸개 an outer covering; a cover; a wrapper / ～잎 an outer leaf.
겉가량(一假量)《make》a rough estimate; eye measure(눈대중).
겉날리다 scamp《*one's work*》.
겉놀다 ①《못·나사 따위가》slip; do not fit. ② ☞ 겉돌다.
겉늙다 look older than *one's* age; look old for *one's* age.
겉돌다《바퀴·기계가》spin free; run idle; race;《물체가》do not mix freely;《사람이》do not get along well; be left alone; be left out of《*the class*》.
겉말 mere talk; lip service〔homage〕.
겉맞추다 gloss over; smooth over; temporize. 「the exterior.
겉면(一面) the surface; the face;
겉보기 ¶ ～에는 outwardly; seemingly.
겉보리 unhulled barley.
겉봉(一封)《봉투》an envelope;《겉에 쓴 것》an address(주소 성명). ¶ ～을 쓰다 address《*a letter*》.
겉약다 (be) clever in a superficial way; smart merely in show.
겉어림 ☞ 겉가량.
겉잡다《겉어림》make a rough estimate〔calculation〕; measure《*something*》by (the) eye;《헤아림》guess; get a rough idea《*of*》.
겉장《일면》the first〔front〕page;《표지》the cover of a book.
겉짐작 a rough estimate.
겉치레 outward show; ostensible display; a show; (a) pretense. ～하다 dress up; make outward show; show a good front; show off; cut a dash. ¶ ～의 apparent; make-believe; pretended / 그의 친절은 ～였다 His kindness was all pretense.
겉치장(一治粧) an outward show; ostensible decoration. ～하다 put on a fair show; dress up.
게〖動〗a crab. ¶ ～의 집게발 claws; nippers. ‖ ～거품 foam; froth / ～걸음 a sidewise crawl of a crab (～걸음 치다 walk sideways) / ～딱지 the crust of a crab.
게걸 greed for food. ¶ ～스럽다 (be) greedy《*for food*》; voracious / ～들(리)다 get an insatiable appetite; get gluttonous.
게놈《유전》a genom(e). ¶ 인간 ～ the human genome. ‖ ～분석 genome analysis.
게다가 moreover; besides; what is more; in addition《*to that*》. ¶ 그녀는 지적이고 ～ 매우 아름답기도 하다 She is intelligent and, what is more, very beautiful.
게르만 ¶ ～의 Germanic. ‖ ～민족 the Germanic race.
게릴라 a guerilla. ‖ ～대원 a guerilla / ～전 guerilla war(fare) / ～전술《use》guerilla tactics.
게시(揭示) a notice; a bulletin. ～하다 post〔put up〕a notice《*on the wall*》; notify. ‖ ～판 a notice〔bulletin〕board.
게양(揭揚) hoisting; raising. ～하다 hoist; raise《*a flag*》.
게우다 vomit; throw〔fetch〕up. ¶ 먹은 것을 ～ vomit〔throw up〕what *one* has eaten.
게으르다 (be) idle; lazy; tardy; indolent. ¶ 게을러 빠지다 be intolerably lazy.
게으름 idleness; laziness; indolence. ¶ ～부리다〔피우다〕be idle〔lazy〕; loaf. ‖ ～뱅이 an idle〔a lazy〕fellow; a lazybones.
게을리하다 neglect《*one's work*》; be negligent《*of duty*》.
게이지 a gauge.
게임 a game; a match(경기). ¶ ～을 하다 play a game. ‖ ～세트《테니스》game and set;《일반적》Game (is) over.
게장(一醬)《간장》soy sause in which crabs are preserved.
게재(揭載) ～하다 publish; print; carry《*the news*》; insert; run《美》. ¶ 신문에 광고를 ～하다 run an ad in the paper / 신문에 ～되다 appear〔be printed〕in a newspaper / 그 논문이 ～된 잡지 the magazine which carries the article. ‖ ～금지 a press ban.
게저분하다 be laden with unwanted〔dirty〕things; be untidy.
게젓 pickled crabs; crabs preserved in soy sause. 「ner.
게트림하다 belch in haughty man-
겨 chaff; hulls〔husks〕of grain; bran. ‖ ～죽 rice-bran gruel.
겨냥 ①《조준》an aim; aiming. ～하다 (take) aim《*at*》; aim *one's* gun《*at*》. ¶ 잘 ～해서 쏘다 take good aim and fire / ～이 빗나가다 miss *one's* aim〔the mark〕. ②《치수》measure; size. ～하다 measure; take measure of. ‖ ～도 a (rough) sketch.
겨누다 ①《겨냥하다》(take) aim at; level《*a gun*》at. ¶ 권총을 가슴에 ～ point〔level〕a pistol at the breast. ②《대보다》compare《*A with B*》; measure. ¶ 길이를 겨눠보다 compare length.
겨드랑(이) ①《몸의》the armpit. ¶ ～에 끼다 carry〔hold〕《*a thing*》under *one's* arm. ‖ ～털 hair of the armpit. ②《옷의》the armhole.
겨레《한 자손》offspring of the same forefather;《동포》a fellow countryman; a compatriot; brethren;《민족》a race; a people; a nation. ‖ ～붙이 members of a people / 한～ one and the same

people.

겨루다 compete〔contend, vie〕 with《*a person for a thing*》; pit《*one's skill against*》. ¶ 상을 놓고 서로 ～ compete with each other for the prize / 1위를 ～ contend for first place.

겨를 leisure; spare moments; time to spare. ¶ 책을 읽을 ～이 없다 have no time to read; be too busy to read a book.

겨우 barely; narrowly; with difficulty; only《*fifty won*》. ¶ ～ 스무살 된 여자 a girl just out of her teens / ～ 살아가다 make a bare living; eke out a scanty livelihood.

겨우내 throughout the winter; all winter through.

겨우살이 〖植〗 a mistletoe; a parasite.

겨울 winter. ¶ ～의 winter; wintry / ～을 보내다 pass the winter《*at a place*》/ ～ 준비를 하다 prepare for the winter. ‖ ～날 a winter day / ～날씨 winter weather / ～방학 the winter vacation〔holidays〕/ ～옷 winter clothes〔wear〕/ ～철 the winter season.

겨워하다 feel《*something*》to be too much《*for one*》; feel《*something*》to be beyond *one's* control.

겨자《양념》mustard;《풀》a mustard (plant). ‖ ～채 mustard salad.

격(格)《지위·등급》rank; status; standing; class; capacity(자격); 〖文〗 the case. ¶ ～이 다르다 belong to a different class / ～이 오르다〔내리다〕rise〔fall〕in rank / ～을 올리다 raise《*a person*》to higher status; upgrade.

격감(激減) a sharp decrease. ～하다 decrease sharply; show a marked decrease.

격나다(隔—) break up with; break relations《*with*》; become alienated〔estranged〕《*from*》.

격납고(格納庫) a hangar; an airplane〔aviation〕shed.

격년(隔年) ¶ ～으로 every other〔second〕year.

격노(激怒) wild rage; fury. ～하다 rage; be enraged《*with a person*》《*into, against*》.

격돌(激突) a crash. ～하다 crash

격동(激動) turbulence; excitement (인심의); agitation(동요). ～하다 shake violently; be thrown into turmoil. ¶ ～의 시대 turbulent times / ～하는 사회 정세 a rapidly changing social situation / ～의 해 a year of violent《*political*》change.

격랑(激浪) raging〔stormy〕waves; heavy seas.

격려(激勵) encouragement. ～하다 encourage; urge《*a person to do*》; cheer《*a person*》up. ¶ ～의 말 words of encouragement; stirring remarks.

격렬(激烈) ¶ ～한〔하게〕violent(ly); severe(ly); vehement(ly); keen(ly) / ～한 경쟁 a keen competition; a hot contest.

격론(激論)《have》a heated discussion《*with*》; a hot argument. ～하다 argue hotly.

격류(激流) a rapid〔swift〕current; a torrent. ¶ ～에 휩쓸리다 be swept away by a torrent.

격리(隔離) isolation; segregation. ～하다 isolate; segregate《*A from B*》. ¶ 환자를 ～하다 isolate a patient; keep a patient in isolation. ‖ ～병실〔병동〕an isolation room〔ward〕.

격막(隔膜) the diaphragm.

격멸(擊滅) destruction; annihilation. ～하다 destroy; exterminate; annihilate.

격무(激務) a busy office〔post〕; hard〔pressing〕work. ¶ ～로 쓰러지다 break down under the strain of hard work / ～를 맡다 undertake a difficult task / ～에 쫓기다 feel hard pressed.

격문(檄文)《issue》manifesto; an appeal; a declaration.

격발(激發) an outburst《*of emotion*》. ～하다 burst (out); explode.

격발(擊發) percussion. ‖ ～신관 a percussion fuse / ～장치 percussion lock.

격벽(隔壁) a partition. ¶ 방화용 ～ a fire wall.

격변(激變) a sudden change; revulsion (감정의). ～하다 undergo a sudden change; change violently〔suddenly〕. ¶ 사회의 ～ an upheaval in society; rapid changes of society.

격분(激忿) wild rage; vehement; indignation. ～하다 be enraged; fly into a fury; blow up.

격상(格上) ～하다 raise〔promote〕《*a person*》to higher status〔to a higher rank〕; upgrade《*a person*》. ¶ 판매부장으로 ～되다 be promoted to sales manager.

격세(隔世) a (quite) different age. ¶ ～지감이 있다 feel as if *one* were living in a quite different age. ‖ ～유전 〖生〗 atavism; reversion; (a) throwback.

격식(格式) (a) formality; established formalities; social rules. ¶ ～을 차리다 stick〔adhere〕to formalities / ～을 차리는 formal; ceremonious.

격심하다(激甚—) (be) extreme; intense; severe; fierce; keen. ¶ 격심한 추위 severe cold / 격심한 경쟁 keen competition / 격심한 타격 devastating damage.

격앙(激昻) 《in》 excitement; rage; fury. ～하다 get excited; be enraged. 「a (wise) saying.

격언(格言) a proverb; a maxim;

격원하다(隔遠—) (be) a long way off; far away.

격월(隔月) every other month. ‖ ～간행물 a bimonthly.

격의(隔意) ¶ ～없는 unreserved; frank / ～없이 이야기하다 talk frankly; have a frank talk; talk without reserve.

격일(隔日) a day's interval. ¶ ～로 every other day; on alternate days / ～제로 근무하다 shift once in two days. ‖ ～열 〖醫〗 a tertian (fever).

격자(格子) 《무늬》 a lattice; latticework; a grille(금속성의). ‖ ～무늬 cross stripes; a checkered pattern / ～창 a lattice window.

격전(激戰) hot fighting; a fierce 〔severe〕 battle; a hot contest (선거 등의). ～하다 have a fierce battle. ‖ ～지 a hard-fought field; 《선거의》 a closely contested constituency.

격정(激情) a violent emotion; 《in a fit of》 passion.

격조(格調) 《작품의》 style; gusto; tone; 《사람의》 character; personality. ¶ ～ 높은 sonorous; refined; high-toned / ～ 높은 문장 writing in fine 〔noble〕 style.

격조(隔阻) long silence; neglect to write 〔call〕. ～하다 be remiss in writing 〔calling〕. ¶ ～함을 사과하다 apologize for *one's* long silence.

격주(隔週) a weekly interval. ¶ ～의 fortnightly; biweekly / ～로 every two weeks; every other week.

격증(激增) a sudden 〔rapid〕 increase 《*in*》. ～하다 increase suddenly 〔markedly〕; 《수량이》 rise 〔swell〕 rapidly.

격지다(隔—) get estranged; be at odds 〔outs〕 《*with*》.

격진(激震) a severe earthquake.

격차(格差 · 隔差) a gap; a difference; a disparity; a differential. ¶ 임금의 ～ a wage differential / 양국간 경제력의 ～ a disparity in economic power between the two countries / 소득의 ～를 없애다 abolish pay 〔earnings〕 differentials.

격찬(激讚) 《win》 high praise. ～하다 praise highly; extol; speak highly of.

격추(擊墜) ～하다 shoot 〔bring〕 down; down 《*a plane*》.

격침(擊沈) ～하다 (attack and) sink 《*a ship*》; send 《*a ship*》 to the bottom. 「pain.

격통(激痛) an acute 〔a sharp〕

격퇴(擊退) ～하다 repulse; repel; drive back; beat off.

격투(格鬪) a grapple; a (hand-to-hand) fight. ～하다 grapple 〔fight〕 《*with*》. 「smash (up).

격파(擊破) ～하다 defeat; crush;

격하(格下) degradation; demotion 《美》. ～하다 degrade; demote 《美》; lower the status 《*of*》. ¶ 평사원으로 ～되다 be demoted to the status of an ordinary employee.

격하다(隔—) 《시간 · 공간적》 leave an interval; 《사이에 두다》 interpose; 《막다》 screen. ¶ 강을 격하여 《a village》 across 〔over〕 the river / 벽 하나를 격하여 on the other side of the wall.

격하다(激—) be 〔get〕 excited; be enraged. ¶ 격하기 쉬운 성질의 사람 a hot-blooded 〔hot-tempered〕 person / 격한 감정 an intense feeling / 격한 어조 a violent tone.

격화(激化) ～하다 grow more intense 〔violent〕; intensify. ¶ ～일로에 있다 be increasingly intensified.

격화소양(隔靴搔癢) scratching through the sole of *one's* shoes; feeling irritated 〔impatient〕; 《have》 an itch *one* can't scratch.

겪다 ① 《경험》 experience; go through; undergo; suffer. ¶ 어려움을 ～ experience hardships / 갖은 고초를 ～ undergo all sorts of hardships. ② 《치르다》 receive; entertain; treat hospitably. ¶ 손님을 ～ receive 〔entertain〕 guests.

견(絹) silk. ‖ ～방적 silk spinning / ～방직 silk weaving.

견갑(肩胛) the shoulder. ‖ ～골 the shoulder blade.

견강부회(牽强附會) a far-fetched interpretation; distortion. ～하다 force 〔wrench〕 the meaning; draw a forced inference. ¶ ～의 forced 《*views*》; far-fetched 《*opinions*》.

견고(堅固) ¶ ～한 strong; solid; stout; firm / ～한 진지 a strong position; a stronghold / ～히 하다 solidify; strengthen.

견과(堅果) 〖植〗 a nut. ¶ ～상(狀)의 glandiform.

견디다 ① 《참다》 bear; endure; put up with; stand; tolerate. ¶ 견딜 수 있는 bearable; endurable; tolerable / 견디기 어려운 unbearable; intolerable / 견딜 수 없다 be unable to bear; cannot stand; be unbearable / 시련을

～ bear a trial / 어려움을 ～ endure hardships / 더워 견딜 수 없다 be unbearably hot / 걱정이 돼 견딜 수 없다 be oppressed with anxiety. ②《일·사용 등에》 wear; last; endure; keep; hold (on); be good for. ¶ 불에 ～ be proof against fire; be fire-proof / 10년간 사용에 ～ be good for ten years.

견딜성 (一性) endurance; perseverance; patience.

견마지로 (犬馬之勞) ¶ ～를 다하다 do *one's* best 《*for a person*》.

견문 (見聞) information; knowledge; experience(경험). ¶ ～이 넓다〔좁다〕 be well-informed〔poorly informed〕 / ～을 넓히다 add to *one's* information〔knowledge〕; see more of life〔the world〕.

견물생심 (見物生心) Seeing is wanting.

견본 (見本) a sample; a specimen(표본); a pattern(무늬, 천의). ¶ ～대로 as per sample / 이것은 ～과 같다 This meets the specifications. *or* This comes up to the sample. / 이것은 ～만 못하다 This is below the sample. ‖ ～시 a trade〔sample〕 fair.

견사 (絹絲) silk thread〔yarn〕.

견사 (繭絲) raw silk.

견습 (見習) apprenticeship; probation; 《사람》 an apprentice 《*to*》. ¶ ～중이다 be now on probation. ☞ 수습(修習).

견식 (見識) 《의견》 a view; an opinion; judgment(판단력); insight (통찰력). ¶ ～이 있는 사람 a man of insight〔judgment〕 / ～이 넓다 have a broad vision.

견실하다 (堅實—) (be) steady; reliable; sound; solid. ¶ 견실하게 steadily; reliably; soundly / 견실한 사람 a steady〔reliable〕 person / 견실한 투자 a sound investment.

견우성 (牽牛星) 〖天〗 Altair.

견원 (犬猿) ¶ ～지간이다 lead a cat-and-dog life(특히 부부가); be on bad terms 《*with*》.

견인 (牽引) traction; hauling. ～하다 pull; draw; drag; haul. ‖ ～력 pulling〔traction〕 capacity / ～차 a tow truck; a tractor.

견인 (堅忍) perseverance. ¶ ～불발(不拔)의 indomitable; persevering.

견장 (肩章) a shoulder strap; an epaulet(te).

견적 (見積) an estimate; estimation; a quotation. ～하다 make an estimate 《*of*》; estimate 《*at*》. ¶ 과대〔과소〕 ～하다 overestimate〔underestimate〕 / 비싸게〔싸게〕 ～하다 estimate the cost high〔low〕 / 아무리 싸게 ～하여도 at the lowest estimate. ‖ ～가격 an estimated cost / ～서 a written estimate / ～액 an estimated amount〔sum〕.

견제 (牽制) ～하다 (hold in) check; restrain; 〖軍〗 Contain. ¶ 서로 ～하다 hold each other in check / 주자를 ～하다 〖野〗 check〔peg〕 a runner. ‖ ～공격 a containing attack / ～구 《make》 a feint ball; a pick-off throw.

견제품 (絹製品) silk manufactures; silk goods(견직물).

견주다 《비교》 compare 《*A*》 with 《*B*》; 《겨루다》 compete〔contend, vie〕 《*with*》.

견지 a fishing troll〔reel, spool〕. ¶ ～질하다 fish with a reel.

견지 (見地) a standpoint; a viewpoint; a point of view; an angle. ¶ 소비자의 ～에서 보면 from the consumer's point of view.

견지 (堅持) ～하다 stick〔hold fast〕 《*to*》; maintain firmly. ¶ 방침을 ～하다 hold fast〔adhere〕 to policy.

견직물 (絹織物) silk fabrics; silk goods; silks.

견진 (堅振) 〖가톨릭〗 confirmation. ‖ ～성사 the sacrament of confirmation.

견책 (譴責) (a) reprimand; (a) reproof. ～하다 reprimand; reprove. ¶ ～을 당하다 be reprimanded. ‖ ～처분 an official reprimand.

견치 (犬齒) a canine; an eyetooth.

견학 (見學) study by observation〔inspection〕. ～하다 visit 《*a place*》 for study; make a field trip to 《*a museum*》. ¶ 신문사를 ～하다 visit a newspaper office for study. ‖ ～여행 a tour study / 실지～ a field trip.

견해 (見解) an opinion; 《give》 *one's* view 《*on a subject*》. ¶ ～를 같이〔달리〕하다 agree〔differ〕 in opinion; have the same〔a different〕 opinion. ‖ ～차 divergence of opinion.

견고틀다 persist〔hold out〕 to the end; struggle over.

결 ①《나무·피부 따위의》 grain; texture. ¶ ～이 고운 fine-grained〔-textured〕; delicate 《*skin*》. ② 《물결》 a wave; 《숨결》 breathing. ③《마음의》 disposition; temper. ④《…하는 겨를》 a while; an occasion; a chance; 《때》 the time〔moment〕. ¶ 아침 ～에 in the morning / 지나는 ～에 잠시 들르다 drop in on *one's* way.

결가부좌 (結跏趺坐) 〖佛〗 sitting with legs crossed (as in Buddhist statues).

결강 (缺講) ～하다 《교수가》 do not

give *one's* lecture; 《학생이》 cut a lecture.

결격(缺格) disqualification. ‖ ~자 a person disqualified 《*for*》.

결과(結果) (a) result; (a) consequence; an outcome; an effect; 《good, bad》 fruit(성과). ¶ 원인과 ~ cause and effect / …의 ~로서 as a result of; in consequence of / …한 ~가 되다 result in; come〔turn〕 out / 좋은 ~를 얻다〔낳다〕 obtain〔produce〕 good results / 수술 ~가 좋았다〔나빴다〕 The surgical operation resulted in success〔failure〕.

결국(結局) in the end; in the long run; finally; eventually; after all. ¶ ~ 내가 옳았다 I was right after all.

결근(缺勤) absence 《*from*》. ~하다 be absent〔absent *oneself*〕 《*from work*》. ‖ ~계 《tender》 a report of absence / ~자 an absentee / 무단~ absence without notice.

결기(一氣) impetuosity; vehemence; hot temper. ¶ ~ 있는 사람 a man of impetuous temper; a hotheaded man.

결단(決斷) decision; determination; resolution. ~하다 decide; determine; resolve. ¶ ~코 never; by no means / ~력이 강한 사람 a man of decision / ~성이 있다〔없다〕 be resolute〔irresolute〕 / ~을 내리다 reach〔come to〕 a definite decision.

결단(結團) ~하다 form a group〔team〕. ‖ ~식 an inaugural meeting〔rally〕.

결당(結黨) formation of a party. ~하다 form a party. ‖ ~식 the inaugural ceremony of a party.

결딴 ruin; collapse; destruction. ¶ ~ 나다 be spoilt〔ruined〕; fail; come to nothing; go wrong / ~내다 spoil; mar; ruin; destroy; make a mess of.

결렬(決裂) a rupture; a breakdown. ~하다 come to a rupture; break down; be broken off. ¶ ~시키다 break off; rupture / 교섭은 ~되었다 The negotiations were broken off〔broke down〕.

결례(缺禮) failure to pay *one's* compliments. ~하다 fail〔omit〕 to pay *one's* compliments〔to offer *one's* greetings〕.

결론(結論) a conclusion; a concluding remark. ~하다 conclude; close. ¶ ~으로서 in conclusion; to conclude / ~에 도달하다 reach〔come to〕 a conclusion.

결리다 feel a stitch〔have a crick〕 《*in*》; get stiff. ¶ 옆구리가 ~ have a stitch in the side.

결막(結膜) the conjunctiva. ‖ ~염 〖醫〗 conjunctivitis.

결말(結末) 《끝》 an end; a close; a conclusion; settlement(낙착); 《결과》 a result; an outcome. ¶ ~나다 be settled; come to a conclusion〔an end〕 / ~이 안 나다 remain unsettled / ~내다〔짓다〕 settle; bring 《*a matter*》 to a conclusion〔close〕; put an end to.

결박(結縛) ~하다 bind; tie (up); pinion. ¶ 범인을 ~짓다 tie a criminal with cords; pinion a criminal.

결백(潔白) purity (순결); 《prove *one's*》 innocence(무죄); integrity (청렴). ~하다 (be) pure; innocent; cleanhanded. ¶ 그는 자기의 ~을 주장했다 He insisted that he was innocent.

결번(缺番) a missing number. ¶ 4번은 ~이다 The number four is blank on the roll.

결벽(潔癖) ~하다 (be) fastidious; dainty; overnice. ¶ ~증이 있는 사람 a person who is fastidious about cleanness / 옷에 대해 ~증이 있다 be too fastidious〔particular〕 in〔about〕 *one's* clothes.

결별(訣別) ~하다 part from; bid farewell 《*to*》.

결부(結付) ~하다 connect 《*A*》 with 《*B*》; link〔tie〕 together. ¶ 양자를 밀접히 ~시키다 link the two into closer relations with each other / …와 ~시켜 생각하다 consider 《*A*》 in relation to 《*B*》.

결빙(結氷) freezing. ~하다 freeze 〔be frozen〕 over. ¶ ~을 방지하다 prevent freezing. ‖ ~기 the freezing season〔time〕.

결사(決死) ¶ ~적인 desperate / ~의 각오로 with desperate courage; with a "do-or-die" spirit / ~투쟁하다 struggle desperately. ‖ ~대 a suicide corps.

결사(結社) 《form》 an association. ¶ ~의 자유 the freedom of association.

결삭다 soften; become mild; be mollified.

결산(決算) settlement〔closing〕 (of accounts). ~하다 settle〔balance〕 an account. ‖ ~기 a settlement term / ~보고 a statement of accounts / ~일 a settling day.

결석(缺席) absence; nonattendance. ~하다 be absent 《*from*》; absent *oneself* 《*from*》; fail to attend. ¶ 무단으로 ~하다 be absent without notice. ‖ ~계 a report of absence / ~률 (the rate of) absenteeism / ~자 an absentee / ～재판 judgment by default.

결석(結石) 〖醫〗 a 《*renal*》 calculus; a stone 《*in the bladder*》.

결선(決選) a final vote〔election〕. ‖ ～투표 《take》 the final vote〔ballot〕《*on*》.

결성(結成) ～하다 organize; form. ¶ 신당을 ～하다 form a new political party. ‖ ～식 an inaugural ceremony〔meeting〕.

결속(結束) union; unity. ～하다 unite; band together. ¶ ～하여 in a body / ～이 안 되다 fail to present a united front / ～을 강화하다 strengthen the unity 《*of*》.

결손(缺損) 《손실》 a loss; 《적자》 deficit. ¶ ～이 생기다〔나다〕 have a deficit of 《*one million won*》; suffer a loss / ～을 메우다 cover〔make up〕 the loss. ‖ ～액 the amount of loss; a deficit / ～처분 deficits disposal.

결승(決勝) a final match〔game〕; the finals. ‖ ～전 the final round〔game, match〕; the final(s) (～전에 진출하다 go into the finals) / ～점 《reach》 the finishing line; the goal.

결식(缺食) ～하다 go without a meal; skip〔miss〕 a meal. ‖ ～아동 undernourished〔poorly-fed〕 children.

결실(結實) ～하다 bear fruit; 《비유적》 produce good results. ‖ ～기 the fruiting season.

결심(決心) determination; resolution. ～하다 make up *one's* mind; determine; resolve 《*to do, that*》; decide 《*to do, on a matter, that*》. ¶ ～이 서지 않다 be in two minds; be undecided 《*whether, about*》 / ～을 굳히다 make a firm resolution / 나는 이 일을 끝까지 해내려고 ～하고 있다 I am determined to carry out this task.

결심(結審) the conclusion of a hearing〔trial〕. ～하다 close 《*a hearing*》.

결여(缺如) (a) lack; (a) want. ～하다 lack; be lacking〔wanting〕《*in*》. ¶ 상식〔경험, 자제심〕의 ～ a lack of common sense〔experience, self-control〕.

결연(結緣) ～하다 form〔establish〕 a relationship 《*with*》.

결연하다(決然—) (be) determined; firm; resolute; decisive. ¶ 결연히 resolutely; firmly; in a decisive manner / 결연한 태도 a determined attitude.

결원(缺員) a vacancy; a vacant post; an opening. ¶ ～을 보충하다 fill (up) a vacancy.

결의(決意) resolution; determination(☞ 결심). ¶ ～를 새로이 하다 make a fresh determination / 나는 금연의 ～를 굳혔다 I determined〔made up my mind〕 to stop smoking.

결의(決議) a resolution(안); a decision. ～하다 resolve; pass a resolution; decide. ¶ 그 계획에 찬성을〔반대를〕 ～하다 decide〔pass a resolution〕 for〔against〕 the plan. ‖ ～기관 a voting organ / ～사항 resolutions / ～안〔문〕 a resolution(～안을 제출〔채택〕하다 offer〔adopt〕 a resolution).

결의(結義) ～하다 swear 《*to be brothers*》; take an oath 《*of*》. ‖ ～형제 sworn brothers.

결장(結腸) 〖解〗 the colon.

결재(決裁) decision; approval. ～하다 decide 《*on*》; make a decision 《*on, about*》. ¶ ～를 맡다 obtain 《*a person's*》 approval〔sanction〕. ‖ ～권 the right of decision.

결전(決戰) a decisive battle(전쟁); 《경기의》 a final game; finals. ～하다 fight a decisive battle; fight to a〔the〕 finish.

결점(缺點) a fault; a defect; a flaw; a shortcoming; a weak point(약점). ¶ ～이 있는 defective; faulty / ～이 없는 flawless; faultless / 남의 ～을 찾다 find fault with a person / 성마른 것이 그의 유일한 ～이다 His only defect is that he is short-tempered.

결정(決定) (a) decision; (a) determination; (a) conclusion; (a) settlement. ～하다 decide; determine; settle; fix(날짜 따위의). ¶ ～적(으로) definite(ly); dicisive(-ly) / ～적인 순간 a crucial moment / 그 건에 대한 중대한 ～을 내리다 make an important decision on that matter / 결혼 날짜를 ～하다 fix the date for the wedding. ‖ ～권 the decisive power / ～타 〖野〗 a game-winning hit; a decisive blow / ～판 a definitive edition / ～표 a deciding〔casting〕 vote.

결정(結晶) crystallization; a crystal(결정체). ～하다 crystallize 《*into*》. ¶ 노력의 ～ the fruit of *one's* labor / 눈의 ～ a snow crystal. ‖ ～학 crystallography.

결제(決濟) (a) settlement. ～하다 settle〔square〕 accounts. ‖ ～자금 a settlement fund.

결집(結集) ～하다 concentrate; gather together. ¶ 총력을 ～하여 그 계획 수행에 임하다 concentrate our efforts on carrying out the plan.

결초보은(結草報恩) ～하다 carry

one's gratitude beyond the grave.

결코(決—) never; by no means; not… in the least; on no account; not… at all. ¶ ～ 약속을 어기지 않다 never break *one's* promise / 해결은 ～ 쉽지 않다 The solution is not at all easy. *or* The solution is by no means easy.

결탁(結託) ～하다 conspire《*with*》. ¶ …과 ～하여 in conspiracy〔collusion〕 with.

결투(決鬪) a duel. ～하다 duel《*with*》. ¶ ～를 신청하다 challenge《*a person*》 to a duel.

결판(決判) ¶ ～내다 bring《*a matter*》 to an end; settle《*a quarrel*》 / ～나다 be settled〔brought to an end〕.

결핍(缺乏)《결여》 want; lack;《부족》 shortage; scarcity; deficiency. ～하다 lack; want; be wanting〔lacking〕《*in*》; run short《*of*》. ¶ 북한은 심각한 식량 ～으로 고통받고 있다 North Korea is suffering from a desperate shortage of food. ‖ ～증 a《*vitamin*》 deficiency disease.

결하다(決—) decide〔resolve〕《*to do, on*》; determine. ¶ 승부를 ～ fight it out; decide a contest.

결함(缺陷) a defect; a fault; shortcomings. ¶ ～이 있는 defective; faulty / 성격의 ～ a defect in *one's* character / ～을 드러내다 betray *one's* weakness / ～을 지적하다 point out defects《*in a machine*》. ‖ ～제품 a faulty〔defective〕 product / ～차 a defective car.

결합(結合) union; combination. ～하다 unite; combine. ¶ A와 B를 ～하다 unite〔combine〕 A with B.

결항(缺航) the cancellation of a sailing〔flight〕. ～하다 cancel. ¶ 폭우로 모든 항공편이 ～되었다 Due to the heavy rain, all flights have been canceled.

결핵(結核) tuberculosis(생략 TB; T.B.). ¶ ～성의 tubercular; tuberculous. ‖ ～균 tubercle bacilli / ～예방 prevention of tuberculosis / ～요양소 a sanatorium for T.B. patients / ～환자 a T.B. patient.

결행(決行) ～하다 carry out resolutely; take a resolute step. ¶ 소풍은 우천 불구하고 내일 ～한다 The excursion will be held as scheduled tomorrow even if it rains.

결혼(結婚) marriage. ～하다 marry; get married《*to a person*》. ¶ ～을 신청하다 propose《*to*》; make a proposal of marriage / ～을 승낙〔거절〕하다 accept〔reject〕 a proposal of marriage / 딸을 부자와 ～시키다 marry *one's* daughter to a rich man. ‖ ～상담소 a matrimonial agency / ～상대 a marriage partner; *one's* fiancé (남자); *one's* fiancée(여자) / ～생활 a married life / ～선물 a wedding present〔gift〕/ ～식 a wedding (ceremony) / ～적령기〔연령〕 (a) marriageable age / ～피로연 a wedding reception.

결혼사기(結婚詐欺) a matrimonial〔marriage〕 fraud; a false〔fake〕 marriage. ‖ ～꾼 a matrimonial swindler.

겸(兼) and; in addition; concurrently; at the same time. ¶ 수상 ～ 외상 the Premier and concurrently Foreign Minister / 거실 ～ 침실 a bed-cum-living room / 사업도 할 ～ 관광도 할 ～ with a double purpose of business and sightseeing.

겸무(兼務) ～하다 serve〔hold〕 the post concurrently《*as*》.

겸비(兼備) ～하다 have《*two things*》 at the same time. ¶ 재색 ～의 여성 a woman with both beauty and intelligence.

겸사(謙辭)《말》 humble speech;《사양》 declining humbly.

겸사겸사 for a double purpose; partly … and partly …. ¶ 일도 보고 구경도 할 겸 ～ 서울에 가다 go to Seoul partly on business and partly for sightseeing.

겸상(兼床) a table for two;《식사》 a *tête-à-tête* dinner. ～하다 sit at the same dinner table; take a *tête-à-tête* dinner.

겸손(謙遜) modesty; humility. ～하다 (be) modest; humble. ¶ ～하게 with modesty; in a modest way.

겸양(謙讓) modesty; humility. ‖ ～지덕 the virtue of modesty.

겸업(兼業) a side job; a sideline. ～하다 take up a side job; pursue《*another trade*》 as a side job. ¶ 저 상점은 제과점과 다방을 ～하고 있다 The store is both a confectionery and coffee shop. ‖ ～농부 a farmer with a side job.

겸연쩍다(慊然—)《서술적》 be embarrassed; be abashed; feel awkward.

겸용(兼用) combined use. ～하다 use《*a thing*》 both as… and…. ¶ 거실과 서재 ～의 방 a living room which also serves as a study / 이 방은 거실과 서재 ～이다 This room is used both as a living room and a study.

겸유(兼有) ～하다 have〔possess,

own) both; combine.

겸임(兼任) ～하다 hold an additional post; serve concurrently《*as*》. ¶ 교육부 장관을 ～하다 hold concurrently the portfolio of Education.

겸직(兼職) ～하다 have〔hold〕 more than one job. ¶ 공무원은 ～이 금지되어 있다 Civil servants are not allowed to have other jobs.

겸하다(兼—) ① combine《*A with B*》; serve both as《*A and B*》. ② ☞ 겸직, 겸임.

겸행(兼行) ¶ 주야 ～으로 일하다 work day and night.

겸허(謙虛) ¶ ～한 humble; modest / ～하게 in a humble way; with modesty.

겹 fold; a layer; a ply. ¶ 두 ～ twofold / 여러 ～ many folds.

겹겹이 ply on ply; in many folds; one upon another. ¶ ～ 쌓여 있다 be piled thick one over another.

겹다 (be) uncontrollable; (be) beyond *one's* capacity〔power〕; too much for《*one*》. ¶ 힘겨운 일 work beyond *one's* power / 설움에 겨워 in a passion of grief.

겹옷 lined clothes.

겹질리다 be sprained.

겹창(—窓) a double window.

겹치다 ①《…을》put one upon another; pile up. ②《…이》be piled up; overlap《*each other*》; 《날짜가》fall on《*Sunday*》. ¶ 불행에 불행이 ～ have a series of misfortunes.

경(更) one of the five watches of the night. ¶ 삼 ～ midnight.

경(卿)《호칭》Lord; Sir.

경(經)《불경》a sutra; the Buddhist scriptures. ¶ ～을 읽다 chant a sutra.

경…(輕) light; light-weight.

…경(頃) about; around. ¶ 3시 ～ about three o'clock / 월말 ～에 around the end of month.

경각(頃刻) a moment; an instant. ¶ ～에 in a moment.

경각심(警覺心) (self-) consciousness; (self-) awakening. ¶ ～을 불러일으키다 arouse《*a person's*》attention.

경감(輕減) ～하다 reduce〔lighten〕《*the tax*》; mitigate; alleviate.

경감(警監) a senior inspector.

경거(輕擧) a rash〔hasty〕 act; rashness. ‖ ～망동 rash and thoughtless act.

경건(敬虔) piety; devotion. ～하다 (be) pious; devout. ¶ ～한 기도를 올리다 pray devoutly《*before*》.

경계(境界) a boundary; a border; a frontier (국경). ‖ ～선 a border line《*between*》/ ～표 a landmark; a boundary stone.

경계(警戒) (pre) caution; lookout (감시); guard (경비). ～하다 take precautions《*against*》; look out〔watch〕《*for*》; guard《*against*》. ¶ ～ 태세를 취하다 be on the alert / 적에 대한 ～를 엄중히 하다 keep strict watch〔guard〕 against an enemy. ‖ ～경보 a preliminary alert / ～망 a police cordon (～망을 펴다 throw〔draw〕 a police cordon) / ～색 sematic coloration.

경고(警告) (a) warning; (a) caution. ～하다 warn《*a person against, of*》; give warning《*to*》.

경골(脛骨)〖解〗the shinbone; the tibia.

경골(硬骨) ①《굳은 뼈》hard bone. ②《기골참》 inflexibility; a firm character. ‖ ～한(漢) a man of firm character.

경골(頸骨)〖解〗the neck bone.

경공업(輕工業) light industries.

경과(經過) ①《일의》progress; a development; course. ～하다 progress; develop ¶ 수술 후의 ～ progress after an operation / 사건의 ～ the development of an affair / 사태의 ～를 지켜보다 watch the course of the events / (환자의) ～가 양호하다 be doing well〔fine〕; be making satisfactory progress. ‖ ～조치 a temporary measure. ②《시간의》lapse《*of time*》; expiration (기한의). ～하다 elapse; pass; go by. ¶ 시간의 ～에 따라 as time goes by; in course〔process〕 of time.

경관(景觀) a scene; a spectacle; a view. ¶ 일대 ～ a grand sight.

경관(警官) a police officer; a policeman (남); a policewoman (여); a constable《英》; a cop《俗》; the police (총칭). ‖ ～대 a police squad〔force〕.

경구(硬球) a hard〔regulation〕 ball.

경구(經口) ¶ ～의 oral. ‖ ～감염 oral infection / ～피임약 an oral contraceptive pill.

경구(警句) an aphorism; an epigram.

경구개(硬口蓋) the hard palate.

경국(傾國) ‖ ～지색 a woman of matchless〔peerless〕 beauty; a Helen of Troy.

경국(經國) ‖ ～지사 a statesman / ～지재 the capacity of a statesman.

경금속(輕金屬) light metals.

경기(景氣) ①《시황》business (conditions); market. ¶ ～의 회복 business recovery / ～의 후퇴 (a) business recession / ～의 순환 a business cycle / ～가 서서히 좋아지고〔나빠지고〕 있다 Business is looking up〔declining〕 slowly. / ～가 좋다〔나쁘다〕 Busi-

ness is brisk〔dull〕. ‖ ～변동 business fluctuations / ～부양책 measures to boost the economy / ～상승 a business upturn / ～예측 business forecasting / ～지표 a business barometer. ② 《세상 전반의》 the times; things.
경기(競技) a game; a match; a contest; an event(종목). ～하다 have a game〔match〕; play a game〔match〕. ¶ ～에 이기다〔지다〕 win〔lose〕 a game〔match〕. ‖ ～대회 an athletic meet(ing) / ～장 a ground; a field(육상) / ～종목 sporting events.
경기관총(輕機關銃) a light machine gun.
경기구(輕氣球) a balloon.
경내(境內) 《in》 the grounds〔precincts〕; the premises.
경단(瓊團) a rice cake dumpling (covered with powdered bean).
경대(鏡臺) a dressing table; a mirror stand.
경도(硬度) hardness; solidity. ‖ ～계 a durometer.
경도(經度)[1] 《월경》 the menses.
경도(經度)[2] 《지구상의》 longitude.
경도(傾度) gradient; inclination.
경도(傾倒) ～하다 devote *oneself* 《*to literature*》; be devoted 《*to*》.
경동맥(頸動脈) 〖解〗 the carotid artery.
경락(經絡) 〖韓醫〗 special nerve parts around the body which shows the signs of illness for acupuncture.
경량(輕量) light weight. ‖ ～급 (권투선수) a lightweight (boxer).
경력(經歷) a career; *one's* (personal) history. ¶ ～이 좋다〔나쁘다〕 have a good〔bad〕 career / 그는 어떤 ～의 사람이냐 What is his past career〔background〕? ‖ 무대～ *one's* stage career.
경련(痙攣) convulsions; (a) cramp (근육의); a spasm. ¶ ～성의 spasmodic; convulsive / ～이 일어나다 have a convulsive fit〔a cramp〕.
경례(敬禮) 《make》 a bow; a salute. ～하다 salute; bow 《*to*》. ¶ ～에 답하다 return〔acknowledge〕 《*a person's*》 salute.
경로(敬老) respect for the old. ‖ ～잔치 a feast in honor of the aged / ～회 a respect-for-the-aged party.
경로(經路) a course; a route; a channel(정보·전달의); a process (과정). ¶ 발달의 ～ the processes of growth / 비밀 ～를 통해 through secret channels / 같은 ～를 밟다 follow the same course.
경륜(經綸) statesmanship; statecraft. ¶ ～을 펴다 administer state affairs.
경륜(競輪) a cycle race. ‖ ～선수 a cycle racer.
경리(經理) accounting. ¶ ～에 밝다 be expert in accounting / 회사에서 ～를 맡고 있다 be in charge of accounting for *one's* company. ‖ ～과〔부〕 the accounting section〔department〕.
경마 a rein; a bridle. ¶ ～ 잡다 hold a horse by the bridle / ～ 잡히다 have a groom lead a horse / 말타면 ～잡히고 싶다《俗談》 Avarice knows no bounds.
경마(競馬) horse racing; a horse race. ‖ ～말 a race horse / ～장 a race horse track.
경망(輕妄) ～하다 (be) thoughtless; rash; imprudent. ¶ ～한 짓 a rash act.
경매(競賣) auction; public sale. ～하다 sell by〔at〕 auction; put 《*an article*》 at auction. ¶ ～에 부쳐지다 come under〔go to〕 the hammer. ‖ ～인 an auctioneer / ～장 an auction room.
경멸(輕蔑) contempt; disdain; scorn. ～하다 despise; scorn; look down on; make light of. ¶ ～할 만한 contemptible; despicable / ～적인 scornful; contemptuous.
경무관(警務官) a superintendent general.
경미하다(輕微—) (be) slight; trifling. ¶ 경미한 손해 a slight damage.
경박하다(輕薄—) (be) frivolous; flippant; fickle. ¶ 경박한 사람 a frivolous character.
경백(敬白) Yours respectfully.
경범죄(輕犯罪) a minor offense; misdemeanor. ‖ ～처벌법(위반) (a violation of) the Minor Offense Law.
경변증(硬變症) 〖醫〗 cirrhosis.
경보(競步) 《스포츠》 a walking race. ‖ ～선수 a walker.
경보(警報) an alarm; a warning. ¶ ～를 발하다 give a warning; raise an alarm. ‖ ～기 an alarm (signal) / ～해제 All Clear.
경부(京釜) Seoul and Pusan. ‖ ～고속도로 the Seoul-Pusan expressway〔speedway《美》〕/ ～선(線) the Seoul-Pusan line.
경부(頸部) 〖解〗 the neck (area).
경비(經費) 《비용》 expenses; cost; 《지출》 expenditure; an outlay. ¶ ～관계로 for financial reasons / ～를 줄이다 cut down the expenses / 차를 유지하는 데 많은 ～가 든다 It costs a lot to maintain a car. ‖ ～절약〔절감〕 curtailment of expenditure / 제(諸)～ overhead expenses.
경비(警備) defense; guard. ～하다 defend; guard. ‖ ～대 a garrison / ～병〔원〕 a guard / ～정 a patrol boat / ～회사 a security company.

경사(傾斜) (an) inclination; a slant; a slope(비탈). ¶ ～지다 incline; slant; slope / 가파른〔완만한〕 ～ a steep〔gentle〕 slant〔slope〕. ‖ ～도 a gradient / ～면 an incline; a slope.

경사(慶事) a happy event; a matter for congratulation. ¶ ～스러운 날 a happy day.

경사(警査) an assitant inspector.

경상(經常) ¶ ～의 ordinary; current; working. ‖ ～비 working〔running〕 expenses / ～세입〔세출〕 ordinary revenue〔outlay〕 / ～수지 a current balance / ～예산 the working〔ordinary〕 budget / ～이익〔손실〕 (an) ordinary profit〔loss〕.

경상(輕傷) a slight injury〔wound〕. ¶ ～을 입다 be slightly injured; suffer a slight injury. ‖ ～자 the slightly injured〔wounded〕.

경색(梗塞) stoppage; blocking; tightness (핍박); 〖醫〗 infarction. ‖ 금융～ monetary〔financial〕 stringency; tight money(시장의).

경서(經書) Chinese classics.

경선(頸腺) 〖解〗 cervical gland.

경성(硬性) hardness. ‖ ～하감 〖醫〗 chancre.

경세(經世) administration; statesmanship. ‖ ～가 a statesman.

경솔(輕率) rashness; carelessness. ～하다 (be) rash; hasty; careless. ¶ ～히 rashly; hastily; thoughtlessly / ～한 짓을 하다 commit a rash act; act〔behave〕 rashly; do something rash.

경수(硬水) hard water.

경수(輕水) light water. ‖ ～로 a light-water reactor.

경승(景勝) picturesque scenery. ‖ ～지 a scenic spot.

경시(輕視) ～하다 slight; neglect; make light〔little〕 of. ¶ 문제를 ～하다 treat a matter lightly.

경식(硬式) ¶ ～의 hard; rigid; regulation-ball / ～테니스 tennis.

경신(更新) renewal. ～하다 renew; renovate. ¶ 계약〔세계기록〕을 ～하다 renew a contract〔a world record〕.

경신(敬神) piety; reverence for God.

경악(驚愕) 《놀라움》 astonishment; amazement. ～하다 be astonished〔amazed〕 《*at, by*》.

경애(敬愛) respect and affection. ～하다 love and respect. ¶ ～하는 dear; venerable.

경야(經夜) 《지냄》 passing a night; 《새움》 staying awake for a night. ～하다 stay〔sit〕 up all night.

경어(敬語) a term of respect; an honorific.

경연(競演) a contest. ～하다 compete 《*on the stage*》. ‖ 음악～회 《hold》 a music contest.

경영(經營) management; administration; operation(운영). ～하다 manage 《*a bank*》; run 《*a hotel*》; keep 《*a store*》; operate 《*a railroad*》. ¶ 사업을 ～하다 run〔carry on, operate〕 a business / ～난에 빠지다 fall into financial difficulties. ‖ ～방침 management〔business〕 policy / ～자 a manager / ～진 management(새로운 ～진 밑에서 under new management) / ～학 business administration〔management〕 / ～합리화 business rationalization / 다각～ multiple management.

경영(競泳) a swimming race〔contest〕. ‖ ～대회 a swimming meet.

경옥(硬玉) 〖鑛〗 a jade; a jadeite.

경우(境遇) 《때》 an occasion; a time; 《사정》 circumstances; a case. ¶ …한 ～에는 in case of … / 그런 ～에는 in that〔such a〕 case / 어떤 ～에도 under any circumstances / ～에 따라서는 according to circumstances.

경운기(耕耘機) 《drive, run》 a cultivator〔farm tractor〕.

경원(敬遠) ～하다 keep 《*a person*》 at a respectful distance; give 《*a person*》 a wide berth.

경위(經緯) ① 《경위도》 longitude and latitude. ¶ ～선 lines of longitude and latitude. ② 《날과 씨》 warp and woof. ③ 《사건 따위의 전말》 the sequence of events; details; particulars; 《사정》 the circumstance. ¶ 사고의 ～ the details of an accident / 나는 그가 파산하게 된 ～를 모른다 I don't know how he came to be bankrupt. ④ 《시비의 구별》 discernment; judgment. ¶ ～에 어긋난 짓 an improper act; unreasonable doings / ～를 모르다 be unreasonable; don't know what is right and wrong.

경위(警衛) 《직위》 an Inspector; a (police) lieutenant 《美》; 《경호》 guard; escort.

경유(經由) ～하다 go by way of; pass 〔go〕 through. ¶ …을 ～하여 via; by way of / 시베리아 ～ 파리에 가다 go to Paris via Siberia.

경유(輕油) light oil; diesel oil.

경유(鯨油) whale oil; train oil.

경음(硬音) a fortis (consonant).

경음악(輕音樂) light music. ‖ ～작곡가 a light composer.

경의(敬意) respect; regard; homage. ¶ ～를 표하다 pay *one's* respects〔regards〕 《*to*》; do〔pay, offer〕 homage 《*to*》; defer 《*to*》.

경이(驚異) (a) wonder; a marvel. ¶ ～적 wonderful; marvelous /

～의 눈으로 보다 stare in wonder.
경인(京仁) Seoul and Inchŏn. ‖ ～고속도로 the *Gyeongin* Expressway / ～지방 the Seoul-Inchŏn area; the *Gyeongin* district(s).
경작(耕作) cultivation; farming. ～하다 cultivate; farm. ¶ ～에 (부)적합한 (un)arable. ‖ ～물 farm products / ～자 a farmer / ～지 cultivated land. 「reform.
경장(更張) a reform. ～하다
경장(警長) a senior policeman.
경쟁(競爭) competition; a contest. ～하다 compete; contest. ¶ 격심한 ～ keen〔severe〕competition / ～에 이기다 defeat *one's* competitor / 가격 인하 ～을 하고 있다 compete in price reduction / 학문에 있어서는 그와 경쟁할 수가 없다 I'm not match for him as a scholar. ‖ ～가격 a competitive price / ～상품 competitive goods / ～시험 a competitive examination / ～심 a competitive spirit / ～율 the competitive rate / ～자 a rival; a competitor / ～터 an arena of competition / 판매～ sales competition.
경쟁력(競爭力) competitive power. ¶ ～을 약화시키다〔기르다〕 weaken 〔increase〕 *one's* competitiveness / 수출 가격의 상승은 세계 시장에서 우리의 ～을 약화시킨다 Higher export prices will weaken our competitive position in world markets.
경적(警笛) an alarm whistle; a (warning) horn. ¶ ～을 울리다 give an alarm whistle; sound a horn(자동차 따위의).
경전(經典) sacred books; the Sutra(불교의); the Koran(회교의).
경정(更正) correction; revision. ～하다 correct; revise; rectify.
경정(警正) a superintendent.
경정맥(頸靜脈) the jugular vein.
경제(經濟) ① 《일반적》 economy; finance(재정). ¶ ～의 economic / ～적(으로) economical(ly) / ～적 난국 an economic deadlock / 전후 한국 ～는 눈부신 발전을 이룩했다 Korea's economy has made a remarkable development since the Korean war. ‖ ～각료 Cabinet ministers in charge of economic affairs; economic ministers / ～개발 economic development / ～개발 5개년계획 a five-year plan for economic development / ～관념 a sense of economy / ～기반 the economic infrastructure 《*of a country*》 / ～문제 an economic problem / ～봉쇄 an economic blockade / ～부양책 an economic stimulus package / ～상태 economic conditions; the state of *one's* finances(개인의) / ～성장(률) (the rate of) economic growth / ～수역 the (exclusive 200-mile) economic waters〔zone〕/ ～지표 an (economic) indicator / ～학 economics / ～활동〔행위〕 economic activities〔actions〕. ② 《절약》 thrift; frugality; economy. ¶ ～적인 economical / ～적인 차 an economical car.
경제계(經濟界) financial circles; the economic world. 「sis.
경제공황(經濟恐慌) a financial cri-
경제권(經濟圈) an economic bloc.
경제대국(經濟大國) a great economic nation〔power〕.
경제란(經濟欄) financial columns.
경제력(經濟力) economic strength; financial power.
경제면(經濟面) 《신문 따위의》 the financial page〔columns〕.
경제백서(經濟白書) an economic white paper.
경제사범(經濟事犯) 《죄》 an economic offense; 《사람》 an economic criminal; an offender of economic law. 「soft landing.
경제연착륙(經濟軟着陸) an economic
경제원조(經濟援助) financial support〔aid, help〕. ‖ ～계획 an economic aid program.
경제위기(經濟危機) an economic 〔financial〕 crisis.
경제윤리(經濟倫理) economic〔business〕 ethics. ‖ ～강령 the Economic Ethics Charter〔Code〕/ ～위원회 the Economic Ethics Commission. 「a businessman.
경제인(經濟人) an economic man;
경제전(經濟戰) an economic war; a white war.
경제정책(經濟政策) (an) economic policy. 「tions.
경제제재(經濟制裁) economic sanc-
경제질서(經濟秩序) the economic order. 「cial〕 figures.
경제통계(經濟統計) economic〔finan-
경제특구(經濟特區) 《중국 등지의》 a special economic zone.
경제협력(經濟協力) economic cooperation. ‖ ～개발기구 the Organization for Economic Cooperation and Development (생략 OECD). 「very.
경제회복(經濟回復) economic reco-
경조(競漕) a boat race.
경조부박(輕佻浮薄) frivolity; levity. ¶ ～한 fickle and frivolous.
경조비(慶弔費) expenses for congratulations and condolences.
경종(警鐘) an alarm〔a fire〕bell; a warning(경고). ¶ ～을 울리다 ring〔sound〕an alarm bell; 《경

고하다》 give a warning to.

경죄(輕罪) ☞ 경범죄.

경주(傾注) ～하다 devote *oneself* 《*to*》; concentrate 《*on*》. ¶ …에 정력을 ～하다 concentrate *one's* energies on.

경주(競走) 《run》 a race; a sprint (단거리의). ¶ ～에 이기다〔지다〕 win〔lose〕 a race.

경중(輕重) 《중요도》 importance; value; gravity; 《무게》 weight. ¶ 상황의 ～ the gravity of the situation / 병의 ～ the relative seriousness of an illness.

경증(輕症) a slight illness; a mild case. ¶ ～의 우울증 a touch〔slight attack〕 of depression. ‖ ～환자 a mild case 《*of pneumonia*》.

경지(耕地) a cultivated field 〔area〕; arable land. ‖ ～면적 acreage under cultivation / ～정리 readjustment of arable lands.

경지(境地) ① 《상태》 a state; a condition; a stage. ¶ …의 ～에 이르다 reach〔attain〕 a stage of. ② 《분야·영역》 a sphere; territory; ground. ¶ 새로운 ～를 개척하다 break new〔fresh〕 ground; open up a new field 《*in literature*》.

경직(硬直) ～하다 stiffen; get〔become〕 stiff.

경질(更迭) a change; a reshuffle. ～하다 (make a) change; reshuffle; switch. ¶ 내각의 ～ a reshuffle of the Cabinet.

경질(硬質) ¶ ～의 hard. ‖ ～유리〔고무〕 hard glass〔rubber〕.

경찰(警察) the police (force); a police station(경찰서). ¶ ～의 조사 a police inquiry / ～에 알리다 〔고발하다〕 report〔inform〕 to the police / ～에 자수하다 give *oneself* up to the police / ～의 보호를 받다 get〔receive〕 police protection / ～을 부르다 call the police / ～은 지금 그 범인의 행방을 쫓고 있다 The police are now searching for the criminal. ‖ ～견 a police dog / ～관 a police officer; a policeman / ～국가 a police state / ～대학 the National Police College / ～봉 a policeofficer's club / ～서장 the chief of a police station / ～청 the National Police Agency / 서울지방～청 the Seoul Metropolitan Police Agency.

경천동지(驚天動地) ～하다 astound 〔startle〕 the world; take the world by surprise.

경첩 a hinge. ¶ ～이 빠지다 be off the hinges.

경청(傾聽) ～하다 listen (intently) 《*to*》. ¶ ～할 만하다 be worth listening to.

경축(慶祝) congratulation; celebration. ～하다 congratulate; celebrate. ‖ ～일 a national holiday; a festival〔feast〕 day / ～행사 festivities.

경치(景致) scenery; a landscape; a scene. ¶ ～ 좋은 곳 a scenic spot. ‖ 시골～ rural scenery; a country scene.

경치다 《벌을 받다》 suffer torture; be heavily punished; 《혼나다》 have a hard〔rough〕 time (of it).

경칭(敬稱) a title of honor; a term of respect.

경쾌(輕快) ～하다 (be) light; nimble; light-hearted(마음이). ¶ ～하게 lightly; with a light heart.

경탄(驚歎) wonder; admiration. ～하다 wonder〔marvel〕 《*at*》; admire. ¶ ～할 만한 wonderful; admirable; marvelous.

경편(輕便) ～하다 (be) convenient; handy; portable; light(간이).

경품(景品) a gift; a premium; a giveaway 《美》. ¶ ～을 내놓다 offer gifts〔giveaways〕. ‖ ～권 a premium ticket; a gift coupon / ～부 대매출 a sale with gifts.

경풍(驚風) (children's) fits; convulsions.

경하(慶賀) congratulation. ～하다 congratulate 《*a person on his success*》. ¶ …은 ～할 만한 일이다 It is a matter of congratulation that ….

경합(競合) concurrence; rivalry; competition. ～하다 compete〔conflict〕 《*with*》. ¶ 심한 ～ keen 〔hot〕 competition; a tight 《*election*》 race. ‖ ～범 concurrent offenses.

경합금(輕合金) a light alloy.

경향(京鄕) the capital and (the rest of) the country.

경향(傾向) a tendency; a trend; an inclination(성격상의). ¶ …한 ～이 있다 have a tendency to *do*; be apt to *do*; tend to *do* / 유행의 최근 ～ the latest trends in fashion / 한국인의 평균 수명은 해마다 늘어나는 ～이 있다 The average life span of the Koreans tends to increase from year to year.

경험(經驗) (an) experience. ～하다 experience; go through. ¶ ～이 있는〔없는〕 사람 an experienced〔inexperienced〕 person / ～으로 알다 know 《*something*》 from *one's* experience / 내 ～으로는 from my own experience / … ～이 있다 have experience in 《*teaching English*》 / ～을 쌓다 gain experience / ～을 살리다 make good use of *one's* experience. ‖ ～과학 empiric science / ～담 a story of *one's* experience / ～론 empiricism / ～자 a person of experience; an expert (～자를 구함 《광고》 Wanted: experienced hands《*in trade*》) / ～불문 experience not required.

경혈(經穴) 〖韓醫〗 spots on the body suitable for acupuncture.

경호(警護) guard; escort. ～하다 guard; escort. ¶ …의 ～하에 under guard〔escort〕 of… / ～를 맡다 act as escort; stand〔keep〕 guard《*over*》. ‖ ～원 a (body-) guard; a security guard.

경화(硬化) hardening; stiffening. ～하다 become hard〔stiff〕; harden; stiffen. ¶ 태도를 ～시키다 stiffen *one's* attitude.

경화(硬貨) hard money〔currency〕; a coin.

경화기(輕火器) 〖軍〗 light firearms.

경황(景況) ¶ ～없다 have no mind〔time〕 for; have no interest in; be too busy for.

곁 side. ¶ ～에 by (the side of); at *one's* side / ～에 두다 keep《*a thing*》 at hand / ～에 앉다 sit by《*a person*》.

곁가지 a side branch.

곁눈 a side glance. ¶ ～으로 보다 cast a side glance《*at*》 / ～을 주다 give a side glance《*at*》; give a suggestion with a look / ～질하다 look aside〔sideways〕 / ～질하지 않고 without looking aside; wholeheartedly.

곁두리 snacks for farmhands at work.

곁들다 assist〔help〕《*a person*》 in lifting《*something*》; 《돕다》 help; lend〔give〕 a helping hand《*to*》.

곁들이다 《음식을》 garnish《*with*》; add《*some vegetables*》 as trimmings; 《일을》 do《*something*》 along with. ¶ 요리에 파슬리를 ～ garnish a dish with parsley / 선물에 곁들여 보낸 명함 a calling card attached to a gift.

곁쇠 a passkey; a duplicate key.

계(戒) ① 《훈계》 a precept. ② 《계율》 a Buddhist commandment.

계(計) ① 《총계》 the total; 《합계해서》 in total; in all; all told. ② 《계기》 a meter; a gauge. ③ 《계략》 a scheme.

계(係) 《기구》 a section《*in an office*》; 《담당》 charge; 《담당자》 a person〔clerk〕 in charge. ¶ 접수 ～ a reception clerk.

계(契) a (mutual) loan club; a credit union; a mutual financing〔assistance〕 association〔society〕. ¶ ～에 들다〔를 모으다〕 join〔found〕 a loan club.

…계(系) 《조직》 a system; 《혈통》 a family line; lineage; 《당파》 a faction; a clique; a party; 《수학의》 a corollary. ¶ 한국～ 미국인 a Korean-American.

…계(界) circles; a community; a world; a kingdom.

계간(季刊) (a) quarterly publication. ‖ ～지 a quarterly (magazine).

계간(鷄姦) sodomy; buggery.

계고(戒告) ～하다 give a warning to; caution; warn.

계곡(溪谷) a valley; a dale.

계관(桂冠) a laurel. ‖ ～시인 a poet laureate.

계궁역진(計窮力盡) ～하다 come to the end of *one's* tether.

계급(階級) 《신분》 a class; 《지위》 a rank; 《등급》 a grade. ¶ ～이 다르다 belong to different classes / ～이 상위이다 be senior to《*a person*》 in rank / ～ 없는 사회 a classless society / ～의 차별을 철폐〔타파〕하다 abolish〔break down〕 class distinction. ‖ ～장 《군인의》 a badge of rank / ～투쟁〔의식〕 class strife〔consciousness〕.

계기(計器) a gauge; a meter; an instrument. ‖ ～비행〔착륙〕 an instrument flight〔landing〕 / ～판 an instrument board (비행기의); a dashboard (자동차의).

계기(契機) a chance; an opportunity. ¶ 이것을 ～로 taking this opportunity; with this as a turning point.

계단(階段) (a flight of) stairs〔steps〕; 《현관의》 doorsteps. ¶ ～을 오르다〔내리다〕 go up〔down〕 the stairs.

계도(系圖) genealogy; lineage; a family tree.

계도(啓導) guidance; leading; instruction; teaching; enlightenment. ～하다 guide; lead; instruct; teach; enlighten.

계란(鷄卵) a hen's egg; an egg. ‖ ～지 〖寫〗 albumenized paper.

계략(計略) a scheme; a design; a plot; a trick. ¶ ～에 넘어가다 fall into《*a person's*》 trap / ～에 빠뜨리다 entrap; ensnare / ～을 꾸미다 lay a plan; think out a scheme.

계량(計量) ～하다 measure; weigh. ‖ ～경제학 econometrics / ～기 a meter; a gauge (가스 등의); a scale.

계류(溪流) a mountain stream.

계류(繫留) mooring. ～하다 moor《*at, to*》. ‖ ～기구(氣球) a captive balloon / ～탑 a mooring mast.

계리사(計理士) ☞ 공인 회계사.

계면(界面) 〖物〗 the interface《*between two liquids*》. ‖ ～장력 interfacial tension / ～활성제 a surfactant; an interface activator.

계명(戒名) a (posthumous) Buddhist name.

계명(誡命) 『宗』 commandments.
계모(繼母) a stepmother.
계몽(啓蒙) enlightenment. ～하다 enlighten; educate. ¶ ～적인 enlightening 《*books*》. ‖ ～운동 an enlightening movement; 『史』 the Enlightenment / 농촌～운동 a rural enlightenment drive.
계보(系譜) pedigree; genealogy; lineage. ¶ 한국문학의 ～ genealogy of Korean literature.
계부(季父) an uncle.
계부(繼父) a stepfather.
계사(鷄舍) a henhouse; a poultry 〔fowl〕 house. ¶ 닭을 ～에 넣다 house chickens 〔fowls〕.
계산(計算) calculation; counting; computation. ～하다 calculate; count; compute; do sums. ¶ ～이 느리다〔빠르다〕 be slow 〔quick〕 at figures / ～에 넣다 take 《*a thing*》 into account / ～을 잘못하다 make an error in *one's* calculations; miscalculate. ‖ ～서 a bill; an account.
계상(計上) ～하다 《합계》 add up; sum 〔count〕 up; 《충당》 appropriate 《*a sum*》 for. ¶ 예산에 장학금을 ～하다 appropriate 《*20 million won*》 for the scholarship in the budget.
계선(繫船) mooring; 《배》 a laid-up 〔an idle〕 ship. ～하다 moor 〔lay up〕 a ship. ‖ ～료 a mooring fee.
계속(繼續) continuance; continuation; renewal(갱신). ～하다 continue; go on with; last. ¶ ～적인 continuous; continual / 30년 ～ 사업 a thirty-year program / (신문의) 구독을 ～하다 renew *one's* subscription 《*for*》. ‖ ～기간 period of duration / ～범(犯) a continuing crime / ～심의 continuous deliberation / ～예산 a rolling budget.
계수(季嫂) a sister-in-law.
계수(計數) calculation; computation. ～하다 count; calculate; compute. ‖ ～기 a calculating machine.
계수(係數) 『數』 a coefficient.
계수나무(桂樹—) 『植』 a (Chinese) cinnamon; a cassia (bark).
계승(繼承) succession. ～하다 succeed to; accede to; inherit. ‖ ～자 a successor 《*to the throne*》; an inheritor.
계시(計時) clocking. ～하다 《경기 따위에서》 (check) time. ‖ ～원(員) a timekeeper.
계시(啓示) revelation; apocalypse. ～하다 reveal. ¶ 신의 ～ a revelation of God. ‖ ～록 『聖』 the Book of Revelation; the Apocalypse(요한 계시록).
계시다 be; stay. ¶ 김 선생은 어디 계신가요 Where is Mr. Kim?
계약(契約) a contract; an agreement. ～하다 contract; make a contract 《*with*》; enter into an agreement 《*with*》. ¶ ～을 이행하다 fulfill 〔carry out〕 a contract / ～을 취소〔파기〕하다 cancel 〔break off〕 a contract / ～을 갱신하다 renew a contract. ‖ ～고〔액〕 contract amount / ～금 a contract money / ～기한 the term of contract / ～서 a (written) contract / ～위반 (a) breach of contract / ～자 a contractor(개인); the parties to the contract (단체) / ～조건 the terms 〔conditions〕 of a contract / 수의～ a private contract.
계엄(戒嚴) ‖ ～령 martial law (시내 전역에 ～령을 펴다 place the whole city under martial law / ～령을 해제하다 lift martial law) / ～사령관 the Martial Law Commander / ～사령부 the Martial Law Command.
계열(系列) a series; a group(회사 따위의); a chain(상점·호텔의); a category(유파 따위의). ¶ 기업의 ～화 the grouping of enterprises. ‖ ～거래 transactions through business affiliation / ～점 a chain store / ～회사 an affiliated company.
계원(係員) a clerk.
계원(契員) a member of a credit union 〔loan club, mutual aid association〕.
계율(戒律) commandments; religious law; Buddhist precepts.
계인(契印) a tally impression; a joint seal. ～하다 put 〔affix〕 a seal over two edges.
계장(係長) a subsection head 〔chief〕; a chief clerk.
계쟁(係爭) dispute; a lawsuit. ¶ ～중이다 be in dispute / ～중인 문제 a question at issue; a pending point. ‖ ～당사자 a litigant / ～점 a point at issue; a disputed point.
계절(季節) a season. ¶ ～의 seasonal. ‖ ～노동자 a seasonal worker / ～풍 the monsoon.
계정(計定) an account(생략 a/c). ¶ …의 ～에 넣다 place 〔pass〕 to the account of....
계제(階梯) ① 《순서》 steps; stages; the course 《*of things*》. ② 《기회》 an opportunity; a chance; an occasion. ¶ 이 ～에 taking this opportunity.
계좌(計座) 《open》 an account 《*with a bank*》.
계주(契主) the organizer of a mutual finance association 〔credit union〕.

계주경기(繼走競技) a relay (race).
계집 ①《여자》a female; the fair sex. ‖ ~아이 a girl / ~종 a maid(-servant); a servant girl. ②《아내》a wife;《정부》a mistress. ‖ ~질 keeping a mistress (첩질); whoring (오입); debauchery(난봉).
계책(計策) a stratagem; a scheme; a plot. ¶ ~을 쓰다 adopt〔use〕a stratagem.
계체량(計體量)《체중검사》a weight-in. ¶ ~통과에 실패하다 fail to pass the weight-in.
계측(計測) ~하다 measure;《토지 따위를》survey. ‖ ~공학 instrumentation engineering / ~기학(器學) instrumentology.
계층(階層) a class; a social stratum. ¶ 모든 ~의 사람 people from all classes of society; people of all walks of life / ~사회 a stratified society.
계통(系統)《조직》a system;《계도》a family line; lineage;《당파》a party. ¶ ~적인 systematic / ~적으로 systematically; methodically / ~을 세우다 systematize. ‖ 소화기~ the digestive system.
계투(繼投)《야구에서》a relief. ~하다 pitch in relief.
계표(界標) a boundary mark.
계피(桂皮) cinnamon bark. ‖ ~가루 cinnamon (powder).
계획(計劃) a plan; a project; a scheme; a program. ~하다 plan; make〔form〕a plan; project; scheme. ¶ ~적인 intentional(고의의); deliberate(숙고한); premeditated(사전 고려된) / ~적으로 intentionally; deliberately / ~적인 거짓말 a deliberate lie / ~적인 범죄 a premeditated crime / 사막을 비옥하게 하는 ~ a project for making the desert fertile / ~을 실행하다 carry out a plan / 환영회를 ~하다 plan to hold a welcome party. ‖ ~경제 (a) planned economy / ~안 a draft / 5개년~ a five-year plan.
곗돈(契—) money for〔from〕the mutual financing association.
고《끈 따위》a loop《*of a string*》.
고(故) the late. ¶ ~ A씨 the late Mr. A.
고가(古家) an old house.
고가(高架) ¶ ~의 elevated; overhead; high-level. ‖ ~도로 a high-level road / ~선 overhead wires / ~철도 an elevated railroad.
고가(高價) a high price. ¶ ~의 expensive; costly; high-priced / ~로 팔다 sell《*a thing*》at a high price. ‖ ~품 a costly〔high-priced〕article.
고갈(枯渴) drying up; running dry. ~하다 be dried up; run dry; be drained〔exhausted〕. ¶ 나라의 자원을 ~시키다 exhaust the resources of the country.
고개 ①《목의》the nape; the scruff (of the neck); the head (머리). ¶ ~를 가로 젓다 say "no" / ~를 들다 raise〔hold up〕*one's* head / ~를 들지 못하다 cannot hold up *one's* head《*for shame*》. ②《산·언덕의》a slope; a (mountain) pass. ¶ ~를 넘다 cross over a pass. ‖ ~턱 the head of a pass〔slope〕/ 고갯길 an uphill〔ascending〕pass. ③《절정》the crest; the height; the summit. ¶ 50 ~를 넘다 be on the shady side of fifty / 물가가 ~를 숙였다 The prices are falling.
고객(顧客) a customer; a patron; a client; custom (총칭). ¶ ~이 많다 have a large custom. ‖ ~명단 a list of customers.
고갱이〖植〗the heart of a plant; the pith.
고견(高見) ①《남의 의견》your opinion〔view, idea〕. ②《뛰어난 의견》an excellent opinion; a fine idea.
고결(高潔) ~하다 (be) noble; lofty; noble-minded. ¶ ~한 사람 a man of noble character.
고경(苦境) adverse circumstances; a difficult position; a fix. ¶ ~에 처하다 be in a fix; be in great difficulties.
고계(苦界) the bitter world; the world (of mortals).
고고학(考古學) archeology. ¶ ~의 archeological / ~상으로 archeologically. ‖ ~자 an archeologist.
고공(高空) a high in the sky; high altitude. ¶ ~을 날다 fly high up in the air. ‖ ~비행 high-altitude flying〔flight〕.
고과(考課) evaluation of《*a person's*》merits. ‖ ~표《사람의》a personnel record;《회사의》a business record / 인사~ (a) merit〔efficiency〕rating.
고관(高官) a high official〔officer〕; a dignitary;《직위》a high office.
고교(高校) a high school. ‖ ~내신성적 high school records / ~평준화 the academic standardization of high schools.
고구마 a sweet potato.
고국(故國) *one's* native country;《leave》*one's* homeland. ‖ ~방문계획 a 'Homeland Visit' program.
고군(孤軍) an isolated force. ¶ ~분투하다 fight alone〔unsupport-

ed〕; put up a solitary struggle.

고궁(古宮) an old palace.

고귀하다(高貴—) (be) noble; highborn; exalted. ¶ 그녀는 고귀한 집안 출신이다 She comes from a noble family.

고금(古今) ancient and modern ages; all ages. ¶ ～에 유례 없는 unprecedented / ～을 통하여 through 〔in〕 all ages.

고급(高級) ¶ ～의 high-class 〔-grade〕; higher. ‖ ～공무원 higher (government) officials / ～장교 a high-ranking officer; the brass (집합적) / ～차 a high-class 〔deluxe〕 car / ～품 goods of superior quality; high-grade articles.

고급(高給) a high 〔big〕 salary. ‖ ～사원 high-salaried employees.

고기 ① 《동물의》 meat; beef(소의); pork(돼지의). ¶ ～ 한 점 a piece of meat / 다진 ～ minced 〔hashed〕 meat. ② 《물고기》 fish. ‖ ～잡이 fishing, fishery(어렵); a fisher(어부).

고기밥 ① 《미끼》 a bait. ② 《먹이》 feed.

고기압(高氣壓) high atmospheric pressure. ‖ 대륙성～ the continental high pressure.

고기전골(—煎—) a hot beef casserole.

고깔 a cowl; a monk's hood.

고깝다 (be) vexing; disgusting; disagreeable; unpleasant.

고난(苦難) distress; suffering; hardship; affliction. ¶ ～을 겪다 undergo hardships / ～을 극복하다 overcome difficulties.

고뇌(苦惱) suffering; distress; affliction; anguish.

고니 〖鳥〗 a swan.

고다 ① 《곯이다》 boil hard; boil down. ¶ 쇠고기를 흐무러지게 ～ boil beef to a pulp. ② 《양조》 brew; distil. ¶ 소주를 ～ distil *soju*.

고단하다 (be) tired; fatigued. ¶ 고단해 보이다 look tired.

고달이 a loop (of a string).

고달프다 (be) exhausted; fatigued; tired out; done up. ¶ 고달픈 인생 a weary 〔hard〕 life.

고담(古談) an old tale; folklore.

고답(高踏) ¶ ～적인 highbrow; hightoned / ～적인 사람들 the highbrows / ～적 문학 highbrow literature.

고대(古代) ancient 〔old〕 times; the remote past. ¶ ～의 ancient / ～로부터 from ancient times / ～의 유물 antiquities; ancient relics. ‖ ～사 ancient history / ～인 the ancients; ancient people.

고대(苦待) ～하다 wait eagerly for; eagerly look forward to. ¶ ～하던 소식 the long-awaited news.

고대 《막》 just now; a moment ago.

고대광실(高大廣室) a grand house; a lordly mansion.

고도(古都) an ancient city.

고도(孤島) a solitary 〔an isolated〕 island.

고도(高度) ① 《높이》 altitude; height. ¶ 600미터의 ～를 유지하다 keep 〔maintain〕 the altitude 〔height〕 of 600 meters. ‖ ～계 an altimeter / ～비행 an altitude flight. ② 《정도》 a high power 〔degree〕. ¶ ～의 high; powerful; high-degree〔-grade〕; advanced 《*civilization*》 / ～로 발달된 기술 highly-developed technology / 경제의 ～ 성장 high growth of the 《*Korean*》 economy / ～ 성장기 a high-growth period / 이것은 ～의 정밀도가 필요하다 This requires a high order of accuracy. ‖ ～정보통신망 시스템 the Information Network System(생략 INS).

고도리 〖魚〗 a young mackerel.

고독(孤獨) solitude; loneliness. ～하다 (be) solitary; lonely. ¶ ～한 생활을 하다 lead a solitary life; live in solitude.

고동 ① 《장치》 a starter; a switch; a stopcock (수도 등의); a handle. ¶ ～을 틀다 〔잠그다〕 turn on 〔off〕 《*the water*》. ② 《기적》 a steam whistle; a siren. ¶ ～을 울리다 blow a whistle.

고동(鼓動) beat(ing); pulsation; palpitation. ～하다 beat; palpitate; throb. ¶ 심장의 ～ (a) heartbeat.

고되다 (be) hard (to bear); painful. ¶ 고된 일 hard work.

고두밥 rice cooked hard.

고둥 〖貝〗 a conch; a spiral.

고드름 an icicle.

고들고들 ～하다 (be) dry and hard.

고등(高等) ¶ ～의 high; higher; advanced; high-class〔-grade〕. ‖ ～교육 《a man with》 higher education / ～군사법원 a general court-martial / ～기술 (a) high technique / ～동물 a higher animal / ～법원 a high court (of justice) / ～생물 higher forms of life / ～학교 a (senior) high school.

고등어 〖魚〗 a mackerel.

고딕 Gothic. ‖ ～식 건축 Gothic architecture / ～체 《활자의》 Gothic type.

고라니 〖動〗 an elk.

고락(苦樂) pleasure and pain; joys and sorrows. ¶ ～을 같이하다 share *one's* joys and sorrows 〔*one's* fortunes〕.

고랑[1] 《수갑》 handcuffs; manacles. ¶ ～을 채우다 handcuff《*a person*》; put handcuffs on《*a person*》.

고랑[2]《두둑 사이》a furrow. ¶ ～을 짓다 make furrows.

고랑창 a narrow deep furrow; a ditch.

고래 〖動〗 a whale. ‖ ～기름 whale oil / ～수염 a whale fin.

고래(古來) ¶ ～로 from ancient 〔old〕 times / ～의 old; time-honored / 이것은 한국 ～의 습관이다 This is a time-honored custom in Korea.

고래고래 loudly; snarlingly. ¶ ～ 소리지르다 roar; brawl.

고량(高粱) 〖植〗 kaoliang; African 〔Indian〕 millet. ‖ ～주 kaoliang wine.

고량진미(膏粱珍味) rich and delicious food; all sorts of delicacies.

고려(考慮) consideration; deliberation. ～하다 consider; think《*a matter*》over; take《*a matter*》 into account 〔consideration〕. ¶ 충분히 ～하여 after due consideration / ～하지〔에 넣지〕 않다 disregard; leave《*a matter*》out of consideration / 새로운 계획을 ～ 중이다 A new project is under consideration. / 이 문제는 다소 ～의 여지가 있다 There is some room for further consideration regarding this matter.

고려자기(高麗磁器) *Koryŏ* ceramics 〔porcelain, pottery〕.

고령(高齡) an advanced age. ¶ ～으로 죽다 die at the old age《*of ninety*》. ‖ ～자 the aged; the elderly; a person of advanced age / ～출산 late child-bearing / ～화 사회 an aging society.

고령토(高嶺土) kaolin(e).

고로(高爐) a blast furnace.

고로(故—) and so; accordingly; therefore. ☞ 그러므로.

고로롱거리다 be troubled with a lingering disease.

고료(稿料) fee for a manuscript 〔an article〕; a manuscript fee.

고루 equally; evenly; fairly. ¶ ～ 나누다 divide《*a thing*》equally.

고루(高樓) a lofty building.

고루하다(固陋—) (be) bigoted; narrow-minded; conservative.

고르다[1] ① (be) even; equal; uniform. ¶ 고르지 않은 uneven; unequal; rugged / 고르게 evenly; equally. ② 《평평하게》level; make even; roll(롤러로). ¶ 땅을 ～ level the ground.

고르다[2] 《선택》choose; select. ¶ 골라내다 pick out; select / 잘〔잘못〕 ～ make a good 〔bad〕 choice.

고름 pus; purulent matter. ¶ 상처에 ～이 생겼다 The wound has formed pus. / ～을 짜다 press 〔squeeze〕 out the pus.

고리 《둥근 것》a ring; a link; a loop (실 따위의). ¶ ～를 만들다 form a ring; make a loop.

고리(高利) high interest; usury. ¶ ～로 돈을 빌리다〔빌려 주다〕 borrow〔lend〕 money at high interest. ‖ ～대금업 usury / ～대금업자 a usurer; a loan shark《美》/ ～채 usurious loan.

고리다 ① 《냄새가》(be) rancid; stink; rank; fetid. ② 《행동이》(be) illiberal; small; mean.

고리버들 〖植〗 an osier; a red osier.

고리짝 a wicker trunk; 《짐》luggage; baggage《美》.

고리타분하다 ① 《냄새가》(be) stinking; rancid; fetid; rank. ② 《성질이》(be) narrow-minded; small; stingy; hackneyed(진부한). ¶ 고리타분한 소리 a trite remark.

고린내 a bad smell; an offensive odor; a stench.

고릴라 〖動〗 a gorilla.

고립(孤立) isolation. ～하다 be isolated; stand alone. ¶ ～한 isolated; solitary / ～무원이다 be alone and unaided / 국제적인 ～ international isolation. ‖ ～정책 an isolationist policy / ～주의 isolationism.

고마움 《감사》gratitude; thankfulness; 《가치》value; blessing《*of health*》. ¶ 건강의 ～을 알다 know the value of good health / 돈의 ～을 알다 know what it means to have money / 그는 돈의 ～을 모른다 He is a stranger to the value of money. / 부모님에 대한 ～을 잊지 마라 Don't forget how much you owe to your parents.

고막 〖貝〗 an ark shell.

고막(鼓膜) 〖解〗 the eardrum. ¶ ～이 찢어질 것 같은 소리 a deafening noise / ～이 터지다 have *one's* eardrum ruptured 〔split〕.

고맙다 《감사한》 (be) thankful; grateful; obliged; appreciative; 《환영할 만한》(be) welcome; 《친절한》(be) kind. ¶ 고마우신 말씀 your kind words / 고맙게(도) gratefully; thankfully; fortunately; luckily / 선물을 고맙게 받다 accept a gift gratefully / 고맙지 않은 손님 an unwelcome guest / 대단히 고맙습니다 Thank you very much. *or* Thanks ever so much. / 고맙게도 곧 날씨가 좋아졌다 Fortunately it soon cleared up.

고매하다(高邁—) (be) lofty; noble; high-minded. ¶ 고매한 이상 a lofty ideal.

고명《양념》a garnish; a relish; a condiment.
고명(高名) a famous name. ～하다 (be) famous. ¶ ～은 익히 들어 알고 있습니다 I have heard a lot about you.
고명딸 the only daughter among many sons.
고모(姑母) *one's* father's sister; a paternal aunt. ‖ ～부 the husband of *one's* paternal aunt; an uncle.
고목(古木) an old tree.
고목(枯木) a dead tree.
고무(鼓舞) encouragement. ～하다 cheer up; encourage; inspire; stir up. ¶ 군인들의 사기를 ～하다 stir up the morale of the troops.
고무(India) rubber; gum; 《지우개》 an eraser. ¶ ～창을 댄 rubber-soled 《*shoes*》. ‖ ～공 a rubber ball / ～나무 a rubber tree 〔plant〕/ ～신 rubber shoes / ～제품 rubber goods / ～줄 an elastic cord 〔string〕; a rubber band(둥근) / ～풀 gum arabic.
고무래 a wood rake.
고문(古文) ancient 〔archaic〕 writing; classics(고전).
고문(拷問) torture; the third degree《美》. ～하다 torture; give 《*a person*》 the third degree. ‖ ～대 a rack.
고문(顧問) an adviser; a counselor; a consultant. ‖ ～변호사 a consulting lawyer.
고물[1] *komul;* ground grain for coating rice-cakes.
고물[2]《배의》the stern.
고물(古物) ① ☞ 골동품. ②《낡은 것》 an old article; a secondhand 〔used〕 article. ‖ ～상 a secondhand dealer(사람); a secondhand store(가게).
고물딱지 worn-out articles 〔furniture〕.
고미(苦味) a bitter taste.
고미다락 a kind of attic; a garret.
고민(苦悶) agony; anguish. ～하다 be in agony 〔anguish〕; writhe in agony. ¶ 사랑의 ～ agony of ardent love / ～에 찬 표정 an agonized look / ～ 끝에 병들다 worry *oneself* sick.
고발(告發) accusation; charge. ～하다 accuse 《*a person*》 of 《*a crime*》; bring a charge against 《*a person*》. ¶ 그는 수뢰죄로 ～되었다 He was accused of taking bribes. ‖ ～자 an accuser; an informant / ～장 a bill of indictment.
고배(苦杯) a bitter cup. ¶ ～를 마시다 drink a bitter cup; go through an ordeal; be miserably defeated(승부에서).
고백(告白) (a) confession. ～하다 confess; own up; admit. ¶ 죄상을 ～하다 confess *one's* guilt 〔fault〕/ 사랑을 ～하다 declare *one's* love 《*for a girl*》.
고별(告別) leave-taking; parting. ～하다 take *one's* leave 《*of*》; say good-bye 《*to*》; bid adieu 〔farewell〕《*to*》. ‖ ～사 a farewell address / ～식 a farewell ceremony; a farewell 〔funeral〕 service(사자에 대한).
고병(古兵) ☞ 노병(老兵).
고본(古本) a secondhand book; an old book. ‖ ～상 a secondhand book store; a secondhand bookseller(사람).
고봉(高峰) a lofty peak; a high mountain. ‖ ～준령 high mountains and steep peaks.
고부(姑婦) mother-in-law and daughter-in-law.
고분(古墳) an old mound 〔tomb〕; a tumulus. ¶ ～을 발굴하다 unearth 〔dig up〕 an old tomb.
고분고분 gently; meekly; obediently. ～하다 (be) gentle; meek; mild; obedient.
고분자(高分子) 〖化〗a high molecule 〔polymer〕. ‖ ～화합물 a high-molecular compound; a high polymer.
고비[1] 《절정》 the climax; the crest; the height; 《위기》 the brink; the verge; a critical moment; a crisis. ¶ ～를 넘다 pass the critical moment (병 따위); pass the peak 《*of*》 (물가 따위) / 생사의 ～를 넘나들고 있다 be on the verge of death.
고비[2] 〖植〗a flowering fern.
고비사막(一沙漠) the Gobi desert.
고뿔 a cold. ☞ 감기.
고삐 reins; a bridle. ¶ ～를 당기다 tighten 〔pull up〕 the reins / ～를 늦추다 slacken the reins; give the reins 《*to the horse*》.
고사(古史) ancient history.
고사(考査) an examination; a test. ～하다 examine; test. ‖ ～장 a test 〔an examination〕 site / 고입 선발～ the qualifying examination for high school entrance.
고사(告祀) a traditional practice 〔rite〕 appeasing household gods; *kosa*. ¶ ～를 지내다 hold 〔perform〕 the *kosa* rites; make offerings to household gods.
고사(固辭) ～하다 refuse 〔decline〕 positively.
고사(枯死) withering to death. ～하다 wither and die; be dead.
고사(故事) 《유래》 an origin; a historical fact; an ancient event; 《구비(口碑)》 (a) tradition; folklore. ¶ ～를 인용하다 allude to historical event.

고사(高射) ‖ ～기관총 an anti-aircraft machine gun / ～포 an anti-aircraft gun; an A.A. gun / ～포 부대 an anti-aircraft battery.

고사리 〖植〗 a bracken.

고사하고(姑捨―) apart from; setting aside; 《말할 것도 없고》 to say nothing 《*of*》; not to mention; 《커녕》 anything but; far from; not at all.

고산(高山) a high 〔lofty〕 mountain. ‖ ～병 〖醫〗 mountain sickness / ～식물 〖植〗 an alpine plant; alpine flora(총칭).

고상하다(高尙―) (be) lofty; noble; refined; elegant. ¶ 고상한 취미 an elegant taste / 고상한 인격 noble character.

고색(古色) an antique look. ¶ ～창연한 antique-looking; time-worn / 그 절은 ～이 창연하다 The temple looks very old.

고생(苦生) 《곤란》 trouble(s); hardship(s); difficulties; sufferings; 《수고》 labor; pains; toil. ～하다 have a hard time; suffer hardships; have difficulty 〔trouble〕 《*in doing*》; take pains. ¶ 가난으로 ～하다 suffer from poverty / ～을 같이하다 share in *a person's* hardship / ～을 시키다 give 〔cause〕 《*a person*》 trouble; trouble / 그녀의 얼굴에는 ～한 흔적이 역력했다 Hardship had left traces upon her features. ‖ ～살이 a hard life; a life full of hardships.

고생대(古生代) 〖地〗 the Paleozoic (era). ¶ ～의 Paleozoic.

고생물(古生物) extinct animals and plants. ‖ ～학 paleontology.

고서(古書) an old book; rare books(진귀본); a secondhand book(헌 책).

고성(古城) an old 〔ancient〕 castle.

고성(高聲) a loud voice. ¶ ～으로 loudly; aloud / ～ 방가하다 sing with a loud voice.

고성능(高性能) high performance 〔efficiency〕. ¶ ～의 highly efficient; high-performance〔-powered〕 / 그 배는 ～ 엔진을 장착하고 있다 The boat is equipped with a high-powered engine. ‖ ～수신기 a high-fidelity receiver / ～증식로(增殖爐) a fast breeder reactor (생략 FBR).

고소(告訴) 〖法〗 an accusation; a complaint; a legal action. ～하다 accuse 《*a person of a crime*》; bring a charge 〔suit〕 《*against*》; sue 《*a person*》 (for a crime). ¶ ～를 수리〔기각, 취하〕하다 accept 〔reject, withdraw〕 a complaint / 사기로 ～당하다 be accused of fraud. ‖ ～인 an accuser; a complainant / ～장 a letter of complaint.

고소(苦笑) bitter 〔grim, forced〕 smile. ～하다 smile bitterly 〔grimly〕; force a smile.

고소(高所) a high place 〔ground〕; a height. ‖ ～공포증 acrophobia.

고소득(高所得) a high 〔large〕 income.

고소하다 ① 《맛·냄새가》 taste 〔smell〕 like sesame; (be) tasty; savory; nice-smelling. ¶ 깨를 볶는 고소한 냄새 the aroma of sesame being toasted. ② 《남의 일이》 be pleased 《*to see other's fault*》. ¶ 고소하게 여기다 gloat over 《*another's misfortunes*》; take an unholy pleasure 《*in*》 / 아이 (고것) 고소해 Serve(s) you right!

고속(高速) high speed; superspeed. ¶ ～으로 달리다 run at high 〔full〕 speed. ‖ ～도로 a freeway; an expressway; a motorway 《英》(경부～도로 the Seoul-Pusan Expressway) / ～버스 an express bus / ～증식로 a fast breeder reactor(생략 FBR) / ～철도 a high-speed railway / ～화 도로 a semi-expressway.

고수(固守) ～하다 adhere 〔stick〕 to. ¶ 자기 입장을 ～하다 stick 〔hold fast〕 to *one's* position.

고수(鼓手) a drummer.

고수머리 《머리》 curly 〔frizzled〕 hair; 《사람》 a curly-pate; a curly-pated person.

고수부지(高水敷地) the riverside highlands; the terrace land on the river.

고스란히 all; altogether; wholely; untouched; intact. ¶ ～ (그대로) 있다 remain as it was; remain intact; be left untouched.

고슬고슬하다 《밥이》 be cooked just right(서술적).

고슴도치 〖動〗 a hedgehog.

고승(高僧) a high priest.

고시(告示) a notice; a bulletin; an announcement. ～하다 notify; give notice 《*of*》. ‖ ～가격 an officially fixed price / ～판 a bulletin board; a message board.

고시(考試) (an) examination. ‖ 고등～ the higher civil service examination / 국가～ a state examination.

고식(姑息) ¶ ～적인 temporizing; makeshift / ～적인 수단을 취하다 take half measures; resort to makeshifts.

고실(鼓室) 〖解〗 the eardrum.

고심(苦心) 《노력》 pains; hard work. ～하다 work hard; take

pains; make every possible effort. ¶ ～의 작품 the fruit 〔result〕 of immense effort / ～한 흔적이 보이다 bear traces of efforts. ‖ ～담 an account of *one's* hard experience.

고아(孤兒) an orphan. ¶ ～가 되다 be orphaned; be left an orphan. ‖ ～원 an orphanage.

고아하다(古雅—) (be) antique and elegant; quaint; classical.

고안(考案) an idea; a design. ～하다 devise; contrive; design; work out. ¶ 이 상품은 학생이 ～한 것이다 These commodities were devised by a student. ‖ ～자 a designer; an originator.

고압(高壓) 《기압의》 high pressure; 《전기의》 high voltage. ¶ ～적인 high-handed; oppressive / ～적인 공무원 a high-handed official. ‖ ～선 a high-voltage cable / ～수단 a high-handed action 〔measure〕 / ～전류 a high-voltage current.

고액(高額) a large sum (of money). ‖ ～권 a bill of high denomination / ～납세자 a high 〔an upper-bracket〕 taxpayer / ～소득자 a large-income earner.

고약(膏藥) a plaster; an ointment.

고약하다 《생김새가》 (be) ugly; bad-looking; 《성미가》 (be) ill-natured; crooked; wicked; 《냄새·맛·날씨 따위가》 (be) bad; nasty; foul; disgusting; offensive. ¶ 고약한 놈 an ill-natured 〔a nasty〕 fellow / 고약한 냄새 a nasty 〔foul〕 smell / 고약한 성미 an ugly temper.

고양이 a cat; a puss(y) (애칭). ‖ ～새끼 a kitten.

고어(古語) an archaic word.

고언(苦言) bitter counsel; candid 〔outspoken〕 advice. ¶ ～을 하다 give candid advice 《*to*》.

고역(苦役) hard work; a tough job; toil; drudgery. ¶ ～을 치르다 have a hard time of it; sweat.

고열(高熱) a high fever 〔temperature〕. ¶ ～이 있다 have 〔get〕 a high fever 《*of 39 degrees*》 / ～에 시달리다 suffer from a high fever / ～로 헛소리를 하다 mutter 〔babble〕 deliriously in a high fever.

고엽(枯葉) a dead 〔withered〕 leaf. ‖ ～작전 defoliation tactics / ～제 a defoliant; Agent Orange (월남전에서 사용했던).

고옥(古屋) an old house.

고온(高溫) a high temperature. ‖ ～계(計) a pyrometer.

고요하다 (be) quiet; silent; still; calm; placid; tranquil. ¶ 고요한 밤 a silent night / 고요한 바다 a calm sea.

고용(雇用) employment; hire. ～하다 employ; hire. ‖ ～주 an employer.

고용(雇傭) 《피고용》 employment; engagement. ～하다 be employed 〔hired〕. ‖ ～계약 an employment contract / ～관계 employment relationship / ～살이 service as an employee; domestic service (머슴의) / ～인 《피고용자》 an empolyee / ～조건 employment conditions 〔terms〕 / ～조정 the adjustment of employment.

고원(高原) a plateau; a highland. ‖ ～지대 a plateau area.

고위(高位) a high rank. ‖ ～관리 a ranking government official / ～급 회담 a high-level talk / ～성직자 a religious dignitary.

고위도(高緯度) a high latitude.

고유(固有) ¶ ～의 peculiar 〔unique, proper〕 《*to*》; characteristic 《*of*》; of *one's* own (독특한); native (자국의) / 동양 ～의 풍속 a custom peculiar to the Orient / 한국 ～의 동식물 plants and animals indigenous 〔native〕 to Korea. ‖ ～명사 a proper noun / ～성 peculiarity.

고육지계(苦肉之計) ¶ ～를 쓰다 have recourse to the last resort; take a desperate measure 《*under the circumstances*》.

고율(高率) a high rate. ¶ ～의 이자 a high (rate of) interest. ‖ ～관세 a high tariff / ～배당 a high rate dividend.

고을 a county; a district.

고음(高音) a high-pitched tone; a high key. ‖ ～부 〖樂〗 the soprano; the treble.

고의(故意) ¶ ～의 intentional; deliberate; willful / ～로 intentionally; on purpose; deliberately / ～가 아닌 unintentional / 미필적 ～ 〖法〗 willful negligence / ～인지 우연인지 intentionally or accidentally / 결코 ～가 아니었습니다 I certainly didn't do it on purpose.

고이 ① 《곱게》 beautifully; finely; gracefully. ② 《조용히》 peacefully; gently; quietly; carefully. ¶ ～ 잠들다 fall gently to sleep; pass away peacefully (죽다) / ～ 다루다 handle carefully / 영령이여 ～ 잠드소서 May your noble soul rest in peace!

고인(故人) the deceased 〔departed〕; the dead (총칭). ¶ ～이 되다 die; pass away.

고인돌 a dolmen.

고자(鼓子) a man with underdeveloped genital organs.

…고자 (in order) to; wishing to. ¶ 하～ 하다 intend《*to*》; plan.
고자세(高姿勢) a high-handed attitude. ¶ ～로 나오다 take a high-handed〔an aggressive〕attitude.
고자쟁이(告者—) an informant; a taleteller.
고자질(告者—) ～하다 tell on《*a person*》; tell〔bring〕tales《*about*》. ¶ 엄마에게 나에 대해 ～하지 마라 Don't tell mother on me.
고작 at (the) most; at best; no more than; only. ¶ 그는 ～ 20 세밖에 안 된다 He is twenty at the most.
고장《지방》locality;《산물의》the place of production;《동식물의》the home; the best place《*for*》. ¶ 말의 ～ a horse-breeding district / 사과의 ～ the home of the apple / 그 ～ 팀 the home team.
고장(故障)《기계 따위의》a breakdown; a fault; trouble. ¶ ～나다 get out of order; break down; go wrong / 기관의 ～ engine trouble / 전기의 ～ (a) power failure / ～이 난 차 a disabled〔broken-down〕car / 이 TV는 어딘가 ～이 나 있다 There is something wrong with this TV set. / 이 시계는 ～이다 This watch is out of order.
고쟁이 a woman's drawers〔panty〕.
고저(高低)《기복》unevenness; undulations;《시세의》fluctuations; height(높이); pitch; modulation (음성의). ¶ ～ 있는 undulating; uneven; fluctuating.
고적(古蹟) historic remains; a place of historical interest.
고적(孤寂) solitude; loneliness. ～하다 (be) solitary; lonely.
고적대(鼓笛隊) a drum and fife band.
고적운(高積雲) an altocumulus.
고전(古典) the classics. ¶ ～적인 classic(al). ‖ ～미 classical beauty / ～주의 classicism.
고전(古錢) an ancient〔old〕coin. ‖ ～수집가 a collector of old coins.
고전(苦戰) a hard fight〔battle〕;《경기의》a close game; a tight〔tough〕game. ～하다 fight hard〔desperately〕; have a close contest / 그는 선거에서 ～하고 있다 He is facing a tough game in the election.
고정(固定) ～하다 fix; settle. ¶ ～된 fixed; regular; stationary / 장대를 땅에 ～시키다 fix a pole in the ground. ‖ ～관념 a fixed idea / ～급 a regular pay / ～손님 a regular customer / ～수입 a fixed income / ～자산 fixed property〔assets〕/ ～표 solid〔loyal〕votes / ～환율제 the fixed-exchange rate system.
고제(古制) old systems; ancient institutions.
고조(高潮)《조수의》the high tide; flood tide;《고비》the climax. ¶ ～된 장면 a thrilling scene / 최～에 달하다 reach the climax.
고조모(高祖母) *one's* great-great-grandmother. 「grandfather.
고조부(高祖父) *one's* great-great-
고종 사촌(姑從四寸) a cousin; a child of *one's* father's sister.
고주망태 (dead) drunkenness. ¶ ～가 되다 get dead drunk.
고주파(高周波)〖理〗high-frequency.
고증(考證) (a) historical research〔investigation, study〕. ～하다 study〔ascertain〕the historical evidence《*for*》. ‖ ～학 the methodology of historical researches.
고지 《호박 따위의》chopped and dried pumpkins, eggplant, *etc.*
고지(告知) a notice; a notification. ～하다 notify《*a person*》of《*a matter*》. ‖ (납세) ～서 a tax bill; tax papers.
고지(高地) highlands;《고원》heights; a plateau. ‖ ～훈련 high altitude training.
고지대(高地帶) the hilly sections《*of a city*》. ¶ ～의 주민 hillside residents. 「grosbeak.
고지새〖鳥〗a migratory Chinese
고지식하다 (be) simple and honest; simple-minded; tactless.
고진감래(苦盡甘來) Sweet after bitter. *or* Pleasure follows pain.
고질(痼疾) a chronic disease.
고집(固執) stubbornness; persistence; adherence. ～하다 persist in; adhere〔stick〕to; hold fast to; insist on. ¶ ～센 stubborn; headstrong / 자기 견해를 ～하다 stick〔hold fast〕to *one's* view. ‖ ～불통 extreme stubbornness〔persistence〕/ ～쟁이 a headstrong person; a stubborn one.
고착(固着) ～하다 adhere〔stick〕to. ‖ ～관념 a fixed idea.
고찰(古刹) an old〔ancient〕temple.
고찰(考察) consideration; (a) study. ～하다 consider; study; examine. ¶ 사회 문제에 관한 ～ a study of the social problem / 사건의 역사적 의의를 ～하다 consider the historical significance of an event.
고참(古參)《사람》a senior; a veteran; an old-timer. ¶ ～의 senior; veteran. ‖ ～병 a veteran soldier; a senior comrade.
고철(古鐵) scrap iron; steel scraps. ‖ ～상 a junk dealer.
고체(古體) archaic style; archaism.
고체(固體)〖理〗a solid (body). ¶

～의 solid / ～화하다 solidify. ‖ ～연료 solid fuel / ～연료로켓 a solid-fueled rocket.

고초(苦楚) hardships; sufferings; troubles; trials. ¶ ～를 겪다 suffer hardships. 「ancient tomb.

고총(古塚) an old mound; an

고추 〖植〗 a red pepper. ‖ ～바람 a cutting 〔biting〕 wind / ～잠자리 a red dragonfly / ～장 Korean hot pepper paste / 고춧가루 powdered red pepper.

고충(苦衷) a painful position; a dilemma; a predicament. ¶ ～을 알아주다 appreciate 《*a person's*》 painful position; sympathize with 《*a person*》 in a predicament. 「fidelity(생략 hi-fi).

고충실도(高忠實度) 《전축 따위의》 high=

고취(鼓吹) ～하다 inspire 《*a person*》 with an idea; put 《*an idea*》 into 《*a person's*》 mind; advocate 《*nationalism*》. ¶ 애국심을 ～하다 inspire 〔infuse〕 patriotism into the hearts of 《*the people*》.

고층(高層) 《건물의》 higher stories; upper floors; 《대기의》 a high layer. ‖ ～건(축)물 a high 〔tall〕 building; a skyscraper / ～기류 the upper air (current) / ～단지 a high-rise housing 〔apartment〕 complex.

고치 a (silk) cocoon. ¶ 빈 ～ a pierced cocoon / ～에서 실을 잣다 reel silk off cocoons.

고치다 ① 《치료》 cure; heal; remedy. ¶ 병을 ～ cure a disease / 두통을 고치는 약 a medicine for headache. ② 《수리》 mend; repair; fix (up) 《美》. ¶ 기계를 ～ repair a machine. ③ 《교정》 remedy; reform; correct. ¶ 나쁜 버릇을 ～ correct 〔get rid of, get over〕 a bad habit. ④ 《정정》 correct; amend. ¶ 틀린 데를 ～ correct errors 〔mistakes〕 / 작문을 ～ correct 〔improve〕 a composition. ⑤ 《변경》 alter; change; shift. ¶ 예정표를 ～ change the schedule. ⑥ 《조정》 set right; put in order; adjust. ¶ 복장을 ～ adjust *one's* dress; tidy *oneself*.

고토(故土) *one's* native land 〔place〕.

고토(苦土) 〖化〗 magnesia. ‖ ～운모(雲母) 〖鑛〗 biotitie.

고통(苦痛) pain; suffering; agony; anguish. ¶ ～스러운 painful; afflicting; tormenting / ～을 느끼다 feel a pain; suffer pain; be in pain / ～을 참다 endure 〔bear〕 the pain / ～을 주다 give 《*a person*》 pain; hurt 《*a person*》 / ～을 덜다 relieve 〔ease〕 the pain.

고패 a pulley. ‖ 고팻줄 a pulley cord 〔rope〕.

고풍(古風) an antique style; an old fashion. ¶ ～스런 옷 an old-fashioned dress. 「feel hungry.

고프다 (be) hungry. ¶ 배가 ～

고하(高下) 《지위의》 rank; 《품질의》 quality; 《시세의》 fluctuations. ¶ 지위의 ～를 불문하고 irrespective 〔regardless〕 of rank.

고하다(告—) tell; inform; announce. ¶ 사실을 ～ tell 〔reveal〕 the truth / …에게 작별을 ～ bid farewell to … / 일반에게 ～ announce to the public.

고학(苦學) ～하다 study under adversity; work *one's* way through school 〔college〕. ¶ 그는 ～으로 대학을 나와 변호사가 되었다 He worked his way through university and into the legal profession. ‖ ～생 a self-supporting 〔working〕 student.

고함(高喊) a shout; a roar; a yell. ¶ ～ 지르다 shout; yell; roar.

고해(苦海) this (bitter human) world. ¶ 인생은 ～다 Life is full of rubs and worries.

고행(苦行) asceticism; penance. ～하다 practice asceticism; do penance. ‖ ～자 an ascetic.

고향(故鄕) *one's* home; *one's* native place; *one's* birthplace. ¶ 제2의 ～ *one's* second home; *one's* land of adoption / ～을 그리워하다 long for home; be homesick / ～에 돌아가다 return to *one's* native place; go home. ‖ ～방문 home visits.

고혈(膏血) sweat and blood. ¶ 백성의 ～을 빨다 exploit 〔sweat〕 the people.

고혈압(高血壓) 〖醫〗 high blood pressure; hypertension. ‖ ～환자 a hypertensive.

고형(固形) solidity. ¶ ～의 solid / ～화하다 solidify. ‖ ～물〔체〕 a solid body; a solid.

고혼(孤魂) a solitary spirit. ¶ 수중 ～이 되다 die at sea.

고화(古畫) an ancient picture; an old painting.

고환(睾丸) 〖解〗 the testicles. ‖ ～염 orchitis.

고희(古稀) threescore and ten. ¶ 연세가 ～에 이르다 obtain *one's* 70th year of age.

곡(曲) 《음악의》 a tune; an air; a piece of music. ¶ 바이올린으로 한 ～ 연주하다 play a tune on the violin / 한 ～ 부르다 sing an air.

곡(哭) wailing; lamentation. ～하다 lament; weep; bewail.

곡가(穀價) the price of grain.

곡괭이 a pick; a pickax.

곡구(曲球) 〖野〗 a curve (ball); a bender; 〖撞〗 a fancy shot.

곡기(穀氣) food. ¶ ～를 끊다 go without meals.

곡류(穀類) cereals; grain 《美》; corn 《英》.

곡률(曲率) curvature. ‖ 공간～ a space curvature.

곡마(曲馬) a circus (show). ‖ ～단 a circus (troupe).

곡목(曲目) a program; a selection 《*for a concert*》; a number.

곡물(穀物) cereals; grain 《美》; corn 《英》. ‖ ～가격 grain〔cereal〕 prices / ～시장 the grain market / ～장수 a grain dealer / ～창고 a granary.

곡사(曲射) high-angle fire. ‖ ～포 a howitzer; a high-angle gun.

곡선(曲線) a curve; a curved line. ¶ ～을 그리다 curve; describe a curve. ‖ ～미 the beauty of *one's* curves; curvaceousness (～미의 여인 a woman with a beautiful figure; a curvaceous woman) / ～운동 movement along a curve.

곡성(哭聲) a cry; a wail.

곡식(穀一) cereals; corn 《英》; grain 《美》.

곡예(曲藝) a〔an acrobatic〕 feat; a stunt; a trick. ¶ ～를 하다 do stunts 《*on horseback*》. ‖ ～사 an acrobat; a tumbler / 공중 ～ an aerial stunt performance (서커스의); stunt flyng, aerobatics (항공기의).

곡절(曲折) ① 《까닭》 reasons; the whys and hows. ¶ 무슨 ～인지 for some unknown reason / 여러 가지 ～이 있어서 for many reasons combined. ② 《복잡》 complications; 《변천》 vicissitudes; ups and downs (부침). ¶ 인생의 우여～을 겪다 experience the vicissitudes〔the ups and downs〕 of life.

곡조(曲調) a tune; an air; a melody. ¶ ～에 안 맞는 노래 a song out of tune / 한 ～ 부르다 sing a tune.

곡창(穀倉) a granary; a grain elevator 《美》. ‖ ～지대 a granary.

곡해(曲解) misconstruction; (willful) distortion. ～하다 misconstrue; interpret wrongly; distort. ¶ 그녀는 내 말을 ～했다 She has misconstrued my words. / 자네는 그녀의 말 뜻을 ～해서는 안 되네 You shouldn't pervert〔distort, twist〕 what she meant.

곤경(困境) an awkward position; a predicament; a fix. ¶ ～에 빠지다 be thrown into a fix.

곤궁(困窮) poverty; destitution. ¶ ～한 poor; needy; destitute / ～한 사람들 the poor; the needy.

곤돌라 a gondola.

곤두박이치다 fall headlong; fall head over heels. ¶ 술 취한 사람이 시궁창으로 곤두박이쳤다 The drunkard fell head first into the ditch.

곤두서다 stand on end; 《머리털이》 bristle up. ¶ 그 얘기에 머리털이 곤두서는 것 같았다 The story almost made my hair bristled〔stand on end〕.

곤두세우다 set on end; erect; bristle up(머리털을); ruffle up(깃털을).

곤드라지다 drop off to sleep; sink into a slumber. ¶ 술에 취해 ～ drink *oneself* to sleep.

곤드레만드레 dead-drunk. ¶ ～가 되다 get dead-drunk.

곤란(困難) difficulty; trouble; 《곤궁》 distress; 《고난》 hardships. ¶ ～한 difficult; hard; troublesome / ～한 처지 a difficult〔tight〕 situation / ～을 극복하다 overcome difficulties / 생활이 ～하다 be hard up; be in needy circumstances / 호흡에 ～을 느끼다 have difficulty in breathing / 이 문제는 해결이 ～하다 This problem is difficult to solve.

곤룡포(袞龍袍) an Imperial〔a Royal〕 robe.

곤봉(棍棒) a club; a cudgel; 《경찰봉》 a billy 《美》; a truncheon 《英》. ¶ ～으로 때리다 hit〔beat〕 《*a person*》 with a club.

곤약(崑蒻) paste made from the arum root.

곤욕(困辱) bitter insult; extreme affront. ¶ ～을 당하다 suffer a bitter insult.

곤장(棍杖) a club (for beating criminals). ¶ ～을 안기다 flog.

곤쟁이 〖魚〗 a kind of tiny shrimp. ‖ ～젓 the shrimps preserved in brine.

곤죽 ① 《진창》 sludge; quagmire. ② 《뒤범벅》 a mess.

곤줄박이 〖鳥〗 a varied tit; a titmouse.

곤지 the red spot on a bride's brow. ¶ ～ 찍다 put a rouge spot on *one's* forehead.

곤충(昆蟲) an insect. ¶ ～을 채집하다 collect insects. ‖ ～망 an insect net / ～채집 insect collecting / ～학 entomology / ～학자 an entomologist.

곤하다(困一) (be) exhausted; weary; fatigued; dog-tired. ¶ 몹시 ～ be tired to death / 곤히 자다 sleep soundly.

곧 ① 《바로》 at once; immediately; directly; without delay; 《머지않아》 soon; before long. ¶ 지금 ～ this very instant; right now / 식사가 끝나자 ～ right after dinner / ～ 오너라 Come at once. *or* Come as soon as possible. 그녀는 ～ 여기 올 것이다 She will be here before long. / 나는 ～

돌아오겠다 I'll be back soon. ② 《쉽게》 easily; readily; straight off. ¶ ～ 배울 수 있다 be easy to learn. ③《즉》 namely; that is (to say). ¶ 가장 어린 소녀, ～ 낸시 the youngest girl, Nancy by name.

곧다 ①《물건이》 (be) straight; upright. ¶ 곧은 길 a straight road. ②《마음이》 (be) honest; upright. ¶ 곧은 사람 an honest man; a man of upright character.

곧바로 straight; at once. ¶ ～ 집에 돌아가다 go home straight.

곧이곧대로 honestly; straightforwardly. ¶ ～ 말하다 tell it straight; speak out in a straightforward manner.

곧이듣다 take 《*a person's*》 words seriously; believe 《*what a person says*》; accept 《*a thing*》 as true. ¶ 농담을 ～ take a joke seriously.

곧잘 《꽤 잘》 fairly 〔pretty〕 well; readily. ¶ ～ 읽다 read pretty well.

곧장 directly; straight; without delay. ¶ ～ 집으로 돌아가다 go straight home / 그 길로 ～ 떠나다 leave without delay.

골[1] 〖解〗 《골수》 the (bone) marrow; 《머릿골》 the brain.

골[2] 《틀》 a block; a mold. ¶ 구둣～ a shoe last / 모자의 ～ a hat block.

골[3] 《성》 anger; rage. ¶ ～이 나다 be angry / ～나게 하다 make 《*a person*》 angry; provoke 《*a person*》 to anger / ～내다 get 〔become〕 angry 《*with, at*》; lose *one's* temper / 좀처럼 ～을 안 내다 be slow to anger.

골[4] the goal. ‖ ～라인〔포스트〕 a goal line 〔post〕 / ～키퍼 a goalkeeper.

골간(骨幹) 《뼈대》 physique; framework; 《골자》 essentials; the basis; the fundamentals. ¶ 조정안의 ～ the basis of a mediation plan.

골갱이 ①《심》 a core; the heart. ②《골자》 the gist; the pith.

골격(骨格) 《체격》 frame; build; 《건물의》 a framework. ¶ ～이 건장한 사람 a man of sturdy 〔stout〕 build.

골골하다 suffer from a chronic disease; suffer constantly from weak health. ¶ 골골하는 사람 a confirmed invalid.

골다 《코를》 snore. ¶ 드렁드렁 코를 ～ snore heavily.

골동품(骨董品) a curio; an antique. ‖ ～상 a curio 〔antique〕 store; an antique dealer(사람) / ～애호가 a virtuoso; a curioso.

골든아워 《at》 the prime time; the peak listening 〔viewing〕 hour.

골똘하다 (be) absorbed 〔engrossed, lost〕 《*in*》; intent 《*on*》; given 《*to*》. ¶ 골똘히 intently; absorbedly / 골똘히 생각에 잠기다 be lost in thought.

골라잡다 choose; take *one's* choice. ¶ 골라잡아 100원, 100 *won* a piece at your choice.

골마루 a rear veranda(h).

골막(骨膜) 〖解〗 the periosteum. ‖ ～염 〖醫〗 periostitis.

골머리 the brain; the head. ¶ ～를 앓다 be troubled; be annoyed.

골목 an alley; a side street 〔road〕; a byway. ¶ 막다른 ～ a blind alley; the dead end. ‖ ～대장 the cock of the walk; the boss of youngsters.

골몰하다(汨沒—) be immersed 〔absorbed, engrossed〕 《*in*》. ¶ 사업에 ～ be engrossed in business.

골무 a thimble.

골반(骨盤) 〖解〗 the pelvis.

골방(—房) a back room; a closet.

골병들다(—病—) get injured internally.

골분(骨粉) powdered bones; bone dust. ‖ ～비료 bone manure.

골상(骨相) physiognomy; *one's* features. ‖ ～학 phrenology / ～학자 a phrenologist.

골생원(—生員) 《옹졸한》 a narrow-minded person; 《허약한》 a weak 〔sickly〕 man.

골수(骨髓) 〖解〗 the (bone) marrow; the medulla. ¶ ～에 사무치다 cut 〔go〕 deep into *one's* heart / 나는 그에게 ～에 사무친 원한이 있다 I bear him a bitter grudge. ‖ ～기증자 a bone-marrow donor / ～분자 a hard core / ～염 〖醫〗 osteomyelitis / ～이식 a marrow transplant / ～종 a myeloma.

골육(骨肉) *one's* own flesh and blood; kindred; blood relations. ‖ ～상잔 a strife among flesh and blood; an internecine feud / ～종(腫) an osteosarcoma.

골자(骨子) the gist; the essence; the main point. ¶ 문제의 ～ the gist of the question.

골저리다(骨—) be chilled to the bone.

골절(骨折) a fracture (of a bone). ～하다 break a bone; suffer a fracture.

골질(骨質) bony 〔osseous〕 tissue.

골짜기 a valley; a gorge; a ravine; a dale.

골초(—草) 《담배》 poor-quality tobacco; 《사람》 a heavy smoker.

골치 the head. ¶ ~ 아픈 문제 a troublesome question / ~ 앓다 be troubled〔annoyed, worried〕/ ~가 아프다 have a headache. ‖ 골칫거리 a pain in the neck; a hard nut to crack (그는 골칫거리야 He is a hard nut to crack.).
골탄(骨炭) animal〔bone〕charcoal; boneblack.
골탕(—湯) great injury〔insult〕. ¶ ~ 먹다 suffer a big loss; have a hard〔rough〕time of it.
골통대 a tobacco pipe.
골패(骨牌) domino(e)s.
골풀 〖植〗 a rush.
골프 golf. ¶ ~를 치다 play golf. ‖ ~연습장 a driving range / ~장 golf links; a golf course / ~채〔공〕 a golf club〔ball〕.
골학(骨學) 〖解〗 osteology.
골회(骨灰) bone ashes.
곪다 ①《상처가》 form pus; fester; gather. ¶ 종기가 ~ a boil festers〔comes to a head〕. ②《사물이》 come to a head; ripen.
곯다[1] ①《덜 차다》 remain unfilled; be still not full; be a little short of full. ②《배가》 go hungry. ¶ 곯은 배를 채우다 satisfy *one's* hunger.
곯다[2] ①《썩다》 rot; go bad; spoil; get stale. ¶ 곯은 달걀 bad eggs. ②《언걸들다》 suffer〔receive〕 damage〔a loss〕; get injured internally(골병).
곯리다[1] ①《그릇을》 fill short of the full measure. ②《배를》 underfeed; let《*a person*》go hungry.
곯리다[2] 《썩이다》 rot; spoil; 《해롭게 하다》 inflict injury〔damage〕 upon《*a person*》; do harm to; cause damage to; 《약자를》 bully; play trick on.
곯아떨어지다 《술에》 lie with liquor; drink *oneself* to sleep; 《잠에》 be dead asleep.
곰 ① 〖動〗 a bear. ‖ ~가죽 bearskin / ~새끼 a bear's cub. ② 《사람》 a fathead; a slow-witted person; a simpleton.
곰곰(이) carefully; deeply; deliberately. ¶ ~ 생각하다 think it over; mull《*the matter*》over.
곰국 thick soup of meat; beef broth.
곰방대 a short tobacco pipe.
곰배팔이 a person with a deformed〔mutilated〕 arm.
곰보 a pockmarked person.
곰살갑다 《너그럽다》 (be) generous; broad-minded; 《다정스럽다》 (be) tender; kind; gentle.
곰살궂다 (be) gentle; meek; kind.
곰탕(—湯) ① ☞ 곰국. ② 《밥을 넣은》 meat and rice soup.
곰팡(이) mold; mildew; must. ¶ ~내 나는 musty; fusty; moldy / ~ 나다〔슬다〕 get〔become〕 moldy〔musty〕; be covered with mold. ‖ ~균 a mold (fungus).
곱 《곱절》 times; 《배》 double.
곱다[1] 《모습·소리 따위가》 (be) beautiful; pretty; lovely; fine; 《마음씨가》 (be) tender; kindly; gentle. ¶ 곱게 beautifully; prettily; charmingly / 고운 목소리 a sweet voice / 고운 마음씨 a tender heart / 곱게 차려 입다 dress *oneself* beautifully; be finely dressed.
곱다[2] 《손발이》 (be) numb; benumbed (with cold). ¶ 추워서 손발이 ~ *one's* limbs are numb with cold.
곱똥 mucous feces〔stools〕.
곱빼기 ①《음식의》 a double-measure of《*liquor*》; a double-the-ordinary dish(요리). ②《거듭》 double; two times. 「back.
곱사등이 a humpback; a hunch-
곱살끼다 fret; be fretful.
곱살스럽다 (be) pretty(얼굴이); gentle(마음씨가).
곱새기다 《오해》 misunderstand; misconstrue; 《곡해》 misinterpret; 《고깝게 여기다》 think ill of; 《거듭 생각하다》 think《*a matter*》 over and over.
곱셈 multiplication. ~하다 multiply; do multiplication.
곱슬곱슬하다 (be) curled; curly; 「wavy.
곱자 a square.
곱쟁이 double.
곱절 《배(倍)》 times; double. ~하다 double《*it*》. ¶ 두 ~ double; twice; two times / 두 ~의 양〔수〕 twice as much〔many〕 as.
곱창 the small intestines of cattle.
곱치다 ①《곱절하다》 double. ②《둘로 접다》 double; fold up.
곱하다 multiply. ¶ 3에 2를 ~ multiply 3 by 2. ‖ 곱하기 multiplication.
곳 《장소》 a place; a spot(좁은); a scene(현장); 《사는 곳》 *one's* home〔address〕. ¶ 안전한 ~ a place of safety / 사고가 일어난 ~ the spot of the accident / 이~저~ here and there / 가는 ~마다 everywhere; wherever *one* goes / ~에 따라 다르다 be different in localities / 사는 ~을 알리다 give〔tell〕 *one's* address.
곳간(庫間) a warehouse; a storehouse. ‖ ~차 a box waggon《英》; a boxcar《美》. 「house.
곳집(庫 —) a warehouse; a store-
공 a ball. ¶ ~을 차다〔던지다〕 kick〔throw〕 a ball / ~을 튀기다 bounce a ball.
공(公) ①《공사》 public matters; public affairs. ¶ ~과 사를 구별하

다 draw the line between public and private matters. ②《공작》a prince; a duke (영국의). ¶에든버러～ the Duke of Edinburgh.

공(功) a meritorious service; merits. ¶특히 ～이 있는 사람 a person of exceptional merit / ～을 세우다 render meritorious services《*for the country*》/ ～들이다 elaborate; exert *oneself*《*to do*》; work hard.

공(空) 《영》 zero; 《무》 naught; nothing(허사); 《빔》 emptiness; 《원》a circle; an 'O'.

공 a gong. ¶～이 울렸다《권투》 There is the bell.

공가(空家) an empty〔an unoccupied, a vacant〕house.

공간(空間) space; room. ¶～의 spacial; spatial / 무한한 ～ infinite space / 시간과 ～을 초월하다 neglect time and space / 이 세상은 시간과 ～ 속에 존재한다 This world exists in time and space. ‖ ～감각 a sense of space / ～예술 spatial art.

공갈(恐喝) a threat; a menace; blackmail. ～하다 threat; blackmail; menace. ¶ ～하여 돈을 빼앗다 blackmail《*a person*》for money. ‖ ～자 a blackmailer / ～죄 the crime of blackmail / ～취재(取財) extortion by threats.

공감(共感) sympathy. ～하다 sympathize《*with*》. ¶～을 불러일으키다 arouse sympathy《*from*》/ ～을 얻다 win〔get〕《*a person's*》sympathy.

공개(公開) ～하다 open《*a thing*》to the public; exhibit. ¶～된 open (to the public) / 주식의 ～ public offering of stocks; a public sale of shares / ～ 석상에서 in public / 정보의 ～를 요청하다 require that the information be made public / 그 궁전은 일반에게 ～되어 있다 The palace is open to the public. ‖ ～강좌 an open class; an extension course / ～수사 an open investigation / ～청문회 a public hearing / ～토론회 an open forum.

공개념(公概念) the public concept. ¶토지의 ～ the public concept of land ownership.

공개방송(公開放送) open broadcasting.

공개입찰(公開入札) a public〔an open〕bidding.

공것(空—) a thing that can be had for nothing; a thing got for nothing; something free.

공격(攻擊) an attack; an assault; an offense; 《비난》a charge; (a) censure. ～하다 attack; assault; 《비난》charge; criticize. ¶～적인 태도를 취하다 adopt an offensive attitude《*toward*》/ ～은 최대의 방어이다 A good offense is the best defense. / 미사일 ～을 개시하다 launch a missile attack / 시장의 무능을 ～하다 charge the mayor with incompetence. ‖ ～개시(예정)시간 H-hour; zero hour / ～군 an attacking force / ～력 striking〔offensive〕power / ～용 무기 offensive weapons〔arms〕/ ～정신〔자세〕an offensive spirit〔posture〕/ ～측《야구의》the team at bat / 기습～ a surprise attack.

공경(恭敬) respect; reverence. ～하다 respect《*one's teacher*》; revere. ¶～할 만한 respectable; venerable.

공고(工高) a technical high school.

공고(公告) a public〔an official〕announcement〔notice〕. ～하다 notify publicly; announce.

공고하다(鞏固—) (be) firm; solid; strong. ¶공고한 유대 strong ties.

공공(公共) ¶ ～의 public; common / ～의 이익을 도모하다 promote the public interests〔good〕; work for the public benefit. ‖ ～기관 a public institution / ～기업체 a public corporation / ～단체 a public body / ～복지 public welfare / ～사업 a public enterprise / ～생활 communal life / ～심 public spirit / ～요금 public utility charges / ～위생〔시설, 재산〕public health〔facilities, property〕.

공공(空空) 《형용사적》undisclosed; a certain; unidentified. ‖ ～기지 an undisclosed base / ～부대 an unnamed unit / ～사건 a certain affair.

공공연하다(公公然—) (be) open; public. ¶공공연히 openly; publicly; in public / 공공연한 비밀 an open secret / 공공연한 사실 a matter of common knowledge.

공과(工科) the engineering department. ‖ ～대학 an engineering college; an institute of technology.

공과(功過) merits and demerits.

공과금(公課金) public imposts〔charges〕; taxes.

공관(公館) an official residence; Government establishments. ‖ ～장 회의 a conference of the heads of diplomatic mission abroad.

공교롭다(工巧—) 《뜻밖》(be) unexpected; coincidental; (in)opportune; casual; accidental. ¶공교로운 때 an (in)opportune time〔occasion〕/ 공교롭게 by chance (우연히); unluckily; unfortunately (재수없게); unexpectedly (의외로) / 공교롭게도 그날은 비가 왔다 The day happened to be rainy.

공구(工具) a tool; an implement. ¶ ～ 한 벌 a set of tools. ‖ ～상자 a toolbox / 전동～ a machine tool / 정밀～ a precision tool.

공구(工區) a section of works.

공국(公國) a dukedom.

공군(空軍) an air force. ‖ ～기지 an air base / ～력 air power / ～사관학교 an air-force academy / ～작전〔부대〕 an air operation 〔unit〕 / 한국～ the Republic of Korea Air Force (ROKAF).

공권(公權) ①《국가의》 = ～력. ②《개인의》 civil rights; citizenship. ¶ ～을 박탈당하다 be deprived of *one's* civil rights. ‖ ～력 governmental authority; public power (～력의 행사 the exercise of governmental authority) / ～박탈〔정지〕 deprivation 〔suspension〕 of civil rights.

공권(空拳) a bare hand. ¶ (적수) ～으로 with *one's* naked 〔bare〕 hands.

공극(空隙) an opening; a gap.

공금(公金) public funds 〔money〕. ¶ ～을 횡령하다 embezzle public money.

공급(供給) supply; provision. ～하다 supply 〔furnish, provide〕 《*a person*》 with. ¶ ～을 받다 be supplied 《*with*》; get a supply 《*of*》. ‖ ～원(源) a source of supply / ～자 a supplier.

공기(工期) 〖建〗 a term of works.

공기(公器) a public organ 〔institution〕.

공기(空氣) air; atmosphere(분위기). ¶ 탁한〔신선한〕 ～ foul 〔fresh〕 air / ～ 유통이 좋은〔나쁜〕 well=〔poorly-〕ventilated; airy 〔stuffy〕 / 좌중의 ～〔분위기〕 the atmosphere of a meeting. ‖ ～냉각기 an air cooler / ～오염 air pollution; atmospheric pollution / ～전염 infection by air / ～정화기 an air purifier / ～제동기〔압착기〕 a pneumatic brake 〔compressor〕 / ～총 an air gun.

공기업(公企業) public enterprise; a government project.

공납금(公納金) 《부과금》 public imposts; 《학교의》 regular school payments.

공단(工團) an industrial complex.

공단(公團) a public corporation.

공대(恭待) ～하다 receive 《*a person*》 cordially (대접); address with respect (존대).

공대공(空對空) air-to-air 《*missile*》.

공대지(空對地) air-to-surface 《*missile*》.

공대함(空對艦) air-to-ship 《*missile*》.

공덕(公德) public morality. ‖ ～심 sense of public morality; public spirit.

공덕(功德) charity; a pious act. ¶ ～을 쌓다 do an act of charity; do charitable acts 〔deeds〕.

공도(公道) 《도로》 a highway; a public way; 《정의》 justice; equity. ¶ ～를 밟다〔걸어가다〕 take the path of justice.

공돈(空—) easy money; unearned 〔easily gained〕 money. ¶ ～은 오래 못 간다 Lightly come, lightly go. *or* Easy come, easy go.

공동(共同) cooperation; collaboration. ～하다 cooperate with; work together. ¶ ～으로 in cooperation with / ～의 이익을 위하여 for common benefit / ～의 적 a common enemy. ‖ ～개발 joint development / ～경영 joint operation / ～기자회견 a joint press conference / ～묘지 a (public) cemetery / ～성명 《issue》 a joint communiqué 〔statement〕 / ～연구 joint 〔group〕 researches; a joint study / ～작업 group work / ～작전 concerted operations / ～재산 joint 〔common〕 property / ～제작 joint production / ～주최 《under》 the joint auspices 《*of*》 / ～출자 joint investment.

공동(空洞) a cave; a cavern. ¶ ～화하다 become hollow; lose substance / 산업의 ～화 deindustrialization.

공동가입(共同加入) 《전화》 joint subscription. ‖ ～선 a party line / ～자 a joint subscriber.

공동생활(共同生活) community 〔communal〕 life. ～하다 live together.

공동체(共同體) a community; a communal society.

공들다(功—) require 〔take〕 much labor; cost strenuous effort. ¶ 공드는 일 hard 〔laborious〕 work.

공들이다(功—) elaborate; do elaborate 〔careful〕 work; exert *oneself;* apply *oneself* to. ¶ 공들인 준비 elaborate preparations.

공락하다(攻落—) take 《*a castle*》; capture 《*a fort*》.

공란(空欄) a blank; a blank space 〔column〕. ¶ ～에 기입하다 fill up the blanks in the sheet.

공람(供覽) ～하다 submit 《*things*》 to public inspection; exhibit 《*things*》 before the public.

공랭(空冷) air cooling. ¶ ～의 air=cooled 《*engine*》.

공략(攻略) capture; invasion(침략). ～하다 capture; invade.

공로(功勞) meritorious services; merits. ¶ ～에 의하여 in recognition of *one's* services / ～를

세우다 render distinguished service. ‖ ～자 a person〔man〕of merits / ～장 a distinguished service medal / ～주(株)〖商〗a bonus stock.

공로(空路) an air route〔lane〕; an airway. ¶ ～로 by plane〔air〕/ 김포를 출발, ～로 하와이에 가다 fly from Kimp'o toward Hawaii.

공론(公論) public opinion; the consensus (of opinion).

공론(空論) an empty theory; a futile argument; an academic argument〔discussion〕. ‖ ～가 a doctrinaire / 탁상～ an armchair theory〔plan〕.

공룡(恐龍) a dinosaur.

공률(工率) rate of production; 〖理〗power.

공리(公利) public welfare〔interests〕.

공리(功利) utility. ¶ ～적인 utilitarian / 사물을 ～적으로 생각하다 take a utilitarian view of things; view things in a practical way. ‖ ～주의 utilitarianism / ～주의자 a utilitarian.

공립(公立) ¶ ～의 public; municipal (시립의). ‖ ～학교 a public school.

공매(公賣) public auction〔sale〕. ～하다 sell by auction; sell at auction《美》. ¶ ～에 부치다 put《*a thing*》to public sale; sell《*a thing*》by〔at〕auction. ‖ ～처분 disposition by public sale.

공명(公明) fairness; justice; openness. ¶ ～정대한 fair; just; open / ～정대하게 하자 Let's play fair. ‖ ～선거 a clean〔corruption-free〕election.

공명(功名) a great exploit〔achievement〕; a glorious deed; a feat of arms(무공). ¶ ～심 aspiration; ambition / ～심에 불타다 be very thirsty〔eager〕for fame.

공명(共鳴)〖理〗resonance; 《공감》sympathy; response. ～하다《물체가》be resonant with; 《마음이》sympathize〔feel〕with; respond to. ‖ ～기 a resonator.

공모(公募) a public appeal《*for contribution*》; an offer for public subscription(주식 등의); public advertisement (of a post). ～하다 offer shares for public subscription(주식을); raise《*a fund*》by subscription (기부를). ¶ 비서를 ～하다 advertise for a secretary / 소설의 ～는 내일로 마감이다 Tomorrow is the deadline for public contribution for novels.

공모(共謀) conspiracy. ～하다 conspire〔plot〕together; conspire〔plot〕with *a person*. ‖ ～자 a conspirator; an accomplice.

공무(公務) official business〔duties〕; government affairs. ¶ ～로 여행하다 travel on official business / ～중의 재해보상 compensation for accidents in the line of duty. ‖ ～집행방해 interference with a government official in the exercise of his duties.

공무원(公務員) an official; a public official; a civil servant. ¶ ～이 되다 enter into public service. ‖ ～정년제 the age limit system for civil servants.

공문(公文)《문서》an official document〔paper〕. ¶ ～서를 위조하다 forge official documents. ‖ ～서위조 forgery of an official document.

공문(空文) a dead letter. ¶ ～화하다 turn out a dead letter.

공물(供物) an offering《*to the spirits of one's ancestors*》; a tribute.

공민(公民) a citizen. ‖ ～교육 civic education / ～권 citizenship; civil rights(～권을 박탈하다 disfranchise《*a person*》; deprive《*a person*》of his civil rights).

공박(攻駁) refutation; attack. ～하다 refute; confute; argue against.

공방(攻防) offense and defense. ‖ ～전 an offensive and defensive battle.

공배수(公倍數)〖數〗a common multiple.

공백(空白) a blank; blank〔unfilled〕space; 《비유적》a vacuum. ¶ ～을 메우다 fill (in) the blank《*with*》.

공범(共犯) conspiracy. ‖ ～자 an accomplice.

공법(工法) a method of construction. ‖ 실드～〖建〗the shield method.

공법(公法) public law. ¶ 국제～ international law.

공병(工兵) a military engineer. ‖ ～대 a military engineer corps.

공보(公報) an official report〔bulletin〕. ¶ 선거～ an election bulletin. ‖ ～실〔국〕the Office〔Bureau〕of Public Information / 미국～원 the U.S. Information Service (생략 USIS).

공복(公僕) a public servant.

공복(空腹) hunger; an empty stomach. ¶ ～에 on an empty stomach; before meal / ～을 느끼다 feel hungry.

공부(工夫) study. ～하다 study. ¶ ～를 잘하다〔못하다〕be good〔poor〕at *one's* studies. ‖ 시험～ study for an examination.

공분(公憤) righteous indignation. ¶ ～을 느끼다 be morally indignant《*at, over something*》.

공비(工費) the cost of construc-

tion; construction expenses.
공비(公費) public expense.
공비(共匪) red〔communist〕guerrillas. ‖ 무장 ~ armed red guerrillas.
공사(工事) (construction) works; construction. ~하다 construct; do construction work《*at, on*》. ¶ ~중이다 be under construction. ‖ ~비 the cost of construction / ~입찰 a bid for construction work / ~현장〔판〕a site of construction / 수리〔증축〕~ repair〔extension〕works / 토목~ civil engineering works; public works.
공사(公司) a company; a firm.
공사(公私) official〔public〕and private matters. ¶ ~ 간에 both in public and private / ~를 구별하다 draw the line between public and private matters.
공사(公社) a public corporation.
공사(公使) a minister. ¶ 주한 프랑스 ~ the French Minister to Korea / 대리 ~ a chargé d'affaires / 특명전권 ~ an envoy extraordinary and minister plenipotentiary. ‖ ~관 a legation / ~관원 the personnel〔staff〕of a legation(총칭).
공사(公事) public〔official〕affairs.
공사채(公社債) bonds; (public) bonds and coporate debentures. ‖ ~시장 the bond market / ~형 투자신탁 a bond investment trust.
공산(公算) probability. ¶ …할 ~이 크다 There is a strong probability that….
공산(共産) ¶ ~화하다 communize《*a country*》/ 북한 ~집단 the band of Communists in North Korea. ‖ ~권 the Communist bloc / ~당 the Communist Party / ~당원 a Communist (party member) / ~주의 communism (~주의의 communist(ic)) / ~진영 the Communist camp / ~화 communization.
공산명월(空山明月) ① the moon shining on a lone mountain. ②《대머리》a bald head.
공산품(工産品) industrial products.
공상(空想) an idle fancy; a daydream; imagination. ~하다 fancy; imagine; daydream. ¶ ~적인 fanciful; imaginary / ~에 잠기다 be lost〔indulge〕in fantasy; be given to daydreaming / 아이들은 ~의 세계를 좋아한다 Children like a fantacy world. ‖ ~가 a (day) dreamer / ~과학소설 science fiction (생략 SF).
공생(共生)〖生〗symbiosis. ‖ ~관계 a symbiotic relationship.
공서양속(公序良俗)〖法〗good public order and customs.
공석(公席) ①《공식 석상》a public occasion; the meeting. ¶ ~에서 on a public occasion. ②《공무 보는 자리》an official post.
공석(空席) a vacant seat; a vacancy. ¶ ~을 채우다 fill (up) a vacancy.
공설(公設) ¶ ~의 public; municipal. ‖ ~시장 a public market.
공세(攻勢) the offensive〔aggressive〕. ¶ ~를 취하다 take the offensive《*against*》/ ~로 전환하다 change〔switch〕to the offensive. ‖ 외교~ a diplomatic offensive.
공소(公訴)〖法〗arraignment; prosecution; public action. ~하다 arraign; prosecute. ‖ ~사실 a charge / ~장 a written arraignment.
공손(恭遜) ¶ ~한 polite; civil; courteous / ~히 politely; civilly; humbly; courteously.
공수(攻守) offense and defense; 〖野〗batting and fielding. ‖ ~동맹 an offensive and defensive alliance.
공수(空輸) air transport; an airlift. ~하다 transport《*a thing*》by air; airlift. ¶ 구호물자를 ~하다 transport relief goods by air. ‖ ~부대 an airborne unit〔corps〕; an airlift troop / ~작전 an airlift operation / ~화물 air cargo〔freight〕.
공수병(恐水病) ☞ 광견병.
공수표(空手票) a fictitious bill; a bad check;《비유적》an empty promise. ¶ ~를 떼다 make an empty promise (비유).
공술(空—) a free drink; free liquor.
공술(供述) a statement; a deposition(법정에서의). ~하다 depose; state; testify. ‖ ~서 a written statement / ~자 a deponent.
공습(空襲) an air raid〔attack〕. ~하다 make an air raid《*on*》. ‖ ~경보《give》an air-raid alarm〔warning〕(~경보를 내리다 put out〔sound〕an air-raid warning / ~경보를 해제하다 sound the "all clear").
공시(公示) public announcement〔notice〕. ~하다 announce publicly. ‖ ~가격 a posted price; the publicly assessed value《*of land*》/ ~최고〖法〗a public summons.
공식(公式)《수학의》a formula;《정식》formality. ¶ ~의 formal; official; state / ~을 적용하다 apply a formula《*to a problem*》/ ~적인 사고방식 a stereotyped way of thinking / ~으로 발표하다 an-

nounce officially《*that*...》. ‖ ~경기 a regular game〔match〕/ ~〔비공식〕 발표 an official〔unofficial〕 statement / ~방문 a formal visit; a state visit(국가 원수의) / ~화 formulation.

공신(功臣) a meritorious retainer.

공신력(公信力)《lose》public confidence〔trust〕.

공안(公安) public peace (and order); public security〔safety〕. ¶ ~을 유지하다〔해치다〕 keep〔disturb〕 public peace. ‖ ~위원회 a public safety commission.

공알《음핵》the clitoris.

공약(公約) a public pledge〔promise〕; a commitment. ~하다 pledge〔commit〕 *oneself*. ¶ 선거 ~을 지키다 keep election〔campaign〕 promises.

공약수(公約數)〖數〗a common measure〔divisor〕. ‖ 최대 ~ greatest common measure(생략 G.C.M.).

공양(供養) ~하다 provide《*one's elders*》with food; hold a mass〔memorial service〕 for《*the dead*》. ‖ ~미 rice offered to Buddha.

공언(公言) (open) declaration. ~하다 declare (openly); profess.

공업(工業) (manufacturing) industry. ¶ ~의 industrial; manufacturing; technical / ~용의 for industrial use〔purpose〕/ ~의 발전을 촉진하다 spur《*the country's*》industrial growth. ‖ ~가 an industrialist / ~계 industrial circles / ~고등학교 a technical high school / ~국 an industrial nation / ~규격 ☞ 산업규격 / ~기술 industrial technology / ~단지 an industrial complex / ~도시 an industrial city / ~용수 water for industrial use / ~용지 an industrial site / ~지대 an industrial area〔district〕/ ~화 industrialization(~화하다 industrialize) / 석유화학~ the petrochemical industry.

공여(供與) giving; a grant. ~하다 give; grant; make a grant《*of*》.

공역(共譯) joint translation.

공연(公演) a public performance. ~하다 perform; play. ‖ 위문~ a consolation performance.

공연(共演) ~하다 coact; play together. ‖ ~자 a costar; a coactor.

공연(空然) ¶ ~한 useless; futile; needless; unnecessary / ~히 to no purpose; uselessly; unnecessarily; in vain.

공염불(空念佛) a fair but empty phrase. ¶ ~에 그치다 end in an empty talk.

공영(公營) public management. ~하다 place《*an undertaking*》under public management. ‖ ~주택 public〔municipal〕 housing(집합적).

공영(共榮) mutual prosperity.

공영(共營) joint management. ~하다 operate jointly《*with*》.

공예(工藝) industrial arts; a craft. ¶ 미술~ arts and crafts. ‖ ~가 a craftsman / ~기술 craftmanship / ~미술 applied fine arts / ~품 an art work.

공용(公用) public use; official〔public〕 business. ¶ ~으로 on official business〔duty〕. ‖ ~어 an official language / ~차 an official vehicle.

공용(共用) common use. ~하다 use《*a thing*》in common; share《*a thing*》with《*another*》. ¶ 이 수도전(栓)은 ~이다 This tap〔water faucet〕 is for common use. / 나는 그와 이 방을 ~하고 있다 I use this room in common with him.

공원(工員) a (factory) worker.

공원(公園) a park. ‖ 국립~ a national park.

공유(公有) public ownership. ¶ ~의 public; public(ly) owned. ‖ ~물〔재산〕 public property / ~지 public land.

공유(共有) joint〔common〕 ownership. ~하다 hold《*a thing*》in common; own《*a thing*》jointly. ‖ ~자 a joint owner / ~재산 common property / ~지 a common land.

공으로(空一) free (of charge); for nothing; gratis. ¶ ~ 얻다〔일하다〕 get〔work〕 for nothing.

공의(公醫) a community doctor.

공이 a pestle; a pounder; a firing pin(총의). ¶ ~로 찧다 pestle.

공이치기《총의》a hammer.

공익(公益) the public benefit〔interest, good〕; the common good. ¶ ~을 도모하다 work for the public good. ‖ ~단체〔사업〕 a public corporation〔utility works〕/ ~법인 a public service corporation / ~우선 public interests first.

공인(公人) a public man〔figure〕. ¶ ~으로서의 생활 *one's* public life / ~으로서 발언하다 express *one's* opinion in *one's* official capacity.

공인(公認) authorization; official approval〔recognition〕. ~하다 recognize officially; authorize. ¶ ~의 authorized; official / ~을 받다 gain official approval. ‖ ~기록 an official record / ~중개사 a licensed real estate agent / ~후보자 a recognized〔an authorized〕 candidate.

공일(空―) 《거저일》 ～하다 work for nothing. 「일》a holiday.
공일(空日) 《일요일》 Sunday; 《공휴
공임(工賃) a wage; wages; pay. ¶ ～을 올리다〔줄이다〕 raise〔cut down〕 the wages.
공자(公子) a little prince.
공자(孔子) Confucius.
공작(工作) handicraft; 《책동》 maneuvering. ～하다 《제작》 work; make; 《책동》 maneuver. ¶ 준비 ～을 하다 pave the way 《*for*》 / 화평 ～을 하다 make a peace move. ‖ ～금 operational funds / ～ 기계 a machine tool / ～대 a worktable / ～물 a structure; a building / ～실 a workshop / ～원 an agent; an operative / ～품 handicrafts / 정치～ political maneuvering / 지하～ underground activities.
공작(孔雀) 〖鳥〗 a peacock; a peahen(암컷).
공작(公爵) a prince; a duke 《英》. ‖ ～부인 a princess; a duchess.
공장(工匠) a craftsman; an artisan.
공장(工場) a factory; a plant; a workshop; a mill(종이·목재의). ‖ ～관리 factory management / ～용지 a factory site / ～장 a plant manager / ～지대 a factory district〔area〕 / ～폐쇄 a lockout (파업에 의한); a (factory) closure(불경기에 의한) / ～폐수 factory effluent〔waste water〕; industrial sewage.
공장도(工場渡) 〖商〗 ex factory. ‖ ～가격 the factory price.
공저(共著) collaboration; a joint work (책). ‖ ～자 a joint author; a coauthor.
공적(公的) public; formal; official. ¶ ～으로 officially; publicly; formally / ～ 생활 public life / ～ 성격을 띠다 be of〔have, assume〕 a public character.
공적(公敵) a public〔common〕 enemy. ¶ 인류의 ～ an enemy of mankind.
공적(功績) a meritorious deed; merits; services. ¶ ～을 세우다 render distinguished services to 《*the country*》.
공전(公轉) 〖天〗 revolution. ～하다 revolve; move around the sun.
공전(空前) ¶ ～의 unprecedented; *unheard-of*; record-breaking. ¶ ～절후의 명화 the greatest film of all time / 그것은 ～절후의 쾌거이다 It is the first and probably the last brilliant achievement.
공전하다(空轉―) 《기계 따위가》 race; run idle; 《논의 따위가》 argue in a circle; 《국회 따위가》 stall; remain idle 《*since*》. ¶ 국회는 개회 첫날부터 공전하고 있다 The National Assembly has remained idle since the first day of the session.
공정(工程) the progress of work; a (manufacturing) process. ¶ ～은 약 70퍼센트이다 The work is about 70 percent finished. ‖ ～관리 process control / ～안전관리 Processing Safety Management (생략 PSM) / ～표 a work schedule.
공정(公正) justice; fairness; impartiality. ¶ ～한 just; impartial; fair / ～한 처리 a fair〔square〕 deal / ～한 가격 just price. ‖ ～거래위원회 the Fair Trade Commission / ～증서 〖法〗 a notarial deed.
공정(公定) ¶ ～의 official; legal; (officially) fixed. ‖ ～가격 an official price / ～환율 an official exchange rate.
공정(부)대(空挺(部)隊) 〖軍〗 airborne troops; paratroops.
공제(共濟) mutual aid〔relief〕. ‖ ～사업 a mutual benefit〔aid〕 project / ～조합 a mutual-aid association; a (mutual) benefit society.
공제(控除) subtraction; deduction. ～하다 subtract; deduct 《*from*》. ¶ 보험료 ～를 신청하다 apply for an insurance premium tax exemption. ‖ ～액 an amount deducted.
공존(共存) coexistence. ～하다 coexist; live together. ¶ 번영이 빈곤과 ～한다 Prosperity coexists with poverty. ‖ ～공영 coexistence and coprosperity / 평화적 ～ peaceful coexistence.
공죄(功罪) merits and demerits.
공주(公主) a princess.
공중(公衆) the (general) public. ¶ ～의 public; common / ～ 앞에서 in public / ～의 이익 the public interest; the general good. ‖ ～도덕 public morality / ～목욕탕 a public bath / ～변소 a public lavatory / ～위생 public health〔hygiene〕 / ～전화 a public telephone; 《전화 박스》 a telephone booth 《美》 / 카드식 ～전화 a cardphone.
공중(空中) the air. ¶ ～의 aerial; in the air / ～에 뜨다 float in the air. ‖ ～급유 air(-to-air) refueling / ～보급 an airlift / ～분해 a midair disintegration / ～수송 air transportation / ～전 an air battle / ～조기경보 관제시스템 Airborne Warning and Control System (생략 AWACS) / ～조기경보(기) an Airborne Early

Warning(생략 AEW) / ～지휘기 an Airborne Command Post(생략 ACP) / ～충돌 a midair collision / ～폭발 an explosion in the air.

공중감시(空中監視) (an) air surveillance; aerial inspection.

공중납치(空中拉致) hijacking of an airplane; skyjacking. ～하다 highjack〔hijack〕a (passenger) plane. ‖ ～범 a hijacker.

공중누각(空中樓閣) a castle in the air; an air castle; a dream. ¶ ～을 짓다 build castles in the air / 마음속으로 ～을 그리는 사람 a daydreamer; a visionary.

공중제비(空中—) a somersault; a tumble. ¶ ～를 하다 turn a somersault; turn head over heels.

공증인(公證人) a notary (public).

공지(空地) vacant ground〔land〕; a vacant lot.

공지(公知) common〔universal〕knowledge. ¶ ～의 known to all; widely known; well-known / ～사항 the official announcement.

공직(公職) (a) public office. ¶ ～에 있다 hold〔be in〕a public office / ～을 떠나다 leave public life; resign from public office. ‖ ～생활 a public career〔life〕/ ～추방 purge from public office.

공직자(公職者) a public〔government〕official; a holder of (public) office; an officeholder. ¶ ～들의 무사 안일주의와 수동적인 자세 the easygoing and passive attitude on the part of government officials. ‖ ～사회 the bureaucratic society / ～윤리법 the Public Servants' Ethics Law.

공짜(空—) an article got for nothing. ¶ ～로 for free〔nothing〕; gratis.

공차(空車) 《빈차》 an empty car; 《무료 승차》 a free〔stolen〕ride. ¶ ～타다 steal a ride; get a free ride.

공창(工廠) an arsenal.

공창(公娼) a licensed prostitute(사람); licensed prostitution (제도).

공채(公債) 《채무》 a public loan〔debt〕; 《증권》 a public (loan) bond. ¶ ～를 발행하다 issue bonds / ～를 상환하다 redeem a loan. ‖ ～시장 the bond market / 장기～ a long-term government bond.

공처가(恐妻家) a henpecked〔submissive〕husband.

공천(公薦) public nomination. ～하다 nominate publicly. ¶ 후보자를 ～하다 officially adopt a candidate; nominate a candidate.

공청회(公聽會) 《hold》 a public〔an open〕hearing.

공출(供出) delivery; offering. ～하다 tender; offer; turn in. ‖ ～미 rice tendered (to the government) / ～할당 allocation of delivery quotas.

공치다(空—) 《허탕》 be unsuccessful〔fruitless〕; 《동그라미》 draw a circle.

공치사(功致辭) self-praise; admiration of *one's* own merit. ～하다 praise *one's* own service; brag of *one's* merit.

공칭(公稱) ¶ ～의 nominal; official. ‖ ～자본금 nominal〔authorized〕capital.

공탁(供託) a deposit; a trust. ～하다 deposit 《*money*》 in〔with〕; give 《*a thing*》 in trust. ‖ ～금 deposit money / ～물 a deposit; a deposited article / ～소 a depository / ～자 a depositor.

공터(空—) a vacant lot; an open space.

공통(共通) ¶ ～의 common 《*to*》 / ～의 이해 common interests / ～되는 점이 있다〔없다〕 have something〔nothing〕in common / 두 사람은 ～된 취미가 있다 The two share the same interests. ‖ ～분모(分母) 〖數〗 a common denominator / ～어 a common language / ～점 a point in common 《*between*》; something *they* have in common.

공판(公判) a (public) trial〔hearing〕. ¶ 사건을 ～에 부치다 bring a case to trial; put a case on trial / ～을 열다 hold (a) court / ～중이다 be on trial. ‖ ～정 the court (of trial).

공판장(共販場) a joint market.

공편(共編) coeditorship.

공평(公平) impartiality; justice. ¶ ～한 fair; just; impartial / ～히 impartially; fairly; equally / ～무사한 fair and disinterested / ～한 판단 a fair judgment / ～한 태도로 학생들을 대하다 deal with students with an impartial attitude.

공포(公布) promulgation; proclamation. ～하다 promulgate; proclaim.

공포(空砲) a blank shot. ¶ ～를 쏘다 fire a blank shot.

공포(恐怖) fear; terror; horror. ¶ ～에 사로잡히다 be seized with fear; be terror-stricken / ～의 빛을 보이다 look scared〔frightened〕/ ～에 떨다 tremble with fear. ‖ ～감 (a sensation of) fear / ～영화 a horror film / ～증 a phobia; a morbid fear.

공폭(空爆) an air bombardment.

공표(公表) 《공포》 official〔public〕announcement; 《발표》 publication. ～하다 announce officially; publish; make public. ¶의견을 ～하다 make *one's* opinion known / 그 사건의 관련자 명단은 ～되지 않았다 The names of people concerned in the affair have never been made public. / …라고 ～되었다 It was officially announced that….

공학 (工學) engineering (science). ‖～부 the department of technology / ～사〔박사〕 a bachelor 〔doctor〕 of engineering.

공학 (共學) coeducation. ¶ 남녀～의 학교 a coeducational 〔co-ed〕 school.

공한 (公翰) an official letter.

공한지 (空閑地) idle land.

공항 (空港) an airport. ¶ (비행기가) ～을 이륙하다 take off from the airport / ～에 착륙하다 land at an airport. ‖～출입국 관리소〔세관〕 the airport immigration office 〔customs house〕 / 국제～ an international airport.

공해 (公海) the open sea; the high seas; international waters. ¶～상에서 핵실험을 하다 conduct nuclear tests over international waters / ～의 자유 freedom of the open sea. ‖～어업 high sea fishery.

공해 (公害) 《환경오염》 environmental pollution. ¶무～의 non-polluting; pollution-free 《*cars*》 / ～를 제거〔방지〕하다 remove 〔prevent〕 environmental pollution / ～를 일으키다 cause harm to the public. ‖～기업 the industries causing environmental pollution / ～대책 antipollution measures / ～문제 a pollution problem / ～방지산업 antipollution industry / ～방지조례 pollution control ordinance / ～병 a pollution-caused disease / ～병 환자 victims of pollution-caused disease / 산업～ industrial pollution / 소음～ noise pollution / 식품～ food contamination / 원자력～ atomic pollution.

공허 (空虛) emptiness. ¶ ～한 empty; vacant / ～한 느낌이 들다 feel hollow. ‖～감 a sense of emptiness; a hollow feeling.

공헌 (貢獻) (a) contribution; service. ～하다 contribute 《*to*》; make a contribution 《*to*》. ¶시 발전에 크게 ～하다 make a great contribution to the development of the city.

공화 (共和) ¶ ～의 republican. ‖～국 a republic / ～당 《미국의》 the Republican Party; the Grand Old Party (～당원 a Republican) / ～정치 republican government / ～제 republicanism.

공황 (恐慌) a panic; consternation. ¶～을 가져오다 bring on 〔cause〕 a panic / ～을 이겨내다 get over a crisis. ‖금융 ～ a financial panic.

공회전 (空回轉) 《엔진의》 the idling of an engine. ¶ ～시키다 《엔진의》 keep an engine idling.

공훈 (功勳) merits; an exploit. ¶～을 세우다 perform meritorious deeds.

공휴일 (公休日) 《법정의》 a (legal) holiday; a red-letter day (일반적인).

…곶 (串) a cape; a headland.

곶감 a dried persimmon.

과 (科) 《학과》 a department; 《과정》 a course; 《동식물의》 a family. ¶고양이 ～의 동물 an animal in the cat family. ‖문〔이〕～ the literature 〔science〕 course / 영어～ the English Department.

과 (課) 《학과》 a lesson; 《분과》 a section. ¶제2～ Lesson 2 〔two〕 / ～원 the staff of a section / ～장 the head of a section / 인사～ the personnel section.

과 and; 《함께·대항·분리·비교》 with; against; from. ¶손～발 hand and foot / 그 사람～ 같이 가다 go with him / 남～ 관계를 끊다 break with *a person*.

과감 (果敢) ¶～한 daring; bold.

과객 (過客) a passer-by; a foot passenger.

과거 (科擧) *kwagō*, the state examination to recruit ranking officials during the *Chosŏn* Dynasty.

과거 (過去) the past (days); 《과거 생활》 *one's* past; 《시제의》 the past tense. ¶ ～가 있는 남자 a man with a (shady) past / ～를 묻지 마라 Let bygones be bygones. ‖～분사 a past participle / ～완료 the past perfect / ～지사 past events; bygones.

과격 (過激) ¶～한 excessive; violent; radical; extreme / ～한 수단 a drastic measure / ～한 사상 a radical idea. ‖～분자 a radical element / ～주의 extremism; radicalism / ～파 the radicals; the extremists.

과꽃 〖植〗 a China aster.

과납 (過納) ～하다 pay in excess. ‖～액 an amount paid in excess.

과녁 a target; a mark. ¶ ～을 맞히다〔못 맞히다〕 hit 〔miss〕 the target.

과년도 (過年度) last 〔the previous〕 year; 《회계상의》 the past financial 〔fiscal〕 year.

과년하다 (過年—) (be) past the marriageable age. ¶ 과년한 처녀 an old maid.

과념(過念) ～하다 mind excessively; worry too much.

과다(過多) excess; overplus. ¶ ～한 excessive; superabundant. ‖ ～청구 overcharge / 공급～ an excess of supply; oversupply / 영양～ an excess of nutrition.

과단(果斷) ¶ ～한 decisive; resolute. ‖ ～성 decisiveness; promptness in decision (～성 있는 사람 a man of decision / ～성이 없다 lack decision).

과당(果糖) fruit sugar; fructose.

과당경쟁(過當競爭) excessive〔cutthroat〕competition.

과대(過大) ¶ ～한〔하게〕excessive (-ly); too much / ～한 요구를 하다 make an excessive demand / 그에게 ～한 기대를 걸지 마라 Don't expect too much of him. ‖ ～시 overrating / ～평가 overestimation(능력을 ～평가하다 overestimate *one's* ability).

과대(誇大) ☞ 과장(誇張). ‖ ～광고 an extravagant advertisement; 《口》 a puff / ～망상 megalomania / ～망상환자 a megalomaniac.

과도(果刀) a fruit knife.

과도(過度) excess. ¶ ～한 excessive; immoderate; too much / ～하게 excessively; immoderately; too much / ～하게 먹다 eat too much / ～한 노동 excessive work.

과도(過渡) ‖ ～내각〔정부〕an interim〔a caretaker〕cabinet〔government〕.

과도기(過渡期) a transitional period〔stage〕; an age〔a period〕of transition. ¶ 한국의 경제는 지금 ～에 있다 Korea's economy is now in a period of transition. ‖ ～현상 a transient phenomenon.

과두정치(寡頭政治) oligarchy.

과람하다(過濫—) be more than *one* deserves.

과로(過勞) excessive labor; overwork. ～하다 work too hard; overwork *oneself*.

과료(科料) a fine. ¶ ～에 처하다 fine; impose a fine 《*upon*》.

과립(顆粒) a granule. ¶ ～모양의 granular.

과목(科目) a subject; a lesson; a course (과정); a curriculum (전과목); items (항목).

과묵(寡默) taciturnity. ¶ ～한 reserved; taciturn; reticent.

과문하다(寡聞—) be ill-informed 《*as to*》; have little knowledge 《*of*》.

과물(果物) ☞ 과일.

과민(過敏) ¶ ～한 nervous; too sensitive; oversensitive; keen. ¶ 그는 신경 ～이다 He is too〔all〕nervous. ‖ ～증 〖醫〗 hypersensitivity 《*to*》.

과밀(過密) overcrowding; overpopulation (인구의). ‖ ～도시 an overpopulated〔overcrowed〕city.

과반수(過半數) the majority; 《대부분》 the greater part〔number〕《*of*》. ¶ ～를 얻다 get〔win, obtain〕a majority / ～를 차지하다 hold a majority 《*in the Assembly*》.

과보(果報) 〖佛〗 retribution.

과부(寡婦) a widow. ¶ ～로 사는 여자 a woman living in widowhood / ～가 되다 be widowed; lose *one's* husband.

과부족(過不足) overs and shorts. ¶ ～없이 neither too much nor too less / 분량은 ～이 없다 The quantity is just enough.

과분(過分) ¶ ～한 excessive; undue; undeserved / ～한 영광 an undeserved honor.

과산화(過酸化) ‖ ～망간 manganese dioxide / ～물 peroxides / ～수소 hydrogen peroxide.

과세(過歲) ～하다 greet〔celebrate〕the New Year.

과세(課稅) taxation. ～하다 tax; impose a tax 《*on*》. ¶ 수입품에 ～하다 tax imported goods. ‖ ～율 the tax rate / ～품 an article subject to taxation; a customable goods 《美》 / 누진～ progressive taxation / 인정～ optional taxation / 중～ heavy taxation.

과소(過小) ¶ ～한 too small.

과소(過少) ¶ ～한 too little〔small〕. ‖ ～평가 underestimation(～평가하다 underrate; underestimate).

과소(過疎) 《인구의》 depopulation. ¶ ～한 depopulated 《*areas*》 / 인구 ～지역 a sparsely populated area; a depopulated area.

과소비(過消費) overconsumption; conspicuous consumption.

과속(過速) overspeed. ¶ ～으로 달리다 overspeed. ‖ ～차량 an overspeeding vehicle.

과수(果樹) a fruit tree. ‖ ～원 an orchard / ～재배 fruit culture.

과시(誇示) ～하다 display; show off; make a display of. ¶ 권력을 ～하다 show off *one's* authority.

과식(過食) overeating. ～하다 overeat *oneself;* eat too much. ¶ 그는 ～해서 배탈이 났다 He overeat and had a stomach upset.

과신(過信) overconfidence. ～하다 put〔place〕too much confidence 《*in*》; be overconfident 《*of*》. ¶ 자기 실력을 ～하다 overestimate *one's* own ability; have too much confidence in *oneself*.

과실(果實) ☞ 과일. ¶ 법정 ～ legal fruits / ～주 fruit wine.

과실(過失) ① 《과오》 a fault; a

mistake; an error. ¶ ～을 저지르다 commit a fault〔an error〕. ②《사고》an accident. ‖ ～상해죄 accidental〔unintentional〕 infliction of injury / ～치사 accidental homicide. ③《태만》negligence; carelessness. ‖ ～범 a careless offense.

과언(過言)《지나친 말》saying too much;《과장》exaggeration. ¶ …이라 해도 ～이 아니다 It is not too much〔no exaggeration〕 to say that….

과업(課業) ①《학업》a lesson; schoolwork; a task. ②《임무》a task; a duty. ¶ ～을 맡기다 assign《*a person*》to a task / ～을 완수하다 perform〔carry out〕 *one's* duties.

과연(果然) as expected; just as *one* thought; sure enough; really (정말). ¶ ～ 그는 거기 있었다 Sure enough, there he was.

과열(過熱) ～하다 overheat. ¶ ～된 경제 an overheated economy / 한국 경제는 ～되어 있다 The Korean economy is overheating.

과오(過誤) a fault; an error; a mistake. ¶ ～를 깨닫다 see the error of *one's* ways / ～를 저지르다 commit a fault; make a mistake.

과외(課外) ¶ ～의 extracurricular; extraclassroom. ‖ ～공부 out-of-school studies / ～수업 an extracurricular lesson / ～활동 extracurricular〔after-school〕 activities.

과욕(過慾) avarice; greed. ¶ ～을 부리다 be greedy〔avaricious, covetous〕《*of*》; expect too much.

과욕(寡慾) ¶ ～한 unselfish; disinterested / ～한 사람 a man of few wants.

과용하다(過用一) spend《*money*》too much〔in excess〕; take an overdose of《*heroin*》.

과원(課員) a member of the section staff; a staff of a section.

과유불급(過猶不及) Too much is as bad as too little.

과음(過飮) excessive drinking. ～하다 drink too much; drink to excess; overdrink *oneself*.

과인산(過燐酸)〖化〗perphosphoric acid. ‖ ～비료 a superphosphate.

과일 a fruit; fruit(age) (총칭). ¶ ～을 따다 pick fruit / ～을 맺다 bear fruit. ‖ ～상 a fruit shop〔store〕(가게); a fruit dealer〔seller〕(사람).

과잉(過剩) an excess; a surplus. ¶ ～의 surplus; superfluous.

과자(菓子)《총칭》confectionery;《생과자》cake;《파이 따위》pastry; cookie; biscuit; cracker. ‖ ～점 a confectionery; a candy store《美》.

과장(誇張) exaggeration. ～하다 exaggerate; overstate. ¶ ～된 exaggerated; bombastic / 그는 사실을 ～하는 버릇이 있다 He is given to exaggeration. / 나는 전혀 ～해서 말하는 것이 아니다 I'm not exaggerating〔stretching it〕 at all.

과장(課長) a section(al) chief.

과정(過程) (a) process; a course. ¶ 생산〔진화, 심의〕의 ～ the process of production〔evolution, discussion〕.

과정(課程) a course; a curriculum. ¶ 중학 ～을 마치다 finish the course of junior high school.

과제(課題)《제목》a subject; a theme;《임무》a task; an assignment;《숙제》homework;《문제》a problem. ¶ 논문의 ～ the subject of *one's* thesis / 여름방학 ～ summer homework; a summer assignment / 연구 ～ a study assignment / 우리는 당면 ～ 해결에 최선을 다해야 한다 We must do our best to solve the problems which confront us now.

과줄 a fried cake made of flour, honey and oil.

과중(過重) ¶ ～한 too heavy; burdensome / ～한 노동 overwork / ～한 부담〔책임〕 too heavy a burden〔responsibility〕.

과즙(果汁) fruit juice.

과찬(過讚) ～하다 praise excessively; overpraise.

과태료(過怠料) a fine for default; a negligence fine.

과표(課標)《과세표준》a standard of assessment. ‖ ～액 the taxable amount.

과하다(過一) (be) too much; excessive; undue. ¶ 과하게 to excess; excessively; unduly / 술을 과하게 마시다 drink too much; drink to excess / 과한 부담을 지우다 overtask; impose a heavy burden《*on*》/ 농담이 ～ carry a joke too far.

과하다(課一) impose; assign. ¶ 무거운 세금을 ～ impose a heavy tax / 과해진 임무를 다하다 perform the duty that has been assigned《*you*》.

과학(科學) science. ¶ ～화하다 make scientific / ～적(으로) scientific(ally) / ～적인 조사 결과, 사고 원인이 밝혀졌다 A scientific investigation cleared up the cause of the accident. ‖ ～기술 science technique / ～기술처 the Ministry of Science and Technology / ～용어 a scientific term /

～자 a scientist / ～전〔무기〕 scientific warfare〔weapon〕/ 한국～기술연구원 the Korea Institute of Science and Technology (생략 KIST) / 한국 ～기술원 the Korea Advanced Institute for Science and Technology (생략 KAIST).

과히 (過—) 《너무》 too (much); excessively; overly; to excess; 《부정과 함께》 《not》 very〔quite〕; 《not》 so much. ¶ ～ 걱정 마라 Take it easy! / ～ 좋지 않다 be not very〔so〕 good.

관 (棺) a coffin. ¶ 꽃으로 장식된 ～ a flower-decked coffin.

관 (管) a pipe; a tube.

관 (館) a Korean-style restaurant.

관 (貫) 《무게》 a *kwan* (=3.75kg).

…관 (觀) a view; an outlook. ¶ 사회 ～ *one's* view of social life / 세계 ～ an outlook on the world.

관개 (灌漑) irrigation; watering. ～하다 irrigate; water. ‖ ～공사 irrigation works / ～용수 irrigation water.

관객 (觀客) a spectator; the audience (총칭).

관건 (關鍵) 《핵심》 a key〔pivotal〕 point. ¶ 문제의 ～ the key to the question / …해결의 ～을 쥐다 hold the key to the solution of.

관계 (官界) the official world; official circles; officialdom. ¶ ～에 있다〔들어가다〕 be in〔go into〕 government service.

관계 (關係) ① 《관련》 relation; (a) connection; (a) relationship (연고). ～하다 be related 《*to*》; be connected 《*with*》; have 《*something*》 to do with. ¶ 친자 ～ a parent-child relationship / ～가 없다 have no relation 《*to*》; have nothing to do 《*with*》 / ～를 끊다 sever〔cut off〕 *one's* connection 《*with*》 / ～를 수립하다 establish 《*trade*》 relations 《*with*》 / 우호～를 유지하다 maintain friendly relations 《*with a country*》 / 수요는 공급과 ～가 있다 Demand bears a relation to supply. ‖ ～대명사 a relative pronoun / ～법규 the related laws and regulations / ～서류 the related〔relevant〕 documents / 외교～ diplomatic relations / 인과～ the relation between cause and effect / 한미 ～ Korea-U.S. relations. ② 《관여》 (a) participation; concern; 《연루》 involvement. ～하다 participate〔take part〕 in 《*a plot*》; be concerned 《*in*》; be involved 《*in*》. ¶ 경영에 ～하다 participate in the management / 나는 그 추문과 ～가 없다 I'm not concerned with the scandal. *or* The scandal doesn't concern me. ‖ ～기관〔당국〕 the organizations〔authorities〕 concerned / ～자 a person〔party〕 concerned; an interested party (이해의). ③ 《영향》 influence; effect. ～하다 affect; have influence on. ¶ 물가 상승은 국민 생활에 직접 ～된다 A rise in prices has a direct influence on people's way of life.

관공 (官公) ‖ ～리 public officials〔servants〕/ ～서 government and municipal offices.

관광 (觀光) sightseeing; tourism. ～하다 go sightseeing; do〔see〕 the sights 《*of*》. ¶ ～의 계절 a tourist season / ～의 명소 tourist attractions / 경주로 ～하러 가다 go to *Kyŏngju* to see the sights. ‖ ～객 a sightseer; a tourist / ～버스 a sightseeing bus / ～사업 the tourist industry; tourism / ～시설 tourist facilities / ～여행 a sightseeing tour (～여행을 하다 take a sightseeing trip) / ～지〔단, 호텔, 선〕 a tourist resort〔party, hotel, ship〕 / ～코스 a tourist route.

관구 (管區) a district (under jurisdiction); a jurisdiction.

관군 (官軍) the government forces〔troops〕.

관권 (官權) government authority〔power〕.

관급 (官給) government supply〔issue〕. ‖ ～품 government issue articles 《美》.

관기 (官紀) official discipline. ‖ ～문란 a laxity in official discipline.

관내 (管內) (an area) within the jurisdiction 《*of*》. ¶ ～를 순시하다 make a tour of inspection through *one's* (area of) jurisdiction.

관념 (觀念) ① 《의식》 a sense. ¶ 시간 ～이 없다 have no sense of time. ‖ 도의～ a moral sense / 의무〔책임〕～ a sense of duty〔responsibility〕. ② 《철학·심리학의》 an idea; a conception (개념). ¶ ～적인 ideal / 추상적 ～ an abstract idea / ～의 유희 a mere abstraction. ‖ ～론 idealism.

관능 (官能) sense. ¶ ～적인 sensuous (감각적); sensual (육감적) / ～적인 쾌락 sensual pleasure / ～적인 춤 a sensual dance. ‖ ～주의 sensualism.

관대 (寬大) broad-mindedness; generosity; tolerance. ¶ ～한 broad-minded; generous; liberal; tolerant / ～히 generously; liberally; tolerantly / ～한 태도 generous attitude / ～한 처분 lenient dealing (～한 처분을 탄원하다 plead for leniency).

관등 (官等) official rank. ‖ ～성명

one's official rank and name.

관등(觀燈) the celebration of the birthday of *Buddha;* the Lantern Festival.

관람(觀覽) inspection; viewing. ～하다 see; view; watch. ¶ ～이 자유롭다 be open to visitors 〔the public〕. ‖ ～객 a spectator; a visitor / ～권 an admission ticket / ～료 admission fee / ～석 《극장의》 a seat; a box; 《야구장 따위의》 a stand.

관련(關聯) relation; connection. ～하다 relate 《*to*》; be related 《*to*》; be connected 《*with*》. ¶ …와 ～하여 in connection with…; in relation to…. ‖ ～성 relevance.

관례(冠禮) a ceremony to celebrate 《*a person's*》 coming of age.

관례(慣例) a custom; a usage; a usual practice; a precedent (선례). ¶ 사회의 ～ a social custom〔code〕 / ～에 따라 in accordance with the custom / ～에 따르다〔를 깨다〕 follow〔break〕 custom / …하는 것이 ～이다 It is customary with us to *do*….

관록(官祿) a stipend; a salary.

관록(貫祿) dignity; weight. ¶ ～이 붙다 gain in dignity.

관료(官僚) bureaucracy; officialdom; 《사람》 a bureaucrat. ¶ ～적인 bureaucratic. ‖ ～주의 bureaucratism.

관류하다(貫流—) run〔flow〕 through.

관리(官吏) a government official; a public servant. ¶ ～가 되다 enter government service.

관리(管理) 《경영·운영》 management; administration; control; 《보관》 charge; care. ～하다 administer; manage; control; take charge of. ¶ 정부 ～하에 있다 be under government control. ‖ ～가격 an administered price / ～인〔자〕 a manager; an administrator; a superintendant; a custodian(공공시설의); a caretaker(집의); an executor(유산의) / ～직 an administrative post; the managerial class(집합적) / 생산〔노무〕～ production 〔labor〕 management / 품질～ quality control.

관립(官立) ¶ ～의 government(al).

관망(觀望) ～하다 observe; watch; 《형세를》 wait and see; sit on the fence. ¶ 사태의 추이를 ～하다 watch the course of events / ～적 태도를 취하다 take a wait-and-see attitude.

관명(官名) an official title. ¶ ～을 사칭하다 assume an official title.

관명(官命) 《by》 official〔government〕 orders.

관모(冠毛) 〖植〗 a pappus; 〖動〗 a crest.

관목(灌木) a shrub; a bush.

관문(關門) a barrier; a gateway 《*to*》; a difficulty (어려움). ¶ 최후의 ～ the final obstacle / 입학시험의 ～을 통과하다 get through the entrance exam 《*and enter S University*》.

관물(官物) government property; article supplied by the government.

관민(官民) officials and people; the government and the people. ¶ ～이 협력하여 by the united efforts of government and people.

관변(官邊) government circles; official quarters.

관보(官報) the official gazette. ¶ ～로 발표하다 gazette; announce in the official gazette / ～에 실리다 be published in the official gazette.

관복(官服) an official outfit.

관비(官費) government expense(s). ¶ ～로 유학하다 study abroad at government expense. ‖ ～유학생 a student sent abroad by the government.

관사(官舍) an official residence.

관사(冠詞) an article. ‖ 정〔부정〕～ a definite〔an indefinite〕 article.

관상(冠狀) ¶ ～의 coronary; coronal; crown-shaped. ‖ ～동맥〔정맥〕 the coronary arteries〔veins〕.

관상(管狀) ¶ ～의 tubular; tubulous; tube-shaped.

관상(觀相) phrenological interpretation. ¶ ～을 보다 tell 《*a person's*》 fortune by physiognomy (남의); get 《*a person*》 to tell *one's* fortune by physiognomy(자기의). ‖ ～술 physiognomy; phrenology / ～쟁이 a physiognomist; a phrenologist.

관상(觀象) meteorological observation. ‖ ～대 a weather station; a meteorological observatory.

관상(觀賞) ～하다 admire; enjoy. ‖ ～식물 a decorative plant / ～어 an aquarium fish.

관서(官署) a government office.

관선(官選) ¶ ～의 chosen〔appointed〕 by the government. ‖ ～이사 a government-appointed trustee.

관설(官設) ¶ ～의 established by the government.

관성(慣性) 〖理〗 inertia. ¶ ～의 법칙 the law of inertia. ‖ ～유도 inertial guidance.

관세(關稅) customs (duties); a (customs) tariff; a duty. ¶ ～를 부과하다 impose〔levy〕 a duty 《*on*》 / ～를 물지 않는 duty-free / ～를 무는 dutiable / 「이 제

품에는 ～가 부과됩니까?」—「아니요, 그렇지 않습니다」 "Is there (a) customs on this product ?"—"No, there isn't." ‖ ～면제품 a duty-free article / ～법 the Customs Law / ～율 a tariff rate / ～장벽 a tariff barrier〔wall〕/ ～청 the Customs Administration / 보호～ a protective tariff.

관세음보살(觀世音菩薩) the Buddhist Goddess of Mercy.

관수(官需) an official demand. ‖ ～물자 supplies for government use.

관습(慣習) a custom; a convention(인습). ¶ 오랜 ～을 깨다〔지키다〕 break〔keep up〕 an old custom. ‖ ～법 the customary〔common〕 law.

관심(關心) concern; interest. ¶…에 ～을 갖다 be interested in〔concerned with〕; take interest in / …에 ～이 없다 be indifferent to; take no interest in / 그는 UFO에 ～이 있다 He is interested in UFO's. ‖ ～사 a matter of concern.

관악(管樂) pipe-music; wind music. ‖ ～기 a wind instrument.

관업(官業) a government enterprise.

관여(關與) participation. ～하다 participate〔take part, have a share〕《*in*》.

관영(官營) ☞ 국영(國營).

관용(官用) 《용무》 government〔official〕 business〔duty〕; 《사용》 official use. ¶ ～으로 on official business〔use〕. ‖ ～차 an official vehicle.

관용(寬容) tolerance; generosity. ～하다 tolerate; be generous. ¶ ～의 정신 the spirit of tolerance.

관용(慣用) usage; common use. ¶ ～의 common; usual; idiomatic(어구의). ‖ ～어구 an idiomatic expression; an idiom.

관위(官位) official rank.

관인(官印) an official〔a government〕 seal. ¶ ～을 찍다 affix an official seal.

관자놀이(貫子—) the temple of *one's* head.

관작(官爵) an office and rank; official rank. ¶ ～을 주다 grant 《*a person*》 official rank.

관장(管掌) management; charge; control. ～하다 manage; take charge of; have 《*a matter*》 in charge. ‖ ～업무 the business in *one's* charge.

관장(館長) a director; a (chief) librarian (도서관의); a curator (박물관의).

관장(灌腸) (an) enema. ～하다 give an enema to 《*a person*》. ‖ ～기 an enema.

관재(管財) administration of property. ～하다 manage〔administer〕 property. ‖ ～국 the bureau of property custody / ～인 a trustee (공공물의); an administrator (유산의); a receiver (청산시의); a property custodian (정부 등의).

관저(官邸) an official residence. ¶ 대통령～ the Presidential residence.

관전(觀戰) ～하다 witness a battle; watch a game (경기를). ‖ ～기 a witness's account 《*of a chess match*》.

관절(關節) 〖解〗 a joint; an articulation. ¶ ～의 articular / ～을 삐다 dislocate a joint. ‖ ～류머티즘 articular〔joint〕 rheumatism / ～염 arthritis / ～통 arthralgia.

관점(觀點) a point of view; a viewpoint; a standpoint. ¶ 이 ～에서 from this viewpoint / ～이 다르다 have a different point of view; differ in opinion 《*from*》.

관제(官製) ¶ ～의 government-made; manufactured by the government. ‖ ～데모 a government-inspired demonstration / ～엽서 a postal card 《美》; a postcard 《英》.

관제(管制) control; controlling. ‖ ～사 a controller / ～장치 a controlling gear / ～탑 a control tower (공항의).

관조(觀照) 〖佛〗 contemplation; meditation. ～하다 contemplate. ¶ 미의 ～ contemplation of beauty.

관존민비(官尊民卑) the preponderance of official power. ¶ ～의 습관 custom of putting the Government above the people.

관중(觀衆) spectators; an audience; onlookers.

관직(官職) government service; an official post. ¶ ～에 있다 be in the government service.

관찰(觀察) observation. ～하다 observe; watch closely. ¶ 사물을 정확히 ～하다 observe things accurately / ～기록을 쓰다 write *one's* observations 《*on birds*》. ‖ ～력 the power of observation / ～안 an observing eye / ～자 an observer.

관찰사(觀察使) 〖史〗 a (provincial) governor.

관철(貫徹) accomplishment; realization. ～하다 accomplish; realize; carry out. ¶ 목적을 ～하다 attain *one's* object / 초지를 ～하다 realize〔carry out〕 *one's* original purpose.

관청(官廳) a government office〔agency〕. ‖ ～가 a government office quarter / ～스타일〔식〕 officialism; red-tapism / ～용어 offi-

cialese.
관측(觀測) observation. ～하다 observe; survey. ¶ 희망적 ～ wishful thinking. ‖ ～기구 an observation balloon; 《비유적》 a trial balloon / ～소 an observatory / ～자 an observer.
관통(貫通) 《뚫음》 penetration. ～하다 pierce; penetrate; pass through; shoot through (탄알이). ¶ ～ 총상 a piercing bullet wound / 가슴에 ～상을 입다 be shot through the chest / 터널이 ～되었다 The tunnel was completed.
관포지교(管鮑之交) 《중국 고사에서》 an intimate 〔inseparable〕 friendship.
관하(管下) ¶ ～의〔에〕 under the jurisdiction 〔control〕 《*of*》.
관하다(關—) ① 《관계》 be connected 〔concerned〕 with; concern; be related to. ¶ …에 관하여(는) about; on; regarding; concerning / …에 관한 about; on; relating to / …에 관한 한 as 〔so〕 far as 《*it is*》 concerned / 그 점에 관해서 on that point; in that connection / 철학에 관한 책 a book on philosophy / 그 건에 관하여는 아무 정보도 없다 We have no information on 〔about〕 the matter. ② 《영향》 affect; concern. ¶ 명예에 관한 문제 a question affecting *one's* honor.
관할(管轄) jurisdiction; control. ～하다 have 〔exercise〕 jurisdiction 《*over*》; control. ¶ …의 ～하에 있다 be 〔fall〕 under the jurisdiction 〔control〕 of…. ‖ ～관청 the competent 〔proper〕 authorities / ～구역 the district 〔sphere〕 of jurisdiction / ～권 jurisdiction / ～다툼 a jurisdictional dispute / ～서 the police station concerned.
관함식(觀艦式) a naval review.
관행(慣行) (a) habitual practice; a custom; a practice. ¶ ～의 customary / 국제적 ～ an international practice.
관향(貫鄕) *one's* ancestral home.
관허(官許) government permission. ¶ ～의 licensed. ‖ ～요금 (government-) licensed charge.
관헌(官憲) the authorities; the officials.
관현악(管絃樂) orchestral music. ¶ ～의 반주 an orchestral accompaniment / ～단 an orchestra.
관혼상제(冠婚喪祭) ceremonial occasions.
괄괄하다 《성질이》 (be) brisk; spirited; fiery; impetuous; hot-tempered.
괄다 《화력이》 (be) strong; high.
괄시(恝視) ～하다 《박대》 treat 《*a person*》 coldly; 《경멸》 hold 《*a person*》 in contempt; make light of.
괄약근(括約筋) a sphincter (muscle). ¶ 항문의 ～ the anal sphincter.
괄태충(括胎蟲) 〖動〗 a slug.
괄호(括弧) 《둥근》 parenthesis; 《각》 brackets; 《큰》 a brace. ¶ ～ 속에 넣다 put 《*a word*》 in parentheses.
광(光) light; brightness. ☞ 빛, 광택. ‖ ～메모리 (an) optical memory.
광(廣) 《넓이》 area; extent; 《너비》 width; breadth.
광(鑛) 《갱》 a pit; a mine; 《덩어리》 a (mineral) ore.
…광(狂) a fan; a maniac; a fanatic; an addict. ¶ 댄스～ a dance maniac / 영화〔야구〕～ a movie 〔baseball〕 fan.
광각(光角) 〖理〗 an optic angle.
광각렌즈(廣角—) a wide-angle lens.
광갱(鑛坑) a mine (shaft); a pit.
광견(狂犬) a mad dog. ‖ ～병 rabies; hydrophobia.
광경(光景) a sight; a view; a scene. ¶ 아름다운 ～ a beautiful sight / 참담한 ～ a miserable 〔sad〕 scene.
광고(廣告) an advertisement; an ad 《口》; publicity (선전); 《고지》 an announcement; a notice. ～하다 advertise; announce. ¶ 전면에 걸친 ～ 《흔히 신문의》 a full-page advertisement / 3행 ～ classified ads / H신문에 ～를 내다 put 〔run〕 an advertisement in the H / 그것은 우리 회사의 좋은 ～가 된다 That will make our firm better known to the public. ‖ ～대리점 an advertising agent / ～란 an ad column / ～료 advertisement rates / ～매체 the advertising media / ～맨 an adperson / ～방송 a commercial broadcast / ～전단 a (show) bill; a handbill / ～탑 a poster column; an advertising tower 〔pillar〕 (옥상의).
광공업(鑛工業) the mining and manufacturing industries.
광구(鑛區) 〖鑛〗 a mining area.
광궤(廣軌) a broad gauge. ‖ ～철도 a broad-gauge railroad.
광기(狂氣) madness; insanity. ¶ ～의 insane; mad; crazy / ～를 일으키다 become mad 〔insane〕.
광나다(光—) (be) glossy; lustrous; polished.
광내다(光—) polish up; make glossy.
광년(光年) 〖天〗 a light-year.
광대 a feat actor 〔actress〕; an acrobatic 〔a stunt〕 performer (곡예); a mask performer (탈춤).
광대(廣大) ¶ ～한 immense; vast; extensive / ～무변한 (vast and)

boundless; infinite.
광대뼈 the cheekbones; the malar bone. ¶ ～가 나온 사람 a person with high cheekbones.
광도(光度) 〖理〗 luminous intensity; luminosity; (the degree of) brightness. ¶ 별의 ～ the brightness of a star. ‖ ～계 a photometer.
광독(鑛毒) mineral pollution; copper poisoning. ¶ ～의 피해 damage from mine pollution.
광란(狂亂) madness; craziness. ～하다 go mad〔crazy〕《*with grief*》; become frantic. ¶ 반～의 half-mad; half-crazy.
광막(廣漠) ¶ ～한 vast; wide; boundless / ～한 땅 a wide spread of land / ～한 평원 a vast expanse of plains.
광맥(鑛脈) a vein (of ore); a lode. ¶ 금의 ～을 찾아내다 strike a vein of gold.
광명(光明) 《빛》 light; 《희망》 hope; a bright future. ¶ 삶에서 한 가닥의 ～을 보다 find a ray〔gleam〕 of hope in life / 그녀의 앞날에는 ～이 있다 She has a bright future before her.
광목(廣木) cotton cloth.
광물(鑛物) a mineral. ‖ ～계 the mineral kingdom / ～자원 mineral resources / ～질 mineral matter / ～학 mineralogy.
광범(廣範) ¶ ～한 extensive; wide; broad; far-reaching / ～한 지식 extensive knowledge / ～한 영향을 미치다 exert a far-reaching influence 《*on, over*》.
광범위(廣範圍) 《지역》 a large〔wide〕 area; 《넓은 범위》 a large extent; a wide range. ¶ ～한 파괴 widespread destruction / ～에 걸치다 cover〔extend over〕 a wide area.
광복(光復) the restoration of independence. ～하다 regain 《*a country's*》 independence. ‖ ～절 Independence〔Liberation〕 Day of Korea.
광부(鑛夫) a miner; a mineworker.
광분(狂奔) ～하다 make desperate〔frantic〕 efforts 《*to do*》; be very busy 《*in doing*》; busy *oneself* about 《*something*》.
광산(鑛山) a mine. ¶ ～을 채굴하다 work a mine. ‖ ～공학 mining engineering / ～기사 a mining engineer / ～노동자 a miner; a mineworker / ～물 mineral products / ～업 the mining industry / ～채굴권 mining concessions.
광상(鑛床) (mineral) deposits.
광상곡(狂想曲) a rhapsody.
광석(鑛石) a mineral; an ore; a crystal (라디오의). ‖ ～검파기〔수신기〕 a crystal detector〔set〕.
광선(光線) light; a ray; a beam. ‖ ～분석 spectrum analysis / ～요법 phototherapy.
광섬유(光纖維) optical fiber.
광속(光束) 〖理〗 luminous flux.
광속(光速) the velocity of light; light speed.
광신(狂信) fanaticism. ¶ ～적인 fanatic(al). ‖ ～자 a fanatic.
광야(曠野) a wild〔desolate〕 plain; a wilderness; the wilds.
광양자(光量子), **광자**(光子) 〖理〗 a photon; light quantum.
광언(狂言) mad talk; crazy remarks.
광업(鑛業) mining (industry). ‖ ～권 a mining right / ～소 a mining station〔office〕 / ～주〔가〕 a mine owner〔operator〕.
광역(廣域) a wide〔large〕 area. ‖ ～경제 great-sphere economy / ～도시 a metropolitan city / ～수사 a search 《*for a criminal*》 conducted over a wide area / ～지방의회선거 a large-unit local election / ～행정 integrated administration of a large region.
광열(光熱) light and heat. ‖ ～비 lighting and heating expenses.
광영(光榮) honor; glory. ☞ 영광.
광우리 ☞ 광주리.
광원(光源) a source of light; a luminous source; an illuminant.
광의(廣義) a broad sense. ¶ ～로 해석하다 interpret 《*it*》 in a broad sense.
광인(狂人) an insane person; a lunatic.
광장(廣場) an open space; a plaza; a (public) square. ‖ ～공포증 agoraphobia.
광재(鑛滓) slag; dross.
광적(狂的) mad; insane; lunatic; wild; frantic.
광전(光電) 〖電〗 photoelectricity. ‖ ～관 a phototube; a cathode-ray tube(TV의) / ～자 a photoelectron / ～지 a photovoltaic cell; a photocell.
광주리 a round wicker〔bamboo〕 basket. ‖ ～장수 a peddler carrying her wares in a basket on her head.
광증(狂症) ☞ 광기.
광차(鑛車) a mine car.
광채(光彩) luster; brilliancy. ¶ ～가 나다 be brilliant〔lustrous〕; show luster; shine / ～를 발하다 shed luster; shine.
광천(鑛泉) a mineral spring; mineral water (광수).
광체(光體) a luminous body.
광치다(光—) ☞ 떠벌리다.
광컴퓨터(光—) an optical computer.
광태(狂態) shameful〔crazy〕 conduct. ¶ ～를 부리다 behave disgracefully; make a scene; get wild in drink(취해서).

광택(光澤) luster; gross; shine. ¶ ~ 있는 lustrous; glossy / ~을 내다 polish; burnish; shine.
광통신(光通信) optical communication.
광파(光波) 〖理〗 a light wave.
광포(狂暴) ¶ ~한 furious; frenzied; outrageous; violent.
광풍(狂風) a raging wind.
광학(光學) optics; optical science. ‖ ~기계 an optical instrument / ~병기 optical weapon.
광합성(光合成) 〖植〗 photosynthesis. ‖ ~세균 photosynthetic bacteria.
광활(廣闊) spaciousness; extensiveness. ¶ ~한 spacious; extensive; wide.
광휘(光輝) brilliance; glory; splendor. ¶ ~ 있는 brilliant; splendid.
광희(狂喜) wild joy; (a) rapture; (an) ecstasy. ~하다 go〔be〕 mad with joy; be in raptures.
괘념(掛念) ~ 하다 mind; care; worry about.
괘도(掛圖) a wall map〔chart〕(지도); a hanging scroll (건축).
괘력(掛曆) a wall calendar.
괘선(罫線) a ruled line; a rule mark. ‖ ~지 ruled〔lined〕 paper.
괘씸하다 (be) rude; impertinent; unpardonable; ungrateful; outrageous. ¶ 괘씸한 짓 an improper act; an offensive deed; outrageous doings / 괘씸하게 굴다 behave impertinently.
괘종(掛鐘) a (wall) clock.
괜찮다 ①《쓸만하다》 (be) passable; not so bad; good; will do. ¶ 맛이 ~ taste good. ②《상관없다》 do not care〔mind〕; may, can; be all right. ¶ 괜찮으시다면 if you don't mind...; if it is convenient to you / 비가 와도 ~ I don't care if it rains. / 나는 ~ I don't mind. *or* I am all right.
괭이《농기구》 a hoe; a mattock.
괴경(塊莖) 〖植〗 a tuber. ‖ ~식물 a tuber plant.
괴괴하다 (be) quiet; calm; deserted.
괴근(塊根) 〖植〗 a tuberous root.
괴금(塊金) a nugget.
괴나리봇짐 a traveller's back bundle.
괴다[1]《물이》 gather; form a puddle; collect; stagnate; stay. ¶ 빗물이 웅덩이에 ~ rain water collects〔forms a puddle〕 in a hollow.
괴다[2]《받치다》 support; prop;《쌓다》 pile up《*nuts*》 on the plate.
괴담(怪談) a ghost〔weird〕 story.
괴도(怪盜) a mysterious〔phantom〕 thief.
괴력(怪力) superhuman strength.
괴로움《오뇌》 agony; trouble;《곤고》 sufferings; distress; hardship;《고통》 pain. ¶ 삶의 ~ worries〔troubles〕 of life / 마음의 ~ anguish of heart; mental affliction / 무슨 ~이 있느냐 What's bothering〔troubling〕 you?
괴로워하다 be troubled《*with*》; be worried《*about*》; suffer《*from*》; be sick at heart; be cursed with. ¶ 그 문제로 ~ be troubled〔worried〕 about the matter / 무엇으로 괴로워하고 있느냐 What are you worried about?
괴롭다《고통》 (be) painful; distressing; trying; tormenting;《곤란》 (be) hard; difficult;《경제적으로》 (be) straitened; needy;《거북하다》 (be) awkward; embarrassing. ¶ 괴로운 입장 a painful〔an awkward〕 position / 괴로운 마음 a troubled heart / 괴로운 나머지 driven by pain; in *one's* distress.
괴롭히다 trouble; annoy; worry; bother; harass;《고통으로》 afflict; give《*a person*》 pain. ¶ 적을 ~ harass the enemy / 마음을 ~ worry *oneself* about; be concerned about《*a matter*》/ 기묘한 질문으로 선생님을 ~ trouble〔bother〕 teachers with strange questions.
괴뢰(傀儡)《꼭두각시》 a puppet. ‖ ~정부 a puppet government.
괴멸(壞滅) distruction; annihilation (전멸). ~하다 be destroyed〔ruined, annihilated〕. ¶ ~시키다 destroy; annihilate.
괴물(怪物) a monster;《사람》 a mysterious person.
괴변(怪變) a strange accident; a curious affair.
괴상(怪常) ¶ ~한 일 a strange〔queer〕 thing; an oddity / ~하게 여기다 think it strange that....
괴상(塊狀) ¶ ~의 massive. ‖ ~암 〖鑛〗 a massive rock / ~용암 block lava.
괴수(怪獸) a monster; a monstrous animal.
괴수(魁首) the ringleader.
괴승아 〖植〗 a wood sorrel; an oxalis.
괴이하다(怪異—) (be) mysterious; strange; odd; funny.
괴질(怪疾) a mystery disease; an unidentified disease.
괴짜(怪—) an odd〔eccentric〕 person; a queer sort of fellow.
괴팍하다 (be) fastidious; finicky; fussy; perverse; eccentric. ¶ 괴팍한 사람 a fastidious〔finicky〕 person / 괴팍한 성미 a fussy temperament.
괴한(怪漢) a suspicious fellow.
괴혈병(壞血病) 〖醫〗 scurvy.
괴화(怪火) a mysterious fire; a fire of unknown origin.
굄돌 a stone prop〔support〕.
굉굉하다(轟轟—) (be) thunderous;

roaring; deafening.
굉음(轟音) a roaring sound; a deafening roar; an earsplitting sound. ¶ ～을 내다 make〔produce〕a thundering noise.
굉장하다(宏壯—) 《넓고 큰》 (be) grand; magnificent; imposing; 《엄청난》(be) terrible; awful; tremendous. ¶ 굉장히 magnificently; awfully / 굉장한 저택 a magnificent residence; a stately mansion / 굉장한 부자 an awfully rich man / 굉장히 가난하다 be deadly poor / 굉장히 덥다 be awfully hot / 굉장히 아름답다 be strikingly beautiful.
교가(校歌) a school〔college〕song.
교각(橋脚) a (bridge) pier; a bent.
교각살우(矯角殺牛) a deadly effect of a good intention; "The remedy is worse than the disease."
교감(校監) a head teacher; an assistant〔acting〕principal.
교감신경(交感神經) the sympathetic nerve.
교갑(膠匣) a capsule.
교골(交骨) 〖解〗 ☞ 치골(恥骨).
교과(敎科) a course of study; the curriculum; 《과목》 a subject. ‖ ～서 a textbook; a schoolbook / ～서 검정 the screening of school textbooks 《*by the Education Ministry*》.
교관(敎官) an instructor; the teaching staff(전체).
교교하다(皎皎—) (be) bright; brilliant. ¶ 교교히 bright(ly).
교구(敎具) teaching tools.
교구(敎區) 《교회의》 a parish. ‖ ～민 a parishioner.
교권(敎權) 《종교상의》 ecclesiastical authority; 《교육상의》 educational authority. ‖ ～확립 the establishment of the educational authority.
교규(校規) school regulations.
교근(咬筋) the masticatory muscle.
교기(校紀) school discipline.
교기(校旗) a school banner.
교기(驕氣) a proud air; haughtiness. ¶ ～ 부리다 behave haughtily〔arrogantly〕.
교내(校內) the school grounds; the campus. ¶ ～의 interclass; intramural / ～에(서) in the school grounds; on campus. ‖ ～운동대회 an interclass athletic meet / ～폭력 school violence; violence in the classroom.
교단(敎團) 《종교 단체》 a religious body; an order; a brotherhood.
교단(敎壇) 《학교의》 the platform. ¶ ～에 서다 teach at school; be a teacher. ‖ ～생활 a teaching career.
교당(敎堂) a church; a temple; a cathedral; a mosque(회교의).
교대(交代) change; a shift. ～하다 take turns; take 《*a person's*》 place; relieve 《*each other*》; change places 《*with*》. ¶ ～로 by turns; in shifts; alternately / 주야 ～로 일하다 work in shifts day and night / 8시간씩 3～로 일하다 work in three shifts of eight hours / 1일 3～제로 on a three-shift-a-day basis / 다음 ～ 시간까지 나는 여기서 꼼짝 못한다 I'm tied down here until I'm relieved. ‖ ～시간 the changing time; a shift / ～원 a relief; a next shift / ～ 조업 shift operation; working in shift / 2～제 a double shift; a two-shift system.
교도(敎徒) a believer; a follower 《*of*》. ¶ 이슬람 ～ a Muslim / 불～ a Buddhist / 기독～ a Christian.
교도(敎導) instruction; teaching; guidance. ～하다 instruct; teach; guide. ‖ ～민주주의 guided democracy.
교도(矯導) ‖ ～관 a prison officer; a (prison) guard; a warder / ～소 a prison; a jail; a penitentiary (～소에 들어가다 be put in prison; be sent to jail).
교두보(橋頭堡) 〖軍〗 a bridgehead; a beachhead (해안의). ¶ ～를 구축하다 establish a bridgehead.
교란(攪亂) disturbance; derangement. ～하다 disturb; derange; stir up; throw into confusion.
교량(橋梁) a bridge. ¶ ～을 놓다 construct〔build〕a bridge 《*over*》/ ～역할을 하다 play a bridge role 《*for*》.
교련(敎鍊) (a) military drill. ～하다 drill. ‖ ～교관 a drill instructor.
교료(校了) 《부호》 O.K. ～하다 finish proofreading; be OK'd. ‖ ～쇄 an OK'd proof.
교류(交流) interchange; exchange (교환); 〖電〗 alternating current〔AC〕. ¶ 한미 간의 문화～ cultural exchange between Korea and America / 학자의 ～ an exchange of scholars. ‖ ～발전기 an AC generator.
교리(敎理) a doctrine; a dogma; a tenet. ‖ ～문답 catechism.
교린(交隣) relations of neighboring countries. ‖ ～정책 a good-neighbor policy.
교만(驕慢) haughtiness; arrogance. ¶ ～한 haughty; arrogant; insolent / ～한 태도를 취하다 take an arrogant attitude 《*to me*》.
교목(喬木) a tall〔forest〕tree; an arbor.
교묘(巧妙) ～하다 (be) clever; skillful; dexterous; deft; tactful. ¶ ～하게 cleverly; skillfully; deftly;

expertly / ～한 솜씨 a deft performance; exquisite workmanship / ～한 수단 a subtle〔clever, shrewd〕trick / ～하게 속이다 play a clever〔neat〕trick《*on a person*》.

교무(教務) ①《학교》school〔academic〕affairs〔administration〕. ‖ ～과 the educational affairs section / ～주임 a curriculum coordinator. ②《교회》religious affairs.

교문(校門) a school gate. ¶ ～을 나서다 leave the school gates; 《졸업하다》leave school.

교미(交尾) copulation; mating. ～하다 copulate; mate. ‖ ～기 the mating season.

교배(交配) crossbreeding; crossing; hybridization. ～하다 crossbreed; cross; hybridize. ‖ ～종 a crossbreed; a hybrid.

교복(校服) a school uniform.

교부(交付) delivery; grant. ～하다 deliver; issue; grant. ¶ 허가증을 ～하다 grant a license〔permit〕/ 보조금을 ～하다 grant a subsidy 《*to*》. ‖ ～금 a grant; a subsidy / ～자 a deliverer.

교분(交分) friendship. ¶ ～이 두텁다 be good friends with; enjoy a close intimacy with.

교사(校舍) a schoolhouse; a school building.

교사(教師) a teacher; an instructor; a schoolteacher; a master (무용 따위의). ¶ 여～ a woman〔lady〕teacher / 무용～ a dancing master〔teacher〕/ 가정～ a private teacher; a tutor / 영어〔어학〕～ an English〔a language〕teacher. ‖ ～용 지도서 a teacher's manual / ～자격증 a teacher's license; a teaching certificate.

교사(教唆) incitement; instigation. ～하다 incite; instigate. ‖ ～자 an instigator / ～죄 the crime of instigation.

교살(絞殺) strangulation. ～하다 strangle; hang.

교생(教生) a student teacher.

교서(教書) a message.

교섭(交涉) negotiations; bargaining; 《관계》connection. ～하다 negotiate with《*a person*》about 《*a matter*》; bargain with《*a person*》about《*a matter*》(값을). ¶ ～을 시작하다 begin〔start〕negotiation / ～중에 있다 be in〔under〕negotiation / ～은 합의를 이루지 못했다 The negotiations have fallen through. / ～을 중단하다 break off negotiations《*with*》/ 남북한간의 평화～ the peace negotiations between South and North Korea / …와 ～이 없다 have no connection with《*a person*》. ‖ ～단체 a bargaining〔negotiating〕body.

교수(教授)《가르치기》teaching; instruction; tuition; 《사람》a professor; the faculty (전체). ～하다 teach; instruct; give lesson 《*in French*》. ¶ H대학의 김 ～ Professor Kim at H University. ‖ ～법 a teaching method / ～진 the faculty; the professors / ～회 a faculty meeting.

교수(絞首) hanging; strangulation. ～하다 hang; strangle. ‖ ～대 the gallows / ～형 hanging (～형에 처하다 put to death by hanging).

교습(教習) ～하다 give《*a person*》lessons《*in*》; instruct. ¶ 피아노 개인 ～을 하다〔받다〕give〔take〕private piano lessons. ‖ ～소 a training school.

교시(教示) teaching; instruction. ～하다 instruct; teach.

교신(交信) exchanges of communications. ～하다 communicate 《*with*》; conduct a correspondence《*with*》. ¶ …와 무전으로 ～중에 있다 be in radio communication with….

교실(教室) a classroom; a schoolroom; a lecture room.

교안(教案) a teaching〔lesson〕plan. ¶ ～을 짜다 work out a teaching plan.

교양(教養) culture; education. ¶ ～(이) 있는 cultured; (well-)educated; refined / ～이 없는 uneducated / ～을 높이다 elevate the level of *one's* culture; cultivate *oneself*. ‖ ～과목 liberal arts / ～과정 the liberal arts course / ～프로 an educational program / ～학부 the department of liberal arts and sciences; the college of general education.

교역(交易) trade; commerce; barter(교환). ～하다 trade〔barter〕with. ¶ 최근 한중간의 ～이 활발하다 The Korea-China trade has become active recently.

교역자(教役者) a religious worker.

교열(校閱) reading and correcting 《*a person's*》manuscript; review. ～하다 read and correct; review. ‖ ～자 a reviewer; a person who checks the accuracy of《*another's*》manuscripts.

교외(郊外) the suburbs; the outskirts. ¶ 그 도시 ～에서 살다 live in the suburbs of the town. ‖ ～거주자 a suburban resident / ～생활 a suburban life / ～전동차 a suburban train.

교외(校外) ¶ ～의〔에〕outside the school; out of school. ‖ ～활동 extramural activities.

교우(交友)《사귐》making friends

《with》; 《관계》 association; 《친구》 a friend; a companion; an acquaintance. ¶ ～ 범위가 넓다 have a large circle of friends〔acquaintances〕. ‖ ～관계 *one's* associates〔company〕.

교우(校友) a schoolfellow; a schoolmate; 《동창생》 a graduate (of the same school); 《美》 an alumnus(남); an alumna(여). ‖ ～회 a students' association.

교우(教友) a fellow believer〔Christian, Buddhist〕; a brother in the same faith.

교원(教員) a teacher; an instructor; the (teaching) staff (총칭). ¶ ～이 되다 take up teaching. ‖ ～검정시험 a certificate examination for teachers / ～양성소 a teachers' training school.

교유(交遊) companionship; friendship. ～하다 associate 《*with*》; keep company 《*with*》.

교육(教育) education; schooling (교습); teaching; instruction; 《훈련》 training. ～하다 educate; instruct; train. ¶ ～ 받은 educated; cultured / ～ 받지 못한 uneducated; illiterate / ～을 잘 받은 well-educated〔-trained〕/ ～의 기회 균등 equal educational opportunity / ～을 받다 be educated; have〔get, receive〕education / 최고의 ～을 받은 사람 a man of the highest education / 자식 ～에 극성스런 어머니 an education-minded mother; a mother who is obsessed with her children's education. ‖ ～감 the superintendent of education / ～개혁 educational reform / ～계 the educational world / ～공무원 an educational public service employee / ～과정 a curriculum; a course of study / ～기관 an educational institution / ～대학 a college of education; a teachers' college / ～비 educational〔school〕expenses / ～산업 the education industry〔business〕/ ～시설〔행정〕 educational facilities〔administration〕/ ～영화 an educational film / ～위원회 the Board of Education; a school board 《美》/ ～자 an educator; a teacher / ～제도 a school〔an educational〕system / 기술～ technical education.

교육부(教育部) the Ministry of Education.

교의(交誼) friendship; friendly relationship.

교의(校醫) a school physician〔doctor〕.

교의(教義) a doctrine; a creed; a dogma.

교인(教人) a believer; a follower.

교자상(交子床) a large (dining) table.

교장(校長) a director (고교의); a principal (중학의); a headmaster (초등학교의).

교장(校葬) a school funeral.

교장(教場) a drill ground〔field〕.

교재(教材) teaching materials; training aids.

교전(交戰) 《전쟁》 war; hostilities; 《전투》 a battle; an action. ～하다 fight 《*with, against*》; engage in a battle; wage war. ¶ 비무장 지대에서 산발적인 ～이 있었다 Sporadic skirmishes are reported in the demilitarized zone. ‖ ～국 a belligerent; warring nations / ～상태 《be in》 a state of war.

교접(交接) 《성교》 《have》 sexual intercourse. ‖ ～기관 〖解〗 a copulatory organ.

교정(校正) proofreading. ～하다 read proofs; proofread 《*an article*》. ‖ ～쇄 a proof sheet; proofs / ～원 a proofreader / ～필 a corrected proof; 《기호》 Corrected; O.K.

교정(校訂) revision. ～하다 revise. ‖ ～본〔판〕 a revised edition / ～자 a revisor.

교정(校庭) a schoolyard; 《초·중등학교 운동장》 a (school) playground; 《대학 구내》 the campus.

교정(矯正) reform; correction; remedy. ～하다 correct; reform; remedy; cure. ¶ 나쁜 버릇을 ～하다 break 《*a person*》 of a bad habit / 치열을 ～하다 straighten *one's* teeth / 말더듬이를 ～하다 cure 《*a person*》 of stammering. ‖ ～시력 corrected sight.

교제(交際) association; company; friendship; acquaintance; relations. ～하다 associate with; keep company with. ¶ ～상 as a matter of social courtesy / ～가 넓다 know a lot of people; have a large〔wide〕circle of friends〔acquaintances〕/ ～를 넓히다 extend *one's* acquaintance / ～를 끊다 break off relations with / ～를 맺다 form a friendship 《*with*》; get acquainted 《*with*》/ 그녀와는 고교때부터 ～하고 있다 I have been keeping company with her since my high school days. ‖ ～가 a sociable person / ～범위 a circle of acquaintance / ～비 social expenses; 《기업의》 an expense account.

교조주의(教條主義) doctrinism. ‖ ～자 a doctrinist.

교주(校主) the proprietor of a school.

교주(教主) the founder of a religion; the head of a sect.

교직(交織) a mixed〔combined〕

weave. ¶ 면모 ~의 천 wool-cotton〔half-wool〕fabric.

교직(教職)《학교의》the teaching profession. ¶ ~에 몸을 담다 become a teacher; enter the teaching profession / ~에 종사하다 be engaged in teaching. ‖ ~과정 a course of study for the teaching profession / ~원 the teaching staff; the faculty / ~원조합 a teachers' union.

교질(膠質) stickiness; a colloid.

교차(交叉) intersection; crossing. ~하다 cross〔intersect〕《*each other*》. ¶직각으로 ~하다 intersect at right angle. ‖ ~로 (a) crossroads; an intersection / ~승인 cross-recognition / ~점 a cross(ing); a junction.

교착(交錯) complication; intricacy; blending; mixture. ~하다 be complicated〔intricated, entangled〕; cross〔mingle with〕each other. ¶명암(明暗)의 ~ a mixture of light and shade.

교착(膠着) agglutination;《시세 따위의》stalemate. ~하다 stick《*to*》; adhere《*to*》; agglutinate. ¶ ~상태에 있다《사물이》be deadlocked; be at a standstill / ~상태에 빠지다 come to a standstill; become deadlocked.

교체(交替) replacement; a change; a switch(투수의). ~하다 change; replace. ¶내각 ~ a cabinet reshuffle.

교칙(校則) school regulations.

교탁(教卓) a teacher's desk.

교태(嬌態) coquetry. ¶ ~를 부리다 put on coquettish airs; play the coquetry.

교통(交通)《왕래》traffic;《연락》communication;《운수》transport; transportation. ¶ ~이 번잡한 거리 a busy street / ~이 편리한 집 a house conveniently situated / ~을 차단하다 shut off traffic; block the street / ~을 완화하다 relieve〔ease〕traffic jams / 그 곳은 ~편이 좋다〔나쁘다〕The place is easy〔hard〕to reach. ‖ ~규칙 traffic regulations〔rules〕/ ~기관 a means of transportation / ~난〔정체, 지옥〕a traffic congestion〔jam, mess〕/ ~도덕 traffic morals / ~량 traffic (volume)(이 도로는 ~량이 많다 There is a lot of traffic in this road.) / ~마비 traffic paralysis / ~망 a traffic network / ~방해 obstruction of traffic / ~비 traffic expenses; carfare / ~사고 a traffic accident(~사고를 일으키다 cause a traffic accident) / ~순경 a traffic policeman / ~신호 a traffic signal / ~안전 traffic safety / ~안전 운동 a traffic safety campaign / ~안전 주간 Traffic Safety Week / ~위반 a traffic offense / ~위반자 a traffic offender〔violator〕/ ~정리 traffic control / ~체증 a traffic backup〔holdup〕/ ~표지 a traffic sign / 건설~부 the Ministry of Construction & Transportation.

교파(教派) a denomination; a (religious) sect.

교편(教鞭) ¶ ~을 잡다 be a teacher; teach (at a) school.

교포(僑胞) a Korean resident abroad; overseas Koreans(총칭).

교풍(校風) school traditions.

교합(交合) sexual union.

교향(交響) ‖ ~곡〔악〕a symphony(베토벤 제9 ~곡 Beethoven's Ninth Symphony) / ~악단 a symphony orchestra.

교화(教化) enlightenment. ~하다 educate; enlighten; civilize. ‖ ~사업 educational work.

교환(交換) (an) exchange; (an) interchange; barter (물물의);《어음의》clearing. ~하다 exchange; interchange; barter; clear (어음을). ¶…과 ~으로 in exchange〔return〕for... / 중고차에 웃돈을 얹어 새차와 ~하다 trade a used car in for a new model / 우리는 솔직히 의견을 ~했다 We exchanged our views frankly. ‖ ~가격〔가치〕the exchange price〔value〕/ ~고 exchanges(어음의) / ~교수〔학생〕an exchange professor〔student〕/ ~대 a switchboard / ~소 a clearing house(어음의) / ~수 a telephone operator / ~업무 clearance operation(어음의) / ~용 부품 replacement (units and) parts / ~조건 a bargaining point.

교환(交歡 · 交驩) an exchange of courtesies. ~하다 exchange courtesies〔greetings〕; fraternize《*with*》. ‖ ~경기 a good-will match.

교활(狡猾) ¶ ~한 cunning; sly; crafty / ~하게 굴다 act craftily / ~한 수단을 쓰다 use cunning measures〔a sharp practice〕.

교황(教皇) the Pope. ¶ ~의 papal. ‖ ~청 the Vatican.

교회(教會) a church; a chapel. ¶ 일요일마다 ~에 가다 go to church every Sunday / ~에서 결혼하다 be married in church.

교훈(校訓) school precepts; a motto for school discipline.

교훈(教訓) a lesson; teachings; a moral(우화). ¶ ~적인 instructive; edifying / ~을 얻다 learn〔get〕a lesson《*from*》/ 그 경험은 나에게 좋은 ~이 되었다 That experience

taught me a good lesson.
구(句) 《어구》 a phrase; 《표현》 an expression. ¶ 관용～를 쓰다 use an idiomatic phrase.
구(球) 〖數〗 a globe; a sphere; 《공》 a ball.
구(區) 《도시의》 a ward; 《구역》 a section; a district. ¶ 그녀는 시의회에서 어느 ～를 대표하느냐 Which ward does she represent on the city council?
구(九) nine; 《아홉째》 the ninth. ¶ 9분의 1, a ninth.
구…(舊) former, ex-(전); old(낡은). ¶ ～사상 an old fashioned idea / ～소련 the former Soviet Union / ～정치인 an expolitician.
구가(謳歌) ～하다 glorify; eulogize; sing the praises〔joys〕 of 《*life*》. ¶ 청춘을 ～하다 openly enjoy the joys of youth.
구각(舊殼) ¶ ～을 벗다 break with 〔discard〕 the tradition.
구간(區間) the section 《*between A and B*》. ¶ ～ 버스요금 the bus fare for a section.
구강(口腔) the mouth; the oral cavity. ‖ ～외과 oral surgery / ～위생 oral〔dental〕 hygiene.
구개(口蓋) 〖解〗 the palate; the roof of the mouth. ‖ ～음 a palatal (sound).
구걸(求乞) begging. ～하다 beg; ask charity; go (about) begging. ¶ 집집마다 ～하며 다니다 beg from door to door.
구경 a visit; sightseeing. ～하다 see; see〔do〕 the sights of 《*a city*》; visit. ¶ ～스럽다 be worth seeing / 연극을〔영화를〕 ～하다 see a play〔movie〕/ 시장을 ～하다 look round the market / 서울은 ～할 곳이 많다 There are lots of sights to see in Seoul. ‖ ～가마리 a laughingstock; an object of ridicule / ～거리 a sight; a spectacle; an object of interest / ～꾼 a spectator; a sightseer; a visitor; an onlooker(방관자).
구경(口徑) caliber; calibre 《英》. ¶ ～ 16인치 포 a 16-inch gun.
구곡(舊穀) grain produced in the previous year; long-stored grain.
구관(舊館) the old(er) building.
구관조(九官鳥) 〖鳥〗 a (hill) myna.
구교(舊交) 《오랜 정분》 old friendship〔acquaintance〕.
구구(九九) the rules of multiplication. ‖ ～표 the multiplication table.
구구하다(區區―) 《변변찮음》 (be) petty; small; insignificant; minor; trivial; 《각각》 (be) various; diverse; divided. ¶ 구구한 변명 a lame〔poor〕 excuse / 의견이 ～ be divided in opinion.
구국(救國) national salvation. ‖ ～운동 the save-the-nation movement / ～지사 a patriot who is devoted to the salvation of *his* country.
구균(球菌) a micrococcus [*pl.* -ci].
구근(球根) 〖植〗 a bulb. ‖ ～식물 a bulbous plant.
구금(拘禁) detention; confinement; custody. ～하다 detain; confine; imprison; keep 《*a person*》 in custody. ¶ 3일간 구치소에 ～되다 be detained〔confined〕 in a prison for three days.
구급(救急) ¶ ～의 emergency; first-aid. ‖ ～상자〔약, 치료〕 a first-aid kit〔medicine, treatment〕/ ～차 an ambulance.
구기(球技) a ball game. ‖ ～장 ☞ 구장(球場).
구기다 crumple; wrinkle; rumple; crush. ¶ 구겨지다 be crumpled 〔wrinkled〕; get mussed.
구기자(枸杞子) 〖植〗 a Chinese matrimony vine.
구김살 wrinkles; creases; rumples; folds. ¶ ～을 펴다 smooth out wrinkles; smooth 《*the dress*》.
구깃구깃하다 (be) creasy; crumpled; wrinkled.
구난(救難) rescue; salvage. ‖ ～선 a rescue〔salvage〕 ship / ～작업 rescue〔salvage〕 work.
구내(構內) premises; a compound; an enclosure; the yard. ¶ 학교 ～ school grounds; the campus 《美》/ 역 ～에서 in the station yard. ‖ ～식당 a refectory(학교 등의); a refreshment room(역 따위의).
구내염(口內炎) 〖醫〗 stomatitis.
구년(舊年) the old〔past〕 year; last year.
구더기 a maggot. ¶ ～가 들끓다 be infested with maggots.
구덩이 a hollow; a cavity; a pit; a sunken place.
구도(求道) seeking after truth. ‖ ～자 a seeker after truth.
구도(構圖) composition. ¶ ～가 좋다〔나쁘다〕 be well〔poorly〕 composed〔designed, planned〕.
구도(舊都) an old city; a former capital.
구독(購讀) subscription. ～하다 subscribe to 《*a newspaper*》; take 《*a newspaper*》. ¶ ～을 계속하다 renew *one's* subscription 《*to, for*》. ‖ ～료 subscription (rates) / ～자 a subscriber.
구두 《a pair of》 shoes; boots(장화). ¶ ～를 신다〔벗다〕 put on 〔take off〕 *one's* shoes / ～를 닦다 shine〔polish〕 *one's* shoes; give *one's* shoes shine / ～를

수선케 했다 I had my shoes mended〔repaired〕. / 이 ～는 내게 너무 작다〔크다〕 These shoes are too small〔big〕 for me. ‖ ～골 a shoetree / ～끈 a shoelace; a shoestring 《美》 / ～닦이 shoe polishing; a shoeshiner(사람) / ～수선 shoe mending / ～수선인 a shoe repairer / ～약 shoe〔boot〕 polish / ～장이 a shoemaker / ～주걱 a shoehorn; a shoe lifter / ～창 the sole of a shoe / 구둣방 a shoe store / 구둣솔 a shoe brush.

구두(口頭) ¶ ～의 oral; verbal; spoken / ～로 orally; verbally / ～로 전달하다 give a verbal message. ‖ ～계약 a verbal contract / ～변론 〖法〗 oral proceedings / ～선 empty slogan (한낱 ～선에 그치다 become mere empty slogan) / ～시험 an oral test.

구두(句讀) punctuation. ‖ ～점 punctuation marks〔points〕(～점을 찍다 punctuate 《*a sentence*》).

구두쇠 a miser; a stingy person; a closefisted person.

구드러지다 become hard and dry; 「dry up.

구들장 flat pieces of stone used for flooring a Korean〔an *ondol*〕 room.

구랍(舊臘) last December; the 「end of last year.

구렁 《패인 곳》 a dent; a hollow; a cavity; a pit; 《비유적》 a chasem; an abyss; the depths. ¶ 가난의 ～(텅이) the depths of poverty / 절망의 ～(텅이) 《be down in》 the depths of despair.

구렁이 ① 《뱀》 a large snake; a serpent. ¶ ～ 담 넘어가듯 하다 realize *one's* aim in an unnoticed way. ② 《사람》 a crafty〔black-hearted〕 fellow.

구레나룻 whiskers.

구력(舊曆) the old〔lunar〕 calen- 「dar.

구령(口令) a (word of) command. ～하다 give〔shout〕 an order.

구루(佝僂) a hunchback. ‖ ～병 〖醫〗 rickets.

구류(拘留) detention; custody. ～하다 detain; keep〔hold〕 《*a person*》 in custody. ¶ 10일간의 ～ 처분을 받다 be sentenced to ten days' detention.

구르다[1] 《데굴데굴》 roll (over). ¶ 굴러 들어오다 roll in; fall into *one's* hands (유산 등이).

구르다[2] 《발을》 stamp *one's* feet; stamp with impatience〔vexation〕.

구름 a cloud; the clouds(총칭). ¶ ～ 없는 cloudless / ～이 낀 cloudy / ～ 사이 a break〔rift〕 in the clouds / ～을 잡는 듯한 이야기 a vague story / ～에 덮이다 be covered with clouds; be clouded over / ～ 위에 솟다 soar to the sky; rise above the clouds / 하늘에는 ～ 한 점 없다 There is not a speck of cloud in the sky.

구름다리 an overpass; a footbridge; a viaduct.

구릉(丘陵) a hill; a hillock. ‖ ～지대 hilly districts.

구리 copper. ¶ 구릿빛의 copper-colored / ～를 입히다 copper; plate 《*a thing*》 with copper. ‖ ～철사 copper wire.

구리다 ① 《냄새가》 smell bad; stink; foul-smelling. ¶ 구린내 a bad〔a foul, an offensive〕 smell. ② 《행동이》 (be) suspicious; shady; nasty. ¶ 제 밑이 ～ have something on *one's* conscience / 무언가 구린 짓을 하고 있다 be engaged in something shady.

구매(購買) purchase; buying. ～하다 purchase; buy. ¶ 이 상품은 소비자의 ～욕을 돋굴 것이다 This product should whet the consumer's appetite. ‖ ～력 purchasing〔buying〕 power(～력이 늘고〔줄고〕 있다 Purchasing power is increasing〔decreasing〕.) / ～자 a purchaser; a buyer / ～조합 a purchasing guild〔association〕; a cooperative.

구멍 ① a hole; an opening(개구부); a gap; crack (갈라진 틈); a hollow(공동). ¶ 깊이〔직경, 주위〕 2미터의 ～ a hole two meters deep〔across, around〕 / 벽의 ～ an opening in the wall / 도로상의 ～ a hole in the road / ～을 막다 stop〔fill〕 (up) a hole / 지면에 ～을 파다 dig a hole in the ground / 판자에 ～을 뚫다 bore a hole through the plank. ② 《결점·결함》 a fault; a defect; a loss; a deficit(결손). ¶ 장부에 100만원이 ～이 나 있다 There is a deficit of one million *won* in the account. / 그 이야기는 앞뒤가 ～투성이다 The story leaves a lot of loose ends.

구멍가게 a small store; a mom-and-pop store; a penny candy store.

구메농사(―農事) 《소농》 small-scale farming.

구면(球面) 〖數〗 a spherical sur- 「face.

구면(舊面) an old acquaintance. ¶ 그와 나는 ～이다 He is an old acquaintance of mine.

구명(究明) ～하다 study; investigate; look〔inquire〕 into 《*a matter*》; bring 《*a matter*》 to light. ¶ 사고 원인을 ～하다 clear up〔inquire into〕 the cause of the accident.

구명(救命) life saving. ¶ ～용의 life-

saving. ‖ ～구 a life preserver; a life jacket〔vest〕(재킷); a life belt(벨트형의) / ～정 a lifeboat.
구명(舊名) an old name.
구무럭거리다 be slow〔tardy〕; move slowly; hesitate.
구문(口文) ☞ 구전.
구문(構文) sentence structure; construction of a sentence. ‖ ～법 syntax.
구문(舊聞) old〔stale〕 news.
구미(口味) appetite; taste; 《흥미》 *one's* interest. ☞ 입맛. ¶ ～가 당기다 appeal to *one's* appetite〔interest〕 / ～에 맞다 be pleasant to *one's* taste; suite *one's* taste.
구미(歐美) Europe and America; the West. ¶ ～의 European and American; Western. ‖ ～인 Europeans and Americans; Westerners / ～제국 Western countries.
구박(驅迫) cold〔harsh, cruel〕 treatment; maltreatment. ～하다 maltreat; treat 《*a person*》 badly; be hard upon 《*a person*》.
구변(口辯) ¶ ～이 좋다 have a fluent〔ready〕 tongue / ～이 좋은 사람 a good speaker; a glib talker.
구별(區別) distinction; discrimination; (a) difference. ～하다 distinguish〔discriminate〕 《*A from B, between A and B*》; tell〔know〕 《*A from B*》. ¶ 남녀의 ～없이 without (any) distinction of sex; irrespective〔regardless〕 of sex / 정치가는 공사를 엄중히 ～해야 한다 Politician have to draw a sharp line between public and private affairs.
구보(驅步) a run; 《말의》 a canter; a gallop. ¶ ～로 가다 go at a run〔gallop〕; 《군인의》 march at the double / ～로 가 《구령》 "At the double. March!"
구부리다 ① 《몸을》 stoop; bend forward; bow; crouch. ¶ 허리가 구부러진 노인 a man bent (down) with age / 앞으로 구부리고 걷다 walk with a stoop / 몸을 구부려 꽃을 꺾다 stoop〔bend〕 (down) to pick up a flower. ② 《물건을》 bend; curve. ¶ 철근을 직각으로 구부리다 bend an iron bar into a right angle / 철사를 구부려 고리를 만들다 bend an iron wire into a ring.
구부정하다 (be) somewhat bent.
구분(區分) 《분할》 division; 《구획》 a section; 《분류》 classification. ～하다 divide 《*into*》; sort; section; classify. ¶ 그것들을 네 개의 큰 그룹으로 ～하다 classify〔devide〕 them into four large divisions / 우체국에서는 번호로 우편물을 ～한다 At the post office they sort mails by zip number.
구불구불 ¶ ～한 winding; meandering; curved.
구비(口碑) oral tradition; a legend; folklore. ¶ ～로 전해지다 be handed down by tradition〔orally〕.
구비(具備) ～하다 have; be possessed of; be furnished〔equipped〕 《*with*》. ¶ 모든 조건을 ～하다 fulfil all the conditions; satisfy all the requisites. ‖ ～서류 required documents.
구사(驅使) ～하다 《사람·동물을 부리다》 have 《*a person*》 at *one's* beck and call; keep 《*a person*》 on the trot; 《기계·기능을 활용하다》 use freely; have a good command of. ¶ 영어를 능통하게 ～하다 have a good command of English / 컴퓨터를 ～하여 정보를 처리했다 We made full use of a computer to process the information.
구사일생(九死一生) a narrow escape from death. ¶ 나는 ～으로 살아났다 I had a narrow escape.
구상(求償) ‖ ～무역 compensation trade.
구상(具象) ¶ ～적인 concrete; figurative / ～화하다 exteriorize; reify. ‖ ～개념 a concrete concept / ～화 a representational painting.
구상(球狀) a spherical shape. ¶ ～의 spherical; globular.
구상(鉤狀) ¶ ～의 hook-shaped. ‖ ～골(骨) an unciform bone.
구상(構想) an idea; a plan; (a) conception; a plot. ¶ 소설의 ～ the plot of a novel / ～을 짜다 work over *one's* idea / ～이 떠오르다 conceive an idea〔a plan〕.
구색(具色) an assortment 《*of goods*》. ¶ ～을 갖추다 assort; provide an assortment of 《*goods*》 / ～이 갖추어져 있다 have an well-assorted stock / 저 상점은 각종 초콜릿의 ～을 갖춰놓고 있다 All kinds of chocolates are assorted at that store.
구석 a corner. ¶ ～에 in a corner / ～～에 in every nook and corner; in every corner 《*of*》. ‖ ～자리 a corner seat.
구석기(舊石器) a paleolith. ‖ ～시대 the Old Stone Age.
구석지다 (be) secluded; inmost; sequestered. ¶ 숲의 가장 구석진 곳 the most secluded part of a forest / 빌딩의 가장 구석진 방 the innermost room of the building.
구설(口舌) public censure; malicious gossip. ¶ ～을 듣다 suffer from malicious gossip. ‖ ～수 the bad luck to be verbally abused.
구성(構成) constitution; composi-

tion; organization; make-up. ～하다 constitute; organize; make up; compose; form. ¶ 가족～ family structure / 문장의～ construction of a sentence / 범죄를 ～하다 constitute a crime / 사회는 개인으로 ～된다 A community is composed of individuals. ‖ ～비 〖統〗 a component ratio / ～요소〔분자〕 a component / ～원 a member / 문장～법 syntax.

구세(救世) salvation (of the world). ‖ ～군 the Salvation Army / ～주 the Savior; the Messiah.

구세계(舊世界) the Old World.

구세대(舊世代) the old generation.

구속(拘束) restriction; restraint; 《감금》 confinement; custody. ～하다 restrict; restrain; bind; confine. ¶ 용의자의 신병을 ～하다 detain the suspect; hold the suspect in custody / 집회의 자유를 ～하다 restrict the freedom of assembly. ‖ ～력 《have》 binding force 《*for a person*》 / ～시간 《노동의》 actual working hours / ～영장 a warrant of arrest.

구속(球速) 〖野〗 (a pitcher's) pace; the speed of a pitched ball. ¶～이 있다 pitch a very swift ball / ～을 바꾸다 change *one's* pace.

구수하다 《맛·냄새가》 (be) tasty; pleasant; good; 《이야기 따위가》 (be) interesting; humorous; delightful. ¶ 구수한 냄새 a delicious 〔savory〕 smell / 구수한 이야기 an interesting 〔a humorous〕 story.

구수회의(鳩首會議) a conference. ～하다 counsel together; lay 〔put〕 《*their*》 heads together.

구술(口述) an oral statement; a dictation. ～하다 state orally; dictate. ¶ ～의 oral; verbal. ‖ ～서 a verbal note.

구슬 glass beads; 《보옥》 a gem; a jewel; 《진주》 a pearl. ‖ ～백 a beaded bag.

구슬땀 beads of sweat. ¶ ～을 흘리며 일하다 work with sweat running down in beads.

구슬리다 coax 〔cajole, wheedle〕 《*a person into*...》.

구슬프다 (be) sad; touching; sorrowful; mournful; plaintive. ¶ 구슬픈 노래 a sad song.

구습(舊習) old 〔time-honored〕 customs. ¶ ～을 고수하다 stick to old customs 〔practices〕.

구승(口承) (an) oral tradition. ～하다 hand down orally; pass 《*a story*》 down from generation to generation by oral tradition. ‖ ～문학 oral literature.

구시대(舊時代) the old era. ¶ ～의 정치인 an old-school politician.

구시렁거리다 keep grumbling 《*at, over, about*》; nag 《*at*》.

구식(舊式) an old style 〔fashion, school〕. ¶～ 사람 an old-fashioned person / 그 옷은 ～이다 The clothes are out of date.

구신(具申) ～하다 report 《*to*》; make a representation to 《*a superior*》. ‖ ～서 a (detailed) report.

구실 《역할·직무》 *one's* function; a role; a duty; *one's* business; a part; *one's* share(몫). ¶ ～을 하다 do 〔discharge〕 *one's* duties; play a role / 제～을 하다 do *one's* share of duty / 영어의 부사 중에는 형용사 ～을 하는 것도 있다 Some English adverbs function as adjectives.

구실(口實) an excuse; a pretext; a pretence. ¶…을 ～로 하여 on the pretext 〔pretence〕 of / ～을 만들다 make up an excuse.

구심(求心) ¶ ～적(으로) centripetal(ly). ‖ ～력 centripetal force.

구심(球審) 〖野〗 a ball 〔chief〕 umpire.

구십(九十) ninety. ¶ 제～ the ninetieth.

구악(舊惡) *one's* past crime 〔misdeed〕; the old evils(사회 등의). ¶ ～을 들추다 expose 《*a person's*》 past misdeed / ～을 일소하다 make a clean sweep of the old evil.

구애(求愛) courting; courtship. ～하다 woo; court.

구애(拘礙) adhesion. ～하다 stick 〔adhere〕 to; keep to. ¶ ～하지 않고 freely; irrespective of / 사소한 일에 ～하다 be particular about trifles / 형식에 ～하다 stick to formality.

구약성서(舊約聖書) the Old Testament.

구어(口語) (the) spoken 〔colloquial〕 language. ¶ ～의 spoken; colloquial / ～로 in spoken language; colloquially / ～적 표현 a colloquial expression. ‖ ～체 a colloquial 〔conversational〕 style.

구역(區域) a zone; an area; a district; the limits. ¶ 자기 담당 ～을 도는 경찰관 a policeman walking his round / …의 ～내에서 within the limits of; inside the boundary of / 서울의 인구 밀집～ a thickly populated district in Seoul / 위험〔안전〕～ 안에 있다 be in danger 〔safety〕 zone.

구역(嘔逆) nausea. ¶ ～나다 feel sick 〔nausea〕. ‖ ～질 nausea (～질 나는 sickening; nauseating).

구연(口演) an oral narration. ～하다 recite; tell 《*a story*》.

구연(舊緣) old relationship 〔ties〕.

구연산(枸櫞酸) 〖化〗 citric acid.

구우일모(九牛一毛) a mere frac-

tion; a drop in the bucket.
구워지다 《빵 따위가》 be baked; be toasted(토스트); 《석쇠로》 be grilled; 《고기가》 be roasted; 《생선이》 be broiled. ¶ 설～ be underdone / 잘～ be well-done.
구원(救援) relief; rescue; aid(국제적인). ～하다 rescue; relieve; aid. ¶ 난민에게 ～의 손길을 뻗어야 한다 We should provide aid〔relief〕 for refugees. ‖ ～대 a relief〔rescue〕 party / ～물자 relief goods / ～투수 〖野〗 a relief pitcher / ～활동 a rescue operation.
구원(舊怨) an old grudge.
구월(九月) September (생략 Sept.).
구유 a manger; a trough.
구의(舊誼) old friendship.
구이 roast meat(고기); broiled fish (생선). ¶ 돼지고기～ roast pork / 생선～ fish broiled with salt / 통닭～ a roast chicken.
구인(求人) a job offer; the offer of a position; 《게시》 Help Wanted. ～하다 offer a job; seek help. ¶ ～의 요구 조건 hiring requirements〔terms〕. ‖ ～광고 a help-wanted advertisement〔ad 《美》〕 / ～난(難) a labor shortage / ～란(欄) the help-wanted column.
구일(九日) ① 《초아흐레》 the ninth (day) of a month. ② 《9일간》 nine days.
구입(購入) purchase; buying. ～하다 purchase; buy; get. ‖ ～가격 the purchase price / ～도서 books purchased / ～자 a purchaser.
구장(球場) a baseball ground〔stadium〕(야구); a soccer ground (축구).
구적법(求積法) 〖數〗 stereometry(체적의); planimetry(면적의).
구전(口傳) oral tradition〔instruction〕. ～하다 instruct〔teach〕 orally; hand down by word of mouth.
구전(口錢) a commission; brokerage. ¶ 매출에 대해 5%의 ～을 받다 take (a) 5 percent commission on the sale of 《*books*》.
구절(句節) a phrase and a clause; 《문장》 a paragraph.
구절양장(九折羊腸) a meandering path; a winding road.
구절초(九節草) 〖植〗 the Siberian chrysanthemum.
구절판(찬합)(九折坂(饌盒)) a nine sectioned lacquer ware serving plate.
구접스럽다 (be) dirty; filthy; nasty; mean; untidy.
구정(舊正) the Lunar New Year.
구정(舊情) old friendship. ¶ ～을 새로이 하다 renew *one's* old friendship.
구정물 filthy〔dirty〕 water; sewage (하수).
구제(救濟) relief; help; aid; salvation(영혼의). ～하다 relieve; give relief 《*to*》; help; save. ¶ 정부는 난민을 ～했다 The government gave relief to the refugees. ‖ ～금융(조치) 《경제적인》 a bailout / ～기금 relief funds / ～사업 relief work / ～책 a relief measure; a remedy.
구제(驅除) extermination. ～하다 exterminate; get rid of; stamp out. ¶ 해충을 ～하다 stamp out noxious insects / 집안의 쥐를 ～하다 get rid of rats in the house.
구제도(舊制度) the old〔former〕 system.
구조(救助) rescue; aid; relief; help. ～하다 rescue; save; help. ¶ 인명을 ～하다 save a life / ～를 청하다 call for help. ‖ ～대 a rescue team〔party〕 / ～선 a lifeboat; a rescue boat / ～신호 a Mayday (call) / ～원 a rescue man / ～작업 a rescue operation / ～책 relief measures.
구조(構造) structure; organization (조직). ¶ ～상의 structural / 사회의 ～ the organization of society / 문장의 ～ sentence structure / 이 기계에는 ～상의 결함이 있다 There is a structural defect in this machine. ‖ ～개혁 structural reform / ～식 〖化〗 a structural formula / ～언어학 structural linguistics.
구좌(口座) an account. ☞ 계좌.
구주(舊株) 〖證〗 an old stock〔share〕.
구중궁궐(九重宮闕) the Royal Palace; the Court.
구중중하다 (be) damp; moist; wet; nasty.
구지레하다 (be) dirty; unclean; untidy. ¶ 그는 언제나 구지레한 옷차림을 하고 있다 He always wears dirty clothes.
구직(求職) job hunting. ～하다 seek〔hunt for〕 a job. ¶ ～ 신청이 쇄도하다 have a flood of applications for vacancies. ‖ ～광고 a situation-wanted advertisement (～광고를 내다 advertise for a position) / ～광고란 a situation-wanted column / ～자 a job seeker.
구질구질하다 ① ☞ 구중중하다. ② 《지저분》 (be) dirty; filthy; untidy; sordid. ③ 《언행이》 (be) mean; base.
구차하다, 구차스럽다(苟且—) 《가난하다》 (be) very poor; destitute; needy; miserable; be badly off; be hard up; 《구구함》 (be) ignoble; humiliating; unworthy; clumsy(변명 따위). ¶ 구차한 목숨 a

humiliating life / 구차한 변명 a clumsy〔poor〕 excuse / 살림이 ~ be in poverty; be in needy circumstances / 남에게 구차한 소리를 하다 beg *another's* favor; ask for *another's* sympathy.

구척장신(九尺長身) a person of extraordinary stature; a giant.

구천(九泉) Hades; the nether world; the grave.

구청(區廳) a ward〔district〕 office. ‖ ~장 the chief of a ward / ~직원 a ward official.

구체(具體) concreteness. ¶ ~적인 concrete; definite / ~적으로 concretely; definitely / ~적으로 말하면 to put it concretely / ~적인 예를 몇 개 들겠다 Let me give you some concrete examples. ‖ ~화 embodiment; materialization (계획을 ~화하다 give shape to a plan / 그는 자기 생각을 ~화하였다 He put his ideas into action.).

구체제(舊體制) an old structure〔system〕; an old order.

구축(驅逐) ~하다 drive away; expel; oust. ‖ ~함 a destroyer.

구축하다(構築—) build; construct.

구출(救出) rescue. ~하다 rescue; save. ¶ 부상자를 ~하다 rescue the injured person from《*under rubble*》. ‖ ~작업 a rescue operation.

구충(驅蟲) ‖ ~약〔제〕 an insecticide; a vermifuge (회충약).

구취(口臭)《have》(a) bad〔foul〕 breath.

구치(臼齒)〖解〗a molar (tooth).

구치(拘置) confinement. ~하다 confine; detain; keep《*a person*》 in custody. ‖ ~소 a prison; a jail.

구칭(舊稱) an old name; a former title.

구타(毆打) beating;〖法〗battery. ~하다 beat〔strike, hit〕《*a person*》 on《*the head*》.

구태(舊態) the old〔former〕 state of things. ¶ ~의연한 사고 방식 the obsolete way of thinking / ~의연하다 remain unchanged〔as it was〕.

구태여《일부러》purposely; deliberately; intentionally; daringly(감히); knowingly(알면서). ¶ ~ 갈 필요는 없다 You need not take the trouble to go. / ~ 반대하지 않는다 I dare not oppose it.

구토(嘔吐) vomiting. ~하다 vomit; throw〔bring〕 up《*one's food*》. ¶ ~를 일으키는 고약한 냄새 a sickening smell. ‖ ~설사 vomiting and diarrhea / ~제 an emetic.

구파(舊派) an old school (유파); the conservatives(보수파).

구판(舊版) an old〔a former〕 edition; an old book.

구푸리다 ☞ 구부리다.

구하다(求—) ①《얻다》get; obtain; gain; acquire;《사다》buy; purchase. ¶ 구하기 힘든 hard〔rare〕 to get / 서울에서 구한 물건 a thing bought in Seoul. ②《찾다》seek; search for〔after〕; look for; pursue;《요구하다》ask for; request; demand. ¶ 셋집을 ~ look for a house to let / 행복을 ~ pursue happiness / 조언을 ~ ask *a person* for advice / P의 값을 구하라 Find the value of P. / 그 회사는 숙련공을 구하고 있다 The company is looking for skilled workers.

구하다(救—) relieve〔rescue〕《*a person*》 from《*danger*》; help《*a person*》 out of《*fire*》; save. ¶인명을 ~ save a man's life / 가난한 사람들을 ~ relieve〔help〕 the poor / 아무를 구하러 가다 go to《*a person's*》 rescue.

구현(具現) embodiment. ~하다 embody. ¶ 말은 사상을 ~한다 Words embody thoughts.

구형(求刑) prosecution. ~하다 prosecute; demand a penalty《*for*》. ¶ 피고에게 징역 2년을 ~하다 demand a sentence of two years' imprisonment for the accused.

구형(球形) a globular〔spherical〕 spape. ¶ ~의 spherical; globular; globe-shaped.

구형(舊型) an old model〔type, style〕. ¶ ~의 old-fashioned; outmoded; out-of-date.

구호(口號)《표어》a slogan; a motto; a catchword; a rallying word. ¶ …이란 ~를 내걸고 under the slogan of…. ‖ 선거~ an election slogan.

구호(救護) relief; rescue; aid; help. ~하다 relieve; rescue; aid; help. ‖ ~금 (a) relief fund〔money〕 / ~물자 relief goods / ~미 relief〔emergency〕 rice / ~반 a relief squad / ~소 a first-aid station.

구혼(求婚) a proposal〔an offer〕 of marriage; courtship. ~하다 court; propose《*to*》. ¶ ~을 승낙〔거절〕하다 accept〔decline〕《*a man's*》 hand. ‖ ~광고 a matrimonial advertisement / ~자 a suitor; a wooer.

구황(救荒) ~하다 relieve (the sufferers from) famine.

구획(區劃)《구분》a division; a section; a lot (토지의). ~하다 divide; partition; mark off. ¶ 그 토지는 넷으로 ~되어 분양되었다 The land was divided into four lots for sale. ‖ ~정리 land readjustment.

구휼(救恤) relief (of the poor). ~하다 relieve; aid.

국 soup; broth. ¶ 진한〔맑은〕 ~ thick〔clear〕 soup / ~을 먹다 eat soup. ‖ ~거리 material for soup / ~그릇 a soup bowl / ~말이 soup containing boiled rice.

국(局) ①《관서》 a government office; a bureau; a department 《英》. ¶ 전화 ~ a telephone office; the central 《美》 / 다이얼을 듣고 싶은 방송~에 맞추다 tune in to the broadcasting station. ②《바둑 따위의 승부》 a game.

국가(國家) a state; a country; a nation. ¶ ~의 national; state / ~적인 행사 a national event / ~의 번영을 위해 열심히 일하다 work hard for national prosperity. ‖ ~경제 the national economy / ~공무원 a government official; a national public service personnel(총칭) / ~관리 state〔government〕 control / ~권력 state power / ~기관 a state organ / ~대표팀 the 《*Korea*》 national team / ~보안법 the National Security Law / ~비상사태 《declare》 a state of national emergency / ~사업 a national enterprise / ~시험 a state examination / ~안보회의 the National Security Meeting / ~안전기획부 the Agency for National Security Planning / ~재정 the finances of the state / ~주의 nationalism / ~총동원 a national mobilization.

국가(國歌) the national anthem. ¶ ~를 부르다〔연주하다〕 sing〔play〕 the national anthem.

국경(國境) the frontier; the border; the boundaries (of a country). ¶ 사랑엔 ~이 없다 Love knows no frontier. ‖ ~경비대〔분쟁, 선〕 a border garrison〔dispute, line〕.

국경일(國慶日) a national holiday.

국고(國庫) the (National) Treasury. ¶ 비용은 ~ 부담으로 되어 있다 The expenses are supposed to be paid from the national treasury. ‖ ~금 national funds / ~보조 a state〔government〕 subsidy / ~부담 state liability / ~수입 national revenues / ~채권 《美》 a treasury bond〔bill〕.

국교(國交) diplomatic relations. ¶ ~를 맺다 enter into diplomatic relations 《*with*》. ‖ ~단절〔회복〕 a severance〔restoration〕 of diplomatic relations / ~정상화 normalization of diplomatic relations. 「~회 ☞ 성공회.

국교(國敎) a state religion. ‖ 영국

국군(國軍) 《일반적인》 the armed forces of a nation; 《한국 군대》 the Korean army; ROK Army 〔Armed Forces〕. ¶ ~의 날 the (ROK) Armed Forces Day.

국권(國權) national〔state〕 power 〔rights〕; sovereign rights(통치권). ¶ ~을 발동하다 exercise the right of the state / ~을 신장하다 expand national power.

국기(國技) a national sport〔game〕.

국기(國旗) the national flag. ¶ ~를 게양하다 hoist〔put up〕 a national flag. ‖ ~게양식 a flag hoisting ceremony.

국난(國難) a national crisis. ¶ ~을 구하다 save the nation in a great crisis.

국내(國內) the interior. ¶ ~의 internal; domestic; home / ~에(서) in the country; within a country / ~의 수요 the domestic demand 《*for a product*》. ‖ ~문제〔사정〕 internal〔domestic〕 affairs / ~법 municipal〔civil〕 law / ~산업 domestic industries / ~선 a domestic line〔flight〕 / ~시장 the domestic market / ~우편 a domestic mail.

국도(國道) a national road〔highway〕. ¶ ~ 2호선 National highway 2; Route 2.

국란(國亂) a civil war; an internal disturbance.

국력(國力) national strength 〔power〕; 《자원·부》 national resources〔wealth〕. ¶ ~의 확장〔쇠퇴〕 the expansion〔decline〕 of national power / ~을 기르다〔증진하다〕 build up〔increase〕 national power.

국록(國祿) a government salary. ¶ ~을 먹다 be in government service.

국론(國論) national〔public〕 opinion. ¶ ~을 통일하다 unify public opinion; create〔achieve〕 a national consensus / ~이 비등하고 있다 There is a heated public discussion. *or* Public opinion is greatly agitated.

국리(國利) ¶ ~민복을 도모하다 promote national interests and the welfare of the people.

국립(國立) ¶ ~의 national; state; government. ‖ ~경기장 the National Athletic Stadium / ~국악원 the National Classical Music Institute / ~극장 a national theater / ~대학 a national university / ~묘지 the National Cemetery / ~박물관 the National Museum / ~병원 a national hospital.

국면(局面) 《판국》 the situation; the aspect of affairs; a phase. ¶ ~을 타개하다 break the deadlock; find the way out of the situation / ~이 일변하다 enter into a new phase; take a new turn / 중대한 ~을 맞이하다 reach a critical phase.

국명(局名)〖無電〗a call sign; call letters; 《방송국의》the name of a station.

국명(國名) the name of a country.

국모(國母)《황후》an empress; 《왕후》a queen.

국무(國務) state affairs; the affairs of state. ¶ ~를 관장하다 administer〔conduct〕the affairs of state. ‖ ~부 the Department of State《美》/ ~위원 a minister of state; a minister without portfolio(무임소장관) / ~장관〔차관, 차관보〕the Secretary〔Undersecretary, Assistant Undersecretary〕of State《美》/ ~총리 the Prime Minister; the Premier / ~회의 a Cabinet council〔meeting〕.

국문(國文)《문학》national〔Korean〕literature; 《국어》the national〔Korean〕language; 《문자》the Korean alphabet. ‖ ~법 Korean grammer / ~학과 the Korean literature course / ~학자 a scholar of Korean literature.

국민(國民) a nation; a people; 《개인》a citizen; a national. ¶ ~의 national. ‖ ~가요 national folk songs / ~감정〔정신〕national sentiment〔spirit〕/ ~개병(주의) universal conscription (system) / ~개(皆)보험 medical services and pension insurance for the whole nation / ~건강보험 national health insurance / ~경제 the national economy / ~군 the militia / ~병 a militiaman / ~복지연금 the citizen's welfare pension / ~성 the national character〔traits〕/ ~소득 the national income / ~연금 national pension / ~운동 a national campaign〔movement〕/ ~의례 national ceremony / ~장 a people's〔public〕funeral / ~총생산 gross national product (생략 GNP) / ~투표 a plebiscite; a (national) referendum / ~화합 the national harmony〔reconcilliation〕.

국밥 rice-and-meat soup.

국방(國防) national defense. ‖ ~부〔장관〕the Ministry〔Minister〕of National Defense / ~비 national defense expenditure / ~성《美》the Department of Defense; the Pentagon / ~자원 national defense resources.

국번(局番) an exchange number. ¶ 시내〔시외〕~ a local〔an out-of-town〕telephone exchange number.

국법(國法) the national law; the laws of the country. ¶ ~을 따르다〔위반하다〕obey〔break, violate〕the laws of the country.

국별무역장벽보고서(國別貿易障壁報告書) National Trade Estimate Report on Foreign Trade Barriers.

국보(國寶) a national treasure. ¶ ~적 존재 a national asset / ~ 지정을 받다 be designated a national treasure.

국부(局部)《일부》a part; a section; 《국지》a local area; 《환부》the affected part; 《음부》the private parts. ¶ ~적(으로) local(-ly); sectional(ly); partial(ly) / ~화하다 localize. ‖ ~마취 local an(a)esthesia.

국부(國父) the father of the country.

국부(國富)〖經〗national wealth.

국비(國費) the national expenditure〔expenses〕. ¶ ~로 유학하다 study abroad at government〔national〕expense. ‖ ~유학생 a government student abroad / ~장학생 a holder of a scholarship from the government.

국빈(國賓) a guest of the state; a national guest. ¶ ~대우를 받다 be treated as a state guest.

국사(國史) the national history; 《한국의》the history of Korea; Korean history. ‖ ~연표 a historical calendar of Korea.

국사(國事) a national affair; the affairs of state. ¶ ~를 논하다 discuss the affairs of a nation. ‖ ~범 a political offense〔crime〕; a political offender(사람).

국산(國産) domestic production. ¶ ~의 homemade; domestic. ‖ ~자동차 a homemade car; a motorcar made in Korea / ~품 home products; homemade articles / ~품 장려 encouragement of the use of home products; "Buy-Korean" campaign (운동) / 순~품 an all-Korean product.

국상(國喪) national mourning.

국새(國璽) the Seal of the State.

국선변호인(國選辯護人) a court-appointed lawyer. ¶ ~을 대다 assign a defense counsel (to a defendant).

국세(國稅) a national tax. ‖ ~청 the Office of National Tax Administration; the Internal Revenue Service《美》.

국세(國勢) the state of a country. ‖ ~조사 a (national) census(~조사를 행하다 take a national census) / ~조사원 a census taker.

국수 noodles; spaghetti; vermicelli. ‖ 국숫집 a noodle shop / 손〔수타〕～ hand-made noodles.
국수(國手) 《바둑·장기의》 a national champion〔master player〕 of 《*paduk*, *etc*》; 《명의》 a noted physician.
국수주의(國粹主義) ultranationalism; extreme patriotism.
국시(國是) 《fix》 a national〔state〕 policy.
국악(國樂) (traditional) Korean music.
국어(國語) the national〔Korean〕 language; *one's* mother tongue. ¶ 2개 ～의 bilingual. ‖ ～교사 a teacher of Korean.
국영(國營) state〔government〕 operation; 《국영화》 nationalization. ¶ ～의 state-operated; state-〔government-〕owned; state-run / 광산을 ～화하다 nationalize the mines. ‖ ～기업 a state〔national〕 enterprise; a government-run corporation.
국왕(國王) a king; a monarch; a sovereign.
국외(局外) the outside; an independent position. ¶ ～의 outside; external / ～에 서다 stand outside; keep aloof 《*from*》. ‖ ～자 an outsider; a looker-on / ～중립 neutrality(～중립을 지키다 observe neutrality; stand neutral) / ～중립국 a neutral country.
국외(國外) ¶ ～에서〔로〕 abroad; overseas; outside the country / ～로 추방하다 expel 《*a person*》 from the country; expatriate. ‖ ～퇴거명령 a deportation order.
국운(國運) national fortunes; the destiny〔fate〕 of a country. ¶ ～의 성쇠 the prosperity and decline of a country / ～을 걸다 stake the national destiny.
국위(國威) national prestige〔dignity〕. ¶ ～를 선양하다〔손상시키다〕 enhance〔damage〕 the national prestige.
국유(國有) ¶ ～의 state-〔government-〕owned; national(ized). ‖ ～림〔철도〕 a national〔state〕 forest〔railway〕 / ～재산 national〔state〕 property〔assets〕 / ～지 state〔national〕 land / ～화 nationalization (～화하다 nationalize).
국으로 within bounds〔*one's* limitations〕. ¶ ～ 가만히 있다 keep within bounds; keep〔know〕 *one's* place.
국은(國恩) *one's* debt to *his* country.
국자 a (large) ladle; a dipper.
국장(局長) the director〔chief〕 of a bureau; a postmaster (우체국의).
국장(國葬) a state〔national〕 funeral.
국장(國章) a national emblem.
국적(國籍) nationality; citizenship 《美》. ¶ ～ 불명의 배〔비행기〕 a ship〔plane〕 of unknown nationality / ～을 취득〔상실〕하다 acquire〔lose〕 citizenship. ‖ ～상실 loss of nationality / 이중 ～ dual〔double〕 nationality.
국전(國展) the National Art Exhibition.
국정(國政) (national) administration; 《국무》 state affairs. ¶ ～에 참여하다 participate in the (national) administration / ～을 담당〔관장〕하다 administer the affairs of the state. ‖ ～감사 (parliamentary) inspection on state administration / ～조사권 《국회의》 the right to conduct investigations in relation to government.
국정(國定) ¶ ～의 state; national. ‖ ～교과서 a state textbook; a government-designated textbook; a school textbook compiled by the state.
국정(國情) the state of affairs in a country; the social〔political〕 conditions of a country.
국제(國際) ¶ ～적(인) international / ～적으로 internationally; universally / ～적인 견지에서 from the international point of view / ～적으로 알려져 있다 be known the world over; be internationally famous. ‖ ～견본시 an international trade fair / ～결제은행 the Bank of International Settlement / ～결혼 intermarriage; international marriage / ～공항 an international airport / ～관계 international relations / ～노동기구 the International Labor Organization (생략 ILO) / ～도시 a cosmopolitan city / ～법 international law / ～부흥개발은행 the International Bank for Reconstruction and Development (생략 IBRD) / ～분쟁 international disputes / ～선 an international flight / ～수지 the balance of international payment / ～어〔문제, 정세〕 an international language〔problem, situation〕 / ～연합 the United Nations(생략 UN) / ～연합 안전보장이사회 the United Nations Security Council / ～의원연맹 the Inter-Parliamentary Union(생략 IPU) / ～인 a cosmopolitan; a citizen of the world / ～전화 the international telephone service / ～친선 international amity / ～통화(通貨) international currency / ～통화기금 the International Monetary Fund(생략 IMF) / ～해사 위성지구국 an inter-

national marine satellite earth station / ～협력 international cooperation / ～화 internationalization / ～회의 an international conference.

국지(局地) a locality. ¶ ～적(인) local; regional / ～화하다 localize. ‖ ～전쟁 a local war; a limited warfare.

국채(國債) 《증권》 a national 〔government〕 bond; 《공채》 a government loan. ¶ ～를 모집〔상환〕하다 raise 〔redeem, sink〕 a government loan. ‖ ～의존도 percentage of bond sale in total budget revenue.

국책(國策) a national 〔state〕 policy. ¶ ～을 따르다 〔수행하다〕 follow 〔carry out〕 the national policy. ‖ ～은행 a government-run bank / ～회사 a national policy concern 〔company〕.

국체(國體) national constitution; national structure.

국치(國恥) ‖ ～일 the National Humiliation Day; a day of national infamy.

국태민안(國泰民安) national prosperity and the welfare of the people.

국토(國土) a country; a territory; a domain. ¶ ～를 개발하다 cultivate 〔reform〕 the national land / 한국은 좁은 ～에 인구가 너무 많다 Korea has too many people for its limited land space. ‖ ～개발 national land development / ～계획 national land planning / ～방위 national defense / ～보전 territorial integrity / ～분단 territorial division.

국판(菊判) a small octavo; a medium octavo 《美》. ¶ ～ 300 페이지의 책 a 300-page octavo volume.

국학(國學) Korean (classical) literature. ‖ ～자 a Korean (classical) scholar.

국한(局限) localization; limitation. ～하다 localize; limit; set limits 《*to*》. ¶ 전염병은 그 지역에 ～되어 있다 The epidemic was limited to that area.

국헌(國憲) the national constitution. ¶ ～을 준수하다 respect 〔observe〕 the national constitution.

국호(國號) the name of a country.

국화(國花) the national flower.

국화(菊花) a chrysanthemum.

국회(國會) the National Assembly (한국, 프랑스); Parliament(영국); the (National) Diet(일본, 덴마크, 스웨덴 따위); Congress(미국). ¶ ～는 개회〔폐회〕 중이다 The National Assembly is now in 〔out of〕 session. / ～가 소집〔해산〕되었다 The National Assembly was convened 〔dissolved〕. ‖ ～도서관〔법〕 the National Assembly Library 〔Law〕 / ～사무처 the Secretariat of the National Assembly / ～의사당 the Assembly Hall; the Parliamentary Building 《英》; the Capitol 《美》 / ～의원 an Assemblyman; a member of parliament(생략 an M.P.); a Congressman(미국의) / ～청문회 a parliamentary hearing 《*on the Hanbo corruption scandal*》 / 정기〔특별, 임시〕 ～ an ordinary 〔a special, an extraordinary〕 session of the National Assembly.

군(君) 《자네》 you; 《이름에》 Mister; Mr. 《*Kim*》.

군(軍) 《군대》 an army; a force; troops. ¶ 제 1 야전 ～ the First Field Army.

군(郡) a district; a county.

군 extra (가외); superfluous; unnecessary. ¶ ～비용 extra expenses / ～식구 a freeloader; a sponger; a defendent / ～것 unnecessary things / ～사람 an extra person.

군가(軍歌) a war 〔military〕 song.

군거(群居) gregarious life. ～하다 live gregariously 〔in flocks〕. ‖ ～본능 the herd instinct / ～성 gregariousness; sociability.

군것질 a snack; between-meals refreshments. ～하다 spend *one's* pocket money on candy 〔sweets〕.

군경(軍警) the military and the police.

군계(群鷄) ‖ ～일학(一鶴) a jewel on a dunghill; a Triton among the minnows.

군관구(軍管區) a military district.

군국(軍國) ‖ ～주의 militarism / ～주의자 a militarist.

군기(軍紀) military discipline; troop morals. ¶ ～를 유지〔문란하게〕하다 maintain 〔break〕 military discipline.

군기(軍旗) the 《*regimental*》 colors; a battle flag; an ensign; a standard.

군기(軍機) a military secret. ¶ ～를 누설하다 disclose a military secret. ‖ ～누설 leakage of military secrets.

군납(軍納) supply of goods and services to the military. ～하다 provide supplies or services for an army; purvey for an army. ‖ ～업자 a military goods supplier(물품의); service contractors for the army (용역의) / ～회사 military supply contract firm.

군내 an unpleasant 〔unwanted〕 smell.

군단(軍團) an army corps; a corps. ¶ 제2 ~ the 2nd Corps. ‖ ~사령부 the corps headquarters.
군대(軍隊) an army; troops; forces; the military. ¶ ~에 입대하다 join〔enlist in〕 the army / ~ 생활을 하다 serve in the army / ~식으로 in military way〔fashion〕. ‖ ~생활 army life.
군더더기 a superfluity.
군데 《곳》 a place; a spot; a point(지점); 《부분》 a part. ¶ 여러 ~에 in places; here and there; sporadically / 한~에 머물다 stay in a place.
군도(軍刀) a saber; a sword.
군도(群島) an archipelago; a group of islands. ‖ 말레이~ the Malay Archipelago.
군란(軍亂) an army insurrection 〔rebellion〕; a *coup d'état*.
군략(軍略) strategy; a stratagem; tactics. ‖ ~가 a strategist; a tactician.
군량(軍糧) military provisions.
군령(軍令) a military command.
군림(君臨) reigning. ~하다 reign 〔rule〕《*over*》. ¶ 영화계에 ~하다 dominate〔lord it over〕 the film world.
군말 idle〔empty〕 talk; an unnecessary〔uncalled-for〕 remark; prattle. ~하다 say useless〔irrelevant〕 things; talk nonsense.
군모(軍帽) a military cap.
군목(軍牧) 〖軍〗 a chaplain.
군무(軍務) military affairs〔service, duty〕.
군문(軍門) a military camp; an army. ¶ ~에 들어가다 enlist in the army.
군민(軍民) soldiers and civilians.
군번(軍番) (a soldier's) serial number; service number (생략 SN).
군벌(軍閥) the military clique. ‖ ~정치 militaristic government.
군법(軍法) martial〔military〕 law.
군복(軍服) a military〔naval〕 uniform. ¶ ~을 입고 있다 be in military uniform.
군부(軍部) the military authorities; the military. ¶ 그 나라에서는 최근 ~ 세력이 대두하고 있다 Recently the military authorities have been gaining power in the country.
군불 ¶ ~(을) 때다 heat the floor (of a Korean *ondol*).
군비(軍備) armaments; military preparedness 《美》. ‖ ~경쟁 an armament race / ~철폐 disarmament / ~축소〔확장〕 reduction 〔expansion〕 of armaments.
군비(軍費) war expenditure.
군사(軍事) military affairs. ¶ ~상의 military; strategic (작전상의) / ~상의 목적으로 for military〔strategic〕 purposes / 이 섬은 ~상 매우 중요하다 This island is very important for military reason. / ~제재를 가하다 impose military sanctions 《*on*》. ‖ ~개입 (a) military intervention / ~거점 a strategic position / ~고문단 the Military Advisory Group / ~기지 a military base / ~대국 a major military power / ~동맹 a military alliance / ~력 military 〔armed〕 strength〔capacity〕 / ~법원 a court-martial / ~분계선 the Military Demarcation Line / ~시설 military establishments〔installations〕 / ~원조〔우편〕 military aid〔mail〕 / ~위성 a military satellite / ~재판 court-martial(~재판에 회부하다 try 《*a soldier*》 by court-martial / ~재판을 소집하다 call a court-martial) / ~정권 a military regime / ~행동 military movements〔action〕 / ~훈련 military drill〔training〕.
군사령관(軍司令官) an army commander.
군사령부(軍司令部) the army headquarters.
군사설(— 辭說) a long and uncalled-for words.
군살 《궂은살》 proud flesh; granulation; 《손발에 생기는》 a callus; a corn; 《군더더기살》 superfluous flesh; fat (지방). ¶ ~이 붙다 put on extra flesh / 엄지발가락에 ~이 배기다 get callus on *one's* big toe.
군상(群像) ① 《조각》 a sculptured group. ② 《많은 사람들》 a large group of people.
군색하다(窘塞 —) 《구차》 (be) indigent; poor; needy; 《어렵게 보임》 (be) lame; clumsy; be in a fix. ¶ 군색한 변명 a clumsy excuse.
군서(群棲) gregarious life. ~하다 live gregariously.
군세(軍勢) 《병력》 the number of soldiers; troops; forces; 《형세》 the military situation 《*of a country*》.
군소(群小) minor; petty; lesser. ‖ ~정당 minor political parties.
군소리 ① 《군말》 superfluous words; an uncall-for remark; nonsense. ~하다 talk nonsense. ② ☞ 헛소리.
군속(軍屬) a civilian employee of the army〔navy〕.
군수(軍需) ‖ ~공장 a munitions factory / ~산업 the munitions 〔war〕 industry / ~품〔물자〕 war supplies; munitions.
군수(郡守) the magistrate of a county; a county headman.
군식구(—食口) ☞ 군.

군신(君臣) sovereign and subject; lord and vassal.
군신(軍神) the god of war; Mars (로마 신화); Ares(그리스 신화).
군악(軍樂) military music. ‖ ~대 a military band.
군영(軍營) a military camp〔base〕.
군용(軍用) 《for》 military use〔purpose〕. ‖ ~견 a war〔military〕dog / ~기 a warplane / ~도로 a military road / ~열차 a troop train.
군웅(群雄) a number of rival leaders. ‖ ~할거 rivalry between warlords (~할거의 시대 the age of rival chiefs〔warlords〕).
군원(軍援) military aid〔assistance〕.
군율(軍律) 《군법》 martial law; 《군기》 military discipline.
군음식(一飮食) a between-meals snack; a snack.
군의(軍醫) an army〔a naval〕doctor〔surgeon〕. ‖ ~관 a medical officer.
군인(軍人) a serviceman; a soldier(육군); a sailor(해군); an airman(공군). ¶ ~다운 soldierly; soldierlike. ‖ ~부양 가족 dependents of military personnel / ~사회 military circles / ~생활 military life / ~연금 a soldier's pension / ~정신 the military spirit / ~출신 an ex-soldier.
군자(君子) a man of virtue〔noble character〕; a wise man.
군자금(軍資金) war funds; campaign funds (선거 자금 등).
군장(軍裝) 《평시의》 military uniform; 《전투시의》 war outfit〔attire〕.
군장(軍葬) a military funeral.
군적(軍籍) the military register; 《신분》 military status〔position〕.
군정(軍政) 《establish, be under》 military administration. ‖ ~청 the Military Government Office.
군제(軍制) a military system.
군주(君主) a monarch; a sovereign; a ruler. ‖ ~국 a monarchy / ~정체 monarchism.
군중(群衆) a crowd〔throng〕(of people); the masses(대중). ¶ ~을 헤치고 나아가다 push *one's* way through a crowd. ‖ ~심리 mob〔mass〕psychology.
군진(軍陣) a military camp; an encampment.
군집(群集) ~하다 gather; throng; crowd together.
군짓 doing unnecessary〔useless〕things; things done unnecessarily〔in vain〕. ~하다 do unnecessary〔useless〕things.
군청(郡廳) a county office.
군축(軍縮) disarmament; arm reduction. ~하다 reduce armament. ‖ ~회담 disarmament talks / ~회의 a disarmament conference.
군침 slaver; saliva; slobber; drool. ¶ ~을 흘리다 drivel; slaver; run at the mouth; 《욕심내다》 lust 《*for*》; be envious 《*of*》 / 그 파이를 보니 ~이 돈다 The pies make my mouth water.
군턱 a double chin.
군함(軍艦) a warship; a vessel of war; a battleship. ‖ ~기 a naval ensign.
군항(軍港) a naval port〔station〕.
군호(軍號) a password; a watchword.
군화(軍靴) military shoes; combat〔army〕boots; GI shoes 《美》.
군후(君侯) a (feudal) lord.
굳건하다 (be) strong and steady; firm; solid.
굳다[1] 《물체가》 (be) hard; solid; 《정신·태도가》 (be) firm; strong; adamant; 《인색하다》 (be) frugal; tight-fisted; stingy; 《표정·몸이》 (be) stiff. ¶ 굳게 strongly; firmly; solidly / 굳은 결심 a firm resolution / 굳은 의지 strong〔iron〕will / 굳게 약속하다 give a firm promise / 굳은 표정으로 입구에 서 있다 stand at the entrance with a stern look.
굳다[2] 《동사》 become stiff〔hard〕; harden; stiffen; set. ¶ 젤리가 굳었다 The jelly has set.
굳세다 (be) firm; strong; stout; adamant. ¶ 굳세게 stoutly; undauntedly; firmly / 굳센 신념 a firm〔strong〕conviction.
굳이 positively; firmly; solidly; obstinately. ¶ ~ 사양하다 decline persistently.
굳히다 make 《*something*》 hard; harden; stiffen; 《공고히》 strengthen; consolidate. ¶ 결심을 ~ make a firm determination.
굴〖貝〗 an oyster. ‖ ~껍질 an oyster shell / ~양식장 an oyster bed〔farm〕.
굴(窟) ① 《짐승의》 a lair; a den; a burrow (토끼 따위); an earth (여우의). ② 《동혈》 a cave; a cavern. ③ 《터널》 a tunnel.
굴곡(屈曲) bending; winding; 《해안의》 indentation. ~하다 bend; wind; be crooked. ¶ ~이 진 winding; meandering (강이); 《도로가》 zigzagging; crooked. ‖ ~부 a bent; a turn.
굴다 《행동하다》 act; behave; conduct *oneself* 《*like a gentleman*》. ¶ 난폭하게 ~ behave〔conduct〕*oneself* rudely 《*to another*》 / 공명정대하게 ~ play fair with 《*somebody*》 / 애교있게 ~ behave amiably.

굴다리 an overpass; a viaduct.
굴대 an axle; an axis; a shaft.
굴도리 a round〔cylindrical〕 beam.
굴뚝 a chimney; a (smoke) stack; a funnel(기선의); a (stove) pipe (난로의). ‖ ～청소 chimney sweeping.
굴뚝새 〖鳥〗 a wren.
굴렁쇠 a hoop.
굴레 a bridle. ¶ ～를 씌우다 bridle; 《속박》 restrain; curb / ～를 벗다 take off a bridle; get released.
굴리다 ① 《굴러가게》 roll 《*a ball*》. ② 《한구석에》 throw 《*a thing*》 to one side; leave 《*a thing*》 negligently. ③ 《돈을》 lend out 《*money*》. ④ 《운영》 run. ¶ 버스를 ～ have a bus running for business purposes.
굴복(屈服) surrender; submission. ～하다 yield; submit; surrender; give in 《*to*》. ¶ ～시키다 bring 《*a person*》 to *his* knees; make 《*a person*》 give in / 적에게 ～하다 surrender to the enemy.
굴비 a dried yellow corvina.
굴신(屈伸) extension and flexion. ～하다 bend and stretch; extend and contract. ¶ ～이 자유자재한 elastic; flexible / 무릎의 ～운동을 하다 do knee-bends.
굴욕(屈辱) humiliation; disgrace; an insult. ¶ ～적인 humiliating; disgraceful / ～을 주다 humiliate; insult; put *a person* to shame / ～을 참다 swallow an insult. ‖ ～감 a sense of humiliation / ～외교 a submissive foreign policy.
굴절(屈折) bending; winding; 〖理〗 refraction. ～하다 refract; bend. ‖ ～광선 a refracted light〔ray〕 / ～렌즈 a refracting lens; a refractor / ～률 a refractive index / ～어 〖言〗 an inflectional language.
굴젓 salted〔pickled〕 oysters.
굴종(屈從) submission. ～하다 submit; yield; succumb 《*to*》.
굴지(屈指) ¶ ～의 leading; prominent; outstanding / ～의 실업가 a leading businessman / 포항은 한국 ～의 산업도시이다 Pohang is one of the leading industrial cities in Korea.
굴진(掘進) ～하다 dig through 〔into, under〕.
굴착(掘鑿) digging; excavation. ～하다 excavate; dig out. ‖ ～기 an excavator.
굴하다(屈―) ① ☞ 굽히다 ①. ② 《복종》 yield〔submit〕 《*to*》; give in; bow 《*to*》. ¶ 역경에 굴하지 않다 bear up well under difficult〔adverse〕 circumstances / 어떤 일에도 굴하지 않을 용기가 있다 have the courage never to submit〔yield〕 to anything.
굵다 (be) big; thick; deep(음성이); bold (활자가). ¶ 굵은 목소리로 in a thick voice / 굵은 눈썹 heavy〔brushy〕 eyebrows / 굵은 팔 a big arm / 굵은 실〔나뭇가지〕 a thick thread〔branch〕 / 굵은 글씨로 쓰다 write in bold strokes.
굶기다 starve; let〔make〕 《*a person*》 go hungry. ¶ 굶겨 죽이다 starve 《*a person*》 to death.
굶다 go without food〔eating〕; go hungry; starve; famish. ¶ 굶어 죽다 die of hunger; starve to death / 지금도 북한에서는 많은 사람들이 굶어 죽고 있다 Many people starve to death in North Korea even today.
굶주리다 《못 먹다》 starve; be〔go〕 hungry; be starving 《갈망하다》 hanker 《*after*》; be hungry〔thirsty〕 for; starve for. ¶ 굶주린 많은 사람들 a mass of hungry〔starving〕 people / 사랑에 ～ hanker after love / 지식에 굶주려 있다 have a thirst for knowledge.
굼뜨다 (be) slow; tardy; sluggish. ¶ 일하는 것이 ～ be slow at the job.
굼벵이 ① 《벌레》 a white grub; a maggot. ② 《사람》 a laggard; a sluggard.
굼틀거리다 writhe; wriggle; twist; wiggle. ¶ 굼틀거리며 나아가다 wriggle along.
굽 ① 《마소의》 a hoof. ¶ 갈라진 ～ cloven hoofs / 말발 ～ 소리 the sound of a horse's hoofs. ② 《신발의》 a heel. ¶ ～이 높은〔낮은〕 구두 high-〔low-〕heeled shoes. ③ 《그릇의》 a foot 《*of a glass*》.
굽다[1] 《휘다》 (be) bent; curved; crooked; winding; stooped. ¶ 굽은 나무 a crooked tree / 나이가 들어 허리가 ～ be stooped〔bent〕 with age / 도로는 해안선을 따라 굽어 있다 The road curves along the coastline.
굽다[2] 《음식을》 roast 《*meat*》; broil 《*fish*》; barbecue 《*fish or meat*》; grill 《*a steak, a chicken*》; toast 《*a slice of bread*》; bake 《*potatoes*》; 《벽돌 등을》 make〔burn; bake〕 《*bricks*》. ¶ 덜 구워지다 be underdone; be half-done / 「스테이크를 어떻게 구울까요?」―「잘 구워〔중간 정도로; 설구워〕 주세요.」 "How would you like your steak?" ― "Well-done〔Medium, Rare〕, please."
굽도리 the lower parts of walls of a room.
굽실거리다 cringe〔kowtow, crawl〕 《*to*》; be obsequious 《*to*》. ¶ 굽실굽실 obsequiously / 상사에게 ～ cringe to *one's* superiors / 그에게 그렇게 굽실거릴 필요는 없다 You

need not behave so humbly to him.

굽어보다 《내려다보다》 look down; overlook; 《굽어 살피다》 condescend to help. ¶ 골짜기를 ~ look down into a valley.

굽이 a turn; a curve; a bend. ¶ ~마다 at every turn 〔bend〕.

굽이치다 wind; meander; roll(파도가). ¶ 굽이치며 흐르는 개울 a meandering stream.

굽히다 ① 《무릎·허리를》 bend; bow; stoop. ¶ 무릎을 ~ bend *one's* knees / 몸을 앞뒤로 ~ bend *one's* body forward and backward. ② 《뜻을》 yield; submit; give in. ¶ 주의를 ~ depart from *one's* principles / 압력에 못이겨 의지를 ~ yield under pressure.

굿 《무당의》 an exorcism; a shaman ritual, *Gut;* 《구경거리》 a spectacle; a show. ¶ ~을 하다 exorcise; perform an exorcism / ~뒤에 날장구 useless talks on a matter which has already been decided; crying over spilt milk / ~들은 무당 a person who is only too happy to be of service.

굿바이히트 〖野〗 a game ending hit.

궁(宮) a palace.

궁경(窮境) ① 《가난》 poverty; needy circumstances; destitution. ② ☞ 궁지.

궁궐(宮闕) the royal palace.

궁극(窮極) extremity; finality. ¶ ~의 final; ultimate; eventual / ~의 목적 *one's* ultimate purpose 〔object〕 / ~에 가서는 finally; eventually; in the end; in the long run / ~에 가서 그는 성공할 것이다 He will succeed eventually.

궁금하다 (be) anxious; worried; concerned 《*about, for*》; interested 《*in*》. ¶ (아무의) 소식이 ~ be anxious to hear from 《*a person*》 / 딸의 안부를 궁금해하다 be concerned 〔anxious〕 about their daughter's safety.

궁녀(宮女) a court lady 〔maid〕.

궁노루 〖動〗 a musk deer.

궁도(弓道) archery; bowmanship.

궁도련님(宮—) a green youth 《*of noble birth*》.

궁둥이 the hips; the buttocks; the behinds; the backside; the butt 《口》; the ass 《俗》; the rump(동물의). ¶ ~가 무겁다 be lazy 〔sluggish〕 / ~가 질기다 have a habit of overstaying / 여자 ~를 좇아다니다 chase after a girl.

궁리(窮理) 《생각》 deliberation; consideration; meditation; 《연구》 study 〔research〕 of the reason of affairs 〔things〕. ~하다 ponder 《*on*》; think 〔mull〕 over. ¶ …할 ~를 하다 mull over ways of *doing*.... / ~에 잠기다 be lost in thought; be absorbed in *one's* thought.

궁벽하다(窮僻—) (be) out-of-the-way; remote; secluded. ¶ 궁벽한 곳 an out-of-the-way place.

궁상(弓狀) arch. ¶ ~의 arched; bow-shaped; curved.

궁상(窮狀) a sad plight; straitened circumstances; wretched condition. ¶ ~스럽다 〔맞다〕 (be) miserable looking; wretched; have a look of poverty / ~떨다 behave like a poor person; pretend poverty.

궁상(窮相) a meager face.

궁수(弓手) an archer; a bowman.

궁술(弓術) archery; bowmanship. ‖ ~대회 an archery match.

궁시(弓矢) bow and arrow.

궁여지책(窮餘之策) (a plan as) a last resort; a desperate shift 〔measure〕. ¶ ~으로서 as a (means of) last resort.

궁전(宮殿) a (royal) palace. ¶ 버킹엄 ~ Buckingham Palace.

궁정(宮廷) the Court. ‖ ~문학〔생활〕 court literature 〔life〕 / ~화가 a court painter.

궁중(宮中) the (Royal) Court. ¶ ~에서 at Court. ‖ ~요리 the (Korean) royal cuisine.

궁지(窮地) a predicament; an awkward position; a difficult situation; a dilemma. ¶ ~를 벗어나다 get out of difficulty / ~로 몰아 넣다 drive 《*a person*》 into a corner / 그녀는 ~에 빠져 있다 She is caught in a dilemma. *or* She is in a fix 〔tight corner〕.

궁핍(窮乏) poverty; destitution. ~하다 (be) poor; be in needy circumstances; be badly off. ¶ ~해지다 become poor; be reduced to poverty / 궁핍한 생활 a life of distress 〔want〕.

궁하다(窮—) 《살림이》 be in distress 〔want〕; (be) destitute; needy; 《입장이》 be in an awkward position; be in a dilemma; be at a loss. ¶ 돈에 ~ be pressed for money / 그녀는 대답에 궁했다 She didn't know what to answer. / 궁하면 통한다 《俗談》 There is always some way out of a difficulty if you really look for one.

궁합(宮合) 〖民俗〗 marital harmony predicted by a fortune-teller. ¶ ~을 보다 predict marital harmony / ~을 보게 하다 have 《*their*》 marital harmony predicted 《*by*》 / ~이 맞는 〔안 맞는〕 부부 a well-matched 〔an ill-matched〕 couple.

궁형(弓形) a crescent (form); 〖數〗 a segment of a circle; a lune.
궂다 ① 《언짢다》 (be) cross; bad; undesirable. ¶ 궂은 일 an ungrateful affair; a disaster / 심술 ~ be bad-natured; be cross-minded. ② 《날씨가》 (be) bad; foul; nasty; rainy; wet. ¶ 궂은 날씨 nasty weather / 궂은 비 a long and nasty rain.
권(卷) ① 《책 따위의》 a volume; a book; 《영화의》 a reel. ¶ 제1~ the first volume; vol. I. ② 《종이의》 twenty sheets of Korean paper; a Korean quire.
권고(勸告) 《a piece of》 advice; counsel; recommendation. ~하다 advise; counsel; give advice 〔counsel〕; recommend. ¶ 의사의 ~를 따르다 follow *one's* doctor's advice / 사직을 ~하다 advise 〔urge〕 《*a person*》 to resign. ‖ ~서 a written advice / ~안 a recommendation.
권내(圈內) 《be》 within the range 〔sphere〕 《*of influence*》. ¶ 당선 〔합격〕 ~에 있다 have a good chance of being elected 〔passing the exam〕 / 폭풍 ~에 들다 enter the range of a violent storm.
권농(勸農) ~하다 encourage 〔promote〕 agriculture.
권두(卷頭) the beginning 〔opening page〕 of a book. ‖ ~논문 the opening article 《*of a journal*》 / ~사 a foreword; a preface.
권력(權力) power; authority; influence(세력). ¶ ~ 있는 powerful; influential / ~을 얻다 〔잃다〕 get 〔lose〕 power / ~을 행사하다 wield 〔exercise〕 authority 〔power〕 / ~을 잡다 seize power / ~에 굶주려 있다 be hungry for power. ‖ ~가 a man of power 〔influence〕 / ~욕 the desire for power / ~정치 power politics / ~주의 authoritarianism / ~투쟁 a struggle for power.
권리(權利) a right; a claim(요구권); a title(소유권); a privilege (특권). ¶ ~를 행사 〔남용〕하다 exercise 〔abuse〕 *one's* rights / ~가 있다 have a right 《*to do*》; be entitled 〔authorized〕 《*to do*》 / ~를 침해하다 infringe on another's rights / ~를 주장하다 insist 〔assert〕 a right / ~를 포기하다 give up a right / 나에게는 발언 〔투표〕할 ~가 있다 I have a right to speak 〔the right to vote〕. ‖ ~금 a premium; key 〔concession〕 money / ~의식 a sense of entitlement(~의식에 눈뜨다 become aware of *one's* right) / ~이전 a transfer of rights / ~증서 a certificate of title.
권말(卷末) the end of a book.
권모술수(權謀術數) trickery; scheming; machinations. ¶ ~에 능한 사람 a schemer; an expert in cunning plots / ~를 쓰다 resort to trickery.
권문세가(權門勢家) an influential family.
권불십년(權不十年) Every flow has its ebb. *or* Pride goes before a fall. *or* Pride will have a fall.
권선(捲線) a coil; winding. ‖ ~기 a (coil) winding machine.
권선징악(勸善懲惡) encouraging the good and punishing the evil; poetic justice. ¶ ~의 극 a play with a moral purpose; a morality play.
권세(權勢) power. ☞ 권력. ¶ ~부리다 wield 〔exert〕 power 《*over*》 / ~를 독차지하다 monopolize the power. ‖ ~욕 a lust for power.
권속(眷屬) ① 《식구》 *one's* family 〔dependents〕. ¶ 일가~ a whole family. ② 《아내》 my wife.
권솔(眷率) *one's* family 〔dependents〕.
권신(權臣) an influential vassal; a powerful courtier.
권업(勸業) ~하다 promote 〔encourage〕 industry.
권외(圈外) 《be》 outside of the range 〔circle〕; out of range. ¶ 레이더 ~ out of radar range / (선거에서) 당선 ~에 있다 have no chance of getting elected.
권위(權威) 《권세》 authority; power; 《위엄》 dignity; 《대가》 an authority. ¶ ~ 있는 authoritative; authentic / 부모의 ~ parental authority / 세계적인 ~ a world authority 《*on*》 / ~를 잃다 〔회복하다〕 lose 〔reassert〕 *one's* authority.
권유(勸誘) invitation; solicitation; persuasion; canvass. ~하다 invite; solicit; canvass; persuade. ¶ 기부를 ~하다 canvass for subscription / 가입을 ~하다 invite 《*a person*》 to join 《*a club*》. ‖ ~원 a canvasser; an agent; a solicitor.
권익(權益) 《protect *one's*》 rights and interests.
권장(勸奬) ~하다 encourage; urge; promote; recommend. ¶ 회사에서 ~하는 조기 〔명예〕 퇴직 early retirement at the suggestion of the company.
권좌(權座) (the seat of) power. ¶ ~에 오르다 come 〔rise〕 to power.
권총(拳銃) a pistol; a revolver(회전식); a gun 《美》; a handgun 《美》. ¶ ~을 겨누다 point 〔aim〕 a gun at 《*a person*》. ‖ ~강도 a burglar armed with a pistol / 6연발 ~ a six-shooter 《美》.
권태(倦怠) boredom; weariness; fatigue. ¶ ~를 느끼다 feel tired;

be bored; become weary〔fatigued〕. ‖ ～기 a stage of weariness〔tedium〕(저 부부는 지금 ～기에 접어들고 있다 That couple is growing tired of their married life.).

권토중래(捲土重來) ～하다 make another attempt with redoubled efforts; resume *one's* activities with redoubled energies.

권투(拳鬪) boxing; pugilism. ～하다 box 《*with*》. ‖ ～계 the boxing world / ～선수 a boxer; 《프로의》 a prizefighter / ～시합 a boxing match〔bout〕/ ～장 a boxing ring.

권하다(勸—) ① 《추천》 recommend. ¶ 책을 ～ recommend a book to 《*a person*》. ② 《권고》 ask; advise; suggest; persuade. ¶ 금연하라고 ～ advise 《*a person*》 not to smoke; advise against smoking / 모임에 들라고 ～ ask 《*a person*》 to join a society. ③ 《권유》 invite; 《강권》 press on 《*a person*》; urge; 《내놓다》 offer. ¶ 담배를〔술을〕 ～ offer a cigarette〔a glass of wine〕.

권한(權限) authority; power; competence(법령에 근거한). ¶ ～이 있는 사람 a person in authority / ～을 행사하다 exercise *one's* authority / ～을 부여하다 authorize 《*a person*》 《*to do*》; give 《*a person*》 authority 《*to do*》 / 나에게는 그것을 행할 ～이 없다 I have no authority to do it. / ～을 넘다 exceed *one's* authority〔competence〕/ ～을 지키다 observe the limits of competence / 그의 행위는 ～ 밖의 짓이었다 His act was unauthorized〔unwarranted〕. ‖ ～대행 the acting 《*President*》.

권화(權化) incarnation; embodiment; avatar. ☞ 화신(化身).

궐기(蹶起) ～하다 rise (to action); rouse *oneself* to action. ‖ ～대회 a rally.

궐내(闕內) 《within》 the royal palace.

궐위(闕位) 《왕위의》 the interregnum.

궤(櫃) a chest; a coffer; a box.

궤도(軌道) 《천체의》 an orbit; 《철도의》 a (railroad) track 《美》; a railway. ¶ 지구를 도는 인공위성의 ～ the orbit of a satellite around the earth / (열차가) ～를 벗어나다 run off the track / 인공위성이 ～에 진입했다〔～를 벗어났다〕 The satellite has gone into〔out of〕 orbit. / 사업은 마침내 ～에 올라섰다 Business finally got on the right track. ‖ ～비행 an orbital flight / 단선〔복선〕～ a single〔double〕 track(철도의).

궤멸(潰滅) a rout; a collapse; annihilation (전멸). ～하다 be defeated; be routed; destroy.

궤변(詭辯) sophism; sophistry. ¶ ～을 부리다 quibble; sophisticate. ‖ ～가 a sophist; a quibbler.

궤양(潰瘍) 〖醫〗 an ulcer.

궤적(軌跡) 〖數〗 a locus; 《바퀴자국》 the trace of wheels. ¶ ～을 구하다 find a locus.

궤주(潰走) a rout. ～하다 be routed; be put to rout〔flight〕.

궤짝(櫃—) 《상자》 a box; a chest.

귀 《듣는》 an ear; 《청각》 hearing; 《가장자리》 an edge (물건의); a selvage(직물의). ¶ ～에 손을 대고 with *one's* hand cupped behind *one's* ear / ～가 멀다〔밝다〕 be hard〔quick〕 of hearing / ～에 익다 be familiar / (한쪽) ～가 안 들리다 be deaf (of one ear) / 어머님의 말씀이 아직도 ～에 쟁쟁하다 My mother's words still ring in my ears. ‖ ～뿌리 the root of *one's* ear / ～앓이 an earache / ～약 an ear remedy; eardrops.

귀…(貴) 《당신의》 your esteemed, your. ¶ ～국 your (esteemed) country / ～사(社) your company / ～서(書) your (esteemed) letter / ～정부 your government / ～지(紙) your (esteemed) column; your (valued) paper (5월 10일자 ～지 보도와 같이 as stated in your paper dated May 10).

귀가(歸家) return(ing) home. ～하다 return〔come, go〕 home. ¶ ～가 늦다 be late in coming home.

귀감(龜鑑) a model; a pattern; a mirror. ¶ 군인의 ～ a model soldier; a pattern of soldiery.

귀갑(龜甲) a tortoise shell.

귀거칠다 be unpleasant〔disagreeable〕 to hear; be bitter to hear.

귀걸이 《귓집》 earmuffs; an earcap; 《장식용》 an earring; a pendant.

귀결(歸結) a conclusion; an end; 《결과》 a result; a consequence. ¶ 당연한 ～로서 as a natural consequence / ～짓다 bring to a conclusion.

귀경(歸京) ～하다 return to Seoul.

귀고리 an earring; an eardrop.

귀골(貴骨) 《사람》 people of noble birth; 《골격》 noble features.

귀공자(貴公子) a young noble (-man). ¶ ～다운 noble-looking; princely.

귀국(歸國) ～하다 return〔come back〕 to *one's* country; go〔come, get〕 home. ¶ ～길에 오르다 leave for home.

귀금속(貴金屬) precious metals. ‖ ～상 《상인》 a dealer in jewelry; a jeweler 《美》; 《상점》 a jewelery store.

귀납(歸納) induction. ～하다 induce《*A from B*》; make an induction《*from the facts*》. ¶ ～적(으로) inductive(ly) / ～적 추리 inductive reasoning. ‖ ～법 induction; the inductive method.
귀농(歸農) ～하다 return to the farm〔farming〕. ‖ ～운동 a "back-to-the-earth" movement.
귀담아듣다 listen willingly〔carefully〕.
귀동냥 knowledge picked up by listening to others; learning by the ear without real study. ～하다 learn by listening to others carefully.
귀동자(貴童子) *one's* dear (son).
귀두(龜頭)〖解〗the glans (of the penis). ‖ ～염〖醫〗balanitis.
귀때 a spout; a tap(술통 따위의).
귀뚜라미〖蟲〗a cricket. ¶ ～가 울다 a cricket chirps.
귀뜨다《a baby》start to hear for the first time.
귀띔 a tip; a hint; a suggestion. ～하다 give a tip; hint《*at*》; whisper《*something*》into《*a person's*》ear. ¶ 사의를 ～하다 hint at *one's* resignation.
귀로(歸路) *one's* way home〔back〕;《여행길의》*one's* return journey〔trip〕. ¶ ～에 오르다 start on *one's* way home; leave〔start〕for home / 호주에서 ～에 홍콩에서 일박했다 I stopped over in Hongkong for a night on my way home from Australia.
귀리〖植〗oats.
귀머거리 a deaf person.
귀먹다 become deaf; be deafened (일시적으로).
귀물(貴物) a rare〔precious〕thing; a treasure.
귀밝다 (be) sharp-eared; be quick to hear.
귀부인(貴婦人) a (titled) lady; a noblewoman. ¶ ～다운 ladylike.
귀빈(貴賓) a guest of honor; a distinguished〔an honored〕guest. ‖ ～석〔실〕seats〔a room〕reserved for distinguished guests〔VIPs〕.
귀설다 (be) unfamiliar〔unaccustomed, strange〕to *one's* ear.
귀성(歸省) home-coming. ～하다 return〔go, come〕home; go back to *one's* hometown〔village〕. ¶ 정거장은 ～객으로 혼잡했다 The station was crowded with passengers going home. ‖ ～객 homecoming people / ～열차 a train for homecoming passengers.
귀소본능(歸巢本能) the homing instinct.
귀속(歸屬) reversion; return. ～하다 revert《*to*》; be restored《*to*》. ¶ T섬의 ～문제 the question of the title to T Island. ‖ ～의식 (a feeling of) identification《*with*》; a sense of belonging.
귀순(歸順) submission; surrender. ～하다 submit《*to*》;《망명하다》defect《*to*》. ¶ ～을 맹세하다 swear〔pledge〕allegiance《*to the ruler*》. ‖ ～병 a defecting soldier / ～자 a defector.
귀신(鬼神)《망령》a departed soul; a ghost;《악령》a demon; a fierce god. ¶ ～ 같다 be supernatural / ～도 모른다 No one knows. / ～도 울리다 make even the gods weep.
귀아프다 be fed up with; have heard enough; be harsh〔offensive〕to the ear. ¶ 귀아픈 잡음 a jarring noise / 귀아프도록 들어왔네 I have heard enough of it.
귀양〖史〗exile; banishment. ¶ ～ 살다 live in exile / ～ 가다 be sent into exile; be banished〔exiled〕《*to a remote province*》/ ～ 보내다 condemn《*a person*》to exile; banish. ‖ ～살이 living in exile; an exile(사람).
귀엣말 a whisper; whispering. ～하다 whisper〔speak〕in《*a person's*》ear; talk in whispers.
귀여겨듣다 listen attentively《*to*》; be all ears.
귀여리다 (be) credulous; gullible; be easily convinced.
귀염 love; favor; affection. ¶ ～받다 be loved; be liked; enjoy *a person's* favor. ‖ ～성 charm; attractiveness; lovableness.
귀엽다 (be) lovely; charming; attractive; lovable; sweet. ¶ 귀여운 얼굴 a lovely〔sweet〕face / 귀여운 여자아이 a lovely little girl / 귀여워하다 love; pet; be affectionate《*to*》; fondle; caress.
귀영(歸營) ～하다 return to *one's* barracks. ‖ ～시간 the hour for returning to barracks.
귀의(歸依) devotion;《개종》conversion. ～하다 become a devout believer《*in Buddhism*》; embrace《*Christianity*》. ¶ 기독교에 ～하다 be converted to Christianity. ‖ ～자 a believer; an adherent;《개종자》a convert.
귀이개 an earpick.
귀인(貴人) a nobleman; a dignitary. ‖ ～상(相) a noble face〔visage〕.
귀일(歸一) ～하다 be united〔unified〕into one; be reduced to one.
귀임(歸任) ～하다 return〔come back, go back〕to *one's* post.
귀잠 a sound〔deep〕sleep. ¶ ～들다 fall into a deep sleep.
귀재(鬼才)《사람》a genius; an outstandingly talented person; a wizard;《재주》remarkable tal-

ent; unusual ability.
귀접스럽다 ① 《더럽다》 (be) dirty; filthy. ② 《천하다》 (be) mean; base; low; nasty.
귀접이하다 round the edges off.
귀족(貴族) 《총칭》 the nobility; nobles; the peerage; 《개인》 a noble(man); a peer; an aristocrat. ¶ ~의, ~적인 noble; aristocratic. ‖ ~계급 the aristocratic class / ~정치 aristocracy.
귀중(貴中) Messrs. ¶ 스미스 상회 ~ Messrs. Smith & Co.
귀중(貴重) ~하다 (be) precious; valuable. ¶ ~한 시간 valuable time. ‖ ~품 a valuable; valuables (총칭).
귀지 ear wax.
귀질기다 (be) unresponsive; insensitive; be slow to understand.
귀착(歸着) ~하다 《돌아오다》 return; come back; 《귀결되다》 arrive at 《*a conclusion*》; result〔end〕 in. ¶ 토론의 ~점 the logical conclusion of an argument / 그것은 결국 돈 문제로 ~된다 In the end it comes down to a question of money.
귀찮다 (be) troublesome; annoying; bothering; irksome. ¶ 귀찮은 사람 an annoying〔a troublesome〕 person / …하는 것이 귀찮아지다 get〔grow, become〕 tired〔weary〕 of *doing* / 매우 귀찮아하다 think 《*it*》 very troublesome 《*to do*》; grudge the trouble of 《*doing*》 / (아무에게) 귀찮게 굴다 trouble 《*a person*》; bother; annoy; give 《*a person*》 trouble / 그녀는 귀찮아하지 않고 길을 가르쳐 주었다 She took the trouble to show me the way.
귀천(貴賤) high and low; the noble and the mean. ¶ ~의 차별없이 irrespective of rank; high and low alike.
귀청 〖解〗 the eardrum. ¶ ~이 터질 듯한 deafening; ear-splitting.
귀추(歸趨) a trend; a tendency; 《결과》 an issue; a consequence. ¶ 당연한 ~로서 as a natural course of events.
귀퉁이 a corner; an angle.
귀틀집 a log hut〔cabin〕.
귀하(貴下) Mr.(남성); Mrs.(기혼여성); M(d)me(부인); Miss(미혼여성); you(당신).
귀하다(貴―) ① 《드물다》 (be) rare; uncommon; 《귀중》 (be) precious; valuable. ¶ 귀한 물건 a rarity; a valuable thing / 귀한 손님 a welcome visitor. ② 《고귀》 (be) noble; august; honorable. ¶ 귀하신 분 a person of noble birth.
귀함(歸艦) ~하다 return to *one's* warship.
귀항(歸航) a return passage; a homeward voyage〔trip〕. ~하다 sail for home; make a homeward voyage〔trip〕.
귀항(歸港) ~하다 return to port.
귀향(歸鄕) home-coming. ~하다 go〔come, return〕 home. ‖ ~활동 activity at *one's* constituency.
귀화(歸化) naturalization. ~하다 be naturalized 《*as a Korean citizen*》. ‖ ~식물 a naturalized plant / ~인 a naturalized citizen.
귀환(歸還) (a) return. ~하다 return. ¶ 우주선은 지구에 무사히 ~했다 The space shuttle returned to the earth safely. ‖ ~병 a returned soldier / ~자 a repatriate; a returnee.
귀휴(歸休) 《근로자의》 (a) layoff. ¶ ~되다 be on leave from 《*the service*》 / ~중이다 be home on leave. ‖ ~병 a soldier on (terminal) leave / (일시) ~제도 〖經〗 the layoff system.
귓결 ¶ ~에 듣다 just happen to hear 《*a story*》.
귓구멍 an ear-hole; the ear.
귓등 the back of an ear. ¶ ~으로 듣다 do not listen carefully.
귓바퀴 a pinna; an auricle.
귓밥 (the thickness of) an earlobe.
귓불 an earlobe.
귓속말 a whisper. ¶ 아무에게 ~을 하다 whisper 《*a matter*》 in 《*a person's*》 ear.
귓전 ¶ ~에 대고 속삭이다 whisper in 《*a person's*》 ear.
귓집 earmuffs.
규격(規格) a standard. ¶ ~외〔미달〕의 non-standardized; substandard / ~화(化)하다 standardize / 그 상품은 ~에 안 맞는다 The goods are not up to the standards. ‖ ~통일〔화〕 standardization / ~판 a standard size / ~품 a standardized article(~품의 구두를 팔다 sell standard sizes of shoes).
규명(糾明) a close examination. ~하다 examine closely; look into 《*a matter*》 minutely〔to light〕; investigate; study. ¶ 그 사건은 아직 충분히 ~되어 있지 않다 The case has not yet been properly investigated.
규모(規模) a scale; 《범위》 a scope; 《구조》 structure. ¶ 대〔소〕~로 on a large〔small〕 scale; in a large〔small〕 way / ~를 확대〔축소〕하다 enlarge〔reduce〕 the scale 《*of*》 / 전국적인 ~로 on a nationwide scale.
규방(閨房) a boudoir; women's quarters.
규범(規範) 《모범》 a rule; a pattern; 《표준》 a standard; a criterion; a norm. ¶ ~적 법칙〔문법〕 normative law〔grammar〕.

규사(硅砂) 〖鑛〗 silica.

규산(硅酸) 〖化〗 silicic acid. ‖ ~염 a silicate.

규석(硅石) 〖鑛〗 silex; silica.

규소(硅素) 〖化〗 silicon(기호 Si). ‖ ~수지 silicone resins.

규수(閨秀) ①《처녀》a young unmarried woman; a maiden. ②《학예에 뛰어난 여자》a literary woman; a bluestocking. ‖ ~시인 a female poet; a poetess / ~작가 a lady〔woman〕writer / ~화가 a lady〔woman〕painter.

규약(規約)《규정》a rule;《협약》an agreement;《정관》the article; a statute. ¶ ~을 정하다 lay down〔make〕rules / ~을 지키다〔깨다〕keep〔break〕the rules.

규율(規律) discipline; order;《규칙》rules; regulations. ¶ ~있는 well-diciplined; orderly / ~없는 disorderly; undisciplined / ~을 지키다〔어기다〕observe〔break〕the rules / ~있는 생활을 하다 lead an orderly life / ~에 맞게 행동하다 Act in an orderly manner.

규정(規定) 《규칙》 rules; regulations;《조항》provisions; stipulations(계약의). ~하다 prescribe; provide; stipulate《*for*》. ¶ ~된 서식을 이용하다 use the prescribed form / 제3조 ~에 따라 처벌되다 be punished in accordance with the provisions of Article 3. ‖ ~요금 the regulation charge / ~종목《체조 등의》compulsory exercises / 통행~ the traffic regulations.

규정(規程) official regulations; inner rules; a bylaw.

규제(規制) regulation; control; restriction. ~하다 regulate; control; restrict. ¶ 법적 ~를 가하다 impose legal controls《*on*》/ ~를 해제하다 remove the controls on《*the price of oil*》. ‖ 교통~ traffic control / 자기~ voluntary control〔restrictions〕《*on her car exports to the U.S.*》.

규조(硅藻) 〖植〗 a diatom. ‖ ~토 diatom earth.

규칙(規則) a rule; a regulation. ¶ ~적인 regular; methodical; systematic / ~에 따라 according to the rule / 학교 ~을 지키다〔어기다〕 obey〔break〕the school rules / 실내 금연은 하나의 ~이다 It is the rule that you should not smoke in the room. / 그것은 교통 ~ 위반이다 It is against the traffic regulations. ‖ ~동사 a regular verb / ~서 a prospectus / ~위반 violation of regulations; a breach of the rules.

규탄(糾彈) censure; impeachment. ~하다 censure; impeach; denounce; accuse. ¶ 부정을 ~하다 impeach〔denounce〕《*a person*》for an injustice.

규토(硅土) 〖化〗 silica; silex.

규폐(**증**)(硅肺(症)) 〖醫〗 silicosis. ‖ ~환자 a silicosis sufferer〔victim〕.

규합(糾合) ~하다 rally; muster; call together. ¶ 동지를 ~하다 rally likeminded people《*around a person*》.

균(菌)《세균》a bacillus [*pl.* bacilli]; a bacterium [*pl.* -ria]; a germ. ‖ ~류 a fungus [*pl.* ~es, -gi] / ~류학 fungelogy / ~배양 germiculture; cultivation of bacteria.

균등(均等) equality. ¶ ~한 equal; even / 이익을 ~히 나누다 distribute the profit equally / 기회 ~의 원칙 the principle of equal opportunity. ‖ ~분배 equal division(~분배하다 divide equally; equalize).

균분(均分) equal division. ~하다 divide equally; equalize. ‖ ~상속 equalized inheritance.

균열(龜裂) a crack; a fissure. ¶ ~이 생기다 《벽 따위에》 be cracked; crack; split.

균일(均一) uniformity. ¶ ~한 uniform; equal; flat / ~하게 하다 unify; make《*a thing*》uniform / 백 원 ~ a uniform rate of 100 *won*. ‖ ~요금 a uniform〔flat〕rate.

균점(均霑) equal allotment of profits. ~하다 get〔share〕an equal allotment of profit.

균질(均質) homogeneity. ¶ ~의 homogeneous / ~화 하다 homogenize.

균형(均衡) balance; equilibrium. ¶ 세력의 ~ the balance of power / ~이 잡힌 well-balanced / ~을 유지하다〔잃다〕keep〔lose〕the balance. ‖ ~예산 a balanced budget / ~재정 balanced〔sound〕finance.

귤(橘) 〖植〗 a tangerine. ¶ ~ 껍질을 벗기다 peel a tangerine. ‖ ~밭 a tangerine orchard〔plantation〕.

그[1]《사람》that〔the〕man; he; that〔the〕woman; she. ¶ ~의 his; her.

그[2]《형용적으로》that; those; the; its. ¶ ~ 날 that〔the〕day / ~ 때 then; that time / ~같이 thus; so; like that; in that manner.

그건그렇고 by the way; well; now. ¶ ~, 자네에게 할 말이 있네 By the way I have something to tell you.

그것 it; that (one).

그곳 there; that place.

그글피 three days after tomorrow; four days hence.

그까짓 such; so trivial (trifling). ¶ ~ 일로 걱정 마라 Don't worry yourself over such a trifle.
그끄저께 three days ago; two days before yesterday.
그나마 even that; and (at) that. ¶ ~ 없다 Even that one is gone.
그냥 《그대로》 as it is (stands); as you find it; with no change; 《내쳐》 all the way; continuously; 《…않고》 without doing anything; just as *one* is; 《무료로》 free of charge. ¶ 의자를 있는 그대로 ~ 놔 둬라 Leave the chairs as they are. / ~ 울고만 있다 do nothing but cry / 사신 물건은 ~ 배달해 드립니다 Articles bought here will be delivered free of charge.
그네 a swing. ¶ ~를 타다 get on a swing. ‖ 그넷줄 the swing rope(s).
그녀 she. ¶ ~의(를, 에게) her.
그늘 ① 《응달》 shade. ¶ 나무 ~ the shade of a tree. ② 《남의 보호》 protection; patronage. ¶ ~의 under the patronage of / 부모 ~에서 자라다 grow up under *one's* parents' wings. ③ 《배후》 the back (behind). ¶ 차 ~에 숨다 hide *oneself* behind a car / 남의 ~에 숨어서 behind 《*a person's*》 back. 「shady.
그늘지다 get (be) shaded; be
그다지 《not》 so much; so; very. ¶ ~ 좋아하지 않다 do not care much for / ~ 춥지 않다 be not so cold.
그대 you; thou. ¶ ~들 you; all of you; you people.
그대로 as it is (stands); intact; just like that. ¶ ~ 내버려 두다 leave 《*a matter*》 as it is / ~ 있다 remain intact (as it was); be left untouched.
그동안 the while; during that time; these (those) days. ¶ ~ 안녕하셨는지요 Have you been well all these days?
그들 they; them. ¶ ~의 their.
그따위 such a one; that kind (sort) of. ¶ ~ 모자 such a hat.
그랑프리 a *grand prix* 《프》; a grand prize.
그래 ① 《동료 · 아랫사람에 대한 대답》 yes; all right; So it is.; That's right. ② ☞ 그래서. ¶ ~ 어떻단 말인가 So what?
그래도 but; still; and yet.
그래서 (and) then; and (so); so; therefore. ¶ ~ 그녀는 모습이 안 보이게 되었다 And then she went out of sight. / ~ 어떻게 되었느냐 Then, what happened? / ~ 어딜 갔느냐 And then where did you go?
그래야 ¶ ~ 사나이다 That's worthy of a man. / ~ 그답다 That's just like him. *or* That's typical of him.
그래프 a graph; a graphic chart. ‖ ~용지 graph (section) paper.
그랜드 ‖ ~오페라 a grand opera / ~피아노 a grand piano.
그램 a gram(me).
그러구러 《manage to do》 somehow (or other); in someway or other; barely. ¶ 학교 과정을 ~ 마치다 go through *one's* school course somehow or other.
그러나 but; still; however.
그러나저러나 anyway; anyhow; in any case; either way.
그러니까 so; thus; for that reason; therefore; accordingly.
그러담다 gather (rake) up 《*something*》 into. ¶ 낙엽을 가마니에 ~ rake up fallen leaves into a straw bag.
그러면 then; if so; in that case. ¶ ~ 내일 오겠다 Well then, I'll come tomorrow. / ~ 이렇게 하도록 하지 In that case let's do it this way. / ~ 그에게 전화를 하지요 If so I'll call him now.
그러모으다 rake (scrape) up (together). ¶ 낙엽을 ~ rake up fallen leaves.
그러므로 so; therefore; accordingly; hence. ¶ ~ 그는 친구가 많다 That is why he has so many friends. 「hold of.
그러잡다 clasp; grasp; take (get)
그러저러하다 (be) so and so; such and such. ¶ 그러저러해서 for such and such reasons.
그러하다 (be) so; such; like that. ¶ 그러한 사람 such a person; a man of that kind / 그러한 경우엔 in such a case; in case like that / 그런 까닭으로 such being the case. 「way or another.
그럭저럭 somehow (or other); one
그런고로 ☞ 그러므로.
그런데 but; however; and yet.
그런즉 therefore; so; then.
그럴싸(듯)하다 (be) plausible; likely specious. ¶ 그럴싸하게 들리다 sound plausible / 그럴싸한 거짓말을 하다 tell a plausible lie / 너의 설명은 그럴싸하게 들린다 Your explanation sounds plausible.
그럼 《긍정의 대답》 yes; certainly; 《그러면》 then; well.
그렁그렁하다 《눈물이》 be almost tearful; be suffused with tears. ¶ 눈물이 그렁그렁한 눈 eyes suffused (filled) with tears.
그렇게 so (much); to that extent; 《부정어와 함께》 《not》 very (so); 《그런 식으로》 in that manner (way); like that. ¶ ~까지 so

far〔much〕; to such an extent / ～ 심한 병도 아니다 It is not a very serious illness. / ～ 말을 하지만 You may be right in saying so, but….
그렇고말고 indeed; of course; certainly; You're right.
그렇다 《그러하다》 (be) so; (be) like that; 《대답》 That's right.; You're right.; Yes; No. ¶ ～고 생각한다 I think so. / 「나는 행복하다.」—「나도 ～.」 "I am happy." — "So do I." / 「잠시 차 한 잔 할까?」—「응, 그렇게 하지.」 "Shall we have a coffee break?"—"Yes, let's." / 「어제 그녀를 만나지 못했지?」—「예, 그렇습니다.」 "Couldn't you meet her yesterday?" — "No, I couldn't." / 「이 계획은 불가능할 것 같애.」—「나도 그렇게 생각 해.」 "I'm afraid this plan is almost impossible." — "I think so, too."
그렇지 yes; So it is.; That's right.; You are right. ¶ 그도 ～만… That's all very well, but…; You are right in a way, but….
그로기 groggy. ¶ ～ 상태가 되다 become groggy 《*with a punch*》; be punch-drunk.
그로스 a gross (=12 dozen).
그로테스크 ¶ ～한 grotesque.
그루 《나무의》 a stump (베고난 것); 《셀 때》 a plant; a tree. ¶ 한～의 소나무 one pine tree.
그룹 a group. ¶ ～을 이루다 form a group / 학생들을 ～으로 나누다 divide the students into groups / 작은 ～으로 나뉘어 출발하다 set out in small groups. ‖ ～활동 group activities / 삼성 ～ the Samsung Business Group.
그르다 ① 《옳지 않다》 (be) wrong; bad; blamable; be to blame; be in the wrong. ¶ 그른 짓 a wrong; an evil deed / 마음이 그른 사람 a bad〔ill-natured〕 person / 네가 글렀다 You are to blame. ② 《가망이 없다》 (be) no good; hopeless; go wrong. ¶ 일이 글렀다 The matter is hopeless. / 그 애 사람되기는 글렀다 The boy will never become a good man.
그르렁거리다 《소리가》 wheeze; be wheezy; 《소리를》 make wheeze; gurgle. ¶ (사람이) 목을 ～ make a gurgling sound.
그르치다 spoil; ruin; err; make a failure of. ¶ 계획을 ～ spoil〔ruin〕 a plan / 판단을 ～ make an error of judgment / 일생을 ～ make a failure of *one's* life.
그릇 ① 《용기》 a vessel; a container. ¶ 빈 ～이 큰 소리를 낸다 An empty vessel makes the greatest sound. ② 《기량》 caliber; capacity; ability. ¶ ～이 크다〔작다〕 be a man of large〔small〕 caliber.
그릇되다 go wrong〔amiss〕; fail; be mistaken; be ruined(결딴나다). ¶ 그릇된 wrong; mistaken / 그릇된 길 the wrong way; an evil course / 그릇된 짓을 하다 misconduct *oneself;* do wrong.
그리니치 Greenwich. ‖ ～표준시 Greenwich (mean) time(생략 G.M.T.).
그리다[1] 《그림을》 draw(무채색); paint(채색화); portray(인물화); sketch(약도를); picture(마음에); 《표현하다》 describe; depict. ¶ 산수(山水)를 ～ paint a landscape / 마음에 ～ picture to *oneself* / 지도를 ～ draw a map / 오늘의 미국인 생활을 ～ describe〔depict〕 today's American life.
그리다[2] 《사모 · 동경》 long〔yearn〕 for. ☞ 그리워하다.
그리스 Greece. ¶ ～의 Greek; Grecian. ‖ ～말 Greek / ～ 문명 Greek civilization / ～사람 a Greek; the Greeks(총칭).
그리스도 (Jesus) Christ. ‖ ～교 Christianity.
그리움 yearning; longing; nostalgia; a dear feeling. ¶ ～에 사무치다 feel an irresistable yearning for〔after〕.
그리워하다 yearn for〔after〕 《*a person*》; miss 《*a friend*》; long for 《*one's home*》; think fondly of 《*a person*》. ¶ 그는 학생 시절을 그리워했다 She longed for her school days.
그린란드 Greenland.
그릴 a grill (room).
그림 a picture(일반적); a painting(채색화); a drawing(무채색); a sketch(사생 · 약도); an illustration (삽화). ¶ ～을 그리다 paint〔draw〕 a picture / ～처럼 아름다운 풍경 a picturesque view / 피카소의 ～ a 《*picture by*》 Picasso / ～의 떡 《비유적》 《be nothing but》 pie in the sky / 이것은 무슨 ～이냐 What is this a picture of? ‖ ～물감 pigments; paints; oil〔water〕 colors / ～엽서 a picture (post) card / ～책 a picture book.
그림자 《투영》 a shadow; a silhouette; 《영상》 a reflection; an image; 《모습》 a figure. ¶ 장지에 비친 사람 ～ the shadow of a man falling on the paper sliding door / 호수에 비친 산의 ～ the reflection〔image〕 of the mountain on the lake / ～를 던지다 cast〔throw〕 《*its*》 shadow 《*on, over*》 / ～를 감추다 conceal *oneself;* disappear.
그립다 《동사적》 feel yearning for;

long for; yearn after〔for〕. ¶ 그리운 dear; dearest; beloved / 그리운 사람 *one's* beloved / 그리운 고향 *one's* dear old home / 옛날이 ~. I long for the old days.

그만 《그 정도로》 to that extent; so much〔many〕; that much (and no more). ¶ 이제 ~하면 됐다 We have had quite enough of it. / ~한 일에 울다니 우습다 It is silly of you to cry over such a trifle.

그만그만하다 be much〔almost〕 the same. ¶ 어느 쪽이건 ~ There is not much to choose between them.

그만두다 ① 《중단》 stop; cease; discontinue; give up; quit. ¶ 장사를 ~ quit *one's* business / 학교를 ~ leave〔give up〕 school. ② 《사직》 resign 《*one's post*》; quit; leave. ¶ 회사를 ~ leave the job of company.

그만저만하다 (be) so-so; not too good and not too bad; about the same.

그만큼 as much (as that); so 〔that〕 much; to that extent. ¶ 나는 ~밖에 모른다 I only know that much.

그만하다 ① 《정도》 be nearly 〔about〕 the same; be neither better nor worse. ② 《크기·수량 등이》 be about〔much〕 the same; be as much〔many〕 as; be neither more nor less. ③ 《중지하다》 stop; cease; leave off.

그맘때 about〔around〕 that time; about the age (나이).

그물 a net; a dragnet (끄는); a casting net(쟁이); netting(총칭). ¶ ~에 걸리다 be trapped〔caught〕 in a net / ~을 뜨다 make a net / ~을 치다 pitch〔set〕 a net. ‖ ~코 a net knot; a netting loop / 새~ a sparrow net.

그믐 the end〔last day〕 of the month. ¶ 이 달 ~에 at the end of this month. ‖ ~께 around the end of the month / ~밤 the last night of the (lunar) month / 섣달~ 《on》 New Year's Eve.

그밖 the rest; the others. ¶ ~의 other; further / ~에 besides; moreover; on top of that.

그스르다 smoke; scorch; sear; fumigate.

그슬리다 ① ☞ 그스르다. ② 《피동》 get smoked〔scorched〕. ¶ 새까맣게 ~ be scorched black / 그슬린 burnt 《*wood*》; scorched 《*linen*》; singed 《*hair*》.

그악스럽다 《장난이 심하다》 (be) mischievous; naughty; 《부지런하다》 (be) hardworking; industrious.

그야말로 really; quite; indeed.

그예 at last; finally; in the end; ultimately; after all.

그윽하다 ① 《고요하다》 (be) deep and quiet; secluded; still; silent. ② 《생각이》 (be) deep; profound.

그을다 《햇볕에》 get sunburned; get a tan; 《연기에》 be sooted (up); be stained with soot.

그을음 soot. ¶ ~이 앉다〔끼다〕 be sooted; become sooty; be soot-covered.

그저 ① 《줄곧》 still; without ceasing〔stopping〕. ¶ 비가 ~ 오고 있다 It is still raining. ② 《이유없이》 without any reason; 《목적없이》 casually; recklessly; aimlessly. ¶ ~ 빚을 마구 지다 go into debt recklessly / 왠지 모르지만, 나는 그녀가 ~ 싫다 I don't like her, I don't know why. *or* For some obscure reason I dislike her. ③ 《그런대로》 so and so; not so 《*good*》; 《단지》 only; just; 《제발》 please. ¶ ~ 재미로 just for fun / 그 영화는 ~ 그렇더라 The movie was so-so. / ~ 살려만 주십시오 Please save my life.

그저께 the day before yesterday. ¶ ~ 밤 the night before last

그전 (一前) before that; previous 〔prior〕 to that time; former times〔days〕; the past. ¶ ~에는 formerly; before; in old days / ~같이 as before.

그제야 only then; not... until; only when. ¶ 건강을 잃게 되면 ~ 그 고마움을 알게 된다 You don't realize the blessing of health until you have lose it.

그중 (一中) ① 《그것 중》 among the rest〔others〕; of them. ¶ 나도 ~의 하나다 I am one of them. ② 《제일》 most; best. ¶ ~ 좋다 〔나쁘다〕 be the best〔worst〕.

그지없다 《한이 없다》 (be) endless; boundless; eternal; (be) beyond description〔expression〕. ¶ 그지없는 사랑 eternal love / 그지없는 기쁨 an everlasting joy / 불쌍하기 ~ be too pitiful for words.

그치다 stop; cease; end; be over. ¶ 그칠새없이 without cease; continuously.

그후 (一後) 《이후》 after that; thereafter; 《이래》 (ever) since; since then.

극 (極) ① 《지구·자석의》 a pole; the poles(양극). ¶ ~지방 the polar regions. ② 《절정·극도》 the height; the extreme; the climax; the zenith. ¶ 영화(榮華)의 ~ the height of glory / …의 ~에 달하다 reach the height

of; be at its height.
극(劇) a drama; a play. ¶ ～적(으로) dramatic(ally) / ～을 공연하다 perform〔stage〕a play / ～을 연출하다 render a play / ～화(化)하다 dramatize; adapt〔turn〕《*a novel*》into a play; make a dramatic version of《*a story*》. ‖ ～영화 a film〔feature〕play / ～화(畵) a story comic; a comic strip with a dramatic story.
극광(極光)〖地〗the aurora; the polar lights.
극구(極口) ¶ ～ 칭찬하다 speak highly of《*a person*》/ ～ 변명하다 spare no points to defend *oneself*.
극기(克己) self-control〔-denial〕. ～하다 deny *oneself*; exercise self-denial. ‖ ～심 a spirit of self-denial〔self-control〕.
극단(極端) an extreme; extremity. ¶ ～적인〔으로〕extreme(ly); excessive(ly) / ～적으로 말하면 speaking in the extreme / 희망과 절망의 양～ the extremes of hope and despair / ～으로 흐르다 go too far; go to extremes. ‖ ～론 an extreme view〔opinion〕/ ～론자 an extremist.
극단(劇團) a theatrical company; a troupe. ‖ 순회～ a traveling troupe.
극대(極大) the maximum. ‖ ～치 the maximum value.
극도(極度) ¶ ～의 utmost; extreme; maximum / ～로 extremely; to the utmost / ～에 달하다 reach an extreme / ～로 비관하다 be in extreme grief / ～의 신경쇠약에 걸리다 have a nervous breakdown of the worst kind.
극동(極東) the Far East. ¶ ～의 Far Eastern. ‖ ～문제 Far Eastern problems.
극락(極樂)〖佛〗(the Buddhist) paradise; the home of the happy dead. ¶ ～왕생하다 die a peaceful death. ‖ ～정토 the land of Perfect Bliss / ～조 a bird of paradise.
극력(極力) to the utmost; to the best of *one's* ability; strenuously. ¶ ～ 부인〔반대〕하다 deny〔oppose〕stubbornly〔to the last〕.
극렬분자(極烈分子) a radical; an extremist.
극론(極論) ～하다 make an extreme argument. ¶ ～하면 to state an extreme case; to exaggerate.
극미(極微) ¶ ～한 microscopic; infinitesimal / ～한 세계 a microscopic world.
극복(克服) conquest. ～하다 conquer; overcome; get〔tide〕over. ¶ 병을 ～하다 get over an illness / 많은 어려움을 ～하다 overcome a lot of difficulties.
극비(極秘) strict secrecy; a top secret. ¶ ～의 top-secret; strictly confidential / 사고를 ～로 하다 keep an accident in absolute secrecy. ‖ ～문서 a classified〔top-secret〕document.
극빈(極貧) extreme poverty. ¶ ～한 extremely poor; destitute. ‖ ～자 a needy〔destitute〕person.
극상(極上) ¶ ～의 the best; first-rate; the highest quality; of the finest quality / ～의 치즈 cheese of the highest quality. ‖ ～품 a choice article; the best《*of its kind*》.
극성(極盛) ¶ ～스러운 extreme; overeager; impetuous / ～부리다 run to extremes / 극성스러운 사람 an impetuous person / ～스럽게 일하다 work like mad; work frantically.
극소(極小) minimum. ¶ ～의 smallest; minimum; infinitesimal. ‖ ～량 the minimum / ～수 the minimum number; a small minority / ～치 the minimum value.
극심(極甚) ¶ ～한 extreme; excessive; intense; severe; fierce; keen / ～한 경쟁 a keen〔tough〕competition / ～한 더위 an intense heat / ～한 손해 devastating damage.
극악(極惡) ¶ ～한 heinous; atrocious; extremely wicked; villainous / ～무도한 사람 an utter villain.
극약(劇藥) a powerful〔drastic〕medicine; a poison.
극언(極言) ～하다 be bold enough to say《*that…*》; go so far as to say《*that…*》. ¶ ～하면 to put it strongly〔at its most extreme〕.
극영화(劇映畵) a dramatic movie.
극우(極右) an ultra-rightist; the extreme right. ¶ ～의 ultranationalistic. ‖ ～파 the extreme right; an extreme right wing.
극작(劇作) playwriting. ～하다 write a play〔drama〕. ‖ ～가 a dramatist; a playwright.
극장(劇場) a theater; a playhouse. ‖ ～가(街) a theater district.
극점(極點)《한도》the extreme point; a climax;《북극·남극》the North〔South〕pole.
극좌(極左) the extreme left. ¶ ～의 ultraleftist. ‖ ～파 extreme leftist.
극지(極地) the pole; the polar regions. ‖ ～탐험 a polar expedition.
극진(極盡) ¶ ～한 very kind〔cor-

dial, warm, courteous〕/ ～히 kindly; cordially; heartily; hospitably / ～한 대접 heartwarming hospitality / ～한 간호를 받다 be nursed with the utmost care.

극초단파(極超短波) microwave.

극치(極致) the perfection; the zenith; the acme; the culmination. ¶ 미의 ～ the perfect beauty / 예술의 ～ the highest reach of art / ～에 달하다 attain the highest perfection.

극피동물(棘皮動物) 〖動〗 an echinoderm.

극한(極限) the limit; an extremity; the bounds. ¶ ～에 달하다 reach the limit 《*of*》. ‖ ～ 상황 《be placed in》 an extreme situation / ～치 〖數〗 a limiting value / ～투쟁 struggle to the extremes.

극한(極寒) severe〔intense〕 cold.

극형(極刑) capital punishment; the death penalty. ¶ ～에 처하다 condemn 《*a person*》 to capital punishment.

극히(極一) 《심히》 very; highly; 《가장》 most; 《아주》 quite.

근(斤) a *kŭn*(=0.6 kilogram).

근(根) 《종기의》 the core (of a boil); 〖數〗 a root; 〖化〗 a radical.

근간(近刊) a recent〔forthcoming〕 publication. ¶ ～의 책 forthcoming books / ～예고 an announcement of books in preparation.

근간(近間) one of these days. ☞ 요새.

근간(根幹) 《뿌리와 줄기》 root and trunk; 《근본》 the basis; the root; 《기조》 the keynote. ¶ ～을 이루다 form the keynote of / 농업은 나라의 ～이다 Agriculture is the basis of a nation.

근거(根據) a basis; a foundation; ground(s); authority(전거). ¶ ～가 있는 well-grounded〔-founded〕/ ～가 없는 groundless; unfounded / 믿을 만한 합리적 ～가 없다 have no reasonable ground for believing. ‖ ～지 a base (of operations).

근거리(近距離) a short distance. ¶ ～에 있다 be a little way off.

근검(勤儉) thrift and diligence. ¶ ～한 thrifty; frugal. ‖ ～저축 thrift and saving.

근경(根莖) 〖植〗 a rootstock; a rhizome.

근계(謹啓) Dear...; Dear Sir〔Sirs (회사 · 단체 앞)〕; Gentlemen 《美》; My dear...; Dear Mr.〔Miss, Mrs., Ms.(여성에게)〕.

근골(筋骨) bones and sinews; 《체격》 build; physique. ¶ ～이 억센 muscular; sinewy.

근교(近郊) the suburbs; the outskirts. ¶ ～의 suburban; neighboring / ～에 in the suburbs 《*of*》 / ～의 주택지 a suburban residential area.

근근이(僅僅一) barely; narrowly; with difficulty (☞ 간신히). ¶ ～ 살아가다 eke out〔barely make〕 a living; live from hand to mouth.

근기(根氣) perseverance; patience; endurance; energy(정력). ¶ ～ 있게 patiently; with perseverance〔patience〕/ ～가 없다 lack patience; soon get tired.

근년(近年) recent〔late〕 years. ¶ ～에 in recent〔of late〕 years / ～에 없던 심한 추위 the coldest weather we have had in recent years.

근농(勤農) diligent farming.

근대 〖植〗 a (red) beet; a chard.

근대(近代) the modern age; recent〔modern〕 times. ¶ ～의 modern / ～적인 modern(istic); up-to-date(최신식의). ‖ ～국가 a modern nation / ～사〔영어〕 modern history〔English〕/ ～화 modernization (～화하다 modernize / 한국은 지난 40년 사이에 급속히 ～화했다 Korea has rapidly modernized itself for the last forty years.).

근동(近東) 〖地〗 the Near East.

근들거리다 sway〔rock〕 slightly.

근래(近來) these days; recently; lately. ¶ ～의 recent; late / ～에 보기 드문 큰 인물 the greatest man in recent years.

근력(筋力) muscular strength〔power〕. ☞ 기력(氣力).

근로(勤勞) labor; work; service. ‖ ～기준법 the Labor Standard Law / ～대중 the working masses / ～봉사 a labor service / ～소득 an earned income / ～의욕 the will to work / ～자 a worker; a laborer; a workman; a workingman; labor(총칭) / ～조건 working conditions.

근린(近隣) a neighborhood. ¶ ～의 여러나라 the neighboring countries. ‖ ～소음 noises from the surrounding neighborhood.

근면(勤勉) diligence; industry. ¶ ～한 industrious; diligent; hardworking.

근무(勤務) service; duty; work. ～하다 serve; work; be on duty. ¶ 은행에서 ～하다 work in〔for〕 a bank. ‖ ～능률 service efficiency / ～성적 *one's* service record / ～시간 office〔working, business〕 hours / ～연한 the length of *one's* service / ～자 a man on duty〔in service〕/ ～지 수당 an area allowance / ～처 *one's* place of employment〔work〕/ ～태도 assiduity / ～평

정(서) the efficiency rating (reports).

근묵자흑(近墨者黑) He who touches pitch shall be defiled therewith.

근배(謹拜) 《편지의 맺음말》 Yours truly〔sincerely, respectfully〕.

근본(根本) 《기초》 the foundation; the basis; 《근원》 the root; the source; the origin. ¶ ～적인 fundamental; basic; radical / ～적으로 fundamentally; radically; completely / ～적인 문제 a fundamental〔basic〕problem / 문제를 ～적으로 해결하다 settle 《*a problem*》 completely / ～을 거슬러 캐다 trace 《*something*》 to its origin. ‖ ～원리 fundamental〔basic〕principles / ～원인 the root cause / ～정신 the fundamental principle.

근사(近似) ¶ ～한 《비슷한》 approximate; closely resembled; 《멋진》 fine, nice. ‖ ～치 approximate quantity〔value〕.

근성(根性) 《근본성질》 disposition; nature; 《기질》 temper; spirit(정신); 《투지》 will power; guts. ¶ ～이 나쁜 ill-natured / 비뚤어진 ～ a crooked nature / ～이 있는 사나이 a man with (a lot of) guts.

근세(近世) 〖史〗 modern times. ☞ 근대. ‖ ～사 modern history.

근소(僅少) ¶ ～한 a few(수); a little (양); small; trifling / ～한 차로 이기다 win by a narrow margin.

근속(勤續) continuous〔long〕service. ¶ ～10년의 사원 an office clerk with ten years of continous service / 30년 ～하다 serve〔work〕《*in a firm*》 for thirty years. ‖ ～수당 a long-service allowance / ～연한 the length of *one's* service.

근수(斤數) the weight expressed in 「*kŭn*.

근시(近視) nearsightedness 《美》; shortsightedness 《英》; near〔short〕sight. ¶ ～의 near-〔short-〕sighted / ～의 사람 a near-sighted person / ～안적인 정책 a near-sighted policy. ‖ ～안경 spectacles for shortsightedness.

근신(近臣) *one's* trusted vassal; a close court attendant.

근신(謹愼) ～하다 《언행을 조심하다》 be on *one's* good behavior; behave *oneself;* 《과오를 반성하다》 be penitent; be confined at home (자택에서). ¶ ～을 명받다 be ordered to be on *one's* best behavior.

근실(勤實) ¶ ～한 diligent; assidu- 「ous.

근실거리다 itch; feel itchy.

근심 anxiety; concern; worry; cares; trouble. ～하다 be anxious〔concerned〕about; be worried〔troubled〕about; feel uneasy; care; worry. ¶ ～에 쌓이다 be full of cares〔worries〕/ 뭘 그리 ～하느냐 What are you worrying about? / ～이 떠날 날이 없다 I always have one trouble or another.

근엄(謹嚴) sobriety. ¶ ～한 serious; grave; stern / ～한 태도 a dignified mien.

근원(根源) 《시초》 the origin; the source; 《원인》 the cause; 《근본》 the root. ¶ 모든 사회악의 ～ the root of all social evils / ～을 캐다 trace 《*something*》 to its origin.

근위대(近衛隊) the Royal Guards.

근육(筋肉) muscles; sinews. ¶ ～의 운동 muscular movement〔motion〕. ‖ ～노동 physical〔muscular〕labor / ～노동자 a laborer; a manual worker / ～조직 muscular tissue / ～주사 an intramuscular injection.

근인(近因) an immediate cause.

근일(近日) 《부사적》 soon; shortly; at an early date.

근자(近者) these days; 《부사적》 lately; recently.

근작(近作), **근저**(近著) *one's* latest〔recent〕work.

근저당(根抵當) fixed collateral.

근절(根絶) extermination; eradication. ～하다 exterminate; eradicate; root〔stamp〕out. ¶ 사회악을 ～하다 root〔stamp〕out social evils.

근접(近接) approach; proximity. ～하다 draw near; come〔go〕close 《*to*》; approach. ¶ ～한 neighboring; adjacent / ～해 있다 be〔stand〕close〔adjacent〕.

근정(謹呈) presentation; 《저자가 책에 서명할 때》 With the Compliments of the Author. ～하다 present; make a present of 《*a thing*》.

근제(謹製) carefully produced 《*by*》. ～하다 make〔prepare〕carefully.

근지점(近地點) 〖天〗 the perigee.

근질거리다 feel ticklish〔itchy〕.

근착(近着) recent〔new〕arrivals. ¶ ～의 양서 newly arrived Western books.

근처(近處) the neighborhood; the vicinity. ¶ ～의 사람 a neighbor / ～의 아이들 the neighborhood children / ～의 절 a nearby temple.

근청(謹聽) ～하다 listen to 《*a person*》 with attention.

근치(根治) complete cure. ～하다 cure completely. ¶ 암을 ～하다

cure cancer completely.
근친(近親) a near〔close〕relation〔relative〕; a kin(집합적). ¶ 우리는 ～간이다 We are closely related to each other. ‖ ～결혼 an intermarriage / ～상간(相姦) incest.
근태(勤怠) diligence and / or indolence.
근하신년(謹賀新年) (I wish you) a Happy New Year.
근해(近海) the neighboring〔home〕waters; the nearby seas. ‖ ～어 shore fish / ～어업 inshore fishery〔fishing〕/ ～항로 a coastal route.
근황(近況) the present condition. ¶ ～이 어떠신지요 Let me know how you are getting along.
글 writings; a composition; prose (산문); an article; a sentence (문장); letters(문학); a letter〔character〕(문자); learning (학문). ¶ 좋은〔나쁜〕 ～ good〔bad〕writing / 쉬운 ～로 쓰다 write in an easy style / ～을 모르다 be unlettered〔illiterate〕/ ～을 좋아하다 love learning / ～을 배우다 learn; study. ‖ ～짓기 composition.
글귀 words; a phrase(구), a clause(절); 《인용절》 a passage; an expression. ¶ ～를 외다 memorize a passage.
글동무 a schoolmate.
글라디올러스 〖植〗 a gladiolus.
글라스 《잔》 a glass.
글라이더 a glider.
글래머걸 a glamor girl.
글러브 〖野〗 a glove; 〖拳〗 gloves.
글러지다 go amiss〔wrong〕; 《악화》 get〔grow〕worse. ¶ 계획이 ～ a plan goes wrong.
글루탐산(一酸) glutamic acid. ‖ ～나트륨 monosodium glutamate.
글리세린 〖化〗 glycerin(e).
글리코겐 〖化〗 glycogen.
글방(一房) a private school for Chinese classics.
글썽글썽 with tearful eyes. ～하다 be in tears; be moved to tears. ¶ 눈물이 ～한 눈 tearful eyes; eyes filled with tears.
글쎄 well; let me see; I say(단정). ¶ ～ 하란 말이야 I say you do it. / ～ 갈 생각이 없는 걸 Well, I don't feel like going. / ～ 그것을 어디에 놓았더라 Let me see— where did I put it?
글씨 a letter; a character; 《글씨쓰기》 writing; handwriting. ¶ ～ 쓰는 법 penmanship / ～를 잘〔못〕 쓰다 write a good〔poor〕hand / ～를 가르치다 teach how to write. ‖ ～체 a style of handwriting.
글월 a sentence(문장); a letter 〔(편지).
글자(一字) a letter; a character.
글재주 literary talent〔ability, genius〕. ¶ ～가 있다 have a talent for writing.
글제(一題) a subject〔title, theme〕of an article.
글피 two days after tomorrow; three day hence.
긁다 ① scratch; scrape. ¶ 머리를 ～ scratch *one's* head. ② 《그러모으다》 rake. ¶ 낙엽을 ～ rake (up) fallen leaves. ③ 《감정·비위를》 provoke; nag. ¶ 그의 아내는 늘 바가지를 긁는다 His wife nags him constantly.
긁어먹다 ① 《이 따위로》 scrape (out) and eat. ¶ 참외를 숟가락으로 ～ scrape out the meat of melon with a spoon and eat it. ② 《재물을》 extort; squeeze. ☞ 착취.
긁적거리다 scratch and scratch; scrape and scrape.
긁히다 be scratched〔scraped〕.
금[1] 《값》 a price. ¶ 적당한 ～ a moderate〔reasonable〕price / ～보다, ～을 놓다 bid〔name〕a price 《*for*》; make an offer / ～이 나가다 cost much; be high in price.
금[2] ① 《줄》 a line. ¶ ～을 긋다 draw a line. ② 《균열》 a cleft; a crack. ¶ ～이 가다 crack; be cracked.
금(金) ① gold(기호 Au). ¶ ～의 gold; golden / 18～의 시계 an 18-karat gold watch / ～을 입히다 plate 《*a thing*》 with gold. ‖ ～반지 a gold ring. ② 《금액》 money. ¶ 일～ 10만원 the sum of 100,000 *won*.
금강사(金剛砂) emery (powder).
금강산(金剛山) *Kŭmgangsan*, the Diamond Mountains. ¶ ～도 식후경이라 《俗談》 Bread is better than the song of the birds.
금강석(金剛石) a diamond. ¶ ～을 갈다 cut〔polish〕a diamond.
금계(禁界) the forbidden ground.
금계랍(金鷄蠟) 〖藥〗 quinine.
금고(金庫) a safe; a strongbox; a vault(은행의 금고실). ¶ 돈을 ～에 넣다 put away money in a safe. ‖ ～털이 《행위》 safebreaking, safecracking; 《사람》 a safebreaker, a safecracker / 대여～ a safe-deposit box.
금고(禁錮) 〖法〗 confinement; imprisonment. ¶ ～ 3개월형에 처해지다 be sentenced to three months' imprisonment.
금과옥조(金科玉條) a golden rule. ¶ ～로 삼다 adhere strictly 《*to*》.
금관(金冠) a gold crown.
금관악기(金管樂器) 〖樂〗 (a) brass.
금광(金鑛) 《광산》 a gold mine; 《광석》 gold ore.
금괴(金塊) a nugget; a gold ingot; a gold bar.
금권(金權) the power of money;

financial〔monetary〕 influence. ‖ ～정치 plutocracy; money politics.
금궤(金櫃) a money chest〔box〕.
금귤(金橘) 〖植〗 a kumquat.
금기(禁忌) taboo; 〖醫〗 contraindication. ¶ 배합 ～의 약품 incompatible drugs.
금난초(金蘭草) 〖植〗 a helleborine.
금남(禁男) 《게시》 No men admitted. ¶ ～의 집 a house〔dormitory〕 closed to men.
금낭화(錦囊花) 〖植〗 a dicentra.
금년(今年) this year. ☞ 올해.
금니(金—) a gold tooth. ‖ ～박이 a man with gold teeth.
금단(禁斷) ～하다 prohibit; forbid. ¶ ～의 prohibited; forbidden / ～의 열매 the forbidden fruit. ‖ ～증상 《suffer from》 withdrawal symptoms; an abstinence syndrome(증후군).
금도금(金鍍金) gilding; gold plating. ～하다 plate 《*a thing*》 with gold; gild. ¶ ～한 시계 a gold=plated watch / ～이 벗겨지다 The gilt comes off.
금란지계(金蘭之契) close friendship.
금력(金力) the power of money 〔wealth〕. ¶ ～으로 by employing *one's* financial power; through the influence of money / 그는 ～으로 좌우할 수 있는 인간이 아니다 He is the last man to be influenced by money.
금렵(禁獵) prohibition of hunting. ‖ ～기 the off-season; the closed season / ～지구 a (game) preserve; a no-hunting area(이 주변은 ～지구이다 These districts are preserved.).
금령(禁令) a prohibition; a ban. ¶ ～을 내리다 issue a ban 《*on*》 / ～을 풀다 lift the ban 《*on*》.
금리(金利) interest (on money); a rate of interest. ¶ ～를 올리다〔내리다〕 raise 〔lower〕 the rate of interest / ～가 높다〔낮다〕 Interest rates are high〔low〕. ‖ 고～ 불황 a high-interest recession.
금맥(金脈) a vein of gold; 《자금주》 (shady) sources of funds.
금메달(金—) a gold medal. ¶ ～을 따다 win 〔be awarded〕 a gold medal. ‖ ～수상자 a gold medal winner; a gold medalist.
금명간(今明間) today or tomorrow; in a couple of days.
금몰(金—) gold braid〔lace〕. ¶ ～의 gold-braided.
금물(禁物) (a) taboo; a prohibited〔forbidden〕 thing. ¶ 담배는 환자에게 ～이다 Smoking is bad for the patient.
금박(金箔) gold foil; gold leaf. ¶ ～입히기〔박기〕 gold pressing; gilding in the press.
금발(金髮) golden〔fair〕 hair. ¶ ～의 blonde(여자); blond(남자).
금방(金房) a goldsmith's shop.
금번(今番) this time; lately.
금보다 《평가하다》 make an appraisal〔estimate, evaluation〕; put a value 《*on a thing*》; value 《*a thing*》.
금본위(제도)(金本位(制度)) the gold standard (system). ¶ ～를 폐지하다 go off the gold standard.
금분(金粉) gold dust.
금불(金佛) a gold image of Buddha.
금붕어(金—) a goldfish.
금붙이(金—) things made of gold.
금비(金肥) (a) chemical fertilizer.
금빛(金—) golden color. ¶ ～이 찬란하다 glitter with golden colors.
금상(金像) a gold statue; a gilt statue.
금상첨화(錦上添花) ¶ ～이다 add luster to what is already brilliant; add something more to the beauty〔honor〕 《*of*》.
금새 price.
금서(禁書) a banned〔forbidden〕 book.
금석(今昔) past and present. ¶ ～지감을 금할 수 없다 be struck by the change〔effects〕 of times.
금석(金石) minerals and rocks. ‖ ～지약(之約) a firm promise / ～학 epigraphy.
금성(金星) 〖天〗 Venus; the day-star.
금성철벽(金城鐵壁) a citadel; an impregnable fortress.
금세공(金細工) goldwork. ‖ ～장이 a goldsmith.
금속(金屬) 〖化〗 (a) metal. ¶ ～(제)의 metal; metallic / ～성의 소리 a metallic sound. ‖ ～가공(加工) the processing of a metal / ～공 a metal worker / ～공업 the metal industry / ～공학 metal engineering / ～광택 metallic luster / ～성(性) metallic character / ～원소 a metallic element / ～제품 metal goods; hardware(집합적) / 반～ (a) semimetal; a metalloid(반～의 semimetallic; metalloid).
금수(禁輸) an embargo on the export〔import〕 of. ～하다 embargo; ban the export〔import〕 《*of*》. ‖ ～품 articles under an embargo; contraband (goods).
금수(禽獸) birds and beasts; animals. ¶ ～와 같은 행위 beastly conduct / ～와 다를 바 없다 be no better than a beast.
금수(錦繡) ‖ ～강산 the land of beautiful scenery; Korea(별칭).
금슬(琴瑟) ¶ ～이 좋다 live in conjugal harmony; lead a happy married life.

금시(今始) ¶ ～초문이다 have never heard of before; be news to *one*. ‖ ～초견(初見) seeing for the first time.
금시계(金時計) a gold watch.
금식(禁食) fasting. ～하다 fast; go without food. ‖ ～일 a fast day.
금실(金—) gold thread; spun gold.
금싸라기(金—) a thing of great value. ‖ ～땅 an exceedingly high-priced plot of land.
금액(金額) an amount〔a sum〕 of money. ¶ 큰〔적은〕 ～ a large〔small〕 amount of money.
금어(禁漁) a ban on fishing;《게시》 No Fishing. ‖ ～구(역) a marine preserve / ～기 the closed season for fishing.
금언(金言) a golden〔wise〕 saying; a proverb; a maxim.
금연(禁煙)《게시》 No Smoking; Smoking prohibited. ～하다 prohibit smoking(못 피우게); stop〔give up〕 smoking(끊음). ¶ 차내에서는 ～입니다 Smoking is prohibited in cars. ‖ ～일 No-Smoking Day.
금요일(金曜日) Friday.
금욕(禁慾) abstinence; continence(성욕의). ～하다 control the passions; be ascetic〔continent〕. ‖ ～생활《lead》 an ascetic life / ～주의 stoicism / ～주의자 a stoic.
금융(金融) finance; the money market. ¶ ～을 긴축하다 tighten the money market〔situation〕. ‖ ～계 the financial circles / ～공황 a financial crisis〔panic〕/ ～기관 a banking〔financial〕 institution / ～긴축〔완화〕정책 a tight-money〔an easy-money〕 policy / ～시장 the money〔financial〕 market / ～업 financial business / ～업자 a moneylender; a financier / ～자본 financial capital / ～자유화 financial liberalization / ～정책 a financial policy.
금융거래실명제(金融去來實名制) the real-name financial transaction system.
금융경색(金融梗塞) money〔monetary〕 stringency; a tight-money market〔situation〕.
금융부조리(金融不條理) malpractices at banks; bank-related irregularities.
금융사고(金融事故) a banking incident; a loan fraud.
금융조작(金融造作) money market manipulation.
금융특혜(金融特惠) privileged loans《to》.
금은(金銀) gold and silver. ‖ ～보배 money and valuables.
금의환향(錦衣還鄕) ～하다 go〔come〕 home in glory.
금일봉(金一封) a gift of money. ¶ ～을 주다 grant〔give〕《*a person*》 money (in appreciation of *his* services).
금자탑(金字塔)《업적》 a monumental achievement. ¶ ～을 세우다 accomplish a monumental work.
금작화(金雀花)〖植〗 a genista; a common broom.
금잔(金盞) a gold cup〔goblet〕.
금잔디(金—) (golden) turf.
금잔화(金盞花)〖植〗 a common marigold; a yellow oxeye.
금장식(金粧飾) gold decoration.
금전(金錢) money; cash. ¶ ～상의 문제 a money matter; a financial problem. ‖ ～등록기 a cash register / ～출납계원 a cashier / ～출납부 a cashbook.
금제(禁制) prohibition; a ban. ¶ 여인 ～의《a place》 closed to women / ～를 풀다 lift a ban《*on*》. ‖ ～품 contraband〔prohibited〕 goods.
금족(禁足)〖佛〗 prohibition against entrance; 《외출금지》 confinement. ¶ ～을 명하다 order《*a person*》 to stay in one place〔at home〕《*for five days*》.
금주(今週) this week. ¶ ～중에 some time this week.
금주(禁酒) temperance; 《절대적인》 total abstinence. ～하다 stop〔give up; abstain from〕 drinking(개인적으로); go dry(제도적으로). ‖ ～법 the prohibition〔dry〕 law / ～운동 a temperance movement; a dry campaign / ～자 an abstainer / ～주의 teetotalism / ～주의자 a teetotaler; an anti-alcoholist.
금준비(金準備) the gold reserve.
금지(禁止) prohibition; a ban; an embargo(수출입의). ～하다 forbid《*a person to do*》(사적으로); prohibit《*a person from doing*》(공적으로); ban(법적으로). ¶ 전면적인 ～ the total ban / ～를 해제하다 remove the prohibition; lift the ban / 과격한 운동을 ～시키다 prohibit《*a person*》 taking too much exercise. ‖ ～법 the prohibition law / ～조항 a forbidden clause / ～처분 prohibitive measures / 상연～ a ban on performance / 수출입～ an embargo / 수출입 ～품목 items on the contraband list / 정차 ～《게시》 No waiting〔standing〕. / 판매～ prohibition of sale.
금지옥엽(金枝玉葉)《임금님의》 a person of royal birth; 《귀하게 자란》 precious〔beloved〕 child. ¶ ～으로 자라다 be brought up like a prince〔princess〕.

금지환(金指環) a gold ring.
금치산(禁治産)〖法〗incompetency. ‖ ～자 an incompetent / 준～자 a quasi-incompetent.
금침(衾枕) bedclothes and a pillow; bedding.
금테(金一) gold rims(안경의); a gilded frame(사진틀의). ‖ ～안경 gold-rimmed spectacles.
금품(金品) money and goods. ¶ ～을 주다 make a gift of money and other valuables.
금하다(禁一) ① ☞ 금지하다. ②《억제》suppress; repress; restrain; 《절제》refrain〔abstain〕《*from*》. ¶ 웃음을 금할 수가 없다 cannot help laughing / 술을 ～ abstain from drinking.
금형(金型) a mold; a matrix; a cast.
금혼식(金婚式) a golden wedding.
금화(金貨) a gold coin; gold currency(총칭).
금환식(金環蝕)〖天〗an annular eclipse of the sun.
금후(今後) after this; hereafter; in (the) future; from now (on). ¶ ～의 future; coming / ～의 계획 the future plan / ～ 5년 내지 10년은 for five or ten years from now.
급(急) ①《위급》(an) emergency; a crisis; 《긴급》urgency. ¶ ～을 요하는 urgent; pressing / ～을 고하다 give〔raise〕the alarm / ～을 요함《지시》Urgent. ②《형용사적》emergent; critical(위급한); steep (급경사의); sudden (돌발적인). ¶ ～경사 a steep slope / ～변 a sudden change / ～환 an emergency case.
급(級)《등급·학년》a class; a grade. ¶ 대사～ 회담 an ambassador-level conference / 일～품 first-class goods; an article of the highest quality / 헤비～ 선수 a heavyweight / 그는 나보다 한 ～ 위〔아래〕이다 He is one grade above〔below〕me.
급각도(急角度) an acute angle. ¶ ～로 돌다 make a sudden turn.
급감(急減) a sudden decrease. ～하다 decrease suddenly〔rapidly〕.
급강하(急降下)《항공기의》a (steep) dive; a nose-dive. ～하다 nose-dive; zoom down. ‖ ～폭격 dive bombing / ～폭격기 a dive bomber.
급거(急遽) in haste; in a hurry; hastily; hurriedly. ¶ ～ 상경하다 hurry up〔rush〕to Seoul.
급격(急激) ¶ ～한 sudden; abrupt; rapid(급속한); radical(과격) / ～히 suddenly; rapidly / ～한 변화 a sudden〔radical〕change.
급경사(急傾斜) a steep slope(물매); a steep ascent(치받이); a steep descent (내리받이).
급고(急告) an urgent notice. ～하다 give an urgent notice.
급급하다(汲汲一) be eager《*to please one's employer*》; be intent《*on making money*》. ¶ 책임 전가에 ～ be busy trying to shift the responsibility to others.
급기야(及其也) at last; finally; in the end.
급등(急騰) a sudden〔sharp〕rise; a jump. ～하다 rise suddenly; skyrocket; jump《*to 800 won*》.
급락(及落) success or failure《*in an exam*》; examination results.
급락(急落) a sudden drop; a sharp decline; a slump. ～하다 decline heavily; slump; fall suddenly. ¶ 주식 시세가 ～했다 The stock market suffered a sharp decline.
급료(給料) ☞ 급여, 봉급, 임금. ‖ ～생활자 a wage earner.
급류(急流) a rapid stream〔current〕; 《격류》a torrent; rapids.
급무(急務) urgent business; a pressing need. ¶ 우리가 해야 할 ～는 경제 재건이다 The「first thing〔urgent business〕we must do is to reconstruct the economy.
급박하다(急迫一) (be) imminent; urgent; pressing. ¶ 급박해지다 become〔grow〕tense〔critical, acute〕/ 북한에서는 식량 문제가 ～ The food problem is acute in North Korea.
급변(急變) a sudden change〔turn〕; 《변고》an emergency; an accident. ～하다 change suddenly. ¶ ～하는 세계 정세 the rapidly changing world situation / 날씨가 ～하다 the weather suddenly changes.
급보(急報) an urgent message〔report, dispatch〕. ～하다 send an urgent message《*to*》; report promptly. ¶ ～에 접하다 receive the urgent news《*of*》.
급부(給付) presentation; a benefit (급부금); delivery(교부); payment(지급). ～하다 deliver《*a thing*》; pay《*a benefit*》. ‖ 반대～ a consideration.
급사(急死) a sudden death. ～하다 die suddenly. ¶ 그녀는 열병으로 ～했다 She died suddenly of a fever.
급사(急使) an express messenger; a courier.
급사(給仕)《사무실의》an office boy; 《호텔의》a page《英》; a bellboy 《美》; 《식당의》a waiter; a waitress(여자); 《배의》a cabin boy; 《열차의》a boy; a porter《美》.

급살맞다(急煞—) meet a sudden death; die suddenly.

급상승(急上昇) a sudden rise; a zoom (비행기의). ~하다 rise suddenly; zoom.

급선무(急先務) the most urgent business; a pressing need.

급성(急性) ¶ ~의 질병 an acute disease / ~이 되다 run an acute course. ‖ ~맹장염〔폐렴〕acute appendicitis〔pneumonia〕.

급성장(急成長) a rapid growth. ~하다 grow rapidly; achieve a rapid growth. ¶ ~하는 시장 the big emerging market.

급소(急所) a vital point〔part〕(몸의); a vulnerable〔weak〕spot(약점); a tender〔sore〕spot(아픈 곳); a key point(요점). ¶ ~를 얻어맞다 be hit in the vitals / ~를 찌르는 질문 a question to the point / ~를 찌르다 hit《*a person*》on a vital spot.

급속(急速) rapidity. ¶ ~한 rapid; swift; sudden / ~히 rapidly; swiftly; promptly / ~한 진전을 이루다 make rapid progress〔advance〕/ 기온이 ~히 상승했다 The temperature rose suddenly〔sharply〕. ‖ ~냉동 quick freezing(~냉동하다 quick-freeze).

급송(急送) ~하다 send〔ship〕《*a thing*》by express〔in haste〕; dispatch《*a message*》; express《*the goods*》《美》.

급수(級數)〖數〗《일련의 수》a series. ‖ 산술〔기하〕~ arithmetical〔geometrical〕series.

급수(給水) water supply〔service〕. ~하다 supply《*a town*》with water. ‖ ~관 a water pipe / ~설비 water-supply facilities / ~전(栓) a hydrant / ~제한 restriction on water supply / ~차 a water supply truck / ~탑 a water tower / ~탱크 a water tank.

급습(急襲) a sudden〔surprise〕attack; a raid. ~하다 make a surprise attack《*on*》; raid; storm.

급식(給食) meal service;《학교의》a school lunch. ~하다 provide meals〔lunch〕《*for*》. ‖ ~비 the charge for a meal / ~시설 facilities for providing meals.

급여(給與)《수당》an allowance;《봉급》pay; a salary; wages;《물품을》supply; grant. ~하다 grant; allow; supply〔provide〕《*a person*》with; pay. ‖ ~소득 an earned income / ~수준 a pay〔wage〕level / ~체계 a wage system〔structure〕.

급우(級友) a classmate.

급유(給油) oil supply;《연료의》refueling. ~하다 fill《*a tank*》; refill《*a car*》with gas; refuel《*an airplane*》. ‖ ~기 a tanker plane / ~소 a filling〔gas; petrol《英》〕station.

급전(急轉) ~하다 change suddenly; take a sudden turn. ¶ ~직하로 all at once; abruptly / 사태가 ~했다 Things changed suddenly.

급전(急錢) urgently needed money for immediate use.

급정거(急停車) a sudden stop. ~하다 stop suddenly〔short〕; bring《*a car*》to a sudden stop; stamp〔slam〕on the brakes(구어). ¶ 버스는 불의의 사태로 ~하는 경우가 있다 Something unexpected brings a bus to a sudden stop.

급제(及第) ~하다 pass《*an examination*》; make the grade.

급조(急造) ~하다 construct in haste; build hurriedly. ¶ ~의 hurriedly〔hastily〕built.

급증(急增) a sudden〔rapid〕increase. ~하다 increase suddenly〔rapidly〕. ¶ ~하는 교통량 rapidly increasing traffic / 그 나라에서는 흉악 범죄가 ~하고 있다 Dreadful crimes are increasing rapidly in the country.

급진(急進) ¶ ~적인 radical(과격한); extreme(극단적인) / 그의 사상은 ~적이다 He has radical ideas. ‖ ~주의 radicalism / ~파 the radicals〔extremists〕.

급템포(急—) quick tempo. ¶ ~의〔로〕rapid(ly); double-quick / 복구 공사는 ~로 진전되었다 The restoration work progressed rapidly.

급파(急派) ~하다 dispatch; rush. ¶ 사고 현장에 구급차를 ~하다 dispatch an ambulance to the scene of the accident.

급하다(急—)《일·사태가》(be) urgent; pressing; imminent;《성질이》(be) impatient; quick-〔short-〕tempered;《병이》(be) critical; serious;《경사가》(be) steep; sharp (커브가). ¶ 급한 볼일 urgent business / 급한 병 a critical illness / 성미가 급한 사람 a quick-tempered person; a hothead / 경사가 급한 언덕 a steep hill〔slope〕/ 시간이 ~ be pressed for time / 급한 볼일이 생겼다 Some urgent business has turned up.

급행(急行)《급히 감》a rush; a hurry;《열차》an express (train). ~하다 hasten; rush; hurry《*to*》. ¶ 6시 30분의 ~ the 6:30 express / ~으로〔열차로〕가다 take an express《*to*》; travel〔hurry〕《*to a place*》by express / 현장으로 ~하

다 rush to the scene《*of an accident*》. ‖ ～권 an express ticket / ～버스 an express bus / ～요금 an express charge.

급환(急患) an emergency case; a sudden illness.

긋다《줄을》draw;《성냥을》strike《*a match*》. ¶ 선을 ～ draw a line.

긍정(肯定) affirmation. ～하다 affirm; answer "yes"; acknowledge. ¶ ～적인 affirmative / ～도 부정도 않다 make no commitment either way. ‖ ～명제 an affirmative (proposition) / ～문 an affirmative sentence.

긍지(矜持) pride; dignity; self-respect. ¶ 그녀는 자기 일에 ～를 가지고 있다 She has〔takes〕pride in her work.

기(忌) (a period of) mourning; an anniversary of《*a person's*》death.

기(氣) ①《만물의 기》the spirit of all creation. ②《기력》energy; vigor. ¶ ～가 넘치다 be full of energy〔life〕/ ～를 되찾다 regain *one's* energy〔vigor〕. ③《의기·기세》spirits; heart; ardor. ¶ ～가 나서 exultantly / ～가 죽다 be dispirited〔discouraged〕; be in low spirits / ～를 못 펴다 feel constrained. ④《숨·호흡》breath; wind. ☞ 기막히다. ⑤《온 힘》all *one's* energy; all-out effort. ☞ 기쓰다. ⑥《기미》a touch《*of*》; a dash; a shade; a tinge. ¶ 익살 ～ a touch of humor / 감기～가 있다 have a touch of cold / 그녀의 머리색은 붉은 ～를 띠고 있다 Her hair have a tinge of red.

기(旗) a flag; a pennant(가느다란 3각기);《군기》a standard; a banner; an ensign(함선의). ¶ ～를 올리다〔내리다〕hoist〔lower〕a flag; run up〔take down〕a flag / ～가 바람에 펄럭이고 있다 A flag is streaming〔flying〕in the wind.

기…(幾) some; several. ¶ ～천의 thousands of.

…기(期)《기일·기간》a date; a time; a term(기간);《시대》a period; an age;《계절》a season;《병의》a stage. ¶ 제1학～ the first term / 우〔건〕～ the rainy〔dry〕season / 제1～의 폐병 tuberculosis in its first stage.

기각(棄却)《각하》rejection;〖法〗dismissal. ～하다 turn down; reject; dismiss. ¶ 소(訴)를 ～하다 dismiss a suit.

기간(基幹) a mainstay; a nucleus. ‖ ～산업 key〔basic〕industries.

기간(旣刊) ¶ ～의 already〔previously〕published〔issued〕.

기간(期間) a term; a period. ¶ 일정한 ～ 내에 within a certain period of time.

기갈(飢渴) starvation; hunger and thirst.

기갑부대(機甲部隊) a panzer unit; armored troops〔forces《美》〕.

기강(紀綱)《관기》official discipline;《질서》public order; law and order. ¶ ～을 바로잡다 improve the moral fiber《*of*》; tighten discipline《*among*》.

기개(氣槪) spirit; backbone; mettle; guts(구어). ¶ ～ 있는 (high-) spirited / ～를 보이다 show *one's* mettle / ～가 없다 have no spirit〔backbone〕.

기거(起居)《일상 생활》*one's* daily life. ¶ ～를 같이하다 live together《*with a person*》.

기결(旣決) ¶ ～의 decided; settled. ‖ ～수 a convict; a convicted prisoner.

기계(奇計) a cunning plan; a clever scheme.

기계(器械) an instrument; an apparatus; an appliance. ‖ ～체조 apparatus gymnastics / 의료～ medical appliances〔instruments〕.

기계(機械) a machine; machinery (총칭); works(시계의). ¶ ～적인〔으로〕mechanical(ly) / ～적인 동작 mechanical movements / ～와 같은 machinelike / ～를 움직이다 start a machine; set a machine in motion; operate〔run〕a machine(조작하다) / ～로 움직이는 장난감 a mechanical toy / ～로 읽을 수 있는 machine-readable《*input texts*》/ 이 ～는 가동 중이다〔고장이 나 있다〕This machine is running〔out of order〕. ‖ ～공 a mechanic / ～공업 the machine industry / ～공장 a machine shop〔factory〕/ ～공학 mechanical engineering / ～과(科)《학교의》a course in mechanical engineering / ～기사 a mechanical engineer / ～력 machine power / ～문명 machine civilization / ～번역 machine translation / ～언어 (a) machine code〔language〕/ ～장치 mechanism.

기계화(機械化) mechanization. ～하다 mechanize. ¶ 그 작업은 모두 ～되어 있다 All the work is done by machines. ‖ ～농업 mechanized farming / ～부대 a mechanized unit.

기고(寄稿) (a) contribution. ～하다 contribute《*to*》; write《*for*》. ¶ 과학 잡지에 ～하다 write for〔contribute to〕a scientific journal.

기고만장(氣高萬丈) ～하다《의기양양》(be) elated; be in high spirits; be big with pride.

기골(氣骨) 《골격》 a build; a frame; 《기개》 spirit; mettle; pluck. ¶ ～이 장대한 사람 a sturdily built man; a man of sturdy build / ～이 있는 사내 a man of spirit 〔mettle〕.

기공(起工) ～하다 set to work; begin 〔start〕 the construction 《*of a bridge*》; break ground 《*for*》 (건축·토목공사); lay down 《*a keel*》 (배·철도의). ‖ ～식 《일반적으로》 a commencement ceremony; 《건축의》 (the ceremony of) laying the cornerstone; 《토목공사의》 the ground-breaking ceremony.

기공(技工) a craftsman; a technician. ‖ 치과～사 a dental technician.

기공(氣孔) a pore; 〖動〗 a stigma. 〖植〗 a stoma;

기관(汽罐) a (steam) boiler. ‖ ～사 a boiler man / ～실 a boiler room; a stokehole (기선의).

기관(氣管) 〖解〗 the trachea; the windpipe. ¶ ～의 tracheal.

기관(器官) an organ. ¶ 생명 유지에 중요한 ～ a vital organ. ‖ 감각〔소화〕～ sense〔digestive〕 organs.

기관(機關) ① 《기계의》 an engine; a machine. ‖ ～고 an engine shed / ～단총 a submachine 〔burp〕 gun / ～사 an engineer; an engineman / ～실 a machinery room / ～차 a locomotive; an engine / ～총 a machine gun; a heavy machine gun(기관포) / 내연～ an internal-combustion engine / 보조～ an auxiliary engine / 전기〔증기, 디젤〕～ an electric 〔a steam, a diesel〕 engine. ② 《수단·기구·설비》 means; an institution; a system; an organ; facilities. ¶ 통신～ means of communication / 교육～ educational institutions / 금융～ banking facilities / 교통～ means of transport; transporting facilities / 보도 ～ information media / 행정～ an administrative organ / 정부～ a government agency / 집행～ an executive organ.

기관지(氣管支) 〖解〗 a bronchus; bronchial tube. ‖ ～염 〖醫〗 bronchitis.

기괴(奇怪) ¶ ～한 strange; mysterious; queer.

기교(技巧) art; technique; technical skill; 《책략》 a trick. ¶ ～를 부리다 use a trick.

기구(氣球) a balloon. ¶ ～를 띄우다 fly 〔raise〕 a balloon. ‖ 계류〔관측〕～ a captive 〔an observation〕 balloon.

기구(器具) 《가정용의》 a utensil; 《특정 목적의》 an implement; 《특히 한 벌의》 an apparatus; 《정밀·정확한》 an instrument; fixtures(설비된). ‖ 난방～ a heating apparatus.

기구(機構) 《구조》 a structure; 《조직》 organization; 《제도》 a system; 《운영상의》 a mechanism; machinery. ¶ 국제 연합의 복잡한 ～ the complex mechanism of the United Nations / ～를 개편하다 reorganize the system. ‖ ～개편 the reorganization of the system; a structural reform; restructuring / 경제～ the economic structure / 국제～ an international organization / 당(黨)～ party apparatus / 행정 ～ the machinery of government.

기구하다(崎嶇—) 《불행·불우한》 (be) unhappy; unfortunate; ill-fated; checkered; 《험한》 be rugged. ¶ 기구한 생애 a checkered life / 기구한 일생을 보내다 lead an unhappy 〔unstable〕 life.

기권(棄權) 《투표에서》 abstention (from voting); 《권리의》 the renunciation of *one's* right; 《경기의》 default. ～하다 abstain (from voting); give up 〔abandon〕 *one's* right; withdraw *one's* entry. ‖ ～율 the abstention rate / ～자 an abstentionist; an absentee; a nonvoter.

기근(飢饉) (a) famine; crop failure; 《결핍》 scarcity. ‖ ～구제자금 a famine-relief fund / 물～ a water shortage.

기금(基金) a fund; a foundation (재단). ¶ ～을 설립하다 establish a fund / ～을 모집하다 collect 〔raise〕 a fund. ‖ ～모집 the collection of a fund.

기급하다(氣急—) be aghast; be frightened out of *one's* wits; cry out in surprise.

기기(器機) machinery and tools.

기기묘묘(奇奇妙妙) ～하다 (be) wonderful and beautiful; marvellous; fabulous.

기꺼이 willingly; with pleasure; readily(선뜻). ¶ ～승낙하다 consent with pleasure / ～ …하다 be ready 〔willing〕 to *do;* be delighted to *do.*

기껏 ① 《힘껏》 to the utmost; as hard as possible. ¶ ～ 애쓰다 do *one's* best; exert *oneself* to the utmost. ② 《고작》 at (the) most; at (the) best. ¶ ～해야 1마일 a mile at the outside / ～해야 10일 ten days at the longest.

기낭(氣囊) an air bladder 〔sac〕.

기네스북 the Guinness Book of Records.

기념(記念) commemoration; memory. ～하다 commemorate. ¶ ～의 commemorative; memorial / ～으로 in memory〔commemoration〕 of...; as a souvenir〔token〕 of... / ～으로 사진을 찍읍시다 Let's have our photograph taken to commemorate this occasion. ‖ ～물〔품〕 a souvenir; a memento; a keepsake / ～비 a monument / ～사진 a souvenir picture / ～우표 a commemoration stamp / ～일 a memorial day; 《년 1회의》 an anniversary (결혼 ～일 a wedding anniversary) / ～제 a commemoration; 《매년의》 an anniversary / ～행사 a memorial event.

기능(技能) (technical) skill; 《능력》 ability. ¶ ～이 뛰어나다 be highly skilled 《*in*》. ‖ ～공〔자〕 a technician / ～교육〔훈련〕 technical education〔training〕/ ～올림픽 the International Vocational Training Competition.

기능(機能) faculty; function. ¶ ～을 하다 function; work / ～적인 functional / ～을 발휘하다 fulfill *one's* function. ‖ ～검사 a functional test / ～장애 a functional disorder / ～저하 (a) malfunction / 소화～ digestive functions.

기다 crawl; creep; grovel(배를 깔고). ¶ 기어 가다 go on all fours / 기어 다니다 crawl about〔along〕/ 기어 오르다 climb〔crawl〕 up.

기다랗다 (be) rather long; lengthy.

기다리다 wait 《*for*》; await; 《기대》 look forward to; expect; anticipate. ¶ 차례를 ～ wait for *one's* turn / 기다리게 하다 keep 《*a person*》 waiting / 기회를 ～ watch〔wait〕 for an opportunity.

기담(奇談) a strange story〔tale〕.

기대(期待) expectation; anticipation; hope. ～하다 expect; look forward to; hope for; count on. ¶ …을 ～하고 in anticipation〔expectation, hopes〕 of / ～에 반하여 contrary to〔against〕 *one's* expectation(s) / ～에 부응하다〔어긋나다〕 meet〔fall short of〕 *one's* expectation(s).

기대다 ① 《몸을》 lean on〔against〕; rest〔stand〕 against. ② 《의뢰》 rely〔depend, lean〕 on. ¶ 자식에게 ～ depend on *one's* son for support; lean on *one's* son.

기도(企圖) 《계획》 a plan; a scheme; a plot; 《시도》 an attempt. ～하다 plan; plot; design; try; attempt; scheme. ¶ 반란의 ～는 실패했다 An attempt to start a revolt ended in failure. / 우리 회사는 해외 진출을 ～하고 있다 Our firm is planning〔designing〕 to expand its business overseas.

기도(祈禱) prayer; grace (식사 때의). ～하다 pray; offer〔give〕 prayers; say grace. ‖ ～서 a prayer book.

기도(氣道) the airway; respiratory tract.

기독교(基督教) Christianity. ¶ ～의 Christian / ～를 믿다 believe in Christianity; be a Christian. ‖ ～교회 a Christian church / ～도 a Christian / ～여자 청년회 the Young Women's Christian Association(생략 Y.W.C.A.) / ～청년회 the Young Men's Christian Association(생략 Y.M.C.A.).

기동(起動) 《시동》 starting; 《운신》 *one's* movement. ～하다 move about; stir; get started. ‖ ～력 motive power.

기동(機動) ‖ ～경찰〔대〕 the riot police; a riot squad / ～력 mobile power / ～부대 mobile troops; a task force / ～성 mobility; maneuverability / ～연습 a maneuver / ～작전 mobile operations / ～타격대 a special strike〔task〕 force.

기둥 ① 《건축의》 a pillar; a pole; a column(둥근). ¶ ～을 세우다 erect〔set up〕 a pillar. ② 《버팀목》 a prop; a support; a post. ③ 《사람》 a pillar; a support. ¶ 나라〔집안〕의 ～ the pillar of the state〔family〕.

기둥서방 a kept man; a gigolo; a pimp.

기득(既得) ¶ ～의 already acquired; vested. ‖ ～권 vested rights(～권의 침해 infringement of 《*a person's*》 vested rights).

기라성(綺羅星) ¶ ～ 같은 고관들 a galaxy of dignitaries.

기량(技倆) ability; skill; competence. ¶ ～을 기르다 improve *one's* skill / ～을 충분히 발휘하다 give full play to *one's* abilities.

기러기 〖鳥〗 a wild goose 〔*pl.* wild geese〕. ‖ ～아빠 a lonely wild goose father (separated from his family staying abroad).

기러기발 《현악기의》 the bridge (on a string instrument).

기력(氣力) ① 《힘》 energy; spirit; vigor; vitality. ¶ ～이 왕성한 energetic; vigorous; full of vitality. ② 〖理〗 air pressure.

기로(岐路) 《갈림길》 a forked road; a crossroad. ¶ 인생의 ～에 서다 stand〔be〕 at the crossroads of *one's* life.

기록(記錄) 《적음》 recording; 《문서의》 a record; a document; archives(관청의); minutes(의사록); a chronicle (연대기); 《경기의》 a 《*world*》 record. ～하다 record; register; write down; put 《*a thing*》 on record. ¶ 정확한 ～ an accurate record / 최고〔공식〕 ～ the best〔an official〕 record / ～

에 남다 be on record; be recorded / ～에서 삭제하다 strike 《*some words*》 from the record / ～을 깨다 《경기 따위에서》 break 〔beat〕 the record / ～을 경신하다 better the record / ～을 깨는 record-breaking / (신) ～을 세우다 make 〔establish〕 a (new) record 《*in*》 / 득점을 ～하다 keep (the) score. ‖ ～보유자 a record 〔title〕 holder / ～영화 a documentary film / ～원 a recorder; a scorer / ～적 저온 the record-low temperature.

기뢰(機雷) 〚軍〛 an underwater 〔submarine〕 mine; a mine. ¶ ～를 부설하다 lay 〔place〕 mines.

기류(氣流) an air 〔aerial〕 current; a current 〔stream〕 of air. ¶ 상승 ～를 타다 ride an ascending air current.

기르다 ① 《양육》 bring up; rear; raise. ¶ 모유〔우유〕로 ～ raise 《*a child*》 at the breast 〔on the bottle〕. ② 《사육·재배》 breed; raise; keep; grow; cultivate(재배). ¶ 가축을 ～ raise livestock. ③ 《양성》 cultivate; develop; build up(체력 따위를). ¶ 도의심을 ～ cultivate moral sense / 국력을 ～ build up national power. ④ 《버릇을》 form 《*a habit*》. ⑤ 《머리·수염을》 grow 《*a mustache*》.

기름 oil(액체); 《지방》 fat; lard; grease(윤활용). ¶ 기계에 ～을 치다 oil a machine / ～을 짜다 press oil 《*from*》 / 이 고기는 ～이 많다 This meat has a lot of fat. / 생선을 ～에 튀기다 fry fish in oil / ～이 묻다 become oily 〔greasy〕 / 불에 ～을 붓다 add fuel to the flames / ～기가 없는 oil-free.

기름지다 ① 《기름이》 (be) greasy; fatty; oily; fat(살찐). ¶ 기름진 음식 greasy 〔fatty, rich〕 food. ② 《땅이》 (be) fertile; rich; productive. ¶ 기름진 땅 fertile 〔rich〕 field.

기름틀 an oil press.

기름하다 (be) somewhat 〔rather〕 long; longish.

기리다 praise; admire; give high praise to.

기린(麒麟) 〚動〛 a giraffe. ‖ ～아 a (child) prodigy; a wonder child.

기립(起立) 《구령》 Rise!; Stand up! ～하다 stand up; rise. ‖ ～투표 a rising 〔standing〕 vote.

기마(騎馬) 《말타기》 (horse) riding; 《타는 말》 a riding horse. ‖ ～경찰 a mounted policeman / ～민족 a nomadic 〔equestrian〕 people / ～전 《play》 a mock cavalry battle.

기막히다(氣—) 《숨막히다》 stifle; feel stifled 〔suffocated, choked〕; 《어이없다》 (be) amazed; stunned; aghast; dumbfounded; 《엄청남》 (be) breathtaking; amazing. ¶ 기막힌 소식 stunning 〔amazing〕 news / 기막힌 부자 an amazingly rich man / 기막힌 일 a horribly 〔disgusting〕 thing / 기막히게 예쁘다 be stunningly beautiful / 기가 막혀 말이 안 나오다 be dumbfounded.

기만(欺瞞) deception; (a) deceit. ～하다 deceive; cheat. ¶ ～적인 deceptive; tricky / ～적인 행위 a deceitful 〔fraudulent〕 act.

기맥(氣脈) ¶ ～을〔이〕 통하다 conspire 《*with*》; be in collusion 《*with*》.

기명(記名) 《서명》 signature. ～하다 sign *one's* name. ¶ ～날인하다 sign and seal. ‖ ～〔무～〕투표 an open 〔a secret〕 vote.

기묘(奇妙) ¶ ～한 strange; queer; odd; curious; funny.

기물(器物) 《그릇》 a vessel; household dishes; 《기구》 a utensil; 《가구》 furniture.

기미 《얼굴의》 freckles. ¶ ～가 낀 얼굴 a freckled face / ～가 끼다 freckle.

기미(氣味) ① 《냄새와 맛》 smell and taste. ② 《듯싶은 기분》 a touch; a smack; a tinge; 《징후》 a sign; an indication. ¶ 감기 ～가 있다 have a touch of a cold.

기민(機敏) ¶ ～한 prompt; smart; sharp; shrewd / ～한 동작 quick action 〔movement〕 / ～하게 행동하다 act smartly / ～한 조치를 취해야 한다 It is necessary to take prompt measures.

기밀(氣密) ¶ ～의 airtight. ‖ ～복 a pressured suit / ～성 airtightness / ～실 an airtight chamber.

기밀(機密) secrecy(상태); a secret (일). ¶ ～의 secret; confidential / 군사〔외교〕상의 ～ a military 〔diplomatic〕 secret / ～을 누설하다 let 〔leak〕 out a secret. ‖ ～누설 a leak of secret information / ～비 secret (service) funds / ～사항 confidential matters / ～서류 a confidential document.

기박(奇薄) ¶ ～한 unfortunate; hapless; unlucky; ill-fated / ～한 팔자를 타고 나다 be born under an unlucky star.

기반(基盤) a base; a basis; a foundation; foothold(발판). ¶ ～을 이루다 form the basis 〔foundation〕 of / ～을 굳히다 solidify *one's* footing.

기반(羈絆) bonds; ties; fetters. ¶ ～을 벗어나다 set *oneself* free 《*from*》; shake off the fetters.

기발(奇拔) ¶ ～한 original; novel; eccentric; fanciful 《*patterns*》 / ～한 생각 a novel idea.

기백(氣魄) spirit; vigor; soul.

기범선(機帆船) a motor-powered sailing boat.

기법(技法) a technique. ¶ ～상의 문제 a technical problem / ～을 익히다 acquire〔master〕 the technique《*of*》.

기벽(奇癖) an eccentric〔a strange〕 habit; an eccentricity.

기별(奇別) information; a notice. ～하다 inform〔notify〕《*a person*》 of; give information; report.

기병(起兵) ～하다 raise an army; rise in arms《*against*》.

기병(騎兵) a cavalryman; cavalry (총칭).

기보(棋譜) the record of a game of *paduk*.

기보(既報) a previous report. ¶ ～한 바와 같이 as previously〔already〕 reported.

기복(起伏) ups and downs; undulation. ～하다 rise and fall; roll; undulate. ¶ ～이 있는 평야 an undulating〔a rolling〕 plain.

기본(基本)《기초》a foundation; a basis;《기초적 사항》basics; fundamentals;《기준》a standard. ¶ ～적인 fundamental; basic; standard / 영어의 ～ the ABC's of English / ～적인 인권 fundamental human rights / 영어를 ～부터 시작하다 study English from the basics. ‖ ～급 *one's* basic〔regular〕 pay〔wages, salary〕; *one's* base pay(퇴직금 계산시 기초가 되는) / ～단위 a standard unit / ～방침 a basic policy / ～어휘 a basic vocabulary / ～요금 a basic rate; the basic〔base〕 fare(택시의); the basic charge (사용료의) / ～원리 a fundamental〔basic〕 principle / ～형 a basic pattern.

기부(寄附) (a) contribution;《기증》(a) donation; (a) subscription. ～하다 donate; contribute; subscribe. ¶ ～금을 모으다 raise subscriptions; collect contributions / 그녀는 적십자사에 많은 돈을 ～했다 She donated a large amount (of money) to the Red Cross. ‖ ～금 a contribution; a subscription; a donation / ～자 a contributor; a subscriber; a donor / ～행위 an act of endowment〔donation〕.

기분(氣分) a feeling; a mood; frame of mind; sentiment; atmosphere(분위기). ¶ ～이 좋다 feel well〔good, all right〕 / ～이 좋지 않다 do not feel well〔good〕; feel ill〔bad〕 / 아무의 ～을 상하게 하다 hurt *a person's* feelings / 즐거운 ～에 잠겨 있다 be in a happy state of mind / 공부할 ～이 나지 않는다 I'm in no mood for study〔work〕. / 두통으로 ～이 좋지 않다 I don't feel well because I have a headache. /「(환자에게) 오늘 ～이 어떠십니까?」—「많이 좋아졌습니다.」"How are you feeling today?" *or* "How do you feel today?"—"Much better, thanks." ‖ ～파 a moody person; a man of moods.

기분전환(氣分轉換) ¶ ～으로 for recreation; for a change / ～으로 산책이나 하자 Let's take a walk for a change. / 오늘 저녁에는 ～으로 외식이나 하러 나가지 How〔What〕 about eating out this evening for a change?

기뻐하다 be glad〔pleased, delighted〕; rejoice; take delight《*in*》. ¶ 그녀는 그 소식을 듣고 기뻐했다 She was glad to hear the news.

기쁘다 (be) glad; delightful; happy; pleasant(유쾌). ¶ 기쁜 날 a happy day / 기쁜 소식 glad〔happy〕 news / 기쁜 일 a happy event / 기쁘게 하다 please; delight; make《*a person*》 happy; give pleasure《*to*》; gladden / 집안 일을 도와 어머니를 기쁘게 했다 I made my mother happy by helping her with the domestic chores.

기쁨 joy; happiness; delight; rejoice; pleasure. ¶ 인생의 ～ joys of life / 성공의 ～ the pleasure of success / 커다란 ～ great pleasure / ～을 참을 수 없다 be unable to contain *one's* delight / 그녀의 얼굴에는 ～이 넘쳐 있었다 Her face beamed with joy.

기사(技師) an engineer. ‖ 건축～ an architectural engineer.

기사(記事)《신문의》a news story〔item〕; a report; news; an article. ¶ ～를 쓰다 write a report〔an article〕《*on*》 / 오늘 아침「한남 일보」에 그 화재 ～가 나와 있다 The fire is reported in this morning's *Hannam Ilbo*. ‖ ～금지 a press ban / 3면～ city news / 특종～ a scoop; a beat《美》.

기사(騎士) a knight. ‖ ～도 knighthood; chivalry.

기사회생(起死回生) revival〔resuscitation〕 (from serious illness). ～하다 revive; resuscitate. ¶ ～의 묘약 a miracle〔wonder〕 drug / ～의 홈런을 날리다 hit a homer to pull the game out of the fire / ～의 만루 홈런 a table-turning grand slam.

기산(起算) ～하다 reckon〔count〕 from《*a date*》; measure from《*a point*》. ‖ ～일 the initial date (in reckoning).

기상(起床) ～하다 rise; get up. ‖ ～나팔 the reveille; the morning bugle / ～시간 the rising hour; the hour of rising.

기상(氣象) weather; atmospheric phenomena; a climate(기후). ¶ ～을 관측하다 make meteorological〔weather〕observation / ～의 변화 a change in the weather. ‖ ～경보 a weather warning / ～대 a weather station; a meteorological observatory / ～도(圖) a weather map〔chart〕/ ～레이더 a weather radar / ～위성 a weather satellite / ～재해〔주의보, 통보〕a weather disaster〔warning, report〕/ ～정보 weather information / ～청 the Meteorological Administration / ～학 meteorology.

기색(氣色) 《안색》 a complexion; 《표정》 a look; a countenance; an expression; 《태도》 manner; bearing; 《기미》 signs. ¶ 노한 ～ an angry look / 아무의 ～을 살피다 try to judge *a person's* state of mind (from *his* expression); read *a person's* expression〔face〕/ 조금도 두려워하는 ～ 없이 without showing the slightest sign of fear.

기생(妓生) a *kisaeng*. ‖ ～집〔방〕a *kisaeng's* house.

기생(寄生) parasitism. ～하다 be parasitic on 《*a tree*》; live on〔with〕《*its host*》. ‖ ～동물〔식물〕a parasite; a parasitic animal〔plant〕/ ～충 a parasite; a parasitic worm / ～충 구충제 a parasiticide.

기선(汽船) a steamship; a steamer. ¶ ～으로 가다 go 《*to London*》 by steamer. ‖ 정기～ a regular liner.

기선(機先) ¶ 우리는 적의 ～을 잡았다 We got a head start on the enemy. *or* We stole a march on the enemy.

기설(既設) ¶ ～의 established; existing.

기성(奇聲) ¶ ～을 발하다 give〔utter〕a strange sound; squeal.

기성(既成) ¶ ～의 accomplished; existing; established; ready-made (옷 따위). ‖ ～개념 a stereotype (～개념에 사로잡히다 adhere to *one's* stereotype) / ～복 ready-made clothes; a ready-to-wear suit〔dress〕/ ～사실 an accomplished〔established〕fact / ～세대 the older generation / ～정당 the existing political parties / ～품 ready-made goods〔articles〕.

기성(棋聖) a great master of *paduk*〔chess〕.

기성회(期成會) 《학교의》 a school supporting organization. ‖ ～비 dues for school supporting organization.

기세(氣勢) spirit; vigor; ardor. ¶ ～가 오르다 be in high spirits / ～를 올리다 get elated; arouse *one's* enthusiasm / ～를 꺾다 dispirit; discourage.

기소(起訴) 《형사》 prosecution; indictment. ～하다 prosecute〔indict〕《*a person*》 for a crime; charge 《*a person*》 with a crime. ¶ ～를 유예하다 suspend an indictment; leave a charge on the file / 불～처분하다 drop a case. ‖ ～장 an indictment.

기수(基數) a cardinal number.

기수(旗手) a standard-bearer; a flag-bearer.

기수(機首) the nose of an airplane. ¶ ～를 남으로 돌리다 head for the south; turn southward / ～를 내리다〔올리다〕 nose up〔down〕; lower〔pull up〕the nose.

기수(騎手) a rider; a horseman; a jockey(경마의).

기수범(既遂犯) a crime that has already been committed.

기숙(寄宿) ～하다 lodge〔board〕《*at, with a person*》. ‖ ～사 a dormitory / ～생 a boarding〔resident〕student; a boarder / ～학교 a boarding school.

기술(技術) an art(기예); technique (전문적 기교); technology(과학기술); a skill. ¶ ～적인 technical / ～상 technically / ～상의 어려움 a technical difficulty / ～의 진보 technological〔technical〕advance / 외국～의 도입 introduction〔importation〕of foreign techniques. ‖ ～개발 technical development / ～격차 disparity in technique / ～고문 a technical adviser / ～마찰 friction over technology (exchange) / ～수출 technology export / ～원조 technical assistance / ～이전 the transfer of technical know-how / ～자 a technical expert; a technician / ～제휴 《join in》 a technical tie-up / ～혁신 a technological innovation / ～협력 technical cooperation / 핵심～ core technology.

기술(記述) a description; an account(설명). ～하다 describe; give an account 《*of*》. ¶ ～적인 descriptive; narrative.

기술인력(技術人力) skilled technical hands; (highly) skilled technical manpower. ¶ 될 수 있는 대로 많은 ～을 양성하다 foster as much excellent skilled manpower as possible.

기술집약산업(技術集約産業) a technology-intensive industry.

기술축적(技術蓄積) the accumulation of technology 〔industrial know-how〕.

기슭 the foot 〔base〕; the edge. ¶ 산～에 at the foot of a mountain / 강～에 on the edge 〔brink〕 of a river.

기습(奇習) a strange custom.

기습(奇襲) a surprise (attack); a sudden attack. ～하다 make a surprise attack 《*on*》; take 《*the enemy*》 by surprise. ¶ 배후에서 ～을 시도하다 attempt a surprise attack from behind.

기승(氣勝) an unyielding spirit. ¶ ～스러운 여자 a woman of spirit; a strong-minded 〔-spirited〕 woman.

기승전결(起承轉結) the four steps in composition (*i.e.* the introduction, the development of the theme, conversion, and summing up).

기식(寄食) ～하다 sponge 〔live〕 on 《*one's relative*》; be a parasite 《*on, to*》. ‖ ～자 a hanger-on; a parasite.

기신호(旗信號) flag signaling.

기실(其實) the truth 〔reality〕. ¶ ～은 in reality 〔fact〕; as a matter of fact / ～은 그는 해고 당했다 The truth is that he has been dismissed.

기쓰다(氣—) do *one's* utmost; make every possible effort; spare no labor. ¶ 기쓰고 일하다 work with all *one's* might.

기아(棄兒) 《아이》 an abandoned child; a foundling. ～하다 desert 〔abandon〕 *one's* child.

기아(飢餓) hunger; starvation. ¶ ～에 직면하다 face starvation / ～선상에 있다 be starving; be on the brink 〔verge〕 of starvation / 이들 외국의 원조가 없다면, 그들은 ～상태를 면치 못할 것이다 Without this aid from foreign countries, they would be reduced to near starvation. ‖ ～임금(賃金) starvation wages.

기악(器樂) instrumental music.

기안(起案) drafting. ～하다 prepare a draft; draw up a plan.

기암괴석(奇岩怪石) rocks of fantastic shape.

기압(氣壓) atmospheric 〔air〕 pressure. ‖ ～계 a barometer / ～골 a trough of low atmospheric pressure. 「다 promise; pledge.

기약(期約) promise; pledge. ～하

기어이(期於—) by all means; at any cost; under any circumstances.

기억(記憶) memory; remembrance; recollection. ～하다 remember; remain in *one's* memory; 《상기》 recall; recollect; 《잊지 않도록》 bear 《*a thing*》 in mind; 《암기》 lean by heart; memorize. ¶ ～할 만한 날 a memorable day / 내 ～으로는 as far as I can remember / ～을 더듬어가며 tracing back in memory / 어린 시절의 희미한 ～ dim memories of *one's* childhood / 또렷이 ～하다 have a clear memory 《*of*》 / ～에 새롭다 be fresh in *one's* memory. ‖ ～력 memorial power; memory (～력이 좋다〔나쁘다〕 have a good 〔poor〕 memory) / ～상실증(症) amnesia / ～술 mnemonics; the art of memory / 주～장치 a main storage 〔memory〕.

기업(企業) an enterprise; an undertaking; (a) business. ¶ 한국의 해외～ Korea's overseas enterprises / ～의 비밀 an industrial 〔a company〕 secret / ～의 합리화 rationalization of enterprises / ～의 계열화 the grouping of enterprises / 민간～ a private enterprise / ～을 일으키다 plan 〔embark in〕 an enterprise / 인플레로 ～이 재정난에 직면했다 Business has encountered financial difficulties because of inflation. ‖ ～가 an *entrepreneur* 《프》; a man of enterprise / ～연합 a cartel / ～윤리 business ethics / ～정비 industrial readjustment / ～진단 management consulting / ～합동 a trust / ～화 commercialization (～화하다 commercialize).

기업공개(企業公開) a corporation's public offering 〔sale〕 of stocks 〔shares〕; going public. ¶ ～를 권장하다 encourage (a corporation) to go public.

기여(寄與) (a) contribution. ～하다 contribute; be conducive. ¶ 세계평화에 ～하다 make a contribution to world peace.

기연(奇緣) a strange turn of fate; a curious coincidence.

기연가미연가하다 be not sure.

기염(氣焰) tall 〔big〕 talk; bombast. ¶ ～을 토하다 talk big; speak with great vehemence.

기예(技藝) arts and crafts.

기예(氣銳) ¶ ～의 spirited; energetic / 신진 ～의 예술가 a young and energetic artist.

기온(氣溫) (atmospheric) temperature. ¶ ～의 변화 a change of 〔in the〕 temperature.

기와 a tile. ¶ ～로 지붕을 이다 tile a roof; roof (a house) with tiles. ‖ ～공장 a tilery / ～지붕 a tiled roof / ～집 a tile-roofed house / 기왓가마 a tile-kiln.

기왕(旣往) the past; bygone days. ¶ ～에 since it is done / ～이면 if it is done; 《선택》 if I must take〔choose〕. ‖ ～증 the medical history of a patient.

기용(起用) appointment. ～하다 appoint; employ the service 《*of*》. ¶ 새 부서로 ～되다 be appointed to the new position.

기우(杞憂) unnecessary anxiety; needless〔imaginary〕fears; groundless apprehension. ¶ 자네 걱정은 ～에 불과하다 Your fears are groundless.

기우(祈雨) praying for rain. ～하다 offer prayers for rain. ‖ ～제 a rite to pray for rain.

기우듬하다 (be) somewhat slanted. ¶ 기우듬한 기둥 a slanting pillar / 왼쪽으로 ～ have a tilt to the left.

기우뚱거리다 sway from side to side; shake; totter; 《불안정하다》 be unsteady〔shaky〕. ¶ 기우뚱거리는 의자 a rickety chair / 몸을 ～ sway *one's* body (from one side to the other).

기운 ① 《체력》 (physical) strength; energy; force; might. ¶ ～이 있다〔세다〕 be strong〔mighty〕/ ～이 없다〔약하다〕 be weak〔feeble〕; do not have much strength / ～을 얻다 gain strength / ～이 빠지다 lose *one's* strength / ～을 내다 put forth〔out〕 *one's* strength. ② 《기력·활력》 vigor; energy; spirits; vitality. ¶ ～찬 vigorous; energetic / ～을 내다 brace *oneself* up / ～을 북돋우다 cheer up; invigorate. ③ 《기미》 a touch; a dash; a shade; a tinge. ¶ 감기～ a touch of cold / 술～이 있다 be under the influence of liquor; be tipsy / 붉은～이 돌다 be tinged with red / (약 따위)～이 빨리 퍼지다 take effect rapidly.

기운(氣運) a tendency; a trend. ¶ 화해〔혁명〕의 ～이 감돌고 있다 There is a growing tendency toward reconciliation〔revolution〕.

기운(機運) 《운수》 fortune; luck; 《기회》 an opportunity; a chance. ¶ ～이 무르익기를 기다리다 wait for a ripe opportunity.

기울 《밀 따위의》 bran.

기울다 ① 《경사지다》 incline; lean; tilt; slant; slope(밑으로); list(배가); bank(선회시에); lurch(급하게). ¶ 좌로 ～ lean to the left / (건물이) 한쪽으로 기울고 있다 be leaning to one side. ② 《쇠하다》 decline; wane; sink. ¶ 그의 운세도 기울고 있다 His fortune is waning〔on the wane〕. ③ 《해·달이》 decline; go down; sink. ④ 《경향》 be inclined; lean; incline 《*to*》. ¶ 정치적으로 극우에 ～ be politically inclined to the extreme right / 그녀 마음은 나에게 기울었다 Her heart inclined to me.

기울어뜨리다 incline; lean; tip; tilt; slant.

기울어지다 ① 《경사》 incline; lean; tilt; slant; list(배가); bank(비행기가). ¶ 50도 ～ be inclined at fifty degrees / 한쪽으로 ～ lean to one side. ② 《해·달이》 decline 《*toward*》; be going down. ③ 《경향》 tend 《*to*》; be inclined 《*to*》. ¶ 숙명론에 ～ lean towards fatalism.

기울이다 ① 《경사지게 하다》 incline; bend; lean; tilt; 《기구 등을》 tip; slant. ¶ 고개를 ～ incline *one's* head / 술잔을 ～ have a drink / 책상을 ～ tilt a desk. ② 《마음을 집중하다》 devote *oneself* to; concentrate 《*one's attention*》 on. ¶ 공부에 전력을 ～ devote *one's* energy to *one's* studies / 남의 말에 귀를 ～ listen〔lend an ear〕 to what *one* says / 애정을 ～ fix〔set〕 *one's* heart 《*on*》.

기웃거리다 《고개를》 stretch〔crane〕 *one's* neck to see 《*something*》; 《엿보다》 look 《*in, into*》; peep 《*into; through*》; snoop 《*around, about*》. ¶ 창문으로 안을 ～ look in at the window / 기웃거리는 사람 a snooper; a peeping Tom.

기원(祈願) a prayer. ～하다 pray. ‖ ～문 an optative sentence / 필승～ a prayer for victory.

기원(紀元) an era; an epoch. ¶ ～전 500년, 500 B.C. (=Before Christ). ☞ 서기·신기원.

기원(起源) origin; beginning. ～하다 originate 《*in*》; have *its* origin〔roots〕 《*in*》. ¶ ～을 더듬다 trace 《*something*》 to *its* origin〔source〕 / 그 ～은 불명이다 Its origin is unknown.

기원(棋院) a *paduk* club〔house〕.

기음문자(記音文字) phonetic letters.

기이하다(奇異―) (be) strange; curious; queer; odd.

기인(奇人) an eccentric (person); an odd〔strange〕 fellow.

기인(起因) ～하다 be due to; be caused by; originate in. ¶ 그 병은 과로와 수면 부족에 ～한다 The disease is caused by overwork and lack of sleep.

기일(忌日) an anniversary of *one's* death; a deathday.

기일(期日) a (fixed) date; an appointed day; 《기한》 a due date; a time limit. ¶ ～을 지키다 keep to the schedule〔the appointed day〕; meet the deadline for 《*the payment*》/ 납품 ~을 정해 주시겠습니까 Will you fix the day for the delivery of goods?

기입(記入) entry. ~하다 enter; make an entry 《*in*》; fill out 〔in〕《*the form*》. ¶ 장부에 금액을 ~하다 enter a sum in a ledger / 신청서에 필요 사항을 ~하다 fill out the application / 이곳에 주소·성명을 ~하시오 Please fill in your name and address here. ‖ ~누락 an omission / ~필 Entered.

기자(記者) 《신문의》 a newspaperman; a (newspaper) reporter; a pressman 《英》; 《보도관계자 전반》 a journalist. ¶ 그는 H신문 ~이다 He is a reporter for the H. / 여성~ a woman reporter / 스포츠~ a sports writer / 경제~ a financial reporter. ‖ ~단〔클럽〕 a press corps 〔club〕/ ~석 a press gallery(의회의); a press stand〔box〕(경기장의) / ~회견 《hold》 a press〔news〕 conference.

기장[1] 〖植〗 (Chinese) millet.

기장[2] 《옷의》 the length of a suit; the dress length.

기장(記章) a badge; a medal.

기장(機長) a captain; a pilot.

기재(奇才) 《사람》 a genius; a prodigy; 《재주》 remarkable talent.

기재(記載) mention; 〖簿記〗 entry. ~하다 state; record; mention. ¶ 별항〔위〕에 ~된 바와 같이 as stated elsewhere〔above〕. ‖ ~사항 mentioned items / 허위~ a false entry.

기재(器材) 《기구와 재료》 tools and 「materials.

기재(機材) 《기계의 재료》 machine parts; materials for making machinery.

기저(基底) a base; a foundation.

기저귀 a diaper 《美》; a (baby's) napkin; a nappy 《英》. ¶ ~를 채우다 diaper 《*a baby*》; put a diaper on 《*a baby*》.

기적(汽笛) a (steam) whistle; a 「siren 《美》.

기적(奇蹟) a miracle; a wonder. ¶ ~적(으로) miraculous(ly) / 한강의 ~ the 'miracle' on the Han river / ~적으로 살아나다 escape death by a miracle.

기전(起電) generation of electricity. ‖ ~기 an electric motor / ~력 electromotive force.

기절(氣絶) fainting. ~하다 faint; lose consciousness; lose *one's* senses.

기점(起點) a starting point.

기정(既定) ¶ ~ 사실 an established fact / ~ 방침에 따라 according to a prearranged program〔plan〕.

기제(忌祭) a memorial service held on the anniversary of 《*a person's*》 death.

기조(基調) the keynote; the underlying tone; the basis. ¶ 경제의 ~ the basic economic condition 《*of Korea*》/ …의 ~를 이루다 form the keynote of…. ‖ ~연설 a keynote speech〔address〕/ ~연설자 a keynote speaker.

기존(既存) ¶ ~의 시설 the existing 「facilities.

기종(氣腫) 〖醫〗 emphysema.

기준(基準) a standard; a yardstick; a basis(이론 등의 근거). ¶ ~이 되는 standard; basic / ~을 설정하다 set〔establish〕 a standard / 안전~에 맞다 meet safety standards. ‖ ~가격 a standard price / ~량 a norm / ~시세 the basic rate / ~임금 standard wages / ~점 a base point; a reference point(측량의).

기중(忌中) (in) mourning.

기중기(起重機) a crane; a derrick (배의). ¶ ~로 들어올리다 lift 〔hoist〕《*a thing*》 with a crane.

기증(寄贈) presentation; donation. ~하다 present; donate. ‖ ~본 a presentation copy / ~자 a donator; a donor / ~품 a gift; a present.

기지(基地) a base. ‖ ~촌 a military campside town / 관측~ an observation base / 작전~ a base of operations / 항공~ an air base.

기지(既知) ¶ ~의 already-known. ‖ ~수 a known quantity.

기지개 a stretch. ¶ 그녀는 침대에서 일어나 크게 ~를 켰다 She got out of bed and had a good stretch.

기진(氣盡) ¶ ~맥진하다 be utterly exhausted; be really worn out; be dead tired.

기질(氣質) disposition; nature; temper; temperament. ¶ 지기 싫어하는 ~ an unyielding nature 〔spirit〕/ 예술가적인〔온화한〕 ~ an artistic〔a gentle〕 temperament.

기차(汽車) 《열차》 a (railroad) train. ¶ 목포행〔발〕 ~ a train for〔from〕 *Mokp'o* / ~를 타다 take〔board〕 a train / ~로 여행하다 travel by train / ~창문에서 보이는 경치 a scene viewed from a train window. ‖ ~놀이 〖兒語〗 a choo-choo 《美》; a puff-puff 《英》/ ~시간표 a railroad schedule 《美》/ ~운임 a train〔railroad〕 fare / ~표 a (railroad) ticket.

기차다(氣―) 《어이없다》 be dumbfounded; be disgusted 《*at*》.

기착(寄着) a stopover. ~하다 stop over 《*at Honolulu*》.

기채(起債) flotation of a loan. ～하다 float〔raise〕a loan; issue bonds. ‖ ～시장 the bond〔capital〕market.

기척 a sign; an indication. ¶ 누군가가 다가오는 ～이 있었다 I sensed someone approaching.

기체(氣體) gas; vapor(증기). ¶ ～의 gaseous / ～가 되다 become〔turn into〕a gas. ‖ ～연료 gaseous fuel.

기체(機體) the body (of a plane); an airframe; a fuselage(동체).

기초(起草) drafting. ～하다 draft 《*a bill*》; draw up 《*a plan*》. ‖ ～위원(회) a drafting committee / ～자 a draftsman.

기초(基礎) 《lay》 the foundation 《*of*》; the basis; the base. ¶ ～적인 fundamental; basic; elementary / 영어의 ～ 강좌 elementary lessons in English / ～부터 배우다 learn 《*English*》 from the beginning / ～를 만들다〔쌓다〕 lay the foundation 《*of*》; lay the groundwork 《*for*》 / ～를 굳히다 put 《*the project*》 on a firm basis; consolidate the foundation 《*of*》. ‖ ～공사 foundation work / ～공제 the basic deduction 《*from taxable income*》 / ～과학 (a) basic science / ～산업 a key〔basic〕industry / ～지식 an elementary〔a basic〕knowledge 《*of English*》 / ～학과 primary subjects (of study) / ～훈련 a basic training.

기총(機銃) a machine gun. ¶ ～소사하다 machine-gun; strafe.

기축통화(基軸通貨) key currency.

기치(旗幟) 《깃발》 a flag; a banner; 《태도》 *one's* attitude〔stand〕. ¶ ～를 선명히 하다 make clear *one's* attitude.

기침 a cough; coughing. ～하다 cough; have a cough. ¶ 잔～ a slight cough / 헛～을 하다 clear *one's* throat; give a cough. ‖ ～감기 a cold on the chest / ～약 a cough medicine.

기타(其他) the others; the rest; and others; and so forth〔on〕; et cetera(생략 etc.). ¶ ～는 모두 가짜다 All the others are fakes.

기타 《play》 a guitar. ‖ ～연주가 a guitarist.

기탁(寄託) deposit(ion); 〖法〗 bailment. ～하다 deposit 《*a thing with a person*》; entrust 《*a person with a thing*》. ‖ ～금 trust money / ～자 a depositor; 〖法〗 a bailor / ～증서 a deposit certificate.

기탄(忌憚) reserve. ¶ ～없는 frank; outspoken; unreserved / ～없이 without reserve; frankly / ～없이 말하면 to be frank (with you); frankly speaking.

기통(汽筒) a cylinder. ¶ 6～ 엔진 a six-cylinder(ed) engine.

기특(奇特) ¶ ～한 laudable; praiseworthy; commendable / ～한 행동 a commendable deed.

기틀 the crux 《*of a matter*》; the key〔pivotal〕point.

기포(氣泡) a bubble.

기포(氣胞) 〖動〗 an air bladder.

기폭(起爆) detonation. ¶ 혁명의 ～제가 되다 《사물이 주어》 trigger a revolution. ‖ ～장치 a detonator; a triggering device.

기표(記票) balloting. ～하다 fill in a ballot. ‖ ～소 a polling booth.

기품(氣品) elegance; grace; dignity. ¶ ～있는 dignified; graceful; elegant.

기풍(氣風) 《개인의》 character; disposition; 《사회의》 (an) ethos; spirit(경향·정신); trait(특성); 《단체의》 tone. ¶ 국민의 ～ the ethos of a nation / 그 지역의 보수적인 ～ the conservative traits of the locality.

기피(忌避) 《징병 등의》 evasion; 《법률상의》 a challenge. ～하다 evade; avoid; challenge. ¶ 징병을 ～하다 evade military service; dodge the draft / 배심원에 대한 ～ a challenge to jurors. ‖ ～신청 a motion for challenge / ～인물 〖外交〗 an unwelcome〔unacceptable〕person / ～자 an evader (of service); a shirker.

기필코(期必—) certainly; by all means; without fail.

기하(幾何) geometry. ¶ ～학적(으로) geometrical(ly).

기하다(期—) ① 《일시를 미리 정하다》 fix the date; set a term〔time limit〕《*for*》. ¶ 월말을 기해 전화요금을 지불하다 pay *one's* phone bill at the end of the month. ② 《기약하다》 make up *one's* mind; promise; be determined〔resolved〕《*to*》. ¶ 재회를 ～ promise to meet again / 우승을 기하고 열심히 연습하다 be resolved to win and practice hard.

기한(期限) a term; a period; a time limit; a deadline 《美》. ¶ 일정한 ～ 내에 within a definite period of time / ～부의〔로〕 with a 《*one-year*》 time limit / ～이 되다 become〔fall〕due / ～을 연장하다 extend the term / 최종 ～을 정하다 set a deadline 《*for*》 / ～이 넘다 be over due / 이 어음은 지불 ～이 내일이다 This bill is due tomorrow. ‖ ～경과〔만료〕 the expiration of a period〔term〕/ 지

불~ the time of payment.

기함(旗艦) a flagship.

기합(氣合) 《정신 집중》 concentration of spirit; 《소리》 a shout; a yell; 〚軍〛 disciplinary punishment 《*upon a group*》. ¶ ~을 넣다 show〔display〕 *one's* spirit with a yell / ~을 주다 〚軍〛 chastise; discipline. ‖ ~술 the art of mesmerizing by *one's* willpower.

기항(寄港) a call〔stop〕 at a port. ~하다 call〔stop〕 at a port. ‖ ~지 a port of call.

기행(奇行) eccentric conduct.

기행(紀行) an account of travels; a record of *one's* travel. ‖ ~문 travel notes.

기형(畸形) deformity; malformation. ‖ ~아 a deformed〔malformed〕 child.

기호(記號) a mark; a sign; a symbol; a clef(음악의). ¶ ~를 붙이다 mark; put a mark 《*on*》.

기호(嗜好) a taste; liking. ¶ ~에 맞다 be to *one's* taste; suit *one's* taste(s). ‖ ~품 《식품》 *one's* favorite food; a table luxury (술·커피 따위).

기혼(既婚) ¶ ~의 married. ‖ ~자 a married (wo)man.

기화(奇貨) ¶ …을 ~로 삼다 take advantage of / 아무의 약점을 ~로 삼다 presume on *a person's* weakness.

기화(氣化) 〚理〛 evaporation; vaporization. ~하다 vaporize; evaporate. ‖ ~기 a carbureter / ~열 evaporation heat.

기회(機會) 《seize, miss》 an opportunity; a chance; an occasion. ¶ 절호의 ~ a golden opportunity. ‖ ~균등주의 the principle of equal opportunity / ~주의 opportunism / ~주의자 an opportunist; a timeserver.

기획(企劃) planning; a plan; a project. ~하다 make〔form〕 a plan; draw up a project. ‖ ~관리 planning and management / ~관리실 the Planning and Management Office / ~력 planning ability / ~부 the planning department / ~성 the ability to make plans / ~조정실 the Office of Planning and Coordination.

기후(氣候) climate; weather. ¶ 온화한〔험악한, 해양성, 대륙성, 열대성〕 ~ a mild〔severe, maritime, continental, tropical〕 climate / ~변화에 주의하다 be careful about changes in the weather.

긴급(緊急) emergency; urgency. ¶ ~한 urgent; pressing; emergent / ~시에는 in an emergency / ~한 용무로 on urgent〔pressing〕 business / ~히 회의를 열 필요가 있다 We must hold an urgent meeting. ‖ ~동의 《make》 an urgent motion / ~명령 an emergency order / ~사태 《declare》 a state of emergency / ~용직통전화 a hot line / ~조치〔대책〕 emergency measures; urgent countermeasures.

긴밀(緊密) ¶ ~한 close; intimate / ~한 연락을 취하다〔제휴를 하다〕 be in close contact〔cooperation〕 with.

긴박(緊迫) tension; strain. ¶ ~한 정세 a tense〔an acute〕 situation / ~한 국제관계 a tense international relationship / ~해지다 become tense〔acute〕; grow strained.

긴요(緊要) ¶ ~한 vital; important; essential; indispensable.

긴장(緊張) tension; strain. ~하다 get〔become〕 tense; be strained; be on edge. ¶ ~한 strained; tense / 국제간의 ~ international tension / ~된 분위기 a tense atmosphere / ~을 완화하다 relieve〔ease〕 the tension / 냉전의 ~이 고조되었다 Cold-war tension has mounted〔built up〕. ‖ ~완화 《국제간의》 *détente*.

긴축(緊縮) 《경제적》 (strict) economy; retrenchment; deflation(통화의); austerity(생활의). ~하다 economize; retrench; cut down (삭감). ‖ ~생활 《lead》 an austere life; 《practice》 austerity / ~예산〔재정〕 a reduced budget / ~정책 《adopt》 a belt-tightening policy.

긴하다(緊—) 《긴요하다》 (be) important; vital; essential; 《유용하다》 (be) useful; necessary; 《급하다》 (be) urgent; pressing. ¶ 긴한 사람 a very important person / 긴한 일 urgent〔pressing〕 business / 긴한 청 a vital request / 긴히 쓰다 make good use of / 긴한 물건 a useful article.

긷다 《물을》 draw; dip〔scoop〕 up. ¶ 갓 길어온 우물물 water fresh from the well / 우물물을 ~ draw water from a well 《*with a bucket*》.

길[1] 《깊이》 a fathom.

길[2] ① 《도로》 a way; a road; a street(가로); 《국도·공도》 a highway; 《좁은 길》 a path; a lane; 《통로》 passage. ¶ 시골 ~ a country lane / 산~ a mountain path; a pass / 가까운 ~ a shorter way / 돌아오는 ~ *one's* way back / ~을 만들다 build a road / ~을 잃다 lose〔miss〕 *one's* way; get lost / ~을 잘못 들다 take the wrong way / ~을 묻다 ask 《*a person*》 the way 《*to*》;

ask 《*a person*》 how to get 《*to*》 / ~을 막다 block 《*a person's*》 passage; stand in 《*a person's*》 way / 동물원 가는 ~을 가르쳐 주십시오 Please tell me the way to the zoo. ② 《가야 할 길》 a way; a journey; a distance(거리). ¶ 하룻~ a day's distance / ~을 떠나다 start〔set out〕on a journey. ③ 《진로·수단·방법》 a course; a route; a way; a means; 《올바른 길》 the path; a way. ¶ 성공으로의 ~ the way〔road〕to success / 학자가 되는 유일한 ~ the only way to become a scholar / 인간의 바른 ~을 설교하다 preach the right way of life / 아무에게 ~을 잘못 들게 하다 lead *a person* astray / 후진을 위해 ~을 트다 make way for *one's* junior / 우리가 취해야 할 ~은 이것뿐이다 This is the only way left open to us.

길[3] 《등급》 a class; a grade. ¶ 상〔핫〕~ a superior〔an inferior〕grade.

길가 the roadside.

길거리 a street. ¶ ~를 쏘다니다 roam about the streets.

길길이 ① 《높이》 high; tall. ¶ ~ 쌓다 pile up high. ② 《몹시》 very; extremely; exceedingly. ¶ 성이 나서 ~ 뛰다 be very angry.

길년(吉年) an auspicious year.

길눈 《방향 감각》 a sense of direction. ¶ ~이 밝다〔어둡다〕 have a good〔poor〕sense of direction.

길다 (be) long; lengthy. ¶ 길게 lengthily.

길드 a guild.

길들다 ① 《동물이》 grow〔become〕domesticated〔tame〕. ¶ 길든 고양이 a tame cat. ② 《윤나다》 get〔become〕polished〔glossy〕. ③ 《익숙》 get〔be〕accustomed〔used〕to; grow familiar with.

길들이다 ① 《동물을》 tame; domesticate; train 《*a dog*》. ② 《윤나게》 give a polish to; polish up; make 《*it*》 glossy. ③ 《익숙해지게》 get〔make〕《*a person*》 used〔accustomed〕to; accustom 《*a person*》 to. ¶ 명령에 복종하도록 길들여진 국민 a people accustomed to accepting orders (from above).

길마 《안장》 a packsaddle. ¶ 두 ~ 보기 sit on the fence.

길목 ① 《길모퉁이》 a street corner. ② 《요소》 an important〔key〕position (on the road).

길몽(吉夢) a lucky dream.

길보(吉報) good news.

길손 a wayfarer; a traveler.

길쌈 weaving 《*by hand*》. ~하다 weave 《*on a hand loom*》. ¶ ~의 homewoven; homespun. ‖ ~꾼 a weaver.

길운(吉運) luck; good fortune.

길이[1] 《거리》 length. ¶ 무릎 ~의 코트 an overcoat of knee length / ~가 2미터이다 be 2 meters long.

길이[2] 《오래》 long; forever.

길일(吉日) a lucky day.

길조(吉兆) a good〔lucky〕omen.

길쭉하다 (be) longish; rather long. ¶ 길쭉한 지팡이 a longish stick.

길차다 《수목이 우거지다》 be densely〔thickly〕wooded; 《미끈하게 길다》 (be) neatly tall〔long〕. ¶ 길찬 숲 a thickly wooded forest.

길하다(吉―) (be) auspicious; lucky; fortunate; good.

길흉(吉凶) good or ill luck; fortune. ¶ ~을 점치다 tell *a person's* fortune.

김[1] 《먹는》 laver; dried laver(말린). ‖ ~양식 laver farming.

김[2] 《수증기》 steam; vapor; 《입·코의》 breath; 《냄새·맛》 smell; scent; aroma; flavor. ¶ ~이 무럭무럭 나다 be steaming hot / 냄새나는 입~ bad〔foul〕breath / ~빠진 맥주 flat〔vapid〕《*beer*》.

김[3] 《잡초》 weeds. ¶ ~매다 weed.

김[4] ① ¶ …하는 ~에 while; when; as / 온 ~에 while I am here / 생각난 ~에 as I am reminded of 《*the matter*》 / 지나는 ~에 인사나 드리려고 잠시 들렀습니다 As I passing this way, I've just dropped in to say hello. ② ¶ 홧~에 in a fit of anger / 술~에 under the influence of drink.

김장 《담근 것》 *kimchi* prepared for the winter; 《담그기》 *kimchi*-making〔preparing *kimchi*〕for the winter. ~하다 make〔prepare〕*kimchi* for the winter. ‖ ~독 a *kimchi*〔pickle〕jar / ~철 the time〔season〕for preparing *kimchi* for the winter.

김치 *kimchi;* pickled vegetables (by traditional Korean style); pickles; spicy pickled vegetables. ¶ ~를 담그다 prepare〔make〕*kimchi.* ‖ ~찌개 *kimchi* stew / 배추〔무청, 나박, 갓(잎)〕~ cabbage〔radish leaf, watery, mustard leaf〕*kimchi.*

깁다 sew (together) (꿰매다); stitch; mend; patch up(헝겊을 대고); darn(양말 따위를). ¶ 옷을 ~ patch up clothes / 해진 곳을 ~ mend〔sew up〕a rip.

깁스 〖醫〗 a plaster cast. ¶ ~를 하다 wear a plaster cast.

깃[1] 《옷의》 a collar; a lapel(접는). ¶ 코트의 ~을 세우다 turn up *one's* coat collar / 그녀의 옷~은 너무 깊이 파져 있다 The neckline of her dress is cut much too low.

깃[2] ① 《날개털》 a feather; a plume. ¶ (새가) ~을 다듬다

(birds) preen their feathers / ～으로 장식하다 decorate with a feather. ②《화살의》 feather (of an arrow). ¶ 화살에 ～을 달다 feather an arrow.

깃대(旗—) a flagstaff〔flagpole〕.

깃들이다《새가》(build a) nest; 《비유적》 lodge; dwell. ¶ 건전한 정신은 건전한 신체에 깃들인다 A sound mind (dwells) in a sound body.

깃발(旗—) a flag; a banner.

깊다 ①《물·산 따위가》(be) deep. ¶ 한없이 깊은 bottomless; fathomless / 깊은 구멍〔계곡〕 a deep hole〔gorge〕/ 깊은 바다 the deep sea / 이 호수는 여기가 가장 ～ This lake is deepest here. ②《정도·생각 따위가》(be) deep; profound(심원한). ¶ 깊은 슬픔〔애정〕 deep sorrow〔affections〕/ 깊은 잠 (a) deep〔sound〕 sleep / 깊은 상처 a deep wound / 깊은 종교 사상 profound religious thought / 깊은 지식 deep〔profound〕 knowledge 《*of*》/ 그의 이야기에 깊은 감명을 받았다 I was deeply impressed by his story. ③《관계가》(be) close; intimate. ¶ 깊은 관계 a close relation〔connection〕/ 남녀간의 깊은 사이 an intimate relationship. ④《밤이》(be) late. ¶ 밤이 깊어서 late at night /(밤이) 깊어지다 grow late; advance; wear on.

깊숙하다 (be) deep; secluded. ¶ 깊숙한 골짜기 a deep valley / 외지고 깊숙한 시골 마을 a secluded village.

깊이 ①《명사적》 depth; deepness. ¶ ～ 6피트(이다) (It is) six feet deep〔in depth〕/ ～를 재다 sound the depth《*of*》. ②《부사적》 deep(ly); intensely; strongly. ¶ ～ 파다 dig deep / ～생각하다 think deeply / ～ 사랑하다 love deeply〔intensely〕.

까뀌 a hatchet.

까끄라기 《이삭의》 an awn; an arista.

까놓다《털어놓다》 unbosom *oneself* to; open *one's* heart; confide 《*to*》. ¶ 까놓고 말하면 frankly speaking.

까다[1] ①《껍질을》 peel《*an orange*》; rind; pare《*an apple*》; skin; shell《*a chestnut*》; hull. ¶ 호두를 ～ crack a nut. ②《새끼를》 hatch; incubate. ¶ 병아리를 ～ hatch out chickens.

까다[2] 《비난·공격하다》 criticize (severely); speak〔write〕 against; denounce; censure; attack; 《俗》《차다》 kick《*at*》; hack(축구에서).

까다[3] 《제하다》 deduct; subduct; subtract. ¶ 그 비용은 내 월급에서 깠다 The cost was taken away〔deducted〕 from my pay.

까다롭다 ①《성미가》(be) hard to please; difficult; fastidious; particular(음식·옷 따위에). ¶ 까다로운 노부인 a difficult old lady / 까다롭게 굴다 be particular〔fastidious〕《*about one's food*》. ②《일·문제가》(be) troublesome; complicated; difficult. ¶ 까다로운 문제 a delicate matter; a ticklish question.

까닥거리다 nod《*one's head*》.

까닭《이유》 reason; a cause(원인); ground(근거); a motive(동기); 《구실》 an excuse; a pretext. ¶ 무슨 ～으로 why; for what reason / ～없이 without any reason / 무슨 ～인지 for some reason or other; somehow or other / 그 ～을 묻다 demand〔inquire〕 the reason / 아무런 ～없이 나를 의심하다 hold a groundless suspicion against me.

까딱하면 very nearly(자칫하면); easily(쉽사리). ¶ ～ 화를 내다 be easily offended / ～ 차에 칠 뻔했다 I was nearly run over by a car. / 그는 ～ 죽을 뻔했다 He was within a hairsbreadth of death.

까마귀〖鳥〗 a crow; a raven(갈가마귀); a bird of ill omen(별명).

까마아득하다 (be) far(away); far distant; far-off; remote. ¶ 까마아득한 옛날 a long long time ago.

까막눈이 an illiterate.

까맣다《빛깔이》(be) black; deep-black; coal-black;《아득하다》 far off〔away〕. ¶ 까맣게 타다 be scorched black.

까먹다 ①《까서 먹다》 peel〔shell, crack〕 and eat. ②《재산을》 spend all *one's* money〔fortune〕《*on*》; squander; run through《*one's fortune*》. ③《잊다》 forget.

까무러뜨리다 make《*a person*》 insensible; stun(때려서).

까무러치다 faint; lose consciousness; fall unconscious; fall into a swoon. ¶ 놀라서 ～ faint with surprise.

까발리다 《속의 것을》 pod〔shuck, shell〕《*a thing*》 out; 《폭로》 expose; disclose《*a secret*》.

까부르다 winnow; fan. ¶ 까불리다 get〔be〕 winnowed. ‖ 까불림 winnowing.

까불다 ①《행동》 act frivolously; be flippant. ¶ 까불까불 flippantly. ②《물건을》 jolt.

까불이 a sportive〔jocose〕 boy; a frivolous person.

까지 ①《때》 till; until; (up) to; before(…이전까지); by(기한). ¶ 아침부터 저녁 ～ from morning till night / 다음달 ～ till next month / 그때 ～ till then; up to that time / 칠십 ～ 살다 live to (be) seventy / 출발 ~ 5분이 남다 have five minutes before we start / 일은 8시 ~ 끝날 것이다 The work will be finished by 8 o'clock. ②《장소》(up) to; as far as. ¶ 서울~가다 go to 〔as far as〕 Seoul / 제5장 ~ 읽다 read to Chapter 5. ③《범위·정도》to (the extent of); so 〔as〕 far as; even; up to. ¶ 빚~지다 go to the extent of incurring a debt / 도둑질 ~ 하다 go so far as to commit a theft / 물은 무릎 ~ 올라왔다 The water came up to the knees.

까치 〖鳥〗 a magpie.

까치발 〖建〗 a bracket; a tripod.

까치설날 New Year's Eve.

까칠하다 (be) haggard; thin; emaciated; be worn out. ¶ 까칠한 모습 a haggard look / 근심으로 ~ be careworn / 과로로 인해 몹시 ~ be worn out with overwork.

까투리 a hen pheasant.

깍깍 cawing. ¶ ~ 울다 caw; croak.

깍두기 Radish roots *kimchi*.

깍듯하다 (be) courteous; civil; polite; well-mannered. ¶ 인사가 깍듯한 사람 a courteous man; a man of polite greetings / 깍듯이 인사하다 greet 《*a person*》 politely; make a low bow.

깍쟁이 《인색한》 a shrewd 〔stingy〕 person; a niggard; a miser. ‖ 서울 ~ the shrewd Seoulite; a city slicker (큰 도시의).

깍지[1] 《껍질》 a pod; a shell; a husk.

깍지[2] 《활 쏠 때의》 an archer's thimble. ¶ ~ 끼다 lock 〔interlace, knot〕 *one's* fingers; clasp *one's* hands.

깎다 ① 《값을》 beat down 《*the price*》; haggle over 《*the price*》; knock 《*the price*》 down; bargain. ¶ 값을 몹시 ~ drive a hard bargain 《*with a merchant*》. ②《머리를》 cut; trim; clip; 《수염을》 shave; 《양털을》 shear 《*a sheep*》. ¶ 머리를 짧게 ~ cut *one's* hair short 〔close〕. ③《껍질을》 peel; pare; skin; 《연필 등을》 sharpen. ¶ 사과를 ~ pare an apple. ④ 《낯·체면을》 make 《*a person*》 lose face; disgrace; put to shame; hurt 〔harm, injure〕 《*a person's reputation*》. ⑤ 《삭감》 cut (down); reduce 《*the budget*》.

깎아지르다 (be) precipitous; very steep.

깎이다 ① 《사동》 have 《*one's hair*》 cut; let 《*a person*》 cut 〔shave, shear, *etc.*〕. ② 《피동》 be hurt; be reduced. ¶ 낯이 ~ lose face.

깐깐하다 《까다롭다》 (be) particular; fastidious; 《꼼꼼하다》 (be) cautious; scrupulous; exact.

깔개 a cushion; matting.

깔기다 let off; discharge.

깔깔 ¶ ~ 웃다〔대다〕 laugh loudly 〔aloud〕.

깔깔하다 《감촉이》 (feel) rough; be sandy. ¶ 깔깔한 촉감 a rough 〔sandy〕 feel.

깔끔하다 《외양·태도가》 (be) neat and tidy; sleek and clean; 《성격이》 (be) tidy; sharp; sensitive. ¶ 옷 맵시가 ~ be neatly dressed / 깔끔한 성질 a sharp 〔sensitive〕 temper.

깔다 ① spread; lay; pave. ¶ 요를 ~ lay out the bedding; make a bed / 마루에 융단을 ~ lay a carpet on the floor / 돗자리를 ~ spread a mat / 철도를 ~ lay a railway. ② 《깔고 앉다》 sit 〔seat *oneself*〕 on 《*a cushion*》; 《군림하다》 dominate; get 《*a person*》 under. ¶ 남편을 깔고 뭉개다 dominate *one's* husband. ③ 《돈·상품을》 lend out 《*money*》 widely; invest in. ¶ 빚을 여기저기 깔아 놓다 lend *one's* money out near and far.

깔때기 a funnel.

깔리다 ① 《널리》 be spread 〔covered〕 all over. ¶ 얼음이 ~ be frozen all over. ② 《밑에》 get 〔be caught, be pinned〕 under. ¶ 큰 곰인형 밑에 ~ be pinned under a big teddy bear.

깔보다 make light of 《*a person*》; look down upon 《*a person*》; hold 《*a person*》 in contempt; despise.

깔축없다 show no loss of weight 〔volume, value, size, *etc.*〕.

깜깜하다 《어둠》 (be) pitch-dark; 《모름》 (be) ignorant. ¶ 그 일에는 전혀 ~ be utterly ignorant of the matter.

깜박거리다 《명멸》 twinkle (별이); flicker; glitter; blink; 《눈을》 blink (*one's* eyes); wink. ¶ 깜박이는 신호 a blinking signal / 깜박거리는 등불 a blink of 〔flickering〕 light.

깜부기 a smutted ear 《*of barley*》. ‖ ~병 smut; bunt (밀의).

깜빡 《잠시》 for the moment. ¶ ~ 잊다 forget for the moment.

깜작 ¶ ~거리다〔이다, 하다〕 blink; wink.

깜짝 ¶ ~ 놀라다 be surprised 〔startled〕 / 아이구 ~이야 What a surprise!

깜찍스럽다 be (too) clever (for *one's* age); precocious.

깝신거리다 behave frivolously; be flippant.

깡그리 all; wholly; altogether; entirely; without exception.

깡똥하다 (be) unbecomingly 〔awkwardly〕 short.

깡쭝거리다 walk with hopping steps.

깡통 a can《美》; a tin《英》. ¶ ～차다 be reduced to begging. ‖ ～따개 a can〔tin〕opener.

깡패 a hoodlum; a hooligan; a gangster; gang of racketeers(폭력단). ¶ ～생활에서 손을 씻다 quit the life of a gangster.

깨 ①《식물》a sesame. ☞ 참깨, 들깨. ②《씨》sesame seeds. ‖ ～소금 salt and sesame.

깨끗이 ①《청결》clean(ly);《정연》neatly; tidily. ～하다 (make) clean; make neat〔tidy〕. ②《결백》clean(ly); innocently;《공정》fairly. ¶ ～ 지다 be fairly beaten / ～ 살다 lead an honest〔a pure〕life. ③《완전히》completely; thoroughly;《미련없이》ungrudgingly; with good grace. ¶ 빚을 ～ 갚다 pay *one's* debt in full; clear off〔up〕*one's* debts / ～ 잘못을 인정하다 admit *one's* fault with good grace.

깨끗하다 ①《청결함》(be) clean; cleanly; pure;《맑다》(be) clear;《정연》(be) tidy; neat. ¶ 깨끗한 물〔공기〕 clear〔pure〕water〔air〕/ 옷차림이 깨끗한 neatly-dressed. ②《결백》(be) pure; clean; innocent; noble(고상); chaste(순결);《공정》(be) fair; clean. ¶ 깨끗한 일생 a career with a clean record / 깨끗한 사랑《남녀의》platonic〔pure〕love / 깨끗한 정치 clean politics / 깨끗한 투표 corruption-free balloting / 깨끗한 한 표《cast》a clean〔an honest〕vote. ③《심신이》(be) well; refreshed. ¶ 몸이 깨끗지 않다 be unwell.

깨다[1] ① ☞ 깨어나다. ②《개화》become civilized. ③《잠을》wake up; awake; rouse〔arouse〕《*a person*》from sleep;《술기운을》sober《*a person*》up; make《*a person*》sober;《미몽을》awaken; disillusion. ¶ 깨어 있다 be (wide) awake; lie awake in bed(잠자리에서) / 술기운을 깨기 위해 옥외로 나가다 go outdoors to sober up / 아버님 말씀이 나를 깨웠다 My father's words awakend me. ④ ☞ 깨우다.

깨다[2] ①《부수다》break; crush; smash. ¶ 그릇〔침묵〕을 ～ break a dish〔the silence〕. ②《일을》bring to a rupture; break off《*negotiations*》. ¶ 혼담을 ～ break off a proposed marriage / 흥을 ～ spoil the fun《*of*》; cast a chill《*upon, over*》.

깨닫다 see; perceive; realize; understand; sense; be aware of; be convinced of. ¶ 진리를 ～ perceive a truth / 제 잘못을 ～ be convinced of *one's* error〔fault〕/ 사태의 중대성을 ～ realize〔become aware of〕the seriousness of the situation / …을 깨닫게 하다 make《*a person*》realize《*something*》; open《*a person's*》eyes to《*a thing*》.

깨뜨리다 break. ☞ 깨다[2].

깨물다 bite; gnaw. ¶ 혀를 ～ bite *one's* tongue.

깨어나다《잠에서》wake up; awake;《미몽에서》come〔be brought〕to *one's* senses; be disillusioned;《술·마취 등에서》sober up; get〔become〕sober; regain consciousness; come to life again. ¶ 망상에서 ～ be awakened from *one's* illusions.

깨우다《잠을》wake up; awake; (a)rouse; call(아침에).

깨우치다 awaken; disillusion; enlighten(계몽).

깨지다 ①《부서지다》break; be broken〔smashed, damaged〕. ¶ 깨지기 쉬운 brittle; easily breaking; fragile / 산산조각으로 ～ be crushed to pieces / 이 유리는 깨지기 쉽다 This glass breaks easily. ②《일이》fail; fall through; be broken off; be ruptured. ¶ 그 혼담은 깨졌다 The match was broken off. ③《흥 따위》be dampened〔spoiled〕.

깨지락거리다 do〔perform〕sluggishly.

깨치다《해득》master; learn; understand; comprehend. ¶ 한글을 ～ learn〔master〕Korean language.

깩 ¶ ～ 소리치다 scream; shout; roar; bawl.

깻묵 oil cake; sesame dregs.

깽깽 ¶ ～울다 yelp; yap; yip.

꺼내다 ①《속에서》take〔bring, draw, put〕out. ¶ 주머니에서 …을 ～ take〔draw〕《*a thing*》out of *one's* pocket. ②《말·문제를》bring forward; introduce; broach. ¶ 이야기를 ～ broach a matter; introduce a topic〔subject〕.

꺼덕꺼덕 ¶ ～하다 be dryish; be damp-dry.

꺼리다 ①《싫어하다》dislike; hate; be unwilling to《*do*》;《금기》taboo. ②《피하다》avoid; shun;《두려워하다》be afraid of. ¶ 남의 눈을 ～ be afraid of being seen. ③《주저》hesitate《*to do*》.

꺼림(칙)하다 feel somewhat uneasy《*about*》; be rather unwilling《*to*》;《양심 등에》have pricks of conscience.

꺼멓다 (be) black.

꺼지다 ①《불이》go〔die〕out;《화재가》be put out; be extinguished. ¶ 꺼져가는 불 a dying fire. ②《거품이》break; burst. ③《지반이》cave〔fall〕in; sink; subside. ¶ 지반이 푹 꺼졌다 The ground caved in.

꺼풀 skin; film; coat; skim; outer layer.

꺽다리 a tall person.

꺾다 ① 《부러뜨리다》 break (off); snap. ¶ 나뭇가지를 ~ break off a twig of the tree / 꽃을 ~ pick〔pluck〕 a flower / 지팡이를 반으로 뚝 ~ snap the stick in half. ② 《접다》 fold 《*a thing*》 over. ③ 《방향을》 take〔make〕 a turn 《*to*》; turn. ¶ 자동차 핸들을 ~ turn the wheel. ④ 《기운을》 break (down); crush; discourage; damp(en). ¶ 아무의 기를 ~ dampen 《*a person's*》 spirits / 용기를 ~ shake 《*a person's*》 courage / 적의 사기를 ~ break down the enemy's morale / 적의 예봉을 ~ break the brunt of the enemy. ⑤ 《고집을》 yield 《*to*》; concede 《*to*》; give in 《*to*》. ¶ 그는 고집을 꺾고 어머니 의견을 따랐다 He gave in to his mother's opinion. ⑥ 《지우다》 defeat; beat. ¶ 상대방을 ~ beat *a person* 《*at a game*》.

꺾쇠 《fasten with》 a clamp; a cramp (iron); a staple.

꺾이다 ① 《부러지다》 break; be broken; snap. ② 《접히다》 be folded〔doubled〕. ③ 《방향이》 bend; turn. ④ 《기세가》 break (down); be discouraged; 《굴복》 bend〔bow〕 《*to*》; yield 《*to*》. ¶ 금력에 ~ bow to money / 한번의 작은 실수로 의기가 꺾여서는 안 된다 You should not be discouraged by one little failure.

껄껄 ¶ ~ 웃다 laugh aloud.

껄껄하다 (be) rough; coarse; harsh.

껄끄럽다 (be) rough; coarse.

껄끔거리다 be〔feel〕 rough.

껄떡껄떡 gulpingly(삼킴); gasping(ly)(숨이).

껄렁하다 (be) worthless; insignificant; trashy; useless. ¶ 껄렁한 학교 a third-rate school.

껌 chewing gum. ¶ ~을 씹다 chew gum.

껌껌하다 《어둡다》 (be) very dark; 《마음이》 (be) black-hearted; wicked.

껍데기 a shell. ☞ 껍질.

껍질 《나무의》 bark; 《과실의》 skin; rind; peel; 《깍지》 husk; a shell (견과의); 《얇은 껍질》 film. ¶ 바나나 ~ a banana skin / ~을 벗기다 bark 《*a tree*》; rind; peel 《*an orange*》; skin; shell.

…껏 as… as possible; to the utmost〔full extent〕 of…. ¶ 힘~ 일하다 work as hard as *one* can; work to the utmost of *one's* power / 정성~ 대접하다 treat 《*a person*》 as well as *one* can / 양~ 먹다 eat *one's* full.

껑충 with a jump〔leap〕.

께 《에게》 to; for 《*a person*》 (☞ 에게). ¶ 어머님 ~ 전화하다 call mother on the phone / 하느님 ~ 기도하다 pray to God.

…께 《경(頃)》 about; toward 《*a time*》; around 《美》; 《곳》 around; near 《*a place*》. ¶ 그믐~ toward〔near, around〕 the end of the month / 정거장~ near the station.

께느름하다 feel uneasy 《*about*》; 《사람이 주어》 weigh on *one's* mind; get on *one's* nerves.

께죽거리다 grumble 《*at*》; keep complaining 《*of, about*》.

께지럭거리다 《일을》 do 《*something*》 half-heartedly; 《음식을》 pick at *one's* food; chew dryly at 《*one's food*》.

껴들다 hold 《*a thing*》 between *one's* arms〔hands〕.

껴안다 embrace〔hug〕 (each other); hold 《*a baby*》 in *one's* arms. ¶ 꼭 ~ hug 《*a person*》 tightly.

껴입다 wear 《*a coat*》 over another; wear 《*two undershirts*》 one over another.

꼬다 ① 《끈 따위를》 twist (together); twine. ¶ 새끼를 ~ twist〔make〕 a rope with straw. ② 《몸을》 twist *oneself*; writhe.

꼬드기다 ① 《부추김》 stir up; incite; urge; push 《*a person*》 up 《*to* (*commit*) *a crime*》. ② 《연줄을》 tug at a kite line.

꼬들꼬들 ¶ ~한 dry and hard; hard-boiled 《*rice*》.

꼬락서니 ☞ 꼴[1].

꼬리 a tail(일반적); a brush(여우 따위); a scut(토끼 따위); a train (공작 따위). ¶ ~를 물고 (잇달아) one after another; in rapid succession / ~를 흔들다 wag its tail / ~가 길다〔짧다〕 have a long〔short〕 tail / ~가 잡히다 《비유적》 give a clue 《*to the police*》. ‖ ~곰탕 oxtail soup / ~지느러미 a caudal fin.

꼬리표(一票) a tag; a label. ¶ ~를 달다 put on a tag; tag〔label〕 《*a trunk*》.

꼬마 《소년》 a boy; a (little) kid; a shorty; 《물건》 a tiny thing; midget; miniature. ‖ ~자동차 a midget car; a minicar / ~전구 a miniature (electric) bulb.

꼬바기, 꼬박 whole; full(y). ¶ ~ 이틀 two full days; a full two days / ~ 뜬눈으로 밤을 새우다 do not sleep a wink all night.

꼬박꼬박 without fail(어김없이); to the letter(정확히). ¶ 세금을 ~ 내다 pay *one's* taxes regularly.

꼬부라지다 bend; curve; be bent; be crooked. ¶ 꼬부라진 소나무 a crooked pine / 늙어 허리가 ~ be bent with age.
꼬부랑하다 (be) bent; crooked. ¶ 꼬부랑 글자 alphabetic letters / 꼬부랑 늙은이 a bent〔stooped〕 old man. 「crook.
꼬부리다 stoop; bend; curve;
꼬불꼬불하다 (be) winding; meandering. ¶ 꼬불꼬불한 길 a winding road.
꼬이다 ①《실·끈 등이》get twisted; be entangled. ②《일이》be upset〔frustrated〕; go wrong〔amiss〕. ¶ 그로 인해 모든 일이 꼬였다 Everything went wrong because of him. ③《마음이》become crooked〔peevish〕. ¶ 성격이 꼬여 있다 have a crook in *one's* character.
꼬장꼬장하다 《노인이》 (be) hale and hearty; 《성미가》 (be) stern; unbending; upright; incorruptible. ¶ 성미가 ~ have a stern character.
꼬집다 ①《살을》 (give a) pinch; nip. ②《비꼼》make cynical remarks about; say spiteful things.
꼬챙이 a spit; a skewer. ¶ ~에 꿰다 spit; skewer / 물고기를 ~에 꿰어 굽다 broil〔grill〕 a fish on a skewer.
꼬치 skewered stuff; food on a skewer. ‖ ~구이《행위》spit-roasting; 《고기》《lamb》roasted on a spit.
꼬치꼬치 ¶ ~ 마르다 be worn〔reduced〕 to a shadow〔skeleton〕/ ~ 캐묻다 be inquisitive《*about*》; ask inquisitively.
꼬투리 ①《깍지》a pod; a shell; a hull; a shuck. ②《꽁초》a cigaret(te) butt. ③《발단》the cause; reason. ¶ 아무 ~도 없이 without any reason.
꼭 ①《단단히》tight(ly); firmly; 《hold》fast. ¶ 문을 ~ 닫다 shut the door tight / ~ 쥐다 grasp firmly / ~ 묶다 bind〔tie〕《*a thing*》tightly. ②《꼭 맞거나 끼게》tight(ly); closely; to a T; exactly. ¶ ~ 끼는 모자 a tight cap / ~ 끼다 be tight〔close〕/ ~ 맞는 뚜껑 a close lid / (옷 등이) ~ 맞다 fit like a glove. ③《정확하게》exactly; just. ¶ ~ 세 시간 exactly〔full〕 three hours; three hours to minute / ~ 같다 be just the same《*as*》. ④《틀림없이》surely; certainly; by all means; without fail. ¶ ~ 출석하다 attend without fail / ~ 하다 be sure to《*do*》. ⑤《흡사》just like; as if. ☞ 마치.
꼭대기 the top; the summit.
꼭두각시 a puppet; a dummy.
꼭두새벽 the peep of dawn. ¶ ~에 before dawn.
꼭두서니 〖植〗a (Bengal) madder.
꼭뒤지르다 forestall; get ahead of《*a person*》.
꼭지 ①《수도 따위의》a cock; a tap; a faucet. ¶ 수도 ~를 틀다〔잠그다〕 turn on〔off〕 the water. ②《뚜껑의》a knob; a nipple(우유병의). ③《식물의》a stalk; a stem.
꼴 《모양》shape; form; 《외양》appearance; 《상태》a state; a condition; a situation; 《광경》a sight; a spectacle; a scene. ¶ ~사나운 unsightly; ungainly; indecent; shabby. ‖ 세모~ a triangle.
…꼴 rate; proportion; ratio. ¶ 한 근〔하루〕 5백원~로 at the rate of 500 *won* a *kŭn*〔a day〕.
꼴깍꼴깍 gurgling(ly).
꼴뚜기 〖動〗an octopus.
꼴불견(—不見) ¶ ~이다 be unbecoming〔indecent〕; be unsightly.
꼴찌 the last; the bottom; the tail (end); the tail ender(사람·팀). ¶ ~에서 둘째 the last but〔save〕 one / 반에서 ~이다 be at the end〔bottom〕 of the class.
꼼꼼하다 (be) scrupulous; meticulous; methodical. ¶ 꼼꼼한 사람 a methodical man; a man of method / 꼼꼼히 exactly; methodically; punctually.
꼼짝 ¶ ~도 않다 remain motionless; do not stir〔budge〕 an inch; stand firm / ~ 못하다 cannot move〔stir〕 an inch; 《상대에게》be under 《*a person's*》 thumb / ~ 못하게 하다 beat《*a person*》hollow; talk〔argue〕《*a person*》down(말로).
꼽다 count (on *one's* fingers). ¶ 날짜를 ~ count〔reckon〕 the days.
꼽추 ☞ 곱사등이.
꼿꼿하다 (be) erect; straight; upright. ¶ 꼿꼿이 서다 stand upright.
꽁무니 the rear (end); 《궁둥이》 the buttocks; 《끝》the tail (end); the bottom; the last. ¶ ~ 빼다 flinch《*from one's duty*》; try to escape / 여자 ~를 따라다니다 chase〔run〕 after a woman.
꽁보리밥 unmixed boiled barley.
꽁지 a tail; a train(공작 따위의).
꽁지벌레 〖蟲〗a maggot.
꽁초(—草) a cigar(ette) butt.
꽁치 〖魚〗a mackerel pike.
꽁하다 (be) introvert and narrow-minded; reserved and unsociable; hidebound.
꽂다 stick《*in*(*to*)》; put〔fix〕 in(-to); drive into; 《끼우다》insert; put into. ¶ 장식핀을 머리에 ~ stick an ornamental pin in the hair / 병에 꽃을 ~ put flowers

in a vase.
꽂을대 《총포용》 a cleaning rod.
꽂히다 be driven in; be fixed; get inserted; be stuck; be put in. ¶ 화살이 과녁에 꽂힌다 An arrow is stuck 〔fixed〕 in the target. / 칼이 땅에 꽂혔다 The knife stuck in the ground.
꽃 ①《초목의》 a flower; a blossom(과수의); bloom(총칭). ¶ ～의 floral / ～다운 소녀 a girl (as) pretty as a flower / ～을 심다 plant flowers / 꽃병에 ～을 꽂다 put flowers in a vase / 현관에 ～을 장식하다 arrange flowers in the hall / ～이 피다 flowers come out 〔open〕 / 정원의 ～에 물을 주다 water flowers in the garden. ‖ ～가루 pollen / ～구경 flower-viewing / ～나무 a flower tree / ～놀이 a flower-viewing excursion / ～다발 a bouquet; a bunch of flowers / ～무늬 a floral pattern / ～밭 a flower garden 〔bed〕 / ～봉오리 a (flower) bud / ～송이 a blossom; an open flower / ～재배 floriculture; flower gardening. ②《미인·명물》 flower; pride; a belle (사교계의); 《정화(精華)》 the essence.
꽃꽂이 flower arrangement. ‖ ～회 a flower 〔floral〕 arrangement club.
꽃샘(추위) a cold snap in the flowering season; a spring cold.
꽈리 〖植〗 a ground cherry.
꽉 ①《단단히》 ☞ 꼭 ①. ②《가득히》 close(ly); tight(ly); full(y); crammed 〔packed〕 with. ¶ ～찬 스케줄 a full 〔crammed, tight〕 schedule / ～차다 be packed to the full; be crammed 《*with*》; be full 《*of*》 / 냉장고는 식품으로 ～차 있다 The refrigerator is filled up 〔crammed〕 with food. ③ ☞ 꾹.
꽐꽐 gurglingly; gushing.
꽝 with a bang 〔boom, slam〕. ¶ 문을 ～ 닫다 bang a door.
꽤 fairly; considerably; pretty; quite. ¶ ～ 잘 하다 do fairly well / ～ 좋다〔힘들다〕 be pretty good 〔hard〕.
꽥 ¶ ～ 소리지르다 give a shout 〔yell〕; shout 〔yell, roar〕 《*at*》.
꽹과리 a (small) gong.
꾀 《슬기》 resources; resourcefulness; wit; 《계략》 a trick; an artifice; a ruse; a trap. ¶ ～가 많은 사람 a resourceful 〔witty〕 man; a man of wit 〔resources〕 / 일에 ～를 부리다 spare *oneself;* shirk 《*one's duty*》 with a phony excuse / ～바르다 be crafty 〔shrewd, clever〕 / 제 ～에 제가 넘어가다 outwit *oneself;* be outwitted by *one's* own cleverness.
꾀꼬리 〖鳥〗 an oriole; a (Korean) nightingale. ¶ ～ 같은 목소리 a beautiful voice.
꾀다[1] 《모이다》 swarm; crowd; gather; flock.
꾀다[2] 《유혹》 tempt; (al)lure; entice; seduce(나쁜 길로). ¶ 감언이설로 그녀를 집에서 꾀어내다 entice her away from home by using honeyed words.
꾀병(—病) feigned 〔pretended〕 illness. ¶ ～ 부리다 pretend 〔feign〕 illness; pretend to be ill 〔sick〕.
꾀보 a tricky 〔wily〕 person.
꾀이다 《꼬임을 당하다》 be lured 〔enticed, tempted〕; be seduced.
꾀잠 sham 〔pretended〕 sleep; make-believe sleep. ¶ ～ 자다 pretend 〔feign〕 to be asleep.
꾀죄(죄)하다 (be) untidy; shabby; slovenly; poor-looking.
꾀하다 ①《계획》 plan; contrive; attempt 《*suicide*》; scheme; 《나쁜 짓을》 plot; conspire. ¶ 반란을 ～ conspire to rise in revolt. ②《추구》 seek; intend 《*to do*》. ¶ 사리를 ～ seek *one's* own interests.
꾐 temptation; allurement; enticement. ¶ ～에 빠지다 yield to 〔fall into〕 temptation / 악우들에게 ～을 당해 나쁜 길로 빠지다 be tempted 〔enticed〕 into wrong ways by the wrong company.
꾸기적거리다 crumple (up); wrinkle; rumple; crush.
꾸다 《빌리다》 borrow 《*money from a person*》; have 《*money*》 on loan; have a loan of 《*5 million won*》.
꾸드러지다 be dried and hardened.
꾸들꾸들 ¶ ～한 dry and hard.
…꾸러기 one who is given to; a glutton for…. ¶ 잠～ a late riser / 욕심～ a greedy person.
꾸러미 a bundle (in a wrapper); a parcel. ¶ 옷 ～ a bundle of clothes.
꾸르륵 ¶ ～거리다 (give a) rumble.
꾸리다 ①《짐을》 pack (up); wrap 〔tie〕 up. ¶ 짐을 다시 ～ repack baggage. ②《일을》 manage; arrange. ¶ 살림을 ～ manage household affairs / 그녀는 혼잣손으로 그 상점을 꾸려 나가고 있다 She is managing the store entirely by herself.
꾸무럭거리다, 꾸물거리다 be slow 〔long, tardy〕; waste time; dawdle 《*over*》; linger. ¶ 꾸무럭거리지 마라 Don't be slow 〔long〕. / 꾸물거릴 시간이 없다 There is no time to lose.
꾸미다 ① 《치장》 decorate 《*a room*》; ornament; adorn; dress 《*a shop window*》; 《화장》 make up; 《말을》 embellish. ¶ 얼굴을 곱게 ～

make up *one's* face beautifully / 꽃으로 식탁을 ~ decorate the table with flowers. ②《가장》 feign; affect; pretend. ¶ 꾸민 태도 an affected attitude. ③《조작》 invent; fabricate; 《계획》 plot (음모를); design (설계). ¶ 꾸며낸 얘기 a made-up 〔an invented〕 story / 어린이들을 위해 꾸며진 동물원 a zoo designed especially for children. ④《조직》 form; organize. ¶ 새 내각을 ~ form a new cabinet / 가정을 ~ make a home. ⑤《작성》 make; draw up. ¶ (계약서를) 두 통 ~ make out (a contract) in duplicate.

꾸밈 ¶ ~없는 simple; plain; frank (솔직한) / ~없이 말하다 say frankly; speak plainly. ‖ ~새《모양새》 a shape; a form; 《양식》 a style; 《구조》 make.

꾸벅거리다 ①《졸다》 doze (off); fall into a doze; feel drowsy. ¶ 그는 신문을 읽으며 꾸벅거렸다 He was dozing over the newspaper. / 꾸벅거리면서, 나는 열차가 움직이기 시작하는 것을 느꼈다 Half asleep, I felt the train start moving. ②《절하다》 make repeated bows; ko(w)tow《*to*》. ¶ 저 녀석은 상사에게 늘 꾸벅거린다 He is always kowtowing to his superiors.

꾸역꾸역 in great numbers; in a crowd; in a steady stream.

꾸준하다 (be) untiring; steady; assiduous. ¶ 꾸준히 untiringly; steadily; assiduously.

꾸지람 a scolding; a reprimand. ~하다 scold; reprove; rebuke. ¶ ~ 듣다 be scolded 〔reproved〕; get a scolding.

꾸짖다 scold; rebuke; reprove; reproach; 《口》 tell off. ¶ 심하게 〔가볍게〕 ~ scold severely 〔mildly〕; give 《*a person*》 a good 〔a mild〕 scolding.

꾹 ①《참는 모양》 patiently. ¶ ~ 참다 bear 《*the pain*》 patiently. ②《누르는 모양》 tightly; firmly; hard. ¶ ~ 누르다 press hard.

꿀 honey. ¶ ~처럼 달다 be sweet as honey. ‖ ~떡 a honey cake / ~물 honeyed water / ~벌 a honey bee; a bee.

꿀꺽 《삼키는 모양》 at a gulp; 《참는 모양》 holding 〔keeping〕 back 《*one's anger*》; patiently. ¶ 약을 한 입에 ~ 삼키다 swallow the dose at one gulp / 울컥 솟는 분함을 ~ 참다 gulp down *one's* resentment patiently.

꿀꿀 《돼지 울음소리》 oink. ¶ ~거리다 grunt; oink.

꿀떡 ¶ ~삼키다 gulp (down); swallow at a gulp.

꿀리다 ①《형편이》 be hard up 《*for money*》; be in straitened circumstances. ②《켕기다》 be guilty; feel small; be overwhelmed. ¶ 꿀리지 않고 without flinching; undaunted 《*by*》.

꿇다 kneel (down); fall 〔drop〕 on *one's* knees. ¶ …앞에 무릎을 ~ bow the knee to 〔before〕 《*a person*》.

꿇어앉다 sit on *one's* knees.

꿈 《수면 중의》 a dream; a nightmare (악몽); 《이상》 a vision; a dream; 《환상》 an illusion. ¶ 들어맞는 〔개〕 ~ a true 〔false〕 dream / 불길한 ~ an evil dream / ~의 세계 a dreamland; a dream world / ~ 같은 dreamlike; dreamy / 젊은 시절의 ~ the romantic vision of youth / ~에서 깨어나다 awake from a dream; be disillusioned (망상에서) / ~자리가 좋다 〔사납다〕 have a good 〔bad〕 dream / …을 ~에 보다 see 《*something*》 in a dream; dream of 〔about〕 ....

꿈결 ¶ ~에 half awake (and asleep); between asleep and awake / ~같다 be like a dream / ~에 듣다 listen half asleep.

꿈꾸다 ①《잠을 자면서》 dream; have a dream. ②《바라다》 dream of 《*success*》; have an ambition 《*to*...》. ¶ 미래의 작가를 ~ have a dream of be coming a writer.

꿈실거리다 《벌레 따위가》 creep about 《*over one's body*》; stir restlessly.

꿈지럭거리다 stir 〔move〕 sluggishly 〔slowly, clumsily〕.

꿈쩍없다 remain unmoved; be undaunted.

꿈틀거리다 ☞ 굼틀거리다.

꿋꿋하다 (be) firm; strong; unyielding; inflexible. ¶ 꿋꿋한 의지 a strong 〔an iron〕 will.

꿍꿍 《신음》 ¶ 부상자의 ~거리는 소리 the groans of the injured / ~ 앓다 groan; moan.

꿍꿍이셈, 꿍꿍이속 a secret design 〔intention〕; calculation concealed in *one's* heart. ¶ 틀림없이 ~이 있다 There must be something secret behind the scene.

꿩 〖鳥〗 a pheasant.

꿰다 《구멍에》 run 〔pass〕 《*a thing*》 through. ¶ 바늘에 실을 ~ run a thread through a needle; thread a needle.

꿰뚫다 ①《관통하다》 pierce; pass 〔run〕 through; penetrate; shoot through (탄환 따위가). ②《정통》 be well versed in; have a thorough knowledge of; 《통찰》 penetrate; see through.

꿰매다 ①《바늘로》 sew; stitch. ¶ 해진〔터진〕 데를 ~ sew up a rip /

상처를 두 바늘 ～ put two stitches in the wound. ②《깁다》 patch up.

꿰지다 ①《미어지다》 be torn; tear; rip; 《해지다》 be worn out. ②《터지다》 break; be broken; burst; be punctured.

꿰찌르다 thrust〔run〕 through.

꽥 ¶ ～ 소리 지르다 give a shout 〔yell〕.

뀌다 《방귀를》 break wind; pass gas; fart《俗》.

끄나풀 ①《끈》 a (piece of) string. ②《앞잡이》 a tool; a cat's-paw; an agent; a pawn. ¶ 아무를 ～로 쓰다 use *a person* as a tool / 그들은 경찰의 ～이다 They are pawns of the police.

끄느름하다 (be) gloomy; cloudy; dreary; dim.

끄다 ①《덩어리를》 break《*a thing*》 (into pieces); crack; crush. ¶ 얼음을 ～ crack〔break〕 ice. ②《불을》 put out; extinguish; blow out(불어서). ¶ 불을 ～ extinguish〔put out〕 a fire / 촛불을 ～ blow out a candle. ③《전기·가스 등을》 switch〔turn〕 off《*the light*》; put off〔out〕. ¶ 엔진을 ～ stop〔kill〕 an engine.

끄덕거리다, 끄덕이다 nod《*at, to*》. ¶ 말없이 ～ nod without a word / 가볍게 ～ give a slight nod / 승낙의 뜻으로 ～ nod *one's* agreement.

끄덩이 ¶ (머리) ～를 잡다 seize 〔grab〕《*a person's*》 hair; seize《*a person*》 by the hair.

끄떡없다, 끄떡않다 do not budge an inch(움직이지 않다); remain composed〔unmoved〕(태연); be all right〔safe〕(안전). ¶ 끄떡없이 dauntlessly; without flinching 〔wincing〕/ 그는 어떤 일에도 끄떡않는다 Nothing flinches him. *or* Nothing makes him wince.

끄르다 untie《*a knot*》; undo; unfasten; unbind; loose. ¶ 단추를 ～ undo a button; unbutton / 문의 자물쇠를 ～ unlock the door.

끄무레하다 (be) cloudy; overcast.

끄물거리다 《날씨가》 become cloudy off and on; be unsettled.

끄집다 hold and pull; draw; take. ¶ 끄집어내다 pull〔draw〕《*a thing*》 out; take〔get〕《*a thing*》 out / 끄집어내리다 take〔pull, bring, carry〕 down / 끄집어올리다 take 〔pull〕 up.

끄트러기 odd ends〔pieces〕; a (broken) piece; a fragment; a cut.

끄트머리 ①《맨 끝》 an end; a tip; 《stand at》 the tail end. ②《실마리》 a clue.

끈 《줄》《tie》 a string; a cord; 《꼰 것》 a braid; a lace; 《가죽끈》 a strap; a thong.

끈기(一氣) ①《끈끈함》 stickiness; viscosity; glutinousness. ②《견디는 정신》 tenacity; patience; perseverance. ¶ ～ 있게 patiently; perseveringly / 공부는 ～가 필요하다 Study requires a lot of patience.

끈끈이 birdlime.

끈끈하다 《끈적임》 (be) sticky; adhesive; viscous.

끈덕거리다 become shaky.

끈덕지다, 끈질기다 (be) tenacious; persevering; 《口》 stick-to-itive. ¶ 끈질긴 노력 a strenuous effort / 그는 끈질기게 그 일을 해냈다 He carried through the work tenaciously.

끈적거리다 be sticky.

끊다 ①《자르다》 cut (off); sever; disconnect; break. ¶ 밧줄을 ～ cut〔break〕 a rope. ②《중단·차단》 cut off; interrupt; stop(교통을); pause; 《전화를》 hang up 《美》; 《전기를》 shut off; switch off. ¶ 적의 퇴로를 ～ cut off the enemy's retreat. ③《인연·관계를》 sever; break off; break with《*a person*》. ¶ 교제(交際)를 ～ sever acquaintance with. ④《그만두다》 abstain from; quit; give up. ¶ 술을 ～ stop〔give up〕 drinking; abstain from alcohol. ⑤《목숨을》 kill *oneself*. ⑥《사다》 buy《*a ticket*》. ⑦《발행》 issue〔draw〕《*a check*》.

끊어지다 ①《절단》 be cut; break; come apart; snap(뚝하며). ¶ 밧줄이 끊어졌다 The rope has broken. ②《중단·차단》 be stopped; be cut off; be interrupted〔discontinued, ceased〕. ¶ 공급이 ～《사람이 주어》 be cut off from supplies〔the supply〕《*of*》 / 교통이 ～ traffic is stopped〔interrupted〕. ③《관계 등이》 break (off) with; come to an end; be cut 〔severed〕; be through〔done〕 with. ¶ 서로의 인연이 ～ be separated; be through with each other. ④《목숨이》 expire; die.

끊임없다 (be) ceaseless; incessant; continual; constant. ¶ 끊임없는 노력 ceaseless〔constant〕 efforts / 끊임없는 걱정 endless worries / 손님이 ～ have a constant stream of visitors / 끊임없이 ceaselessly; incessantly; continually; constantly.

끌 a chisel.

끌다 ①《당기다》 draw; pull; tug (배를); 《질질》 drag; trail(옷자락을). ¶ 아무의 소매를 ～ pull《*a person*》 by the sleeve. ②《지연》 delay; prolong; protract; drag on. ¶ 오래 끄는 병 a long illness / 오래 끌어온 협상 long-pending negotiations / 회답을 ～ delay in answering. ③《이끌다》 attract;

draw; catch. ¶ 손님을 ~ draw customers / 주의를 ~ attract 〔draw〕 《*a person's*》 attention / 인기를 ~ catch 〔win, gain〕 popularity. ④ 《인도》 lead. ¶ 노인의 손을 ~ lead an old man by the hand. ⑤ 《끌어들이다》 conduct 《*water into*》; draw 《*water off a river*》; admit; 《가설》 lay on(수도, 가스 따위를); install(전등, 전화를). 「untied 〔undone〕.

끌러지다 come 〔get〕 loose; get

끌리다 ① 《당겨지다》 be drawn 〔pulled, dragged〕; be tugged; be trailed(질질). ¶ 치마가 ~ *one's* skirt trails 《*on*》. ② 《연행》 be taken to 《*the police*》. ③ 《마음이》 be attracted 〔drawn, caught〕; be charmed; be touched.

끌어내다 take 〔pull〕 out; drag 《*a thing*》 out (of); lure 《*a person*》 out of 〔from〕 (꾀어냄). 「down.

끌어내리다 take 〔pull, drag, draw〕

끌어당기다 draw 《*a thing*》 near 〔toward〕; pull up. ☞ 끌다 ①.

끌어대다 ① 《돈을》 borrow money for 《*a business*》; finance. ② 《인용》 cite; quote. ¶ 전례를 ~ cite precedents.

끌어들이다 ① 《안으로》 draw 〔take〕 in 〔into〕; pull in. ② 《자기편에》 gain 〔win〕 《*a person*》 over 《*to one's side*》. ¶ 사업에 자본가를 ~ interest capitalists in an enterprise.

끌어안다 embrace; hug; hold 《*a person*》 in *one's* arms 〔to *one's* breast〕. 「salvage(배를).

끌어올리다 pull 〔draw, drag〕 up;

끓다 ① 《물이》 boil; seethe; grow hot. ¶ 끓는 물 boiling water / 끓어 넘치다 boil over. ② 《마음 속이》 seethe 〔boil〕 with 《*rage*》; be in a ferment; fret; fume; be excited. ¶ 나는 분함에 속이 부글부글 끓었다 My blood boiled 〔seethed〕 with anger 〔indignation〕. ③ 《배가》 rumble. ④ 《가래가》 make a gurgling sound. ⑤ 《우글거리다》 swarm; be crowded with. ¶ 파리가 ~ be infested with flies.

끓이다 ① 《끓게 하다》 boil 《*water*》; heat. ② 《익히다》 cook. ¶ 밥을 ~ cook 〔boil〕 rice / 국을 ~ make soup. ③ 《속태우다》 worry; bother; fret *one's* nerves.

끔찍하다 ① 《참혹하다》 (be) awful; terrible; horrible. ¶ 끔찍한 광경 a horrible sight. ② 《극진하다》 (be) very hearty 〔kind〕; warm; very thoughtful. ¶ 끔찍이 awfully; horribly; terribly; 《극진히》 warmly; whole-heartedly; cordially; deeply / 끔찍이 사랑하다 love deeply.

끙끙 ¶ ~ 앓다 groan; moan.

끝 ① 《첨단》 the point 《*of a pencil*》; the tip 《*of a finger*》; the end 〔top〕 《*of a pole*》. ¶ 혀 ~ the tip of *one's* tongue / ~에서 ~까지 from end to end. ② 《한도》 the end; the limit. ¶ ~없는 endless; boundless; everlasting. ③ 《마지막》 an end; a close; a conclusion(결말). ¶ ~의 last; final; concluding / ~으로 finally; in the end; in conclusion. ④ 《행렬 · 차례의》 the last; the tail end. ¶ 행렬의 ~ the tail end of a procession.

끝끝내 to the last; to the (bitter) end. ¶ ~ 반대하다 persist in *one's* opposition; be dead set against; oppose stoutly.

끝나다 (come to an) end; close; be over 〔up〕; be finished; expire (기한이); result in. ¶ 실패로 ~ end 〔result〕 in failure.

끝내다 end; finish; complete; get 〔go〕 through 《*with*》; conclude; settle 《*an account*》. ¶ 대학 과정을 ~ complete 〔pass through〕 *one's* university course.

끝마감 closing; conclusion. ~하다 close; conclude.

끝물 the last 《*farm*》 products of the season. ¶ ~ 수박 late watermelons.

끝수(一數) a fraction; an odd sum; odds. ¶ ~를 버리다 omit 〔ignore, round off〕 fractions.

끝장 《마지막》 an end; a conclusion; 《낙착》 settlement. ¶ ~ 나다 be ended; be over 〔settled〕; come to an end / ~ 내다 settle; finish; bring 《*something*》 to an end / 일을 ~ 내다 finish *one's* work / 싸움을 ~ 내다 put an end to a quarral; settle a quarral.

끝판 the end; the last stage 《*of*》; 《승부의》 the last round 《*of*》.

끼니 a meal; a repast. ¶ ~때 a mealtime / ~를 거르다〔굶다〕 miss 〔skip〕 a meal; go hungry.

끼다[1] ① 《안개 · 연기 등이》 gather; hang over; envelop; be veiled 〔wrapped〕. ¶ 아침 안개가 자욱이 낀 마을 the village veiled〔enveloped〕 in a morning mist. ② 《때 · 먼지 등이》 be soiled 〔stained, smeared〕; become 〔get〕 dirty. ¶ 때가 낀 옷가지 soiled 〔dirty, unclean〕 clothes.

끼다[2] ① ☞ 끼이다. ② ☞ 끼우다. ③ 《착용》 put 〔pull〕 on; wear. ¶ 장갑을 ~ draw 〔pull〕 on *one's* gloves. ④ 《팔짱을》 fold 《*one's arms*》. ¶ 팔짱을 끼고 with *one's* arms folded; 《남과》 arm in arm 《*with*》. ⑤ 《옆구리에》 hold 《*a thing*》 under *one's* arm. ¶ 책을

몇 권 끼고 with some books under *one's* arm. ⑥《참가》 join; participate in; be a party to. ¶ 일행에 ~ join the party. ⑦《따라서》 ¶ …을 끼고 along; by / 강을 끼고 along the river. ⑧《배경》 be backed by. ¶ 권력을 ~ have an influential person at *one's* back.

…끼리 among (by, between) *themselves*. ¶ 저희 ~ 싸우다 quarrel (fight) among themselves.

끼리끼리 each in a group; group by group; in separate groups. ¶ ~ 식사하다 dine together in separate parties.

끼얹다 《물 따위를》 pour (shower throw) 《*water*》 on (over) 《*a person*》. ¶ 등에 물을 ~ dash water on *one's* back.

끼우다 《사이·속·틈에》 put (hold) 《*a thing*》 between; get (put, let) in; insert 《*in*》; fix (fit) into (맞춰 넣다). ¶ 창에 유리를 ~ fix glass in a window.

끼워팔기 a tie-in sale.

끼이다 《사이에》 get between; be caught in; be sandwiched between; be tight(구두 따위).

끼적거리다 scribble; scrawl.

끼치다 ①《두려움 따위로 소름이》 ¶ 소름이 끼치는 hair-raising; bloodcurdling; frightful / 소름이 ~ get goose flesh. ②《불편·걱정 따위》 give (cause) 《*a person*》 trouble; trouble; annoy; bother; be a nuisance 《*to*》. ¶ 폐를 ~ trouble 《*a person*》; give 《*a person*》 trouble; cause inconvenience 《*to*》.

끽소리 ¶ ~ 못하다 be completely (utterly) silenced (defeated); can't say a thing.

낄낄 ¶ ~거리다 giggle; titter.

낌새 《기미》 a sign; an indication; a delicate turn of the situation. ¶ ~를 전혀 보이지 않다 show not the slightest sign (hint) of ….

한·미군 계급(ROK - US Military ranks)

한 국 (공통)	미 국			
	육 군	공 군	해 군	해 병
대 장	General	General	Admiral	General
중 장	Lieutenant General	Lieutenant General	Vice Admiral	Lieutenant General
소 장	Major General	Major General	Rear Admiral	Major General
준 장	Brigadier General	Brigadier General	Commodore	Brigadier General
대 령	Colonel	Colonel	Captain	Colonel
중 령	Lieutenant Colonel	Lieutenant Colonel	Commander	Lieutenant Colonel
소 령	Major	Major	Lieutenant Commander	Major
대 위	Captain	Captain	Lieutenant	Captain
중 위	1st Lieutenant	1st Lieutenant	Lieutenant Junior Grade	1st Lieutenant
소 위	2nd Lieutenant	2nd Lieutenant	Ensign	2nd Lieutenant
준 위	Warrant Officer	Warrant Officer	Warrant Officer	Warrant Officer
원 사	Sergeant Major	Chief Master Sergeant	Master Chief Petty Officer	Sergeant Major
상 사	Master Sergeant	Senior Master Sergeant	Senior Chief Petty Officer	Master Gunnery Sergeant
중 사	Sergeant 1st Class	Master Sergeant	Chief Petty Officer	Gunnery Sergeant
하 사	Staff Sergeant	Technical Sergeant	Petty Officer 1st Class	Staff Sergeant
병 장	Sergeant	Staff Sergeant	Petty Officer 2nd Class	Sergeant
상 병	Corporal	Airman 1st Class	Petty Officer 3rd Class	Corporal
일 병	Private 1st Class	Airman 2nd Class	Seaman	Lance Corporal
이 병	Private	Airman 3rd Class	Seaman Apprentice	Private 1st Class
훈 병	Recruit	Airman Basic	Seaman Recruit	Private

ㄴ

나 I; myself. ¶ ～의 my / ～에게〔를〕me / ～의 것 mine / ～로서는 as for me; for my part.

나가다 ①《밖으로》go〔get, step〕out. ¶ 뜰로 ～ go out into the garden / 방에서 ～ go out of a room. ②《출석》attend; be present《*at*》. ¶ 강의에 ～ attend a lecture. ③《근무》work《*in, at, for*》. ¶ 신문사에 ～ work in a newspaper office / 회사에 ～ be employed in a company. ④《참가》join; participate in; take part in. ¶ 올림픽에 ～ take part in the Olympic games. ⑤《입후보》run《*for*》. ¶ 대통령 선거에 ～ run for the presidency. ⑥《팔리다》sell; get sold. ¶ 잘 ～ sell well. ⑦《지출》be paid out; be disbursed. ¶ 나가는 돈 expenditure; outlay. ⑧《비용·가치 등이》cost; be worth;《무게가》weigh. ¶ 5만원 나가는 물건 an article worth fifty thousand *won* / 무게가 60킬로 ～ weigh 60 kilograms; be 60 kilograms in weight. ⑨《떠남》leave; go away. ¶ 집을 ～ leave home. ⑩《진출》launch〔go〕《*into*》; enter〔advance〕《*into, to*》; forth ahead. ¶ 정계에 ～ enter into politics; enter the political world / 결승전에 ～ advance to the finals. ⑪《닳음·꺼짐》be out; be broken; be worn out. ¶ 불이 ～ the (electric) light is out / 구두 뒤축이 ～ the heel of *one's* shoe is worn out.

나가떨어지다 ①《뒤로 넘어지다》be knocked down; be thrown off; fall flat on *one's* back. ¶ 한 방에 ～ be knocked down at a single blow. ②《녹초가 되다》be worn〔tired〕out; be done up〔in〕《俗》.

나가자빠지다 ① ☞ 나가떨어지다. ②《회피·불이행》evade〔dodge, shirk〕*one's* responsibilities〔duty, tasks, *etc.*〕; withdraw *oneself*《*from*》; back out; do not pay〔welsh on〕《*one's debt*》. ¶ 불경기로 ～ go bankrupt owing to the depression / 그는 계약을 이행하지 않고 나가자빠지려 했다 He tried to back out of the contract.

나귀 an ass; a donkey.

나그네 a traveler; a stranger; a wanderer; a visitor (손).

나긋나긋하다 (be) tender; soft.

나날이 daily; every day; day by day. ¶ 정세는 ～ 악화되어 갔다 Things grew worse with each passing day.

나누다 ①《분할》divide; part; split《*into*》; separate(분리). ¶ 나눌 수 없는 indivisible; inseparable / 둘로 ～ divide《*a thing*》into two. ②《분배》distribute《*among*》; share《*something*》out《*among*》. ¶ 과자를 아이들에게 나누어 주다 distribute cookies among the children. ③《구별》sort out; classify. ¶ 세 항목으로 ～ classify into three items / 선인과 악인을 ～ sort out the good men from bad men. ④《함께 하다》share《*something*》with; spare. ¶ 음식을 나누어 먹다 share food with *a person* / 기쁨을 ～ share *one's* joy / 휘발유를 좀 나눠주다 spare a little gasoline to *a person*.

나누이다 be〔get〕divided.

나눗셈 (a) division. ～하다 divide.

나다 ①《출생》be born. ¶ 어디(에)서 났는가 Where were you born? ②《싹이 나다》spring up; sprout;《자라다》grow; come out(돋아나다);《치아가》cut (*one's* teeth). ¶ 날개가 ～ grow wings / 아기의 이가 났다 The baby has cut its teeth. ③《산출·발생》produce; yield. ¶ 쌀이 나는 지방 a rice-producing district / 이익이 ～ yield profits. ④《살림을》set up a separate family; live apart《*from*》. ⑤《끝장이》come to an end; be finished. ⑥《기타》¶ 냄새 ～ smell / 맛이 ～ taste / 이름이 ～ become famous / 병이 ～ sick; become ill / 성이 ～ get angry / 눈물이 ～ tears flow / 땀이 ～ sweat / 신문에 ～ appear in the newspaper / 탄로(綻露) ～ get discovered / 새 길이 ～ a new road is opened / 소문이 ～ a rumor gets abroad. 「about.

나다니다 go out; wander〔gad〕

나들이 going out; an outing. ～하다 go out; go on a visit. ¶ ～ 가다〔오다〕go〔come〕on a visit. ‖ ～옷 *one's* sunday clothes; *one's* best dress〔suit〕.

나라 ①《국토》a country; a land;《국가》a state; a nation. ¶ ～를 위하여 (lay down *one's* life) for *one's* country. ‖ ～님 the king; his sovereign. ②《특수 세계》a world; a realm. ‖ 꿈～ a dreamland.

나락(奈落) hell; an abyss. ¶ ～으로 떨어지다 fall into the bottomless pit.
나란히 in a row〔line〕; side by side. ¶ ～서다 stand in a row / ～앉다 sit side by side / 우로 ～《구령》Right dress!
나래《농기구》soil leveler〔grader〕.
나루 a ferry. ‖ ～터 a ferry / 나룻배 a ferry(boat) / 나룻배 사공 a ferryman / 나룻삯 ferriage.
나룻 whiskers; a beard; a mustache. ¶ ～이 석자라도 먹어야 샌님《俗談》Long beards alone cannot make a gentleman.
나르다 carry; convey; transport.
나르시시즘〖心〗narcissism.
나른하다 feel languid〔weary, tired〕; be dull〔heavy〕. ¶ 나른한 오후 a slack afternoon / 몸이 ～ I feel lazy〔languid〕.
나름 ¶ 자기〔그〕～대로 in *one's*〔*its*〕own way / 값은 물건～이다 The price varies with the quality. / 그것은 사람～이다 That depends on the person.
나리[1]《존칭》sir; gentleman; your honor.
나리[2]〖植〗a lily.
…나마 though; even. ¶ 그만한 비～와 주니 다행이다 Even that much of rain is of great help.
나막신 (wooden) clogs.
나머지 ①《남은 것》the rest; the remainder; the balance (잔금); leftovers(음식물의). ¶ ～의 remaining / ～는 가지고 가도 된다 You may take the rest. ②《…한 끝에》excess. ¶ 기쁜 ～ in the excess of *one's* joy; elated by joy.
나무 ①《수목》a tree; a plant. ¶ ～그늘 the shade of a tree / 나뭇결 the grain / ～등걸 a stump / 나뭇잎 a leaf; foliage(총칭) / ～의 줄기 the trunk of a tree / ～에 오르다 climb (up) a tree / ～를 심다 plant a tree《*in the park*》/ ～는 보되 숲을 못 본다 You cannot see the forest for the trees. ②《재목》wood; lumber《美》; timber《英》. ¶ ～로 만든 책상 a wooden desk; a desk made of wood / ～토막 a chunk〔piece〕of wood / ～상자 a wooden box. ③《땔나무》firewood. ～하다 gather firewood; cut wood for fuel. ‖ ～꾼 a woodman; a woodcutter; a timberjack; a lumberjack.
나무라다 reprove; reproach; reprimand; scold. ¶ 나무랄 데 없다 have no fault to find with; be without blemish.
나무람 reproof; reproach; reprimand; scolding.
나무아미타불(南無阿彌陀佛) Save us, merciful Buddha!;《명복을 빌 때》May his soul rest in peace!
나물 wild greens; vegetables; herbs. ¶ ～국 soup with greens in it / ～을 무치다 season boiled greens / 산에 ～ 캐러 가다 go to pick herbs〔greens〕in the mountain.
나방〖蟲〗a moth.
나병(癩病)〖醫〗leprosy. ¶ ～에 걸려 있다 be leprous. ‖ ～원 a leper house / ～환자 a leper.
나부(裸婦) a woman in the nude.
나부끼다 fly; flutter; flap; wave. ¶ 깃발이 바람에 ～ a flag flutters〔waves〕in the wind.
나부랭이 a scrap; a piece; odds and ends.
나불거리다《입을》wag *one's* tongue; chatter.
나비 a butterfly. ‖ ～넥타이 a bow (tie) / ～매듭 a bowknot.
나쁘다 ①《도덕상》(be) bad;《옳지 않은》(be) wrong;《사악한》(be) evil; wicked. ¶ 나쁜 짓을 하다 do (something) wrong; commit a crime〔sin〕. ②《해롭다》(be) bad; harmful《*to*》; injurious. ¶ 눈에 ～ be bad for the eyes / 담배는 건강에 ～ Smoking is bad for your health. ③《과실·잘못》(be) wrong; be to blame. ¶ 그건 네가 나빴다 It was your fault. *or* It was you that were to blame. ④《몸·건강이》(be) sick; ill; unwell. ¶ 위가 ～ have〔suffer from〕stomach trouble / 안색이 ～ look pale / 몸의 컨디션이 ～ feel ill〔unwell〕. ⑤《품질 등이》(be) bad; poor; coarse; inferior. ¶ 이 제품은 질이 ～ This product is of poor quality. / 값싼 물건이 언제나 나쁘지만은 않다 Cheap goods are not always bad. ⑥《머리·기억력이》(be) poor; weak. ¶ 머리가 ～ be weak-headed〔dull, stupid〕/ 기억력이 ～ have a poor memory. ⑦《날씨가》(be) bad; nasty; foul. ¶ 나쁜 날씨 foul〔bad, nasty〕weather. ⑧《평판이》(be) bad, ill. ¶ 그는 학생들에게 평판이 ～ He has a bad reputation among students. / 평판이 나쁜 사내 a man of ill fame. ⑨《도로 따위가》(be) bad; rough; muddy. ¶ 도로가 나쁘기로 유명하다 be notorious for *its* bad roads. ⑩《성질이》(be) ill; wicked; malicious. ¶ 성질이 ～ be ill-natured. ⑪《불운》(be) bad; unlucky; ominous. ¶ 나쁜 소식 a bad〔sad〕news / 나쁜 징조 a bad omen / 일진이 ～ be an evil〔unlucky〕day. ⑫《기분이》feel bad〔unwell, uncomfortable〕; be out of sorts. ⑬《고장》(be) wrong; bad; be out of order. ¶ 엔진의 상태가 ～ Something is wrong with the engine. ⑭《관용적 표현》¶ 나쁘게 안 할테니 나를 믿어라〔내게

맡겨라] You can trust me. *or* You can safely leave it to me. / 나쁜 때에 그녀가 나타났다 She came at an unfortunate moment.

나뻐《나쁘게》badly; ill;《부족하게》not enough; unsatisfactorily. ¶ ~ 여기지 말게 Don't take it ill, please.

나사(螺絲)《못》a screw. ¶ ~로 죄다 screw up / ~를 돌리다〔늦추다〕turn〔loosen〕a screw / ~를 뽑다 unscrew. ‖ ~돌리개 a screwdriver.

나사(羅紗) woollen cloth.

나사《미국 항공 우주국》NASA.(◀ the National Aeronautics and Space Administration)

나상(裸像) a nude figure〔statue〕.

나서다 ①《앞으로》come〔step〕forward;《나타나다》come out〔forth〕; appear; present *oneself*. ¶ 한 발 앞으로 ~ make a step forward / 대중 앞에 ~ step forward in front of the crowd. ②《떠나다》leave; go out; get out《*of*》; start. ¶ 교문을 ~ get out of the campus; leave the school. ③《진출하다》enter upon; go into. ¶ 실업계에 ~ go into business / 정계에 ~ enter upon a political career. ④《간섭》intrude; obtrude; interfere. ¶ 남의 일에 나서기를 싫어하다 be unobtrusive / 네가 나설 자리가 아니다 This is none of your business. ⑤《구하는 것이》turn up; present *itself*. ¶ 일자리가 ~ find a job / 희망자가 하나도 나서지 않았다 No one applied for it. ⑥《출마하다》run〔stand〕for. ¶ 대통령 후보로 ~ run in the presidency / …의 후보자로 ~ stand〔run〕as a candidate for ….

나선(螺旋) a screw; a spiral. ¶ ~상(狀)의 spiral. ‖ ~계단 a spiral stairs.

나스닥〖證〗National Association of Securities Dealers Automated Quotations(생략 NASDAQ)(거래되는 증권류의 가격 등을 알리는 전미(全美) 증권업협회의 온라인 서비스).

나아가다 ①《전진》advance; move〔step〕forward; go〔step〕ahead; proceed; make *one's* way. ¶ 한 걸음 ~ make〔take〕a step forward / 사람을 헤치고 ~ push〔elbow〕*one's* way through the crowd. ②《진보하다》(make) progress; improve;《진전하다》advance; get on with《*one's studies*》. ¶ 시대와 함께 ~ keep up with the times / 시대보다 앞서 ~ get ahead of the times. ③《좋아지다》change for the better; take a favorable turn.

나아지다 become〔get〕better; improve; make a good progress; change for the better.

나약(懦弱) effeminacy. ~하다 (be) weak; effeminate; soft and spiritless; weak-minded. ¶ ~한 국민 a soft and spiritless people.

나열(羅列) enumeration. ~하다 marshal; arrange in a row; enumerate. ¶ 숫자를 ~하다 enumerate〔marshall〕figures / 예를 ~하다 cite one example after another.

나오다 ①《나타나다》appear; emerge《*from*》; show *oneself*; haunt(유령이). ¶ 무대에 ~ appear on the stage / 나쁜 버릇이 ~ *one's* bad habit peeps out / 저 집에는 유령이 나온다 A ghost haunts that house. ②《밖으로·떠나다》leave; get out of; go〔come〕out of. ¶ 정원으로 ~ go out into the garden / 방에서 ~ come out of a room / 집을 ~ leave the house. ③《음식이》be brought; be served. ¶ 곧 요리가 나왔다 Presently dinner was served. ④《태도》take《*a move*》; assume《*an attitude*》. ¶ 강경한 태도로 ~ take a firm attitude / 그가 어떻게 나올지 볼 만하다 Let's wait and see what move he will take. ⑤《유래하다》come from; be derived from(말이); originate from(소문이). ¶ 이 말은 라틴어에서 나왔다 This word comes〔is derived〕from Latin. ⑥《실리다》appear; be in. ¶ 그 기사는 오늘 신문에 나와 있다 The news is in today's paper. / 그 단어는 내 사전에 나와 있지 않다 The word is not found in my dictionary. ⑦《출판되다》be published〔issued〕; come out. ¶ 그의 새 저서는 다음 달에 나온다 His new book will come out next month. ⑧《흘러나오다》come out; flow〔stream〕out; bleed(피가); sweat (땀이). ¶ 물이 ~ water comes out / 피가 많이 ~ bleed a lot. ⑨《졸업》graduate《*from*》. ¶ 대학을 ~ graduate from (a) university. ⑩《싹이》shoot; sprout; bud. ⑪《돌출》stick〔jut〕out. ¶ 판자에서 못이 나와 있다 A nail sticks out from the board. ⑫《문제가》be given; be brought up. ¶ 모임에서는 교육에 관한 문제가 나왔다 An educational issue was brought up at the meeting. ⑬《노출》be exposed《*to*》. ⑭《산출》produce. ⑮《통하다》lead to. ¶ 이 길로 가면 어디가 나옵니까 Where does this road lead to? ⑯《참가》join; take part in; enter; launch into. ¶ 정계에 ~ enter upon a political career. ⑰《석방》be released《*from the prison*》. ⑱《말이》be spoken〔said, uttered〕. ¶ 볼멘 소리가 ~ angry words are spo-

ken〔uttered〕. ⑲《관용적 표현》 ¶(통화하실) 전화가 나왔습니다《교환원의 말》 Your party is on the line. / 이 차는 200km 이상의 시속이 나온다 This car can go as fast as 200km an hour. 「목).
나왕(羅王) 〖植〗 a lauan; lauan(재
나위 ¶ 말할 ~ 없다 be needless to say; be not worth mentioning / 더할 ~ 없는 물건 a first-rate article.
나이 age; years. ¶ ~ 지긋한 elderly; well advanced in age / ~ 탓으로 due to〔because of〕 *one's* age / ~ 순으로 according to age / ~에 비해 젊어 보이다 look young for *one's* age / ~를 먹다 grow old; become older. ‖ ~ 배기 a person older than he looks.
나이테《나무의》 an annual ring.
나이트《밤》 a night. ‖ ~ 가운 a night gown / ~ 클럽 a night
나이프 a knife. ⌊club.
나인 a court lady.
나일론 nylon. 「*one's* age.
나잇값 behavior appropriate to
나전(螺鈿) mother-of-pearl《美》; nacre. ‖ ~ 세공 mother-of-pearl work / ~ 칠기 lacquer ware inlaid with mother-of-pearl.
나절 half a day. ¶ 아침 ~ the morning / 반~ a quarter day.
나조(一調) 〖樂〗 B. ¶ 나장조〔단조〕 B major〔minor〕.
나중 ¶ ~에 later (on); afterwards; some time later / ~에 가겠다 I'll come later. / 그가 맨 ~에 왔다 He was the last to come.
나지리 ¶ ~ 보다〔여기다〕 make light of; hold《*a person*》 cheap.
나지막하다 (be) somewhat low. ¶ 나지막한 소리 a low voice.
나체(裸體) a naked〔nude〕 body; the nude. ¶ ~의 naked; nude. ‖ ~ 모델 a nude model / ~ 주의 nudism / ~ 화 a nude (picture). 「의 Nazi.
나치스 a Nazi; Nazis(총칭). ¶ ~
나침반(羅針盤) a compass.
나타나다 ①《출현》 appear; show up; present〔show〕 *oneself;* turn up; emerge. ¶ 현장에 ~ appear on the scene / 그는 늦게야 나타났다 He turned up late. ②《표면에》 show (*itself*); be expressed 〔revealed, exposed〕; be found (out). ¶ 술을 마시면 본성이 나타난다 Liquor reveals *one's* true self. / 그녀의 말투에는 인품이 잘 나타나 있다 Her way of speaking clearly shows her personality. / 세상에 나타나지 않고 숨어서 살다 live in obscurity. ③《언급됨》 mention. ¶ 미국 문헌에 나타난 한국 Korea mentioned in American literature. ④《약효·사실 따위가》 ¶ 이 약의 효력은 즉시 나타났다 This medicine had an immediate effect. / 새로운 많은 사실이 나타났다 Many new facts have 「come〔been brought〕 to light.
나타내다 ①《표시》 show; indicate; manifest; 《증명》 prove; speak for. ¶ 성격을 ~ show the character / 그 사실은 그녀의 결백을 나타낸다 The fact indicates〔proves〕 her innocence. ②《드러내다》 disclose; reveal; betray. ¶ 정체를 ~ betray *oneself.* ③《표현》 express; describe. ¶ 말로 나타낼 수 없다 be beyond expression〔description〕. ④《상징·의미하다》 represent; stand for. ¶ 붉은 색은 위험을 나타낸다 Red represents danger. / UN은 국제 연합을 나타낸다 UN stands for "United Nations." ⑤《뚜렷이 하다》 distinguish. ¶ 두각을 ~ distinguish *oneself;* cut a figure.
나태(懶怠) idleness; laziness; indolence. ¶ ~한 lazy; idle; indolent; slothful; sluggish.
나토 NATO. (◀ the North Atlantic Treaty Organization)
나트륨 natrium; sodium (기호 Na).
나팔(喇叭) a trumpet; a bugle. ¶ ~을 불다 blow a trumpet. ‖ ~수 a trumpeter; a bugler.
나팔관(喇叭管) 〖解〗 the oviduct.
나포(拿捕) capture; seizure. ~하다 capture; seize. ‖ ~선 a captured ship.
나폴리 Naples.
나풀거리다 flutter; wave; flap.
나프타 naphtha. ‖ ~ 분해 naphtha cracking.
나프탈렌 〖化〗 naphthalene.
나흗날 the fourth (day) of the month. 「흘날.
나흘 ①《네날》 four days. ② ☞ 나
낙(樂) 《즐거움·기쁨》 pleasure; enjoyment; delight; joy; amusement(오락); a hobby(취미); 《기대》 expectation; hope. ¶ 인생의 ~ the joy〔pleasure〕 of life / 노후의 ~ pleasures of *one's* old age / 독서의 ~ the pleasure of reading / …을 ~으로 삼다 delight in; take pleasure〔delight〕 in / 자식의 장래를 ~으로 삼고 살다 live for the (great) future of *one's* child.
낙관(落款) 《서명·날인》 a writer's 〔painter's〕 signature (and seal). ~하다 sign and seal.
낙관(樂觀) optimism; an optimistic view. ~하다 be optimistic 《*about*》; take an optimistic view 《*of*》; look on the bright side 《*of things*》; take *things* easy. ¶ ~적 optimistic / 사태는 ~을

불허한다 The situation does not warrant any optimism. ‖ ～론 optimism / ～론자 an optimist.
낙농(酪農) dairy farming. ‖ ～가 a dairy farmer / ～장 a dairy (farm) / ～제품 dairy products.
낙담(落膽) discouragement; disappointment. ～하다 be discouraged〔disappointed〕; lose heart. ¶ ～시키다 disappoint; discourage / 그 소식에 크게 ～하다 be very〔greatly〕 disappointed at the news. 「island.
낙도(落島) a remote〔deserted〕
낙뢰(落雷) ☞ 벼락. 「weep.
낙루(落淚) ～하다 shed tears;
낙마(落馬) a fall from *one's* horse. ～하다 fall〔be thrown〕 off from a horseback.
낙반(落磐) a cave-in; a roof-fall. ¶ ～사고로 광부 3명이 죽었다 The mine roof caved in and three miners were killed. ‖ ～사고 a roof-fall〔cave-in〕 accident.
낙방하다(落榜―) fail in an examination.
낙상(落傷) a hurt from a fall. ～하다 get hurt from a fall.
낙서(落書) a scribble; a scrawl; graffiti(공공장소의). ～하다 scribble; scrawl. ¶ 벽에 ～하다 scribble on the wall. ‖ ～금지《게시》 Graffiti forbidden.
낙석(落石) a falling stone〔rock〕. ‖ ～주의《게시》 Warning: Falling or fallen rocks.
낙선(落選)《선거의》 defeat〔failure〕 in an election; 《작품 응모의》 rejection. ～하다 be defeated〔unsuccessful〕 in an election; be rejected(작품이). ‖ ～자 an unsuccessful candidate / ～작 a rejected work.
낙성(落成) completion. ～하다 be completed; be finished. ‖ ～식 a completion ceremony 《*of a building*》.
낙수물(落水―) raindrops (from the eaves); eavesdrips. ‖ ～소리 pattering of raindrops.
낙승(樂勝) an easy victory〔win〕. ～하다 win easily; have an easy win 《*over the team*》.
낙심(落心) ☞ 낙담.
낙엽(落葉) fallen leaves. ¶ ～이 지다 shed〔cast〕 *its* leaves (나무가); leaves fall (잎이). ‖ ～수 a deciduous tree.
낙오(落伍) ～하다 drop〔fall〕 out; drop〔lag, be left〕 behind 《*the others*》. ¶ 행군 중에 ～하다 fall〔drop〕 out during the march. ‖ ～자 a straggler; a dropout; a failure (인생의).
낙원(樂園) a paradise; Eden. ¶ 지상의 ～ an earthly paradise.
낙인(烙印) a brand (mark). ¶ ～을 찍다 brand / 그는 거짓말쟁이라는 ～이 찍혔다 He was branded (as) a liar.
낙장(落張) a missing leaf〔page〕.
낙제(落第) failure (in an examination). ～하다 fail; 《美口》 flunk (an exam); be〔get〕 flunked; 《유급하다》 repeat the same class; be rejected (검사에). ¶ ～시키다 flunk〔fail〕 《*a student*》 / 화학 시험에 ～하다 flunk〔fail〕 chemistry / 겨우 ～를 면하다 just manage to get passing grades. ‖ ～생 a failure; a flunked student; a repeater / ～점 a failing grade〔mark〕.
낙조(落照) the setting sun.
낙지〖動〗 an octopus.
낙진(落塵) fallout.
낙차(落差)〖物〗 the difference in elevation 《*between*》; 〖電〗 a head. ¶ 고〔저〕위 ～ a high〔low〕 head.
낙착(落着) a settlement. ～하다 be settled; come to a settlement. ¶ ～되다 be settled; be brought to an end.
낙찰(落札) a successful bid. ～하다《사람이 주어》 make a successful bid. ¶ 그 계약은 그에게 ～되었다 The contract was awarded to him. ‖ ～가격 the price of the highest bid; the contract price / ～자〔인〕 a successful bidder.
낙천(樂天) ¶ ～적인 optimistic / ～적으로 optimistically. ‖ ～가 an optimist / ～주의 optimism.
낙천자(落薦者) an unsuccessful applicant for nomination.
낙타(駱駝)〖動〗 a camel. ¶ ～의 혹 a camel's hump / ～의 털 camel's hair. ‖ 단봉〔쌍봉〕～ an Arabian〔a Bactrian〕 camel.
낙태(落胎) (an) abortion. ～하다 have an abortion. ‖ ～수술 a surgical abortion.
낙토(樂土) (a) paradise; Heaven.
낙하(落下) falling; a fall. ～하다 fall; come down; drop; descend. ‖ ～지점《미사일 등의》 an impact point.
낙하산(落下傘) a parachute; a chute. ¶ ～으로 내리다 parachute (down); descend〔come down〕 by parachute. ‖ ～병 a parachutist; a paratrooper / ～부대 a parachute troop; paratroops.
낙향(落鄕) rustication. ～하다 rusticate; move to〔retire into〕 the country.
낙화(落花) 《꽃이 짐》 the falling of blossoms〔flowers〕; 《진꽃》 fallen blossoms. 「*others*》.
낙후(落後) ～하다 fall behind 《*the*
낚다 《물고기를》 fish 《*trout*》; angle for 《*carp*》; catch 《*a fish*》; 《꾀

다》 allure; entice; take in. ¶ 강에서 고기를 ~ fish (in) the river.

낚시《낚시질》fishing; angling. ~하다 fish; angle for《*carp*》. ¶ ~하러 가다 go fishing / ~를 잘〔못〕하다 be a good〔poor〕angler / 강~ river fishing / 밤~ night fishing / 강에 ~를 드리우다 drop〔cast〕*one's* line in a river. ‖ ~꾼 an angler / ~도구 fishing tackle / ~바늘 a fishing hook / ~찌 a float / ~터 a fishing place / 낚싯대 a fishing rod / 낚싯밥 a bait / 낚싯봉 a sink(er) /낚싯줄 a fishing line.

난(亂) ☞ 난리.

난(欄)《신문 등의》a column; a section;《여백》a space; a blank (공란). ¶ 광고란 the advertisement column / 스포츠~ the sports section / 이 ~에는 기입하지 마시오 Do not write in this space.

난(難)《접미어》hardship; trouble; difficulty; shortage;《접두어》difficult; troublesome. ¶ 식량~ a shortage of food / ~문제 a difficult problem.

난간(欄干) a railing; a rail; a handrail; a balustrade (계단의).

난감(難堪) ~하다《견디기 어려움》(be) unbearable; intolerable; insufferable; be hard to bear;《힘겨움》(be) beyond *one's* ability〔power〕;《딱함》be quite at a loss.

난공불락(難攻不落) impregnability. ¶ ~의 impregnable / ~의 요새 an impregnable fortress.

난공사(難工事) a difficult construction work.

난관(難關) a barrier; an obstacle; a difficulty(곤란). ¶ ~을 돌파하다 overcome a difficulty.

난국(難局) a difficult〔serious〕situation; a crisis(위기). ¶ ~에 봉착하다 be in a difficult situation; be in a fix / ~을 타개하다 break the deadlock; get over a crisis.

난기류(亂氣流) 〖氣〗 (air) turbulence; turbulent air.

난다긴다하다 have an outstanding talent《*for*》; excell all others《*at, in*》; be by far the best《*speaker of English*》. ¶ 난다긴다하는 사람 a man of great ability.

난대(暖帶) the subtropical zone.

난데없이 to *one's* surprise; all of a sudden; unexpectedly.

난도질(亂刀一) ~하다 hack〔chop〕《*something*》to pieces; mince; hash.

난독(亂讀) random〔unsystematic, desultory〕reading. ~하다 read at random〔without system〕.

난동(暖冬) a mild winter.

난동(亂動)《문란》confusion; disorder;《난폭한 행동》violence; an outrage;《폭동》a riot. ¶ ~을 부리다 do violence《*to*》; commit an outrage《*on*》; raise〔create〕a disturbance; start a riot / ~을 가라앉히다 suppress a riot〔trouble〕.

난로(煖爐) a heater; a stove. ¶ ~를 켜다〔끄다〕turn on〔off〕a heater / ~를 쬐다 warm *oneself* at a stove.

난류(暖流) a warm current.

난리(亂離)《전쟁》a war; a revolt (반란); a rebellion (모반);《혼란》a confusion; commotion. ¶ 그 소식에 온 집안이 ~가 났다 The news threw the whole house into confusion.

난립(亂立) ¶ 각종 고층 빌딩이 ~하여 있다 be crowded with every sort of tall buildings / 이번 선거에는 많은 후보자가 ~하고 있다 Too many candidates are running in the coming election.

난만(爛漫) ¶ ~한 splendid; glorious; blooming in profusion / ~하게 in full bloom; in all《*their*》glory.

난맥(亂脈)《혼란》disorder; confusion; chaos. ¶ ~상을 나타내다 be thrown into disorder; fall into chaos.

난무(亂舞) ~하다 dance boisterously〔wildly〕; be rampant.

난문제(難問題) a difficult〔hard, knotty〕problem; a poser;《口》a hard nut to crack; a hot potato.

난민(難民) sufferers (이재민);《피난민》refugees; displaced persons (조국을 쫓겨난). ‖ ~수용소《피난민의》a refugee camp / 경제~ an economic refugee.

난바다 a far-off sea; an offing.

난반사(亂反射) 〖理〗 diffused reflection.

난발(亂髮) disheveled〔ruffled〕hair.

난방(煖房)《데움》heating. ¶ ~용 기름 heating oil / ~용 기구 a heating apparatus; a heater. ‖ ~비 heating expenses / ~설비 heating facilities / ~장치 a heating system; a heater / 집중〔증기〕~ central〔steam〕heating.

난백(卵白) ☞ 흰자위 ②.

난봉 dissipation; debauchery; prodigality. ¶ ~부리다 lead a dissipated life. ‖ ~꾼 a libertine; a prodigal;《口》a loose fish.

난사(亂射) a random firing〔shot〕. ~하다 fire blindly〔at random〕.

난사(難事) a difficult thing〔matter〕; a difficulty.

난사람 an outstanding〔a distinguished〕person.

난산(難産) a difficult delivery. ～하다 have a difficult delivery.
난삽하다(難澁—) (be) hard; difficult.
난색(難色) disapproval; reluctance. ¶ 그는 나의 계획에 대해 ～을 보였다 He「was opposed to〔showed disapproval for〕my plan.
난생(卵生) ¶ ～의 oviparous. ‖ ～동물 an oviparous〔egg-laying〕animal.
난생처음 (for) the first time in「one's life.
난세(亂世) (the) troubled〔disturbed〕times; a turbulent period〔age〕. ¶ ～의 영웅 a hero in a turbulent age.
난세포(卵細胞) 〖生〗 an egg cell; an ⌊ovum.
난센스 a nonsense.
난소(卵巢) 〖解〗 an ovary. ‖ ～호르몬 ovarian hormones.
난수표(亂數表) the table of random numbers〔digits〕.
난숙(爛熟) ～하다 (be) overripe; overmature; reach〔come to〕full maturity. ‖ ～기《문화의》 the age of matured culture.
난시(亂視) 〖醫〗 astigmatism. ¶ ～의 astigmatic.
난외(欄外) a margin. ¶ ～의 주(註) a note in the margin; a marginal note / ～여백 marginal space.
난이(難易) hardness (*or* ease); relative difficulty. ‖ ～도 the degree of difficulty.
난입(亂入) intrusion. ～하다 force *one's* way into; break〔burst〕into. ‖ ～자 an intruder.
난자(卵子) 〖生〗 an ovum [*pl.* ova].
난잡(亂雜) 《혼잡》 disorder; confusion. ¶ ～한 disorderly; confused; untidy / 책을 ～하게 겹겹이 쌓아 놓다 pile books up in a disorderly fashion.
난장판(亂場—) a scene of disorder; a chaotic scene; a mess. ¶ ～이 되다 fall into utter confusion / 그녀의 방은 ～이다 Her room is in a terrible mess.
난쟁이 a dwarf; a pigmy.
난전(亂戰) confused fighting; a dogfight; a melee.
난점(難點) a difficult〔knotty〕point; the crux of a matter.
난제(難題) 《난문》 a difficult problem; a knotty subject; 《무리한 요구》 an unreasonable demand〔request〕. ¶ 이것은 하나의 ～다 This will be difficult to solve. / ～를 끄집어 내다 make an unreasonable demand of 《*a person*》.
난조(亂調) 《음악》 discord; a lack of harmony; 《혼란》 confusion; disorder; 《시세》 violent fluctuations. ¶ ～를 보이다 《투수가》 lose control / ～에 빠지다 be thrown into disorder; be out of tune / 주가가 ～를 보이고 있다 Stock prices are fluctuating violently.
난중(亂中) the midst of turmoil〔commotion〕; time of war; a tumultuous period. ¶ ～에 during a war; in the midst of turmoil. ‖ ～일기 《책 이름》 *A War Diary.*
난중지난(難中之難) the most difficult of all things. ‖ ～사 the hardest thing to do.
난처하다(難處—) (be) hard to deal with; awkward; embarrassing. ¶ 난처한 일 a matter hard to deal with / 난처한 입장에 있다 be in an awkward position.
난청(難聽) difficulty in hearing. ¶ ～의 hard of hearing. ‖ ～자 a person who is hard of hearing / ～지역 《라디오의》 a blanket area; a fringe area (where reception is poor).
난초(蘭草) 〖植〗 an orchid.
난층운(亂層雲) nimbo-stratus.
난치(難治) ¶ ～의 hard to cure; almost incurable; fatal.
난타(亂打) pommeling; repeated knocking〔blows〕. ～하다 strike〔knock〕violently; beat〔hit〕《*a person*》 repeatedly. ¶ 경고의 종을 ～하다 strike an alarm bell wildly. ‖ ～전 〖拳·野〗 a slugfest 《美口》.
난투(亂鬪) a free〔confused〕fight; a scuffle; a free-for-all. ¶ 피아가 뒤섞인 ～가 벌어졌다 A free fight developed between the two sides〔teams〕. ‖ ～국회 a disorderly〔roughhouse〕session of the National Assembly / ～극 a scene of violence and confusion.
난파(難破) a (ship) wreck. ～하다 be (ship) wrecked. ‖ ～선 a wrecked ship〔vessel〕.
난폭(亂暴) violence; an outrage; roughness. ～하다 (be) violent; rude; rough; wild. ¶ ～한 언사 《use》 violent〔wild〕language / ～한 행위 outrageous behavior / ～하게 다루다 handle 《*a thing*》 roughly / ～하게 굴다 behave rudely〔roughly〕; use〔resort to〕violence. ‖ ～자 a wild〔rowdy〕fellow; a roughneck 《美》.
난필(亂筆) hasty handwriting; scribble. ¶ ～을 용서하십시오 Please excuse my hasty writing.
난하다(亂—) (be) gaudy; showy; loud. ¶ 색이 너무 ～ The colors are too loud. / 옷을 난하게 차려입다 be showily〔flashly〕dressed.
난항(難航) ① 《배·비행기의》 a difficult voyage〔flight〕. ～하다 have a rough passage. ② 《일 따위가》

ㄴ

～하다 have〔face〕hard〔rough〕going. ¶ 그 사고의 조사는 ～하고 있다 The investigation of the accident has hardly progressed.

난해(難解) ¶ ～한 difficult〔hard〕(to understand); knotty《*problems*》.

난형난제(難兄難弟) ¶ ～다 There is little to choose between them. *or* They are nearly all alike.

난황(卵黃) the yolk; the yellow of an egg.

낟가리 a stack of grain stalks.

낟알 a grain (of rice).

날[1] ①《달력상의》a day; a date (날짜); time (시일). ¶ 어느 ～ one day / ～마다 every day; daily / 초하룻 ～ the first day of the month / ～을 보내다 pass *one's* days / ～을 정하다 fix a date 《*for a meeting*》/ ～이 밝다 the day breaks〔dawns〕. ②《경우·때》when; in case of; in the event of. ¶ 성공하는 ～에는 when *one* succeeds / 완성하는 ～에 on the completion of the work. ③ ☞ 날씨.

날[2]《칼 따위의》an edge; a blade. ¶ ～을 세우다 put an edge《*on*》; sharpen / ～이 서다 be edged〔sharpened〕.

날[3]《피륙의》warp.

날…《안 익은》uncooked; raw. ¶ ～것 raw〔uncooked〕food / ～계란〔고기〕a raw egg〔meat〕.

날강도(―强盜) a barefaced〔shameless〕robber.

날개 a wing. ¶ ～가 달린 winged / (새가) ～를 펴다〔접다〕spread〔fold〕*its* wings / ～를 퍼덕이다 flap the wings / ～ 돋친듯 팔리다 sell like hot cakes.

날다[1] ①《하늘을》fly; flutter. ¶ 날고 있는 새 a bird flying in the air; a flying bird / 높이〔낮게〕～ fly high〔low〕. ②《빨리 가다》fly; rush《*to*》. ¶ 현장으로 날아가다〔나는 듯이 달려가다〕rush to the scene.

날다[2] ①《색이》fade; discolor. ¶ 색이 날지 않는 천 cloth of fast colors / 색이 난 진 바지 a pair of faded jeans. ②《냄새가》lose odor.

날들다 clear (up). ☞ 개다.

날뛰다 jump〔leap〕up; 《사납게》behave〔act〕violently; rush about wildly; rage. ¶ 좋아 ～ leap for joy / 날뛰기 시작하다 start acting violently.

날래다 (be) quick; swift; nimble.

날려보내다《놓아주다》fly; let fly; set free. ¶ 비둘기를 ～ fly〔let loose〕a pigeon / 잡은 새를 ～ set a bird free.

날렵하다 (be) sharp; acute; agile.

날로 ①《나날이》daily; day by day. ¶ ～ 나아지다 get better day by day. ②《날것으로》raw. ¶ ～ 먹다 eat《*fish*》raw.

날름 quickly; swiftly.

날름거리다 ①《혀 따위를》let《*a tongue*》dart in and out. ¶ 뱀이 혀를 ～ a snake's tongue darts in and out. ②《탐내다》be greedy for; be covetous of.

날리다 ①《날게 하다》fly; let fly; blow off (바람이). ¶ 연을 ～ fly a kite / 바람에 모자를 ～ have *one's* hat blown off / 타자는 왼쪽 필드로 장타를 날렸다 The batter hit a long drive to left field. ②《잃다》lose; waste; squander〔dissipate〕《*a fortune*》. ¶ 하룻밤에 모든 재산을 ～ squander *one's* fortune in a single night / 그는 그 사건으로 좋은 기회를 날렸다 He lost his good opportunity because of the trouble. ③《이름을》win fame; become famous. ¶ 명성을 온 세계에 ～ become known all over the world; win〔achieve〕global fame. ④《일을》scamp《*one's work*》; do《*a thing*》in a half-hearted〔careless〕manner. ¶ 일을 ～ scamp *one's* work; do a slipshod〔careless, hasty〕job; do *one's* work in a rough-and-ready way.

날림《일》slipshod work; rough and hurried work; 《물건》a thing made carelessly. ‖ ～공사 rough and hurried construction; a slipshod construction work / ～집〔건물〕a jerry-built house〔building〕.

날밤새우다 sit up all (through the) night.

날벼락《야단》an unreasonable scolding; 《재앙》a sudden calamity; a thunderbolt from a clear sky.

날변(―邊) daily interest; interest per day.

날불한당(―不汗黨) a barefaced〔shameless〕swindlers〔crooks〕.

날붙이 blade implements; bladeware; cutlery.

날삯 daily wages. ‖ ～꾼 a day laborer.

날실 warp threads.

날쌔다 (be) quick; swift; nimble. ¶ 날쌔게 nimbly; quickly; swiftly.

날씨 the weather; weather condition. ¶ 좋은 ～ fair〔fine〕weather / 궂은 ～ bad〔nasty〕weather / ～가 좋으면 if it is fine...; if weather permits....

날씬하다 (be) slender; slim. ¶ 날씬한 여자 a slim〔slender〕woman.

날염(捺染) (textile) printing. ～하다 print.

날인(捺印) seal. ～하다 seal; affix *one's* seal《*to a document*》. ‖ ～자 a sealer.

날조(捏造) fabrication; invention. ～하다 fabricate; invent; forge;

make up a story. ‖ ～기사 a fabrication; a fabricated report.
날짐승 fowls; birds.
날짜 a date. ¶ ～가 없는 undated / ～를 매기다 date 《*a letter*》.
날짝지근하다 (be) very languid; much weary; very dull.
날치 〖魚〗 a flying fish.
날치기 《행위》 snatching; 《사람》 a snatcher. ～하다 snatch. ¶ ～를 당하다 have 《*a thing*》 snatched.
날카롭다 《날의 끝이》 (be) sharp; keen; pointed(뾰족한); 《감각·두뇌가》 (be) smart; shrewd; sharp; 《비평·기세 따위가》 (be) biting; cutting; caustic; sharp. ¶ 날카로운 비판 cutting〔biting〕 criticism / 날카로운 질문 a sharp question / 날카로운 통증 a sharp〔acute〕 pain / 신경이 날카로워지다 get〔become〕 nervous.
날탕 a person with no means; a good-for-nothing.
날품 daywork; day labor. ¶ ～을 팔다 work〔be hired〕 by the day. ‖ ～삯 daily wages / ～팔이꾼 a day laborer.
낡다 《오래되다》 (be) old; aged; 《오래 써서》 (be) used; worn; worn-out; 《구식》 (be) old-fashioned; outdated; out of date. ¶ 낡은 옷 old〔worn-out〕 clothes / 낡은 생각 an old-fashioned idea.
남 《타인》 another person; others; 《친척 아닌》 an unrelated person. ¶ 아무런 관계가 없는 ～ an utter stranger / ～모르는 secret; hidden 《*sorrow*》 / ～몰래 만나다 have a secret meeting 《*with*》 / ～모르는 고생 hardships unknown to others / ～모르게 secretly; in secret〔private〕 / ～같이 대하다 treat 《*a person*》 like a stranger / ～의 눈을 피하다 shun the public eye; avoid public notice / ～보다야 일가가 낫다 Blood is thicker than water.
남(男) 《사내》 a man; a male.
남(南) the south. ¶ ～으로 to the south / ～으로 가다 go south.
남(藍) 《쪽》 indigo; 《남빛》 deep blue.
남가일몽(南柯一夢) an empty〔a vain〕 dream.
남계(男系) the male line. ¶ ～의 on the male side (only) / ～의 친척 an agnate (relative).
남국(南國) a southern country.
남극(南極) the South Pole. ¶ ～의 antarctic. ‖ ～광 an aurora australis; the southern lights / ～대륙〔권, 해〕 the Antarctic Continent〔Circle, Ocean〕 / ～성 the south polestar / ～탐험 an antarctic expedition.
남근(男根) a penis.
남기다 ① 《뒤에》 leave (behind); 《예비로》 save; set aside; reserve; 《…하지 않고》 leave 《*something*》 undone. ¶ 발자국을 ～ leave footmarks / 이름을 후세에 ～ leave *one's* name to posterity / 처자를 남기고 죽다 leave a widow and children / 일을 끝내지 않고 ～ leave *one's* work unfinished〔half-done〕 / 뒤에 남겨진 가족 the bereaved family / 돈을 좀 남겨 두어야 한다 You should save some money, you know. / 그는 많은 재산을 남기고 죽었다 He died leaving a fortune. ② 《이를 보다》 make〔get, obtain〕 a profit (of). ¶ 천 원 ～ get〔realize〕 a profit of 1,000 *won* / 이를 많이 ～ make a large profit.
남김없이 all; entirely; without exception. ¶ 한 사람 ～ to the last man / 그는 ～ 다 먹었다 He ate it all up. / 아는 것을 ～ 다 말해라 Tell me all you know about it.
남남동(南南東) the south-south-east (생략 SSE).
남남북녀(南男北女) South for manly qualities and North for womanly beauty.
남남서(南南西) the south-south-west (생략 SSW).
남녀(男女) man and woman; both sexes. ¶ ～노소 할 것 없이 regardless of sex or age / ～간의 격차 a gender gap(가치관의); (a) disparity between the sexes (임금·기회 등의) / ～공용의 옷 unisex clothes. ‖ ～고용평등법 the Equal Employment Opportunity Law / ～공학 coeducation / ～동권〔평등〕 equal rights for both sexes〔men and women〕; sexual equality / ～유별 distinction between the sexes / ～차별 sex discrimination.
남녘(南一) the south. ¶ ～의 south; southern.
남다 ① 《여분으로》 be left (over); 《잔류하다》 remain; stay; 《잔존하다》 linger; remain; 《살아남다》 survive; be left alive. ¶ (쓰고) 남은 돈 the money left over / 고스란히 남아 있다 be left untouched / 끝까지 ～ remain〔stay〕 to the last / 늦게까지 회사에 ～ remain〔stay〕 late at the office / 기억에 오래 ～ linger long in *one's* memory / 최후까지 살아 ～ survive to the last / 사후에 처자가 ～ be survived by *one's* wife and children / 그 향기가 한참 동안 남아 있었다 The fragrance hung around for a while. / 10에서 3을 빼면 7이 남는다 Three from ten leaves seven. / 그의 악명은 영구히 남을 것이다 His notoriety will live on forever. / 시골에는 아직 그 풍습이

남아 있다 The custom still lingers on in the countryside. ②《이익이》《a business》yield a profit. ¶ 남는 장사 a profitable〔paying〕 business.

남다르다 (be) peculiar; uncommon; be different from others.

남단(南端) the southern end〔tip〕.

남달리 extraordinarily; unusually; exceptionally. ¶ ~ 노력하다 work harder than others / ~ 키가 크다 be exceptionally tall.

남대문(南大門) the South Gate (of Seoul).

남동(南東) the southeast. ‖ ~풍 a southeastern wind.

남동생(男同生) a younger brother; *one's* little brother.

남루(襤褸) 《누더기》 rags; shreds; ragged〔tattered〕 clothes. ~하다 (be) ragged; tattered; shabby. ¶ ~한 옷을 입은 사람 a person in rags.

남매(男妹) brother and sister. ¶ 그들은 ~간이다 They are brother and sister.

남미(南美) South〔Latin〕 America. ¶ ~의 South American. ‖ ~대륙 the South American Continent.

남반구(南半球) the Southern Hemisphere.

남발(濫發) an overissue; an excessive issue. ~하다 issue recklessly; overissue. ¶ 지폐의 ~ an overissue of bank notes.

남방(南方) the south. ¶ ~의 southern. ‖ ~셔츠 an aloha shirt.

남벌(濫伐) reckless〔indiscriminate〕 deforestation. ~하다 cut down〔fell〕《*trees*》recklessly; deforest indiscriminately.

남부(南部) the southern part; the South.

남부끄럽다 be〔feel〕 shameful; be ashamed《*of*》. ¶ 남부끄러운 일 a shameful thing; a shame / 못난 아들을 두어 남부끄럽네 I am ashamed of my son.

남부럽다 be envious of others. ¶ 남부럽잖게 살다 be well off; live no need to envy others.

남부여대(男負女戴) ~하다 (a family) set out on a vagabond〔wandering〕 life.

남북(南北) south and north; 《남북한》 South and North Korea; Seoul and Pyongyang. ¶ ~으로 뻗어 있는 간선도로 a north-south highway. ‖ ~경제회담 a South-North Korean economic conference; the Inter-Korean economic talks / ~대화 the South-North dialog(ue); 《한국의》 Inter-Korean dialogue〔talks〕 / ~문제 《빈국과 부국간의》 the North-South problem; the problem of disparity in income level between developed and developing countries; 《한국의》 Inter-Korean problems / ~적십자회담 the South-North Red Cross talks〔conference〕 / ~전쟁 《미국의》 the Civil War / ~조절위원회 the South-North Coordinating Committee / ~체육회담 the inter-Korean sports talks / ~통일 reunification of North and South (Korea); the national reunification / ~한교차승인 a cross recognition of South and North Korea / ~한정상회담 (the) South-North Korean summit talks / ~한직통전화 the Seoul-Pyongyang hot line / ~협력 South-North cooperation.

남빙양(南氷洋) 〖地〗 the Antarctic Ocean.

남사당(男—) 〖民俗〗 a wayfaring male entertainer; a troupe of strolling entertainers. ‖ ~패 a troupe of players.

남산골샌님(南山—) a penniless 〔poor〕 scholar.

남상(男相) a woman's face having masculine features; an unwomanly face.

남새 vegetables. ‖ ~밭 a vegetable garden.

남색(男色) sodomy; buggery; pederasty.

남색(藍色) 《남빛》 indigo; dark blue.

남생이 〖動〗 a terrapin.

남서(南西) (the) southwest. ‖ ~풍 a southwestern wind.

남성(男性) 《남자》 a man; 《생물의》 the male (sex); 《문법에서》 the masculine gender. ¶ ~적 manly; masculine / ~의 male / 그에겐 ~다운 데가 없다 He lacks manliness. ‖ ~미 masculine beauty / ~호르몬 male (sex) hormone.

남성(男聲) a male voice. ‖ ~4중창 a male quartet / ~합창 a male chorus.

남십자성(南十字星) the Southern Cross; the Crux.

남아(男兒) 《아이》 a boy; a son; 《대장부》 a manly man. ¶ ~ 일언 중천금 A man's word is as good as a bond. ‖ ~선호사상 a notion of prefering a son to a daughter.

남아메리카(南—) South America.

남아프리카(南—) South Africa. ‖ ~공화국 the Republic of South Africa.

남양(南洋) the South Seas. ‖ ~군도 the South Sea Islands.

남용(濫用) misuse; abuse; improper〔unlawful〕 use. ~하다 misuse; abuse; use improperly. ¶ 직권을 ~하다 abuse *one's* official authority.

남우(男優) an actor.

남위(南緯) the south latitude. ¶ ~20도 30분 상에 in lat. 20°30′S

(=latitude 20 degrees 30 minutes south).
남유럽(南一) Southern Europe.
남의집살다 work〔be employed〕as a domestic servant of a household.
남자(男子) a man; a male. ¶ ~다운 manly / ~만의 세계 the male-only world / ~는 배짱, 여자는 절개 In a man courage, in a woman chastity. ‖ ~옷 men's wear.
남작(男爵) a baron. ¶ M~ Baron M. ‖ ~부인 a baroness.
남작(濫作) overproduction; excessive production. ~하다 overproduce; produce〔write〕too much.
남장(男裝) male attire. ~하다 be dressed like a man; wear men's clothes.
남정네(男丁一) 《남자들》 the menfolk; 《남편들》 the husbands.
남조(濫造) overproduction; shoddy〔careless〕manufacture. ~하다 produce in〔to〕excess; overproduce; manufacture carelessly. ¶ 조제품의 ~ excessive production of poor-quality articles.
남존여비(男尊女卑) predominance of man over woman. ¶ ~의 사회 a male-dominated society.
남중국해(南中國海) the South China Sea.
남진(南進) southward advance. ~하다 advance southward. ‖ ~정책 the southward expansion policy.
남짓하다 (be) slightly over〔above〕. ¶ 1년 ~ be a little over a year.
남쪽(南一) the south. ☞ 남(南).
남침(南侵) ~하다 invade the south. ¶ 북괴의 ~ a north Korean invasion of the south.
남탕(男湯) the men's section of a public bath.
남태평양(南太平洋) the South Pacific.
남파(南派) ~하다 send 《*a spy*》 into the South. ‖ ~간첩 an espionage agent sent (by the North) to the South.
남편(男便) a husband. ¶ ~있는 여자 a married woman.
남포 《등》 a lamp; an oil lamp. ¶ ~의 등피〔심지, 갓〕 a lamp chimney〔wick, shade〕.
남풍(南風) the south wind; a wind from the south.
남하(南下) ~하다 go〔come, advance〕south(ward). ¶ 자유를 찾아 ~하다 come to the south seeking for freedom / 사단은 ~를 계속했다 The division kept moving south.
남한(南韓) South Korea.
남해(南海) the southern sea.
남해안(南海岸) the south coast.
남행(南行) ~하다 go (down to the) south. ‖ ~열차 a south-bound train.
남향(南向) facing〔looking〕south. ‖ ~집 a house facing south; a house looking toward the south.
남회귀선(南回歸線) the Tropic of Capricorn.
남획(濫獲) reckless〔indiscriminate〕fishing〔hunting〕. ~하다 fish〔hunt〕recklessly〔excessively〕.

납 《연(鉛)》 lead (기호 Pb).
납(蠟) wax. ‖ ~세공 waxwork / ~인형 a wax doll〔figure〕.
납골(納骨) ~하다 lay *one's* ashes to rest. ‖ ~단지 a cinerary urn / ~당 a charnel house.
납금(納金) payment of money (지불); the money due (지불할); the money paid (지불한). ~하다 pay 《*money*》.
납기(納期) 《돈의》 the date〔time〕of payment; 《물품의》 the date〔time〕of delivery. ¶ 세금의 ~ the date of tax payment.
납길(納吉) ~하다 notify the bride's family of the date set for the wedding.
납득(納得) understanding. ~하다 understand. ¶ ~하기 어려운 unconvincing; hard to understand / ~시키다 convince 《*a person*》 of; persuade 《*a person*》 to do.
납땜(鑞一) soldering. ~하다 solder 《*a leaky pot*》. ‖ ~인두 a soldering iron.
납량(納凉) ~하다 enjoy the cool air. ‖ ~특집(프로) a special summer evening program.
납본(納本) ~하다 present a specimen copy for censorship.
납부(納付) 《세금 등의》 payment; 《물품의》 delivery. ~하다 pay; deliver. ¶ 기일까지 반드시 ~할 것 Be sure to complete the payment by the due date. ‖ ~기한 the deadline for payment / ~서 a statement of payment〔delivery〕/ ~액 the amount of payment / ~자 a payer / 분할 ~ divided payments.
납북(拉北) kidnaping to the north. ¶ ~되다 be kidnaped to the north. ‖ ~어부 a fisherman kidnaped to North Korea.
납석(蠟石) 〖鑛〗 agalmatolite.
납세(納稅) payment of taxes; tax payment. ~하다 pay *one's* taxes. ¶ ~의 의무 a legal obligation to pay *one's* taxes. ‖ ~고지서 a tax notice / ~기일 the due date; the date on which taxes are due (for payment); the tax day / ~신고 income tax returns〔declaration〕/ ~신고 용지 tax forms /

～액 the amount of taxes / ～필 Tax〔Duty〕 paid / ～필증 a certificate of tax〔duty〕 payment.
납신거리다 chatter; prattle; jabber.
납입(納入) ～하다 pay《*a tax*》; deliver《*goods*》. ‖ ～금 《지불된》 money paid; 《지불할》 money due / ～품 supplies; goods for supply.
납작《모양》flat; low; 《빨리》with quick motion. ¶ ～ 엎드리다 lie down flat〔with quick motion〕. ‖ ～보리 pressed〔rolled〕 barley / ～코 a flat nose.
납작하다 (be) flat; low. ¶ 납작한 집 a low house / 납작하게 찌부러지다 be crushed flat / 코가 납작해지다 《비유적》 behumbled; lose face.
납지(蠟紙) wax paper.
납지(鑞紙) tin foil; silver paper.
납질(蠟質) waxy substance.
납채(納采) betrothal presents (to the bride's house).
납치(拉致) kidnaping; hijacking (배·비행기의). ～하다 kidnap; hijack《*a passenger plane*》; take《*a person*》 away. ¶ 항공기의 ～ skyjacking / ～된 여객기의 승객들 passengers from the hijacked airbus / 이북으로 ～되다 be kidnaped to North Korea. ‖ ～범 a kidnaper; a hijacker.
납품(納品) delivery of goods. ～하다 deliver goods《*to*》. ‖ ～업자 a supplier / ～(증명)서 a statement of delivery.
납회(納會) the last meeting of the year; 〖證〗 the closing session of the month.
낫 a sickle; a scythe (큰 낫). ¶ ～놓고 기역자도 모르다 do not know A from B.
낫다[1] 《좋다·잘하다》 be better 《*than*》; be preferable 《*to*》; outdo; surpass. ¶ 나아지다 become better; be improved / 아버지보다 ～ surpass〔outdo〕 *one's* father.
낫다[2] 《병이》 recover from 《*illness*》; get well〔better〕; be cured of 《*a disease*》; heal (up) (상처가). ¶ 감기가 ～ get over *one's* cold / 이 약을 먹으면 감기가 낫는다 This medicine will cure a cold.
낭군(郎君) (my) dear husband.
낭독(朗讀) reading; recitation (암송). ～하다 read (aloud); recite. ¶ 시를 ～하다 read〔recite〕 poems.
낭떠러지 a cliff; a precipice. ¶ ～에서 떨어지다 fall over a precipice.
낭랑하다(朗朗―) (be) ringing; clear; sonorous; resonant.
낭만(浪漫) ¶ ～적인 romantic / ～적인 생각에 잠기다 indulge in romantic dreaming〔thought〕. ‖ ～주의 romanticism / ～주의자 a romanticist.
낭보(朗報) good〔happy〕 news.
낭비(浪費) waste; wasteful expenditure; extravagance. ～하다 waste; squander; throw 《*one's money*》 away. ¶ ～적인 wasteful; extravagant / 그것은 시간의 ～다 It's a waste of time. / 정말 우리는 연료를 ～하지 않고 있는가 Aren't we wasteful with oil? ‖ ～벽 a wasteful habit (～벽이 있다 have the habit of wasting money) / ～자 a waster; a spendthrift.
낭설(浪說) a groundless rumor; false rumors. ¶ ～을 퍼뜨리다 circulate〔set〕 a false rumor / ～을 믿다 take a rumor as it is.
낭송(朗誦) ☞ 낭독.
낭자(娘子) a maiden; a girl.
낭자(狼藉) disorder; confusion. ～하다 (be) in wild disorder; in a terrible mess; scattered all over. ¶ 유혈이 ～하다 be all covered with blood.
낭패(狼狽) failure; frustration; a fiasco; a blunder. ～하다 fail 《*in*》; be frustrated; make〔commit〕 a blunder. ¶ 이거 참 ～로군 What a most awkward case this is!
낭하(廊下) a corridor; a passage. ☞ 복도.
낮 day; daytime. ¶ ～에 in〔during〕 the daytime; by day / ～일 day work / 밤 ～으로 day and night / ～말은 새가 듣고 밤말은 쥐가 듣는다 《俗談》 Pitchers〔Walls〕 have ears.
낮다 ①《높이·정도·값·소리 등이》 (be) low. ¶ 낮은 산〔값〕 a low hill〔price〕/ 낮은 수입으로 살다 live on a low〔small〕 income / 낮은 목소리로 말하다 speak in a low voice; talk in whispers / 10년 전의 우리들 생활 수준은 지금보다 훨씬 낮았다 Our standard of living ten years ago was far lower than now. ②《지위·신분이》 (be) low; humble; mean. ¶ 신분이 ～ 《지위가》 have low status; be low in social standing; 《태생이》 have〔be of〕 humble origin; come from a humble background.
낮도깨비 《사람》 a shameless bastard.
낮도둑 a sneak〔noonday〕 thief.
낮은음자리표 〖樂〗 bass〔F〕 clef.
낮잠 a (midday) nap; a siesta. ¶ ～자다 take a nap〔siesta〕.
낮잡다 estimate〔rate〕 low; underestimate. ¶ 집값을 ～ rate the price of a house low.
낮차(―車) a day train.
낮참 《점심》 a midday meal; lunch; 《쉬는 시간》 a noon recess; a lunch break.

낮추다 lower; bring down; drop (목소리 따위를). ¶값을 ~ lower 〔bring down〕 the price / 텔레비전 소리를 ~ turn 〔tone〕 down the TV / 말씀 낮추시지요 Drop your honorifics, please.

낮추보다 look down on; despise; hold 《*a person*》 in contempt. ¶ 남의 능력을 ~ look down on another's ability.

낮춤말 familiar 〔plain〕 terms.

낯 ① 《얼굴》 a face; 《표정》 a look. ¶~을 붉히다 go 〔become〕 red in the face; blush / 서로 ~을 대하다 face each other / 웃는 ~으로 손님을 맞다 welcome a guest with a smile / 불쾌한 ~으로 밖으로 나오다 come out with a displeased look / …때문에 자네 볼 ~이 없네 I am ashamed to face 〔see〕 you because…. ② 《체면》 face; honor; credit; dignity. ¶ ~을 세워주다 save 《*a person's*》 face 〔honor〕 / ~이 서다〔깍이다〕 save 〔lose〕 *one's* face 〔honor, dignity〕 / ~을 세우는 분쟁의 해결책 a face-saving solution to the dispute.

낯가리다 be shy of strangers; be bashful in front of strangers. ¶ 낯가리어 울다 cry at the sight of a stranger / 이 애는 낯가리지 않는다 This baby takes to strangers.

낯가죽 ¶ ~이 두껍다 be thick-skinned, brazen-faced, impudent, shameless / 참 ~이 두꺼운 녀석이군 What a brazen-faced fellow he is!

낯간지럽다 (be) bashful; shy; feel 「abashed.

낯나다 get credit 《*for*》; reflect credit 〔honor〕 on 《*a person*》; gain 〔win〕 honor.

낯내다 do honor to *oneself;* do *oneself* proud 〔credit〕; reflect credit on *oneself*. ¶ 낯내느라고 기부하다 make a donation just to reflect 〔credit〕 honor on *oneself*.

낯두껍다 ☞ 낯가죽.

낯붉히다 《성이 나서》 get angry; be red with anger; 《부끄러워》 blush for shame.

낯설다 (be) unfamiliar; strange. ¶ 낯선 사람 a stranger / 낯선 곳 a strange 〔an unfamiliar〕 place.

낯익다 be familiar 《*to*》. ¶ 낯익은 얼굴 a familiar face / 그녀와 낯익히려 애쓰다 try hard to be a familiar figure to her.

낯짝 ☞ 얼굴, 낯.

낱개 a piece; each piece. ¶ ~로 팔다 sell by the piece.

낱낱이 one by one; separately; each; without omission. ¶ ~ 캐묻다 ask questions in detail / ~ 이름을 들다 mention each by name.

낱돈 small 〔loose〕 money.

낱말 a word; a vocabulary.

낳다 ① 《출산》 have a baby; give birth to 〔be delivered of〕 《*a baby*》; breed (동물이); lay (알을). ¶ 사내 아이를 ~ give birth to a boy. ② 《생기다》 produce; bring forth; give rise to; yield (이자를). ¶좋은 결과를 ~ produce good results / 이자를 ~ yield 〔bear〕 interest 《*at* 10 *percent*》/ 한국이 낳은 최고의 피아니스트 the greatest pianist (that) Korea has ever produced.

내[1] 《나의》 my; 《내가》 I; myself. ¶ ~ 것 mine.

내[2] 《개울》 a stream; a brook.

내[3] 《연기》 smoke; 《냄새》 smell.

내… (來) next; coming. ¶ ~ 주 next week.

…내 《내내》 all through; throughout. ¶ 하룻밤 ~ all night through / 일년~ all the year round.

…내 (內) within. ¶ 기한 ~에 within the period 《*of*》.

내가다 take 〔bring〕 out 〔away〕.

내각 (內角) 〖幾〗 an interior angle.

내각 (內閣) a cabinet; a ministry 《英》; the government (정부); the administration 《美》. ¶ ~을 조직하다 form a Cabinet / 현재의 ~ the present Cabinet / K ~ the K Cabinet / 초당파 ~ a non-party cabinet. ‖ ~ 개편 a reshuffle of the Cabinet / ~ 수반 the Premier; the Prime Minister / ~ 책임제 the parliamentary cabinet system; the cabinet-responsible system / ~ 총사직 a general resignation of the Cabinet.

내갈기다 hit; 《글씨를》 dash off; scribble; scrawl.

내강 (內剛) ¶ ~한 stout-hearted; strong-minded〔-willed〕/ 그는 외유~한 사람이다 He looks gentle but is tough inside.

내객 (來客) a visitor; a caller; a 「guest.

내걸다 ① 《밖에》 hoist 《*a flag*》; put up; hang out. ¶ 간판을 ~ hang out a sign (board) / 문패를 ~ put up *one's* name plate. ② 《주의·주장을》 hold up. ¶ 이상을 ~ hold up an ideal / 슬로건을 내걸고 under the slogan 《*of*》. ③ 《목숨 등을》 risk; stake; bet. ¶ 생명을 ~ risk 〔stake〕 *one's* life.

내경 (內徑) the inside diameter.

내공 (耐空) ~하다 stay up (in the air); make an endurance flight. ‖ ~비행(기록) an endurance flight (record).

내과 (內科) 《내과학》 internal medicine; 《병원의》 the internal medicine department. ¶ ~ 질환 an internal disease. ‖ ~의 a physician; an internist / ～치료 internal treatment / ～환자〔병실〕 a medical case〔ward〕.

내구(耐久) endurance; durability. ‖ ～소비재 durable consumer goods / ～시험 an endurance test.

내구력(耐久力) 《물건의》 durability; 《사람의》 power of endurance; staying power; stamina. ¶ ～이 있는 durable; lasting; persistent / 그에겐 ～이 없다 He has no endurance in him.

내국(內國) home; the home country. ¶ ～의 home; domestic; internal. ‖ ～세 an internal tax / ～우편 domestic mail / ～인 a native / ～채(債) domestic loans / ～항로 a domestic line / ～환(換) domestic exchange.

내규(內規) bylaws; a private regulation; rules. ¶ …라고 ～에 규정되어 있다 be provided in the rules 《*of the company*》 that....

내근(內勤) indoor service; office〔desk〕work. ～하다 work inside〔in the office〕. ‖ ～기자 a deskman / ～사원 an indoor service employee; an office worker.

내기 a bet; a wager; 《도박》 betting; gambling. ～하다 bet 《*on*》; lay a wager 《*on*》; gamble. ¶ ～에 이기다〔지다〕 win〔lose〕a wager〔bet〕/ ～ 바둑을 두다 play *paduk* for money.

내내 from start to finish; all the time〔way〕; all along. ¶ 1년 ～ throughout the year; all the year round.

내내년(來來年) the year after next.

내내월(來來月) the month after next.

내년(來年) next year; the coming year. ¶ ～ 이맘 때 about this time next year.

내놓다 ① 《밖으로 꺼내놓다》 take〔put, bring, carry〕out. ¶ 방 밖으로 책상을 ～ take a desk out of a room / 가방에서 수첩을 ～ take a notebook out of *one's* bag. ② 《드러내다》 expose; show; bare. ¶ 의사에게 젖가슴을 ～ bare *one's* breasts for the doctor. ③ 《가둔 것을》 let out; turn〔drive, put〕out. ¶ 고양이를 방 밖으로 ～ let a cat out of the room / 소를 들판에 ～ turn the cattle out to the fields. ④ 《출품·출간·팔려고》 exhibit; publish; put out; put 《*a thing*》 on sale. ¶ 전람회에 그림을 ～ exhibit a picture at a show / 집을 팔려고 ～ put a house on sale / 몇 가지 신제품을 시장에 ～ put out a number of new products to the market / 그녀는 회상록을 내놓았다 She published her memoirs. ⑤ 《제출》 present; send〔hand〕in; 《기부·투자》 give; contribute; invest. ¶ 의안을 ～ present a bill / 사표를 ～ hand in *one's* resignation / 명함을 ～ present *one's* card 《*to*》/ 교회 짓는 데 돈을 ～ contribute money for building a church / 사업에 돈을 ～ invest money in an enterprise. ⑥ 《음식 따위를》 offer; serve. ¶ 손님에게 음식을 ～ serve food and drink to the guest. ⑦ 《포기》 give〔throw〕up; discard. ¶ 목숨을 ～ lay down *one's* life / 직위를 ～ throw up *one's* office.

내다[1] 《연기가》 smoke; smolder; be smoky. ¶ 불이 낸다 The fire is smoking.

내다[2] ① 《밖으로》 take 《*a thing*》 out 《*of*》. ¶ 상자들을 밖으로 ～ take boxes out of 《*the room*》. ② 《발휘하다》 ¶ 힘을 ～ exert〔put forth〕*one's* strength / 용기를 ～ pluck up *one's* courage / 기운을 ～ cheer up; pluck up. ③ 《소리를》 utter; let out; give; 《빛·열 따위를》 emit〔give out〕《*light, heat*》; 《속도를》 put on〔get up〕《*speed*》; 《먼지를》 raise 《*the dust*》; 《불을》 cause〔start〕《*a fire*》. ¶ 이상한 소리를 ～ make a strange noise / 큰 소리를 ～ utter〔give〕a loud cry / 그 열차는 전속력을 냈다 The train「got up〔put on〕full speed. ④ 《제출》 give〔send〕in; present; 《발행》 publish; issue; 《게재》 run; print; 《발송》 mail; post; send out. ¶ 답안을 ～ give〔hand〕in *one's* paper / 편지를 ～ mail〔post〕a letter / 원서를 ～ present an application / 신문에 광고를 ～ run an ad in the paper / 특종 기사를 ～ publish an exclusive story 《*on*》/ 책을 ～ publish a book / 초대장을 ～ send out an invitation. ⑤ 《개설》 open; set up. ¶ 가게를 ～ open〔set up〕a shop / 길을 ～ open a road / 길을 내어 주다 make way 《*for*》. ⑥ 《음식을》 serve; offer; treat. ¶ 차를 ～ offer 《*a person*》 tea / 한턱 ～ give 《*a person*》 a treat. ⑦ 《산출·발생》 produce; turn out; 《소문》 set 《*a rumor*》 afloat; spread. ¶ 인재(人材)를 ～ turn out men of ability / 사상자를 ～ suffer casualties. ⑧ 《지불》 pay; give; 《자금을》 invest; contribute (기부). ¶ 수업료를 ～ pay a school fee / 자선 사업에 많은 돈을 ～ contribute〔give〕a large sum of money to charities. ⑨ 《시간을》 make; arrange. ¶ 시간을 내서 참석하다 make〔find〕time to be present at a meeting. ⑩《얻다》 take out; get. ¶ 빚을 ～ get〔get out〕 a loan / 여권을〔허가를〕 ～ get a passport〔permission〕《*from*》. ⑪《팔다》 sell. ¶ 곡식을 ～ sell grain; put grain on the market. ⑫《과하다》 give; set《*a question*》. ¶ 선생님께서는 많은 숙제를 내신다 Our teacher gives (us) a lot of homework.

내다보다 look out (밖을); look forward (앞을); foresee, anticipate (앞일을). ¶ 창 밖을 ～ look out of a window / 앞일을 ～ foresee the future.

내닫다 run〔dash, rush〕 out〔forward〕.

내달(來―) next month.

내담(來談) ～하다 visit《*for a talk*》; pay《*a person*》 a visit to talk. ¶ 본인 직접 ～할 것《광고에서》 Apply in person.

내던지다 ①《밖으로》 throw〔cast〕 away. ¶ 빈 깡통을 차 밖으로 ～ throw away empty cans out of〔from〕 a car. ②《버리다》 give〔throw〕 up; abandon. ¶ 지위를 ～ throw up *one's* office / 사표를 ～ thrust *one's* resignation at《*the employer*》.

내도(來到) ～하다 arrive《*at, in*》; come《*to*》.

내돌리다 hand〔pass〕《*a thing*》 round〔on〕 recklessly〔without reason〕.

내두르다 ①《흔들다》 wave〔swing〕《*something*》 about; brandish; wield《*a club*》. ¶ 손을 ～ wave *one's* hand about. ②《사람을》 have《*a person*》 under *one's* thumb; lead《*a person*》 by the nose.

내둘리다 ①《남에게》 be led by the nose; be at the mercy of《*a person*》. ②《어찔해지다》 be shaky; feel dizzy.

내딛다 (take a) step forward; advance. ¶ 한 걸음 ～ take a step forward / 새로운 인생을 ～ embark on a new career〔life〕 / 인생의 첫발을 잘못 ～ make a wrong start in life.

내락(內諾) an informal〔a private〕 consent〔agreement〕. ～하다 give an informal consent. ¶ ～을 얻다 obtain《*a person's*》 private consent.

내란(內亂) a civil war; internal disturbances; rebellion(반란). ¶ ～을 일으키다〔진정시키다〕 raise〔suppress〕 a rebellion / ～이 일어났다 A civil war broke out.

내려가다《아래로》 go〔come, get〕 down; descend; fall(기온 등이). ¶ 언덕을 ～ go down a hill / 기온이 영하로 ～ fall down below zero.

내려놓다 put〔take〕 down; take《*a thing*》 off. ¶ 선반에서 꽃병을 ～ take a vase down from the shelf / 냄비를 ～ take a pot off the fire.

내려다보다 ①《밑을》 overlook; look down. ②《얕보다》 look down upon; despise.

내려뜨리다 let《*a thing*》 fall; drop《*a cup*》.

내려앉다《자리를》 take a lower seat;《무너져》 fall〔break〕 down; collapse. ¶ 건물이 쿵하며 내려 앉았다 The building fell down with a crash.

내려오다 come down; descend.

내려치다 give a downright blow. ¶ 책상을 주먹으로 ～ hit the table with *one's* fist.

내력(來歷) ①《경력》 a history; a career;《유래》 an origin; a history. ¶ ～을 캐다 trace《*a thing*》 to its origin. ②《내림》 inheritance; heredity; blood relationship. ¶ 책을 좋아하는 것은 우리집안의 ～이다 A love of books is in my blood.

내륙(內陸) inland. ‖ ～지방 inland area.

내리 ①《아래로》 down; downward. ¶ 지붕에서 ～구르다 fall down from the roof. ②《잇달아》 continuously; through; without a break. ¶ ～ 사흘 for three successive days / 비가 ～ 오다 keep on raining.

내리긋다 draw《*a line*》 down.

내리깎다《값을》 knock〔beat〕 down the price.

내리깔다 drop〔lower, cast down〕 *one's* eyes. ¶ 눈을 내리깔고 with downcast eyes.

내리다[1] 〔자동사〕 ①《높은 데서》 come〔go, get, step〕 down; descend;《하강》 fall; drop;《차에서》 alight from; get〔step〕 off; get out《*of*》. ¶ 연단에서 ～ descend from the platform / 택시에서 ～ get out of a taxi / 물가가 ～ the price《*of something*》 falls〔goes down〕. ②《먹은 것이》 be digested. ③《부기 따위가》 subside; go down;《살이》 lose flesh; become leaner. ④《신이》 be possessed《*by a spirit*》. ⑤《뿌리가》 take root《*in the ground*》.

내리다[2] 〔타동사〕 ①《내려뜨리다》 take down; lower; bring〔put, pull〕 down; drop. ¶ 선반에서 책을 ～ take down a book from a shelf / 커튼을 ～ drop the curtain / 차에서 짐을 ～ get a bundle off a car / 불에서 냄비를 ～ take the pot off the fire / 가게 앞에서 내려 주시오 Drop me before the shop. ②《판결·명령·허가 등을》 give; pass; issue; grant. ¶ 사건에 판결을 ～ pass〔give〕 a judgement on a case / 명령을～ give〔issue〕 an order. ③《값·계급·정도를》 lower; bring down;

demote (지위를). ¶ 값을 ~ lower 〔bring down〕 the price / 계급을 ~ demote 《*a person*》 to a lower rank. ④ 《짐을》 unload. ¶ 트럭에서 짐을 ~ unload goods from the truck.

내리닫이 《창》 a sash window; 《옷》 children's overalls with a slit in the seat.

내리뜨다 ☞ 내리깔다.

내리막 ① 《길의》 a downward slope; a downhill; a descent. ¶ ~길이 되다 slope 〔go〕 down; run 〔go〕 downhill. ② 《쇠퇴》 a decline; an ebb. ¶ 인생의 ~ the downhill of life / ~이 되다 be on the decline; decline; be in decline / 그녀의 인기는 이미 ~이다 Her popularity is already in decline.

내리사랑 parental love 〔affection〕 toward *one's* children.

내리쬐다 shine 〔blaze, beat〕 down 《*on*》. ¶ 내리쬐는 태양 a burning 〔scorching〕 sun / 태양은 지붕을 내리쬐고 있었다 The sun was blazing down on the roofs.

내림 (來臨) (*one's* esteemed) attendance 〔presence〕. ~하다 attend; be present at.

내림세 (一勢) a downward trend; a falling 〔declining〕 tendency.

내막 (內幕) the inside facts 〔information〕; the low-down 《*on*》《美口》. ¶ ~이야기 an inside story / 사건의 ~을 밝히다 expose the inside facts about the affair / ~을 알다 〔살피다〕 see 〔peep〕 behind the scene.

내맡기다 leave 《*a matter*》 (entirely) to 《*a person*》; leave 《*a thing*》 in 《*a person's*》 hands; entrust. ¶ 사업을 고용인에게 ~ leave *one's* business in the charge 〔hands〕 of *one's* employee.

내면 (內面) the inside; the interior. ¶ ~적 (으로) internal (ly) / ~적 관찰 introspection. ‖ ~생활 *one's* inner life / ~세계 the inner world.

내명 (內命) informal 〔secret〕 orders. ¶ ~을 받다 receive secret orders.

내몰다 turn 〔send, drive〕 out.

내몰리다 be expelled 〔turned out〕.

내무 (內務) home 〔domestic〕 affairs. ‖ ~반 〖軍〗 (living) quarters; barracks / ~부 〔성〕 the Department of the Interior 《美》; the Home Office 《英》/ ~장관 the Home Secretary 《英》; the Secretary of the Interior 《美》.

내밀 (內密) ¶ ~한 secret; private; confidential / ~한 이야기 a private 〔confidential〕 talk / ~한 일 a private matter 〔affair〕 / ~히 secretly; in secret; privately.

내밀다 push 〔thrust, put, stick〕 out. ¶ 창문으로 머리를 ~ stick *one's* head out of the window.

내밀리다 be pushed 〔forced〕 out.

내방 (來訪) a visit; a call. ~하다 visit; call on 《*a person*》.

내배다 ooze 〔seep〕 out; exude.

내뱉다 《침·말 따위를》 spit (out).

내버려두다 《그냥두다》 leave 《*a thing*》 as it is; leave 《*a person, a thing*》 alone. ¶ 제 마음대로 하게 ~ let 《*a person*》 do what he wants / 일을 하지 않고 ~ leave *one's* work undone.

내버리다 《던져서》 throw 〔cast〕 away; abandon (버리다).

내보내다 ① 《나가게 하다》 turn 〔put, drive, force〕 out (강제로); send out (척후를). ¶ 고양이를 방에서 ~ let a cat out of the room / 척후를 ~ send out scouts. ② 《해고》 dismiss; fire. ¶ 하인을 ~ dismiss 〔fire〕 a servant.

내복 (內服) ① ☞ 속옷. ② 《약의》 internal use. ‖ ~약 an internal medicine.

내부 (內部) the inside; the interior; the inner part. ¶ ~의 inside; internal; inner / ~에 inside; within / ~의 사정 the internal affairs; the inside story / ~의 사람 an insider. ‖ ~고발 whistle-blowing from the inside / ~구조 inner 〔interior〕 structure / ~분열 an internal disunion.

내분 (內紛) an internal trouble 〔conflict〕; domestic discord.

내분비 (內分泌) 〖生〗 internal secretion. ‖ ~선 an internal gland.

내빈 (來賓) a guest; a visitor. ‖ ~석 the visitors' seats; 《게시》 For Guests. / ~실 a guest room.

내빼다 fly; flee; run away.

내뿜다 spout (out); gush 〔spurt〕 out (물·피따위가); blow up 〔out〕 (가스·증기 따위가); belch out; shoot up (연기·화염 따위가).

내사 (內査) a secret investigation; an internal probe. ~하다 investigate secretly.

내산 (耐酸) resistance to acids; acid-resistance. ¶ ~성의 물질 acid-resistance substance / ~성의 금속 a metal resistant to acids.

내색 (一色) *one's* facial expression; a (revealing) look. ~하다 betray *one's* emotions; give expression to *one's* feelings. ¶ ~도 않다 do not show 〔betray〕 any hint of *one's* emotions in his look 〔manners〕.

내선 (內線) 《전기의》 interior wiring; 《전화의》 an extension. ‖ ~전화 an interphone.

내성 (內省) introspection; reflection. ～하다 introspect; reflect on *oneself*. ¶ ～적인 성격 an introspective nature.

내성(耐性) tolerance. ¶ ～이 있는 be tolerant 《*of, to*》 / ～이 있다 tolerate. ‖ 항생물질 ～균 antibiotic-resistant bacteria.

내세(來世) the life after death〔to come〕; the next world. ¶ 현세와 ～ this world and the next. ‖ ～신앙 belief in the life after death.

내세우다 ①《앞·전면에》put up; put forward; make 《*a person*》 stand in the front; make〔let〕《*a person*》 represent. ¶ 간판을 ～ put up a signboard / 그를 후보자로 ～ put him forward for a candidate / 아무를 회사 대표로 ～ have〔make〕 *a person* represent the company. ②《권리·조건·의견 등을》insist 《*on*》; put forward; state; stand on; advocate; single out 《*for praise*》. ¶ 이유를 ～ state〔give〕 *one's* reasons / 자기의 권리를 ～ insist〔stand〕 on *one's* right / 이의(異議)를 ～ raise〔lodge〕 an objection 《*against*》 / 그에게는 내세울 만한 재주가 없다 He has no talent to speak of.

내소박(內疏薄) mistreating *one's* husband. ～하다 mistreat *one's* husband.

내수(內需) domestic demand. ¶ ～를 확대하다 expand〔boost〕 domestic demand. ‖ ～용 원자재 raw materials for domestic demand〔consumption〕.

내수(耐水) ¶ ～의 waterproof; watertight. ‖ ～성 waterproofing; water-resisting qualities.

내수면(內水面) inland waters. ‖ ～어업 fresh-water fishery.

내숭스럽다 (be) wicked; treacherous.

내쉬다 breathe out.

내습(來襲) an attack; a raid. ～하다 attack; raid; assault; invade.

내습(耐濕) ¶ ～의 wetproof; dampproof; moisture-resistant.

내시(內示) unofficial announcement. ～하다 announce unofficially.

내시(內侍) a eunuch.

내시경(內視鏡) 〖醫〗 an endoscope. ‖ ～검사(법) endoscopy.

내식성(耐蝕性) corrosion resistance. ¶ ～의 corrosion-resistant; corrosion-proof.

내신(內申) an unofficial report. ～하다 report unofficially. ‖ ～성적 《고교의》 the high school records; the academic reports (from high schools to universities).

내신(來信) a letter received.

내실(內室) 《안방》 women's quarters; 《남의 아내》 your〔his〕 wife.

내실(內實) substantiality. ¶ ～을 기하다 insure substantiality / ～화하다 make 《*something*》 substantial〔solid〕.

내심(內心) *one's* inmost heart; *one's* real intention. ¶ ～으로(는) at heart; inwardly / ～으로는 …하고 싶어하다 have a secret desire to do.

내야(內野) 〖野〗 the infield. ‖ ～수 an infielder / ～안타〔플라이〕 an infield hit〔fly〕.

내약(內約) ～하다 make a private agreement〔contract〕《*with*》.

내역(內譯) items; details. ¶ ～을 밝히다 state the items 《*of an account*》. ‖ ～명세서 an itemized statement.

내연(內緣) ¶ ～의 처 a common-law wife; a wife not legally married / ～의 관계를 맺다 make a common-law marriage 《*with*》.

내연(內燃) internal combustion. ‖ ～기관 an internal-combustion engine.

내열(耐熱) ¶ ～의 heatproof; heat-resistant. ‖ ～복(服) a heatproof suit / ～시험 a heat-resistance test / ～유리 heat-resistant glass.

내오다 bring〔take, carry〕 out.

내왕(來往) 《왕래》 comings and goings; traffic(차의); communication(편지의); 《교제》 association. ～하다 come and go; intercommunicate 《*with*》; associate 《*with*》.

내외(內外)[1] 《부부》 husband and wife; a (married) couple.

내외(內外)[2] ①《안팎》 the inside and outside. ¶ ～의 internal and external; 《나라의》 home〔domestic〕 and foreign. ¶ 국～에 알려져 있다 be known both at home and abroad. ‖ ～동포 *one's* countrymen both at home and abroad / ～정세 the internal and external state of affairs. ②《대략》some; about; around; or so. ¶ 일주일 ～ a week or so.

내외하다(內外―) 《the sexes》 keep their distance (from each other); avoid society with the opposite sex.

내용(內用) internal use. ☞ 내복.

내용(內容) contents; substance (실질); details. ¶ 편지 ～ the contents of a letter / 사건의 ～ the details of a case / 형식과 ～ form and matter. ‖ ～증명 certification of contents / ～증명우편 contents-certified mail.

내용연수(耐用年數) durable years.

내우(內憂) internal troubles. ¶ ～외환 domestic troubles and external threats / ～외환에 시달리다 be beset with troubles both at home and abroad.

내원(來援) help; aid; assistance. ¶ ～을 요청하다 ask《*a person*》to come and help.

내월(來月) next month; proximo

내의(內衣) ☞ 속옷. ⌊(생략 prox.).

내의(來意) ¶ ～를 알리다 tell《*a person*》what *one* has come for; state the purpose of *one's* visit.

내이(內耳)〖生〗the internal〔inner〕ear.

내일(來日) tomorrow. ¶ ～ 아침〔밤〕tomorrow morning〔night〕/ ～의 한국 Korea's tomorrow.

내자(內子) my wife.

내자(內資) domestic capital〔fund〕. ‖ ～동원 the mobilization of local capital.

내장(內粧) interior decoration. ‖ ～공사〖建〗interior finish work.

내장(內障)〖醫〗amaurosis (흑내장); cataract (백내장).

내장(內藏) ～하다 have《*something*》built-in. ¶ 거리계가 ～된 사진기 a camera with a built-in range finder.

내장(內臟)〖生〗the internal organs; the intestines. ¶ ～의 visceral. ‖ ～질환 an internal disease / ～파열 a visceral cleft.

내재(內在)〖哲〗immanence. ～하다 be inherent〔immanent〕《*in*》. ¶ ～적인 immanent; indwelling.

내적(內的) ¶ ～인 inner; internal; mental(마음의). ‖ ～생활 *one's* inner life.

내전(內戰) a civil〔an internal〕war.

내접(內接)〖數〗～하다 be inscribed. ‖ ～원(圓) an inscribed circle.

내정(內定) informal〔unofficial〕decision. ～하다 decide informally〔unofficially〕. ¶ ～되다 be informally arranged〔decided〕.

내정(內政) domestic〔home〕administration. ‖ ～간섭〔불간섭〕intervention〔non-intervention〕on domestic affairs《*of another country*》.

내정(內情)《내부사정》inside affairs;《실정》the real state of affairs. ¶ ～에 밝다 be familiar with the inside affairs.

내조(內助) *one's* wife's help. ～하다 help *one's* husband. ¶ ～의 공으로 through the assistance〔thanks to the support〕of *one's* wife.

내종(內從) cousins by a paternal aunt.

내주(來週) next week. ¶ ～의 오늘 this day (next) week.

내주다 ①《돈·재산·물건 등을》hand〔turn〕over; give; give out〔away〕; deliver《*goods*》; pay(지불). ¶ 월급을 ～ pay *one's* salary / 재산을 조카에게 ～ hand *one's* estate over to his nephew / 서랍에서 서류를 ～ hand over documents out of *one's* drawer / 쌀을 ～ give rice out〔away〕/ 현금과 교환으로 물품을 ～ deliver the goods in exchange for cash. ②《자리·길을》give (way to); yield;《권리 등을》give; hand〔turn, make〕over. ¶ 길을 ～ make way for《*a person*》; give the road to《*a person*》/ 왕위를 ～ turn the throne over《*to*》/ 후진에게 자리를 ～ resign *one's* post in favor of a junior. ③《허가·면허 등을》grant; issue. ¶ 면허장을 ～ grant〔issue〕a license.

내주장(內主張) pettycoat government. ～하다 henpeck *one's* husband. ¶ 그 집은 ～이다 The wife is the ruler in that house.

내지(內地) the interior (of a country); inland. ‖ ～인 inlanders.

내지(乃至) from... to...; between... and...; or(또는).

내직(內職) a side job; side work; a sideline;《부녀자의》a job〔work〕for housewives. ¶ ～을 하다 do a side job.

내진(內診) an internal examination. ～하다 make an internal examination.

내진(來診) ¶ ～을 청하다 send for a doctor.

내진(耐震) ¶ ～성의 earthquake-proof〔-resistant〕. ‖ ～건물〔구조〕an earthquake-proof building〔construction〕.

내쫓기다《밖으로》be expelled; be turned out;《해고》be dismissed; be fired.

내쫓다 ①《밖으로》expel; turn〔send, drive〕out. ②《해고》dismiss; fire;《아내를》divorce.

내착(來着) arrival. ～하다 reach; arrive《*at, in*》.

내채(內債) an internal〔a domestic〕loan.

내처《잇달아》continuously; without a pause〔break〕;《단숨에 끝까지》at a stretch〔breath〕. ¶ 여섯 시간 ～ 일하다 work for six hours without a break / 읽던 책을 ～ 끝까지 다 읽다 read a book at one sitting.

내출혈(內出血)〖醫〗internal bleeding〔hemorrhage〕. ¶ ～을 하다 bleed internally.

내치(內治) ①《내정》home administration. ②《내과 치료》internal treatment.

내치다《요구를》reject; turn down;《물리침》drive back〔out, away〕; expel.

내친걸음 ¶ ～이다 We are already in it with both feet. *or* We have gone too far to retreat.

내키다《마음이》feel inclined; feel like《*doing*》; have a mind to 《*do*》. ¶ 마음이 내키지 않는다 don't feel like 《*doing*》; have no inclination for; be in no mood to 《*do*》.

내탐(內探) a private inquiry; a secret investigation. ~하다 make private inquiries.

내통(內通) secret communication; betrayal. ~하다 communicate secretly with 《*a person*》; betray 《*a person*》 to 《*the enemy*》; 《남녀가》 have improper relations 《*with*》. ‖ ~자 a betrayer.

내포(內包) 〖論〗 connotation. ~하다 involve; connote.

내핍(耐乏) austerity. ~하다 practice austerities; lead〔bear〕a hard life. ‖ ~생활 (a life of) austerity; belt-tightening.

내한(來韓) a visit to Korea; arrival in Korea. ~하다 visit〔come to〕Korea. ¶ ~중인 넬슨 씨 Mr. Nelson now visiting Korea.

내한(耐寒) ¶ ~의 coldproof / ~성의 cold-resistant〔-tolerant〕《*plants*》; (winter-) hardy 《*grasses*》. ‖ ~훈련 training for endurance in low temperatures.

내항(內港) the inner harbor.

내항(內項) 〖數〗 internal terms.

내항(內航) coastal service. ‖ ~로(路) a coasting line〔route〕/ ~선 a coastal liner / ~해운사업 coastal shipping.

내항(來航) a visit 《*to Korea*》. ~하다 《a ship》 come on a visit. ¶ 엘리자베스호의 ~을 환영하다 welcome a visit of the Elizabeth to Korea.

내해(內海) an inland sea.

내향(內向) ~하다 turn in upon *oneself*. ¶ ~적인 사람 an introvert. ‖ ~성 〖心〗 introversion.

내화(內貨) 〖經〗 local currency.

내화(耐火) fireproofing. ¶ ~의 fireproof / ~성이 있다 be able to resist fire. ‖ ~건물 a fireproof building / ~벽돌 a firebrick / ~재 fireproof material.

내환(內患) ① the sickness of *one's* wife. ② ☞ 내우.

내후년(來後年) three years hence.

냄비 a pan (얕은); a pot (깊은). ‖ ~국수 pot-boiled noodles / ~뚜껑 a pot lid / ~요리 a dish served in the pot.

냄새 ① 《일반적인》 smell; odor; scent; 《향내》 fragrance; perfume; 《악취》 stench; stink 《*of oil*》; reek 《*of garlic*》. ¶ ~나다 smell; have a smell 《*of tobacco*》 / ~가 좋다〔나쁘다〕 smell sweet〔bad〕/ ~맡다 smell 《*flowers*》 / ~를 피우다 send forth〔emit〕a smell. ② 《느낌·낌새》 ¶ 범죄 행위의 ~ a sign〔an indication〕of a foul play / 일상 생활의 ~가 물씬 나는 수필 an essay which captures the mood of daily life.

냅다[1] 《연기가》 (be) smoky. ¶ 아이, 내워 Oh, how smoky!

냅다[2] 《몹시》 violently; severely; 《빨리》 at full speed; in all haste. ¶ ~ 달아나다 flee in all haste.

냇가 a riverside; the bank〔edge〕of a river〔stream〕.

냇내 the smell of smoke; smoky scent.

냉(冷) 《대하증》 leucorrhea; 《몸·배의》 a body〔stomach〕chill.

냉…(冷) cold; iced. ‖ ~국 soup prepared cold / ~육 cold meat / ~커피 iced coffee.

냉각(冷却) cooling; refrigeration. ~하다 refrigerate; cool (down). ‖ ~기(器) a freezer; a refrigerator / ~기간 a cooling-off period / ~수〔액〕(a) coolant / ~장치 a cooling device〔apparatus〕/ 1차 ~수 the primary cooling water.

냉간(冷間) ‖ ~압연공장 a cold strip iron mill.

냉기(冷氣) cold; chill. ¶ 아침의 ~를 느끼다 feel the morning chill.

냉난방(冷暖房) air conditioning; an air conditioner. ‖ ~완비 《게시》 Air-conditioned.

냉담(冷淡) coolness; indifference. ~하다 (be) cool; cold; indifferent; half-hearted / ~하게 coolly; coldly; indifferently; half-heartedly.

냉대(冷待) ☞ 푸대접.

냉동(冷凍) freezing; refrigeration. ~하다 freeze; refrigerate. ¶ ~보존하다 keep 《*something*》 in a freezer / 급속 ~하다 freeze 《*food*》 quickly; quick-freeze. ‖ ~고(庫) a freezer / ~기(機) a freezing machine; a refrigerator / ~냉장고 a refrigerator with a deep freezer / ~마취 refrigeration anesthesia; cryoanesthesia / ~선〔차〕 a refrigerator boat〔car〕/ ~식품〔생선〕 frozen food〔fish〕.

냉랭하다(冷冷—) 《한랭》 (be) very cold; chilly; 《냉담》 (be) cold; unfriendly; cold-hearted.

냉면(冷麵) buckwheat vermicelli served in cold soup; *naengmyŏn*.

냉방(冷房) 《찬 방》 an unheated room; 《행위》 air conditioning. ~하다 air-condition 《*a room*》. ‖ ~병 a cooling disorder / ~장치 air-conditioning; an air-conditioner / ~차 an air-conditioned car.

냉소(冷笑) a cold〔sardonic〕smile; a sneer; a derision. ~하다 smile derisively; sneer 《*at*》.

냉수(冷水) cold water. ‖ ~마찰 a cold-water rubbing(~마찰을 하다 rub *oneself* with a cold wet towel) / ~욕 a cold-water bathing(~욕을 하다 take a cold bath).

냉습(冷濕) ～하다 (be) cold and moist〔damp〕.
냉엄(冷嚴) ～하다 (be) grim; stern. ¶ ～한 현실 grim realities of life.
냉이〖植〗a shepherd's-purse.
냉장(冷藏) cold storage. ～하다 keep《*a thing*》in cold storage; refrigerate. ‖ ～고 a refrigerator; an icebox《美》.
냉전(冷戰) a cold war.
냉정(冷情) ¶ ～한 cold(-hearted); pitiless; heartless.
냉정(冷靜) calmness; coolness. ～하다 (be) calm; cool. ¶ ～한 사람 a cool-headed person / ～히 calmly; coolly / ～을 잃다 lose *one's* temper; be〔get〕excited.
냉차(冷茶) iced tea; ice〔cold〕tea.
냉철(冷徹) ～하다 (be) cool-headed; hardheaded(빈틈없는).
냉큼 promptly; instantly; at once.
냉해(冷害)《suffer much》damage from〔by〕cold weather.
냉혈(冷血)《온혈에 대한》cold-bloodedness;《무정》cold-heartedness; heartlessness. ¶ ～의 cold-blooded〔-hearted〕; heartless. ‖ ～동물 a cold-blooded animal / ～한(漢) a cold-hearted fellow.
냉혹(冷酷) cruelty; heartlessness. ¶～한 cruel; unfeeling; heartless; cold-hearted.
냠냠 Yum-yum! ～하다《먹고 싶어》want to eat;《갖고 싶어》have an itch《*for a thing*》. ¶ ～거리다 go yum-yum; smack *one's* lips. ‖ ～이 dainty food; a delicacy.
냥(兩)《단위》a *nyang*. ¶ 엽전 열 ～ ten copper *nyang*.
너《2인칭》you. ¶ ～의 your / ～에게 you.
너구리〖動〗a raccoon dog.
너그러이 leniently; generously; liberally. ¶ ～ 용서하다 forgive generously.
너그럽다 (be) lenient; generous. ¶너그러운 태도 generous attitude / 너그러운 판결 a lenient sentence.
너나없이 ¶ ～ 모두 all〔both〕《*of us*》; everyone; everybody.
너더분하다 (be) disorderly; untidy; messy; confused; tedious (장황). ¶ 너더분하게 늘어놓여져 있다 be in an untidy state; be in a mess.
너덕너덕 ¶ ～ 기운 patchy; full of patches / 옷을 ～ 깁다 put up *one's* clothes all over.
너덜거리다 flutter; dangle in tatters. ¶ 바람에 너덜거리는 찢어진 커튼 the torn curtain fluttering in the wind.
너덜너덜 ¶ ～한 worn-out; tattered; ragged.
너덧 about four《*people*》.
너르다 (be) wide; vast; extensive; spacious; roomy (집이).
너머 the opposite〔other〕side《*of*》; across. ¶ 산 ～에 across〔beyond〕a mountain / 어깨 ～로 over *one's* shoulder / 그 마을은 언덕 ～에 있다 The village lies beyond the hill.
너무 too (much); over; excessively. ¶ ～ 젊다〔크다〕be too young〔large〕/ ～ 먹다 eat too much.
너부죽이 flat; pronely. ¶ ～ 엎드리다 lay *oneself* flat.
너부죽하다 (be) somewhat flat and broad.
너불거리다 flutter; flap; wave.
너비 width; breadth. ¶ ～가 넓〔좁〕다 be wide〔narrow〕(in width) / ～가 5피트다 be five feet wide.
너새 ①〖鳥〗a great bustard. ②〖建〗a hip. ‖ ～지붕 a hip(ped) roof.
너스레 ①《걸치는 것》a frame of crosspieces (put over an opening). ②《허튼 수작》a sly remark; a practical joke. ¶ ～를 떨다 make a sly remark; play a practical joke《*on*》.
너울 a lady's (black) veil.
너울거리다《물결이》wave; roll;《나무·풀이》flutter; undulate; waver.
너울너울 waving; swaying. ¶ ～ 춤을 추다 dance with swaying arms.
너저분하다 (be) untidy; shabby; disorderly.
너절하다《추접하다》(be) mean; vulgar; disgusting;《허름하다》(be) shabby; poor looking; seedy;《시시하다》(be) worthless; rubbishy. ¶너절한 옷 shabby clothes / 너절한 이야기 a disgusting story.
너털거리다 ☞ 너덜거리다.
너털웃음 a good〔hearty〕laugh; loud laughter; a guffaw.
너펄거리다 flutter〔flap, sway, wave〕in the wind.
너희 you; you people〔folks〕.
넉가래 a wooden shovel; a snow shovel. ¶ ～질하다 shovel《*grain, snow*》.
넉넉하다 (be) enough; sufficient. ¶ 넉넉히 enough; sufficiently; fully; well / 살림이 ～ be well off / 시간이 ～ have plenty of time / 치수가～ have ample measure.
넉살좋다 (be) impudent〔cheeky〕;《서술적》have a (lot of) nerve. ¶너 참 넉살좋구나 What a nerve you've got!
넋 a soul; a spirit (정신). ¶ ～을 잃고 beside *oneself;* vacantly; absent-mindedly / ～을 잃다 lose *one's* senses; become〔get〕absent-minded / ～을 위로하다 pray for the repose of the departed soul.
넋두리《무당의》spiritualism;《푸

념》 a complaint; a grumble. ～하다 make complaints; grumble 《*at, over*》; bewail *one's* lot.

넌더리 ¶ ～나다 be sick of; be fed up 《*with*》; get weary of / ～나게 하다 make 《*a person*》 sick; weary 《*with*》.

넌센스 ☞ 난센스.

넌지시 tacitly; allusively; implicitly; indirectly; in a casual way. ¶ ～ 말하다 hint 《*at*》; allude / ～ 경고하다 give a veiled warning / ～ 돈을 요구하다 make a tacit demand for money.

널 ① 《널빤지》 a board; a plank. ¶ ～을 깔다 lay boards 《*on*》; board 《*over*》 / 두께 2센치의 ～ a board two centimeters thick. ② 《관》 a coffin; a casket. ¶ ～에 넣다 lay in a coffin. ③ 《널뛰기의》 a seesaw board.

널다 《볕·바람에》 spread 《*grains*》 out; air 《*clothes, mats*》; hang 《*something*》 out to dry; dry up 〔off〕. ¶ 젖은 옷을 ～ hang wet clothes (out) to dry.

널따랗다 (be) wide; extensive; spacious; roomy.

널뛰기 《play》 seesaw; teeter-totter.

널리 widely; far and wide; generally (일반적으로). ¶ ～ 세상에 알려지다 be widely known / ～ 세계를 여행하다 travel far and wide in the world.

널리다 ① ☞ 넓히다. ② 《흩어져 있다》 be spread 〔scattered〕 《*over, around*》. ¶ 간선 도로변에 널려 있는 농가들 farm houses scattered along the highway.

널빤지 a board; a plank.

널찍하다 ☞ 널따랗다. ¶ 널찍이 widely; spaciously.

넓다 ① 《폭·넓이가》 (be) broad; wide; large; extensive; spacious; roomy. ¶ 넓은 의미로 in a broad sense / 시야가 넓다 have a broad outlook 《*on*》. ② 《마음이》 (be) broadminded; generous.

넓이 《폭》 width; breadth; 《면적》 area; floor space(건물의); extent (범위). ¶ 정원의 ～ the area of the garden / 지식의 ～ the extent of *one's* knowledge.

넓이뛰기 the broad jump. ¶ 제자리～ the standing broad jump.

넓적다리 the thigh.

넓적하다 (be) flat (and wide).

넓죽 ① 《입을》 with *one's* mouth wide open; 《주저없이》 without hesitation. ② 《몸을》 flat. ¶ ～ 엎드리다 prostrate *oneself*.

넓히다 widen; enlarge; broaden; extend. ¶ 운동장을 ～ enlarge the playground / 지식 〔견문〕을～ broaden 〔extend〕 *one's* knowledge.

넘겨다보다 look over(넘어다보다); covet (탐내다).

넘겨씌우다 put 〔fix〕 《*a blame*》 on another; lay 《*a fault*》 at another's door; impute 《*the accident*》 《*to*》.

넘겨잡다 guess (out); suppose; conjecture.

넘겨짚다 make a random guess; speculate 《*on, about*》; guess; make a shot 《*at*》. ¶ 남의 의도를 ～ guess *a person's* intention / 넘겨 짚어 말해 보다 try a shot in the dark.

넘고처지다 be either too long or too short; be not in proportion to; be not suitable.

넘기다 ① 《인도》 hand (over); turn over; transfer; pass. ¶ 범인을 경찰에 ～ hand over a criminal to the police / 다음 사람에게 ～ pass 《*a thing*》 to the next *person*. ② 《넘어뜨리다》 throw down; overthrow. ③ 《기한 등을》 pass. ¶ 기한을 ～ pass a fixed term. ④ 《이월》 carry over 〔forward〕. ¶ 남은 회비를 내년으로 ～ carry forward the remaining dues to next year. ⑤ 《극복해내다》 get over 〔through〕; overcome; ride out 《*the trouble*》. ¶ 그의 도움으로 경제적 위기를 ～ get through the financial crisis with his help. ⑥ 《젖히다》 turn over 《*the pages of a book*》.

넘나다 behave out of keeping with *one's* station; get out of line.

넘나들다 frequent; make frequent access 《*to*》. ¶ 문턱이 닳도록 ～ frequent a 《*person's*》 house.

넘다 ① 《건너다》 cross; go over; go 〔get〕 beyond; clear. ¶ 산을 넘어 나아가다 go on over the mountain. ② 《초과》 exceed; pass; be over 〔above, more than〕. ¶ 마흔이 넘었다 be over forty. ③ 《범람》 overflow; flow over. ¶ 강물이 둑을 넘었다 The river has overflowed its banks.

넘버 《번호》 a number; 《자동차 번호판》 a license (number) plate. ‖ ～링머신 a numbering machine / ～원 No. 1; number one; A-1.

넘보다 hold 《*a person*》 cheap; make light of 《*a person*》; look down on; underestimate. ¶ 그를 단순한 어린애라고 ～ make light of him as a mere child.

넘성거리다 《탐이 나서》 stretch 〔crane〕 *one's* neck with envy.

넘실거리다 surge; roll; swell. ¶ 파도가 크게 넘실거리고 있었다 The waves were surging heavily.

넘어가다 ① 《때·시한이》 expire; be over; overdue. ¶ 기한이 ～ the term expires. ② 《해·달이》 sink; set; go down. ¶ 해가 ～ the sun sets〔sinks〕. ③《쓰러지다》fall (down); come down; collapse. ¶ 앞으로〔뒤로〕 ~ fall forward 〔backward〕. ④《망하다》go〔become〕bankrupt(회사가); go to ruin; be overthrown〔ruined〕. ¶ 정부가 ~ a government is overthrown / 기업이 잇따라 넘어갔다 Businesses have gone bankrupt one after another《*this month*》. ⑤《남의 손으로》pass into《*another's*》hands〔possession〕; change hands. ¶ 토지는 그 회사로 넘어갔다 The land passed into the hands of the firm. ⑥《속다》be cheated〔deceived〕. ¶ 너는 그의 얌전한 듯한 태도에 넘어갔다 You are deceived by his quiet manner. ⑦《음식물이》be swallowed.

넘어뜨리다 ①《넘어지게 하다》throw 〔tumble〕 down; knock over; overthrow; fell. ¶ 바람이 나무들을 넘어뜨렸다 The wind blew down several trees. ②《지우다》defeat; beat. ③《전복》overthrow.

넘어서다 pass〔get〕over. ¶ 어려운 고비를 ~ get over the hump 〔the hard period〕.

넘어오다 ①《넘어서 이쪽으로》come over〔across〕. ¶ 국경을 ~ come over〔across〕the border line《*to*》. ②《제 차지로》come into *one's* hand; be turned over.

넘어지다 fall (down); come down; drop; tumble down. ¶ (돌에) 걸려 ~ stumble〔trip, fall〕over (a stone).

넘치다 ①《범람》overflow; flow 〔run, brim〕over《*with*》; flood; be full of. ¶ 기쁨에 ~ be full of joy. ②《초과》exceed; be above 〔beyond〕. ¶ 분에 넘치는 영광 an undeserved honor.

넙치〖魚〗a flatfish; a halibut.

넝마 old clothes; rags. ‖ ~장수 a ragman; a junkman / ~주이 a ragpicker.

넣다 ①《속에》put in〔into〕; set 〔let〕in; stuff (속을). ¶ 커피에 우유를 ~ put milk into coffee / 주머니에 손을 ~ put *one's* hand in 〔into〕*one's* pocket / 이불에 솜을 ~ stuff bedclothes with cotton (wool). ②《학교 등에》send〔put〕《*to*》;《입장》admit. ¶ 학교에 ~ put〔send〕《*a child*》to school. ③《포함》include. ¶ 이자를 넣어서〔넣지 않고〕2만 원 twenty thousand *won*, inclusive〔exclusive〕of interest.

네[1] ①《너》you. ¶ ~가 잘못했다 You are to blame. ②《너의》your. ¶ ~ 아들 your son.

네[2]《넷》four. ¶ ~ 사람 four people.

…네《들》¶ 우리 ~ we / 낸시 ~ Nancy's family.

네가《필름》negative (film).

네거리 a crossroads; a crossing.

네글리제 a negligee.

네까짓 ¶ ~놈〔년〕 such a creature〔a wench〕as you / ~것 the likes of you.

네댓 four or five; several. ¶ ~새 a few days.

네덜란드 the Netherlands. ¶ ~의 Dutch / ~말 Dutch / ~ 사람 a Dutchman.

네모 a square. ¶ ~난 four-cornered; square. ‖ ~꼴 a quadrilateral; a tetragon.

네발짐승 a quadruped.

네쌍동이(—雙童—) quadruplets.

네온〖化〗neon (기호 Ne). ‖ ~사인 neon lights〔signs〕.

네이블〖植〗a navel orange.

네이팜〖軍〗napalm. ‖ ~탄 a napalm bomb.

네째 the fourth; No. 4; the fourth place.

네커치프 a neckerchief.

네크리스 a necklace.

네트 a net. ‖ ~워크 a network.

네티즌〖컴〗a netizen; a user of the internet. (◀ *net*work+cit*izen*).

네팔 Nepal. ¶ ~의 Nepalese / ~말 Nepali / ~ 사람 a Nepalese.

네활개 ¶ ~치다 strut; swagger;《비유적》behave triumphantly〔in high spirits〕.

넥타이 a necktie; a tie. ‖ ~핀 a tiepin; a stickpin《美》.

넷 four. ¶ ~으로 자르다 cut in four.

녀석 a fellow; a guy; a chap.

년 a woman; a bitch; a wench.

년(年) a year.

녘 toward(s). ¶ 해뜰 ~ toward daylight / 동~ (the) east.

노(櫓) an oar; a paddle; a scull. ¶ ~를 젓다 pull an oar; row; scull《*a boat*》.

노…(老) old; aged. ‖ ~신사 an old gentleman.

노간주나무〖植〗a juniper tree.

노경(老境) old〔advanced〕age; *one's* declining years. ¶ ~에 들다 be in *one's* old age.

노고(勞苦) labor; pains; toil. ¶ ~를 아끼지 않다 spare no pains.

노곤하다(勞困—) (be) tired; exhausted; weary; languid.

노골(露骨) ¶ ~적인《솔직한》plain; outspoken; frank; open;《음란한》indecent / ~적으로 plainly; outspokenly; openly / ~적인 표현을 피하다 avoid frank expression / 그 그림은 너무 ~적이다 The picture is too suggestive.

노구(老軀) *one's* old bones〔body〕.

노그라지다 ①《지치다》be tired out; be exhausted; be dead tired. ¶ 노그라져 깊이 잠들다 fall asleep dog-tired. ②《빠지다》be infatuated《*with, by*》; give *one-*

self up《*to gambling*》; be besotted《*by a girl*》.

노기(怒氣) anger; wrath; indignation. ¶ ~등등하다 be in a black rage; be furious / ~충천하다 boil with rage.

노끈 a string; a cord.

노년(老年) old〔advanced〕age. ‖ ~기 senescence; old age / ~성 치매 senile dementia / ~의학 geriatirics.

노느매기 distribution; sharing; division. ~하다 share《*with*》; distribute《*among*》; divide《*between*》; allot《*to*》.

노닐다 stroll〔ramble〕about; saunter〔lounge〕around〔about〕.

노다지 a rich mine; a bonanza. ¶ ~를 캐다 strike a bonanza.

노닥거리다 keep chatting〔joking〕; be bantering away.

노대(露臺)〖建〗a balcony; an open-air platform〔stage〕.

노대가(老大家) an old〔a great〕master; a veteran〔venerable〕authority《*on*》.

노도(怒濤) raging billows; angry waves; a high sea.

노독(路毒) (sickness from) the fatigue of travel. ¶ ~을 풀다 take a good rest after *one's* journey.

노동(勞動) labor; toil; work. ~하다 labor; work; toil. ¶ 하루 8시간 ~제 daily eight-hour working system / 주 5일〔40시간〕~ a 5-day〔40-hour〕(working) week / 하루 8시간 ~하다 work eight hours a day. ‖ ~계약 (a) labor contract / ~관계 조정법 the Labor Relations Adjustment Act / ~당(黨) the Labor Party / ~ 당원 a Laborite / ~력 manpower; labor (power) / ~문제 a labor problem / ~법 labor law / ~부 the Ministry of Labor / ~생산성 labor productivity / ~시간 working hours / ~시장 the labor market / ~운동 a labor movement / ~인구 working population; labor force / ~자 a laborer ☞ 근로자 / ~재해 an industrial accident / ~재해보상 compensation for workmen's accident / ~쟁의 labor troubles〔disputes〕/ ~절 May Day; Labor Day《美》/ ~조건 working〔labor〕conditions / ~조합 a labor union《美》; a trade union《英》/ ~환경 labor environment / 정신 ~ mental work.

노랑 yellow; yellow dyes(물감).

노랑이 ①《노란 것》a yellow thing〔one〕. ②《인색한 이》a miser; a stingy person.

노랗다 (be) yellow.

노래 a song; a ballad; singing (창가). ~하다 sing (a song). ¶ ~를 잘하다 be a good singer / 피아노에 맞춰 ~하다 sing to the piano / 곡〔가락〕에 맞게〔틀리게〕~하다 sing in〔out of〕tune. ‖ ~자랑 an amateurs' singing contest / 노랫소리 a singing voice.

노래기〖動〗a millipede; a myriapod.

노래방(―房) a *Noraebang;* a Korean commercial singing establishment (where *one* can sing a song to musical accompaniment while reading the lyrics on a video monitor).

노략질(擄掠―) plunder(ing); pillage. ~하다 pillage; despoil; plunder; loot.

노려보다 glare〔stare〕at《*each other*》.

노력(努力) (an) endeavor; (an) effort; exertion. ~하다 endeavor; strive for; make efforts; exert *oneself*. ¶ 온갖 ~을 다하다 make all possible efforts; do *one's* best / 그의 ~은 보답되었다 His efforts were rewarded. / 모든 ~은 수포로 돌아갔다 All my efforts were in vain. / ~한 보람으로 thanks to *one's* efforts. ‖ ~가 a hard worker / ~상 a prize (awarded) for effort.

노력(勞力)《수고》trouble; pains; effort;《노동》labor. ¶ ~이 드는 일 laborious work / ~을 제공하다 offer personal labor / 회사 재건에 ~을 아끼지 않겠다 I'll spare no effort〔pains〕to reconstruct the company.

노련(老鍊) ¶ ~한 experienced; veteran; expert; skilled / ~한 선수 a veteran player / ~한 솜씨 masterly skill〔dexterity〕/ ~한 교사 an experienced teacher / ~한 사람 an expert; a veteran.

노령(老齡) old〔advanced〕age. ¶ ~의 신사 an old gentleman. ‖ ~화 사회 an aging society.

노루〖動〗a roe (deer). ‖ ~잠 a light sleep; a catnap.

노루발장도리 a claw hammer.

노르스름하다 (be) yellowish.

노르웨이 Norway. ¶ ~의 Norwegian / ~사람 (a) Norwegian.

노른자(위) the yolk (of an egg);《비유적》the most valuable〔important〕part of a place.

노름 gambling; gaming; betting (내기). ~(질)하다 gamble; play for stakes〔money〕. ‖ ~꾼 a gambler; a gamester / ~판 a gambling place〔house〕.

노릇《역할》a part; a role;《일》a job; work;《기능》function. ¶ 선생~ a teaching job; teaching / 바보 ~을 하다 act〔play〕the fool / 사람 ~을 다하다 discharge

one's duty as a man.
노리개 《장신구》 a pendent trinket; 《장난감》 a plaything; a toy.
노리다[1] ① 《냄새가》 (be) stinking; fetid; 《서술적》 smell like burning hair(털 타는); smell like a skunk (동물의). ‖ 노린내 a stench; the smell of a skunk. ② 《다랍다》 (be) mean; stingy.
노리다[2] 《목표·기회 등을》 (take) aim 《*at*》; have an eye 《*to*》; watch 《*for*》 (기회를); aspire 《*to, after*》. ¶ 기회를 ~ watch for a chance / 목숨을 ~ seek 《*a person's*》 life / 높은 지위를 ~ aspire to a high position.
노망(老妄) dotage; senility. ~하다 be in *one's* dotage; become〔get〕 senile.
노면(路面) the road surface. ¶ ~ 재포장 공사가 여기저기서 진행 중이다 Resurfacing work is being carried out here and there. ‖ ~ 동결 《게시》 Icy〔Frozen〕 road. / ~전차 a surface〔street〕 car / ~포장 road surfacing.
노모(老母) *one's* old〔aged〕 mother.
노목(老木) an old〔aged〕 tree.
노무(勞務) labor; work. ‖ ~과(課) the labor section / ~관리 personnel〔labor〕 management / ~자 a worker; a laborer.
노반(路盤) a roadbed.
노발대발(怒發大發) ~하다 be furious; be in a towering rage.
노방(路傍), **노변**(路邊) the roadside〔wayside〕. ‖ 노방초 grass at〔by〕 the roadside.
노벨 《스웨덴의 화학자》 Alfred Bernhard Nobel(1833-96). ‖ ~상 a Nobel prize / ~상 수상자 a Nobel prize winner / ~평화상 the Nobel prize for peace.
노변(爐邊) the fireside. ‖ ~잡담 a fireside chat.
노병(老兵) an old soldier; a war veteran. ¶ ~은 죽지 않고 사라질 뿐이다 Old soldiers never die, they only fade away.
노복(奴僕) a manservant.
노부(老父) *one's* old〔aged〕 father.
노부모(老父母) *one's* aged〔old〕 parents.
노비(奴婢) male and female servants; domestics.
노비(路費) traveling expenses.
노사(勞使) capital and labor; labor and management. ‖ ~관계 the relations between labor and capital / ~분쟁 a labor management dispute / ~불이(不二) the amicable labor-management relations / ~정(政)위원회 the labor-management-government commission / ~협의회 a joint labor-management conference / ~협조 cooperation〔harmonization〕 of capital and labor.
노산(老産) delivery in *one's* old age. ~하다 deliver a child in *one's* old age.
노상 《늘》 always; all the time; habitually (버릇으로).
노상(路上) ¶ ~에서 by the roadside; on the street. ‖ ~강도 a highwayman; a holdup (man) (~강도짓을 하다 commit highway robbery).
노새 〖動〗 a mule.
노색(怒色) anger; an angry look.
노선(路線) a route; a line; a course. ¶ 버스 ~ a bus service route / 정치 ~ (*one's*) political line.
노성(怒聲) an angry voice.
노소(老少) young and old; age and youth. ¶ ~를 막론하고 without distinction of age.
노송(老松) an old pine tree.
노쇠(老衰) infirmity of old age; decrepitude; senility. ~하다 be old and infirm; grow senile. ¶ ~하여 죽다 die of old age. ‖ ~기 senescence.
노숙(老熟) ☞ 노련. ~하다 attain maturity; mature; mellow.
노숙(露宿) camping (out). ~하다 sleep in the open air; camp out.
노스탤지어 nostalgia; homesickness.
노심초사(勞心焦思) ~하다 be consumed with worry; exert *one's* mind; be worried.
노아 〖聖〗 Noah. ¶ ~의 홍수 the Flood; Noah's flood; the Deluge / ~의 방주 Noah's ark.
노아웃 〖野〗 no out. ¶ ~에 만루다 The bases are loaded with no outs.
노안(老眼) 〖醫〗 presbyopia; farsightedness due to old age. ¶ 나이를 먹을수록 ~ 증상이 심해졌다 My eyesight has got dimmer and dimmer with age. ‖ ~경 spectacles for the aged.
노약자(老弱者) the old and the weak.
노어(露語) Russian; the Russian language.
노여움 anger; rage; indignation; displeasure. ¶ ~을 사다 arouse〔excite〕 《*a person's*》 anger; incur〔provoke〕 《*a person's*》 anger〔wrath, displeasure〕.
노여워하다 be offended〔displeased〕 《*at*》; feel hurt; get angry 《*with, at, about*》.
노역(勞役) work; labor; toil. ~하다 labor; work.
노염 ☞ 노여움.
노엽다 feel bitter 《*about, at*》; be〔feel〕 vexed 《*at, with*》; be offended 《*with*》; feel hurt. ¶ 그의 말이 ~ I'm offended at his remark.
노예(奴隸) a slave (사람); slavery (신세). ¶ ~ 같은 slavish; servile / ~처럼 일하다 work like a slave /

그는 돈의 ~다 He is a slave to 〔of〕 money. ‖ ~근성 a servile spirit / ~제도 slavery / ~폐지운동 an anti-slavery movement / ~해방 emancipation of slaves.

노유(老幼) the young and the old.

노이로제 『醫』 neurosis; (a) nervous breakdown. ¶ ~에 걸리다 become neurotic; have a nervous breakdown. ‖ ~환자 a neurotic.

노익장(老益壯) a vigorous old age. ¶ ~을 자랑하다 enjoy a green old age.

노인(老人) an old〔aged〕man; 《총칭》 the aged〔old〕; a senior citizen. ¶ ~의 집 《양로기관》 a home for the aged; an old people's home. ‖ ~병 a disease of the aged / ~복지 old people's welfare; welfare for the aged / ~성 치매증 senile dementia; Alzheimer's disease / ~학 gerontology.

노임(勞賃) wages; pay. ☞ 임금. ¶ ~을 받다〔지불하다〕 receive〔pay〕 wages.

노자(老子) Lao-tzu. ‖ ~사상 Taoism(도교).

노자(路資) traveling expenses.

노작(勞作) a laborious work. ¶ 다년간의 ~ the product of *one's* many years' labor.

노장(老將) a veteran (general); an old-timer. ‖ ~선수 a veteran player.

노적가리(露積—) a stack〔rick〕 of grain in the open air.

노점(露店) a street stall; a booth; a roadside stand. ¶ ~을 내다〔하고 있다〕 open〔keep〕 a street stall. ‖ ~가 open-air stall quarters / ~상(인) a stallkeeper; a street vendor.

노정(路程) 《이수·거리》 distance; mileage; the distance to be covered; 《여정》 an itinerary; the plan〔schedule〕 for *one's* journey. ‖ ~표 a table of itinerary.

노정(露呈) exposure; disclosure. ~하다 expose; disclose.

노조(勞組) ☞ 노동 조합. ‖ ~간부 a union leader / ~원 a unionist; a union man.

노처녀(老處女) an old maid; a spinster.

노천(露天) the open air. ¶ ~의 open-air; outdoor. ‖ ~굴(掘) strip〔opencut〕 mining / ~극장 an open-air theater.

노총(勞總) ¶ 한국~ the Federation of Korean Trade Unions / 민주~ The Korean Confederation of Trade Unions.

노총각(老總角) an old bachelor.

노출(露出) (an) exposure. ~하다 expose; bare; crop out(광맥이). ¶ ~된 exposed; bare; naked / 이 사진은 ~과다〔부족〕이다 This picture is overexposed〔underexposed〕. ‖ ~계 『寫』 an exposure 〔a light〕 meter / ~광(狂) an exhibitionist / ~시간 『寫』 exposure time / ~증 exhibitionism.

노친(老親) *one's* old parents.

노크 a knock; knocking. ~하다 knock 《*at, on*》.

노타이(셔츠) an open-necked shirt.

노트[1] 『海』 a knot. ¶ 20~를 내다 do〔log〕 20 knots.

노트[2] 《필기》 a note; 《필기장》 a notebook. ~하다 note〔jot〕 down; take notes of〔on〕 《*a lecture*》.

노티(老—) signs of (old) age; looking old. ¶ ~가 나다 look old for *one's* age.

노파(老婆) an old woman.

노파심(老婆心) 《지나친 친절》 excessive〔grandmotherly〕 kindness; 《지나친 배려》 excessive consideration〔concern〕. ¶ ~에서 out of kindness / ~에서 한마디 충고하겠다 Let me give you a piece of advice though I know it's none of my business.

노폐물(老廢物) wastes. ¶ 체내의 ~ body wastes / ~처리센터 a wastes treatment center.

노폭(路幅) the width of a street.

노하다(怒—) get angry; be offended; get mad 《美》.

노하우 know-how.

노형(老兄) 《당신》 you.

노호(怒號) a roar; a bellow. ~하다 roar; bellow.

노화(老化) aging. ~하다 age. ¶ ~는 다리부터 시작한다 Aging starts with one's legs. ‖ ~현상 the symptoms of aging.

노환(老患) the infirmities〔diseases〕 of old age; senility. ¶ ~으로 죽다 die of old age.

노회(老獪) ¶ ~한 crafty; cunning; foxy / ~한 사내 an old fox.

노획(鹵獲) capture; seizer. ~하다 capture; seize; plunder. ‖ ~물 booty; spoil(s).

노후(老朽) superannuation. ¶ ~한 wornout; timeworn; superannuated; decrepit / ~화하다 become too old for work〔use〕; become superannuated. ‖ ~선박 a superannuated vessel / ~시설 an outworn equipment.

노후(老後) *one's* old age. ¶ ~에 대비하다 provide for〔against〕 *one's* old age / 마음 편히 ~를 보내다 spend *one's* remaining years in peace and quiet.

녹(祿) a fief; a stipend; an allowance. ¶ ~을 먹다 receive a stipend.

녹(綠) 《금속의》 rust. ¶ ~슬다 rust; get〔become〕 rusty / ~슨 검 a

rusty〔rusted〕 sword / ～을 제거하다 remove the rust 《*from*》; get the rust off. ‖ ～방지제 an anti-corrosive; a rust preventive.
녹각(鹿角) a deer's horn; an antler.
녹나무 〖植〗 a camphor tree.
녹내장(綠內障) 〖醫〗 glaucoma.
녹다 ① 《열에 의해》 melt; fuse(금속이); thaw(눈·얼음이); 《액체에 의해》 dissolve. ¶ 잘 녹는 easily soluble / 잘 녹지 않는 nearly insoluble / 얼음이 햇볕에 녹았다 The ice melted〔thawed〕 in the sun. / 설탕은 물에 녹는다 Sugar dissolves in water. / 구리와 아연은 녹아서 놋쇠가 된다 Copper and zinc fuse into brass. ② 《따뜻해지다》 be warmed; get〔become〕 warm. ¶ 달렸더니 몸이 녹았다 I got〔became〕 warm after running. ③ 《주색에》 ruin *one's* health 《*with dissipation*》; be infatuated〔enchanted〕 with 《*a girl*》. ④ 《혼나다》 have a terrible experience; have a rough time (of it).
녹다운 a knock-down. ¶ ～시키다 knock 《*a person*》 down; floor 《美》.
녹두(綠豆) 〖植〗 green〔mung〕 beans. ‖ ～묵 mung-bean jelly.
녹로(轆轤) a lathe; a potter's wheel; 《고패》 a pulley. ‖ ～세공 turnery.
녹록하다(碌碌—) (be) useless; of little value; trivial; of no importance.
녹말(綠末) starch; farina. ¶ ～질(質)의 starchy; farinaceous.
녹변(綠便) green shit〔stool〕.
녹비(鹿—) deerskin; buckskin.
녹비(綠肥) green manure.
녹색(綠色) green. ‖ ～신고(서) a green return.
녹신녹신하다 (be) very soft and flexible; tender; elastic; pliant.
녹아웃 a knockout(생략 K.O.). ¶ ～시키다 knock out.
녹엽(綠葉) green leaves; green foliage (집합적).
녹용(鹿茸) 〖韓醫〗 a young antler.
녹음(綠陰) the shade of trees.
녹음(錄音) recording. ～하다 record 《*a speech*》; make a recording 《*of*》; tape(테이프에); transcribe 《*a program*》. ¶ 강연을 테이프에 ～해도 좋습니까 May I record your lecture on tape? ‖ ～기 a (tape) recorder / ～기사 a recording engineer / ～방송 (electrical) transcription broadcasting / ～실 a recording room / ～장치 recording equipment / ～테이프 a recording tape.
녹이다 ① 《녹게 함》 melt 《*ice*》; fuse; smelt 《*ore*》; thaw 《*frozen food*》; dissolve 《*salt in water*》. ② 《뇌쇄하다》 fascinate; enchant; charm; bewitch. ¶ 마음을 녹일 듯한 시선을 주다 give〔cast〕 《*him*》 a melting glance. ③ 《몸을》 warm *oneself* 《*at*》; make 《*it*》 warm.
녹지(綠地) a green tract of land. ‖ ～대 a green belt〔zone〕.
녹진녹진하다 (be) soft and sticky.
녹차(綠茶) green tea.
녹초 ¶ ～가 되다 be (utterly) exhausted〔done up〕; be worn out; be dead tired.
녹화(綠化) tree planting; afforestation. ～하다 plant trees 《*in an area*》; plant 《*an area*》 with trees. ¶ 도시의 ～ the greening of cities. ‖ ～운동 a tree-planting campaign.
녹화(錄畫) videotape recording. ～하다 record 《*a scene*》 on videotape; videotape. ¶ 럭비 경기를 ～하다 record a rugby game on videotape / ～방송하다 broadcast a program recorded on videotape. ‖ ～방송 a filmed TV broadcast.
논 a rice〔paddy〕 field. ¶ ～에 물을 대다 irrigate a rice field. ‖ ～도랑 a ditch around a rice paddy / ～두렁 a ridge between rice fields / ～두렁길 a ridge way; a footpath between rice paddies.
논(論) ☞ …론(論), 논하다.
논갈이 plowing a rice field. ～하다 plow〔till〕 a rice field.
논객(論客) a controversialist; a debater; a disputant.
논거(論據) the basis of〔grounds for〕 an argument. ¶ ～가 확실하다 《*one's* argument》 be well grounded / …의 ～가 되다 supply argument for….
논고(論告) the prosecutor's final〔concluding〕 speech.
논공행상(論功行賞) the official recognition of distinguished services. ～하다 confer rewards〔honors〕 according to the merits 《*of*》.
논구하다(論究—) discuss thoroughly; make a full discussion.
논급하다(論及—) ☞ 언급하다.
논꼬 a rice-field sluice gate.
논농사(—農事) rice farming; rice cultivation. ～하다 do rice farming; cultivate rice.
논다니 a harlot; a prostitute.
논단(論壇) 《평론계》 the world of criticism; 《언론계》 the press; the world of journalism.
논란(論難) (adverse) criticism; a charge; denunciation. ～하다 criticize; denounce; refute.
논리(論理) logic. ¶ ～적인 logical / ～적으로 logically / ～적으로 설명

하다 explain 《*it*》 logically. ‖ ~학 logic / ~학자 a logician.

논문(論文) 《일반적인》 a paper(학회 등의); an essay(평론 등); 《학술의》 a treatise; 《졸업·학위의》 a thesis; a dissertation; 《신문 등의》 an article. ¶ ~을 쓰다 write a paper〔thesis〕《*on a subject*》/ ~을 제출하다 submit〔present〕a thesis 《*to*》. ‖ ~심사 examination of theses / ~집 a collection of treatises.

논문서(一文書) the title〔deed〕of a paddy field.

논박(論駁) refutation; confutation. ~하다 argue against; refute; confute.

논법(論法) logic; reasoning.

논봉(論鋒) the force of an argument. ¶ 예리한 ~ an incisive〔a keen〕argument.

논설(論說) 《사설》 a leading article; a leader 《주로 英》; an editorial 《美》; 《논평》 a comment. ‖ ~란 the editorial column / ~위원 an editorial〔a leader〕writer; an editorialist.

논술(論述) (a) statement. ~하다 state; set forth. ‖ ~식 시험 an essay-type examination〔test〕.

논어(論語) the Analects of Confucius.

논외(論外) ¶ ~의 《문제 안 되는》 out of the question; 《본제를 떠난》 beside the question.

논의(論議) a discussion; an argument; a debate. ~하다 argue; dispute; discuss; debate. ¶ ~할 문제 a matter of argument〔debate〕/ ~ 중이다 be under discussion / ~할 여지가 없다 be indisputable〔inarguable〕.

논자(論者) a disputant(논객); the writer(필자); an advocate 《*of*》(주창자). ‖ 개혁론자 an advocate of reform.

논쟁(論爭) a dispute; (a) controversy. ~하다 argue〔dispute〕《*about, with*》; take issue 《*with a person on a matter*》. ¶ ~의 여지가 있다 be debatable; be open to argument〔dispute〕.

논전(論戰) wordy warfare; a battle of words; a controversy.

논점(論點) the point at issue〔in question, under discussion〕.

논제(論題) a subject〔theme, topic〕for discussion. ¶ ~에서 벗어나다 stray〔digress〕from *one's* theme〔topic〕.

논조(論調) the tone〔tenor〕of an argument. ¶ 신문의 ~ the tone of the press.

논죄(論罪) ~하다 rule; find.

논증(論證) proof; (a) demonstration. ~하다 demonstrate; prove.

논지(論旨) the drift〔point〕of an argument. ¶ ~를 명백히 하다 make *one's* point (of argument) clear.

논파(論破) ~하다 refute; confute; argue〔talk〕《*a person*》 down.

논평(論評) (a) criticism; a comment; (a) review. ~하다 criticize; review; comment 《*on*》. ¶ 이 문제에 대한 신문의 ~ press〔newspaper〕comments on this subject / ~을 삼가다 reserve comment 《*on*》.

논픽션 nonfiction. ‖ ~작가 a nonfictioneer.

논하다(論一) discuss; argue; treat 《*of*》; deal with; talk 《*about*》. ¶ 정치를 ~ dicuss politics / 유전공학의 위험성을 논하는 책 a book dealing with the hazards of genetic engineering / 이 논문은 공해 문제를 논하고 있다 This paper treats the problem of pollution.

놀[1] 《하늘의》 a glow in the sky. ¶ 저녁~ an evening glow; a red sunset.

놀[2] 《파도》 wild〔raging〕waves; billows; a heavy sea. ¶ ~이 치다 have a heavy sea.

놀다 ① 《유희》 play; 《즐기다》 amuse〔enjoy〕*oneself;* 《행락》 make a (pleasure) trip 《*to*》; go on an excursion; 《유흥》 make merry; have a spree. ¶ 숨바꼭질을 하며 ~ play hide-and-seek / 카드를 가지고 ~ play cards / 강에서 헤엄을 치고 ~ enjoy (*oneself*) swimming in the river. ② 《휴식·무위》 relax; idle (away); be idle; do nothing; loaf 《*around*》. ¶ 놀고 있는 사람 an idle man; an idler; an unemployed person(실직자) / 노는 날 a holiday / 놀고 지내다 live in idleness; live a life of ease(안락하게) / 놀고 있다 be out of work(무직). ③ 《유휴》 be〔lie〕idle; be not in use. ¶ 노는 돈 idle money / 노는 기계 a machine not in use / 놀고 있는 땅 land lying idle. ④ 《나사 따위가》 be loose〔unsteady〕. ¶ 나사가 논다 The screw is loose. / 이가 ~ have a loose tooth.

놀라다 ① 《경악》 be surprised〔astonished, amazed, startled〕《*at, to hear*》; 《공포·질림》 be frightened〔scared〕《*at*》. ¶ 놀랄 만한 surprising; astounding; amazing / 놀라게 하다 startle; surprise. ② 《경이》 wonder〔marvel〕《*at*》. ¶ 놀랄 만한 wonderful; marvellous / 아무의 용기에 ~ marvel at *a person's* courage.

놀라움 《경이》 wonder; 《경악》 surprise; astonishment; amazement; 《공포》 fright.

놀랍다 (be) wonderful; marvellous; surprising; amazing.

놀래다 surprise; astonish; amaze; startle; frighten(무섭게 하다); create a sensation(화제를 일으키다).
놀리다 ①《조롱》banter; ridicule; tease; play a joke on; make fun〔sport〕of《*a person*》. ②《놀게 하다》let〔have〕《*a boy*》play;《쉬게 하다》give a holiday(휴일을 주다); leave《*a person, a thing*》idle (안 부리다). ¶ 공장을 ~ leave a factory idle. ③《움직이다》move; set〔put〕in motion; operate;《조종하다》manipulate; work《*puppets*》. ¶ 손발을 ~ move〔work〕*one's* arms and legs. ④《돈을》lend out money; loan; lend money at interest. ¶ 2푼 이자로 돈을 ~ lend money at two percent interest.
놀림 banter; teasing; ridicule. ¶ 반 ~조로 partly for fun. ‖ ~감〔거리〕an object of ridicule.
놀아나다 《남의 장단에》play into another's hands; 《바람 피우다》have an affair with《*a person*》; play around《美口》.
놀아먹다 lead a dissipated life.
놀이《유희》play;《경기》a game; a sport (야외의);《오락》amusement; pastime; a recreation;《행락》an outing; a picnic. ‖ ~터 a playground; a pleasure resort(유원지 등) / 꽃~ flower viewing.
놈 a fellow; a chap; a guy.
놈팡이 a disreputable〔dissolute〕fellow;《건달》a bum; a loafer.
놋 brass. ¶ ~쇠로 만든 brazen. ‖ ~그릇 brassware / ~세공 brasswork / ~점 a brassware shop.
놋쇠 ☞ 놋.
놋좆(櫓一) a rowlock; a thole〔pin〕.
농(弄) sport; a joke; a jest; fun; a pleasantry. ¶ (반) ~으로 (half) for fun〔in joke, in jest〕.
농(膿) pus. ☞ 고름.
농(籠)《장농》a chest; a bureau《美》;《옷상자》a trunk; a clothbox.
농가(農家) a farmhouse.
농간(弄奸) machination; a trick; an artifice; a wicked design; the techniques. ¶ ~(을) 부리다 play〔use〕tricks on《*another*》; carry out a wicked design.
농경(農耕) tillage; farming. ‖ ~민족 an agricultural tribe〔people〕/ ~시대 the Agricultural Age.
농공(農工) agriculture and industry.
농과(農科) the agricultural department(학부); an agricultural course(과정). ‖ ~대학 an agricultural college.
농구(農具) farm〔agricultural〕implements; farming tools.
농구(籠球) basketball. ‖ ~선수 a basketball player.
농군(農軍) a farmer〔farmhand〕.
농기(農期) the farming season.
농기구(農機具) farming machines and implements; agricultural machinery(집합적).
농노(農奴) a serf; serfdom (신분).
농단(壟斷) monopolization. ~하다 monopolize; have《*a thing*》to *oneself*.
농담(弄談) a joke; a jest; a prank. ~하다 crack〔make〕a joke; joke; jest. ¶ ~으로 for fun; for a joke / ~은 그만하고 joking〔jesting〕apart〔aside〕/ ~을 진담으로 받아들이다 take a joke seriously.
농담(濃淡) light and shade (명암); shade《*of color*》. ¶ ~을 나타내다 shade《*a painting*》.
농도(濃度) thickness; density;〖化〗concentration. ¶ 바닷물의 염분 ~를 측정하다 measure the concentration of salt in sea water.
농땡이 a lazybones; an idler.
농락(籠絡) ~하다 trifle〔toy〕with; make sport of. ¶ 여자를 ~하다 make sport of a woman / 남자에게 ~당하다 fall a prey to a man's lust.
농림(農林) agriculture and forestry. ‖ ~부 the Ministry of Agriculture and Forestry.
농막(農幕) a farm(er's) hut.
농무(農務) agricultural affairs.
농무(濃霧) a dense fog. ‖ ~주의보 a dense fog warning.
농민(農民) a farmer; a farmhand.
농번기(農繁期) the busiest season for farmers.
농본주의(農本主義) physiocracy; the "agriculture-first" principle.
농부(農夫) a farmer; a peasant.
농사(農事) agriculture; farming. ¶ ~짓다 engage in agriculture; do farming; farm. ‖ ~시험장 an agricultural experiment station / ~철 the farming season.
농산물(農産物) farm products〔produce〕; the crops. ‖ ~가격 farm prices.
농성(籠城) 《성을 지킴》holding a castle;《농성투쟁》a sit-in; a sit-down (strike). ~하다 hold a castle; be besieged; be shut up; go on a sit-down (strike).
농수산(農水産) agriculture and fisheries. ‖ ~물 agricultural and marine products.
농아(聾啞) a deaf-and-dumb person; a deaf-mute. ‖ ~ 학교 a school for the deaf and dumb.
농악(農樂) instrumental music of peasants. ‖ ~대 a farm band.
농약(農藥) agricultural chemicals.

¶ ～을 뿌리다 spray《*vegetables*》 with agricultural chemicals. ‖ 무～야채 chemical-free vegetables; organic vegetables.
농어〖魚〗a sea bass; a perch.
농어촌(農漁村) farming and fishing villages〔communities〕.
농업(農業) agriculture; farming. ¶ ～의 agricultural / ～에 종사하다 be engaged in agriculture / ～ 관련 산업 agribusiness. ‖ ～국〔정책〕 an agricultural country〔policy〕/ ～기술 agricultural techniques / ～인구 the farming population / ～학교 an agricultural school / ～협동조합 an agricultural cooperative (association) / ～협동조합 중앙회 the National Agricultural Cooperative Federation(생략 NACF).
농예(農藝)《농업기술》agricultural technology;《농업과 원예》agriculture and horticulture; farming and gardening. ‖ ～화학 agricultural chemistry.
농우(農牛) a plow ox; farming cattle.
농원(農園) a farm; a plantation.
농작(農作) farming. ‖ ～물 the crops; farm produce.
농장(農場) a farm; a plantation; a ranch《美》. ‖ ～경영자 a farmer.
농정(農政) agricultural administration.
농지(農地) farmland; agricultural land. ‖ ～개량 improvement of farmland / ～개발 development of farmland / ～개혁 an agrarian reform.
농지거리(弄一) joking; jesting.
농촌(農村) a farm village; a rural community; an agricultural district. ¶ ～의 rural; agrarian. ‖ ～문제 a rural〔an agrarian〕 problem / ～지대 an agricultural region; a farm area / ～진흥청 the Rural Development Administration.
농축(濃縮) concentration. ～하다 concentrate; condense; enrich. ‖ ～세제 a concentrated detergent / ～우라늄 enriched uranium.
농토(農土) farmland; agricultural land.
농학(農學) agriculture. ‖ ～과〔부〕 the department of agriculture.
농한기(農閑期) the farmer's slack〔leisure〕 season; the off-season for farmers.
농후(濃厚) ～하다 (be) thick; dense; rich; heavy; strong. ¶ 전쟁이 일어날 가능성이 ～하다 There is a strong possibility of war.
높낮이《고저》high and low;《기복》unevenness; undulations.
높다 ①《장소·높이》(be) high; tall; lofty; elevated. ¶ 높은 산 a high mountain / 높은 건물 a tall〔high〕 building. ②《지위·희망》(be) high; lofty; noble. ¶ 높은 사람 a dignitary; a high official / 높은 이상 a lofty ideal. ③《음성》(be) loud; high-pitched. ¶ 높은 소리로 loudly; in a loud voice. ④《값이》(be) high; expensive; costly. ¶ 높은 생활비 a high cost of living / 물가가 ～ Prices are high. ⑤《비율·도수가》(be) high; strong. ¶ 도수 높은 안경 strong〔powerful〕 glasses / 높은 이자로 at a high interest.
높다랗다 (be) very high.
높이《명사》height; altitude(고도); loudness(소리의); pitch(가락);《부사》high; aloft. ¶ ～가 5미터이다 It is five meters high〔in height〕. / 하늘 ～《fly》high up in the air / ～ 쳐들다 raise《*a thing*》high.
높이다 raise; elevate; enhance《*the value*》; improve. ¶ 담을 ～ make a wall higher; raise a wall / 질을 ～ raise〔improve〕 the quality.
높이뛰기 the high jump.
높직하다 (be) rather high.
놓다 ①《물건을》put; place; lay; set. ¶ 책상 위에 ～ put《*a book*》 on the table / 덫을 ～ lay〔set〕 a trap《*for*》. ②《방면·방치》let go; set free; release; unloose. ¶ 잡은 손을 ～ let go *one's* hold. ③《가설》build; construct; lay; install. ¶ 전화를 ～ install a telephone / 강에 다리를 ～ build〔lay〕 a bridge over a river. ④《총포를》fire〔discharge, shoot〕《*a gun*》. ⑤《불을》set fire to《*a house*》. ⑥《마음을》ease; set《*one's mind*》at ease;《방심》relax《*one's attention*》. ⑦《셈을》calculate; reckon; estimate. ¶ 주판을 ～ reckon〔count〕 on the abacus / 비용을 놓아보다 estimate the expense. ⑧《주사·침을》inject; apply; give《*injections*》. ¶ 침을 ～ needle; apply acupuncture. ⑨《자수를》do embroidery《*on*》; embroider《*figures on*》. ⑩《중간에 사람을》put in《*as an intermediary*》; send《*a person*》. ¶ 사람을 놓아 수소문하다 send a person for information. ⑪《…해 두다》keep; have; leave. ¶ 문을 열어 ～ leave〔keep〕 the door open. ⑫《기타》¶ 엄포를 ～ make a threat / 말을 ～ talk plainly / 돈을 4푼 이자로 ～ lend money at 4 percent interest / 속력을 ～ increase speed; speed up.
놓아두다《가만두다》let《*a thing, a person*》alone; leave《*a matter*》as it is.

놓아먹이다 pasture; graze 《*cattle*》.
놓아주다 let go; set 《*a bird*》 free; release 《*a prisoner*》.
놓이다 ① 《얹히다》 be put〔set, laid, placed〕. ② 《마음이》 feel easy〔at ease〕; feel〔be〕 relieved.
놓치다 《쥔 것을》 miss *one's* hold 《*of*》; drop; let slip; fail to catch(못 잡다); 《사람을》 let 《*a person*》 go; let 《*a thief*》 escape; 《기회를》 miss〔lose〕 《*a chance*》. ¶ 그릇을 ~ drop a dish; let a dish fall / 2시 부산행 항공편을 ~ miss the two o'clock flight to Pusan.
뇌(腦) 〖解〗 the brain. ¶ ~의 cerebral / ~의 손상 brain damage. ‖ ~경색 (a) cerebral infarction / ~성마비 cerebral palsy / ~세포 a brain cell / ~외과 brain surgery / ~졸중(卒中) a stroke; (cerebral) apoplexy (~졸중에 걸리다 have a stroke).
뇌격(雷擊) ~하다 attack with torpedoes; torpedo. ‖ ~기 a torpedo bomber〔plane〕.
뇌관(雷管) a percussion cap; a detonator. ‖ ~장치 a percussion lock.
뇌까리다 repeat; harp on〔upon〕.
뇌다 《말을》 repeat; reiterate.
뇌리(腦裡) ¶ ~에 떠오르다 flash across *one's* mind; occur to *one* / ~에서 떠나지 않다 haunt *one's* memory / ~에 새겨지다 make a deep impression 《*on*》.
뇌막(腦膜) 〖醫〗 the meninges. ‖ ~염 meningitis; brain fever.
뇌명(雷鳴) ☞ 뇌성.
뇌문(雷文) a fret. ‖ ~세공 fretwork.
뇌물(賂物) 《금품》 a bribe. ¶ ~이 통하는〔통하지 않는〕 bribable〔unbribable〕; corruptible〔inconrruptible〕 / ~을 주다 offer〔give〕 a bribe / ~을 먹다 take〔receive〕 a bribe; be bribed 《*by*》 / 그는 공직자에게 ~을 주어 그것을 하게 했다 He bribed the officials into doing it.
뇌병(腦病) a brain disease.
뇌빈혈(腦貧血) 〖醫〗 《have an attack of》 cerebral anemia.
뇌사(腦死) 〖醫〗 brain〔cerebral〕 death. ¶ ~상태의 brain-dead / ~를 선고하다 pronounce 《*a person*》 brain dead.
뇌성(雷聲) thunder; a roar〔clap〕 of thunder. ‖ ~벽력 a thunderbolt.
뇌쇄(惱殺) ~하다 fascinate; enchant; charm; bewitch. ¶ (사람을) ~시키는 매력 (an) irresistible charm.
뇌수(腦髓) 〖解〗 the brain.
뇌수술(腦手術) 〖醫〗 brain surgery. ~하다 perform an operation on the brain.
뇌신경(腦神經) 〖解〗 a cranial〔cerebral〕 nerve. ‖ ~세포 a brain cell.
뇌염(腦炎) 〖醫〗 encephalitis. ‖ ~경보 《issue》 a warning against the outbreak of encephalitis / ~모기 a culex mosquito; an encephalitis-bearing mosquito / ~증세 symptoms of encephalitis / ~환자 an encephalitis patient.
뇌우(雷雨) a thunderstorm.
뇌일혈(腦溢血) 〖醫〗 cerebral hemorrhage. ¶ ~을 일으키다 be stricken with cerebral hemorrhage.
뇌장(腦漿) 〖解〗 the fluid in the brain.
뇌장애(腦障礙) 〖醫〗 a brain injury; brain trouble. ¶ ~를 일으키다 suffer from brain trouble; get〔be〕 injured in the brain.
뇌전(雷電) a thunderbolt.
뇌조(雷鳥) 〖鳥〗 a snow grouse; a ptarmigan.
뇌종양(腦腫瘍) 〖醫〗 brain tumor.
뇌진탕(腦震蕩) 〖醫〗 brain concussion.
뇌척수(腦脊髓) ‖ ~막염 〖醫〗 cerebrospinal meningitis / ~액 〖解〗 cerebrospinal fluid.
뇌출혈(腦出血) 〖醫〗 cerebral hemorrhage.
뇌충혈(腦充血) 〖醫〗 congestion of the brain; cerebral hyperemia.
뇌파(腦波) 〖醫〗 brain waves. ‖ ~검사 a brain wave test.
뇌하수체(腦下垂體) 〖解〗 the pituitary body〔gland〕.
뇌혈전(腦血栓) 〖醫〗 cerebral thrombosis.
누(累) trouble; implication; an evil influence〔effect〕; involvement. ¶ 남에게 ~를 끼치다 get〔involve〕 others in trouble; cause troubles to others; have a harmful〔damaging〕 effect 《*on*》.
누(樓) a tower; a turret; a lookout(망루).
누(壘) 〖野〗 a base.
누가(累加) cumulation. ~하다 increase cumulatively; accumulate.
누가복음(一福音) 〖聖〗 (the Gospel of) Luke.
누각(樓閣) a tower; a turret; a belvedere. ‖ 공중~ a castle in the air.
누계(累計) the (sum) total; the aggregate. ~하다 sum up; total. ¶ 어제 현재로 ~는 100만원이다 The aggregate comes to one million *won* as of yesterday.
누관(淚管) 〖解〗 a tear〔lachrymal〕 duct.
누구 ① 《의문》 who (누가); whose (누구의); whom (누구에게, 누구를). ② 《부정(不定)》 anyone; anybody; any; some(one); whoever (누구든지, 누구나, 누구라도).

누그러뜨리다 soften; 《고통 따위를》 ease; lessen; relieve; 《감정을》 calm; appease; pacify; 《목소리를》 tone down; 《알맞게》 moderate. ¶ 진통제로 아픔을 ~ take some painkillers to relieve the pain / 목소리〔태도〕를 ~ soften *one's* voice〔attitude〕.

누그러지다 soften; be softened; 《고통이》 be relieved〔eased〕; 《마음이》 be soothed; be pacified; be appeased; calm down; 《날씨가》 go down; get milder; subside; abate. ¶ 그의 말에 그녀의 태도가 누그러졌다 His words softened her attitude. / 바람이 누그러졌다 The wind has abated〔gone down〕.

누글누글하다 (be) tender; soft; flexible; pliant.

누긋하다 (be) soft; placid; calm. ¶ 누긋한 성질 a placid temper.

누기(漏氣) moisture; dampness. ¶ ~ 찬 damp; humid; moist / ~가 없는 dry; free from moisture.

누나 *one's* elder sister.

누년(屢年) successive years.

누누이(屢屢—) repeatedly; over and over (again); many times.

누다 《오줌을》 urinate; make〔pass〕 water; 《똥을》 have a bowel movement; empty *one's* bowel; relieve *oneself*.

누대(屢代) successive generations. ¶ ~에 걸쳐 from generation to generation.

누더기 rags; tatters; patched〔tattered〕 clothes. ¶ ~를 걸친 사람 a person in rags.

누덕누덕 in patches. ¶ ~ 기운 옷 clothes covered in patches / ~ 깁다 patch「up〔and dam〕.

누드 (the) nude. ¶ ~의 nude; naked / ~로 in the nude. ‖ ~모델 a nude model / ~사진 a nude photo〔picture〕.

누락(漏落) an omission. ~하다 《…을》 omit; leave out; 《…이》 be omitted〔left out〕. ¶ ~ 없이 기입하다 fill up without omission.

누란(累卵) ¶ ~의 위기에 처해 있다 be in a most dangerous situation; be in imminent peril〔danger〕.

누렇다 (be) deep〔quite〕 yellow; be a golden yellow.

누룩 malt; malted rice; 《효모》 yeast; leaven.

누룽지 scorched rice from the bottom of the pot.

누르다[1] 《빛이》 (be) yellowish; sallow(얼굴이 병적으로).

누르다[2] ① 《내리 누름》 press〔hold, push〕 (down); weigh on; stamp 《*a seal*》. ¶ 초인종을 ~ press the bell button / 아래로 ~ push〔press〕 down / 사다리를 안 미끄러지도록 단단히 눌러라 Hold the ladder firmly. / 돌로 ~ place〔put〕 a stone as a weight on 《*something*》. ② 《억제하다》 restrain; keep down; control; check(저지하다); 《진압하다》 put down; suppress. ¶ 자기 감정을 ~ control〔restrain, keep down〕 *one's* emotion / 노여움을 ~ hold back〔keep down, supress, repress〕 *one's* anger; control *one's* temper / 물가상승을 5% 이하로 ~ prevent prices from rising more than five percent. ③ 《제압》 beat 《*a person, a team*》; defeat; 《야구에서 투수가》 hold 《*the opposing team*》. ¶ 그 투수는 상대팀을 3안타로 눌렀다 The pitcher held〔limited〕 the opposing team to three (scattered) hits.

누르락붉으락하다 《서술적》 change *one's* countenance with anger; flare up.

누르스름하다 (be) yellowish; 《서술적》 be tinged with yellow.

누릇누릇하다 (be) yellowy; yellow-spotted.

누리 《세상》 the world.

누리다[1] 《냄새가》 smell of fat〔grease〕. ¶ 누린내 unpleasant smell of fat〔grease〕.

누리다[2] 《복을》 enjoy. ¶ 건강을 ~ enjoy good health / 장수를 ~ live a long life.

누명(陋名) ¶ ~을 쓰다 incur〔suffer〕 disgrace 《*for*》; be falsely〔unjustly〕 accused 《*of*》; be falsely charged 《*with*》 / ~을 씻다 clear *one's* name.

누범(累犯) repeated offenses. ‖ ~자 a repeated offender.

누비 quilting. ‖ ~옷 quilted clothes / ~이불 a quilt.

누비다 《옷 등을》 quilt 《*clothes*》; 《혼잡한 속을》 thread; weave. ¶ 군중 속을 누비며 가다 thread *one's* way through the crowd.

누선(淚腺) 〖解〗 the lachrymal gland.

누설(漏泄) leakage; a leak. ~하다 leak out; be divulged〔disclosed〕. ¶ 기밀을 ~하다 let out〔leak〕 a secret. ‖ 군기~ a leakage of military secrets.

누수(漏水) leakage of water; a water leak.

누습(陋習) an evil custom〔practice〕. ¶ ~을 타파하다 do away with an evil custom.

누승(累乘) 〖數〗 involution.

누실(漏失) ~하다 leak (out); escape.

누심(壘審) 〖野〗 a base umpire.

누에 a silkworm. ¶ ~를 치다 rear〔raise〕 silkworms. ‖ ~고치 a cocoon / ~나방 a silkworm moth / ~씨 silkworm eggs.

누옥(陋屋) a humble house〔cottage〕.

누워떡먹기 《be》 an easy task; a piece of cake.
누워먹다 live an idle life; eat the bread of idleness.
누이 a sister; 《손위》 an elder sister; 《손아래》 a younger sister.
누이다 ① ☞ 눕히다. ② 《대소변을》 make 〔let〕 《*a child*》 urinate 〔defecate〕.
누적(累積) accumulation. ～하다 accumulate. ¶ ～된 서류 accumulated papers 《*on the table*》.
누전(漏電) a leakage of electricity; a short circuit. ¶ ～되다 short-circuit / ～에 의한 화재 a fire caused by a short circuit.
누정(漏精) spermatorrhea.
누지다 (be) damp; wettish.
누진(累進) successive promotion. ～하다 be promoted from one position to another; rise step by step. ¶ ～적(으로) progressive(ly); gradual(ly). ‖ ～(과)세 progressive 〔gradual〕 tax(ation) / ～세율 progressive tax rates.
누차(屢次) repeatedly; over and over (again); time and again. ¶ ～ 말하다 speak repeatedly.
누추(陋醜) ¶ ～한 dirty; filthy; humble; shabby(옷차림이) / 옷이 ～하다 be shabbily dressed.
누출(漏出) ¶ ～되다 leak (out); escape / 가스가 ～되다 the gas escapes.
눅눅하다 (be) damp; humid. ¶ 눅눅한 빵 soggy bread.
눅다[1] 《값이》 fall 〔drop, decline〕 in price; 《날씨가》 become mild(er); warm up.
눅다[2] 《반죽이》 (be) soft; limp; 《눅눅하다》 (be) damp; soft (with wet); 《성질이》 (be) genial; placid.
눅신눅신하다 (be) soft; supple; pliant; elastic; flaccid.
눅이다 ① 《부드럽게》 soften; make soft 〔tender〕. ② 《마음을》 soften; appease; calm; quiet 《*one's anger*》. ③ 《촉촉이》 damp; moisten; make 《*a thing*》 damp.
눅지다 《날씨가》 become genial 〔mild〕.
눅진눅진하다 (be) soft and sticky.
눈[1] ① 《시각 기관》 an eye. ¶ ～이 큰〔푸른〕 big-〔blue-〕eyed / ～ 깜짝할 사이에 in the twinkling of an eye; in an instant 〔a moment〕 / ～이 아프다 have sore eyes; 《안질》 have eye trouble / ～을 뜨다〔감다〕 open 〔close〕 *one's* eyes / ～에 티가 들어가다 have a mote 〔get something〕 in *one's* eyes / ～에 거슬리다 offend the eye / ～에 선하다 be clear in *one's* memory; linger before *one's* eye / 돈에 ～이 멀다 be blinded by money; be lured by gain / ～에 들다 be in 《*a person's*》 favor; find favor 《*with a person*》 / ～ 밖에 나다 be out of favor 《*with a person*》 / ～은 ～으로, 이는 이로 《구약 성서》 an eye for an eye, a tooth for a tooth. ② 《눈길》 a look; an eye. ¶ 부러운 ～으로 보다 see with an envious eye. ③ 《시력》 eyesight; sight; eyes. ¶ ～이 좋다〔나쁘다〕 have good 〔bad〕 sight. ④ 《주의》 notice; attention; surveilance (감시). ¶ ～에 띄지 않는 곳 a secret corner / ～을 끌다 draw 《*a person's*》 attention; attract notice; catch the eyes 《*of*》. ⑤ 《견지》 a point of view; a viewpoint. ¶ 서양 사람의 ～으로 보면 from a Westerner's point of view. ⑥ 《안식》 an eye; judgment (판단력). ¶ 전문가의 ～ an expert's eye / ～이 높은 appreciative / 사람을 보는 ～이 있다 have an eye for character. ⑦ 《기타》 ¶ 태풍의 ～ the eye of a typhoon / ～이 뒤집히다 lose control of *oneself;* behave irrationally / ～을 감다 《죽다》 die; breathe *one's* last / 성(性)에 ～을 뜨다 be aware of *one's* sexual feelings.
눈[2] ① 《자·저울의》 a graduation; a scale. ¶ 저울 ～을 속이다 give short weight. ② 《나무의 싹》 a sprout; a germ; a bud. ¶ ～트다 bud; shoot; sprout. ③ 《그물의》 a mesh. ¶ 그물의 ～ the mesh(es) of a net / ～이 촘촘한〔성긴〕 철망 a fine 〔coarse〕 wire mesh.
눈[3] 《내리는》 snow; a snowfall(강설); snows (쌓인 눈). ¶ 큰 ～ a heavy snow / 함박 ～ large snowflakes / 싸락 ～ powdery snow / 첫 ～ the first snow of the year / ～길 a snowy 〔snow-covered〕 road / ～처럼 흰 살갗 snow-white skin / ～을 치다 rake 〔shovel〕 away snow; clear 《*a street*》 of snow / ～으로 덮이다 be covered with 〔in〕 snow / ～에 갇히다 be snowbound 〔snowed in〕 / ～이 온다 It snows. *or* Snow falls. / ～이 내리기 시작했다 It began to snow. / ～이 올 것 같다 It looks like snow. / ～으로 교통이 마비되었다 All traffic stopped owing to snow. *or* The snow stopped all traffic.
눈가리개 an eye bandage; blinders(말의). ¶ ～를 하다 blindfold 《*a person*》.
눈가림 a false front; (a) sham; (a) pretense; deception. ～하다 make a show of; pretend; feign; make 《*a thing*》 look like

《*the genuine article*》; deceive. ¶ ～의 deceptive; make-believe; false / 그의 친절은 ～일 뿐이다 His kindness is a mere show 〔pretense〕.
눈감다 ①《눈을》 close〔shut〕 *one's* eyes. ¶ 본능적으로 ～ instinctively shut *one's* eyes. ②《죽다》 die; breathe *one's* last.
눈감아주다 overlook; pass over; connive at; turn a blind eye to. ¶ 이번만은 눈감아 주겠다 I will let the matter pass for this once.
눈거칠다 (be) offensive to the eye.
눈겨룸 《play》 a staring game.
눈결 《at》 a glance〔glimpse〕.
눈곱 《눈의》 eye mucus〔discharges, matter〕; 《극소의 양》 a grain of 《*truth*》; a very small quantity. ¶ ～이 잔뜩 낀 눈 eyes blurred with mucus / ～이 끼다 *one's* eyes are gummy〔mattery〕 / 양심이라곤 ～만큼도 없다 haven't got an ounce of conscience.
눈구멍 〖解〗 the eye socket.
눈구석 the corner of the eye.
눈금 a scale; graduations. ¶ ～을 매기다 graduate; mark 《*a thing*》 with degrees / ～을 10에 맞추다 set the scale〔dial〕 at 10.
눈깜작이 a blinkard.
눈꺼풀 an eyelid.
눈꼴사납다 ①《아니꼽다》 be an offense to the eye; be hateful to see; be an eyesore; (be) unsightly. ¶ 그 녀석이 거드럭거리는 폼은 정말 ～ It is really hateful to see him swaggering. ②《눈꼴이 부드럽지 않다》 (be) hard-featured; villainous-looking.
눈꼴틀리다 hate to see; be sick of; be disgusting.
눈높다 《좋은 것만 찾다》 be desirous of things beyond *one's* means; aim high; 《안목이 있다》 have an expert eye 《*for*》; be discerning.
눈대중 eye measure; a rough estimate. ～하다 measure〔estimate〕 by the eye. ¶ ～으로 재다 measure with *one's* eye.
눈독 ¶ ～들이다 have〔keep〕 *one's* eye 《*on*》; mark 《*something, someone*》 out〔down〕; fix on 《*somebody*》 as *one's* choice / 재산에 ～을 들이다 have an eye on 《*a person's*》 property.
눈동자(一瞳子) 〖解〗 the pupil (of the eye).
눈두덩 〖解〗 the upper eyelid. ¶ ～이 붓다 have swollen eyes.
눈딱부리 《눈》 a pop eye; 《사람》 a bug-eyed person.
눈뜨다 ①《눈을》 open *one's* eyes; wake (up) (깨다). ②《깨닫다》 awake〔be awakened〕 《*to*》; come to *one's* senses. ¶ 엄한 현실에 ～ have *one's* eyes opened to the stern realities of life.
눈뜬장님 《문맹》 an illiterate (person); a blind fool.
눈망울 〖解〗 an eyeball.
눈맞다 fall in love with each other.
눈맞추다 《마주 보다》 look at each other; 《남녀가》 make eyes at each other; make silent love to each other.
눈매, **눈맵시** the shape of *one's* eyes. ¶ 사랑스러운 ～ 《have》 charming eyes.
눈멀다 become blind; lose *one's* sight; 《현혹》 be dazzled〔blinded〕.
눈물 ①《일반적》 tears. ¶ ～겨운 이야기 a pathetic〔touching〕 story / ～에 젖은 얼굴 a tear-stained face / ～어린 눈 watery〔tearful〕 eyes / ～짓다 be moved to tears / ～을 흘리다 cry; shed 〔drop〕 tears / ～을 닦다 dry *one's* eyes / ～을 보이다 show weak eyes / ～을 자아내다 call〔draw〕 tears / ～을 참다 keep back *one's* tears / 연기로 인해 ～이 나왔다 The smoke made my eyes water. ②《인정》 tender heart; sympathy. ¶ ～ 있는 사람 a sympathetic person / 피도 ～도 없는 cold-hearted.
눈병(一病) an eye disease〔trouble〕; sore eyes.
눈보라 《have》 a snowstorm.
눈부시다 ①《부시다》 (be) dazzling; glaring; blinding; radiant. ¶ 눈부시게 희다 be dazzling white. ②《빛나다》 (be) bright; brilliant; remarkable. ¶ 눈부신 업적 brilliant achievements.
눈빛 eye color; the cast of *one's* eyes; the expression in *one's* eyes. ¶ 애원하는 듯한 ～ a look of appeal.
눈사람 《make》 a snowman.
눈사태(一沙汰) an avalanche; snowslide.
눈살 ¶ ～을 찌푸리다 knit *one's* brows; frown.
눈석임 thawing. ～하다 thaw. ‖ ～물 snow water.
눈설다 (be) unfamiliar; strange.
눈속이다 cheat; deceive; trick.
눈속임 deception; trickery.
눈송이 a snowflake.
눈시울 ¶ ～이 뜨거워지다 be moved to tears / ～을 적시는 광경 a deeply moving〔touching〕 scene.
눈싸움 《have》 a snowball fight.
눈썰미 ¶ ～가 있다〔없다〕 have a quick〔dull〕 eye for learning things.
눈썹 an eyebrow. ¶ ～을 그리다 pencil *one's* eyebrows / ～ 하나 까딱 않고 똑바로 보다 look straight without batting an eye.
눈알 an eyeball.
눈앞 ¶ ～에 just in front of *one;*

before *one's* eyes; (right) under *one's* nose / ～의 이익 an immediate profit / ～에 닥치다 be near〔close〕at hand / ～의 일만 생각하다 think only of the present〔the immediate future〕.

눈어림 ☞ 눈대중.

눈에 띄다 《눈을 끌다》 attract〔draw〕《*a person's*》 attention; 《두드러짐》 be conspicuous 《*by, for*》; stand out.

눈엣가시 an eyesore; a pain in the neck. ¶ ～로 여기다 regard 《*a person*》 as an eyesore.

눈여겨보다 take a good look 《*at*》; observe closely〔carefully〕.

눈요기(一療飢) ～하다 feast *one's* eyes 《*on*》. ¶ ～가 되다 be a feast〔joy〕to the eye.

눈웃음 a smile with *one's* eyes. ¶ ～을 치다 smile with *one's* eyes; make eyes at; cast amorous glances at(추파).

눈익다 《사물이 주어》 (be) familiar 《*to*》; 《사람이 주어》 get〔become〕used to seeing 《*a thing*》.

눈인사(一人事) a nod; nodding. ～하다 nod 《*to*》; greet with *one's* eyes.

눈자위 the rim of the eyes.

눈정기(一精氣) the glitter〔keenness〕of *one's* eyes.

눈주다 give 《*a person*》 the eye; wink 《*at*》.

눈짓 a wink; winking. ～하다 wink 《*at*》; make a sign with *one's* eyes.

눈초리 the corner〔tail〕of the eye.

눈총 a glare; a sharp look. ¶ ～을 맞다 be glared at; be hated〔detested〕《*by*》; 《뭇사람의》 be a common eyesore.

눈총기(一聰氣) ¶ ～가 좋다 have acute observation; be quick at learning.

눈치 ① 《센스》 quick wit; tact; sense. ¶ ～가 빠르다 be quick-witted; have the sense enough to *do* / ～가 없다 be dull-witted; lack the sense to *do*. ② 《마음의 기미》 *one's* mind〔inclination, intention〕; *one's* mental attitude toward 《*a person*》; 《기색》 a sign; an indication; a look. ¶ ～를 채다 become aware of 《*a person's*》 intention / ～를 채이다 arouse〔excite〕《*a person's*》 suspicion; be smelled out / 남의 ～를 보다 try to read *a person's* mind〔face〕/ 좋아하는〔싫어하는〕 ～를 보이다 give〔show〕signs of pleasure〔displeasure〕/ 그의 ～가 좀 이상하다 He is somewhat strange in his manners.

눈치레 mere show. ¶ ～로 for show; for appearance sake.

눈칫밥 food given perfunctorily〔unwillingly, coldly〕. ¶ ～ 먹다 be treated coldly; be a hanger-on〔dependent〕.

눈코뜰새없다 (be) very busy; be in a whirl of business.

눋다 scorch; get scorched; burn. ¶ 눌은 밥 scorched rice.

눌러 《계속》 in succession; consecutively. ¶ ～앉다 stay on; remain in office(유임).

눌러보다 overlook; connive at.

눌리다[1] be pressed down; 《압도》 be overwhelmed〔overpowered〕. ¶ 다수에 ～ be overwhelmed by the majority.

눌리다[2] 《눋게 하다》 burn; scorch.

눌변(訥辯) slowness of speech.

눌어붙다 ① 《타서》 scorch and stick to. ② 《한군데에》 stick to; stay on.

눕다 lie down; lay *oneself* down. ¶ 쭉 뻗고 ～ lie at full length; stretch *oneself* at ease / 자리에 ～ lie in *one's* bed / 병으로 누워 있다 be laid up; keep *one's* bed with illness.

눕히다 lay down; make〔have〕《*a person*》 lie down. ¶ 자리에 ～ put 《*a person*》 to bed.

눙치다 soothe〔appease〕with nice words.

뉘 《쌀의》 a grain of unhulled rice.

뉘앙스 nuance. ¶ 말의 ～ a shade of difference in meaning〔expression〕.

뉘엿거리다 ① 《해가》 be about to set〔sink〕. ② 《뱃 속이》 feel sick〔nausea, queasy〕.

뉘우치다 regret; be sorry 《*for*》; repent 《*of one's past error*》. ¶ 뉘우치는 빛도 없이 without any repentance / 자기가 한 짓을 깊이 ～ deeply repent what *he* has done.

뉴스 news. ¶ 해외〔국내〕～ foreign〔home, domestic〕news / (라디오·TV의) ～시간 the news hour / 지금 들어온 ～에 의하면 according to the latest news 《*from Taipei*》 / ～(거리)가 되다 make〔become〕news. ‖ ～가치 news value / ～방송 a newscast / ～속보 a news flash / ～영화 a newsreel; a news film / ～해설 a news commentary / ～해설자 a news commentator.

뉴욕 New York. ¶ ～ 사람 a New Yorker.

뉴질랜드 New Zealand. ¶ ～ 사람 a New Zealander.

뉴트론 〚理〛 neutron.

뉴페이스 a new face.

느글거리다 feel sick〔nausea〕.

느긋하다 《서술적》 be well pleased〔satisfied〕《*with*》; be〔feel〕relaxed〔relieved〕.

느끼다 ① 《지각》 feel; sense; be

aware〔conscious〕《*of*》. ¶ 고통〔공복〕을 ～ feel pain〔hungry〕/ 불편을 ～ find it inconvenient《*to do*》; experience〔suffer〕inconvenience / 어려움을 ～ find difficulty《*in doing*》/ 위험을 ～ sense danger / …을 느끼지 않다 be insensitive《*to pain*》; be dead《*to all sense of shame*》. ② 《감동》 be impressed《*by, with*》; be moved〔touched〕《*by*》. ¶ 아무의 친절을 고맙게 ～ be moved by *a person's* kindness / 깊이 느끼게 하다 touch《*a person*》to the heart; move〔impress〕《*a person*》profoundly.

느끼하다 (be) too fatty〔greasy, rich〕. ¶ 느끼한 음식 fatty〔greasy, rich〕food.

느낌 《인상》 an impression; an effect(그림 따위가 주는); 《감각》 (a) feeling; a sense; 《촉감》 touch. ¶ 좋은〔나쁜〕 ～을 주다 impress《*a person*》favorably〔unfavorably〕; make a favorable〔an unfavorable〕impression on《*a person*》/ 거칠거칠한〔매끈매끈한〕 ～을 주다 feel rough〔smooth〕; be rough〔smooth〕to the touch〔feel〕/ 뭔가 묘한 ～이 들었다 Somehow I felt strange. ‖ ～표 an exclamation mark.

느닷없이 suddenly; all of a sudden; unexpectedly; without notice. ¶ ～ 덤벼들다 make a sudden spring at《*a person*》.

느루 ¶ ～ 먹다 eat《*food*》sparingly; make《*food*》last (long).

느른하다 (be) languid. ☞ 나른하다.

느릅나무 〖植〗 an elm (tree).

느리광이 a sluggard; an idler.

느리다 ① 《움직임이》 (be) slow; tardy; sluggish. ¶ 느리게 slowly; tardily / 일손이 ～ be slow in *one's* work. ② 《짜임새가》 (be) loose.

느림 《장식술》 a tassel.

느릿느릿 《동작이》 slowly; tardily; sluggishly; 《성기게》 loose; slack.

느물거리다 act craftily; talk〔behave〕insidiously.

느슨하다 《헐겁다》 (be) loose; lax; slack; relaxed(마음이). ¶ 느슨하게 loose(ly) / 느슨해지다 loosen.

느즈러지다 ① 《느슨해지다》 loosen; slacken; become loose; relax (마음이). ② 《기한이》 be put off; be postponed.

느지감치 rather late. ¶ 아침 ～ 일어나다 get up rather late in the morning.

느지막하다 (be) rather late.

느타리 〖植〗 《버섯》 an agaric.

느티나무 〖植〗 a zelkova (tree).

늑간(肋間) 〖解〗 ‖ ～신경 the intercostal nerve / ～신경통 intercostal neuralgia.

늑골(肋骨) 〖解〗 a rib; 《선박의》 the frame.

늑대 〖動〗 a wolf.

늑막(肋膜) 〖解〗 the pleura. ‖ ～염《dry, moist》pleurisy.

늑장부리다 be slow; dawdle《*over*》; linger; dally《*away*》; be tardy. ¶ ～가 기회를 놓치다 dally away *one's* opportunity.

는적거리다 feel squashy〔flabby〕; be decomposed(고기가).

늘 ☞ 언제나.

늘그막 ¶ ～에 in *one's* old age; in *one's* declining years.

늘다 ① 《증가》 increase; be on the increase〔rise〕; gain(힘·무게가); rise; multiply(배가하다). ¶ 30퍼센트 ～ increase by 30 percent / 장서가 2년 사이에 배로 늘었다 My library has doubled in the last two years. / 회원이 ～ have an increased membership / 체중이 (2킬로) ～ gain (two kilograms) in weight / 차량의 수가 계속 늘고 있다 The number of cars「goes on increasing〔is on the increase〕. / 실업자(의 수)가 늘고 있다 Unemployment is「up〔on the rise〕. ② 《향상》 progress《*in*》; advance《*in*》; be improved. ¶ 영어가 ～ make progress in *one's* English.

늘리다 《수·양을》 increase; add to; raise (증액); multiply(배가); 《면적을》 enlarge; extend. ¶ 인원을 ～ increase the number of men; add to the staff / 재산을 ～ increase〔add to〕*one's* fortune.

늘비하다 《서술적》 be「arrayed〔spread out〕.

늘씬하다 (be) slender; slim. ¶ 늘씬한 미인 a beautiful girl, slender as a lily.

늘어가다 go on increasing; be on the increase.

늘어나다 ① 《길이가》 lengthen; extend; grow longer; stretch. ¶ 고무줄이 ～ a rubber band stretches. ② 《많아지다》 increase《*in number*》.

늘어놓다 ① 《배열》 arrange; place《*things*》in order; 《진열》 display; lay out. ② 《어지르다》 scatter《*about*》; leave《*things*》lying about. ③ 《말을》 mention; 《열거》 enumerate; list. ④ 《배치》 post; station; 《사업을》 carry on《*various enterprises*》.

늘어뜨리다 《아래로》 hang down; suspend; droop. ¶ 머리를 등에 늘어뜨리고 있다 have *one's* hair hanging down *one's* back.

늘어서다 stand in a row; form in a line; stand abreast (옆으로). ¶ 두 줄로 ～ form〔stand in〕two rows / 배급을 타려고 죽 ～ make a queue waiting for the ration.

늘어지다 ① 《길어지다》 extend; lengthen; grow longer. ② 《처지다》 hang (down); dangle; droop. ③ 《몸이》 droop; be languid〔exhausted〕. ④ 《팔자가》 live in comfort; be on easy street.
늘이다 ① ☞ 늘어뜨리다. ② 《길게》 lengthen; make 《*something*》 longer; stretch; extend. ¶ 고무줄을 ～ stretch a rubber band.
늘쩍지근하다 feel tired〔weary〕.
늘컹거리다 be squashy〔flabby〕.
늙다 grow old; age; advance in age. ¶ 늙은 old; aged / 나이보다 늙어 보이다 look old for *one's* age.
늙다리 《사람》 a dotard; a silly old man; 《짐승》 an old animal.
늙수그레하다 (be) fairly old; oldish.
늙은이 an old man; 《총칭》 the old; the aged.
늙히다 make 《*a person*》 old. ¶ 처녀로 ～ let 《*a girl*》 become an old maid.
늠름하다(凜凜—) (be) gallant; imposing; commanding; dignified. ¶ 늠름한 태도 an imposing〔awe-inspiring〕 attitude.
능(陵) a royal tomb; a mausoleum.
능가(凌駕) ～하다 be superior to; surpass; exceed; override; outstrip. ¶ 젊은이를 ～하다 outdo 〔surpass〕 the young / …을 훨씬 ～해 있다 be far superior to...; be head and shoulders above....
능구렁이 ① 《뱀》 a yellow-spotted serpent. ② 《사람》 an old fox; a insidious person.
능글능글하다 (be) sly; cunning; sneaky; insidious.
능금 a crab apple.
능동(能動) ¶ ～적인 voluntary; active. ‖ ～태 〖文〗 the active voice.
능란하다(能爛—) (be) skillful; dexterous; deft; expert. ¶ 능란하게 well; skillfully; with skill; tactfully / 말솜씨가 ～ have an oily tongue.
능력(能力) ability; capacity; competence. ¶ ～ 있는 able; capable / …할 ～이 있다 be able〔competent〕 to 《*do*》; be capable of 《*doing*》. ‖ ～급(給) pay according to ability / ～자 a competent〔capable〕 person / ～테스트 a competence test / 생산～ productive capacity / 지불～ solvency.
능률(能率) efficiency. ¶ ～적인 efficient / 비～적인 inefficient / ～을 올리다〔떨어뜨리다〕 improve 〔lower〕 the efficiency. ‖ ～곡선 an efficiency curve / ～급 an efficiency wages / ～저하〔증진〕 lowering〔increase, improvement〕 of efficiency / ～제 승급제도 the proficiency salary raise system.
능멸(凌蔑) ～하다 despise; disdain.
능변(能辯) eloquence. ¶ ～의 eloquent / ～가 an eloquent speaker.
능사(能事) a suitable work(적당한); something in *one's* line(잘하는). ¶ …을 ～로 삼다 make it *one's* business to 《*do*》 / 돈을 모으는 것만이 ～가 아니다 It is not everything to accumulate money.
능선(稜線) a ridgeline.
능소능대하다(能小能大—) (be) good at everything; able and adaptable; versatile.
능수(能手) 《솜씨》 ability; capability; capacity; 《사람》 an able man 〔hand〕; an expert; a veteran.
능수버들 a weeping willow.
능숙(能熟) skill. ¶ ～한 skilled; skillful; proficient; experienced / ～해지다 become skillful; attain proficiency.
능욕(凌辱) 《강간》 a rape; 《모욕》 (an) insult; (an) indignity. ～하다 rape; insult. ¶ ～당하다 be raped〔insulted, violated〕.
능지기(陵—) the caretaker of a royal tomb.
능지처참(陵遲處斬) ～하다 behead and dismember 《*a criminal*》.
능청 dissimulation; feigning; false pretense. ¶ ～ 떨다〔부리다〕 dissimulate; feign ignorance; pretend not to know; play the innocent.
능청거리다 be pliable〔pliant〕.
능청스럽다 (be) dissembling; insidious; deceitful.
능통하다(能通—) (be) proficient 《*in*》; well-acquainted 《*with*》; well-versed 《*in*》; good 《*at*》; skilled; expert. ¶ 영어에 ～ be at home in English; be well-versed in English / 사무에 ～ be proficient in office work.
능하다(能—) (be) good 《*at*》; proficient〔versed, expert〕 《*in*》. ¶ 영어에 ～ be good at English.
능히(能—) well; easily; ably. ¶ ～ 할 수 있다 can easily *do;* be able to *do;* be equal to; 《서슴지 않다》 make no scruple of 《*doing*》; be capable of any 《*crime*》.
늦… late. ¶ ～가을 late autumn.
늦다 ① 《시간적으로》 (be) late; behind time; 《속도가》 (be) slow. ¶ 늦게 late / 늦어도 at (the) latest / 밤늦게(까지) (until) late at night / 열차에 ～ be late for the train / 약속 시간에 한 시간 ～ be one hour late for *one's* appointed time / 늦게 떠나다 make a belated start / 5분 ～ be five minutes slow / 때는 이미 늦었다 It is too late now. ② 《느슨하다》 (be)

loose; slack.
늦더위 the lingering summer heat; the heat of late summer.
늦되다 mature late; be slow to mature. ¶ 늦되는 과일 late fruit.
늦둥이 a child *one* had late in *one's* life.
늦바람 ① 《바람》 an evening breeze. ② 《방탕》 dissipation in *one's* later years. ¶ ~ 나다 take pleasure-seeking life late in *one's* years.
늦벼 late rice (plants).
늦복(—福) happiness in *one's* later days.
늦잠 late rising; oversleeping. ¶ ~ 자다 rise [get up] late; sleep late in the morning. ‖ ~꾸러기 a late riser. 「summer.
늦장마 the rainy spell in late
늦추다 ① 《느슨히》 loosen; unfasten; relax(정신을); slow down(속도를). ¶ 고삐를 ~ slack the rein; let the rein go / 경계를 ~ relax *one's* guard 《*against*》. ② 《시일을》 postpone; put off. ¶ 마감 날짜를 이틀 ~ put the deadline off two days. 「afterwinter cold.
늦추위 the lingering cold; the
늪 a swamp; a marsh; a bog.
니스 varnish. ¶ ~칠하다 varnish.
니카라과 Nicaragua.
니켈 〖化〗 nickel (기호 Ni).
니코틴 〖化〗 nicotine. ‖ ~중독 nicotinism.
니크롬선(—線) (a) nichrome wire.
니트로글리세린 〖化〗 nitroglycerine.
니트웨어 knitwear.
니힐 nihil. ‖ ~리스트 a nihilist / ~리즘 nihilism.
님 《경칭》 Mister, Mr.; Esq. (남자); Miss(미혼 여자); Mrs.(부인). ¶ 사장 ~ Mr. President; 《여자》 Madam President / 선생~ Sir!; Mr. [Miss] 《*Brown*》 / 임금 ~ His Majesty; 《호칭》 Your Majesty!
님비현상(—現象) the NIMBY phenomena 《NIMBY=Not In My Back Yard》.
닢 a piece 《*of coin* [*copper*]》.

우리나라 행정 각부 명칭

※ 2013년 9월. 관사 the는 편의상 생략.

국무총리	Prime Minister	농림축산식품부	Ministry of Agriculture, Food and Rural Affairs
기획재정부	Ministry of Strategy and Finance	~장관	Minister of Agriculture, Food and Rural Affairs
~장관	Minister of Strategy and Finance	산업통상자원부	Ministry of Trade, Industry & Energy
통일부	Ministry of Unification	~장관	Minister of Trade, Industry & Energy
~장관	Minister of Unification	보건복지부	Ministry of Health & Welfare
외교부	Ministry of Foreign Affairs	~장관	Minister of Health & Welfare
~장관	Minister of Foreign Affairs	환경부	Ministry of Environment
법무부	Ministry of Justice	~장관	Minister of Environment
~장관	Minister of Justice	고용노동부	Ministry of Employment and Labor
국방부	Ministry of National Defense	~장관	Minister of Employment and Labor
~장관	Minister of National Defense	국토교통부	Ministry of Land, Infrastructure and Transport
안전행정부	Ministry of Security and Public Administration	~장관	Minister of Land, Infrastructure and Transport
~장관	Minister of Security and Public Administration	해양수산부	Ministry of Oceans and Fisheries
교육부	Ministry of Education	~장관	Minister of Oceans and Fisheries
~장관	Minister of Education	감사원	Board of Audit and Inspection of Korea
미래창조과학부	Ministry of Science, ICT and Future Planning	~장	Chairman of the Board of Audit and Inspection of Korea
~장관	Minister of Science, ICT and Future Planning		
문화체육관광부	Ministry of Culture, Sports and Tourism		
~장관	Minister of Culture, Sports and Tourism		

다 《모두》 all; everything; everyone; utterly; completely. ¶ 둘 ~ both together; both (of us) / ~ 먹다 eat up / ~ 알다 know thoroughly.
다가놓다 bring near; put 〔place〕 closer.
다가붙다 stick nearer 《*to*》.
다가서다 step 〔come〕 up to; approach closer; come 〔go〕 nearer.
다가앉다 sit close.
다가오다 approach; draw 〔come〕 near; draw close 《*to*》. ¶ 종말이 ~ draw to a close / 시험이 다가온다 The examination is drawing on 〔near〕.
다각(多角) ¶ ~적인 many-sided 《*tastes*》; versatile 《*genius*》. ‖ ~경영 diversified 〔multiple〕 management / ~무역 multilateral trade / ~형 〖數〗 polygon (~형의 polygonal).
다갈색(茶褐色) (yellowish) brown; liver-color. ¶ ~의 brown; liver=colored.
다감(多感) ¶ ~한 emotional; sensitive; sentimental / ~한 시인 a passionate poet.
다과(多寡) many and 〔or〕 few; (a) quantity(양); (an) amount (액); (a) number (수).
다과(茶菓) tea and cake; (light) refreshments. ‖ ~회 a tea party.
다관(茶罐) a teakettle; a teapot.
다구(茶具) tea-things; tea utensils; a tea set (한 벌의).
다국적(多國籍) ‖ ~군 the multinational (coalition) forces / ~기업 a multinational corporation 〔enterprise〕.
다그다 bring (up) near; draw close; 《기일을》 advance; set ahead 《*the date of*》.
다그치다 ① ☞ 다그다. ② 《감정·행동》 press; urge; impel. ¶ 다그쳐 묻다 press 《*a person*》 (hard) for an answer.
다급하다 (be) imminent; impending; pressing; urgent. ¶ 다급한 용무로 on an urgent business.
다기지다(多氣―) (be) courageous; bold; plucky; daring.
다난(多難) ~하다 be full of troubles; (be) eventful. ¶ ~한 해 a tumultuous year / 국가 ~한 때(에) (in) a national crisis.
다녀가다 drop in for a short visit; call at 《*a house*》; look 《*a person*》 up; stop by 〔in〕.
다녀오다 get 〔come〕 back 《*from visiting*》; be (back) home.
다년(多年) many years. ¶ ~간 for many years. ‖ ~생 식물 a perennial (plant).
다뇨증(多尿症) 〖醫〗 polyuria.
다능(多能) ¶ ~한 many-talented; many-sided; versatile.
다니다 《왕래》 come and go; go 〔walk〕 about 〔around〕; 《왕복》 go and return; go to 《*a place*》 and back; 《배가》 ply 《*between, from... to...*》; 《기차 따위가》 run between; 《통근·통학》 attend 《*a college*》; go to; commute 《*to the office*》 (통근); 《들르다》 visit. ¶ 자주 ~ frequent; visit frequently / 학교에 ~ attend school / 회사에 ~ work for a company / 경인간을 다니는 버스 a bus running between Seoul and Inch'ŏn.
다다르다 arrive 《*at, in, on*》; reach; get to 〔at〕; come 《*to*》.
다다미 a Japanese mat; matting. ¶ ~를 깔다 lay mats; mat 《*a room*》.
다다이즘 Dadaism; Dada.
다다익선(多多益善) The more, the better.
다닥다닥 in clusters.
다닥치다 run against 〔into〕; come across; 《절박》 come (round); draw near; be imminent.
다달이 every month; monthly.
다대하다(多大―) (be) much; huge; great; heavy; considerable; serious. ¶ 다대한 손해 a heavy loss.
다도(茶道) the tea ceremony.
다도해(多島海) an archipelago [*pl.* -es, -s].
다독(多讀) extensive reading. ~하다 read much 〔widely〕. ‖ ~가 an extensive reader / ~주의 the principle of extensive reading.
다듬다 ① 《매만짐》 arrange; smooth; finish (up); do up; adorn; face (석재 등을); plume (깃 따위를); trim (나무 따위를); plane (대패로). ¶ 머리를 ~ fix 〔arrange〕 *one's* hair. ② 《푸성귀를》 trim; nip 《*off*》. ③ 《땅바닥을》 (make) even; level off 〔out〕; smooth. ④ 《천을》 full 《*cloth*》; smooth clothes by pounding with round sticks.
다듬이 ‖ ~질 smoothing cloth / 다듬잇돌 stone 〔wooden〕 block for pounding cloth / 다듬잇방망이 a round wooden-stick for pounding cloth with.
다듬질 ① finishing touches. ~

하다 give the final touches; finish (up). ② ☞ 다듬이질.
다락 a loft; garret.
다람쥐 〖動〗 a squirrel.
다랍다 ① ☞ 더럽다. ② 《인색》 (be) stingy; niggardly; mean.
다랑어(一魚) a tunny; a tuna 《美》.
다래끼 《바구니》 a fish basket; a creel; 《눈병》 a sty(e).
다량(多量) ¶ ～의 much; a lot of; plenty of; a large quantity of; a great deal of / ～으로 abundantly; in great quantities.
다루다 ① 《처리 · 대우》 handle; manage; deal with; treat. ¶ 다루기 힘든 unmanageable; hard to deal with. ② 《가죽을》 tan; dress 《*leather*》. ¶ 다루지 않은 untanned; raw 《*hide*》.
다르다 《상위》 (be) different from; 《서술적》 vary; differ from; 《닮지 않음》 (be) unlike; 《불일치》 do not agree 《*with*》; do not correspond 《*with, to*》.
다름아닌 《be》 nothing but; no 「more 〔less〕 than.
다름없다 《같다》 be not different 《*from*》, be similiar 《*to*》, be alike(서술적); 《변치 않음》 (be) constant; as ever; 《매한가지》 be as good as 《*dead, new*》 (서술적).
다리[1] 《사람 · 동물의》 a leg; a limb; 《물건의》 a leg.
다리[2] 《교량》 a bridge. ¶ ～를 놓다 build 〔construct〕 a bridge 《*across*》. ‖ 다릿목 the approach to a bridge / 홍예～ an arch bridge.
다리[3] 《머리의》 a hairpiece; 《a tress of》 false 〔artificial〕 hair.
다리다 iron (out); press; do the ironing.
다리미 a flatiron; an iron. ¶ ～질하다 iron 《*clothes*》; do the ironing / 증기～ a steam iron.
다리쇠 a trivet; a tripod.
다림 《수직의》 plumbing; 《수평의》 levelling. ¶ ～ 보다 plumb; 《이해를》 keep alert to *one's* own interest. ‖ ～줄 a plumbing line / ～추 a plummet; a plumb / ～판 a levelling plate.
다림질 ironing. ～하다 iron (out); press; do the ironing.
다릿돌 a stepping stone.
다만 《오직》 only; merely; simply; 《그러나》 but; still; however; provided that.
다망(多忙) pressure of work. ～하다 be busy; have a lot of work. ¶ 공무 ～하여 owing to pressure of official business.
다모작(多毛作) multiple cropping.
다목적(多目的) ¶ ～의 multipurpose / ～으로 사용할 수 있는 기구 a multipurpose gadget. ‖ ～댐 a multipurpose dam / ～차량 a multi-purposed vehicle(생략 MPV).
다문(多聞) ‖ ～박식 much information and wide knowledge.
다물다 shut; close. ¶ 입을 꼭 ～ keep *one's* lips tight; keep silent.
다박나룻 a bushy beard; un「kempt whiskers.
다발 a bundle; a bunch. ¶ 꽃 한 ～ a bunch of flowers.
다방(茶房) a teahouse; a tearoom; a coffee shop (호텔 따위의). ‖ ～레지 a teahouse waitress / ～마담 the manageress of a tearoom.
다방면(多方面) ¶ ～의 varied; various; many-sided; versatile / ～으로 in many fields 〔directions〕 / ～에 교우관계가 있다 have a wide circle of acquaintances.
다변(多邊) ¶ ～적인 multilateral / 수출 시장의 ～화 diversification of export markets. ‖ ～외교 a multilateral diplomacy / ～형 a polygon.
다변(多辯) talkativeness. ¶ ～의 「talkative; garrulous.
다병(多病) ～하다 (be) weak; infirm; sickly; of delicate health.
다복(多福) ～하다 (be) happy; lucky; blessed.
다부일처(多夫一妻) polyandry.
다부지다 《사람이》 (be) staunch; firm; determined. ¶ 다부진 사람 a stout-hearted person.
다분히(多分一) much; greatly; in large measure; quite a lot.
다붓하다 (be) close; dense; be at short intervals. ¶ 다붓이 close(ly); dense(ly).
다비(茶毘) 〖佛〗 cremation. ～하다 cremate 《*the remains*》.
다사(多事) ～하다 (be) eventful; busy. ¶ ～스러운 officious; meddlesome; nosy / ～다난 eventfulness / ～다단(多端)한 생애 an eventful life / 이런 ～다난한 시대에 in these eventful and critical times / 지난 5년이란 세월은 정말 ～다난했다 I have encountered one difficulty after another these last five years.
다산(多産) ¶ ～의 productive; prolific. ‖ ～부 a prolific woman.
다섯 five. ¶ ～째 the fifth / ～배(의) fivefold; quintuple.
다소(多少) ① 《수 · 양의》 (the) number(수); (the) quantity(양); (the) amount(액). ¶ …의 ～에 따라 according to the number 〔amount, quantity〕 of.... ② 《다소의 수》 a few; some; 《다소의 양》 a little; some. ¶ ～의 돈 some money. ③ 《얼마간》 a little; somewhat; to some extent 〔degree〕; in a way. ¶ ～ 모자라는 점이 있다 It leaves something to be desired. / ～ 사실과 다르다 be not quite faithful

to the facts.

다소곳하다 (be) modest and quiet with *one's* head lowered; obedient. ¶ 다소곳이 gently; obediently.

…다손치더라도 (even) though; even if; no matter how〔what, who〕; Admitting〔Granting〕 that …. ¶ 그렇～ Admitting that it is so…. / 설사 무슨 일이 있～ no matter what may happen; come what may.

ㄷ

다수(多數) a large〔great〕 number; many; a majority. ¶ ～의 (a great) many; a large number of; numerous / ～를 믿고 by 〔relying on〕 force of numbers / 압도적 ～로 by an overwhelming majority. ‖ ～결 decision by majority (～결로 정하다 decide by majority) / ～당 the majority party / ～안 a majority proposal / ～의견 a majority opinion.

다수확(多收穫) ¶ ～의 high-yielding 《*wheat*》. ‖ ～품종 a high-yield variety 《*of grain*》.

다스 a dozen. ¶ 5 ～ five dozen 《*pencils*》 / ～로 팔다 sell by the dozen.

다스리다 ① 《통치》 rule〔reign〕 over; govern 《*the people*》; manage 《*one's household*》(관리). ② 《바로잡다》 put 《*things*》 in order; set 《*things*》 to right. ③ 《통제》 control; keep under control; regulate 《*rivers*》; 《진압》 put down; supress. ¶ 폭동을 ～ put down a revolt. ④ 《병을》 treat; cure; heal. ⑤ 《죄를》 punish; bring 《*a person*》 to justice.

다습하다(多濕—) (be) damp; humid. ¶ 다습한 기후 humid weather.

다시 《또》 again; (all) over again; once more〔again〕; 《거듭》 repeatedly; again and again; 《새로이》 anew; afresh. ¶ ～ 보다 look at 《*it*》 again / 같은 잘못을 ～ 되풀이하지 마라 Don't repeat the same error.

다시마 〖植〗 a (sea) tangle.

다시없다 《견줄 곳 없다》 (be) unique; matchless; unequaled; 《두 번 없다》 be never to happen again. ¶ 다시없는 기회 a golden opportunity / 이렇게 좋은 사전은 ～ This dictionary has no equal.

…다시피 《마찬가지로》 as; like; 《같은 정도로》 almost; nearly. ¶ 보시〔아시〕～ as you see〔know〕 / 멸망하～ 되다 be almost ruined.

다식(多食) ～하다 eat much; eat to excess; overeat. ‖ ～가 a great eater / ～증 polyphagia; bulimia.

다식(多識) wide knowledge.

다신교(多神敎) polytheism. ‖ ～도 a polytheist.

다액(多額) ¶ ～의 a large sum of.〔amount〕

다양(多樣) ～하다 (be) various; diverse; a great variety of. ¶ 매우 ～한 의견 a very wide diversity〔variety〕 of opinions. ‖ ～성 diversity; variety / ～화 diversification (～화하다 diversify).

다언(多言) 《다변》 talkativeness; 《여러 말》 many words.

다염기산(多塩基酸) 〖化〗 polybasic acid.

다우존스 〖證〗 ‖ ～산식(算式) the Dow-Jones formula / ～평균주가 the Dow-Jones average price of stocks.

다운 〖拳〗 a knock-down. ¶ ～되다 be knocked down / ～시키다 knock down; floor.

다원(多元) pluralism. ¶ ～적인 plural. ‖ ～론 pluralism / ～방송 a broadcast from multiple origination.

다위니즘 《진화론》 Darwinism.

다육(多肉) ¶ ～의 fleshy; pulpy. ‖ ～식물 a fleshy plant.

다음 the next; the second(두번째). ¶ ～의 next; following; coming / ～날 the next〔following〕 day / ～달〔해〕 the next month 〔year〕; the following month 〔year〕 / ～에 next; secondly; in the second place / ～ 월요일 next Monday / ～ ～ 일요일에 《오늘부터》 on Sunday after next; 《과거·미래의 어떤 날부터》 two Sundays later 〔after that〕 / 이 도시는 한국에서 서울 ～으로 크다 This city is the largest next to Seoul in Korea.

다음(多音) ‖ ～자 a polyphone / ～절 a polysyllable.

다의(多義) polysemy. ¶ ～의 polysemous. ‖ ～어 a word of many meanings.

다이너마이트 dynamite. ¶ ～로 폭파하다 dynamite 《*a rock*》.

다이빙 diving.

다이아 ① ☞ 다이아몬드. ② 《운행표》 a railway schedule〔timetable〕.

다이아나 〖로神〗 Diana.

다이아몬드 a diamond.

다이아진 〖藥〗 (sulfa) diazine.

다이어트 a diet. ¶ ～ 중이다 be on a diet; be dieting / ～를 하다 go on a diet; diet *oneself*.

다이얼 a dial. ¶ ～을 돌리다 turn a dial / ～113번을 돌리다 dial 113. ‖ ～통화 direct-dialing.

다이얼로그 a dialog(ue).

다이오드 〖電子〗 diode.

다작(多作) ～하다 be prolific in writing; write many works. ¶ ～의 prolific. ‖ ～가 a prolific writer〔author〕.

다잡다 《사람을》 closely supervise; exercise strict; control 《*over*》;

urge; 《마음을》 brace *oneself* up 《*for a task*》.

다재(多才) versatile talents. ¶ ～한 versatile; multi-talented; many-sided / ～한 사람 a many-sided man.

다정(多情) ¶ ～한 warm(-hearted); tender; affectionate; kind / ～다감한 emotional; sentimental; passionate / ～히 warmly; kindly; affectionately / ～한 친구 a close friend / ～하게 지내다 be on good 〔friendly〕 terms 《*with*》 / ～다한(多恨)한 일생을 보내다 live a life full of tears and regrets.

다조(一調) 〖樂〗 C.

다족류(多足類) 〖動〗 *Myriapoda*(학명).

다중(多重) ¶ ～의 multiplex; multiple. ‖ ～방송 multiplex broadcasting; a multiplex broadcast / ～방식 a multiplex system / ～인격 a multiple character / ～회로 a multiple circuit.

다지다 ① 《단단하게》 ram; harden 《*the ground*》. ¶ 땅을 평탄하게 ～ ram the soil flat. ② 《고기를》 mince; hash; chop (up). ③ 《다짐받다》 press 《*a person*》 for a definite answer; make sure 《*of*》.

다짐 《확약》 a definite answer 〔promise〕; a pledge; an oath; 《보증》 reassurance; guarantee. ～하다 assure; (give *one's*) pledge; (make a) vow; take an oath. ¶ ～받다 make sure 《*of*》; get an assurance from 《*a person*》; secure a definite answer.

다짜고짜로 without warning 〔notice〕; abruptly. ¶ ～ 사람을 치다 hit *a person* abruptly.

다채(多彩) ¶ ～롭다 (be) colorful; variegated / ～로운 행사 colorful events.

다처(多妻) a plurality of wives. ¶ 일부～ polygyny; polygamy.

다치다 get 〔be〕 hurt; be wounded 〔injured〕. ¶ 다리를 ～ get hurt in the leg / 자동차 사고로 ～ be injured in an auto accident.

다큐멘터리 ‖ ～영화 a documentary film.

다크호스 a dark horse; a sleeper 《美》.

다투다 fight; quarrel 《*about a matter with a person*》; dispute 《*with a person*》 (논쟁); be at variance 《*with*》 (불화); 《겨루다》 contest; compete; vie 《*with*》; struggle. ¶ 사소한 일로 ～ quarrel over trifles / 우승을 ～ compete for the championship / 주도권을 ～ struggle for leadership / 의석을 ～ contend for a seat.

다툼 《논쟁》 a dispute; an argument; a quarrel; 《경쟁》 a struggle; a contest; a competition 《*for a position*》. ¶ 주도권 ～에 말려들다 be dragged into a struggle for leadership.

다하다[1] 《없어지다》 be exhausted; run out; be all gone; 《끝나다》 (come to an) end; be out 〔up, over〕.

다하다[2] ① 《다 들이다》 exhaust; use up; run through. ¶ 최선을 ～ do *one's* best / 힘을 ～ put forth all *one's* strength. ② 《끝내다》 finish; get done; go through; be through 《*with*》; 《완수》 accomplish; carry out; 《이행》 fulfill; perform. ¶ 일을 ～ finish *one's* work / 본분을 ～ perform *one's* duty / 사명을 ～ accomplish 〔carry out〕 *one's* mission.

다항식(多項式) 〖數〗 a polynominal 〔multinominal〕 expression.

다행(多幸) good fortune 〔luck〕. ～하다 (be) happy; lucky; blessed; fortunate. ¶ ～히 happily; fortunately; luckily; by good luck / ～히도 …하다 be lucky enough to 《*do*》; have the luck to 《*do*》 / ～스럽다＝다행하다.

다혈질(多血質) a sanguine 〔hot〕 temperament. ¶ ～인 사람 a man of sanguine temperament; a hot-blooded man.

다홍(一紅) deep red; crimson. ‖ ～치마 a red skirt.

닥나무 〖植〗 a paper mulberry.

닥뜨리다 encounter; meet with; face; be confronted by.

닥치는 대로 at random; haphazardly; indiscreetly; rashly. ¶ ～ 무엇이나 whatever 〔anything that〕 comes handy 〔along *one's* way〕 / ～ 읽다 read at random.

닥치다 approach; draw near; be (close) at hand; be imminent. ¶ 눈 앞에 닥친 위험 an impending 〔a pressing〕 danger / 죽음이 눈 앞에 ～ be on the verge of death.

닥터 a doctor; a doc 《口》.

닦다 ① 《윤내다》 polish; burnish; shine; brighten. ¶ 구두를 ～ shine 〔polish〕 *one's* shoes. ② 《씻다》 clean; wash; brush; 《훔치다》 wipe; mop; scrub. ¶ 이를 ～ brush 〔clean〕 *one's* teeth / 걸레로 ～ wipe 《*the floor*》 with a floorcloth / 눈물을 ～ dry *one's* eyes. ③ 《단련·연마》 cultivate; train; improve. ¶ 기술을 ～ improve *one's* skill / 지덕을 ～ cultivate wisdom and virtue / 무예를 ～ train *oneself* in military arts. ④ 《고루다》 level; make even. ¶ 터를 ～ level the ground. ⑤ 《토대·기반을》 prepare the ground 《*for*》; pave the way 《*for*》.

닦달질하다 scold; rebuke; give 《*a person*》 a good talking-to; take 《*a person*》 to task 《*for*》; teach

a lesson; reprove.
닦아세우다 ☞ 닦달질하다.
닦음질 cleaning; wiping.
닦이다 ① 《닦음을 당하다》 be wiped 〔polished, shined, cleaned, washed, brushed〕. ② 《홀닦이다》 be strongly rebuked; have a good scolding; catch it.
단 《묶음》 a bundle; a bunch; a sheaf (벼 따위); a faggot (장작 따위). ¶ ~ 짓다 bundle; tie up in a bundle; sheave.
단(段) ① 《지적 단위》 a *dan*(=about 0.245 acres). ② 《인쇄물의》 a column. ¶ 삼~ 표제 a three-column heading. ③ 《등급의》 a grade; a class; a rank. ¶ 바둑 9~ a ninth grader in *paduk* / ~수가 틀리다 be not in a class with; stand on different levels. ④ 《층계》 a step; a stair.
단(壇) a platform; a raised floor; a rostrum; a stage(무대); a pulpit (교회의 연단); an altar(제단).
단(斷) decision; resolution; judgment. ¶ ~을 내리다 make a final decision.
단(單) only (one). ¶ ~ 한 번 only once.
단(但) but; however; provided that (조건).
단(團) a body; a corps; a group; a party; a team (경기단); a troupe (극단); a gang (악한 따위의). ¶ 외교~ a diplomatic corps / 관광~ a tourist party.
단가(短歌) a *dan-ga* (poem); a Korean ode.
단가(單價) a unit cost〔price〕. ¶ ~ 50원으로 at 50 *won* a piece. ‖ 생산~ the unit cost of production.
단가(團歌) the (official) song of an association.
단가(檀家) 〖佛〗 a parishioner; a supporter of a Buddhist temple.
단강(鍛鋼) forged steel.
단거리(短距離) a short distance; a short range (사정(射程)의). ‖ ~경주 a short-distance race; a sprint (race) / ~선수 a sprinter / ~이착륙기 a short takeoff and landing plane〔aircraft〕 (생략 STOL) / ~전략핵병기 a short-range strategic nuclear weapon / ~탄도미사일 a short-range ballistic missile (생략 SRBM).
단검(短劍) a short sword; a dagger(비수).
단견(短見) short-sightedness; a narrow view〔opinion〕.
단결(團結) unity; union; solidarity. ~하다 unite; hold〔get〕 together. ‖ ~권 the right of organization(근로자의) / ~력 power of combination / ~심 cooperative spirit; *esprit de corps* 《프》.
단결에, 단김에 while it is hot; before the chance slips away. ¶ 쇠뿔도 ~ 빼랬다 《俗談》 Strike while the iron is hot.
단경(短徑) 〖幾〗 the minor axis.
단경(斷經) 〖韓醫〗 menopause; natural cessation of menstruation. ~하다 go through menopause. ‖ ~기 the (time of) menopause.
단경기(端境期) an off-crop〔a preharvest〕 season.
단계(段階) a stage; a step; a phase. ¶ ~적인 해소〔폐지〕 a phaseout 《*of the old system*》 / ~적인 도입 a phase-in 《*of the new policy*》 / 병력의 ~적인 철수 phased withdrawals of troops / 그 계획은 아직 실험 ~에 있다 The project is still in an experimental stage. ‖ 최종~ 《be in》 the final stage.
단골 《관계》 custom; connection; patronage; 《사람》 a regular customer; a patron; a client. ¶ 오랜 ~ an old customer / ~이 많다 have a large custom〔connection〕.
단과대학(單科大學) a college.
단교(斷交) a rupture; a break of relations; a severance. ~하다 break off relations 《*with*》. ‖ 경제~ a rupture of economic relations.
단구(段丘) 〖地〗 a terrace. ‖ 해안〔하안〕~ a marine〔river〕 terrace.
단구(短軀) 《be of》 short stature.
단궤(單軌) a monorail. ‖ ~철도 a monorail〔centripetal〕 railway.
단근질 torturing with a red-hot iron. ~하다 torture 《*a criminal*》 with a red-hot iron.
단기(單記) single entry. ‖ ~투표 single voting.
단기(短期) a short term〔time〕. ¶ ~의 short-term; short-dated. ‖ ~강습 a short(-term) course 《*in English*》 / ~계약 a short-term contract / ~대부〔융자〕 a short-term loan / ~유학 a short period of study abroad / ~자금 short-term funds.
단기(單騎) a single horseman.
단기(團旗) an association banner.
단내 a burnt〔scorched〕 smell. ¶ ~가 난다 I can smell something burning.
단념(斷念) abandonment. ~하다 give up 《*an idea*》; abandon; quit. ¶ ~시키다 persuade 《*a person*》 to give up 《*the idea of doing*》; dissuade 《*a person*》 from 《*doing*》 / 그 계획을 아직 ~하지 않았다 I still have hope for that project.
단단하다 (be) hard; solid; strong (세다); firm(굳건하다); tight(매듭이). ¶ 단단히 hard; solidly(튼튼히); tightly(꽉); fast(안 움직이게); firmly(굳게); strongly(세게); strict-

ly(엄중히); severely(되게); greatly (크게) / 단단한 기초 a solid foundation / 단단한 결속 strong solidarity / 단단히 결심하다 be firmly resolved / 단단히 약속하다 make a solemn promise / 단단히 이르다 give strict orders.

단대목(單—) the high tide《*of*》; an important opportunity〔position〕.

단도(短刀) a dagger.

단도직입(單刀直入) ¶ ～적(으로) point-blank; straightforward(ly); direct(ly); frank(ly) / ～적인 질문 a point-blank question / ～적으로 말하다 speak plainly〔bluntly〕/ ～적으로 말하라 Come straight〔right〕to the point.

단독(丹毒)〖醫〗erysipelas.

단독(單獨) ¶ ～의 single; sole; individual(개개의); independent (독립의); separate(개개의); single-handed(혼자 힘으로) / ～으로 alone; by *oneself*; independently / ～으로 산에 오르다 climb the mountain alone〔by *oneself*〕/ ～행동을 취하다 take independent action; act independently. ‖ ～강화《conclude》a separate peace《*treaty*》/ ～내각 a one-party cabinet / ～범 a one-man〔single-handed〕crime; a crime committed without accomplices; a sole offender(범인) / ～비행 a solo flight / ～회견 an exclusive interview.

단두대(斷頭臺) a guillotine. ¶ 마침내 ～의 이슬로 사라지다 be finally sent to the guillotine.

단락(段落)《문장의》(the end of) a paragraph;《일·사건의 구획》an end; a close; conclusion; settlement. ☞ 일단락. ¶ ～을 짓다 bring《*a matter*》to a conclusion.

단락(短絡)〖電〗a short (circuit).

단란(團欒) ～하다 (be) happy; harmonious; sit in a happy circle. ¶ ～한 가정 생활 a happy home life.

단련(鍛鍊) ①《금속》temper; forging. ～하다 temper《*iron*》; forge. ②《심신》training; discipline. ～하다 train; discipline. ¶ 심신을 ～하다 train *one's* body and mind.

단리(單利)〖經〗simple interest.

단막(單幕) one act. ‖ ～극 a one act drama〔play〕.

단말마(斷末魔) *one's* last moments. ¶ ～의 고통 death agony; the throes of death.

단맛 sweetness;《have》a sweet taste.

단면(斷面) a (cross) section. ¶ ～의 sectional / 인생의 한 ～ a segment of life / 사회 생활의 한 ～을 나타내다 reveal〔show〕a cross section〔an aspect〕of social life. ‖ ～도 a cross section《*of*》; a sectional drawing / 부분 ～도 a partial cross section.

단명(短命) a short life. ¶ ～한 short-lived / ～한 정권 a short-lived administration / 재사(才士) ～ Men of talent die young.

단모음(單母音) a single vowel.

단무지 pickled (yellow) radish.

단문(短文) a short sentence.

단문(單文)〖文〗a simple sentence.

단물 ①《담수》fresh water. ②《맛이 단》sweet water. ③《알속》the cream;《take》the lion's share. ¶ ～을 빨아먹다 take the lion's share; skim the cream off. ④《연수》soft water.

단박 instantly; immediately; right away; promptly; at once. ¶ 일을 ～에 해치우다 finish up *one's* work right away.

단발(單發) ①《한 발》a shot. ¶ ～에 at a shot. ‖ ～총 a single-loader. ②《발동기》a single engine. ‖ ～기 a single-engined plane.

단발(短髮) short hair.

단발(斷髮) bobbed hair; a bob. ～하다 bob *one's* hair. ‖ ～미인 a beautiful woman with bobbed hair.

단백(蛋白) albumen. ‖ ～뇨증(尿症) albuminuria / ～석〖鑛〗opal.

단백질(蛋白質) protein; albumin. ¶ ～이 풍부한〔적은〕식품 high-〔low-〕protein foods / protein-rich〔-poor〕foods / 고급 ～을 포함한 식품 high-quality protein foods / 동물성〔식물성〕～ animal〔vegetable〕protein.

단번(單番) ¶ ～에 at a stroke〔stretch〕; at one coup〔try〕; by one effort; at once / ～에 결정짓다 decide《*a matter*》by one effort.

단벌(單—)《옷》*one's* only suit. ¶ ～ 나들이옷 *one's* sole Sunday best. ‖ ～신사 a poor gentleman who has no spare suit.

단본위제(單本位制)〖經〗monometallism; a single standard system〔base〕.

단봉낙타(單峰駱駝)〖動〗an arabian〔a single-hump〕camel.

단비 a welcome〔timely〕rain. ¶ 오랜 가뭄 끝의 ～ long-awaited rain after a long spell of dry weather.

단비(單比)〖數〗simple ratio.

단비례(單比例)〖數〗simple proportion.

단사(丹砂)〖鑛〗cinnabar.

단산(斷産) ～하다《자연적》pass the age of bearing;《인위로》stop childbearing.

단상(壇上) ¶ ～에 서다 stand on〔take〕the platform.

단상(單相)〖電〗single phase. ‖ ～전동기 a single-phase motor.

단색(單色) ¶ ～의 unicolored; mo-

nochromatic. ‖ ～광 monochromatic rays〔light〕/ ～화 a monochrome.
단서(但書) a proviso ; a conditional〔provisory〕clause. ¶ ～가 붙은 conditional / …라는 ～를 붙여 with the proviso that….
단서(端緖) 《처음》 the beginning; the start; 《제일보》 the first step; 《실마리》 a clue〔key〕《*to*》. ¶ 문제 해결의 ～ the first step toward the solution of a question; a clue〔key〕for solving a problem / ～를 잡다 have〔get, gain〕a clue.
단선(單線) ① 《한 줄》 a single line. ② 《단궤》 a single track. ‖ ～철도 a single-track railway.
단선(斷線) the snapping〔breaking down〕of a wire; disconnection. ¶ ～되다 be disconnected; be cut; 《a wire》 break; snap / 지진으로 전선이 ～되었다 The power lines have been cut by the earthquake.
단성(單性) 〖生〗 unisexuality. ‖ ～생식 monogenesis / ～화 a unisexual flower.
단세포(單細胞) 〖生〗 a single cell. ‖ ～동물〔식물〕 a unicellular animal〔plant〕.
단소하다(短小—) (be) small and short.
단속(團束) 《규제》 control; regulation; management; 《감독》 supervision; 《규율》 discipline. ～하다 (keep under) control; keep in order; regulate; manage; supervise; maintain 《*discipline*》; oversee. ¶ 폭력에 대한 ～ regulations against violence / 주차 위반의 일제 ～ a crackdown on illegal parking / ～이 잘 되어 있다 be well controlled〔supervised〕/ ～을 엄중히 하다 tighten (the) control 《*of, over*》. ‖ ～법규 regulations / 집중～반 an intensive control squad.
단속(斷續) ¶ ～적인 intermittent; sporadic / ～적으로 on and off; intermittently; sporadically. ‖ ～기 an interrupter.
단속곳 a slip; an underskirt.
단수(斷水) (a) suspension of water supply. ～하다 cut off the water supply. ¶ 내일은 ～된다 The water supply will be cut off tomorrow.
단수(單數) 〖文〗 the singular number. ¶ ～의 singular.
단수(端數) ☞ 끝수, 우수리.
단순(單純) simplicity. ～하다 (be) simple; plain; simple-minded〔-hearted〕(사람이). ¶ ～히 simply; merely / ～하게〔화〕하다 simplify. ‖ ～개념 a simple concept.
단순호치(丹脣皓齒) red lips and white teeth; 《용모》 a lovely face; 《미인》 a beauty.
단술 a sweet rice drink.
단숨에(單—) at a stretch〔stroke〕; at〔in〕a breath; at one effort. ¶ ～ 마시다 drink 《*a mug of beer*》 in one gulf.
단시(短詩) a sonnet; a short poem〔verse〕. ‖ ～작가 a sonneteer.
단시간(短時間) 《in》 a short (space of) time.
단시일(短時日) ¶ ～에 in a short (period of) time; in a few days.
단식(單式) 〖數〗 a simple expression; 《부기》 single entry; 《테니스·탁구》 singles.
단식(斷食) a fast; fasting. ～하다 fast. ‖ ～일〔요법〕 a fasting day〔cure〕/ ～투쟁 《go on》 a hunger strike.
단신(單身) 《부사적》 alone; by *oneself;* single-handed; singly; unattended. ¶ ～ 여행하다 travel alone / ～ 부임하다 take up a post 《*in London*》 without *one's* family. ‖ ～부임자 a business bachelor.
단신(短信) a brief letter〔note, message, news〕.
단심제(單審制) single-trial system.
단아(端雅) ¶ ～한 elegant; graceful.
단안(斷案) a decision(결정); a conclusion(결론). ¶ ～을 내리다 make a (final) decision.
단애(斷崖) a precipice; a cliff. ‖ ～절벽 a precipitous〔an overhanging〕cliff.
단어(單語) a word; a vocabulary (어휘). ‖ ～집 a collection of words / 기본～ a basic word.
단언(斷言) an affirmation; an assertion; a positive〔definite〕statement. ～하다 affirm; assert; state positively.
단역(端役) 《play》 a minor part〔role〕; an extra(사람).
단연(斷然) 《단호히》 firmly; resolutely; positively; decidedly; 《훨씬》 by far 《*the best*》. ¶ ～ 제일이다 be by far the best of all / ～ 유리하다 have a decided advantage / ～ 다른 것을 리드하다 hold the unquestioned lead.
단연(斷煙) ～하다 give up〔quit〕smoking.
단열(斷熱) insulation. ～하다 insulate. ¶ 불완전한 ～ inadequate insulation. ‖ ～재 insulating material; a heat shield〔insulator〕.
단엽(單葉) 〖植〗 single-leaf; unifoliate. ‖ ～비행기 a monoplane.
단오절(端午節) the *Dano* Festival (on the 5th of the fifth lunar month).
단원(單元) 《학습 단위》 a unit.
단원(團員) a member 《*of a group*》.
단원제(單院制) the unicameral

〔single-chamber〕 system.
단위(單位) a unit; a denomination. ¶ ～를 틀리다 get the unit wrong; mistake the unit / ～면적〔질량〕당 per unit area〔mass〕.
단음(短音) a short sound. ‖ ～계 〖樂〗 the minor scale.
단음(單音) a single sound; 〖樂〗 a monotone.
단일(單一) ¶ ～의 singular; single; unique; simple; sole / ～화하다 simplify. ‖ ～환율 a single exchange rate / ～후보 a sole〔single〕 candidate. 「monad.
단자(單子) a list of gifts; 〖哲〗
단자(短資) a short-term loan. ‖ ～거래 call loan transaction / ～시장 the short-loan market / ～회사 a short-term financing com-
단자(端子) 〖電〗 a terminal. ⌊pany.
단작(單作) a single crop. ‖ ～지대 a one-crop area〔belt〕.
단작스럽다 (be) mean; base; stingy. 「sleep.
단잠 《sleep》 a sweet〔sound〕
단장(丹粧) 《꾸밈》 decoration; colorful painting(색칠); 《화장》 make-up; (a) toilet; dressing(옷치장). ～하다 《꾸미다》 decorate; adorn; paint; 《화장하다》 make (*oneself*) up; 《옷치장하다》 dress *oneself*; dress up. ¶ 새로 ～된 강당 the refurbished auditorium / 곱게 ～하고 나서다 go out beautifully dressed up. 「cane.
단장(短杖) a walking stick; a
단장(團長) a head〔leader〕《*of a party*》. ¶ …을 ～으로 하여 headed〔led〕 by….
단장(斷腸) ¶ ～의 heartrending; heartbreaking / ～의 비애 heartbreaking grief / ～의 비애를 느끼다 feel as if *one's* heart would break.
단적(端的) ¶ ～으로 말하다 speak frankly〔plainly〕; go right to the point / ～으로 말하면 plainly speaking; to be frank with you.
단전(丹田) the hypogastric region; the abdomen. ¶ ～에 힘을 주다 strain the abdomen.
단전(斷電) 《정전》 power failure; 《중단》 suspension of power supply. ～하다 suspend power supply 《*to*》; cut off electricity. ‖ ～일 a non-power-supply day; a no power day.
단절(斷絶) rupture; break(결렬); extinction(소멸); interruption(중단); a gap(격차). ～하다 《끊음》 sever; cut〔break〕 off. ¶ ～되다 become extinct(소멸); 《결렬》 be broken off; come to a rupture; be severed / 세대간의 ～ a generation gap. ‖ ～감 a sense of alienation.
단점(短點) a weak point; a defect; a fault; a shortcoming.
단정(短艇) a boat.
단정(端正) ～하다 (be) right; upright; decent; handsome 《*face*》. ¶ ～히 properly; neatly; tidily / ～치 못한 slovenly; loose; untidy; disorderly.
단정(斷定) ～하다 draw〔come to〕 a conclusion; conclude; decide; judge.
단조(單調) monotony; dullness. ¶ ～롭다 (be) monotonous; dull / ～로운 빛깔 a dull〔flat〕 color / ～로운 생활을 하다 lead an monotonous life.
단조(短調) 〖樂〗 a minor (key).
단종(斷種) castration(거세); sterilization. ～하다 sterilize; castrate.
단좌(單坐) ¶ ～식의 single-seated. ‖ ～식 전투기 a single-seated fighter (plane).
단죄(斷罪) conviction. ～하다 convict; find 《*a person*》 guilty.
단주(端株) 〖證〗 a broken〔an odd〕 lot.
단주(斷酒) ～하다 abstain from wine; give up drinking.
단지 a jar; a pot; a crock.
단지(團地) ¶ 주택 ～ a housing development〔complex〕; a collective〔public〕 housing area / 공업 ～ an industrial complex.
단지(斷指) ～하다 cut off *one's* finger.
단지(但只) simply; merely; only.
단짝 a devoted〔great〕 friend; a chum.
단청(丹靑) a picture〔painting〕 of many colors and designs.
단체(單體) 〖化〗 a simple substance.
단체(團體) a body; a group; a party; 《조직체》 an organization. ¶ ～를 조직〔해산〕하다 form〔dissolve〕 an organization. ‖ ～경기 a team event; team competition / ～교섭(권) collective bargaining (right) / ～생활 a group life / ～손님 party travelers / ～여행 《make》 a group tour / ～정신 a group〔corporate〕 spirit / ～할인 a group discount〔reduction〕 / ～행동 collective action; teamwork / ～협약 a collective agreement.
단총(短銃) a pistol; a revolver. ‖ 기관～ a submachine gun.
단추 a button; a stud (장식 단추). ¶ ～를 채우다 button (up) / ～를 끄르다 unbutton; undo a button / ～를 달다 sew a button 《*on a coat*》. ‖ 단춧구멍 a buttonhole.
단축(短軸) 〖鑛·機〗 the minor axis.
단축(短縮) shortening; reduction;

curtailment. ～하다 shorten; reduce; cut (down); curtail. ¶ 시간을 ～하다 reduce the time / 휴가를 5일간 ～하다 shorten〔cut down〕 the vacation by five days. ‖ ～수업 shortened school hours.

단출하다 《식구가》 be a family of small members; 《간편》 (be) simple; handy; convenient. ¶ 단출한 살림 a simple ménage〔household〕 / 단출한 식구 a small family.

단층(單層) ¶ ～의 one-storied. ‖ ～집 a one-storied house.

단층(斷層) 〖地〗 a fault; a dislocation.

단침(短針) the short〔hour〕 hand.

단칸(單―) a single room. ‖ ～살림 living in a single room.

단칼에(單―) with one stroke of the sword.

단타(單打) 〖野〗 a single (hit). ¶ ～를 치다 single 《*to right field*》.

단타(短打) 〖野〗 a short-distance ball. ¶ ～를 치다 chop 《*the ball*》.

단파(短波) a shortwave. ‖ ～방송 shortwave broadcasting / ～수신〔송신〕기 a shortwave receiver〔transmitter〕.

단판(單―) a single round. ¶ ～에 in a single round. ‖ ～승부 a game of single round.

단팥죽 sweet red-bean broth.

단편(短篇) a short piece; a sketch. ‖ ～소설 a short story / ～소설집 a collection of short stories / ～영화 a short film.

단편(斷片) a piece; a fragment; a scrap. ¶ ～적인 fragmentary / ～적인 지식 scraps of information.

단평(短評) a short criticism〔comment〕. ¶ ～을 하다 make a brief comment 《*on*》. ‖ 시사～ a brief comment on current events.

단풍(丹楓) ① 《나무》 a maple (tree). ② 《잎》 fall foliage; red〔yellow〕 leaves; autumnal tints. ¶ ～ 들다 turn red〔yellow, crimson〕. ‖ ～놀이 《go on》 an excursion for viewing autumnal tints; a maple-viewing.

단합(團合) ☞ 단결. ‖ ～대회 a rally to strengthen the unity.

단항식(單項式) 〖數〗 a monomial (expression).

단행(單行) ‖ ～범 〖法〗 a single offense / ～법 a special law / ～본 a book; a separate volume.

단행(斷行) ～하다 carry out 《*one's plan*》 resolutely; take a resolute step. ¶ 소신대로 ～하다 act according to *one's* convictions.

단호(斷乎) ¶ ～한 firm; decisive; resolute; drastic / ～히 firmly; decisively; resolutely / ～한 조처를 취하다 take drastic〔decisive〕 measures; take strong action.

단화(短靴) shoes.

닫다 《열린 것을》 shut; close. ¶ 쾅 ～ slam, bang 《*the door*》 / 닫아걸다 lock 《*a door*》.

닫히다 be shut; get closed. ¶ 문이 저절로 닫혔다 The door shut〔closed〕 by itself. / 창문이 잘 닫히지 않는다 The window will not close〔shut〕. / 학교 문은 닫혀 있었다 The school gate was closed〔shut〕.

달 ① 《하늘의》 the moon. ¶ ～의 여신 Diana / ～ 없는 밤 a moonless night / ～의 표면〔궤도〕 the lunar surface〔orbit〕 / ～이 차다〔이즈러지다〕 the moon waxes〔wanes〕. ‖ ～착륙 a lunar〔moon〕 landing / ～착륙선 a lunar module(생략 LM). ② 《달력의》 a month. ¶ 윤～ an intercalary month / 전전～ the month before last / ～마다 every month; monthly / 큰〔작은〕 ～ an odd〔even〕 month / 임신 다섯 ～째다 be five month pregnant.

달가닥거리다 rattle; clatter.

달가당거리다 jingle; clang; clink.

달갑다 (be) satisfactory; desirable. ¶ 달갑지 않은 손 an unwelcome guest / 달갑지 않은 친절 misplaced kindness; an unwelcome favor.

달개(집) a penthouse; a lean-to.

달걀 an egg. ¶ ～모양의 egg-shaped / ～의 흰자위〔노른자〕 the white〔yolk〕 of an egg / ～ 껍데기 an eggshell / 반숙〔날, 갓 낳은〕 ～ a soft-boiled〔raw, new-laid〕 egg / ～을 깨다 break an egg.

달견(達見) a far-sighted〔an excellent〕 view; a fine idea.

달관(達觀) ～하다 take a long-term〔philosophic〕 view 《*of*》. ¶ 장래를 ～하다 see far into the future 《*of*》 / 그는 모든 것을 ～한 사람이다 He is a philosopher.

달구 a ground rammer. ‖ ～질 ramming earth (～질하다 ram; harden the ground).

달구다 heat 《*a piece of iron*》.

달구지 a large cart; an oxcart.

달그락거리다 rattle; rumble.

달그랑거리다 jingle; clank; clink.

달다[1] ① 《맛이》 (be) sweet; sugary. ¶ 단것 sweet things; sweets / 맛이 ～ taste sweet; have a sweet taste / 인생의 쓴맛 단맛 the sweets and bitters of life. ② 《입맛이》 (be) tasty; palatable; pleasant to taste; 《서술적》 have a good appetite. ¶ 달게 먹다 eat with gusto.

달다[2] ① 《뜨거워지다》 become〔get〕 heated; become hot; burn. ¶ 쇠가 ～ iron is heated / 빨갛게 ～ become red-hot / 그녀의 볼은 부끄러워서 빨갛게 달아 있었다 Her cheeks were burning with shame. ② 《마음 타다》 fret; be anxious [impatient, nervous]. ¶ 애인이 보고 싶어 몸이 ~ be anxious to see *one's* sweetheart.

달다[3] ① 《붙이다》 attach; affix; fasten; 《가설》 install; fix; set up. ¶ 문에 종을 ~ fix a bell on the door / 셔츠에 단추를 ~ sew a button on a shirt / 전화를 ~ install [set up] a telephone; have a telephone installed. ② 《걸다》 put up [hang out] 《*a sign*》. ③ 《착용》 put on; wear. ¶ 메달을 ~ put on [wear] a medal. ④ 《매달다》 hoist; fly 《*a national flag*》. ⑤ 《기입》 give; enter; put (down); 《주(註)를》 annotate; annex [make] 《*notes*》. ¶ 외상을 ~ put down (charges) to *one's* credit account.

달다[4] 《무게를》 weigh. ¶ 저울로 ~ weigh 《*a thing*》 in the balance.

달라다 ask [beg] for 《*a thing*》; request; demand.

달라붙다 stick [cling, adhere] to.

달라지다 (undergo a) change; be changed [altered]; turn; vary; become different. ¶ 마음이 ~ change *one's* mind / 달라지지 않다 be [remain] unchanged / 지금은 옛날과 사정이 달라졌다 Things are not what they used to be. / 크게 달라진 게 없다 It doesn't make much difference.

달랑거리다 《방울이》 jingle; tinkle.

달래 〖植〗 a wild rocambole.

달래다 appease; soothe; coax; calm 《*a person*》 (down). ¶ 우는 어린애를 ~ soothe a crying child / 시름을 술로 ~ drown *one's* sorrows in drink.

달러 a dollar (기호 $); a buck 《美俗》. ¶ 5 ~ 50센트 five dollars and fifty cents / ~로 지불해 주십시오 I'd like to be paid in dollars, please. ‖ ~박스 a source of big profits; a moneymaker / ~시세 the exchange rates of the dollar / ~지역 a dollar area.

달려들다 go at; pounce on; fly at; jump [leap] at [on]. ¶ 개가 사람에게 ~ a dog jumps [leaps] at *a person*.

달력(一曆) a calendar; an almanac(책력).

달로켓 a lunar [moon] rocket.

달리 differently; in a different way; separately (따로). ~하다 differ [be different] 《*from*》. ¶ 생각했던 것과는 ~ contrary to *one's* expectations / 견해를 ~하다 have a different opinion.

달리기 a run; a race (경주). ¶ ~에서 이기다 win a race. ‖ ~선수 a runner; a racer.

달리다[1] 《부족》 ☞ 딸리다.

달리다[2] 《기운이》 sag; be languid [tired]. ¶ 기운이 ~ lose *one's* energy [vigor]; become enervated.

달리다[3] 《질주》 run; dash; hurry; sail (배가); drive 《*a car*》 (with speed); gallop 《*a horse*》. ¶ 달려가다 run [hasten] to / 달려오다 come running; run up to / 현장으로 달려가다 rush to the scene 《*of*》.

달리다[4] ① 《매달리다》 hang 《*on, from*》; dangle; be suspended 《*from*》; be hung. ② 《붙어 있다》 be attached [fixed]. ¶ 큰 거울이 달린 화장대 a dressing table with a large mirror / 꼬리표가 달린 트렁크 a trunk with a tag attached [fixed]. ③ 《여하에》 depend on. ¶ 그것은 사정 여하에 달렸다 It depends on the (respective) circumstances.

달마(達磨) *Dharma* 《梵》.

달맞이 ~하다 view [welcome] the first full moon.

달무리 a halo; a ring around the moon.

달밤 a moonlight [moonlit] night.

달변(達辯) eloquence; fluency. ¶ ~의 eloquent; fluent.

달빛 moonlight. ¶ ~을 받고 in the moonlight.

달성(達成) achievement. ~하다 accomplish; achieve; attain; carry through. ¶ 목적을 ~하다 attain *one's* purpose.

달아나다 ① 《도망》 run [get] away; flee; take to flight; escape; make off. ¶ …을 가지고 ~ run away [make off] with 《*public money*》 / 적을 달아나게 하다 put the enemy to flight. ② 《달려가다》 run; dash; speed. ¶ 차는 쏜살같이 달아났다 The car sped away.

달아매다 hang; suspend; dangle.

달아보다 ① 《무게를》 weigh. ② 《사람을》 test (out); put [bring] to the test.

달아오르다 《뜨거워지다》 become red-hot; 《얼굴 · 몸이》 feel hot; burn.

달음(박)질 running; a run. ~하다 run.

달이다 boil down. ¶ 약을 ~ make a medical decoction / 시럽을 알맞은 농도로 ~ boil syrup down to a proper consistency.

달인(達人) an expert 《*at, in*》; a master 《*of*》.

달짝지근하다 (be) sweetish.

달창나다 《해지다》 wear out; be worn out; 《바닥나다》 run out; be used up; be all gone.

달카닥거리다 《소리》 clang; clatter; rattle.

달콤하다 (be) sweet; sugary. ¶ 달콤한 말 honeyed [sugared] words.

달통(達通) ～하다 be a master 《*of*》.
달팽이 〖動〗 a snail. ¶ ～처럼 느린 걸음으로 《walk》 at a snail's pace.
달포 a month odd.
달품 work paid for by the month.
달필(達筆) a skillful hand(솜씨); a good (running) hand(글씨). ¶ ～이다 write a good hand.
달하다(達—) ① 《목적 등을》 attain 《*one's aim*》; accomplish; achieve; realize 《*one's hopes*》. ② 《도달》 reach; arrive in〔at〕; get to〔at〕; come up to 《*the standard*》. ¶ 수준에 ～ reach the level. ③ 《수량이》 reach; amount to; come (up) to. ¶ 5백만원에 ～ reach〔amount to〕 five million *won*.

닭 a hen(암탉); a cock〔rooster〕(수탉); a chicken. ¶ ～을 치다 keep hens; raise chickens / ～이 「꼬끼오」하고 울었다 "Cock-a-doodle-doo", crowed the rooster. ‖ ～고기 chicken / ～고집 a bigot; a stiff-necked fellow / ～똥집 a gizzard / ～싸움 a cockfight / ～장 a henhouse.
닮다 resemble; be alike; look like; take after. ¶ 많이 ～ resemble 《*a person*》 closely.
닳다 ① 《마멸》 wear〔be worn〕 out; be rubbed off〔down〕; 《해지다》 get〔become〕 threadbare. ② 《세파에》 lose *one's* simplicity〔naiveté, modesty〕; get sophisticated. ¶ 닳고 단 worldly-wise; sophisticated / 닳고 닳은 여자 a saucy wench. ③ 《살갗이》 be flushed with cold.
닳리다 《해뜨리다》 wear away〔down〕; rub off〔down〕. ¶ 구두 뒤축을 ～ wear down the heels of *one's* shoes.
담 《집의》 a wall; a fence (울타리). ¶ ～을 두르다 set up a wall; fence round 《*a house*》.
담(痰) phlegm; sputum. ¶ ～을 뱉다 cough out〔bring up〕 phlegm; spit phlegm out.
담(膽) 《쓸개》 gall(bladder); 《담력》 courage; pluck; nerves. ¶ ～이 작은 timid; faint-hearted.
담갈색(淡褐色) light brown.
담결석(膽結石) ☞ 담석(膽石).
담그다 ① 《물에》 soak〔steep〕 《*in*》; dip 《*into*》. ② 《김치 등》 prepare 《*kimchi*》; pickle 《*vegetables*》; 《절이다》 salt; preserve with salt. ③ 《술을》 prepare; ferment; brew 《*sul*》.
담기다 be filled〔put in〕; hold; be served (음식이); be bottled (병에).
담낭(膽囊) 〖解〗 the gall(bladder). ‖ ～관 the cystic duct / ～염 〖醫〗 cholecystitis.
담다 ① 《그릇에》 put in; fill; 《음식을》 fill; serve. ¶ 밥그릇에 밥을 가득 ～ fill a rice bowl with rice / 광주리에 ～ put into a basket. ② 《입에》 speak of; talk about; mention. ¶ 입에 담지 못할 이야기 a topic that should not be mentioned / 그런 것은 입에 담지도 마라 Don't talk about such a thing. ③ ☞ 담그다.
담담하다(淡淡—) 《마음이》 (be) indifferent; disinterested; serene; 《빛·맛이》 (be) plain; light. ¶ 담담한 심경 a serene state of mind / 담담한 맛 plain taste.
담당(擔當) charge. ～하다 take charge 《*of*》; be in charge 《*of*》 / 담당시키다 put〔place〕 《*a person*》 in charge 《*of*》. ‖ ～검사 the prosecutor in charge / ～구역 a district assigned to *one*; *one's* round〔beat〕 / ～업무 the business in *one's* charge / ～자 a person in charge 《*of*》.
담대(膽大) ¶ ～한 bold; daring; fearless; plucky. 「fulness.
담략(膽略) courage and resource-
담력(膽力) courage; pluck; nerve; guts. ¶ ～이 있는 bold; courageous; plucky / ～이 없는 timid; cowardly / ～을 기르다 cultivate〔foster〕 courage.
담록색(淡綠色) light〔pale〕 green.
담론(談論) (a)(lively) conversation; (a) talk; a discussion. ～하다 talk over; discuss.
담배 tobacco(살담배); a cigaret(te) (궐련). ¶ 씹는 ～ chewing tobacco / ～를 피우다 smoke (a cigaret); smoke〔have〕 a pipe. ‖ ～가게 a cigar store 《美》; a tobacconist's (shop) / ～꽁초 a cigarette butt / ～쌈지 a tobacco pouch / ～설대 the bamboo stem of a pipe / 담뱃갑 a cigaret case / 담뱃값 money for tobacco / 담뱃대 a tobacco pipe / 파이프～ pipe tobacco.
담백(淡白) ¶ ～한 《마음이》 indifferent; candid; frank; 《맛·빛이》 light; plain / ～한 사람 a man of few wants (욕심 없는); an open-hearted person(솔직한).
담벼락 the surface of a wall.
담보(擔保) ① 《보증》 guarantee; assurance. ～하다 guarantee; assure. ② 《채무의》 security; mortgage(부동산의). ¶ ～로 넣다〔잡히다〕 give〔offer〕 《*a thing*》 as a security 《*for*》 / ～를 잡다 take security / …을 ～로 잡고 있다 hold a mortgage on 《*the house*》 / …을 ～로 하고 돈을 빌리다 borrow money on (the) security of 《*something*》. ‖ ～권 a security right / ～금 a security / ～대부 loan

on security / ～물 a security; a collateral / ～물권 real rights granted by way of security.
담비 〖動〗 a marten; a sable.
담뿍 ☞ 듬뿍.
담색(淡色) a light color.
담석(膽石) 〖醫〗 a gallstone. ‖ ～증 cholelithiasis.
담세(擔稅) ‖ ～력 tax-bearing capacity / ～자 a tax-payer.
담소(談笑) ～하다 chat《*with*》; have a pleasant talk《*with*》.
담소하다(膽小—) (be) timid; cowardly; chicken-hearted.
담수(淡水) fresh water. ‖ ～어〔호〕 a fresh-water fish〔lake〕.
담쌓다 ①《두르다》 surround《*a house*》 with a wall〔fence〕; build〔set up〕 a wall《*around*》. ②《관계를 끊다》 break off relation with《*a person*》; be through with. ¶ 이제 그녀와는 담을 쌓았다 I am through with her now.
담요(毯—) a blanket.
담임(擔任) charge. ～하다 be in〔take〕 charge of; take《*a class*》 under *one's* charge. ¶ 2학년 영어를 ～하다 teach English in the second-year class. ‖ ～교사 a class〔homeroom《美》〕 teacher; a teacher in charge《*of a class*》 / ～반 a class under *one's* charge.
담쟁이 〖植〗 an ivy.
담즙(膽汁) bile; gall. ‖ ～질 bilious temperament.
담차다(膽—) (be) stout-hearted; daring; bold; plucky.
담청색(淡青色) light blue.
담판(談判) (a) negotiation; a parley; talks. ～하다 negotiate《*with*》; have talks《*with*》; bargain《*with*》.
담합(談合) ①《의논》 consultation; conference. ～하다 consult〔confer〕 with. ¶ ～에 의해 by mutual consent. ②《입찰에서의》 artful prebidding arrangement; an illegal〔improper〕 agreement《*to fix prices*》; 《口》 bid rigging. ～하다 consult before bidding; conspire〔collude〕 to fix prices before tendering. ¶ ～입찰하다 put in〔make〕 a rigged bid〔collusive tender〕《*for the contract*》.
담홍색(淡紅色) (rose) pink.
담화(談話) (a) talk; (a) conversation; a statement (성명). ～하다 talk〔converse〕《*with*》; have a talk《*with*》. ‖ ～문 an official statement.
담황색(淡黃色) lemon yellow.
답(答) an answer; a reply; a response; a solution(해답). ¶ ～을 내다 get〔work out〕 an answer / ～을 하지 않다 make no answer〔reply〕.

…답다 (be) -ly; -like; worthy of. ¶ 남자〔여자〕다운 manly〔womanly, ladylike〕 / 신사답지 못한 행위 a conduct unworthy of a gentleman.
답답하다(沓沓—) ①《장소가》 (be) stuffy; suffocating; stifling; 《숨이》 have difficulty in breathing; breathe with difficulty; 《날씨·분위기 등이》 (be) oppressive; gloomy; heavy. ¶ 회의의 답답한 분위기 the stuffy〔oppressive〕 atmosphere of the meeting / 답답한 날씨 a gloomy〔sullen〕 sky / 가슴이 ～ feel heavy in the chest. ②《사람됨이》 (be) hidebound; unadaptable; lack versatility. ¶ 답답한 사람 an unadaptable man. ③《안타깝게 하다》 (be) irritating; vexing; impatient. ¶ 자네 하는 짓이 참말 답답하군 그래 I'm losing my patience with you. / 너무 꾸물거려 정말 ～ You are so slow that it really gets on my nerves.
답례(答禮) a return courtesy (인사에 대한); a return call (방문에 대한); a return present (선물에 대한). ～하다 salute in return; return a call; make a return《*for*》; give《*a person a present*》 in return.
답변(答辯) an answer; a reply; an explanation; a defense (변호). ～하다 reply; answer; explain; defend *oneself*.
답보(踏步) a standstill; 《정체》 stagnation; delay; stalemate. ～하다 step; mark time; be at a standstill; 《비유적》 make no progress〔headway〕.
답사(答辭) an address in reply; a response. ～하다 make a formal reply《*to*》.
답사(踏査) a survey; (an) exploration; a field investigation. ～하다 explore; survey; investigate. ‖ ～대 an exploring party / 현지～《make》 a field investigation.
답습(踏襲) ～하다 follow〔tread〕 in《*a person's*》 footsteps; follow《*the policy of...*》.
답신(答申) ～하다 submit a report《*to*》. ‖ ～서 a report.
답안(答案) 《답》 an answer; a paper; an examination paper (답안용지). ¶ ～을 내다 hand in *one's* (answer) paper.
답장(答狀) an answer; a reply. ～하다 answer〔reply to〕 a letter.
답전(答電) a reply telegram. ～하다 answer〔reply to〕 a telegram; wire back.
답지(遝至) ～하다 rush〔pour〕 in; throng〔rush〕 to《*a place*》. ¶ 주문이 ～하다 have a rush of orders.

답파(踏破) ～하다 travel on foot; tramp; traverse.
답하다(答—) answer 《*a question*》; reply 《*to*》; give an answer; respond 《*to*》; solve (풀다).
닷… five. ¶ ～말 five *mal*.
닷새 ①《초닷새》 the fifth day of the month. ②《다섯날》 five days.
당(黨) 《단체》 a party; a faction (당파); a clique (도당). ¶ ～을 조직하다 form a party. ‖ ～간부 a party officer / ～권 party hegemony / ～규 party regulations / ～기 party discipline / ～기관 a party apparatus / ～대회 a (party) convention.
당(糖) sugar. ¶ 혈액 중의 ～ blood sugar. ‖ ～도 saccharinity.
당…(當) 《이》 this; the present, the current (현재의); 《그》 that; the said; 《문제의》 in question; at issue. ¶ ～역(驛) this station / ～20세 be in *one's* twentieth year; be 20 years old.
당고모(堂姑母) *one's* grandfather's niece on his brother's side.
당과(糖菓) sweets; candy.
당구(撞球) billiards. ¶ ～를 하다 play billiards. ‖ ～대 a billiard table / ～봉 a cue / ～장 a billiard room.
당국(當局) 《관계》 the authorities (concerned). ¶ ～의 명에 의하여 by order of the authorities. ‖ ～자 a person in authority(한 사람).
당근 〖植〗 a carrot.
당기(當期) this〔the current, the present〕 term〔period〕. ¶ ～의 결산 the settlement of accounts for this term. ‖ ～손익 the profits and losses for this term.
당기다[1] 《끌다》 draw; pull; tug; haul; 《앞당기다》 advance; move 《*a date*》 up〔forward〕.
당기다[2] 《입맛이》 stimulate〔whet〕 *one's* appetite; make *one's* mouth water.
당나귀 an ass; a donkey.
당년(當年) 《금년》 this〔the current〕 year; 《왕년》 those years〔days〕.
당뇨병(糖尿病) 〖醫〗 diabetes. ‖ ～환자 a diabetic.
당닭(唐—) 《닭》 a bantam.
당당(堂堂) ¶ ～한 grand; stately; dignified; fair / ～히 in a dignified〔grand〕 manner; fair and square / ～한 풍채 a stately〔dignified〕 appearance / ～히 싸우다 play fair.
당대(當代) 《한평생》 *one's* lifetime; 《시대》 the present generation〔age〕; those days.
당도(當到) ～하다 arrive 《*at, in*》; reach; gain; get to.
당돌(唐突) ¶ ～한 bold; plucky; fearless; 《주제넘은》 forward; rude / ～히 abruptly; rudely.
당락(當落) the result of an election; success (or defeat) in an election.
당략(黨略) party politics; a party policy.
당량(當量) 〖理·化〗 equivalent.
당론(黨論) a party opinion.
당류(糖類) 〖化〗 a saccharide.
당리(黨利) the party interests. ¶ ～를 도모하다 promote〔advance〕 party interests. ‖ ～당략 party interests and politics.
당면(唐麵) Chinese noodles; starchy〔farinaceous〕 noodles.
당면(當面) ～하다 face; confront. ¶ ～한 문제 the matter〔question〕 in hand; an urgent problem.
당무(黨務) party affairs.
당밀(糖蜜) syrup; molasses; treacle 《英》.
당번(當番) duty(의무); (a) turn(차례); watch; 《사람》 the person on duty〔watch〕. ～하다 be on duty.
당부(當否) right or wrong; justice; 《적부》 propriety; fitness.
당부하다(當付—) ask〔tell, request〕 《*a person*》 to do 《*something*》; entrust 《*a person*》 with.
당분(糖分) (the amount of) sugar. ¶ ～을 함유하다 contain sugar. ‖ ～측정기 a saccharometer.
당분간(當分間) 《현재》 for the present〔time being〕; 《얼마 동안》 for some time (to come).
당비(黨費) party expenditure〔expenses〕.
당사(當事) ‖ ～국 the countries concerned〔involved〕 / ～자 the person concerned; an interested party.
당선(當選) 《선거에서의》 (success in an) election; 《현상에서의》 winning a prize. ～하다 《선거에서》 be elected; win a seat in 《*the Senate*》; 《현상에서》 win a prize; be accepted. ¶ 그는 ～이 확실하다 He has a good chance of being elected. / 현상에 논문이 1등으로 ～되다 win the first prize in the prize essay contest. ‖ ～소설 a prize novel / ～자 a successful candidate; an elected; a prize winner(현상의).
당세(當世) the present day〔time〕.
당세(黨勢) the strength〔size〕 of a party. ¶ ～를 확장하다 expand the party strength; enhence the party prestige.
당수(黨首) the party leader; the leader〔head〕 of a political party. ¶ 3당 ～회담 a conference〔talk〕 among the heads of three political parties.
당숙(堂叔) a male cousin of *one's* father.
당시(唐詩) the poems of *Tang* age.

당시(當時) 《그때》 (in) those days; (at) that time; then. ¶ ~의 of those days; then / ~의 총리 the then Prime Minister / ~의 대학생 university students of those days.
당신(當身) 《2인칭》 you; 《애인·부부 호칭》 (my) dear, (my) darling.
당아욱(唐—) 〖植〗 a mallow.
당연(當然) ¶ ~한 reasonable; right; proper; natural / ~히 justly; properly; naturally; as a matter of course / ~한 결과 a natural 〔an expected〕 result / ~한 권리 an undoubted right / ~한 의무 an inevitable duty / ~한 일 a matter of course / 이치〔사리〕상 ~하다 be in the nature of things / …하는 것은 ~하다 It is proper 〔natural〕 that one should…. / ~히 …하다고 생각한다 take it for granted that….
당원(黨員) a member of a party; a party man. ¶ ~이 되다 join a party. ‖ ~명부 the list of party members.
당월(當月) ① ☞ 이달. ② 《그달》 that 〔the said〕 month.
당의(糖衣) sugar-coat(ing). ‖ ~정 a sugar-coated tablet 〔pill〕.
당의(黨議) 《회의》 a party council; 《결의》 a party decision.
당일(當日) the 〔that〕 day; the appointed day.
당일치기(當日—) ¶ ~ 여행을 하다 make a day's trip 《*to*》.
당자(當者) ☞ 당사자.
당장(當場) 《즉시》 at once; right away 〔now〕; immediately; 《그 자리에서》 on the spot; then and there. ¶ ~ 필요한 것 an immediate need / ~ 돌아가거라 Go back at once.
당쟁(黨爭) party strife. ¶ ~을 일삼다 be given to party squabbles.
당적(黨籍) the party register.
당정협의(黨政協議) a government=ruling party session; a special cabinet and ruling party consultative session.
당조짐하다 put 《*a person*》 under strict discipline; supervise strictly.
당좌(當座) ¶ ~를 트다 open a current account. ‖ ~계정 a current account / ~대부 a call loan / ~대월 an overdraft / ~수표 a check 《美》; a cheque 《英》 / ~예금 a current 〔checking 《美》〕 account 〔deposit〕.
당직(當直) being on duty 〔watch〕. ~하다 be on duty 〔watch〕. ‖ ~원 a person on duty / ~의사 a duty doctor / ~장교 an officer of the day 〔guard〕.
당직(黨職) a party post. ‖ ~개편 reorganization of a party's hierarchy / ~자 a party executive; the party leadership (총칭).
당질(堂姪) a son of male cousin.
당집(堂—) a temple; a shrine.
당차다 be small but sturdy built.
당착(撞着) contradiction; conflict. ~하다 be contradictory 《*to*》; be inconsistent 《*with*》; clash 〔conflict〕 《*with*》. ☞ 자가 당착.
당찮다 (be) unreasonable; absurd; unjust; improper.
당첨(當籤) prize winning. ~하다 win a prize; draw a lucky number. ‖ ~번호 a lucky number / ~자 a prize winner.

당초(當初) the beginning. ¶ ~에는 at first; at the beginning / ~부터 from the first 〔start〕 / ~의 계획 the original plan.
당초문(唐草紋) an arabesque pattern 〔design〕.
당파(黨派) a party; a faction; a clique. ¶ ~를 만들다 form a faction 〔clique〕 / ~로 갈라지다 split into factions. ‖ ~심 partisan spirit / ~싸움 a party dispute.
당하다(當—) ① 《사리에》 (be) reasonable; sensible; right. ② 《겪다》 face; encounter; experience; meet with. ¶ 불행을 ~ experience 〔encounter〕 a disaster / 사고를 ~ meet with an accident. ③ 《감당하다》 match; cope 《*with*》; be equal to; be faced 〔confronted〕 (직면). ¶ …에는 당할 수 없다 be no match for; be too much for / 나로선 그녀를 당할 수가 없다 She is too much for me.
…당하다(當—) 《입다》 receive; suffer; get; be …ed. ¶ 도난~ be stolen; have 《*a thing*》 stolen.
당해(當該) ¶ ~의 proper; concerned; competent. ‖ ~관청 the competent 〔proper〕 authorities; the authorities concerned.
당혹(當惑) perplexity; embarrassment. ~하다 be perplexed; be embarrassed; be puzzled.
당화(糖化) 〖化〗 saccharification. ‖ ~효소 diastatic enzyme.
당황하다(唐慌—) be confused 〔upset, flustered〕; lose *one's* head; panic. ¶ 당황하여 in a fluster; in confusion / 당황케 하다 confuse; upset / 당황하지 마라 Don't panic. *or* Don't get excited.
닻 an anchor. ¶ ~을 내리다 cast anchor / ~을 감다 weigh anchor. ‖ ~줄 an anchor cable.
닿다 《도착하다》 arrive 《*at, in*》; get to; reach; 《접하다》 touch; reach (미치다). ¶ 손 닿는〔닿지 않는〕 곳에 within 〔beyond, out of〕 *one's* reach / 이 방은 천장이 낮아 머리가

닿는다 The ceiling of this room is so low that our heads touch 〔reach〕 it.

달소리 ☞ 자음.

대[1] 〚植〛 (a) bamboo. ¶ (성격이) ～쪽 같은 사람 a man of frank 〔straightforward〕 disposition. ‖ ～나무세공 bamboo work / ～마디 a bamboo joint / ～바구니 a bamboo basket / ～발 a bamboo blind 〔screen〕 / ～숲 a clump of bamboo / ～울 a bamboo fence.

대[2] ① 《줄기》 a stem; a stalk; 《막대》 a pole; a staff; a holder (붓·펜의). ¶ ～가 약하다 《비유》 be weak-kneed 〔fainthearted〕. ② 《담뱃대》 a (tobacco) pipe; 《피우는 도수》 a smoke; a fill(양). ¶ 담배 한 ～ 피우다 have a smoke 〔pipe〕. ③ 《주먹 따위의》 a blow; a stroke. ¶ 한 ～에 at a stroke 〔blow〕.

대(大) greatness; largeness; 《크기》 large size; 《커다란》 big; large; great; grand; heavy (손해 따위). ¶ ～서울 Great Seoul / ～손해 a great loss / 실물～의 동상 a life-sized statue.

대(代) 《시대》 a time; an age; a generation(세대); a reign (치세); 《생존대》 *one's* lifetime. ¶ 10～의 소녀들 girls in their teens; teenage girls / 제2～ 왕 the second king / ～를 잇다 carry on a family line / 미국의 제16～ 대통령 the sixteenth President of the United States.

대(隊) 《일행》 a company; a party; 《군대의》 a body 《*of troops*》; a corps; a unit; a squad(소수의); 《악대의》 a band.

대(對) ① 《짝》 a pair; a counterpart; a couple. ② 《*A* 대 *B*》 《*A*》 versus 《*B*》 (생략 v., vs.); 《…에 대한》 against; to; toward; with. ¶ 서울 ～ 부산 경기 Seoul vs. Busan game / 4 ～ 2의 스코어 a score of 4 to 2 / 한국의 ～미 정책 Korea's policy toward the United States / ～미 교섭 negotiations with the United States / 근로자 ～ 자본가의 투쟁 a struggle of labor against capital.

대(臺) ① 《받침·걸이》 a stand; a rest; a holder; a table(탁자); a support(지주); a pedestal(동상 등의); foundation(토대). ¶ 악보～ a music stand / 작업～ a worktable. ② 《대수》 ¶ 5 ～의 자동차 five cars / 발동기 3 ～ three motors. ③ 《액수》 a level. ¶ 만 원～에 달하다 touch 〔rise to〕 the level of 10,000 *won*.

…대(帶) a zone; a belt. ¶ 한(寒)～ the frigid zone / 화산～ a volcanic zone.

대가(大家) ① 《권위》 an authority; a great master. ¶ 음악의 ～ a great musician / 문단의 ～ a distinguished writer 〔author〕. ② 《큰 집안》 a great 〔distinguished〕 family.

대가(代價) price; cost; (a) charge. ¶ ～를 치르다 pay the price; pay for 《*an article*》 / 어떤 ～를 치르더라도 at any price 〔cost〕 / 값비싼 ～를 치르다 pay heavily 〔a painful price〕 《*for*》.

대가(貸家) a house to let.

대가다 get 《*somewhere*》 on time; be in time 《*for*》. ¶ 약속 시간에 ～ present *oneself* at the appointed time.

대가리 the head; the top.

대가족(大家族) a large 〔big〕 family. ‖ ～제도 an extended family system.

대각(大覺) ～하다 attain spiritual enlightenment; perceive absolute truth.

대각(對角) 〚數〛 the opposite angle. ‖ ～선 a diagonal line.

대각거리다 crackle; clatter; rattle.

대간첩(對間諜) counterespionage. ‖ ～작전 《conduct》 a counterespionage operation.

대갈(大喝) ～하다 yell 《*at*》; thunder 〔roar〕 《*at*》.

대강(大綱) 《대강령》 general principles; 《대략》 an outline; 《부사적》 generally; roughly. ¶ ～ 설명하다 (give an) outline; give a short sketch 《*of*》 / ～ 끝나다 be almost finished.

대강(代講) ～하다 teach 〔give a lecture〕 for 〔in place of〕 《*another*》.

대갚음(對一) revenge; retaliation. ～하다 revenge; revenge *oneself* 《*on*》; give 〔pay〕 tit for tat; 《口》 get even with 《*somebody*》.

대개(大槪) 《개요》 an outline; 《대략》 mostly; generally; in general; for the most part; mainly; 《거의》 practically; almost; nearly. ¶ ～의 general; most / ～의 경우 in most cases; generally.

대개념(大槪念) 〚論〛 a major concept.

대거(大擧) 《부사적》 in a body; en masse; in great 〔full〕 force; in large 〔great〕 numbers.

대거리(對一) ～하다 talk 〔answer〕 back; retort.

대검(帶劍) ① wearing a sword; a sword at *one's* side. ② 〚軍〛 a bayonet.

대검찰청(大檢察廳) the Supreme Public Prosecutor's Office.

대견하다 (be) satisfactory; gratified; helpful. ¶ 대견하게 여기다 feel satisfactorily; take 《*it*》 laudable.

대결(對決) confrontation; a showdown. ～하다 confront *oneself*

《*with*》. ¶ ～시키다 bring 《*a person*》 face to face 《*with*》; confront 《*a person*》 with 《*another*》.
대경(大驚) ～하다 be greatly surprised; be astounded〔consternated〕. ¶ ～실색하다 lose color with astonishment.
대계(大系) an outline.
대계(大計) a far-sighted〔-reaching〕 policy. ¶ 국가의 백년 ～ a far-reaching state policy.
대고모(大姑母) a grand-aunt on *one's* father's side.
대공 〖建〗 a king post.
대공(大功) a great merit; distinguished services; a signal deed. ¶ ～을 세우다 render meritorious services; achieve great things.
대공(對空) anti-air. ‖ ～레이더 an air search radar / ～미사일〔포화〕 anti-aircraft missile〔fire〕/ ～사격 shooting at an aircraft (from the ground).
대과(大科) the higher civil service examination.
대과(大過) a serious error; a grave〔gross〕 mistake; a blunder.
대과거(大過去) 〖文〗 the past perfect tense.
대관(大官) a high official; a dignitary.
대관(大觀) a general〔comprehensive〕 view.
대관(戴冠) coronation. ‖ ～식 a coronation (ceremony).
대관절(大關節) 《부사적》 on earth; in the world; in the name of God.
대교(大橋) a grand bridge.
대구(大口) 〖魚〗 a codfish; a cod.
대구루루 ¶ ～ 굴리다 roll 《*a coin*》 over 《*the table*》.
대국(大局) the general situation. ¶ ～적으로는 on the whole / ～적 견지에서 보면 on a broad survey.
대국(大國) a large country; a big power; the great powers (총칭).
대국(對局) a game 《*of baduk*》. ～하다 play (a game of) chess〔*baduk*〕《*with*》.
대군(大君) a (Royal) prince.
대군(大軍) a large army〔force〕.
대굴대굴 ¶ ～ 구르다 roll over and over.
대권(大圈) a great circle. ‖ ～항로 the great circle route.
대권(大權) sovereignty; the supreme〔governing〕 power.
대궐(大闕) the royal palace. ¶ ～같은 집 a palatial mansion.
대규모(大規模) a large scale. ¶ ～의 large-scale / ～로 on a large scale; in a big〔large〕 way.
대그락거리다 keep clattering〔rattling〕; clatter.
대금(大金) a large sum (of money).
대금(代金) (a) price; the (purchase) money; (a) charge; (a) cost(비용). ¶ ～을 치르다 pay the price〔bill〕; pay for 《*a thing*》/ ～을 거두다 collect bills / ～상환으로 in exchange for the money; cash〔collect《美》〕 on delivery (생략 C.O.D.). ‖ ～선불 advance payment / ～후불 deferred payment.
대금(貸金) a loan. ‖ ～업 money-lending business; usury(고리대금).
대기(大氣) the air; the atmosphere. ‖ ～권 the atmosphere(～권 밖으로 into outer space) / ～압(력) atmospheric pressure / ～오염 air〔atmospheric〕 pollution.

대기(大器) 《그릇》 a large vessel; 《인재》 a great talent〔genius〕. ‖ ～만성 Great talents mature late.
대기(待機) stand by; waiting for a chance. ～하다 watch and wait 《*for*》; stand ready for. ¶ 항상 ～하고 있다 be on constant alert. ‖ ～궤도 a parking orbit / ～발령 an order to leave *one's* post and to wait for further action; being placed on the waiting list / ～상태 stand-by status.
대기업(大企業) a large enterprise〔corporation〕; a conglomerate; big business.
대길(大吉) excellent luck; a great stroke of luck.
대난(大難) a great misfortune; a crisis.
대남(對南) ‖ ～간첩 an espionage agent against the South / ～공작 operations against the South.
대납(代納) payment by proxy. ～하다 pay for 《*another*》.
대낮 《백주》 broad daylight; the daytime; high noon; midday.
대내(對內) ¶ ～적인 domestic; internal; home. ‖ ～정책 a domestic policy.
대농(大農) large-scale farming; 《부농》 a wealthy farmer.
대뇌(大腦) the cerebrum [*pl.* -s, -bra]; the brain proper. ‖ ～막 the cerebral membrance / ～피질 the cerebral cortex.
대다[1] ① 《접촉》 put 《*a thing*》 on〔over〕; place; lay; apply 《*a thing*》 to〔on〕; touch. ¶ 손을 ～ touch; put *one's* hand to / 손대지 마시오 Hands off. ② 《비교》 compare with; make a comparison with. ¶ 길이를 대보다 compare the length / …에 댈 것이 못되다 be no match for; cannot stand comparison with. ③ 《착수·관여》 set *one's* hand 《*to*》; have a hand 《*in*》; concern *oneself* 《*with*》; start〔attempt〕《*a new business*》; meddle with〔in〕. ¶ 정

치에 손을 ~ meddle in politics / 투기에 손을 ~ dabble in 〔go in for〕 speculation / 어디서부터 손을 대야할 지 모르겠다 I don't know where to begin. ④《공급》 furnish 〔supply, provide〕《*a person*》with. ¶ 학비를 ~ supply a student with his school expenses. ⑤《도착》bring to; pull. ¶ 배를 해안에 ~ bring a boat to the shore. ⑥《알리다》tell; inform; confess(고백); make(핑계를). ¶ 증거를 ~ give evidence / 핑계를 ~ make an excuse for *oneself*. ⑦《관개》water; irrigate. ¶ 논에 물을 ~ water a rice field. ⑧《연결·대면》bring into contact; connect; link; get《*a person*》on the telephone(전화에). ¶ 살 사람과 팔 사람을 ~ bring a buyer into contact with a seller / 김군 좀 대주시오 Get me Mr. Kim, please.

대다[2] 《행동·동작》¶ 떠들어 ~ noise about / 먹어 ~ gluttonize / (바람이) 불어 ~ blow hard.

대다수(大多數) a large majority; the greater part《*of*》. ¶ ~를 점하다 hold a large majority.

대단 ¶ ~한《수가》a great 〔large〕 number of;《양이》much; a great 〔good〕 deal of;《엄청난》innumerable; enormous;《놀라운》horrible; tremendous; wonderful;《중대·심한》serious; grave;《뛰어난》great / ~히 very; awfully; seriously; exceedingly; greatly / ~찮은 of little 〔no〕 importance 〔value〕; insignificant; slight; trivial; worthless.

대단원(大團圓) the end; the (grand) finale; the finis.

대담(大膽) ¶ ~한 bold; daring / ~하게 boldly; daringly; fearlessly / ~하게도 …하다 be bold enough 〔have the nerve〕 to《*do*》.

대담(對談) a talk; a conversation; an interview. ~하다 talk 〔converse〕《*with*》; have a talk《*with*》.

대답(對答) an answer; a reply; a response. ~하다 answer; reply; give an answer.

대대(大隊) a battalion. ‖ ~장 a battalion commander.

대대(代代) ¶ ~로 for generations; from generation to generation; from father to son.

대대적(大大的) ¶ ~으로 extensively; on a large scale / 신제품을 ~으로 선전하다 advertise *one's* new product on a large scale.

대도(大道) ① ☞ 대로(大路). ②〖倫〗 the right way; a great moral principle. ‖ ~무문(無門) A great way has no door.

대도시(大都市) a large city. ‖ ~권 the metropolitan area.

대독(代讀) reading by proxy. ~하다 read for《*another*》.

대동(大同) ¶ ~소이하다 be practically 〔just about〕 the same; be much alike. ‖ ~단결 unity; (grand) union; solidarity.

대동(帶同) ~하다 take《*a person*》(along)《*with one*》; be accompanied《*by*》.

대동맥(大動脈)〖解〗the main artery; the aorta.

대두(大豆) a soybean. ☞ 콩.

대두(擡頭) rise《*of*》. ~하다 raise《*its*》head; gain power; become conspicuous. ¶ 민족주의의 ~ the rise of nationalism.

대들다 fall on 〔upon〕; defy; challenge; fly at; retort(말대꾸).

대들보(大―) a girder; a crossbeam.

대등(對等) equality. ¶ ~한 equal; even / ~하게 on equal terms; on an equal footing.

대뜸 at once; immediately; outright.

대란(大亂) a great disturbance.

대략(大略)《개요》an outline;《적요》a summary;《발췌》an abstract;《약》about; roughly;《거의》mostly; nearly. ¶ ~을 말하다 give an outline 〔a summary〕《*of*》/ ~ 다음과 같다 It summarized as follows.

대량(大量) a large quantity《*of*》; a large amount. ‖ ~생산 mass production(~생산하다 mass-produce) / ~소비 mass consumption / ~주문 a bulk order / ~학살 mass murder; massacre / ~해고 (a) mass discharge 〔dismissal〕.

대령(待令) ~하다 await orders.

대령(大領)《육군》a colonel (생략 Col.);《해군》a captain (생략 Capt.);《공군》a group captain《英》; a (flight) colonel《美》.

대례(大禮)《결혼》a marriage 〔wedding〕 ceremony.

대로(大怒) wild rage; violent 〔great〕 anger. ~하다 be enraged《*with, at*》; be 〔grow〕 furious.

대로(大路) a broad street; a highway.

대로 ①《같이》like; as; as it is;《…에 따라》as; according to 〔as〕; in accordance with. ¶ 예상한 ~ as was expected / 규칙~ according to the rule / 법률~ in accordance with the law. ②《곧》as soon as; immediately; directly. ¶ 도착하는 ~ as soon as *one* arrives; on *one's* arrival / 형편이 닿는 ~ at *one's* earliest convenience.

대롱 a (bamboo) tube.

대롱거리다 dangle; swing.

대류(對流) a convection (current).

대륙(大陸) a continent. ¶ ~의〔적인〕 continental / 아시아〔유럽〕~

the Continent of Asia〔Europe〕. ‖ ～간 탄도탄 an intercontinental ballistic missile (생략 ICBM) / ～붕 a continental shelf / ～성 기후 a continental climate / ～이동설 the continental-drift theory / ～횡단철도 a transcontinental railroad〔railway〕.

대리(代理) 《행위》 representation; 《대리인》 an agent; a representative; a proxy; a deputy; attorney(법정의). ～하다 act for〔in behalf of〕《*a person*》; represent; act as 《*a person's*》 proxy. ¶ …의 ～로 in〔on〕 behalf of… / ～로 by proxy / 내가 남편의 ～ 노릇을 하겠다 I'll act for my husband. ‖ ～공사〔대사〕 a *chargé d'affaires* / ～모 a surrogate mother / ～전쟁 a war by proxy; a proxy war / ～점 an agency.

대리석(大理石) marble.

대립(對立) opposition; confrontation; antagonism(반목); rivalry (대항). ～하다 be opposed 《*to*》; confront 《*each other*》. ¶ 서로 ～하는 의견 an opposing〔a rival〕 opinion / …와 ～하여 in opposition to…; in rivalry with….

대마(大麻) 〚植〛 hemp. ¶ ～로 만든 hempen. ‖ ～초 marijuana; hemp; a hemp cigarette.

대만(臺灣) Taiwan. ¶ ～의 Taiwanese / ～사람 a Taiwanese / ～해협 the Taiwan Strait.

대만원(大滿員) ☞ 만원. ¶ ～의 filled to overflowing / ～의 관중 an overflowing audience.

대망(大望) (an) ambition; (an) aspiration. ¶ ～을 가진 ambitious; aspiring / ～을 품다 have〔harbor〕 an ambition 《*to do*》.

대망(待望) ～하다 eagerly wait for; expect; look forward to. ¶ ～의 hoped-for; long-awaited 〔-expected〕 / ～의 사내아이가 태어났다 The long-awaited baby boy was born.

대매출(大賣出) a special big sale. ‖ 반액〔사은〕 ～ a half-price〔thank-you〕 big sale.

대맥(大麥) barley. ☞ 보리.

대머리 《머리》 a bald head; 《사람》 a bald-headed person. ¶ ～가 되다 become bald-headed.

대면(對面) an interview. ～하다 interview; meet; see. ¶ 첫 ～ the first meeting / 20년만에 ～하다 meet after twenty years' separation.

대명(待命) awaiting orders; pending appointment. ～하다 be ordered to await further instructions.

대명사(代名詞) a pronoun. ‖ 관계〔지시, 인칭, 의문〕 ～ the relative〔demonstrative, personal, interrogative〕 pronoun.

대모(代母) a godmother.

대모집(大募集) a wholesale employment; an extensive employment.

대목 《시기》 the busiest〔highest〕 occasion; the most important time; a rush period (상인의); 《부분》 a part; a passage. ¶ 섣달 ～ the rush period of the year-end / 어려운 ～ a difficult passage.

대목(臺木) 《접목의》 a stock.

대문(大門) the front〔main〕 gate.

대문자(大文字) a capital (letter). ¶ ～로 쓰다 write in capitals.

대문장(大文章) 《잘된 글》 masterful writing; 《사람》 a great master of (literary) style.

대물(對物) ¶ ～의 real; objective. ‖ ～렌즈 an object glass〔lens〕 / ～배상책임보험 property damage liability insurance.

대물(代物) a substitute. ‖ ～변제 payment in substitutes.

대물리다(代―) hand down〔leave, transmit〕 to *one's* posterity. ¶ 손자에게 재산을 ～ bequeath *one's* property to *one's* grandson.

대미(對美) ¶ 한국인의 ～ 감정 the Korean sentiments toward the Americans / ～ 의존 reliance upon〔on〕 the U.S. ‖ ～무역 trade with the U.S. / ～수출 export to the U.S. / ～수출자주규제 voluntary restriction〔curtailment〕 of exports to the U.S. / ～정책 a policy toward the U.S.

대민(對民) ‖ ～봉사활동 service for public welfare / ～사업 a project for the people.

대받다 《반항》 retort; contradict.

대받다(代―) succeed to; inherit.

대번(에) 《곧》 at once; immediately; in a moment; easily(쉽게).

대범(大泛) ¶ ～한 liberal; broad-minded; large-hearted.

대법관(大法官) a justice of the Supreme Court.

대법원(大法院) the Supreme Court. ‖ ～장 the Chief Justice.

대법회(大法會) 〚佛〛 a (Buddhist) high mass; a great memorial service.

대변(大便) excrement; feces; stools. ¶ ～을 보다 defecate; empty〔evacuate〕 *one's* bowels; relieve *oneself;* have a bowel movement.

대변(代辯) ～하다 speak for 《*another*》; act as spokesman 《*of*》. ‖ ～자〔인〕 a spokesman; a mouthpiece; a spokesperson.

대변(貸邊) 《장부의》 the credit side. ¶ ～에 기입하다 enter on the credit side. ‖ ～계정 a credit account.

대변(對邊) 〖數〗 the opposite side.
대별(大別) ～하다 classify〔divide〕 roughly《*into*》; make a general classification《*of*》.
대보다 compare《*A with B*》; make a comparison《*between*》.
대보름(大―) the 15th of January by the lunar calendar.
대본(大本) the foundation; the basic principle.
대본(貸本) a book for rent; a rental book.
대본(臺本)《연극의》a (play) script; 《영화의》a (film) script, a scenario; 《가극의》a libretto.
대본산(大本山) the main temple of a Buddhist sect.
대부(代父) a godfather.
대부(貸付) loan(ing). ～하다 lend; loan. ‖ ～계(원) a loan teller / ～계정 a loan account / ～금 a loan; an advance / 신용～ a loan on personal pledge; an open credit.
대부분(大部分) most《*of*》; the major〔greater〕part《*of*》;《부사적으로》mostly; largely; for the most part.
대부인(大夫人) your〔his〕(esteemed) mother.
대북방송(對北放送) broadcasting toward the North.
대불(大佛) a big statue of Buddha.
대비(大妃) a Queen Dowager; a Queen Mother.
대비(對比)《대조》contrast; comparison. ～하다 contrast〔compare〕《*two things, A and B*》.
대비(對備) provision《*for, against*》; preparation《*for*》. ～하다 prepare for; provide against〔for〕. ¶ 만일에 ～하다 provide against emergency〔a rainy day〕/ 적의 습격에 ～하다 provide〔guard *oneself*〕 against an enemy attack.
대사(大事)《중대사》a matter of grave concern;《대례》a marriage ceremony.
대사(大使) an ambassador; an envoy(특사). ¶ 주영 ～ an ambassador to Great Britain / ～급 회담을 열다 hold a meeting at ambassadorial level; hold an ambassadorial-level meeting.
대사(大師) a saint; a great Buddhist priest.
대사(大赦) ☞ 일반 사면.
대사(臺詞) speech; *one's* lines; words. ¶ ～를 말하다 speak *one's* part; deliver *one's* lines / ～를 잊다 forget *one's* lines.
대사관(大使館) an embassy. ‖ ～원 (a member of) the embassy staff / ～참사관 a councilor of an embassy / 미국～ the American Embassy / 주미한국～ the Korean Embassy in Washington, D.C.
대사업(大事業) a great undertaking; a great enterprise.
대상(大祥) the second anniversary of《*a person's*》death.
대상(代償) compensation; a price. ¶ …의 ～으로 in compensation〔return〕for / ～을 요구〔지불〕하다 demand〔pay〕compensation《*for*》. ‖ ～수입 compensatory imports.
대상(隊商) a caravan.
대상(對象) the object《*of study*》; a target《*of criticism*》. ¶ 고교생을 ～으로 하는 사전 a dictionary for highschool students.
대생(對生) 〖植〗 ¶ ～의 opposite. ‖ ～엽 opposite leaves.
대서(大書) ¶ ～특필하다 write in large〔golden〕letters; mention specially; make special mention《*of*》;《신문 따위가》lay special stress on.
대서(代書) ～하다 write《*a letter*》for another.
대서다 ①《뒤따라서다》stand close behind《*a person*》; follow. ②《대들다》stand against《*a person*》; turn against〔upon〕《*a person*》; defy.
대서양(大西洋) 〖地〗 the Atlantic (Ocean). ¶ ～의 Atlantic. ‖ ～헌장 the Atlantic Charter / ～횡단 비행 a transatlantic flight.
대석(臺石) a pedestal (stone).
대선거구제(大選擧區制) a major constituency system.
대설(大雪)《눈》a heavy snow; 《절후》the 21st of the 24 seasonal divisions of the year.
대성(大成) ～하다《사람이》attain〔come to〕greatness; be crowned with success.
대성(大聖) a great sage.
대성(大聲) a loud voice〔tone〕. ¶ ～질호하다 address vehemently; thunder; vociferate / ～통곡하다 weep loudly〔bitterly〕.
대성황(大盛況) prosperity; a great success. ¶ ～을 이루다 be prosperous〔a great success〕.
대세(大勢)《형세》the general situation〔trend〕; the main current. ¶ 세계의 ～ the international situation / ～에 따르다〔역행하다〕go with〔against〕the tide.
대소(大小) great and small sizes; size (크기). ¶ ～의 large and〔or〕small; of all〔various〕sizes / ～에 따라 according to size.
대소(大笑) ～하다 roar with laughter; laugh (out) aloud.
대소(代訴) litigation by proxy. ～하다 sue on behalf of《*another*》; sue by proxy.
대소동(大騷動) an uproar; (a) fuss; a great disturbance. ☞ 소동. ¶ 하찮은 일로 ～을 일으키다 make a

fuss over trifling things.
대소변(大小便) urine and feces; 《용변》 urination and defecation. ¶ 혼자서는 ~도 못 가린다 be unable to defecate or urinate by *oneself*.
대속(代贖) redemption〔atonement〕 on behalf of another. ~하다 redeem; atone for《*a person*》.
대손(貸損) a bad debt; an irrecoverable debt. ‖ ~준비금 a bad debt reserve.
대수(大數) ①《큰 수》 a great〔large〕 number. ②《대운》 a good luck; great fortune.
대수(代數) 〖數〗 algebra. ‖ ~식 an algebraical expression / ~학자 an algebraist.
대수(對數) 〖數〗 a logarithm. ‖ ~표 a table of logarithms.
대수롭다 (be) important; valuable; significant; serious. ¶ 대수롭지 않은 trifle; trivial; of little〔no〕 importance; insignificant / 대수롭게 여기지 않다 slight; ignore; pay little attention《*to*》/ 대수롭지 않은 일에 화를 내다 lose *one's* temper on a slight provocation.
대수술(大手術) a major operation.
대숲 a bamboo thicket〔grove〕.
대승(大乘) ¶ ~적 견지 a broader viewpoint. ‖ ~불교 Mahayanist Buddhism.
대승(大勝) ~하다 win〔gain〕 a great victory; win a landslide《*over*》(선거에서).
대식(大食) gluttony. ~하다 eat a lot〔a great deal〕. ¶ ~의 gluttonous. ‖ ~가 a great〔big〕 eater; a glutton.
대신(大臣) a minister (of state); a State〔Cabinet〕 minister.
대신(代身) 《부사적》 instead of; in place of; on〔in〕 behalf of; (as a substitute) for; while(반면에); in return〔exchange, compensation〕《*for*》(대상으로). ~하다 take the place of; take《*a person's*》 place; be substituted for. ¶ 가스 ~ 전기를 쓰다 use electricity instead of gas / 자기 ~ 사람을 보내다 send a deputy / 비싼 ~ 오래 간다 While a bit expensive, it wears long. / 그 ~ 내일은 자네가 한턱 내야 해 In return, you should treat me tomorrow.
대실(貸室) a room on〔for〕 hire.
대심(對審) a trial (공판); confrontation (대질). ~하다 confront《*the accused with the accuser*》.
대아(大我) absolute ego; the higher self.
대안(代案) an alternative (plan). ¶ ~을 제시하다 make an alternative plan〔measure〕.
대안(對岸) the other side《*of a river*》; the opposite bank〔shore〕. ¶ ~의 불구경하듯하다 look on《*a trouble*》 unconcernedly.
대안(對案) a counterproposal.
대액(大厄)《재난》 a great misfortune〔calamity, disaster〕.
대야 a basin; a washbowl.
대양(大洋) the ocean. ¶ ~의 oceanic; ocean. ‖ ~주 Oceania.
대어(大魚) a large〔big〕 fish. ¶ ~를 놓치다《비유적》narrowly miss a great chance (of obtaining success). 「good haul.
대어(大漁) a large〔good〕 catch; a
대언(大言) big talk; boasting; bragging. ¶ ~장담하다 talk big〔tall〕; brag; boast《*of, about*》.
대업(大業) a great achievement〔enterprise〕.
대여(貸與) lending; a loan. ~하다 loan; lend. ‖ ~금 a loan / ~장학금 a loan scholarship.
대여섯 five or six; several.
대역(大役) an important task〔duty, mission〕; an important part〔role〕. ¶ ~을 맡다 be charged with an important part〔duty〕/ ~을 완수하다 accomplish *one's* important mission.
대역(代役) a substitute; 《연극의》 an understudy; 《영화의》 a stand-in. ¶ ~을 하다 act in *a person's* place; play the part for《*another*》.
대역(對譯) a translation printed side by side with the original text.
대역죄(大逆罪) high treason.
대열(隊列) a line; the ranks; formation. ¶ ~을 짓다 form ranks / ~을 지어 in line〔procession〕; in formation. 「days.
대엿새 five or six days; several
대오(大悟) spiritual awakening. ~하다 attain spiritual awakening; be enlightened. 「《*for*》.
대오다 come〔arrive〕 on time
대왕(大王) a (great) king. ¶ 세종 ~ *Sejong* the Great.
대외(對外) ¶ ~의 foreign; external; outside(외부). ‖ ~경제협력기구 EDCF(◀ Economic Development Cooperation Fund) / ~관계 international relations / ~무역 foreign〔overseas〕 trade / ~방송 a broadcasting abroad / ~원조 a foreign aid / ~정책 a foreign policy.
대요(大要) 《개략》 an outline; a summary; a gist; a *résumé* 《프》. ¶ 국사 ~ an outline of Korean history / ~를 설명하다 give the outline《*of*》.
대용(代用) substitution. ~하다 substitute《*A for B*》; use《*one*

thing》 as a substitute for 《another》. ¶ 빈 깡통을 재떨이 ～으로 하다 use the empty can as an ashtray / 이것은 화병의 ～이 된다 This serves as a vase. ‖ ～품 a substitute (article).

대용(貸用) ～하다 take〔use〕 on loan; borrow.

대우(待遇) treatment(처우); reception(접대); pay(급료). ～하다 treat; receive; pay. ¶ ～가 좋다〔나쁘다〕 be treated well〔badly〕; meet with a friendly〔cold〕 reception; 《급료》 be well〔poorly〕 paid / 이사 ～의 부장 a department chief with board-member status / 신사 ～를 하다 treat《*a person*》 as a gentleman. ‖ ～개선 《근로조건의》 improvement of working conditions; 《급료 인상》 increase of wages.

대운(大運) great fortune; good luck.

대웅전(大雄殿) the main sanctuary (of a temple).

대원(大願) *one's* cherished desire.

대원수(大元帥) the generalissimo.

대원칙(大原則) the broad principle.

대월(貸越) an overdraft; an outstanding account.

대위(大尉) 《육군》 a captain; 《공군》 a captain; a flight lieutenant 《英》; 《해군》 a lieutenant.

대위법(對位法) 〖樂〗 counterpoint.

대유(大儒) a great Confucianist (유학의); a great scholar.

대응(對應) ～하다 《맞먹다》 correspond with〔to〕; be equivalent to; 《대항·대처》 cope with; deal with. ‖ ～책 a countermeasure.

대의(大意) 《요지》 the gist; the substance; 《개략》 a general idea; an outline.

대의(大義) 《목적》 a (great) cause; 《충의》 loyalty; 《정의》 justice; righteousness. ¶ 평화라는 ～를 위하여 in〔for〕 the noble cause of peace / ～명분이 서지 않다 cannot be justified; be not justifiable / …라는 ～명분으로 in the cause of…; on the pretext of….

대의(代議) ‖ ～원 a delegate; a representative / ～제도 a representative〔parliamentary〕 system.

대인(大人) ① 《남의 아버지》 your〔his〕 (esteemed) father. ② 《어른》 a grown-up; an adult. ‖ ～용 for adults. ③ 《위인》 a great man.

대인(代印) signing per procuration. ～하다 sign〔set a seal〕 by proxy.

대인(對人) ‖ ～관계〔신용, 담보〕 personal relations〔credit, security〕 / ～방어 man-to-man defense.

대인기(大人氣) a big hit; great popularity; a great success. ¶ ～다 be very popular《*with, among*》; make a great hit.

대인물(大人物) a great man〔character, figure〕.

대일(對日) ‖ ～감정 the sentiment toward Japan / ～관계〔무역〕 relations〔trade〕 with Japan.

대임(大任) a great task; an important charge〔mission〕. ¶ ～을 맡다 undertake a great task / ～을 맡기다 entrust 《*a person*》 with an important duty.

대입준비학원(大入準備學院) a college entrance test preparation institute.

대입학력고사(大入學力考査) the national 〔state-run〕 scholastic achievement test for the college entrance.

대자대비(大慈大悲) great mercy and compassion.

대자보(大字報) a big-character paper〔poster〕; a wall poster.

대자연(大自然) nature; creation; Mother Nature; (Mighty) Nature.

대작(大作) a great work; a masterpiece (걸작); a volumnious work (방대한).

대작(代作) 《글의》 ghostwriting. ～하다 ghostwrite; write for 《*a person*》. ‖ ～자 a ghostwriter.

대작(對酌) ～하다 drink together; exchange cups 《*between*》; hobnob 《*with*》.

대장(大將) a general (육군, 공군); an admiral(해군).

대장(大腸) the large intestine. ‖ ～균 a colon bacillus / ～염 colitis / ～카타르 catarrh of the large intestine.

대장(隊長) a (troop) commander; a captain; a leader.

대장(臺帳) a ledger(회계부); a register(등록부). ¶ ～에 기입하다 make an entry (of an item) in the ledger.

대장간(一間) a blacksmith's shop; a smithy; a forge.

대장경(大藏經) 〖佛〗 the complete collection of Buddhist Scriptures 〔Sutras〕.

대장부(大丈夫) a (brave) man; a manly〔great〕 man. ¶ ～답게 굴라 Be a man! *or* Play the man!

대장장이(一匠一) a blacksmith.

대저(大抵) generally (speaking); on the whole; as a rule.

대적(大敵) a powerful〔formidable〕 enemy; a formidable rival (경쟁자).

대적(對敵) ～하다 turn〔fight, face〕 against; 《겨루다》 vie〔contend〕《*with*》; compete 《*with*》.

대전(大典) 《의식》 a state ceremony; 《법전》 a code of laws.

대전(大戰) a great war〔battle〕. ‖

구라파 ～ the great European war / 제2차 세계～ World War II; the Second World War.
대전(帶電) 〖理〗 electrification. ～하다 take an electrical charge. ¶ ～방지용 스프레이 an anti-static spray. ‖ ～체 a charged body.
대전(對戰) ～하다 encounter 《*the enemy*》; fight 《*with*》; play a match 《*against*》 (시합에서). ¶ ～시키다 match 《*a person*》 against 《*another*》. ‖ ～료 a fight money / ～상대 an opponent / ～성적 the win-lose records 《*between*》.
대전제(大前提) 〖論〗 the major premise.
대전차(對戰車) anti-tank. ‖ ～포〔미사일〕 an anti-tank gun〔missile〕.
대절(貸切) ¶ ～의〔한〕 chartered; reserved; booked 《英》 / 이 차량은〔차는〕 ～이다 This carriage〔car〕 is reserved. ‖ ～버스〔비행기〕 a chartered bus〔plane〕.
대접 《그릇》 a (soup) bowl.
대접(待接) treatment; reception; entertainment. ～하다 treat; receive; entertain. ¶ 극진히 ～하다 give 《*a person*》 warm hospitality; entertain 《*a person*》 cordially.
대정맥(大靜脈) the vena cava [*pl.* venae cavae].
대제(大帝) a great emperor. ¶ 피터 ～ Peter the Great.
대제(大祭) a grand festival.
대조(大潮) the flood〔major〕 tide.
대조(對照) (a) contrast; (a) comparison. ～하다 contrast〔compare〕 《*A with B*》. ¶ ～를 이루다 form〔present〕 a contrast 《*with*》 / …와 ～적으로 in contrast to….
대졸(大卒) a college〔university〕 graduate.
대종(大宗) 《계통》 the main stock; 《주요품》 the main items. ¶ 수출의 ～ the staple items for export. ‖ ～가 a head〔main〕 family.
대좌(對座) ～하다 sit opposite 《*to*》; sit face to face 《*with*》.
대죄(大罪) a heinous〔high〕 crime; a grave offense; a felony.
대죄(待罪) ～하다 await the official decision on *one's* punishment.
대주(貸主) the lender; the creditor; the lessor (부동산의).
대주교(大主教) an archbishop.
대주다 supply〔provide, furnish〕 《*a person with*》.
대주자(代走者) 《야구의》 a pinch runner.
대중 《겉어림》 a rough estimate 〔calculation〕; 《추측》 guess; 《표준》 a standard. ¶ ～을 잡다 《겉어림하다》 make a rough estimate 《*of*》; 《기준을 세우다》 set up a standard / ～없다 be hard to foresee; be uncertain〔irregular〕; be without a fixed principle(주견 없다).
대중(大衆) the masses; the populace; 《일반 대중》 the (general) public. ¶ ～의 지지를 얻다 have the support of the public; have mass support / ～화하다 popularize; make a thing popular. ‖ ～매체 the mass media / ～문학〔문화〕 popular literature〔culture〕 / ～성 popular appeal; popularity / ～식당 a cheap restaurant / ～운동 a mass movement / ～작가〔잡지〕 a popular writer〔magazine〕.
대증(對症) ‖ ～요법 symptomatic treatment.
대지(大地) the earth; the ground.
대지(垈地) a (building) site〔lot〕; (a plot of) ground.
대지(臺紙) (paste)board; ground paper; a mount(사진의).
대지(臺地) 《고지》 a height; 《고원》 a tableland; a plateau.
대지(貸地) land〔a lot〕 to let〔for rent〕.
대지(對地) ¶ 지～의 ground to ground. ‖ ～공격 a ground attack; an air raid.
대지주(大地主) a great landowner.
대진(代診) a locum 《*for*》. ～하다 examine〔diagnose〕 《*a patient*》 in behalf of 《*another doctor*》. ‖ ～의사 a locum.
대진(對陣) ～하다 be encamped facing each other; play a match 《*against*》.
대질(對質) confrontation. ¶ ～시키다 confront 《*a person*》 with 《*another*》. ‖ ～심문 (a) cross-examination.
대짜(大一) a big one.
대차(大差) a great〔wide, big〕 difference. ¶ ～가 있다 be very different 《*from*》; differ a great deal 《*from*》 / …과 ～ 없다 do not make much difference; be much the same.
대차(貸借) (a) loan; debit and credit. ¶ 나는 그와 아무런 ～관계가 없다 I have no accounts to settle with him. ‖ ～결제 the settlement of accounts / ～계정 a debtor and creditor account / ～대조표 a balance sheet.
대찰(大刹) a grand temple.
대책(對策) a measure; a countermeasure. ¶ 인플레 ～을 강구하다 take an antiinflation measure.
대처(帶妻) ‖ ～승 a married Buddhist priest.
대처(對處) ～하다 meet; deal 〔cope〕 with. ¶ 어떻게 ～할 방도가 없다 There is nothing that can be done about it.
대첩(大捷) a great victory. ～하다 win a sweeping victory.

대청(大廳) the main floored room.
대체(大體) 《개요》 an outline; a summary; 《요점》 the principal parts; 《도대체》 on earth. ¶ ~적인 general; main; rough / ~로 generally; as a whole / ~로 말하여 generally〔broadly〕speaking / ~ 넌 누구냐 What on earth are you?
대체(代替) ~하다 substitute 《*A for B*》; replace 《*A*》 with 《*B*》; alternate 《*with*》. ‖ ~물 〖法〗 a substitute; a fungible / ~식품 substitute food 《*for rice*》 / ~에너지 자원 alternative energy resources.
대체(對替) 〖商〗 transfer. ¶ ~로 송금하다 send money by postal transfer. ‖ ~계정 a transfer account / ~전표 a transfer slip.
대추 〖植〗 《나무》 a jujube tree; 《열매》 a jujube.
대출(貸出) lending; a loan. ~하다 lend; loan out; make a loan 《*to*》. ‖ ~금 loaned money / 부당~ an illegal advance.
대충(代充) ~하다 supplement〔replenish〕with substitutes.
대충 roughly; approximately; 《거의》 about; nearly; almost. ¶ ~ 설명하다 explain briefly / ~ 훑어보다 glance〔run *one's* eyes〕over; run over 《***a morning paper***》.
대충자금(對充資金) 〖經〗 the counterpart fund.
대치(對峙) ~하다 stand face to face 《*with*》; confront; face. ¶ 서로 ~하다 face with each other.
대칭(對稱) 〖數〗 symmetry. ‖ ~대명사 a 2nd-person pronoun / ~점 a symmetrical point.
대타(代打) 〖野〗 pinch-hitting. ‖ ~자 a pinch hitter.
대통(大統) the Royal line.
대통령(大統領) the President; the Chief Executive. ¶ ~의 presidential / 클린턴 ~ President Clinton. ‖ ~관저 the presidential residence; the White House(미국의) / ~교서 a Presidential message / ~보좌관 a presidential aid / ~부인 the First Lady 《美》 / ~선거〔입후보자〕 a presidential election〔candidate〕 / ~예비선거 《미국의》 the presidential primary / ~제 a presidential government.
대통령권한대행(大統領權限代行) the acting President.
대퇴(大腿) 〖解〗 the thigh. ‖ ~골 a thighbone / ~부 the femur.
대파(大破) ~하다 be greatly〔badly〕damaged; be ruined〔smashed〕.
대파(代播) ~하다 sow in substitution 《*for*》.
대판(大一) ¶ ~ 싸우다 have a violent quarrel〔big fight〕《*with*》.
대판(大版) large size〔edition〕.
대패 《공구》 a plane. ¶ ~질하다 plane 《***a board***》. ‖ 대팻날 a plane iron / 대팻밥 wood shavings.
대패(大敗) crushing〔complete〕defeat. ~하다 suffer〔meet with〕a crushing defeat; be severely defeated; be routed.
대포 drinking from a bowl. ‖ 대폿값 drink money / 대폿집 a groggery; a pub.
대포(大砲) ① 〖軍〗 a gun; a cannon. ¶ ~를 쏘다 fire a gun. ② 《거짓말》 a (big) lie. ¶ ~를 놓다 tell a lie.
대폭(大幅) 《부사적》 largely; sharply; steeply. ¶ ~적인 가격 하락 a big fall in prices / ~적인 임금 인상 a big〔substantial〕raise in pay / ~적인 삭감 a sharp cut; a drastic retrenchment.
대표(代表) representation; 《대표자》 a delegation(단체); a delegate〔representative〕(개인). ~하다 represent; stand〔act〕for. ¶ ~적인 representative; typical (전형적) / …을 ~하여 on〔in〕behalf of…. ‖ ~번호 《전화의》 the key〔main〕number / ~사원 a representative partner.
대풍(大風) a strong〔violent, big〕wind.
대풍(大豊) an abundant harvest; a bumper〔record〕crop.
대피(待避) ~하다 take shelter 《***in, under***》. ‖ ~선 《철도》 a siding; a sidetrack / ~소 《좁은 도로상의》 a turnout 《美》; a passing=place 《英》 / ~호 a dugout; a (bomb) shelter.
대하(大河) a large river. ‖ ~소설 a saga〔long〕novel.
대하(大蝦) 〖動〗 a lobster.
대하다(對一) ① 《마주보다》 face; confront; 《대항하다》 oppose; 《응대하다》 receive; treat. ¶ 서로 얼굴을 ~ face each other / 친절하게 ~ receive 《*a person*》 warmly / 예로써 ~ treat 《*a person*》 with due courtesy / 힘에는 힘으로 대하라 Oppose force with force. ② 《…에 대한》 toward; to; for; 《…에 대항하여》 against. ¶ 물음에 대한 대답 an answer to a question / 부모에 대한 의무 *one's* duty to *one's* parents / 문학에 대한 취미 interest in literature / 노후에 대한 충분한 대비 ample provision against *one's* old age / 시험에 대한 준비 preparations for an examination.
대하증(帶下症) 〖醫〗 leucorrhea.
대학(大學) a university(종합); a college (단과). ¶ ~ 1〔2, 3, 4〕학년생 a freshman〔sophomore, junior, senior〕 / ~에 가다〔다니다〕 go to〔be in〕college〔university〕 / ~을 졸업하다 graduate from

college〔university〕. ‖ ～교수 a university〔college〕 professor / ～교육 university〔college〕 education / ～병원 a university hospital / ～생 a university〔college〕 student; an undergraduate / ～생활 college〔university, campus〕 life / ～수학능력시험 the college aptitude test / ～원 a postgraduate course; a graduate school 《美》 / ～입시 a college〔university〕 entrance examination / ～총장 the president of a university / ～출신자 a university graduate / ～학장 a dean.

대학자(大學者) a great scholar.

대한(大寒) midwinter; the coldest season; 《절후》 the last of the 24 seasonal divisions of the year.

대한(大韓) Korea. ‖ ～무역투자진흥공사 the Korea Trade-Investment Promotion Agency (생략 KOTRA) / ～무역협회 the Korean Foreign Trade Association (생략 KFTA) / ～민국 the Republic of Korea (생략 ROK) / ～상공회의소 the Korea Chamber of Commerce and Industry / ～적십자사 the Korea National Red Cross / ～해협 the Straits of Korea.

대합(大蛤) 〚貝〛 a large clam. ‖ ～구이 grilled clam meat in shell / ～찜 steamed clam meat in shell.

대합실(待合室) a waiting room.

대항(對抗) opposition; rivalry. ～하다 stand against; oppose; cope with; meet. ¶ ～시키다 pit〔set up〕 《*a person*》 against 《*another*》. ‖ ～경기 a match; a tournament / ～책《take》 a countermeasure.

대해(大害) great harm.

대해(大海) the ocean; the sea. ¶ ～의 일속(一粟) a drop in the bucket〔ocean〕.

대행(代行) ～하다 deputize 《*for*》; execute as proxy; act for 《*another*》. ¶ 아버지를 ～하다 act for *one's* father; act on *one's* father's behalf. ‖ ～기관 an agency / ～업무 agency business / ～자 an agent / 수출〔수입〕～업자 an export〔import〕 agent.

대헌장(大憲章) Magna Carta.

대형(大形) a large size. ¶ ～의 large(-sized).

대형(隊形) (a) formation; order. ¶ ～을 정리하다 put the formation in good order / ～을 흩뜨리다 break ranks.

대화(對話) (a) conversation; a dialogue. ～하다 talk〔converse〕 《*with*》; have a conversation〔talk〕 《*with*》. ¶ ～형식으로 쓰인 written in dialogue.

대회(大會) a mass〔large〕 meeting; a rally; a general meeting; a convention; a meet〔tournament〕(경기의). ¶ ～를 열다 hold a mass meeting.

대흉(大凶) worst luck; the worst of ill fortune. ☞ 흉년.

댁(宅) 《집》 a house; a residence; 《자택》 *one's* house〔home〕; 《당신》 you; 《남의 부인》 Mrs. ....

댁내(宅內) your〔his〕 family.

댁대구루루 ¶ ～ 구르다 roll over and over.

댄서 a dancer; a dancing girl.

댄스 a dance; dancing. ‖ ～교습소〔교사〕 a dancing school〔instructor〕/ ～파티 a dance; a ball / ～홀 a dance hall.

댐 《제방》 a dam. ¶ ～을 만들다 build a dam. 「five times.

댓… about five. ¶ ～ 번 about

댓돌 terrace stones.

댓바람 at a stroke〔blow〕; at once; quickly. ¶ 일을 ～에 해치우다 finish *one's* work at a stroke.

댓진(一津) nicotine; tar.

댕그랑거리다 tinkle; jingle; clang.

댕기 a pigtail ribbon.

댕기다 《불을》 light; kindle; ignite; 《불이》 catch〔take〕 (fire).

댕댕 jingling; dingdong; tinkling.

댕댕하다 ① 《팽팽하다》 (be) tight; taut; tense. ② 《옹골차다》 (be) stuffed; firm; solid.

댕돌같다 (be) as hard as a rock.

더 more; longer (시간); farther (거리); further (더욱). ¶ ～한층 more and more; still more / 그만큼 ～ as many〔much〕 more / 조금만 ～ a little〔few〕 more / ～ 많이 much〔a lot〕 more (양); (a good) many more (수).

더군다나 besides; moreover; further (more); in addition; what is more〔worse〕.

더껑이 scum; cream; film. 「dirt.

더께 encrusted dirt; a layer of

더덕 〚植〛 *Codonopsis lanceolata.*

더덕더덕 in clusters; in bunches.

더듬거리다 ① 《눈으로 보지 않고》 grope〔fumble, feel〕 《*for, after*》. ¶ 더듬거리며 가다 feel〔grope〕 *one's* way 《*in the dark*》 / 열쇠를 더듬거리며 찾다 feel〔grope〕 for a key. ② 《말을》 stammer; stutter. ¶ 더듬더듬 stammering / 더듬거리며 사과하다 stammer〔stutter〕 out an apology.

더듬다 ① ☞ 더듬거리다. ② 《기억·근원 따위를》 trace; follow up 《*a clue*》. ¶ 근원을 더듬어 올라가다 trace 《*something*》 back to its origin / 기억을 ～ try to recall.

더듬이 〚蟲〛 a tentacle; a feeler.

더디다 (be) slow; tardy 《*at*》. ¶ 일손이 ～ be slow in *one's* work.

…더라도 if; even if; (even) though; admitting that. ¶ 아무리 적～ no matter how small it may be / 설령 그렇～ admitting [granting] that it is so; even if it were so.
더러 《다소》 some; somewhat; a little; 《이따금》 occasionally; at times; once in a while.
더러워지다 《때묻다》 become dirty; be soiled; be stained.
더럭 all of a sudden; suddenly. ¶ 겁이 ～ 나다 be struck with horror.
더럽다 (be) unclean; dirty; filthy; mean(비열); indecent(추잡); stingy(인색). ¶ 더러운 옷 dirty [soiled] clothes / 돈 문제에 ～ be mean over money matters / 더러운 수를 쓰다 use [play] a mean [dirty] trick.
더럽히다 《때묻히다》 make dirty; soil; stain; 《명예 따위를》 disgrace; dishonor; 《오염시키다》 pollute; contaminate. ¶ 커피로 옷을 ～ stain *one's* dress with coffee / 하수로 강물을 ～ foul [contaminate] a river with sewage.
더미 a pile; a heap; a stack. ‖ 쓰레기～ a rubbish heap.
더미씌우다 shift the burden of responsibility 《*on a person*》; lay the blame at 《*a person's*》 door.
더벅머리 《머리》 disheveled [unkempt] hair. ¶ ～소년 a boy [lad] (who still has busy hair).
더부룩하다 《머리·수염이》 (be) bushy; shaggy. ¶ 수염이 ～ have a shaggy growth of whiskers.
더부살이 a living-in [resident] servant.
더불어 《함께》 together; with. ¶ 그녀와 ～ 기쁨을 나누다 share *one's* joy with her.
더블 double. ‖ ～베드 a double bed / ～플레이 『野』 a double play / ～헤더 『野』 a double-header.
더블유시 W.C.; a water closet.
더블유에이치오 《세계보건기구》 WHO. (◀ the World Health Organization)
더블유티오 《세계무역기구》 WTO. (◀ the World Trade Organization)
더빙 『映·TV』 dubbing.
더뻑거리다 act [behave] rashly.
더없이 most of all; extremely. ¶ ～ 행복하다 be as happy as can be / ～ 기뻐하다 be delighted beyond measure.
더욱 more; more and more; still more. ¶ ～ 중대한 것은 what is more important / ～(더) 적어지다 grow less and less / ～ 좋다 [나쁘다] be so much the better [worse].
더욱이 besides; moreover; what is more; in addition (to that).
더위 the heat; hot weather. ¶ ～를 식히다 beat the heat / ～먹다 be affected by the heat; suffer from hot weather / ～를 타다 be sensitive to the heat.
더치다 《병세가》 become [grow] worse; take a bad turn.
더킹 『拳』 ducking. ～하다 duck 《*to avoid blows*》.
더펄거리다 《머리털 따위가》 bounce up and down; 《사람이》 act frivolously.
더펄머리 bouncing hair.
더하다[1] 《보태다》 add 《*to*》; add [sum] up; 《증가》 increase; gain; grow; add 《*to*》; 《심해지다》 get [grow] worse [serious]. ¶ 3에 4를 ～ add 4 to 3 / 두통이 ～ *one's* headache becomes worse / 수량이 더해지다 increase [grow] in number(s) [volume] / 인기가 더해지다 gain in popularity / 병세가 ～ *one's* illness take a turn for the worse.
더하다[2] 《비교해》 (be) more…; -er. ¶ 크기가 ～ be bigger.
더할 나위 없다 (be) perfect; leave nothing to be desired; (be) the finest [greatest]. ¶ 더할 나위 없이 기쁘다 feel the greatest joy / 아버님의 기쁨은 더할 나위 없었다 Father's joy knew no bounds.
덕(德) 《미덕》 (a) virtue; goodness; a merit; 《덕택》 indebtedness; favor. ¶ ～이 높은 사람 a man of high virtue / …의 ～으로 by virtue [dint] of…; thanks to….
덕대 『鑛』 a subcontractor of mining.
덕망(德望) moral influence. ‖ ～가 a man of high (moral) repute.
덕분(德分) ☞ 덕택.
덕성(德性) moral character; moral nature. ¶ ～스럽다 be virtuous.
덕업(德業) virtuous deeds.
덕육(德育) moral training [education]; character-building.
덕적덕적, 덕지덕지 in a thick layer; thickly. ¶ 때가 ～ 끼다 be thickly covered with dirt.
덕택(德澤) 《은혜》 indebtedness; favor; 《후원》 support. ¶ …의 ～으로 thanks to 《*a person*》; by *a person's* favor [help]; 《원인·이유》 due [owing] to.
덕행(德行) virtuous [moral] conduct; virtue; goodness.
덕화(德化) 《감화》 moral influence [reform].
던적스럽다 《비열》 (be) mean; base; sordid; 《추잡》 (be) indecent; obscene; filthy.
던지다 《내던지다》 throw; hurl; fling; cast. ¶ 공을 ～ throw [pitch]

a ball / 깨끗한 한 표를 ～ cast an honest vote《*for*》.

덜 less; incompletely. ¶ ～ 마른 half-dried / ～ 익은 스테이크 half-cooked〔underdone〕steak / ～ 익은 과일 unripe fruit.

덜거덕거리다 rattle; clatter.

덜다 ①《경감·완화》lessen; ease; mitigate; relieve; alleviate; lighten;《절약》save; spare. ¶ 수고를 ～ save《*a person*》trouble; save labor / 고통을 ～ ease the pain. ②《빼다》subtract; deduct《*from*》; take off;《적게 하다》decrease; lessen; abate; reduce. ¶ 세 개를 ～ remove three; take three from.

덜덜 ¶ ～ 떨다 tremble《*for fear*》; quiver; shiver; tremble all over.

덜되다 ①《미완성》(be) incomplete; unfinished;《덜 익다》be not ripe. ¶ 덜된 원고 an unfinished manuscript. ②《사람이》be no good; be not up to the mark; be half-witted.

덜렁거리다 《소리》jingle; tinkle; clink;《행동》behave *oneself* flippantly.

덜렁하다 《소리가》jingle;《가슴이》feel a shock; get startled.

덜리다 be reduced〔deducted, removed〕.

덜미 ☞ 뒷덜미. ¶ ～잡이하다 take〔seize〕《*a person*》by the scruff of the neck.

덜커덕거리다 rattle; clatter.

덜컥 ①《갑자기》suddenly; unexpectedly. ¶ ～ 죽다 die suddenly; drop dead. ②《소리》with a click〔clatter, bump〕.

덤 《더 얹어 주는 것》an extra; something thrown in; a throw-in; an addition; a free gift. ¶ ～을 주다 throw in something (for good measure).

덤덤탄(—彈) 〖軍〗 a dumdum〔soft-nosed〕bullet.

덤덤하다 (be) speechless; remain silent.

덤받이 a child by *one's* former marriage.

덤벙거리다 《행동을》act frivolously〔rashly〕;《물에서》splash; splatter.

덤벨 a dumbbell.

덤불 a thicket; a bush.

덤비다 ①《달려들다》turn〔fall〕on《*a person*》; pick a quarrel with; spring〔leap〕on; fly at. ¶ 맹호같이 덤벼들다 spring at with tiger-like ferocity. ②《서둘다》be hasty; hurry; make undue haste. ¶ 덤비지 말라 Don't be so hasty. *or* Take easy.

덤프카 a dump truck〔lorry《英》〕.

덤핑 〖經〗 dumping. ～하다 dump《*goods*》. ¶ 해외 시장에서 ～ 공세를 취하다 conduct offensive dumping in overseas markets. ‖ ～방지 관세 antidumping duties / ～시장 a dumping market / 반～법 Anti-Dumping Act.

덥다 (be) hot; warm; feel hot. ¶ 더운 날씨 hot weather / 더운 물 hot water / 몸이 ～ have a fever.

덥석 quickly; suddenly; tightly (단단히). ¶ 손을 ～ 쥐다 suddenly clasp〔grasp〕《*a person's*》hand / ～ 물다 snap《*at*》.

덧 a short time〔while〕; a brief span of time. ¶ 어느～ before *one* knows; without *one's* knowledge.

덧나다 ①《병이》grow worse; get〔become〕inflamed. ②《성나다》be offended《*at*》.

덧내다 《병을》cause to take a bad turn; make《*a boil*》worse.

덧니 a snaggletooth; a double tooth (겹친). ¶ ～가 나다 cut a snaggletooth. ‖ ～박이 a person with a snaggletooth.

덧문(—門) an outer door; a shutter.

덧붙이다 add〔attach, stick〕《*one thing to another*》;《말을》add; make an additional remark.

덧셈 addition. ～하다 add up figures. ‖ ～표 plus sign.

덧신 overshoes; rubbers《美》.

덧없다 (be) transient; vain; uncertain; short-lived; fleeting. ¶ 덧없는 인생 a transient〔an ephemeral〕life / 덧없는 세월 fleeting〔quick-passing〕time.

덩굴 〖植〗 a vine. ¶ ～손 a tendril; a runner / 포도～ grape vines.

덩그렇다 《헌거롭다》(be) high and big; imposing;《텅비다》look hollow〔empty〕.

덩달다 imitate〔follow〕《*a person*》blindly; follow suit. ¶ 내가 그 안(案)에 찬성하자 모두가 덩달아 찬성했다 I consented to the plan and all the rest chimed in.

덩실거리다 dance lively〔sprightly〕.

덩어리 a lump; a mass. ¶ ～지다 lump; (form a) mass / 얼음～ a lump of ice / 흙～ a clod of earth.

덩치 a body; a frame. ¶ ～가 큰 bulky; hulking / 그는 ～가 크다 He is big.

덫 a snare; a trap. ¶ ～을 놓다 set〔lay〕a trap〔snare〕《*for*》/ ～에 걸리다 be caught in a trap.

덮개 a cover; a covering; a lid (뚜껑); a coverlet (침구).

덮다 《씌우다》cover《*with*》; put《*a thing*》on; veil; overspread;《은폐》hide; cover up; cloak;《닫다》shut; close. ¶ 책을 ～ close〔shut〕a book.

덮어놓고 without asking〔giving〕

any reason; causelessly. ¶ ～때리다 hit 《*a person*》 without giving any explanation.
덮어두다 shut *one's* eyes 《*to*》; overlook; pass 《*a person's sin*》 over; ignore; take no heed of.
덮어씌우다 ① 《가림》 cover 《*a thing with...*》; put 《*a thing*》 over 〔on〕. ② 《죄를》 accuse 《*a person*》 of 《*theft*》 falsely 〔unjustly〕; make a false charge 《*of espionage*》; put 〔lay〕 《*the blame*》 on 《*a person*》. 「wrapped〕.
덮이다 be covered 〔veiled, hidden,
덮치다 ① 《망 따위로 …을》 throw 〔cast〕 《*a net*》 over 《*birds*》; 《파도·홍수 따위가》 surge 〔rush〕 《*on*》; 《a storm》 overtake 《*a ship*》; 《군중 따위가》 swarm in 《*on somebody*》. ② 《엄습하다》 attack; raid; fall on; assail. ¶ 적을 배후에서 ～ attack the enemy from the rear / 마약의 아지트를 ～ raid the dope den. ③ 《여러 가지 일이 한꺼번에》 have several things at a time. ¶ 불행이 한꺼번에 ～ have a series of misfortune at a time / 엎친 데 덮친 격이다 Misfortune never comes singly.
데 a place; a spot; a point; 《경우》 an occasion; a case.
데구루루, 데굴데굴 ¶ ～ 구르다 roll over and over.
데꺽 at once (곧); easily (쉽게).
데꺽거리다 clatter; rattle.
데다 ① 《불에》 get burnt; have a burn; scald *oneself;* get scalded. ¶ 손을 ～ get burnt in the hand; burn *one's* hand. ② 《혼나다》 have a bitter experience.
데드라인 a deadline. ¶ 논문 제출의 ～ the deadline for handing in the essay. 「batter.
데드볼 〖野〗 a pitch which hits the
데려가다 take 《*a person*》 along; take 《*a person*》 with *one.*
데려오다 bring 《*a person*》 along; bring 《*a person*》 with *one.*
데리다 take 〔bring〕 《*a person*》 with *one;* be accompanied by. ¶ 데리고 나오다 take 〔bring〕 out / 데리러 오다 call for; come to claim 《*a person*》 / 데리러 가다 go for; go and bring 《*a person*》 / 데리고 놀다 amuse; take care of (아이를).
데릴사위 a son-in-law taken into the family. ¶ 데릴사윗감 a model youth. 「mor; demagogy.
데마(고기) 《circulate》 a false ru-
데면데면하다 (be) careless; negligent.
데모 《stage》 a demonstration. ～하다 demonstrate 《*against*》. ‖ ～대 (a group of) demonstrators / ～행진 a demonstration parade.
데모크라시 democracy.
데뷔 a *début* 《프》. ～하다 make *one's* debut.
데삶다 parboil; boil 《*an egg*》 soft 〔lightly〕. ¶ 데삶기다 be half-done 〔-boiled〕. 「(rough) sketch.
데생 〖美術〗 a *dessin* 《프》; a
데설궂다 (be) rough; rude.
데시… deci-. ‖ ～리터 a deciliter (생략 dl) / ～미터 a decimeter(생략 dm) / ～벨 a decibel(생략 dB, db). 「데워 먹다 eat hot.
데우다 make warm; heat (up). ¶
데이비스컵 〖테니스〗 the Davis cup.
데이터 《gather》 data 《*on*》. ‖ ～처리장치 a data processing machine. 「《*a girl*》.
데이트 a date. ～하다 date (with)
데익다 be half-cooked 〔-done〕.
데치다 scald; parboil 《*vegetables*》.
데카당 a decadent.
데카당스 decadence.
데탕트 détente 《프》.
데퉁스럽다 (be) clumsy; gawky.
덴마크 Denmark. ¶ ～의 Danish / ～ 사람 a Dane.
델리키트 ¶ ～한 delicate.
델린저현상(一現象) 〖物〗 Dellinger phenomena.
델타 〖地〗 a delta. ‖ ～지대〔평야〕 a delta land 〔plain〕.
뎅그렁거리다 jangle; clang.
도(度) ① 《온도·각도》 a degree. ¶ 60～ sixty degrees. ② 《정도》 (a) degree; (an) extent; a measure. ¶ ～를 지나치다 go too far; carry to excess; be intemperate.
도(道)[1] 《행정 구획》 a province. ¶ 경기～ Kyŏnggi Province / ～(립)의 provincial.
도(道)[2] 《도리》 teachings(가르침); doctrines(교리); truth(진리); morality(도의); *one's* duty(지켜야할); 《술》 an art. ¶ ～를 닦다 cultivate *one's* moral 〔religious〕 sense / ～를 깨닫다 perceive a truth.
도 〖樂〗 do.
도 ① 《및, …도 …도》 and; as well (as); both... and(긍정); neither ... nor(부정); 《역시》 so; too; also; not... either (부정). ② 《조차도》 even; not so much as. ¶ 지금～ even now / 작별 인사～ 없이 without so much as saying good-bye. ③ 《비록 …이라도》 even if; (al)though.
도가니 a melting pot; a crucible. ¶ 흥분의 ～로 화하다 turn into a scene of wild excitement.
도가머리 a crest 《*of a bird*》.
도감(圖鑑) a pictorial 〔an illustrate〕 book. ‖ 동물〔식물〕～ an illustrated animal 〔plant〕 book.
도강(渡江) ～하다 cross a river. ¶ ～작전을 강행하다 force river-crossing operations.

도개교(跳開橋) a bascule bridge.
도거리 ¶ ～로 in a lump〔the gross〕; in bulk.
도검(刀劍) a sword; swords (도검류).
도계(道界) a provincial border.
도공(刀工) a swordsmith.
도공(陶工) a ceramist.
도관(導管) a conduit (pipe); a pipe.
도괴(倒壞) collapse. ～하다 collapse; fall down; crumble.
도교(道敎) Taoism.
도구(道具) ① 《공구》 a tool; an implement; a utensil; 《용구일체》 an outfit. ② 《수단·방편》 a means; a tool. ¶ 사람을 ～로 사용하다 use 《*a person*》 as a tool.
도굴(盜掘) ～하다 rob a grave 〔tomb〕. ‖ ～범 a grave robber.
도금(鍍金) gilding; plating. ～하다 plate; gild. ¶ 은～한 숟가락 a silver-plated spoon / 구리를 은으로 ～하다 plate copper with silver.
도급(都給) a contract 《*for work*》. ¶ ～ 맡다 contract 《*for*》; undertake; get〔receive〕 a contract 《*for*》 / ～ 주다 give 《*a person*》 a contract 《*for*》; let a contract 《*to somebody*》. ‖ 일괄～계약 a contract on the turnkey basis / 일괄～식 (수출) (export) by turnkey system.
도기(陶器) china(ware); earthenware; pottery. ‖ ～상 a china shop; a china-dealer.
도깨비 a bogy; a ghost. ¶ ～가 나오는 집 a haunted house.
도깨비불 a will-o'-the-wisp; a jack-o'-lantern.
도끼 an ax; a hatchet(손도끼); a chopper. ¶ ～질하다 wield an ax. ‖ ～자루 an ax haft〔handle〕.
도난(盜難) 《a case of》 robbery 〔burglary, theft〕. ¶ ～당하다 be robbed 《*of one's money*》; have 《*one's money*》 stolen; be stolen (물건이 주어). ‖ ～경보기 a burglar alarm / ～품 stolen goods.
도내(道內) ¶ ～의〔에〕 in〔within〕 the province.
도넛 a doughnut. ‖ ～화 현상 《도심부의》 the hollowing-out effect; the doughnut phenomenon.
도달(到達) arrival. ～하다 arrive in〔at〕; reach; get to. ¶ 결론에 ～하다 arrive at a conclusion.
도당(徒黨) a faction; a clique. ¶ ～을 짓다 band together; form a league〔faction, clique〕.
도대체(都大體) on earth; in the world.
도덕(道德) morality; virtue; morals. ¶ ～상〔적으로〕 morally; from the moral point of view / ～의식의 결여 lack of moral sense. ‖ ～가 a moralist; a virtuous man / ～교육 moral education / ～률 a moral law; an ethical code / ～심 a moral sense; a sense of morality / ～재무장운동 a moral rearmament movement.
도도하다 《거만》 (be) proud〔arrogant, haughty〕. ¶ 도도하게 proudly; arrogantly / 도도한 태도 a haughty attitude.
도도하다(滔滔一) ① 《변설이》 (be) eloquent; fluent. ¶ 도도한 변설 a flood of eloquence. ② 《물이》 ¶ 도도히 흐르다 flow with a rush; run〔flow〕 in a large stream.
도둑 ¶ ～ 맞다 《사람이 주어》 have 《*a thing*》 stolen; be robbed of 《*one's purse*》; 《물건이 주어》 be stolen. ‖ ～고양이 a stray cat / ～놈 a thief; a burglar; a robber / ～질 theft; burglary; stealing (～질하다 commit theft; steal; rob).
도드라지다 ① 《형용사적》 (be) swollen; protuberant; 《현저하다》 (be) salient; prominent. ② 《자동사적》 swell; protrude; heave.
도떼기시장(一市場) an open-air〔a flea〕 market.
도라지 ① 〖植〗 a Chinese balloon flower; a broad bellflower. ② 《뿌리》 platycodon.
도락(道樂) a hobby; a pleasure. ¶ …을 ～으로 삼다 do 《*something*》 as a hobby〔for pleasure〕.
도란거리다 ☞ 두런거리다.
도랑 a drain; a gutter. ¶ ～을 치다 clear out a ditch. ‖ ～창 a gutter; a drain.
도래(到來) arrival; advent. ～하다 arrive; come.
도래(渡來) ～하다 visit; come from abroad; be introduced 《*into*》. ¶ 기독교의 ～ the introduction of Christianity 《*into Korea*》.
도량(度量) 《마음》 magnanimity; liberality; generosity. ¶ ～이 큰 magnanimous; generous; liberal; broad-minded / ～이 좁은 narrow-minded; illiberal; ungenerous.
도량(跳梁) ～하다 be rampant; be dominant; prevail.
도량(道場) 〖佛〗 a Buddhist seminary.
도량형(度量衡) weights and measures. ‖ ～기 measuring instruments / ～표 tables of weights and measures.
도려내다 scoop〔gouge〕 out; bore 《*a hole through*》; hollow out.
도련님 a young gentleman; an unmarried boy (as addressed by servants); 《호칭》 Master; Darling; 《시동생》 a young brother-in-law.
도령 《총각》 an unmarried man; a boy.
도로(徒勞) ¶ ～에 그치다 come to

nothing; prove fruitless.
도로(道路) a road; a street; a highway (공도). ‖ ~공사 road repairing〔construction〕; road works; street improvement / ~교통법 the Road Traffic (Control) Law / ~교통정보 a road traffic report〔information〕/ ~망 a network of roads; a road system / ~보수 road repairs / ~작업원 a roadman / ~지도 a road〔highway〕map / ~청소 street cleaning / ~표지 a road sign; a signpost / 한국 ~공사 the Korea Highway Corporation.
도로 《다시》 back; (over) again; 《전처럼》 as (it was) before. ¶ ~주다 give back / ~ 가다〔오다〕go〔come〕back / 제자리에 ~ 놓다 leave 《*a thing*》 as it was.
도로아미타불(—阿彌陀佛) a relapse; a setback. ¶ ~이 되다 lose all that *one* has gained; be back where *one* started.
…도록 ① 《목적》 to; so as to; in order to〔that〕; so that *one* may…. ¶…지 않~ (so as) not to; that… may not; lest… should / 나에게 …하~ 그가 말했다 He suggested to me that I might…. ② 《…때까지》 till; until. ¶밤 늦~ till late at night. ③ 《되도록…》 as… as possible. ¶되~ 빨리 as soon as possible.
도롱뇽 〖動〗 a salamander.
도롱이 a straw raincoat.
도료(塗料) paints. ‖ ~분무기 a paint sprayer.
도루(盜壘) 〖野〗 a stolen base; a steal. ~하다 steal a base.
도루묵 〖魚〗 a kind of sandfish.
도륙(屠戮) ~하다 massacre; butcher; slaughter.
도르다[1] 《분배》 distribute; pass out; deal out; serve round; deliver (배달). ¶신문을 ~ deliver newspapers / 초대장을 ~ send out invitations.
도르다[2] 《융통》 raise; procure. ¶돈을 ~ raise money; secure a loan; borrow money.
도르래 《장난감》 a pinwheel top; 〔《활차》 a pulley.
도르르 rolling.
도리 〖建〗 a beam; a crossbeam.
도리(道理) ① ☞ 사리(事理). ② 《방도》 a way; a means; a measure. ¶딴 ~가 없다 have no alternative / 기다릴 수 밖에 다른 ~가 없다 We have nothing to do but wait. ③ 《의리》 duty; obligation. ¶자식의 ~ filial duty.
도리깨 《thresh with》 a flail.
도리다 cut (out) round; scoop out; 《구멍을》 hollow out; bore.
도리도리 《아기에게》 Shake-shake!
도리어 《반대로》 instead; on the contrary; 《오히려》 rather; (all the) more.
도리질 ① 《아기의》 ~하다 《a child》 shake its head for fun (from side to side). ② 《거절》 ~하다 shake *one's* head in denial; say "No."
도립(倒立) a handstand; a headstand. ~하다 stand on *one's* (head and) hands.
도립(道立) ¶ ~의 provincial. ‖ ~병원 a provincial hospital.
도마 a chopping board〔block〕. ¶ ~ 위에 오른 고기 be resigned to *one's* fate.
도마뱀 〖動〗 a lizard.
도망(逃亡) escape; flight. ~하다〔치다〕 run away; flee; fly; escape 《*from*》. ¶ ~치게 하다 put 《*a person*》 to flight / 무사히 ~하다 make good *one's* escape 《*to*》; run away to 《*a safe distance*》. ‖ ~범죄인 인도조약 an extradition treaty / ~병 a runaway soldier; a deserter / ~자 a runaway; a fugitive.
도맡다 undertake alone; take all upon *oneself;* 《책임을》 answer for; take responsibility for. ¶모든 책임을 혼자서 ~ take the whole responsibility alone.
도매(都賣) wholesale. ~하다 sell wholesale. ‖ ~물가(지수) wholesale price (index) / ~상 《carry on》 a wholesale trade〔business〕(영업); a wholesale dealer (사람); a wholesale store(상점) / ~시세〔값〕 《at》 a wholesale price / ~시장 a wholesale market.
도면(圖面) a drawing; a sketch; a plan. ¶건축~ a blueprint.
도모(圖謀) ~하다 ☞ 꾀하다.
도무지 quite; entirely; utterly; (not) at all; (not) in the least. ¶ ~ 개의치 않다 do not care at all / ~ 알 수 없다 can hardly understand.
도미 〖魚〗 a sea bream.
도미(渡美) ~하다 visit〔go to〕the States. ‖ ~유학 going to the U.S. for further study.
도미노 dominoes. ‖ ~이론 the "domino" theory.
도민(島民) an islander; the inhabitants of an island. 〔vince.
도민(道民) the residents of a pro-
도박(賭博) gambling. ~하다 gamble. ‖ ~꾼 a gambler / ~상습자 a confirmed〔habitual〕gambler / ~장 a gambling house; a casino / 사기~ fraudulent gambling.
도발(挑發) provocation. ~하다 arouse; provoke. ¶ ~적인 provocative; suggestive(성적으로) / 전쟁을 ~하다 provoke a war / ~

적인 태도를 취하다 take a provocative attitude.
도배(塗褙) papering《*walls and ceiling*》. ～하다 paper《*walls and ceiling*》; wallpaper. ‖～장이 a paperhanger / ～지 wallpaper.
도버해협(一海峽) the Strait of Dover.
도벌(盜伐) ～하다 fell trees in secret; cut down trees without (a) license.
도범(盜犯) robbery; theft.
도법(圖法) drawing. ‖투영～ projection.
도벽(盜癖) a thieving habit; kleptomania. ¶ ～이 있다 be larcenous; be kleptomaniac.
도벽(塗壁) plastering. ～하다 plaster a wall.
도별(道別) ¶ ～의 by province. ‖～인구표 a population chart by province.
도보(徒步) walking. ¶ ～로《go》on foot. ‖～경주 a walking 〔foot〕 race / ～여행《go on》a walking tour.
도부(到付) ¶ ～ 치다 peddle; hawk. ‖도붓장사 peddling; hawking / 도붓장수 a peddler; a hawker.
도불(渡佛) a visit to France. ～하다 visit 〔go to〕 France.
도사(道士)《도교의》a Taoist;《불교의》an enlightened Buddhist.
도사리다《앉다》sit cross-legged; sit with *one's* legs crossed;《마음을》calm《*one's mind*》;《뱀 따위가》coil itself (up).
도산(倒産) ① bankruptcy. ～하다 go 〔become〕 bankrupt 〔insolvent〕; go under. ¶그 회사는 ～했다 The firm went bankrupt. ② 〖醫〗 a cross birth. 「tail.
도산매(都散賣) wholesale and re-
도살(屠殺) slaughter; butchery. ～하다 slaughter; butcher. ‖～자 a butcher / ～장 a slaughterhouse.
도상(圖上) ‖ ～작전 a war game; tactics on the map(s).
도색(桃色) rose (color); pink. ¶ ～의 rosy; pink. ‖～영화 a sex 〔blue〕 film / ～유희 an amorous 〔a love〕 affair / ～잡지 a yellow
도서(島嶼) islands. 「journal.
도서(圖書) books. ‖ ～관 a library / ～관장 the chief librarian / ～관학 library science / ～목록 a catalog of books / ～실 a reading room / 국립중앙～관 the National Central Library / 대학〔학교, 순회〕 ～관 a university 〔school, mobil〕 library / 신간～ a new book.
도선(渡船) a ferry (boat). ‖ ～장 a ferry (station).
도선(導船) pilotage; piloting. ～하다 pilot《*a boat*》. ‖ ～사 a pilot. 「ing〕 wire.
도선(導線) the leading 〔conduct-
도수(度數) ①《횟수》(the number of) times; frequency. ‖(전화의) ～요금 message rates / ～제 the message-〔call-〕rate system. ②《각도·안경 등의》the degree. ¶ ～가 높은 안경 strong 〔thick〕 glasses; powerful spectacles. ③《알코올분의》proof. ¶ ～가 높은 위스키 high-proof whisky.
도수(徒手) an empty hand. ¶ ～공권(空拳)으로 with bare hands; with no capital to start on.
도스르다 brace *oneself* (up); tighten *one's* nerves.
도승(道僧) an enlightened Buddhist monk 〔priest〕.
도시(都市) a city; a town; a metropolis(대도시). ¶ ～의 발달 the growth of cities; urban growth / 대～ a large 〔big〕 city / 중소 ～ small towns. ‖ ～가스 city 〔town〕 gas / ～게릴라 urban guerrillas / ～계획 city 〔town〕 planning / ～교통 urban transport / ～국가 a city-state / ～문제 an urban problem / ～생활 a city 〔urban〕 life / ～생활자 a city dweller; city people / ～위생 urban sanitation / ～재개발 urban renewal 〔redevelopment〕 / ～화 urbanization(～화하다 urbanize; be urbanized). 「trate.
도시(圖示) illustration. ～하다 illus-
도시락 a lunch box(그릇);《점심》a lunch; a box 〔packed〕 lunch. ¶ ～을 먹다 eat 〔take〕 *one's* lunch / ～을 싸다 make 〔prepare fix〕 a lunch. 「acter 〔letter〕.
도식(倒植) 〖印〗 a reversed char-
도식(圖式) a diagram; a graph; a schema. ¶ ～으로 나타내다 show 〔display〕 in diagram / ～화하다 diagrammatize.
도식하다(徒食一)《무위도식》lead an idle life; live in idleness.
도심(都心) the heart 〔center〕 of a city; the downtown area. ¶ ～의 호텔 a midtown hotel / 서울 ～에 살다 live in downtown Seoul.
도안(圖案) a design 〔sketch, plan〕. ¶ ～을 만들다 design / ～화하다 make a design《*of*》. ‖ ～가 a designer.
도야(陶冶) cultivation. ～하다 cultivate; train; build (up). ‖인격 ～ character building.
도약(跳躍) a jump; jumping. ～하다 jump. ‖ ～운동 a jumping exercise / ～판 a springboard.
도열(堵列) ～하다 line up; form a line.
도열병(稻熱病) 〖植〗 rice blight.
도영(渡英) a visit to England.

~하다 go (over) to England.
도예(陶藝) ceramic art. ‖ ~가 a potter / ~술 ceramics; pottery.
도와주다 《조력》 aid; help; assist; 《구제》 relieve 《*the poor*》; give a relief to 《*a person*》.
도외시(度外視) ~하다 ignore; disregard; overlook.
도요새 〖鳥〗 a snipe; a longbill.
도용(盜用) 《문장·아이디어의》 plagiarism; theft; illegal use; 《돈·사물 등의》 embezzlement. ~하다 plagiarize 《*a person's book*》; 《금전·사물의》 steal; embezzle; appropriate.
도움 help; assistance; aid; support(부조). ¶ ~을 청하다 call 〔ask, cry〕 for help / ~이 되다 be helpful 〔a help〕 《*to*》; be of help 《*to*》; be useful.
도원경(桃源境) Shangri-La, Shangri-la.
도읍(都邑) a capital; 《도읍지》 the seat of government; 《도시》 a city 〔town〕.
도의(道義) morality; morals. ¶ ~적 책임 a moral obligation. ‖ ~심 the moral sense.
도이치 Germany. ☞ 독일.
도입(導入) introduction. ~하다 introduce 《*new technology*》.
도자기(陶磁器) pottery; ceramic ware. ‖ ~공 a ceramist.
도장(道場) an exercise 〔a training〕 hall.
도장(塗裝) painting; coating. ~하다 coat with paint; paint 《*a wall*》. ‖ ~공 a painter / ~재료 coating materials.
도장(圖章) a seal; a stamp (소인); a postmark (우편의). ¶ ~을 찍다 seal; affix a seal 《*to*》; stamp / ~을 파다 engrave a seal.
도저히(到底—) 《cannot》 possibly; 《not》 at all; utterly; absolutely. ¶ 나는 ~ 갈 수 없다 I cannot possibly go. / 기일 내에 그 일을 마치는 것은 ~ 불가능하다 It is utterly impossible for me to complete the work by the set date.
도전(挑戰) a challenge; defiance. ~하다 challenge; make 〔give〕 a challenge; defy. ¶ ~적 challenging; defiant / ~에 응하다 accept a challenge / ~적인 태도를 취하다 take 〔assume〕 a defiant attitude. ‖ ~자 a challenger / ~장 a (written) challenge.
도전(導電) electric conduction. ‖ ~체 an electric conductor.
도정(道程) distance; itinerary.
도제(徒弟) an apprentice.
도조(賭租) rice paid as land tax.
도주(逃走) ☞ 도망.
도중(途中) ¶ ~에 on *one's* way 《*to, from*》; 《give up》 halfway (중도에); in the middle of 《*one's talk*》 / ~ 일박하다 stop overnight 《*at*》 / ~ 하차하다 stop over 《*at*》.
도지다 《병의 악화》 grow 〔get〕; get complicated; worse; 《재발》 〔병이 주어〕 return; recur; 〔사람이 주어〕 relapse 《*into*》; have a lapse 《*of*》.
도지사(道知事) a provincial governor.
도착(到着) arrival. ~하다 arrive 《*at, in*》; reach; get to. ¶ ~순으로 in order of arrival / ~하는 대로 upon 〔immediately on *one's*〕 arrival. ‖ ~불 payment on delivery / ~역〔항〕 an arrival station 〔harbor〕 / ~항인도 《무역의》 free port of destination.
도착(倒錯) perversion. ¶ 성~자 a sexual pervert.
도처(到處) ¶ ~에(서) everywhere; throughout 〔all over〕 《*the country*》; wherever 《*one goes*》.
도청(盜聽) 《전화의》 wire tapping. ~하다 tap 〔wiretap〕 《*the telephone*》; bug 《俗》. ‖ ~기 a concealed microphone(대화의); a wiretap; a secret listening apparatus; a bug 《俗》 / ~사건 a wiretap scandal / ~자 a wiretapper; a pirate listener.
도청(道廳) a provincial office. ‖ ~소재지 the seat of a provincial government.
도체(導體) 〖理〗 a medium (매개물); a conductor (전기, 열의).
도축(屠畜) ☞ 도살(屠殺).
도취(陶醉) intoxication; fascination. ~하다 be intoxicated 〔fascinated, enraptured〕.
도치(倒置) ~하다 invert; reverse. ‖ ~법 inversion.
도킹 docking; linking-up. ¶ ~시키다 dock 《*spacecraft*》; link up (in space).
도탄(塗炭) misery; distress. ¶ ~에 빠지다 fall into extreme distress.
도태(陶汰) selection. ~하다 select; weed 〔comb〕 out.
도토(陶土) potter's clay.
도토리 an acorn. ¶ 개밥에 ~ an outcast; an ostracized person. ‖ ~묵 acorn jelly.
도통(都統) 《도합》 in all; all together; 《전혀》 《not》 at all.
도통(道通) ~하다 attain enlightenment.
도포(塗布) ~하다 spread; apply 《*an ointment to*》.
도포(道袍) Korean robe.
도표(道標) a guidepost; signpost.
도표(圖表) a chart; a diagram; a graph. ¶ ~로 나타내다 put 《*figures*》 into the form of a diagram; diagramatize.
도품(盜品) stolen goods.
도피(逃避) a flight 《*of capital*》; an escape. ~하다 flee; escape.

¶ 현실로부터 ～하다 escape from reality / 자본의 ～ a flight of capital. ‖ ～생활 a life of escape from the world / ～주의 escapism / ～행 an escape journey.
도핑 doping; drug use. ¶ ～테스트 a drug check; a dope test.
도하(都下) ¶ ～의〔에〕 in the capital〔metropolis〕.
도하(渡河) ☞ 도강(渡江). ‖ ～작전 a river-crossing operations.
도학(道學) ethics; moral philosophy. ‖ ～자 a moralist.
도합(都合) 《총계》 the (grand) total; 《부사적》 in all; all told; altogether.
도항(渡航) a passage; a voyage. ～하다 make a voyage〔passage〕《*to*》; go over《*to*》. ‖ ～자 a passenger《*to*》/ ～증 a passport (for a foreign voyage).
도해(圖解) a diagram; an illustration. ～하다 illustrate (by a diagram); show in a graphic form.
도형(圖形) a figure; a device; a diagram. ‖ 입체～ a solid figure.
도화(桃花) a peach-blossom.
도화(圖畵) (a) drawing; a picture. ‖ ～지 drawing paper.
도화선(導火線) a fuse; a (powder) train. ¶ ～이 되다 cause; give rise to; touch off.
독[1] 《항아리》 a jar; a jug; a pot. ¶ ～ 안에 든 쥐다 be like a rat in a trap / 밑 빠진 ～에 물 붓기 be like throwing water on thirsty soil.
독[2] 《선거(船渠)》 a dock; a dockyard(조선·수리용). ¶ 배를 ～에 넣다 dock a ship; put a ship into dock. ‖ 부〔건〕～ a floating〔dry〕 dock.
독(毒) poison; venom(독사의); virus(병독); harm(해독). ¶ ～이 있는 poisonous; venomous; harmful / ～을 넣은 음료 a poisoned drink / ～을 먹이다〔치다〕 poison *a person*〔*a person's* food〕/ ～을 없애다 neutralize a poison.
독가스(毒—) poison gas; asphyxiating gas. ‖ ～공격 a gas attack / ～탄 a poison-gas shell〔bomb〕.
독감(毒感) influenza; flu; a bad cold. ¶ ～에 걸리다 be attacked by influenza.
독거(獨居) solitary life. ～하다 live alone; lead a solitary life.
독경(讀經) sutra-chanting. ～하다 chant Buddhist sutra.
독과점(獨寡占) monopoly and oligopoly. ‖ ～품목 monopolistic and oligopolistic items.
독극물(毒劇物) toxic chemicals. ¶ 식품회사 ～ 협박범을 엄단하다 deal sternly with extortionists threatening food companies with poison-lacing.
독기(毒氣) 《독기운》 noxious air〔gas〕; 《독성》 poisonous character; 《악의》 malice; acrimony. ¶ ～ 있는 poisonous; malicious.
독나방(毒—) 〖蟲〗 a brown-tailed moth.
독농가(篤農家) a diligent farmer.
독단(獨斷) arbitrary decision; dogmatism. ¶ ～적인 arbitrary; dogmatic / ～ (적)으로 on *one's* own judgment〔responsibility〕.
독도(獨島) *Tokdo* Island.
독려(督勵) encouragement. ～하다 encourage; stimulate; urge.
독력(獨力) ¶ ～으로 by *one's* own efforts; for〔by〕 *oneself*; unaided.
독립(獨立) independence; self-reliance; self-supporting(자활). ～하다 become independent 《*of*》; become self-supporting. ¶ ～의 independent; self-supporting / ～된 가옥 a separate house. ‖ ～국 an independent country〔state〕/ ～국가연합 the Commonwealth of Independent States(생략 CIS) / ～기념일 《미국의》 Independence Day(7월 4일) / ～심 the spirit of independence / ～운동 an independence movement / ～자영 independent management / ～자존 independence and self-existence / ～자활 independence and self-support / ～전쟁 the war of independence; 《미국의》 the Revolutionary War / ～채산제 a self-supporting accounting system / ～투사 a fighter for national independence.
독무대(獨舞臺) ¶ ～를 이루다 have the stage all to *oneself*; be〔stand〕 without a rival.
독물(毒物) poisonous substance.
독방(獨房) a single room; a room to *oneself*; a solitary cell(감옥의). ‖ ～감금 solitary confinement.
독백(獨白) a soliloquy; a monologue. ～하다 say to *oneself*; soliloquize.
독보(獨步) ¶ ～적인 unique; matchless; peerless; unequalled.
독본(讀本) a reader. ¶ 영어～ an English reader.
독부(毒婦) a vamp; a wicked woman.
독불(獨佛) ¶ ～의 Franco-German; French-German 《*relations*》.
독불장군(獨不將軍) 《겉도는》 a person who is left out; an outcast; 《고집쟁이》 a stubborn fellow; a man of self-assertion; a self-conceited fellow.
독사(毒蛇) a venomous snake.
독살(毒殺) poisoning. ～하다 poison; kill〔murder〕 by poison. ‖

～자 a poisoner.
독살부리다(毒殺—) give vent to *one's* spite; act spitefully; act wickedly.
독살스럽다(毒殺—) (be) venomous; virulent; malignant; bitter.
독생자(獨生者) (Jesus Christ,) the only begotten son (of God).
독서(讀書) reading. ～하다 read (books). ¶～를 좋아하다 be fond of reading. ‖～가 a reader; a great reader(다독가) / ～계 the reading public〔world〕/ ～력 reading ability; power of reading / ～주간 a book week / ～회 a reading circle.
독선(獨善) self-righteousness. ¶～적인 self-righteous. ‖관료～ bureaucratic self-righteousness.
독설(毒舌) a bitter〔spiteful, malicious〕tongue. ¶～을 퍼붓다 speak bitterly《*of*》; use *one's* spiteful tongue; give《*a person*》a tongue-lashing / 그는 ～가이다 He has a bitter〔spiteful〕tongue.
독성(毒性) poisonous character. ¶～의 virulent; poisonous.
독소(毒素) poisonous matter; a toxin.
독수(毒手) a vicious means; a dirty trick. ¶…의 ～에 걸리다 fall a victim to; fall into the claws of.
독수공방(獨守空房) ～하다 live in solitude with *one's* husband away from home.
독수리(禿—)〖鳥〗an eagle.
독순술(讀脣術) lip-reading.
독식(獨食) ～하다 monopolize.
독신(獨身) ¶～의 single; unmarried / ～이다 be single / ～으로 살다 remain single. ‖～생활 a single life / ～자 an unmarried person; a bachelor(남자); a spinster(여자) / ～자 아파트《live in》a bachelor apartment.
독신(篤信) ～하다 believe in《*Buddhism*》earnestly.
독실(篤實) ～하다 (be) sincere; faithful; earnest.
독심술(讀心術) mind reading.
독아(毒牙) ¶～에 걸리다 fall a victim《*to*》.
독액(毒液) venom (독사의); poisonous liquid〔juice, sap〕.
독약(毒藥) a poison. ¶～을 먹다 take poison / ～을 먹이다 poison《*a person*》.
독연(獨演)《give》a solo performance〔a recital (음악)〕.
독염(毒焰) a poisonous flame.
독영(獨英) ¶～의 Anglo-German; England-Germany《*relations*》.
독일(獨逸) Germany. ¶～의 German / ～어 (the) German (language) / ～인 a German; the Germans(총칭).
독자(獨子) the only son(외아들); the only child(자식).
독자(獨自) ¶～의《개인의》personal; individual;《독특한》original; characteristic; unique / ～적인 견지에서 from an independent standpoint. ‖～성 individuality; originality.
독자(讀者) a reader; a subscriber (구독자); the reading public(독서계). ¶～가 많다《신문·잡지 따위가》have〔enjoy〕a large circulation;《책이》be widely read. ‖～란 the reader's column / ～층 a class of readers.
독장수셈 an unreliable account.
독장치다(獨場—) stand without rivals; stand unchallenged.
독재(獨裁) dictatorship. ¶～적인 dictatorial; autocratic. ‖～자 an autocrat; a dictator / ～정치 dictatorship; dictatorial government(～정치를 펴다 impose one-man rule《*on*》) / ～주의 dictatorship; despotism.
독전(督戰) ～하다 urge the soldiers to fight vigorously.
독점(獨占) monopoly; exclusive possession. ～하다 monopolize; have《*something*》to *oneself*. ¶～적인 monopolistic; exclusive. ‖～가격 a monopoly price / ～권 (the right to) a monopoly; an exclusive right / ～금지법 the Antimonopoly〔Antitrust〕Law〔Act〕/ ～기업 a monopolistic enterprise〔undertaking〕/ ～욕 a desire to have entire possession《*of*》/ ～인터뷰 an exclusive interview《*with*》/ ～자 a monopolizer〔monopolist〕; a sole owner / ～판매 an exclusive sale.
독종(毒種)《사람》a person of fierce character;《짐승》fierce animal.
독주(毒酒) ①《독한》strong liquor. ②《독을 탄》poisoned liquor.
독주(獨走) ～하다《앞서 달리다》leave《*all the other runners*》far behind;《낙승하다》walk away from;《제멋대로 하다》do as *one* likes; have *one's* own way.
독주(獨奏) a recital; a solo (performance). ～하다 play a solo. ‖～곡 a solo / ～자 a soloist / ～회《give, have》a recital.
독지(篤志) charity; benevolence. ‖～가 a charitable person; a volunteer.
독직(瀆職) corruption; bribery; (a) graft. ¶～을 적발하다 expose corruption. ‖～공무원 a corrupt official / ～사건 a corruption scandal〔case〕.
독차지(獨—) ～하다 take all to

oneself; monopolize. ¶ 아무의 사랑을 ～하다 engross〔monopolize〕 *a person's* love.

독창(獨唱) a (vocal) solo. ～하다 sing〔give〕 a solo. ‖ ～자 a soloist / ～회 a vocal recital.

독창(獨創) originality. ¶ ～적인 original; creative. ‖ ～력《develop》 originality; creative talent / ～성 originality.

독채(獨—) an unshared〔a separate〕 house.

독초(毒草) a poisonous plant〔herb〕; a noxious weed.

독촉(督促) pressing; urging. ～하다 press《*a person*》for; urge. ‖ ～장 a letter of reminder.

독충(毒蟲) a poisonous insect.

독침(毒針) 《곤충 따위의》a poison sting(er); 《독을 바른 바늘》a poisoned needle.

독탕(獨湯) a private bath. ～하다 take a bath in a private bathroom.

독특(獨特) ¶ ～한 peculiar《*to*》; characteristic; special; unique.

독파(讀破) ～하다 read through.

독하다(毒—) ①《유독》(be) poisonous; virulent. ②《술·담배가》(be) strong. ¶ 독한 담배〔술〕 strong tobacco〔liquor〕. ③《모질다》(be) wicked; harsh; hardhearted; hard. ¶ 독한 여자 a wicked woman / 마음을 독하게 먹다 harden *oneself*《*against*》.

독학(獨學) self-study〔-education〕. ～하다 teach *oneself;* study〔learn〕 by *oneself*. ¶ ～한 사람 a self-educated〔-taught〕 person.

독항선(獨航船) an independent fishing boat.

독해(讀解) reading comprehension. ¶ ～력 ability to read and understand / ～력을 테스트하다 give《*students*》 a reading comprehension test.

독행(篤行) a good deed; an act of charity.

독행(獨行) ～하다 go alone; act independently(자립).

독혈(毒血) 〖韓醫〗bad blood. ‖ ～증(症) toxemia.

독회(讀會) a reading. ‖ 제 1〔2〕 ～ the first〔second〕 reading.

독후감(讀後感) *one's* impressions of a book〔an article, *etc.*〕.

돈 《금전》money; gold; cash; 《재산》wealth; riches. ¶ 큰〔적은〕 ～ a large〔small〕 sum of money / 부정한 ～ ill-gotten money / ～있는 rich; wealthy / ～으로 살 수 없는 priceless / ～이 많이 들다 be expensive; be costly / ～을 벌다 make money / ～을 내다 pay for (지불); contribute money to(기부); invest in(투자) / ～에 눈이 어둡다 be blinded by money / ～을 물쓰듯하다 squander money like water / ～지랄하다 spend money in a crazy way / ～이면 안 되는 일이 없다 Money governs〔Gold rules〕 the world.

돈구멍 《돈줄》a source of income〔money〕. ¶ ～을 찾다 find a supplier of funds.

돈궤(—櫃) a money-chest; a strongbox.

돈꿰미 《줄》a string for threading coins; 《돈》a string of coppers.

돈냥(—兩) ¶ ～깨나 벌다 amass a small fortune.

돈놀이 moneylending. ～하다 run moneylending business; practice usury.

돈독(敦篤) sincerity. ～하다 (be) sincere; simple and honest; friendly. ¶ 관계를 ～히 하다 promote friendly relations《*between*》.

돈맛 ¶ ～을 알다〔들이다〕 know what money is; learn the value〔taste〕 of money; come to realize the use of money.

돈벌이 moneymaking. ～하다 make〔earn〕 money. ¶ ～가 되는 일 a lucrative〔profitable〕 job / ～를 잘 하다 be clever at making money.

돈복(—福) luck with money.

돈세탁(—洗濯) money laundering.

돈수(頓首) ①《절》a bow; obeisance. ②《편지의》Yours truly.

돈아(豚兒) my son.

돈육(豚肉) pork.

돈절(頓絶) ～하다 cease suddenly; be cut off once and all.

돈주머니 a purse; a moneybag.

돈줄 a line of credit; a source of money. ¶ ～이 떨어지다 lose *one's* financial backing.

돈지갑(—紙匣) a purse; a wallet; a pocketbook.

돈쭝 《무게의 단위》a *ton*(=3.7565 grams).

돈치기 《play》chuck-farthing.

돈키호테 (a) Don Quixote. ¶ ～식의 quixotic(al).

돈푼 a small sum of money. ¶ ～깨나 있다 have a pretty fortune; be rich.

돈후(敦厚) ～하다 (be) simple and honest; naive.

돋구다 《높게 하다》 raise; make higher; 《자극하다》excite; arouse; tempt; stimulate. ¶ 미각〔식욕〕을 ～ tempt〔whet, stimulate〕 *one's* appetite.

돋다 ①《해가》rise. ②《싹이》bud (out); sprout; shoot (forth); come out. ③《종기 따위가》form; break〔come〕 out.

돋보기 《노안경》spectacles for the aged; 《확대경》a magnifying glass.

돋보이다 look better; be set off (to advantage). ¶ 돋보이게 하다 set《*a thing*》off (to advantage).

돋우다 ①《심지를》turn up《*the*

wick》. ② 《높이다》 raise; elevate; make higher. ¶ 목청을 ~ raise *one's* voice. ③ 《화를》 offend; provoke; aggravate(더욱). ¶ 남의 부아를 ~ offend *a person;* aggravate *a person's* anger. ④ 《일으키다》 excite 《*curiosity*》; stimulate. ⑤ 《고무》 encourage; cheer up. ¶ 사기를 ~ heighten the morale 《*of troops*》. ⑥ 《충동이다》 instigate; incite; stir up. 「in relief.

돋을새김 relief. ¶ ~으로 하다 carve

돋치다 《내밀다》 grow; come out; rise〔sprout〕 up. ¶ 날개가 ~ grow wings / 날개돋친 듯이 팔리다 sell like hot cakes.

돌[1] ① a baby's first birthday. ¶ ~잔치를 하다 celebrate *one's* first birthday. ② a full day〔year〕; an anniversary. ¶ 해방 열 ~ 기념식 the 10th anniversary of the Liberation.

돌[2] (a) stone; a pebble(조약돌); 《라이터의》 a flint (for the lighter). ¶ ~을 깐 paved with stone / ~이 많은 stony.

돌개바람 a whirlwind.

돌격(突擊) a dash; a rush; a charge. ~하다 dash at; charge; rush. ‖ ~대 shock troops; a storming party.

돌계단(一階段) ☞ 돌층계.

돌고드름 〖鑛〗 a stalactite.

돌고래 〖動〗 a dolphin.

돌관(突貫) ‖ ~공사 rush work.

돌기(突起) a projection; a protuberance. ~하다 protrude; project.

돌다 ① 《회전》 go around; turn; spin; revolve; rotate. ¶ 오른쪽으로 ~ turn to the right / 빙빙 ~ turn round and round / 지구는 태양의 주위를 돈다 The earth moves 〔revolves〕 round the sun. ② 《순회》 make a round; go *one's* round; 《회유(回遊)》 tour; make a tour. ¶ 호남 지방을 ~ make a tour of the Honam area. ③ 《우회》 go〔come〕 round. ¶ 곶을 ~《배가》 (go) round a cape. ④ 《약·술 따위가》 take effect. ¶ 독이 전신에 돌았다 The poison has passed into his system. ⑤ 《소문이》 circulate; be afloat; get about; spread. ¶ 내각 사직의 소문이 돌고 있다 Rumors are afloat that Cabinet will step out. ⑥ 《융통》 circulate. ¶ 불경기로 인해서 돈이 잘 안 돈다 Money is tight owing to the trade depression. ⑦ 《눈이》 feel dizzy; get giddy. ⑧ 《머리가》 go off *one's* head〔chump 《英》〕. ⑨ 《전염병이》 prevail; be prevalent.

돌다리 a stone bridge. ¶ ~도 두드려보고 건너다 be extremely prudent〔cautious〕.

돌담 a stone wall. 「son.

돌대가리 a stupid〔bigoted〕 per-

돌덩이 a stone; a piece of rock.

돌도끼 a stone ax.

돌돌 rolling up; with a twirl. ¶ 종이를 ~ 말다 roll up a sheet of paper. 「round.

돌라주다 distribute; share; serve

돌려내다 ① 《사람을》 win 《*a person*》 over 《*to*》; lure 《*a person*》 out of 《*a place*》. ② 《따돌리다》 leave 《*a person*》 out (in the cold); exclude; ostracize. 「(around).

돌려놓다 change direction; turn

돌려보내다 《반환》 return; give back; 《원래의 자리로》 put back; restore; 《반송》 send back.

돌려보다 circulate 《*a letter*》; send round 《*a notice*》.

돌려쓰다 borrow 《*money, things*》.

돌려주다 ① 《반환》 return; give 《*something*》 back; send 《*something*》 back(반송); pay back (돈을). ② 《융통함》 lend; let out; lend 《*one's money*》 out 《*at 10 percent interest*》.

돌리다[1] ① 《고비를 넘기다》 turn the corner; ease〔get over〕 a crisis. ② 《회생》 come to *oneself;* recover. ③ 《돈을》 borrow money 《*from*》; get a loan.

돌리다[2] ① 《방향을》 turn; change; divert; convert. ¶ 눈을 ~ avert 〔turn away〕 *one's* eyes from / 마음을 ~ change *one's* mind; divert *oneself* from care / 화제를 ~ change the subject. ② 《회전》 turn (round); roll; spin; revolve. ¶ 핸들을 ~ turn a handle / 팽이를~ spin a top. ③ 《차례로 건네다》 pass〔send, hand〕 《*a thing*》 around〔on〕; 《전송(轉送)하다》 forward 《*a letter*》; 《회부하다》 transmit; send round 《*the papers*》 to 《*the section in charge*》. ¶ 술잔을 ~ pass a glass of wine round / 다음으로 ~ pass on to the next / 편지를 옮겨 간 주소로 ~ forward a letter to *a person's* new address. ④ 《운전시키다》 set in motion; run; drive; work. ¶ 기계를 ~ run 〔work〕 a machine. ⑤ 《기타》 ¶ 농담으로 ~ treat 《*a matter*》 as a joke / 신문을 ~ deliver newspapers / 마음을 ~ change *one's* mind / 초대장을 ~ send out invitation /일반의 관심을 국내 문제로부터 외부 세계로 ~ divert the public attention from its domestic trouble to the outside world.

돌리다[3] 《원인 따위를》 attribute 〔ascribe〕 《*a matter*》 to. ¶ 성공을 행운으로 ~ attribute〔credit〕 *one's* success to luck.

돌림감기(一感氣) influenza; flu 《俗》.

돌림병(—病) a contagious disease; an epidemic.
돌림자(—字) a part of name which is common to the same generation of a family.
돌림쟁이 a person left out; an outcast; a person hated 〔shunned〕 by everybody.
돌멘 〖考古〗 a dolmen.
돌멩이 a small stone; a piece of stone; a pebble. ¶ ~질하다 throw a stone at 《*a dog*》.
돌무더기 a pile of stones.
돌발(突發) a burst; an outbreak. ~하다 break 〔burst〕 out; occur suddenly. ¶ ~적(으로) sudden(-ly); unexpected(ly). ‖ ~사건 an unforeseen accident 〔incident〕.
돌변(突變) ~하다 change suddenly; undergo a sudden change.
돌보다 《보살피다》 take care of; care for; look 〔see〕 after 《*a person*》; attend to. ¶ 환자를 ~ look after 〔tend to〕 a patient.
돌부리 a jagged edge of a rock. ¶ ~에 채여 넘어지다 stumble over a stone.
돌부처 a stone (image of) Buddha.
돌비(—碑) a stone monument.
돌비늘 〖鑛〗 mica; isinglass.
돌솜 〖鑛〗 asbestos.
돌아가다 ① 《본디의 장소로》 go 〔get〕 back; return; be back; 《집으로》 go home; return home; 《본디의 것으로》 return to; turn back; 《떠나다》 leave; take *one's* leave. ¶ 제자리로 ~ go back to *one's* seat / 서둘러 집에 ~ hurry home / 그는 어젯밤 늦게 집에 돌아갔다 He went home late last night. / 자네 이제 돌아가도 좋네 You can leave now. / 내가 어제 말한 이야기로 ~ return to the subject I spoke of yesterday. ② 《우회》 take a roundabout way; go a long way round. ③ 《회복·복구되다》 return 《*to*》; be restored to; resume. ¶ 이전의 상태로 ~ return to the former state / 본디 몸으로 ~ be restored to *one's* health. ④ 《귀착》 come to; result in; end in. ¶ 수포로 ~ come to naught. ⑤ 《책임 따위가》 fall 《*upon*》; attribute 《*to*》; ascribe 《*to*》. ⑥ 《죽다》 die; be dead. ⑦ 《되어가다》 turn out; develop (발전하다). ¶ 사태가 어떻게 돌아가는지 두고 보다 wait and see how the matter develops.
돌아눕다 turn (over) in bed; lie the other way round.
돌아다니다 ① 《다니다》 walk 〔gad, wander〕 about; go around; 《순회하다》 make a round; go (on) *one's* round; patrol; 《회유하다》 make a tour 《*of Europe*》. ¶ 하는 일 없이 ~ gad about idly / 연설하며 ~ go around making speeches / 학교들을 시찰하며 ~ go round inspecting schools / 이리저리 ~ wander from place to place / 경찰관들이 돌아다니고 있다 The police officers are on patrolling. ② 《퍼지다》 go round; be abroad; be prevalent(병이). ¶ 소문이 ~ a rumor goes round.
돌아(다)보다 ① 《뒤를》 look 〔turn〕 round; look back 《*at*》. ¶ 그녀가 지나가자 모두가 뒤를 돌아다보았다 When she passed, everybody turned around to look at her. ② 《회상》 look back upon 《*one's past*》.
돌아서다 ① 《뒤로》 turn *one's* back; turn on *one's* heels. ② 《등지다》 break up with; fall out with; be alienated. ③ 《병세가》 take a favorable turn.
돌아앉다 sit the other way round.
돌아오다 ① 《귀환》 return; come back 〔home〕; be back. ¶ 회사에서 ~ come home from the office. ② 《차례·때가》 come; come round. ¶ 차례가 ~ *one's* turn comes (round). ③ 《책임 따위가》 fall on; be brought upon. ¶ 나에게 욕이 ~ disgrace is brought upon me. ④ 《정신이》 ¶ 제정신이 ~ recover *one's* senses; come to *oneself*.
돌연(突然) suddenly; on 〔all of〕 a sudden; unexpectedly; all at once. ¶ ~한 sudden; abrupt; unexpected; unlooked-for / ~한 방문 an unexpected 〔a surprise〕 visit. ‖ ~변이 mutation.
돌이키다 ① 《고개를》 look back. ☞ 돌아다보다. ② 《회상·반성하다》 look back on 〔to〕 *something* 《*in the past*》; reminisce; think back on 《*something*》; reflect on 《*one's past conduct*》. ¶ 청춘 시절을 돌이켜 보다 reminisce about *one's* youth / 과거를 돌이켜 보다 think back to the past days. ③ 《마음을》 change 《*one's mind*》; 《재고하다》 reconsider; think 《*something*》 over; think better of 《*something*》. ¶ 돌이켜 생각컨데 on second thought 《美》. ④ 《원 상태로》 get back; recover; regain. ¶ 돌이킬 수 없는 과거 the irrevocable past / 돌이킬 수 없는 손실 the irreparable loss.
돌입(突入) ~하다 dash in 〔into〕; rush into; charge into. ¶ 파업에 ~하다 rush into a strike.
돌잔치 the celebration of a baby's first birthday.
돌절구 a stone mortar.
돌진(突進) a rush; a dash; a charge. ~하다 rush 〔dash〕 《*at*》;

charge. ¶ 적을 향해 ～하다 charge 〔rush〕 at the enemy.
돌쩌귀 a hinge.
돌출(突出) protrusion; projection. ～하다 stand〔jut〕 out; protrude. ‖ ～부 a projection part.
돌층계(一層階) 《계단》 a stone step; (a flight of) stone steps.
돌파(突破) ～하다 break〔smash〕 through 《*the enemy's line*》; pass 《*a difficult examination*》; exceed, be over(넘다); overcome(극복). ¶ 천원대를 ～하다 break the 1,000 *won* level / 난관을 ～하다 overcome the difficulties / 지원자는 1,000명을 ～했다 The number of applicants exceeded 1,000. ‖ ～구 a breakthrough.
돌팔매 a throwing stone. ¶ ～질하다 throw stones.
돌팔이 a wandering tradesman 〔semiprofessional〕. ‖ ～선생 an inferior teacher / ～의사 a traveling healer; a quack doctor.
돌풍(突風) a (sudden) gust of wind.
돌피 〖植〗 a barnyard grass〔millet〕.
돕다 ① 《조력》 help; aid; assist; 《지지》 support; back up. ② 《구조》 save; rescue; relieve (구제). ③ 《이바지》 contribute to; help 〔(to) 《*do*》.
돗바늘 a big needle.
돗자리 a (rush) mat; matting(총칭). ¶ ～를 깔다 spread a mat.
동 《묶음》 a bundle.
동(東) the east. ¶ ～의 east; eastern / ～에〔으로〕 in〔to, on〕 the east.
동(洞) 《촌》 a village; a hamlet; 《행정구역》 a sub-district; a *dong*. ‖ ～사무소 a *dong*〔village〕 office.
동(胴) 《몸의》 the trunk; the body.
동(銅) copper (기호 Cu).
동(同) the same; the said (상기의); corresponding (상당한). ¶ ～시대 the same generation.
동가식서가숙(東家食西家宿) ～하다 lead a vagabond〔wandering〕 life; live as a tramp.
동감(同感) the same opinion〔sentiment〕; sympathy. ¶ ～이다 《동의》 agree 《*with a person*》; be of the same opinion 《*with a person*》; 《공감》 feel the same way.
동갑(同甲) ¶ ～이다 be (of) the same age.
동강 a (broken) piece. ¶ ～ 나다 break into pieces〔parts〕 / ～ 치다 cut 《*a thing*》 into pieces. ‖ ～치마 a short skirt.
동거(同居) ～하다 live together; live〔stay〕 with 《*a family*》. ‖ ～인 a housemate 《美》; a roommate; 《하숙인》 a lodger.
동격(同格) the same rank; 〖文〗 apposition. ¶ ～이다 rank〔be on a level〕 《*with a person*》; 〖文〗 be in apposition 《*with*》.
동결(凍結) a freeze. ～하다 freeze. ¶ 자산의 ～ a freeze on assets / 임금의 ～ a wage freeze / ～을 해제하다 unfreeze. ‖ ～방지제 (an) antifreeze / 임금～정책 a wage freezing policy.
동경(東經) east longitude. ¶ ～20도 40분, 20 degrees 40 minutes east longitude; Long. 20°40′E.
동경(憧憬) longing; yearning. ～하다 long〔sigh〕 《*for*》; aspire 《*to*》; yearn〔hanker〕 《*after*》.
동계(冬季) winter season; wintertime. ‖ ～방학〔휴가〕 a winter vacation / ～올림픽 the Winter Olympic Games.
동계(同系) ¶ ～의 of the same stock; affiliated 《*concerns*》 / ～의 색 a similar color. ‖ ～회사 an allied〔affiliated〕 company.
동계(動悸) heartbeat; palpitation; throbbing. ～하다 beat; palpitate; throb.
동고동락(同苦同樂) ～하다 share *one's* joys and sorrows 《*with*》.
동고비 〖鳥〗 a nuthatch.
동공(瞳孔) the pupil; the apple of the eye. ‖ ～반사 a pupillary reflex / ～확대〔수축〕 the dilatation〔contraction〕 of the pupil.
동광(銅鑛) copper ore; crude copper; 《광산》 a copper mine.
동구(東歐) Eastern Europe.
동구(洞口) ¶ ～밖 《on》 the outskirts of a village.
동국(同國) the same〔said〕 country. ‖ ～인 a fellow countryman.
동굴(洞窟) a cavern; a cave; a grotto. ‖ ～벽화 a wall painting in a cave / ～탐험 spelunking.
동궁(東宮) 《왕세자》 the Crown Prince; 《세자궁》 the Palace of the Crown Prince.
동권(同權) equality; equal rights.
동그라미 《원형》 a circle; a ring; a loop (실, 끈으로 만든). ¶ ～를 그리다〔만들다〕 describe〔make, draw〕 a circle. ‖ ～표 the circle symbol.
동그라지다 tumble 《*down, over*》; fall 《*down, over*》.
동그랗다 (be) round; circular; globular (구형). 〔그스름하다.
동그스름하다 (be) roundish. ☞ 둥
동급(同級) the same class. ‖ ～생 a classmate; a classfellow.
동기(冬期) the winter (season).
동기(同氣) brothers (남자); sisters (여자). ‖ ～간 sibling relationship (～간의 우애 fraternal love).
동기(同期) the same〔corresponding〕 period. ¶ 작년의 ～와 비교하여 compared with the same period of last year / 그와 나는 ～이다 He

and I are graduates in the same class. ‖ ~생 a classmate; a graduate in the same class.

동기(動機) a motive《*of, for*》; an inducement《*to do*》. ¶ 범죄의 ~ the motive of a crime / 불순한 ~《from》an ulterior motive / …이 ~가 되어 motivated by…. / ~부여가 강할수록 외국어 학습은 효과가 오른다 The stronger the motivation, the more quickly a person will learn a foreign language. ‖ ~론〖倫〗motivism.

동기(銅器) a copper〔bronze〕vessel; copper ware. ‖ ~시대 the Copper Age.

동나다 run out (of stock); be all gone. ¶ 석유가 ~ be〔run〕out of kerosene.

동남(東南) the southeast. ¶ ~의 southeast(ern); southeasterly. ‖ ~아시아 Southeast Asia / ~풍 the southeast wind.

동냥 ~하다 beg《*food, rice, money*》; beg *one's* bread; beg〔ask〕for alms(중이). ‖ ~아치 a beggar / ~질 begging.

동네(洞—) a village (마을); the neighborhood (사는 근처). ¶ ~사람 a villager; village folk (복수).

동년(同年) the same year; the same age (동갑).

동녘(東—) the east.

동단(東端) the eastern end.

동닿다 ①《조리가 맞다》be consistent〔logical〕. ¶ 동닿지 않는 inconsistent; incoherent. ②《이어지다》come〔follow〕in succession.

동댕이치다 throw〔cast〕《*something*》at;《그만둠》abandon.

동동[1]《북소리》tom-tom. ☞ 둥둥.

동동[2] ①《물위에》¶ ~ 뜨다 float; drift; be adrift. ②《발을》¶ ~ 구르다 stamp (*one's* feet) on《*the floor*》.

동등(同等) equality; parity. ~하다 (be) equal; equivalent. ¶ ~히 equally; on the same level / ~히 다루다 treat《*them*》equally; do not discriminate《*between*》/ ~한 입장에서 이야기하다 talk with《*someone*》on equal terms / 대학 졸업 또는 ~한 학력을 가진 사람 college graduates or the equivalent.

동떨어지다 be far apart; be far from; be quite different《*from*》.

동란(動亂) agitation; disturbance; upheaval; a riot; a war. ¶ ~의 중동 the strife-torn Middle East. / ~을 일으키다 rise in riot.

동량(棟梁) ‖ ~지재(之材) the pillar《*of the state*》.

동력(動力) (motive) power. ¶ …에 ~을 공급하다 supply power《*to*》; power《*a factory*》/ ~으로 작동되는 공구 a power-driven tool. ‖ ~선 a power line / ~원 a source of power; a power source.

동렬(同列) the same rank〔file〕.

동료(同僚) *one's* colleague; a fellow worker; an associate; a co-worker. ¶ 직장의 ~ a colleague in *one's* office〔at work〕.

동류(同類)《동종류》《belong to》the same class〔category, kind〕; an accomplice (공모자).

동리(洞里) a village. ☞ 동네.

동마루(棟—) the ridge of a tiled roof.

동맥(動脈)〖解〗an artery. ¶ ~의 arterial. ‖ ~경화증 the hardening of arteries; arteriosclerosis / ~류 an aneurysm.

동맹(同盟) an alliance; a league; a union (연합). ~하다 ally with; be allied〔leagued〕with; unite; combine. ‖ ~국 an ally; an allied power / ~군 allied forces〔armies〕/ ~파업 a strike / ~휴학 a school strike.

동메달(銅—) a copper medal.

동면(冬眠) winter sleep; hibernation. ~하다 hibernate. ‖ ~동물 a hibernating animal.

동명(同名) the same name. ‖ ~이인 a different person of the same name.

동명사(動名詞)〖文〗a gerund.

동무 a friend; a companion; a comrade; a pal《口》. ‖ 길~ a fellow traveler; a traveling companion.

동문(同文) the same〔common〕script. ¶ 이하 ~ and so forth; and so on.

동문(同門)《동창》a fellow student〔disciple〕;《졸업생》an alumnus [*pl.* -ni]; an alumna [*pl.* -nae] (여자). ‖ ~회 an alumni association.

동문서답(東問西答) an irrelevant answer. ~하다 give an irrelevant〔incoherent〕answer to a question.

동문수학(同門修學) ~하다 study under the same teacher《*with a person*》.

동물(動物) an animal. ¶ ~적〔성의〕animal / ~적인 본능 (an) animal instinct / 인간은 사회적 ~이다 Man is a social animal. ‖ ~계 the animal kingdom / ~병원 a veterinary hospital / ~실험 experiments using〔on〕animals / ~애호협회 the Society for Prevention of Cruelty to Animals (생략 SPCA) / ~원 a zoological garden; a zoo / ~학 zoology / ~학자 a zoologist / ~행동학 ethology.

동민(洞民) a villager; the village folk.

동박새 〖鳥〗 a white-〔silver-〕eye.
동반(同伴) ～하다 go with; accompany; take《*a person*》with. ‖ ～자 *one's* companion.
동반구(東半球) the Eastern hemisphere.
동반자살(同伴自殺)《남녀의》a lovers' suicide; a double suicide;《한 집안의》a (whole) family suicide.
동방(東方) the east; the Orient. ¶ ～의 eastern.
동방(洞房) ‖ ～화촉 sharing bed on the bridal night.
동배(同輩) *one's* equal; a fellow; a comrade; a colleague (동료).
동백(冬柏) camellia seeds. ‖ ～기름 camellia oil / ～꽃 a camellia (blossom) / ～나무 a camellia.
동병(同病) the same sickness 〔disease〕. ¶ ～상련(相憐)하다 Fellow sufferers pity one another.
동병(動兵) ～하다 mobilize《*an army*》.
동복(冬服) winter clothes〔clothing〕; winter wear.
동복(同腹) ¶ ～의 uterine. ‖ ～형제〔자매〕brothers〔sisters〕of the same mother; uterine brothers 〔sisters〕.
동봉(同封) ～하다 enclose《*a letter*》. ¶ ～한 서류 the enclosed papers / ～해 보내다 send under the same cover. ‖ ～서류 enclosures.
동부(東部) the eastern part.
동부인(同夫人) ～하다 go out with *one's* wife; take *one's* wife along 〔with〕; accompany *one's* wife.
동북(東北)《동북간》the northeast. ¶ ～의 northeast(ern). ‖ ～동 east-northeast(생략 E.N.E.) / ～풍 the northeast wind.
동분서주(東奔西走) ～하다 bustle about; busy *oneself* about《*a thing*》.
동사(凍死) ～하다 be frozen to death; die of〔from〕cold.
동사(動詞) a verb. ¶ ～의 verbal. ‖ 규칙〔불규칙〕～ a regular〔an irregular〕verb / 완전〔불완전〕～ a complete〔an incomplete〕verb.
동산 a hill (at the back of *one's* house). ¶ 꽃～ a flower garden.
동산(動産) movable property; movables; personal effects.
동상(同上) the same as (the) above; ditto (생략 do.).
동상(凍傷) a frostbite; chilblains. ¶ ～에 걸리다 be〔get〕frostbitten. ‖ ～자 a frostbitten person.
동상(銅像) a bronze statue; a copper image. ¶ ～을 세우다 erect 〔set up〕a bronze (statue).
동색(同色) the same color. ¶ 초록은 ～이다《俗談》Like attracts like.
동생(同生) a (younger) brother 〔sister〕; *one's* little brother〔sister〕.
동생공사(同生共死) ～하다 share the fate with others. ¶ 모두 ～의 운명이다 be all in the same boat.
동서(同書) ①《같은 책》the same book. ②《그 책》the said book. ¶ ～에서《출처 표시로》ibidem (생략 ib., ibid).
동서(同壻) ①《자매간의 남편》the husband of *one's* wife's sister; a brother-in-law. ②《형제간의 아내》the wife of *one's* husband's brother; a sister-in-law.
동서(同棲) cohabitation. ～하다 cohabit〔live together〕《*with*》. ¶ ～하는 사람 a cohabitant.
동서(東西)《동과 서》east and west;《동서양》the East and the West. ‖ ～고금 all ages and countries / ～남북 the (four) cardinal points.
동석(同席) ～하다 sit with《*a person*》; share a table with《*a person*》(식당 등에서). ‖ ～자 those present; the (present) company.
동석(凍石) 〖鑛〗 steatite; soapstone.
동선(同船)《같은 배》the same 〔said〕ship. ～하다 take the same ship; sail on the same ship〔vessel〕. ‖ ～자 a fellow passenger.
동선(銅線) copper wire〔wiring〕.
동선(動線) the line of flow.
동설(同說) the same opinion〔view〕.
동성(同性) ①《남녀의》the same sex; homosexuality. ¶ ～의 of the same sex; homosexual. ‖ ～애 homosexual love; homosexuality; lesbianism(여자간의) / ～애자 a homosexual; a homo《俗》; a gay(남성); lesbian(여성). ②《성질의》homogeneity; congeniality. ¶ ～의 homogeneous; congenial.
동성(同姓) the same surname. ‖ ～동명인 a person of the same family and personal name / ～동본 the same surname and the same family origin / ～인(人) a namesake; a person of the same surname as *oneself*.
동소체(同素體) 〖化〗 allotrope.
동수(同數) the same number. ¶ ～의 as many《...*as*》; of the same number / 찬부 ～의 투표 a 《30—30》tie vote / 가부 ～인 경우에는 in case of a tie.
동숙(同宿) ～하다 stay at the same hotel; lodge in the same house. ‖ ～자 a fellow lodger 〔boarder〕.
동승(同乘) ～하다 ride together; ride with《*another*》in《*the same car*》; share a car《*with*》. ‖ ～자 a fellow passenger.

동시(同時) the same time. ¶ ～의 simultaneous; concurrent / ～에 at the same time, simultaneously〔concurrently〕《*with*》; at a time, at once(일시에); while, on the other hand(한편으로는). ‖ ～녹음 synchronous recording(～녹음하다 synchronize) / ～발표 a simultaneous announcement / ～상영 a double feature; a two-picture program / ～선거 a double election / ～성 simultaneity / ～통역《make》simultaneous interpretation / ～통역사 a simultaneous interprete.

동시(同視) ① ☞ 동일시. ②《같은 대우》～하다 treat alike; treat without discrimination.

동시(童詩) children's verse; nursery rhymes.

동시대(同時代) the same age. ¶ ～의 contemporary《*with*》; of the same age / ～에 in the same age〔period〕/ ～의 사람 a contemporary.

동식물(動植物) animals and plants; fauna and flora.

동실동실 ☞ 둥실둥실.

동심(同心) ①《같은 마음》the same mind. ¶ 두 사람은 ～ 일체다 The two are practically of a mind. ‖ ～협력 harmonious cooperation. ②〖幾〗《같은 중심》concentricity. ‖ ～원 a concentric circle.

동심(童心) the child〔childish, juvenile〕mind. ¶ ～으로 돌아가다 become children again / ～을 좀먹다 destroy the innocence of a child's mind.

동아(東亞) East Asia.

동아리《부분》a part;《무리》confederates; companions; a group.

동아줄 a thick and durable rope.

동안 ①《간격》an interval. ¶ 일정한 ～을 두고 at regular intervals. ②《기간》time; a space; a period;《부사적》for; during; while. ¶ 오랫～ for a long time / 잠깐 ～ for a little while.

동안(東岸) the east coast.

동안(童顔) a boyish face. ¶ ～의 boyish-looking.

동안뜨다 have an interval〔a space〕between; have a longer interval than usual.

동액(同額) the same amount《*of money*》; the same price. ¶ ～의 of the same amount.

동양(東洋) the East; the Orient. ¶ ～의 Eastern; Oriental. ‖ ～문명〔문화〕Oriental civilization〔culture〕/ ～사람 an Oriental / ～사상 Orientalism / ～학 Oriental studies / ～학자 an Orientalist / ～화 an Oriental painting.

동업(同業) ①《같은 업》the same trade〔profession〕. ¶ ～동아일보 the Dong-a Ilbo, our contemporary. ‖ ～자 men of the same industry〔trade, profession〕/ ～조합 a trade association. ②《공동의》～하다 do〔engage in〕business in partnership; run business together. ‖ ～자 a partner.

동여매다 bind; tie; fasten. ¶ 기둥에 ～ tie《*a thing*》to a post / 나무에 밧줄을 ～ fasten a rope to a tree.

동역학(動力學)〖理〗kinetics.

동요(動搖)《진동》tremble; quake; shake;《마음·사회의》agitation; disturbance; unrest;《차의》jolting. ～하다《진동하다》tremble; quake; shake; jolt(차가);《소란해지다》be agitated; be disturbed;《불안해지다》become restless. ¶ 사상의 ～ an agitation of thought / 정계의 ～ political disturbance / 전국적으로 민심이 ～하고 있다 There is public unrest throughtout the country.

동요(童謠) a children's song; a nursery rhyme.

동우(同友) a colleague; a fellow member.

동원(動員) mobilization. ～하다 mobilize《*troops*》; set in motion. ¶ 많은 관객을 ～하다 draw a large audience. ‖ ～계획 a mobilization plan / ～령《issue》mobilization orders / 강제～ compulsory mobilization《*of students*》.

동월(同月) the same month.

동위(同位) ¶ ～의 co-ordinate. ‖ ～각 corresponding angles / ～원소 an isotope.

동유(桐油) tung oil.

동음(同音) the same sound; homophony. ‖ ～어 a homophone / ～이의어(異義語) a homonym.

동의(同意) agreement; consent; approval(승인). ～하다 agree with《*a person*》; agree on《*a point*》; agree to *do;* approve of《*a proposal*》; consent to《*a proposal*》. ¶ ～를 얻다 obtain《*a person's*》consent〔approval〕.

동의(同義) synonymy; the same meaning. ¶ ～의 synonymous. ‖ ～어 a synonym.

동의(動議) a motion. ～하다 make〔bring in〕a motion. ¶ ～를 철회하다 withdraw a motion / ～를 가결하다 adopt a motion.

동이 a jar. ‖ 물～ a water jar.

동이다 bind (up); tie (up); fasten. ¶ 상처를 ～ bind (up) a wound / 끈으로 짐을 ～ tie up a bundle with string.

동인(同人) ①《회원》a member; a coterie (문예상의). ‖ ～잡지 a literary coterie magazine. ②《같은 사람》the same〔said〕person.

동인(動因) a motive; motivation; a cause. ¶ 이 범죄의 ~ the motive for this crime. 「Indies.
동인도(제도)(東印度(諸島)) the East
동일(同一) identity; sameness. ~하다 (be) the same; identical. ¶ ~ 수준에 있다 be on the same level 《*with*》. ‖ ~성 identity; oneness; sameness / ~인물 the same person.
동일(同日) the same〔said〕day.
동일시(同一視) ~하다 put in the same category; identify〔equate〕《*A*》 with 《*B*》(A를 B로). ¶ 저런 사람들과 ~되는 것을 원치 않는다 I don't like to be classed with them.
동자(童子) a child; a boy. ‖ ~중 a young〔boy〕monk.
동작(動作) action; movement(s); manners. ¶ ~이 빠르다〔느리다〕 be quick〔slow〕in action.
동장(洞長) a *dong* headman; the chief of a *dong* office. 「ter.
동장군(冬將軍) a severe〔hard〕win-
동적(動的) dynamic; kinetic.
동전(銅錢) a copper (coin). ¶ ~ 한푼 없다 haven't a penny〔cent〕.
동절(冬節) the winter (season).
동점(同點) ¶ ~이 되다 tie〔draw〕《*with*》/ ~으로 끝나다 finish in a tie.
동정(同情) sympathy; pity. ~하다 sympathize 《*with*》; pity; feel (pity) 《*for*》. ¶ ~적인 sympathetic / ~하여 out of sympathy 《*with, for*》/ ~의 뜻을 표하다 express *one's* sympathy 《*for*》. ‖ ~심 a sympathetic feeling; sympathy / ~자 a sympathizer / ~표 《win》 a sympathy vote.
동정(童貞) a chastity; a virginity. ¶ ~을 지키다〔잃다〕 keep〔lose〕 *one's* chastity〔virginity〕. ‖ ~녀 a virgin; 《성모》 the Virgin (Mary).
동정(動靜) movements; a state of things; *one's* doings. ¶ 정계의 ~ development of political affairs / 적의 ~을 살피다 feel out the movements of the enemy.
동제(銅製) ¶ ~의 copper(y); made of copper. ‖ ~품 copper manufactures.
동조(同調) ~하다 side〔sympathize〕《*with*》; come into line 《*with*》; follow suit. ‖ ~자 a sympathizer.
동족(同族) 《일족》 the same family〔race, tribe〕. ¶ ~상잔(相殘)의 비극을 겪다 experience the tragedy of fratricidal war. ‖ ~결혼 endogamy / ~목적어 〖文〗 a cognate object / ~애 fraternal love / ~회사 《가족의》 a family concern〔firm〕; 《동계의》 an affiliated concern.
동종(同宗) the same blood〔family〕; the same sect (종파).
동종(同種) 《*of*》 the same kind〔sort〕.
동지(冬至) the winter solstice. ‖ 동짓달 the 11th lunar month.
동지(同志) a comrade; a fellow member. ¶ ~를 모으다 rally like-minded people.
동진(東進) ~하다 move〔march〕 eastward; proceed east.
동질(同質) the same quality; homogeneity. ¶ ~의 homogeneous; of the same quality.
동쪽(東一) the east. ¶ ~의 east; eastern; easterly / ~으로 to the east 《*of*》; in the direction of the east.
동차(同次) 〖數〗 ‖ ~식〔방정식〕 homogeneous expression〔equation〕.
동창(同窓) a schoolmate; a fellow student (학우, 동급생). ¶ 우리는 ~이다 We attended the same school. *or* We were at school together. ‖ ~생 《졸업생》 a graduate; an old boy; 《美》 alumnus [*pl.* -ni] (남); alumna [*pl.* -nae] (여) / ~회 an old boys' association; an alumni association; an alumni reunion (모임).
동체(胴體) the body〔trunk〕; the hull (배의); the fuselage (비행기의). ‖ ~착륙 《make》 a belly landing; belly-landing.
동체(動體) 〖理〗 a body in motion (움직이는); a fluid(유동체).
동치(同値) 〖數〗 the equivalent.
동치다 bind〔tie〕 up.
동치미 watery radish *kimchi*.
동침(一鍼) 〖韓醫〗 a fine and long needle.
동침(同寢) ~하다 sleep with 《*a person*》; share the (same) bed 《*with*》.
동태(凍太) a (frozen) pollack.
동태(動態) the movement 《*of population*》. ‖ ~통계 vital statistics (인구의).
동통(疼痛) a pain; an ache.
동트다(東一) dawn; day breaks. ¶ 동틀녘에 at daybreak〔dawn〕.
동티나다 ① 《앙얼 입다》 suffer the wrath of the earth gods. ② 《잘못되다》 get into trouble; incur trouble.
동판(銅版) a copperplate; sheet copper. ‖ ~인쇄 a copperplate print.
동편(東便) the east(ern) side.
동포(同胞) 《같은 겨레》 brethren; a fellow countryman〔citizen〕; a compatriot. ‖ ~애 brotherly love.
동풍(東風) the east wind. ¶ 마이 ~이다 turn a deaf ear to 《*a*

person's advice》.

동하다(動—) ①《움직이다》 move; stir. ②《마음이》 be moved(감동); be touched〔shaken〕(동정 따위가); be〔feel〕 inclined to《*do*》(기울다); have an itch〔desire〕《*for, to do*》(욕심이). ¶ 구미가 ～ fee an appetite《*for*》/ 마음이 동하지 않다 be unperturbed; remain firm / 그녀 이야기에 마음이 ～ be moved by her story.

동학(同學) a fellow scholar〔student, researcher〕.

동해(東海) the East Sea (of Korea).

동해(凍害) frost damage.

동해안(東海岸) the east coast.

동행(同行) ～하다 go〔come〕(along) with; accompany《*a person*》; travel together. ¶ 경찰서로 ～하기를 요구받다 be asked to come to the police station. ‖ ～자〔인〕 a fellow traveler; a (traveling) companion.

동향(同鄕) ‖ ～인 a person from the same town〔village, district〕.

동향(東向) facing east; eastward. ‖ ～집 a house facing east.

동향(動向) a trend; a tendency; a movement. ¶ 여론의 ～을 주시하다 watch the trend of public opinion / 경제계의 ～ economic trends.

동혈(洞穴) a cave; a cavern.

동형(同型) the same type〔pattern〕.

동호(同好) ‖ ～인 people having〔sharing〕 the same taste〔interest〕/ 낚시～회 an (amateur) anglers' club / 영화～회 a movie lovers' society.

동화(同化) assimilation. ～하다 assimilate. ‖ ～작용 assimilation.

동화(動畵) an animation; an animated film.

동화(童話) a nursery tale〔story〕; a fairy tale. ‖ ～극 a juvenile play.

동활자(銅活字) a copper type.

동활차(動滑車) a movable pulley.

동회(洞會) ☞ 동사무소.

돛 a sail. ¶ ～을 올리다〔내리다〕 hoist〔lower〕 a sail. ‖ ～(단)배 a sailboat; a sailing ship〔boat, vessel〕/ ～대 a mast.

돼지 ①《가축》 a pig; a hog. ¶ 식육용의 ～ a pork pig / ～를 치다 raise〔breed〕 hogs. ‖ ～고기 pork / ～우리 a pigsty. ②《사람》 a piggish person.

되《계량 단위》 a (dry, liquid) measure; a *doe*. ¶ ～를 속이다 give short measure.

되…《도로》 back. ¶ ～찾다 regain; get back / ～묻다 inquire again.

되넘기다 resell.

되놈 a Chinaman; a Chink《俗》.

되는대로《마구》 at random;《거칠게》 roughly; carelessly; slovenly; slapdash. ¶ ～ 지껄이다 talk at random / ～ 살다 live in a happy-go-lucky way.

되다[1] ①《질지 않다》(be) thick; hard (밥 따위). ②《벅차다》(be) hard; laborious. ③《심하다》(be) hard; heavy; severe; intense. ¶ 되게 severely; hard; heavily / 되게 꾸짖다 scold severely. ④《켕기다》(be) tight; taut; tense. ¶ 되게 tightly; tautly.

되다[2]《되질》 measure.

되다[3] ①《신분·상태가》 become; get; be; grow; turn; develop. ¶ 부자가 ～ become rich / 어른이 ～ grow up (to be a man) / 버릇이 ～ grow into habit / 빨갛게 ～ turn red / 기독교 신자가 ～ become a Christian; turn Christian. ②《…하게 되다》 begin〔come〕 to《*do*》; get to《*do*》. ¶ 좋아하게 ～ begin〔get, come〕 to like《*a thing, a person*》. ③《성립·구성》 consist of; be composed of; be made《*up*》 of. ¶ 물은 산소와 수소로 돼 있다 Water consists〔is composed〕 of oxygen and hydrogen. / 배심원은 12명으로 되어 있다 A jurry is made up of twelve men. ④《생육·홍성》 grow; thrive; prosper. ¶ 이 땅에서는 채소가 잘 된다 Vegetables grow well in this soil. / 장사가 잘 ～ do good〔prosperous〕 business. ⑤《성취》 succeed; be accomplished; be attained. ¶ 일이 뜻대로 ～ succeed in *one's* attempt / 어려운 댐 공사가 마침내 다 되었다 The tough dam construction has finally been completed. ⑥《결과가》 result〔end〕《*in*》; turn out; prove. ¶ 거짓말이 ～ turn out false / 치명상이 ～ prove fatal /만사가 그녀 소망대로 되었다 Everything turned out as she had hoped. ⑦《수량·금액이》 come to; amount to; run up to; make. ¶ 6에 3을 더하면 아홉이 된다 Six and three make nine. / 총액이 3만원이 됩니다 The total comes〔amounts〕 to 30,000 won. ⑧《역할·소용》 act as; serve as. ¶ 이 소파는 침대도 된다 This sofa serves as a bed. / 알코올은 소독약이 된다 Alcohol acts as a disinfectant. ⑨《나이·계절·시간 등이》 ¶ 나는 곧 20세가 된다 I'll very soon be twenty. / 봄이 되었다 Spring has come. / 그를 만난지 3년이 되어간다 It's going on three years since I saw him last. ⑩《가능》 can; be able to; be possible. ¶ 될 수 있으면 if possible; if *one* can / 될 수 있으면 빚을 지고 싶지 않다 I will not borrow

money if I can help it.
되도록 as... as possible; as... as *one* can. ¶ ~ 많이 as much 〔many〕 as possible.
되돌아가다 turn 〔go〕 back; return. ¶ 중간에서 ~ turn back halfway.
되돌아오다 return; come back.
되롱거리다 dangle; sway; swing.
되묻다 《다시 묻다》 ask again; 《반문》 ask back; ask a question in return.
되바라지다 ① 《그릇 따위》 (be) open; shallow. ② 《사람이》 (be) precocious; pert; saucy. ¶ 되바라진 아이 a precocious child / 되바라진 소리를 하다 say pert things.
되살다 ☞ 소생하다.
되새기다 《음식을》 chew over and over again (because of poor appetite); 《소 등이》 ruminate; chew the cud; 《비유적》 ruminate 《*about, on, over*》; think over again; relive. ¶ 고통스러웠던 6·25의 역사를 ~ relive the painful history of the Korean war.
되씌우다 《잘못 따위를》 put a blame on another.
되씹다 《말을》 repeat; harp on the same string; dwell 《*on*》.
되어가다 ① 《일이》 go (on); work; get along. ¶ 잘 ~ go well 〔all right〕; work well. ② 《물건이》 be getting finished 〔completed〕.
되지못하다 《하찮다》 (be) worthless; trivial; be no good (서술적); 《건방지다》 (be) impertinent; saucy. 「bit too hard.
되직하다 (be) somewhat thick; a
되질 measuring with a *toe*. ~하다 measure with a *toe*.
되짚어 back; turning right away. ¶ ~ 가다 go 〔turn〕 back right away.
되풀이하다 repeat; reiterate. ¶ 되풀이하여 over again; repeatedly.
된밥 hard-boiled rice.
된서리 a heavy frost; a severe frost. ¶ ~ 맞다 《비유적》 receive a bitter blow; suffer heavily.
된서방(一書房) a hard 〔severe, harsh〕 husband. ¶ ~ 맞다 get married to a harsh husband.
된소리 a strong sound; a fortis.
된장(一醬) (soy)bean paste; *doenjang*. ‖ ~국 beanpaste soup.
된장찌개(一醬一) (soy)bean paste stew; *doenjang jjigae*.
될성부르다 ¶ 될성부른 나무는 떡잎부터 알아본다 《俗談》 Genius displays itself even in childhood.
됨됨이 《사람》 *one's* nature (본성); character (성격); personality (인품); 《물건》 make; structure.
됫박 a *toe*(되); a gourd bowl used as a measure.
됫박질 ~하다 measure 《*rice*》 with a gourd bowl; 《조금씩 사다》 buy 《*rice*》 in small quantities.
두(頭) ¶ 소 70 ~ seventy head of cattle.
두 《둘》 two; a couple 《*of*》. ¶ ~ 가지 two kinds 《*of*》(종류); two ways(방법) / ~ 배 double; two times / ~ 번 twice; two times.
두각(頭角) ¶ ~을 나타내다 cut a conspicuous 〔brilliant〕 figure 《*in*》; distinguish *oneself*.
두개골(頭蓋骨) 〖解〗 the skull.
두건(頭巾) a mourner's hempen hood. 「래.
두견 ① 〖鳥〗 a cuckoo. ② ☞ 진달
두고두고 for a long time; over and over again. ¶ ~ 생각하다 think over and over again / ~쓸 수 있다 can be used for a long time.
두근거리다 《*one's* heart》 throb; beat (fast); palpitate; feel uneasy 〔nervous〕; go pit-a-pat. ¶ 가슴을 두근거리며 발표를 기다리다 wait for the announcement with a beating heart.
두길마보다 straddle; sit on the fence; see how the wind blows.
두꺼비 〖動〗 a toad. ¶ ~ 파리 잡아먹듯 be ready to eat anything. ‖ ~집 〖電〗 a fuse box.
두껍다 (be) thick; heavy; bulky. ¶ 두꺼운 책 a thick book / 두껍게 하다 thicken; make thicker.
두께 thickness. ¶ ~가 5인치다 be five inches thick 〔in thickness〕.
두뇌(頭腦) brains; a head. ¶ 치밀〔산만〕한 ~ a close 〔loose〕 head / ~가 명석한 사람 a clear-headed person / ~집약적인 brain-intensive. ‖ ~노동 brainwork / ~노동자 a brainworker / ~유출 brain drain / ~집단 a think tank 〔factory〕.
두다 ① 《놓다》 put; place; set (세워서); lay (뉘어서); 《보존》 keep; store (저장). ¶ 돈을 금고에 ~ keep money in a safe. ② 《사람을》 keep; take in (하숙인을); hire; employ (고용). ¶ 첩을 ~ keep a mistress / 하숙인을 ~ take in boarders / 가정 교사를 ~ keep 〔hire〕 a (private) tutor. ③ 《배치》 put; station. ¶ 보초를 ~ post a guard. ④ 《사이를》 leave. ¶ 간격을 두지 않다 leave no space. ⑤ 《마음을》 have a mind to; set *one's* mind on; 《마음에》 bear; hold; keep. ¶ 염두에 ~ bear 《*a thing*》 in mind. ⑥ 《넣다》 stuff. ¶ 이불에 솜을 ~ stuff a quilt with cotton. ⑦ 《바둑·장기를》 play. ⑧ 《설치》 set up; establish. ¶ 각 대학에 도서관을 ~ set up a library at each university. ⑨ 《뒤에 남김》 leave (behind). ¶ 두고 온 물건

a thing left behind.

두더지 〖動〗 a mole.

두덩 a bank; a levee.

두둑하다 《두껍다》 (be) thick; heavy; 《풍부하다》 (be) plenty; ample; 《솟다》 be swollen〔bulged〕 《*out*》. ¶ 두둑한 보수 an ample reward.

두둔하다 side 《*with*》; take sides 《*with*》; support; back up. ¶ 그녀만을 두둔하지 마라 Don't always take sides with her.

두드러기 nettle rash. ¶ ～가 돋다〔나다〕 get nettle rash.

두드러지다 ① 《내밀다》 swell; bulge out. ② 《뚜렷함》 (be) noticeable; conspicuous; outstanding; striking; stand out (동사적). ¶ 두드러진 차이 a striking difference.

두드리다 strike; beat; knock. ¶ 문을 ～ knock at the door / 가볍게 ～ tap / 세게 ～ rap; bang.

두런거리다 exchange whispers; murmur together.

두렁 a ridge between fields; a levee. ¶ 논～길 a path between rice fields.

두레박 a well bucket. ¶ ～질하다 draw water with a well bucket / ～우물 a draw well.

두려움 《공포》 fear; dread; terror; 《염려》 anxiety; apprehension; 《외경》 awe; reverence. ¶ ～으로〔때문에〕 out of fear; from〔with〕 fear.

두려워하다 《무서워하다》 be afraid of; fear; dread; be terrified 《*of, at*》; have a fear of. ¶ 병 날까 ～ be afraid〔in fear〕 of falling ill / 아무 것도 두려워할 것 없다 You have nothing to be afraid of.

두렵다 ① 《무섭다》 be fearful〔terrible, horrible〕; 《염려》 (be) feared. ¶ …이 두려워서 for fear 《*of, that…*》. ② 《외경》 be awed. ¶ 두려워서 고개를 못 들다 be too much awed to raise *one's* head.

두령 (頭領) a leader; a boss.

두루 《널리》 generally; 《전체적으로》 all over; all around; 《골고루》 equally; evenly; 《예외 없이》 without exception. ¶ ～ 쓰이는 for general〔popular〕 use / ～ 살피다 look all around carefully / 전국을 ～ 돌아다니다 go around all over the country.

두루마기 a Korean overcoat.

두루마리 a roll 《*of paper*》; a scroll.

두루뭉수리 《사물》 an unshapely thing; a mess; 《사람》 a nondescript person; a good-for-nothing (fellow).

두루뭉실하다 ① 《모양이》 (be) somewhat roundish; neither edged nor round. ② 《언행이》 (be) indistinct〔uncertain; noncommital〕 《*in one's manner*》. ¶ 두루뭉실한 태도를 취하다 take an uncertain attitude 《*on a matter*》 / 두루뭉실한 대답을 하다 give a noncommittal〔vague〕 answer.

두루미 〖鳥〗 a crane. ‖ 재～ a white-neck crane / 흑～ a hooded crane.

두루치기 《둘러쓰기》 using a thing for various purposes.

두르다 ① 《둘러싸다》 enclose 《*with, in*》; surround 《*with, by*》; encircle; 《입다》 put on; wear. ¶ 돌담을 ～ enclose 《*a house*》 with a stone wall / 치마를 ～ put on〔wear〕 *one's* skirt. ② 《변통하다》 make shift; contrive; manage to 《*do*》. ¶ 돈을 ～ manage to raise money.

두름 a string 《*of fish*》.

두름성 resourcefulness; management; versatility(융통성). ¶ ～이 있다 be versatile〔resourceful〕.

두리반 (一盤) a large round dining table.

두리번거리다 look around〔about〕.

두마음 double-heartedness; double-dealing. ¶ ～이 있는 double-hearted; treacherous / ～을 품다 have two faces; play (a) double game.

두말 ¶ ～할 것 없이 of course; needless to say / ～ 않다 do not raise objection(반대 않다); do not complain(불평 않다); do not mention again (재론 않다).

두메 an out-of-the-way mountain village; a remote village in the country. ¶ ～에 살다 live in the remote countryside.

두목 (頭目) a chief; a head; a leader; a boss; a ringleader 《*of robbers*》.

두문불출 (杜門不出) ～하다 keep〔stay〕 indoors; be confined to *one's* home.

두문자 (頭文字) the first letter (of a word); a capital letter(대문자); 《이름의》 an initial.

두발 (頭髮) the hair (of the head); *one's* hair.

두벌갈이 〖農〗 a second sowing〔plowing〕. ～하다 till〔plow〕 a second time.

두부 (豆腐) bean curd. ¶ ～ 한 모 a piece〔cake〕 of bean curd / ～튀김 fried bean curd.

두부 (頭部) the head. ¶ ～에 부상을 입다 be wounded in〔on〕 the head.

두서 (頭書) ¶ ～의 the foregoing; the above-mentioned.

두서 (頭緖) ¶ ～ 없는 rambling; incoherent; illogical / ～ 없는 이야기를 하다 talk incoherently; make pointless〔disjointed〕 remarks.

두서너, 두서넛 two or three; a few.

두엄 《거름》 compost. ¶ ~을 주다 manure 〔compost〕 《*a field*》.
두유(豆乳) soymilk.
두절(杜絶) ~하다 be stopped; be interrupted 〔cut off〕; be tied 〔held〕 up. ¶ 소식이 ~되다 hear nothing from / 눈보라로 교통이 ~되었다 Traffic was paralyzed 〔held up〕 by the snowstorm.
두주(斗酒) ¶ ~도 불사하다 be ready to drink kegs 〔gallons〕 of wine.
두주(頭註) marginal notes.
두텁다 (be) close; cordial; warm. ¶ 두터운 우정 a close friendship.
두통(頭痛) 《have》 a headache. ‖ ~거리 a headache; a trouble; a nuisance.
두툴두툴하다 (be) uneven; rugged; rough.
두툼하다 (be) somewhat thick. ¶ 두툼한 책 a thick book.
둑 a bank; a dike; an embankment. ¶ ~을 쌓다 build a dike; embank.
둔각(鈍角) 〖幾〗 an obtuse angle.
둔감(鈍感) ¶ ~한 dull; insensible / 소리에 ~하다 be dull to sound.
둔갑(遁甲) ~하다 change 〔transform〕 *oneself* 《*into*》.
둔기(鈍器) a dull 〔blunt〕 weapon.
둔덕 an elevated land; a mound.
둔부(臀部) the buttocks; the rump; the hip.
둔재(鈍才) 《사람》 a dull 〔dull-witted〕 person; a stupid.
둔전(屯田) 〖史〗 a farm cultivated by stationary troops.
둔탁(鈍濁) ~하다 《소리가》 (be) dull; thick; dead. ¶ ~한 소리 a dead sound.
둔하다(鈍—) 《머리·동작이》 (be) dull; slow; stupid. ¶ 둔한 사람 a dull man / 동작이 ~ move clumsily; be slow-moving / 센스가 ~ have a slow perception.
둘 two. ¶ ~도 없는 unique; only; matchless / ~ 다 both / ~씩 two at a time; by twos.
둘둘 ¶ ~ 감다 twine 〔coil〕 around; wind up 《*a cord*》 in a coil.
둘러대다 ① 《꾸며대다》 give an evasive answer; make an excuse 《*for*》. ¶ 그럴 듯한 이유를 ~ cook up a good reason. ② 《변통》 make shift 《*with*》; manage somehow.
둘러막다 ☞ 두르다, 둘러치다.
둘러보다 look (a)round 〔about〕.
둘러서다 stand in a circle.
둘러싸다 《포위》 besiege; lay siege to; 《에워싸다》 surround; enclose. ¶ 적에게 둘러싸이다 be besieged 〔surrounded〕 by the enemy / 삼면이 바다로 둘러싸여 있다 be surrounded by the sea on three sides / 난로를 둘러싸고 앉다 sit around a stove.
둘러쌓다 pile 《*things*》 up in a circle.
둘러쓰다 ☞ 뒤집어쓰다.
둘러앉다 sit in a circle.
둘러치다 ① 《두르다》 surround; enclose. ¶ 담을 ~ surround with walls. ② 《내던지다》 throw hard; hurl.
둘레 《주위》 circumference. ¶ ~에 round; around; about / ~ 3피트 three feet round.
둘레둘레 ¶ ~ 둘러보다 look around; stare around 〔about〕.
둘리다 《둘러 막히다》 be enclosed 〔surrounded, encircled〕.
둘째 the second; number two. ¶ ~로 secondly; in the second place / ~형 *one's* second eldest brother.
둥 《하는 듯 마는 듯》 ¶ 자는 ~ 마는 ~ 하다 be half asleep.
둥개다 《사람이 주어》 cannot manage; do not know what to do with; 《사물이 주어》 be too much 《*for*》. ¶ 일이 많아서 ~ have more work than *one* can manage.
둥그스름하다 (be) somewhat round.
둥근톱 a circular saw.
둥글다 (be) round; circular; globular (구상의). ¶ 얼굴이 둥근 round faced / 둥글둥글하게 만들다 make 《*something*》 round.
둥글대 《평미레》 a round strickle.
둥글리다 round; make 《*a thing*》 round. ¶ 식탁 모서리를 ~ round off the edge of the table.
둥덩거리다 keep beating 《*a drum*》; beat boom-boom.
둥둥 《북소리》 rub-a-dub; rataplan; boom-boom.
둥실둥실 floating lightly.
둥싯거리다 move slowly 〔sluggishly〕; waddle.
둥우리 a basket.
둥지 a nest.
뒤 ① 《배후·후방》 the back; the rear. ¶ ~의 back; behind; rear / ~에〔로〕 behind; back; after; backward / ~에서 in the rear; at the back; behind *one's* back(배후에서); in secret(몰래) / ~로부터 from behind / ~로 물러나다 step back / ~에 남다 stay 〔remain〕 behind / ~로 돌아 《구령》 About face! ② 《장래》 future. ¶ 뒷일 future affairs. ③ 《나중·다음》 ¶ ~에 after; later / 사오일 ~에 a few days later. ④ 《종적》 ¶ ~를 따르다〔밟다〕 follow; trail 《*a person*》; shadow 《*a person*》. ⑤ 《후계》 ¶ ~를 잇다 succeed. ⑥ 《대변》 feces; excrement; stools. ¶ ~를 보다 relieve *oneself* / ~가 마렵다 want to relieve *oneself*. ⑦ 《돌봄》 support; backing. ¶ ~를 밀어 주다 give support to; back

(up) / ～를 대다 supply 《*a person's*》 needs; keep in supply.
뒤꼍 a rear garden; a back yard [(lot).
뒤꿈치 a heel.
뒤끓다 《혼잡하다》 be in confusion; be crowded [thronged] 《*with*》; swarm 《*with*》. ¶ 시장에 사람이 뒤끓었다 The market place was crowded with people.
뒤끝 《종말》 the end 《*of an affair*》; a close. ¶ 일의 ～을 맺다 wind [end] up an affair; bring 《*a matter*》 to an end. [tumble.
뒤넘다 fall backward; overturn;
뒤늦다 (be) late; belated.
뒤대다 《공급》 supply 《*a person with*》; provide 《*a person with*》.
뒤덮다 cover; overspread; veil.
뒤덮이다 be covered (all over) 《*with*》. [(look) round.
뒤돌아보다 look back 《*at*》; turn
뒤둥그러지다 ① 《뒤틀리다》 be distorted [twisted]. ② 《생각이》 grow crooked [perverse].
뒤떨어지다 fall [drop] behind; be left behind 《*the times*》; be backward 《*in*》 (후진적); be inferior to. ¶ 경주에서 ～ fall behind in a race / 문화가 ～ be backward in civilization / 유행에 뒤떨어지지 않도록 하다 keep pace with the fashion / 이 외투는 품질면에서 내 것에 뒤떨어진다 This overcoat is inferior to mine in quality.
뒤뚱거리다 be shaky [unsteady]; totter; stagger; falter. ¶ 뒤뚱뒤뚱 falteringly; unsteadily / 뒤뚱거리며 걷다 walk with faltering steps.
뒤뜰 a back garden [yard].
뒤룩거리다 roll [goggle] (*one's eyes*); sway (*one's* body); waddle; 《성이 나서》 jerk with anger.
뒤미처 soon [shortly] after.
뒤바꾸다 invert; reverse. ¶ 순서를 ～ reverse the order.
뒤바뀌다 be inverted [reversed]; get out of order; be mixed up. ¶ 순서가 뒤바뀌었다 The order went wrong.
뒤밟다 track 《*a person*》; follow; shadow; tail. ¶ 아무를 뒤밟게 하다 put a shadow [tail] on *a person*. [er.
뒤버무리다 mix up; mix togeth-
뒤범벅 ¶ ～이 되다 be mixed up; be jumbled together / ～을 만들다 jumble (up) together; mix up. [(ease) *oneself*.
뒤보다 《용변》 go to stool; relieve
뒤서다 fall behind.
뒤섞다 mix up; mingle together.
뒤섞이다 be mixed (together, up); be jumbled (together, up).
뒤숭숭하다 (be) confused; disorderly; restless; nervous; ill at ease. ¶ 마음이 ～ feel restless [nervous].
뒤엉키다 get entangled; get confused [mixed].
뒤엎다 upset; overturn; over- [throw.
뒤웅박 a gourd.
뒤적이다 make search; rummage; ransack. ¶ 서랍을 뒤적여 그녀의 편지를 찾다 rummage the drawer for her letter.
뒤져내다 rummage out; hunt [seek, search] out.
뒤주 a wooden rice chest [bin].
뒤죽박죽 a mess; mix-up; confusion. ¶ ～의 confused; mixed-up / ～으로 in disorder [confusion]; in a mess / ～이 되다 get mixed up [confused] / ～을 만들다 mix [mess] up; throw 《*a room*》 into confusion [disorder].
뒤쥐 〖動〗 a shrewmouse.
뒤지(一紙) toilet paper.
뒤지다[1] 《찾다》 search; ransack; rummage; fumble. ¶ 열쇠를 찾기 위해 모든 서랍을 ～ search all the drawers for the key.
뒤지다[2] 《뒤처지다》 fall [lag, be] behind; be backward 《*in*》. ¶ 유행에 ～ be behind the fashion / 일이 다른 사람보다 ～ be behind the others in *one's* work / 시류에 ～ fall [be] behind the times.
뒤집다 ① 《겉을》 turn inside out; turn 《*it*》 over; 《엎다》 upset; overturn. ② 《순서·판결 따위를》 reverse; invert. ¶ 판결을 ～ reverse a sentence. ③ 《혼란시키다》 throw into confusion. ¶ 그 소식은 온 시내를 발칵 뒤집어 놓았다 The news threw the whole city into utter confusion.
뒤집어쓰다 ① 《온몸에》 pour 《*water*》 on *oneself*; be covered with 《*dust*》. ② 《이불 따위를》 draw [pull] over. ¶ 머리에 담요를 ～ pull the blanket over *one's* head. ③ 《죄·책임을》 take 《*another's fault*》 upon *oneself*. ¶ 죄를 뒤집어 씌우다 lay the blame on 《*a person*》 for *something* / 부하의 죄를 뒤집어 쓰고 사직하다 resign *one's* post taking the responsibility for *his* subordinate's mistake.
뒤집어엎다 upset; overturn; overthrow; turn over. ¶ 정권을 ～ overthrow the government.
뒤집히다 ① 《안팎이》 be turned inside out; be turned over. ¶ (우산 따위가) 바람에 ～ be blown inside out. ② 《순서·판결 따위가》 be reversed; be overruled. ③ 《뒤집어지다》 overturn; be upset; be overturned [overthrown]; be toppled. ¶ 배가 뒤집혔다 The boat overturned [was capsized]. / 그 이론은 새로운 발견에 의해 뒤집혔다

The theory was overthrown by the new discovery. ④《속·정신이》 feel sick (nausea); go〔run〕 mad. ¶ 눈알이 ～ lose *one's* head; be beside *oneself*.

뒤쫓다 pursue; chase; run after 《*a person*》; track; trail.

뒤채 a backhouse; the back wing.

뒤처리(—處理) settlement 《*of an affair*》. ～하다 settle 《*an affair*》; put 《*things*》 in order. ¶ 파산한 회사의 ～를 하다 clear up the affairs of a bankrupt company.

뒤축 the heel. ¶ ～이 높은〔낮은〕 구두 high-〔low-〕heeled shoes.

뒤치다꺼리 ①《돌봄》 care. ～하다 look after; take care of. ¶ 애들 ～를 하다 take care of *one's* children. ② ☞ 뒤처리, 뒷수습.

뒤탈 later trouble. ¶ ～이 두려워서 for fear of later troubles / ～이 없도록 so as to prevent any trouble that might occur in future / ～이 없도록 하다 leave no seeds of future troubles.

뒤통수 the back of the head.

뒤퉁스럽다 (be) clumsy; bungling; thick-headed. ¶ 뒤퉁스러운 사람 a clumsy fellow; a bungler.

뒤틀다 ①《비틀다》 twist; wrench; distort; wring. ¶ 팔을 ～ twist 〔wrench〕 *a person's* arm. ②《방해하다》 thwart; frustrate; foil; baffle. ¶ 아무의 계획을 ～ thwart *a person's* plan.

뒤틀리다 ①《비틀어지다》 be distorted〔twisted〕; be warped; be cross-grained(마음이). ¶ 뒤틀린 distorted; twisted; wry; crooked / 뒤틀린 성질 a twisted〔crooked〕 personality / 뒤틀린 견해 a distorted view. ②《일이》 go wrong; go amiss.

뒤흔들다 ①《사물을》 shake violently; sway hard. ②《파문을 일으키다》 disturb; stir. ¶ 경제계를 ～ create〔cause〕 a stir in the economic world.

뒷간 a washroom〔toilet〕; a latrine.

뒷갈이 ☞ 그루갈이.

뒷감당(—堪當) dealing with the aftermath 《*of an affair*》; setting 《*matters*》 right; settlement; winding up 《*an affair*》. ～하다 deal with the aftermath; straighten (out) the rest 《*of an affair*》.

뒷거래(—去來) backdoor 〔illegal〕 dealing〔business〕.

뒷걸음치다 move〔step〕 backwards; 《무서워서》 flinch; shrink back 〔away〕 《*from*》; hesitate 《*at*》. ¶ 불을 보고 ～ shrink back away from the fire.

뒷골목 a back street; an alley; a bystreet.

뒷공론(—公論) backbiting (험담); gossip. ～하다 backbite; speak ill of〔talk about〕 《*a person*》 behind *his* back.

뒷구멍 the back〔rear〕 door; backstairs (channel). ¶ ～에서 영업을 하다 do〔conduct〕 under-the-counter business. ‖ ～거래 backdoor deals〔transactions〕 / ～입학 《obtain, get》 a backdoor admission to a school.

뒷굽 《동물의》 the back hoof of an animal; 《신의》 the heel of a shoe.

뒷길 a back street.

뒷날 days to come; another day (후일); future (장래).

뒷다리 a hind〔rear〕 leg.

뒷담당(—擔當) taking charge〔care〕 of the rest〔aftermath〕 《*of an affair*》.

뒷덜미 the nape; the back of the neck. ¶ ～를 잡다 seize〔grab〕 《*a person*》 by the scruff of *his* neck.

뒷돈 capital; funds. ¶ 장사 ～을 대다 supply 《*a person*》 with funds for business / 노름 ～을 대다 supply 《*a person*》 with gambling stakes〔money〕.

뒷동산 a hill at the back 《*of*》.

뒷말 backbiting; bad gossip.

뒷맛 aftertaste. ¶ ～이 좋다〔나쁘다〕 have a pleasant〔an unpleasant〕 aftertaste.

뒷모양(—模樣) the sight of *one's* back; the figure〔appearance〕 from behind.

뒷문(—門) a back〔rear〕 gate.

뒷물 ¶ ～하다 bathe *one's* private parts; take a sitz bath.

뒷바라지 looking after; taking care of. ～하다 look after; take care of; care for.

뒷바퀴 a rear〔back〕 wheel.

뒷받침 backing; backup. ～하다 back up; support.

뒷발 《발》 a hind〔rear〕 leg〔foot〕. ¶ ～질하다 kick with *one's* heel.

뒷북치다 rush〔fuss〕 around fruitlessly after the event.

뒷소문(—所聞) gossip 〔rumor〕 about something happened before; an after-talk.

뒷손가락질 ～하다 point after 《*a person*》. ¶ ～받다 be an object of people's contempt.

뒷손없다 be careless〔loose〕 about finishing things up.

뒷수습(—收拾) settlement 《*of an affair*》. ¶ 사건의 ～을 하다 settle an affair.

뒷이야기 a sequel to the story.

뒷일 《나중일》 the aftermath of an event; the rest; 《장래·사후의》 future affairs; affairs after *one's* death.

뒷자리 《take》 a back seat.

뒷조사(一調査) a secret investigation〔inquiry〕. ～하다 investigate secretly〔in secret〕.
뒷짐 ¶ ～지다 cross〔fold〕*one's* hands behind *his* back / ～결박을 하다 tie *a person's* hands behind *his* back.
뒹굴다 ① 《누워서》 roll (about); tumble about. ② 《놀다》 idle away; roll about.
듀스 〖테니스〗 deuce. ¶ ～가 되다 go to deuce.
듀엣 〖樂〗 a duet.
드나들다 《출입하다》 go in and out; 《방문》 visit; frequent. ¶ 드나드는 상인 *one's* regular salesman / 자유로이 드나들 수 있다 have free access to 《*a house*》.
드넓다 (be) wide; spacious; large.
드높다 《높이가》 (be) high; tall; lofty; eminent.
드디어 at last〔length〕; finally.
드라마 《연극》 a drama; a play.
드라이 dry. ‖ ～밀크 dry〔dried, powdered〕 milk / ～아이스 dry ice / ～진 dry gin / ～클리닝 dry cleaning.
드라이버 a driver.
드라이브 a drive. ～하다 take〔have〕 a drive 《*to*》. ¶ ～하러 가다 go for a drive.
드러나다 ① 《표면에》 appear on the surface; be revealed; show *itself;* be exposed; become known〔famous〕. ¶ 죄가 ～ *one's* crime is exposed / 이름이 세상에 ～ become famous〔known〕 in the world / 술을 마시면 본성이 드러난다 Liquor reveals *one's* true self. ② 《감춘 것이》 come to light; be found (out); be discovered. ¶ 음모가 드러났다 The plot came to light. / 비밀이 곧 드러났다 The secret soon came〔leaked〕 out.
드러내다 ① 《나타내다》 show; indicate; display. ② 《노출시키다》 disclose; reveal; bare; expose. ¶ 비밀을 ～ disclose a secret / 자신의 무지를 ～ reveal *one's* ignorance / 넓적다리를 ～ bare〔expose〕 *one's* thigh.
드러눕다 lie〔throw *oneself*〕 down. ¶ 드러누워 책을 보다 read a book lying down 《*in bed*》.
드러쌓이다 be piled〔heaped〕 up; accumulate.
드럼 a drum.
드렁드렁 ¶ ～코를 골다 snore heavily〔loudly〕.
드레스 《옷·예복》 a dress. ‖ ～메이커 a dressmaker.
드레질하다 try 《*a person's*》 prudence; size up 《*a person*》.
드로잉 drawing. ‖ ～페이퍼 drawing paper.
드롭 〖野〗 a drop.
드롭스 《사탕》 drops.
드르렁거리다 snore loudly.
드르르 ① 《미끄럽게》 slipperily; smoothly. ② 《떠는 모양》 trembling; shivering. ③ 《막힘없이》 smoothly; without a hitch.
드리다[1] 《주다》 give; present; offer. ¶ 선생님께 선물을 ～ give a present to *one's* teacher / 기도를 ～ offer *one's* prayers.
드리다[2] 《방·마루 따위를》 make; set; construct; add〔attach〕《*two rooms*》 to 《*one's house*》.
드리블 〖競〗 a dribble.
드리우다 ① 《늘어뜨림》 hang down; let 《*something*》 down; suspend. ¶ 막을 ～ let a curtain down. ② 《이름을 후세에 남김》 ¶ 이름을 후세에 ～ leave *one's* name to posterity.
드릴 《송곳》 a drill.
드림 《기(旗)드림》 a pennant; a streamer; 《장막》 a curtain; hangings.
드링크제(一劑) an invigorating drink; a health〔pep-up〕 drink.
드문드문 ① 《시간적》 once in a while; at (rare, long) intervals; occasionally. ¶ ～ 찾아오다 come once in a while. ② 《공간적》 at intervals; sparsely; thinly; here and there. ¶ 나무를 ～ 심다 plant trees sparsely〔thinly〕.
드물다 (be) rare; scarce; unusual; uncommon. ¶ 드물게 rarely; seldom / 드문 일 an unusual thing; a rarity; a rare occurrence.
드새다 pass the night 《*at an inn*》. ¶ 하룻밤 ～ stay overnight; stop for the night.
드세다 (be) violent; very strong; 《집터 따위가》 be ominous; unlucky; ill-omened.
드잡이 ① 《싸움》 a scuffle; a grapple. ～하다 scuffle; grapple 《*with*》. ② 《압류》 attachment; seizure. ～하다 attach; seize.
드티다 ① 《자리·날짜가》 be extended〔stretched out〕. ② 《자리·날짜를》 extend; stretch out.
득(得) 《이익》 profit; gain; advantage; benefit. ¶ ～보다 profit; gain 《*from*》 / ～이 되다 be profitable〔advantageous〕; benefit 《*a person*》.
득남(得男) ～하다 give birth to a son. ‖ ～턱 celebration of the birth of *one's* son.
득녀(得女) ～하다 give birth to a daughter.
득명(得名) ～하다 win〔gain〕 fame; become famous.
득세(得勢) ～하다 obtain〔gain, acquire〕 influence; become influential.
득승(得勝) ～하다 win (a victory).
득시글득시글하다 be swarming〔crowded, teeming〕 《*with*》. ¶ 득시글거리다 swarm; teem 《*with*》 / 거기는 구더기가 득시글거렸다 The place

swarmed with maggots.

득실(得失) merits and demerits; gain and loss. ¶ ～이 똑같다 The gains and losses are about on a par.

득의(得意) pride; exultation; triumph; elation. ¶ ～만면하여 proudly; triumphantly; in triumph.

득인심(得人心) ～하다 win the hearts of the people.

득점(得點) marks; a point; a score. ～하다 score (a point). ‖ ～표 a scorebook; scoreboard.

득책(得策) a good policy; the best plan; a wise way. ¶ ～이다 be wise; be advisable.

득표(得票) the number of votes obtained〔polled〕. ～하다 get〔gain〕votes. ¶ 법정 ～수 the legal number of votes / 그의 ～수는 다른 후보자를 훨씬 웃돌았다 His polling score was far larger than that of any other candidate. / 500표의 ～차로 이기다 win by a majority of five hundred votes.

…든 either...or; whether... or. ☞ …든지.

든거지난부자(一富者) a person who looks rich but is really poor.

든든하다 ① 《굳세다》 (be) firm; solid; strong; 《견실한》 (be) steady; sound. ¶ 든든히 firmly; fast; solidly / 든든한 기초〔구조〕 a firm〔solid〕 foundation〔structure〕/ 든든하게 만든 strongly-〔solidly-〕built / 든든한 회사 a sound business firm / 방비가 ～ be strongly〔heavily〕 fortified. ② 《미덥다》 (be) reassuring; safe; reliable; trustworthy. ¶ 든든한 사람 a reliable man / 마음 든든히 여기다 feel reassured〔secure〕. ③ 《배가》 (be) stomachful. ¶ 든든히 먹다 eat *one's* fill.

든부자난거지(一富者一) a person who looks poor but is really rich.

…든지 either...or; whether... or. ¶ 좋～ 나쁘～ good or bad / 너～ 나～ either you or I.

든직하다 (be) dignified imposing; composed. ¶ 든직한 태도 a dignified manner / 그는 든직하니 믿음직스럽게 보인다 He looks dignified〔composed〕 and reliable.

든침모(一針母) a resident seamstress〔needlewoman〕.

듣다[1] ① 《소리를》 hear; 《전해》 hear〔learn〕 from others; learn by hearsay; be told〔informed〕《*of*》; 《경청》 listen〔give ear〕 to. ¶ 듣는 사람 a hearer; a listener / 듣자니 I hear〔am told, learn〕 that; from what I hear / 연설을 ～ hear〔listen to〕 a speech / 잘못 ～ hear 《*something*》 wrong; mishear / 무심코 ～ hear casually〔by chance〕/ 강의를 ～ attend a lecture / 듣기 좋다 sound well / 듣기 싫다 be offensive to the ear. ② 《칭찬·꾸지람을》 receive; suffer. ¶ 꾸지람을 ～ be scolded; catch a scolding. ③ 《따르다·들어주다》 obey; take; follow; listen to. ¶ 충고를 ～ take〔follow〕 *one's* advice / 부모의 말을 ～ obey *one's* parents. ④ 《효험있다》 be efficacious; take〔have〕 effect 《*on*》; be good 《*for*》; 《기계 등이》 act; work. ¶ 잘 듣는 약 a very effective medicine / 브레이크가 안 듣는다 The brake refuses to act〔work〕.

듣다[2] 《물방울이》 drip; drop; trickle.

들[1] ① 《들판》 a field; a plain (평원). ② 《야생의》 wild. ‖ ～장미 wild roses.

들[2] 《따위》 and so forth〔on〕; and〔or〕 the like. ☞ 따위.

…들 《복수》 -s. ¶ 여학생～ schoolgirls / 농민～ farmers.

들것 a stretcher.

들고나다 ① 《간섭》 interfere 《*in, with*》; meddle 《*in*》; poke *one's* nose 《*into*》. ② 《집안 물건을》 carry out 《*household articles*》 for sale to raise money.

들국화(一菊花) 〖植〗 a wild chrysanthemum.

들기름 perilla oil.

들까불다 《키질하다》 fan〔winnow〕 briskly; 《흔들다》 move up and down; 《자동차가》 jolt; 《배가》 pitch and roll; rock. ¶ 무릎 위에서 갓난아기를 ～ rock a baby on *one's* knees.

들깨 〖植〗 a perilla; *Perilla frutescens* (학명).

들끓다 ① 《떼지어》 crowd; swarm 《*with flies*》; be infested with 《*rats*》. ② 《소란》 get excited; be in an uproar. ¶ 들끓는 군중 a boiling〔an excited〕 crowd.

들날리다 《이름·세력 등을》 enjoy a great popularity〔prosperity〕.

들녘 a plain; an open field.

들놀이 a picnic; an outing. ¶ ～가다 go on a picnic; have an outing.

들다[1] 《날씨가》 clear (up); become clear. ¶ 정오경에 날이 들기 시작했다 It began to clear up around noon.

들다[2] 《칼날이》 cut (well). ¶ 잘 드는〔안 드는〕 칼 a sharp〔blunt〕 knife.

들다[3] 《나이가》 grow〔get〕 older. ¶ 나이가 듦에 따라 as *one* grows old(er).

들다[4] ① 《손에》 take〔have, carry〕 in *one's* hand; hold. ¶ 펜을 ～ take a pen in hand; write / 손에 무엇을 들고 있니 What do you have in your hand? / 잠시 이것을 들고 있어라 Just hold this for me, will you? ② 《사실·예를》 give 《*an example*》; mention 《*a fact*》; cite. ¶ 이유를 ~ give a reason / 증거를 ~ give 〔bring forward, produce〕 evidence 《*to*》. ③ 《올리다》 raise; lift (up); hold up. ¶ 손을 ~ hold 〔lift〕 up *one's* hand; raise *one's* hand. ④ 《음식을》 take 《*a meal*》; have; eat; drink (마시다).

들다[5] ① 《들어가다》 go 〔get, come〕 in(to); enter; 《살다》 settle 《*at, in*》. ¶ 자리에 ~ go to bed / 새집에 ~ settle in a new house. ② 《가입·참여》 join 《*a club*》; go into; enter. ③ 《풍흉·절기 등이》 set in; begin; come. ¶ 풍년〔흉년〕이 ~ have a good 〔bad〕 harvest / 장마가 ~ the rainy season sets in. ④ 《물이》 be dyed 《*black*》; take color. ⑤ 《버릇 등이》 take to 《*a habit*》; fall into 《*the habit of doing*》. ⑥ 《마음에》 be satisfied 〔pleased〕 《*with*》; suit *one's* fancy; like. ¶ 마음에 드는 집 a house to *one's* taste; a house *one* likes / 나는 그것이 마음에 든다 I like it. *or* It suits me. ⑦ 《포함》 contain; hold; 《들어 있다》 be included; be among. ⑧ 《소요》 take; need; require; cost 《*much*》. ⑨ 《병이》 suffer from; catch 《*cold*》. ⑩ 《침입》 break in. ¶ 도둑이 ~ a burglar breaks in 〔into a house〕. ⑪ 《햇빛이》 shine in. ⑫ ¶ 정신이 ~ come 〔be brought〕 to *one's* senses.

들들 ¶ ~볶다 parch 《*beans*》; nag (at) 《*a person*》 constantly.

들떼놓고 indirectly; in a roundabout way.

들뜨다 ① 《붙은 것이》 become loose; come off. ¶ 벽지가 ~ the wallpaper comes off from the wall. ② 《마음이》 be unsteady; grow restless. ③ 《얼굴이》 ¶ 누렇게 들뜬 얼굴 a yellow and swollen face.

들락날락하다 go in and out frequently.

들러리 《신랑의》 a best man; 《신부의》 a bridesmaid. ¶ ~ 서다 serve as a bridesmaid 〔best man〕.

들러붙다 adhere 〔stick, cling〕 《*to*》. ¶ 찰싹 ~ stick fast to.

들려주다 let 《*a person*》 know 《*of*》; tell (말해); read to (읽어); play for (연주해); sing for (노래해).

들르다 《도중에》 drop in 《*at*》; stop by 〔in〕; call 《*at, on*》.

들리다[1] ① 《소리가》 be audible; be heard; hear; 《울리다》 sound; ring 《*true*》. ¶ 들리지 않는 inaudible / 부르면 들리는 데서 within call 〔earshot, hearing〕 / 이상하게 들릴지 모르지만 strange as it may sound. ② 《소문이》 be said 〔rumored〕; come to *one's* ears. ¶ 들리는 바에 의하면 according to a report 〔rumor〕; it is said that…; I hear 〔am told〕 that….

들리다[2] ① 《병이》 suffer from; be attacked 《*by*》; catch. ② 《귀신이》 be possessed 〔obsessed〕 by. ¶ 귀신들린 것처럼 like *one* possessed.

들리다[3] ① 《올려지다》 be lifted 〔raised〕. ② 《들게 하다》 let 《*a person*》 raise 〔lift〕.

들먹거리다 ① 《움직이다》 move up and down; shake. ¶ 어깨가 ~ *one's* shoulders move up and down. ② 《마음을 흔들리게 하다》 make 《*a person*》 restless; instigate; stir up. ¶ 근로자를 들먹거려 파업을 일으키다 instigate workers to go on strike. ③ 《말하다》 mention; refer to. ¶ 그 사람까지 들먹거릴 필요야 없지 You don't have to mention his name.

들먹이다 ☞ 들먹거리다.

들보 〖建〗 a crossbeam; a girder.

들볶다 annoy; torment; be hard on 《*a person*》; be cruel to. ¶ 들볶이다 be tormented 〔annoyed, molested〕 / 며느리를 ~ be cruel to *one's* daughter-in-law.

들부수다 break 《*a thing*》 to pieces; smash up; crush.

들새 wild fowl(총칭); a wild 〔field〕 bird.

들소 〖動〗 a wild ox; a bison.

들손 a handle; a bail.

들썩거리다 ☞ 들먹거리다.

들쓰다 ① 《덮어쓰다》 put 《*something*》 on all over *oneself*. ② 《머리에》 put on; cover. ③ 《물 따위를》 pour 《*water*》 on *oneself*; be covered with 《*dust*》. ④ 《허물 따위를》 take 《*blame, responsibility*》 upon *oneself*.

들씌우다 ① 《덮다》 cover 《*with*》; put on. ② 《들어붓다》 pour 《*on*》. ③ 《죄 따위를》 impute 《*a fault*》 to 《*another*》; lay 《*a fault*》 on 《*a person*》; shift 《*a blame*》 on 《*someone*》.

들어가다 ① 《안으로》 enter; go 〔get, walk, step〕 in 〔into〕. ¶ 몰래 ~ sneak into 《*a room*》 / 앞 문으로 ~ enter at the front door. ② 《가입·참가함》 join 《*a club*》; take part in 《*a campaign*》. ¶ 학교〔회사〕에 ~ enter a school 〔company〕 / 실업계에 ~ go into business. ③ 《틈·속·사이에》 go through; be inserted. ¶ 뚫고 ~ penetrate in. ④ 《비용이》 be spent; cost. ¶ 100 달러가 ~ cost 100 dollars. ⑤ 《움푹》 become hollow. ¶ 쑥 들어간 눈 sunken 〔hollow〕 eyes / 배가 고파

그의 눈이 쑥 들어갔다 His eyes hollowed with hunger.

들어내다 ① 《내놓다》 take〔bring, carry〕 out; remove. ② 《내쫓다》 turn〔drive〕 out.

들어맞다 《적중》 hit (the mark); 《꿈·예언 등이》 come true; be〔prove〕 correct; 《알맞다》 fit; suit; 《일치하다》 be in accord with. ¶ 옷이 몸에 꼭 들어맞는다 The clothes fit perfectly. / 꿈〔예언〕이 들어맞았다 A dream〔prophesy〕 came true. / (의견이) 딱 ～ be in perfect accord 《*with*》.

들어먹다 《탕진하다》 squander; run through; dissipate 《*one's fortune*》. ¶ 도박으로〔술로〕 재산을 ～ gamble〔drink〕 away *one's* fortune / 하룻밤에 재산을 ～ squander *one's* fortune in a single night.

들어박히다 ① 《촘촘히》 be packed; be stuffed. ② 《칩거》 confine *oneself* to 《*a room*》; shut〔lock〕 *oneself* up 《*in*》; stay indoors. ¶ 종일 방에 ～ keep to *one's* room all day long.

들어서다 ① 《안으로》 step in; enter; go〔come〕 into. ② 《꽉 차다》 be full 《*of*》; be filled 《*with*》; be crowded 《*with houses*》. ③ 《자리에》 succeed 《*a person*》; accede to; take a position 《*as*》. ¶ 후임으로 ～ succeed 《*a person*》 at a post. ④ 《접어들다》 begin; set in. ¶ 장마철에 ～ the rainy season sets in.

들어앉다 ① 《안쪽으로》 sit nearer to the inside. ② 《은퇴》 retire from 《*work*》. ③ 《자리에》 settle down; become. ¶ 본처로 ～ become a spouse.

들어오다 ① 《안으로》 enter; come〔get〕 in; walk in〔into〕. ② 《수입이》 have 《*an income of*》; get; receive. ③ 《입사·입회》 join〔enter〕 《*a company*》; be employed 《*by*》.

들어주다 grant; hear; answer 《*a person's prayer*》. ¶ 소원을 ～ grant *one's* wishes / 청을 들어주지 않다 turn a deaf ear to 《*a person's*》 request.

들어차다 be packed; be crowded. ¶ 꽉 ～ be packed to the full.

들여가다 ① 《안으로》 take〔bring, carry〕 in. ② 《사다》 buy; get.

들여놓다 ① 《안으로》 bring〔take〕 in. ¶ 비가 오기 전에 빨래를 ～ take the washing in before it begins to rain. ② 《사들이다》 buy〔lay〕 in (a stock of) 《*goods*》. ¶ 들여놓은 가격 the cost〔buying〕 price / 식량을 ～ lay in provisions.

들여다보다 ① 《안을》 look 《*in*》; peep 《*into, through*》. ¶ 열쇠구멍으로 ～ look〔peep〕 through a keyhole. ② 《자세히》 look into; examine carefully. ¶ 아무의 얼굴을 ～ look *a person* in the face. ③ 《들르다》 look〔drop〕 in 《*on, at*》. ¶ 잠시 상점을 ～ look in at a store.

들여다보이다 《속이》 be transparent; be seen through. ¶ 빤히 들여다뵈는 거짓말 a transparent〔an obvious〕 lie. 「admit.

들여보내다 send in; let〔allow〕 in;

들여앉히다 《여자를》 have〔make, let〕 a woman settle down in *one's* home.

들여오다 ① 《안으로》 take〔bring, carry〕 in. ② 《사들이다》 buy (in); purchase; import(수입). ¶ 여름옷을 대량으로 ～ buy a large stock of summer wear.

들은풍월(一風月) knowledge picked up by listening to others.

…들이 (capable of) holding; containing. ¶ 두 말 ～ 자루 a sack holding two *mal* / 10갑 ～ 한 포 a 10-pack carton / 2리터 ～ 한 병 a two-liter bottle.

들이다 ① 《안으로》 let〔allow〕 in; admit. ② 《비용을》 spend 《*on*》; invest; 《힘을》 take 《*troubles*》; make 《*efforts*》. ¶ 큰 돈을 들여서 at a great cost / 힘들여서 with great efforts. ③ 《고용》 engage; employ; hire. ¶ 가정 교사를 ～ have〔engage〕 a tutor 《*for one's child*》. ④ 《맛을》 get〔acquire〕 a taste for; take to 《*gambling*》. ¶ 돈에 맛을 ～ get a taste for money. ⑤ 《물감을》 dye 《*black*》.

들이닥치다 come with a rush; storm 《*a place*》; 《사람이》 be visited suddenly; 《위험 등이》 be impending〔imminent〕.

들이대다 ① 《대들다》 defy; oppose; protest. ② 《흉기 등을》 thrust〔put〕 《*a thing*》 before〔under〕 *one's* nose; point 《*a revolver*》 at 《*a person*》. ③ 《제시》 produce. ¶ 증거를 ～ thrust evidence at 《*a person*》.

들이덤비다 《덤벼들다》 fall〔turn〕 upon 《*a person*》; defy; 《서둘다》 busy *oneself* with; bustle 《*up, about*》; be in great haste.

들이마시다 《기체를》 inhale; breathe in 《*fresh air*》; 《액체를》 drink (in); suck in; gulp down.

들이몰다 《안으로》 drive in; 《마구》 drive fast〔violently〕.

들이밀다 push〔thrust, shove〕 in.

들이밀리다 《안으로》 be pushed〔thrust〕 in; 《한 곳으로》 crowd; swarm; gather〔flock〕 (together).

들이받다 run〔bump〕 into; collide with; knock〔strike, run〕 against. ¶ 차가 전주를 들이받았다 The car ran into an electric pole. / 트럭이 소형차를 들이받았다

A truck bumped into a small car.
들이쉬다 《숨을》 breathe in; inhale; inspire; draw 《*a breath*》.
들이치다[1] 《비·눈이》 come into 《*a room*》; drive〔be driven〕into. ¶ 비가 들이치지 않도록 창문을 닫아라 Shut the windows so that the rain can't come in.
들이치다[2] 《습격》 attack; assault; storm.
들일 farm work; work in the fields.
들쥐〖動〗a field rat.
들짐승 a wild animal.
들쩍지근하다 (be) sweetish.
들쭉나무〖植〗a blueberry.
들쭉날쭉하다 (be) uneven; indented; jagged.
들창(一窓) a small window.
들창코(一窓一) a turned-up〔an upturned〕nose.
들추다 ① 《뒤지다》 search; ransack; rummage. ② 《폭로》 reveal; disclose; expose.
들추어내다 disclose; lay bare; bring to light; dig into〔up〕; rake up 《*an old scandal*》. ¶ 아무의 불미스런 과거를 ~ dig up *a person's* ugly past.
들치기 《행위》 shoplifting; 《사람》 a shoplifter. ~하다 shoplift. ¶ ~ 상습범 a habitual shoplifter.
들키다 be found out; be detected; be caught 《*doing*》.
들통(一筒) a pail; a bucket. ¶ ~나다 be detected〔disclosed〕; get found out.
들판 a field; a plain.
듬뿍 much; plenty; brimfully; fully; generously. ¶ 돈이 ~ 있다 have plenty of money / 팁을 ~ 주다 tip 《*a porter*》 generously.
듬성듬성 sparsely; thinly.
듯이 like; as (...as); as if〔though〕. ¶ 자기 아들 사랑하~ 사랑하다 love 《*a child*》 like *one's* own.
듯하다 look like; seem; appear. ¶ 비가 올 ~ It looks like rain.
등 《사람·동물의》 the back; 《산의》 the ridge; 《책의》 a back; the spine 《*of a book*》. ¶ 의자의 ~ the back of a chair / 적에게 ~을 보이다 turn *one's* back to the enemy.
등(等) ① 《등수》 a grade. ¶ 1~ first class〔grade〕. ☞ 등급. ② ☞ 따위.
등(燈) a lamp; a lantern; a light. ¶ 30 와트짜리 ~ a 30-watt lamp.
등(藤)〖植〗a rattan; a cane; 《등나무》 a wisteria. ‖ ~꽃〔덩굴〕 wisteria flower〔vines〕.
등가(等價)〖化〗equivalence. ‖ ~량 an equivalent.
등각(等角)〖幾〗equal angles. ‖ ~3각형 an equiangular triangle.
등갓(燈一) a (lamp) shade.
등거리 a sleeveless shirt.
등거리(等距離) an equal distance; equidistance. ‖ ~외교 an even-handed〔equidistant〕foreign policy.
등걸 a stump; a stub.
등걸잠자다 sleep with *one's* clothes on (without any covering).
등겨 rice chaff.
등고선(等高線) a contour (line).
등골 the line of the backbone. ¶ ~이 오싹하다 feel a chill run down *one's* spine.
등과(登科) ~하다 pass the higher civil service examination.
등교(登校) ~하다 attend〔go to〕school. ¶ ~거부 (a) refusal to attend school / ~거부 아동 a school hater〔rejecter〕.
등귀(騰貴) a rise 《*in prices*》; an advance; 《화폐가치의》 (an) appreciation. ~하다 rise; advance; go〔run〕up; appreciate. ¶ 달러의 ~ the appreciation of the dollar.
등극(登極) ~하다 ascend〔come〕to the throne.
등급(等級) a class; a grade; a rank. ¶ ~을 매기다 classify; grade / 품질에 따라 A, B, C로 ~이 매겨지다 be graded A, B and C according to quality.
등기(登記) registration; registry. ~하다 register; have 《*a thing*》 registered. ¶ ~우편으로 by registerd mail / 미~의 unregistered. ‖ ~료 a registration fee / ~부 a register (book) / ~소 a registry (office) / ~필《표시》 Registered / ~필증 a registration certificate / 가~ provisional registration.
등단(登壇) ~하다 go on the platform; take〔mount〕the rostrum.
등달다 be in a stew〔fret〕《*about*》; be impatient〔irritated〕.
등대(燈臺) a lighthouse. ‖ ~선 a light ship / ~지기 a lighthouse keeper / 등댓불 a beacon lamp; lights.
등대다 lean〔depend〕on; rely upon.
등덜미 the upper part of the back.
등등(等等) etc.; and so on; and others.
등등하다(騰騰一) be in high spirits; be on a high horse. ¶ 그의 참가로 팀의 기세가 등등해졌다 His participation put our team in high spirits.
등락(騰落) rise and fall; ups and downs; fluctuations. ¶ 주가의 ~ the fluctuations of stock prices.
등록(登錄) registration; entry. ~하다 register 《*a trademark*》; make registration 《*for*》; make an entry; enrole. ¶ 유권자의 ~ the

registration of voters / 회원으로 ～하다 enroll as a member. ‖ ～금 a tuition (fee) (수업료) / ～번호 a registered number / ～부 a register book / ～상표 a registered trademark / ～세 a registration fee〔tax〕/ ～인 a registrant / ～필《표시》Registered.

등반(登攀) climbing. ～하다 climb (up). ‖ ～대 a climbing party / ～자 a climber.

등변(等邊)〖幾〗equal sides. ‖ ～삼각형 an equilateral triangle.

등본(謄本) a (certified) copy; a transcript; a duplicate. ¶ ～을 신청하다 apply for a copy.

등분(等分) ～하다 divide equally 〔in equal parts〕; share equally. ¶ 2～하다 bisect; divide《*a thing*》into two. ‖ 2～ bisection.

등불(燈―) a light; a lamp.

등비(等比)〖數〗equal ratio.

등뼈 the backbone; the spine.

등사(謄寫) copy; transcription. ～하다 copy; make a copy《*of*》; mimeograph. ‖ ～원지 stencil paper / ～판 a mimeograph.

등산(登山) mountaineering; mountain climbing. ～하다 climb〔ascend, go up〕a mountain. ‖ ～가 a mountaineer; an alpinist / ～대 a mountaineering〔climbing〕party / ～지팡이 an alpenstock / ～화 (a pair of) mountaineering boots.

등색(橙色) orange (color).

등성이 the ridge of a mountain.

등세공(藤細工) rattanwork; canework.

등속(等速) equal speed;〖理〗uniform velocity. ‖ ～운동 uniform motion.

등수(等數)《차례》a grade; a rank; 《같은 수》an equal number.

등식(等式)〖數〗an equality.

등신(等身)《실물 크기》life-size; full-length. ‖ ～상 a life-size statue.

등신(等神) a fool; a stupid; a blockhead. ¶ ～같은 짓을 하다 do something foolish〔stupid〕; play 〔act〕the fool.

등심(燈心) a (lamp) wick.

등쌀 annoyance; harassing; bothering; molesting. ¶ ～대다 harass; bother; pester; annoy; play the bully / 모기 ～에 잠을 잘 수 없다 The mosquitoes are so annoying that I can't sleep. /이 애 ～에 못견디겠다 I can't suffer any more the ill nature of this child.

등압선(等壓線) an isobar; an isobaric line.

등에〖蟲〗a horsefly; a gadfly.

등온(等溫) ¶ ～의 isothermal. ‖ ～선〖地〗an isothermal (line).

등외(等外) a failure;《경주에서》an also-ran. ¶ ～의 unplaced(경기에서); offgrade; substandard(품질이) / ～가 되다 fail to win the prize; fall under the regular grades (품평회 따위에서). ‖ ～품 an offgrade article.

등용(登用)《임용》appointment. ～하다 appoint〔assign〕《*a person to a position*》. ¶ 인재를 ～하다 engage〔employ〕men of ability / 인재 ～의 길을 열다 make all careers open to talent; open the offices to talent / 조직을 활성화하기 위해 유망한 신인을 ～하기로 하였다 It was decided to make full use of promising new recruits in order to breathe new life into the organization.

등용문(登龍門) the gateway to success (in life).

등원(登院) ～하다 attend the House.

등유(燈油) lamp oil; kerosene.

등자(橙子)〖植〗a bitter orange.

등잔(燈盞) a lamp-oil container. ¶ ～ 밑이 어둡다《俗談》It's darkest at the foot of the lampstand. *or* Sometimes one doesn't see what is right under *one's* nose. ‖ ～불 a lamplight.

등장(登場) ①〖劇〗entrance on the stage; entry. ～하다 enter〔appear〕on the stage. ②《나타남》advent; appearance. ¶ 신무기의 ～ the advent of new weapons. ‖ ～인물 the characters《*in a play*》.

등재(登載) registration; record. ～하다 register; record.

등정(登頂) ～하다 reach the top 〔summit〕of a mountain.

등정(登程) departure. ～하다 start 〔set〕out on a journey; depart.

등줄기 the line of the backbone.

등지(等地) (and) like places. ¶ 서울·부산 ～ Seoul, Pusan and like cities〔places〕.

등지다 ①《사이가》break〔fall out, split〕with; be estranged〔alienated〕《*from*》. ¶ 두 사람은 오랫동안 서로 등져 있다 The couple has been on bad terms〔at odds〕 for a long time. ②《등 뒤에 두다》lean *one's* back against《*a wall*》. ③《저버리다》turn against; turn *one's* back《*on*》; leave; forsake. ¶ 나라를 ～ turn against *one's* country / 고향을 ～ leave *one's* hometown / 세상을 ～ forsake the world.

등짐 a pack carried on *one's* back. ‖ ～장수 a pack-peddler.

등차(等差) ‖ ～급수〖數〗arithmetical progression.

등청(登廳) ～하다 attend〔go to〕 the office.

등치다 ①《때리다》slap《*a person*》 on the back. ②《빼앗다》rack-

eteer; extort 《*money*》; blackmail. ¶ 등쳐먹고 살다 live by racketeering. 「plate〔mound〕.
등판(登板) ～하다 〖野〗 take the
등피(燈皮) a lamp chimney.
등하불명(燈下不明) One has to go abroad to get news of home. ☞ 등잔.
등한(等閑) ～하다 (be) negligent; careless. ¶ ～히 하다 neglect 《*one's duties*》; give no heed to.
등화(燈火) a light; a lamplight. ‖ ～가친지절(可親之節) a good season for reading / ～관제 a blackout (～관제하다 black out).
디데이 (the) D-day.
디디다 step on. ¶ 외국 땅을 ～ step on foreign soil.
디딜방아 a treadmill (pestle); a mortar (worked by treading).
디딤돌 a stepstone; 《수단》 a stepping stone.
디럭스 deluxe 《*cars*》. ‖ ～판 an edition deluxe; a deluxe edition / ～호텔 a hotel deluxe.
디렉터 a director.
디스카운트 discount 《*sale*》; price cutting. ‖ ～스토어 a discount store.
디스코 a disco. ‖ ～뮤직 disco music / ～테크 a discotheque.
디스크 a disk. ‖ ～자키 a disk jockey(생략 D.J.).
디스토마 《편충》 a distoma; 《병》 distomiasis. 「bonucleic Acid)
디엔에이 〖生·化〗 DNA. (◀ Deoxyri-
디자이너 a designer; a stylist 《美》. ‖ 공업～ an industrial designer.
디자인 a design; designing. ～하다 design 《*a dress*》.
디저트 (a) dessert. ¶ ～는 뭘로 하시겠습니까 What will you have for dessert?
디젤 diesel. ¶ ～ 기관차 a diesel locomotive. ‖ ～기관 a Diesel 〔diesel〕 engine.
디지털 ¶ ～식의 digital. ‖ ～시계 a digital clock〔watch〕 / ～신호 a digital signal / ～컴퓨터 a digital computer / ～통신 digital communications / ～화 digitization.
디프테리아 〖醫〗 diphtheria. ‖ ～혈청 antidiphtheria serum.
디플레이션 deflation. ‖ ～정책 a deflationary policy.
딜레마 《fall into》 a dilemma. ¶ ～에 빠뜨리다 force 《*a person*》 into a dilemma.
딩딩하다 ① 《힘이 셈》 (be) strong; stout; robust. ② 《팽팽하다》 (be) tense; taut. ③ 《기반이》 (be) stable; secure; solid.
따갑다 《뜨겁다》 (be) unbearably hot; 《쑤시듯이》 (be) prickly; tingling; pricking; smart.
따귀 ¶ ～를 때리다 slap 《*a person*》 on the cheek〔in the face〕.
따끈따끈 ¶ ～한 hot; heated.
따끔하다 ① 《쑤시다》 (be) prickly; pricking. ② 《호되다》 (be) sharp; severe. ¶ 따끔한 맛을 보이다 teach 〔give〕 《*a person*》 a lesson.
따다 ① 《잡아떼다》 pick; pluck; nip (off). ¶ 꽃을 ～ pluck〔pick〕 a flower. ② 《종기를》 open 《*an abscess*》; 《깡통을》 open 《*a can*》; uncork (마개를). ¶ 곪은 데를 ～ open a boil. ③ 《발췌》 quote; pick out. ¶ 밀턴의 시에서 한 절을 ～ quote a passage from Milton. ④ 《얻다》 get; gain; take; obtain; win. ¶ 만점을 ～ get a full mark 《*in*》 / 학위를 ～ take〔get〕 a degree / 돈을 ～ win money 《*in gambling*》.
따돌리다 leave 《*a person*》 out (in the cold); exclude; boycott; ostracize(사회적으로). ¶ 그는 그룹에서 따돌림을 받았다 The group left him out in the cold. *or* He was excluded from the group.
따뜻하다 《온도가》 (be) warm; mild; 《정이》 (be) kindly; cordial; warm (-hearted). ¶ 따뜻이 warmly; kindly / 따뜻한 겨울 a mild〔soft〕 winter / 따뜻한 마음씨 a warm〔kindly〕 heart / 따뜻이 대접하다 give 《*a person*》 a hearty reception.
따라가다 《동행》 go along with; 《뒤를》 follow 《*a person*》; 《뒤지지 않고》 keep〔catch〕 up with.
따라붙다 overtake; catch〔come〕 up with.
따라서 ① 《…에 준하여》 in accordance〔conformity〕 with; according to. ¶ 국법에 ～ in accordance with the national law /관습에 ～ according to custom / 지시에 ～ in accordance with〔in obedience to〕 《*a person's*》 orders. ② 《비례하여》 in proportion to〔as〕; with; as. ¶ 세상이 진보함에 ～ with the progress of the world / 문명이 발달함에 ～ as civilization progresses. ③ 《…을 끼고》 along; by; parallel to〔with〕. ¶ 강둑을 ～ 걷다 walk along the river bank / (도로 따위가) 강을 ～ 이어져 있다 run parallel to a river. ④ 《…을 모방하여》 after (the example〔model〕 of). ¶ …에 ～ 만들다 make 《*a thing*》 after the model of.... ⑤ 《그러므로》 accordingly; consequently; therefore; so that. ¶ 나는 생각한다, ～ 나는 존재한다 I think, therefore I am.
따라오다 《수행》 come with; accompany; follow; 《좇아옴》 keep up with; 《남 하는 대로》 follow; catch up. ☞ 따르다[1] ①, ③.

따라잡다 ☞ 따라붙다.
따라지목숨 a wretched life.
따로 《별개로》 apart; separately; 《추가로》 additionally; besides; in addition; 《특별히》 especially; in particular; particularly. ¶ ~ 두다 keep〔lay〕 aside / ~ 10만원 수입이 있다 have additional income of 100,000 *won* / ~ 살다 live separately / ~ 할 말이 없다 have nothing particular to mention.
따르다[1] ① 《따라가다》 go along with; follow; accompany; go after. ¶ 남의 뒤를 ~ go after *a person* / 유행을 ~ follow the fashion. ② 《수반하다》 accompany; go with; be followed〔attended〕 by. ¶ 여러 곤란이 ~ be attended by various difficulties / 특권에는 책임이 따른다 Responsibilities go with privileges. / 번개에는 벼락이 따른다 Thunder is accompanied by lightning. ③ 《본뜨다》 follow; model 《*after*》. ¶ 남의 예에 ~ follow another's example. ④ 《복종·준수》 obey; follow; comply with 《*a request*》; abide by 《*the rule*》. ¶ 충고에 ~ follow 《*a person's*》 advice / 강제로 따르게 하다 compel 《*a person*》 to obey. ⑤ 《겨루다》 equal; be a match for. ¶ 따를 사람이 없다 be peerless. ⑥ 《좋아하다》 be attached to 《*a person*》; love 《*a person*》; be tamed (동물이). ¶ 그녀를 친엄마처럼 ~ love her like a real mother.
따르다[2] 《붓다》 pour 《*out, in*》.
따르르 ¶ ~ 구르다 roll fast / ~ 울리다 tinkle; ring clamorously.
따름 just; only; merely; alone. ¶ …일〔할〕 ~이다 it is just that….
따리 flattery; cajolery. ¶ ~ 붙이다 flatter; fawn (up) on.
따분하다 ① 《느른함》 (be) languid; dull. ② 《지루함·맥빠짐》 (be) boring; tedious; wearisome. ¶ 따분한 세상 wearisome life / 따분한 이야기 a boring tale.
따오기 〖鳥〗 a crested ibis.
따옴표 (一標) quotation marks.
따위 ① 《…와 같은》… and such like; such 《*a thing*》 like〔as〕…; the like (of). ¶ 너 ~ the likes of you / 예를 들면 … ~ such as; for example. ② 《등등》 and so on 〔forth〕; et cetera (생략 etc.); and〔or〕 the like.
따지다 ① 《셈을》 calculate; count; compute 《*interest*》. ② 《시비》 inquire into; distinguish 《*between*》; discriminate 《*one from another*》; demand an explanation of.
딱 ① 《벌린 꼴》 wide. ¶ 입을 ~ 벌리고 with *one's* mouth wide open. ② 《정확히》 exactly; just; to a T; sharp; 《들어맞게》 perfectly; 《꽉》 tight (ly); closely. ¶ ~ 맞는 옷 a perfectly fitting coat. ③ 《버티는 꼴》 firmly; stiffly. ¶ ~ 버티다 stand firmly against 《*a person*》. ④ 《단호히》 positively; flatly. ¶ ~ 거절하다 refuse flatly; decline positively. ⑤ 《꼭》 only; just. ¶ ~ 한 번 only〔but〕 once. ⑥ 《소리》 with a snap 〔crack〕.
딱따구리 〖鳥〗 a woodpecker.
딱따기 《나무》 wooden clappers; 《사람》 a night watchman.
딱딱 with claps〔cracks, raps〕; with snaps.
딱딱거리다 snap 《*at*》; nag 《*at*》; speak harshly〔roughly〕.
딱딱하다 《단단하다》 (be) hard; solid; 《굳어서》 (be) stiff; rigid; tough; 《엄격》 (be) strict; rigid; 《학문이》 (be) academic; 《문장이》 (be) bookish; stiff; 《형식이》 (be) formal; stiff.
딱바라지다 《사람이》 (be) thickset; stocky; 《물건이》 (be) wide and shallow.
딱부리 a lobster-eyed person (사람).
딱새 〖鳥〗 a redstart (bird).
딱성냥 a friction match.
딱장대 a harsh person.
딱장받다 torture 《*a thief*》; make 《*a suspect*》 confess *his* crime.
딱정벌레 ① 《갑충》 a beetle. ② 〖蟲〗 a ground beetle.
딱지[1] 《부스럼의》 a scab; 《게·소라의》 a shell; a carapace; 《시계의》 a case. ¶ ~가 앉다 scab; a scab forms over 《*a boil*》.
딱지[2] ① 《라벨》 a label; 《우표》 a (postage) stamp; 《꼬리표》 a tag; 《스티커》 a sticker. ¶ 짐에 ~를 붙이다 put labels〔tags〕 on *one's* luggage / ~가 붙은 《비유적으로》 marked (주의를 끌게); notorious (나쁘게). ② 《놀이 딱지》 a card; a pasteboard dump. ③ 《주차 위반의》 a (traffic) ticket. ¶ (교통 순경이) ~를 떼다 give 《*a driver*》 a ticket; ticket a traffic offender.
딱지[3] 《거절》 rejection; a rebuff (퇴짜). ¶ ~를 놓다 refuse〔reject〕 bluntly; give 《*a suitor*》 the mitten / ~ 맞다 be rejected; get snubbed; get the mitten (구혼자에게).
딱총 (一銃) a popgun; a firecracker (폭죽).
딱하다 ① 《가엾다》 (be) pitiable; pitiful; sad; 《안되다》 (be) sorry; regrettable. ¶ 딱한 처지 a pitiable circumstances / 딱하게 여기다 pity; take pity on; sympathize with; (feel) regret. ② 《난처》 (be) awkward; embarrassing. ¶ 딱한 입장 an awkward〔a painful〕 position.
딴 other; another; different. ¶ ~것 other things; another; the

rest〔other〕/ ~ 데 another〔some other〕 place / ~ 방법 another method; a different way.
딴딴하다 (be) hard; solid.
딴마음 《다른 생각》 any other intention; 《계략》 a secret intention; 《반심》 duplicity, treachery. ¶ ~이 있는 double-faced; treacherous / ~이 있다〔없다〕 have〔don't have〕 a secret intention.
딴말 《무관한 말》 irrelevant remarks; 《뒤집는 말》 a double tongue(일구이언).
딴머리 a false hair; a wig.
딴사람 《다른 사람》 a different person; another person; 《새사람》 a new being; a changed man. ¶ 그는 아주 ~이 되었다 He is quite another man now.
딴살림하다 live separately.
딴생각 a different intention; another motive〔idea〕; an ulterior motive(속다른).
딴소리 irrelevant remarks. ☞ 딴말.
딴은 ① 《하기는》 really; indeed; I see. ¶ ~ 옳은 말이오 Indeed you are right. ② 《…으로는》 as. ¶ 내 ~ as for me; for〔on〕 my part.
딴전부리다 make irrelevant remarks(딴말로); pretend〔feign〕 ignorance (시치미떼다).
딴판 ¶ 아주 ~이다 be quite different / ~이 되다 change completely.
딸 a daughter.
딸가닥거리다 clatter; rattle.
딸기 〖植〗 a strawberry. ‖ ~밭 a strawberry bed〔patch〕.
딸꾹질 a hiccup; a hiccough. ~하다 hiccough; have hiccups.
딸랑거리다 tinkle; jingle.
딸리다 ① 《부속》 belong to; be attached to; 《딸려 있다》 be relied〔depended〕 on. ¶ 가구 딸린 셋집 a furnished house to let / 딸린 식구 dependants / 딸린 가족이 많다 have a large family who are dependent on 《*me*》; have many dependants. ② 《시중》 let 《*a person*》 attend〔accompany〕. ③ 《부치다》 be inferior to; be no equal for; 《부족》 be 〔fall, run〕 short 《*of*》. ¶ 돈이 ~ run short of funds / 역량이 ~ be beyond *one's* capacity.
땀 sweat; perspiration. ¶ ~ 흘리는 sweaty; perspiring / ~ 흘려 번 돈 money earned by the sweat of *one's* brow; honestly earned money / ~의 결정(結晶) the fruits of *one's* labor〔hard work〕/ ~을 흘리다 sweat / ~을 흘리고 있다 be in a sweat; be sweaty / 이마에서 ~이 뚝뚝 떨어졌다 Sweat dripped from my forehead. / 손에 ~을 쥐고 경기를 보다 watch the game breathlessly / 얼굴의 ~을 닦다 wipe the sweat off *one's* face.
땀내 the smell〔stink〕 of sweat. ¶ ~가 나는 옷 garments stinking with sweat.
땀띠 《have》 prickly heat; (a) heat rash. ‖ ~약 prickly heat powder.
땀받이 a sweat shirt.
땀샘 〖生〗 a sweat gland. ☞ 한선(汗腺).
땅[1] ① 《대지·지면》 the earth; the ground. ¶ ~을 파다 dig in the ground / ~에 떨어지다 fall to the ground. ② 《영토》 territory; land; 《토양》 soil; earth; 《토지》 land; a lot; an estate. ¶ ~을 갈다 cultivate land / ~을 사다〔팔다〕 buy〔sell〕 a piece of land / 한국 ~을 밟다 set foot on Korean soil / 이국 ~에서 죽다 die in a foreign land / 이 ~은 장미 재배에 알맞다 This soil is suited to the cultivation of roses. ‖ ~임자 a land owner.
땅[2] 《총소리》 (with a) bang.
땅가뢰 〖蟲〗 a blister beetle.
땅강아지 〖蟲〗 a mole cricket.
땅거미[1] 〖動〗 a ground spider.
땅거미[2] 《저녁어스름》 《at》 twilight; dusk. ¶ ~질 때 at dusk; toward evening / ~가 내리다 grow dark.
땅기다 《몸이》 be cramped; have the cramp 《*in one's leg*》; 《가까이》 draw (near); pull.
땅꾼 a snake-catcher.
땅덩이 land; the earth (지구); territory(국토).
땅딸막하다 (be) thickset; chunky.
땅딸보 a stocky person.
땅땅거리다 ① 《큰소리치다》 talk big〔high-handedly〕. ② ☞ 떵떵거리다.
땅뙈기 a patch of land.
땅마지기 a few acres of field.
땅바닥 the (bare) ground. ¶ ~에 앉다 squat on the (bare) ground.
땅버들 〖植〗 a sallow; a goat willow.
땅벌레 〖蟲〗 a grub; a ground beetle.
땅볼 〖野〗 a grounder; a bounder.
땅사기꾼 a land swindler; a fake land broker.
땅울림 earth tremor; a rumbling of the earth.
땅콩 a groundnut; a peanut.
땅투기 land speculation.
땋다 plait; braid.
때[1] ① 《시각·시간》 time; hour; moment. ¶ 점심 ~ lunch time / ~를 어기지 않고 punctually; on time / ~ 늦은〔늦게〕 late / (매일) 이맘 ~에 at this time of day / 이제 잘 ~다 It's time for you to go to bed. ② 《경우》 a case; an occasion; (a) time. ¶ …한 ~에는 in time〔case〕 of / 위험한 ~ a time of danger / ~와 경우에 따라서는 according to the time

and circumstances. ③《기회》(an) opportunity; a chance; 《시기》 a season; a time. ¶ ~ 아닌 unseasonable 《*rain*》/ ~를 못 만난 영웅 an unappreciated hero / ~를 기다리다 await *one's* time / ~를 놓치다 miss an opportunity. ④《시대 · 당시》 the time(s); the day. ¶ 그 ~ at that time; then / 내가 런던에 있었을 ~ when I was in London / 학교에 다니던 ~에 in *one's* school days / 그 ~의 수상 then premier. ⑤《끼니》 a meal. ¶ ~를 거르다 go without a meal.

때[2] ①《더러운》 dirt; filth; grime; 《얼룩》 a stain; a spot; a blot. ¶ ~(가) 묻다 become dirty〔filthy, soiled〕; be stained with dirt / ~를 빼다〔씻다〕 wash off the dirt; remove stain 《*from*》. ②《시골티 따위》 ¶ ~를 벗은 refined; elegant; smart / ~를 벗지 못한 unpolished; rustic.

때구루루 ¶ ~ 구르다 roll (over).

때굴때굴 ¶ ~ 굴리다 roll 《*a thing*》 over and over.

때까치 〖鳥〗 a bull-headed shrike.

때깔 the shape and color (of cloth).

때다[1] 《불을》 burn; make a fire. ¶ 불을 ~ make a fire / 석탄〔장작〕을 ~ burn coal〔wood〕. 「*tune*》.

때다[2] 《액(厄)을》 overcome 《*evil for-*

때때로 occasionally; now and then; from time to time; at times; sometimes. ¶ ~ 방문하다 call on 《*a person*》 from time to time. 「dren.

때때옷 a colorful dress for chil-

때리다 strike; beat; hit; slap (손바닥으로). ¶ 때려 눕히다 knock 《*a person*》 down / 때려 부수다 knock 《*a thing*》 to pieces; break up; smash up / 때려 죽이다 strike〔beat〕 to death / 얼굴을 ~ hit〔slap〕 《*a person*》 in the face.

때마침 opportunely; seasonably; timely; at the right moment.

때문 ¶ ~에 because of; due to; owing to; on account of / 전쟁 ~에 due to the war / 그 ~에 because of that / 부주의 ~에 because of carelessness.

때물벗다 be refined; be polished.

때우다 ①《깁다》 patch up; 《땜질》 solder; tinker up. ②《넘기다》 make shift 《*with*》; manage 《*with*》; do with(out); substitute 《*doughnuts for lunch*》.

땔나무 firewood.

땜장이 a tinker.

땜질 tinkering; soldering. ~하다 tinker (up); solder; patch up.

땡감 an unripe and astringent persimmon.

땡그랑거리다 clink; clang; jingle.

땡땡 ding-dong; clang-clang.

땡땡하다 (be) full; taut.

땡잡다 make a lucky hit; hit the jackpot 《美》.

떠꺼머리 ‖ ~처녀〔총각〕 a pigtailed old maid〔bachelor〕.

떠나다 ①《출발함》 leave; start 《*from*》; set out; depart 《*from*》. ¶ 서울을 ~ leave Seoul / 부산으로 ~ start for〔set off to〕 Pusan / 세상을 ~ depart this life; die; pass away. ②《물러나다》 leave; quit; resign 《*from*》; 《떨어지다》 separate; part from〔with〕. ¶ 직을 ~ quit *one's* post / 멀리 떠나 살다 live far apart.

떠내다 dip〔scoop〕 up.

떠다니다 drift〔wander〕 about.

떠다밀다 ①《밀다》 push; thrust; press〔hold〕 《*a person*》 against 《*a wall*》. ②《떠넘기다》 shift *one's* work on another; push 《*a job*》 onto 《*another*》.

떠돌다 《표류》 drift about; float; 《방랑》 wander〔roam〕 about.

떠돌이 a wanderer; a Bohemian. ‖ ~별 〖天〗 a planet.

떠들다 ①《큰소리로》 make a noise; be noisy clamor 《*for*》. ②《술렁거리다》 kick up a row; make much ado.

떠들썩하다 (be) noisy; clamorous. ¶ 떠들썩하게 noisily; clamorously.

떠들어대다 raise a clamor; make an uproar; set up a cry; make a fuss 《*about*》.

떠름하다 ①《맛이》 (be) slightly astringent. ②《내키지 않다》 (be) indisposed; feel〔be〕 creepy; 《꺼림하다》 feel〔be〕 leery.

떠맡기다 leave 《*a matter*》 to others; saddle 《*a person*》 with. ¶ 억지로 ~ force on; pass〔impose〕 upon.

떠맡다 undertake; assume; take 《*a task*》 upon *oneself;* be saddled with; take over. ¶ 빚을 ~ hold *oneself* liable for a debt / 책임을 ~ assume the responsibility.

떠받들다 ①《쳐들다》 hold up; lift; raise; push up. ②《공경》 revere; hold 《*a person*》 in esteem; 《추대》 set 《*a person*》 up 《*as*》; exalt; support. ③《소중히》 make〔think〕 much of.

떠받치다 support; prop up.

떠버리 a braggart; a chatterbox.

떠벌리다 ①《과장》 talk big; brag; 《떠들어댐》 wag *one's* tongue. ②《크게 차리다》 set up 《*a thing*》 in a large scale.

떠보다 ①《무게를》 weigh. ②《속을》 sound; feel. ③《인품을》 size up 《*a person*》.

떠오르다 ① 《물위에》 be afloat; rise〔come up〕 to the surface; 《공중에》 rise; fly aloft; soar. ¶ 잠수함이 해면 위로 떠올랐다 The submarine came (up) to the surface of the sea. ② 《생각이》 occur to〔strike〕 *one;* come across〔into〕 *one's* mind. ¶ 좋은 생각이 떠올랐다 A bright〔good〕 idea occured to〔came to, struck〕 me. ③ 《표면에 나타나다》 appear; loom up〔emerge〕 《*as a suspect*》. ¶ 만족의 빛이 그녀의 얼굴에 떠올랐다 A look of contentment appeared on her face. / 피해자의 조카가 용의자로 떠올랐다 The victim's nephew has emerged as a suspect.

떡[1] rice cake. ¶ 그림의 ~ pie in the sky / 누워서 ~먹기다 《俗談》 Nothing is easier. ‖ ~가래 a stick〔bar〕 of rice cake / ~국 rice-cake soup / ~메 a rice-cake mallet / ~볶이 a broiled dish of rice-cake bars〔sticks〕.

떡[2] 《버티는 모양》 firmly; 《벌린 모양》 widely. ¶ ~ 버티다 stand firmly against / 입을 ~ 벌리고 with *one's* mouth wide open. 「목》 oak.

떡갈나무 〖植〗 an oak (tree); 《재

떡밥 《낚시미끼》 (a) paste bait.

떡방아 a rice-flour mill. ¶ ~를 찧다 pound rice into flour.

떡벌어지다 (be) wide (open); broad. ¶ 가슴이 ~ have a broad chest; be broad-chested.

떡잎 a seed leaf. ¶ 될성부른 나무는 ~부터 알아본다 《俗談》 Genius will assert itself at an early age.

떨거덕거리다 clatter; rattle.

떨거지 *one's* folk; *one's* relatives.

떨기 a cluster; a bunch; a plant. ¶ 한 ~ 꽃 a bunch of flowers.

떨다[1] ① 《붙은 것을》 remove; beat〔shake, brush〕 off. ¶ 먼지를 ~ shake the dust off. ② 《곡식을》 thrash. ③ 《비우다》 clear off; empty 《*one's purse*》. ④ 《팔다 남은 것을》 sell off; clear out 《*remaining stocks*》. ⑤ 《부리다》 show; display. ¶ 애교를 ~ be profuse of *one's* smiles; turn on the charm / 수다를 ~ wag *one's* tongue / 아프다고 엄살 ~ pretend to be in pain.

떨다[2] 《몸을》 shake; tremble 《*for fear*》; shiver 《*with cold*》; quiver; shudder 《*with terror*》.

떨리다[1] ① 《떨어지다》 be shaken〔swept, brushed〕 off; be thrown off. ② 《쫓겨나다》 get fired; be dismissed.

떨리다[2] 《몸이》 shake; tremble; shiver; quiver; chatter(이가); shudder(무서워). ¶ 떨리는 목소리 a trembling voice.

떨어뜨리다 ① 《아래로》 drop; let fall; throw 《*something*》 down; 《공을》 miss. ¶ 컵을 ~ drop a cup. ② 《줄이다》 decrease; reduce; lessen. ¶ 값〔속력〕을 ~ reduce the price〔speed〕. ③ 《지위·명성을》 debase; detract; degrade; lower. ¶ (일이) 인기를 ~ detract from *one's* popularity / 계급을 ~ demote; reduce to a lower rank. ④ 《질을》 debase; lower; deteriorate. ¶ 품질을 ~ lower in quality; deteriorate. ⑤ 《함락》 capture; take. ⑥ 《해뜨리다》 wear out〔down〕. ⑦ 《재고 등을》 exhaust; run out; use up. ¶ 쌀을 ~ use the rice up. ⑧ 《불합격》 reject 《*a candidate*》; fail.

떨어지다 ① 《낙하》 fall; drop; come down; crash (비행기가). ¶ 쿵 ~ fall with a thud / 나무에서 ~ fall down from a tree. ② 《묻거나 붙은 것이》 come〔fall〕 off. ¶ 단추가 ~ a button comes off / 얼룩이 안 떨어진다 The stain won't come out. ③ 《남다》 be left (over). ¶ 이문이 많이 ~ yield much profit. ④ 《뒤지다》 fall off; drop behind; lag behind. ¶ 경주에서 다른 선수한테 ~ fall behind another runner in a race / 비행술이 서양에 ~ lag behind the West in the art of flying. ⑤ 《값이》 fall; go down; decline. ¶ 값이 ~ go down in price; decline〔fall〕 in price. ⑥ 《감퇴》 decrease; diminish; go down; fall. ¶ 가치가 ~ decrease〔diminish〕 in value / 인기가 ~ lose *one's* popularity; fall in popularity. ⑦ 《못하다》 be inferior 《*to*》; be worse (than). ¶ 품질이 ~ be inferior in quality. ⑧ 《해지다》 be worn out. ¶ 떨어진 ragged; threadbare; worn-out / 구두가 ~ *one's* shoes are worn out. ⑨ 《바닥나다》 run〔get〕 out of; be〔run〕 short of; be all gone; be out of stock (상품이). ¶ 용돈이 ~ run out of pocket money / 식량이 ~ run out of food. ⑩ 《숨이》 breathe *one's* last; die; expire. ⑪ 《병·습관이》 be shaken off; be got rid of. ¶ 감기가 ~ shake off *one's* cold. ⑫ 《거리·간격》 be 《*a long way*》 off; be away 《*from*》. ¶ 멀리 떨어진 far-off; distant / …에서 4마일 떨어져 있다 be four miles away from. ⑬ 《갈라짐》 separate; part from〔with〕; leave(떠나다). ¶ 떨어질 수 없는 inseparable / 떨어져 나오다 break off 《*with*》. ⑭ 《함락》 fall. ⑮ 《실패》 fail; be unsuccessful. ¶ 시험에 ~ fail〔flunk〕 an examination / 선거에서 ~ be defeated in an election. ⑯ 《수중·술책에》 fall into 《*another's snare*》.

떨이 goods for clearance sale.
떨치다 ① 《명성을》 become 〔get〕 well known; 《타동사적》 make well known in the world; 《힘을》 wield 《*power*》. ¶ 이름을 ~ win fame. ② 《흔들어서》 shake off; whisk off.
떫다 (be) astringent; sour. ¶ 떫은 감 an astringent persimmon / 떫은 포도주 rough wine.
떳떳하다 (be) just; fair; right; have a clear conscience. ¶ 떳떳이 fairly; openly; with a clear conscience / 떳떳한 요구 〔처사〕 a fair demand 〔deal〕 / 떳떳이 행동하다 act fair and square / …을 떳떳하지 않게 여기다 be ashamed 《*to do*》; be too proud 《*to do*》; be above 《*doing*》 / 떳떳하게 지다 be a good loser; accept defeat ⌈cheerfully 〔with a good grace〕 / 떳떳한 부부가 되다 become a legitimate couple.
떵떵거리다 live in great splendor 〔style〕; live like a prince.
떼[1] 《무리》 a group; a crowd; a throng (사람); a herd (마소); a flock (양, 새); a shoal (어류); a swarm (벌레). ¶ ~를 지어(서) in crowds 〔flocks, shoals, swarms〕; in a group / 떼지어 덤비다 attack all in a bunch.
떼[2] 《잔디》 sod; turf. ¶ ~를 뜨다 cut out sod / ~를 입히다 sod; turf. ‖ 뗏장 a turf; a piece of sod.
떼[3] 《억지》 perversity; an unreasonable demand 〔claim〕. ¶ ~쓰다 ask for the impossible; fret; be fretful; pester 〔nag〕 《*a person*》 to *do* / 인형을 사달라고 엄마에게 ~를 쓰다 keep nagging *one's* mother for the doll.
떼굴떼굴 ¶ ~ 구르다 roll over and over.
떼다 ① 《붙은 것을》 remove 《*a sign*》; take off 〔away〕. ② 《분리》 part; separate; pull apart; pluck 〔tear〕 off; 《사이를》 keep apart; leave 《*space*》. ¶ 행간을 ~ leave spaces between lines. ③ 《봉한 것을》 break 〔open〕 the seal; cut 《*a letter*》 open. ④ 《공제》 deduct 〔detract〕 《*from*》. ¶ 봉급에서 ~ deduct 《*a sum*》 from *one's* pay; take 《*a sum*》 off *one's* pay. ⑤ 《절연》 cut 〔sever〕 connections with 《*a person*》; break (off) with 《*a person*》. ¶ 뗄래야 뗄 수 없는 사이다 be inseparably bound up with each other. ⑥ 《수표 따위를》 draw 〔issue〕 《*a check*》.
떼새 ① 〖鳥〗 a plover. ② 《새의 떼》 a flock of birds.
떼어놓다 《분리》 pull 〔draw〕 《*persons, things*》 apart; separate 〔part〕 《*things*》; estrange (이간).
떼어먹다 《가로채다》 appropriate; embezzle; 《안 갚다》 bilk; fail to pay 〔return〕; leave 《*a bill*》 unpaid.
떼어버리다 ☞ 떼다 ①, ⑤.
떼이다 《빚 따위를》 become irrecoverable; have a loan 〔bill, debt〕 unpaid; be welshed on 《*one's debt*》. ¶ 그에게 빌려 준 100만원을 떼였다 The one million *won* which I lent him was never paid back.
떼치다 《붙는 것을》 shake *oneself* loose 〔free〕 from; break loose 《*from*》; 《거절》 refuse; reject; turn down.
뗏목 (一木) a raft. ‖ ~꾼 a raftsman.
뗑그렁거리다 clang; jingle; tinkle.
또 ① 《또다시》 again; once more; 《거듭》 repeatedly. ¶ ~ 한번 once again 〔more〕 / ~ 하나의 the other; another (딴). ② 《또한》 too; also; as well. ¶ 나도 ~ 가지고 있다 I have it, too. ③ 《그 위에》 and; moreover; besides.
또는 (either…) or; 《아마》 perhaps; probably; maybe.
또다시 again; once more 〔again〕. ~하다 do over again.
또닥거리다 tap; pat; rap.
또랑또랑 ¶ ~한 clear; bright; distinct.
또래 (of) about the same age; 《물건》 (of) the (same) size 〔shape〕.
또렷하다 (be) clear. ☞ 뚜렷하다.
또한 《한가지로》 too; also; as well; 《그 위에》 besides; moreover; at the same time.
똑[1] 《소리》 with a snap 〔crack, flop〕.
똑[2] 《틀림없이》 just; exactly. ¶ ~ 같다 be just the same 《*as*》; be just like; be identical / ~같이 just like; alike; likewise; equally; impartially.
똑딱거리다 click; clack; 《시계가》 tic(k)-toc(k). ¶ 똑딱똑딱 clicking; tick(-tack).
똑딱선 (一船) a (small) steamboat.
똑똑 ① 《두드리는 소리》 rapping; knocking. ¶ 문을 ~ 두드리다 knock 〔tap〕 at the door. ② 《부러지는》 with a snap. ③ 《물이》 dripping; trickling; drop by drop.
똑똑하다 ① 《영리》 (be) clever; sharp; intelligent; bright; smart. ¶ 똑똑한 아이 a bright child. ② 《분명》 (be) clear; distinct; vivid; plain. ¶ 똑똑한 발음 clear 〔articulate〕 pronunciation.
똑똑히 《명료하게》 clearly; distinctly; plainly; definitely; 《영리하게》 wisely; smartly. ¶ ~ 굴다 act wisely.
똑바로 《바르게》 in a straight line; straight; 《곧추》 upright; erect; 《바른대로》 honestly; frankly; 《정

확하게》 correctly; exactly; 《옳게》 right(ly); 《정면으로》 to 〔in〕 *one's* face; directly (직접).

똘똘 ¶ ～말다 roll up《*a sheet of paper*》.

똘똘하다 (be) clever; bright; sharp; smart.

똥 feces; stool; excrement; dung (동물의). ¶ ～을 푸다 dip up night soil / ～ 푸는 사람 a night-soil man / ～마렵다 have a call of nature; want to relieve *oneself;* be taken short (급히) / 얼굴에 ～칠하다 disgrace *one's* name.

똥값 a giveaway〔dirt-cheap〕price. ¶ ～으로 팔다 sell dirt-cheap; sell at a sacrifice.

똥거름 night soil; dung-manure.

똥구멍 the anus; the back passage. ¶ ～이 찢어지게 가난하다 be extremely poor; be as poor as a church mouse.

똥끝타다 feel anxious〔worried〕very much.

똥누다 evacuate〔move〕the bowels; ease nature; relieve *oneself.*

똥똥하다 (be) thick-set; pudgy; plump.

똥싸개 a pants-soiler; a baby.

똥싸다 ① ☞ 똥누다. ② 《혼나다》 have a hard time (of it); be put to it.

똬리 a head pad. ‖ ～쇠 a (metal) washer.

뙈기 《논밭의》 a patch; a plot〔lot〕.

뙤약볕 the burning〔scorching〕sun; strong sunshine. ¶ ～을 쬐다 expose *oneself* to scorching sunshine; be under the full sun.

뚜 《소리》 with a toot〔hoot, honk〕.

뚜껑 a lid(솥, 상자의); a cover(덮개); a cap (병, 만년필의); a shield(붓 따위의); a flap(호주머니의). ¶ ～을 덮다 put on the lid; cover up / ～을 열다 open; uncover; take off〔lift〕the lid〔cover〕.

뚜뚜 《소리》 toot-toot; hoot-hoot.

뚜렷하다 (be) clear; plain; vivid; distinct; obvious; evident; manifest; 《현저》 (be) striking; remarkable; brilliant. ¶ 뚜렷이 clearly; distinctly; strikingly; remarkably.

뚜벅거리다 swagger〔strut〕(along).

뚜쟁이 a pander; a pimp.

뚝 ① 《갑자기》 suddenly. ¶ ～ 그치다 come to a dead stop; stop suddenly. ② 《떨어지는 소리》 with a thud〔thump〕. ③ 《꺾는 소리》 with a snap.

뚝딱거리다 ① 《소리가》 clatter; rattle. ② 《가슴이》 go pitapat; palpitate; throb.

뚝뚝 ① 《물방울 소리》 dripping; trickling; drop by drop. ② 《부러짐》 with snaps; snappingly.

뚝뚝하다 ① 《애교가 없다》 (be) unsociable; unaffable; blunt; brusque. ¶ 뚝뚝하게 bluntly; curtly; surlily. ② 《굳다》 (be) stiff; rigid.

뚝배기 an earthen(ware) bowl.

뚝별나다 (be) quick-tempered; peevish; touchy.

뚝심 staying power; endurance.

뚫다 《구멍을》 bore; punch; make〔drill〕《*a hole*》; 《관통》 pierce; cut〔pass, run〕through; shoot through (탄환이). ¶ 뚫고 나아가다 《사람틈·곤란을》 force〔cut〕*one's* way through; get through.

뚫리다 be opened; be bored through; be drilled; be pierced; be run through. ¶ 길이 ～ a road is made〔open〕/ 구멍이 ～ a hole is made; 《비유적》 a way is found.

뚫어지다 ☞ 뚫리다.

뚱딴지 ① 《사람》 a log; a blockhead. ¶ ～ 같은 wild; preposterous; absurd. ② 《전기의》 an insulator.

뚱땅거리다 keep drumming and twanging. ¶ 뚱땅거리며 놀다 make merry.

뚱뚱보 a fatty〔plump〕person.

뚱뚱하다 (be) fat; corpulent; plump. ② ☞ 뚱뚱보.

뚱보 ① 《뚱한 사람》 a dull〔taciturn〕person.

뚱하다 (be) taciturn.

뛰놀다 jump〔frisk, gambol〕(about); romp (about); be frisky.

뛰다 ① 《도약》 leap; spring; jump; 《튀다》 bound; 《가슴이》 throb; palpitate; 《달리다》 run; 《시세가》 rise; jump《*to*》. ¶ 뛰는 가슴으로 with beating heart / 좋아서 겅중겅중 ～ jump for〔dance with〕joy. ② 《거르다》 skip (over); jump《*a chapter*》. ③ 《그네·널을》 swing; seesaw. ¶ 널을 ～ play Korean seasaw.

뛰어가다 go at a run《*to*》; rush《*for*》.

뛰어나가다 run out; rush out; start forward (out).

뛰어나다 《남보다》 be superior《*to*》; excel《*in*》; surpass; stand〔tower〕high above《*the others*》. ¶ 뛰어난 eminent; prominent; superior; distinguished.

뛰어내리다 jump〔leap, spring〕down〔off〕. ¶ 달리는 차에서 ～ jump off a running car.

뛰어넘다 ① 《솟구쳐》 leap〔jump, spring, vault〕over. ¶ 담장을 ～ clear〔jump over〕a fence. ② ☞ 뛰다 ②.

뛰어다니다 《깡충깡충》 jump〔romp〕about; frisk; frolic; 《바쁘게》 run about; busy *oneself*《*about*》.

뛰어들다 jump〔spring, plunge〕in(to); dive into (물 속으로).

뛰어오다 run; come running.

뛰어오르다 jump on; leap〔spring〕up.

뜀 《도약》 a jump; a leap; a spring; 《달림》 a run. ‖ ~박질 jumping(도약); running(달리기).

뜀뛰기 〖競〗 jumping. ‖ ~선수 a jumper / ~운동 a jumping exercise / ~판 a springboard; a leaping board.

뜀틀 《체조의》 a buck; a vaulting horse. ¶ ~을 뛰어넘다 vault over a buck.

뜨개질 knitting; knitwork. ~하다 do knitting; knit. ‖ ~바늘 a knitting pin〔stick, needle〕; a crochet hook (코바늘).

뜨겁다 (be) hot; burning; passionate.

뜨끈뜨끈 (burning) hot. ~하다 (be) piping〔burning〕 hot.

뜨끔거리다 ☞ 뜨끔하다.

뜨끔하다 (be) stinging; prickly; 《서술적》 prick; sting.

뜨내기 ① 《사람》 a tramp; a vagabond. ‖ ~손님 a chance〔casual〕 customer / ~장사 a casual business. ② 《일》 an odd job; casual labor.

뜨다[1] ① 《느리다》 (be) slow; 《둔하다》 (be) dull; slow-witted. ¶ 걸음이 ~ be slow-paced / 눈치가 ~ be slow at sensing a situation. ② 《입이》 (be) taciturn; reticent. ¶ 입이 뜬 사람 a man of few words. ③ 《칼날이》 (be) dull; blunt. ④ 《비탈이》 (be) easy; gentle. ¶ 경사가 뜬 비탈 a gentle slope.

뜨다[2] ① 《물·하늘에》 float 《*on the water, in the air*》. ② 《해·달이》 rise; come up. ③ 《사이가》 be distant〔apart〕 《*from*》; get separated; be estranged (관계가). ¶ 사이를 뜨게 하다 leave a space; space out / 십리나 사이가 ~ be ten *ri* away. ④ 《빌려준 것 따위》 ☞ 떼이다.

뜨다[3] ① 《썩다》 become stale; grow moldy〔musty〕; undergo fermentation (발효). ② 《얼굴이》 become sallow. ¶ 누렇게 뜬 얼굴 a sallow face.

뜨다[4] 《뜸을》 cauterize 《*the skin*》 with moxa.

뜨다[5] 《있던 곳을》 leave; go away 《*from*》; 《옮기다》 move; remove. ¶ 고향을 ~ leave *one's* hometown / 세상을 ~ depart (from) this life; pass away; die.

뜨다[6] 《물 따위를》 scoop up; ladle (국자로); 《떼어내다》 cut off〔out〕; 《뗏장을》 shovel off; 《고기를》 slice; cut into slices; 《각뜨다》 cut up; 《종이를》 make; shape; 《옷감을》 cut out〔buy〕 a piece of cloth.

뜨다[7] 《눈을》 open (*one's* eyes); wake up; awake.

뜨다[8] 《실로》 knit; crochet(코바늘로); darn, stitch (깁다); 《그물을》 net; weave.

뜨다[9] 《본을》 copy (out); imitate; follow suit(남을).

뜨뜻하다 (be) warm; hot. ¶ 뜨뜻이 warm; hot.

뜨물 water in which rice has been washed.

뜨음하다 ☞ 뜸하다.

뜨이다 ① 《눈이》 (come) open; be opened; awake; 《비유적》 come to *one's* senses; have *one's* eyes opened. ¶ 현실에 눈이 ~ awake to the realities of life. ② 《발견》 be seen; catch *one's* eye; attract the attention; come to *one's* notice; be striking. ¶ 흡연자의 수가 눈에 뜨이게 줄었다 The number of smokers has decreased noticeably.

뜬구름 ¶ ~ 같은 인생 transient life / 인생이란 ~이다 Life is an empty dream.

뜬눈 ¶ ~으로 밤을 새우다 sit up all night; pass a sleepless night.

뜬소문(—所聞) a wild〔groundless〕 rumor.

뜬숯 used charcoal; cinders.

뜯기다 ① 《빼앗기다》 be extorted〔squeezed, exploited〕 《*by*》. ¶ 돈을 ~ have *one's* money taken〔squeezed, extorted〕; be fleeced of money. ② 《물리다》 get bitten. ¶ 벼룩에게 뜯긴 자리 a flea-bite. ③ 《마소에 풀을 먹임》 graze 《*cattle*》.

뜯다 ① 《분리·분해》 take down〔off〕; tear〔take〕 apart; break up; 《풀·털 따위를》 pluck; pull; tear (off); pick. ② 《악기를》 play (on). ③ 《얻다》 ask 《*a person*》 for 《*money*》; extort; squeeze.

뜯어내다 ① 《붙은 것을》 take down〔off〕; remove; pick〔pluck〕 off. ② 《분해》 take 《*a thing*》 to pieces; take 《*a machine*》 apart; dismantle. ③ 《금품 등을》 extort; fleece.

뜯어말리다 《싸움 등을》 pull〔draw〕 apart.

뜯어먹다 ① 《붙은 것을》 take 《*a thing*》 off and eat; eat at〔on〕; gnaw〔bite〕 off. ② 《졸라대서》 squeeze; exploit 《*a person*》; sponge 《*off a person*》.

뜯어벌이다 ① 《벌여 놓다》 take 《*a machine*》 apart; pull〔take〕 to pieces. ② 《이야기를》 give a long talk.

뜯어보다 ① 《살펴보다》 examine carefully; study closely; scrutinize. ¶ 아무의 얼굴을 자세히 ~ scrutinize *a person's* face carefully. ② 《봉한 것을》 open 《*a letter*》 and read it.

뜰 《정원》 a garden; 《울안》 a yard; a court.

뜸 〖韓醫〗 (moxa) cautery; moxibustion. ¶ ~ 뜨다 cauterize 《*the skin*》 with moxa; apply moxa 《*to*》.

뜸부기 〖鳥〗 a moorhen; a water cock.
뜸직하다 (be) dignified; reserved.
뜸질 《뜸뜨기》 moxa cautery.
뜸하다 (be) infrequent; have a rather long interval. ¶ 뜸해지다 come to (a state of) lull; hold 〔let〕 up.
뜻 ① 《의지》 (a) will; mind; 《의향》 (an) intention; a motive; 《목적》 an object; an aim; (a) purpose; 《지망》 (an) aspiration; (an) ambition; 《희망》 desire(s); wish(es). ¶ 큰 ~ a high ambition 〔aspiration〕 / ~대로 as *one* expects 〔wishes〕 / ~을 두다 intend; aim at; aspire to; have an ambition to / ~을 이루다 attain *one's* aim; realize *one's* aspirations. ② 《의미》 (a) meaning; a sense; 《취지》 effect; the intent; the import. ¶ ~이 통하지 않는 말 senseless talk / ~있는 눈짓 a significant 〔meaningful〕 glance.
뜻맞다 《의기상통》 be of a mind; be like-minded; 《마음에 들다》 be after *one's* fancy; suit *one's* fancy 〔taste〕.
뜻밖 ¶ ~의 unexpected; unlooked-for; surprising / ~에 unexpectedly / ~에 …하게 되다 happen 〔chance〕 to 《*do*》.
뜻하다 《의도》 intend to *do;* aim at 《*doing, something*》; have 《*it*》 in mind; 《의미》 mean; signify; imply. ¶ 뜻하지 않은 unexpected.
띄다 《눈에》 catch the eye; attract *one's* attention.
띄어쓰다 write leaving a space between words.
띄엄띄엄 《단속적》 intermittently; 《드문드문》 sparsely; here and there; sporadically; 《새를 두고》 at intervals.
띄우다 ① 《물위에》 float; set 《*a ship*》 afloat; sail 《*a toy boat*》; 《공중에》 (let) fly; float in the air. ② 《얼굴에》 show; express; wear. ¶ 웃음을 ~ (wear a) smile / 입가에 미소를 띄우고 with a smile about *one's* lips. ③ 《훈김으로》 ferment; mold. ¶ 누룩〔메주〕를 ~ ferment malt 〔steamed soybean lumps〕. ④ 《사이를》 leave a space 《*between*》; space 《*the lines*》. ⑤ 《편지 따위를》 send; dispatch.
띠 a belt; a (waist) band; a sash (여자의). ¶ 가죽 ~ a leather belt / ~를 매다 tie a belt 〔sash〕 / ~를 끄르다 undo a belt.
띠다 ① 《두르다》 put on; do up; wear. ¶ 띠를 ~ do up a belt; wear a belt 〔girdle〕. ② 《지니다》 wear; carry; be armed with. ③ 《용무 따위를》 be charged 〔entrusted〕 《*with*》. ¶ 중요한 사명을 ~ be charged with some important mission. ④ 《빛·기색 따위를》 have; wear; be tinged with. ¶ 붉은 빛을 띤 tinged with red / 걱정하는 빛을 ~ look worried; have a worried look.
띠지 (―紙) a strip of paper; a money band (돈다발 묶는).
띵하다 《머리가》 (be) dull; have a dull pain. ¶ 머리가 ~ have a dull headache.

동물의 울음소리

1. 의성어(擬聲語)에 의한 표현:
개 — bowwow / 고양이 — mew; meow / 돼지 — wee-wee-wee / 당나귀—hee-haw / 소 — moo / 암탉 — cock-a-doodle-doo / 꾀꼬리 — jug-jug-jug-pee-yew / 백설조(또는 지빠귀) —Did he do it? He did, he did, he did / 오리 — quack, quack.
2. 동사에 의한 표현: 동물의 울음소리는 위에 열거한 의성어를 사용하지 않고 해당 동물의 우는 모양이나 울음소리 등을 본따서 만들어진 동사를 사용하여 나타내는 방식이 있다. 이 중에는 위에 열거한 mew, moo, quack 따위 의성어가 그대로 동사로 전용되는 경우도 있다.
개(dog) — bark(멍멍); growl(으르릉); whine(낑낑); yap; yelp(깽깽, 왕왕); howl(멀리서 짖는 소리); snarl(이를 드러내고 달겨들며 내는 소리)
소(bull, cow, ox) — moo; low(음매); bellow(수소의 큰 울음소리)
말(horse) — neigh; whinny(히힝); snort(코를 벌룽거리며)
고양이(cat) — mew; meow(야옹); purr(가르릉)
쥐(mouse) — squeak(찍찍)
호랑이(tiger) — growl(으르릉); roar(어흥)
양(sheep) — baa; bleat(메헤)
돼지(pig) — grunt(꿀꿀); squeal(끽끽)
작은새(bird) — sing; chirp; twitter(지저귀는 소리)
오리(duck) — quack
수탉(rooster) — crow(꼬끼요)
암탉(hen) — crackle; cluck
병아리(chick) — peep; cheep
비둘기(dove) — coo
개구리(frog) — croak(개굴개굴)
여치(grasshopper) — chirp
귀뚜라미(cricket) — chirp
뱀(snake) — hiss
벌(bee) — hum; buzz

…ㄹ 것같다 ①《추측》look (like); seem; appear (to be). ¶ 비가 올 것 같다 It looks like rain. *or* It is likely to rain. ②《막 …할 것 같다》threaten 〔be ready〕《*to do*》. ¶ 곧 울음을 터뜨릴 것 같다 be ready to cry; be almost in tears.

…ㄹ 망정 though; even if〔though〕; however; but. ¶ 비록 그는 늙었을 망정 though he is old; old as he is / 몸은 약할망정 의지는 굳다 He may be weakly but has a strong will. / 빌어먹을망정 그에게 신세는 안 지겠다 Even if I were brought to begging, I would never ask a favor of him.

…ㄹ 바에 if… at all; if (only) *one* is to *do*. ¶ 이왕 할 바에(는) if you do it at all / 이왕 싸울 바에는 끝까지 싸워라 If you do fight, fight it out.

…ㄹ 뿐더러 not only〔merely〕… but (also); as well as. ¶ 걷는 것은 경제적일뿐더러 몸에도 좋다 Walking is not merely economical but also good for the health.

…ㄹ 수록《비교》the more…, the more (더); the less…, the less (덜). ¶ 자식은 어릴수록 귀엽다 The younger the child, the dearer it is to you.

…ㄹ 지 whether (…or not); if. ¶ 올지 안 올지 whether *one* will come or not.

…ㄹ 지도 모르다 may〔might〕《*be, do*》; maybe; perhaps; possible. ¶ 그는 가버렸을지도 모른다 He may have gone away. / 그럴지도 모른다 It may be so.

…ㄹ 지라도 but; (al)though; however; even (if); no matter《*how, who, what*》. ¶ 아무리 가난할지라도 however poor *one* may be / 결과가 어찌 될지라도 whatever the consequence may be.

…ㄹ 지어다 should; ought to《*do*》. ¶ 도둑질하지 말지어다 Thou shalt not steal.

…ㄹ 지언정 even if〔though〕; rather〔sooner〕《*than*》. ¶ 죽을지언정 항복은 않겠다 I would rather die than surrender.

…ㄹ 진대 if; in case《*of*》; provided that(조건). ¶ 그럴진대 if (it be) so; in that case.

라〖樂〗《계명》la;《음명》re; D.

…라고 to. ¶ 들어오 ~ 해라 Tell him to come in. 「온이 낮아지는 현상》.

라니냐(현상)〖氣〗La Niña《해면수

…라도 even; any; either …or. ¶ 어린애 ~ even a child / 어느 것이 ~ either one / 어디 ~ anywhere / 이제 ~ even now.

라돈〖化〗radon (기호 Rn).

라듐〖化〗radium (기호 Ra). ‖ ~광천〔요법〕a radium spring〔treatment〕/ ~방사능 radioactivity.

라드 lard. ‖ ~유 lard oil.

라디에이터 a radiator.

라디오 (a) radio; (a) wireless《英》. ¶ ~를 틀다〔끄다〕turn〔switch〕on〔off〕the radio / ~를 듣다 listen (in) to the radio / ~로 듣다 listen to《*a musical performance*》on〔over〕the radio / ~를 KBS에 맞추다 tune in to KBS. ‖ ~강좌 a radio《*English*》course / ~드라마 a radio drama〔play〕/ ~방송 radio broadcasting / ~방송국 a radio (broadcasting) station / ~좌담회 a radio forum / ~중계 hookup《美》; relay / ~청취자 a radio listener / ~체조 radio exercises〔gymnastics〕/ ~프로 a radio program / ~해설자 a radio

라르고〖樂〗largo. 「commentator.

라마《라마승》a lama. ‖ ~교 Lamaism / ~교도 a Lamaist; a Lamaite / ~사원 a lamasery.

라면《국수》*ramyon*; instant (Chinese) noodles.

라벨 a label. ¶ ~을 붙이다 label《*a bottle*》; put a label on《*a bottle*》. 「Vegas.

라스베이거스《미국의 도시》Las

라야(만) only; alone. ¶ 너~ you alone〔only you〕《*can do it*》.

라오스 Laos. ¶ ~의 Laotian / ~사람 a Laotian.

라운드〖拳〗a round. ¶ 10 ~의 권투 시합 a boxing-match of ten rounds.

라운지《호텔 등의》a lounge.

라이너 ①〖野〗《타구의》a liner; a line drive. ②《안감》a liner.

라이노타이프〖印〗a linotype.

라이닝〖機〗lining. 「jar.

라이덴(병)(—(甁))〖理〗a Leyden

라이벌 a rival. ¶ ~의 rival. ‖ ~의식 the spirit of rivalry / ~회사 a rival company〔firm〕.

라이선스 (a) license《美》; (a) licence《英》. ¶ A급 ~ a class A license. ‖ ~생산 production under license; licensed production. 「ried rice.

라이스카레 curry and rice; cur-

라이온〖動〗a lion; a lioness (암

컷). ¶ ~의 새끼 a lion cub.

라이온스클럽 the Lions Club.

라이터 a lighter. ¶ ~를 켜다 light a lighter. ‖ ~기름 lighter oil 〔fluid〕 / ~돌 a lighter flint.

라이트 a (car) light. ¶ ~를 켜다〔끄다〕 switch on〔off〕 a light.

라이트급(一級) 〖拳〗 the light weight class. ‖ ~ 선수 a lightweight (boxer).

라이트윙 〖蹴〗 the right wing.

라이트필더 〖野〗 a right fielder.

라이트필드 〖野〗 the right field.

라이프 《생명·인생》 life. ¶ ~보트 a lifeboat / ~사이언스 life science / ~재킷 a life jacket. ‖ ~사이클 a life cycle / ~스타일 a life-style.

라이플(총)(一(銃)) a rifle.

라인 a line. ¶ ~을 긋다 draw a line.

라인강(一江) the Rhine.

라인업 《야구·축구 등의》 the (starting) line-up 《*of a team*》.

라일락 〖植〗 a lilac.

라임라이트 (the) limelight.

라조(一調) 〖樂〗 D. ‖ 라장〔단〕조 D major〔minor〕.

라켓 a racket; 《탁구의》 a paddle; a bat.

라틴 Latin. ‖ ~민족 the Latin races / ~어 Latin.

라틴아메리카 Latin America. ‖ ~음악 Latin American music.

…락말락 on the brink of; 《be》 about to.

란제리 lingerie.

랑데부 a rendezvous; a date. ~하다 have a rendezvous〔date〕 《*with*》. ¶ 궤도상에서 ~하다 rendezvous in orbit 《*with*》; have an orbital rendezvous 《*with*》.

래커 lacquer.

랜턴 a lantern.

램 〖컴〗 《임의접근 기억장치》 RAM. (◀ Random Access Memory)

램프[1] a lamp.

램프[2] 《입체 교차로의 진입로》 a ramp.

랩소디 〖樂〗 a rhapsody.

랩타임 the 《500 *meter*》 lap time.

랩톱 〖컴〗 ¶ ~형의 lap-top / ~형 컴퓨터 a lap-top computer.

랭크 a rank. ¶ 이 노래는 인기 차트 제1위에 ~되었다 This song is ranked No.1 on the hit chart.

랭킹 ranking. ¶ ~ 1위를 차지하다 take the first ranking.

러너 〖野〗 a runner. ¶ ~를 일소하다 empty〔clear〕 the bases (of runners).

러닝 《경주》 a running (race). ¶ 공원에서 한 시간씩 ~하다 do an hour's running in the park. ‖ ~메이트 a running mate / ~셔츠 a (sleeveless) undershirt.

러버 《고무》 rubber; 《애인》 a lover.

러브 《연애》 love. ‖ ~레터 a love letter / ~신 a love scene / ~호텔 a love hotel.

러시아 Russia. ¶ ~의 Russian / ~말 Russian / ~사람 a Russian / ~황제 a czar; a tzar.

러시아워 the rush hour(s).

러키 lucky. ‖ ~세븐 〖野〗 the lucky seventh inning.

럭비 Rugby (football); a rugger.

럭스 《조명도의 단위》 a lux.

런던 London. ¶ ~ 사람 a Londoner; a Cockney / ~탑 the Tower of London / ~식 사투리〔억양〕 a Cockney accent.

런치 《점심식사》 lunch. ‖ ~타임 lunchtime.

럼(주)(一(酒)) rum.

레귤러 《정식의》 regular; 《정식 선수》 a regular player. ‖ ~멤버 a regular member.

레그혼 〖鳥〗 a leghorn.

레디메이드 ¶ ~의 ready-to-wear; ready-made.

레모네이드 lemonade.

레몬 a lemon. ‖ ~수 lemonade / ~즙〔주스〕 lemon juice.

레벨 a level. ¶ ~이 높다〔낮다〕 be on a high〔low〕 level.

레스토랑 a restaurant. ¶ ~경영자 a restaurateur.

레슨 a lesson. ¶ 피아노 ~ 《have, take》 a piano lesson.

레슬링 wrestling. ‖ ~선수 a wrestler.

레이 《하와이의 화환》 a lei. ¶ ~를 목에 걸다 put a lei around *one's* neck.

레이더 a radar (◀ *ra*dio *d*etecting *a*nd *r*anging). ‖ ~기지 a radar base〔station〕 / ~망 a radar fence〔screen, network〕 / ~유도 미사일 a radar-guided missile / ~장치 a radar system〔device〕.

레이디 a lady. ¶ ~퍼스트 Ladies first. ‖ 퍼스트~ the First lady(대통령 부인).

레이스[1] 《경주》 a race.

레이스[2] 《끈장식》 lace. ¶ ~를 달다 trim with lace.

레이온 rayon; artificial silk.

레이저 (a) laser. ‖ ~광선 laser beams〔rays〕 / ~디스크 a laser disk / ~메스 a laser surgical knife / ~병기 a laser(-beam) weapon / ~수술 《conduct》 laser surgery / ~폭탄〔총〕 a laser bomb〔gun〕.

레인지 a range; an oven. ¶ 가스~ a gas range〔stove〕 / 전자~ a microwave oven.

레인코트 a raincoat.

레일 a rail; a track(선로) 《美》. ¶ ~을 깔다 lay rails.

레저 《여가》 leisure. ‖ ~붐 a leisure boom / ~산업 the leisure industry / ~시설 leisure facilities / ~용 차량 Recreational Vehicle (생략 RV) / ~웨어 a leisure wear.

레즈비언 a lesbian.

레지 《다방의》 a tearoom〔cafe〕 waitress.

레지스탕스 resistance (activity). ‖ ～운동 a resistance movement.
레지스터 《금전 등록기》 a (cash) register.
레커차(一車) 《구난차》 a wrecker; a tow truck. ¶ ～에 끌려가다 be towed by a wrecker.
레코드 ① 《기록》 a record. ‖ ～보지자 a record holder. ② 《축음기의》 a phonograph record; a disk. ¶ ～를 틀다 play a record. ‖ ～콘서트 a record〔disc〕 concert / ～플레이어 a record player.
레크리에이션 recreation. ¶ 낚시는 좋은 ～이다 Fishing is a good recreation. ‖ ～센터 a recreation center.
레테르 ☞ 라벨.
레퍼리 《심판》 a referee.
레퍼토리 《상연목록》 repertory; repertoire. ¶ 그 곡은 ～에 없다 The music isn't in *our* repertory.
렌즈 a lens. ¶ ～를 맞추다 train the lens 《*on*》.
렌치 《공구》 a wrench.
렌터카 a rental car; a rent-a-car 《美》. ¶ ～를 빌리다 rent a car. ‖ ～회사〔업자〕 a car-rental company〔agent〕.
…려고 (in order) to. ¶ 식사하～ 자리에 앉다 sit down to dinner / 늦지 않으～ 일찍 출발하다 leave early in order not to be late.
…로 ① 《원인》 with; from; due to; through; for. ¶ 감기～ 누워 있다 be in bed with a cold / 부주의～ through (*one's*) carelessness. ② 《단위》 by. ¶ 다스～ 팔다 sell by the dozen / 26을 둘～ 나누다 divide 26 by 2. ③ 《원료》 from; of. ¶ 벽돌～ 지은 집 a house (built) of brick / 맥주는 보리～ 만든다 Beer is made from barley. ④ 《수단》 by; with; on; in; through; by means of. ¶ 기차～ by train / 도보～ on foot / 영어～ in English. ⑤ 《추정·근거》 by; from. ¶ 목소리～ 알다 recognize by voice. ⑥ 《방향》 to; in; at; for; toward. ¶ 여수～ 향하다 leave for Yeosu / 프랑스～ 가다 go to France. ⑦ 《지위·신분》 as; for. ¶ 대표～ as a representative / 맏이〔천재〕～ 태어나다 be born eldest〔a genius〕.
로고스 〖哲〗 logos.
로그 〖數〗 a log(arithm).
로드맵 《운전자용 지도》 a road map.
로드쇼 〖映〗 a road show 《美》.
로드워크 《운동선수의》 a roadwork.
로마 Rome. ¶ ～는 하루 아침에 이루어진 것이 아니다 Rome was not built in a day. ‖ ～가톨릭교 Roman Catholicism / ～가톨릭교회 the Roman Catholic Church / ～교황청 the Vatican / ～자〔숫자〕 Roman letters〔numerals〕.
로마네스크 Romanesque 《*style*》.
로맨스 a romance; a love affair. ‖ ～그레이 a gentleman with gray hair.
로맨티시즘 romanticism.
로맨틱 romantic. ～하다 (be) romantic. ¶ ～한 생각에 잠기다 indulge in romantic dreaming 〔thoughts〕.
로봇 a robot; 《허수아비 같은 사람》 a figurehead. ¶ 산업용 ～ an industrial robot / ～ 조종의 비행기 a robot-controlled 《*airplane*》.
로비 a lobby; a lounge. ‖ ～활동 a lobbying activity.
…로서 《지위·신분·자격》 as; for; in the capacity of. ¶ 학자～ as a scholar / 나～는 as for me.
로션 (a) lotion. ¶ 스킨～ skin lotion / 헤어～ hair lotion.
로스트 《불고기》 roast beef〔pork〕.
로열 ‖ ～박스 a royal box / ～젤리 royal jelly.
로열티 a royalty. ¶ 소설의 ～로 2천 달러를 받다 receive two thousand dollars in royalties from 〔on〕 *one's* novel.
로이터 Reuters. ‖ ～통신사 the Reuters News Agency.
로커빌리 〖樂〗 rock-a-billy.
로컬 local. ‖ ～뉴스 local news.
로케(이션) location. ¶ ～중이다 be on location 《*in*》 / 제주도로 ～ 가다 go over to Cheju island on location.
로켓 a rocket. ¶ ～을 발사하다 launch a rocket / ～으로 인공위성을 궤도에 올리다 rocket a satellite into orbit / ～으로 비행하다 fly by rocket 《*to*》. ‖ ～발사대 a rocket launching pad / ～발사장치 a rocket launcher / ～엔진 a rocket engine / ～추진 rocket propulsion / ～포〔탄, 비행기〕 a rocket gun〔bomb, plane〕/ 3 〔다〕단식 ～ a three-stage〔multistage〕 rocket.
로코코식(一式) rococo 《*architecture*》.
로큰롤 〖樂〗 rock-'n'-roll (music); rock-and-roll. ¶ ～춤에 푹 빠져 있는 청년들 youngsters rock-'n'-rolling frantically.
로터리 a rotary. ‖ ～클럽 the Rotary Club.
로테이션 rotation. ¶ ～으로 《do something》 in〔by〕 rotation.
로프 a rope; a cable. ‖ ～웨이 a ropeway; an aerial cableway.
로힐 low-heeled shoes.
록 ROK. (◀ the Republic of Korea)
론 〖經〗 《대부금》 a loan. ‖ 뱅크～ a bank loan.
…론(論) a theory(이론); an opinion(의견); an essay 《*on*》 (논설). ¶ 문학～ an essay on literature / 한자 제한～ the question of limiting the use of Chinese

characters. 「skates.
롤러 a roller. ‖ ~스케이트 roller
롤링 (배의) rolling; a roll. ~하다 roll. 「only memory)
롬 〖컴〗《늘기억 장치》ROM. (◀ read-
롱런 a long run《*of a film*》.
뢴트겐 〖理〗 X-rays; Roentgen rays. ‖ ~검사 an X-ray examination / ~사진 a radiograph; an X-ray photograph (~ 사진을 찍다 take an X-ray (photograph) 《*of*》). 「(Museum).
루브르 《파리의 박물관》the Louvre
루블 《러시아 화폐》a r(o)uble.
루비 a ruby《*ring*》.
루주 rouge; lipstick(입술 연지). ¶ ~를 바르다 rouge.
루트 《경로》a route; a channel.
루피 《인도 화폐》a rupee.
룩색 a rucksack.
룰 《규칙》a rule. ¶ ~에 어긋나다 be against the rules. 「(wheel).
룰렛 《도박》roulette; a roulette
룸바 〖樂〗《춤·곡》rumba.
룸펜 《부랑자》a loafer; a tramp; a hobo《美》; 《실직자》a jobless man. ‖ ~생활 hoboism《美》.
류머티즘 〖醫〗rheumatism.
르네상스 the Renaissance.
르완다 Rwanda. ¶ ~의 Rwandese; Rwandan /~ 공화국 the Rwandese Republic / ~ 사람 a Rwandan. 「port《*on*》.
르포(르타주) *reportage* 《프》; a re-
리골레토 〖樂〗rigoletto《이》.
리그 a《*baseball*》league. ‖ ~전 a
리넨 linen. 「league game.
리더 《지도자》a leader.
리드 《앞섬》a lead. ~하다《경기에서》lead; have a lead; 《지도하다》lead. ¶ 3점 ~하다 lead《*the opposing team*》by three points 〔runs〕 / 근소하게 ~하고 있다 have 〔hold〕 a slight 〔narrow〕 lead 《*over*》/ ~를 빼앗기다 lose the lead《*to*》/ 댄스에서 상대를 ~하다 lead *one's* partner in a dance / 우리 팀은 4대 2로 ~하고 있다 Our team has a 4 to 2 lead. *or* Our team leads by 4 to 2.
리듬 rhythm. ¶ ~에 맞추어 to the rhythm. 「lire〕.
리라 《이탈리아의 화폐》a lira 〔*pl.*
리모트컨트롤 《원격조작》remote control. ¶ ~로 조종하다 operate《*a machine*》by remote control. ‖ ~장치 a remote-control device.
리무진 《자동차》a limousine.
리바운드 《농구》a rebound.
리바이벌 revival《*boom*》.
리버럴 ¶ ~한 liberal. ‖ ~리스트 a liberalist / ~리즘 liberalism.
리베이트 《환불금》a rebate; 《수수료》a commission; a kickback (수회). ¶ ~를 지불하다 give《*a person*》a commission 〔kickback〕.
리벳 a rivet. ¶ ~을 박다 rivet; fasten《*something*》with rivets.
리보핵산(-核酸) ribonucleic acid (생략 RNA).
리본 a ribbon; a band(모자의).
리볼버 《연발 권총》a revolver.
리사이클 《재활용》recycling. ~하다 recycle《*aluminum cans*》; reuse.
리사이틀 〖樂〗a recital. ¶ ~을 열다 give 〔have〕 a《*piano*》recital.
리셉션 a reception. ¶ ~을 열다 hold〔give〕 a reception.
리스트 a list. ¶ ~를 작성하다 make 〔draw〕 a list《*of*》/ ~에 올리다 put《*a person*》on the list.
리시버 a receiver.
리어카 a cart; a handcart.
리얼 ¶ ~한 real; realistic / ~하게 realistically / ~한 초상화 a realistic portrait. ‖ ~리즘 realism / ~타임 〖컴〗real time / ~타임처리 real-time processing.
리조트 《행락지》a resort. ¶ 여름~ a summer resort / ~호텔 a resort hotel / ~웨어 resort wear; a holiday outfit.
리치 《권투의》reach. ¶ ~가 길다 have a long reach.
리콜 《소환·해임·결함상품의 회수》(a) recall. ~하다 recall. ¶ 시민은 시장을 ~했다 The citizen recalled the mayor. / 500대의 차가 안전성에 결함이 있어 ~되었다 Five hundred cars were recalled for safety reasons. ‖ ~제 the recall
리터 a liter. 「system.
리턴매치 a return match〔game〕.
리트머스 ¶ ~ 시험지 litmus paper.
리포트 《보고》a report; 《학교의》a (term) paper. ¶ ~를 쓰다 write a paper on《*a subject*》.
리프트 a lift; a ski〔chair〕lift.
리허설 《hold》a rehearsal.
린치 lynch (law); lynching. ¶ ~를 가하다 inflict illegal punishment using violence《*on*》/ ~를 가해 아무를 죽이다 lynch *a person*.
릴 《낚싯대의》a《*fishing*》reel; 《필름의》a reel; a spool. ‖ ~낚싯대 a (fishing) rod and reel.
릴레이 a《*400-meter*》relay (race). ~하다 relay《*a message*》; pass 《*a bucket*》from *one person* to *another*. ‖ ~방송 a relay broad-
립스틱 a lipstick. 「cast.
링 ① 〖拳〗the ring. ‖ ~사이드《sit at》the ringside. ② 《반지》a ring.
링거 〖醫〗‖ ~주사《give》an injection of Ringer's solution.
링크[1] 〖經〗link. ‖ ~제 a link system (~제로 하다 place《*something*》on a link system).
링크[2] 《스케이트장》a rink.
링크스 《골프장》a links.

ㄹ

마 〖植〗 a yam.
마(魔) a demon; a devil; an evil spirit. ¶ ～의 건널목 a fatal (railroad) crossing / ～가 끼다 be possessed〔tempted〕by an evil spirit; be jinxed《俗》.
마(碼) a yard (생략 yd.). ¶ ～로 팔다 sell by the yard.
…마(魔) devilish; diabolic; fiendish. ¶ 살인～ a devilish murderer.
마가린 margarine; marge《英口》. ¶ 빵에 ～을 바르다 spread margarine on bread.
마가목 〖植〗 a mountain ash.
마가복음(一福音) 〖聖〗 the (Gospel of) Mark.
마각(馬脚) ¶ ～을 드러내다 show the cloven hoof; show *one's* true colors.
마감 closing. ～하다 close. ‖ ～날 the closing day; the deadline / ～시간 the closing hour.
마개 a stopper(병 따위의); a bung (통 따위의); a cork(코르크의); a (stop)cock (수도 따위의); a plug. ¶ ～를 뽑다 uncork; unstop / ～를 하다 cork; put a stopper《*on*》. ‖ ～뽑이 a bottle opener; a corkscrew(코르크의).
마고자 a traditional Korean jacket worn by men over their vest.
마구(馬具) harness; horse〔riding〕gear. ¶ ～를 채우다〔풀다〕 harness〔unharness〕《*a horse*》.
마구 carelessly; recklessly; at random; immoderately. ¶ ～지껄이다 talk at random / 비가 ～쏟아진다 It rains cats and dogs. / 돈을 ～쓰다 squander〔lavish〕money.
마구간(馬廐間) a stable; a barn. ¶ ～에 넣다 stable《*a horse*》.
마구잡이 a blind〔reckless〕act; 《남획》 indiscriminate fishing〔hunting〕.
마굴(魔窟) ①《마귀의》 a lair of devils. ②《악한의》 a den of rascals. ③《창녀의》 a brothel.
마권(馬券) a betting ticket《*on a horse*》. ¶ ～을 사다 buy a betting ticket. ‖ ～매표구 a betting booth〔window〕; a ticket window.
마귀(魔鬼) a devil; a demon; an evil spirit. ¶ ～할멈 a witch; a hag; a harridan.
마그나카르타 the Magna Carta; the Great Charter.
마그네사이트 〖鑛〗 magnesite.
마그네슘 〖化〗 magnesium (기호 Mg); 《사진의》 flash powder.
마그네시아 〖化〗 magnesia. ‖ 황산～ sulfate of magnesia.
마나님 an elderly lady; an old woman; 《호칭》 madam; your (good) lady.
마냥 ①《실컷》 to the full; as much as *one* wishes. ¶ ～즐기다 enjoy to *one's* heart's contents. ②《오직》 solely; only; but; intently; single-mindedly; 《끝없이》 endlessly; ceaselessly. ¶ 그녀는 ～울기만 했다 She did nothing but cry. / 물가는 ～올라가기만 한다 Prices go〔keep〕on rising. / ～남편만을 그리워하다 miss *one's* husband single-mindedly.
마네킹 a mannequin; a manikin. ‖ ～걸 a manikin girl.
마녀(魔女) a witch; a sorceress. ‖ ～사냥 witch-hunting / ～재판 a witch trial.
마노(瑪瑙) 〖鑛〗 agate.
마누라 《아내》 a wife; 《노파》 an old woman.
마늘 〖植〗 a garlic. ¶ ～냄새가 나는 garlicky; smelling of garlic.
마니교(魔尼教) Manich(a)eism.
마닐라 Manila. ‖ ～삼〔지〕 Manila hemp〔paper〕.
마님 《부인》 a lady; 《호칭》 my lady; madam.
마다 every; each; at intervals of; whenever (…할 때마다). ¶ 5분～ every five minutes; at intervals of five minutes / 해～ every year.
마담 a madam; *madame*《프》; 《술집 등의》 a hostess; a bar madam.
마당 《뜰》 a garden; a yard; a court(안뜰). ¶ 뒷～ a backyard. ‖ ～발 a flatfoot; a splayfoot / ～질 threshing; flailing.
마대(麻袋) a gunny bag〔sack〕; a jute bag.
마도로스 a sailor. ‖ ～파이프 a (tobacco) pipe.
마돈나 《성모》 the Madonna.
마드무아젤 a *mademoiselle*《프》.
마들가리 《나무의》 twigs; sticks; dead branches; 《해진 옷의》 seams of a worn-out garment.
마디 ①《뼈의》 a joint; a knuckle (손가락, 무릎의); 《생긴 마디》 a knot; a knob(혹). ②《말·노래의》 a word; a phrase; a tune.
마디다 (be) durable; enduring; long-lasting.
마땅하다 ①《적합》 (be) becoming;

suitable; proper; reasonable(상당한). ¶ 마땅한 집 a suitable house / 마땅한 값으로 at reasonable prices. ②《당연》(be) right; proper; deserved;《의무》ought to; should. ¶ 벌을 받아 ~ deserve punishment.
마라톤 a marathon (race). ‖ ~선수 a marathoner.
마량(馬糧) fodder; forage.
마력(馬力) horsepower(생략 h.p.). ¶ 50~의 발동기 a 50-horsepower motor; a motor of 50 h.p. / 10~을 내다 produce〔deliver〕 10 horsepower〔h.p.〕.
마력(魔力) magical〔magic〕 power; magic. ¶ 숫자의 ~ the magic of numbers.
마련(磨鍊) ~하다 manage《*to do*》; arrange; prepare; make shift《*to do*》; raise《*money*》. ¶ 돈을 ~하다 manage to raise money.
마렵다《오줌〔똥〕이》feel an urge to urinate〔defecate〕; want to relieve *oneself*.
마로니에〖植〗a *marronnier*《프》; a horse chestnut (tree).
마루 ①《집의》a floor. ¶ ~ 방 a floored room / ~를 놓다 floor《*a house*》; lay a floor. ‖ ~ 면적 floorage; floor space / ~운동 floor exercises / ~청 a floorboard; flooring(~청을 깔다 board the floor). ②《산·지붕의》a ridge.
마루터기, 마루턱 the ridge.
마르다[1] ①《건조》(be) dry (up); get dry; run dry (물이); wither (시들다). ¶ 마른 가지 a dead〔withered〕 branch / 우물이 ~ well dries up. ②《여위다》become〔grow〕 thin〔lean〕; lose flesh. ¶ 마른 사람 a thin〔lean, skinny〕 person. ③《목이》be〔feel〕 thirsty.
마르다[2]《재단》cut out《*a garment*》; cut《*a suit*, etc.》. ¶ 마르는 법 a cut; cutting.
마르크《독일 화폐》a mark.
마르크스 (Karl) Marx. ‖ ~주의 Marxism / ~주의자 a Marxist.
마른걸레 a dry cloth〔mop〕.
마른기침 a dry〔hacking〕 cough.
마른반찬 dried meat〔fish〕 eaten with rice.
마른버짐〖醫〗psoriasis.
마른안주 a relish of dried meat and fish taken with wine.
마른하늘 a clear (blue) sky. ¶ ~에 날벼락 "a bolt from the blue."
마른행주 a dishtowel; a dishclothe「《美》.
마름모꼴 a lozenge; a diamond shape;〖數〗a rhombus.
마름쇠 a caltrap; a caltrop.
마름질 cutting (out). ~하다 cut out《*lumber, clothes*》.
마리 a head. ¶ 강아지 다섯~ five puppies / 소 두~ two head of cattle / 물고기 세~ three fish.
마리아《성모》the Virgin Mary.
마리화나 marihuana; marijuana. ¶ ~를 피우다 smoke marijuana.
마마(媽媽) ①《존칭》Your〔His, Her〕 Highness〔Majesty〕. ②《천연두》smallpox. ‖ 마맛자국 a pockmark; a pit.
마멸(磨滅) wear (and tear); abrasion. ~하다 wear out〔away〕; be worn out〔away〕.
마무르다 ①《일을》finish《*something*》up〔off〕; complete; get through with《*one's work*》. ②《가장자리를》hem; fringe; border.
마무리 finish; finishing; the finishing touches〔strokes〕. ~하다 give the finishing〔last〕 touches《*to*》; touch up. ¶ 이 보석상자는 ~가 잘 되어 있다 This jewel case has a good finish. ‖ ~공 a finisher / ~기계 a finishing machine.
마바리《말》a pack-horse;《짐》a horse load. ‖ ~꾼 a pack-horse man〔driver〕.
마법(魔法) ☞ 마술(魔術).
마부(馬夫) a (pack-horse) driver; a horseman; a coachman.
마분(馬糞) horse dung; stable manure. ‖ ~지 millboard; strawboard.
마비(痲痺) paralysis; palsy; numbness. ¶ ~성의 paralytic / ~되다 be paralyzed; be (be)numbed / ~시키다 paralyze / 한쪽 팔이 ~되다 be paralyzed on one arm / 추위로 발의 감각이 ~되었다 My feet are numbed with〔by〕 cold. / 교통이 ~되어 있다 Traffic is at a complete standstill. / 그는 정의감이 완전히 ~되어 있다 He has no sense of justice at all. ‖ ~증상 paralytic symptoms / 뇌성~ cerebral paralysis.
마사지 massage. ~하다 massage《*a person on the arm*》. ‖ ~사 a massagist / ~요법 massotheraphy.
마사회(馬事會) ¶ 한국~ the Korea Racing Authority.
마상이《배》a canoe; a skiff.
마성(魔性) devilishness.
마손(磨損) friction loss; wear and tear; abrasion(기계 따위의). ¶ ~되다 wear (away).
마수(魔手) an evil hand; evil power. ¶ ~를 뻗치다 attempt to victimize《*a person*》/ ~에 걸리다 fall a victim《*to*》.
마수걸다 sell for the first time.
마수걸이 the first sale of the day; the first transaction at the beginning of a business. ~하다 make the first sale of the day.

ㅁ

마술(馬術) horsemanship. ‖ ～경기 an equestrian event.
마술(魔術) magic; black art. ¶ ～을 쓰다 use〔practice〕magic / ～로 모자에서 토끼를 꺼내다 use magic to produce a rabbit from a hat. ‖ ～사 a magician.
마스카라 mascara.
마스코트 a (good-luck) mascot.
마스크 a mask; a respirator. ¶ 산소 ～ an oxygen mask / ～를 쓰다 wear a mask.
마스터 master. ～하다 master 《*English*》. ‖ ～키 a master key / ～플랜 a master plan.
마스트 a mast.
마시다 ① 《액체를》 drink; take; have; swallow. ¶ 물〔술〕을 ～ drink water〔wine〕/ 차를 ～ take 〔sip〕 tea. ② 《기체를》 breathe in; inhale.
마약(痲藥) a narcotic; a drug; a dope 《美俗》. ¶ ～을 맞다〔흡입하다〕 inject〔inhale〕 a narcotic / ～에 중독되다 become addicted to narcotics. ‖ ～거래 traffic in drugs / ～근절캠페인 a Campaign to Uproot Drug Abuse / ～단속 a dope check; narcotics control / ～단속법 Narcotics Control Law / ～밀매자 a narcotic trafficker; a drug dealer〔peddler〕/ ～범죄 narcotics crimes / ～상용자 a drug addict; a junkie 《俗》/ ～중독 drug addiction.
마왕(魔王) Satan; the Devil.
마요네즈 mayonnaise.
마우스피스 a mouthpiece.
마운드 〖野〗 the mound. ¶ ～에 서다 take the mound; be on the mound.
마을 《동리》 a village; a hamlet (촌락). ¶ ～ 사람들 villagers; village people / ～ 가다 visit *one's* neighborhood 《*for a chat*》. ‖ ～금고 a village fund / ～문고 a village library.
마음 ① 《정신》 mind; spirit; mentality (심성); 《생각》 idea; thought. ¶ ～의 양식〔자세〕 mental food 〔attitude〕/ ～이 넓은 generous; liberal; large-〔broad-〕minded / ～이 좁은 ungenerous; illiberal; narrow-minded / ～에 걸리다 weigh upon *one's* mind / ～을 합치다 be united; act in concert with / ～이 맞다 be like-minded; get along very well. ② 《심정》 heart; feeling. ¶ 불안한 ～ a feeling of uneasiness / ～이 변하다 be unfaithful; grow out of love 《*with*》 (남녀) / ～을 끌다 attract; appeal to. ③ 《사려》 thought; 《인정》 consideration; sympathy; 《마음씨》 (a) nature. ¶ ～을 쓰다 be sympathetic; be considerate / ～이 좋다 be gentle-hearted; be good-natured / ～이 나쁘다 be ill-natured. ④ 《주의》 mind; attention. ¶ ～에 두다 bear 《*something*》 in mind; be mindful 《*of*》/ …에 ～을 집중하다 concentrate *one's* attention on …. ⑤ 《의사》 will; mind; intention. ¶ ～이 있다 have a mind to 《*do*》; be interested 《*in*》/ ～먹어서 안 되는 일 없다 Where there is a will, there is a way. ⑥ 《기분》 a mood; (a) feeling; humor; 《취미·기호》 fancy; taste; liking; mind. ¶ ～에 드는 집 a house to *one's* mind〔fancy〕/ ～을 상하게 하다 hurt 《*a person's*》 feelings / ～에 들다 be to *one's* liking; suit *one's* taste; be in *one's* favor / ～에 들지 않다 be disagreeable to 《*a person*》; be not to *one's* liking.
마음가짐 《마음태도》 *one's* mental attitude; *one's* state of mind; 《결심》 determination; resolution.
마음결 a cast of mind; disposition; nature.
마음껏 to the full; as much as *one* likes〔pleases〕; to *one's* heart's content; freely. ¶ ～ 즐기다 enjoy *oneself* to the full.
마음내키다 feel inclined to 《*do*》; be interested in 《*something*》; feel like 《*doing*》. ¶ 마음이 내키지 않다 be reluctant to 《*do*》; be in no mood to 《*do*》; do not take interest 《*in*》.
마음놓다 feel〔be〕relieved. ¶ 마음놓고 free from care〔fear〕; without anxiety〔worry〕.
마음대로 as *one* pleases〔likes, wishes〕; of *one's* own accord; at *one's* (own) discretion; arbitrarily; 《자유로이》 freely. ¶ …을 ～하다 have *one's* (own) way 《*in everything*》; do what *one* pleases / ～해라 Do as you please!
마음먹다 ①《결심》 resolve; determine; be determined; make up *one's* mind. ¶ 굳게 ～ be firmly determined. ② 《의도》 intend to; 《계획》 plan; have a mind to; think; 《희망》 wish; hope. ¶ …하려고 ～ plan〔intend〕to 《*do*》.
마음보 disposition; nature. ¶ ～고약한 ill-natured; bad.
마음속 *one's* mind; (the bottom of) *one's* heart. ¶ ～ 깊이 deep down in the heart of / ～에 묻어두다 keep 《*the story*》 to *oneself* / ～을 떠보다 sound 《*a person's*》 views.
마음씨 disposition; nature. ¶ ～ 고운 good-natured; tender-hearted.
마음졸이다 worry (*oneself*) 《*about*》; be concerned 《*about*》; be anx-

ious《*about*》; be kept in suspense.

마이너스 minus;《불리》a disadvantage; a handicap. ¶ ～가 되다 lose; suffer a loss / 그것은 이 계획에 ～가 된다 That is the disadvantage of this plan. ‖ ～부호 a minus sign / ～성장 negative (economic) growth.

마이동풍(馬耳東風) ¶ ～으로 들어넘기다 turn a deaf ear〔pay no attention〕to《*a person's advice*》.

마이신《항생제》streptomycin.

마이크로…《극히 작은》micro-. ‖ ～버스 a microbus; a minibus / ～컴퓨터 a microcomputer / ～프로세서 a microprocessor / ～필름 a microfilm.

마이크(로폰) a microphone; a mike. ‖ ～공포증 mike fright.

마일 a mile. ¶ 1시간에 4～ 가다 cover〔make〕four miles in an hour / 시속 60～로 달리다 run at (the rate of) sixty miles per hour. ‖ ～수 mileage.

마작(麻雀) mah-jong. ～하다 play mah-jong.

마장(馬場)《방목장》a grazing land for horse;《경마장》a racecourse.

마저《남김없이》with all the rest; all (together);《까지도》even; too; so much as; so far as.

마적(馬賊) mounted bandits.

마전《표백》bleaching. ～하다 bleach. ‖ ～장이 a bleacher / ～터 a bleaching establishment.

마조(一調)〚樂〛the tone E.

마조히즘〚醫〛masochism.

마주 (directly) opposite; face to face. ¶ ～ 대하다 face each other / ～ 앉다 sit face to face with《*a person*》/ ～ 놓다 set《*things*》opposite each other.

마주치다 ① ☞ 부딪치다. ②《조우하다》come across; encounter; meet with.

마중 meeting; reception. ～하다 go〔come〕out to meet; meet《*a person*》at a place; greet. ¶ 역으로 ～나가다 go to meet《*a person*》at the station.

마중물《펌프의》priming water. ¶ ～을 붓다 prime〔fetch〕《*a pump*》.

마지기 a patch of field requiring one *mal* of seed; a *majigi* (=500 m²). ¶ 논 한 ～ a patch of rice paddy.

마지막 the last; the end; the conclusion (결말);《형용사적》last; final; terminal. ¶ ～으로 finally; at the end / ～까지 to the end〔last〕/ ～ 수단 the last resort.

마지못하다 be compelled〔forced, obliged〕to《*do*》; have no choice but to《*do*》. ¶ 마지못하여 unwillingly; reluctantly; against *one's* will / 마지못해 그와 동행하다 go with him reluctantly.

마지않다 can never《*thank*》enough. ¶ 감사해 ～ can never thank《*a person*》enough; offer *one's* heartful thanks.

마진 a margin《*of profit*》. ¶ 근소한 ～ a slim〔narrow〕margin / 약장사는 ～이 크다 The profit margin is wide in the drug business.

마차(馬車) a coach; a carriage; a cart(짐마차).

마찬가지 ¶ ～의 the same; similar《*to*》; like / ～로 similarly; likewise; equally.

마찰(摩擦) friction;《비벼댐》rubbing;《불화》a trouble; friction; discord. ～하다 rub《*against*》; chafe《*the skin*》. ¶ ～을 낳다〔피하다〕cause〔avoid〕friction. ‖ ～열 frictional heat / ～음 a fricative (sound).

마천루(摩天樓) a skyscraper.

마취(麻醉) anesthesia; narcotism. ～하다 put《*a person*》under an anesthetic; anesthetize. ‖ ～약 an anesthetic; a narcotic / ～전문의 an anesthetist.

마치[1]《장도리》a small hammer. ‖ ～질 hammering.

마치[2]《흡사》as if〔though〕; just (like). ¶ ～ 미친 사람 같다 look as if *one* were mad.

마치다《끝내다》finish; end; be〔go〕through; complete. ¶ 학업을 ～ complete a school course.

마침《기회 좋게》luckily; fortunately; opportunely; just in time. ¶ ～ 그 때 just then.

마침내 at (long) last; at length; in the end; in the long run; finally.

마침표(一標) a period; a full stop.

마카로니 macaroni. ‖ ～웨스턴《이탈리아 영화》a Spaghetti Western.

마케팅 marketing. ‖ ～리서치 marketing research.

마켓 a market. ¶ 새로운 ～을 개척하다 develop a new market. ‖ ～셰어 (*one's*) market share.

마크《표》a mark;《레테르》a label.

마키아벨리즘 Machiavellism.

마태복음(一福音)〚聖〛the (Gospel of) Matthew.

마티네 a *matinée*《프》.

마파람 the south wind; a southerly.

마포(麻布) hemp cloth (삼베).

마피아《범죄결사》the Mafia.

마하〚理〛Mach (number)(생략 M). ¶ ～ 3으로 날다 fly at Mach 3.

마호가니 mahogany.

마호메트교 ☞ 이슬람교.

마흔 forty.

막(幕) ①《휘장》a curtain; a hanging screen. ¶ ~을 올리다 raise a curtain(위로); draw a curtain (aside)(옆으로) / ~이 오르다〔내리다〕 the curtain rises〔drops〕. ② 《극의》 an act. ¶ 제2~ 제3장 Act 2, Scene 3. ③ 《작은 집》 a cottage; a hut; a shack. ④ 《끝장》 an end; a close. ¶ 전쟁의 ~을 내리다 put an end to the war.

막(膜) 〖解〗 a membrane.

막[1] 《방금》 just (now); a moment ago. ¶ ~ …하려 하다 be about to 《*do*》; be on the point of 《*doing*》.

막[2] ☞ 마구.

막간(幕間) an interval (between acts); an intermission 《美》. ‖ ~극 an interlude.

막강(莫強) ¶ ~한 mighty; enormously powerful.

막걸리 unrefined〔raw〕 rice wine; 「*makkŏli*.

막내 the youngest (child). ‖ ~아들 the last〔youngest〕 son.

막노동(—勞動) ☞ 막일.

막다 ① 《구멍 등을》 stop (up); plug. ¶ 쥐구멍을 ~ stop up a rathole. ② 《차단·방해》 intercept; block; obstruct. ¶ 길을 ~ block the way; stand in the way / 바람을 ~ shelter 《*a person*》 from the wind. ③ 《방어》 defend; keep off〔away〕; 《저지》 check; stop; 《예방》 prevent; 《금지》 prohibit; forbid. ¶ 적을 ~ keep off the enemy / 전염을 ~ prevent infection. ④ 《구획》 screen off; compart. ¶ 칸을 ~ partition a room.

막다르다 come to the end of the road; come to a deadlock (사태가). ¶ 막다른 골목 a blind alley / 막다른 지경에 이르다 run into a blind alley; be driven into a corner; come to a deadlock.

막대(莫大) ¶ ~한 vast; huge; enormous; immense / ~한 비용 an enormous expense.

막대기 a stick; a staff; a rod.

막도장(—圖章) an unofficial (small-sized) seal.

막되다 (be) rude; unmannerly.

막둥이 《막내》 the youngest son.

막론(莫論) ¶ …을 ~하고 not to speak of…; to say nothing of….

막료(幕僚) the staff(전체); a staff 「officer(한 사람).

막막하다(寞寞—) (be) lonely; lonesome; dreary; desolate.

막막하다(漠漠—) (be) vast; boundless; limitless.

막말 rude〔rough〕 talk. ~하다 speak roughly〔thoughtlessly〕.

막무가내(莫無可奈) ¶ ~로 obstinately; stubbornly; firmly.

막바지 the very〔dead〕 end; the top (of a hill); a climax(절정); the last moment (고비).

막벌이 earning wages as a day laborer. ~하다 earn wages as a day laborer. ‖ ~꾼 a day laborer; an odd-jobber.

막사(幕舍) a camp; a barracks.

막상 actually〔really〕 (in the end); when it comes down to it. ¶ ~ 때가 닥치면 if the time comes; at the last moment / ~ 해보면 어려운 법이다 When you come down to doing it, you will find it rather difficult.

막상막하(莫上莫下) ¶ ~의 equal; even; equally-matched / ~의 경기 a close〔seesaw〕 game.

막심하다(莫甚—) (be) tremendous; enormous; heavy. ¶ 후회가 ~ I regret it very much.

막역(莫逆) ¶ ~한 intimate; close / ~한 친구 a close friend.

막연하다(漠然—) (be) vague; obscure; ambiguous. ¶ 막연한 대답을 하다 give a vague answer.

막일 hard manual labor; heavy〔rough〕 work. ~하다 be engaged in rough work. ‖ ~꾼 a manual〔physical〕 laborer.

막자 a medicine pestle; a muller. ‖ ~사발 a mortar.

막장 〖鑛〗 a coal〔working〕 face; a face. ¶ ~에서 일하다 work at the face.

막중(莫重) ~하다 (be) very important; invaluable.

막차(—車) the last bus〔train〕.

막판 《마지막판》 the last round; the final scene; 《고비》 the last〔critical〕 moment.

막후(幕後) ‖ ~공작 behind-the-scene maneuvering / ~교섭〔흥정〕 behind-the-scenes negotiations〔dealings〕 / ~인물 a man behind the curtain〔scene〕; wire-puller.

막히다 be closed; be clogged; be stopped〔stuffed〕 (up); be blocked (up)(길 따위); be chocked(숨이). ¶ 말이 ~ be stuck for a word / 길이 ~ the road is blocked / 하수도가 ~ a drain is stopped up.

만(卍) 《표지》 the Buddhist emblem; 《글자》 a fylfot; a swastika.

만(滿) just; full(y); whole. ¶ ~5일간 (for) a full five days.

만(灣) a bay (작은); a gulf (큰).

만(萬) ten thousand; a myriad. ¶ 수십 ~ hundreds of thousands 《*of*》.

만[1] 《경과》 after. ¶ 닷새 ~에 on the fifth day; after five days.

만[2] ① 《단지》 only; alone; merely; just. ¶ 한 번~ only once / 한 번~ 더 just once again / 이번~은 for this once / 밥~ 먹다

eat only rice / 그것 ～은 못 하겠다 I will do anything but that. ②《비교》as... as. ¶ 내 키가 너 ～하다 I am as tall as you (are). ③《겨우 그 정도》so trifling; such a small. ¶ 그～ 일로 성낼 것은 없네 Don't be offended at such a trifle.

만가(輓歌) an elegy; a dirge; a lament; a funeral song.

만감(萬感) a flood of emotions.

만강(滿腔) ¶ ～의 hearty; heartfelt《*thanks*》.

만경(萬頃) ¶ ～창파 the boundless expanse of water.

만고(萬古) ¶ ～불변의 eternal; immutable《*truths*》/ ～불후의 immortal; everlasting; eternal / ～풍상(을 다 겪다) (undergo) all kinds of hardships / ～의 영웅 a hero for all ages.

만곡(彎曲) ～하다 curve; bend.

만국(萬國) world nations; all countries on earth. ‖ ～기 the flags of all nations / ～박람회 a world's fair; an international exposition / ～우편연합 the Universal Postal Union(생략 UPU) / ～저작권 조약 the Universal Copyright Convention.

만금(萬金) an immense sum of money.

만기(滿期) expiration《*of a term*》; maturity《*of a bill*》. ¶ ～가 되다 expire; mature; fall due;《복역이》serve out *one's* time / 보험 ～가 되다 the term of *one's* insurance expires《*on April 5*》/ 어음은 다음 달로 ～가 된다 The bill falls due in a month. ‖ ～상환 redemption on maturity / ～어음 a matured bill / ～일 the day of maturity; the due date / ～제대 an honorable discharge.

만끽(滿喫) ～하다 enjoy fully〔to the full〕; have enough《*of*》.

만나다 ①《사람을》see; meet; interview (면회). ¶ 우연히 ～ come across〔upon〕《*a person*》. ②《당하다》meet with《*an accident*》; suffer. ¶ 화를 ～ suffer a calamity / 소나기를 ～ be caught in a shower.

만난(萬難) ¶ ～을 무릅쓰고 at any cost; at all costs〔risks〕.

만년(晩年) ¶ ～에 in *one's* last〔later〕years; late in life.

만년(萬年) eternity; ten thousand years. ‖ ～설 perpetual〔eternal〕snow / ～필 a fountain pen.

만능(萬能) ¶ ～의 almighty; omnipotent. ‖ ～선수 an all-(a)round player / ～후보 an ever unsuccessful candidate.

만단(萬端) ¶ ～의 준비가 되었다 Everything〔All〕is ready.

만담(漫談) a comic chat. ～하다 have a comic chat. ‖ ～가 a comic-chat artiste; a comedian.

만대(萬代) all ages. ¶ ～에 for all ages; forever.

만돌린〖樂〗a mandolin.

만두(饅頭) a dumpling stuffed with minced meat.

만득(晩得) ～하다 beget a child in *one's* later years.

만들다 ①《제조》make; manufacture; produce《*cars*》;《양조》brew《*beer*》; distill《*whisky*》. ¶ 진흙으로 인형을 ～ make a doll out of clay / 쌀로 술을 ～ make wine from rice. ②《작성》make (out); draw up. ¶ 서류〔계약서〕를 ～ draw up a document〔contract〕. ③《건설》make; build. ¶ 길을 ～ build a road. ④《조직·창설》set up; establish; organize; form. ¶ 회사를 ～ set up a company / 클럽을 ～ organize a club. ⑤《조작》make-up; invent. ¶ 만들어 낸 이야기 a made-up〔an invented〕story. ⑥《요리》make; prepare; fix《美》; cook(불을 사용해서). ¶ 저녁 식사를 ～ prepare〔fix〕supper / 케이크를 ～ make〔bake〕a cake. ⑦《마련》make; get; raise《*money*》. ¶ 재산을 ～ make〔amass〕a fortune / 기금을 ～ raise a fund.

만듦새 make; workmanship; craftsmanship; cut(옷 따위의). ¶《물품의》～가 좋은〔나쁜〕well-〔poorly-〕made; of fine〔poor〕make.

만료(滿了) expiration; expiry. ～하다 expire. ¶ 임기가 ～되는 날 the day *one's* term of office expires. ‖ 임기 ～ the termination of office.

만루(滿壘)〖野〗a full base. ‖ ～홈런 a base-loaded homer; a grand slam《美》/ 일사(一死) ～ one out bases loaded.

만류(挽留) ～하다 (try to) prevent《*a person*》from《*leaving*》;《제지하다》detain; keep〔hold〕back; check. ¶ 소매를 잡고 ～하다 detain《*a person*》by the sleeve / 싸우지 말라고 ～하다 hold《*a person*》back from wrangling.

만류(灣流) the Gulf Stream.

만리(萬里) ‖ ～장성 the Great Wall (of China).

만만(滿滿) ～하다 (be) full《*of*》. ¶ 패기〔자신〕～하다 be full of ambition〔self-confidence〕.

만만하다 ①《보드랍다》(be) soft; tender. ②《다루기가》(be) easy《*to deal with*》; negligible; not formidable (두렵지 않다). ¶ 만만한

사람 an easy mark / 만만치 않은 적 no common enemy; a formidable adversary / 만만히 보다 〔여기다〕 hold《*a person*》cheap; make light of; undervalue.
만면(滿面) the whole face. ¶ ～에 미소를 띄우고 smiling all over *one's* face / 희색이 ～하여 with *one's* face beaming with joy.
만무(萬無) ～하다 cannot be; be most unlikely. ¶ 그럴 리가 ～하다 It is next to impossible. *or* It's most unlikely.
만물(萬物) all things (under the sun); all creation. ¶ 사람은 ～의 영장이다 Man is the lord of creation. ‖ ～박사 a walking dictionary; a jack-of-all-trades / ～상 a general store.
만민(萬民) the whole nation; all the people. ‖ ～법 *jus gentium*《라》.

ㅁ

만반(萬般) ¶ ～의 all; every / ～의 준비를 갖추다 make full〔thorough〕preparations《*for*》.
만발(滿發) ～하다 bloom all over; come into full bloom; be in full bloom〔blossom〕.
만방(萬方) all directions; every way.
만방(萬邦) nations of the world.
만백성(萬百姓) all the people.
만병(萬病) all kinds of diseases. ‖ ～통치약 a panacea; a cure-all.
만보(漫步) a ramble; a stroll.
만복(萬福) all sorts of good fortunes. ¶ 소문～래 Fortune comes to a merry home. *or* Laugh and be〔grow〕fat.
만복(滿腹) satiety; a full stomach.
만부당(萬不當) ～하다 (be) utterly unjust; unright; unlawful; unreasonable; inappropriate.
만분지일(萬分之一) one in ten thousand; a ten-thousandth.
만사(萬事) all (things); everything. ¶ ～에 in all things / ～가 여의〔형통〕하다 Everything turns out as *one* wishes. *or* All goes well. / 이제 난 ～가 끝장이다 It's all over for me now.
만삭(滿朔) (the month of) parturiency. ～하다 be in the last month of pregnancy; be parturient. ¶ ～의 부인 a parturient woman.
만상(萬象) the visible world; the universe; all (things in) nature.
만생종(晩生種) a variety of late ripening.
만석꾼(萬石—) a rich landlord; a millionaire.
만성(晩成) ～하다 mature late; be slow to develop.
만성(慢性)〖醫〗chronicity. ¶ ～의〔적인〕chronic; deep-seated / ～이 되다 pass into a chronic state; become chronic《*with*》/ ～적인 실업 chronic unemployment. ‖ ～병 a chronic disease / ～병 환자 a chronic invalid / ～위장병 inveterate〔chronic〕dyspepsia / ～인플레 chronic inflation.
만세(萬世) all ages〔generations〕; eternity.
만세(萬歲) ① ☞ 만세(萬世). ‖ ～력 a perpetual almanac. ②《외치는》cheers; hurrah; hurray. ¶ ～ 삼창하다 give three cheers《*for a person*》.
만수(萬壽) longevity. ‖ ～무강(無疆) a long life; longevity (～무강하다 live long; enjoy longevity).
만시(晩時) ‖ ～지탄 a belated regret.
만신(滿身) the whole body. ¶ ～창이다 be covered all over with wounds.
만심(慢心) pride; self-conceit. ～하다 be proud; be conceited; be puffed up《*with*》; be bloated〔inflated〕with pride. ¶ ～케 하다 make《*a person*》conceited.
만약(萬若) if; in case《*of*》. ¶ ～그것이 사실이라면 if it is true.
만연(漫然) ¶ ～한 random; rambling; desultory / ～히 aimlessly; at random; desultorily.
만연(蔓延) ～하다 spread; be prevalent. ¶ 질병이 ～한 난민 수용소 a disease-ridden refugee camp.
만용(蠻勇) recklessness. ¶ ～을 부리다 show reckless valor.
만우절(萬愚節) April Fools' Day.
만원(滿員)《게시》《극장의》House full; Full house; Sold out(매진); 《전차 따위의》Car full. ¶ ～의 관객 a capacity audience〔crowd〕/ 초～이다 be more than full; be filled to bursting / ～이 된 청중에게 연설하다 deliver a speech to a packed house. ‖ ～버스 a jam-packed bus / ～사례《게시》Thank you for giving us a full house today.
만월(滿月) a full moon.
만유인력(萬有引力)〖理〗universal gravitation. ¶ ～의 법칙 the law of universal gravitation.
만인(萬人) every man; all people.
만인(蠻人) a savage; a barbarian.
만일(萬一) by any chance; if; in case《*of, that*》. ¶ ～의 경우에는 if anything should happen; in case of emergency.
만자(卍字) a swastika; a fylfot. ¶ ～모양의 swastika-shaped《*frame*》.
만장(萬丈) ¶ ～의 기염을 토하다 talk big; make a grand splurge.
만장(輓章) a funeral ode; an elegy.
만장(滿場) the entire audience(전

체 관객); the whole house(회장 전체). ¶ ~일치로 결정되다 be decided unanimously / ~의 갈채를 받다 bring down the (whole) house.
만재(滿載) ~하다 be fully loaded 《*with*》; carry a full cargo; be loaded to capacity. ¶ 승객을 ~하다 carry a full load of passengers. ‖ ~흘수선(吃水線) the load line〔load draft〕.
만전(萬全) ¶ ~의 sure; secure / ~을 기하다 make assurance doubly sure / ~의 대책을 강구하다 adopt a prudent〔the safest〕 policy; take all possible measures to ensure 《*the success of a project*》.
만점(滿點) a full mark. ¶ ~을 따다 get full marks / ~이다 《완전》 be perfect; be satisfactory.
만져보다 touch; feel; finger.
만조(滿潮) a high〔full〕 tide; high water. ¶ ~시에 at high tide / ~는 오후 1시다 The tide is full at 1 p.m.
만족(滿足) satisfaction; gratification(욕망의); contentment. ~하다 be satisfied〔gratified〕《*with*》; be content〔pleased〕《*with*》. ¶ ~할 만한 satisfactory; sufficient (충분한) / ~시키다 satisfy; gratify; give 《*a person*》 satisfaction / 미소로 ~의 뜻을 나타내다 express *one's* satisfaction with a smile / 그 결과에 ~해 하다 be happy〔pleased〕 with the result / 이것으로 ~할 만한 설명이 되었다고 생각한다 I believe this is a sufficient explanation. ‖ ~감 a feeling of satisfaction.
만종(晩鍾) the curfew.
만좌(滿座) the whole company〔assembly〕. ¶ ~ 중에 in public; before the whole company.
만주(滿洲) Manchuria. ¶ ~의 Manchurian.
만지다 finger; handle; touch; feel. ¶ 손으로 ~ touch 《*a thing*》 with the hand / 만지지 마시오 《게시》 Hands off.
만지작거리다 keep fingering; fumble with; tamper with.
만찬(晩餐) dinner; supper. ¶ ~에 초대하다 ask〔invite〕《*a person*》 to dinner. ‖ ~회 《give》 a dinner party.
만천하(滿天下) ¶ ~에 in the whole country; throughout the country; 《announce》 publicly.
만추(晩秋) late autumn〔fall〕.
만춘(晩春) late spring.
만취(漫醉 · 滿醉) ~하다 get dead drunk; be beastly drunk.
만큼 《비교》 as... as(긍정); not as〔so〕... as (부정); 《정도》 so much that; enough; 《…이므로》 since; in view of. ¶ 그~ as〔so that〕 much / 얼마 ~ how much; to what extent / 때가 때인 ~ in view of the times.
만태(萬態) various phases. ‖ 인생 ~ various phases of life.
만판 《마음껏》 to the full; to *one's* heart's content; as much as *one* pleases; 《마냥》 at all times; all the time; constantly. ¶ ~ 먹다〔마시다〕 eat〔drink〕 *one's* fill / ~ 인생을 즐기다 enjoy life to the full / ~ 놀기만하다 spend all *one's* time loafing.
만평(漫評) a satire; a satiric comic; a rambling criticism(비평). ‖ 시사 ~ rambling comments on current events.
만필(漫筆) lighthearted〔carefree〕 jottings.
만하(晩夏) late summer.
만하다 ① 《족하다》 be enough〔sufficient〕《*to do*》. ¶ 나이가 일하기 좋을 ~ be old enough to work efficiently. ② 《가치 · 힘이》 be worth 《*doing*》; be worthy of...; deserve. ¶ 칭찬할 ~ deserve praise.
…만하다 《정도》 be to the extent of; be as... as. ¶ 크기가 네 것~ be as big as yours.
만학(晩學) ~하다 study〔begin to learn〕 late in life. ‖ ~자 a late learner.
만행(蠻行) savagery; a brutality; an atrocity. ¶ ~을 저지르다 commit an act of brutality.
만혼(晩婚) a late marriage. ~하다 marry late (in life).
만화(漫畫) a caricature (인물의); a cartoon (풍자적); 《연재의》 a comic strip; comics. ‖ ~가 a caricaturist; a cartoonist; a comic stripper / ~영화 an animated cartoon; a cartoon film / ~책 a comic book / 불량~ substandard comic books.
만화경(萬華鏡) a kaleidoscope.
만화방창(萬化方暢) luxuriant growth of all things in spring. ~하다 all things grow luxuriantly 《*in spring*》.
만회(挽回) recovery; retrieval(명예 등의); restoration(복구). ~하다 recover 《*one's losses*》; restore 《*one's reputation*》; retrieve 《*one's fortunes*》. ¶ ~할 수 없는 irrecoverable; irretrievable. ‖ ~책 measures for retrieving 《*one's lost credit*》.
많다 《수》 (be) many; numerous; 《양》 (be) much; 《수 · 양》 (be) a lot of; plenty of; 《풍부》 (be) abundant〔plentiful〕; abound in; 《충분》 (be) enough; sufficient; 《잦다》 (be) frequent; often; prevalent. ¶ 많이 《다수 · 수량》

ㅁ

much; lots; plenty; a great deal; in a large amount〔number〕; in large quantities / 많은 책 many books / 많은 돈 much money / 많은 사람 a great crowd of people / 볼일이 ~ have many things to do / 강에는 잉어가 ~ The river abounds in carp. / 많을수록 좋다 The more, the better. / 일본에는 지진이 ~ Japan has frequent earthquakes.

맏 firstborn; the eldest. ‖ ~아들 the eldest son / ~형 the eldest brother.

맏물 the first product〔crop〕 of the season; the first fruits.

맏배 the firstborn (of animals); the first batch〔hatch, litter〕. ‖ ~돼지 the first litter of pigs / ~병아리 chickens of the first hatch.

맏사위 the husband of *one's* firstborn〔eldest〕 daughter.

맏상제(一喪制) the chief mourner; the eldest son of the deceased.

맏손자(一孫子) the eldest〔first〕 grandson〔grandchild〕.

맏이 the firstborn〔eldest〕 son.

말[1]《타는》 a horse. ¶ 마차 ~ a carriage horse / 수~ a stallion (종마) / 암~ a mare / 조랑~ a pony / 짐 싣는 ~ a pack-horse / ~을 타다 ride〔mount〕 a horse / ~을 타고 가다 go on horseback.

말[2]《분량》 a *mal* (≒18 liters).

말[3] ①《언어》 language; speech; a word (낱말); a language(국어). ‖ 서울~ Seoul speech. ②《언사》 a talk; a speech; a conversation; a chat; a remark; a statement. ¶ ~없이 without a word / ~이 많다 be talkative〔loquacious〕/ ~이 적다 be taciturn; be a man of few words / ~이 서투르다 be a poor speaker / ~을 걸다 speak to《*a person*》/ ~을 놓다 don't mister《*a person*》/ ~을 잘 하다 be eloquent〔fluent〕.

말[4] 〖植〗 duckweed.

말[5]《장기·윷의》 a marker in chess; a piece; a chessman.

…말(末)《끝》 the end《*of May*》; the close《*of the century*》.

말갈기 a mane.

말갛다 (be) clear; clean; limpid.

말경(末境)《끝판》 the end; the close;《말년》 the declining years of *one's* life.

말고삐 reins; a bridle.

말공대(一恭待) addressing in honorifics. ~하다 address in honorifics.

말괄량이 a romp; a tomboy; a hussy; a minx; a flapper.

말구종(一驅從) a footman; a groom.

말굴레 a bridle; a headgear.

말굽 a horse's hoof; a horseshoe(편자). ‖ ~소리 the clattering of a horse's hoofs.

말귀《말뜻》 the meaning of what *one* says;《이해력》 understanding; apprehension; an ear (for words). ¶ ~를 못 알아 듣다 can't make out what《*a person*》 says.

말기(末期) the last stage〔years, days〕; the end; the close. ¶ ~적 증상이다 show signs of a down fall.

말꼬리 ¶ ~를 잡다 catch《*a person*》 in *his* own words; take up《*a person*》 on a slip of the tongue.

말끔 completely; thoroughly; all; entirely; wholly; totally. ¶ 빚을 ~청산하다 clear off *one's* debts.

말끔하다 (be) clean; neat; tidy. ¶ 말끔히 clean(ly); neatly; tidily.

말끝 ¶ ~을 흐리다 leave *one's* statement vague; prevaricate / 그는 ~마다 그런 소리를 한다 He never opens his mouth without saying it.

말내다 ①《얘기삼아》 bring into the conversation; begin to talk about. ②《비밀을》 disclose; divulge; reveal; expose.

말년(末年) ①《일생의》 *one's* later years. ②《말엽》 the last years〔days〕.

말다[1]《둘둘》 roll《*paper*》.

말다[2]《물에》 put《*rice*》 into water; mix《*food*》 with《*soup*》.

말다[3]《그만두다》 give up; quit; stop; cease. ¶ 하다가 만 일 an unfinished work.

말다[4] ①《금지》 don't; not; never; avoid. ¶ 잊지 마라 Don't forget. ②《필경 …되다》 end up《*doing*》; finally《*do*》. ¶ 그는 마침내 술로 죽고 말았다 Drink ended him.

말다툼 a dispute; a quarrel; a wrangle; a squabble; an argument. ~하다 have a quarrel〔an argument, a dispute〕 with; quarrel〔argue〕 with.

말단(末端) the end; the tip. ¶ 행정기구의 ~ the smallest unit of the administrative organization; a government office in direct contact with the public. ‖ ~공무원 a petty official / ~사원 a minor clerk.

말대꾸 a reply; a response; an answer. ☞ 말대답.

말대답(一對答) back talk; a retort; a comeback《口》. ~하다 talk back《*to a person*》; answer back; retort; give《*a person*》 back talk. ¶ 어른한테 ~해서는 못 쓴다 You shouldn't talk back to your elders.

말더듬다 ☞ 더듬다, 더듬거리다.

말더듬이 a stammerer; a stutterer. ‖ ~교정기 an articulator.

말똥말똥 with vacant fixed eyes. ~하다 be wide-awake.

말뚝 a pile; a stake; a post.

말라깽이 a living skeleton; a bag of bones.

말라리아 〖醫〗 malaria. ‖ ~ 열 malarial fever.

말라빠지다 be(come) thin 〔lean〕; grow gaunt; lose flesh.

말랑말랑하다 (be) soft; tender; elastic.

말레이 Malay. ¶ ~어 Malay / ~ 사람 a Malay(an) / ~ 반도 the Malay Peninsula.

말레이시아 (the Federation of) Malaysia. ¶ ~의 Malaysian / ~ 사람 a Malaysian.

말려들다 be dragged 《*in*》; be involved 〔entangled〕 《*in*》. ¶ 전쟁〔분쟁〕에 ~ be involved in a war 〔trouble〕.

말로(末路) the last days; the (final) fate; the end 《*of one's career*》. ¶ 영웅의 ~ the last days of a hero.

말리(茉莉) 〖植〗 a jasmine.

말리다[1] 《둘둘》 be rolled 〔curled〕 up.

말리다[2] 《건조》 (make) dry; desiccate (저장용); season (재목을); drain (고갈). ¶ 불에 ~ dry 《*a thing*》 over the fire.

말리다[3] 《만류》 dissuade 《*a person from doing*》; get 《*a person*》 not to; stop. ¶ 싸움을 ~ stop a quarrel.

말마디 a phrase; a speech; a talk. ¶ 그 사람 ~깨나 할 줄 안다 He is quite a good speaker.

말막음 ¶ ~하다 hush up; shut 《*a person*》 up; stop 《*a person's*》 mouth.

말머리 ¶ ~를 돌리다 change the subject of *one's* speech.

말먹이 fodder; hay; forage.

말몰이꾼 a pack-horse driver.

말문(一門) ¶ ~이 막히다 be struck dumb; be at a loss for words.

말미 leave (of absence); furlough. ¶ ~를 얻다 get 〔be granted〕 a leave of absence / ~를 주다 give 〔grant〕 leave (of absence).

말미(末尾) the end; the close. ¶ 보고서 ~에 at the end of the report.

말미암다 《유래》 come 〔arise〕 from; be derived 《*from*》; 《원인》 be due to; be caused by. ¶ 부주의로 말미암은 사고 an accident due to carelessness / 말미암아 owing to; because of; on account of.

말미잘 〖動〗 a sea anemone.

말버릇 *one's* manner of speaking; *one's* way of talking.

말버짐 psoriasis.

말벌 〖蟲〗 a wasp; a hornet.

말벗 a companion; someone to talk to 〔with〕. ¶ ~이 되다 keep 《*a person*》 company.

말복(末伏) the third of the three periods of summer doldrums; the last of the dog days.

말본 grammar. ☞ 문법.

말살(抹殺) ① 《숙청·살해》 purge; liquidation; erasure. ~하다 purge; liquidate; get rid of; kill; deny (the existence of). ② ☞ 말소.

말상(一相) a long face. ¶ ~이다 be long-〔horse-〕faced.

말석(末席) the lowest seat; the bottom. ¶ ~을 더럽히다 be humbly present 《*at a meeting*》.

말세(末世) a degenerate age; the end of the world.

말소(抹消) erasion. ~하다 erase; efface; strike 〔cross〕 out. ¶ 등기의 ~ cancellation of registration.

말소리 a voice. ¶ ~가 들리다 hear 《*a person*》 talking.

말솜씨 *one's* ability to speak 〔talk〕; eloquence. ¶ ~가 좋다 be good at speaking; be eloquent.

말수(一數) ¶ ~가 적은 silent; taciturn; reticent.

말승냥이 ① 《이리》 a wolf. ② 《키 큰 사람》 a tall man.

말실수(一失手) a slip of the tongue. ~하다 make a slip of the tongue.

말썽 trouble; complaint; a dispute(분쟁). ¶ ~ 부리다 complain; cause trouble; lead to a dispute. ‖ ~거리 a cause 〔source〕 of trouble; a matter for complaint / ~꾸러기〔꾼〕 a troublemaker; a grumbler.

말쑥하다 (be) clean; neat; smart; nice.

말씨 the use of words; *one's* way of speaking; the language. ¶ 점잖은 ~ refined diction / ~가 상스럽다 be rough of speech.

말아니다 ① 《언어도단》 (be) unreasonable; absurd; nonsensical. ② 《형편이》 be in very bad shape; (be) extremely poor 〔miserable, wretched〕.

말안되다 (be) absurd; unreasonable; contrary to logic.

말없이 《묵묵히》 in silence; silently; without comment; without saying anything; 《선뜻》 without a word; readily; 《무단으로》 without notice.

말엽(末葉) the end; the close. ¶ 20세기 ~에 toward the end of the 20th century.

말오줌나무 〖植〗 an elderberry.

말일(末日) the last day; the end 《*of May*》. ¶ 응모는 이 달 ~까지이다 The deadline for the application is the end of this month.

말장난 a play on words; a word-

play. ～하다 play on words.
말재주 (a) talent for speaking; eloquence. ¶ ～ 있는 eloquent; glib-tongued.
말조심(一操心) ～하다 be careful of *one's* speech.
말주변 the gift of gab. ¶ ～이 있는 glib-tongued / ～이 좋다 have a ready tongue / ～이 없다 be a poor talker.
말직(末職) a small post; a petty office; the lowest position.
말질 tale-telling; gossiping; 《말다툼》 a quarrel. ～하다 tell tales about others; gossip; quarrel.
말짱하다 《온전》 (be) perfect; whole; flawless; sound; free from blemish; 《안 취함》 remain sober(서술적). ¶ 정신이 ～ have a clear mind; be sound in mind.
말참견(一參見) interfering; meddling. ～하다 put in word; poke *one's* nose into; interfere 《*in*》.
말채찍 a horsewhip.
말초(末梢) ¶ ～적인 unimportant; trifling; trivial; 〖解〗 peripheral. ‖ ～신경 a peripheral nerve.
말총 horsehair.
말치레 ～하다 use fine〔fair, honeyed〕 words; say nice〔pretty〕 things.
말캉말캉하다 ☞ 물렁물렁하다.
말투 *one's* way of talking; the way *one* talks. ¶ 야비한 ～ a mean〔low〕 expression / ～가 거칠다 use harsh language; be rough in *one's* speech.
말판 a game〔dice〕 board.
말편자 a horseshoe.
말하다 《얘기》 talk (about); speak; converse; relate; have a talk〔chat〕 with; 《알리다》 tell; say; speak of; state; mention; narrate; set forth; 《표현》 express; touch upon; refer to. ¶ 말할 수 없는 unspeakable; indescribable / …은 말할 것도 없고 to say nothing of / 말하자면 so to speak; as it were / 한마디로 말하자면 in short; in a word / 간단히〔자세히〕 ～ state briefly〔in detail〕 / 좋게〔나쁘게〕 ～ speak well〔ill〕 of 《*a person*》 / …은 말할 것도 없다 It is needless to say 《*that*...》 / …이라 말해도 좋다 It may safely be said that....
맑다 ① 《물이》 (be) clear; clean; limpid; pure; 《소리가》 resonant. ② 《날씨가》 (be) fine; clear. ¶ 맑은 하늘 clear sky. ③ 《마음이》 (be) clear; pure; fresh. ④ 《청빈》 (be) poor (but honest).
맑은장국(一醬一) clear meat soup; *consommé* 《프》. 「pipe trousers.
맘보 a mambo. ‖ ～바지 drain-
맙소사 Oh, no!; Good God!; Good gracious〔heaven〕!
맛 ① 《음식의》 (a) taste; (a) flavor; savor. ¶ 매운〔신, 짠〕 ～ a hot〔sour, salty〕 taste / ～이 좋은 nice; tasty; palatable; delicious / ～ 없는 untasty; ill-tasting; unpalatable / 아무 ～도 없는 tasteless / ～이 변하다 turn sour〔stale〕. ② 《사물의》 relish; taste; interest. ¶ ～을 알다 know the taste 《*of*》 / ～을 보다 taste; try〔have〕 a taste of 《*food*》 / 돈～ a taste for money / 여자 ～ an interest in women / …에 ～을 들이다 get〔acquire〕 a taste for; take a liking for〔to〕 / 성공의 ～을 알다 taste the benefits of success / 가난의 ～을 아직 모르다 don't know the taste of poverty yet. ③ 《관용적》 ¶ 따가운 ～을 보여주다 teach 《*a person*》 a lesson / 오늘 꼭 가야 ～이냐 Why do you have to choose to go today necessarily?
맛깔스럽다 《맛이》 (be) tasty; palatable; agreeable. ¶ 맛깔스러운 음식 an agreeable food.
맛나다 ① 《맛있다》 (be) delicious; nice; tasty. ② 《맛이 나다》 taste good〔nice〕; have a flavor of.
맛난이 《조미료》 flavoring; seasoning; a spice(향료).
맛들다 pick up flavor; become tasty; grow ripe.
맛들이다 ① 《재미 붙이다》 acquire〔get〕 a taste 《*of*》. ② 《맛들게 하다》 season〔flavor〕 with; make tasty.
맛맛으로 according to *one's* pleasure〔taste, desire〕. ¶ ～ 골라 먹어라 Help yourself according to your taste.
맛배기 《특제》 a special order.
맛보다 《맛을》 taste; try the flavor of; 《경험》 experience; suffer; undergo. ¶ 인생의 쓰라림을 ～ experience hardships of life.
맛부리다 behave in an insipid manner〔way〕.
맛없다 ① 《맛이 없다》 (be) untasty; tasteless; unpalatable; unsavory. ② 《재미 없다》 (be) dry; flat; dull; insipid.
맛있다 (be) nice; tasty; delicious; palatable; dainty. ¶ 맛있어 보이는 tempting; delicious-looking / 맛있게 먹다 eat with relish.
맛적다 《맛이》 lack flavor; (be) flat; dull; tasteless; 《재미가》 lack charm; (be) unpleasant; unenjoyable.
망(望) 《살핌》 watch; lookout; guard; vigilance. ¶ ～보다 keep a watch; stand guard; look out for.
망(網) ① 《그물》 a net; netting

(총칭). ②《조직》a network. ‖ 철도〔통신, 방송〕～ a railway〔communication, radio〕network.
망각(忘却) ～하다 forget; be forgetful〔oblivious〕 of《*one's responsibilities*》.
망간〖化〗manganese (기호 Mn).
망건(網巾) a headband made of horsehair.
망고〖植〗a mango [*pl.* -(e)s].
망국(亡國) the ruin of *one's* country; national ruin〔decay〕. ¶ ～적(인) ruinous to *one's* country / ～지한(之恨) lamentation〔grief〕over the national ruin.
망그러뜨리다 break down; damage; ruin; disable; destroy.
망그러지다 break; be put out of shape; be damaged〔broken, destroyed, ruined〕; get out of order.
망극(罔極) ～하다《은혜가》(be) immeasurable; great; immense; 《슬픔》(be) grievous; be deeply in sorrow(서술적). ¶ 성은이 ～하나이다 Immeasurable are the King's favors.
망나니 ①《사형 집행인》an executioner. ②《못된 사람》a wretch; a rogue; a villain; a scoundrel.
망년회(忘年會) a year-end party.
망동(妄動) a rash〔reckless〕act. ～하다 act blindly; commit a rash act.
망둥이〖魚〗a goby fish.
망라(網羅) ～하다《포함》include; comprise; contain; comprehend; 《모으다》bring together; collect. ¶ 총～한 exhaustive; comprehensive; (thorough and) complete.
망령(亡靈) a departed spirit〔soul〕.
망령(妄靈) dotage; senility. ¶ ～되다 (be) childish; foolish; silly; absurd; unreasonable / ～ 들다 be in *one's* dotage; be in *one's* second childhood; be senile / ～ 부리다 behave like a child; commit an absurd act.
망루(望樓) a watchtower; an observation tower; a lookout.
망막(網膜)〖解〗the retina. ‖ ～검시경 a retinoscope; a skiascope / ～염〖醫〗retinitis.
망망(茫茫) ～하다 (be) vast; extensive; boundless. ‖ ～대해 an immense expanse of water.
망명(亡命) exile(국외로); defection (적국으로의). ～하다 exile *oneself;* seek〔take〕refuge《*in*》; flee〔defect〕from *one's* own country《*for political reasons*》. ¶ 미국으로 ～하다 seek〔take〕refuge〔asylum〕in America / ～을 요청하다 ask for political asylum《*in France*》. ‖ ～객〔자〕an exile; a (political) refugee; a defector / ～정권 an exiled government〔regime〕.
망발(妄發) thoughtless words; a reckless remark. ～하다 make an absurd〔thoughtless, disgraceful〕remark. ‖ ～풀이 a treat given to make up for *one's* thoughtless remarks.
망부(亡父) *one's* deceased father.
망부(亡夫) *one's* deceased husband.
망사(網紗) gauze.
망상(妄想) a wild fancy; a fantastic idea; a delusion. ¶ ～에 빠지다 be lost in wild fancies / ～에 시달리다 suffer from delusions / ～을 품다 hold delusions in the mind.
망상(網狀) reticulation. ¶ ～의 netlike; reticular; net-shaped. ‖ ～섬유 a reticulum / ～조직 a retiform tissue; a network《*of tiny vessels*》.
망상스럽다 (be) frivolous; saucy; impertinent.
망석중이《꼭두각시》a puppet; a marionette.
망설이다 hesitate; scruple; waver; be irresolute. ¶ 망설이며 hesitatingly / 망설이지 않고 without hesitation; unhesitatingly / 갈까 말까 ～ can't make up *one's* mind whether to go or not.
망신(亡身) a disgrace; a shame; humiliation. ～하다 disgrace *oneself;* be disgraced. ¶ ～시키다 disgrace; bring shame on; put《*a person*》out of countenance.
망실(亡失) loss. ～하다 lose.
망아지 a pony; a foal; a colt(수컷); a filly(암컷).
망양지탄(望洋之歎) lamenting *one's* inability (to cope with a situation); a feeling of hopelessness〔total incapacity〕.
망언(妄言) thoughtless words; reckless remarks. ～하다 make an absurd remark.
망연(茫然) ①《정신없음》¶ ～히 vacantly; blankly; absentmindedly; in dumb surprise / ～자실하다 be stunned〔stupefied〕《*at, by*》; be dumbfounded; be struck dumb with surprise. ② ☞ 아득하다.
망울 ①《덩어리》a (hard) lump; a bud (꽃망울). ②〖醫〗an enlarged lymph node; lymphadenoma.
망원가늠자(望遠 —)〖理〗a telescopic sight.
망원경(望遠鏡) a telescope; a spyglass; field glasses(쌍안경). ¶ ～으로 보다 look at《*a star*》through a telescope. ‖ 유료～ a pay telescope.
망원렌즈(望遠 —) a telephoto lens.
망원사진(望遠寫眞) a telephoto-

graph. ‖ ～기 a telephotographic camera.
망월(望月) 《보름달》 a full moon.
망인(亡人) the deceased.
망일(望日) a full-moon day.
망조(亡兆) an omen of ruin. ¶ ～가 들다 show signs of ruin; be doomed to ruin.
망주석(望柱石) a pair of stone posts in front of a tomb.
망중한(忙中閑) a moment of relief from busy hours; a break. ¶ ～을 즐기다 enjoy some leisure in the intervals of *one's* work.
망처(亡妻) *one's* deceased wife.
망측하다(罔測—) (be) absurd; 《상스러움》 (be) low; mean; indecent; nasty; 《꼴사나움》 (be) ugly; unsightly; unshapely.
망치 a hammer; a sledge(hammer). ‖ ～질 hammering(～질하다 hammer).
망치다 spoil; ruin; destroy; frustrate; make a mess 《*of*》. ¶ 신세를 ～ ruin *oneself;* make a failure of *one's* life.
망태기(網—) a mesh bag.
망토 a mantle; a cloak.
망판(網版) 〖印·寫〗 a halftone; a halftone plate〔block〕.
망하다(亡—) ① 《멸망》 fall; perish; die out; 《영락》 be ruined; go to ruin; fall〔sink〕 low; be in reduced circumstance; 《파산》 go 〔become〕 bankrupt; fail. ¶ 망할 위험에 처해 있다 be in danger of perishing / 함께 ～ fall〔be ruined〕 together / 망해서 거지가 되다 be reduced to beggary / 그 나라는 3,000년 전에 망했다 The country perished 3,000 years ago. / 그 회사는 망했다 The company went 「bankrupt〔under〕. ② 《어렵다》 be hard to deal with. ¶ 그 책은 읽기가 ～ The book is hard to read.
망향(望鄕) homesickness; nostalgia. ¶ ～병에 걸리다 become〔get〕 homesick.
맞… ☞ 마주. ¶ ～ 보다 look at each other.
맞고소(—告訴) a cross〔counter〕 action. ～하다 counterclaim 《*against*》.
맞다[1] ① 《정확》 be right〔correct〕; keep good time (시계가). ¶ 꼭 ～ be perfectly correct (계산이). ② 《어울림》 become; suit; match well; go well 《*with*》. ¶ 복장을 장소에 맞도록 하다 suit *one's* clothes to the occasion / 그 넥타이는 옷과 잘 맞는다 The tie goes well with your coat. ③ 《옷·크기 등이》 fit; suit; be fitted 《*to*》; 《알맞다》 be suitable; suit; serve (the purpose). ¶ 잘 맞는 옷 well fitting clothes; a good fit / 쐐기가 구멍에 ～ a wedge fits in a hole / 체질에 맞는 음식 food suitable to *one's* constitution / 마음에 ～ suit 《*a person's*》 taste 〔fancy〕. ④ 《일치》 agree 《*with*》; be in accord 《*with*》. ¶ 서로 의견이 ～ agree with each other / 이 사본은 원본과 맞지 않는다 This copy does not agree with the original. ⑤ 《적중함》 hit; strike; come true(예상이); 《제비·복권이》 draw; win. ¶ 화살이 과녁에 ～ an arrow hits the mark / 복권이 ～ draw〔get〕 a lottery prize. ⑥ 《수지가》 pay. ¶ 수지 맞는 장사 a paying business.
맞다[2] ① 《영접》 meet; receive. ¶ …를 반가이 ～ welcome 《*a person*》; receive 《*a person*》 with delight / 정거장에서 ～ meet 《*a person*》 at the station. ② 《맞아들임》 invite; engage. ¶ 아내를 ～ take a wife; get married / 새 비서를 ～ engage a new secretary. ③ 《때를》 ¶ 새해를 ～ greet the New Year / 생일을 ～ mark *one's* 《53*rd*》 birthday. ④ 《비바람 등》 be exposed to 《*rain*》; expose *oneself* to. ⑤ 《매를》 get a blow; be struck; be shot(총탄을). ¶ 머리에 ～ be struck on the head. ⑥ 《당하다》 meet with; come across; suffer. ¶ 도둑을 ～ have 《*a thing*》 stolen; be stolen(금품이 주어) / 야단 ～ get〔have〕 a scolding / 퇴짜를 ～ get rejected. ⑦ 《주사를》 get〔have〕 《*an injection*》; 《침을》 get acupunctured.
맞닥뜨리다 be faced with; be confronted with; encounter.
맞담배 ¶ ～질을 하다 smoke to 《*a person's*》 face.
맞당기다 draw〔pull〕 each other.
맞닿다 touch each other; meet.
맞대다 bring 《*a person*》 face to face with 《*another*》; confront 《*a person*》 with 《*another*》; bring 〔join〕 《*something*》 together. ¶ 아무와 얼굴을 ～ come face to face with *a person* / 얼굴을 맞대고 앉았다 We sat facing each other. / …에 관해 무릎을 맞대고 이야기하다 《비유적》 have a heart-to-heart talk about 《*it*》.
맞대하다(—對—) face〔confront〕 each other.
맞돈 cash payment; payment in cash; cash (down). ¶ ～으로 사다〔팔다〕 buy〔sell〕 《*a thing*》 for cash.
맞들다 lift together; hold up 《*a thing*》 together.
맞먹다 《필적하다》 be equal 《*to*》; be a match for; 《상당하다》 be equivalent to. ¶ 월급 2개월분과 맞먹는 보너스 a bonus equivalent to two month's pay.
맞물다 bite each other; gear 《*into,*

with》; engage《*with*》. ¶ 맞물리다 be〔go〕 in gear《*with*》.
맞바꾸다 exchange《*a watch for a camera*》; barter.
맞바둑 an unhandicapped match of *paduk*.
맞바람 a head wind.
맞받다 《정면으로》 receive〔face〕 directly; 《들이받다》 run〔clash〕 against〔into〕; collide head-on《*with*》; 《응수》 give《*a person*》 tit for tat; (make a) retort.
맞벌이 ¶ ～하다 earn a livelihood together; work〔run〕 in double harness. ‖ ～가정〔생활〕 a double-income〔two-income〕 family〔living〕/ ～부부 a working couple.
맞부딪치다 run〔crash〕 into; run〔collide, hit〕 against. ☞ 충돌.
맞붙다 《싸움 따위》 wrestle〔grapple〕《*with*》; be matched against; tackle《*a difficult problem*》.
맞붙이다 《물건을》 stick〔paste, fix, join〕《*things*》 together; 《사람을》 bring《*them*》 together〔into contact〕; match《*A*》 with〔against〕《*B*》.
맞상대(—相對) direct confrontation.
맞서다 《마주서다》 stand face to face《*with*》; face each other; confront; 《대항하다》 stand〔fight〕《*against*》; oppose; defy.
맞선 an arranged meeting with a view to marriage. ¶ ～보다 meet〔see〕 each other with a view to marriage / ～보고 하는 결혼 an arranged marriage.
맞소송(—訴訟) a cross action; a counterclaim.
맞수(—手) a (good) match.
맞아떨어지다 tally; be correct.
맞은편(—便) the opposite side. ¶ ～에 opposite; on the opposite side of.
맞잡다 《잡다》 take〔hold〕 together〔each other〕; 《드잡이》 grapple with each other; 《협력》 cooperate《*with*》; collaborate《*with*》; work together. ¶ 손에 손을 맞잡고 hand in hand《*with*》.
맞잡이 an equal; a match.
맞장구치다 chime in《*with*》.
맞장기(—將棋) even-match chess. ¶ ～를 두다 play chess on even terms.
맞절하다 bow to each other.
맞추다 ① 《짜맞춤》 put together; assemble; fit into (끼워). ② 《맞게 함》 set〔fit, suit〕《*a thing to another*》; adjust《*a radio dial*》. ¶ 시계를 ～ set *one's* watch《*by the radio*》. ③ 《대조》 compare《*with*》; check (up). ¶ 계산을 맞추어 보다 check accounts. ④ 《주문》 order; give an order. ¶ 양복을 ～ order a suit; have a suit made / 특별히 맞춘 구두 shoes specially made to order.
맞춤 《주문》 an order; 《물건》 the order; the article ordered. ‖ ～옷 a custom-made suit; a suit made to order.
맞춤법(—法) the rules of spelling; orthography. ‖ ～통일안 a draft for unified〔standardized〕 spelling system.
맞흥정 a direct〔face-to-face〕 deal. ～하다 make a direct bargain〔deal〕.
맞히다 ① 《알아 맞히다》 guess right; give a right answer. ¶ 잘못 ～ guess wrong. ② 《명중》 hit; strike. ¶ 맞히지 못하다 miss the mark. ③ 《눈·비 따위》 expose《*to*》. ¶ 비를 ～ expose to the rain; put out in the rain.
맡기다 ① 《보관》 leave〔deposit〕《*a thing with a person*》; entrust《*a person with a thing*》. ¶ 돈을 은행에 ～ put money in a bank / 짐을 ～ check *one's* baggage. ② 《위임》 entrust〔leave〕《*a matter*》 to《*a person*》. ¶ 임무를 ～ charge《*a person*》 with a duty / 운을 하늘에 ～ trust to chance〔luck〕; leave《*a thing*》 to chance.
맡다[1] ① 《보관》 be entrusted with《*money*》; keep; receive《*a thing*》 in trust. ¶ 이 돈을 맡아 주시오 Please keep this money for me. ② 《담임·감독》 take〔be in〕 charge of; take care of; 《떠맡다》 take《*a task*》 upon *oneself*; 《역할을》 play (the role of). ¶ 5학년을 ～ have charge of the fifth-year class. ③ 《허가를》 get; receive; secure; obtain《*permission*》. ¶ 허가 맡고 영업하다 do business under license.
맡다[2] ① 《냄새를》 smell; sniff《*at*》; scent. ¶ 맡아 보다 give a sniff to; sniff at; have〔take〕 a smell at. ② 《낌새를》 sense; get wind〔scent〕 of《*a plot*》; smell out《*the secret*》.
매[1] 《때리는》 a whip; a cane; whipping (매질). ¶ ～를 때리다 whip; flog; beat; give《*a person*》 a blow / ～를 맞다 be whipped〔flogged〕; be beaten〔struct, hit〕.
매[2] 《맷돌》 a millstone.
매[3] 〖鳥〗 a goshawk; a hawk; a falcon. ‖ ～사냥 hawking; falconry.
매…(每) every; each. ¶ ～일요일 every Sunday.
매가(買價) a purchase price.
매가(賣家) a house for sale.
매가(賣價) a sale〔labeled〕 price. ¶ 이것을 ～의 반으로 드리죠 I offer this at half the sale price.
매각(賣却) sale; disposal by sale. ～하다 sell (off); dispose of. ‖ ～공고 a public notice of sale.

ㅁ

매개(媒介) mediation. ～하다 mediate《*between two parties*》; carry《*germs*》. ¶ …의 ～로 through the medium〔good offices〕of…. ‖ ～물 a medium; a carrier(병균의) / ～자 a mediator; a middleman.
매개념(媒槪念)〖論〗the middle concept; the mean term.
매거(枚擧)《낱낱이 말함》～하다 enumerate; mention one by one. ¶ 이루 다 ～할 수 없다 be too many to mention〔enumerate〕.
매관매직(賣官賣職) ～하다 traffic in government posts.
매국(賣國) betrayal of〔selling〕*one's* country. ‖ ～노 a traitor to *one's* country; a betrayer of *one's* country.
매기(每期) each〔every〕term〔period〕.
매기(買氣) a buying tendency; 〖證〗a bullish sentiment.
매기다《값을》put《*a price*》on; fix; bid;《등급을》grade; classify; give《*marks*》(점수를);《번호를》number.
매끄럽다 (be) smooth; slimy; slippery.
매끈하다 ☞ 미끈하다.
매나니《빈손》an empty〔a bare〕hand. ¶ ～로 with empty hands; empty-handed / ～로 사업을 시작하다 start a business with no capital.
매너《have good》manners.
매너리즘《fall into》mannerism.
매년(每年) every〔each〕year;《부사적》annually. ¶ ～의 yearly; annual.
매니저 a manager.
매니큐어 (a) manicure. ¶ ～를 칠하다 paint *one's* nails.
매다[1]《동이다》tie (up); bind; fasten;《목을》hang *oneself*. ¶ 구두끈을 ～ tie a shoestring.
매다[2]《김을》weed (out).
매달(每一) every month. ¶ ～의 monthly.
매달다 ①《달아맴》hang; suspend; attach〔fasten〕《*to*》(부착). ②《일·직장에》tie *oneself* down〔bind *oneself*〕《*to*》. ¶ 회사에 목숨을 ～ be tied hand and soul to the company.
매달리다 ①《늘어짐》hang〔be suspended〕《*from*》; dangle《*from*》. ②《붙잡다》cling〔hold on〕《*to a rope*》; hang《*on*》;《애원》entreat; implore. ③《의지》depend〔rely, lean〕(up)on.
매대기 ¶ ～치다 smear〔daub〕all over.
매도(罵倒) denunciation. ～하다 abuse; denounce.
매도(賣渡) ～하다 sell《*a thing*》over to《*a person*》; deliver; negotiate(어음을). ‖ ～가격 a sale〔selling〕price / ～계약 a contract for selling / ～인 a seller / ～증서 a bill of sale.
매독(梅毒)《get, contract》syphilis. ¶ ～성의 syphilitic. ‖ ～환자 a syphilitic.
매듭 a knot; a tie. ¶ ～을 맺다〔풀다〕make〔untie〕a knot.
매듭짓다 settle; conclude; complete; put an end to. ¶ 일을 ～ conclude *one's* work / 연구를 ～ round off *one's* researches / 협상을 ～ bring the negotiations to a successful close.
매력(魅力) (a) charm; (a) fascination. ¶ ～있는 charming; attractive / 성적 ～ a sex appeal.
매료(魅了) ～하다 charm; fascinate; enchant.
매립(埋立) (land) reclamation. ～하다 fill up; reclaim. ¶ 신공항 건설을 위해 바다를 ～하다 reclaim land from the sea to build a new airport. ‖ ～공사 reclamation work / ～지 a reclaimed land.
매만지다 smooth down《*one's hair*》; trim; adjust *one's* dress.
매매(賣買) buying and selling; purchase and sale;《거래》trade; dealing; a bargain. ～하다 buy and sell; deal〔trade〕《*in*》. ¶ ～계약을 맺다 make a sales contract《*with*》. ‖ ～가격 the sale〔selling〕price / ～조건 terms of sale / 견본～ a sale by sample.
매머드《거대한》mammoth. ‖ ～기업 a mammoth enterprise.
매명(賣名) self-advertisement. ～하다 advertise *oneself;* seek publicity. ‖ ～가 a self-advertiser; a publicity seeker / ～행위 an act of self-advertisement; publicity stunts.
매몰(埋沒) ～하다 bury《*under, in*》. ¶ ～되다 be〔lie〕buried《*in*》.
매몰스럽다 (be) heartless; cold; unkind.
매무시 primping. ～하다 primp (*oneself*). ¶ ～가 단정하다 keep *oneself* neat and trim; be careful about *one's* personal appearance.
매문(賣文) literary hackwork.
매물(賣物) an article for〔on〕sale; "For Sale" (게시). ¶ ～로 내놓다 offer《*a thing*》for sale.
매미〖蟲〗a cicada; a locust《美》. ¶ ～소리 the shrill chirrup of a cicada.
매번(每番)《때마다》each〔every〕time;《자주》very often.
매복(埋伏) ～하다 lie in ambush〔wait〕《*for*》; waylay.
매부(妹夫) *one's* brother-in-law; *one's* sister's husband.
매부리《매 부리는 사람》a hawker; a falconer;《매의 주둥이》a hawk's beak. ‖ ～코 a hooked〔a Roman〕nose.
매사(每事) every business〔mat-

ter〕. ¶ ～에 in everything.

매상(買上) ～하다 purchase; buy. ‖ ～가격 the (government's) purchasing price.

매상(賣上) sales; receipts. ¶ 그날의 ～을 계산하다 count the receipts for the day / ～이 크게 늘었다〔줄었다〕 Sales have picked up 〔fallen off〕 considerably. ‖ ～고 sales (volume) / ～금 proceeds; takings (학교축제 ～금 the proceeds from the school festival) / ～세(稅) VAT (◀ *v*alue-*a*dded *t*ax) / ～장부〔전표〕 a sales book 〔slip〕.

매석(賣惜) an indisposition to sell. ～하다 be indisposed to sell; be unwilling to sell.

매설(埋設) ～하다 lay 《*cables*》 under the ground.

매섭다 (be) fierce; sharp; severe.

매수(買收) ～하다 purchase; buy up 〔out〕; 《뇌물로》 bribe 〔buy over〕 《*a person*》. ‖ ～합병 mergers and acquisition (생략 M & A).

매수(買受) ～하다 buy 〔take〕 over; acquire 《*a thing*》 by purchase. ‖ ～인 a buyer; a purchaser.

매스게임 a mass 〔group〕 game.

매스미디어 the mass media.

매스커뮤니케이션 mass communications.

매시(每時) every hour; per hour.

매식(買食) ～하다 eat out; take 〔have〕 a meal at a restaurant.

매실(梅實) a *maesil;* a Japanese apricot. ‖ ～주 *maesil* liquor; spirits flavored with *maesil.*

매씨(妹氏) your 〔his〕 sister.

매암돌다 spin *oneself* round; whirl.

매암돌리다 spin 〔turn〕 《*a person*》 round.

매약(賣藥) a patent medicine; a drug. ～하다 sell patent medicines.

매양(每一) always; every 〔all the〕 time.

매연(煤煙) soot and smoke. ¶ ～이 많은〔적은〕 도시 a smoky 〔smokeless〕 city. ‖ ～공해 smoke pollution / ～차량 harmful-gas emitting vehicles.

매염(媒染) mordanting. ‖ ～료〔제(劑)〕 a mordant; a fixative.

매우 very (much); greatly; awfully. ¶ ～ 덥다 be very hot.

매운탕(一湯) a pepper-pot soup.

매월(每月) every 〔each〕 month.

매음(賣淫) prostitution. ～하다 practice prostitution; walk the streets. ‖ ～굴 a brothel / ～녀〔부〕 a prostitute; a streetwalker; a call girl / ～방지법 the Anti-Prostitution Law.

매이다 《끈으로》 be tied 《*to*》; be fastened; 《일에》 be fettered 《*to one's task*》; be tied down 《*to*》; be bound 《*by a rule*》. ¶ 매인 데 없는 free.

매인(每人) each man; every one. ‖ ～당 per head 〔capita〕; for each person.

매일(每日) every day; daily. ¶ ～의 daily; everyday / ～의 일 daily works / ～같이 almost every day.

매일반(一一般) ☞ 매한가지.

매입(買入) buying; purchase. ～하다 purchase; buy in; lay in; take in. ‖ ～원가 the purchase price 〔cost〕.

매장(埋葬) ① 《시체의》 (a) burial; (an) internment. ～하다 bury. ‖ ～비 cost of burial / ～식 《perform》 the burial service / ～지 a burial place 〔ground〕 / ～허가증 a burial certificate 〔permit〕. ② 《사회적》 social ostracism. ～하다 ostracize; oust 《*a person*》 from society.

매장(埋藏) ～하다 《묻다》 hide underground; bury in the ground; 《땅이 자원을》 have 《*oil*》 deposits underground. ‖ ～량 reserves / 석탄～량 the estimated amount of coal deposits.

매장(賣場) a counter; 《점포》 a shop; a store.

매절(賣切) being sold out. ☞ 매진.

매점(買占) a corner; cornering. ～하다 corner the market 《*in wheat*》; buy up 《*all the coffee in the market*》; corner 《*the soybean market*》; hoard.

매점(賣店) a stand; a stall; a booth. ¶ 역의 ～ a station stall / ～을 내다 install a booth; set up a stand 〔stall〕.

매정스럽다 (be) cold; icy; heartless; unfeeling. ¶ 매정스럽게 굴다 be hard on 《*a person*》; treat coldly / 매정스럽게 거절하다 give a point-blank refusal.

매제(妹弟) a younger sister's husband; a brother-in-law.

매주(每週) every week; weekly; per week (1주일마다).

매주(買主) a buyer 〔purchaser〕.

매주(賣主) a seller 〔dealer〕.

매직 magic. ‖ ～아이 a magic eye / ～유리 one-way glass / ～잉크 Magic ink (상표).

매진(賣盡) 《다 팔림》 a sellout; 《게시》 Sold Out (today). ～하다 be sold out; run out of stock.

매진(邁進) ～하다 go forward 〔on〕 (undaunted); strive 《*for*》.

매질 thrashing; whipping. ～하다 whip; flog; beat.

매체(媒體) a medium [*pl.* media, ～s]. ¶ 공기는 소리를 전하는 ～의 하나다 Air is one of the mediums of sound.

매축(埋築) reclamation; filling-up. ～하다 reclaim 《*land from*

the sea》; fill up《*a pond with earth*》. ‖ ～지 a reclaimed land 〔ground〕.
매춘(賣春) ☞ 매음.
매출(賣出) a sale; selling. ～하다 sell off〔out〕; put《*a thing*》on sale. ‖ ～가격 an offering price.
매치《경기》a match.
매캐하다《연기가》(be) smoky;《곰팡내가》(be) musty; moldy.
매콤하다 (be) hot; pungent.
매트《spread》a mat.
매트리스 a mattress.
매파(一派) a hawk; a hard-liner.
매판자본(買辦資本) comprador capital.
매팔자(一八字) a free and easy mode of life. ¶ ～다 lead an easy life; be comfortably off.
매표(賣票) ‖ ～구(口) a ticket window / ～소 a ticket〔booking《英》〕office; a box office.
매품(賣品) goods for sale; merchandise; "For sale." (게시).
매한가지 all the same; (much) the same. ¶ …나 ～다 be as good as《*dead, new*》; be little 〔no〕 better than《*a beggar*》; might as well《*throw money away*》as《*spend it on bicycle races*》.
매형(妹兄) *one's* elder sister's husband; a brother-in-law.
매호(每戶) every house(hold).
매혹(魅惑) fascination; captivation. ～하다 fascinate; charm; enchant. ¶ ～적 charming; captivating; fascinating / ～되다 be charmed〔fascinated〕.
매화(梅花) 〖植〗a *maehwa*〔Japanese apricot〕tree(나무); a *maehwa* blossom(꽃).
맥(脈)《맥박》the pulse. ¶ ～을 짚어 보다 feel the pulse / ～이 뛰다 pulsate; the pulse beats.
맥고모자(麥藁帽子) a straw hat.
맥락(脈絡) ①《혈맥》the (system of) veins. ②《사물의》(a thread of) connection; coherence; the intricacies (내용).
맥류(麥類) barley, wheat, *etc.*
맥맥하다 ①《코가》(be) stuffy; be stuffed up (서술적). ②《생각이》be stuck《*for an idea*》; be at a loss (서술적).
맥박(脈搏) pulsation; (the stroke of) the pulse. ‖ ～계(計) a pulsimeter; a sphygmometer / ～수 pulse frequency; pulse rate.
맥보다(脈一) ①《맥박을》feel〔take〕the pulse. ②《남의 의중을》sound 〔feel〕《*a person on a subject*》; sound out《*a person's view*》.
맥빠지다(脈一) ①《기운 없다》be worn out〔spent up〕. ②《낙심》be disappointed〔damped〕.
맥아(麥芽) ☞ 엿기름. ‖ ～당 malt-ose; malt sugar.
맥없다(脈一) ①《기운 없다》(be) enervated; feeble;《서술적》be exhausted〔spent up〕; feel depressed, be dispirited(풀없다). ¶ 맥없이 feebly; spiritlessly; helplessly; easily(무르게). ②《이유 없다》¶ 맥없이 without any reason; for no reason.
맥작(麥作) barley culture〔crop〕.
맥적다 ①《따분하다》(be) tedious; dull. ②《낯없다》be ashamed of *oneself;* be put out of countenance.
맥주(麥酒) beer; ale. ¶ 김빠진 ～ stale〔flat〕beer / ～ 한 잔 하다 have a (glass of) beer. ‖ ～거품 froth〔barm〕of beer / ～집〔홀〕a beer hall.
맨《오로지》nothing but〔else〕; just; full of;《가장》(ut)most; extreme. ¶ ～ 꼴찌 the very last 〔bottom〕/ ～ 먼저 at the very first; first of all / ～ 거짓말이다 be full of falsehood.
맨…《안 섞인》just; bare; naked; unadulterated. ¶ ～바닥 the bare floor / ～손 an empty〔bare〕hand.
맨나중 the very last〔end〕. ¶ ～의 final; terminal / ～에 finally; lastly.
맨뒤 the very last〔end〕.
맨드라미 〖植〗a cockscomb.
맨땅《sit on》the bare ground.
맨머리 a bare head; a hatless head.
맨먼저 the beginning(최초); at the very first〔beginning〕(최초에); first of all (우선).
맨몸 ①《알몸》a naked body; a nude. ②《무일푼》being penniless; an empty hand.
맨발 bare feet. ¶ ～의 barefoot(-ed) / ～로《walk》barefoot.
맨밥 boiled rice served without any side dishes.
맨션 an apartment of better class.
맨손 an empty〔a bare〕hand. ‖ ～체조 free gymnastics.
맨숭맨숭하다 (be) hairless(털 없다); bare, bald(민둥민둥하다); sober (술이 취하지 않다).
맨아래 the very bottom. ¶ ～의 the lowest; the undermost.
맨앞 the foremost; the (very) front; the head. ¶ ～의 foremost / ～에 at the head《*of*》.
맨위 the (very) top; the summit; the peak. ¶ ～의 topmost; highest; uppermost / ～에 on (the) top《*of*》.
맨입 ¶ ～으로 with empty stomach.
맨주먹 a naked fist; an empty 〔bare〕hand. ¶ ～으로 큰 돈을 모으다 make a fortune starting with nothing.

맨투맨 ‖ ～방어 a man-to-man defense.
맨틀피스 a mantelpiece.
맨홀 a manhole. ¶ ～뚜껑 a manhole cover.
맬서스 Malthus. ‖ ～주의 Malthusianism.
맴돌다 ☞ 매암돌다.
맵다 《맛이》 (be) hot; pungent; 《혹독》 (be) intense; severe; strict. ¶ 매운 추위 the intense cold.
맵시 figure; shapeliness. ¶ ～있는 smart; shapely; well-formed. ‖ 옷～ the cut of *one's* clothes.
맷돌 a hand mill; a millstone. ¶ ～질하다 grind grain in a stone mill.
맹격(猛擊) 《strike》 a hard blow 《*at, on*》; 《make》 a violent attack 《*on*》.
맹견(猛犬) a fierce 〔ferocious〕 dog. ‖ ～주의 "Beware of the Dog!"(게시).
맹공격(猛攻擊) a fierce attack; a violent assault. ～하다 make a vigorous attack 《*on*》.
맹금(猛禽) ‖ ～류 birds of prey.
맹꽁이 〖動〗 a kind of small round frog; 《맹추》 a bird-brain; a simpleton; a blockhead. ‖ ～자물쇠 a padlock.
맹도견(盲導犬) a seeing-eye 〔guide〕 dog.
맹독(猛毒) (a) deadly poison. ¶ ～을 가진 뱀 a highly poisonous snake.
맹랑하다(孟浪―) 《허망》 (be) false; untrue; 《믿을 수 없다》 (be) incredible; 《터무니없다》 (be) groundless; absurd; nonsensical; 《만만찮다》 (be) no small; not negligible. ¶ 맹랑한 설 groundless 〔unreliable〕 views / 맹랑한 소문을 퍼뜨리다 set wild rumors afloat.
맹렬(猛烈) ～하다 (be) violent; furious; fierce. ¶ ～히 violently; furiously; fiercely / ～한 반대 strong opposition.
맹목(盲目) ¶ ～적(으로) blind(ly); reckless(ly) / ～적인 사랑 〔모방〕 blind love 〔imitation〕.
맹물 ① 《물》 fresh 〔plain〕 water. ② 《사람》 a spineless 〔dull〕 person; a jellyfish.
맹방(盟邦) an ally; an allied nation.
맹성(猛省) serious reflection. ～하다 reflect on 《*something*》 seriously. ¶ ～을 촉구하다 urge 《*a person*》 to reflect seriously.
맹세 an oath; a pledge; a vow. ～하다 swear; vow; take an oath; give *one's* pledge. ¶ ～코 upon my honor 〔word〕; by God / ～를 지키다 〔어기다〕 keep 〔break〕 *one's* vow 〔oath, pledge〕.
맹수(猛獸) a fierce animal. ‖ ～사냥 《go》 a big-game hunting.
맹습(猛襲) a vigorous 〔fierce〕 attack. ～하다 make a fierce attack 《*on*》.
맹신(盲信) blind 〔unquestioning〕 acceptance 《*of a theory*》; blind faith. ～하다 give hasty credit 《*to*》; believe blindly.
맹아(盲啞) the blind and dumb. ‖ ～학교 a blind and dumb school.
맹약(盟約) 《서약》 a pledge; a covenant; a pact; 《동맹》 alliance; a league. ～하다 make 〔form〕 a pact 《*with*》; form an alliance.
맹연습(猛練習) ～하다 do hard training; train hard; carry out vigorous practice.
맹위(猛威) fierceness; ferocity; fury. ¶ ～를 떨치다 《사물이》 rage; be rampant; 《사람이》 exercise overwhelming influence 《*over*》.
맹인(盲人) a blind person; the blind(총칭).
맹자(孟子) Mencius.
맹장(盲腸) the blind gut; the appendix. ¶ ～ 수술을 받다 have an operation for appendicitis. ‖ ～염 appendicitis.
맹장(猛將) a brave general; a veteran fighter.
맹점(盲點) a blind spot. ¶ 법의 ～ a loophole 〔blind spot〕 in the law / ～을 찌르다 pinpoint a weak point.
맹종(盲從) blind 〔unquestioning〕 obedience. ～하다 follow 〔obey〕 blindly.
맹주(盟主) a leader of a confederation. ¶ ～가 되다 become the leader 《*of*》.
맹진(猛進) ～하다 dash forward.
맹추 a stupid 〔thickheaded〕 person.
맹타(猛打) 《give》 a heavy blow 〔hit〕.
맹탕 《국물》 insipid 〔watery〕 soup; 《사람》 a dull 〔flat〕 person.
맹폭(盲爆) blind 〔indiscriminate〕 bombing. ～하다 bomb blindly.
맹폭(猛爆) heavy bombing. ～하다 bomb 〔bombard〕 heavily.
맹호(猛虎) a fierce tiger.
맹활동(猛活動) vigorous activity. ～하다 be in full activity 〔swing〕.
맹휴(盟休) a strike; a school strike. ☞ 동맹휴교.
맺다 ① 《끈·매듭을》 (make a) knot; tie (up). ② 《끝을》 finish; complete; conclude. ¶ …에 대한 전망을 말하고 강연을 끝～ conclude *one's* speech by giving *one's* own view 《*on*》. ③ 《계약·관계를》 make 《*a contract*》; conclude 《*a treaty*》; form 《*a connection with*》; enter 〔come〕 into 《*a relation with*》. ¶ 교우 관계를 ～ form a friendship 《*with*》 / 동맹을 ～ enter into an alliance

《*with a nation*》. ④《열매를》 bear 《*fruit*》. ⑤《원한을》 bear; harbor 《*an enmity toward*》.

맺히다 ①《매듭이》 be tied; be knotted. ②《열매가》 come into bearing; fruit; (go to) seed. ③《원한이》 be pent up; smolder. ¶ 원한이 ~ have a long smoldering grudge. ④《눈물·이슬이》 form. ¶ 이슬이 ~ dew forms; be dewy.

머금다 ①《입에》 keep〔hold〕《*water*》 in *one's* mouth. ②《마음에》 bear in mind; bear 《*malice to*》. ③《기타》 ¶ 눈물을 ~ have tears in *one's* eyes / 이슬을 ~ have dew on 《*it*》; be dewy / 웃음을 ~ wear a smile.

머루 〖植〗 wild grapes〔grapevines〕.

머리 ①《두부》 the head. ¶ ~가 아프다 have a headache / ~맡에 at *one's* bedside. ②《두뇌·기억력》 a brain; a head; mind. ¶ ~를 쓰다 use *one's* head / ~가 좋다 have a clear head / ~회전이 빠르다〔더디다〕 have a quick〔slow〕 mind; be quick-witted〔slow-witted〕. ③《머리털》 hair. ¶ ~를 감다 wash *one's* hair; shampoo *one's* hair / ~를 깎다 have〔get〕 *one's* hair cut / ~를 묶다 dress〔fix, do up〕 *one's* hair / 긴〔짧은〕 ~ 모양을 하고 있다 wear *one's* hair long〔short〕. ‖ ~채 a long tress of hair / ~핀 a hairpin. ④《사물의 머리·끝》 the top〔head〕《*of*》. ¶ 기둥 ~ the top of a pillar / 못의 ~ the head of a nail.

머리끝 ¶ ~에서 발끝까지 from top〔head〕 to toe / ~이 쭈뼛해지다 *one's* hair stands on end.

머리띠 a headband.

머리말 a preface; a foreword.

머리카락 ☞ 머리털.

머리털 (*one's*) hair; the hair on the head. ¶ ~이 자꾸 빠지다 *one's* hair is thinning / ~의 색깔 the color of *one's* hair.

머릿기름 hair oil; pomade.

머릿수(一數) the number of persons; a head〔nose〕 count.

머무르다 《묵다》 stay; stop; put up 《*at an inn*》; 《남다》 remain. ¶ 현직에 ~ remain in *one's* present office.

머무적거리다 hesitate; waver; linger; 《말을》 mumble; falter. ¶ 머무적거리며 hesitatingly; falteringly / 머무적머무적 hesitantly; diffidently / 대답을 못하고 ~ be hesitant to make an answer.

머슴 a farmhand; a farmer's man. ‖ ~살이 the life of a farmhand.

머쓱하다 ①《키가》 (be) lanky. ②《기가 죽다》 (be) in low spirits.

머위 〖植〗 a butterbur.

머줍다 (be) dull; slow; sluggish.

머춤하다 stop〔cease〕 for a while; break; lull; hold up.

머큐로크롬 mercurochrome.

머플러 a muffler.

먹 an ink stick. ¶ ~을 갈다 rub down an ink stick.

먹구름 dark〔black〕 clouds.

먹다[1] ①《음식 따위를》 eat; take; have 《*one's meal*》. ¶ 먹어보다 try 《*the dish*》; taste / 다 ~ eat up all / 쌀을 먹고 살다 live on rice / 약을 ~ take medicine(s). ②《생활하다》 live on; 《부양하다》 support. ¶ 붓으로 먹고 살다 live by *one's* pen / 가족을 먹여 살리다 support〔provide for〕 *one's* family / 먹고 살기 어렵다 find it hard to make *one's* living. ③《남의 재물을》 seize; appropriate; embezzle. ¶ 뇌물을 ~ take〔accept〕 a bribe. ④《욕을》 get 《*a scolding*》; be abused; be scolded. ⑤《마음을》 fix; set 《*one's mind on*》; make up *one's* mind 《*to*》. ⑥《겁을》 be scared; be frightened. ⑦《나이를》 grow〔become, get〕 old(er). ⑧《벌레가》 eat into; be worm-eaten. ⑨《이문》 get 《*a commission*》; receive; have. ⑩《더위를》 be affected by the heat. ⑪《판돈·상금을》 win〔take〕《*the prize*》. ⑫《한대》 be given a blow(맞음). ⑬《녹을》 receive 《*a stipend*》.

먹다[2] ①《귀가》 lose the hearing; become deaf. ②《날이 잘 들다》 bite〔cut〕 well. ¶ 톱이 잘 ~ a saw bites〔cuts〕 well. ③《물감·풀이》 dye (well); soak in (well). ④《비용이》 cost; be spent. ¶ 돈이 많이 ~ be costly〔expensive〕.

먹먹하다 《귀가》 (be) deaf; deafened; stunned. ¶ 먹먹해지다 deafen.

먹물 Indian〔Chinese〕 ink.

먹성 ¶ ~이 좋다 have a good appetite; be omnivorous.

먹실 a string stained with ink; 《문신》 tattooing. ¶ ~ 넣다 tattoo 《*a flower on one's arm*》.

먹음새 the way of eating; table manners.

먹음직스럽다 (be) delicious-looking; appetizing; tempting.

먹이 《양식》 food; 《사료》 feed; fodder(소·말의). ¶ …의 ~가 되다 become food 《*for*》; become the prey of (야수의) / ~를 찾다 《야수가》 seek for prey; forage for food.

먹이다 ①《음식을》 let someone eat〔drink〕; feed 《*cattle on grass*》. ¶ 젖을 ~ give the breast 《*to a baby*》. ②《가축을》 keep; raise; rear. ③《부양》 support 《*one's fami-*

ly》. ④《뇌물을》(offer a) bribe; oil〔grease〕 *a person's* hand 〔palm〕. ⑤《때리다》give〔deal, inflict〕《*a blow*》. ⑥《겁 따위》frighten; terrify. ⑦《물감을》dye; 《풀을》starch《*a shirt*》.

먹자판 a scene of riotous eating; a big feast; a spree.

먹줄 an inking line; an inked string.

먹칠 ～하다 smear with (Chinese) ink; 《명예 따위에》 injure; disgrace; impair《*one's dignity*》; mar.

먹통(—桶) ①《목수의》a carpenter's ink-pad. ②《바보》a fool.

먹히다 be eaten up《*by*》; be devoured《*by*》; 《먹을 수 있다》can be eaten; be edible; 《빼앗기다》be cheated of; be taken for; 《돈이》require; cost. ¶ 먹느냐 먹히느냐의 싸움 a life-and-death struggle.

먼나라 a far-off land; a remote country.

먼눈 ① a blind eye. ② a distant view.

먼데 《먼곳》 a distant place; a long way.

먼동 the dawning sky. ¶ ～트다 dawn; daybreak / ～이 트기 전에 before dawn〔daybreak〕.

먼발치(기) somewhat distant place.

먼빛으로 《view》 from afar; from far away.

먼저 ①《앞서》《go》first〔ahead〕. ②《우선》first (of all); above all; before anything (else). ③《미리》earlier (than); beforehand. ¶ 돈을 ～ 치르다 pay in advance. ④《전에》previously; formerly. ¶ ～ 말한 바와 같이 as previously stated.

먼지 dust. ¶ ～ 투성이의 dusty / ～를 털다 dust《*one's coat*》. ‖ ～떨이 a duster.

멀거니 vacantly; absent-mindedly; with a blank look.

멀겋다 《흐릿하다》(be) dull; be a bit clear; 《묽다》(be) wishy-washy; watery; sloppy.

멀끔하다 (be) clean; cleanly; tidy.

멀다[1] ①《거리가》(be) far(-off); faraway; distant; 《…에서》(be) far《*from*》; a long way off; 《…까지》(be) a long way《*to*》. ¶ 멀리 떨어지다 keep away《*from*》(멀리 물러나다). ②《시간적으로》(be) remote. ¶ 머지 않아 soon; shortly; before long; in the near future / 먼 옛날에 in the far-off days. ③《관계가》(be) distant. ¶ 먼 친척 a distant relative.

멀다[2] 《눈이》go blind; lose *one's* sight; be blinded《*by*》(욕심에). ¶ 돈에 눈이 멀어서 blinded by money.

멀떠구니 〖鳥〗 a crop; a craw.

멀뚱멀뚱 《눈이》vacantly; absent-mindedly. ¶ ～ 바라보다 gaze at 《*a thing*》 vacantly.

멀리 far away; in the〔at a〕 distance. ¶ ～서 from afar; from a distance / ～하다 keep away 《*from*》; drive off (물리치다); estrange (소원); abstain《*from*》(절제).

멀미 ①《배·차의》sickness; seasickness (배의); airsickness (비행기); carsickness (차). ～하다 get sick; feel nausea. ②《진저리》being fed up《*with*》. ～하다〔나다〕 get sick and tired《*of*》; be fed up《*with*》; become disgusted《*with*》.

멀쑥하다 ①《키가》(be) lanky; lean and tall. ②《묽다》(be) watery; thin. ③ ☞ 말쑥하다.

멀어지다 go away《*from*》; recede 《*from view*》; die away (소리 등이); be(come) alienated〔estranged〕《*from*》(관계가); come less frequently, fall away 《*from*》(발길이).

멀쩡하다 ①《온전》(be) flawless; spotless; free from blemish; perfect; 《다친 데 없다》(be) unhurt; unwounded; 《정신이》(be) sane; sober. ②《뻔뻔하다》(be) impudent; shameless. ¶ 멀쩡한 거짓말 a barefaced lie / 멀쩡한 놈 a brazenfaced fellow. ③《부당》(be) absurd; groundless(무근). ¶ 멀쩡한 소문 a groundless rumor.

멀찌막하다 (be) pretty far; rather distant.

멀찍하다 ☞ 멀찌막하다. ¶ 멀찍이 pretty far; far apart; away from; at a distance / 멀찍이 사이를 두다 leave a pretty long interval 《*between*》.

멈추다 《…이》stop; cease; halt; come to a stop; be interrupted; 《…을》stop; break〔lay〕 off; bring《*a thing*》to a stop; put a stop《*to*》. ¶ 비가 멈추었다 It stopped raining. / 차를 ～ bring a car to a stop.

멈칫거리다 hesitate《*at; over*》; shrink〔hold〕 back; flinch《*from*》.

멈칫하다 stop abruptly (for a moment); flinch《*from*》; wince 《*at*》. ¶ 멈칫멈칫 hesitatingly; lingeringly / 하던 말을 ～ suddenly stop talking for a moment.

멋 ①《세련미》dandyism; foppery. ¶ ～있는 smart(-looking); stylish; chic / ～으로《wear glasses》for show〔appearance' sake〕/ ～(을) 부리다〔내다〕 dress stylishly〔smartly〕; dress *oneself* up; be foppish. ②《풍치》relish; flavor; taste; zest; pleasure; delight. ¶ ～을 알다 get a taste 《*for*》; take a liking 《*for, to*》; appreciate 《*the fun*》/ ～을 모르다 have no taste〔relish〕《*for*》; have no appreciation 《*of*》. ③ 《사정》 circumstances; 《까닭》 reason. ¶ ～도 모르고 without any knowledge of the situation; without knowing why.

멋대로 as *one* likes; at pleasure 〔will〕; willfully; waywardly. ¶ ～ 굴다〔하다〕 have *one's* own way 《*in*》.

멋들어지다 (be) nice; smart; stylish. ¶ 멋들어지게 smartly; nicely; fascinatingly; with zest.

멋없다 (be) not smart〔stylish〕; tasteless; insipid; dull.

멋쟁이 《남자》 a dandy; a fop; 《여자》 a dressy〔chic〕 woman.

멋적다 (be) awkward.

멋지다 (be) stylish; smart; dandyish; refined; chic; splendid. ¶ 멋진 솜씨 great〔wonderful〕 skill; excellent workmanship.

멍 ① 《피부의》 a bruise; a contusion. ¶ ～들다 bruise; turn black and blue; be bruised / ～들도록 때리다 beat 《*a person*》 black and blue / 눈이 ～들다 have a black eye / 그의 말이 그녀의 마음을 멍들게 했다 His words bruised her feelings. ② 《일의 탈》 a serious hitch〔setback〕. ¶ ～들다 suffer a serious hitch〔heavy blow〕; be severely hit / 화재로 인해 그의 사업은 크게 멍들었다 His business suffered a heavy blow from the fire.

멍석 a straw mat.

멍에 《put》 a yoke 《*upon*》.

멍울 ☞ 망울.

멍청이 a fool; a dullard.

멍청하다 (be) stupid; dull.

멍텅구리 a fool; an idiot〔ass〕.

멍하다 (be) absent-minded; blank; vacant. ¶ 멍하니 absent-mindedly; vacantly; blankly.

메 《방망이》 a mallet(목제); a hammer(철제).

메가톤 a megaton. ¶ ～급의 《a hydrogen bomb》 in the megaton range.

메가폰 a megaphone. ¶ ～을 잡다 direct the production of a motion picture.

메가헤르츠 〖理〗 a megahertz (생략 MHz).

메기 〖魚〗 a catfish.

메기다 《화살을》 fix; put. ¶ 화살을 ～ fix an arrow in *one's* bow.

메뉴 a menu; a bill of fare.

메다[1] 《막히다》 be stopped〔stuffed, blocked, choked〕 (up); be clogged. ¶ 목이 ～ feel choked / 코가 메었다 My nose is stuffed up.

메다[2] shoulder 《*a gun*》; carry 《*a load*》 on *one's* shoulder〔back〕.

메달 《win》 a medal. ‖ ～리스트 a medalist.

메들리 a medley. ¶ ～릴레이 a medley relay (race) / 크리스마스곡의 ～ a medley of Christmas songs.

메뚜기 〖蟲〗 a grasshopper; a locust.

메리야스 knitted (cotton) goods; knitwear. ¶ ～내의 a knit(ted) undershirt. ‖ ～공장 a knitting mill / ～기계 a knitting machine; a knitter.

메마르다 《땅이》 (be) dry; arid; 《불모》 (be) poor; barren; sterile; 《마음이》 (be) harsh. ¶ 메마른 땅 dry〔sterile〕 land / 메마른 생활을 하다 lead a prosaic〔drab〕 life.

메모 a memo; a memorandum. ¶ ～를 하다 take a memo; make notes 《*of*》. ‖ ～장 a note pad / ～지 scratch paper.

메밀 buckwheat. ‖ ～국수 buckwheat noodles / ～묵 buckwheat jelly.

메부수수하다 (be) boorish; rustic.

메스 〖醫〗 a surgical knife; a scalpel. ¶ ～를 가하다 《비유》 probe 《*into a matter*》.

메스껍다 ① 《역겹다》 feel sick〔nausea〕. ② ☞ 아니꼽다 ②.

메슥거리다 feel sick〔nausea〕; feel like vomiting.

메시아 Messiah.

메시지 《send》 a message. ¶ 축하 ～ a congratulatory message / ～를 남기다 leave a message.

메신저 a messenger.

메아리 an echo. ¶ ～치다 echo; be echoed; resound.

메어치다 throw 《*a person*》 over *one's* shoulder.

메우다 ① 《빈곳·구멍을》 fill up〔in〕 《*cracks*》; stop 《*a gap*》; plug (up) 《*a hole*》; 《매립하다》 reclaim 《*land from the sea*》. ¶ 틈을 ～ make〔stop〕 up a gap / 여백을 ～ fill in the blank spaces / 결원을 ～ fill up a vacancy. ② 《부족을》 make up for; compensate for. ¶ 결손을 ～ cover〔make up〕 a loss. ③ 《통을》 hoop; fix. ¶ 통에 테를 ～ hoop a barrel.

메이저리그 the Major Leagues.

메이커 a maker; a manufacturer. ¶ (일류) ～ 제품 articles manufactured by well-known makers; name brands.

메이크업 make-up. ～하다 make up.

메조소프라노 〖樂〗 mezzo-soprano.

메주 soybean malt; fermented soybeans. ¶ ～콩 malt soybeans / 콩으로 ～를 쑨대도 곧이 안 듣다 do not believe a story to be true.

메지다 (be) nonglutinous.

메질 ～하다 hammer; strike with

a mallet; pound《on》.
메추라기, 메추리 〖鳥〗 a quail.
메카 Mecca(동경의 땅).
메커니즘 (a) mechanism.
메탄 〖化〗 methane. ‖ ～가스 methane (gas).
메탄올 〖化〗 methanol.
메틸알코올 methyl alcohol.
멕시코 Mexico. ¶ ～의 Mexican / ～ 사람 a Mexican.
멘델 ‖ ～법칙 Mendel's laws; Mendelism.
멘스 the menses. ☞ 월경.
멘탈테스트《give》a mental test.
멜대 a carrying pole.
멜로드라마 a melodrama.
멜로디 〖樂〗 a melody.
멜론 a melon.
멜빵 a shoulder strap; a sling (총의);《양복바지의》suspenders; braces《英》.
멤버 a member. ¶ 베스트 ～ the best members〔players〕《of a team》. ‖ 정규 ～ a regular member.
멥쌀 nonglutinous rice.
멧닭 〖鳥〗 a black grouse; a blackcock (수컷); a gray hen (암컷).
멧돼지 〖動〗 a wild boar.
멧새 〖鳥〗 a meadow bunting.
멧종다리 〖鳥〗 a mountain hedge-sparrow.
며느리 a daughter-in-law. ¶ ～를 보다 get a wife for *one's* son.
며느리발톱 〖動·鳥〗 a spur; a calcar.
며칠《그달의》what day;《날수》how many days; how long; a few days. ¶ ～ 동안 for days / 오늘이 ～인가 What's the date today?
멱《목》a throat; a gullet. ¶ ～따다 cut《*a fowl's*》gullet〔throat〕.
멱(冪) 〖數〗 a power. ‖ ～수 an exponent.
멱살 the throat. ¶ ～ 잡다〔들다〕 seize《*a person*》by the collar〔coat lapels〕; grab《*a person's*》throat.
멱서리 a straw-bag.
면(面) ①《얼굴》a face. ② ☞ 체면. ③《표면》the (sur)face;《측면》a side;《다면체》a facet; a face. ④《방면》an aspect; a phase; a field; a side. ¶ 재정 ～에서 in the financial aspect / 모든 ～에서 in every respect. ⑤《지면(紙面)》a page. ⑥《행정 구역》a *myŏn* (as a subdivision of a *gun*); a township; a subcounty.
면(綿) cotton. ☞ 무명.
…면 if; when; in case. ¶ 비가 오～ if it rains.
면경(面鏡) a hand〔small〕mirror.
면구스럽다(面灸—) (be) shamefaced; abashed; feel awkward〔nervous, embarrassed〕(서술적). ¶ 그런 일로 표창을 받게 되어 ～ I feel embarrassed to be officially commended for such a thing.
면담(面談) an interview; a talk. ～하다 have an interview《*with*》; talk personally《*with*》.
면대(面對) ～하다 meet face to face《*with*》; face (each other). ¶ ～하여 face to face.
면도(面刀) shaving. ～하다 shave *oneself*;《남을 시켜》have *one's* face shaved; get a shave. ‖ ～날 a razor blade / ～칼 a razor.
면류(麵類) noodles; vermicelli.
면류관(冕旒冠) a (royal) crown.
면면(綿綿) ¶ ～한 unbroken; continuous; endless / ～히 without a break; ceaselessly.
면모(面貌) a countenance; looks; features; (an) appearance (일의). ¶ ～를 일신하다 put on quite a new aspect; undergo a complete change / ～를 되찾다 return to《*its*》former conditions.
면목(面目)《체면》face; honor; credit; dignity;《모양》an appearance; an aspect. ¶ ～을 잃다 lose *one's* face / ～을 유지하다〔세우다〕 save *one's* face〔honor〕/ ～ 없다 be ashamed of *oneself* / ～을 일신하다 change the appearance《*of*》; undergo a complete change.
면밀(綿密) ¶ ～한《세밀한》detailed; minute; close;《빈틈없는》careful; scrupulous / ～히 minutely; carefully; scrupulously / ～한 검사 a close examination / ～한 관찰 minute observation.
면바르다(面—) (be) even; level; clean-cut; well-formed.
면박(面駁) ～하다 refute to *one's* face; reprove〔blame〕《*a person*》to *his* face.
면방적(綿紡績) cotton spinning. ‖ ～기 a cotton spinning machine.
면벽(面壁) 〖佛〗《sit in》meditation facing the wall《*of a cave*》.
면부득(免不得) ～하다 be unavoidable〔inevitable〕.
면사(免死) ～하다 escape〔be saved from〕death.
면사(綿絲) cotton yarn (직조용); cotton thread(바느질용).
면사무소(面事務所) a *myeon* office.
면사포(面紗布) a wedding〔bridal〕veil. ¶ ～를 쓰다 marry; get married.
면상(面上) *one's* face.
면상(面相) a countenance; looks.
…면서 ①《동작의 진행》...ing;《동시에》as; while; over; during. ¶ 웃으～ with a smile; smiling / 책을 읽으～ 걷다 read as *one* walks. ②《불구하고》(al)though; and yet; still; in spite of; for all that. ¶ 나쁜 일인 줄 알～ though I knew it was wrong / 큰 부자이～도 그의 욕심은 한이 없다 Although he is rich〔With all

his riches], he is still avaricious.

면서기(面書記) a *myeon* official; an official of township office.

면세(免稅) tax exemption. ～하다 exempt 《*a person*》 from taxes; free 《*goods*》 from (customs) duty. ¶ ～가 되어 있다 be free of tax / ～로 사다 buy 《*something*》 duty-free. ‖ ～소득 tax-free income / ～점(店) a duty-free shop / ～점(點) 《raise, lower》 the tax exemption limit / ～품 tax-exempt [-free] articles.

면소(免訴) dismissal 《*of a case*》; discharge 《*of a prisoner*》. ～하다 dismiss 《*a case*》; acquit [release] 《*a prisoner*》. ¶ ～되다 have *one's* case dismissed; be acquitted 《*of*》.

면식(面識) acquaintance. ¶ ～이 있다 be acquainted 《*with*》; know / ～이 없는 사람 a stranger / ～이 있는 사람 an acquaintance.

면양(緬羊) a (wool) sheep.

면역(免役) exemption from public labor [military service].

면역(免疫) 〖生理〗 immunity 《*from a disease*》. ¶ ～이 되다 become [be] immune 《*from*》 / ～이 되게 하다 immunize 《*a person against*》 / ～이 되어 있다 be immune 《*to, against, from*》; 《비유적》 be hardened [impervious] to 《*public criticism*》 / ～성이 생기다 develop proper immunity 《*to, against, from*》 / ～성이 없는 nonimmune. ‖ ～기간 a period of immunity / ～반응 (an) immune reaction / ～주사 (a protective) inoculation / ～체 an immune body / ～학 immunology.

면장(免狀) a license; a certificate. ¶ 수입～ an import license.

면장(面長) the chief of a *myeon* [township].

면적(面積) (an) area; square measure; size 《*of land*》. ¶ ～을 차지하다 cover an area 《*of ten acres*》.

면전(面前) ¶ ～에서 before [in the presence of] 《*a person*》 / 내 ～에서 in my presence.

면접(面接) an interview. ～하다 (have an) interview. ¶ 개인～ an individual interview. ‖ ～시험 an oral test (구술의); a personal interview (입사 등의).

면제(免除) (an) exemption 《*from*》. ～하다 exempt 《*a person*》 from 《*tax*》; release [excuse] 《*a person*》 from 《*a duty*》. ¶ 징집[병역]이 ～되다 be exempted from draft [military service]. ‖ 일부[전부]～ partial [total] exemption / 입학금～ exemption of the entrance fee.

면제품(綿製品) cotton goods.

면종복배(面從腹背) false [pretended, treacherous] obedience; (a) Judas kiss.

면지(面紙) 《책의》 the inside of a book cover; a flyleaf.

면직(免職) dismissal [removal] from office; discharge. ～하다 dismiss [discharge, remove] 《*a person*》 (from office); fire 《口》. ¶ ～되다 be dismissed [fired]. [tiles].

면직물(綿織物) cotton fabrics [tex-

면책(免責) 《have, receive》 exemption from responsibility [obligation]. ‖ ～조항 an exemption [escape] clause / ～특권 《외교관의》 diplomatic immunity; 《국회의원의》 the privilege of exemption from liability.

면책(面責) personal reproof. ～하다 reprove 《*a person*》 to his face.

면치레(面―) ～하다 keep up appearances; put up a good front; assume the appearance 《*of*》.

면포(綿布) cotton cloth [stuff].

면하다(免―) ① 《모면하다》 escape 《*danger*》; be saved [rescued] from 《*drowning*》; 《피하다》 avoid; evade. ¶ 가까스로 죽을 고비를 ～ narrowly escape death / 위기를 ～ get through a crisis / 욕을 ～ avoid dishonor; save *one's* face / 면하기 어려운 unavoidable; inevitable. ② 《면제》 be exempt(ed) [free] 《*from*》; be immune 《*from*》. ¶ 병역을 ～ be exempted from military service.

면하다(面―) face (on); front; look out 《*on, onto*》. ¶ 바다에 면한 집 a house facing the sea / 바다에 ～ front the sea / 이 방은 호수에 면해 있다 This room looks out on the lake.

면학(勉學) study; academic pursuit. ～하다 study; pursue *one's* studies. ¶ ～분위기를 조성하다 create an academic atmosphere.

면허(免許) a permission; a license. ¶ ～ 있는[없는] (un)licensed / ～를 얻다 obtain [take] a license. ‖ ～료 a license fee / ～제 a license system / ～증 a 《*driving*》 license; a certificate.

면화(棉花) a cotton. ☞ 목화(木花).

면회(面會) an interview; a meeting. ～하다 meet; see; have an interview 《*with*》. ¶ ～를 청하다 ask 《*a person*》 to see 《*one*》; ask for [request] an interview 《*with*》 / ～를 사절하다 refuse to see a visitor. ‖ ～시간 visiting hours / ～실 a visiting room / ～일 a visiting [receiving] day / (작업중) ～사절 《게시》 Interview Declined (During Working Hours);

No Visitors(환자)
멸공(滅共) crushing communism; rooting up communists. ‖ ~정신 the spirit to crush〔exterminate〕communism. 「hopper.
멸구〖蟲〗a rice insect; a leaf-
멸균(滅菌) ☞ 살균(殺菌).
멸망(滅亡) a (down)fall; ruin; destruction; collapse. ~하다 be ruined〔destroyed〕; perish.
멸문(滅門) ‖ ~지화(之禍) a disaster that wipes out《*a person's*》whole family.
멸사봉공(滅私奉公) selfless devotion to *one's* country.
멸시(蔑視) contempt; disdain; disregard (☞ 경멸). ~하다 despise; disdain; hold《*a person*》in contempt. ¶ ~받다 be held in contempt.
멸족(滅族) ~하다《타동사》exterminate〔eradicate〕《*a person's*》whole family;《자동사》《a family》be exterminated.
멸종(滅種) ~하다《타동사》exterminate〔eradicate〕a stock;《자동사》《a stock》be exterminated〔eradicated〕. 「ed anchovies.
멸치〖魚〗an anchovy. ‖ ~젓 salt-
멸하다(滅—) ruin; destroy《*an enemy*》; exterminate. 「(목화).
명《무명》cotton cloth; a cotton
명(命) ① ☞ 명령. ¶ 당국의 ~에 의하여 by order of the authorities. ②《명수》*one's* (span of) life; *one's* destiny (운명). ¶ 제 ~에 죽다 die a natural death.
명(銘)《기념비》an inscription;《묘비》an epitaph;《칼의》a signature;《스스로의 계율》a precept; a motto. ¶ 좌우 ~ *one's* (favorite) motto. 「twenty persons.
명(名)《사람수》persons. ¶ 20 ~
명…(名) great; noted; celebrated; excellent; famous. ¶ ~배우 a star actor / ~연주 an excellent performance.
명가(名家)《명문》a distinguished〔prestigious〕family. ¶ 그는 ~의 출신이다 He comes of a distinguished family. 「singer.
명가수(名歌手) a great〔famous〕
명검(名劍) a noted sword; an excellent blade.
명경(明鏡) a stainless〔clear〕mirror. ‖ ~지수(止水) a mind as serene as a polished mirror; a mind undisturbed by evil thoughts.
명곡(名曲)《appreciate》a famous〔an excellent〕piece of music.
명공(名工) a skillful craftsman; an expert artisan.
명관(名官) a celebrated governor; a wise magistrate.
명구(名句)《구》a famous phrase;《명담》a wise saying. 「arch.
명군(明君) an enlightened mon-
명궁(名弓)《사람》an expert archer;《활》a noted bow.
명금(鳴禽) a songbird.
명기(明記) ~하다 state〔write〕clearly; specify.
명년(明年) next year.
명단(名單) a list〔roll, register〕of names. ¶ 초대자의 ~ a list of guests invited.
명단(明斷) ¶ ~을 내리다 pass a fair judgment《*on*》.
명답(名答) a clever〔right〕answer. ~하다 answer brilliantly〔correctly〕.
명답(明答) a definite answer. ¶ ~을 피하다 avoid giving a definite answer.
명당(明堂) ①《대궐의》the king's audience hall. ②《묏자리》a propitious site for a grave.
명도(明度) luminocity; brightness.
명도(明渡) evacuation. ☞ 인도(引渡). ~하다 vacate《*a house*》. ¶ ~를 요구하다 ask《*a person*》to vacate《*the house*》. ‖ (가옥의) ~소송 an eviction suit.
명도(冥途) Hades; the other world; the underworld.
명동(鳴動) ~하다 rumble. ¶ 태산 ~에 서일필(鼠一匹)《俗談》Much cry and little wool.
명란(明卵) pollack roe. ‖ ~젓 salted pollack roe.
명랑(明朗) ¶ ~한 clear / ~한 목소리로 in a clear voice / ~한 가정 a merry home / ~한 청년 a bright and cheerful young man.
명령(命令) an order; a command; a direction; instruction(훈령). ~하다 order〔command, instruct〕《*a person*》to *do;* give orders. ¶ ~조로《speak》in a commanding〔an authoritative〕tone / ~에 따르다 obey〔carry out〕an order / ~대로 하다 do as *one* is told. ‖ ~계통 a line of command; a command system / ~문〖文〗an imperative sentence / ~법〖文〗the imperative (mood) / ~위반 violation of an order.
명론(名論) an excellent opinion; a sound〔convincing〕argument; a well-founded theory. ‖ ~탁설(卓說) excellent arguments and eminent views.
명료(明瞭) ¶ ~한〔하게〕clear(ly); distinct(ly); plain(ly) / ~하게 하다 make clear. ‖ ~도〖通信〗clarity; articulation.
명리(名利)《run after》fame and fortune〔wealth〕. ¶ ~를 좇다 strive after fame and wealth / ~에 뜻이 없다 be above〔indifferent to〕riches and fame.

명마(名馬) a good〔fine〕 horse.
명망(名望) (a) reputation; popularity (인망). ‖ ~가 a man of high reputation.
명맥(命脈) life; the thread of life; existence. ¶ ~을 유지하다《사람이》 remain〔keep〕 alive;《풍습 따위가》 remain〔stay〕 in existence.
명멸(明滅) ~하다《불이》 flicker; glimmer; blink; come and go. ¶ ~하는 불빛 a flickering light. ‖ ~신호 a blinking signal.
명명(命名) naming; christening. ~하다 christen; name. ‖ ~식 a naming〔christening〕 ceremony.
명명백백(明明白白) ¶ ~한 (as) clear as day; quite obvious.
명목(名目)《명칭》a name;《구실》a pretext. ¶ ~상의 nominal; in name only / ~에 지나지 않다 be in name only / ~상의 사장 a nominal〔figurehead〕 president / ~상의 이유 the ostensible reason / 정치헌금이라는 ~으로 정치인에게 뇌물을 주다 offer a bribe to a politician under the pretext of giving a political donation. ‖ ~가격 a nominal price / ~임금 nominal wages.
명문(名文) a literary gem; a beautiful passage〔composition〕. ‖ ~가 a fine writer; a stylist.
명문(名門) a distinguished〔noble〕 family. ‖ ~교 a distinguished〔prestige〕 school.
명문(明文) an express provision〔statement〕. ¶ ~화하다 stipulate expressly in the text; put《*something*》in the statutory form / 법률에 ~화되어 있다 be expressly stated in the law / 제외한다는 ~이 없으면 if it is not expressly excluded. ‖ ~규정 (a) substantive enactment.
명물(名物) 《산물》 a special〔famous, well-known〕 product; a specialty;《저명한 것》a feature; an attraction; a popular figure 《*in town*》(사람). ¶ 지방의 ~ a local specialty.
명미하다(明媚―) (be) beautiful; of scenic beauty. ¶ 풍광 명미한 땅 a place of scenic beauty.
명민하다(明敏―) (be) sagacious; intelligent; clear; sharp.
명반(明礬) alum.
명백하다(明白―) (be) clear; evident; plain; obvious. ¶ 명백한 사실 an obvious fact / 명백히 clearly; obviously.
명복(冥福) happiness in the other world; heavenly bliss. ¶ ~을 빌다 pray for the repose of《*a person's*》soul.
명부(名簿) a list〔roll〕 of names. ¶ 선거인~ a pollbook / ~를 만들다 make〔prepare〕 a list《*of*》.
명부(冥府) Hades; the other world.
명분(名分)《본분》*one's* moral obligations〔duty〕;《정당성》(moral) justification. ¶ ~이 서는 justifiable / ~이 안 서는 행동 unjustifiable act / ~을 세우다 justify *oneself*〔*one's* conduct〕.
명사(名士) a man of distinction〔note〕; a distinguished〔noted〕 person; a celebrity.
명사(名詞)〖文〗a noun.
명산(名山) a noted mountain.
명산(名産) a special〔noted〕 product; a specialty.
명상(瞑想) meditation. ~하다 meditate《*on*》; contemplate. ¶ ~적인 meditative / ~에 잠기다 be lost in meditation.
명색(名色) a title; a name; an appellation. ☞ 명목.
명석(明晳) ~하다 (be) clear; bright. ¶ 두뇌가 ~하다 be clear-headed.
명성(名聲) fame; reputation; renown. ¶ 세계적인 ~ world-wide fame / ~을 얻다 gain〔win〕 fame〔a reputation〕/ ~을 높이다〔더럽히다〕 enhance〔injure〕 *one's* reputation.
명세(明細) details; particulars; specifies. ¶ 지출의 ~ an account of payments / 선적 ~서 shipping specifications. ‖ ~서 a detailed account〔statement〕(계산서); specifications(설계명세서) / ~표 an itemized account.
명소(名所) a noted place; a beauty〔scenic〕 spot. ¶ ~를 구경하다 see〔do〕 the sights《*of Seoul*》.
명수(名手) a master-hand《*at*》; an expert《*at, in*》. ¶ 사격의 ~ a good〔an expert〕 marksman; a sharpshooter.
명수(命數) ☞ 명(命) ②.
명승(名勝) ‖ ~고적 places of scenic beauty and historic interest / ~지 a beautiful place.
명승(名僧) a great priest.
명시(明示) ~하다 point out〔state〕 clearly; clarify. ¶ ~적(으로) explicit(ly).
명실(名實) ¶ ~공히 both in name and reality / ~상부하다 be true to the name; be up to《*its*》reputation.
명심(銘心) ~하다 bear〔keep〕《*a matter*》 in mind; take《*the advice*》to heart.
명아주〖植〗a goosefoot.
명안(名案) a good〔wonderful, great〕 idea〔plan〕; a splendid suggestion. ¶ ~이 떠오르다 hit on〔have〕 a good idea.
명암(明暗) light and darkness〔shade〕. ¶ 인생의 ~ the bright

and dark sides of life. ‖ ～법 《미술의》 shading.
명약관화(明若觀火) ～하다 《서술적》 be as clear as day〔daylight〕; quite obvious.
명언(名言) a wise〔golden〕 saying; a witty remark.
명언(明言) ～하다 declare; say definitely; state explicitly.
명역(名譯) an excellent〔admirable〕 translation.
명연기(名演技) good acting; a fine〔an excellent〕 performance.
명예(名譽) honor; credit. ¶ ～로운 honorable 《*position*》 / ～를 걸고 on *one's* honor / ～를 얻다 win〔gain〕 honor / ～를 잃다 lose *one's* honor / ～에 관계되다 affect *one's* honor〔reputation〕 / ～가 되다 be an honor〔a credit〕 to 《*a person*》 / ～를 더럽히다 bring disgrace 《*on a person*》; stain 《*a person's*》 honor. ‖ ～교수 an honorary professor; a professor emeritus / ～시민〔직, 회장〕 an honorary citizen〔post, president〕 / ～심 a desire for fame; aspiration after fame / ～퇴직 ☞ 퇴직 / ～회복 restoration of reputation / ～훼손죄 defamation of character; a libel(문서로의); (a) slander(말로).
명왕성(冥王星) Pluto.
명우(名優) a great actor〔actress〕; a (famous) star.
명운(命運) *one's* fate〔destiny〕. ¶ ～이 다하다 go to *one's* fate.
명월(明月) a bright〔full〕 moon. ¶ 중추의 ～ the harvest moon.
명의(名義) a name. ¶ ～상의 nominal / …의 ～로 in 《*a person's*》 name / 집을 아내의 ～로 바꾸다 transfer a house to my wife's name. ‖ ～도용 an illegal use of other's name / ～변경 title transfer / ～인 the holder 《*of a title deed*》; a registered owner.
명의(名醫) a noted〔great〕 doctor; a skilled physician.
명인(名人) an expert 《*at, in*》; a (past) master 《*in, of*》. ¶ 피아노의 ～ an accomplished〔excellent〕 pianist / 바둑의 ～ a master of *baduk* / 바둑 대회에서 ～자리를 차지하다 win the championship in the *baduk* tournament. ‖ ～기질 the spirit of a master artist / ～전 《바둑의》 the professional *baduk* players' championship series.
명일(名日) a national holiday; a festive〔fete〕 day.
명일(明日) tomorrow.
명작(名作) a masterpiece; a fine piece 《*of literature*》; a fine work 《*of art*》.
명장(名匠) a master-hand; a master-craftsman.
명장(名將) a famous general; a great commander.
명저(名著) a fine〔great〕 book; a masterpiece(걸작).
명절(名節) a gala day; a fete (day); a national holiday. ¶ ～ 기분 festive mood.
명제(命題) 〖論〗 a proposition.
명조(明朝) ① tomorrow morning. ② 《활자》. ‖ ～체 Ming-style type.
명주(明紬) silk; 《견직물》 silk fabric; silks. ‖ ～실 silk thread.
명주(銘酒) high-quality liquor; liquor of a famous brand.
명중(命中) a hit. ～하다 hit 《*the mark*》; strike home. ¶ ～하지 않다 miss 《*the mark*》. ‖ ～률 an accuracy rate / ～탄 a (direct) hit; a telling shot.
명찰(名札) a name plate〔tag〕.
명찰(明察) keen insight; clear discernment. ～하다 see through.
명창(名唱) a great〔noted〕 singer (사람); a famous song (노래).
명철(明哲) sagacity; intelligence. ～하다 (be) sagacious; intelligent.
명추(明秋) next autumn〔fall〕.
명춘(明春) next spring.
명치 the pit (of the stomach).
명칭(名稱) 《give》 a name; a title; a designation.
명콤비(名 —) 《form》 an ideal combination; 《make》 a good pair.
명쾌(明快) ¶ ～한 plain; clear; lucid.
명태(明太) 〖魚〗 a Alaska pollack.
명필(名筆) 《글씨》 a fine handwriting〔calligraphy〕; 《사람》 a noted calligrapher.
명하다(命 —) ① ☞ 명령하다. ② 《임명》 appoint; nominate.
명함(名啣) a (name) card; a calling card(사교용); a business card(영업용). ¶ ～을 내다 give *one's* card 《*to*》 / ～을 교환하다 exchange cards. ‖ ～판 《사진의》 a *carte de visite* 《프》.
명현(名賢) a man of great wisdom; a noted sage.
명화(名畫) a famous〔great〕 picture; a masterpiece; a good〔an excellent〕 film (영화).
명확(明確) ¶ ～한 clear; precise; accurate; definite / ～하게 clearly; precisely; accurately / ～한 답변을 요구하다 demand a definite answer / 이 점을 ～히 해주면 좋겠다 I want you to make this point clear.
몇 《얼마》 how many(수); how much(양, 금액); how far(거리); how long(시간); some. ¶ ～개 how many; some (긍정) / ～년

how many years / ～번 how many times; how often; what number(번호) / ～ 사람 how many people〔persons〕; some people (약간) / ～ 시 what time; when / ～ 살이지 How old are you? / ～ 시입니까 What time is it?
몇몇 some; several《*persons*》.
모[1] ①《각》an angle. ¶ ～가 난 angular; angled. ② ☞ 모서리. ③《언행의》angularity; harshness. ¶ ～가 있는 angular; stiff; unsociable / ～가 나지 않는 사람 a smooth-mannered person / ～난 소리를 하다 speak harshly. ④《측면》the side. ¶ 여러 ～로 in various〔many〕 ways; in every respect / ～로 눕다 lie on *one's* side.
모[2]《벼의》a (rice) seedling;《묘목》a sapling (☞ 모내다). ¶ ～를 심다 transplant rice seedlings.
모[3]《두부 따위의》a cake《*of bean curd*》; a piece《*of*》.
모(某)《모씨》a certain person; Mr. So-and-so;《어떤》a; one; certain. ¶ ～처 a certain place / 김～(金某) a certain Kim.
모가치 *one's* share. ☞ 몫.
모개 ¶ ～로 altogether; all taken together; in bulk〔mass〕; in a lump / ～로 사다 buy《*things*》in bulk〔mass〕. ‖ ～흥정 a package deal / 모갯돈 a sizable sum of money.
모계(母系)《on》the maternal line〔mother's side〕. ‖ ～사회 a matrilineal society.
모계(謀計) a trick; a scheme; a plot; a stratagem.
모골(毛骨) ¶ ～이 송연하다 shudder; feel *one's* hair stand on end.
모공(毛孔) pores (of the skin).
모과 〖植〗 a Chinese quince.
모관(毛管) ☞ 모세관.
모교(母校) *one's* old school; *one's* *Alma Mater*《라》.
모국(母國) *one's* mother country; *one's* homeland. ‖ ～어 *one's* mother tongue(스페인어를 ～어처럼 말하다 speak Spanish like a native speaker).
모국(某國) a certain state〔nation〕; an undisclosed country.
모권(母權) mother's authority; maternal rights. ‖ ～제 사회 a matriarchal society.
모근(毛根) the root of a hair; a hair root. ‖ ～이식 implantation of hair.
모금(募金) fund raising; collection of subscriptions〔contributions〕. ～하다 raise a fund《*for*》; collect contributions. ‖ ～운동 a fund-raising campaign; a drive to raise fund《*for*》.
모금 a mouthful《*of*》; a draft; a puff (담배의); a sip (차 따위). ¶ 물을 한 ～ 마시다 drink a draft of water.
모기 a mosquito. ¶ ～ 소리로 in a very faint voice / ～에 물리다 be bitten〔stung〕 by a mosquito. ‖ ～장《put up》a mosquito net〔curtain〕/ ～향 a mosquito(-repellent) stick〔coil〕.
모깃불 a smudge; a mosquito smoker〔fumigator〕.
모나다 ①《물건이》be angular; be edged〔angled, pointed〕. ¶ 모난 기둥 a square pillar / 모나게 깎다 sharpen the edges. ②《성행이》be angular〔stiff, harsh〕; be unsociable. ¶ 모나게 굴다 act〔behave〕 harshly〔unsociably〕. ③《두드러지다》be conspicuous; be odd. ¶ 모난 행동 odd behavior. ④《쓰임새가》be useful〔effective〕. ¶ 돈을 모나게 쓰다 spend money well〔to good cause〕.
모나코 Monaco. ¶ ～공국(公國) the Principality of Monaco.
모내기 rice planting. ～하다 transplant rice seedlings; plant rice. ‖ ～철 the rice-planting season.
모내다 ① ☞ 모내기하다. ②《각지게 하다》make angular.
모녀(母女) mother and daughter.
모노레일 a monorail.
모노타이프 a monotype.
모놀로그 a monologue.
모니터 a monitor. ‖ ～제 a monitor system (방송).
모닝코트 a morning coat〔dress〕.
모닥불 a fire in the open air; a bonfire. ¶ ～을 피우다 build up a fire.
모더니즘 modernism.
모던 modern. ‖ ～아트〔재즈〕 modern art〔jazz〕.
모데라토 〖樂〗 *moderato*《이》.
모델 a model. ¶ ～이 되다 pose〔sit, stand〕 for an artist. ‖ ～케이스 a model case / ～하우스 a model house.
모뎀 〖컴〗 a modem(변복조(變復調)「장치).
모독(冒瀆) profanation. ～하다 profane; blaspheme.
모두 all; everything; everybody; everyone;《다해서》in all; all told;《다 함께》altogether; in a body;《몰아서》in the gross. ¶ 우리 셋 ～ everyone of us three / 가진 돈을 ～ 써버리다 spend all the money *one* has / 참가자는 ～ 60명이었다 The participants were sixty in all.
모두(冒頭)《at》the beginning; the opening; the outset.
모두뜀 hopping on both feet.
모든 all; whole; every. ¶ ～ 점에서 in all points; in every re-

spect.
모란(牡丹) 〖植〗 a (tree) peony.
모랄 moral sense; morals; ethics; *morale*《프》.
모래 sand; grit (굵은). ¶ ～바람 a sand-laden wind / ～가 많은 sandy / ～장난을 하다 play with sand / ～가 눈에 들어가다 get some sand in *one's* eyes. ‖ ～땅 sandy soil / ～밭 the sands / ～벌판 a sandy plain / ～사장 a sandy beach / ～시계 a sandglass; an hourglass / ～주머니 a sandbag / ～찜질 a sand bath / ～채취장 a sandpit / ～폭풍 a sandstorm.
모래무지 〖魚〗 a false〔goby〕 minnow gudgeon.
모래집 the amnion. ‖ ～물 amniotic fluid.
모략(謀略) a plot; a trick; stratagem. ¶ ～을 꾸미다 form a plot; plan a stratagem / ～에 빠지다 be caught in a trap. ‖ ～선전 strategical propaganda.
모레 the day after tomorrow.
모로 《비스듬히》 diagonally; obliquely; 《옆으로》 《walk》 sideways.
모로코 Morocco. ¶ ～의 Moroccan. ‖ ～인 a Moroccan.
모루 an anvil. ‖ ～채 a hammer.
모르다 ① 《일반적》 do not know; be ignorant 《*of*》; 《생소함》 be not acquainted 《*with*》; be unfamiliar; 《추측 못하다》 cannot tell. ¶ 모르는 곳 an unfamiliar place / 모르는 말 a language *one* doesn't know / 글을 ～ be ignorant〔illiterate〕 / 어찌 할 바를 ～ do not know what to do / 전혀 ～ know nothing 《*about*》. ② 《이해 못함》 do not understand; have no idea 《*of*》; 《인식 못함》 do not recognize〔appreciate〕. ¶ 시를 ～ have no relish for poetry / 중요성을 ～ do not recognize the importance 《*of*》 / 돈을 ～ be indifferent to money. ③ 《깨닫지 못함》 be unaware 《*of*》; be unconscious 《*of*》; 《못느낌》 do not feel; be insensible 《*of, to*》. ¶ 모르는 사이에 before *one* knows; without knowing *it* / 창피를 ～ be shameless. ④ 《기억 못함》 do not remember. ⑤ 《무관계》 have no relation 《*with*》; have nothing to do 《*with*》; 《무경험》 have no experience; be ignorant 《*with*》. ¶ 세상을 ～ be ignorant of the world / 난 모르는 일이다 I have nothing to do with it.
모르모트 〖動〗 a guinea pig.
모르몬교(一教) Mormonism. ‖ ～도 a Mormon.
모르쇠 know-nothingism; playing dumb. ¶ ～ 잡다 play dumb; pretend not to know.
모르타르 mortar.
모르핀 morphia; morphine. ‖ ～중독 morphinism / ～중독자 a morphine addict.
모른체하다 《시치미떼다》 pretend not to know; feign ignorance; 《무관심》 be indifferent 《*to*》; 《아무와 만났을 때》 look the other way; cut 《*a person*》. ¶ 모른 체하고 with an unconcerned air; as if *one* knew nothing about it.
모름지기 by all means; necessarily; it is proper that *one* should 〔ought〕 to 《*do*》.
모리(謀利) profiteering. ～하다 make〔plan〕 undue profits 《*on*》; profiteer. ‖ ～배 a profiteer.
모리타니 Mauritania. ‖ ～사람 a Mauritanian.
모면(謀免) ～하다 escape 《*danger*》; be rescued〔saved〕 from; avoid; evade; shirk. ¶ ～할 수 없는 unavoidable 《*disasters*》; inevitable 《*conclusions*》 / 간신히 ～하다 have a narrow escape / 책임을 ～하다 evade *one's* responsibility.
모멸(侮蔑) contempt. ☞ 경멸.
모모(某某) certain〔such and such〕 persons; Mr. So-and-sos.
모모한(某某—) worthy of mentioning; notable; well-known. ¶ ～인사 a man of distinction; a celebrity; a notable.
모반(母斑) a nevus; a birthmark.
모반(謀叛) a rebellion; a revolt. ～하다 plot a rebellion〔treason〕; rise〔rebel〕 《*against*》. ‖ ～자 a rebel; a traitor / ～죄 treason.
모발(毛髮) hair. ‖ ～영양제 a hair tonic.
모방(模倣) imitation; copy; mimicry. ～하다 imitate; copy 《*from, after*》; model after〔on〕. ¶ ～적인 imitative / 유명 작가의 문체를 교묘히 ～하다 write well in imitation of the famous writer's style. ‖ ～본능 the instinct of imitation / ～예술 imitative arts / ～자 an imitator; a copier.
모범(模範) a model; an example; a pattern(귀감). ¶ ～적인 exemplary; model; typical / …을 ～으로 삼다 model after; follow the example 《*of*》 / ～을 보이다 set〔give〕 an example. ‖ ～생 a model student / ～수 a trusty〔trustee〕《美》; a well-behaved prisoner / ～시민 an exemplary citizen / ～운전사〔공무원〕 an exemplary driver〔official〕.
모병(募兵) recruiting; conscription. ～하다 recruit; draft《美》.
모사(毛絲) ☞ 털실.
모사(模寫) 《일》 copying; 《물건》 a copy. ～하다 copy (out); trace; reproduce.

모사(謀士) a strategist; a tactician; a schemer.
모사(謀事) ～하다 plan; devise《*a stratagem*》; plot《*against*》.
모살(謀殺) ～하다 murder; kill《*a person*》of malice prepense.
모새 fine sand.
모색(摸索) ～하다 grope《*for*》. ¶ 암중 ～하다 grope (blindly) in the dark / 평화적 통일을 ～하다 explore ways toward peaceful unification.
모서리 an angle; an edge; a corner. ¶ ～를 훑다 round off the angles.
모선(母船) a mother ship〔vessel〕; 《우주선의》a mother craft; a command module.
모성(母性) motherhood; maternity. ‖ ～본능 maternal instinct / ～애 maternal affection〔love〕.
모세 〚聖〛 Moses.
모세관(毛細管) a capillary tube. ‖ ～현상 a capillary action〔phenomenon〕. 「(vessel).
모세혈관(毛細血管) 〚解〛 a capillary
모순(矛盾) contradiction; inconsistency; conflict. ¶ ～되다 be inconsistent〔incompatible〕《*with*》; be contradictory《*to*》/ 말의 ～ 〚論〛 a contradiction in terms / ～된 말을 하다 contradict *oneself;* make a contradictory statement.
모스 ‖ ～부호 the Morse code.
모스크 《회교의》a mosque.
모스크바 Moscow; Moskva.
모슬린 muslin.
모습 《몸매·모양》 a figure; a shape; a form; 《용모·외관》looks; features; appearance; a guise; 《영상》an image; 《사물의 상태》a state; a condition; an aspect. ¶ 날씬한 ～ a slender figure / 한라산의 아름다운 ～ the beautiful shape of Mt. *Halla* / ～을 나타내다 appear; show up; come in sight / ～을 바꾸다 disguise *oneself* / 한국의 참 ～ Korea as she really is / 어릴적 ～을 찾아볼 수 없다 His infant features are gone. 「of ramie cloth.
모시 ramie cloth. ‖ ～옷 clothes
모시다 ① 《섬기다》 attend〔wait〕 upon《*a person*》; serve. ¶ 부모를 ～ have *one's* parents with *one;* serve *one's* parents. ② 《인도》 show《*a person*》in〔into〕; 《함께 가다》go with《*a person*》; accompany《*a person*》. ¶ 손님을 방으로 ～ show a caller into the room / 주인을 모시고 가다 escort *one's* master. ③ 《받들다》 set《*a person*》up《*as*》; deify; worship (신으로); enshrine(사당에). ¶ 조상을 ～ worship *one's* ancestors / 그를 사장으로 ～ set him up as president.
모시조개 〚貝〛《황합》a short-necked clam; 《가막조개》a corbicula.
모시풀 〚植〛 a Chinese silk plant; a ramie.
모씨(某氏) a certain person; an unnamed person; Mr. X.
모양(模樣) 《생김새》shape; form; 《자태》(personal) appearance; figure; look; 《태도》air; manner; bearing; 《상태》the state (of affairs); the condition. ¶ ～이 좋은 shapely; well-shaped〔-formed〕/ ～사나운 unshapely; ill-formed; unsightly; disgraceful(점잖잖은) / …한 ～이다 seem to be… / …할 ～이다 seem about to be〔do〕… / …하는 ～이다 seem to be *do*ing.
모어(母語) *one's* mother tongue.
모여들다 gather; come〔get〕 together; crowd〔flock〕 in.
모옥(茅屋) a straw-thatched cottage; a hovel.
모욕(侮辱) insult; contempt. ～하다 insult; treat《*a person*》with contempt; affront. ¶ ～적인 언사《make》an insulting remark / ～을 당하다 be insulted; suffer an affront / ～을 참다 bear〔brook〕 an insult.
모유(母乳) mother's milk. ¶ ～로 자란 아이 a breast-fed child / ～로 기르다 feed《*a baby*》on mother's milk.
모으다 ① 《한데 모으다》gather; collect; get〔bring〕 together; get in 《*subscriptions*》. ¶ 자금을 ～ raise the funds / 재료를 ～ gather materials. ② 《집중》 focus on; concentrate; 《끌다》draw; attract; absorb. ¶ …에 주의를 ～ concentrate *one's* attention on…. ③ 《저축》 save; lay by; put aside; store; lay up; amass. ¶ 돈을 ～ save〔accumulate〕 money.
모음(母音) a vowel (sound). ‖ ～변화〔조화〕 vowel gradation〔harmony〕/ 기본～ a cardinal vowel / 반～ a semivowel / 이중～ a diphthong.
모의(模擬) ¶ ～의 imitation; sham; mock; simulated. ‖ ～국회 a model parliament / ～시험 a practice〔trial〕 examination / ～재판〔전〕 a mock trial〔battle〕.
모의(謀議) (a) conspiracy (음모); (a) conference (상의). ～하다 conspire〔plot〕 together《*against*》; consult together《*about*》.
모이 feed; food. ¶ 닭～ chicken feed / ～를 주다 feed《*chickens*》/ 이 새의 ～는 무엇이지 What does this bird feed on?
모이다 ① 《몰려듦》 gather〔flock〕 (together); come〔get〕 together;

swarm; line up (정렬). ② 《회동》 meet; assemble. ¶ 모두 ~ meet all together. ③ 《집중》 center 《on, in, at》; concentrate 《on》; focus 《on》. ④ 《축적》 be saved〔accumulated〕; 《걷힘》 be collected. 「So-and-so.
모인(某人) a certain person; Mr.
모일(某日) a certain day.
모임 《have〔hold〕》 a meeting; a gathering; an assembly; a reception; a party (사교적).
모자(母子) mother and son.
모자(帽子) a hat(테 있는); a cap (테 없는); headgear(총칭). ¶ ~를 쓰다〔벗다〕 put on〔take off〕 a〔*one's*〕 hat. ‖ ~걸이 a hatrack.
모자라다 ① 《부족》 be not enough; be insufficient〔deficient〕; be short of; want. ¶ 원기가 ~ lack energy / 일손〔식량〕이 ~ be short of hands〔provisions〕 / 역량이 ~ be wanting in ability. ② 《우둔》 be dull〔stupid〕; be half-witted.
모자이크 a mosaic.
모정(母情) maternal affection.
모정(慕情) longing; love.
모조(模造) imitation. ~하다 imitate; make an imitation 《*of*》. ¶ ~의 imitation; artificial; counterfeit; faked. ‖ ~가죽 imitation leather / ~지 vellum paper / ~지폐 a forged〔counterfeit〕 (bank) note / ~진주〔보석〕 an imitation pearl〔gem〕 / ~품 an imitation.
모조리 all; wholly; entirely; all together; without (an) exception. ¶ ~ 가져가다 take away everything / ~ 검거하다 make a wholesale arrest〔sweeping roundup〕 / 전답을 ~ 팔아 치우다 sell all *one's* estate.
모종 a seedling; a sapling(묘목). ~하다〔내다〕 plant〔transplant〕 a seedling; bed out. ‖ ~삽 a (garden) trowel.
모종(某種) a certain kind. ¶ ~의 a certain; unnamed; some / ~의 이유로 for a certain reason / ~의 혐의를 받다 be under some suspicion. 「〔망태〕 =모주.
모주 a drunkard; a sot. ‖ ~꾼
모주(母酒) crude liquor; raw spirits. 「☞ 모나다.
모지다 《모양 · 성품이》 (be) angular.
모지라지다 wear out〔away〕; be worn out; become blunt.
모지랑비 a worn-out broom.
모직(毛織) woolen fabric〔cloth〕. ¶ ~의 woolen; worsted (곤 털실의). ‖ ~공장 a woolen mill / ~물 woolen goods〔fabrics, textiles〕 / ~물상 a woolen merchant / ~업 the woolen textile industry.
모진목숨 *one's* damned〔contemptible, wretched〕 life; *one's* hard lot. 「wind.
모진바람 a hard〔strong, violent〕
모질다 ① 《독함》 (be) harsh; ruthless; hardhearted. ¶ 모질게 대하다 treat 《*a person*》 harshly / 마음을 모질게 먹다 harden *oneself* 《*against*》. ② 《배겨냄》 (be) hard; tough; die-hard. ¶ (힘든 일을) 모질게 이겨내는 사람 a die-hard; a tough guy. ③ 《날씨 따위》 (be) hard; severe; bitter. ¶ 모진 추위 a severe cold.
모집(募集) ① 《회원 · 병사 따위의》 recruitment; 《지원자의》 invitation. ~하다 recruit; enlist; invite; advertise(광고로). ¶ 새 회원을 ~하다 recruit new members / 군인을 ~하다 enlist〔recruit〕 men for the army / 현상 논문을 학생들로부터 ~하다 invite students to enter a prize essay contest / 신문 광고로 가수를 ~하다 advertise for singers in the newspaper. ② 《기부금 따위의》 raising; collection. ~하다 raise; collect; appeal〔call〕 for. ¶ 기금 ~ 운동 a drive to raise funds / 새로운 병원의 건설 자금을 ~하다 raise a fund for a new hospital. ‖ ~광고 an advertisement for subscription; a want ad / ~액 the amount of money to be raised / ~요항 the list of entrance requirements / ~인원 the number (of persons) to be admitted / 점원 ~ 《게시》 Clerks Wanted.
모채(募債) loan floatation. ~하다 float〔raise, issue〕 a loan.
모처(某處) a certain place. ¶ 시내 ~에서 somewhere in town.
모처럼 ① 《오랜만에》 after a long time〔interval, silence, separation〕; 《고대한》 long-awaited. ¶ ~의 좋은 날씨 fine weather after a long spell 《*of rain*》 / ~의 여행이 비로 인해 엉망이 되었다 Our long-awaited journey was completely ruined by rain. ② 《친절하게도》 kindly; with special kindness. ¶ ~ 권하시는 것이기에 as〔since〕 you so kindly recommend *it*. ③ 《벼른 끝에》 ¶ ~ 박물관에 갔더니 실망스럽게도 휴관이었다 Though I came all the way to visit the museum, to my great disappointment, it was closed.
모체(母體) the mother('s body); 《주체 · 중심》 the parent body; a base; a nucleus. ¶ ~보호를 위해서 for the health of the mother / 조직의 ~ the nucleus of the organization / …을 ~로 하다 stem〔branch〕 from. ‖ ~전염 heredi-

tary transmission.
모춤 a bunch of rice seedlings.
모친(母親) *one's* mother. ‖~상 the death of *one's* mother.
모태(母胎) the mother's womb.
모택동(毛澤東) Mao Tse-tung(1893-1976).
모터 a motor; an engine. ‖~보트 a motorboat / ~사이클 a motorcycle.
모텔《자동차 여행자용 호텔》a motel.
모토 a motto. ¶ …을 ~로 하다 make it *one's* motto《*to do*》.
모퉁이《turn》a corner; a turn; a turning. ‖~집 a house at the corner.
모티브 a motive.
모판(一板)〖農〗a nursery; a seedbed; a seed plot.
모포(毛布) a blanket; a rug.
모표(帽標) a cap badge.
모피(毛皮) a fur (부드러운); a skin (거친). ‖~상 a furrier / ~외투 a fur(-lined) overcoat.
모필(毛筆) a writing brush; a hair pencil. ‖~화 a hair pencil picture. 「‖~교 ☞ 이슬람교.
모하메드 Mohammed; Mahomet.
모함(母艦) a mother ship.
모함(謀陷) ~하다 intrigue against; slander; speak ill《*of*》.
모항(母港) a home port.
모해(謀害) ~하다 harm《*a person*》of malice aforethought.
모험(冒險) an adventure; a risky attempt. ~하다 venture; run a risk; take chances. ¶ ~적인 adventurous; risky / 목숨을 건 ~을 하다 stake〔venture〕*one's* life. ‖~가 an adventurer / ~담 an adventure story / ~심 an adventurous spirit / ~주의 adventurism.
모형(母型)〖印〗a matrix.
모형(模型) a model; a pattern (기계의); a dummy. ¶ 실물 크기의 ~ a life-size model《*of*》/ 축척된 ~ a scale model / ~을 만들다 make a model《*of*》. ‖~비행기 a model airplane / ~지도 a relief map.
모호(模糊) ¶ ~한 vague; obscure; uncertain; ambiguous.
모회사(母會社) a parent company; a holding company.
목 ①《모가지》a neck. ¶ ~이 굵은〔가는〕thick-〔thin-〕necked / ~을 길게 늘이다 crane *one's* neck / ~을 조르다 strangle《*a person*》to death. ② ☞ 목구멍. ③《길 등의》a neck; a key position (on the road).
목(目)《항목》an item;《분류상의》an order (동식물의);《바둑의》a piece (돌); a cross (판의).
목가(牧歌)《노래》a pastoral (song);《시가》an idyll; a pastoral poem. ¶ ~적 pastoral; bucolic.
목각(木刻) wood carving. ‖~술 woodcraft / ~인형 a wooden doll.
목간(沐間)《목욕간》a bathhouse;《목욕》a bath.
목걸이 a necklace; a collar(개의). ¶ 진주 ~를 하다 wear a pearl necklace / 개에게 ~를 끼우다 put a collar on a dog.
목검(木劍) a wooden sword.
목격(目擊) ~하다 witness; observe; see with *one's* own eyes. ‖~자 an eyewitness (~자의 이야기 an eyewitness account; a first-hand account).
목공(木工) a woodworker; a carpenter(목수); woodworking(일). ‖~소 a woodworking〔carpentry〕shop〔plant〕.
목관(木管) a wooden pipe. ‖~악기 a woodwind (instrument); the woodwind(총칭).
목구멍 a throat; a gullet(식도); a windpipe (기관). ¶ ~이 아프다 have a sore throat / ~이 포도청《俗談》The belly has no ears.
목금(木琴)〖樂〗a xylophone.
목기(木器) woodenware.
목다리(木—)《a pair of》crutches. ¶ ~로 걷다 walk on crutches.
목덜미 the nape〔back, scruff〕of the neck. ¶ ~를 잡다 take〔seize〕《*a person*》by the scruff of *his* neck.
목도 a pole (for shouldering). ‖~꾼 a shoulder-pole carrier.
목도리 a neckcloth; a comforter (털로 된 것);《wear》a muffler〔scarf〕; a neckerchief.
목돈 a (good) round sum; a sizable sum (of money).
목동(牧童) a shepherd boy; a cowboy.
목련(木蓮)〖植〗a magnolia.
목례(目禮) a nod. ~하다 nod《*to*》; greet with a nod. ¶ ~를 나누다 exchange nods.
목로(木壚) a drinking stall. ‖~주점 a stand-up bar; a public house《英》; a pub《英口》.
목록(目錄) ①《상품·장서의》a list《*of articles*》; a catalog(ue). ¶ ~을 만들다 make a list / ~에 올리다 put《*an item*》on〔in〕the catalog / ~에 올라 있다 be (listed) in the catalog. ‖상품 ~ a commercial catalog. ②《차례》(a table of) contents.
목마(木馬) a wooden horse; a rocking horse (장난감); a (vaulting) horse (체조용의). ¶ ~를 뛰어넘다 vault a horse. ‖회전 ~ a merry-go-round.
목마르다 ①《갈증》be〔feel〕thirsty (서술적). ②《갈망》have a thirst for《*money, knowledge*》; hanker

for〔after〕《affection》(서술적).
목말 ¶ ~ 타다 ride a pickaback; ride on another's shoulders.
목매달다《남을》hang《a person》;《스스로》hang oneself《on a tree》.
목메다《슬퍼서》be choked〔suffocated〕《with》; be stifled《by》. ¶ 목메어 울다 be choked with tears.
목면(木棉·木綿) ①〖植〗a cotton plant. ②《목화》raw cotton. ③《무명》cotton (cloth).
목목이 at every turn of a road; at all important points〔positions〕. ¶ ~ 지키다 stand guard at every turn of a road.
목민(牧民) ~하다 govern the people. ‖ ~관 a governor; a magistrate.
목발(木一) ☞ 목다리.
목불인견(目不忍見) ¶ ~이다 cannot bear to see; be unable to stand the sight of.
목사(牧師) a pastor; a minister; a clergyman;《교구의》a rector; a parson. ¶ 김 ~님 the Reverend〔Rev.〕Kim / ~가 되다 become a clergyman; take (holy) orders. ‖ ~직(職) ministry.
목상(木像) a wooden image〔statue〕.
목석(木石) trees and stones;《무감각물》inanimate objects. ¶ ~ 같은 heartless / ~이 아니다 be made of flesh and blood.
목선(木船) a wooden vessel.
목성(木星)〖天〗Jupiter.
목세공(木細工) woodwork.
목소리 a voice. ¶ 큰〔작은, 굵은, 가는〕~ a loud〔low, deep, thin〕voice / 떠는 ~로 with a quivering voice / ~를 높이다〔낮추다〕raise〔lower〕one's voice.
목수(木手) a《ship》carpenter. ‖ ~일《do》carpentering.
목숨 life. ¶ ~이 있는 한 as long as one lives / ~을 건《a matter》of life and death / ~을 건지다 save one's life.
목쉬다 get hoarse〔husky〕. ¶ 목쉰 소리로 in a hoarse〔husky〕voice.
목양(牧羊) sheep farming. ‖ ~자 a sheep-raiser; a shepherd.
목양말(木洋襪) cotton socks.
목요일(木曜日) Thursday.
목욕(沐浴) bathing; a bath. ~하다 bathe (oneself)《in》; take〔have〕a bath. ¶ ~시키다 give《a child》a bath / ~재계하다 have a ceremonial cleaning〔wash〕of mind and body; purify oneself. ‖ ~물 (hot) water for a bath; bath water / ~실 a bathroom / ~탕 a bathhouse; a public bath / ~통 a bathtub; a bath.
목자(牧者) ①《목양자》a shepherd; a herdsman. ②《성직자》a shepherd; a pastor; a clergyman.
목자르다 ①《목베다》cut off the head《of》; behead. ②《해고》dismiss; discharge; fire《美口》.
목잠기다 get〔become〕hoarse〔husky〕; be too hoarse to speak.
목장(牧場) a pasture; a stockfarm; a meadow; a ranch《美》. ¶ ~을 경영하다 run a ranch. ‖ ~주인 a rancher; a ranchman.
목장갑(木掌匣) (a pair of) cotton work gloves.
목재(木材) wood;《건축용》timber; lumber《美》. ‖ ~상 a timber〔lumber〕dealer.
목적(目的) a purpose; an aim; an object; an end. ~하다 intend《to do》; aim《at》. ¶ ~과 수단 ends and means / …할 ~으로 with the object of《doing》; with a view to《doing》; for the purpose of《doing》/ ~을 정하다 set a purpose / ~을 달성하다 attain one's object. ‖ ~격〖文〗the objective (case) / ~론〖哲〗teleology / ~물 the object / ~어〖文〗an object / ~의식 a sense of purpose / ~지 one's destination.
목전(目前) ¶ ~의 imminent; immediate / …의 ~에서 in the presence of; under one's very nose / ~에 닥치다 be near〔close〕at hand / ~의 이익을 좇다 be after immediate profit; seek immediate gain.
목정(木精) ☞ 메틸알코올.
목젖 the uvula [pl. -s, -lae].
목제(木製) ¶ ~의 wooden; made of wood. ‖ ~품 wooden goods; woodenware.
목조(木造) ¶ ~의 wooden; built〔made〕of wood. ‖ ~건물 a wooden building.
목질(木質) ¶ ~의 woody; ligneous. ‖ ~부 the woody parts《of a plant》/ ~섬유 woody fiber / ~소(素)〖化〗lignin / ~조직 woody tissue.
목차(目次) (a table of) contents.
목책(木柵) a wooden fence〔barricade〕.
목청《성대》the vocal chords;《목소리》one's voice. ¶ ~껏 at the top of one's voice / ~을 돋우다 raise〔lift〕one's voice.
목초(牧草) grass; pasturage. ‖ ~지 a meadow; grass land.
목축(牧畜) cattle breeding; stock raising. ~하다 raise〔rear〕cattle. ‖ ~업 stock-farming; cattle-breeding / ~업자 a livestock raiser; a rancher《美》/ ~지대 cattle land.
목측(目測) eye measurement. ~

하다 measure with the eye. ‖ ～거리 distance measured with the eye.

목침(木枕) a wooden pillow.

목타르(木—) wood tar; pine tar.

목탁(木鐸)〖佛〗a wood block; a wooden bell;《선도자》a guide of the public. ¶ 사회의 ～ a leader of society / 사회의 ～이어야 할 신문 the press that should lead the public.

목탄(木炭)《숯》charcoal. ‖ ～화 a fusain; a charcoal drawing.

목판(木板)《그릇》a wooden tray.

목판(木版) a wood printing plate; a woodblock. ‖ ～본 a book printed from wood blocks / ～술 wood engraving; woodblock printing / ～화(畫) a woodblock; a woodcut.

목표(目標) a mark; a target (표적); an object; an aim. ～하다 aim at; have… as an object; set the goal at. ¶ ～에 달하다 reach〔attain〕the goal. ‖ ～시간 target time / ～연도 the goal year / ～지점 an objective point / 공격～ the target for an attack.

목피(木皮) bark (of a tree).

목하(目下) now; at present.

목형(木型) a wooden pattern.

목화(木花)〖植〗a cotton (plant); cotton wool. ¶ ～씨를 빼다 gin cotton. ‖ ～송이 a cotton ball / ～씨 a cottonseed.

몫 a share; a portion; a quota; a split《俗》. ¶ 내 ～ my share / 한 ～ 끼다 (have a) share《*in*》/ 한 ～ 주다 give a share《*to*》/ ～을 공평히 나누다 divide into equal shares.

몬순〖氣〗a monsoon.

몰각(沒却) ～하다 ignore; forget.

몰골 unshapeliness; shapelessness. ¶ ～ 사나운 짓 unseemly〔mean〕behavior / ～ 사납다 be ill-shaped; be offensive to the eye / ～ 사나운 복장을 하다 be shabbily dressed (in).

몰교섭(沒交涉) ～하다 have no relation〔friendship〕with《*a person*》.

몰년(沒年) the year of《*a person's*》death;《*a person's*》age at death.

몰다 ①《차·말 등을》drive《*a car*》; urge《*a horse*》on. ②《뒤쫓다》pursue; go〔run〕after; hunt out. ③《궁지에》corner; drive. ¶ 궁지에 ～ drive《*a person*》into a corner. ④《죄인 따위로》charge《*a person with a crime*》; denounce《*as a traitor*》.

몰두(沒頭) ～하다 be absorbed〔engrossed〕in; devote *oneself* to. ¶ 그는 연구에 ～하고 있었다 He was absorbed in his research.

몰라보다 cannot〔fail to〕recognize《*a person*》.

몰락(沒落)《파멸》ruin; downfall;《파산》bankruptcy. ～하다 go to ruin; fall; be ruined.

몰래 secretly; stealthily; in secret; privately. ¶ ～ 도망하다 steal away; slip off / ～ 뒤를 밟다 shadow《*a person*》stealthily.

몰려가다 ①《떼지어》go in force〔groups, crowds, flocks〕; crowd〔throng, swarm〕toward. ②《쫓기어》be driven〔pushed〕away.

몰려나다 ①《쫓겨나다》be driven〔put, expelled〕out; be ousted. ②《떼지어 나가다》go out in crowds〔groups〕.

몰려다니다 ①《떼지어》go〔move〕about in crowds〔groups〕. ②《쫓겨》be driven〔chased〕round〔about〕; be run after.

몰려들다 ①《쫓기어》be driven〔chased〕into. ②《떼지어》come in crowds〔flocks, swarms〕; crowd〔flock, swarm〕in.

몰려오다《떼지어》come in flocks〔crowds, *en masse*〕; crowd in《*on*》. ¶ 사방에서 ～ flock from quarters / 피난민들이 몰려온다 Refugees come pouring in.

몰리다 ①《쫓기다》be pursued after; be chased. ②《일에》be pressed《*with work*》; be driven《*by business*》. ③《돈에》be pressed〔hard up〕for《*money*》;《궁지에》be driven to a corner; be cornered. ④《한군데로》gather〔flock, swarm〕together; surge《*in*》; throng. ¶ 많은 군중이 경기장으로 몰렸다 A big crowd surged in the stadium.

몰리브덴〖化〗molybdenum (기호 Mo).

몰매 ☞ 뭇매.

몰사(沒死) ～하다 be annihilated; be extincted; die to the last man.

몰살(沒殺) massacre; annihilation. ～하다 massacre; annihilate; wipe out. ¶ 온 가족을 ～하다 murder the whole family.

몰상식(沒常識) lack of (common) sense. ～하다 have no common sense; (be) senseless; absurd.

몰수(沒收) confiscation; forfeiture. ～하다 confiscate. ¶ ～당하다 forfeit; be confiscated. ‖ ～물 a confiscated article; a forfeit(ure).

몰식자(沒食子)〖韓醫〗a gallnut. ‖ ～산 gallic acid.

몰아 (all) in all; altogether; in a lump; in one lot. ¶ ～ 지불하다 pay in a lump sum / ～ 사다 buy《*things*》in a mass.

몰아(沒我) self-effacement. ¶ ～의 경지에 이르다 rise above self; attain a state transcending self.

몰아가다 drive (away); sweep away (휩쓸어).

몰아내다 expel; drive out; eject; oust (지위에서).

몰아넣다 《안으로》 drive〔push, force〕 in(to); 《휩쓸어서》 press〔jam, put〕 all into. ¶ 궁지에 ~ corner 《*a person*》; drive〔get〕《*a person*》 into a corner.

몰아대다 《막 해댐》 give 《*a person*》 a setdown; take 《*a person*》 to task; 《재촉》 spur 《*a horse*》 on; urge on; press.

몰아들이다 《넣다》 drive〔chase〕 in; 《휩쓸어》 take in all together; take all in a mass; buy (up) in a lot (사들이다).

몰아받다 《한꺼번에》 get 《*it*》 at a time〔in a lump〕; 《대표해서》 receive all the shares on behalf of a group.

몰아붙이다 put〔push〕《*it*》 all to one side.

몰아세우다 rebuke〔blame〕《*a person*》 severely; take 《*a person*》 roundly to task.

몰아주다 give 《*it*》 all at once; pay up the whole amount.

몰아치다 ① 《비바람이》 storm; blow violently〔hard〕. ② 《한곳으로》 put all to one side; drive to 《*a place*》. ③ 《일을》 do 《*one's work*》 all at a time〔dash〕.

몰염치(沒廉恥) ☞ 파렴치.

몰이 《사냥의》 chasing; hunting. ~하다 chase; beat; hunt out. ‖ ~꾼 a beater.

몰이해(沒理解) lack of understanding. ¶ ~한 unfeeling; heartless; unsympathizing.

몰인정(沒人情) want of sympathy; heartlessness. ¶ ~한 inhuman; cruel; hard-〔cold-〕hearted.

몰입(沒入) ~하다 be absorbed〔immersed〕《*in*》; devote *oneself* 《*to*》.

몰지각(沒知覺) lack of discretion. ¶ ~한 indiscreet; thoughtless.

몰취미(沒趣味) lack of taste. ¶ ~한 tasteless; dry; vulgar.

몰하다(歿—) die; pass away.

몸[1] ① 《신체》 the body; 《체격》 build; physique; constitution; frame; 《덩치》 stature; size. ¶ ~의 bodily; physical / ~이 큰〔작은〕 large-〔small-〕sized / ~이 튼튼한 사람 a man of sturdy〔solid〕 build; a well-built man / ~을 단련하다 build up *one's* physique / ~이 감당 못 하다 be not physically strong enough 《*to do*》. ② 《건강》 health; 《체질》 constitution. ¶ ~의 상태가 좋다〔나쁘다〕 be in good〔poor〕 health / ~이 약한 사람 a person with a weak constitution; a person who is in delicate health / 담배는 ~에 나쁘다 Smoking is bad for your health. ③ 《신분》 *one's* (social) status; *one's* position. ¶ 종의 ~ *one's* status as a servant / 귀한 ~ a person of noble birth. ④ 《관용적 표현》 ¶ ~을 허락하다 《여자가》 give *herself* to 《*a man*》; go all the way with 《*a man*》 / ~을 사리다 spare *oneself* / ~을 팔다 sell *herself* / 일이 ~에 익다 be accustomed to a job / ~을 맡기다 give *oneself* up 《*to*》 / ~을 바치다 devote *oneself* to.

몸[2] 《월경》 menses. ~하다 be in the flowers; have *one's* periods.

몸가짐 《품행》 behavior; conduct; 《태도》 an attitude. ¶ ~이 얌전하다 behave well〔*oneself*〕 / ~을 조심하다 be prudent in *one's* conduct.

몸값 price of redemption; (a) ransom; money paid for prostitution.

몸나다 grow fat; get stout.

몸단속(—團束) ~하다 《경계》 arm *oneself* against 《*danger*》; be on *one's* guard.

몸단장(—丹粧) ~하다 dress〔equip〕 *oneself*. ¶ 리셉션을 위해 ~하다 get *oneself* ready for the reception.

몸달다 fidget; be eager〔anxious〕.

몸두다 ¶ 몸둘 곳이 없다 have no place to live〔stay〕 in.

몸뚱이 body; frame. ¶ ~가 크다 have a bulky frame.

몸매 *one's* 《*graceful, slender*》 figure.

몸부림 ¶ ~ 치다 struggle; writhe; wriggle; flounder.

몸살 ¶ ~ 나다 suffer from fatigue.

몸서리 ¶ ~ 치다 shiver; shudder 《*at*》; tremble 《*at*》; feel repugnance to / ~ 쳐지는 horrible; shocking / 그것을 생각만 해도 ~ 쳐지다 shudder at the mere thought of it.

몸소 oneself; in person; personally. ¶ ~ 방문하다 make a personal call 《*on, at*》.

몸수색(—搜索) a body search; a frisk(ing). ~하다 frisk; search 《*a person for weapons*》.

몸져눕다 take to *one's* bed; be bedridden; be confined to bed with a serious illness.

몸조리(—調理) ~하다 take good care of *one's* health.

몸조심(—操心) taking care of *oneself*. ~하다 take care of *oneself;* behave *oneself.*

몸종 a maid in attendance; a lady's〔chamber〕 maid.

몸집 the body; the frame; *one's* build. ¶ ~이 큰 large-built; of large build.

몸짓 a gesture; (a) motion. ～하다 make gestures; motion. ¶ 과장된 ～으로 with exaggerated 〔dramatic〕 gestures.

몸채 《집의》 the main part of a house.

몸치장(—治粧) dressing (*oneself*) up. ～하다 dress 〔trim〕 *oneself* up.

몸통 the trunk; the body.

몸풀다 ① 《분만》 give birth to 《*a baby*》; be delivered of 《*a boy*》. ② 《피로를》 relieve *one's* fatigue.

몹시 very (much); hard; greatly; awfully; extremely. ¶ ～ 서두르다 be in a great hurry / ～ 피로하다 be very tired.

몹쓸 bad; evil; wicked; ill-natured. ¶ ～ 놈 a wicked man; a rascal / ～ 짓 an evil deed; a misdeed; a vice.

못[1] 《연못》 a pond; a pool (작은); 《저수지》 a reservoir.

못[2] 《박는》 a nail; a peg (나무못). ¶ ～을 박다 〔빼다〕 drive in 〔pull out〕 a nail.

못[3] 《살가죽의》 a callosity; a corn. ¶ 발바닥에 ～이 생기다 have 〔get〕 a corn on the sole / 귀에 ～이 박히다 be sick 〔tired〕 of hearing 《*something*》.

못[4] 《불가·불능》 (can)not; unable 《*to do*》; won't. ¶ ～ 보다 cannot 〔fail to〕 see / ～ 가겠다 I won't 〔can't〕 go.

못걸이 a clothes rack; a peg.

못나다 ① 《용모가》 (be) ugly; bad-looking; plain. ② 《어리석다》 (be) stupid; foolish; silly. ¶ 못난 짓을 하다 play the fool.

못내 《늘》 always; constantly; ever. ¶ ～ 그리워하다 retain a lingering love 《*for*》 / ～ 잊지 못하다 never forget; hold *a person's* memory ever dear.

못되다 ① 《미달》 (be) under; short of; less than 《*2 years*》. ② 《악하다》 (be) bad; evil; wrong; wicked. ¶ 못된 짓 an evil deed; a misdeed. ③ 《모양·상태가》 look poor; be in bad shape; get worse. ¶ 앓고 나서 얼굴이 ～ look poor 〔thin〕 after *one's* illness.

못마땅하다 (be) unsatisfactory; distasteful; disagreeable; displeased. ¶ 못마땅한 말 distasteful 〔disagreeable〕 remarks.

못박이다 ① 《손·발에》 get 〔have〕 a corn 〔callus〕. ☞ 못[3]. ② 《가슴속에》 cut deep 《*into one's heart*》; feel a deep rancor 〔grudge〕. ③ 《그 자리에》 stand transfixed 〔riveted〕 (on the spot).

못본체하다 pretend not to see; 《묵인》 overlook; connive 《*at*》; 《방치》 neglect.

못뽑이 pincers; a nail puller.

못살게굴다 be hard on 《*a person*》; be cruel to 《*a dog*》; bully (약한 자를). ¶ 약한 자를 못살게 구는 풍조 a tendency of bullying the weak / 나를 못살게 굴지 마라 Don't be so mean to me 〔hard on me〕.

못생기다 《생김새》 (be) plain; ugly; ill-favored; homely.

못쓰다 be useless 〔worthless bad〕; 《금지》 must 〔shall〕 not 《*do*》. ¶ (물건이) 못쓰게 되다 become useless / 너 그러면 못쓴다 You shouldn't do that.

못자리 a rice seedbed.

못지않다 be just as good as; be not inferior 《*to*》; be no less (than). ¶ 누구 ～ be second to none / 오락은 일 못지않게 필요하다 Recreation is no less necessary than work.

못질 nailing. ～하다 nail.

못하다[1] 《질·양이》 (be) inferior to; worse than; not as good as. ¶ 보기에 …만 ～ compare unfavorably with… / 짐승만도 ～ be worse than a beast.

못하다[2] 《불능》 cannot 《*do*》; fail; be unable to 《*do*》. ¶ 가지 ～ fail to 〔cannot〕 go.

몽고(蒙古) ☞ 몽골. ‖ ～반(斑) a Mongol(ian) spot.

몽골 Mongolia. ¶ ～의 Mongol; Mongolian. ‖ ～어 Mongolian / ～인 a Mongol; a Mongolian.

몽구리 《까까머리》 a close-cut head; 《중》 a Buddhist monk.

몽글다 (be) beardless; awnless.

몽글리다 ① 《낟알을》 remove awns from 《*grains*》; clear 《*grains*》. ② 《단련》 make 《*a person*》 accustomed 《*to*》; inure. ③ 《맵시를》 trim 〔spruce〕 up; preen *oneself*.

몽당비 a wornout broom.

몽당치마 a short skirt.

몽둥이 a stick; a club; a cudgel (짧고 굵은). ‖ ～찜질 〔세례〕 clubbing; cudgeling; drubbing.

몽땅 all; wholly; entirely; altogether; in full.

몽롱(朦朧) ¶ ～한 dim; indistinct; vague / ～하게 dimly; indistinctly; vaguely / 의식이 ～해지다 get fuzzy.

몽매(蒙昧) ～하다 (be) unenlightened; ignorant; uncivilized.

몽매(夢寐) ¶ ～간에도 잊지 못하다 do not forget even in sleep.

몽상(夢想) a (day)dream; visions; a fancy. ～하다 dream 《*of*》; fancy. ‖ ～가 a (day)dreamer.

몽설(夢泄) a wet dream; nocturnal emission.

몽실몽실 plump; fleshily; round. ～하다 (be) lumpy; plump.

몽유병(夢遊病) sleepwalking; somnambulism. ‖ ～자 a sleepwalker; a somnambulist.

몽진(蒙塵) ～하다 flee from the Royal Palace〔the capital〕.
몽치 a club; a bar; a cudgel.
몽타주 (a) *montage*《프》. ‖～ 사진 a photomontage. 「〔chunks〕.
몽탕몽탕 ¶～ 자르다 cut in lumps
뫼《무덤》a tomb; a grave; a sepulcher. ¶선산에 ～를 쓰다 bury in the family ground / 묏자리《designate》a grave site.
묘(卯) the Hare. ‖～년 the year of the Hare.
묘(妙)《현묘》a mystery; a wonder;《교묘》skill; cleverness. ¶～를 터득하고 있다 be skillful《*in*》; have the knack《*of*》.
묘(墓) ☞ 뫼, 무덤.
묘계(妙計) ☞ 묘책.
묘기(妙技) exquisite skill; a wonderful performance. ¶～를 보이다 exhibit〔display〕*one's* feats. ‖공중～ an aerial stunt.
묘령(妙齡) youth; blooming age. ¶～의 여인 a young〔blooming〕lady.
묘리(妙理) an abstruse principle.
묘막(墓幕) a hut nearby a grave.
묘목(苗木) a sapling; a seedling; a young tree.
묘미(妙味) charms; (exquisite) beauty. ¶～를 맛보다 appreciate the charm〔beauty〕《*of*》.
묘방(妙方)《약의》an excellent prescription.
묘법(妙法) an excellent method; a secret(비법). 「stone.
묘비(墓碑) a tombstone; a grave-
묘사(描寫) description; depiction. ～하다《그림으로》draw; sketch; paint;《글로》describe; depict; portray. ¶등장 인물을 생생하게 ～하다 describe〔portray〕the character vividly. ‖～력 the power of description.
묘상(苗床) a nursery; a seedbed.
묘수(妙手)《솜씨》excellent skill;《바둑 등의》a nice〔clever〕move;《사람》a skillful person.
묘안(妙案) a good〔bright〕idea; an excellent plan〔scheme〕. ¶～을 생각해 내다 hit on a bright idea.
묘안석(猫眼石)〖鑛〗a cat's-eye.
묘약(妙藥) a wonder drug; a golden remedy. ¶두통의 ～ an excellent remedy for headache.
묘역(墓域) a graveyard.
묘연하다(杳然―)《거리가》(be) far away; remote;《소식이》(be) unknown; missing. ¶그의 행방은 아직도 ～ His whereabouts is still unknown.
묘지(墓地) a graveyard; a burial ground; a cemetery (공동 묘지). ‖공원～ a cemetery park.
묘지기(墓―) a grave keeper.
묘책(妙策) a clever scheme; a capital plan.
묘판(苗板) ☞ 못자리.
묘포(苗圃) a nursery (garden).
묘하다(妙―) (be) strange; queer; curious; mysterious. ¶묘한 말을 하다 say strange things / 묘하게 들리다 sound strange〔funny〕.
묘혈(墓穴) a grave. ¶스스로 ～을 파다 dig *one's* own grave; bring about *one's* own ruin.
무〖植〗a radish. ‖～김치 radish *kimchi* / ～채 radish shreds〔strips〕.
무(武)《무예》military〔martial〕arts;《군사》military affairs.
무(無) nothing; naught; nil; zero.
무가내(無可奈), **무가내하**(無可奈何) ¶～다 be at *one's* wit's end; be helpless〔uncontrollable〕(다룰 수 없다); be at a loss what to do《*with*》(할 바를 모르다).
무가치(無價値) ¶～한 worthless; valueless; of no value.
무간(無間) ¶～한 intimate; close / ～하게 지내다 be on an intimate footing with《*a person*》.
무간섭(無干涉) nonintervention. ‖～주의 a laissez-faire policy; a policy of noninterference.
무감각(無感覺) ¶～한 insensible; senseless; numb; apathetic.
무강(無疆) ¶～한 infinite; eternal; immortal; endless.
무개(無蓋) ¶～의 open; uncovered. ‖～자동차 an open car / ～화차 an open freightcar.
무겁다 ①《무게가》(be) heavy; weighty. ¶무거운 짐〔부담〕a heavy〔weighty〕burden. ②《중대하다》(be) important; weighty; serious; grave. ¶무거운 사명 an important mission / 무거운 죄 a serious〔grave〕crime. ③《병·벌 따위가》(be) severe; critical; serious. ¶무거운 병 a serious〔severe〕illness / 무거운 벌 a severe〔heavy〕punishment. ④《기분이》(be) heavy; depressed. ¶머리가 ～ *one's* head feels heavy; feel heavy in the head / 마음이 ～ be depressed in spirits. ⑤《입이》(be) taciturn;《행동이》(be) grave and quiet. ¶입이 무거운 사람 a close-mouthed person.
무게 ①《중량》weight. ¶～를 달다 weigh《*a thing*》/ 엄청난 ～ a heavy weight / ～가 늘다 gain〔pick up〕(in) weight / ～가 60 킬로이다 weigh sixty kilograms; be sixty kilograms in weight. ②《중요》importance;《관록》weight; dignity. ¶～가 붙다 gain〔grow〕in importance〔dignity〕/ ～를 두다 lay〔put, place〕stress〔emphasis〕on; attach importance to / ～가 있는《*an idea*》of weight;

dignified(관록 있는) / …에 ～를 더 두다 give added weight to 《*the opinion*》. 「regular attendance.
무결근(無缺勤) perfect attendance;
무경쟁(無競爭) ¶ ～의〔으로〕 without competition〔a rival〕.
무경험(無經驗) ¶ ～의 inexperienced; green; untrained.
무계획(無計劃) ¶ ～한 planless; unplanned; haphazard.
무고(無故) ～하다 (be) safe; well; have no trouble.
무고(無辜) ¶ ～한 innocent; guiltless / ～한 백성 innocent people.
무고(誣告) a false charge〔accusation〕; a libel (문서의); a slander; a calumny (구두의). ～하다 accuse 《*a person*》 falsely; make a false accusation; slander. ‖ ～자 a false accuser; a calumniator / ～죄 a calumny.
무곡(舞曲) dance music.
무골충(無骨蟲) ① 《동물》 boneless worms. ② 《사람》 a spineless fellow.
무골호인(無骨好人) an excessively good-natured person.
무공(武功) military merits〔exploits〕. ¶ ～을 세우다 render distinguished military services; distinguish *oneself* in a war〔battle〕. 「sponsibility.
무과실책임(無過失責任) no-fault re-
무관(武官) a military officer(육군); a naval officer (해군). ‖ 대사관부 ～ a military〔naval〕 *attaché* to an embassy.
무관(無冠) ¶ ～의 제왕 an uncrowned king; a journalist.
무관(無關) ☞ 무관계.
무관계(無關係) ～하다 have no connection〔relation〕 《*with*》; have nothing to do 《*with*》; be irrelevant 《*to*》.
무관심(無關心) indifference; unconcern. ～하다 (be) indifferent 《*to*》; unconcerned 《*about*》; have no interest 《*in*》 (서술적).
무교육(無敎育) ¶ ～의 uneducated; uncultured; illiterate. ‖ ～자 uneducated people; an illiterate (person).
무구(無垢) ¶ ～한 pure; spotless; innocent; immaculate.
무국적(無國籍) statelessness. ¶ ～의 stateless 《*refugees*》. ‖ ～자 a stateless person.
무궁(無窮) ¶ ～한 infinite; eternal; immortal; endless / ～무진한 infinite; unlimited.
무궁화(無窮花) 〖植〗 the rose of Sharon; hibiscus flowers.
무궤도(無軌道) ¶ ～의 railless; trackless; reckless (행동이) / ～한 생활 a reckless〔dissipated〕 life. ‖ ～전차 a trolly bus.
무균(無菌) 〖醫〗 asepsis. ¶ ～의 germ-free; sterilized (살균한). ‖ ～우유 sterilized milk.
무극(無極) 〖化〗 ‖ ～분자〔결합〕 nonpolar molecule〔union〕.
무근(無根) ¶ ～의 groundless; unfounded. ‖ ～지설 a groundless 〔wild〕 rumor.
무급(無給) ¶ ～의 unpaid / ～으로 일하다 work without pay. ‖ ～휴가 unpaid holidays.
무기(武器) arms; a weapon. ¶ ～를 들다 take up arms; rise in arms 《*against*》 / ～를 버리다 give up〔lay down〕 *one's* arms. ‖ ～고 an armory; an arsenal.
무기(無期) ¶ ～의 unlimited; indefinite; 《징역의》 for life. ‖ ～연기 indefinite postponement / ～징역 life imprisonment; a life term / ～징역수 a life-timer.
무기(無機) 〖化〗 ¶ ～의 inorganic; mineral. ‖ ～물〔화학〕 inorganic substance〔chemistry〕/ ～산 a mineral acid / ～화합물 an inorganic compound.
무기력(無氣力) ¶ ～한 spiritless; enervate; nerveless.
무기명(無記名) ¶ ～의 unregistered; unsigned; uninscribed / ～식의 blank 《*endorsement*》. ‖ ～예금 an uninscribed deposit / ～증권 a bearer bond〔debenture〕/ ～투표 secret voting.
무기한(無期限) ¶ ～으로 indefinitely; for an indefinite period.
무꾸리(질) 〖民俗〗 a shaman's rites 〔divination〕. ～하다 have a shaman perform a *mukkuri*.
무난(無難) ¶ ～한 《쉬운》 easy; 《안전》 safe; secure; 《무던한》 passable; acceptable / ～히 easily; without difficulty〔trouble〕/ ～히 이기다 win an easy victory 《*over*》. 「daughter.
무남독녀(無男獨女) an〔the〕 only
무너뜨리다 break〔pull〕 down; bring down; destroy.
무너지다 crumble; collapse; go 〔fall〕 to pieces; break; be destroyed.
무념무상(無念無想) 〖佛〗 freedom from all worldly thoughts. ～하다 be free from distraction.
무능(無能) incompetency; lack of talent. ¶ ～한 incapable; incompetent; good-for-nothing.
무능력(無能力) incompetence; disability; incapacity. ‖ ～자 an incompetent person; a person without legal capacity.
무늬 a pattern; a design; a figure. ¶ ～ 없는 plain; unadorned; unfigured.
무단(武斷) ‖ ～정치 military government / ～주의 militarism.

무단(無斷) ¶ ～히 without notice; without leave〔permission〕(허가 없이). ‖ ～거주자 a squatter / ～결석 absence without notice〔leave〕/ ～사용 illegal use / ～횡단 jaywalking / ～횡단자 a jaywalker.

무담보(無擔保) ¶ ～의 unsecured; without collateral / ～로 돈을 빌려주다 grant《*a person*》a loan without collateral. ‖ ～대부금 an unsecured loan / ～사채 an unsecured〔a naked〕debenture.

무당(巫堂)〖民俗〗a (female) shaman; an exorcist. ¶ ～이 제 굿 못하고 소경이 저 죽을 날 모른다《俗談》The fortuneteller cannot tell his own fortune. ‖ ～서방《남편》a shaman's husband; 《공것 바라는 사람》a man who likes things which are free; a drone.

무당벌레〖蟲〗a ladybird〔ladybug〕.

무대(舞臺)《연극의》the stage; 《활동의》*one's* sphere〔field〕《*of activity*》. ¶ ～인이 되다 go on the stage / 첫 ～를 밟다 make *one's début*. ‖ ～극〔감독〕 a stage drama〔director〕/ ～장치 (stage) setting; the set(s) / ～효과 stage effect.

무더기 a heap; a pile; a mound. ¶ ～ 해고 a mass discharge〔layoff〕/ ～로 쌓이다 be piled up.

무더위 sultriness; sweltering heat; hot and humid weather.

무던하다 ①《사람이》(be) generous; broad-minded; liberal. ②《정도가》(be) quite good〔nice〕; satisfactory.

무던히 quite; fairly; considerably; quite nicely(잘). ¶ ～ 애를 쓰다 make considerable efforts.

무덤 a grave; a tomb.

무덥다 (be) sultry; sweltering; hot and damp; muggy.

무도(無道) ¶ ～한 inhuman; brutal; cruel; heartless / ～한 짓을 하다 act brutally toward《*a person*》; be cruel《*to*》.

무도(舞蹈) a dance; dancing. ～하다 dance. ‖ ～곡 dance music / ～병〖醫〗St. Vitus's dance; chorea / ～장 a dance hall; a ballroom / ～회 a dancing party; a dance; a ball.

무독(無毒) ¶ ～한 innoxious; poisonless; nontoxic; harmless.

무두질 tanning. ～하다 tan; dress.

무득점(無得點) ¶ ～의 scoreless / ～으로 끝나다 end scoreless.

무디다 ①《우둔하다》(be) dull; slow. ¶ 눈치가 무딘 사람 a dull person. ②《말씨가》(be) blunt; curt; brusque. ¶ 말을 무디게 하다 talk bluntly. ③《칼날이》(be) blunt; dull. ¶ 무딘 면도날 a dull razor blade.

무뚝뚝하다 (be) curt; brusque; unaffable.

무람없다 (be) impolite; rude.

무량(無量) ～하다 (be) infinite; inestimable; immeasurable. ‖ ～수전(壽殿)〖佛〗the Hall of Eternal Life; the *Muryangsujeon*.

무럭무럭 ①《빨리》《grow up》rapidly; well. ②《김 따위가》¶ 김이 ～나는 수프 steaming〔piping hot〕soup.

무려(無慮) about; some; as many as; no less than《*3,000*》.

무력(武力) military power. ¶ ～으로 by force (of arms) / ～에 호소하다 appeal〔resort〕to arms; use force. ‖ ～개입 an armed intervention / ～외교 power diplomacy / ～충돌《avoid》an armed clash.

무력(無力) ¶ ～한 powerless; helpless; impotent; incompetent.

무렵《때》time; 《즈음》about; around; toward(s); 《…할 무렵》about the time when.... ¶ 꽃 필 ～ the flower season / 해질 ～에 toward evening / 그 ～에 in those days; at that time; then.

무례(無禮) ¶ ～한 rude; impolite; discourteous; uncivil; insolent / ～하게도 …하다 be rude enough to《*do*》.

무뢰한(無賴漢) a rogue; a rascal; a scoundrel; a hooligan.

무료(無料) ¶ ～의〔로〕 free (of charge); gratis; for nothing; without a fee / ～로 제공하다 be offered free〔for nothing〕. ‖ ～관람〔입장〕권 a free ticket〔pass〕/ ～배달 free delivery / ～봉사 free service / ～수하물 허용량《여객기 등의》free baggage allowance / ～숙박소 a free lodging house / ～승차권 a (free) pass / ～입장자 a free visitor.

무료(無聊) tedium; boredom; ennui. ¶ ～한 tedious / ～함을 달래다 beguile the tedium; while away the time.

무루(無漏) without omission〔exception〕; to everybody; all.

무르녹다 ①《익다》get〔become〕ripe; ripen; mellow. ②《녹음이》be deepen; become deeper.

무르다[1] ①《물건이》(be) soft; tender; limp; squashy. ②《사람이》(be) weak; soft《*on, with*》; tender-hearted(정에); weak-kneed (대가). ¶ 여자에게 ～ have a soft spot for women / 아이에게 ～ be soft on *one's* child.

무르다[2]《산 것을》return《*a thing*》and get the money back; cancel a purchase (and take back the money).

무르익다 ①《익다》 ripen; mellow. ¶ 무르익은 감 a fully ripened persimmon. ②《때가》 be ripe 《*for*》; mature. ¶ 때가 무르익기를 기다리다 wait till the time is ripe 《*for*》.

무릅쓰다 《곤란 등을》 risk; brave; venture to do. ¶ 위험을 ~ brave danger; run the risk (of being killed) / 폭풍우를 무릅쓰고 in spite of the storm / 생명의 위험을 무릅쓰고 아이를 구하다 rescue a child at the risk of *one's* life.

무릇[1] 〚植〛 a squill.

무릇[2] generally (speaking); as a (general) rule; on the whole; in general. ¶ ~ 사람이란 것 a man in general.

무릉도원(武陵桃源) an Arcadia; a Utopia.

무릎 a knee; a lap. ¶ ~ 깊이의 knee-deep / ~을 꿇다 kneel down; fall on *one's* knees 《*before*》. ‖ ~관절 the knee joint.

무리 ① 《사람의》 a group; a throng; a crowd(군중); a mob (폭도); 《짐승의》 a flock 《*of sheep*》; a herd 《*of cattle*》; a pack 《*of wolves*》. ②《해·달의》 a halo; a ring; a corona.

무리(無理) ①《부조리》 unreasonableness. ¶ ~한 unreasonable; unjust; unnatural / ~ 없는 reasonable; natural; justifiable / ~하게 unreasonably; unjustly / 그것은 ~한 주문이다 That's asking too much. / ~ 없는 자세 a natural posture. ②《불가능》impossibility. ¶ ~한 impossible / ~한 짓을 하다 attempt the impossible / 그 일은 나에게 ~이다 I am not equal to the task. ③《지나침》 excessiveness; 《과로》 overwork; overstrain. ¶ ~한 excessive; immoderate / ~를 하다 overwork 〔overstrain〕 *oneself* / ~하지 마라 Take it easy. ④《강제》 compulsion. ¶ ~한 forcible; forced; compulsory / ~하게 by force; against *one's* will / ~하게 …하도록 하다 compel 〔force〕 《*a person*》 to *do*. ‖ ~수〔식, 방정식〕 an irrational number 〔expression, equation〕.

무마(撫摩) ①《손으로》 ~하다 pat; stroke. ②《달램》 ~하다 appease; pacify; sooth; quiet.

무면허(無免許) ¶ ~의 unlicensed; 《drive a car》 without a license. ‖ ~운전사〔의사〕 unlicensed driver 〔practitioner〕.

무명 《옷감》 cotton; cotton cloth. ‖ ~옷 cotton clothes.

무명(無名) ¶ ~의 nameless; unnamed; anonymous (익명의); obscure (알려지지 않은) / ~용사의 묘 the Tomb of the Unknown Soldiers. ‖ ~씨 an anonymous person / ~작가 an obscure writer.

무명조개 〚貝〛 a clam.

무명지(無名指) a ringfinger.

무모(無毛) ¶ ~의 hairless. ‖ ~증 〚醫〛 atrichosis.

무모(無謀) ~하다 (be) reckless; thoughtless; rash; imprudent. ¶ ~하게 recklessly; rashly.

무문근(無紋筋) 〚解〛 a smooth muscle.

무미(無味) ¶ ~한 《맛없는》 tasteless; flat; vapid; flavorless / ~건조한 dry; insipid; uninteresting; prosaic 《*life*》.

무반동총(無反動銃) 〚軍〛 a recoilless rifle.

무반주(無伴奏) ¶ ~의 unaccompanied 《*cello sonata*》.

무방비(無防備) ¶ ~의 defenseless; unfortified; open. ‖ ~도시 an open city.

무방하다(無妨—) do no harm; do not matter; 《…해도 좋다》 may; can; be all right. ¶ 그렇게 해도 ~ You may do so. / 약간의 산책은 ~ A little walk will do you no harm.

무배당(無配當) 〚經〛 ¶ ~의 without dividend. ‖ ~주 a non-dividend stock.

무벌점(無罰點) ¶ ~이다 be clean of penalty marks.

무법(無法) ¶ ~한 unlawful; unjust. ‖ ~자 a ruffian; an outlaw / ~천지 a lawless world 〔state〕; anarchy.

무변(無邊) ¶ ~의 boundless; limitless; infinite. ‖ ~대해(大海) a boundless ocean.

무변화(無變化) changelessness; monotony(단조로움).

무병(無病) ~하다 (be) in good health; healthy.

무보수(無報酬) ¶ ~의 gratuitous / ~로 without pay〔recompense, reward〕; 《무료의》 free of charge; for nothing.

무분별(無分別) thoughtlessness; indiscretion. ~하다 (be) thoughtless; indiscreet; imprudent.

무불간섭(無不干涉) indiscreet meddling in everything; indiscreet interference. ~하다 always nose into; meddle constantly.

무비(無比) ¶ ~한 peerless; unparalleled; unique / 당대 ~의 unparalleled by *one's* contemporaries.

무비판(無批判) ¶ ~적(으로) uncritical(ly); indiscriminate(ly).

무사(武士) a warrior; a soldier; a knight.

무사(無私) ¶ ~한 unselfish; disinterested / 공평 ~한 just and fair.

무사(無事) 《안전》 safety; security; 《평온》 peace; 《건강》 good health. ~하다 (be) safe; well; peaceful;

quiet; uneventful. ¶ ～히 safely; in safety; without accident; all right; in peace / ～히 지내다 get along well / ～히 해결되다 come to a satisfactory conclusion.

무사(無死) 〖野〗 ‖ ～만루 full bases with no outs.

무사고(無事故) ¶ ～의〔로〕 without an accident. ‖ ～비행〔운전〕 accident-free flying〔driving〕.

무사마귀 a wart; a verruca.

무사분주(無事奔走) ～하다 (be) very busy about nothing.

무사안일(無事安逸) ‖ ～주의 an easy-at-any-price principle; an easygoing attitude.

무사태평(無事泰平) ～하다 (be) peaceful; easygoing; carefree.

무산(無産) ¶ ～의 propertyless; unpropertied. ‖ ～계급 the proletariat / ～자 a proletarian; a man without property.

무산(霧散) ～하다 disperse; be dispelled; dissipate.

무상(無上) ¶ ～의 the highest; the greatest; supreme; the best / ～의 영광 the supreme honor.

무상(無常) uncertainty; mutability; transiency. ¶ ～한 uncertain; mutable; transient / 인생 ～ the transient affairs of (this) life; the frailty of life / 인생은 ～하다 Nothing is certain in this world.

무상(無償) ¶ ～의〔으로〕 gratis; for nothing; free (of charge). ‖ ～교부 〖證〗 delivery without compensation / ～대부 a free loan / ～배급 free distribution / ～원조 a grant; grant-type aid / ～주 a stock dividend.

무상출입(無常出入) ～하다 go in and out constantly; visit freely; have free access to.

무색(一色) dyed color. ‖ ～옷 clothes made of colored cloth.

무색(無色) ①《빛깔》 ¶ ～의 colorless; achromatic《*lens*》/ ～투명의 액체 a colorless transparent liquid. ②《무안》 ～하다 be ashamed; feel shame. ¶ ～케 하다 put《*a person*》 to shame; put《*a person*》 in the shade; outshine〔eclipse〕《*a person*》.

무생물(無生物) an inanimate object〔being〕; a lifeless〔nonliving〕 thing. ‖ ～계 inanimate nature.

무서리 the first frost of the year; an early frost.

무서움 fear; fright; terror. ¶ ～을 타다 be easily frightened / ～을 모르다 have no fear; be fearless; fear nothing / ～을 참다 bear *one's* fear.

무서워하다 fear; be fearful《*of*》; be afraid《*of a thing, to do*》; be frightened《*at*》; be scared《*at*》.

무선(無線) 《by》 wireless〔radio〕. ‖ ～공학 radio engineering / ～사진전송 radiophotography / ～송신 wireless transmission / ～전신 a wireless (telegraphy) / ～전신〔전화〕국 a wireless〔radio〕 station / ～전화 a radiotelephone; a radiophone; cellular phone; a walkie-talkie / ～제어〔조종〕 radio control / ～주파수 radio frequency / ～중계 radio relay / ～통신 radio〔wireless〕 communication / ～표지 a radio beacon / ～호출기 a pager〔beeper〕; a radio beeper.

무섭다 ①《두렵다》 (be) fearful; terrible; dreadful; horrible; frightful. ¶ 무서운 병 a horrible disease / 무서운 구두쇠 an awful miser / 무섭게 하다 frighten; terrify; scare. ②《사납다》 (be) ferocious; fierce; formidable.

무성(茂盛) ¶ ～한 thick; dense; luxuriant / 나무가 무성한 산 a thickly-wooded hill / 풀이 ～하다 be densely covered with grass.

무성(無性) ¶ ～의 〖生〗 nonsexual; asexual; 〖植〗 neutral《*flowers*》. ‖ ～생식 asexual reproduction.

무성(無聲) ¶ ～의 silent; voiceless. ‖ ～영화 a silent picture / ～음 a voiceless sound.

무성의(無誠意) insincerity. ～하다 (be) insincere; unfaithful.

무세(無稅) ¶ ～의 free《*imports*》; tax-〔duty-〕free / ～로 free of duty; duty-free.

무소 〖動〗 a rhinoceros.

무소(無所) omni-. ¶ ～부재〔부지, 불능〕한 omnipresent〔omniscient, omnipotent〕.

무소득(無所得) ～하다 gain nothing〔little〕《*from, by*》.

무소속(無所屬) ¶ ～의 independent; unattached; neutral; nonpartisan(정당의) / ～으로 입후보하다 run for an election independent of any party. ‖ ～의원 an independent (member); nonaffiliated members.

무소식(無消息) ¶ ～이다 hear nothing from《*a person*》/ ～이 희소식 No news is good news.

무쇠 (cast) iron.

무수(無水) 〖化〗 ¶ ～의 anhydrous. ‖ ～(화합)물 an anhydrous compound; anhydride.

무수(無數) ¶ ～한 numberless; innumerable; countless / ～히 innumerably; without number.

무수리 〖鳥〗 an adjutant (bird).

무숙자(無宿者) a tramp; a vagabond; a vagrant.

무순(無順) irregularity; disorder; 《단서로》 "Not in order." ¶ ～의 without order.

무술(武術) military〔martial〕arts.
무슨 what《*book*》; what sort〔kind〕of《*a man*》. ¶ ~ 일로 on what business / ~ 까닭에 why; for what reason / ~ 일이 있더라도 above all things; at any cost; by all means.
무승부(無勝負) a draw; a drawn game; a tie. ¶ ~가 되다 draw〔tie〕with《*a person*》; end in a draw〔tie〕.
무시(無視) ~하다 ignore; disregard; pay no attention〔heed〕《*to*》; take no notice《*of*》. ¶ …을 ~하고 in disregard of / 남의 기분을 ~하다 pay no attention to other's feelings.
무시로(無時—) at any time; at all times.
무시무시하다 (be) terrible; horrible; dreadful; awful; frightful.
무시험(無試驗) ¶ ~으로 《be admitted》 without examination.
무식(無識) ignorance; illiteracy. ¶ ~한 ignorant; illiterate; uneducated. ‖ ~쟁이 an ignorant man; a sheer illiterate.
무신경(無神經) ¶ ~한 insensitive; thick-skinned; inconsiderate.
무신고(無申告) ¶ ~로 without notice〔leave〕. ‖ ~데모 an unsanctioned demonstration / ~집회 a meeting held without previous notice.
무신론(無神論)〖哲〗atheism. ¶ ~의 atheistic. ‖ ~자 an atheist.
무실점(無失點) ¶ ~으로 without losing a point.
무심(無心) ① ~하다《무관심》(be) indifferent《*in*》; do not care《*about*》;《순진》(be) innocent;《의도 없음》unintentional; casual. ¶ ~코 unintentionally; inadvertently; casually; incidentally; carelessly / ~코 한 말 a casual remark. ②〖佛〗mindlessness; no-mindedness.
무쌍(無雙) ~하다 (be) peerless; matchless; unparalleled.
무아(無我) self-effacement; selflessness. ¶ ~의 경지에 달하다 attain a spiritual state of perfect selflessness; rise above self. ‖ ~경 ecstasy; transports; absorption.
무안(無顔) ~하다 be ashamed of《*oneself*》; feel shame; lose face. ¶ ~을 주다 put《*a person*》to shame; put《*a person*》out of countenance; make《*a person*》blush.
무안타(無安打)〖野〗no hits. ‖ ~무득점경기 a no-hit, no-run game.
무어라 ¶ ~ 하든 whatever *one* may say; after all (결국) / ~ 말할 수 없다 be unspeakable; One cannot tell.
무언(無言) silence. ¶ ~의 silent; mute / ~중(에) in silence; without uttering a word / ~의 용사 silent〔dead〕war heroes. ‖ ~극 a dumb show; a pantomime.
무엄(無嚴) ¶ ~한 rude; audacious; impudent; indiscreet / ~하게도 …하다 have the indiscretion〔impudence〕to《*do*》; be impertinent enough to《*do*》.
무엇《대명사》what (의문); something. ¶ ~이든 anything; whatever / ~보다도 above all (things); first of all / ~하러 what for.
무역(貿易) (foreign) trade; commerce. ~하다 trade《*with*》; have trade relations《*with*》. ¶ ~을 진흥〔확대〕하다 promote〔expand〕foreign trade / 한국의 대미 ~ Korea's trade with the United States / 한중 간의 ~ trade between Korea and China; Korea-China trade / 점증하는 ~의 불균형 the growing trade imbalance / ~의 자유화 liberalization of trade. ‖ ~격차 a trade gap / ~경쟁국 a trade rival / ~관리 (foreign) trade control〔management〕/ ~량 the volume of trade / ~마찰 trade friction〔conflicts〕《*between*》/ ~박람회 a trade fair / ~상 a trader / ~상대국 a trading partner / ~수지 the trade balance (~수지의 적자 trade loss) / ~액 the amount of trade / ~외 수지 the invisible trade balance / ~장벽 a trade barrier / ~적자〔흑자〕a trade deficit〔surplus〕/ ~정책 a trade policy / ~품 trade goods / ~항 a trading port / ~협정 a trade agreement / ~회사 a trading firm〔company〕.
무역역조(貿易逆調) adverse trade balance of payments; trade imbalance.
무연(無煙) ¶ ~의 smokeless. ‖ ~탄 anthracite; hard coal《美》/ ~화약 smokeless powder.
무연(無鉛) ‖ ~가솔린 lead-free〔unleaded〕gasoline.
무연고(無緣故) ¶ ~의 without relations; unrelated. ‖ ~분묘 a grave having no surviving relatives; a neglected〔forlorn〕grave.
무예(武藝) ☞ 무술.
무욕(無慾) ¶ ~의 (be) free from avarice; unselfish.
무용(武勇) bravery; valor. ‖ ~담 a tale of heroism.
무용(無用) ¶ ~의 useless; of no use. ‖ ~지물 a useless thing; a good-for-nothing.
무용(舞踊) dancing; a dance. ~하다 dance; perform a dance.

‖ ～단 a ballet troupe; a *corps de ballet* 《프》.
무운(武運) the fortune(s) of war. ¶ ～ 장구를 빌다 pray for 《*a person's*》 good fortune in battle.
무운(無韻) ¶ ～의 unrhymed; blank 《*verse*》. 「〔glory〕.
무위(武威) 《raise》 military prestige
무위(無爲) idleness; inactivity. ¶ ～의 생활 an idle life / ～무책의 정부 a do-nothing government / ～도식하다 live 〔lead〕 an idle life; eat the bread of idleness.
무의무탁(無依無託) ～하다 (be) homeless; 《서술적》 have no one to depend 〔rely〕 on.
무의미(無意味) ¶ ～한 meaningless; senseless; insignificant.
무의식(無意識) unconsciousness. ¶ ～적(으로) unconscious(ly); involuntar(il)y; mechanical(ly).
무의촌(無醫村) a doctorless village.
무이자(無利子) ¶ ～의〔로〕 without 〔free of〕 interest. ‖ ～공채 flat 〔passive〕 bonds.
무익(無益) ～하다 (be) useless; futile. ¶ ～한 살생 (the) wanton destruction of life / ～한 논쟁 a futile dispute / 유해 ～하다 do more harm than good.
무인(武人) a warrior; a soldier.
무인(拇印) a thumbmark.
무인(無人) ‖ ～건널목 an unattended (railroad) crossing / ～비행기 a pilotless〔radio-controlled〕 plane / ～위성 an unmanned satellite / ～판매기 a vending machine.
무인도(無人島) a desert〔an uninhabited〕 island.
무인지경(無人之境) an uninhabited region. ¶ ～을 가듯하다 carry everything before one. 「niless.
무일푼(無一一) ¶ ～이다 be pen-
무임(無賃) ¶ ～으로 free of charge / ～ 승차를 하다 ride free (of charge); have a free ride. ‖ ～승객 a free passenger / ～승차권 a free pass.
무임소(無任所) ¶ ～의 unattached; unassigned; without portfolio. ‖ ～장관 a Minister (of State) without portfolio.
무자각(無自覺) ¶ ～한 insensible 《*of*》; unconscious 《*of*》.
무자격(無資格) disqualification; incapacity. ¶ ～의 disqualified; 《무면허의》 unlicensed. ‖ ～교원 an unlicensed teacher / ～자 a disqualified person.
무자력(無資力) lack of funds.
무자맥질 diving; ducking. ～하다 dive into〔in, under〕 water; go underwater; duck 《*down*》.
무자본(無資本) ¶ ～으로 without capital〔funds〕.
무자비(無慈悲) ¶ ～한 merciless; cruel; ruthless / ～한 짓을 하다 do a cruel thing.
무자식(無子息) ～하다 (be) childless; heirless.
무자위 a water pump.
무작위(無作爲) ¶ ～의 random / ～로 randomly; at random / ～로 샘플을 뽑다 choose samples at random. ‖ ～(표본) 추출(법) random sampling.
무작정(無酌定) lack of any definite plan. ¶ ～하고 recklessly; with no particular object in mind / ～ 돈을 쓰다 spend money recklessly / ～ 상경하다 go up to Seoul with no particular object〔plan〕 in mind.
무장(武將) a general; a warlord.
무장(武裝) 《나라의》 armaments; 《병사의》 equipments. ～하다 arm; bear arms; be under arms. ¶ ～한 armed 《*bandits*》 / ～을 풀다 disarm. ‖ ～간첩 an armed spy / ～간첩선 an armed espionage ship / ～강도 an armed robber / ～봉기 rising in arms; an armed uprising / ～중립 armed neutrality / ～해제 disarmament; demilitarization / ～화 militarization. 「army.
무장지졸(無將之卒) a leaderless
무저항(無抵抗) nonresistance. ¶ ～으로 without resistance. ‖ ～주의 the principle of nonresistance.
무적(無敵) ¶ ～의 invincible; unconquerable. ‖ ～함대 『史』 《스페인의》 the Invincible Armada.
무적자(無籍者) a person without a registered domicile.
무전(無電) 《by》 radio; wireless. ‖ ～실 a radioroom / ～장치 a radio 〔wireless〕 apparatus.
무전(無錢) ¶ ～ 취식하다 leave a restaurant without paying the bill / ～ 여행하다 travel without money.
무절제(無節制) ～하다 (be) intemperate; immoderate; incontinent.
무절조(無節操) ¶ ～한 inconstant; unchaste; unprincipled.
무정(無情) ¶ ～한 heartless; hard-hearted; cold-hearted.
무정견(無定見) ¶ ～한 inconstant; unprincipled; fickle; wavering.
무정란(無精卵) an unfertilized〔a wind〕 egg.
무정부(無政府) anarchy. ¶ ～의 anarchic(al) / ～ 상태에 있다 be in a state of anarchy. ‖ ～주의 anarchism / ～주의자 an anarchist.
무정형(無定形) ¶ ～의 formless;

shapeless; amorphous.

무제(無題)《작품에서》no title. ¶ ~의 titleless; without a title.

무제한(無制限) ¶ ~의 limitless; unrestricted; free / ~으로 without any restriction; with no restriction; freely.

무조건(無條件) ¶ ~의 unconditional; unqualified / ~으로 unconditionally; unqualifiedly. ‖ ~반사 an unconditional reflex / ~항복 unconditional surrender.

무좀〖醫〗athlete's foot.

무종교(無宗教) ¶ ~의 irreligious; atheistic. ‖ ~자 an atheist; an unbeliever.

무죄(無罪) innocence. ¶ ~의 not guilty; innocent; guiltless / ~를 선고하다 declare《*a person*》not guilty. ‖ ~석방 acquittal (and discharge).

무주의(無主義) ¶ ~한 without any (fixed) purpose; unprincipled.

무주정(無酒精) ‖ ~음료 a nonalcoholic beverage; a soft drink.

무주택(無住宅) ‖ ~서민(층) the homeless masses / ~자 a houseless [homeless] person / ~증명서 a certificate verifying《*a person's*》homeless status.

무중력(無重力)《a state of》weightlessness [nongravitation].

무증거(無證據) lack of evidence [proof]; no evidence [witness].

무지(無知) ignorant; illiteracy. ~하다 (be) ignorant; stupid. ¶ ~한 백성 unenlightened people.

무지개 a rainbow. ‖ ~빛 rainbow color.

무지근하다 feel heavy [dull].

무지렁이 a fool; an ignoramus.

무지막지하다(無知莫知一) (be) ignorant and uncouth; rough; heartless.

무지몰각하다(無知沒覺一) be utterly ignorant; know nothing.

무직(無職) ¶ ~의 unemployed; jobless; out of work / 그는 ~이다 He has no job. *or* He is out of work. ‖ ~자 a jobless man; the unemployed.

무진(無盡) ☞ 무한(無限).

무진장(無盡藏) ¶ ~의 inexhaustible; abundant / ~한 천연자원 inexhaustible natural resources.

무질서(無秩序) disorder; confusion; chaos. ¶ ~한 disordered; confused; chaotic; lawless / ~한 상태에 있다 be in disorder.

무찌르다 defeat; crush; smash; attack; mow down《*the enemy*》.

무차별(無差別) indiscrimination. ¶ ~의 indiscriminate / ~한 대우《give them》equal treatment / ~하게 indiscriminately; without distinction《*of sex*》.

무착륙(無着陸) ¶ ~의 nonstop / ~ 비행을 하다 make a nonstop flight; fly nonstop《*to*》.

무참(無慘) ¶ ~한 merciless; cruel; pitiless.

무책(無策) lack of policy [plan].

무책임(無責任) irresponsibility. ¶ ~한 irresponsible / ~하게 irresponsibly / 그는 ~한 사내다 He has no sense of responsibility.

무척 very (much); quite; highly; extremely; exceedingly.

무척추동물(無脊椎動物) an invertebrate animal.

무취(無臭) ¶ ~의 odorless; scentless.

무취미(無趣味) ☞ 몰취미.

무치다 season; dress. ¶ 나물을 ~ season [dress] vegetables.

무턱대고《무모하게》recklessly; blindly; rashly;《이유 없이》without reason;《준비 없이》with no preparation;《수단·능력 없이》with no resources [capability].

무테(無一) ¶ ~의 brimless; rimless. ‖ ~안경 (a pair of) rimless spectacles.

무통(無痛) ¶ ~의 painless. ‖ ~분만〖醫〗painless delivery.

무투표(無投票) ¶ ~로 without voting. ‖ ~당선 being chosen without voting / ~당선지구 a district uncontested in election.

무표정(無表情) ¶ ~한 expressionless; blank; deadpan《美俗》.

무풍(無風) ¶ ~의 windless; calm. ‖ ~대〖地〗the calm latitudes; the doldrums / ~상태 a (dead) calm; a peaceful condition (비유).

무학(無學) ignorance. ¶ ~의 ignorant; illiterate; uneducated.

무한(無限) infinity. ~하다 (be) limitless; endless; infinite; boundless; eternal (영구). ¶ ~히 infinitely; boundlessly; eternally / ~대[소]의 infinite [infinitesimal]. ‖ ~궤도(차) a caterpillar (tractor) / ~급수〖數〗an infinite series / ~책임(사원) (a member with) unlimited liability / ~책임회사 an unlimited (liability) company.

무해(無害) ¶ ~한 harmless《*to*》/ ~ 무익한 neither harmful nor useful.

무허가(無許可) ¶ ~의 unlicensed; nonlicensed. ‖ ~건물 [판자집] an unlicensed building [shack].

무혈(無血) ‖ ~혁명 [점령] a bloodless revolution [occupation].

무협(武俠) chivalry; heroism.

무형(無形) ¶ ~의《비물질적》immaterial;《추상적》abstract;《정신적》moral; spiritual;《안 보이는》invisible;《형체 없는》formless; intangible. ‖ ~문화재 an intan-

gible cultural treasure / ～재산 immaterial property.
무화과(無花果) 〖植〗 a fig (tree).
무환(無換) ‖ ～수입〔수출〕 no-draft import〔export〕.
무효(無效) invalidity; ineffectiveness. ¶ ～의 invalid; unavailable; ineffectual; fruitless; futile / ～가 되다 become null 〔void, invalid〕; come to nothing / ～로 하다 annul; invalidate 《*a contract*》; make (null and) void. ‖ ～투표 an invalid vote.
무훈(武勳) a distinguished military service. ☞ 무공(武功).
무휴(無休) ¶ ～이다 have no holiday.
무희(舞姬) a dancer; a dancing girl; a ballet girl.
묵 jelly. ¶ 메밀 ～ buckwheat jelly.
묵객(墨客) a calligrapher; an artist; a painter.
묵계(默契) a tacit understanding 〔agreement〕《*with, between*》. ～하다 agree tacitly; make a tacit agreement.
묵과(默過) connivance. ～하다 overlook; connive 《*at*》.
묵낙(默諾) a tacit consent. ～하다 consent tacitly 《*to*》.
묵념(默念) ① 《묵도(默禱)》 a silent 〔tacit〕 prayer. ～하다 pray silently 《*for*》. ② ☞ 묵상.
묵다 ① 《숙박》 stay 〔stop, put up〕 《*at*》. ¶ 호텔에 ～ put up 〔stop〕 at a hotel. ② 《오래되다》 become old; be timeworn 〔stale〕. ¶ 묵은 잡지 a back number magazine / 묵은 사상 an old-fashioned idea.
묵독(默讀) ～하다 read silently.
묵례(默禮) a bow; a nod. ～하다 (make a) bow 《*to*》; bow in silence.
묵묵(默默) ～하다 (be) silent; mute. ¶ ～히 silently; in silence; mutely / ～부답하다 be silent and make no response.
묵비권(默秘權) 〖法〗 《use》 the right of silence; 《take》 the Fifth (Amendment) 《美》.
묵살(默殺) ～하다 take no notice 《*of*》; ignore. ¶ 반대 의견을 ～하다 ignore objections / 항의를 ～하다 turn a deaf ear to protests.
묵상(默想) (a) meditation. ～하다 meditate 《*on*》; muse 《*on*》.
묵시(默示) ① 《신의》 a revelation. ～하다 reveal. ‖ ～록 〖聖〗 ☞ 계시록. ② 《명시에 대한》 implication. ～하다 imply. ¶ ～적 implicit; implied.
묵시(默視) ～하다 overlook; pass over; connive 《*at*》.
묵은해 the old year; last year.
묵인(默認) a tacit 〔silent〕 approval; connivance. ～하다 permit tacitly; give a tacit consent; wink 〔connive〕 《*at*》.
묵정밭 a fallow field that has gone to waste.
묵정이 an old thing; old stuff.
묵종(默從) acquiescence. ～하다 acquiesce 《*in*》.
묵주(默珠) 〖가톨릭〗 a rosary.
묵직하다 《무게가》 (be) massive; heavy; 《언행이》 (be) rather grave; dignified. ¶ 묵직이 heavily; gravely.
묵화(墨畫) an India-ink drawing.
묵히다 leave unused 〔wasted〕; let 《*goods*》 lie idle; keep 《*money*》 idle.
묶다 bind; tie; fasten. ¶ 손발이 묶이다 be tied 〔bound〕 hand and foot.
묶음 a bundle; a bunch; a sheaf (벼·서류 등의). ¶ ～을 짓다 bundle; tie up in a bundle.
문(文) ① 〖文〗 a sentence. ② 《학문》 literature; the pen. ¶ ～은 무보다 강하다 The pen is mightier than the sword.
문(門) ① 《대문》 a gate; 《출입구》 a door. ¶ ～을 닫다〔열다〕 close 〔open〕 the door. ② 《분류상의》 a phylum (동물); a division(식물).
문(問) ☞ 문제. ¶ 제1～ the first question.
문간(門間) a door; an entrance; a doorway; the gate section.
문갑(文匣) a stationery chest.
문경지교(刎頸之交) lifelong friendship; 《친구》 a sworn friend.
문고(文庫) a library. ‖ ～본 a pocket edition; a paperback(ed) book.
문고리(門—) a door ring; a door pull.
문과(文科) 《인문과》 the department of liberal arts; 〖史〗 《과거》 the higher civil service examination. ‖ ～대학 a college of liberal arts.
문관(文官) a civil official; the civil service(총칭).
문교(文敎) education. ¶ ～업무를 관장하다 be in charge of educational affairs. ‖ ～당국 educational authorities concerned / ～예산 the education budget / ～정책 an educational policy / ～행정 educational administration.
문구(文句) words; phrases; an expression.
문기둥(門—) a gatepost.
문단(文壇) the literary world 〔circles〕; the world of letters.
문단속(門團束) ～하다 lock a door securely; secure a door.
문답(問答) questions and answers; a dialog(ue) (대화). ～하다 hold a dialogue; exchange questions and answers. ¶ ～식

으로 in the form of questions and answers. ‖ ～식 교수 catechism.

문대다 rub; scrub. ☞ 문지르다.

문덕(문덕) in lumps; into pieces. ～하다 fall apart《*from decay*》.

문둥병(一病) leprosy; lepra; Hansen's disease.

문둥이 a leper; a leprous patient.

문드러지다 ulcerate; fester; decompose; disintegrate.

문득, 문뜩 suddenly; unexpectedly; by chance; casually.

문란(紊亂) disorder; confusion. ～하다 be in disorder. ‖ 풍기～ corruption of public morals; an offense against public decency.

문례(文例) a model sentence; an example.

문리(文理) ①《문맥》the context; the line of thought. ②《문과와 이과》liberal arts and sciences. ‖ ～과 대학 the College of Liberal Arts and Science(s).

문맥(文脈) the context《*of a passage*》. ¶ ～상의 contextual.

문맹(文盲) ignorance; illiteracy. ‖ ～률《lower》the illiteracy rate / ～자 an unlettered person; an illiterate / ～퇴치운동 a crusade against illiteracy.

문면(文面) the contents〔wording〕of a letter. ¶ ～에 의하면 according to the letter.

문명(文名) literary fame. ¶ ～을 날리다 win literary fame.

문명(文明) civilization. ¶ ～한 civilized; enlightened / ～의 이기 modern conveniences / ～이 발달함에 따라 with the advance of civilization. ‖ ～국〔사회〕a civilized country〔society〕/ ～시대 the age of civilization; an enlightened age / ～인 a cultured person.

문묘(文廟)《공자 사당》a Confucian shrine〔temple〕.

문무(文武) civil and military arts; the pen and the sword. ¶ ～겸전(兼全)하다 be well up in both literary and military arts. ‖ ～백관 civil and military functionaries〔officials〕.

문물(文物) civilization (문명); culture (문화). ¶ 서양의 ～ Occidental civilization〔culture〕.

문민(文民) a civilian. ‖ ～시대 a civilian's era / ～정부 a civilian government / ～통제 civilian control.

문밖(門一) ①《문밖》the outside of a house; outdoors. ¶ ～의 outdoor; outside the gate〔door〕/ ～에서 out of doors; in the open (air). ②《성밖》the outside of a castle;《교외》the outskirts《*of a city*》; suburbs. ¶ ～에 살다 live in the suburbs.

문방구(文房具) stationery; writing materials. ‖ ～점 a stationery store; a stationer's.

문벌(門閥)《가문》lineage;《명문》good lineage; a distinguished family.

문법(文法) grammar. ¶ ～적(으로) grammatical(ly) / ～강의 a lecture on grammar. ‖ ～학자 a grammarian.

문병(問病) a visit to a sick person. ～하다 visit《*a person*》in hospital〔*one's* sickbed〕.

문빗장(門一) a gate bar; a latch.

문사(文士) a literary man; a writer; a man of letters.

문살(門一) the frame of a paper sliding door.

문상(問喪) ☞ 조상(弔喪).

문서(文書)《서류》a document;《통신문》correspondence;《기록》a record. ¶ 공～ official documents / ～로 in writing / ～로 하다 put《*an agreement*》in writing; commit《*an agreement*》to writing / 회답은 ～로 하여 주십시오 You are requested to answer in writing〔in written form〕. ‖ ～과 the section of archives / ～위조 forgery of documents.

문선(文選) an anthology;〖印〗type picking. ～하다 pick types. ‖ ～공 a type-picker.

문설주(門一) a doorjamb.

문소리(門一) a sound〔noise〕made by opening or shutting a door.

문수(文數) the size of shoes.

문신(文臣) a civil minister〔vassal〕.

문신(文身) a tattoo. ～하다 tattoo.

문안(門一) ①《문의 안》indoors. ②《성내》inside the city gate〔walls〕; within the castle.

문안(文案) a draft. ¶ ～을 작성하다 make〔prepare〕a draft《*of, for*》; draft. ‖ ～작성자 a drafter.

문안(問安) an inquiry; paying *one's* respects to《*a person*》. ～하다 inquire after another's health; pay the compliments of the season; pay a sympathy visit《*to*》; go and comfort《*a person*》.

문약(文弱) effeminacy; imbecility (나약). ¶ ～으로 흐르다 become effeminate.

문어(文魚)〖動〗an octopus.

문어(文語) written〔literary〕language. ‖ ～체 literary style.

문예(文藝) (art and) literature; literary art. ‖ ～기자〔란〕a literary writer〔column〕/ ～부흥 the Renaissance / ～작품〔영화〕literary works〔films〕/ ～잡지 a lit-

erary magazine / ～평론 literary criticism. 「man (비전문가).
문외한(門外漢) an outsider; a lay-
문우(文友) *one's* pen pal〔friend〕.
문의(文義) the meaning of a passage.
문의(問議) an inquiry; a reference(신원 따위의). ～하다 inquire《*of a person*》about《*a matter*》; make inquiries《*about*》; refer《*to a person about a matter*》. ¶전화로 ～하다 make inquiries by telephone. ‖ ～서 a letter of inquiry / ～처 a reference.
문인(文人) a literary man; a man of letters. ‖ ～협회 the Literary Men's Association. 「follower.
문인(門人) a pupil; a disciple; a
문자(文字) ①《글자》a letter; a character (한문 따위). ¶ ～대로 해석하다 interpret《*a passage*》literally〔to the letter〕/ ～를 모르다 be illiterate〔unlettered〕/ 대〔소〕～ a capital〔small〕letter / 표의～ an ideograph / 음표～ a phonogram. ‖ ～다중방송 a teletext / ～반《시계의》a dial (plate). ②《한문 문구 따위》a phrase; an idiomatic phrase from the Chinese classics.
문장(文章) a sentence; a composition; a writing; an article (논문); a style(문체). ¶ ～이 능하다〔서툴다〕be a good〔bad〕writer.
문재(文才) literary talent〔ability〕.
문전(門前) ¶ ～에 before〔in front of〕the gate; at the door / ～걸식하다 go out begging / ～성시를 이루다 have a constant stream of visitors.
문제(問題) ①《시험 따위의》a question; a problem;《화제·연구의 대상》a subject; a topic. ¶ 영어 ～ a question in English / ～에 답하다 answer a question / ～를 풀다 solve〔work out〕a problem / 이 ～에 관한 저서 works on this subject / 환경 보호는 오늘날 가장 중요한 ～의 하나이다 Environmental protection is one of the most crucial topics today. ②《논의의 대상》a question; an issue; a problem. ¶ 당면한 ～ the question at issue / 긴급한 ～ a pressing〔burning〕question; an urgent problem. ③《사건·사항》a matter; an affair;《골칫거리》a trouble. ¶ ～를 일으키다 cause trouble / 금전상의 ～ a matter of money / 생사에 관한 ～ a matter of life and death. ‖ ～극〔소설〕a problem play〔novel〕/ ～아 a problem child / ～영역 a problem area / ～외 out of the question / ～의식 a critical mind; an awareness of issues / ～점 the point at issue / ～집 a collection of problems.
문제화(問題化) ～하다 become an issue;《표면화》come to a head〔the fore〕;《말썽》cause〔give rise to〕trouble. ¶ 정치 ～하다 make a political issue《*of a matter*》.
문조(文鳥)〖鳥〗a Java sparrow; a paddybird. 「*son*》of a crime.
문죄(問罪) ～하다 accuse《*a per-*
문중(門中) a family; a clan.
문지기(門—) a gatekeeper; a gateman; a doorman; a janitor《美》.
문지르다 rub; scour; scrub. ¶ 문질러 없애다 rub off〔out〕.
문지방(門地枋) the threshold; a doorsill(문의).
문진(文鎭) a (paper) weight.
문집(文集) a collection of works; an anthology; analects.
문짝(門—) a leaf〔flap〕of a door.
문책(文責) the responsibility for the wording of an article.
문책(問責) ～하다 reprehend; censure; reprove; rebuke.
문체(文體) a (literary) style. ¶ 간결〔화려〕한 ～ a concise〔florid〕style / 쉬운 ～로 in an easy〔a plain〕style.
문초(問招) investigation. ～하다 investigate; inquire《*into*》. ¶ ～를 받다 be examined《*by the police*》.
문치(文治) civil administration.
문치(門齒) the incisor.
문턱(門—) the threshold; a doorsill. ¶ ～이 닳도록《visit》frequently / ～을 넘어서다 cross〔step over〕the threshold.
문틀(門—) a doorframe. 「plate.
문패(門牌) a nameplate; a door-
문풍지(門風紙) a weather strip.
문필(文筆) literary art; writing. ¶ ～로 먹고 살다 live by *one's* pen. ‖ ～가 a writer; a literary man.
문하(門下) ‖ ～생 *one's* pupil〔disciple, follower〕.
문학(文學) literature. ¶ ～의〔적〕literary. ‖ ～가 a literary man / ～계 the literary world〔circles〕/ ～박사 a Doctor of Literature (생략 Litt. D.) / ～사 a Bachelor of Art (생략 B.A.) / ～작품 literary works / ～청년 a literary youth / 대중 ～ popular literature.
문헌(文獻) literature; documentary records; documents. ¶ 이 문제에 관한 ～ the literature on the subjects / ～을 조사하다 refer to documents. ‖ 참고～ a bibliography; references.
문형(文型) a sentence pattern.
문호(文豪) a master〔great〕writer.
문호(門戶) the door. ¶ ～를 개방〔폐쇄〕하다 open〔close〕the door

《*to*》. ‖ ～개방주의 the open-door principle〔policy〕.

문화(文化) culture; civilization. ¶ ～적 cultural. ‖ ～교류 cultural exchange / ～권 a cultural〔culture〕area〔zone〕/ ～사 cultural history / ～생활 cultural life / ～수준 a cultural level / ～영화 a cultural〔an educational〕film / ～유산 a cultural inheritance / ～인 a man of culture; a cultured man / ～인류학 cultural anthropology / ～재 cultural assets〔properties〕/ ～재 관리국 the Cultural Property Preservation Bureau / ～주택 a modern〔an up-to-date〕house / ～체육관광부 the Ministry of Culture, Sports and Tourism / ～축제〔행사〕a cultural festival / ～협정 a cultural agreement / ～훈장 an Order of Cultural Merits; a Cultural Medal.

문후(問候) ～하다 inquire after; pay *one's* respect《*to*》.

묻다[1] 《땅에》 bury《*in, under*》; inter (매장).

묻다[2] 《칠 따위가》 be stained《*with*》; be smeared《*with*》. ¶ 피 묻은 옷 bloodstained clothes.

묻다[3] 《문의》 ask; inquire; question.

묻히다[1] 《칠 따위를》 smear; stain; apply (바르다). ¶ 옷에 흙을 ～ soil *one's* clothes / 신발에 흙을 ～ get mud on *one's* shoes.

묻히다[2] 《덮이다》 be buried in〔under〕; be covered with.

물[1] ①《일반적》 water. ¶ 화초에 ～을 주다 water flowers〔plants〕/ ～을 타다 dilute; mix《*wine*》 with water / ～에 빠져 죽다 be drowned (to death). ②《홍수》 a flood; (an) inundation. ¶ ～이 나다 be flooded〔inundated〕.

물[2] 《빛깔》 dyed color (☞ 물들다, 물들이다). ¶ 검정 ～을 들이다 dye black / ～이 날다 the color fades.

물[3] ①《신선도》 freshness. ¶ ～이 좋은 생선 a fresh fish. ② ☞ 첫물.

물가 the water's edge; the waterside; the beach.

물가(物價) prices (of commodities). ¶ ～의 움직임 price movement / 저～ 정책 a low-price policy / ～의 급등 a rapid〔galloping〕rise in prices / ～가 오르다 prices rise〔go up〕/ ～가 내리다 prices fall〔come down〕. ‖ ～고 high prices of commodities / ～대책〔정책〕a (commodity) price policy / ～상승〔하락〕a rise〔fall〕in prices / ～수준 the price level / ～인상 a price hike / ～지수 a price index / ～체계 a price structure〔system〕/ ～통제 price control / ～파동 the fluctuations of prices.

물가안정(物價安定) price stabilization; stability of commodities prices. ¶ 견실한 ～에 바탕을 둔 지속적인 경제 성장을 추구하다 pursue sustained economic growth based on the firm foundation of price stabilization. ‖ ～선 a price stabilization zone.

물갈퀴 a webfoot.

물감 dyes; dyestuffs; color.

물개〖動〗 a fur seal.

물거미〖蟲〗 a water spider.

물거품 a foam; froth; a bubble. ¶ ～이 되다 end〔go up〕in smoke; come to naught.

물건(物件) an article; goods; a thing; an object.

물걸레 a wet floorcloth. ¶ ～질하다 wipe〔mop〕with a damp〔wet〕cloth.

물것 biting insects.

물결 a wave; billow (큰 물결); a ripple (잔 물결); a swell (너울거리는); a surf (밀려오는); a breaker (흰 물결); a wash (물가를 씻어 내리는); a stream (사람·차 따위의). ¶ 속세의 거친 ～ rough dealings of the world / ～을 헤치고 나아가다 plough the waves / ～에 떠다니다 drift on the waves / ～에 휘말리다 be swallowed up〔carried away〕by the waves.

물결치다 move in waves; wave; roll; undulate. ¶ 물결치는 벼이삭 waving heads of rice.

물경(勿驚) to *one's* surprise. ¶ 빚이 ～ 500만 원이다 The debt adds up to a surprising amount of five million *won*.

물고(物故) death. ¶ ～자 the deceased / ～ 나다 die; pass away.

물고기 a fish.

물고늘어지다 ①《이빨로》 bite at *something* and hang on to *it*. ②《약점·자리 따위를》 hold〔hang〕on to; cling〔stick〕to. ¶ 끝까지 ～ stick to *one's* last / 말꼬리를 ～ catch《*a person*》in *his* own words; cavil at《*a person's*》words.

물고동 a stopcock; a faucet. ¶ ～을 틀다〔잠그다〕turn on〔off〕a faucet.

물곬《도랑》《make》a drain.

물구나무서다 stand on *one's* (head and) hands.

물구덩이 a pool; a (mud) puddle.

물굽이 a bend〔curve〕of a stream.

물권(物權) a real right; a right *in rem*. ¶ ～의 설정 the creation of a real right. ‖ ～법 the law of realty.

물귀신(—鬼神) a water demon. ¶ ～이 되다 be drowned (to death).

물긋하다《묽다》(be) somewhat thin〔washy, watery〕.

물기(—氣) moisture. ¶ ～가 있는

moist; damp; wet; watery; humid.
물기름《머릿기름》hair oil.
물길 a waterway; a watercourse.
물꼬 a sluice (gate).
물끄러미《look》fixedly; steadily. ¶ 얼굴을 ～ 쳐다보다 look blankly〔vacantly〕at *a person's* face; stare《*a person*》in the face.
물난리(一亂離) ①《수해》a flood disaster. ¶ ～를 겪다 suffer from a flood. ②《식수난》the shortage of water supply.
물납(物納) payment in kind. ‖ ～세 a tax in kind.
물놀이《물가 놀이》a waterside vacation. ¶ ～ 가다 go swimming《*to the seaside*》.「《*for*》.
물다[1]《지불》pay;《배상》compensate
물다[2] ①《깨물다》bite. ②《입에》put〔hold〕《*a thing*》in *one's* mouth. ③《벌레가》bite; sting(모기가). ④《톱니바퀴 등이》gear with〔into〕; engage with.
물독 a water jar〔pot〕.
물두부(一豆腐) bean curds cooked in water.
물들다 ①《빛깔이》dye; be〔get〕dyed《*black*》; take color. ②《사상·행실 등이》be infected〔stained, tainted〕with《*vices*》; be influenced by. ¶ 아이들을 사회악에 물들지 않도록 하다 prevent children from being infected with the evils of society.
물들이다 dye; color; tint. ¶ 검게 ～ dye《*a thing*》black; get《*a thing*》dyed black.
물딱총(一銃) a water pistol; a squirt (gun); a syringe.
물때[1]《물의》fur; incrustation; scale. ¶ ～를 벗기다 scrub off the scale《*of*》.
물때[2]《조수의》the tidal hour;《만조시》the high tide.
물량(物量) the amount〔quantity〕of materials〔resources〕. ¶ ～ 작전으로 on the strength of material superiority.
물러가다《떠나다》leave; retire; go off〔away〕《*from*》; withdraw《*from*》;《뒤로》move backwards; draw〔step〕back;《끝나다》pass; be gone; leave. ¶ 한 마디도 없이 ～ leave〔go off〕from the place without saying a word / 한 걸음 뒤로 ～ take a step backward / 추위가 물러갔다 The cold weather is over〔gone〕.
물러나다 withdraw; retire; resign. ¶ 식탁에서 ～ withdraw from the table / 공직을 ～ retire〔resign〕from public life.
물러서다《후퇴》move backward; draw back; recede;《은퇴》retire; resign《*position*》; leave.
물러앉다 ①《뒤에 앉다》move *one's* seat backward. ②《지위에서》retire; resign.
물러지다 soften; become tender.
물렁물렁하다 (be) soft; tender.
물렁하다 ①《푹 익어서》(be) overripe; mellow; soft. ②《성질이》(be) flabby; weak-hearted.
물레 a spinning wheel.
물레방아 a water mill.
물려받다 inherit《*from*》; take over; obtain by transfer. ¶ 부모에게서 물려받은 inherited from〔handed down by〕*one's* parents; hereditary.
물려주다《양도》hand〔turn〕over; transfer;《지위를》abdicate;《동산을》bequeath;《부동산을》devise. ¶ 아들에게 사업을 ～ turn the business over to *one's* son.
물론(勿論) (as a matter) of course; to be sure; to say nothing of; naturally. ¶ 그는 영어는 ～이고 프랑스말도 한다 He knows French, not to speak of English.
물류(物流)〖經〗physical distribution. ¶ 높은 ～비용을 절감하기 위해 산업 기반을 확장하다 expand infrastructure to pare down high distribution costs. ‖ ～관리 (the) administrative control of physical distribution / ～비 distribution costs / ～산업 the distribution industry.
물리(物理) ①《이치》the law of nature. ② ☞ 물리학. ¶ ～적인 physical. ‖ ～요법 physiotherapy / ～화학 physical chemistry.
물리다[1]《싫증나다》get sick of; lose interest in; be fed up with.
물리다[2] ①《연기하다》postpone; put off; defer. ②《옮기다》move; shift; get around;《뒤로》move back(ward); put back. ③ ☞ 물려주다.
물리다[3]《치우다》clear away; put〔take〕away.「der〕.
물리다[4]《푹 익힘》cook soft〔tender〕.
물리다[5] ①《동물·벌레에》get bitten by《*fleas*》. ②《재갈을》bridle《*a horse*》; gag《*a person with*》.
물리다[6]《돈을》make《*a person*》pay〔compensate〕.
물리치다《거절하다》reject; refuse; turn down;《격퇴》repulse; drive away; beat back.
물리학(物理學) physics. ¶ ～(상)의 physical. ‖ ～자 a physicist / 응용～ applied physics / 핵～ nuclear physics.
물마루 the crest (of waves); a wave crest.「lings〕.
물만두(一饅頭) boiled ravioli〔dumplings〕.
물망(物望) popular expectation. ¶ ～에 오르다 be popularly expected; rise in popularity.
물망초(勿忘草)〖植〗a forget-me-not.

물매[1] 《경사》 a slope; a slant; an incline; a pitch. ¶ ~가 싼 지붕 a steeply pitched roof.
물매[2] 《매질》 hard flogging [whipping]. ¶ ~ 맞다 be flogged hard.
물목 (物目) a list of articles; a catalogue (목록).
물문 (―門) a sluice; a floodgate.
물물교환 (物物交換) barter. ~하다 barter 《*A for B*》.
물밀다 《만조가 되다》 rise; flow; 《밀려오다》 surge; rush 《*to*》.
물방아 《방아》 a water mill. ‖ 물방앗간 a (water) mill.
물방울 a drop of water; a water-drop.
물뱀 a sea [water] snake.
물베개 a (rubber) water-pillow [-cushion].
물벼락 ¶ ~ 맞다 get doused.
물벼룩 〖動〗 a water flea.
물병 (―瓶) a water bottle [flask].
물보라 a spray (of water).
물부리 《담뱃대의》 the mouthpiece; 《궐련의》 a cigarette holder.
물분 (―粉) a liquid face-paint.
물불 ¶ ~을 안 가리다 go through fire and water 《*for*》; be ready to face any hardship.
물비누 liquid soap; soft soap.
물산 (物産) a product; produce (총칭). ¶ ~의 집산지 a produce distributing center / 한국의 중요 ~ the staple products of Korea / ~이 풍부하다 be rich in products.
물살 the current of water. ¶ ~이 세다 A current is swift.
물상 (物象) ① 《사물》 an object. ② 《현상》 material phenomena. ③ 《교과》 the science of inanimate nature.
물새 〖鳥〗 ① a water bird; waterfowl. ② ☞ 물총새.
물색하다 (物色―) 《찾다》 look for; search for; hunt (up); 《고르다》 select; pick.
물샐틈없다 ① 《틈이 없다》 (be) watertight. ② 《완벽》 (be) strict; watertight; airtight. ¶ 물샐틈없는 경계망을 펴다 throw a tight cordon around.
물세례 (―洗禮) ① 〖宗〗 baptism. ② ☞ 물벼락.
물소 〖動〗 a buffalo.
물수건 (―手巾) a wet towel; a steamed [hot] towel.
물수제비뜨다 skip stones; play ducks and drakes.
물시계 (―時計) ① 《시계》 a water clock. ② 《계량기》 a water gauge.
물심 (物心) ¶ ~ 양면으로 both materially and morally.
물싸움 《논물의》 an irrigation [a water-rights] dispute. ~하다 dispute about [over] the water rights.
물써다 ebb; be on the ebb.
물쑥 〖植〗 an artemisia.
물쓰듯하다 spend money or goods like water.
물씬하다 《물체가》 (be) soft; tender; 《냄새가》 smell strong; stink 《*of fish*》 (악취가).
물안경 (―眼鏡) swimming goggles.
물약 (―藥) a liquid medicine.
물어내다 《변상》 pay for; compensate.
물어떼다 bite [gnaw] off.
물어뜯다 bite off; tear off with *one's* teeth.
물어보다 《묻다》 ask; inquire; question; 《조회》 make inquiries.
물어주다 ☞ 물어내다.
물억새 〖植〗 a common reed.
물역 (物役) construction [building] materials.
물엿 millet jelly.
물오르다 《초목이》 (sap) rise; 《셈펴이다》 emerge from poverty; get better off than before.
물오리 〖鳥〗 a wild duck; a mallard.
물욕 (物慾) worldly desires; love of gain. ¶ ~이 강하다 be greedy.
물유리 (―琉璃) 〖化〗 water glass.
물음 a question. ‖ ~표 a question mark.
물의 (物議) public censure; trouble. ¶ ~를 자아내다 [일으키다] cause public discussion; give rise to scandal [hot criticism].
물자 (物資) goods; commodities; (raw) materials (원료); resources (자원). ¶ ~의 결핍 a scarcity of materials / ~의 공급을 받다 get a supply of commodities / 구호 ~가 그 나라에 보내졌다 Relief supplies were sent to the country.
물자동차 (―自動車) ① 《살수차》 a street sprinkler. ② ☞ 급수차(給水車).
물장구 the thrash; the flutter kick. ¶ ~ 치다 make flutters; swim with the thrash.
물장난 ¶ ~ 치다 dabble in the water; play with water.
물적 (物的) material; physical. ‖ ~ 자원 material [physical] resources / ~ 증거 real [material] evidence.
물정 (物情) 《사물의》 the state of things; the conditions of affairs; 《세태의》 public feeling; the world. ¶ 세상 ~을 모르다 be ignorant of the world.
물주 (物主) 《자본주》 a financier; 《노름판의》 a banker.
물줄기 a watercourse; a flow; 《분출하는》 a spout [jet] of water.
물지게 an A-framed yoke for carrying water.
물질 (物質) matter; substance. ¶ ~적(인) material; physical / 그는 ~적으로 혜택받고 있다 He is blessed with material comforts. ‖ ~계 the material world / ~대사 〖生〗 metabolism / ~명사 a

material noun / ~문명 material civilization / ~주의 materialism.
물집 《피부의》 a (water) blister. ¶ ~이 생기다 get a blister 《*on*》.
물찌똥 liquid〔loose〕stool.
물차(一車) a street sprinkler(살수차); a water carrier(물 공급차).
물체(物體) a body; an object.
물총새 〖鳥〗 a kingfisher.
물컥 with a strong stink〔stench〕; stinkingly.
물컹이 《사람》 a softy; a weakling; 《물건》 soft stuff.
물컹하다 (be) soft; squashy.
물크러지다 be reduced to pulp; decompose (썩어).
물통 a water bucket〔tank〕.
물표(物標) a tally; a (baggage) check.
물푸레(나무) 〖植〗 an ash tree.
물품(物品) articles; things; goods; commodities. ‖ ~목록 a list of goods / ~세 a commodity tax.
물화(物貨) goods; commodities (일용품); merchandise (상품).
묽다 ① 《농도》 (be) thin; watery; washy. ¶ 묽게 하다 thin; dilute. ② 《사람이》 (be) weak(-hearted).
뭇[1] 《묶음》 a bundle; a faggot; a sheaf (볏단).
뭇[2] 《여러》 many; numerous. ¶ ~사람 people of all sorts; the people; the public.
뭇매 beating in a group; sound thrashing. ¶ ~ 맞다 get〔be under〕a pelting rain of kicks and blows.
뭇발길 《get》 a pelting rain of kicks.
뭇소리 many voices.
뭇시선(一視線) everyone's eyes; public gaze.
뭇입 public rebuke; criticism from all〔many〕people.
뭉개다 ① 《으깨다》 crush; smash; squash; mash. ② 《일을》 do not know what to do〔how to deal〕with; find 《*a thing*》 unmanageable; make a mess of.
뭉게구름 a cumulus.
뭉게뭉게 thickly; in thick clouds.
뭉그러뜨리다 crumble; throw down.
뭉그러지다 crumble; fall〔come〕down; collapse.
뭉글뭉글하다 (be) clotty; lumpy.
뭉긋하다 《기욺》 (be) gently sloped; 《휘어짐》 (be) slightly bent.
뭉때리다 ① ☞ 시치미떼다. ② 《할일을》 deliberately shirk *one's* duty.
뭉뚝하다 (be) dull; blunt; stubby; stumpy.
뭉뚱그리다 wrap up in a slipshod way; bundle up crudely.
뭉실뭉실하다 (be) plump; portly.
뭉치 a bundle; a lump; a roll.
뭉치다 ① 《덩이지다》 lump; mass. ② 《합치다》 put〔bind, gather〕together. ¶ 한데 뭉쳐 in a lump〔bunch〕/ 짚을 뭉쳐 단을 짓다 bind straw together into a bundle. ③ 《덩이짓다》 make a lump. ¶ 눈을 ~ make snowball. ④ 《단결하다》 unite; be united; stand together; combine. ¶ 굳게 ~ be strongly united.
뭉클하다 ① 《먹은 것이》 feel heavy on *one's* stomach. ② 《가슴이》 be filled with 《*sorrow*》; have a lump in *one's* throat; be very touching. ¶ 가슴이 뭉클해서 아무 말도 못했다 My heart was too full for words. *or* I was too moved to say anything.
뭉키다 lump; mass; cake. ¶ 단단히 ~ form a hard mass.
뭉텅이 a lump; a bundle; a mass.
뭉툭하다 ☞ 뭉뚝하다.
뭍 land; the shore (배에서 본).
뮤지컬 a musical. ‖ ~드라마〔코미디〕 a musical drama〔comedy〕.
뭐 ① ☞ 무엇. ② 《감탄·놀람의 표시》 What?!; huh?! ¶ ~ 그 사람이 죽었어 What! Is he dead?
…므로 because (of); as. ¶ 몸이 약하~ because of *one's* delicate health.
미(美) beauty; the beautiful. ¶ 자연의 ~ natural beauty; beauties of nature.
미가(米價) the price of rice. ‖ ~정책 the rice price policy / ~조절 control〔regulation〕of the rice price.
미가공(未加工) ¶ ~의 raw; unfinished; unprocessed.
미각(味覺) the palate; the (sense of) taste. ¶ ~을 돋우다 tempt the appetite; make *one's* mouth water / ~이 예민하다 have a keen sense of taste. ‖ ~기관 a taste organ / ~신경 the gustatory nerve.
미간(未刊) ¶ ~의 unpublished.
미간(眉間) the middle of the forehead〔the brow〕. ¶ ~을 찌푸리다 knit *one's* brows.
미간지(未墾地) uncultivated land.
미개(未開) ¶ ~한 uncivilized; savage; primitive(원시적인); undeveloped(미개발의). ‖ ~사회 a primitive society / ~인 a primitive man; a barbarian / ~지 a savage〔barbaric〕land(만지); 《미개발지》 a backward region.
미개간(未開墾) ¶ ~의 uncultivated.
미개발(未開發) ¶ ~의 undeveloped; uncultivated; underdeveloped.
미개척(未開拓) ¶ ~의 undeveloped; unexploited; wild. ‖ ~분야 an unexplored field / ~지 undeveloped land; virgin soil.
미거(美擧) a commendable act; a praiseworthy undertaking.
미결(未決) ¶ ~의 undecided; pending; unsettled; unconvicted /

～의 문제 a pending question / 그 문제는 아직 ～이다 The question is still unsettled. ‖ ～감 a house of detention / ～구류 detention pending trial; unconvicted detention / ～수 an unconvicted prisoner / ～안 an unsettled matter〔bill〕.

미결산(未決算) ¶ ～의 unsettled 《*debt*》; outstanding.

미결제(未決濟) ¶ ～의 unsettled 《*bills*》; outstanding; unpaid.

미경험(未經驗) inexperience. ¶ ～의 inexperienced. ‖ ～자 an inexperienced person; a green hand.

미곡(米穀) rice. ‖ ～보유량 rice in stock / ～상 a rice dealer / ～연도 the rice〔crop〕year.

미골(尾骨) 〖解〗 the coccyx.

미공인(未公認) ¶ ～의 not yet officially recognized; unofficial. ☞ 비공인(非公認).

미관(美觀) a fine〔beautiful〕sight〔view〕. ¶ ～을 이루다 present a fine spectacle / ～을 해치다 spoil the beauty 《*of*》.

미관(味官) the taste organs.

미관(微官) a low office; a low official (사람).

미구(未久) ¶ ～에 before long; shortly; in the near future.

미국(美國) the United States (of America) (생략 U.S., U.S.A.). ¶ ～의 American; U.S. / ～화하다 Americanize. ‖ ～국기 the American flag; the Stars and Stripes; the Star-Spangled Banner(성조기) / ～문화원 the U.S. Cultural Center / ～본토 (the) stateside / ～식품 및 의약품국 the U.S. Food and Drug Administration(생략 U.S.FDA) / ～어 American English / ～인 an American; the Americans(총칭) / ～정부 the U.S.Government.

미군(美軍) the U.S. Armed Forces; 《병사》 an American soldier; a GI.

미궁(迷宮) mystery; a maze; a labyrinth. ¶ ～에 빠지다 become shrouded in mystery.

미그 《러시아제 전투기》 a MIG; a Mig jet fighter.

미급(未及) ～하다 《미달》 fall short 《*of*》; be not up to standard; 《열등》 be inferior 《*to*》; be no match 《*for*》.

미기(美技) a fine play.

미꾸라지 〖魚〗 a loach; a mudfish.

미끄러지다 slide; glide; slip; 《실패》 fail (in) an examination.

미끄럼 sliding. ¶ ～(을) 타다 slide〔play〕on a slide; slide〔skate〕on the ice; slide over the snow (눈 위에서). ‖ ～대 a slide.

미끄럽다 (be) slippery; slimy; 《반드럽다》 (be) smooth; sleek.

미끈거리다 be slippery〔slimy〕.

미끈미끈 ¶ ～한 slippery; slimy.

미끈하다 (be) sleek; clearcut; handsome; fine-looking.

미끼 ① 《낚시의》 a (fish) bait. ¶ 낚시에 ～를 달다 bait a fishhook. ② 《유혹물》 a bait; a decoy; a lure. ¶ ～에 걸려들다 be lured; get decoyed. ‖ 떡밥～ (a) paste (bait).

미나리 〖植〗 a dropwort.

미남(美男) a handsome man; a good-looking man; an Adonis.

미납(未納) ¶ ～의 unpaid; in arrears; back 《*rent*》 / ～의 회비 unpaid membership fees. ‖ ～금 (the amount in) arrears / ～자 a person in arrears; a 《*tax*》 defaulter / ～처분 punishment for failure to pay.

미네랄 (a) mineral. ‖ ～워터 mineral water; minerals 《英》.

미녀(美女) a beauty; a belle; a beautiful woman〔girl〕. ¶ 절세의 ～ a rare beauty; a woman of matchless beauty.

미뉴에트 〖樂〗 a minuet(te).

미늘 《낚시의》 a barb (of a fishhook); 《갑옷의》 metal scales. ‖ ～창(槍) a halberd; a forked spear.

미니 a mini. ‖ ～스커트 a miniskirt / ～카메라 a minicam(era).

미니어처 miniature. ‖ ～세트 a miniature set.

미닫이 a sliding door〔window〕.

미달(未達) shortage; lack; insufficiency. ～하다 be short (of); be less than. ¶ 연령 ～의 underage / 정원 ～로 for want〔in the absence〕of quorum.

미담(美談) a beautiful〔a noble, an inspiring〕story; a fine episode.

미덕(美德) a virtue. ¶ 겸양의 ～ the virtue of modesty / ～을 쌓다 keep on doing good deeds; accumulate virtues.

미덥다 (be) trustworthy; reliable; dependable. ¶ 미덥지 못한 unreliable; untrustworthy; not to be depended upon.

미동(微動) a slight shock; a tremor. ¶ ～도 않다 do not move an inch; stand as firm as a rock.

미들 ¶ ～급의 middleweight. ‖ ～급 선수 a middleweight (boxer).

미등(尾燈) 《자동차의》 a taillight〔tail lamp〕; a rear light 《英》.

미디 a midi; a midi-skirt; a midi-dress.

미라 a mummy. ¶ ～로 만들다 mummify; mummy.

미래(未來) 《장래》 (the) future; time

to come; 《내세》 the future life. ¶ ～의 future; coming; 《years》 to come / ～에 in (the) future / ～ 지향적인 future-oriented. ‖ ～사 future 〔coming〕 events / ～상(像) an image of the future / ～시제 〚文〛 the future tense / ～파 futurism; a futurist (사람) / ～학 futurology.

미량(微量) a very small quantity 〔amount〕 《*of*》. ‖ ～분석 microanalysis / ～측정기 a microdetector.

미려(美麗) beauty. ¶ ～한 beautiful; fine; lovely.

미력(微力) 《능력》 poor ability; 《자본력》 slender means; 《세력》 little influence. ¶ ～을 다하다 do *one's* bit 〔best〕; do what (little) *one* can.

미련 stupidity. ¶ ～한 stupid; dull; thickheaded. ‖ ～통이 〔쟁이〕 a dullard; a stupid person.

미련(未練) lingering attachment; regret. ¶ ～이 있다 be still attached to; have a lingering regret 《*for*》.

미로(迷路) a maze; a labyrinth.

미루다 ① 《연기》 postpone; put off; adjourn; defer; delay(지연). ¶ 뒤로 ～ let 《*a matter*》 wait / 하루하루 ～ put off from day to day / 오늘 할 수 있는 일을 내일로 미루지 마라 Never put off till tomorrow what you can do today. ② 《전가》 lay 〔throw〕 《*the blame*》 onto 《*a person*》; shift 〔shuffle off〕 《*the responsibility*》 onto 《*a person*》. ¶ 남에게 책임을 미루지 마라 Don't shift the responsibility onto others. ③ 《헤아리다》 infer 〔gather〕 《*from*》; guess; judge 《*by, from*》. ¶ 이것으로 미루어 보아 judging from this.

미루적거리다 prolong; protract; delay; drag out. ¶ 일을 ～ delay *one's* work.

미륵보살(彌勒菩薩) *Maitreya* 《梵》; a stone statue of Buddha.

미리 beforehand; in advance; previously; in anticipation.

미립자(微粒子) a minute particle; a fine grain; 〚理〛 a corpuscle. ¶ ～의 corpuscular. ‖ ～필름 a fine grained film.

미만(未滿) ¶ ～의 under; less than.

미망(迷妄) an illusion; a delusion.

미망인(未亡人) a widow. ¶ ～이 되다 be widowed; lose *one's* husband / 아이가 딸린 ～ a widowed mother.

미명(未明) ¶ ～에 before 〔at〕 daybreak; at dawn.

미명(美名) ¶ …의 ～ 아래 under the pretense 〔veil〕 of 《*charity*》.

미모(美貌) beauty; good 〔attractive〕 looks. ¶ ～의 beautiful; good-looking / 보기 드문 ～의 여인 a woman of rare personal beauty.

미목(眉目) features; looks. ¶ ～이 수려하다 have a handsome face 〔clean-cut features〕.

미몽(迷夢) an illusion; a delusion. ¶ ～에서 깨어나다 be disillusioned; come to *one's* senses.

미묘(微妙) ¶ ～한 delicate; subtle; nice; fine / ～한 뜻의 차이 delicate 〔subtle〕 shades of meaning.

미문(美文) elegant prose 〔style〕.

미물(微物) ① 《하찮은 것》 a trifle. ② 《미생물》 a microorganism; a microbe.

미미(美味) 《맛》 a good flavor; relish; deliciousness. ¶ ～의 tasty; delicious.

미미(微微) ¶ ～한 slight; tiny; petty; minute; insignificant.

미발표(未發表) ¶ ～의 unpublished; not yet made public.

미복(微服) shabby 〔tattered〕 clothes for disguise. ¶ ～잠행하다 go in 〔under〕 the disguise 《*of a salesman*》.

미봉(彌縫) ～하다 temporize; patch up; make shift. ‖ ～책 a makeshift; a stop-gap policy 〔measure〕.

미부(尾部) the tail (part).

미분(微分) 〚數〛 differential calculus. ～하다 differentiate. ‖ ～방정식 a differential equation.

미분자(微分子) an atom; a molecule.

미불(未拂) ¶ ～의 unpaid; outstanding / ～임금 back pay. ‖ ～금 an amount not yet paid; an unpaid 〔outstanding〕 account / ～잔고 an outstanding balance.

미불(美弗) the U.S. dollar.

미불입(未拂入) ¶ ～의 unpaid (-up). ‖ ～주 〔자본금〕 unpaid stocks 〔capital〕.

미비(未備) ¶ ～한 insufficient; imperfect; defective; not up to the mark / 위생 시설의 ～ lack of proper sanitation / ～한 점 a fault; something unsatisfactory; a defect.

미사(美辭) flowery words 〔language〕. ¶ ～여구를 늘어놓다 use all sorts of flowery words.

미사 《가톨릭의》 a mass; *missa* 《라》. ¶ ～를 올리다 say 〔read〕 mass. ‖ 진혼 〔추도〕 ～ a requiem 〔memorial〕 mass.

미사일 a missile. ¶ 공대공 ～ an air-to-air missile / 공대지 ～ an air-to-surface missile / 지대공 ～ a surface-to-air missile / 대륙간 탄도 ～ an intercontinental ballistic missile (생략 ICBM) / 전략〔전술〕용 ～ a strategic 〔tactical〕

missile / 장〔단〕거리 ~ a long=〔short-〕range missile / 유도~ a guided missile / ~을 발사하다 fire〔launch〕a missile. ‖ ~경쟁 a missile race / ~기지 a missile base〔station〕/ 핵~ a nuclear missile.

미삼(尾蔘) rootlets of ginseng.

미상(未詳) ¶ ~한〔의〕unknown; unidentified; not exactly known / 작자 ~의 anonymous; unidentified.

미상불(未嘗不) really; indeed.

미상환(未償還) ¶ ~의 outstanding; unredeemed.

미색(米色) light〔pale〕yellow.

미색(美色) a beautiful woman; a beauty.

미생물(微生物) a microorganism; a microbe. ‖ ~학 microbiology / ~학자 a microbiologist.

미성(美聲) a sweet〔beautiful〕voice.

미성년(未成年) minority; 『法』 nonage. ¶ ~이다 be under age; be not yet of age. ‖ ~범죄 juvenile delinquency / ~자 a minor; 『法』 an infant / ~자 출입금지《게시》No minors.

미세(微細) ¶ ~한 minute; detailed; delicate; nice; subtle.

미세스 a married woman; Mrs.

미션스쿨 a mission school.

미소(微小) ¶ ~한 very small; minute; microscopic.

미소(微少) ¶ ~한 very little; a very small amount 《*of*》.

미소(微笑) a smile. ¶ ~ 짓다 smile 《*at*》; beam / 입가에 ~를 띠우고 with a smile on *one's* lips / ~로 찬성의 뜻을 나타내다 smile *one's* approval.

미소년(美少年) a handsome youth; a good-looking boy; an Adonis.

미송(美松) 『植』 an Oregon pine.

미수 a cold drink of roast-grain powder. ‖ 미숫가루 powder of roast grain〔rice, barley〕.

미수(未收) ¶ ~의 uncollected 《*revenue*》; accrued 《*interest*》; receivable 《*bills*》. ‖ ~금 an outstanding amount; an amount receivable.

미수(未遂) ¶ ~의 attempted / ~로 그치다 fail〔end〕in the attempt. ‖ ~범 an attempted crime; a would-be criminal (사람).

미수교국(未修交國) a nation with which it has no diplomatic ties.

미숙(未熟) ①《덜 익음》¶ ~한 unripe; green; immature. ②《익숙지 못함》~하다 (be) inexperienced; unskilled; raw; green.

미숙련(未熟練) ¶ ~의 unskilled; unskillful. ‖ ~공 an unskilled worker〔laborer〕.

미술(美術) art; the fine arts. ¶ ~적인 artistic / 공업〔근대〕~ industrial〔modern〕art / 상업〔조형〕~ commercial〔plastic〕art / 장식 ~ decorative art. ‖ ~가 an artist / ~공예 arts and crafts; fine and applied arts / ~관 an art museum〔gallery〕/ ~대학 a college of fine arts / ~애호가 an art lover / ~전람회 an art exhibition / ~품 a work of art.

미스[1]《호칭》Miss 《*Kim*》; 《미혼녀》 an unmarried woman. ¶ ~유니버스 Miss Universe / 그녀는 아직 ~이다 She is still single〔not married yet〕.

미스[2]《틀림·잘못》a mistake; an error. ¶ ~를 저지르다 make a mistake / 이 원고에는 교정 ~가 많다 There are plenty of proofreading errors in this manuscript. ‖ ~프린트 a misprint.

미스터 Mister; Mr. [*pl.* Messrs].

미스터리 《소설 따위》 a mystery (novel, *etc.*).

미식(米食) rice diet. ~하다 eat〔live on〕rice. ¶ ~인종 rice-eating people.

미식(美食) dainty〔delicious〕food. ~하다 live on dainty food. ‖ ~가 an epicure; a gourmet.

미식축구(美式蹴球) American football.

미신(迷信) (a) superstition. ¶ ~적인 superstitious / ~을 타파하다 do away with a superstition. ‖ ~가 a superstitious person.

미심(未審) ¶ ~스럽다〔쩍다〕(be) doubtful; suspicious; questionable / ~스러운 점 a suspicious〔doubtful〕point / ~쩍은 듯이 suspiciously; with a doubtful air.

미아(迷兒) a missing〔lost〕child. ¶ ~가 되다 be missing; be〔get〕lost 《*in the crowd*》. ‖ ~보호소 a home for missing children.

미안(未安) ~하다 (be) sorry; regrettable; have no excuse 《*for*》. ¶ ~한 생각이 들다 feel sorry; regret / ~합니다마는 Excuse me, but…; (I am) sorry to trouble you but….

미안(美顔) ‖ ~수 a beauty wash〔lotion〕/ ~술 facial treatment; beauty culture.

미약(微弱) ¶ ~한 weak; feeble.

미얀마 Myanmar; 《공식명》 the Union of Myanmar.

미양(微恙) a slight illness.

미어뜨리다 tear a hole in; rend.

미어지다 get torn; tear; be worn out.

미역[1] 『植』 brown seaweed.

미역[2] 《목욕》 a bath; a swim; swimming. ¶ ~ 감다 swim; bathe in water.

미역국 《국》 brown-seaweed soup. ¶ ～ 먹다《비유적》fail an exam; be dismissed〔discharged〕; get the sack; be fired.
미연(未然) ¶ ～에 before《*it*》happens; previously / ～에 방지하다 prevent《*a war*》; nip《*a plot*》in the bud.
미열(微熱) 《have》a slight fever.
미온(微溫) ¶ ～적인 lukewarm; half-hearted (태도가).
미완(未完), **미완성** (未完成) ¶ ～의 incomplete; unfinished / ～인 채로 있다 be left unfinished. ‖ 미완성교향곡 the "Unfinished Symphony".
미용(美容) beauty; beautiful features. ¶ ～을 위해 식사를 제한하다 diet for beauty; go on a beauty diet. ‖ ～사 a beautician; a hairdresser / ～술 cosmetology; the art of cosmetic treatment / ～식 food for beauty / ～실〔원〕 a beauty parlor〔shop, salon〕/ ～체조 shape-up exercises; calisthenics / ～학교 a beauty school.
미욱하다 (be) stupid; dull.
미움 hatred; hate; enmity. ¶ ～(을) 받다 be hated〔detested〕.
미워하다 hate; detest; have a spite against. ¶ …을 미워하는 나머지 out of hatred for….
미음(米飮) thin rice gruel; water gruel; rice water.
미의식(美意識) an (a)esthetic sense.
미익(尾翼) 《비행기의》the tail.
미인(美人) ① 《가인》a beautiful woman〔girl〕; a beauty. ‖ ～계 a badger game (～계를 쓰다 pull a badger game) / ～선발대회 a beauty contest. ② 《미국인》an American.
미작(米作) a rice crop〔harvest〕(수확); rice culture(재배). ‖ ～지대 a rice-producing district.
미장(美粧) beauty culture〔treatment〕. ‖ ～원 a beauty shop〔parlor〕.
미장(美裝) a fine dress. ～하다 be finely〔well〕dressed.
미장이(一匠一) a plasterer. ¶ ～일 plastering; plaster work.
미저골(尾骶骨) 〖解〗the coccyx.
미적(美的) (a)esthetic. ‖ ～ 감각 an esthetic sense.
미적거리다 ① 《밀다》push〔shove〕forward little by little. ② 《연기》put off from day to day; delay; procrastinate. 「lus.
미적분(微積分) infinitesimal calcu-
미적지근하다 (be) tepid; lukewarm; half-hearted.
미전(美展) ☞ 미술 전람회. 「ity.
미점(美點) a merit; a good qual-
미정(未定) ¶ ～의 undecided; unsettled; unfixed; uncertain / 날짜는 아직 ～이다 The date is not fixed yet. *or* The date is still undecided. 「standing; unpaid.
미제(未濟) ¶ ～의 unfinished; out-
미제(美製) ¶ ～의 American-made; made in U.S.A.
미조(美爪) ‖ ～사 a manicurist / ～술 manicure; pedicure(발톱의).
미주(美洲) the Americas.
미주신경(迷走神經) 〖解〗a vagus; the pneumogastric nerves.
미주알고주알 inquisitively; minutely. ¶ ～ 캐묻다 ask inquisitively.
미증유(未曾有) ¶ ～의 unheard-of; unprecedented.
미지(未知) ¶ ～의 unknown. ‖ ～수 an unknown quantity.
미지근하다 ☞ 미적지근하다.
미진(未盡) ～하다 (be) incomplete; unfinished; 《미흡》(be) unsatisfied. ¶ 마음에 ～한 데가 있다 have an unsatisfied feeling.
미진(微震) a faint earth tremor; a slight shock (of an earthquake).
미착(未着) ¶ ～의 not yet arrived〔delivered〕/ ～의 물품 goods to arrive〔not yet delivered〕. 「ed.
미착수(未着手) ¶ ～의 not yet start-
미채(迷彩) camouflage; dazzle paint.
미처 (as) yet; up to now; so far; before; 《not》up to that; far enough. ¶ ～ 손도 쓰기 전에 《die》before we come to《*a person's*》rescue / 그것까지는 ～ 생각 못했다 I was not far-sighted enough to think of that.
미천(微賤) ¶ ～한 humble; obscure; ignoble.
미취학(未就學) ¶ ～의 not (yet) attending school. ‖ ～아동 a preschool child.
미치광이 《광인》a madman; a lunatic; 《열광자》a maniac; a fan. ¶ ～의 mad; insane; crazy.
미치다[1] ① 《정신이》go〔run〕mad; go〔become〕insane; go〔become〕crazy; lose *one's* mind〔senses〕. ¶ 미친 mad; insane; crazy / 미쳐 있다 be mad〔crazy〕; be insane / 미치게 하다 drive《*a person*》mad〔crazy〕. ② 《열광》be crazy〔mad〕《*about*》; lose *one's* head《*over*》. ¶ 여자에 ～ be infatuated with〔be crazy about〕a woman / 놀음에 ～ have a mania for gambling.
미치다[2] ① 《이르다》reach; come (up) to《*standard*》; amount to (액수가); 《걸치다》extend《*to, over*》; range《*over*》. ¶ 미치지 않다 do not reach; fall short《*of*》; 《겨룰 수 없다》be inferior《*to*》; be no match《*for*》/ 힘이 미치는 한 무엇이든 다 하다 do everything in

one's power. ② 《영향을》 exert influence 《*on*》; affect.

미크론 a micron (기호 μ). ‖ 밀리~ a millimicron (기호 $m\mu$).

미터 ① meter. ‖ ~법 the metric system. ② 《계량기》 a meter; a gauge. ¶ 2개월에 한 번 ~ 검사를 하다 read the meter once every two months. ‖ 가스〔수도〕~ a gas〔water〕 meter / 택시~ a taximeter.

미투리 hemp shoes.

미트 《야구 장갑》 a mitt.

미풍(美風) a fine〔good〕 custom. ‖ ~양속 good morals and manners.

미풍(微風) a breeze; a gentle wind.

미필(未畢) ¶ ~의 unfinished; unfulfilled.

미필적 고의(未必的故意) 〖法〗 willful 〔conscious〕 negligence.

미학(美學) (a)esthetics. ¶ ~상의 esthetic. ‖ ~자 an esthetician.

미해결(未解決) ¶ ~의 unsolved; unsettled; pending.

미행(尾行) ~하다 follow; track 《*a person*》; shadow. ¶ ~을 당하다 be shadowed 《*by*》. ‖ ~자 a shadow(er); a tail.

미행(美行) a praiseworthy〔good〕 conduct; a good deed.

미행(微行) incognito traveling. ~하다 travel incognito; pay a private visit; go in disguise.

미혹(迷惑) 《미망》 a delusion; an illusion; 《당혹》 perplexity; bewilderment. ~하다 be perplexed 〔bewildered〕; be seduced; be infatuated〔captivated〕 《*with, by*》.

미혼(未婚) ¶ ~의 unmarried; single. ‖ ~모 an unmarried mother / ~자 an unmarried person.

미화(美化) beautification. ~하다 beautify 《*a city*》; make 《*the look of the town*》 beautiful. ¶ 교내~운동 a campaign to beautify the school / 전쟁을 ~하다 glorify〔romanticize〕 war / 죽음을 ~하는 것은 잘못이다 It is wrong to beautify death. ‖ 도시~운동 a city beautification 〔keep-the-city-beautiful〕 movement.

미화(美貨) American money〔currency〕; the U.S. dollar.

미확인(未確認) ¶ ~의 not yet confirmed; unconfirmed. ‖ ~보도 news from an unconfirmed source / ~비행물체 an unidentified flying object(생략 UFO).

미흡(未洽) ¶ ~한 insufficient; unsatisfactory; imperfect; defective / ~한 점이 있다〔없다〕 leave something〔nothing〕 to be desired.

미희(美姬) a beautiful girl.

믹서 a〔an electric〕 mixer.

민가(民家) a private house.

민간(民間) ¶ ~의 private; nonofficial; civil; civilian / ~에서 among the people. ‖ ~기업 a private enterprise〔business〕 / ~단체 a nongovernment organization; an NGO / ~방송 (a) commercial〔private〕 broadcasting / ~설화〔전승〕 folklore; a folktale; (a) legend / ~신앙 a folk belief / ~외교 people-to-people diplomacy / ~요법 an old wives' remedy; a folk remedy / ~인 a private citizen; a civilian / ~항공 civil aviation / ~회사 a private company.

민감(敏感) ¶ ~한 sensitive 《*to*》; susceptible 《*to*》.

민권(民權) the people's rights; civil rights. ¶ ~을 옹호〔신장〕하다 defend〔extend〕 the people's rights.

민단(民團) a foreign settlement group. ‖ 재일본 대한민국~ the Korean Residents Union in Japan.

민도(民度) the living〔cultural〕 standard of the people.

민둥민둥하다 (be) bald; bare; treeless.

민둥산(一山) a bald〔bare〕 mountain.

민들레 〖植〗 a dandelion.

민란(民亂) a riot; an insurrection; a revolt; an uprising.

민망(憫惘) ~하다 (be) embarrassed; sorry; pitiful; sad.

민머리 a bald〔bare〕 head; 《쪽 안 찐》 undone hair.

민며느리 a girl brought up in *one's* home as a future wife for *one's* son.

민물 fresh water. ‖ ~고기 a fresh-water fish.

민박(民泊) ~하다 lodge at a private house.

민방위(民防衛) civil defense. ‖ ~대 a Civil Defense Corps / ~훈련 Civil Defense training〔drill〕.

민법(民法) the civil law. ‖ ~학자 a scholar of the civil law.

민병(民兵) a militiaman; the militia(부대). ‖ ~단 a militia corps.

민복(民福) well-being of the people; national welfare.

민본주의(民本主義) democracy.

민사(民事) civil affairs. ‖ ~사건 a civil case / ~소송 a civil suit 〔action〕 / ~재판 a civil trial.

민생(民生) the public welfare; the people's livelihood. ¶ ~의 안정 the stabilization of the people's livelihood.

민선(民選) ¶ ~의 elected〔chosen〕 by the people. ‖ ~의원 a representative elected by the people〔by popular vote〕.

민속(民俗) folk customs; folkways. ‖ ~무용 folk dance / ~

문학 folk literature / ～박물관 a folklore museum / ～예술 folk art / ～음악 folk music / ～의상 native〔ethnic〕 costume / ～자료 《collection of》 folk material; folklore data / ～촌 the Folk Village / ～학 folklore.

민수(民需) private〔civilian〕 demands〔requirements〕. ‖ ～산업 civilian industry / ～품 civilian goods; consumer's goods.

민숭민숭하다 (be) bare; treeless; bald; hairless.

민심(民心) public sentiment; popular feelings. ¶ ～의 동요 popular unrest / ～을 거역하다 go against public sentiment / ～을 얻다 win the confidence of the people.

민약설(民約說) the theory of social contract.

민어(民魚) 〖魚〗 a croaker.

민영(民營) private management〔operation〕. ¶ ～의 private; privately-operated〔-managed〕 / ～으로 하다 privatize; put 《*something*》 under private management. ‖ ～사업 a private business〔enterprise〕 / ～화 privatization.

민예(民藝) folkcraft; folk art. ‖ ～관 a folkcraft museum / ～품 a folkcraft.

민완(敏腕) ¶ ～의 able; capable; shrewd. ‖ ～가 an able man; a man of ability / ～형사 a shrewd police detective.

민요(民謠) a folk song; a (folk) ballad. ‖ ～가수 a folk singer.

민원(民怨) public resentment〔grievance〕. ¶ ～을 사다 incur the enmity of the people.

민원(民願) a civil appeal. ‖ ～봉사실 a civil petition section / ～사무 civil affairs administration / ～서류 civil affair documents / ～실 the Public Service Center / ～안내(실) the Civil Service Information (Room) / ～창구 a window for civil petitions.

민유(民有) ¶ ～의 privately-owned; private. ‖ ～지 private land.

민의(民意) the will of the people; public opinion〔consensus〕. ¶ ～를 존중〔반영〕하다 respect〔reflect〕 the will of the people / ～를 묻다 seek the judgment of the people; consult the will of the people.

민정(民政) 《군정에 대한》 civil administration〔government〕. ¶ ～을 펴다 place 《*the country*》 under civil administration.

민정(民情) the realities of the people's lives. ¶ ～을 시찰하다 see how the people are living.

민족(民族) a race; a people; a nation. ¶ 한～ the Korean people / 소수～ an ethnic minority / ～적 우월감 racism; ethnocentrism. ‖ ～감정 a national sentiment / ～문제 a racial problem / ～문화 national culture / ～성 racial〔national〕 characteristics〔traits〕 / ～운동 a nationalist movement / ～의식 ethnic〔national〕 consciousness / ～자결 racial self-determination / ～자본 national capital / ～정신 the national spirit / ～주의 racialism; nationalism / ～통일연구원 the Research Institute for National Unification / ～학 ethnology / ～해방 national liberation.

민주(民主) democracy. ¶ ～적인 democratic / 비～적인 undemocratic / ～적으로 in a democratic way / ～화하다 democratize. ‖ ～공화국 a democratic republic / ～국가 a democratic nation〔country〕 / ～당 《美》 the Democratic Party; the Democrats / ～정치 a democratic form of government / ～제도 a democratic system / ～주의 democracy / ～주의자 a democrat.

민중(民衆) the people; the masses. ¶ ～화하다 popularize. ‖ ～예술 popular arts / ～오락 popular amusements / ～운동 a popular movement.

민첩(敏捷) ¶ ～한 quick; nimble; prompt; agile / 행동이 ～하다 be quick in action.

민통선(民統線) the farming restriction line (in Korea); the Civilian Control Line (생략 CCL).

민틋하다 (be) smoothly aslant.

민폐(民弊) an abuse suffered by the public; a public nuisance. ¶ ～를 끼치다 cause a nuisance to the people.

민활(敏活) ¶ ～한 prompt; quick.

믿다 ① 《정말로》 believe; accept 《*a report*》 as true; place credence 《*in*》; be convinced 《*of*》; 《신용·신뢰》 trust; credit; have faith in; believe in 《*a person*》; rely〔depend〕 on 《*a person*》. ¶ 믿을 수 있는 believable / 믿을 만한 reliable 《*source*》; trustworthy; credible / 남의 말을 그대로 ～ take 《*a person*》 at *his* word / …을 굳게 믿고 있다 firmly believe that…; have a firm belief that〔in〕…; be sure convinced that〔of〕…. ② 《신을》 believe in 《*God*》.

믿음 faith; belief. ¶ ～이 두터운 pious; devout / ～이 없는 unbelieving; impious.

믿음성(一性) reliability; dependability. ¶ ～ 있는 trustworthy;

reliable.
믿음직하다 (be) reliable; trustworthy; dependable; 《유망》 hopeful; ⌊promising.
밀[1] 《소맥》 wheat.
밀[2] 《밀랍》 beeswax; (yellow) wax. ¶ ～로 만든 wax; waxen. ⌈dough.
밀가루 wheat flour. ¶ ～반죽
밀감(蜜柑) 〖植〗 a mandarin orange.
밀계(密計) a secret scheme; a plot. ¶ ～를 꾸미다 plot secretly.
밀고(密告) (secret) information 《*against*》; betrayal. ～하다 inform 〔report, tell〕 《*the police*》 against 〔on〕 《*a person*》; betray. ¶ 친구를 경찰에 ～하다 inform on 〔against〕 *one's* friend to the police. ‖ ～자 an informer.
밀국수 wheat vermicelli; noodles.
밀기울 (wheat) bran.
밀다 ① 《떠밀다》 push; shove; thrust. ¶ 밀어내다 push out / 밀어젖히다 push aside / 밀고 들어가다 force *oneself* into. ② shave(면도로); plane(대패로). ¶ 수염을 ～ shave *oneself*; have a shave / 대패로 판자를 ～ plane a board. ③ 《때를》 rub 〔wash〕 off 《*the dirt*》; scrub. ④ 《후원·추천하다》 support; recommend. ⑤ ☞ 미루다 ②.
밀담(密談) 《have》 a secret 〔private〕 talk 《*with*》.
밀도(密度) density. ‖ ～측정 densimetry / 인구～ density of population.
밀도살(密屠殺) illegal butchery. ～하다 slaughter 《*cattle*》 in secret.
밀랍(蜜蠟) beeswax.
밀레니엄 《1천년의 기간》 a millennium. ‖ ～버그 〖컴〗 a millennium bug.
밀렵(密獵) poaching. ～하다 poach; steal game. ‖ ～자 a poacher.
밀리 millimeter; milli-. ‖ ～그램 a milligram (생략 mg) / ～리터 a milliliter (생략 ml) / ～미터 a millimeter (생략 mm).
밀리다 ① 《일이》 be delayed 〔belated〕; be behind with 《*one's work*》; be left undone. ¶ 밀린 사무를 정리하다 clear up belated business / 일이 산더미처럼 밀려 있다 There is a good deal of work left undone. ② 《지불이》 be left unpaid; fall into 〔be in〕 arrears 《*with the rent*》; be overdue. ¶ 밀린 집세 arrears of rent; back rent. ③ 《떠밀리다》 be pushed 〔thrust, jostled〕. ¶ 밀려나다 be pushed 〔forced〕 out / 인파에 ～ be swept along in the crowd. ⌈a jungle.
밀림(密林) a dense 〔thick〕 forest;
밀매(密賣) an illicit sale 〔trade〕. ～하다 sell 《*liquor*》 illegally; smuggle. ¶ 마약의 ～를 적발하다 expose the illegal drug trade / 마약 ～인 a pusher. ‖ ～자 an illicit dealer 〔seller〕.
밀매매(密賣買) ～하다 traffic in 《*drugs*》; engage in illicit traffic 《*in*》.
밀매음(密賣淫) illegal prostitution. ～하다 prostitute illegally.
밀무역(密貿易) smuggling; contraband trade 《*with*》. ～하다 smuggle. ‖ ～업자 a smuggler.
밀물 the flowing 〔high〕 tide.
밀보리 rye (쌀보리); wheat and barley (밀과 보리).
밀봉(密封) ～하다 seal up 《*a letter*》; seal 《*a container*》 hermetically. ‖ ～교육 secret 〔clandestine〕 training.
밀봉(蜜蜂) a honeybee.
밀사(密使) a secret messenger 〔envoy〕; an emissary.
밀생(密生) ～하다 grow thick(ly).
밀서(密書) a secret 〔confidential〕 letter 〔message, papers〕.
밀수(密輸) smuggling. ～하다 smuggle. ¶ 마약을 국내〔국외〕로 ～하다 smuggle drugs in 〔abroad〕. ‖ ～단 a smuggling ring / ～선 a smuggling boat / ～자 a smuggler / ～품 smuggled goods.
밀수입(密輸入) ～하다 smuggle 《*a thing*》 (into the country); import 《*something*》 through illegal channels. ⌈*thing*》 abroad.
밀수출(密輸出) ～하다 smuggle 《*a*
밀실(密室) a secret room 〔chamber〕; a closed room.
밀약(密約) a secret promise 〔agreement, treaty〕. ～하다 make a secret promise. ¶ ～을 맺다 conclude 〔enter into〕 a secret agreement 《*with*》.
밀월(蜜月) a honeymoon. ¶ 두 나라 사이의 ～시대 a honeymoon (period) between the two countries. ‖ ～여행 the honeymoon.
밀의(密議) 《have》 a secret conference.
밀입국(密入國) ～하다 make an illegal entry 《*into a country*》. ‖ ～자 an illegal entrant 〔immigrant〕.
밀전병(一煎餠) a grilled wheat cake.
밀접(密接) ¶ ～한 close; intimate / ～한 관계가 있다 be closely related 〔connected〕 《*with*》.
밀정(密偵) a spy; a secret agent.
밀조(密造) illicit manufacture; illicit brewing(술의). ～하다 manufacture 〔brew〕 illicitly 〔illegally〕.
밀주(密酒) home-brew; moonshine 《美俗》; bootleg. ‖ ～업자 a moonshiner; a home-brewer.
밀집(密集) ～하다 gather 〔stand〕 close together; crowd; swarm; mass. ¶ 가옥의 ～지대 a densely built-up area / ～부대 massed

troops. 「모자 a straw hat.
밀짚 wheat〔barley〕 straw. ‖ ~
밀착(密着) ~하다 adhere closely to; stick fast to. ¶ 사건을 ~취재하다 keep up *one's* close coverage of a case. ‖ ~인화〖寫〗 a contact print.
밀초 a wax candle.
밀치다 push; shove; thrust.
밀크 ☞ 우유. ‖ ~셰이크 a milk shake / ~커피 *café au lait*《프》.
밀탐(密探) ~하다 spy《*on a person, into a secret*》; investigate secretly〔in secret〕.
밀통(密通) ① ☞ 내통. ②《남녀의》 illicit intercourse; adultery. ~하다 commit adultery《*with*》.
밀폐(密閉) ~하다 shut〔close〕 up tight; make〔keep〕《*a box*》 airtight. ‖ ~용기 an airtight container.
밀항(密航) a secret passage; stowing away. ~하다 stow away《*on a boat*》; steal a passage《*to*》. ‖ ~자 a stowaway.
밀행(密行) ~하다 prowl《*about*》; go secretly《*to*》.
밀회(密會) a clandestine〔secret〕 meeting; a rendezvous. ~하다 meet《*a person*》 in secret. ‖ ~장소 the place of a secret meeting.
밉다 (be) hateful; abominable; detestable; spiteful. ¶ 미운 녀석 a hateful fellow / 미운 짓 spiteful conduct.
밉살스럽다 (be) hateful; disgusting; detestable; repulsive. ¶ 밉살스러운 얼굴 a repulsive countenance; a hateful look.
밋밋하다 (be) long and slender; straight and smooth.
밍밍하다《맛이》(be) tasteless; insipid; thin; washy; weak.
밍크〖動〗 a mink. ¶ ~코트 a mink coat; 《wear》 a mink.
및 (both...) and; as well (as).
밑 ①《아래쪽》 the lower part; the bottom; the foot. ¶ ~의 lower; under / 책상의 오른쪽 ~의 서랍 the lower right drawer of a desk / ~에서 받치다 support《*a thing*》 from below. ②《계급·나이 따위》 ¶ ~의 lower; subordinate / 그는 나보다 두 살 ~이다 He is two years younger than I. ③《근본》 the root; the origin. ¶ ~도 끝도 없는 소문 a groundless rumor. ④《음부》 the private parts; the secrets. ⑤《바닥》 the bottom. ¶ 바다 ~ the bottom of the sea.
밑각(—角)〖數〗 a base angle.
밑거름〖農〗 manure given at sowing〔planting〕 time; initial〔base〕 manure. ¶ ~이 되다《비유적》 sacrifice *oneself* for.
밑그림《그림의》 a rough sketch; a draft. 「below.
밑돌다 be lower〔less〕 than; fall
밑동 the root; the base.
밑면(—面) the base.
밑바닥 the bottom〔base〕.
밑바탕《근저》 the foundation; the ground; the base; 《본성》 nature; *one's* true colors.
밑받침 an underlay; a desk pad (책상 위의); a board.
밑변(—邊) the base.
밑줄 an underline. ¶ ~친 부분 an underlined part / ~을 치다 underline; underscore (a line).
밑지다 lose (money)《*over*》; suffer〔incur〕 a loss; cannot cover the cost. ¶ 밑지고 팔다 sell《*a thing*》 at a loss〔below cost〕.
밑창 the sole《*of a shoe*》.
밑천《자본》 capital; funds; principal(원금). ¶ 장사 ~을 대다 provide《*a person*》 with capital.

날짜·요일의 표시

1. 날짜의 표시 방법 : 1998년 10월 1일을 표시할 때, 다음 두 가지 방법이 있다.
   - 미국식 : 월 → 일 → 연도
     October 1, 1998
     (October first nineteen ninety-eight) 간략형 : 10/1/98
   - 영국식 : 일 → 월 → 연도
     1st October, 1998
     (the first of October, nineteen ninety-eight) 간략형 : 1/10/98
   - 월명의 생략형
     1월 Jan. 2월 Feb. 3월 Mar.
     4월 Apr. 5월 May 6월 Jun.
     7월 Jul. 8월 Aug. 9월 Sep(t).
     10월 Oct. 11월 Nov. 12월 Dec.
2. 요일의 표시 방법 :
   - 요일의 생략형
     일 Sun. 월 Mon. 화 Tue.
     수 Wed. 목 Thur(s). 금 Fri.
     토 Sat.
   - 관련된 표현
     금요일에 on Friday
     다음 수요일에 next Wednesday
     지난 월요일에 last Monday
     어느 (한) 일요일에 on a Sunday
     9월 5일, 월요일 아침에 on the morning of Monday, September 5.

ㅂ

…ㅂ시다 let's. ¶ 갑시다 Let's go.

바[1] 《밧줄》 a rope; a hawser(동아줄); 《끈》 a cord; a string.

바[2] 《술집》 a bar; a saloon 《美》; a pub 《英》. ‖ ～걸 a barmaid.

바[3] 〖氣〗 bar. ‖ 밀리～ millibar.

바[4] 《일》 a thing; what; 《방법》 way; means; 《범위》 extend. ¶ 그가 말하는 ～ what he says / 할 ～를 모르다 don't know what to do / 내가 아는 ～로는 as far as I know.

바가지 ① 《그릇》 a gourd (dipper). ② 《요금 등의》 the overcharge. ¶ ～를 쓰다 pay exorbitantly / ～씌우다 overcharge 《*a person*》 for 《*the fur coat*》. ‖ ～ 요금 an exorbitant prices. ③ 《아옹거림》 nagging. ¶ ～를 긁다 nag〔yap〕《*at one's husband*》; keep after 《*one's husband*》 / ～ 긁는 아내 a nagging wife.

바각거리다 make scraping sounds.

바겐세일 a bargain sale.

바구니 a basket. ‖ 장～ a market〔shopping〕basket.

바구미 〖蟲〗 a rice weevil.

바글바글 《물이》 boiling (hot); 《거품이》 bubbling. ¶ 물을 ～끓이다 boil water; keep the water boiling (hot).

바깥 the outside(외부); the exterior(외면); out-of-doors(야외). ¶ ～의 outside; outdoor; outer; external / ～에(서) in the open (air); out of doors; outside. ‖ ～양반 my〔your〕husband.

바께쓰 ☞ 버킷.

바꾸다 ① 《교환》 exchange; change; barter(물물교환); 《대체》 replace; 《갱신》 renew. ¶ 돈을 ～ change money / 수표를 현금으로 ～ cash a check / 생명은 돈과 바꿀 수 없다 Life cannot be bartered for gold. ② 《변경》 change; alter; shift; convert. ¶ 바꾸어 말하면 in other words / 방향을 ～ change the direction / 코스를 ～ alter the course.

바뀌다 change〔turn〕《*into*》; be changed〔altered, varied〕; 《개정되다》 be revised. ☞ 변하다.

바나나 《peel》 a banana. ¶ ～ 껍질 a banana skin〔peel〕.

바느질 sewing; needlework. ～하다 sew; do needlework. ¶ ～품을 팔다 earn *one's* living by needlework.

바늘 a needle; a pin(핀); a hook(낚시 등의); a hand(시계의). ¶ ～방석에 앉은 것 같다 feel very nervous / ～에 실을 꿰다 thread a needle / 여섯 ～ 꿰매다 have six stitches 《*on one's cut*》. ‖ ～겨레 a needle pad; a pincushion / ～귀 a needle's eye.

바다 the sea; the ocean(대양). ¶ ～로 나가다 go〔sail〕out to sea. ‖ 바닷바람 a sea breeze〔wind〕.

바다표범 〖動〗 a seal.

바닥 ① 《평면》 the floor; the ground. ¶ 마룻～에서 자다 lie on the bare floor. ② 《밑부분》 the bottom; the bed 《*of a river*》; the sole 《*of a shoe*》. ③ 《끝》 the end 《*of the resources*》. ¶ ～나다 be exhausted; run out; be all gone; be out of stock. ④ 《번잡한 곳》 a congested area. ¶ 장～ a marketplace. ⑤ 《짜임새》 texture. ¶ ～이 고운〔거친〕 fine〔coarse〕in texture. ‖ ～시세 the bottom price / ～짐 《배의》 ballast.

바닷가 the shore〔seashore〕; the beach.

바닷물 sea water. ¶ ～고기 a sea fish.

바닷새 a seabird; a seafowl.

바동거리다 (kick and) struggle; writhe; wriggle.

바둑 *baduk*. ¶ ～을 두다 play〔have a game of〕*baduk*. ‖ ～돌 a *baduk* stone / ～판 a *baduk* board / ～판 무늬 checkers; a check pattern.

바둑이 a dog spotted with black and white.

바드득거리다 creak; grate.

바득바득 doggedly; perversely.

바디 a reed; a yarn guide.

바라다 ① 《예기·기대》 expect; hope for; count on; look forward to. ¶ …을 바라고 in the hope 《*that*…》; in expectation of…. ② 《소원함》 want; wish; desire; hope. ¶ 행복을 ～ wish for happiness. ③ 《간원·부탁》 beg; request; entreat. ¶ 파티에 참석해 주기를 ～ request the pleasure of *one's* company at the party.

바라보다 see; look 《*at*》; watch; gaze 《*at, on*》(응시); look 《*on*》(방관); 《관망하다》 view; take〔get〕a view of. ¶ 한참동안 ～ take a long look 《*at*》.

바라보이다 be looked over; command; overlook.

바라지 care; looking after. ～하다 take care 《*of*》; look after.

바라지다[1] ① 《몸이》 (be) stumpy;

have a stocky build. ② 《그릇이》 (be) shallow. ③ 《마음이》 get too smart (for *one's* age); be precocious 〔saucy〕.

바라지다[2] 《갈라지다》 split off; 《열리다》 open out; be wide open.

바라크 a barrack; a shack.

바락바락 desperately; doggedly. ¶ ～ 기를 쓰다 make desperate efforts.

바람[1] ① 《공기의 흐름》 a wind; a current of air; a breeze(미풍); a gale(강풍); a draft (밖에서 들어오는). ¶ 살을 에는 듯한 찬 ～ a cutting 〔biting〕 wind / ～이 있는〔없는〕 windy 〔windless〕 / ～이 불다 the wind blows; it is windy / ～이 잘 통하다 be well ventilated / ～에 쐬다 expose *oneself* to the wind / ～이 일다〔자다〕 the wind rises 〔drops〕 / 선풍기 ～을 쐬다 sit in the current of an electric fan / …을 ～결에 들었다 It has come to my ear that….; The wind brought the news that…. ② 《들뜬 마음》 fickleness; inconstancy. ¶ ～ 난 fickle; inconstant; wanton / ～을 피우다 have an affair with 《*a person*》; be unfaithful to *one's* husband 〔wife〕; play around 《美口》. ‖ ～둥이 a playboy(남자); a flirt(여자). ③ 《중풍》 palsy; paralysis.

바람[2] ① 《겨를·기회》 ¶ ～에 in conjunction 《*with*》; in the process 《*of*》; as a consequence 《*of*》 / 일어나는 ～에 in (the act of) rising / 충돌하는 ～에 by the force of impact. ② 《차림》 ¶ 셔츠 ～으로 in shirt sleeves; without *one's* coat on.

바람개비 a vane; a weathercock.

바람들다 ① 《푸성귀가》 get pulpy; get soft inside; get soggy. ¶ 바람든 무 a pulpy radish. ② 《바람나다》 become indiscreet; go wild; take up a gay life. ③ 《일·계획이》 be upset; fail; be spoiled 〔hindered〕; go wrong.

바람막이 a windscreen; a shelter from the wind.

바람맞다 ① 《속다》 be fooled 〔deceived〕; be stood up by 《*a person*》 (기다리다). ¶ 바람맞히다 stand 《*a person*》 up. ② 《풍병이》 be stricken with paralysis.

바람받이 a place exposed to the wind.

바람잡다 《허황된 것을 꾀하다》 conceive a wild hope 〔scheme〕; take a shot in the dark.

바람잡이 《허풍선이》 a braggart; an empty boaster; a gasbag; 《소매치기의》 a pickpocket's mate.

바람직하다 (be) desirable; advisable. ¶ 바람직한 일 a matter to be desired / 바람직하지 않다 (be) undesirable.

바랑 a Buddhist's pack-sack.

바래다[1] ① 《변색》 fade; discolor; ¶ 바래지 않는 fade-proof; colorfast; standing. ② 《표백》 bleach 《*cotton*》.

바래다[2] 《배웅》 see 《*a person*》 off; give 《*a person*》 a send-off.

바로 ① 《정당하게》 rightly; justly; properly; 《틀림없게》 correctly; accurately; 《합법하게》 lawfully; legally; 《진실되게》 honestly; truly. ¶ ～ 대답하다 give a correct answer / ～ 말하다 tell the truth / 외국어를 ～발음하다 pronounce a foreign language correctly. ② 《곧》 right away; 《똑바로》 straight; 《꼭》 just; right; exactly. ¶ ～ 앉다 sit straight / ～ 눈앞에서 right under *one's* nose / ～ 집으로 가다 go straight home / ～ 알아맞추다 guess right / ～ 이웃에 살다 live close by / ～ 이 근처에서 그를 보았다 I saw him just about here. ③ 《구령》 Eyes front!

바로미터 a barometer.

바로잡다 ① 《굽은 것을》 straighten; make straight 〔right〕. ② 《교정》 correct; redress; remedy; reform; set right.

바로크 ‖ ～ 시대 the baroque age / ～음악 baroque music.

바륨 〘化〙 barium(기호 Ba).

바르다[1] ① 《곧다》 (be) straight; straightforward; upright(직립). ② 《정당》 (be) right; righteous; just; 《참되다》 (be) honest; upright; 《적절》 (be) proper; 《합법》 (be) lawful; 《정확》 (be) correct; accurate.

바르다[2] ① 《붙이다》 stick; paste; plaster; 《종이를》 paper. ② 《칠하다》 paint; coat(칠 따위를); plaster (회반죽을); apply(연고 등을); 《분 따위를》 powder; put on. ¶ 버터를 바른 빵 bread and butter / 연고를 ～ apply an ointment 《*to*》.

바르다[3] ☞ 발라내다.

바르르 ¶ ～ 끓다 come to a bubbling boil; be hissing hot / ～ 화내다 flare up in anger / 추워서 ～ 떨다 shiver with cold.

바르샤바 Warsaw(폴란드의 수도). ‖ ～조약 the Warsaw Pact.

바른길 《곧은 길》 a straight way; 《옳은 길》 the right path 〔track〕.

바른말 《옳은 말》 a reasonable 〔right〕 word; 《직언》 plain speaking; a straight talk. ～하다 speak reasonably 〔plainly〕.

바리 《짐》 a pack 〔load〕 《*of firewood*》; 《밥그릇》 a brass 〔wooden〕 rice bowl.

바리케이드 a barricade. ¶ ～를 치다 set up a barricade; barri-

cade《*a place*》/ ～를 돌파하다 break through a barricade.
바리톤 〖樂〗 baritone; a baritone (가수); baritone voice.
바림 〖美術〗 shadings〔gradations〕 of a color; shading off.
바바리(코트) a Burberry (coat) (상표명); a trench coat.
바벨 〖聖〗 ‖ ～탑 the tower of Babel.
바보 a fool; a stupid; an ass; an idiot; a simpleton. ¶ ～ 같은 silly; foolish; stupid / ～ 같은 소리를 하다 talk nonsense〔silly〕/ ～ 같은 짓을 하다 do a foolish〔silly〕 thing.
바비큐 barbecue.
바빌로니아 Babylonia. ‖ ～사람 a Babylonian.
바쁘다 (be) busy《*in, with*》; 《급하다》(be) pressing; urgent. ¶ 바쁘게 busily; hurriedly / 바쁜 걸음으로 at a quick pace / 시험 준비에 ～ be busy preparing for the examination / 바빠서 이리뛰고 저리뛰다 run〔bustle〕 about busily.
바삐 《바쁘게》 busily; 《급히》 hurriedly; in haste; in a hurry; 《즉시》 at once; immediately. ¶ 한시～ without a moment's delay.
바삭거리다, 바스락거리다 (make a) rustle. ¶ 바삭바삭 rustlingly; with a rustle.
바스러뜨리다 crush; smash; break (into pieces).
바스러지다 be broken〔crushed, smashed〕; fall to pieces.
바싹 ①《바삭》 rustlingly; with a rustle. ②《물기가 없게》《dried up》 completely; as dry as a bone; 《몸이 마른》 thinly, haggardly. ¶ ～ 말라붙은 우물 a dried-up well / ～ 마른 입술 parched lips / 몸이 ～ 마르다 be reduced to a skeleton. ③《죄는 모양》 fast; tightly; closely. ¶ 나사를 ～ 죄다 screw tightly / ～ 다가앉다 sit closer to《*a person*》.
바야흐로 ¶ ～ …하려 하다 be going〔about〕 to《*do*》; be on the point of《*doing*》.
…바에야 《이왕 …이면》 at all; 《차라리》 rather (than); as soon. ¶ 이왕 그만둘～ if you give it up at all / 항복할～ 죽겠다 I would rather die than surrender.
바위 a rock; a crag. ¶ 흔들～ a rocking stone / ～가 많은 rocky.
바위옷 〖植〗 rock moss; lichen.
바이러스 〖醫〗 a virus. ¶ ～성의 viral / ～에 기인하는 virus-caused《*tumors*》/ B형 ～성 간염 viral hepatitis type B / 에이즈～ the AIDS virus.
바이블 《swear on》 the Bible.
바이스 《공구》 a vise; a vice《英》.
바이올린 a violin. ‖ ～주자 a violinist.
바이트 〖컴〗 a byte(기억 용량 단위).
바자[1] 《울타리》 ‖ ～울 a roughly-wooven (bamboo) fence.
바자[2] 《자선시》 a (charity) baza(a)r; a fancy fair. ¶ ～를 열다 open〔hold〕 a bazaar.
바작바작 《소리》 with a crackling〔sizzling〕; 《초조》 fretfully; in a state of anxiety.
바제도병(一病) Basedow's disease.
바조(一調) 〖樂〗 F major(장조); F minor (단조).
바주카포(一砲) 〖軍〗 a bazooka.
바지 (a pair of) trousers; pants《美》. ¶ 헐렁한〔꽉 끼는〕 ～ full〔narrow〕 trousers. ‖ ～멜빵 suspenders《美》.
바지락(조개) a short-necked clam.
바지랑대 laundry pole.
바지저고리 jacket〔coat〕 and trousers; 《비유적》 a good-for-nothing; a figurehead(무실권자).
바지지 sizzling; hissing.
바치다[1] 《드리다》 give; offer; present; consecrate(신에게); devote (노력·심신을); sacrifice (헌신). ¶ 일생을 ～ devote *one's* life《*to*》/ 나라를 위해 목숨을 ～ give *one's* life for *one's* country.
바치다[2] 《지나치게 즐기다》 have an excessive liking for; be addicted to.
바캉스 (a) vacation; holidays; *vacances*《프》. ‖ ～웨어 holiday clothes.
바코드 a bar code. ¶ ～를 달다〔붙이다〕 bar-code《*the books*》.
바퀴[1] 〖蟲〗 a cockroach.
바퀴[2] 《수레의》 a wheel; 《일주》 a round〔turn〕. ¶ 한 ～ 돌다 take a turn; go *one's* rounds(담당 구역을). ‖ ～살 a spoke / ～ 자국 ruts; tracks / 앞〔뒷〕～ the front〔back〕 wheel.
바탕[1] 《기초》 foundation; basis; 《성질》 nature; character; (a) disposition; 《소질》 the makings; 《체질》 the constitution; 《재료》 a ground; texture(직물의). ¶ 이 지역 경제의 ～이 되다 form the basis of economy in this area / ～이 좋다〔나쁘다〕 be good-natured〔ill-natured〕/ 노란 ～에 푸른 무늬 a blue design on a yellow ground / 옷감의 ～이 곱다 be of fine texture.
바탕[2] for some〔a〕 time. ¶ 소나기가 한 ～ 내렸다 There was a shower for some time.
바터 barter. ‖ ～무역 barter trade / ～제 the barter system〔basis〕.
바텐더 a bartender.
바통 a baton. ¶ ～을 넘기다 hand over the baton《*to*》/ ～을 넘겨받다 receive the baton《*from*》; 《비유적》 take over《*a task*》.
바투 close; closely.

바특하다《국물이》(be) thick.
바티칸《로마 교황청》the Vatican.
박〖植〗a gourd; a calabash.
박(箔) foil(두꺼운); leaf (얇은).
박격포(迫擊砲)〖軍〗a mortar.
박공(牔栱)〖建〗a gable.
박다[1]《못 따위를》drive〔strike〕《*in, into*》; hammer《*in*》(큰 못을); 《상감》set; inlay; fix.
박다[2]《찍다》take《*a picture*》;《인쇄》print; get《*a thing*》printed.
박다[3]《바느질》sew; stitch. ¶ 재봉틀로 ~ sew《*something*》with a sewing machine.
박달(나무)〖植〗a birch.
박대(薄待) ☞ 냉대.
박덕(薄德) want〔lack〕of virtue.
박두(迫頭) ~하다 draw〔come〕near; approach; be at hand; be imminent. ¶ 눈앞에 ~한 위험 an impending〔imminent〕danger / 시험이 ~했다 The examination is near at hand.
박람회(博覽會) an exhibition; a fair. ‖ ~장 the exhibition〔fair〕grounds.
박력(迫力) force; power; intensity. ¶ ~이 있다 be powerful; be moving; appeal strongly《*to*》/ ~이 없다 be weak; lack power; have little appeal to.
박리(薄利) small profits. ¶ ~로 팔다 sell at small profits. ‖ ~다매 small profits and quick returns / ~다매주의 a quick-returns policy.
박막(薄膜) a thin film. ‖ ~집적회로 a thin-film integrated circuit.
박멸(撲滅) ~하다 eradicate; exterminate; stamp〔wipe〕out.
박명(薄命) ¶ ~한 unfortunate; unlucky; ill-fated. ‖ 가인(佳人) ~ Beauty and long life seldom go hand in hand.
박물(博物) ‖ ~관 a museum / ~군자 a man of erudition / ~학 natural history / ~학자 a naturalist.
박박 ①《긁거나 찢는 모양》¶ ~ 소리를 내다 make〔produce〕a rasping〔scratching〕noise / 모기가 문 곳을 ~ 긁다 scratch a mosquito bite / 편지를 ~ 찢다 tear the letter to pieces. ②《얽은 모양》. ¶ ~ 얽은 얼굴 a face pockmarked〔pitted〕all over. ③《짧게》¶ 머리를 ~ 깎다 have a close crop haircut.
박복(薄福) misfortune; sad fate. ~하다 (be) unlucky; unfortunate.
박봉(薄俸) a small〔low〕salary; small pay. ¶ ~으로 생활하다 live on small pay.
박사(博士) a doctor(생략 Dr.). ‖ ~논문 a doctoral thesis / ~학위 a doctor's degree (~학위를 따다 take a doctorate).
박살 ¶ ~ 내다 shatter; knock《*a thing*》to pieces.
박살(撲殺) ~하다 beat《*a person*》to death.
박색(薄色) an ugly look; a plain woman.
박수 a male diviner〔shaman〕.
박수(拍手) hand clapping. ~하다 clap *one's* hands. ¶ 우레 같은 ~ a thunderous clapping of hands. ‖ ~갈채 cheers; applause(~ 갈채하다 give《*a person*》a clap and cheers) / ~ 부대《극장 등의》*claque*《프》(총칭).
박식(博識) erudition. ¶ ~한 erudite; well-informed.
박애(博愛) philanthropy. ¶ ~의 philanthropic; charitable. ‖ ~주의 philanthropism.
박약(薄弱) ¶ ~한 feeble; weak / 의지 ~한 weak-minded.
박음질 sewing; sewing-machine stitches.
박이다 ①《속에》stick; run into; get stuck〔embedded〕in;《마음속에》sink deep in《*one's heart*》. ¶ 손가락에 가시가 박였다 A splinter ran into〔stuck in〕my finger. ②《몸에 배다》become a habit; fall into a habit《*of*》. ¶ 담배에 인이 ~ fall into the habit of smoking.
박자(拍子) time; rhythm; beat. ¶ ~를 맞추다 keep (good) time with〔to〕《*the music*》; beat time / ~를 맞추어 in (measured) time.
박장대소(拍掌大笑) applause mingled with laughter. ~하다 laugh aloud clapping *one's* hands.
박절(迫切) ☞ 박정(薄情).
박정(薄情) ¶ ~한 cold-hearted; heartless; unfeeling; cruel / ~한 말을 하다 speak cruelly〔heartlessly〕; say a harsh thing.
박제(剝製) a stuffed bird〔animal〕. ~하다 stuff《*a bird*》. ¶ ~한 stuffed; mounted. ‖ ~사 a taxidermist / ~술 taxidermy.
박주(薄酒) untasty liquor; unpalatable *sul*.
박쥐〖動〗a bat. ‖ ~구실 opportunism; wait-and-see policy / ~우산 an umbrella.
박진(迫眞) truthfulness to life. ¶ ~감 있는 true to life / ~감 있다 be true to nature; be realistic.
박차(拍車) a spur. ¶ ~를 가하다《말에》spur (on) *one's* horse;《비유적》spur on; give impetus to.
박차다 kick away〔off〕;《뿌리치다》kick《*a person's proposal*》; reject; snub.
박처(薄妻) ~하다 treat *one's* wife

coldly〔cruelly〕.
박치기 butting. ～하다 butt《*at, against*》; give a butt to《*a person*》.
박탈하다(剝奪—) ☞ 빼앗다.
박테리아 a bacterium [*pl.* -ria].
박토(薄土) barren〔sterile〕soil.
박하(薄荷)〖植〗peppermint. ‖ ～담배 a mentholated cigaret / ～사탕 a peppermint candy / ～유 (pepper)mint oil.
박하다(薄—)《적다》(be) little;《인색》(be) illiberal; stingy; severe (점수가);《인정이》(be) heartless; unfeeling; hard. ¶ 인심이 ～ be inhospitable / 점수가 ～ be strict 〔severe〕 in marking.
박학(博學) erudition; great learning. ¶ ～의 erudite; learned.
박해(迫害) persecution. ～하다 persecute; oppress. ‖ ～자 a persecutor; an oppressor.
박히다 《들어가》 get stuck; be driven《*in*》;《인쇄물이》be printed;《사진이》be taken.
밖 ① ☞ 바깥. ②《이외》the rest; the others; and so on〔forth〕; and the like;《…뿐》only; but. ¶ 그 ～에 besides; in addition《*to*》/ 그 ～의 사람들 the rest; the others / 하나～에 없는 몸 the only body we have.
반(半) ①《절반》a half. ¶ 1다스 ～ a dozen and a half / 3시 ～ half past three / 1시간 ～ an hour and a half / ～마일 half a mile; a half mile / ～으로 가르다 divide《*a thing*》into halves; cut in half / …의 ～쯤 half as many〔much〕as. ②《반쯤》partial; half. ¶ ～은 농으로 half in jest.
반(班)《학급》a class;《동네의》a neighborhood association;《집단》a party; a team;《군대의》a section; a squad.
반…(反) anti-. ¶ ～제국주의 anti=imperialism. 「tured goods.
반가공품(半加工品) semimanufac-
반가부좌(半跏趺坐) sitting with *one's* legs half-crossed as in Buddhist statues.
반가워하다 be glad〔pleased, delighted〕《*at, about*》; rejoice in.
반가이 gladly; delightedly; with joy; with pleasure.
반감(反感) antipathy; ill-feeling. ¶ ～을 사다 offend《*a person*》; provoke《*a person's*》antipathy / ～을 품다 harbor ill-feeling 《*towards*》.
반감(半減) ～하다 reduce〔cut〕《*the price*》by half; halve.
반갑다 (be) glad; joyful; happy; delightful; pleasant. ¶ 반가운 소식 glad〔happy〕news / 반갑잖은 손님 an unwelcome guest.
반값(半—) half (the) price. ¶ ～으로 at half-price; at half the (usual) price / ～으로 깎다 take off half the price.
반격(反擊) a counterattack. ～하다 counterattack; strike back.
반경(半徑)〖幾〗a radius. ¶ 학교에서 ～ 2마일 이내에 within a 2=mile radius from the school.
반공(反共) anti-Communism. ¶ ～의 anti-Communist. ‖ ～운동 an anti-Communist drive〔movement〕/ ～정신 anti-Communist spirit / ～포로 the anti-Communist prisoners of war.
반공일(半空日) a half-holiday; Saturday.
반관반민(半官半民) ¶ ～의 기구 a semi-governmental organization.
반구(半球) a hemisphere.
반국가적(反國家的) antinational; anti-
반군(叛軍) a rebel army. ⌊state.
반기(反旗) a standard〔banner〕of revolt. ¶ ～를 들다 rise in revolt 《*against*》; take up arms《*against*》.
반기(半期) ¶ ～의 half-yearly; semiannual / 상〔하〕～ the first 〔second〕half of the year. ‖ ～결산 the half-yearly account / ～배당 a semiannual dividend.
반기(半旗) a flag at half-mast. ¶ ～를 걸다 fly〔hoist〕a flag at half-mast.
반기다 be glad〔happy〕; be pleased 〔delighted〕; rejoice《*over*》. ¶ 손님을 ～ be delighted to see a guest. 「half the morning.
반나절(半—) a quarter of a day;
반나체(半裸體) semi-nudity. ¶ ～의 half-naked; seminude.
반납(返納) return. ～하다 return 《*a book*》; give back《*a thing*》.
반년(半年) half a year; a half year. ¶ ～마다 half-yearly.
반닫이(半—) a (cedar) chest with a hinged front flap.
반달(半—) ①《반개월》half a month. ②《달의》a half moon. ¶ ～형의 semicircular.
반대(反對) ①《반항》opposition; 《이의》(an) objection. ～하다 oppose; be opposed《*to*》; be 〔stand〕against; object《*to*》. ¶ ～의사를 표명하다 declare *oneself* (to be) against《*a policy*》/ ～를 당하다 meet with〔run into〕 opposition / 너는 그것에 대해 찬성이냐 ～냐 Are you for it or against it? ‖ ～당 an opposition (party) / ～세력 counter force / ～신문〖法〗a cross-examination / ～운동 a counter 〔an opposition〕movement; a movement〔campaign〕against 《*the war*》/ ～자 an opponent

〔objector〕. ②《역(逆)》the opposite; the reverse; the contrary. ¶ ～의 the opposite《*direction*》; the reverse《*side*》/ ～로 the other way; in the opposite direction; on the contrary. ‖ ～급부 a consideration / ～어 an antonym.

반도(半島) a peninsula. ¶ ～의 peninsular.
반도(叛徒) rebels; insurgents.
반도체(半導體) a semiconductor.
반독(反獨) ¶ ～의 anti-German.
반동(反動) (a) reaction; recoil(총 따위의). ～하다 react; rebound; kick; recoil. ¶ ～적인 reactionary. ‖ ～분자 reactionary elements / ～주의자 a reactionary.
반드럽다 (be) smooth; glossy; slippery.
반드르르 ¶ ～한 smooth; glossy.
반드시《확실히》certainly; surely; without fail (틀림없이);《꼭》by all means;《항상》always; invariably;《필연》necessarily; inevitably. ¶ ～…하다 be sure to《*do*》/ ～ …은 아니다 be not necessarily〔always〕… / 그는 ～ 온다 He will certainly come.
반들거리다《윤나다》glisten; shine; have a gloss;《게으름피우다》be idle; play truant.
반듯이 straight; upright; even.
반듯하다 (be) straight; upright; erect; even;《용모가》(be) comely; good-looking; neat.
반등(反騰) a reactionary rise; a rebound; a rally. ～하다 rally; rebound. ¶ 주가의 급～ a sharp rebound in stock prices.
반딧불 the glow of a firefly.
반락(反落) a reactionary fall《*in stock prices*》. ～하다 fall〔drop〕 in reaction; fall〔slip〕 back. ‖ 급～ a sharp setback.
반란(反亂) (a) revolt; (a) rebellion. ¶ ～을 일으키다 rise in revolt; rebel〔rise〕《*against*》. ‖ ～군 a rebel〔an insurgent〕 army / ～자 a rebel.
반려(伴侶) a companion; a partner.
반려(返戾) ～하다 give back; return.
반론(反論) a counterargument; a refutation. ～하다 argue against; refute.
반말(半—) the informal speech level; crude language; rough talk. ～하다 talk roughly; speak impolitely.
반면(反面) the other side; the reverse. ¶ ～에 on the other hand.
반면(半面)《사물의》one side;《얼굴의》half the face. ‖ ～상 a profile; a silhouette.
반모음(半母音) a semivowel.
반목(反目) antagonism; hostility. ～하다 be hostile〔antagonistic〕 to《*a person*》; be at odds with《*a person*》; feud《*with*》.
반문(反問) ～하다 ask in return.
반문(斑紋) a spot; a speckle.
반미(反美) ¶ ～의 anti-American.
반미치광이(半—) a slightly mad〔crazy〕 person.
반바지(半—) shorts; knee pants 〔trousers〕.
반박(反駁) confutation; refutation. ～하다 refute; retort《*on, against*》.
반반(半半) ¶ ～(으로)《mix》half-and-half; fifty-fifty《주로 美》.
반반하다 ①《바닥이》(be) smooth; even. ②《인물이》(be) nice-looking; fine. ¶ 얼굴이 ～ have a handsome〔beautiful〕 face. ③《지체가》(be) decent; respectable.
반발(反撥) repulsion. ～하다 repel; repulse; resist. ‖ ～력 repulsion power; repulsive force.
반백(半白) ¶ ～의 gray-haired; grizzled.
반벙어리(半—) a half-mute; a mumbler.
반병신(半病身) a partially disabled person; a half-cripple; a half-wit(반편).
반복(反復) ～하다 repeat. ¶ ～하여 repeatedly; over again.
반분(半分) ～하다 halve; divide into halves; cut in half.
반비(反比)〖數〗reciprocal ratio.
반비례(反比例)〖數〗～하다 be in inverse proportion《*to*》.
반사(反射)《열·빛의》reflection;《생리적 반응》reflex. ～하다 reflect《*light*》. ‖ ～경 a reflex mirror / ～광〔열〕 reflected light〔heat〕/ ～운동 a reflex movement / ～작용 a reflex action.
반사회적(反社會的) antisocial. ‖ ～집단〔행위〕 an antisocial group 〔action〕.
반삭(半朔) half a month; a half month.
반상(기)(飯床(器)) a table service; a set of tableware.
반상회(班常會) a neighborhood meeting; a monthly neighbors' meeting.
반색하다 show great joy; rejoice; be delighted.
반생(半生) half *one's* life; half a lifetime.
반석(盤石) a rock; a crag. ¶ ～같은〔같이〕 as firm as a rock.
반성(反省) self-examination; reflection. ～하다 reflect on; reconsider. ¶ ～을 촉구하다 urge〔ask〕《*a person*》to reconsider〔reflect on〕《*one's conduct*》.
반세기(半世紀) half a century.
반소(反訴)《bring》a cross action.
반소매(半—) a half(-length) sleeve.

ㅂ

반송(返送) ~하다 return; send back. ‖ ~료 《우편의》 return postage / ~화물〔운임〕 return cargo〔freight〕.
반송장(半—) a half-dead person; a person who is as good as dead.
반수(半數) half the number.
반숙(半熟) ¶ ~의 half-cooked; half-boiled; half-done / ~한 달걀 a half-boiled egg.
반시간(半時間) half an hour; a half hour《美》.
반식민지(半植民地) ‖ ~국가 a semicolonial state.
반신(半身) half the body(상하의); one side of the body(좌우의). ¶ 왼쪽 ~이 마비되다 be paralyed on the left side of the body. ‖ ~상 a half-length statue〔portrait〕/ ~불수 hemiplegia.
반신(返信) a reply; an answer. ‖ ~료 return postage / ~용 엽서 a reply (postal) card.
반신반의(半信半疑) ~하다 be dubious〔doubtful〕《*about*, *of*》; be half in doubt.
반심(叛心) treacherous mind.
반암(斑岩) 〖地〗 porphyry.
반액(半額) half the amount〔sum, price, fare〕. ¶ ~으로 at half the price〔fare〕; at half-price / ~으로 하다 reduce the price by half.
반양자(反陽子) 〖理〗 an antiproton.
반어(反語) irony. ¶ ~적(으로) ironical(ly).
반역(叛逆) treason; a rebellion. ~하다 rebel〔revolt〕《*against*》; rise in revolt. ‖ ~자 a traitor; a rebel.
반영(反映) reflection. ~하다 reflect; be reflected《*in*》.
반영(反英) ¶ ~의 anti-British.
반영구적(半永久的) semipermanent.
반올림(半—) ~하다 round off; round《*a figure*》off.
반원(半圓) 〖幾〗 a semicircle. ¶ ~(형)의 semicircular.
반월(半月) a half moon. ¶ ~(형)의 cresent(-shaped).
반유대(反—) ¶ ~의 anti-Semitic.
반유동체(半流動體) 〖理〗 (a) semifluid; (a) semiliquid.
반음(半音) 〖樂〗 semitone; half step. ¶ ~ 올리다〔낮추다〕 sharp〔flat〕《*the tone*》.
반응(反應) (a) reaction; 《반향》 a response; 《효과》 an effect. ~하다 react《*to*, *on*》; respond《*to*》(반향하다). ¶ ~이 없다 show no reaction; have no effect《*on*》/ ~이 둔하다 be slow to react〔respond〕/ ~을 일으키다 produce a response.
반의반(半—半) a quarter; one fourth.
반의식(半意識) 〖心〗 subconsciousness. ¶ ~적 subconscious; half-conscious.
반의어(反意語) an antonym.
반일(反日) ¶ ~의 anti-Japanese.
반입(搬入) ~하다 carry〔bring, take〕 in.
반자 a ceiling. ‖ ~널 a ceiling board〔pannel〕/ ~지 ceiling paper.
반작용(反作用) (a) reaction. ~하다 react《*on*, *to*》.
반장(班長) a monitor (학급의); a foreman (직공의); the head of a neighborhood association (동네의).
반장화(半長靴) half boots.
반전(反戰) ¶ ~의 antiwar; pacifistic. ‖ ~론〔주의〕 pacifism / ~론〔주의〕자 a pacifist / ~운동 an antiwar movement.
반전(反轉) ~하다 turn〔roll〕 over.
반절(半折) folding in half. ~하다 fold in half〔two〕. ‖ ~지 a piece of paper folded in half.
반점(斑點) a spot; a speck. ¶ ~이 있는 spotted; speckled.
반정부(反政府) ¶ ~의 antigovernment.
반제국주의(反帝國主義) anti-imperialism. ¶ ~적 anti-imperialistic.
반제품(半製品) half-finished goods.
반주(伴奏) an accompaniment. ~하다 accompany《*a person on the piano*》. ¶ 피아노 ~로 노래하다 sing to a piano accompaniment. ‖ ~자 an accompanist.
반주(飯酒) liquor taken at meal time; liquor with *one's* meals.
반죽 kneading; dough. ~하다 knead《*dough*》; work《*clay*》.
반죽음(半—) being half-dead. ~하다 be nearly〔all but〕 killed.
반증(反證) (a) disproof; (an) evidence to the contrary. ¶ ~을 들다 disprove; prove the contrary.
반지(斑指) a (finger) ring. ¶ 금〔다이아몬드〕 ~ a gold〔diamond〕 ring / ~를 끼다〔끼고 있다〕 put〔wear〕 a ring on (*one's* finger) / ~를 빼다 take a ring off (*one's* finger). ‖ 결혼〔약혼〕~ a wedding〔an engagement〕 ring.
반지르르 glossily; sleekly.
반지름(半—) ☞ 반경(半徑).
반지빠르다 《어중되다》 (be) unsuitable either way; not quite satisfactory; awkward. ¶ 무언가 반지빠른 느낌이 든다 feel that something is missing.
반직업적(半職業的) semiprofessional.
반짇고리 a workbox; a needle case; a housewife [hʌ́zif]《英》.
반질거리다 ① 《매끄럽다》 be glossy〔smooth, slippery〕. ② 《교활하다》 be sly〔saucy, cunning〕.
반질반질 ¶ ~한 glossy; smooth; slippery.

반짝거리다 shine; glitter; sparkle; twinkle(별이); glimmer(깜박임).
반쪽(半—) (a) half.
반찬(飯饌) a side dish; dishes to go with rice. ¶ 고기~ a meat dish / 생선을 ~으로 먹다 eat rice with fish. ‖ ~가게 a grocer's (shop); a grocery / ~거리 groceries.
반창고(絆瘡膏) a sticking〔an adhesive〕plaster. ¶ ~를 붙이다 apply an adhesive plaster《*to the wound*》.
반체제(反體制) anti-Establishment. ‖ ~운동 an anti-Establishment / ~인사 a dissident; an anti-Establishmentarian.
반추(反芻) rumination. ~하다 ruminate; chew the cud. ‖ ~동물 a ruminant.
반출(搬出) ~하다 carry〔take〕out.
반취(半醉) ~하다 get half-drunk.
반칙(反則)《경기의》a foul; violation of the rules〔law〕(법규의). ~하다 (play) foul; break〔violate〕the rule. ¶ ~이다 be against the rule / ~패하다 lose a game on a foul.
반타작(半打作)〖農〗sharing a tenant crop fifty-fifty with the landowner. ~하다 share the crop equally.
반투명(半透明) ¶ ~의 semitransparent《*body*》; translucent.
반편(이)(半偏(—)) a half-wit〔simpleton〕; a fool. ¶ ~노릇〔짓〕하다 play the fool; make a fool of *oneself*.
반포(頒布) ~하다 promulgate; circulate.
반품(返品) returned goods. ~하다 return《*goods*》. ‖ ~사절《게시》All Sales Final; No Refund.
반하다《매혹》fall〔be〕in love《*with*》; take a fancy《*to*》; lose *one's* heart《*to*》.
반하다(反—) be contrary to《*one's interests*》; go〔be〕against; violate〔break〕《*a rule*》. ¶ 의사에 반하여 against *one's* will / 이에 반하여 on the contrary; on the other hand.
반합(飯盒) a messtin; a mess kit.
반항(反抗) resistance; opposition; defiance. ~하다 resist; oppose; defy. ¶ ~적인 defiant《*attitude*》; rebellious《*spirit*》.
반핵(反核) ¶ ~의 antinuclear. ‖ ~데모〔집회〕an antinuclear demonstration〔meeting〕/ ~운동 an antinuclear campaign / ~운동가 an antinuker; a nukenik.
반향(反響) an echo; reverberation(s);《반응》a response; influence. ~하다 echo; resound. ¶ ~을 일으키다 create a sensation / ~이 있다 be echoed; have〔meet with〕a public response.
반혁명(反革命) a counterrevolution. ¶ ~적 anti-revolutionary.
반환(返還) return. ~하다 return; give back; restore.
받다 ①《수령》receive; accept; be given〔granted, presented〕; have; take; get. ¶ 교육을 ~ receive education; be educated《*at*》/ 환영을 ~ receive〔meet with〕a welcome. ②《당하다》receive; suffer; sustain. ¶ 손해를 ~ suffer〔sustain〕a loss / 혐의를 ~ fall〔come〕under suspicion. ③《겪다》undergo; go through. ¶ 치료를 ~ undergo medical treatment / 문초를 ~ undergo an examination. ④《던진 공 따위를》catch〔stop〕《*a ball*》; receive. ¶ 빗물을 ~ catch rainwater《*in the bucket*》. ⑤《우산을》put up《*an umbrella*》; hold. ⑥《뿔·머리로》butt; horn; toss. ¶ 황소에 받히다 be gored by a bull. ⑦《별·바람 따위를》bask; be bathed《*in*》. ¶ 햇볕을 ~ be bathed in the sunlight. ⑧《아기》deliver《*a woman of a child*》. ⑨《응답》answer. ¶ 전화를 ~ answer a telephone call; have a call from《*a person*》.
받들다 ①《추대》have《*a person*》as〔over〕. ¶ 왕을 회장으로 ~ have the King as *its* president. ②《지지》hold up; support;《보좌》assist; help;《승복하다》obey. ¶ …의 명령을 받들어 in obedience to *a person's* order. ③《공경》respect; honor. ¶ 윗사람을 ~ honor *one's* superiors. ④《받쳐듦》lift (up); hold up.
받들어총《구령》Present arms!
받아들이다 accept〔agree to〕《*a proposal*》; receive; grant《*a request*》.
받아쓰기 (a) dictation.
받아쓰다 write〔take, put〕down; take dictation. ¶ 받아쓰게 하다 dictate《*to a person*》.
받을어음〖商〗bills receivable(생략 B/R, b.r.).
받치다 ①《괴다》prop; bolster《*up*》; support; hold. ②《먹은 것이》lie heavy on the stomach. ③《우산 따위를》hold《*an umbrella*》over *one's* head; put up.
받침대 a prop; a support; a stay; a strut.
받히다 be butted〔gored〕.
발[1] a foot; a leg(다리); a paw(개·고양이의); tentacles; arms(문어의). ¶ ~을 멈추다 stop; halt / ~을 맞추다 keep pace〔step〕《*with*》/ ~을 헛디디다 miss *one's* footing / ~이 빠르다〔느리다〕be quick〔slow〕on *one's* feet / ~

을 끊다《비유적》cease to visit / ~을 빼다《비유적》wash *one's* hands of《*the shady business*》; sever *one's* connection《*with*》; break《*with*》.

발[2]《치는》a (bamboo) blind.

발[3]《깊이·길이의 단위》a fathom.

발(發) ①《출발》¶ 오전 10시 ~ 열차 the 10 a.m. train《*for Pusan*》/ 6월 10일 목포 ~의 배 a boat leaving *Mokp'o* on June 10. ②《탄알 수》a round; a shot(소총의); a shell (대포의). ¶ 탄약 1만 ~ 10,000 rounds of ammunition.

발가락 a toe.

발각(發覺) ¶ ~되다 be found out; be detected; be brought to light.

발간(發刊) publication; issue. ~하다 publish; issue; start《*a magazine*》.

발갛다 (be) light red.

발개지다 turn bright-red; redden. ¶ 얼굴이 ~ blush; flush.

발걸음 a pace; a step. ¶ ~을 재촉하다 quicken *one's* pace.

발견(發見) (a) discovery. ~하다 find (out); make a discovery; discover. ‖ ~자 a finder; a discoverer.

발광(發光) radiation. ~하다 radiate; emit; give light. ‖ ~도료 luminous paint / ~체 a luminous body.

발광(發狂) ~하다 go 〔run〕 mad; become insane 〔lunatic〕. ¶ ~케 하다 drive《*a person*》mad.

발구르다 stamp *one's* feet; stamp with vexation.

발군(拔群) ¶ ~의 distinguished; outstanding; unparalleled.

발굴(發掘) excavation. ~하다 dig up 〔out〕; excavate; exhume.

발굽 a hoof; an unguis [*pl.* -gues].

발그레하다 (be) reddish.

발그림자 a footmark; a trail.

발급(發給) ~하다 issue. ¶ 여권을 ~하다 issue a passport.

발긋발긋 ¶ ~한 dotted with red spots.

발기(勃起)《근육의》erection. ~하다 stand erect; become rigid 〔stiff〕. ¶ ~가 안 되다 become impotent / ~력 감퇴 impotency.

발기(發起)《사업의》promotion;《계획》a projection;《제의》a suggestion; a proposal. ~하다 promote; project; suggest; propose. ¶ …의 ~로 at *a person's* suggestion. ‖ ~인 projector; a promoter.

발기다 open up; tear to pieces.

발길 ¶ ~이 잦다 make frequent calls《*on, at*》/ ~을 돌리다 turn back. ‖ ~질 a kick.

발꿈치 the heel.

발끝 the tips of the toes; a tiptoe; a toe(구두·양말 따위의).

발단(發端) the origin; the opening; the beginning. ¶ 사건의 ~ the origin of an affair.

발달(發達) development; growth;《진보》progress; advance(ment). ~하다 develop; grow; make progress. ¶ 심신의 ~ the growth of mind and body / 공업의 ~ the development of industry / 도시의 급속한 ~ the rapid growth of cities.

발돋움 ~하다 stand on tiptoe; stretch *oneself;*《비유적》overstretch *oneself;* try to do what is beyond *one's* power.

발동(發動) operation; exercise(법·권력의). ~하다 move; put《*a law*》into operation; exercise.

발동기(發動機) a motor; an engine. ‖ ~선 a motorboat.

발뒤꿈치, 발뒤축 the heel. ¶ ~도 못 따라가다 be no match《*for a person*》.

발등 the instep.

발딱 ☞ 벌떡.

발라내다 tear 〔peel, strip〕 off; clean; pare. ¶ 생선 뼈를 ~ bone a fish.

발라맞추다 flatter; cajole; curry favor with.

발랄(潑剌) ¶ ~한 fresh; lively; brisk.

발레 a ballet.

발레리나 a ballerina.

발령(發令) an (official) announcement. ~하다 announce《*one's appointment*》officially; issue《*a warning*》. ¶ 인사 이동을 ~하다 announce personnel changes.

발로(發露) expression.

발론(發論) a proposal; a motion. ~하다 propose; move. ‖ ~자 a proposer; a mover.

발맞다 fall into step. ¶ 발맞지 않다 get out of step.

발맞추다 keep pace《*with*》; fall 〔get〕 into step《*with*》; act in concert《*with*》(행동상).

발매(發賣) ~하다 sell; put《*a thing*》on sale 〔the market〕. ¶ ~중이다 be on sale. ‖ ~금지 prohibition of sale / ~처 a sales agent.

발명(發明) (an) invention. ~하다 invent. ¶ 신~의 newly-invented / ~의 재능이 있다 have a genius for invention. ‖ ~가 an inventor / ~품 an invention.

발목 an ankle. ¶ ~ 잡히다《일에》be chained 〔tied〕 to *one's* business;《약점을》give a handle to the enemy.

발밑 ¶ ~에 at *one's* feet.

발바닥 the sole of a foot.

발바리 a spaniel (dog).

발발(勃發) an outbreak; an outburst. ~하다 break 〔burst〕 out; occur suddenly.

발버둥이치다 flutter *one's* feet;

kick and struggle; flounder; make vain efforts.

발병(發病) ～하다 be taken ill; fall ill〔sick〕; get sick.

발본(拔本) eradication. ～하다 root out〔up〕; eradicate. ¶ 악을 ～색원하다 eradicate the root of evil / ～적 조치를 취하다 adopt drastic measures.

발부리 tiptoe; a toe. ¶ ～를 돌에 채다 tip on〔stumble over〕 a stone.

발분(發憤) ～하다 be inspired〔stimulated; roused〕《*by*》. ¶ ～망식(忘食)하다 give *oneself* up entirely to.

발뺌 《회피》 an evasion; 《구실》 an excuse; a way out. ～하다 excuse *oneself;* talk *oneself* out of a difficulty.

발사(發射) firing; discharge; launching(로켓의); liftoff(우주선의). ～하다 fire; shoot; discharge; launch. ‖ ～대〔장〕 a launching pad〔site〕/ ～장치 a launcher.

발산(發散) 《증기·냄새의》 emission; 《빛·열의》 emanation; radiation; 《정력의》 explosion. ～하다 give〔send〕 out〔forth〕; radiate; emit; let off. ¶ 향기를 ～하다 emit a sweet fragrance / 격정을 ～하다 let off steam / 젊음을 ～하다 radiate youthfulness.

발상(發想) an idea; a way of thinking. ¶ 한국적인 ～ the Korean way of thinking. ‖ ～기호 〖樂〗 an expression mark.

발상지(發祥地) the place of origin; the cradle 《*of*》; the birthplace 《*of*》.

발생(發生) 《사건의》 occurrence; 《나쁜 일의》 an outbreak. ～하다 happen; occur; break out. ¶ 전쟁〔화재〕의 ～ an outbreak of a war〔fire〕. ‖ ～학 embryology.

발생률(發生率) a rate of incidence. ¶ 위암의 높은 ～ the high incidence of stomach cancer / 범죄의 ～ the crime rate.

발설(發說) ～하다 divulge; make public; disclose.

발성(發聲) utterance. ～하다 utter〔produce〕 a sound. ‖ ～기관 the vocal organs / ～법 vocalization / ～연습 vocal exercises.

발소리 the sound of footsteps. ¶ ～를 죽이고 with stealthy steps.

발송(發送) ～하다 《물품》 send out; dispatch; forward; ship off. ¶ 우편물을 ～하다 mail letters / 화물을 ～하다 ship a cargo. ‖ ～역 a forwarding station / ～인 a sender; a consignor(출하주) / ～항 a port of dispatch.

발신(發信) ～하다 send 《*a telegram*》; dispatch 《*a message*》. ‖ ～국 the sending office / ～음 《전화의》 a dial tone / ～인 the sender / ～지 the place of dispatch.

발싸개 feet wraps.

발아(發芽) ～하다 germinate; bud; sprout. ‖ ～기 a germinating period.

발악(發惡) ～하다 revile; curse and swear; abuse. ¶ 최후의 ～ the last-ditch struggling.

발안(發案) (a) suggestion; an idea. ～하다 suggest; propose 《*a bill*》; move; originate. ‖ ～권 the right to submit a bill to the Congress / ～자 a proposer; an originator.

발암(發癌) ¶ ～성의 carcinogenic; cancer-causing. ‖ ～물질 a carcinogen; a carcinogenic substance / ～성유전자 an oncogene.

발언(發言) a remark; a speech; (an) utterance. ～하다 speak; utter. ¶ ～을 취소하다 retract *one's* words. ‖ ～권 the right to speak; a voice 《*in*》/ ～자 a speaker.

발열(發熱) ① 《기계의》 generation of heat. ～하다 generate heat. ‖ ～량 calorific value. ② 《몸의》 (an attack of) fever. ～하다 run〔have〕 a fever.

발원(發源) ～하다 originate 《*in*》; rise; spring 《*from*》.

발원(發願) ～하다 offer a prayer 《*to a deity*》.

발육(發育) growth; development. ～하다 grow; develop. ¶ ～이 불완전한 underdeveloped; undergrown / ～이 빠르다〔늦다〕 grow rapidly〔slowly〕. ‖ ～기 the period of growth〔development〕.

발음(發音) pronunciation. ～하다 pronounce. ¶ 잘못 ～하다 mispronounce. ‖ ～기관 a vocal organ / ～기호 a phonetic symbol〔sign〕/ ～학 phonetics.

발의(發議) a suggestion; a proposal; a motion(동의). ～하다 propose; suggest; move. ¶ …의 ～로 at *a person's* suggestion. ‖ ～권 the initiative.

발인(發靷) ～하다 carry a coffin out of the house.

발자국 a footprint; a footmark; a track. ¶ ～을 남기다 leave *one's* footprints.

발자취 《종적》 a trace; a course. ¶ 지난 5년간의 ～를 더듬다 think of the course *one* has followed for five years.

발작(發作) a fit; a spasm. ～하다 have a fit〔spasm〕. ¶ ～적(으로) spasmodic(ally); fitful(ly).

발장단(―長短) ¶ ～치다 beat time 《*to the music*》 with *one's* foot.

ㅂ

발전(發展) 《발달》 development; growth; 《융성》 prosperity. ～하다 develop; expand; prosper. ¶ 공업의 ～ industrial growth / 사업을 ～시키다 develop *one's* business. ‖ ～도상국 a developing country / ～성 possibilities.
발전(發電) 〖電〗 generation of electric power. ～하다 generate electricity. ‖ ～기 a generator; a dynamo / ～소 a power plant 〔station〕 / 수력〔원자력, 화력〕 ～소 a water〔nuclear, thermal〕 power plant.
발정(發情) 〖動〗 sexual excitement; estrus(동물의). ～하다 go〔come〕 into rut(수놈이); go〔come〕 into beat(암놈이). ‖ ～기 the mating season.
발족(發足) inauguration. ～하다 (make a) start; be inaugurated.
발주(發注) ordering. ～하다 order; 「(give an) order.
발진(發疹) 〖醫〗 eruption; rash. ～하다 break out (in a rash); effloresce. ¶ ～성의 eruptive. ‖ ～티푸스 (eruptive) typhus.

발진(發進) 《비행기의》 departure; takeoff; lift-off(헬리콥터의). ～하다 leave; take off; depart 《*from*》.
발진기(發振器) 〖電〗 an oscillator.
발차(發車) departure. ～하다 start; leave; depart 《*at 6 p. m.*》. ‖ ～계원 a starter / ～시간 the time for departure / ～신호 a starting signal.
발착(發着) departure and arrival. ～하다 arrive and depart. ‖ ～시간표 a timetable; a 《*railroad*》 schedule 《美》.
발췌(拔萃) 《행위》 extraction; selection; 《사물》 an extract; an excerpt; summary; a selection. ～하다 extract; select 《*from*》. ‖ ～곡 a selection.
발치 the foot 《*of one's bed*》.
발칙하다 ① 《무례》 (be) ill-mannered; rude. ② 《괘씸》 (be) insolent; unpardonable.
발칵 all of a sudden; suddenly.
발칸 ‖ ～반도 the Balkan peninsula.
발코니 a balcony.
발탁(拔擢) ～하다 select; single 〔pick〕 out; choose.
발톱 toenails(사람); a claw(짐승); a talon(맹금); a bill(고양이).
발틱해(一海) the Baltic Sea.
발파(發破) ～하다 blast; set a dynamite. ‖ ～공 a blaster.
발판(一板) ① a footboard; a footstool; a step; 《비계》 a scaffold. ② 《기반·거점》 a footing; a foothold. ¶ ～을 얻다 gain〔secure〕 a footing 《*in society*》. ③ 《수단》 a stepping-stone.
발포(發布) promulgation. ～하다 promulgate; proclaim; issue.
발포(發泡) foaming. ～하다 foam; froth. ‖ ～스티롤 styrol foam; 《상표》 Styrofoam / ～제 a blowing 〔foaming〕 agent.
발포(發砲) ～하다 fire 《*on*》; open fire 《*on*》; discharge 《*a gun*》. ‖ ～사건 a shooting incident.
발표(發表) announcement; expression; publication. ～하다 announce 《*a statement*》; make known 〔public〕; release 《*the news*》; express 《*one's opinion*》. ¶ 연구를 ～하다 《출판물로》 publish the results of *one's* research. ‖ 미～작품 an unpublished work.
발하다(發一) ① 《빛·열 등을》 emit; emanate; radiate; give forth 〔out〕; shed(향기 등을). ② 《명령 등을》 issue; publish; promulgate 《*a decree*》. ¶ 명령을 ～ issue an order. ③ 《출발》 leave; start. ④ 《기원》 originate 《*in*》.
발한(發汗) ～하다 sweat; perspire. ‖ ～제 a diaphoretic.
발행(發行) ① 《도서의》 publication; issue. ～하다 publish; issue. ¶ 매월〔월 2회〕 ～잡지 a monthly 〔semi-monthly〕 (magazine). ‖ ～금지〔정지〕 prohibition〔suspension〕 of publication / ～부수 《신문·잡지의》 a circulation; 《단행본의》 copies printed / ～인 a publisher / ～처 a publishing office. ② 《어음 등의》 drawing; issue. ～하다 draw 《*a bill upon a person*》. ‖ ～인 a drawer / ～일 the date of issue. ③ 《지폐·채권 등의》 flo(a)tation. ～하다 float 《*a bond*》; issue. ‖ ～고 issue amount.
발호(跋扈) ～하다 be rampant.
발화(發火) ～하다 catch fire; ignite. ‖ ～장치 an ignition device / ～점 the ignition〔firing〕 point.
발효(發效) effectuation. ～하다 become effective; come into effect.
발효(醱酵) fermentation. ～하다 ferment. ¶ ～시키다 ferment. ‖ ～소 yeast; a ferment.
발휘(發揮) ～하다 show; display; exhibit. ¶ 수완을 ～하다 display 〔show〕 *one's* ability.
발흥(勃興) ～하다 rise suddenly (into power); make a sudden rise. ¶ 인도의 ～ the rise of India.
밝기 《명도》 luminosity.
밝다[1] ① 《환하다》 (be) light; bright. ¶ 밝은 데 a light place / 밝게 하다 lighten; light up. ② 《정통하다》 (be) familiar with; well versed in; conversant with. ¶ 미국 사정에 ～ be conversant with American affairs. ③ 《귀·눈이》 (be) sharp; keen; quick. ¶ 귀가 ～ have a sharp ear; be quick of hearing. ④ 《성격·사정

이》 (be) cheerful; bright. ¶ 밝은 표정 a cheerful〔bright〕look / 밝은 미래〔전망〕a bright future〔prospect〕. ⑤《공명하다》(be) clear; clean. ¶ 밝은 정치 clean politics.

밝다[2] 《날이》 dawn; 《day》 break. ¶ 밝아 오는 하늘 the dawning sky / 날이 밝기 전에 before light.

밝을녘 daybreak; dawn; break of day.

밝히다 ①《불을》 brighten; lighten; light up; make brighter. ②《분명히》 make 《*a matter*》 clear; clear (up); clarify; bring 《*a matter*》 to light. ¶ 신분을 ~ prove *one's* identity. ③《밤새움》 sit 〔stay〕 up all night.

밟다 ①《발로》 step〔tread〕 on. ¶ 보리를 ~ step〔tread〕 on the seedling of barley. ②《가다》 set foot on. ¶ 이국 땅을 ~ set foot on foreign soil. ③《경험》 ¶ 무대를 ~ tread the stage. ④《절차 등을》 go through 《*formalities*》; complete. ¶ 정규 과정을 ~ complete〔go through〕 a regular course. ⑤《뒤를》 follow; shadow; trail; dog 《*a person's steps*》.

밟히다 be stepped〔trampled〕 on; be trod upon.

밤[1] ①《야간》 night; evening. ¶ ~에 at night; in the evening / ~의 서울 Seoul by night / ~거리의 여인 a street girl / ~마다 every night; night after night / ~늦게(까지) (till) late at night / 한~중에 in the dead of night / ~이 되다 (the) night falls〔closes in〕 / 얘기로 ~을 새우다 talk the night away. ‖ ~거리 night streets / ~경치 a night scene. ②《행사》 an evening. ¶ 음악의 ~ 《have》 a musical evening.

밤[2] 〖植〗 a chestnut. ¶ ~나무 a chestnut tree / ~색(의) chestnut; nut-brown.

밤길 a walk at night; a night trip.

밤낚시 night fishing〔angling〕. ~하다 go fishing by night. ‖ ~꾼 a night angler.

밤낮 day and night; always, all the time(늘).

밤눈 night vision. ¶ ~이 어둡다 be blind at night.

밤바람 a night wind〔breeze〕.

밤비 rain in the night.

밤사이 during the night.

밤새도록 all night (long); overnight; all the night through.

밤새(우)다 sit〔stay〕 up all night.

밤새움하다 sit up all night.

밤소경 a night-blind person.

밤소일(一消日) a night out. ~하다 go out in the evening for pleasure.

밤손님 a night thief〔prowler〕; a burglar; a nightbird 《俗》.

밤송이 a chestnut bur.

밤안개 a night fog〔mist〕.

밤알 a chestnut.

밤이슬 the night dew.

밤일 night-work.

밤잠 night sleep; sleeping at night.

밤중(一中) midnight. ¶ ~에 at (mid) night.

밤차(一車) a night train.

밤참 a night meal〔snack〕.

밤톨 ¶ ~만하다 be as big as a chestnut.

밤하늘 a night sky.

밥 ①《쌀밥》 boiled〔cooked〕 rice. ¶ ~을 짓다 cook〔boil〕 rice. ②《식사》 a meal; food; 《생계》 *one's* living. ¶ ~을 먹다 take〔have〕 a meal; make a living; earn *one's* bread. ③《먹이》 feed; food; bait (낚시용); 《희생물》 a prey; a victim. ¶ 돼지 ~ hog feed / …의 ~이 되다 fall a prey〔victim〕 to.

밥값 food expenses〔costs〕; board (하숙비).

밥그릇 a rice bowl.

밥맛 the flavor of rice; appetite (입맛).

밥벌레 a do-nothing; a useless mouth; a good-for-nothing.

밥벌이 breadwinning. ~하다 make a living; earn *one's* daily bread.

밥상(一床) a dining〔an eating〕 table. ¶ ~을 차리다〔치우다〕 set 〔clear〕 the table.

밥솥 a kettle for cooking rice. ‖ 전기~ an electric rice cooker.

밥술 a few spoonfuls of boiled rice; a rice spoon(숟가락).

밥알 a grain of cooked rice.

밥장사하다 sell meals; run an eating house.

밥장수 one who runs an eating house.

밥주걱 a (wooden) paddle for serving rice.

밥줄 *one's* means of livelihood. ¶ ~이 끊어지다 lose *one's* job; be out of job〔work〕.

밥집 an eating house; a chop-house.

밥통(一桶) ①《그릇》 a boiled-rice container. ② ☞ 위(胃). ③ ☞ 밥벌레, 바보.

밥투정하다 grumble over meals.

밥풀 ①《풀》 rice paste. ②《밥알》 grains of boiled rice.

밧줄 a rope; a line. ¶ 생명의 ~ a lifeline / ~을 당기다 draw〔pull〕 the rope; haul at〔upon〕 a rope / ~을 타고 내려 오다 climb down a rope.

방(房) a room; a chamber. ¶ 자기 ~ *one's* (own) room / 양지바른 ~ a sunny room / ~이 셋 있는 집 a three-room(ed) house / ~을 빌리다〔세놓다〕 hire〔rent〕 a room.

방(榜) 《방문》 a placard; a public 〔an official〕 notice.

방(放) 《탄환의》 a shot; a round.

ㅂ

¶ 한～의 포성 a roar of cannon.

…방(方) 《우편 등에서》 care of(생략 c/o). ¶ 김씨～ 유씨 Mr. Yu, care of〔c/o〕 Mr. Kim.

방갈로 a bungalow.

방값 《방세》 room rent; 《호텔 등의》 room charge.

방계(傍系) ¶ ～의 collateral; subsidiary. ‖ ～회사 a subsidiary〔an affiliated〕 company.

방공(防空) air defense. ‖ ～연습〔훈련〕 an anti-air-raid〔air defense〕 drill / ～호 air-raid〔a bomb〕 shelter; a dugout / 한국～식별구역 Korean Air Defense Identification Zone(생략 KADIZ).

방과(放課) dismissal of a class. ¶ ～후 after school (hours).

방관(傍觀) ～하다 remain〔sit as〕 a spectator; stand by idly; look on (unconcerned). ¶ ～적 태도를 취하다 assume the attitude of an onlooker. ‖ ～자 an onlooker; a bystander.

방광(膀胱) the bladder. ‖ ～염〖醫〗 inflammation of the bladder; cystitis.

방귀 wind; a fart《俗》. ¶ ～ 뀌다 break wind; fart.

방그레 ¶ ～ 웃다 smile; beam.

방글〔방긋〕거리다 smile; beam. ¶ 방글방글〔방긋방긋〕 with a gentle〔bland〕 smile; smilingly; beamingly. 「ago.

방금(方今) just now; a moment

방긋하다 (be) ajar; slightly open.

방년(芳年) the sweet age《*of a young lady*》. ¶ ～ 20세의 처녀 a girl of sweet twenty.

방놓다(房—) build a room.

방뇨(放尿) urination; pissing《俗》. ～하다 pass urine; urinate; make〔pass〕 water; piss《俗》. 「〔talk〕.

방담(放談) a random〔free〕 speech

방대(尨大) ¶ ～한 bulky; massive; huge; enormous; vast / ～한 계획 a huge-scale plan. 「a way.

방도(方途) a means; a measure;

방독(防毒) ‖ ～마스크〔면〕 an anti-gas mask; a gas mask; a respirator《英》.

방랑(放浪) ～하다 wander〔roam〕 about; rove. ‖ ～객〔자〕 a wanderer; a vagabond / ～벽 vagrant habits / ～생활 a vagabond〔wandering〕 life.

방류(放流) ～하다 《물을》 discharge; 《물고기를》 stock〔plant〕《*a river*》 with《*fish*》.

방망이 a club; a stick; a billy (club); a cudgel. 「offer for sale.

방매(放賣) selling; sale. ～하다

방면(方面) ① 《방향》 a direction; 《지방》 a quarter; a district. ¶ 제주～ the *Cheju* districts. ② 《분야》 a line; a field.

방면(放免) ～하다 set《*a person*》 free; acquit; release; liberate. ‖ 훈계～ release after admonition.

방명(芳名) your (honored) name. ‖ ～록 a list of names; a visitor's register〔list〕.

방목(放牧) ～하다 pasture; graze; put (cattle) out to grass. ‖ ～지 a grazing land; a pasture.

방문(房門) a door (of a room).

방문(訪問) a call; a visit. ～하다 (pay a) visit; (make a) call on《*a person*》; call at《*a house*》; go and see《*a person*》. ¶ ～을 받다 receive a call〔visit〕 / 인사차～하다 pay a courtesy call《*on*》. ‖ ～간호사 a visiting nurse / ～객 a caller; a visitor / ～단 a group〔team〕 of visitors / ～외교 diplomacy by visit / ～판매 door-to-door selling.

방물장수 a peddler of fancy goods.

방미(訪美) a visit to the United States. ¶ ～길에 오르다 leave for America.

방바닥(房—) the floor of a room.

방방곡곡(坊坊曲曲) ¶ ～에서 throughout the length and breadth of the land; all over the country.

방범(防犯) crime prevention. ‖ ～대원 a (night) watchman / ～주간 Crime Prevention Week.

방법(方法) 《방식》 a way; a method; 《과정》 a process; 《수단》 a means; 《방책》 a plan; a system; 《조치》 a step; a measure. ¶ 최선의 ～ the best method〔way〕 / ～을 강구하다 take steps〔measures〕 *to do* / 소금을 만드는 새로운 ～ a new process for making salt. ‖ ～론 methodology.

방벽(防壁) a protective〔defensive〕 wall; a barrier.

방부(防腐) preservation from decay; antisepsis. ¶ …에 ～처리를 하다 apply antiseptic treatment 《*to*》. ‖ ～제 an antiseptic; a preservative.

방불(彷彿) ～하다 resemble closely. ¶ ～케 하다 remind *one* of《*a thing*》.

방비(防備) defense; defensive preparations. ～하다 defend; guard. ¶ 무～도시 an open city / ～를 강화하다 strengthen the defense 《*of a country*》.

방사(房事) sexual intercourse. ¶ ～를 삼가다 be continent.

방사(放射) radiation; emission. ～하다 radiate; emit. ¶ X선을 ～하다 radiate X-rays. ‖ ～상도로 a radial road / ～에너지 radiant energy / ～열 radiant heat.

방사능(放射能) radioactivity. ¶ ～의 radioactive / ～의 강도 intensity of radioactivity; radioactive level. ‖ ～오염 radioactive pollution 〔contamination〕 / ～진〔비, 구름〕 radioactive fallout 〔rain, cloud〕 / ～탐지기 a radiation detector.

방사선(放射線) radiation; radial rays. ¶ ～치료를 받다 receive radiation treatment. ‖ ～과 the department of radiology / ～요법 radiotherapy / ～의학 radiology.

방사성(放射性) ¶ ～의 radioactive. ‖ ～낙진 radioactive fallout / ～동위원소 radioisotope / ～물질 radioactive substance / ～폐기물 radioactive waste.

방생(放生) 〖佛〗 the release of captive animals.

방석(方席) a cushion.

방성통곡(放聲痛哭) ～하다 cry loudly and bitterly.

방세(房貰) a room rent. ¶ ～를 올리다 raise the (room) rent.

방세간(房—) room furniture.

방송(放送) broadcasting; a broadcast(일회의). ～하다 broadcast; go on the air; send 《*news*》 on the air. ¶ 2개 국어 ～ a bilingual broadcast / ～중이다 be on the air. ‖ ～국 a broadcasting 〔radio, TV〕 station / ～극 a radio 〔television〕 drama / ～기자 a radio 〔TV〕 reporter / ～망 a radio 〔TV〕 network / ～방해 jamming / ～사업 the broadcasting industry / ～실 a radio 〔TV〕 studio / ～위성 a broadcasting satellite / ～통신대학 the University of the Air and Correspondence / ～프로 a radio 〔TV〕 program.

방수(防水) waterproofing. ～하다 make 《*cloth*》 waterproof; waterproof 《*cloth*》. ¶ ～의 waterproof; watertight. ‖ ～격벽 watertight bulkhead / ～제〔포〕 waterproof agent 〔cloth〕 / ～처리〔가공〕 waterproofing / ～화 (a pair of) overshoes.

방수로(放水路) a drainage canal; a sluiceway.

방습(防濕) dampproofing. ¶ ～의 dampproof. ‖ ～제 (a) desiccant.

방식(方式) 《형식》 a formula; a form; 《양식》 a mode; 《방법》 a method; 《체계》 a system. ¶ 새로운 분류～ a new system of classification.

방식제(防蝕劑) 〖化〗 an anticorrosive.

방실거리다 smile (sweetly); beam.

방심(放心) ～하다 be off *one's* guard; be careless; be unwatchful. ¶ ～하고 있는 틈에 in an unguarded moment.

방아 a (grinding) mill. ‖ 방앗간 a flour(ing) mill.

방아깨비 〖蟲〗 a kind of grasshopper; a locust.

방아쇠 a trigger. ¶ ～를 당기다 pull the trigger; trigger 《*a rifle*》.

방안(方案) a plan; a device; a scheme; a program. ¶ ～을 세우다 draw up a plan.

방안지(方眼紙) graph paper.

방약무인(傍若無人) ¶ ～한 arrogant; overbearing; audacious; outrageous.

방어(防禦) defense; protection. ～하다 defend; protect. ¶ 선수권을 ～하다 defend the title. ‖ ～율 《야구에서》 earned run average(생략 ERA) / ～전 a defensive war 〔fight〕 / 지역～ 〖競〗 zone defense.

방어(魴魚) 〖魚〗 a yellowtail.

방언(方言) a dialect; a provincialism.

방역(防疫) prevention of epidemics. ～하다 take preventive measures against epidemics. ‖ ～대책 anti-epidemic measure.

방열(防熱) ¶ ～의 heatproof. ‖ ～복 heatproof clothes.

방영(放映) televising 《*a movie*》. ～하다 televise; telecast. ‖ ～권 the televising right.

방울 ① 《쇠방울》 a bell. ‖ ～소리 the tinkling of a bell. ② 《물의》 a drop. ¶ ～～(떨어지다) (fall) in drops.

방울새 〖鳥〗 a greenfinch.

방위(方位) a direction. ‖ ～각 an azimuth (angle); a declination.

방위(防衛) defense. ～하다 defend; protect; safeguard. ¶ 자기～를 위해 in self-defense. ‖ ～계획 a defense plan / ～산업 《develop》 the defense industry / ～성금 a donation 〔contribution〕 to the national defense fund / ～세 a defense tax / ～소집 the defense call-up; the defensive mobilization / ～예산 a national defense budget.

방음(防音) ¶ ～의 soundproof. ‖ ～실 a soundproof room / ～장치 soundproofing; 《소음장치》 a sound arrester; a silencer.

방임(放任) ～하다 let 〔leave〕 《*a person*》 alone. ‖ ～주의 a let-alone 〔noninterference〕 policy; a laissez-faire principle.

방자 ～하다 curse; execrate; wish ill of 《*a person*》.

방자하다〔**스럽다**〕(放恣—) (be) self=indulgent; licentious; willful.

방적(紡績) spinning. ‖ ～견사 spun silk / ～공 a spinner / ～공업 the (cotton) spinning industry / ～공장〔기계, 회사〕 a spinning mill 〔machine, company〕.

방전(放電) electric discharge. ～하다 discharge electricity. ‖ 공중～ atmospheric electricity.

방점(傍點) a side point〔mark〕.
방정 ¶ ~맞다 be flighty〔rash〕/ ~떨다 behave rashly.
방정(方正) ~하다 (be) good; upright; correct. ¶ 품행이 ~한 사람 a man of good conduct.
방정식(方程式) an equation. ‖ 1〔2, 3〕차~ a simple〔quadratic, cubic〕equation.
방제(防除) 《해충 등의》 prevention and extermination 《*of flies*》; control (of insect pests).
방조(幇助) assistance; aiding and abetting (범죄의). ~하다 assist; aid; help; aid and abet 《*suicide*, etc.》. ‖ ~자 an abettor (범죄의).
방조제(防潮堤) a tide embankment; a seawall.
방종(放縱) self-indulgence; dissoluteness; licentiousness. ¶ ~한 self-indulgent; licentious; dissolute; loose.
방주(方舟) an ark. ¶ 노아의 ~ Noah's ark.
방주(旁註) marginal notes; foot notes (각주(脚註)).
방증(傍證) circumstantial evidence.
방지(防止) prevention. ~하다 prevent; check. ¶ 전쟁의 위험을 ~하다 prevent the danger of war. ‖ ~책 a preventive measure / 인플레 ~책 an anti-inflation policy.
방직(紡織) spinning and weaving. ‖ ~(공)업 the textile industry / ~공장 a spinning mill.
방책(方策) 《방안》 a plan; a scheme; 《방침》 a policy; 《수단》 a measure. ¶ 최선의 ~ the best policy / 현명한 ~ a wise plan.
방책(防柵) a palisade; a barricade; a stockade.
방첩(防諜) anti-〔counter-〕espionage; counter-intelligence 《美》. ‖ ~부대 Counter-Intelligence Corps (생략 C.I.C.).
방청(傍聽) hearing; attendance. ~하다 hear; listen to; attend. ‖ ~권 an admission ticket / ~석 seats for the public; the (visitor's) gallery (의회·법정 등의) / ~인 a hearer; an auditor; an audience (청중).
방추(方錐) a square drill. ¶ ~형의 pyramidal.
방추(紡錘) a spindle. ¶ ~형(의) spindle-shape(d).
방축(防縮) ¶ ~의 shrink-proof. ¶ ~가공을 한 천 shrink-resistant 〔preshrunk〕 fabrics.
방출(放出) release 《*of goods*》; discharge (배출). ~하다 release; discharge. ¶ 정부(보유)미의 ~ the release of government rice. ‖ ~물자 released goods〔commodities〕.
방충제(防蟲劑) an insecticide; 《좀약》 a mothball.
방취(防臭) ‖ ~제 a deodorizer; a deodorant.
방치(放置) ~하다 let 《*a thing*》 alone; leave 《*a matter*》 as it is; neglect(등한시).
방침(方針) 《방향》 a course; a line; 《정책》 a policy; 《원칙》 a principle; 《계획》 a plan. ¶ ~을 세우다 map out *one's* course; lay down the lines 《*of*》 / ~을 실행하다 carry out *one's* plan.
방탄(防彈) ¶ ~의 bulletproof; bombproof. ‖ ~조끼〔유리〕 a bulletproof jacket〔glass〕.
방탕(放蕩) dissipation; debauchery. ~하다 (be) dissipated; prodigal; 《서술적》 lead a dissipated〔dissolute〕 life. ‖ ~생활 a fast life; fast living / ~자 a libertine; a debauchee.
방파제(防波堤) a breakwater.
방패(防牌) a shield; a buckler(원형의). ¶ …을 ~ 삼다 use 《*something*》 as a shield 《*against*》; shield *oneself* behind 《*something*》. ‖ 인간~ human shields.
방편(方便) 《수단》 expediency; an expedient; a means; 《도구》 an instrument. ¶ 일시적 ~ a temporary expedient; a makeshift.
방풍(防風) ‖ ~림 a shelter belt; a windbreak (forest).
방학(放學) school holidays; a vacation. ~하다 close the school; go on vacation.
방한(防寒) protection against the cold. ‖ ~모 a winter cap / ~복 (special) winter clothes / ~화 winter shoes; arctic boots; arctics 《美》.
방한(訪韓) a visit to Korea. ~하다 visit Korea. ¶ ~중인 K씨 Mr. K who is on a visit to Korea.
방해(妨害) obstruction; disturbance; a hindrance; 《간섭》 interference. ~하다 obstruct; disturb; interrupt; interfere with. ¶ 계획을 ~하다 block〔obstruct〕 a plan / 작업을 ~하다 hinder 《*a person*》 in his work; hinder 《*a person's*》 work. ‖ ~공작 sabotage / ~물 an obstacle; an obstruction / 의사~ obstructive tactics; a filibuster 《美》.
방향(方向) 《방위》 direction; bearings; 《진로》 a course. ¶ ~을 전환하다 change *one's* course. ‖ ~감각 a sense of direction / ~탐지기 a direction finder.
방향(芳香) a sweet smell; perfume; fragrance. ‖ ~제 an aromatic.
방형(方形) a square. ¶ ~의 square.
방호(防護) protection. ~하다 protect; guard.
방화(防火) fire prevention〔fight-

ing〕. ¶ ～의 fireproof. ‖ ～벽〔셔터, 연습〕 a fire wall〔shutter, drill〕 / ～설비 fire-protection equipment / ～주간 Fire Prevention Week.

방화(邦畫)《영화》 a Korean film〔movie, motion picture〕.

방화(放火)《행위》 arson; incendiarism;《불》 an incendiary fire. ～하다 set fire to《*a house*》. ‖ ～광 a pyromaniac / ～범 an arsonist; an incendiary; a firebug《美俗》/ ～죄 arson.

방황(彷徨) wandering. ～하다 wander〔roam〕 about; rove.

밭 a field; a farm. ‖ 배추～ a cabbage patch / 옥수수～ a corn field / 채소～ a vegetable〔kitchen〕 garden.

밭갈이 plowing; cultivating. ～하다 cultivate; plow; till.

밭고랑 a furrow. 「〔corn〕.

밭곡식(一穀一) dry-field grain

밭농사(一農事) dry-field farming.

밭다[1] ①《시간·공간적으로》 be very〔too〕 close〔near〕. ②《기침이》(be) dry; hacking. ¶ 밭은 기침을 하다 have a dry〔hacking〕 cough.

밭다[2]《거르다》 filter; strain; percolate.

밭도랑 a ditch in a dry field.

밭두둑 a ridge between fields.

밭벼 a dry-field rice plant.

밭이랑 a ridge in a field.

밭일 farming; farm work. ～하다 work in the fields.

배[1] ①《복부》 the belly; the abdomen;《창자》 the bowels;《위》 the stomach. ¶ ～가 나온 potbellied; big-bellied / ～가 아프다 have a stomachache / 제 ～만 불리다 enrich *one's* own pocket; feather *one's* own nest. ②《맘속》 a heart; a mind. ¶ 뱃속 검은 black=hearted; wicked; evil-minded. ③《시샘》 ¶ ～가 아프다 be green with envy. ④《태내》 a womb. ¶ ～가 부르다 be large with a child.

배[2]《타는》 a ship; a boat; a vessel; a steamer(기선). ¶ ～로《go》 by ship / ～를 타다 go〔get〕 on board (a ship); embark / ～에서 내리다 get off〔leave〕 a ship; disembark.

배[3]《과일》 a pear. 「fetus.

배(胚) 〚植〛 an embryo; 〚動〛 a

배(倍) ①《2배》 double. ¶ ～의 double; twice; two times《美》; twofold / ～로 하다〔되다〕 double《*the profit*》; be doubled. ②《곱절》 times; -fold. ¶ 한～ 반 one and a half times / …의 3～의 양 thrice as much as… / 3～ three times; treble; thrice; threefold / 4～ quadruple / 5～ quintuple / 6～ sextuple / 7～ septuple / 8～ octuple / 9～ nonuple / 10～ decuple / 백～ centuple.

배가(倍加) ～하다 (make) double; increase markedly. ¶ 노력을 ～하다 redouble *one's* efforts / 매력을 ～하다 make《*something*》 doubly attractive.

배갈 a strong Chinese liquor.

배겨나다 bear up《*under*》; put up《*with*》; suffer patiently《*through*》. 「ject; drive out.

배격(排擊) ～하다 denounce; re-

배경(背景) ①《후면》 a background;《무대의》 scenery; setting; a scene;《배후 사정》 the background. ¶ 사건의 ～ the background of an affair. ‖ ～음악 background music. ②《후원》 backing; support; pull《美俗》;《사람》 a backer; a supporter. ¶ 유력한 ～ strong backing; a strong backer / 정치적 ～ political backing / ～이 없다 have no "pull" behind *one*.

배고프다 (be) hungry. ¶ 배고파 죽겠다 be dying with hunger.

배곯다 have an empty stomach.

배관(配管) plumbing. ‖ ～공 a plumber; a pipe fitter / ～공사 piping work; plumbing.

배교(背教) apostasy. ‖ ～자 an apostate. 「수 a volleyball player.

배구(排球) 〚競〛 volleyball. ‖ ～선

배금(拜金) ‖ ～주의 mammonism / ～주의자 a mammonist.

배급(配給) distribution; rationing. ～하다 distribute; supply; ration(식량을). ‖ ～소 a distributing station〔center〕 / ～쌀〔품〕 rationed rice〔goods〕 / ～제(도) distributing〔rationing〕 system / ～통장〔표〕 a ration book〔ticket〕.

배기(排氣) exhaust; ventilation. ‖ ～가스 exhaust gas〔fumes〕/ ～관 an exhaust pipe / ～량 engine displacement / ～장치 an exhauster; an air escape.

배기다[1] endure; bear with; suffer. ¶ 배길 수 있는 bearable; endurable / 배길 수 없는 unbearable; unendurable.

배기다[2]《받치다》 be hard on《*one's back*》; pinch; squeeze.

배꼽 the navel. ¶ ～이 빠지도록 웃다 laugh like anything; die with laughing.

배낭(胚囊) 〚植〛 an embryo sac.

배낭(背囊) a knapsack; a rucksack; a backpack. 「baby.

배내옷 clothes for a newborn

배냇니 a milk tooth. 「ple.

배냇병신(一病身) a congenital crip-

배뇨(排尿) urination. ～하다 urinate; pass〔make〕 water.

배다[1] 《촘촘하다》(be) close; fine.
배다[2] 《잉태》conceive; become〔get〕pregnant. ¶ 애를 ~ conceive a child; be pregnant / 새끼를~ be big with young.
배다[3] ① 《스미다》sink《*into*》; soak through; permeate. ¶ 피가 밴 붕대 a bandage saturated with blood. ② 《익숙》get used《*to*》; become accustomed《*to*》. ¶ 몸에 밴 일 a familiar job〔work〕; *one's* accustomed work / 일이 손에 ~ get skilled《*in*》.
배다르다 be born of a different mother; be half-blooded. ¶ 배다른 형제〔자매〕 *one's* half brother〔sister〕.
배다리 《가교》a pontoon bridge.
배달(倍達) ‖ ~민족 the Korean race.
배달(配達) delivery. ~하다 deliver; distribute. ‖ ~료 the delivery charge / ~원 a deliveryman; a mailman (우편); a milkman(우유); a newsboy(신문) / ~증명서 a delivery receipt / ~처 the destination / 무료~ free delivery / 시내~ local delivery / 특별~ special delivery.
배당(配當) allotment; a dividend. ~하다 allot; pay a dividend(배당금을). ¶ 이익의 ~을 받다 share in the profits. ‖ ~금 a dividend; a share / ~락 ex dividend; dividend off / ~률 dividend rate / ~부(附) cum dividend; dividend on.
배드민턴 badminton.
배란(排卵) ovulation. ~하다 ovulate. ‖ ~기 an ovulatory phase / ~억제제 (an) anovulant; (an) anovulatory medication / ~유발제 an ovulatory〔ovulation-inducing〕drug.
배럴 《용량 단위》a barrel.
배려(配慮) 《마음씀》care; consideration. ~하다 consider. ¶ 세심한 ~ thoughtful consideration.
배례(拜禮) ~하다 bow; salute.
배맞다 make an illicit intercourse.
배면(背面) the rear; the back. ‖ ~공격 a rear attack.
배밀이 ¶ ~하다 crawl; creep.
배반(背反, 背叛) betrayal. ~하다 betray; turn〔rebel〕《*against*》. ¶ 친구를 ~하다 turn against *one's* friend / 남자를 ~하다 jilt a man / 나라를 ~하다 turn traitor to *one's* country. ‖ ~자 a betrayer; a traitor.
배반(胚盤) 〖動〗the germinal disk.
배변(排便) evacuation. ~하다 evacuate〔open〕the bowels.
배본(配本) distribution of books. ~하다 distribute books.
배부(配付) distribution. ~하다 distribute《*among, to*》; deliver.
배부르다 have a full stomach; be large with child(임신해서). ¶ 배부른 흥정 a take-it-or-leave-it deal〔sale〕.
배분(配分) distribution. ~하다 distribute; allot.
배불뚝이 a person with a pot-belly.
배사(背斜) 〖地〗anticline. ¶ ~의 anticlinal. ‖ ~구조 an anticline.
배상(賠償) reparation; indemnity; compensation. ~하다 compensate; indemnify; make reparation《*for*》. ¶ ~을 요구하다 demand reparation; claim for compensation. ‖ ~금 an indemnity; reparations(전쟁의) / 현물〔금전〕~ reparation in kind〔cash〕.
배색(配色) a color scheme; coloring.
배서(背書) (an) endorsement. ~하다 endorse《*a check*》; back《*a bill*》. ‖ ~인 an endorser / 피~인 an endorsee.
배석(陪席) ~하다 sit with《*one's superior*》. ‖ ~자 an attendant / ~판사 an associate judge; an assessor.
배선(配船) ~하다 place〔assign〕a ship《*on a line*》.
배선(配線) wiring. ~하다 wire《*a house*》. ¶ 전기~ electric wiring.
배설(排泄) excretion; discharge. ~하다 excrete; evacuate; discharge. ‖ ~기관 the excretory organs / ~물 excrements; body waste.
배속(配屬) assignment. ~하다 assign; attach. ¶ 영업부에 ~되다 be assigned to the sales department. ‖ ~장교 a military officer attached to a school.
배수(拜受) ~하다 receive; accept.
배수(配水) ~하다 supply water《*to*》. ‖ ~관 a conduit〔water〕pipe / ~지(池) a distributing reservoir.
배수(倍數) 〖數〗a multiple. ¶ 공~ a common multiple.
배수(排水) draining; drainage. ~하다 drain; pump out. ‖ ~관 a drainpipe / ~구 a drain (ditch) / ~량 displacement (이 배의 ~량은 2만 톤이다 This ship displaces twenty thousand tons.) / ~펌프 a drainage pump.
배수진(背水陣) ¶ ~을 치다 fight with *one's* back to the wall〔sea〕; burn *one's* boats; burn the bridges behind *one*.
배신(背信) betrayal; a breach of faith. ~하다 betray《*a person's*》confidence; break faith. ‖ ~자 a betrayer; a traitor; a turncoat(변절자) / ~행위 a breach of faith〔trust〕.
배심(陪審) jury. ‖ ~원 a jury(총

칭); a juror, a juryman(개인) (~원이 되다 sit on a jury) / ~재판 a trial by jury / ~제도 the jury system.

배아(胚芽) a germ; an embryo bud. ‖ ~미(米) rice with germs.

배알 entrails; guts. ☞ 창자.

배알(拜謁) an audience 《*with the king*, etc.》. ~하다 have an audience with 《*the king*》.

배앓이 stomach trouble; colic; the gripes.

배액(倍額) double the amount 〔price〕; a double sum.

배양(培養) culture; cultivation. ~하다 cultivate; nurture; breed. ¶ 세균을 ~하다 cultivate 〔culture〕 bacteria. ‖ ~기 a (culture) medium / ~액 a culture fluid / 인공~ artificial culture / 조직~ tissue culture.

배역(配役) the cast 《*of a play*》. ¶ ~을 정하다 cast 《*an actor*》 for a part; cast a part 《*to an actor*》.

배열(排列) arrangement; disposition. ~하다 arrange; dispose; put 《*things*》 in order.

배엽(胚葉) 〖動〗 a germ(inal) layer.

배영(背泳) the backstroke.

배외(排外) ¶ ~의 anti-foreign. ‖ ~사상 anti-foreign ideas; anti-foreignism; anti-alienism.

배우(俳優) a player; an actor(남자); an actress(여자). ¶ ~가 되다 become an actor 〔actress〕; go on the stage. ‖ ~학교 a school of acting / 영화〔연극〕~ a film 〔stage〕 actor / 인기~ a star.

배우다 learn; study; be taught; take lessons 《*in, on*》; 《연습》 practice; be trained in. ¶ 철저히 ~ learn thoroughly / 피아노를 ~ take lessons on the piano / 차 운전을 ~ learn how to drive a motorcar.

배우자(配偶子) 〖生〗 a gamete.

배우자(配偶者) a spouse; *one's* mate 〔husband, wife〕. ‖ ~공제 tax exemption for *one's* spouse.

배움 study; learning. ¶ ~의 길 the pursuit of studies; learning. ‖ ~터 a school; a place for learning.

배웅 send-off. ~하다 show 《*a person*》 out; see 〔send〕 《*a person*》 off. ¶ ~ 나가다 go 《*to the station*》 to see 《*a person*》 off.

배유(胚乳) 〖植〗 an albumen; an endosperm.

배율(倍率) magnification.

배은망덕(背恩忘德) ingratitude. ~하다 be ungrateful; lose *one's* gratitude. ¶ ~한 사람 an ungrateful person. 「an overtone.

배음(倍音) 〖樂〗 a harmonic (tone);

배일(排日) ¶ ~의 anti-Japanese 《*feeling, movement*》. 「pism.

배일성(背日性) 〖植〗 negative heliotro-

배임(背任) breach of trust; misappropriation (부정 유용). ‖ ~행위 an act in violation of *one's* duty. 「than ever.

배전(倍前) ¶ ~의 redoubled; more

배전(配電) ~하다 supply electricity; distribute power. ‖ ~반 a switchboard / ~선 an electrcity main; a service wire / ~소 a power distribution station.

배점(配點) ~하다 allot 《*20 points*》 to 《*a question*》.

배정(配定) assignment. ~하다 assign; allot.

배제(排除) exclusion; removal. ~하다 exclude; remove; eliminate. ¶ 정실을 ~하다 eliminate favoritism. 「a badge.

배지 a badge. ¶ ~를 달다 wear

배짱 boldness; pluck; courage; guts. ¶ ~센 daring; bold; plucky; courageous / ~없는 timid; faint-〔chicken-〕hearted.

배차(配車) allocation of cars. ~하다 allocate 〔dispatch〕 cars 〔buses〕. ‖ ~계〔원〕 a dispatcher.

배척(排斥) expulsion; a boycott. ~하다 drive out; oust; expel. ¶ 일본 상품에 대한 ~ a boycott of Japanese good. ‖ ~운동 a boycott movement 〔campaign〕.

배추 a Chinese cabbage. ‖ ~김치 cabbage *kimchi;* pickled cabbage.

배출(排出) discharge. ~하다 discharge; excrete. ¶ 가스〔연기〕를 ~하다 discharge gas 〔smoke〕 / 노폐물을 ~하다 excrete waste matter from the body. ‖ ~관 an exhaust 〔a discharge〕 pipe / ~구 an outlet / ~물 waste matter; industrial waste (공장의).

배출(輩出) ~하다 produce a large number of 《*scholars*》; appear in great numbers.

배치(背馳) ~하다 be contrary 《*to*》; run counter 《*to*》; contradict 《*each other*》.

배치(配置) arrangement; disposition. ~하다 arrange; 《부서에》 post; station; dispose. ¶ 군대를 ~하다 place 〔station〕 troops 《*in the province*》. ‖ ~계획 block 〔plot〕 planning / ~도 〖機〗 an arrangement plan; 〖建〗 a plot plan / 인원~ disposition of men.

배치 batch. ‖ ~생산 batch production / ~처리 〖컴〗 batch processing / ~플랜트 a batch plant.

배타(排他) exclusion. ¶ ~적인 exclusive. ‖ ~주의 exclusivism; exclusionism.

배탈(一頉) 《have》 a stomach trouble〔upset, disorder〕.
배태(胚胎) ～하다 originate 《*in*》; have 《*its*》 origin 《*in*》.
배터리 a battery.
배터박스 〖野〗 a batter's box.
배트 〖野〗 a bat.
배팅 〖野〗 batting. ‖ ～오더 the batting order.
배편(一便) shipping service. ¶ ～으로 by ship〔water, sea〕.
배포(配布) distribution. ～하다 distribute 《*among, to*》.
배포(排布) a plan〔scheme〕 (in *one's* mind). ¶ ～가 크다 be magnanimous; think on a large scale.
배필(配匹) a partner for life; a spouse; a mate. ¶ 천생～ a well-matched couple〔pair〕.
배합(配合) 《결합》 combination; 《조화》 harmony; match; 《혼합》 mixture. ～하다 combine; match; harmonize; mix. ¶ 색의 ～ color scheme〔harmony〕. ‖ ～비료 compound fertilizer / ～사료 assorted feed.
배화교(拜火教) fire worship; Zoroastrianism.
배회(徘徊) ～하다 wander〔roam, loiter〕 about; hang about 〔around〕.
배후(背後) the back; the rear. ¶ ～에서 조종하다 pull the wires 〔strings〕 from behind. ‖ ～인물 a wirepuller; a man behind the scenes.
백(白) white.
백(百) a〔one〕 hundred. ¶ ～번 a hundred times / ～번째(의) the hundredth / 수～명 hundreds of men.
백계(白系) ‖ ～러시아인 a Russian émigré.
백계(百計) all〔every〕 means. ‖ ～무책 helplessness.
백곡(百穀) all kinds of grain.
백골(白骨) a bleached white bone. ¶ ～난망이다 be very grateful; be unforgettable.
백곰(白—) a white〔polar〕 bear.
백과사전(百科事典) an encyclop(a)edia. ¶ ～적(인) encyclopedic 《*knowledge*》.
백관(百官) all the government officials. ¶ 문무～ civil and military officials.
백구(白鷗) 〖鳥〗 a white gull.
백군(白軍) 《경기의》 the white team; the white(s).
백금(白金) white gold; 〖化〗 platinum(기호 Pt).
백기(白旗) a white flag; a flag of truce〔surrender〕. ¶ ～를 들다 hang out a white flag.
백납(白—) 〖醫〗 vitiligo; leucoderma. ¶ ～ 먹다 have a leucoderma.
백내장(白內障) 〖醫〗 cataract.
백넘버 《운동복의》 a player's〔uniform〕 number; a jersey number.
백네트 〖野〗 the backstop.
백년(百年) a〔one〕 hundred years; a century. ¶ ～하청이다 wait one hundred years for the waters in the Yellow River to clear. ‖ ～제 a centennial (anniversary) / (국가) ～대계 a far-sighted (national) policy〔program〕.
백년가약(百年佳約) a marriage bond; conjugal tie. ¶ ～을 맺다 tie the nuptial knot.
백년해로(百年偕老) ～하다 grow old together in wedded life.
백대하(白帶下) 〖醫〗 leucorrhea; whites 《俗》.
백랍(白蠟) white〔refined〕 wax.
백로(白鷺) 〖鳥〗 an egret; a snowy heron.
백마(白馬) a white horse.
백만(百萬) a million. ¶ ～분의 1 a millionth / ～분의 1 지도 a map on a scale of one to a million. ‖ ～장자 a millionaire.
백면서생(白面書生) a stripling; a greenhorn; a novice.
백모(伯母) an aunt; an aunty(애칭).
백문불여일견(百聞不如一見) Seeing is believing.
백미(白米) polished rice.
백미(白眉) the best 《*of*》; a masterpiece (걸작).
백미러 a rearview mirror.
백반(白飯) boiled〔cooked〕 rice.
백반(白礬) 〖化〗 alum.
백발(白髮) white〔gray, snowy〕 hair. ¶ ～의 white-haired; gray-haired / ～이 되다 《머리가》 turn gray; 《사람이》 grow gray. ‖ ～노인 a white-haired〔-headed〕 old man.
백발백중(百發百中) ～하다 never miss the target; never fail.
백방(百方) all〔every〕 means. ¶ ～으로 노력하다 make every effort.
백배(百拜) ¶ ～사죄하다 bow a hundred apologies.
백배(百倍) one〔a〕 hundred times. ～하다 increase 《*a number*》 a hundredfold; centuple. ¶ ～의 centuple; hundredfold.
백병전(白兵戰) a hand-to-hand fight; a close combat. ¶ ～을 벌이다 fight hand to hand 《*with*》.
백부(伯父) an uncle.
백분(白粉) face〔toilet〕 powder.
백분(百分) ～하다 divide into a hundred parts. ¶ ～의 1, one hundredth; one percent. ‖ ～율〔비〕 (a) percentage.
백사(白沙) white sand. ‖ ～장 a sandy beach; the sands.
백삼(白蔘) white ginseng.
백색(白色) white. ‖ ～인종 the white race(s); Caucasians / ～테러 the White Terror.
백서(白書) 《issue, publish》 a

white paper. ¶ 경제〔외교〕~ an economic〔a diplomatic〕white paper.
백선(白癬)〖醫〗ringworm; favus.
백설(白雪) snow. ¶ ~ 같은 a snowy; snow-white / ~로 덮인 산 a snow-capped mountain.
백설탕(白雪糖) white〔refined〕sugar.
백성(百姓) the people; the populace; the nation(국민).
백수(百獸) ¶ ~의 왕 the king of beasts.
백수건달(白手乾達) a penniless bum〔tramp〕; a good-for-nothing.
백숙(白熟) (a dish of) fish or meat boiled in plain water.
백신〖醫〗vaccine. ‖ ~주사 (a) vaccine injection; (a) vaccination / 생~ a live vaccine.
백씨(伯氏) your〔his〕esteemed elder brother.
백악(白堊) chalk. ‖ ~관 the White House / ~기〖地〗the Cretaceous period.
백안시(白眼視) ~하다 frown upon; look coldly on; look askance at; take a prejudiced view of. ¶ 세상을 ~하다 take refuge in cynicism.
백야(白夜) nights under the midnight sun.
백약(百藥) all sorts of medicine. ¶ ~이 무효하다 All medicines prove useless.
백양(白羊) a white sheep〔goat〕. ‖ ~궁〖天〗the Aries; the Ram.
백양(白楊)〖植〗a (white) poplar; a white aspen.
백업〖野〗backup. ~하다 back up.
백연(白鉛) white lead; ceruse(분 만드는). ‖ ~광〖鑛〗cerusite.
백열(白熱) incandescense; white heat. ~하다 become white-hot; be incandescent. ¶ ~하는 heated; exciting. ‖ ~등 an incandescent〔a glow〕lamp / ~전 a close contest; a blistering race.
백옥(白玉) a white gem.
백운(白雲) a white cloud.
백운모(白雲母)〖鑛〗white mica.
백의(白衣) a white dress〔robe〕. ‖ ~민족 the white-clad〔Korean〕people / ~천사 an angel in white; a white-clad nurse(간호사).
백인(白人) a white man〔woman〕. ¶ ~에 의한 지배 white domination《*in Africa*》. ‖ ~종 the white races; the whites.
백일(白日) broad daylight. ¶ ~하에 드러나다 be brought to light; be exposed to the light of day〔the public eye〕.
백일(百日)《백날》the hundredth day of a newborn baby;《백일간》one hundred days. ‖ ~기도 a prayer for a hundred days / ~잔치 the feast〔celebration〕of a hundred-day-old baby / ~재〖佛〗a Buddhist memorial service on the hundredth day after《*a person's*》death.
백일몽(白日夢) a daydream; a daydreaming; a fantasy.
백일장(白日場) a composition〔literary〕contest. ‖ 주부~ a literary contest for housewives.
백일초(百日草)〖植〗a zinnia.
백일해(百日咳) pertussis; whooping cough.
백일홍(百日紅)〖植〗a crape myrtle.
백작(伯爵) a count; an earl《英》. ‖ ~부인 a countess.
백장《도살자》a butcher.
백전노장(百戰老將) a veteran; an old campaigner; an old-timer.
백전백승(百戰百勝) ~하다 win every battle (that is fought); be ever victorious.
백절불굴(百折不屈) ¶ ~의 indefatigable; indomitable / ~의 정신 an indomitable spirit.
백점(百點) one〔a〕hundred points;《만점》full marks. ¶ 영어에서 ~받다 get full marks for English.
백조(白鳥) a swan.
백주(白晝) ¶ ~에 in broad daylight; in the daytime.
백중(伯仲) ~하다 be equal《*to*》; match《*each other*》; be even《*with*》; be well contested.
백중(날)(百中(一)) the Buddhist All Souls' Day (mid July by the lunar calendar).
백지(白紙) a (blank) sheet of paper; white paper(흰종이). ¶ ~답안을 내다 give〔hand〕in a blank paper / ~(상태)로 돌리다 start afresh; start with a clean slate. ‖ ~위임장 a blank power of attorney; a *carte blanche*《프》.
백차(白車) a (police) patrol car; a squad car《美》.
백척간두(百尺竿頭) ¶ ~에 서다 be in a dire extremity; be driven〔reduced〕to the last extremity.
백청(白淸) white honey of fine quality.
백출(百出) ~하다 arise in great numbers. ¶ 의견이 ~하다 become the subject of heated discussion.
백치(白痴)《상태》idiocy;《사람》an idiot; an imbecile.
백탄(白炭) hard charcoal.
백태(白苔)〖醫〗fur (on the tongue).
백토(白土) white clay.
백통(白一) nickel. ‖ ~전 a nickel (coin).
백팔번뇌(百八煩惱) the 108 passions (a) man is subject to.
백팔십도(百八十度) ¶ ~전환하다 do a complete about-face; make a complete change《*in one's policy*》.
백퍼센트(百一) 100%〔percent〕. ¶ 효과 ~의 100% efficacious.

ㅂ

백포도주(白葡萄酒) white wine.
백합(百合)〖植〗a lily.
백해무익(百害無益) ～하다 be very harmful. ¶ 흡연은 ～하다 Smoking has innumerable harmful effects without doing any good at all.
백핸드〖테니스〗backhand; a backhand drive.
백혈(白血) ‖ ～구 a white blood corpuscle / ～병 leukemia.
백형(伯兄) *one's* eldest brother.
백호(白濠) ‖ ～주의 the White Australia principle〔policy〕.
백화(百花) all sorts of flowers. ¶ ～만발한《The field is》ablaze with all sorts of flowers.
백화점(百貨店) a department store. ¶ ～으로 쇼핑 가다 go shopping at a department store.
밴댕이〖魚〗a large-eyed herring.
밴드 ①《혁대》a belt;《띠·끈》a band〔strap〕. ②《악대》a band. ‖ ～마스터 a bandmaster / ～맨 a bandman.
밴텀급(一級) the bantamweight class. ‖ ～선수 a bantamweight.
밸런스 balance. ☞ 균형. ¶ ～가 잡힌 well-balanced.
밸브《안전판》a valve. ‖ ～장치 valve gear / ～콕 a valve cock.
뱀 a snake; a serpent(구렁이). ‖ ～가죽 snakeskin / ～허물 the slough of a snake.
뱀딸기〖植〗an Indian strawberry.
뱀뱀이 upbringing; breeding; discipline. ¶ ～가 없는 ill-bred.
뱀장어(一長魚)〖魚〗an eel.
뱁새〖鳥〗a Korean crow-tit. ‖ ～눈이 a person with slitted〔narrow〕eyes.
뱃고동 a boat whistle.
뱃길 a (ship's) course; a waterway. ¶ ～로 가다 go by ship〔water〕.
뱃노래 a boatman's song.
뱃놀이 a boating (excursion); a boat ride《美》. ～하다 enjoy boating〔a boat ride〕. ¶ ～ 가다 go boating.
뱃대끈《마소의》a bellyband.
뱃머리 the bow〔prow, head〕. ¶ ～를 돌리다 put a ship about; head《*for*》.
뱃멀미 seasickness. ～하다 get seasick. ¶ ～하는〔안 하는〕사람 a bad〔good〕sailor.
뱃밥 oakum; calking.
뱃사공(一沙工) a boatman.
뱃사람 a seaman; a sailor; a mariner.
뱃삯《승선료》passage (fare); boat fare;《나룻배의》ferriage;《화물의》freight (rates).
뱃살 ¶ ～잡다 shake *one's* sides with laughter; split *one's* sides.
뱃속 ①《복부》the stomach. ②《속마음》mind; heart; intention. ¶ ～이 검은 evil-hearted; black-hearted.
뱃심 ¶ ～이 좋다 be shameless and greedy; be impudent.
뱃전 the side of a boat; a gunwale.
뱃짐 a (ship's) cargo; a freight.
뱅뱅《go, turn》round and round (about).
뱅어(一魚)〖魚〗a whitebait.
뱅충맞다 (be) shy; clumsy; self-conscious; weak-headed. ‖ 뱅충맞이 a clumsy fellow; a dull and bashful person.
뱉다 ①《입밖으로》spew; spit (out); cough up. ¶ 가래를 ～ cough out phlegm / 얼굴에 침을 ～ spit in *a person's* face. ②《비유적》surrender; disgorge. ¶ 착복한 돈을 뱉아내다 surrender the embezzled money.
버걱거리다 rattle; clatter.
버겁다 (be) too big〔bulky〕to handle; unmanageable.
버글버글 ¶ ～ 끓다 seethe; boil.
버금 ¶ ～ 가다 be in the second place; rank〔come〕next to.
버긋하다 (be) split; open; ajar.
버너 a burner. ¶ 가스～ a gas burner.
버둥거리다 wriggle; (kick and) struggle; flounder.
버드나무 a willow.
버드러지다 ①《밖으로》protrude(이따위가). ②《뻣뻣해지다》stiffen; get stiff; become rigid.
버들 a willow. ‖ ～개지 willow catkins / ～고리 a wicker trunk.
버들옷〖植〗an euphorbia.
버라이어티쇼 a variety show; a vaudeville《美》.
버럭 suddenly. ¶ ～ 소리를 지르다 shout〔cry〕suddenly / ～ 화를 내다 explode with anger.
버르적거리다 struggle; writhe; wriggle.
버름하다《틈이》(be) slightly open; loosely fitted;《마음이》(be) discordant.
버릇 ①《습관》a habit; a way. ¶ 나쁜 ～ a bad habit / 좀처럼 떼기 힘든 ～ an inveterate habit / ～이 되다 become〔grow into〕a habit / ～이 붙다 get〔fall〕into a habit《*of*》/ ～을 고치다 cure《*a person*》of a habit(남의); cure〔break〕*oneself* of a habit(자기의) / …하는 ～이 있다 have a habit〔way〕of *doing*. ②《특징》a peculiarity; a〔*one's*〕way. ¶ 말～ *one's* peculiar way of speaking. ③《예의》manners; etiquette; breeding(품행); behavior (행실). ¶ ～ 없다 be badly brought up; be ill-mannered / ～ 없이 rudely / ～ 없는 아이 a ill-bred〔spoilt〕child / ～을 가르

치다 teach 《*a person*》 manners; give 《*a person*》 a lesson.
버릇하다 be〔get〕 used to 《*doing*》; form a habit. ¶ 술을 먹어 ～ get used to drinking / 일찍 일어나 ～ accustom *oneself* to early rising.
버리다[1] ① 《내던지다》 throw〔cast, fling〕 away. ¶ 음식을〔쓰레기를〕 ～ throw away food〔waste〕. ② 《포기·유기》 abandon; forsake; desert; give up. ¶ 버림받다 be abandoned〔forsaken, deserted〕/ 지위를 ～ give up *one's* position / 처자를 ～ desert *one's* wife and children. ③ 《망치다》 ruin; spoil. ¶ 애를 ～ spoil a child / 위를 ～ injure the stomach.
버리다[2] 《끝내다》 up; through. ¶ 다 읽어 ～ read through 《*a book*》 / 다 써 ～ use up 《*money*》 / 다 먹어 ～ eat up 《*the food*》.
버마 《Myanmar의 구칭》 Burma.
버무리다 mix (up). ¶ 나물을 ～ mix a salad.
버뮤다 《북대서양의 섬》 Bermuda Island. ‖ ～3각 수역 the Bermuda 〔Devil's〕 Triangle.
버석거리다 rustle; make a rustle. ¶ 버석버석 rustlingly.
버선 Korean socks.
버섯 〖植〗 a mushroom; a fungus. ¶ ～을 따다 gather〔pick up〕 mushrooms. ‖ ～구름 a mushroom cloud(핵폭발의) / ～재배자 a mushroom grower.
버성기다 ① 《틈이》 (be) loose; have gaps between. ② 《사이가》 be estranged〔alienated〕.
버스 a bus. ¶ ～로 가다 go by bus; take a bus. ‖ ～노선 a bus route / ～여행 a bus tour / ～운전사 a bus driver / ～요금〔정류장, 종점〕 a bus fare〔stop, terminal〕 / ～전용차로 (제도) the bus-only lanes (system) / ～회사 a bus company.
버스러지다 ① 《뭉그러짐》 crumble. ② 《벗겨짐》 peel〔scale〕 off; exfoliate; be worn off; get skinned. ③ 《벗나가다》 go beyond; exceed.
버스름하다 be slightly open(틈이); be estranged〔alienated〕(관계가).
버스트 a bust.
버저 a buzzer. ¶ ～를 누르다 buzz; press a buzzer.
버적버적 crackling; with a crunching sound.
버젓하다 《당당하다》 (be) fair and square; 《떳떳하다》 (be) respectable; decent. ¶ 버젓이 fairly; openly; decently / 버젓한 인물〔직업〕 a respectable person〔occupation〕.
버지다 ① 《베어지다·긁히다》 be cut 〔scratched〕. ② 《찢어지다》 fray; be worn out.
버짐 ringworm; psoriasis.
버찌 a cherry (bob). ‖ ～씨 a cherry stone.
버캐 an incrustation; crust. ¶ 소금〔오줌〕 ～ salt〔urine〕 incrustations.
버클 a (belt) buckle.
버킷 a bucket; a pail.
버터 butter. ¶ 빵에 ～를 바르다 butter *one's* bread; spread butter on *one's* bread.
버터플라이 《수영법》 the butterfly stroke.
버티다 ① 《괴다》 support; prop (up); bolster up. ¶ 기둥으로 ～ support 《*a wall*》 with a post. ② 《맞서다》 stand up to; contend〔compete〕 with. ¶ 끝까지 ～ 《주장을》 persist to the last; hold out to the end. ③ 《견뎌내다》 bear up 《*under*》; sustain; endure; hold (out). ¶ 버티어 나가다 endure through; persevere.
버팀목(一木) a support; a prop; a stay.
벅적거리다 be crowded〔thronged〕 《*with*》; be in a bustle; swarm.
벅차다 ① 《힘에》 be beyond *one's* power〔ability〕; be too much for 《*a person*》. ¶ 이 일은 내게 ～ I am not equal to this task. ② 《가슴이》 be too full. ¶ 벅찬 기쁨 an ineffable joy / 가슴이 벅차서 말이 안 나온다 My heart is too full for words.
번(番) ① 《당번》 watch; guard; (night) duty. ¶ ～을 서다 keep watch 《*over*》; watch〔guard〕 《*over*》. ② 《횟수》 a time; 《번호》 number. ¶ 여러 ～ many times / 2～ number two.
번각(飜刻) reprinting; a reprint. ～하다 reprint. ‖ ～자 a reprinter / ～판 a reprinted edition.
번갈아(番一) alternately; by turns; one after another; in turn.
번개 (a flash of) lightning. ¶ ～같이 as swiftly as lightning; in a flash / ～가 번쩍하다 lightning flashes. ‖ 번갯불 a bolt of lightning.
번거롭다 《복잡》 (be) troublesome; annoying; complicated.
번뇌(煩惱) agony; 〖佛〗 worldly desires; the lusts of the flesh(육욕). ¶ ～에 시달리다 be harassed by (worldly) passions.
번다(煩多) ¶ ～한 troublesome; onerous.
번데기 〖蟲〗 a chrysalis; a pupa.
번득거리다, 번득이다 《광채가》 flash; glitter; sparkle.
번들거리다 be smooth〔slippery, glossy〕. ¶ 번들번들한 smooth; slippery; glossy.
번들다(番一) be on duty; go on guard〔watch〕.
번듯하다 《바르다》 (be) straight;

even; well-balanced; 《흠없다》 (be) flawless.
번롱 (飜弄) ~하다 trifle〔play〕with; make fun of. ¶~당하다 be trifled with; be made a fool of / 풍파에 ~당하다 be tossed about by the wind and waves.
번문욕례 (繁文縟禮) red tape; red-tapery〔-tapism〕; officialism.
번민 (煩悶) worry; agony; anguish. ~하다 worry; agonize; be in anguish〔agony〕.
번번이 (番番—) each〔every〕time; whenever; always. 「turn.
번복 (飜覆) ~하다 change; reverse;
번서다 (番—) stand guard.
번성 (蕃盛) ~하다 《자손이》 flourish; thrive; 《수목이》 grow thick.
번성 (繁盛) prosperity. ~하다 prosper; flourish; thrive.
번식 (繁殖) breeding; propagation. ~하다 breed; increase; propagate *itself*. ‖ ~기 a breeding season / ~력 ability to breed; propagating power (~력이 있는 fertile / ~력이 왕성한 prolific) / ~지 breeding grounds / 인공~ artificial fecundation.
번안 (飜案) ① 《안건의》 change. ~하다 change; reverse 《*a former plan*》. ② 《작품의》 (an) adaptation. ~하다 adapt; rehash. ‖ ~소설 an adapted story.
번역 (飜譯) (a) translation. ~하다 translate〔put, render〕《*English*》 into 《*Korean*》. ¶ 틀린~ (a) mistranslation / ~을 잘하다〔이 서투르다〕 be a good〔poor〕translator. ‖ ~권 the right of translation / ~서 a translation; a translated version / ~자 a translator.
번영 (繁榮) prosperity. ~하다 prosper; flourish; thrive. ¶ 국가의 ~ national prosperity.
번의 (飜意) ~하다 change *one's* mind〔decision〕; go back on *one's* resolution.
번잡 (煩雜) ~하다 (be) complicated; troublesome; intricate. ¶ ~한 거리 crowded streets.
번지 (番地) a house〔lot〕number; an address. ¶ 정동 48 ~, 48 *Chŏngdong*.
번지다 ① 《잉크 등이》 blot; spread; run. ② 《확대》 spread; extend. ③ 《옮다》 spread; affect(병이).
번지르르 ¶ ~한 glossy; lustrous; smooth.
번지점프 bungee jumping.
번쩍 ① 《거뜬히》 lightly; easily; 《높이》 high; aloft. ¶ 큰 돌을 ~ 들어올리다 lift up a huge stone lightly / 상대를 ~ 들어올리다 hold *one's* opponent high. ② 《빛이》 with a flash. ~하다 (give out a) flash. ③ 《감각》 suddenly; with a start. ¶ (눈에) ~ 뜨이지 않는 unattractive; obscure / 귀가 ~ 뜨이다 strike〔catch〕 *one's* ears / 정신이 ~ 들다 come to *oneself* with a start. 「twinkle; flash.
번쩍거리다, 번쩍이다 glitter; glare;
번차례 (番次例) a turn.
번창 (繁昌) prosperity. ¶ ~한 prosperous; flourishing; thriving.
번철 (燔鐵) a frying pan.
번트 〖野〗 a bunt. ~하다 bunt.
번호 (番號) a number; a mark (부호); 《구령》 Number! ¶ ~순(으로) (in) numerical order / ~를 매기다〔달다〕 number. ‖ ~표〔패〕 a number ticket〔plate〕.
번화 (繁華) ¶ ~한 도시 a flourishing〔thriving〕 town / ~한 거리 a bustling〔busy〕 street / ~해지다 grow prosperous. ‖ ~가 《상점가》 shopping quarters; a downtown area; 《유흥가》 an amusement center.
벋가다 go astray; stray 《*from*》.
벋서다 resist; oppose.
벌[1] 《벌판》 an open field; a plain. ¶ 황량한 ~ a wilderness.
벌[2] 〖蟲〗 a bee; a wasp(땅벌). ¶ ~떼 a swarm of bees / ~에 쏘이다 be stung by a bee.
벌[3] 《옷·그릇 등》 a suit 《*of clothes*》; a pair(바지의); a set 《*of dishes*》; a suite 《*of furniture*》. ¶ 찻잔 한 ~ a tea set〔service〕.
벌 (罰) (a) punishment; (a) penalty. ~하다〔주다〕 punish; discipline; give a punishment 《*for crime*》. ¶ ~로서 as a penalty 《*for*》 / ~을 받다 be punished; suffer punishment / ~을 면하다 escape punishment.
벌거벗다 become naked; strip *oneself* naked. ¶ 벌거벗기다 unclothe; strip 《*a person*》 naked.
벌거숭이 a nude; a naked body. ¶ ~의 naked; undressed / ~산 a bare〔naked, treeless〕 mountain. 「ruddy (얼굴 따위가).
벌겋다 (be) red; crimson(진홍);
벌게지다 turn red; blush (얼굴이).
벌그스름하다 (be) reddish.
벌금 (罰金) a fine; a penalty; a forfeit(위약금). ¶ ~을 과하다 fine; punish 《*a person*》 with a fine / ~을 물다 be fined; pay a penalty. ‖ ~형 〖法〗 amercement.
벌꺽 suddenly; in a rage(성나).
벌다 《이익》 earn〔make〕《*money*》; make a profit; gain. ¶ 힘들여 번 돈 hard-earned money / 돈을 (잘) ~ make (good) money / 생활비를〔용돈을〕 ~ earn *one's* living〔pocket money〕/ 작년에 천만 원을 벌었다 I gained〔made a profit of〕 ten million *won* last year.

벌떡 suddenly; quickly.

벌떡거리다 ①《가슴이》 throb; beat; go pit-a-pat; palpitate. ②《들이마시는 모양》 gulp 《*one's beer*》 down; take a big gulp 《*of*》.

벌렁 ¶ ～ 드러눕다 lie on *one's* back / ～ 뒤집히다 be overturned.

벌레 ①《곤충》 an insect; a bug; 《구더기 등》 a worm; 《나방·좀 등》 a moth; 《해충》 vermin. ¶ ～ 먹은 이 a decayed tooth / ～ 먹은 worm-〔moth-〕eaten; wormy / ～ 먹은 사과 a wormy apple / ～가 먹다 be eaten by worms. ②《비유적》. ¶ 공부～ a diligent student; a dig 《美俗》/ 책～ a bookworm; a great booklover.

벌룩거리다, 벌름거리다 inflate and deflate〔swell and subside〕alternately; quiver 《*one's nostrils*》.

벌리다 ①《열다》 open. ¶ 입을 딱 ～ open *one's* mouth wide; gape. ②《넓히다》 leave 《*space*》; widen; spread. ¶ 다리를 ～ set *one's* legs apart / 팔을 ～ open *one's* arms.

벌린춤 a situation〔thing〕 that cannot be halted or rejected. ¶～이다 Having set about it, there is no turning back.

벌목(伐木) felling; cutting; logging. ～하다 cut〔hew〕 down trees; fell; lumber 《*a forest*》. ‖ ～기(期)〔작업〕 a felling season 〔operation〕/ ～군 a feller; a wood cutter; a lumberjack.

벌벌 ¶ ～떨다 tremble; shake; shiver.

벌써 ①《이미》 already; yet(의문문에); 《지금쯤은》 by now. ②《오래전》 long ago; a long time ago.

벌어먹다 earn *one's* bread; make a living. ¶ 가족을 벌어먹이다 support *one's* family.

벌어지다 ①《사이가》 split; crack; open; be separated. ¶ 틈이 ～ a gap widens. ②《몸이》 grow stout 〔firm〕. ¶ 어깨가 딱 ～ have broad shoulders. ③《일 등이》 occur; come about; take place.

벌이 《돈벌이》 moneymaking; earning money; 《일》 work; 《번 돈》 earnings; income(수입). ～하다 work for *one's* living; earn *one's* bread. ¶ ～하러 가다 go to〔for〕 work / ～가 좋다〔나쁘다〕 have a good〔poor〕 income.

벌이다 ①《시작하다》 begin; start; set about; embark on; open 《*a shop*》; establish. ¶ 사업을 ～ start an enterprise / 전쟁을 ～ enter into a war. ②《늘어놓다》 arrange; display 《*goods*》; spread. ③《모임 등을》 hold; give. ¶ 잔치를 ～ hold a banquet; give a feast.

벌잇줄 a source of earning; a means to earn *one's* bread. ¶ ～이 끊기다 lose *one's* job.

벌점(罰點) 《give》 a black〔demerit〕 mark 《*for*》.

벌주(罰酒) liquor *one* is forced to drink as a penalty.

벌집 a beehive; a honeycomb. ¶ ～을 건드리지 마라 Let sleeping dogs lie.

벌채(伐採) (tree) felling. ～하다 cut〔hew〕 down; fell 《*trees*》; lumber 《美》. ¶ ～한 면적 a cutover area / 산림을 ～하다 cut down a forest.

벌초(伐草) ～하다 weed a grave; tidy up a grave.

벌충하다 supplement; make up 《*for*》; cover〔make good〕 《*the loss*》.

벌칙(罰則) penal regulations 〔clauses〕; punitive rules. ‖ ～규정 penal provisions.

벌통(一桶) a beehive; a hive.

벌판 a field; fields; a plain (평야); a wilderness(황야).

범 〖動〗 a tiger; a tigress(암컷). ¶ 새끼 ～ a tiger kitten; a cub / 자는 ～ 코침 주기 《俗談》 Let a sleeping dog lie. / ～굴에 들어가야 ～을 잡는다 《俗談》 Nothing venture, nothing gain.

범…(汎) Pan-. ¶ ～민족대회 a pan-national rally / ～아시아 Pan-Asiatic / ～아시아주의 Pan-Asianism / ～유럽 Pan-Europe.

…범(犯) offense. ¶ 파렴치 ～ an infamous criminal(사람).

범국민(汎國民) ¶ ～적인 pan-national; nation-wide. ‖ ～운동 《conduct》 a pan-national〔nation-wide〕 campaign〔movement, drive〕 《*for, against*》.

범람(氾濫) ～하다 overflow; flow 〔run〕 over 《*the banks*》; flood. ¶ ～하기 쉬운 강 a river prone to rampage.

범례(凡例) introductory remarks; explanatory notes; a legend(지도·도표의).

범미(汎美) Pan-American. ‖ ～주의 Pan-Americanism.

범백(凡百) ①《사물의》 all things 〔matters〕. ②《언행》 manners; etiquette; breeding; behavior.

범벅 ①《뒤죽박죽》 a pell-mell; a mess; a hotchpotch. ¶ ～(이) 되다 go to pie; be jumbled〔mixed〕 up. ②《음식》 a thick mixed-grain porridge.

범법(犯法) violation of the law. ～하다 break〔violate〕 the law; commit an offense. ‖ ～자 a lawbreaker / ～행위 an illegal act.

범부(凡夫) 《속인》 an ordinary person; a layman.

범사(凡事) ①《모든 일》 all matters; everything. ②《평범한 일》 an ordinary matter〔affair〕.

범상(凡常) ¶ ～한 commonplace; ordinary; usual; average / ～치 않은 extraordinary; out of the common; uncommon.

범서(梵書) Sanskrit literature;《불경》the Buddhist scriptures.

범선(帆船) a sailing ship〔boat〕.

범속(凡俗) vulgarity. ¶ ～한 vulgar; common; ordinary.

범신론(汎神論)〖哲〗pantheism.

범어(梵語) Sanscrit; Sanskrit.

범연(泛然) ¶ ～한 careless; indifferent; inattentive. 「mon(place).

범용(凡庸) ¶ ～한 mediocre; com-

범위(範圍) an extent; a scope; a sphere; a range;《제한》limits; bounds. ¶ ～ 내〔외〕에 within〔beyond〕 the limits《*of*》/ 내가 아는 ～로는 as far as I know / 활동〔세력〕～ *one's* sphere of activity〔influence〕.

범의(犯意) a criminal intent. ¶ ～를 인정하다 recognize *one's* criminal intent.

범인(凡人) ☞ 범부(凡夫).

범인(犯人) a criminal; an offender; a culprit. ¶ ～을 은닉하다 harbor a criminal. ‖ ～수색 man〔criminal〕 hunt / ～인도 협정 the bilateral agreement on extradition of criminals.

범재(凡才) (a man of) common〔ordinary〕 ability.

범절(凡節) manners; etiquette.

범죄(犯罪) a crime; a criminal act(행위). ¶ ～의 criminal / ～를 저지르다 commit a crime / ～와의 전쟁 a war against crime. ‖ ～기록 criminal records / ～발생률 a crime rate / ～사실 facts constituting an offense / ～수사 (a) criminal investigation / ～예방 crime prevention / ～용의자 a suspect; a suspected criminal / ～유형 a crime type / ～자 a criminal / ～조직 a criminal syndicate / ～현장 the scene of a crime.

범주(範疇) a category. ¶ ～에 들다 come within〔fall under〕 the category《*of*》.

범천(왕)(梵天(王)) Brahma.

범칙(犯則) violation. ～하다 infringe; violate; break. ‖ ～물자 illegal materials〔goods〕;《밀수품》a smuggled article. 「ular name.

범칭(汎稱) a general title; a pop-

범타(凡打)〖野〗《hit》an easy fly.

범태평양(汎太平洋) Pan-Pacific.

범퇴(凡退)〖野〗～하다 be easily put out / ～시키다 retire《*a batter*》/ 삼자 ～하다 All the three go out in quick order.

범퍼 a bumper.

범포(帆布) canvas; sailcloth.

범하다(犯—)《죄를》commit;《법률 등을》violate; infringe; break;《여자를》rape; assault; violate. ¶ 죄를 ～ commit a crime / 과오를 ～ make an error.

범행(犯行) a crime; an offense. ¶ ～을 자백〔부인〕하다 confess〔deny〕 *one's* crime. ‖ ～현장 the scene of an offense.

법(法) ①《법률》the law;《법칙·규칙》a rule; a regulation. ¶ ～의 정신 the spirit of the law / ～에 어긋난 unlawful; illegal / ～을 지키다〔어기다〕observe〔break〕 the law / ～에 호소하다 appeal to the law / ～을 확대 해석하다 stretch the law. ‖ 특별～ a special law. ②《방법》a method; a way. ¶ 학습～ a learning method / 수학의 효과적인 교수～ an effective method of teaching mathematics. ③《도리》reason. ¶ 그런 ～은 없다 That's unreasonable. ④〖文〗mood. ¶ 가정～ the subjunctive mood.

법과(法科) the law department; a law course(과정). ‖ ～대학 a law college; a school of law《美》/ ～출신 a graduate of the law department〔school〕/ ～학생 a law student.

법관(法官) a judicial officer; a judge;《총칭》the judiciary.

법규(法規) laws and regulations. ¶ 상거래에 관한 ～ regulations regarding business transactions / ～를 지키다〔어기다〕obey〔violate〕 regulations / ～상의 수속을 마치다 go through legal formalities. ‖ 현행～ the law in force.

법당(法堂) the main hall (of the Buddhist temple).

법도(法度) a law; a rule.

법등(法燈) the light of Buddhism.

법랑(琺瑯) (porcelain) enamel. ¶ ～을 입힌 enameled. ‖ ～철기 enameled ironware.

법령(法令) a law; laws and ordinances; a statute. ‖ ～집 a statute book.

법례(法例) the law governing the application of laws.

법률(法律) a law; (the) law(총칭). ¶ ～의 legal; juridical / ～상 legally / …을 금하는 ～ a law prohibiting《*gambling*》/ ～을 제정하다 enact a law / ～을 시행〔집행〕하다 enforce〔administer〕 a law. ‖ ～가 a lawyer(변호사); a jurist(학자) / ～고문 a legal adviser / ～문제 a legal problem / ～사무소 a law office / ～상담 legal advice / ～용어 a legal〔law〕 term / ～위반 a breach〔violation〕 of the law.

법리(法理) a principle of law. ‖ ～학 jurisprudence / ～학자 a jurist.
법망(法網) the net〔clutches〕 of the law. ¶ ～에 걸리다 come into grip of the law / ～을 피하다 evade〔elude〕 the law.
법명(法名) 〖佛〗 *one's* Buddhist name.
법무(法務) judicial affairs. ‖ ～관 a law officer / ～부〔장관〕 the Ministry〔Minister〕 of Justice / ～사 a judicial scrivener.
법문(法門) ¶ ～에 들다 embrace Buddhism; become a Buddhist.
법복(法服) a (judge's) robe; a gown; 《승려의》 the robe of a Buddhist priest.
법사(法師) a Buddhist priest 〔monk〕; a bonze.
법사위원회(法司委員會) the Legislation-Judiciary Committee.
법석 a noisy〔boisterous, clamorous〕 way; fuss; ado. ～하다 be noisy; raise a clamor; make a fuss; fuss 《*about*》. ¶ ～ 떨다 make a lot of noise〔fuss〕.
법식(法式) 《법도와 양식》 rules and forms; formalities. ¶ ～에 따르다〔어긋나다〕 follow〔run counter to〕 the formalities.
법안(法案) a bill. ¶ ～을 제출〔가결, 부결〕하다 introduce〔pass, reject〕 a bill.
법어(法語) 《설교》 a Buddhist sermon; Buddhist literature; 《용어》 a Buddhist term.
법열(法悅) ① 《즐거움》 (an) ecstasy; rapture. ② 《종교적》 religious ecstasy〔exultation〕.
법원(法院) a court of justice; a law court. ‖ 가정 ～ a domestic 〔family〕 court / 관할 ～ the competent court / 민사〔형사〕 ～ a civil〔criminal〕 court.
법의학(法醫學) medical jurisprudence; legal medicine. ¶ ～의 medicolegal. ‖ ～자 a doctor of forensic medicine.
법인(法人) a juridical〔legal〕 person; a corporation. ¶ ～조직으로 하다 incorporate 《*a firm*》. ‖ ～세 the corporation tax / ～소득 the income of a corporation.
법적(法的) legal(istic). ¶ ～ 근거 a legal basis / ～으로는 legally (speaking) / ～ 조치를 취하다 take legal steps〔action〕. ‖ ～하자 a legal flaw.
법전(法典) a code (of laws).
법정(法廷) a (law) court; a court of justice. ¶ ～에서 in court / ～에 서다 stand at the bar. ‖ ～모욕죄 contempt of court / ～투쟁 court struggle.
법정(法定) ¶ ～의 legal; statutory. ‖ ～가격 a legal price / ～대리인 a legal representative / ～상속인 an heir-at-law / ～화폐 legal tender / ～휴일 a legal holiday.
법제(法制) laws; legislation. ‖ ～처 the Office of Legal Affairs.
법조(法曹) the legal profession. ¶ ～계 legal circles; the judicial world / ～계의 거물들 leaders of the law.
법치(法治) constitutional government. ‖ ～국가 a constitutional state; a law-governed country / ～사회 a law-abiding society.
법칙(法則) a law; a rule. ¶ 수요 공급의 ～ the law of supply and demand. ‖ 자연～ the law of nature; a natural law.
법통(法統) a religious tradition. ¶ ～을 잇다 receive the mantle 《*of the preceding abbot*》.
법하다 be likely 《*to*》; may. ¶ 그가 올 법한데 He might come. / 그런 일도 있을 ～ It's probable.
법학(法學) law; jurisprudence(법률학). ¶ ～을 배우다 study law. ‖ ～개론 an outline of law / ～도 a law student / ～박사 Doctor of Laws(생략 LL.D.) / ～부 the law department / ～사 Bachelor of Laws(생략 LL.B.).
법화(法貨) legal tender.
법회(法會) a Buddhist mass〔service〕.
벗 《친구》 a friend; a companion (반려); a pal 《口》. ☞ 친구. ¶ 오랜〔진실한〕 ～ an old〔a true〕 friend / 평생의 ～ a lifelong friend / …을 ～삼다 make a companion 〔friend〕 of; keep friends with; have 《*books*》 for companions.
벗겨지다 come〔wear, fall, peel〕 off; be taken〔stripped〕 off.
벗기다 ① 《껍질 따위를》 peel; rind; pare; skin; strip. ② 《옷을》 strip 《*a person*》 of 《*his clothes*》; take off 《*a person's clothes*》. ¶ 옷을 ～ unclothe; undress / 외투를 벗겨주다 help 《*a person*》 out of his overcoat. ③ 《덮은 것을》 remove; take off 《*a lid*》. ¶ 위선자의 가면을 ～ unmask a hypocrite.
벗나가다 deviate〔swerve〕 《*from*》; go astray.
벗다 take〔put〕 off; slip〔fling〕 off(급히). ¶ 모자를〔안경을〕 ～ take off *one's* hat〔glasses〕 / 옷을 ～ take off *one's* clothes / 장갑을 ～ pull off *one's* gloves.
벗어나다 ① 《헤어나다》 get out of 《*difficulties*》; escape from; free *oneself* from 《*a bondage*》. ¶ 가난에서 ～ overcome poverty / 질곡에서 ～ shake off fetters; cast off the yoke 《*of*》. ② 《어긋나다》 be contrary to; be against 《*the rules*》; deviate 《*from*》. ¶ 예의에 ～ get against etiquette. ③ 《눈

밖에 나다》 be out of《*a person's*》 favor.
벗어버리다 take off; throw〔cast, fling〕 off; kick off (신을).
벗어지다 ①《옷·신 따위가》come off; be taken〔stripped〕 off; peel (off) (거죽이). ②《머리가》become 〔grow〕 bald.
벗하다 make friends with; associate with; keep company with. ¶ 자연을 ~ commune〔live〕 with nature.
벙거지 a felt hat; a hat.
벙글거리다, 벙긋거리다 smile; beam.
벙긋하다 ☞ 방긋하다.
벙벙하다《서술적》be puzzled; be dumbfounded; be at a loss. ¶ 어안이 ~ be quite at a loss; be amazed.
벙실거리다 smile; beam.
벙어리 ①《사람》a (deaf-)mute; a dumb person; the dumb (총칭). ¶ ~의 dumb. ‖ ~장갑 a mitten. ②《저금통》 bank《美》; a piggy bank.
벚꽃 cherry blossoms〔flowers〕. ¶ ~놀이 가다 go to see the cherry blossoms.
벚나무〖植〗a cherry tree.
베 hemp cloth(삼베).
베개 a pillow. ¶ 팔~를 베다 make a pillow of *one's* arm / 베갯머리에 앉다 sit up by《*a person's*》bedside. ‖ 베갯속 the stuffing of a pillow / 베갯잇 a pillowcase; a pillow slip.
베고니아〖植〗a begonia.
베끼다 copy; transcribe; take a copy《*of*》. ¶ (공)책을 ~ copy a (note) book.
베네룩스 Benelux. (◀Belgium, the Netherlands and Luxemburg)
베네수엘라 Venezuela. ¶ ~의 Venezuelan.
베니스 Venice. ¶ ~의 상인 "The Merchant of Venice".
베니어판(―板) a veneer board; a plywood(합판).
베다[1]《베개를》rest〔lay〕 *one's* head on《*a pillow*》.
베다[2]《자르다》cut; chop; saw(톱으로); shear(가위로); slice(얇게); 《베어넘기다》fell; hew; cut down; 《곡물을》reap; gather in; harvest; 《풀을》mow; cut down. ¶ 손가락을 ~ cut *one's* finger《*on a knife*》/ 목을 ~ cut off《*a person's*》head; behead.
베드 a bed. ‖ ~신《장면》a bedroom scene.
베들레헴 Bethlehem.
베란다 a veranda; a porch《美》.
베레모(―帽) a beret.
베를린 Berlin. ‖ ~봉쇄〔장벽〕the Berlin Blockade〔Wall〕.
베링 ‖ ~해〔해협〕the Bering Sea〔Strait〕.
베물다 bite off〔away〕.
베스트 best. ‖ ~셀러 a best〔top〕 seller.
베슬거리다 shirk《*from*》.
베실 hemp yarn〔thread〕.
베어내다 cut off〔out, away〕.
베어링 a bearing. ‖ 볼~ a ball bearing.
베어먹다 cut off and eat; take a bite out of《*an apple*》. ¶ 케이크를 ~ slice a cake to eat.
베어버리다 cut; cut down.
베옷 hemp(en) clothes.
베이비 a baby. ‖ ~붐 a baby boom(~붐 때 태어난 사람 a baby boomer) / ~시터《사람》a baby-sitter / ~카메라 a baby〔midget〕 camera.
베이스[1]〖樂〗bass.
베이스[2] ①〖野〗a base. ¶ ~를 밟다 tread on the base. ‖ ~볼 baseball. ②《기준》a base. ‖ 임금~ the wage base.
베이스캠프〖登山〗a base camp.
베이식〖컴〗BASIC(규격화된 일상어를 사용하는 초급의 프로그래밍 언어). (◀Beginner's All-purpose Symbolic Instruction Code)
베이지 beige. ¶ ~색의 beige.
베이컨 bacon.
베이킹파우더 baking powder.
베일 a veil. ¶ ~을 벗기다 lift a veil / ~을 쓰다 veil *one's* face.
베짱이〖蟲〗a grasshopper.
베타 beta; Β, β. ‖ ~선〔입자〕beta rays〔particles〕.
베테랑 a veteran; an expert; an old hand.
베트남 Vietnam. ¶ ~의 Vietnamese. ‖ ~사람 a Vietnamese / ~어 Vietnamese.
베틀 a (hemp-cloth) loom.
베풀다 ①《주다》give; bestow; show《*kindness*》; grant. ¶ 은혜를 ~ bestow a favor《*on a person*》/ 자선을 ~ give alms《*to*》. ②《잔치 등을》give〔hold〕《*a party*》.
벤젠〖化〗benzene; benzol.
벤진〖化〗benzine.
벤처〖經〗a venture. ‖ ~기업 a venture business / ~캐피털 venture capital.
벤치 a bench.
벨 a bell; a doorbell(현관의). ¶ ~을 울리다〔누르다〕ring〔press, push〕 the bell.
벨기에 Belgium. ‖ ~사람 a Belgian.
벨로드롬《경륜장》a velodrome.
벨벳 velvet.
벨트 a belt. ¶ ~를 매다 fasten a belt. ‖ ~컨베이어 a belt conveyor / 그린~ a green belt.
벼 a rice plant; a paddy; unhulled rice(낟알). ¶ ~를 심다 plant rice. ‖ ~베기 rice reaping.
벼농사(―農事)《농사》rice farming; 《작황》a rice crop. ~하다 do〔engage in〕 rice farming.
벼락 a thunderbolt; a stroke of lightning. ¶ ~ 같은 thunderous /

～치다 a thunderbolt falls / ～맞다 be struck by lightning.
벼락감투 a government position given as a political favor; a patronage appointment. ¶ ～를 쓰다 become a government official overnight.
벼락공부(—工夫) ～하다 cram up 《*for an exam*》.
벼락부자(—富者) a mushroom〔an overnight〕millionaire; an upstart; the newly rich. ¶ ～가 되다 become〔get〕rich suddenly.
벼락치기 hasty preparation. ¶ ～의 hastily prepared / ～공사로 지은 집 a hurriedly constructed building; a jerry-built house.
벼랑 a cliff; a precipice; a bluff.
벼루 an inkstone. ‖ 벼룻집 an inkstone case.
벼룩 a flea. ¶ ～에 물리다〔시달리다〕 be bitten〔tormented〕by fleas. ‖ ～시장 a flea market.
벼르다 ① 《분배》 divide〔distribute, share〕equally. ② 《꾀하다》 be firmly determined to 《*do*》; plan; design; intend. ¶ 기회를 ～ watch for a chance.
벼리 the border ropes of a fishing net. 「on.
벼리다 sharpen; forge a blade
벼슬 《관직》 a government post service. ～하다 enter the government service. ¶ ～살이하다 be in government service. ‖ ～아치 a government official.
벼훑이 a rice-thresher.
벽(壁) a wall; a partition (wall) (칸막이). ¶ ～을 바르다 plaster a wall / ～에 부딪치다 《비유적》 be deadlocked. ‖ ～걸이 a wall tapestry / ～난로 a fireplace / ～시계 a wall clock.
벽공(碧空) the blue〔azure〕sky.
벽돌(甓—) (a) brick. ¶ ～을 굽다 burn〔bake, make〕bricks / ～을 쌓다 lay bricks. ‖ ～공 a brickmaker(제조공); a bricklayer(쌓는 사람) / ～공장 a brickyard / ～집〔담〕a brick house〔wall〕.
벽두(劈頭) the outset. ¶ ～에 at the very beginning; at the outset / ～부터 from the start.
벽력(霹靂) ☞ 벼락.
벽보(壁報) a wall newspaper; a bill; a poster. ¶ ～를 붙이다 put up a bill〔poster〕. 「surname.
벽성(僻姓) an unusual〔a rare〕
벽안(碧眼) ¶ ～의 blue-eyed.
벽오동(碧梧桐) 〖植〗 a sultan's parasol.
벽옥(碧玉) jasper.
벽자(僻字) a rare〔an odd〕character.
벽장(壁欌) a (wall) closet.
벽지(僻地) an out-of-the-way place; a remote corner of the country. ¶ ～ 학교의 교육 school education in remote rural areas.
벽지(壁紙) wallpaper.
벽창호(碧昌—) an obstinate person; a blockhead(바보).
벽촌(僻村) a remote village.
벽토(壁土) plaster; wall mud.
벽해(碧海) the blue sea.
벽화(壁畫) a mural〔wall〕painting; a fresco. ‖ ～가 a muralist. 「cant; a lingo.
변 《결말》 a jargon; an argot; a
변(便) 《대변》 motions; feces. ¶ 된〔묽은〕 ～ hard〔loose〕feces.
변(邊)[1] ① 〖數〗 a side. ② 《가장자리》 a side; an edge.
변(邊)[2] 《변리》 (rate of) interest.
변(變) 《재앙》 an accident; a disaster; a disturbance. ¶ ～을 당하다 have a mishap; meet with an accident.
변격(變格) 〖文〗 ① 《변격 활용》 irregular conjugation. ② ☞ 변칙.
변경(邊境) a frontier district; a border(land).
변경(變更) change; alteration; modification; transfer (명의의). ～하다 change; alter; modify; transfer. 「hap; a disaster.
변고(變故) an accident; a mis-
변광성(變光星) 〖天〗 a variable star.
변기(便器) a toilet (seat); a (chamber) pot; a urinal(소변용); a bedpan (환자용).
변덕(變德) caprice; whim; fickleness. ¶ ～스러운 fickle; capricious; whimsical / ～부리다 behave capriciously. ‖ ～쟁이 a man of moods; a fickle〔capricious〕person. 「est; a loan.
변돈(邊—) money lent at inter-
변동(變動) change; alteration; fluctuation. ～하다 change; fluctuate(시세가). ¶ 물가의 ～ fluctuations in prices. ‖ ～환율제 a floating exchange rate system / 대～ a violent radical change; a cataclysm(사회의).
변두리(邊—) ① 《교외》 the outskirts; a suburb. ¶ 서울 ～에 on the outskirts of Seoul / ～에 살다 live in a suburb. ② 《가장자리》 a brim; an edge; a border.
변란(變亂) a (social) disturbance; a civil war; an uprising(반란).
변론(辯論) discussion; argument; debate(토론); pleading(법정의). ～하다 discuss; argue; debate; plead 《*in court*》. ‖ ～가 a debater / 최종～ the final argument.
변리사(辨理士) a patent attorney.
변명(辨明) (an) explanation; an excuse. ～하다 explain *oneself;* apologize 《*for one's fault*》.
변모(變貌) transfiguration. ～하다 undergo a (complete) change.

변모없다 ①《무뚝뚝하다》(be) unaffable; blunt. ②《변통성 없다》(be) unadaptable; hidebound.
변박(辯駁) refutation; confutation. ～하다 refute; argue against.
변방(邊方) ☞ 변경(邊境).
변변하다《생김새가》(be) fairly good-looking; handsome;《흠이 없다》(be) fairly good; fair. ¶ 변변치 않은 worthless; insignificant; trifling / 변변치 못한 사람 a good-for-nothing; a stupid person / 변변치 않은 선물 a small〔humble〕present.
변복(變服) (a) disguise. ～하다 disguise〔dress〕*oneself*《*as*》; be disguised《*as*》. ¶ ～으로 in disguise; incognito.
변비(便秘) constipation. ¶ ～에 걸리다 be constipated.
변사(辯士) ①《연설하는》a speaker; an orator. ②《무성영화의》a film interpreter.
변사(變死) an unnatural death. ～하다 die an unnatural〔a violent〕death. ‖ ～자 a person accidentally killed.
변상(辨償) compensation. ～하다 compensate; indemnify. ‖ ～금 a compensation; an indemnity.
변색(變色) discoloration. ～하다 change color; discolor; fade.
변설(辯舌) eloquence. ‖ ～가 an eloquent speaker; an orator.
변성(變成) regeneration. ～하다 regenerate. ‖ ～암〖地〗(a) metamorphic rock.
변성(變性) degeneration. ～하다 degenerate(바뀌다); denaturalize, denature(바꾸다).
변성(變聲) ～하다 *one's* voice changes. ‖ ～기 the age at which *one's* voice changes; puberty.
변성명(變姓名) ～하다 change *one's* name.
변소(便所) a toilet (room); a water closet(생략 W.C.); a lavatory; a rest room(극장 등의)《美》;《개인주택의》a bathroom; a washroom. ¶ ～에 가다 go to the toilet; go to wash *one's* hands. ‖ 옥외～ an outhouse.
변속(變速) a change of speed. ‖ ～기《자동차의》a gearbox; a transmission / ～기어《자전거의》a《*ten-speed*》derailleur; a bicycle gearshift.
변수(變數)〖數〗a variable.
변신(變身) ～하다《변장》disguise *oneself*《*as a monk*》;《변태》be transformed《*into*》.
변심(變心) a change of mind; fickleness. ～하다 change *one's* mind;《배반》betray《*a person*》.
변압(變壓)〖電〗transformation. ～하다 transform《*current*》. ‖ ～기 a (current) transformer.
변온동물(變溫動物)〖動〗a cold-blooded〔poikilothermal〕animal.
변위(變位)〖理〗displacement. ‖ ～전류(電流) a displacement current.
변이(變異)〖生〗(a) variation.
변장(變裝) disguise. ～하다 disguise *oneself*《*as*》. ¶ …으로 ～하고 in〔under〕the disguise of《*a merchant*》.
변재(辯才) oratorical talent〔skill〕; eloquence(능변). ¶ ～가 있는 eloquent; fluent / ～가 없다 be awkward in speaking; be a poor speaker.
변전(變轉) mutation; change. ～하다 change; transmute.
변전소(變電所) a (transformer) substation.
변절(變節) (an) apostasy; (a) betrayal; (a) treachery. ～하다 apostatize; change *one's* coat. ‖ ～자 an apostate; a turncoat.
변제(辨濟) (re)payment. ～하다 pay back; repay《*one's debt*》.
변조(變造)《개조》alteration;《위조》falsification; forgery. ～하다 alter; forge; falsify; counterfeit. ‖ ～어음 a forged check / ～자 a forger / ～지폐 a counterfeit note.
변조(變調)〖樂〗(a) variation;〖無電〗modulation;《언행의》irregularity. ‖ 주파수～ frequency modulation(생략 FM) / 진폭～ amplitude modulation (생략 AM).
변종(變種)〖生〗a variety; a sport; a mutation.
변주곡(變奏曲)〖樂〗a variation.
변죽(邊—) a brim; an edge. ¶ ～을 울리다 hint《*at*》; intimate; allude to《*a fact*》; give a hint.
변증법(辨證法) dialectic(s). ¶ ～적 dialectic(al) / ～적 유물론 dialectic(al) materialism.
변지(邊地) a remote region; a frontier district. ☞ 벽지(僻地).
변질(變質) ～하다 change in quality; degenerate; go bad(음식이). ‖ ～자 a degenerate.
변차(變差)〖天〗(a) variation.
변천(變遷) (a) change; transition; vicissitudes. ～하다 change; undergo〔suffer〕changes. ¶ 시대의 ～ the change of times.
변칙(變則) (an) irregularity; an anomaly. ¶ ～적인 irregular; abnormal. ‖ ～국회 an abnormal National Assembly session.
변태(變態) ①《이상》(an) anomaly; abnormality. ¶ ～적인 abnormal; anomalous. ‖ ～심리〔성욕〕abnormal mentality〔sexuality〕; mental〔sexual〕perversion. ②〖生〗a metamorphosis;《변형》(a) trans-

formation.
변통(便通) a passage; the action 〔motion〕 of the bowels. ‖ ～약 a laxative; a purgative.
변통(變通) 《융통성》 versatility; adaptability; flexibility; 《임기응변》 (a) makeshift; management; arrangement. ～하다 manage 《*with* 〔*without*〕 *something*》; make shift 《*with, without*》; arrange 〔manage〕 《*to do*》; raise 《*money*》. ¶ 어떻게든 ～해 보겠다 I'll see to it, somehow or other. ‖ ～성 adaptability; flexibility.
변하다(變―) change; undergo a change; be altered; turn into; 《달라지다》 vary. ¶ 변하기 쉬운 changeable / 변하지 않는 unchanging; constant / 마음이 ～ change *one's* mind / 그의 기분은 매일 변한다 His mood varies from day to day.
변함없다(變―) be 〔remain〕 unchanged; show no change. ¶ 변함없는 unchangeable; constant; steady / 변함없이 without a change; 《전과 같이》 as usual; as ever / 올해도 변함없이 애호해 주십시오 I beg you will continue to favor me this year.
변혁(變革) a change; a reform(개혁); a revolution(혁명). ～하다 change; reform; revolutionize.
변형(變形) (a) transformation; (a) deformation. ～하다 change the shape 《*of*》; turn 〔change〕 《*into*》; be transformed 《*into*》; spoil the form 《*of*》. ¶ 열에 의해 플라스틱 장난감이 ～됐다 Heat spoiled the plastic toy.
변호(辯護) defense; pleading. ～하다 plead; defend 《*a person*》; stand 〔speak〕 for. ‖ ～의뢰인 a client / ～인 a counsel; a pleader / ～인단 defense counsel.
변호사(辯護士) a lawyer; 《법정의》 a counsel 《美》; 《사무의》 an attorney (at law) 《美》. ¶ ～ 자격을 얻다 be admitted to the bar / ～ 개업을 하다 practice law / ～를 대다 engage a lawyer. ‖ ～사무소 a law office / ～수임료 a lawyer's fee / ～회 a bar association.
변화(變化) (a) change; (a) variation; 《변경》 alteration; 《다양》 variety; 《변형》 (a) transformation; 《동사의》 conjugation. ～하다 change 《*into*》; make 〔undergo〕 a change; turn 《*from, into*》; alter; vary; be transformed 《*into*》; conjugate. ¶ ～ 없는 changeless; lacking in variety; monotonous (단조) / ～가 많은 full of variety; varied; diverse / 정세〔일기〕의 ～ a change in situation 〔the weather〕. ‖ ～구 〖野〗 a slow 〔curve〕 ball.
변환(變換) ～하다 change; convert; divert.
별 a star; the stars. ¶ ～빛 starlight / ～ 같은 starlike; starry / ～이 반짝이다 the stars twinkle.
별갑(鼈甲) tortoiseshell. ‖ ～세공 tortoiseshell work.
별개(別個) ¶ ～의 separate; another; different; special.
별거(別居) separation; limited divorce. ～하다 live apart 〔separately〕 《*from*》; live in a separate house. ¶ ～중인 아내 a separated wife; a grass widow. ‖ ～수당 alimony; a separate allowance.
별것(別―) something peculiar; a rarity; a different 〔another〕 thing(다른 것).
별고(別故) 《이상》 a trouble; an untoward event; something wrong. ¶ ～ 없다 be well; be all right; there is nothing wrong 《*with*》 / ～ 없이 지내다 get along well.
별과(別科) a special course.
별관(別館) an annex 《*to a building*》; an extension.
별궁(別宮) a detached palace.
별기(別記) ¶ ～와 같이 as stated elsewhere 〔in a separate paragraph〕.
별꼴(別―) obnoxious thing 〔person〕. ¶ ～ 다 보겠다 What a sight 〔mess〕!
별꽃 〖植〗 a chickweed.
별나다(別―) (be) strange; queer; peculiar. ¶ 별나게 strangely; peculiarly / 별나게 굴다 behave eccentrically.
별납(別納) seperate payment 〔delivery〕. ～하다 pay 〔deliver〕 separately.
별다르다(別―) 《이상》 (be) uncommon; extraordinary; 《특별》 be of a particular kind. ¶ 별다른 것이 아니다 It is nothing peculiar.
별당(別堂) a separate house.
별도(別途) ¶ ～의 special. ‖ ～지출 a special outlay.
별도리(別道理) a better way; an alternative; a choice. ¶ ～ 없다 have no choice but to 《*do*》; there is no alternative but to 《*do*》.
별동대(別動隊) a flying party; a detached force.
별똥(별) a meteor; a shooting star.
별로(別―) in particular; especially; particularly. ¶ ～ 할 일도 없다 I have nothing particular to do.
별말(別―) 《make》 a preposterous 〔an absurd〕 remark. ¶ ～ 다한다 You talk nonsense.
별말씀(別―) ¶ ～ 다 하십니다 Don't mention it. *or* Not at all.

별명(別名) another name; a nickname; a byname; a pseudonym. ¶ ～을 붙이다 nickname《*a person*》; give《*a person*》a nickname / 스미스란 ～으로 통하다 go by the alias of Smith.
별문제(別問題) another〔a different〕question; another thing〔matter〕. ¶…은 ～로 하고 apart〔aside〕from… / 그것은 ～이다 That's a different story.
별미(別味)《맛》peculiar taste; an exquisite flavor;《음식》a dainty; a delicacy.
별별(別別) of various and unusual sorts. ¶ ～ 사람 all sorts of people / ～일 unusual things of all sorts.
별봉(別封) ¶ ～으로 (보내다) (send) under separate cover.
별사람(別—) an eccentric; a queer bird; an odd duck; a mess. ¶ ～ 다 보겠다 I have never seen such a mess of a man.
별석(別席) another〔a special〕seat.
별세(別世) death. ～하다 die; decease; pass away.
별세계(別世界) another〔a different〕world.
별소리(別—) ☞ 별말.
별수(別數) special luck(운수); a special〔peculiar〕way〔means〕(방법); the magic formula(묘법). ¶ 너도 ～ 없구나 You don't have any magic formula, either.
별식(別食) specially-prepared food; a rare dish.
별실(別室)《withdraw into》another room.
별안간(瞥眼間) suddenly; all at once; all of a sudden; abruptly. ¶ ～ 죽다 die suddenly.
별일(別—) a strange〔an odd〕thing;《특별한 일》something particular. ¶ ～ 없이 safely; without any accident.
별자리〖天〗a constellation.
별장(別莊) a villa; a country house; a cottage《美》.
별정직 ‖ ～공무원 officials in special government service.
별종(別種) a special kind; a different kind.
별지(別紙) ☞ 별첨.
별찬(別饌) a rare dish; a dainty.
별책(別冊) a separate volume;《잡지 따위의》an extra number. ‖ ～부록 a separate-volume supplement.
별천지(別天地) ☞ 별세계.
별첨(別添) an annexed〔attached〕paper; an accompanying〔a separate〕sheet. ¶ ～의 enclosed herewith / ～과 같이 as per enclosure.
별칭(別稱) a byname; another name.
별표(—標)《별모양》a star; an asterisk(기호 *).
별표(別表) an attached〔annexed〕table〔list, sheet〕. ‖ ～양식 an attached form.
별항(別項) another〔a separate〕paragraph〔section, clause〕.
별행(別行) another〔a new〕line.
별호(別號)《호》a pen name;《별명》a nickname.
볍씨 rice seed.
볏 a cockscomb; a crest; a crown.
볏가리 a rick; a stack of rice.
볏단 a rice sheaf.
볏섬 a sack of rice.
볏짚 rice straw.
병(丙) the third grade〔class〕; C.
병(病) (an) illness; (a) sickness《美》; a disease; an ailment(가벼운);《국부적》a trouble; a disorder. ¶ ～난 ill; sick; unwell; diseased / ～ 때문에 on account of illness; owing to ill health / 가벼운〔불치의〕～ a slight〔an incurable, a fatal〕illness / ～의 자각〔의식〕consciousness of disease / ～들다〔에 걸리다〕get〔fall, become, be taken〕ill / ～에 걸리기 쉽다 be liable to illness〔a disease〕/ ～이 낫다 get well; recover from *one's* illness / ～으로 죽다 die of illness〔a disease〕/ ～을 치료하다 cure a disease. ‖ ～문안 a visit to a sick person.
병(瓶) a bottle. ¶ 아가리가 넓은 ～ a jar / 목이 가는 ～ a decanter / ～목 the neck of a bottle / 맥주 한 ～ a bottle of beer / ～에 담다 bottle《*milk*》/ ～에 담은 bottled.
병가(兵家)《병법가》a tactician; a strategist.
병가(病暇) sick leave.
병결(病缺) absence due to illness.
병고(病苦) suffering〔pain〕from sickness. ¶ ～에 시달리다 labor under *one's* disease.
병과(兵科) a branch of the service〔army〕; an arm. ‖ ～장교 a combatant officer / 보병～ the infantry branch〔arm〕.
병구(病軀) a sick body; ill health. ¶ ～를 무릅쓰고 in spite of *one's* sickness.
병구완(病—) nursing; care (for the sick). ～하다 nurse; care for; tend; attend on《*a person*》.
병권(兵權)《seize, hold》military power〔authority〕.
병균(病菌) pathogenic〔disease-causing〕germs〔bacteria〕; a virus. ¶…의 ～을 분리하다 isolate the virus of….
병기(兵器) arms; weapons of war; weaponry. ‖ ～고 an armory / ～창 an arsenal; an ordnance department〔depot《美》〕.
병나다(病—) ① ☞ 병들다. ②《탈나다》get out of order; go wrong;

break down.

병내다(病—) ① 《병을》 cause 〔bring about〕 illness; make 《*a person*》 sick. ② 《탈을 내다》 bring 〔put〕 《*a thing*》 out of order.

병단(兵團) an army corps.

병독(病毒) disease germs; a virus. ¶ ～에 감염되다 get infected.

병동(病棟) a ward. ‖ 격리 〔일반〕 ～ an isolation 〔a general〕 ward.

병들다(病—) get sick 《美》; fall 〔be taken〕 ill. ¶ 병든 ill; sick.

병란(兵亂) a war; a military disturbance.

병략(兵略) strategy; tactics.

병력(兵力) force of arms; military power 〔strength〕; troop strength. ¶ 10만의 ～ a force 100,000 strong / ～을 삭감〔증강〕하다 reduce 〔build up〕 *its* troop strength.

병렬(竝列) ～하다 stand in a row. ‖ ～회로 a parallel (circuit).

병리(病理) ‖ ～학 pathology(～학상의 pathological) / ～학자 a pathologist / ～해부학 pathological anatomy.

병립(竝立) ～하다 stand abreast 〔side by side〕; coexist.

병마(兵馬) military affairs(군사); war(전쟁); troops(군대).

병마(病魔) ¶ ～가 덮치다 get 〔fall〕 ill; be attacked by a disease / ～에 시달리다 be afflicted with a disease.

병마개(瓶—) a bottle cap; a stopper; a cork(코르크). ¶ ～를 뽑다 open 〔uncork〕 a bottle / ～로 막다 put a cap on a bottle.

병명(病名) the name of a disease.

병무(兵務) military 〔conscription〕 affairs. ‖ ～소집 a call for reserve training / ～청 the Office of Military Manpower.

병발(竝發) concurrence; a complication(병의). ～하다 concur; develop 〔accompany〕 《*another disease*》. ‖ ～증 《develop》 a complication.

병법(兵法) tactics; strategy. ‖ ～가 a strategist; a tactician.

병사(兵士) a soldier; a serviceman; a private; troops.

병사(兵舍) (a) barracks.

병사(兵事) military affairs. ‖ ～계원 a clerk in charge of military affairs.

병사(病死) death from sickness. ～하다 die of 〔from〕 a disease; die in *one's* bed.

병살(倂殺) 〖野〗《make》 a double play 〔killing〕.

병상(病床) a sickbed. ‖ ～일지 a clinical diary; a sickbed record.

병상(病狀) the condition of a patient 〔disease〕.

병색(病色) ¶ ～이 보이다 look sickly.

병서(兵書) a book on tactics 「〔strategy〕.

병석(病席) a sickbed. ¶ ～에 있다 be ill in bed; be confined to bed.

병선(兵船) a warship.

병세(病勢) the condition of a disease 〔patient〕. ¶ ～가 악화〔호전〕되다 take a turn for the worse 〔better〕.

병술(瓶—) bottled *sul* 〔liquor〕; liquor sold by the bottle.

병신(病身) ① 《불구자》 a deformed 〔maimed〕 person; a cripple; 《병자》 an 〔a chronic〕 invalid. ¶ ～을 만들다 deform; maim; cripple / ～이 되다 be crippled 〔disabled〕. ② 《물건》 a defective thing; an odd set. ③ 《바보》 a stupid person; a fool. ¶ ～ 노릇을 하다 act the fool.

병실(病室) a sickroom; a (sick) ward (병원); a sick bay(군함).

병아리 a chicken; a chick. ¶ ～를 까다 hatch chickens. ‖ ～감별사 a (chick) sexer.

병약(病弱) ¶ ～한 (constitutionally) weak; sickly; invalid; infirm.

병어 〖魚〗 a pomfret; a butterfish.

병역(兵役) military service. ‖ ～기피자 a draft evader 〔dodger〕 / ～면제 exemption from (military) service / ～미필자 a person who has not yet completed his military duty / ～의무 obiligatory 〔compulsory〕 military service.

병영(兵營) (a) barracks.

병용(倂用) ～하다 use 《*a thing*》 together 《*with*》; use 《*two things*》 at the same time.

병원(兵員) military personnel; strength 《*of a troop*》.

병원(病院) a hospital; a clinic (진료소); a doctor's office 《美》. ¶ ～에 입원하다 enter 〔go into〕 a hospital; be hospitalized / ～에 다니다 go to 〔attend a〕 hospital. ‖ ～선 a hospital ship / ～장 the superintendent 〔director〕 of a hospital.

병원(病原) the cause of a disease. ‖ ～균 a (disease) germ; a bacillus; a virus / ～체 pathogenic organ.

병인(病因) the cause of a disease. ‖ ～학 etiology.

병자(病者) a sick person; an invalid; a patient; the sick(총칭).

병장(兵長) a sergeant.

병적(兵籍) military records 〔registers〕; *one's* military status(신분). ‖ ～부 a muster roll.

병적(病的) morbid; diseased; abnormal. ¶ ～으로 morbidly; abnormally.

병조림(甁—) bottling. ～하다 bottle《*a thing*》; seal《*a thing*》in a bottle.
병존(竝存) coexistence. ～하다 coexist《*with*》; be coexistent《*with*》; exist together.
병졸(兵卒) a soldier; a private; an enlisted man《美》; the rank and file(총칭).
병종(丙種) the third class〔grade〕.
병중(病中) during *one's* illness; while *one* is ill. ¶ ～이다 be ill in bed. ⌈ease.
병증(病症) the nature of a dis-
병진(竝進) ～하다 advance together; keep abreast of; keep pace with. ⌈flaw.
병집(病—) a fault; a defect; a
병참(兵站) communications; logistics. ‖ ～감 the quartermaster general / ～기지 a supply base / ～부 the commissariat; the quartermaster depot / ～사령부 the Logistic Support Command / ～선 a line of communications; a supply line / ～장교 a quartermaster. ⌈〔in chorus〕.
병창(竝唱) ～하다 sing together
병충해(病蟲害) damages by blight and harmful insects.
병칭(竝稱) ～하다 rank〔class〕《*A*》with《*B*》.
병탄(倂呑) ～하다 annex《*A to B*》; absorb《*into*》; swallow up.
병폐(病弊) an evil; a vice; a morbid practice.
병풍(屛風) a folding screen. ¶ 여섯폭 ～(을 치다) (set up) a six-fold screen.
병합(倂合) ☞ 합병.
병행(竝行) ～하다 go side by side《*with*》; do〔carry out, try〕《*two things*》simultaneously.
병화(兵火) ¶ ～에 파괴되다 be destroyed by fire in a battle.
병환(病患) illness; sickness.
병후(病後) ¶ ～의 convalescent / ～의 몸조리 aftercare.
볕 sunshine; sunlight. ¶ ～이 들다 the sun comes in《*a window*》/ ～에 말리다 dry《*a thing*》in the sun / ～에 타다 be sunburnt / ～에 쬐다 expose《*a thing*》to the sun / ～을 쬐다 bask〔bathe〕in the sun.
보(保)《보증》a guarantee; security;《보증인》a guarantor. ¶ ～서다 stand guaranty《*for*》/ ～를 세우다 find surety《*for*》.
보(洑)《저수지》a reservoir; an irrigation pond.
보(褓) ☞ 보자기.
보(步) a〔one〕step; a pace.
…보(補) assistant; probationary. ¶ 서기～ an assistant clerk / 차관～ an assistant secretary《美》.
보각(補角)〖數〗a supplementary angle; a supplement. ⌈book.
보감(寶鑑) a thesaurus; a hand-
보강(補強) ～하다 strengthen; reinforce; invigorate. ‖ ～공사 reinforcement work.
보강(補講) a supplementary lecture; a make-up lesson. ～하다 make up for missing lecture.
보건(保健) (preservation of) health;《위생》sanitation; hygienics. ‖ ～복지부 the Ministry of Health and Welfare / ～소 a health center.
보검(寶劍) a treasured sword.
보결(補缺)《일》a supplement;《사람》a substitute; an alternate《美》. ¶ ～의 supplementary; substituted. ‖ ～모집 an invitation for filling vacancies / ～생 a standby student.
보고(報告) a report. ～하다 report; inform《*a person of an event*》. ‖ ～서 a (written) report / ～자 a reporter. ⌈house.
보고(寶庫) a treasury; a treasure
보관(保管) custody; (safe) keeping; charge. ～하다 keep; take custody〔charge〕of; have《*a thing*》in *one's* keeping. ‖ ～료 custody fee / ～물 an article in custody / ～인 a custodian; a keeper. ⌈patriotism.
보국(報國) patriotic service《*by*》;
보궐(補闕) ‖ ～선거 a special election《美》; a by-election《英》.
보균자(保菌者) a germ carrier; an infected person. ⌈steadily.
보글보글 ¶ ～ 끓다 simmer; boil
보금자리 a nest; a roost. ¶ 사랑의 ～ a love nest.
보급(普及) diffusion; spread; popularization(대중화). ～하다 diffuse; spread; propagate; popularize. ‖ ～률 the diffusion《*of TV sets*》/ ～소 a distributing agency / ～판 a popular〔cheap〕edition.
보급(補給) a supply. ～하다 supply; replenish《*coal, fuel*》. ‖ ～관〖軍〗a quartermaster / ～기지〔로, 선〕a supply base〔route, ship〕.
보기[1] an example; an instance.
보기[2]《보는 각도》a way of looking at《*things*》. ¶ 내가 ～에는 in my eyes〔opinion〕/ ～에 따라서는 in a (certain) sense.
보깨다 suffer from indigestion.
보내다 ①《물품을》send; forward; dispatch; ship(배·화차로); remit(돈을). ¶ 편지〔상품, 전보, 서류〕를 ～ send〔dispatch〕a letter〔goods, a telegram, documents〕to《*a person*》/ 상품을 화물열차로 ～ ship the goods by freight train / 찬

사를 ～ pay 《*a person*》 a compliment. ② 《사람을》 send; dispatch. ¶ 심부름 ～ send 《*a person*》 on errand / 부르러 ～ send for 《*a doctor*》. ③ 《이별》 see 《*a person*》 off; give 《*a person*》 a send-off. ④ 《세월을》 pass; spend; lead. ¶ 행복한 나날을 ～ lead〔live〕 a happy life / 시골에서 노후를 ～ spend *one's* remaining years in the country / 헛되이 세월〔시간〕을 ～ idle away *one's* time.

보너스 a bonus.

보다[1] ① 《눈으로》 see; look 《*at*》; 《목격》 witness. ¶ 본 일이 없는 unfamiliar; strange / …을 보고 at the sight of / 보는 데서 in *one's* sight / 보기 좋게 beautifully, finely(아름답게); excellently; skillfully (멋지게) / 보시는 바와 같이 as you see / 얼핏 ～ catch a glimpse of; glance at / 뚫어지게 ～ stare 〔gaze〕 《*at*》 / 잘 ～ have a good look 《*at*》 / 몰래 ～ steal a glance at; cast a furtive glance at / 차마 볼 수 없다 cannot bear to see; be unable to bear the sight of 《*a thing*》. ② 《관찰》 observe; look at; view; see; 《시찰》 inspect; visit; 《간주》 look upon 《*as*》; regard 《*as*》; consider; take 《*a thing*》 for〔to do〕. ¶ 내가 본 바로는 from my point of view; in my opinion / 어느 모로 보나 in every respect; from every point of view / 보는 바가 다르다 view a matter differently. ③ 《구경》 see 《*the sights*》; do 《*the town*》; visit 《*a theater*》. ¶ 텔레비전을 ～ watch television / 볼 만하다 be worth seeing〔visiting〕 / 박물관을 보러 가다 visit a museum. ④ 《읽다》 read; see; 《훑어 보다》 look through〔over〕. ¶ 신문을 ～ read〔see〕 the papers. ⑤ 《조사》 look over; look into; examine; 《참고》 refer to; consult 《*dictionary*》. ¶ 답안을 ～ look over the examination papers / 환자를 ～ 《의사가》 examine a patient. ⑥ 《판단》 judge; read; tell (fortune). ¶ 손금을 ～ read 《*a person's*》 palm. ⑦ 《견적》 estimate 《*at*》; offer 《*a price*》; bid; value; put. ¶ 손해를 만 원으로 ～ estimate the loss at 10,000 *won*. ⑧ 《보살피다》 look〔see〕 after; take charge 〔care〕 《*of*》; watch over 《*a child*》; 《처리》 attend to; manage. ¶ 아기를 ～ nurse a baby; baby-sit 《美》 / 집을 ～ watch over a house / 사무를 ～ attend to business. ⑨ 《…해 보다》 try; have a try 《*at*》; test. ¶ 양복을 입어 ～ try on a new suit / 자전거를 타 ～ try a ride on a bicycle. ⑩ 《시험을》 take 〔sit for〕 《*an examination*》. ⑪ 《대소변을》 do 《*one's needs*》; relieve〔ease〕 《*nature*》. ⑫ 《자손 등》 take; get 《*a child*》. ¶ 사위를 ～ take a husband for *one's* daughter. ⑬ 《이해를》 get; experience; undergo; go through; suffer. ¶ 손해를 ～ suffer〔sustain〕 a loss / 이익을 ～ make a profit / 재미를 ～ enjoy *oneself*. ⑭ 《전의(轉義)》 ¶ 두고 보아라 You shall soon see. / 두고 보자 I'll soon be even with you. *or* You shall smart for this.

보다[2] 《…인 것 같다》 look like; seem; it seems (to me) that …; I guess…. ¶ 그 사람이 아픈가 ～ He seems to be ill. / 그가 벌써 왔는가 ～ I guess he is here already.

보다[3] 《비교》 《more, better》 than; rather than; 《superior, inferior》 to. ¶ ～ 정확하게 말하면 to be more exact; to speak more precisely / ～ 낫다〔못하다〕 be superior〔inferior〕 to; be better 〔worse〕 than / 목숨 ～ 이름을 중히 여기다 value honor above life.

보다못해 being unable to remain a mere spectator.

보답(報答) 《보상》 recompense; a reward. ～하다 return〔repay〕 《*a person's kindness*》; reward; recompense. ¶ 노력에 ～하다 recompense 《*a person*》 for *his* labor.

보도(步道) a sidewalk 《美》; a pavement 《英》; a footpath.

보도(報道) a report; news; information; intelligence. ～하다 report; inform 《*a person*》 of 《*a fact*》; publish the news. ¶ 신문 ～에 의하면 according to the paper〔the newspaper reports〕 / 단편적으로 ～하다 make a fragmentary report 《*of*》. ‖ ～관제 a (newspaper) blackout; news censorship / ～기관 the press; a medium of information; a news medium / ～기사 a news story / ～사진 a news photograph / ～진 reporters; the press (corps); a news front / ～프로 a news program.

보도(輔導) guidance; direction. ～하다 lead; guide; direct. ‖ ～과 the guidance section / 학생～ student guidance.

보도독거리다 creak; graze; grind.

보동보동 ¶ ～한 plump; chubby; full.

보드랍다 ☞ 부드럽다.

보드카 《술》 vodka.

보들보들하다 (be) soft; pliant; supple; lithe.

보디 a body. ‖ ～가드 a body-

guard / ～랭귀지 (a) body language / ～블로〖拳〗《deliver》a body blow / ～빌딩 body-building / ～체크 a body search.
보따리(褓—) a package; a bundle. ‖ ～장수 a peddler.
보람《효력》worth; effect; result. ¶ ～있는 fruitful; effective / ～없는 useless; vain; fruitless; ineffective / ～있는 생활 a life worth while to live / ～없이 in vain; to no purpose; uselessly / ～이 있다 be worth while《*to do*》; be worth《*doing*》.
보랏빛 light purple color; violet; lavender. ¶ 연～ lilac.
보료 a decorated mattress used as cushion.
보루(堡壘) a battery; a bulwark; a fort; a rampart.
보류(保留) reservation. ～하다 reserve; withhold; defer. ¶ 그 문제에 대한 태도를 ～하다 reserve *one's* attitude on the problem. ‖ ～조건 reservations.
보르네오 Borneo. ¶ ～의 Bornean.
보름 ①《15일》fifteen days; half a month. ②《보름날》the fifteenth day of a lunar month. ‖ ～달 a full moon.
보리《대맥》barley. ¶ ～ 타작하다 thresh barley. ‖ ～농사 the barley raising〔farming〕/ ～밥 boiled barley (and rice) / ～밭 a barley field / ～차 barley water〔tea〕/ 보릿고개 the spring famine (just before the barley harvest) / 보릿짚 barley straw.
보리(菩提) *Bodhi*《梵》; the Supreme Enlightenment.
보모(保姆) a nurse. ¶ 유치원의 ～ a kindergarten teacher.
보무(步武) ¶ ～ 당당히《march》in fine array.
보무라지, 보물 tiny scraps of paper〔cloth〕. ¶ 실～ tiny bits of thread; lint.
보물(寶物) a treasure; a treasured article; valuables. ‖ ～선〔섬〕a treasure ship〔island〕/ ～찾기 treasure hunting.
보배 a treasure; precious〔valuable〕things.
보병(步兵) infantry (총칭);《병사》an infantryman; a foot soldier. ‖ ～연대〔학교〕an infantry regiment〔school〕.
보복(報復) retaliation; revenge; (a) reprisal. ～하다 retaliate《*against*》; take revenge《*on*》; take reprisal《*against*》. ¶ ～적인 retaliatory; revengeful / 동일한 수단으로 ～하다 retaliate in kind.
보부상(褓負商) a peddler; a packman. ¶ ～을 하다 peddle; hawk.
보사위원회(保社委員會) the Health-Social Affairs Committee of the National Assembly.
보살(菩薩)〖佛〗*Bodhisattva*《梵》; a Buddhist saint.
보살피다 look after; take care of; care for; attend to《*the sick*》.
보상(報償) compensation; remuneration. ～하다 recompense; remunerate; reward.
보상(補償) (a) compensation; indemnity. ～하다 compensate; indemnify; make good《*the loss*》. ¶ 손해 ～을 약속하다 promise to compensate for the loss / 전면 ～을 요구하다 demand full compensation. ‖ ～금 an indemnity; compensation (money) / ～안 a compensation plan.
보색(補色) a complement(ary) color.
보석(保釋) bail. ～하다 let《*a prisoner*》out on bail; bail《*a person*》out. ¶ ～중이다 be out on bail / ～되다 be released on bail. ‖ ～금 bail (money) (～금을 내다 put up〔furnish〕bail) / ～보증인 a bailsman / ～신청 an application for bail / 병～ sick bail.
보석(寶石) a jewel; a gem; a precious stone. ‖ ～류〔세공〕jewelry / ～상 a jeweler;《상점》a jeweler's (shop).
보선(保線) maintenance of tracks. ‖ ～공 a trackman《美》; a lineman《英》/ ～공사 track work.
보세(保稅) bond. ‖ ～가공(무역) bonded processing (trade) / ～공장〔창고〕a bonded factory〔warehouse〕/ ～화물 bonded goods.
보송보송하다 (be) dry; parched.
보수(保守) conservatism. ¶ ～적인 conservative. ‖ ～당 the Conservative Party / ～세력 conservative force / ～주의 conservatism / ～진영 the conservative camp.
보수(報酬) a reward; remuneration; a fee(의사 등의); pay(급료). ¶ …의 ～로 in reward〔return, recompense〕for / 무～로 without pay〔fee〕/ ～를 기대하다〔요구하다, 받다〕expect〔demand, receive〕a reward / 그에게 ～를 주다 give〔offer〕a reward《*of 5,000 won*》to him.
보수(補修) repair; mending. ～하다 mend; repair; fix. ¶ ～중이다 be under repair. ‖ ～공사 repair work.
보수계(步數計) a pedometer.
보스 a boss. ¶ 정계〔암흑가〕의 ～ a political〔an underworld〕boss.
보슬보슬《fall》gently; softly; drizzly.
보슬비 a drizzle; a drizzling rain.
보습 a share; a plowshare.
보습(補習) a supplementary les-

son; refresher training; an extra lecture. ～하다 supplement. ¶ 수학의 ～을 받다 receive a supplementary lesson in math.

보시(布施) an offering; alms; charity.

보시기 a small bowl.

보신(保身) keeping *oneself* from harm; self-defense. ‖ ～술 the art of self-protection.

보신(補身) ～하다 build *oneself* up by taking tonics. ‖ ～탕 soup of dog's meat.

보쌈김치(褓—) *Kimchi* wrapped in a large cabbage leaf like a bundle.

보아란듯이 ostentatiously; showily; for show〔display〕.

보아주다 take care of; take trouble; look after; help.

보안(保安) the preservation〔maintenance〕of public peace; security. ‖ ～과 the (public) security section / ～관 a sheriff / ～당국 the security authorities / ～림 a reserved forest / ～처분 an order for preserving public peace; compulsory hospitalization《*of the mentally ill*》(정신질환자에 대한).

보안사범(保安事犯) national security violators; a public security offender.

보안요원(保安要員)《탄광 등의》the maintenance personnel.

보약(補藥) a tonic; a restorative; an invigorant.

보양(保養) preservation of health; 《병후의》recuperation. ～하다 take care of *one's* health; recuperate. ‖ ～소 a convalescent hospital; a rest home; a sanatorium / ～지 a health resort.

보양(補陽) ～하다 strengthen the virile power; invigorate *oneself*.

보얗다 ①《빛깔이》(be) whitish; milky. ¶ 살결이 ～ have a pearly skin. ②《연기·안개가》(be) hazy; misty.

보어(補語)〖文〗a complement. ‖ 목적격～ an objective complement.

보여주다 let《*a person*》see; show.

보온(保溫) ～하다 keep warm. ‖ ～병 a thermos (bottle); a vacuum flask / ～재 lagging materials.

보완(補完) ～하다 complement. ¶ 상호 ～적이다 be complementary to each other.

보우(保佑) ～하다 protect; aid.

보위(寶位) the throne; the crown.

보유(保有) possession. ～하다 possess; hold; keep; retain. ‖ ～자 a holder; a possessor / 금～고 gold holdings / 정부～미 government-stocked rice.

보유스름하다 (be) whitish; milky.

보육(保育) ～하다 bring up; nurse; nurture; rear; foster. ‖ ～기《미숙아용의》an incubator / ～원 a nursery school.

보은(報恩) requital〔repayment〕of kindness; gratitude. ～하다 requite〔repay〕another's kindness.

보이 a boy; a waiter(식당의); a bellboy(기차·호텔의). ‖ ～장 a head waiter; a bell captain (호텔의).

보이다[1]《보게 하다》show; let《*a person*》see〔look at〕;《전시하다》exhibit; display. ¶ 실력을 ～ show〔display〕*one's* ability.

보이다[2] ①《눈에》see; catch sight of;《사물이》be seen〔visible〕; be in sight; appear; show up (나타나다). ¶ 보이지 않게 되다 go out of sight / 보이게 되다 come in sight〔into view〕. ②《…같다》seem; appear; look (like). ¶ 슬퍼 ～ look sad / 그녀는 서른쯤 되어 보인다 She looks about thirty.

보이스카우트 the Boy Scouts; a boy scout(한 사람).

보이콧 a boycott (movement). ～하다 boycott《*a shop, goods*》.

보일러〖機〗a boiler.

보자기 a (cloth) wrapper.

보잘것없다 ☞ 하찮다.

보장(保障) guarantee; security. ～하다 guarantee; secure. ¶ 평화의 ～ a guarantee of peace. ‖ ～제도 a security system / 상호 안전 ～조약 a mutual security treaty / 집단안전～ collective security.

보전(保全) integrity; preservation. ～하다 preserve; maintain〔safeguard〕the integrity《*of*》. ¶ 환경을 ～하다 preserve the environment. ‖ 영토～ maintenance of the territorial integrity.

보전(寶典) a handbook; a thesaurus.

보조(步調) a step; a pace. ¶ ～를 맞추다 keep pace〔step〕《*with*》; act in concert《*with*》/ ～가 맞지 않다 walk out of step; break step.

보조(補助)《원조》assistance; help; support; aid;《보족(補足)》(a) supplement. ～하다 assist; help; aid. ¶ 생활비를 ～하다 help《*a person*》with living expenses / 재정적으로 ～하다 give financial assistance《*to*》. ‖ ～금 a subsidy; a grant-in-aid / ～엔진 an auxiliary engine / ～원 an assistant; a helper / ～의자 a spare chair; a jump seat(버스의) / ～탱크 a spare tank / ～화폐 subsidiary coins.

보조개 a dimple.

보족(補足) ～하다 complement; supplement; make good《*a deficiency*》. ¶ ～설명 a supplementary explanation.

보존(保存) preservation; conservation. ～하다 preserve; keep; conserve. ¶ 유적의 ～ preservation of historic spots.

보좌(補佐) aid; assistance. ～하다 aid; assist; help; advise. ¶ 시장을 ～하다 assist a mayor. ‖ ～관 an aide.

보증(保證) a guarantee; a security; an assurance; a warrant. ～하다 guarantee; warrant; assure; vouch〔answer〕for. ¶ ～부(付)의 guaranteed; warranted; secured / ～을 서다 stand surety〔guarantee〕for《*a person*》/ 신원을 ～하다 vouch for《*a person*》/ 품질을 ～하다 guarantee〔warrant〕the quality《*of an article*》/ 2년 ～의 자동차 a car guaranteed for two years; a car with a two-year guarantee. ‖ ～금 security money; a deposit / ～서 a (written) guarantee / ～수표 a certified check / ～인 a guarantor; a surety.

보지 〖解〗 the vulva.

보지(保持) ～하다 maintain; hold; retain.

보직(補職) assignment to a position. ¶ ～되다 be assigned〔appointed〕《*to the post of*》.

보채다 fret; be peevish. ¶ 보채는 아이 a fretful child.

보철(補綴) 《치과의》 (a) dental prosthesis. ¶ 부분～ a partial denture.

보청기(補聽器) a hearing aid; 《상표명》 an Acousticon.

보초(步哨) a sentry. ¶ ～를 서다 stand sentry; be on sentry duty / ～를 세우다 post《*a soldier*》on sentry / ～를 교대시키다 relieve a sentry. ‖ ～병 a guard; a sentry / ～선 a sentry line.

보충(補充) supplement; replacement. ～하다 supplement; replenish; fill up; replace. ¶ 결원을 ～하다 fill (up) a vacancy. ‖ ～계획 a replacement program / ～대 drafts; reserves / ～병 a reservist / ～수업 supplementary lessons / ～역 reservist duty.

보칙(補則) supplementary rules.

보컬리스트 〖樂〗 a vocalist.

보컬뮤직 vocal music.

보크사이트 〖鑛〗 bauxite.

보태다 ① 《보충》 supply《*a lack*》; make up《*for*》; supplement. ¶ 모자람을 ～ make up a deficiency / 보탬이 되다 go towards; be an aid《*to*》. ② 《가산》 add (up); sum up.

보통(普通) 《부사적》 usually; ordinarily; commonly; generally. ¶ ～의 《통상의》 usual; general; ordinary; common; 《정상적인》 normal; ordinal; 《평균의》 average / ～ 사람들 ordinary people / ～ 이상〔이하〕이다 be above〔below〕the average / ～의 경우에(는) in ordinary circumstances; usually / 이 추위는 ～이 아니다 The cold weather is rather unusual. ‖ ～교육 general education / ～명사 a common noun / ～선거 universal〔popular〕suffrage / ～열차 an accommodation train / ～예금 an ordinary deposit / ～우편 ordinary mail.

보통내기(普通—) 《not》 an ordinary person; 《not》 a mediocrity.

보퉁이(褓—) a bundle; a package; a parcel.

보트 a boat. ¶ ～를 젓다 row a boat / ～ 타러 가다 go boating. ‖ ～레이스 a boat race / ～선수 an oarsman.

보편(普遍) 《보편성》 universality. ¶ ～적인 universal; general / ～적 진리 universal truth. ‖ ～타당성 universal validity.

보폭(步幅) a stride; a pace.

보표(譜表) 〖樂〗 a staff; a score; a stave.

보풀 shag; nap《*of cloth*》; flue; fuzz《*of paper*》. ¶ ～이 인 shaggy; nappy《*silk*》.

보풀다 become nappy; have fuzz.

보풀리다 raise a nap on; nap.

보풀보풀 ～하다 have a nap; be nappy〔downy, fuzzy〕.

보필(輔弼) ～하다 assist; counsel; give advice.

보하다(補—) 《보직》 appoint; assign; 《원기를》 tone up; build up《*one's health*》.

보학(譜學) genealogy.

보합(保合) 〖經〗 steadiness. ～하다 (keep) balance; remain the same〔steady〕. ¶ 시세는 ～ 상태이다 Prices are steady.

보행(步行) ～하다 walk; go on foot. ‖ ～자 a walker; a pedestrian.

보험(保險) insurance; assurance 《英》. ¶ ～에 들다 insure《*one's house against fire*》/ ～에 들어 있다 be insured《*against*》/ ～을 계약하다 buy〔take〕an insurance policy / ～을 해약하다 cancel〔surrender〕*one's* insurance policy. ‖ ～계약 an insurance contract / ～계약자 a policyholder / ～금 insurance money / ～금 수취인 a beneficiary / ～료 insurance due; a premium /

~업자 an insurer; an underwriter / ~증서 an insurance policy / 실업~ unemployment insurance.
보혈(補血) ‖ ~제 a hematic.
보호(保護) protection; protective custody; 《보존》 conservation. ~하다 protect; defend; guard; 《돌보다》 take care (of); look after 《*a person*》; 《보존하다》 preserve; conserve. ¶ 문화재 ~ (the) preservation of cultural assets / 삼림 ~ conservation of forests / …의 ~하에 under the protection 〔care〕 of... / 경찰에 ~를 요청하다 apply to the police for protection. ‖ ~관세 a protective tariff / ~관찰 《place an offender on》 probation / ~구 a sanctuary; a reserve 《*for wild animal*》 / ~무역 protective trade / ~색 protective coloring / ~수역 protected waters / ~자 a protector; a guardian; a patron.
보훈(報勳) ‖ ~병원 Korea Veterans Hospital; the Patriots and Veterans Hospital / 국가~처 the Ministry of Patriots and Veterans Affairs.
복 〖魚〗 a swellfish; a blowfish; a globefish; a puffer.
복(伏) the dog days; midsummer.
복(福) good luck; fortune; happiness; a blessing. ¶ ~된 happy; blessed / ~을 받다 be blessed / 새해 ~ 많이 받으십시오 Happy New Year!
복간(復刊) reissue; revived publication. ~하다 republish; reissue.
복강(腹腔) the abdominal cavity. ‖ ~임신 abdominal pregnancy.
복걸(伏乞) ~하다 prostrate *oneself* and beg.
복고(復古) restoration; revival. ‖ ~조(調) 《of》 a revival mood / ~주의 reactionism.
복교(復校) ~하다 return to school.
복구(復舊) restoration. ~하다 be restored to normal conditions. ‖ ~공사 repair 〔restoration〕 works.
복권(復權) restoration (of rights). ~하다 be restored to *one's* rights.
복권(福券) a lottery ticket. ¶ ~에 당첨되다 win (a prize) in a lottery; get 〔draw〕 a lottery prize. ‖ ~추첨 a lottery.
복귀(復歸) ~하다 return 《*to*》; come back 《*to*》; 〖法〗 revert 《*to*》 (재산 등의). ¶ 직장에 ~하다 return to work.
복대기 slag; dross.
복대기다 be noisy 〔boisterous; in a bustle〕; be tossed about; be jostled around.
복더위(伏—) a heat wave during the dog days.
복덕(福德) ‖ ~방 a real estate agent; a realtor 《美》.
복도(複道) a corridor; a passage; a gallery; a lobby(극장의).
복리(福利) ☞ 복지.
복리(複利) compound interest. ¶ ~로 계산하다 calculate at compound interest.
복마전(伏魔殿) a hotbed of corruption; a pandemonium.
복막(腹膜) the peritonium. ‖ ~염 peritonitis.
복망(伏望) ~하다 desire earnestly.
복면(覆面) a veil; a mask. ~하다 wear a mask. ¶ ~의 masked / ~을 벗다 unmask (*oneself*). ‖ ~강도 a masked robber.
복명(復命) ~하다 report on *one's* mission. ‖ ~서 a report.
복모음(複母音) 〖音聲〗 a diphthong.
복무(服務) service. ~하다 serve; be in (public) service. ‖ ~규정 the service regulations; standing orders / ~연한 the term of office.
복문(複文) a complex sentence.
복받치다 be filled 《*with emotion*》; have a fit 《*of*》; well up(솟구침); fill *one's* heart(사물이 주어).
복배(腹背) the back and front.
복병(伏兵) an ambush; men 〔troops〕 in ambush. ¶ ~을 두다〔만나다〕 lay〔fall into〕 an ambush.
복본위제(複本位制) the double standard system; bimetallism.
복부(腹部) the abdomen; the belly. ‖ ~수술 an abdominal operation.
복부인(福夫人) a wealthy housewife chasing after the speculative benefit; women speculators swarming to a place of bidding.
복비례(複比例) 〖數〗 compound proportion.
복사(複寫) reproduction; duplication; reprint; 《복사물》 a copy; a reproduction. ~하다 reproduce; copy. ‖ ~기 a duplicator; a copying machine; a copier / ~사진 a photocopy / ~용 잉크〔종이〕 copying ink〔paper〕.
복사(輻射) radiation. ~하다 radiate. ‖ ~선 a radiant ray / ~열 radiant heat / ~체 a radiator.
복사뼈 the ankle (bone); the talus.
복상(服喪) ~하다 go into mourning 《*for*》.
복색(服色) the color and style of a uniform; 《의상》 clothes; attire.
복서 a boxer.
복선(伏線) a covert reference. ¶ ~을 치다 lay an underplot; drop a hint as to what is to

follow; 《선수침》 forestall 《*a person*》.
복선(複線) a double track 〔line〕. ¶ ~으로 하다 double-track. ‖ ~공사 double-tracking.
복성스럽다 (be) happy-looking.
복수(復讐) revenge; vengeance; retaliation(보복). ~하다 revenge *oneself* 《*on a person*》; take revenge 《*for, on*》. ‖ ~심(에 불타다) (burn with) revengeful thought / ~자 a revenger / ~전 《경기의》 a return match 〔game〕.
복수(腹水) 〖醫〗 abdominal dropsy.
복수(複數) the plural. ¶ ~의 plural. ‖ ~명사 a plural noun / ~여권 a multiple passport.
복술(卜術) the art of divination.
복숭아 a peach. 「calf.
복스《상자 · 좌석》 a box; 《가죽》 box
복스럽다(福—) (be) happy-looking; prosperous-looking.
복슬복슬하다 (be) fat and shaggy.
복습(復習) review. ~하다 review 〔repeat〕 *one's* lessons.
복시(複視) 〖醫〗 diplopia; double vision. ¶ ~의 diploptic. 「ments.
복식(服飾) dress and its orna-
복식(複式) ¶ ~의 double-entry(부기); plural(투표의); compound (기계의). ‖ ~부기 bookkeeping by double entry / ~투표 plural voting. 「ing.
복식호흡(腹式呼吸) abdominal breath-
복싱 boxing. ‖ 섀도 ~ shadowboxing.
복안(腹案) a plan 〔scheme〕 in *one's* mind; an idea.
복약(服藥) ~하다 take medicine.
복어(一魚) ☞ 복.
복역(服役) (penal) servitude. ~하다 serve *one's* term 〔sentence〕. ‖ ~기간 a term of sentence.
복엽(複葉) 〖植〗 a compound leaf. ‖ ~비행기 a biplane.
복용(服用) 《약의》 internal use; dosage. ~하다 take 《*medicine*》; use internally. ‖ ~량 dosage; a dose.
복원(復元) restoration. ~하다 restore to the original state; revert. ‖ ~력 〖機〗 stability.
복원(復員) demobilization. ~하다 be demobilized.
복위(復位) restoration; reinstatement. ~하다 be restored 《*to the throne*》.
복음(福音) 《그리스도의》 the gospel; 《좋은 소식》 good 〔welcome〕 news. ‖ ~교회 the Evangelical Church / (사)~서 the (four) Gospels.
복음(複音) a compound sound.
복자(覆字) a turn (in set type); a reversal of type in printing.
복잡(複雜) ~하다 (be) complicated; complex; intricate. ¶ ~한 기계 an intricate piece of machinery / ~한 수속 a complicated 〔troublesome〕 procedure / ~한 표정 《wear》 an expression showing *one's* mixed feelings. ‖ ~골절 a compound fracture.
복장(服裝) dress; costume; attire; clothes. ¶ ~은 자유 Dress optional(초대장 등에서). ‖ ~검사 a dress inspection.
복적(復籍) ~하다 return to *one's* original domicile 〔family〕.
복제(服制) dress regulation 〔system〕; costume.
복제(複製) reproduction; 《복제품》 a reproduction; a duplicate; a replica. ~하다 reproduce; reprint(책의). ‖ ~불허 All rights reserved. *or* Reprinting prohibited / ~화 a reproduced picture.
복종(服從) obedience; submission. ~하다 obey 《*one's parents*》; be obedient to; submit 〔yield〕 《*to*》.
복죄(服罪) ~하다 plead guilty 《*to*》; enter a plea of guilty. ¶ ~하지 않다 plead not guilty.
복지(福祉) (public) welfare; well-being. ¶ 국민의 ~를 증진하다 promote the welfare of the people. ‖ ~국가 a welfare state / ~사업 welfare work / ~시설 welfare facilities.
복직(復職) reinstatement; reappointment. ~하다 be reinstated in 〔come back to〕 *one's* former post 〔position〕. ‖ ~명령 the back-to-work order.
복창(復唱) ~하다 repeat 《*one's senior's order*》.
복채(卜債) a fortune-teller's fee.
복첨(福籤) a lottery. ¶ ~을 뽑다 hold a lottery.
복통(腹痛) 《have》 a stomachache.
복판 the middle 〔center, heart〕. ¶ ~에 right 〔just〕 in the middle 〔center〕 《*of*》 / 길 ~을 걷다 walk in the middle of the road 《*of*》.
복합(複合) ¶ ~의 compound; complex. ‖ ~개념 a complex concept / ~기업 a conglomerate / ~렌즈 a compound lens / ~비료 compound fertilizer / ~빌딩 a multiple-purpose building / ~어 a compound (word) / ~영농 combined agriculture / ~오염 multiple pollution / ~체 a complex / ~형 컴퓨터 a hybrid computer.
복화술(腹話術) ventriloquy.
복활차(複滑車) a tackle; a compound pulley.
볶다 ① 《불에》 parch; roast; fry (기름에). ② 《들볶다》 ill-treat; treat 《*a person*》 harshly; be hard on 《*a person*》; annoy; bully.

볶아대다 keep bothering 〔annoying, pestering〕.
볶아치다 hurry (up); urge; press; hasten. ¶ 빨리 준비하라고 ~ urge 《*a person*》 to prepare more quickly.
볶음 ① 《볶기》 panbroiling; roasting; parching. ② 《음식》 any panbroiled 〔roasted〕 food; a roast; a broil. ‖ ~밥 fried rice / 닭~ broiled chopped chicken / 미나리~ broiled parsley 〔dropwort〕.
본(本) ① 《본보기》 an example; a model. ¶ ~을 보이다 set a good example 《*to students*》. ② 《옷 따위의》 a pattern. ¶ 종이로 ~을 뜨다 make a pattern out of paper 《*for a dress*》. ③ 《본관》 family origin.
본…(本) 《이, 현재의》 this; the present 《*meeting*》; 《주요한》 the main 《*store*》; principal; 《진짜의》 real 《*name*》; regular.
본가(本家) ① 《본집》 the main 〔head〕 family; 《친정》 *one's* old home. ② 《원조》 the originator; the original maker.
본값(本—) the cost price; the prime cost. ¶ ~에 팔다 sell 《*something*》 at cost (price) / ~을 건지다 cover the cost.
본거(本據) the headquarters; a base; a stronghold. ¶ 생활의 ~ the base and center of *one's* life / 종파의 ~ the headquarters of a religious sect.
본건(本件) this affair 〔item〕; the case in question.
본격(本格) ¶ ~적인 regular; real / ~적으로 in earnest / ~적인 여름 a real summer.
본견(本絹) pure silk.
본고장(本—) 《원산지》 the home 《*of tobacco*》; a habitat(서식지); 《중심지》 the center; 《고향》 *one's* native place. ¶ 사과의 ~ the home of the apple.
본과(本科) the regular course. ‖ ~생 a regular student.
본관(本官) 《자칭》 the present official; I.
본관(本貫) family origin; *one's* ancestral home.
본관(本管) a main (pipe). ¶ 가스〔수도〕의 ~ a gas 〔water〕 main.
본관(本館) the main building.
본교(本校) this 〔our〕 school; the principal school (분교에 대한).
본국(本局) the main 〔head〕 office; 《전화의》 a central 《美》.
본국(本國) *one's* home 〔native, mother〕 country. ‖ ~정부 the home government.
본남편(本男便) 《전남편》 *one's* ex-husband; 《법적》 *one's* legal husband.
본능(本能) (an) instinct. ¶ ~적(으로) instinctive(ly).
본대(本隊) the main body 〔force〕.
본댁(本宅) *one's* home.
본데 discipline; education; good manners(범절). ¶ ~ 있다 〔없다〕 be well-〔ill-〕bred; have good 〔no〕 manners.
본드 bond, adhesives. ‖ ~흡입 glue-〔bond-〕sniffing.
본디(本—) originally; from the first; by nature.
본때(本—) ① 《본보기》 an example; a model. ¶ ~ 있다 be exemplary 〔splendid〕. ② 《교훈》 a lesson; a warning. ¶ ~를 보이다 make a lesson 《*of*》; punish.
본뜨다(本—) follow 《*an example*》; model after; copy from a model.
본뜻(本—) 《본생각》 *one's* real intention; will; 《본의미》 the original meaning.
본래(本來) 《원래》 originally; primarily; from the beginning(처음부터). ¶ ~의 original; primary / 이 말 ~의 뜻 the original meaning of this word.
본론(本論) the main subject 〔issue〕. ¶ ~으로 들어가다 go on the main issue.
본루(本壘) 〖野〗 the home base 〔plate〕. ‖ ~타 a home run; a homer.
본류(本流) the main stream.
본말(本末) ¶ ~을 전도하다 mistake the means for the end; put the cart before the horse.
본명(本名) *one's* real name.
본무대(本舞臺) the main stage.
본문(本文) the body 《*of a letter*》; the text 《*of a treaty*》.
본밑천(本—) capital; funds.
본바닥(本—) ☞ 본고장.
본바탕(本—) essence; (real) substance; *one's* true color. ¶ ~이 정직한 honest by nature.
본받다(本—) follow 《*a person's*》 example; imitate 《*a person*》; model 〔copy〕 《*after*》.
본보기(本—) 《모범》 an example; 《본뜨는 자료》 a model; a pattern. ¶ ~로 삼다 make an example 《*of a person*》.
본봉(本俸) the regular salary; a basic pay; base pay.
본부(本部) the headquarters; the head 〔main〕 office; an administrative building(대학 따위의).
본분(本分) *one's* duty 〔part, role〕; function. ¶ ~을 다하다 do 〔perform, fulfill〕 *one's* duty 〔part〕.
본사(本社) 《본점》 the main 〔head〕 office; 《자기 회사》 our firm; this company; we.
본산(本山) the head temple.
본새(本—) 《생김새》 the original

looks; features; 《바탕》 the nature; basic quality. ¶ ～가 곱다 be nice-looking; have good features.
본색(本色) *one's* real character 〔nature〕; *one's* true colors. ¶ ～을 드러내다 reveal *one's* true character; show *one's* true colors; betray 〔unmask〕 *oneself*.
본서(本署) the chief police station.
본선(本船) 《이 배》 this 〔our〕 ship; 《모선》 a mother 〔depot〕 ship. ‖ ～인도 free on board(생략 F.O.B., f.o.b.).
본선(本線) the main 〔trunk〕 line.
본성(本性) ☞ 본색.
본시(本是) 《부사적》 originally; primarily; from the first.
본심(本心) 《진심》 *one's* real intention; 《마음》 *one's* right 〔true〕 mind; *one's* heart; *one's* senses. ¶ ～으로는 at heart.
본안(本案) 《이 안건》 this proposal 〔bill〕; 《원안》 the original proposal 〔bill, motion〕.
본업(本業) *one's* main occupation; *one's* regular business 〔work〕.
본연(本然) ¶ ～의 natural; inherent; proper.
본위(本位) standard(기준); principle(주의); a basis(기초). ¶ 자기 ～의 self-centered; selfish. ‖ ～화폐 a standard money 〔coin〕 / 금～ the gold standard.
본의(本意) *one's* will; *one's* real intention; *one's* original purpose. ¶ ～아니게 against *one's* will; unwillingly; reluctantly.
본인(本人) the person himself 〔herself〕; the principal(대리인에 대한); 《문제의》 the said person; the person in question; 《나 자신》 I; me; myself. ¶ ～ 자신이 in person; personally / ～이 출석하다 present *oneself* 《*at a court*》.
본적(本籍) *one's* (permanent) domicile; *one's* family register.
본전(本錢) ① principal (sum); capital(밑천). ② ☞ 본값.
본점(本店) the head 〔main〕 office 〔store〕; 《이》 this store; our shop.
본제(本題) the original topic 〔subject〕. ¶ ～로 돌아가서 to return to our subject.
본지(本旨) 《참목적》 the true aim; the object in view; 《본래의 취지》 the main 〔principal〕 object.
본지(本紙) this 〔our〕 paper.
본지(本誌) this 〔our〕 journal 〔magazine〕.
본직(本職) ① 《본업》 *one's* (regular) occupation 〔job〕; *one's* principal profession 〔trade〕. ② 《관리의 자칭》 I; me; myself.
본질(本質) essence; essential qualities; true nature; substance (실질). ¶ ～적인 essential; substantial / ～적으로 essentially; substantially; in essence.
본처(本妻) a lawful 〔legal〕 wife.
본체(本體) the true form; 《실체》 substance; 《실재》 reality. ‖ ～론 ontology.
본초(本草) 《한약재》 medical herbs. ‖ ～가(家) a herbalist / ～학 Chinese medical botany.
본초자오선(本初子午線) the prime 〔first〕 meridian.
본토(本土) the mainland. ‖ ～박이 aborigines; natives / 중국 ～ the Chinese mainland.
본회담(本會談) a full-dress talk; the main conference.
본회의(本會議) a plenary session; a general 〔regular〕 meeting.
볼[1] ① 《뺨》 a cheek. ② 《넓이》 width; breadth.
볼[2] 《공》 a ball.
볼가심 ～하다 eat 〔have〕 just a bite of food to appease *one's* hunger.
볼기 the buttocks; the ass. ¶ ～를 때리다 spank; beat on the buttocks / ～ 맞다 be spanked.
볼꼴사납다 (be) ugly; mean; unseemly; unsightly.
볼되다 ① 《벅차다》 be a strain on *one*; (be) too hard. ② 《세다》 (be) intense; very tight.
볼레로 a bolero.
볼록 ¶ ～거리다 swell and subside; palpitate / ～하다 be bulgy. ‖ ～거울〔렌즈, 면〕 a convex mirror 〔lens, surface〕.
볼륨 volume. ¶ ～이 있는 voluminous; bulky / ～을 높이다 turn up the volume on.
볼리비아 Bolivia. ¶ ～의 Bolivian. ‖ ～사람 a Bolivian.
볼링 bowling. ‖ ～장 a bowling alley.
볼만하다 《볼 가치가 있다》 be worth seeing.
볼멘소리 sullen 〔grouchy〕 words. ¶ ～로 in angry tone / ～로 대답하다 give a sullen answer.
볼모 ① 《담보》 a pawn. ② 《사람》 a hostage. ¶ ～로 잡다 take 《*a person*》 as hostage / ～로 잡히다 be held 〔taken〕 as a hostage.
볼셰비즘 Bolshevism.
볼셰비키 a Bolshevik.
볼썽사납다 (be) awkward; unsightly; unseemly; indecent.
볼일 business; an engagement; things 〔work〕 to do. ¶ ～이 있다 be engaged 《*in*》; have something to do / ～이 없다 be free; have nothing to do / ～ 보다 do business / ～을 다 마치다 finish 〔carry out〕 *one's* work.

볼장 ¶ ～ 다 보다 be all up with…; All is over with…; have done with 《*a thing*》. ¶ 저 녀석도 이젠 ～ 다 봤다 The game is up for him. *or* He's done for.
볼트[1] 〖電〗 a volt; voltage. ‖ ～미터 a voltmeter.
볼트[2] 〖機〗 a bolt.
볼펜 a ballpoint (pen).
볼품 appearance; show; looks. ¶ ～있다 be attractive; make a good show / ～없다 have a bad appearance; be unattractive.
볼호령(一號令) a howl; an angry roar. ～하다 roar; bellow; howl.
봄 ① 《계절》 spring (time). ¶ ～의 spring; vernal / 이른〔늦은〕 ～에 in the early〔late〕 spring. ‖ ～농사 a spring crop / ～누에 spring silkworms / ～바람 a spring breeze〔wind〕 / ～보리 spring-sown barley / ～비 a spring rain / ～빛 spring scenery〔view〕 / ～아지랑이 spring haze / ～옷 spring wear. ② 《청춘》 the prime 《*of life*》.
봄갈이 《do》 the spring plowing.
봄나물 young greens〔herbs〕. ¶ ～을 캐다 pick young herbs.
봄날 《날》 a spring day; 《날씨》 spring weather.
봄맞이꽃 〖植〗 a rock jasmine.
봄추위 the lingering cold in spring.
봄타다 suffer from spring fever.
봅슬레이 a bobsleigh.
봇도랑(洑一) an irrigation ditch.
봇물(洑一) reservoir water.
봇짐(褓一) a bundle; a package; a packet. ‖ ～장수 a packman; a peddler.
봉(封) a paper package. ¶ 약 한 ～ a packet of medicine.
봉(鳳) ① ☞ 봉황. ② 《만만한》 a dupe; an easy mark〔victim〕; a pigeon; a sucker 《俗》. ¶ ～이 되다 fall an easy victim〔prey〕 to 《*a person's trick*》.
봉건(封建) 《제도》 feudalism; the feudal system. ¶ ～적인 feudal; feudalistic. ‖ ～국가 a feudal state / ～사상 a feudalistic idea / ～사회 a feudal society / ～시대 the feudal age〔times〕; the era of feudalism / ～영주 a feudal lord / ～주의 feudalism; feudality.
봉급(俸給) a salary; pay; wages. ¶ 높은〔낮은〕 ～ a good〔poor〕 salary / ～이 오르다〔내리다〕 get a raise〔cut〕 in *one's* pay / ～이 많다 〔적다〕 be well〔ill, poorly〕 paid / ～을 타다 draw〔get〕 a pay 《*of 800,000 won a month*》 / ～을 올리다 raise 《*a person's*》 pay / 낮은 ～으로 일하다 work for low pay. ‖ ～생활자 a salaried person〔worker〕 / ～일 a payday.
봉기(蜂起) an uprising. ～하다 rise in revolt〔arms〕; rise 《*against*》.
봉납(奉納) ～하다 offer; dedicate; present; consecrate.
봉놋방(一房) the lodging room in an inn〔a tavern〕 where a guest sleeps with his fellow lodgers; the inn dormitory.
봉당(封堂) the unfloored area 〔space〕 between two rooms.
봉돌 《낚싯줄의》 a sink(er).
봉두난발(蓬頭亂髮) disheveled〔unkempt, shaggy〕 hair.
봉랍(封蠟) sealing wax.
봉박다 《구멍에》 patch a hole; stop up a hole.
봉변(逢變) ① 《모욕당함》 ～하다 be insulted〔humiliated〕; be shamed. ② 《변을 당함》 ～하다 meet with an accident〔a mishap〕.
봉분(封墳) ～하다 mound 《*a grave*》; build a mound over a grave.
봉사(奉仕) service. ～하다 serve; give *one's* service. ¶ 지역 사회에 ～하다 serve *one's* community. ‖ ～가격 a bargain price / ～료 a tip / 사회 ～ social〔public〕 service.
봉살(封殺) 〖野〗 a force-out. ¶ 주자를 ～하다 force a runner out.
봉서(封書) a sealed letter.
봉선화(鳳仙花) 〖植〗 a balsam; a touch-me-not (flower).
봉쇄(封鎖) a blockade; blocking up; freezing(동결). ～하다 blockade; block up; freeze 《*funds*》. ¶ ～를 풀다 lift the blockade; unfreeze 《*the enemy's assets*》. ‖ ～구역 a blockade zone / ～선 a blockade line.
봉양(奉養) ～하다 support〔serve〕 *one's* parents (faithfully).
봉오리 a bud(☞ 꽃봉오리). ¶ ～가 지다 have〔bear〕 buds.
봉우리 a peak; a top; a summit.
봉인(封印) a seal; sealing. ～하다 seal up. ¶ ～한 sealed.
봉제(縫製) needlework; sewing. ～하다 sew. ‖ ～공 a seamster (남자); a seamstress(여자) / ～공장 a sewing factory / ～품 needlework products; sewing (총칭).
봉지(封紙) a paper bag. ¶ 약 한 ～ a pack of medicinal herbs.
봉직(奉職) ～하다 serve 《*at, in*》; be in the service 《*of*》; work 《*for*》; hold a position 《*in*》.
봉착(逢着) ～하다 encounter; face; come upon; meet 《*with*》; be faced〔confronted〕 《*with*》. ¶ 난관에 ～하다 meet〔be confronted〕 with a difficulty.

봉창 ～하다 make up for《*one's loss*》(벌충); lay aside stealthily(감추어 둠). ‖ ～질 hoarding things.

봉창(封窓) ①《봉한 창》a sealed window; sealing (up) a window (봉하기). ②《구멍만 낸》an opening in the wall.

봉토(封土) a fief; a feud.

봉투(封套) an envelope; a paper bag〔sack〕. ‖ 반신용～ a return envelope.

봉하다(封—) ①《붙이다》seal《*a letter*》; seal up《*a window*》;《봉해 넣다》enclose; confine. ②《다물다》shut〔close〕《*one's mouth*》. ③《봉토를》invest《*a person*》with a fief; enfeoff. ④《작위를》confer a peerage.

봉함(封緘) a seal; sealing. ～하다 seal《*a letter*》. ‖ ～엽서 a letter card.

봉합(縫合)〖醫〗suture. ～하다 suture; stitch (together).

봉화(烽火) a signal〔beacon〕 fire; a rocket. ¶ ～를 올리다 light a signal fire. ‖ ～대 a beacon lighthouse.

봉황(鳳凰) a Chinese phoenix.

봐하니 so far as my observation goes; to all appearances; apparently.

뵙다 humbly see〔meet〕《*one's elders*》; have an audience with《*the King*》.

부(否) no; nay(s); negation.

부(部) ①《부분》a part; a portion. ②《분과》a department; a bureau; a division; a section;《내각의》a department; a ministry. ③《서적의》a copy《*of a book*》; a volume.

부(富) wealth; riches; opulence.

부(賦) poetical prose; an ode.

부…(副) assistant; deputy; vice-; sub-. ¶ ～교수 an associate professor / ～시장 a deputy mayor / ～영사 a vice-consul / ～지배인 an assistant manager / ～지사 a deputy〔lieutenant〕 governor / ～통령〔회장, 총재, 사장〕 a vice-president.

…부(附) ①《날짜》dated《*Aug. 3rd*》; under the date of《*the 5th inst.*》. ②《부속》attached to; belonging to. ¶ 대사관～ 육〔해〕군 무관 a military〔naval〕 *attaché* to an embassy.

부가(附加) ～하다 add《*to*》; supplement;《첨부》annex; append. ¶ ～적인 additional; annexed; supplementary. ‖ ～가치세 a tax on value added; a value-added tax / ～물 an addition; an appendage / ～세 an additional tax; a surtax.

부각(浮刻) ～하다 emboss; raise;《새기다》carve in relief. ¶ ～되다 stand out in bold relief / ～시키다 bring《*a thing*》into relief.

부감(俯瞰) ～하다 overlook; command a bird's-eye view《*of*》. ‖ ～도 a bird's-eye view《*of*》; an aerial view. ☞ 조감도.

부강(富强) wealth and power. ～하다 (be) rich and powerful.

부걱거리다 bubble up; foam; pop.

부결(否決) rejection; voting down. ～하다 reject; vote down; decide《*against a bill*》.

부계(父系) the father's side; the paternal line.

부고(訃告) an announcement of《*a person's*》death; an obituary (notice).

부과(賦課) ～하다 levy〔impose, assess〕《*a tax on land*》. ‖ ～금 dues; taxes / ～액 the amount imposed / ～징수 assessment and collection / 자동～제 taxation-by-schedule system.

부관(副官) an adjutant. ‖ 고급～ a senior adjutant / 전속～ an *aid-de-camp*《프》; an aide.

부교(浮橋) a pontoon〔floating〕 bridge.

부교재(副教材) an auxiliary textbook.

부국(富國) a rich country; a prosperous nation. ‖ ～강병 a rich country with powerful armed forces / ～강병책 measures to enrich and strengthen the country.

부군(夫君) *one's* husband.

부권(父權) paternal rights.

부권(夫權) husband's〔marital〕 rights.

부귀(富貴) wealth and fame. ‖ ～영화 wealth and prosperity (～영화를 누리다 live in splendor).

부그르르 ¶ ～ 끓다 sizzle / ～ 일다 bubble up.

부근(附近) neighborhood; vicinity. ¶ ～의 neighboring; nearby; adjacent / ～에 near; in the neighborhood〔vicinity〕 of.

부글거리다《끓어서》simmer;《거품이》bubble up.

부금(賦金) an installment; a premium(보험의).

부기(附記) an addition; an additional remark〔note〕. ～하다 add《*that...*》; append《*a note*》; write in addition.

부기(浮氣) swelling (of the skin). ¶ ～가 빠지다 the swelling subsides〔goes down〕.

부기(簿記) bookkeeping. ‖ ～법 rules of bookkeeping / 단식〔복식〕～ bookkeeping by single〔double〕 entry.

부끄럼 ①《창피》shame; disgrace.

¶ ～을 알다〔모르다〕 have a〔no〕 sense of shame. ②《수줍음》 shyness; bashfulness. ¶ ～을 타다 be shy〔bashful〕.

부끄럽다《창피하다》 (be) shameful; disgraceful;《수줍다》 (be) shy〔abashed〕; bashful. ¶ 부끄러운 듯이 bashfully; shyly / 부끄러워하다 be〔feel〕 shy; feel shame《*at*》; be ashamed《*of*》/ 말하기 부끄럽지만 … I am ashamed to say that….

부나비〖蟲〗 a tiger moth.

부녀(父女) father and daughter.

부녀자(婦女子)《부인》 a woman;《총칭》 womenfolk; the fair sex.

부농(富農) a rich farmer.

부닥치다《만나다》 come upon〔across〕; encounter; meet with;《직면하다》 face; be confronted by. ¶ 난관에 ～ face〔be confronted by〕 a difficulty / 그 제안은 반대에 부닥쳤다 The proposal met with opposition.

부단(不斷) ～하다 (be) constant; continual; ceaseless; incessant. ¶ ～한 노력 constant efforts.

부담(負擔) a burden; a load; a charge(지불의); a responsibility (책임). ～하다 bear《*the expenses*》; shoulder《*a burden*》; share《*in*》 (일부를);《비용을》 be charged with. ¶ 주 20시간의 수업 ～ a teaching load of twenty hours a week / ～을 주다 burden; impose a burden on《*a person*》/ …의 ～을 덜어주다 lighten the burden imposed on《*a person*》. ‖ ～액 *one's* share《*in the expenses*》.

부당하다(不當―) (be) unjust; unfair; unreasonable; exorbitant(과도한). ¶ 부당한 값 an unreasonable price / 부당한 요구 an exorbitant demand / 부당한 판결 an unjust decision. ‖ 부당노동행위 an unfair labor practice / 부당이득 an undue profit / 부당해고 unfair dismissal.

부대(附帶) ¶ ～의 incidental《*expenses*》; supplementary《*items*》; subsidiary《*enterprises*》; attendant《*circumstances*》/ …에 ～하다 incidental to…; accompanying…. ‖ ～결의 a supplementary〔an additional〕 resolution / ～공사 appurtenant work / ～사업 a subsidiary enterprise / ～설비 incidental facilities / ～조건 a collateral〔an incidental〕 condition.

부대(負袋) a burlap bag; a sack. ¶ 밀가루 한 ～ a sack of flour.

부대(部隊) a (military) unit; a corps; a force; a detachment. ‖ ～배치 troop disposition / ～장 a commander; a commanding officer (생략 C.O.).

부대끼다 be troubled〔tormented〕《*by, with*》; be pestered《*by*》. ¶ 밤새도록 모기에 ～ be annoyed by mosquitoes all night long / 심한 두통에 ～ be tormented with a violent headache.

부덕(不德) want〔lack〕 of virtue. ¶ 모두 내 ～의 소치이다 I am solely to blame for it.

부덕(婦德) womanly〔female〕 virtue. ¶ ～의 귀감 a symbol of female virtue.

부도(不渡) failure to honor《*a check*》; dishonor. ¶ ～ 나다 be dishonored / ～를 내다 dishonor a bill〔check〕. ‖ ～어음〔수표〕 a dishonored bill〔check〕.

부도(婦道) womanhood; the duty of a woman.

부도덕(不道德) immorality. ¶ ～한 immoral / ～한 행동 immoral conduct.

부도체(不導體) a nonconductor.

부동(不動) ¶ ～의 firm; immovable; solid; motionless; fixed / ～의 신념 firm〔unshakable〕 faith / ～의 자세를 취하다 stand at attention.

부동(浮動) ～하다 float《*in the air*》; waft(향기 따위가); fluctuate(변동). ‖ ～기뢰 a floating mine / ～주(株) floating stocks / ～표 a floating vote.

부동산(不動産) real〔immovable〕 estate; fixed property; immovables. ‖ ～감정사 a real estate appraiser / ～등기 real-estate registration / ～소득 (an) income from real estate / ～실명제 the real-name property ownership system; the real-name system for real estate trading / ～업자 a real estate agent; a realtor《美》/ ～취득세 real estate acquisition tax / ～투기 speculation in real estate; land speculation.

부동액(不凍液) antifreeze.

부동하다(不同―) (be) unequal; uneven; be lacking in uniformity.

부동항(不凍港) an ice-free port.

부두(埠頭) a quay; a pier; a wharf. ‖ ～인부 a stevedore; a longshoreman.

부둥키다 embrace; hug; hold〔take〕《*a person*》 in *one's* arms.

부드럽다 (be) soft; tender; gentle; mild. ¶ 부드럽게 softly; gently; mildly; tenderly / 부드러운 목소리〔빛〕 a soft〔gentle〕 voice〔light〕/ 마음씨가 ～ have a tender heart.

부득부득 stubbornly; obstinately; persistently; importunately.

부득불(不得不) ☞ 부득이.

부득이(不得已) against *one's* will;

unavoidably; inevitably; (out) of necessity. ¶ ~한 unavoidable; necessary; inevitable / ~…하다 be obliged〔compelled, forced〕 to *do;* have no choice but to *do*.

부들 〚植〛 a cattail; a reed mace.

부들부들 ¶ ~ 떨다 quiver《*with emotion*》; tremble《*with rage*》; shiver《*with cold*》.

부듯하다 ①《꼭 맞다》(be) tight; close. ②《꼭 차다》(be) full; close. ③《가슴이》feel a lump in *one's* throat.

부등(不等) disparity; inequality. ¶ ~의 unequal. ‖ ~식 an inequality.

부등변(不等邊) ¶ ~의 inequilateral; scalene《*triangles*》.

부디 ①《꼭》by all means; without fail; in any case. ¶ ~ 오십시오 Come, by all means. ②《바라건대》(if you) please; (will you) kindly.

부딪치다《충돌》run〔knock, clash〕 against; collide with; 《봉착》 meet with; come across; encounter. 「run〕 into.

부딪히다 be bumped〔crashed,

부뚜막 a kitchen〔cooking〕 range; a kitchen furnace.

부라리다 glare〔stare〕《*at*》; look with glaring eyes.

부락(部落) a village; a hamlet. ‖ ~민 villagers; village folk.

부란(孵卵) incubation; hatching. ‖ ~기(器) an incubator.

부랑자(浮浪者) a vagabond; a vagrant; a tramp.

부랴부랴 in a great hurry; in deadly haste; hurriedly. ¶ ~ 달려가다 rush to《*the scene*》.

부러 purposely; on purpose; intentionally; deliberately; knowingly (알면서).

부러뜨리다 break; snap (딱 소리를 내며); fracture (뼈를).

부러워하다 envy《*a person*》; be envious of; feel envy《*at*》.

부러지다 break; be broken; snap; give way.

부럽다 (be) enviable; envious《*of*》. ¶ 부러운 듯이 enviously;《glance》 with envy / 부럽게 하다 make《*others*》 envy〔envious〕; excite《*a person's*》 envy.

부레 an air bladder.

부려먹다 ☞ 부리다. ¶ 막 ~ work 〔drive〕《*a person*》 hard.

부력(浮力) 〚理〛 buoyancy; floatage; lift (비행기의). ‖ ~계(計) a buoyancy gauge.

부령(部令) an order〔a decree〕 from a government ministry.

부록(附錄) an appendix; a supplement《*to the magazine*》.

부루퉁하다《부어서》(be) swollen; bulging; 《성나서》(be) sulky. ¶ 부루퉁한 얼굴 a sullen face.

부류(部類)《종류》a class; a kind; 《종속》a species; a category; a head. ¶ …의 ~에 들다 come under the category〔head〕 of.

부르다[1] ①《배가》(be) full. ¶ 배부르게 먹다 eat *one's* fill. ②《임신하여》(be) pregnant.

부르다[2] ① call; call (out) to《*a person*》. ¶ 부르면 들릴 곳에 within call / 이름을 ~ call《*a person*》 by name / 의사를 부르러 보내다 send for a doctor / 불러내다〔들이다〕 call《*a person*》 out 〔in〕. ②《일컫다》call; name; term; designate. ¶ …라고 ~ be called…. ③《청하다》 invite〔ask〕《*a person*》 to《*dinner*》; 《소환》summon《*a person by letter*》. ④《값을》bid《*a price*》; offer; set. ¶ 부르는 값에 사다 buy《*an article*》 at the price asked / 값을 싸게 ~《a seller》 set the price low; 《a buyer》 offer a low price. ⑤《노래를》 sing《*a song*》. ⑥《외치다》cry; shout. ¶ 만세를 ~ cry "Hurrah!"

부르르 ¶ ~ 떨다 tremble《*with fear*》; shiver《*with cold*》; quiver.

부르주아 a bourgeois(사람); the bourgeoisie(계급).

부르쥐다 clench《*one's fist*》.

부르짖다 ①《외치다》shout; cry; utter〔give〕 a cry; exclaim; 《비명》shriek; scream. ②《창도(唱導)》cry《*for*》; clamor《*for*》; advocate. ¶ 개혁을 ~ cry (loudly) for a reform.

부르트다《물집이》blister; get a blister; have a corn《*on the sole*》; 《물려서》swell up.

부릅뜨다 open《*one's eyes*》wide; make *one's* eyes glare; glare fiercely. ¶ 눈을 부릅뜨고 with angry〔glaring〕 eyes.

부리 ①《새의》a bill (평평한); a beak(매의). ②《물건의》 a pointed end〔head〕; a tip.

부리나케 in a hurry; in haste; hurriedly. ¶ ~ 도망가다 flee in all haste.

부리다[1] ①《일시키다》keep《*a person, a horse*》at work; work; set〔put〕《*a person*》 to work; use; hire; employ (고용). ¶ 사람을 심하게 ~ work〔drive〕 a person hard; be a hard master. ②《조종하다》manage; work; handle; run; operate. ¶ 기계를 ~ operate a machine. ③《행사》 exercise; use; wield; exert (*one's*) power. ¶ 권력을 ~ exercise *one's* power. ④《재주·말썽을》play《*a trick*》; show《*one's ability*》; start《*trouble*》.

부리다[2] 《짐을》 unload 《*a truck*》; discharge; get off.
부리망(一網) a muzzle 《*for cattle*》.
부리부리하다 (be) big and bright.
부마(駙馬) a princess' husband; a king's son-in-law.
부메랑 《throw》 a boomerang. ‖ ～효과 a boomerang effect.
부모(父母) *one's* parents. ¶ ～의 parental 《*love, affection*》.
부목(副木) a splint. ¶ ～을 대다 splint 《*one's arm*》; apply splints 《*to*》.
부문(部門) a class; a group; a department; a category; a section; a branch; a line. ¶ ～으로 나누다 divide 《*things*》 into classes; classify / …의 ～에 넣다 classify 《*things*》 under; bring 〔place〕 《*things*》 under the division 〔category〕.
부박(浮薄) ¶ ～한 frivolous; fickle; insincere.
부복(俯伏) ～하다 lie prostrate.
부본(副本) a copy; a duplicate.
부부(夫婦) man 〔husband〕 and wife; a (married) couple. ¶ ～의 conjugal; matrimonial / ～가 되다 become man and wife; be married. ‖ ～싸움 a quarrel between husband and wife / 김씨～ Mr. and Mrs. Kim.
부분(部分) a part; a portion; a section. ¶ ～적인 partial; sectional. ‖ ～식(蝕) a partial eclipse 《*of the sun*》.
부빙(浮氷) floating ice.
부사(副使) a vice-envoy; a deputy delegate.
부사(副詞) 〖文〗 an adverb. ¶ ～적(으로) adverbial(ly). ‖ ～구 an adverbial phrase.
부산물(副産物) a by-product 《*of*》; (a) spin-off 《*from*》(대규모 사업의). ¶ 연구의 ～ a by-product of research.
부산하다 《떠들썩하다》 (be) noisy; boisterous; uproarious; 《바쁘다》 (be) busy; bustling.
부삽(一鍤) a fire shovel.
부상(負傷) an injury; a wound; a hurt. ～하다 get 〔be〕 injured; be wounded; get hurt. ¶ 총격으로 팔에 ～을 입다 be wounded in the arm by a shot. ‖ ～자 a wounded person; the wounded (총칭).
부상(浮上) ～하다 surface; come 〔rise〕 to the surface; 《비유적》 rise 〔emerge〕 from obscurity(무명에서). ¶ 잠수함이 ～하다 a submarine surfaces 〔rise to the surface〕 / 인기가 다시 ～하다 regain *one's* popularity.
부상(副賞) an extra 〔a supplementary〕 prize.
부서(部署) *one's* post 〔place〕. ¶ ～를 지키다 keep *one's* post.
부서(副署) countersignature. ～하다 countersign; endorse.
부서지다 break; be smashed 〔broken, wrecked〕; go 〔fall〕 to pieces; be damaged. ¶ 부서지기 쉬운 fragile; easy to break; delicate / 부서진 의자 a broken chair.
부석부석 ¶ ～한 somewhat 〔slightly〕 swollen 〔tumid〕.
부선거(浮船渠) a floating dock.
부설(附設) ～하다 attach; annex. ¶ 대학에 연구소를 ～하다 establish a research center attached to a university. ‖ ～기관 an auxiliary organ / ～도서관 a library attached 《*to*》; an annex library.
부설(敷設) construction; laying. ～하다 lay; build; construct. ¶ 철도를 ～하다 lay 〔build〕 a railroad. ‖ ～권 a right of construction.
부성애(父性愛) a paternal love.
부속(附屬) ～하다 belong 《*to*》; be attached 《*to*》. ¶ ～의 attached; accessory(보조적인) / …에 ～되어 있다 be attached to… / H대학 ～병원 the H University Hospital. ‖ ～품〔물〕 accessories / ～학교 an attached school.
부수(附隨) ～하다 accompany; be attended. ¶ ～적인 accompanying; incidental 《*to*》; attendant 《*on*》 / 전쟁에 ～되는 재해 the evils accompanying war.
부수(部數) the number of copies; the circulation (발행 부수).
부수다 break; destroy; smash.
부수수하다 (be) in disorder; disheveled; untidy; loose.
부수입(副收入) an additional 〔a side〕 income; the income from a side 〔part-time〕 job.
부스러기 a bit; a fragment; scraps 《*of meat*》; odds and ends; crumbs 《*of bread*》; chips 《*of wood*》.
부스러뜨리다 break; smash; crush.
부스러지다 be smashed; be broken; go to pieces.
부스럭거리다 rustle. ¶ 부스럭부스럭 rustlingly; with a rustle.
부스럼 a swelling; a boil; an abscess. ¶ ～이 나다 have a boil 《*on*》.
부슬부슬 ¶ (비가) ～ 내린다 It drizzles.
부시 a metal piece (for striking fire). ‖ 부싯돌 a flint.
부시다[1] 《눈이》 (be) dazzling; glaring. ¶ 눈이 부시도록 아름다운 여자 a lady of dazzling beauty / 눈이 부시게 빛나다 dazzle; glare.
부시다[2] 《그릇을》 wash (out); rinse (out). ¶ 병을 ～ wash 〔rinse〕 out a bottle.
부시장(副市長) a deputy mayor.
부식(扶植) ～하다 plant; implant;

foster; establish (확립). ¶ 세력을 ~하다 establish〔extend〕 *one's* influences.
부식(副食) ☞ 부식물(副食物).
부식(腐蝕) corrosion; erosion. ~하다 corrode, erode(산에 의해); rust(녹슬다). ‖ ~방지제 a corrosive inhibitor; an anticorrosive / ~작용 corrosion.
부식물(副食物) a side dish; dishes to go with the rice.
부식토(腐植土) humus soil.
부신(副腎) 〖解〗 adrenal glands. ‖ ~피질 the adrenal cortex.
부실(不實) ~하다 ①《불성실》(be) faithless; unfaithful; insincere; 《믿음성이》(be) unreliable; untrustworthy. ¶ ~한 아내 an undeserving〔a faithless〕 wife. ‖ ~공사 《행위》 illegal〔faithless〕 construction practices / ~기업 an insolvent enterprise. ②《부족·불충실》(be) short; incomplete; insufficient. ③《몸이》(be) feeble; weak; delicate. ¶ 몸이 ~하다 be of weak health; be in poor health.
부심(副審) a subumpire(야구); subreferee.
부심(腐心) ~하다 take great pains 《*to do*》; be at pains《*to do*》; rack *one's* brains.
부아 ①《허파》 the lungs. ②《분함》 anger; temper. ¶ ~가 나다 be〔feel〕 offended〔vexed〕《*with, at*》/ 그는 그녀의 말을 듣고 ~가 났다 He was offended〔vexed〕 at〔by〕 her remarks.
부양(扶養) support; maintenance. ~하다 maintain; support. ¶ 가족을 ~할 의무가 있다 have a duty to support *one's* family. ‖ ~가족 a dependent / ~가족공제 exemption for dependents / ~가족수당 a family allowance / ~자 a supporter; the breadwinner (of a family).
부양(浮揚) ~하다 float《*in the air*》; 《경기가》 pick up. ¶ 경기를 ~시키다 stimulate the economy. ‖ ~력 buoyancy.
부언(附言) an additional remark; a postscript (생략 P.S.). ~하다 add《*that*...》; say in addition.
부업(副業) a side job; a sideline. ¶ ~으로(서) as a sideline.
부엉이 〖鳥〗 a horned owl.
부엌 a kitchen. ¶ ~에서 일하다 work in the kitchen. ‖ ~세간 kitchen utensils; kitchenware / ~일 kitchen work.
부여(附與) ~하다 give; grant; allow. ¶ 권한을 ~하다 give《*a person*》an authority《*to do*》.
부여(賦與) ~하다 endow〔bless〕《*a person*》 with.
부역(賦役) compulsory labor〔service〕.
부연(敷衍) ~하다 explain... more fully; amplify《*the subject*》; expatiate〔elaborate〕 on《*a subject*》.
부영사(副領事) a vice-consul.
부옇다 (be) whitish; grayish.
부예지다 get misty〔hazy〕;《눈이》 dim; be blurred.
부용(芙蓉) ①《연꽃》 a lotus. ②《목부용》 a cotton rose.
부원(部員) a staff member; the staff (전체).
부유(浮遊) ~하다 float; drift. ‖ ~기뢰 a floating mine / ~물 floating matters / ~생물 plankton.
부유(富裕) ~하다 (be) wealthy; rich; opulent.
부유스름하다 (be) somewhat pearly 〔milky〕; frosty.
부음(訃音) an obituary notice; an announcement of death. ¶ ~에 접하다 be informed of《*a person's*》 death.
부응하다(副應—)《필요·요구에》 meet; satisfy;《반응하다》 answer;《적응하다》 be suited (to). ¶ 시대의 요구에 ~ meet the demand of the times.
부의(附議) ~하다 refer《*a matter*》 to《*a committee*》.
부의(賻儀) a condolence〔an obituary〕 gift. ‖ ~금 condolence 〔incense〕 money.
부의장(副議長) a vice-president〔= chairman〕; a deputy speaker.
부익부빈익빈(富益富貧益貧) the rich-get-richer and the poor-get-poorer.
부인(夫人) a wife; a married lady; 《경칭》 Mrs; Madam.
부인(否認) (a) denial; negation; nonrecognition. ~하다 deny; refuse to admit; say no《*to*》. ¶ 기소 사실을 전면 ~하다 deny all the indicted facts.
부인(婦人) a married woman. ‖ ~과 gynecology / ~과 의사 a gynecologist / ~병 women's diseases / ~회 a women's club 〔society〕.
부임(赴任) ~하다 leave〔start〕 for *one's* new post. ‖ ~지 the place of appointment; *one's* new post.
부자(父子) father and son. ¶ ~가정 a family consisting of father and children.
부자(富者) a rich〔wealthy〕 man; a man of wealth〔property, means〕; the rich (총칭). ¶ ~가 되다 become rich; make a fortune.
부자연(不自然) ¶ ~한 unnatural; artificial(인위적); forced(무리한); affected(꾸민) / ~스러운 웃음 a forced smile / ~스러운 자세로 서 있다 stand in an unnatural posture.
부자유(不自由) lack of freedom; 《불편》 (an) inconvenience. ~하

다 (be) not free; restricted; inconvenient; 《몸이》 (be) disabled 〔handicapped〕. ¶ 몸이 ～스런 사람 a disabled man.

부작용(副作用) a side effect. ¶ ～을 일으키다 produce 〔have〕 side effects 《*on*》 / ～이 없다 have no 〔be free from〕 side effects.

부장(部長) the head 〔chief, director〕 of (a department). ‖ ～검사 a chief public prosecutor.

부장품(副葬品) grave goods; tomb furnishings.

부재(不在) absence. ～하다 be absent; be out; be「not at 〔away from〕 home. ¶ ～중에 during 〔in〕 *one's* absence. ‖ ～자 an absentee / ～자투표 absentee ballot / ～지주 an absentee landowner.

부적(符籍) an amulet; a talisman; a charm.

부적격(不適格) ☞ 부적임.

부적임(不適任) ¶ ～의 inadequate; unqualified; unfit; unsuitable 《*for*》/ 그 자리에 ～이다 be unfit 〔not the right man〕 for the positon. ‖ ～자 an unqualified 〔incompetent〕 person.

부적절(不適切) ¶ ～한 unsuitable 《*for*》; inappropriate 《*to*》; inadequate 《*for*》; ill-suited 《*for, to*》; unfit 《*for, to*》/ 장소에 ～한 표현 an unsuitable 〔inappropriate〕 expression for the occasion.

부전(附箋) a slip; a tag; a label. ¶ ～을 붙이다 tag; label; attach a tag.

부전승(不戰勝) an unearned win. ～하다 win without fighting 〔playing〕.

부전자전(父傳子傳) transmission from father to son. ¶ ～이다 Like father, like son.

부전조약(不戰條約) an antiwar pact 〔treaty〕.

부전패(不戰敗) ～하다 lose a game by default 〔without fighting〕.

부절제(不節制) excess; intemperance. ～하다 be intemperate.

부젓가락 fire tongs.

부정(不正) (an) injustice; dishonesty; illegality(위법); (a) wrong (비행). ¶ ～한 unjust; unfair; dishonest; illegal; wrong / ～한 일을 하다 do something dishonest; behave unfairly / ～을 밝히다 expose injustice / ～을 바로잡다 redress 〔remedy〕 injustice / ～입학하다 enter 《*a university*》 through the back door. ‖ ～공무원 a corrupt(ed) official / ～대부〔융자〕 fraudulent loans / ～사건 《공무원의》 a bribery 〔graft〕 case / ～선거 a rigged election / ～축재자 an illicit fortune maker / ～행위 a dishonest act; an unfair practice.

부정(不定) ¶ ～한 indefinite; unfixed; unsettled. ‖ ～관사 an indefinite article / ～사 an infinitive.

부정(不貞) unchastity; unfaithfulness. ¶ ～한 아내 an unfaithful wife.

부정(不淨) ¶ ～한 unclean; dirty; impure / ～한 돈 〔재물〕 ill-gotten gains / ～타다 suffer an evil.

부정(否定) (a) denial. ～하다 deny; negate. ¶ ～적인 negative / ～할 수 없는 undeniable / ～적인 견해 a negative point of view. ‖ ～문 a negative sentence / ～어 a negative.

부정기(不定期) ¶ ～의 irregular / ～적인 수입 an irreguler income. ‖ ～편 《비행기의》 a nonscheduled flight.

부정맥(不整脈) 〖醫〗 arrhythmia; an irregular pulse.

부정직(不正直) dishonesty. ¶ ～한「dishonest.

부정확(不正確) inaccuracy; incorrectness. ¶ ～한 inaccurate; incorrect.

부조(不調) bad condition; irregularity. ～하다 (be) irregular; be in disorder; 《운동선수가》 be in a bad condition.

부조(扶助) ① 《도움》 help; aid; assistance; support. ～하다 aid; assist; help. ¶ 상호～ mutual aid. ②《금품》 a congratulatory gift 〔money〕 (축의금); condolence money 〔goods〕 (조의금).

부조(浮彫) relief; (a) relief sculpture 〔carving〕. ¶ ～로 하다 work 〔carve〕 in relief. ‖ ～세공 relief work.

부조리(不條理) irrationality; absurdity; unreasonableness. ¶ 온갖 ～를 제거하다 do away with all kinds of irregularities.

부조화(不調和) disharmony; discord (-ance). ¶ ～한 inharmonious; discordant.

부족(不足) 《모자람》 shortage; deficiency; deficit (금전의); 《결핍》 want; lack; 《불충분》 insufficiency; 《불만족》 dissatisfaction; discontent. ～하다 (be) insufficient; scanty; scarce; 《서술적》 be short 《*of*》; be in want 《*of*》; be lacking 《*in*》. ¶ 천 원 ～하다 be one thousand *won* short / ～한 점이 없다 leave nothing to be desired. ‖ ～액 shortage; a deficit; a difference (차액) / 수면～ want 〔lack〕 of sleep / 식량～ a food shortage / 중량～ short weight.

부족(部族) a tribe. ¶ ～의 tribal.

부존(賦存) ～하다 be blessed 〔favored〕 《*with*》. ‖ ～자원 natural

resources (～자원이 많다 be blessed with natural resourses).

부주의 (不注意) carelessness; heedlessness; negligence. ～하다 be careless 《*in, about*》; be inattentive 《*to*》; be heedless 〔negligent〕. ¶ ～하게 carelessly; heedlessly / ～로 due to *one's* carelessness.

부지 (扶支) ～하다 bear; endure; stand; hold out. ¶ 목숨을 ～하다 maintain 〔sustain〕 *one's* life.

부지 (敷地) a site; a lot; the ground. ¶ ～를 선정하다 〔찾다〕 select 〔look for〕 a site 《*for*》.

부지기수 (不知其數) being numberless 〔countless〕.

부지깽이 a poker.

부지런하다 (be) diligent; assiduous; industrious. ¶ 부지런히 diligently; industriously; assiduously; hard / 부지런한 사람 a hard worker.

부지불식간 (不知不識間) ☞ 부지중.

부지중 (不知中) ¶ ～에 unknowingly; unconsciously; all awares; in spite of *oneself* / ～에 눈물을 흘리다 be moved to tears in spite of *oneself* / ～에 눈을 감다 shut *one's* eyes instinctively.

부지하세월 (不知何歲月) ¶ ～이다 Nobody can tell when it will be done 〔completed〕.

부진 (不振) dullness; inactivity; depression (불경기); a slump(선수의). ～하다 (be) dull; inactive; depressed; stagnant; slack; be in slump(서술적).

부진 (不進) poor progress. ～하다 make poor 〔little〕 progress.

부질없다 (be) vain; useless; futile; worthless; insignificant; trivial. ¶ 부질없는 생각 a useless 〔an idle〕 thought / 부질없는 시도 a vain attempt 《*to do*》.

부집게 (a pair of) iron tongs.

부쩍 《우기는 모양》 persistently; stubbornly; 《급격히》 rapidly; 《현저히》 remarkably. ¶ …이 ～ 향상되다 make a remarkable improvement 《*in*》.

부차적 (副次的) secondary.

부착 (附着) ～하다 adhere 〔stick, cling〕 to. ‖ ～력 adhesive power.

부창부수 (夫唱婦隨) a way of life in which the wife follows the lead set by her husband.

부채 a 《*folding*》 fan. ¶ ～질하다 (use a) fan; fan *oneself*; 《선동》 instigate; excite; stir up / 붙는 불에 ～질하는 격이다 It is like adding oil to the fire.

부채 (負債) a debt (빚); liabilities (채무). ¶ ～가 있다 be in debt / ～를 갚다 pay off *one's* debts / 그에게 5백원의 ～가 있다 I owe him 500 *won*. ‖ ～자 a debtor.

부처 《불타》 Buddha; 《불상》 an image of Buddha. ¶ ～ 같은 사람 a saint of a man; a merciful person.

부처 (夫妻) husband and wife; a couple. ¶ 김씨 ～ Mr. and Mrs. Kim.

부총리 (副總理) the deputy Prime Minister; the vice-premier.

부추 〖植〗 a leek.

부추기다 stir up; incite; instigate. ¶ 부추겨서 …하게 하다 incite 〔instigate〕 《*a person*》 to *do*.

부축하다 help 《*a person*》; give *one's* arm to. ¶ 노부인을 차에서 부축해 내리다 help an old lady off 〔out of〕 the car.

부치다[1] 《힘에》 be beyond *one's* power 〔capacity〕; be too much for 《*one*》.

부치다[2] ① 《보내다》 send; forward; ship (배·차로); mail (우송); remit (돈을). ¶ 편지를 ～ send a letter 《*to*》 / 기차로 물건을 ～ ship goods by rail / 돈을 수표로 ～ remit money by a check. ② 《관용적 표현》 ¶ 불문에 ～ overlook; pass over 《*a small offense*》 / 토의에 ～ put 《*a question*》 to debate / 재판에 ～ commit 《*a case*》 for trial.

부치다[3] 《논밭을》 cultivate; farm; grow.

부치다[4] 《번철에》 griddle; cook on a griddle; fry 《*eggs*》.

부칙 (附則) 《규칙》 an additional rule 〔clause〕.

부침 (浮沈) ups and downs 《*of life*》; rise and fall; vicissitudes 《*of life*》.

부탁 (付託) (a) request; (a) favor. ～하다 (make a) request; ask 《*a person to do*》; beg; solicit. ¶ ～을 들어주다 〔거절하다〕 comply 〔decline〕 《*a person's*》 request / ～이 있다 I have a favor to ask of you. / …의 ～으로 at the request of….

부탄 〖化〗 butane.

부터 ① 《사람》 from; of; through. ¶ 친구로～ 온 편지 a letter from a friend. ② 《장소》 from; out of; off. ¶ 서울로 ～ 인천까지 from Seoul to Inch'ŏn. ③ 《시간》 from; since (이래); after(이후). ¶ 세 시～ 다섯 시까지 from three to five /그 때～ since then / 지금～ from now on. ④ 《판단의 기준》 from; by. ¶ 이러한 사실로～ 판단하면 judging from these facts. ⑤ 《범위》 from. ¶ 값은 10달러～ 20달러까지이다 The prices range 〔vary〕 from ten to twenty dollars. ⑥ 《순서》 beginning with; first; starting from. ¶ 무엇～ 할까 What shall I begin with? / 너～ 해라 You begin.

부통령 (副統領) the Vice-President

(생략 V.P.).
부패(腐敗) 《물질의》 decay; rot; spoiling; decomposition; 《정신의》 corruption; degeneration. ～하다 《물질이》 go〔become〕 bad; rot; spoil; decay; 《정신이》 rot; corrupt; degenerate; become corrupted. ¶ ～한 rotten; spoiled; decayed; corrupt 《*officials*》/ ～하기 쉬운 perishable; corruptible / 지금의 정치가들은 형편없이 ～되어 있다 Politicians today are hopelessly corrupt. ‖ ～공무원 a tainted〔corrupt〕 official.
부평초(浮萍草) 〖植〗 a duckweed.
부표(否票) a "nay" vote; a vote "no". ¶ ～를 던지다 vote against〔in opposition to〕....
부표(浮標) a (marker) buoy. ‖ ～등 a buoy light.
부풀다 《팽창하다》 get bulky; swell 《*up, with*》; bulge; rise (빵이); expand(팽창하다). ¶ 빵이 ～ bread rises / 희망으로 가슴이 부풀었다 My breast swelled with hope.
부풀리다 《팽창시키다》 swell (out); bulge 《*one's pocket with candies*》; inflate 《*a balloon with gas*》; puff out 《*one's cheeks*》.
부품(部品) parts 《*of a machine*》; 《car》 components. ¶ ～을 교환하다 replace a part. ‖ ～판매업자 a parts supplier.
부피 bulk; volume; size. ¶ ～ 있는 bulky; voluminous.
부하(負荷) ① 《짐》 a burden; a load. ② 〖電〗 load. ‖ ～전류〔율, 시험〕 a load current〔factor, test〕.
부하(部下) *one's* men; a subordinate; a follower(추종자). ¶ ～ 사병 the soldiers under *one's* command / …의 ～로 3년간 일하다 work〔serve〕 under 《*a person*》 for three years / 그에겐 우수한 ～가 몇명 있다 He has some able men under him.
부합(符合) ～하다 agree〔tally, coincide〕 with. ¶ 그의 증언은 사실과 ～한다 His statement tallies〔fits in〕 with the facts.
부형(父兄) parents and brothers.
부호(符號) a mark; a sign; a symbol; a code (전신). ¶ ～화하다 put〔convert〕 《*information*》 into code; encode; code.
부호(富豪) a rich man; a man of wealth; a millionaire (백만장자); a billionaire (억만장자).
부화(孵化) hatching; incubation. ～하다 hatch〔incubate〕 《*chickens*》. ‖ 인공～ artificial incubation / 인공～기 an artificial incubator.
부화뇌동(附和雷同) blind following. ～하다 follow 《*another*》 blindly; echo 《*another's views*》.
부활(復活) revival(회복); restoration (재흥); 《예수의》 the Resurrection (of Christ). ～하다 revive; restore; resurrect. ¶ 그 나라에서는 군주제가 ～했다 The monarchy was restored in the country. ‖ ～절 Easter.
부흥(復興) revival; reconstruction; rehabilitation. ～하다 be reconstructed; be revived. ¶ 한국의 전후 ～ Korean's postwar rehabilitation. ‖ ～사업 reconstruction〔rehabilitation〕 work / 경제～ economic rehabilitation.
북[1] 〖樂〗 a drum. ¶ ～을 치다 beat a drum / ～ 치는 사람 a drummer.
북[2] 《베틀의》 a spindle; a shuttle.
북(北) the north. ☞ 북쪽. ¶ ～의 north; northern / ～으로 (to the) north; northward(s).
북경(北京) 《중국의》 Peking; Beijing.
북괴(北傀) the North Korean puppet regime.
북구(北歐) Northern Europe. ¶ ～의 Scandinavian.
북극(北極) the North〔Arctic〕 Pole. ¶ ～의 arctic; polar; pole. ‖ ～곰 a polar bear / ～광 the nothern lights; the aurora borealis / ～권 the Arctic Circle / ～성 the polestar / ～양 the Arctic Ocean / ～지방 the Arctic region / ～탐험 an Arctic〔polar〕 expedition.
북녘(北一) the north(ward); the northern part.
북단(北端) the north(ern) end.
북대서양(北大西洋) the North Atlantic (Ocean). ‖ ～조약기구 the North Atlantic Treaty Organization (생략 NATO).
북데기 waste straw.
북돋우다 ① 《북주다》 heap earth around 《*a plant*》. ② 《원기·힘을》 cheer up; stimulate; encourage. ¶ 사기를 ～ stimulate the morale 《*of troops*》.
북동(北東) northeast (생략 N.E.). ‖ ～풍 a northeasterly wind.
북두칠성(北斗七星) the Great Bear〔Dipper〕; the Plow 《美》.
북미(北美) North America. ¶ ～의 North American / ～대륙 the North American Continent. ‖ ～자유무역협정 the North America Free Trade Agreement(생략 NAFTA).
북반구(北半球) the Northern Hemisphere.
북방(北方) the north; the northward. ¶ ～의 northern; northerly / ～에〔으로〕 to〔on〕 the north; in (the direction of) the north; northward(s). ‖ ～한계선 the Northern Boundary Line(생략 NBL).
북부(北部) the north(ern part).
북북 《세게》 《scrape, scratch》

hard〔roughly〕; 《rip》 to pieces.
북북동(北北東) north-northeast.
북북서(北北西) north-northwest.
북빙양(北氷洋) the Arctic Ocean.
북상(北上) ～하다 go (up) north; proceed northward.
북새 hustle; bustle; commotion; hubbub. ¶ ～ 놓다 hustle and bustle / ～통에 in the confusion; during the commotion.
북서(北西) northwest (생략 N.W.). ‖ ～풍 an northwesterly wind.
북슬개 a shaggy dog; a poodle.
북슬북슬 ～하다 (be) bushy; shaggy.
북안(北岸) the northern coast.
북양(北洋) the northern sea.
북어(北魚) a dried pollack.
북위(北緯) 〖地〗 the north latitude (생략 N.L.). ¶ ～37도 30분 lat. 37°30'N.
북적거리다 bustle; be crowded 〔jammed〕 《*with people*》; be thronged 《*with*》. ¶ 거리는 구경꾼으로 북적거렸다 The streets were thronged with onlookers.
북적북적 in a bustle; full of stir; bustling.
북주다 hill 《*potatoes*》; heap soil around 《*a plant*》; earth up.
북진(北進) ～하다 march〔go〕 north; sail northward.
북쪽(北一) the north(☞북). ¶ ～의 north; northern; northerly / ～으로 north(ward(s)).
북채 〖樂〗 a drumstick.
북풍(北風) the north(erly) wind. ¶ 살을에는 ～ a biting〔freezing〕 north wind.
북한(北韓) North Korea.
북해(北海) the North Sea.
북향(北向) a northern aspect〔exposure〕. ～하다 face (the) north. ‖ ～집 a house facing north.
북회귀선(北回歸線) 〖地〗 the Tropic of Cancer.
분(分) ① 《시간·각도의》 a minute 《*of an hour, of a degree*》. ¶ 15 ～ a quarter 《*of an hour*》; fifteen minutes. ② 《1/10》 one-tenth; a tenth. ¶ 1할 5～ fifteen percent.
분(憤·忿) 《분함》 vexation; chagrin; mortification; 《분개》 resentment; indignation; wrath; anger. ¶ 아, 참 ～하다 How vexing! *or* How disappointing! / 너무 ～해서 책상을 두들기다 pound the table in a fit of anger.
분(盆) a flower pot.
분(粉) (face) powder. ¶ ～을 바르다 powder *one's* face. ‖ ～내 the smell of powder.
…분(分) ① 《부분》 a part. ¶ 3～의 1 one〔a〕 third / 5만～의 1 지도 a one-to-fifty-thousand map. ② 《분량》 ¶ 2일～의 양식 food for two days / 식사 5인～ dinner for five people / 5인～의 일을 하다 do the work of five men. ③ 《함유량》 a percentage; content. ¶ 알코올～이 많은 술 liquor containing a high percentage of alcohol. ④ 《성분》 an ingredient; a component. ¶ 주성～ the main ingredient.
분가(分家) a branch family. ～하다 establish〔set up〕 a branch 〔separate〕 family.
분간(分揀) 《분별》 distinction; discrimination. ～하다 distinguish 《*between A and B, A from B*》; tell〔know〕 《*A from B*》; discriminate 《*between*》. ¶ ～하기 어려운 indistinguishable; unrecognizable.
분갑(粉匣) a compact.
분개(分介) 〖簿〗 journalizing. ～하다 journalize. ‖ ～장 a journal.
분개(憤慨) indignation; resentment. ～하다 be〔get〕 very angry; be indignant 《*at*》. ¶ ～하여 in resentment〔a rage〕 / ～시키다 enrage; infuriate.
분격(奮激) ☞ 분기(奮起).
분견(分遣) detachment. ～하다 detach. ‖ ～대 a detachment; a contingent.
분결같다(粉—) (be) clear〔smooth〕 and spotless; fair-skinned. ¶ 얼굴이 ～ have a fair-skinned face.
분계(分界) 《경계》 a boundary; a border; 《한계》 demarcation. ～하다 demarcate; delimit. ‖ ～선 a boundary〔demarcation〕 line.
분골쇄신(粉骨碎身) ～하다 do *one's* very best; exert *oneself* to the utmost.
분과(分科) a branch; a section; a department. ¶ 과학의 한 ～ a branch of science. ‖ ～위원회 a subcommittee.
분관(分館) an annex; a detached building.
분광(分光) spectrum. ‖ ～기 a spectroscope / ～사진 a spectrogram / ～학 spectroscopy.
분교(分校) a branch school.
분국(分局) a branch (office).
분권(分權) decentralization (of authority〔power〕)(지방분권). ‖ ～주의 decentralism.
분규(紛糾) a complication; confusion; a trouble; a dispute. ¶ ～를 일으키다 cause〔arouse, make〕 trouble / ～를 거듭하다 grow more and more confused.
분극(分極) 〖電〗 polarization.
분기(分岐) ～하다 branch off; diverge; be ramified. ‖ ～선 a branch (line) / ～점 a turning point; a crossroads.
분기(分期) a quarter (of the year); a quarter term; one fourth of a

fiscal year. ¶ 제1〔2〕～ the first 〔second〕 quarter of the year / 나는 집세를 ～별로 낸다 I pay my rent by the quarter. / 그 회사는 제1～에서 이익이 11퍼센트 증가했다 The company's profits rose by 11 percent in the first quarter.

분기(奮起) ～하다 rouse *oneself* 《*to action*》; be inspired. ¶ ～시키다 inspire 《*a person*》; stir 《*a person*》 up; rouse 《*a person*》 into activity.

분꽃(粉—) 〖植〗 a four-o'clock; a marvel-of-Peru.

분납(分納) an installment payment. ～하다 pay 《*one's school fees*》 by 〔in〕 installments.

분노(憤怒) (a) fury; rage; indignation. ～하다 get 〔be〕 angry 《*at, with*》; be enraged.

분뇨(糞尿) excreta; excrement and urine; night soil. ‖ ～차 a honey wagon 〔truck〕; a dung cart / ～처리 sewage disposal.

분단(分斷) dividing into parts. ～하다 divide into parts; cut in halves. ‖ ～국 a divided 〔partitioned〕 country / ～책 a divide and rule policy 〔strategy〕.

분담(分擔) 《책임의》 partial responsibility; 《할당된 일·의무》 assignment; 《비용·일의 부담》 *one's* share. ～하다 share 《*with, between, among*》; take *one's* share of 《*the responsibility*》. ¶ 비용을 ～하다 share the expenses with 《*a person*》/ 일을 ～시키다 allot a portion of the work to each. ‖ ～금 a share of the expenses / ～액 an alloted amount; an allotment.

분당(分黨) ～하다 secede 《*from a political party*》; split up 《*into two parties*》.

분대(分隊) a squad(육군); a division(해군). ‖ ～장 a squad leader (육군); a divisional officer(해군).

분란(紛亂) 《혼란》 disorder; confusion; 《말썽》 trouble. ¶ ～을 일으키다 cause 〔raise〕 trouble; throw 《*something*》 into confusion.

분량(分量) quantity; amount; a dose (약의). ¶ 많은 〔적은〕 ～ a large 〔small〕 quantity / ～이 늘다 〔줄다〕 gain 〔diminish〕 in quantity.

분류(分溜) 〖化〗 fractional distillation; fractionation. ～하다 fractionate.

분류(分類) (a) classification; grouping; assortment; arrangement (정리). ～하다 classify; divide 《*things*》 into classes; group; sort. ¶ 상품을 색에 따라 ～하다 classify goods according to colors / 같은 종류의 것으로 ～하다 class *one* with *another*. ‖ ～번호 a class number / ～법 classification system / ～표 a classified list 〔table〕 / ～학 taxonomy.

분류(奔流) a rapid stream; a torrent.

분리(分離) (a) separation; segregation; secession(이탈). ～하다 《떼다》 separate 《*a thing*》 from; segregate 《*A from B*》; secede 《*from a party*》. ¶ ～할 수 없는 inseparable / 정치와 종교의 ～ separation of politics and religion / 물과 기름을 ～하다 separate oil from water. ‖ ～과세 separate taxation / ～대(帶) 《도로 중앙의》 a median (strip) 《美》.

분리수거(分離收去) separate collection. ¶ 쓰레기 ～ separate garbage collection.

분립(分立) ～하다 separate 〔segregate, secede〕 《*from*》; become independent 《*of*》.

분만(分娩) (a) childbirth; delivery. ～하다 give birth to 《*a boy*》. ‖ ～비 childbirth expenses / ～실 a delivery room / 자연～ natural childbirth.

분말(粉末) powder; dust. ¶ ～모양의 powdered / ～로 하다 powder; reduce 《*something*》 to powder.

분망(奔忙) being busy. ～하다 (be) very busy; be fully occupied 〔heavily engaged〕 《*with work*》.

분매(分賣) ～하다 sell 《*parts of a set*》 singly 〔separately〕.

분명(分明) clearness. ～하다 (be) clear; distinct; plain; evident; obvious; unquestionable. ¶ ～히 clearly; plainly; apparently / ～한 증거 a positive proof / ～히 하다 make clear; clarify / ～해지다 become clear 〔plain〕.

분모(分母) 〖數〗 a denominator.

분묘(墳墓) a tomb; a grave.

분무(噴霧) ～하다 atomize; spray. ‖ ～기 a spray(er); a vaporizer; an atomizer(살충제를 ～기로 뿌리다 spray insecticide on 〔over〕 《*plants*》).

분발(奮發) ～하다 put a lot of effort 《*into*》; exert *oneself* 《*to do*》; make strenuous efforts 《*to do*》.

분방(奔放) ～하다 (be) free; unrestrained. ¶ ～하게 freely; without restraint / 자유 ～하게 행동하다 have *one's* own way; behave as *one* pleases.

분배(分配) distribution; share; division. ～하다 distribute 《*among*》; divide 《*among, between*》; share 《*with, between*》. ¶ …의 ～를 받다 have 〔get〕 a share 《*of*》; share in 《*the profit*》. ‖ ～액〔금〕 a

share of profit; a dividend.
분별(分別) ① 《사려분별》 discretion; sense; 《양식》 wisdom; common sense; 《판단》 judgment. ～하다 judge; discern; use discretion. ¶ ～이 있는 sensible; discreet; prudent / ～이 없는 indiscreet; imprudent; thoughtless / 그는 ～이 있는 사내다 He is a man of sense. ② 《구별》 distinction; difference; discrimination. ～하다 tell〔know〕《*A from B*》; distinguish 《*between A and B*》.
분봉(分蜂) ～하다 hive off.
분부(分付·吩咐) the bidding of a superior; an order; 《지시》 directions. ～하다 bid; tell; order; give directions. ¶ ～대로 하다 do as *one* is bidden; act according to orders.
분분하다(紛紛—) ¶ 제설(諸說)이 ～ There are diversities of opinions.
분비(分泌) secretion. ～하다 secrete, produce. ‖ ～기관 a secretory organ / ～물 a secretion / ～선(腺) a secreting gland.
분사(分詞) 〖文〗 a participle. ‖ ～구문 a participial construction / 현재〔과거〕～ a present〔past〕participle.
분사(噴射) a jet. ～하다 emit a jet 《*of liquid fuel*》; jet (out). ¶ 엔진이 화염을 ～하고 있다 The engine is jetting flames. ‖ ～추진비행기 a jet-engined plane / ～추진엔진 a jet engine.
분산(分散) dispersion; (a) breakup(이산). ～하다 break up; scatter; disperse. ¶ 인구를 ～하다 disperse the population / 프리즘은 빛을 ～한다 A prism breaks up light. / 공장을 교외로 ～시키다 decentralize industries into the suburbs.
분석(分析) (an) analysis; an assay (광석의). ～하다 analyze; assay. ¶ ～적인 analytic(al). ‖ ～학 analytics / ～학자 an analyst〔assayer〕/ ～화학 analytical chemistry.
분설(分設) ～하다 establish〔set up〕「a branch 《*of*》.
분성(分性) 〖理〗 divisibility.
분손(分損) 〖經〗 a partial loss.
분쇄(粉碎) ～하다 《가루로》 reduce to powder; pulverize; 《부수다》 shatter〔smash〕to pieces; 《격파》 crush; smash; annihilate. ‖ ～기 a pulverizer; a grinder; a crusher.
분수(分數) ① 《분별》 discretion; propriety; good sense; prudence. ¶ ～없다 lack prudence. ② 《처지》 *one's* lot〔status, place〕; *one's* means; *one's* social standing. ¶ ～에 맞게〔안 맞게〕《live》 within〔above〕*one's* means / ～를 지키다 keep to *one's* sphere in life; keep within *one's* bounds / ～를 모르다 fail to know *oneself;* get *oneself* above. ③ 〖數〗 fraction; a fractional number. ¶ ～의 fractional. ‖ ～식 a fractional expression.
분수(噴水) a fountain; a jet 《*of water*》. ‖ ～기 a waterspout.
분수령(分水嶺) 《form》 a watershed 《英》; a divide 《美》.
분승(分乘) ～하다 ride separately.
분식(粉飾) (an) embellishment; (a) decoration; adornment. ～하다 embellish; adorn; decorate. ‖ ～결산 fraudulent〔rigged〕accounts; window-dressed accounts; window dressing.
분식(粉食) 《have》 food made from flour. ¶ ～을 장려하다 encourage the use of flour for food.
분신(分身) ① 〖佛〗 an incarnation of the Buddha. ② 《제2의 나》 the other self; the alter ego; *one's* child.
분신(焚身) ～하다 burn *oneself* to death. ‖ ～자살 burning *oneself* to death; self-burning.
분실(分室) a detached〔branch〕「office.
분실(紛失) loss. ～하다 lose; be lost〔missing〕. ‖ ～물 a lost〔missing〕article / ～신고 a report of the loss 《*of an article*》.
분야(分野) a sphere; a field; an area; a branch. ¶ 과학의 각 ～ various fields〔spheres〕of science / ～가 다르다 be off〔out of〕*one's* line. ‖ 연구～ a field〔an area〕of study〔research〕.
분양(分讓) ～하다 sell 《*land*》 in lots. ¶ 그 아파트는 지금 ～중이다 The apartment house is being sold in lots. ‖ ～주택〔지〕houses〔land〕offered for sale in lots 《*by a real estate corporation*》.
분업(分業) division of labor; specialization. ～하다 divide work 《*among*》; specialize 《*in*》.
분연(憤然) ¶ ～히 indignantly; in a rage.
분연(奮然) ¶ ～히 resolutely; courageously; vigorously.
분열(分列) ～하다 (be) file off. ¶ ～행진하다 march in file. ‖ ～식 a march-past(～식을 행하다 march in review; march past).
분열(分裂) a split; division; breakup. ～하다 (be) split 《*in, into*》; break up; divide. ¶ 정당의 ～ a split in a political party. ‖ ～생식 reproduction by fission.
분외(分外) ¶ ～의 《과분한》 beyond *one's* lot〔status〕; undeserved; undue / ～의 영광 an undeserved honor.

분요(紛擾) ☞ 분란.
분원(分院) a detached building; a branch hospital〔institute〕.
분위기(雰圍氣)《produce, create》 an atmosphere. ¶ 자유로운 ～에서 in an atmosphere of freedom / ～를 조성하다〔깨뜨리다〕 create〔destroy〕 an atmosphere.
분유(粉乳) powdered milk. ¶ 탈지～ nonfat dry milk.
분자(分子) ①〖化〗a molecule;〖數〗a numerator. ‖ ～량 molecular weight / ～식 a molecular formular. ②《사람》an element. ¶ 불평～ discontented elements / 정계의 부패～를 일소해야 한다 We must purge corrupt elements from the political world.
분장(分掌) division of duties. ¶ 사무를 ～하다 divide (office) duties《*among*》.
분장(扮裝) make-up; disguise(변장). ～하다 make *oneself* up《*as*》; be dressed《*as*》; disguise *oneself*《*as*》. ¶ 여자로 ～하다 be dressed〔disguised〕 as a woman. ‖ ～실 a dressing room.
분재(分財) ～하다 distribute *one's* property《*among*》.
분재(盆栽) a bonsai; a dwarf tree in a pot; a potted plant;《행위》 raising dwarf tree. ～하다 raise plants in pots.
분쟁(紛爭) a trouble; a dispute; (a) strife. ¶ ～의 씨 an apple of dispute / 국제～ an international dispute / ～중에 있다 be in conflict〔dispute〕《*with*》/ ～에 휘말려 들다 get entangled〔involved〕 in a dispute. ‖ 민족～ ethnic strife.
분전(奮戰) a desperate fight; hard〔hot〕 fighting. ～하다 fight desperately〔hard〕.
분점(分店) a branch store〔shop〕.
분주(奔走) ～하다 (be) busy; engaged; occupied. ¶ ～하게 busily; in hurried manner.
분지(盆地) a basin.
분지르다 break; snap(딱하고); fracture(뼈를).
분책(分冊) a separate volume.
분첩(粉貼) a (powder) puff.
분초(分秒) a minute and a second; a moment. ¶ ～를 다투다 There isn't a moment to lose.
분출(噴出) ～하다《액체를》 gush out; spurt; spout;《연기·가스·화염이》 belch (out); shoot up(공중으로); jet; emit. ¶ 석유가 유전에서 ～하다 the well spouts oil / 화산이 용암을 ～하다 volcanoes spew out lava. ‖ ～물 jet; ejecta; eruptions(화산의).
분침(分針) the minute〔long〕 hand.
분탄(粉炭) slack; dust coal.
분탕질(焚蕩—) ～하다 squander; run through; dissipate.
분통(憤痛) resentment; vexation. ¶ ～터지다 be greatly vexed; be mortified; resent《*at*》.
분투(奮鬪) a hard struggle; strenuous efforts. ～하다 struggle; (hard); strive; exert *oneself*《*to do*》; make strenuous efforts《*to do*》.
분파(分派) a sect; a faction. ‖ ～활동 factional activities.
분패(憤敗) ☞ 석패(惜敗).
분포(分布) (a) distribution. ～하다 be distributed; range《*from a place to another*》. ‖ ～도 a distribution chart / ～지역 an area of distribution.
분풀이(憤—) ～하다 vent〔give vent to〕 *one's* anger《*on*》; get back at《*a person*》; revenge *oneself* on《*a person*》for《*something*》. ¶ ～로 out of spite; by way of revenge.
분필(粉筆) (a piece of) chalk.
분하다(憤—) ①《원통》(be) mortifying; vexing. ¶ 분해서 out of vexation / 분해하다 be〔feel〕 vexed〔mortified〕《*at*》; resent. ②《아깝다》(be) regrettable; sorry. ¶ 분해하다 regret; be regretful.
분할(分割) division; partition. ～하다 divide《*a thing into*》; partition; cut〔split〕 up. ¶ 토지를 ～하여 팔다 sell *one's* land in lots / ～지불로 차를 사다 buy《*a car*》 on the installment〔easy payment〕 plan;《美》buy《*a car*》on time. ‖ ～상환 redemption by installments.
분할(分轄) ～하다 divide for administrative purposes.
분해(分解)《분석》(an) analysis;〖化〗resolution; decomposition;《해체》dismantling; disassembly. ～하다《분석》analyze; decompose; resolve;《해체》break up; take《*a machine*》to pieces. ¶ 물을 수소와 산소로 ～하다 decompose water into hydrogen and oxygen. ‖ ～수리 an overhaul / ～작용 disintegration / ～효소 breakdown enzyme.
분향(焚香) ～하다 burn incense.
분홍(粉紅) pink (color).
분화(分化) differentiation; specialization. ～하다 differentiate; specialize; branch into.
분화(噴火) an eruption; volcanic activity. ～하다 erupt; burst〔go〕 into eruption. ‖ ～구 a crater / ～산 a volcano.
분회(分會) a branch; a (local) chapter.
붇다 ①《물에》swell (up); become sodden; get soaked. ②《늘다》 increase; gain; grow bulky (부피); swell. ¶ 강물이 ～

the river rises.

불 ①《일반적》fire;《화염》flame; blaze. ¶ ∼붙기 쉬운 easily set on fire; easy to catch fire; inflammable / ∼(이) 붙다 catch 〔take〕 fire / ∼을 붙이다〔놓다〕 set fire《*to*》; set《*a house*》on fire / ∼을 일으키다 make a fire / ∼을 끄다 put out a fire. ②《등화》a light; a lamp; an electric light. ¶∼을 켜다 (make a) light; light a lamp; switch 〔turn〕 on the light(s) / ∼을 끄다 put out 〔turn off〕 the light〔a lamp〕. ③《화재》a fire. ¶ ∼을 내다 start 〔cause〕 a fire / ∼이 나다 a fire breaks out / ∼조심하다 look out for fire; take precautions against fire. ‖ ∼바다 a sea of flame.

불(弗) a dollar. ☞ 달러.

불(佛) ①《부처님》Buddha. ②《프랑스》France.

불…(不) not; un-; in-; non-.

불가(不可) ∼하다 (be) wrong; not right; bad; improper; unadvisable.

불가(佛家) ①《불문》(Buddhist) priesthood; a Buddhist(신자). ②《절》a Buddhist temple.

불가결(不可缺) ∼하다 (be) indispensable《*to*》; essential《*to*》.

불가능(不可能) impossibility. ∼하다 (be) impossible; unattainable; impracticable. ¶ ∼한 일 an impossibility.

불가리아 Bulgaria. ¶∼의 Bulgarian / ∼사람 a Bulgarian.

불가분(不可分) indivisibility. ¶∼의 inseparable; indivisible /∼의 관계에 있다 be inseparably related《*to each other*》.

불가불(不可不) inevitably; whether willing or not; willy-nilly. ¶ ∼해야(만) 하다 have no choice but to *do*.

불가사리 〖動〗 a starfish; an asteroid.

불가사의(不可思議) (a) mystery; a wonder; a miracle(기적). ∼하다 (be) incomprehensible; mysterious; strange; marvelous.

불가시(不可視) invisibility. ‖ ∼광선 dark〔invisible〕 rays.

불가역(不可逆) ¶ ∼적인 irreversible《*changes*》. ‖ ∼성(性) irreversibility / ∼현상 an irreversible phenomenon.

불가침(不可侵) nonaggression; inviolability(신성). ¶ ∼의 inviolable; sacred. ‖ ∼권 an inviolable right / ∼조약 a nonaggression pact〔treaty〕《*with*》.

불가피(不可避) ¶ ∼한 inevitable; unavoidable.

불가항력(不可抗力) an irresistible force; *force majeure*《프》; an act of God. ¶ ∼의 unavoidable; inevitable; beyond human control / ∼이다 be inevitable; be beyond our control.

불가해(不可解) ¶ ∼한 mysterious; incomprehensible; strange / ∼한 일 a mystery; an enigma.

불간섭(不干涉) nonintervention; noninterference. ∼하다 do not interfere〔meddle〕《*in, with*》. ‖ ∼주의 a nonintervention〔laissez-faire〕 policy.

불감증(不感症) 〖醫〗 frigidity. ¶ ∼의 여자 a frigid woman / ∼이 되다 grow insensible《*to*》.

불개미 〖蟲〗 a red ant.

불개입(不介入) nonintervention; noninvolvement. ‖ ∼정책〔주의〕 a nonintervention policy.

불거지다 ①《속에 있는 것이》protrude; jut out; bulge out; swell out. ②《숨겼던 것이》appear; come out.

불건전(不健全) ¶ ∼한 unsound; unwholesome; unhealthy.

불겅거리다 be chewy〔lumpy, leathery〕.

불결(不潔) ∼하다 (be) dirty; unclean; filthy; foul; unsanitary. ¶ ∼한 물 foul〔dirty〕 water.

불경(不敬) ¶ ∼한 disrespectful; irreverent. ‖ ∼죄 lese majesty.

불경(佛經) the Buddhist scriptures; the sutras.

불경기(不景氣)《일반의》hard〔bad〕 times; dullness;《상업의》(business) depression; slump. ¶ 심각한 ∼ a serious depression.

불경제(不經濟) bad economy; a waste《*of time, energy, money*》. ¶∼의 uneconomical; expensive.

불계승(不計勝)《바둑》a one-sided game. ∼하다 win《*a game*》by a wide margin.

불고(不顧) ∼하다 neglect; disregard; ignore; be indifferent《*about*》; pay no attention《*to*》.

불고기 *bulgogi;* thin-sliced grilled meat.

불공(不恭) ¶ ∼한 insolent; impolite.

불공(佛供)《offer》a Buddhist mass.

불공대천지수(不共戴天之讎) a mortal foe; a sworn enemy.

불공정(不公正) ∼하다 (be) unfair; unjust. ¶∼거래 unfair trade.

불공평(不公平) ∼하다 (be) partial; unequal; unfair; unjust. ¶∼한 세제 the unfair tax system / ∼하게 다루다 treat《*a person*》unfairly.

불과(不過) only; mere(ly);《지나지 않는》nothing but…; no more than…. ¶ 그것은 구실에 ∼하다 It

is nothing but an excuse.
불과(佛果) 〖佛〗 Buddhahood; Nirvana 《梵》.
불교(佛敎) Buddhism. ¶ ~의 Buddhist(ic). ‖ ~도(徒) a Buddhist; a follower of Buddhism / ~문화 Buddhist civilization〔culture〕.
불구(不具) deformity. ¶ ~의 deformed; maimed; crippled(절름발이); disabled. ‖ ~자 a disabled person; a (physically) handicapped person.
불구(不拘) ¶ ~하고 in spite of; despite (of); notwithstanding; 《상관 없이》 regardless〔irrespective〕《*of*》/ 비가 오는데도 ~하고 in spite of〔notwithstanding〕 the rain / 연령〔성별〕 ~하고 irrespective of age〔sex〕.
불구속(不拘束) nonrestraint. ¶ ~으로 without physical restraint. ‖ ~입건 booking without detention.
불굴(不屈) ¶ ~의 indomitable; dauntless / ~의 정신 an indomitable spirit.
불귀(不歸) 《죽음》 ¶ ~의 객이 되다 pass away; go on *one's* last journey.
불규칙(不規則) irregularity. ~하다 (be) irregular; unsystematic; unsteady. ¶ ~하게 irregularly; unsystematically / ~한 생활을 하다 live an irregular life.
불균형(不均衡) lack of balance; imbalance; inequality; disproportion. ~하다 (be) out of balance; ill-balanced; disproportionate. ¶ 경제적인 ~을 시정하다 redress〔reduce〕 the economic imbalance.
불그데데하다 (be) somberly reddish.
불그레하다 (be) reddish.
불급(不急) ¶ ~한 not urgent〔pressing〕.
불긋불긋 ~하다 be dotted with red.
불기(一氣) heat〔a sign〕 of fire. ¶ ~ 없는 방 an unheated room.
불기둥 a pillar of fire〔flames〕.
불기소(不起訴) non-prosecution. ¶ ~로 하다 drop a case / ~가 되다 be not indicted. ‖ ~처분 a disposition not to institute a public action.
불길 a fire〔flame, blaze〕. ¶ ~에 휩싸이다 be wrapped in flames / ~을 잡다 put out a fire; bring〔get〕 a fire under control.
불길(不吉) ¶ ~한 unlucky; ominous; ill-omened / ~한 예감 an ominous presentiment / ~한 전조 an ill omen.
불김 《in》 the warmth of a fire.
불까다 castrate; emasculate; geld.
불꽃 《화염》 a flame; a blaze; 《불똥》 a spark; 《꽃불》 fireworks. ¶ ~ 튀는 논전(論戰) 《have》 a hot〔heated〕 discussion / ~이 튀다 spark / ~을 쏴 올리다 display〔set off〕 fireworks. ‖ ~놀이 a fireworks display.
불끈 《갑자기》 suddenly; 《단단히》 firmly; fast; tightly. ¶ ~ 화내다 flare up; fly into a passion / 주먹을 ~ 쥐다 clench *one's* fist.
불나방 a tiger moth.
불난리(一亂離) 《in》 the confusion of a fire.
불놀이 《불장난》 playing with fire. ~하다 play with fire.
불능(不能) impossibility(불가능); inability(무능); impotence(성적인). ¶ 해결 ~의 문제 an insoluble problem. ‖ 지급~ insolvency; *one's* inability to pay / 통행 ~ 《게시》 No road. *or* No passing.
불다[1] 《바람이》 blow; breathe. ¶ 바람이 세게 분다 It blows hard.
불다[2] ① 《입으로》 blow; breathe out (숨을). ¶ 촛불을 불어 끄다 blow out a candle. ② 《악기를》 play 《*a flute*》; sound 《*a trumpet*》; blow 《*a whistle*》. ③ 《죄를》 confess 《*one's guilt*》.
불단(佛壇) a Buddhist altar.
불당(佛堂) a Buddhist shrine〔temple〕.
불덩어리 a fireball; 《고열》 a high fever.
불도(佛徒) a Buddhist; a believer in Buddhism.
불도(佛道) Buddhist doctrines; Buddhism.
불도저 a bulldozer. ¶ ~로 땅을 밀다 bulldoze land.
불독 《개》 a bulldog.
불두덩 the pubic region.
불똥 a spark (of fire). ¶ ~을 튀기다 spark; give out sparks.
불뚱거리다 take〔get into〕 a huff; swell up with anger.
불뚱이 a passion; a fit of temper; a short-〔hot-〕tempered person(사람). ¶ ~ 내다〔누르다〕 lose〔control〕 *one's* temper; fly into a〔keep down *one's*〕 passion.
불란서(佛蘭西) France. ☞ 프랑스.
불량(不良) ~하다 《상태·품질이》 (be) bad; inferior; 《행실이》 (be) wicked; depraved; delinquent. ¶ ~해지다 go wrong〔to the bad〕; be degraded; become delinquent. ‖ ~도체 a nonconductor / ~배 a scoundrel; a hoodlum / ~소년소녀 a juvenile delinquent / ~약품 illegal〔fraudulent〕 drugs / ~채권 a bad debt / ~품 a substandard〔rejected〕 article / ~학생 a disorderly〔bad〕 student.
불러내다 call 《*a person*》 out; 《전화통에》 call 《*a person*》 up (on the phone); 《꾀어내다》 lure 《*a person*》 out of〔from〕.

불러오다 call 《*a person*》 to *one's* presence; summon; 《사람을 보내》 send for 《*a person*》.
불러일으키다 arouse; rouse; stir up. ¶ 여론을 ～ arouse〔stir up〕 public opinion / 주의를 ～ call 《*a person's*》 attention 《*to*》.
불려가다 be summoned to 《*the police*》. ¶ 사장에게 ～ be called before the president.
불로(不老) eternal youth. ‖ ～불사 eternal youth and immortality / ～장생 eternal youth and long life / ～초 an elixir of life.
불로소득(不勞所得) an unearned income; a windfall income. ‖ ～생활자 a person living on unearned incomes; a *rentier* 《프》.
불룩하다 (be) swollen; baggy; fat; bulgy.
불륜(不倫) immorality. ¶ ～의 immoral 《*conduct*》; illicit 《*love*》.
불리(不利) a disadvantage; a handicap. ¶ ～한 disadvantageous; unfavorable / ～한 입장에 서다 be at a disadvantage; be handicapped / …에게 ～한 증언을 하다 testify against 《*the accused*》.
불리다[1] 《배를》 fill 《*one's stomach*》; 《사복을》 enrich *oneself* 《*with public fund*》; feather *one's* nest.
불리다[2] ① 《쇠를》 forge; temper. ② 《곡식을》 ☞ 까부르다.
불리다[3] 《바람에》 be blown; blow.
불리다[4] ① 《물에》 soak〔dip, steep〕 《*a thing*》 in water; sodden; soften. ② 《늘리다》 increase 《*one's fortune*》; add 《*to*》.
불림 《쇠붙이의》 tempering.
불만(不滿), **불만족**(不滿足) dissatisfaction; discontent. ¶ ～스럽다 (be) unsatisfactory; dissatisfied / ～의 dissatisfied; discontented; unsatisfactory / ～으로 여기다 be not satisfied 《*with*》.
불매운동(不買運動) a consumer 〔buyers'〕 strike〔boycott〕; a civic campaign to boycott some products.
불면불휴(不眠不休) ¶ ～로 《work》 day and night.
불면증(不眠症) 《suffer from》 insomnia. ‖ ～환자 an insomniac.
불멸(不滅) 《정신적인》 immortality; 《물질의》 indestructibility. ¶ ～의 immortal; eternal.
불명(不明) 《사리에》 lack of brightness; 《불명료》 indistinctness. ～하다 (be) unwise; indistinct; obscure. ¶ 원인 ～인 화재 a fire of unknown origin.
불명료(不明瞭) ～하다 (be) indistinct; obscure; not clear; vague.
불명예(不名譽) (a) dishonor; (a) disgrace; (a) shame. ¶ ～스러운 dishonorable; shameful; disgraceful. ‖ ～제대 dishonorable discharge.
불모(不毛) ¶ ～의 barren; sterile. ‖ ～지 barren〔waste〕 land.
불문(不問) ¶ …을 ～하고 without regard to; regardless of 《*sex*》 / ～에 부치다 pass over 《*a matter*》; connive at 《*a matter*》.
불문(佛門) priesthood; Buddhism. ¶ ～에 들다 become a Buddhist.
불문가지(不問可知) ¶ ～이다 be obvious; be self-evident.
불문곡직(不問曲直) ～하다 do not inquire into the rights and wrongs 《*of a case*》; do not care the propriety 《*of*》.
불문율(不文律) an unwritten law; *lex non scripta* 《라》.
불미(不美) ¶ ～한〔스러운〕 ugly; unsavory; unworthy; scandalous; shameful / ～스러운 일 a scandal; an ugly case.
불민(不敏) lack of sagacity; stupidity. ¶ ～한 incompetent; dull.
불발(不發) ～하다 misfire; fail to explode〔go off〕; 《계획 등이》 fall through; miscarry. ¶ 계획은 ～로 끝났다 The plan fell through. ‖ ～탄 an unexploded shell 〔bomb〕 / ～탄 처리반 a bomb disposal squad〔unit〕.
불법(不法) illegality. ¶ ～의 unlawful; unjust; illegal; wrongful. ‖ ～거래 illegal transactions / ～루트 illegal channels / ～소지 illegal possession 《*of firearms*》 / ～외국인 근로자 an illegal foreign worker / ～입국 illegal entry〔immigration〕 / ～입국자 an illegal entrant / ～점거 unlawful〔illegal〕 occupation; squatting / ～집회 an illegal assembly / ～행위〔감금〕 an illegal action〔confinement〕.
불법(佛法) Buddhism.
불벼락 ① 《번갯불》 a bolt of lightning. ② 《비유적》 《issue》 a tyrannical decree〔order〕.
불변(不變) ¶ ～의 unchangeable; immutable; invariable; constant. ‖ ～색(色) a permanent 〔fast〕 color / ～성 immutability / ～수 〖數〗 a constant; an invariable.
불볕 a burning〔scorching〕 sun.
불복(不服) 《불복종함》 disobedience 《*to*》; 《불복죄》 a denial 《*of one's guilt*》; 《이의》 an objection; a protest. ～하다 disobey; be disobedient; deny *one's* guilt; object to; protest against.
불복종(不服從) disobedience 《*to an order*》.
불분명(不分明) ¶ ～한 not clear; obscure; vague; indistinct; ambiguous; dim.
불붙다 catch 〔take〕 fire; burn. ¶ 쉽사리 불붙지 않다 do not kindle〔catch fire〕 easily; be slow

to catch fire.
불붙이다 set 《*a thing*》 alight; kindle; light; ignite.
불비(不備) ¶ ～한 defective; deficient; incomplete. ☞ 미비.
불빛 light. ¶ ～이 어둡다 the light is dim.
불사(不死) ¶ ～의 immortal; eternal. ‖ ～조 a phoenix.
불사(佛事) 《hold》 a Buddhist service.
불사르다 burn (up); set 《*a thing*》 on fire; put 《*a thing*》 into the flames.
불사신(不死身) ¶ ～의 invulnerable.
불사하다(不辭—) fail to〔do not〕 decline. ¶ …하기를 ～ be (quite) willing to 《*do*》; be ready to 《*do*》.
불상(佛像) an image of Buddha; a Buddhist image〔statue〕. ‖ 청동～ a bronze statue of Buddha.
불상사(不祥事) an unpleasant〔a disgraceful〕 affair.
불서(佛書) the Buddhist scriptures; Buddhist literature.
불선명(不鮮明) unclearness. ～하다 (be) indistinct; obscure; blurred.
불성립(不成立) ～하다 fail; end in failure; fall through.
불성실(不誠實) insincerity. ¶ ～한 insincere; unfaithful.
불성인사(不省人事) ～하다 lose consciousness〔*one's* senses〕.
불세지재(不世之才) a man of rare talent; a prodigy; an extraordinary talent〔gift〕.
불세출(不世出) ¶ ～의 rare; uncommon; unparalleled; matchless / ～의 위인 a great man with few parallels in history.
불소(不少) ～하다 be not a little; be much 《*indebted to*》.
불소(弗素) 〚化〛 fluorine (기호 F). ‖ ～수지 fluoric resin / ～첨가 fluoridation.
불손(不遜) insolence. ～하다 (be) insolent; haughty; arrogant.
불수(不隨) paralysis. ¶ 반신〔전신〕 ～ partial〔total〕 paralysis.
불수의(不隨意) ‖ ～근(筋) an involuntary muscle / ～운동〔작용〕 an involuntary movement〔action〕.
불순(不純) impurity. ～하다 (be) impure; foul; mixed. ¶ ～한 동기 a dishonest〔selfish〕 motive. ‖ ～물 impurities / ～분자 an impure element.
불순(不順) ～하다 《일기가》 (be) unseasonable; changeable; irregular; unsettled. ‖ 생리～ irregular menstruation.
불승인(不承認) disapproval; nonrecognition (신정권 등의).
불시(不時) ¶ ～의 《때 아닌》 untimely; 《뜻밖의》 unexpected; 《우연의》 accidental / ～에 unexpectedly; without notice〔warning〕 / ～의 공격 a surprise attack / ～의 변 an (unforeseen) accident / ～에 방문하다 pay 《*a person*》 a surprise visit / ～의 재난을 당하다 suffer an unexpected calamity; meet with an accident.
불시착(不時着) 《make》 an emergency〔unscheduled〕 landing.
불식(拂拭) ～하다 wipe out 《*a disgrace*》; sweep off; clean.
불신(不信) distrust; discredit. ～하다 discredit; distrust. ¶ 국민의 정치에 대한 ～ the nation's distrust of politics. ‖ ～풍조 a trend of mutual distrust / ～행위 a breach of faith.
불신감(不信感) (a) distrust; (a) suspicion. ¶ ～을 품다 be distrustful of; have a (deep) distrust 《*of*》.
불신임(不信任) nonconfidence. ～하다 have no〔do not place〕 confidence 《*in*》; distrust. ¶ ～안을 제출〔결의〕하다 move〔pass〕 a nonconfidence bill〔vote〕. ‖ ～결의 a nonconfidence resolution; a vote of censure / ～투표 a vote of nonconfidence; a nonconfidence vote.
불심(不審) doubt; suspicion. ¶ ～검문을 받다 be questioned 《*by a policeman*》.
불쌍하다 (be) poor; pitiful; pitiable; pathetic; miserable. ¶ 불쌍해서 out of pity〔sympathy〕/ 불쌍히 여기다 pity 《*a person*》; feel pity〔sorry〕 for 《*a person*》.
불쏘시개 kindlings.
불쑥 abruptly; all of a sudden.
불쑥하다 (be) protruding; bulgy.
불씨 live charcoal to make a fire; 《원인》 a cause. ¶ 분쟁의 ～ an apple of discord.
불안(不安) uneasiness; anxiety; unrest. ～하다 (be) uneasy; anxious. ¶ ～하게 여기다 feel〔be〕 uneasy 《*about*》; feel anxious 《*about*》.
불안정(不安定) instability; unrest. ¶ ～한 unstable; unsteady; precarious; insecure / ～한 사회정세 social unrest.
불알 the testicles; the balls 《俗》.
불야성(不夜城) a nightless quarters〔city〕.
불어(佛語) 《프랑스말》 French; the French language.
불어나다 increase; grow. ¶ 강물이 ～ the river rises.
불여의(不如意) ～하다 《일이》 go contrary to *one's* wishes; go wrong〔amiss〕.
불연(不然) ¶ ～이면 otherwise; or else; if not so.
불연성(不燃性) incombustibility. ¶ ～의 incombustible; nonflammable; fireproof. ‖ ～물질 in-

combustibles / ～필름 safety film.
불연속선(不連續線) 〖氣〗 a line of discontinuity.
불온(不穩) unrest; disquiet. ¶ ～한 threatening; disquieting. ‖ ～문서 a seditious circular〔document〕/ ～분자 dissidents; disturbing elements / ～사상 a threatening〔riotous〕idea.
불완전(不完全) imperfection; incompleteness. ¶ ～한 imperfect; incomplete; defective. ‖ ～고용 underemployment / ～자〔타〕동사 an incomplete intransitive〔transitive〕verb.
불요불굴(不撓不屈) ¶ ～의 unyielding; indomitable; inflexible; dauntless.
불요불급(不要不急) ¶ ～한 not urgent〔pressing〕/ ～한 사업 nonessential enterprises.
불용(不用) disuse. ¶ ～의 useless; of no use; unnecessary; disused. ‖ ～물 a discarded〔an unwanted〕article.
불용성(不溶性) insolubility. ¶ ～의 insoluble《*matter*》; infusible.
불우(不遇) ill fate; misfortune(불행); adversity (역경); obscurity (영락). ¶ ～한 unfortunate; adverse / ～하게 지내다 lead an obscure life / ～한 처지에 있다 be in adverse circumstances. ‖ ～이웃 돕기 운동 a "Let's help needy neighbors" campaign.
불운(不運) (a) misfortune; ill luck. ¶ ～한 unfortunate; unlucky; ill-fated / ～하게도 unfortunately; unluckily.
불원(不遠) 《거리》 not far (off); 《시간》 before too long; in the near future. ¶ ～천리하고 despite the long way / ～한 장래에 in the not-too-distant future.
불응(不應) ～하다 do not comply with〔consent to〕.
불의(不意) ¶ ～의 unexpected; sudden; unlooked-for. ☞ 불시.
불의(不義) 《부도덕》 immorality; 《부정》 injustice; 《밀통》 adultery. ¶ ～의 immoral; illicit; unjust / ～의 씨 an illegitimate child / ～의 사랑 illicit love.
불이익(不利益) disadvantage. ☞ 불리.
불이행(不履行) nonfulfillment; nonobservance. ¶ 계약의 ～ nonfulfillment of a contract / 약속의 ～ failure to keep *one's* promise / 채무의 ～ failure to pay *one's* financial debt; default. ‖ ～자 a defaulter.
불인가(不認可) disapproval; refusal; rejection.
불일내(不日內) ¶ ～에 at an early date; shortly; before long.
불일듯하다 (be) prosperous; thriving; flourishing. ¶ 장사가 ～ *one's* business is spreading〔growing〕like wildfire.
불일치(不一致) disagreement; discord; disharmony(부조화). ¶ 성격의 ～ incompatibility of temperament / 언행의 ～ the inconsistency of *one's* words with *one's* actions.
불임증(不姙症) sterility.
불입(拂入) payment. ～하다 pay in; pay up. ‖ ～금 money due; 《불입된》 money paid / ～자본(금) paid-up〔paid-in〕capital.
불잉걸 live〔burning〕charcoal.
불자동차(一自動車) a fire engine.
불잡다 《진화》 quench〔put out〕a fire; get a fire under control.
불장(佛葬) a Buddhist funeral.
불장난 ～하다 play with fire; 《남녀간의》 play with love; have an idle love affair. ¶ 사랑의 ～ an amorous adventure.
불전(佛典) the Buddhist scripture.
불전(佛殿) a Buddhist sanctum.
불제(祓除) ～하다 exorcise; purify.
불조심(一操心) 《take》 precautions against fire. ～하다 look out for fire.
불좌(佛座) the seat of a Buddhist idol.
불지피다 make〔build (up)〕a fire.
불질하다 《불때다》 make a fire 《*for cooking*》; 《발포》 fire 《*a gun*》; shoot.
불집 ¶ ～을 건드리다 arouse a nest of hornets; stir up a hornets' nest.
불쬐다 《사람이》 warm *oneself* at the fire; 《사물을》 put 《*a thing*》 over the fire.
불착(不着) nonarrival; nondelivery.
불찬성(不贊成) disagreement; disapproval; objection. ～하다 be against 《*a plan*》; do not agree 《*to a thing, with a person*》; object 《*to*》; disapprove 《*of*》.
불찰(不察) negligence; carelessness; mistake; a blunder.
불참(不參) absence; nonattendance. ～하다 be absent 《*from*》; fail to attend; do not appear. ‖ ～자 an absentee.
불철저(不徹底) ～하다 (be) inconclusive; be not thorough (going); 《논지 등이》 (be) inconsistent.
불철주야(不撤晝夜) ¶ ～로 《work》 day and night.
불청객(不請客) an uninvited guest.
불체포특권(不逮捕特權) immunity from arrest; the privilege of exemption from apprehension.
불초(不肖) ¶ ～의 unworthy 《*of*》; incapable(무능한) / ～자식 a son unworthy of *one's* father.

불출(不出) 《사람》 a stupid person; a fool.
불충(不忠) disloyalty; infidelity. ¶ ~의 disloyal; unfaithful.
불충분(不充分) insufficiency; inadequacy. ¶ ~한 insufficient; not enough; inadequate / 증거 ~으로 무죄가 되다 be acquitted for lack of evidence.
불충실(不充實) disloyalty; infidelity. ¶ ~한 disloyal; unfaithful.
불측(不測) ~하다 (be) immeasurable; unforeseeable; 《흉칙》 (be) bad; wicked. ‖ ~지변 an unforeseen accident; an unexpected calamity.
불치(不治) ¶ ~의 incurable; fatal / ~의 환자 a hopeless case. ‖ ~병 an incurable disease.
불친소 a bullock; a steer.
불친절(不親切) unkindness. ¶ ~한 unkind; unfriendly.
불침번(不寢番) 《지킴》 night watch; vigil; all-night watch; a night watchman (사람). ¶ ~을 서다 keep watch during the night.
불켜다 light (up) 《*a lamp*》; turn 〔put, switch〕 on a light.
불쾌(不快) unpleasantness; displeasure; (a) discomfort. ~하다 《서술적》 feel unpleasant 〔uncomfortable, displeased〕. ‖ ~지수 a discomfort index (생략 DI); the temperature-humidity index (생략 T-H index).
불타(佛陀) Buddha.
불타다 burn; blaze; be on fire 〔in flames〕.
불통(不通) ① 《교통 · 통신의》 (an) interruption; a stoppage 《*of traffic*》; a tie-up. ~하다 be cut off; be interrupted; be tied up. ¶ ~되는 곳 a break 《*on the line*》. ② 《모르다》 no understanding; unfamiliarity; ignorance. ~하다 have no understanding; be unfamiliar 《*with*》; be ignorant 《*of*》. ‖ 언어~ 《have》 language difficulty.
불퇴전(不退轉) ¶ ~의 indomitable 《*resolve*》; determined.
불투명(不透明) opacity. ¶ ~한 opaque 《*glass*》; cloudy 《*liquid*》.
불퉁불퉁 ① 《표면》 ruggedly; knottily. ~하다 (be) uneven; rough; knotty. ② 《퉁명스럽게》 bluntly; curtly. ~하다 (be) curt; blunt.
불퉁하다 (be) bulgy; protuberant.
불티 embers; flying sparks; fire-flakes. ¶ ~나게 팔리다 sell like hot cakes.
불편(不便) ① 《몸 따위가》 discomfort; sickness. ~하다 (be) uncomfortable; 《서술적》 be not well; feel unwell. ② 《편리하지 않음》 inconvenience. ~하다 (be) inconvenient. ¶ ~을 느끼다 feel inconvenience / ~을 끼치다 cause inconvenience 《*to*》.
불편부당(不偏不黨) impartiality. ¶ ~의 impartial; fair.
불평(不平) 《불만》 discontent; dissatisfaction; 《투덜댐》 a complaint; a grievance. ~하다 grumble 《*at, about*》; complain 《*about, of*》. ¶ ~이다 be dissatisfied 《*with*》. ‖ ~가〔객〕 a grumbler / ~분자 a discontent.
불평등(不平等) inequality. ¶ ~한 unequal; unfair. ‖ ~조약 an unequal treaty.
불포화(不飽和) (being) unsaturated. ‖ ~화합물 an unsaturated compound.
불피우다 make 〔build〕 a fire.
불필요(不必要) ¶ ~한 unnecessary; needless; unessential.
불하(拂下) a sale 《*of government property*》; disposal. ~하다 sell; dispose of. ‖ ~품 articles disposed of by the government.
불학무식 (不學無識) illiteracy. ¶ ~한 illiterate; utterly ignorant.
불한당(不汗黨) a gang of bandits 〔robbers〕; hooligans; gangsters.
불합격(不合格) failure; rejection. ~하다 fail 《*in the examination*》; be rejected 〔eliminated〕; come short of the standard. ‖ ~자 an unsuccessful candidate / ~품 rejected goods.
불합리(不合理) ¶ ~한 irrational; illogical; unreasonable; absurd.
불행(不幸) unhappiness; misery; 《불운》 (a) misfortune; ill luck; a disaster (재난). ¶ ~한 unhappy; unfortunate; unlucky; wretched / ~히 (도) unfortunately; unluckily; unhappily / ~중 다행 a stroke of good luck in the midst of misfortune; one consolation in sadness.
불허(不許) ~하다 do not permit 〔allow〕; disapprove. ¶ 복제(複製) ~ "Reprint prohibited."
불현듯이 suddenly; all at once.
불협화(不協和) discord; disharmony. ¶ ~의 dissonant; discordant. ‖ ~음 a discord; a dissonance.
불호령(—號令) ¶ ~을 내리다 issue a fiery order; give a strict command.
불혹(不惑) the age of forty.
불화(不和) a trouble; a quarrel; (a) discord. ~하다 be on bad terms 《*with*》; be in discord 《*with*》. ¶ 가정~ family trouble / ~하게 되다 fall out 《*with*》.
불화(弗化) 〖化〗 fluoridation. ‖ ~수소〔칼슘〕 hydrogen 〔calcium〕 flu-

oride.
불화(弗貨) a dollar. 「(picture).
불화(佛畫) a Buddhist painting
불확대(不擴大) ‖ ～방침 a nonexpansion policy; a localization policy(국지화).
불확실(不確實) ¶ ～한 uncertain; unreliable. ☞ 확실.
불확정(不確定) ¶ ～한 indefinite; uncertain; undecided. ☞ 확정.
불환지폐(不換紙幣) inconvertible note; flat money. 「(-es).
불활성(不活性) ‖ ～가스 inert gas
불황(不況) a business (trade) depression; dull business; a slump; a recession. ¶ ～의 inactive; dull; stagnant / ～을 극복하다 get over (out of) the recession; overcome the recession. ‖ ～대책 an anti-recession policy (measures) / ～시대 depression days; hard times / ～카르텔 an anti-recession cartel.
불효(不孝) lack (want) of filial piety. ¶ ～한 undutiful; unfilial. ‖ ～자 an undutiful (a bad) son (daughter).
붉다 (be) red; crimson(심홍); scarlet (주홍); 《사상이》 (be) communist(ic). ¶ 붉은 사상 Communism / 붉어지다 turn red; redden; glow (볼 따위가); blush(부끄러워서); be flushed 《*with anger*》.
붉덩물 a muddy stream.
붉히다 turn red; blush 《*with shame*》; blaze 《*with fury*》.
붐 a boom 《*in shipbuilding*》.
붐비다 (be) crowded; congested; packed; jammed; thronged 《*with people*》. ¶ 붐비는 시간 the rush hour(출퇴근시).
붓 《모필》 a (writing) brush; 《펜》 a pen. ¶ ～을 들다 take up *one's* pen (brush); write / ～을 놓다 lay down *one's* pen (brush); cease to write. ‖ ～집 a brush (pen) case / ～통 a brush (pen) stand.
붓꽃 〖植〗 an iris; a blue flag.
붓끝 ① 《붓의》 the tip of a (writing) brush. ② 《필봉》 a stroke of the pen (brush).
붓다[1] ① 《살이》 swell up; become swollen. ¶ 얼굴이 ～ have a swollen face. ② 《성나서》 get (be) sulky. ¶ 부은 얼굴 a sullen face.
붓다[2] ① 《쏟다》 pour 《*in, out*》; fill 《*a cup with tea*》; put 《*water in a bowl*》. ② 《돈을》 pay in (by) installments; pay *one's* share by installments. 「brush.
붓대 the stem of a writing
붓질 drawing; painting. ～하다 stroke; make strokes with a brush; paint.
붕괴(崩壞) collapse; a breakdown. ～하다 collapse; crumble; break (fall) down; give way.
붕긋하다 ① 《솟다》 (be) a bit high; 《서술적》 form a little hill (bump). ② 《들뜨다》 (be) a bit loose. ③ 《배가》 (be) bulgy; big.
붕당(朋黨) a faction; a clique.
붕대(繃帶) a bandage; dressing. ¶ ～를 감다 bandage; apply a bandage 《*to*》; dress 《*a wound*》.
붕붕거리다 hum; buzz.
붕사(硼砂) borax; tincal (천연의).
붕산(硼酸) 〖化〗 boric acid.
붕소(硼素) 〖化〗 boron (기호 B).
붕어 〖魚〗 a crucian carp.
붕어(崩御) demise; death.
붕장어(―長魚) 〖魚〗 a sea eel.
붙다 ① 《부착》 stick 《*to*》; adhere (cling) 《*to*》; 《접하다》 adjoin; be adjacent 《*to*》; 《바짝》 keep (stand) close 《*to*》. ¶ 철썩 ～ stick fast 《*to*》 / 붙어 앉다 sit closely together. ② 《딸리다》 be joined 《*with*》; be attached 《*to*》. ③ 《생기다·늘다》 ¶ 이자가 ～ bear (yield) interest / 버릇이 ～ get (fall) into a habit 《*of*》 / 별명이 ～ be nicknamed / 살이 ～ gain flesh / 취미가 ～ acquire a taste 《*for*》; take an interest 《*in*》 / 영어 실력이 ～ become proficient in English. ④ 《편들다》 take sides with; attach *oneself* to; join (가담); 《수발들다》 attend (wait) 《*on*》. ¶ 간호사가 붙어 있다 be attended by a nurse / 적에게 ～ go over to the enemy. ⑤ 《의지하다》 depend (rely) on. ¶ 붙어 살다 live (sponge) on 《*a person*》. ⑥ 《불이》 catch (fire); be ignited. ⑦ 《시험에》 pass 《*an examination*》. ⑧ 《싸움이》 start; be started; develop 《*into*》. ⑨ 《마귀가》 be possessed (obsessed) 《*by, with*》. ⑩ ☞ 간통하다.
붙들다 ① ☞ 잡다 ①, ②. ② 《만류》 detain; hold. ③ 《도와 주다》 help; assist; aid.
붙들리다 《잡히다》 be caught (arrested, seized); 《만류》 be detained; be made to stay.
붙박이 a fixture; a fixed article. ¶ ～의 fixed; built-in.
붙박이다 be fixed; be fastened immovably; 《집에》 be confined (closeted) in 《*one's room*》.
…붙이 ① 《일가 친척》 kith and kin. ¶ 가까운 일가～ *one's* near relatives. ② 《같은 종류》 things made of…. ¶ 쇠～ ironware.
붙이다 ① 《부착》 put (fix, affix, stick) 《*to, on, together*》; attach (fasten) 《*to*》; paste(풀로); glue (아교로); 《고약 등을》 apply 《*to*》. ¶ 우표를 ～ put a stamp on /

꼬리표를 ~ attach a tag to《*a parcel*》/ 책상을 벽에 ~ place a desk close to the wall. ②《첨부》add; attach《*to*》; give〔set〕《*to*》. ¶ 의견을 ~ make an additional comment / 조건을 ~ attach a condition《*to*》. ③《몸을》rely on《*a person*》for《*one's care*》; hang〔sponge〕on《*one's relations*》. ④《불을》light; kindle. ⑤《흥정·싸움 따위를》act as intermediary〔go-between〕; mediate《*between*》; bring two parties together for《*a negotiation*》; arrange. ¶ 싸움을 ~ make《*persons*》quarrel / 흥정을 ~ arrange a bargain. ⑥《이름 따위를》give (a name)《*to*》; name; entitle (제목을). ⑦《사람을》have《*a person*》in attendance; let《*a person*》be attended〔waited upon〕. ¶ 감시를 ~ keep〔place〕《*a person*》under guard. ⑧《때리다》(give a) slap. ¶ 따귀를 ~ box《*a person's*》ears. ⑨《교미》mate《*a dog*》; pair《*animals*》. ⑩《기타》¶ 재미를 ~ take (an) interest《*in*》; find pleasure《*in*》/ 취미를 ~ acquire a taste《*for*》〔an interest《*in*》〕.

붙임성(一性) amiability; affability. ¶ ~ 있는 사람 an affable〔sociable〕person / ~이 있다 be sociable; be easy to approach.

붙잡다 ①《잡다》seize; grasp. ☞ 잡다 ①, ②, ④. ②《일자리를》get〔obtain〕a job. ③《돕다》¶ 붙잡아 주다 help; aid《*a person*》.

붙잡히다 be seized〔caught〕; be arrested.

뷰티팔러〔살롱〕 a beauty parlor〔salon〕; a beauty shop.

브라스밴드 a brass band.

브라우닝《자동권총》a Browning (revolver).

브라운관(一管) a TV (picture) tube; a cathode-ray tube. ¶ ~에 모습을 나타내다 make an appearance on television.

브라질 Brazil. ¶ ~의 (사람) (a) Brazilian.

브래지어 a *brassière*《프》; a bra《美俗》. ‖ ~슬립 a bra-slip.

브래킷《까치발》a bracket;《괄호》(square) brackets.

브랜드 a brand. ‖ ~제품 a brand; a brand-name item.

브랜디《양주》brandy.

브러시 a brush.

브레이크[1] a brake. ¶ ~를 걸다 apply〔put on〕the brake.

브레이크[2]〖拳〗a break.

브레인트러스트 a brain trust.

브로마이드 a bromide; bromide paper (감광지).

브로치 a brooch; a breastpin.

브로커《act as》a broker.

브롬〖化〗bromine. ‖ ~칼리 potassium bromide / ~화 bromination(~화하다 brominate).

브리지 ①《다리》a bridge. ②《트럼프놀이》《play》bridge.

브리튼 (Great) Britain. ¶ ~사람 a Briton; a British; a Britisher.

브이티아르 a VTR (◀videotape recorder). ¶ ~를 보다 watch videotaped programs.

블라우스 a blouse.

블랙리스트 a black list.

블록《동맹·거리의 구획》a bloc. ‖ ~경제 bloc economy / 달러〔금〕~ the dollar〔gold〕bloc.

블루진 blue jeans.

비[1]《내리는》rain;《한 번의 강우》a rainfall; a shower(소나기). ¶ ~가 많은 rainy / ~가 많이 오는 계절 a rainy〔wet〕season / ~가 오다〔멎다〕《It》rains〔stops raining〕.

비[2]《쓰는》a broom.

비(比)《비율》ratio; proportion;《비교》comparison;《대조》contrast;《필적》an equal; a match.

비(妃)《왕비》a queen (consort);《왕세자비》a crown princess.

비(碑)《묘비》a gravestone;《기념비》a monument.

비…(非)《반대의》non-; un-; in-; anti-.

비가(悲歌) an elegy; a dirge.

비각(碑閣) a monument house.

비감(悲感) sad feeling; grief; sorrow.

비강(鼻腔)〖解〗the nasal cavity.

비겁(卑怯) ¶ ~한 cowardly; mean (비열한); foul(부정한) / ~한 자 a coward / ~한 짓을 하다 play《*a person*》foul (상대에게).

비견(比肩)《나란히 함》~하다 rank《*with*》; equal; be comparable《*with*》; be on a par《*with*》.

비결(秘訣) a secret; a key《*to*》. ¶ 성공의 ~ the secret of〔a key to〕success.

비경(秘境) an unexplored〔untrodden〕region; one of the most secluded regions.

비경(悲境) a sad〔miserable〕condition; distressing〔adverse〕circumstances. ¶ ~에 빠지다 be reduced to poor circumstances.

비계[1] fat; lard(돼지의).

비계[2]〖建〗a scaffold; scaffolding.

비계(秘計) a secret plan; *one's* trump card.

비고(備考) a note; a remark; a reference. ‖ ~란 a reference〔remarks〕column.

비곡(悲曲) a plaintive melody.

비공개(非公開) ¶ ~의 not open to the public; private; informal; closed《*meeting*》/ ~입찰 a closed tender.

비공식(非公式) ¶ ~적(으로) unoffi-

cial(ly); informal(ly) / ～견해 an unofficial view〔opinion〕.
비공인(非公認) ¶ ～의 unofficial; unauthorized; unrecognized / ～ 세계기록 an as-yet-unratified〔a pending〕world record.
비과세(非課稅) tax exemption. ‖ ～품 a tax-free article.
비과학적(非科學的) unscientific.
비관(悲觀) pessimism;《낙담》disappointment. ～하다 be pessimistic《*of, about*》; take a gloomy view《*of*》; be disappointed. ¶ ～적(인) pessimistic. ‖ ～론자 a pessimist.
비관세(非關稅) ¶ ～장벽 a non-tariff barrier(생략 NTB).
비교(比較) (a) comparison. ～하다 compare《*two things, A with B*》. ¶ ～적(으로) comparative(ly) / …와 ～하면 (as) compared with … / ～가 안 되다《낫다》be more than a match《*for*》;《못하다》cannot be compared《*with*》. ‖ ～급 〖文〗 the comparative (degree) / ～문학 comparative literature / ～연구 a comparative study.
비구(飛球) 〖野〗 a fly (ball).
비구니(比丘尼) a priestess; a nun.
비구승(比丘僧) a *bhikku*《梵》; a Buddhist monk.
비국민(非國民) an unpatriotic person.
비군사(非軍事) ¶ ～적(인) nonmilitary. ‖ ～화 demilitarization.
비굴(卑屈) ¶ ～한 mean; servile.
비극(悲劇)《end in》a tragedy. ¶ ～적(인) tragic / 가정의 ～ a domestic tragedy. ‖ ～배우 a tragedian; a tragic actor〔actress〕.
비근(卑近) ¶ ～한 familiar; common / ～한 예를 들다 give〔cite〕 a familiar example.
비근거리다 be shaky〔rickety〕.
비금속(非金屬) a nonmetal; a metalloid.
비금속(卑金屬) a base metal.
비기다[1] ①《무승부》end in a draw; tie〔draw〕《*with*》. ②《상쇄》offset〔cancel〕each other.
비기다[2]《비유·견줌》liken《*to*》; compare《*to*》. ¶ 비길 데 없는 incomparable; indescribable.
비꼬다 ①《끈을》twist; entwist; twine. ②《말을》make cynical remarks; give a sarcastic twist to *one's* words.
비꼬이다《끈·실이》be〔get〕twisted;《일이》get (en)tangled;《마음이》get peevish; become crooked〔distorted〕.
비끗거리다 ①《잘 안 되다》go wrong〔amiss〕. ②《어긋나다》work loose; be not firmly fixed.
비난(非難) blame; (a) censure. ～하다 blame〔censure〕《*a person for*》; accuse《*a person of*》; criticize. ¶ ～의 대상이 되다 become the focus〔target〕of criticism.
비너스 Venus.
비녀《wear》an ornamental hairpin. ‖ ～장 a linchpin.
비논리적(非論理的) illogical.
비뇨기(泌尿器) the urinary organs. ‖ ～과 urology / ～과 의사 a urologist.
비누《a cake of》soap. ¶ 가루～ soap powder / 세숫〔빨랫〕～ toilet〔washing, laundering〕soap / ～로 씻다 wash with soap and water / 얼굴에 ～질을 하다 lather *one's* face. ‖ ～거품 soap bubbles; lather / 비눗갑 soap case.
비늘 a scale. ¶ ～이 있다 be covered with scales / ～을 벗기다 scale《*a fish*》. ‖ ～구름 a cirrocumulus.
비능률(非能率) inefficiency. ¶ ～적(인) inefficient.
비닐 vinyl. ‖ ～수지 vinyl resin / ～하우스 a vinyl plastic hothouse.
비닐론《상표명》Vinylon.
비다 (be) empty; vacant. ¶ 빈 집 a vacant house / 뱃속이 ～ be hungry / 손이 ～ be free.
비단(緋緞) silk fabric; silks. ¶ ～결 같다 be soft as velvet.
비단(非但) merely; simply; only. ¶ ～ …뿐만 아니라… not only… but (also)….
비당파적(非黨派的) (being) nonpartisan; nonparty.
비대(肥大) ¶ ～한 fat; enlarged. ‖ 심장～ enlargement of the heart.
비데 a *bidet*《프》.
비동맹(非同盟) ‖ ～국 a nonaligned nation / ～국 회의 the nonaligned conference.
비둘기 a dove; a pigeon. ‖ ～장 a dovecot(e); a pigeon house / ～파 the doves; a soft-liner.
비듬 dandruff; scurf. ¶ ～투성이의 머리 a scurfy〔dandruffy〕head. ‖ ～약 a hair lotion.
비등(比等) ～하다 be on a par; be about the same; be equal《*to*》.
비등(沸騰) ～하다《끓다》boil (up); seethe;《여론 따위가》get〔become〕heated〔excited〕. ‖ ～점 the boiling point.
비디오 a video. ‖ ～게임 a video game / ～디스크 a videodisc / ～카메라 a video camera / ～카세트 a video cassette〔cartridge〕/ ～테이프 videotape / ～테이프 녹화 a videotape recording (생략 VTR).
비뚜로 obliquely; aslant; slantwise.
비뚜름하다 be somewhat crooked〔askew, oblique〕.

비뚝거리다 《흔들거리다》 wobble; be shaky〔rickety〕; 《절다》 limp (along). 「ing.
비뚤다 (be) crooked; tilted; slant-
비뚤어지다 ① 《사물이》 get crooked; slant; incline; be tilted. ¶ 비뚤어진 코 a crooked nose. ② 《마음 등이》 be perverse〔crooked, twisted, warped〕.
비래(飛來) ~하다 come flying; come by air(비행기로). 「ging.
비럭질 begging. ~하다 go beg-
비련(悲戀) tragic〔blighted〕 love.
비례(比例) proportion; a ratio(비율). ~하다 be in proportion 《*to*》. ¶…에 정〔반〕~ 하다 be directly〔inversely〕 proportional to. ‖ ~대표(제) (the) proportional representation (system) / ~배분 proportional〔quotal〕 allotment / ~식 a proportional expression.
비례(非禮) discourtesy; impoliteness; rudeness.
비로소 for the first time; not… until〔till〕…. 「cord〕.
비록(秘錄) a (secret) memoir〔re-
비록 (al)though; if; even if. ¶ ~ 비가 오더라도 even if it should rain.
비롯하다 begin; commence; originate; initiate. ¶ …을 비롯하여 including…; …and; as well as…; beginning with….
비료(肥料) manure; fertilizer. ¶ 화학~ chemical fertilizer〔manure〕/ ~를 주다 manure; fertilize. ‖ ~공장 a fertilizer plant.
비루 〖獸醫〗 mange. ¶ ~먹다 suffer from mange. 「base.
비루(鄙陋) ¶ ~한 vulgar; mean;
비리(非理) irrationality; unreasonableness; absurdities and irregularities.
비리다 《생선이》 (be) fishy; 《피가》 (be) bloody; 《아니꼽다》 (be) disgusting.
비린내 a fishy smell; a bloody smell(피의). ¶ ~나다 smell fishy〔bloody〕.
비릿하다 be slightly fishy.
비만(肥滿) obesity; fatness. ~하다 (be) fat; corpulent; plump. ¶ ~해지다 get fat; become stout. ‖ ~아 an overweight〔obese〕 child / ~증 obesity / ~형 a pyknic〔pycnic〕 type.
비말(飛沫) a splash; a spray.
비망록(備忘錄) a memorandum 〔*pl.* -da〕; a memo.
비매품(非賣品) an article not for sale; 《게시》 "Not for Sale."
비명(非命) ¶ ~에 죽다〔가다〕 die 〔meet with〕 an unnatural death.
비명(悲鳴) a scream; a shriek. ¶ ~을 지르다 scream; shriek 《*for help*》.
비명(碑銘) an epitaph; an inscription (on a monument).
비몽사몽(非夢似夢) ¶ ~간에 between asleep and awake.
비무장(非武裝) ¶ ~의 demilitarized; unarmed / 도시를 ~화하다 demilitarize a city. ‖ ~도시 an open city / ~중립 unarmed neutrality / ~지대 a demilitarized zone (생략 DMZ).
비문(碑文) an epitaph; an inscription. 「nondemocratic.
비민주적(非民主的) undemocratic;
비밀(秘密) secrecy; a secret; a mystery(신비). ¶ ~의〔히〕 secret(-ly); confidential(ly); private(-ly) / 다 아는 ~ an open secret / ~로 하다 keep 《*a matter*》 secret / ~을 지키다 keep a secret / ~을 밝히다 disclose a secret 《*to*》. ‖ ~결사〔단체, 조약〕 a secret so-ciety〔organization, treaty〕/ ~번호 a personal code number / ~서류 a confidential document / ~회의 a closed-door session.
비바람 rain and wind; a storm. ¶ ~을 무릅쓰고 가다 go through the raging storm.
비바리 a girl diver.
비방(秘方) a secret method〔recipe〕; a secret formula(약의).
비방(誹謗) slander; abuse. ~하다 slander; abuse; speak ill of.
비번(非番) ¶ ~이다 be off duty / ~날에 on *one's* day off / 오늘은 ~이다 I am off duty today. *or* This is my day off.
비범(非凡) ¶ ~한 extraordinary; unusual; uncommon; rare.
비법(秘法) a secret method.
비법인(非法人) ¶ ~의 unincorporated.
비보(悲報) sad〔heavy〕 news.
비복(婢僕) (domestic) servants.
비본(秘本) a treasured book.
비분(悲憤) resentment; indignation. ¶ ~강개하다 deplore; be indignant 《*at, over*》.
비브라폰 《악기》 a vibraphone.
비브리오(균(菌)) a vibrio.
비비(狒狒) 〖動〗 a baboon.
비비꼬다 ① (en) twist over and over again. ② ☞ 비꼬다.
비비꼬이다 be〔get〕 twisted many times; 《일이》 go wrong〔amiss〕.
비비다 ① 《문지르다》 rub. ② 《둥글게》 (make a) roll. ③ 《뒤섞다》 mix. ④ 《송곳을》 twist 《*a gimlet into a plank*》; drill.
비비대기치다 《붐빔》 hustle and jostle; push and shove; 《부산떨다》 move about busily; bustle about.
비비적거리다 rub〔chafe〕 《*against*》.

비비틀다 twist〔wrench, turn〕hard.

비빈(妃嬪) the queen and the royal concubine.

비빔국수 boiled noodle with assorted mixtures.

비빔밥 boiled rice with assorted mixtures.

비사(秘史) a secret history.

비사교적(非社交的) unsociable.

비산(飛散) ～하다 scatter; disperse; fly.

비상(非常) ①《보통이 아님》unusualness; extraordinariness. ～하다 (be) unusual; uncommon; extraordinary; exceptional. ¶ ～한 인물 an uncommon being / ～한 솜씨 unusual skill. ②《사태의》an emergency; a contingency; a disaster(재해). ¶ ～시에는 in (case of) emergency. ‖ ～경보 an alarm (signal, bell) / ～계단 an emergency staircase / ～구 a fire exit〔escape〕; an emergency exit / ～사태《declare》a state of emergency / ～소집 an emergency call / ～수단《adopt》an emergency measure / ～시 an emergency; a crisis / ～식량 emergency provisions.

비상(砒霜) arsenic poison.

비상(飛翔) ～하다 fly; soar (up).

비상근(非常勤) ¶ ～의 part-time / ～의 일 a part-time job / ～으로 일하다 work part time. ‖ ～직원 a part-time worker; a part-timer.

비상선(非常線) a (police) cordon; a fire line(화재의). ¶ ～을 펴다 form a (police) cordon; throw a cordon《*around*》/ ～을 돌파하다 break through a cordon.

비상장주(非上場株)〖證〗an unlisted stock〔share〕.

비생산적(非生産的) unproductive; nonproductive. ¶ ～인 사고방식 a far from constructive idea.

비서(秘書)《비서역》a private secretary. ‖ ～실 a secretariat.

비석(碑石) a stone monument;《묘비》a tombstone.

비소(砒素)〖化〗arsenic (기호 As).

비속(卑俗) ¶ ～한 vulgar; low.

비수(匕首) a dirk; a dagger.

비술(秘術) a secret (art).

비스듬하다 (be) slant; skew; oblique. ¶ 비스듬하게 obliquely; aslant; diagonally.

비스름하다 be somewhat similar.

비스코스〖化〗viscose.

비스킷 a cracker《美》; a biscuit《英》.

비스타비전〖映〗Vista Vision.

비슥거리다 dawdle (*one's* work);《배돌다》keep to *oneself;* hang back.

비슬거리다 totter; reel; stagger.

비슷비슷하다 be all much the same; be of the same sort.

비슷하다《닮다》(be) like; similar; look like(서술적);《비스듬하다》lean a bit to one side. ¶ 비슷한 데가 있다 have certain points of likeness.

비시지〖醫〗BCG (vaccine). (◀ Bacillus Calmette-Guérin) ‖ ～접종 inoculation by BCG.

비신사적(非紳士的) ungentlemanly; ungentlemanlike.

비실제적(非實際的) unpractical.

비싸다 (be) dear; expensive; costly; high. ¶ 비싸게 사다 buy at a high price; pay dear.

비아냥거리다 make sarcastic remarks; be cynical《*about*》.

비애(悲哀) sorrow; grief; sadness; pathos. ¶ ～를 느끼다 feel sad.

비애국적(非愛國的) unpatriotic.

비약(秘藥) a secret remedy〔medicine〕; a nostrum.

비약(飛躍) a leap; a jump. ¶ 논리의 ～ a leap in argument / ～적인 발전을 하다 make rapid progress; take long strides.

비양(飛揚) ～하다 make a flight; fly; soar (up)(높이).

비어(卑語) a slang; a vulgar word.

비어《맥주》beer; ale. ‖ ～홀 a beer hall.

비업무용(非業務用)《*of*》non-business purpose. ¶ ～ 토지를 백만 평이나 소유하다 possess one million *p'yŏng* of non-business idle land. ‖ ～부동산 real estate held for non-business purpose; idle land.

비엔날레〖美術〗the Biennale. ¶ ～전(展) a biennial exhibition.

비역《계간》sodomy; buggery. ～하다 practice sodomy.

비열(比熱)〖理〗specific heat.

비열(卑劣) ¶ ～한 mean; base; dirty; low; sordid / ～한 수단 a dirty〔nasty〕trick / ～한 놈 a sneak; a mean fellow.

비영리(非營利) nonprofit. ‖ ～법인〔단체, 사업〕a nonprofit corporation〔organization, undertaking〕.

비예술적(非藝術的) inartistic.

비오리〖鳥〗a merganser.

비옥(肥沃) ¶ ～한 fertile; rich.

비올라〖樂〗a viola.

비옷 a raincoat; rainwear.

비용(費用) (a) cost; expense(s). ¶ 결혼식 ～ wedding expenses / ～이 드는 expensive; costly / ～에 관계없이 regardless of expense / ～이 얼마나 드나 How much does it cost《*to do*》? ‖ ～절감운동 a cost-saving move.

비우다 empty《*a box*》; clear《*a room*》; vacate〔quit〕《*a house*》; absent〔stay away〕from《*home*》.

비우호적(非友好的) unfriendly.

비운(悲運) misfortune; ill luck.
비웃다 laugh〔sneer〕 at; ridicule; deride. ¶ 남을 ～ sneer at others.
비웃음 a sneer; ridicule; scorn.
비원(秘苑) a palace garden; 《창덕궁의》 the Secret Garden.
비위(脾胃) ① 《기호》 taste; palate; liking. ¶ ～에 맞다 suit *one's* taste. ② 《기분》 humor; temper. ¶ ～를 거스르다〔건드리다〕 rub 《*a person*》 the wrong way; put 《*a person*》 in a bad humor / ～를 맞추다 put 《*a person*》 in a good humor; curry favor with / ～(가) 상하다 be offended; be〔feel〕 disgusted 《*at, by, with*》 / ～가 좋다 《뻔뻔하다》 have a nerve.
비위생적(非衛生的) unwholesome; unsanitary.
비유(比喩 · 譬喩) a figure of speech; a simile(직유); a metaphor(은유). ～하다 compare 《*to*》; speak figuratively; use a metaphor. ¶ ～적(으로) figurative(ly); metaphorical(ly).
비육우(肥肉牛) beef cattle.
비율(比率) proportion; rate; ratio; percentage. ¶ …의 ～로 at the rate〔ratio〕 of.
비음(鼻音) a nasal (sound).
비인간적(非人間的) inhuman; impersonal. 「brutal.
비인도(非人道) ¶ ～적인 inhumane;
비인칭(非人稱) ¶ ～의 impersonal.
비일비재(非一非再) ～하다 (be) very common; frequent; there are many such cases.
비자 a visa. ¶ 여권에 ～를 받다 have *one's* passport visaed / 미국 가는 ～를 신청하다 apply for a visa to the United States. ‖ 관광～ a tourist visa / 입국〔출국〕 ～ an entrance〔exit〕 visa / 취업 및 관광 겸용～ 《the issuance of》 working holiday visas.
비자금(秘資金) slush fund.
비잔틴 Byzantine.
비장(秘藏) ～하다 treasure; keep 《*a thing*》 with great care. ¶ ～의 treasured; precious; favorite. ‖ ～품 a treasure.
비장(悲壯) ¶ ～한 touching; tragic; grim; heroic(장렬).
비장(脾臟) 〖解〗 the spleen.
비재(非才) lack of ability; incapacity. ¶ 비록 ～이지만 incapable as I am. 「mysteries.
비전(秘傳) a secret; a recipe; the
비전 a vision. ¶ ～이 있는 사람 a man of vision. 「goods.
비전략물자(非戰略物資) nonstrategic
비전투원(非戰鬪員) a noncombatant; a civilian. 「heartless; cruel.
비정(非情) ¶ ～한 cold-hearted;
비정(秕政) maladministration; misgovernment; misrule.

비정규군(非正規軍) irregular troops.
비정상(非正常) anything unusual; abnormality; irregularity. ¶ ～의 abnormal; unusual; exceptional; singular. ‖ ～아 an abnormal child / ～자 〖心〗 a deviate.
비좁다 (be) narrow and close 〔confined〕; cramped. ¶ 비좁은 곳 a confined place.
비종교적(非宗教的) nonreligious.
비주룩하다 (be) sticking out a bit.
비주류(非主流) non(-)mainstreamers; the non(-)mainstream faction〔group〕. 「(up) a lip.
비죽거리다 pout (*one's* lips); make
비준(批准) ratification. ～하다 ratify 《*a treaty*》. ‖ ～서 an instrument of ratification.
비중(比重) 〖理〗 specific gravity. ‖ ～계 a gravimeter; a hydrom-
비지 bean-curd dregs. ⌊eter.
비지땀 ¶ ～을 흘리다 drip with perspiration; have heavy sweating.
비질 sweeping (with a broom). ～하다 sweep with a broom.
비집다 ① 《틈을》 split open; push 〔force〕 open. ② 《눈을》 rub *one's* eyes open.
비쭉 ¶ ～내밀다 pout 《*one's lips*》.
비쭉거리다 pout (*one's* lips); make up a lip.
비참(悲慘) ¶ ～한 miserable; wretched; tragic(al); pitiable; sad / ～한 생활 a miserable 〔wretched〕 life; 《lead》 a dog's life.
비책(秘策) a secret plan〔scheme〕; a subtle stratagem. ¶ ～을 짜다 elaborate〔work out〕 a secret
비척거리다 ☞ 비틀거리다. ⌊plan.
비천(卑賤) ¶ ～한 humble(-born); low(ly); obscure / ～한 몸 a man of low birth. 「al.
비철금속(非鐵金屬) nonferrous met-
비추다 ① 《빛이》 shine 《*on*》; shed light 《*on*》; light (up); lighten; illuminate. ② 《그림자를》 reflect 《*a mountain*》. ③ 《비교 · 참조》 compare with; collate. ¶ …에 비추어 보아 in the light of; in view of. ④ 《암시》 hint; suggest; allude to. ¶ 사직할 뜻을 ～ hint at resignation.
비축(備蓄) a stockpile. ～하다 save for emergency; stockpile. ‖ ～미 reserved rice.
비취(翡翠) ① 〖鳥〗 a kingfisher. ② 〖鑛〗 nephrite; green jadeite; jade. ‖ ～색 jade green.
비치(備置) ～하다 equip〔furnish〕 with; provide with; keep〔have〕 《*a thing*》 ready.
비치다 ① 《빛이》 shine. ② 《그림자》 be reflected〔mirrored〕 《*in*》. ③

《통해 보이다》 show 《*through*》.
비칭(卑稱) a humble title.
비켜나다 draw back; move aside; step aside. 「out of the way.
비켜서다 step〔move〕 aside; get
비키니 a bikini. ¶ ～스타일로 in (a) bikini. ‖ ～수영복 a bikini.
비키다 move out; step aside; remove.
비타민 vitamin(e). ‖ ～결핍증 a vitaminosis / 종합 ～ multivitamin.
비타협적(非妥協的) ¶ ～인 unyielding; uncompromising; intransigent / ～태도 intransigence; intransigency.
비탄(悲嘆) grief; sorrow; lamentation. ～하다 grieve; mourn; sorrow 《*over, on*》; lament.
비탈 a slope; an incline; a hill.
비통(悲痛) grief; sorrow. ¶ ～한 sad; pathetic; touching; sorrowful.
비트족(一族) the beat generation.
비틀거리다 stagger; totter; falter; reel. ¶ 비틀걸음 unsteady〔reeling〕 steps; tottering / 비틀비틀 totteringly.
비틀다 twist; twirl; wrench; distort. ¶ 팔을 ～ wrench〔twist〕 《*a person's*》 arm.
비틀어지다 be twisted〔distorted〕.
비파(琵琶) a Korean mandolin.
비판(批判) criticism; (a) comment. ～하다 criticize; comment 《*on*》. ¶ ～적(으로) critical(ly). ‖ ～력 critical power〔ability〕 / ～자 a critic.
비평(批評) criticism; (a) comment; (a) review(논평). ～하다 criticize; comment on; review 《*a book*》. ‖ ～가 a critic; a commentator; a reviewer / 문예 ～ a literary criticism.
비폭력(非暴力) nonviolence; ahimsa. ¶ ～의 nonviolent.
비품(備品) furniture; furnishings; fixtures; fitting.
비프스테이크 beefsteak.
비하(卑下) ～하다 humble〔depreciate〕 *oneself*. 「*with B*》.
비하다(比一) compare 《*the two, A*
비학술적(非學術的) unscientific; unacademic. 「ful.
비합법적(非合法的) illegal; unlaw-
비핵(非核) ¶ ～의 nonnuclear; anti-nuclear. ‖ ～국 a nonnuclear country〔nation〕 / ～무장 nonnuclear armament / ～무장지대 the nuclear-free zone / ～3원칙 the three antinuclear principles / ～화(化) denuclearization (～화하다 denuclearize 《*an area, a nation*》).
비행(非行) delinquency; a misdeed; misconduct. ¶ 청소년 ～ juvenile delinquency. ‖ ～소년 a juvenile delinquent.
비행(飛行) flying; flight; 《항공술》 aviation. ～하다 fly; make a flight; travel by air. ¶ 저공～ a low-altitude flight / 시험 ～하다 make a test flight. ‖ ～경로 a flight path / ～복 a flying suit; a G-suit / ～사 an aviator; a flier; an airman; a pilot(조종사) / ～속도 (an) air speed / ～시간 flight time(비행기의); flying hours(조종사의) / ～장 an airfield, an airport / ～장교 a flight officer / 세계일주〔연습〕 ～ a round-the-world〔training〕 flight / 정기 ～ a regular air service.
비행기(飛行機) an airplane 《美》; a plane; aircraft(총칭). ¶ ～를 타다 board〔take, get on board〕 a plane / ～에서 내리다 leave〔get off〕 a plane / ～로 가다 go by plane; fly 《*to Europe*》 / ～로 보내다 send 《*something*》 by air / 여객〔화물〕용 ～ a passenger〔cargo〕 plane. ‖ ～사고 a plane accident; a plane crash(추락) / ～운(雲) a contrail; a vapor trail.
비행선(飛行船) an airship.
비현실적(非現實的) unreal; impractical; fantastic. ¶ ～인 생각〔사람〕 an impractical idea〔person〕 / ～인 이야기 a fantastic story.
비호(庇護) protection; patronage. ～하다 protect; shelter; cover. ¶ …의 ～하에 under the patronage〔protection〕 of….
비호(飛虎) a flying tiger. ¶ ～같이 like a shot; as quick as lightning.
비화(秘話) a secret story; a behind-the-scenes story.
비화(飛火) flying sparks; leaping flames. ～하다 flames leap 《*to, across*》; 《사건이》 come to involve 《*a person*》. ¶ 독직 사건은 정계의 거물급에게까지 ～될 것이다 The bribery case will come to involve a great political figure.
비화(悲話) a sad〔pathetic〕 story.
빅딜 《큰 거래》 a big deal.
빅뱅 《우주 대폭발 : 큰 규모의 근본적 제도 개혁》 the big bang.
빅수(一手) a move to end 《*a game*》 in a draw.
빈 Vienna. ¶ ～사람 a Viennese.
빈객(賓客) a guest (of honor); an honored guest.
빈곤(貧困), **빈궁**(貧窮) poverty; indigence; need. ¶ ～한 poor; needy; destitute / ～에서 벗어나다 emerge from poverty. 「ant〕.
빈농(貧農) a poor farmer〔peas-
빈대 a bedbug; a housebug.
빈대떡 a mung-bean pancake.

빈도(頻度) frequency. ¶ 높은〔낮은〕 ～수 high〔low〕 frequency.
빈둥거리다 idle away; loaf around; loiter about. ¶ 빈둥빈둥〔빈들빈들〕 idly; indolently.
빈말 an idle talk; empty words; an empty promise. ～하다 talk idly; make idle promise.
빈민(貧民) the poor; the needy. ‖ ～구제 the relief of the poor / ～굴 the slums.
빈발(頻發) frequent occurrence. ～하다 occur frequently.
빈방(一房) a vacant room.
빈번(頻繁) ¶ ～한 frequent; incessant / ～히 frequently.
빈병(一瓶) an empty bottle.
빈부(貧富) wealth and poverty; rich and poor(사람). ¶ ～의 차 disparity in wealth; the gap between (the) rich and (the) poor / ～의 차별 없이 rich and poor alike.
빈사(瀕死) ¶ ～상태의 환자 a dying patient / ～상태에 있다 be on the verge of death.
빈소(殯所) the place where a coffin is kept until the funeral day.
빈속 《drink on》 an empty stomach.
빈손 an empty hand. ¶ ～으로 empty-handed.
빈약(貧弱) ¶ ～한 poor; scanty; meager.
빈자(貧者) a poor man; the poor (총칭). ¶ ～의 일등(一燈) the widow's mite.
빈자리 《결원》 a vacancy; an opening; 《공석》 a vacant seat.
빈정거리다 be sarcastic; make sarcastic remarks; be cynical.
빈집 a vacant 〔an unoccupied, an empty〕 house.
빈차(一車) an empty car; 《택시》 a disengaged taxi; 《택시의 게시》 For hire., Vacant.
빈천(貧賤) poverty (and lowliness). ¶ ～한 poor and lowly.
빈촌(貧村) a poor village.
빈축(嚬蹙) ～하다 frown upon; be scandalized at. ¶ (남의) ～을 사다 be frowned at 〔on〕 《*by*》.
빈탕 emptiness; vacancy; 《과실의》 an empty nut.
빈털터리 a penniless person. ¶ ～가 되다 become penniless.
빈틈 ① 《간격》 an opening; an aperture; a gap; a chink. ¶ ～없이 closely; compactly. ② 《불비》 unpreparedness; a blind side; an opening. ¶ ～없는 사람 a shrewd〔sharp〕 fellow.
빈혈(貧血) 〖醫〗 anemia. ¶ ～을 일으키다 have an attack of anemia.
빌다 ① 《구걸》 beg; solicit. ② 《간청》 ask; request; beg; appeal; sue for; entreat. ③ 《기원》 pray 《*to God*》; wish (소원). ④ 《사죄》 beg 《*a person's*》 pardon; beg *another's* forgiveness.
빌딩 《건물》 an office building.
빌려주다 《사용케 하다》 let 《*a person*》 use 《*a thing*》. ☞ 빌리다 ①, ②.
빌로도 velvet.
빌리다 ① 《금품을 빌려주다》 lend; loan (out) 《美》; advance. ¶ 2부 이자로 돈을 빌려주다 lend〔loan〕 money at 2 percent interest / 책을 빌려주다 lend a book. ② 《임대하다》 rent 《*a room*》 to 《*a person*》; lease 《*land*》; let 《英》; rent 〔hire 《英》〕 out. ¶ 집을 월 10만원에 ～ rent out a house at hundred thousand *won* a month. ③ 《차용하다》 borrow; 《임차하다》 hire 《*a boat*》; rent 《*a house*》; lease 《*land*》. ¶ 친구에게서 책을〔돈을〕 ～ borrow a book〔some money〕 from a friend. ④ 《힘을》 get 《*a person's*》 aid〔help〕. ¶ …의 힘을 빌려 by the aid of...; with the help of....
빌미 the cause of evil〔disease〕. ¶ ～붙다 inflict an evil〔a curse〕 《*on*》; curse; haunt (원귀가) / ～잡다 attribute 《*a calamity*》 to.
빌붙다 curry favor 《*with*》; win *one's* favor by flattery; flatter.
빌어먹다 beg *one's* bread; go begging. ¶ 빌어먹을 Damn it!; Hell!.
빗 a comb. ‖ ～살 the teeth of a comb / ～솔 a comb-brush.
빗각(一角) 〖數〗 an oblique angle.
빗나가다 turn away 〔aside〕; deviate; wander 《*from*》; 《빗맞다》 miss; go astray.
빗대다 ① 《비꼬다》 insinuate 《*that*》; hint at. ② 《틀리게》 make a false statement; perjure.
빗돌 a stone monument.
빗듣다 《잘못 듣다》 hear 《*it, him*》 wrong〔amiss〕; mishear.
빗맞다 ① 《빗나가다》 miss (the mark); go wide (of the mark). ② 《뜻한 일이》 fail; go wrong.
빗먹다 《톱이》 veer off-line; go in crooked.
빗물 rainwater.
빗발 ¶ ～치듯하다 《탄알이》 fall in showers; shower like hail; come thick and fast / ～같이 쏟아지는 총알 a shower of bullets.
빗방울 a raindrop. ‖ ～소리 the drip of rain.
빗변(一邊) 〖幾〗 the hypotenuse.
빗장 a bolt; a (cross)bar. ¶ 문에 ～을 걸다 bar〔bolt〕 the gate.
빗질하다 comb 《*one's hair*》.
빗치개 an instrument for parting hair and cleaning combs.
빙 ¶ ～돌다 circle〔turn〕 round; swing.
빙고(氷庫) an icehouse.
빙과(氷菓) an ice; a popsicle.
빙괴(氷塊) a lump〔block〕 of ice;

an ice floe, an iceberg(떠도는).
빙그레 ¶ ～웃다 beam 《*upon a person*》; smile 《*at a person*》.
빙그르르 《go, turn》 round and round.
빙글거리다 smile 《*at a person*》; beam 《*upon a person*》.
빙벽(氷壁) an ice ridge.
빙부(聘父) ☞ 장인.
빙빙 ¶ ～돌다 turn round and round; circle.
빙산(氷山) an iceberg; an ice floe. ¶ ～의 일각 a tip of an iceberg / 이 사건은 ～의 일각에 지나지 않다 This case is nothing but a small part of the whole. *or* This incident is only the tip of the iceberg.
빙상(氷上) ¶ ～에서 on the ice. ‖ ～경기 ice sports.
빙설(氷雪) ice and snow.
빙수(氷水) shaved ice; iced water.
빙원(氷原) an ice field.
빙자(憑藉) ～하다 make a pretext 〔plea〕 of; make an excuse of. ¶ …을 ～하여 under the pretense〔pretext〕 of.
빙점(氷點) the freezing point.
빙초산(氷醋酸) 〖化〗 glacial acetic acid.
빙충맞다 (be) clumsy; stupid.
빙충맞이, 빙충이 a clumsy〔stupid〕 person.
빙탄(氷炭) ¶ ～불상용(不相容)이다 be as irreconcilable as oil and water; agree like cats and dogs; be antagonistic to each other.
빙퉁그러지다 go wrong; 《성질이》 have a perverse〔crooked〕 temper.
빙판(氷板) a frozen〔an icy〕 road.
빙하(氷河) 〖地〗 a glacier. ‖ ～시대 the glacial〔ice〕 age / ～작용 glaciation.
빚 a debt; a loan. ¶ ～을 지다 run〔get〕 into debt; incur debt / ～을 갚다 pay off a debt.
빚거간(一居間) ～하다 act as a loan agent.
빚내다 borrow money 《*from*》; get a loan.
빚놀이 lending money; making a loan.
빚다 ① 《술을》 brew (wine); 《만두·송편 따위를》 shape dough for; make dumplings. ② ☞ 빚어내다.
빚돈 a debt; a loan; liabilities; borrowings.
빚물이하다 pay *another's* debts.
빚받이하다 collect (debts).
빚어내다 bring about〔on〕; give rise to; cause; engender. ¶ 분쟁을 ～ bring about trouble; give rise to dispute.
빚쟁이 a moneylender; a usurer (고리 대금업자); a dun(받으러 온).
빚주다 lend〔loan〕 《*a person*》 money.
빚지다 run〔get〕 into debt; incur 〔contract〕 a debt; owe.
빛 ① 《광명》 light; 《광선》 rays (of light); a beam; a flash(섬광); a gleam(어둠 속의); a twinkle(별의); a glimmer(미광(微光)); 《광휘》 glow; shine; brightness; brilliancy. ② 《색채》 a color; a hue; a tint; a tinge(빛깔). ③ 《안색 따위》 complexion; color; 《표정》 a countenance; a look; an air; 《표시》 a sign. ¶ 피곤한 ～을 나타내다 show signs of fatigue.
빛깔 color(ing); hue. ☞ 색채.
빛나다 ① 《광선이》 give forth light; radiate. ② 《광휘가》 shine; glitter(금은 따위가); be bright; glisten(반사로); glimmer(어슴프레); gleam(어둠속에); flash(번쩍); twinkle(별이); sparkle(보석이); be lustrous(윤이). ③ 《영광스럽게》 be bright〔brilliant〕. ¶ 빛나는 장래 a bright〔promising〕 future / 빛나는 업적 a brilliant achievement.
빛내다 light up; brighten; make 《*a thing*》 shine. ¶ 이름을 ～ win fame.
빛살 rays of light.
빠개다 split; cleave; rip. ¶ 장작을 ～ split firewood.
빠개지다 split (apart); cleave; be split〔broken〕; 《일이》 get spoilt; be ruined; come to nothing.
빠드득거리다 creak; grate; rasp.
…빠듯 a bit less than; just under; a little short of. ¶ 두 자～ just under two feet (long).
빠듯하다 ① 《겨우 미침》 (be) barely enough. ¶ 빠듯이 barely; narrowly. ② 《꼭 낌》 be tight; close fitting. ¶ 빠듯한 구두 tight shoes.
빠뜨리다 ① 《누락》 omit; miss (out); pass over; leave out. ② 《잃다》 lose; drop. ③ 《물속 따위에》 drop; throw into 《*a river*》; 《함정에》 entrap; ensnare; 《유혹 등에》 lead into 《*temptation*》; allure.
빠르다 ① 《속도가》 (be) quick; fast; swift; speedy; rapid. ¶ 발이 ～ be swift of foot / 진보가 ～ make rapid progress. ② 《시간이》 (be) early; premature(시기상조). ¶ 빠르면 빠를수록 좋다 The sooner, the better.
빠이빠이 bye-bye(주로 아이들 말).
빠지다 ① 《허방 따위에》 fall〔get〕 into; 《물에》 sink; go down. ¶ 물속에 ～ sink under the water. ② 《탐닉》 indulge in; be given (up) to; abandon *oneself* to; 《어떤 상태에》 fall〔get, run〕 into; be led into. ¶ 주색에 ～ be addicted to sensual desires; indulge in wine and women / 위험 상태에 ～ run into danger.

③《탈락》 come〔fall, slip〕 off〔out〕. ¶ 털이 ~ *one's* hair falls out; *one's* hair thins out. ④《탈루》 be left out; be omitted; 《없다》 be wanting; be missing. ⑤《살이》 become thin; lose flesh (병으로). ⑥《물 등이》 drain; flow off; run out. ⑦《빛·힘·김 따위가》 come off〔out〕; be removed; be taken out(얼룩 등이). ⑧《지나가다》 go by〔through〕; pass through. ¶ 골목으로 ~ go by a lane. ⑨《탈출》 escape; slip out; get away; 《피하다》 evade; excuse *oneself* from. ¶ 위기를 빠져나가다 escape danger. ⑩《탈퇴하다》 leave; quit; withdraw 《*from*》; secede from. ⑪《…만 못하다》 be inferior 《*to*》; fall behind. ¶ 빠지지 않다 be as good as 《*anyone else*》. ⑫《제비에 뽑히다》 draw; win 《*in a lottery*》; fall 《*to one's lot*》.

빠짐없이 without omission; one and all; in full; exhaustively; thoroughly. ¶ ~ 투표하다 vote without exception.

빡빡 ①《얽은 모양》 ¶ ~ 얽은 pitted all over *one's* face. ②《머리깎은 모양》 ¶ ~ 깎다 crop the hair; have *one's* hair cut close.

빡빡하다 ①《꽉차다》 (be) close; closely packed; chock-full. ②《두름성이》 (be) unadaptable; rigid; strait-laced. ③《음식 따위가》 (be) dry and hard. 「glossily.

빤드르르 ¶ ~한 smooth; glassy;

빤들거리다 《매끄럽다》 be smooth; 《약게만 굴다》 be too smart.

빤들빤들 smoothly; glossily; lustrously; shiningly; 《빈들빈들》 idly; lazily; slothfully.

빤작거리다 glitter; sparkle; twinkle.

빤하다 《분명하다》 (be) transparent; clear; obvious. ¶ 빤한 사실 an obvious fact / 빤한 거짓말 a transparent lie.

빤히 ①《분명히》 clearly; plainly; obviously; undoubtedly. ②《뚫어지게》 staringly; with a searching look.

빨간 downright; utter. ¶ ~거짓말 a downright〔barefaced〕 lie.

빨강 red (color); crimson(심홍색).

빨강이 《물건》 a red-colored thing.

빨갛다 (be) crimson; deep red.

빨개지다 turn bright-red; redden.

빨갱이 《공산주의자》 a Red; a Commie 《俗》; a Communist.

빨그스름하다 (be) reddish; reddy.

빨다[1] 《입으로》 suck; sip; smoke, puff at (담배를); 《흡수》 absorb; suck in.

빨다[2] 《세탁》 wash; launder.

빨다[3] 《뾰족함》 (be) pointed; sharp.

빨대 a straw; a sipper(종이의).

빨딱거리다 《가슴이》 go pit-a-pat; throb; palpitate; 《맥이》 pulsate.

빨랑빨랑 quickly; promptly; in a hurry.

빨래 washing; the laundry(세탁물). ~하다 wash. ‖ ~집게 a clothespin / ~터 a wash place / ~통 a washtub / ~판 a washboard /빨랫감 washing; laundry / 빨랫줄 a clothesline.

빨리 《일찍》 early; 《바로》 soon; immediately; instantly; 《신속》 fast; rapidly; quickly; in haste(급히); promptly(기민하게). ¶ 걸음을 ~하다 quicken *one's* steps / ~가라 Go at once! / ~해라 Make haste! *or* Hurry up!

빨리다 ①《흡수당함》 be absorbed; be sucked〔soaked〕 up. ②《착취당하다》 be squeezed〔extorted〕. ③《빨아먹이다》 let 《*a person*》 suck; suckle 《*a child*》.

빨병(一甁) 《수통》 a canteen; a flask; a water bottle 《英》.

빨아내다 suck〔soak〕 up; absorb; 〖醫〗 aspirate (고름 따위를).

빨아들이다 《기체를》 inhale; breathe 〔draw〕 in; 《액체를》 suck in; absorb. ¶ 연기를 ~ inhale the smoke.

빨아먹다 ①《음식을》 suck; imbibe. ②《우려내다》 squeeze; exploit.

빨치산 a partisan; a guerrilla.

빨판 ☞ 흡반.

빳빳하다 (be) rigid; stiff; straight and stiff. ¶ 풀기가 빳빳한 stiffly starched.

빵[1] bread. ¶ 버터〔잼〕 바른 ~ bread and butter〔jam〕 / ~ 한 조각 a slice〔piece〕 of bread / ~을 굽다 bake〔toast〕 bread.

빵[2] 《소리》 pop; bang.

빵꾸 puncture. ¶ ~나다 be punctured; have a blowout; have 〔suffer〕 a flat tire.

빵집 a bakery; a bakeshop 《美》.

빻다 pound; pulverize; grind into powder (갈아서).

빼기 〖數〗 subtraction. ¶ ~를 하다 subtract; take away 《*a number from another*》.

빼내다 ①《골라내다》 pick〔single〕 out; select; 《뽑다》 draw〔pull〕 out; extract. ②《훔쳐내다》 pilfer; steal. ③《매인 몸을》 ransom; redeem; bail out.

빼놓다 ①《젖혀 놓다》 drop; omit; leave out. ②《뽑아 놓다》 draw 〔pull〕 out; extract. ③《골라 놓다》 pick〔single〕 out; select.

빼다 ①《빼내다》 take〔pull〕 out; draw 《*a sword*》; extract 《*a tooth*》. ②《얼룩을》 remove 《*an inkblot*》; wash off; take out.

③《생략》omit; exclude; take off; leave out. ④《감산》subtract《*from*》; deduct《*from*》. ¶ 10에서 5를 ~ subtract five from ten. ⑤《회피하다》evade; shirk; avoid. ¶ 꽁무니를 ~ shirk *one's* responsibility. ⑥《차려 입다》dress〔doll〕up.

빼먹다 ①《빠뜨리다》omit; leave〔miss〕out; skip over(건너뛰다). ②《훔쳐내다》pilfer; steal. ③《수업을》¶ 학교를 ~ play truant〔hooky《美俗》〕.

빼물다《거만하게》be haughty; pout *one's* lips (화가 나서).

빼쏘다 be exactly alike.

빼앗기다 ①《탈취》be deprived〔robbed〕of《*something*》; have《*something*》taken away. ②《정신을》be absorbed〔engrossed〕《*in*》;《매혹되다》be fascinated〔captivated〕.

빼앗다 ①《탈취》take《*a thing*》away from《*a person*》; snatch《*a thing*》from;《약탈》rob《*a person*》of《*a thing*》; plunder; pillage;《찬탈》usurp《*the throne*》;《박탈》divest〔deprive〕《*a person*》of《*a thing*》;《함락》capture《*a castle*》. ②《정신을》absorb《*one's attention*》; engross《*one's mind*》;《매혹하다》fascinate; charm; captivate.

빼어나다 excell《*in*》; surpass; be superior《*to*》; be excellent.

빽[1]《후원자》a backer; a supporter; a patron;《연줄·배경》patronage; backing; pull《美》.

빽[2]《소리》¶ ~ 소리 지르다 shout; cry out; brawl. 「closely.

빽빽이 compactly; tightly; thickly;

빽빽하다《촘촘하다》(be) close;《조밀》(be) dense; thick;《가득하다》(be) packed (to the) full; chock-full;《막히다》(be) clogged stuffy.

뺀둥거리다 idle *one's* time away.

뺄셈 subtraction. ~하다 subtract.

뺑 round; around. ¶ ~둘러싸다 surround completely.

뺑소니 flight. ¶ ~치다《도망》run away; take (to) flight;《자동차가》make a hit and run. ‖ ~차〔운전사, 사고〕a hit-and-run car〔driver, accident〕.

뺨 a cheek. ¶ ~을 때리다 slap《*a person*》in the cheek / ~을 맞다 get slapped in the cheek / ~을 비비다 rub *one's* cheek(손으로); press〔nestle〕*one's* cheek against another's (남의 뺨에).

뺨치다 ①《때리다》give《*a person*》a slap in the cheek. ②《무색케 하다》outdo; outshine. ¶ 전문가를 뺨치는 솜씨다 (almost) outdo a professional.

뻐근하다 feel heavy; have a dull pain.

뻐기다 boast; be proud〔haughty〕; give *oneself* airs; talk big(말로).

뻐꾸기〖鳥〗a cuckoo. 「apart.

뻐끔하다 (be) (wide) open; split

뻐드렁니 a projecting front tooth; a bucktooth.

뻑뻑 ¶ 담배를 ~ 피우다 puff at a cigarette〔*one's* pipe〕.

뻑적지근하다 feel stiff and sore. ¶ 어깨가 ~ feel stiff in the shoulders.

뻔뻔하다 (be) shameless; impudent; audacious; unabashed. ¶ 뻔뻔하게 impudently; shamelessly; brazen-facedly; saucily.

뻔하다[1] ☞ 빤하다.

뻔하다[2]《까딱하면…》be〔come, go〕near《*doing*》; almost; nearly《*do*》; just barely escape《*doing*》. ¶ (하마터면) 죽을 ~ come near being dead〔killed〕.

뻔히 ☞ 빤히.

뻗다 ①《가지·뿌리 등이》extend; spread; stretch. ¶ 뿌리가〔를〕~ spread the root. ②《연이음》extend; stretch; run. ¶ 동서로 ~ run east and west / …까지 뻗어 있다 extend to〔as far as〕.... ③《팔다리를》extend; stretch (out). ¶ 손을 ~ reach out (*one's* hand)《*to, for*》. ④《발전》make progress; develop; expand. ⑤《죽다》collapse; pass out.

뻗대다 hold out《*against*》; take a stand《*against*》; hold *one's* own《*against*》; do not yield《*to*》.

뻘《관계》¶ 조카 ~이다 stand《*to one*》in the relation of nephew.

뻣뻣하다《억세다》(be) stiff; hard;《태도가》(be) tough; unyielding. ¶ 목이 ~ have a stiff neck.

뻥 ①《소리》pop. ¶ ~하고 with a pop. ②《구멍이》¶ ~ 뚫어지다 break open. ③ ☞ 거짓말.

뻥긋거리다 smile《*at*》; beam.

뻥뻥하다 be at a loss; (be) puzzled.

뻥실거리다 beam; smile gently.

뼈 ①《골격》a bone;《유골》ashes; remains. ¶ 생선 ~를 바르다 bone a fish / ~가 부러지다 break a bone. ②《저의》a hidden meaning. ¶ ~있는 말 words full of hidden〔latent〕meaning; sugges-tive words.

뼈다귀 a bone.

뼈대《골격》frame; build; physique;《구조물의》skeleton; framework; structure. ¶ ~가 단단한 stoutly-built.

뼈물다 plan to do《*something*》.

뼈저리다 cut〔go〕deep into *one's* heart; sting〔cut, touch〕《*one*》to the quick. ¶ 뼈저린 keen; severe; acute / 뼈저리게 keenly;

severely; acutely; bitterly.
뻐지다 《옹골차다》 (be) solid; firm; 《말이》 (be) sharp; pungent; harsh.
뼘 a span. ¶ ～으로 재다 span.
뽀얗다 (be) grayish; whitish.
뽐내다 boast; be proud; be haughty; give *oneself* airs.
뽑다 ① 《박힌 것을》 pull〔take〕out; draw 《*a sword, lots*》; extract 《*a tooth*》; root up 《*a tree*》. ② 《선발》 select; pick〔single〕out; 《선거》 elect. ③ 《모집》 enlist; enroll; recruit.
뽕 the mulberry leaf. ‖ ～나무 a mulberry (tree).
뽕빠지다 suffer a heavy loss; go bankrupt; fail; be broken.
뾰로통하다 (be) sullen; sulky; 《서술적》 look sullen.
뾰롱뾰롱하다 (be) ill-tempered; cross-grained.
뾰루지 an eruption; a boil. ¶ ～가 나다 A boil forms.
뾰조록하다 《서술적》 stick out a bit.
뾰족탑(一塔) a steeple; a spire; a pinnacle.
뾰족하다 (be) pointed; sharp(-pointed). ¶ 뾰족하게 하다 sharpen.
뿌리 a root. ¶ ～깊은 deep-rooted 《*evil*》/ ～를 박다 take〔strike〕root; root / ～를 빼다 root up.
뿌리다 《끼얹다》 sprinkle(물 따위를); spray 《*an insecticide*》; strew(꽃 따위를); 《흩뜨리다》 scatter; diffuse; disperse. ¶ 씨를 ～ sow seed.
뿌리치다 shake off; reject; refuse; discard. ¶ 손목을 ～ shake off *a person's* hand.
뿌옇다 (be) whitish; grayish; hazy (안개같이).
뿐 merely; alone; only; but. ¶ …할 ～만 아니라 not only… but (also).
뿔 a horn; an antler(사슴의). ¶ ～로 받다 horn; gore. ‖ ～세공 a hornwork.
뿔뿔이 scatteredly; in all directions; separately; dispersedly. ¶ ～ 흩어지다 be scattered; scatter; disperse; break up.
뿜다 belch; emit; spout; spurt; gush out. ¶ 연기를 ～ belch smoke / 용암을 ～ spout lava.
뿡뿡 ¶ ～소리내다 honk; hoot.
삐걱거리다 creak; squeak; grate.
삐다[1] 《수족을》 sprain; dislocate; wrench; twist.
삐다[2] 《물이》 subside; go down; sink.
삐대다 make a nuisance of *oneself;* outstay〔wear out〕*one's* welcome.
삐딱거리다 wobble; be shaky 〔rickety〕.
삐딱하다 (be) slant; inclined.
삐라 a (hand) bill; a leaflet. ¶ ～를 뿌리다 distribute handbills 〔leaflets〕.
삐삐 a beeper; a pager. ¶ ～를 치다 beep; page.
삐죽거리다 pout (*one's* lips); make a lip. ¶ 울려고 ～ sulk〔pout〕almost to tears.
삐죽하다 (be) protruding.
삑 《기적의》 with a whistle. ¶ ～ 울리다 whistle.
뼁 round; around 《美》; completely(완전히). ¶ ～둘러싸다 surround 《*a person, a thing*》.
뼁땅 pocketing; a kickback 《美》; a rake-off. ～하다 take off; pocket a rake-off 《*of*》.

배수(倍數)의 표현 방법

1. …의 ×배(크기·길이 따위)
 (1) ×times as + 형용사 + as…
 그녀의 방은 내 방보다 두 배나 크다
 Her room is *twice as* large *as* mine.
 이 다리는 저 다리의 3배나 길다
 This bridge is *three times as* long *as* that one.
 (2) ×times as + 부사 + as…
 그는 적어도 나보다 배나 공부한다
 He studies at least *twice as* hard *as* I do.
 (3) ×times the + 명사 + of… ; ×times + 인칭대명사의 소유격 + 명사
 그 나라는 면적이 한국의 5배나 된다
 The country is *five times* the size of Korea. / 그는 너의 배의 급료를 받고 있다 He gets *twice* your salary.
2. …의 ×배의(책·돈 따위)
 ×times as many〔much〕+ 복수명사〔단수명사〕+ as…
 그녀는 나의 배나 되는 책을 갖고 있다
 She has *twice as many* books *as* I do. / 너는 적어도 나의 3배의 돈을 갖고 있다 You have at least *three times as much* money *as* I do.
3. …의 몇배〔몇십배〕나(빠른, 되는) …
 many times〔dozens of times〕as + 형용사〔부사〕+as… ; many times〔dozens of times〕as much + 단수명사 + as…
 그녀는 나보다 몇배나 빠르게 헤엄칠 수 있다 She can swim *many times as* fast *as* I can. / 한국은 지금 20년전의 몇십배나 되는 기름을 소비하고 있다 Korea consumes *dozens of times as much* oil *as* she did 20 years ago.
4. …의 절반의(크기, 길이, 돈, 책 따위)
 half as + 형용사〔부사〕+ as… ; half as many〔much〕+ 복수명사〔단수명사〕+ as…
 이 정원은 저것의 약 절반 크기이다
 This garden is about *half as* large *as* that.

사[1] 《단춧구멍의》 a buttonhole stitch. ☞ 사뜨다.
사[2] 〖樂〗 G; sol 《이》.
사(巳) the zodiacal sign of the snake.
사(四) four; the fourth (제 4). ‖ ～차원 the fourth dimension.
사(私) privateness; privacy; self (자기); self-interest (사리). ¶ ～가 있는 selfish; self-interested / ～가 없는 unselfish; disinterested.
사(邪) 《부정》 wrong; injustice; unrighteousness; 《사악》 evil; vice.
사(社) 《회사》 a company; a corporation 《美》; a firm.
사(紗) (silk) gauze; gossamer.
…사(史) history. ¶ 국〔세계〕～ Korean 〔world〕 history.
…사(辭) an address; a message. ¶ 환영～ an address of welcome.
사가(史家) a historian.
사가(私家) a private residence (집); *one's* (private) home(가정).

사각(四角) a square. ¶ ～의 four-cornered; square. ‖ ～형 a quadrilateral; a tetragon.
사각(死角) the dead angle 〔ground〕.
사각(射角) an angle of fire.
사각(斜角) 〖數〗 an oblique angle.
사각사각 ¶ ～ 먹다 munch; crunch.
사감(私憾) a personal spite 〔grudge, resentment〕; a bitter feeling; malice.
사감(舍監) a dormitory inspector 〔superintendent, dean〕; 《여자》 a house mistress; a dormitory matron.
사개 a dovetail (joint).
사거리(四—) a crossroads; a crossing.
사거리(射距離) a range.
사건(事件) an event; an incident; a happening; 《일》 an affair; a matter; 《법률상의》 a case. ¶ 생사가 걸린～ a matter of life and death / 역사상 획기적인 ～ the epoch-making events of history / ～을 흐지부지 해버리다 hush 〔cover〕 up an affair / ～을 떠맡다 take up a case in hand. ‖ ～기자 a news reporter on the police beat / 간통～ an adultery scandal.
사격(射擊) firing; shooting. ～하다 shoot; fire at. ‖ ～대회 a shooting match / ～술 marksmanship / ～ 연습 shooting practice / ～장 a firing range / ～전 a gun battle; a fire fight (～전을 벌이다 fight a gun battle 《*with*》; exchange fire 〔shots〕 《*with*》).
사견(私見) *one's* personal 〔private〕 opinion 〔view〕. ¶ ～으로는 in my opinion.
사경(死境) a deadly situation; the brink of death; 《궁경》 a sad plight. ¶ ～을 헤매다 hover 〔hang〕 between life and death / ～을 벗어나다 escape from the jaws of death.
사경제(私經濟) 《경제》 private 〔individual〕 economy.
사계(四季) 《사철》 the four seasons.
사계(斯界) this circle 〔world, field〕; the line; the subject. ¶ ～의 권위 an authority on the subject; an expert in the line.
사고(社告) an announcement 〔a notice〕 of a company.
사고(事故) an incident(예측 못한); an accident; 《고장》 a hitch; a trouble. ¶ ～로 죽다 be killed in an accident / ～를 일으키다 cause an accident. ‖ ～다발지점 a 〔an accident〕 black spot / ～뭉치 a trouble maker / ～방지운동 a "Safety First" movement / ～사 an accidental death / 철도〔교통〕 ～ a railway 〔traffic〕 accident.
사고(思考) thought; consideration. ～하다 think; consider; regard 《*a thing*》 as. ‖ ～력 ability to think; thinking power / ～방식 a way of thinking.
사고무친(四顧無親) ～하다 have no one to turn to for help; be without kith and kin.
사공(沙工) a boatman; a ferryman.
사과(沙果) an apple. ‖ ～나무 an apple tree / ～산(酸) malic acid / ～술 cider; apple wine.
사과(謝過) an apology. ～하다 apologize 《*for*》; make 〔offer〕 an apology; beg *one's* pardon. ‖ ～문〔장〕 a written apology; a letter of apology.
사관(士官) an officer. ¶ 육군〔해군〕～ a military 〔naval〕 officer. ‖ ～학교 a military academy / ～후보생 a cadet.
사관(史觀) a historical view.
사교(邪敎) a heretical 〔false〕 religion. ‖ ～도 a heretic.
사교(社交) social relationships; society. ¶ ～적인 sociable / ～상의 social. ‖ ～가 a sociable person; a good mixer 《美口》 / ～계 fashionable society 〔circles〕 (～계의 여왕 the queen 〔belle〕 of

society) / ～성 sociability / ～술 the art of socializing / ～춤 a social dance.
사구(四球) 〖野〗《give》 four balls; walk. ¶ ～로 나가다 walk.
사구(死球) 〖野〗 a pitch which hits the batter.
사구(砂丘) a sandhill; a dune.
사군자(四君子) 〖美術〗 the Four Gracious Plants(=plum, orchid, chrysanthemum and bamboo).
사권(私權) 〖法〗 a private right.
사귀(邪鬼) an evil spirit; a devil.
사귀다 make friends 《*with*》; associate〔keep company〕 with; mix with; go around〔about〕 with. ¶ 좋은〔나쁜〕 친구와 ～ keep good〔bad〕 company / …와 친하게 ～ be on friendly terms with; get along with 《*a person*》.
사귐성(一性) affability; sociability. ¶ ～있는 sociable; congenial.
사그라지다 go down; subside; decompose(썩어); melt away (녹아서); be resolved (종기 등이).
사극(史劇) a historical play〔drama〕.
사근사근하다 《성질이》 (be) amiable; affable; pleasant; 《먹기에》 (be) crisp; fresh.
사글세(一貰) monthly rent〔rental〕. ‖ ～방 a rented room / 사글셋집 a rented house.
사금(砂金) gold dust; alluvial gold. ‖ ～채집 alluvial mining.
사금융(私金融) private loan.
사금파리 a piece of broken glass〔ceramics〕.
사기(士氣) morale; fighting spirit. ¶ ～가 떨어지다 be demoralized / ～를 고무하다 raise the morale / ～왕성하다 have high morale.
사기(史記) a historical book〔work〕; a chronicle.
사기(沙器) chinaware; porcelain.
사기(詐欺) (a) fraud; fraudulence; a swindle. ～하다〔치다〕 swindle; commit a fraud. ¶ ～를 당하다 get〔be〕 swindled. ‖ ～꾼 a swindler; an impostor / ～혐의자 a fraudulence suspect.
사기업(私企業) a private enterprise; an individual enterprise.
사나이 ① 《남자》 a man; a male. ② 《남성》 manhood; the male sex. ③ 《사내다움》 manliness. ¶ ～다운 manly; manlike; manful / ～답게 like a man; in a manly manner.
사날[1] three or four days; several days.
사날[2] ¶ ～ 좋다 be self-indulgent; be arbitrary; have *one's* own way / ～ 좋게 as *one* pleases〔likes〕; arbitrarily.
사납금(社納金) 《택시 기사의》 money which taxi drivers have to turn over to the company out of their daily earning.
사납다 (be) fierce; wild; violent; rude; rough; ferocious; 《운수가》 (be) unlucky. ¶ 사나운 짐승 a wild animal; a fierce beast / 사납게 생긴 rough-〔fierce-〕looking.
사낭(砂囊) a sandbag; 《날짐승의》 a gizzard.
사내 ① ☞ 사나이. ‖ ～아이 a boy / ～종 a man servant. ② 《남편》 a husband.
사내(社內) ¶ ～의〔에〕 in the firm〔office〕. ‖ ～결혼 an intra-office marriage / ～보(報) a house organ〔journal〕 / ～연수(硏修) in-house training / ～유보 internal reserves.
사냥 hunting; a hunt. ～하다 hunt; shoot. ¶ 여우～ fox hunting / ～가다 go hunting. ‖ ～감 game; a game animal / ～개 a hound; a hunting dog / ～꾼 a hunter / ～터 a hunting ground.
사념(邪念) an evil thought〔mind, desire〕.
사농공상(士農工商) the traditional Four Classes of society (*i.e.* aristocrats, farmers, artisans and tradesmen).
사다 ① 《구매》 buy; purchase. ¶ 싸게〔비싸게〕 ～ buy cheap〔dear〕; make a good〔bad〕 bargain / 외상〔현금〕으로 ～ buy 《*a thing*》 on credit〔for cash〕. ② 《가져오다》 incur; invite; bring 《*upon*》 / 환심을 ～ win〔gain〕 *a person's* favor / 미움을 ～ incur hatred. ③ 《인정하다》 appreciate 《*a person's effort*》; think highly of 《*a person's ability*》.
사다리 ☞ 사닥다리. ‖ ～꼴 〖數〗 a trapezoid / ～소방차 a fire engine with ladder; a hook-and-ladder truck.
사다새 〖鳥〗 a pelican.
사닥다리 《climb, go up》 a ladder; 《소방용》 an extension ladder. ¶ ～를 놓다 place〔set up〕 a ladder 《*against*》.
사단(社團) a corporation. ‖ ～법인 a corporation; a corporate body.
사단(事端) 《발단》 the origin〔cause〕 of an affair; the beginning. ¶ ～을 일으키다 stir up troubles.
사단(師團) a〔an army〕 division. ‖ ～사령부 the division(al) headquarters(생략 D.H.Q.) / ～장 a division(al) commander.
사담(私談) a private talk. ～하다 have a private talk with.
사당(私黨) a faction; a private party.
사당(祠堂) a shrine; a sanctuary.
사대(事大) ‖ ～근성 slavish sub-

mission to power / ～사상〔주의〕 flunkeyism; toadyism / ～주의자 a toady; a flunkey. 「birth.
사대부(士大夫) a man of a high
사도(私道) a private road〔path〕.
사도(邪道) an evil way〔course〕; vice.
사도(使徒) an apostle《*of peace*》. ‖ ～행전 〖聖〗the Acts of the Apostles / 십이(十二)～ the (Twelve) Apostles.
사도(斯道) the subject; the line(방면); the art(기술). ¶ ～의 대가 an authority in the line; a master of the art.
사돈(査頓) a member of the family of *one's* daughter-〔son-〕in-law; in-laws《美口》. ¶ ～의 팔촌 distant relatives. ‖ ～집 the house of in-laws.
사동(使童) an office〔errand〕boy.
사두마차(四頭馬車) a coach-and-four; a four-horse coach.
사들이다 lay in《*goods*》; stock《*a shop with goods*》; purchase.
사디스트 a sadist.
사디즘 sadism. 「cross-stitch.
사뜨다 buttonhole; hemstitch;
사라사 printed cotton; chintz; calico《美》; print.

사라지다 vanish; disappear; fade away; go out of sight;《소멸》die away〔out〕. ¶ 어둠 속으로 ～ disappear in the darkness / 연기처럼 ～ vanish like smoke.
사람 ①《인류》man(kind);《개인》a man; a person; a human being. ¶ 김이라는 ～ a man called Kim; a Mr. Kim / ～의 떼 a crowd; a throng / ～의 일생 a human life / ～을 보내다 send a messenger / ～은 만물의 영장 Man is the soul of the universe. ②《인재》a man of talent; a capable man;《성격·인물》character; nature; personality. ¶ ～이 좋은〔나쁜〕good-〔ill-〕natured / ～을 잘〔잘못〕보다 be a good〔bad〕judge of character / ～ 구실을 하다 worth *one's* salt / ～들 앞에서 울다 cry in the presence of others.
사람답다 (be) truly human; decent; modest.
사람멀미하다 feel sick from the jostling of a crowd.
사랑 love; affection; attachment(애착); tender passion. ～하다 love; be fond of; be attached to. ¶ ～하는 beloved; dear / ～스러운 lovable; lovely / 정신적 ～ platonic love / 불의의 ～ illicit love / ～하는 이 *one's* sweetheart; a lover(남자); a love(여자) / ～의 보금자리 a love nest / ～의 표시 a love token; a token of affection / ～에 번민하다 be lovesick〔lovelorn〕/ ～을 고백하다 confess *one's* love《*to*》/ ～에 빠지다 fall in love《*with*》. ‖ ～싸움 a matrimonial〔love〕quarrel.
사랑(舍廊) a detached room used as man's quarters. ‖ ～양반 your husband / ～채 a detached 「house.
사랑니 a wisdom tooth.
사래질 winnowing. ～하다 winnow.
사레 ¶ ～ 들리다 swallow the wrong way; be choked《*by, with*》.
사려(思慮) thought; consideration; discretion; sense; prudence(분별). ¶ ～ 깊은 thoughtful; prudent; discreet; sensible.
사력(死力) ¶ ～을 다하다 make desperate〔frantic〕efforts.
사력(社歷)《회사의》the history of a company;《개인의》*one's* career with〔in〕a company.
사련(邪戀) illicit〔immoral〕love.
사령(司令) command. ‖ ～관 a commander; a commandant / ～부 the headquarters / ～선 a command module(우주선의) / ～탑 a conning tower / 연합군 최고 ～관 the Supreme Commander for the Allied Powers (생략 SCAP).
사령(辭令) ①《응대의 말》diction; wording. ¶ 외교 ～ diplomatic language. ②《사령장》a written appointment〔order〕.
사례(事例) an instance; an example; a case; a precedent(선례). ‖ ～연구 a case study.
사례(謝禮)《감사》thanks;《보수》a remuneration. ～하다 reward; remunerate; recompense《*a person for*》; pay a fee. ‖ ～금 a reward; a recompense.
사로자다 have a restless sleep.
사로잠그다 lock〔bolt〕《*a door*》halfway.
사로잡다 catch《*an animal*》alive; capture〔take〕《*a person*》prisoner(생포);《매혹》captivate; charm.
사로잡히다 be captured (alive); be taken prisoner;《매혹》be captivated;《얽매이다》be seized with《*fear*》; be a slave of《*honor and gain*》. 「tise〕.
사론(史論) a historical essay〔trea-
사론(私論) *one's* personal opinion.
사뢰다 tell; relate; inform; report《*to a high personage*》.
사료(史料) historical materials.
사료(思料) ～하다 consider; regard.
사료(飼料) fodder; feed; forage.
사륙배판(四六倍判) a large octavo.
사륙판(四六判) duodecimo; 12mo.
사르다[1]《불을》set fire《*to*》; make a fire;《피우다》kindle; burn(태우다); set《*a thing*》on fire.

사르다² 《곡식을》 winnow.
사르르 gently; lightly; softly.
사리 《국수·새끼 등의》 a coil.
사리(私利) *one's* own interest; self-interest; personal gain〔profit〕. ¶ ～를 꾀하다 look after *one's* own interests.
사리(舍利) *sarira* 《梵》; ashes(화장한). ‖ ～탑 a *sarira* stupa / ～함 a *sarira* casket.
사리(事理) reason. ¶ ～에 닿다 stand to reason; be reasonable; be logical / ～에 밝다 be sensible; have good sense.
사리다 ① 《말다》 coil (up); wind 《*rope*, etc.》 round. ② 《몸을 아끼다》 spare *oneself;* take care to *oneself;* shrink from danger.
사린(四隣) the surrounding countries; the whole neighborhood.
사립(私立) ¶ ～의 private. ‖ ～탐정 a private detective / ～학교〔대학〕 a private school〔college, university〕.
사립문(一門) a gate made of twigs.
사마귀 a mole; 《무사마귀》 a wart.
사막(沙漠) a desert. ¶ 사하라～ the Sahara (Desert). ‖ ～화 desertification.
사망(死亡) death; decease. ～하다 die; pass away. ‖ ～률 mortality; the death rate / ～신고서 a notice of death / ～자 the dead; the deceased / ～자 명단 a death roll〔list〕/ ～진단서 a certificate of death / ～추정시각 the estimated time of death.
사면(四面) the four sides; all directions. ¶ ～팔방에 on all sides. ‖ ～체 a tetrahedron.
사면(赦免) (a) pardon; (an) amnesty(대사). ～하다 pardon; remit 《*a punishment*》; let 《*somebody*》 off 《*a penalty*》; discharge. ¶ 일반～ a general pardon / 특별～ a particular pardon; a special amnesty.
사면(斜面) a slope; a slant; an inclined plane. ¶ 급〔완〕～ a steep〔an easy〕 slope.
사면(辭免) ～하다 resign; retire from office.
사면초가(四面楚歌) ¶ ～이다 be surrounded by foes (on all sides); be forsaken by everybody.
사멸(死滅) ～하다 die out; become extinct; be annihilated; perish.
사명(社命) an order of the company.
사명(使命) a mission. ¶ ～을 띠다 be entrusted with a mission. ‖ ～감 a sense of mission.
사모(思慕) ～하다 be attached to; long for; yearn after.
사모(師母) *one's* teacher's wife. ‖ ～님 Madam; Mrs.
사무(事務) business; affairs; office〔clerical〕 work. ¶ ～적인 businesslike; practical / ～적으로 in a businesslike manner; perfunctorily / ～를 보다 attend to *one's* business〔official duties〕; do office work / ～를 처리하다 manage〔execute〕 the business / ～에 쫓기다 be pressed〔kept busy〕 with business. ‖ ～관 a secretary; an administrative official / ～관리 office administration / ～당국 the authorities in charge / ～소 an office / ～실 an office (room) / ～용품 office supplies; stationery / ～원〔직원〕 a clerk; an office worker / ～인계 taking over the work〔the management of an office〕 《*from one's predecessor*》 / ～장 a head official / ～차관 an undersecretary 《美》 / ～총장 a secretary-general.
사무자동화(事務自動化) office automation. ‖ ～기기 the office automated machine.
사무치다 touch the heart deeply; sink deeply into *one's* mind; penetrate 《*through*》; pierce. ¶ 원한이 골수에 사무쳤다 Resentment has stung〔cut, hurt〕 me to the quick.
사문(死文) ¶ ～화되다 proved (to be) a dead letter.
사문(沙門) 《중》 a Buddhist monk.
사문(査問) inquiry; inquisition. ～하다 interrogate; examine; inquire 《*into a matter*》. ‖ ～위원회 an inquiry committee.
사문서(私文書) a private document. ‖ ～위조 forgery of a private document.
사문석(蛇紋石) 〖鑛〗 serpentine; ophite(사문 대리석).
사물(死物) a dead〔lifeless〕 thing; an inanimate object.
사물(私物) *one's* private thing; personal effects.
사물(事物) things; affairs. ¶ 한국의 ～ things Korean.
사물놀이(四物—) the (Korean) traditional percussion quartet; *Samulnori*.
사뭇 《몹시》 very much; quite; 《거리낌없이》 as *one* pleases〔likes〕; willfully.
사바사바하다 bribe〔buy off〕 an official.
사바세계(娑婆世界) *Sabha* 《梵》; this world; the world of suffering. ¶ ～의 earthly; worldly; mundane.
사박거리다 crunch softly.
사박스럽다 (be) rude; rough.
사반(四半) a quarter; one fourth. ‖ ～기 a quarter / ～세기 a quarter of a century.
사반(死斑) a death spot.

사발(沙鉢) a (porcelain) bowl. ¶ ～농사하다 live as a beggar. ‖ ～시계 a bowl-shaped clock.
사방(四方) four sides; all directions〔quarters〕. ¶ ～에〔으로〕on all sides; on every side; in all directions; all round / ～ 2피트 two feet square / 삼지 ～으로 in all directions; far and wide.
사방(砂防) erosion control; sand-bank fixing. ‖ ～공사 sand arrestation work; sand guards.
사방침(四方枕) an armrest; an elbow rest. 「의 rhombic.
사방형(斜方形) a rhomb(us). ¶ ～
사배(四倍) four times; quadruple. ～하다 multiply by four; quadruple. ¶ ～의 fourfold.
사범(事犯) an offense; a crime. ¶ 경제～ an economic offense / 선거～ election illegalities.
사범(師範) a teacher; a master; a coach. ‖ ～대학 a college of education / ～학교 a normal school / 검도～ a fencing master.
사법(司法) administration of justice; the judicature. ¶ ～의 judicial; judiciary. ‖ ～경찰 the judicial police / ～관 a judicial officer〔official〕/ ～관 시보 a probationary judicial officer / ～권 judicial power〔rights〕/ ～당국 the judiciary (authorities) / ～연수생 a judicial apprentice / ～연수원 the Judicial Research and Training Institute / ～제도 the judicial system / ～행정 judicial administration / 국제～재판소 the International Court of Justice.
사법(死法) a dead law.
사법(私法) 〖法〗 private law.
사법시험(司法試驗) a judicial examination; the State Law Examination.
사변(四邊) ‖ ～형 a quadrilateral.
사변(事變) an incident; a trouble; a disturbance.
사변(思辨) speculation. ～하다 speculate《*about, on*》.
사변(斜邊) ☞ 빗변.
사별(死別) ～하다 be bereaved of 《*a son*》; lose《*one's husband*》.
사병(士兵) a soldier; an enlisted man《美》; the rank and file.
사보타주 sabotage. ～하다 go on a sabotage; go slow.
사복(私服) plain〔civilian〕clothes. ‖ ～형사〔경찰관〕 a plainclothes man〔policeman〕.
사복(私腹) ¶ ～을 채우다 fill *one's* own pocket; enrich *oneself*.
사본(寫本) a copy; a manuscript; a duplicate(부본). ¶ ～을 만들다 (make a) copy.
사부(四部) ‖ ～작 a tetralogy / ～합주 a quartet / ～합창 a chorus in four parts.
사부(師父) 《스승》 a fatherly master; an esteemed teacher.
사분(四分) ～하다 divide in four; quarter. ¶ ～의 일 one fourth; a quarter. ‖ ～면 〖數〗 a quadrant / ～음표 〖樂〗 a quarter note 《美》; a crotchet《英》. 「amiable.
사분사분하다 (be) kindly; gentle;
사분오열(四分五裂) ～하다 be torn apart〔asunder, into pieces〕; be disrupted; become totally disorganized.
사비(私費) private expenses. ¶ ～로 at *one's* own expense〔cost〕; at private expense.
사뿐사뿐 softly; lightly.
사사(私事) personal affairs; private matters.
사사(師事) ～하다 become *a person's* pupil; study《*under*》.
사사건건(事事件件) in everything; each and every event〔matter, case, affair〕.
사사롭다(私私—) (be) personal; private. ¶ 사사로이 personally; privately; in private.
사사오입(四捨五入) ～하다 round《*a number to*》; raise《*to a unit*》.
사산(死産) a stillbirth. ～하다 give birth to a dead child.
사살(射殺) ～하다 shoot《*a person*》 dead〔to death〕.
사상(史上) in history. ¶ ～ 유례가 없는 unparalleled in history.
사상(死傷) ¶ ～자 the killed and wounded; the dead and injured; casualties.
사상(思想) thought; an idea. ¶ 근대～ modern thought / 신～ a new idea / 자유 ～ liberal thought / 정치～ political ideas / 진보〔혁명〕～ a progressive〔revolutionary〕idea. ‖ ～가 a (great) thinker / ～범 political offense; a political offender(사람) / ～전 ideological warfare.
사상(絲狀) ¶ ～의 filiform; thready / ～균 a filamentous fungus.
사색(四色) 《빛깔》 four color; 〖史〗 the Four Factions (of the *Yi* Dynasty). ‖ ～당쟁 strife among the Four Factions. 「look.
사색(死色) deadly〔ghastly〕pale
사색(思索) thinking; contemplation; meditation. ～하다 think; contemplate; speculate. ¶ ～적인 speculative; meditative / ～에 잠기다 be given to speculation; be lost in meditation. ‖ ～가 a thinker.
사생(死生) life and〔or〕 death. ¶ ～결단하고 at the risk of *one's* life.

사생(寫生) sketching; a sketch(작품). ~하다 sketch; sketch from nature〔life〕. ‖ ~대회 a sketch contest.
사생아(私生兒) an illegitimate child; 《경멸적》 a bastard. ¶ ~로 태어나다 be of illegitimate birth; be born out of wedlock.
사생활(私生活) *one's* private life. ¶ ~에 참견하다 dig〔nose〕into 《*a person's*》 private life.
사서(四書) ‖ ~삼경(三經) the Four Books and the Three Classics.
사서(司書) a librarian.
사서(史書) a history book.
사서(私書) a private document; 《사신》 a private letter. ‖ ~함 a post-office box(생략 P.O.B.).
사서(辭書) ☞ 사전(辭典).
사석(私席) an unofficial〔an informal, a private〕occasion. ¶ ~에서 at a private meeting.
사선(死線) 《죽을 고비》 a life-or-death crisis. ¶ ~을 넘다 survive a life-or-death crisis.
사선(射線) 《탄도》 a trajectory; 《사격선》 firing line.
사선(斜線) an oblique line.
사설(私設) ¶ ~의 private 《*railway*》.
사설(邪說) a heretical doctrine.
사설(社說) an editorial (article); a leading article 《英》. ‖ ~란 the editorial column.
사성(四聖) the four greatest sages of the world.
사세(社勢) the influence〔strength〕of a company. ¶ ~를 확장하다 extend〔broaden〕the strength of a company.
사세(事勢) the situation; the state of things〔affairs〕. ¶ ~부득이 unavoidably; out of sheer necessity.
사소(些少) ¶ ~한 trifling; trivial; small; slight / ~한 일 a (mere) trifle; a trifling matter; a little thing; (a) triviality.
사수(死守) ~하다 defend 《*a position*》 to the death〔last〕; maintain desperately.
사수(射手) a shooter; a marksman; a gunner(포수). ¶ 명~ a crack〔master〕shot.
사숙(私淑) ~하다 adore 《*a person*》 in *one's* heart; take 《*a person*》 for a model.
사숙(私塾) a private school.
사순절(四旬節) 〖基〗 Lent.
사슬 a chain. ¶ ~을 벗기다 unchain; undo the chain / ~로 매다 chain 《*a dog*》 / ~에 매인 개 a dog on a chain. ‖ ~고리 a link.
사슴 a deer; a stag (수컷); a hind (암컷). ‖ ~가죽 deer skin / ~고기 venison / ~뿔 an antler / ~사육장 a deer garden.
사시(四時) the four seasons. ¶ ~내내 all the year round; throughout the year.
사시(斜視) a squint; 〖醫〗 strabismus. ¶ ~의 squint-〔cross-〕eyed / ~이다 be squint-eyed. ‖ ~수술 〖醫〗 strabotomy / 내〔외〕~ cross-eyed〔wall-eyed〕 strabismus.
사시나무 〖植〗 a poplar; an aspen. ¶ ~ 떨듯하다 tremble like an aspen leaf.
사시장춘(四時長春) 《늘 봄》 everlasting spring; 《늘 잘 지냄》 an easy life; a comfortable living.
사식(私食) food privately offered to a prisoner.
사신(私信) a private letter〔message〕.
사신(使臣) an envoy; an ambassador. ¶ ~을 파견하다 dispatch an envoy 《*to*》.
사실(史實) a historical fact.
사실(私室) a private room.
사실(事實) a fact; the truth(진실); a reality(현실); the case(실정). ¶ ~상 in fact; actually; really; as a matter of fact / ~상의 actual; virtual; practical / ~무근의 unfounded; groundless / 움직일 수 없는 ~ an established〔accomplished〕 fact / ~에 반하다 be contrary to the fact / ~을 왜곡하다 falsify the facts; pervert the truth / ~ 그대로 말하다 tell the whole truth; tell it like it is. ‖ ~오인 〖法〗 a mistake of fact / ~조사 fact-finding 《美》.

사실(寫實) ¶ ~적(으로) realistic(-ally); graphic(ally). ‖ ~주의 realism / ~주의자 a realist.
사심(私心) selfishness; self-interest; a selfish motive. ¶ ~이 없는 unselfish; disinterested.
사심(邪心) evil mind; malicious intention.
사십(四十) forty. ¶ 제~ the fortieth / ~대의 사람 a person in his forties. ‖ ~견(肩) shoulder pain *one* often suffers from around forty years of age.
사십구재(四十九齋) the memorial services on the forty-ninth day after 《*a person's*》 death.
사악(邪惡) wickedness; evil; vice. ¶ ~한 wicked; vicious; evil / ~한 사람 a wicked man.
사안(私案) *one's* private plan.
사암(砂岩) 〖地〗 sandstone.
사약(賜藥) ¶ ~을 내리다 bestow poison upon 《*a person*》 as a death penalty.
사양(斜陽) 《be in》 the setting sun. ‖ ~산업 a declining industry / ~족(族) the new poor; the declining upper class.
사양(辭讓) ~하다 decline; excuse

oneself《from》; refrain〔keep〕 from; stand on ceremony. ¶ ~하지 않고 freely; unreservedly; without reserve.

사어(死語) a dead language; an obsolete word.

사업(事業)《일》work; a task;《기업》an enterprise; an undertaking; a project;《상업·실업》business; an industry(산업). ¶ 국가적 ~ a state〔national〕 undertaking / ~을 하다 run〔carry on〕 a business; engage in business / ~을 시작하다 start an enterprise / ~에 성공〔실패〕하다 succeed〔fail〕 in business / 교육 ~ educational work / 정부〔민간〕~ a government〔private〕 enterprise. ‖ ~가 an entrepreneur(기업가); an industrialist(경영자); a businessman(실업가) / ~비 working expense / ~소득 an income from an enterprise / ~소득세 the business tax / ~연도 a business year / ~자금 business funds / ~채(債) industrial bonds.

사에이치클럽(四—)《a member of》 a Four-H〔4-H〕 club.

사역(使役) ~하다 set《somebody》 to work《on》; use; employ. ‖ ~동사 〖文〗 a causative verb.

사연(事緣) the origin and circumstances of a matter〔case〕; the (full) story; matters (as they stand). ¶ 어찌 된 ~이냐 What's the story? / ~은 이러하다 This is how it is. 「the gist.

사연(辭緣) contents (of a letter);

사열(四列) four lines〔rows〕. ¶ ~로 행진하다 go〔march〕 by fours.

사열(査閱) inspection. ~하다 inspect; examine. ‖ ~관 an examiner; an inspector; an inspecting officer / ~식《hold》a military review; a parade.

사염화(四塩化) ‖ ~물 〖化〗 tetrachloride. 「vately.

사영(私營) ~하다 run〔operate〕 pri-

사영(射影) 〖數〗 projection. 「pany).

사옥(社屋) the building (of a com-

사욕(沙浴) a (hot) sand bath.

사욕(私慾) self-interest. ¶ ~있는 selfish / ~없는 unselfish / ~을 채우다 satisfy *one's* selfish desires.

사욕(邪慾) an evil passion; a carnal〔wicked, vicious〕 desire.

사용(私用) private〔personal〕 use; 《on》 private〔personal〕 business (용무). ~하다 turn to private use; appropriate to *oneself*. ¶ ~ 전화는 삼가하여 주시오 Please refrain from using the telephone for private business.

사용(使用) use; employment. ~하다 use; make use of(이용); employ; apply. ¶ ~을 제한하다 limit the use《of》/ ~ 가능한 usable; available; workable. ‖ ~권 the right to use《something》/ ~료 a rental fee / ~법 how to use; directions for use / ~인 an employee; a hired person《美》/ ~자 a user; an employer(고용주); a consumer (소비자). 「business.

사용(社用) ¶ ~으로 on (company)

사우(社友) a colleague; a friend of a firm.

사우나 ¶ ~탕 a sauna (bath).

사우디아라비아 Saudi Arabia. ¶ ~의 Saudi Arabian. ‖ ~사람 a Saudi; a Saudi Arabian.

사우스포 〖野〗 a southpaw.

사운(社運) ¶ ~을 걸다 stake the fate〔future〕 of a company on 《*a project*》. 「box.

사운드 sound. ‖ ~박스 a sound

사원(寺院) a (Buddhist) temple.

사원(私怨) a personal〔private〕 grudge〔spite, enmity〕. ¶ ~을 품다 have a grudge against《*a person*》/ ~을 풀다 satisfy *one's* grudge.

사원(社員) a staff member; an employee《*of a company*》; the staff(총칭). ¶ ~이 되다 join the staff《*of a company*》/ 그는 이 회사의 ~이다 He is on the staff of this company. *or* He works for this company. ‖ ~식당 the staff canteen / 신입〔퇴직〕~ an incoming〔outgoing〕 employee / 임시 ~ a temporary employee.

사월(四月) April.

사위 a son-in-law. ‖ 사윗감 a suitable person for a son-in-law. 「ing.

사위다 burn up; burn to noth-

사위스럽다 (be) abominable; loathsome; abhorrent; ominous.

사유(私有) ¶ ~의 private(-owned). ‖ ~물〔재산, 지〕 private possessions〔property, land〕.

사유(事由) a reason; a cause; a ground; conditions. ¶ 다음과 같은 ~로 for the reason(s) given below.

사유(思惟) thinking. ~하다 think; speculate; consider.

사육(飼育) raising; breeding. ~하다 raise; rear; breed; keep 《*animals*》 in captivity. ‖ ~자 a breeder; a raiser / ~장 a (cattle-)breeding farm.

사육제(謝肉祭) the carnival.

사은(謝恩) ‖ ~(대)매출 thank-you sales / ~회 a thank-you party; a testimonial dinner.

사의(私意) self-will; a selfish motive; *one's* own will.

사의(謝意)《감사》thanks; gratitude; appreciation. ¶ ～를 표하다 express *one's* gratitude.

사의(辭意) *one's* intention to resign. ¶ ～를 내비치다 hint at resignation / ～를 밝히다 reveal 〔make known〕 *one's* intention to resign.

사이 ①《거리》(a) distance;《간격》an interval;《공간》(a) space. ¶ ～에 between(둘의); among(셋 이상의); through(통하여); amidst (한 가운데) / 10미터 ～를 두고 at intervals of 10 meters / ～를 두다 leave a space《*for*》. ②《시간》an interval; time. ¶ ～에 in〔for〕《*a week*》; during《*the lesson*》; between(중간); while (…동안) / 외출한 ～에 while *one* is out / 어느 ～에 before *one* knows. ③《관계》relations; terms. ¶ 정다운 ～ harmonious relations / ～가 벌어지다 be estranged from each other / ～에 들다 mediate between《*two parties*》; act as go-between / ～를 가르다 separate; estrange / ～가 좋다〔나쁘다〕 be on good〔bad〕 terms《*with*》.

사이다 (a) soda pop. ‖ ～병 a pop bottle.

사이드카 a sidecar.

사이렌 a siren; a whistle. ¶ ～을 울리다 sound〔blow〕 a siren.

사이비(似而非)《형용사적으로》false; pseudo; sham; pretended; mock; make-believe. ‖ ～학자 a pretended scholar; a charlatan.

사이사이 ①《공간》spaces; intervals. ②《시간》(every) now and then.

사이언스 science.

사이언티스트 a scientist.

사이즈 size. ¶ ～가 (안) 맞다 be (out of) *one's* size / ～를 재다 take the size《*of*》.

사이참(―站)《휴식》a rest; an intermission; a break;《음식》a snack; a light meal between regular meals.

사이클 a cycle.

사이클로트론 〖理〗 cyclotron.

사이클링 cycling. ¶ ～ 가다 go cycling〔bike-riding〕.

사이펀 a syphon; a siphon.

사인(死因)《inquire into》the cause of《*a person's*》death.

사인(私人) ¶ ～의 자격으로 in *one's* private〔individual〕 capacity.

사인(私印) a private seal.

사인[1] 〖數〗 a sine(생략 sin).

사인[2] ①《부호·암호》a signal; a sign. ②《서명》a signature; an autograph. ～하다 sign; autograph. ¶ ～을 받다 get *a person's* autograph / ～ 좀 부탁합니다 Will you oblige me with your autograph? ‖ ～북 an autograph book.

사일로 〖農〗 a silo.

사임(辭任) resignation. ☞ 사직. ～하다 resign《*one's post*》.

사자(死者) a dead person; the deceased; the dead(총칭);《사고에 의한》fatalities; loss of life.

사자(使者) a messenger.

사자(獅子) a lion; a lioness (암컷).

사자(嗣子) an heir; an heiress 「(여자).

사자코(獅子―) a pug〔snub〕nose.

사자후(獅子吼)《열변》harangue; fiery eloquence. ¶ ～를 토하다 make an impassioned speech.

사장(死藏) ～하다 hoard; keep《*a thing*》idle; keep idle on stock.

사장(社長) the president《*of a company*》; a managing director《英》. ‖ ～실 the president's office / 부～ a vice-president.

사재(私財) private means〔funds, property〕. ¶ ～를 털어 out of *one's* own pocket〔purse〕; at *one's* own expense / ～를 투자하다 expend〔use〕 *one's* funds《*on*》.

사저(私邸) *one's* private residence.

사적(史的) historic(al). ¶ ～ 고찰 historical researches.

사적(史蹟) a historic spot〔site〕; a place of historic interest. ¶ ～이 많다 be rich in historic remains.

사적(史籍) historical books.

사적(私的) personal; private. ‖ ～감정 personal feeling / ～생활 *one's* private life.

사전(事前) ¶ ～에 before the fact; beforehand; in advance / ～에 알리다 inform《*a person*》in advance. ‖ ～검열 precensorship / ～선거운동 preelection campaign / ～통고 an advance〔a previous〕 notice / ～협의 prior consultation.

사전(辭典) a dictionary. ¶ 인명〔지명〕～ a biographical〔geographical〕 dictionary / ～을 찾다 look《*a word*》up in a dictionary; consult〔refer to〕 a dictionary. ‖ ～편집자 a lexicographer / ～학 lexicography.

사절(四折) ¶ ～의 fourfold; folded in four. ‖ ～판 a quarto edition.

사절(使節) an envoy; an ambassador; a delegate. ¶ ～로 가다 go on a《*trade*》mission《*to the U.S.*》. ‖ ～단 a《*military*》mission; a delegation / (방한) 문화 ～단 a cultural mission (to Korea).

사절(謝絶) refusal. ～하다 refuse; decline; turn down. ¶ 면회를 ～하다 decline to see a visitor / 외상 ～《게시》No credit allowed.

사정(司正) audit and inspection.

사정(私情) personal feelings〔re-

gard, sentiment〕. ¶ ～을 두다 be influenced by personal sentiment; be partial.
사정(事情) ①《처지·곡절》 circumstances; conditions; reasons; 《형세》 the state of things〔matters, affairs〕. ¶ 자세한 ～ the details; the whole circumstances / ～이 허락하는 한 as far as circumstances permit / 부득이한 ～이 있어 for some unavoidable reasons; under unavoidable circumstances. ‖ 식량～ food situation. ②《하소연》 ～하다 beg 《*a person's*》 consideration(s); ask a favor. ¶ ～ 없다 be merciless〔relentless〕.
사정(査定) assessment. ～하다 assess 《*one's property*》. ‖ ～가격 an assessed value〔price〕/ ～액 an assessed amount / 세액～ the assessment of taxes.
사정(射程) a range. ¶ ～안〔밖〕에 within〔out of〕 range. ‖ 유효～ the effective range.
사정(射精) ejaculation. ～하다 emit semen; ejaculate.
사제(司祭) a priest; a pastor. ‖ ～관 a parsonage.
사제(私製) ¶ ～의 private; unofficial. ‖ ～엽서 an unofficial postcard / ～품 privately made goods; an article of private manufacture.

사제(師弟) master and pupil; teacher and student. ‖ ～관계 the relation of〔between〕 teacher and student.
사조(思潮) the trend of thought; the drift of public opinion. ‖ 문예～ the trend of literature.
사족(四足) ¶ ～의 four-footed; quadruped / ～ 못쓰다 be spellbound; be crazy 《*about*》; be helplessly fond 《*of*》.
사족(蛇足) superfluity; redundancy. ¶ ～을 달다 make an unnecessary addition.
사죄(死罪) a capital offense.
사죄(赦罪) ～하다 pardon; remit 《*a punishment*》.
사죄(謝罪) apology. ～하다 apologize 《*to a person for*》; make an apology 《*for*》; express *one's* regret 《*for*》.
사주(四柱) ‖ ～쟁이 a fortuneteller / ～팔자 *one's* lot〔fate〕.
사주(社主) the proprietor 《*of a firm*》.
사주(使嗾) instigation. ～하다 instigate; incite; egg 《*a person*》 on 《*to do*》. ¶ …의 ～로 instigated by 《*a person*》; at 《*a person's*》 instigation.
사주(砂洲) a sand bar; a delta.
사중(四重) ‖ ～주〔창〕 a quartet(te).
사증(査證) a visa; a *visé*. ¶ 입국〔출국〕～ an entry〔exit〕 visa.
사지(四肢) the limbs; the legs and arms.
사지(死地) the jaws of death; a fatal position. ¶ ～로 들어가다〔를 벗어나다〕 go into〔escape from〕 the jaws of death.
사직(司直) the judicial authorities; the court. ¶ ～의 손이 뻗치다 the arm of the law reaches 《*sombody*》. ‖ ～당국 ＝사직(司直).
사직(社稷) the guardian deities of the State; 《국가》 the State.
사직(辭職) resignation. ～하다 resign; resign (from) *one's* office; step down from office. ¶ ～을 권고하다 advise〔urge〕 《*a person*》 to resign. ‖ ～원(을 내다) (tender, hand in) *one's* resignation / ～자 a resigner / 권고～ a resignation urged by *one's* senior.
사진(砂塵) dust.
사진(寫眞) a photograph; a photo; a picture; photography (사진술). ¶ ～을 찍다 (take a) photograph 《*of*》; have a picture taken (남이 찍어 주다) / ～을 인화(印畫)〔확대〕하다 print〔enlarge〕 a photograph / ～을 현상하다 develop a film / 컬러～ a color photograph〔picture〕/ 흑백～ a black and white photograph. ‖ ～관 a photo studio / ～기 a camera / ～모델 a photographic model / ～식자 photocomposition / ～식자기 a photocomposer / ～전송 facsimile / ～첩 an album / 반신～ a half-length photograph.
사차(四次) ¶ ～의 biquadratic 《*equation*》. ‖ ～원 the fourth dimension.
사차선도로(四車線道路) a four-lane road〔highway〕.
사찰(寺刹) ☞ 절.
사찰(査察) inspection. ～하다 inspect; make an inspection 《*of*》. ¶ 공중〔현지〕～ an aerial〔on-site〕 inspection / 세무～ tax investigation.
사창(私娼) 《업》 unlicensed prostitution; 《사람》 an unlicensed prostitute; a street-walker. ‖ ～굴 a house of ill fame; a brothel.
사채(私債) a personal debt〔loan〕; private liabilities. ‖ ～놀이 private loan business / ～시장 the private money market / ～업자 a private moneylender.
사채(社債) a corporate bond〔debenture〕. ‖ ～권(券) a debenture (certificate) / ～발행 debenture issue / ～상환 debenture redemption / 보증～ a guaranteed debenture / 장기〔단기〕～ a long-〔short-〕term debenture.
사천왕(四天王) the Four Devas.

사철(四一) the four seasons; seasons of the year; 《부사적》 throughout the year; all the year round.
사철(私鐵) 《사설 철도》 a private railway.
사철나무 〖植〗 a spindle tree.
사체(死體) ☞ 시체.
사초(莎草) ① ☞ 잔디. ② 《잔디입히기》 ～하다 turf〔sod〕 a tomb.
사촌(四寸) a (first) cousin. ‖ ～형 an elder cousin.
사춘기(思春期) adolescence; (the age of) puberty. ¶ ～의 pubescent; adolescent / ～의 남녀 boys and girls at puberty / ～에 달하다 attain〔reach〕 puberty.
사출(射出) ～하다 shoot out 《*flames*》; emit 《*light*》; fire 《*bullets*》; eject 《*the pilot*》. ‖ ～좌석 《항공》 an ejection seat.
사취(詐取) ～하다 obtain〔get〕 《*money*》 by fraud; swindle 《*money from*》; defraud 《*a person of a thing*》.
사치(奢侈) luxury; extravagance. ～하다 be extravagant 《*in food*》; indulge in luxury. ¶ ～스러운 luxurious; extravagant / ～에 빠지다 indulge in luxury; fall into luxurious habits. ‖ ～세 luxury tax / ～품 a luxury; a luxurious article / ～풍조 luxurious trends; extravagance tendency.
사칙(社則) the (company's) regulations.
사친회(師親會) a Parent-Teacher Association(생략 P. T. A.).
사칭(詐稱) false assumption. ～하다 assume another's〔a false〕 name. ¶ …라고 ～하여 under the feigned name of…. ‖ 학력～ a false statement of *one's* academic career.
사카린 〖化〗 saccharin.
사커 〖競〗 soccer; association football. ☞ 축구.
사타구니 the groin.
사탄 Satan; the devil.
사탕(砂糖) ① 《설탕》 sugar. ¶ 모～ lump〔cube〕 sugar / 얼음～ rock 〔sugar〕 candy. ‖ ～무 the white 〔sugar〕 beet / ～수수 the sugar cane. ② 《과자》 sweets; candy.
사탕발림(砂糖一) cajolery; flattery; honeyed words. ～하다 sweet-talk; sugar〔butter〕 (up); soft-soap; flatter; cajole; coax.
사태(沙汰) ① 《산의》 a landslip; a landslide; an avalanche(눈의). ② 《많음》 a flood; lots 《*of*》; a multitude 《*of*》. ¶ 사람～ a flood of overflowing people; crowds.
사태(事態) a situation; the state 〔position〕 of affairs〔things〕. ¶ 비상～ a state of emergency.
사택(私宅) a private residence.
사택(社宅) a company(-owned) house 《*for its employees*》.
사토(沙土) sandy soil.
사통(私通) 《밀통》 intimacy; illicit intercourse; (illicit) liaisons. ～하다 misconduct *oneself* with.
사통오달(四通五達) ～하다 run〔radiate, stretch〕 in all directions.
사퇴(辭退) ① 《사양》 declination 《美》; refusal. ～하다 decline 《*an offer*》; refuse to accept. ② 《사직》 resignation. ～하다 resign 《*one's post*》. ¶ 자진～ voluntary resignation.
사투(死鬪) a (life or) death struggle. ～하다 fight〔struggle〕 desperately.
사투리 a dialect; an accent; a provincialism.
사특(邪慝) ¶ ～한 wicked; vicious.
사파리 (a) safari.
사파이어 〖鑛〗 a sapphire.
사팔눈 a squint(-eye); cross-eyes. ¶ ～의 squint-〔cross-〕eyed.
사팔뜨기 a cross-〔squint-〕eyed person; a squinter.
사포(砂布) sandpaper.
사표(師表) a model; a pattern; an example; a paragon.
사표(辭表) a written resignation; a letter of resignation. ¶ ～를 제출하다 tender〔give in〕 *one's* resignation / ～를 반려〔철회〕하다 turn down〔withdraw〕 *one's* resignation.
사푼사푼 softly; lightly.

사프란 〖植〗 a saffron.
사필귀정(事必歸正) a matter of course; a corollary. ～하다 Right will prevail in the end. *or* Truth wins out in the long run.
사하다(赦一) pardon; forgive.
사하중(死荷重) the deadweight; the dead load 《*of a wagon*》.
사학(史學) history (as science); historical science. ‖ ～자 a historian.
사학(私學) a private school〔college, university〕.
사학(斯學) this study; this field; the subject. ¶ ～의 권위 an authority on the subject.
사할린 Sakhalin.
사항(事項) 《일》 matters; facts(사실); 《항목》 items; articles; particulars. ¶ 조사～ matters for investigation / 주요～ an essential particular; a main point.
사해(四海) the four seas; 《천하》 the whole world. ‖ ～동포 the brotherhood of mankind; universal fraternity.
사해(死海) the Dead Sea.
사행(射倖) speculation; adventure. ‖ ～심 a speculative〔gambling〕 spirit.
사향(麝香) musk. ‖ ～노루 a musk deer / ～수 musk water / ～초 a wild thyme.

사혈(瀉血) phlebotomy. ～하다 phlebotomize; bleed.
사형(死刑) death penalty〔sentence〕; capital punishment. ¶ ～에 처하다 put to death; execute; condemn to death. ‖～선고 sentence of death; a capital sentence / ～수 a criminal under sentence of death / ～장 the execution ground / ～집행인 an executioner.
사형(私刑) lynch; lynching. ¶ ～을 가하다 lynch 《*a person*》.
사형(舍兄) my elder〔big〕brother.
사화(士禍) the massacre〔purge〕of scholars; the calamity of the literati.
사화(史話) a historical tale〔story〕.
사화(私和) reconciliation. ～하다 become〔be〕reconciled 《*with*》.
사화산(死火山) an extinct volcano. 「an office boy〔girl〕.
사환(使喚) an errand boy; a boy;
사활(死活) life and death. ‖～문제 a matter of life and〔or〕death.
사회(司會) chairmanship. ～하다 preside at〔over〕《*a meeting*》; take the chair. ‖～봉 a gavel / ～자 the chairman; the toastmaster(연회의); the master〔mistress (여자)〕of ceremonies (생략 m.c., M.C.) (TV 등의).

사회(社會) a society; the world(세상); a community(지역사회). ¶ ～적인 social / 반～적인 antisocial / 이슬람～ Islamic society / ～적 지위가 있는 사람 a person in a public position / ～풍조〔동향〕에 따르다 go with the trend of society / ～에 나가다 go out into the world / 인간은 ～적 동물이다 Man is a social animal. / 원시〔봉건〕 ～ primitive〔feudal〕society / 일반～ the general public. ‖～개량〔도덕, 질서〕 social improve〔morality, order〕/ ～과학 social science / ～문제〔면〕 a social problem〔column, page(신문의)〕/ ～보장(제도) the social security (system) / ～복귀 rehabilitation in society〔the community〕(～복귀시키다 rehabilitate 《*a person*》 in society) / ～사업 social work〔service〕/ ～사업가 a social worker / ～상 social phenomenon / ～악〔불안〕 social evils〔unrest〕/ ～인 a member of society / ～장(葬) a public funeral / ～주의 socialism / ～통념 a socially accepted idea / ～학 sociology / ～학자 a sociologist.
사회간접자본(社會間接資本) 〖經〗 (the) social overhead capital(생략 SOC).
사회기강(社會紀綱) social discipline.
사회복지(社會福祉) social welfare. ¶ ～를 꾀하다 take a measure with a view to social welfare / ～를 증진하다 promote social welfare.
사회정화(社會淨化) social purification. ‖～운동 a social purification drive / ～위원회 the Social Reform Commission.
사회현상(社會現狀) a social phenomenon〔phase〕. 「ment.
사회환경(社會環境) social environ-
사후(死後) ¶ ～의 posthumous / ～에 after *one's* death; posthumously / ～세계 the world after death. ‖～강직 stiffening after death; *rigor mortis* 《라》.
사후(事後) ¶ ～의 after the fact; *ex post facto* 《라》/ ～에 after the fact; *post factum* 《라》. ‖～승낙 *ex post facto* approval〔consent〕. 「month).
사흗날 《3일》 the third (day of the
사흘 ①《세 날》 three days. ¶～째 the third day. ② ☞ 사흗날.
삭(朔) 《달》 a month.
삭감(削減) a cut; curtailment. ～하다 cut (down); curtail; slash; retrench. ¶ 예산의 ～ a budgetary cut〔cutback〕/ 경비를 ～하다 cut down expenses; curtail〔retrench〕expenditures.
삭과(蒴果) 〖植〗 a capsule.
삭다 ①《먹은 것이》 be digested; digest. ②《옷 따위가》 wear thin〔threadbare〕; 《부식되다》 get rotten; decay; rust. ③《종기가》 get resolved. ④《마음이》 calm down; be appeased〔alleviated〕; 《불이》 be burnt out. ⑤《익다》 acquire〔develop, absorb〕flavor; ferment(술 따위). ⑥《묽어지다》 become waterly; turn bad.
삭도(索道) a cableway; a ropeway.
삭막(索莫) ¶ ～한 dim (in *one's* memory); 《황야 등이》 dreary; bleak; desolate.
삭망(朔望) the first and fifteenth days of the lunar month.
삭발(削髮) ～하다 have *one's* hair cut.
삭월세(朔月貰) ☞ 사글세.
삭이다 《소화》 digest.
삭정이 dead twigs〔branches〕.
삭제(削除) ～하다 strike〔cross〕out; delete; cancel. ¶ 명부에서 ～하다 strike 《*a person's name*》 off the list. 「erase.
삭치다(削一) cancel; strike out;
삭탈관직(削奪官職) removing a government official from office. ～하다 deprive〔strip〕《*a person*》 of *his* office. 「ter.
삭풍(朔風) the north wind of win-
삭히다 digest(소화); make 《*something*》 ripe; mellow; (cause to)

ferment(발효); resolve (종기 등을).
샂 《요금》 charge; 《찻삯》 fare; 《운송》 carriage; freight; 《품삯》 wages; pay. ‖ ~전 wages; pay / ~품 wage labor.
삯바느질 needlework for pay.
산(山) a mountain; a hill(동산). ¶ ~이 많은 mountainous; hilly.
산(酸) an acid. ¶ ~의 acid.
…산(産) a product 《*of*》. ¶ 외국~ foreign-made / 외국〔국내〕~의 밀 foreign-〔home-〕grown wheat.
산가지(算—) primitive counting sticks; 《점치는》 a divining stick.
산간(山間) ¶ ~의〔에〕 among〔in〕 the mountains〔hills〕. ‖ ~벽지 a secluded place in the mountains.
산개(散開) 〖軍〗 deployment. ~하다 deploy; spread out. ¶ ~되어 있다 be dispersed 《*in the field*》 / ~시키다 get 《*the men*》 into open order.
산계(山系) 《줄기》 a mountain chain 「〔range, system〕.
산고(産苦) birth pangs; labor pains.
산골(山—) a mountain district; a 「secluded place.
산골짜기(山—) a ravine; a gorge.
산과(産科) obstetrics. ‖ ~병원〔병동〕 a maternity hospital〔ward〕 / ~의사 an obstetrician / ~학 obstetrics.
산광(散光) 〖理〗 scattered〔diffused〕 「light.
산금(産金) gold mining. ‖ ~량 gold output / ~지대 a gold field.
산기(産氣) labor pains; pangs of childbirth. ¶ ~가 돌다〔있다〕 begin labor; labor starts.
산기(産期) the expected time of 「delivery.
산기슭(山—) the foot〔base〕 of a mountain.
산길(山—) a mountain path.
산꼭대기(山—) the top〔summit〕 of a mountain; the mountaintop.
산나물(山—) wild edible greens.
산놓다(算—) calculate with sticks.
산더미(山—) a heap 《*of*》; a large pile 《*of*》. ¶ ~같이 쌓인 a mountain of; lots〔heaps〕 of.
산도(酸度) 〖化〗 acidity. ‖ ~계 an acidimeter / ~측정 acidimetry.
산돼지(山—) 〖動〗 a wild boar.
산들거리다 blow cool and gentle.
산들바람 a gentle〔light〕 breeze.
산들산들 gently; softly.
산등성이(山—) a (mountain) ridge.
산뜻하다 《선명》 (be) clear; fresh; vivid; bright; 《보기 좋다》 (be) neat; tidy; trim; clear; smart; nice. ¶ 산뜻한 옷 a neat dress.
산란(産卵) ~하다 lay egg(s); spawn (물고기가). ‖ ~기 a breeding season; spawning-time / ~장 a spawning ground / ~회유(回遊) spawning migration.
산란(散亂) ~하다 be scattered about; lie about in disorder. ¶ 마음이 ~해지다 be distracted.
산록(山麓) 《at》 the foot〔base〕 of a mountain.
산림(山林) a forest; woodlands. ¶ ~을 조성하다 afforest a mountain. ‖ ~보호 forest conservancy / ~업 the forestry industry / ~청 the Forest Service; the Forest Service / ~학 forestry.
산마루(山—) a mountain ridge. ‖ ~터기 ☞ 산마루. 「desultory.
산만(散漫) ¶ ~한 loose; vague;
산매(散賣) ☞ 소매(小賣).
산맥(山脈) a mountain range〔chain〕. ¶ 알프스~ the Alps; the Alpine range.
산모(産母) a woman in childbed.
산모퉁이(山—) the spur〔corner〕 of a mountain (skirts).
산목숨 *one's* life.
산문(散文) prose (writings). ¶ ~적인 prosaic. ‖ ~시 a prose poem / ~체 prose style; prosaism.
산물(産物) a product; production; produce(총칭); 《성과》 a product; a result; (the) fruit(s). ¶ 주요~ staple products.
산미(酸味) acidity; sourness.
산밑(山—) the foot〔base〕 of a mountain.
산발(散發) ~하다 occur sporadically. ¶ ~적인 sporadic(al). ‖ ~안타 scattered hits.
산발(散髮) disheveled hair. ~하다 have〔wear〕 *one's* hair disheveled. 「rible experience.
산벼락 ¶ ~맞다 undergo a hor-
산병(散兵) a skirmisher; 《산개》 loose〔extended〕 order. ‖ ~선 a skirmish(ing) line / ~호 a fire〔firing, shelter〕 trench.
산복(山腹) 《on》 a mountainside; a hillside.
산봉우리(山—) a (mountain) peak; a summit〔top〕 of a mountain.
산부(産婦) ☞ 산모(産母).
산부인과(産婦人科) obstetrics and gynecology. ‖ ~의사 an obstetrician(산과); a gynecologist(부인 과).
산불(山—) a forest fire.
산비둘기(山—) a ringdove; a turtledove. 「slope.
산비탈(山—) a steep mountain
산뽕나무(山—) 〖植〗 a wild mulberry tree. 「a May tree.
산사나무(山査—) 〖植〗 a hawthorn;
산사람(山—) a mountain man; a wood(s)man; a hillbilly 《美》.
산사태(山沙汰) a landslide; a landslip 《英》; a landfall. 「tion.
산삭(産朔) the month of parturi-
산산이(散散—) to〔in〕 pieces; scatteringly.

산산조각(散散一) ¶ ～이 나다 be broken to pieces; be smashed to fragments.
산삼(山蔘) a wild ginseng.
산상(山上) ¶ ～의〔에〕 on the top〔summit〕 of a mountain〔hill〕. ‖ ～수훈(垂訓) 〖聖〗 the Sermon on the Mount.
산새(山一) a mountain bird.
산색(山色) mountain scenery.
산성(山城) a castle on a hill.
산성(酸性) 〖化〗 acidity. ¶ ～의 acid / ～화하다 acidify / ～반응 (an) acid reaction / ～산화물 an acid oxide / 토양의 ～ soil acidity. ‖ ～비 acid rain / ～식품 acid foods / ～염료 acid dyes.
산세(山勢) the physical aspect〔geographical features〕 of a mountain.
산소(山所) a grave; a tomb; an ancestral graveyard(묘소).
산소(酸素) 〖化〗 oxygen. ‖ ～결핍 deficiency of oxygen / ～요법 oxygen treatment / ～용접 oxy-acetylene welding / ～통〔봄베〕 an oxygen cylinder / ～화합물 an oxide / ～흡입 oxygen inhalation.
산소리하다 do not yield《*to*》; do not give in; talk big.
산속(山一) the recesses〔heart〕 of a mountain.
산송장 a living corpse. ¶ ～이다 be as good as a living corpse.
산수(山水) a landscape; scenery. ‖ ～화 a landscape (painting) / ～화가 a landscape painter.
산수(算數) ① ☞ 산술. ②《계산》 calculation.
산수소(酸水素) oxyhydrogen. ‖ ～용접 oxyhydrogen welding.
산술(算術) arithmetic. ¶ ～의 arithmetical.
산스크리트 Sanskrit; Sanscrit.
산식(算式) 〖數〗 an arithmetic expression; a formula. 「tain.
산신령(山神靈) the god of a moun-
산실(産室) a lying-in〔delivery〕 room; a maternity ward.
산아(産兒) 《해산》 childbirth; 《아이》 a new-born baby. ‖ ～제한〔조절〕《practice》 birth control.
산악(山岳) mountains. ‖ ～병(病) mountain sickness / ～부 a mountaineering〔an alpine〕 club / ～전 mountain warfare / ～지대 a mountainous region.
산액(産額) the yield《*of rice*》; the output《*of gold*》.
산야(山野) fields and mountains.
산양(山羊) ①《염소》 a goat. ②《영양》 an antelope.
산업(産業) (an) industry. ¶ ～의 industrial / ～을 장려하다 encourage industry. ‖ ～개발 industrial development / ～계 the industrial world / ～구조 industrial structure / ～규격 industrial standards(한국 ～ 규격 Korean (Industrial) Standards(생략 KS)) / ～금융채권 industrial finance debenture / ～도시 an industrial city / ～별 노조 an industrial union / ～사회 industrial society / ～사회학 industrial sociology / ～스파이 an industrial spy / ～용 로봇 an industrial robot / ～자본〔자금〕 industrial capital〔funds〕 / ～재해 ☞ 산재(産災) / ～재해보험 the Workmen's Accident Compensation Insurance / ～폐기물 industrial wastes / ～합리화 the rationalization of industry / ～혁명 〖史〗 the Industrial Revolution / 제1〔2, 3〕차 ～ the primary〔secondary, tertiary〕 industries.
산욕(産褥) childbed; confinement. ‖ ～열 puerperal fever.
산울림(山一) ☞ 메아리.
산울타리 a hedge. 「hospital.
산원(産院) a maternity〔lying-in〕
산월(産月) ☞ 산삭(産朔).
산유국(産油國) an oil-producing country〔nation〕.
산입(算入) ～하다 include in; count〔reckon〕 in.
산자수명(山紫水明) beautiful scenery; scenic beauty. 「〔villa〕.
산장(山莊) a mountain retreat
산재(散在) ～하다 be〔lie〕 scattered; 《장소가 주어》 be dotted《*with*》.
산재(散財) ～하다 spend〔squander〕 money; run through *one's* fortune.
산재(産災) an injury incurred while on duty〔at work〕.
산적(山賊) a bandit; a brigand.
산적(山積) ～하다 lie in piles; accumulate; make a pile; have a mountain of《*work to do*》.
산적(散炙) skewered slices of seasoned meat.
산전(産前) ¶ ～에 before childbirth / ～ 산후의 휴가 a maternity leave.
산전수전(山戰水戰) ¶ ～ 다 겪다 taste the sweets and bitters of life; go through hell and high water. 「mountain).
산정(山頂) the summit〔top〕 (of a
산정(算定) ～하다 compute; work out; 《추정》 estimate; appraise.
산줄기(山一) a mountain range; a chain of mountains. 「tain(s).
산중(山中) ¶ ～에(서) in the moun-
산증(疝症) 〖醫〗 lumbago. ¶ ～을 앓다 suffer from lumbago.
산지(山地) a mountainous district.
산지(産地) a place of production

〔origin〕; 《동식물의》 the home; the habitat. ¶ ～ 직송의 감자 potatoes direct from the farm.
산지기 (山—) a (forest) ranger; a grave keeper (묘지의).
산책 (散策) a walk; a stroll. ～하다 take a walk; stroll. ¶ ～길 a promenade / ～ 나가다 go (out) for a walk.
산천 (山川) mountains and rivers. ‖ ～초목 nature; landscape.
산촌 (山村) a mountain village.
산출 (産出) ～하다 produce; yield; bring forth. ‖ ～고〔량〕 production; output.
산출 (算出) ～하다 compute 《*at*》; calculate; reckon.
산탄 (霰彈) a shot; a buckshot. ‖ ～총 a shotgun.
산토끼 (山—) 〖動〗 a hare. 「acid.
산토닌 〖藥〗 santonin; santonic
산통 (算筒) ¶ ～ 깨뜨리다 spoil〔ruin〕 《*a scheme*》; put a spoke in *a person's* wheel.
산파 (産婆) a midwife (☞ 조산사). ¶ ～역을 맡다 serve as a midwife to〔assist in〕《*the formation of a cabinet*》.
산패 (酸敗) 《맛이 시어짐》 acidification. ～하다 acidify; turn sour.
산표 (散票) scattered votes.
산하 (山河) mountains and rivers.
산하 (傘下) ¶ ～의〔에〕 under the influence 《*of*》. ‖ ～기업〔조합〕 an affiliated enterprise〔union〕.
산학협동 (産學協同) industrial-educational cooperation. ‖ ～체 an educational-industrial complex.
산해진미 (山海珍味) all sorts of delicacies; a sumptuous feast.
산허리 (山—) 《on》 a mountainside; a hillside.
산호 (珊瑚) coral. ‖ ～섬 a coral island / ～수(樹) a coral / ～초〔충〕 a coral reef〔insect〕.
산화 (散華) a heroic death in battle〔action〕. ～하다 die a glorious death.
산화 (酸化) 〖化〗 oxid(iz)ation. ～하다 oxidize; be oxidized. ‖ ～물 an oxide / ～철 iron oxide.
산회 (散會) adjournment. ～하다 break up; adjourn; close.
산후 (産後) ¶ ～의〔에〕 after childbirth / ～가 좋다〔나쁘다〕 be doing well〔badly〕 after childbirth.
살[1] 《몸의》 flesh; muscles (근육); the skin (살결); 《과실의》 flesh. ¶ ～이 많은 fleshy / ～이 오르다〔빠지다〕 gain〔lose〕 flesh.
살[2] 《뼈대》 a frame (장지 따위의); a rib (우산, 부채 따위의); a tooth (빗살); a spoke (바퀴의).
살[3] 《어살》 a weir; 《화살》 an arrow.
살[4] 《나이》 age; years.
살 (煞) ① 《나쁜 기운》 an evil spirit; baleful influence; an ill-fated〔unlucky〕 touch. ¶ ～이 낀 날 an ill-starred〔a fateful〕 day. ② 《나쁜 정의》 bad blood; poor relations within a family.
살가죽 the skin.
살갑다 ① 《속이》 (be) broad-minded. ② 《다정함》 (be) warm(-hearted); kind.
살갗 the skin; complexion. ¶ ～이 곱다 have a fair complexion.
살거리 fleshiness.
살결 the (texture of) skin. ¶ ～이 고운 of close〔delicate〕 texture.
살구 an apricot.
살균 (殺菌) sterilization. ～하다 sterilize; pasteurize 《*milk*》. ‖ ～력 sterilizing power / ～제 a sterilizer; a disinfectant.
살그머니 secretly; stealthily; quietly; by stealth.
살금살금 softly; with stealthy steps; stealthily; noiselessly.
살긋하다 (be) tilted; slanting.
살기 (殺氣) a look〔an atmosphere〕 of menace; a highly-charged atmosphere. ¶ ～를 띤 wildly excited; bloodthirsty; ferocious / ～를 띠다 grow〔get〕 excited; be bloodthirsty; look menacing.
살길 a means to live. ¶ ～을 찾다 seek a way to make living.

살깃 the feathers of an arrow.
살내리다 lose flesh; get thin.
살다 ① 《생존》 live; be alive. ¶ …을 먹고 ～ live on 《*rice*》. ② 《생활》 live; make a living; get along. ¶ 이럭저럭 살아가다 manage to live / 잘 ～ be well-off. ③ 《거주》 live; reside; inhabit. ④ 《생동》 be enlivened. ¶ 살아 있는 듯한 초상화 a portrait full of life. ⑤ 〖野〗 be safe.
살담배 cut〔pipe〕 tobacco.
살대 《화살대》 an arrow-shaft.
살뜰하다 (be) frugal; thrifty. ☞ 알뜰하다. 「〔softly〕.
살랑거리다 《바람이》 blow gently
살래살래 ¶ 머리를 ～ 흔들다 shake 〔wag〕 *one's* head.
살려주다 save〔rescue〕 《*a person*》 from; spare.
살롱 a *salon* 《프》; a saloon (술집).
살리다 ① 《목숨을》 save; spare 《*a person's*》 life; keep 《*a fish*》 alive (살려 두다); bring〔restore〕 《*a person*》 to life (소생). ② 《활용》 make good use of 《*one's money*》. ③ 《생기를 주다》 give life 「to.
살리실산 (—酸) salicylic acid.
살림 《생계》 living; livelihood; 《살림살이》 housekeeping. ～하다 run the house; manage a household. ¶ ～이 넉넉하다〔넉넉지 못하다〕 be well〔badly〕 off / ～에 찌들다 be worn out with the cares

of housekeeping / 새 ~을 차리다 make a new home; set up house / 한 집안의 ~을 꾸려나가다 maintain〔support〕 *one's* family / 신분에 어울리는〔안 어울리는〕 ~을 하다 live within〔beyond〕 *one's* means.
살림꾼 《맡은 이》 the mistress of a house; 《잘 하는 이》 a good housewife. ⌈household.
살림맡다 take charge〔care〕 of a
살며시 ☞ 슬며시.
살몽혼 (—朦昏) local anesthesia. ~하다 anesthetize locally.
살무사 〖動〗 a viper; an adder.
살바르산 〖藥〗 salvarsan.
살벌 (殺伐) ~하다 (be) bloody; bloodthirsty; brutal; savage; ⌊violent.
살별 〖天〗 a comet.
살붙이 *one's* kith and kin.
살빛 the color of the skin; flesh color. ¶ ~의 flesh-colored.
살사리 a wily〔tricky〕 person; a back scratcher; a boot-licker.
살살 softly; gently; stealthily.
살상 (殺傷) bloodshed(ding). ~하다 shed blood.
살생 (殺生) the taking of life. ~하다 kill; take life. ¶ 무익한 ~ wanton destruction of life; useless〔pointless〕 cruelty.

살수 (撒水) ~하다 water 《*a street*》; sprinkle with water. ‖ ~기〔장치〕 a sprinkler / ~차 a water-sprinkler.
살신성인 (殺身成仁) ~하다 become a martyr to humanity.
살아나다 ① 《소생》 revive; be resuscitated; be restored to life. ② 《구명》 be saved〔rescued〕; survive(조난의 경우). ③ 《곤경에서》 escape 《*death, danger*》.
살아생전 (—生前) ¶ ~에 during *one's* lifetime.
살얼음 thin ice; a thin coat of ice. ¶ ~을 밟는 것 같다 feel as if *one* were treading on thin ice.
살육 (殺戮) ~하다 massacre; butcher; slaughter. ¶ ~을 자행하다 kill recklessly; massacre brutally.
살의 (殺意) 《conceive》 murderous intent; 《with》 intent to kill.
살인 (殺人) homicide; murder. ~하다 commit murder; kill 《*a person*》. ¶ ~적인 deadly; hectic. ‖ ~광선 a death ray / ~미수 an attempted murder / ~범 a homicide; a murderer / ~사건 a murder case.
살점 (—點) a piece of meat; a cut.
살집 fleshiness. ¶ ~이 좋다 be fleshy〔plump, stout〕.
살찌다 grow〔get〕 fat; gain〔put on〕 flesh; 《땅이》 grow fertile 〔rich〕. ⌈(up).
살찌우다 make 《*a pig*》 fat; fatten
살촉 (—鏃) an arrowhead; a pile.
살충제 (殺蟲劑) an insecticide; an insect powder(가루).
살코기 lean meat; red meat.
살쾡이 a wildcat; a lynx.
살팍지다 (be) muscular; brawny.
살판나다 come into a fortune; strike it rich.
살펴보다 look around〔about〕; look into; examine; see.
살포 (撒布) ~하다 scatter; sprinkle; spread.
살풍경 (殺風景) ¶ ~한 inelegant; prosaic; tasteless; vulgar; 《정취 없는》 dreary; bleak.
살피다 ① ☞ 살펴보다. ② 《헤아리다》 judge; gather(판단); sympathize with; feel for(동정).
살해 (殺害) ~하다 murder; kill; put 《*a person*》 to death; slay. ‖ ~자 a murderer; a murderess(여자). ⌈lead a life; live.
삶 life; living. ¶ ~을 영위하다
삶다 ① 《물에》 boil; cook. ¶ 달걀을 ~ boil an egg / 삶아지다 be boiled. ② ☞ 구슬리다.
삼[1] flax(아마); hemp(대마); ramie(저마); jute(황마).
삼[2] 《태아의》 the amnion and placenta.
삼[3] 《눈동자의》 a white speck; a leucoma.
삼 (三) three. ¶ 제 ~(의) the third.
삼 (蔘) ginseng. ☞ 인삼.
삼가 respectfully; humbly. ¶ ~ 말씀드립니다 I beg to inform you.
삼가다 ① 《조심》 be discreet〔prudent, careful〕. ¶ 언행을 ~ be discreet in word and deed. ② 《억제》 abstain〔keep, refrain〕 from; 《절제》 be moderate 《*in*》. ¶ 술을 ~ abstain〔keep〕 from drinking.
삼각 (三角) a triangle. ¶ ~의 triangular; three-cornered / ~(형)으로 하다 triangulate. ‖ ~건 a triangle (bandage) / ~관계 the eternal triangle; a love triangle / ~근 a deltoid muscle / ~기 a triangular pennant; a pennon / ~법 trigonometry / ~익(翼) a delta wing / ~자 a set square / ~점 〖測〗 a triangulation point / ~주 a delta / ~파 chopping waves / ~함수 trigonometric function.
삼각 (三脚) a tripod. ¶ ~의 three-legged; tripodal. ‖ ~가(架) a tripod.
삼각형 (三角形) a triangle. ¶ ~의 triangular; triangle-shaped.
삼강오륜 (三綱五倫) the three fundamental principles and the five moral disciplines in human relations.
삼거리 (三—) a junction〔an inter-

section〕 of three roads; a three-forked road.
삼겹실(三一) three-ply thread.
삼경(三更) midnight.
삼계탕(蔘鷄湯) *samgyet'ang*, young chicken soup with ginseng (and other fruits).
삼국(三國) ‖ ～동맹 a triple alliance / ～유사(遺事) *Samguk Yusa* Legends and History of the Three Kingdoms / 제～ a third power 〔country〕.
삼군(三軍) the armed forces; the whole army. ¶ ～을 지휘하다 command the whole army. ‖ ～의장대 the tri-service honor guard.
삼권분립(三權分立) the separation of the three powers.
삼남(三南) three southern provinces of Korea.
삼년(三年) three years. ¶ ～생(학생) a third-year student.
삼다 ①《…을 …으로》 make; make 《*a thing*》 of; set up 《*a person*》 as; use 〔have〕 《*a thing*》 as. ¶ 그녀를 며느리로 ～ make her *one's* daughter-in-law. ②《생각》 ¶ 책을 벗～ have books for companion / 장난삼아 half in fun. ③《짚신을》 make 《*straw shoes*》.
삼단 a bunch of hemp. ¶ ～ 같은 머리 long thick hair.
삼단논법(三段論法) a syllogism.
삼대(三代) three generations.
삼동(三冬) ① 《겨울의 석달》 the three months of winter. ②《세 겨울》 three winters.
삼두정치(三頭政治) triumvirate.
삼등(三等) the third class 〔rate〕; the third place. ‖ ～차표〔석〕 a third-class ticket 〔seat〕.
삼등분(三等分) ～하다 cut 〔divide〕 into three equal parts; trisect.
삼라만상(森羅萬象) all things in nature; the whole of creation.
삼루(三壘) 〖野〗 the 3rd base. ‖ ～수 a third-baseman / ～타 a three-base hit; a triple.
삼류(三流) ¶ ～의 third-rate; lower-class.
삼륜차(三輪車) 《ride》 a three-wheeler.
삼림(森林) ☞ 산림, 숲.
삼매(三昧) absorption; concentration; *samâdhi* 《梵》. ¶ ～경에 들다 attain the perfect state of spiritual concentration.
삼면(三面) three sides 〔faces〕; 《신문의》 the third page. ‖ ～기사 city 〔local〕 news.
삼모작(三毛作) 《raise》 three crops a year.
삼목(杉木) a cedar.
삼민주의(三民主義) the Three Principles of the People.
삼박자(三拍子) 〖樂〗 triple time.
삼발이 a tripod; a trivet.
삼배(三倍) three times; thrice. ～하다 treble; multiply by three. ¶ ～의 threefold; treble; triple / …의 ～나 되는 three times as many 〔much, large〕 as....
삼베 hemp cloth.
삼복(三伏) the hottest period of summer; midsummer. ‖ ～더위 the midsummer heat.
삼부(三部) three parts 〔sections〕; three copies (서류 따위); three volumes (서적); three departments(부처). ‖ ～작 a trilogy / ～합창 a (vocal) trio.
삼분(三分) ～하다 divide 《*a thing*》 into three (parts); trisect. ¶ ～의일, one 〔a〕 third.
삼분오열(三分五裂) ～하다 break 〔tear〕 asunder; be broken 〔torn〕 asunder; be disrupted.
삼산염기(三酸塩基) a triacid base.
삼산화물(三酸化物) 〖化〗 a triox-ide.
삼삼오오(三三五五) ¶ ～로 by twos and threes; in groups.
삼삼하다 《기억이》 be vivid; haunt 《*a person*》; 《음식이》 be tasty with slight touch of saltiness.
삼색(三色) three (primary) colors. ¶ ～의 three-color; tricolored. ‖ ～기 the tricolor.
삼승(三乘) ☞ 세제곱.
삼시(三時) three daily meals; 《때》 morning, noon and evening.
삼십(三十) thirty. ¶ 제～(의) the thirtieth / ～대이다 be in *one's* thirties.
삼십육계(三十六計) running away. ¶ ～를 놓다 beat a retreat; take to *one's* heels.
삼엄(森嚴) ～하다 (be) solemn; sublime; awe-inspiring; grave.
삼오야(三五夜) a night of full moon.
삼용(蔘茸) ginseng and antler.
삼원색(三原色) the three primary colors.
삼월(三月) March (생략 Mar.).
삼위일체(三位一體) the Trinity. ‖ ～론 Trinitarianism.
삼인조(三人組) a trio; a triad.
삼인칭(三人稱) the third person.
삼일(三一) ‖ ～운동 the 1919 Independence Movement (of Korea) / ～절 Anniversary of the *Samil* Independence Movement.
삼일(三日) three days; the third (day) (셋째날). ¶ ～ 동안 for three days. ‖ ～천하 short-lived reign.
삼자(三者) ‖ ～범퇴 〖野〗 three up and three down / ～회담 a tripartite meeting 〔conference〕.
삼중(三重) ¶ ～의 threefold; treble; triple. ‖ ～주〔창〕 a trio.
삼지사방(一四方) ¶ ～으로 in all directions.
삼진(三振) 〖野〗 a strike-out. ¶ ～당하다 be struck out.
삼차(三次) the third; cubic(수학

의). ‖ ～산업 the tertiary industry / ～식 a cubic expression / ～원 three dimensions(～원의 three-dimensional).

삼차신경(三叉神經) 〖解〗 the trigeminal; the trigeminus.

삼창(三唱) 《만세의》 three cheers. ～하다 give three cheers.

삼척동자(三尺童子) a mere child.

삼촌(三寸) 《숙부》 an uncle.

삼총사(三銃士) a trio.

삼추(三秋) ① 《가을의 석 달》 the three autumn months. ② 《세 가을》 three autumns.

삼출(滲出) ～하다 ooze out; exude. ‖ ～액 an exudate; a percolate.

삼층(三層) three stories; the third floor〔story〕《美》. ‖ ～집 a three-storied〔-story〕 house.

삼치 〖魚〗 a Spanish mackerel.

삼칠일(三七日) the 21st day after (a baby's) birth.

삼키다 ① 《입으로》 swallow; gulp down (꿀떡). ¶ 통째 ～ swallow 《*a biscuit*》 whole. ② 《참다》 suppress. ¶ 눈물을 ～ keep back *one's* tears. ③ 《횡령》 make 《*a thing*》 *one's* own; appropriate.

삼태기 a carrier's basket.

삼투(滲透) saturation; infiltration; permeation; 〖化·生理〗 osmosis. ～하다 saturate; permeate; infiltrate; pass into. ‖ ～성 osmosis; permeability.

삼파전(三巴戰) a three-cornered 〔-sided〕 contest〔fight〕. ¶ ～을 벌이다 break out a three-way struggle.

삼팔륙세대(386世代) the so-called '386 generation' means those who are in their 30s, attended collge in the 80s, and born in the 60s.

삼팔선(三八線) the 38th parallel.

삼포(蔘圃) a ginseng field.

삼한사온(三寒四溫) a cycle of three cold days and four warm days.

삼항식(三項式) 〖數〗 a trinomial (expression).

삽(鍤) a shovel; a scoop. ¶ ～질하다 shovel.

삽사리, 삽살개 a shaggy dog.

삽시간(霎時間) ¶ ～에 in a twinkling; in an instant; in less than no time.

삽입(揷入) ～하다 insert; put 《*a thing*》 in〔between〕. ‖ ～구 a parenthesis.

삽화(揷話) an episode.

삽화(揷畫) an illustration; a cut. ‖ ～가 an illustrator.

삿갓 a conical bamboo hat.

삿자리 a reed mat.

상(上) 《윗부분》 upper; 《등급》 the first (class, grade); the superior; 《상권》 the first volume.

상(床) a (dining) table; a small table. ¶ 밥 한 ～ a meal set on a table / ～을 차리다 set the table 《*for dinner*》 / ～을 치우다 clear the table.

상(相) 《상태》 an aspect; a phase; 《인상》 physiognomy; 《얼굴》 countenance; a face, a look(표정). ¶ ～을 찌푸리고 with a frown.

상(喪) mourning 《*for*》. ¶ ～을 입다〔벗다〕 go into〔out of〕 mourning / ～중이다 be in mourning 《*for*》.

상(像) a figure; a statue; an image; 《화상》 a picture.

상(賞) a prize; a reward (보수). ¶ 1등～ the first prize; first honors / ～을 타다 win〔get〕 a prize.

상가(商街) a downtown; the business section〔quarters〕.

상가(喪家) a house of mourning; a family in mourning.

상각(償却) ～하다 repay; refund; redeem; pay〔clear〕 off. ‖ ～자금 a redemption〔sinking〕 fund.

상감(上監) His Majesty.

상감(象嵌) inlaying; inlaid work. ～하다 inlay 《*a thing with*》.

상갑판(上甲板) an upper deck.

상객(上客) the guest of honor; a chief guest; a guest of high rank.

상객(常客) a regular customer 〔patron〕; a frequenter.

상거래(商去來) a commercial transaction; a business deal.

상견(相見) ～하다 meet〔see〕 each other; interview; exchange looks.

상경(上京) ～하다 go〔come〕 (up) to Seoul〔the capital〕.

상고(上古) ancient times. ¶ ～의 ancient; of remote antiquity. ‖ ～사 an ancient history.

상고(上告) 〖法〗 an appeal 《*to*》. ～하다 appeal 《*to a higher court*》; petition for revision. ¶ ～를 기각하다 reject an appeal. ‖ ～인 an appellant.

상고머리 a square-cut hair; a crew cut.

상공(上空) the upper air; the sky; the skies 《*of Seoul*》. ¶ 서울 ～을 날다 fly over Seoul.

상공(商工) 《상공업》 commerce and industry. ¶ 중소～업자 small and medium merchants and industrialists.

상과(商科) a commercial course. ‖ ～대학 a commercial college.

상관(上官) a higher〔superior〕 officer; a senior officer.

상관(相關) ① 《상호 관계》 correlation; mutual relation(s). ～하다 correlate; be mutually related 《*to*》. ¶ …와 밀접한 ～ 관계가 있다 correlate closely with. ② 《관련》 relation; connection; 《관여》 participation; involvement; 《관심·개의》 concern; care. ～하다 take part 《*in*》; concern *oneself* 《*in*》;

be involved《*in*》(연루). ¶ ～ 않다 do not mind(개의); be indifferent《*to*》/ ～없다《무관계》have nothing to do with; It does not matter. / 네가 ～할 게 아니다 It's none of your business. ③《남녀의》(sexual) relations. ～하다 have connection〔relations〕《*with*》.

상관습(商慣習) commercial practice; business usage.

상궁(尙宮) a court lady.

상권(上卷) the first volume; Vol. 「1.

상권(商權)《acquire》commercial supremacy; commercial rights.

상궤(常軌) the normal course. ¶ ～를 벗어나다 go off the track; be abnormal〔eccentric〕.

상규(常規) established rules.

상그레 ¶ ～ 웃다 beam; smile blandly.

상극(相剋) (a) conflict; (a) rivalry; a friction. ¶ ～이다 be mutually exclusive; be conflicted《*with*》.

상근(常勤) full-time《*lecturer*》. ‖ ～자 a full-timer.

상글거리다 beam; smile blandly.

상금(賞金) a reward; a prize; prize money. ¶ ～을 타다〔내걸다〕win〔offer〕a prize.

상급(上級) a high rank; an upper〔a higher〕grade〔class〕. ¶ ～의 upper; higher; superior; senior. ‖ ～관청 superior offices〔authorities〕/ ～생 an upper-class student / ～직 a senior post / ～학교 a school of higher grade.

상긋거리다 smile blandly; beam.

상기(上記) ¶ ～의 the above-mentioned; the said.

상기(上氣) ～하다 have a rush of blood to the head. ¶ ～된 뺨 flushed cheeks.

상기(想起) ～하다 remember; recollect; call《*something*》to mind. ¶ …을 ～시키다 remind《*a person*》of《*a thing*》.

상기(詳記) ～하다 describe minutely; state in detail; give a full account《*of*》.

상길(上—) the highest quality.

상납(上納) ～하다 pay to the authorities〔government〕; offer a (regular) bribe《*to*》.

상냥하다 (be) gentle; kind; sweet; affectionate; amiable; affable. ¶ 상냥하게 대하다 be kind〔good, nice〕《*to a person*》.

상념(想念) a notion; conception.

상놈(常—) a mean〔vulgar〕fellow; an ill-bred fellow.

상단(上端) the top; the upper end.

상담(相談) (a) consultation. ¶ ～에 응하다 give counsel〔advice〕《*to*》. ‖ ～란《신문·잡지의》the advice column / ～소 an information〔a consultation〕office.

상담(商談)《have》a business talk. ¶ ～을 매듭짓다 strike a bargain.

상당(相當) ～하다 ①《알맞다》(be) proper; fit; suitable; appropriate;《상응하다》(be) equal《*to*》; correspond《*to*》; equivalent《*to*》;《타당하다》(be) reasonable. ¶ 2만 원 ～의 선물 a gift worth twenty thousand *won* / 2개월 급료에 ～한 보너스 a bonus equivalent to two months' pay / 지위에 ～한 수입 an income befitting *one's* rank. ②《어지간하다》(be) considerable; fair; decent. ¶ ～히 pretty; fairly; considerably / ～한 금액 a considerable sum of money / ～한 집안 a decent family / ～한 교육〔수입〕a good education〔income〕/ 그는 회사에서 ～한 지위에 있다 He holds a considerably high position in his company.

상대(相對) ①《마주 대함》facing each other. ～하다 face〔confront〕each other. ¶ ～하여 앉다 sit face to face《*with*》. ②《친구·짝》(*one's*) companion〔mate, partner〕. ～하다 make a companion of; keep company《*with*》. ¶ ～를 하다 keep《*a person*》company; entertain《*one's guest*》/ ～하지 않다 refuse to deal with《*a person*》; ignore. ③《상대방》the other party;《승부의》an opponent; a rival. ～하다 deal with; contend with; play《*against*》. ¶ ～가 안 되다 be no match《*for*》. ④〖哲〗《상대성》relativity. ¶ ～적(으로) relative(ly). ‖ ～개념 a relative concept / ～성 이론〔원리〕the theory〔principle〕of relativity / ～습도 relative humidity / ～평가 relative evaluation.

상대역(相對役) the player of an opposite role;《춤의》a partner. ¶ ～을 하다 play《*a part*》opposite (to)《*an actor*》.

상도(常道)《떳떳한 도리》a regular〔normal〕course.

상도덕(商道德) commercial〔business〕morality.

상되다(常—) (be) vulgar; low; mean; base; indecent.

상등(上等) ¶ ～의 first-class〔-rate〕; superior; very good〔nice〕; fine. ‖ ～품 first-class articles.

상등병(上等兵) ☞ 상병(上兵).

상량(上樑) ～하다 set up the framework (of a house); put up the ridge beam. ‖ ～식 the ceremony of putting up the ridge beam of a new house.

상례(常例) ¶ ～의 regular; customary; usual / …을 ～로 하다 be in the habit of《*doing*》;

make it a rule to《*do*》.

상록(常綠) ¶ ～의 evergreen. ‖ ～수 an evergreen (tree).

상론(詳論) ～하다 state〔treat〕in detail; dwell《*upon*》.

상류(上流)《강의》the upper stream〔reaches〕;《사회에서의》the higher〔upper〕classes. ¶ ～의〔에〕upstream; upriver. ‖ ～계급 the upper classes / ～사회 high society / ～생활 high〔fashionable〕life.

상륙(上陸) landing. ～하다 land《*at*》; go on shore. ‖ ～부대〔지점〕a landing force〔place〕/ ～작전 landing operations.

상말(常―) vulgar words; vulgarism; four-letter words.

상면(相面) ～하다 meet《*a person*》for the first time; have an interview《*with*》.

상무(尙武) ¶ ～의 기상 martial〔militaristic〕spirit.

상무(常務)《업무》regular business;《회사 간부》a managing director.

상무(商務) commercial affairs. ‖ ～관 a commercial *attaché*.

상미(上米) first-class〔top-grade〕rice; rice of the best quality.

상미(賞味) ～하다 relish; appreciate.

상민(常民) the common people; a commoner.

상박(上膊)〖解〗the upper arm.

상반(相反) ～하다 be contrary〔run counter〕to《*each other*》; conflict〔disagree〕with《*each other*》.

상반기(上半期) the first half of the year.

상반신(上半身) the upper half of the body. ¶ ～을 벗고 stripped to the waist / ～을 내밀다 lean forward.

상밥(床―) a meal sold on an individual table.

상배(賞杯) a prize cup; a trophy.

상벌(賞罰) rewards and punishments. ¶ ～ 없음《이력서에서》No reward and no punishment.

상법(商法) the commercial law〔code〕.

상병(上兵) a corporal.

상병(傷兵) a wounded soldier; a disabled veteran(제대한); the wounded(총칭).

상보(床褓) a tablecloth.

상보(詳報) a detailed〔full〕report. ～하다 report in detail〔full〕.

상복(喪服) a mourning dress; mourning clothes. ¶ ～을 입고 있다 be in mourning〔black〕.

상봉(相逢) ～하다 meet each other.

상부(上部) the upper part;《위쪽》the upside;《기관·직위》superior offices; a superior post. ‖ ～구조 the superstructure.

상부상조(相扶相助) mutual help〔aid〕; interdependence.

상비(常備) ～하다 reserve《*something*》for; have《*something*》ready〔on hand〕; be provided with. ¶ ～의 standing; permanent; regular. ‖ ～군 a standing army / ～약 a household medicine.

상사(上士) a Master〔First〕Sergeant.

상사(上司) superior authorities; 《상관》*one's* superior.

상사(相似) ¶ ～의 similar《*figures*》; like.

상사(相思) mutual love. ‖ ～병 lovesickness (～병에 걸린 lovesick / ～병을 앓다 languish for love).

상사(商社) a (commercial) firm; a trading concern〔company〕.

상사(商事) business affairs; commercial matters. ‖ ～회사 a commercial firm.

상사람(常―) a commoner; the common people(전체).

상상(想像) (an) imagination; (a) fancy(공상); (a) supposition(가정); (a) guess(추측). ～하다 imagine; fancy; suppose; guess; surmise. ¶ ～의 imaginary; imaginative / ～할 수 있는〔～도 못할〕(un) imaginable; (un) thinkable / ～이 맞다 guess right. ‖ ～력 imaginative power / ～임신 imaginary〔false〕pregnancy.

상상봉(上上峰) the highest peak.

상서(上書)《웃어른께》a letter to *one's* senior〔superior〕. ～하다 send〔write〕a letter to *one's* superior.

상서(祥瑞) a good omen. ¶ ～로운 auspicious; propitious.

상석(上席)《서열의》seniority;《상좌》an upper〔the top〕seat;《주빈석》the seat〔place〕of honor.

상석(床石) the stone table in front of a tomb.

상선(商船) a merchant〔trading〕vessel; a merchantman; the mercantile marine(총칭). ‖ ～대 a merchant fleet.

상설(常設) ～하다 establish permanently. ¶ ～의 standing《*commitees*》; permanent《*facilities*》.

상설(詳說) ～하다 explain in detail; state in full〔at length〕.

상세(詳細) ¶ ～한 full; detailed; minute / ～히 in full〔detail〕; minutely; fully.

상소(上疏) ～하다 present〔send up〕a memorial to the Throne.

상소(上訴) an appeal. ～하다 appeal to《*a higher court*》. ¶ ～를 포기〔취하〕하다 waive〔withdraw〕an appeal. ‖ ～권 the right of appeal.

상소리(常―) four-letter words; vulgar language; indecent talk. ～하다 use vulgar〔coarse〕language.

상속(相續) succession; inheritance. ～하다 succeed 《*to*》; inherit. ‖ ～세 an inheritance tax / ～인 a successor; an heir(남자); an heiress(여자) / ～재산 an inheritance.

상쇄(相殺) ～하다 offset〔cancel〕each other; set 《*the advantages*》 off. ‖ ～계정 an offset account / ～관세 countervailing duties.

상수(上手) a better hand; a superior. ¶ ～이다 be no (more than a) match 《*for a person*》.

상수(常數) 〖數〗 a constant; an invariable (number).

상수도(上水道) 《물》 tap water; 《설비》 waterworks; water service〔supply〕.

상수리나무 〖植〗 an oak (tree).

상순(上旬) the first ten days of a month. ¶ 5월 ～에 early in May; at the beginning of May.

상술(上述) ☞ 상기(上記).

상술(商術) a knack of the trade (요령); a business policy(정책); business ability(상재).

상술(詳述) ～하다 explain〔state〕in full〔detail〕.

상스럽다(常―) (be) vulgar; mean; low; base; indecent.

상습(常習) ¶ ～적인 customary; habitual; regular. ‖ ～범 a habitual crime(범죄); a habitual〔confirmed〕criminal(범인).

상승(上昇) ～하다 rise; ascend; climb; go up; soar (up). ‖ ～기류 《ride》 a rising current of air.

상승(相乘) ～하다 multiply. ‖ ～비 a geometrical ratio / ～작용 synergism.

상승(常勝) ¶ ～의 invincible; undefeated.

상시(常時) ① ☞ 평상시(平常時). ② ☞ 항시(恒時).

상식(常食) staple food; daily food. ～하다 live on 《*rice*》.

상식(常識) common〔practical〕sense. ¶ ～적인 commonsense; sensible; practical / ～을 벗어난 eccentric; senseless / ～적으로 생각하여 in the name of common sense.

상신(上申) ～하다 report〔state〕《*to a superior official*》. ‖ ～서 a written report.

상실(喪失) ～하다 lose; be deprived 《*of*》; forfeit.

상심(傷心) ～하다 be down-hearted; be heartbroken; be distressed.

상심(喪心) stupor; stupefaction. ～하다 be dazed〔stunned〕《*by*》.

상아(象牙) ivory. ‖ ～세공 ivory work / ～질 《치아의》 a dentin / ～탑 an ivory tower.

상악(上顎) 〖解〗 the upper jaw.

상어 a shark. ‖ ～가죽 sharkskin; sea leather.

상업(商業) commerce; trade; business. ¶ ～의 commercial; business / ～화하다 commercialize / ～에 종사하다 engage in business. ‖ ～고교 a commercial high school / ～미술 commercial art / ～어음 a commercial bill / ～영어 business〔commercial〕English.

상업방송(商業放送) commercial broadcasting. ¶ ～을 개시하다 begin broadcasting on a commercial basis. ‖ ～국 a commercial radio〔TV〕station.

상여(喪輿) a bier. ¶ ～를 메다 take〔carry〕a bier on the shoulders. ‖ ～꾼 a bier carrier.

상여금(賞與金) a bonus; a reward; a prize(상금). ¶ 연말 ～을 타다 get a year-end bonus.

상연(上演) presentation; performance. ～하다 put 《*a play*》 on the stage; stage〔present〕《*a drama*》.

상영(上映) ～하다 show; put 《*a film*》 on the screen; run. ¶ ～중 be on (show) 《*at*》 / 곧 ～될 영화 the forthcoming film. ‖ ～시간 the running time 《*of a movie*》.

상오(上午) the forenoon. ☞ 오전.

상온(常溫) a normal temperature.

상용(商用) ¶ ～으로 on business / ～으로 방문하다 pay a business call〔visit〕《*to*》. ‖ ～문 commercial correspondence; a business letter / ～어 a commercial term.

상용(常用) common〔everyday〕use. ～하다 use habitually; make regular use 《*of*》. ‖ ～어 common〔everyday〕words / ～영어 everyday English / ～자 a habitual user.

상원(上院) the Upper House; the Senate 《美》. ‖ ～의원 a member of the Upper House; a Senator 《美》.

상위(上位) a high rank. ¶ ～에 있다 be higher in rank 《*than*》 / ～를 차지하다 rank high.

상위(相違) (a) difference; (a) variation; (a) disparity. ～하다 differ 《*from*》; vary; disagree 《*with*》. ‖ ～점 a point of difference.

상응(相應) ① 《호응》 ～하다 act in concert 《*with*》; respond to 《*a request*》. ② 《대응》 ～하다 correspond 《*to*》; answer 《*to*》. ③ 《상당》 ～하다 be suitable; fit; be suited 《*to*》; be proper; be due.

상의(上衣) a coat; a jacket; an upper garment.

상의(上意) ¶ ～ 하달하다 convey the will and ideas of those

who govern to those who are governed.
상의(相議) (a) consultation; (a) conference. ～하다 consult〔confer〕《*with*》; talk over《*a matter with*》; negotiate.
상이(傷痍) ¶ ～의 disabled; wounded. ‖ ～군인 a disabled veteran; a wounded soldier.
상인(商人) a merchant; a tradesman; a shopkeeper. ‖ ～근성 a mercenary spirit.
상인방(上引枋)〖建〗a lintel.
상일 manual〔rough〕work; odd jobs. ‖ ～꾼 a manual laborer.
상임(常任) ¶ ～의 standing; regular. ‖ ～위원(회) (a member of) the standing commitee / ～지휘자 a regular conductor.
상자(箱子) a box《*of apples*》; a case; a packing case(포장용). ¶ 포도주 한 ～ a case of wine.
상자성(常磁性) paramagnetism.
상잔(相殘) ～하다 struggle〔fight〕with each other. ‖ 동족～ an internecine〔internal〕feud〔strife〕.
상장(上場) ～하다 list《*stocks*》. ¶ ～되다 be listed《*on the Stock Exchange*》. ‖ ～폐지 delisting / ～회사 a listed company /(비)～주 (un)listed stocks〔shares〕/ 제1부～회사 a company listed on the first section (of the Stock Exchange).
상장(喪章) a mourning badge; a crape.
상장(賞狀) a certificate of merit; an honorary certificate.
상재(商才) business ability.
상쟁(相爭) ～하다 be at feud with each other; struggle against each other.
상적(商敵) a commercial〔trade〕rival; a rival in trade.
상전(上典) *one's* master〔employer〕.
상전(相傳) ～하다《대대로》inherit; hand down《*to*》; transmit.
상전(桑田) a mulberry field. ‖ ～벽해 convulsions of nature; changes in nature.
상점(商店) a shop; a store《美》. ‖ ～가 a shopping street; an arcade.
상접(相接) 〖數〗contact. ～하다 come in contact with each other; touch each other.
상정(上程) ～하다 place〔put〕《*a bill*》on the agenda; lay《*a bill*》before the House(의회에); bring《*a bill*》up for discussion (토의에).
상정(常情) (ordinary) human nature〔feeling〕.
상정(想定) ～하다 suppose; imagine; estimate. ¶ ～한 hypothetic; imaginary; estimated(어림의).
상제(上帝) ☞ 하느님.
상제(喪制) a person in mourning, a mourner(사람); the ritual of mourning (제도).
상조(尙早) ¶ ～의 too early; premature / 시기 ～ 다 It is too early yet《*to do*》.
상조(相助) mutual aid. ～하다 help each other〔one another〕; be interdependent; cooperate. ¶ ～적인 cooperative; friendly.
상종(相從) ～하다 associate〔keep company〕《*with*》; mingle《*with*》.
상종가(上終價) 《증권》《hit》the daily permissible ceiling.
상좌(上座) the top seat; an upper seat; the seat of honor.
상주(上奏) ～하다 report to the Throne.
상주(常住) ‖ ～인구 a settled population.
상주(常駐) ～하다 be stationed《*at*》.
상주(喪主) the chief mourner.
상주(詳註) copious notes.
상중(喪中) ¶ ～이다 be in mourning.
상중하(上中下) the first, the second and the third classes〔grades〕; the three grades of quality — good, fair and poor.
상지상(上之上) the very best.
상징(象徵) a symbol; an emblem. ～하다 symbolize; be symbolic《*of*》. ¶ ～적인 symbolic(al). ‖ ～주의 symbolism.
상찬(賞讚) admiration. ～하다 admire; praise; laud. ¶ ～할 만한 admirable; praiseworthy.
상찰(詳察) ～하다 observe carefully〔closely〕; consider in full.
상책(上策) a capital plan; the best policy.
상처(喪妻) ～하다 lose *one's* wife; be bereaved of *one's* wife.
상처(傷處) a wound; an injury; a hurt; a cut; a bruise(타박상); a scar(흉터). ¶ ～를 입히다 inflict a wound《*on*》/ ～가 남다 leave a scar.
상체(上體) the upper part of the body.
상추〖植〗a lettuce.
상춘(賞春) enjoying spring. ‖ ～객 springtime picnickers.
상층(上層)《지층》the upper layer〔stratum〕;《하늘》the upper air;《건물의》the upper stories;《사회》the upper classes. ‖ ～기류 the upper air current(s).
상치(相馳) a conflict. ～하다 be in discord《*with*》; collide《*with*》.
상쾌(爽快) ¶ ～한 refreshing; fresh; crisp.
상태(狀態) a state《*of things*》; a condition; a situation. ¶ 현～로는 under the present circumstances / 건강 ～ the state of health / 생활 ～ living conditions / 위험한 ～ a critical condition; a crisis / 정신 ～ *one's* mental state.

상통(相通) ①《연락》 ~하다 communicate〔be in touch〕《*with*》. ②《의사소통》 ~하다 be mutually understood. ¶ 의사가 ~하다 understand each other; come to mutual understanding. ③《공통》 ~하다 have something in common《*with*》.
상투 a topknot. ¶ ~를 틀다 do *one's* hair up into a topknot.
상투(常套) ¶ ~적(인) commonplace; conventional; hackneyed. ‖ ~수단 an old trick; a well-worn device / ~어 a hackneyed expression. 「〔a carefree〕 life.
상팔자(上八字) a happy lot; an easy
상패(賞牌) a medal.
상편(上篇) the first volume〔piece〕.
상표(商標)《register》a trademark; a brand; a label(라벨). ¶ ~를 도용하다 pirate the trademark 《*of*》. ‖ ~권 the trademark right / ~도용 trademark piracy / ~명 a brand name.
상품(上品) first-grade articles; an article of superior quality.
상품(商品) a commodity; goods; merchandise(총칭). ¶ ~화하다 produce《*something*》on a commercial basis; commercialize. ‖ ~가치 commercial value / ~견본 a trade sample / ~견본시 a trade fair / ~권 a gift certificate 〔token〕/ ~목록 a catalog(ue) / ~이미지 the brand image / ~진열실〔진열장〕 a showroom〔showcase〕/ ~학 the study of merchandize.
상품(賞品)《win》a prize.
상피(上皮)〖生〗the epithelium.
상피병(象皮病)〖醫〗elephantiasis.
상피붙다(相避—) commit incest.
상하(上下) ①《위와 아래》up and down; upper and lower sides; top and bottom. ②《귀천》the upper and lower classes; high and low; superiors and inferiors. ③《책》the first and second volumes.
상하(常夏) ¶ ~의 나라 a land of everlasting〔eternal〕summer.
상하다(傷—) ①《다치다》get hurt 〔injured〕; be damaged〔spoiled〕(손상);《썩다》rot; go bad; turn sour(우유 따위). ②《마음이》be hurt; be worried《*about*》; be distressed〔troubled〕《*with*》. ③《야윔》get thin〔emaciated〕.
상학(商學) commercial science.
상한(象限)〖數〗a quadrant. ☞ 사분면.
상한선(上限線) a ceiling; the maximum. ¶ ~을 두다〔정하다〕 put a ceiling on; fix limits.
상항(商港) a commercial harbor.
상해(傷害) (bodily) harm; (a) bodily injury. ~하다 injure; do《*a person*》an injury. ‖ ~보험 accident〔casualty〕insurance / ~죄 mayhem / ~치사 (a) bodily injury resulting in death.
상해(詳解) ~하다 explain minutely; give a detailed explanation 《*of*》.
상해(霜害) frost damage. ¶ ~를 입다 suffer from frost.
상행(上行) ‖ ~선〔열차〕 an up-line〔-train〕. 「action.
상행위(商行爲) a business trans-
상현(上弦) ‖ ~달 a young〔an early crescent〕moon.
상형문자(象形文字) a hieroglyph.
상호(相互)《부사적》mutually; each other; one another. ¶ ~의 mutual; reciprocal / ~의 합의로 by mutual consent. ‖ ~관계〔작용〕 reciprocal relation〔action〕/ ~부조〔협조〕 mutual aid〔help〕/ ~의존 interdependence.
상호(商號) a firm〔trade〕name.
상혼(商魂) a commercial spirit 〔enthusiasm〕. ¶ ~이 악착 같다 be shrewd in business; be very business-minded〔-conscious〕.
상환(相換) ~하다 exchange《*a thing for another*》. ¶ …과 ~으로 in exchange for…. ‖ ~권 an exchange ticket; a coupon.
상환(償還) repayment; redemption. ~하다 repay; redeem 《*loans*》. ‖ ~금 money repaid; a repayment / ~기한 the term of redemption; maturity(만기).
상황(狀況) the state of things; a situation; circumstances. ¶ 현 ~으로는 under the present conditions. ‖ ~판단 circumstantial judgment.
상황(商況) the condition of the market. ¶ ~은 부진〔활발〕하다 The trade〔market〕is dull〔brisk〕.
상회(上廻) ~하다 be more than; be over〔above〕; exceed《*the average crop*》.
상회(商會) a firm; a company.
샅 the crotch; the groin. 「band.
샅바《씨름의》a wrestler's thigh
샅샅이 all over; in every nook and corner.
새[1]《동물》a bird; a fowl; poultry(가금). ¶ ~소리 bird cries; birdsong / ~를 기르다 keep a (cage) bird.
새[2] new(새로운); novel(신기한); fresh(신선한); recent(최근의).
새가슴 pigeon breast〔chest〕. ¶ ~의 pigeon-breasted.
새겨듣다 listen attentively to; give ear to;《참뜻을》catch《*a person's*》meaning. 「〔bones〕.
새골(鰓骨)〖魚〗branchial skeleton
새근거리다《뼈마디가》feel a slight

pain 《*in one's joints*》; 《숨을》 gasp; be out of breath.
새근새근 ¶ ~ 잠자다 sleep peacefully〔calmly〕; sleep a sound sleep.
새기다 ①《파다》 carve 《*an image*》; engrave; chisel; incise; inscribe. ¶ 도장을 ~ engrave a seal. ②《마음에》 bear〔keep〕《*a thing*》 in mind; take 《*a thing*》 to heart; engrave 《*an image*》 on *one's* mind. ③《해석함》 interpret; construe; translate(번역). ④《반추》 ruminate; chew the cud.
새김 《뜻의》 interpretation; explanation; 《조각》 carving; engraving. ‖ ~칼 a carving knife.
새김질 《조각》 carving; engraving; sculpture; 《반추》 rumination.
새까맣다 (be) deep-〔jet-〕black.
새끼[1] 《끈》 a (coarse) straw rope. ¶ ~를 꼬다 make〔twist〕 a rope.
새끼[2] ①《동물의》 the young(총칭); a cub (맹수·여우의); a litter (한 배의); a calf(소의); a colt(말, 사슴의); a puppy(개의); a kitten(고양이의); a lamb(양의); 《뒤에 동물명을 붙여》 a baby 《*monkey*》. ¶ ~를 낳다 bring forth 《*its*》 young / ~를 배다 be with young / 고양이 ~ 두 마리를 낳다 have a litter of two kittens. ②《자식》 a child; a son(사내); a daughter (딸). ③《욕》 a fellow; a guy. ¶ 저 ~ that fellow.
새끼발가락 the little toe.
새끼손가락 the little finger.
새나다 《비밀이》 get〔slip〕 out; leak out; be disclosed. ¶ 비밀이 ~ a secret leaks out.
새너토리엄 a sanatorium; a sanitarium 《美》.
새다 ①《날이》 dawn; break. ¶ 날이 샐녘에 at the crack〔peep〕 of dawn / 날이 샌다 The day breaks. *or* It dawns. ②《기체·액체 따위가》 leak (out); run out; escape; 《불빛 따위》 come through; 《말소리가》 be heard outside. ¶ 새는 곳 a leak / 새는 곳을 막다 stop a leak. ③《비밀이》 get〔slip〕 out; leak out; be disclosed.
새달 《다음 달》 next month; the coming month.
새댁 ☞ 새색시.
새들다 act as go-between〔matchmaker〕.
새들새들 ¶ ~하다 be somewhat withered.
새뜻하다 (be) fresh and bright; neat and clean.
새로 new(ly); freshly; afresh; anew; (over) again.
새롭다 (be) new; fresh; novel; 《최근의》 (be) recent; latest; modern; up-to-date. ¶ 새롭게 newly; afresh / 새롭게 하다 renew; renovate / 기억에 ~ be fresh in *one's* memory / 다시 한 번 새롭게 시작하자 Let's start it anew〔afresh〕.
새마을 a *Saemaŭl;* a new community. ‖ ~금고〔사업〕 a New Community〔*Saemaŭl*〕 fund〔project〕 / ~운동 the *Saemaŭl* movement / ~정신 *Saemaŭl*〔New Community〕 spirit.
새매 〖鳥〗 an sparrow-hawk.
새물 ①《과일·생선 따위》 the first product of the season. ②《옷》 clothes fresh from washing.
새벽 《아침》 dawn; the break of the day; daybreak. ¶ ~같이 early in the morning / ~에 at dawn; at break of day.
새봄 early spring.
새빨갛다 (be) deep-red; crimson; downright(거짓말이). ¶ 새빨간 거짓말 a downright lie / 새빨개지다 turn red; 《얼굴이》 flush; blush.
새사람 ①《신인》 a new figure〔face〕. ②《신부》 a new bride. ③《갱생한》 a new man; another man. ¶ ~이 되다 start life anew; turn over a new leaf.
새삼 〖植〗 a dodder.
새삼스럽다 (be) abrupt; new; fresh. ¶ 새삼스럽게 anew; afresh; specially(특히); formally(형식적으로); now(이제서야).
새색시 a bride.
새알 a bird's egg.
새암 jealousy; envy. ☞ 샘[2].
새앙 〖植〗 ginger(나무, 근경).
새옹지마(塞翁之馬) the irony of fate. ¶ 인간만사 ~ Inscrutable are the ways of Heaven.
새우 〖動〗 a shrimp (작은); a prawn (보리새우); a lobster (바닷가재). ¶ ~로 잉어를 낚다 《俗談》 throw a sprat to catch a mackerel. ‖ ~젓 pickled shrimp.
새우다 《밤을》 sit〔stay〕 up all night; keep vigil. ¶ 밤을 새워 일하다 sit up all night working; work all night.
새우등 a stoop hunchback. ¶ ~의 stooped; round-shouldered.
새우잠 ¶ ~ 자다 lie〔sleep〕 curled up in bed.
새장(一欌) a bird cage. ¶ ~에 갇힌 새 a bird in the cage; a caged bird.
새조개 〖貝〗 a cockle.
새집[1] 《가옥》 *one's* new house; a newly built house(신축의).
새집[2] 《새의》 a bird's nest.
새총(一銃) an air gun〔rifle〕(공기총); a slingshot(고무줄의).
새출발(一出發) a fresh start. ~하다 make a fresh start; set out anew.
새치 prematurely gray hair. ¶ ~

가 나다 have gray hair though *one* is still young.
새치기 cutting〔breaking〕into the line. ～하다 break into (the line); push in front of others.
새치름하다 (be) cold; prim; look prim; assume a prim air.
새침데기 a prim-looking girl; a smug-looking person; a prude.
새카맣다 (be) pitch-dark; jet-black.
새큼하다 (be) sour; acid.
새털 a feather; a plume; down (솜털). ‖ ～구름 a cirrus.
새파랗다 (be) deep blue; 《안색이》 (be) deadly pale. ¶ 새파랗게 질리다 turn deadly pale.
새하얗다 (be) pure-〔snow-〕white.
새해 a new year; the New Year. ¶ ～ 복 많이 받으세요 (I wish you a) Happy New Year! ‖ ～문안 a New Year's greeting.
색(色) a color; a shade(농담); a complexion(얼굴); 《색사(色事)》 sensual pleasure; female charms; a mistress(여색). ¶ 진한〔흐린〕～ a deep〔light〕color.
색 a sack; 《피임구》 a condom.
색감(色感) the color sense.
색골(色骨) a sensualist; a lewd person; a lecher.
색광(色狂) an erotomaniac; a sexual maniac. ‖ ～증 sex mania; erotomania.
색다르다(色—) (be) fresh; new; 《기이》 (be) unusual; uncommon.
색도(色度) chromaticity; 《조명》 chroma. ‖ ～측정 colorimetry.
색동(色—) stripes of many colors. ‖ ～저고리 a jacket with sleeves of many-colored stripes.
색마(色魔) a sex maniac.
색맹(色盲) color blindness. ¶ ～의 color-blind / 적 ～의 red-blind / 적녹색 ～ red-green color blindness / 전(색) ～ total color blindness.
색상(色相) the tone of color; a color tone; color quality. ¶ 그림의 부드러운 녹색 ～ the soft green tone of a painting.
색색 ¶ ～거리다 breathe lightly / ～ 잠을 자다 sleep peacefully.
색소(色素) a coloring matter; a pigment. ‖ ～체 〖生〗 a plastid.
색소폰 〖樂〗 a saxophone.
색시 《신부》 a bride; 《아내》 a wife; 《처녀》 a maiden; a girl; 《술집의》 a barmaid.
색실(色—) dyed〔colored〕thread.
색쓰다(色—) have sex; sex up; ejaculate (사정하다).
색안경(色眼鏡) 《a pair of》 colored glasses; sunglasses. ¶ ～으로 보다 look on 《*things*》 from a biased viewpoint〔with a jaundiced eye〕.
색연필(色鉛筆) a colored pencil.
색욕(色慾) lust; sexual〔carnal〕desire.
색유리(色琉璃) stained glass.
색인(索引) an index. ¶ ～을 달다 index 《*a book*》; provide 《*a book*》 with an index.
색정(色情) sexual〔carnal〕passion〔desire〕; lust. ‖ ～광(狂) ☞ 색광.
색조(色調) a tone of color; a color tone; shade; 〖美術〗 tonality. ¶ 갖가지 푸른 ～ various shades of blue.
색종이(色—) (a) colored paper.
색주가(色酒家) a shady bar; a bar-whorehouse.
색채(色彩) a color; a hue; a tint; a tinge. ¶ …한 ～를 띤 with a tinge〔tint〕of... / 종교적 ～를 띠다 have a religious color. ‖ ～감각 a color sense.
색출(索出) ～하다 search (out); hunt up; seek (out). ¶ 간첩 ～ 작전 a search operation against an espionage agent.
색칠(色漆) coloring; painting. ～하다 color; paint.
샌님 a meek person; a weak-kneed and bigoted person.
샌드위치 a sandwich. ‖ ～맨 a sandwich man.
샌들 sandals.
샐러드 a salad. ‖ ～유 salad oil.
샐러리 a salary. ‖ ～맨 a salaried man.
샘[1] 《물》 a spring; a fountain.
샘[2] 《시새움》 jealousy; envy. ¶ ～내다 be jealous〔envious〕《*of*》; envy.
샘물 spring〔fountain〕water.
샘바르다 (be) jealous; envious.
샘솟다 《물이》 rise in a fountain; gush〔spring〕out〔forth〕. ¶ 눈물이 ～ tears well up in *one's* eyes.
샘터 a fountain place〔site〕.
샘플 a sample.
샛강(—江) a tributary; a feeder.
샛검불 fireweeds.
샛길 a byway; a narrow path; a bypath; a byroad.
샛노랗다 (be) bright〔vivid〕yellow.
샛밥 snack for farmhands.
샛별 the morning star; Lucifer.
샛서방(—書房) a secret lover; a paramour.
생(生) life(생명); living(삶). ¶ ～을 받다 be born; live.
생…(生) 《조리하지 않은》 raw; uncooked; 《자연 그대로의》 crude; 《신선한》 fresh; 《익지 않은》 green; unripe; 《덜 요리된》 underdone; half-boiled; 《살아있는》 live; green. ¶ ～고무 crude〔raw〕rubber / ～밥 half-boiled rice / ～울타리 hedge / ～우유 raw milk.
생가(生家) the house of *one's* birth; *one's* parents' home.

생가죽(生—) 《무두질하지 않은》 a rawhide; an untanned skin.
생각 ① 《사고》 thinking; feeling(느낌); 《사상》 (a) thought; 《관념》 an idea; a notion; a conception. ② 《의견》 *one's* opinion 〔view〕; 《신념》 a belief. ¶ 내 ~으로는 in my opinion. ③ 《의도·의향》 mind; an idea; an intention; an aim; 《방책》 a plan; 《동기》 a motive; a view. ¶ 좋은 ~ a good idea / 그렇게 할 ~은 없다 have no mind to do so. ④ 《기대》 expectation; hope; 《소원》 wish; desire. ¶ ~ 밖의 unexpected; unforeseen / ~이 어그러지다 be disappointed of *one's* expectations. ⑤ 《판단》 judgment; 《사려》 prudence; sense; discretion. ¶ ~있는 prudent; discreet; thoughtful. ⑥ 《상상》 imagination; fancy; supposition. ¶ ~도 못할 unimaginable; unthinkable. ⑦ 《고려》 consideration; regard; thought; 《참작》 allowance. ¶ ~에 넣다〔안 넣다〕 take〔leave〕《*a matter*》 into 〔out of〕 consideration. ⑧ 《추억》 retrospection; recollection; 《명상》 meditation; reverie(공상). ⑨ 《각오》 a resolution.
생각건대 It seems to me that..., I believe〔think〕....
생각나다 《사물이 주어》 come to mind; occur to *one;* be reminded of; 《사람이 주어》 call 〔bring〕《*something*》 to mind; recall; remember; 《생각이 떠오르다》 think of 《*something*》; hit on 《*a plan*》; take〔get〕 it into *one's* head 《*to do*》. ¶ 생각나게 하다 remind 《*a person*》 of 《*something*》; suggest 《*an idea*》 to 《*a person*》 / 갑자기 ~ it strikes *one* 《*to do*》 / 너를 보면 내 동생이 생각난다 You put me in mind〔remind me〕 of my brother.
생각하다 ① 《사고·고려》 think 《*of, about*》; consider. ¶ 다시 ~ think over; reconsider. ② 《믿다》 believe; hold; 《판단》 judge. ¶ 옳다고 ~ believe 《*it*》 to be right. ③ 《간주》 take 《*a thing*》 as 〔for〕; regard〔consider〕《*as*》. ¶ 명예로 ~ regard 《*it*》 as an honor. ④ 《의도》 intend; plan; be going to; think of 《*doing*》. ⑤ 《예기》 expect; hope; anticipate. ¶ 생각한 대로 as (*one*) expected / 생각했던 대로 되다 turn out just as *one* wanted. ⑥ 《상상》 suppose; imagine; fancy; guess. ¶ 생각할 수 없는 unimaginable; unthinkable / 네가 생각하는 바와 같이 as you suppose. ⑦ 《기억·회상》 recall; remember; look back 《*upon*》; recollect. ¶ 그를 어디서 만났던 것으로 생각한다 I remember seeing him somewhere. ⑧ 《염두에 두다》 think of; be interested in; care for; yearn after 〔for〕. ¶ 고향을 ~ yearn for *one's* home / 아무렇지도 않게 ~ do not care a bit 《*about*》.
생각해내다 think out 《*a plan*》; work out 《*a scheme*》; invent; contrive; 《상기하다》 recall; remember; call to mind.
생강(生薑) 〖植〗 a ginger.
생것(生—) ☞ 날것.
생견(生絹) raw silk.
생경(生硬) ~하다 (be) raw; crude; unrefined; stiff.
생계(生計) livelihood; living. ¶ ~를 세우다 make a living 《*by*》. ‖ ~비 the cost of living.
생과부(生寡婦) a neglected wife; a grass widow.
생과(실)(生果(實)) (raw) green fruits.
생과자(生菓子) (a) pastry; (a) cake.
생굴(生—) a raw〔fresh〕 oyster.
생글거리다 smile (affably).
생기(生氣) life; vitality; vigor; verve. ¶ ~있는 vital; lively; animated / ~없는 lifeless; dull; anemic / ~를 되찾다 come to life; be revitalized / ~발랄하다 be vigorous; be full of life / ~를 주다 enliven.
생기다 《발생》 happen; occur; take place; come into being(존재); 《야기함》 give rise to; cause; bring about; 《유래함》 originate 《*from, in*》; result 《*from*》; 《산출》 yield; produce; 《얻다》 obtain; get; 《낳다》 be born; 《얼굴이》 have looks.
생김새 looks; personal appearance.
생나무(生—) a live tree; green wood.
생남(生男) the birth〔begetting〕 of a son; delivery of a boy. ~하다 give birth to a son; be delivered of a boy. ‖ ~턱 celebration of the birth of *one's* son; "handing out cigars".
생녀(生女) the birth〔begetting〕 of a daughter. ~하다 give birth to a daughter; be delivered of a girl.
생년(生年) ‖ ~월일(시) the date (and hour) of *one's* birth.
생니(生—) a healthy tooth.
생담배(生—) a lighted cigaret(te); a live butt.
생도(生徒) ‖ 사관~ a cadet; a midshipman(해군의).
생돈(生—) money spent to no purpose.
생동(生動) ~하다 move lively; be full of life; be vivid〔lifelike〕.
생득(生得) ¶ ~의 natural; inborn; innate. ‖ ~권 *one's* birthright.

생떼(거리) ¶ ～ 쓰다 persist; stick to 《*it*》 doggedly; be obstinate.

생략(省略) omission; abbreviation. ～하다 omit; abbreviate. ¶ ～한〔된〕 omitted; abridged / 이하 ～ The rest is omitted. ‖ ～법 ellipsis / ～부호 an apostrophe.

생력(省力) labor saving. ¶ ～화에 도움이 되는 기계 work-〔labor-〕saving machines. ‖ ～장치 a labor-saving device.

생령(生靈) souls; lives; people.

생리(生理) physiology; 《월경》 menstruation; *one's* period. ¶ ～적인 physical; physiological / ～적 요구 the needs of the body / ～중에 있다 be having *one's* period. ‖ ～대 a sanitary napkin〔towel, belt〕/ ～위생 physiology and hygiene / ～일 *one's* menstrual period; *one's* monthly day / ～통 period pains / ～학 physiology / ～학자 a physiologist / ～현상 a physiological phenomenon / ～휴가 a women's holiday.

생매장(生埋葬) ～하다 bury 《*a person*》 alive.

생맥주(生麥酒) draft〔draught 《英》〕beer; beer on draft〔tap〕.

생면(生面) ～하다 see〔meet〕《*a person*》 for the first time. ‖ ～부지 an utter stranger.

생명(生命) life; existence; 《정수》 the soul 《*of thing*》. ¶ ～을 걸다 risk *one's* life / 많은 ～을 희생하여 at the cost of many lives / ～이 걸려 있는 fatal 《*disease*》; mortal 《*wounds*》 / 그의 정치적 ～도 이제 끝이다 His political life〔career〕is over〔finished〕. / 명쾌함이 연설의 ～이다 Clarity is the life〔soul〕of a speech. ‖ ～감 a feeling of vitality / ～공학 biotechnology / ～과학 life science / ～력 life force; survival power〔ability〕/ ～보험 life insurance (～보험에 들다 have *one's* life insured) / ～선 a life line / ～수 life-giving water / ～유지 장치 a life-support system.

생모(生母) *one's* real mother.

생목숨(生—) ① 《산》 life. ② 《죄없는》 an innocent (*person's*) life.

생무지 a novice; a green hand.

생물(生物) a living thing; a creature; life(총칭). ‖ ～계 animals and plants / ～학 biology / ～학자 a biologist / ～학적 산소요구량 the biological oxygen demand(생략 BOD) / ～화학 biochemistry.

생방송(生放送) a live broadcast; live broadcasting. ～하다 broadcast 《*a drama*》 live; cover〔carry〕《*an event*》 live on radio〔television〕.

생벼락(生—) an unreasonable〔undeserved〕scolding; a sudden〔an unexpected〕calamity.

생부(生父) *one's* real father.

생불(生佛) a living Buddha.

생사(生死) life and〔or〕death; *one's* safety(안부). ¶ ～에 관한 문제 a matter of life and death; a vital question / ～를 같이하다 share *one's* fate 《*with*》 / ～지경을 헤매다 hover between life and death / 그의 ～는 아직 불명이다 He is still missing.

생사(生絲) raw silk.

생사람(生—) an innocent〔unrelated〕person. ¶ ～ 잡다 kill an innocent person(살해); inflict injury upon an innocent person(모해).

생산(生産) production. ～하다 produce; make; turn〔put〕out. ¶ ～을 개시하다 bring〔put〕《*something*》 into production / 국내～ domestic production. ‖ ～고〔액〕 an output / ～과잉 overproduction / ～관리 production control / ～력 productive capacity / ～목표 《attain》 a goal of production / ～물 a product / ～비 production cost / ～성 productivity(～성을 높이다 increase〔raise〕the productivity 《*of*》) / ～자 a producer; a maker / ～자 가격 the producer('s) price / ～제한 restriction of output / ～지 a producing district.

생살여탈(生殺與奪) ¶ ～권을 쥐다 hold the power of life and death 《*over a person*》.

생색(生色) ¶ ～이 나다 reflect credit on 《*a person*》; do 《*a person*》 credit / ～을 내다 pose as a benefactor 《*to*》; try to gain 《*a person's*》 gratitude.

생생하다(生生—) (be) fresh; vivid; lively; full of life. ¶ 생생히 vividly; true to life.

생석회(生石灰) quicklime.

생선(生鮮) (a) fish; fresh〔raw〕fish. ‖ ～가게 a fish shop / ～구이 baked〔broiled〕fish / ～장수 a fishmonger / ～회 slices of raw fish.

생성(生成) ～하다 create; form; generate; be created〔formed〕.

생소(生疎) ¶ ～한 unfamiliar; strange; inexperienced 《*in*》.

생소리(生—) 《엉뚱한》 an absurdity; a nonsense; 《근거가 없는》 a groundless remark.

생수(生水) natural〔spring〕water.

생시(生時) ① 《난 시간》 the time〔hour〕of *one's* birth. ② 《깨어 있을 때》 *one's* waking hours; 《생전》 *one's* lifetime.

생식(生食) ～하다 eat 《*fish*》 raw; eat uncooked food.

생식(生殖) reproduction; generation. ～하다 reproduce; procreate; generate. ‖ ～기 sexual organs / ～기능 reproductive function / ～력 generative power; fecundity / ～세포 a germ cell.
생신(生辰) ☞ 생일. 「a lifetime.
생애(生涯) a 《*happy*》 life; a career;
생약(生藥) a herb medicine; a crude drug. ‖ ～학 pharmacognosy.
생억지(生一) ¶ ～ 쓰다 say extremely unreasonable things; stick to *one's* unjust opinion.
생업(生業) an occupation; a calling. ¶ …을 ～으로 하다 live by 《*doing*》. ‖ ～자금 a rehabilitation fund.
생육(生肉) raw [uncooked] meat.
생육(生育) ～하다 grow; raise.
생으로(生一) ① 《날로》 raw. ¶ ～ 먹다 eat raw. ② 《억지로》 forcibly; willy-nilly; by force; 《까닭없이》 unreasonably; without any reason; causelessly.
생이별(生離別) ～하다 be separated from 《*one's* spouse》 by adverse circumstances; part from 《*one's* spouse》 and lose contact with him [her].
생인손 a sore finger.
생일(生日) *one's* birthday. ‖ ～케이크 a birthday cake.
생장(生長) growth. ☞ 성장.
생전(生前) *one's* life(time). ¶ ～에 in [during] *one's* life(time); before *one's* death.
생존(生存) existence; survival. ～하다 exist; live; survive(살아남다). ‖ ～경쟁 a struggle for existence / ～권 the right to live / ～자 a survivor.
생죽음(生一) a violent death. ～하다 die an accidental death; die by violence.
생쥐 〖動〗 a mouse [*pl.* mice].
생지옥(生地獄) a hell on earth.
생질(甥姪) *one's* sister's son; a nephew. ‖ ～녀 *one's* sister's daughter; a niece.
생짜(生一) 《날것》 something raw; uncooked food(음식 따위); an unripe [green] fruit(과실).
생채(生菜) a vegetable salad.
생채기 a scratch.
생체(生體) a living body. ‖ ～공학 bionics / ～반응 the reaction of a living body / ～실험 medical experimentation [a medical experiment] on living person / ～해부 vivisection.
생태(生態) a mode of life. ‖ ～계 an ecosystem / ～변화 ecological adaptation / ～학 ecology.
생트집(生一) a false charge. ～하다 find fault 《*with a person*》; accuse 《*a person*》 falsely.
생판(生板) completely; utterly; quite. ¶ ～ 다르다 be utterly different.
생포(生捕) capture. ～하다 take 《*a person*》 prisoner; capture; catch 《*an animal*》 alive.
생화(生花) a natural [fresh] flower.
생화학(生化學) biochemistry. ‖ ～자 a biochemist.
생환(生還) ～하다 return alive; 〖野〗 reach the home plate; score home. ¶ ～시키다 《야구에서》 bring home 《*the runner*》. ‖ ～자 a survivor.
생활(生活) life; living; livelihood (생계). ～하다 live; lead a 《*lonely*》 life; support *oneself;* make a living. ¶ ～이 안정되다 secure *one's* living / ～이 어렵다 be unable to make a living; be badly off. ‖ ～개선 the improvement of living condition / ～고 hardships of life / ～곤궁자 a needy people; the needy [poor] / ～난 hard living [life] / ～력 vitality; *one's* capacity for living / ～방식 the mode of living / ～보호 livelihood protection(～보호를 받다 go [be] on welfare) / ～비 the cost of living / ～상태 the condition of living / ～설계 a plan for *one's* life; life planning / ～설계사 a life planner / ～수준 the standard of living / ～양식 a mode of living; a way of life / ～연령 *one's* chronological age / ～지도 《교육상의》 educational guidance / ～체험 experience in actual life / ～필수품 necessaries of life / ～환경 life environment.
생후(生後) after [since] *one's* birth. ¶ ～ 3개월된 아이 a three-month-old baby.
샤워 《have, take》 a shower (bath).
샴페인 《술》 champagne.
샴푸 《have》 a shampoo.
샹들리에 a chandelier.
샹송 a *chanson* 《프》.
서(西) (the) west.
서(署) ① ☞ 관서. ② ☞ 경찰.
서가(書架) a bookcase; a bookshelf; a bookstack (도서관의).
서가(書家) a calligrapher.
서간(書簡) a letter; a note. ‖ ～문 an epistolary style.
서거(逝去) death. ～하다 pass away; die.
서경(西經) the west longitude. ¶ ～ 20도 longitude 20 degrees west; long. 20 W.
서고(書庫) a library.
서곡(序曲) an overture; a prelude.
서관(書館) 《서점》 a bookstore; 《출판사》 a publisher.

서광(曙光) the first streak of daylight; dawn; 《희망》 hope. ¶ 평화의 ~ the dawn of peace.

서구(西歐) West(ern) Europe; the West(서양). ‖ ~문명 Western civilization.

서글서글하다 (be) free and easy; open-hearted; magnanimous; sociable; affable.

서글프다 (be) sad; plaintive; lonesome.

서기(西紀) the Christian Era; *Anno Domini* (생략 A. D.).

서기(書記) a clerk; a secretary. ‖ ~국 a secretariat / ~장(長) the head clerk; a chief secretary / (일등) ~관 a (first) secretary 《*of the embassy*》.

서기(瑞氣) an auspicious sign; a good omen.

서까래 a rafter.

서남(西南) the southwest. ¶ ~의 southwestern; southwesterly. ‖ ~풍 a southwester; a southwesterly wind.

서낭 a tutelar(y) deity. ‖ ~당 the shrine of a tutelary deity.

서너 three or four; a few.

서너너덧 three or four; a few 《*of*》.

서늘하다 ① 《날씨가》 (be) cool; refreshing; chilly (차갑다). ② 《마음이》 have a chill; be chilled.

서다 ① 《기립》 stand (up); rise (to *one's* feet); get up. ② 《정지》 stop; (make a) halt; come to stop; draw up (말 따위가); run down (시계가). ¶ 갑자기 ~ stop short. ③ 《건립》 be built 〔erected〕; be established; be set up. ④ 《장이》 be opened 〔held〕. ⑤ 《칼날이》 be sharpened 〔edged〕. ⑥ 《명령이》 be obeyed; be followed; be carried out; 《질서가》 be orderly; be in good order. ⑦ 《조리가》 hold good; be made good; 《이유가》 pass; be admissible. ⑧ 《계획이》 be formed 〔established〕; be worked out. ⑨ 《위신·체면이》 save 《*one's face*》. ⑩ 《잉태함》 ¶ 아이가 ~ become pregnant. ⑪ 《결심이》 make up *one's* mind.

서당(書堂) a village schoolhouse.

서도(書道) calligraphy.

서두르다 《급히》 (be in a) hurry; hasten; make haste; 《재촉》 press; urge. ¶ 서둘러서 in haste 〔a hurry〕; hastily / 일을 ~ speed (up) *one's* work.

서랍 a drawer.

서러워하다 grieve 《*at, over*》; sorrow 《*at, over*》; be sorrowful.

서럽다 (be) sad; sorrowful; mournful; grievous.

서력(西曆) ☞ 서기(西紀).

서로 mutually; 《help》 each other 〔one another (셋 이상)〕.

서론(序論) an introduction; introductory remarks; a preface.

서류(書類) 《shipping》 documents; 《important》 papers. ¶ 관계 ~ related documents. ‖ ~가방 a briefcase / ~전형(銓衡) selection 〔screening〕 of candidates by examining their papers / ~함 a filing cabinet.

서른 thirty.

서름(서름)하다 ① 《익숙잖다》 (be) unacquainted 〔unfamiliar〕 《*with*》; inexperienced. ② 《태도가》 (be) reserved; distant; quite estranged 〔alienated〕 《*from*》.

서리[1] frost. ¶ ~가 내리다 it frosts. ‖ 된~ heavy frost / 첫~ the first frost of the season.

서리[2] 《훔치기》 stealing 《*fruits, chickens,* etc.》 in a band (out of a mischievous motive).

서리(署理) administering as an acting director(일); an acting director, a deputy 《*official*》(사람). ~하다 administer 《*affairs*》 as a deputy 〔an acting director〕; stand proxy for. ¶ 국무총리 ~ an acting premier.

서리다 ① 《김이》 rise; be clouded (up) 《*with*》; steam up. ② 《기가》 get dejected; be disheartened.

서리맞다 ① 《내리다》 be frosted 《*over*》; be nipped 〔shriveled〕 by frost. ② 《기운이》 be dispirited; 《타격》 be hard hit; receive a setback.

서막(序幕) 《극에서》 the opening 〔first〕 scene; 《시초》 a prelude 《*to*》; the beginning.

서머타임 daylight saving time; summer time 《英》.

서먹(서먹)하다 feel awkward 〔nervous〕 《*before an audience*》; feel small 〔embarassed〕 《*in company*》; feel ill at ease.

서면(書面) a letter; 《문서》 writing; a document. ¶ ~으로 by letter; in writing.

서명(書名) the title 〔name〕 of a book.

서명(署名) a signature. ~하다 sign *one's* name 《*to*》; affix *one's* signature to; autograph. ¶ ~ 날인을 하다 sign and seal. ‖ ~국 a signatory / ~운동 a signature-collecting campaign / ~자 a signer; the undersigned 〔oversigned〕 (서면에서).

서모(庶母) *one's* father's concubine.

서몽(瑞夢) an auspicious dream.

서무(庶務) general affairs 《*section*》.

서문(序文) a foreword; a preface.

서민(庶民) the (common) people; common 〔ordinary〕 folks 《美》; the masses. ¶ ~적(인) popular; common; unpretentious 《*tastes*》.

‖ ～금융 petty loans for the people.

서반구(西半球) the Western Hemisphere.

서방(西方) the west. ¶ ～의 western / ～에 to the west《*of*》. ‖ ～세계 the Western world / ～정토〖宗〗the Western Paradise; the Buddhist Elysium.

서방(書房) ①《남편》*one's* husband〔man〕. ¶ ～(을) 맞다 get married to a man. ②《호칭》Mr. 《*Kim*》;《하인에게》Old….

서방질(書房―) adultery. ～하다 cuckold *one's* husband; misconduct *oneself*《*with a man*》.

서법(書法) penmanship.

서부(西部) the western part; the West(미국의). ¶ ～의 western. ‖ ～극 a western; a cowboy picture.

서북(西北) ①《서와 북》north and west. ②《서북간》the northwest. ¶ ～의 northwestern; northwesterly. ‖ ～풍 a northwestern〔northwesterly〕wind.

서브〖테니스〗a serve; a service. ～하다 serve.

서비스 service. ¶ ～가 좋다〔나쁘다〕give good〔bad〕service. ‖ ～료 a service charge; a cover charge (식당의) / ～업 a service industry.

서사(敍事) (a) description of deeds〔incidents〕. ¶ ～적(인) descriptive; narrative. ‖ ～시 an epic.

서산(西山) the western mountain. ¶ ～에 지는 해 the sun setting behind the hill(s).

서생(書生) a student;《남의 집의》a student houseboy.

서서히(徐徐―) slow(ly); gradually; by degrees.

서설(瑞雪) propitious snow.

서성거리다 walk up and down restlessly; go back and forth uneasily.

서수(序數) an ordinal (number).

서술(敍述) description; depiction. ～하다 describe; narrate; depict. ¶ ～적(인) descriptive; narrative. ‖ ～어 the predicative.

서스펜스 suspense. ¶ ～가 넘치는 suspenseful.

서슬 ①《칼날》a burnished blade; a sharp edge. ②《기세 따위》the brunt《*of an attack, argument*》; impetuosity.

서슴다 hesitate《*to do*》; waver. ¶ 서슴지 않고 without hesitation.

서슴없다 (be) unhesitating;《서슴적》be not hesitant.

서식(書式) a (fixed, prescribed) form. ¶ ～에 따라 in due form.

서식(棲息) ～하다 live《*in water*》; inhabit《*a forest*》. ¶ ～에 적합한 inhabitable. ‖ ～동물 an inhabitant《*of*》/ ～지 a habitat.

서신(書信)《편지 왕래》correspondence;《편지》a letter.

서약(誓約) an oath; a pledge, a vow. ～하다 (make a) pledge, vow; swear; take an oath. ¶ ～을 지키다〔어기다〕keep〔break〕*one's* pledge. ‖ ～서 a written oath.

서양(西洋) the West; the Occident. ¶ ～의 Western; Occidental / ～화하다 Westernize; Europeanize. ‖ ～문명〔사상〕Western civilization〔ideas〕/ ～사 European history / ～사람 a Westerner; a European / ～식 Western style; the Western way《*of thinking*》.

서언(序言·緖言) a foreword; an introduction; a preface.

서열(序列) rank; order; grade.

서예(書藝) calligraphy.

서운하다 (be) sorry; regrettable; disappointing. ¶ 서운해 하다 be sorry《*for*》; regret; be disappointed; miss.

서울 Seoul;《수도》the capital; the metropolis. ‖ ～내기 a Seoulite.

서원(書院) ① a traditional lecture-hall. ② a memorial hall for the great scholars of the past.

서원(署員) (a member of) the《*police*》staff. ¶ 세무～ a tax office clerk.

서인도제도(西印度諸島) the West Indies.

서임(敍任) appointment. ～하다 appoint.

서자(庶子) an illegitimate child.

서장(署長) the head〔chief〕《*of*》; a marshal. ¶ 경찰～ the chief of police station.

서재(書齋) a study; a library.

서적(書籍) books; publications(출판물). ‖ ～상 a bookseller(사람); a bookstore(가게).

서점(書店) a bookstore; a bookshop; a bookseller's.

서정(敍情·抒情) lyricism. ¶ ～적(인) lyric(al). ‖ ～시 lyric poetry(총칭); a lyric / ～시인 a lyrist.

서정(庶政) all administrative affairs; civil services. ‖ ～쇄신 purification〔renovation〕of officialdom.

서지(書誌) a bibliography. ‖ ～학 bibliography / ～학자 a bibliographer.

서진(書鎭) a (paper)weight.

서쪽(西―) the west. ¶ ～의 west; western / ～으로 westward.

서책(書冊) a book;《저서》a work.

서체(書體) a style of handwriting; a calligraphic style.

서출(庶出) ¶ ～의 bastard; born out of wedlock.
서치라이트 a searchlight《*on*》.
서캐 a nit.
서커스《run》a circus.
서투르다 (be) unskillful; clumsy; poor; awkward. ¶ …이 ～ be bad〔not good〕at…; be a poor hand at《*doing*》….
서평(書評) a book review.
서표(書標) a bookmark(er).
서푼(一分) three *p'un;*《형용사적》of little worth.
서품(敍品)〖가톨릭〗ordination. ～하다 ordain.
서풍(西風) the west〔westerly〕wind.
서해(西海) the western sea;《황해》the Yellow Sea.
서해안(西海岸) the west coast. ‖ ～간선도로 the west coast highway.
서행(徐行) ～하다 go slow(ly); slow down. ¶ ～《게시》Slow down. *or* Go〔Drive〕slow.
서향(西向) a western exposure.
서혜(鼠蹊)〖解〗the groin. ‖ ～부 the inguinal region.
서화(書畫) paintings and writings〔calligraphic works〕.
서훈(敍勳) (conferment of a) decoration. ～하다 confer a decoration《*on a person*》.
석(石) ①《시계 등의》a jewel. ¶ 15～의 시계 a 15-jewel watch. ②《섬》a *sŏk*(=4.9629 bushels).
석 ☞ 세. ¶ ～ 달 three months.
석가(釋迦) ☞ 석가모니.
석가모니(釋迦牟尼) S(h)akyamuni; Buddha.
석가산(石假山) an artificial〔a miniature〕hill; a rockery.
석각(石刻) stone carving; a carved stone. ～하다 carve in stone.
석간(夕刊) an evening paper; the evening edition《*of*》.
석고(石膏) gypsum; plaster (of Paris). ‖ ～세공 plasterwork.
석공(石工) ☞ 석수(石手).
석굴(石窟) a rocky cavern; a stone cave.
석권(席卷·席捲) ～하다 overwhelm; carry everything before《*one*》; conquer; sweep《*over*》.
석기(石器) stoneware; stonework;〖考古〗a stone implement. ¶ ～시대 the Stone Age / 구〔신〕～시대 the Early〔New〕Stone Age.
석남(石南)〖植〗a rhododendron.
석류(石榴)〖植〗a pomegranate (tree). ‖ ～석(石)〖鑛〗garnet.
석면(石綿)〖鑛〗asbestos.
석명(釋明) ～하다 explain; give an explanation《*of*》; vindicate《*oneself*》.
석방(釋放) release; acquittal. ～하다 set《*a person*》free; release.
석벽(石壁) ①《절벽》a cliff; a rock-wall. ②《벽》a stone wall.
석별(惜別) ～하다 be loath to part《*from*》; express regret at parting. ¶ ～의 정을 나누다 express *one's* sorrow at parting.
석부(石斧) a stone ax.
석불(石佛) a stone (image of) Buddha.
석비(石碑) a stone monument.
석사(碩士) master. ‖ ～과정〔학위〕a master's course〔degree〕/ 이학～ a master of science; Master of Science(생략 M.S.).
석상(石像) a stone image〔statue〕.
석상(席上) ¶ ～에서 at the meeting.
석쇠 a grill; a gridiron.
석수(石手) a stonemason; a stonecutter.
석수(汐水) the evening tide.
석순(石筍)〖鑛〗stalagmite.
석양(夕陽) the setting〔evening〕sun.
석연(釋然) ～하다 (be) satisfied《*with*》; satisfactory. ¶ ～치 않다 be not satisfied《*with*》.
석영(石英)〖鑛〗quartz. ‖ ～암(岩) quartzite.
석유(石油) oil; petroleum; kerosene(등유). ‖ ～갱 an oil well / ～난로 an oil stove / ～생산국 an oil producing country / ～시추 oil drilling / ～시추업자 an oil driller / ～위기 an oil crisis / ～풍로 an oil stove for cooking.
석유수출국기구(石油輸出國機構) the Organization of Petroleum Exporting Countries(생략 OPEC).
석유안정기금(石油安定基金) the Petroleum Stability〔Stabilization〕Fund.
석유자원(石油資源) petroleum resources; oil riches. ¶ ～을 개발하다 develop〔exploit〕petroleum resources.
석유제품(石油製品) petroleum〔oil〕products.
석유화학(石油化學) petrochemistry. ‖ ～공업 the petrochemical industry / ～제품 petrochemicals / ～콤비나트 a petrochemical complex.
석재(石材) (building) stone.
석전(釋奠) the rite observed in memory of Confucius.
석조(石造) ¶ ～의 (built of) stone. ‖ ～건물 a stone building.
석존(釋尊) Buddha; Sakyamuni.
석종유(石鍾乳)〖鑛〗stalactite.
석주(石柱) a stone pillar.
석차(席次)《자리의》the order of seats〔places〕;《학교의》standing; ranking; the class order. ¶ ～가 5등 오르다〔내리다〕go up〔down〕five places in the class standing / 그는 반에서 ～가 3등이다 He ranks third in his class.
석창포(石菖蒲)〖植〗a sweet rush.

석탄(石炭) coal. ¶ ～을 캐다 mine coal. ‖ ～가스 coal gas / ～갱〔광〕 a coal pit〔mine〕/ ～갱부 a coal miner / ～산 carbolic acid / ～액화(장치) coal liquefaction (equipment) / ～층 a coal bed / ～통 a coal box.
석탑(石塔) a stone pagoda〔tower〕.
석판(石板) a slate.
석판(石版) 〖印〗 lithography.
석패(惜敗) ～하다 be defeated by a narrow margin.
석필(石筆) a slate pencil.
석학(碩學) a man of erudition.
석화(石火) a flint spark (불꽃); a flash(빠름).
석회(石灰) lime. ¶ ～질의 calcic. ‖ ～석 limestone / ～수 limewater.
섞갈리다 get confused〔mixed, tangled, complicated〕.
섞다 mix; mingle; blend; admix; adulterate《*with*》.
섞바꾸다 take the wrong one; mistake one for the other.
섞바뀌다 be mistaken for.
섞이다 be mixed〔mingled〕《*with*》; mix〔mingle〕《*with*》.
선《혼사의》 an interview〔a meeting〕 with a view to marriage. ¶ ～보다 be formally introduced〔meet each other〕 with a view to marriage; have an interview with a prospective bride〔bridegroom〕.
선(先) the first move《*in a chess game*》.
선(善) 《do》 good; goodness; 《practice》 virtue. ¶ ～과 악 good and evil.
선(腺) 〖解〗 a gland.
선(線) 《draw》 a line; a route(항로); a track(역의); a wire(전선). ¶ 경부 ～ the *Gyeong-bu*〔Seoul and Busan〕 line / …～을 따라 along the line《*of*》; in line with / ～을 이루어 in a line. ‖ 38도 ～ the 38th Parallel.
선(選) selection; choice. ¶ ～에 (못)들다 be (not) chosen.
선(禪) Zen (Buddhism); religious meditation〔contemplation〕.
선가(禪家) a *Seon* temple〔priest〕; a Zen temple〔priest〕.
선각자(先覺者) a pioneer; a pathfinder; a leading spirit.
선객(船客) a passenger. ‖ ～명부 a passenger list / 1〔2〕등 ～ a first-〔second-〕class passenger.
선거(船渠) a dock.
선거(選擧) (an) election. ～하다 elect; vote for. ¶ ～를 실시하다 hold an election / ～에 압승하다 win a landslide victory in an election / ～에 지다 lose〔be defeated in〕 an election. ‖ ～관리 위원회 the Election Administration Committee / ～구 a constituency; an electoral district / ～권 the right to vote; suffrage / ～방해 (an) election obstruction / ～사무소 an election campaign office / ～연설 a campaign speech / ～운동 an election campaign / ～위반 election irregularities / ～유세 a canvassing〔campaign〕 tour / ～인 a voter; a constituent; the electorate(총칭) / ～인명부 a pollbook; a voter's list; a register of electors《美》/ ～일 the election〔polling〕 day / ～자금 an election campaign fund / ～참관인 a referee of an election / 공명～ a fair election / 대〔소〕～구제 the major〔minor〕 electorate system / 보궐～ a special election《美》; a by-election《英》/ 중간～ an off-year election《美》.
선거법(選擧法) election〔electoral〕 law. ‖ ～개정 (an) electoral reform / ～위반 (a) violation of election law / ～위반자 an election law breaker〔violator〕.
선견(先見) foresight. ¶ ～지명 the wisdom and power to see into the future / ～지명이 있는 farsighted; farseeing; foresighted / ～지명이 있다〔없다〕 have〔lack〕 foresight.
선결(先決) ～하다 settle《*something*》 beforehand. ¶ 장소의 확보가 ～이다 We must get the place first of all. ‖ ～문제 the first consideration; a matter that must be settled first.
선경(仙境) a fairyland; an enchanted land.
선고(先考) *one's* deceased father.
선고(宣告) (a) sentence; (a) verdict(평결); (a) judgment(심판). ～하다 (pass a) sentence《*on*》; condemn〔pronounce〕《*a person to death*》. ¶ 사형의 ～ a sentence of death / 파산 ～ a decree in bankruptcy.
선공(先攻) ～하다 attack first; 〖野〗 go to bat first.
선광(選鑛) ore dressing. ～하다 dress. ‖ ～부 an ore dresser.
선교(宣敎) missionary work. ‖ ～사 a missionary.
선교(船橋) ① ☞ 배다리. ② a bridge (갑판의).
선구(先驅) ¶ ～적인 pioneering《*works*》; pioneer《*physicist*》. ‖ ～자 a pioneer; a pathfinder.
선구(船具) ship's fittings; rigging.
선구안(選球眼)《야구의》《have》 a 《*sharp*》 batting eye.
선글라스 (a pair of) sunglasses.
선금(先金) an advance; a prepayment. ¶ ～을 치르다 pay in advance.
선급(先給) 《돈의》 payment in

advance; 《상품 따위의》 delivery in advance. ¶ (상품을) ~으로 사다〔팔다〕 buy〔sell〕《*goods*》 for forward delivery.
선급(船級) (ship's) classification〔class〕. ‖ ~증서 a classification certificate / ~협회 a classification society.
선남선녀(善男善女) pious people.
선납(先納) payment in advance. ~하다 pay in advance; prepay.
선녀(仙女) a fairy; a nymph.
선다형(選多型) a multiple choice system〔format〕. ‖ ~문제 a multiple-choice question.
선단(船團) a fleet of vessels.
선대(先代) *one's* predecessor.
선도(先渡) forward delivery.
선도(先導) ~하다 guide; (take the) lead. ‖ ~자 a guide; a leader.
선도(善導) proper guidance. ~하다 lead properly; guide aright.
선도(鮮度) freshness. ¶ ~가 높은〔낮은〕 very〔not very〕 fresh / ~가 떨어지다 become less fresh.
선돌〖史〗 a menhir.
선동(煽動) instigation; agitation. ~하다 instigate; stir up; agitate. ¶ ~적인 inflammatory; seditious; incendiary. ‖ ~자 an agitator; an instigator.
선두(先頭) the lead; the head; the top; 〖軍〗 the van. ¶ ~에 서다 take the lead《*in doing*》; be at the head. ‖ ~타자 〖野〗 a lead-off man; the first batter.
선두(船頭) the bow; the prow.
선두르다 put a border《*on*》; border; fringe; hem.
선득하다 (be) chilly; 《서술적》 feel a chill; feel〔be〕 chilled; feel a thrill, shudder《*at, to think of*》.
선들거리다 《cool breezes》 blow gently; be rather cool〔chilly〕.
선뜻 《가볍게》 lightly; 《쾌히》 readily; willingly; with a good grace; offhand(즉석에서).
선량(善良) ~하다 (be) good; virtuous; honest. ¶ ~한 사람 a good(-natured) man / ~한 시민 a good〔law-abiding〕 citizen.
선량(選良) a representative of the people; a member of the Congress.
선령(船齡) the age of a vessel.
선례(先例) a precedent. ☞ 전례.
선로(線路) 《lay》 a (railway) line; a (railroad) track 《美》. ‖ ~공사 railroad construction.
선류(蘚類) 〖植〗 mosses.
선린(善隣) neighborly friendship. ‖ ~관계 good neighborly relations《*with*》/ ~우호정책〔외교〕 a good-neighbor policy.
선망(羨望) envy. ~하다 envy《*something, somebody*》; feel envy《*at*》; be envious《*of*》.
선매(先賣) an advance sale.
선매권(先買權) (the right of) preemption.
선머슴 a naughty boy; an urchin.
선명(宣明) ~하다 announce; proclaim.
선명(鮮明) clearness; vividness; distinctness. ~하다 (be) clear; distinct; vivid; clear-cut. ¶ ~한 영상 《TV의》 a clear〔distinct〕 picture / 기치를 ~히 하다 define〔clarify〕 *one's* attitude. ‖ ~도 《TV의》 distinction; definition.
선무(宣撫) placation; pacification. ‖ ~공작 pacification activity〔work〕/ ~반 a placation squad.
선물(先物) 《buy, deal in》 futures. ‖ ~거래 trading in futures / ~매입 purchase of futures / ~시장 a future market.
선물(膳物) a gift; a present; a souvenir(기념품).
선미(船尾) ☞ 고물[2].
선민(選民) the chosen (people); the elect. ‖ ~의식 elitism.
선박(船舶) a vessel; a ship; shipping(총칭). ‖ ~사용료 charterage / ~업 the shipping industry / ~업자〔회사〕 a shipping man〔company〕.
선반(一盤) a shelf; a rack(그물의). ¶ ~에 얹다 put《*a thing*》 on a shelf.
선반(旋盤) a lathe. ‖ ~공 a latheman / ~공장 a turnery.
선발(先發) ~하다 start first; start〔go〕 in advance《*of others*》; go ahead. ‖ ~대 an advance party / ~투수 a starting pitcher.
선발(選拔) selection; choice. ~하다 select; choose; pick〔single〕 out. ‖ ~시험 a selective examination / ~팀 a picked〔selected〕 team; an all-star team.
선배(先輩) a senior; an elder. ¶ 3년 ~이다 be *one's* senior by three years / ~티를 내다 pose〔give *oneself* airs〕 as a senior. ‖ 대~ a big senior.
선별(選別) sorting; selection. ~하다 sort (out); select. ‖ ~기 a sorting machine / ~융자 selective lending.
선병(腺病) ¶ ~질(質)의 lymphatic《*constitution*》.
선복(船腹) the bottom of a ship; 《선박》 《Korean》 bottoms; shipping(총칭); 《적재량》 tonnage; (freight) space. ¶ ~부족 a shortage〔scarcity〕 of bottoms.
선봉(先鋒) 《lead》 the van(guard); the spearhead. ¶ ~이 되다 be in the van《*of the attack*》; spear-

head 《*an operation*》.
선분(線分) 〖數〗 a line segment.
선불(先拂) payment in advance. ～하다 pay in advance; prepay. ¶ 운임을 ～로 보내다 send 《*goods*》 freight prepaid.
선비 a (gentleman) scholar; a classical scholar; a learned gentleman.
선사《선물을 줌》 ～하다 give〔make〕 《*a person*》 a present; send 《*a person*》 a gift.
선사(先史) ¶ ～의 prehistoric(al). ‖ ～시대 the prehistoric age.
선사(禪師) a *Zen* priest. 「yard.
선산(先山) *one's* ancestral grave-
선생(先生) 《교사》 a teacher; an instructor; a master; a doctor (의사); 《호칭》 Mr.; Sir; Miss; Madam. ¶ 음악〔수학〕 ～ a teacher of music〔mathematics〕.
선서(宣誓) an oath. ～하다 swear; take an oath. ¶ ～시키다 put 《*a person*》 on *his* oath. ‖ ～문 a written oath / ～식 the administration of an oath; a swearing-in ceremony(취임의).
선선하다 ① 《날씨가》 (be) cool; refreshing. ¶ 선선해지다 become〔get〕 cool. ② 《사람·태도가》 (be) candid; frank; open-hearted; free and easy. ¶ 선선히 with a good grace (선뜻).
선셈(先―) payment in advance.
선소리 nonsense; silly talk.
선손(先―) ¶ ～ 쓰다 take the initiative; get the start; forestall 《*another*》 / ～ 걸다 strike the first blow.
선수(先手) ¶ ～를 쓰다 forestall 《*another*》; get the start of; have the first move(바둑).
선수(船首) ☞ 이물.
선수(選手) a 《*tennis*》 player; an athlete; a representative player (대표 선수). ¶ 후보 ～ a substitute (player) / 최우수 ～ the most valuable player(생략 MVP). ‖ ～ 교체 a change〔switch〕 of players / ～권 《win, lose, defend》 a championship; a title / ～권보유자 a championship holder; a titleholder / ～권 시합 a title match / ～촌 an athletic village.
선술집 a (stand) bar; a pub; a tavern. 「game.
선승(先勝) ～하다 win the first
선실(船室) a 《*first-class*》 cabin. ¶ 2등 ～ a second-class cabin / 3등 ～ the steerage / ～을 예약하다 book a berth.
선심(善心) ① 《착한 마음》 virtue; moral sense. ② 《큰 마음》 generosity; benevolence. ¶ ～ 쓰다 do a kindness 《*for a person*》; show *one's* generosity. ‖ ～공세 《선거시의》 pork-barrelling (promises).
선심(線審) 〖競〗 a linesman.
선악(善惡) good and evil; right and wrong. ¶ ～을 가릴 줄 알다 know right from wrong.
선약(仙藥) the elixir of life.
선약(先約) 《have》 a previous engagement〔appointment〕.
선양(宣揚) ～하다 raise; enhance; promote.
선언(宣言) declaration; proclamation. ～하다 declare; proclaim. ‖ ～서 《draw up》 a declaration.
선열(先烈) patriotic forefathers. ¶ 순국 ～ the martyred patriots.
선외(選外) ¶ ～의 《be》 left out of selection〔choice〕. ‖ ～가작 a good work left out of the final selection.
선용(善用) ～하다 make good use of 《*one's knowledge*》; employ 《*time*》 well〔wisely〕.
선웃음 a forced〔an affected〕 smile. ¶ ～ 치다 force〔feign〕 a smile.
선원(船員) a seaman; a crew (총칭). ‖ ～수첩 a seaman's pocket ledger / ～실 the crew's quarters / 고급～ an officer (of a ship) / 하급～ a sailor.
선유(船遊) boating; rowing.
선율(旋律) a melody. ¶ ～적 melodious.
선의(船醫) a ship's doctor.
선의(善意) a favorable sense (의미); good intentions (의도); 〖法〗 good faith; bona fide. ¶ ～의 well-intentioned; bona-fide / ～로 in good faith / ～로 해석하다 take 《*a person's words*》 in a favorable sense.
선의권(先議權) the right to prior consideration 《*of the budget*》.
선인(仙人) a hermit(은자); a fairy (선녀); an unworldly being.
선인(先人) ① ☞ 선친. ② 《전대 사람》 *one's* predecessors.
선인(善人) a good〔virtuous〕 man.
선인선과(善因善果) the fruit of good deeds.
선인장(仙人掌) 〖植〗 a cactus.
선임(先任) seniority. ¶ ～의 senior. ‖ ～순 《in》 the order of seniority / ～자 a senior member.
선임(船賃) ☞ 뱃삯. 「nominate.
선임(選任) ～하다 elect; appoint;
선입견(先入見) preconception; a preconceived idea; a prejudice (편견). ¶ ～을 품다 have a preconceived idea〔opinion〕 / ～을 버리다 get rid of *one's* prejudice.
선입관(先入觀) ☞ 선입견.
선잠 《have》 a light〔dog, short〕 sleep; 《take》 a nap.
선장(船長) a captain; a commander; a skipper.

선적(船積) 《발송》 shipping; shipment; 《적재》 loading; lading. ～하다 ship 《*a cargo*》; load 《*a boat with*》. ‖ ～송장 a shipping invoice / ～항 a port of shipment 〔loading〕.
선적(船籍) the nationality 〔registration〕 of a ship. ¶ 그리스 ～의 화물선 a cargo ship sailing under the flag of Greece. ‖ ～명세서 shipping specifications / ～항 a port of registry.
선전(宣傳) 《through》 propaganda; publicity; advertisement(광고). ～하다 propagandize; give publicity 《*to*》; advertise. ¶ 자기 ～을 하다 advertise *oneself*. ‖ ～가치 the propaganda 〔promotional〕 value / ～공세 a propaganda offensive / ～공작 propaganda efforts 〔maneuvers〕 / ～기관 《정부의》 a propaganda organ 〔machine〕 / ～문구 an advertising statement; a catch phrase; a copy / ～부 the publicity department / ～비 publicity 〔advertising〕 expenses / ～삐라 a handbill / ～업자 a publicity agent / ～원 a publicity man; a public relations man / ～차 an advertising van; a sound truck 《美》 / ～효과 (a) propaganda effect.
선전(宣戰) ～하다 declare war 《*upon, against*》. ‖ ～포고 a proclamation of war.
선전(善戰) ～하다 put up a good fight; fight 〔play〕 well.
선점(先占) prior occupation. ‖ ～취득 an acquisition by occupancy.
선정(善政) good government 〔administration〕; just rule. ¶ ～을 베풀다 govern well 〔wisely〕.
선정(煽情) ¶ ～적인 sensational; suggestive.
선정(選定) ～하다 select; choose.
선제(先制) a head start. ¶ ～점을 올리다 score first point; be (the) first to score.
선제공격(先制攻擊) a preemptive strike 〔attack〕. ～하다 strike 《*the enemy*》 first; take the initiative in an attack.
선조(先祖) an ancestor; a forefather.
선종(禪宗) the Zen sect; Zen Buddhism.
선주(船主) a shipowner.
선지 blood from a slaughtered animal.
선진(先陣) 《lead》 the van (of an army).
선진(先進) ¶ ～의 advanced 《*techniques*》. ‖ ～국 an advanced nation / ～국수뇌회의 the Summit Conference of the Leading Industrialized Nations.
선집(選集) a selection 《*of*》; an anthology.
선착(先着) ¶ ～순으로 in order of arrival; on a first-come-first-served basis.
선창(先唱) ～하다 lead the song 〔chorus〕; take the lead 《*in*》; 《비유적》 advocate; advance.
선창(船窓) a porthole.
선창(船艙) 《부두의》 a (landing) pier; a wharf; a quay; 《배의》 a hatch. ¶ ～에 대다 bring a boat alongside the pier.
선책(善策) a capital plan; a good policy.
선처(善處) ～하다 take the appropriate 《*in a matter*》; deal adequately 《*with*》; make the best of 《*a bad bargain*》.
선천(先天) ¶ ～적인 〔성의〕 inherent; native; inborn; hereditary; inherited 《*character*》 / ～적으로 by nature; inherently. ‖ ～성 매독 congenital syphilis / ～적 결함 a congenital defect.
선철(銑鐵) pig iron.
선체(船體) a hull; a ship(배).
선출(選出) election. ～하다 elect.
선취(先取) preoccupation; preoccupancy. ～하다 take first; preoccupy. ¶ ～득점을 올리다 〖野〗 score 《*two runs*》 first. ‖ ～특권 〖法〗 (the right of) priority; a preferential right.
선측(船側) the side of a ship. ‖ ～인도 free alongside ship (생략 f.a.s.).
선친(先親) my deceased 〔late〕 father.
선태(蘚苔) 〖植〗 moss(es).
선택(選擇) selection; choice; (an) option. ～하다 select; choose. ¶ ～의 자유 freedom of choice / ～을 망설이다 be at a loss which to choose / ～을 그르치다 〔잘 하다〕 make a bad 〔good〕 choice. ‖ ～과목 an optional 〔elective 《美》〕 course / ～권 《have》 the option; (the right of) choice.
선팽창(線膨脹) 〖理〗 linear expansion.
선편(船便) shipping service. ¶ ～으로 by ship 〔steamer, water〕.
선포(宣布) proclamation. ～하다 promulgate; proclaim. ¶ 계엄령을 ～하다 proclaim martial law.
선폭(船幅) the beam. ¶ ～이 넓다 be broad in the beam / ～이 넓은 배 a broad-beamed ship.
선표(船票) a (ship) passenger ticket.
선풍(旋風) a whirlwind; a cyclone. ¶ ～을 일으키다 《비유적》 create a great sensation; make a splash.
선풍기(扇風機) 《turn on, turn off》 an electric fan.
선하다 (be) vivid 〔fresh〕 《*before one's eyes*》; live vividly in *one's* memory. ¶ 그 광경이 눈에 ～ The

sight still haunts me.
선행(先行) ～하다 precede; go〔be〕 ahead《*of*》. ‖ ～권《도로에서의》《have》(the) right of way / ～법규 established regulations / ～사〖文〗an antecedent / ～조건 a condition precedent; an essential prerequisite / ～투자 prior investment.
선행(善行)《do》a good deed; good 「conduct.
선향(仙鄕) a fairyland.
선향(線香)《offer》an incense stick.
선험(先驗) ¶ ～적인〖哲〗transcendental; *a priori*《라》.
선헤엄 treading water. ¶ ～치다 tread water.
선현(先賢) ancient sages.
선혈(鮮血) (fresh) blood. ¶ ～이 낭자하다 be covered with blood.
선형(扇形) a fan shape; a sector (기하에서). ¶ ～의 fan-shaped.
선호(選好) preference. ～하다 prefer《*to*》. ¶ 남아 ～ 사상 a notion of preferring a son to a daugh-「ter.
선화(線畫) a line drawing.
선화(船貨) a cargo; freight. ‖ ～증권 a bill of lading(생략 B/L).
선화지(仙花紙) reclaimed paper.
선회(旋回) revolution; circling; a turn. ～하다 turn; circle; revolve; rotate. ‖ ～비행 a circular flight / ～운동 a rotating movement.
선후(先後)《앞과 뒤》front and rear;《순서》order; sequence.
선후책(善後策) a remedial〔relief〕 measure. ¶ ～을 강구하다 devise〔work out〕remedial measures.
섣달 the twelfth month of the lunar calendar; December.
섣불리 awkwardly; tactlessly; clumsily;《부주의하게》unwisely; carelessly; thoughtlessly.
설《새해》New Year's Day. ¶ ～(을) 쇠다 observe〔celebrate〕the New Year's Day.
설(說)《의견》an opinion; a view;《학설》(a) theory; a doctrine;《풍설》a rumor. ¶ 다른 ～에 의하면 according to another theory.
설거지 dishwashing. ～하다 wash〔do〕dishes; wash up. 「done.
설겅거리다 chew hard; be half-
설경(雪景) a snow scene.
설계(設計)《기계·건물의》a plan; a design;《생활의》planning. ～하다 plan; design; make a plan《*for*》; draw up《*a plan*》. ‖ ～도 a plan; a blueprint / ～변경 design changes / ～자 a designer.
설교(說敎) a sermon; preaching. ～하다 preach (a sermon);《훈계》lecture《*a child*》; give《*a person*》a lecture. ‖ ～단 a pulpit / ～사 a preacher.
설기《떡》steamed rice cake (in 「layers).
설날 New Year's Day.
설다 ①《서투르다》(be) unfamiliar; unskilled. ②《덜 익다》(be) half-done; underdone (음식이); be not fully pickled (김치가); be unripe (과일 따위가). ¶ 선밥 half-cooked rice.
설다루다 handle carelessly; do a poor〔halfway〕job.
설대 a bamboo pipestem.
설득(說得) persuasion. ～하다 persuade; prevail on《*a person*》; talk《*a person*》into *do*ing. ¶ 일을 맡도록 ～하다 persuade《*a person*》to take〔into taking〕the job; talk《*a person*》into taking the job / 그녀에게 ～되어 담배를 끊었다 She talked me out of smoking. ‖ ～력 persuasive〔convincing〕power (～력이 있다〔없다〕be〔be not〕persuasive).
설렁탕(一湯) beef bone and tripe〔internals〕soup (and rice); *seolleongtang*.
설렁하다 be a bit chilly.
설레다《가슴이》《*one's* heart》throbs〔beats〕fast; feel uneasy; have a presentiment;《움직이다》move about uneasily; be restless.
설레설레 ¶ 고개를 ～ 흔들다 shake *one's* head.
설령(設令) even if; even though; (al)though. ¶ ～ 어떤 일이 있더라도 whatever may happen.
설립(設立) establishment; foundation. ～하다 establish; found; set up; organize. ‖ ～발기인 a promoter / ～자 a founder / ～취지서 a prospectus.
설마 surely《*not*》;《not》possibly; That's impossible.; You don't say (so)!
설맞다 receive a flesh wound;《매를》have just a taste of the beating *one* deserves.
설맹(雪盲) snow blindness;〖醫〗niphablepsia.
설명(說明) (an) explanation. ～하다 explain; illustrate; describe. ¶ ～적 explanatory. ‖ ～도 a diagram / ～서 an explanation; instructions (사용설명서) / ～자 an explainer / ～회 a briefing session. 「a question.
설문(設問) a question. ～하다 pose
설법(說法) a Buddhist sermon; preaching. ～하다 preach.
설봉(舌鋒) ¶ 날카로운 ～으로 with an incisive tongue; in most cutting terms.
설비(設備) facilities; equipment; conveniences; accommodations (수용 시설). ～하다 equip〔furnish, fit, provide〕《*with*》; accommodate. ¶ ～가 좋은 well-equipped

〔-furnished〕/ …의 ～가 되어 있다 be equipped〔provided, furnished〕with / 방화 ～ fire prevention devices / 숙박 ～ sleeping accommodations. ‖ ～비 the cost of equipment / ～투자 investment in plant and equipment.

설빔 the New Year's garment; a fine〔gala〕dress worn on the New Year's Day.

설사(泄瀉) loose bowels; diarrhea. ～하다 have loose bowels; suffer from diarrhea. ‖ ～약 a binding medicine.

설사(設使) ☞ 설령(設令).

설산(雪山) a snow(-covered) mountain.

설상가상(雪上加霜) ¶ ～으로 to make things〔matters〕worse; to add to *one's* troubles〔miseries〕.

설선(雪線) a snow line.

설설 《boil》 temperately; 《warm》 comfortably. ¶ 물이 ～ 끓다 water simmers.

설설기다 keep *one's* head low 《*before a person*》; be under 《*a person's*》 thumb; be awe-stricken.

설암(舌癌) cancer on the tongue.

설염(舌炎) 〖醫〗 glossitis.

설왕설래(說往說來) ～하다 argue back and forth; bandy〔cross〕words 《*with*》.

설욕(雪辱) ～하다 vindicate *one's* honor; wipe out a shame; get even 《*with*》(경기에서). ‖ ～전 a return match〔game〕.

설움 sorrow; grief; sadness.

설원(雪原) a snowfield; the frozen waste.

설원(雪冤) ～하다 clear *oneself* of a false charge.

설음(舌音) a lingual (sound).

설익다 《과실》 become half-ripe; 《음식》 get half-done〔-boiled〕.

설전(舌戰) a wordy war(fare). ～하다 have a wordy〔verbal〕war 《*with a person*》.

설정(設定) ～하다 establish; create 《*a right*》; set up 《*a fund*》. ‖ 저당권～ settlement of mortgage.

설중(雪中) ¶ ～에 in the snow. ‖ ～행군 snow march.

설치(設置) establishment. ～하다 establish; institute; set up.

설치다 《못 마침》 leave 《*something*》 half-done; do 《*a thing*》 by halves; 《날뜀》 rampage; run riot〔amuck〕.

설치류(齧齒類) 〖動〗 rodents.

설탕(雪糖) sugar. ‖ ～물 sugared water / 정제～ refined sugar / 흑～ raw sugar.

설태(舌苔) 〖醫〗 fur. ¶ ～가 낀 혀 a coated〔furred〕tongue.

설파(說破) ① 《명시》 ～하다 state clearly; elucidate. ② 《논파》 ～하다 argue against; refute; confute.

설피다 (be) loose-woven; rough; coarse.

설핏하다 (be) somewhat coarse; rather loose-woven.

설하선(舌下腺) 〖解〗 the sublingual gland.

설해(雪害) damage from〔by〕snow; snow damage.

설형(楔形) ¶ ～의 cuneiform. ‖ ～문자 a cuneiform (character).

설화(舌禍) an unfortunate slip of the tongue.

설화(雪花) ① 《눈송이》 snowflakes. ② 《나뭇가지의》 silver thaw.

설화(說話) a story; a tale; a narrative. ¶ ～적 narrative. ‖ ～문학 narrative〔legendary〕literature.

섬[1] 《용기》 a straw-bag; a bale; 《용량》 a *sŏm* (=5.12 U.S. bushels).

섬[2] an island; an isle; an islet (작은 섬). ¶ ～의 insular / 외딴 ～ an isolated island. ‖ ～사람 an islander.

섬광(閃光) a flash; a glint of light. ‖ ～전구 a flash bulb.

섬기다 serve; be in 《*a person's*》 service; work under; wait on.

섬나라 an island〔insular〕country. ¶ ～ 근성 an insular spirit; insularism.

섬돌 a stone step; (a flight of) stone steps.

섬뜩하다 (be) startled; frightened; alarmed; be taken aback.

섬망(譫妄) 〖醫〗 delirium.

섬멸(殲滅) ～하다 annihilate; wipe out; exterminate. ‖ ～전 a war of extermination.

섬섬옥수(纖纖玉手) slender〔delicate〕hands.

섬세(纖細) ¶ ～한 delicate; slender; exquisite.

섬약(纖弱) ¶ ～한 weak; feeble; delicate.

섬유(纖維) a fiber. ¶ ～질의 fibrous / ～로 된 fibroid / ～ 모양의 fibriform / 인조〔자연〕～ a staple〔natural〕fiber / 합성〔화학〕～ a synthetic〔chemical〕fiber. ‖ ～공업 the textile industry / ～소 cellulose; 〖動〗 fibrin / ～유리 fiber glass / ～제품 textile goods.

섭금류(涉禽類) 〖鳥〗 wading birds.

섭렵(涉獵) ～하다 《책을》 read extensively〔widely〕; range extensively over 《*the literature*》.

섭리(攝理) (divine) providence. ¶ 하늘의 ～ the wise providence of Heaven / ～에 맡기다 trust in providence.

섭생(攝生) care of health. ～하다 take care of *one's* health. ‖ ～법 hygiene.

섭섭하다 《서운하다》 (be) sorry; sad; disappointed; heartbreaking; miss; 《유감》 (be) regrettable; sorry. ¶ 섭섭한 뜻을 표하다 express *one's* regret / 헤어지기가 ～ be sorry to part 《*with a person*》.

섭씨(攝氏) Celsius (생략 C.). ¶ ~온도계 a centigrade thermometer / ~ 15도 《at》 fifteen degrees centigrade; 15°C.

섭외(涉外) public relations. ‖ ~계원 a public-relations man 〔clerk〕 / ~관계 public relations.

섭정(攝政) 《appoint》 a regent (사람); 《set up》 regency (직). ~하다 attend to the affairs of state as a regent.

섭취(攝取) ~하다 take (in); absorb; ingest; adopt; assimilate. ¶ 영양을 ~하다 take nourishment / 외국 문화를 ~하다 adopt 〔assimilate〕 foreign cultures. ‖ ~량 an intake 《*of vitamins*》.

성(姓) a family name; a surname.

성(性) sex(남녀의); gender(문법의); nature(성질). ¶ ~의 sexual / ~적인 충동 a sexual urge / ~에 눈뜨다 be sexually awakened. ‖ ~교육 《give》 sex education / ~도덕 sex(ual) morality / ~도착 sexual perversion / ~도착자 a sexual pervert / ~문제 a sex problem / ~차별 sexism; sex discrimination / ~행위 sexual intercourse.

성(省) 《내각》 a department; a ministry; 《행정 구역》 a province. ¶ 국무~ the Department of State / 산동~ Shantung province.

성(城) a castle; a fort(ress); a citadel (성채).

성(聖) ¶ ~스러운 holy; sacred; saint / ~바울 St. Paul.

성가(聖歌) a sacred song; a hymn. ‖ ~대 a choir / ~집 a hymnal; a hymnbook.

성가(聲價) (a) reputation; fame. ¶ ~를 높이다〔잃다〕 enhance〔lose〕 *one's* popularity.

성가시다 (be) troublesome; annoying; bothersome. ¶ 성가시게 하다 trouble 《*a person*》; give 《*a person*》 trouble.

성감(性感) sexual feeling. ¶ ~을 높이다 promote〔work up〕 *one's* sexual feeling. ‖~대 an erogenous zone.

성게 〖動〗 a sea urchin.

성격(性格) character; personality; individuality(개성). ¶ ~이 강한 사람 a man of strong character. ‖ ~묘사 character description.

성결(聖潔) ¶ ~한 holy and pure. ‖ ~교 the Holiness Church.

성경(聖經) the (Holy) Bible; the Scriptures; the Book. ¶ 구약〔신약〕 ~ the Old〔New〕 Testament.

성공(成功) (a) success 《*in life*》; achievement. ~하다 succeed 《*in*》; be successful; get on in life. ¶ ~한 사람 a successful man / ~할 가망 the chance of success.

성공회(聖公會) 〖宗〗 the Anglican Church 《英》; the (Protestant) Episcopal Church 《美》.

성과(成果) a result; the fruit; an outcome. ¶ ~를 올리다 obtain good results.

성곽(城郭) 《성》 a castle; a citadel; 《성벽》 a castle wall; 《성채》 a fortress; a stronghold.

성교(性交) sexual intercourse. ~하다 have sexual intercourse 《*with*》. ‖ ~불능 impotence.

성구(成句) a set phrase; an idiomatic phrase. 「cluster of stars.

성군(星群) 〖天〗 an asterism; a

성금(誠金) a contribution; a donation; a subscription. ¶ 방위~ a contribution to the national defense fund.

성급(性急) ¶ ~한 hasty; quick-〔short-〕tempered; impatient.

성기(性器) genitals; genital organs.

성기다 (be) thin; sparse; loose.

성깔(性—) a sharp temper. ¶ ~을 부리다 lose *one's* temper 《*with a person*》.

성나다 get angry 《*with a person, at a thing*》; lose *one's* temper; get excited; get mad 《*with, at*》.

성냥 a match. ¶ ~을 긋다〔켜다〕 strike〔light〕 a match. ‖ ~갑 matchbox / ~개비 a matchstick / 종이~ a matchbook.

성년(成年) (legal) majority; full 〔adult〕 age. ¶ ~이 되다 come of age; attain *one's* majority. ‖ ~자 an adult.

성능(性能) ability; capacity; efficiency; performance. ¶ ~이 좋은 efficient. ‖ ~검사 a performance 〔an efficiency, an ability〕 test.

성단(星團) 〖天〗 a star cluster.

성단(聖壇) an altar; a pulpit.

성당(聖堂) a (Catholic) church; a sanctuary.

성대 〖魚〗 a gurnard; a gurnet.

성대(盛大) ¶ ~한 prosperous; flourishing; thriving; 《당당한》 grand; magnificent / ~히 splendidly; on a grand scale.

성대(聲帶) the vocal cords. ‖ ~모사 vocal mimicry(~ 모사를 하다 mimic 《*a person's*》 voice).

성도(聖徒) a saint; a disciple, an apostle(제자).

성량(聲量) the volume of *one's* voice. ¶ ~이 풍부하다 have a rich voice.

성령(聖靈) the Holy Ghost〔Spirit〕. ‖ ~ 강림절 Whitsunday.

성례(成禮) ~하다 hold a matrimonial ceremony.

성루(城樓) a castle turret; a tur-

ret on a castle wall. 「part.
성루(城壘) a fort(ress); a ram-
성립(成立) ①《실현》 materialization; realization. ～하다 come into existence〔being〕; be materialized〔realized, effected〕. ②《조성》 formation; organization. ～하다 be formed〔organized〕. ③《체결》 conclusion; completion. ～하다 be completed〔concluded〕.
성마르다(性—) (be) short-〔quick-〕tempered; intolerant.
성망(聲望) reputation; popularity. ¶ ～이 있는 popular 《*with*》; of high reputation.
성명(姓名) 《give》 *one's* (full) name. ¶ ～ 미상의 unidentified.
성명(聲明) a declaration; a statement. ～하다 declare; proclaim; announce. ‖ ～서(를 발표하다) (issue) a statement.
성모(聖母) the Holy Mother. ‖ ～마리아 the Holy Mother; the Virgin Mary.
성묘(省墓) ～하다 visit *one's* ancestor's grave. ‖ ～객 a visitor to *one's* ancestor's grave.
성문(成文) ¶ ～의 written / ～화하다 codify; put in statutory form. ‖ ～법 a statute; a written law.
성문(城門) a castle gate.
성문(聲門) 〖解〗 the glottis. ‖ ～폐쇄음 a glottal stop.
성문(聲紋) a voiceprint.
성미(性味) nature; disposition; temperament. ¶ ～ 급한 hot-〔quick-, short-〕tempered / ～가 못된 ill-natured; wicked / ～에 맞는 congenial 《*work*》.
성범죄(性犯罪) a sex offense; a sexual crime.
성벽(性癖) *one's* natural disposition; a mental habit; a propen-
성벽(城壁) a castle wall. ⌊sity.
성별(性別) sex (distinction).
성병(性病) a venereal disease (생략 VD); a social disease 《美》.
성복(成服) ～하다 wear mourning; go into mourning 《*for*》.
성부(聖父) 〖聖〗 the Father.
성분(成分) an ingredient; 《조직의》 a component; a constituent; an element.
성불(成佛) ～하다 attain Buddhahood; enter Nirvana.
성불성(成不成) success or failure; 《결과》 the result; the issue.
성사(成事) success; attainment (of an end); achievement. ～하다 accomplish; achieve; succeed 《*in*》.
성산(成算) confidence〔chances〕of success. ¶ ～이 있다〔없다〕 be confident〔have little hope〕of success. 「ten year's time.
성상(星霜) years; time. ¶ 십 개 ～
성상(聖上) (His Majesty) the King.
성상(聖像) a sacred image.
성상학(性相學) physiognomy.
성서(聖書) ☞ 성경(聖經). 「gonad.
성선(性腺) 〖解〗 a sex gland; a
성선설(性善說) the ethical doctrine that man's inborn nature is good.
성성이(猩猩—) 〖動〗 an orangutan.
성성하다(星星—) (be) hoar(y); gray; gray-streaked.
성쇠(盛衰) ups and downs; rise and fall; vicissitudes.
성수(星宿) 〖天〗 constellations.
성수(聖水) holy water. ‖ ～반 a font for holy water.
성수기(盛需期) a high-demand season. ¶ ～를 맞다 be in great demand.
성숙(成熟) ～하다 ripen; mature; attain full growth; reach maturity. ¶ ～한 ripe; mature. ‖ ～기 the age of puberty〔maturity〕. 「divine.
성스럽다(聖—) (be) holy; sacred;
성시(成市) opening a fair〔market〕.
성시(城市) a castle town; a walled town〔city〕.
성신(星辰) stars; heavenly bodies. ‖ ～숭배 astrolatry.
성신(聖神) ☞ 성령(聖靈).
성실(誠實) sincerity; fidelity; faithfulness; honesty. ¶ ～한 sincere; faithful; honest; truthful.
성심(誠心) sincerity; a single heart; devotion. ¶ ～껏 sincerely; in all sincerity; 《work》 heart and soul.
성싶다 be likely 《*to do*》; look; seem; appear. ¶ 비가 올 ～ It looks like rain. *or* It is likely to rain.
성악(聖樂) sacred music.
성악(聲樂) vocal music. ‖ ～가 a vocalist / ～과 a vocal music course.
성악설(性惡說) the ethical view that human nature is evil.
성안(成案) 《have》 a definite plan.
성애(性愛) sexual love; eros.
성야(星夜) a starry〔starlit〕night.
성어(成魚) an adult fish. 「idiom.
성어(成語) 《숙어》 a phrase; an
성업(成業) the completion of *one's* work〔studies〕.
성업(盛業) ¶ ～중이다 drive a thriving〔booming〕trade; have a large practice (병원 따위).
성에 (a layer of) frost; 《성엣장》 a drift ice; a floe. ¶ 냉장고의 ～를 없애다 defrost a refrigerator.
성역(聖域) sacred〔holy〕precincts.
성역(聲域) 〖樂〗 a range of voice; a register.
성연(盛宴) a grand feast.
성욕(性慾) sexual desire; sex drive.

¶ ～이 강한 highly-sexed.
성우(聲優) a radio actor〔actress〕; a dubbing artist.
성운(星雲) a nebula [*pl.* -lae]. ¶ ～(모양)의 nebular.
성원(成員) a member《*of society*》;《회 성립의》a quorum; a constituent (member). ¶ ～이 되다 constitute〔make〕 a quorum. ‖ ～미달 lack of a quorum.
성원(聲援) encouragement; (moral) support; cheering (경기에서의). ～하다 encourage; support;《경기에서》cheer; root for《*a team*》.
성은(聖恩) Royal favor〔grace〕.
성음(聲音) a vocal sound. ‖ ～학 phonetics.
성의(誠意) sincerity; 《in》 good faith. ¶ ～ 있는 sincere; honest; faithful / ～ 없는 insincere; dishonest /～를 보이다 show *one's* good faith.
성인(成人) an adult; a grown-up. ‖ ～교육 adult education / ～병 geriatric diseases / ～영화 adults movies.
성인(聖人) a sage; a saint.
성자(聖者) a saint.
성장(成長) growth. ～하다 grow (up). ¶ ～한 full-grown / 연차적인 경제 ～ 목표 an annual economic growth target. ‖ ～과정 a growth process / ～기간 a growth period; the growing season(식물의) / ～률 a growth rate / ～산업 a growth industry / ～주 a growth stock / ～호르몬 a growth hormone.
성장(盛裝) ～하다 be dressed up; be in full dress; be dressed in *one's* best.
성적(成績) result; record; grade; marks(점수). ¶ ～순으로 앉다 sit in the order of merit / ～이 좋다〔나쁘다〕 do well〔poorly〕 at school; show good〔poor〕 business result. ‖ ～표 a report card; a grade transcript / 학교 ～ *one's* school record.
성적(性的) sexual. ‖ ～매력 a sex appeal / ～충동 a sex impulse 〔urge, drive〕.
성전(聖典) ☞ 성경.
성전(聖殿) a sacred shrine〔hall〕; a sanctuary.
성전(聖戰) a holy war.
성전환(性轉換) sex change. ‖ ～수술 a transsexual operation.
성정(性情) *one's* nature.
성조기(星條旗) 《미국기》 the Stars and Stripes.
성좌(星座) a constellation. ‖ ～도 a planisphere; a star chart.
성주〖民俗〗 the guardian deity of a house.
성주(城主) the lord of a castle.
성지(聖地) a sacred ground; the Holy Land. ‖ ～순례 a pilgrimage to the Holy Land.
성직(聖職) 《take》 holy orders; the ministry; the clergy. ‖ ～자 a churchman; a clergyman.
성질(性質) 《기질》 nature; (a) disposition; temper; 《특질》 a property; 《소질》 a quality. ¶ ～이 좋은〔못된〕 사람 a good-〔ill-〕natured man / 문제의 ～상 from the nature of the matter.
성찬(盛饌) a sumptuous dinner; a good table.
성찬(식)(聖餐(式)) Holy Communion; the Lord's Supper. ¶ ～을 영(領)하다 take〔receive〕 the Sacrament / ～용의 빵〔포도주〕 the sacramental wafer〔wine〕.
성찰(省察) self-reflection; introspection.
성채(城砦) a fort; a fortress.
성충(成蟲) 〖動〗 an imago.
성취(成娶) ～하다 marry a woman.
성취(成就) 《달성》 accomplishment; achievement. ～하다 accomplish; achieve 《*an end*》; realize 《*one's wishes*》; succeed 《*in doing*》.
성층(成層) ‖ ～광맥 a bedded vein / ～권 《fly through》 the stratosphere / ～권 비행기 a stratoplane / ～암 a stratified rock / ～화산 a stratovolcano.
성큼성큼 with big〔long〕 strides.
성탄(聖誕) the birth of a saint 〔king〕. ‖ ～목(木) a Christmastree / ～절 ☞ 크리스마스.
성토(聲討) ～하다 censure; denounce; impeach. ‖ ～대회 an indignation meeting.
성패(成敗) hit or miss; success or failure.
성폭행(性暴行) (a) sexual assault 〔violence〕; a sexual harassment.
성품(性品) *one's* nature〔disposition, character〕; *one's* temper.
성하(盛夏) midsummer; high summer.
성하다 ①《온전하다》 (be) intact; unimpaired; undamaged. ②《탈없다》 (be) healthy; in good health.
성하다(盛—) ①《초목이》 (be) dense; thick; luxuriant; rampant. ② 《사회·국가 따위가》 (be) prosperous; flourishing; thriving; 《기운이》 (be) vigorous; extensive (광범위하다).
성함(姓銜) your〔his〕 esteemed name.
성행(盛行) ～하다 prevail; be prevalent〔rampant〕.
성향(性向) an inclination; a disposition. ¶ 소비〔저축〕 ～ the propensity to consume〔save〕.
성현(聖賢) saints; sages. ¶ ～의 가르침 the teaching of the sages; the words of wise.
성형(成形) 〖醫〗 correction of de-

formities;《얼굴의》face-lifting. ¶ 얼굴의 상처 자국을 ~하다 have the scar on *one's* face removed. ‖ ~수술《undergo》a plastic operation / ~외과 plastic surgery; restorative surgery / ~외과의사 a plastic surgeon.

성혼(成婚) a marriage; a wedding.

성홍열(猩紅熱) scarlet fever.

성화(成火) worry; annoyance; irritation; vexation; a bother; a trouble. ¶ ~나다 be irritated〔vexed〕.

성화(星火) ① ☞ 유성(流星). ②《불빛》the light of a shooting star. ③《급한 일》¶ ~같다 (be) urgent; pressing; importunate / ~같이 재촉하다 urge〔importune, press〕《*a person for…*》; press《*a person*》hard《*for*》.

성화(聖火) sacred fire; the Olympic Torch. ‖ ~대 a flame-holder / ~주자 a flame-bearer.

성화(聖畫) a holy〔sacred, religious〕picture.

성황(盛況) ¶ ~을 이루다《모임이》be a success; be well attended.

성희롱(性戲弄) sexual harassment.

섶[1]《버팀》a support; a prop.

섶[2]《옷의》outter collar of a coat.

섶[3], **섶나무** brushwood. ¶ 섶을 지고 불로 뛰어들다 jump from the frying pan into the fire.

세(稅) a tax; taxes; a duty(물품세); taxation(과세). ☞ 세금. ¶ ~를 거두다 collect taxes / ~를 과하다 impose a tax《*on*》.

세(貰)《임대·임차》lease; tenancy; hire;《임대료》(a) rent; hire. ¶ ~놓다 rent〔lease (out)〕《*a house*》; let《*a room*》; let《*a thing*》out on hire / ~들다 take〔hold〕《*a house*》by〔on〕lease; rent《*a room*》.

세《셋》three.

…세(世)《대·시대》a generation; an age;《지질》an epoch. ¶ 헨리 5~ Henry V〔the Fifth〕/ 한국계 3~의 미국인 a third-generation Korean American.

세간 household effects〔goods, stuffs〕; household furniture. ¶ ~나다 set up housekeeping on *one's* own / ~내다 set up a separate home《*for*》.

세간(世間) the world; (a) society.

세계(世界) the world; the earth; the globe;《특수 사회·분야》a world; circles; a realm. ¶ ~의 world / ~적인 worldwide; universal; international; global《*affairs, war*》/ 온 ~에〔의〕all over the world / ~ 각지에서 from all parts of the world / 이상의 ~ an ideal world / 음악의 ~ the world of music; music circles / ~적인 불경기 a worldwide depression / ~적으로 유명한 world-famous; of worldwide〔global〕fame / ~를 일주하다 go round the world / 오존층의 파괴는 이제 ~적인 문제이다 The destruction of the ozone layer is now a global problem. ‖ ~관 *one's* outlook in the world / ~기록《establish》a world record / ~보건기구 the World Health Organization(생략 WHO) / ~사 world history / ~시(時) universal time (생략 UT) / ~어 a universal language / ~연방 the World Federation / ~은행 the World Bank / ~인권선언 the Universal Declaration of Human Rights / ~일주여행 a round-the-world trip / ~정세 the world situation; world affairs / ~주의 cosmopolitanism / ~지도 a world map / ~평화 world peace.

세계무역기구(世界貿易機構) the World Trade Organization (생략 WTO).

세계화(世界化) globalization; *Segyehwa*. ¶ ~ 구상 (the) globalization vision / ~의 성취는 선언만으로는 오지 않는다 The achievement of globalization never comes only through a mere declaration.

세공(細工) work; workmanship;《세공품》a (piece of) work. ~하다 work《*on bamboo*》. ¶ 금속 ~ metalwork / 조개 ~ shellwork. ‖ ~인 an artisan.

세관(稅關) a customhouse(장소); the customs(기관). ¶ ~을 통과하다 pass〔get through〕customs / 나는 ~에 걸려 짐 검사를 당했다 I was caught and got my baggage examined at customs. ‖ ~검사 customs inspection / ~수속 customs precedures / ~신고서 a customs declaration / ~원 a customs officer / 부산~ the Pusan Customhouse.

세광(洗鑛) ore washing. ~하다 wash《*ore*》; scrub《*ore*》.

세균(細菌) a bacillus; a bacterium; a germ. ¶ ~의 bacterial. ‖ ~검사 a bacteriological examination / ~배양 germ culture / ~병기 a bacteriological weapon / ~성질환 a germ disease / ~전 germ warfare / ~학 bacteriology.

세금(稅金) a tax; a duty《*on foreign goods*》. ‖ ~공제급료 take-home pay; pay after tax / ~납부 tax payment / ~징수 the collection of a tax / ~체납 tax arrears / ~체납자 a tax delinquent / ~포탈 tax evasion / ~포탈자 a tax evader / ~포함가격 the price with taxes included.

세기(世紀) a century. ¶ 20～ the twentieth century / ～말 the end of a century / 기원전 3～ the third century B.C.

세나다 《잘 팔리다》 sell well; sell like hot cakes; be in great demand. 「세(納稅).

세납(稅納) payment of tax. ☞ 납

세내다(貰—) hire 《*a boat*》; rent 《*a house*》.

세네갈 Senegal. ¶ ～의 Senegalese / ～사람 a Senegalese.

세뇌(洗腦) brainwashing. ～하다 brainwash.

세다[1] ① 《힘이》 (be) strong; powerful; mighty; 《마음이》 (be) tough; firm; stubborn; 《정도·세력이》 (be) strong; violent; intense 《*heat*》; hard; severe. ¶ 세게 hard; severely; strongly; powerfully / 힘이 센 사람 a strong〔powerful〕 man / 고집이 ～ be stubborn / 센 바람 a strong〔violent〕 wind / 세게 때리다 strike hard. ② 《팔자가》 (be) ill-starred; unlucky. ¶ 팔자가 세게 태어나다 be born under an unlucky star.

세다[2] 《머리털이》 《*one's* hair》 turns gray〔grey 《英》〕; be gray-haired.

세다[3] 《계산》 count; number; calculate. ¶ 잘못 ～ miscalculate; miscount.

세대(世代) a generation. ¶ 젊은 ～ the rising〔younger〕 generation / ～간의 intergenerational 《*conflict*》. ‖ ～교체 shift〔transfer〕 in generation; generational change; the change of generations / ～차 a generation gap.

세대(世帶) a household. ‖ ～수 the number of households / ～주 the head of the household〔family〕; a householder.

세도(勢道) power; (political) influence〔authority〕. ～하다 seize political power. ¶ ～ 부리다 exercise〔wield〕 *one's* authority〔power〕 《*over*》. ‖ ～싸움〔다툼〕 a struggle for power; a power strug-
세라믹스 ceramics. ∟gle.

세레나데 〖樂〗 a serenade.

세력(勢力) influence; power; 《물리적》 force; energy. ¶ ～ 있는 influential; powerful / ～ 없는 powerless; uninfluential / ～이 강해지다 increase in power / ～을 부리다 wield power / ～을 펴다 establish *one's* influence. ‖ ～가 a man of influence / ～권 *one's* sphere of influence / ～균형 the balance of power.

세련(洗練) ～하다 polish up; refine. ¶ ～된 polished; refined; elegant / ～되지 않은 unpolished; coarse.

세례(洗禮) baptism; christening (유아의). ¶ ～를 받다 be baptized〔christened〕. ‖ ～명 *one's* Christian〔baptismal〕 name / ～식 (a) baptism.

세로 length(길이); height(높이); 《부사적으로》 vertically; lengthwise; lengthways. ¶ ～ 2 피트 가로 30피트 two feet by thirty.

세론(世論) (public) opinion; general sentiment. ☞ 여론. 「let.

세류(細流) a streamlet; a brook-

세륨 〖化〗 cerium. ‖ ～금속 cerium metals. 「enue officer.

세리(稅吏) a tax collector; a rev-

세립(細粒) a granule; infinitesimal

세말(歲末) ☞ 세밑. ∟grains.

세면(洗面) ～하다 wash *one's* face. ‖ ～기 a washbowl; a wash basin 《英》 / ～대 a washstand / ～장 a lavatory; a washroom.

세모(歲暮) ☞ 세밑.

세목(細目) details; particulars. ¶ ～으로 나누다 itemize; specify.

세목(稅目) items of taxation.

세무(稅務) taxation business. ‖ ～사 a licensed tax accountant / ～서 a tax〔revenue〕 office / ～서원 a tax office clerk / ～서장 the superintendent of a revenue office. 「a renter's store.

세물(貰物) object for rent. ‖ ～전

세미나 a seminar. 「《*film*》.

세미다큐멘터리 semidocumentary

세미콜론 a semicolon(기호 ;).

세밀(細密) ¶ ～한 minute; close; detailed; elaborate / ～히 minutely; in detail; closely / ～한 검사 a close〔minute〕 examination / ～히 조사하다 inquire minutely into 《*a matter*》; examine closely.

세밑(歲—) the year-end; the end of the year.

세발(洗髮) a shampoo. ～하다 wash *one's* hair. ‖ ～제 shampoo.

세배(歲拜) a formal bow of respect to *one's* elders on New Year's day; a New Year's greeting〔call〕. ～하다 perform a New Year's bow.

세버들(細—) a weeping willow.

세법(稅法) the tax(ation) law.

세별(細別) ～하다 subdivide 《*into*》; break 《*into parts*》.

세부(細部) details.

세부득이(勢不得已) by force of circumstances; by an unavoidable circumstances. 「itemize.

세분(細分) ～하다 subdivide 《*into*》;

세비(歲費) annual expenditure; 《수당》 yearly pay; an annual allowance.

세상(世上) the world; life; society. ¶ ～에 in the world / ～일 worldly affairs; the way of the world / ～일에 훤하다 know much of the world; see much of life / ～을 모르다 know nothing〔little〕 of the world / ～에 나가다 go out into the world; start in life / ～에 알리다 bring to light; make public / ～에 알려지다 be known to the world / ～을 떠나다 die; leave this world / 제 ～이라고 판치다 have *one's* own way; be *one's* own master; be without a rival.

세상살이(世上—) living. ～하다 live; get on in the world.

세상없어도(世上—) under〔in〕 any circumstances; whatever may happen ; by all means.

세세하다(細細—) (be) minute; detailed. ¶ 세세히 minutely; in detail; closely.

세속(世俗) the world; popular customs (세상 풍습). ¶ ～의〔적인〕 worldly; mundane / ～을 떠난 unworldly / ～을 초월하다 stand aloof from the world.

세수(洗手) ～하다 wash *one's* face and hands; wash *oneself;* have a wash. ‖ ～수건 a (face) towel / 세숫대야 a washbowl / 세숫물 wash(ing) water.

세수(稅收) the revenue.

세슘〖化〗 cesium (기호 Cs).

세습(世襲) ¶ ～의 hereditary; patrimonial. ‖ ～재산 hereditary property〔estate〕; a patrimony.

세심(細心) ～하다 (be) prudent; circumspect; scrupulous; careful. ¶ ～한 주의를 기울이다 pay close attention《*to*》.

세쌍둥이(—雙—) triplets; a triplet (그 중의 하나). ¶ ～를 낳다 have three at a birth.

세안(洗眼) ～하다 wash *one's* eyes. ‖ ～약 a collyrium; eyewash.

세안(歲—) ¶ ～에 within the present year; before the current year is out.

세액(稅額) the amount of a tax. ¶ ～을 정하다 assess.

세우(細雨) a fine rain; a drizzle.

세우다 ①《일으키다》 stand; raise; set〔put〕 up; erect; turn up《*one's collar*》. ②《정지》 stop; hold up. ③《건조》 build; construct; set up. ④《설립》 establish; found; create; set up. ⑤《조직》 organize; institute; constitute. ⑥《정하다》 establish; lay down《*regulations*》; enact《*a law*》; form〔make〕《*a plan*》. ⑦《공훈 따위를》 render《*a service*》; perform《*meritorious deeds*》. ⑧《날을》 sharpen; set《*the teeth of a saw*》. ⑨《체면을》 save《*one's face*》. ⑩《생계를》 earn《*one's living*》.

세원(稅源) a source of taxation.

세월(歲月) time; time and tide; years. ¶ ～이 감에 따라 with the lapse of time; as time passes by; as days go by / ～없다《Business》 is dull〔bad〕.

세율(稅率) tax rates; a tariff(관세의). ¶ ～을 올리다〔내리다〕 raise〔lower〕 the tax rate.

세이프〖野〗《declare》 safe. ¶ 1루에서 ～되다 be safe on first base.

세이프티번트〖野〗 a safety bunt.

세인(世人) people; the public.

세일러복(—服)《a girl in》 a sailor〔middy〕 blouse.

세일즈맨 a salesman.

세입(稅入) tax revenue〔yields〕.

세입(歲入) an annual revenue〔income〕. ‖ ～세출 revenue and expenditure.

세자(世子) the Crown Prince.

세정(洗淨) washing; cleaning. ～하다 wash; rinse; clean.

세정(稅政) tax administration.

세제(洗劑) (a) cleanser; (a) detergent. ¶ 합성〔중성〕～ (a) synthetic〔neutral〕 detergent.

세제(稅制) a tax(ation) system.

세제곱〖數〗 cube. ～하다 cube. ‖ ～근 a cube root.

세존(世尊) Buddha; Sakyamuni.

세주다(貰—) rent《*a room to a person*》; let (집 따위)《英》; lease (땅을); hire out《*a boat*》(임대).

세차(洗車) car washing. ～하다 wash a car. ‖ ～장 a car wash.

세차(歲差)〖天〗 precession.

세차다 (be) strong; violent; fierce; hard. ¶ 세찬 물결 rough waves / 세차게 불다 blow hard〔furiously〕.

세찬(歲饌)《선물》 a year-end present〔gift〕;《음식》 food for serving New Year's guests.

세척(洗滌) ～하다 wash; rinse; clean. ¶ 위를 ～하다 carry out a lavage of《*a person's*》 stomach. ‖ ～기 a washer; a syringe / ～약 a wash; a lotion.

세출(歲出) annual expenditure.

세칙(細則) detailed rules〔regulations〕; bylaws. ¶ 시행～ rules for operation.

세탁(洗濯) wash(ing); laundry. ～하다 wash; launder; do washing. ‖ ～기 a washing machine / ～물 the laundry;《have a lot of》 washing / ～비누 laundry〔washing〕 soap / ～소 a laundry / ～솔 a scrub(bing) brush / ～업자 a laundryman; a washerman.

세태(世態) social conditions; aspects〔phases〕 of life; the world. ¶ ～의 일단을 보다 see an aspect of life / 흐트러진 ～를 반영하다 reflect disturbed social conditions.

세트 ①《한 벌》a set. ¶ 응접 ～ a drawing-room suite / 커피 ～ a coffee set. ②《영화의》《build》a set. ③《수신기》a receiving set. ④《퍼머의》a set. ¶ 머리를 ～하다 have *one's* hair set. ⑤《테니스 따위의》《play》a set.
세파 (世波) the storms 〔rough-and-tumble〕 of life. ¶～에 시달리다 be buffeted about in the world.
세평 (世評) public opinion; (a) reputation; rumor. ¶ ～에 오르다 be talked about / ～에 무관심하다 do not care what people say about *one*.
세포 (細胞) ①《생물의》a cell. ¶ ～의 cellular. ‖ ～막 cell membrane / ～분열 cell division / ～조직 cellular tissue / ～질 cytoplasm / ～학 cytology. ②《조직의》《organize》a communist cell 〔fraction〕(공산당의).
섹스 《남녀》(a) sex; 《성교》《have》sex 《*with*》.
센물 hard water.
센세이션 a sensation. ¶ ～을 일으키다 cause 〔create〕 a sensation.
센스 a sense. ¶ ～ 있는 sensible / ～가 없다 have no sense 《*of*》.
센터 ① 〖野〗 the center field; a center fielder(사람). ②《시설》a center. ¶ 쇼핑 ～ a shopping center.
센트 《미국 화폐》a cent.
센티 《미터법의》centi-; 《센티미터》a centimeter (기호 cm).
셀러리 〖植〗 celery.
셀로판 cellophane (paper).
셀룰로이드 celluloid 《*toy*》.
셀프서비스 self-service 《*store*》.
셀프타이머 〖寫〗 a self-timer.
셈 ①《계산》calculation; counting (☞ 셈하다). ¶ ～이 빠르다〔느리다〕 be quick 〔slow〕 at figures. ②《지불》settlement of accounts; payment of bills (☞ 셈하다). ③《분별》discretion; prudence; good sense. ¶ ～이 나다 grow sensible; mature. ④《의도》intention; idea. ¶…할 ～으로 with the intention 〔idea〕 of 《*doing*》; in the hope of 《*doing*》.
셈속 《속 내용》the real state of affairs 〔things〕; 《속마음》 the mind; *one's* inmost thoughts.
셈치다 《가정》suppose; assume; grant (that…); 《요량》think of 《*doing*》; expect (that…). ¶ 다시 팔 셈치고 사다 buy 《*something*》 intending to resell it.
셈판 ①《사정》circumstances; conditions; the situation; 《원인》reason. ¶ ～을 모르다 do not know how the matter stands. ② ☞ 주판(籌板).
셈하다 《계산》count; reckon; calculate; 《지불》pay 〔make out〕 a bill; settle *one's* accounts.
셋 three; Ⅲ(로마 숫자). ☞ 셈.
셋돈 (貰—) rent (money).
셋방 (貰房) a room to let 〔for rent〕; a rented room. ¶ ～ 살이하다 live in a rented room / ～을 얻다 rent a room.
셋집 (貰—) a house to let 〔for rent〕; a rented house. ¶ ～을 얻다 rent a house.
셋째 the third.
셔츠 an undershirt; a shirt(와이셔츠). ¶ ～ 바람으로 《work》 in *one's* shirt sleeves.
셔터 《카메라·문의》 a shutter. ¶ ～를 누르다 release 〔click〕 the shutter / (문의) ～를 내리다 pull down a shutter.
셰이커 a (cocktail) shaker.
셰퍼드 〖動〗 a German shepherd.
소[1] 〖動〗 a cow(암소); a bull(황소); an ox(거세한 소); cattle(총칭).
소[2] 《떡의》 dressing; stuffing. ¶ 팥 ～ red bean jam.
소 (小) little; small; minor; lesser; miniature(소형).
소 (少) little; few; young(젊은).
소각 (燒却) ～하다 burn (up); destroy by fire.
소간 (所幹), **소간사** (所幹事) business; affairs; 《일》 work; things to do.
소갈머리 ¶ ～ 없는 thoughtless; imprudent; shallow-minded.
소감 (所感) 《give》 *one's* impressions 《*of*》; 《express》 *one's* opinions.
소강 (小康) ¶ ～ 상태가 되다 come to a (state of) lull.
소개 (紹介) (an) introduction; presentation; recommendation(추천). ～하다 introduce 《*a person to another*》; present 《*to*》; recommend. ¶ 자기를 ～하다 introduce *oneself* 《*to*》. ‖ ～자 an introducer / ～장 a letter of introduction / 직업～소 a public employment agency 〔exchange〕.
소개 (疏開) dispersal; evacuation. ～하다 disperse; evacuate; thin out 《*houses*》. ¶ 전시에 시골로 ～되다 be evacuated to the country during the war / 강제 ～ compulsory evacuation / 집단 ～ an evacuation in a group. ‖ ～자 an evacuee.
소거 (消去) ～하다 eliminate. ‖ ～법 〖數〗 elimination.
소견 (所見) 《give, express》 *one's* views 〔opinions〕 《*on*》. ¶ 진단 ～ *one's* diagnosis and observations (entered on a patient's clinical record card).
소경 a blind person; the blind (총칭). ☞ 장님.
소계 (小計) a subtotal. ¶ ～ …가 되다 It subtotals….

소고(小鼓) a small hand drum.
소곡(小曲) a short piece (of music).
소곤거리다 whisper; talk in whispers.
소관(所管) jurisdiction; competency(권한). ‖ ～사항 matters under the jurisdiction 《*of*》 / ～청 the competent authorities; the authorities concerned.
소관(所關) what is concerned. ‖ ～사 *one's* business 〔concern〕; matters concerned.
소국(小國) a small country; a minor power.
소굴(巢窟) a den; a nest; a haunt; a hide-out. ¶ 범죄의～ a hotbed of crime.
소권(訴權) 〖法〗 the right to bring an action in a court.
소규모(小規模) a small scale. ¶ ～의 small-scale / ～로 on a small scale; in a small way.
소극(消極) ¶ ～적(으로) negative(ly); passive(ly); not active(ly) enough / ～적인 성격 a negative character. ‖ ～성 passivity.
소금 salt. ¶ ～으로 간을 맞추다 season with salt / ～에 절이다 salt 《*fish*》; pickle 〔preserve〕 《*vegetables*》 with salt. ‖ ～기 a salty taste; saltiness / ～물 salt water; brine.
소금쟁이 〖蟲〗 a water strider.
소급(遡及) ～하다 trace 〔go〕 back to; 〖法〗 be retroactive 《*to*》; be effective 《*to*》. ¶ 이 법은 1998년 4월 5일로 ～한다 This law is effective retroactively to April 5, 1998. ‖ ～력 retroactivity / ～법 a retroactive law.
소기(所期) ¶ ～의 《as was》 expected; anticipated / ～의 목적을 이루다 achieve the expected results 〔desired end〕.
소꿉동무 a childhood playmate; a friend of *one's* early childhood.
소꿉질 playing house. ～하다 play (at keeping) house.
소나기 a shower; a passing rain. ¶ ～를 만나다 be caught in a shower. ‖ ～구름 a shower cloud; a cumulonimbus.
소나무 a pine (tree).
소나타 〖樂〗 a 《*violin*》 sonata.
소네트 a sonnet.
소녀(少女) a girl; a maiden. ¶ ～시절에 in *one's* girl-hood / ～같은 girlish.
소년(少年) a boy; a lad. ¶ ～시절에 in *one's* boyhood 〔childhood〕; when a boy / ～들이여, 큰 뜻을 품어라 Boys, be ambitious. / ～이로학난성(易老學難成)이라 The day is short and the work is much. ‖ ～단 the Boy Scouts / ～단원 a boy scout / ～범죄 a juvenile crime; juvenile delinquency / ～소녀 가장 a young family head / ～원 a reformatory; a reform school / 비행～ a juvenile delinquent.
소농(小農) a small farmer; a peasant.
소농가(小農家) a petty farmer.
소뇌(小腦) 〖解〗 the cerebellum.
소다 soda. ¶ 세탁용～ washing soda. ‖ ～공업 alkali manufacture / ～수 soda water.
소담하다 look nice and rich; be tasty.
소대(小隊) a platoon. ‖ ～장 a platoon leader 〔commander〕.
소독(消毒) disinfection; sterilization; 《우유 등의》 pasteurization. ～하다 disinfect; sterilize; pasteurize. ¶ 일광〔끓는 물〕～ disinfection by sunlight 〔boiling〕 / 상처를 ～하다 disinfect the wound / ～이 된 disinfected; sterilized / 이 타월은 ～이 다 됐다 This towel has already been sterilized. ‖ ～기 a sterilizer / ～액 an antiseptic solution / ～약〔제〕 a sanitizer; a disinfectant / ～저(箸) sanitary 〔disposable〕 chopsticks.
소동(騷動) (a) disturbance; 《쟁의》 a dispute; 《분쟁》 a trouble; 《혼란》 confusion; 《폭동》 a riot. ¶ ～을 일으키다 raise a disturbance; give rise to confusion; make a trouble.
소두(小斗) a half-*mal* measure.
소득(所得) (an) income; 《수익》 earnings. ¶ 고액〔저액〕～층 high 〔low〕 income group / 순(純)～ net income / 실질～ real income / 종합～세 the composite income tax. ‖～격차 income differentials 〔disparities〕 / ～공제액 a (tax) deduction; an amount deducted from *one's* income / ～세 income tax / ～수준 income standard / ～자 an income earner / ～정책 an incomes policy.
소등(消燈) ～하다 put out lights.
소라 〖貝〗 a turban 〔wreath〕 shell. ‖ ～게 〖動〗 a hermit crab / ～고둥 〖貝〗 a trumpet shell.
소란(騷亂) a disturbance; a disorder; (a) commotion; a trouble; a riot. ☞ 소동. ¶ ～을일으키다 create 〔raise〕 a disturbance / ～을 진압하다 quiet 〔put down〕 the disorder. ‖ ～죄 the crime of riot.
소량(少量) a small quantity 《*of*》; a little. ¶ ～의 a little; a small quantity 〔amount, dose〕 of.
소련(蘇聯) the Soviet Union; Soviet Russia.
소령(少領) a major(육군, 공군); a lieutenant commander(해군).

소로(小路) a narrow path; a lane.
소름 gooseflesh; goose pimples. ¶ ~이 끼치는 hair-raising; horrible / ~이 끼치다 get〔have〕 gooseflesh (all over); 《무서워서》 shudder 《*at*》; make *one's* hair stand on end 《*at*》.
소리 ① 《음향》 (a) sound; (a) noise (소음); a roar(굉음). ¶ ~를 내다 make a noise〔sound〕 / 뒤뜰에서 이상한 ~가 났다 I heard a strange noise in the backyard. / 아무 ~도 안 들렸다 Not a sound was heard. ② 《음성》 a voice; a cry; a shout. ¶ 맑은 ~ a clear 〔silvery, ringing〕 voice / 큰〔작은〕 ~로 in a loud〔low〕 voice / 새~ the notes〔singing〕 of a bird / 벌레~ the singing〔chirping〕 of an insect. ③ 《말》 a talk; words. ¶ 이상한 ~ 같지만 it may sound strange, but…. ④ 《소문》 a rumor; a report. ¶ 터무니없는 ~ an unfounded rumor. ⑤ 《노래》 a song; singing. ~하다 sing (a song).
소리(小利) a small profit. ¶ 눈앞의 ~에 눈이 어두워지다 be blinded by a small immediate profit.
소리개 〖鳥〗 a kite.
소리지르다 shout; cry〔call〕 (out); scream; roar; yell; 《요란하게》 clamor; bawl.
소립자(素粒子) an elementary particle.
소망(所望) a wish; (a) desire. ~하다 desire; wish for; ask for; hope for; expect. ¶ 간절한 ~ an ardent desire / ~을 이루다 realize *one's* wishes〔desire〕.
소매 a sleeve; an arm(양복의). ¶ ~가 긴 long-sleeved / ~가 없는 sleeveless / ~를 걷어붙이다 roll up *one's* sleeves / ~를 끌다 pull 《*a person*》 by the sleeve. ‖ ~통 the breadth of a sleeve / 소맷부리 a cuff.
소매(小賣) retailing; retail sale. ~하다 retail; sell at retail. ¶ ~로 at〔by〕 retail. ‖ ~가격 a retail price / ~물가지수 a retail price index / ~상인 a retailer / ~업 retail trade / ~점 a retail store.
소매치기 pocket-picking; a pickpocket(사람). ~하다 pick 《*a person's*》 pocket. ¶ ~당하다 have *one's* pocket picked.
소맥(小麥) ☞ 밀.
소멸(消滅) ~하다 disappear; vanish; cease to exist; go out of existence; become null and void(실효). ¶ 권리의 ~ the lapse of *one's* right / ~시키다 extinguish; nullify 《*a right*》 / 자연 ~하다 die out in course of time. ‖ ~시효 extinctive prescription; 《형법상의》 the statute of limitations(소취를 위한).
소명(召命) a royal summons.
소모(消耗) 《소비》 consumption; 《마손》 wear and tear. ~하다 consume; use up; exhaust; waste (낭비하다). ¶ 일에 정력을 ~하다 exhaust *one's* energy on the work; be worn out by the work. ‖ ~전 a war of attrition / ~품 articles for consumption; an expendable.
소목장이(小木匠—) a cabinet maker; a joiner.
소몰이 a cattle droving(일); a cowboy(사람).
소묘(素描) a (rough) sketch; a *dessin* 《프》.
소문(所聞) (a) rumor; (a) gossip; a report; talk; hearsay. ¶ 사실무근한 ~ a groundless report / ~을 퍼뜨리다 spread a rumor / ~을 내다 set〔start〕 a rumor afloat / ~에 듣다 hear a rumor 《*that…*》 / …라는 ~이다 it is rumored that…; there is a rumor going around that….
소문자(小文字) a small letter.
소박(疎薄) ill treatment to *one's* wife. ~하다 ill-treat *one's* wife; give the cold shoulder to *one's* wife; desert. ¶ ~맞다 be neglected〔deserted〕 by *one's* husband. ‖ ~데기 a deserted〔neglected〕 wife.
소박(素朴) ¶ ~한 simple; artless; naive.
소반(小盤) a small dining table.
소방(消防) fire service; fire fighting 《美》. ¶ ~용 사다리 a fire ladder; an extension ladder. ‖ ~관〔사〕 a fireman; a fire fighter / ~대 a fire brigade / ~서 a fire (brigade) station / ~연습 a fire drill / ~자동차 a fire engine.
소변(小便) urine; piss 《俗》; pee (소아어). ¶ ~보다 urinate; pass 〔make〕 water; have〔take〕 a pee 《口》; piss 《俗》 / ~을 참다 retain 〔hold〕 *one's* urine. ‖ ~금지 《게시》 No Urinating; Commit no nuisance / ~소 a urinal.
소복(素服) 《wear》 white (mourning) clothes.
소비(消費) consumption. ~하다 consume; spend; expend. ¶ 시간을 ~하다 expend〔spend〕 time / 건전한 ~풍토를 해치다 hamper the sound consumption climate. ‖ ~경제 consumption economy / ~량 (the amount of) consumption / ~세 a consumption tax / ~자 a consumer; the consuming public(일반소비자) / ~자 가격 the consumer's price / ~자 단체 a consumer's group〔organization〕 / ~자 물가(지수) the consumer's price (index) / ~자

보호(운동) consumerism / ～자 신뢰 지수 the index of consumer confidence / ～자 심리 consumer sentiment / ～자 조합 a consumers' cooperative union / ～재 consumer goods.
소비에트 Soviet. ‖ ～연방 the Union of Soviet Socialist Republics(생략 U.S.S.R.).
소사(掃射) machine-gunning. ～하다 machine-gun; mow 《*the enemy*》 down; sweep〔rake〕《*the enemy's position*》 with fire.
소사(燒死) ～하다 be burnt to death; die〔be killed〕in the fire. ‖ ～자 a person burnt to death / ～체 a charred body.
소산(所産) a product; fruit(s); an outcome.
소산(消散) ～하다 disappear; vanish; disperse; lift(안개 등).
소상(小祥) the first anniversary of 《*a person's*》 death.
소상(塑像) a plastic image; a clay figure〔statue〕.
소상하다(昭詳—) (be) detailed; full; minute; circumstantial. ¶ ～히 minutely; in detail.
소생(小生) I; me; myself.
소생(所生) *one's* offspring〔children〕.
소생(蘇生) revival; resuscitation; reanimation. ～하다 revive; come to *oneself;* be restored to life.
소석고(燒石膏) plaster of Paris.
소석회(消石灰) slaked lime.
소선거구(小選擧區) a small electoral district. ‖ ～제(制) the single-member constituency system.
소설(小說) a story; a novel; fiction(총칭). ¶ ～적인 romantic; fictitious. ‖ ～가 a novelist; a story〔fiction〕writer.
소성(塑性) 〖理〗 plasticity. ¶ ～이 있다 be plastic.
소소하다(小小—) 《자질구레함》 (be) minor; trifling; insignificant.
소속(所屬) ～하다 belong〔be attached〕《*to*》. ¶ ～의 belonging〔attached〕《*to*》 / ～시키다 attach; assign.
소송(訴訟) a (law)suit; an action. ～하다 sue 《*a person*》; bring a lawsuit〔an action〕《*against*》. ¶ …에 대해 ～을 일으키다 go to court against〔with〕《*a person*》; raise〔start〕a lawsuit 《*against*》 / ～에 이기다〔지다〕 win〔lose〕a lawsuit / 이혼 ～을 하다 sue for divorce. ‖ ～대리인 a counsel; an attorney / ～사건 a legal case / ～의뢰인 a client / ～인 a plaintiff(원고) / ～절차(를 밟다) (take) legal proceedings.
소수(小數) 〖數〗 a decimal (fraction). ‖ ～점 a decimal point(소수점 이하 3자리까지 계산하다 calculate down to three places of decimals).
소수(少數) a minority; a few. ‖ ～당〔파〕 a minority (party) / ～민족 a minority race / ～의견 the opinion of the minority.
소수(素數) 〖數〗 a prime number.
소스 《Worcester》 sauce. ¶ ～를 치다 pour sauce 《*over food*》.
소승(小乘) 〖佛〗 Hinayana; the Lesser Vehicle. ¶ ～적인 short-sighted 《*view*》.
소시민(小市民) ‖ ～계급 the lower middle class; the *petite bourgeoisie*.
소시(적)(少時—) *one's* early days; *one's* youth.
소시지 a sausage.
소식(少食) ～하다 do not eat much. ¶ ～가 a light eater.
소식(素食) meatless meal; plain fare.
소식(消息) news; tidings; information. ¶ ～이 있다〔없다〕 hear〔hear nothing〕《*from*》 / ～을 가져오다 bring news 《*of*》. ‖ ～통 well-informed circles〔sources〕; a well-informed person(사람).
소식자(消息子) 〖醫〗 a probe; a sound.
소신(所信) *one's* belief〔conviction〕; *one's* opinions〔views〕. ¶ ～을 밝히다 express *one's* opinions〔beliefs〕.
소실(小室) 《keep》 a mistress.
소실(消失) ～하다 vanish; disappear.
소실(燒失) ～하다 be burnt down; be destroyed by fire. ‖ ～가옥 houses burnt down.
소심(小心) ¶ ～한 timid; faint-hearted; cautious.
소아(小我) 〖哲〗 the ego.
소아(小兒) an infant; a little child. ‖ ～마비 《suffer from》 infantile paralysis / ～병 infantile disease.
소아과(小兒科) pediatrics. ‖ ～의사 a pediatrician; a children's doctor / ～의원 a children's hospital.
소아시아(小—) Asia Minor.
소액(少額) a small sum〔amount〕 《*of money*》.
소야곡(小夜曲) a serenade.
소양(素養) knowledge; a grounding; training. ¶ ～이 있는 cultured; educated / 경제학에 ～이 없는 학생 students untrained in economics / …의 ～이 있다 have some knowledge of....
소연(騷然) ¶ ～한 noisy; confused; disturbed; agitated; troubled.
소염제(消炎劑) an antiphlogistic.
소외(疎外) ¶ ～당하다 be shunned〔neglected〕. ‖ ～감 a sense of alienation.
소요(所要) ¶ ～의 《the time》 required; necessary; needed.

소요(逍遙) ～하다 stroll; ramble; take a walk.
소용(所用) need; want; demand; necessity; use. ¶ ～되는 necessary; needful; wanted / ～ 없다 be useless 〔needless〕.
소용돌이 《be drawn into》 a whirlpool; a swirl. ¶ ～ 치다 whirl around; swirl.
소원(所願) *one's* desire 〔wish〕. ¶ ～이 성취되다 have *one's* wishes realized / ～을 들어 주다 grant 〔meet〕 《*a person's*》 wishes.
소원(訴願) a petition; an appeal. ～하다 petition; appeal 《*to*》.
소원(疏遠) ～하다 (be) estranged 〔alienated〕. ¶ ～해지다 become estranged; drift apart.
소위(少尉) 《육군》 a second lieutenant 《美·英》; 《해군》 an acting sublieutenant 《英》; an ensign 《美》; 《공군》 a second lieutenant 《美》; a pilot officer.
소위(所爲) a deed; *one's* doing 〔work〕.
소위(所謂) 《이른바》 so-called; what is called; what you call.
소위원회(小委員會) a subcommittee.
소유(所有) possesion. ～하다 have; possess; own; hold. ¶ …～의 belonging to...; owned by.... ‖ ～격 the possessive (case) / ～권 the right of ownership; a right 〔title〕 《*to a thing*》 / ～물 *one's* property 〔possessions〕 / ～욕 a desire to possess / ～자 an owner; a proprietor.
소음(騷音) (a) noise. ¶ ～ 방지의 antinoise / 거리의 ～ the din and bustle of a town; city sounds; street noises. ‖ ～공해 noise damage 〔pollution〕 / ～방지 prevention of noise; sound supression / ～측정기 a noise 〔sound-level〕 meter.
소음기(消音器) a sound arrester; a muffler; a silencer.
소이(所以) (the reason) why.
소이탄(燒夷彈) an incendiary bomb 〔shell〕.
소인(小人) 《난쟁이》 a dwarf; a pigmy; 《어린이》 a child; a minor; 《소인물》 a small-minded person; 《나》 I, me, myself.
소인(消印) a postmark; a date stamp. ¶ ～이 찍힌 postmarked 《*from London on May 1*》.
소인(素因) a primary cause.
소인수(素因數) a prime factor.
소일(消日) ～하다 while away 〔kill〕 *one's* time. ‖ ～거리 a time killer; a pastime.
소임(所任) *one's* duty 〔task〕. ¶ ～을 다하다 fulfill 〔discharge〕 *one's* duty / ～을 맡다 take a duty 〔job〕 on *oneself*.
소자(素子) 〖電子〗 an element. ‖ 발광～ a light-emitting diode(생략 LED).
소작(小作) tenant farming. ～하다 tenant a farm. ‖ ～농 tenant farming(농사); a tenant farmer (농민) / ～료 farm rent / ～인 a tenant (farmer).
소장(小腸) 〖解〗 the small intestine.
소장(少壯) ¶ ～의 young; youthful. ‖ ～파 the young group.
소장(少將) 《육군》 a major general 《美·英》; 《해군》 a rear admiral 《美·英》; 《공군》 a major general 《美》; an air vice-marshal 《英》.
소장(所長) the head 〔chief〕 《*of an office, a factory*》.
소장(所藏) ¶ ～의 in *one's* possession / Y씨 ～의 《a book》 owned by 〔in the possession of〕 Mr. Y.
소장(訴狀) 〖法〗 a (written) complaint; a petition(청원장).
소재(所在) *one's* whereabouts; the position 〔location〕(위치). ¶ ～를 감추다 conceal *one's* whereabouts; disappear; hide *oneself* / ～ 불명이다 be missing / 책임의 ～를 밝히다 find out 「who is responsible 〔where the responsibility lies〕. ‖ ～지 the seat 《*of*》.
소재(素材) (a) material; subject matter.
소전(小傳) a biographical sketch; a brief biography.
소전제(小前提) 〖論〗 a minor premise.
소정(所定) ¶ ～의 fixed; established; prescribed; appointed / ～의 절차를 밟다 go through the regular course 〔the prescribed formalities〕.
소조(塑造) modeling; molding.
소주(燒酒) distilled spirits; *soju*.
소중(所重) ¶ ～한 important; valuable; precious / ～히 carefully; with care / ～히 여기다 《존중》 value; make much of 《*a person, a thing*》; treasure / ～히 하다 take good care of.
소지(所持) possession. ～하다 have (in *one's* possession); possess; carry. ‖ ～금 money in hand 〔*one's* pocket〕 / ～자 a holder; a possessor; an owner(면허증 ～자 a license holder) / ～품 *one's* belongings; *one's* personal effects.
소지(素地) 《요인이 되는 바탕》 a foundation; a groundwork; an aptitude 《*for*》; the makings. ¶ 배우가 될 ～가 있다 have the makings of an actor / 우호 관계의 ～를 만들다 lay the foundation for friendly relations 《*between*》.
소지(燒紙) 〖民俗〗 sacrificial paper (burned to departed spirits).
소진(消盡) ～하다 exhaust; use up; consume; vanish; disappear.

소진(燒盡) ～하다 be burnt down (to the ground); be totally destroyed by fire.

소질(素質) 《자질》 the making(s); qualities; talent; genius; 《체질》 a constitution; predisposition(병의); 《경향》 a tendency《*to*》. ¶ 문학적 ～이 있는 사람 a person with a literary talent〔turn〕/ 어학에 ～이 있다 have linguistic genius; have a natural aptitude for languages / 유전적 범죄 ～ inherited criminal tendencies.

소집(召集) a call; a summons; convocation(의회 따위의); mobilization(동원). ～하다 《회의를》 call; convene; summon; 《군대를》 muster; call up; 《군대에》 call 《*a person*》 into the army; draft 《*a person*》 for service 《美》. ¶ ～해제가 되다 be demobilized. ‖ ～령 a draft call / ～영장 a call-up paper; a draft notice〔card〕《美》.

소쩍새 〖鳥〗 a (common) cuckoo.

소차(小差) a small difference; a narrow margin.

소찬(素饌) a plain dish〔dinner〕.

소채(蔬菜) vegetables; greens.

소책자(小冊子) a pamphlet; a booklet; a brochure.

소철(蘇鐵) 〖植〗 a sago palm; a cycad.

소청(所請) a request. ¶ ～을 들어주다 grant 《*a person's*》 request.

소총(小銃) a rifle; small arms(총칭). ‖ ～탄 a bullet / 엠 16 자동 ～ an M-16 automatic rifle.

소추(訴追) prosecution; indictment. ～하다 prosecute〔indict〕《*a person for a crime*》.

소출(所出) crops; yield(s); products. ¶ ～이 많은 heavily〔highly〕 productive 《*farm*》.

소치(所致) 《결과》 consequences; result; 《영향》 effect. ¶ …의 ～이다 be caused by; be due to.

소켓 〖電〗 a socket. ¶ ～에 끼우다 socket. ‖ 쌍～ a two-way socket.

소쿠리 a bamboo〔wicker〕 basket.

소탈(疏脫) ～하다 (be) informal; unconventional; free and easy.

소탐대실(小貪大失) ～하다 suffer a big loss in going after a small gain.

소탕(掃蕩) ～하다 wipe〔stamp〕 out; sweep away; mop up. ‖ ～작전 a mopping-up operation.

소태 〖植〗 《나무》 a kind of sumac; 《껍질》 sumac bark.

소택(沼澤) a marsh; a swamp. ‖ ～지 marshland; swampy areas.

소통(疏通) 《의사의》 ～하다 come to understand each other; come to a mutual understanding.

소파(搔爬) 〖醫〗 curettage. ¶ ～수술을 받다 undergo curetting.

소파 《긴 의자》 a sofa.

소포(小包) a parcel; a package; a packet. ‖ ～우편 《by》 parcel post.

소품(小品) 《문예의》 a short piece 《*of music, writing*》; a 《*literary*》 sketch; 《물건》 a trifle article; 《무대의》 (stage) properties. ‖ ～담당원 a property man〔master〕.

소풍(逍風) 《산책》 a walk; a stroll; an outing; 《행락》 an excursion; a picnic. ～하다 go for a walk; go on a picnic. ¶ 학교의 ～ a school picnic〔excursion〕. ‖ ～객 an excursionist; a holidaymaker.

소프라노 〖樂〗 soprano; a soprano (가수).

소프트 soft. ‖ ～드링크 《have》 a soft drink / ～볼 《play》 softball / ～웨어 〖컴〗 software / ～칼라 a soft collar.

소피(所避) ¶ ～ 보다 pass〔make〕 water; urinate.

소하다(素—) stick to a vegetarian diet.

소한(小寒) the 23rd of the 24 seasonal divisions; the beginning of the coldest season.

소해(掃海) sea clearing. ～하다 clear the sea; sweep the sea for mines. ‖ ～작업 minesweeping〔sea-clearing〕 operation / ～정 a minesweeper.

소행(所行) an act; a deed; *one's* doing.

소행(素行) conduct; behavior. ¶ ～이 못되다 be dissolute in conduct; be a person of loose morals.

소형(小型·小形) a small size. ¶ ～의 small(-sized); tiny; pocket(-size). ‖ ～자동차 a small(-sized) car; a minicar / ～카메라 a miniature camera; a minicam / ～화 miniaturization (～화하다 miniaturize) / 초～화 microminiaturization.

소호 SoHo (◀ Small Office, Home Office).

소홀(疏忽) ～하다 (be) negligent; neglectful; careless; rash. ¶ ～히 하다 neglect; disregard; 《경시》 make light of; slight.

소화(消火) ～하다 extinguish〔put out, fight〕 a fire. ‖ ～기 a (fire) extinguisher / ～전(栓) a fireplug; a hydrant / ～호스 a fire hose.

소화(消化) digestion(음식의); consumption(상품의). ～하다 digest; consume; absorb. ¶ ～하기 쉽다〔어렵다〕 be easy〔hard〕 to digest; be digestible〔indigestible〕 / ～를 돕다 help〔promote〕 *one's* digestion / 국내 시장만으로는 이들 제품을 ～시킬 수 없다 The home market alone cannot absorb all these goods. ‖ ～계통 the digestive system / ～기관 digestive organs /

～력 digestive power(이해·흡수의) / ～불량《suffer from》indigestion / ～제 a digestive.

소화물(小貨物) a parcel; a package; a packet. ¶ ～로 부치다 send〔forward〕《*something*》by mail(우편); consign《*something*》as a parcel(철도편). ‖ ～취급소 a parcel-office.

소환(召喚)〖法〗a summons. ～하다 summon; call; subpoena. ¶ ～되다 be summoned〔called〕. ‖ ～장 a (writ of) summons; a subpoena.

소환(召還) the recall. ～하다 recall; call《*a person*》back. ¶ 본국에 ～되다 be summoned〔ordered〕home.

속 ①《내부·안》the interior〔inside〕; the inner part;《깊숙한》the inmost recesses《*of*》. ¶ ～에(서) within; in; inside / ～에서 문을 잠그다 lock the door on the inside / 문은 ～에서 열렸다 The door opened from within. ②《속에 든 것》contents(내용); substance(실질); stuffing(박제품 등의); pad(ding) (의자 등의); wad(-ding) (이불속 따위). ¶ 요에 ～을 넣다 stuff the mattress. ③《중심·핵》the heart〔core〕. ¶ ～까지 썩다 be rotten to the core. ④《마음》the heart; the depth〔bottom〕. ¶ ～검은 wicked; malicious / ～으로(는) at heart / ～을 떠보다 sound《*a person*》. ⑤《뱃속》insides; stomach. ¶ ～이 비다 get hungry / ～이 거북하다 feel heavy in the stomach.

속(屬)〖生〗a genus. ¶ ～의 generic.

속(續)《계속》continuance; continuation; a sequel(이야기의); a series.

속가(俗歌) a popular song; a folk song; a ballad.

속간(續刊) ～하다 continue (*its*) publication.

속개(續開) resumption. ～하다 continue; resume(재개).

속겨《곡식의》bran.

속격(屬格)〖文〗the genitive (case).

속결(速決) ☞ 즉결.

속계(俗界) the (workaday) world; the earthly〔secular〕life.

속곳 a slip; a petticoat; underwear. ¶ ～ 바람으로 with nothing on but a slip.

속공(速攻) a swift attack. ～하다 launch a swift attack《*against*》.

속구(速球)〖野〗a speed〔fast〕ball. ¶ ～투수 a fast-ball pitcher; a speedballer《美俗》.

속국(屬國) a dependency; a vassal〔subject〕state〔country〕.

속기(速記)《속기법》shorthand (writing); stenography. ～하다 write〔do〕shorthand; take down in shorthand. ‖ ～록 a stenographic〔shorthand〕records / ～사 a stenographer; a shorthand writer / ～술 stenography; shorthand.

속념(俗念) worldly considerations〔thoughts〕; vulgar〔secular〕thoughts.

속눈썹 the eyelashes. ¶ 인조～ false eyelashes.

속다 be cheated〔deceived, taken in, imposed upon, fooled〕. ¶ 속기 쉬운 credulous; gullible.

속단(速斷) ～하다 decide hastily; jump to a conclusion.

속달(速達) express〔special《美》〕delivery. ～하다 send《*a letter*》by express; express《*a parcel*》. ‖ ～료 a special delivery fee / ～우편 express delivery post; special delivery mail《美》.

속달다 be anxious〔worry *oneself*〕《*about*》; be eager〔impatient, mad〕《*for, to do*》.

속담(俗談) a proverb; a (common) saying. ¶ ～에도 있듯이 as the proverb says〔goes〕.

속대 the heart of vegetable. ‖ ～쌈 boiled rice wrapped in cabbage hearts.

속도(速度) speed; velocity; (a) rate;〖樂〗a tempo. ¶ ～를 내다 speed up; gather〔increase〕speed / ～를 줄이다 slow down; reduce the speed / 매시 600마일의 ～로 at the rate of 600 miles an hour. ‖ ～계 a speedometer; a speed indicator / ～위반 speeding (～위반에 걸리다 be charged with speeding) / ～제한《set》a speed limit / 경제～ an economic speed.

속독(速讀) rapid〔fast〕reading. ～하다 read《*a book*》fast.

속돌〖鑛〗(a) pumice (stone).

속되다(俗—)《비속》(be) vulgar;《통속》(be) common; popular;《세속적》(be) worldly; earthly; mundane. ¶ 속된 욕망 worldly desires〔ambitions〕.

속등(續騰) a continued advance〔rise〕《*in stock prices*》. ～하다 continue to rise〔advance〕.

속락(續落) a continued fall〔drop〕《*in prices*》. ～하다 continue to fall〔drop〕.

속력(速力) ☞ 속도. ¶ ～이 빠른〔느린〕fast〔slow〕in speed / 전～으로 (at) full speed / 최대～ the greatest〔maximum〕speed.

속령(屬領) a possession; a dependency(속국). ‖ ～지 a dominion.

속론(俗論) a popular opinion; conventional views.

속마음 *one's* inmost heart; real inward feeling; *one's* right mind. ¶ ～을 꿰뚫어 보다 see through《*a*

person's》 heart; read《*a person's*》 thoughts / ～을 떠보다 sound〔tap〕《*a person's*》 mind.
속말 a confidential〔private, frank〕talk.
속명(俗名) ①《통속적인》a common〔popular〕name. ②〖佛〗a secular name.
속명(屬名)〖生〗a generic name.
속문학(俗文學) vulgar〔popular〕literature.
속물(俗物) a worldly man; a snob; a man of vulgar〔low〕taste. ‖ ～근성 Philistinism; snobbery.
속박(束縛) (a) restraint; (a) restriction; fetters; a yoke. ～하다 restrict; restrain; shackle; bind; fetter. ¶ ～을 받다 be placed under restraint / ～을 벗어나다 shake off the yoke《*of*》/ 언론의 자유를 ～하다 place a gag on freedom of speech.
속발(續發) successive〔frequent〕occurrence. ～하다 occur〔happen〕in succession; crop up one after another.
속병(—病) a chronic internal disease.
속보(速步) a quick pace.
속보(速報)《뉴스》a prompt〔quick〕report; a (news) flash. ～하다 report promptly; make a quick report《*on*》. ‖ ～판 a bulletin〔flash〕board; a newsboard《주로 英》.
속보(續報) further news〔particulars〕; a continued report; a follow-up.
속보이다 betray〔reveal〕*one's* heart; be seen through.
속사(速射) quick firing〔fire〕. ～하다 fire quickly. ‖ ～포 a quick-firing gun; a quick-firer.
속사(速寫)《사진의》a snapshot. ～하다 (take a) snapshot《*of*》. ‖ ～카메라 a snapshot camera.
속삭이다 whisper; murmur; speak under *one's* breath; talk in whispers. ¶ 속삭이는 (듯한) whispery; whisperous / 사랑의 속삭임 sweet whispers of love / 귀에 대고 ～ whisper in《*a person's*》ear.
속산(速算)《do》a rapid calculation.
속살《옷속의》the part of the skin covered by clothes.
속상하다(—傷—) feel distressed; be annoyed〔irritated, troubled〕; be vexed〔chagrined〕《*at*》.
속새〖植〗a scouring rush.
속설(俗說) a common saying; a popular view;《전설》folklore.
속성(速成) rapid completion; quick mastery. ～하다 complete rapidly; give a quick training. ‖ ～과 a short〔an intensive〕course / ～법 a quick-mastery method.
속성(屬性)〖論〗an attribute.
속세(俗世) this world; earthly life; the mundane world. ¶ ～를 떠난 unworldly; supermundane / ～를 버리다 renounce the world.
속셈 ① inner thoughts; what *one* has in mind; an ulterior motive; a secret intention. ② ☞ 암산.
속속(續續) successively; one after another; in (rapid) succession.
속속들이 wholly; thoroughly; to the core (속까지). ¶ ～ 썩다 be rotten to the core / ～ 젖다 get wet to the skin.
속손톱 a half-moon (of the fingernail); a lunula.
속수무책(束手無策) ¶ ～이다 be at the end of *one's* tether; nothing can be done.
속아넘어가다 be deceived〔fooled〕. ¶ 감쪽같이 ～ be nicely taken in.
속악(俗惡) ～하다 (be) vulgar; low; coarse; gross.
속앓이 ☞ 속병.
속어(俗語)《총칭》colloquial language; slang;《개별》a colloquial expression; a slang word.
속어림 *one's* guess. ¶ ～으로 in *one's* estimate; by guess.
속옷 an underwear; an undergarment; underclothes.
속요(俗謠) a popular〔folk〕song.
속음(俗音) the popular pronunciation of a Chinese character.
속이다 deceive; cheat; fool; swindle(금품을); impose on; play《*a person*》false; play a trick《*on*》; falsify; (tell a) lie(거짓말); feign(가장). ¶ 이름을 속이고 under a false name / 사람의 눈을 ～ delude《*a person*》/ 감언으로 ～ impose upon《*a person*》by honeyed words / 나이를 ～ misrepresent *one's* age / 대학생이라고 ～ feign〔pretend to be〕a university student.
속인(俗人)《세속인》a worldling; a worldly man; the common crowd;《중이 아닌》a layman.
속인(屬人) ¶ ～의 individual; personal. ‖ ～주의〖法〗the personal principle / ～특권 personal privileges.
속임수 (a) deception; trickery. ¶ ～를 쓰다 cheat; play a trick on《*a person*》; take《*a person*》in.
속잎 the inner leaves.
속자(俗字) the popular〔simplified〕form of a Chinese character.
속장 the inside pages《*of a newspaper*》.
속전(贖錢) a ransom.
속전속결(速戰速決) an intensive〔all-out〕surprise attack〔offensive〕;

a *blitzkrieg* 《獨》. ¶ ～로 행하다 act decisively on the basis of a quick decision. ‖ ～전법 blitz tactics.

속절없다 (be) helpless; hopeless; futile; unavailing. ¶ 속절없이 helplessly; unavoidably; inevitably; in vain.

속죄(贖罪) atonement; expiation; redemption. ～하다 atone for 〔expiate〕 *one's* sin(s). ¶ ～할 수 없는 inexpiable 《*offense*》 / 죽음으로써 ～하다 expiate a crime with death.

속주다 take 《*a person*》 into *one's* confidence; open *one's* heart 《*to*》.

속지(屬地) a possession; a dependency; a territory; a dominion. ‖ ～주의 〖法〗 the territorial principle.

속진(俗塵) the world; earthly affairs. ¶ ～을 씻다 disengage 〔disentangle〕 *one's* mind from all worldly cares.

속출(續出) successive occurrence. ～하다 appear 〔occur〕 in succession 〔one after another〕.

속치마 an underskirt; a petticoat; a slip.

속칭(俗稱) a popular 〔common〕 name. ～하다 call commonly; be popularly known as....

속타다 be distressed 《*about, by*》; be worried 《*about*》; be vexed 〔irritated〕 《*at*》; be 〔get〕 harassed 〔annoyed〕.

속탈(一頉) a stomach trouble 〔upset〕; stomach disorder.

속태우다 ① 《남을》 vex; fret; worry; irritate; annoy; trouble. ② 《스스로》 worry (*oneself*) 《*about*》; fret 《*about*》; be distressed 〔bothered, harassed〕.

속편(續篇·續編) a sequel 《*of, to*》; a second volume.

속필(速筆) quick 〔rapid〕 writing.

속하다(速一) (be) quick; fast; swift; rapid; speedy (☞ 빠르다). ¶ 속히 fast; rapidly; quickly; hastily.

속하다(屬一) belong 《*to*》; come 〔fall〕 《*under*》; be subject 《*to*》.

속행(續行) ～하다 continue; resume; go on 〔proceed〕 《*with*》; keep on 《*doing*》.

속화(俗化) vulgarization. ～하다 vulgarize; be vulgarized.

속회(續會) ～하다 resume 《*a meeting*》. ☞ 속개(續開).

솎다 thin (out) 《*plants*》.

손[1] ① 《사지의》 a hand; an arm (팔). ¶ 오른～ right hand / ～을 마주 잡고 hand in hand; arm in arm / ～으로 만든 hand-made; manual / ～을 들다 raise *one's* hand; give up(단념) / ～을 잡다 grasp *a person's* hands / ～을 불에 쬐다 warm *one's* hand over the fire / ～을 뻗치다 stretch *one's* hand; 《사업 등에》 extend *one's* business(확장하다). ② 《일손》 a hand; a help. ¶ ～을 빌리다 give a hand; lend a (helping) hand / ～이 비다 be free; have no work on hand / ～이 모자라다 be short-handed; be short of hands. ③ 《솜씨》 hand; skill. ¶ ～에 익다 be at home 《*in*》; know *one's* game. ④ 《손질》 trouble; care(돌봄). ¶ ～이 많이 가는 troublesome; elaborate / ～을 덜다 save trouble. ⑤ 《소유》 the hands 《*of*》; possession. ¶ ～에 넣다 get; obtain; win / ～에 들어오다 come into *one's* possession / 남의 ～에 넘어가다 pass 〔fall〕 into another's hands. ⑥ 《관계》 ☞ 손대다 ①. ¶ 남의 일에 ～을 대다 meddle in other people's affairs / …에서 ～을 떼다 wash *one's* hands of 《*the business*》 / …와 ～을 끊다 break with 《*a woman*》. ⑦ 《경유》 ¶ ～을 거쳐서 through (the medium of) / 아무의 ～을 거쳐(서) 사다 buy 《*a thing*》 through *a person*.

손[2] ☞ 손님.

손(損) loss(손실); disadvantage(불리); damage(손해).

손가락 a finger. ¶ ～에 끼다 put 〔wear〕 《*a ring*》 on a finger / 엄지～ the thumb / 집게 〔가운뎃, 약, 새끼〕～ the index 〔middle, ring, little〕 finger.

손가락질 ～하다 point at 〔to〕; indicate; 《지탄》 shun; scorn. ¶ ～을 받다 be pointed at with scorn; be an object of social contempt.

손가방 a briefcase; a handbag; a valise; a gripsack 《美》.

손거스러미 an agnail; a hangnail.

손거울 a hand glass 〔mirror〕.

손거칠다 (be) light-fingered; thievish; 《서술적》 have sticky fingers.

손겪다 《대접함》 entertain a guest; play host 《*to*》.

손곱다 《*one's* hands are》 stiff 〔benumbed〕 with cold.

손금 the lines of the palm. ¶ ～을 보다 read 《*a person's*》 palm; have *one's* palm read(남에게 보게 하다); practice palmistry(영업). ‖ ～쟁이 a palmist.

손금(損金) pecuniary loss.

손길 《손》 hands; *one's* reach(뻗은); a (helping) hand(구원의). ¶ 따뜻한 구원의 ～ 《extend》 a warm helping hand 《*to*》 / ～이 닿는 곳에 within *one's* reach.

손꼽다 ① 《셈하다》 count on *one's* fingers. ¶ 손꼽아 기다리다 look forward to 《*a person's arrival*》. ②

《굴지》 ¶ 손꼽는 leading; outstanding.
손꼽아치다 count (for) much; be leading〔prominent, outstanding〕.
손끝 a finger tip; manual dexterity(솜씨). ¶ ～(이) 여물다 be clever with *one's* hands.
손끝맵다 《서술적으로》 have an ill-starred touch; have an unlucky touch.
손끝맺다 remain idle; stand by with *one's* arms folded.
손넘기다 ① 《시기를 놓치다》 lose 〔miss〕 an opportunity; let a chance go〔slip〕. ② 《잘못 세다》 skip numbers in counting; miscalculate; count wrong.
손녀(孫女) a granddaughter.
손놓다 《일을》 leave〔lay〕 off 《*one's work*》.
손님 ① 《내방객》 a caller; a visitor; a guest(초대한). ¶ 사업상의 ～ a business visitor / ～을 대접하다 entertain a guest / ～을 맞다 receive a visitor〔caller〕/ ～이 있다 have a visitor; have company / ～접대가 좋다〔나쁘다〕 be a good〔poor〕 host(ess). ② 《고객》 a customer; a patron; an audience(극장의); a guest(여관 등의); a client(변호사·의사의). ¶ 단골～ a customer; a frequenter / 고정～ a regular customer / ～이 없다 have no customer / ～이 늘다〔줄다〕 gain〔lose〕 customers / ～을 끌다 attract〔draw〕 customers / ～ 서비스가 좋다〔나쁘다〕 give good〔poor〕 service(호텔 등에서) / ～은 왕이다 The customer 「is King〔is always right〕. ③ 《승객》 a passenger; a fare.
손대다 ① 《건드리다》 touch; lay 〔put〕 *one's* hands 《*on*》; 《남의 것에》 make free with 《*another's money*》. ¶ 음식에 손도 안 대다 leave food untouched / 손대지 마시오 《게시》 Hands off. ② 《착수》 put〔turn, set〕 *one's* hand 《*to*》; take up; 《관계》 have a hand 《*in*》. ¶ 정치에 ～ dabble in politics / 여자에게 ～ become intimate with a woman. ③ 《손찌검》 beat; strike.
손대중 measuring〔weighing〕 by hand. ¶ ～으로 by hand measure.
손도끼 a hand ax(e); a hatchet.
손도장(一圖章) a thumb-mark; a thumbprint. ¶ ～ 찍다 seal with the thumb.
손독(一毒) ¶ ～이 오르다 be infected by touching; become worse by fingering *it*.
손들다 raise〔lift, hold up〕 *one's* hand; show *one's* hand(찬성); be defeated〔beaten〕(지다); yield 《*to*》(항복); give up(단념). ¶ 손들어! Hands〔Hold〕 up!
손등 the back of the hand.
손때 dirt from the hands; finger marks; soiling by hand. ¶ ～ 묻은 finger-marked; hand-stained.
손떼다 《…에서》 get 《*something*》 off *one's* hands; wash *one's* hands of; break with; withdraw *oneself* 《*from*》.
손맑다 ① 《생기는 것이 없다》 have hard luck in making money(서술적). ② 《다랍다》 (be) stingy.
손목 a wrist. ¶ ～을 잡다 take 《*a person*》 by the wrist. 「work.
손바느질 sewing by hand; needle-
손바닥 the palm (of the hand). ¶ ～을 뒤집듯이 without the least trouble / ～으로 때리다 (give a) slap.
손발 hands and feet; the limbs.
손버릇 ¶ ～(이) 나쁘다 (be) light-fingered; thievish; larcenous.
손보다 《돌보다》 care for; take care of; 《수리》 repair; mend; put 《*something*》 in repair; 《원고를》 touch up; retouch.
손봐주다 give〔lend〕 a (helping) hand; 《고쳐주다》 repair〔fix〕 《*a thing*》 for 《*a person*》.
손빌리다 get help; get〔receive〕 the aid 《*of*》.
손뼉치다 clap (*one's*) hands.
손상(損傷) injury; damage. ～하다 injure; damage; impair. ¶ ～을 입다 be injured〔damaged〕; suffer a loss.
손색(遜色) inferiority. ¶ ～ 없다 bear〔stand〕 comparison 《*with*》; be equal 《*to*》; be by no means inferior 《*to*》.
손서투르다 (be) unskil(l)ful; poor; clumsy; 《서술적》 be a poor hand 《*at*》.
손속 gambler's luck; the golden touch. ¶ ～이 좋다 be a lucky gambler / ～이 나쁘다 have a wretched hand.
손수 with *one's* own hands; in person, personally(몸소).
손수건(一手巾) a handkerchief.
손수레 a handcart; a barrow.
손쉽다 《용이함》 (be) easy; simple. ¶ 손쉬운 일 an easy job〔task〕/ 손쉽게 이기다 win easily; get a walkover / 손쉽게 생각하다 take 《*things*》 easy / 돈을 손쉽게 벌다 make an easy gain.
손실(損失) (a) loss. ¶ 국가적인 ～ a national loss / ～을 주다〔입다〕 inflict〔suffer〕 a loss.
손심부름 a petty errand.
손싸다 (be) dexterous; quick-handed; nimble-fingered.
손쓰다 take〔resort to〕 a measure; take steps; do some-

thing《*for*》. ¶ 미리 ～ take preventive measure《*against*》/ 손을 쓸 수 없다 can do nothing.
손아귀 ¶ ～에 넣다 get《*something*》in *one's* hands; 《사람을》have《*a person*》under *one's* thumb〔control〕/ ～에 들다 fall into《*a person's*》hands〔power〕; be under《*a person's*》thumb.
손아래 ¶ ～의 younger; junior / 손아랫사람 *one's* junior〔inferior〕/ 세 살 ～다 be *one's* junior by three years.
손어림 hand measure. ～하다 (make a rough) estimate by the hand.
손위 ¶ ～의 older; elder / 손윗사람 *one's* elder; *one's* senior.
손익(損益) profit and loss; loss and gain. ‖ ～계산서 a statement of profit and loss / ～분기점 the break-even point.
손익다 (be) accustomed; familiar; 《서술적》get accustomed to; be (quite) at home《*in, on*》.
손일 handwork; manual work; handicraft.
손자(孫子) a grandchild; a grandson.
손잡이 a handle; 《문의》a knob; a catch. ‖ ～끈 a strap.
손장난 ～하다 finger《*a doll*》; fumble《*with, at*》; play〔toy〕《*with*》.
손장단(一長短) ¶ ～을 치다 beat time with the hand; keep time with hand-clapping.
손재주(一才一) ¶ ～있는 clever-fingered; deft-handed; dexterous.
손전등(一電燈) a flashlight; an electric torch.
손질 repair(s); care. ¶ ～(을) 하다 take care of; trim《*a tree*》; repair《*a house*》; mend《*shoes*》; maintain《*a car*》; improve《*one's essay*》/ ～이 잘 되어 있다〔있지 않다〕be in good〔poor〕repair; be well-kept〔ill-kept〕/ 집을 ～해야 한다 My house needs repairing.
손짓 a gesture; signs; a hand signal. ～하다 (make a) gesture; make signs; beckon《*to*》.
손찌검하다 beat; slap; strike.
손치다 《여관에서》take in《*lodgers*》; put up《*a person*》.
손치르다 entertain *one's* guests; play host《*to*》.
손크다 《후하다》(be) liberal; freehanded; generous. ¶ 손(이) 큰 사람 a liberal giver; an openhanded man.
손톱 a (finger)nail. ¶ ～을 깎다 cut〔trim〕*one's* nails / ～으로 할퀴다 scratch with *one's* nails; claw / 빨갛게 물들인 ～ red polished nails. ‖ ～가위 nail scissors / ～깎이 a nail clipper / ～자국 a nail mark; a scratch (상처).
손풍금(一風琴) an accordion.
손해(損害) damage; (an) injury; (a) loss. ¶ ～를 주다 damage; injure; do〔cause〕damage〔losses〕《*to*》/ (큰) ～를 입다 be (greatly) damaged《*by*》; suffer a (heavy) loss / ～를 배상하다 pay for damage; repair the loss〔damage〕; compensate《*a person*》for *his* loss. ‖ ～배상 (a) compensation for damage〔the loss〕; damages (～배상을 청구하다 claim〔demand〕damages) / ～배상금 damages / ～보험 property damage〔liability〕insurance; insurance against loss / ～액 the amount of damages.
솔[1] 《터는》a brush. ¶ ～로 털다 brush off《*dust*》.
솔[2] 《나무》a pine (tree). ‖ ～가지 a pine branch〔twig〕/ ～방울 a pine cone / ～밭 a pine grove〔wood〕/ ～잎 a pine needle.
솔개 〖鳥〗a (black-eared) kite.
솔기 a seam. ¶ ～ 없는 seamless.
솔깃하다 《서술적》be interested《*in*》; be enthusiastic《*about*》; feel inclined to *do*. ¶ 이야기에 귀가 ～ be interested in《*a person's*》talk / 그거 귀가 솔깃해지는 제안이로군 That's a tempting offer.
솔다[1] 《귀가》be〔get〕sick〔tired〕of hearing; hear more than enough of.
솔다[2] ① ☞ 좁다. ② 《서술적》be itchy and too sore to scratch.
솔로 〖樂〗《sing》a solo. ‖ ～가수 a soloist / 피아노～ a piano solo.
솔선(率先) ～하다 take the lead〔initiative〕《*in*》; set an example《*to others*》. ¶ ～해서 …하다 be the first to *do*.
솔솔 soft-flowing; gently; softly.
솔직(率直) ¶ ～한〔히〕plain(ly); frank(ly); candid(ly) / ～한 대답 a straight answer / ～한 사람 a straightforward〔an open-hearted〕person / ～히 말하면 frankly speaking; to be frank《*with you*》.
솔질 brushing. ～하다 brush.
솜 cotton; wadding(옷의). ¶ ～타기 cotton beating / ～을 두다 stuff《*a cushion*》with cotton; wad《*a gown*》(옷에) / ～을 틀다 gin〔fluff〕cotton.
솜사탕(一砂糖) cotton candy; spun sugar; candy fluff.
솜씨 《손재주》skill; dexterity; finesse; workmanship; craftsmanship; 《능력》ability. ¶ ～ 있는 skillful; clever; dexterous; able (유능한) / ～가 좋다 be a good

hand 《at》; be clever 《at》 / ~를 보이다 show〔display〕 *one's* skill〔ability〕.

솜옷 wadded〔padded〕 clothes.

솜털 downy〔fine, soft〕 hair; down.

솜틀 a cotton gin; a willow(er); a willowing machine.

솜화약(一火藥) guncotton; cotton powder.

솟구다 jump up; leap (to *one's* feet).

솟구치다 leap〔jump, spring〕 up; 《불길이》 blaze〔flame〕 up; 《물가가》 rise suddenly; make a jump.

솟다 ① 《높이》 rise; tower; soar. ¶ 구름 위로 (치)~ rise above the clouds. ② 《샘 등이》 gush out; spring out; well. ③ 《불길이》 flame〔blaze〕 up.

솟아나다 ① 《샘이》 gush (out); well 《*up, out, forth*》. ② 《여럿 중에서》 (be) conspicuous; 《서술적》 cut a figure.

솟을대문(一大門) a lofty〔tall〕 gate.

송가(頌歌) an anthem; a hymn of praise.

송골매(松鶻一) 〖鳥〗 a peregrine (falcon).

송곳 a gimlet(도래송곳); a drill(금속·돌을 뚫는). ¶ ~으로 구멍을 뚫다 bore a hole with a gimlet.

송곳니 an eyetooth; a canine tooth; a dogtooth; a cuspid.

송곳칼 a combination knife-drill.

송구(送球) ① ☞ 핸드볼. ② 《던지다》 ~하다 throw a ball 《*to*》.

송구(悚懼) ¶ ~스럽다 《죄송하다》 be very sorry 《*for*》; be abashed; feel small; 《감사하다》 be much obliged 《*to*》; 《어찌할 바를 모르다》 be〔feel〕 embarrassed 《*by, at*》; be floored 《*by*》.

송구영신(送舊迎新) ~하다 see the old year out and the new year in.

송금(送金) (a) remittance. ~하다 remit〔send〕 money 《*to*》. ¶ 은행〔우편〕환으로 ~하다 remit〔send〕 money by bank draft〔postal money order〕. ‖ ~수수료 a remittance charge / ~수취인 the remittee; the payee / ~수표 a remittance check / ~액 the amount of remittance / ~인 the remitter.

송년(送年) (bidding) the old year out.

송달(送達) delivery; dispatch. ~하다 send; deliver; dispatch; serve(교부). ¶ 영장을 ~하다 serve a writ on 《*a person*》. ‖ ~부 a delivery book.

송당송당 ¶ ~ 자르다 cut to pieces; chop up; hash.

송덕(頌德) eulogy. ‖ ~비 a monument in honor of 《*a person*》.

송두리째 《뿌리째》 root and branch; 《몽땅》 all; completely; entirely; thoroughly. ¶ ~ 없애다 uproot; root 《*something*》 out; eradicate 《*the drug traffic*》 / 노름으로 재산을 ~ 날리다 gamble away all *one's* property.

송로(松露) ① 〖植〗 a truffle; a mushroom. ② 《이슬》 dew on pine needles.

송료(送料) the carriage 《*on a parcel*》(운임); the postage 《*of a book*》. ¶ ~선불 carriage prepaid / ~포함 1,000원, 1,000 *won* postage included.

송림(松林) a pine wood〔forest〕.

송별(送別) farewell; send-off. ‖ ~사(辭) a farewell speech〔address〕 / ~회 a farewell meeting〔party〕.

송부(送付) ~하다 send; forward; remit(송금).

송사(訟事) a lawsuit; a suit; legal proceedings〔steps〕.

송사(頌辭) a laudatory address; a eulogy; a panegyric.

송사리 ① 〖魚〗 a killifish. ② 《사람》 small fry.

송송 ¶ ~ 썰다 chop into small pieces.

송수(送水) water supply〔conveyance〕. ~하다 supply 《*the town*》 with water. ‖ ~관 a water pipe; a water main(본관).

송수신기(送受信機) 《라디오》 transceiver.

송수화기(送受話機) 《전화의》 a handset.

송신(送信) transmission 《*of a message*》. ~하다 transmit〔dispatch〕 a message. ‖ ~국〔탑〕 a transmitting station〔tower〕 / ~기 a transmitter.

송아지 a calf. ¶ ~를 낳다 calve. ‖ ~가죽 calfskin / ~고기 veal.

송알송알 ¶ ~ 땀이 나다 perspire profusely.

송어(松魚) 〖魚〗 a trout.

송영(送迎) greeting and farewell; welcome and send-off. ~하다 welcome and send off.

송영(誦詠) ~하다 recite 《*a poem*》.

송유(送油) oil supply; sending oil. ~하다 supply oil; send oil. ‖ ~관 an oil pipe(line).

송이 《과실의》 a bunch; a cluster; 《꽃의》 a blossom; 《눈의》 a flake (of snow). ¶ 포도 한 ~ a bunch〔cluster〕 of grapes.

송이(松珥) a *song-i* mushroom.

송장 a (dead) body; a corpse. ¶ 산~ a living corpse.

송장(送狀) an invoice; a dispatch note. ¶ ~을 작성하다 invoice 《*a shipment of goods*》; make out an invoice / 내국〔수출, 수입〕~ an inland〔export, import〕 invoice.

송전(送電) transmission of electricity; electric supply. ~하다 transmit electricity 《*from... to*》;

supply (electric) power 《*to*》. ‖ ~력 (power-)carrying capacity / ~선 a power transmission line; a power cable(고압선) / ~소〔탑〕 a (power-)transmission site〔tower〕.

송죽(松竹) pine and bamboo.

송진(松津) (pine) resin.

송청(送廳) ~하다 turn 《*a culprit*》 over to the public prosecutor's office; send 《*the papers*》 to the public procurator's office.

송축(頌祝) ~하다 praise and bless; bless; eulogize.

송충이(松蟲—) a pine caterpillar. ¶ 인간~ a human caterpillar.

송치(送致) ~하다 send; forward; dispatch; remand. ¶ 용의자를 ~하다 remand a suspect.

송판(松板) a pine board.

송편(松—) *songpyeon*; a half-moon-shaped rice cake steamed on a layer of pine needles.

송풍(送風) ventilation. ~하다 ventilate 《*a room*》; send air 《*to*》. ‖ ~관 a blastpipe / ~기 a ventilator; a blower; a fan.

송화(松花) pine flowers〔pollen〕.

송화(送話) transmission. ~하다 transmit. ‖ ~기 a transmitter; 《전화기의》 a mouthpiece.

송환(送還) sending back〔home〕; repatriation (포로 따위). ~하다 send back〔home〕; repatriate; deport(국외로). ¶ ~되다 be sent back home / 강제~ compulsory repatriation; deportation. ‖ ~자 a repatriate(본국으로의 송환자); a deportee(피(被)추방자).

솥 an iron pot; a kettle(물 끓이는); a cauldron(가마솥). ¶ 한~ 밥을 먹다 live under the same roof 《*with*》. ‖ ~뚜껑 the lid of a kettle.

솨 《소리》 rustlingly; noisily; briskly.

솰솰 ¶ ~흐르다 flow without stopping.

쇄골(鎖骨) 〖解〗 the collarbone; the clavicle.

쇄광기(碎鑛機) a crushing machine; a crusher.

쇄국(鎖國) national isolation. ~하다 close the country 《*to*》; close the door (to foreigners). ‖ ~시대 the isolation period / ~정책 an isolation policy; a policy of seclusion (from the outside world); a closed-door policy / ~주의 (national) isolationism.

쇄도(殺到) a rush; a flood. ~하다 rush〔pour〕 《*in*》; throng 《*a place*》; swoop down on 《*the enemy*》. ¶ 주문이 ~하다 have a rush〔flood〕 of orders.

쇄빙선(碎氷船) an icebreaker.

쇄신(刷新) reform; renovation. ~하다 (make a) reform; renovate; innovate. ¶ 정계의 ~ a political reform〔cleanup〕 / 일대 ~을 단행하다 carry out a radical reform.

쇠 ① 《철》 iron; steel(강철); a metal(금속). ¶ ~로 만든 iron; (made) of iron. ‖ ~갈고리 an iron hook / 쇳빛 iron-blue. ② 《열쇠》 a key; 《자물쇠》 a lock. ¶ ~ 채우다 turn a key on; lock.

쇠가죽 oxhide; cowhide.

쇠고기 beef.

쇠고랑 (a pair of) handcuffs; cuffs 《口》. ¶ ~ 채우다 handcuff 《*a person*》; put handcuffs on 《*a person*》.

쇠고리 an iron ring; a metal hoop; a clasp.

쇠공이 an iron pestle〔pounder〕.

쇠귀 cow's ears. ¶ ~에 경읽기 preaching to deaf ears.

쇠귀나물 〖植〗 an arrowhead.

쇠기름 beef tallow.

쇠꼬리 a cow's tail; (an) oxtail. ¶ 닭벼슬이 될 망정 ~는 되지마라 《俗談》 Better be the head of an ass than the tail of a horse.

쇠꼬챙이 an iron skewer.

쇠다 ① 《생일 · 명절을》 keep 《*one's birthday*》; celebrate; observe. ¶ 명절을 ~ celebrate〔observe〕 a festival day / 설을 ~ keep the New Year's Day. ② 《채소가》 become tough (and stringy). ③ 《병이 덧나다》 get worse; grow chronic.

쇠똥[1] 《소의 똥》 cattle-dung; ox-droppings; ox-manure(거름).

쇠똥[2] 《쇳부스러기》 slag; scoria.

쇠망(衰亡) ~하다 fall; decline; go to ruin; be ruined.

쇠망치 an iron hammer.

쇠몽둥이 an iron bar〔rod〕; a metal rod〔bar〕.

쇠뭉치 a mass of iron.

쇠미(衰微) ~하다 《서술적》 be on the decline〔wane〕.

쇠버짐 a kind of ringworm.

쇠붙이 metal things; ironware.

쇠비름 〖植〗 a purslane.

쇠뼈 cow〔ox〕 bones.

쇠뿔 a cow's horn. ¶ ~도 단김에 빼랬다 《俗談》 Strike the iron while it is hot.

쇠사슬 a chain; a tether(개의). ¶ ~로 매다 enchain; chain up 《*a dog*》; put 《*a person*》 in chains / ~을 풀다 unchain; undo the chain.

쇠새 〖鳥〗 a kingfisher; a halcyon.

쇠스랑 a rake; a forked rake.

쇠약(衰弱) weakening; emaciation. ¶ ~한 weak; weakened; emaciated(야윈); debilitated / 병으로 ~해지다 grow weak from illness. ‖ 전신~ general weakening〔prostration〕.

쇠운(衰運) declining fortune. ¶ ~에 접어들다 begin to decline;

be on the wane.
쇠잔(衰殘) ～하다《쇠약》become emaciated; lose vigor; 《쇠퇴》 fall off; 《기운이》 sink; wane.
쇠줄 iron wire; a cable; a chain.
쇠진(衰盡) decay; exhaustion. ～하다 decay; be exhausted.
쇠코뚜레 a cow's nose ring.
쇠톱 a hacksaw.
쇠퇴(衰退·衰頹) ～하다 decline; decay; wane.
쇠파리 a warble fly.
쇠푼 a small〔petty〕sum of money.
쇠하다(衰—)《쇠약》become weak; lose vigor; be emaciated; 《위축》 wither; 《쇠망》 decline; wane; 《감퇴》 fall off.
쇳내 a metallic taste. ¶ ～가 나다 taste iron〔metallic〕.
쇳물《녹물》a rust stain; 《녹인 쇠》 melted iron.
쇳소리 a metallic sound.
쇳조각 a piece〔scrap〕of iron.
쇳줄《광맥》a mineral vein; a vein of ore.
쇼 a show. ¶ ～를 보러 가다 go to see a show / 퀴즈～ a《*TV*》quiz show. ‖ ～걸 a show girl.
쇼룸 a showroom.
쇼맨 a showman. ‖ ～십〔기질〕 showmanship.
쇼비니즘 chauvinism.
쇼윈도 a show〔display〕window; a shopwindow. ¶ ～를 장식하다 dress a show window.
쇼크 a shock(☞ 충격). ¶ ～를 받다 be shocked《*at*》/ ～를 주다 give《*a person*》a shock.
쇼핑 shopping. ～하다 shop. ¶ ～가다 go shopping. ‖ ～백 a shopping bag / ～센터 a shopping center〔district〕.
숄 a shawl. ¶ ～을 걸치다 wear〔put on〕a shawl.
숄더백 a shoulder(-strap) bag.
수(手) ①《바둑·장기의》a move. ¶ 나쁜 ～ a bad move / 한 ～ 두다 make a move. ②《수법·꾀》a trick; wiles. ¶ ～에 넘어가다 fall into a trap; be taken in.
수(壽)《나이》age; *one's* natural life; 《장수》longevity; long life. ¶ ～를 누리다 enjoy a long life; live to be《*90 years old*》/ ～를 다하다 die a natural death.
수(數) ① (a) number; a figure (숫자). ¶ ～많은 numerous; (a great) many; a large number of / ～없는 countless; innumerable / ～를 세다 count; take count of / ～에 넣다 count in the number《*of*》; include in the number. ② ☞ 운수, 행운. ¶ ～사납다 be unlucky.
수(繡) embroidery. ¶ ～실 embroidery thread / ～ 놓다 embroider《*a figure on*》.
수 ①《수단·방법》a means; a way; a resource; help; a device (방안). ¶ 가장 좋은 ～ the best way〔method〕/ 무슨 ～를 써서라도 by all means; at any cost; at all risks〔costs〕/ …하는 ～밖에 없다 cannot help《*doing*》; have no choice but《*to do*》/ 별～ 없다 There is no help for it. ②《가능성·능력》possibility; likelihood; ability. ☞ 수없다, 수있다.
수(首) a poem; a piece.
수…《수컷》a male; a he《俗》; 《凸면》convex; external; protruding.
수…(數)《몇》several. ¶ ～일 several〔a few〕days.
…수(囚) ¶ 미결～ an unconvicted prisoner / 사형～ a condemned criminal; a death-row convict.
수가(酬價) a medical charge〔fee〕.
수감(收監) imprisonment; confinement. ～하다 put in jail; confine in prison; imprison.
수갑(手匣) (a pair of) handcuffs; manacles; cuffs《俗》. ¶ ～을 채우다 handcuff; put〔slip〕handcuffs on《*a person*》.
수강(受講) ～하다 take lectures; attend a lecture. ‖ ～생 a member《*of a class*》; a trainee.
수개(數個) ¶ ～의 several.
수갱(竪坑) a shaft; a pit.
수건(手巾) a towel. ¶ ～걸이 a towel rack / ～으로 얼굴을 닦다 dry *one's* face on a towel.
수검(受檢) ～하다 undergo inspection. ‖ ～자 an examinee.
수결(手決) a signature. ¶ ～(을) 두다 sign; affix *one's* signature.
수경(水耕) ‖ ～재배 hydroponics; water culture; tray agriculture; aquiculture.
수고 trouble; hardship; difficulty; labor; toil; pains; efforts. ～하다 take pains〔trouble〕; work〔labor〕hard; go through hardships. ¶ ～스러운 troublesome; hard; laborious; painful / ～를 아끼지 않다 spare no efforts〔pains〕《*to do*》; do not mind work / ～를 끼치다〔시키다〕give《*a person*》trouble; trouble《*another*》; put《*a person*》to trouble / ～를 덜다 save《*a person*》trouble / ～스럽지만 I am sorry to trouble you, but....
수고양이 a tomcat; a he-cat.
수공(手工) manual arts〔work〕; handiwork; handicraft. ‖ ～업 handicraft; manual industry / ～업자 a handicraftsman / ～(예)품 a piece of handicraft〔handiwork〕.
수괴(首魁) the ringleader.

수교(手交) ～하다 hand over; deliver《*something*》personally《*to*》. ¶ 각서를 ～하다 hand a memorandom; deliver a note.

수교(修交) amity; friendship(☞수호(修好)). ‖ ～훈장 the Distinguished Order of Diplomatic Service.

수구(水球)〖競〗water polo.

수국(水菊)〖植〗a hydrangea.

수군거리다 talk in whispers; speak under *one's* breath.

수군수군 in whispers; in an undertone; secretly.

수굿하다 (be) somewhat drooping; hanging down a little.

수그러지다 ①《머리 등이》become low; lower; droop; drop; sink; respect(존경). ②《바람 따위가》go〔die, calm〕down; subside; abate. ③《병세가》be suppressed〔subdued〕;《분노 등이》be appeased.

수그리다 ☞ 숙이다.

수금(收金) collection of money; bill collection. ～하다 collect money〔bills〕. ‖ ～원 a bill〔money〕collector.

수급(需給) demand and supply. ¶ ～관계 the relation between supply and demand / ～의 균형을 유지하다 keep〔maintain〕the balance of supply and demand. ‖ ～계획 a demand-supply program《*of*》/ ～조절 adjustment of demand and supply.

수긍(首肯) assent; consent; a nod. ～하다 agree〔consent〕《*to*》; assent to; be convinced《*of, that*》(납득하다).

수기(手記) a note; memoirs; a memorandum〔*pl.* -da, -dums〕.

수기(手旗) a flag. ‖ ～신호 flag signaling.

수꽃〖植〗a male flower.

수난(水難) a disaster by water.

수난(受難) sufferings; ordeals. ¶ ～을 겪다 suffer; undergo hardships〔trials〕. ‖ ～일〖聖〗Good Friday.

수납(收納) receipt. ～하다 receive. ‖ ～계원 a receiver.

수납(受納) ～하다 accept; receive. ‖ ～자 a recipient.

수녀(修女) a nun; a sister. ¶ ～가 되다 enter a convent. ‖ ～원 a nunnery; a convent.

수년(數年)《for》several years.

수뇌(首腦) a head; a leader. ‖ ～부《정부의》the leading members of the government;《회사의》the top-level executives (of a company) / ～회담 a summit〔top-level〕conference〔meeting〕; a talk〔conference〕at the highest level.

수뇨관(輸尿管)〖解〗the ureter.

수다 chattering; idle talk; chat; gossip; a talk. ¶ ～스럽다 (be) talkative; chatty; gossipy / ～떨다 chat; talk idly; chatter; gossip《*with*》. ‖ ～쟁이 a chatterbox; a nonstop talker; a gossip.

수단(手段) a means; a way; a step; a measure; a shift(편법). ¶ 목적을 위한 ～ a means to an end / 일시적인 ～ a makeshift; an expedient / 부정한 ～ a foul means / ～을 안 가리고 by any means / 최후의 ～으로 as a last resort / ～이 다하다 be at *one's* wit's end / ～을 그르치다 take a wrong step / 비상 ～을 쓰다 take drastic measures / 온갖 ～을 다 쓰다 try every possible means.

수달(水獺)〖動〗an otter. ‖ ～피 an otter skin〔fur〕.

수당(手當) an allowance; a bonus (상여금). ¶ ～을 주다〔받다〕give〔get〕an allowance / 가족〔특별, 퇴직〕～ a family〔special, retiring〕allowance / 연말 ～ a year-end bonus / 출산 ～ a maternity benefit.

수더분하다 (be) simple(-hearted); unsophisticated.

수도(水道)《설비》waterworks; water service〔supply〕;《물》tap〔city, piped〕water. ¶ ～를 틀다〔잠그다〕turn on〔off〕the tap / ～를 놓다 have water supplied. ‖ ～공사 water works / ～관 a water pipe / ～국 the Waterworks Bureau / ～꼭지 a tap / ～료〔요금〕water rates〔charges〕.

수도(首都) a capital (city); a metropolis. ¶ ～의 metropolitan / ～경찰 the Metropolitan Police.

수도(修道) ～하다 practice asceticism; search for truth. ‖ ～생활《lead》monastic life / ～승 a monk / ～원 a religious house; a monastery(남자의); a convent (여자의).

수도권(首都圈) the Metropolitan area. ‖ ～방위 the defense of the Metropolitan area / ～전철화 electrification of Metropolitan railroads.

수동(手動) ¶ ～의 hand-operated; hand-worked. ‖ ～펌프 a hand〔manual〕pump.

수동(受動) ¶ ～적(으로) passive(ly). ‖ ～태〖文〗the passive voice.

수두(水痘)〖醫〗chicken pox.

수두룩하다《많다》(be) abundant; plentiful;《흔하다》be common. ¶ 수두룩이 plentifully; abundantly; commonly / 할 일이 ～ have a heap of work to do; have much〔a lot〕to do.

수득수득 ¶ ～한 dried-up; shriveled; withered.

수들수들 ☞ 수득수득.

수라(水刺) a royal meal.
수라장(修羅場) a scene of bloodshed〔carnage〕. ¶ ～이 되다 be turned into a shambles.
수락(受諾) acceptance. ～하다 accept; agree《*to*》.
수란관(輸卵管)〖解〗the oviduct.
수랭식(水冷式) ¶ ～의 water-cooled《*engine*》.
수량(水量) the volume of water. ‖ ～계 a water gauge.
수량(數量) quantity; volume. ¶ ～이 늘다 increase in quantity.
수렁 a (quag)mire; a morass; a bog. ¶ (도로가) ～처럼 되다 turn into a morass / ～에 빠지다《비유적》bog down; get bogged down / ～에서 빠져나오다 find a way out of the swamp. ‖ ～논 a swampy rice field.
수렁배미 a strip of swampy rice field.
수레 a wagon; a cart. ¶ ～에 싣다 load a cart. ‖ ～바퀴 a (wagon) wheel.
수려하다(秀麗—) (be) graceful; beautiful; fine.
수력(水力)《by》water〔hydraulic〕power. ¶ ～으로 움직이는 water-powered; hydraulic. ‖ ～발전 hydroelectric power generation; water-power generation / ～발전소 a hydroelectric power plant〔station〕/ ～전기 hydroelectricity / ～터빈 a hydraulic turbine.
수련(修練) training; practice. ～하다 train; practice; discipline. ‖ ～의 an intern(e); an apprentice doctor.
수련(睡蓮)〖植〗a water lily.
수렴(收斂) ①《돈을 거둠》levying and collecting of taxes; exaction. ～하다 collect strictly; exact taxes. ②〖理〗convergence;〖醫〗astriction. ～하다 be astringent; be constricted; converge. ③《여론 등의》collecting; (a) reflection. ～하다 collect. ¶ 민의를 ～하다 collect the public opinions.
수렴청정(垂簾聽政) administering state affairs from behind the veil.
수렵(狩獵) hunting; shooting. ‖ ～가 a hunter / ～금지기 the closed season / ～기 the shooting〔hunting〕season / ～지 a hunting ground / ～해금일 the first day of the hunting〔shooting〕season / ～허가증 a hunting license.
수령(守令) a magistrate; a local governor.
수령(受領) ～하다 accept; receive. ‖ ～인 a receiver; a recipient.
수령(首領) a leader; a head; a chief; a boss《俗》.
수령(樹齡) the age of a tree.
수로(水路) a waterway; a watercourse; a channel; a line(항로). ¶ ～로 가다 go by water〔sea〕. ‖ ～도 a hydrographic map.
수로안내(水路案內) pilotage; piloting;《사람》a pilot. ～하다 pilot《*a boat*》. ‖ ～료 pilotage (dues) / ～선 a pilot boat.
수록(收錄) recording; mention. ～하다 put《*somebody's letters*》(together) in a book; mention; contain;《기록》record; tape(녹음). ¶ 회합에 모인 사람들의 의견을 테이프에 ～하다 tape〔record〕the opinions of those who attended the meeting / 이 사전에는 일상 생활에 필요한 표현이 모두 ～되어 있다 This dictionary contains all the necessary expressions for daily life.
수뢰(水雷) a torpedo; a naval mine. ‖ ～정 a torpedo boat.
수료(修了) completion (of a course). ～하다 complete; finish. ¶ 3학년(과정)을 ～하다 finish the third-year course. ‖ ～증서 a certificate (of completion of a course).
수류(水流) a (water) current; a flow.
수류탄(手榴彈)《throw》a hand grenade《*at*》; a pineapple《軍俗》.
수륙(水陸) land and water. ¶ ～양서〔양용〕의 amphibious. ‖ ～양서동물 an amphibian (animal) / ～양용 비행기〔자동차, 전차〕an amphibian plane〔vehicle, tank〕.
수리〖鳥〗an eagle.
수리(水利) water supply(급수); irrigation(관개); water carriage(수운). ‖ ～권 water〔irrigation〕rights / ～시설〔사업〕irrigation facilities〔works, projects〕.
수리(受理) ～하다 accept; receive. ¶ 원서〔사표〕를 ～하다 receive an application〔*a person's* resignation〕.
수리(修理) repair(s); mending. ～하다 repair; mend; fix; make repairs on《*a house*》. ¶ ～ 중이다 be under repair / ～할 수 없다 be beyond repair / 차 ～에 5만원 들었다 It cost fifty thousand *won* to have my car repaired〔fixed〕. ‖ ～공 a repairman(자동차 ～공 an auto repairman) / ～공장 a repair shop(자동차 ～공장 an auto repair shop) / ～비 repairing charges.
수리(數理) a mathematical principle. ¶ ～적(으로) mathematical(ly). ‖ ～경제학 mathematical economics.
수림(樹林) a wood; a forest.
수립(樹立) ～하다 establish; found; set up.
수마(水魔) a disastrous flood.
수마(睡魔) sleepiness. ¶ ～와 싸우다 try not to fall asleep.

수만(數萬) tens of thousands.
수매(收買) (a) purchase; buying; procurement(정부의). ～하다 purchase; buy (out). ¶ 정부의 쌀 ～ 가격 the Government's purchasing price of rice.
수맥(水脈) 《strike》 a vein of water.
수면(水面) the surface of the water. ¶ ～에 떠오르다 rise〔come up〕 to the surface.
수면(睡眠) sleep. ¶ ～을 충분히 취하다 sleep well; have〔take〕 a good sleep / ～을 방해하다 disturb 《*a person's*》 sleep. ‖ ～부족 lack〔want〕 of sleep / ～시간 *one's* sleeping hours / ～제 a sleeping drug〔pill, tablet〕.
수명(壽命) life; life span. ¶ 자동차〔전지〕의 ～ the life of a car〔battery〕 / ～이 길다〔짧다〕 be long-〔short-〕lived; have a long〔short〕 life / ～을 연장〔단축〕하다 prolong〔shorten〕 *one's* life.
수모(受侮) insult; contempt. ～하다 be insulted; suffer insult.
수목(樹木) trees (and shrubs). ¶ ～이 울창한 wooded 《*hills*》; tree-covered 《*mountains*》; woody.
수몰(水沒) ～하다 be submerged; go under water. ¶ 그 마을은 홍수로 ～되었다 The village was submerged by the flood. ‖ ～지역 submerged districts.
수묵(水墨) India ink. ‖ ～화 a painting in India ink.
수문(水門) a sluice (gate); a floodgate; a water gate.
수미(首尾) beginning and end; alpha and omega.
수밀도(水蜜桃) a peach.
수박 a watermelon. ¶ ～ 겉 핥기 a superficial〔half〕 knowledge; a smattering.
수반(首班) the head; the chief. ¶ 내각 ～ the head of a Cabinet; a premier.
수반(隨伴) ～하다 accompany; follow. ¶ 행정 개혁에 ～되는 여러 문제 the problems accompanying administrative reform.
수방(水防) flood control; prevention of floods; defense against flood. ‖ ～대책 an anti-flood measure; measures to prevent floods / ～훈련 a flood-fighting drill.
수배(手配) ～하다 arrange〔prepare〕 《*for*》; take necessary steps 《*for, to do*》; 《경찰이》 begin〔institute〕 a search 《*for*》; cast a dragnet 《*for*》. ¶ 경찰은 그 사내를 강도 용의자로 전국에 지명 ～했다 The police put the man on the wanted list throughout the country. ‖ ～사진 a photo of a wanted criminal; a mug shot 《俗》 / ～서 《경찰의》 search instructions.
수배(數倍) ¶ ～의 several times as 《*many, much, fast, good*》 as.
수백(數百) ¶ ～의 several hundred; hundreds of / ～마일 a few hundred miles.
수법(手法) a technique; a style; a way; a trick. ¶ 새 ～의 사기 a swindle of a new type.
수병(水兵) a sailor; a seaman. ‖ ～복 a sailor suit.
수복(收復) reclamation; recovery. ～하다 recover; reclaim. ‖ ～지구 a reclaimed area.
수복(修復) restoration (to the original state). ～하다 restore 《*a thing*》 to *its* former condition〔state〕.
수복(壽福) long life and happiness. ‖ ～강녕 longevity, happiness, healthiness and peace.
수부(水夫) a sailor; a seaman. ‖ ～장 a boatswain(갑판장).
수북하다 be heaped up. ¶ 수북이 full(y); in a heap.
수분(水分) moisture; water; juice (액즙). ¶ ～이 많은 watery; juicy 《*fruit*》; water-laden 《*winds*》 / ～을 흡수하다 absorb〔suck up〕 water 《*from*》. 「～하다 pollinate.
수분(受粉·授粉) 〖植〗 pollination.
수비(守備) defense; 〖野〗 fielding. ～하다 defend; guard; garrison 《*a fort*》; 〖野〗 field. ¶ 철벽 같은〔어설픈〕 ～ 《야구에서》 airtight〔poor〕 fielding / ～를 강화하다 strengthen the defenses. ‖ ～대 a garrison; guards / ～병 a guard; a garrison(총칭) / ～율 〖野〗 *one's* fielding average.
수사(手寫) copying by hand. ～하다 copy (by hand).
수사(修士) a monk; a friar.
수사(修辭) figures of speech. ‖ ～학 rhetoric / ～학자 a rhetorician.
수사(搜査) (a) criminal investigation; a search. ～하다 investigate 《*a case*》; search 《*for*》. ¶ ～에 착수하다 institute a search 《*for*》. ‖ ～과 the criminal investigation section / ～망 the (police) dragnet / ～본부 the investigation headquarters / 합동～반 the joint investigation team.
수사(數詞) 〖文〗 a numeral.
수사납다(數一) (be) unlucky; unfortunate; be out of luck.
수산(水産) marine products. ‖ ～가공품 processed marine products / ～대학 a fisheries college / ～물 marine〔aquatic〕 products / ～업 the marine products industry; fisheries / ～업협동조합중앙회 the National Federation of Fisheries Cooperatives /

~자원 marine resources / 해양~부 the Ministry of Maritime Affairs and Fisheries.

수산화(水酸化) 〖化〗 hydration. ‖ ~나트륨 sodium hydroxide / ~물 a hydroxide.

수삼(水蔘) undried〔fresh〕ginseng.

수상(水上) ¶ ~의 aquatic; on the water. ‖ ~경기 water〔aquatic〕sports / ~경찰 the marine〔harbor, river〕police / ~비행기 a seaplane; a hydroplane / ~스키 water-skiing; water skis(도구).

수상(手相) ☞ 손금. ¶ ~술 palmistry; chiromancy.

수상(受像) ~하다 receive (television) pictures. ‖ ~기 a television〔TV〕set.

수상(受賞) ~하다 get〔receive〕a prize〔an award〕; win〔be awarded〕a prize. ‖ ~자 a prize winner / ~작가 an award-winning writer / ~작품 a prize-winning work〔novel〕.

수상(首相) the Prime Minister; the premier. ‖ ~관저 the prime minister's official residence / ~서리 the acting prime minister / ~직 premiership.

수상(殊常) ~하다 (be) suspicious; dubious; doubtful; questionable. ¶ ~하게 여기다 suspect; feel suspicious 《*about*》.

수상(授賞) ~하다 award〔give〕a prize 《*to*》. ‖ ~식 a prize-giving ceremony.

수상(隨想) occasional〔stray, random〕thoughts. ‖ ~록 essays; stray notes.

수색(搜索) a search; an investigation; a manhunt 《美》. ~하다 look〔hunt, search〕for; rummage. ‖ ~대 a search party / ~영장 a search warrant / ~원 an application to the police to search for a missing person.

수색(愁色) a worried look; melancholy〔gloomy〕air.

수생(水生) ¶ ~의 aquatic / ~식물 an aquatic plant.

수서(手書) an autograph letter.

수서(水棲) ¶ ~의 aquatic / ~동물 an aquatic animal.

수석(首席) 《사람》 the head〔chief〕; 《석차》 the top〔head〕seat. ¶ ~의 leading; head / ~을 차지하다 be at the top〔head〕《*of a class*》 / ~으로 졸업하다 graduate first 《*on the list*》. ‖ ~대표 the chief delegate.

수선 fuss; ado; bustle. ¶ ~스럽다 (be) noisy; unquiet; clamorous; bustling / ~ 떨다 make a (great) fuss〔make much ado〕about nothing. ‖ ~쟁이 a fuss-budget〔-box〕.

수선(修繕) repair(s); mending. ~하다 repair; mend; fix (up). ¶ ~ 중 be under repair / ~이 안 되다 be beyond〔past〕repair. ‖ ~비 repairing expenses; repair costs.

수선화(水仙花) 〖植〗 a narcissus; a daffodil.

수성(水性) ¶ ~의 aqueous. ‖ ~도료 emulsion (paint); water paint / ~유제(乳劑) an aqueous emulsion.

수성(水星) Mercury.

수성(獸性) animality; beastliness; brutality.

수성암(水成岩) an aqueous rock.

수세(水洗) flushing; rinsing. ‖ ~식변소 a flush toilet.

수세(水勢) the force of water〔a current〕.

수세(守勢) 《take, assume》 the defensive. ¶ ~적인 defensive.

수세공(手細工) hand(i)work; handicraft. ¶ ~의 handmade. ‖ ~품 handmade goods.

수세미 a scrubber made from a sponge gourd. ‖ ~외 〖植〗 a sponge gourd; a loofa(h).

수소 a bull; an ox.

수소(水素) hydrogen(기호 H). ¶ ~의 hydric; hydrogenous. ‖ ~가스 hydrogen gas / ~산 hydracid / ~폭탄 a hydrogen bomb; an H-bomb.

수소문(搜所聞) ~하다 ask around; trace rumors.

수속(手續) ☞ 절차.

수송(輸送) transport(ation). ~하다 transport; convey. ¶ 국내〔해외〕~ inland〔overseas〕transport / 육상〔해상〕~ transport by land〔sea〕/ 철도〔항공〕~ railway〔air〕transport. ‖ ~기〔선〕a transport plane〔ship〕/ ~량 volume of transportation.

수쇠 《맷돌의》 a pivot.

수수 〖植〗 Indian millet; kaoliang.

수수(授受) delivery. ~하다 give〔deliver〕and receive.

수수께끼 a riddle; a puzzle; a mystery. ¶ ~ 같은 enigmatic; mysterious / ~의 인물 a mysterious person / ~를 내다〔풀다〕ask〔guess〕a riddle.

수수료(手數料) a fee; 《take》 a commission 《*of 5%*》; brokerage.

수수방관(袖手傍觀) ~하다 look on with folded arms; be an idle spectator〔onlooker〕.

수수하다 (be) plain; quiet; sober; simple; modest. ¶ 수수한 무늬 a plain pattern / 수수한 빛깔 a sober color.

수술 〖植〗 a stamen.

수술(手術) an〔a surgical〕operation 《*for appendicitis*》. ~하다 operate 《*on*》; perform an operation. ¶ 위 ~을 받다 undergo〔have〕an operation on *one's* stomach / ~ 중에 죽다 die on the operating table / 외과의는 환자를 ～했다 The surgeon performed an operation on the patient. ‖ ～실〔대, 복〕 an operating room〔table, gown〕.

수습(收拾) control; settlement. ～하다 settle; control; get《*something*》under control; save; manage; cope《*with*》. ¶ 난국을 ～하다 save〔settle〕 a difficult situation / ～ 못 하게 되다 get out of hand〔control〕.

수습(修習) apprenticeship; probation. ～하다 receive training; practice *oneself*《*at*》. ‖ ～간호사 a student nurse / ～기간 the period of apprenticeship; the probationary period / ～기자 a cub〔junior〕 reporter / ～사원 a probationary employee / ～생 a trainee; a probationer / ～제도 apprenticeship training system.

수시(隨時) ¶ ～로 at any time; at all times; on demand; as occasion calls.

수식(水蝕) 〖地〗 erosion.

수식(修飾) ～하다 embellish; ornament; 〖文〗 modify《*a noun*》. ‖ ～어 a modifier.

수신(水神) a naiad(여신); the god of water; a water nymph.

수신(受信) the receipt of a message; reception. ～하다 receive《*a message*》. ‖ ～국〔안테나〕 a receiving station〔antenna〕/ ～기 a receiver; a receiving set / ～인 an addressee; a recipient / ～회로 a receiving circuit.

수신(修身) moral training. ¶ ～제가하다 order *one's* life and manage *one's* household.

수심(水深) 《sound》 the depth of water. ‖ ～계 a hydrobarometer.

수심(垂心) 〖數〗 an orthocenter.

수심(愁心) worry; anxiety; apprehension(s). ¶ ～에 잠기다 be lost in apprehension; be sunk in grief.

수십(數十) scores〔dozens〕《*of*》. ¶ ～ 년 간 for several decades.

수압(水壓) water〔hydraulic〕 pressure. ‖ ～계 a water-pressure gauge / ～시험 a hydraulic test.

수액(樹液) sap. ¶ ～을 채취하다 sap《*a tree*》.

수양(收養) adoption. ～하다 adopt. ‖ ～부모 foster parents / ～아들〔딸〕 an adopted〔a foster〕 son〔daughter〕.

수양(修養) moral〔mental〕 culture; cultivation of the mind. ～하다 cultivate *one's* mind; improve *oneself*. ¶ ～을 쌓은 사람 a well-cultivated mind.

수양버들(垂楊―) a weeping willow.

수업(修業) study. ～하다 study; make a study《*of*》; get *one's* education《*from*》. ‖ ～연한 the years required for graduation.

수업(授業) teaching; school (work); (school) lessons; a class; instruction. ～하다 teach; give lessons〔classes〕. ¶ ～을 받다 take lessons《*in*》; attend school〔class〕/ ～을 받지 않다 do not attend class; miss a lesson / ～이 없다 We have〔There is〕 no school. ‖ ～료 a school〔tuition〕 fee / ～시간 school hours / ～일수 the number of school days.

수없다《불가능》 have no way to《*do*》; cannot *do*《*it*》; be unable to《*do*》; 《힘겹다》 be too much for《*one*》; cannot afford to《*do*》.

수없다(數―) (be) countless; numberless; innumerable. ¶ 수없이 innumerably; countlessly.

수에즈운하(―運河) the Suez Canal.

수여(授與) ～하다 give; confer; award. ¶ 학위를 ～하다 confer a degree on *a person* / 상품을 ～하다 award a prize to *a person* / 훈장을 ～하다 decorate《*a person*》 with a medal. ‖ ～식《노벨상 따위의》 an awarding ceremony.

수역(水域) the water area《*of*》; 《in Korean》 waters. ¶ 200해리 어업～ the 200 mile fishing zone / 배타적 어업전관～ the exclusive fishing zone〔waters〕. ‖ 경제～ an economic zone (off the coast) / 공동규제～ a jointly controlled waters / 중립～ neutral waters.

수역(獸疫) a livestock disease; an epizootic.

수연(壽宴) a birthday feast for an old man.

수염(鬚髥) 《콧수염》 a mustache; 《구레나룻》 whiskers; 《턱수염》 a beard. ¶ ～이 있는〔난〕 bearded / ～이 텁수룩한 bushy bearded / ～을 깎다 shave / ～을 기르다 grow a beard〔mustache〕. ‖ 가짜～ 《wear》 a false mustache〔beard〕/ 옥수수～ corn silk.

수영(水泳) swimming; a swim. ～하다 (have a) swim. ¶ ～하러 가다 go swimming; go for a swim / ～을 잘 하다 be a good swimmer. ‖ ～교실〔대회, 복〕 swimming class〔meet, suit〕/ ～선수 a swimmer / ～장 a swimming pool〔place〕/ ～팬츠 swimming trunks.

수예(手藝) manual arts; a handicraft. ‖ ～품 a piece of fancywork; handicraft articles.

수온(水溫) water temperature.

수완(手腕) ability; capability; (a) talent. ¶ ～ 있는 (cap)able; talented; competent / ～이 없는 incompetent / ～을 발휘하다 show〔display, exercise〕 *one's* ability. ‖ ～가 a man of ability; an able man / 외교(적) ~ diplomatic ability.

수요(需要) (a) demand. ¶ 가~ imaginary demand; speculative demand / ~가 있다 be in demand; be wanted / ~를 채우다 meet a demand. ‖ ~공급 demand and supply / ~과다〔감소〕 an excessive〔a reduced〕 demand / ~파잉인플레 demand-pull (inflation) / ~자 a consumer.

수요일(水曜日) Wednesday (생략 「Wed.).

수욕(獸慾) animal〔carnal〕 desire.

수용(水溶) ¶ ~성의 water-soluble. ‖ ~액 a solution.

수용(收用) expropriation. ~하다 expropriate《*estates*》 from《*a person*》. ‖ 토지~ expropriation of land / 토지~권 〖法〗 (the right of) eminent domain / 토지~법 the Compulsory Land Purchase Law.

수용(收容) accommodation. ~하다 receive; accommodate; take to 《*a hospital*》; intern. ¶ 수재민을 ~하다 house flood victims《*in schools*》/ 부상자는 인근 병원에 ~되었다 The injured were taken to the nearby hospital. ‖ ~력 seating capacity(극장의); sleeping accomodation(호텔의) / ~소 an asylum; a concentration〔refugee〕 camp.

수용(受容) reception. ~하다 accept; receive. ‖ ~태세 preparations to receive.

수운(水運) water transport(ation).

수원(水源) the head〔source〕 of a river; a riverhead; a source of water supply(수도의). ‖ ~지 a reservoir.

수원(受援) ‖ ~국 a recipient coun「try.

수월찮다 (be) not easy〔simple〕; hard.

수월하다 (be) easy; simple; light. ¶ 하기가 ~ it is no trouble to do / 수월히 easily; with ease.

수위(水位) a water level. ‖ ~표 a watermark / 위험~ the dangerous water level.

수위(守衛) a guard; a doorkeeper; a gatekeeper. ‖ ~실 a guard office; a (porter's) lodge / ~장 the chief guard.

수위(首位) the head〔leading〕 position; the first place. ¶ ~를 차지하다 be at the top〔head〕《*of*》; stand〔rank〕 first《*in*》. ‖ ~다툼 a struggle for priority / ~타자 〖野〗 the leading hitter.

수유(授乳) ~하다 breast-feed; suckle; give the breast to《*a baby*》. ‖ ~기 the lactation period.

수유관(輸乳管) 〖解〗 the lactiferous 「duct.

수유자(受遺者) 〖法〗 a legatee(동산의); a devisee(부동산의).

수육 boiled beef.

수육(獸肉) meat.

수은(水銀) mercury; quicksilver (기호 Hg). ‖ ~등 a mercury-vapor lamp / ~전지 a mercury cell / ~주 a mercurial column / ~중독 mercury poisoning.

수음(手淫) 《practice》 masturbation 〔onanism〕.

수의(壽衣) graveclothes; a shroud.

수의(隨意) ¶ ~의 voluntary; optional; free / ~로 freely; at will; voluntarily. ‖ ~계약 a private 〔free〕 contract / ~근 a voluntary muscle / ~선택 free choice.

수의(獸醫) a veterinary surgeon; a veterinarian《美》. ‖ ~과 대학 a veterinary college / ~학 veterinary science〔medicine〕.

수익(收益) earnings; profits; gains; 《투자의》 returns. ¶ ~을 올리다 make profits. ‖ ~률 an earning rate / ~세 profit tax.

수익(受益) ~하다 benefit《*by*》; receive benefits. ‖ ~자 a beneficiary / ~증권 a beneficiary certificate.

수인(囚人) a convict; a prisoner.

수인성(水因性) ¶ ~의 waterborne. ‖ ~ 질병 waterborne diseases.

수임(受任) ~하다 accept an appointment; be nominated. ‖ ~자 an appointee; a nominee.

수입(收入) 《소득》 an income; earnings; 《세입》 revenue; 《입금》 receipts; 《매상고》 proceeds. ¶ ~과 지출 income and outgo / ~이 많다〔적다〕 have a large〔small〕 income / ~의 길이 막히다 lose sources of *one's* income. ‖ ~인지 a revenue stamp / 실~ a net〔an actual〕 income / 월~ a monthly income.

수입(輸入) import(ation); 《문물의》 introduction. ~하다 import; introduce. ¶ 인도에서 한국으로 면화를 ~하다 import cotton into Korea from India / 원료를 ~해서 완제품으로 수출하다 import the raw materials and export the finished product. ‖ ~가격 import price / ~감시품목 the import surveillance items / ~결제어음 an import settlement bill / ~계약 an import contract / ~과징금 import surcharge / ~국 an importing country / ~규제 import restraints〔curbs, restrictions〕 / ~금지 an import prohibition / ~담보율 the import deposite〔mortgage〕 rate / ~대리점 an import agent / ~대체산업 import substitute〔replacing, saving〕 industry / ~량 import volume / ~면장 an import license / ～무역 import trade / ～상〔업자〕 an importer; an import trader / ～상사 an import firm〔house〕/ ～성향(性向) the propensity of import / ～세〔관세〕 import duties / ～쇠고기 the imported beef / ～수속 an import procedure; importation formalities / ～신고(서) a declaration of importation; an import declaration / ～신용장 an import letter of credit / ～액 the amount of imports / ～어음 an import bill / ～억제〔금지〕 품목 import-restricted〔-banned〕 items / ～의존도 the rate of dependence on imports / ～자유화 the import liberalization / ～절차 the process of import; import procedure / ～제한 import restrictions / ～초과 an excess of imports (over exports); an unfavorable balance of trade / ～품 imports; imported articles / ～할당 an import (allotment) quota / ～할당제도 the import quota system / ～항 an import port / ～허가서 an import permit / ～허가제 the import licensing system / 직접〔간접〕～ direct〔indirect〕 import.

수있다《능력》 can《*do*》; be able to《*do*》; be capable of《*doing*》; be equal《*to*》; 《사물이 주어》 be in *one's* power; be possible; 《무방》 may; be entitled to. ¶ 될 수 있는 대로 as《*much*》 as *one* can; as《*much*》 as possible / 할〔될〕 수 있으면 if you can; if possible.

수자원(水資源) water resources. ‖ ～개발 the development of water resources / 한국～공사 the Korea Water Resources Corporation.

수작(秀作) an excellent〔outstanding〕 work《*of art*》.

수작(授爵) ennoblement. ～하다 ennoble; confer a peerage on《*a person*》.

수작(酬酌) ～하다《말을》 exchange words; 《술잔을》 exchange cups《*of wine*》. ¶ 허튼 ～을 하다 talk nonsense.

수장(水葬) (a) burial at sea. ～하다 bury at sea.

수장(收藏) ～하다 garner; store up; collect.

수재(水災) a flood (disaster). ‖ ～민 flood victims / ～의연금 a relief fund for flood victims.

수재(秀才) a genius; a talented person; a bright student. ‖ ～교육 education of gifted children.

수저 a spoon; spoon and chopsticks.

수저(水底) 《at》 the bottom of the water. ‖ ～어 a ground fish.

수전(水田) a paddy〔rice〕 field.

수전(水戰) a sea fight. ☞ 해전.

수전노(守錢奴) a miser; a niggard.

수전증(手顫症) 〖韓醫〗 palsy in the arm; tremor of the hand.

수절(守節) ～하다《정조》 preserve *one's* chastity〔virtue〕; 《절조》 be true to *one's* principles.

수정(水晶) (a) (rock) crystal. ¶ ～같은 crystal(line). ‖ ～시계 a quartz watch〔clock〕/ ～체 the crystalline lens(눈의).

수정(受精) 〖生〗 fecundation; fertilization; 〖植〗 pollination. ～하다 be fertilized〔fecundated, pollinated〕. ¶ ～시키다 fertilize; pollinate. ‖ ～란 a fertilized egg / 인공～ artificial fertilization / 체외～ external fertilization.

수정(修正) (an) amendment; (a) modification; (a) revision. ～하다 amend; modify; revise. ‖ ～신고 a revised return〔report〕/ ～안 an amended bill; an amendment / ～예산 a revised budget / ～자본주의 modified capitalism / ～주의 revisionism.

수정과(水正果) cinnamon flavored persimmon punch.

수정관(輸精管) 〖解〗 the spermatic cord〔duct〕.

수제(手製) ¶ ～의 handmade; homemade. ‖ ～품 a handmade article; handiwork.

수제비 flour dumplings served in soup.

수제자(首弟子) the best pupil〔disciple〕《*of*》.

수조(水槽) a (water) tank; a cistern; a fish〔glass〕 tank(완상용 물고기의).

수조(水藻) duckweed; seaweed.

수족(手足) hands and feet; the limbs(사지). ¶ (남의) ～처럼 일하다 serve *a person* like a tool; move〔act〕 at *another's* beck and call.

수족관(水族館) an aquarium. ‖ 해양～ an oceanarium.

수주(受注) ～하다 accept〔receive〕 an order《*from*》. ‖ ～액 the amount of orders received.

수준(水準) the water level; (a) level〔standard〕(표준). ¶ 지적 ～ an intellectual level / ～에 달하다〔을 높이다〕 reach〔raise〕 the level / ～ 이상〔이하〕이다 be above〔below〕 the (common) level / 문화 ～이 높다 have a high level of culture. ‖ ～기 a (water) level / 최고～ the highest level.

수줍다 (be) shy; bashful; timid. ¶ 수줍어 하다 be〔feel〕 shy.

수중(水中) ¶ ～의 underwater / ～에 under〔in the〕 water. ‖ ～동물〔식물〕 an aquatic animal

〔plant〕 / ～보(洑) sluice gates under a bridge / ～속력《잠수함의》 an underwater speed / ～안경 a water〔swimming〕 glass; diving goggles(잠수용의); hydroscope(관측용의) / ～익선(翼船) a hydrofoil / ～작업원 an aquanaut / ～청음기 a hydrophone / ～촬영 underwater photography / ～TV카메라 an underwater TV camera.

수중(手中) ¶ ～에 들어가다 fall into 《*a person's*》 hands / ～에 넣다 take possession 《*of*》; secure.

수증기(水蒸氣) vapor; steam.

수지(收支) 《균형》 income and costs; revenue and expenditure; 《채산》 profits. ¶ ～ 맞는 paying; profitable / ～가 맞다 make even; 《채산이》 pay; be profitable / ～가 안 맞다 income does not cover the expenses; 《채산》 do not pay; be unprofitable / ～를 맞추다 make both ends meet; balance the budget; make 《*it*》 pay / ～를 결산하다 strike a balance.

수지(樹脂) resin(유동체); rosin(고체). ¶ ～(질)의 resinous / ～모양의 resinoid. ‖ ～가공 plasticization; resin treatment(～가공의 resin-treated 《*textiles*》).

수지(獸脂) grease; animal fat.

수직(手織) ¶ ～의 handwoven; homespun. ‖ ～기 a handloom.

수직(垂直) ¶ ～의 perpendicular; vertical / ～으로 perpendicularly; vertically; at right angles; upright. ‖ ～선 a vertical line / ～이착륙기 a vertical takeoff and landing craft(생략 VTOL).

수질(水質) the quality〔purity〕 of water. ‖ ～검사 water analysis 〔examination〕 / ～오염 water pollution.

수집(蒐集) collection. ～하다 collect; gather. ‖ ～가 a collector / ～벽 collection mania.

수차(水車) a water mill〔wheel〕.

수차(收差) 〖理〗 aberration. ‖ 구면(球面) ～ spherical aberration.

수채 a sewer; a drain. ‖ 수챗구멍 a drainage vent〔outlet〕.

수채화(水彩畵) a watercolor painting. ‖ ～가 a watercolor painter; a watercolorist / ～물감 watercolors.

수척하다(瘦瘠—) (be) emaciated; wornout; gaunt; haggard.

수천(數千) thousands 《*of people*》.

수첩(手帖) a (pocket) notebook; a pocketbook. 「plant.

수초(水草) a water〔an aquatic〕

수축(收縮) shrinking; contraction. ～하다 contract; shrink. ¶ 통화의 ～ deflation. ‖ ～근 〖解〗 a contractile muscle / ～력 contractile force〔power〕 / ～성 contractibility.

수축(修築) ～하다 repair; rebuild.

수출(輸出) export(ation). ～하다 export; ship abroad. ¶ ～을 금하다 ban〔prohibit〕 the export 《*of*》 / ～을 증가시키다 increase the amount of export 《*of cars*》 / ～주도의 경제 an export-oriented economy. ‖ ～가격〔면장, 장려금〕 an export price〔permit, subsidy〕 / ～공업단지 the export industrial complex / ～국 an exporting country / ～산업 an export industry / ～세〔관세〕 export duties 《*on*》 / ～수속 export fomalities / ～시장다변화 a diversification of export markets / ～업 the export business〔trade〕 / ～업자 an export trader; an exporter / ～자주규제 voluntary export restrictions / ～초과 an excess of exports (over imports) / ～품 an export; exported goods / ～항 an export port; an outport.

수출경쟁력(輸出競爭力) competitiveness in exports. 「ing.

수출금융(輸出金融) export financ-

수출금지(輸出禁止) an export ban; an embargo. ～하다 put〔place, lay〕 an embargo 《*on*》.

수출송장(輸出送狀) an export invoice. 「credit insurance.

수출신용보험(輸出信用保險) export

수출신용장(輸出信用狀) an export letter of credit.

수출실적(輸出實績) the export performance; the actual exports.

수출액(輸出額) exports; the amount of export (in terms of money). ¶ 총～ the total export.

수출입(輸出入) import and export; exportation and importation. ¶ ～의 차액 the balance of trade. ‖ ～금제품 a contraband / ～은행 an export-import bank.

수취(受取) receipt. ～하다 receive. ‖ ～인 a receiver; a recipient; a payee(어음의); a remittee(송금의).

수치(羞恥) shame; disgrace; dishonor; humiliation. ¶ ～스런 shameful; disgraceful / ～를 당하다 be put to shame; be humiliated.

수치(數値) the numerical value. ¶ ～를 구하다 evaluate. 「pup.

수캉아지 a he-puppy; a male

수캐 a he-dog; a male dog.

수컷 a male; a cock(새의). ¶ ～의 male 《*dog*》; cock; he-.

수탁(受託) trust. ～하다 be given 《*something*》 in trust; be entrusted with 《*a thing*》; take charge

of《*a thing*》. ‖ ～금 trust money; money given in trust / ～물 a thing entrusted / ～수회죄(收賄罪) the crime of accepting a bribe in return for services promised / ～인 a trustee; a consignee(상품의) / ～판매 sales on consignment.
수탈(收奪) exploitation. ～하다 exploit; plunder.
수탉 a rooster《주로 美》; a cock.
수태(受胎) conception. ～하다 conceive; become pregnant. ‖ ～고지(告知) the Annunciation / ～조절 birth control.
수통(水筒) a (water) flask; a canteen.
수퇘지 a boar.
수틀(繡—) an embroidery frame.
수평(水平) horizontality. ¶ ～의 level; horizontal / ～으로 horizontally; at a level《*with*》/ ～으로 하다 level. ‖ ～기 a level / ～면 a horizontal plane; a level surface / ～비행 a level flight / ～선 a horizontal line; the horizon.
수포(水泡) foam; a bubble. ¶ ～로 돌아가다 end in smoke 〔(a) failure〕; come 〔be brought〕 to nothing 〔naught〕.
수포(水疱)〖醫〗a blister.
수폭(水爆) ☞ 수소폭탄. ‖ ～실험 a thermonuclear 〔an H-bomb〕 test.
수표(手票) a check《美》; a cheque《英》. ¶ 10만 원짜리 ～ a check for 100,000 *won* / ～로 지불하다 pay by check / ～를 떼다 draw a check / ～를 현찰로 바꾸다 cash a check. ‖ ～장 a checkbook / 분실〔위조〕～ a lost 〔forged〕 check / 자기앞～《은행의》a cashier's check.
수풀 a forest; a wood; a bush; a thicket.
수프《eat》soup. ‖ ～접시 a soup plate.
수피(樹皮) bark; rind. ¶ ～를 벗기다 bark《*a tree*》.
수피(獸皮) a hide; a 〔an animal〕 skin; a fell; a fur(모피).
수필(隨筆) an essay; stray notes. ‖ ～가 an essayist / ～집 a collection of《*a person's*》essays.
수하(手下) a subordinate; an underling; *one's* men(총칭).
수하(受荷) receipt of goods. ‖ ～인 a consignee.
수하(誰何) ① 《검문》a challenge. ～하다 challenge《*a person*》. ② 《누구》 ¶ ～를 막론하고 anyone; regardless of who it may be.
수하다(壽—) live long; enjoy a long life.
수학(修學) ～하다 learn; study. ‖ ～여행《go on》a school excursion 〔trip〕《*to*》; a study tour.
수학(數學)《applied》mathematics. ¶ ～의 mathematic(al). ‖ ～자 a mathematician / 고등～ higher mathematics.
수학능력시험(修學能力試驗) a scholastic aptitude test.
수해(水害) damage by a flood; a flood disaster. ¶ ～를 입다 suffer from a flood. ‖ ～대책 a flood-control measure(예방); a flood-relief measure(구조) / ～지〔가옥〕 a flooded district 〔house〕.
수행(修行)《수련》training; practice;《종교상의》ascetic practices. ～하다 receive *one's* training; train *oneself*《*in*》; practice asceticism.
수행(遂行) ～하다 accomplish; carry out《*a plan*》; execute; perform.
수행(隨行) ～하다 attend; accompany; follow. ‖ ～원 a (member of *a person's*) suite; an attendant; a retinue(총칭).
수험(受驗) ～하다 take 〔undergo, sit for〕 an examination. ¶ ～준비를 하다 prepare (*oneself*) for an examination. ‖ ～과목 subjects of examination / ～료 an examination fee / ～번호 an examinee's seat number / ～생 a candidate for examination; an examinee / ～자격 qualifications for an examination / ～지옥 the hell of examination ordeal / ～표 an admission ticket for an examination.
수혈(輸血) (a) blood transfusion. ～하다 give a blood transfusion《*to*》; transfuse blood. ¶ ～을 받다 receive a blood transfusion.
수형(受刑) ～하다 serve time《*for murder*》. ‖ ～자 a convict.
수호(守護) ～하다 protect; guard; watch over. ‖ ～신 a guardian deity; a tutelary god.
수호(修好) friendship; amity. ‖ ～조약《conclude》a treaty of amity 〔friendship〕《*with*》.
수화(水化)〖化〗hydration. ‖ ～물 a hydrate.
수화(手話) sign language. ¶ ～로 말하다 talk with the hands; use 〔talk in〕 sign language.
수화기(受話器) a receiver; an earphone. ¶ ～를 놓다〔들다〕 hang up 〔take off〕 the receiver.
수화물(手貨物)《a piece of》baggage 〔luggage《英》〕; personal effects (휴대품). ¶ ～을 맡기다 have *one's* baggage checked. ‖ ～일시보관소 a cloakroom; a checkroom《美》/ ～취급소 a baggage 〔luggage〕 office / ～표《공항의》a baggage-claim check 〔tag〕.
수확(收穫) a harvest; a crop; the fruits(성과). ～하다 harvest;

reap; gather in. ¶ ～이 많다〔적다〕 have a good〔poor〕 crop. ‖ ～기 the harvest time / ～량 the crops.
수회(收賄) bribery; graft. ～하다 take〔accept〕 a bribe; take graft 《美》. ¶ ～ 공무원 a corrupt official / ～ 혐의로 on the charge of taking a bribe. ‖ ～사건 a bribery case; a graft scandal 《美》 / ～자 a bribe-taker; a bribee; a grafter 《美》.
수효(數爻) a number.
수훈(垂訓) a precept; teachings. ‖ 산상(山上)～ the Sermon on the Mount.
수훈(殊勳) distinguished services; meritorious deeds. ¶ ～을 세우다 render distinguished services. ‖ ～타 〖野〗 a winning hit / 최고 ～선수 the most valuable player(생략 MVP).
숙고(熟考) (mature) consideration; deliberation. ～하다 think over; consider (carefully). ¶ ～한 끝에 after due consideration / 충분히 ～된 계획 a well-thought-out plan.
숙군(肅軍) 《effect》 a purge in the army; restoration of military discipline.
숙녀(淑女) a lady; a gentlewoman. ¶ ～다운 ladylike.
숙달(熟達) ～하다 become proficient 《*in*》; get a mastery 《*of*》. ¶ ～되어 있다 be proficient 《*in*》; be a master 《*of*》.
숙당(肅黨) a purge of disloyal elements from a party.
숙덕(淑德) feminine virtues.
숙덕거리다 talk in whispers; talk in a subdued tone. ¶ 숙덕숙덕 in whispers〔an undertone〕; secretly.
숙덕공론(一公論) exchanges of subdued remarks; secret counsel.
숙독(熟讀) (a) perusal. ～하다 read carefully〔thoroughly〕; peruse.
숙련(熟練) skill; dexterity. ¶ ～된 skillful; trained; expert / 미～의 unskilled; inexperienced / ～되다 get〔become〕 skilled〔skillful, proficient〕. ‖ ～공 a skilled worker; skilled labor(총칭) / ～자 an expert.
숙망(宿望) 《attain》 *one's* long-cherished desire.
숙맥(菽麥) a fool; an ass; a simpleton.
숙면(熟眠) a deep〔sound〕 sleep. ～하다 sleep well〔soundly〕; have a good sleep.
숙명(宿命) fate; destiny; 〖佛〗 *karma*. ¶ ～적인 fatal; predestined. ‖ ～론 fatalism / ～론자 a fatalist.
숙모(叔母) an aunt.
숙박(宿泊) lodging. ～하다 put up〔stay〕 《*at*》; lodge 《*in, at*》; take up *one's* lodgings. ‖ ～료 hotel〔lodging〕 charges; a hotel bill / ～부 a hotel register〔book〕 / ～설비 accommodations / ～소 *one's* lodgings; *one's* quarters(군인의) / ～인 a lodger; a guest; a boarder.
숙변(宿便) feces contained for a long time in the intestines; 《suffer from》 retention of feces.
숙부(叔父) an uncle.
숙사(宿舍) lodgings; quarters; a billet(군대). ¶ ～를 마련하다 provide accommodation 《*for*》.
숙성(熟成) ripening; maturing. ～하다 ripen; mature; get mellow.
숙성하다(夙成 一) (be) precocious; premature. ¶ 숙성한 아이 a precocious child.
숙소(宿所) a place of abode; *one's* quarters〔address〕. ¶ ～를 잡다 stay〔put up〕 at 《*a hotel*》.
숙식(宿食) ～하다 board and lodge. ‖ ～비 the charge for board and lodging.
숙어(熟語) an idiom; an idiomatic phrase.
숙연(肅然) ¶ ～한 solemn(엄숙); quiet / ～히 solemnly; quietly; silently / ～해지다 be struck with reverence〔into silence〕.
숙영(宿營) ～하다 be billeted; be quartered; camp. ‖ ～지 a billeting area.
숙원(宿怨) an old〔a deep-rooted〕 grudge 《*against*》; (a) long-harbored enmity〔resentment〕. ¶ ～을 풀다 pay off *one's* old scores 《*with*》.
숙원(宿願) 《realize》 *one's* long-cherished desire〔ambition〕.
숙의(熟議) ～하다 deliberate 《*on*》; discuss (fully); talk 《*a matter*》 over. ¶ ～(한) 끝에 after careful discussion.
숙이다 《고개를》 hang〔bow, droop, bend〕 *one's* head. ¶ 고개를 숙이고 걷다 walk with *one's* head slightly drooping / 부끄러워 얼굴을 ～ hang〔bend〕 down *one's* head for shame.
숙적(宿敵) an old enemy〔foe〕.
숙정(肅正) 《바로잡음》 regulation; enforcement; a cleanup. ¶ 관기를 ～하다 enforce official discipline / 공무원 ～ 작업 a cleanup drive in officialdom.
숙제(宿題) 《do *one's*》 homework; a home task; an assignment; a pending〔an open〕 question (미해결의). ¶ 오랜 ～ a question of long standing / ～를 내다 set 《*students*》 homework / ～를 봐주다 help *a person* with *his* homework / ～로 남기다 leave 《*a problem*》 for future solution.
숙주(宿主) 〖生〗 a host. ¶ …의 ～

가 되다 play host to… / 중간 ～ an intermediary host.
숙주(나물) green-bean sprouts.
숙지(熟知) ～하다 know well; be well aware 《*of*》; be familiar 《*with*》; have a thorough 〔full, detailed〕 knowledge 《*of*》.
숙직(宿直) night duty 〔watch〕. ～하다 be on night duty; keep 〔do〕 night watch. ‖ ～실 a night-duty room / ～원 a night guard.
숙질(叔姪) uncle and nephew.
숙청(肅淸) a purge; a cleanup. ～하다 clean up; purge. ‖ ～운동 a purge campaign.
숙취(宿醉) a hangover. ¶ ～에 시달리다 suffer from 〔have〕 a hangover.
숙환(宿患) a long 〔protracted, lingering〕 illness. ¶ 그는 오랜 ～으로 죽었다 He died after a long illness.
순(旬) 《10일》 (a period of) ten days; 《10년》 ten years; a decade.
순(筍) 《싹》 a sprout; a bud.
순(純) 《순수한》 pure; genuine; unmixed; true(진정한); net(이익의). ¶ ～ 거짓말 a pure fabrication; real lie / ～ 서울 사람 a trueborn Seoulite / ～ 수입 net income / ～ 한국식 정원 a garden in a purely Korean style.
…순(順) order; turn. ¶ 가나다〔번호〕 ～ 《in》 alphabetical 〔numerical〕 order / 성적〔나이〕 ～ 《in》 order of merit 〔age〕.
순간(瞬間) 《in》 a moment; an instant; a second. ¶ ～적 momentary; instantaneous / 그를 본 ～ the moment 〔instant〕 (that) I saw him. ‖ ～최대풍속 the maximum instantaneous wind velocity.
순검(巡檢) 《make》 a tour of inspection.
순견(純絹) pure silk; all-silk.
순결(純潔) purity; chastity. ¶ ～한 pure; clean; chaste / ～한 사랑 platonic 〔pure〕 love / ～한 처녀 a chaste maiden / 마음이 ～한 사람 a pure-hearted person / ～을 빼앗기다 be deprived of *one's* virginal purity. ‖ ～교육 education in sexual morality.
순경(巡警) a policeman; a police officer; a constable 《英》; a cop 《美口》.
순교(殉敎) martyrdom. ～하다 die a martyr (for *one's* faith); be martyred. ‖ ～자 a martyr.
순국(殉國) ～하다 die for *one's* country. ‖ ～선열 a (patriotic) martyr / ～정신 (the spirit of) martyrdom; patriotism.
순금(純金) pure 〔solid〕 gold.
순대 *sundae*, a Korean sausage made of pig's blood, bean curd and green bean sprouts stuffed in pig intestine. ‖ 순댓국 pork soup mixed with sliced *sundae*.
순도(純度) purity.
순라(巡邏) a patrol; a round. ¶ ～ 돌다 go *one's* rounds. ‖ ～꾼 a patrolman.
순력(巡歷) ～하다 make a tour 《*of, round*》; tour (round) 《*Europe*》.
순례(巡禮) a pilgrimage. ～하다 make 〔go on〕 a pilgrimage 《*to*》. ‖ ～자 a pilgrim; a palmer / ～지 a place of pilgrimage.
순록(馴鹿) 〚動〛 a reindeer.
순리(純理) pure reason; logic. ¶ ～적(인) rational; logical. ‖ ～론 rationalism.
순리(順理) ¶ ～적(인) reasonable; rational; right; proper / ～적으로 reasonably; rationally.
순면(純綿) pure 〔all〕 cotton. ¶ ～의 pure-cotton; all-cotton.
순모(純毛) pure wool. ¶ ～의 all-wool; pure-wool. ‖ ～제품 all-wool goods 〔fabrics〕.
순무 〚植〛 a turnip.
순박(淳朴) ¶ ～한 simple and honest; naive; homely.
순방(巡訪) a round of calls 〔visits〕. ～하다 make a round of calls. ¶ 각국을 ～하다 visit many countries one after another.
순배(巡杯) ～하다 pass the wine cup around.
순백(純白) ¶ ～의 pure-〔snow-〕white / ～의 웨딩드레스 a snow-white wedding dress.
순번(順番) order; turn(교대). ¶ ～으로 in (due, regular) order; in turn; by turns 〔rotation〕 / ～을 기다리다 await 〔wait (for)〕 *one's* turn.
순사(殉死) self-immolation. ～하다 immolate *oneself* at the funeral of *one's* lord 〔master〕.
순산(順産) an easy delivery 〔birth〕. ～하다 have an easy delivery.
순서(順序) 《차례》 order; sequence; 《절차》 procedure; formalities. ¶ ～ 바르게 in good order; in regular sequence / ～가 틀리다 be in wrong order; be out of order / ～를 바로잡다 put 《*something*》 in the correct 〔proper〕 order / ～를 밟다 go through due formalities.
순수(純粹) purity. ¶ ～한 pure; genuine; real; unmixed / ～한 동기 pure motives / ～한 미국사람 a trueborn American / ～한 페르시아 고양이 a pure-blooded Persian cat. ‖ ～과학〔시〕 pure science 〔poetry〕 / ～문학 pure 〔polite〕 literature.

순순하다(順順—)《성질이》(be) gentle; docile; obedient; submissive. ¶ 순순히 tamely; meekly; obediently; smoothly.

순시(巡視) ～하다 make a tour of inspection; inspect; patrol. ¶ 공장 안을 ～하다 inspect〔go over〕a factory. ‖ ～선 a patrol boat / ～인 a patrolman / 연두 ～ the new year inspection tour.

순식간(瞬息間) ¶ ～에 in an instant; in a moment; in a twinkling.

순양(巡洋) ～하다 cruise; sail about. ‖ ～전함 a battle cruiser / ～함 a cruiser.

순연(順延) ～하다 postpone; put off.

순위(順位) order; grade; ranking. ¶ ～를 정하다 rank; decide ranking / ～를 다투다 compete for precedence / 전보다 학급에서의 ～가 올라갔다 I ranked higher in the class than before. ‖ ～결정전 a play-off (동점자간의).

순음(脣音)〖音聲〗a labial.

순응(順應) ～하다 adapt〔accommodate, adjust〕*oneself*《*to circumstances*》. ¶ 시대에 ～하다 go with the tide〔times〕. ‖ ～성(性) adaptability.

순(이)익(純(利)益) net〔clear〕profit〔gain〕. ¶ 연간 1만 달러의 ～을 올리다 net〔clear〕(a profit of) 10,000 dollars a year.

순장(殉葬)〖古制〗burial of the living with the dead. ～하다 bury *someone* alive with the dead.

순전(純全) ¶ ～한 pure (and simple); absolute; perfect; sheer; utter / ～히 purely; perfectly; totally; utterly / ～한 개인 문제 a purely personal matter.

순정(純情) a pure heart. ¶ ～의 purehearted / ～을 바치다 give all *one's* love《*to*》. ‖ ～소설 a boy-meets-girl story.

순조(順調) ¶ ～롭다 (be) favorable; satisfactory; fine; smooth; seasonable(날씨) / ～롭게《progress》favorably;《go》very smoothly〔well〕.

순종(純種) a pure blood; a thoroughbred. ¶ ～의 full-blooded; thoroughbred.

순종(順從) ～하다 obey without objection; submit tamely.

순직(殉職) ～하다 die at *one's* post; die on duty. ¶ ～ 경찰관 a policeman who died on duty. ‖ ～자 a victim to *one's* post of duty.

순직(純直) ¶ ～한 pure and honest; simple and upright.

순진(純眞) ¶ ～한 naive; pure; innocent; ingenuous / ～한 어린아이 an innocent child / ～한 소녀 a girl pure in heart.

순차(順次) order; turn. ¶ ～적으로 in order; successively. ☞ 순서.

순찰(巡察) a patrol. ～하다 patrol; go *one's* rounds. ‖ ～대 a patrol party / ～대원 a patrolman / ～차 a (police) patrol car; a squad car.

순치(馴致)《길들임》～하다 tame; domesticate.

순탄하다(順坦—)《길이》(be) even; flat; smooth;《일이》(be) favorable; uneventful;《성질이》(be) gentle; mild. ¶ 순탄한 길 a (broad-)level road / 순탄하게 자라다 be bred in favorable circumstances.

순풍(順風) a favorable〔fair〕wind. ¶ ～에 돛을 달다 sail before〔with〕the wind.

순하다(順—) ①《성질이》(be) obedient; gentle; docile; meek; submissive. ②《맛이》(be) mild; light《*wine*》; weak. ¶ 순한 담배 mild cigarettes. ③《일이》(be) easy; smooth.

순항(巡航) a cruise. ～하다 sail (about); cruise. ‖ ～미사일 a cruise missile / ～선 a cruiser / ～속도《at full》cruising speed.

순행(巡行) ～하다 go round. ☞ 순회.

순화(醇化) ～하다 purify; refine; sublimate. ‖ 국어 ～운동《launch》a campaign to refine the Korean language.

순환(循環) circulation; rotation; a cycle. ～하다 circulate; rotate; go in cycles〔circles〕. ¶ 혈액 ～을 좋게 하다 improve the circulation of the blood. ‖ ～곡선 a recurring curve / ～기〔계〕〖醫〗the circulatory organs〔system〕/ ～도로 a circular road / ～버스 a loop-〔belt-〕line bus / ～선 a belt〔loop〕line; a circular railway / 경기 ～ a business cycle / 경기 ～설 the cycle theory.

순회(巡廻) a round; a patrol; a tour (of inspection). ～하다 go〔walk〕round; go *one's* rounds; patrol. ‖ ～강연 a lecturing tour / ～공연 a road show; a show on tour / ～구역 *one's* beat〔round〕/ ～대사 a roving ambassador / ～도서관〔진료소〕a traveling library〔clinic〕/ ～재판소 a circuit court.

순후하다(淳厚—) (be) pure-minded; warm-hearted.

숟가락 a spoon. ¶ ～으로 뜨다 spoon up / 한 ～의 설탕 a spoonful of sugar.

술[1]《음료》liquor(독한 술); wine(포도주); alcohol; spirits; alcoholic drink〔beverage〕(알코올 음료);《한

국술》 rice wine; *sul.* ¶ 독한〔약한〕 ～ a strong〔weak〕 wine / ～김에 under the influence of liquor / ～김에 하는 싸움 a drunken brawl / ～버릇이 나쁘다 be a bad drunk / ～로 시름을 달래다 drown care in wine bowl; drink down *one's* cares / ～에 물을 타다 mix 〔dilute〕《*whisky*》 with water; water wine (down) / ～을 만들다 brew rice wine〔liquor〕/ ～을 마시다 drink《*alcohol, sul*》/ ～을 끊다 give up drinking; abstain from drinking / ～에 취하다 get drunk; become intoxicated / ～이 세다〔약하다〕 be a heavy 〔poor〕 drinker. ‖ ～값 drink money / ～고래〔꾼〕 a heavy drinker; a drunkard / ～주정뱅이 a sot; a drunkard / ～친구 a drinking pal.

술[2] 《장식용의》 a tassel; a tuft; a fringe.

술(戌) the zodiacal sign of the dog. ‖ ～년 the Year of the Dog.

술구더기 a grain of rice floating on *sul.*

술래 a tagger; a hoodman (눈을 가린); 《You are》 it.

술래잡기 《play》 tag; hide-and-seek.

술렁거리다 be disturbed〔noisy〕; be astir; be in commotion.

술망나니 a (confirmed) drunkard; a sot.

술밥 steamed-rice for brewing.

술법(術法) magic; witchcraft; conjury.

술병(―甁) a liquor bottle.

술상(―床) a drinking table; a table for drink. ¶ ～을 차리다 prepare dishes for drink; set a drinking table.

술수(術數) ① ☞ 술법. ② ☞ 술책.

술술 《순조롭게》 smoothly; without a hitch; 《유창하게》《speak》 fluently; facilely; 《쉽게》 easily; readily; 《바람이》 gently; softly. ¶ 어려운 문제를 ～ 풀다 solve a hard question easily.

술어(述語) 〚文〛 a predicate.

술어(術語) a technical term. ¶ 의학상의 ～ medical terms.

술자리 《give》 a drinking party; 《hold》 a banquet.

술잔(―盞) a wine cup; a wineglass. ¶ ～을 돌리다 pass the wine cup round / ～을 비우다 drain〔drink off〕 *one's* cup / ～을 주고받다 exchange cups of wine 《*with*》.

술집 a bar; a tavern; a saloon 《美》; a public house 《英》. ‖ ～여자 a bar girl / ～주인 a barkeeper.

술책(術策) a trick; an artifice; a stratagem; tactics. ¶ ～을 부리다 use a cunning trick; resort to tricks / ～에 걸리다 fall into the trap 《*of the enemy*》; be entrapped 《*by*》.

술추렴하다 share the expense of drinking; club the expense together to pay for drinking.

술타령(―打令) ～하다 indulge in drinking; ask for nothing but liquor.

술통(―桶) a wine cask〔barrel〕.

술파제(―劑) a sulfa drug; sulfas.

술회(述懷) ～하다 speak reminiscently; relate *one's* thoughts 〔reminiscences〕; reminisce.

숨 a breath; breathing(호흡). ¶ ～을 헐떡이며 out of breath; breathlessly / ～을 거두다 breathe *one's* last / ～을 죽이다 hold *one's* breath / ～을 돌리다 take breath; take a pause (쉬다).

숨결 breathing. ¶ ～이 가쁘다 breathe hard; be short of breath (환자가) / 봄의 ～을 느끼다 feel a breath of spring.

숨구멍 《숨통》 the trachea; the windpipe.

숨기다 《모습·사물》 hide; conceal; cover (up); put 《*something*》 out of sight; 《비밀로》 keep 《*a matter*》 secret〔back〕《*from*》. ¶ 나이를 ～ conceal *one's* age / 잘못을 ～ cover *one's* mistake / 문 뒤에 몸을 ～ hide *oneself* behind the door / 감정을 ～ conceal〔hide〕 *one's* feelings / 본색을 ～ wear 〔put on〕 a mask.

숨김없이 frankly; openly; without reserve.

숨다 《안 보이게》 hide〔conceal〕 *oneself;* disappear; 《피신》 take〔seek〕 refuge 《*in*》. ¶ 숨은 hidden 《*meaning*》; unknown 《*genius*》 / 숨어서 out of sight; in secret (몰래) / 숨은 재주 *one's* hidden talents / 숨은 자선가 an anonymous philanthropist / 침대 밑에 ～ hide *oneself* under the bed.

숨막히다 be suffocated; be choked. ¶ 숨막히는 stuffy; stifling; suffocating; breath-taking 《*game*》.

숨바꼭질 《play》 hide-and-seek; I spy; hy-spy.

숨소리 the sound of breathing. ☞ 숨.

숨숨하다 (be) pockmarked.

숨쉬다 breathe; take〔draw〕 a breath.

숨지다 breathe *one's* last; die.

숨차다 pant; be out〔short〕 of breath; be breathless.

숨통(―筒) the windpipe.

숫기(―氣) ¶ ～ 없는 shy; coy; self-conscious / ～ 좋은 unabashed; unashamed; bold.

숫돌 《sharpen on》 a whetstone; a grindstone.

숫되다 (be) innocent; simple-minded; naive.

숫자(數字) a figure; a numeral. ¶ 세자리 ~ three figures / 천문학적 ~ astronomical figures / ~적으로 numerically / ~상의 착오 a numerical error / ~로 나타내다 express in figures.

숫제 《차라리》 rather 《*than*》; preferably; from the first.

숫지다 (be) simple and honest; 「naive.

숫처녀(一處女) a virgin; a maid.

숫총각(一總角) an innocent bachelor; a (male) virgin.

숭고(崇高) ¶ ~한 lofty; noble; sublime / ~한 이상 a lofty idea.

숭굴숭굴하다 《생김새가》 (be) chubby; plump; 《성질이》 (be) well-rounded; bland; suave; affable; amiable. ¶ 숭굴숭굴한 얼굴 a chubby face / 숭굴숭굴한 태도 smooth 〔bland〕 manners.

숭늉 water boiled with scorched rice.

숭덩숭덩 ¶ ~ 자르다 chop thickly 〔in large parts〕.

숭배(崇拜) worship; adoration. ~하다 worship; admire; adore; idolize. ‖ ~자 a worshipper; an adorer; an admirer / 영웅〔조상〕 ~ hero 〔ancestor〕 worship.

숭상(崇尙) ~하다 respect; esteem; venerate; revere.

숭숭 ① ☞ 숭덩숭덩. ② 《바느질》 with large stitches; coarsely.

숭어 〖魚〗 a gray mullet.

숭엄(崇嚴) ¶ ~한 solemn; majestic; sublime.

숯 charcoal. ¶ ~을 굽다 burn 〔make〕 charcoal / ~불을 피우다 make fire with charcoal / ~내를 맡다 inhale carbonic gas. ‖ ~가마 a charcoal kiln 〔oven〕 / ~등걸 charcoal cinders / ~머리 a headache caused by carbonic gas / ~불〔검정〕 charcoal fire 〔soot〕 / ~장수 a charcoal dealer; 《얼굴이 검은 사람》 a dark-faced person.

숱 thickness; density. ¶ ~이 많은 머리 thick hair / 머리 ~이 적다 have thin hair.

숱하다 (be) many; much; numerous; plentiful.

숲 ☞ 수풀. ¶ 소나무 ~ a pine grove. ‖ ~길 a forest path.

쉬[1] 《파리 알》 a flyblow. ¶ ~슬다 flyblow.

쉬[2] 《미구에》 soon; shortly; before long; 《쉽게》 easily; readily.

쉬[3] 《조용히》 Hush!; Sh! (=Be quiet!).

쉬다[1] 《상하다》 spoil; go bad; turn sour (우유 따위가). ¶ 쉰내 a stale 〔sourish〕 smell / 쉰 밥 spoiled rice.

쉬다[2] 《목이》 get 〔grow〕 hoarse; become husky; hoarsen. ¶ 쉰 목소리 《in》 a hoarse 〔husky〕 voice.

쉬다[3] ① 《휴식 · 휴양하다》 rest; take 〔have〕 a rest; relax. ¶ 일하다 잠시 ~ take a rest 〔break〕 from *one's* work / 쉬지 않고 아침부터 밤까지 일하다 work without rest from morning till night / 바빠서 쉴 틈이 없다 I'm so busy (that) I have no time to rest. ‖ 열중 쉬어 《구령》 At ease!; Stand at ease! ② 《결근 · 결석하다》 be absent from 《*school*》; cut 《*a class*》; take a day off; absent *oneself* 《*from*》; stay away from 《*work*》. ¶ 일요일에는 쉰다 We get Sunday off. / 그녀는 3일간이나 일을 쉬고 있다 She has stayed away from work for three days. ③ 《중단하다》 suspend, pause. ¶ 불경기로 장사를 ~ suspend business due to the recession. ④ 《잠자다》 sleep; go to bed. ¶ 이제 늦었으니 쉬도록 하자 It's getting late. Let's go to bed.

쉬다[4] 《숨을》 breathe; take breath.

쉬쉬하다 《숨기다》 keep 《*a matter*》 secret; cover 《*a fact*》; hide 《*from*》; hush up 《*a scandal*》.

쉬엄쉬엄 with frequent rests; 《do a job》 at a easy 〔slow〕 pace. ¶ ~ 일하다 work taking frequent breaks; do a job in easygoing manners.

쉬척지근하다 《음식이》 (be) quite stale-smelling; smells like rotten.

쉬파리 a blowfly; a bluebottle.

쉬하다 《오줌 누다》 piddle; piss.

쉰 fifty.

쉴새없이 incessantly; continuously; continually; unceasingly; without a break.

쉼표(一標) 〖樂〗 a rest; a pause. ‖ 온〔2분, 4분〕 ~ a whole 〔half, quarter〕 rest.

쉽다 ① 《용이》 (be) easy; simple; light; plain. ¶ 쉽게 easily; simply / 쉬운 일 an easy task; easy 〔light〕 work / 쉬운 영어 《write in》 easy 〔plain〕 English / 아주 쉬운 as easy as ABC / 쉽게 말하면 in plain language 〔words〕 / 깨지기 ~ break easily; be easy to break. ② 《경향》 (be) apt 〔liable, prone〕 to; tend to 《*do*》. ¶ 잘못을 저지르기 ~ be apt to make an err / 감기 들기 ~ be liable to catch cold; be susceptible to a cold. 「ficulty.

쉽사리 easily; readily; without dif-

슈미즈 a chemise. 「*crème* 《프》.

슈크림 a cream puff; *chou à la*

슈퍼마켓 a supermarket.

슛 《구기에서》 shooting; a shot. ~하다 shoot 《*a ball*》.

스낵 《have, eat》 a snack. ‖ ~바 a snack bar.

스냅사진(一寫眞) a snap(shot). ¶ ～을 찍다 take a snapshot 《*of*》.
스님 《중》 a Buddhist priest 〔monk〕; a bonze; 《경칭》 the Reverend.
스라소니 〖動〗 a lynx; a bobcat.
…스럽다 (be) like; seem; -(a)ble; -ous; -ish. ¶ 바보～ be foolish / 촌～ be boorish; looks awkward.
스르르 smoothly; easily; softly.
스리랑카 Sri Lanka.
스릴 thrill. ¶ ～을 느끼다 have a thrill from 《*a game*》.
스마트 ¶ ～한 smart; stylish.
스매싱 〖테니스·탁구〗 smashing; a smash. ～하다 smash.
스멀거리다 itch; be itchy; feel creepy.
스모그 smog. ¶ ～가 심한 smoggy; smog-laden 《*city*》.
스무 twenty; the twentieth.
스물 twenty; a score.
스미다 soak〔penetrate, infiltrate〕 《*into*》; permeate through. ¶ 스며 나오다 ooze〔seep〕 out / 물이 바닥으로 스며들었다 The water soaked through the floor.
스스럼 ¶ ～ 없이 unreservedly; freely; without reserve〔constraint〕; without ceremony / ～ 없이 이야기하다 talk in a familiar way; speak without restraint.
스스럽다 ① 《조심스럽다》 be ill at ease, feel constrained〔awkward〕. ② 《부끄럽다》 (be) shy; coy.
스스로 (for) *oneself;* in person. ¶ ～의 *one's* own; personal / ～ 결정하다 decide 《*a matter*》 for *oneself*.
스승 a teacher; a master. ¶ ～의 은혜 the favors of *one's* teacher / ～으로 받들다 look up to 《*a person*》 as a teacher.
스웨덴 Sweden. ¶ ～의〔말〕 Swedish / ～사람 a Swede.
스웨터 《knit》 a sweater.
스위스 Switzerland. ¶ ～의 Swiss / ～제의 《a watch》 of Swiss make; Swiss-made / ～사람 a Swiss.
스위치 a switch. ¶ ～를 켜다〔끄다〕 switch on〔off〕.
스윙 ① 〖樂〗 swing (music). ② 〖스포츠〗 a swing. ～하다 swing 《*a club*》.
스쳐보다 cast a sidelong glance at; glance sidewise at.
스치다 graze; skim; flit(생각 등이); 《살짝 닿다》 touch; feel; 《서로 스쳐 지나가다》 pass each other; meet 《*on the road*》; brush past. ¶ 수면을 스칠 듯이 날다 skim the surface of the water / 총알이 그의 오른팔을 스쳤다 A bullet grazed his right arm. / 소녀는 스쳐지나며 나에게 미소를 지었다 The girl smiled at me as we passed each other. / 의심스런 생각이 그의 뇌리를 스쳤다 A suspicion flitted across his mind.
스카우트 a scout. ～하다 scout 《*a promising player*》; recruit 《*new members*》.
스카이다이빙 skydiving. ¶ ～(을) 하다 skydive.
스카치 ‖ ～위스키 Scotch (whisky) / ～테이프 Scotch tape.
스카프 a scarf.
스칸디나비아 Scandinavia. ¶ ～의 Scandinavian / ～사람 a Scandinavian.
스캔들 a scandal.
스커트 a skirt. ¶ ～를 입다〔벗다〕 put on〔take off〕 *one's* skirt. ‖ 롱～ a long skirt.
스컹크 〖動〗 a skunk.
스케이트 skating; 《구두》 (a pair of) skates. ¶ ～ 타다 skate; do skating / ～ 타러 가다 go skating. ‖ ～장 a (skating) rink; an ice rink / 스피드～ speed skating.
스케일 《규모》 a scale. ¶ ～이 큰〔작은〕 large-〔small-〕scaled / ～이 큰〔작은〕 사람 a man of large〔small〕 scale.
스케줄 《make》 a schedule 〔plan, program〕. ¶ ～대로 as scheduled; on schedule / 꽉 짜인 ～ a crowded〔tight〕 schedule / ～을 짜다 make〔map, lay〕 out a schedule 《*for, of*》.
스케치 a sketch; sketching. ～하다 sketch; make a sketch of 《*a thing*》. ‖ ～북 a sketchbook.
스코어 a score. ¶ 2대 1의 ～로 by (a score of) 2 to 1. ‖ ～보드 a scoreboard.
스코틀랜드 Scotland. ¶ ～의〔말〕 Scotch; Scottish / ～사람 a Scotchman; a Scot; the Scotch (총칭).
스콜 《열대 지방의》 a squall.
스콜라철학(一哲學) Scholasticism.
스쿠버 a scuba. ‖ ～다이빙 scuba diving / 스킨～ skin scuba
스쿠터 a (motor) scooter.
스쿠프 《특종》 a scoop; a beat 《英》 ～하다 scoop 《*the piece of news*》; get a scoop.
스쿨 a school. ‖ ～버스 a school bus.
스쿼시 《lemon》 squash.
스퀴즈 〖野〗 a squeeze play.
스크랩북 a scrapbook.
스크럼 a scrum(mage); a scrimmage. ¶ ～을 짜다 form〔line up for〕 a scrummage; scrimmage.
스크린 a screen; the screen (영화계). ‖ ～테스트 a screen test.
스키 skiing; 《a pair of》 skis. ～타다 ski. ¶ ～ 타러 가다 go skiing. ‖ ～복〔화〕 a ski suit〔boots〕 / ～장 a skiing ground.
스킨다이빙 skin diving.
스타 a star; a cinema〔film〕 star.

¶ ～가 되다 become a star; enter stardom. ‖ 일류～ a star of the first class.
스타디움 a stadium.
스타일 《옷의》 a style; 《모습》 *one's* figure〔form〕; 《문체》 *one's* style. ¶ ～이 좋다〔나쁘다〕 have a good〔poor〕 figure / 최신～ the latest style. ‖ ～북 a stylebook.
스타카토 〖樂〗 staccato.
스타킹 《nylon》 stockings. ¶ 올이 풀리지 않는 ～ runproof〔ladder-proof〕 stockings.
스타트 a start. ～하다 (make a) start. ¶ ～가 좋다〔나쁘다〕 start well〔ill〕; make a good〔poor〕 start. ‖ ～라인 a starting line.
스태미나 stamina. ¶ ～를 기르다 develop〔build up〕 *one's* stamina.
스탠드 ① 《관람석》 the stands; bleachers 《美》 (지붕 없는). ② 《전등》 a desk〔floor〕 lamp.
스탬프 a stamp; a datemark (일부인); a postmark (소인). ¶ ～를 찍다 stamp 《*a card*》.
스턴트 stunt. ¶ ～맨 a stunt man.
스테레오 a stereo. ¶ ～의 stereo(-phonic) / ～로 듣다 listen on the stereo. ‖ ～녹음 stereo(phonic) recording / ～레코드〔디스크, 테이프〕 a stereo(phonic) record〔disc, tape〕 / ～방송 the stereo(-phonic) broadcasting / ～전축 a stereo (phonograph).
스테로이드 steroid.
스테이지 the stage.
스테이크 a (beef) steak.
스테인리스스틸 stainless steel.
스텐실 a stencil.
스텝 《춤의》 a step. ¶ ～을 밟다 step; dance.
스토리 story. ¶ ～가 별로 없는 소설 a novel with not much of a plot〔story〕.
스토브 a stove〔heater〕.
스토아 ‖ ～주의 Stoicism / ～학파 the Stoic school.
스톡 《재고》 a stock.
스톱 stop. ‖ ～사인 a stop sign / ～워치 a stop-watch.
스튜디오 a studio.
스튜어디스 a stewardess; a〔an air〕 hostess.
스트라이크 ① 《파업》 a strike; a walkout. ¶ ～중이다 be on strike / ～를 중지하다 call off a strike. ② 〖野〗 a strike.
스트레스 《dispel》 a stress. ¶ ～가 많은 stressful 《*situations*》 / ～에 의한 궤양 a stress ulcer / ～가 쌓이다 stress builds up / ～를 풀다 get rid of〔ease〕 stress 《*by playing tennis*》.
스트레이트 straight. ¶ ～로 이기다 win a straight victory 《*over*》 / 오른쪽 ～를 얻어 맞다 take a right straight 《*to the jaw*》 / ～로 위스키를 마시다 drink whisky straight.
스트렙토마이신 〖藥〗 streptomycin.
스트로 《suck through》 a straw.
스트리킹 streaking.
스트립쇼 a strip show.
스틸 《강철》 steel; 《영화의》 a still (photograph).
스팀 steam; 《난방》 steam heating. ¶ ～을 넣은 steam-heated 《*room*》.
스파게티 spaghetti 《이》.
스파르타 Sparta. ¶ ～사람 a Spartan / ～식의 Spartan 《*training*》.
스파링 〖拳〗 sparring. ‖ ～파트너 *one's* sparring partner.
스파이 a spy; a secret agent. ¶ ～ 노릇을 하다 (act as) spy / 산업～ an industrial spy / 이중～ a double agent. ‖ ～망 an espionage chain / ～비행 aerial spying / ～활동〔행위〕 spying; espionage.
스파이크 a spike; 《구두》 spiked shoes; 《배구의》 spiking; a spike.
스파크 a spark. ～하다 spark. ‖ ～플러그 a spark plug.
스패너 a wrench; a spanner.
스펀지 (a) sponge. ‖ ～고무 sponge rubber.
스페어 a spare. ‖ ～타이어 a spare tire.
스페인 Spain. ¶ ～의〔말〕 Spanish / ～사람 a Spaniard; the Spanish (총칭).
스펙터클 a spectacle. ‖ ～영화 a spectacular film.
스펙트럼 a spectrum. ‖ ～분석 spectrum analysis.
스펠(링) 《철자》 spelling.
스포츠 sports. ¶ ～를 좋아하는 sports-minded 《*youth*》. ‖ ～계 the sporting world / ～난 a sports section / ～맨 a sportsman / ～방송 sportscasting; a sportscast(1회) / ～신문 a sports paper / ～웨어 sportswear / ～의학 sports medicine / ～정신 sportsmanship / ～카 a sports car.
스포트라이트 《focus》 a spotlight 《*on*》.
스폰서 a sponsor. ¶ ～가 되다 sponsor 《*a concert*》.
스폿 spot. ‖ ～뉴스〔방송〕 spot news〔broadcasting〕.
스프링 《용수철》 a spring. ‖ ～보드 a springboard.
스프링코트 a topcoat.
스프링클러 a sprinkler.
스피드 speed. ‖ ～광 a speed maniac / ～시대 the age of speed.
스피츠 〖動〗 a spitz (dog).
스피커 《확성기》 a (loud) speaker; 《라디오의》 a radio speaker.
스핑크스 a sphinx.
슬개골 (膝蓋骨) 〖解〗 the kneepan; the kneecap.
슬그머니 stealthily; secretly; by stealth. ¶ ～ 나가다〔들어가다〕 steal out of〔into〕 《*a room*》.
슬금슬금 stealthily; sneakingly.
슬기 wisdom; intelligence; sagacity; resources. ¶ ～롭다 (be)

wise; intelligent; intellectual; sagacious.

슬다 ① 《알을》 oviposit(곤충이); blow(파리가); spawn(물고기가). ②《녹이》 gather〔form〕 rust; be rusted; get rusty; rust.

슬라브 Slav. ‖ ～말 Slavic / ～민족 the Slavs / ～사람 a Slav.

슬라이드 《환등》 a (lantern) slide. ‖ 칼라 ～ a color slide.

슬라이딩 〖野〗 sliding.

슬랙스 《a girl in》 slacks.

슬랭 slang; a slang word.

슬럼 a slum. ¶ 대도시의 ～가 the slums of a big city / ～화하다 turn into slums.

슬럼프 a slump. ¶ ～에 빠지다〔에서 벗어나다〕 get into〔out of〕 a slump. 「붕을 이다 slate a roof.

슬레이트 a slate 《*roof*》. ¶ ～로 지

슬로 slow. ‖ ～모션《영화 · TV의》 a slow motion (picture).

슬로건 a slogan; a motto. ¶ …라는 ～으로 under the slogan of….

슬로바키아 the Slovak Republic.

슬로프 a slope.

슬리퍼 《a pair of》 slippers.

슬며시 secretly; quietly; stealthily.

슬슬 ① 《가볍게》 softly; gently; lightly. ② 《은근히》 cajolingly. ¶ ～ 달래다 soothe 《*a person*》; appease.

슬쩍 ①《몰래》 secretly; stealthily. ②《쉽게》 lightly; easily; readily.

슬퍼하다 feel sad〔unhappy〕; feel sorry〔sorrow〕《*for*》; grieve;《죽음을》 mourn《*for, over*》;《한탄하다》 lament. ¶ 아무의 불행을 ～ feel sorry for *a person's* misfortune / …은 슬퍼할 일이다 It is a pity that…. / 아무의 죽음을 ～ grieve 〔mourn〕 over *a person's* death.

슬프다 (be) sad; sorrowful; pathetic. ¶ 슬프도다 Alas!; Woe is〔to〕 me!

슬픔 sorrow; sadness; grief. ¶ ～에 잠기다 be in deep grief.

슬피 sadly; sorrowfully; mournfully. ¶ ～ 울다 cry sadly.

슬하(膝下) the parental care. ¶ 부모 ～에서 자라다 grow up under *one's* parental roof〔care〕/ 부모 ～를 떠나다 leave *one's* paternal roof; live away from *one's* parents.

습격(襲擊) an attack; an assault. ～하다 attack; assault.

습관(習慣) habit(습성); practice(일상적인); usage(관용); custom(풍속); a convention(인습). ¶ ～적인 customary; usual; conventional / 평소의 ～ *one's* habitual ways / ～을 들이다 form a 《*good*》 habit / …하는 ～이 있다 have〔be in〕 the habit of *do*ing. ‖ ～성 의약품 habit-forming drugs.

습기(濕氣) damp(ness); moisture; humidity.

습도(濕度) humidity. ¶ ～는 현재 80퍼센트이다 The humidity is 80 percent at present. ‖ ～계 a hygrometer.

습득(拾得) ～하다 pick up; find. ‖ ～물 a find; a found article / ～자 a finder.

습득(習得) ～하다 learn 《*French*》; acquire 《*an art*》.

습성(習性) a habit; *one's* way.

습성(濕性) wet. ‖ ～늑막염 〖醫〗 moist〔wet〕 pleurisy.

습자(習字) 《practice》 penmanship; calligraphy (붓글씨). ‖ ～책 a writing〔copy〕 book.

습작(習作) a study; *étude* 《프》.

습작하다(襲爵—) succeed to the title〔peerage〕.

습전지(濕電池) a galvanic battery.

습지(濕地) damp ground; marsh; swampland. 「〔humid〕 tetter.

습진(濕疹) 〖醫〗 eczema; moist

습하다(濕—) (be) damp; humid; moist; wet.

승(勝) a victory. ¶ 3～1패, 3 victories〔wins〕 and〔against〕 1 defeat.

…승(乘) -seater. ¶ 5인～ 비행기 a 5-seater (air)plane / 9인～ 자동차 a nine-passenger car.

승강(昇降) ～하다 go up and down; ascend and descend. ‖ ～구 an entrance;《배의》 a hatch (-way) / ～기 an elevator 《美》; a lift 《英》.

승강이(昇降—) 《티격태격》 《have》 a petty quarrel; wrangling. ～하다 wrangle 《*with*》.

승객(乘客) a passenger. ¶ 100명 이상의 ～을 태운 비행기가 산 속에 추락했다 A plane carrying over one hundred passengers crashed into the mountain. ‖ ～명부 a passenger list.

승격(昇格) ～하다 be promoted 〔raised〕 to a higher status.

승계(承繼) succession. ☞ 계승.

승급(昇級) promotion. ～하다 be promoted 《*to*》. ☞ 승진.

승급(昇給) a raise〔rise〕 in salary; a raise 《美》. ¶ ～시키다 increase 〔raise〕 *a person's* salary.

승낙(承諾) consent; assent; agreement. ～하다 say yes; consent 〔agree, assent〕 《*to*》; comply 《*with*》. 「ote.

승냥이 〖動〗 a Korean wolf; a coy-

승단(昇段) promotion. ～하다 be promoted 《*to a higher grade*》.

승려(僧侶) ☞ 중.

승률(勝率) the percentage of victories; the chance of success.

승리(勝利) a victory; a triumph. ～하다 win; win〔gain〕 a victory. ¶ 최후의 ~를 얻다 gain the final victory. ‖ ~자 a victor; a winner (경기의) / ~투수 the winning pitcher.

승마(乘馬) horse riding. ~하다 ride〔mount〕a horse. ‖ ~바지〔화〕riding breeches〔boots〕/ ~복 a riding suit / ~술 horsemanship / ~클럽 a riding club.

승무(僧舞) a Buddhist dance.

승무원(乘務員) a crew member; a crewman; the crew(총칭). ¶ 비행기의 여자 ~ a stewardess; an air hostess.

승방(僧房) a Buddhist nunnery.

승복(承服) ~하다《동의하다》agree〔consent〕《*to*》;《받아들이다》accept. ¶ ~할 수 없는 조건 unacceptable terms〔conditions〕.

승복(僧服) a clerical〔priest's〕robe.

승부(勝負) victory or defeat;《경기》a《*tennis*》match; a game. ¶ 단판~ a game of single round / ~를 짓다 fight to the finish / ~에 이기다〔지다〕win〔lose〕a game / ~는 끝났다 The game is over〔up〕. ‖ ~차기 a shoot-out.

승산(勝算) prospects of victory; chances of success. ¶ ~ 없는 hopeless to win / ~이 있다〔없다〕have a〔no〕chance of success.

승상(丞相) ☞ 정승(政丞).

승선(乘船) embarkation; boarding. ~하다 embark; go aboard; get on board (a ship).

승소(勝訴) ~하다 win a suit〔case〕.

승수(乘數)〖數〗《곱수》a multiplier.

승승장구(乘勝長驅) ~하다 keep on winning.

승압기(昇壓器) a step-up〔boosting〕transformer; a booster.

승용차(乘用車) a (passenger) car. ¶ 4인승 ~ a four-seater car / 고급 ~ a delux car.

승원(僧院) a Buddhist monastery; a cloister; a temple.

승인(承認) recognition; acknowledgment; admission; approval (인가). ~하다 recognize; admit; approve. ¶ ~을 얻다 obtain approval / 자동~품목 immediate import liberal items. ‖ ~서 a written acknowledgment.

승자(勝者) a winner; a victor.

승적(僧籍)《enter》the priesthood; the holy orders.

승전(勝戰) ~하다 win a war〔battle〕. ‖ ~고(鼓) the drum of victory.

승제(乘除)〖數〗multiplication and division.

승직(僧職) the priesthood; the clerical profession.

승진(昇進) promotion; advancement. ~하다 rise (in rank); be promoted〔advanced〕. ¶ ~시키다 promote; raise.

승차(乘車) ~하다 take a train〔taxi〕; get on a train〔bus〕; get in a car. ¶ ~ 거부를 하다 refuse to accept passengers. ‖ ~구 the entrance to a platform; the gate; a way-in / ~권 a ticket / ~권 매표소 a ticket window / 할인 ~권 a reduced-rate ticket.

승천(昇天) ascension to heaven;《그리스도의》the Ascension. ~하다 go〔ascend〕to heaven. ‖ ~축일 the Ascension Day.

승패(勝敗) victory or defeat. ¶ ~를 다투다 contend for victory.

승하(昇遐) demise. ~하다 die; pass away.

승화(昇華)〖化〗sublimation. ~하다 sublimate.

시(市) a city; a town; a municipality(행정구획). ¶ ~의 municipal; city. ‖ ~당국 the city〔municipal〕authorities.

시(時)《시간》hour;《시각》o'clock; time. ¶ 8~ eight o'clock / 3~ 15분 a quarter past three / 2~ 20분이다 It is twenty minutes past〔after〕two. / 5~ 5분 전이다 It is five minutes to〔of〕five.

시(詩) poetry (총칭); verse (운문);《write, compose》a poem.

시가(市街) the streets; a city. ‖ ~전 street fighting / ~지 a city〔an urban〕area / ~지도 a city map.

시가(市價) the market price. ‖ ~변동 market fluctuations.

시가(時價) the current price. ¶ ~로 팔다 sell《*something*》at the current (market) price.

시가(媤家) ☞ 시집(媤一).

시가(詩歌) poetry; poems and songs. ‖ ~선집 an anthology.

시가 a cigar.

시각(時刻) time; hour.

시각(視角) the visual angle.

시각(視覺) (the sense of) sight; vision; eyesight. ‖ ~교육〔교재〕visual education〔aids〕/ ~기관 an organ of vision / ~언어 (a) visual language / ~예술 visual arts.

시간(時間) time; an hour;《학교의》a lesson; a class. ¶ ~과 공간 time and space / 영어~ an English lesson〔class〕/ 제~에 on time / ~에 늦다 be late; be behind time / ~을 벌다 buy〔gain〕time; use delaying tactics / ~을 지키다 be punctual / ~제로 일하다 work by the hour / ~이 (많이) 걸리다 take (much) time / ~에 쫓기다 be pressed for time. ‖ ~강사 a part-time lecturer / ~급 hourly wages;

payment by the time / ～엄수 punctuality / ～외 근무〔수당〕 overtime work〔pay〕 (～외 근무를 하다 work overtime) / ～표 a timetable / 소요～ the time required.

시경(詩經) the Book of Odes 「〔Songs〕.

시경찰국(市警察局) ☞ 지방경찰청.

시계(時計) a watch; a clock (괘종, 탁상시계). ¶ ～를 맞추다 set *one's* watch《*by the time signal*》/ ～방향으로 돌리다 turn clockwise / ～ 반대 방향으로 counterclockwise. ‖ ～탑 a clock tower / ～포 a watch store《美》; a watchmaker's《英》/ 시곗바늘 the hands of a watch / 시곗소리 the ticking of a clock / 시곗줄 a watchband(손목시계) / 손목～ a wrist watch / 자동～ a self-winding watch.

시계(視界) the field〔range〕 of vision; the visual field. ¶ ～에서 사라지다 go out of sight〔view〕/ ～에 들어오다 come into sight〔view〕. ‖ ～비행 ☞ 유시계 비행.

시골 the country(side); a rural district;《고향》*one's* home〔native〕 village. ¶ ～의 country; rural / ～에서 자란 country-bred; rustic / ～로 은퇴하다 retire into the country. ‖ ～구석 a remote village; a secluded place / ～길 a country lane〔road〕/ ～뜨기 a rustic; a country bumpkin / ～말〔사투리〕 a provincial dialect / ～사람 a countryman; a countryfolk / ～생활 (a) country life / ～풍경 rural scenery.

시공(施工) execution (of works). ～하다 undertake construction; construct《*a building*》; carry out《*building works*》. ‖ ～도 a working drawing / ～자 a (main) constructor.

시구(始球) ～하다 throw〔pitch〕 the first ball. ¶ …의 ～로 with the first ball pitched by….

시구(詩句) a verse; a stanza.

시국(時局) the situation; the state of things〔affairs〕. ¶ ～의 추이 the development of the situation / 어려운 ～을 수습하다 settle〔straighten out〕 a difficult situation / ～에 대처하다 deal〔cope〕 with the situation. ‖ 중대～ a critical juncture.

시굴(試掘)〖鑛〗 prospecting; (a) trial digging〔boring〕. ～하다 prospect《*a mine*》; bore〔drill〕 for《*oil*》. ‖ ～권 prospecting rights / ～자 a (mining) prospector; a wildcater《美》/ ～정(井)《석유의》 a test〔trial〕 well. 「a sewer.

시궁창 a ditch; a gutter; a drain;

시그널 a《*traffic*》 signal.

시극(詩劇) a poetical drama〔play〕.

시근거리다《숨을》 pant; gasp;《뼈마디가》 twinge; tingle; smart; 「ache.

시글시글 in swarms.

시금떨떨하다 (be) sourish and astringent. 「test.

시금석(試金石) a touchstone; a

시금치 spinach.

시급(時給) hourly wages〔pay〕.

시급(時急) ¶ ～한 urgent; imminent.

시기(時期) time; a period; season(계절). ¶ 이 중대한 ～에 at this crucial period / 매년 이 ～에 at this time of (the) year.

시기(時機) a chance;《miss》an opportunity; an occasion(경우). ¶ ～에 적합한 opportune; timely; appropriate; well-timed / ～를 기다리다 wait for an opportunity / ～를 포착하다 take〔seize〕 an opportunity / ～를 놓치다 lose an opportunity; miss *one's* chance / 아직은 그 ～가 아니다 The time is not quite ripe for it.

시기(猜忌) jealousy; green envy. ～하다 be jealous〔envious〕《*of*》; envy. 「black.

시꺼멓다 (be) deep black; jet-

시끄럽다 ①《소란함》(be) noisy; clamorous; boisterous. ¶ 시끄럽게 noisily; clamorously / 시끄러워 Be quiet!; Silence! ②《세론이》 be much discussed. ¶ 시끄러운 세상 the troublous world / 시끄러운 문제가 되다 become a subject of much discussion.

시나리오 a scenario; a screenplay. ‖ ～작가 a scenario writer; a scenarist; a scriptwriter.

시내 a brook(let); a rivulet; a stream(let). ‖ 시냇가 the edge〔bank〕 of a stream / 시냇물 the waters of a brook.

시내(市內) ¶ ～에(서) in the city; within the city limits. ‖ ～거주자 a city resident / ～관광 sightseeing in the city / ～버스 an urban bus / ～통화 a local〔city〕 call / ～판 a city edition.

시네라마 a Cinerama(상표명).

시네마 a cinema. ‖ ～스코프 a CinemaScope(상표명).

시녀(侍女) a waiting maid〔woman〕; a lady-in-waiting(궁녀).

시누이(媤—) *one's* husband's sister; a sister-in-law.

시늉《흉내》 mimicry; imitation(모방);《체함》 pretense. ～하다 mimic; imitate; copy;《체하다》 feign; pretend. ¶ 어른 ～을 하다 imitate adults / 죽은 ～을 하다 pretend to be dead.

시다 ①《맛이》(be) sour; acid; tart. ¶ 시어지다 turn sour / 신맛이 나다 taste sour. ②《뼈마디가》

have a twinging ache.

시단(詩壇) poetical circles.

시달(示達) ~하다 instruct; give directions.

시달리다 be troubled〔annoyed, harassed, vexed, tormented〕《*with, by*》; be ill-treated; suffer 《*from*》. ¶ 가난에 ~ be distressed by poverty / 압제에 ~ groan under oppression / 밤새도록 기침에 ~ be troubled with a bad cough all through the night / 갈증에 ~ be tormented by thirst / 빚에 ~ be harassed with debts / 아이들에게 ~ be worn to a frazzle by *one's* children.

시대(時代) 《시기》 a period; an epoch; an age; an era; 《시절》 *one's* day(s); 《시세(時世)》 the times. ¶ 우주 여행의 ~ the age of space travel / 봉건 ~ the era of feudalism / 빙하 ~ the glacial period〔age〕/ 아버지 ~에는 in my father's days / ~에 뒤떨어진 behind the times; out-of-date / ~에 역행하다 swim against the current / ~의 요구에 부응하다 meet the needs of the times / 이제 그의 ~도 끝났다 He has had his day. ‖ ~감각 a sense of the times / ~상(相)〔정신〕 the phases〔spirit〕 of the times / ~착오 an anachronism.

시도(試圖) an attempt. ~하다 attempt; make an attempt. ¶ 새로운 ~ a new attempt.

시동(始動) 《기계의》 starting. ~하다 start. ¶ ~을 걸다 set〔start〕 a machine. ‖ ~장치 a starting device〔gear, system〕.

시동생(媤同生) *one's* husband's younger brother; a brother-in-law.

시들다 ① 《초목이》 wither; droop; fade; be shriveled up; dried-up. ② 《기운이》 weaken; wane. ¶ 인기가 ~ lose popularity.

시들하다 《마음에》 (be) unsatisfactory; 《마음이 없다》 (be) half-hearted; uninterested; 《시시하다》 (be) trivial. ¶ 삶이 시들해지다 lose interest in life.

시래기 dried radish leaves. ‖ 시래깃국 soup cooked with dried radish leaves.

시럽 syrup; sirup 《美》.

시렁 a shelf; a rack (그릇꽂의).

시력(視力) (eye)sight; vision. ¶ ~이 좋다〔약하다〕 have good〔poor〕 eyesight / ~을 잃다〔회복하다〕 lose〔recover〕 *one's* sight. ‖ ~감퇴 amblyopia / ~검사 an eyesight test / ~(검사)표 an eye-test chart.

시련(試鍊) a trial; a test; an ordeal. ¶ 가혹한 ~ severe〔bitter〕 trials / ~을 겪다 be tried 《*by*》; be tested / ~에 견디다 endure〔stand〕 the trials 《*of life*》.

시론(時論) comments on current events; a current view; public opinion (of the day) (여론).

시론(詩論) poetics; an essay on poetry; a criticism of poems.

시료(施療) free medical treatment. ~하다 treat 《*a person*》 free (of charge). ‖ ~원 a free clinic; a charity hospital / ~환자 a free patient.

시루 an earthenware steamer. ‖ ~떡 steamed rice cake.

시류(時流) 《풍조》 the current〔trend〕 of the times; 《유행》 the fashion of the day. ¶ ~에 따르다 follow the fashion of the day / ~에 순응〔역행〕하다 go with〔against〕 the current of the times.

시름 trouble; anxiety; worry; cares. ¶ 한~ 놓다 be relieved from worry.

시름없다 ① 《걱정되다》 (be) worried; anxious. ② 《멍하다》 (be) absent-minded; blank. ¶ 시름없이 carelessly; unintentionally; vacantly; absent-mindedly.

시리다 《손발이》 feel cold〔freezing〕; 「be cold.

시리아 Syria. ‖ ~사람 a Syrian.

시리즈 a series. ¶ ~로 출판하다 publish in a serial form. ‖ ~물 a serial / 월드~ the World Series.

시립(市立) ¶ ~의 city; municipal. ‖ ~도서관 a city library / ~병원 a municipal hospital.

시말서(始末書) a written apology.

시멘트 cement. ¶ ~를 바르다 cement. ‖ ~공장〔기와, 벽돌〕 a cement factory〔tile, brick〕.

시무룩하다 (be) sullen; sulky; glum; ill-humored. ¶ 시무룩한 얼굴 a sullen〔long〕 face.

시무식(始務式) the opening ceremony of (government) offices (for the year).

시민(市民) a citizen; the citizens (총칭). ‖ ~권 citizenship / ~대회 a mass meeting of citizens.

시발(始發) the first departure; the start. ‖ ~역 the starting station.

시범(示範) a model for others. ~하다 set an example 《*to*》; show〔give〕 a good example 《*of*》. ‖ ~경기 《play》 an exhibition game / ~농장 a model farm.

시베리아 Siberia. ¶ ~의 Siberian.

시보(時報) ① 《시간의 알림》 a time signal. ¶ 시계를 정오 ~에 맞추다 set *one's* watch by the time signal at noon. ② 《보도》 current news.

시보(試補) a probationer. ¶ 사법관 ～ a judiciary probationer.
시부렁거리다 say useless〔pointless〕things; prattle.
시부모(媤父母) *one's* husband's parents; parents-in-law.
시비(市費) municipal expenses; city expenditure(경비).
시비(是非) right and〔or〕wrong; the propriety《*of*》. ¶ ～를 가리다〔논하다〕tell right from wrong; discuss the rights and wrongs《*of*》. ‖ ～론 a question of right or wrong.
시비(詩碑) a monument inscribed with a poem.
시뻘겋다 (be) deep red; crimson. ¶ 시뻘겋게 단 난로 a red-glowing stove.
시사(示唆) suggestion; hint. ～하다 hint; suggest. ¶ ～적인 suggestive / 그 제안은 ～하는 바가 많다 The proposal is full of suggestions.
시사(時事) current events〔news〕. ‖ ～문제〔영어〕current topics〔English〕/ ～해설 news commentary; comments on current topics / ～해설가 a news commentator.
시사(試寫) a (film) preview. ～하다 preview. ¶ 영화의 ～회를 개최하다 hold a preview of a motion picture.
시산(試算)《make》a trial calculation. ‖ ～표 a trial balance (sheet).
시삼촌(媤三寸) *one's* husband's uncle.
시상(施賞) ～하다 award a prize. ‖ ～식 a ceremony of awarding prizes.
시상(詩想) a poetical imagination〔sentiment〕.
시새(우)다 be terribly jealous《*of*》; be green with envy《*of*》.
시선(視線) *one's* eyes; a glance. ¶ 아무에게 ～을 돌리다 turn *one's* eyes upon *a person* / 아무의 ～을 피하다 avoid *a person's* gaze / 그들의 ～이 마주쳤다 Their eyes met.
시선(詩選) an anthology; a selection of poems.
시설(施設) an establishment;《특히, 공공의》an institution;《설비》equipment; facilities. ～하다 establish; institute. ¶ 공공～ a public facilities / 교육～ an educational institution / 군사～ military installations / 산업〔항만〕～ industrial〔port〕facilities. ‖ ～투자 investment in equipment.
시성(詩聖) a great poet.
시세(時世) the times.
시세(時勢) ①《시대》the times; the age;《시류》the current〔trend〕of the times. ②《시가》the current price; the market (price). ¶ ～의 변동 fluctuations in the market / ～가 오르다〔내리다〕rise〔fall〕in price. ‖ 개장〔폐장〕～ 〖證〗 an opening〔a closing〕quotation / 달러～ the exchange rate of the dollar / 쌀～ the price of rice; the rice market / 증권～ stock quotations〔prices〕/ 최고〔최저〕～ the ceiling〔bottom〕price.
시소 a seesaw. ¶ ～를 타고 놀다 play (at) seesaw. ‖ ～게임 a seesaw game.
시속(時俗) the customs of the age〔times〕.
시속(時速) speed per hour. ¶ ～24마일, 24 miles an〔per〕hour (약호 24 m.p.h.).
시숙(媤叔) *one's* husband's brother; a brother-in-law.
시술(施術) ～하다 operate; perform an operation.
시스템 a system. ‖ ～공학 system engineering.
시승(試乘) a trial ride. ～하다 have a trial ride《*in*》; test《*a new plane*》.
시시(時時) ¶ ～로 often; frequently; many〔lots of〕times.
시시각각(時時刻刻) ¶ ～으로 hourly; 《in》every hour〔moment〕; momentarily.
시시덕거리다 chat and giggle; flirt《*with*》.
시시부지하다 drop into oblivion; drift into obscurity; go up in smoke. ¶ 일을 시시부지 내버려두다 leave a matter unsettled (and do nothing definite about it).
시시비비(是是非非) ～하다 call a spade a spade; call what is right right, and wrong wrong. ‖ ～주의 a free and unbiased policy.
시시콜콜 inquisitively. ¶ ～ 캐묻다 inquire of《*a person*》about every detail of《*a matter*》; be inquisitive about《*a matter*》.
시시하다《흥미 없다》(be) dull and flat; uninteresting;《사소하다》(be) trifling; trivial; petty; (be) of little importance;《가치 없다》(be) worthless. ¶ 시시한 것〔일〕a matter of no importance; a triftling〔trivial〕thing / 시시한 책 a worthless book / 시시한 녀석 a good-for-nothing / 시시한 말을 하다 talk nonsense.
시식(試食) sampling. ～하다 try; taste; sample《*a cake*》. ‖ ～회 a sampling party.
시신(屍身) a dead body; a corpse.
시신경(視神經) 〖解〗 the optic nerve.
시아버지(媤―) a father-in-law; *one's* husband's father.
시아주버니(媤―) a brother-in-law; *one's* husband's elder brother.
시안(試案) a tentative plan.
시앗 *one's* husband's concubine.
시야(視野) a visual field; sight; *one's* view. ¶ ～에 들어오다 come

in sight / ～를 벗어나다 go〔get〕 out of sight / ～를 넓히다 broaden *one's* outlook《*on*》.

시약(試藥) 〚化〛 a (chemical) reagent.

시어(詩語) a poetic word.

시어머니(媤—) a mother-in-law; *one's* husband's mother.

시업(始業) ～하다 begin〔commence〕 (work). ‖ ～식 an opening ceremony.

시여(施與) ～하다 give (in charity); contribute; give free.

시역(市域) the municipal area; the city limits.

시역(弑逆) the murder of *one's* lord〔parent〕. ～하다 murder《*one's lord*》.

시연(試演) 《give》 a trial performance; a rehearsal; a preview. ～하다 preview.

시영(市營) municipal management. ¶ ～의 municipal / ～으로 하다 municipalize. ‖ ～버스 a city bus / ～주택 a municipal dwelling house.

시오니즘 Zionism.

시외(市外) the suburbs; the outskirts. ¶ ～의 suburban; out of town. ‖ ～거주자 an out-of-towner / ～국번 an area code / ～전화 《make》 a long-distance call 《美》; a trunk call 《英》.

시용(試用) trial. ～하다 try; make a trial《*of*》.

시운(時運) the tendency〔luck〕 of the times.

시운전(試運轉) 《make》 a trial run 〔trip〕; a test drive(자동차 등의).

시원섭섭하다 feel mixed emotions of joy and sorrow.

시원스럽다 《성격이》 (be) frank; unreserved; open-hearted; 《동작》 (be) brisk; lively; active.

시원시원하다 ☞ 시원스럽다.

시원찮다 ①《기분이》 (be) not refreshing; dull; heavy. ②《언행 따위가》 (be) reserved; not agreeable〔cheerful, sprightly〕. ③《형세》 (be) not satisfactory; unfavorable.

시원하다 ①《선선하다》 feel cool〔refreshing〕. ¶ 시원해지다 become cool. ②《후련하다》 feel good〔relieved〕; feel a sense of relief〔freedom〕.

시월(十月) October.

시위 《활의》 a bowstring.

시위(示威) a demonstration. ～하다 demonstrate; hold〔stage〕 a demonstration. ¶ ～적인 demonstrative; threatening. ‖ ～자 a demonstrator.

시유(市有) ¶ ～의 municipal; city-owned / ～화하다 municipalize. ‖ ～재산 municipal property / ～지 city land.

시음(試飮) ～하다 sample 《*wine*》; try 《*a glass of bourbon*》. ‖ ～회 a sampling party; a wine-testing.

시읍면(市邑面) cities, towns and villages; municipalities.

시의(時宜) ¶ ～에 맞는 timely; opportune / ～에 맞다 be opportune.

시의(猜疑) suspicion (의심); jealousy(질투). ～하다 be suspicious of; distrust; suspect.

시의회(市議會) a municipal〔city〕 assembly. ‖ ～의사당 a municipal assembly hall / ～의원 선거 a municipal election.

시인(是認) approval. ～하다 approve of; admit.

시인(詩人) a poet; a poetess (여자).

시일(時日) 《때》 time; 《날짜》 the date《*of, for*》; the days《*of*》. ¶ ～문제 a question of time / ～을 정하다 fix〔set〕 the date / ～의 경과에 따라 as time passes / ～이 걸리다 require〔take〕 (much) time.

시작(始作) the start; the beginning. ～하다 begin; start; commence. ¶ 사업을 ～하다 start〔go into〕 business / 하기 ～하다 begin to do.

시작(試作) trial manufacture〔production〕. ～하다 manufacture 〔produce〕 as an experiment. ‖ ～품 a trial product.

시작(詩作) ～하다 write〔compose〕 a poem.

시장 ～하다 (be) hungry. ‖ ～기 hungriness (～기를 느끼다 feel empty〔hungry〕).

시장(市長) a mayor. ¶ 서울 ～ the Mayor of Seoul / ～선거 a mayoral election. ‖ ～직〔임기〕 mayoralty; mayorship.

시장(市場) a market. ¶ 국내 ～ the home〔domestic〕 market / 외국〔해외〕～ a foreign〔an overseas〕 market / 중앙 도매～ the central wholesale market / 주식～ the stock exchange〔market〕 / 금융～ the financial market / 현물～ a spot market / 침체된～ sick〔dull〕 market / ～에 나오다〔나와 있다〕 come into〔be on〕 the market / ～에 내다 put 〔place〕《*goods*》 on the market / ～을 개척하다 cultivate〔open up〕 a market《*for*》. ‖ ～가격 a market price〔rate〕 / ～가치 market value / ～개발 market development / ～개방 opening《*Korea's*》 markets《*to the world*》 / ～개방정책 market-opening policies 〔measures〕 / ～경제 the market economy / ～분석〔점유율〕 a market analysis〔share〕 / ～성 marketability(～성이 없는 unmarketable) / ～조사 market research / ～조작 market operations〔manipulation〕.

시재(詩才) a poetic talent.
시재(詩材) verse material.
시적(詩的) poetic(al). ¶ ～ 감정 a poetic sentiment.
시적거리다 do half-heartedly.
시절(時節) 《계절》 a season; 《시기》 *one's* time; a chance; 《시세(時世)》 the times. ¶ ～에 맞지 않는 out of season; unseasonable / 그 ～에(는) at that time; in those days / 젊은 ～에 while (*one* is) young / 학생 ～에 in *one's* school days.
시점(時點) a point of〔in〕time. ¶ 오늘의 ～에서 as of today.
시점(視點) a visual point; 《관점》 a point of view; a viewpoint.
시정(市政) municipal government; city administration.
시정(是正) correction. ～하다 correct; put to right; improve.
시정(施政) government; administration. ‖ ～방침 《decide upon》 an administrative policy / ～연설 a speech on *one's* administrative policies.
시정(詩情) poetic feeling〔sentiment〕.
시정아치(市井—) a market tradesman.
시제(市制) municipal system〔organization〕.
시제(時制) 〖文〗 the tense.
시조(始祖) the founder; the originator; the father 《*of*》. ¶ 인류의 ～ the progenitor of the human race.
시조(時調) a Korean ode; Korean verse; a *shijo*.
시종(始終) 《부사적》 from beginning to end; all the time; constantly.
시종(侍從) a chamberlain; a lord in waiting.
시주(施主) 《일》 offering; oblation; almsgiving; 《물건》 an offering; 《사람》 an offerer; a donor. ～하다 offer; donate.
시준(視準) collimation. ‖ ～기 a mercury collimator.
시중 service; attendance; nursing(간호). ～하다〔들다〕 serve; attend; nurse. ‖ ～꾼 an attendant; a nurse(간호인).
시중(市中) 《in》 the city〔streets〕. ‖ ～금리 the open market (interest) rate / ～은행 a city〔commercial〕 bank.
시즌 a season. ¶ ～이 아닌 off-season; out of season / 야구 ～ the baseball season.
시진(視診) an ocular inspection.
시집(媤—) *one's* husband's home 〔family〕. ¶ ～ 가다 be〔get〕 married 《*to*》 / ～(을) 보내다 marry 《*one's daughter*》 off〔to〕.
시집(詩集) a collection of poems.
시차(時差) time difference; difference in time. ¶ 8시간의 ～ a eight-hour time difference 《*between*》 / ～로 인한 피로에 시달리다 suffer from jet lag. ‖ (출근) ～제 staggered office hours.
시차(視差) 〖天〗 (a) parallax.
시찰(視察) (an) inspection. ～하다 inspect; visit; make an inspection 《*of*》. ‖ ～단 《send》 an inspecting party / ～여행 an observation trip; 《go on》 a tour of inspection.
시채(市債) a municipal loan〔bond〕.
시책(施策) a measure; a policy. ¶ ～을 강구하다 take measures to meet 《*the situation*》.
시척지근하다 (be) sourish.
시청(市廳) a city〔municipal〕 office; a city hall.
시청(視聽) seeing and hearing. ‖ ～각 the visual and auditory senses / ～각 교육〔교재〕 audio-visual education〔aids〕/ ～료 TV subscription fee / ～률 an audience rating / ～자 a TV viewer; the TV audience(총칭).
시청(試聽) an audition 《*room*》.
시체(屍體) a corpse; a dead body; 《동물의》 a carcass. ¶ ～로 발견되다 be found dead. ‖ ～부검(剖檢) an autopsy; a post-mortem (examination).
시체(詩體) a style of a poem.
시초(始初) the beginning; the start; 《발단》 the outset.
시추(試錐) a trial drilling〔boring〕; prospecting(시굴). ‖ ～선 an oil prospecting rig / 해저 석유 ～ offshore oil drilling.
시치다 baste; tack. ‖ 시침질 basting; a fitting.
시치미떼다 pretend not to know; feign〔affect〕 ignorance; play innocent.
시침(時針) the hour hand (of a watch).
시커멓다 (be) jet-black.
시큼하다 (be) sourish.
시키다 《하게 하다》 make〔let, get〕 《*a person*》 do; 《주문》 order. ¶ 잡채를 ～ order *chop suey*.
시트 《침대의》 a (bed) sheet. ¶ ～를 바꾸다 change the sheets / 침대에 ～를 깔다 put a sheet on the bed.
시판(市販) marketing. ～하다 market; put〔place〕《*goods*》 on the market. ¶ ～되고 있다 be on the market. ‖ ～품 goods on the market / 공동～ joint marketing.
시퍼렇다 《색깔이》 (be) deep blue; 《서슬이》 (be) sharp; sharp-edged. ¶ 서슬이 시퍼런 날 a sharp-edged blade / 서슬이 시퍼래지다 《사람이》 put on fearful airs.
시편(詩篇) 〖聖〗 the Book of Psalms.
시평(時評) comments on current events; 《신문의》 editorial comments. ‖ ～란(欄) editorial col-

umns / 문예～ comments on current literatures.
시하(侍下) 《부사적》 with *one's* grandparents〔parents〕 living.
시학(詩學) poetics; poetry.
시한(時限) a time limit; a deadline; a period(수업 등의). ¶ 1 ～은 50분이다 One period is 50 minutes long. ‖～부 파업 a time-limited strike / ～입법 legislation of specified duration / ～폭탄 a time bomb / 법적～ the legal deadline.
시할머니(媤—) *one's* husband's grandmother. 「grandfather.
시할아버지(媤—) *one's* husband's
시합(試合) ☞ 경기(競技).
시해(弑害) ☞ 시역(弑逆).
시행(施行) enforcement. ～하다 《법률을》 enforce; put 《*a law*》 into operation〔effect〕. ¶ ～되고 있다 be in force. ‖～령 an enforcement ordinance / ～세칙 detailed enforcement regulations.
시행착오(試行錯誤) trial and error.
시험(試驗) an examination; an exam《口》; a test; 《실험》 an experiment; a trial. ～하다 examine; test; put to the test; experiment. ¶ 학기말〔중간〕～ a term-end〔midterm〕 examination / 국가〔검정〕～ a state〔certificate, license〕 examination / ～삼아 tentatively; experimentally; on trial / ～에 합격〔실패〕하다 pass〔fail in〕 an examination / ～을 치다 take an examination. ‖～공부 study for an examination / ～과목 an examination subject / ～관(管) a test tube / ～관 아기 a test-tube baby / ～기간 《새 방식 등의》 a testing period / ～단계 the testing stage / ～답안지 an examination〔a test〕 paper / ～대(臺) a test board〔desk〕/ ～문제 exam questions / ～발사〔비행〕 a test fire〔flight〕/ ～지옥 the ordeal of examinations. 「fest.
시현(示現) ～하다 reveal; mani-
시호(諡號) a posthumous name〔title〕. 「‖～법 visible speech.
시화(視話) lip reading〔language〕.
시화(詩畫) a poem and a picture. ‖～전 an exhibition of illustrated poems 《*by*》.
시황(市況) (the tone of) the market. ‖～보고 a market report.
시효(時效) 〖法〗 acquisitive prescription(민법상의); the statute of limitations(형법상의). ¶ ～에 걸리다 be barred by prescription / 소멸〔취득〕～ negative〔positive〕 prescription. ‖～기간 the period of prescription / ～정지〔중단〕 suspension〔interruption〕 of prescription. 「er; climate.
시후(時候) the season; 《일기》 weath-
시흥(詩興) poetical inspiration.
식(式) ① 《식전》 《hold》 a ceremony; rites; rituals. ② 《양식》 form; 《형》 type; style; model; fashion; 《방법》 a method. ¶ 한국～의 (of) Korean style〔fashion〕. ③ 〖數〗 an expression; 〖化〗 a formula. ¶ ～으로 나타내다 formularize.
식간(食間) ¶ ～에 between meals.
식객(食客) a dependent; a freelodger; a hanger-on. ¶ ～노릇을 하다 be a dependent 《*on*》; freeload 《*on*》. ‖～생활 freeloading.
식견(識見) discernment; insight; judgment; 《견해》 view; opinion.
식곤증(食困症) languor〔drowsiness〕 after a meal.
식구(食口) a family; members of a family. ¶ 많은〔적은〕 ～ a large〔small〕 family.
식권(食券) a food〔meal〕 ticket.
식기(食器) tableware; a dinner set; a table service.
식다 ① 《냉각》 (become) cool; get cold. ② 《감퇴》 cool down; flag; subside; be chilled(흥, 몸이). ¶ 열의가 ～ lose interest 《*in*》; grow less enthusiastic.
식단(食單) a menu(식단표).
식당(食堂) a dining room; a mess hall (군대 등); 《음식점》 a restaurant; a cafeteria(셀프서비스의); 《간이식당》 a lunchroom. ‖～차 a dining car.
식대(食代) the charge for food; food expenses.
식도(食刀) ☞ 식칼.
식도(食道) 〖解〗 the gullet. ‖～암 〖醫〗 cancer of the esophagus / ～염 〖醫〗 esophagitis.
식도락(食道樂) epicurism. ‖～가 an epicure; a gourmet.
식량(食糧) food; provisions; food supplies. ¶ 하루분의 ～ a day's rations / ～의 자급자족 self-sufficiency in food. ‖～관리제도 the food control system / ～난 the difficulty of obtaining food / ～부족 a food shortage / ～사정〔문제〕 the food situation〔problem〕 / ～위기 a food crisis / 세계～계획 the World Food Program(생략 WFP).
식료(食料) food. ‖～품 an article of food; provisions; foodstuffs / ～품상 a dealer in foodstuffs; a grocer / ～품점 a grocery (store).
식림(植林) afforestation. ～하다 afforest; plant trees.
식모(食母) 《keep》 a kitchenmaid. ‖～살이(하다) (be in) domestic

service.
식목(植木) tree planting. ～하다 do planting; plant trees. ‖ ～일 Arbor Day《美》.
식물(植物) a plant; vegetation (총칭). ¶ ～(성)의 vegetable《*oil*》. ‖ ～계 the vegetable kingdom / ～성 기름 vegetable oil / ～성 단백질 vegetable albumin / ～원 a botanical garden / ～인간 a (human) vegetable / ～지(誌) a flora; a herbal / ～채집《go》 plant collecting / ～학 botany / ～학자 a botanist.
식민(植民) colonization; settlement. ～하다 colonize; plant a colony《*in*》. ‖ ～지 a colony(～지화하다 colonialize) / ～지 정책 a colonial policy / 해외～지 an overseas colony / (반) ～지주의 (anti-) colonialism.
식별(識別) discrimination; discernment. ～하다 discriminate 〔distinguish〕《*between A and B, A from B*》; tell《*A from B*》. ¶ ～할 수 있는〔없는〕(in) distinguishable.
식복(食福) ¶ ～이 있다 be blessed with things to eat.
식비(食費) food cost〔expenses〕; 《하숙의》(charges for) board.
식빵(食 —) bread. ¶ ～ 한 개〔조각〕 a loaf〔slice〕 of bread.
식사(式辭) 《read, give》 an address《*at a ceremony*》.
식사(食事) a meal; a diet. ～하다 take〔have〕 a meal; dine. ¶ 가벼운 ～ a light meal / ～ 중이다 be at table / ～ 대접을〔준비를〕 하다 serve〔prepare〕 a meal. ‖ ～시간 mealtime; dinner time / ～예법 table manners.
식상(食傷) ～하다《물리다》be surfeited〔fed up〕《*with*》; be sick《*of*》《口》;《식중독》get food poisoning.
식생활(食生活) dietary life; eating habits. ¶ ～을 개선하다 improve *one's* diet〔eating habits〕.
식성(食性) likes and dislikes in food / (*one's*) taste. ¶～에 맞다 suit *one's* taste / ～이 까다롭다 be particular about food.
식수(食水) drinking water.
식순(式順) the order〔program〕 of a ceremony.
식식거리다 gasp; pant.
식언(食言) ～하다 eat *one's* words; break *one's* promise.
식염(食塩) (table) salt. ‖ ～수 a solution of salt / ～주사 a saline 〔salt〕 injection.
식욕(食慾) (an) appetite. ¶ ～이 있다〔없다〕 have a good〔poor〕 appetite / ～을 잃다 lose *one's* appetite. ‖ ～감퇴〔증진〕 loss〔promotion〕 of appetite / ～증진제 an appetizer.
식용(食用) ¶ ～의 edible; eatable / ～으로 하다 use《*a thing*》for food. ‖ ～개구리 an edible frog / ～유 cooking oil / ～품 eatables.
식육(食肉) (edible) meat. ¶ ～용의 소 beef cattle. ‖ ～가공업자 a meat processor.
식은땀 a cold sweat. ¶ ～을 흘리다 be in a cold sweat.
식음(食飮) ¶ ～을 전폐하다 give up eating and drinking.
식이요법(食餌療法) a dietary cure. ¶ ～을 하다 go on a diet.
식인종(食人種) a cannibal race; cannibals.
식자(植字) 〖印〗 typesetting. ～하다 set (up) type. ‖ ～공 a typesetter.
식자(識者) intelligent people.
식자우환(識字憂患) Ignorance is bliss.
식장(式場) the hall of ceremony; a ceremonial hall.
식전(式典) a ceremony; rites; rituals.
식전(食前) ¶ ～에 before meals / ～ 30분에 복용 To be taken 30 minutes before meals. ‖ ～주(酒) an aperitif.
식중독(食中毒) food poisoning. ¶ ～에 걸리다 be poisoned by food.
식체(食滯) indigestion; dyspepsia.
식초(食醋) vinegar.
식충(食蟲) ‖ ～동물〔식물〕 an insectivore; an insectivorous animal 〔plant〕 / ～이《사람》a glutton.
식칼(食 —) a kitchen knife.
식탁(食卓) a (dining) table. ¶ ～에 앉다 sit at table. ‖ ～보 a cloth; a tablecloth.
식탈(食頉) sickness caused by overeating; food poisoning.
식품(食品) food(stuffs); groceries. ‖ ～공업 the food industry / ～위생 food hygiene / 불량～ unsanitary〔illegal〕 foodstuff.
식피(植皮) 〖醫〗 (skin) grafting. ～하다 graft skin《*to*》.
식혜(食醯) a sweet drink made from fermented rice.
식후(食後) ¶ ～에 after meal / 매 ～ 30분에 복용 To be taken 30 minutes after each meal.
식히다 cool; let《*a thing*》cool; bring down《*the fever*》. ¶ 식힌 cooled / 머리를 ～ cool *one's* head.
신[1] 《신발》 footgear; footwear; shoes. ¶ ～을 신은 채로 with *one's* shoes on / ～을 신다〔벗다〕 put on〔take off〕 *one's* shoes.
신[2]《신명》enthusiasm; excitement; interest; fervor. ¶ ～이 나다 become enthusiastic.
신(申) 《십이지》 the zodiacal sign of the ape.
신(神) God(일신교의); the Lord(주님); a god(다신교의); a goddess

(여신). ¶ ～의 divine; godly / ～의 가호〔은총〕 divine protection〔blessing〕. 「love scene.
신 a《*dramatic*》scene. ¶ 러브～ a
신…(新) new; latest; modern. ¶ ～발명 a new invention.
신간(新刊) a new publication. ¶ ～의 newly-published. ‖ ～서적 a new book〔publication〕/ ～소개 a book review.
신개발지(新開發地)《도시 등의》a newly-opened〔-developed〕land〔area〕. 「*Lenin*》. ～하다 deify.
신격화(神格化) deification《*of*
신경(神經) a nerve. ¶ ～의 nervous; nerve / ～이 예민한 nervous; sensitive / ～이 둔한 insensitive; thick-skinned / ～이 굵다 be bold; have a lot of nerve / ～을 건드리다 jar〔get〕on *one's* nerves. ‖ ～가스〖軍〗nerve gas / ～계통 the nervous system / ～과민 nervousness; over-sensitiveness / ～과의사 a neurologist / ～병 a nervous disease; neurosis / ～세포 a nerve cell / ～쇠약《suffer from》a nervous breakdown / ～염 neuritis / ～전 a nerve war; psychological warfare / ～조직 nervous tissues / ～질 nervous temperament / ～통 neuralgia. 「〔trend〕.
신경향(新傾向) a new tendency
신고(申告) a report; a statement; a declaration(세관에서의). ～하다 state; report; declare; make〔file〕a return. ¶ 소득～를 속이다 make a false return / 전입〔전출〕～ a moving-in〔-out〕notification / 출생～ a register〔notification〕of birth / 확정〔예정〕～ a final〔provisional〕return / ～할 것 없습니까《세관에서》(Do you have) anything to declare? ‖ ～납세 tax payment by self-assessment / ～서 a statement; a report; a return; a declaration / ～용지 a return form / ～자 a reporter / ～제 a report system / 소득세～ an income-tax return.
신고(辛苦) hardships; trials; toil; pains. ～하다 suffer hardships; take pains.
신곡(新曲) a new song〔tune〕.
신곡(神曲)《단테의》the Divine Comedy.
신관(信管) a fuse. ¶ ～을 분리하다〔장치하다〕cut〔set〕a fuse. ‖ 시한～ a time fuse.
신관(新館) a new building.
신교(新敎) Protestantism. ‖ ～도 a Protestant.
신구(新舊) ¶ ～의 old and new / ～사상의 충돌 a collision between old and new ideas.
신국면(新局面) a new phase〔aspect〕. 「정치 theocracy.
신권(神權) the divine right. ‖ ～
신규(新規) ¶ ～의 new; fresh / ～로 anew; afresh; newly / ～로 채용하다 hire〔employ〕a new hand. ‖ ～사업〔예금〕 a new enterprise〔deposit〕.
신극(新劇)《파(派)》a new school of acting. ‖ ～운동 a new-drama movement. 「marvelous〕skill.
신기(神技) superhuman〔exquisite,
신기(神奇) ¶ ～한 marvelous; mysterious(신비); miraculous / ～하게 marvelously; mysteriously.
신기(新奇) ¶ ～한 novel; original.
신기다 put《*shoes*》on《*a person*》; get《*a person*》to put on《*shoes*》.
신기록(新記錄)《establish, make》a new《*world*》record.
신기루(蜃氣樓) a mirage.
신기원(新紀元) a new era〔epoch〕. ¶ ～을 이루는 사건 an epoch-making event / ～을 이룩하다 make〔mark〕an epoch《*in*》.
신나 (a) thinner.
신나다 get in high spirits; get elated; feel on top of the world.
신남(信男)〖佛〗a male believer.
신녀(信女)〖佛〗a female believer.
신년(新年) a new year (☞ 새해). ¶ 근하～ (I wish you a) Happy New Year!
신념(信念) belief; faith; conviction(확신). ¶ ～이 강한〔약한〕사람 a man of strong〔weak〕faith / ～이 없다 lack faith《*in*》/ ～을 굳히다 strengthen *one's* faith.
신다 wear; put〔have〕on. ¶ 구두를〔양말을〕～ put on *one's* shoes〔socks〕. 「tical party.
신당(新黨)《organize》a new poli-
신대륙(新大陸) a new continent; the New World.
신도(信徒) a believer; a follower.
신동(神童) an infant prodigy; a
신뒤축 a shoe heel. ⌊wonder child.
신디케이트《form》a syndicate.
신랄(辛辣) ¶ ～한 sharp; severe; bitter; cutting / ～한 비평 a severe〔sharp〕criticism.
신랑(新郎) a bridegroom. ‖ ～감 a likely〔suitable〕bridegroom / ～신부 the bride and bridegroom, a new couple.
신력(神力) divine power. 「dar.
신력(新曆) the new〔solar〕calen-
신령(神靈)《신》divine spirits; the gods. ¶ 산～ a mountain god.
신록(新綠) fresh green〔verdure〕.
신뢰(信賴) trust; confidence; reliance. ～하다 trust; rely on; put confidence《*in*》. ¶ ～할 만한 reliable; trustworthy / ～를 저버리다 betray《*a person's*》trust.
신망(信望) confidence; popularity.

¶ ～을 잃다 lose the confidence 《*of*》 / 사람들의 ～을 얻다 win public confidence / ～이 있다 enjoy the confidence 《*of*》; be popular 《*with*》.

신명(身命) *one's* life. ¶ ～을 바치다 「lay down *one's* life.

신명(神明) God; gods. ¶ ～의 가호 《by》 God's〔divine〕protection.

신묘(神妙) ☞ 신기(神奇).

신문(訊問) a questioning; an examination; an interrogation. ～하다 question; examine; interrogate. ‖ ～조서 〖法〗 interrogatory / 반대 ～ 〖法〗 a cross-question.

신문(新聞) a (news) paper; the press(총칭). ¶ 헌 ～ an old newspaper / ～에 나다 appear〔be reported〕in the paper / ～에서 얻어맞다 be attacked in the press / ～배달(을) 하다 deliver newspapers / ～을 편집〔발행〕하다 edit〔issue〕a paper. ‖ ～가판대 a newsstand / ～광고 a newspaper advertisement / ～구독료 the subscription / ～구독자 a (newspaper) reader〔subscriber〕/ ～기사 a newspaper article〔report〕/ ～기자 a newspaper man; a (newspaper) reporter; a journalist / ～기자단 a press corps / ～기자석 the press box / ～사〔보급소〕 a newspaper company〔agency〕/ ～소설 a serial novel in a newspaper / ～스크랩 newspaper clipping 《美》 / ～용지 newsprint / ～팔이〔배달인〕 a newsboy / 일간〔주간〕～ a daily〔weekly〕(paper) / 조간〔석간〕～ a morning〔an evening〕paper.

신물 ¶ ～이 나다 《비유적》 get sick and tired 《*of*》; have had enough 「《*of*》.

신바닥 a shoe sole.

신바람 exulted〔high〕spirits; elation.

신발 footwear; footgear; shoes.

신발명(新發明) a new invention. ¶ ～의 newly-invented.

신방(新房) a bridal room; the bridal bed; a bride-chamber.

신벌(神罰) divine punishment〔retribution〕.

신변(身邊) ¶ ～의 위험 *one's* personal danger / ～을 걱정하다 be anxious about *one's* personal safety / ～을 정리하다 put *one's* affairs in order. ‖ ～경호 personal protection / ～잡기 memoirs on *one's* private life.

신병(身柄) *one's* person. ¶ ～을 인수하러 가다 go to claim〔receive〕 《*a person*》 / ～을 인도하다 hand 《*an offender*》 over 《*to*》.

신병(身病) sickness; illness.

신병(新兵) a new conscript; a recruit. ‖ ～훈련 recruit training / ～훈련소 a recruit training center.

신봉(信奉) ～하다 believe〔have faith〕in; follow; embrace. ¶ 기독교를 ～하다 embrace〔profess〕Christianity. ‖ ～자 a believer; a follower.

신부(神父) a (Catholic) priest; a 「father.

신부(新婦) a bride. ‖ ～의상 a bridal costume / ～학교 a finishing school.

신부전(腎不全) renal insufficiency; 「kidney failure.

신분(身分) 《사회적 지위》 social position〔standing〕; *one's* status〔rank〕; 《신원》 *one's* identity; origin; (*one's*) birth. ¶ ～이 다르다 differ in social standing / ～이 높은 사람 a person of high rank / ～을 밝히다〔숨기다〕 disclose〔conceal〕 *one's* identity〔origins〕/ ～에 알맞게〔지나치게〕 살다 live within〔beyond〕 *one's* means. ‖ ～증(명서) an identity〔identification〕card; an ID card.

신불(神佛) gods and Buddha. ¶ ～의 가호 divine protection.

신비(神秘) (a) mystery. ¶ ～한 mystic; mysterious / ～에 싸여 있다 be shrouded〔wrapped〕in mystery. ‖ ～경 a land of mystery / ～주의 mysticism.

신빙성(信憑性) authenticity; credibility; reliability. ¶ ～이 있다〔없다〕 be authentic〔unauthentic〕; be reliable〔unreliable〕.

신사(紳士) a gentleman. ¶ ～적인 gentlemanly; gentlemanlike / 비～적인 ungentlemanly / 세련된 ～ a finished gentleman / ～연하다 play the gentleman. ‖ ～도 the code of a gentleman / ～록 a Who's Who; a social register 《美》 / ～복 a men's suit / ～협정 a gentleman's agreement.

신상(身上) 《몸》 *one's* body; 《처지》 *one's* circumstances. ¶ ～을 조사하다 examine *a person's* history〔family〕. ‖ ～문제 *one's* personal affairs / ～상담란 a personal advice column / ～조사서〔명세서〕 a report card on *one's* family.

신색(神色) looks; countenance.

신생(新生) a new birth; (a) rebirth. ‖ ～국(가) a newly emerging nation / ～대 the Cenozoic era.

신생아(新生兒) a newborn baby.

신서(信書) a letter; correspondence(총칭).

신석기(新石器) a neolith. ‖ ～시대 the Neolithic era; the New Stone Age.

신선(神仙) a supernatural being. ‖ ～경 a fairyland; an enchanted place.

신선(新鮮) ¶ ～한 new; fresh / ～하게 하다 make fresh; freshen /

～한 공기〔채소〕 fresh air〔vegetables〕. ‖ ～미(가 없다) (lack) freshness.
신선로(神仙爐) 《그릇》 a brass chafing dish; 《요리》 various ingredients in a chafing dish; *shinsŏllo*.
신설(新設) ～하다 establish; found. ¶ 위원회를 ～하다 establish〔set up〕 a committee / ～의〔된〕 newly-established. ‖ ～학교〔공장〕 a newly-founded school〔factory〕.
신성(神性) divinity; divine nature.
신성(神聖) sacredness; sanctity. ¶ ～한 sacred; holy; divine / ～불가침이다 be sacred and inviolable. ‖ ～로마제국 the Holy Roman Empire.
신세 a debt of gratitude. ¶ ～를 지다 be indebted〔obliged〕《*to*》; owe 《*a person*》 a debt of gratitude; receive assistance / ～를 갚다 repay 《*a person's*》 kindness.
신세(身世) *one's* lot〔circumstances, condition〕. ¶ 가련한 ～ a miserable〔wretched〕 life / ～타령을 하다 express grievances about *one's* own lot.
신세계(新世界) a new world; the New World(미대륙).
신세대(新世代) the new generation.
신소리 a pun; a play on words.
신속(迅速) ¶ ～한 rapid; swift; quick; prompt; speedy / ～히 rapidly; swiftly; quickly; promptly.
신수(身手) *one's* appearance; looks. ¶ ～가 훤하다 have a fine appearance.
신수(身數) *one's* star; fortune; luck. ¶ ～를 보다 have *one's* fortune told.
신시대(新時代) a new age〔epoch, era〕. ¶ ～를 이루는 epoch-making; epochal.
신식(新式) a new style〔pattern, type, method〕. ¶ ～의 new; new-style〔-type〕; modern.
신신부탁(申申付託) ～하다 request earnestly〔repeatedly〕; solicit.
신실(信實) sincerity; faithfulness. ～하다 (be) sincere; true; faithful.
신심(信心) faith; piety; devotion.
신안(新案) a new idea〔design, mode〕. ¶ ～특허를 신청하다 apply for a patent on a new design.
신앙(信仰) faith; belief. ¶ ～이 두터운 devout; pious; godly / ～이 없는 unbelieving; impious / ～의 자유 religious liberty; freedom of religion〔faith〕 / ～을 깊게 하다〔버리다〕 deepen〔forsake〕 *one's* faith. ‖ ～생활 《lead》 a religious life / ～요법 the faith cure / ～인 a believer.
신약(新藥) a new drug〔medicine〕.
신약성서(新約聖書) the New Testament.
신어(新語) 《coin》 a new word; a newly-coined word; a neologism.
신열(身熱) 《have》 fever; (body) temperature.
신예(新銳) ¶ ～의 new and powerful 《*weapons*》 / 최～의 전자 장비 the state-of-the-art electronics. ‖ ～기 a newly produced airplane; an up-to-date aircraft.
신용(信用) 《신임》 confidence; trust; faith; 《신뢰》 reliance; 《명망》 reputation; 《경제상의》 credit. ～하다 trust; place〔put〕 confidence in; give credit to. ¶ ～ 있는 trustworthy; creditable; reliable / ～ 없는 untrustworthy; discreditable / ～으로 돈을 꾸다 borrow money on credit / ～을 얻다〔잃다〕 gain〔lose〕 *one's* credit 《*with a person*》. ‖ ～거래 sales on credit; credit transaction / ～거래선 a charge customer / ～금고 a credit bank〔association〕 / ～대부 a credit loan / ～도 credit rating / ～보험 credit insurance (대손의); fidelity insurance(대인의) / ～상태 *one's* financial〔credit〕 standing / ～장 a letter of credit(생략 L/C) / ～조사 credit research / ～조합 a credit union / ～조회 a credit inquiry / ～증권 credit paper / ～카드 a credit card / ～한도 a credit limit.
신우(腎盂) 〖解〗 the pelvis of the kidney. ‖ ～염 〖醫〗 pyelitis.
신원(身元) *one's* identity; *one's* background. ¶ ～불명의 시체 an unidentified body / ～을 조사하다 inquire into 《*a person's*》 background / ～을 증명하다 prove *one's* identity. ‖ ～보증 personal reference / ～보증인 a surety; a reference / ～인수인 a guarantee.
신음(呻吟) ～하다 groan; moan. ¶ 고통으로 ～하다 moan with pain.
신의(信義) faith; fidelity. ¶ ～ 있는 faithful / ～를 지키다〔저버리다〕 keep〔break〕 faith 《*with a person*》.
신의(神意) God's will; providence.
신의(神醫) a wonderful physician.
신인(新人) a new figure〔member〕; a new face〔star〕(연예계의); a newcomer(신참자); a rookie(야구 등의). ‖ ～가수 a new singer / ～상 《예술인의》 the award for Best New Artist / ～왕 〖野〗 the rookie king.
신임(信任) trust; confidence. ～하다 trust; confide 《*in*》. ¶ ～이 두

터운 trusted / ～을 얻다 win the confidence 《*of*》; be trusted 《*by*》. ‖ ～장 《present *one's*》 credentials / ～투표 a vote of confidence.
신임(新任) ¶ ～의 newly-appointed. ‖ ～자 a new appointee.
신입(新入) ¶ ～의 new; newly-joined. ‖ ～생 a new student; a freshman(대학의) / ～자 a newcomer.
신자(信者) 《종교의》 a believer 《*in Buddhism*》; an adherent; a devotee; the faithful(총칭). ¶ 기독교～가 되다 become 〔turn〕 a Christian.
신작(新作) a new work 〔production, composition(작곡)〕. ‖ ～소설 a newly-written novel.
신작로(新作路) a new road; a highway(큰길).
신장(一欌) a shoe chest.
신장(身長) stature; height. ¶ ～이 5피트 6인치다 stand five feet six inches.
신장(伸張) ～하다 extend; expand; elongate. ‖ ～성 expansibility.
신장(新裝) ～하다 give a new look 《*to*》; refurbish. ¶ 5월 1일 ～ 개업 《게시》 Completely remodeled. Reopening May 1 / ～된 빌딩 a newly-finished 〔refurbished〕 building / 그 책은 ～으로 출시되었다 The book appeared in a new binding.
신장(腎臟) the kidney. ‖ ～결석 a renal calculus / ～병 a renal disease; kidney trouble / ～염 nephritis / 인공～ a kidney machine.
신저(新著) *one's* new work; a new publication(신간서).
신전(神前) ¶ ～에 before God.
신전(神殿) a shrine; a sanctuary.
신접살이(新接一) life in a new home. ～하다 make a new home; set up house.
신정(神政) theocracy; thearchy.
신정(新正) the New Year.
신제(新製) ¶ ～의 new; newly-made. ‖ ～품 a new product.
신조(信條) a creed; an article of faith; a principle(신념). ¶ 생활～ *one's* principles of life.
신조(神助) divine grace 〔aid〕; providence.
신조(新造) ¶ ～의 new; newly-made〔-built〕. ‖ ～선 a newly-built ship / ～어 a newly-coined word.
신종(新種) 《종류》 a new species 〔variety〕; 《수법》 a new type. ‖ ～사기 a new type of swindling.
신주(神主) an ancestral tablet. ¶ ～를 모시다 enshrine *one's* ancestral tablet.
신주(新株) 《allot》 new stocks 《美》 〔shares 《英》〕. ¶ ～를 공모하다 offer new stocks for public subscription.
신중(愼重) ¶ ～한 careful; cautious; prudent; deliberate / ～한 태도를 취하다 take a prudent attitude 《*in*》.
신지식(新知識) new 〔advanced〕 ideas; new 〔up-to-date〕 knowledge.
신진(新進) ¶ ～의 rising; new / ～기예의 young and energetic. ‖ ～작가 a rising writer.
신진대사(新陳代謝) 〖生〗 metabolism; 《비유적》 renewal; regeneration. ～하다 metabolize; be renewed; be regenerated; replace the old with the new.
신착(新着) ¶ ～의 newly-arrived 《*books*》. ‖ ～품 new arrivals.
신참(新參) ¶ ～의 new; green. ‖ ～자 a newcomer; a new hand; a novice.
신창 a shoe sole.
신천옹(信天翁) 〖鳥〗 an albatross.
신천지(新天地) a new world. ¶ ～를 개척하다 open up a new field of activity.
신청(申請) (an) application; (a) petition. ～하다 apply for 《*a thing*》; petition 《*for*》. ¶ 허가〔특허〕를 ～하다 apply for a permit 〔patent〕. ‖ ～기한 〔마감〕 the deadline for making application; a time limit for application / ～서 an 〔a written〕 application / ～인 an applicant.
신체(身體) the body; the person. ¶ ～의 bodily; physical / ～의 결함 a physical defect / ～의 자유 personal liberty. ‖ ～각부 the parts of the body / ～검사 《undergo》 a physical 〔medical〕 examination; a body search(경찰에 의한) / ～장애자 a disabled person; the (physically) handicapped.
신체시(新體詩) the new-style poetry; a new-style poem(한 편).
신체제(新體制) a new structure 〔order, system〕.
신축(伸縮) ～하다 expand and contract; be elastic. ¶ ～자재의 elastic; flexible. ‖ ～성 elasticity.
신축(新築) ～하다 build; construct. ¶ ～의 newly-built / ～중인 집 a house under construction.
신춘(新春) 《신년》 the New Year; 《새봄》 early spring. ‖ ～문예 a literary contest in spring.
신출귀몰(神出鬼沒) ～하다 (be) elusive; protean. ¶ 저 사내는 ～한다 That man is really elusive.
신출내기(新出一) a novice; a greenhorn; a tenderfoot; a beginner.

신코 a toecap.

신탁(信託) trust. ~하다 entrust; trust《*a person*》with《*a thing*》. ‖ ~기금 a trust fund / ~예금 a trust deposit / ~업 the trust business / ~은행 a trust bank / ~자 a truster / ~재산 an estate in trust / ~증서〔회사〕 a trust deed〔company〕/ ~통치 trusteeship / ~통치령 a trust territory / 금전〔투자〕~ money〔investment〕 trust / 대부~ loan trust / 수익~ a beneficial trust / 피~자 a trustee.

신탁(神託) an oracle; a divine revelation〔message〕.

신토불이(身土不二) *one's* body and soil are inseparable each other; The domestic farm products are the best.

신통(神通) ¶ ~한 mysterious; wonderworking; miraculous; wonderful. ‖ ~력 a divine〔an occult〕power.

신트림 belch(ing).

신파(新派)《form》a new school; a new faction(정당의). ‖ ~극〔배우〕a new-school play〔actor〕.

신판(新版) a new publication〔edition〕. ¶ ~의 newly-published.

신품(新品) ¶ ~의 new; brand-new / 거의 ~과 같다 look brand-new; be as good as new.

신하(臣下) a subject; a vassal.

신학(神學) theology. ‖ ~교 a theological〔divinity〕school / ~자 a theologian.

신형(新型) a new style〔fashion〕; the latest model〔design〕.

신호(信號) a signal; signaling. ~하다 (make a) signal. ¶ ~를 지키다 observe a (traffic) signal / ~를 잘못 보다 fail to notice a signal / 경계〔위험〕~ a caution〔danger〕signal / 적색〔청색〕~ a red〔green〕light. ‖ ~기(機) a signal / ~기(旗)〔등〕a signal flag〔lamp〕/ ~수 a signal man.

신혼(新婚) ¶ ~의 newly-married. ‖ ~부부〔생활〕a newly-married〔=wedded〕couple〔life〕/ ~여행《set out on》a honeymoon / ~여행자 honeymooners.

신화(神話) a myth; mythology(총칭). ¶ ~적인 mythical. ‖ ~시대 the mythological age / 건국~ the birth-myth of a nation.

신흥(新興) ¶ ~의 new; rising. ‖ ~계급 a newly-risen class / ~국가 a rising nation / ~도시 a boom town / ~산업 a new〔burgeoning〕industry / ~아프리카 제국 the emergent African countries / ~종교 a new religion.

싣다 ①《적재》load; take on; put《*goods*》on board, ship(배에);《배가 주어》take《*a cargo*》on board. ②《기재함》record; publish; insert. ¶ 신문에 소설을 ~ publish a novel in a newspaper.

실 yarn(방사(紡絲)); thread(재봉용). ¶ 바늘귀에 ~을 꿰다 thread a needle / ~을 실패에 감다 spool; reel / ~을 잣다 spin thread〔yarn〕/ ~ 오라기 하나 걸치지 않고 stark-naked.

실(實)《진실》truth; reality;《사실》a fact;《실질》substance. ¶ ~은 really; in fact; as a matter of fact; to tell the truth. ‖ ~중량 net weight.

실가(實價) ①《진가》intrinsic value. ②《원가》the cost (price).

실각(失脚) a downfall; a fall. ~하다 fall from power; lose *one's* position. ¶ ~한 정치가 a fallen politician.

실감(實感) actual feeling; realization(체득). ~하다 feel actually; realize. ¶ ~이 나다 be true to nature.

실감개 a spool; a reel; a bobbin.

실개천 a brooklet; a streamlet.

실격(失格) ~하다 be disqualified《*for a post*》. ‖ ~자 a disqualified person.

실경(實景) the actual view〔scene〕.

실고추 threaded〔shredded〕red pepper.

실과(實果) ☞ 과실(果實).

실과(實科) a practical course.

실국수 thin〔thread-like〕noodles.

실권(失權) ~하다 lose *one's* rights; forfeit *one's* power.

실권(實權) real power. ¶ ~을 쥐다 seize〔hold〕real power / ~이 없는 사장 a president in name only / 정치의 ~을 쥐고 있다 hold the reins of the government. ‖ ~파 people in authority.

실기(失期) ~하다 fail to keep an appointed time.

실기(失機) ~하다 miss〔lose〕an opportunity〔a chance〕.

실기(實技) practical talent. ‖ ~시험 practical (talent) examination.

실꾸리 a ball of thread〔yarn〕.

실낱 a thread; a strand; a ply.

실내(室內) ¶ ~의 indoor / ~에서 indoors; in a room / ~를 장식하다 decorate a room. ‖ ~게임 a parlor game / ~악 chamber music / ~운동 indoor exercise / ~장식 interior decoration.

실농(失農) ~하다 miss the season for farming.

실눈 narrow eyes.

실뜨기《play》cat's cradle.

실랑이(질) ~하다 bother people.

실력(實力)《역량》real power〔ability〕; capability;《진가》merit;《힘》force; arms. ¶ 어학 ~ *one's* linguistic ability / ~ 있는 able;

capable; talented; efficient / ～을 기르다 improve 《*one's English*》; improve *oneself* 《*in*》. ‖ ～자 a 《*political*》 strong man; a powerful〔dominant〕 figure 《*in politics*》 / ～주의 the merit system / ～행사 use of force.

실례(失禮) rudeness; discourtesy; 《무례》 a breach of etiquette; bad manners. ¶ ～되는 rude; impolite / ～되는 말을 하다 say rude things / ～되는 짓을 하다 behave rudely / ～지만 Excuse me, but.... / ～했습니다 I beg your pardon.

실례(實例) 《give》 an example; an instance; a precedent(선례).

실로(實—) truly; really; indeed; surely; to be sure.

실로폰 〖樂〗 a xylophone.

실록(實錄) an authentic record 〔history〕.

실론 Ceylon. ¶ ～의 Ceylonese / ～말〔사람〕 (a) Ceylonese.

실루엣 a silhouette.

실룩거리다 quiver convulsively; twitch 《*one's eyes*》.

실리(實利) an actual profit〔gain〕; utility. ¶ ～적인 utilitarian; practical. ‖ ～외교 utilitarian diplomacy / ～주의 utilitarianism / ～주의자 a utilitarian; a materialist.

실리다 《기재됨》 appear; be printed〔reported〕(신문에); be recorded(기록); 《싣게 하다》 get 《*goods*》 loaded; have 《*a person*》 load 《*a car, goods*》.

실리콘 〖化〗 silicone. ☞ 규소.

실린더 a cylinder. 「(생략 s.).

실링 《영국 옛 화폐단위》 a shilling

실마리 《시작》 a beginning; 《단서》 a clue 《*to*》. ¶…의 ～를 찾다 find a clue to....

실망(失望) (a) disappointment; discouragement; despair(절망). ～하다 be disappointed 《*at, in, of*》; be disheartened; despair 《*of*》. ¶ ～하여 in despair / ～시키다 disappoint; discourage.

실명(失名) ¶ ～의 anonymous. ‖ ～씨 an anonymous person.

실명(失明) ～하다 become〔go〕 blind; lose *one's* (eye-)sight. ‖ ～자 a blind person.

실명(實名) *one's* real-name. ‖ ～계좌 *one's* real-name bank accounts / (금융거래) ～제 the real-name financial transaction system.

실무(實務) (practical) business 〔affairs〕. ¶ ～적인 practical; businesslike / ～에 종사하다 go into business / ～에 어둡다 be not familiar with office routine / ～를 배우다 get a training in the practice of business. ‖ ～가 a man of business / ～자(급) 회담 working-level talks.

실물(實物) the (real) thing; an (actual) object; a genuine article(진짜); an original(원형). ¶ ～크기의 life-size(d); full-size(d). ‖ ～거래 (a) spot transaction / ～교육 practical teaching.

실밥 ① 《솔기》 a seam. ② 《뜯은 보무라지》 waste thread (ripped out of seams).

실백(實柏) a pine-nut kernel.

실버들 a weeping willow.

실보무라지 waste thread〔yarn〕.

실비(實費) actual expenses; 《원가》 cost price; prime cost. ¶ ～로 팔다〔제공하다〕 sell〔offer〕 《*a thing*》 at cost. ‖ ～제공 a cost sale. 「ly; survey.

실사(實査) ～하다 inspect actual-

실사(實寫) a photograph taken from life〔on the spot〕.

실사회(實社會) the everyday〔actual〕 world. ¶ ～에 나가다 go into the world; get a start in life.

실상(實狀) the actual〔real〕 state of affairs; the actual condition.

실상(實相) real facts 《*of a case*》; real aspects. ¶ 사회의 ～ a true picture of life.

실상(實像) a real image. 「pale.

실색(失色) ～하다 lose color; turn

실생활(實生活) (a) real〔(an) actual〕 life; the realities of life.

실선(實線) a solid〔full〕 line.

실성(失性) ～하다 become insane; go〔run〕 mad; lose *one's* mind.

실소(失笑) ～하다 burst out laughing; burst into laughter. ¶ ～를 금치 못하다 cannot help laughing 《*at*》.

실속(實—) substance; contents(내용). ¶ ～ 있는 substantial; solid / ～ 없는 unsubstantial; empty; poor / 겉보다 ～을 취하다 prefer substance to appearance.

실수(失手) a mistake; 《과실》 a blunder; a fault; 《사소한》 a slip. ～하다 make a mistake〔slip〕; commit a blunder. ¶ 큰 ～ a gross mistake; a (serious) blunder.

실수(實收) 《수입》 an actual〔a net, a real〕 income; 《수확》 an actual yield.

실수(實數) the actual number; 〖數〗 a real number〔quantity〕.

실수요(實需要) actual demand. ‖ ～자 an end user / ～자 증명 a certificate of an end user.

실습(實習) practice 《*in cooking*》; (practical) exercise; drill. ～하다 practice; have (practical) training. ‖ ～생 a trainee; an intern(의학의); a student teacher (선생의) / ～시간 practice hours.

실시(實施) enforcement; operation. ～하다 enforce 《*a law*》; carry 《*a law*》 into effect; put 《*a system*》 in operation [force].

실신(失神) ～하다 swoon; faint; lose consciousness.

실액(實額) an actual amount of money.

실어증(失語症) aphasia. ‖ ～환자 an aphasiac.

실언(失言) 《make》 a slip of the tongue; an improper [indiscreet] remark. ¶ ～을 사과하다 apologize for *one's* slip of the tongue / ～을 취소하다 retract [take back] *one's* improper remark.

실업(失業) 《실직》 unemployment. ～하다 lose *one's* job [work]; be thrown out of work [job]. ‖ ～구제[보험] unemployment relief [insurance] / ～대책 a measure against unemployment; a relief measure for the unemployed / ～률 the unemployment rate / ～문제 the unemployment problem / ～수당 an unemployment allowance / ～자 an unemployed person; 《총칭》 the unemployed; the jobless / 계절적 ～ seasonal unemployment / 잠재 ～ latent unemployment.

실업(實業) business(상업); industry(산업). ¶ ～에 종사하다 go into [be engaged in] business. ‖ ～가 a businessman / ～계 the business world / ～교육 vocational [industrial] education / ～(고등)학교 a vocational [business] (high) school.

실없다 (be) insincere; faithless; unreliable. ¶ 실없이 frivolously; nonsensically; uselessly / 실없는 소리 silly [idle] talk.

실연(失戀) disappointed [unrequited] love; a broken heart. ～하다 be disappointed [crossed] in love 《*for a person*》. ¶ ～한 lovelorn; broken-hearted.

실연(實演) acting; a stage performance [show]; a demonstration. ～하다 act [perfom] on the stage.

실오리 a piece of thread.

실온(室溫) the temperature of a room; room temperature.

실외(室外) ¶ ～의 outdoor / ～에서 outdoors; out of doors.

실용(實用) practical use; utility. ¶ ～적인 practical; utilitarian; serviceable / ～화하다 make 《*a process*》 practicable; put *a thing* to practical use / ～성이 있는 useful; of practical use / ～본위의 functional. ‖ ～신안 a utility model / ～영어 practical English / ～주의 『哲』 pragmatism / ～품 utility goods; daily necessities(일용품).

실의(失意) disappointment; despair(절망); a broken heart; loss of hope. ¶ ～에 빠져 있다 be in the depths of despair.

실익(實益) 《실수입》 an actual [a net] profit; 《실리》 practical benefit; utility. ¶ ～이 있다 be profitable.

실인(實印) *one's* registered [legal] seal.

실재(實在) reality; real existence. ～하다 exist (really). ¶ ～적(인) real; actual. ‖ ～론 『哲』 realism.

실적(實績) (actual) results. ¶ 영업 ～ business results [performance] 《*for last year*》 / ～을 올리다 give satisfactory results. ‖ ～제 a merit system.

실전(實戰) actual fighting [warfare]; active service. ¶ ～에 참가하다 take part in actual fighting.

실정(失政) misgovernment; maladministration; misrule.

실정(實情) the actual circumstances [condition]; the real [actual] state of affairs; the real situation. ¶ ～을 모르다 don't know how things stand. ‖ ～조사 a fact-finding inquiry.

실제(實際) 《사실》 the truth; a fact; 《실지》 practice; 《실정》 the actual condition [state]; 《현실》 reality. ¶ ～의 true; real; actual; practical / ～로 really; in fact; actually / 이론과 ～ theory and practice / ～로 일어난 일 an actual occurrence.

실족(失足) ～하다 miss *one's* foot [step]; slip; take a false step.

실존(實存) existence. ‖ ～주의 existentialism / ～주의자 an existentialist.

실종(失踪) disappearance; missing. ～하다 disappear 《*from*》; be missing. ‖ ～신고 a report of 《*a person's*》 disappearance / ～자 a missing person.

실증(實證) an actual proof. ～하다 prove; corroborate 《*a proof*》. ¶ ～적(으로) positive(ly). ‖ ～론[주의] positivism.

실지(失地) a lost territory. ¶ ～를 회복하다 recover the lost territory.

실지(實地) practice; actuality; reality. ¶ ～의 practical; actual; real / ～로 in practice; practically. ‖ ～검증 an on-the-spot investigation / ～경험 practical experience / ～조사 an actual [on-the-spot] survey / ～훈련 on-the-job training.

실직(失職) ☞ 실업(失業).

실질(實質) substance; essence;

quality. ¶ ～적(으로) substantial(-ly); essential(ly); virtual(ly) / 비～적 unsubstantial; empty / ～적인 합의 substantial agreement. ‖ ～소득〔임금〕 real income〔wages〕.

실쭉하다 (be) sullen; petulant. ¶ 실쭉하여 sullenly; with a sullen look.

실책(失策) an error; a mistake; a blunder. ～하다 make a mistake; commit a blunder〔an error〕.

실천(實踐) practice. ～하다 practice; put《*a theory*》into practice〔action〕. ¶ ～적인〔으로〕 practical(ly). ‖ ～도덕 practical morality.

실체(實體) substance; essence; entity. ¶ ～의 substantial; solid. ‖ ～론〖哲〗substantialism / ～화 substantialization.

실추(失墜) loss. ～하다 lose《*one's credit*》; fall; sink. ¶ 위신의 ～ loss of prestige.

실측(實測) an actual survey〔measurement〕. ～하다 survey; measure. ‖ ～도 a surveyed map.

실컷 to *one's* heart's content; as much as *one* wishes. ¶ ～ 먹다〔울다〕 eat〔cry, weep〕 *one's* fill.

실크로드 the Silk Road.

실탄(實彈) 《소총》 a live cartridge; 《포탄》 a live〔loaded〕 shell. ¶ ～을 발사하다 fire live cartridges. ‖ ～사격 firing with live ammunition; 《소총의》 ball firing.

실태(失態) a blunder; a fault; disgrace (면목없음). ¶ ～를 부리다 commit a blunder.

실태(實態) the realities; the actual condition〔state〕. ‖ ～조사 research on the actual condition / ～조사위원회 a fact-finding committee.

실토(實吐) ～하다 confess; tell the whole truth.

실팍지다 (be) solid; strong.

실패 a spool; a bobbin; a reel. ¶ ～에 감다 spool; reel.

실패(失敗) 《end in》 failure; a blunder(대실패). ～하다 fail《*in*》; be unsuccessful; go wrong(계획 등이). ¶ 사업〔시험〕에 ～하다 fail in *one's* business〔an examination〕 / ～는 성공의 어머니 Failure is the foundation of success. ‖ ～자 a failure; 《낙오자》 a social failure(사회의).

실하다(實一) ①《실팍》 (be) strong; stout; robust. ②《재산 등이》 (be) wealthy; well-to-do. ③《내용이》 (be) full; substantial.

실학(實學) practical science. ¶ ～파 a realistic school.

실행(實行) 《실천》 practice; action; 《수행》 execution; fulfil(l)ment. ～하다 practice; execute; carry out; put《*a plan*》in(to) practice. ¶ ～상의 practical; executive / ～할 수 없는 impracticable; unworkable / 계약을 ～하다 execute a contract / 약속을 ～하다 fulfill〔keep〕 *one's* promise. ‖ ～기관 an executive organ / ～력 executive ability / ～예산 the working budget.

실험(實驗) an experiment; a test; experimentation. ～하다 (do an) experiment《*on, in*》. ¶ ～적(으로) experimental(ly) / ～에 성공하다 carry out the experiment successfully. ‖ ～극장 an experimental theater / ～단계 the experimental stage / ～대 a testing bench / ～식〖化〗an empirical formula / ～실 a laboratory; a lab / ～장치 an experimental device / ～주의〖哲〗experimentalism / ～주의자 an experimentalist / 핵～ a nuclear test / 핵～금지 a ban on nuclear tests.

실현(實現) realization. ～하다 realize《*one's ideal*》; materialize; come true(예언 등이). ¶ ～(불)가능한 (un)realizable.

실형(實刑) imprisonment.

실화(失火) an accidental fire.

실화(實話) a true〔real-life〕 story.

실황(實況) the actual state of things; the actual scene. ‖ ～녹음 a live recording / ～녹화 a live TV recording / ～방송 on-the-spot〔play-by-play (스포츠의)〕 broadcasting; a running commentary《*on*》(～방송을 하다 broadcast on the spot) / ～방송 아나운서《스포츠의》a sports commentator.

실효(失效) ～하다 lapse; lose effect; become null and void.

실효(實效) actual effect. ¶ ～있는 effective / ～없는 ineffective.

싫다 (be) disagreeable; unpleasant; disgusting; distasteful; unwilling; reluctant(내키지 않다). ¶ 싫은 일 distasteful〔unpleasant〕 work / 싫어지다 become disgusted《*with*》; be sick〔tired〕《*of*》; get〔be〕 bored《*with*》/ 싫은 얼굴을 하다 make a (wry) face; look displeased.

싫어하다 dislike; hate; loathe; be unwilling〔reluctant〕《*to do*》. ¶ 남이 하기 싫어하는 일을 하다 do what〔things〕 others hate to do.

싫증(一症) weariness; satiety; tiresomeness. ¶ ～이 나다 grow〔get〕 tired《*of*》; lose interest《*in*》; become weary《*of*》/ ～나게 하다 weary《*a person*》with

《*an idle talk*》; bore 《*with*》; make 《*a person*》 sick of / 이 음악에는 이제 ～이 났다 I'm sick and tired of this music.
심(心) ① 《핵심》 a core; 《나무의》 the heart; the pith. ② 《초의》 a wick; 《연필의》 lead; 《양복의》 a padding; 《상처에 박는》 〖醫〗 a wick sponge.
…심(心) 《마음》 heart; mind; 《관념》 sense.
심각(深刻) seriousness. ～하다 (be) serious; grave. ¶ ～해지다 get 〔become〕 serious 〔worse〕 / ～한 얼굴을 하다 look serious 〔grave〕 / ～하게 생각하다 think deeply 〔seriously〕 / 북한은 ～한 식량 부족에 시달리고 있다 North Korea is suffering from a serious food shortage.
심경(心境) a state 〔frame〕 of mind; mental state. ¶ ～의 변화를 가져오다 undergo 〔have〕 a change of mind / ～을 토로하다 speak *one's* mind 《*to*》.
심계항진(心悸亢進) 〖醫〗 tachycardia; accelerated heartbeat; palpitations.
심근(心筋) 〖解〗 the heart muscle; the myocardium. ‖ ～경색 〖醫〗 myocardial infraction.
심금(心琴) heartstrings. ¶ ～을 울리다 touch 《*a person's*》 heartstrings.
심기(心氣) the mind; mood; sentiment.
심기(心機) ¶ ～일전하다 change *one's* mind; become a new man; turn over a new leaf.
심낭(心囊) 〖解〗 the pericardium.
심다 plant 《*trees*》; sow 《*barley*》; 《재배》 grow; raise.
심대(甚大) ～하다 (be) enormous; immense; great; heavy.
심덕(心德) virtue.
심도(深度) depth. ¶ ～를 재다 measure the depth 《*of*》; sound 《*the sea*》. ‖ ～계 a depth gauge.
심드렁하다 《일이》 (be) not urgent; 《마음에》 (be) rather unwilling 《*to*》; take no interest 《*in*》; 《병이》 (be) lingering.
심란(心亂) ～하다 feel uneasy; be in a state of agitation; (be) upset; disturbed.
심려(心慮) worry; anxiety; care. ～하다 be anxious 〔concerned〕 《*about*》; be troubled 〔worried〕 《*about, that*》; care; worry. ¶ 여러가지로 ～를 끼쳐 죄송합니다 I'm sorry to have troubled you so much.
심력(心力) mental power.
심령(心靈) spirit. ‖ ～술 spiritualism / ～학 psychics / ～학자 a psychicist / ～현상 a spiritual phenomenon.
심로(心勞) worry; care; anxiety.
심리(心理) psychology; a mental state; mentality. ¶ ～적(으로) mental(ly); psychological(ly) / 이상 〔군중, 아동〕 ～ abnormal 〔mass, child〕 psychology / ～적으로 나쁜 영향을 주다 have a bad effect on the mind of 《*a child*》; have a psychological influence on 《*a child*》. ‖ ～상태 a mental state / ～소설 〔현상〕 a psychological novel 〔phenomenon〕 / ～요법 psychotherapy / ～작용 a mental process / ～전 〔묘사〕 psychological warfare 〔description〕 / ～학 psychology / ～학자 a psychologist.
심리(審理) (a) trial; (an) examination. ～하다 try 《*a case*》; examine; inquire into. ¶ ～중이다 be under 〔on〕 trial.
심마니 a digger of wild ginseng.
심문(審問) (a) trial; 《give》 a hearing 《*to*》. ～하다 hear 《*a case*》; examine; try; interrogate. ¶ ～을 받다 be given a hearing; be tried 〔examined〕.
심미(審美) ¶ ～적인 (a)esthetic(al). ‖ ～안 《have》 an eye for the beautiful / ～주의 estheticism / ～학 esthetics.
심방(心房) 〖解〗 an atrium [*pl.* -ria].
심방(尋訪) a call. ☞ 방문.
심벌 a symbol 《*of peace*》.
심벌즈 〖樂〗 (a pair of) cymbals.
심보(心―) ☞ 마음보.
심복(心服) ～하다 be devoted 《*to*》; hold 《*a person*》 in high esteem.
심복(心腹) a confidant(남자); a confidante(여자). ¶ ～의 devoted; trusted; confidential. ‖ ～부하 *one's* confidential subordinate; *one's* right-hand man.
심부름 an errand. ～하다 go on an errand; do 〔run〕 an errand 《*for a person*》. ¶ ～ 보내다 send 《*a person*》 on an errand. ‖ ～꾼 an errand 〔office〕 boy; a messenger.
심부전(心不全) 〖醫〗 cardiac insufficiency; heart failure.
심사(心思) a ill-natured 〔cross-grained〕 disposition. ¶ ～ 부리다 thwart; disturb; get in the way; put a spoke in another's wheel / ～ 사나운 malicious; ill-natured; cross-grained; cantankerous.
심사(深謝) ～하다 thank heartily; 《사죄》 make a sincere apology.
심사(審査) 《검사》 (an) inspection; (an) examination; 《판정》 judging. ～하다 examine; judge; investigate. ¶ ～에 합격하다 pass the examination; be accepted. ‖ ～관 an examiner; a judge / ～위원회 a judging committee / ～제도 the screening system.
심사숙고(深思熟考) ～하다 consider

carefully; ponder 《*on, over*》. ¶ ～ 끝에 after long deliberation.
심산(心算) an intention; designs; calculation. ¶…할 ～으로 with the intention of *doing* / 무슨 ～인지 모르겠다 I can't quite see *his* idea〔intention〕.
심산(深山) the mountain recesses; remote mountains. ‖ ～유곡 steep mountains and deep valleys.
심상(心象) 〖心〗 an image.
심상(尋常) ¶ ～한 common; ordinary; usual / ～치 않은 uncommon; unusual; serious. 「tion.
심성(心性) mind; nature; disposi-
심술(心術) a cross temper; perverseness; maliciousness. ¶ ～궂은 ill-tempered〔-natured〕; perverse; cross(-grained); cantankerous / ～ 부리다 be cross with 《*a person*》 / ～ 궂게 웃다 laugh maliciously. ‖ ～꾸러기 a cross-grained〔an ill-natured〕 person.
심신(心身) mind and body; body and soul. ¶ ～의 피로 mental and physical exhaustion / ～을 단련하다 train both bodies and spirits. ‖ ～장애자〔장애아〕 a mentally and physically handicapped person〔child〕.
심실(心室) 〖解〗 the 《*right, left*》 ventricle (of the heart).
심심(深甚) ¶ ～한 deep; cordial; profound 《*gratitude*》 / ～한 사의를 표하다 《감사의 뜻》 express *one's* deepest gratitude 《*to*》; 《사과의 뜻》 beg 《*a person*》 a thousand pardons.
심심풀이 killing time. ～하다 kill time; while away the tedium. ¶ ～로 《read a book》 to kill time; to pass the tedious hours.
심심하다[1] 《일 없어》 be bored; feel ennui; have a dull time.
심심하다[2] 《싱겁다》 be〔taste〕 slightly flat〔watery〕.
심안(心眼) the mind's eye; mental perception〔vision〕. ¶ ～을 뜨다 open *one's* mind's eye.
심야(深夜) the dead of night. ¶ ～에 late at night; in the dead of night / 저 상점은 ～ 영업을 하고 있다 That store is open till late at night. ‖ ～방송 late-night〔all-night〕 broadcasting / ～영업 late-night operation / ～요금 a late-night rate / ～작업 late-night work〔labor〕.
심약(心弱) ～하다 (be) timid; feeble-minded; weak-minded.
심연(深淵) an abyss; a gulf.
심오(深奧) ¶ ～한 profound; abstruse / ～한 뜻 a profound meaning.
심원(深遠) ～하다 (be) deep; profound; abstruse; recondite.
심의(審議) consideration; discussion; deliberation. ～하다 consider; discuss; deliberate 《*on*》. ¶ ～ 중이다 be under deliberation〔consideration〕 / ～에 부치다 refer 《*a matter*》 to 《*a committee*》. ‖ ～회 a (deliberative) council; an inquiry commission / 교육〔경제〕 ～회 an educational〔economic〕 council.
심장(心臟) 〖解〗 the heart; 《뱃심》 (a) cheek; a nerve; guts. ¶ ～의 고동 the beating〔throbbing〕 of the heart; a heartbeat / ～이 튼튼하다 have a strong〔stout〕 heart / ～이 약하다 have a weak〔bad〕 heart / ～이 강하다 《뱃심이 있다》 be cheeky; be brazen-faced; be bold / ～이 약하다 《뱃심이 없다》 be timid; be shy / 그 광경에 ～이 멎을 것 같았다 My heart stood still when I saw the scene. / 생명 유지 장치로 그의 ～은 고동을 이어갔다 A life-support system kept his heart beating. ‖ ～마비 a heart attack; heart failure / ～병 a heart disease〔trouble〕 / ～외과 heart〔cardiac〕 surgery / ～외과의 a heart〔cardiac〕 surgeon / ～이식 a heart transplant / ～장해 heart trouble / ～판막증 a valvular disease of the heart.
심장(深長) ¶ ～한 deep; profound / 의미 ～하다 have a deep meaning; be (deeply) significant.
심적(心的) mental. ‖ ～ 현상〔작용〕 a mental phenomenon〔action〕.
심전계(心電計) 〖醫〗 an electrocardiograph.
심전도(心電圖) 〖醫〗 an electrocardiogram (생략 ECG).
심정(心情) *one's* heart〔feelings〕. ¶ ～을 헤아리다〔이해하다〕 enter into 《*a person's*》 feelings; sympathize with 《*a person*》.
심줄 a tendon; a sinew.
심중(心中) ¶ ～에 at heart; in *one's* heart; inwardly / ～을 털어놓다 unburden〔unbosom〕 *oneself* 《*to*》 / ～을 헤아리다 share〔appreciate〕 《*a person's*》 feelings; sympathize with 《*a person*》.
심증(心證) 〖法〗 a conviction; 《인상》 an impression. ¶ ～을 얻다 gain a confident belief / ～을 굳히다 be confirmed in *one's* belief that… / ～을 나쁘게 주다 give 《*a person*》 an unfavorable impression.
심지(心―) a wick. ¶ ～를 돋우다〔내리다〕 turn up〔down〕 the wick.
심지(心地) disposition; nature; temper(ament); character.
심지어(甚至於) what is worse; on

top of that; worst of all; even; 《not》 so much as.
심취(心醉) ～하다 be fascinated 〔charmed〕《*with*》; be devoted 《*to*》; adore. ‖ ～자 a devoted admirer; an adorer.
심판(審判) judgment; trial. ～하다 judge; (act as) umpire 〔referee〕. ¶ 최후의 ～ the Last Judgment. ‖ ～관 an umpire; a referee; a judge.
심포니 a symphony.
심포지엄 a symposium.
심하다(甚—) (be) severe; intense; extreme; excessive; heavy. ¶ 심한 경쟁 a keen competition / 심한 더위 intense heat / 심한 상처 a serious wound / 심한 추위 severe 〔bitter, intense〕 cold / 심해지다 become violent 〔severe〕 / get worse 〔serious〕 (악화).
심해(深海) the deep sea. ‖ ～어 a deep-sea fish / ～어업 deep-sea fishing.
심혈(心血) ¶ ～을 기울여 with all *one's* heart / ～을 기울인 작품 *one's* most laborious work / ～을 기울이다 put *one's* heart (and soul) 《*into*》; do *one's* energies to 《*one's studies*》.
심호흡(深呼吸) deep breath; deep breathing. ～하다 breathe deeply; take a deep breath.
심혼(心魂) *one's* heart 〔soul〕. ☞ 심혈.
심홍(深紅) deep red; crimson.
심화(心火) fire of anger.
심화(深化) ～하다 deepen.
심황(深黃) deep yellow; saffron (color).
심회(心懷) thoughts of the heart; the mind.
심히(甚—) severely; exceedingly; intensely; terribly; bitterly.
십(十) ten; the tenth(열째).
십각형(十角形) a decagon. ¶ ～의 decagonal.
십간(十干) the ten calendar signs; the ten celestial stems.
십계명(十誡命) 〖聖〗 the Ten Commandments; the Decalog(ue).
십년(十年) ten years; a decade. ¶ ～간의 decennary / ～을 하루같이 year in year out; without a break for (ten) long years.
십대(十代) *one's* teens. ¶ ～의 아이 a teen-ager; a teen-age boy 〔girl〕 / 그는 ～이다 He is in his teens.
십만(十萬) a hundred thousand.
십면체(十面體) 〖幾〗 a decahedron.
십분(十分) ① 《시간》 ten minutes. ② 《충분히》 enough; sufficiently; fully. ③ 《십등분》 division in ten. ¶ ～의 일 one-tenth.
십상 just right; just the (right) thing; admirable; perfect(ly).
십억(十億) a billion 《美》; a thousand million 《英》.
십오(十五) fifteen. ¶ 제～ the fifteenth / ～분 a quarter (of an hour).
십육(十六) sixteen. ¶ 제～ the sixteenth. ‖ ～밀리영화필름 a 16mm movie film / ～분음표 a semiquaver; a sixteenth note.
십이(十二) twelve; a dozen. ¶ 제～ the twelfth.
십이월(十二月) December(생략 Dec.).
십이지(十二支) the twelve Earth's Branches; the twelve horary signs.
십이지장(十二指腸) 〖解〗 the duodenum. ‖ ～궤양 a duodenal ulcer / ～충 a hookworm.
십인십색(十人十色) So many men, so many minds.
십일월(十一月) November(생략 Nov.).
십자(十字) a cross. ¶ ～형의 cross-shaped; crossed; cruciform / ～를 긋다 cross *oneself*. ‖ ～가 a cross; a crucifix(상(像)) / ～군 a crusade / ～로 a crossroads / ～포화 a cross fire.
십자매(十姉妹) 〖鳥〗 a Bengalee; a society finch.
십장(什長) the chief workman; a foreman.
십종경기(十種競技) decathlon.
십중팔구(十中八九) ten to one; in nine cases out of ten; most probably.
십진(十進) ¶ ～의 decimal; denary. ‖ ～법 the decimal system.
십팔(十八) eighteen; the eighteenth(제18). ‖ ～금 18-carat gold / ～번 《자랑거리》 *one's* forte 〔specialty〕.
싱겁다 ① 《맛이》 (be) insipid; tasteless; be not properly salted; taste flat. ¶ 맛이 ～ be not well salted. ② 《언행이》 (be) flat; dull; silly. ¶ 싱거운 사람 a wishy-washy 〔dull-witted〕 person / 싱겁게 굴지 마라 Don't be silly.
싱그레 ¶ ～ 웃다 smile a gentle smile; grin.
싱글 《침대》 a single bed; 《양복》 a single-breasted coat; 《테니스 등의》 a singles (match).
싱글거리다 grin; be grinning.
싱글벙글 ～하다 smile; beam 《*upon a person*》; be all smiles.
싱긋 ¶ ～ 웃다 grin 《*at a person*》.
싱숭생숭하다 (be) restless; unsettled; fidgety.
싱싱하다 (be) fresh; lively; full of life; fresh-looking. ¶ 싱싱한 생선 a fresh fish.
싱크대(一臺) 《부엌의》 a sink.
싱크로트론 〖理〗 a synchrotron.
싶다 《욕구》 want 〔wish, hope, desire〕 to 《*do*》; would 〔should〕 like to 《*do*》; be eager to 《*do*》; 《기분이》 feel like 《*doing*》; be 〔feel〕 inclined to 《*do*》. ¶ 싫어하다

want〔wish, desire〕to《*do*》/ 하고 싶은 대로 하다 do as *one* likes; have *one's* own way in everything.

싸개 a cover; a wrapper; a packing sheet.

싸고돌다《두둔하다》shield; protect; stand by; cover up for. ¶ 아들을 ~ shield *one's* son《*from her father's anger*》.

싸구려 a cheap〔low-priced〕article;《hunt for》a bargain.

싸늘하다 ☞ 써늘하다.

싸다[1] wrap (up); pack《*goods*》; bundle《*clothes*》;《덮다》cover《*with*》; envelop《*in*》. ¶ 종이에 ~ wrap〔do〕*something* up in paper / 한데 ~ put《*things*》into one parcel / 화염에 싸이다 be enveloped〔engulfed〕in flames.

싸다[2]《대소변을》discharge; excrete《*urine, feces*》; void. ¶ 바지에 오줌을 ~ wet *one's* pants.

싸다[3] ①《입이》(be) talkative; voluble. ②《걸음이》(be) quick; fast. ③《불이》burn fast〔briskly〕.

싸다[4] ①《값이》(be) cheap; inexpensive; low-priced; of a moderate price. ¶ 싸게 팔다〔사다〕sell〔buy〕cheap〔at a low price〕/ 아주 ~ be dirtcheap. ②《마땅》deserve, merit; be well deserved. ¶ 벌받아 ~ deserve to be punished / 그래 ~ It serves you right!

싸다니다 run〔gad, bustle〕about.

싸라기 broken rice. ‖ ~눈 hail.

싸리(나무)〖植〗a bush clover.

싸매다 (wrap and) tie up.

싸우다 fight《*with, against*》; fight a battle; make war《*with*》; (have a) quarrel, wrangle (말다툼); contend《*with*》(다투다).

싸움 a war(전쟁); a battle(전투);《투쟁》a fight; a strife; a struggle;《말다툼》a quarrel. ~하다 (☞ 싸우다). ¶ ~에 나가다 go to war〔the front〕/ ~에 이기다〔지다〕win〔lose〕a battle.

싸움꾼 a quarrelsome person; a fire-eater.

싸움터 a battlefield; a battleground.

싸움패(一牌) hoodlums; (a gang of) hooligans.

싸이다 be wrapped〔covered〕. ¶ 수수께끼에 ~ be shrouded in mystery.

싸전(一廛) a rice store.

싸하다 (be) pungent; acrid; sharp; mentholated.

싹[1] ①《씨앗》a bud; a sprout; a shoot. ¶ ~트다 sprout; put forth buds〔shoots〕;《일 따위가》begin to develop; bud. ② ☞ 싹수.

싹[2]《베는 꼴》at a stroke;《모두》completely; all; thoroughly. ¶ ~ 베다 cut at a stroke / ~ 변하다 change completely / ~ 쓸다 sweep out.

싹둑거리다 snip continuously《*off*》.

싹수 a good omen; promise. ¶ ~가 노랗다 be hopeless; have no prospect of.

싹싹 ¶ ~ 빌다 supplicate〔beg〕《*a King*》for pardon〔mercy〕with joined hands.

싹싹하다 (be) affable; amiable.

싼값 a cheap〔low〕price.

쌀 rice. ¶ ~고장 a rice-producing district / ~의 자급자족 rice self-sufficiency. ‖ ~가게 a rice store / ~가루 rice flour / ~가마니 a straw rice bag / ~겨 rice bran / ~농사 rice growing / ~밥 boiled rice / ~벌레 a rice weevil / ~시장개방 the opening of the domestic rice market to foreign suppliers / ~알 a grain of rice / ~장수 a rice dealer.

쌀보리〖植〗rye; naked barley.

쌀쌀하다 ①《냉정》(be) cool; cold-hearted; unfriendly; inhospitable. ¶ 쌀쌀하게 coldly; in a chilly manner. ②《일기가》(be) chilly; cold; wintry.

쌈 rice wrapped in leaves《*of lettuce*》; stuffed leaves. ¶ 상추~ lettuce-wrapped rice.

쌈지 a tobacco pouch.

쌉쌀하다《서술적》taste bitterish.

쌍(雙) a pair; a couple; twins. ¶ 잘 어울리는 한 ~의 부부 a well-matched couple〔pair〕/ ~을 만들다 pair; make a pair of《*two things*》.

쌍겹눈(雙一) a double eyelid eye.

쌍곡선(雙曲線)〖數〗a hyperbola.

쌍극자(雙極子)〖理〗a dipole.

쌍꺼풀(雙一) a double eyelid.

쌍동기(雙胴機) a twin-fuselage plane.

쌍동밤(雙童一) twin chestnuts.

쌍동선(雙胴船) a twin-hulled ship; a catamaran.

쌍두(雙頭) ¶ ~의 double-headed. ‖ ~마차 a carriage-and-pair.

쌍둥이(雙一) twins; twin brothers〔sisters〕; a twin(그 중 한 사람). ¶ ~를 낳다 give birth to twins. ‖ 세~ triplets.

쌍무(雙務) ¶ ~적인 bilateral; reciprocal. ‖ ~계약 a bilateral〔reciprocal〕contract / ~조약 a bilateral treaty.

쌍무지개(雙一) a double rainbow.

쌍바라지(雙一) double doors.

쌍발(雙發) ¶ ~의 bimotored. ‖ ~비행기 a twin-engine plane.

쌍방(雙方) both parties〔sides〕. ¶ ~의 both; mutual / ~의 이익을 위하여 in the interest of both parties; in《*our*》mutual interests.

쌍벽(雙璧) the two greatest au-

thorities; the best two. ¶ 현대 한국 화단의 ～ the two master painters of contemporary Korea.
쌍생(雙生) ¶ ～의 twin; 〖植〗 binate. ‖ ～아 twins; a twin(한쪽).
쌍수(雙手) 《raise》 both hands. ¶ ～를 들어 찬성하다 support 《*a person's plan*》 whole-heartedly.
쌍시류(雙翅類) 〖蟲〗 a dipteron.
쌍심지(雙心—) a double wicks. ¶ 눈에 ～를 켜다 《비유적》 raise *one's* angry eyebrows; glare at.
쌍십절(雙十節) the Double Tenth Festival. 「in couples.
쌍쌍이(雙雙—) by twos; in pairs;
쌍안(雙眼) ¶ ～의 binocular. ‖ ～경 (a pair of) binoculars; field glasses(야전용).
쌍태(雙胎) a twin fetus.
쌓다 ① 《포개다》 pile〔heap〕 (up); stack 《*boxes*》; lay 《*bricks*》. ② 《구축》 build; construct; lay. ¶ 성을 ～ build〔construct〕 a castle / 토대를 ～ lay a foundation. ③ 《축적》 accumulate〔gain〕 《*experience*》; store; amass 《*a big fortune*》; practice(연습을).
쌓이다 be piled up; be accumulated. ¶ 쌓이는 원한 growing hatred / 책상 위에 책이 ～ books are piled up on the desk.
쌔비다 《훔치다》 pilfer; filch; snitch.
써넣다 write in; 《서식에》 fill out 《*the blank*》 《美》; fill up〔in〕 《*the form*》 《英》.
써다 《조수가》 ebb; flow back.
써레 a harrow. ¶ ～질하다 harrow a field.
썩 ① 《빨리》 right away; at once. ¶ ～ 물러나라 Get out at once. ② 《대단히》 very (much); exceedingly; greatly. ¶ ～ 좋은 기회 a very lucky opportunity.
썩다 ① 《부패》 go bad〔rotten〕; rot; decay; spoil; decompose; corrupt(타락). ¶ 썩은 이빨 a decayed tooth / 썩은 과일 spoiled fruit / 썩은 생선 stale〔rotten〕 fish / 썩은 정치인 a corrupt politician. ② 《활용 안 됨》 gather dust; get rusty. ③ 《마음이》 become heavy; feel depressed; break.
썩이다 ① 《부패》 let rot〔decay〕; corrupt. ② 《속을》 worry; annoy; eat *one's* heart out 《*with*》. ¶ 남의 속을 ～ give 《*a person*》 trouble; worry another's heart.
썰다 chop (up); mince; dice; slice; cut up; hash(잘게).
썰렁하다 (be) chilly; rather cold.
썰매 a sled; a sledge; a sleigh (대형의). ¶ ～를 타다 ride on a sled〔in a sledge〕; sled. ‖ ～타기 sledding; sleigh riding.
썰물 an ebb tide; a low tide.
쏘가리 〖魚〗 a mandarin fish.
쏘다 ① 《발사함》 fire; shoot; discharge. ¶ 쏘아 죽이다 shoot 《*a person*》 dead〔to death〕. ② 《말로》 criticize; censure; attack. ③ 《벌레가》 bite; sting.
쏘다니다 roam〔wander, gad〕 about; run around.
쏘삭거리다 instigate; incite; stir up 《*a fight*》. 「《*at*》.
쏘아보다 glare 《*at*》; look fiercely
쏘아올리다 shoot〔fire, let, set〕 off; launch(인공 위성을). ¶ 인공 위성을 ～ launch an artificial satellite into the sky.
쏘이다 be stung. ¶ 벌에게 ～ get stung by a bee.
쏜살같다 be as swift as an arrow. ¶ 쏜살같이 like an arrow; at full speed.
쏟다 ① 《물건을》 pour 《*into, out*》; spill; empty 《*a box*》. ② 《집중》 devote 《*to*》; concentrate 《*on*》. ¶ 마음을 ～ give *one's* mind 《*to*》; devote *oneself* 《*to*》; concentrate *one's* thought 《*on*》.
쏟아지다 pour 《*out, down*》; 《물 따위가》 gush out; spout; spurt; be spilt. ¶ 비가 ～ it rains hard.
쏠리다 ① 《기울다》 incline 《*to*》; lean 《*to, toward*》. ② 《경향이 있다》 be inclined〔disposed〕 to; tend to; lean toward.
쐐기[1] a wedge; a chock. ¶ ～를 박다 drive in a wedge.
쐐기[2] 〖蟲〗 a caterpillar.
쐐기풀 〖植〗 a nettle (hemp).
쐬다 ① 《바람 따위를》 expose *oneself* to; be exposed to. ② 《벌레 따위에》 be stung 《*by a bee*》.
쑤다 cook 《*gruel*》; prepare; make 《*paste*》.
쑤석거리다 ① 《쑤시다》 poke about. ② 《선동》 incite; urge; egg〔set〕 《*a person*》 on 《*to do*》.
쑤셔넣다 stuff〔pack〕 into; shove in(to); poke into.
쑤시개 a poke; a pick.
쑤시다[1] 《구멍 따위를》 pick; poke. ¶ 이를 ～ pick *one's* teeth.
쑤시다[2] 《아프다》 throb with pain; tingle; twinge; smart; ache.
쑥[1] 〖植〗 a mugwort.
쑥[2] 《바보》 a fool; a simpleton; an ass; a dupe.
쑥[3] 《부사》 ¶ ～ 뽑다 draw〔pull〕 out 《*a thing*》 with a jerk / ～ 들어가다 sink; cave in(땅이); give in / ～ 내밀다 project; thrust 〔jut〕 out.
쑥갓 〖植〗 a crown daisy. 「hair.
쑥대강이 disheveled〔unkempt〕
쑥대밭 ¶ ～이 되다 be reduced to complete ruin.
쑥덕공론(—公論) secret talks; a secret conference; a talk in whispers. ～하다 discuss things

under *one's* breath; exchange subdued remarks.

쑥스럽다 (be) unseemly; improper; embarrased; awkward.

쓰다[1] 《글씨를》 write 《*a letter, a story*》; spell(철자하다); put〔write, note〕 down(적다); compose 《*a poem*》. ¶ 잉크로 ~ write in ink / 연필로 ~ write with a pencil / 수필을 ~ write an essay / 영수증을 ~ write〔make〕 out a receipt / 편지에 …라고 쓰여 있다 the letter says that….

쓰다[2] ① 《사용》 use 《*as, for*》; make use of; utilize; put to use; 《취급》 work 《*a machine*》; handle 《*a tool*》; 《채택》 take; adopt. ¶ 쓰기에 편한 handy; convenient 《*to handle*》 / …을 써서 by means of / 너무 ~ overuse; overwork; use too much / 수단을 ~ take a measure. ② 《고용》 engage; employ; take 《*a person*》 into *one's* service; keep; hire. ¶ 시험삼아 써 보다 give 《*a person*》 a trial. ③ 《소비함》 use; spend 《*in, on*》. ¶ 돈을 ~ spend money / 다 ~ use up; exhaust; consume; deplete; go through. ④ 《술법 따위》 practice 《*magic*》. ⑤ 《약을》 administer 《*medicine*》 to 《*a person*》; dose. ⑥ 《힘을》 exert; exercise; use. ¶ 머리를 ~ use *one's* head〔brains〕/ 폭력을 ~ apply force. ⑦ 《행사》 circulate; pass; utter. ¶ 가짜돈을 ~ pass a counterfeit coin. ⑧ 《색을》 have sex. ⑨ 《말하다》 speak. ¶ 영어를 ~ speak English.

쓰다[3] ① 《머리에》 put on(모자를); cover(수건 따위를); wear(착용). ② 《안경을》 put on 《*spectacles*》. ③ 《물·먼지 따위를》 pour 《*water*》 upon *oneself;* be covered with 《*dust*》. ④ 《우산》 hold〔put〕 up 《*an umbrella*》; hold 《*an umbrella*》 over *one's* head. ⑤ 《이불을》 draw〔pull〕 《*the quilt*》 over 《*one's head*》. ⑥ 《누명 등을》 be falsely accused 《*of*》.

쓰다[4] 《맛이》 (be) bitter. ¶ 쓴 약 a bitter medicine.

쓰다[5] ¶ 뫼를 ~ set up a grave; bury in〔at〕.

쓰다듬다 stroke 《*one's beard*》; pass *one's* hand 《*over, across*》; smooth 《*one's hair*》; pat.

쓰디쓰다 (be) very bitter.

쓰라리다 (be) smart; sore; 《괴롭다》 (be) painful; hard; bitter. ¶ 쓰라린 경험 a bitter experience.

쓰러뜨리다 throw down; knock down; overthrow (전복); blow down(바람이); fell 《*a tree*》; pull down; 《죽이다》 kill.

쓰러지다 ① 《전도·도괴》 collapse; fall (down); be overturned(전복). ② 《죽다》 fall dead; die; meet *one's* death; be killed. ③ 《도산·몰락》 be ruined; go to ruin; go bankrupt; fail. ¶ 쓰러져 가는 회사 a company on the verge of bankruptcy.

쓰레기 rubbish; refuse; garbage; trash. ¶ ~더미 a rubbish heap / ~를 버리다 throw garbage away; throw away household waste / ~를 버리지 마시오 《게시》 No dumping (here). ‖ ~분리수거 separate garbage collection / ~수거인 a garbage collector 《美》; a dustman 《英》/ ~종량제 the volume-rate garbage disposal system / ~차 a dust cart; a garbage truck / ~처리 waste〔rubbish〕 disposal / ~처리장 a garbage dump; a dumping ground / ~통 a dustbin; an ash can 《美》/ 재활용 ~ recyclable〔recurrent〕 wastes.

쓰레받기 a dustpan.

쓰레질 ~하다 sweep (and clean).

쓰르라미 〖蟲〗 a clear-toned cicada.

쓰리다 (be) smarting; tingling; 《공복》 (be) hungry. ¶ 가슴이 ~ have a heartburn.

쓰이다[1] 《글씨가 써지다》 write (well); 《쓰여 있다》 be written; 《쓰게 하다》 let 《*a person*》 write. ¶ 이 펜은 글씨가 잘 쓰인다 This pen writes well. / 그녀에게 편지를 ~ have her write a letter.

쓰이다[2] ① 《사용》 be used; be in use; be utilized. ¶ 항상 쓰이는 말 a word in general use. ② 《소용》 be spent; be consumed; need; take; cost.

쓱 quickly and quietly; stealthily.

쓱싹하다 ① 《해먹다》 pocket; embezzle. ¶ 공금을 ~ embezzle public money. ② 《잘못 따위를》 hush〔cover〕 up. ¶ 스캔들을 쓱싹하려 하다 try to hush up the scandal. ③ 《셈을》 cancel 《*out*》; write off; cross out. ¶ 계산을 ~ cancel the accounts; consider the accounts settled.

쓴맛 a bitter taste; bitterness. ¶ 인생의 ~ 단맛을 다 보다 taste the sweets and bitters of life.

쓴웃음 a bitter〔wry〕 smile. ¶ ~을 짓다 smile grimly.

쓸개 the gall(bladder). ¶ ~ 빠진 사람 a spiritless man.

쓸다[1] 《쓰레질》 sweep 《*up, away, off*》. ¶ 쓸어내다 sweep out 《*with a broom*》; sweep up 《*a room*》/ 쓸어 모으다 sweep into a heap.

쓸다[2] 《줄로》 file; rasp.

쓸데없다 《불필요》 (be) needless; unnecessary; 《무용》 be of no use(서술적); (be) useless; worthless; 《달갑지 않다》 (be) unwanted; uncalled-for. ¶ 쓸데없이 to no purpose; in vain; unreasonably; wastefully.

쓸리다[1] 《비로》 be swept(쓸어지다); let 《*a person*》 sweep(쓸게 하다).

쓸리다[2] 《줄에》 get rasped〔filed〕.

쓸리다[3] 《살갗이》 be skinned 〔grazed, chafed〕. ¶ 팔꿈치가 쓸렸다 I skinned my elbow.

쓸 만하다 (be) useful; serviceable; valuable (가치 있다).

쓸모 use; usage. ¶ ～가 있다 be useful; be serviceable; be of use〔service〕; serve the purpose; be usable〔utilizable〕《*as*》/ ～없다 be of no use〔service〕; be useless / ～가 많이 있다 be of wide〔extensive〕use / 그는 ～ 없는 사내다 He is a good-for-nothing fellow.

쓸쓸하다 (be) lonely; lonesome; desolate; deserted; solitary(고독). ¶ 쓸쓸하게 lonesomely; solitarily / 쓸쓸하게 지내다 lead a solitary life / 쓸쓸해지다 feel lonely.

쓿다 polish 《*grain*》; refine.

씀바귀 〚植〛 a lettuce.

씀씀이 ¶ ～가 헤프다 spend money wastefully; be free with *one's* money.

씁쓸하다 (be) bitterish.

씌우다 ① 《머리에》 put 《*a thing*》 on; 《덮다》 cover 《*a thing*》 with. ② 《죄를》 pin 《*a fault*》 on 《*a person*》; lay 《*a blame*》 at another's door; charge〔fix〕《*a person with a blame*》.

씨[1] ① 《씨앗》 a seed; a stone (열매 속의 단단한 씨); a kernel (핵); a pip (사과, 배 따위의). ¶ ～뿌릴 때 seedtime / ～ 없는 seedless / 밭에 ～를 뿌리다 sow seeds in the field / ～를 받다 gather the seeds. ② 《마소의》 a breed; a stock. ¶ ～받이 소 a bull / ～가 좋다 be of a good stock. ③ 《사람의》 paternal blood. ¶ 불의의 ～ a child born in sin. ④ 《근원》 the source; the cause. ¶ 불평의 ～ a source of complaint.

씨[2] 《피륙의》 the woof〔weft〕. ¶ ～와 날 woof and warp.

씨(氏) 《경칭》 Mr. (남자); Miss. (미혼 여성); Mrs. (기혼 여성).

씨닭 a breeding chicken.

씨름 wrestling; a wrestling match. ～하다 wrestle〔have a wrestling match〕 with 《*a person*》; 《비유》 tackle 《*a difficult problem*》. ‖ ～꾼 a wrestler.

씨아 a cotton gin. ‖ ～질 ginning.

씨암탉 a brood hen.

씨앗 a seed. ☞ 씨[1] ①.

씨족(氏族) a clan; a family. ‖ ～정치 clan politics / ～제도 the family〔clan〕system.

씨줄 (a line of) latitude.

씩 ¶ ～ 웃다 grin.

…씩 ¶ 조금～ little by little; bit by bit / 하나～ one at a time; one by one / 1주 2회～ twice a week.

씩씩하다 (be) manly; manful; courageous; brave.

씹 ① 《음부》 the vulva; a cunt《卑》. ② 《성교》 sexual intercourse; fuck 《卑》.

씹다 chew; masticate.

씹히다 be chewed; 《씹게 하다》 let 《*a person*》 chew 《*on*》. ¶ 잘 씹히지 않다 be hard to chew.

씻기다 《씻어지다》 be washed; 《씻게 하다》 let 《*a person*》 wash.

씻다 ① 《물로》 wash; wash away (씻어버리다); wash off〔out〕(씻어내다); cleanse (세정); bathe (상처 따위를). ¶ 먼지를 씻어버리다 wash off the dirt. ② 《죄·누명 따위를》 clear; blot out; clear *oneself*. ¶ 씻을 수 없는 치욕 an indelible disgrace / 치욕을 ～ clear *one's* honor. ③ 《닦아내다》 wipe (off); mop (up). ¶ 이마의 땀을 ～ wipe the sweat off *one's* brow.

씻은듯이 clean(ly); completely; thoroughly.

씽 《바람》 whistling. ¶ 바람이 ～ 불다 the wind is singing.

사과의 표현

1. 사소한 실수 따위로 상대방에게 「미안합니다」, 「실례했습니다」, 「죄송합니다」라고 사과할 때

 Excuse me. / I'm sorry.
 or Sorry. / Pardon me.

 미국에서는 Excuse me.가 흔히 쓰이고, I'm sorry.는 사과의 정도가 좀 깊은 느낌을 주려고 할 때 쓰인다. 그러나 영국에서는 I'm sorry.가 더 일반적이며, I'm을 생략하여 Sorry.라고 하는 경우가 더 많다. Pardon me.는 영미 공히 자주 쓰이지만, 앞서의 두 표현보다 사과의 정도가 좀더 깊은 느낌을 주는 표현이다.

2. 자신의 실수나 잘못이 없더라도 상대방에게 불편을 주게 되는 경우, 예를 들면 좌석에서 중간에 자리를 뜨게 되거나, 남의 앞을 지나게 될 때 또는 남에게 질문 따위를 하게 되었을 때

 Excuse me. / Pardon me.

 위의 두 표현은 영미 공히 가장 흔하게 쓰이는 표현이다.

아 《감동》 Ah!; Oh!; 《놀람》 O dear!; O!; Dear me!; Good gracious!; (Good) Heavens!; God bless me!

아(亞) Asia. ¶ ~주(洲)의 Asian.

아(阿) Africa. ¶ ~아(亞) 블록 the Afro-Asian bloc.

아…(亞) sub-; near-. ¶ ~열대 the subtropics.

아가 ☞ 아기.

아가미 the gill(s) 《*of a fish*》.

아가씨 a young lady; a girl; 《호칭》 Miss; *Mademoiselle* 《프》.

아가위 a haw. ‖ ~나무 〖植〗 a hawthorn; a May tree.

아교(阿膠) glue. ¶ ~질의 gluey; glutinous; colloid / ~로 붙이다 glue.

아국(我國) our country.

아군(我軍) our forces 〔troops〕.

아궁이 a fuel hole; a fire door 《*of a furnace*》.

아귀 ① 《갈라진》 a fork; a crotch; a corner. ② 《싹트는》 ¶ 씨가 ~ 트다 a seed sprouts open. ③ 《옷의 터놓은 것》 side slits 《*on an overcoat*》.

아귀(餓鬼) 〖佛〗 a hungry ghost; a famished devil 〔demon〕; 《사람》 a greedy person; a person of voracious appetite. ‖ ~다툼 a quarrel; a dispute.

아귀세다 (be) tough; firm; strong-minded; unyielding.

아귀아귀 greedily; ravenously.

아그레망 *agrément* 《프》; approval; acceptance.

아기 ① 《어린애》 a baby; a babe; an infant. ② 《딸 · 며느리》 a young daughter; a daughter-in-law.

아기 서다 become pregnant; conceive. ☞ 임신.

아기자기하다 《예쁘다》 (be) sweet; charming; fascinating; 《재미있다》 (be) juicy; be full of interest 〔delight〕 (서술적).

아기작거리다 toddle 〔waddle〕 along 〔about〕. ¶ 아기작아기작 toddlingly; waddlingly.

아기집 〖解〗 the womb; the uterus [*pl.* -ri].

아까 some time 〔a little while〕 ago. ¶ ~부터 for some time.

아깝다 ① 《애석하다》 (be) pitiful; regrettable. ¶ 아깝게도 …하다 〔이다〕 It is a pity 〔regrettable〕 that…; It is to be regretted that… / 아깝게도 그녀는 젊어서 죽었다 It's too bad that she died young. ② 《귀중하다》 (be) dear; precious; valuable. ¶ 나라를 위해 아까운 사람이 죽었다 His death is a great loss to the nation. ③ 《과분하다》 (be) too good 《*to do*》; worthy of a better cause. ¶ 아까운 듯이 unwillingly; grudgingly / 버리기엔 너무 ~ It is too good to be thrown away.

아끼다 ① 《함부로 안 쓰다》 grudge; spare; be not generous 《*with*》; be frugal of 〔with〕. ¶ 수고를 아끼지 않다 spare no efforts 〔pains〕 / 비용을 ~ spare expense / 돈을 아끼지 않고 쓰다 be liberal with *one's* purse. ② 《소중히 여기다》 value; hold 《*a thing*》 dear. ¶ 시간을 ~ value time / 목숨을 ~ hold *one's* life dear.

아낌없이 ungrudgingly; unsparingly; generously; freely; lavishly(풍부히). ¶ 자선을 위해 많은 돈을 ~ 내놓다 give a lot of money freely to charities.

아나운서 an announcer; a radio 〔TV〕 announcer.

아낙 《내간》 a boudoir; woman's quarters; 《아낙네》 a woman; a wife. ¶ ~네들 the womenfolk. ‖ ~군수 a stay-at-home.

아내 a wife; *one's* better half; a spouse(배우자). ¶ ~를 얻다 take a wife; get married / 훌륭한 ~가 되다 make a fine wife.

아네모네 〖植〗 an anemone.

아녀자(兒女子) children and women.

아뇨 no (대답이 부정일 때); yes (대답이 긍정일 때). ¶ 「이 책은 네 것이냐?」—「~, 아닙니다.」 "Is this book yours?" — "No, it isn't." / 「과자를 싫어하느냐?」—「~, 좋아합니다.」 "Don't you like sweets?" — "Yes, I do."

아늑하다 (be) snug; cozy.

아는 체하다 pretend to know; pretend as if *one* knew; speak in a knowing manner. ¶ 아는 체하는 사람 a knowing fellow.

아니[1] ① 《부정의 대답》 no; nay; not at all. ¶ ~라고 대답하다 say no; answer in the negative. ② 《놀람 · 의아함》 why; what; dear me; good heavens. ¶ ~ 이게 웬 일이냐 Why, what happened? / ~ 또 늦었니 What! Are you late again?

아니[2] 《부사》 not. ~하다 do not. ¶ ~ 가다 do not go.

아니꼽다 《불쾌》 (be) sickening; revolting; disgusting; provoking; detestable. ¶ 아니꼬운 자식 a disgustful fellow; a snob.

아니나다를까 as *one* expected; as

was expected; sure enough. ¶ ～ 그는 나타나지 않았다 As was expected, he failed to turn up.
아니다 (be) not. ¶ 그는 바보가 ～ He is not foolish.
아니면 either《*you*》or《*I*》.
아닌게아니라 indeed; really.
아닌 밤중 ¶ ～에 홍두깨 내미는 격으로 all of a sudden; unexpectedly.
아다지오 〖樂〗 *adagio*《이》.
아담(雅淡) ¶ ～한 refined; elegant; neat; tidy; dainty.
아동(兒童) a child; children(총칭); boys and girls. ¶ ～용의 책 a book for children; juvenile books / 취학 전의 ～ a preschool child / 초등학교 ～ a primary〔grade-〕schoolchild. ∥ ～교육 the education of children / ～문학 juvenile literature; literature for children / ～복지법 the Juvenile〔Child〕Welfare Law / ～심리학 child psychology.
아둔하다 (be) dull(-witted); slow; stupid; dim-witted.
아득하다《거리》(be) far; far away〔off〕; in the distance;《시간》(be) long ago〔before〕; a long time ago. ¶ 아득히 한라산이 보인다 see Mt. Halla in the distance / 아득한 옛날을 생각하다 think of the days long ago / 갈 길이 ～ have a long way to go.
아들 a son; a boy.
아따 Gosh!; (Oh) Boy! ¶ ～ 걱정도 많다 Oh! Don't worry so much.
아뜩(아뜩)하다 (be) dizzy; giddy; dazed; stunned.
아라비아 Arabia. ¶ ～(사람)의 Arabian; Arabic / ～ 사람 an Arab(-ian) / ～ 숫자 Arabic figures〔numerals〕.
아랍 Arab. ∥ ～국가 the Arab states / ～어(語) Arabic.
아랑곳 ¶ ～없다 be no concern of; have nothing to do with / 그가 어찌 되든 내가 ～할 바 아니다 I don't give〔care〕a damn what becomes of him.
아래 ①《하부·바닥》the low part; the foot; the bottom. ¶ 맨 ～ 서랍을 열다 open the bottom drawer / 층계 ～에서 기다리다 wait at the foot of the stairs. ②《위치·아래쪽》¶ ～의 under(…의 밑); below(…보다 낮은 위치); down(아래쪽); lower(…보다 낮은); following(다음의) / ～로 내려가다〔내려오다〕 go〔come〕down; go〔come〕downstairs / ～와 같다 be as follows / 나무 ～로 피신하다 take shelter under a tree / 지평선～로 가라 앉다 sink〔go down〕below the horizon. ③《하위》¶ ～의 lower; subordinate; below, under; younger (나이가) / 아랫사람 *one's* subordinates / …의 지휘 ～ under *a person's* command / 남의 ～에서 일하다 work under *a person* / 형보다 5세 ～다 be five years younger than *one's* brother.
아래위 up and down; above and below; upper and lower sides; top and bottom.
아래윗벌 upper and lower garments; a suit《*of clothes*》.
아래채 the outer-wing house; an annex.
아래층(一層) downstairs.
아래턱 the lower〔under〕jaw.
아랫니 the lower teeth.
아랫도리 the lower part (of the body).
아랫목 the part of a Korean room nearest the fireplace.
아랫방(一房) a detached room.
아랫배 the belly; the abdomen.
아랫사람 *one's* junior(손 아래); an underling; a subordinate(부하).
아랫수염(一鬚髯) a beard.
아랫입술 the lower〔under〕lip.
아량(雅量) generosity; tolerance; magnanimity. ¶ ～ 있는 generous; broad-minded; magnanimous.
아련하다 (be) dim; vague; faint; hazy; obscure; misty.
아령(啞鈴) a dumbbell.
아로새기다 engrave〔carve〕elaborately. ¶ 마음에 ～ engrave in〔upon〕*one's* mind.
아롱거리다《사물이》flicker; flit;《눈이》be dazzled. ¶ 등불이 ～ The lamp flickers. / 그녀 얼굴이 눈 앞에 아롱거린다 The memory of her face still haunts me.
아뢰다 tell〔inform〕a superior.
아류(亞流) an adherent; a follower; a bad second.
아르바이트 a side job; a part-time job.
아르헨티나 Argentina. ¶ ～의 Argentine / ～사람 an Argentine.
아름 an armful《*of firewood*》.
아름답다 (be) beautiful; pretty; lovely;《용모》(be) good-looking; handsome;《경치》(be) picturesque;《목소리》(be) sweet;《마음이》(be) noble-minded. ¶ 아름답게 beautifully / 아름다운 목소리 a sweet〔charming〕voice / 아름다운 음악 a lovely music / 아름다운 풍경 picturesque scenery / 아름다운 소녀 a beautiful〔lovely〕girl.
아름드리 ∥ ～나무 a tree measuring more than an arm's span around.
아리다 ①《맛이》(be) pungent; acrid; sharp. ②《상처 따위》(be) smarting; tingling; burning.
아리땁다 (be) lovely; sweet; pretty; charming. ¶ 아리따운 처녀 a charming young lady.
아리송하다 (be) indistinct; dim;

ㅇ

hazy; misty; vague; obscure.
아리아 〖樂〗 aria. 「races.
아리안 Aryan. ‖ ~족〔인종〕 Aryan
아마(亞麻) 〖植〗 flax. ¶ ~의 flaxen. ‖ ~사(絲) flax yarn / ~유 linseed oil / ~천 linen.
아마 《대개》 probably; perhaps; maybe; possibly; presumably.
아마존강(一江) the Amazon.
아마추어 an amateur; a nonprofessional; 《초심자》 a beginner; a novice. ¶ ~의 amateur; nonprofessional. ‖ ~정신 the spirit of amateurism.
아말감 〖化〗 amalgam.
아메리카 America. ¶ ~의 American. ☞ 미국. ‖ ~대륙 the American continent.
아메바 〖動〗 an amoeba.
아멘 Amen!
아명(兒名) *one's* childhood name.
아무 ①《긍정·부정(不定)》 anyone; anybody; any; whoever; (every-) one; all; everybody. ¶ ~라도 할 수 있다 Anyone can do it. ②《부정(否定)》 no one; no body; none; anyone; anybody. ¶ ~도 …이라는 것은 의심할 수 없다 No one can doubt that….
아무개 Mr. so-and-so; a certain person. ¶ 김 ~ a certain Mr. Kim; one Kim.
아무것 anything; something; 《부정》 nothing. ¶ ~이나 좋아하는 것 anything *one* likes / 할 일이 ~도 없다 have nothing to do.
아무데 somewhere; a certain place; anywhere (부정·의문). ¶ ~나 in every place; everywhere; all over / ~도 nowhere.
아무때 ¶ ~나 (at) any time; 《항상》 always; all the time; 《…할 때는 언제나》 whenever.
아무래도 ①《어떻든》 anyhow; anyway. ¶ ~ 그것은 해야 한다 I must do it anyhow. ②《결국》 after all; in the long run; in the end. ③《모든 점에서》 to all appearance; in all respects. ¶ ~ 부부라고 밖에 볼 수 없다 They are, to all appearance, man and wife. ④《싫건 좋건》 whether *one* likes it or not; willy-nilly. ⑤《결코》 by any means; on any account. ⑥《무관심》 ¶ 그까짓 일은 ~ 좋다 That does not matter.
아무러면 (no matter, it makes no difference) whatever〔however〕 it is; whoever says it. ¶ 옷이야 ~ 어떠냐 It doesn't matter how your clothes look.
아무런 《부정》 any; no. ¶ ~ 사고 없이 without any accident.
아무렇거나 anyhow; anyway; at any rate; in any case. ¶ ~ 해 보세 Anyhow, let us try.
아무렇게나 at random; carelessly; indifferently; half-heartedly; in a slovenly way. ¶ ~ 말하다 talk at random.
아무렇게도 《어떻게도》 in any〔no〕 way; 《무관심》 nothing; not at all; not a bit. ¶ ~ 생각 안 하다 make little〔nothing〕 of (예사); do not hesitate (주저 않다); do not care about (고려 않다).
아무렇든지 anyhow; in any event〔way〕; at any rate.
아무렴 Surely.; To be sure.; Of course!; Certainly!
아무리 ¶ ~ …해도 however much; no matter how / ~ 돈이 많아도 no matter how rich a man may be; however rich a man may be.
아무 말 《not》 any word. ¶ ~ 없이 without saying a word.
아무 일 something; anything; 《부정》 nothing. ¶ ~ 없이 without accident; in safety; quietly.
아무짝 ¶ ~에도 못 쓰겠다 It is of no use whatsoever.
아무쪼록 as much as *one* can; to the best of *one's* ability; 《꼭》 by all means; 《부디》 (if you) please; I beg. ¶ ~ 몸조심하십시오 Take the best possible care of yourself.
아무튼 anyway; anyhow; in any case; at any rate. ¶ ~ 해 보겠다 At any rate I'll try. / ~ 즐거웠다 I enjoyed myself very much, anyway.
아물거리다 《깜박이다》 flicker; 《희미하다》 be dim〔hazy〕; 《눈앞이》 be dizzy. ¶ 아물아물하게 flickeringly; dimly; vaguely.
아물다 heal (up); be healed.
아미(蛾眉) arched eyebrows; eyebrows of a beautiful woman.
아미노산(一酸) 〖化〗 an amino acid.
아미타불(阿彌陀佛) Amitabha 《梵》.
아버지 a father. ¶ ~다운 fatherly; fatherlike; paternal / ~를 닮다 take after *one's* father / ~를 잃다 be left fatherless.
아베마리아 Ave Maria.
아베크 《남녀의 쌍》 *avec* 《프》; a young man with his girl friend; a girl with her boy friend; lovers on a date. ~하다 have a date 《*with*》.
아부(阿附) flattery. ~하다 flatter; curry favor 《*with a person*》; butter 《*a person*》 up.
아비규환(阿鼻叫喚) agonizing cries. ¶ ~의 참상 an agonizing〔a heart-rending〕 scene.
아비산(亞砒酸) 〖化〗 arsenious acid. ‖ ~염 arsenite.
아빠 papa; daddy; dad; pa.
아사(餓死) death from hunger〔by

starvation〕. ～하다 be starved to death; die of〔from〕 hunger. ¶ ～시키다 starve《*a person*》 to death.
아삭아삭 ¶ ～ 씹다 crunch.
아서라 (Oh,) no!; Quit!; Stop!; Don't!
아성(牙城) inner citadel; the stronghold; the bastion.
아성(亞聖) a sage〔saint〕 of second order.
아성층권(亞成層圈) the substratosphere.
아세테이트〖化〗 acetate.
아세톤〖化〗 acetone.
아세틸렌〖化〗 acetylene.
아수라(阿修羅) *Asura*《梵》. ¶ ～같이 싸우다 fight like a demon.
아쉬워하다 feel that something is missing; feel the lack of; 《서운해하다》 be unwilling; be reluctant. ¶ 이별을 ～ be unwilling 〔reluctant〕 to part from《*a person*》.
아쉰대로 inconvenient though it is; though it is not enough; as a temporary makeshift(임시변통으로).
아쉽다 be not quite satisfactory; be inconvenienced by not having. ¶ 아쉬운 것 없이 지내다 live in comfort; be comfortably off / 그의 설명만으로는 좀 아쉬운 데가 있다 His explanation is not entirely satisfactory.
아스파라거스〖植〗 an asparagus.
아스팍 ASPAC. (◀ Asian and Pacific Council)
아스팔트 asphalt. ¶ ～길 an asphalt(ed) road / ～를 깔다 pave《*streets*》 with asphalt; asphalt《*streets*》.
아스피린〖藥〗 aspirin.
아슬아슬 ¶ ～한 dangerous; risky; thrilling; exciting; critical / ～하게 narrowly; by hairbreadth / ～한 승부 a close game / ～한 때에 at the critical moment / ～하게 이기다 win by a narrow margin / (아무를) ～하게 하다 make《*a person*》 nervous〔uneasy〕.
아시아 Asia. ¶ ～의 Asian; Asiatic. ‖ ～개발은행 the Asian Development Bank (생략 ADB) / ～경기대회 the Asian Games / ～대륙 the Asian Continent / ～사람 an Asian / ～인종 the Asian race.
아씨《호칭》 your lady(ship); Mrs; 《하인의》 mistress; madam.
아아(阿亞) Africa and Asia. ‖ ～블록 the Afro-Asian block.
아아 ①《감동》 Ah!; Oh!; Alas! (비탄, 실망). ¶ ～ 기쁘다 Oh, how glad I am! / ～ 그렇군 Oh, I see. ②《가벼운 감정》 Well, ... ¶ ～ 이제 다 왔군 Well, here we are at last.
아악(雅樂) (classical) court〔ceremonial〕 music.
아야 Ouch!
아양 coquetry; flattery. ¶ ～ 떨다 〔부리다〕 play the coquette; flirt; flatter.
아어(雅語) an elegant word; a polite expression; refined diction.
아역(兒役)《역》 a child's part《*in a play*》; 《사람》 a child actor.
아연(亞鉛) zinc (기호 Zn). ¶ ～을 입힌 galvanized. ‖ ～도금 galvanizing / ～판(板) a zinc plate / ～화 연고 zinc ointment.
아연(俄然) suddenly; all of a sudden. ¶ ～ 활기를 띠다 begin to show signs of activity suddenly.
아연(啞然)《부사적》 agape《*with wonder*》; aghast; in utter amazement. ¶ ～케 하다 strike《*a person*》 dumb; dumbfound.
아열대(亞熱帶) the subtropics; the subtropical zone. ¶ ～의 subtropic(al); near-tropical. ‖ ～식물 a subtropical plant.
아예 from the beginning; 《절대로》 entirely; altogether; never.
아옹다옹하다 bicker; quarrel〔dispute〕《*with*》.
아우 a younger brother〔sister〕.
아우르다 put〔join〕 together; unite; combine. ¶ 힘을 아울러서 by united effort; in cooperation《*with*》.
아우성 a shout; a clamor; a hubbub. ¶ ～을 치다 shout; raise a hubbub.
아욱〖植〗 a mallow.
아웃〖野〗 out. ¶ ～이 되다 be (put) out / ～시키다 put out.
아웃라인 an outline.
아이 a child; a boy; a girl; a son; a daughter. ¶ ～ 보는 사람 a (dry) nurse; a nursemaid; a baby-sitter / ～를 배다 be with 〔conceive a〕 child / ～를 보다 look after a baby; baby-sit.
아이고(머니) Oh!; Oh dear!; Ah!; Dear me!
아이누 an Ainu; an Aino; the Ainus(종족). ‖ ～어 Aino.
아이디어 an idea. ¶ ～를 모집하다 invite〔ask for〕 new ideas. ‖ ～맨 an idea man / ～상품 a novelty.
아이러니 (an) irony.
아이론 a flatiron; an iron.
아이스 ice. ‖ ～링크 an ice rink / ～캔디 a Popsicle(상표명, 《美》) / ～하키 ice hockey.
아이스크림 (an) ice cream. ‖ ～제조기 an ice-cream freezer.
아이슬란드 Iceland. ¶ ～의〔말〕 Icelandic / ～ 사람 an Icelander.
아이시 an IC. (◀ Integrated Circuit)
아이에스비엔《국제 표준 도서 번호》 ISBN. (◀ the International Stand-

ㅇ

ard Book Number)
아이엠에프 IMF. (◀ the International Monetary Fund (국제 통화 기금)) ¶ ～가 부과한 요구사항에 부응하기 위해 강력한 금융 개혁안을 통과시키다 pass a strong financial-reform package to meet demands imposed by the International Monetary Fund / ～사태로 인해 유발된 검약 운동이 효과를 나타내어 사회 모든 계층으로 확산되고 있다 The IMF-induced frugality campaigns are taking effect, spreading into every corner of society.
아이오시 IOC. (◀ the International Olympic Committee)
아이젠 climbing irons; crampons (등산용). 「tient)
아이큐 IQ. (◀ Intelligence Quo-
아일랜드 Ireland. ¶ ～말 Irish / ～ 사람 an Irishman.
아장거리다 toddle. ¶ 아장아장 toddlingly.
아전(衙前) a petty town official (of former days).
아전인수(我田引水) turning *something* to *one's* own advantage. ¶ ～격인 견해 a selfish view.
아주 《전혀》 quite; utterly; completely; entirely; thoroughly; altogether; 《몹시》 exceedingly; extremely; 《조금도 …(않다)》 《not》 at all; 《not》 in the least. ¶ ～ 피곤하다 be dead tired; be utterly exhausted / 관계를 ～ 끊다 break off entirely 《*with*》.
아주(亞洲) the Continent of Asia.
아주(阿洲) the Continent of Africa.
아주까리 〖植〗 a castor-oil plant; a castor bean(씨). ‖ ～기름 castor oil. 「인》 a lady.
아주머니 《숙모》 an aunt; 《일반 부
아주버니 *one's* husband's brother; a brother-in-law.
아지랑이 heat haze. ¶ ～가 끼었다 The air is shimmering.
아지작거리다 munch; crunch.
아지트 a hiding place; a hideout; 《거점》 a secret base of operation 《*for Communists*》.
아직 《아직…(않다)》 《not》 yet; still (지금도); so far(현재까지는); 《더》 still; more. ¶ ～ 모자란다 This isn't enough yet. / ～ 3마일 남았다 We still have three more miles to go / …한 지 ～ 3년밖에 안 된다 It is only three years since….
아질산(亞窒酸) 〖化〗 nitrous acid. ‖ ～염 nitrite.
아집(我執) egoistic attachment; egotism.
아찔하다 feel dizzy; be giddy.
아차 O my!; Gosh!; Hang it! ¶ ～ 속았구나 O my! I have been fooled!
아첨(阿諂) flattery; adulation. ～하다 flatter; curry favor with 《*a person*》; fawn 《*on*》. ‖ ～꾼 a flatterer; a toady; an ass kisser.
아취(雅趣) good taste; elegance; tastefulness. ¶ ～ 있는 tasteful; elegant; graceful; refined.
아치 an arch; a green arch(녹엽의). ¶ ～형의 arched.
아침 ① 《때》 (a) morning. ¶ ～에 in the morning / ～나절 the forenoon / ～ 안개 morning mist / 오늘 ～ this morning / ～ 일찍 early in the morning / 3일날 ～ on the morning of the 3rd / ～부터 밤까지 from morning till night 〔evening〕. ② 《식사》 breakfast. ¶ ～을 먹다 take 〔have〕 breakfast.
아카데미 an academy. ‖ ～상 the Academy Award; the Oscar.
아카시아 〖植〗 an acacia.
아케이드 an arcade.
아코디언 an accordion.
아크등(―燈) an arc light 〔lamp〕.
아킬레스건(―腱) 〖解〗 Achilles' tendon. 「paper 《美》.
아트지(―紙) art paper; coated
아틀리에 an *atelier* 《프》; a studio.
아파트 《건물》 an apartment house 《美》; a block of flats 《英》; 《한 세대분》 an apartment 《美》; a flat 《英》. ¶ 고층 ～ a multistory apartment building / ～에 살다 live in an apartment 〔a flat〕. ‖ ～군(群) an apartment block / ～단지 an apartment complex.
아편(阿片) 《smoke, eat》 opium. ‖ ～굴〔상용자〕 an opium den 〔eater, smoker〕 / ～전쟁 〖史〗 the Opium War / ～중독 opium poisoning. 「Apollo Project.
아폴로 〖그神〗 Apollo. ‖ ～계획 the
아프가니스탄 Afghanistan. ¶ ～의 Afghan / ～ 사람 an Afghan.
아프다 (be) painful; sore; have 〔feel〕 a pain (서술적). ¶ 이〔머리〕가 ～ have a toothache 〔headache〕 / 배가 ～ 《비유적》 be green with envy; be jealous.
아프리카 Africa. ¶ ～의 African / ～사람 an African.
아픔 (a) pain; an ache; a sore; 《마음의》 (mental) pain; 《슬픔》 grief. ¶ 상처의 ～ the smart of a wound / 이별의 ～ the pain of parting / 격심한 ～ a severe 〔sharp, bad〕 pain / ～을 참다 stand 〔bear〕 pain.
아하 Ha!; Aha!; Oh! ¶ ～ 이제 생각이 나는군 Oh! I remember it now.
아한대(亞寒帶) the subarctic zone (북반구의); the subantarctic zone (남반구의).

아호(雅號) a pen name; a (literary) pseudonym.
아홉 nine. ¶ ～째 the ninth.
아흐레 ①《아흐렛날》the ninth day (of the month). ②《아홉 날》nine days.
아흔 ninety.
악[1] ①《큰소리》a shout; a cry. ¶ ～쓰다 shout; cry; shriek. ②《모질음》excitement; desperation. ¶ ～이 바치다 become〔grow〕desperate; be excited.
악[2]《놀랄 때》Oh!; Dear me!
악(惡) badness; evil; wrong (그름); vice (악덕); wickedness (사악). ☞ 악하다. ¶ ～에 물(이) 들다 be steeped in vice / ～을 선으로 갚다 return good for evil.
악감(惡感) ill〔bad〕feeling; an unfavorable impression. ¶ ～을 품다 have〔harbor〕bad〔ill〕feeling《*toward*》; be ill disposed《*toward*》.
악곡(樂曲) a musical composition; a piece of music.
악공(樂工) a (court) musician.
악귀(惡鬼) a demon; an evil spirit; a devil.
악극(樂劇) an opera; a musical〔music〕drama〔play〕. ‖ ～단 a musical troupe.
악기(樂器)《play on》a musical instrument. ‖ ～점 a musical instrument store.
악녀(惡女) a wicked woman.
악다구니하다 brawl; engage in mud-flinging at each other; throw mud《*at*》.
악단(樂團) an orchestra; a band. ¶ 교향～ a symphony orchestra.
악단(樂壇) the musical world; musical circles.
악담(惡談) an abuse; a curse. ～하다 say bitterly; abuse; curse; revile; speak ill of.
악대(樂隊) a band; a brass band. ‖ ～원 a bandsman.
악덕(惡德) vice; corruption. ‖ ～기업주 a vicious *entrepreneur*《프》/ ～기자〔정치가〕a corrupt journalist〔politician〕/ ～상인〔업자〕wicked dealers〔traders〕.
악독(惡毒) ～하다 (be) villainous; atrocious; brutal; infernal.
악랄하다(惡辣—) (be) mean; nasty; knavish; villainous.
악력(握力) grip; grasping power. ‖ ～계 a hand dynamometer.
악례(惡例) a bad example; a bad precedent.
악마(惡魔) an evil spirit; a devil; a demon; a fiend; Satan. ¶ ～같은 devilish; fiendish. ‖ ～주의 Satanism.
악명(惡名) an evil reputation; a bad name; notoriety. ¶ ～ 높은 infamous; notorious.
악몽(惡夢) a bad〔an evil〕dream;《suffer from》a nightmare. ¶ ～같은 nightmarish / ～에서 깨어나다 awake from a nightmare;《비유적》come to *one's* senses.
악물다《이를》gnash〔set, clench〕《*one's teeth*》; shut《*one's teeth*》hard; compress《*one's lips*》. ¶ 이를 악물고 with *one's* teeth set.
악바리 a hard tough person.
악보(樂譜) a sheet music; a《*piano*》score (총보); music (집합적). ¶ ～를 보고〔안 보고〕연주하다 play at sight〔by ear〕.
악사(樂士) a band(s)man; a musician.
악서(惡書) a bad〔vicious〕book; a harmful book. ¶ ～를 추방하다 put harmful books out of circulation.
악선전(惡宣傳) vile〔false〕propaganda; a sinister rumor. ～하다 launch false propaganda《*about*》; spread a bad rumor《*about*》.
악성(惡性) ¶ ～의 bad; malignant; virulent; vicious《*inflation*》. ‖ ～감기 a bad cold / ～빈혈 pernicious anemia / ～종양 a malignant tumor.
악성(樂聖) a celebrated〔master〕musician. ¶ ～ 모차르트 Mozart, the great master of music.
악센트 an accent; a stress. ¶ ～를 붙이다 accent《*a word*》; stress.
악송구(惡送球)〖野〗a bad throw. ～하다 make a bad throw.
악수(握手) a handshake; handshaking. ～하다 shake hands《*with*》;《제휴》join hands;《화해》make peace. ¶ 굳은 ～ a firm handshake / ～를 청하다 offer *one's* hand.
악순환(惡循環) a vicious circle. ¶ 물가와 임금의 ～ a vicious circle of prices and wages.
악습(惡習) a bad habit〔custom〕. ¶ ～에 물들다 fall into a bad habit / ～을 극복하다 get rid of a bad habit.
악식(惡食) 《음식》coarse〔gross〕food; plain food;《먹기》gross feeding. ～하다 live〔feed〕low; live on plain food.
악어(鰐魚)〖動〗a crocodile(아프리카산); an alligator(북아메리카산). ‖ ～ 가죽 crocodile skin; alligator leather / ～핸드백 an alligator handbag.
악역(惡役)〖劇〗a villain's part. ¶ ～을 맡다 play〔act〕the villain.
악연(惡緣)《나쁜 운명》an evil destiny〔fate, connection〕;《끊을 수 없는》a fatal bonds; an inseparable unhappy relation;《부부간의》a mismated marriage.

악영향(惡影響) a bad〔harmful〕 influence; ill effects. ¶ ～을 미치다〔받다〕 have〔receive〕 a bad influence 《*on; from*》.
악용(惡用) (a) misuse; (an) abuse; (an) improper use. ～하다 abuse; use for the wrong purpose; make a bad use 《*of*》. ¶ 권력을 ～하다 abuse *one's* authority.
악우(惡友) a bad companion 〔friend〕. ¶ ～와 사귀다 keep bad company. 「ill luck〔fate〕.
악운(惡運) bad〔adverse〕 fortune;
악의(惡意) an evil intention; ill will; malice. ¶ ～ 있는 ill-intentioned; malicious / ～ 없는 innocent / ～에서 out of spite; from malice / ～를 품다 bear ill will 《*against*》; harbor malice 《*to, toward*》.
악의악식(惡衣惡食) ～하다 be ill-clad and poorly fed.
악인(惡人) a bad〔wicked〕 man; a rogue; a villain; a scoundrel.
악장(樂長) a bandmaster; a conductor of a band.
악장(樂章) 〖樂〗 a movement. ¶ 제 1～ the first movement 《*of a symphony*》.
악장치다 brawl; quarrel〔wrangle〕 with each other.
악전고투(惡戰苦鬪) hard fighting; a desperate fight. ～하다 fight desperately; fight against heavy odds; struggle hard 《*against*》.
악정(惡政) ☞ 비정(秕政).
악조건(惡條件) adverse〔unfavorable〕 conditions; a handicap. ¶ ～을 극복하다 get over a handicap.
악종(惡種) a wicked fellow; a rogue; a villain; a rascal.
악질(惡疾) a malignant disease.
악질(惡質) ¶ ～의 vicious 《*fraud*》; wicked 《*lies*》; malicious 《*businessmen*》; malignant 《*tumors*》; bad / ～적인 장난 malicious 〔wicked〕 mischief. ‖ ～분자 bad 〔malicious〕 elements.
악착(齷齪) ¶ ～같이 hard; perseveringly; persistently; 《필사적으로》 desperately; like hell 《口》 / ～같이 일하다 toil and moil; work hard / ～같이 돈을 벌다 be all eagerness to make money; be engrossed in moneymaking.
악처(惡妻) a bad wife.
악천후(惡天候) bad〔nasty; unfavorable〕 weather. ¶ ～를 무릅쓰고 in spite of bad〔rough〕 weather.
악취(惡臭) an offensive odor; a bad〔nasty〕 smell; a stink. ¶ ～가 나는 ill-〔bad-〕smelling; stinking; foul-smelling.
악취미(惡趣味) bad〔vulgar〕 taste.
악평(惡評) 《평판》 a bad reputation; ill repute; 《비난》 an adverse〔unfavorable〕 criticism. ～하다 speak ill of; make malicious remarks; 《신문 따위에서》 criticize unfavorably〔severely〕.
악폐(惡弊) an evil; an abuse; evil practices. ¶ ～를 일소하다 stamp〔wipe〕 out evils; uproot evil practices.
악풍(惡風) a bad custom〔habit〕; evil manners; a vicious practice.
악필(惡筆) bad〔poor〕 handwriting; a poor hand. ¶ ～이다 write a poor hand. ‖ ～가 a bad penman.
악하다(惡—) (be) bad; evil; wrong; wicked; vicious. ¶ 악한 짓 an evil deed; a misdeed; a vice; a crime, a sin(죄악).
악한(惡漢) a rascal; a villain; a rogue; a scoundrel.
악행(惡行) bad conduct; wrong 〔evil〕 doing; an evil deed; a misdeed. 「ment; torture.
악형(惡刑) a severe〔cruel〕 punish-
악화(惡化) a change for the worse. ～하다 get〔become〕 worse; go from bad to worse; deteriorate; take a turn for the worse(병세가). ¶ ～시키다 make 《*something*》 worse; aggravate.
악화(惡貨) bad coins〔money〕. ¶ ～는 양화를 구축한다 Bad money drives out good.
안 ① 《내부》 the inside; the interior. ¶ ～에 within; inside; in; indoors(집의) / ～으로부터 from the inside; from within. ② 《이내》 ¶ ～에〔으로〕 in; within; inside of; less than; not more than; during(…중에) / 그날 ～으로 in the course of the day / 기한 ～에 within the time limit. ③ 《옷의》 the lining. ¶ ～을 대다 line 《*clothes*》. ④ 《내실》 the woman's quarters; the inner room. ⑤ 《아내》 *one's* wife. ⑥ 《여자》 ¶ ～부모 a mother.
안(案) 《의안》 a bill; a measure; 《제안》 a proposal; 《고안》 an idea; a conception; 《계획》 a plan; a project; 《초안》 a draft.
안간힘(을) 쓰다 do *one's* best; do what *one* can; make desperate efforts 《*to do*》; try〔work〕 hard 《*to do*》; strain 《*one's muscle*》 to 《*lift a stone*》. ¶ 어려움에서 벗어나려고 ～ try hard to wriggle out of a difficult situation / 묶인 밧줄을 풀려고 ～ struggle desperately to get free of the rope / 이제 와서 안간힘 써봐야 헛수고다 It is too late to do anything about it. 「lining.
안감 lining (material); cloth for

안개 (a) fog; (a) mist. ¶ 짙은 ~ a dense〔thick〕fog / ~가 짙은 foggy / ~에 싸이다 be shrouded in fog / ~가 끼다〔걷히다〕The fog gathers〔lifts〕.

안건(案件) a matter; an item; a bill(의안). ¶ 주요 ~ an important matter《*on the agenda*》.

안경(眼鏡)《a pair of》spectacles; glasses;《보안경》goggles. ¶ ~을 쓰다〔벗다〕put on〔take off〕*one's* glasses / ~을 쓰고 with spectacles on. ‖ ~가게 an optician / ~다리 the bow / ~알〔집〕a spectacle lens〔case〕/ ~테 a rim; a spectacle frame / 흐림방지 ~ non-fogging glasses.

안고나다 assume another's responsibility; hold *oneself* responsible for another's《*actions*》.

안고지다 be entrapped by *one's* own trick.

안공(眼孔) an eyehole; an orbit of an eye; the eye socket.

안과(眼科)〖醫〗ophthalmology. ‖ ~병원 an ophthalmic hospital / ~의사 an eye doctor〔specialist〕; an oculist.

안광(眼光)《눈빛》the glitter of *one's* eye;《통찰력》penetration. ¶ ~이 날카롭다 be sharp-eyed.

안구(眼球) an eyeball. ‖ ~은행 an eye bank.

안기다[1] ①《팔에》be embraced; be in《*a person's*》arms;《안게 하다》let〔have〕《*someone*》hold in the arms. ¶ 아기가 엄마 품에 안겨 자고 있다 The baby is sleeping in its mother's arms. ②《알을 닭에》set《*a hen*》on eggs.

안기다[2] ①《책임을》fix responsibility upon; charge《*a person with a duty*》; lay《*the blame*》on. ¶ 빚을 ~ hold《*a person*》liable for the debt. ②《치다》throw a punch; strike. ¶ 한 대 ~ give《*a person*》a blow.

안내(案內) guidance; leading. ~하다 guide; conduct; show; lead《*the way*》; usher(좌석으로). ¶ 응접실로 ~하다 show《*a person*》into the drawing room / 그의 ~로 연구소를 견학하다 go around the research institute under the guidance of him. ‖ ~도 a guide〔an information〕map / ~소 an information bureau〔desk〕/ ~인〔자〕a guide(관광 등의); an usher(극장 등의) / ~장 an〔a letter of〕invitation / ~판 a guideboard; a direction board.

안녕(安寧) ①《평온》public peace; tranquility; welfare, well-being(복지). ‖ ~질서《maintain, disturb》peace and order. ②《건강》good health. ~하다 (be) well; be in good health;《평안》(be) uneventful; live in peace. ¶ ~하십니까 How are you?;《초면》How do you do? ③《작별 인사》good-by(e); bye-bye; farewell(멀리 갈 때). ¶ ~히 가십시오 Good-by!

안다 ①《팔에》hold〔carry〕in *one's* arm(s); embrace; hug. ¶ 안고 있다 have《*a baby*》in *one's* arms. ②《새가 알을》sit〔brood〕on《*eggs*》. ③《떠맡다》undertake《*another's responsibility*》; shoulder; answer for. ¶ 남의 부채를 ~ shoulder another's debt.

안단테〖樂〗*andante*《이》.

안달뱅이 a fretful person; a worrywart.

안달하다 worry《*about, over*》; fret《*over*》; be anxious about; be impatient〔nervous〕. ¶ 가지 못해 ~ be anxious to go.

안대(眼帶) an eyepatch; an eye bandage.

안데스산맥(一山脈) the Andes.

안도(安堵) relief. ~하다 be〔feel〕relieved; feel at ease. ¶ ~의 한숨을 쉬다 heave〔give〕a sigh of relief.

안되다 ①《금지》must not; ought not to; shall not; don't. ¶ 떠들면 안 된다 Do not make any noise. / 들어가면 안 됩니까 May I not come in? ②《잘 안 되다》go wrong〔amiss〕; fail. ③《조심》¶ …하면 안 되니까 lest…; for fear that… should; so as not to. ④《유감》be〔feel〕sorry《*for, to hear that…*》, be a pity; be regrettable. ¶ 보기에 안됐다 be pitiful to see.

안뜰 a courtyard. ☞ 안마당.

안락(安樂) ease; comfort. ¶ ~한 comfortable; easy; cozy / ~하게 지내다 live in comfort. ‖ ~사(死) euthanasia; mercy killing / ~의자 an easy chair; an armchair.

안력(眼力) (eye) sight; visual power〔acuity〕.

안료(顔料)《채료》colors; paints; pigments.

안마(按摩) massage. ~하다 give《*a person*》a massage; massage《*a person*》. ¶ 어깨를 ~하게 했다 I had my shoulder massaged. ‖ ~사 a massagist / ~시술소 massage parlor.

안마(鞍馬)〖體操〗a pommel horse.

안마당 an inner court〔garden〕.

안면(安眠) a peaceful〔quiet〕sleep. ~하다 sleep well〔soundly〕. ‖ ~방해 disturbance of sleep (~방해하다 disturb《*a person's*》sleep).

안면(顔面) ①《얼굴》the face. ¶ ~의 facial / ~이 창백해지다 turn pale. ‖ ~경련 a facial tic / ~마

비 facial paralysis / ～신경 facial nerves / ～신경통 facial neuralgia. ② 《면식 · 친분》 acquaintance. ¶ ～이 있는 사람 an acquaintance / ～이 없는 사람 a stranger / ～이 있다 know 《*a person*》; be acquainted with 《*a person*》.

안목(眼目) a discerning〔critical〕eye; discernment; an eye. ¶ ～이 있다 have an eye《*for*》.

안방(一房) the inner〔main〕living room; the women's quarters.

안배(按排) ～하다 arrange; distribute; assign.

안벽(岸壁) a quay (wall).

안보(安保) ☞ 안전보장. ¶ 한미～조약 the Korea-U.S. Security Treaty.

안부(安否) *one's* state of health; safety; welfare; health. ¶ ～를 묻다 inquire after 《*a person's*》 health / ～를 염려〔걱정〕하다 worry about 《*a person's*》 safety / …에게 ～ 전해 주십시오 Give my (best, kind) regards 《*to*》.

안색(顔色) ① 《얼굴빛》 a complexion. ¶ ～이 좋다〔나쁘다〕look well〔pale〕/ 소식을 듣고 ～이 변하다 change color〔turn pale〕at the news. ② 《표정》 a look; an expression. ¶ ～에 나타내다 betray 《*one's emotions*》; show.

안성맞춤(安城一) ¶ ～의 suitable〔fit〕《*for*》; well-suited; ideal / ～의 사람〔물건〕the right person〔thing〕《*for*》; just the person〔thing〕《*for*》.

ㅇ

안섶 an in-turned *jeogori* collar.

안손님 a lady visitor.

안수(按手) 〖基〗 the imposition of hands. ～하다 impose hands on 《*a person*》. ‖ ～례(禮) the (order of) confirmation (신도의); the ordination (성직의).

안식(安息) ～하다 rest; repose. ¶ 종교에서 ～을 찾다 find relief in religion. ‖ ～교회 the Seventh Day Adventist Church / ～일 the Sabbath (day) / ～처 a place for peaceful living.

안식(眼識) discernment; a critical eye. ¶ ～ 있는 사람 a discerning person; a man of insight.

안심(安心) 《안도》 relief; 《근심 · 걱정 없음》 peace of mind; freedom from care. ～하다 be at ease; feel easy 《*about*》; feel〔be〕relieved. ¶ ～시키다 ease 《*a person's*》 mind; set 《*a person*》 at ease / ～찮다 be ill at ease; feel uneasy; be anxious / 그 소식을 듣고 ～했다 I was〔felt〕relieved at the news.

안심부름 errands around the house.

안약(眼藥) eyewater; eye lotion. ¶ ～을 넣다 apply eye lotion.

안염(眼炎) 〖醫〗 ophthalmia.

안온(安穩) peace. ¶ ～한〔히〕peaceful(ly); quiet(ly); calm(ly).

안위(安危) fate; safety; welfare. ¶ 국가 ～의 시기 a national crisis / 국가 ～에 관한 문제 a matter affecting the security of the nation.

안이(安易) ¶ ～한 easy(going) / ～하게 easily; with ease / ～하게 생각하다 take 《*a thing*》 too easy.

안일(安逸) ease; idleness; indolence. ～하다 (be) easy; idle; indolent. ¶ ～하게 살다 lead an idle life.

안장(安葬) ～하다 bury; lay to rest. ‖ ～지 a burial ground.

안장(鞍裝) a saddle. ¶ ～을 지우다 saddle 《*a horse*》.

안전(安全) safety; security. ¶ ～한 safe; secure; free from danger / ～히 safely; securely / 몸의 ～을 도모하다 look to *one's* own safety / ～책을 강구하다 take precautions〔safety measures〕. ‖ ～감 a sense of security / ～계수 a factor of safety / ～규칙 safety regulations / ～기준 safety standards / ～등(燈)〔면도, 장치, 판, 핀〕a safety lamp〔razor, device, valve, pin〕/ ～성 safety / ～운전 safe〔careful〕driving (～운전을 하다 drive safely〔carefully〕) / ～율 a safety factor 《*of 99%*》/ ～점검 a safety check-up / ～제일 Safety First / ～조업 safety operation / ～지대 a safety zone; 《도로상의》 a safety〔traffic《英》〕island.

안전(眼前) ¶ ～에서 under *one's* very nose.

안전벨트 a safety belt. ¶ 좌석의 ～를 매어 주십시오 Please fasten your seat belt.

안전보장(安全保障) security. ¶ (유엔) ～이사회 the Security Council. ☞ 안보(安保).

안절부절못하다 be restless〔nervous〕; flutter; be in a fidget; be irritated; grow impatient.

안정(安定) stability; steadiness; 《economic》 stabilization. ～하다 be stabilized; become stable. ¶ ～을 유지하다〔잃다〕keep〔lose〕balance〔equilibrium〕/ 통화를 ～시키다 stabilize currency. ‖ ～감 a sense of stability / ～도〔성〕stability / ～성장 the stable growth / ～세력 a stabilizing power〔force〕/ ～제(劑) a stabilizer.

안정(安靜) rest; repose. ¶ 절대～ an absolute rest / ～을 유지하다 keep quiet; lie quietly. ‖ ～요법 a rest cure.

안주(安住) ¶ ～할 곳을 찾다 seek a peaceful place to live / 이곳에

～하기로 결정했다 I decided to settle down here.
안주(按酒) a relish〔tidbit〕taken with wine; a side dish; a snack (eaten with wine). ¶ 이것은 술～로 아주 좋다 This goes very well with wine.
안주머니 an inside〔an inner, a breast〕pocket.
안주인(—主人) the lady of the house; the mistress; the hostess.
안중(眼中) ¶ ～에 없다 be out of *one's* account〔consideration〕; 《사람이 주어》 think nothing of.
안중문(—中門) the inner gate.
안질(眼疾) an eye disease〔trouble〕; sore eyes. ¶ ～을 앓다 be afflicted with an eye disease.
안짝 ①《이내》¶ ～의 within; less than; not more than / 만원 ～의 수입 an income short of ten thousand *won*. ②《글귀의》 the first line (of a couplet).
안짱다리 a pigeon-toed person. ¶ ～로 걷다 walk intoed〔pigeon-toed〕.
안쪽 the inside; the inner part. ¶ ～의 inside; inner / ～에서 from within; on the inside.
안차다 (be) bold; daring; fearless.
안착(安着) safe arrival. ～하다 arrive safe (and sound); arrive safely; arrive in good condition (물품이).
안창《구두의》an inner sole.
안채 the main building (of a house).
안출(案出) ～하다 contrive; invent; originate; think〔work〕out.
안치(安置) ～하다 enshrine; install; lay《*a person's remains*》in state(유해를).
안치다《밥을》prepare rice for cooking〔boiling〕.
안타(安打)〖野〗a (safe) hit. ¶ ～를 치다 hit; make〔get〕a hit.
안타깝다 (be) impatient; irritated; frustrating; 《애처롭다》(be) pitiful; pitiable; poor. ¶ 안타까워하다 be〔feel〕impatient〔frustrating〕.
안테나 an antenna; an aerial. ¶ 실내～ an indoor antenna / ～를 세우다 set up〔stretch〕an antenna.
안티몬〖化〗antimony (기호 Sb).
안티피린〖藥〗antipyrin(e).
안팎 ①《안과 밖》the interior and exterior; the inside and outside. ¶ ～으로〔에〕within and without; inside and outside 《*the house*》. ②《표리》the right and the wrong side; both sides. ③《대략》...or so; about; around 《美》. ¶ 열흘 ～ 10 days or so.
안표(眼標) a sign; a mark. ～하다 mark; put a mark 《*on*》.
안하(眼下) ¶ ～에 right beneath the eye; under *one's* eyes.
안하무인(眼下無人) ¶ ～의 outrageous; arrogant; audacious / ～으로 행동하다 behave outrageouly; conduct *oneself* recklessly.
앉다 ①《자리에》sit down; take a seat; be seated. ¶ 의자에 ～ sit on〔in〕a chair / 편히 ～ sit at *one's* ease / 바로 ～ sit up; sit erect / 책상다리하고 ～ sit cross-legged. ②《지위에》take up 《*a post*》; engage in; be installed. ③《새 따위가》perch〔alight, sit, settle〕on; roost(홰에).
앉은뱅이 a cripple.
앉은일 sedentary work.
앉은자리 ¶ ～에서 immediately; on the spot.
앉은장사 keeping a shop (as contrasted with an itinerant trade). ¶ ～를 하다 keep a shop.
앉은키 *one's* sitting height.
앉히다 ①《앉게 하다》have 《*a person*》sit down; seat 《*a person*》. ②《추대》place 《*a person in a position*》; install 《*a person in a place*》.
않다 be〔do〕not....
않을 수 없다 be compelled〔forced, obliged〕to 《*do*》; cannot help 《*doing*》. ¶ 가지 ～ be forced to go / 쓴 웃음을 짓지 ～ cannot help smiling a bitter smile; cannot but smile a bitter smile.
알[1]《동물의》an egg; spawn (물고기 따위의). ¶ ～을 낳다 lay an egg; spawn(물고기가).
알[2] ①《낟알》a grain; a berry. ②《작고 둥근 것》a ball; a bead. ¶ 눈～ an eyeball.
알… bare; naked; stripped; uncovered. ¶ ～몸 a naked body.
알갱이 a kernel; a grain; a berry.
알거지 a man with no property but his own body; a person as poor as a crow.
알겨먹다 cheat〔wheedle〕《*a person*》out of 《*something*》.
알곡(—穀)《곡식》cereals; grain; corn《英》; 《껍질을 벗긴》husked grain.
알다 ①《일반적으로》know; can tell; learn; be informed of〔about〕. ¶ 알면서 deliberately; intentionally; knowingly / 알지 못하고 without knowing it; ignorantly / 아시는 바와 같이 as you (must) know; as you are aware / 안다는 듯 knowingly; with a knowing look / 내가 아는 한에서는 so far as I know / …으로 알 수 있다 can be known from / 아는 체하다 pretend to know / 알 수 없다 be unable to know / 알고 있다 know; have

a knowledge of; be acquainted with / 신문을 보고 ~ learn of it in a newspaper / …이오니 그리 아십시오 We beg to inform you that…. ② 《이해》 understand; comprehend; see; grasp 《*the meaning*》; appreciate; know. ¶ 알기 쉽게 simply; plainly / 알기 쉬운 말로 in plain language / 알만하다 be understandable; be easy to understand / 잘못 ~ mistake 《*for*》 / 음악을 ~ appreciate music; have an ear for music. ③ 《인식》 recognize; know; be aware of; find out. ¶ 알아볼 수 없을 만큼 자라다 grow out of recognition / 그가 거짓말하고 있음을 안다 I know〔am aware〕that he is telling a lie. ④ 《낯이 익다》 know; become〔get〕 acquainted with. ¶ 아는 사람 an acquaintance / 약간 아는 사이 a casual acquaintance / 잘 아는 well-acquainted; familiar. ⑤ 《깨닫다》 find; notice; realize; sense; perceive. ¶ 위험을 ~ sense the danger. ⑥ 《기억》 remember; keep〔have〕in mind. ¶ 똑똑히〔어렴풋이〕 알고 있다 remember clearly〔vaguely〕. ⑦ 《관여》 have to do with; be concerned with. ¶ 그것은 내가 알 바가 아니다 That's none of my business. ⑧ 《경험》 experience; feel. ¶ 여자를 ~ know woman.

알뚝배기 a small earthen bowl.

알뜰하다 (be) thrifty; frugal; economical. ¶ 알뜰(살뜰)히 frugally; economically.

알라 《이슬람교의 신》 Allah.

알랑거리다 flatter; curry favor with; toady 《*to*》; fawn on. ¶ 윗사람에게 ~ curry favor with *one's* superior.

알랑쇠 a flatterer; a sycophant; a toady; a bootlicker 《口》.

알랑알랑 with flattery.

알래스카 Alaska. ¶ ~의 Alaskan.

알량하다 (be) insignificant; of no account; trivial. ¶ 알량한 일 trifles / 알량한 인간 a person who is not worth bothering about.

알레그로 〖樂〗 allegro.

알레르기 〖醫〗 allergy. ¶ ~성의 allergic / 항(抗) ~ (의) antiallergic 《*drugs*》. ‖ ~성 질환 allergic diseases.

알려지다 be〔become〕known 《*to*》; make *oneself* known; 《유명해지다》 become famous〔well-known〕. ¶ 널리 알려진 well-known; famous / 알려지지 않게 하다 keep 《*a matter*》 secret.

알력(軋轢) friction; discord; a clash; a conflict; strife. ¶ ~을 초래하다〔피하다〕 produce〔avoid〕 friction.

알로하셔츠 an aloha shirt.

알루미늄 aluminum (기호 Al). ‖ ~새시 an aluminum sash〔window-frame〕/ ~제품 aluminum ware.

알리다 let 《*a person*》 know; tell; inform 《*a person*》 《*of, that…*》; report; publish (공표). ¶ 넌지시 ~ suggest; hint 《*at*》.

알리바이 an alibi. ¶ ~를 입증하다 prove an alibi / ~를 깨다〔꾸미다〕 break〔fake〕an alibi.

알맞다 《적도》 (be) modest; moderate; 《적당》 (be) fit; right; proper; adequate; suitable; appropriate; 《합당》 (be) reasonable; fair. ¶ 알맞게 properly; rightly; reasonably; suitably; appropriately / 알맞은 값으로 at a reasonable price / 알맞은 조건으로 on fair〔reasonable〕terms.

알맹이 《과실의》 a kernel; 《실질》 substance; contents(내용). ¶ ~ 없는 unsubstantial; empty.

알몸 ¶ ~의 stark-naked; nude / ~으로 《go》 stark-naked; in *one's* bare skin / ~이 되다 strip *oneself* bare.

알밤 a (shelled) chestnut.

알배기 a fish full of roe.

알부랑자(一浮浪者) a barefaced rascal〔scoundrel〕.

알부민 〖生化〗 albumin.

알선(斡旋) good offices; mediation; services. ~하다 act as (an) intermediary between 《*A and B*》; use *one's* good offices; do 《*a person*》 a service. ¶ …의 ~으로 by〔through〕the good offices of 《*Mr. Kim*》. ‖ ~자 a mediator.

알슬다 lay〔deposit〕eggs; shoot 「spawn(물고기가).

알싸하다 (be) acrid; pungent; hot; have a spicy taste〔smell〕.

알쏭달쏭하다 《뜻이》 (be) vague; ambiguous; obscure; doubtful. ¶ 알쏭달쏭한 말을 하다 evade the point.

알아내다 find out; detect; locate (소재를); trace 《*the origin of a rumor*》.

알아듣다 understand; catch 《*a person's words*》. ¶ 알아들을 수 없다 be inaudible; cannot catch.

알아맞히다 guess right; make a good guess.

알아보다 《문의·조사》 inquire 《*of a person, about a matter*》; look into; investigate; examine. ¶ 원인을 ~ inquire into the cause.

알아주다 ① 《인정》 acknowledge; recognize; appreciate. ¶ 진가를 ~ appreciate the real worth. ② 《이해》 understand; sympathize 《*with*》; feel 《*for*》.

알아차리다 realize in advance;

anticipate 《*in one's mind*》.
알아채다 become aware〔conscious〕of; realize; sense. ¶ 적은 우리의 행동을 알아채고 있었다 The enemy was aware of our action.
알아하다 do at *one's* discretion; do as *one* thinks fit.
알은체 ①《남의 일에》meddling. ~하다 interfere 《*in a matter, with a person*》; meddle in〔with〕. ②《사람을 보고》recognition. ~하다 recognize; notice.
알음알음 《아는 관계》mutual acquaintance;《친분》shared intimacy.
알젓 seasoned〔salted〕roe.
알짜 the best thing〔part〕; the cream; the essence; the choice; the quintessence.
알칼리 〖化〗 alkali.
알코올 alcohol. ¶ ~성의 alcoholic. ‖ ~음료 an alcoholic drink / ~중독 alcoholism / ~중독자 an alcoholic.
알토 〖樂〗 alto. ‖ ~가수 an alto (singer).
알파 alpha; α. ‖ ~선〔입자〕alpha rays〔particles〕.
알파벳 the alphabet. ¶ ~순의〔으로〕alphabetical(ly).
알파카 〖動〗 an alpaca.
알프스 Alps. ‖ ~산맥 the Alps.
알피니스트 an alpinist.
알현(謁見) an (imperial) audience. ~하다 be received in audience 《*by*》; have an audience 《*with*》.
앓는소리하다 moan; groan; complain 《*of illness*》.
앓다 ①《병을》be ill〔sick, afflicted〕《*with*》; suffer from 《*cold*》. ②《비유적》worry about; worry *oneself;* be distressed〔troubled〕《*with*》. ¶골치를 ~ puzzle〔cudgel〕*one's* head〔brains〕《*about, over*》.
암(癌) ①〖醫〗 cancer. ¶ ~의 cancerous / 위〔폐〕~ stomach〔lung〕cancer. ‖ ~세포 a cancer cell. ②《화근》a cancer; a curse; the bad apple. ¶ 범죄의 증가는 사회의 ~이다 Growing crime is a cancer on society.
암 《감탄사》Of course!; To be sure!; Certainly!; Why not?
암… 《암컷》female 《*animal, bird, flower*》; she.
암거(暗渠) an underdrain; a culvert. ‖ ~배수 drainage by a culvert.
암거래(暗去來)《매매》black-market dealings;《비밀교섭》secret dealings. ~하다 buy〔sell〕《*goods*》on the black market; black-marketeer; black-market 《*goods*》.
암굴(岩窟) a cave; a (rocky) cavern.
암기(暗記) ~하다 learn〔get〕《*something*》by heart; commit 《*something*》to memory; memorize 《美》. ¶ ~하고 있다 know 《*the poem*》by heart. ‖ ~과목 a memory subjects / ~력 memory(~력이 좋다〔나쁘다〕have a good〔bad〕memory).
암꽃 〖植〗 a female flower.
암나사(一螺絲) a nut.
암내 ①《겨드랑이의》underarm odor; the smell of *one's* armpits; 《체취》body odor(생략 B.O.). ②《발정》the odor of a female animal in heat. ¶ ~(가) 나다 go in〔on〕heat.
암달러(暗一) a black-market dollar 《*transaction*》. ‖ ~상인 an illegal dollar currency dealer.
암담(暗澹) the gloom. ~하다 (be) dark; gloomy; dismal.
암류(暗流) an undercurrent.
암매상(暗賣商) a black-marketeer; a black-market dealer.
암매장(暗埋葬) ☞ 암장(暗葬).
암모늄 〖化〗 ammonium.
암모니아 〖化〗 ammonia. ‖ ~비료 ammonite / ~수 liquid ammonia.
암묵(暗默) ¶ ~리에 tacitly / ~의 양해 a tacit understanding; an unspoken agreement.
암반(岩盤) a base rock; a rock bed.
암벌 a female bee; a queen (bee).
암범 a tigress.
암벽(岩壁) a rock cliff; a rock face〔wall〕. ‖ ~등반 rock-climbing.
암산(暗算) mental arithmetic. ~하다 do sums in *one's* head; do mental arithmetic.
암살(暗殺) assassination. ~하다 assassinate. ¶ ~을 기도하다 make an attempt on 《*a person's*》life. ‖ ~계획 an assassination plot against 《*a person*》/ ~자 an assassin.
암상부리다 show〔burn with〕jealousy.
암석(岩石) (a) rock. ‖ ~층 a rock layer〔stratum〕.
암소 a cow.
암송(暗誦) recitation; recital. ~하다 recite; repeat from memory.
암수 male and female.
암수(暗數) ☞ 속임수. ¶ ~에 걸리다 fall into a trick.
암술 〖植〗 a pistil.
암시(暗示) a hint; a suggestion. ~하다 hint 《*at*》; suggest. ¶ ~적인 suggestive / ~를 주다 give 《*a person*》a hint / 자기 ~ an autosuggestion.
암시세(暗時勢)《값》a black-market price.
암시장(暗市場) a black market.
암실(暗室) a darkroom.
암암리(暗暗裡) ¶ ~에 tacitly; implicitly; secretly.
암야(暗夜) a (pitch-)dark night.

암약(暗躍) ～하다 be active behind the scenes.
암염(岩塩) 〖鑛〗 rock salt.
암영(暗影) a shadow; a gloom. ¶ …의 전도에 ～을 던지다 cast a shadow over the future of….
암운(暗雲) dark clouds. ¶ ～이 감돌고 있다 Dark clouds are hanging 《*over the political world*》.
암자(庵子) a hermitage; a hut; a cottage; 《작은 절》 a small temple.
암자색(暗紫色) dark purple.
암장(暗葬) ～하다 bury 《*a body*》 secretly.
암죽(一粥) thin (rice-)gruel.
암중모색(暗中摸索) groping in the dark. ～하다 grope (blindly) in the dark.
암초(暗礁) a reef; a (sunken) rock. ¶ ～에 걸리다 run aground; strike 〔run on〕 a rock.
암치질(一痔疾) internal hemorrhoids.
암캐 a she-dog; a bitch.
암컷 a female (animal); a she.
암키와 a concave roof-tile.
암탉 a hen; a pullet (햇닭의).
암톨쩌귀 a gudgeon.
암퇘지 a sow.
암투(暗鬪) a secret strife 〔feud〕; a veiled enmity.
암팡스럽다 《다부지다》 (be) bold; daring; plucky.
암펄 ☞ 암벌.
암펌 ☞ 암범.
암페어 an ampere. ¶ 20 ～의 전류 a current of 20 amperes.
암평아리 a she-chick; a pullet.
암표상(暗票商) an illegal ticket broker; a speculator; a scalper.
암행(暗行) ～하다 travel incognito. ‖ ～어사 a secret royal inspector.
암호(暗號) a code; a cipher; 《군호》 a password. ¶ 전신 ～ a cable code / ～를 풀다 decode 〔decipher〕 《*a message*》 / ～로 쓰다 write in cipher 〔code〕. ‖ ～문 a coded message / ～장 a code book / ～전보 《send》 a code telegram / ～통신 cryptography / ～해독 codebreaking.
암흑(暗黑) darkness. ¶ ～의 dark; black. ‖ ～가 a gangland; the underworld / ～시대 a dark age; a black period.
압권(壓卷) the best; the masterpiece; the best part 《*of a book*》.
압도(壓倒) ～하다 overwhelm; overpower. ¶ ～적인 overwhelming; sweeping / ～적인 승리를 거두다 win an overwhelming 〔a sweeping〕 victory 《*over*》 / ～적 다수로 당선되다 be elected by an overwhelming majority.
압력(壓力) pressure. ¶ ～을 가하다 press; give pressure 《*to*》. ‖ ～계 a pressure gauge / ～단체 a pressure group / ～솥〔냄비〕 a pressure cooker.
압록강(鴨綠江) the Yalu River.
압류(押留) attachment; seizure; distraint(동산의). ～하다 attach; seize. ¶ ～당하다 have *one's* property attached. ‖ ～영장 a writ of attachment / ～품 seized goods.
압박(壓迫) pressure; oppression. ～하다 press; oppress(탄압); suppress(억압). ¶ 정신적인 ～ mental pressure / 재정상의 ～ financial pressure / 언론의 자유를 ～하다 suppress the freedom of speech / …에 ～을 가하다 put 〔exert〕 pressure on…. ‖ ～감 an oppressive feeling; a sense of being oppressed / 피 ～민족 an oppressed people.
압사(壓死) 《눌려서 죽음》 ～하다 be crushed 〔pressed〕 to death.
압송(押送) ～하다 escort 《*a criminal*》; send 《*a person*》 in custody 《*to*》.
압수(押收) seizure; confiscation. ～하다 seize 《*smuggled goods*》; confiscate; take legal possession of. ‖ ～물 a confiscated article / ～수색영장 a seizure and search warrant.
압승(壓勝) an overwhelming victory. ～하다 win an overwhelming victory 《*over*》.
압연(壓延) rolling. ～하다 roll. ‖ ～공장 a rolling mill / 열간 ～ hot rolling.
압정(押釘) a push pin; a (thumb) tack.
압제(壓制) oppression; tyranny(압정). ～하다 oppress; tyrannize 《*over*》. ¶ 국민을 ～하다 oppress 〔tyrannize〕 the people / 왕의 ～에 시달리다 groan under the tyranny of the king. ‖ ～자 a tyrant; an oppressor.
압지(壓紙) blotting paper.
압착(壓搾) compression. ～하다 press; compress. ‖ ～공기 compressed air / ～기 a compressor / ～펌프 a compressor pump.
압축(壓縮) compression. ～하다 compress 《*air*》; condense 《*a treatise*》.
앗다 ① ☞ 빼앗다. ② 《씨 빼다》 gin 《*cotton*》. ③ 《품을》 pay for labor in kind.
앗아가다 snatch 《*a thing*》 away 《*from a person*》.
앙가슴 the middle of the chest.
앙감질하다 hop on one leg.
앙갚음 revenge. ～하다 give 〔pay〕 tit for tat; revenge *oneself;* get *one's* revenge 《*on*》.
앙금 dregs; sediment; lees(술의); grounds(커피의); refuse(찌꺼기).

앙금앙금 ¶ ～ 기다 crawl; go on all fours.
앙등(昻騰) a sudden 〔steep〕 rise 《*in prices*》. ～하다 rise (suddenly); go up; soar; jump. ¶ ～하는 생활비 the rising cost of living / 집세의 ～ the rise of the house rent.
앙망(仰望) ～하다 beg; entreat; hope; wish.
앙모(仰慕) ～하다 admire; adore.
앙상궂다 (be) terribly gaunt.
앙상블 *ensemble* 《프》.
앙상하다 (be) gaunt; haggard; thin; spare; sparse (☞ 엉성하다). ¶ 말라서 뼈만 ～ be wasted 〔reduced〕 to a skeleton; be reduced to skin and bones.
앙숙(怏宿) ¶ ～이다 be on bad terms 《*with*》; 《특히 부부가》 lead a cat-and-dog life.
앙심(怏心) malice; grudge; ill will; hatred(증오); hostility(적의). ¶ ～을 품다 have 〔harbor, feel〕 a grudge 《*against*》; bear malice 《*toward*》.
앙앙하다(怏怏—) (be) discontented 〔dissatisfied〕 《*with*》; grumble 《*at, about*》.
앙양(昻揚) ～하다 exalt; raise; enhance; uplift 《*the national spirit*》.
앙증스럽다 (be) very small; tiny.
앙천대소(仰天大笑) ～하다 have a good laugh; laugh loudly.
앙칼스럽다, 앙칼지다 (be) fierce; sharp; aggressive; furious; tenacious. ¶ 앙칼스러운 여자 an aggressive woman.
앙케트 a questionnaire; an opinionnaire; *enquête* 《프》.
앙코르 an encore. ¶ ～를 청하다 〔받다〕 call for 〔receive, get〕 an encore.
앙탈하다 scheme to disobey; try to avoid what is right; grumble angrily; fuss about 〔over〕. ¶ 공연히 ～ make a big fuss over nothing.
앙화(殃禍) 《응보》 divine wrath; 《재난》 disaster; calamity; woe; 《불행》 misfortune; evil.
앞[1] ① 《미래》 the future. ¶ ～을 내다보다 look ahead into the future / 총선거는 두 달 ～이다 The general election is two months away. / ～일을 생각하여라 Think of the future. ② 《전방·전면》 the front. ¶ ～의 front / ～자리 a front seat / ～에 앉다 take a front seat / ～에서 세 번째 차량 the third car from the front 《*of the train*》 / ～으로 나(아)가다 go ahead; go 〔step〕 forward. ③ 《면전》 presence. ¶ (아무가 있는) ～에서 in 《*a person's*》 presence. ④ 《선두》 the head; the foremost; the first. ¶ ～에 서다 be at the head; take the lead. ⑤ 《…보다 이전에》 ¶ ～의 former; last; previous / ～에 prior 《*to*》; before; earlier than. ⑥ 《몫》 a share; a portion. ¶ 한 사람 ～에 2개 two 《*pencils*》 each; two 《*pencils*》 to each person.
앞[2] 《…에게, …께》 ¶ 내 ～으로 온 편지 a letter addressed to me; a letter for me / 홍씨 ～으로 어음을 발행하다 draw a bill for 〔in favor of〕 Mr. Hong.
앞가림하다 have just enough education to get by; have the ability to manage *one's* 《*duties*》.
앞가슴 the breast; the chest.
앞길 《갈길》 the road ahead; the way yet to go; 《전도》 *one's* future; prospects. ¶ 아직 ～이 멀다 have a long way to go / 그의 ～은 암담하다 His prospects are gloomy.
앞날 future (career); remaining years 〔days〕; 《여생》 the remainder 〔rest〕 of *one's* life. ¶ ～을 염려하다 feel anxious about *one's* future.
앞니 a front tooth; an incisor.
앞다리 《짐승의》 forelegs; fore limbs.
앞당기다 《시일을》 advance; move 〔carry〕 up. ¶ 이틀을 ～ advance 〔move up〕 《*the date*》 by two days.
앞두다 have 《*a period, a distance*》 ahead. ¶ 열흘을 ～ have ten days to go / 시험을 목전에 앞두고 있다 The examination is near at hand.
앞뒤 ① 《위치》 before and behind; in front and in the rear; before or after; 《시간》 before and after. ¶ ～로 움직이다 move 《*a thing*》 back and forth / ～로 적의 공격을 받다 be attacked both in front and in the rear. ② 《순서·사리》 order; sequence; consequence. ¶ 이야기의 ～가 바뀌다 get things out of sequence / 순서의 ～가 뒤바뀌어 있다 The order is inverted. / ～ 분별도 없이 regardless of the consequences; recklessly / ～ 생각 없이 행동해서는 안 된다 Don't behave without considering the consequences.
앞뒷집 the neighboring houses; the neighbors.
앞뜰 a front garden 〔yard〕.
앞못보다 《소경》 be blind; 《무식》 be ignorant.
앞문(—門) a front gate 〔door〕.
앞바다 the offing; the open sea.
앞바퀴 a front wheel.
앞발 a forefoot; a paw(짐승의).
앞서 ① 《이전에》 previously; be-

ㅇ

fore. ¶ ～ 말한 바와 같이 as previously stated. ② 《먼저》 ahead 《*of*》; in advance 《*of*》; earlier (than); prior to. ¶ 정한 시간보다 ～ 떠나다 start before〔prior to〕 a designated hour.

앞서다 go before〔ahead of〕; go in advance of; precede; head; lead 《*others*》; take the lead. ¶ 앞서거니 뒤서거니 now ahead and now behind.

앞세우다 make 《*a person*》 go ahead. ¶ …을 앞세우고 headed 〔led, preceded〕 by….

앞이마 the forehead.

앞일 things to come; the future (앞날). ¶ ～을 생각하다 think of the future 《*of*》.

앞자락 the front end〔hem〕《*of a garment*》.

앞잡이 《주구》 an agent; a tool; a cat's-paw. ¶ 경찰의 ～ a police agent〔spy〕/ ～로 쓰다 make a cat's-paw of 《*a person*》; use 《*a person*》 as a tool.

앞장 the head; the first; the front; the lead(선도). ¶ ～서다 be at the head 《*of*》; take the lead 《*in*》; be in the front 《*of the parade*》; spearhead 《*a campaign*》/ ～서서 걷다 walk at the head 《*of a procession*》.

앞지르다 get ahead of 《*a person*》; pass; leave 《*a person*》 behind; outrun; outstrip; overtake; 《능가하다》 outdo; surpass. ¶ 훨씬 ～ get far ahead of 《*a person*》; outdistance.

ㅇ

앞집 the house in front; 《길건너의》 the opposite house.

앞차(一車) 《앞에 있는》 the car ahead; 《앞서 떠난》 an earlier departing car〔train〕.

앞채 the front building〔wing〕.

앞치마 an apron.

애[1] 《수고》 pains; trouble; effort; 《걱정》 worry; anxiety.

애[2] ☞ 아이.

애가(哀歌) an elegy; a dirge; a plaintive song.

애개(개) 《아뿔사》 My!; Gosh!; Golly!; 《몹시 작을 때》 How skimpy〔puny, little〕!

애걸(哀乞) ～하다 implore; plead 〔beg〕 for. ¶ ～복걸하다 beg earnestly.

애견(愛犬) *one's* pet dog. ‖ ～가 a dog fancier〔lover〕.

애교(愛嬌) charm; attractiveness. ¶ ～ 있는 attractive; charming; amiable / ～가 넘쳐 흐르다 be overflowing with smiles / ～를 떨다〔부리다〕 make *oneself* pleasant to 《*everybody*》; try to please 《*everybody*》.

애교심(愛校心) love of〔attachment to〕 *one's* school〔*Alma Mater*〕.

애국(愛國) love of *one's* country; patriotism. ¶ ～적인 patriotic. ‖ ～선열 deceased patriots / ～심 patriotism; patriotic spirit〔sentiment〕/ ～자 a patriot.

애국가(愛國歌) a patriotic song; 《국가》 the (Korean) national anthem.

애꾸(눈이) a one-eyed person.

애꿎다 (be) innocent. ¶ 애꿎은 사람 an innocent person.

애끊다 feel as if *one's* heart rent〔torn〕 to pieces.

애끓다 fret 《*about*》; be anxious 〔worried〕 《*about*》; worry 《*about*》.

애달프다 (be) heartbreaking; sad and painful; heartrending; trying; pathetic. ¶ 애달픈 느낌이 들다 feel sad and painful.

애도(哀悼) condolence; sympathy. ～하다 mourn; lament; grieve 《*over, for*》. ¶ ～의 뜻을 표하다 express *one's* regret 《*over the death of*…》; 《유족에게》 express *one's* condolence 《*to*》/ 부친의 서거에 대해 삼가 ～의 뜻을 표합니다 Please accept my condolence on the death of your father. ‖ ～사 a funeral oration; a eulogy.

애독(愛讀) ～하다 read 《*a book*》 with pleasure; read and enjoy; read 《*a magazine*》 regularly. ¶ 이 책은 학생들에게 ～되고 있다 This book is popular with〔among〕 students. ‖ ～서 *one's* favorite book / ～자 a (regular) reader (신문 따위의); a subscriber (구독자).

애드벌룬 an adballoon; an advertising balloon. ¶ ～을 띄우다 float an advertising balloon.

애련(哀憐) pity; compassion. ～하다 be piteous〔pathetic〕.

애로(隘路) 《좁은 길》 a narrow path; 《장애》 a bottleneck. ¶ ～를 타개하다 break the bottleneck.

애림(愛林) forest conservation.

애매(曖昧) ～하다 (be) vague 《*expression*》; ambiguous 《*wording*》; obscure 《*vowels*》; indistinct 《*pronunciation*》; suspicious 《*actions*》. ¶ ～한 대답 a vague answer / ～한 태도를 취하다 maintain an uncertain attitude 《*toward*》.

애매하다 be wrongly〔unjustly〕 accused 《*of*》; be falsely charged 《*with*》.

애먹다 be greatly perplexed; be in a bad〔pretty〕 fix; be at *one's* wits' end. ¶ 애먹이다 give 《*a person*》 much trouble / 그 문제로 크게 애먹고 있다 be completely at a loss what to do about the problem; be in real trouble with the problem.

애모(愛慕) ～하다 love; be attached to; yearn after〔for〕.

애무(愛撫) ～하다 pet; fondle; caress; cherish.
애벌 the first time. ‖ ～갈이 the first tilling / ～빨래 rough washing.
애벌레 a larva.
애사(哀史) a sad〔pathetic〕story 〔history〕.
애사(愛社) ‖ ～정신 devotion to one's company.
애서가(愛書家) a booklover.
애석(愛惜) ～하다 be reluctant 〔loath〕to part〔separate〕《*with*》. ‖ ～상 a consolation prize.
애석하다(哀惜—) grieve〔lament, mourn, sorrow〕《*over*》; be regrettable (아깝다).
애소(哀訴) ☞ 애원.
애송(愛誦) ～하다 love to recite. ‖ ～시집 a collection of *one's* favorite poems.
애송이 a stripling; a greenhorn. ¶ ～ 시절 *one's* salad days.
애수(哀愁) sorrow; sadness; pathos. ¶ ～를 자아내다 make《*a person*》feel sad.
애쓰다 exert〔strain〕*oneself;* make efforts; strive《*for*》; endeavor; take pains〔trouble〕.
애연가(愛煙家) a habitual smoker.
애오라지 to some extent〔degree〕; somewhat.
애완(愛玩) ～하다 love; pet; make a pet of; fondle. ‖ ～동물 *one's* pet (animal).
애욕(愛慾) love and lust; 《a slave of》passion.
애용(愛用) ～하다 use regularly; patronize. ¶ ～의 *one's* favorite / 국산품을 ～하다 patronize home production. ‖ ～자 a regular user 《*of*》; a person who favors《*the production of our company*》.
애원(哀願) an appeal; (an) entreaty; supplication. ～하다 implore; plead〔beg〕for; appeal; supplicate. ‖ ～자 an implorer; a petitioner.
애인(愛人) a lover(남자); a love(여자); a sweetheart(주로 여자). ¶ 그의 ～ his love / ～이 생기다 get a girl friend〔boyfriend〕.
애자(碍子) 『電』 an insulator.
애절하다(哀切—) (be) pathetic; sorrowful.
애정(愛情) love; affection. ¶ ～이 있는 affectionate; loving; warm-hearted / ～이 없는 cold(-hearted); loveless; unfeeling.
애제자(愛弟子) *one's* favorite disciple〔student〕.
애조(哀調) 《곡》a plaintive〔mournful〕melody; 『樂』 a minor key.
애족(愛族) ‖ 애국～ devotion to *one's* country and to *one's* people.
애주(愛酒) ～하다 drink《*wine*》regularly; be fond of drinking《*liquor*》. ‖ ～가 a regular drinker.
애증(愛憎) love and hatred.
애지중지(愛之重之) ～하다 treasure; prize〔value〕highly.
애착(愛着) attachment; fondness; love. ¶ ～이 있다 be attached 《*to*》; be fond《*of*》/ …에 ～을 느끼다 become attached《*to*》.
애창(愛唱) ～하다 love to sing《*a song*》. ‖ ～곡 *one's* favorite song.
애처(愛妻) *one's* (beloved) wife. ‖ ～가 a devoted husband.
애처롭다 (be) pitiful; sorrowful; pathetic; touching. ¶ 애처로운 이야기 a sad〔touching〕story.
애첩(愛妾) *one's* favorite concubine.
애초 the very first〔begining〕. ¶ ～에는 at first; at the start 〔beginning〕.
애칭(愛稱) a pet name; a nickname; a term of endearment.
애타(愛他) ¶ ～적 altruistic. ‖ ～심〔주의〕altruism / ～주의자 an altruist.
애타다 be anxious《*about*》; be nervous〔much worried〕《*about*》; worry *oneself* (sick).
애태우다 ① 《스스로》worry *oneself* 《*about*》; feel anxiety. ¶ 그런 일로 애태우지 말라 Don't let that worry you. ② 《남을》bother; worry; vex; tantalize; keep《*a person*》in suspense. ¶ 부모를 ～ worry *one's* parents.
애통(哀痛) ～하다 lament; grieve; deplore. ¶ ～할 deplorable; lamentable.
애티 ¶ ～가 나다 be childish〔puerile〕.
애프터서비스 after-sales service 《英》; guarantee《美》. ～하다 service《*a motorcar*》; do〔carry out〕after-sales service《*on*》. ¶ 이 TV는 1년간 ～ 됩니다 This TV set has a one-year guarantee (of after-sales service).
애향(愛鄕) ‖ ～심 love of〔for〕*one's* hometown〔birthplace〕.
애호(愛好) ～하다 love; be a lover of; be fond of; have a liking for. ¶ 우리는 평화를 ～하는 국민이다 We are a peace-loving people. ‖ ～가 a lover《*of music*》; a《*movie*》fan.
애호(愛護) protection; loving care. ～하다 protect; love.
애호박 a zucchini; a courgette; a green pumpkin.
애화(哀話) a sad〔pathetic〕story.
애환(哀歡) joys and sorrows《*of life*》.
액(厄) a misfortune; ill luck.
액(液) 《액체》liquid; fluid; 《즙》juice (과실의); sap (나무의).
…액(額) 《금액》an amount; a sum. ¶ 생산〔소비〕～ the amount of production〔consumed〕.
액년(厄年) an evil〔an unlucky,

a bad] year〔age〕.
액달(厄—) an evil〔an unlucky〕 month; a critical month.
액때움, 액땜(厄—)《액막이》exorcism.
액량(液量) liquid measure.
액막이(厄—) exorcism. ～하다 drive away *one's* evils.
액면(額面) face〔par〕 value (가격); a denomination (증권 등의). ¶ ～이하로〔이상으로〕 below〔above〕 par; at a discount〔premium〕/ ～대로 받아들이다 take《*a rumor*》at its face value. ‖ ～주 a par-value stock.
액모(腋毛) the hair of the armpit.
액상(液狀) ¶ ～의 liquid; liquefied.
액세서리 accessories; accessaries. ¶ ～를 달다 wear accessaries.
액셀러레이터 an accelerator. ¶ ～를 밟다 step on the〔accelerator〕 gas pedal.
액션 action. ‖ ～스타〔드라마〕 an action star〔teleplay〕.
액수(額數) a sum; an amount.
액운(厄運) misfortune; evil; ill luck; bad luck.
액일(厄日) an evil〔unlucky〕 day.
액자(額子) a (picture) frame.
액정(液晶) liquid crystal.
액체(液體) (a) liquid; (a) fluid. ‖ ～공기〔연료〕 liquid air〔fuel〕.
액화(液化)〘化〙liquefaction. ～하다 liquefy《*coal*》; become liquid. ‖ ～가스 liquefied gas / ～석유가스 liquefied petroleum gas (생략 LPG) / ～천연가스 liquefied natural gas (생략 LNG).
앨범 an album.
앰풀《주사액 따위》an ampule.
앰프《증폭기》an amplifier.
앵 ¶ ～ 소리를 내다 hum; buzz.
앵글로색슨 Anglo-Saxon. ‖ ～민족 the Anglo-Saxon (race).
앵두 a cherry. ¶ ～같은 입술 lips red as a cherry. ‖ ～나무〘植〙 *Prunus tomentosa* (학명).
앵무새(鸚鵡—) a parrot.
앵속(罌粟) ☞ 양귀비.
앵앵거리다 hum; buzz.
앵커맨 an anchor man; a newscaster.
앵하다 feel bitter《*about*》.
야《놀랄 때의》Oh dear!; O my!; Good heavens!;《부를때의》Hey (you)!; Hey there!
야(野) ¶ ～에 있다 be in private life; be in opposition (야당에).
야간(夜間) a night; nighttime. ¶ ～에 at〔by〕 night. ‖ ～경기〔비행〕 a night game〔flight〕/ ～근무 ☞ 야근 / ～부 the night shift; the evening session《*of a school*》/ ～부 학생 a night-school student / ～영업 night business〔operation〕;《게시》Opening at Night. *or* Staying Open.
야경(夜景) a night view〔scene〕.
야경(夜警) night watch. ～하다 keep watch at night. ¶ ～꾼 a night watchman.
야광(夜光) ¶ ～의 noctilucent. ‖ ～도료 a luminous paint / ～시계 a luminous watch / ～충(蟲) a noctiluca.
야구(野球)《play》baseball. ¶ ～경기를 하다 have〔hold〕 a baseball game〔match〕《*with*》. ‖ ～광 a baseball buff / ～선수〔부, 팬〕 a baseball player〔club, fan〕/ ～장 a baseball ground; a ballpark《美》.
야근(夜勤) night duty〔work〕(야업); a night shift (주야 교대의). ～하다 be on night duty〔shift〕. ‖ ～수당 a night-work allowance.
야금(冶金) metallurgy. ¶ ～의 metallurgical. ‖ ～학〔술〕 metallurgy / ～학자 a metallurgist.
야금(野禽) a wild fowl.
야금야금 little by little; bit by bit; gradually; by degrees.
야기(夜氣)《밤공기》night air;《냉기》the cool〔chill〕 of the night.
야기하다(惹起—) give rise to; lead to; cause; bring about. ¶ 주택 부족은 심각한 사회 문제를 야기한다 The housing shortage gives rise to serious social problems. / 과속은 많은 사고를 야기시킨다 Speeding causes lots of accidents.
야뇨증(夜尿症)〘醫〙bed-wetting; (nocturnal) enuresis.
야단(惹端) ①《소란》an uproar; a clamor; a row; a fuss; a disturbance. ～하다 make a fuss〔row〕; raise〔make〕 an uproar. ②《꾸짖음》a scolding; a rebuke. ～하다 scold; rebuke; chide. ¶ ～을 맞다 be scolded〔rebuked〕 roundly. ③《곤경》a trouble; a predicament; a quandary. ¶ ～나다 be in a quandary〔fix dilemma〕; be at a loss.
야담(野談) an unofficial historical story〔tale〕. ‖ ～가 a historical storyteller.
야당(野黨) an Opposition (party). ‖ ～당수〔기관지〕 an Opposition leader〔organ〕/ 제1 ～ the leading opposition.
야드 a yard (생략 yd.).
야료(惹鬧) ¶ ～를 부리다 provoke《*somebody*》to《*a quarrel, anger*》with unreasonable demands; hoot〔boo, jeer〕《*at*》.
야릇하다 (be) queer; strange; odd; curious.
야만(野蠻) ¶ ～적 savage; barbarous; uncivilized. ‖ ～인 a barbarian; a savage / ～행위 a barbarous〔cruel〕 act.
야망(野望) (an) ambition; (an)

aspiration. ¶ ～이 있는 ambitious / ～을 품다 be ambitious 《*of, for, to do*》; have an ambition 《*for*》.
야맹증 (夜盲症) 〖醫〗 night blindness; nyctalopia.
야멸스럽다 (be) heartless; cold; inhuman; unsympathetic; hard-hearted.
야무지다 (be) firm; strong; solid; hard; tough. ¶ 야무진 사람 a man of firm character / 솜씨가 ～ be deft-handed; be dexterous.
야바위 trickery; swindle. ¶ ～ 치다 play a trick upon 《*a person*》; cheat; swindle. ‖ ～꾼 a swindler; an impostor; a trickster.
야박하다 (野薄—) (be) cold-hearted; heartless; hard; cruel. ¶ 야박한 세상 a hard world.
야반 (夜半) ¶ ～에 at midnight / ～도주하다 flee by night.
야비 (野卑) ～하다 (be) vulgar; mean; low; boorish; coarse.
야사 (野史) an unofficial history.
야산 (野山) a hill; a hillock.
야상곡 (夜想曲) 〖樂〗 a nocturne.
야생 (野生) ～하다 grow (in the) wild. ¶ ～의 wild; uncultivated / ～상태에서는 in the 〔a〕 wild state; in the wild. ‖ ～식물 〔동물〕 a wild plant 〔animal〕.
야성 (野性) wild nature. ¶ ～적인 wild; rough / 개도 굶주리면 ～을 나타낸다 Even dogs run wild when they are hungry. ‖ ～미(美) unpolished beauty.
야속하다 (野俗—) (be) cold-hearted; heartless; 《섭섭하다》 (be) reproachful; rueful. ¶ 야속해 하는 눈초리 a reproachful look.
야수 (野手) 〖野〗 a fielder.
야수 (野獸) a wild beast 〔animal〕. ¶ ～같은 brutal; beastlike. ‖ ～성 brutality / ～파(派) 〖美術〗 Fauvism; a Fauvist (사람).
야습 (夜襲) a night attack 〔raid〕. ～하다 make a night attack 《*on*》.
야시(장) (夜市(場)) a night market.
야식 (夜食) a midnight snack. ¶ ～으로 국수를 먹다 have a midnight snack of noodles.
야심 (野心) 《야망》 (an) ambition; 《음모》 a sinister designs. ¶ ～있는 ambitious. ‖ ～가 an ambitious person.
야심하다 (夜深—) be late at night.
야영 (野營) a camp; camping. ～하다 camp out. ‖ ～지 a camping ground.
야옹 mew; miaow. ¶ ～하고 울다 mew.
야외 (野外) ¶ ～의 outdoor; open-air; out-of-door; field / ～에서 in the open (air); outdoors in the field / ～에 나가다 go out into the field. ‖ ～극장 an open-air theater / ～요리 outdoor cooking; a cookout / ～운동 outdoor sports / ～음악회 an open-air 〔outdoor〕 concert / ～작업 〔연습〕 field work 〔exercise〕 / ～촬영 a location.
야유 (野遊) a picnic; an outing. ‖ ～회 a picnic party (～회를 가다 go on a picnic).
야유 (揶揄) hoots; heckling; jeer. ～하다 hoot; heckle; jeer 《*at*》. ¶ 연사를 ～하여 하단시키다 hoot a 〔the〕 speaker down.
야음 (夜陰) ¶ ～을 틈타 under cover of darkness 〔night〕.
야인 (野人) ① 《시골 사람》 a rustic; a countryman; 《꾸밈없는 사람》 a man with rough and simple tastes. ② 《재야의》 a person out of official position; a private citizen.
야자 (椰子) 〖植〗 a coconut tree; a cocopalm. ‖ ～기름 coconut oil / ～열매 a coconut.
야전 (野戰) field operations 〔warfare〕. ‖ ～군 〔병원〕 a field army 〔hospital〕.
야채 (野菜) vegetables; greens. ¶ ～를 가꾸다 grow 〔raise〕 vegetables. ‖ ～가게 a greengrocery / ～밭 《가정의》 a kitchen 〔vegetable〕 garden; 《농가의》 a vegetable field / ～샐러드 〔수프〕 vegetable salad 〔soup〕 / ～요리 a vegetable dish.
야틈하다 《깊이가》 (be) rather shallow; shallowish.
야포 (野砲) a field gun; field artillery (총칭). ‖ ～대 a field battery.
야하다 (冶—) ① 《난하다》 (be) gorgeous; showy; gaudy 《*clothes*》. ② 《속되다》 (be) vulgar; mean; low; coarse.
야학 (夜學) a night school. ¶ ～에 다니다 attend 〔go to〕 a night school.
야합 (野合) 《남녀간의》 an illicit union 〔relationship〕; 《정당간의》 an unprincipled coalition between political parties (formed with a sole view to seizing political power). ～하다 form an illicit union 〔connection〕.
야행 (夜行) ～하다 go 〔travel〕 by night. ‖ ～성 〖動〗 the nocturnal habits / ～성 동물 a nocturnal animal.
야회 (夜會) 《give》 an evening party; a ball (무도회). ‖ ～복 an evening dress.
약 (葯) 〖植〗 an anther.
약 (藥) ① 《치료제》 medicine; a drug; a pill (환약). ¶ ～을 먹다 〔바르다〕 take 〔apply〕 medicine / ～을 주다 〔먹이다〕 administer medi-

ㅇ

cine to《*a person*》. ②《비유적》¶ 모르는 게 ~ Ignorance is bliss. / ~을 쓰다 oil〔grease〕《*a person's*》 palm.

약(約)《대략》about; some; nearly; around《美》; approximately. ¶ ~ 5마일 about〔nearly〕five miles.

약가심(藥—) ~하다 take off the aftertaste of the medicine.

약간(若干) some;《양》some quantity of; a little;《수》a few; a number of. ¶ ~의 돈 some money.

약값(藥—) a charge for medicine; a medical fee. 「health.

약골(弱骨) ¶ ~이다 be of delicate

약과(藥果) ① ☞ 과줄. ②《쉬운 일》 an easy thing. ¶ 그것쯤은 ~다 It's an easy task. *or* That's nothing.

약관(約款)《협약》an agreement;《조항》a stipulation; an article; a clause.

약관(弱冠) a youth of twenty; a young man. ¶ ~에 at the age of twenty.

약국(藥局) a drugstore《美》; a pharmacy; a chemist's shop《英》.

약기(略記) ~하다 make a short 〔rough〕sketch《*of*》; outline.

약다 (be) clever; wise; sharp; shrewd; smart. ¶ 약게 굴다 act smartly; be tactful.

약도(略圖) a (rough) sketch; a sketch〔rough〕map (지도의). ¶ ~를 그리다 draw a rough map.

약동하다(躍動—) move in a lively way; throb; be in full play. ¶ 생기 ~ be full of life and energy.

약력(略歷) *one's* brief personal history; a sketch of *one's* life.

약리(藥理) ‖ ~작용 medicinal action / ~학 pharmacology.

약물(藥物) (a) medicine; drugs. ‖ ~요법 medication; medical therapy / ~의존 drug dependence / ~중독 drug poisoning.

약밥(藥—) sweet steamed rice flavored with honey, nuts and jujubes.

약방(藥房) a drugstore. ☞ 약국.

약방문(藥方文) a prescription (slip); a recipe. ¶ 사후 ~ the doctor after death.

약변화(弱變化)〖文〗weak conjugation. ¶ ~의 (동사) weak (verbs).

약병(藥甁) a medicine bottle.

약복(略服) an informal〔ordinary, everyday〕dress. 「cine.

약봉지(藥封紙) a packet of medi-

약분(約分)〖數〗reduction. ~하다 reduce《*a fraction*》. ¶ ~할 수 없는 irreducible.

약사(藥師) a pharmaceutist; a pharmacist; a dispenser.

약사(略史) a brief〔short〕history.

약사발(藥沙鉢) ¶ ~을 내리다 bestow poison《*to a person*》as a death penalty.

약사법(藥事法) the Pharmaceutical Affairs Law.

약삭빠르다 (be) clever; sharp; shrewd; smart; quick-witted. ¶ 약삭빠르게 굴다 move smartly; act shrewdly.

약석(藥石) ¶ ~의 보람 없이 in spite of every medical treatment.

약설(略說) a summary; an outline. ~하다 give an outline《*of*》; outline.

약소(弱少) ~하다 (be) small and weak. ‖ ~국(가) a lesser〔minor〕power〔nation〕/ ~민족 the people of a small and weak power.

약소하다(略少—) (be) scanty; insignificant; a few (수); a little (양).

약속(約束)《실행의》a promise; an engagement;《회합의》an appointment; a date(남녀간의). ~하다 (make a) promise; give *one's* word; make an appointment〔a date《美口》〕《*with*》. ¶ ~을 지키다〔어기다〕keep〔break〕*one's* promise〔word〕. ‖ ~시간〔장소〕the appointed time〔spot〕/ ~어음 《issue》a promissory note.

약손가락(藥—) the third finger; the ring finger.

약솜(藥—) absorbent〔sanitary〕cotton; cotton wool〔batting〕.

약수(約數)〖數〗a divisor; a factor.

약수(藥水)《약물》medicinal〔mineral〕water. ‖ ~터 a mineral spring resort; a spa.

약술(略述) ~하다 give an outline 〔a rough sketch〕《*of*》.

약시(弱視) weak〔poor〕eyesight; 〖醫〗amblyopia. ¶ ~의 weak-sighted; amblyopic.

약시중(藥—) ~하다 serve《*a person*》with a medicinal decoction.

약식(略式) ¶ ~의 informal; unceremonious / ~으로 informally; without formality. ‖ ~명령 a summary order / ~재판 summary trial / ~절차 informal proceedings.

약실(藥室)《총의》a cartridge chamber.

약쑥(藥—)〖植〗(medicinal) moxa.

약어(略語) an abbreviation.

약언(略言) ~하다 summarize. ¶ ~하면 in short〔brief〕; in a word; to be brief.

약연(藥碾) a druggist's mortar.

약오르다 fret (and fume)《*about*》; become impatient; be irritated.

약올리다 irritate; fret; tantalize;

tease (놀려서).
약용(藥用) medicinal use. ¶ ～의 medicinal / ～에 쓰다 use《*a thing*》for medical purposes. ‖ ～비누 a medicated soap / ～식물 a medicinal plant〔herb〕.
약육강식(弱肉強食) the law of the jungle. ¶ ～은 자연의 법칙이다 It is a rule of nature that the strong prey upon the weak.
약음기(弱音器) a mute.
약자(弱者) the weak. ¶ ～의 편을 들다 side with〔stand by〕the weak.
약자(略字) a simplified〔an abbreviated〕form《*of a Chinese character*》.
약장(略章) a miniature decoration〔medal〕; a service ribbon.
약장(藥欌) a medicine chest.
약재(藥材) medicinal stuffs.
약전(弱電) a weak electric current. ‖ ～기기 light electric appliances.
약전(略傳) a biographical sketch; a short biography《*of*》.
약전(藥典) the pharmacopoeia.
약점(弱點) a weakness; a weak〔vulnerable〕point;《결점》a defect; shortcomings; a sore〔tender〕spot (급소). ¶ ～을 지니고 있다 have a weakness《*for women*》/ ～을 찌르다 touch《*a person*》on a sore spot.
약정(約定) ～하다 agree; contract; promise. ‖ ～기한 a stipulated time / ～서 an agreement; a written contract.
약제(藥劑) drugs; chemicals; (a) medicine. ‖ ～사 ☞ 약사(藥師).
약조(約條) ～하다 promise; pledge. ‖ ～금 a contract deposit.
약종상(藥種商) a drug merchant; a herbalist(한약의); an apothecary.
약주(藥酒) ①《약용》medical liquor. ②《술》refined *sul;* rice wine.
약진(弱震) a weak〔minor〕shock (of an earthquake).
약진(躍進) ～하다 (make a) rush〔dash〕《*for*》;《진보》make rapid advance〔progress〕.
약질(弱質) a weak person.
약체(弱體) ¶ ～의 weak; effete / ～화하다 become weak〔effete〕. ‖ ～내각 an effete Cabinet.
약초(藥草) medicinal herbs; a medical plant. ‖ ～학 medical botany.
약탈(掠奪) plunder; pillage; loot. ～하다 pillage; plunder; loot. ‖ ～자 a plunderer; a looter / ～품 spoil; plunder; loot.
약탕관(藥湯罐) a clay pot in which medicines are prepared.
약포(藥圃) a herbal garden.
약품(藥品) medicines; drugs; chemicals (화학 약품).
약하다(弱—) ①《체력·능력·기력이》(be) weak; delicate; poor; feeble; frail. ¶ 몸이 ～ be physically weak; have a delicate〔frail〕constitution / 위장이 ～ have poor〔weak〕digestion / 의지가 ～ have a weak will. ②《빛·색·소리 따위가》(be) faint; feeble; gentle;《술 따위가》(be) mild;《정도 따위가》(be) weak; slight. ¶ 약한 소리 a faint sound / 약한 빛 a feeble light / 약한 술〔담배〕weak〔mild〕wine〔tobacco〕/ 약한 바람이 불고 있다 A gentle wind is blowing. ③《깨지기 쉬운》(be) weak; flimsy《*boxes*》. ¶ 약한 토대 a weak foundation. ④《저항력이》¶ 술에 ～ easily get drunk; cannot hold *one's* drink / 추위에 ～ be sensitive to cold / 열에 ～ be easily affected by heat / 여성에게 ～ be susceptible to feminine charms; easily fall for women. ⑤《서투르다》(be) weak; poor. ¶ 나는 수학이～ I'm weak in〔poor at〕mathematics.
약하다(略—) ☞ 생략(省略).
약학(藥學) pharmacy; pharmacology. ‖ ～과 the pharmaceutical department / ～대학 the college of pharmacy / ～박사《학위》a Doctor of Pharmacy (생략 Phar. D.) / ～자 a pharmacologist.
약호(略號) a code〔cable〕address.
약혼(約婚) an engagement; a betrothal. ～하다 get engaged《*to*》. ‖ ～반지 an engagement ring / ～선물〔식〕an engagement present〔ceremony〕/ ～자 *one's fiancé* (남), *one's fiancée* (여).
약화(弱化) ～하다 weaken.
약효(藥效) the effect〔virtue, efficacy〕of a medicine. ¶ ～를 나타내다 take effect; work; prove efficacious / ～가 있다 be effective; be good《*for*》.
얄궂다 (be) strange; queer; odd; funny; curious. ¶ 얄궂게도 strange enough; by a curious coincidence / 얄궂은 운명 the irony of fate.
얄따랗다 (be) rather thin.
얄밉다《불쾌》(be) offensive;《주제넘다》(be) saucy; cheeky; pert;《밉다》(be) disgusting; hateful; detestable; provoking. ¶ 얄미운 소리를 하다 say pert〔spiteful〕thing / 얄밉게 굴다 behave mean-ly.
얄팍하다 (be) thin.
얇다 (be) thin. ¶ 얇게 thinly / 입술이 ～ have thin lips.
얌심 mean jealousy. ¶ ～ 부리다 display jealousy. ‖ ～데기 a mean

ㅇ

and jealous person.

얌전하다 ①《차분 · 단정》(be) gentle; well-behaved; modest; polite; graceful. ¶ 얌전한 색시 a modest girl / 몸가짐이 ～ be modest 〔graceful〕 in *one's* manner / 얌전하게 굴다 behave *oneself*. ②《솜씨 · 모양》(be) nice; neat; good. ¶ 일을 얌전하게 하다 do a nice job.

양(羊) 〖動〗 a sheep; a lamb (새끼). ¶ 길 잃은 ～ a lost〔stray〕 lamb. ‖ ～가죽 sheepskin; 《제본용》 roan / ～고기 mutton / ～떼 a flock of sheep / ～떼구름 〖氣〗 a cumulocirrus / ～털 (sheep's) wool.

양(良) good; fine; B.

양(量) ①《분량》 quantity; amount; volume. ¶ ～적으로 quantitatively / ～이 적다〔많다〕 be small 〔large〕 in quantity / ～보다 질 quality before quantity. ②《먹는 양》 *one's* capacity for food〔wine, *etc.*〕. ¶ ～껏 먹다〔마시다〕 eat 〔drink〕 to *one's* fill / ～이 크다 be a great eater.

양(陽) the positive; 〖哲〗 "Yang".

양…(兩) 《둘》 a couple; both; two. ¶ ～국 both countries / ～가 two 〔both〕 houses〔families〕 / ～군 both armies.

양…(洋) foreign; Western; European. ¶ ～식 foreign food; Western dishes.

…양(孃) Miss 《*Kim*》.

양가(良家) a respectable〔good〕 family. ¶ ～ 태생이다 come from a good family.

양가(養家) an adoptive family.

양각(陽刻) relief; (a) relief sculpture〔carving〕. ～하다 carve in relief. ¶ ～세공 relief〔raised〕 work.

양갈보(洋―) a prostitute who caters to foreigners.

양계(養鷄) poultry farming; chicken raising. ～하다 raise poultry〔chickens〕. ‖ ～업 a poultry farming / ～장 a poultry〔chicken〕 farm.

양곡(糧穀) cereals; corn; grain. ‖ ～도입 importation of grains / ～수급계획 a plan for demand and supply of grains.

양공주(洋公主) ☞ 양갈보.

양과자(洋菓子) Western confectionery〔cakes〕.

양궁(洋弓) Western-style archery (궁술); a Western-style bow (활).

양귀비(楊貴妃) 〖植〗 a poppy.

양극(兩極) the two poles (지구의); the positive and negative poles (전극의); the opposite poles (정반대). ¶ ～의 bipolar. ‖ ～지방 the polar circles〔areas〕 / ～화 bipolarization.

양극(陽極) 〖電〗 the positive pole; the anode.

양극단(兩極端) the two extremes.

양기(陽氣) ①《햇볕》 sunlight; sunshine. ②《남자의》 vigor; virility; vitality; energy.

양날(兩―) ¶ ～의 double-edged; two bladed.

양녀(養女) an adopted daughter.

양념 spices; flavor; seasoning; condiments. ¶ ～을 한 spicy; spiced 《*food*》 / ～을 치다 spice 《*a dish*》; season〔flavor〕 《*a dish*》 with spice. ‖ ～병 a cruet.

양다리(兩―) ¶ ～ 걸치다 try to have 《*it*》 both ways; sit on the fence; play double(내통하다) / ～(를) 걸치는 사람 a double-dealer; a time server; a fence-sitter.

양단(兩端) both ends; either end. ¶ ～을 자르다 cut 《*a thing*》 at both ends / ～간에 at any rate; in any case〔way〕; at all events / ～간 해야 할 일이다 I must do it anyhow.

양단(兩斷) bisection. ～하다 bisect; split〔break〕 in two; cut 《*something*》 in two.

양단(洋緞) satin.

양달(陽―) a sunny place〔spot〕. ¶ ～쪽 the sunny side.

양담배(洋―) imported〔American〕 cigarettes〔tobacco〕.

양당(兩黨) the two political parties. ‖ ～정치〔제도〕 the two-party politics〔system〕.

양도(糧道) supply of provisions. ¶ ～를 끊다 cut off the 《*enemy's*》 supplies.

양도(讓渡) transfer; conveyance; negotiation (어음의). ～하다 transfer 《*a thing*》 to; hand〔make〕 over 《*a thing*》 over〔to〕; deed 《*a thing*》 to 《*a person*》《美》. ¶ ～할 수 있는 transferable; alienable; negotiable (어음의). ‖ ～성예금 a negotiable deposit / ～소득 income from the transfer of *one's* property / ～소득세 a transfer income tax / ～인 a grantor; a transferer(피～인 a transferee) / ～증서 a conveyance; a deed of transfer.

양도체(良導體) a good conductor 《*of heat*》.

양돈(養豚) hog〔pig〕 raising. ～하다 raise〔rear〕 hogs. ‖ ～업자 a hog raiser 《美》; pig breeder 〔farmer〕《英》 / ～장 a pig farm; a swinery.

양동이(洋―) a metal pail.

양동작전(陽動作戰) a feint operation; 《make》 a sham attack.

양두(兩頭) ¶ ～ 정치 diarchy.

양두구육(羊頭狗肉) Cry up wine, and sell vinegar.

양력(陽曆) the solar calender.

양력(揚力) 〖理〗 (dynamic) lift. ¶ ～을 얻다 obtain lift.

양로(養老) ‖ ～보험 old-age〔endowment〕insurance / ～연금 an old-age pension / ～원 a home for the aged; an old people's home; a retirement community (노인촌).

양론(兩論) both arguments; both sides of the argument.

양륙(揚陸) unloading《*of cargo*》; 《상륙》landing. ～하다 unload; land; disembark. ‖ ～비 landing charges / ～지〔장〕a (designated) landing place〔stage〕.

양립(兩立) ～하다 be compatible《*with*》; stand together. ¶ ～할 수 없다 be incompatible《*with*》.

양말(洋襪) socks (짧은); stockings (긴). ¶ ～을 신다〔벗다〕put on〔take off〕socks〔stockings〕.

양면(兩面) both faces. ¶ ～의 double-faced; both-sided. ‖ ～작전 double-sided operations.

양명(揚名) ～하다 gain fame; make *one's* name; win distinction.

양모(羊毛) (sheep's) wool. ¶ ～의 woollen.

양모(養母) an adoptive mother; a foster mother.

양모제(養毛劑) a hair tonic.

양미간(兩眉間) ¶ ～을 찌푸리다 knit *one's* brows; frown《*at, on*》.

양민(良民) law-abiding citizens; good citizenry. ‖ ～학살 massacre〔slaughter〕of the innocent people.

양반(兩班) 《동반·서반》the two upper classes of old Korea; 《계급》the nobility; the aristocracy; 《사람》an aristocrat; a nobleman.

양배추(洋—) a cabbage.

양변(兩邊) both sides.

양병(養兵) building up〔maintaining〕an army. ～하다 build up〔maintain〕an army.

양보(讓步) concession. ～하다 concede《*to*》; make a concession; give way to. ¶ 서로 ～하다 make mutual concessions / 한 치도 ～하지 않다 do not yield an inch.

양복(洋服) foreign clothes; European (style) clothes; a suit (of clothes) (한 벌). ¶ ～을 맞추다 have〔get〕a suit made / ～을 입다〔벗다〕put on〔take off〕*one's* clothes. ‖ ～감 material for foreign clothes; cloth / ～걸이 a coat hanger / ～장 a wardrobe / ～점 a tailor's (shop).

양봉(養蜂) beekeeping; apiculture. ～하다 keep〔culture〕bees. ‖ ～가 a beekeeper / ～업 bee-farming / ～장 a bee farm; an apiary.

양부(良否) good or bad; quality.

양부(養父) an adoptive〔a foster〕father.

양부모(養父母) foster〔adoptive〕parents.

양분(養分) nutriment; nourishment. ¶ ～이 있다 be nourishing.

양산(陽傘) a parasol.

양산(量産) mass production. ～하다 mass-produce; produce in large quantities. ¶ ～체제로 들어가다《제품이 주어》be put into commercial production. ‖ ～계획 a plan for the mass production《*of*》.

양상(樣相) an aspect; a phase (국면). ¶ 새로운 ～을 나타내다 take on a new aspect; enter upon a new phase.

양상군자(梁上君子)《도둑》a robber; a thief.

양생(養生)《섭생》care of health; 《보양》recuperation. ～하다 take care of *one's* health; recuperate *oneself* (병후의). ‖ ～법 rules of *one's* health; hygiene.

양서(良書) a good book.

양서(洋書) a foreign book.

양서동물(兩棲動物) an amphibious animal; an amphibian.

양서류(兩棲類)〖動〗Amphibia.

양성(兩性) both〔the two〕sexes. ¶ ～의 bisexual《*flower*》. ‖ ～생식 gamogenesis.

양성(陽性) positivity. ¶ ～의 positive / ～이다 prove positive. ‖ ～반응 a positive reaction.

양성(養成) training; education. ～하다 train; educate; cultivate(재능·품성 따위의). ¶ 기술자를 ～하다 train technicians / 연기력을 ～하다 cultivate *one's* skill of acting. ‖ ～소 a training school《*for teachers*》.

양성화(陽性化) ¶ 무허가 건물의 ～ licensing unauthorized shacks / 정치 자금을 ～하다 make public the sources of political funds.

양속(良俗) a good〔fine〕custom.

양송이(洋松栮) a mushroom; a champignon(유럽 원산). ‖ ～재배 mushroom cultivation.

양수(羊水)〖醫〗amniotic fluid.

양수(兩手) both hands. ‖ ～걸이《장기 등의》scoring a double point with a single move / ～잡이 an ambidexter.

양수(揚水) pumping up. ‖ ～기 a water pump / ～발전소 a pumping-up power plant / ～장 a pumping station.

양수(讓受) acquisition by transfer; inheritance (계승). ～하다 obtain by transfer; take over; inherit. ‖ ～인 a grantee; a transferee.

양순(良順) ～하다 (be) good and obedient; gentle; meek. ¶ ～한 백성 law-abiding〔obedient〕people.

양식(良識) good sense. ¶ ~ 있는 사람 a sensible person.
양식(洋式) ¶ ~의 Western-style / ~ 화장실 a Western-style toilet; a sit-down type toilet / ~ 방 a room furnished in Western style.
양식(洋食) Western food〔dishes〕; Western cooking. ‖ ~기(器) Western tableware / ~집 a (Western) restaurant.
양식(樣式) a form; a style; a mode; a pattern(방식). ¶ 소정 ~의 원서를 제출하다 submit *one's* application in the prescribed 〔proper〕 form. ‖ 행동~ patterns of behavior.
양식(養殖) culture; breeding. ~하다 raise; cultivate; breed. ‖ ~어 hatchery fish / ~어업 the fish-raising industry / ~장 a nursery; a farm / ~진주 a cultured pearl / 굴~ oyster culture〔farming〕 / 진주~ pearl culture.
양식(糧食) food; provisions. ¶ 마음의 ~ mental pabulum / 3일분의 ~을 휴대하다 take a three-day supply of food.
양심(良心) conscience. ¶ ~적(으로) conscientious(ly) / ~이 없는 사람 a man with no conscience / ~적인 작품 a conscientious piece of work / ~에 호소하다 appeal to《*a person's*》conscience / ~에 어긋나다 betray *one's* conscience / ~에 따라 행동하다 act according to *one's* conscience / ~의 가책을 받다 suffer from a guilty conscience; be stung by *one's* conscience; feel the pricks〔stings, pangs〕 of conscience / ~에 부끄러운 데가 없다 I have a good〔clear〕 conscience. / 그것은 네 ~에 맡기겠다 I'll leave it to your conscience. ‖ ~선언 a declaration of conscience / ~수 a conscientious prisoner.
양악(洋樂) Western music.
양안(兩岸) both banks; either bank〔side〕.
양약(良藥) a good medicine. ¶ ~은 입에 쓰다 A good medicine tastes bitter.
양약(洋藥) Western medicines.
양양(洋洋) ~하다 (be) vast; broad; boundless; bright (앞길이). ¶ ~한 전도《have》a bright〔great〕 future.
양양하다(揚揚 —) (be) triumphant; exultant.
양어(養魚) fish breeding〔farming〕. ‖ ~장 a fish farm.
양어머니(養 —) a foster mother.
양여(讓與) transfer;《영토의》cession; alienation (할양);《이권의》concession;《포기》surrender;《양도》assignment. ~하다 transfer; concede《*a privilege to another*》.
양옥(洋屋) a Western-style house.
양용(兩用)《for》double use. ¶ 수륙~전차 an amphibian〔amphibious〕 tank.
양원(兩院) both〔the two〕 Houses 〔Chambers〕. ‖ ~제도 a bicameral systems.
양위(讓位)《임금의》abdication (of the throne). ~하다 abdicate (the throne).
양육(養育) ~하다 bring up; rear; nurse; foster. ‖ ~비 the expenses for bringing up《*a child*》/ ~자 a fosterer; a rearer.
양은(洋銀) nickel〔German〕 silver.
양의(良醫) a good physician.
양의(洋醫) a Western (medical) doctor.
양이(攘夷) antiforeign sentiment; exclusionism. ‖ ~론 the advocacy of exclusion of foreigners / ~론자 an exclusionist.
양이온(陽 —) 〖理〗 a positive ion.
양자(兩者) both; the two; both parties. ¶ ~택일하다 select one alternatively; choose between the two.
양자(陽子) 〖理〗 a proton.
양자(量子) 〖理〗 a quantum.
양자(養子) an adopted son; a foster child. ¶ ~로 삼다 adopt a child / ~로 가다 be adopted into a family.
양자강(揚子江) ☞ 양쯔강.
양잠(養蠶) sericulture; silkworm culture〔breeding〕. ~하다 raise 〔breed〕 silkworms. ‖ ~농가 a silkworm raiser / ~업 the sericultural industry.
양장(洋裝) ①《옷》Western-style clothes. ~하다 be dressed in Western style; wear Western clothes. ‖ ~점 a dressmaking shop; a boutique. ②《제본》foreign binding.
양재(良材) good timber (재목); a man of ability (인재).
양재(洋裁) dressmaking. ‖ ~사 a dressmaker / ~학원 a dressmaking school.
양잿물(洋 —) caustic soda.
양전기(陽電氣) positive electricity.
양전자(陽電子) 〖理〗 a positron.
양젖(羊 —) sheep's milk.
양조(釀造) brewing; brewage; distillation. ~하다 brew《*beer*》; distill《*whisky*》. ‖ ~업자 a brewer; a distiller / ~장 a brewery; a distillery(위스키의) / ~주 a liquor 〔an alcoholic beverage〕 made by fermentation / ~학 zymurgy.
양주(洋酒) Western liquors; whisky and wine.
양지(洋紙) Western paper.

양지(陽地) a sunny place. ¶ ～쪽 the sunny side / ～에 in the sun / ～가 음지(陰地)되고 음지가 ～된다 Life is full of ups and downs.

양지(諒知) ～하다 know; understand; be aware of. ¶ ～하시는 바와 같이 as you see〔are aware〕.

양지머리 the brisket of beef.

양진영(兩陣營) both camps〔parties〕; the two opposing sides.

양질(良質) ¶ ～의 종이 paper of good〔superior〕quality.

양쪽(兩—) both sides. ¶ ～에 on both sides〔either side〕《*of the street*》.

양쯔 강(揚子江) the Yangtze (River).

양차(兩次) two times; twice.

양찰(諒察) ～하다 consider; take into consideration.

양책(良策) a good plan; a wise policy.

양처(良妻) a good wife.

양철(洋鐵) tin plate. ‖ ～가위 snips / ～공 a tinman / ～깡통 a tin (can); a can《美》.

양초(洋—) a candle. ‖ ～심지 a candlewick.

양측(兩側) ☞ 양쪽.

양치(養齒) ～하다 rinse (out) *one's* mouth; gargle (the throat).

양치기(羊—) sheep-raising; a shepherd (목동).

양키 a Yankee; a Yank《俗》.

양탄자(洋—) a carpet; a rug. ¶ ～를 깔다 spread a carpet; carpet《*a floor*》.

양토(養兎) rabbit raising〔rearing〕. ～하다 raise〔breed〕rabbits. ‖ ～장 a rabbitry.

양파(洋—) an onion.

양팔(兩—) two〔both〕arms.

양편(兩便) either side; both sides.

양푼 a brass basin.

양품(洋品) haberdashery; fancy goods. ‖ ～점 a haberdashery; a fancy(-goods) store.

양풍(良風) a good custom. ‖ ～미속 ☞ 미풍양속.

양풍(洋風) the European〔Western〕style〔manner〕.

양피(羊皮) sheepskin; roan (제본용). ‖ ～구두 sheepskin shoes / ～지(紙) parchment.

양학(洋學)《서양 학문》Western〔European〕learning.

양항(良港) a good harbor.

양해(諒解)《동의》consent; agreement;《이해》understanding. ～하다 consent to; agree with; understand. ¶ 상호 ～하에 by mutual agreement / ～를 얻다 obtain《*a person's*》consent / 두 사람 사이에는 암묵의 ～가 있었다 There was a tacit understanding between them. ‖ ～각서 a memorandum of understanding (생략 MOU) / ～사항 agreed items.

양행(洋行) ①《외국행》～하다 go〔travel〕abroad. ②《회사》a foreign business firm.

양형(量刑) assessment of a case.

양호(良好) ～하다 (be) good; excellent; successful; satisfactory.

양호(養護) nursing; protective care. ～하다 nurse; protect. ‖ ～교사 a nurse-teacher / ～시설 a protective institution.

양화(良貨) good money.

양화(洋靴) ☞ 구두. ‖ ～점 a shoe shop〔store《美》〕.

양화(洋畫) ①《서양화》a Western-style painting. ②《영화》a foreign movie〔film〕.

양화(陽畫)〖寫〗a positive (picture).

양회(洋灰) cement.

얕다 ①《깊이가》(be) shallow. ¶ 얕은 우물〔접시〕a shallow well〔dish〕/ 물이 얕은 곳 a shoal; a shallow. ②《생각·지식이》(be) shallow; superficial; thoughtless. ¶ 얕은 꾀 shallow wit / 얕은 소견〔지식〕a superficial view〔knowledge〕. ③《정도가》(be) light; slight. ¶ 얕은 상처 a slight injury; a light wound / 얕은 잠 a light sleep / 그 회사와의 관계는 아직 ～ Our relations with that company are still not very close.

얕보다 hold《*a person*》cheap; make light of; look down on; underestimate; despise. ¶ 얕볼 수 없는 적 a formidable enemy / 그를 어린애라고 ～ make light of him as a mere boy / 그들의 능력을 얕보아서는 안 된다 Don't underestimate their ability.

얘《호칭》Sonny!; My boy!; You!; Hey!;《이 애》this child.

어《감탄》Oh!; Well!; Why!;《대답》yes!; yea!

어간(語幹) the stem of a word.

어감(語感) a linguistic sense; word feeling (말의). ¶ (말의) 미묘한 ～ (a) subtle nuance.

어개(魚介)《해산물》marine products.

어거하다(馭車—) drive《*a horse*》;《제어》manage; control.

어구(語句) words and phrases.

어구(漁具) a fishing implement; fishing gear〔tackle〕(총칭).

어구(漁區) a fishing ground〔area〕.

어군(魚群) a shoal〔school〕of fish. ‖ ～탐지기 a fish finder〔detector〕.

어군(語群)〖文〗a word group.

어귀 an entrance《*to a village*》; an entry《*to a river*》; the mouth《*of a harbor*》.

어그러지다 ①《반대로》be contrary to; be against《*the rule*》; depart from. ¶ 기대에 ～ be contrary to *one's* expectation. ②《사이가》become estranged. ¶ 친구와 사이가 ～ be estranged from a friend.

어근(語根) the root of a word.
어근버근 ①《느슨하다》～하다 (be) loose; do not dovetail (서술적). ②《불화》～하다《서술적》be at variance; be on bad terms.
어금니 a molar (tooth).
어긋나다 ①《길이》pass〔cross〕each other; miss each other on the road. ②《빗나가다》go amiss; miss; go wrong; fail. ¶ 계획이 ～ be baffled in *one's* design / 나의 예상이 어긋났다 My guess turned out to be wrong. *or* I guessed wrong. ③《틀리다 · 위반되다》be against; be contrary to《*the rule*》. ④《뼈 따위가》be dislocated.
어긋매끼다 cross《*two sticks*》; place〔stack〕crosswise; intercross.
어긋물리다 cross (each other).
어긋버긋하다《서술적》be out of joint (with each other); (be) loose; uneven.
어기(漁期) the fishing season.
어기다《약속 · 명령 · 규칙 따위를》go against; offend against《*the law*》; violate《*a rule*》; break《*one's promise*》. ¶ 부모 뜻을 어기어 against *one's* parents' wishes / 시간을 어기지 않고 punctually; on time / 명령을 ～ go〔act〕against orders.
어기대다 disobey; oppose; go〔act〕against.
어기적거리다 waddle; shuffle along.
어기중하다(於其中 —) be in the middle; (be) medium; average.
어기차다 be sturdy〔stouthearted〕.
어김 ¶ ～없는 unerring; infallible / ～없이 without fail; surely; certainly / ～없이 …하다 do not fail〔forget〕to《*do*》.
어깨 the shoulder. ¶ ～가 넓은〔떡벌어진〕broad-〔square-〕shouldered《*man*》/ ～에 메다 shoulder《*a thing*》/ ～를 으쓱하다 shrug *one's* shoulders / ～를 나란히 하다 stand side by side; can compare《*with*》; rank《*with another*》/ ～를 겨루다 compete《*with*》.
어깨너멋글 picked-up knowledge.
어깨동무 ～하다 put arms around each other's shoulders.
어깨뼈 the shoulder blade.
어깨총(—銃)《구령》Shoulder arms!
어깨춤《춤》¶ ～을 추다 dance with *one's* shoulders moving up and down.
어깻바람 ¶ ～이 나서 in high spirits.
어깻숨 ¶ ～을 쉬다 pant.
어깻죽지 the shoulder joint.
어느 ①《한》a; one; a certain; some. ¶ ～날 one day / ～정도 to some〔a certain〕extent; somewhat. ②《의문》which; what. ¶ ～날〔책〕which day〔book〕/ ～사람 who / ～차를 타겠느냐 Which car will you take? ③《그 중의 어느》whichever; any. ¶ ～ …도 any; every; whichever; 《부정》none / ～모로 보아도 from every point of view / ～컵을 사용해도 좋다 You may use any cup. / 이 중에서 어느 계획을 택해도 좋다 You may choose any of these plans.
어느덧《어느새》before *one* knows〔is aware〕; without *one's* knowledge; unnoticed. ¶ ～내 나이 사십이 되었다 Here I am forty years old without quite realizing it.
어느때 when; (at) what time; 《어느때나》any time; whenever. ¶ ～고 마음이 내킬 때 오시오 Come whenever〔any time〕you like.
어느새 ☞ 어느덧.
어느쪽 《의문》which; 《무엇이든》whichever; 《선택》either… (*or*); neither… (*nor*) (부정); 《두 쪽 다》both; either; neither (부정); 《방향》which direction〔side〕. ¶ ～이든 간에 in either case; either way / ～이라도 좋다 Either will do.
어두컴컴하다 (be) very dark. ¶ 어두컴컴한 밤 a dark night.
어둑(어둑)하다 (be) dim; gloomy; dusky.
어둠 darkness; the dark. ¶ ～속에(서) in the dark / ～속으로 사라지다 vanish into the night / ～침침하다 be dim〔gloomy, dusky〕/ ～침침한 방 a dimly-lit〔an ill-lit〕room.
어둡다 ①《암흑》(be) dark; dim (희미); gloomy (음침). ¶ 어두워지기 전에 while it is light; before (it gets) dark / 어둡게 하다 darken; dim《*the light*》; make《*a light*》dim / 어두워지다 become〔get〕dark. ②《무지》be ignorant《*of*》; be badly〔ill-〕informed《*of*》; be a stranger《*to*》. ¶ 세상 일에 ～ know but little of the world / 이 곳 지리에 ～ I am a stranger here. ③《눈 · 귀가》¶ 눈이 ～ have dim eyes / 귀가 ～ be hard of hearing. ④《비유적》¶ 어두운 얼굴 a clouded face / 어두운 전망 a dark view / 그에게는 어두운 과거가 있다 He has a shady past.
어디[1]《장소》where; what place; somewhere. ¶ ～까지 how far (거리); to what extent (정도) / ～에나 anywhere; everywhere / ～에서 from where; whence / 너는 ～까지 가느냐 How far are you going? / 그 남자의 ～가 좋은가 What (good) do you see in him? / 인정은 ～나 마찬가지다 Human nature is the same everywhere.
어디[2]《감탄사》Well!; (Well) now!; Just!; Let me see. ¶ ～산책이나 할까 Let's see now, shall we

take a walk?

어디까지나 to the end (끝까지); persistently (악착같이); in all respects, in every point (어느 모로나); thoroughly, out and out (철저히).

어딘가, 어딘지 somehow; in some way; without knowing why. ¶ ~ 이상하다 Somehow, it seems strange.

어떠한, 어떤 ① 《무슨·여하한》 what; what sort〔kind〕 of; any (여하한). ¶ ~ 일이 있어도 whatever〔no matter what〕 may happen; under any circumstances; 《결코 …아니다》 《not》 for all the world / 그는 ~ 사람인가 What is he like? *or* What sort of a man he is? / 너를 위한 것이라면 ~ 일이라도 하겠다 I'd do anything for you. / ~ 일이 일어날지 알 수가 없다 There is no knowing what may happen. ② 《어느》 a certain; some. ¶ ~ 마을 a certain village / ~ 사람 someone; somebody / ~ 곳에서 at a certain place; somewhere.

어떻게 how; in what way. ¶ ~ 보아도 to all appearance; in every respect / ~ 해서라도 by all〔any〕 means; at any cost / (이 편지를) ~ 할까요 What shall I do (with this letter)? / 요즈음 ~ 지내십니까 How are you getting along these days? / ~ 되겠지 Something will turn up. / ~ 된 것인가 What is the matter (with you)?

어떻든(지) 《좌우간》 at any rate; anyway; anyhow; in any case. ¶ 그것은 ~ be that as it may; no matter what it may be / ~ 원인을 조사해야 한다 We have to investigate the cause at any rate.

어란(魚卵) spawn; roe; fish eggs.

어레미 a coarse sieve; a riddle.

어련하다 (be) trustworthy; reliable; be natural to be expected. ¶ 그가 하는데 어련하려구 We may trust him. *or* He knows how to deal with it.

어련히 naturally; surely; infallibly. ¶ 내버려 둬. ~ 알아서 할라구 Let him alone, he will take care of himself.

어렴풋이 dimly; faintly; vaguely.

어렴풋하다 (be) dim; indistinct; faint; vague (애매).

어렵(漁獵) fishing (and hunting).

어렵다 ① 《곤란·난해》 (be) hard; difficult; tough 《口》. ¶ 어려움 difficulty / 배우기 어려운 언어 a hard〔difficult〕 language to learn / 믿기 ~ be hard to believe; be incredible / 어려운 고비를 당하다 have a hard〔trying〕 time of it. ② 《가난》 (be) poor; needy; indigent. ¶ 어려운 살림을 하다 be badly off; live in poverty. ③ 《거북하다》 feel awkward〔constraint〕; be 〔feel〕 ill at ease.

어로(漁撈) fishing; fishery. ‖ ~ 보호구역 the fisheries conservation zone / ~ 수역 fishing waters; a fishing zone / ~ 협정 a fisheries agreement.

어록(語錄) analects; sayings. ¶ 처칠 ~ Quotations from Winston Churchill.

어뢰(魚雷) a torpedo. ‖ ~ 발사관 a torpedo tube / ~ 정 a torpedo boat; a PT boat 《美》.

어루러기 〖醫〗 leucoderma; vitiligo.

어루만지다 ① 《쓰다듬다》 stroke 《*one's beard*》; pat 《*a dog*》; pass *one's* hand 《*over, across*》; smooth down 《*one's hair*》. ② 《위무하다》 soothe; appease; console.

어류(魚類) fishes. ‖ ~ 학 ichthyology / ~ 학자 an ichthyologist.

어르다 fondle; amuse; humor; try to please.

어른 ① 《성인》 a man; an adult; a grown-up. ¶ ~ 의 adult; grown-up / ~ 답지 않은 childish; unworthy of a grown man〔woman〕 / ~ 이 되다 grow up; become a man〔woman〕 / ~ 스럽다 look like a grown-up; be precocious / ~ 스럽게 말하다 talk like a grown-up. ② 《윗사람》 *one's* senior; *one's* elder(s). ¶ ~ 을 공경하라 Respect your elders.

어른거리다 《사물이》 flicker; glimmer; flit; 《눈이》 be dazzled. ¶ 눈앞에 ~ flit before *one's* eye / 그의 모습이 아직도 눈앞에 어른거린다 The memory of his face still haunts me.

어름거리다 ① 《언행을》 do〔say〕 ambiguously; mumble. ¶ 대답을 ~ give an equivocal〔a vague〕 answer. ② 《일을》 scamp〔slapdash〕 《*one's work*》. ¶ 어름어름 slovenly; at random; inattentive-ly.

어리 《병아리의》 a hencoop.

어리광 ¶ ~ 부리다 behave like a spoilt child; play the baby 《*to*》.

어리굴젓 salted oysters with hot pepper.

어리다[1] 《나이》 (be) young; infant; juvenile; 《유치》 (be) childish; infantile; 《미숙》 (be) green; inexperienced. ¶ 어린 잎 young leaves / 어린 마음 a childish mind / 어릴 때에〔부터〕 in〔from〕 *one's* childhood / 생각하는 것이 ~ have a childish idea.

어리다[2] ① 《눈물이》 be wet〔moist, dimmed〕 《*with tears*》. ¶ 그녀 눈에는 눈물이 어려 있었다 Her eyes were filled with tears. ②《엉기다》 coagulate; curdle; congeal. ③《정성 등이 담긴》 be filled 《*with*》. ¶ 애정이 어린 말 affectionate words / 정성 어린 선물 a gift with *one's* best wishes. ④ 《눈이》 be dazzled〔glared〕.

어리둥절하다 (be) dazed; stunned; bewildered; 《서술적》 be〔get〕 confused; be puzzled〔at a loss〕.

어리벙벙하다 (be) dumbfounded; bewildered; disconcerted.

어리석다 (be) foolish; silly; dull; stupid. ¶ 어리석은 사람 a foolish person; a fool / 어리석은 짓을 하다 play〔act〕 the fool; act foolishly / 어리석게도 …하다 be foolish enough 《*to do*》.

어린것 a little〔young〕 one; a kid.

어린애 a child〔*pl.* children〕; an infant; a baby. ¶ ～ 같은 childlike; childish / ～ 장난 a mere child's play / ～ 취급을 하다 treat 《*a person*》 like a child / 그들에겐 ～가 없다 They have no children. *or* They are childless. / 그들에게 ～가 생겼다 A baby〔child〕 was born to them.

어린이 a child〔*pl.* children〕(☞ 어린애). ‖ ～공원 a children's garden〔park〕/ ～날 Children's Day / ～방 a nursery / ～시간 the children's hour (TV 등의) / ～헌장 the Children's Charter.

어림 a rough estimate〔guess〕. ～하다 guess; estimate 《*at*》; make a rough estimate 《*of*》. ‖ ～셈 a rough calculation〔estimate〕/ ～수 a rough number〔figure〕.

어림없다 be wide of the mark; be far from it; 《당치 않다》 (be) preposterous; nonsensical; 《가능성이》 be hardly possible 《*to*》; have no chance 《*of*》. ¶ 어림없는 수작 preposterous remarks / 그녀의 입상은 ～ There is no chance of her winning a prize.

어릿광대 a clown; a buffoon.

어마 《놀람》 My!; Oh!; Good heaven(s)!; O dear!

어마어마하다 《당당하다》 (be) grand; magnificent; imposing; majestic; 《엄청나다》 (be) tremendous; terrific 《*noise*》; immense. ¶ 어마어마한 고층 건물 an imposing skyscraper / 어마어마한 비용이 들다 cost a tremendous amount.

어망(漁網) a fishing net.

어머(나) Oh!; Why!; Dear me!; O my!; Good gracious!

어머니 ① a mother. ¶ ～의 mother's; motherly; maternal / ～의 사랑 mother's love〔affection〕/ ～다운〔같은〕 motherly; maternal. ‖ ～날 Mother's Day. ②《근원》 origin; source; mother. ¶ 필요는 발명의 ～ Necessity is the mother of invention.

어멈 《하녀》 a housemaid; an amah; a maid(servant).

어명(御命) 《임금의》 a Royal command〔mandate〕.

어물(魚物) dried fish; stockfish. ‖ ～전 a dried-fish shop.

어물거리다 ① ☞ 어름거리다 ①. ② be slow 《*at one's work*》; be tardy; be inefficient. ¶ 왜 어물거리느냐 Why are you so slow? / 어물거리지 마라 Make it snappy! *or* Stop dawdling.

어물쩍거리다 ¶ 태도를 ～ take a vague attitude 《*to*》 / 말을 ～ use vague language.

어미 a mother. ¶ ～새 a mother bird.

어미(語尾) the ending of a word. ‖ ～변화 inflection.

어민(漁民) fishermen.

어버이 parents. ¶ ～의 parental.

어법(語法) usage(사용법); wording; diction; grammar(문법).

어부(漁夫) a fisherman. ¶ ～지리를 얻다 fish in troubled waters.

어분(魚紛) fish meal.

어불성설(語不成說) unreasonable talk; lack of logic. ¶ ～이다 be illogical〔unreasonable〕.

어비(魚肥) fish manure〔fertilizer〕.

어사(御史) a Royal secret inspector traveling incognito.

어사리(漁—) fishing with a moored net. ～하다 fish with a moored net.

어살(魚—) a weir; a fish trap.

어색(語塞) ～하다 《말이 막히다》 be stuck for words; be at a loss 《*what to say*》; 《열없다》 (be) awkward〔embarrassed〕; feel ill at ease; 《서투름》 (be) awkward; clumsy.

어서 ①《빨리》 quick(ly); without delay. ¶ ～ 들어오십시오 Come right in, please. ②《환영》 (if you) please; kindly. ¶ ～ 앉으세요 Please sit down. *or* Sit down, please.

어선(漁船) a fishing boat. ‖ ～단 a fishing fleet.

어설프다 ①《성기다》 (be) coarse; rough; loose. ¶ 어설피 coarsely. ②《탐탁찮다》 (be) clumsy; slovenly; 《겉핥기의》 (be) superficial; shallow. ¶ 어설피 clumsily / 어설픈 지식 a superficial〔shallow〕 knowledge.

어세(語勢) emphasis; stress.

어수룩하다 (be) naive; unsophisticated; simple-hearted. ¶ 어수룩한 사람 a simple-hearted person / 어수룩하게 보다 hold 《*a person*》 cheap / 그런 것을 믿다니 너 참 어수룩하구나 It's naive of you to believe that.

어수선하다 《난잡·혼란》 be in disorder〔confusion〕; (be) jumbled; 《산란》 (be) distracted; troubled; confused. ¶ 어수선하게 disorderly; in disorder〔confusion〕/ 어수선해지다 fall into disorder〔confusion〕; get confused.

어순(語順) 〖文〗 word order.

어스레하다 《날이》 (be) dusky; dim; gloomy; murky.

어슬렁거리다 prowl; stroll〔ramble〕 about; hang around. ¶ 어슬렁어슬렁 slowly; lazily.

어슴푸레하다 (be) dim; vague; indistinct; misty; hazy.

어슷비슷하다 (be) much〔nearly〕 the same; somewhat alike.

어슷하다 (be) slant; oblique; 《서술적》 be on the tilt〔slant〕.

어시장(魚市場) a fish market.

어안(魚眼) ‖ ~렌즈〔석(石)〕 a fish-eye lens〔stone〕.

어안이 벙벙하다 《서술적》 be dumbfounded; be struck dumb; be taken aback.

어언간(於焉間) before *one* knows〔is aware〕; unawares.

어업(漁業) fishery; the fishing industry. ‖ ~권 fishing rights / ~전관수역 exclusive fishing waters; an exclusive fishery zone / ~협동조합 a fishermen's cooperative association / ~협정 a fisheries agreement.

어여차 Heave-ho!; Yo-heave-ho!

어엿하다 (be) respectable; decent; good. ¶ 어엿한 집안 a respectable family / 어엿하게 stately; in a dignified manner.

어용(御用) ‖ ~신문 a state-controlled press; a government mouthpiece / ~조합 a company 〔kept〕 union / ~학자 a government-patronized scholar.

어울리다 ① 《조화》 become; match well; suit; befit; go well 《*with*》; be in keeping 《*with*》. ¶ 안 어울리는 unbecoming 《*to*》; unsuitable 《*for*》; ill-matched / (옷이) 잘 ~ suit well on 《*a person*》; fit 《*a person*》 well. ② 《한데 섞임》 join 《*with*》; mix〔mingle〕《*with*》. ¶ 불량 소년의 무리와 ~ join a band of bad boys.

어원(語源) the derivation〔origin〕 of a word; an etymology. ¶ ~을 찾다 trace a word to its origin. ‖ ~학(學) etymology.

어유(魚油) fish oil.

어육(魚肉) fish (meat).

어음 〖商〗 a bill; a draft; a note. ¶ 3개월 불(拂) ~ a bill at three months' sight / ~으로 지급하다 pay by draft / ~을 떼다 draw a draft 《*for 100 dollars*》 / ~을 현금으로 바꾸다 cash a bill / ~을 결제하다〔부도내다〕 honor〔dishonor〕 a bill. ‖ ~교환소 a clearing house / ~발행인〔수취인〕 the drawer〔payee〕 of a bill / ~할인 a discount (on a bill) / 약속 ~ a promissory note.

어의(語義) the meaning of a word.

어이 《호칭》 Hey!; Hi!; There!; Here!; I say!

어이구 《놀람》 Oh!; Wow!; Ouch!

어이없다 (be) amazing; surprising; absurd; egregious. ¶ 어이없어하다 be dumbfounded 《*by*》; be amazed 《*at the news, to see*》 / 어이없어 말이 안 나오다 be (struck) dumb with amazement.

어장(漁場) a fishing ground; a fishery.

어적거리다 munch; crunch; 「champ.

어정거리다 walk leisurely along; stroll〔ramble〕 about.

어정쩡하다 《모호하다》 (be) noncommittal; ambiguous; evasive; vague; 《의심스럽다》 (be) doubtful; dubious.

어제 yesterday. ¶ ~ 아침 yesterday morning / 어젯밤 yesterday evening; last night.

어조(語調) a tone; an accent. ¶ ~를 누그러뜨리다 soften *one's* voice; tone down.

어조사(語助辭) 〖文〗 a particle in a classical Chinese.

어족(魚族) fishes; the finny tribe.

어족(語族) a family of language.

어줍다 《언동이》 (be) dull; slow; awkward; 《솜씨가》 (be) clumsy; awkward; poor. ¶ 어줍은 솜씨 a clumsy workmanship.

어중간(於中間) ~하다 be about half way〔midway〕; 《엉거주춤》 (be) uncertain; ambiguous; noncommittal.

어중되다(於中一) 《서술적》 be either too small〔little, short〕 or too big〔much, long〕; be unsuitable〔insufficient〕 either way.

어중이떠중이 (anybody and) everybody; every Tom, Dick, and Harry; a (mere) rabble.

어지간하다 《상당하다》 (be) fair; tolerable; passable; considerable. ¶ 어지간히 fairly; passably; tolerably; considerably / 어지간한 미인 quite a beauty / 어지간한 수입 a handsome income.

어지럽다 ① 《어쩔하다》 (be) dizzy; feel giddy; swim. ¶ 자주 ~ have frequent dizzy spells / 머리가 ~ My head swims. ② 《어수선》 (be) disorderly; confused; disturbed; troubled; be in disorder (서술적). ¶ 어지러운 세상 troubled〔troublous〕 times.

어지르다 scatter 《*things*》 (about); leave 《*things*》 scattered〔lying〕 about; put 《*a room*》 in disor-

der; make a mess 《*in a room*》.
어질다 (be) wise; kindhearted; benevolent; humane. ¶ 어진 임금 a benevolent〔gracious〕ruler.
어질어질하다 feel〔be〕giddy〔dizzy〕.
어째서 why; for what reason.
어쨌든 anyhow; anyway; at any rate; in any case〔event〕.
어쩌다 《우연히》 by chance〔accident〕; casually; 《이따금》 once in a while; now and then.
어쩌면 《감탄사적》 how; 《아마·혹》 possibly; maybe; perhaps.
어쩐지 ① 《웬일인지》 somehow; without knowing why. ¶ ～ 무섭게 느껴지다 have an unaccountable fear. ② 《그래서》 so that's why; (it is) no wonder.
어쩔 수 없다 (be) inevitable; unavoidable; cannot help it; cannot be helped. ¶ 어쩔 수 없는 사정 unavoidable circumstances / 그것은 어쩔 수 없는 일이다 It can't be helped. *or* There's no help for it.
어쭙지않다 (be) pert; fresh; 《가소롭다》 (be) laughable; contemptible. ¶ 어쭙지않게 말하다 talk fresh.
어찌나 how; what; too; so. ¶ ～ 기쁜지 in (the excess of) *one's* joy; be so glad that....
어차피 (於此彼) anyhow; anyway; in any〔either〕case; at any rate.
어처구니없다 be taken aback; (be) dumbfounded; egregious; amazing; absurd. ¶ 어처구니없는 소리 a damned silly remark / 어처구니없어 말문이 막히다 be speechless with amazement.
어촌 (漁村) a fishing village.
…어치 worth. ¶ 달걀을 천원 ～ 사다 buy one thousand *won* worth of eggs.
어투 (語套) *one's* way of speaking.
어퍼컷 〖拳〗 an uppercut.
어폐 (語弊) ¶ ～가 있다 be misleading; be liable to be misunderstood.
어포 (魚脯) dried slices of fish.
어프로치 (an) approach. 「《*to*》.
어필 an appeal. ～하다 appeal
어학 (語學) language study; linguistics. ¶ ～의 linguistic 《*talent*》. ‖ ～교육 linguistic〔language〕education / ～실습실 a language laboratory / ～자 a linguist.
어항 (魚缸) a fish basin〔bowl〕.
어항 (漁港) a fishing port.
어험 Hem!; Ahem!
어형 (語形) forms of words. ‖ ～변화 〖文〗 inflection; declension.
어획 (魚獲) fishery; fishing. ‖ ～고 a catch〔haul〕(of fish) / ～할당량 the amount of fish quotas.
어휘 (語彙) (a) vocabulary.
억 (億) a〔one〕hundred million. ¶ 10～ a billion; a thousand million(s) 《英》.
억누르다 《진압》 suppress; 《제지》 repress; restrain; control; 《억제》 hold; check; keep under; curb; 《압박》 oppress. ¶ 억누를 수 없는 uncontrollable; irrepressible; irresistible / 억눌리다 be overpowered; be repressed / 눈물을 ～ repress〔keep back〕*one's* tears / 웃음을 ～ stifle a laugh.
억류 (抑留) detention; detainment; internment. ～하다 detain〔keep〕by force; seize; hold; apprehend. ‖ ～자 a detainee; an internee.
억만 (億萬) 《억》 a hundred million; 《무수》 myriads. ‖ ～년 countless years / ～장자 a billionaire.
억병 hard drinking. ¶ 술이 ～이다 drink heavily / ～으로 취하다 get dead〔blind〕drunk.
억보 an obstinate man; a stubborn fellow.
억설 (臆說) 《억측》 a conjecture; a surmise; a mere assumption. ～하다 make a conjecture 《*about*》.
억세다 ① 《체격이》 (be) stout; sturdy; strong; 《정신이》 (be) strong; tough; stubborn; dogged; tenacious. ② 《뻣뻣하다》 (be) tough; hard; stiff.
억수 a pouring〔heavy, torrential〕rain; a downpour 《美》. ¶ ～같이 퍼붓다 pour down; rain in torrents.
억압 (抑壓) oppression; suppression; repression; restraint (억제). ～하다 oppress 《*the people*》; suppress 《*freedom of speech*》. ¶ ～된 감정 pent-up feelings / ～된 욕망 suppressed desires.
억양 (抑揚) 《음조》 intonation; modulation. ¶ ～ 있는 modulated; intoned / ～이 없는 monotonous / ～을 붙이다 modulate; intone.
억울 (抑鬱) ～하다 《답답하다》 feel pent-up〔depressed〕; 《원통하다》 feel bitter 《*about, at*》; be chocked with mortification〔vexation〕; feel *oneself* wronged; 《누명을 쓰다》 be wrongly〔falsely, unjustly〕accused 《*of stealing*》. ¶ ～한 죄로 on a false charge / ～한 책망을 듣다 get an undeserved scolding / 그는 ～해서 발을 굴렀다 He stamped his feet in vexation.
억제 (抑制) control; restraint; suppression; repression. ～하다 control; repress; suppress; restrain; hold back. ¶ ～할 수 없는 uncontrollable / 감정을 ～하다 suppress〔smother〕*one's* feelings / 충동을 ～하다 inhibit〔resist〕an impulse

《*to do*》/ 인플레를 ～하다 check inflation. ‖ ～력 restraint; control / ～작용 inhibitory action.
억조(億兆) ‖ ～창생 the (common) people; the multitude〔masses〕.
억지 unreasonableness; obstinacy; compulsion. ¶ ～ 부리다〔쓰다〕 insist on having *one's* own way; persist stubbornly; make an unreasonable demand《*of a person*》/ ～ 부리지 마라 Be reasonable. ‖ ～웃음《laugh》a forced smile.
억지로 by force; forcibly; against *one's* will (부득이); willy-nilly. ¶ ～ 문을 열다 force the door open / ～지나가다 force *one's* way / 술을 ～ 먹게 하다 press〔force〕wine upon《*a person*》.
억척스럽다 (be) unyielding; unbending; tough.
억측(臆測) a guess; a conjecture. ～하다 guess; conjecture. ¶ 그것은 ～에 지나지 않다 It is only mere a conjecture.
억하심정(抑何心情) It is hard to understand why…. ¶ 무슨 ～으로 …하느냐 Why〔How〕in the world…? / 무슨 ～으로 그런 짓을 했을까 What made him do such a thing, I wonder?
언감생심(焉敢生心) ¶ ～ …하느냐 How dare you…?
언급(言及) ～하다 refer〔make reference〕《*to*》; mention. ¶ 위〔앞〕에 ～한 above-mentioned; as stated above / 그는 그 점에 관해 ～을 피했다 He avoided mentioning that point.
언니 an elder〔older〕sister.
언더라인 an underline. ¶ ～을 긋다 underline《*a word*》.
언더스로〖野〗an underhand throw; underhand pitching.
언덕 a slope; a hill. ¶ 가파른 ～ a steep slope / (길이) ～이 되어 있다 slope up〔down〕/ ～을 오르다〔내리다〕go uphill〔downhill〕.
언도(言渡) a sentence. ☞ 선고.
언동(言動)《*be careful in*》*one's* speech and behavior.
언뜻《잠간》at a glance;《우연히》by chance; by accident. ¶ ～ 보다 catch〔get〕a glimpse of; take a glance at.
언론(言論) speech. ¶ ～의 자유 freedom of speech. ‖ ～계 the press; journalism / ～기관 an organ of expression〔public opinion〕; the (mass) media.
언명(言明) ～하다 declare; state; make a statement.
언문(言文) ‖ ～일치 the unification of the written and spoken language.
언변(言辯) oratorial talent; eloquence. ¶ ～이 좋다 be gifted with eloquence; have a ready tongue.
언사(言辭) words; speech; language; expression (표현).
언성(言聲) a tone (of voice). ¶ ～을 높이다 raise〔lift〕*one's* voice.
언약(言約) a (verbal) promise; a pledge; a vow. ☞ 약속.
언어(言語) language; speech. ¶ 사상을 ～로 표현하다 express *one's* thoughts through language. ‖ ～교육 language education / ～능력 linguistic〔language〕ability〔competence〕/ ～심리학 psycholinguistics / ～장애 a speech impediment〔defect〕/ ～학 linguistics / ～학자 a linguist.
언어도단(言語道斷) ¶ ～의 inexcusable; outrageous; unspeakable; absurd, preposterous.
언쟁(言爭) a dispute; a quarrel. ～하다 dispute〔quarrel〕《*with*》; have words〔a quarrel〕《*with*》.
언저리 the edge〔rim〕; bounds; parts around. ¶ 입 ～에 about *one's* mouth.
언제 when; (at) what time〔hour〕; how soon;《일간》some time (or other); some day. ¶ ～부터 from what time; since when; how long / 그건 ～ 됩니까 How soon I get it ready? / ～ 한번 (놀러) 오너라 Come and see me one of these days.
언제까지 how long; till when; by what time; how soon. ¶ ～고 as long as *one* likes; forever.
언제나《항상》always; all the time;《평소》usually;《습관적으로》habitually;《…할 때마다》whenever; every time.
언제든지《어느 때라도》(at) any time;《항상》always; all the time; whenever. ¶ ～ 나를 찾아 오너라 Feel free to come to see me any time.
언젠가 some time (or other) (미래의); some day; one of these days (일간); once (과거의); the other day (일전).
언중유골(言中有骨) ¶ ～이다 speak《*it*》up with implicit bitterness.
언중유언(言中有言) ¶ ～이다 imply some other meaning; (what one says) is very suggestive.
언질(言質) a pledge; a commitment. ¶ ～을 주다 give〔pledge〕*one's* word《*to do*》; commit *oneself*《*to do*》; give a pledge / ～을 잡다〔받다〕get〔take〕《*a person's*》pledge.
언짢다 ①《기분이》(be) displeased; bad-tempered;《서술적》feel bad〔unhappy, sad〕. ②《불길》(be) bad; ill; unlucky. ¶ 언짢은 꿈 a

bad〔unlucky〕 dream. ③《나쁘다》(be) bad; ill; evil; wrong. ¶ 아무를 언짢게 말하다 speak ill of *a person*. ④《해로움》(be) bad; harmful; detrimental. ¶ 눈에 ～ be bad for the eyes. ｢lipped.

언청이 a harelip. ¶ ～의 hare-

언필칭(言必稱) ¶ ～ 남녀 평등을 외치다 be always harping on the equality of the sexes / ～ 자식 자랑이다 He never opens his mouth without boasting of his son.

언행(言行) speech and action; words and deeds. ¶ ～이 일치하다 act〔live〕 up to *one's* words / 그의 ～은 일치하지 않다 He says one thing and does another. ‖ ～록 memoirs / ～일치 conformity of *one's* action to *one's* word.

얹다《놓다》put on; place〔lay, set〕《*a thing*》on; load (짐을).

얹히다 ①《놓이다》be placed〔put, laid〕 on. ②《좌초》be stranded; run aground. ③《음식이》sit〔lie〕 heavy on (the stomach). ④《붙어살다》be a dependant on《*a person*》; sponge on《*a person*》.

얻다 ①《획득》get; gain; obtain; earn; achieve; win; secure;《이득을》profit〔gain〕《*by, from*》;《배우다》learn《*from*》. ¶ 지위를 ～ obtain〔secure〕 a position / 인기를 ～ win〔gain〕 popularity. ②《결혼》take (a wife); marry (a woman); get (a husband). ③《병을》fall〔get〕 ill. ¶ 병을 얻어 죽다 die of a disease.

얻어듣다 hear from others; learn by hearsay. ｢struck.

얻어맞다 get〔receive〕 a blow; be

얻어먹다 ①《음식을》get treated to (대접받다); beg *one's* bread (걸식). ②《욕 따위를》get called names; suffer harsh words; be spoken ill of.

얼 ①《흠》a scratch. ¶ ～이 가다 get scratched. ②《넋》soul;《정신》spirit; mind. ¶ 한국의 ～ the spirit of Korea.

얼간《절임간》salting lightly;《얼간이》a half-wit; a dolt; a fool. ‖ ～고등어 lightly salted mackerel.

얼굴 ① a face; features. ¶ ～이 잘나다 have a handsome face / ～을 내밀다 show *one's* face; make〔put in〕 an appearance; turn〔show〕 up. ②《안색》a look; (a) countenance; (an) expression (표정). ¶ 실망한 ～ a disappointed look. ③《체면》*one's* face; *one's* honor. ¶ ～이 깎이다 lose *one's* face / ～에 똥칠하다 disgrace *oneself*. ④《면식》acquaintance. ¶ ～이 잘 알려져 있다 be widely known.

얼근하다 ①《술이》(be) tipsy; slightly intoxicated〔drunk〕. ②《매워서》(be) rather hot〔peppery〕; somewhat pungent.

얼기설기 ¶ ～ 얽히다 get〔become〕 entangled (실 따위가); be intricated; get complicated (문제가).

얼김 ¶ ～에 on the spur of the moment; under the impulse《*of*》/ ～에 한 말 a casual remark.

얼다《추위에》freeze; be frozen《*over*》; be benumbed with cold (몸이);《기죽다》cower; feel small〔timid〕; be scared (by); get nervous《*on*》(무대 등에서). ¶ 얼음이 언 연못 a frozen pond / 얼어(서) 죽다 be frozen to death / 얼어서 말 한 마디 못 하다 be too scared to speak. ｢of the moment.

얼떨결 ¶ ～에 in the confusion

얼떨떨하다 (be) confused; dazed; bewildered; perplexed; puzzled. ¶ 얼떨떨하여 in confusion〔embarrassment〕/ 얼떨떨해지다 get confused; be upset; lose *one's* head; be puzzled〔bewildered〕.

얼뜨기 a stupid; a blockhead.

얼뜨다 (be) slow-witted; silly;《겁이 많다》(be) cowardly.

얼렁거리다 flatter; fawn upon; play the coquette.

얼렁뚱땅 ～하다《엉너리로》mystify; behave evasively; beat around the bush;《일을》do a slapdash ⌊job.

얼레 a reel; a spool.

얼레빗 a coarse comb.

얼룩《오점》a stain; a spot; a blot; a smear; a smudge. ¶ ～진 spotted; stained; smeared / ～이지게 하다 stain; spot; smear / ～지다 become stained〔blotted〕/ ～을 빼다 remove a stain. ‖ ～고양이 a tabby (cat) / ～말 a zebra.

얼룩덜룩 ¶ ～한 spotted; dappled; speckled; varicolored.

얼른 quickly; rapidly; promptly; fast; at once. ¶ ～ 해라 Make haste!; Hurry up!

얼리다《얼게 하다》freeze; refrigerate. ¶ 얼음을 ～ make ice / 생선을 ～ refrigerate fish.

얼마 ①《값》how much; what price. ¶ 이게 ～요 How much (is this)? ②《수량》how many (수); how much (양); what number〔amount〕. ¶ ～든지 원하는 대로 as many〔much〕 as *one* wants. ③《다소·정도》some; what;《동안》a while;《거리》how far. ¶ ～ 있다가 after a while / 몸무게가 ～야 What is your weight? / 서울—부산간은 거리가 ～냐 How far is it from Seoul to Pusan? ④《비율》by; so much. ¶ 그 회사에서 하루 ～에 일하느냐 How much a day do you work for the company?

얼마나 ① 《값·금액》 how much; what; 《수량》 how many (수); how much (양). ② 《정도》 how 《*far, large, deep, high, long, old*, etc.》. ③ 《여북》 what; how. ¶ ～ 기쁠까 How glad I should be!

얼마만큼 how many〔much, long, far, high, heavy〕.

얼버무리다 《말을》 equivocate; prevaricate; quibble; shuffle.

얼보이다 ① 《흐릿하게》 be seen dimly〔indistinctly〕; be blurred. ② 《바로 안 보이다》 be seen distortedly.

얼빠지다 be stunned〔stupefied〕; be abstracted; get absent-minded; look blank. ¶ 얼빠진 abstracted; blank; stupid; silly.

얼싸안다 hug; embrace; hold 《*a person*》 in *one's* arms. 「rah!

얼씨구 Yippee!; Whoopee!; Hur-

얼씬 ～하다 make *one's* appearance; show up; turn up / ～거리다 keep showing up; haunt; hang〔hover〕around / ～(도) 아니하다 do not appear at all / ～못 하다 dare not come around〔show up〕.

얼어붙다 freeze up〔over〕.

얼얼하다 《상처가》 smart; 《맛이》 taste hot; bite.

얼음 ice. ¶ ～ 같은 icy (cold) / ～이 언 frozen / ～으로 차게 하다 (cool with) ice / ～에 채우다 pack 《*fish*》 in ice / ～장 같다 be as cold as ice. ‖ ～과자 a popsicle; (an) ice cream (아이스크림) / ～덩이 a block〔cake〕of ice / ～물 ice water / ～베개 an ice pillow / ～사탕 rock〔sugar〕candy / ～주머니 an ice bag〔pack〕/ ～판 an icy ground / 인조～ artificial ice.

얼음지치다 skate 《*on ice*》; do skating. ¶ 얼음지치기 skating; sliding / 얼음지치러 가다 go skating.

얼쩍지근하다 《살이》 (be) smarting; tingling; 《맛이》 (be) somewhat hot〔pungent〕.

얼추 《거의》 nearly; almost; roughly; approximately.

얼추잡다 make a rough estimate.

얼치기 an in-between; something half-and-half. ¶ ～의 halfway; half-learned〔-trained〕/ ～로 halfway; by halves.

얼토당토 않다 《당치 않다》 (be) irrelevant; preposterous; absurd; 《뜻밖의》 (be) unheard-of; unbelievable. ¶ 얼토당토 않은 일이 일어났다 An unbelievable thing happened.

얽다[1] ① 《엮다》 bind; tie up. ② 《꾸미다》 fabricate; cook〔frame〕up; forge.

얽다[2] 《얼굴 등이》 get〔be〕 pockmarked; be pitted with smallpox. 「restrict.

얽매다 tie〔bind〕up tight; fetter;

얽매이다 《속박》 be bound; be tied down; be fettered〔shackled〕; 《분주》 be taken up with 《*business*》; be busy. ¶ 규칙에 ～ be bound by a rule.

얽히다 《엉키다》 get intertwined; be〔get〕entangled; get〔be〕complicated (일 등이); 《감기다》 twine round; get coiled round.

엄격(嚴格) ¶ ～한〔히〕 strict(ly); stern(ly); rigorous(ly); severe(-ly) / ～한 부친 a stern father / ～한 규칙 rigid regulation.

엄금(嚴禁) strict prohibition. ～하다 prohibit〔forbid〕strictly.

엄동(嚴冬) a severe winter; the coldest season.

엄두 ¶ ～를 못 내다 cannot even conceive the idea 《*of doing*》.

엄마 ma; mom; mama; mammy.

엄명(嚴命) a strict order. ～하다 give a strict order 《*to do*》.

엄밀(嚴密) ¶ ～한〔히〕 strict(ly); close(ly); exact(ly) / ～한 의미로 in a strict sense.

엄벌(嚴罰) a severe punishment. ～하다 punish 《*a person*》 severely. ‖ ～주의 a severe punishment policy; strict discipline.

엄벙덤벙 at random; sloppily; slapdash. ～하다 act thoughtlessly〔carelessly〕.

엄부(嚴父) *one's* stern father.

엄살 pretense; false show; sham. ～하다 pretend pain〔hardship〕; feign 《*illness*》; assume the appearance 《*of*》. ‖ ～꾸러기 a cry-baby; a great one to fuss.

엄선(嚴選) careful selection. ～하다 select carefully.

엄수(嚴守) ～하다 observe 《*a rule*》 strictly; keep 《*one's promise*》 strictly. ¶ 시간을 ～하다 be punctual. 「serious(ly); grave(ly).

엄숙(嚴肅) ¶ ～한〔히〕 solemn(ly);

엄습(掩襲) ～하다 make a sudden〔surprise〕attack; take 《*the enemy*》 by surprise.

엄연(儼然) ¶ ～한 solemn; grave; stern; majestic; authoritative / ～히 solemnly; gravely / ～한 사실 an undeniable fact.

엄정(嚴正) ¶ ～한〔히〕 strict(ly); exact(ly); rigid(ly); impartial(ly) (공평). ‖ ～중립 《observe》 strict neutrality.

엄중(嚴重) ¶ ～한〔히〕 strict(ly); severe(ly) / ～한 경계 a strict〔close〕watch.

엄지 the thumb (손가락); the big toe(발가락). ‖ ～발톱 the nail of the big toe / ～손톱 the nail of the thumb.

엄책(嚴責) ～하다 reprimand harshly.
엄청나다 (be) surprising; extraordinary; exorbitant; absurd; awful; terrible. ¶ 엄청나게 exorbitantly; extraordinarily; absurdly; awfully; terribly / 엄청나게 큰 very big; huge.
엄친(嚴親) *one's* own father.
엄탐(嚴探) ～하다 search strictly for; be on a sharp lookout for.
엄파이어 an umpire (야구의); a referee (축구, 권투 등의).
엄폐(掩蔽) ～하다 cover up; conceal; mask. ‖ ～호(壕) a covered trench; a bunker.
엄포 a bluff; bluster. ¶ ～ 놓다 bluff; bluster / ～ 놓지 마라 Stop bluffing. / 그는 나를 죽이겠다고 위협했으나 ～에 지나지 않는다 He threatened to kill me, but it's all a bluff.
엄하다(嚴一) (be) strict; severe; stern; rigorous; harsh; bitter.
엄한(嚴寒) intense〔severe〕cold.
엄호(掩護) ～하다 back (up); (give) support 《*to*》; cover; protect. ‖ ～사격 covering fire.
업(業)[1] 《직업》 a calling; an occupation; a profession (전문의); 《상공업》 business; trade; industry.
업(業)[2] 〖佛〗 *karma* 《梵》.
업계(業界) the industry; the trade. ¶ 택시 ～의 사람들 people in the taxi trade / ～의 화제 the talk of the trade. ‖ ～지(紙) a trade paper / 출판～ publishing circles.
업다 carry on *one's* back. ¶ 업히다 be carried on 《*a person's*》 back.
업무(業務) business; work. ¶ ～용의 for business use〔purpose〕/ ～용 차 a car for business use / ～의 확장 expansion of business / ～에 힘쓰다 attend to *one's* business with diligence. ‖ ～관리 business control〔management〕/ ～명령 a business order / ～방해 interference with 《*a person's*》 duties / ～보고 a report on operation(s) / ～상 과실 professional negligence (그는 ～상 과실 치사 혐의로 체포되었다 He was arrested on the charge of professional negligence resulting in death.) / ～제휴 a business tie-up.
업보(業報) 〖佛〗 retribution for the deeds of a former life; *karma* effects.
업신여기다 despise; hold in contempt; slight; neglect. ¶ 업신여김을 받다 be held in contempt.
업자(業者) traders; the trade (업계). ¶ 악덕～ a crooked dealer.
업적(業績) (일의) *one's* 《*scientific*》 achievements; results.
업종(業種) 《종류》 a type of industry〔business〕. ‖ ～별 industrial classification.
업히다 ride〔get〕 on 《*a person's*》 back; be carried on 《*a person's*》 back.
없다 ① 《존재하지 않다》 There is no...; 《아무것도 없다》 nothing at all; 《보이지 않다》 be missing〔gone〕; cannot be found. ¶ 이 이야기는 없던 것으로 하자 Let's act as though nothing had been said. *or* Let's drop this issue. ② 《갖지 않다》 have no...; be free from 《*debt*》; 《결여》 lack; want; be lacking〔wanting〕 《*in*》; be out of 《*money*》 (떨어짐). ¶ 없어서 for want of. ③ 《가난하다》 be poor.
없애다 《제거》 take off; remove; get rid of; run through; squander; 《죽이다》 kill; settle; make away with; 《낭비하다》 spend; waste. ¶ 장애물을 ～ remove obstacles / 옷에다 많은 돈을 ～ spend a lot of money on clothes.
없어지다 《잃다》 be〔get〕 lost; be missing; be gone; 《바닥이 나다》 be gone〔used up, exhausted〕; run out〔short〕; 《사라지다》 be gone; disappear; vanish. ¶ 금고 안의 돈이 없어졌다 The money in the safe is gone〔missing〕. / 돈이 다 없어졌다 Money has run out. / 통증이 없어졌다 The pain has now passed.
없이살다 live in poverty.
엇가다 deviate〔swerve〕 《*from*》; run counter 《*to*》; go astray〔wild〕.
엇갈리다 《길이》 pass〔cross〕 each other; 《번갈아 듦》 alternate; take turns. ¶ 길이 ～ cross (each other) on the way / 희비가 ～ have a mingled feeling of joy and sorrow.
엇걸다 hang〔suspend, hook, put〕 《*things*》 diagonally〔alternately〕.
엇대다 apply〔put, fix〕 askew.
엇바꾸다 exchange 《*one thing*》 for〔to〕 《*another*》.
엇베다 cut aslant〔obliquely〕.
엇비슷하다 《서술적》 be about alike; be nearly the same. ¶ 수준이 ～ be on the almost similar level.
엉거주춤하다 ① 《자세》 half-stand half-sit; stoop slightly; lean a bit forward. ¶ 엉거주춤한 자세로 in a half-rising posture. ② 《주저》 falter; waver; hesitate.
엉겅퀴 〖植〗 a thistle.
엉구다 get 《*a plan*》 to be accomplished.
엉금엉금 slowly and clumsily; sluggishly. ¶ ～ 기어가다 go on all fours; crawl on hands and knees.
엉기다 《응축》 curdle; congeal;

coagulate; clot. ¶ 엉긴 피 clotted blood.
엉너리치다 try all sorts of tricks to win 《*a person's*》 favor.
엉덩방아 ¶ ～를 찧다 fall on *one's* behind; land on *one's* rear.
엉덩이 the hips; the behind; the buttocks.
엉덩춤 a hip dance; a hula.
엉뚱하다 (be) extraordinary; extravagant; fantastic; out of the common; eccentric; 《무모하다》 (be) reckless; wild. ¶ 엉뚱한 생각 a wild〔fantastic〕 idea; an eccentric notion / 엉뚱한 요구 an extravagant demand / 엉뚱한 짓 하지 마라 Don't act recklessly〔without consideration〕.
엉망(진창) a mess; 《in》 bad shape. ¶ ～이 되다 be spoiled〔ruined〕; get out of shape / ～을 만들다 make a mess 《*of*》; spoil; ruin; upset / 비로 인해 우리 계획은 ～이 되었다 The rain messed up our plan. *or* Our plan was spoiled by the rain.
엉성하다 ① 《째이지 않다》 (be) thin; sparse; loose; coarse. ¶ 엉성하게 짜다 knit with large stitches / 엉성한 문장 a loose piece of writing. ② 《탐탁잖다》 (be) unsatisfactory; slipshod, poor (솜씨가). ¶ 엉성한 작품 a slipshod piece of work.
엉엉거리다 《울다》 cry bitterly; cry *one's* heart out; 《하소연》 complain of *one's* hard lot.
엉클다 entangle; tangle.
엉클어지다 be entangled; become〔get〕 tangled; be snarled.
엉큼하다 (be) wicked (and crafty); scheming; insidious; 《서술적》 have some plot in *one's* mind; have an ulterior motive (in view). ¶ 저 녀석은 엉큼해서 무엇을 꾸미고 있는지 알 수가 없다 Because he's a wicked and crafty fellow, you never know what he's up to.
엉터리 ① 《내용이 없는 것·사람》 a fake; a sham; a quack; something cheap and shabby. ¶ ～ 의사 a quack doctor / ～ 회사 a bogus concern / ～ 편지 a forged letter. ② 《터무니없는 언행》 nonsense; an irresponsible remark〔act〕. ¶ ～의 nonsensical; irresponsible; random / ～로 at random; irresponsibly; without system〔a plan〕 / ～로 말하다 talk nonsense〔rubbish〕 / ～로 추측하다 make a haphazard guess / 이 기사는 ～다 This article is all nonsense. / 저 녀석은 ～다 He is an irresponsible man.
엊그저께 《수일 전》 a few days ago; 《그저께》 the day before yesterday.
엊저녁 last night〔evening〕.
엎다 《뒤집다》 overturn; turn over; 《거꾸로 하다》 turn 《*a thing*》 upside down; put〔lay〕 《*a thing*》 face down; 《타도》 overthrow.
엎드리다 lie flat 《*on the ground*》; lie on *one's* stomach.
엎어지다 《넘어지다》 fall on *one's* face; fall down; 《뒤집히다》 be turned over; be upset; be overthrown〔toppled〕. ¶ 엎어지면 코 닿을 데에 있다 be within a stone's throw.
엎지르다 spill; slop. ¶ 엎지른 물 spilt water / 잔의 우유를 ～ spill milk from a cup / 엎지른 물은 다시 담지 못한다 《俗談》 What is done cannot be undone.
엎치락뒤치락 ～하다 《잠자리에서》 toss about in bed; toss and turn over in *one's* sleep; 《경기 등에서》 be nip and tuck; be neck and neck. ¶ ～하는 경기 a seesaw game〔match〕; a nip-and-tuck game.
엎친데덮친다 add to *one's* troubles; make things worse. ¶ 엎친 데 덮치기로 to make matters worse.
에 ① 《때》 at (시각); in (연, 월, 주); on (날). ¶ 2시 5분 ～ at 5 minutes past 2 o'clock / 1주일 ～ in a week / 8월 10일 ～ on the 10th of August. ② 《장소》 at (지점); in (나라, 도, 도시, 가로); on (현장, 구내); 《위치》 in (속); on (표면). ¶ 50쪽 ～ on page 50 / 용산 ～ 있는 학교 a school at〔in〕 *Yongsan* / 한국 ～ in Korea / 10번지 ～ 살다 live at No. 10. ③ 《방향·목적》 in; to; for; on; into (속에); at (향해서). ¶ 학교 ～ 가다 go to school. ④ 《가격》 at (the price of); for; in. ¶ 백 원 ～ at〔for〕 100 *won*. ⑤ 《나이》 in; at. ¶ 20대 ～ in *one's* twenties / 30 ～ at (the age of) thirty. ⑥ 《비율·마다》 a; per; for. ¶ 한 다스 ～ 5백 원 500 *won* per dozen〔a dozen〕 / 일주일 ～ 한 번 once a week / 백 원 ～ 팔다 sell at 100 *won* 《*a yard*》. ⑦ 《원인》 at; with; from; of. ¶ 추위 ～ 떨다 shiver with cold. ⑧ 《수단》 with; on; in; to. ¶ 물 ～ 담그다 soak in water. ⑨ 《표준》 by; to; at; on. ¶ 시계를 시보 ～ 맞추다 set a watch by the timecast. ⑩ 《그 밖의 관계》 to; with; on; in; of. ¶ 어떤 일 ～ 관계하다 relate to〔be concerned with〕 a certain matter.
에게 to; for; with; from; 《피동》 by. ¶ 아무 ～ 말을 걸다 speak to *a person* / 영어를 영국 사람 ～ 배우다 learn English from an Englishman.

에게서 from; through. ¶ 먼 데 있는 친구 ~ 온 편지 a letter from a friend far away.

에고이즘 egoism.

에끼 Ugh!; Fie!; Phew!; How could you!

에나멜 enamel. ‖ ~가죽〔구두〕 enameled leather〔shoes〕.

에너지 energy. ‖ ~보존법칙 the law of the conservation of energy / ~수요 the demand for energy / ~원 an energy source / ~위기 an energy crisis / ~자원 energy resources / ~절약운동 an energy conservation drive / ~혁명 an energy revolution / ~효율 an energy efficiency / 열 ~ heat〔thermal〕energy / 잠재 ~ latent energy.

에누리 ①《더 부르는 값》an overcharge. ~하다 overcharge; ask a fancy price〔two prices〕. ②《깎음》a cut〔reduction〕in price; discount. ~하다 ask a discount; bid low; knock the price down. ¶ 1,000원으로 ~하다 beat down the price to 1,000 *won* / 심하게 ~하다 drive a hard bargain 《*with a merchant*》.

에다 《도려내다》gouge (out); cut〔scoop, hollow, slice〕out.

에다(가) to; at; in; on. ¶ 5~6을 보태라 Add 6 to 5.

에덴동산 Eden; the Garden of Eden.

에델바이스 〖植〗 an edelweiss.

에도 《까지도》even; 《…도 또한》also; too; as well.

에돌다 linger hesitantly; hang around without doing anything; keep〔stay〕away 《*from*》.

에두르다 《둘러싸다》enclose; surround; 《말을》hint 《*at*》; suggest; say in a roundabout way; refer indirectly 《*to*》.

에러 《make》an error.

에로 erotic(ism).

에메랄드 〖鑛〗 emerald.

에보나이트 ebonite.

에볼라바이러스 the Ebola virus.

에서 ①《곳》in 《*Seoul*》; at 《*Jongno*》; on 《*the table*》. ¶ 부산 ~ in Pusan / 서울역 ~ at Seoul Station. ②《출발점》from; out of; off; in; over. ¶ 서울 ~ 부산까지 from Seoul to Pusan. ③《동기》out of; from. ¶ 호기심 ~ out of curiosity. ④《견지·표준》from; by; according to. ¶ 사회적 견지 ~ 보면 from a social point of view. ⑤《범위》from. ¶ 대략 2만 원 ~ 3만 원 사이 all the way from 20,000 *won* to 30,000 *won* / 한 시 ~ 네 시 사이에 between one and four o'clock.

에세이 an essay.

에스에프 SF. (◀ science fiction)

에스오시 《사회 간접 자본》SOC. (◀ Social Overhead Capital)

에스오에스 《send out, flash》an SOS (call).

에스컬레이터 an escalator; a moving stairway.

에스코트 escort; 《사람》an escort. ~하다 escort 《*a singer*》.

에스키모 an Eskimo. ¶ ~의 Eskimo.

에스페란토 〖言〗 Esperanto. ‖ ~학자 an Esperantist.

에어로빅스 《do》aerobics.

에어메일 《항공 우편》airmail.

에어컨 an air conditioner (기계); air conditioning (장치).

에어컴프레서 an air compressor.

에우다 《둘러싸다》enclose; surround; fence (around); 《지우다》cross out; strike off.

에움길 a detour.

에워싸다 surround; enclose; 《사람이》crowd round; 《포위》besiege; lay siege to.

에이스 an ace 《*pitcher*》; a leading player; 《카드》an ace.

에이에프피 《프랑스 통신사》AFP. (◀ *Agence France Presse*)

에이엠 ‖ ~방송 an AM〔amplitude modulation〕broadcast.

에이전트 an agent.

에이즈 〖醫〗 《후천성 면역 결핍증》AIDS. (◀ Acquired Immune Deficiency Syndrome) ¶ ~ 환자 an AIDS patient / ~에 감염되다 contract AIDS / ~가 발병되다 develop AIDS.

에이커 an acre.

에이프런 an apron.

에잇 《불쾌》Pshaw!; O!; Son of a gun! ¶ ~ 빌어먹을 Damn it!

에콰도르 Ecuador. ¶ ~ 사람 an Ecuadorian.

에테르 〖化〗 ether.

에티오피아 Ethiopia. ¶ ~ 사람 an Ethiopian.

에티켓 etiquette; manners. ¶ 식사의 ~ table manners.

에틸렌 〖化〗 ethylene.

에틸알코올 〖化〗 ethyl alcohol.

에펠탑(―塔) the Eiffel Tower.

에프비아이 F.B.I. (◀ Federal Bureau of Investigation)

에프엠 ‖ ~방송 an FM〔frequency modulation〕broadcast.

에프티에이(FTA) 《자유무역협정》Free Trade Agreement.

에피소드 an episode.

에필로그 an epilog(ue).

에헴 Hem!; Ahem!

엑스[1] 《미지수》an unknown (quantity). ‖ ~(광)선 the X〔Roentgen〕rays / ~선 사진 《take》an X-ray picture / ~선 요법 X-ray therapy.

엑스[2] an extract〔essence〕《*of*》.

엑스트라 《play》an extra (part).

엔 a *yen* (기호 ¥). ‖ ~고(高) 《시세》a strong *yen;* a high exchange rate of the *yen;* 《상승》a rise in the exchange rate of the *yen* / ~고 차익 a profit accruing from

a rise in the exchange rate of the *yen* / ～시세 the exchange rate of the *yen;* the *yen* rate / ～화기준《on》a *yen* base.
엔간하다《적당》(be) proper; suitable; 《상당》(be) considerable; fair; tolerable; passable. ¶ 엔간히 pretty; fairly; considerably.
엔들 even; also; too. ¶ 필요하다면 어디～ 못 가랴 I would go anyplace if (it is) necessary.
엔지〖映〗N.G. (◀ no good) ¶ ～를 내다 spoil〔ruin〕a sequence.
엔지니어 an engineer.
엔진《start, stop》an engine.
엔트리 an entry.
엘니뇨 El Niño. ¶ ～현상 an El Nino phenomenon.
엘레지 an elegy.
엘리베이터《run》an elevator; a lift《英》.
엘리트 the elite《*of society*》; a member of the elite. ¶ ～ 의식이 강하다 have a strong sense of being one of the elite / ～ 코스를 밟다 be on course for membership of the elite. ‖ ～사원 an elite employee / ～주의 elitism.
엘엔지《액화 천연 가스》LNG. (◀ Liquefied Natural Gas)
엘피(레코드) an LP〔a long-playing〕record.
엘피지《액화 석유 가스》LPG. (◀ Liquefied Petroleum Gas); LP gas; bottled gas.
엠티(MT)《회원훈련》(a) membership training.
엠피《헌병》M.P.; the military police.
…여(餘)《이상》above; over; more than; ...and over〔more〕. ¶ 3 마일～ over three miles.
여가(餘暇)《틈》spare time; leisure (hours); odd moments. ¶ ～가 없다 have no leisure〔time to spare〕.
여간아니다(如干一) (be) uncommon; extraordinary; be no easy task〔matter〕. ¶ 아이를 기르기는 여간 어려운 일이 아니다 It is no easy thing to bring up a child.
여감방(女監房) a prison ward〔cell〕for females.
여객(旅客) a traveler; a passenger (승객). ‖ ～명부 a passenger list / ～열차〔기〕 a passenger train〔plane〕/ ～운임 passenger fares.
여걸(女傑) a heroine; a brave woman; an amazon.
여겨듣다 listen attentively〔carefully〕《*to*》.
여겨보다《눈여겨》watch carefully; see closely.
여계(女系) the female line.
여공(女工) a factory girl; a female operative; a woman worker.
여과(濾過) filtration; filtering. ～하다 filter; filtrate. ‖ ～기 a filter; a percolator / ～성 filterability / ～성 병원체 a filterable virus / ～액 filtrate / ～지(池) a filter bed / ～지(紙) filter paper.
여관(旅館) a Korean-style hotel〔inn〕; a hotel; a motel. ¶ ～에 묵다 stay〔put up〕at a hotel / ～에서 나가다 check out / ～을 경영하다 run〔keep〕a hotel. ‖ ～손님 a guest (staying) at an inn; a hotel guest / ～주인 a hotelkeeper; innkeeper.
여광(餘光)《빛》afterglow; lingering light.
여교사(女教師) a schoolmistress; a female teacher.
여권(女權) women's rights. ‖ ～신장 extension of women's rights / ～운동 the women's rights movement / ～운동가 a feminist.
여권(旅券) a passport. ¶ ～을 신청〔발부〕하다 apply for〔issue〕a passport / ～을 교부받다 get〔obtain〕a passport. ‖ ～법 the passport control law / ～사증 a passport visa.
여급(女給) a waitress; a bar-maid (술집의).
여기 this place; here. ¶ ～에(서) here; in〔at〕this place / ～서부터 from here.
여기다 think; regard〔consider〕《*a thing*》as; take《*a thing*》for; 《믿다》believe. ¶ 아무를 귀엽게 ～ hold *a person* dear / 대수롭게 여기지 않다 think little〔nothing〕of.
여기자(女記者) a woman reporter; female journalist;《잡지의》a female magazine writer.
여기저기 here and there; from place to place; in places; in various places.
여난(女難)《get into》trouble with women. ¶ 그에게는 ～의 상(相)이 있다 He seems to be destined to have trouble with women.
여남은 some ten odd; more than ten. ¶ ～ 사람 a dozen men.
여념(餘念) ¶ (…에) ～이 없다 be busy《*with something*》; busy *oneself*《*with*》; be lost〔absorbed, engrossed〕《*in*》; devote *oneself*《*to*》/ 독서에 ～이 없다 be absorbed in *one's* book.
여단(旅團)〖軍〗a brigade.
여닫다 open and shut〔close〕.
여담(餘談) a digression. ¶ ～은 그만두고 to return to the subject.
여당(與黨) the Government〔ruling〕party.
여대(女大) a women's college〔university〕. ‖ ～생 a college girl〔woman〕.
여덕(餘德) the influence of a great virtue.
여덟 eight. ¶ ～째 the eighth.
여독(旅毒) the fatigue of travel. ¶ ～을 풀다 relieve *one's* fatigue of travel.
여동생(女同生) a younger sister.

여드레《8일간》eight days;《날짜》the eighth (day of a month).
여드름 a pimple; an acne.
여든 eighty; a fourscore. ¶ ～째 eightieth.
여러 many; several; various. ¶～달 (for) several〔many〕months / ～ 사람 several〔many〕people / ～ 해 (for) many〔several〕years / ～ 직업 various occupations.
여러가지 all sorts《*of*》; various kinds《*of*》; varieties. ¶ ～의 various; all kinds〔sorts〕of; a variety of; several / ～ 이유로 for various reasons / ～ 상품 goods of different kinds / ～로 해석되다 It can be construed in many ways.
여러번(一番) many〔several〕times; often; repeatedly.
여러분 ladies and gentlemen; all of you; everybody.
여러해살이(풀) 〖植〗 a perennial (plant).
여럿《사람》many; many people; a crowd (of people);《수》a large number.
여력(餘力) reserve〔remaining〕power〔strength, energy〕;《돈의》money to spare. ¶ 충분한 ～이 있다 have a great reserve of energy; have much in reserve / 차를 살 만한 ～이 없다 I have no money to spare for a car.
여로(旅路) a journey.
여론(輿論) public opinion; the general〔prevailing〕opinion. ¶ ～의 일치 the concensus of public opinion / ～에 호소하다〔을 불러 일으키다〕appeal to〔arouse〕public opinion / ～에 귀를 기울이다 pay attention to the trends of public opinion. ‖ ～조사 a public-opinion poll〔survey〕/ ～조사원 a pollster; a polltaker.
여류(女流) ¶ ～의 lady; female / ～ 작가 a woman〔lady〕writer.
여름 summer; the summer season(여름철). ¶ ～용의 for summer use. ‖ ～방학 the summer vacation〔holidays〕/ ～옷 summer wear〔clothes〕/ ～장마 summer monsoon.
여름타다 lose weight in summer; suffer from (the) summer heat; get summer sickness.
여리다《연하다》(be) soft; tender;《약하다》weak; frail; delicate.
여망(輿望) popularity; esteem; trust. ¶ 국민의 ～을 지고 있다 be trusted by the whole nation.
여명(餘命) *one's* remaining days; the rest of *one's* life. ¶ ～이 얼마 남지 않다 have but few years〔days〕to live.
여명(黎明) dawn; daybreak. ¶ ～에 at dawn〔daybreak〕/ 우주 시대의 ～기 the dawn of the Space Age.
여물 hay. ‖ ～통 a manger.
여물《마소의》fodder; forage; feed;
여물다《열매가》bear fruit; ripen; get〔become〕ripe;《기회 따위가》be ripe; mature. ¶ 이 옥수수는 아직 여물지 않았다 This corn is not ripe yet. / 때가 여물기를 기다려라 Wait till the time is ripe.
여미다 ¶ 옷깃을 ～ make *oneself* tidy〔neat〕; straighten *one's* clothes; tidy *oneself* up.
여반장(如反掌) ¶ 그런 일 쯤은 ～이다 That's quite an easy task〔job〕.
여배우(女俳優) an actress. ¶ 영화〔TV〕의 ～ a film〔TV〕actress / ～가 되다 become an actress / ～ 지망자 an aspiring actress.
여백(餘白) a space; a blank; a margin (난의). ¶ ～을 남기다 leave a space / ～을 메우다 fill in〔up〕the blank〔space〕.
여벌(餘一) an excess; a spare; an extra. ¶ ～의 옷 a spare suit of clothes / ～이 하나 있다 There is an extra.
여보 ① hello; (I) say; (look) here; hey (there). ②《부부간》baby; (my) dear; 〔darling〕; honey.
여보세요 《호칭》Excuse me!; Hallo!; Say!《美》; I say!《英》;《전화에서》Hello!; Are you there? ¶ ～ 누구시죠 《전화에서 받는자가》Hello, who's calling, please?
여부(與否) yes or no; whether or not; if. ¶ 성공 ～ success or failure / ～ 없다 (be) sure; certain; be beyond doubt; be a matter of course.
여북 how (much). ¶ ～ 좋을까 How glad I shall be! / 그걸 보고 ～ 놀랐겠느냐 What was his surprise to see that?
여분(餘分) a surplus; leftovers; remnants; an extra; an excess. ¶ ～의 extra; spare; excessive / ～으로 in surplus / ～의 돈이 없다 have no extra money; have no money to spare.
여비(旅費) traveling expenses; a traveling allowance (지급되는).
여사(女史) Madame; Mrs.; Miss.
여사무원(女事務員) an office girl〔lady〕; a female clerk.
여색(女色) 《미색》a woman's charm〔beauty〕; 《색욕》carnal pleasures〔desire〕. ¶ ～에 빠지다 indulge in lewdness.
여생(餘生) 《spend》the rest〔remainder〕of *one's* life.
여섯 six. ¶ ～째 the sixth.
여성(女性) a woman; a lady; womanhood; the gentle〔fair〕sex (총칭). ¶ ～의 female / ～용의 for ladies / ～적인 feminine; womanly; effeminate(연약한). ‖ ～관 a view of womanhood / ～

미 womanly〔feminine〕 beauty / ～상위 《a tradition of》 female dominance / ～차별 discrimination against women; sexism / ～해방 women's liberation / ～해방운동 the women's liberation movement / ～호르몬 female hormone.

여세(餘勢) surplus〔reserve〕 energy; momentum. ¶ 성공의 ～를 몰아 encouraged〔emboldened〕 by *one's* success / 승리의 ～를 몰아 적을 공격하다 follow up *their* victory with a fresh assault on the enemy.

여송연(呂宋煙) 《smoke》 a cigar.

여수(旅愁) melancholy〔ennui〕 felt while on a journey. ¶ ～에 잠기다 be in a pensive mood while on a journey.

여승(女僧) a Buddhist nun.

여식(女息) a daughter.

여신(女神) a goddess. ¶ 미의 ～ the Goddess of Beauty.

여신(與信) credit. ¶ ～을 주다 give〔allow, grant〕 credit. ‖ ～공급량 the amount of a loan / ～관리 credit management / ～규제 credit control / ～상태 credit condition / ～업무 a loan business / ～한도 a credit line〔limit〕; a line of credit.

여신(餘燼) embers; smoldering fire.

여실(如實) ～하다 (be) real; true; lively. ¶ ～히 truly; faithfully; realistically; true to life / ～히 그리다 depict 《*a thing*》 just as it is.

여아(女兒) a girl; a little〔baby〕 girl; a daughter(딸).

여야(與野) the ruling party and the opposition party.

여염(閭閻) a middle-class community. ‖ ～집 a commoner's home / ～집 여자 a normal housewife.

여왕(女王) a queen; an empress. ‖ ～벌〔개미〕 a queen bee〔ant〕.

여우 ① 〖動〗 a fox; a vixen(암컷). ‖ ～굴 a fox burrow / ～목도리 a fox-fur muffler. ② 《비유적》 a sly fellow; an old fox. ¶ ～같은 cunning; sly; foxy.

여우비 a sunshine shower.

여운(餘韻) 《잔향》 reverations; echoes; 《음곡의》 a trailing note; 《시문의》 suggestiveness. ¶ ～있는 trailing; lingering; suggestive.

여울 a (swift) current; rapids; a torrent. ¶ ～목 the neck of the rapids.

여위다 grow thin; lose flesh〔weight〕; be worn out. ¶ 근심으로 ～ be careworn / 과로로 매우 여위었다 be worn out with overwork.

여유(餘裕) ① 《시간의》 time (to spare); 《공간의》 room; space; 《돈·시간의》 a margin. ¶ 시간〔돈〕의 ～가 없다 have no time〔money〕 to spare / 다섯 사람이 들어갈 만한 ～가 있다 There is enough room for five people. / 자동차를 살 ～가 없다 I cannot afford (to buy) a car. ② 《정신적인》 composure; placidity. ¶ ～작작하다 be very composed; be calm and at ease / 그는 자신의 일로 다른 것을 생각할 ～가 없다 His mind is too occupied with his own affair.

여의(如意) ～하다 turn out as *one* wishes; things go well. ¶ ～치(가) 않다 go contrary to *one's* wishes; go wrong〔amiss〕.

여의다 ① 《사별》 have 《*a person*》 die; be bereaved〔deprived〕 《*of a person*》; lose. ¶ 아버지를 ～ lose *one's* father. ② 《떠나보내다》 send 《*a person*》 away. ¶ 딸을 ～ marry *one's* daughter off 《*to*》.

여의사(女醫師) a lady〔female, woman〕 doctor.

여인(女人) a woman. ¶ ～ 출입금지 No Admittance to Women.

여인숙(旅人宿) an inn; a lodge.

여일(如一) ～하다 (be) consistent; changeless; immutable. ¶ ～하게 consistently; invariably.

여자(女子) a woman; a lady; a girl; a female. ¶ ～의 female; women's; ladies'; girls' / ～다움 womanliness / ～다운 여자 a womanly〔ladylike〕 woman / ～답지 않은 unwomanly; unladylike / ～용의 lady's; for ladies' use. ‖ ～고등학교 a girls' senior high school / ～대학 a women's college〔university〕 / ～대학생 a women's college student; 《美口》 a co-ed(남녀 공학의).

여장(女裝) a female dress〔attire〕. ～하다 wear a female dress.

여장(旅裝) a traveling outfit. ¶ ～을 챙기다 equip *oneself* for a journey; prepare for a trip / ～을 풀다 put up〔stop〕 at 《*an inn*》.

여장부(女丈夫) ☞ 여걸(女傑).

여전(如前) ～하다 《서술적》 be as before; be as it used to be; remain unchanged. ¶ ～히 as usual; as… as ever; as before; still.

여점원(女店員) a saleswoman; a salesgirl.

여정(旅程) 《거리》 the distance to be covered; 《여행 일정》 an itinerary; a journey.

여존(女尊) respect for woman. ‖ ～남비 putting women above men.

여좌하다(如左―) be as follows; be as stated below.

여죄(餘罪) 《inquire into》 further crimes; other charges. ¶ 다른 ～도 있을 것 같다 be suspected of some other crimes.

여죄수(女罪囚) a female prisoner.
여지(餘地) room; a space; a scope (사고·행동의); a blank (여백). ¶ 개량〔발전〕의 ~ room for improvement〔development〕/ 입추의 ~도 없다 be packed full / 타협의 ~가 있다〔없다〕 there is room〔no room〕 for compromise;《사물이 주어》leave room〔no room〕 for compromise / 그의 성공은 의심할 ~가 없다 There is no doubt about his success.
여진(餘震)〖地〗an aftershock.
여쭈다《말하다》tell; say; state; inform;《묻다》ask《*a person about*》; inquire. ¶ 그 점에 관해 제가 자세히 여쭈겠습니다 Perhaps you will allow me to explain that point.
여차(如此) ~하다 be like this; be this way. ¶ ~한 such; such as; like this / ~~한 이야기 such and such a story / ~~한 이유 for such-and-such a reason.
여차하면 in case〔time〕 of need〔emergency〕; if need be; if *one* has to; if compelled.
여축(餘蓄) saving; stock; reserve; supplies. ~하다 save; stock; reserve; set aside. ¶ ~이 좀 있다 have some savings.
여치〖蟲〗a grasshopper.
여탈(與奪) ¶ 생살 ~권을 쥐다 hold the power of life and death.
여탕(女湯) the women's section of a public bath.
여태(까지) till〔until〕 now; up to the present; so far. ¶ ~ 없던 사건 an unprecedented incident / ~ 어디 있었느냐 Where have you been all this while?
여파(餘波)《영향》an aftermath; an aftereffect. ¶ 혁명〔태풍〕의 ~ the aftermath of the revolution〔typhoon〕.
여편네 ①《아내》*one's* wife. ②《기혼녀》a (married) woman.
여필종부(女必從夫) Wives should be submissive to their husbands.
여하(如何) what; how. ¶ ~히 how; in what way / ~한 이유로 for what reason / ~한 경우에도 in any case / ~한 희생을 내더라도 at any cost〔price, sacrifice〕/ ~한 일이 있더라도 whatever may happen / 이유 ~를 막론하고 regardless of the reasons / 사정 ~에 달리다 depend upon circumstances.
여하간(如何間) anyway; anyhow; in any case; at any rate; at all events.
여하튼(如何―) ☞ 여하간.
여학교(女學校) a girls' school.
여학생(女學生) a schoolgirl; a girl〔woman〕 student.
여한(餘恨) a smoldering〔lingering〕 grudge.
여한(餘寒) the lingering cold; the cold of late winter.
여행(旅行) travel; a journey; traveling; a tour; an excursion, a trip (짧은); a voyage (항해). ~하다 travel; journey; make a journey〔trip〕; tour. ¶ ~ 준비를 하다 make preparations for a trip / ~을 떠나다 set out〔start〕 on a journey〔tour, trip〕/ 업무로 ~하다 make〔go on〕 a business trip《*to*》/ 2, 3일간의 ~ a two or three day trip / ~에서 돌아오다 return from *one's* trip《*to*》/ 미국 ~중에 during *one's* travels in the U.S.; while traveling in America. ‖ ~가방 a traveling bag; a suitcase / ~사 a travel agency; a tourist bureau / ~안내 guidance to travelers / ~일정 an itinerary; *one's* travel schedule / ~자 a traveler; a tourist.
여행(勵行) rigid enforcement. ~하다 enforce〔carry out〕《*the rules*》 rigidly.
여호와《히브루의 신》Jehovah. ¶ ~의 증인 Jehovah's Witnesses.
여흥(餘興) an entertainment; a side show.
역(逆) the reverse〔contrary〕《*of*》; the opposite;〖數〗converse. ¶ ~의 reverse《*order*》; opposite《*direction*》/ ~으로 conversely; inversely; the other way around / ~이 반드시 진(眞)은 아니다 Converses are not always true.
역(驛) a (railroad, railway) station; a (railroad) depot. ¶ 서울~ Seoul Station / ~전 광장 a station square〔plaza〕.
역(役)《연극에서》《play》the part〔role〕《*of*》; a character. ¶ 어린이~ a juvenile part / 햄릿의 ~을 하다 play the role〔part〕 of Hamlet.
역(譯) (a) translation; (a) version.
역(亦)《역시》too; also; as well.
역겹다(逆―)《속이》feel sick〔queasy, nausea〕;《혐오》be disgusted《*at*》; be nauseated.
역경(逆境) adversity; adverse circumstances. ¶ ~에 있다〔빠지다〕 be in〔fall into〕 adversity / ~을 이겨내다 tide over a difficult situation.
역광선(逆光線) counterlight. ¶ ~으로《take a picture》against the light. ‖ ~사진 a shadowgraph.
역군(役軍) a wageworker; a laborer;《유능한》an able worker.
역대(歷代) successive generations〔reigns〕. ¶ ~의 내각 successive cabinets.
역도(力道) weight lifting. ‖ ~선수 a weight lifter.

역도(逆徒) rebels; traitors.
역량(力量) 《display *one's*》 ability; capability. ¶ ～있는 able; capable; competent / …할 만한 ～이 있다 have the ability to *do;* be competent for 《*the task*》.
역력하다(歷歷—) (be) clear; vivid; obvious; undeniable. ¶ 역력히 vividly; clearly; obviously.
역류(逆流) a back 〔an adverse〕 current; (a) backward flow. ～하다 flow backward 〔upstream〕; surge back.
역마살(驛馬煞) ¶ ～이 끼었다 have 「itchy feet.
역마차(驛馬車) a stagecoach.
역모(逆謀) a plot of treason. ～하다 conspire to rise in revolt; plot treason 《*against*》.
역무원(驛務員) a lower-grade station employee; a station porter.
역문(譯文) a translation; a version.
역반응(逆反應) 〖理〗 an inverse re「action.
역방(歷訪) a round of calls 〔visits〕. ～하다 make a round of visits 《*to*》; make a tour of 《*Asian countries*》.
역병(疫病) a plague; an epidemic.
역부족(力不足) want of ability. ¶ ～이다 be beyond *one's* capacity; find *oneself* unequal 《*to the task*》.
역비례(逆比例) an inverse propor「tion.
역사(力士) a muscle 〔strong〕 man.
역사(役事) construction work; public works.
역사(歷史) ① history; a history (사서). ¶ ～의〔적인〕 historic; historical / ～적인 사건〔사실, 인물〕 a historical event 〔fact, figure〕 / ～적으로 유명한 장소 a historic spot; a place of historic interest / ～상 미증유의 대전 the greatest battle in history / 한국의 ～ Korean history / ～ 이전의 prehistoric / ～에 남다 remain 〔go down〕 in history / ～를 더듬다 trace the history 《*of*》. ‖ ～가 a historian / ～박물관 a museum of history / ～소설 a historical novel / ～학 historical science; the study of history. ② 《내력》 history; tradition (전통).
역사(轢死) ～하다 be (run over and) killed by a vehicle.
역산(逆産) ① 〖醫〗 breech birth. ② 《재산》 the property of a traitor.
역산(逆算) 《계산을》 ～하다 count 「〔reckon〕 backward.
역서(曆書) an almanac.
역선전(逆宣傳) counterpropaganda. ～하다 conduct 〔carry out, make〕 counterpropaganda.
역설(力說) ～하다 lay 〔put〕 stress 〔emphasize〕 on 《*something*》; emphasize; stress.
역설(逆說) a paradox. ¶ ～적인 paradoxical / ～적으로 말하면 paradoxically speaking.
역성 taking sides with; partiality. ¶ ～ 들다 be partial 《*toward*》; show partiality 〔favor〕 《*to*》; take sides with.
역수(逆數) 〖數〗 a reciprocal (number); inverse number.
역수입(逆輸入) reimportation; reimport. ～하다 reimport.
역수출(逆輸出) reexportation; reexport. ～하다 reexport.
역습(逆襲) a counterattack. ～하다 (make a) counterattack; retort (말로).
역시(亦是) 《또한》 too; also; as well; 《의연히》 still; 《결국》 after all; 《…에도 불구하고》 but; nevertheless; in spite of; 《예상대로》 as (was) expected.
역어(譯語) words 〔terms〕 used in a translation; a 《*Korean*》 equivalent 《*to*》.
역연하다(歷然—) (be) clear; manifest; evident; obvious; plain.
역용(逆用) ～하다 turn 《*the enemy's propaganda*》 to *one's* own advantage; take advantage of 《*a person's kindness*》.
역원(驛員) a station employee; the station staff (총칭).
역임(歷任) ～하다 hold 《*various posts*》 successively 〔in succession〕. ¶ 여러 관직을 ～하다 fill 〔hold, occupy〕 various Government posts in succession.
역자(譯者) a translator.
역작(力作) *one's* labored work; a masterpiece.
역작용(逆作用) (a) reaction; a re「verse action.
역장(驛長) a stationmaster.
역저(力著) a fine literary work; a masterpiece.
역적(逆賊) a rebel; a traitor.
역전(力戰) ～하다 fight hard.
역전(逆轉) reversal; inversion. ～하다 reverse; be reversed. ¶ ～승하다 win a losing game / ～패하다 lose a winning game / 이제 그들의 입장은 ～되었다 Their positions are now reversed.
역전(歷戰) ¶ ～의 용사 a veteran; a battle-tried warrior.
역전마라톤(驛傳—) a long-distance relay (marathon).
역점(力點) emphasis; the point; 〖理〗 dynamic point. ¶ …에 ～을 두다 lay 〔put〕 stress 〔emphasis〕 《*on*》; attach importance 《*to*》.
역정(逆情) ☞ 성나다, 성내다.
역조(逆調) an adverse 〔unfavorable〕 condition. ¶ 무역의 ～ an adverse balance of trade; import excess.
역주(力走) ～하다 run as hard

〔fast〕 as *one* can.
역진(力盡) ～하다 be exhausted; be〔get〕 worn out; be dead tired. 「～탄 bituminous coal.
역청(瀝青) 〚鑛〛 bitumen; pitch. ‖
역추진(逆推進) ‖ ～로켓 a retrorocket. 「course.
역코스(逆—) 《follow》 the reverse
역투(力投) ～하다 〚野〛 pitch hard.
역풍(逆風) an adverse wind.
역하다(逆—) feel sick〔nausea〕; 《혐오》 (be) disgusting; offensive.
역학(力學) 〚理〛 dynamics.
역학(易學) the art of divination.
역할(役割) a part; a role. ¶ ～을 정하다 allot〔assign〕 a part〔role〕 《*to*》; give 《*an actor*》 a part 《*in a play*》 / 중대한 ～을 하다 play an important role〔part〕 《*in*》.
역행(力行) ～하다 《힘씀》 endeavor; make strenuous efforts.
역행(逆行) ～하다 go〔move〕 backward; run counter 《*to*》. ¶ 시대에 ～하다 go against the times.
역효과(逆效果) a counter result; a contrary effect. ¶ ～를 내다 produce an opposite effect〔result〕 to what was intended / 그것은 ～였다 It boomeranged.
엮다 ① 《얽어서》 plait; weave; 《묶다》 tie 《*with a rope*》. ② 《편찬》 compile; edit.
연(年) a year. ¶ ～ 1회 once a year; annually / ～ 1회의 yearly; annual / ～ 5부의 이자 interest of five percent a year / ～ 2회의 half-yearly; twice-yearly. ‖ ～수입 an annual income.
연(鳶) a kite. ¶ ～을 날리다 fly a kite.
연(鉛) lead. ☞ 납.
연(蓮) 〚植〛 a lotus. ¶ ～꽃 a lotus flower.
연(連) a ream 《*of paper*》.
연(延) the total. ‖ ～시간 the total number of hours; the total man-hours / ～인원 the total number of man-day / ～일수 the total number of days / ～평수 the total floor space (in *pyŏng*).
연가(戀歌) a love song〔poem〕.
연간(年間) ‖ ～계획 a one-year plan; a schedule for the year / ～생산량 a yearly output / ～소득 an annual income.
연감(年鑑) a yearbook; an almanac.
연갑(年甲) a contemporary; a person of about *one's* own age.
연결(連結) connection; coupling. ～하다 connect; join; couple. ¶ 식당차를 ～하다 couple〔attach〕 a dining car to 《*a train*》. ‖ ～기 《차량의》 a coupler.
연고(軟膏) (an) ointment. ¶ ～를 바르다 apply ointment 《*to*》.
연고(緣故) ① 《사유》 a reason; a cause; a ground. ② 《관계》 relation; connection. ¶ ～를 통해 입사하다 enter a company through *one's* personal connection. ‖ ～권 preemptive rights / ～자 a relative.
연골(軟骨) 〚解〛 a cartilage; gristle.
연공(年功) long service (근속); long experience (경험). ¶ ～을 쌓다 have long service〔experience〕. ‖ ～가봉 a long service allowance / ～서열임금 the seniority wage system / ～서열제도 the seniority system.
연관(鉛管) a lead pipe. ‖ ～공 a plumber.
연관(聯關) ☞ 관련.
연구(硏究) (a) study; (a) research; (an) investigation (조사). ～하다 study; research 《*into*》; make a study 《*of*》; do〔conduct〕 research 《*on, in*》. ¶ ～를 계속하다 pursue *one's* studies / ～를 발표하다 publish *one's* research work / 인공 지능의 ～를 시작하다 take up the study of artificial intelligence. ‖ ～가〔자〕 a student; an investigator; a research worker / ～개발 research and development (생략 R&D) / ～과제 a research task / ～논문 a research paper 《*on*》; a monograph(전공의); a dissertation(학위의); a treatise(학술의) / ～발표회 a meeting for reading research papers / ～보고 a report of *one's* research / ～비 research funds〔expenses〕 / ～생 a research student / ～소 laboratory; a research institute / ～실 a laboratory(실험실); a seminar(대학의) / ～심 the spirit of inquiry / ～자료 research materials〔data〕 / ～활동 research activities.
연구개(軟口蓋) the soft palate. ‖ ～음 a velar (sound).
연극(演劇) ① 《극》 a play; drama. ¶ ～을 상연하다 present〔put on〕 a play; perform a play on the stage / ～을 전공하다 major in theater〔drama〕. ‖ ～계 the theatrical world / ～부 a dramatic〔drama〕 club / ～비평가 a drama critic / ～애호가 a playgoer / ～인 a person of the theater. ② 《허위》 a make-believe; a trick; a sham. ¶ ～을 꾸미다〔부리다〕 put on an act; play a trick; put up a false show.
연근(蓮根) a lotus root.
연금(年金) an annuity; a pension. ¶ 국민 ～ the National Pension / 노령〔질병, 유족〕 ～ an old-age〔a disability, a survivor〕 pension / 종신 ～ a life annuity / ～을 받다 receive a pension; draw *one's* pension / ～으로 생활하다

live on a pension / ～을 받고 퇴직하다 retire on a pension; be pensioned off. ‖ ～수령자 a pensioner / ～제도 a pension system.

연금(軟禁) house arrest. ～하다 put 《*a person*》 under house arrest; confine 《*a person*》 in 《*a room*》.

연금술(鍊金術) alchemy. ‖ ～사 an alchemist.

연기(延期) postponement. ～하다 postpone; put off; defer 《*payment*》; adjourn 《*a meeting*》. ¶ ～되다 be postponed; be put off / 기한을 ～하다 extend 〔prolong〕 the term.

연기(連記) ～하다 list; write 《*three names*》 on a ballot.

연기(煙氣) smoke. ¶ 한 가닥의 ～ a wisp of smoke / 자욱한 ～ clouds 〔volumes〕 of smoke / ～가 나는 smoking; smoky / ～를 (내)뿜다 emit 〔give out〕 smoke / ～에 숨이 막히다 be choked 〔suffocated〕 by smoke / ～에 휩싸이다 be enveloped 〔wreathed〕 in smoke / 아니 땐 굴뚝에 ～ 날까 There is no smoke without fire.

연기(演技) performance; acting. ¶ ～파의 여배우 an actress who relies on her acting skills (rather than on her looks). ‖ ～력 acting ability / ～자 a performer.

연내(年內) ¶ ～에 within 〔before the end of〕 the year.

연년(連年) successive years. ¶ ～생이다 be brothers 〔sisters〕 born in two successive years.

연놈 the man and woman.

연단(演壇) a platform; a rostrum; a stand. ¶ ～에 오르다〔에서 내려가다〕 take 〔leave〕 the rostrum.

연달다(連—) continue; keep on; follow one after another. ¶ 연달은 continued; continuous; successive / 연달아 one after another; successively; in (rapid) succession; continuously.

연대(年代) 《시대》 an age; a period; an epoch; an era(연호). ¶ ～순의 chronological / ～순으로 in chronological order. ‖ ～기 a chronicle / ～표 a chronological table.

연대(連帶) solidarity. ¶ ～의〔로〕 joint(ly). ‖ ～감 the feeling of togetherness 〔solidarity〕 / ～보증 joint and several liability on guarantee / ～보증인 a joint surety / ～채무 joint and several obligation / ～책임 joint responsibility.

연대(聯隊) 〖軍〗 a regiment. ¶ 보병 ～ an infantry regiment. ‖ ～병력 a regimental force / ～장〔본부, 기〕 the regimental commander 〔headquarters, colors〕.

연도(年度) a year; a term. ¶ 회계 ～ a fiscal year / 사업 ～ the business year / ～초〔말〕에 at the beginning 〔end〕 of the year.

연도(沿道) ¶ ～의〔에〕 along the road 〔route〕; by 〔on〕 the roadside.

연독(鉛毒) lead poisoning.

연동(聯動) gearing; linkage. ～하다 be connected 〔linked, coupled〕 《*with*》. ‖ ～기 a clutch / ～장치 a coupling 〔an interlocking〕 device.

연동(蠕動) peristalsis; vermiculation.

연두(年頭) the beginning of the year. ‖ ～교서 《미국의》 the (President's) annual State of the Union message 〔address〕 to Congress / ～사 the New Year's address 〔message〕.

연두(軟豆) 《빛》 yellowish light green.

연락(連絡) 《관계》 (a) connection; 《접촉》 (a) contact; touch; liaison; 《교통·통신상의》 communication; correspondence. ～하다 (be) connect(ed) 《*with*》; contact; get in touch 《*with*》; make contact 《*with*》; communicate 《*with*》. ¶ ～을 유지하다 keep in touch 〔contact〕 《*with*》 / 전화 ～을 끊다 cut off telephonic communications 《*with*》 / 전화로 ～하다 speak to 《*a person*》 over the telephone / 출발 후 한 시간 만에 ～이 끊기다 《비행기가》 go out of communication an hour after its takeoff. ‖ ～사무소 a liaison office / ～선 a ferry(boat) / ～역 a junction / ～장교 a liaison officer.

연래(年來) for years; over the years. ¶ ～의 숙원 *one's* long-cherished desire 〔wish〕 / ～의 계획 a plan of long standing / ～의 대설 the heaviest snowfall in many years.

연령(年齡) age; years. ¶ ～에 비해 for *one's* age / ～을 불문하고 regardless of age. ‖ ～제한 the age limit.

연례(年例) ¶ ～의 yearly; annual. ‖ ～보고 an annual report / ～행사 an annual event.

연로(年老) ～하다 (be) old; aged.

연료(燃料) fuel. ¶ ～가 충분하다 have enough fuel / ～가 떨어져 가고 있다 be running short of gas 〔fuel〕. ‖ ～보급 refueling / ～봉 a (nuclear) fuel rod / ～비 the cost of fuel; fuel expense / 고체〔기체, 액체〕 ～ solid 〔gaseous, liquid〕 fuel.

연루(連累) ～하다 be involved 《*in*》; be connected 《*with*》. ‖ ～자 an accomplice; a confeder-

ate; a person involved.
연륜(年輪) an annual ring; growth ring. 「《*of 6%*》.
연리(年利) 《at》 an annual interest
연립(聯立) alliance; union; coalition. ‖ ~내각 a coalition cabinet / ~방정식 simultaneous equations / ~주택 a tenement house.
연마(硏磨·鍊磨) ~하다 《갈고 닦다》 polish; grind; whet; 《도야하다》 drill; train; practice; improve. ¶ 기술을 ~하다 improve [practice] *one's* skill. ‖ ~기(機) a grinder; a grinding machine.
연막(煙幕) a smoke screen. ¶ ~을 치다 lay (down) a smoke screen.
연말(年末) the end of the year; the year-end. ¶ ~의 year-end / ~에 at the end [close] of the year. ‖ ~대매출 a year-end sale / ~보너스 the year-end bonus / ~정산 《세금의》 the year-end tax adjustment.
연맹(聯盟) a league; a federation; a union; a confederation. ¶ ~에 가입하다 join a league.
연면(連綿) ~하다 (be) continuous; uninterrupted; unbroken. ¶ ~히 continuously; consecutively.
연명(延命) ~하다 barely manage to live; eke out a scanty livelihood. ¶ 내각의 ~을 시도하다 try to prolong the life of the cabinet.
연명(連名·聯名) joint signature. ~하다 sign jointly. ¶ ~으로 in *our* joint names; under the joint signature of.... ‖ ~진정서 a joint petition.
연모 tools and supplies; instruments; equipments; materials.
연목구어(緣木求魚) seeking the impossible. ~하다 go to a tree for fish.
연못(蓮—) a (lotus) pond. ‖ ~가 the margin of a pond.
연무(烟霧) smoke and fog; mist and fog; smog(도시 등의).
연무(演武) military exercise. ~하다 practice military exercises. ‖ ~장 a military exercise hall.
연무(鍊武) (a) military drill. ~하다 practice a military drill.
연문(戀文) a love letter.
연미복(燕尾服) a tailcoat; an evening coat.
연민(憐憫) compassion; pity; mercy. ¶ ~의 정을 느끼다 feel pity [compassion] 《*for*》.
연발(延發) delayed departure. ~하다 start late.
연발(連發) ~하다 fire in rapid succession; fire in volley. ¶ 6~의 권총 a six-chambered revolver; a six-shooter / ~식의 quick-firing 《*gun*》 / 질문을 ~하다 fire questions at 《*a person*》 in succession; ask one question after another. ‖ ~총 a quick-firing rifle [gun]; an automatic pistol.
연방(聯邦) a (federal) union; a federation; a federal state. ‖ ~정부 the Federal Government / ~제도 a federal system; federalism.
연변(沿邊) the area along 《*a river, a road, a rail line*》.
연병(練兵) (a) military drill. ~하다 (have a) drill; parade. ‖ ~장 a parade [drill] ground.
연보(年報) an annual report.
연보(年譜) a chronological history; a biographical note.
연보(捐補) contribution; church offerings. ~하다 donate; subscribe.
연봉(年俸) an annual salary.
연봉(連峯) a chain of mountains; a mountain range.
연부(年賦), **연불**(年拂) annual installments. ¶ 5년 ~로 지불하다 pay by [in] yearly installments over a period of five years. ‖ ~상환 redemption by annual installments.
연분(緣分) a preordained tie; a predestined bond; fate; connection.
연분홍(軟粉紅) light [soft] pink.
연불(延拂) deferred payment. ¶ ~방식으로 on a deferred payment basis. ‖ ~수출 deferred-payment export; exporting on a deferred payment basis.
연비(連比) 〖數〗 a continued ratio.
연비(燃比) (gas) mileage; fuel-efficiency. ¶ ~시험 a mileage test / 1리터당 40km라는 효율적인 ~ the efficient mileage of 40km/1 *l* / 고~의 엔진 a fuel-efficient engine / ~가 낮은 차 a gas-guzzler 《美》 / 내 차는 ~가 높다 My car gives very high mileage.
연비(燃費) fuel expense(연료비). ¶ 저~의 차 an economical car.
연비례(連比例) 〖數〗 continued proportion. 「speaker.
연사(演士) a lecturer; a (public)
연산(年産) an annual output.
연산(演算) 〖數〗 operation; calculation. ~하다 calculate; carry out an operation. ¶ ~을 잘 하다 be good at calculation [figures].
연상(年上) ¶ ~의 older; elder; senior / ~의 사람 *one's* senior / 3년 ~이다 be three years older than 《*a person*》; be three years 《*his*》 senior.
연상(聯想) association (of idea). ~하다 associate 《*A*》 with 《*B*》; be reminded of 《*something*》. ¶

…을 ～시키다 remind 《*a person*》 of 《*something*》; suggest 《*something*》 to 《*a person*》.

연서 (連署) joint signature. ～하다 sign jointly. ¶ ～로 under the joint signature of…. ‖ ～인 a joint signer; a cosignatory.

연석 (宴席) a banquet; a dinner party. ¶ ～을 베풀다 hold a banquet; give a dinner party.

연설 (演說) a speech; an address (공식의); public speaking (행위). ～하다 make 〔deliver〕 a speech 〔an address〕; address 《*an audience*》. ¶ ～조로 in an oratorical tone / ～을 잘 하다〔이 서투르다〕 be a good 〔poor〕 speaker / TV 에서 ～하다 make a television speech / 자연 보호에 관해 ～하다 speak on the conservation of nature. ‖ ～자 a speaker / ～회 a speech meeting / 즉석 ～ an impromptu speech. 「cre.

연성하감 (軟性下疳) 〖醫〗 soft chan-

연세 (年歲) age; years. ☞ 나이.

연소 (年少) ～하다 (be) young; juvenile. ‖ ～자 a youth; *one's* junior (연하자); a minor (미성년자).

연소 (延燒) ～하다 spread 《*to*》 (불이); catch fire (건물이). ¶ ～를 막다 check the spread of the fire / ～를 면하다 escape the fire.

연소 (燃燒) burning; combustion. ～하다 burn. ¶ ～성의 combustible; flammable / 완전 ～ complete combustion / 불완전 ～ imperfect combustion. ‖ ～물 combustibles.

연속 (連續) continuity; (a) succession; a series 《*of*》. ～하다 continue; go on; last. ¶ ～적(으로) continuous(ly); consecutive(ly); successive(ly) / ～ 3주간 for three weeks running; for three consecutive weeks / ～적으로 일어난 이상한 사건 a series of strange events. ‖ ～극 a serial radio 〔TV〕 drama; soap (opera) / ～사진 sequence photographs / ～상영 consecutive showing of a film.

연쇄 (連鎖) a chain; links; 〖生〗 a linkage. ‖ ～구균 a streptococcus / ～반응 (a) chain reaction (～반응을 일으키다 cause 〔start, trigger〕 a chain reaction) / ～점(店) a chain store / ～충돌 a chain collision.

연수 (年收) an annual income.

연수 (年數) (the number of) years.

연수 (軟水) soft water.

연수 (研修) (in-service) training; an induction course (신입 사원 등의). ～하다 study; train. ‖ ～생 a trainee / ～원 a training institute.

연습 (演習) 《익힘》 (a) practice; an exercise; (a) drill; 《기동 훈련》 maneuvers. ～하다 practice; hold maneuvers. ¶ 야외 ～ field exercises / 예행 ～ a rehearsal / ～장 《군대의》 maneuvering ground.

연습 (練習) practice; training; (an) exercise; (a) rehearsal (극의); a warming-up (경기 전의). ～하다 practice; train; drill; exercise; rehearse. ¶ 피아노를 ～하다 practice the piano / 라디오를 들으며 영어 회화를 ～하다 practice English conversation by listening to the radio / 영어 발음을 ～시키다 drill 〔practice〕 《*students*》 the sounds of English 〔in English pronunciation〕 / 방과 후에 연극 ～을 하다 rehearse the play after school. ‖ ～곡 an *étude* 《프》 / ～기〔선〕 a training plane 〔ship〕 / ～문제 exercises 《*in grammar*》 / ～생 a trainee / ～경기 a practice 〔tune-up〕 game.

연승 (連勝) consecutive 〔successive〕 victories. ～하다 win 《*three*》 successive 〔straight〕 victories. 「year.

연시 (年始) the beginning of the

연시 (軟柿) a fair 〔soft〕 persimmon.

연식 (軟式) ‖ ～야구 rubber-ball baseball / ～정구 softball tennis.

연안 (沿岸) the coast; the shore. ¶ ～의 on 〔along〕 the coast. ‖ ～경비대 the coastal guard / ～무역 coastal trade / ～어업 coastal 〔inshore〕 fishery / ～지방 a coastal region / ～항로 a coastal 〔coastwise〕 route 〔line〕.

연애 (戀愛) love; affection. ～하다 be 〔fall〕 in love 《*with*》. ¶ 정신적 ～ platonic love / ～ 결혼을 하다 marry for love. ‖ ～결혼 a love match 〔marriage〕 / ～사건 a love affair / ～소설 a love story; a romance.

연액 (年額) an annual sum 《*of*》.

연약 (軟弱) weakness. ～하다 (be) weak; soft; 《약한 태도》 weak-kneed; feeble. ¶ ～한 지반 soft ground / ～해지다 weaken; grow effeminate / 나는 ～한 녀석은 질색이다 I hate a weak fellow. ‖ ～외교 weak-kneed diplomacy.

연어 (鰱魚) 〖魚〗 a salmon.

연역 (演繹) deduction. ～하다 deduce; evolve. ¶ ～적(으로) deductive(ly).

연연하다 (戀戀―) 《서술적》 be ardently attached 《*to*》; cling to 《*one's position*》.

연예 (演藝) entertainment; a performance. ‖ ～란 the entertainments column / ～인 a public entertainer; a performer.

연옥 (煉獄) purgatory.

연와 (煉瓦) a brick. ☞ 벽돌.

연원(淵源) an origin; a source. ～하다 originate《*in*》; take its rise《*in*》. ¶ …의 ～을 더듬다 trace the origin of….
연월일(年月日) (a) date.
연유(緣由)《유래》the origin;《사유》(a) reason; a ground. ～하다 originate《*in*》; be derived《*from*》; be due to.
연유(煉乳) condensed milk.
연인(戀人) a lover (남자); a love, a sweetheart (여자). ¶ 한쌍의 ～ a pair of lovers.
연일(連日) every day; day after day. ¶ ～연야(連夜) day(s) and night(s).
연임(連任) ～하다 be reappointed [reelected].
연잇다(連—)《연결》join《*A*》to《*B*》; piece together;《계속》continue; be continuous. ¶ 연이어 one after another; continuously; successively.
연자매(硏子—) a large millstone worked by ox [horse].
연장 a utensil; an instrument; a tool.
연장(年長) ¶ ～의 older; elder; senior. ‖ ～자 an elder; a senior.
연장(延長) extension; elongation; renewal(계약 따위의). ～하다 prolong; extend; lengthen. ¶ 계약 기간을 ～하다 renew *one's* contract / 체재를 며칠간 ～하다 extend *one's* stay for a few days. ‖ ～선 an extension (line) / ～전 〖野〗 extra innings;《축구의》extra time.
연재(連載) serial publication. ～하다 publish a series of《*articles, stories*》. ¶ ～되다 appear [be published] serially《*in a newspaper*》. ‖ ～만화 a comic strip; a serial comic / ～소설 a serial story.
연적(硯滴) an ink-water container; a water-holder.
연적(戀敵) a rival in love.
연전(年前) ¶ ～에 some years ago; formerly.
연전(連戰) ～하다 fight a series of battles. ¶ ～ 연승하다 win battle after battle; win [gain] a series of victories / ～연패하다 lose battle after battle; suffer a series of defeats.
연정(戀情) love; attachment. ¶ ～을 느끼다 feel attached to《*a girl*》.
연제(演題) the subject《*of an address*》.
연좌(連坐) ～하다 be implicated [involved] in《*an affair*》. ‖ ～데모 a sit-down [sit-in] demonstration.
연주(演奏) a musical performance; a recital (독주). ～하다 play; give a performance [recital] of. ¶ 피아노로 베토벤을 ～하다 play Beethoven on the piano. ‖ ～곡목 a (musical) program / ～여행 a concert tour / ～자 a performer; a player / ～회 a concert; a recital.
연주창(連珠瘡) 〖韓醫〗 scrofula.
연줄(緣—) connections; (a) pull. ¶ ～을 찾다 hunt up personal connections / 그 회사에 좋은 ～이 있다 have good connections with the company / …의 ～로 through the good offices [influence] of…. / ～을 통해 입사하다 enter a company through *one's* personal connection.
연중(年中) the whole year; (all) the year round; throughout the year. ‖ ～무휴《게시》Open throughout the year / ～행사 an annual event.
연지(臙脂) (cheek) rouge; lipstick (입술의). ¶ 뺨에 ～를 찍다 [바르다] rouge *one's* cheek; put rouge on *one's* cheek.
연차(年次) ¶ ～의 annual; yearly. ‖ ～계획 a yearly plan / ～보고 an annual report / ～유급휴가 an annual paid holiday / ～총회 an annual convention / ～휴가 an annual leave.
연착(延着) late arrival; delay. ～하다 arrive late; be delayed. ¶ ～될 예정이다 be expected to arrive《*one hour*》late.
연착(軟着) soft landing. ¶ 달에 ～하다 make a soft landing on the moon; soft-land on the moon.
연창(—窓) an outer window.
연천하다(年淺—) be short in years [time, age].
연철(鍊鐵) wrought iron.
연체(延滯)《지연》(a) delay;《체납》arrears. ～하다 be delayed; be in arrears. ¶ 집세를 ～하고 있다 be in arrears with the rent. ‖ ～금 money in arrears / ～이자 overdue interest.
연체동물(軟體動物) 〖動〗 a mollusk.
연출(演出) production; direction. ～하다 produce; direct. ¶ A씨 ～의 「오셀로」 *Othello* produced [directed] by Mr. A. ‖ ～가 a producer; a director《美》/ ～효과 stage effects.
연충(蠕蟲) a worm; vermin.
연탄(煉炭) a briquet(te). ‖ ～가스중독 briquet gas poisoning / ～공장 a briquet manufactory / ～난로 a briquet stove / ～불 briquet fire / ～재 a used briquet.
연통(煙筒) a chimney; a stovepipe.
연투(連投) ～하다 〖野〗 take the (pitcher's) mound in《*two*》consecutive games.
연판(連判) joint signature [seal]. ～하다 sign [seal] jointly. ‖ ～장

a covenant〔compact〕 under joint signature.
연판(鉛版) a (lead) plate;〚印〛a stereotype. ¶ ～을 뜨다 make a stereotype《*of*》. ‖ ～공 a stereotyper / ～인쇄 stereotypography.
연패(連敗) a series of defeats; successive defeats. ～하다 suffer a series of defeats; lose《*three*》games straight〔in succession〕.
연표(年表) a chronological table.
연필(鉛筆) a (lead) pencil. ¶ ～로 쓰다 write in〔with a〕 pencil / ～을 깎다 sharpen a pencil. ‖ ～깎이 a pencil sharpener / ～심 the lead of a pencil.
연하(年下) ¶ ～의 younger; junior / ～의 사람 *one's* junior / 3살 ～이다 be three years younger than *one*; be《*a person's*》junior by three years.
연하(年賀) the New Year's greetings. ‖ ～장 a New Year's card.
연하다(軟一) ①《안질기다》(be) tender; soft. ¶ 연한 고기 tender meat / 연하게 하다 soften; tenderize / 연해지다 become soft〔tender〕. ②《빛이》(be) soft; mild; light. ¶ 연한 빛 a light color / 연한 차 weak tea.
연하다(連一) adjoin; be connected〔linked〕《*with, to*》.
연한(年限) a period; a term. ¶ ～을 채우다 serve *one's* term. ‖ 재직～ a term of office.
연합(聯合) ～하다 combine; join; be combined〔united〕; form a union. ‖ ～국 the Allied Powers; the Allies / ～군 the Allied Forces / ～작전 combined〔joint〕 operations.
연해(沿海) the sea along the coast(바다); the coast(육지). ☞ 연안. ¶ ～의 coastal. ‖ ～어업 inshore〔coastal〕 fishery.
연해주(沿海州)《러시아의》the Maritime Province of Siberia.
연행(連行) ～하다 take《*a person*》to《*a police station*》.
연혁(沿革)《역사》the history《*of*》;《발달》the development《*of*》;《변천》changes.
연호(年號) the name of an era.
연화(軟化) ～하다 become soft; soften.
연화(軟貨) soft money〔currency〕.
연회(宴會)《give, have》a dinner party; a banquet.
연후(然後) ¶ ～에 after (that); afterwards; (and) then.
연휴(連休)《two》consecutive holidays.
열 ten; the tenth (열째).
열(列)《일반적》a line; a row;《세로의》a file; a column;《가로의》a rank;《차례를 기다리는 줄》a queue; a line. ¶ ～을 짓다 form a line〔row〕; line〔queue〕 up / 2～ 종대〔횡대〕 a double file〔line〕.
열(熱) ①《물리적인》heat. ¶ ～의 thermic; thermal / ～을 가하다 (apply) heat《*to*》/ ～을 발생하다 generate heat / ～을 발산하다 radiate〔give off〕 heat / ～을 전하다〔흡수하다〕 conduct〔absorb〕 heat. ‖ ～교환기 a heat exchanger / ～기관 a heat engine / ～기구 a hot-air balloon / ～오염 thermal pollution / ～용량 heat〔thermal〕 capacity / ～원(源) a source of heat / ～전도율 thermal conductivity / ～처리 heat treatment (～처리하다 heat-treat) / ～팽창〔전도〕 thermal expansion〔conduction〕/ ～효율 thermal efficiency. ②《체온》temperature;《병으로 인한》fever. ¶ ～을 재다 take《*a person's*》temperature / ～이 있다 have a fever; be feverish / ～이 내리다 *one's* fever subsides〔goes down〕. ③《열의·열광》enthusiasm; passion(열정); fever; craze(열광). ¶ 문학～ a craze for literature / 야구에 ～을 올리다 be enthusiastic about baseball / ～을 식히다 dampen〔chill〕 *one's* enthusiasm / ～이 없다 have no enthusiasm《*for*》. ‖ 야구～ baseball fever; enthusiasm for baseball.
열가소성(熱可塑性)〚理〛thermoplasticity. ¶ ～의 thermoplastic. ‖ ～재료 thermoplastic material(s).
열강(列强) the (world) Powers.
열거(列擧) enumeration. ～하다 enumerate; list.
열경화성(熱硬化性)〚理〛a thermosetting property. ¶ ～의 thermosetting. ‖ ～수지 thermosetting resin.
열광(熱狂) (wild) enthusiasm; excitement. ～하다 go wild with excitement; be enthusiastic《*over*》. ¶ ～적(으로) enthusiastic(-ally); frantic(ally).
열기(熱氣) heat; hot air;《열띤 분위기》a heated atmosphere;《신열》fever.
열나다(熱一) ①《신열이》develop fever; become feverish. ②《열중·열심》become enthusiastic《*about*》. ③《화나다》get angry; be enraged. ¶ 열 나서 out of resentment.
열녀(烈女) a virtuous woman.
열다[1] ①《닫힌 것을》open; unfold (펴다); undo (꾸러미를); unlock (열쇠로). ¶ 비틀어〔부숴, 억지로〕 ～ wrench〔break, force〕 open / 열어 놓다 leave《*a door*》open. ②《개설》open; start. ¶ 가게를 ～ open〔start〕 a store. ③《개최》

hold; give 《*a party*》. ¶ 운동회를 ~ hold an athletic meeting. ④ 《개척》 clear 《*land*》; develop; open (up). ¶ 후진에게 길을 열어주다 open a path for the young; give young people a chance.
열다[2] 《열매가》 bear (fruit); fruit.
열대(熱帶) 〖地〗 the tropics. ¶ ~의 tropical. ‖ ~병 a tropical disease / ~성 저기압 a tropical cyclone / ~식물 a tropical plants / ~야(夜) a sweltering night / ~어 a tropical fish.
열댓 about fifteen. 「archipelago.
열도(列島) a chain of islands; an
열등(劣等) inferiority. ~하다 (be) inferior. ¶ ~한 inferior; poor. ‖ ~감 inferiority complex / ~생 a backward (poor) student.
열람(閱覽) reading; perusal. ~하다 read; peruse. ¶ 일반에 ~토록 하다 provide 《*books*》 for public reading. ‖ ~권 a library admission ticket / ~실 a reading room.
열량(熱量) the quantity of heat; 《단위》 (a) calorie; 《발열량》 calorific value. ‖ ~계 a calorimeter.
열렬(熱烈) ¶ ~한〔히〕 ardent(ly); fervent(ly); passionate(ly) / ~한 연애 passionate love / ~한 환영을 하다 give 《*a person*》 an enthusiastic welcome.
열리다 ① 《닫힌 것이》 open; be opened; be unlocked. ② 《모임·행사》 be held; take place; 《개시》 begin; start. ¶ …주최로 ~ be held under the auspices of…. ③ 《길이》 open; be open(ed). ¶ 승진의 길이 ~ be given a chance to rise (in rank). ④ 《열매가》 bear (fruit); (be in) fruit. ¶ 열매가 많이 열린 나무 a tree laden with fruits.
열망(熱望) an ardent wish〔desire〕. ~하다 be eager〔anxious〕 for 〔after, to do〕; long for. ¶ 우리는 평화를 ~하고 있다 We long〔are eager〕 for peace.
열매 (a) fruit; a nut (견과). ¶ ~를 맺다 bear fruit; 《비유적》 produce a result; come to fruition.
열무 a young radish. ‖ ~김치 young radish *kimchi*.
열반(涅槃) *Nirvana* 《梵》. 「speech.
열변(熱辯) 《make》 an impassioned
열병(閱兵) a parade; a review. ~하다 review〔inspect〕 troops. ‖ ~식 a military parade; a review (of troops).
열병(熱病) a fever. ¶ ~에 걸리다 catch〔suffer from〕 a fever.
열분해(熱分解) 〖化〗 pyrolysis. ~하다 pyrolyze. 「ty; a patriot.
열사(烈士) a man of fervid loyal-
열사병(熱射病) 〖醫〗 heatstroke.
열상(裂傷) a laceration; a lacerated wound.
열석(列席) ~하다 attend; be present 《*at*》. ‖ ~자 those present.
열선(熱線) thermic〔heat〕 rays.
열성(列聖) successive kings; 《성인》 a number of saints.
열성(熱誠) earnestness; enthusiasm; devotion (헌신). ¶ ~적인 earnest; enthusiastic; hearty. ‖ ~가 an enthusiast; a zealot (열광자) / ~분자 earnest〔devoted〕 elements.
열세(劣勢) inferiority. ¶ …보다 ~에 있다 be inferior in numbers 〔strength〕.
열쇠 a key. ¶ 사건의 ~ the key to the affair / ~로 열다 unlock with a key. ‖ ~구멍 a keyhole.
열심(熱心) enthusiasm; eagerness. ¶ ~인 eager; enthusiastic; earnest / ~히 eagerly; earnestly; enthusiastically; hard / ~히 공부하다 be earnest about *one's* studies.
열십자(-十字) a cross. ¶ ~의 cross-shaped / ~로 crosswise.
열악(劣惡) ¶ ~한 inferior; poor / ~한 환경에서 일하고 있다 work under poor surroundings.
열애(熱愛) ardent love. ~하다 love 《*a person*》 passionately; be devoted 《*to*》.
열어젖히다 swing〔throw, fling〕 open; 《열어 놓다》 leave〔keep〕 《*a door*》 open.
열없다 ① 《열적다》 (be) awkward; shy; self-conscious. ② 《성질이》 (be) timid; faint-hearted.
열역학(熱力學) thermodynamics.
열연(熱演) an enthusiastic performance. ~하다 perform〔play〕 enthusiastically; put spirit into *one's* part.
열의(熱意) zeal; enthusiasm. ¶ ~있는 eager; zealous; enthusiastic / ~없는 unenthusiastic; half-hearted / ~를 보이다 show zeal 《*for*》.
열이온(熱一) 〖理〗 thermion.
열자기(熱磁氣) thermomagnetism.
열전(列傳) a series of biographies.
열전(熱戰) a fierce fight; 《경기》 a hot contest; a close game.
열전기(熱電氣) thermoelectricity.
열전류(熱電流) a thermocurrent.
열정(熱情) passion; ardor; fervor. ¶ ~적인 ardent; passionate; fervent. ‖ ~가 an ardent person; a hot-blood.
열중(熱中) ~하다 become〔get〕 enthusiastic 《*about, over*》; be absorbed 《*in*》; be crazy 《*about*》.
열차(列車) a train. ¶ ~자동 정지 장치 an automatic train stop (생

략 ATS) / 광주행〔발〕~ a train for〔from〕 Kwangju. ‖ ~사고 a train〔railroad〕 accident / ~시간표 a train timetable〔schedule〕/ ~운행 종합제어장치 the Total Traffic Control(생략 TTC) / ~집중 제어장치 the Centralized Train Control(생략 CTC) / 급행 ~ an express train.

열탕(熱湯) hot〔boiling〕 water. ¶ ~ 소독을 하다 scald *a thing*; wash〔disinfect〕《*a dish*》 in boiling water.

열퉁적다 (be) rude; gawky; boorish; rough.

열파(熱波)〖理〗a heat wave.

열풍(烈風) a violent wind.

열풍(熱風) a hot wind.

열학(熱學)〖理〗thermotics.

열핵(熱核) ‖ ~반응〔융합〕 thermonuclear reaction〔fusion〕/ ~전쟁 a thermonuclear war.

열혈(熱血) hot blood; ardor. ‖ ~한(漢) a hot-blooded man.

열화(烈火) a blazing fire. ¶ ~같이 노하다 be red with anger; be furious.

열화학(熱化學) thermochemistry.

열흘《열날》ten days; 《십일째》 the tenth (day).

엷다 ①《두께가》(be) thin. ☞ 얇다. ②《빛이》(be) light; pale; faint. ¶ 엷은 빛(깔)의 light-colored.

염(殮) ☞ 염습(殮襲).

염가(廉價) a low〔moderate〕 price; a bargain rate. ¶ ~의 cheap; low-priced / ~로 팔다 sell 《*things*》 cheap〔at low prices〕. ‖ ~판(版) a cheap〔popular〕 edition / ~품 low-priced goods.

염광(塩鑛) a salt mine.

염기(厭忌) ~하다 dislike; detest; abhor.

염기(塩基)〖化〗a base. ¶ ~성의 basic.

염도(塩度) salinity.

염두(念頭) ¶ ~에 두다 bear〔keep〕《*a thing*》 in mind / ~에 두지 않다 do not care 《*about*》/ ~에서 떠나지 않다《사람이 주어》be unable to forget; cannot put *something* out of *one's* mind; 《사물이 주어》 be always in *one's* mind.

염라대왕(閻羅大王) *Yama*《梵》; the King of Hell.

염려(念慮) anxiety; worry; apprehension; care; concern. ~하다 worry; be concerned〔worried〕; feel anxious〔concern〕《*about*》; have apprehension 《*of*》. ¶ 아이들의 안전을 ~하다 be anxious〔concerned〕 about *one's* children's safety.

염료(染料) dyes; dyestuffs; coloring material. ‖ ~공업 the dye industry / 질산염 ~ nitro dyes.

염매(廉賣) a low〔bargain〕 price sale. ~하다 sell cheap; sell at a bargain.

염모제(染毛劑) a hair-dye.

염문(艶聞) a love affair; a romance.

염병(染病) ① ☞ 장티푸스. ¶ ~할 Damn〔Hang〕 it! ② ☞ 전염병.

염복(艶福) good fortune in love. ‖ ~가 a ladies' man.

염분(塩分) salt; salinity. ¶ ~ 있는 saline; salty / ~을 없애다 desalt; desalinate.

염불(念佛) a Buddhist invocation. ~하다 pray〔offer prayers〕 to *Amitabba*.

염산(塩酸)〖化〗hydrochloric acid.

염색(染色) dyeing. ~하다 dye. ‖ ~공장 a dye works / ~체〖生〗a chromosome.

염서(炎暑) intense heat.

염세(厭世) pessimism; weariness of life. ¶ ~적인 pessimistic. ‖ ~자살하다 kill *oneself* in despair; despair of life and kill *oneself* / ~주의 pessimism / ~주의자 a pessimist.

염소 a goat. ¶ 암~ a she-goat / 숫~ a he-goat / ~새끼 a kid; a young goat / ~가 운다 A goat bleats. ‖ ~가죽 goatskin / ~수염 a goatee / ~자리〖天〗the Goat; the Capricorn.

염소(塩素)〖化〗chlorine (기호 Cl). ‖ ~산 chloric acid.

염수(塩水) salt water; brine.

염습(殮襲) ~하다 wash and dress the deceased.

염오(厭惡) loathing; abhorrence. ~하다 detest; loathe; abhor.

염원(念願) *one's* heart's desire. ~하다 desire; wish 《*for*》.

염전(塩田) a saltpan.

염좌(捻挫) a sprain. ☞ 삐다.

염주(念珠) a rosary; (a string of) beads. ‖ ~알 a bead(한 개); the beads of a rosary.

염증(炎症) inflammation. ¶ ~을 일으키다 be〔become〕 inflamed.

염증(厭症) an aversion; a dislike; disgust; a repugnance. ¶ ~이 나다 be weary〔sick〕《*of*》; be fed up 《*with*》.

염직(染織) ~하다 dye and weave.

염천(炎天) hot weather; the burning sun.

염출(捻出)《비용 등을》~하다 (manage to) raise 《*money*》; scrape up.

염치(廉恥) a sense of honor〔shame〕. ¶ ~없는 사람 a shameless fellow / ~가 없다 be shameless; have no sense of honor.

염탐(廉探) ~하다 spy upon 《*the enemy's movement*》; feel〔smell〕 out 《*a plot*》. ‖ ~꾼 a spy; a secret agent.

염통 the heart.

염화(塩化) chloridation. ~하다 chloridize. ‖ ~나트륨 sodium chloride / ~물 a chloride / ~

비닐 vinyl chloride.

엽견(獵犬) a hound; a hunting dog.

엽관운동(獵官運動) office hunting〔seeking〕. ～하다 run〔hunt〕for office.

엽궐련(葉—) a cigar.

엽기(獵奇) ¶ ～적인 bizarre; macabre. ‖ ～소설 a bizarre story.

엽록소(葉綠素)〖植〗chlorophyl(l).

엽맥(葉脈)〖植〗the veins of a leaf.

엽색(獵色) debauchery. ‖ ～가 a debauchee; a lecher.

엽서(葉書) a postal card (관제); a postcard (사제); a postcard《英》.

엽전(葉錢) a brass coin.

엽초(葉草) leaf tobacco.

엽총(獵銃) a hunting〔sporting〕gun.

엿[1] wheat gluten; taffy; (a) candy. ‖ ～가락 a stick of taffy〔wheat gluten〕/ ～장수 a wheat gluten vendor.

엿[2]《여섯》six.

엿기름 malt; wheat germ.

엿듣다 overhear; listen secretly; eavesdrop;《도청》tap《*wires*》; bug.

엿보다《기회를》look〔watch, wait〕for《*a chance*》;《상태를》see; spy on;《안을》peep into〔through〕;《슬쩍》steal a glance at.

엿새《엿샛날》the sixth day (of a month);《여섯날》six days.

영(令)《명령》an order; a command;《법령》an ordinance; a law; a decree; an act. ¶ ～을 내리다 command; order / ～을 어기다 disobey an order; act contrary to《*a person's*》order.

영(零) a zero; a nought; a cipher. ¶ 106번 one-o〔-zero, -nought〕-six (전화) / ～점을 맞다 get a zero《*in an examination*》.

영(靈) the soul〔spirit〕; the ghost《*of a dead person*》. ¶ ～적인 spiritual.

영감(令監)《존칭》lord; sir;《노인》an old〔elderly〕man;《남편》*one's* husband.

영감(靈感) (an) inspiration. ¶ ～을 받다 be inspired《*by*》; get inspiration《*from*》/ ～이 솟다 have a sudden inspiration.

영걸(英傑) a great man; a hero.

영검(靈—) miraculous virtue〔efficacy〕.

영겁(永劫) eternity.

영결(永訣) the last〔final〕parting; separation by death. ～하다 part forever; bid *one's* last farewell《*to*》. ‖ ～식 a funeral ceremony〔service〕.

영계(—鷄) a (spring) chicken. ‖ ～백숙 a boiled chicken with rice.

영계(靈界) the spiritual world;《종교계》the religious world.

영고(榮枯) rise and fall; vicissitudes. ‖ ～성쇠＝영고.

영공(領空) territorial air〔sky〕; airspace. ¶ ～을 날다 fly over《*Korean*》territory. ‖ ～침범 the violation of the territorial sky.

영관(領官) a field officer(육군); a captain, a commander(해군). ‖ ～급 장교 field grade officers.

영관(榮冠) the crown;《win》the laurels (월계관).

영광(榮光) honor; glory. ¶ ～스러운 glorious; honorable; honored / …의 ～을 가지다 have the honor of《*doing*》.

영교(靈交) spiritual communion《*with*》. ‖ ～술 spiritualism.

영구(永久) ☞ 영원(永遠). ¶ ～히 for good; forever; permanently / ～불변의 everlasting / 반～적인 semipermanent. ‖ ～성 permanency / ～자석 a permanent magnet / ～치(齒) a permanent tooth.

영구(靈柩) a coffin; a hearse; a casket《美》. ‖ ～차 a (motor) hearse; a funeral car.

영국(英國) England; (Great) Britain; the United Kingdom (약자 U.K.). ¶ ～의 English; British. ‖ ～국기 the Union Jack / ～사람 an Englishman; an Englishwoman (여자); the English〔British〕(총칭) / ～연방 the British Commonwealth of Nations.

영내(營內) ¶ ～의〔에〕within〔in〕barracks. ‖ ～거주 living in barracks / ～근무 service in barracks / ～생활 a barrack life.

영농(營農) farming. ～하다 farm; work on a farm; be engaged in farming. ‖ ～기계화 agricultural mechanization / ～인구 the farming population / ～자금 a farming fund.

영단(英斷) a wise decision. ¶ ～을 내리다 take a decisive step〔drastic measures〕.

영단(營團) a corporation; a management foundation. ‖ 주택～ the Housing Corporation.

영달(榮達) advancement (in life); distinction. ¶ ～을 바라다 hanker after distinction; aspire to high honor.

영도(零度) zero (degrees); the freezing point.

영도(領導) leadership. ～하다 take the lead; lead《*a party*》; head. ¶ …의 ～하에 under the leadership〔direction〕of…. ‖ ～자 a leader.

영락(零落) ruin; downfall. ～하다 fall low; be ruined; sink in the world; be reduced to poverty.

영락없다(零落—) be invariably right; (be) infallible; unfailing. ¶ 영락없이 without any slip; without fail; infallibly; for sure.

영령(英靈) the spirit of the departed (war heroes). ¶ ～이여 고이 잠드소서 May your noble soul rest in peace.

영롱(玲瓏) ～하다 (be) brilliant; clear and bright.

영리(怜悧) ¶ ～한 wise; clever; bright; intelligent; smart.

영리(營利) moneymaking; profit; gain. ¶ ～적(인) profit-making; commercial / ～에 급급하다 be intent on gain. ‖ ～사업 a commercial〔profit-making〕 enterprise / ～주의 commercialism.

영림(營林) forestry. ‖ ～서 a local forestry office.

영매(靈媒) a medium.

영면(永眠) death. ～하다 die; pass away; go to *one's* long rest.

영명하다(英明―) (be) clever; bright; intelligent.

영묘하다(靈妙―) (be) miraculous; mysterious; marvelous.

영문 ①《형편》 the situation; circumstances. ¶ 무슨 ～인지 모르다 be unable to make out what it's all about; do not know what's what. ②《까닭》 (a) reason; a cause(원인); the matter. ¶ ～도 없이 without (any) reason 〔cause〕.

영문(英文) English; an English sentence. ¶ ～으로〔의〕 in English / ～을 잘 쓰다 write good English. ‖ ～법 English grammar / ～타자기 an English typewriter / ～편지 a letter in English / ～학 English literature / ～(학)과 the department of English language and literature / ～학자 a scholar of English literature / ～한역 translation from English into Korean / ～해석 interpreting an English text.

영문(營門) the gate of military facilities〔barracks〕.

영물(靈物) a spiritual being.

영미(英美) Britain and America. ¶ ～의 English and American; Anglo-American.

영민(英敏) ～하다 (be) bright; intelligent; clever; sagacious; acute.

영별(永別) ～하다 part forever.

영봉(靈峯) a sacred mountain.

영부인(令夫人) your〔his〕 esteemed wife; Mrs. 《*Lee*》.

영사(映寫) projection. ～하다 project; screen 《*a film*》. ‖ ～기 a projector / ～막 a screen / ～시간 the running time 《*of a film*》 / ～실 a projection room.

영사(領事) a consul. ¶ 마닐라 주재 한국 ～ the Korean consul at Manila. ‖ ～관 a consulate / ～관원 a consular officer; the staff of a consulate (총칭) / ～재판권 consular jurisdiction.

영상(映像) 《마음의》 an image; 《TV의》 a picture; 《거울·수면 위의》 a reflection. ¶ 레이더에 비치는 ～ a blip on the radar screen / 선명한〔흐릿한〕 ～ a clear〔blurred〕 picture.

영생(永生) eternal life; immortality. ～하다 live eternally.

영선(營繕) building and repairs. ‖ ～과(課) a building and repairs section / ～비 building and repairing expenses.

영성(靈性) spirituality; divinity.

영세(永世) all ages; eternity. ‖ ～중립 permanent neutrality / ～중립국 a permanently neutral state.

영세(零細) ～하다 (be) small; petty; trifling. ‖ ～기업 a small business / ～농 a petty farmer / ～민 《총칭》 the destitute; the poor / ～업자 a small-scale businessman.

영속(永續) ～하다 last long; remain permanently. ¶ ～적인 lasting; permanent / ～성 permanence.

영송(迎送) ～하다 welcome and send off; meet and see off.

영수(領收) receipt. ～하다 receive. ¶ 일금 1만원정 확실히 ～함 I certainly received the sum of ₩10,000. ‖ ～증 a receipt / ～필 Paid.

영수(領袖) a leader; a head. ¶ 파벌의 ～ the leader of a political faction.

영시(英詩) English poetry(총칭); an English poem(시편).

영시(零時) twelve o'clock; noon (정오); midnight(자정).

영식(令息) your〔his, her〕 son.

영아(嬰兒) an infant; a baby. ‖ ～살해 infanticide.

영악하다 (be) smart; shrewd.

영악하다(獰惡―) fierce; ferocious.

영안실(靈安室) a mortuary (of a hospital). ¶ ～에 안치하다 place a dead body in a mortuary of a hospital.

영애(令愛) your〔his, her〕 daughter.

영약(靈藥) a miraculous medicine; a miracle drug.

영양(羚羊) an antelope; a goral.

영양(營養) nourishment; nutrition. ¶ ～ 상태가 좋은〔나쁜〕 well-〔ill-〕 nourished / ～식품 nourishing food / ～이 없는 식품 food lacking in nutrition. ‖ ～가 nutritive value / ～물 nutriments; nutritious food / ～불량 undernourishment (～불량의 undernourished; ill-fed) / ～사 a dietitian 〔dietician〕 / ～소 a nutrient /

～실조 malnutrition / ～장애 nutrition disorder〔lesion〕/ ～학 dietetics.

영어(囹圄) a prison. ¶ ～의 몸이 되다 be put in prison〔jail〕; be incarcerated.

영어(英語) English; the English language. ¶ ～의 English / ～로 《speak》 in English / ～의 실력 *one's* knowledge of English / ～를 말하다 speak English / ～를 잘하다〔가 서투르다〕 be good〔poor〕 at English / ～로 쓰다 write in English / ～로 번역하다 translate 〔put〕 into English. ‖ ～교사 an English teacher / ～교육 the teaching of English; English teaching / ～권 the English-speaking world〔community〕/ ～학 English linguistics.

영어(營魚) fishing; fishery. ‖ ～자금 a fishery fund.

영업(營業) business; trade. ～하다 do〔carry on, run〕 business. ¶ ～용의 for business / ～하고 있다 be in business; be open for business / ～상의 비밀 a trade secret / ～중《게시》 Open. ‖ ～방식 business methods / ～방침 a business policy / ～방해 obstruction of business / ～보고〔부, 세〕 a business report〔department, tax〕/ ～성적 business 〔trading〕 results〔performance〕/ ～소 a business office / ～시간 business hours / ～안내 a business guide; a catalog / ～정지 suspension of business / ～품목 a line of business / ～활동 business activities.

영업권(營業權) right of trade〔business〕; goodwill. ¶ 상점의 ～을 넘기다 transfer the goodwill of *one's* store / ～을 팔다 sell out *one's* business; sell the goodwill (of a shop).

영역(英譯) (an) English translation. ～하다 translate〔put〕 into English.

영역(領域) ① ☞ 영토. ②《학문·활동의》 a sphere; a field; a realm; a line. ¶ 과학의 ～ the realm of science / 그것은 내 ～이 아니다 That is not my field. *or* That is not in my line. *or* That's outside my sphere〔field〕.

영역(靈域) a sacred ground; holy precincts.

영영(永永) forever; eternally; for good (and all).

영예(榮譽) honor; glory. ¶ ～로운 honorable; glorious.

영웅(英雄) a hero. ¶ ～적인 heroic.

영원(永遠) eternity; permanence; perpetuity. ¶ ～한〔히〕 eternal (-ly); perpetual(ly); everlasting; permanent(ly). ‖ ～성 permanency; timelessness.

영위(營爲) ～하다 run; carry on; operate. ¶ 삶을 ～하다 lead a life.

영유(領有) ～하다 possess; get 〔be in〕 possession 《*of*》.

영육(靈肉) soul and body. ‖ ～일치 the unity of body and soul.

영일(寧日) ¶ ～이 없다 Not a single day passes quietly.

영자(英字) English letters. ‖ ～신문 an English(-language) newspaper.

영장(令狀) a warrant; a writ; a written order. ¶ ～을 발부하다〔집행하다〕 issue〔execute〕 a warrant.

영장(靈長) ¶ 만물의 ～ the lord of all creation. ‖ ～류〖動〗 the primates.

영재(英才) (a) genius; (a) talent; a gifted person. ‖ ～교육 special education for the gifted.

영전(榮轉) ～하다 be promoted (and transferred) to 《*a higher post*》; be transferred on promotion.

영전(靈前) ¶ ～에 before the spirit of the departed〔dead〕/ ～에 바치다 offer 《*flowers*》 to the spirit of a dead person.

영점(零點) 《무득점》 (a) zero; the zero point; no points. ¶ 시험에서 ～을 받다 get (a) zero〔no points〕 on the examination.

영접(迎接) ～하다 welcome; receive 《*company*》; (go out to) meet.

영정(影幀) a (scroll of) portrait.

영제(令弟) your〔his, her, *etc.*〕 esteemed younger brother.

영존(永存) ～하다 remain forever; exist permanently.

영주(永住) permanent residence. ～하다 reside〔live〕 permanently; settle down (for good). ‖ ～권 the right of permanent residence; denizenship / ～자 a permanent resident / ～지 a place of permanent residence; *one's* permanent home.

영주(英主) a wise ruler.

영주(領主) a (feudal) lord.

영지(領地) 《봉토》 a fief; a feud; feudal territory.

영지(靈地) a holy ground; a sacred place.

영진(榮進) ～하다 achieve promotion; be promoted.

영차 《이영차》 Yo-heave-ho! Yo-ho!

영창(詠唱) 〖樂〗 an aria.

영창(營倉) a guardhouse; detention barracks; a military jail.

영치(領置) ～하다 detain; place 《*something*》 in custody 《*of the prison officer*》. ‖ ～물 money and personal belongings deposited by inmates.

영탄(詠嘆) 《읊조림》 recitation; re-

cital. ～하다 recite《*a poem*》.
영토(領土) (a) territory; (a) possession; (a) domain. ‖ ～권(權) territorial rights / ～확장 expansion of territory; territorial expansion.
영특하다(英特—) (be) wise; sagacious; outstanding.
영판 ①《맞힘》true〔accurate〕fortunetelling. ②《꼭》just like;《아주》very; awfully.
영패(零敗) ～하다 be shut out; fail to score. ¶ 가까스로 ～를 면하다 barely miss being shut out.
영하(零下) below zero; sub-zero. ¶ ～의 기온 a sub-zero temperature.
영한(英韓) English-Korean. ‖ ～사전 an English-Korean dictionary.
영합(迎合) flattery. ～하다 flatter; fawn upon; curry favor with.
영해(領海) territorial waters. ¶ 한국 ～내에서 within〔inside〕the territorial waters of Korea. ‖ ～선 territorial limits (12마일 ～선 the 12-mile limit of territorial waters) / ～침범 violation of territorial waters.
영향(影響) influence; effect(효과); an impact(충격); consequence(파급효과). ¶ 좋은〔나쁜〕～ a good〔bad〕influence / …에 ～을 주다〔미치다〕 influence…; affect…; have an influence〔effect〕《*on*》/ …의 ～으로 under the influence of…; owing to / 정계에 큰 ～력을 가지다 have a big influence in politics.
영험(靈驗) ☞ 영검. ¶ ～이 있는 wonder-working; miraculous《*amulets*》/ 그 신은 ～이 있다는 소문이다 The god is renowned for his ability to response the wishes of worshipers.
영혼(靈魂) a soul; a spirit. ‖ ～불멸(설) (the doctrine of) the immortality of the soul.
영화(映畫) a movie; a (motion) picture; a film;《총칭》the movies; the cinema《英》. ¶ ～보러 가다 go to the movies〔cinema〕/ ～를 개봉〔상영〕하다 release〔show〕a film〔movie〕/ ～화하다 film《*a story*》; make a movie of. ‖ ～각본 a scenario / ～감독 a movie〔film〕director / ～검열 film censorship / ～관 a cinema theater; a movie house / ～배우 a movie〔film〕actor〔actress〕/ ～제 a film festival / ～촬영소 a movie studio / ～팬 a film〔movie〕fan.
영화(榮華)《번영》prosperity;《호화》splendor; luxury. ¶ ～를 누리다 live in splendor; be at the height of *one's* prosperity / ～롭게 살다 live in luxury.
옆 the flank; the side. ¶ ～의 side; next / ～에(서) by the side《*of*》; beside; at *one's* side; by; aside / ～방 a side〔an adjoining〕room; the next room / ～모습 a profile; a side face / 길 ～의 집 a house by the road / ～을 지나가다 pass by / ～으로 비키다 step aside / ～으로 눕혀 놓다 lay《*a thing*》on its side.
옆구리 the flank; the side (of the chest).
옆바람 a side wind.
옆질 rolling. ～하다《배가》roll (from side to side).
옆집 (the) next door; the adjacent house. ¶ ～사람 *one's* (next door) neighbor.
옆찌르다 give a nudge in《*someone's*》side《*with one's elbow*》.
예[1]《옛적》ancient〔old〕times; old days; former years. ¶ ～나 지금이나 in all ages.
예[2] ①《대답》yes; certainly; all right; no(부정의문문에서);《출석》Yes, sir〔madam, ma'am《美》〕!;《교실에서》Here (sir)!; Present, (sir)! ¶ ～ 알았습니다 I see. / ～기꺼이 해드리죠 Yes, with pleasure. ②《반문》Eh?, What?
예(例) ①《실례》an instance; an example; an illustration. ¶ ～를 들면 for instance〔example〕/ ～를 들다 cite〔give〕an instance. ②《경우》a case. ¶ 유사한 ～ a similar case. ③《관례》a custom; a usage; a precedent(전례). ¶ ～의 건 the affairs you know of.
예(禮) ①《경례》a salute; a bow. ¶ ～를 올리다 make a bow. ②《예법》etiquette; propriety; courtesy. ¶ ～를 다하다 show《*a person*》every courtesy.
예각(銳角)〖數〗an acute angle.
예감(豫感) a premonition; a presentiment; a hunch. ～하다 have a presentiment《*of death*》; have a hunch. ¶ 불길한 ～ an ominous foreboding.
예견(豫見) foresight. ～하다 foresee.
예고(豫告) a (previous) notice; a previous announcement; a warning(경고). ～하다 give an advance notice; announce〔notify, inform〕beforehand〔in advance〕; warn《*a person*》of. ¶ ～없이 without (previous) notice / 신간의 ～ an announcement of forthcoming books. ‖ ～편《영화의》a trailer; a preview.
예과(豫科) a preparatory course〔class, department〕《*for college*》. ‖ ～생 a preparatory (course) student.

예광탄(曳光彈) 〚軍〛 a tracer shell.
예규(例規) an established rule 〔regulation〕.
예금(預金) a deposit; a bank account; money on deposit. ～하다 deposit 《*money in a bank*》; place money on deposit. ¶ ～을 찾다 draw *one's* deposit 〔savings〕 《*from the bank*》. ‖ ～액 the deposited amount / ～이자 interest on a deposit / ～통장 a (deposit) passbook; a bankbook.
예기(銳氣) (animated) spirit; dash. ¶ ～를 꺾다 break 〔shake〕 *one's* spirits.
예기(豫期) 《기대》 expectation; anticipation; 《희망》 hope; 《선견》 foresight. ～하다 expect; anticipate; hope for; look forward to. ¶ ～치 않은 unexpected; unlooked for / ～한 대로 as was expected; as *one* expected.
예납(豫納) advance payment. ～하다 pay in advance; prepay.
예년(例年) an average 〔a normal, an ordinary〕 year(평년); every year(매년). ¶ ～의 annual; usual / ～보다 2할 감, 20 percent below normal / ～대로 as usual; as in other years / ～의 행사 an annual event.
예능(藝能) art; artistic accomplishments; 《연예의》 public entertainments; the performing arts. ¶ 향토〔민속〕 ～ folk entertainment. ‖ ～계(界) the world of show business; the entertainment world / ～과(科) art course / ～인 an artiste; a professional entertainer.
예니레 six or seven days.
예닐곱 six or seven.
예라 《비켜라》 Get away!; Be off!; 《그만둬라》 Stop!; 《체념》 Well then!. ¶ ～이젠 모르겠다 Well then, I'll have nothing more to do with it.
예리(銳利) ～하다 (be) sharp; acute; keen; sharp-edged.
예매(豫買) advance purchasing. ～하다 buy in advance.
예매(豫賣) advance sale; sale in advance. ～하다 sell 《*tickets*》 in advance. ‖ ～권 an advance ticket; a ticket sold in advance.
예명(藝名) a stage 〔professional〕 name; a screen name.
예문(例文) an illustrative sentence; an example.
예물(禮物) a gift; a present. ¶ 결혼 ～을 교환하다 exchange wedding presents.
예민(銳敏) ～하다 《감각이》 (be) sharp; keen; acute; sensitive; 《지적으로》 (be) quick-witted; shrewd. ¶ ～한 감각 keen 〔quick〕 senses / ～한 두뇌의 소유자 a sharp-witted person.
예바르다(禮―) (be) courteous; decorous; polite; civil.
예방(禮訪) a courtesy call. ～하다 pay a courtesy call on 《*a person*》.
예방(豫防) 《방지》 prevention 《*of* 》; protection 《*from, against*》; 《경계》 precaution 《*against*》. ～하다 prevent; take preventive measures 《*against*》. ¶ ～의 preventive; precautionary / ～할 수 있는 preventable / 화재 ～ 주간 Fire Prevention Week / ～은 치료보다 낫다 Prevention is better than cure. ‖ ～위생 preventive hygiene / ～의학 preventive medicine / ～접종 a vaccination; an inoculation / ～주사 a preventive injection 〔shot〕 / ～책〔조치〕 preventive measures; precautions.
예배(禮拜) worship; 《교회의》 church service. ～하다 worship. ‖ ～당 a church; a chapel / ～자 a worshiper / 아침 ～ morning service.
예법(禮法) courtesy; decorum; etiquette; propriety; manners. ¶ ～에 맞다〔어긋나다〕 conform to 〔go against〕 etiquette.
예보(豫報) a forecast. ～하다 forecast. ¶ ～가 틀렸다〔맞았다〕 The forecast was wrong 〔accurate〕. ‖ ～관 a weatherman; a forecaster.
예복(禮服) 《wear, be in》 full 〔formal〕 dress; ceremonial dress; 《군인용》 a dress uniform; 《야회용》 an evening dress.
예봉(銳鋒) a sharp point; the brunt 《*of an attack* 〔*argument*〕》. ¶ 공격의 ～을 꺾다 blunt 〔break〕 the edge of an attack.
예비(豫備) ～하다 prepare 〔provide〕 for; reserve. ¶ ～의 reserve; spare(여분의); preparatory(준비의); preliminary(예행의). ‖ ～공작 spadework; preliminaries / ～교(校) a preparatory 〔prep〕 school / ～교섭 a preliminary negotiation / ～군 a reserve army; reserve troops / ～금〔비〕 a reserve 〔an emergency〕 fund / ～병력 the effective strength of the reserves / ～역 (service in) the (first) reserve (～역이 되다 go into the reserve(s)) / ～역 대령 a colonel in the reserve(s) / ～조사〔지식〕 (a) preliminary investigation 〔knowledge〕 / ～타이어 a spare tire / ～회담 a preliminary conference.
예쁘다 (be) pretty; lovely; beautiful; nice.
예쁘장하다〔**스럽다**〕 (be) rather lovely; comely; pretty.

예사(例事) a common practice; custom; usage; an everyday occurrence; an ordinary affair. ¶ ～롭다 (be) usual; ordinary; commonplace / ～가 아닌 unusual; extraordinary; uncommon.

예산(豫算) a budget; an estimate. ¶ ～을 짜다 make〔draw up〕a budget / ～을 삭감하다 cut down〔reduce〕a budget / ～안을 국회에 제출하다 present the budget bill to the National Assembly. ‖ ～결산 특별위원회 a special budget-settlement committee / ～편성 compilation of the budget / 본～ an original budget.

예상(豫想)《예기》expectation; anticipation;《예측》forecast;《추단》presumption;《어림》estimate. ～하다 expect; anticipate; forecast; presume; estimate. ¶ ～외의〔로〕unexpected(ly); beyond *one's* expectation / ～대로 되다 come up to *one's* expectations. ‖ ～수확고 the estimated crop《*for this year*》/ ～액 an estimated amount.

예선(豫選)《경기·시합 등의》a preliminary match〔contest〕; an elimination round〔contest, heat〕; a trial heat〔game〕;《선거의》a provisional election; a pre-election;《美》a primary (election). ～하다 hold a preliminary contest;《선거의》hold a pre-election. ¶ ～을 통과하다 qualify《*for the semifinal*》; go through the preliminary match / ～에서 떨어지다 be rejected in the preliminary; be eliminated《*from the tournament*》. ‖ ～통과자 a qualifier.

예속(隸屬) ～하다 be under the control〔authority〕of; be subordinate〔subject〕to; belong to. ‖ ～국 a subject nation.

예수 Jesus (Christ). ‖ ～교 Christianity / ～그리스도 Jesus Christ.

예술(藝術) art; the arts(학술). ¶ ～적인 artistic / 비～적인 inartistic / ～을 위한 예술 art for art's sake / ～적 재능 artistic talent / ～은 길고 인생은 짧다《俗談》Art is long, life is short. ‖ ～가 an artist / ～사진 an artistic photograph / ～영화 an art film / ～원(院) the Korean Academy of Art / ～작품 a work of art / ～제 an art festival.

예습(豫習) preparations (of *one's* lessons). ¶ 내일의 ～을 하다 prepare *one's* lessons for tomorrow.

예시(例示) ☞ 예증(例證).

예시(豫示) ～하다 indicate; adumbrate; foreshadow.

예식(禮式)《예의》etiquette; manners;《의식》a ceremony; a rite. ‖ ～장 a ceremony〔wedding〕hall.

예심(豫審)〚法〛a preliminary hearing〔trial, examination〕.

예약(豫約)《좌석·배 따위》booking; reservation;《출판물의》subscription;《상품의》an advance order;《병원 등의》an appointment. ～하다 reserve《*a seat*》; book《*a ticket*》; have《*a room*》reserved; make an appointment《*with one's doctor*》; subscribe《*for*》. ¶ ～을 취소하다 cancel a reservation / 방의 ～을 해야 합니까 Do I need a reservation of the room? / 호텔에 방을 ～하다 reserve〔book〕a room at the hotel / 이 테이블은 ～이 되어 있다 This table is reserved. ‖ ～계(係) a reservation desk / ～금 a deposit / ～모집 invitation for subscription / ～석 a reserved seat;《게시》Reserved / ～자 a subscriber / ～출판 publication by subscription.

예언(豫言) a prophecy; a prediction. ～하다 prophesy; foretell; predict; make a prediction. ‖ ～자 a prophet; a prophetess(여자).

예외(例外) an exception. ¶ ～의 exceptional / ～ 없이 without exception / ～를 인정하지 않다 admit of no exception / 올해는 ～적으로 덥다 This year's heat is exceptional.

예우(禮遇) a cordial reception. ～하다 receive《*a person*》courteously〔cordially〕.

예의(銳意)《부사적》in earnest; assiduously.

예의(禮儀) courtesy; politeness; civility; manners; etiquette. ¶ ～바른 courteous; polite / ～를 지키다 observe good manners. ‖ ～범절 the rules of etiquette.

예인선(曳引船) a tugboat; a towboat.

예장(禮狀) a letter of thanks〔appreciation〕.

예장(禮裝) ～하다 wear ceremonial dress; be in full dress.

예전 old days; former days〔times〕. ¶ ～의 old; ancient; former / ～부터 from old times / ～대로 as of old; as usual.

예절(禮節) propriety; decorum; etiquette; manners.

예정(豫定) a plan; a program; a schedule; (a) previous arrangement. ～하다 schedule; expect (예상); arrange in advance; prearrange;《계획하다》plan; make a plan;《…할 계획이다》intend〔plan〕to *do*. ¶ ～한 시간에 on scheduled time; at the appointed time / ～대로 as expected〔planned〕; according to schedule. ‖ ～액

an estimated amount / ～일 a prearranged date; 《출산의》 the expected date of confinement / ～표 a schedule; a program / (졸업) ～자 an expectant (graduate).
예제 (例題) an example; an exercise (연습).
예증 (例證) an illustration; an example; an instance. ～하다 illustrate; exemplify.
예지 (豫知) ～하다 foresee; forebode; know beforehand; foretell.
예지 (叡智) wisdom; sagacity.
예진 (豫診) a preliminary medical examination. ～하다 make a diagnosis in advance.
예진 (豫震) a preliminary tremor.
예찬 (禮讚) admiration; a high compliment. ～하다 admire; eulogize; speak highly of. ‖ ～자 an adorer; an admirer.
예측 (豫測) prediction; forecast; expectation. ～하다 predict; foretell; forecast; estimate.
예치금 (預置金) a deposit; 〖簿〗 deposits received.
예탁 (預託) ～하다 deposit 《*money with a bank*》.
예편 (豫編) ～하다 transfer to the 《*first*》 reserve; place on the reserve list. ¶ ～되다 go into the first reserve; be placed (registered) on the reserve list.
예포 (禮砲) a salute (gun). ¶ ～를 쏘다 fire a salute 《*of* 21 *guns*》.
예항 (曳航) ～하다 tow; take 《*a ship*》 in (on) tow.
예행연습 (豫行演習) a rehearsal; a preliminary drill (exercise). ～하다 rehearse; give (have) a rehearsal 《*of a graduation ceremony*》.
예후 (豫後) 〖醫〗 prognosis (병세); convalescence (회복). ¶～가 좋다 convalesce satisfactorily.
옛 old; ancient. ¶ ～친구 an old friend / 그녀에겐 ～ 모습을 찾을 수 없다 She is but a shadow of her former self. *or* She is no longer what she used to be.
옛날 ancient times; old days. ¶ ～에 once upon a time / ～ 이야기 old tales / ～ 옛적 days long long ago.
옛말 ①《고어》 an archaic word. ② 《격언》 an old proverb (saying).
옛사람 ancient people; men of old; 《죽은이》 the dead.
옛이야기 an old tale (story).
옛일 a past event; the past; a thing of the past; bygones.
옛추억 (一追憶) *one's* old memory.
옜다 Here (it is (they are))!
오 (五) five. ¶ 제 ～ the fifth / ～배(의) fivefold; quintuple / ～분의 일 one fifth.
오 (午) 《십이지(十二支)의》 the Sign of the Horse. ¶ ～년 the year of the Horse / ～시 noon.
오 《감동》 Ah!; Oh!; O!
오가다 come and go. ¶ 오가는 사람들 passersby.
오가리 ①《호박의》 dried slices of pumpkin. ② 《나뭇잎의》 curl.
오각형 (五角形) a pentagon.
오경 (五經) the Five Chinese Classics.
오계 (五戒) the five (Buddhist) commandments.
오곡 (五穀) the five cereals; (staple) grains. ‖ ～밥 boiled-rice mixed with four other cereals.
오관 (五官) the five organs (of sense).
오구 (烏口) a drawing pen.
오그라들다 curl up; shrink; contract; shrivel.
오그라뜨리다 ☞ 오그리다.
오그라지다 ① 《오그라들다》 get curled (rolled) up; shrivel; become warped. ②《찌그러지다》 be crushed; be broken (wrecked). ¶ 오그라진 남비 a broken pan.
오그랑장사 a losing business.
오그리다 ①《몸·발을》 curl 《*one's body*》 up; crouch; huddle; double up. ¶ 오그리고 자다 sleep curled up. ② 《물건을》 bend (squeeze) out of shape; crush; smash; batter.
오글거리다 ☞ 우글거리다.
오금 the crook (hollow) of the knee.
오금뜨다 gad about; be always on the move.
오금박다 trap (corner) 《*a person*》 with his own words.
오금팽이 the inner side of a bend (curve).
오긋하다 (be) somewhat curved (crooked); dented.
오기 (傲氣) an unyielding spirit. ¶ ～(를) 부리다 try to rival 《*another*》; refuse to yield 《*to*》 / ～가 나서 in a spirit of rivalry.
오기 (誤記) a clerical error; a miswriting; a slip of the pen. ～하다 miswrite; make a mistake in writing; write wrong.
오나가나 always; all the time; everywhere; all over; wherever *one* goes.
오냐 《대답》 yea; yes; well; all right.
오뇌 (懊惱) agony; worry; mental anguish. ～하다 be in agony (anguish); have a mental struggle.
오누이, 오뉘 brother and sister.
오뉴월 (五六月) May and June. ¶ ～ 긴긴 해 the livelong summer day.
오는 《다음의》 next; coming. ¶ ～ 일요일에 on next Sunday; on Sunday next.
오늘 today; this day. ¶ ～부터

from this day forth / ～까지 up to today / ～ 안에 by the end of the day; before the day is out / ～저녁 this evening / ～밤 tonight / 바로 ～ this very day / ～이 며칠〔무슨 요일〕이냐 What day of the month〔week〕is (it) today?
오늘날 the present time; these days; today; nowadays. ¶ ～의 한국 the Korea of today.
오늬 the notch《*of an arrow*》.
오다 ①《일반적으로》come. ¶ 가지러〔데리러〕～ come for《*a thing, a person*》/ 이리 오너라 Come here. *or* Come this way. / 꼭 오너라 Be sure to come. ②《도착》come; reach; arrive《*at, in*》. ¶ 자, 버스가 왔다 Here comes our bus. / 편지가 왔느냐 Has the mail come yet? / 봄이 왔다 Spring has come. *or* Spring is here. ③《방문》come to see; visit. ¶ 그는 종종 놀러 온다 He often comes to see us. / 오늘 밤 집에 오겠느냐 Won't you come over this evening? ④《비·눈이》come on; drop; rain; snow. ¶ 비가 ～ it rains. ⑤《다가옴》come up; approach; come〔draw〕near. ¶ 금년은 겨울이 늦게 온다 Winter is late in coming this year. ⑥《전래》be introduced《*into*》; be brought《*from*》. ¶ 미국에서 온 정치 사상 political ideas brought〔introduced〕from America. ⑦《기인》derive from; come of〔from〕; be caused by. ¶ 많은 영어 단어는 라틴어에서 왔다 Many English words came originally from Latin. / 이 사고는 그의 부주의에서 왔다 This accident comes of his carelessness.
오다가다《어쩌다가》occasionally; at times; once in a while; now and then;《우연히》by chance; casually. ¶ 그녀와는 ～ 만난다 I see her once in a while.
오달지다《여무지다》(be) solid; compact;《피륙이》(be) tight and strong;《사람이》(be) solidly built; firm.
오대양(五大洋) the Five Oceans.
오대주(五大洲) the Five Continents.
오더《주문》an order. ¶ 대량의 ～ a large order.
오도(悟道) ～하다《깨침》be spiritually awakened; be disillusioned; attain enlightenment.
오도독 with a crunching sound. ‖ ～뼈 cartilage; gristle.
오도방정 a rash act; frivolity. ¶ ～ 떨다 act frivolously; behave in a giddy way.
오독(誤讀) misreading. ～하다 misread; read wrong.
오돌오돌하다 (be) hard and lumpy; somewhat hard to chew; gristly.
오동나무(梧桐—)〖植〗a paulownia tree.
오동통하다 (be) (short and) chubby; plump. ¶ 빰이 오동통한 아기 a baby with plump cheeks.
오두막(—幕) a hut; a shed; a shack; a shanty. ¶ ～을 짓다 put up a shanty.
오들오들 떨다 tremble; shiver; quiver. ¶ 무서워 ～ tremble with fear / 추워서 ～ shiver with cold.
오디 a mulberry.
오뚝이 a tumbling doll; a tumbler.
오라《포승》a rope for binding criminals. ¶ ～지다 have *one's* hands tied behind *one's* back.
오라기 a piece〔scrap, bit〕《*of thread, cloth, paper*》.
오라버니 a girl's older brother.
오락(娛樂) an amusement; (an) entertainment; (a) recreation; a pastime. ¶ 건전한 실외 ～ a good outdoor recreation / 눈으로 보는 ～ visual entertainment. ‖ ～시설 amusement〔recreational〕facilities / ～실 a recreation hall; a game room / ～잡지 a magazine for amusement / ～장 a place of amusement / ～프로 an entertainment program.
오락가락하다 come and go; move〔go〕back and forth. ¶ 비가 ～ rain off and on / 생사간을 ～ hover between life and death / 정신이 ～ go〔become〕insane〔crazy〕; lose *one's* senses.
오랑캐 a barbarian; a savage.
오랑캐꽃 a violet. ☞ 제비꽃.
오래 long; for a long while〔time〕. ¶ ～전에 long ago / ～된 old; ancient; antique; old-fashioned(시대에 뒤진); stale(음식물이) / 오랫동안 for a long time〔while〕/ 오랜 관습 an old custom / 오래지 않아 before long / ～ 걸리다 take a long time / ～ 계속되다 last long / ～ 살다 live long / ～ 끌다 drag on; be prolonged;《병이》linger / 그 환자는 ～ 살지 못할 것 같다 I'm afraid the patient's days are numbered.
오래간만 ¶ ～에 after a long time〔interval, absence, separation〕/ ～의 좋은 날씨 fine weather after a long spell of《*rain*》/ ～일세 It has been a long time since I saw you last.
오래다 be a long time《*since*》; be long-continued; (be) long. ¶ 나는 그 일자리를 떠난지 오래되었다 A long time has passed since I left the job.
오래오래 for a long time;《영원히》forever; eternally.
오렌지 an orange. ‖ ～주스 orange juice.
오려내다 ☞ 오리다.
오로라 an aurora〔*pl.* -s, -rae〕.

오로지 alone; only; solely; exclusively; wholly; entirely. ¶ ~ 너 때문에 solely for your sake / 그의 성공은 ~ 아내 덕분이다 His success is due entirely to his wife's support.

오류(誤謬) a mistake; an error; a fallacy. ¶ ~를 범하다 make a mistake; commit an error.

오륜(五倫) the five cardinal articles 〔principles〕 of morality.

오륜대회(五輪大會) ☞ 올림픽.

오르간 an organ. ¶ ~을 연주하다 play the organ. ‖ ~ 연주가〔자〕 an organist.

오르내리다 ① 《고저》 go up and down; rise and fall; fluctuate (시세 따위가); be intermittent(단속적인). ¶ 오르내리는 열 an intermittent fever. ② 《남의 입에》 be talked 〔gossiped〕 about.

오르다 ① 《높은 곳에》 rise; go up; climb; ascend; fly (날아서); soar (하늘 높이). ¶ 산에 ~ climb a mountain / 기세가 ~ be in high spirits / 계단을 ~ go up the stairs. ② 《승진·승급》 be promoted 〔elevated, advanced, raised〕. ¶ 지위가 ~ be promoted to a higher position / 급료가 ~ get a pay raise. ③ 《향상》 progress; make progress 《*in*》; advance; improve. ¶ 성적이 ~ show a better school record. ④ 《성과가》 produce; achieve. ¶ 성과가 크게 올랐다 It produced excellent results. ⑤ 《의제 등에》 be brought up; be placed before; 《식탁에》 be served. ¶ 인사 문제가 의제에 올랐다 The personnel problem is brought up for discussion at the meeting. / 김치가 상에 올랐다 *Kimchi* is served at our table. ⑥ 《화제에》 be gossiped 〔talked〕 about. ¶ 그의 이상한 행동이 화제에 올랐다 His eccentricities were talked about. ⑦ 《물가 따위가》 rise; go up; advance 《*in price*》. ¶ 빵값이 올랐다 Bread has gone up in price. / 물가는 오르기만 한다 Prices go on rising. ⑧ 《출발》 start; leave. ¶ 귀로에 ~ leave for home. ⑨ 《즉위》 ascend 《*the throne*》. ⑩ 《기록》 be recorded 〔entered, registered〕 《*in, on*》. ¶ 공적이 역사에 ~ *one's* achievement is recorded in history. ⑪ 《탈것·단상에》 take; get on 〔into〕; mount (말에). ¶ 기차에 ~ go aboard a train / 연단에 ~ get on the platform. ⑫ 《병독이》 be infected 〔contracted〕. ¶ 옴이 ~ be infected with 〔get〕 the itch. ⑬ 《살이》 grow fat; put on weight. ¶ 고기를 먹어 살이 ~ grow fat on meat. ⑭ 《연기·김 따위가》 rise; go up; 《불길이》 blaze up; go up (in flames). ¶ 굴뚝에서 연기가 ~ smoke rises from a chimney. ⑮ 《물이》 rise. ¶ 나무에 물이 ~ the sap rises. ⑯ 《약이》 ripen to full flavor (고추가); get angry (성이). ⑰ 《때가》 get dirty. ⑱ 《기세 등이》 rise; become highspirited. ¶ 사기가 ~ become full of morale 〔fighting spirit〕. ⑲ 《신·혼령 등이》 possess; be possessed. ¶ 악령이 ~ 《사람이 주어》 be possessed by an evil spirit.

오르락내리락 rising and falling; going up and down.

오르막 an uprise; an upward slope. ‖ ~길 an ascent 〔uphill road〕.

오른손 the right hand.

오름세 an upward tendency 《*of the market*》.

오리 〖鳥〗 a (wild) duck.

오리(汚吏) a corrupt official.

오리나무 〖植〗 an alder.

오리너구리 〖動〗 a duckbill.

오리다 cut off 〔out, away〕; clip (out) 《*from*》. ¶ 신문 기사를 ~ clip 〔cut out〕 an article from a newspaper.

오리목(一木) 〖建〗 a lath.

오리무중(五里霧中) ¶ ~이다 be in a fog 《*about*》; be all at sea.

오리발 a webfoot(물갈퀴).

오리온자리 〖天〗 Orion.

오리지널 original; the original book (원본); the original work (원작).

오막살이 (life in) a grass hut. ~하다 lead a hut life; be a hut-dweller.

오만(五萬) ① 《수》 fifty thousand. ② 《잡다함》 ever so much; innumerable. ¶ ~ 걱정 a lot 〔lots〕 of worries 〔troubles〕; manifold vexations.

오만(傲慢) ~하다 (be) haughty; arrogant; overbearing.

오매불망(寤寐不忘) ~하다 remember when awake or asleep; bear in mind all the time.

오명(汚名) ① a bad name; a disgrace; a stigma. ¶ ~을 남기다 leave a bad name behind 《*one*》. ② ☞ 누명.

오목(五目) a game of *paduk* with five checkers placed in a row.

오목 ‖ ~거울〔렌즈〕 a concave mirror 〔lens〕.

오목하다 (be) hollow; dented; sunken; depressed. ¶ 오목한 눈 hollow 〔deep-sunken〕 eyes.

오묘(奧妙) ~하다 (be) profound; deep; abstruse; recondite.

오물(汚物) filth; dirt; muck; 《부엌의》 garbage; 《하수의》 sewage; 《분뇨》 night soil. ‖ ~수거인 a night-soil man (분뇨의); a garbage man; an ashman 《美》 / ~차 a garbage truck / ～처리공장 a sewage purification plant / ～처리시설 sanitation facilities.

오물거리다 ①《벌레 등이》swarm; wriggle; squirm. ②《입을》mumble; chew on《*one's gum*》.

오므라들다 shrink; contract; dwindle; get〔grow〕narrower; diminish in size.

오므라지다《닫히다》be closed; be shut;《좁아짐》become narrower.

오므리다 ①《닫다》close up; shut; pucker up《*one's mouth*》; purse《*one's lips*》. ②《움츠리다》¶ 다리를 ～ draw in *one's* legs / 목을 ～ duck *one's* head / 몸을 ～ shrink《*from*》.

오믈렛 an omelet(te).

오밀조밀하다(奧密稠密 —) ①《면밀》(be) very meticulous; scrupulous. ②《솜씨가》(be) elaborate; exquisite.

오발(誤發)《총기의》accidental firing. ～하다 fire《*a gun*》by accident.

오버 ①《외투》an overcoat. ②《초과》～하다 go over; exceed.

오보(誤報) an incorrect〔a false〕report; misinformation. ～하다 misreport; misinform; give a false report.

오보에〖樂〗an oboe. ‖ ～연주자 an oboist.

오불관언(吾不關焉) ～하다 be indifferent《*to the troubles of others*》; assume an unconcerned air.

오붓하다 (be) enough; ample; substantial; sufficient. ¶ 오붓한 살림 a comfortable living.

오븐 an oven.

오비 an old boy (생략 O.B.); an alumnus〔*pl.* -ni〕.

오빠 a girl's elder brother.

오산(誤算) (a) miscalculation. ～하다 make a wrong estimate; miscalculate; miscount.

오색(五色) ¶ ～의 five-colored.

오선지(五線紙)〖樂〗music paper.

오세아니아《대양주》Oceania.

오소리〖動〗a badger.

오손(汚損) stain and damage. ～하다 stain; soil; damage.

오솔길 a narrow path; a (lonely) lane.

오수(午睡) a nap. ☞ 낮잠.

오수(汚水) dirty〔filthy〕water; polluted water; sewage(하수); slops(구정물). ‖ ～관 a soil〔waste〕pipe / ～처리 sewage disposal〔treatment〕/ ～처리장 a sewage treatment plant.

오순도순 in amity; on cordial terms; friendly; harmoniously.

오스카상(—賞) an Oscar.

오스트레일리아 Australia. ¶ ～의 (사람) (an) Australian.

오스트리아 Austria. ¶ ～의 Austrian / ～사람 an Austrian.

오슬오슬 ¶ ～하다 feel a chill; feel〔be〕chilly; be shivery.

오식(誤植) a misprint; a printer's error. ～하다 misprint.

오신(誤信) ～하다 misbelieve; believe erroneously.

오십(五十) fifty. ¶ ～대에 in *one's* fifties / ～보 백보 There is little difference〔not much to choose〕between the two.

오싹오싹하다 shiver with cold; be chilly.

오아시스 an oasis.

오얏 a plum (tree).

오언절구(五言絶句) a quatrain with five syllables in each line.

오역(誤譯) (a) mistranslation. ～하다 make a mistake in translation; mistranslate.

오열(五列) the fifth column; secret agents.

오열(嗚咽) choking with sobs; sobbing. ～하다 sob; weep.

오염(汚染) contamination《*of water supplies*》;《air》pollution. ～하다 pollute; contaminate; taint. ¶ ～되다 be contaminated〔polluted, tainted〕/ 공장 폐수에 의한 하천의 ～ industrial pollution of a river / ～을 제거하다 decontaminate. ‖ ～도 the degree of contamination / ～물질 a pollutant; a contaminant / ～방지 prevention of《*air*》pollution; pollution control / ～방지장치 antipollution equipment / 수질～ water pollution.

오욕(汚辱) disgrace; dishonor.

오용(誤用) a misuse; wrong use; a misapplication. ～하다 use《*a thing*》for a wrong purpose; misuse; misapply.

오월(五月) May.

오월동주(吳越同舟) bitter〔implacable〕enemies in the same boat.

오의(奧義) profound meaning; secrets; the mysteries《*of an art*》.

오이〖植〗a cucumber. ¶ ～를 거꾸로 먹어도 제멋《俗談》Every man to his taste. *or* Tastes differ. *or* There is no accounting for tastes. ‖ ～생채 cucumber salad / ～소박이 stuffed cucumber *kimchi* / ～지 cucumbers pickled in salt.

오인(吾人) ①《나》I. ②《우리》we.

오인(誤認) ～하다 misconceive; mistake〔take〕《*A*》for《*B*》.

오일(五日) five days;《닷새》the fifth (day of the month).

오일 oil; gasoline. ‖ ～스토브 an oil stove / ～펜스 an oil fence.

오입(誤入) debauchery; dissipation. ～하다 indulge in debauchery; lead a dissolute life; frequent gay quarters. ‖ ～쟁이 a libertine; a debauchee.

오자(誤字) a misused〔miswrit-

ten〕 character; 《인쇄의》 erratum [*pl.* -ta].
오장육부(五臟六腑) the Five Vital Organs and the Six Viscera.
오쟁이 a small straw bag. ¶ ~지다 be made a cuckold of.
오전(午前) the forenoon 〔morning〕; the a.m.
오전(誤傳) ☞ 오보.
오점(汚點) a stain; a blot; a blotch; a blur; a smear; 《결점》 a blemish; a flaw. ¶ ~을 남기다 leave a stain 《*upon one's reputation*》.
오정(午正) noon; midday.
오존 ozone. ‖ ~계(計) an ozonometer / ~층 an ozone layer (~층의 파괴 disruption 〔destruction〕 of the ozone layer).
오종경기(五種競技) pentathlon; five events. ‖ 근대 ~ modern pentathlon.
오죽 very; indeed; how (much). ¶ 배가 ~ 고프겠느냐 You must be very hungry.
오줌 urine; piss 《卑》; 《兒語》 pee. ¶ ~을 누다 urinate; pass 〔make〕 water; empty *one's* bladder; piss / ~을 참다 retain 〔hold〕 *one's* urine. ‖ ~싸개 a bedwetter.
오지(奧地) the interior; the hinterland; the back country 《美》.
오지그릇 pottery with a dark brown glaze; glazed earthenware.
오직(汚職) ☞ 독직(瀆職).
오직 《단지》 merely; only; 《오로지》 wholly; solely. ¶ ~ 돈벌이만 생각하다 be solely bent on moneymaking.
오진(誤診) an erroneous diagnosis. ~하다 make a wrong diagnosis; misdiagnose.
오징어 a cuttlefish; a squid. ‖ ~포 a dried cuttlefish.
오차(誤差) 〖數〗 an (accidental) error. ¶ 허용 ~의 폭 a tolerance; an acceptable error range.
오찬(午餐) a lunch; a luncheon.
오케스트라 an orchestra.
오케이 O.K.; Okay; All right.
오토메이션 automation. ¶ ~화하다 automate 《*a factory*》.
오토바이 an autocycle; a motorcycle; a motor bicycle.
오톨도톨하다 ☞ 우툴두툴하다.
오트밀 oatmeal; porridge 《英》.
오판(誤判) (a) misjudgment; (a) miscalculation. ~하다 misjudge; error in judgment; miscalculate.
오팔 〖鑛〗 opal.
오퍼 〖商〗 an offer. ¶ ~를 내다 offer; make an offer 《*for goods*》 / ~를 갱신〔수정, 연기〕하다 renew 〔modify, extend〕 an offer / ~를 받다 receive an offer. ‖ ~상 a commission agent / 구매〔판매〕 ~ a buying 〔selling〕 offer / 확정 ~ a firm offer.
오페라 an opera. ‖ ~가수 an opera singer.
오페레타 an operetta.
오펙 OPEC. (◀ the Organization of Petroleum Exporting Countries)
오프셋 〖印〗 an offset; a setoff 《英》. ‖ ~인쇄 offset printing.
오픈게임 an open game.
오피스 an office. ‖ ~걸 an office girl / ~오토메이션 《사무자동화》 office automation (생략 OA).
오한(惡寒) a chill; a cold fit; 〖醫〗 rigor. ¶ ~이 나다 feel 〔have, catch〕 a chill.
오합지졸(烏合之卒) 《규율 없는》 a disorderly crowd; a mob.
오해(誤解) a misunderstanding; misconception. ~하다 misunderstand; misconceive; misconstrue (어구를).
오행(五行) 〖民俗〗 the five primary substance 〔elements〕 of the universe (*i.e.* metal, wood, water, fire and earth).
오호츠크해(一海) 〖地〗 the Sea of Okhotsk.
오후(午後) the afternoon; the p.m. ¶ 오늘 〔어제〕 ~ this 〔yesterday〕 afternoon.
오히려 ① 《차라리》 rather 〔better, sooner〕 《*than*》; preferably. ② 《도리어》 on the contrary; instead.
옥(玉) jade; a precious stone; a gem; a jewel.
옥(獄) ☞ 감옥. ¶ ~에 가두다 put 《*a person*》 into prison.
옥고(獄苦) the hardships of prison life. ¶ ~를 치르다 groan in prison; serve *one's* term of imprisonment.
옥내(屋內) ¶ ~의 indoor / ~에서 indoors; within doors. ‖ ~경기 indoor games / ~배선 〖電〗 interior wiring; a service 〔an indoor〕 wire.
옥니 an inturned tooth. ‖ ~박이 a person with inturned teeth.
옥다 be turned 〔curved, bent〕 inward; 《밑지다》 suffer a loss.
옥답(沃畓) a rich 〔fertile〕 paddy field.
옥도(沃度) iodine (기호 I). (☞ 요오드). ‖ ~정기 tincture of iodine.
옥돌(玉一) a gem stone; jade.
옥동자(玉童子) a precious son.
옥바라지(獄一) ~하다 send in private supplies for prisoner.
옥사(獄死) ~하다 die in prison.
옥상(屋上) the roof; the rooftop 《美》. ‖ ~정원 a roof garden / ~주택 a penthouse.
옥새(玉璽) the Royal 〔Privy〕 Seal; the Seal of the Emperor.
옥색(玉色) jade green.

옥석(玉石) ① ☞ 옥돌. ②《옥과 돌》 gems and stones;《좋고 나쁜 것》 wheat and tares. ¶ ～을 가리다 discriminate "jewels from stones." ‖ ～구분(俱焚) indiscriminate destruction of the good and the bad alike.

옥소(沃素) iodine (기호 I). ☞ 요오드.

옥수(玉手) ①《임금의 손》 the king's hands. ②《고운 손》 beautiful hands.

옥수수 maize《英》; corn《美》; Indian corn〔millet〕.

옥시풀〖藥〗 Oxyful (상표명); oxygenated water.

옥신각신하다 wrangle; squabble; argue; have a petty quarrel.

옥안(玉顔) ①《용안》 the king's face; the royal visage. ②《미인의》 a beautiful (woman's) face.

옥양목(玉洋木) calico.

옥외(屋外) ¶ ～의 outdoor; out-of-door; open-air; outside / ～에서 in the open air; outdoors; out of doors. ‖ ～집회 an open-air meeting.

옥잠화(玉簪花)〖植〗 a plantain lily.

옥좌(玉座) the throne; the Emperor's chair.

옥죄이다 get tightened〔cramped〕; be too tight for《*one*》.

옥중(獄中) ¶ ～의〔에〕 in prison 〔jail〕. ‖ ～기 a diary written in prison.

옥체(玉體)《임금의》 the king's body; the person of the king; 《편지에서》 the noble body; your body; you.

옥타브〖樂〗 an octave. ¶ 한 ～ 올리다〔내리다〕 raise〔drop〕《*one's voice*》 an octave higher〔lower〕.

옥탄가(一價) octane value〔number〕.

옥토(沃土) fertile〔fat〕 land〔soil〕.

옥토끼(玉一) a white rabbit.

옥편(玉篇) a dictionary of Chinese characters; a Chinese-Korean dictionary.

옥황상제(玉皇上帝) the Heaven; the highest of the heavenly gods of Taoism.

온《전부》 all; whole; entire. ¶ ～세계(에) all (over) the world / ～몸 the whole body / ～ 백성 the whole nation; all people.

온갖 all (the); every (possible, available); all sorts〔kinds, manner〕 of; various. ¶ ～ 수단 every possible means; every step / ～ 준비를 갖추다 make every preparation《*for*》.

온건(穩健) ～하다 (be) moderate; sound; temperate. ‖ ～주의 moderatism / ～파 the moderate party; the moderates.

온고지신(溫故知新) taking lesson from the past. ¶ ～의 정신으로 임하다 try to find a guide into tomorrow by taking lessons from the past.

온기(溫氣) warmth; warm air.

온난(溫暖) ～하다 (be) warm; mild; genial; temperate. ¶ ～한 기후 a mild climate / 지구의 ～화 the global warming. ‖ ～전선〖氣象〗 a warm front.

온당하다(穩當—) (be) proper; just; right; reasonable / 온당치 않은 improper; wrong; unreasonable.

온대(溫帶) the temperate zone. ¶ ～성 저기압 an extratropical cyclone. ‖ ～식물〔동물〕 the flora 〔fauna〕 of the temperate zone.

온도(溫度) (a) temperature. ¶ ～를 재다 take the temperature. ‖ ～조절 thermostatic control / ～조절장치 a thermostat / 실내〔평균〕～ the room〔mean〕 temperature.

온도계(溫度計) a thermometer. ‖ 섭씨〔화씨〕～ a centigrade〔Fahrenheit〕 thermometer.

온돌(溫突) *ondol*, the Korean under-floor heating system; a hypocaust.

온라인 ¶ ～의 on-line / ～화되다 go on-line / 은행의 ～이 한 시간이나 불통되었다 The on-line system in the bank was interrupted for an hour. ‖ ～방식 the on-line information processing system.

온면(溫麵) hot noodle soup.

온상(溫床) a hotbed; a warm nursery. ¶ 악〔범죄〕의 ～ a hotbed of vice〔crime〕.

온수(溫水) warm water.

온순(溫順) ～하다 (be) gentle; meek; obedient; docile; genial.

온스 an ounce (생략 oz.).

온실(溫室) a greenhouse; a hothouse; a glasshouse; a forcing house (촉성 재배용의). ¶ ～ 재배하다 grow《*plants*》 under glass / ～재배된 꽃 flowers grown under glass; hothouse flowers / ～에서 자란 아이《비유적》 a boy〔girl〕 brought up with too much tender care / 그는 ～에서 자랐다《비유적》 His parents pampered him. *or* He has been overprotected. ‖ ～식물 a hothouse plant / ～효과〖氣象〗 the greenhouse effect.

온유(溫柔) ～하다 (be) gentle; mild; tender; sweet; amiable.

온음(一音)〖樂〗 a whole tone. ‖ ～계 the diatonic scale / ～표 a whole note《美》; a semibreve《英》.

온장고(溫藏庫) a heating cabinet.

온전(穩全) ～하다 (be) sound; intact; unimpaired; whole.

온정(溫情) a warm heart; kindly feeling; leniency (관대). ¶ ～있는 kindly; warm-hearted; lenient.

온종일 (一終日) all day (long); the whole day.
온집안 《가족》 the whole family; all (members of) the family; 《집의》 《search》 all over the house.
온채 the whole 〔entire〕 house.
온천 (溫泉) a hot spring; a spa (광천). ¶ ～에 가다 visit 〔go to〕 a hot-spring resort. ‖ ～도시 a hot-spring town / ～요법 hot=spring therapy / ～장 a hot=spring resort; a spa.
온통 all; entirely; wholly; 《전면》 the whole surface; all over.
온폭 (一幅) the overall width.
온혈동물 (溫血動物) a warm-blooded animal.
온화 (溫和) ¶ ～한 《인품이》 gentle; quiet; mild-tempered; 《기후 등이》 mild; genial / ～한 성질 good temper; gentle nature / ～한 기후 a mild climate. 「mannered.
온후 (溫厚) ～하다 (be) gentle; mild=
올[1] 《가닥》 ply; strand; 《피륙의》 the warp. ¶ ～이 성긴 coarse / ～이 고운 직물 close texture.
올[2] ☞ 올해. ¶ ～ 여름 this summer / ～해 안에는 before the end of this year.
올가미 ① 《올무》 a noose; a lasso; the rope. ¶ ～를 씌우다 put the rope on 《*an animal*》. ② 《함정》 a snare; a trap. ¶ ～를 놓다 lay a snare 《*for*》; set a trap 《*for*》 / ～에 걸리다 be caught in a trap; fall into a snare.
올곧다 ① 《정직》 (be) honest; upright. ② 《줄이》 (be) straight; direct.
올되다 ① 《피륙의 올이》 (be) tight; fine; close. ② 《조숙하다》 (be) precocious; mature young. ③ 《곡식이》 (be) rareripe; ripen early.
올드미스 an old maid; a spinster.
올라가다 ① 《높은 곳으로》 go up; mount; climb; rise; soar (하늘로). ¶ 산 〔나무〕에 ～ climb a mountain 〔tree〕 / 연단에 ～ mount 〔step on〕 the platform / 지붕에 ～ get on the roof. ② 《상경》 go up 《*to Seoul*》. ③ 《승진 · 승급》 rise; be promoted 〔raised〕 / 봉급이 ～ have *one's* salary raised. ¶ 지위가 ～ rise in rank. ④ 《진보》 advance; make progress 《*in*》. ¶ 성적이 ～ show a better school record. ⑤ 《물가가》 advance in price; go up; rise. ¶ 값이 ～ the price goes up; rise 〔advance〕 in price. ⑥ 《강을》 go 〔sail〕 up 《*a river*》.
올라서다 《높은 데로》 get up a higher place; mount 〔ascend〕 《*a platform*》; step up.
올라오다 come up 《*to Seoul*》; step up 《*on the stage*》.
올리다 ① 《위로》 raise; lift (up). ¶ 손을 ～ raise 〔hold up〕 *one's* hand / 기를 ～ lift 〔hoist, fly〕 a flag. ② 《값 · 월급 · 지위 · 속도 · 온도 등을》 raise; promote; increase. ¶ 쌀값을 ～ raise the price of rice / 월급을 ～ raise 《*a person's*》 salary / 아무의 지위를 한 급 ～ promote 《*a person*》 to a higher class 〔rank〕 / 방의 온도를 ～ raise the temperature of the room / 속도를 ～ increase 〔put on〕 speed. ③ 《바치다》 offer; lay 〔place〕 《*flowers on a tomb*》. ¶ 기도를 ～ offer a prayer. ④ 《기록》 put on record; enter 《*a name*》. ¶ 명단에 이름을 ～ enter a name on the list. ⑤ 《성과 · 이익 등을》 ¶ 좋은 성과를 ～ 《사람이 주어》 get good results; 《사물이 주어》 produce satisfactory results / 이익을 ～ 《사물이 주어》 bring 〔give〕 《*a person*》 a profit / 백만 원의 순익을 ～ 《사람이 주어》 make a net profit of one million *won*. ⑥ 《소리를》 raise 《*one's voice*》; give 〔utter〕 《*a scream*》; 《기세를》 raise 〔boost〕 《*a person's*》 morale; raise 〔lift〕 《*a person's*》 spirits. ¶ 환성을 ～ set up a shout of joy. ⑦ 《식을》 hold 《*a ceremony*》; celebrate. ¶ 결혼식을 ～ hold a wedding.
올리브 an olive. ‖ ～유 olive oil.
올림 《증정》 presentation.
올림픽 the Olympic games; the Olympics; the 《*16th*》 Olympiad. ¶ 한국을 대표해서 ～에 나가다 represent Korea in the Olympic games / ～에서 금메달을 따다 win a gold medal at the Olympics / ～ 기록 an Olympic record / ～ 선수 an Olympic sportsman 〔athlete(육상의), swimmer(수영의)〕; a member of the Olymic team / ～의 성화 the Olympic torch 〔fire〕. ‖ ～경기장 the Olympic stadium / ～촌 the Olympic village / 국제기능～ the International Vocational Training Competition / 국제～위원회 the International Olympic Committee (생략 I.O.C.) / 동계～ the Winter Olympic Games; the Winter Olympics / 프레～ the Pre-Olympics / 한국～위원회 the Korea Olympic Committee (생략 K.O.C.).
올망졸망 in lots of small pieces; in various sizes of small things.
올무 a noose.
올바로 《바르게》 right(ly); properly; justly; 《정직히》 honestly; 《정확히》 correctly; 《곧게》 straight.
올밤 an early-ripening chestnut.
올빼미 an owl. 「coarse-woven.
올새 texture; weave. ¶ ～가 거친
올차다 (be) stout; sturdy; solidly

built; robust; be of compact build.
올챙이 a tadpole.
올케 a girl's sister-in-law; the wife of a girl's brother.
옭다 ☞ 옭아매다. 「bind; fasten.
옭매다 tie in a knot; tie fast;
옭아매다 ① 《잡아매다》 bind; fasten; tie (up). ¶ 통나무를 옭아매어 뗏목을 만들다 tie〔bind〕 the logs to make a raft. ② 《올가미로》 put the noose on 《*a dog*》; tie the rope around 《*a dog's neck*》. ③ 《죄를 씌우다》 entrap 《*a person*》 by trick *into doing*; make a false charge against 《*a person*》.
옭히다 ① 《옭아지다》 be ensnared; be tied up. ② 《얽히다》 be tied in a knot; be tangled. ③ 《걸려들다》 be implicated〔involved, entangled〕 《*in a case*》.
옮기다 ① 《이전》 remove〔move〕 《*to, into*》; transfer. ¶ 교외로 ~ move to the suburbs. ② 《액체 따위를》 transfuse; pour〔empty〕 《*into*》. ¶ 간장을 통에서 병으로 ~ pour soy sauce from the cask into bottles. ③ 《이송》 transfer; carry 《*to*》. ¶ 사건을 대법원으로 ~ carry a case to the Supreme Court. ④ 《전염》 give; infect; pass 《*a disease*》 on 《*to a person*》. ¶ 그가 나에게 감기를 옮겼다 He has given me his cold. ⑤ 《말을》 pass 《*it*》 on. ¶ 말을 남에게 ~ pass words on to another. ⑥ 《번역》 translate 《*English*》 into 《*Korean*》. ⑦ 《돌리다》 divert; turn; direct. ¶ 집으로 발을 ~ direct *one's* step toward home. ⑧ 《상태를 바꾸다》 ¶ 계획을 실행에 ~ put〔carry〕 a plan into effect〔execution〕.
옮다 ① 《이전》 move 《*to, into*》. ¶ 부산서 서울로 ~ move from Pusan to Seoul. ② 《감염》 be infected 《*with diphtheria*》; catch 《*a disease from a person*》.
옮아가다 ① 《이사·전근하다》 move away 《*to a place*》; change quarters. ② 《퍼져가다》 be diffused; spread 《*to*》. ¶ 불이 옆집으로 옮아갔다 The fire spread to the house next door. ③ 《넘어감》 pass 《*to, into*》; turn 《*to*》. ¶ 화제는 재정 문제로 옮아갔다 Our talk turned to the financial problems.
옳다[1] 《정당하다》 (be) right; rightful; 《정의롭다》 (be) righteous; just; 《참되다》 (be) true; truthful; 《맞다》 (be) right; correct; accurate; 《적절하다》 (be) proper; 《합법적이다》 (be) legal; lawful. ¶ 옳은 대답 a correct〔the right〕 answer / 옳은 해결 the right solution / 옳은 통계 an accurate statistics / 옳은 일을 하다 do the right thing / 옳은 한국어를 말하다 speak proper Korean.
옳다[2] 《감탄사》 Right!; O.K.!; All right!; Right you are! ¶ ~, 됐다 Now I've got it.
옳은길 《바른길》 the right path〔track〕. ¶ ~로 이끌다 guide 《*a person*》 into the right path.
옳은말 true〔right〕 words; righteous remarks.
옳지 Good!; Right!; Yes!
옴[1] 〖醫〗 the itch; scabies.
옴[2] 〖理〗 an ohm. ¶ ~의 법칙 the Ohm's law.
옴쭉달싹 ¶ ~ 않다 do not move〔stir〕 an inch; stand as firm as a rock.
옴츠리다 duck 《*one's head*》; shrink; huddle *oneself* up. ☞ 움츠리다.
옷 《의복》 clothes; dress; garments; clothing. ¶ ~ 한 벌 a suit of clothes / 가벼운 여름~ light clothes for summer wear / ~을 입다〔벗다〕 put on〔off〕 clothes; dress〔undress〕 *oneself* / ~의 치수를 재다 measure 《*a person*》 for *his* clothes.
옷가슴 the breast (of a garment).
옷감 cloth; dress〔suit〕 material; stuff.
옷걸이 a coat〔dress〕 hanger; a clothes rack〔suspender〕.
옷고름 a breast-tie; a coat string.
옷깃 the collar〔neck〕 of a coat.
옷단 a hem; a fly.
옷자락 the hem 《*of a skirt*》; the bottom〔lower〕 edge 《*of a dress*》; the skirt 《*of a gown*》.
옷장(一欌) a clothes chest; a wardrobe.
옷차림 *one's* attire.
…옹(翁) an aged man. ¶ 김~ the old Mr. *Kim*.
옹고집(壅固執) stubbornness; obstinacy; 《사람》 an obstinate person. ¶ ~ 부리다 be stiff-necked.
옹골지다 (be) full; substantial; solid; hard.
옹골차다 (be) solid; hard; sturdy.
옹기(甕器) earthenware; pottery. ‖ ~장수〔전〕 a pottery〔an earthenware〕 dealer〔shop〕 / ~장이 a potter.
옹기종기 《gathered》 in a small, closely group; in a cluster〔flock〕.
옹달… small and hollow. ¶ ~샘 a small fountain.
옹립(擁立) ~하다 back (up); support; help 《*a prince*》 to 《*the throne*》.
옹벽(擁壁) 〖土〗 a breast〔retaining〕 wall; a revetment.
옹색(壅塞) ① 《비좁다》 (be) tight; narrow; cramped. ¶ 옹색한 방 a narrow room. ② 《궁색함》 be hard up; be in straitened circumstances. ¶ 옹색하게 살다 live in poverty.

옹생원(一生員) a narrow-minded 〔an illiberal〕 person.
옹이 a node; a knar; a gnarl; a knot. ¶ ~ 있는 gnarled; knotty.
옹졸(壅拙) ~하다 (be) illiberal; intolerant; narrow-minded.
옹주(翁主) a princess; a king's daughter by a concubine.
옹호(擁護) 《보호》 protection; safeguard; 《엄호》 cover; 《원조》 support; assistance. ~하다 support; back up; protect 《*A from B*》; defend; safeguard. ‖ ~자 a defender; a supporter; a backer.
옻 lacquer. ¶ ~오르다 be poisoned with lacquer / ~칠하다 lacquer. ‖ ~나무 a lacquer tree.
와[1] ① 《연결사》 and. ¶ 너 ~ 나 You and I. ② 《함께》 (together) with. ¶ 친구 ~ 테니스를 치다 play tennis with a friend. ③ 《대항》 with; against. ¶ 친구와 싸우다 quarrel with a friend. ④ 《접촉》 with. ¶ 친구 ~ 만나다 meet with a friend. ⑤ 《비교》 with. ¶ …와 비교해서 as compared with….
와[2] 《일제히》 with a rush; loudly. ¶ ~ 웃음이 터지다 burst into laughter / ~ 밀려가다 advance on with a rush.
와글거리다 《북적거리다》 throng; swarm; crowd; 《떠들다》 be clamorous 〔noisy〕.
와닥닥 suddenly; abruptly; with a rush.
와당탕(퉁탕) thumping; boisterously; noisily; clamorously.
와들와들 ¶ ~ 떨다 tremble 《*with fear*》; quiver, shiver 《*with cold*》.
와락 suddenly; all of a sudden; all at once; with a rush 〔jerk〕.
와르르 ① 《사람이》 with a rush. ② 《물건이》 clattering down; with a crash. ¶ ~ 무너지다 crumble all in a heap.
와병(臥病) ~하다 be ill in bed; lie sick in bed.
와삭거리다 rustle.
와신상담(臥薪嘗膽) ~하다 go through unspeakable hardships and privations 《*for the sake of vengeance*》.
와이더블유시에이 Y.W.C.A. (◀ Young Women's Christian Association)
와이셔츠 a shirt.
와이어로프 a wire rope.
와이엠시에이 Y.M.C.A. (◀ Young Men's Christian Association)
와전(訛傳) a misinformation; a false report. ~하다 misinform; misrepresent.
와중(渦中) a whirlpool; a vortex. ¶ …의 ~에 휩쓸려 들다 be drawn into the vortex of 《*war*》; be involved in 《*a quarrel*》.
와지끈 with a crash; snappingly. ~하다 break with a snap; crash; go smash.
와짝 《갑자기》 all at once; all of a sudden; abruptly; 《부쩍》 in huge numbers.
와트 〖電〗 a watt.
와해(瓦解) ~하다 collapse; break up; fall to 〔in〕 pieces; become disintegrated.
왁스 wax.
왁자(지껄)하다 (be) noisy; clamorous; boisterous; uproarious.
완강(頑强) ~하다 (be) stubborn 《*resistance*》; obstinate; dogged; strong. ¶ ~히 부정하다 deny persistently.
완결(完結) ~하다 complete; conclude; finish. ¶ ~되다 be completed 〔concluded〕 / 사건을 ~짓다 bring the case to a conclusion.
완고(頑固) 《고집》 obstinacy; stubbornness; 《완미》 bigotry. ~하다 (be) obstinate; stubborn; headstrong; bigoted; persistent.
완곡(婉曲) ~하다 (be) indirect; roundabout; euphemistic. ¶ ~히 《say》 in a roundabout way; euphemistically; indirectly.
완구(玩具) a toy; a plaything. ‖ ~점 a toyshop.
완급(緩急) 《늦고 빠름》 fast and slow motion; high and low speed.
완납(完納) ~하다 pay in full; pay the whole amount.
완두(豌豆) a pea.
완력(腕力) 《have great》 physical 〔muscular〕 strength; brawn; 《폭력》 brutal force. ¶ ~으로 《win》 by force; by using *one's* fist / ~을 쓰다 use 〔resort to〕 force.
완료(完了) ~하다 complete; finish. ‖ ~시제 the perfect tense.
완만(緩慢) ~하다 (be) slow 〔slow-moving〕; sluggish; dull; inactive. ¶ ~한 경사 a gentle slope.
완미(頑迷) ~하다 (be) bigoted; obstinate.
완벽(完璧) perfection; completeness. ~하다 (be) perfect; faultless; flawless / ~을 기하다 aim at perfection.
완본(完本) a complete set of books.
완봉하다(完封—) 〖野〗 shut out.
완비(完備) ¶ 설비가 ~된 병원 a well-equipped hospital / ~되어 있다 be fully equipped 《*with*》; be well supplied 《*with*》 / 이 체육관은 운동 설비가 ~되어 있다 This gym has a full range of sports equipment.
완성(完成) completion; accomplishment. ~하다 complete; perfect; finish; accomplish; bring 《*a thing*》 to perfection; be completed 〔perfected〕. ‖ ~품 finished products.
완수(完遂) ~하다 bring 《*something*》 to a successful completion; complete; carry 《*something*》 through. ¶ 목적을 ~하다 attain

one's object; accomplish *one's* purpose. 「[sweeping] victory.
완승(完勝) ~하다 win a complete
완역(完譯) 《make》 a complete translation.
완연하다(宛然—) (be) clear; obvious; evident; patent; vivid.
완장(腕章) an armband; a brassard. ¶ ~을 두르다 wear an armband.
완전(完全) perfection; completeness. ~하다 (be) perfect; complete. ¶ ~히 perfectly; completely; fully / ~하게 하다 perfect; make 《*something*》 perfect; bring 《*something*》 to perfection / ~에 가깝다 be nearly perfect; be near perfection. ‖ ~가동 [조업] full operation / ~고용 full employment / ~무결 absolute perfection / ~범죄 a perfect crime / ~시합 a perfect game / ~연소 perfect combustion.
완주하다(完走—) run the whole distance 《*of a marathon race*》.
완초(莞草) a rush. ☞ 왕골.
완충(緩衝) ‖ ~국 a buffer state / ~기 a shock absorber; a bumper / ~지대 a neutral [buffer] zone.
완치(完治) ~하다 cure 《*a person, a disease*》 completely; heal 《*a person, a wound*》 completely. ¶ ~되다 be completely cured [recovered].
완쾌(完快) 《병이》 ~하다 recover (completely) 《*from illness*》; be restored to health; get well.
완투하다(完投—) 〖野〗 pitch a whole game; go the whole distance.
완행(緩行) ~하다 go [run] slow. ‖ ~열차 a slow [local] train.
완화(緩和) 《고통·불안 등의》 relief; alleviation; relaxation; 《국제간 긴장의》 *détente*. ~하다 ease; relieve; relax. ¶ 제한을 ~하다 relax [ease] restriction 《*on trade*》 / 규제를 ~하다 deregulate / 교통 정체를 ~하다 ease traffic congestion / 양국간의 긴장은 ~되었다 The tension between the two nations diminished.
왈가닥 a tomboy; a hussy.
왈가닥거리다 clatter; rattle.
왈가왈부(曰可曰否) ~하다 argue pro and con. 「waltz.
왈츠 《dance》 a waltz. ‖ ~곡 a
왈칵 all at once; all of a sudden; with a jerk. ¶ ~ 성내다 flare up.
왔다갔다하다 come and go; walk about; stroll aimlessly.
왕(王) 《세습적인》 a king; 《군주》 a monarch; 《지배자》 a ruler. ¶ 백수의 ~ the king of beasts / 홈런 ~ a home-run king. ‖ ~가(家) a royal family.
왕개미(王—) 〖蟲〗 a giant ant.
왕겨 rice bran; chaff.
왕골 〖植〗 a kind of sedge (plant). ‖ ~자리 a sedge mat.
왕관(王冠) a crown; a diadem.
왕국(王國) a kingdom. 「palace.
왕궁(王宮) the king's [a royal]
왕권(王權) a sovereign right; royal authority [powers]. ‖ ~신수설 (the theory of) the divine rights of kings.
왕녀(王女) a (royal) princess.
왕년(往年) former years; the years gone by; the past.
왕눈이(王—) a large-eyed person.
왕대비(王大妃) the Queen Mother.
왕도(王都) the royal capital.
왕도(王道) ¶ 학문에 ~란 없다 There is no royal road to learning.
왕래(往來) ① 《사람의》 comings and goings; 《차의》 traffic. ~하다 come and go. ¶ ~가 잦은 거리 a busy street [thoroughfare] / ~를 금하다 block traffic. ② 《교우》 friendly intercourse; 《서신》 correspondence. ~하다 have intercourse [keep company] with; have correspondence with; exchange letters with (서신 왕래).
왕릉(王陵) a royal [king's] tomb.
왕림(枉臨) ~하다 (come to) visit; honor us with a visit.
왕명(王命) the king's order; a royal command. 「eyes.
왕방울(王—) a big bell. ‖ ~눈 big
왕복(往復) a round trip; a round-trip flight (비행기의). ~하다 go 《*to a place*》 and come back; 《교통 기관으로》 make a round trip 《*to a place*》; run between 《*two places*》. ‖ ~엽서 a return postcard / ~운동 《기계의》 a reciprocating motion / ~차비 the round-trip fare / ~차표 a round-trip ticket 《美》; a return ticket 《英》 / ~편(便) a shuttle service.
왕비(王妃) a queen; an empress.
왕새우(王—) 〖動〗 a (Yellow Sea) prawn.
왕생극락(往生極樂) rebirth in paradise; an easy passage into eternity. ~하다 go after death to *Nirvana;* die a peaceful death. ¶ 어머니는 ~을 바라신다 My mother prays for rebirth in paradise
왕성(旺盛) ¶ 원기 ~하다 be full of vigor [health and life] / 식욕이 ~하다 have a good [an excellent] appetite.
왕세손(王世孫) the eldest son of the crown prince.
왕세자(王世子) the Crown Prince; 《영국의》 the Prince of Wales. ‖ ~비 the Crown Princess.

왕손(王孫) the grandchildren of a king. 「[family].
왕실(王室) the royal household
왕왕(往往)《종종》often; (every) now and then; more often (than not); frequently;《때때로》occasionally; at times.
왕위(王位) the throne; the crown. ¶ ～에 오르다 ascend [accede to] the throne. ‖ ～계승 succession to the throne.
왕자(王子) a royal prince.
왕자(王者)《임금》a king;《우승자》the champion《*of*》.
왕정(王政) imperial rule [reign]; (a) king's reign. 「tic.
왕조(王朝) a dynasty. ¶ ～의 dynas-
왕족(王族) the royal family; royalty; a member of royalty.
왕좌(王座)《왕위》the throne;《수위》the premier position. 「pede.
왕지네(王―)〖動〗a large centi-
왕진(往診) a (doctor's) visit to a patient; a house call [visit]. ～하다 visit a patient in his home; make a house call to *one's* patient. ‖ ～료 a doctor's fee for a visit / ～시간 hours for visiting patients.
왕통(王統) the royal line.
왕후(王后) an empress; a queen.
왕후(王侯) the king and peers.
왜《어째서》why; for what reason; what... for; with what purpose. ¶ ～냐하면 because; for; The reason is.... / ～ 그런지 without knowing why; some-
왜가리〖鳥〗a heron. 「how.
왜곡(歪曲) distortion. ～하다 distort; pervert; make a false representation of. ¶ ～된 견해 a distorted view / 그 보고는 사실을 ～하고 있다 The report distorts the facts. 「[raiders].
왜구(倭寇)〖史〗Japanese pirate
왜색(倭色) Japanese manners and customs. ¶ ～을 일소하다 make a clean sweep of Japanese manners. 「small; dwarfish.
왜소(矮小) ～하다 (be) short and
왜식(倭食) Japanese food [cuisine].
왜인(倭人) the Japanese (전부); a Japanese;《蔑》a Jap (한 사람).
왜인(矮人) a dwarf; a pigmy.
왜정(倭政)〖史〗Japanese rule. ¶ ～ 시대 the Japanese administration period in Korea (1910-45).
왱왱《바람의》whistling;《벌레의》droning; buzzing.
외(外) ①《…을 제외하고》except《*for*》; but; with the exception of;《…에 더하여》besides; in addition to. ¶ 목요일 ～에는 집에 있다 be home every day except Thursday / 그 ～에는 모두 집으로 돌아갔다 Everybody but him went home. / 그녀 ～에도 두 형제가 있다 I have two brothers besides her. ②《바깥》outside; out (of); outer; foreign. ¶ 시 ～에 outside the city.
외(椳)〖建〗a lath.
외…《홀》only; one; single; sole. ‖ ～눈(박)이 a one-eyed person / ～아들 an only son. 「home.
외가(外家) *one's* mother's maiden
외각(外角)〖幾〗an exterior [external] angle;〖野〗outcorner.
외각(外殼) a shell; a crust.
외견(外見) ☞ 외관.
외겹 a single layer; one-ply.
외경(畏敬) ～하다 revere; hold《*a person*》in awe [reverence].
외계(外界) the outside [outer] world. ¶ ～와의 접촉을 끊다 break off contact with the outer world.
외고집(―固執) ¶ ～의 obstinate; stubborn; headstrong; pigheaded / ～을 부리다 be [get] obstinate. ‖ ～쟁이 a pigheaded person.
외곬 a singly way [track]. ¶ ～으로 with a single-mind; single-mindedly / ～의 사람 a single-hearted person / ～으로 생각하다 see things from only one point of view.
외과(外科) surgery;《병원의》the surgical department. ¶ ～의 surgical. ‖ ～병원 a surgery / ～수술《undergo》a surgical operation / ～의사 a surgeon.
외과피(外果皮)〖植〗an exocarp; an epicarp.
외곽(外郭) the outline; an outer ring. ‖ ～단체 a fringe [an affiliated] organization;《관청의》an extra-departmental body.
외관(外觀) an outside [external] appearance; the exterior;《표면적 인상》appearance; the look. ¶ 건물의 ～ the exterior of a building / ～으로 사람을 판단하다 judge people by appearances.
외교(外交) diplomacy; diplomatic relations(관계); foreign policy(외교 정책). ¶ ～상의 diplomatic / ～적 수완을 발휘하다 show diplomatic talent [skill] / ～ 관계를 열다 [단절하다] open [break off] diplomatic relations. ‖ ～관 a diplomat; a diplomatic official / ～교섭 diplomatic negotiations / ～문서 a diplomatic document / ～문제 a diplomatic problem / ～부 the Ministry of Foreign Affairs / ～사령 diplomatic language / ～사절단 a diplomatic mission / ～원 a canvasser / ～특권 diplomatic immunity / 공개 [비밀] ～ open [secret] diplomacy.
외구(外寇) a foreign invader.

외국(外國) a foreign country〔land〕. ¶ ～의 foreign; overseas / ～제의 foreign-made; of foreign make / ～태생의 born abroad〔overseas〕; foreign-born / ～생활 living abroad; life overseas / ～에 가다〔서 돌아오다〕 go〔return from〕 abroad. ‖ ～무역 foreign trade / ～상사 a foreign trading company / ～시장 a foreign〔an overseas〕 market / ～어 a foreign language / ～여행 foreign travel; an overseas trip〔tour〕 / ～인 a foreigner; an alien / ～환 foreign exchange / ～환 평형 기금 exchange equalization fund (외화 매입 자금 조달책으로 발행되는 채권) / ～환시장 the foreign exchange market.

외근(外勤) outside duty〔service〕; 《보험 따위의》 canvassing. ～하다 be on outside duty; work outside; do canvassing. ‖ ～기자 a reporter; a legman《美口》/ ～자 a person on outside duty.

외기(外氣) the open air; the air outside. ‖ ～권(圈) exosphere.

외기노조(外機勞組) the Foreign Organizations Employees' Union (생략 F.O.E.U.).

외길 a single path.

외나무다리 a single-log bridge.

외날 a single edge.

외다 《암기》 recite from memory; learn by heart; memorize.

외도(外道) ① ☞ 오입(誤入). ② 《나쁜 길》 a wrong〔an evil〕 course. ～하다 go astray; stray from *one's* proper field 《*of business*》.

외등(外燈) an outdoor lamp.

외따로 《떨어져》 all alone; solitarily; in complete isolation.

외딴 isolated; out-of-the-way. ¶ ～집 an isolated house / ～섬 a solitary〔lone〕 island.

외딸다 (be) remote; secluded; lonely.

외람(猥濫) ～되다 (be) presumptuous; audacious. ¶ ～되지만 제가 설명을 드리겠습니다 With your permission I will explain it.

외래(外來) ¶ ～의 foreign; (coming) from abroad; imported. ‖ ～사상 foreign ideas / ～어 a loanword; a word of foreign origin / ～품 imports; imported goods / ～환자 an outpatient.

외로이 all alone; lonely; solitarily. ¶ ～ 지내다 lead a lonely life.

외롭다 (be) all alone; lonely; lonesome; solitary.

외륜산(外輪山) 〖地〗 the outer rim of a crater.

외마디소리 an outcry (of pain); a scream.

외면(外面) outward appearance; the exterior.

외면하다(外面—) turn away *one's* face; look away; avert *one's* eyes.

외모(外貌) an (outward) appearance; external features.

외무(外務) foreign affairs. ‖ ～부〔성〕 the Ministry〔Department〕 of Foreign Affairs / ～부 장관 the Foreign Minister; the Minister of Foreign Affairs / ～사원 a canvasser; a solicitor.

외미(外米) foreign〔imported〕 rice.

외박(外泊) ～하다 stay out overnight; sleep away from home.

외벽(外壁) an outer wall.

외부(外部) the outside〔exterior〕. ¶ ～의 outside; outer; external / ～ 사람 an outsider / ～로부터 도움을 받다 get outside help / ～와의 접촉을 끊다 break off contact with the outside world / 비밀이 ～로 샜다 The secret has leaked out.

외분비(外分泌) 〖醫〗 external secretion. ‖ ～선 an exocrine gland.

외빈(外賓) a (foreign) guest〔visitor〕.

외사(外事) external〔foreign〕 affairs. ‖ ～과 the foreign affairs section.

외사촌(外四寸) a maternal cousin.

외삼촌(外三寸) a maternal uncle.

외상 credit; trust. ¶ ～으로 팔다〔사다〕 sell〔buy〕 on credit / ～을 주다 give credit. ‖ ～거래 credit transaction / ～사절 《게시》 No credit given. / ～판매 credit sale.

외상(外相) the Foreign Minister. ‖ ～회의 a Foreign Minister's conference.

외상(外傷) an external wound〔injury〕; 〖醫〗 trauma.

외서(外書) a foreign book.

외설(猥褻) obscenity; indecency. ～하다 (be) obscene; filthy; indecent. ¶ ～ 사진 an obscene〔a pornographic〕 picture. ‖ ～문학 pornography / ～죄 public indecency / ～행위 an indecent behavior.

외세(外勢) 《외국 세력》 outside〔foreign〕 influence〔power〕. ¶ ～에 의존하다 depend on the power of a foreign country.

외손 ¶ ～의 one-handed; single-handed.

외손(外孫) a child of *one's* daughter; descendants in the daughter's line.

외숙(外叔) an uncle on *one's* mother's side. ‖ ～모(母) the wife of *one's* maternal uncle.

외식(外食) ～하다 eat〔dine〕 out. ¶ ～하는 사람 a diner-out. ‖ ～산업 the food-service industry.

외신(外信) foreign news; a foreign message〔telegram〕. ‖ ～부(장) (editor of) the foreign news department.

외심(外心) 〖幾〗 a circumcenter; an outer center. ‖ ～점(點) 〖理〗 the metacenter(경심).

외야(外野) 〚野〛 the outfield. ‖ ～석 outfield bleachers / ～수 an outfielder; a fly-chaser《美》.
외양(外洋) the open sea; the ocean.
외양(外樣) 《겉모양》 outward appearance〔show〕. ¶ ～을 꾸미다 keep up appearances.
외양간(喂養間) a stable(말의); a cowshed (소의). ¶소 잃고 ～ 고치는 격이다 be just like locking the stable door after the horse is stolen.
외연기관(外燃機關) 〚機〛 an external combustion engine.
외용(外用) 《for》 external use〔application〕. ～하다 use〔apply〕externally. ‖ ～약 a medicine for external application〔use〕.
외우(外憂) ☞ 외환(外患).
외유(外遊) ～하다 make a trip abroad; travel〔go〕abroad.
외유내강(外柔內剛) being gentle in appearance, but sturdy in spirit; an iron hand in the velvet glove.
외이(外耳) 〚解〛 the external〔outer〕ear. ‖ ～염〚醫〛 otitis externa.
외인(外人) 《외국인》 a foreigner; an alien; 《타인》 an outsider; a stranger. ‖ ～부대 the Foreign Legion.
외자(外資) foreign capital〔funds〕. ‖ ～도입 induction〔introduction〕of foreign capital.
외적(外的) external; outward. ¶ ～조건 external conditions.
외적(外敵) a foreign enemy〔invader〕.
외접(外接) ～하다 〚幾〛 be circumscribed. ‖ ～원 a circumscribed circle.
외제(外製) ¶ ～의 foreign-made; of foreign manufacture〔make〕. ‖ ～차 a foreign(-made) car / ～품 foreign-made articles; imported goods.
외조모(外祖母) a maternal grandmother.
외조부(外祖父) a maternal grandfather.
외종(사촌)(外從(四寸)) a cousin on *one's* mother's side.
외주(外注) an outside order. ¶기계 부품을 ～ 내다 order the parts of a machine outside the company.
외지(外地) a foreign land〔country〕. ¶ ～의 overseas; foreign. ‖ ～근무 overseas service / ～(근무)수당 an overseas allowance.
외지다 (be) isolated; remote; secluded. ¶ 외진 곳 an isolated〔out-of-the-way〕place.
외채(外債) 《채권》 a foreign loan〔bond〕; 《부채》 foreign debt. ¶ ～를 모집하다 raise a foreign loan.
외척(外戚) a maternal relative.
외출(外出) going out. ～하다 go out (of doors). ¶ ～ 중에 during〔in〕*one's* absence / ～중이다 be out. ‖ ～금지 《군인의》 confinement《*to the barracks*》; 《야간의》 a curfew / ～날 a leave day / ～복 *one's* best clothes; outdoor clothes.
외치다 shout; cry (out); exclaim; shriek; scream; yell. ¶ "도둑이야" 하고 ～ cry "Thief" / 목청껏 ～ cry at the top of *one's* voice.
외탁(外—) ～하다 take after *one's* mother's side in appearance〔character〕.
외톨이 a lonely person.
외투(外套) an overcoat.
외판원(外販員) a salesman; a saleswoman; 《권유원》 a canvasser; a solicitor.
외풍(外風) ① 《바람》 a draft; a draught《英》. ¶ ～이 있는 방 a drafty room / ～을 막다 prevent drafts. ② 《외국풍》 foreign ways〔fashion, style〕.
외피(外皮) a skin; a shell(조개의); a husk(과실의); a hull(곡물의); a crust(빵·파이 등의). ☞ 껍질.
외할머니(外—) ☞ 외조모.
외할아버지(外—) ☞ 외조부.
외항(外港) an outer port.
외항선(外航船) an ocean-going ship; an ocean liner.
외해(外海) the open sea; the high seas.
외향성(外向性) 〚心〛 extroversion. ¶ ～의 extrovert; outgoing / ～인 사람 an extrovert.
외형(外形) an external〔outward〕form〔shape〕. ¶ ～(상)의 external; outward / ～은 in shape.
외화(外貨) foreign currency〔money〕. ‖ ～가득률 a foreign exchange earning rate / ～보유고 foreign exchange holdings〔reserve〕/ ～어음 a foreign currency bill / ～준비 a reserve in foreign currency / ～획득 the obtaining〔acquisition〕of foreign currency.
외화(外畫) a foreign film.
외환(外換) foreign exchange. ‖ ～은행 a foreign exchange bank.
외환(外患) a foreign〔external〕threat. ¶내우～ domestic troubles and external threats.
왼 left; left-hand. ¶ ～편 the left side / ～팔 the left arm.
왼손 the left hand. ‖ ～잡이 a left-handed person; a left-hander; a southpaw / ～잡이 투수 a southpaw; a lefty《美俗》.
왼쪽 the left (side). ¶ ～에 앉다 sit on the left side《*of*》.
요(要) 《요점》 the point. ¶ ～는〔컨데〕 what is essential is...; the point is...; in a word; in short.
요 beddings; a mattress. ¶ ～를 깔다〔개다〕 make〔put away〕the

bed; lay out〔stow away〕the bedding.

요 ①《얕잡아》this little (one). ¶ ~까짓 … such a (little)... / ~놈 this fellow〔guy〕. ②《시간·거리》this; these; right near at hand. ¶ ~ 근처에 in this neighborhood; near〔around〕here.

요가 yoga. ¶ ~수련자 a yogi.

요강(尿鋼) a chamber pot; a night stool〔chair〕.

요강(要綱) the outline; the gist; the general idea.

요건(要件)《필요 조건》a necessary condition〔factor〕; a requirement;《중요 용건》an important matter. ¶ ~을 갖추다 fulfill〔satisfy〕the necessary〔required〕conditions / 건강은 성공의 제일 ~이다 Health is the prerequisite for success in life.

요격(邀擊) ~하다 intercept《*raiding bombers*》; ambush. ‖ ~기(機) an interceptor / ~미사일 an anti-missile〔intercepter〕missile.

요괴(妖怪) a ghost; an apparition; a specter;《괴물》a goblin. ¶ ~스러운 wicked and mysterious; weird.

요구(要求) a demand; a claim(권리의); a request(청구); requirement(필요). ~하다 demand; request; claim; call upon《*a person to do*》; require《*a person to do*》. ¶ ~에 따라 at〔by〕*a person's* request / ~에 응하다 grant〔comply with〕*a person's* request; meet〔accept〕the demands《*of the employees*》/ ~를 물리치다 turn down *a person's* request / 임금인상을 ~하다 demand〔call for〕a raise in *one's* wages / 손해배상을 ~하다 claim〔make a claim of〕《*$ 10,000*》damages《*from a person*》. ‖ ~불(어음) (a bill) payable on demand / ~자 a demandant; a claimant / ~조건 the terms desired.

요구르트 yog(h)urt.

요귀(妖鬼) an apparition; a ghost.

요금(料金) a charge; a fee(의사·변호사 등의); a fare(탈것의); a toll(유료도로의); a rate(전기·수도 등의). ‖ ~징수소《유료도로의》a tollgate; a tollbooth / ~표 a price list; a list of charges.

요기(妖氣) a weird〔ghostly〕air.

요기(療飢) ~하다 satisfy〔relieve, allay〕*one's* hunger; fortify *oneself* with a meal.

요긴(要緊) ☞ 긴요. ‖ ~목 a critical position.

요녀(妖女) an enchantress; a siren.

요다음 next. ¶ ~의 next / ~에 next time.

요담(要談) ~하다 have a talk with《*a person*》on an important matter〔business〕.

요도(尿道)〖解〗the urethra. ‖ ~관 the urethral canal / ~염(炎) urethritis.

요독증(尿毒症)〖醫〗uremia; urine poisoning.

요동(搖動) ~하다 swing; sway; shake; quake; rock; joggle.

요란(搖亂) ~하다, ~스럽다 (be) noisy; loud; uproarious; clamorous. ¶ ~하게 noisily; boisterously.

요람(要覽) a survey; an outline;《안내서》a handbook; a manual.

요람(搖籃) a swinging cot; a cradle; a nursery. ‖ ~기 the cradle; babyhood; infancy / ~지 the cradle《*of western civilization*》; the cradleland.

요략(要略) an outline; a summary; an epitome.

요량(料量) a plan; an intention; an idea. ~하다 plan out. ¶ …할 ~으로 with the intention of / ~없다 have bad judgment; lack common sense.

요런 such; this; like this.

요령(要領) ①《요점》the (main) point; the gist. ¶ ~이 없는 pointless / ~이 있다〔없다〕be to〔off〕the point / ~ 있게 말하다 talk to the point〔purpose〕. ②《비결》a knack; an art. ¶ ~ 있는〔없는〕사람 a shrewd〔clumsy〕fellow / …하는 ~을 배우다 get〔learn〕the knack of《*doing*》/ 그는 나에게 ~을 가르쳐 주었다 He showed me the knack. / 좀더 ~ 있게 해라 Do it more efficiently.

요로(要路)《중요한 길》an important road;《요직》an important position; a high office;《당국》the authorities. ¶ ~에 있는 사람들 those in high authority; the authorities / 교통의 ~에 있다 be in the main artery of traffic.

요론(要論) an important argument.

요리(料理) ①《조리》cooking; cookery; cuisine;《음식》a dish; food. ~하다 cook《*food*》; dress《*fish*》; prepare《*a dish*》; do the cooking. ¶ 맛있는 ~ a delicious〔tasty〕dish; excellent cuisine / ~의 명인 a cooking expert / ~를 잘〔못〕하다 be a good〔poor〕cook; be a good〔poor〕hand at cooking. ‖ ~기구 cooking utensils / ~대 a (kitchen) counter / ~법 a recipe《*for*》; how to cook / ~사 a cook; a *chef*《프》/ ~책 a cookbook《美》/ ~학원 a cooking school / 고기~ meat dish / 중국〔서양〕~ Chinese〔Western〕food. ②《일처리》management; handling. ~하다 manage; handle;

deal with. ¶ 그 문제를 간단히 ~하다 deal with the problem without any difficulty.

요리조리 here and there; this way and that. ¶ ~ 핑계를 대다 make one excuse after another.

요만 ¶ ~한 so slight〔trifling〕/ ~것〔일〕 this small〔little〕 bit; such a trifle.

요만큼 this (little) bit.

요망(妖妄) ¶ ~ 떨다〔부리다〕 behave wickedly; act frivolously〔capriciously, flightly〕.

요망(要望) a desire; a demand《*for*》; a cry《*for*》. ~하다 demand; request; cry《*for*》. ¶ 근무 시간의 단축을 강력히 ~하다 strongly demand that the working hours be shortened.

요면(凹面) concave; concavity. ‖ ~경 a concave mirror.

요목(要目) principal items; the (main) point. ‖ 교수~ a syllabus of lectures.

요물(妖物) 《물건》 an uncanny thing; 《사람》 a wicked person; a crafty fellow.

요밀(要密) ~하다 《면밀》 (be) minute; close; detailed. ¶ ~하게 minutely; in detail / ~한 사람 a scrupulous man.

요법(療法) a method of treatment; a remedy; a cure. ‖ 가정~《try》 a home treatment / 민간~ a folk remedy.

요부(妖婦) an enchantress; a vamp; a vampire.

요부(要部) the principal〔essential〕 parts.

요부(腰部) the waist; the hips.

요사(妖邪) ~하다, ~스럽다 (be) capricious; fickle; wicked; wily; crafty. ¶ ~(를) 떨다, ~(를) 부리다 behave in a capricious〔weird〕 way.

요산(尿酸) 〖化〗 uric acid.

요새 《근래》 recently; lately; 《저번》 the other day; a few days ago; 《요전부터》 these few days; 《지금》 nowadays; in these days.

요새(要塞) a fortress; a stronghold; fortification. ¶ ~화하다 fortify. ‖ ~지대 a strategic〔fortified〕 zone.

요석(尿石) 〖醫〗 a urolith.

요소(尿素) 〖化〗 urea.

요소(要所) an important position〔point〕; a key〔strategic〕 point.

요소(要素) an element; a factor; an essential part; a requisite (필요 조건). ¶ …의 ~를 이루다 be essential《*to*》.

요술(妖術) (black) magic; witchcraft; sorcery. ¶ ~을 부리다 practice sorcery; use magic. ‖ ~쟁이 a magician; a sorcerer(남자); a sorceress(여자).

요시찰인(要視察人) people on a surveilance〔black〕 list. ¶ ~명부에 오르다 be on the black list; be black-listed.

요식(要式) ¶ ~의 formal. ‖ ~계약〔행위〕 a formal contract〔act〕.

요식업(料食業) restaurant business. ‖ ~자 a restaurant owner.

요약(要約) a summary; an outline (개요). ~하다 summarize; outline; sum up. ¶ ~해서 말하면 in a word; in brief / 이 구절을 200단어 이내로 ~하시오 Summarize〔Give a summary of〕 this passage in less than 200 words.

요양(療養) recuperation; (a) medical treatment. ~하다 recuperate; be under medical treatment. ‖ ~소 a sanitorium《美》; a rest〔nursing〕 home.

요업(窯業) the ceramic industry; ceramics. ‖ ~가 a ceramist / ~미술 ceramic art / ~소 a pottery / ~제품 a ceramic.

요연(瞭然) ¶ ~한 evident; clear; obvious; plain; manifest / 그것은 일목 ~하다 One can see it with half an eye.

요염(妖艶) ~하다 (be) fascinating; bewitching; voluptuous. ¶ ~한 모습 a charming figure.

요오드 iodine. ‖ ~포름 iodoform.

요원(要員) workers required; needed〔necessary〕 personnel. ‖ 기간~ a skeleton staff.

요원(燎原) a prairie on fire. ¶ ~의 불길처럼 퍼지다 spread like wildfire.

요원하다(遙遠—·遼遠—) (be) very far away; distant; remote; far-off. ¶ 전도 ~《사람이 주어》 have a long〔far〕 way to go; 《사물이 주어》 be far off.

요인(要人) a leading〔an important〕 person; a key figure; a VIP.

요인(要因) a primary factor; a main cause.

요일(曜日) a day of the week. ¶ 오늘 무슨 ~이지 What day (of the week) is it today? *or* What's today?

요전(一前) ①《요전날》 the other day; not long ago; just recently; lately. ②《전》 last; before; last time. ¶ ~ 일요일 last Sunday.

요절(夭折) an early〔a premature〕 death. ~하다 die young〔prematurely, before *one's* time〕.

요절나다 ①《못쓰게 되다》 become useless; 《부서지다》 break; get broken; be damaged; get out of order (기계 따위가). ②《일이》 be spoilt〔ruined〕; come to nothing; fall through.

요절내다 spoil; ruin; make a

mess of; destroy.
요점(要點) the main〔essential〕 point; the gist; the substance. ¶ 전략상의 ~ a strategic point / ~을 파악하다 grasp〔get〕 the point《*of*》/ ~을 말해 주시오 Please get to the point.
요정(妖精) a fairy; a spirit.
요정(料亭) a (Korean-style) restaurant; a *kisaeng* house.
요조(窈窕) ‖ ~숙녀 a lady of refined manners.
요즈음 recent days; these days; nowadays; just recently; lately. ¶ ~의 of today; recent; late / ~ 청년 the young people of today.
요지(要地) an important place; a strategic point. ¶ 상업상의 ~ a place of great commercial importance.
요지(要旨) ① ☞ 요점. ②《취지》 the purport; the keynote.
요지경(瑤池鏡) a magic glass; a toy peep-show.
요지부동(搖之不動) ~하다 stand as firm as rock; be steadfast〔unshakable〕.
요직(要職) an important post〔office〕; a key〔responsible〕 position. ¶ ~에 있다 be in〔hold〕 an important post.
요처(要處) a strategic〔an important〕 point.
요철(凹凸) ¶ ~ 있는 uneven; bumpy; rough.
요청(要請) a demand; a request. ~하다 request; demand; ask《*a person*》 for《*aid*》; call for. ¶ ~에 응하다 accept *a person's* demand / 시대적 ~에 맞다 meet the demands〔needs〕 of the times / 사태 수습을 위해 군대의 출동을 ~하다 request〔ask for〕 the mobilization of the army to save the situation.
요충(要衝) a strategic point; a key point; an important spot〔place〕. ‖ ~지 = 요충.
요충(蟯蟲) a threadworm; a pinworm.
요컨대(要—) in short; in a word; to sum up; after all.
요통(腰痛) lumbago; backache. ¶ ~을 호소하다 complain of lumbago.
요트 a《*racing*》 yacht.
요판(凹版) 〖印〗 intaglio.
요하다(要—) 《필요로 하다》 need; want; require; take(시간·노동력을); cost(비용을). ¶ 나의 집은 수리를 요한다 My house wants〔needs〕 repairing. / 이 책은 수정을 요한다 This book needs correction. / 그 일은 10일 간을 요한다 It will take ten days to do the work. / 이것은 긴급을 요하는 일이다 This needs to be done immediately.
요항(要項) essential points; essentials; 《개요》 the gist; an outline. ¶ 모집 ~ a prospectus.
요항(要港) a strategic (naval) port.
요행(僥倖) luck; a piece〔stroke〕 of good luck〔chance〕; a windfall. ¶ ~히 luckily; by luck / ~을 바라다 rely on chance / 나의 시험 합격은 ~이었다 It was pure chance that I passed the exam.
요혈(尿血) 〖醫〗 hematuria.
욕(辱) ①《욕설》 abuse; abusive language; slander(중상). ☞ 욕하다. ②《치욕》 shame; humiliation; insult; disgrace. ③《고난》 hardships; troubles; pains.
욕(慾) 《욕망》(접미사적으로) a desire; a passion. ¶ 금전 ~ love of money; a desire for wealth / 지식 ~ a thirst for knowledge.
욕감태기(辱—) the butt of abuse.
욕구(欲求) 《욕망》 desire; craving; wants(필요); will(바람·의지). ~하다 desire; want; wish〔long〕 for; crave《*for*》. ¶ 생의 ~ the will to live; a craving for life / 성의 ~ sexual desire / ~를 채우다 satisfy *one's* wants. ‖ ~불만 〖心〗 frustration.
욕기부리다(欲氣—) be greedy《*for, after*》; be avaricious.
욕되다(辱—) 《서술적》 be a disgrace〔shame, dishonor〕《*to*》.
욕망(欲望) a desire; wants; lust; 《야망》 an ambition. ¶ ~을 채우다〔억제하다〕 satisfy〔subdue〕 *one's* desire / ~을 가지다 have an ambition.
욕먹다(辱—) ①《욕설당하다》 suffer an insult; be abused. ②《악평을 듣다》 be spoken ill of;《신문 등에서》 be criticized unfavorably; be attacked.
욕보다(辱—) ①《곤란을 겪다》 have a hard time; go through hardships. ②《치욕을 당하다》 be put to shame; be humiliated〔insulted, abused〕. ③《겁간을 당하다》 be raped〔assaulted, violated〕.
욕보이다(辱—) put to shame; disgrace; dishonor; insult; humiliate; 《겁탈》 rape; outrage; violate.
욕설(辱說) 《욕》 curses; evil-speaking; swearwords; abusive language. ~하다 ☞ 욕하다.
욕실(浴室) a bathroom. ¶ ~이 있다 be furnished〔provided〕 with a bathroom.
욕심(慾心) 《탐욕》 greed; avarice; 《욕망》 a desire; a passion. ¶ ~ 많은 greedy; avaricious; covetous / ~이 없는 unselfish / 그는 ~이 없는 사람이다 He is a man of few wants. *or* He is far from greedy. / 그는 ~으로 눈이 멀었다 He was blinded by greed. ‖ ~꾸

러기 a greedy person.
욕쟁이(辱—)《사람》a foul-mouthed 〔-tongued〕 person.
욕정(欲情) sexual desire; lust. ¶ ～을 자극하다 stimulate sexual desire.
욕조(浴槽) a bathtub.
욕지거리(辱—) abusive〔offensive〕 language; abuse; malicious remarks. ～하다 abuse; call《*a person*》names; use abusive language; say spiteful things《*to*》. ¶ ～를 마구 퍼붓다 shout〔howl〕a stream of abuse at《*a person*》.
욕지기 qualm; nausea; queasiness. ¶ ～나다 feel nausea 〔sick〕; feel like vomiting / ～나게 하다 nauseate; cause nausea; turn *one's* stomach / ～나게 하는 광경 a nauseating〔sickening〕 sight.
욕하다(辱—) abuse; call《*a person*》names; speak ill of《*a person*》; say bad thing about《*a person*》; bad-mouth《*a person*》.
욧속 batting〔cotton wadding〕for a mattress.
욧잇 bed sheet〔covering〕; bed clothes.
용(龍) a dragon. ¶ ～의 눈물《TV 연속극의》Dragon's Tears.
…용(用) for (the use of). ¶ 남자 ～ 장갑 gloves for men / 가정 ～ for home use.
용감(勇敢) bravery; courage. ¶ ～한 brave; courageous / ～히 bravely; courageously / …에 ～히 맞서다 be courageous enough to face….
용건(用件) (a matter of) business. ¶ ～만 간단히 말씀하세요 Come to the point, please.
용골(龍骨) the keel.
용공(容共) ¶ ～의 pro-Communist. ‖ ～정책 a pro-Communist policy.
용광로(鎔鑛爐) a smelting〔blast〕 furnace.
용구(用具)《기구》a tool; an instrument; implements; gear《口》. ¶ 필기～ writing implements / 낚시 ～ fishing gear.
용궁(龍宮) the Dragon's〔Sea God's〕Palace.
용기(勇氣) courage; bravery. ¶ ～있는 courageous; brave / ～ 없는 timid; fainthearted; coward(ly) / ～를 내다 gather〔pluck up〕*one's* courage; get up *one's* nerve / ～를 내게 하다 encourage; cheer up / 자기의 신념을 행할〔말할〕～가 있다 have the courage of *one's* convictions.
용기(容器) a container; a receptacle; a vessel; a case.
용기병(龍騎兵) a dragoon.
용꿈(龍—) ¶ ～ 꾸다 dream〔have〕 a lucky dream; dream about a dragon.
용납(容納) ～하다 tolerate; permit; admit; allow; pardon. ¶ ～할 수 없는 unpardonable.
용뇌(龍腦)《향》borneol;《나무》the Borneo〔Sumatra〕camphor.
용단(勇斷) a courageous decision; a decisive〔resolute〕step. ¶ ～을 내리다 make a resolute decision 《*on a matter*》.
용달(用達) delivery service. ～하다 deliver《*goods*》. ‖ ～사 a delivery agency / ～업 the delivery business / ～차 a delivery van 〔wagon〕.
용도(用途) use. ¶ ～가 많다 have many〔various〕uses; be of wide use.
용돈(用—) pocket〔spending〕money; an allowance(학생의).
용두레 a scoop bucket.
용두사미(龍頭蛇尾) a good beginning and a dull ending. ¶～로 끝나다 end in an anticlimax.
용두질 masturbation; onanism; self-abuse. ～하다 masturbate.
용량(用量)《약의》a dose; dosage.
용량(容量) (the measure of) capacity; volume(용적). ¶ 물탱크의 ～ the (storage) capacity of a water tank / 열～ heat capacity.
용렬(庸劣) ¶ ～한 mediocre; silly; stupid; awkward; clumsy / ～한 짓 a blunder; a bungle.
용례(用例) an example; an illustration. ¶ ～를 들다 give〔show, cite〕an example.
용마루 a ridge《*of a roof*》.
용마름 the thatch covering on the ridge of the thatched roof.
용매(溶媒)〖化〗a solvent; a menstruum 〔*pl.* ～s, -strua〕.
용맹(勇猛) ¶ ～한, ～스런 intrepid; dauntless; lionhearted. ‖ ～심 an intrepid spirit.
용명(勇名) fame for bravery. ¶ ～을 떨치다 win〔gain〕fame for bravery.
용모(容貌) looks; (a cast of) features; a face. ¶～가 추하다〔아름답다〕be ugly〔good-looking〕.
용무(用務) business; a thing to do. ¶～를 띠고 on some business / ～를 마치다 finish *one's* business.
용법(用法) usage; use; the directions (for use) (사용 지시서).
용변(用便) ¶ ～보다 ease nature; go to stool〔the restroom〕.
용병(用兵) tactics; manipulation of troops. ‖ ～술 tactics.
용병(傭兵) a mercenary (soldier); hired troops.
용불용설(用不用說)〖生〗Lamarckism.
용사(勇士) a brave man〔soldier〕; a hero; the brave(총칭).
용상(龍床) the (royal) throne;

the King's seat.
용서(容恕) pardon; forgiveness. ~하다 pardon; forgive; have mercy on; overlook《*a person's fault*》. ¶ ~없이 without mercy; relentlessly / ~할 수 없는 unpardonable; intolerable / ~를 빌다 beg〔ask〕《*a person's*》 pardon; apologize for.
용선(傭船)《행위》chartering; charterage;《선박》a chartered ship. ~하다 charter〔hire〕a ship. ‖ ~계약(서) a charter party (생략 C/P) / ~료 charterage; charter rates / ~업 chartering business.
용설란(龍舌蘭) an agave; a pita.
용솟음 ¶ ~치다 gush out; spout《*from*》; break forth; well up / ~치는 정열 an outpouring of enthusiasm; surging passion.
용수(用水) water (available for use); city water (수도의);《관개·공업용의》water for irrigation〔industrial use〕. ‖ ~로《관개용》an irrigation canal;《발전소의》a flume / ~지(池) a reservoir / ~통 a rainwater barrel〔tank〕.
용수철(龍鬚鐵) a spring.
용신(容身) ①《몸을 움직임》~하다 narrowly move *one's* body; stir but an inch. ②《겨우 살아감》~하다 eke out a livelihood.
용심부리다 wreak *one's* jealousy 〔spite〕on《*a person*》; be nasty to《*a person*》.
용쓰다《기운을》exert *one's* utmost strength; strain〔exert〕*oneself*.
용안(龍眼)〚植〛a longan.
용안(龍顔) the Royal countenance.
용암(熔岩)〚地〛molten rock; lava.
용액(溶液) a solution; a solvent.
용약(勇躍) ¶ ~하여 in high spirits; elatedly.
용어(用語)《말씨》wording; diction; phraseology;《술어》a term; (a) terminology (총칭);《어휘》(a) vocabulary. ‖ ~집 a glossary / 관청 ~ official language / 전문~ a technical term.
용언(用言)〚言〛a declinable word.
용역(用役) service. ¶ 재화와 ~ goods and services. ‖ ~단 (civilian) service corps / ~수출 service export.
용왕(龍王) the Dragon King.
용왕매진(勇往邁進) ~하다 dash 〔push〕on〔forward〕.
용원(傭員) a temporary employee.
용융점(熔融點) the melting point.
용의(用意) readiness; preparedness. ¶ ~주도한 cautious; prudent;《a plan》carefully arranged / ~가 있다 be ready〔willing〕 to《*do*》.
용의자(容疑者) a suspect; a suspected person. ¶ 유력한 ~ a key suspect / 살인 ~ a murder suspect.
용이(容易) ¶ ~한 easy; simple; plain / ~하지 않은 difficult; serious / ~하게 easily; with ease; without difficulty / 외국어에 숙달하기는 ~한 일이 아니다 It is no easy job to master a foreign language.
용인(容認) ~하다 admit; approve 「of; tolerate.
용자(容姿) a figure; *one's* looks; *one's*〔an〕appearance.
용장(勇將) a brave general.
용재(用材)《재목》timber; lumber《美》;《자재》materials. ¶ 건축~ building materials.
용적(容積) capacity (용량); volume (체적); bulk (부피). ¶ ~이 큰 capacious; bulky / 물체의 ~ the volume of a body. ‖ ~량 the measure of capacity / ~률《건축의》floor area ratio / ~톤 a measurement ton.
용전(勇戰) ~하다 fight courageously〔bravely〕.
용점(熔點) ☞ 용융점.
용접(鎔接) welding. ~하다 weld《*to, together*》. ¶ 열 군데 ~하다 make ten welds / ~용 마스크 a welder's helmet / 철판을 ~하다 weld iron sheets. ‖ ~공 a welder / ~기 a welding machine; a welder / ~봉 a welding rod / ~제 a welding agent〔flux〕/ 가스 ~ gas welding.
용제(溶劑) a solvent; a solution.
용지(用地) a lot; a site; land. ¶ 건축~ a site for a building; a building lot / 주택~ a housing lot / 철도~ railroad land.
용지(用紙) paper (to use); a (blank) form; a printed form; stationery. ‖ 시험~ an examination paper / 신청〔주문〕~ an application〔order〕form.
용진(勇進) ~하다《나아가다》dash forward bravely; make a dash.
용질(溶質)〚化〛solute.
용출(湧出) ~하다 gush out〔forth〕; spurt; well (up); erupt.
용춤 추다 give in〔yield〕to flattery.
용퇴(勇退)《물러남》voluntary retirement〔resignation〕. ~하다 retire 〔resign〕voluntarily.
용트림 ~하다 let out a big burp; belch in an affected manner.
용품(用品) an article; supplies. ¶ 가정~ domestic articles / 사무~ office supplies / 스포츠~ sports equipment / 학~ school supplies 〔things〕.
용하다 ①《재주가》(be) deft; skillful; dexterous; good《*at*》. ¶ 용하게 well; deftly. ②《장하다》(be) admirable; praiseworthy; wonderful. ③《특출》(be) extraordi-

nary; remarkable; eminent.
용해(溶解) melting; dissolution; solution. ～하다 melt; dissolve; liquefy. ¶ 이 가루는 물에 ～된다 This powder dissolves in water. ‖ ～도 solubility / ～액 a solution / ～제 a solvent.
용해(鎔解) (s)melting; fusion. ～하다 (s)melt; fuse. ‖ ～로(爐) a (s)melting furnace / ～성 fusibility / ～점 ☞ 용융점.
용호상박(龍虎相搏) a well-matched contest; a Titanic struggle.
우(右) the right. ¶ ～측의 right / ～로 돌다 turn to the right. ‖ ～로 나란히 《구령》 Right dress! / ～로 봐 《구령》 Eyes right!
우(優) 《평점에서 수(秀) 다음》 B; good; fine. ¶ 수학에서 ～를 받다 get a B in mathematics.
우 ① 《몰려오는 꼴》 all at once; with a rush. ¶ ～ 몰려 나오다 rush〔pour〕 out / 젊은이들이 극장으로 ～ 몰려 왔다 The young people surged on the theater. ② 《비·바람이》 all at once; suddenly.
우각(牛角) a cow's horn; an ox-horn.
우거(寓居) a temporary abode 〔residence〕. ～하다 reside〔live〕 temporarily.
우거지 the outer leaves of Chinese cabbage, white radish, *etc.*
우거지다 《초목이 주어》 grow thickly; 《장소가 주어》 be thickly covered with 《*trees*》; be overgrown with 《*trees*》; be overgrown with 《*weeds*》. ¶ 나무가 우거진 산 a thickly-〔heavily-〕wooded hill.
우거지상(一相) a frowning 〔wry〕 face; a scowl.
우겨대다 cling stubbornly 《*to one's notions*》; insist on *one's* own way; persist 《*in*》. ¶ 그는 무죄라고 우겨댔다 He insisted on his innocence. *or* He insisted that he was innocent. / 그녀는 거기 가겠다고 우겨댔다 She persisted in going there.
우격다짐 ～하다 resort to high-handed measures; put pressure 《*on*》; force; coerce. ¶ ～으로 high-handedly; forcibly; by force / ～으로 …하게 하다 compel 〔force〕 《*a person*》 to do / 그것은 ～이다 That's forcing things.
우견(愚見) 《제 의견》 my (humble) opinion〔view〕.
우경(右傾) ～하다 turn〔lean〕 to the right; be rightish. ‖ ～파(派) the Right Wing〔Wingers〕.
우국(憂國) patriotism. ‖ ～지사 a patriot / ～지심 a patriotic spirit / ～충정 *one's* intense patriotism.
우군(友軍) friendly forces〔army〕; an allied army.
우그러뜨리다 crush〔bend〕 out of shape; make a dent 《*in*》; dent 《*a pail*》.
우그러지다 be crushed out of shape; be dented.
우그르르 《벌레가》 swarming; in swarms; 《물이》 simmering.
우그리다 crush; dent.
우글거리다 《벌레 따위가》 swarm; be crowded; be alive 《*with fish*》; teem 《*with*》.
우글쭈글 ～하다 (be) crumpled; rumpled; wrinkled. ¶ 옷이 ～해졌다 The clothes are all wrinkled.
우금(于今) till now; until now; up to the present.
우긋하다 (be) curved〔bent〕 inward slightly.
우기(右記) ¶ ～의 the aforesaid; the above-mentioned.
우기(雨氣) threatening to rain; signs of rain.
우기(雨期) the rainy〔wet〕 season. ¶ ～가 되었다 The rainy season has set in.
우기다 demand *one's* own way; persist 《*in one's opinion*》; insist on; impose 《*one's view upon*》; assert *oneself*. ¶ 하찮은 일에 너무 우기지 마라 Don't be so stubborn about such little things.
우김성(一性) obstinacy; adherence; persistence.
우는소리 《불평》 a complaint; a whimper; a grievance; a tale of woes. ～하다 make complaints; complain 《*of, about*》; grumble 《*about, at*》; whine 《*about*》.
우단(羽緞) velvet.
우당탕 with a thumping〔bumping, clattering, thudding〕 noise. ～하다〔거리다〕 go thud.
우대(優待) preferential 〔warm〕 treatment; 《환대》 a warm reception; hospitality. ～하다 give preferential treatment 《*to*》; 《환대하다》 treat 《*a person*》 cordially 〔with hospitality〕; receive 《*a person*》 warmly. ‖ ～권 a complimentary ticket.
우두(牛痘) cowpox; vaccinia. ¶ ～를 놓다 vaccinate / ～를 맞다 take vaccination; be vaccinated. ‖ ～자국 a vaccination scar.
우두둑 ① 《깨무는 소리》 crunchingly. ② 《부러지는 소리》 with a snap; snappingly. ③ 《떨어지는 소리》 with a clatter〔patter〕; clatteringly.
우두망찰하다 be (totally) confused 〔bewildered〕; be at a loss; be in a fix〔dilemma〕.
우두머리 《꼭대기》 the top; 《사람》 the head; the boss; the chief.
우두커니 absent-mindedly; blankly; vacantly; idly; listlessly. ¶ ～바라보다 look blankly 《*at*》.
우둔(愚鈍) ¶ ～한 stupid; silly; dull-witted; thick-headed.

우듬지 a treetop; twigs.
우등(優等) 《등급》 the top 〔superior〕 grade; 《학업의》 excellency; honors. ¶ ～의 excellent; honor; superior / 예일 대학을 ～으로 졸업하다 graduate with honors from Yale University. ‖ ～상 《win》 an honor prize / ～생 an honor student.
우뚝 high; aloft. ～하다 《솟은 모양》 (be) high; towering; lofty; 《뛰어남》 (be) prominent; conspicuous; outstanding.
우라늄 〖化〗 uranium (기호 U, Ur). ‖ 천연〔농축〕 ～ natural 〔enriched〕 uranium.
우락부락하다 (be) rude; rough; rowdy; harsh; wild.
우랄 Ural. ‖ ～산맥 the Ural Mountains; the Urals / ～어족 the Uralic.
우람스럽다 (be) imposing; impressive; grand; dignified.
우량(雨量) (a) rainfall; precipitation. ¶ 서울의 평균 ～ the average rainfall in Seoul. ‖ ～계 a rain gauge.
우량(優良) ¶ ～한 superior; excellent; fine / H사는 ～기업이다 Company H is an excellent firm. ‖ ～도서 the best books 《*of the year*》 / ～아 a healthy child (일반적); a prize-winning child in a health contest / ～주 a superior 〔blue-chip〕 stock / ～품 choice 〔superior〕 goods.
우러나다 soak out; come off; 《차 따위가》 draw. ¶ 짠 맛이 우러나도록 절인 생선을 물에 담그다 put a salted fish in water and leave it until the saltiness soaks out.
우러나오다 spring 〔well〕 up; come from *one's* heart. ¶ 진심에서 우러나오는 감사의 말 words of thanks from the bottom of *one's* heart.
우러러보다 ① 《쳐다보다》 look up 《*at*》. ¶ 하늘을 ～ look up at the sky. ② 《존경하다》 respect; look up to. ¶ 우리는 그를 스승으로 우러러본다 We respect 〔look up to〕 him as our teacher.
우러르다 《쳐들다》 lift *one's* head up; 《존경》 look up to; have respect.
우렁이 a pond 〔mud〕 snail. ¶ 우렁잇속 같다 be inscrutable; be a mystery.
우렁차다 (be) sonorous; resonant; resounding; roaring. ¶ 우렁찬 목소리 a ringing 〔resonant〕 voice.
우레 ☞ 천둥. ¶ ～같은 thunderous; air-splitting / ～와 같은 박수 a storm 〔thunder〕 of applause.
우레탄 〖化〗 urethane.
우려(憂慮) worry; anxiety; concern; fear; apprehensions. ～하다 worry 《*over*》; be 〔feel〕 anxious 《*about*》; fear; be apprehensive of. ¶ ～할 만한 serious; grave; alarming / 사태를 크게 ～하고 있다 be deeply worried over the situation.
우려내다 wheedle 〔screw〕 《*a thing*》 out of 《*a person*》; squeeze 《*a thing*》 out.
우롱(愚弄) mockery; ridicule. ～하다 mock 《*at*》; fool; ridicule.
우루과이 Uruguay. ¶ ～의 Uruguayan / ～사람 an Uruguayan. ‖ ～라운드 the Uruguay Round (trade pact).
우르르 ① 《여럿이 일제히》 in a crowd. ¶ 방으로 ～ 들어오다 crowd 〔throng〕 into a room / 극장에서 많은 사람들이 ～ 나왔다 Lots of people poured out of the theater. ② 《우레소리》 thundering; rolling; rumbling. ③ 《무너지는 소리》 clattering; 《fall》 all in a heap. ¶ 담이 ～ 무너지다 a wall falls down all in a heap.
우리[1] 《동물의》 a cage (맹수의); a pen (가축의); a fold (양 따위의).
우리[2] we. ¶ ～의 our; our own; my / ～에게 us / ～ 나라 our country 〔nation〕.
우리다 《물에》 soak 《*out*》; steep 《*vegetables*》 in 《*water*》; infuse.
우마(牛馬) oxen and horses. ‖ ～차 carts.
우매(愚昧) ¶ ～한 stupid; dump 《美》; silly; imbecile; ignorant.
우모(羽毛) feathers; plumage.
우무 agar(-agar). ¶ ～모양의 jelly-like.
우묵우묵하다 (be) deeply hollowed; indented here and there.
우묵하다 (be) hollow; sunken.
우문(愚問) a stupid 〔silly〕 question. ‖ ～우답 a silly dialogue / ～현답 a wise answer to a silly question.
우물 a well. ¶ ～ 안 개구리 《비유》 a man of narrow outlook / ～을 쳐내다 clean a well / ～에서 물을 긷다 draw water from a well. ‖ ～가 공론 housewives' gossip / ～물 well water.
우물거리다[1] 《여럿이》 squirm in swarm; be alive with 《*fish*》. ¶ 벌레들이 ～ worms swarm.
우물거리다[2] 《씹다·말하다》 mumble.
우물우물 《여럿이》 in a swarm; 《입속에서》 mumblingly. ¶ ～ 말하다〔씹다〕 mumble.
우물지다 ① 《보조개가》 dimple; turn on the dimples. ② 《우묵해지다》 become hollow; form a dimple 《*in*》.
우물쭈물 indecisively; hesitantly; hesitatingly; half-heartedly. ～

하다 be tardy〔slow〕 in《*taking action*》; hesitate in《*coming to a decision*》. ¶ ~하다가 기회를 놓치다 dally away *one's* opportunity.

우뭇가사리 〖植〗 an agar-agar; Ceylon moss.

우미(優美) ¶ ~한 graceful; elegant; refined.

우민(愚民) ignorant people. ‖ ~정치 mobocracy《美》.

우박(雨雹) hail; a hailstone (한 알). ¶ ~이 온다 It hails.

우발(偶發) accidental〔incidental〕 occurrence. ~하다 happen; occur by chance. ¶ ~적(으로) accidental(ly) / 사고는 ~적으로 이어졌다 Unexpectedly accidents happened in succession. ‖ ~사건 an accident; a contingency / ~전쟁 (an) accidental warfare.

우방(友邦) a friendly nation; an ally (맹방).

우범(虞犯) liability to crime. ‖ ~소년 a juvenile liable to committing crime / ~지대 a crime-ridden〔crime-prone〕 area.

우비(雨備) rain-gear; rain things; a raincoat(비옷).

우비다 scoop〔gouge〕 out; bore《*a hole*》;《귀 등을》 pick《*one's ear*》.

우비적거리다 scoop〔gouge, bore〕 repeatedly; keep picking〔poking〕.

우산(雨傘) an umbrella. ¶ ~ 쓰다 put up〔raise〕 an umbrella. ‖ ~살 umbrella ribs.

우상(偶像) an idol. ¶ ~화하다 idolize. ‖ ~숭배 idol worship; idolatry / ~파괴 iconoclasm.

우생(優生) ¶ ~의 eugenic. ‖ ~결혼 a eugenic marriage / ~학 eugenics / ~학자 a eugenist.

우선(于先) ①《첫째로》 first (of all); in the first place. ②《좌우간》 anyway.

우선(優先) priority; preference; precedence. ~하다 take precedence〔priority〕《*over*》; be prior 《*to*》. ¶ ~의 preferential; prior / ~적으로 다루다 give《*a matter*》 priority《*over*》; give《*a person*》 preference / 이 임무는 다른 모든 것에 ~한다 This duty takes〔has〕 priority over all others. / 회원은 ~적으로 입장할 수 있다 Members are given admission preference. ‖ ~권 preference; priority / ~배당 preference〔preferred〕 dividends / ~순위 the order of priority / ~주 preferred stocks《美》.

우성(優性) 〖遺傳〗 a dominant character; dominance. ¶ ~의 dominant. ‖ ~유전 prepotency / ~유전인자 a dominant gene / ~형질 a dominant trait.

우세 ~하다 be laughed at; be put to shame; be humiliated. ¶ ~스럽다 be shameful〔humiliating〕.

우세(郵稅) postage.

우세(優勢) superiority; predominance; lead. ~하다 be superior《*to*》; have an advantage 《*over*》. ¶ ~한 superior; predominant; leading / ~해지다 gain 〔get〕 an advantage《*over*》; become dominant; lead(경기에서) / 수적으로 ~하다 outnumber《*the other party*》; be superior in numbers《*to*》/ 지금 어느 팀이 ~합니까 Which team is leading now?

우송(郵送) ~하다 post; mail; send by post〔mail〕. ‖ ~료 postage / ~무료 postage-free《*goods*》.

우수(右手) the right hand.

우수(憂愁) melancholy; gloom.

우수(優秀) excellence; superiority. ¶ ~한 excellent; superior; superb; distinguished / ~한 학생 an excellent student / ~한 성적으로 with excellent results; with honors. ‖ ~성 excellence.

우수리 ①《줄 거스름돈》 (the odd) change. ¶ ~를 내주다〔받다〕 give 〔get〕 the change / ~는 네가 가져라 Keep the change. ②《끝수》 an odd sum; a fraction. ¶ ~를 버리다 omit fractions.

우수수 《fall, scatter》 in great masses; in a multitude. ~하다 rustle. ¶ ~ 떨어지다 fall in great masses; rustle down.

우스개 jocularity; drollery. ‖ 우스갯소리 a joke; a jest / 우스갯짓 (a bit of) clowning.

우스꽝스럽다 (be) funny; ridiculous; laughable; comical.

우습게 보다 ① look down (up)on 《*a person*》; hold《*a person*》 in contempt; despise. ②《경시》 make light〔little〕 of; hold《*a thing*》 in light esteem; neglect; slight.

우습다 ①《재미있다》 (be) funny; amusing;《가소롭다》 (be) laughable; ridiculous; absurd;《익살맞다》 (be) comic. ②《하찮다》 (be) trifling; trivial; small;《쉽다》 (be) easy. ③《기이하다》 (be) strange; unusual; queer; funny.

우승(優勝) 《승리》 victory;《선수권》 championship. ~하다 win; win the victory〔championship; pennant《美》, title〕. ‖ ~기(旗) a championship flag; a pennant / ~자 the (first prize) winner; a champion / ~컵 a championship cup; a trophy / ~팀 a winning team / ~후보 the favorite for the championship; the best bet for the title.

우승열패(優勝劣敗) the survival of

the fittest. ¶ ～는 세상사다 The survival of the fittest is the way of the world.

우시장 (牛市場) a cattle fair〔market〕.

우심하다 (尤甚—) (be) extreme; excessive; severe (추위 등이); heavy (손해 등이).

우아 (優雅) elegance. ¶ ～한 elegant; refined; graceful / 몸가짐이 ～하다 have a graceful carriage.

우악 (愚惡) ¶ ～스러운〔한〕 uneducated and crude; (harsh and) wild; rough; rude; violent.

우안 (右岸) the right bank《*of a river*》.

우애 (友愛) 《형제간의》 brotherly〔sisterly〕 affection; fraternal love; 《친구간의》 friendship; comradeship. ¶ ～의 정신 the spirit of fraternity / ～의 정 a friendly feeling.

우어 《워》 Whoa!

우엉 〖植〗 a burdock.

우여곡절 (迂餘曲折) 《굴곡》 meandering; twists and turns; 《복잡》 complications; 《파란》 vicissitudes《*of life*》; ups and downs. ¶ ～끝에 두 사람은 결혼했다 They got married after many twists and turns.

우연 (偶然) (a singular) chance; accident. ¶ ～한 casual; accidental / ～히 accidentally; casually; by accident; by chance / ～의 일치 a coincidence / ～히 만나다 happen to meet; meet by chance / 그의 성공은 결코 ～이 아니다 Chance has nothing to do with his success. ‖ ～론 accidentalism.

우열 (優劣) superiority and〔or〕 inferiority; merits and〔or〕 demerits. ¶ ～을 다투다 contend〔strive〕 for superiority / ～을 두다 discriminate《*between*》; make a discrimination《*between*》/ ～이 없는 equal; evenly matched.

우왕좌왕 (右往左往) ～하다 go this way and that; run about in confusion.

우울 (憂鬱) melancholy; low spirits; gloom; the blues《美口》. ¶ ～한 melancholy; depressed; low-spirited; gloomy / ～해지다 be seized with melancholia. ‖ ～증 melancholia / ～증환자 a melancholiac.

우월 (優越) superiority. ¶ ～한 superior; supreme; predominating. ‖ ～감 a superiority complex; a sense of superiority (～감을 갖다 have a sense of superiority over others).

우위 (優位) predominance; superiority. ¶ ～에 서다 hold a dominant position; get〔gain〕 an advantage over《*a person*》; attain superiority《*over*》.

우유 (牛乳) (cow's) milk. ¶ 상한 ～ sour milk / ～로 기르다 feed《*a baby*》 on cow's milk; bring up《*a baby*》 on the bottle / ～를 짜다 milk a cow / ～를 배달하다 deliver milk. ‖ ～가게 a dairy / ～배달부 a milkman.

우유부단 (優柔不斷) irresolution; indecision. ～하다 lack decision; be a man of indecision. ¶ ～한 indecisive; irresolute; shilly-shally / ～한 사람 a waverer; a shilly-shallier.

우육 (牛肉) beef.

우의 (友誼) amity; friendship; fellowship; friendly relations. ¶ ～를 돈독하게 하다 promote friendship《*between*》.

우의 (雨衣) a raincoat.

우이 (牛耳) ¶ ～잡다 take the lead《*in*》; be the leader《*of*》. ‖ ～독경〔송경〕 "preaching to deaf ears."

우익 (右翼) ① 《열》 the right flank〔column〕. ② 〖蹴〗 the right wing; 〖野〗 the right field. ‖ ～수 a right fielder. ③ 《정치상의》 the Rightists; the Right Wing. ‖ ～단체 a right-wing organization / ～운동 a Rightist movement.

우자 (愚者) a fool; a dunce.

우장 (雨裝) a raincoat. ☞ 우비.

우정 (友情) friendship; friendly feelings. ¶ ～ 있는 amicable; friendly / ～을 가지고 with friendship; in a friendly manner / ～을 맺다 form a friendship《*with*》; make friends《*with*》.

우정 (郵政) postal service〔administration〕.

우주 (宇宙) the universe; the cosmos; (outer) space. ¶ ～의 universal; cosmic / ～의 신비 the mystery of space. ‖ ～개발경쟁 a space race / ～개발계획 a space development project / ～공학 space engineering / ～과학 space science / ～과학자 a space scientist / ～복 a spacesuit / ～비행 a spaceflight / ～비행사 an astronaut; a cosmonaut / ～선(線) the cosmic rays / ～선(船) a spaceship; a spacecraft / ～선기지 a spaceport / ～스테이션 a space〔satellite〕 station / ～시대 the space age / ～여행 space travel 〔trip〕 / ～위성 a space satellite / ～유영 a spacewalk / ～인《외계인》 a man〔being〕 from outer space; an alien / ～중계 a satellite relay / ～탐사 space exploration / ～학 cosmology / ～협정 a space agreement.

우중 (雨中) ¶ ～에 in the rain / ～에도 불구하고 in spite of the rain.

우중충하다 (be) gloomy; somber; dull; dusky; dim.

우지(牛脂) beef fat; (beef) tallow.
우지끈 with a crack〔crash〕. ～하다 crack; snap.
우직(愚直) simple honesty. ¶ ～한 simple (and honest).
우짖다 scream; chirp (새가).
우쭐거리다 ① sway〔shake〕*oneself* rhythmically; keep swaying; swagger. ② ☞ 우쭐하다.
우쭐하다 become conceited; be puffed up《*by, with*》; be elated; have a high opinion of *oneself;* have a swelled head《美》. ¶ 그렇게 우쭐할 것 없다 Don't flatter yourself too much.
우차(牛車) an ox cart.
우천(雨天) rainy〔wet〕weather (날씨); a rainy〔wet〕day (날). ‖ ～순연(順延) "To be postponed till the first fine day in case of rain."
우체(郵遞) ‖ ～국 a post office / ～국원 a post-office clerk / ～국장 a postmaster / ～통 a mailbox《美》; postbox《英》.
우측(右側) the right side. ‖ ～통행 "Keep to the right."
우툴두툴하다 (be) uneven; rugged; rough.
우편(郵便) mail《美》; post《英》; the mail service. ¶ ～으로 보내다 send《*a parcel*》by mail〔post〕/ ～으로 주문하다 order by mail / ～으로 알리다 inform〔notify〕by mail / ～을 이쪽으로 전송해 주시오 Please forward my mail to this address. ‖ ～낭 a mail bag / ～물 mail; postal matter / ～번호 a zip code《美》/ ～사서함 a post office box (생략 P.O.B.) / ～요금 postage; postal charges / ～집배원 a postman; a mailman《美》/ ～함 a mailbox; a letter box / ～환 a (postal) money order / 외국～ foreign mail / 제일종～ first-class mail.
우표(郵票) a stamp; a postage stamp. ‖ ～수집 stamp collection / ～수집가 a stamp collector.
우피(牛皮) oxhide; cowhide.
우향(右向) ¶ ～우(右)《구령》Right turn〔face〕! / ～앞으로 가《구령》Right wheel!
우현(右舷) 〖海〗 starboard.
우호(友好) friendship; amity. ¶ ～적인 friendly; amicable. ‖ ～관계 friendly relations / ～국 a friendly nation / ～조약 a treaty of friendship〔amity〕/ ～협력 조약 a friendship-cooperation treaty.
우화(寓話) a fable; an apologue; an allegory. ‖ ～작가 a fable writer; a fabulist.
우환(憂患)《병》illness;《근심》troubles; cares; worry;《불행》a calamity. ¶ 집안에 ～이 있다 have troubles in *one's* family.
우황(牛黃) 〖韓醫〗 ox〔cow〕bezoar.
우회(迂廻) a detour. ～하다 take a roundabout course; make a detour; bypass. ‖ ～로 a detour; a bypass;《게시》Detour《美》.
우회전(右回轉) ～하다 turn to the right. ‖ ～금지《교통표지》No right-turn.
우후(雨後) after a rainfall. ¶ ～죽순처럼 나오다 spring up like mushrooms after rain.
욱기(一氣) hot〔hot-blooded〕temper. ¶ 그는 ～가 있다 He is very quick-tempered. *or* He looses his temper easily.
욱다 be dented; get〔be〕bent in.
욱대기다 ① ☞ 으르다. ② ☞ 우기다.
욱시글득시글 in swarms. ～하다 swarm; be crowded〔thronged〕.
욱신거리다《쑤시다》tingle; smart; throb with pain.
욱이다 dent《*in*》; batter〔bend, turn〕《*a thing*》in.
욱일(旭日) the rising〔morning〕sun. ¶ 그는 ～ 승천의 기세다 His star is rising.
욱적거리다 ☞ 북적거리다.
욱하다 flare up; get impetuous; lose *one's* temper; fly into a sudden rage. ¶ 욱하고 성을 내다 burst into a sudden anger.
운(運) fortune; luck;《운명》fate; destiny;《기회》chance. ¶ ～좋은 lucky; fortunate / ～나쁜 unlucky; unfortunate / ～좋게 fortunately; luckily; by good fortune〔luck〕/ ～나쁘게 unluckily; unfortunately; by ill luck / ～이 좋으면 if fortune smiles upon *one;* if *one* be lucky / ～이 좋아 …하다 be lucky enough to《*do*》; have the good fortune to《*do*》/ ～이 다하다 *one's* luck runs out / ～에 맡기다 leave《*a matter*》to chance.
운(韻) a rhyme. ¶ ～을 맞추다 rhyme《*with*》.
운동(運動) ① 〖理〗《물체 등의》motion; movement. ～하다 move; be in motion. ¶ ～의 법칙 the laws of motion. ‖ ～량 momentum / ～에너지 kinetic energy. ②《몸의》exercise;《경기》sports; athletics; athletic games. ～하다 (take) exercise; get some exercise. ¶ 가벼운〔적당한〕～을 하다 do light〔moderate〕exercise. ‖ ～경기 athletic sports / ～구 sports goods〔equipment〕/ ～복 sports clothes; sportswear / ～부 athletic club / ～부족 lack〔shortage〕of exercise / ～선수 an athlete; a sportsman / ～신경 the motor nerves; a reflex(action) (반사작용) (～신

경이 발달해 있다〔둔하다〕 have quick 〔slow〕 reflexes) / ～장 a playground(학교의); an athletic field (경기장) / ～화 sports shoes; sneakers《美》/ ～회 a sports meeting; an athletic meeting 〔meet〕; a field day(날) / 옥외～ outdoor〔field〕 sports. ③《정치·사회적인》a campaign; a drive; a movement(집단적). ～하다 carry on a campaign; conduct a drive 〔movement〕. ¶ 정치～ a political movement / 선거～ an election campaign / 노동〔학생〕～ a labor 〔student〕 movement / 모금～ a fund-raising campaign / ～을 지원하다 support a campaign / ～을 일으키다 start〔launch〕 a campaign〔drive, movement〕《*for, against*》/ 유럽에서는 반핵 ～이 한창이다 The anti-nuclear movement has become quite strong in Europe. ‖ ～원《선거의》a canvasser; a campaigner / ～자금 campaign funds.

운두 ¶ ～가 높은〔낮은〕 신 a high=〔low-〕cut shoes.

운명(運命) fate; destiny; *one's* lot; doom(나쁜); fortune(좋은). ¶ ～의 장난 a whim〔an irony〕 of life / ～의 총아 a child of fortune; a fortune's favorite / …과 ～을 같이하다 throw〔cast〕 in *one's* lot with《*a person*》/ ～에 맡기다 leave《*a thing*》to fate / ～이라고 체념하다 resign *oneself* to *one's* fate / …할 ～에 있다 be destined 〔doomed〕 to…. ‖ ～론 fatalism / ～론자 a fatalist.

운명(殞命) ～하다 die; breathe *one's* last.

운모(雲母) 〖鑛〗 mica.

운무(雲霧) cloud and mist〔fog〕.

운문(韻文) verse; poetry, a poem.

운반(運搬) conveyance; transportation; carriage. ～하다 carry; convey; transport. ‖ ～비 carriage; a portage / ～인 a carrier; a porter(인부) / ～차 a cart; a truck; a wagon.

운산(運算) ☞ 연산(演算).

운석(隕石) 〖鑛〗 a meteorite.

운송(運送) conveyance; transport; transportation; forwarding. ～하다 carry; transport; convey; forward. ¶ 짐은 내일 트럭으로 ～하겠다 We will send the goods in a truck tomorrow. ‖ ～료 freight 〔forwarding〕 charge / ～비 cost of transport; shipping expenses (선편의) / ～업 the express 〔forwarding〕 business; the transport〔shipping, freight〕 industry / ～업자 a carrier; a forwarding 〔shipping〕 agent / ～점 a forwarding agency / ～회사 a transport〔shipping〕 company / 해상〔육상〕～ transportation by sea 〔land〕.

운수(運數) luck; fortune. (☞ 운(運)). ¶ ～가 좋은〔나쁜〕 lucky 〔unlucky〕; fortunate〔unfortunate〕. ‖ ～소관 a matter pertaining to luck〔fortune〕.

운수(運輸) traffic (service). ☞ 운송. ¶ 여객〔철도〕 ～ passenger〔railway〕 traffic. ‖ ～노조(勞組) the Traffic Service Workers Union / ～업 the transportation business.

운신(運身) ～하다 move *one's* body. ¶ ～도 못하다 cannot budge 〔move〕 an inch.

운영(運營) management; operation; administration. ～하다 manage; run; operate. ¶ 호텔을 ～하다 run a hotel. ‖ ～비〔자금〕 working〔operating〕 expenses 〔funds〕 / ～위원회 a steering committee.

운용(運用) application; employment. ～하다 apply; employ; use. ¶ 법률의 ～ the application of the law / 자금을 ～하다 employ funds / 시설을 잘 ～하다 keep the facilities in good working order.

운운(云云) so and so; and so on 〔forth〕; et cetera (생략 etc). ～하다 say something or other 《*about*》; mention; refer to; criticize(비판하다).

운율(韻律) a rhythm; a meter.

운임(運賃) 《여객의》a fare; 《화물의》a freight (rates); 《송료》shipping expenses. ¶ ～무료《게시》Carriage〔Freight〕 free / ～선불로 짐을 보내다 send goods carriage pre-paid / ～을 환불해 주다 refund the fare / 이 화물의 ～은 얼마입니까 How much would you charge for shipping this parcel? ‖ ～표《화물의》a freight list; 《여객의》a fare table / ～후불 freight to collect.

운전(運轉) ①《자동차의》driving; 《기계의》operation; working; running. ～하다《차·기차를》drive; ride (오토바이를); 《기계를》operate; run; set《*a machine*》going. ¶ 자동차를 ～하다 drive a car; take the wheel / 졸음 ～을 하다 doze off at the wheel / 천천히 ～하다 drive slowly / 술마시고 ～해서는 안 된다 You shouldn't drink and drive. / 기계의 ～을 멈추다 suspend the operation of a machine. ‖ ～교습소 a driving school / ～기사《자동차의》a driver; a chauffeur(자가용의); a taxi driver; a cabdriver《美》(택시의) / ～기술 driving skill / ～석《차의》a driver's seat; 《열차의》an engineer's seat / ～면허시험 a driver's license test / ～면허(증) a driver's license(～면허를 따다 get a driver's license). ②《운용》employment. ¶ ～자금 working capital.

운지법(運指法)〖樂〗fingering.

운집(雲集) ～하다 swarm; crowd; throng《*a place*》; flock.

운철(隕鐵)〖鑛〗meteoric iron.

운치(韻致) taste; elegance; refinement. ¶ ～있는 tasteful; elegant.

운필(運筆) strokes of the brush; the use of the brush (법).

운하(運河) a canal; a waterway. ¶ ～를 파다 dig〔build〕a canal. ‖ ～통과료 canal tolls.

운항(運航) navigation; (shipping) service; airline service(항공기의). ～하다 run; ply《*between*》. ¶ 인천과 부산 사이를 ～하는 배들 ships running〔sailing〕between Inch'ŏn and Pusan.

운행(運行)《천체의》movement;《교통기관의》service. ¶ 버스 ～ bus service / 지하철은 러시아워에 3분마다 ～된다 The subways run every three minutes during the rush hour(s)./ 임시 열차 ～ extra train service. ‖ ～정지 the suspension of operation《*for 5 days*》.

운휴(運休) suspension of the《bus》service.

울[1]《울타리》an enclosure; a fence. ¶ ～을 치다 fence round《*a house*》; enclose《*a house*》with a fence.

울[2]《양모》wool.

울걱거리다 gargle.

울근불근하다 be at odds《*with*》; be in discord《*with*》; be on bad terms《*with*》.

울긋불긋하다 (be) colorful; varicolored.

울다 ①《사람이》weep; cry (소리 지르며); sob (훌쩍훌쩍); wail (통곡); blubber (엉엉하고); shed tears (눈물 흘리며). ¶ 아파서 ～ cry with pain / 비보에 접하여 ～ weep at sad news / 마음속으로 ～ weep at heart / 울며 세월을 보내다 spend *one's* days in tears / 가슴이 찢어지도록 ～ cry *one's* heart out / 감동해서 ～ be moved to tears. ②《동물이》cry;《새·벌레 따위가》sing; chirp; twitter;《개가》yelp;《고양이가》mew; meow;《소가》low; moo;《말이》neigh; whinny;《비둘기가》coo;《닭이》crow(수탉); cluck(암탉). ¶ 매미가 밖에서 울고 있다 There are cicadas singing outside. / 때까치가 죽은 가지 위에서 울고 있다 A shrike is twittering on a dead branch. ③《귀가》sing; ring; have a ringing《*in one's ears*》. ④《옷·장판 따위가》get wrinkled; pucker; cockle.

울대[1]《울타리의》a fence stake.

울대[2]《조류의》the syrinx (of a bird).

울렁거리다《가슴》feel *one's* heart leaping; go pit-a-pat; palpitate; get nervous;《메슥거림》feel sick〔nausea〕.

울리다 ①《울게 하다》make《*a person*》cry; move〔touch〕《*a person*》to tears (감루);《슬프게 하다》grieve; bring sorrow upon《*a person*》. ¶ 심금을 울리는 이야기 a touching〔pathetic, moving〕story / 아이를 ～ make a child cry; set a child crying. ②《소리를 내다》ring; sound; clang (땡그랑 땡그랑); blow (기적); beat (북). ¶ 경적을 ～ sound the horn / 종을 ～ chime〔clang, toll〕a bell. ③《소리가》sound; ring;《반향하다》resound; echo; reverberate; be echoed;《천둥 따위가》roar; thunder; rumble. ¶ 멀리서 천둥이 울렸다 Thunder rumbled in the distance. / 교회의 종이 울렸다 The church bell rang. ④《명성이》be widely known. ¶ 명성이 전국에 ～ win nationwide fame.

울림《음향》a sound;《진동》a vibration;《반향》an echo;《굉음》a roar; a boom (포성의); a peal (종·천둥 따위). ¶ 종의 ～ the peal of a bell.

울먹거리다 be on the verge of tears; be ready to cry; be almost in tears.

울보 a cry-baby.

울부짖다 scream; howl; wail; cry out.

울분(鬱憤) resentment; pent-up feelings; a grudge; anger. ¶ ～을 풀다 let out〔relieve, vent〕*one's* pent-up feelings〔anger〕; let off steam《口語》/ ～을 참다 control *one's* anger.

울상(—相) a face about to cry. ¶ ～을 하다〔짓다〕wear a tearful face; be ready〔going〕to cry.

울새〖鳥〗a robin; a redbreast.

울쑥불쑥 toweringly〔ruggedly〕here and there; soaringly at different quarters; jaggedly.

울음 crying; weeping. ¶ ～소리 a cry; a tearful voice / ～을 터뜨리다 burst out crying / ～을 참다 repress〔gulp down〕*one's* tears.

울적(鬱寂) ～하다 be depressed; be in low spirits; feel gloomy; be cast down. ¶ 울적한 얼굴 a malancholy look / 날씨가 나쁘면 기분이 ～해진다 Bad weather depresses me.

울창(鬱蒼) ¶ ～한〔하게〕thick(ly); dense(ly); luxuriant(ly) / ～한 숲 a dense forest.

울타리 a fence; a hedge (생울타리);《장애》a barrier; *one's* defences. ¶ 정원에 ～를 치다 fence the yard; put up〔build〕a fence around the garden / 국제화란 나라 사이를 갈라놓고 있는 ~를 제거하는 것이다 Internationalization means breaking down of barriers separating nations.

울퉁불퉁하다 (be) rugged; rough; uneven. ¶ 울퉁불퉁한 길 a bumpy road / 울퉁불퉁한 지면 uneven ground.

울혈(鬱血) 〖醫〗 blood congestion.

울화(鬱火) pent-up resentment 〔anger〕. ¶ ~가 치밀다 feel the surge of anger 〔resentment〕 / ~통이 터지다 burst into a fit of rage; explode with anger. ‖ ~병 a disease caused by frustration 〔pent-up feelings〕.

움[1] 《싹》 sprouts; shoots; buds. ¶ ~이 돋다〔트다〕 bud; sprout; put forth shoots.

움[2] 《지하 저장고》 a cellar; a pit. ¶ ~에 채소를 저장하다 store vegetables in a cellar〔pit〕.

움막(一幕) an underground hut; a dugout. ‖ ~살이 life in a dugout.

움실거리다 swarm; squirm in a swarm.

움쑥하다 (be) hollow; sunken.

움씰하다 ☞ 움찔하다.

움죽거리다 move; stir.

움직거리다 keep on moving; stir; twitch; wriggle.

움직이다[1] 〔자동사〕 ① 《이동하다》 move. ¶ 움직이고 있다 be moving; be in motion / 움직이지 않고 있다 keep〔remain〕 still; be at standstill; stay put / 움직이지 않게 되다 stop moving; come to a standstill / 그는 두려움으로 움직일 수 없었다 Fear rooted him to the ground. / 움직이지 마라 Freeze! / 움직이면 쏜다 If you make a move, I'll shoot. ② 《기계 따위가》 work; run; go. ¶ 전기로 움직이는 기계 a machine run by electricity / 움직일 수 없게 되다 《고장으로》 break down; go out of action / 승강기가 움직이지 않는다 The elevator is not working. ③ 《변동하다》 change; vary. ¶ 움직일 수 없는 증거 an indisputable proof; firm〔immutable〕 evidence. ④ 《마음이》 be moved〔touched, shaken〕. ¶ 그녀 이야기에 마음이 움직였다 I was moved by her story. / 신념이 ~ be shaken in *one's* belief. ⑤ 《행동하다》 act; work. ¶ 상사의 지시에 따라 ~ act on *one's* boss's instructions / 표면이 아닌 뒤에서 ~ work〔maneuver〕 behind the scenes / 곧 당국이 움직일 것이다 Soon the authorities will take action.

움직이다[2] 〔타동사〕 ① 《이동시키다》 move; shift 《*furniture*》; stir. ¶ 다리를 ~ move *one's* legs / 군대를 ~ move troops / 산들바람이 나뭇잎을 움직였다 A light breeze stirred the leaves. ② 《기계 따위를》 work 〔operate〕 《*a machine*》; set 《*a machine*》 in motion. ¶ 그는 기계 움직이는 법을 안다 He knows how to operate this machine. ③ 《마음을》 move; touch; affect. ¶ 그녀의 호소는 많은 사람의 마음을 움직였다 Her appeal touched the hearts of many people. ④ 《기타》 ¶ 사회를 움직이고 있는 것은 젊은이들이다 It is the young that get the society going. / 어떤 것도 그의 마음을 움직일 수 없었다 Nothing could make him change his mind.

움직임 《운동》 movement; motion; 《동향》 trend; drift; 《활동》 activity; 《행동》 action. ¶ 천체의 ~ the movement of heavenly bodies / ~이 둔하다 be slow in *one's* movement / 세계의 ~에 밝아지다 become well-informed about world trends / 경찰은 그들의 ~을 조사하고 있다 The police are investigating their activities.

움찔하다 shrink〔fall, hold〕 back; flinch; be startled〔frightened〕 《*by, at*》; start 《*at*》. ¶ 권총을 보고 ~ flinch at the sight of the pistol / 갑자기 개가 짖자 그는 움찔했다 He shrank back as the dog suddenly started barking.

움츠리다 shrink〔flinch〕 《*at, from*》; crouch; cower 《*down, away*》; draw in〔away〕. ¶ 목을 ~ duck 〔pull in〕 *one's* head / 손을 ~ draw in〔away〕 *one's* hand / 어깨를 ~ shrug *one's* shoulders / 몸을 ~ shrink〔flinch, draw back〕 *oneself* 《*from*》.

움켜잡다 grasp; snatch; seize; grab 《*at*》; catch〔take〕 hold of. ¶ 단단히 ~ grasp tightly / 멱살을 ~ seize〔catch〕 《*a person*》 by the collar / 움켜잡고 놓치 않다 keep a tight grasp 《*on*》.

움켜쥐다 hold 《*a thing*》 tight in *one's* hand; clutch; grip〔clasp〕 tightly; clench; squeeze. ¶ 양손을 단단히 움켜쥐고 일어서다 stand up with *one's* hands tightly clenched / 손을 꼭 ~ sqeeze 《*a person's*》 hand; give 《*a person's*》 hand a squeeze.

움큼 a handful 《*of sand*》; a fistful.

움트다 《초목이》 sprout; bud; shoot; 《사랑 따위가》 arise; begin to grow. ¶ 초목이 움틀 때 when trees and grasses bud; when new buds begin to appear / 두 사람 사이에 애정이 움텄다 Love began to grow in the hearts of the two.

움패다 become hollow〔depressed〕.

움펑눈 deep-set〔sunken〕eyes. ‖ ～이 *a person* with sunken eyes; a hollow-eyed person.
움푹하다 (be) sunken; hollow.
웃기다 make《*a person*》laugh; excite〔provoke〕the laughter of 《*the audience*》. ¶ 그 농담은 모두를 웃겼다 The joke made everybody laugh〔set everybody laughing〕. / 웃기지 마라 Don't make me laugh!
웃녘 the upper side〔part〕.
웃다 ① laugh (소리 내어); smile (미소짓다); chuckle; giggle (낄낄); grin (빙긋이). ¶ 웃으면서 with a laugh〔smile〕/ 웃지 않을 수 없다 cannot help laughing / 웃어 넘기다 laugh《*a matter*》off〔away〕/ 배를 쥐고 ～ hold *one's* sides with laughter / 함께 ～ join in the laughter / 청중은 그의 익살을 듣고 와 하고 웃었다 The audience burst into laughter at his gag. ②《비웃다》laugh at; ridicule; make fun of(놀리다); sneer at(경멸하다). ¶ 웃을 만한 laughable; ridiculous / 아무의 무식을 ～ laugh at *a person's* ignorance.
웃도리 the upper part of the body;《웃옷》a jacket.
웃돈 a trade-in price; part payment. ¶ ～을 치르다 pay the difference in cash / ～을 주고 헌 차를 새 차와 바꾸다 trade in an old car for a new one.
웃돌다 exceed; be more than; be over〔above〕. ¶ 평년작을 ～ exceed the average crop.
웃목 the place on the floor away from the fireplace.
웃옷 a jacket; a coat; an upper garment.
웃음 a laugh; laughter;《미소》a smile; a chuckle(킬킬 웃음); a sneer(조소). ¶ ～을 띄우고 with a smile / ～을 터뜨리다 burst into laughter / ～을 사다 be laughed at《*by*》/ ～을 참다 swallow a laugh / 쓴 ～을 짓다 give a bitter smile / 억지 ～을 짓다 give forced smile. ‖ ～소리 laughter; a laughing voice.
웃음거리 a laughingstock; a butt of ridicule. ¶ ～가 되다 make a fool of *oneself;* be the butt of ridicule.
웃자리《상좌》the seat of honor.
웃통 ¶ ～을 벗다 strip (*oneself*) to the waist; take off *one's* coat〔jacket〕.
웅거(雄據) ～하다 hold and defend *one's* own territory.
웅긋쭝긋하다 (be) sticking up here and there.
웅담(熊膽)〖韓醫〗bear('s) gall.
웅대(雄大) ～하다 (be) grand; majestic; magnificent. ¶ ～한 구상 a grand conception.
웅덩이 a pool; a puddle.
웅도(雄圖) an ambitious enterprise; a great undertaking.
웅변(雄辯) eloquence; oratory. ¶ ～의 eloquent / ～을 토하다 speak with (great) eloquence. ‖ ～가 an eloquent speaker; an orator / ～대회 an oratorical〔a speech〕contest / ～술 oratory.
웅비(雄飛) ～하다 launch out into《*politics*》; start out on《*a career*》. ¶ 해외로 ～하다 go abroad with a great ambition
웅성거리다 be noisy〔astir〕; be in commotion. ¶ 잠시 장내가 웅성거렸다 There was a momentary stir in the hall.
웅숭깊다 (be) deep; profound; inscrutable; broad(-minded).
웅얼거리다 mutter; murmur. ¶ 혼자 ～ mutter to *oneself.*
웅자(雄姿) a gallant〔majestic〕figure; a splendid style; an imposing appearance.
웅장(雄壯) ～하다 (be) grand; magnificent; sublime; majestic. ¶ ～한 경치 a grand sight / ～한 건물 a stately building.
웅크리다 crouch; squat down; huddle〔curl〕*oneself* up.
워낙《원래》originally; from the first;《무척》quite; so; very. ¶ 그는 ～ 온순한 사람이다 He is born good-natured. / ～ 사람이 성실해서 채용했다 He was so sincere that I employed him.
워드프로세서 a word processor. ¶ ～로 편지를 쓰다 write a letter on a word proccessor.
워밍업 warm(ing)-up. ～하다 warm up.
워석워석 rustling.
워크숍 a workshop.
워키토키 a walkie-talkie.
워터《물》water. ‖ ～슈트 a water chute / ～탱크 a water tank.
원(圓) a circle. ‖ ～운동 circular motion.
원(願)《소원》a wish; a desire;《요청》a request;《간원》an entreaty;《청원》a petition. ¶ ～을 이루다 have *one's* wish fulfilled〔granted〕.
원《화폐 단위》*won* (생략 ₩). ¶ 천 ～짜리 지폐 a thousand-*won* bill〔note《英》〕. ☞ 원화.
원… (元·原)《원래의》original; first; primary. ¶ ～계획 초안 the first draft of the plan.
원가(原價) the (prime) cost. ¶ ～로〔이하로〕팔다 sell at〔below〕cost. ‖ ～견적 an estimate of the cost / ～계산 cost accounting / ～관리 a cost control / ～구성 cost structure / ～절감 cost reduction / 생산～ the cost of production.
원거리(遠距離) a long distance

〔range〕. ¶ ～의 long-distance; distant / ～통학 long-distance commuting (to school).
원격(遠隔) 《멂》 ～하다 (be) distant 《*from*》; far-off; remote. ‖ ～조작 remote control(～조작하다 operate 《*a machine*》 by remote control) / ～지 무역 long-distance trade / ～측정 telemetering.
원경(遠景) a distant view; a perspective.
원고(原告) 〖法〗 an accuser(형사에서); a plaintiff(민사에서).
원고(原稿) a manuscript (생략 MS.); a copy (인쇄·광고의); a contribution (기고문); an article (기사). ‖ ～료 payment for copy; copy money / ～지 copy〔manuscript〕 paper / 강연 ～ the script for a lecture.
원광(原鑛) a raw ore; an ore.
원광(圓光) a halo; a nimbus.
원교(遠郊) a place remote from a city.
원군(援軍) rescue forces; reinforcements. ¶ ～을 보내주다 send reinforcements 《*to*》; reinforce.
원근(遠近) far and near; distance. ¶ ～을 가리지 않고 regardless〔irrespective〕 of distance / 그림에 ～감을 주다 give perspective to a painting. ‖ ～법 perspective drawing.
원금(元金) the principal (이자에 대한); the capital (자본).
원급(原級) 〖文〗 the positive degree.
원기(元氣) vigor; energy; vitality; pep 《口》. ¶ ～ 왕성한 high-spirited; vigorous; energetic; healthy; spry. ‖ ～부족 lack of vigor.
원내(院內) 《국회》 ¶ ～의〔에서〕 inside the House〔National Assembly〕. ‖ ～총무 the floor leader 《美》; the (party) whip 《英》.
원년(元年) the first year.
원단(元旦) (the) New Year's Day.
원당(原糖) raw sugar.
원대(原隊) 〖軍〗 *one's* (home) unit. ¶ ～복귀하다 return to *one's* unit.
원대(遠大) ～하다 far-reaching; ambitious; grand. ¶ ～한 계획 a far-reaching〔grand〕 plan / ～한 포부 a great ambition.
원도(原圖) the original drawing.
원동기(原動機) a motor. ¶ ～를 단 자전거 a motorbike.
원동력(原動力) motive power〔force〕; driving force (추진력). ¶ 사회의 ～ the driving force of society / 활동의 ～ the mainspring of activity.
원두막(園頭幕) a lookout (shed) for a melon field.
원둘레(圓一) circumference. ☞ 원주.
원래(元來) 《본래》 originally; primarily; 《생래》 naturally; by nature; 《본질적으로》 essentially; 《사실은》 really; 《처음부터》 from the first. ¶ 이 책은 ～ 아이들용이다 This book is intended primarily for children. / 그는 ～ 내성적이다 He is reserved by nature.
원로(元老) 《정계의》 an elder statesman; 《고참》 a senior member; an elder; a veteran. ¶ 실업계의 ～ an elder in business circle.
원로(遠路) a long way〔distance〕. ¶ ～의 여행 a long journey / ～를 무릅쓰고 왕림해 주셔서 고맙습니다 Thank you for coming such a long way.
원론(原論) a theory; the principles 《*of*》. ‖ 경제학 ～ the principles of economics.
원료(原料) raw materials; an ingredient(재료). ¶ 버터의 ～는 무엇이지 What is butter made from?
원룸아파트 a studio (apartment); an efficiency (apartment).
원리(元利), **원리금**(元利金) principal and interest. ‖ ～합계액 the amount with interest added.
원리(原理) a principle; a tenet(사상·신앙의); a law(과학·자연의). ¶ 근본 ～ the fundamental principle / 자연의 ～ a law of nature / ～원칙을 지키다 be faithful to *one's* principles.
원만(圓滿) ～하다 (be) amicable; peaceful; harmonious. ¶ ～한 가정 a happy home / ～한 해결 a peaceful settlement / ～한 인격 a well-rounded personality / 쟁의는 ～히 해결되었다 The dispute has come to a happy compromise.
원망(怨望) a grudge; hatred(증오); ill feeling(악의). ～하다 have〔harbor, hold〕 a grudge 《*against a person*》; bear 《*a person*》 a grudge. ¶ ～을 사다 incur *a person's* grudge / 하늘을 ～하다 curse Heaven.
원맨쇼 a one-man〔solo〕 show.
원면(原綿) raw cotton.
원명(原名) an original name; a real name.
원목(原木) raw〔unprocessed〕 timber. ¶ 펄프 ～ pulpwood.
원무(圓舞) a round〔circle〕 dance; a waltz. ‖ ～곡 〖樂〗 a waltz.
원문(原文) 《본문》 the text; 《원서》 the original (text). ¶ ～으로 읽다 read 《*a novel*》 in the original / ～에 충실히 번역하다 make a faithful translation of the original.
원반(圓盤) a disk; a discus (투원반용의). ‖ ～던지기 the discus throw.
원방(遠方) 《먼 거리》 a distance; 《먼 곳》 a distant place. ¶ ～의 distant; faraway; far-off; remote /

~에 in the distance.
원병(援兵) reinforcement(s). ¶~을 보내다 send reinforcements《*to*》. ☞ 원군.
원본(原本) the original; the original copy〔text, work〕; 〖法〗the script.
원부(怨府) ¶~가 되다 become the focus of common hatred.
원부(原簿) 〖簿〗a ledger; the original register.
원불교(圓佛敎) *Won* Buddhism, one of the nation's indigenous religions.
원뿔(圓一) a cone(꼴); a circular cone(형체). ¶~꼴의 conical; conic. ‖ ~곡선 a conic section.
원사(元士) a sergeant major.
원사(寃死) ~하다 die under a false accusation.
원사이드게임 a one-sided game.
원산(原産) ¶동남아 ~의 뱀 a snake native to South-East Asia / 감자는 남미 ~이다 Potatoes「are native to〔originally came from〕South America. ‖ ~지 the place〔country〕of origin; the (original) home; the habitat(동식물의) (커피나무의 ~지 the home of the coffee plant) / ~지증명(서) a certificate of origin / ~지 표지(標識) country-of-origin marks〔labels〕.
원상(原狀) the original state; the former condition; 〖法〗the *status quo ante*《라》. ¶~으로 복구하다 return〔restore〕《*a thing*》to *its* original state.
원색(原色)《기본색》a primary color; 《본래의 색》the original color. ¶삼~ the three primary colors / ~에 충실하다 be faithful to the original colors. ‖ ~사진 a color picture / ~판 《인쇄》 a heliotype.
원생(原生) ¶~의 primary; primeval. ‖ ~동물 a protozoan〔*pl.* -zoa〕/ ~식물 a protophyte.
원서(原書) the original. ¶~로 읽다 read《*Byron*》in the original.
원서(願書) an application; 《용지》an application form〔blank〕. ¶~를 내다 send〔hand〕in an application.
원석(原石)《원광》a raw ore; an ore. ¶다이아몬드 ~ a rough diamond.
원성(怨聲) a murmur of complaints〔grievances〕.
원소(元素) 〖化〗an element. ‖ ~기호 the symbol of a chemical element / ~주기율 the periodic law of the element.
원수(元首) a sovereign; the head of state.
원수(元帥) a five-star general《美》; 《육군》a general of the army《美》; a field marshal《英》; 《해군》a fleet admiral《美》; an admiral of the fleet《英》.
원수(怨讐) an enemy; a foe. ¶~지간 mutual enemies / ~를 갚다 revenge *oneself* upon《*a person*》for《*a matter*》/ 은혜를 ~로 갚다 return evil for good.
원수폭(原水爆) atomic and hydrogen bombs.
원숙(圓熟) maturity. ~하다 (be) mature; mellow; fully-developed. ¶ ~한 사상 mature ideas / ~한 경지에 이르다 attain〔reach〕maturity / 그는 나이가 들면서 ~해졌다 He has mellowed with age.
원숭이 a monkey; an ape.
원시(原始) ¶~적인 primitive; primeval. ‖ ~림 a virgin〔primeval〕forest / ~시대 the primitive age / ~인 a primitive man.
원시(遠視) farsightedness《美》; longsightedness《英》. ¶ ~용의 안경 (a pair of) glassess for the farsighted / 그녀는 ~이다 She is farsighted〔longsighted〕.
원심(原審) the original〔initial〕judgment〔decision〕. ¶~을 파기하다 reverse〔overrule〕the original judgment.
원심(遠心) ¶ ~의 centrifugal. ‖ ~력《use》centrifugal force / ~분리기 a centrifuge; a centrifugal separator / ~탈수기 a centrifugal filter; a hydroextractor.
원아(園兒) kindergarten children.
원안(原案) the original bill〔plan, draft〕.
원앙(鴛鴦) 〖鳥〗a mandarin duck. ¶한 쌍의 ~ a couple of lovebirds.
원액(元額·原額) the original sum〔amount〕.
원액(原液) an undiluted solution.
원양(遠洋) the open sea (far from the land). ‖ ~어선 a deep-sea fishing vessel / ~어업 deep-sea〔pelagic〕fishery / ~항해 ocean navigation〔voyage〕(~항해에 나가다 set out on a distant voyage).
원어(原語) the original language.
원예(園藝) gardening. ‖ ~가 a gardener / ~식물 a garden plant / ~학교 a horticultural school.
원외(院外) ¶ ~의 outside the House〔National Assembly〕; non-Congressional《美》. ‖ ~세력 an outside pressure group / ~투쟁 an out-of-the-National Assembly struggle / ~활동 lobbying (~활동하다 lobby).
원용(援用) ~하다 invoke《*a clause*》; quote《*an article*》; cite《*a precedent*》.
원유(原油) crude oil〔petroleum〕. ‖ ~가격 the price of crude oil;

crude oil price / ～생산국 a producer of crude oil.

원유회(園遊會) a garden party.

원음(原音) the original sound〔pronunciation〕. ¶ ～충실 재생 a faithful reproduction of the original sound.

원의(原意) the original intention.

원의(原義) the original meaning.

원의(院議) a decision of the House〔National Assembly〕.

원인(原因) the cause; the origin (발단). ¶ ～과 결과 cause and effect / ～ 불명의 화재 a fire of unknown origin / 사고의 ～을 규명하다 investigate the cause of an accident / …이 ～이다 be caused by…; result from… / 폭발의 ～은 아직 불명이다 The cause of the explosion is still unknown. ‖ 간접〔직접〕～ mediate〔immediate〕cause. 「cause.

원인(遠因) a remote〔distant〕

원인(猿人)〖人類〗an ape-man. ‖ 자바～ the Java man.

원인(願人) an applicant (지원자); a petitioner (청원자).

원일점(遠日點)〖天〗the aphelion; the higher apsis.

원자(原子) an atom. ¶ ～의 atomic. ‖ ～가 atomic value / ～구조 atomic structure / ～량 atomic weight / ～로 an atomic reactor / ～물리학 nuclear physics / ～번호 atomic number / ～병 radiation sickness / ～병기 an atomic〔a nuclear〕weapon / ～운 an atomic〔mushroom〕cloud / ～탄두 an atom(ic) warhead / ～포 an atomic gun / ～폭탄 an atomic bomb; an A-bomb / ～핵 an atomic nucleus.

원자력(原子力) atomic〔nuclear〕energy. ¶ ～으로 움직이는 nuclear-powered; atomic-powered / ～추진의 nuclear-propelled. ‖ ～국제관리 the international control of atomic energy / ～발전소 an atomic〔a nuclear〕power plant / ～병원 the Cancer Research Hospital / ～산업 the nuclear industry / ～시대 the atomic age / ～잠수함 a nuclear(-powered) submarine / ～평화이용 peaceful uses of atomic energy / 국제～기구 the International Atomic Energy Agency (생략 IAEA).

원자재(原資材) raw materials.

원작(原作) the original (work). ‖ ～자 the author.

원장(元帳) the ledger.

원장(院長) the director《*of a hospital*》; the president《*of an academy*》.

원장(園長) the principal《*of a kindergarten*》; the curator《*of a zoo*》.

원저(原著) the original work.

원적(原籍)《원적지》*one's* original domicile; *one's* domicile of origin.

원전(原典) the original (text).

원점(原點) the starting point; the origin (좌표의). ¶ ～으로 되돌아가다 go back to the starting point.

원정(遠征) an expedition;《선수의》a visit; a playing tour. ～하다 make〔go on〕an expedition; go on a tour《*to the U.S.A.*》(선수의). ‖ ～경기 an away match / ～대《군대·탐험 등의》an expedition; an expeditionary team / ～팀《선수의》a visiting〔an away〕team.

원제(原題) the original title.

원조(元祖)《창시자》the founder; the originator;《발명자》the inventor.

원조(援助) help; support; assistance; aid. ～하다 assist; help; support; aid; give assistance《*to*》. ¶ ～를 요청하다 ask〔appeal to〕《*a person*》for help / ～의 손을 뻗치다 stretch out a helping hand《*to*》; extend assistance《*to*》/ 경제〔재정, 식량〕～ economic〔financial, food〕aid / 해외～계획 a foreign aid plan〔program〕/ 피～국 an aid-receiving nation; an aid-recipient country. ‖ ～국 an aid country / ～물자 aid goods / ～자 a supporter; a patron.

원죄(原罪) the original sin.

원죄(寃罪) a false charge〔accusation〕.

원주(圓柱) a column;〖數〗a cylinder. ¶ ～상(狀)의 columnar; cylindrical.

원주(圓周) circumference. ‖ ～율〖數〗the circular constant; pi (기호 π).

원주민(原住民) a native; an aborigine; indigenous people.

원지(原紙)《등사용》a stencil.

원지(遠地) a distant place.

원지점(遠地點)〖天〗the apogee.

원천(源泉) a source; the fountainhead. ¶ 힘의 ～ a source of strength / 지식의 ～ a fount of wisdom. ‖ ～과세 taxation at the source (of income); (a) withholding tax《美》; pay-as-you-earn (생략 P.A.Y.E)《英》/ ～소득세 a withholding income tax / ～징수 deducting tax from income at source; withholding / ～징수제도 the withholding system.

원촌(原寸) actual〔natural〕size. ¶ ～의 full-scale; full-sized; of full

size. ‖ ～도 a full-scale drawing.
원추(圓錐) ☞ 원뿔.
원추리 〖植〗 a day lily.
원칙(原則) a principle; a general rule. ¶ ～적으로 as a (general) rule; in principle / ～을 세우다 establish a principle / ～에 반하다 go against〔be contrary to〕 principle.
원컨대(願―) I hope…; I pray…; I wish…; It is to be hoped〔desired〕 that….
원탁(圓卓) a round table. ‖ ～회의 a roundtable conference.
원통(圓筒) a cylinder.
원통(寃痛) ～하다 (be) resentful; vexing; regrettable; lamentable; grievous. ¶ ～해서 이를 갈다 grind *one's* teeth with vexation / 기회를 놓쳐 ～해하다 regret having missed the opportunity.
원판(原版) 《사진》 a negative plate.
원폭(原爆) an A-bomb. ‖ ～실험(금지) a nuclear test (ban) / ～희생자 A-bomb victims.
원피스 a one-piece dress.
원하다(願―) desire; wish; hope; want; beg (간원). ¶ 원하신다면 If you wish / 원하는 대로 as *one* pleases〔wishes〕/ 누구나 평화를 원하고 있다 Everyone wishes〔wants〕 peace. / 내게 무엇을 원하느냐 What do you want with me?
원한(怨恨) a grudge; resentment; spite; 《증오》 hatred; 《적의》 enmity; 《악의》 ill feeling. ¶ ～에 의한 살인 murder from〔for〕 revenge / ～을 품다 bear〔cherish, nurse〕 《*a person*》 a grudge / ～을 사다 incur grudge / ～이 뼈에 사무치다 have a deep-rooted grudge 《*against a person*》.
원항(遠航) ocean navigation; a long cruise. ～하다 set out on ocean navigation.
원행(遠行) a long trip. ～하다 make〔go on〕 a long trip.
원형(原形) the original form. ¶ ～을 보존하다〔잃다〕 retain〔lose〕 *its* original form. ‖ ～질 〖生〗 protoplasm.
원형(原型) an archetype; a prototype; a model; 《주물의》 a mold. ¶ B는 A의 ～이다 A models after B. *or* B is a model for A.
원형(圓形) a round shape; a circle. ¶ ～의 circular; round / ～으로 in a circle. ‖ ～극장 an amphitheater.
원호(援護) backing; protection; support. ～하다 back (up); support; protect; lend support to. ‖ ～기금〔성금〕 a relief fund〔donation〕 / ～대상자 a relief recipient.
원호(圓弧) 〖數〗 a circular arc.
원혼(寃魂) malignant spirits.
원화(―貨) the *won* (currency). ¶ ～예치율 the *won* deposit rate / ～가치의 하락 a fall in the exchange rate of the *won*.
원화(原畵) the original picture.
원활(圓滑) smoothness; harmony. ¶ ～한〔히〕 smooth(ly); harmonious(ly) / (일이) ～하게 되어 가다 go (on) smoothly〔without a hitch〕.
원흉(元兇) a ringleader; the chief instigator; the prime mover.
월(月) 《달》 the moon; 《달력의》 a month; 《요일의》 Monday. ¶ ～평균 on a monthly average / ～1회의 once a month / ～내에 within this month.
월가(―街) 《뉴욕의》 Wall Street.
월간(月刊) monthly issue〔publication〕. ¶ ～의 monthly. ‖ ～지 a monthly (magazine).
월경(月經) menstruation; menses; a period. ¶ ～이 있다〔없다〕 have the〔no〕 menses / ～중이다 have *one's* period. ‖ ～기 the menstrual period / ～대 a sanitary belt〔napkin〕/ ～불순 menstrual irregularities / ～폐쇄기 ☞ 폐경기.
월경(越境) border transgression. ～하다 cross the border 《*into*》. ‖ ～비행 overflight / ～사건 a border incident.
월계(月計) a monthly account.
월계(月桂) 《월계수》 〖植〗 a laurel〔bay〕 tree. ‖ ～관 laurels; a laurel crown〔wreath〕 (～관을 쓰다 win *one's* laurels).
월광(月光) moonlight ‖ ～곡 《베토벤의》 "The Moonlight Sonata".
월권(越權) arrogation; abuse of authority. ¶ ～(행위를) 하다 exceed〔overstep〕 *one's* power〔authority〕.
월급(月給) a (monthly) salary〔pay〕. ¶ 높은〔낮은〕 ～ a high〔low〕 salary / ～을 받다 draw〔get〕 a salary / ～이 오르다〔내리다〕 get a raise〔cut〕 in *one's* salary / 적은 ～으로 살다 live on a small salary. ‖ ～날 the payday / ～봉투 a pay envelope / ～쟁이 a salaried man〔worker〕.
월남(越南)[1] 《나라》 Viet Nam. ¶ ～의 (사람) (a) Viet-Namese / ～어 Viet-Namese.
월남(越南)[2] 《남한으로》 ～하다 come from North Korea (over the 38th parallel); cross the 38th parallel into South Korea.
월동(越冬) ～하다 pass the winter. ¶ ～ 준비를 하다 prepare for the winter.
월드컵 the World Cup.
월등(越等) ～하다 (be) out of the common; extraordinary; incomparable; unusual; singular. ¶ ～히 out of the common; extra-

ordinarily; incomparably; by far / ～한 미모의 여성 a woman of singular beauty / ～히 낫다 be far〔much〕better.

월례(月例) ¶ ～의 monthly / ～경제 동향 보고회의 a monthly economic briefing session. ‖ ～회〔보고〕a monthly meeting〔report〕.

월리(月利) monthly interest.

월말(月末) ¶ ～에〔까지〕at〔by〕the end of the month. ‖ ～계산〔지불〕month-end payment.

월면(月面) the lunar surface; the surface of the moon. ‖ ～도 a selenographic chart / ～보행 a moon〔lunar〕walk / ～차 a lunar rover; a moon buggy〔car〕/ ～착륙 a landing on the moon.

월변(月邊) a monthly interest.

월보(月報) a monthly report〔bulletin〕.

월부(月賦) payment in〔by〕monthly installments; monthly payments. ¶ 6개월 ～로 사다 buy《*a thing*》in six months' installments / ～로 5천원씩 지불하다 pay《*for an article*》in monthly installments of 5,000 *won*《*over a period of 10 months*》. ‖ ～판매 installment selling;《방법》the installment plan《美》.

월북(越北) ～하다 go north over the border; go to North Korea.

월산(月産) a monthly output〔production〕.

월색(月色) moonlight.

월세(月貰) monthly rent. ¶ 그의 집은 ～가 5만 원이다 He is paying 50,000 *won* a month in rent. *or* His rent comes to 50,000 *won* a month.

월세계(月世界) the moon. ¶ ～여행은 이제 꿈이 아니다 A journey to the moon is no longer a dream.

월수(月收) ①《수입》a monthly income. ¶ ～가 100만 원이다 make one million *won* a month; have a monthly income of one million *won*. ②《빚》《make》a monthly installment loan.

월식(月蝕)〚天〛a lunar eclipse. ‖ 개기〔부분〕～ a total〔partial〕eclipse of the moon.

월액(月額) the monthly amount.

월여(月餘) ¶ ～간이나 over a month / ～ 전에 more than a month ago (지금부터); more than a month before (그때까지).

월요병(月曜病) the Monday morning blues.

월요일(月曜日) Monday (생략 Mon.).

월일(月日) the date.

월정(月定) ¶ ～의 monthly. ‖ ～구독료〔구독자〕a monthly subscription〔subscriber〕.

월초(月初) ¶ ～에 early in〔at the beginning of〕the month.

월평(月評) a monthly review.

웨딩 wedding. ‖ ～드레스〔마치〕a wedding dress〔march〕.

웨이스트볼〚野〛a waste ball.

웨이터 a waiter.

웨이트리스 a waitress.

웬 what; what sort〔manner, kind〕of. ¶ ～ 까닭으로 why / ～ 사람이냐 Who is the man? *or* What is he here for? 「Gosh!

웬걸 O my!; Why!; Why no!;

웬만큼 properly, moderately (알맞게); to some extent (어느 정도); fairly (어지간히). ¶ 영어를 ～ 하다 speak English fairly well / ～ 마셔라 Take it easy on the liquor.

웬만하다 (be) passable; serviceable; tolerable; fairly good. ¶ 웬만한 집안 a respectable〔decent〕family / 값이 웬만하면 if the price is reasonable... / 수입이 ～ have a handsome income.

웬셈 ¶ ～인지 나도 모르겠다 I don't know what all this is about.

웬일 what; what matter. ¶ ～인지 for some reason (or other) / ～이냐 What is all this? *or* What is the matter? / ～로 여기에 왔느냐 What brought you here?

웰컴 welcome.

웰터급(一級) the welterweight. ‖ ～선수 a welterweight.

웽그렁뎅그렁 clang; clank.

웽웽 noisily; buzzing; humming.

위 ①《상부》the upper part;《표면》the surface. ¶ ～의 upper; up; upward; above / ～에 above; over; upwards; up; on; upon / ～에 말한 바와 같이 as mentioned above / ～를 쳐다보다 look upward / 머리 ～를 날다 fly over *one's* head / 얼음 ～를 조심스레 걷다 walk carefully on the ice. ②《꼭대기·정상》the top; the summit; the head. ¶ 맨 ～의 the topmost〔uppermost〕/ ～에서 아래까지 from top to bottom / ～에서 다섯째 줄(에) (on) the fifth line from the top. ③《비교》¶ ～의 higher (높은); more than, above, over (… 이상의); superior (나은); older (연장의) / 제일 ～의 누나 my eldest sister / 훨씬 ～이다 be far better〔higher〕/ 한 학년 ～다 be a class〔grade〕ahead of《*a person*》/ ～를 쳐다보면 한이 없다 Don't compare yourself with those better than you. ④《신분·지위》¶ ～의 superior; above / ～로부터의 명령 an order from above / 남의 ～에 서다 lead others; be the superior of others.

위(位) ①《지위·등급》a rank; a place. ¶ 제4～의 the fourth-ranking《*Dodgers*》/ 2～가 되다 take〔win, gain〕second place /

3～로 떨어지다 drop to third place / 제1～이다 be〔stand〕first. ②《위패의》¶ 영령 9～ nine heroic souls.

위(胃) the stomach. ¶ ～의 gastric / ～가 튼튼하다〔약하다〕have a strong〔weak〕stomach; have a good〔weak〕digestion / ～가 아프다 have a stomachache; have a pain in *one's* stomach.

위경(胃鏡)〖醫〗a gastroscope.

위경련(胃痙攣)〖醫〗convulsion of the stomach. ¶ ～을 일으키다 have the cramps in the stomach.

위계(位階) a (court) rank. ¶ ～질서 the order of ranks.

위계(僞計) a deceptive plan. ¶ ～를 쓰다 use a deceptive scheme.

위관(尉官)《육군》officers below the rank of major; a company officer《美》;《해군》officers below the lieutenant commander.

위광(威光) authority; power; influence. ¶ 부모의 ～으로 through the influence of *one's* parents.

위구(危懼) misgivings; apprehensions. ～하다 fear; be afraid《*of*》. ¶ ～심을 품다 entertain〔feel〕misgivings《*about*》.

위국(危局) a crisis; a critical situation.

위국(爲國) ～하다 serve〔benefit〕*one's* country.

위궤양(胃潰瘍)〖醫〗a gastric〔stomach〕ulcer.

위급(危急) an emergency; a crisis. ～하다 (be) critical; imminent; crucial / ～시에 in case of emergency; in time of danger〔need〕. ‖ ～존망지추 a time of emergency; a critical moment.

위기(危機) a crisis; a critical moment. ¶ 정치적〔재정적〕인 ～ a political〔financial〕crisis / ～에 직면하다 face a crisis / ～에 처해 있다 be in a critical situation / ～를 벗어나다 get over a crisis / ～를 완화하다 ease a crisis / ～일발로 죽음을 모면하다 escape a death by a hair's breadth. ‖ ～관리 risk〔crisis〕management.

위난(危難) danger; peril; distress. ☞ 위험.

위대(偉大) greatness. ～하다 (be) great; mighty (강대); grand (숭고). ¶ ～한 국민〔업적〕a great nation〔achievement〕.

위덕(威德) virtue and dignity. ¶ 신의 ～ virtue and dignity of God.

위도(緯度)〖地〗latitude. ¶ ～의 latitudinal. ‖ 고〔저〕～ a high〔low〕latitude.

위독(危篤) ～하다 be seriously〔dangerously〕ill; be in a critical condition. ¶ ～상태에 빠지다 fall into a critical condition.

위락시설(慰樂施設) leisure〔relaxation〕facilities.

위력(威力) (great) power; authority. ¶ ～ 있는 powerful / 그의 펀치는 굉장한 ～이 있다 His punch is very powerful.

위령(慰靈) ‖ ～제 a memorial service《*for the war dead*》/ ～탑 a war memorial; a cenotaph (built in memory of war victims).

위로(慰勞) ①《치사》appreciation of《*a person's*》services〔efforts〕. ～하다 appreciate《*a person's*》services〔efforts〕. ¶ ～회를 열다 hold a party in appreciation of services. ‖ ～금 a bonus; a reward for *one's* services / ～회 a 'thank-you' party / ～휴가 a special holiday given in recognition of *one's* services. ②《위안》solace; comfort. ～하다 solace; comfort. ¶ ～의 말 comforting words / 노인을 ～하기 위해 병원을 방문하다 visit a hospital to comfort the aged. ‖ ～여행 a recreational trip.

위막(胃膜) the coats of the stomach.

위명(僞名) a false〔an assumed〕name; an alias (범죄자의). ¶ …라는 ～으로 under the false name of....

위무(慰撫) ～하다 pacify; soothe.

위문(慰問)《위안》consolation; (an) expression of sympathy (위로);《문병》an inquiry after *another's* health. ～하다 console; give sympathy《*to*》; inquire after *another's* health. ¶ ～하러 가다 visit *a person*《*in hospital*》; pay a sympathy visit《*to*》; go and comfort《*a person*》. ‖ ～객 a visitor; an inquirer / ～금 a gift of money《*for the victims*》/ ～대(袋) a comfort bag for a soldier《*at the front*》/ ～편지 a letter of sympathy〔inquiry〕/ ～품 comforts; relief goods.

위반(違反) (a) violation; a breach; an offense. ～하다 violate; offend《*against the rules*》; break《*one's promise*》; be against《*a law*》. ¶ 교통 규칙 ～ traffic violation〔offense〕/ 주차 ～ parking violation / 계약 ～ a breach of contract / 조약을 ～하다 violate a treaty / 법률 ～은 처벌된다 A violation of the law will bring you punishment. *or* If you break the law, you will be punished. ‖ ～자 a violator; an offender / ～행위 an illegal act.

위배(違背) contravention. ☞ 위반. ¶ 올림픽 정신에 ～되다《it》run counter to the Olympic spirit.

위법(違法) illegality; unlawfulness. ¶ ～의 unlawful; illegal. ‖ ～자 a lawbreaker; an offender / ～처분 illegal disposition / ～행위 an illegal act.

위벽(胃壁) the walls of the stomach.

위병(胃病) a stomach trouble〔disorder〕.

위병(衛兵) a sentry; a sentinel; a guard. ‖ ～근무 sentry〔guard〕 duty / ～소 a guardhouse.

위산(胃散) medicinal powder for the stomach.

위산(胃酸) stomach acids. ¶ ～과다의 hyperacid. ‖ ～과다 acid dyspepsia / ～과다증 hyperacidity.

위상(位相) 〖電〗 phase.

위생(衛生) hygiene; sanitation (공중의); health (건강). ¶ ～적인〔상의〕 sanitary; hygienic / 공중 ～ public health / 정신 ～ mental hygiene / 저 식당은 별로 ～적이지 않은 것 같다 That restaurant doesn't look very sanitary to me. / 식사 전에 손을 안 씻는 것은 비～적이다 It's unsanitary not to wash your hands before eating. / 그들에겐 ～관념이 없다 They have no sense of hygiene〔sanitation〕. ‖ ～공학 sanitary engineering / ～관리 health control〔administration〕/ ～병 a medical orderly; a medic / ～상태 sanitary conditions / ～시설〔설비〕 sanitary facilities / ～시험소 a hygienic laboratory / ～학 hygienics.

위선(胃腺) 〖解〗 peptic glands.

위선(僞善) hypocrisy. ¶ ～적인 hypocritical; double-faced / ～을 행하다 practice hypocrisy; be a hypocrite. ‖ ～자 a hypocrite.

위선(緯線) a parallel (of latitude).

위성(衛星) a satellite. ¶ 그 역사적인 사건은 ～으로 중계되어 전세계로 송신되었다 The historic event was transmitted all over the world by satellite. ‖ ～국 a satellite state〔country〕/ ～도시 a satellite city〔town〕/ ～방송 satellite broadcasting / ～중계 satellite relay / ～통신 satellite communications.

위세(威勢) 《세력》 power; influence; authority; 《기운》 high spirits. ¶ ～를 부리다 exercise *one's* authority over 《*others*》.

위세척(胃洗滌) 〖醫〗 gastrolavage. ¶ ～을 하다 carry out a gastric lavage.

위수(衛戍) a garrison. ‖ ～령 the Garrison Decree / ～사령관 the commander of the garrison (headquarters) / ～지 a garrison town.

위스키 《술》 whisk(e)y. ¶ ～를 스트레이트로 마시다 drink whisky straight〔neat〕. ‖ ～소다 a whisky and soda.

위시하다(爲始―) ¶ 김 박사를 위시해서 starting with〔including〕 Dr. Kim / 박 씨를 위시해서 다섯명이 선출되었다 Mr. Park and four others were elected 《*to the committee*》.

위신(威信) dignity; prestige. ¶ ～에 관계되다 affect *one's* prestige〔dignity〕/ ～을 지키다 maintain *one's* prestige〔dignity〕/ ～을 떨어뜨리다 lose *one's* dignity.

위안(慰安) comfort; solace. ～하다 comfort; console. ¶ ～을 주다 give comfort to; afford solace / …에서 ～을 얻다 find *one's* comfort in. ‖ ～부 a comfort girl〔woman〕; comfort women(집합적).

위암(胃癌) 〖醫〗 (a) stomach cancer.

위압(威壓) coercion; overpowering. ～하다 coerce; overpower. ¶ ～적(으로) coercive(ly); high-handed(ly) / 무력으로 적을 ～하다 overpower an enemy by using armed force / ～적인 말투를 쓰다 speak in a high-handed manner.

위액(胃液) 〖解〗 gastric juice. ‖ ～선(腺) peptic glands.

위약(胃弱) 〖醫〗 dyspepsia; indigestion.

위약(違約) a breach of promise〔contract〕. ～하다 infringe a contract; break a promise〔*one's* word〕. ‖ ～금 a penalty; an indemnity.

위엄(威嚴) dignity. ¶ ～ 있는 dignified; majestic / ～ 없는 undignified / ～이 있는 사람 a man of dignified appearance / ～을 지키다〔손상하다〕 keep〔impair〕 *one's* dignity.

위업(偉業) a great undertaking〔work, achievement〕. ¶ ～을 이루다 achieve a great work.

위염(胃炎) 〖醫〗 gastritis.

위용(偉容·威容) a grand〔majestic, imposing〕 appearance.

위원(委員) a member of 《*the Budget* Committee》; a committeeman 《美》; a commissioner. ¶ ～의 한 사람이다 be a member of the committee. ‖ ～장 a chairperson; a chairman (남); a chairwoman (여자).

위원회(委員會) 《조직》 a committee; a commission. ¶ 7인 ～ a seven-member committee / ～를 열다 hold a committee meeting / ～에 회부되다 be referred to (a) committee / ～를 소집하다 call a meeting of the committee / ～를 조직〔설치〕하다 form〔set up〕 a committee. ‖ 군사정전 ～ the Military Armistice Commission / 소～ a subcommittee.

위의(威儀) dignity; solemnity. ¶

～를 갖추고 in a stately〔dignified〕 manner.

위인(偉人) a great man. ‖ ～전 the biography of a great man.

위인(爲人) *one's* personality〔disposition, nature〕.

위임(委任) trust; commission. ～하다 entrust〔charge〕《*a person*》 with《*a matter*》; leave《*a matter*》 to《*a person*》. ¶ 권한의 ～ delegation of authority / 나는 그에게 전권을 ～했다 I entrusted him with full powers. ‖ ～권 power(s) of attorney / ～권한 competency of mandate / ～장 a letter of attorney / ～제도 a mandate system / ～통치 mandate.

위자료(慰藉料) consolation money; compensation; 〚法〛 alimony (이혼·별거수당). ¶ ～를 청구하다 demand compensation《*for*》.

위장(胃腸) 〚解〛 the stomach and bowels〔intestines〕. ¶ ～이 튼튼하다〔약하다〕 have a strong〔poor〕 digestion. ‖ ～병 a gastrointestinal disorder / ～약 a medicine for the stomach and bowels / ～염 gastroenteritis / ～장애 gastroenteric trouble.

위장(僞裝) camouflage. ～하다 camouflage; disguise. ¶ 거지로 ～하다 disguise *oneself* as a beggar. ‖ ～망 a camouflage net / ～평화공세 a disguised peace offensive / ～폭탄 a booby trap (bomb).

위정자(爲政者) a statesman; an administrator.

위조(僞造) forgery(문서 등의); counterfeiting(화폐 등의). ～하다 forge《*a document*》; counterfeit《*a coin*》. ‖ ～단 a counterfeit ring / ～문서 a forged document / ～자 a forger / ～지폐 a false〔counterfeit〕 note / ～품 a forged article; a counterfeit; a forgery.

위주(爲主) ¶ 자기 ～의 사고 방식 self-centered thinking / 남성 ～의 사회 male-oriented society / 장사는 이득이 ～이다 Profit making is the first consideration in business.

위중하다(危重―) (be) critical.

위증(僞證) false evidence〔testimony〕. ～하다 give false evidence. ‖ ～자 a perjurer / ～죄《commit》 perjury (～죄로 기소되다 be accused of perjury).

위촉(委囑) 《위임》 commission; 《의뢰》 request. ～하다 ask〔request, commission〕《*a person*》 to《*do*》; entrust《*a person*》 with《*a matter*》. ¶ ～에 의해〔따라〕 at《*a person's*》 request; at the request of....

위축(萎縮) ～하다 《물건이》 wither; shrink; droop; 《사람이》 be daunted〔humbled〕《*by*》; shrink back; 《기관이》 atrophy. ¶ 근육～증 muscular atrophy. ‖ ～증 〚醫〛 atrophy.

위층(―層) the upper floor. ¶ ～에 올라가다 go upstairs.

위치(位置) 《상대적인》 a position; 《물리적인》 a location. ～하다 be situated〔located〕; lie; stand. ¶ ～가 좋다〔나쁘다〕 be in a good〔bad〕 position; be well〔ill〕 situated / ～를 점하다〔차지하다〕 take *one's* position / 새 학교는 도시 중앙에 ～하고 있다 The new school is located〔situated〕 in the center of the town.

위탁(委託) trust; consignment (상품의). ～하다 entrust《*a person*》 with《*a matter*》; place《*a matter*》 in《*a person's*》 charge. ¶ ～을 받다 be entrusted / 사건을 변호사에게 ～하다 leave the case in the hands of a lawyer / 집의 매각을 부동산업자에게 ～하다 consign *one's* house (for sale) to a real estate agent. ‖ ～가공 processing on commission / ～금 money in trust; a trust fund / ～수수료 a consignment fee / ～자 a truster; consignor / ～판매 consignment sale (～판매하다 sell《*goods*》 on commission) / ～판매인 a commission merchant〔agent〕 / ～품 consignment goods.

위태(危殆) ¶ ～로운 dangerous; perilous; risky / ～롭게 하다 endanger; jeopardize / 생명이 ～롭다 *One's* life is in danger.

위통(胃痛) stomachache.

위트 wit. ¶ ～ 있는 witty.

위패(位牌) a mortuary tablet.

위폐(僞幣) a counterfeit note〔bill〕. ‖ ～감식기 a counterfeit-bill detector / ～범 a counterfeiter.

위풍(威風) a dignity; a majestic air. ¶ 왕으로 ～ 당당히 행동하다 behave with the dignity of a king.

위필(僞筆) forged handwriting; a forged picture.

위하다(爲―) 《이롭게 하다》 be good for; do《*a person*》 good; benefit; 《공경하다》 respect; look up to; 《중시하다》 make much of; take good care of. ¶ …을 위한 for / 예술을 위한 예술 art for art's sake / 논쟁을 위한 논쟁을 하다 argue for argument's sake / 일반 학습자를 위한 영어 강좌 an English course for general learners / 부모를 ～ respect〔honor〕 *one's* parents; take good care of *one's* parents / 조상을 ～ worship *one's* ancestors.

위하수(胃下垂) 〚醫〛 gastroptosis.

위하여(爲―) ①《이익·편의》for; for the sake〔benefit〕of; in the interests of; for *a person's* sake. ¶ 조국을 ～ for the sake of the fatherland / 장래를 ～ 저축하다 save money for *one's* future / 나라를 ～ 죽다 die for *one's* country. ②《목적》[…하기 위하여] to *do*; in order to〔that… may〕*do*; for the purpose of《*doing*》; with a view to《*doing*》. ¶ …하지 않기 ～ lest *one* should; so as not to / 경고하기 ～ by way of warning / 점심을 먹기 위해 귀가하다 come back home to have lunch / 영문학 연구를 위해 영국에 가다 go to England for the purpose of studying English literature.

위해(危害) injury; harm. ¶ ～를 가하다 hurt《*a person*》; do《*a person*》harm; inflict an injury on《*a person*》.

위헌(違憲) (a) violation of the constitution. ¶～이다 be against the constitution; be unconstitutional. ‖ ～성 unconstitutionality / ～입법 unconstitutional legislation.

위험(危險) (a) danger; (a) peril; (a) risk; (a) hazard. ¶ ～한 dangerous; perilous; risky; hazardous / ～한 짓을 하다 run a risk; take risks; run the hazard / ～한 상태에 빠지다 fall into a dangerous situation / 신변에 ～을 느끼다 sense imminent danger / ～에서 벗어나다 escape from〔get out of〕danger / 생명의 ～을 무릅쓰고 아이를 구하다 save a child at the risk of *one's* own life / 자신을 ～에 노출시키다 expose *oneself* to danger / ～시하다 regard《*something*》as dangerous / ～한 사상 dangerous thoughts〔ideas〕/ ～한 작업 dangerous work; a hazardous job. ‖ ～물 a dangerous object〔article〕/～부담 risk bearing / ～상태 a dangerous〔critical〕condition / ～수당 danger money / ～신호〔지대〕a danger signal〔area, zone〕/ ～인물 a dangerous character〔man〕.

위협(威脅) a threat; (a) menace; intimidation. ～하다 threaten; menace; intimidate; browbeat; frighten. ¶ 평화에 대한 ～ a menace〔threat〕to peace / ～적(으로) threatening(ly); menacing(ly) / ～조로 말하다 speak in a threatening tone / 죽이겠다고 ～하다 threaten《*a person*》with death. ‖ ～사격《fire》a warning shot / ～수단 an intimidatory measure.

위화감(違和感)《feel》a sense of incongruity〔unbelongingness〕. ¶ 그 그룹에 대해 다소 ～을 느끼다 feel somewhat awkward〔out of place〕with that group.

위확장(胃擴張)〖醫〗dilation of the stomach; gastric dilation.

윗니 the upper (set of) teeth.

윙〖蹴〗a wing.

윙크 a wink. ～하다 wink《*at*》.

유(有)《존재》existence; being. ¶ 무(無)에서 ～는 생기지 않는다 Nothing comes of nothing.

유(類) ①《종류》a kind; a sort; a class;《동식물의》a race (총칭적); an order (목); a family (과); a genus (속); a species (종); a class (강). ¶ 인류 the human race / 파충류 the reptiles. ②《유례》a parallel (case). ¶ 그 ～가 없는 사건 an unprecedented affair.

유가(有價) ¶ ～의 valuable; negotiable. ‖ ～물 valuables / ～증권 securities; negotiable instruments〔papers〕.

유가(儒家) a Confucian. ‖ ～서(書) Confucian literature.

유가족(遺家族) a bereaved family. ‖ 전몰자〔군경〕～ a war-bereaved family.

유감(遺憾) regret. ¶ ～스러운 regrettable; pitiful (안된) / ～으로 생각하다 regret; be sorry《*for*》/ 그 사건에 대해 ～의 뜻을 표하다 express *one's* regret over the matter / 그 모임에 참석 못 하는 것을 ～으로 생각한다 It is regrettable that we cannot attend the meeting. / ～이지만 이 계획은 보류되었다 I regret to say〔To my regret,〕this plan has been shelved. / 그는 시험에서 ～ 없이 실력을 발휘했다 He fully showed his ability in the examination.

유감지진(有感地震)〖地〗a felt〔sensible〕earthquake.

유개(有蓋) ¶～의 covered; closed. ‖ ～화차 a boxcar《美》; a covered〔roofed〕waggon《英》.

유개념(類槪念)〖論〗a genus [*pl.* genera].

유격(遊擊) a hit-and-run attack; a raid; an attack by a mobile unit. ‖ ～대 a flying column; mobile forces / ～병〔대원〕a ranger; a commando; a partisan / ～수〖野〗a short(stop) / ～전 guerrilla warfare.

유고(有故) ～하다 have an accident〔some trouble〕. ¶ ～시에 in time of an accident.

유고(遺稿) the writings left by the deceased; *one's* posthumous manuscripts.

유고슬라비아 Yugoslavia; Jugoslavia. ¶ ～의 Yugoslav; Yugoslavian / ～사람 a Yugoslav(ian).

유곡(幽谷) a deep valley. ¶ 심산～ high mountains and deep valleys.
유골(遺骨) *a person's* remains 〔ashes〕. ¶ ～을 줍다 gather *a person's* ashes.
유공(有功) ¶ ～한 meritorious. ‖ ～자 *a person* of merit.
유곽(遊廓) a brothel; a bawdy house; a red-light district.
유괴(誘拐) kidnap(p)ing; abduction. ～하다 abduct; kidnap. ‖ ～범 《사람》 a kidnap(p)er; an abductor; 《죄》 kidnap(p)ing; abduction / ～사건 a kidnaping (case).
유교(儒敎) Confucianism. ‖ ～사상 「Confucian ideas.
유구무언(有口無言) ¶ ～이다 have no word to say in excuse.
유구하다(悠久—) (be) eternal; everlasting; permanent.
유권자(有權者) a voter; an elector; the electorate(총칭).
유권해석(有權解釋) an authoritative interpretation.
유급(有給) ¶ ～의 paid; salaried. ‖ ～사원 staff members on the payroll / ～휴가 a paid vacation 〔holiday〕; a vacation with (full) pay (1주간의 ～휴가를 받다 take a week off with pay).
유급(留級) ～하다 repeat the same class 《*for another year*》. ‖ ～생 a repeater 《美》.
유기(有期) ¶ ～의 terminable; limited; for a definite term. ¶ ～형에 처하다 be sentenced to imprisonment for a definite term. ‖ ～공채 a terminable 〔fixed-term〕 bond / ～징역 penal servitude for a definite term.
유기(有機) ¶ ～의 organic; systematic / ～재배된 최고의 야채만을 고르다 select only the finest organically grown vegetables. ‖ ～농업〔농법〕 organic agriculture 〔farming〕 / ～물 organic matter 〔substance〕 / ～비료 (an) organic fertilizer / ～체 an organism; an organic body / ～화학 organic chemistry / ～화합물 an organic compound.
유기(遺棄) abandonment; desertion. ～하다 abandon; desert; leave 《*a dead body*》 unattended. ‖ ～물 a left article; a derelict / ～시체 an abandoned corpse.
유기(鍮器) 《놋그릇》 brassware.
유기음(有氣音) 〖音聲〗 an aspirate.
유난스럽다 (be) extraordinary; uncommon; unusual; fastidious. ¶ 유난스럽게 unusually; extraordinarily.
유네스코 UNESCO. (◀the United Nations Educational, Scientific and Cultural Organization)
유년(幼年) infancy; childhood. ¶ ～기〔시대〕에 in *one's* childhood.
유념하다(留念—) bear 〔keep〕 《*something*》 in mind; take 《*a matter*》 to heart; mind; give heed to; pay regard to.
유뇨증(遺尿症) 〖醫〗 enuresis.
유능하다(有能—) (be) able; capable; competent. ¶ 유능한 사람 a man of ability; an able man.
유니버시아드 〖競〗 the Universiade.
유니언 union. ‖ ～잭 the Union Jack(영국 국기).
유니폼 a uniform. ¶ ～을 입은 《a player》 in uniform.
유다르다(類—) (be) conspicuous; uncommon; unusual. ¶ 유달리 conspicuously; unusually; uncommonly; especially.
유단자(有段者) a grade holder; a black belt.
유당(乳糖) 〖化〗 milk sugar; lac「tose.
유대(紐帶) bonds; ties. ¶ 강한 우정의 ～ a strong bond of friendship 《*between us*》 / 사업상의 ～ a business tie / ～를 끊다 break bonds 〔the bond〕 《*with*》.
유대 Judea. ¶ ～의 Jewish / ～계 학자 a scholar of Jewish origin. ‖ ～교 Judaism / ～민족 the Jews / ～인 a Jew; a Hebrew.
유덕(遺德) posthumous influence.
유덕하다(有德—) (be) virtuous. ¶ 유덕한 사람 a virtuous man.
유도(柔道) *judo*. ‖ ～복 a suit for *judo* practice / ～사범 an instructor of *judo* / ～장 a *judo* hall.
유도(誘導) guidance; inducement; 〖電〗 induction. ～하다 induce; lead; guide. ¶ 아이들을 안전 지대로 ～하다 lead the children to a safe location / 관제탑의 ～에 따라 착륙하다 make a landing following the instructions of the control tower. ‖ ～로 《공항의》 a taxiway / ～용 계기 guidance instruments / ～장치 a guidance system(미사일 등의); a talk-down system(관제탑의) / ～전류 an induced current / ～제어 guidance control / ～탄 a guided missile.
유도신문(誘導訊問) a leading question. ～하다 ask 《*a person*》 a leading question.
유독(有毒) ～하다 (be) poisonous; venomous; noxious. ¶ ～성 폐수가 강으로 유출되었다 Poisonous effluents were leaked into the rivers. ‖ ～가스 (a) poisonous gas.
유독(唯獨) only; alone; solely.
유동(流動) a flow. ～하다 flow; run; change. ¶ ～적인 fluid; changeable; unstable / 사태는 아직 ～적이다 Things are still unstable. / 우리의 계획은 아직 ～

적이다 Our plans are still fluid. ‖ ～상태 a state of flux; a fluid situation / ～성 liquidity; fluidity / ～식 liquid food; a liquid / ～자본 floating〔circulating〕capital / ～자산 floating assets〔fund〕/ ～체 a fluid; a liquid.

유두(乳頭) a nipple; a teat. ‖ ～염(炎) thelitis; acromastitis.

유들유들 ¶ ～한 brazen(-faced); cheeky; brassy.

유람(遊覽) sightseeing. ～하다 go sightseeing. ‖ ～객 a sightseer / ～선 a pleasure〔sightseeing〕boat / ～지 a tourist resort.

유랑(流浪) vagrancy; wandering. ～하다 wander about; roam. ¶ ～하는 wandering; vagrant; roaming. ‖ ～민 a nomadic people; nomads / ～생활 a wandering〔nomadic〕life.

유래(由來) 《기원》 the origin; 《내력》 the history; 《출처》 the source. ～하다 result〔stem〕《*from*》; originate in〔from〕; be derived 《*from*》 (언어 등이); date〔trace〕back 《*to*》. ¶ ～를 조사하다 inquire into the origin of 《*a thing*》; trace 《*a thing*》 to its origin. ⌈meter.

유량(流量) 〖理〗 flux. ‖ ～계 a flow

유럽 Europe. ¶ ～의 European / ～사람 a European / ～횡단 특급열차 a Trans-Europe Express (생략 TEE). ‖ ～대륙 the European continent / ～연합 the European Union (생략 EU).

유려하다(流麗—) (be) flowing; fluent; elegant; refined. ¶ 유려한 문장 a flowing and elegant style.

유력(有力) ～하다 (be) powerful; influential; strong; effective; leading. ¶ ～한 후보자 a strong candidate / ～한 신문 a leading newspaper / ～한 용의자 a key〔prime〕suspect / ～한 증거 strong〔convincing〕evidence / ～한 정보 reliable information. ‖ ～자 an influential person; a man of influence.

유령(幽靈) a ghost; an apparition; a specter; a phantom. ¶ ～같은 ghostly; ghostlike / ～의 집 a haunted house. ‖ ～도시 a ghost town / ～선 a phantom ship / ～회사 a bogus company.

유례(類例) a similar example〔instance〕; a parallel case. ¶ ～없는 unparalleled; unique.

유로… 《유럽의》 Euro-. ‖ ～달러 Eurodollars / ～머니 Euromoney / ～시장 Euromarket / ～자금 Eurofund / ～채(債) a Eurobond / ～통화 Eurocurrency.

유료(有料) a charge. ¶ ～의 charged; with charge / 입장은 ～입니까 Is there a charge for the admission? ‖ ～도로 a toll road / ～변소 a pay toilet / ～시사회 a 《*film*》 preview with an admission fee / ～주차장 a toll parking lot.

유루(遺漏) (an) omission; neglect. ¶ ～ 없이 without omission〔any slip〕; thoroughly.

유류(油類) oil; all〔various〕kinds of oil. ‖ ～절약운동 an oil saving drive / ～파동 an oil crisis.

유류품(遺留品) an article left (behind); lost articles (유실물).

유리(有利) ～하다 《이익》 (be) profitable; paying; 《좋은》 advantageous; favorable. ¶ ～하게 profitably; advantageously; favorably / ～한 거래〔사업〕 a profitable deal〔enterprise〕/ 사태는 우리에게 ～하게 전개되었다 Things turned out (to be) favorable for us. / ～한 조건을 최대로 살리다 make the most of the advantageous conditions.

유리(有理) ¶ ～의 rational. ‖ ～식〔수〕〖數〗 a rational expression〔number〕.

유리(琉璃) glass; a window pane (창유리). ¶ 색 ～ stained〔colored〕glass / 젖빛 ～ frosted〔ground〕glass / 망～ wire glass / 판～ plate glass / 광학～ optical glass / 강화～ hardened glass / ～로 덮은 온실 a glass greenhouse / 창문에 ～를 끼우다 glass〔glaze〕a window / 한 장의 ～ a sheet of glass. ‖ ～가게 a glass store / ～공장 a glassworks / ～구슬 a glass bead / ～문 a glass door / ～섬유 fiberglass / ～세공 glass work / ～제품 glassware / ～창 a glass window / ～칼 a glass cutter.

유리(遊離) isolation; separation (분리). ～하다 isolate; separate.

유린(蹂躪) ～하다 《짓밟다》 trample〔tread〕down; trample 《*something*》 underfoot; devastate; 《범하다》 infringe 《*on rights*》; trample on 《*a person's feelings*》; violate 《*a woman*》. ¶ 인권 ～ an infringement upon human rights / 국토를 ～당하다 have *one's* country trampled underfoot 《*by the enemy*》.

유림(儒林) Confucian scholars.

유망(有望) ～하다 (be) promising; hopeful; full of promise. ¶ 전도 ～한 청년 a promising youth / 그의 회사는 앞으로 ～하다 His company has bright prospects for the future. ‖ ～주 a hopeful stock(주식); an up-and-coming 《*player, politician*》 (사람).

유머 humor. ¶ 훌륭한 ～감각이 있다 have a fine sense of humor.

‖ ～소설 a humorous novel / ～작가 a comic writer; a humorist.

유명(有名) ～하다 (be) famous; noted; renowned; well-known; 《악명 높은》 notorious; infamous. ¶ 세계적으로 ～한 프로 골퍼 a world-famous pro golfer / ～한 고리대금업자 a notorious usurer / ～무명의 사람들 both humble and famous people; somebodies and nobodies / ～해지다 become famous; win fame; gain notoriety. ‖ ～교(校) a big-name school 〔university〕 / ～인 a celebrity; a big name.

유명(幽明) ¶ ～을 달리하다 pass away; depart this life.

유명무실(有名無實) ～하다 (be) in name only; nominal; titular. ¶ ～한 사장 a figurehead 〔nominal〕 president.

유명세(有名稅) the price of fame; the penalty of popularity. ¶ 그것은 그에 대한 일종의 ～이다 That's the price he has to pay for being famous.

유모(乳母) a (wet) nurse. ‖ ～차 a baby carriage 《美》; a pram 《英》.

유목(遊牧) nomadism. ‖ ～민 nomads; a nomadic tribe / ～생활 a nomadic life.

유무(有無) existence; presence. ¶ 재고의 ～를 조사하다 check (as to) whether there is any stock / ～상통하다 supply each other's needs.

유물(唯物) 〖哲〗 ¶ ～적인 materialistic. ‖ ～론 materialism / ～사관(史觀) the materialistic view of history / 변증법적 ～론 dialectical materialism.

유물(遺物) a relic; remains. ¶ 과거의 ～ a relic of the past / 봉건시대의 ～ a holdover from feudal times.

유민(流民) wandering 〔roaming〕 people.

유밀과(油蜜果) oil-and-honey pastry.

유발(乳鉢) a mortar.

유발(誘發) ～하다 lead to; bring about; cause; give rise to; induce. ¶ 전쟁을 ～하다 touch 〔set〕 off a war / 과도한 스케줄은 사고를 ～했다 The overloaded schedule led to the accident.

유방(乳房) the breast(s). ‖ ～암 breast 〔mammary〕 cancer; cancer of the breast / ～염 mammitis.

유배(流配) banishment; exile. ～하다 banish 〔exile〕 《*a criminal*》 (to an island). ‖ ～자 an exile.

유백색(乳白色) ¶ ～의 milk-white.

유별(有別) ¶ ～나다 (be) distinctive; different; special; particular / 남녀 ～하다 There is a distinction between man and woman.

유별(類別) classification; assortment. ～하다 classify; assort.

유보(留保) reservation. ～하다 reserve 《*one's decision*》; hold over.

유복자(遺腹子) a posthumous son.

유복하다(有福—) (be) blessed; fortunate; lucky.

유복하다(裕福—) (be) wealthy; rich; affluent; well-off; well-to-do. ¶ 유복한 집안에 태어나다 be born in a rich family.

유부(油腐) 《a piece of》 fried bean curd. ‖ ～국수 noodles with fried bean curd.

유부녀(有夫女) a married woman.

유비무환(有備無患) Be prepared, and you will have no cause for regrets.

유사(有史) ¶ ～이전의 prehistoric / ～ 이래의 큰 전쟁 the greatest war in history 〔since the dawn of history〕.

유사(類似) (a) resemblance; (a) similarity; (a) likeness. ～하다 resemble; be similiar to; be alike; bear resemblance to. ¶ ～한 like; similar / 그것들은 빛깔이 거의 ～하다 They are very much alike in color. ‖ ～사건 a similar case / ～점 a (point of) similarity / ～품 an imitation (～품에 주의하시오 《게시》 Beware of imitations.).

유사시(有事時) ¶ ～에 in an emergency; in case of emergency / ～에 대비하다 provide against emergencies 〔a rainy day〕.

유산(有産) ¶ ～의 propertied. ‖ ～계급 the propertied classes / ～자 a man of property.

유산(乳酸) 〖化〗 lactic acid. ‖ ～균 lactic bacilli 〔ferments〕; a lactobacilli / ～(균)음료 a lactic acid drink 〔beverage〕.

유산(流産) a miscarriage. ～하다 miscarry; have a miscarriage. ¶ 그녀는 ～했다 She had a miscarriage. / 그의 계획은 모두 ～되었다 All his plans have sadly miscarried.

유산(遺産) an inheritance; property left 《*by*》; a legacy; a bequest. ¶ 문화 ～ a cultural heritage / ～을 남기다 leave a fortune 〔an estate〕 《*to one's children*》 / ～을 상속받다 inherit 《*one's father's*》 property; succeed to an estate. ‖ ～상속 succession to property.

유산탄(榴散彈) a shrapnel (shell).

유상(有償) ¶ ～의 〖法〗 onerous / ～으로 for payment / 수리는 ～입니다 You are liable for the cost of repairs. ‖ ～계약 an onerous contract / ～원조 credit assist-

ance / ～취득 acquisition for value.
유상(油狀) ¶ ～의 oily; like oil.
유상(乳狀) ¶ ～의 milky; emulsified / ～액 milky juice.
유상무상(有象無象) ① 《어중이떠중이》 the rabble; the mob. ② 《삼라만상》 all things in the universe.
유색(有色) ¶ ～의 colored; non-white. ‖ ～인종 colored races.
유생(儒生) a Confucian (scholar); a Confucianist.
유서(由緖) a (long and honorable) history. ¶ ～ 있는 집안의 《a person》 of good lineage; of noble birth / ～ 있는 건물 a historic building; a building rich in legend.
유서(遺書) a note left behind by a dead person; a farewell note; a suicide note(자살자의); 《유언서》 a will; a testament. ¶ ～를 쓰다〔작성하다〕 make *one's* will.
유선(有線) ¶ ～의 cabled; wired; wire. ‖ ～방송〔전신, 전화〕 wire broadcasting〔telegraph, telephone〕 / ～식 the wire system / ～중계 cable〔wire〕 relaying / ～텔레비전 cable television〔TV〕; closed-circuit television (생략 CCTV) / ～통신 cable communication.
유선(乳腺) 〖解〗 the mammary gland. ‖ ～염(炎) 〖醫〗 mastitis.
유선형(流線型) a streamline shape 〔form〕. ‖ ～자동차 a streamlined automobile〔car〕.
유성(有性) ¶ ～의 sexual. ‖ ～생식 sexual reproduction.
유성(有聲) ¶ ～의 sound; voiced. ‖ ～영화 a sound picture〔film〕 / ～음 a voiced sound.
유성(油性) ¶ ～의 oily; greasy. ‖ ～페니실린 penicillin oil / ～페인트 an oil paint.
유성(流星) a shooting star; a meteor. ‖ ～우(雨) a meteoric shower.
유성(遊星) ☞ 행성.
유세(有稅) ¶ ～의 taxable; dutiable(관세). ‖ ～품 dutiable goods.
유세(有勢) ① ☞ 유력(有力). ② 《세도부림》 ～하다 wield power〔influence〕 《*over*》; lord it over.
유세(遊說) canvassing; stumping; electioneering (선거 운동). ～하다 go canvassing〔electioneering〕; canvass; stump 《美》; make an election tour. ¶ ～여행을 떠나다 go on a canvassing tour / 그는 전국을 ～했다 He went about the country canvassing. *or* He stumped the whole country. ‖ ～자 a canvasser; a stump speaker 《美》.
유속(流速) the speed of a current. ‖ ～계 a current meter.
유수(有數) ¶ ～의 prominent; leading; distinguished; eminent / 세계의 ～한 공업국의 하나 one of the world's leading industrial nations.
유수(流水) flowing〔running〕 water; a stream. ¶ 세월은 ～와 같다 Time flies (like an arrow).
유숙(留宿) ～하다 lodge 《*at*》; stay 《*at*》; stop 《*in*》. ☞ 숙박.
유순하다(柔順—) (be) submissive; obedient; mild; meek; gentle.
유스호스텔 a youth hostel.
유습(遺習) a hereditary custom.
유시(幼時) childhood; infancy.
유시(諭示) instruction; admonition; a message. ～하다 admonish; give an instruction.
유시계비행(有視界飛行) visual flying; 《make》 a visual flight. ¶ 계기 비행에서 ～으로 바꾸다 shift from instrument to visual flight. ‖ ～규칙 visual flight rules(생략 VFR).
유식(有識) ～하다 (be) learned; educated; intelligent; well-informed. ¶ ～한 사람 an educated〔a learned〕 person. ‖ ～계급 the learned〔intellectual〕 classes.
유신(維新) renovation; restoration; the Revitalizing Reforms.
유신(遺臣) a surviving retainer.
유신론(有神論) 〖哲〗 theism. ‖ ～자 a theist.
유실(流失) ～하다 be washed〔carried〕 away 《*by a flood*》. ‖ ～가옥 houses carried away by the floods.
유실(遺失) ～하다 lose; leave behind. ‖ ～물 a lost article / ～물 센터 a lost-and-found center; a lost-property office 《英》 / ～자 a loser; the owner of a lost property.
유심론(唯心論) 〖哲〗 spiritualism; idealism. ‖ ～자 a spiritualist; an idealist.
유심하다(有心—) (be) attentive; careful. ¶ 유심히 듣다 hear attentively; listen 《*to*》.
유아(幼兒) a baby; an infant. ‖ ～교육 preschool〔infant〕 education / ～기 babyhood; infancy / ～복 baby wear / ～사망률 the infant mortality rate.
유아(乳兒) a suckling; a baby. ‖ ～식 baby food.
유아(唯我) ¶ ～독존 self-conceit; self-righteousness / 천상천하 ～ 독존 I am my own Lord〔Holy am I alone〕 throughout heaven and earth. ‖ ～론 〖哲〗 solipsism.
유아등(誘蛾燈) a light trap; a luring lamp.
유안(硫安) 〖化〗 ammonium sul-

fate. ☞ 황산암모늄.
유암(乳癌) 〖醫〗 ☞ 유방암.
유압(油壓) oil pressure. ¶ ～구동의 hydraulically-operated. ‖ ～계 an oil pressure gauge / ～브레이크 a hydraulic〔an oil〕brake.
유액(乳液) ① 〖植〗 latex; milky liquid. ② 《화장품》 milky lotion.
유야무야(有耶無耶) ¶ 대답을 ～하다 give a vague reply; do not commit *oneself* / 일을 ～해 버리다 leave a matter unsettled〔undecided〕/ 그 추문을 ～(로) 덮어버리려 했다 They tried to hush up the scandal.
유약(釉藥) glaze; enamel. ¶ ～을 칠하다 put glaze on 《*pottery*》.
유약하다(柔弱—) (be) weak; effeminate; fragile.
유어(類語) a synonym.
유언(遺言) a will; *one's* dying wish; *one's* last words. ～하다 express *one's* dying wish; leave〔make〕a (verbal) will. ¶ …의 ～에 의해 by the will of... / ～ 없이 죽다 die without a will. ‖ ～자 a testator; a testatrix (여자) / ～장 a will; a testament / ～집행자 an executor.
유언비어(流言蜚語) a groundless〔wild〕rumor; a false report. ¶ ～를 퍼뜨리다 spread a wild rumor; set a false rumor abroad〔afloat〕.
유업(乳業) the dairy industry.
유업(遺業) work left unfinished by someone. ¶ ～을 잇다 take up the work left unfinished by 《*one's father*》.
유에스 U.S. (◀ United States)
유에스에이 U.S.A. (◀ the United States of America)
유에프오 a UFO. (◀ an unidentified flying object) ‖ ～연구 ufology.
유엔 UN, U.N. (◀ the United Nations) ¶ ～의 평화 유지 활동 the U.N. Peacekeeping Operation 《*in Africa*》. ‖ ～군 the UN forces / ～분담금 financial contributions to the United Nations / ～사무총장 the secretary-general of the United Nations / ～안전보장 이사회 the United Nations Security Council (생략 UNSC) / ～총회 the UN General Assembly / ～헌장 the United Nations Charter.
유역(流域) a (drainage) basin; a valley(큰 강의). ¶ 한강 ～ the Han River basin / 양자강 ～ the Yangtze valley. ‖ ～면적 the size of a catchment area.
유연탄(有煙炭) bituminous coal.
유연하다(柔軟—) (be) soft; pliable; pliant; elastic; flexible.
유연하다(悠然—) (be) calm; serene; composed. ¶ 유연히 composedly; with an air of perfect composure.
유영(游泳) ～하다 swim. ¶ 우주～을 하다 take〔make〕a spacewalk.
유예(猶豫) 《연기》 postponement; deferment; grace (지불의); 《형 집행의》 suspension; a respite. ～하다 postpone; put off; delay(늦추다); give 《*a day's*》 grace(지불을); reprieve; postpone; delay (형 따위를). ¶ 형의 집행을 ～하다 postpone〔delay〕execution; grant a stay of execution / 지불을 30일간 ～해 주다 give thirty days' grace for payment. ‖ ～기간 the period of grace; an extension of time.
유용(有用) ～하다 (be) useful; of use; valuable; serviceable; good 《*for a thing*》. ¶ 국가에 ～한 인물 a man useful to the state / 돈을 ～하게 쓰다 make good use of *one's* money; put *one's* money to a good use.
유용(流用) (a) diversion; (an) appropriation. ～하다 divert〔appropriate〕《*the money*》 to 《*some other purpose*》. ¶ 공금을 ～하다 misappropriate public money.
유원지(遊園地) a pleasure〔recreation〕ground; an amusement park 《美》.
유월(六月) June (생략 Jun.).
유월절(逾越節) the Passover.
유위(有爲) ～하다 (be) capable; efficient; promising(유망한).
유유낙낙(唯唯諾諾) readily; quite willingly; at *one's* beck and call.
유유상종(類類相從) ～하다 Birds of a feather flock together.
유유자적(悠悠自適) ～하다 live in quiet〔dignified〕retirement; live free from worldly cares.
유유하다(悠悠—) (be) calm; composed; easy; leisurely. ¶ 유유히 calmly; composedly; slowly; with an air of perfect composure.
유의(留意) ～하다 take notice 《*of*》; pay attention 《*to*》; give heed 《*to*》. ¶ 건강에 ～하다 take good care of *oneself* / ～해서 듣다 hear attentively / 실업자 증가에 ～하다 take notice of rising unemployment. ‖ ～사항 an important notice.
유익하다(有益—) (be) profitable; beneficial; 《교훈적》 instructive; 《유용》 useful; serviceable. ¶ 유익하게 usefully; profitably / 젊은이에게 유익한 책 books good for young people / 돈을 유익하게 써라 Make good use of your money.
유인(有人) ¶ ～의 piloted; manned. ‖ ～기(機) a manned〔piloted〕

airplane / ～우주비행 (a) manned space flight / ～우주선 a manned spaceship.

유인(誘引) inducement; attraction. ～하다 induce; attract.

유인(誘因) a cause《*of*》; a motive; an inducement; an incentive; an occasion. ¶ …의 ～이 되다 cause; bring about; lead (up) to.

유인물(油印物) printed matter. ‖ 불온～ subversive printed matter.

유인원(類人猿)〖動〗an anthropoid (ape).

유일(唯一) ¶ ～한 the only; the sole; solitary; unique; one and only / ～무이한 unique; peerless / ～한 보기 a solitary instance / 남은 ～한 방법 the only measure left.

유임(留任) ～하다 remain〔continue〕in office. ¶ ～을 권고하다 advise《*the chief*》to stay in office. ‖ ～운동 a movement to retain《*a person*》in *his* office.

유입(流入) (an) inflow; (an) influx. ～하다 flow in. ¶ 외자의 ～ an influx〔inflow〕of foreign capital / 미국 자본의 ～을 장려하다 encourage American capital inflow.

유자(柚子)〖植〗a citron.

유자격자(有資格者) a qualified〔a competent, an eligible〕person.

유자녀(遺子女) a child of the deceased. ¶ K씨의 ～ a child of the late Mr. K.

유자철선(有刺鐵線) barbed wire; barbwire《美》.

유장(悠長) ～하다 (be) long; lengthy;《성미가》(be) leisurely; slow; easygoing (태평스런).

유저(遺著) a posthumous work. ¶ 김 박사의 ～ writings of the late Dr. Kim.

유적(遺跡) ruins; remains; relics. ¶ 선사 시대의 ～ a prehistoric site.

유전(油田) an oil field〔well〕. ¶ 해양～ an offshore oil field / ～을 개발하다 develop an oil field. ‖ ～지대 an oil (producing) region / ～탐사 oil exploration.

유전(流轉)《유랑》wandering;《변천》vicissitude. ～하다 wander《*about*》; rove; transmigrate. ¶ 만물은 ～한다 Nothing remains the same. *or* Everything changes.

유전(遺傳) heredity; inheritance. ～하다 be inherited; run in the blood〔family〕. ¶ ～성의 hereditary; of hereditary nature / ～적 결함 a genetic defect〔flaw〕/ ～의 법칙 the laws of heredity. ‖ ～공학 genetic engineering / ～병 a hereditary disease / ～인자 a genetic factor / ～자 a gene / ～학 genetics / ～형질 a genetic trait〔character〕.

유정(油井) an oil well.

유제(乳劑)〖化〗an emulsion.

유제(油劑) an oily medicine;《연고》an ointment.

유제동물(有蹄動物) an ungulate (animal); a hoofed animal.

유제품(乳製品) dairy products.

유조(油槽) an oil tank. ‖ ～선 a tanker / ～차 a tank car (열차의); an oil tank truck (트럭).

유족(裕足) ～하다 (be) affluent; rich; well-to-do; well-off.

유족(遺族) a bereaved family; the bereaved(총칭). ¶ 전사자의 ～ the war bereaved.

유종(有終) ¶ ～의 미를 거두다 bring《*a matter*》to a successful conclusion; crown《*a thing*》with perfection; round off《*one's career*》.

유종(乳腫)〖醫〗mastitis.

유죄(有罪) guilt; guiltiness. ¶ ～의 guilty / ～를 선고하다 declare〔sentence〕《*a person*》guilty; convict《*a person*》of《*a crime*》/ 아무의 ～를 입증하다 prove *a person's* guilt. ‖ ～판결 a guilty verdict; conviction.

유증(遺贈)《동산의》bequest;《부동산의》devise. ～하다 bequeath《*one million won to...*》; leave〔make〕a bequest《*of 5,000 dollars to...*》; devise《*one's real estate to*》. ‖ ～자 the giver of a bequest; a devisor(부동산의).

유지(有志)《관심이 있는 사람》an interested person; a volunteer (지망자);《유력자》a leading〔an influential〕person. ¶ ～일동 all the persons concerned. ‖ 지방～ public-spirited men〔an influential figure〕of the locality.

유지(油紙) oilpaper; oiled paper.

유지(油脂) oils and fats. ‖ ～공업 the oil and fat industry.

유지(維持) maintenance; preservation; upkeep. ～하다 maintain《*peace*》; keep《*a club*》going; preserve《*one's health*》; support. ¶ 평화〔치안〕의 ～ the maintenance of peace〔the public order〕/ 건강을 ～하다 preserve *one's* health / 집안의 생계를 ～하다 support *one's* family / 현상을 ～하다 maintain the present condition / 체면을 ～하다 keep up appearances. ‖ ～비 maintenance costs; upkeep.

유지(遺志) *one's* dying〔last〕wishes. ¶ 고인의 ～를 따라야 한다 We should respect the wishes of the deceased.

유지(遺址) an old site; remains; ruins.

유착(癒着) adhesion; conglutination. ～하다 adhere《*to*》; conglutinate; have close relation《*to*》(관계 따위가). ¶ 정부와 재계와의

～ a cozy relationship between politics and business.

유창(流暢) fluency. ～하다 (be) fluent; flowing. ¶ ～하게 fluently; with fluency / 영어를 ～하게 말하다 speak English fluently.

유체(有體) ¶ ～의 tangible; 『法』 corporeal. ‖ ～동산 『法』 corporeal moveables / ～재산 『法』 corporeal property. 「fluid mechanics.

유체(流體) 『理』 a fluid. ‖ ～역학

유추(類推) analogy; analogical reasoning. ～하다 analogize; know 〔reason〕 by analogy; guess. ¶ …으로 ～하여 on the analogy of…. ‖ ～해석 analogical interpretation. 「bandry.

유축농업(有畜農業) animal hus-

유출(流出) an outflow; a drain; spillage. ～하다 flow〔run〕 out; issue; spill. ¶ 기술자의 ～ the outflow of technicians / 두뇌의 ～ a brain drain / 기름의 ～ oil spillage. ‖ ～량 the volume 《*of water*》 flowing from 《*the dam*》 / ～물 (an) effluent 《*from the mill*》. 「기 the larval stage.

유충(幼蟲) a larva [*pl.* -vae]. ‖ ～

유취(類聚) ～하다 group in classes; classify.

유치(幼稚) infancy. ～하다 (be) infantile; childish; 《미숙》 immature; crude; primitive. ¶ ～한 생각 a childish idea; a crude opinion / 이 나라의 농업은 아직 ～하다 Agriculture in this country is still primitive〔in its infancy〕. ‖ ～원 a kindergarten.

유치(乳齒) a milk tooth.

유치(留置) ① 『法』 《억류》 detention; custody. ～하다 detain; keep 〔hold〕 《*a person*》 in custody; detain. ‖ ～장 a lockup; a police cell; a house of detention. ② 《우편의》 ～하다 leave till called for. ‖ ～우편 a *poste restante* 《프》.

유치(誘致) attraction; invitation. ～하다 attract; lure; invite. ¶ 관광객을 ～하다 try to attract tourists / 마을에 병원을 ～하다 invite hospitals to the town.

유쾌(愉快) pleasure; delight; fun. ～하다 (be) pleasant; happy; delightful; cheerful. ¶ ～히 pleasantly; happily. 「〔shell〕.

유탄(流彈) 《be hit by》 a stray bullet

유택(幽宅) 《무덤》 a grave; a tomb.

유토피아 (a) Utopia. ¶ ～의 Utopian / ～ 문학 Utopian literature.

유통(流通) 《화폐의》 circulation; currency; 《어음의》 negotiation; 《물자의》 distribution; 《공기의》 ventilation; circulation. ～하다 circulate; pass current; float (어음이); ventilate. ¶ ～되고 있다 be in circulation / 공기의 ～이 좋다〔나쁘다〕 be well〔badly〕 ventilated. ‖ ～경로 a channel of distribution / ～기구〔구조〕 the distribution system〔structure〕 / ～산업 the distribution industry / (어음의) ～성 negotiability / ～시스템화(化) the systematization of distribution / ～시장 a circulation market / ～자본 circulating capital / ～증권 a negotiable security〔instruments〕 / ～혁명 a distribution revolution / ～화폐 current money.

유파(流派) a school.

유폐(幽閉) confinement. ～하다 confine 《*a person in a place*》; shut 《*a person*》 up.

유포(油布) oilcloth.

유포(流布) circulation; spread. ～하다 circulate; spread; go around; get about. ¶ ～되고 있다 be in circulation; 《소문 등이》 be afloat; be abroad; be in the air.

유품(遺品) relics; an article left by the deceased.

유풍(遺風) old traditions and customs. ¶ 로마의 ～ the old Roman way.

유하다(柔―) 《성격이》 (be) mild; gentle; genial; tender-hearted.

유하다(留―) stay at 《*a place*》; put up at 《*a hotel*》; lodge at 《*Mr. Browns*》.

유학(留學) study(ing) abroad. ～하다 study abroad; go abroad to study. ¶ 영어 공부를 위해 L.A.에서 ～하다 go to〔stay in〕 L.A. to study English. ‖ ～생 a student studying abroad (재미 한국인 ～생 Korean students in the U.S.).

유학(儒學) Confucianism. ‖ ～자 a Confucian(ist).

유한(有限) ～하다 (be) limited; finite. ‖ ～급수 a finite series / ～책임 limited liability / ～책임회사 a limited liability company.

유한(有閑) ¶ ～의 leisure. ‖ ～계급 the leisured class(es) / ～마담 a wealthy leisured woman / ～지(地) unused land.

유한(遺恨) a grudge; (an) enmity. ¶ ～이 있다 have〔bear〕 a grudge 《*against*》 / ～을 풀다 pay off *one's* old scores.

유해(有害) ～하다 (be) injurious; harmful; noxious; bad. ¶ ～무익하다 do more harm than good / 흡연은 건강에 ～하다 Smoking is bad for〔injurious to〕 the health. ‖ ～물질 a toxic substance / ～식품 poisonous〔contaminated〕 food (stuff) / ～폐기물 toxic wastes. 「the (dead) body.

유해(遺骸) the (mortal) remains;

유행(流行) ① 《양식·옷 따위의》 (a)

fashion; (a) vogue; a trend; 《일시적인》 a craze; a fad. ～하다 come into fashion 〔vogue〕; become fashionable. ¶ ～하고 있다 be in fashion 〔vogue〕; be popular; be fashionable / 파리의 최신 ～ the latest Paris fashion / ～하는 모자 a fashionable hat / 최신 ～형 the lastest fashion style / ～에 뒤진 out of fashion; old-fashioned / ～에 뒤지다 be behind the fashion / ～을 따르다 follow the fashion / 그녀는 ～에 민감하다 She is sensitive to changes in fashion. / 이런 형의 모자는 ～이 지났다 This type of hat is out of fashion. / 스키가 대 ～이다 Skiing is very popular. / 굽이 높은 여성 구두가 ～하고 있다 There is a trend now for very high heels on women's shoes. ② 《병의》 prevalence. ～하다 spread; prevail; be prevalent. ¶ 악성 감기가 ～하고 있다 Bad colds are spreading 〔going around〕 now. ‖ ～가 a popular song / ～가 가수 a pop singer / ～병 an epidemic / ～색 a fashionable color; a color in fashion / ～성 감기 influenza; flu 《口》 / ～성 뇌염 epidemic encephalitis / ～어 a vogue word.

유현(儒賢) the sages of Confucianism.

유현하다(幽玄—) (be) subtle and profound.

유혈(流血) bloodshed. ¶ ～의 참극을 빚다 create a scene of bloodshed / ～사태로 번지다 develop into (an affair of) bloodshed.

유형(有形) ¶ ～의 material; corporeal; tangible; concrete / ～무형의 material and immaterial; visible and invisible. ‖ ～문화재 tangible cultural properties / ～물 a concrete object / ～자본 a corporeal capital / ～재산〔자산〕 tangible property 〔assets〕.

유형(流刑) exile; banishment. ‖ ～지 a place of exile.

유형(類型) a type; a pattern. ‖ ～학 typology.

유혹(誘惑) temptation; lure; allurement; seduction. ～하다 tempt; entice; lure; seduce 《*a girl*》. ¶ 대도시의 ～ the allurements of a large city / ～을 이겨내다 overcome 〔get the better of〕 temptation / ～에 빠지다 fall into temptation / 돈으로 ～하다 allure 《*a person*》 with money / ～과 싸우다 resist temptation; fight 〔struggle〕 against temptation. ‖ ～자 a tempter; a seducer.

유화(乳化) emulsification.

유화(油畫) an oil painting. ‖ ～가 an oil painter.

유화(宥和) appeasement. ～하다 appease; pacify. ‖ ～론자 an appeaser / ～정책 an appeasement policy.

유화하다(柔和—) (be) gentle; tender; mild; meek.

유황(硫黃) 〖化〗 ☞ 황(黃). ‖ ～천(泉) a sulfur 〔sulfurous〕 spring.

유회(流會) an adjournment of a meeting. ¶ ～되다 be adjourned; be called off.

유효(有效) 《법규 따위》 validity; effectiveness; 《표 따위》 availability; 《약 따위》 efficiency. ～하다 (be) valid; effective; available; good. ¶ ～ 적절한 effective and well-directed / 이 약은 암에 ～하다 This medicine is effective against cancer. / 이 협약은 아직 ～하다 This agreement still stands. / 이 차표는 2일간 ～하다 This ticket is good for two days. ‖ ～기간 the term of validity / ～사거리 an effective range / ～수요 《경제의》 (an) effective demand / ～타 a telling blow / ～투표 a valid ballot.

유훈(遺訓) the teachings 〔precepts〕 of a deceased person.

유휴(遊休) ¶ ～의 idle; unused; unemployed. ‖ ～시설 idle facilities / ～자본 unemployed 〔idle〕 capital / ～지 idle land.

유흥(遊興) (worldly) pleasures; merrymaking; amusements. ¶ ～에 빠지다 pursue 〔indulge in〕 pleasure. ‖ ～가 an amusement center; gay quarters / ～비 expenses for pleasures 〔a spree〕 / ～세 the amusement tax / ～장 a place of amusement.

유희(遊戲) a play; a game; 《유치원 등의》 playing and dancing. ～하다 play. ‖ ～실 a playroom.

육(肉) the flesh (육체); meat (식용육). ¶ 영과 ～ flesh and spirit; body and soul.

육(六) six. ¶ 제 ～ the sixth.

육각(六角) a hexagon; a sexangle. ¶ ～의 hexagonal; sexangular. ‖ ～형 a hexagon.

육감(六感) a sixth sense; hunch. ¶ ～으로 알다 know 《*a thing*》 by intuition 〔the sixth sense〕.

육감(肉感) sensuality. ¶ ～적인 sensual; voluptuous / ～적인 미인 a voluptuous beauty.

육개장(肉—) hot shredded beef soup (and rice).

육계(肉桂) 〖韓醫〗 cinnamon; cassia bark.

육괴(肉塊) a lump of flesh 〔meat〕.

육교(陸橋) a bridge (over a roadway); an overpass 《美》.

육군(陸軍) the army. ¶ ～의 military; army / ～에 입대하다 enter 〔enlist in〕 the army. ‖ ～대학 the Military Staff College / ～무

관 a military *attaché* / ～병원 a military〔an army〕hospital / ～사관학교 the (U.S.) Military Academy / ～장교 a military〔an army〕 officer / ～참모총장 the Army Chief of Staff.

육대주(六大洲) the Six Continents.

육도(陸稻) 《밭 벼》 rice grown in a dry field.

육로(陸路) a land route. ¶ ～로 가다 go by land; travel overland.

육류(肉類) various types〔kinds〕of meat.

육면체(六面體) 〚數〛 a hexahedron. ¶ ～의 hexahedral.

육미(肉味) the taste of meat(맛); meat dishes(음식).

육박(肉薄) ～하다 《전쟁에서》 press 《*the enemy*》 hard; close in upon 《*the enemy*》; 《경기에서》 run 《*a competitor*》 hard〔close〕. ‖ ～전 a hand-to-hand fight.

육배(六倍) six times; sextuple.

육법(六法) the six codes of laws. ‖ ～전서 a compendium of laws; the statute books.

육보(肉補) a meat diet. ～하다 diet〔nourish *oneself*〕on meat.

육봉(肉峰) a hump.

육부(六腑) ☞ 오장육부.

육삼삼제(六三三制) 〚敎〛 the 6-3-3 system of education.

육상(陸上) 《on》 land; ground; shore. ¶ ～수송하다 transport by land. ‖ ～경기 athletic sports; track-and-field events / ～근무 shore duty(선상에 대한); ground duty(항공에 대한) / ～수송 land transportation.

육성(肉聲) a (natural) voice.

육성(育成) ～하다 《키우다》 rear; nurture; bring up; 《조성하다》 promote; foster; 《교육하다》 educate; train. ‖ ～회비 school supporting fees(학교의).

육손이(六一) a six-fingered person.

육송(陸送) land transportation. ‖ ～화물 overland freight.

육수(肉水) meat juice; gravy.

육순(六旬) ¶ ～의 sixty-year-old; sexagenarian. ‖ ～노인 a sexagenarian.

육식(肉食) 《사람의》 meat-eating; meat diet; 《동물의》 flesh-eating. ～하다 eat〔live on〕meat; eat flesh. ‖ ～가 a meat-eater / ～동물 a carnivorous〔flesh-eating〕animal / ～조 a bird of prey.

육신(肉身) the body; the flesh.

육십(六十) sixty; threescore; LX (로마 숫자). ¶ 제～ the sixtieth / ～분의 일 a sixtieth (part) / ～대의 사람 a sexagenarian; a person in his sixties.

육아(育兒) child care; nursing. ～하다 bring up〔nurse〕infants; rear children. ‖ ～법 a method of child-rearing / ～비 childcare expenses / ～서 a book on childcare / ～시설 childcare facilities / ～원 an orphanage (고아원) / ～휴가 childcare leave.

육안(肉眼) the naked〔unaided〕eye. ¶ ～으로 보이는〔안 보이는〕곳에 within〔beyond〕eyeshot / ～으로 보다〔보이다〕 see with〔be visible to〕the naked eye.

육영(育英) education. ～하다 educate. ‖ ～사업 educational work / ～자금 a scholarship / ～회 a scholarship society.

육욕(肉慾) carnal desire; lust; sexual appetite. ¶ ～을 채우다 gratify *one's* lust.

육우(肉牛) beef cattle.

육운(陸運) overland transportation.

육전(陸戰) a land battle〔war〕.

육종(肉腫) 〚醫〛 a sarcoma.

육종(育種) (selective) breeding 《*of animals*〔*plants*〕》.

육중(肉重) ～하다 (be) bulky and heavy; heavily-built(몸집이).

육즙(肉汁) meat juice; broth; gravy.

육지(陸地) land; shore (바다에서 본). ¶ ～쪽으로 toward the land; landward / ～의 동물 a land animal / ～로 둘러싸이다 be landlocked.

육척(六尺) six feet. ¶ ～장신의 남자 a six-foot man.

육체(肉體) the flesh; the body. ¶ ～의 physical; bodily; fleshly / ～적 쾌락 sensual pleasures / 정신과 ～ body and soul; flesh and spirit / ～적 고통 bodily〔physical〕pain / 육체파 미인 a glamor girl. ‖ ～관계 (sexual) intercourse / ～노동 physical labor / ～미 physical beauty.

육촌(六寸) 《친척》 a second cousin; 《치수》 six inches.

육친(肉親) a blood relation〔relative〕; *one's* flesh and blood.

육탄(肉彈) a human bomb〔bullet〕. ‖ ～십용사 the ten human bombs / ～전 a hand-to-hand battle.

육포(肉脯) jerked〔dried sliced〕beef; beef jerky.

육풍(陸風) a land breeze〔wind〕.

육필(肉筆) an autograph; 《in》 *one's* own handwriting.

육해공(陸海空) land, sea and air. ‖ ～군 the army, navy and air forces.

육해군(陸海軍) the army and navy.

육혈포(六穴砲) a six-chambered revolver; a pistol.

육회(肉膾) steak〔beef〕tartare; tartar steak; a dish of minced raw beef.

윤(潤) 《광택》 gloss; luster; polish;

sheen; shine. ¶ ～나다 be glossy 〔lustrous, shiny〕; be polished / ～내다 gloss; polish (up); put a polish 〔gloss〕 on; bring out the luster; make 《*a thing*》 glossy / ～을 없애다 take off the luster 〔shine〕.

윤…(閏—) ‖ ～년 a leap 〔an intercalary〕 year / ～달 a leap 〔an intercalary〕 month / ～일 a leap day.

윤간(輪姦) gang 〔group〕 rape. ～하다 violate 〔rape〕 《*a woman*》 by turns 〔in turn〕.

윤곽(輪廓) an outline; a contour. ¶ 얼굴의 ～ the contour of *one's* face / 그는 얼굴의 ～이 뚜렷하다 He has clear-cut features. / 그는 그 사건의 ～을 말했다 He gave an outline of the case.

윤기(潤氣) ☞ 윤. ¶ ～ 도는 머리 glossy 〔sleek〕 hair / ～가 돌다 〔흐르다〕 have fine luster; be glossy 〔bright, lustrous, shiny〕.

윤독(輪讀) ～하다 read 《*a book*》 in turn. ‖ ～회 a reading circle.

윤락(淪落) ～하다 fall; ruin *oneself;* be ruined. ‖ ～가 a red-light district 《美》; gay quarters / ～여성 a ruined 〔fallen〕 woman; a delinquent girl.

윤리(倫理) ethics; morals. ¶ ～적인 ethical; moral / 실천 ～ practical ethics. ‖ ～규정 an ethical code / ～학 ethics / ～학자 an ethicist; a moral philosopher / 한국 신문 ～ 위원회 the Korean Press Ethics Commission.

윤번(輪番) turn; rotation. ¶ ～으로 in turn; by turns; on a rotation basis. ‖ ～제 a rotation system.

윤색(潤色) (an) embellishment. ～하다 embellish 《*one's story*》; color 《*a report*》; adorn; ornament. ‖ ～자 an embellisher.

윤생(輪生) 〖植〗 verticillation.

윤작(輪作) crop rotation. ～하다 rotate crops.

윤전(輪轉) rotation. ～하다 rotate; revolve. ‖ ～기 a rotary press 〔machine〕; a cylinder press.

윤창(輪唱) a troll; a round. ～하다 sing a song by turns.

윤택(潤澤) ① ☞ 윤. ② 《넉넉함》 abundance. ¶ ～한 abundant; ample; plentiful / 자금이 ～하다 have ample funds / 살림이 ～하다 be well-off.

윤허(允許) royal permission 〔sanction〕. ～하다 grant (royal) sanction.

윤화(輪禍) 《be killed in》 a traffic accident. ¶ ～를 입다 have 〔meet with〕 a traffic accident.

윤활(潤滑) lubrication. ¶ ～한 lubricous; smooth. ‖ ～유 lubricating oil; lubricant.

윤회(輪廻) 〖佛〗 *Samsāra* 《梵》; the transmigration of the soul; the cycle of reincarnation; metempsychosis.

율(律) ① 《법》 a law; a regulation; a statute; 《계율》 a commandment. ② 《시의》 rhythm; meter.

율(率) a rate; a ratio; a proportion (비율). ¶ …의 ～로 at the rate of / 투표～ the voting rate / 할인～ the discount rate / 낮은 출생률 the low birth rate / 사망률 the death rate.

율동(律動) rhythm; rhythmic movement. ¶ ～적인 rhythmic(-al). ‖ ～감 rhythmic sense; a sense of rhythm / ～미 rhythmical beauty / ～체조 rhythmic gymnastics.

율무 〖植〗 adlay; adlai.

율법(律法) (a) law; regulations; 《계율》 commandments.

융(絨) cotton flannel.

융기(隆起) 《지표의》 upheaval; a rise; 《부분적 돌기》 a bulge; a protrusion. ～하다 upheave; rise; bulge. ¶ 화산성 ～ a volcanic upheaval / 지표의 ～ upheavals on the earth.

융단(絨緞) a carpet; a rug. ¶ ～을 깔다 carpet 《*the floor*》. ‖ ～폭격 a carpet 〔blanket〕 bombing.

융비술(隆鼻術) plastic surgery of the nose; rhinoplasty.

융성(隆盛) prosperity. ¶ ～한 prosperous; flourishing; thriving.

융숭하다(隆崇—) (be) kind; cordial; liberal; hearty; hospitable. ¶ 융숭한 대접을 받다 have a cordial 〔warm〕 reception; be treated hospitably.

융자(融資) financing; a loan (융자금). ～하다 finance 《*an enterprise*》; furnish 《*a company*》 with funds. ¶ ～를 받다 obtain a loan / 은행에 ～를 부탁하다 ask a bank for a loan. ‖ ～신청 a request for a loan / 조건부～ conditional financing; a tied loan.

융통(融通) ① 《금전·물품 등의》 accommodation; financing. ～하다 accommodate; lend; finance. ¶ 그는 내게 돈을 ～해 주었다 He accommodated me with a loan. *or* He loaned me. / 이백만원을 ～해 줄 수 있겠느냐 Will you please lend me two million *won?* ‖ ～력(力) *one's* financing ability / ～어음 an accommodation bill. ② 《순응성》 adaptability; flexibility. ¶ ～성 있는 adaptable; flexible / ～성 없는 unadaptable; inflexible / 그는 ～성이 있는 사내이다 He is an adaptable person.

융합(融合) fusion; harmony (조화); unity; union (결합). ~하다 fuse; harmonize; unite.
융해(融解) fusion; melting; dissolution. ~하다 fuse; melt; dissolve. ‖ ~열〔점〕 the melting heat〔point〕.
융화(融化) deliquescence. ~하다 deliquesce; soften.
융화(融和) harmony; reconciliation. ~하다 harmonize; be reconciled 《*with*》.
윷 《놀이》 the "Four-Stick Game"; *yut*. ¶ ~놀이하다 play *yut*.
으깨다 crush; squash; smash; mash 《*potatoes*》.
으드득 ¶ 뼈를 ~ 깨물다 crunch on a bone / ~ 이를 갈다 grind *one's* teeth.
으뜸 ① 《첫째》 the first (place); the top; the head. ¶ ~가다 be at the head 《*of*》; occupy the first place; rank first. ② 《근본》 the foundation; the root; the basis.
으레 ① 《응당》 of course; to be sure; naturally; no doubt. ② 《어김없이》 always; without fail. ③ 《관례적》 habitually; usually.
으로 (☞ 로) ① 《원인·근거》 of; from; 《이유》 because of; due to; owing to. ¶ 암~ 죽다 die of cancer / 병~ 학교를 쉬다 be absent from school because of illness / 병~ 누워 있다 be ill in bed / 안색~ 알다 know 《*something*》 from 《*a person's*》 look. ② 《수단·도구》 by; on; with; by means of; through. ¶ 우편~ 소포를 보내다 send the parcel by mail / 텔레비전~ 축구를 보다 watch a soccer game on TV / 망원경~ 달을 보다 look at the moon through a telescope. ③ 《원료·재료》 of; from; out of. ¶ 헌 궤짝~ 책상을 만들다 make a table out of an old box. ④ 《가격·비용》 for, at. ¶ 하나에 100원~ 팔다 sell at a hundred *won* a piece / 한 달에 20만원~ 살다 live on two hundred thousand *won* a month. ⑤ 《기준·단위》 by; at. ¶ 일급~ 일하다 work by the day. ⑥ 《방향》 for; to; toward. ¶ 부산~ 가는 기차 the train for Busan. ⑦ 《변화》 into; to. ¶ 바다가 산~ 변하더라도 though seas turn to mountains. ⑧ 《구성·성립》 of. ¶ 국회는 상하 양원~ 되어 있다 The Assembly consists of two Houses, upper and lower. ⑨ 《내용》 of; with. ¶ 설탕~ 가득 차다 be full of sugar.
으로서 as; in the capacity of (자격) (☞ 로서). ¶ 통역~ as an interpreter.
으르다 threaten 《*to kill a person*》; intimidate; scare. ¶ 으르고 달래어 with threats and coaxing; using the carrot and the stick.
으르렁거리다 《맹수가》 roar; growl; howl; 《개가》 snarl; 《사람끼리》 quarrel〔wrangle〕 《*with*》; feud with; be at odds 《*with*》.
으름 〖植〗 an akebi fruit〔berry〕. ‖ ~덩굴 an akebi (shrub).
으름장 intimidation; browbeating; a threat; (a) menace. ¶ ~(을) 놓다 intimidate; browbeat; threaten; menace.
으리으리하다 (be) magnificent; stately; imposing; grand; awe-inspiring. ¶ 으리으리한 저택 a stately mansion.
…으면 if (☞ …면). ¶ 천만원 있~ If I had ten million *won*,…
…으면서 (☞ …면서) 《동시에》 while; as; at the same time; with. ¶ 생긋 웃~ with a smile / 음악을 들~ 고향을 생각하다 think of home while listening to the music.
으스름달 a hazy moon. ‖ ~밤 a faint〔misty〕 moonlit night.
으스스 ¶ ~한 chilly / ~ 춥다 feel a chill; shiver with cold.
으슥하다 (be) retired and quiet; secluded; lonely; deep.
으슴푸레하다 (be) dusky; hazy; misty; dim.
으쓱거리다 〔strut〕 about; give *oneself* airs; put on airs.
으쓱하다[1] 《추위·무서움으로》 shudder; shiver; feel a thrill 《*of horror*》. ¶ 듣기〔보기〕만 해도 으쓱해지다 shudder at the mere mention 〔sight〕 《*of*》 / 몸을 으쓱하게 하는 무서운 이야기 a bloodcurdling story.
으쓱하다[2] 《우쭐하다》 be elated〔inflated, exultant〕 《*over, with*》; be puffed up 《*by, with*》; perk〔draw〕 *oneself* up.
으악 《놀래줄 때》 Boo!; 《놀라서》 Ugh!; with a sudden outcry.
으크러뜨리다 crush 《*a thing*》 (out of shape); crumble; squash; smash.
으크러지다 get crushed〔crumbled〕.
윽박지르다 snub〔shout〕 《*a person*》 down; bully; threaten; browbeat; intimidate.
은(銀) silver (기호 Ag). ¶ ~(제)의 silver / ~ 같은 silvery / ~을 입힌 silver-plated. ‖ ~그릇〔제품〕 silverware / ~본위 〖經〗 the silver standard / ~붙이 silver (-ware) / ~수저 silver spoon and chopsticks / ~실 silver thread.
은거(隱居) retirement; seclusion. ~하다 retire from the world; live in seclusion.
은고(恩顧) (a) favor; patronage. ¶ ~를 입다 receive favors 《*from*》;

be patronized《by》.
은공(恩功) favors and merits.
은광(銀鑛) a silver mine; silver ore(광석).
은괴(銀塊) a silver ingot; silver bullion; bar silver(막대 모양의).
은근(慇懃) ① 《정중》 politeness. ¶ ~한〔히〕 polite(ly); civil(ly); courteous(ly); attentive(ly). ② 《은밀》 quietness. ¶ ~한〔히〕 private(-ly); secret(ly); quiet(ly); inward(ly); indirect(ly).
은기(銀器) silverware.
은닉(隱匿) concealment; secretion. ~하다 conceal; hide. ¶ 범인을 ~하다 shelter〔harbor〕 the criminal. ‖ ~물자 concealed goods; goods hidden / ~처 a hiding place.
은덕(恩德) a beneficial influence 〔virtue〕. ¶ ~을 베풀다 confer a benefit《*upon*》.
은덕(隱德) good done by stealth; a secret act of charity.
은도금(銀鍍金) silver plating. ~하다 plate〔gild〕 with silver.
은둔(隱遁) retirement (from the world). ~하다 retire from the world; live in seclusion. ‖ ~생활《lead》 a secluded life.
은막(銀幕) the (silver) screen. ¶ ~의 여왕 the queen of the screen.
은밀(隱密) ~하다 (be) secret; covert; private. ¶ ~히 처리하다 dispose of《*a matter*》 secretly / 몸의 ~한 곳 private parts of *one's* body.
은박(銀箔) silver leaf〔foil〕. ‖ ~지 silver paper.
은반(銀盤) ① 《쟁반》 a silver plate. ② 《스케이트장》 a (skating) rink. ¶ ~의 여왕 the queen on the ice.
은발(銀髮) silver(y)〔gray〕 hair.
은방(銀房) a silversmith's; a jeweler's (shop)(금은방).
은방울꽃(銀 —) 〖植〗 the lily of the valley.
은배(銀杯) a silver cup.
은백(銀白) ¶ ~(색의) silver-white; silver-gray.
은분(銀粉) silver dust.
은빛(銀 —) ¶ ~의 silver-colored; silvery.
은사(恩師) *one's* (respected) teacher; *one's* former teacher.
은사(隱士) a hermit scholar (who refuses office).
은세계(銀世界) a silver world; a vast snowy scene.
은세공(銀細工) silverwork. ‖ ~인 a silversmith / ~품 silverware.
은신(隱身) ~하다 hide〔conceal〕 *oneself;* hide out《口》. ‖ ~처 a hiding place; a hide-out(범인의).
은어(銀魚) 〖魚〗 a sweetfish.
은어(隱語) secret language; cant; jargon.
은연(隱然) ~하다 (be) latent; underlying; hidden; secret. ¶ 은연중에 in secret; without《*a person's*》 knowledge; behind the scenes / 친구를 ~중에 돕다 help a friend on the「quiet〔q.t.〕.
은유(隱喩) 〖修〗 a metaphor. ¶ ~적(으로) metaphorical(ly).
은은하다(隱隱 —) ① 《아련함》 (be) dim; vague; indistinct; misty. ¶ 은은한 향기 a subtle perfume. ② 《소리가》 (be) dim; faint; distant (to the ears). ¶ 은은한 포성 the distant booming of guns.
은인(恩人) a benefactor. ¶ 그는 내 생명의 ~이다 I owe him my life.
은잔(銀盞) a silver (wine) cup.
은장도(銀粧刀) a silver-decorated knife.
은저울(銀—) a scale for weighing precious metal.
은전(恩典) a special favor; (a) privilege. ¶ ~을 입다 receive〔be granted〕 a special favor.
은전(銀錢) a silver coin.
은종이(銀 —) silver paper; tin foil.
은총(恩寵) grace《*of God*》; favor. ¶ 신의 ~으로 by the grace of God / 신의 ~을 입다 receive〔enjoy〕 divine favor.
은테(銀—) ‖ ~안경 silver-rimmed spectacles.
은퇴(隱退) retirement. ~하다 retire《*from business*》. ¶ 건강상의 이유로 ~를 결심하다 decide to retire for reasons of health / ~해서 살다 live in retirement. ‖ ~생활 a retired life / ~선수 a retired player.
은폐(隱蔽) concealment; hiding; cover-up. ~하다 conceal; hide; cover up. ¶ 사실을 ~하다 cover up a fact.
은하(銀河) the Milky Way; the Galaxy. ‖ ~계(系) the galactic system / ~수 =은하.
은행(銀行) a bank. ¶ ~과 거래를 트다〔끊다〕 open〔close〕 an account with a bank / ~에 예금하다 deposit money in the bank. ‖ ~가(家) a banker / ~감독원 Office of Bank Supervision and Examination / ~강도 a bank robber(사람); bank robbery(행위) / ~구좌 a bank account / ~업 banking; the banking business / ~업무 banking services / ~예금 bank deposits〔savings〕 / ~원 a bank clerk〔employee〕 / ~이율 the bank rate / ~인수어음 a bank acceptance / ~자기앞수표 a bank check / ~주 bank stocks / 중앙~ the Central Bank / 지방~ a local bank.
은행(銀杏) 〖植〗 a gingko nut. ‖ ~나무 a gingko (tree).
은혜(恩惠) a benefit; a favor. ¶ ~를 베풀다 do《*a person*》 a favor; do a favor for《*a person*》 / ~를 입고 있다 be in《*a person's*》 debt;

be indebted《to》/ ～를 갚다 repay an obligation; requite〔repay〕《a person's》favor〔kindness〕/ ～를 원수로 갚다 return evil for good / 그에게 많은 ～를입고 있다 I owe him a great debt of gratitude.

은혼식(銀婚式)《celebrate》a silver wedding.

은화(銀貨) a silver (coin).

은회색(銀灰色) silver gray.

을(乙) the second; B.

을씨년스럽다 ①《살림이》(be) poor; needy; poor-looking. ②《외양이》look miserable〔shabby, wretched〕;《쓸쓸해 보이다》(be) lonely; dreary. ¶ 옷차림이 ～ be shabbily dressed.

을종(乙種) class B; second grade.

읊다 《낭송》recite《a poem》;《짓다》compose〔write〕《a poem》.

음(音) ①《소리》a sound; a noise (잡음). ②《한자의》the pronunciation《of a Chinese character》.

음(陰) the negative〔female〕principle in nature; the passive; darkness; a negative〔minus〕sign. ¶ ～으로 양으로 implicitly and explicitly; in every possible way. ‖ ～이온 a negative ion.

음각(陰刻) intaglio; (depressed) engraving. ～하다 intaglio; engrave in intaglio.

음감(音感) a sense of sound. ¶ ～이 있다 have a good ear《for》. ‖ ～교육 acoustic training; auditory education.

음경(陰莖) the penis.

음계(音階)〖樂〗the (musical) scale. ¶ 온〔장, 단〕～ the full〔major, minor〕scale / ～를 연습하다 practice scales《on the piano》.

음곡(音曲) music; musical performance.

음공(陰功) hidden merits.

음극(陰極) the negative pole; the cathode. ‖ ～관 a cathode tube / ～선 the cathode rays.

음기(陰氣)《으스스한》a chill; chilliness; dreariness;《몸안의》negativity; the negative element.

음낭(陰囊) the scrotum.

음녀(淫女) a lewd〔wanton〕woman.

음담패설(淫談悖說)《make》an obscene〔indecent〕talk;《tell》a dirty〔lewd, rude〕story.

음덕(陰德) a secret act of charity. ¶ ～을 베풀다 do good by stealth.

음덕(蔭德) the ancestor's virtue. ¶ (조상의) ～을 입다 be indebted to *one's* forefathers.

음독(音讀) ～하다 read aloud. ¶ 시를 ～하다 read a poem aloud.

음독(飮毒) ～하다 take poison. ¶ ～ 자살하다 commit suicide by taking poison; poison *oneself* to death.

음란(淫亂) lewdness. ～하다 (be) lewd; lascivious; obscene. ¶ ～한 여자 a lewd〔loose, wanton〕woman. ‖ ～비디오테이프 an obscene (sex) video tape.

음랭하다(陰冷—) (be) shady and cold; gloomy and chilly.

음량(音量) the volume《of the radio music》.

음력(陰曆) the lunar calendar. ¶～ 8월 보름 August 15th of the lunar calendar.

음료(飮料) a beverage; a drink. ‖ ～수 drinking water; water to drink.

음률(音律) rhythm; meter.

음매《소의 울음소리》a moo. ¶ ～ 울다 moo; low.

음모(陰毛) pubic hair; pubes.

음모(陰謀) a plot; a conspiracy; an intrigue. ¶ ～를 꾸미다 plot secretly; conspire《against》/ ～에 가담하다 be implicated in a plot. ‖ ～자 a plotter; a conspirator; an intriguer.

음문(陰門) the vulva.

음미(吟味) close examination; appreciation(감상). ～하다 examine closely; appreciate.

음반(音盤) a (phonograph) record; a disc〔disk〕.

음복(飮福) ～하다 partake of sacrificial food and drink.

음부(陰府) the pubic region; the private〔secret〕parts.

음산하다(陰散—) (be) gloomy and chilly; cloudy and gloomy; dreary; dismal. ¶ 음산한 날씨 dismal weather / 음산한 묘지 a dreary graveyard.

음색(音色) (a) tone color; (a) timbre. ¶ ～이 좋다 have a good timbre.

음서(淫書) an erotic book;《총칭》obscene literature; pornography.

음성(音聲) a voice; a phonetic sound. ‖ ～기관 the vocal organs / ～다중방송 sound multiplex broadcasting / ～다중TV a television set tunable to multiplex broadcasts / ～응답시스템 an audio response system(생략 ARS) / ～인식 speech recognition / ～테스트 audition / ～학 phonetics / ～합성 speech synthesis / ～합성기술 (an) artificial voice technology.

음성(陰性) ¶ ～의《기질이》gloomy;《반응이》negative;《병이》dormant / 에이즈 검사 결과는 ～이었다 The result of his AIDS test was〔proved〕negative. ‖ ～수입 a side benefit; a perquisite; spoils / ～콜레라 dormant cholera.

음소(音素) a phoneme.

음속(音速) the speed〔velocity〕of

sound. ¶ ～ 이하의 subsonic / ～의 2배로 날다 fly at twice the speed of sound; fly at Mach 2 / ～을 돌파하다 break the sound barrier. ‖ 초～ supersonic (speed). 「minus.

음수(陰數) a negative number; a

음순(陰脣) the labium [*pl.* -bia].

음습하다(陰濕—) (be) shady and damp; dampish.

음식(飮食) eating and drinking. ☞ 음식물. ¶ ～에 손도 대지 않다 leave the food and drink untouched / ～을 절제하다 eat and drink in moderation. ‖ ～물 food and drink; foodstuffs / ～점 an eating house; a restaurant.

음신(音信) correspondence; (a) communication; a letter(편지).

음심(淫心) a zest for lechery.

음악(音樂) music. ¶ ～적인 musical; melodious / ～을 이해하다〔못하다〕 have an 〔no〕 ear for music. ‖ ～가 a musician / ～계 music circles / ～당 a concert hall / ～성 musicianship / ～애호가 a music lover / ～영화 a musical (film) / ～평론가 a music critic / ～회 a concert / 고전～ classical music / 교회～ church music.

음양(陰陽) the positive and negative; the active and passive; 《남녀》 the male and female principles; 《해와 달》 the sun and the moon; 《빛과 그늘》 light and shade. ‖ ～가 a fortuneteller / ～오행설 the doctrine of the five natural elements of the positive and negative.

음역(音域) 『樂』 compass; a (singing) range. ¶ ～이 넓다 have a voice of great compass.

음역(音譯) (a) transliteration. ～하다 transliterate.

음영(陰影) shadow; shade. ¶ ～을 가하다 shade *something* (in); put in the shadings.

음욕(淫慾) carnal desire; lust. ¶ ～을 채우다 gratify *one's* lust.

음용(飮用) ¶ ～의 for drinking / ～에 적합하다 be fit 〔good〕 to drink; be drinkable.

음운(音韻) a vocal sound; 《음소》 a phoneme. ‖ ～변화 phonological transition / ～조직 the sound system / ～학 phonology / ～학자 a phonologist.

음울하다(陰鬱—) (be) gloomy; dismal; melancholy. 「potent.

음위(陰痿) impotence. ¶ ～의 im-

음자리표(音—標) 『樂』 a clef.

음전(音栓) 《풍금의》 a stop (knob).

음전기(陰電氣) 『理』 negative electricity. 「negative electron.

음전자(陰電子) 『理』 a negatron; a

음절(音節) a syllable. ¶ ～의 syllabic / ～로 나누다 syllabicate; divide 《*a word*》 into syllables. ‖ 단〔2, 3〕～어 a monosyllable 〔di(s)syllable, trisyllable〕.

음정(音程) an 〔a musical〕 interval. ¶ ～이 맞다〔틀리다〕 be in 〔out of〕 tune. ‖ 반～ a semitone / 온～ a tone. 「(a) rhythm(운율).

음조(音調) a tune; a tone(음색);

음주(飮酒) drinking. ～하다 drink. ‖ ～가 a drinker / ～검사 a breathalyzer test / ～벽 a drinking habit / ～운전 drunken driving / ～운전 강력 단속 캠페인 an intensive campaign against drunken drivers / ～운전자 a drunken driver / ～탐지기〔측정기〕 a drunkometer 《美》; a breathalyser 《英》.

음지(陰地) ☞ 응달. ¶ ～가 양지된다 《俗談》 The wheel of fortune turns. *or* After a storm comes a calm.

음질(音質) tone 〔voice〕 quality. ‖ ～조정기 a tone controller.

음차(音叉) 『理』 a tuning fork.

음치(音痴) tone deafness. ¶ 나는 ～이다 I am tone-deaf. *or* I have no ear for music.

음침하다(陰沈—) (be) gloomy; dismal; somber; dark.

음탕하다(淫蕩—) (be) dissipated; lascivious; obscene; lewd.

음파(音波) a sound wave. ‖ ～탐지기 a sonobuoy; sonar(수중의).

음표(音標) 『樂』 a (musical) note. ‖ 온～ a whole note 《美》 / 2〔4, 8, 16, 32〕분～ a half 〔a quarter, an eighth, a sixteenth, a thirty-second〕 note 《美》.

음표문자(音標文字) a phonetic sign 〔alphabet, symbol〕.

음해(陰害) ～하다 do 《*a person*》 harm secretly; stab 《*a person*》 in the back; backbite.

음핵(陰核) 『解』 the clitoris.

음향(音響) a sound; a noise(소음); a bang(폭발음). ¶ 이 홀은 ～ 효과가 좋다〔나쁘다〕 The acoustics of this hall are good 〔bad〕. ‖ ～조절 sound conditioning / ～측심기 an echo sounder / ～학 acoustics / ～효과 sound effects(TV · 영화의); the acoustics(실내의).

음험하다(陰險—) (be) sly; cunning; tricky; crafty; insidious.

음화(陰畫) a negative (picture).

음흉(陰凶) ¶ ～한 crafty 〔wily〕 and cruel; tricky and treacherous.

읍(邑) a town. ‖ ～민 the townspeople; the townsfolk / ～사무소 a town office / ～소재지 the seat of a town office.

읍소(泣訴) ～하다 implore 〔appeal to〕 《*a person*》 for mercy with

tears. 「joined hands in front.
읍하다(揖一) bow politely with
응 《긍정》 yea; yeah; yes; all right; O.K.; 《부정》 no. ¶ ~ 꼭 갈께 Oh yes, I will come without fail.
응결(凝結) congelation(액체의); coagulation; condensation(기체의); setting(시멘트의). ~하다 congeal; coagulate; condense; set (시멘트가). ‖ ~기 a freezer; a condenser / ~물 a congelation 《*of*》 / ~점 the freezing point.
응고(凝固) 《고체화》 solidification; congelation; coagulation(혈액). ~하다 solidify; congeal; coagulate. ‖ ~제 a coagulant.
응급(應急) ¶ ~의 emergency; makeshift(임시의); temporary(일시적인) / ~책을 취하다 take emergency measures; employ temporary expedient. ‖ ~수리 temporary 〔emergency〕 repairs / ~실 a first-aid 〔an emergency〕 room / ~조치〔수단〕 《take》 emergency 〔stopgap〕 measures / ~치료 first aid; first-aid treatment (부상자에게 ~치료를 하다 give the wounded first aid) / ~치료환자 a first-aid patient.
응낙(應諾) consent; assent; acceptance. ~하다 consent 〔assent〕 《*to*》; accept; agree to 《*a plan*》. ¶ 그녀는 고개를 끄덕이며 ~했다 She nodded her assent.
응달 the shade; the shady place. ¶ ~에서 in the shade / ~이 지다 be shaded 《*by*》.
응답(應答) an answer; a reply; a response. ~하다 answer; reply to; respond. ‖ ~자 a respondent.
응대(應對) ☞ 응접(應接).
응등그리다 shrink *one's* body; huddle 〔curl〕 *oneself* up.
응모(應募) 《예약》 subscription; 《지원》 application. ~하다 apply for; subscribe for 〔to〕 (주식 등에); enter for 《*a contest*》. ¶ 취직 ~ an application for a position / 주식 모집에 ~하다 subscribe to stocks / 기술자 모집에 ~하다 apply for a position as an engineer 《*in the company*》 / ~자격 불문함 No special qualifications are needed to apply. ‖ ~액 the amount subscribed / ~자 an applicant(입학 · 취직 등의); a subscriber(주식의); a contestant(콘테스트의) / 현상~원고 manuscripts sent in to compete for the prize.
응보(應報) retribution; nemesis.
응분(應分) ¶ ~의 appropriate; due; reasonable; 《분수에 맞는》 according to *one's* means 〔ability〕 / ~의 대우를 받다 be given proper 〔due〕 treatment.
응사(應射) return fire. ~하다 fire 〔shoot〕 back.
응석 ¶ ~ 부리다 behave like a spoilt child; play the baby 《*to*》 / 아이의 ~을 받아주다 pamper a child / 그녀는 늘 어머니께 ~을 부린다 She is always playing the baby to her mother. ‖ ~받이〔둥이〕 a spoilt 〔pampered〕 child.
응소(應召) ~하다 answer the call; be 〔get〕 drafted 〔enrolled〕. ‖ ~자〔병〕 a draftee 《美》.
응수(應手) ~하다 《바둑 따위에서》 (make a) countermove.
응수(應酬) 《대답》 an answer; a response; 《교환》 an exchange. ~하다 respond; answer; retort. ¶ 비난에 대해 지지 않으려고 ~하다 respond heatedly to the criticism.
응시(凝視) a (steady) gaze; a stare. ~하다 stare 〔gaze〕 《*at*》; fix 〔fasten〕 *one's* eyes 《*on*》.
응시(應試) ~하다 apply for an examination. ‖ ~자 a participant in an examination; an examinee.
응애응애 (with a) mewl 〔whimper〕. ¶ ~ 울다 mewl; whimper; whine.
응어리 《근육의》 (a) stiffness (in a muscle); 《종기》 a lump; a tumor; 《감정의》 bad 〔ill〕 feeling. ¶ 젖가슴에 ~가 생기다 feel stiff 〔have a stiffness〕 in the breast / 그 사건은 두 사람 사이에 ~를 남게 했다 The event left the two with ill feeling. 「plain.
응얼거리다 mutter; grumble; com-
응용(應用) (practical) application; practice(실용). ~하다 apply; adapt; put in(to) practice. ¶ ~할 수 있는〔없는〕 applicable 〔inapplicable〕; practicable 〔impracticable〕 / ~ 범위가 넓다 be widely applicable. ‖ ~과학 applied science / ~문제 an applied question / ~물리학 applied physics.
응원(應援) 《원조》 help; aid; assistance; support(선거 등에서); 《성원》 cheering. ~하다 help; aid; support; 《성원하다》 cheer 《*a team*》; 《美口》 root for 《*a team*》. ‖ ~가〔기〕 a rooters' song 〔pennant〕 / ~단 a cheer group / ~단장 a captain of the cheer group.
응전(應戰) ~하다 fight back; return (the enemy's) fire (포격으로); accept 〔take up〕 the challenge (도전에).
응접(應接) (a) reception. ~하다 receive 《*a visitor*》. ¶ 방문객 ~으

로 바쁘다 be busy with visitors. ‖ ～실 a drawing〔reception〕room.

응집(凝集) cohesion. ～하다 cohere; condense. ‖ ～력 cohesive power; cohesion.

응징(膺懲) (a) chastisement; (a) punishment. ～하다 chastise; punish.

응축(凝縮) condensation. ～하다 condense. ‖ ～기 a condenser.

응하다(應—) 《답하다》 answer; respond 《*to*》; reply 《*to*》; 《승낙》 comply with; accept; 《필요·수요에》 meet; satisfy; 《모집에》 apply〔subscribe〕《*for*》. ¶ 질문에 ～ answer a question / 요구에 ～ comply with a request / 초대〔주문〕에 ～ accept an invitation〔order〕/ 시대의 요구에 ～ meet the demand(s) of the times / 회원 모집에 ～ apply for membership in a society.

응혈(凝血) coagulation (of blood) (일); coagulated〔clotted〕blood (피). ～하다 coagulate.

의 ① 《소유·소속》 …'s; of. ¶ 형님 ～ 책 my brother's book / 돈 ～ 가치 the value of money / 장발 ～ 청년 a young man with long hair; a long-haired young man. ② 《소재》 at; in; on. ¶ 런던 ～ 겨울 the winter in London / 부산 ～ 삼촌 *one's* uncle (who lives) in Pusan. ③ 《…에 관한》 of; on; in; about. ¶ 고전 문학 ～ 권위 an authority on classical literature. ④ 《…을 위한》 …'s; for. ¶ 아이들용 ～ 책 a book for children; a children's book. ⑤ 《기점·출신》 from; 《작가》 …'s; by. ¶ 친구로부터 ～ 전언 a message from *one's* friend / 워즈워스 ～ 시 a poem (written) by Wordsworth; a Wordsworth's poem. ⑥ 《상태·재료》 in; with. ¶ 하트형 ～ 초콜릿 a heart-shaped chocolate / 푸른눈 ～ 소녀 a girl with blue eyes / 청동제 ～ 동상 a statue in bronze / 빨간 옷 ～ 소녀 a girl in a red dress. ⑦ 《시간·기간》 of; in; for. ¶ 4시간 ～ 수면 four hours of sleep / 2주간 ～ 휴가 a two-week vacation / 그 시절 ～ 사람들 people in those days. ⑧ 《사람의 관계》 ¶ 누이 ～ 친구 my sister's friend. ⑨ 《목적관계》 of. ¶ 사건 ～ 수사 the investigation of a case.

의(義) 《정의》 justice; righteousness; 《관계》 relationship; ties; bonds; 《신의》 faith; fidelity. ¶ ～를 위하여 죽다 die in the cause of justice.

의(誼) friendship; a bond between friends. ¶ ～좋게 지내다 live together happily / ～를 맺다 make friends 《*with*》; enter into friendly relations 《*with*》.

의거(依據) ～하다 《준거하다》 follow 《*a precedent*》; conform to 《*a rule*》; act on〔go by〕《*a principle*》; 《근거하다》 be based〔founded〕《*on*》; be due 《*to*》. ¶ 이 규정에 ～하여 in conformity with this regulation / 선례에 ～하여 문제를 처리하다 deal with a matter according to precedent / 이 이야기는 사실에 ～한 것이다 This story is based on facts.

의거(義擧) a worthy〔noble〕undertaking; a heroic deed.

의견(意見) an opinion; a view; an idea. ¶ ～의 대립〔충돌〕a split〔conflict〕of opinion / 다수〔소수〕의 ～ a majority〔minority〕opinion / 내 ～으로는 in my opinion / ～의 일치를 보다 reach (an) agreement; get a consensus of opinion / ～이 같다〔다르다〕agree〔disagree〕with 《*a person*》/ ～을 교환하다 exchange views 《*with a person on a subject*》. ‖ ～서 *one's* written opinion.

의결(議決) a resolution; a decision. ～하다 decide; resolve; pass a vote 《*of*》. ¶ 예산안이 ～되었다 The budget bill was passed. ‖ ～권 the right to vote / ～기관 a legislative organ.

의고(擬古) ¶ ～적인 classical. ‖ ～문 a pseudoclassical style.

의과(醫科) the medical department. ‖ ～대학 a medical college / ～학생 a medical student.

의관(衣冠) gown and hat; attire. ¶ ～을 갖추다 be in full dress.

의구(依舊) ～하다 remain as *it* was; remain unchanged.

의구심(疑懼心) apprehensions; fear; misgivings. ¶ ～을 품다 entertain〔feel〕misgivings 《*about*》.

의기(意氣) spirits; heart; mind. ¶ ～왕성〔소침〕하다 be in high〔low〕spirits / ～상통하다 be of a mind.

의기(義氣) 《의협심》 chivalrous spirit; 《공공심》 public spirit. ¶ ～ 있는 chivalrous; public-spirited.

의논(議論) a consultation; a talk; negotiations(교섭). ～하다 talk〔have a talk〕《*with a person*》 about 《*a matter*》; consult 《*with a person*》.

의당(宜當) (as a matter) of course; naturally. ～하다 (be) proper; natural; be a matter of course. ☞ 당연(當然). ¶ 그 재산은 ～ 너의 것이다 The property is of course yours.

의도(意圖) an intention; an aim. ～하다 intend to 《*do*》; aim 《*at*》. ¶ ～적으로 on purpose; intentionally / 질문의 ～하는 바는 무엇이냐 What is your intention in asking this question?

의례(依例) ～하다 follow a precedent. ¶ ～에 따라 according to precedent. ‖ ～건(件) a matter of precedent.

의례(儀禮) ceremony; courtesy. ¶ ～적(인) ceremonial; formal / ～적으로 방문하다 pay a courtesy 〔formal〕 call《*on*》/ 가정 ～ 준칙 the family rite rules.

의론(議論) argument(논의); discussion(토론); dispute(논쟁). ～하다 argue 〔dispute〕 with 《*a person*》 over 〔about〕 《*a matter*》; discuss.

의롭다(義一) 《바르다》 (be) just; righteous; 《의기가 있다》 (be) chivalrous; public-spirited.

의뢰(依賴) ① 《부탁》 a request; 《위탁》 trust; commission. ～하다 request; ask; 《위임》 trust; entrust; ¶ 변호사에게 ～하다 leave 《*a matter*》 to a lawyer / 재산의 관리를 ～하다 trust *a person* with *one's* property. ‖ ～서〔장〕 a written request / ～인《변호사 등의》 a client. ② 《의지》 dependence; reliance. ～하다 depend 〔rely〕 (up)on. ‖ ～심 a spirit of dependence; lack of self-reliance (～심이 강하다 rely 〔depend〕 too much on others).

의료(醫療) medical treatment 〔care〕. ‖ ～기관 a medical institution / ～기구 medical 〔surgical〕 instruments / ～보험 medical insurance / ～비 medical expenses; a doctor's bill / ～사고 medical malpractice / ～수가(酬價) a medical fee / ～시설 medical facilities / ～품 medical supplies / ～혜택 a medical benefit.

의류(衣類) clothing; clothes; garments.

의리(義理) ① 《바른 도리》 justice; righteousness; 《의무》 duty; obligation; 《신의》 faith; loyalty. ¶ ～가 있다 be faithful; be strong in the sense of justice / ～가 없다 have no sense of duty 〔justice〕. ② 《인간 관계》 relationship; ties; bonds. ¶ 친구간의 ～ the ties of friendship.

의무(義務) a duty; an obligation. ¶ …할 ～가 있다 be under an obligation to 《*do*》; ought to 《*do*》 / ～를 게을리하다〔다하다〕 neglect 〔do, perform〕 *one's* duty / ～를 지다 owe a duty 《*to one's country*》. ‖ ～감 a sense of duty 〔obligation〕 / ～교육 compulsory education / ～연한 an obligatory term of service.

의무(醫務) medical affairs. ‖ ～실 a dispensary(학교·공장 등의); a medical room.

의문(疑問) a question; a doubt. ¶ ～의 doubtful; questionable / ～을 품다 doubt; be doubtful 《*of, about*》; have *one's* doubt 《*about*》 / ～의 여지가 없다 be beyond question; there is no doubt 〔question〕 《*about, that...*》. ‖ ～문〔대명사〕 an interrogative sentence 〔pronoun〕 / ～부 a question 〔an interrogation〕 mark / ～사(詞) an interrogative / ～점 a doubtful point.

의뭉스럽다 (be) insidious; sly; wily.

의미(意味) (a) meaning; (a) sense; 《취지》 the import; (a) point. ～하다 mean; signify; imply(함축하다). ¶ ～ 있는 meaningful; significant / 말의 ～를 파악하다 grasp the meaning of a word / ～를 잘못 해석하다 mistake the meaning 《*of*》 / 그런 ～로 말한 것이 아니다 I didn't mean that.

의법(依法) ¶ ～ 처리하다 deal with 《*a matter*》 according to law.

의병(義兵) a loyal soldier; a volunteer troops(의용군).

의복(衣服) clothes; a dress; 《총칭》 clothing.

의분(義憤) righteous indignation. ¶ ～을 느끼다 have 〔burn with〕 righteous indignation.

의붓 step. ‖ ～딸 a stepdaughter / ～아들 a stepson / ～아버지 a stepfather / ～어머니 a stepmother / ～자식 a stepchild.

의사(義士) a righteous person; a martyr.

의사(意思) an intention; a wish. ¶ ～ 표시를 하다 express *one's* intentions / 아무의 ～를 존중〔확인〕하다 respect 〔make sure of〕 *a person's* intentions / 서로 ～ 소통되다 understand each other / 최종 ～결정을 하다 make a final decision 《*about, on, over*》. ‖ ～능력 mental capacity.

의사(擬似) ☞ 유사(類似).

의사(醫師) a doctor; a physician; a surgeon(외과); a (medical) practitioner(개업의). ¶ ～의 진찰을 받다 consult 〔see〕 a docter / ～를 부르러 보내다 send for a doctor / ～가 되다 be 〔become〕 a doctor / ～의 치료를 받고 있다 be under the care of a doctor. ‖ ～국가시험 the National Examination for Medical Practitioners / ～면허 a medical license / 단골 ～ *one's* family doctor.

의사(議事) (parliamentary) proceedings. ¶ ～를 진행하다 expedite the proceedings. ‖ ～당 an assembly hall; 《한국의》 the National Assembly Building; the Capitol 《美》/ ～록 the minutes of the proceedings / ～봉 a gavel / ～

일정 the order of the day; an agenda / ～진행 progress of proceedings / ～ 진행방해 obstruction of proceedings; filibustering《美》.

의상(衣裳) clothes; dress; costume. ¶ 민속〔무대〕 ～ folk〔stage〕 costume. 「alist.

의생(醫生) a herb doctor; a herb-

의서(醫書) a medical book; a book on medicine.

의석(議席) a seat (in the House). ¶ ～을 보유하다 have a seat (in the House).

의성어(擬聲語) an onomatopoeia.

의수(義手) an artificial〔a false〕 arm〔hand〕.

의술(醫術) medicine; the medical art. ¶ ～의 medical / ～을 업으로 하다 practice medicine.

의식(衣食) food and clothing; a livelihood(생계). ‖ ～주(住) food, clothing and housing〔shelter〕.

의식(意識) consciousness; *one's* senses. ～하다 be conscious〔aware〕《*of*》. ¶ 사회〔계급〕～ the social〔class〕 consciousness / ～적(으로) conscious(ly); deliberate(ly); intentional(ly) / ～을 회복하다〔잃다〕 recover〔lose〕 consciousness / ～불명의 상태에서 병원으로 운반되다 be taken to (the) hospital unconscious. ‖ ～조사 an attitude survey.

의식(儀式) a ceremony;《종교상의》 a rite; a ritual; a service.

의심(疑心)《의혹》(a) doubt;《의문》 a question;《혐의》(a) suspicion. ～하다 doubt; be doubtful《*of, about*》; suspect; be suspicious《*of, about*》. ¶ ～을 품다 have〔feel〕 doubts about《*a thing*》/ 그것은 ～없는 사실이다 It is an unquestionable fact. / 나는 그의 성공을 ～치 않는다 I have no doubt of his success. / 그는 가짜 의사가 아닌가 ～받고 있다 He is suspected of being a bogus doctor.

의아(疑訝) ～하다〔스럽다〕 (be) dubious; suspicious; doubtful. ¶ ～스런 얼굴을 하다 look suspicious / ～스럽게 여기다 feel doubtful. 「eye.

의안(義眼) an artificial〔a false〕

의안(議案) a bill; a measure. ¶ ～에 찬성〔반대〕하다 support〔oppose〕 a bill / ～을 국회에 제출하다 present a bill to the Congress.

의약(醫藥) a medicine; a drug. ‖ ～분업 separation of dispensary from medical practice / ～제도 medical and pharmaceutical systems / ～품 medical supplies; medicines.

의업(醫業) the medical profession.

의역(意譯) a free translation. ～하다 translate freely; give〔make〕 a free translation.

의연(依然) ¶ ～히 as before; as *it* was; as ever; yet, still(아직) / 구태～하다 remain unchanged.

의연(義捐) ‖ ～금 a contribution; a donation;《raise》a subscription《*for*》.

의연히(毅然―) resolutely; firmly; boldly; in a dauntless manner.

의예과(醫豫科) the premedical course; premed《美》.

의옥(疑獄) a public scandal; a graft (case)《美》.

의외(意外) ¶ ～의《뜻밖》unexpected; unforeseen; unlooked-for;《우연》accidental;《놀라운》surprising / ～로 unexpectedly; contrary〔beyond〕 to *one's* expectation / ～의 일 a surprise / ～로 빨리 earlier than expected / ～로 여기다 be surprised《*at*》.

의욕(意慾) (a) will; volition; eagerness. ¶ ～적인 작품 an ambitious work / …하려는 ～이 대단하다 be eager to *do;* have a strong will〔desire〕 to *do* / ～적으로 일에 달려들다 set to work with a will.

의용(義勇) loyalty and courage. ‖ ～병〔군〕 a volunteer soldier〔army〕.

의원(依願) ¶ ～퇴직〔면직〕하다 resign at *one's* own request.

의원(醫院) a doctor's〔physician's〕 office《美》; a clinic. ¶ 김〔Y〕～ Dr. Kim's〔Y's〕 office.

의원(醫員) a physician; a doctor.

의원(議院) the House; the Parliament. ☞ 의회. ‖ ～내각제 the parliamentary system of government.

의원(議員) a member of an assembly; an assemblyman;《국회의》a member of the National Assembly; a member of Parliament (생략 M.P.)《英》; a member of Congress(생략 M.C.)《美》; a Congressman; a Representative(하원의원); a Senator(상원의원). ¶ 김～ Rep. Kim / ～으로 당선되다 be elected a member《*of Congress*》.

의의(意義) meaning. ¶ ～ 있는 meaningful / 인생의 ～를 찾다 search for the meaning of life / 나는 ～ 있는 인생을 살고 싶다 I want to lead a life worth living.

의인(擬人) personification. ¶ ～화하다 personify.

의자(椅子) a chair. ¶ 긴 ～ a sofa; a lounge; a couch / ～에 앉다 sit on〔in〕 a chair; take a chair (착석) / ～를 권하다 offer《*a person*》a chair.

의장(意匠) a design. ¶ ～을 고안하다 think 〔work〕 out a design. ‖ ～가 a designer / ～권 a design right; the right to a design / ～등록 registration of a design.
의장(議長) the chairperson; the chairman(남); the chairwoman (여). ¶ ～으로 선출되다 be chosen chairperson. ‖ ～대리 the deputy chairman / ～직권 the authority as chairman.
의장(議場) an assembly hall; a chamber; the floor(의회).
의장대(儀仗隊) a guard 〔guards〕 of honor; an honor guard.
의적(義賊) a chivalrous robber.
의전(儀典) protocol. ‖ ～비서 a protocol secretary / ～실 the Office of Protocol.
의절(義絶) ～하다 break off *one's* friendship 〔relationship〕 with; be through with; have 〔be〕 done with. ¶ 그녀와 ～했다 I broke off my relation with her. *or* I'm through with her.
의젓하다 (be) dignified; imposing; sober. ¶ 의젓하게 처신하다 behave with dignity.
의정(議定) an agreement. ‖ ～서 a protocol.
의제(議題) a subject 〔topic〕 for discussion; the agenda(전체). ¶ ～가 되다 come 〔be brought〕 up for discussion / ～에 포함되다 be on the agenda.
의족(義足) 《wear》 an artificial 〔a wooden〕 leg.
의존(依存) dependence; reliance. ～하다 depend 〔rely〕 《*on*》; be dependent 《*on*》. ¶ 상호～ interdependence. ‖ ～도 dependence 《*on*》; reliance 《*on*》 / ～증 《drug》 dependence.
의중(意中) *one's* mind 〔heart〕. ¶ ～의 인물 the choice of *one's* heart; a man closest to *one's* heart / ～을 떠보다 sound 《*a person's*》 views / ～을 밝히다 speak *one's* mind.
의지(依支) ～하다 《벽·기둥 따위에》 lean on 〔against〕; rest against; 《사람·도움 등에》 rely 〔depend〕 on; be dependent on; look to 《*a person*》 for help. ¶ 벽에 ～하여 앉다 sit with *one's* back against the wall / 난간에 ～하다 lean over the rail / 아들에게 ～하다 depend on *one's* son for support; lean on *one's* son / ～할 곳이 없는 helpless; forlorn / ～가 되다 become a support; be dependable.
의지(意志) will; volition. ¶ ～가 약한 사람 a weak-willed person / 자신의 ～로 of *one's* own will / ～에 반하여 against *one's* will / 그는 ～가 강〔약〕하다 He has a strong 〔weak〕 will. / 그는 ～의 힘으로 그 장애를 극복했다 He overcame the obstacle by the strength of will.
의지(義肢) an artificial limb.
의지가지없다 have no person to rely on; (be) helpless.
의처증(疑妻症) a morbid suspicion of *one's* wife's chastity.
의치(義齒) an artificial 〔a false〕 tooth; dentures(한 벌의).
의탁(依託) ～하다 depend 〔rely〕 upon; lean on; entrust *oneself* to. ¶ ～할 곳 없다 be helpless; have no place to go to.
의태(擬態) 〖生〗 mimesis; mimicry. ‖ ～어 〖言〗 a mimetic word.
의표(意表) ¶ ～를 찌르다 take 《*a person*》 by surprise; do something unexpected.
의하다(依—) ① 《의거·근거하다》 depend 〔turn, rely〕 on; be based 〔founded〕 on. ¶ 최근 실시된 조사에 의하면 according to the latest investigation / 그것에 관한 정보를 신문에 의해 얻는다 We depend on the newspapers for information about it. / 이 소설은 실제 있었던 사건에 의한 것이다 This novel is based 〔founded〕 on an actual occurrence. / 조약 제3조에 의해 by (the terms of) Article 3 of the Treaty / 명령에 의해 by 《*a person's*》 order. ② 《원인·이유》 be caused by; be due to; 《수단·방법》 by means of; by. ¶ 사고는 그의 부주의에 의한 것이었다 The accident was due to 〔caused by〕 his carelessness. / 그녀의 병은 과로에 의한 것이었다 She fell ill from overwork. / 그의 성공은 내조의 공에 의한 것이다 He owes his success to his wife's assistance.
의학(醫學) medical science; medicine. ¶ ～적(으로) medical(ly). ‖ ～계 medical circles / ～도 a medical student / ～박사 Doctor of Medicine (생략 D.M., M.D.) / ～부(部) the medical department / ～사 Bachelor of Medicine (생략 B.M., M.B.) / ～지(誌) a medical journal
의향(意向) an intention; *one's* idea 〔mind〕. ¶ …할 ～이 있다 have a mind to 《*do*》; intend to 《*do*》 / ～을 비치다 disclose *one's* intention / 아무의 ～을 타진하다 sound out *a person's* intentions.
의협(義俠) chivalry. ‖ ～심 a chivalrous spirit.
의형제(義兄弟) a sworn brother. ¶ ～를 맺다 swear to be brothers.
의혹(疑惑) doubt; suspicion. ¶ ～의 눈으로 보다 eye 《*a person*》 with suspicion / ～을 풀다 clear *one's* doubts.
의회(議會) the National Assembly (한국); Parliament (영국, 캐나다); Congress(미국); the Diet(덴마크,

스웨덴, 일본). ¶ ～를 해산〔소집〕하다 dissolve〔convoke〕the Assembly. ‖ ～민주주의 parliamentary democracy / ～정치 parliamentary government; Congressional government《美》.

이[1]《사람·동물·톱 따위의》a tooth [*pl.* teeth];《톱니바퀴의》a cog. ¶ ～의 dental / ～ 없는 toothless / ～를 닦다 brush〔clean〕*one's* teeth / ～를 갈다 grind *one's* teeth / ～를 빼다 draw〔extract, pull out〕a tooth; have a tooth pulled out(빼게 하다) / ～를 쑤시다 pick *one's* teeth / ～가 좋다〔나쁘다〕have good〔bad〕teeth / ～가 아프다 have a toothache / 아픔을 참느라 ～를 악물다 clench *one's* teeth to bear the pain / 우리 아기에게 ～가 나오고 있다 Our baby is cutting his〔her〕teeth. / 이 아이는 곧 ～를 갈게 될 것이다 This child will soon begin to cut his second〔permanent〕teeth. / 나는 ～를 치료받고 있다 I'm having dental treatment.

이[2]〖蟲〗a louse [*pl.* lice]. ¶ ～가 꾀다 become lousy; be infested with lice / ～ 잡듯 하다 comb《*a place*》for《*a thing*》; make a thorough search.

이(利) ①《이윤》a profit; a gain;《유리》(an) advantage. ¶ ～가 있는 profitable; advantageous / ～를 보다 make〔gain〕a profit; profit《*from the sale*》/ 이 상점은 위치가 좋다는 ～로운 점이 있다 This store has a geographical advantage. ②《이자》interest.

이(里)《행정구역》*ri;* a village.

이(理)《도리》(a) reason;《이치》a principle. ¶ 음양의 ～ the principles of the negative and positive / ～에 닿지 않는 말을 하다 speak against all reason.

이[3]《지시사》this; these; present. ¶ ～달 this month / ～같이 thus; so; like this.

이(二) two; the second(제2).

이가(二價) ¶ ～의〖化〗bivalent; diatomic. ‖ ～원소 a dyad.

이간(離間) alienation; estrangement. ～하다 alienate〔estrange〕《*A from B*》; separate《*a person*》from. ‖ ～책 an alienating measure.

이것 ①《지시》this [*pl.* these]; this one. ¶ ～으로 with this; now; here. ②《부를 때》¶ ～ 좀 봐 I say. *or* Look here.

이것저것 this and〔or〕that; one thing or another; something or other. ¶ ～ 생각한 끝에 after a great deal of thinking / ～ 생각하다 think of this and that.

이견(異見) a different〔dissenting〕view〔opinion〕; an objection.

이겹실 two-ply thread.

이경(二更) the second watch of the night; about 10 at night.

이골나다《익숙해지다》become〔get〕used〔accustomed〕to;《경험이 쌓이다》be richly experienced《*in*》; become skilled《*in*》. ¶ 일에 ～ be at *one's* ease on the job / 그녀는 교정이라면 이골이 나 있다 She is an old hand at proofreading.

이곳 this place; here. ¶ ～에(서) in〔at〕this place; here / ～으로 here; to this place / ～으로부터 from here; from this place.

이공(理工) science and engineering. ‖ ～계(系) science and engineering / ～과〔학부〕a department of science and engineering.

이과(理科) science; the science course〔department〕. ‖ ～대학 a college of science.

이관(移管) a transfer of jurisdiction〔authority〕. ～하다 place《*a matter*》under the authority〔control〕of another department; transfer《*a matter*》to another department.

이교(異教) paganism; heathenism. ¶ ～의 pagan; heathen. ‖ ～도 a pagan; a heathen.

이구동성(異口同聲) ¶ ～으로 with one voice; unanimously / ～으로「예」라고 소리쳤다 They all cried 'Yes' with one voice〔in chorus〕.

이국(異國) a foreign country; a strange land. ¶ ～의 foreign; exotic(이국풍의). ‖ ～인 a foreigner / ～정취 an exotic mood; exoticism.

이군(二軍)《일반적으로》the second team;〖野〗a farm team. ¶ 감독은 그를 ～으로 밀어냈다 The general manager farmed him out〔sent him down to the minors〕. ‖ ～선수 a farmhand.

이궁(離宮)《별궁》a detached palace; a Royal villa.

이권(利權) rights and interests; concessions(관허의). ¶ ～을 노리는 사람 a concession hunter / ～을 노리다 hunt for concessions / ～을 얻다 acquire rights〔concessions〕. ‖ ～운동 hunting for a concession; graft(ing)《美》.

이글거리다 be in flames; be in a blaze; be all aflame; flame up. ¶ 이글이글 타는 불 a blazing fire / 열정으로 이글거리는 눈 eyes burning with passion.

이기(利己) self-interest; selfishness; egoism. ¶ ～적인 selfish; self-centered; egoistic / ～심이 없는 unselfish; disinterested. ‖ ～심 egoistic mind / ～주의 selfishness; egoism / ~주의자 an egoist; an egotist.

이기(利器) 《편리한 도구》 a convenience. ¶ 문명의 ~ a modern convenience.

이기다[1] 《승리》 win; gain a victory; defeat(패배시키다); conquer(정복하다); 《극복하다》 overcome. ¶ 싸움에 ~ win a battle / 적에게 ~ defeat the enemy / 경기〔경주〕에서 ~ win a game〔race〕/ 크게〔겨우〕 ~ win by a large〔narrow〕 margin / 4점 차로 ~ win by four points〔runs〕/ 어려움을 이겨내다 overcome a difficulty.

이기다[2] ① 《반죽》 knead 《*flour*》; work 《*mortar*》; mix up. ② 《칼로》 mince; hash.

이기죽거리다 make invidious〔nagging〕 remarks.

이까짓 such a; so trifling. ¶ ~것 such a trifle (as this).

이끌다 guide; conduct; show〔usher〕 in; lead; head 《*a party*》; 《지휘》 command 《*an army*》.

이끌리다 be conducted to; be guided; be led; be commanded. ¶ 이끌리어 가다 be led away; be taken along.

이끼 〖植〗 (a) moss; a moss plant; a lichen (바위옷). ¶ ~ 낀 mossy; moss-grown / 구르는 돌엔 ~가 안 낀다 《俗談》 A rolling stone gathers no moss.

이나 ① 《그러나》 but; yet; however; 《한편》 while; 《…하기는 하나》 though; although. ② 《정도》 as many〔much, long, far〕 as. ¶ 다섯 번~ as often as five times. ③ 《선택》 or; either…or.

이날 ① 《오늘》 today; this day. ¶ 바로 ~ this very day / ~이 때 this time on this day. ② 《당일》 that day; the (very) day.

이날저날 this day and that day; from day to day.

이남(以南) south 《*of the Han River*》; 《남한》 South Korea. ¶ 38선 ~ south of the 38th parallel.

이내(以內) within; inside of 《美》; less〔not more〕 than. ¶ 500원 ~의 금액 a sum not exceeding 500 *won*.

이내 《곧》 soon 《*after*》; at once; immediately; right away 《美》.

이냥 as it is; like this. ¶ ~ 내버려 둬라 leave 《*a thing*》 as it is〔stands〕.

이네, 이네들 these people; they.

이년(二年) two years. ‖ ~생(生) a second-year〔-grade〕 pupil; a sophomore (대학, 고교의) 《美》.

이념(理念) an idea; an ideology; a principle. ¶ ~적(으로) ideological(y) / 대학 교육의 ~ an idea of what university education ought to be / 비폭력 저항의 ~ the principle of nonviolent resistance. ‖ ~대립 an ideological conflict / ~분쟁〔논쟁〕 an ideological dispute.

이놈 this fellow〔guy 《美》〕. ¶ ~아 You rascal〔villain〕!

이농(離農) giving up farming. ~하다 give up〔abandon〕 farming; leave the land.

이뇨(利尿) diuresis; urination. ‖ ~작용 a diuretic effect / ~제 a diuretic.

이니셔티브 《주도권》 initiative. ¶ ~를 잡다 take the initiative 《*in doing*》.

이다[1] 《머리에》 carry〔put〕 《*a water jar*》 on *one's* head.

이다[2] 《지붕을》 roof 《*with tiles*》; tile 《*a roof*》 (기와로); thatch(이엉으로); slate (슬레이트로).

이다지 this much; so much; so. ¶ ~도 오래 so long like this.

이단(異端) heresy; heterodoxy; paganism. ¶ ~적 heretical / ~시하다 consider 《*a person*》 (to be) a heretic; regard 《*a doctrine*》 as heresy. ‖ ~자 a heretic.

이달 this〔the current〕 month. ¶ ~ 10일 the 10th (of) this month; the 10th instant〔inst.〕/ ~호 (잡지의) the current number.

이대로 as it is〔stands〕; like this. ¶ ~ 가면 at this rate; if things go on like this.

이데올로기 ☞ 이념.

이도(吏道) the duty of officials. ‖ ~쇄신 renovation of officialdom.

이동(以東) (to the) east 《*of Seoul*》.

이동(移動) a movement; (a) migration(민족 등의). ~하다 move; travel. ¶ ~식의 movable / 인구의 ~ the movement of population / 민족의 ~ racial migration. ‖ ~경찰 the mobile〔railroad〕 police / ~극단 a traveling troupe / ~도서관 a traveling library; a bookmobile / ~병원 a hospital on wheels / ~성 고기압 a migratory anticyclone / ~(식) 주택 a motor〔mobile〕 home / ~우체국 a mobile post office / ~전화 a mobile phone〔telephone〕/ ~통신 사업 the (nation's) mobile phone project.

이동(異動) a change; a transfer. ¶ 본사로 ~되다 be transferred to the head office / 인사 ~이 있을 것 같다 There seem to be some personnel changes.

이득(利得) (a) profit; gains; returns. ¶ 부당~ an undue profit; profiteering(행위) / 부당 ~자 a profiteer / 부당 ~을 얻다 profiteer.

이든(지) if; whether…or; either

...or. ¶ 정말～ 거짓말～ whether it is true or not.

이듬 next; the following. ¶ ～해 the next〔following〕year.

이등(二等) the second (순위); the second class (등급). ¶ ～의 second; second-rate〔-class〕/ ～칸으로 여행하다 travel second-class / ～이 되다 be a runner-up. ‖ ～국 a second-rate power / ～병 a private / ～상 a second prize〔award〕/ ～승객〔차표〕a second-class passenger〔ticket〕.

이등변삼각형(二等邊三角形) 〖數〗 an isosceles triangle.

이등분(二等分) bisection. ～하다 divide《*a thing*》into two equal parts; cut in half; bisect《*a line*》. ‖ ～선 a bisector.

이따금 now and then; occasionally; at times; sometimes; from time to time.

이때 《at》this time〔moment〕.

이똥 《치석》tartar; dental calculus. ¶ ～을 제거하다 scale《*a person's*》teeth.

이라크 Iraq. ¶ ～사람 an Iraqi / ～어 Iraqi.

이란 Iran. ¶ ～사람 an Iranian / ～어 Iranian.

이란성(二卵性) ‖ ～쌍생아 fraternal〔biovular〕twins.

이랑 《밭의》the ridge and the furrow《*of a field*》. ¶ ～을 짓다 furrow《*a field*》; make furrows; form ridges.

…이랑 《조사》and; or; what with. ¶ 기쁨～ 부끄러움으로 with a mixture of joy and bashfulness.

이래(以來) since; ever since. ¶ 그때～ since then; after that.

이래라저래라 ¶ ～ 참견이 심하다 He is always poking his nose into people's business and telling them what to do.

이래봬도 such as I am. ¶ ～ 나는 행복하다 Such as I am, I am happy.

이래저래 with this and〔or〕that. ¶ ～ 바쁘다 I am busy with one thing or another.

이랬다저랬다 this way and that way. ¶ ～하다 be fickle〔capricious, whimsical〕/ ～하는 사람 a moody person; a capricious〔whimsical〕person / ～ 마음이 늘 변하다 be fickle as a cat's eye; be unstable〔unpredictable; unreliable〕/ 그는 말을 ～한다 He says first one thing and then the opposite.

이러 《마소를 몰 때》Get up!; Giddap!

이러구러 somehow or other; meanwhile. ¶ ～10년이 지났다 Meanwhile, ten years went by.

이러나저러나 at any rate; at all events; in any case〔event〕; anyway; anyhow. ¶ ～ 해보는 게 좋겠다 At all events you had better try.

이러니저러니 this and that; one thing or another. ¶ ～ 말하다 talk〔say things〕《*about*》; criticize(비평); grumble《*about*》(불평) / 남의 일에 ～하지 마라 Don't gossip about others so much. / ～ 하지 말고 해라 Do it without complaint.

이러이러하다 (be) so and so; such and such. ¶ 이러이러한 조건으로 for such and such conditions / 그녀는 울면서 ～고 말했다 She said so and so in tears.

이러쿵저러쿵 ☞ 이러니저러니.

이러하다 (be) such; like this; of this sort〔kind〕. ¶ 이러한 일 a thing of this kind / 그의 이야기는 대강 ～ His story runs like this.

이럭저럭 somehow (or other); by some means or other; barely; with difficulty. ¶ ～ 대학을 마치다 get through *one's* college course somehow or other / 그는 ～ 겨우 지내고 있다 He is barely picking up a livelihood.

이런 ① 《이러한》such; like this; of this kind. ¶ ～ 책 such a book / ～ 때에 at a time like this. ② 《놀람》Oh!; O dear me!; Good gracious!

이렇게 so; (like) this; in this way; as you see. ¶ ～ 많은 so many〔much〕/ ～ 아침 일찍 at this early hour of (the) morning / 나는 ～ 건강하다 I'm quite well, as you see. / 일이 ～ 될 줄은 생각 못했다 I didn't think things would come to this. / ～ 추운 날씨는 처음이다 I've never seen such cold weather as this. / ～ 해라 Do it this way.

이렇다 ☞ 이러하다. ¶ ～할《*a person, a thing*》to speak of; worth mentioning / ～할 이유도 없이 without any particular reason / ～저렇다 말없이 떠나다 leave without saying a word / 나는 ～ 할 그림은 한 점도 갖고 있지 않다 I've no paintings worth mentioning〔to speak of〕.

이레 《이렛날》the seventh day (of the month); 《일곱 날》seven days.

이력(履歷) *one's* personal history; *one's* career; *one's* past record; *one's* background(학력·소양). ¶ ～이 좋다〔나쁘다〕have a good〔poor〕record (of service) / 그의 ～은 어떤 것이지 What is his career? ‖ ～서 a résumé《美》; a personal history; a *curriculum vitae*《라》(회사에 ～서를 내다

send *one's* résumé to the company).

이례(異例)《예외》an exception; 《전에 없던》an unprecedented case. ¶ ~적인 exceptional; unprecedented / ~적인 승진이 되다 be given an exceptional promotion.

이론(異論) an objection. ¶ ~ 없이 unanimously / ~을 제기하다 raise an objection《*to*》.

이론(理論) (a) theory. ¶ ~적인 theoretical / ~상 theoretically; in theory / ~을 세우다 form a (new) theory / ~화하다 theorize. ‖ ~가 a theorist / ~물리학 theoretical physics.

이롭다(利一) (be) profitable; beneficial; advantageous; be to *one's* benefit; be good〔favorable〕《*to*》. ¶ 이로운 사업 profitable business / 이로운 조건을 최대로 살리다 make the most of the advantageous conditions / 사태는 우리에게 이로운 방향으로 전개되었다 Things turned out (to be) favorable for us.

이루(二壘)〖野〗the second base. ‖ ~수 the second baseman / ~타 a two-base hit.

이루(耳漏)〖醫〗otorrhea.

이루《cannot》possibly; 《not》at all; 《can》hardly. ¶ ~ 말할 수 없는 indescribable; beyond description / ~ 헤아릴 수 없는 numberless; countless; innumerable / ~ 형용할 수 없다 can hardly describe it.

이루다《성취》accomplish; achieve《*one's purpose*》; attain《*one's ambition*》; 《형성》form; make; 《구성》constitute. ¶ 이루지 못할 소망 an unattainable desire / 큰 일을 ~ accomplish a great task / 무리를 이루어 in crowds〔groups〕/ 큰 부(富)를 ~ make a big fortune; amass riches / 물질계를 ~ constitute the material universe / 가정을 ~ make〔start〕a home.

이루어지다《성취·성립》be〔get〕attained〔accomplished, achieved, concluded〕; be realized (실현); 《구성되다》be composed of; consist of; be made up of. ¶ 뜻이 ~ *one's* purpose is realized / 두 나라 사이의 통상 조약이 이루어졌다 A treaty of commerce was concluded between the two nations. / 미국은 많은 인종으로 이루어진 나라다 The U.S. is a nation made up of many different ethnic groups.

이룩하다 ①《새로 세우다》found; establish; set up. ¶ 나라를 ~ found〔establish〕a new state. ②《성취하다》☞ 이루다.

이류(二流) ¶ ~의 second-class; second-rate; 《시시한》minor. ‖ ~시인 a minor poet / ~호텔 a second-class hotel.

이륙(離陸) a takeoff; taking off. ~하다 take off; take the air. ¶ ~시에 at〔during〕takeoff / 원활하게〔멋지게〕~하다 make a smooth〔an excellent〕takeoff / ~ 때의 소음 takeoff noise. ‖ ~시간 takeoff time / ~활주 a takeoff roll.

이륜(二輪) two wheels. ‖ ~차 a two-wheeled vehicle.

이르다[1]《때가》(be) early; premature. ¶ 이른 봄〔아침〕early spring〔morning〕.

이르다[2] ①《도달》reach; arrive《*at, in*》; get to; come (up) to. ¶ 같은 결론에 ~ come to〔arrive at, reach〕the same conclusion / (품질이) 표준에 ~ come up to the standard / 나이 80에 ~ reach the age of 80. ②《미치다》extend〔stretch〕《*over, for*》; cover; reach. ¶ 산업 시설은 주변 수 마일에 이른다 The industrial complex extends over several miles around. / 그의 지식은 많은 분야에 이른다 His knowledge covers many fields. ③《기타》¶ 서울에서 부산에 이르는 철도 a railway leading from Seoul to Busan / 오늘에 이르기까지 until now; to this day / 자살하기에 ~ go so far as to commit suicide / 사장에서 사환에 이르기까지 from the president (at the top) to the office boy (at the bottom) / 일이 여기에 이르리라고 누가 생각했으랴 Who would have dreamed that things would come to this!

이르다[3] ①《…라고 하다》say; call. ¶ 진실로 내가 너희에게 이르노니…. Verily I say unto you…. ②《알리다》inform; tell; let《*a person*》know. ¶ 새 주소를 일러 주시오 Let me know your new address. / 그에 관해 선생님에게 ~ tell the teacher on him. ③《타이르다》advice. ¶ 공부를 열심히 하라고 ~ advise《*a person*》to study hard.

이른바 what is called…; so-called; what you〔they〕call…. ¶ ~ 보호색이란 것에 의해 by what is called protective coloring.

이를테면 so to speak; as it were; for instance〔example〕(예컨대). ¶ 그는 ~ 산 사전이다 He is, so to speak, a walking dictionary.

이름 ①《성명》a name; 《성을 뺀》*one's* given〔first〕name; 《성》*one's* family name; *one's* surname. ¶ 낸시라는 ~의 소녀 a girl called〔by the name of〕Nancy / ~을 속이다 assume a false name; give a wrong name / 그의 ~은 알고 있지만, 아직 만난 적은

없다 I know him by name, but I've never met him. / ～을 여쭤 봐도 괜찮겠습니까 May I have〔ask〕 your name, please? ② 《명성》 fame; reputation. ☞ 명성(名聲). ¶ ～이 올라가다 rise in fame / 세계적으로 ～이 알려진 사람 a man of worldwide fame / ～을 떨치다 win〔gain〕 a reputation. ③《명목》a pretext. ☞ 명목(名目). ¶ 그는 ～뿐인 사장이다 He is a president in name only. *or* He is a figurehead president. ‖ ～표 a nameplate; a name tag.

이리[1] 《물고기의》 milt; soft roe.

이리[2] 《짐승》 a wolf.

이리[3] ① 《이렇게》 in this way; like this. ② 《이곳으로》 this way〔direction〕; here.

이리듐 〖化〗 iridium(기호 Ir).

이리이리 so and so; such and such; in this way.

이리저리 《이쪽저쪽》 this way and that; here and there; all about; 《이렇게 저렇게》 like this way and that.

이리하다 do like this.

이마 the forehead; the brow.

이마적 recently; lately.

이만 this〔so〕 much. ¶ 오늘은 이만 하자 Let us stop here today. *or* So much for today.

이만저만 ¶ ～하지 않은 노력으로 by 〔through〕 extraordinary〔great, utmost〕 efforts / ～하지 않은 미모의 여성 a woman of singular beauty.

이만큼 about this〔so〕 much 〔many, large, long, *etc.*〕; to this extent. ¶ ～이면 된다 This much will do.

이만하다 (be) about this〔so〕 much〔many, large, wide, long, *etc.*〕; (be) to this degree〔extent〕 (정도). ¶ 이만한 크기〔높이〕였다 It was about this big〔tall〕. / 이만한 영문을 쓸 수 있는 사람은 그리 많지 않다 Very few people can write English as well as this.

이맘때 about this time; (at) this time of day〔night, year〕.

이맛살 ¶ ～을 찌푸리다 knit *one's* brows; frown.

이면(二面) 《두 면》 two faces〔sides〕; 《형용사적》 two-sided; 《신문의》 the second page. ‖ ～기사 items on the second page.

이면(裏面) the back; the reverse (side); the other side; 《내면》 the inside. ¶ 어음의 ～ the back of a bill / 도시 생활의 ～ the dark 〔seamy〕 side of urban life / ～에서 behind the scenes; in the background / ～을 보라〔에 계속〕 Please turn over. (생략 P.T.O.) / 정계를 ～에서 조종하다 pull the strings in the political world / ～에는 복잡한 사정이 있는 것 같다 There seems to be complicated circumstances behind it. ‖ ～공작 behind-the-scene〔backstage〕 maneuvering / ～사(史) an inside story.

이명(異名) an alias; a nickname.

이명(耳鳴) 《have》 a ringing in *one's* ears. ‖ ～증 〖醫〗 tinitus.

이모(姨母) *one's* mother's sister; an aunt (on *one's* mother's side).

이모부(姨母夫) *one's* mother's sister's husband; a maternal uncle-by-marriage.

이모작(二毛作) double-cropping; 《raise》 two crops a year.

이모저모 this angle and that; every facet〔side, view〕 of 《*a matter*》. ¶ ～로 생각하다 view 《*a matter*》 from every angle.

이목(耳目) 《귀와 눈》 the ear and the eye; 《주의》 attention. ¶ ～을 끌다 attract public attention / 세인의 ～을 놀라게 하다 startle the world; create a sensation.

이목구비(耳目口鼻) features; looks. ¶ ～가 반듯한 good-looking; well-shaped; handsome(남성이) / 그녀는 ～가 반듯하다 She is good-looking. *or* She has good features.

이무기 ① an *imugi*, a legendary big snake which failed to become a dragon. ② a big snake; a python.

이문(利文) profit; gain. ☞ 이익 ①.

이물 the bow; the prow; the stem. ¶ ～에서 고물까지 from stem to stern.

이미 ① 《벌써》 already; 《의문문에서》 yet. ¶ 그것은 ～ 끝났다 It's already finished. / 수업은 ～ 시작됐나요 Has class begun yet? ② 《앞서》 before; previously. ¶ ～ 언급한 바와 같이 as previously stated.

이미지 an image. ¶ ～를 좋게〔나쁘게〕 하다 improve〔damage〕 *one's* image.

이민(移民) 《이주》 emigration (외국으로); immigration (국내로); 《이주자》 an emigrant(출국자); an immigrant(입국자). ～하다 emigrate 《*to*》; immigrate 《*from*》. ‖ ～선〔알선자〕 an emigrant ship〔agent〕.

이바지하다 contribute 《*to*》; make a contribution 《*to*》; render services 《*to*》. ¶ 회사 발전에 크게 ～ make a great contribution to the prosperity of the firm.

이발(理髮) haircut(ting); hairdressing. ～하다 have *one's* hair cut 〔trimmed〕; get〔have〕 a haircut. ‖ ～기 a hair clipper / ～사 a barber; a hairdresser / ～소 a barbershop 《美》; a barber's (shop)《英》.

이방인(異邦人) a foreigner; an alien; a stranger.

이번(一番)《금번》this time; now; 《최근》recently; lately; 《다음》next time; shortly. ¶ ~ 시험 the recent〔last〕examination(최근의); the next〔coming〕examination (다가오는) / ~에는 잘했다 I did it well this time. / ~에는 네 차례다 It's your turn now. / ~만은 용서해 주겠다 I'll let you off just this once.

이번(二番) number two; the second.

이변(異變)《변고》something unusual; 《뜻밖의 사고》an accident. ¶ 정계에 ~이 일어나고 있다 Something unusual is happening in the political circles.

이별(離別) parting; separation; divorce (이혼). ~하다 part〔separate〕from; divorce. ¶ 어려서 양친과 ~하다 be separated from *one's* parents when he was a small child. ‖ ~가 a farewell song / ~주 a farewell drink.

이보다《more, less, better, worse》than this. ¶ ~ 앞서 prior to this; before this / ~ 좋다 be better than this.

이복(異腹) ¶ ~의 born of a different mother. ‖ ~형제〔자매〕*one's* half brother〔sister〕.

이부(二部)《두 부분》two parts; 《제2부》the second part; Part Ⅱ; 《두 권》two copies〔volumes〕; 《야간부》a night school〔class〕. ¶ ~로 나뉘다 be divided into two parts. ‖ ~수업〔제〕a double-shift school system / ~작 a two-part work / ~합창 a chorus in two parts.

이부(異父) a different father. ‖ ~형제〔자매〕half brothers〔sisters〕.

이부자리 bedding; bedclothes; a mattress(요); a quilt(누빈 것). ¶ ~ 세 채 three sets of bedding / ~를 펴다 lay out the bedding; make *one's* bed.

이북(以北)《북》north《*of Seoul*》; 《북한》North Korea. ¶ 그는 ~ 사람이다 He came from North Korea.

이분(二分) ~하다 divide《*a thing*》in two; halve. ¶ ~의 일 one half. ‖ ~음표〖樂〗a half note.

이분자(異分子) a foreign〔an alien〕element; an outsider(사람).

이불 a coverlet; a quilt. ¶ ~을 덮다 put a quilt on〔over〕*oneself*.

이브닝드레스 an evening dress.

이비인후과(耳鼻咽喉科) otorhinolaryngology. ‖ ~병원〔의사〕an ear, nose and throat〔ENT〕hospital〔doctor〕.

이사(理事) a director; a trustee (대학 등의). ¶ 상무~ a standing director / 그 단체의 ~가 되다 obtain a seat on the board of directors of the organization. ‖ ~장 the director general; the chief〔managing〕director / ~회 a board of directors〔trustees〕.

이사(移徙) a move; a change of address(주소 이전). ~하다 move《*to, into*》; move *one's* residence; change *one's* place of residence. ¶ 새로 ~하는 곳 *one's* new address. ‖ ~비용 house-moving expenses / 이삿짐 *one's* furniture to be moved / 이삿짐운반업자 a mover《美》.

이삭《곡물의》an ear; a head; a spike. ¶ 밀〔벼〕의 ~ the ears of wheat〔a rice plant〕/ ~이 나오다 come into ears.

이산(離散) ~하다 scatter; disperse; be dispersed; be broken up. ¶ 그것으로 인해 그 가족은 ~되었다 It broke up the family. ‖ ~가족 a dispersed〔separated〕family / ~가족찾기운동 a campaign for reunion of dispersed family members.

이산화(二酸化)〖化〗‖ ~물 a dioxide / ~탄소 carbon dioxide.

이상(以上) ①《수량·정도》more than; over; above; beyond(정도). ¶ 2 마일 ~ two miles and over / 6세 ~의 소아 children six years or〔and〕over / (제안이) 3분의 2 이상의 다수로 채택되다 be adopted by a majority of two-thirds / 수입 ~의 생활을 하다 live beyond〔above〕*one's* income / 상상 ~이다 be more than *one* can imagine. ②《상기(上記)》¶ ~의 the above-mentioned《*items*》/ ~과 같이 as mentioned above / ~과 같은 이유로 for the reasons stated above. ③《…한 바엔》since...; now that...; so long as.... ¶ 일이 이렇게 된 ~은 now that things have come to such a pass / 살고 있는 ~ 일을 해야 한다 So long as we live, we have to work. ④ [끝]《문서 등에서》Concluded; The end; 《통신에서》Over; 《아나운서 등이》That's all〔it〕(for the moment).

이상(異狀)《기계 등의》trouble; something wrong; 《신체의》disorder. ¶ ~이 있다 be abnormal; be out of order (기계 등에); be (slightly) sick〔ill〕(사람이) / ~이 없다 be all right; be normal; be in good order〔condition〕/ 실내에는 ~이 없었다 We noticed nothing unusual in the room.

이상(異常) unusualness; abnormality (비정상). ~하다 (be) unusual; abnormal; strange. ¶ ~한 성격의 사람 a man of abnormal character / ～하게 들리다 sound strange. ‖ ～건조 abnormal dryness / ～난동(暖冬) an abnormally warm winter / ～반응 an allergy / ～체질 〖醫〗 (a) diathesis.

이상(理想) an ideal. ¶ ～적(으로) ideal(ly) / ～과 현실 dream and reality / ～적인 남편 an ideal husband / 높은 ～을 가지다 entertain 〔cherish〕 a lofty ideal / ～적인 남성의 상(像) *one's* idea of the perfect man. ‖ ～가 an idealist / ～주의 idealism / ～향 a Utopia / ～형 an ideal type / ～화(化) idealization (～화하다 idealize).

이색(異色) 《다른 색깔》 a different color; 《색다름》 novelty; uniqueness. ¶ ～적인 unique; novel / ～적인 작곡가 a unique composer / ～적인 수법 a novel technique.

이서(以西) (to the) west 《*of Seoul*》.

이서(裏書) ☞ 배서(背書).

이설(異說) a different theory 〔view〕; 《이단》 a heresy.

이성(異性) the other 〔opposite〕 sex. ¶ ～간의 intersexual / 처음으로 ～을 알다 have *one's* first sexual experience; be sexually initiated / ～과 접촉할 기회 opportunities to meet members of the opposite sex. ‖ ～관계 relations with opposite sex.

이성(理性) reason; rationality. ¶ ～적인 rational; reasonable / ～이 없는 reasonless; irrational / ～적인 행동 rational conduct / ～적인 사람 a man of reason / ～을 잃다 lose *one's* reason 〔cool〕 / 인간에겐 ～이 있다 Man has the power of reason.

이세(二世) ① 《2 대째》 Junior; the second generation. ¶ 헨리 ～ Henry Ⅱ (Ⅱ는 the second로 읽음) / 존 스미스 ～ John Smith Jr. (Jr.은 junior로 읽음) / 미국의 한국인 ～ a second-generation Korean American; an American-born Korean. ② 〖佛教〗 this and the next world; the present and the future existence.

이솝 ‖ ～우화 Aesop's Fables.

이송(移送) (a) transfer; (a) removal. ～하다 transfer; remove.

이수(里數) mileage; distance(거리).

이수(履修) ～하다 complete 〔finish〕 《*a college course*》.

이스라엘 Israel. ¶ ～의 Israeli / ～사람 an Israeli.

이스트 《효모》 yeast.

이슥하다 《밤이》 be (far) advanced; grow late. ¶ 밤이 이슥하도록 till late at night; far into the night / 밤이 이슥해졌다 It grew late.

이슬 dew; dewdrops(방울). ¶ ～ 맺힌 꽃 dewy flowers; flowers wet with dew / 그녀의 눈에는 ～이 맺혔다 Her eyes were bedewed with tears. / 그녀는 20세의 젊은 나이에 교수대의 ～로 사라졌다 《비유적》 She died on the scaffold at the early age of twenty.

이슬람 Islam. ¶ ～의 Islamic. ‖ ～교 Islam / ～교도 an Islamite / ～문화 Islamic culture.

이슬비 a drizzle; a misty rain.

이승 this world; this life. ¶ ～의 괴로움 trials of this life.

이식(利息) ☞ 이자(利子).

이식(移植) transplantation; grafting (피부 조직의). ～하다 transplant; graft 《*skin*》. ¶ 정원에 나무를 ～하다 transplant a tree in the garden. ‖ ～수술 《undergo》 a 《*heart*》 transplant operation.

이신론(理神論) 〖哲〗 deism.

이심(二心) ¶ ～ 있는 double-faced 〔-dealing〕; treacherous / ～을 품다 carry two faces (under one hood); play a double game.

이심전심(以心傳心) telepathy. ¶ ～으로 tacitly; by telepathy 〔tacit understanding〕.

이십(二十) twenty; a score. ¶ ～번째 twentieth / ～대의 여자 a woman in her twenties. ‖ ～세기 the twentieth century.

이쑤시개 a toothpick.

이악하다 (be) greedy; grasping; avaricious; be keen for gain; bite off more than *one* can chew (일 따위에).

이앓이 toothache.

이앙(移秧) rice-transplantation. ～하다 transplant (rice seedlings).

이야기 ① 《일반적》 (a) talk; (a) conversation; 《한담》 a chat; a gossip; 《연설》 a speech; an address. ～하다 speak 《*to a person; about* 〔*of*〕 *something*》; talk 《*to a person; about something*》; have a talk 〔chat〕 《*with*》. ¶ 사업 ～ a business talk / ～를 잘하다 〔못하다〕 be a good 〔poor〕 talker / 너에게 할 ～가 있다 I have something to talk about with you. / 그의 ～는 지루했다 His speech was boring. / ～가 좀 이상하게 들릴지 모르지만… It may sound strange, but…. ② 《설화》 a story; a tale. ～하다 tell a story 〔tale〕. ¶ 꾸민 ～ a made-up story / ～를 시작하다 begin to tell a story. ‖ ～꾼 a storyteller / ～책 a storybook. ③ 《화제》 a topic; a subject. ¶ ～를 바꾸자 Let's change the topic 〔subject〕. ④ 《소문》 (a) rumor. ¶ 그녀가 결혼한다는 ～가 있다 There is a rumor that she is going to get married. / 인근에 사는 사람들 ～에 의하면… According to the neighbors,.... ⑤《상담》 a consultation; a negotiation (교섭); an agreement (합의). ¶ 그 일에 관해 ～가 매듭지어지다 arrive at〔come to〕 an understanding〔agreement〕 about a matter《*with a person*》. ⑥《진술》 a statement. ～하다 state; relate; tell. ¶ 의견을 ～하다 state *one's* view.

이야말로[1] 《부사》 this very one〔thing〕; this indeed. ¶ ～ 우리에겐 안성맞춤이다 This is the very thing for us.

이야말로[2] 《조사》 indeed; precisely; exactly; just; the very. ¶ 이것 ～ 내가 원하던 것이다 This is the very thing〔just the thing〕 I wanted.

이양하다(移讓—) transfer; hand over. ¶ 정권을 ～ turn over the reins of government.

이어받다《사업 따위를》 succeed to; take over;《재산·권리·성질 따위를》 inherit. ¶ 부친의 사업을 ～ succeed to〔take over〕 *one's* father's business / 어머니로부터 미모를 ～ inherit good looks from *one's* mother.

이어(**서**)《계속하여》 continuously; in succession;《다음으로》 subsequently; after (that); then. ¶ 연 ～ one after another; successively / 축사에 ～ 건배를 했다 Following〔After〕 the congratulations, we drank a toast. / 불가사의한 사건들이 ～ 일어났다 Mysterious events occurred in succession.

이어지다《연결되다》 be connected〔linked〕《*with*》;《인도되다》 lead《*to*》;《계속되다》 continue; be continued. ¶ 태평양과 대서양은 파나마 운하로 이어져 있다 The Pacific and the Atlantic are linked by the Panama Canal. / 전화가 이어졌다 The telephone connected. / 사막은 몇 마일이나 이어져 있다 The desert continues for miles. 「if.

이언정 though; although; (even)

이엉 thatch. ¶ ～으로 지붕을 이다 thatch a roof with straw.

이에 hereupon; thereupon; on this; at this point.

이에서 than this. ¶ ～ 더한 기쁨은 없다 Nothing will give me more pleasure than this.

이에짬 a joint; a juncture; a junction.

이역(二役) a double role〔part〕. ¶ 1인 ～을 하다 play dual role; play the parts (of A and B).

이역(異域) an alien land; a foreign country.

이열(二列) two rows; a double column〔line〕. ¶ ～로 서다 form two rows; be drawn up in two lines.

이열치열(以熱治熱) Like cures like. *or* Fight fire with fire.

이염화물(二塩化物)〖化〗 bichloride.

이온〖化〗 an ion. ‖ ～층 ionosphere. 「다 slacken; relax.

이완(弛緩) slackness; laxity. ～하

이왕(已往) ①《명사》 the past; bygones;《부사》 already; now that; as long as; since. ¶ ～의 일은 묻지 마라《俗談》 Let bygones be bygones. / ～ 늦었으니 천천히 하자 It is already late, so let's take our time. ②《…인 이상, …할 바엔》 if; since; now that. ¶ ～ 하려면 큰 일을 하여라 If you do anything at all, do something great. / ～ 일을 시작했으니 다 마치도록 해라 Now that you have started the job, try to finish it. ③《이왕이면》 ¶ ～이면 프랑스 말을 배우겠다 As long as I am about it, I might as well take French. ‖ ～지사 bygones; the past.

이외(以外)《제외하고》 except (for); but; save;《그 외에 더》 besides; in addition to. ¶ 일요일 ～에는 매일 학교에 간다 go to school every day except on Sundays / 그는 이 책 ～에 다섯 권의 책을 썼다 He wrote five books besides this one.

이욕(利慾) greed; avarice. ¶ ～을 떠나서 regardless of *one's* gain.

이용(利用) ①《이롭게 씀》 use; utilization. ～하다 use; utilize; make (good) use of; put... to (good) use; make the most〔best〕 of. ¶ 원자력의 평화적인 ～ the peaceful use of atomic energy / 여가를 독서에 ～하다 utilize *one's* leisure time for reading / 기계의 ～법을 알려주다 tell how to use〔operate〕 the machine. ②《방편으로 씀》 ～하다 take advantage of; exploit. ¶ 아무의 허영심을 ～하다 exploit〔take advantage of〕 *a person's* vanity. ‖ ～가치 utility value (～가치가 있다 be worth using) / ～자 a user.

이용(理容) ‖ ～사 a barber; a hairdresser / ～업 barbers and beauty parlors business / ～학원 a barber's school.

이울다《시들다》 wither; fade;《달이》 wane.

이웃 the neighborhood(근처); *one's* neighbors(사람); the house next door(이웃집). ¶ ～에 살고 있다 live next door to《*a person*》/ ～에 있는 도시 a neighboring town / ～사촌《俗談》A good neighbor is better than a brother far off. ‖ ～돕기운동 a campaign to help needy neighbors.

이원(二元)〖哲〗 duality. ¶ ～적인 dual; dualistic. ‖ ～론 dualism / ～방송 simultaneous broadcast by two stations.

이원권(以遠權) 《항공의》 beyond rights; the right to fly beyond the 《*U.S.*》 destination into third countries.

이원제(二院制) a bicameral〔two-chamber〕system.

이월(二月) February (생략 Feb.).

이월(移越) a transfer; a carry-over. ～하다 transfer 《*to, from*》; carry forward〔over〕《*to*》; bring forward〔over〕《*from*》. ¶ 전기에서 ～ 〖簿記〗 brought forward (생략 BF) / 차기로 ～ 〖簿記〗 carried forward (생략 CF). ‖ 차기 ～금 the balance carried forward (to the next account).

이유(理由) a reason; a cause; ground(s) (근거); a pretext; an excuse (구실); a motive (동기). ¶ 충분한〔빈약한〕 ～ a good〔slender〕 reason / ～ 있는 well-grounded 〔-founded〕 / ～ 없는 groundless / ～가 서는 justifiable; excusable / ～ 없이 without reason〔cause〕; unreasonably (부당하게) / …한 이유로 by reason of...; because of...; for the reason of... / 무슨 ～로 for what reason; on what grounds; why / 결석한 ～를 말하라 Tell me why you were absent from school.

이유(離乳) weaning. ～하다 wean 《*a baby*》 (from its mother). ‖ ～기 the weaning period / ～식 baby food.

이윤(利潤) profit; gain. ☞ 이익.

이율(利率) the rate of interest. ¶ ～을 올리다〔내리다〕 raise〔reduce〕 the rate of interest. ‖ 법정 ～ the legal rate of interest.

이윽고 soon; presently; before long; shortly; in no time. ¶ ～ 그의 부친께서 나타나셨다 It was not long before his father showed up.

이음매 a joint; a juncture; a seam(솔기). ¶ ～가 없는 jointless; seamless / ～가 느슨해진다 The joint loosens. / 철판 ～에 금이 생겼다 Cracks appeared at〔around〕 the joint in the steel plate.

이의(異意) a different opinion.

이의(異義) a different meaning.

이의(異議) 《반대》 an objection; a protest (항의); dissent (불찬성). ¶ ～ 없이 without any objection / ～를 제기하다 object 《*to*》; raise an objection to; protest / ～ 있습니까 Does anyone have an objection? / ～ 있습니다 Objection! / ～ 없습니다 No objection! ‖ ～신청 《법정에서의》 a formal objection.

이익(利益) ① 《이윤》 (a) profit; gains; returns. ¶ ～이 있는 profitable; paying / 많은 ～을 올리다 make a large profit. ② 《편익·도움》 benefit; profit; good; interests; advantage(이점). ¶ ～이 되는 advantageous; beneficial / 공공의 ～을 위해 일하다 work for the public good / 그렇게 하는 것이 너에게 ～이 될 것이다 It will be to your benefit〔advantage〕 to do so. ‖ ～대표 a person representing the interests of a group / ～률 profitability / ～배당 a dividend / ～분배제도 a profit-sharing system / ～사회 a gesellschaft.

이인(二人) two men〔persons〕. ¶ ～분의 요리를 주문하다 order dinner for two. ‖ ～삼각(三脚) 《경주》 a three-legged race / ～승(乘) a two-seater / ～조 a pair 《*of criminals*》; 《口》 a duo; a twosome.

이인(異人) 《다른 이》 a different person; 《비범한》 a prodigy. ‖ ～종(種) an alien; a different race.

이입하다(移入—) import 《*into*》; bring in; introduce 《*into*》 (문물 등의).

이자(利子) interest. ¶ 1할의 ～로 at 10 percent interest / 비싼〔싼〕 ～로 at high〔low〕 interest / 무～로 without interest / ～가 붙다 yield〔bear〕 interest / ～를 붙여 돈을 갚다 pay back money with interest. ‖ ～소득 the income from interest.

이자택일(二者擇一) ☞ 양자택일(兩者擇一).

이장(里長) the head of a village.

이장하다(移葬—) exhume and bury in another place.

이재(理財) moneymaking; economy. ¶ ～에 밝다〔능하다〕 be clever at making money.

이재(罹災) suffering. ‖ ～구호기금 a relief fund / ～민 the sufferers; the victims / ～지구 the afflicted〔stricken〕 districts〔area〕.

이적(利敵) ～하다 profit〔benefit〕 the enemy. ‖ ～행위 an act which serves the interests of the enemy.

이적(移籍) the transfer of *one's* name in the register. ～하다 be transferred 《*to*》. ¶ (선수가) 타이거스로 ～하다 be transferred to the Tigers.

이적하다(離籍—) remove *one's* name from the family register.

이전(以前) ago; before; once. ¶ ～의 previous; past; one-time; former / ～에는 …이었다 used to be... / ～대로 as before / ～에 그를 만난 적이 있다 I have seen him before. / 그것은 훨씬 ～에 일어난 일이다 It happened long ago. / 그는 ～의 그로 돌아왔다 He is his former self again. / ～에는 그녀가 싫었다 Once I disliked her.

이전(移轉) a move; (a) removal; (a) transfer(권리의). ～하다 move. ¶ 그는 새 집으로 ～했다 He moved into a new house. / ～하는 곳 *one's* new address. ‖ ～등기 registration of a transfer《*of a person's estate to another*》/ ～통지 a notice of *one's* change of address; a removal notice.

이점(利點) (a point of) advantage. ¶ 이 기계는 운반과 작동이 편리하다는 ～이 있다 This machine has the advantage of being easy to carry and operate.

이정(里程) mileage; distance. ‖ ～표(表) a table of distances / ～표(標) a milestone; a milepost.

이제 now; 《더 이상》 no〔not any〕 longer〔more〕. ¶ ～ 막 just (now); a moment ago / ～까지 until now; up to the present / ～까지도 still; even now / ～라도 (at) any moment.

이조(李朝) the *Joseon* 〔*Yi*〕 dynasty.

이종(二種) ‖ ～우편물 the second-class mail (matter).

이종(異種) a different kind〔species〕. ‖ ～교배〖生〗 hybridization; crossbreeding.

이종사촌(姨從四寸) a cousin on *one*'s mother's side.

이주(移住) migration; emigration (외국으로); immigration (외국에서); a move(전거). ～하다 migrate; emigrate《*to*》; immigrate《*into*》; move to. ‖ ～민 an emigrant; an immigrant; a settler / ～지 《행선지》 the place where *one* is going to live; 《이주한 곳》 the place in which *one* has settled.

이죽거리다 ☞ 이기죽거리다.

이중(二重) ¶ ～의 double; twofold; duplicate / ～으로 double; twice; over again / ～으로 싸다 wrap《*a thing*》 double / ～이 되다 double / ～의 의미가〔목적이〕 있다 have a double meaning〔purpose〕/ 같은 책을 ～으로 사다 buy the same book twice. ‖ ～가격(제) double price (system) / ～결혼 bigamy / ～곡가제 the double grain price system; the two-tier price system for staple grains / ～과세 double taxation / ～국적 dual nationality / ～국적자 a person with dual nationality / ～모음〖音聲〗 a diphthong / ～부정(否定)〖文〗 a double negative / ～생활 a double life / ～인격 dual personality / ～인격자 a double-faced person; a Dr. Jekyll / ～장부 a double accounting system; dual bookkeeping for tax evasion / ～창〔주〕〖樂〗 a duet / ～창(窓) a double-paned window / ～촬영 an overlap / ～턱 a double chin.

이즈음, 이즘[1] ☞ 요즈음.

이즘[2] 《주의·설》 an ism.

이지(理智) intellect; intelligence. ¶ ～적인 intellectual《*activities*》; intelligent《*person*》. ‖ ～주의 intellectualism.

이지러지다 break (off); be broken; chip《*off*》; wane(달이). ¶ 달이 이지러지기 시작했다 The moon is on the wane.

이직(離職) ～하다 leave〔lose〕 *one's* job. ‖ ～률 the rate of people leaving their jobs; a turnover. / ～자 an unemployed person; 《집합적》 the jobless; the unemployed.

이질(姨姪) the children of *one's* wife's sister.

이질(異質) ¶ ～적인 of a different nature / ～문화에 접하다 experience a culture of a different nature.

이질(痢疾)〖醫〗 dysentery.

이집트 Egypt. ¶ ～의 Egyptian / ～사람 an Egyptian / ～말 Egyptian.

이쪽 ① 《이편》 this way〔side〕; our side. ¶ ～저쪽 this way and that / ～으로 오십시오 This way, please. ② 《우리 편》 our party; we; us.

이차(二次) ¶ ～의 second / ～적인 secondary. ‖ ～감염 secondary infection / ～공해 secondary pollution / ～방정식 a quadratic equation / ～에너지 the secondary energy / ～제품 secondary products / ～회 a party after a party; an after-feast / 제～세계대전 the Second World War; World War Ⅱ.

이착(二着) 《순위》 the second place; 《사람》 a runner-up.

이착륙(離着陸) takeoff〔taking off〕 and landing.

이채(異彩) ¶ ～를 띠다 be conspicuous; cut a conspicuous figure.

이처럼 like this; in this way〔manner〕; thus; so.

이첩하다(移牒―) transmit《*an order*》 to the office concerned; notify《*of, that*》.

이체(移替) transfer. ～하다 transfer《*to, into*》. ¶ 돈이 아직 ～되지 않은 것 같다 The money doesn't seem to have been transferred yet.

이체동심(異體同心) being different in form but same in mind; two bodies but one mind.

이축(移築) ～하다 dismantle《*a building*》 and reconstruct《*it*》 in a different place.

이층(二層) 《美》 the second floor〔story〕; 《英》 the first floor; the upper storey. ¶ ～에서 upstairs /

～에 올라가다 go upstairs. ‖ ～버스 a double-decker (bus) / ～집 a two-story house.

이치(理致) 《사리》 reason; 《원리 원칙》 principle. ¶ ～에 맞다 be reasonable; stand to reason.

이칭(異稱) another name; a different title.

이타(利他) ¶ ～적인 altruistic. ‖ ～주의 altruism / ～주의자 an altruist.

이탈(離脫) ～하다 secede from; break away from; leave 《*a party*》. ¶ 직장을 ～하다 desert *one's* post / 국적 ～ the renunciation of *one's* nationality. ‖ ～자 a seceder(당·동맹에서의); a bolter (탈영자).

이탈리아 Italy. ¶ ～의 Italian / ～사람 an Italian / ～어 Italian.

이태 two years.

이탤릭 《활자》 italic type; italics.

이토(泥土) mud.

이토록 so; like this. ¶ ～ 많은 so many〔much〕/ ～ 아침 일찍 at this early hour of (the) morning / ～ 부탁을 해도 그 일을 맡아주지 않는다 With all my asking, he still hasn't taken the job.

이튿날 《다음날》 the next〔following〕 day; 《초이틀》 the second (day of the month).

이틀[1] ① 《초이틀》 the second (day of the month); 《이틀째》 the second day. ② 《두 날》 two days. ¶ ～마다 every two days; every other day.

이틀[2] 《턱뼈》 a jawbone; 《의치》 a dental plate; a denture.

이판암(泥板岩) 〚鑛〛 shale.

이팔(二八) sixteen. ‖ ～청춘 a sixteen-year-old; sweet sixteen.

이편(一便) ① 《우리 편》 I; we. ② 《이쪽》 this side〔way〕.

이핑계저핑계 ¶ ～하여 on some pretext or other.

이하(以下) ¶ ～의 《기준을 포함해서》 ...or under; ...or fewer; 《불포함》 below; 《아래의》 the following / 10세 ～의 어린이 children of 10 years or under / 10인 ～ ten or fewer people /그의 성적은 평균 점수 ～였다 His marks were below the average. / 사장 ～ 수위에 이르기까지 from the president (down) to the watchman. ‖ ～동문 and so on〔forth〕; etc. / ～생략 The rest is omitted.

이학(理學) science. ¶ ～의 scientific. ‖ ～박사 a Doctor of Science (생략 D.Sc.) / ～부 the department of science / ～사 a Bachelor of Science(생략 B.Sc.).

이합집산(離合集散) meeting and parting; 《정당의》 changes in political alignment. ¶ 대통령 선거 운동 기간중 우리나라 정계는 ～이 계속되었다 There has been constant alignment and realignment in our politics during the presidential election campaign.

이항(移項) 〚數〛 transposition. ～하다 transpose.

이해(利害) interests; a concern; advantages and disadvantages (득실). ¶ ～의 충돌 a clash〔conflict〕 of interests / ～에 영향을 미치다 affect *one's* interests / ～관계가 있다 have an interest 《*in*》; be interested 《*in*》. ‖ ～관계자 the interested parties; the people〔parties〕 concerned / ～득실 advantages and disadvantages; gains and losses.

이해(理解) understanding; comprehension; appreciation. ～하다 understand; grasp(파악); make out; comprehend; appreciate(문학·예술의). ¶ ～할 수 있는 comprehensible; understandable / ～할 수 없는 incomprehensible; ununderstandable / ～가 빠르다〔더디다〕 be quick〔slow〕 of understanding / 음악을 ～하다 appreciate music; have an ear for music / ～하기 쉽다〔어렵다〕 be easy〔difficult〕 to understand / ～를 구하다 ask 《*a person*》 to understand / 그녀 남편은 ～심이 많다 She has an understanding husband. / 그의 말을 칭찬으로 ～했다 I took his words as〔to be〕 praise. ‖ ～력 (a power of) understanding; the comprehensive faculty.

이행(移行) a shift. ～하다 move; shift〔switch〕 (over) 《*to*》. ¶ 새로운 제도로 ～하다 shift to a new system. ‖ ～기간 a period of transition 《*from ...to*》; a transition period / ～조치 transition measures.

이행(履行) performance; fulfillment. ～하다 fulfill; carry out; perform. ¶ 계약을 ～하다 fulfill〔perform〕 a contract / 약속을 ～하다 fulfill〔carry out, keep, make good〕 *one's* promise / 충실히 의무를 ～하다 be faithful in the performance of *one's* duties. ‖ ～자 a performer.

이향(離鄕) ～하다 leave *one's* home〔native place〕.

이혼(離婚) a divorce. ～하다 divorce 《*one's wife*》; be divorced from 《*one's husband*》. ‖ ～소송 a divorce suit(～소송을 내다 sue for (a) divorce) / ～수당 alimoney / ～신고〔계〕 a notice of divorce; a divorce paper / ～율 a divorce rate / ～절차 divorce procedure〔formalities〕.

이화학(理化學) physics and chemistry.

이환(罹患) ～하다 contract a disease; be infected《*with*》. ‖ ～율(率) the disease〔infection〕rate.

이회(二回) twice; two times. ¶ 월 ～ twice a month / 제2회의 the second.

이후(以後) 《금후》 after this; from now on; 《이래》 after; since. ¶ 그 ～ since then / 4월 8일 ～ on and after April 8 / 오후 10시 ～에는 전화하지 마시오 Don't call me up after 10 p.m. 「after.

익년(翌年) the next year; the year

익다 ① 《과실 등이》 ripen; be〔get, grow〕ripe; mellow. ¶ 익은 ripe; mature; mellow / 익지 않은 green; unripe / 이 복숭아는 아직 익지 않았다 This peach is not ripe yet. ② 《음식이》 be boiled〔cooked〕. ¶ 잘 익은 well-done〔-cooked〕/ 이 호박은 빨리 익는다 This pumpkin cooks quickly. ③ 《익숙》 get〔become〕used〔accustomed〕《*to*》. ¶ 빨리 일이 손에 익도록 하여라 You must try to accustom yourself to the work. ④ 《시운·기회가》 be ripe; mature. ¶ 때가 익기를 기다리다 wait till the time is ripe / 정상 회담의 기운이 이제야 익어가고 있다 The time is now ripe for a summit conference. ⑤ 《술·김치 따위가》 ripen; mature; be well seasoned〔fermented〕. ¶ 통 속의 술이 익기를 기다리다 wait for the wine to mature in the cask.

익명(匿名) anonymity. ¶ ～의 anonymous / ～으로 anonymously / ～으로 기고하다 contribute to《*a magazine*》anonymously / ～의 편지 an anonymous letter.

익모초(益母草) 〖植〗 a motherwort.

익사(溺死) drowning. ～하다 be drowned. ¶ ～할 뻔하다 be nearly drowned. ‖ ～자 a drowned person / ～체 a drowned body.

익살 humor; a jest; a joke. ¶ ～스러운 humorous; witty / ～을 떨다 crack〔tell〕jokes. ‖ ～꾼 a humorist; a joker.

익숙하다 《친숙》 (be) familiar《*with*》; be well acquainted《*with*》; 《능숙》 be skilled〔experienced〕in; be good hand at. ¶ 익숙한 일 a familiar job / 미국 사정에 익숙한 사람 a man familiar with things American / 익숙한 솜씨로 with a practiced hand / …에 익숙해지다 get used to《*something, doing*》; grow〔be〕accustomed to《*something, doing*》/ 더위에 익숙해지다 get〔become〕used to the heat《*in Seoul*》/ 환경에 익숙해지다 be acclimated to *one's* new environment / 익숙하지 못한 손놀림으로 젓가락을 사용하다 use chopsticks awkwardly; be awkward in using chopsticks / 나는 외국인 여성과의 대화에 익숙지 않다 I'm not used to talking with foreign ladies.

익일(翌日) the next day.

익조(益鳥) a beneficial bird.

익충(益蟲) a beneficial insect.

익히다 ① 《익숙하게 하다》 make〔get〕*oneself* accustomed〔used〕to《*something, doing*》; accustom *oneself* to《*something, doing*》; train(훈련하다). ¶ 추위에 몸을 ～ accustom *oneself* to the cold / 영어 뉴스에 귀를 ～ train *one's* ear by listening to news in English. ② 《음식을》 boil; cook. ③ 《과실을》 mellow; ripen. ④ 《술·장을》 brew; ferment; mature. ¶ 술을 ～ brew rice wine / 김치를 ～ get *Kimchi* seasoned〔flavored〕.

인(仁) 《인자》 benevolence; humanity; 《유교의》 perfect virtue.

인(印) a seal; a stamp. ☞ 도장.

인(寅) 《십이지의》 the Tiger.

인(燐) 〖化〗 phosphorus (기호 P).

인가(人家) a house; a human dwelling. ¶ ～가 많은〔드문〕곳 a densely-〔sparsely-〕populated place.

인가(認可) approval; permission; authorization(행정상의). ～하다 approve; permit; authorize. ¶ ～를 얻다 have the permission《*to do*》; obtain〔get〕the authorization《*of*》.

인각하다(印刻—) engrave (a seal).

인간(人間) 《사람》 a human being; a human; a man; a mortal(언젠가는 죽을 운명의); 《인류》 man; mankind; 《인물》 character; personality. ¶ ～의 human; mortal / ～다운 생활 a life worthy of man / ～중심적인 man-centered / ～은 만물의 영장이다 Man is the lord of creation. / 그는 ～미가 없다 He is lacking in human feelings. ‖ ～개조 reform in humanity / ～공학 human engineering / ～관계 human relations / ～독 medical checkup; clinical survey / ～문화재 human cultural assets / ～생태학 human ecology / ～성〔사회, 애(愛)〕human nature〔society, love〕/ ～쓰레기 the dregs of society〔humanity〕; a junkie / ～자원개발 human resources development / ～존중 respect for man's life and dignity.

인감(印鑑) a (registered personal) seal; 《찍은》 a seal impression. ¶ ～을 등록하다 have *one's* seal impression registered. ‖ ～도장 *one's* registered seal / ～증명〔등록〕a certificate〔the registration〕

of *one's* seal impression.
인건비(人件費) labor costs; personnel expenses.
인걸(人傑) a great man; a hero; a great figure.
인격(人格) character; personality (개성). ¶ ～을 함양하다 build up *one's* character / ～을 존중〔무시〕하다 respect〔disregard〕 *a person's* personality. ‖ ～교육 character building / ～자 a man of noble character / ～형성 character shaping〔molding〕.
인경 a large curfew bell.
인계(引繼) taking over(인수); handing over(인도); succession(계승). ～하다 hand over〔transfer〕《*one's official duties*》 to 《*a person*》. ¶ 전임자로부터 사무를 ～ 받았다 I took over the duties from my predecessor.
인공(人工) human work〔skill, labor〕; art; artificiality (기교). ¶ ～적인 artificial; man-made; unnatural / ～적인 미 the beauty of art; man-made beauty / ～적으로 artificially. ‖ ～감미료 an artificial sweetener / ～강우 artificial rain(비); rainmaking(행위) / ～두뇌 a mechanical〔an electronic〕 brain / ～배양 artificial culture / ～부화 artificial incubation / ～수태〔수정〕 artificial conception〔fertilization〕/ ～심장 a mechanical heart / ～위성 an artificial satellite / ～임신중절〔유산〕 an (induced) abortion / ～잔디 artificial turf / ～장기 an artificial internal organ / ～피임 artificial contraception / ～혈액 artificial blood / ～호흡 artificial respiration.
인과(因果) 《원인과 결과》 cause and effect; 《운명》 fate; 《불운》 misfortune. ¶ ～라 여기고 체념하다 resign *oneself* to *one's* fate〔destiny〕. ‖ ～관계 causal relation (between two events) / ～율 the law of causality / ～응보 retribution; retributive justice.
인광(燐光) phosphorescence.
인구(人口) population. ¶ ～가 조밀〔희박〕한 곳 a thickly-〔sparsely-〕populated district / ～ 800만의 도시 a city「of eight million people〔with a population of eight million〕/ 부동(浮動) ～ a floating population / 주간〔야간〕 ～ the daytime〔nighttime〕 population / ～의 도시 유입 an influx of people into the cities / ～의 증가〔감소〕 an increase〔a decrease〕 in population / ～가 많다〔적다〕 have a large〔small〕 population. ‖ ～과잉 overpopulation / ～문제 the population problem / ～밀도 (a) population density / ～억제 population control / ～정책 a population policy / ～조사 a census / ～통계 population statistics; vital statistics(동태의) / ～폭발 (a) population explosion.
인권(人權) human rights; civil rights(공민권). ¶ 기본적 ～ the fundamental human rights / 서로 ～을 존중하다 respect each other's human rights. ‖ ～문제 a question of human rights / ～선언 the Declaration of the Rights of Man / ～옹호 the protection of human rights / ～유린〔침해〕 (a) violation of human rights; an infringement on personal rights.
인근(隣近) *one's* neighborhood; the vicinity. ¶ ～의 neighboring; nearby / ～주민들 neighbors.
인기(人氣) popularity; public favor. ¶ ～ 있는 popular / ～ 없는 unpopular / ～를 얻다 become popular; win popularity / ～를 얻기 위한 정책 a claptrap policy / ～를 잃다 lose *one's* popularity; become unpopular / ～ 절정에 있다 be at the height of *one's* popularity. ‖ ～가수 a popular singer / ～배우 an popular actor〔actress〕/ ～선수 a star player / ～소설 a sensational〔best-selling〕 novel / ～작가 a popular writer / ～주(株) an active stock / ～투표 a popularity vote / ～프로《TV 등의》 a hit program.
인기척(人―) ¶ ～이 없는 deserted; empty / 거리에는 전혀 ～이 없었다 The street was completely empty〔deserted〕.
인내(忍耐) patience; perseverance; endurance. ～하다 bear; endure; put up with. ¶ ～심 강하게 patiently; with patience / 그는 ～심이 강하다 He is very patient. ‖ ～력 powers of endurance.
인대(靭帶) 〖解〗 a ligament.
인덕(人德) *one's* natural virtue; *one's* personal magnetism. ¶ ～이 있다 be blessed with some sort of personal magnetism (which attracts people's favor) / 그것은 그의 ～에 의한 것이다 That depends on his natural virtue.
인덕(仁德) benevolence; humanity.
인덱스 an index〔*pl.* -dices, -es〕.
인도(人道) ① 《도덕》 humanity. ¶ ～적인 humanitarian; humane / ～적 견지에서 from the humanitarian point of view / ～적으로 다루다 treat 《*a person*》 humanely. ‖ ～주의 humanitarianism / ～주의자 a humanitarian. ② 《보도》 a footpath; a sidewalk 《美》. ‖ ～교 a footbridge.

인도(引渡) handing〔turning〕over; delivery(물품의); transfer(재산·권리의). ～하다 deliver《*goods*》; turn〔hand〕over《*to*》(죄인 등을); transfer《*property*》. ¶ 상품을 내일 오전 중에 ～하다 deliver the goods tomorrow morning / 도둑을 경찰에 ～하다 hand over a thief to the police / 범인 ～ 조약《국제간의》an extradition treaty.

인도(引導) guidance(지도); lead(선도). ～하다 guide; lead. ‖ ～자 a guide.

인도(印度) India. ¶ ～의 Indian / ～사람 an Indian / ～어 Hindustani. ‖ ～양 the Indian Ocean.

인도네시아 Indonesia. ¶ ～사람 an Indonesian / ～어 Indonesian.

인도차이나 Indochina; Indo-China. ¶ ～의 Indochinese / ～말 Indochinese / ～사람 a Indochinese.

인동초(忍冬草)〖植〗a honeysuckle.

인두 《바느질의》 a small heart-shaped iron;《납땜질의》a soldering iron.

인두(咽頭)〖解〗the pharynx. ¶ ～의 pharyngeal. ‖ ～염〖醫〗pharyngitis.

인두겁(人—) human shape〔mask〕. ¶ ～을 쓴 악마 a demon in human shape.

인두세(人頭稅) a poll〔head〕tax. ¶ ～를 거두다 levy a poll tax.

…인들 granted that it be〔is〕; even though it be〔is〕. ¶ 세 살 먹은 아이～ even a little child.

인디언 an〔a Red〕Indian.

인력(人力) human power〔strength〕; a manpower(공률의 단위). ¶ ～이 미치지 못하다 be beyond human power. ‖ ～감사 manpower inspection / ～동원 mobilization of manpower / ～비행기 a man-powered aircraft / ～수급계획 a manpower supply and demand plan / ～수출 export of labor force.

인력(引力)〖天〗《천체의》gravitation;《자기의》magnetism;《물질간의》attraction. ¶ ～이 있는 magnetic / 태양〔지구〕의 ～ solar〔terrestrial〕gravitation. ‖ ～권 the gravitation field《*of the earth*》.

인력거(人力車) a ricksha(w). ‖ ～꾼 a rickshaw-man.

인류(人類) the human race; human beings; humanity; humankind; man. ¶ ～의 human. ‖ ～사(史) the history of man / ～사회 human society / ～애 love for humanity / ～학 anthropology / ～학자 an anthropologist.

인륜(人倫)《도덕》morality;《인도》humanity. ¶ ～에 어긋나다 go against humanity; be immoral. ‖ ～도덕 ethics and morality.

인마(人馬) men and horses.

인망(人望) popularity. ¶ ～이 있는 popular / ～이 없는 unpopular / ～을 얻다 win〔gain〕popularity / ～을 잃다 lose *one's* popularity.

인맥(人脈) a line of personal contacts; personal connections〔relationships〕.

인면수심(人面獸心) a demon in human shape; a human monster.

인멸(湮滅) ～하다 destroy《*evidences*》.

인명(人名) a *person's* name. ‖ ～록 a directory; Who's Who《*in Korea*》/ ～사전 a biographical dictionary.

인명(人命) (human) life. ¶ ～의 손실 a loss of lives / ～을 구조하다 save (a) life / ～을 존중〔경시〕하다 have respect for〔place little value on〕human life. ‖ ～구조 lifesaving.

인문(人文) humanity;《문화》civilization; culture. ¶ ～의 cultural; humanistic. ‖ ～과학 the humanities; cultural sciences / ～주의 humanism / ～지리 human geography / ～학 human studies; humanities.

인물(人物) ①《사람》a man〔woman〕; a person; a character(별난); a figure(역사상의);《인격》character; personality. ¶ 큰 ～ a great man〔mind〕/ 위험 ～ a dangerous character〔person〕/ 요주의 ～ a man on the blacklist / 역사상의 ～ a historical figure / 작중의 ～ a character in a novel / ～을 보다 read *a person's* character / ～ 본위로 생각하다 judge *a person* chiefly by his character. ②《용모》a countenance; looks. ¶ ～이 못생긴 사람 an ugly person. ‖ ～가난 a dearth〔shortage〕of talented men / ～묘사 a character sketch / ～평 comments about a person / ～화 a portrait.

인민(人民) the people; the populace; the public. ¶ ～의, ～에 의한, ～을 위한 정치 government of the people, by the people, for the people. ‖ ～공사《중국의》a people's commune / ～공화국 a people's republic / ～재판 a people's〔kangaroo〕trial〔court〕/ ～전선 the people's front.

인박이다 fall〔get〕into the habit of《*doing*》; be addicted to.

인복(人福) the good fortune to have good acquaintances.

인본(印本) a printed book.

인본주의(人本主義) humanism.

인부(人夫)《일꾼》a laborer;《운반부》a porter; a carrier.

인분(人糞) human feces. ‖ ～비료

human manure; night soil.

인사(人士) a man〔men〕 of society; people; persons. ¶ 지명 ~ a noted〔well-known〕 person.

인사(人事) ① 《인간사》 human affairs; 《회사 등의》 personnel affairs. ¶ ~를 다하고 천명을 기다리다 Do your best and leave the rest to Providence. ‖ ~고과(考課) (the) assessment of an employee's performance / ~과 the personnel section / ~관리 personnel management / ~국 the personnel bureau / ~란(欄) personnel columns / ~부 the personnel department / ~위원회 a personnel committee / ~이동 personnel changes; a personnel reshuffle / ~행정 personnel administration. ② 《사교상의》 a greeting; a salutation; 《경의》 respects; 《축사·식사 따위의》 an address; a speech. ~하다 greet; salute; (make a) bow; pay *one's* respects; express 《*one's gratitude*》. ¶ ~를 주고 받다 exchange greetings〔bows〕 / ~시키다 《소개》 introduce / ~성이 밝다 have good manners / 도와 준 데 대한 고맙다는 ~를 표하다 express *one's* gratitude to 《*a person*》 for *his* help / 그는 손을 흔들며 우리에게 작별 ~를 했다 He waved good-bye to us. / 그녀는 ~도 없이 돌아가 버렸다 She left without even saying good-bye. / 나는 환영의 ~말을 했다 I gave a welcoming address. / 사장님께 ~드리러 왔습니다 I've come to pay my respects to the president. ‖ ~장(狀) a greeting card; a notice 《*of one's new address*》.

인사교류(人事交流) an interchange of personnel 《*between two Ministries*》.

인사불성(人事不省) unconsciousness; faint. ¶ ~이 되다 become unconscious; lose consciousness; faint.

인산(燐酸) 〖化〗 phosphoric acid. ‖ ~비료 phosphatic fertilizer / ~석회 phosphate of lime.

인산인해(人山人海) a crowd of people. ¶ ~를 이루다 lots〔a crowd〕 of people gather.

인삼(人蔘) a ginseng. ‖ ~차 ginseng tea.

인상(人相) looks; facial features; physiognomy. ¶ ~이 좋지 않은 evil-looking; sinister(-looking). ‖ ~서 a description of a man / ~학 physiognomy.

인상(引上) ① 《가격·임금의》 raise; increase. ~하다 increase; raise. ¶ 운임을 ~하다 raise the fare / 5%의 임금 ~을 요구하다 demand a five percent wage increase 〔raise〕. ② 《끌어올림》 pulling up. ~하다 pull〔draw〕 up.

인상(印象) an impression. ¶ ~적인 impressive / 첫~ the first impression / 좋은 ~을 주다 impress 《*a person*》 favorably; give〔make〕 a good impression 《*on a person*》 / …라는 ~을 받다 get the impression that… / ~을 남기다 leave an impression 《*on a person's mind*》; leave 《*a person*》 with an impression 《*of*》. ‖ ~주의 impressionism / ~파 the impressionist school.

인색하다(吝嗇―) (be) stingy; miserly; close-fisted; niggardly. ¶ 인색한 사람 a miser; a stingy fellow; a niggard.

인생(人生) life. ¶ ~의 목적 the aim in life / ~의 부침 the ups and downs of life / ~의 문턱에 서 있는 젊은이 a young man on the threshold of life〔a career〕 / ~이란 그런 거다 That's life. / ~은 종종 항해에 비유된다 Life is often compared to a voyage. / 제목이 「하숙생」인 한국 노래의 가사는 「~은 나그네길, 어디서 왔다가 어디로 가느냐」로 시작된다 A Korean song titled *Hasuksaeng*, whose lyric lines starts as "Life is a vagabonds path. Where do we come from? Where are we heading for?" ‖ ~관 *one's* view of life; *one's* outlook on life / ~철학 *one's* philosophy of life / ~항로 the path of *one's* life.

인선(人選) the choice〔selection〕 of a suitable person. ~하다 choose〔select〕 a suitable person 《*for*》.

인성(人性) human nature; humanity. ‖ ~학(學) ethology.

인세(印稅) a royalty 《*on a book*》. ¶ 정가 5%의 ~를 지불하다 pay a royalty of five percent on the retail price of the book.

인솔(引率) ~하다 lead; be in charge 《*of a party*》. ¶ …을 ~하여 leading a party of…. ‖ ~자 a leader.

인쇄(印刷) printing; print. ~하다 print. ¶ ~중이다 be in press / 원고를 ~에 넘기다 send an MS. 〔a manuscript〕 to (the) press / 이 책은 ~상태가 좋다〔나쁘다〕 This book is well〔poorly〕 printed. ‖ ~공〔업자〕 a printer / ~기 a printing machine〔press〕 / ~물 printed matter / ~소 a printing house〔shop〕 / ~술 (the art of) printing; typography.

인수(人數) the number of persons〔people〕.

인수(引受) 《부담》 undertaking; 《수락》 acceptance (어음의); underwriting(주식 등의); 《보증》 guaranty. ～하다 ☞ 인수하다. ¶ 어음의 ～를 거부하다 dishonor a bill. ‖ ～거절 nonacceptance 《*of*》 / ～어음 an accepted〔acceptable〕 bill / ～은행 an accepting〔underwriting〕 bank / ～인 《보증인》 a guarantor; 《어음의》 an acceptor.

인수(因數) 〖數〗 a factor. ¶ 2와 3은 6의 ～다 Two and three are factors of six. ‖ ～분해 factorization(～분해하다 factorize; break up into factors).

인수하다(引受―) 《일 따위를》 undertake; take on; 《계승하다》 take over 《*another's business*》; 《책임지다》 be responsible for; answer for; take charge of; 《보증하다》 guarantee. ¶ 어려운 기획을 ～ undertake a difficult project / 네가 손해를 보면 내가 인수하겠다 I'll answer for your possible losses. / 내가 그의 사업을 인수해서 사장이 되었다 I took over his work and became president. / 아무의 신원을 ～ guarantee *a person's* character.

인술(仁術) ¶ 의술은 ～이다 Medicine is a benevolent art.

인슐린 〖藥〗 insulin.

인스턴트 instant 《*coffee*》. ‖ ～식품 precooked〔convenience, fast〕 food.

인스피레이션 inspiration. ¶ …에서 ～을 얻다 get inspiration from…; be inspired by… / ～이 떠올랐다 I have had an inspiration.

인습(因襲) convention. ¶ ～적(으로) conventional(ly) / ～에 따르다〔을 깨다〕 follow〔break〕 an old custom.

인식(認識) 《인지》 recognition; 《이해》 understanding; 《자각》 awareness. ～하다 recognize; realize; understand; become aware; be aware 《*of*》. ¶ 바르게 ～하다 have a correct understanding 《*of*》 / ～을 새롭게 하다 see 《*a thing*》 in a new light / 문제의 중요성을 잘 ～하다 be fully aware of the importance of the matter. ‖ ～부족 lack of understanding / ～표(票) 《군인의》 an identification tag; a dog tag 《美俗》.

인신(人身) a human body. ¶ ～공격을 하다 make a personal attack on 《*a person*》. ‖ ～매매 traffic in human beings; slave trade / ～보호법 the Protection of Personal Liberty Act.

인심(人心) 《백성의》 public feeling(s); the sentiment of the people; 《사람의》 a man's mind 〔heart〕. ¶ ～이 좋다〔나쁘다〕 be warm-hearted〔cold-hearted〕; be humane〔heartless〕 / ～을 얻다〔잃다〕 win〔lose〕 the hearts of the people / ～을 현혹시키다 mislead the public / ～ 쓰다 be generous; grant 《*a person a favor*》.

인심(仁心) generosity; humanity.

인애(仁愛) charity; love; humanity.

인양(引揚) pulling〔drawing〕 up; salvage (침몰선의). ～하다 pull 〔draw〕 up; salvage; refloat. ¶ ～작업 《배의》 salvage work / 침몰선을 ～하다 salvage〔pull up〕 a sunken ship.

인어(人魚) 《상상적인》 a mermaid; a merman (수컷).

인연(因緣) 《인과》 cause and occasion; 〖佛〗 *karma;* fate; destiny; 《연분》 affinity; connection; relation. ¶ ～을 맺다 form relations / ～을 끊다 break off relations; cut connection / ～이 깊다 be closely related / ～이 멀다 have little relation / 돈과는 ～이 없다 Money and I are strangers. / 내가 그녀를 프랑스에서 만난 것은 아마 어떤 ～일 것이다 Perhaps I was predestined to meet her in France.

인용(引用) a quotation. ～하다 quote 《*from a book*》; cite 《*an instance*》. ¶ 밀튼의 한 구절을 ～하다 quote a passage from Milton. ‖ ～문 a quotation / ～부 quotation marks.

인원(人員) 《인원수》 the number of persons〔people〕; 《직원》 the staff; the personnel. ¶ ～이 부족하다 be short of staff〔labor〕; be understaffed〔short-handed〕 / ～을 제한하다 limit the number of persons / ～을 늘리다〔줄이다〕 increase〔reduce〕 the personnel. ‖ ～감축〔정리〕 a cut in personnel; a personnel reduction(～감축을 하다 reduce〔curtail, cut down〕 the personnel 《*of*》) / ～점호 a roll call.

인위(人爲) human work; artificiality. ¶ ～적(으로) artificial(ly) / 그 사고는 ～적인 과오가 누적되어 일어났다 That accident was caused by a series of human errors. ‖ ～도태 〖生物〗 artificial selection.

인육(人肉) human flesh. ‖ ～시장 a white slave market.

인의(仁義) humanity and justice.

인자(仁者) a benevolent person.

인자(仁慈) (love and) benevolence. ～하다 (be) benevolent; benign; clement; merciful.

인자(因子) a factor. ¶ 결정적인 ～ a determining factor / 유전～ a factor; a gene.

인장(印章) a seal (☞ 도장). ‖ ～위조 forgery of a seal / 위조～ a forged seal.

인재(人材) a talented〔an able〕 person; talent (총칭). ¶ ～를 등용하다 open positions to the talented / ～를 모으다〔구하다〕 collect〔look out for〕 talented people / ～가 부족하다 be short of talented people. ‖ ～스카우트 headhunting; a headhunter(스카우트하는 사람) / ～은행 a talent〔job〕 bank.

인적(人的) ‖ ～ 손해 the loss of manpower / ～ 자원 human〔manpower〕 resources; manpower.

인적(人跡) a trace of human footsteps; human traces. ¶ ～이 드문 산길 an unfrequented mountain path / ～미답의 땅 an untrodden region.

인절미 a glutinous rice cake.

인접(隣接) ～하다 adjoin; be adjacent《*to*》; be next《*to*》. ¶ ～한 도시 a neighboring town. ‖ ～지 adjacent land.

인정(人情) human feelings; human nature; humanity. ¶ ～이 많은 사람 a man of heart; a sympathetic〔warm-hearted〕 person / ～의 따뜻함 the milk of human kindness / ～에 약하다 be easily moved; be tender-hearted / ～에 이끌리다 be touched with pity / ～에 반하다 be against human nature / ～이 없다 be cold-hearted; be inhumane. ‖ ～미 a human touch; human warmth.

인정(仁政) benevolent government〔rule〕.

인정(認定) 《인가》 authorization; 《인지》 acknowledgment; recognition; 《승인》 approval; 《확인》 confirmation; finding. ～하다 recognize; admit; acknowledge; confirm; authorize. ¶ 전염병으로 ～되다 be recognized as a contagious disease / 사실의 ～을 서두르다 try to make a finding of the facts / 시인으로 ～받다 be acknowledged as a poet. ‖ ～서 a written recognition《*of championship*》.

인조(人造) ¶ ～의 artificial; imitative (모조); synthetic (합성). ‖ ～고무 synthetic rubber / ～보석 imitation jewel / ～섬유 synthetic〔chemical〕 fibers / ～염료 artificial dyes / ～인간 a robot; a cyborg / ～진주 an artificial pearl / ～피혁 artificial〔imitation〕 leather / ～호(湖) a man-made〔an artificial〕 lake.

인조견(人造絹) rayon; synthetic〔artificial〕 silk. ‖ ～사 rayon yarn.

인종(人種) a (human) race. ¶ ～적 편견 racial prejudice / ～적 차별 racial discrimination / ～의 평등 racial equality / 황〔백〕색 ～ the yellow〔white〕 races. ‖ ～문제 a racial problem / ～학 ethnology.

인주(印朱) vermilion inkpad; cinnabar seal ink. ‖ ～합 a red-ink pad.

인증(引證) (an) adduction. ～하다 adduce《*evidence*》; quote《*a fact*》.

인증(認證) attestation; certification. ～하다 certify; authenticate; attest. ‖ ～서 a certificate of attestation.

인지(人智) human intellect〔knowledge〕. ¶ ～가 미치지 못하는 beyond human knowledge.

인지(印紙) a revenue stamp. ¶ 영수증에 300원짜리 ～를 붙이다 put a 300-*won* revenue stamp on a receipt. ‖ ～세(稅) revenue-stamp duty / 수입～ ＝인지.

인지(認知) (legal) acknowledgment. ～하다 recognize; acknowledge. ¶ 사생아를 ～하다 acknowledge an illegitimate child as *one's* own. ‖ ～과학〔심리학〕 cognitive science〔psychology〕.

인지상정(人之常情) human nature; humaneness. ¶ 그런 때는 그렇게 하는 것이 ～이다 It's quite natural to do so on such an occasion.

인질(人質) a hostage. ¶ ～로 잡다 take〔hold〕《*a person*》 as a hostage / ～이 되다 be held〔taken〕 as hostage.

인책(引責) ～하다 take the responsibility on *oneself;* assume the responsibility《*for*》. ¶ ～ 사직하다 take the responsibility《*for something*》 on *oneself* and resign.

인척(姻戚) a relative by marriage; *one's* in-law《美》. ¶ ～ 관계에 있다 be related by marriage《*to*》.

인체(人體) the human body. ¶ ～의 구조 the structure of the human body / ～에 영향을 주다 affect the human body. ‖ ～모형 an anatomical model of the human body / ～실험 a living-body test; an experiment on living persons / ～해부(학) human anatomy.

인축(人畜) men and〔or〕 beasts; humans and animals. ‖ ～무해 No harm to man and beast.

인출(引出) 《예금의》 (a) withdrawal; drawing out. ～하다 draw out; withdraw. ¶ 은행에서 예금을 ～하다 draw *one's* money〔deposit〕 from the bank.

인치(引致) ～하다 take《*a person*》 into custody.

인치 an inch (생략 in.).

인칭(人稱) 〖文〗 person. ¶ 제1〔2, 3〕 ～ the first〔second, third〕 per-

son. ‖ ～대명사 a personal pronoun.
인커브 〖野〗 an incurve.
인코너 〖野〗 an incorner.
인터넷 《컴퓨터 통신망》 Internet.
인터뷰 an interview. ¶ ～하는 사람 an interviewer / ～받는 사람 an interviewee / …와 ～하다 (have an) interview with 《*a person*》.
인터체인지 《입체 교차료》 an interchange. ¶ 어느 ～에서 호남 고속도로로 들어가면 좋습니까 Which 〔What〕 interchange should we enter the Honam Expressway at?
인터페론 〖生化〗 interferon.
인터폰 an interphone.
인터폴 the Interpol. (◀ International Police)
인턴 《수련의》 an intern. ¶ ～ 근무를 하다 intern 《*at*》; serve *one's* internship 《*at a hospital*》.
인텔리(겐치아) the intelligentzia. ¶ 그는 ～다 He is an intellectual.
인토네이션 intonation.
인파(人波) a surging crowd (of people). ¶ ～에 휘말리다 be jostled in the crowd.
인편(人便) ¶ ～에 듣다 hear from someone.
인품(人品) 《풍채》 personal appearance; 《품격》 character; personality. ¶ ～이 좋은 사람 a person of respectable appearance / ～이 좋다 have a fine looking 〔personality〕.
인풋 〖컴〗 《입력》 (an) input. ☞ 입력(入力).
인플레이션 〖經〗 inflation. ¶ 악성 ～ vicious 〔unsound〕 inflation / ～을 초래하다 〔억제하다〕 cause 〔curb〕 inflation. ‖ ～경향 an inflationary trend / ～대책 anti-inflation measures / ～정책 an inflationary policy.
인플루엔자 〖醫〗 influenza; flu 《俗》.
인하(引下) ～하다 pull 〔draw〕 down; 《가격·정도를》 lower; reduce; 《값을》 cut. ¶ 물가를 〔임금을〕 ～하다 reduce 〔cut, lower〕 the price 〔wages〕.
인하다(因―) be due 〔owing〕 to; be caused by. ¶ 사고는 그의 부주의로 인한 것이었다 The accident was due to 〔caused by〕 his carelessness.
인해전술(人海戰術) 《adopt, use》 human-wave tactics.
인허(認許) ☞ 인가. ～하다 approve; authorize; recognize.
인형(人形) a doll; a puppet(꼭두각시). ¶ ～ 같은 doll-like. ‖ ～극 a puppet show.
인형(仁兄) 《편지에서》 Dear Friend.
인화(人和) harmony 〔peace and amity〕 among men. ¶ ～를 도모하다 promote the harmony among men.
인화(引火) ignition. ～하다 catch 〔take〕 fire; ignite. ¶ 매우 ～성이 높다 be highly inflammable. ‖ ～물질 the inflammable / ～점 the flash 〔ignition〕 point.
인화(印畫) a print. ～하다 print; make a print of. ‖ ～지(紙) printing paper.
인화물(燐化物) phosphide.
인회석(燐灰石) 〖鑛〗 apatite.
인후(咽喉) the throat. ‖ ～염(炎) a sore throat.
일 ① 《사항·사물》 a matter; an affair; a thing; something(어떤 일); 《사정·사실·경우》 circumstances; a fact; a case; 《말썽》 trouble. ¶ 좋은 ～ a good thing / 기분 나쁜 ～ an unpleasant matter; something unpleasant / 네가 말하는 ～ what you say / 생사에 관한 ～ a matter of life and death / 부부간의 ～ a private matter between a man and his wife / ～을 저지르다 cause trouble / 무슨 ～이 있어도 약속을 깨지 않다 keep a promise no matter what happens; do not break a promise under any circumstances / 그것은 틀림없는 ～이다 That is a straight fact. / 나는 할 ～이 많다 I have a lot of things to do. / ～이 ～인 만큼 극비를 요한다 The very nature of the affair requires secrecy. ② 《사건·사고》 an incident; an event; an accident; trouble. ¶ 어제의 ～ yesterday's incident; what happened yesterday / 아무 ～ 없이 일주일이 지나다 A week passes without accident 〔incident〕. / 무슨 ～만 있으면, 그는 신께 기도한다 Whenever he is in trouble, he prays to God for help. ③ 《작업·용무·일거리》 work; business; labor; a job; 《업무·임무》 a business; a task; a duty; (a) need(필요). ¶ 하루의 ～ a day's work / ～을 하다 work; do *one's* work 〔job〕 / ～에 쫓기다 be pressed 〔overloaded〕 with business; be under great pressure in *one's* work / ～이 손에 잡히지 않다 be unable to settle down to work; cannot concentrate on *one's* work / 공부는 학생이 해야 할 ～이다 It's a student's business 〔duty〕 to study. / 네 ～이나 잘 해라 Mind your own business. / 서두를 ～이 아니다 There is no need for haste. / 그는 ～하다가 쓰러졌다 He collapsed on the job 〔at work〕. / 그는 회사 ～로 뉴욕에 출장 중이다 He is in New York on the business of the company. ④ 《계획》 a plan; a program; 《음모》 a plot; a trick. ¶ ～을 꾀〔도모〕하다 make a plan; 《음모를》 conspire 〔intrigue〕 《*against*》 / ～을 진행시키다 carry a program forward. ⑤ 《경험》 an experience.

¶ 이 책을 읽은 ~이 있느냐 Have you ever read this book? / 그런 것을 들은 ~이 없다 I've never heard of such a thing. / 미국에 갔던 ~이 있다 I've been to America. ⑥《업적》an achievement; merits; services. ¶ 훌륭한 ~을 하다 render distinguished services

일(一) one; the first(첫째). ⌊《*to*》.

일가(一家) ① a household; a family; *one's* family(가족); 《친척》*one's* relations〔relatives〕. ¶ 김씨 ~ the (whole) Kim family; the Kims / 먼〔가까운〕 ~ *one's* distant 〔near〕 relatives / ~의 주인 the master of a house / ~를 이루다 make a home of *one's* own. ②《일파》a school. ¶ ~를 이루다 establish a school of *one's* own.

일가견(一家見) *one's* own opinion; a personal view. ⌈family.

일가족(一家族) one〔the whole〕

일각(一角) a corner; a section. ¶ 빙산의 ~ the tip of an iceberg / 정계의 ~ a section of political circles.

일각(一刻) a minute; a moment; an instant. ¶ ~의 지체도 없이 without a moment's delay; as soon as possible / ~이 여삼추다 feel a moment as if it were three years / ~을 다투다 There isn't a moment to lose.

일간(日刊) daily issue〔publication〕. ‖ ~신문 a daily (newspaper).

일간(日間) 《부사적》 soon; before long; at an early date; in a few days.

일갈(一喝) ~하다 thunder (out); roar 《*at a person*》.

일개(一介) ¶ ~의 a mere 《*student*》; only 《*a salesman*》/ 나는 ~ 교사에 지나지 않는다 I'm a mere schoolteacher.

일개(一個) one; a piece. ¶ ~년 one year / ~월 one month / 만 ~년 a full year.

일개인(一個人) an individual; 《사인》a private person. ☞ 개인.

일거(一擧) ¶ ~에 at a〔one, a single〕 stroke; at one effort〔swoop〕; all at once / ~에 적을 무찌르다 defeat the enemy by one charge; crush the enemy at a blow / ~양득을 노리다 aim to kill two birds with one stone. ‖ ~일동 every movement; *one's* every action (~일동을 지켜보다 watch *a person's* every movement).

일거리 a piece of work; a job; a task; things to do. ¶ ~가 있다 have work to do / ~가 없다 be out of job; have nothing to do.

일거수일투족(一擧手一投足) everything *one* does. ☞ 일거일동.

일건(一件) an affair; a case; a matter. ‖ ~서류 all the papers relating to a case.

일격(一擊) a blow; a stroke; a hit. ¶ ~에 at a blow; with one stroke / ~을 가하다 give〔deal〕《*a person*》 a blow.

일견(一見) a sight; a look〔glance〕. ~하다 take〔have〕 a look 《*at*》; give a glance 《*at*》. ¶ ~하여 at a look〔glance〕; at first sight / 백문이 불여~이다 Seeing is believing.

일계(日計) a daily account; daily expenses. ‖ ~표 a daily trial balance sheet.

일고(一考) ~하다 take 《*a matter*》 into consideration; give a thought 《*to*》. ¶ ~할 여지가 있다 leave room for further consideration.

일고(一顧) ¶ ~의 가치도 없다 be quite worthless; be beneath *one's* notice / ~도 않다 take no notice 《*of*》; give no heed 《*to*》.

일곱 seven; the seventh(7번째).

일과(一過) ¶ ~성의 temporary; transitory.

일과(日課) 《수업》a daily lesson; 《일》a daily task; daily work 〔routine〕. ¶ 합숙 중의 ~를 정하다 plan the daily schedule for the camp. ‖ ~표 a schedule 《*of lessons*》.

일관(一貫) ~하다 be consistent. ¶ ~하여 consistently; from first to last / 그의 언동은 ~되지 않는다 His statements and his actions are inconsistent. / 그는 시종~ 암 연구에 전념했다 He was devoted to cancer research throughout his career. ‖ ~성(性) consistency / ~작업 one continuous operation; an integrated production process(생산 설비의); a conveyor system(단위 공정의).

일괄(一括) ~하다 lump together; sum up. ¶ ~하여 in a lump; collectively; in bulk(대량으로) / 교재를 ~하여 주문하다 order teaching materials in bulk / 세 개의 법안이 ~ 상정되었다 Three bills were brought up together for discussion. / 이 문제들은 ~ 처리할 수 있다 Those problems can be dealt with collectively. ‖ ~계약 a blanket contract; a package deal / ~구입 a blanket purchase / ~사표 a resignation *en masse* / ~안(案) a package plan.

일광(日光) sunlight; sunshine; sunbeams(광선); the sun. ¶ 강한 ~ glaring sunlight; the strong sun / ~에 쬐다 expose 《*something*》 to the sun / ~을 들이다 let in sunlight / ~이 안 들어오게

커튼을 치다 draw the curtains to shut out the sun. ‖ ～소독 disinfection by exposure to the sun / ～욕 a sunbath; sunbathing (～욕을 하다 sunbathe; bathe in the sun).

일구난설 (一口難說) being difficult to explain in a word〔briefly〕.

일구다 cultivate〔reclaim〕《*waste land*》; bring《*waste land*》under cultivation.

일구월심 (日久月深) ¶ ～으로 single-mindedly; earnestly; with all *one's* heart / 그녀는 ～ 남편만을 기다렸다 She waited only for her husband with all her heart.

일구이언 (一口二言) being double-tongued. ～하다 be double-tongued; go back on *one's* word〔promise〕.

일군 (一軍) ① 《전군》 the whole army〔force〕. ② 《제1군》 the First Army.

일그러지다 be distorted〔contorted〕. ¶ 고통으로 일그러진 얼굴 a face distorted with pain; a tortured face.

일급 (一級) the first class. ¶ ～의 first-class〔-rate〕; 《an article》 of the highest quality / 그의 솜씨는 ～이다 He does an excellent job. ‖ ～품 first-class goods.

일급 (日給) daily wages. ¶ ～으로 일하다 work by the day. ‖ ～노동자 a day laborer.

일굿거리다 be rickety〔shaky〕.

일기 (一期) ① 《기간》 a term; a period; 《병의》 a stage. ¶ 제～생 the first term students / 제～의 결핵 tuberculosis in its first stage. ② 《일생》 *one's* whole life; *one's* lifetime. ¶ 50세를 ～로 죽다 die at the age of fifty.

일기 (一騎) a (single) horseman. ¶ ～당천의 용사 a mighty warrior.

일기 (日記) a diary; a journal. ¶ ～를 쓰다 keep〔write〕 *one's* diary / ～에 쓰다 write in a diary. ‖ ～장 a diary.

일기 (日氣) weather (☞ 날씨). ‖ ～개황 general weather conditions / ～도 a weather map〔chart〕 / ～예보 a weather forecast〔report〕.

일기죽거리다 sway *one's* hips.

일깨우다 《자는 사람을》 wake 《*a person*》 up early in the morning; 《깨닫게 하다》 make 《*a person*》 realize 《*something*》; open 《*a person's*》 eyes to 《*something*》.

일껏 《애써》 with much trouble〔effort〕; at great pains.

일꾼 ① 《품팔이》 a laborer; a workman; a worker; a farmhand(농사의). ② 《역량있는 사람》 a competent and efficient man; a man of ability.

일년 (一年) a〔one〕 year. ¶ ～의 yearly; annual / ～에 한 번 once a year; annually / ～내내 all the year round / ～ 걸러 every other〔second〕 year; biennially.

일년생 (一年生) ① 《학생》 a first-year student; 《대학·고교의》 a freshman 《美》. ② 〖植〗 ‖ ～식물 an annual plant.

일념 (一念) a concentrated mind; an ardent wish. ¶ 어머니를 만나고 싶다는 ～으로 가출하다 run away from home out of an earnest desire to see *one's* mother.

일다[1] ① 《파도·바람·연기 등이》 rise; 《소문·평판이》 spread. ¶ 어디선가 연기가 일고 있다 Smoke is rising from somewhere. / 파도가 높이 일고 있다 The sea is running high. / 그가 살해당했다는 소문이 일었다 There rose〔spread〕 a rumor that he had been murdered. ② 《번성해지다》 prosper; flourish. ¶ 호경기로 사운이 크게 일었다 The company has prospered because of a business boom.

일다[2] 《쌀 따위를》 wash〔rinse〕 《*rice*》.

일단 (一端) one end(한 끝); a part (일부). ¶ 생각의 ～을 말하다 tell something of what *one* thinks 《*about*》 / 계획의 ～을 누설하다 reveal a part of the project.

일단 (一團) a party; a group. ¶ ～의 관광객 a party of tourists / ～이 되어 in a group〔body〕.

일단 (一旦) 《한번》 once; 《우선》 for the present. ¶ ～ 유사시엔 in an emergency in a national crisis / ～ 지금은 이것으로 끝내자 Let's stop here for the present.

일단락 (一段落) ¶ ～ 짓다 settle *a matter* for the time being; complete the first stage 《*of the work*》.

일당 (一堂) ¶ ～에 모이다 gather in a hall〔room〕.

일당 (一黨) 《한 정당》 a party; 《한패》 a gang 《*of robbers*》. ¶ ～일파에 치우치지 않다 be unpartisan 《*in foreign affairs*》; be nonparty / ～ 4명을 체포하다 arrest a group of four men. ‖ ～독재 one-party rule〔dictatorship〕.

일당 (日當) daily allowance〔pay, wages〕. ¶ ～으로 일하다 work by the day / ～ 5천 원을 지불하다 pay five thousand *won* a day.

일당백 (一當百) being a match for a hundred.

일대 (一代) 《일세대》 one generation; 《일생》 *one's* whole life; *one's* lifetime. ¶ ～의 영웅 the great hero of an age. ‖ ～기 a biography; a life / ～잡종 an F_1 hybrid.

일대 (一帶) 《일원》 the whole area

〔district〕; the neighborhood《of》. ¶ 서울 ~에 throughout〔all over〕Seoul.

일대(一大) great; grand; remarkable. ¶ 국가의 ~사 a matter of great consequence to the nation / (모임이) ~ 성황을 이루다 be a great success / ~ 용단을 내리다 take a decisive step; make a brave decision.

일더위 early summer heat.

일도(一刀) ¶ ~양단하다 《비유적》 take a drastic measure〔step〕; cut the Gordian knot; do without beating about the bush.

일독(一讀) ~하다 read 《*a book*》 through; look 《*a report*》 over; run *one's* eyes over 《*a paper*》.

일동(一同) all; everyone. ¶ 가내 ~ all *one's* family / 회원 ~ all the member / ~을 대표하여 on behalf of everybody.

일되다 mature early; grow〔ripen〕early.

일득일실(一得一失) ¶ 그것은 ~이다 It has its advantages and disadvantages. / ~이 세상사다 Every gain has its loss.

일등(一等) 《등급》 the first class〔grade, rank〕; 《제1위》 the first place〔prize〕. ¶ ~석으로 여행하다 travel first-class〔in a first-class cabin〕. ‖ ~국 a first-class power / ~병 Private First Class (생략 Pfc.) / ~상 《win》 the first prize / ~성(星) a star of the first magnitude / ~(승)객 a first-class passenger / ~품 a first-grade article.

일떠나다 《일찍 떠나다》 leave early in the morning.

일란성(一卵性) ‖ ~쌍생아 identical twins.

일람(一覽) ~하다 have〔take〕a look at; run through; run *one's* eyes over. ¶ ~ 후 30일 불의 payable at thirty days after sight / ~하신 후 되돌려 주십시오 Please return it to me after looking through it. ‖ ~불 어음 a bill payable at〔on〕sight; a sight〔demand〕bill / ~표 a table; a list.

일러두기 introductory remarks; explanatory notes.

일러두다 tell *a person* 《*to do*》; bid *a person* 《*do*》. ¶ 단단히 ~ give strict orders.

일러바치다 inform〔tell〕on 《*a person*》; let on 《*to your teacher about*》. ¶ 그는 어머니께 내가 한 짓을 일러바쳤다 He told my mother on me.

일러주다 ① 《알려주다》 let 《*a person*》 know; tell; inform. ② 《가르치다》 teach; instruct; show.

일렁거리다 bob up and down; toss; rock (on the waves).

일렉트론 〖理〗 an electron.

일력(日曆) a daily pad calendar.

일련(一連) ¶ ~의 a series of 《*games*》; a chain of 《*events*》 / ~의 살인 사건 a chain of murders. ‖ ~번호 consecutive numbers; serial numbers (~번호를 붙이다 number 《*the cards*》 consecutively).

일련탁생(一蓮托生) a pledge to rise or sink together. ¶ ~이다 be in the same boat.

일렬(一列) a row; a line; a rank (가로의); a file (세로의). ¶ ~로 줄서다 form〔stand in〕a line〔row, queue 《英》〕.

일례(一例) an example; an instance. ¶ ~를 들면 for example〔instance〕/ ~를 들다 give an example.

일로(一路) ¶ ~ 서울을 향하다 head straight for Seoul.

일루(一縷) ¶ ~의 희망 a ray of hope / ~의 희망을 품다 cling to *one's* last hope.

일루(一壘) first base. ¶ ~에 나가다 go (to) first base. ‖ ~수 the first baseman / ~타 a base hit.

일류(一流) ¶ ~의 first-class; first-rate; top-ranking; top-notch 《口》 / ~ 식당 a first-rate restaurant 《*in town*》 / ~ 호텔 a first-class hotel / ~의 외교관 a diplomat of the first rank / 당대 ~의 물리학자 one of the most eminent physicians of the day. ‖ ~교(校) (one of) the best-known schools / ~병 a passion〔kick〕for top class / ~회사 (one of) the top-ranking companies.

일류미네이션 illumination. ¶ ~장치를 한 illuminated.

일률(一律) ¶ ~적으로 《균등히》 evenly; uniformly; 《무차별로》 impartially / 그들 모두를 ~적으로 다룰 수는 없다 We cannot apply the same rule to them all.

일리(一理) some truth〔reason〕. ¶ 그의 말에도 ~는 있다 There is some truth in what he says.

일리일해(一利一害) ☞ 일득일실.

일말(一抹) a touch 《*of melancholy*》; a tinge 《*of sadness*》. ¶ ~의 불안을 느끼다 feel slightly uneasy 《*about*》.

일망타진(一網打盡) ~하다 make a wholesale arrest 《*of*》; round up 《*a gang of criminals*》.

일매지다 (be) even; uniform.

일맥(一脈) ¶ ~ 상통하는 점이 있다 have something in common 《*with*》.

일면(一面) ① 《한 면》 one side. ¶ 성격의 어두운 ~을 보이다 show a dark side of *one's* character / 너

는 문제의 ～만을 보고 있다 You see only one side of the matter. / 그녀는 얌전하지만 마음이 강한 ～도 있다 On the one hand she is quiet, but on the other she is determined. ② 《신문의》 the front page. ¶ (신문의) 제～에 보도하다 report 《*something*》 on the front page.

일면식(一面識) ¶ 그와는 ～도 없다 He is a complete stranger to me. *or* I have never met him before.

일모작(一毛作) single-cropping 《*of rice*》. ¶ 여기는 ～ 지역이다 This is a single-crop area.

일목(一目) a glance. ¶ ～요연하다 be obvious; be clear at a glance.

일몰(日沒) sunset; sundown. ¶ ～후〔전〕 after〔before〕 sunset / ～에서 일출까지 from sundown to sunrise.

일문(一門) ① 《일족》 a family; a clan. ② 《집안》 *one's* kinsfolk; 《종파》 the whole sect.

일문일답(一問一答) (a series of) questions and answers; a dialogue. ～하다 exchange questions and answers.

일미(一味) a good〔superb〕 flavor.

일박(一泊) a night's lodging. ～하다 stay overnight; put up 《*at a hotel*》 for the night; pass a night 《*at*》. ‖ ～여행 《make》 an overnight trip 《*to*》.

일반(一般) ¶ ～의 general; 《보편적인》 universal; 《보통의》 common; ordinary; 《대중의》 public / ～적으로 generally (speaking); in general; as a (general) rule; on the whole / ～적인 지식〔교양〕 general knowledge〔culture〕 / ～ 사람들〔대중〕 the general public; the public at large / ～ 대중의 의견 public opinion / ～에게 개방되어 있다 be open to the public / ～에게 알려지다 become public knowledge; become known to a wide public / ～용의 for popular〔general〕 use / 이 상품은 ～ 취향에 맞게 한 것이다 This article is aimed at the popular taste. / 그 작가는 ～ 독자에게는 인기가 없다 The writer is not popular with general readers. / 이 관습은 한국에서 ～적이다 This custom is common in Korea. ‖ ～교양과목 liberal arts; a general education subject / ～의(醫) a general practitioner / ～화(化) generalization (～화하다 generalize; popularize) / ～회계 (the) general account.

일반사면(一般赦免) an amnesty; a general pardon.

일발(一發) a shot. ¶ ～의 총성 a gunshot; the sound of a gun.

일방(一方) 《한 쪽》 one side; the other side(딴 쪽). ¶ ～적인 unilateral; one-sided / ～적인 견해 a one-sided view of things / ～적으로 떠들어대다 speak one-sidedly / ～적인 승리를 거두다 win a lopsided〔runaway〕 victory. ‖ ～통행 one-way traffic; 《게시》 One Way (Only).

일번(一番) the first; No. 1. ¶ ～의 the first / ～ 문제에 답하시오 Answer Question No. 1 〔the first question〕. ‖ ～타자 〖野〗 a lead-off man.

일벌 〖蟲〗 a worker bee.

일벌백계(一罰百戒) One punishment equals a hundred warnings.

일변(一邊) 《한 변》 a side. ¶ 삼각형의 ～ a side of a triangle.

일변(一變) a complete change. ～하다 change completely. ¶ 태도를 ～하다 change *one's* attitude altogether.

일변(日邊) daily interest.

일변도(一邊倒) ¶ 그들은 미국 ～이다 They are completely pro-American. *or* They are wholly devoted to American interests. ‖ ～정책 a lean-to-one-side policy.

일별(一瞥) a glance; a look. ～하다 glance 《*at, on*》; cast a glance 《*at*》.

일병(一兵) ☞ 일등병.

일보(一步) a step. ¶ ～～ step by step / ～ 전진〔후퇴〕하다 take a step forward〔backward〕 / ～도 양보하지 않다 do not yield an inch.

일보(日報) a daily report; 《신문》 a daily (newspaper).

일보다 carry on *one's* business; take charge of a business.

일본(日本) Japan. ¶ ～의 Japanese. ‖ ～국민 the Japanese (people) / ～말 Japanese; the Japanese language / ～인 a Japanese.

일봉(一封) 《금일봉》 an enclosure 〔a gift〕 of money.

일부(一夫) a husband. ¶ ～종신하다 remain faithful to *one's* husband to the last. ‖ ～다처 polygamy / ～일처 monogamy.

일부(一部) 《일부분》 a part; a portion; a section. ¶ ～의 partial; some / ～의 사람들 some people / …의 ～를 이루다 form (a) part of….

일부(日賦) a daily installment. ‖ ～금 daily installment payment / ～판매 sale on daily-installment terms.

일부러 《고의로》 intentionally; on purpose; deliberately. ¶ 너 ～ 그랬지 You must have done it on purpose. / ～ 오시게 해서 미안합니다 I am sorry to have troubled

you to come so far.
일부분(一部分) ☞ 일부(一部).
일사(一死) 〖野〗 one out. ¶ ～ 만루가 됐다 The bases were loaded with one out.
일사(一事) one thing. ‖ ～부재리(不再理) 〖法〗 a prohibition against double jeopardy / ～부재의(不再議) the principle that the same matter should not be debated twice in the same session 《*of the Assembly*》.
일사병(日射病) sunstroke. ¶ ～에 걸리다 be sunstruck; have sunstroke.
일사분기(一四分期) the first quarter of the year.
일사불란(一絲不亂) ～하다 《서술적》 be in perfect 〔precise〕 order.
일사천리(一瀉千里) ¶ ～로 rapidly; in a hurry; at a stretch / ～로 일을 처리하다 rush through *one's* work.
일산(日産) 《생산고》 daily output 〔production〕; 《일본산》 Japanese products; 《of》 Japanese make. ¶ ～ 300대의 자동차를 생산하다 put 〔turn〕 out 300 cars a day.
일산화(一酸化) ‖ ～물 monoxide / ～질소 nitrogen monoxide / ～탄소 carbon monoxide.
일삼다 《일로 삼다》 make it *one's* business 《*to do*》; 《전심》 devote *oneself* to 《*something*》; 《탐닉》 give *oneself* up to; do nothing but…. ¶ 술마시기를 ～ do nothing but drink; be given to drink.
일상(日常) every day; daily; usually. ¶ ～의 daily; everyday / ～하는 일 daily work 〔business〕 / ～ 일어나는 일 everyday affairs; daily happenings. ‖ ～생활 everyday 〔daily〕 life / ～업무 daily business; routine work / ～회화 everyday conversation.
일색(一色) ① 《한 빛》 one color. ② 《미인》 a rare beauty. ③ 《비유적》 ¶ ～으로 exclusively / 위원회는 공화당 ～이다 The committee seats are exclusively occupied by Republicans.
일생(一生) a lifetime; *one's* (whole) life. ¶ ～의 사업 *one's* lifework / ～일대의 좋은 기회 the chance of a lifetime / ～에 한 번 once in a lifetime.
일석이조(一石二鳥) ¶ 이 제안을 받아들이면 ～가 된다 If we accept this proposal, we can kill two birds with one stone.
일선(一線) a line; 《전선·실무의》 the front (line); the fighting 〔first〕 line. ¶ ～ 외교관들 the first-line diplomats / 그는 아직 제～에서 활약 중이다 He is still now one of the leading figures. ‖ ～근무 field 〔active〕 service.
일설(一說) ¶ ～에 의하면 according to one opinion 〔theory〕; someone says….
일세(一世) ① 《그 시대》 the time; the age. ¶ ～를 풍미하다 command the world 〔time〕. ② 《일대》 a generation; 《왕조의》 the first. ¶ 헨리 ～ Henry I 〔the First〕.
일소(一笑) a laugh. ¶ ～에 부치다 laugh 《*a matter*》 off 〔away〕; dismiss 《*a matter*》 with a laugh; shrug 《*a matter*》 off.
일소(一掃) ～하다 sweep 〔wash〕 away; clear away 〔off〕; wipe 〔stamp〕 out. ¶ 악습을 ～하다 sweep away all the bad customs / 의혹을 ～하다 clear away *one's* suspicion.
일손 ① 《하고 있는 일》 the work in hand. ② 《일솜씨》 skill at a job. ¶ ～이 오르다 improve in *one's* skill. ③ 《일하는 사람》 a hand; a help; a worker. ¶ ～이 모자라다 be short of hands / ～ 부족으로 고통받다 suffer from a shortage of workers / ～이 필요하다 We need helping hands.
일수(日收) a loan collected by daily installment. ‖ ～쟁이 a moneylender who collects by daily installment.
일수(日數) ① 《날수》 the number of days. ② 《날의 운수》 the day's luck. ☞ 일진(日辰).
일순간(一瞬間) an instant; a moment. ¶ 그것은 ～에 일어난 일이었다 It all happened in a moment 〔flash〕.
일습(一襲) a suit 《*of clothes*》; a set 《*of tools*》.
일승일패(一勝一敗) one victory and 〔against〕 one defeat.
일시(一時) 《한때》 at one time; once; 《잠시》 for a time 〔while〕; 《임시로》 temporarily. ¶ ～적인 momentary; temporary; passing / ～에 at the same time (동시에); all together (한꺼번에) / ～적으로 temporarily / ～적인 흥분 momentary excitement / ～적인 현상 a passing phenomenon / ～적인 미봉책 a temporary expedient; a makeshift / 그는 ～ 서울에 살았다 He lived in Seoul at one time. / 그들은 ～에 떠들기 시작했다 They got noisy all at once. / 그런 스타일은 ～적인 유행에 지나지 않는다 Such a style is only a passing fashion. ‖ ～귀휴제(歸休制) a layoff system / ～불(拂) payment in a lump sum / ～차입금 a floating debt; a temporary loan.
일시(日時) the date (and time); the time.
일시금(一時金) a lump sum. ¶ ～

을 받고 퇴직하다 retire on a lump sum.

일식(日蝕) 〖天〗 an eclipse of the sun; a solar eclipse.

일신(一身) oneself; *one's* life. ¶ ～을 바치다 devote *oneself* to《*the movement*》/ ～상의 상담을 하다 consult《*a person*》about *one's* personal affairs / ～상의 사정으로 회사를 그만두다 leave the company for personal reasons.

일신(一新) ～하다 renew; renovate; change completely; refresh (기분을). ¶ 면목을 ～하다 assume a new aspect / 학교 건물은 외관을 ～했다 The schoolhouse has been renovated.

일신교(一神敎) monotheism. ‖ ～도 a monotheist.

일심(一心) 《한마음》 one mind;《전심》*one's* whole heart; wholeheartedness. ¶ ～으로 intently; with *one's* whole heart; wholeheartedly / 부부는 ～ 동체이다 Husband and wife are one flesh. / 우리는 ～ 동체이다 We are of one mind.

일심(一審) the first trial. ¶ ～에서 패소하다 lose a case at the first trial. ‖ 제～법원 a court of the first instance.

일수 habitual practice. ¶ 그는 남을 비웃기 ～다 He's always sneering at others.

일약(一躍) 《부사적》 at a〔one〕 bound; at a jump; with a leap. ¶ ～ 유명해지다 spring〔leap〕into fame / 평사원에서 ～ 사장이 되었다 From a mere clerk he became a president at a bound.

일어(日語) Japanese; the Japanese language.

일어나다 ①《잠자리에서》rise; get up. ¶ 일찍 일어나는 사람 an early riser / 일어나 있다 be up; be out of bed / 밤늦게까지 일어나 있다 sit up late at night. ②《일어서다》 get〔stand〕 up; rise (to *one's* feet);《기운을 되찾다》recover; regain *one's* strength. ¶ 의자에서 ～ rise from *one's* chair〔seat〕/ 벌떡 ～ jump〔spring〕 to *one's* feet / 중병을 앓고 ～ recover from *one's* serious illness / 간신히 ～ scramble to *one's* feet. ③《발생하다》 happen; occur; take place; come about〔up〕; break out(재해 따위가). ¶ 어떤 일이 일어나도 여기서 꼼짝하지 마라 No matter what happens, don't move from here. / 비오는 날에는 사고가 일어나기 쉽다 Accidents are likely to occur 〔take place〕on rainy days. / 화재가 일어난 것은 한밤중이었다 It was about midnight when the fire broke out. ④《출현·생겨나다》 spring up; come into existence 〔being〕; 《융성해지다》 prosper; rise; flourish. ¶ 새로운 산업이 일어났다 A new industry has sprung up lately. / 그의 사업은 다시 일어나기 시작했다 His business began to prosper again. ⑤《기인하다》 be caused《*by*》; result〔arise, stem〕《*from*》; originate《*in*》. ¶ 오해로 일어난 불화 a discord which originate in a misunderstanding / 홍수로 일어난 피해 the damage resulting from the flood / 그 분쟁은 인종적 편견에서 일어났다 The trouble came〔resulted〕 from racial prejudice. ⑥《불이》 begin 〔start〕 to burn;《열·전기 등이》 be produced〔generated〕. ¶ 불은 창고에서 일어났다 The fire started in the barn.

일어서다 ①《기립》 ☞ 일어나다②. ¶ 일어서《구령》Rise!; Stand up! ②《분기하다》rise (up)《*against*》; stand up and take action. ¶ 사람들은 폭정에 항거하여 일어섰다 People rose (up) against tyranny.

일언(一言) a (single) word. ¶ 남자의 ～ a man's word (of honor) / ～반구의 사과도 없이 without a single word of apology / ～지하에 거절하다 refuse flatly; give a flat refusal.

일언이폐지(一言以蔽之) One sentence can cover the whole. ¶ ～하다 express in a single word.

일없다 (be) needless; useless. ¶ 이렇게 많이는 ～ I don't need so many〔much〕.

일엽편주(一葉片舟) a small boat.

일요(日曜) ‖ ～예배 Sunday service(s) / ～일 Sunday / ～특집《신문의》a Sunday supplement / ～판《신문의》a Sunday edition.

일용(日用) ¶ ～의 for everyday 〔daily〕 use. ‖ ～식료품 staple articles of food / ～품 daily necessities.

일원(一元) ¶ ～적인 unitary. ‖ ～론 monism / ～화 unification; centralization(～화하다 unify).

일원(一員) a member. ¶ 이제 너는 우리 클럽의 ～이다 Now you are a member of our club.

일원(一圓) ☞ 일대(一帶). ¶ 경기 ～에서 throughout〔all over〕 the *Kyŏnggi* region.

일원제(一院制) the single-chamber 〔unicameral〕 system.

일월(一月) January (생략 Jan.).

일월(日月) 《해와 달》the sun and the moon;《세월》time; days (and months).

일위(一位) 《첫째》 the first〔foremost〕 place; the first rank. ¶ ～를 차지하다 stand〔rank〕 first; win〔get〕 first place.

일으키다 ①《세우다》raise; set up;

pick 《*a child*》 up. ¶ 넘어진 노인을 ~ set〔help〕 an old man on his legs / 환자는 천천히 몸을 일으켰다 The patient slowly raised himself in bed. ② 《깨우다》 wake (up); awake. ③ 《창립·설립하다》 set up; establish; start; found; 《번영케 하다》 make prosperous. ¶ 새로운 사업을 ~ start a new business / 나라를 크게 ~ bring a nation to great prosperity / 나라를 일으킨 영웅 a hero who aroused the nation. ④ 《야기하다》 cause; bring about; lead to; give rise to. ¶ 소동을 ~ raise〔cause〕 a disturbance / 호기심을 ~ arouse〔excite〕 *a person's* curiosity / 뇌빈혈을 ~ have an attack of cerebral anemia. ⑤ 《기타》 ¶ 전기를 ~ generate electricity / 소송을 ~ bring a suit〔case〕 against 《*a person*》 / 불을 ~ make〔build〕 a fire.

일의대수(一衣帶水) ¶ 영국과 유럽은 ~를 끼고 있다 Only a narrow strait lies between England and Europe.

일익(一翼) ¶ ~을 담당하다 play a part 《*in the industrialization of the region*》; have a share 《*in Korea's foreign trade*》 / 그는 그 사업의 ~을 담당하고 있다 He is equally responsible for carrying out the project.

일익(日益) day by day; increasingly; more and more. ¶ 사태는 ~ 악화되는 것 같다 The situation is likely to go from bad to worse.

일인(一人) one person〔man〕. ‖ ~ 독재 one-man dictatorship / ~ 이역 《play》 a double role / ~자 the number-one man; the leading figure.

일인(日人) a Japanese; the Japanese (총칭).

일인당(一人當) for each person; per *capita*〔head〕. ¶ 인구 ~ per head of population / ~ 연간 소득 annual income for each person / ~ 만원씩 모으다 collect a ten thousand *won* for each person.

일일(一日) a〔one〕 day; 《초하루》 the first day (of a month).

일일이[1] 《일마다》 everything; in every thing〔case〕; all; without exception. ¶ ~ 간섭하다 meddle in everything.

일일이[2] 《하나씩》 one by one; point by point; 《상세히》 in detail; in full. ¶ 계획을 ~ 설명하다 explain the plan point by point / ~ 조사하다 examine 《*things*》 one by one / ~ 보고하다 report in full.

일임(一任) ~하다 leave; entrust. ¶ 만사를 너에게 ~한다 I will leave everything to you. / 그 일은 너에게 ~할 수 없다 I can't let you handle the matter. / 나는 그 공장에서 생산 관리를 ~받고 있다 I am entrusted with the production management in the factory.

일자(日字) ☞ 날짜.

일자리 a position; a job; work. ¶ ~를 잃다 lose *one's* job / ~를 주다 give work / ~를 구하다 look〔hunt〕 for a job / ~를 찾았다 I've found a job.

일자무식(一字無識) (utter) ignorance; illiteracy. ‖ ~꾼 an (utterly) illiterate person.

일잠 ¶ ~ 자다 go to bed early.

일장(一場) ① 《연극의》 a scene. ② 《한바탕》 a〔one〕 time; a round. ¶ ~의 연설을 하다 make a speech; deliver an address / ~춘몽이 되다 vanish like an empty dream.

일장일단(一長一短) merits and demerits. ¶ 이들 계획에는 각각 ~이 있다 Each of these plans has its merits and demerits.

일전(一戰) 《싸움》 a battle; a fight; 《승부》 a game; a bout. ¶ 최후의 ~ a last-ditch fight 《*against*》 / …와 ~을 겨루다 fight a battle with; 《경기》 have a game〔bout〕 《*of chess,* etc.》.

일전(日前) the other day; some〔a few〕 days ago; recently. ¶ ~에 그와 만났다 I met him recently. / 그는 ~에 라디오를 샀다 He bought a radio set the other day.

일절(一切) altogether; wholly; entirely. ¶ ~ …하지 않다 never *do;* do not *do* at all / 나는 이 일과 ~ 관계가 없다 I have nothing whatever to do with this affair.

일정(一定) ~하다 (be) fixed; set; settled; definite; regular(규칙적인); certain(특정의). ¶ ~한 기간내에 within a fixed period / ~한 간격을 두고 at regular intervals / ~한 비율로 at a fixed rate / ~한 장소 a certain place / ~한 직업 a regular occupation; a steady job / ~ 불변의 invariable; fixed and unchangeable / ~한 수입을 가지다 have a regular income / 물품세는 주에 따라 ~하지 않다 The sales tax varies according to the States.

일정(日程) the day's program〔schedule〕; 《의사 일정》 an agenda. ¶ ~을 세우다〔바꾸다〕 plan〔alter〕 the day's program / (의사) ~에 올라 있는 사항 the items on the day's agenda. ‖ ~표 a schedule; an itinerary(여행의).

일제(一齊) ¶ ~히 all together(다 같이); at the same time; all at once(동시에); in a chorus(이구동성으로) / 관객들은 ~히 웃었다 The audience laughed all together.

‖ ～검거 a wholesale arrest; a roundup / ～사격 a volley (of fire) (～사격하다 fire a volley).

일조(一朝) ¶ ～ 유사시에 in case of emergency / ～일석에 in a day 〔short time〕; overnight / 이것은 ～일석에 해결될 문제가 아니다 This is not a problem that can be solved 〔settled〕 overnight.

일조(日照) sunshine. ‖ ～권 〖法〗 the right to sunshine / ～시간 hours of sunlight.

일족(一族) 《친족》 relatives; kinsmen; 《가족》 the whole family; 《씨족》 the 《*Kim's*》 clan.

일종(一種) a kind; a sort; a species; a variety (변종). ¶ ～의 a kind 〔sort〕 of / 이것은 장미의 ～이다 This is a kind of rose.

일주(一周) one round. ～하다 go 〔travel, walk〕 round; make a round 《*of*》. ¶ 세계 ～ 여행을 하다 make a round-the-world trip / 트랙을 ～하다 run once around the race track. ‖ ～기(期) 〖天〗 a period / ～기(忌) the first anniversary of *a person's* death / ～년 기념일 the first anniversary 《*of the opening*》.

일주(一週) 《일주일》 a week. ¶ ～일회(의) once a week; weekly.

일지(日誌) a diary; a journal.

일직(日直) day duty. ～하다 be on day duty. ‖ ～장교 an orderly officer; an officer of the day.

일직선(一直線) a straight line. ¶ ～으로 in a straight line.

일진(一陣) ① 《군사의》 a military camp; the vanguard (선봉대). ② 《바람》 ¶ ～의 광풍 a gust of wind.

일진(日辰) 《운수》 the day's luck. ¶ ～이 좋다〔사납다〕 It is a lucky 〔an unlucky〕 day 《*for*》.

일진월보(日進月步) ～하다 make rapid progress.

일진일퇴(一進一退) ～하다 advance and retreat. ¶ ～의 접전 a seesaw game / 그(의 상태)는 ～한다 He's better one minute 〔day〕 and worse the next.

일찌감치 a little early 〔earlier〕. ¶ ～ 집을 떠나다 leave home a bit earlier (than usual) / ～ 저녁을 먹다 have an early supper.

일찍이 ① 《이르게》 early (in the morning); 《어려서》 early in life; in *one's* early days. ¶ ～ 부모를 여의다 lose *one's* parents at an early age. ② 《전에》 once; (at) one time; before; formerly; ever (의문문에서); never (부정문에서). ¶ 그녀는 ～ 여배우 노릇을 한 일이 있다 She was once 〔formerly〕 an actress. / 이러한 일은 ～ 들어본 일이 없다 I have never heard of such a thing.

일차(一次) ¶ ～의 first; primary / 제～ 처칠 내각 the first Churchill Cabinet / 제～ 세계대전 World War I. ‖ ～방정식 a simple 〔linear〕 equation / ～산업〔산품〕 primary industries 〔products〕 / ～시험 a primary examination.

일차원(一次元) ¶ ～의 one-dimensional; unidimensional.

일착(一着) ① 《경주의》 (the) first place; the first to arrive (사람). ～하다 come in first; win the first place. ② 《옷의》 a suit 《*of clothes*》. ☞ 벌.

일책(一策) a plan; an idea.

일처다부(一妻多夫) polyandry.

일천(日淺) ～하다 (be) short; be not long (서술적). ¶ 아버님께서 사망하신지 아직 ～하다 It's been only a short time since my father died.

일체(一切) all; everything. ¶ ～의 all; every; whole / ～의 관계를 끊다 cut off all relations 《*with*》; wash *one's* hands of 《*a matter*》.

일체(一體) ¶ ～가 되어 in a body; as one body / ～가 되어 일하다 work as one body / 부부는 ～다 Man and wife are one flesh. ‖ ～감 a sense of unity / ～화 unification; integration.

일촉즉발(一觸卽發) a touch-and-go situation. ¶ 두 나라는 ～의 위기에 있다 Relations between the two countries are strained to the breaking point.

일축(一蹴) ～하다 《거절하다》 refuse 《*a request*》 flatly; reject 〔turn down〕 《*a proposal*》; 《경기에서》 beat 《*the team*》 easily.

일출(日出) sunrise; sunup 《美》.

일취월장(日就月將) ～하다 make rapid progress. ☞ 일진월보.

일층(一層) ① 《건물》 the first floor 《美》; the ground floor 《英》. ‖ ～집 a one-story house. ② 《한결》 more; still more; all the more.

일치(一致) 《부합》 agreement; accord; coincidence (우연의); (a) harmony (조화). ～하다 agree 〔accord〕 《*with*》; coincide 《*with*》. ¶ 전원의 의견이 ～하다 reach (a) consensus 《*on a matter*》 / 의견의 ～를 보다 come to an agreement / 두 사람의 의견은 완전히 ～하고 있다 The two are in perfect agreement. / 심판들의 의견은 ～하지 않았다 The opinions of the judges did not coincide. / 우리는 우리의 목적을 위해 ～ 협력하여야 한다 We must cooperate 〔join forces〕 to accomplish our purpose. / 만장 ～로 그는 대장에 선출되었다 He was elected captain by a unanimous vote. *or* They unanimously elected him captain. ‖ ～단결

union; solidarity; total cooperation / ~점 a point of agreement.

일컫다 call; name.

일탈(逸脫) ~하다 deviate〔depart〕《*from*》. ¶ 권한을 ~하다 overstep *one's* authority.

일터《근무처》*one's* place of work; 《작업장》*one's* workplace; a workshop. ¶ ~로 가다 go to work.

일파(一派) a school; a party; a faction. ¶ 김씨 ~ Kim and his followers.

일패도지(一敗塗地) ~하다 suffer a crushing defeat.

일편(一片) a piece; a bit; a scrap. ¶ ~의 양심도 없는 사내 a man without even a trace of conscience. ‖ ~단심 a sincere〔devoted〕heart.

일편(一篇) a piece《*of poetry*》.

일폭(一幅) a scroll《*of Oriental painting*》.

일품(一品)《벼슬의》〖史〗the first rank of office;《상등품》an article of top quality;《요리의》a dish; a course. ‖ ~요리 a one dish meal; an *à-la-carte* dish.

일품(逸品) a superb〔fine〕article. ¶ 전체 수집품 중의 ~ the gem of the whole collection.

일필휘지(一筆揮之) ~하다 write with one stroke of a brush.

일하다 work; labor; do *one's* work; serve《*at*》(근무). ☞ 일.

일한(日限) a (fixed) date; a time limit. ☞ 기한.

일할(一割) ten percent; 10%.

일행(一行) ①《동아리》a party; a company; a troupe(배우 등의). ¶ 한씨 ~ Mr. Han and his party / ~에 끼다 join the party. ②《한 줄》a line; a row;《시의》a line of verse.

일화(逸話) an anecdote; an episode. ¶ 그에 대한 재미있는 ~가 있다 An amusing story〔anecdote〕is told about him. ‖ ~집 a collection of anecdotes.

일확천금(一攫千金) ~하다 make a fortune at a stroke. ¶ ~을 꿈꾸다 dream of making a fortune at a stroke. ‖ ~주의 an idea of making a fortune at a stroke; a get-rich-quick-idea.

일환(一環) a link. ¶ …의 ~을 이루다 form a link in the chain of《*events*》; form a part of《*the campaign*》….

일회(一回)《한 번》once; one time; 《승부》a round; a game; a bout(권투의); an inning(야구의). ¶ 주 ~ once a week. ‖ ~분(分)《약의》a dose / ~전 the first round / ~초〔말〕〖野〗the first〔second〕half of the first inning.

일흔 seventy; threescore and ten.

일희일비(一喜一悲) ~하다 be glad and sad by turns; cannot put *one's* mind at ease. ¶ ~하면서 restlessly; in suspense.

읽다 ① read;《정독하다》peruse;《독송하다》recite; chant(경문을). ¶ 소리내어 ~ read《*a passage*》out〔aloud〕/ 몇 줄씩 건너 뛰어 ~ skip over a few lines / 한 자씩 더듬거리며 ~ spell *one's* way through《*a book*》/ 대충대충 ~ run〔glance〕over《*a book*》/ 책을 ~가 잠들다 read *oneself* to sleep / 이 잡지에는 읽을거리가 없다 This magazine has little reading matter in it. / 그가 사망한 것을 신문에서 읽었다 I read about his death in the newspaper. ②《파악·이해하다》read; see; understand. ¶ 행간을 ~ read between the lines / 상대의 수를 ~ read the next move of the opponent / 그의 의도를 읽었다 I saw〔understood〕his intention. / 그는 사람의 마음을 잘 읽는다 He is good at reading other people's heart.

읽히다《읽게 하다》get《*a person*》to read; have《*a book*》read《*by a person*》;《읽혀지다》be widely-read.

잃다 lose; miss. ¶ 아버지를 ~ lose〔be bereaved of〕*one's* father / 신용을 ~ lose *one's* credit《*with something*》/ 도망칠 수 있는 기회를 ~ miss〔lose〕an opportunity to escape / 자동차 사고로 아들을 ~ lose *one's* son in a car accident / 수학에 흥미를 ~ lose interest in mathmatics / 그는 직장〔재산〕을 잃었다 He lost his job〔fortune〕.

임《남자》a lover;《여자》a love; a sweetheart.

임간(林間) ‖ ~학교 an open-air〔a camping〕school.

임검(臨檢) an official inspection; a search; boarding(배의). ~하다 make an inspection《*of*》; (raid and) search《*a house for something*》; (board and) search《*a ship*》.

임계(臨界) ¶ ~의 critical. ‖ ~각〔온도, 압력〕the critical angle〔temperature, pressure〕.

임관(任官) an appointment; a commission(장교의). ~하다 be appointed《*to an office*》; be commissioned. ¶ 소위로 ~하다 be commissioned a second lieutenant.

임균(淋菌) a gonococcus [*pl.* -cocci].

임금《군주》a king; a sovereign.

임금(賃金) wages; pay. ¶ 하루 5만 원의 ~으로 일하다 work at a wage of 50,000 *won* a day / 기준 ~ the standard〔basic〕wages / 능률 ~ efficiency wages / 명목〔실질〕~ nominal〔real〕wages / 최고〔최저〕

～ maximum〔minimum〕wages. ‖ ～격차 a wage differential / ～근로자〔생활자〕a wageworker《美》; a wage earner / ～수준 a wage level (～수준을 억제하다 hold〔keep〕down the wage level) / ～인상 a rise〔an increase〕in wages / ～인하 a wage decrease〔cut〕/ ～체계 a wage structure〔system〕/ ～투쟁 a wage struggle.

임기(任期) *one's* term of office〔service〕. ¶ ～를 끝내다〔채우다〕serve out *one's* term / 대통령의 ～는 5년이다 The term of the President is five years.

임기응변(臨機應變) ～하다 act according to circumstances. ¶ ～의 expedient; emergency / ～으로 as the occasion demands; according to circumstances / ～의 조치를 취하다 take emergency measures; resort to a temporary expedient.

임대(賃貸) lease; letting out (on hire). ～하다 lease《*the land*》; rent《*a house*》; let out (on hire). ¶ 집을 여름 동안 ～하다 lease *one's* house for the summer. ‖ ～가격 a rental value / ～료 (a) rent; charterage(선박의) / ～아파트 a rental apartment / ～인 a lessor / ～차(借) lease; letting and hiring; charter (선박의) / ～차 계약 a lease contract.

임면(任免) ～하다 appoint and dismiss. ‖ ～권 the power to appoint and dismiss.

임명(任命) appointment. ～하다 appoint《*a person*》to《*a post of mayor*》; name〔nominate〕《*a person*》for《*a position*》. ¶ ～된 사람 an appointee; a person nominated《*as a chairperson*》. ‖ ～권 the power of appointment / ～식 the ceremony of appointment.

임무(任務) a duty; a task; a mission(사명). ¶ ～를 다하다 do *one's* duties〔part〕; carry out *one's* task / ～를 받다 take up〔on〕the task; take over the duties / 특별 ～를 띠고 거기에 가다 go there on a special mission.

임박(臨迫) ～하다 draw near; be imminent; be impending. ¶ ～한 impending; imminent / 죽음이 ～하다 *one's* time is drawing near.

임부(姙婦) a pregnant woman; an expectant mother. ‖ ～복 a maternity dress.

임산물(林産物) forest products.

임산부(姙産婦) expectant and nursing mothers.

임상(臨床) ¶ ～의 clinical / ～적으로 clinically. ‖ ～강의 a clinical lecture / ～경험 clinical experience / ～실험 clinical trials〔tests〕/ ～심리학 clinical psychology / ～의(醫) a clinician / ～의학 clinical medicine; clinics / ～일지 a physician's diary.

임석(臨席) ～하다 attend; be present《*at*》. ¶ 아무의 ～하에 with *a person* in attendance. ‖ ～경관 a policeman present.

임시(臨時) ¶ ～의 temporary(일시적인); special(특별한); extraordinary(보통이 아닌) / ～로 temporarily; specially; extraordinarily / ～직 an odd〔extra〕job; a casual labor / ～로 고용하다 engage *a person* temporarily. ‖ ～고용자 a temporary〔extra〕employee / ～국회 an extraordinary session of the National Assembly / ～뉴스 a special newscast; news special / ～비 extraordinary expenses(지출); a reserve fund for contingencies(예산) / ～열차 a special train / ～예산 a provisional budget / ～정부 a provisional government / ～증간(增刊) an extra edition / ～총회 an extraordinary general meeting / ～휴교 temporary school closing; a special school holiday / ～휴업 temporary closure《*of a shop*》.

임시변통(臨時變通) a makeshift; a temporary expedient. ～하다 make shift with《*a thing*》; resort to a temporary expedient. ¶ ～의 방책 a stopgap measure / ～으로 이것을 쓰십시오 Use this as a makeshift. / ～으로 백만원이 필요하다 I want a million *won* for the immediate expenses.

임신(姙娠) pregnancy; conception. ～하다 become〔get〕pregnant; conceive. ¶ ～시키다 make《*a girl*》pregnant / 그녀는 ～하고 있다 She is pregnant. *or* She is expecting.《口》/ 그녀는 ～ 6개월이다 She is six months pregnant. ‖ ～기간 a pregnancy period / ～중독 toxemia of pregnancy / ～중절 an abortion.

임야(林野) forests and fields.

임업(林業) forestry. ‖ ～시험장 a forestry experiment station.

임용(任用) appointment. ～하다 appoint《*a person*》to《*a post*》.

임원(任員)《회사·위원회의》an executive《美》; a director;《총칭》the board. ‖ ～실 an executive office / ～회 the board meeting; a board of directors.

임의(任意) option. ¶ ～의 any; optional(선택 자유의); voluntary(자발적인); arbitrary(제멋대로의) / ～의 장소 any place / 자백의 ～성 the voluntariness of *one's* confession / ～로 optionally; voluntarily; as *one* pleases / 그것

은 ~로 처분해도 괜찮다 You may do with it as you please. / 경찰관은 그녀에게 ~ 동행을 요구했다 The policeman asked her to go voluntarily to the police station with him. ‖ ~단체 a private organization neither controlled nor protected by law / ~선택 option; free choice / ~조정(調停) voluntary arbitration〔mediation〕/ ~추출법(抽出法)〖統計〗random sampling / ~출석 voluntary appearance.

임자 ①《주인》the owner; the proprietor. ¶ ~없는 ownerless; 《a dog》belonging to nobody. ②《당신》you; dear; honey.

임전(臨戰) ~하다 go into action. ‖ ~태세 (a state of) preparedness for war (~태세를 갖추다 be ready〔prepared〕for war).

임정(臨政) ☞ 임시정부(臨時政府). ‖ ~요인 key figures of the provisional government.

임종(臨終) ①《죽을 때》*one's* dying hour; *one's* last moments; *one's* deathbed. ¶ ~의 말 *one's* last〔dying〕words / 그에게 이제 ~이 다가오고 있다 His end〔time〕is near. / ~입니다 He〔She〕is now in his〔her〕last moments. ②《임종시의 배석》~하다 be with〔wait upon〕*one's* parent's death. ¶ 나는 아버지 ~에 늦지 않기를 간절히 바랬다 I ardently wished to be in time for the death of my father.

임지(任地) *one's* post; *one's* place of duty. ¶ ~로 떠나다 go to〔set out for〕*one's* new post.

임질(淋疾)〖醫〗gonorrhea. ¶ ~에 걸리다 suffer from gonorrhea.

임차(賃借)《부동산의》lease;《차·말 등의》hire; hiring. ~하다 lease 《*land*》; rent《*a house*》. ‖ ~료 rent; hire / ~인 a leaseholder; a tenant(토지·가옥의); a hirer (차·수레 따위의).

임파(淋巴)〖解〗lymph. ‖ ~선(염) (the inflammation of) the lymphatic gland / ~액 lymph.

임하다(臨―) ①《마주 서다》face《*on*》; front《*on*》; look down 《*upon*》. ¶ 바다에 임한 집 a house facing〔fronting〕the sea. ②《당하다》meet; face《*a problem*》; be confronted《*by*》. ¶ 죽음에 임하여 on *one's* deathbed / 우리는 단결해서 이 난국에 임해야 한다 We have to face this difficult situation in a body. ③《임석하다》attend 《*a meeting*》; be present at《*a ceremony*》. ④《담당하다》undertake; take charge of《*something*》. ¶ 변호에 ~ take charge of《*a person's*》defense / 그 교섭에 ~ take〔have〕charge of conducting the negotiations.

임학(林學) forestry. ‖ ~자 a dendrologist; a forestry expert.

임해(臨海) ¶ ~의 seaside; coastal; marine / (도시의) ~ 지역 a waterfront. ‖ ~공업지대 a coastal industrial zone〔region〕/ ~도시 a coastal city / ~생물연구소 a marine biological laboratory / ~학교 a seaside school / ~행락지 a seaside resort.

입 ①《사람·동물 등의》the mouth. ¶ ~이 큰 big-mouthed / 한 ~ 먹다 take〔have〕a bite of《*sandwiches*》/ ~을 크게 벌리다 open *one's* mouth wide / ~에서 냄새가 나다 have foul〔bad〕breath / ~을 다물다 shut *one's* mouth / 소문이 ~에서 ~으로 전해졌다 The rumor passed from mouth to mouth. / 나는 놀라서 ~이 딱 벌어졌다 I was open-mouthed with surprise. ②《말》speech; words; tongue. ¶ ~이 가볍다 be talkative / ~이 무겁다〔뜨다, 걸다〕be close-mouthed〔slow of speech, foul-mouthed〕/ ~을 조심하다 be careful of *one's* speech / ~을 모아 말하다 say in chorus〔unison〕/ ~을 열다 break the silence; utter; disclose / ~을 다물다 stop talking / ~ 밖에 내다 talk〔speak〕of; mention; reveal; disclose / 남의 ~에 오르다 be gossiped about; be in everyone's mouth. ③《미각》*one's* taste; *one's* palate. ¶ ~에 맞다 be to *one's* taste / 이 요리는 내 ~에 안 맞는다 This food is not to my liking〔taste〕. ④《부리》a bill (넓적한); a beak (갈고리 모양의). ⑤《식구》a mouth to feed; a dependent.

입가 the mouth; lips(입술). ¶ ~에 미소를 띄우고 with a smile about *one's* mouth〔lips〕.

입가심 ~하다 take away the aftertaste; kill the《*bitter*》taste / ~으로 to take the nasty taste out of *one's* mouth; to cleanse〔refresh〕*one's* palate.

입각(入閣) ~하다 enter〔join〕the Cabinet.

입각(立脚) ~하다 be based〔founded〕on; take *one's* ground on. ¶ 사실에 ~하다 be based on facts.

입감(入監) imprisonment. ¶ ~ 중이다 be in jail〔prison〕.

입거(入渠) ~하다 go into〔enter〕dock. ‖ ~료(料) dockage.

입건(立件) ~하다 book《*a person*》on charge《*of*》. ¶ 형사 ~되다 be criminally booked《*on a charge of*...》.

입경(入京) ~하다 arrive in Seoul; 「enter the capital.

입고(入庫) warehousing 《*of goods*》; 《차의》 entering the car shed. ～하다 deposit 《*a thing*》 in a warehouse; store; be stocked; 《차의》 enter the car shed.

입관(入棺) 《시체를》 encoffinment. ～하다 place 《*a person's body*》 in a coffin. ‖ ～식 a rite of placing the dead body in the coffin.

입교(入校) entrance〔admission〕 into a school. ☞ 입학.

입교(入敎) ～하다 enter the church 〔a religious life〕; become a 《*Christian*》 believer.

입구(入口) an entrance; a way in; a doorway. ¶ ～에서 at the entrance〔door〕/ 터널 ～ a tunnel entrance / ～를 막다 block the entrance / 공원 ～에서 너를 기다리겠다 We'll wait for you at the park gate.

입국(入國) entry〔entrance〕 into a country. ～하다 enter a country; immigrate into a country(이민이). ¶ ～이 허가되다 be admitted into the country / ～을 거절당하다 be denied〔refused〕 entry into the country / 불법 ～ illegal〔unlawful〕 entry / 그는 그 나라에 불법 ～했다 He entered the country illegally. ‖ ～관리국 the immigration bureau / ～사증 an entry visa / ～절차 entry formalities / ～허가서 an entry permit.

입궐(入闕) ～하다 proceed〔go〕 to the Royal Court.

입금(入金) 《수령》 receipt of money; 《수령금》 money received〔paid in〕; receipts; 《받을 돈》 money due. ～하다 receive 《*money*》; pay in part. ¶ 그 돈은 7월 20일까지 ～해야 한다 The payment is due on July 20. ‖ ～전표 a receipt 〔paying-in〕 slip / ～통지서 a credit advice.

입길 gossip. ¶ 남의 ～에 오르내리다 be talked about by others; be on everybody's lips.

입김 the steam of breath. ¶ ～이 세다 breathe hard; 《비유적》 be influential 《*with*》; have a big influence 《*in*》.

입내 ① 《구취》 mouth odor; (the smell of) *one's* breath. ② 《남의 흉내》 mimicry. ¶ ～를 내다 mimic another; imitate another's way of speaking. ‖ ～쟁이 a mimic.

입다 ① 《옷을》 put on; slip into 《*a gown*》(입는 행위); wear; have on; be dressed 《*in white*》(입고 있는 상태). ¶ 멋진 옷을 입고 있다 be finely dressed / 옷을 입은 채로 자다 sleep in *one's* clothes / 코트를 입어보다 try a coat on / 그녀는 빨간 스웨터를 입고 있다 She is wearing a red sweater. ② 《은혜 등을》 be indebted to 《*a person*》; receive. ¶ 은혜를 ～ receive favors 〔kindness〕; enjoy 《*a person's*》 patronage / 나는 그녀에게 큰 은혜를 입었다 I'm greatly indebted to her. ③ 《손해 등을》 suffer; have; get; sustain. ¶ 상처를 ～ get injured / 손해를 ～ sustain〔suffer, have〕 a loss; be damaged. ④ 《거상을》 ¶ 상을 ～ be in〔go into〕 mourning 《*for a person*》.

입단(入團) ～하다 join 《*the Giants*》; enter; enroll in 《*the Boy Scouts*》.

입담 skill at talking; volubility. ¶ ～이 좋다 be good at talking; be a glib talker.

입당(入黨) joining a political party. ～하다 join a (political) party.

입대(入隊) enrollment; enlistment. ～하다 join〔enlist in〕 the army; be drafted into the army(징집되어). ‖ ～자 a recruit.

입덧 《have》 morning sickness.

입도(立稻) ‖ ～선매(先賣) selling rice before the harvest.

입동(立冬) "onset of winter"; the first day〔the beginning〕 of winter.

입뜨다 (be) taciturn; reticent; be slow to speak. ¶ 입뜬 사람 a man of few words.

입맛 an appetite(식욕); *one's* taste (구미). ¶ ～이 있다〔없다〕 have a good〔poor〕 appetite / ～을 돋우다 stimulate *one's* appetite / ～에 맞다 suit *one's* taste.

입맛다시다 《음식에 대해》 smack 〔lick〕 *one's* lips; 《난처하여》 click *one's* tongue. ¶ 입맛다시며 수프를 먹다 eat soup with relish〔gusto〕/ 아무의 짓이 못마땅해 ～ click *one's* tongue at 《*a person's*》 behavior.

입맛쓰다 taste bitter; have a bitter taste; (be) unpleasant〔disgusting〕; feel wretched〔miserable〕. ¶ 낙제해서 입맛이 쓰다 feel miserable for failing the examination / 입맛이 쓴 얼굴을 하다 make a sour face.

입맞추다 kiss 《*a person on the cheek*》; give 《*a person*》 a kiss.

입매 ① 《식사》 ～하다 eat〔take〕 a dab of food. ② 《눈가림》 ～하다 do a slapdash job.

입멸(入滅) entering Nirvana; the death of Buddha. ～하다 enter Nirvana; die.

입목(立木) a standing〔growing〕 tree.

입문(入門) ① 《제자가 됨》 ～하다 enter a school; become a disciple〔pupil〕 《*of*》. ② 《입문서》 a guide〔an introduction〕 《*to*》; a primer 《*of*》. ‖ 문학～ an introduction to (the study of) literature.

입바르다 (be) straightforward; outspoken; plainspoken. ¶ 입바른 소리 plain speaking; a straight talk / 입바른 소리를 하다 speak plainly; call a spade a spade.

입방(立方) 〖數〗 cube. ☞ 세제곱. ¶ 1~미터 a cubic meter / 2미터 ~ 2 meters cube / 이 상자의 용적은 10~센티미터이다 This box is 10 cubic sentimeters in volume. ‖ ~체 a cube.

입방아 ¶ ~찧다 《말이 많다》 be talkative over trifles; chatter〔gossip〕 《*about*》; 《잔소리하다》 nag 《*at*》; cavil 《*at, about*》 / 사람들의 ~에 오르다 be talked about by people; be the talk of the town / 그녀는 ~를 찧어 남편을 못 살게 군다 She nags her husband half to death.

입버릇 a way〔habit〕 of talking (말버릇); *one's* favorite phrase (상투어). ¶ ~처럼 말하다 always say; keep saying; be never tired of saying /「열심히 공부해라」라는 것이 어머니의 ~이다 My mother's favorite phrase is "Study hard."

입법(立法) legislation. ~하다 legislate; pass a new law. ¶ ~정신 the spirit of legislation / …을 규제하는 ~조치를 취하다 legislate against…. ‖ ~권 legislative power / ~기관 a legislative organ / ~부 the legislature / ~자 a legislator.

입사(入社) ~하다 enter〔join〕 a company. ¶ 무역회사에 ~하고 싶다 I would like to join a trading company. ‖ ~시험 an entrance〔employment〕 examination 《*for, of*》.

입사(入射) 〖理〗 incidence. ¶ ~의 incident. ‖ ~각 an angle of incidence / ~광선 an incident ray.

입산(入山) 〖佛〗 retiring to a mountain to enter the priesthood. ~하다 become a Buddhist monk; enter the priesthood.

입상(入賞) winning a prize. ~하다 win〔receive〕 a prize; get a place 《*in a contest*》. ‖ ~자 a prize winner. 「(소형의).

입상(立像) a statue; a statuette

입상(粒狀) ¶ ~의 granular 《*starch*》; granulous 《*sugar*》.

입선(入選) ~하다 be accepted〔selected〕 《*for an exhibition*》. ‖ ~자 a winner; a winning competitor / ~작 a winning work.

입성 《옷》 clothes; a dress. ☞ 옷.

입성(入城) ~하다 make a triumphal entry into a fortress〔city〕.

입소(入所) ~하다 enter〔be admitted to〕 《*an institution*》; 《교도소에》 be put into〔sent to〕 prison〔jail〕; be imprisoned.

입수(入手) acquisition. ~하다 come by; get; obtain; receive; procure; come to hand(사물이 주어). ¶ ~하기 어렵다 be hard to obtain.

입술 a lip. ¶ 윗〔아랫〕~ the upper〔lower〕 lip / ~을 깨물다 bite *one's* lips / ~을 오므리다 purse (up) *one's* lips / ~을 삐죽 내밀다 pout (out) *one's* lips / ~을 훔치다 steal a kiss 《*from*》.

입시(入試) ☞ 입학시험.

입신(立身) ‖ ~양명〔출세〕 a rise in the world; success in life (~출세하다 succeed in life) / ~출세주의 the cult of success; careerism / ~출세주의자 a (single-minded) careerist.

입심 boldness in words; eloquence. ¶ ~이 좋다 be bold in words; eloquent.

입씨름 a quarrel; a wrangle. ~하다 quarrel; wrangle.

입씻기다 《입씻이》 pay *a person's* silence; pay hush-money; put a gold muzzle 《*on*》.

입씻이 ① 《금품》 hush money; a gold muzzle. ¶ ~로 그에게 5만원을 주다 give him 50,000 *won* to keep his mouth shut. ② ☞ 입가심.

입아귀 the corner(s) of the mouth.

입안(立案) planning. ~하다 form〔make, draw up, map out〕 a plan. ‖ ~자 a planner.

입양(入養) adoption. ~하다 《양자로 하다》 adopt 《*a son*》; 《양자가 되다》 be adopted 《*into a family*》. ¶ 아들을 ~아로 주다 give *one's* child to 《*a person*》 as an adopted son.

입어(入漁) ‖ ~권 an entrance right to a piscary / ~료 charges for fishing in another's piscary; a fishing fee.

입영(入營) ~하다 join the army; enlist in〔enter〕 the army.

입욕(入浴) bathing; a bath. ~하다 take〔have〕 a bath; bathe. ¶ ~시키다 give 《*a baby*》 a bath; bathe 《*a baby*》.

입원(入院) hospitalization. ~하다 be hospitalized; be sent〔taken〕 to hospital. ¶ ~중이다 be in (the) hospital / ~시키다 have〔get〕 《*a person*》 admitted to hospital (가족이); admit 《*a person*》 to hospital (의사가). ‖ ~병동 an inpatients' ward / ~비 hospital charges / ~수속 hospitalization procedures / ~환자 an inpatient.

입자(粒子) 〖理〗 a particle.

입장(入場) entrance; admission; admittance. ~하다 enter; get in; be admitted 《*to, into*》. ‖ ~권

an admission〔a platform (역의)〕 ticket / ～권매표소 a ticket office 《美》; a booking office 《英》 / ～금지〔사절〕 《게시》 No Entrance / ～료 an admission fee〔charge〕 / ～식 an opening ceremony / ～자 a visitor; an attendance(총칭) / 무료～ 《게시》 Admission Free.

입장(立場) 《처지》 a position; a situation; 《견지》 a standpoint; a point of view; 《자기의 위치·장소》 a place; *one's* ground; 《사물을 보는 각도》 an angle. ¶ 괴로운 ～에 있다 be in a painful position / 자기 ～을 밝히다 make *one's* position clear / 남의 ～이 되어 생각하다 put〔place〕 *oneself* in *another's* place / 다른 ～에서 보다 look at 《*something*》 from a different standpoint〔angle〕 / 나는 명령을 내릴 ～이 아니다 I am not in a position to issue orders.

입장단(一長短) ¶ ～을 치다 hum〔sing〕 the rhythm.

입적(入寂) ☞ 입멸.

입적(入籍) official registration as a family member. ～하다 have *one's* name entered in the family register.

입전(入電) a telegram received.

입정(入廷) ～하다 enter〔appear in〕 the courtroom.

입정놀리다 keep *one's* mouth busy; eat incessantly between meals.

입정사납다 ① 《입이 걸다》 (be) foul-mouthed; abusive; foul-〔evil-〕tongued. ② 《탐식하다》 (be) greedy〔ravenous〕 《*for food*》.

입주(入住) ～하다 move into 《*an apartment*》; live in 《*one's master's house*》. ‖ ～가정부 a resident maid / ～자 a tenant; an occupant / ～점원 a living-in〔resident〕 clerk.

입증(立證) proof. ～하다 prove; verify; give proof; testify. ¶ 무죄를 ～하다 prove〔establish〕 *one's* innocence / 이 사실은 그의 무죄를 ～한다 This fact testifies to his innocence.

입지(立地) location. ～하다 be located. ‖ ～조건 conditions of location (～조건이 좋다〔나쁘다〕 be favorably〔unfavorably〕 situated).

입지(立志) ～하다 fix *one's* aim in life. ‖ ～전 a story of a man who achieved success in life; a success story(～전적인 인물 a self-made man).

입직(入直) *one's* turn in office. ～하다 take *one's* turn in office; be on night duty.

입질 《낚시에서》 a bite; a strike. ～하다 bite; take a bait. ¶ ～을 느끼다 have〔feel〕 a bite.

입짧다 《서술적》 have a small appetite; eat like a bird.

입찬말 tall〔big〕 talk; a brag.

입찰(入札) a bid; a tender. ～하다 bid〔tender〕 《*for*》; make a bid 《*for*》. ¶ ～로 by bid〔tender〕 / ～에 부치다 sell 《*articles*》 by tender; put 《*something*》 out to tender / ～을 공모하다 invite tenders 《*for*》 / 도로 공사의 ～이 행해졌다 Bids were invited for the construction of the road. ‖ ～가격 a bidding price; the price tendered / ～보증 a bid bond / ～보증금 a security for a bid / ～일 the day of bidding / ～자 a bidder; a tenderer / 경쟁〔지명〕～ a public〔private〕 tender / 일반〔공개〕～ an open tender.

입천장(一天障) the palate.

입체(立體) a solid (body). ¶ ～의 solid; cubic / ～적으로 고찰하다 consider 《*something*》 from many angles. ‖ ～감 a cubic effect; three-dimensional effect / ～교차 《도로의》 a two-〔multi-〕level crossing; a crossing with an overpass or underpass; an overhead crossing / ～기하학 solid geometry / ～방송 a stereophonic broadcast / ～사진 a stereoscopic photograph / ～영화 a three-dimensional〔3-D〕 movie〔film〕 / ～음악 stereophonic music / ～음향 (a) stereophonic sound / ～음향 재생 stereophonic reproduction / ～작전 combined operations 《英》 / ～전 a three dimensional warfare / ～주차장 a multi-story parking garage / ～파 『美術』 cubism; a cubist(화가).

입초(入超) the excess of imports.

입초(立哨) standing watch; sentry duty. ¶ ～서다 stand watch〔guard〕. ‖ ～병 a sentry.

입추(立秋) the first day〔the beginning〕 of autumn.

입추(立錐) ¶ ～의 여지도 없다 be closely packed; be filled to capacity.

입춘(立春) the first day〔the beginning〕 of spring.

입하(入荷) arrival〔receipt〕 of goods. ～하다 arrive; be received. ¶ 신선한 과일이 ～됐다 Fresh fruits have arrived.

입하(立夏) the first day〔the beginning〕 of summer.

입학(入學) entrance〔admission〕 into a school; matriculation(대학에의). ～하다 enter〔be admitted to〕 a school; go to a university〔college〕. ¶ ～을 지원하다 apply for admission to a school / 그는 Y대학 ～을 원한다 He wants to get into Y University. ‖ ～금 an entrance fee / ～수속 entrance formalities / ～시험 an entrance examination / ～식 an entrance ceremony / ～원서 an application (form) / ～자격 qualifications 〔requirement〕 for admission / ～지원자 an applicant (for admission).

입항(入港) arrival 《*of a ship*》 in port. ～하다 enter〔put into〕 port; arrive in (a) port; make port. ¶ ～해 있다 be in port 〔harbor〕 / 배는 내일 오후 2시, 부산에 ～예정이다 The ship is due at Pusan at 2 p.m. tomorrow. ‖ ～세(稅) port〔harbor〕 dues / ～신고 an entrance notice / ～예정일 the expected time of arrival / ～절차 clearance inwards.

입향순속(入鄕循俗) When you are in Rome, do as the Romans do.

입헌(立憲) ¶ ～적인 constitutional. ‖ ～군주국 a constitutional monarchy / ～민주정체 constitutional democracy / ～정체 constitutional polity / ～정치 constitutional government.

입회(入會) admission; joining; entrance. ～하다 join〔enter〕 《*a club*》; become a member 《*of*》. ¶ ～를 신청하다 apply for membership. ‖ ～금 an entrance fee / ～신청자 an applicant for membership / ～자 a new member.

입회(立會) ☞ 참여.

입후보(立候補) candidacy. ～하다 stand〔come forward〕 as a candidate for 《*the Mayoralty*》; run for 《*the Presidency*》 《美》; stand for 《*Parliament*》 《英》. ¶ ～를 신청하다 file *one's* candidacy 《*for*》 / 그는 내년 선거에 서울에서 ～할 것이다 He will run for the next year's election in Seoul. ‖ ～(예정)자 a (potential) candidate 《*for*》.

입히다 ① 《옷을》 dress; clothe; put on. ¶ 아이에게 옷을 ～ dress a child / 코트를 입혀 주다 help 《*a person*》 into his coat. ② 《겉면에》 plate; coat; cover. ¶ 금을 입힌 숟가락 a spoon plated with gold / 구리에 은을 ～ coat〔plate〕 copper with silver / 무덤에 떼를 ～ cover a grave with sod. ③ 《손해를》 inflict 《*damage*》 upon; cause 《*damage*》 to; do 《*harm*》. ¶ 아무에게 손해를 ～ inflict losses upon a person.

잇다 ① 《연결》 connect; join; link. ¶ 줄을 ～ link strings together. ② 《계승》 succeed; succeed〔come〕 to 《*the throne*》; inherit 《*the property*》. ¶ 가업을 ～ succeed to the family business. ③ 《목숨을》 maintain〔sustain, preserve〕 《*life*》. ¶ 빵과 물로 목숨을 이어가다 sustain *oneself* on bread and water.

잇달다 ① ☞ 잇대다. ② 《연달다》 ¶ 잇달아 one after another; in succession / 잇달은 승리 consecutive victories / 관광객이 잇달아 도착했다 Tourists arrived one after another. / 여러 사건이 잇달아 일어났다 Several incidents happened in succession.

잇닿다 border 《*on*》; adjoin; be adjacent〔next〕 to. ¶ 이웃집과 잇닿은 빈 터 vacant land adjacent to the house next door.

잇대다 《이어대다》 connect; join; link; put together. ¶ 두 가닥의 코드선을 ～ join two cords together / 두 책상을 ～ put two desks together.

잇몸 the gum(s).

잇속 《이의 생긴 모양》 ¶ ～이 고르다 〔고르지 않다〕 have regular〔irregular〕 teeth; *one's* teeth are even 〔uneven〕.

잇속(利―) substantial gain〔profit〕; self-interest. ¶ ～이 밝다 have a quick eye for gain.

잇자국 a tooth mark; a bite.

있다 ① 《존재하다》 there is〔are〕; be; exist. ¶ 세상에는 이상한 일들이 많이 ～ There are a lot of strange things in the world. / 있는 것이 없는 것보다(는) 낫다 Something is better than nothing. ② 《위치하다》 be; be situated〔located 《美》〕; stand; lie; run (길, 강이). ¶ 한국은 중국의 동쪽에 ～ Korea lies to the east of China. / 우리 집 뒤에는 개울이 ～ A stream runs〔flows〕 behind my house. ③ 《소유하다》 have; possess(능력 · 특성이); own (재산이). ¶ 음악의 재능이 ～ have 〔possess〕 a gift of music /막대한 재산이 ～ have〔own〕 a vast fortune / 그 집에는 넓은 정원이 ～ The house has a large garden. ④ 《설비되어 있다》 be equipped〔fitted, provided〕 《*with*》. ¶ 그 집에는 목욕탕이 ～ The house is provided with a bathroom. ⑤ 《내재되어 있다》 lie in; consist in. ¶ 이 작품의 매력은 이 점에 ～ The charm of this work lies〔exists〕 in this point. / 행복은 만족에 ～ Happiness lies in contentment. / 잘못은 나에게 ～ The fault rests with me. ⑥ 《경험이 있다》 ¶ 거기 가 본 일이 있느냐 Have you ever been there? ⑦ 《발생하다》 happen; take place; occur. ¶ 무슨 일이 있어도 whatever happens; come what may / 어젯밤에 지진이 있었다 We had〔There was〕 an earthquake last night. ⑧ 《행해지다》 be held; take place. ¶ 경기는 언제 있느냐 When will the game be held 〔take place〕? / 그 시험은 3월에

～ We have the examination in March. ⑨《유복하다》(be) rich; wealthy. ¶ 있는 사람 a well-off person / 있는 집에 태어나다 be born rich. ⑩《행위의 완료 · 상태의 계속》¶ 그 건은 이미 신고되어 ～ We have already reported the matter. ⑪《기타》¶ 소나무는 한국 어디에서나 볼 수 ～ Pine trees are found everywhere in Korea. / 그는 은행장으로 ～ He is in office as the president of the bank.

잉걸불 a burning charcoal; embers.

잉꼬 〖鳥〗 a macaw.

잉어 〖魚〗 a carp [*sing.* & *pl.*].

잉여 (剩餘) (a) surplus; the remainder; a balance. ‖ ～가치(설) (the theory of) surplus value / ～금 a surplus (fund).

잉카 Inca. ‖ ～문명 the Incan Civilization / ～족 the Incas.

잉크 《write in》 ink. ‖ ～병 an ink bottle / ～스탠드 an inkstand.

잉태 (孕胎) ☞ 임신(姙娠).

잊다 ① 《무의식적으로》 forget; be forgetful of; 《사물이 주어》 slip *one's* mind〔memory〕. ¶ 잊을 수 없는 unforgettable; memorable; lasting / 그것은 잊을 수 없는 사건이었다 It was a memorable event. ② 《의식적으로》 dismiss 《*a thing*》 from *one's* mind; think no more of; put 《*a thing*》 out of *one's* mind. ¶ 슬픔을 ～ get over *one's* grief / 술로 슬픔을 ～ drown *one's* sorrows in drink. ③ 《놓고 오다》 leave 《*a thing*》 behind; 《안가져오다》 forget to bring〔take〕《*a thing*》.

잊히다 be forgotten; pass out of mind〔*one's* memory〕. ¶ 그 스캔들은 곧 잊혀졌다 The scandal blew over quickly.

잎 ① a leaf(활엽); a blade(풀잎); a needle(침엽); foliage(총칭). ¶ ～이 나오다 the leaves come out; 《나무가 주어》 come into leaf / ～이 지다 the leaves fall; 《나무가 주어》 be stripped of leaves. ② 《단위》 a piece 《*of brass coin*》.

잎나무 brushwood.

잎담배 leaf tobacco.

잎사귀 a leaf; 《작은》 a leaflet.

해외 여행

국내 공항을 출발하여 외국에 입국할 때까지 사용되는 필요한 낱말들을 순서대로 아래에 열거하였다.

1. 출발전 기본 준비 사항
가장 중요한 것은 여권(a passport)이다. 나라에 따라 사증(a visa), 예방접종 증명서(a vaccination certificate; a yellow card)를 필요로 하는 곳도 있다. 돈은 대개 여행자수표(a traveler's check)로 준비한다.

2. 비행기 탑승 수속
공항내 출발 라운지(a departure lounge)에 있는 항공회사(an airline company) 카운터에서 수하물(baggage; luggage)를 맡기고 영수증(a claim tag)을 받는다. 여권(a passport), 항공권(an air ticket), 출입국카드(an E/D card)를 제시하고, 탑승권(a boarding card〔pass〕; a flight coupon)을 받는다. 여기서 좌석 배당(a seat assignment)이 행해진다. 좌석은 퍼스트 클래스(first class), 이코노미 클래스(economy class)로 나뉘며, 통로측 좌석(an aisle seat), 창문가 좌석(a window seat) 등으로 분류된다.

3. 출국수속(embarkation procedure)
(1) 세관(Customs)—고가의 외국 제품을 휴대하고 출국할 때는 휴대출국 증명 신청서(a customs declaration form)를 함께 제시한다
(2) 출국심사(Emigration; passport control)—여권, 출입국 카드, 탑승권을 제시하고 여권에 출국 스탬프를 받는다.
(3) 검역(Quarantine)—출국 목적지에 따라 예방접종 증명서(a yellow card)가 필요하다.
(4) 수하물 검사—비행기 납치(hijack)사고 방지를 위한 기내 반입 수하물(hand-carry baggage)의 검사를 받는다. 본인은 위험물 검사 통로(a walk-through gate)를 통과하게 된다.
(5) 탑승(boarding)—탑승대합실(a waiting lounge)에서 출발시간까지 기다린다. 그동안 면세품점(a tax-free shop)에서 선물 따위를 살 수 있다.

4. 입국지점(the port of entry)에 도착—입국심사(Immigration)를 받기 위해 여권, 입국카드를 제시한다. 이때 입국 심사관(an immigration officer)은 예정 체류 기간(intended length of stay)에 관해, How long are you going to stay in the United Sates?(미국에서의 체류 기간은?)이라든가 Are you on sightseeing or business? (관광입니까, 상용입니까?) 등으로 질문을 하게 된다. 이때는 Two weeks. 또는 Sightseeing. or Business. 라고 간단히 대답한다. 수하물은 턴테이블(a turntable; a carrousel)에서 빙빙 돌고 있는데 거기서 자기 것을 찾아 검사대를 통과한 후 도착로비(an arrival lounge)로 나온다.

자 ①《단위》a *cha*(=30.3cm). ¶ 이 옷감은 꼭 다섯 ~다 This cloth measures five *cha* exactly. ②《계기》a (measuring) rule〔rod, stick〕; a ruler. ¶ ~로 재다 measure with a rule / 삼각~ a set square; a triangle / T~ a T-square. ③《척도·표준》a yardstick 《*for*》; a standard.

자(子) ①〖民俗〗《십이지의》the Rat. ②《자식》a son; a child.

자(字) ① ☞ 글자. ②《이름》a pseudonym; a pen name.

자(者)《사람》a person; one; a fellow. ¶ 김이라는 ~ a man called Kim.

자《감탄사》there; here; come (now); now (then); well (now). ¶ ~, 빨리 가십시다 Now, let us hurry. / ~, 드시지요 Help yourself, please.

…자[1]《…하자 곧》as soon as; no sooner than; when; on; at. ¶ 집에 들어가~(마자) on entering the house / 소식을 듣~ at the news 《*of*》.

…자[2]《권유형 어미》let (us); let's. ¶ 이젠 가~ Come, let's go! / 이제 먹~ Let's eat now.

자가(自家)《집》*one's* (own) house〔family〕. ¶ ~용의 for private use; for domestic〔family〕use; personal / ~용 자동차 a private car; an owner-driven car / 이것은 ~제 포도주다 This is home-made wine. ‖ ~당착 self-contradiction(~당착하다 contradict *oneself*) / ~발전시설〔장치〕an independent electric power plant / ~수정〖生〗self-fertilization / ~중독〖醫〗autointoxication.

자각(自覺) (self-) consciousness; awakening; (self-) awareness. ~하다 be conscious〔aware〕《*of*》; awaken 《*to*》; realize(깨닫다). ¶ 자신의 입장을 ~해라 Realize your situation. ‖ ~증상 a subjective symptom (~증상이 없다 have no subjective symptoms of 《*one's disease*》).

자갈 gravel; pebbles. ¶ 도로에 ~을 깔다 gravel a road / ~을 깐 도로 a gravel road. ‖ ~밭 an open field covered with gravels / ~야적장 a gravel yard / ~채취 gravel digging / ~채취장 a gravel pit.

자갈색(紫褐色) purplish brown.

자개 mother-of-pearl; nacre. ¶ ~를 박다 inlay 《*a wardrobe*》 with mother-of-pearl. ☞ 나전세공.

자객(刺客) an assassin; a killer. ¶ ~의 손에 쓰러지다 be assassinated; fall (a) victim to an assassin.

자격(資格) qualification; capacity; competency(능력); a requirement(필요조건). ¶ ~이 있다 have qualification 《*for*》; be qualified 《*as, to do*》;《능력이 있다》be competent 《*as, to do*》;《권리가 있다》have a right 《*to*》 / ~을 주다 give 《*a person*》 the qualification 《*to do, as, for*》; qualify 《*a person*》 《*to do, as, for*》 / ~을 잃다 be disqualified 《*from serving on the committee*》 / 그는 교원 ~증을 땄다 He obtained a teacher's license. *or* He was qualified as a teacher. / 입학 ~ entrance requirements; requirements for admission / 유〔무〕~자 a qualified〔an unqualified〕person. ‖ ~검정시험 a qualifying examination / ~상실 disqualification / ~심사 screening (test) / ~증 a certificate of qualification.

자격지심(自激之心) a guilty conscience; a feeling of self-accusation.

자결(自決) ①《자기결정》self-determination. ~하다 determine by *oneself*. ¶ 민족 ~ racial self-determination. ② ☞ 자살.

자경단(自警團) a vigilante group〔corps〕. ‖ ~원 a vigilante.

자고로(自古—) from old〔ancient〕times.

자구(字句) words and phrases; terms; wording; expressions(표현); the letter(문면). ¶ ~에 구애되다 adhere to the letter / ~를 수정하다 make some change in the wording.

자국 a mark; traces; an impression; a track〔trail〕; a stain (더럼). ¶ 긁힌 ~ a scratch / 모기에 물린 ~ a mosquito bite / 손가락 ~ a finger mark / ~이 나다 get marked; leave a mark 《*on, in*》 / ~을 남기다 leave *one's* traces behind *one*.

자국(自國) *one's* (own) country; *one's* native land(본국). ‖ ~민 *one's* fellow countrymen / ~어 *one's* native language; *one's* mother tongue.

자궁(子宮)〖解〗the womb;〖解〗the uterus. ¶ ~의 uterine. ‖ ~병

(a) uterine disease / ～외임신 extrauterine〔ectopic〕 pregnancy / ～암 uterine cancer.
자귀 《연장》 an adz.
자귀나무 〖植〗 a silk tree.
자그마치 ① 《적게》 a little; a few; some. ¶ 술을 ～ 마셔라 Don't drink too much. ② 《반어적》 not a little; as much〔many〕 as. ¶ ～ 만원이나 손해다 The loss is as much as 10,000 *won*.
자그마하다 (be) smallish; be of a somewhat small size(서술적).
자극(刺戟) a stimulus; an impulse; a spur; an incentive. ～하다 stimulate 《*the appetite*》; excite 《*one's curiosity*》; spur up; irritate 《*the skin*》. ¶ ～적인 stimulative; pungent(맛·향기가); sensational(선정적인) / ～성 음료 stimulating drink / ～이 없는 생활 a dull life / 아무의 신경을 ～하다 get on *a person's* nerves. ‖ ～제 a stimulant.
자극(磁極) 〖理〗 a magnetic pole.
자금(資金) funds; capital(자본금); a fund(기금). ¶ ～이 충분하다 be well funded / ～이 부족하다 be short of funds / ～을 대다 provide〔furnish〕 funds 《*for*》; fund 《*a project*》 / ～을 모으다〔조달하다〕 raise funds 《*for*》 / 운동〔정치〕 ～ campaign〔political〕 funds / 운영〔준비〕 ～ operating〔reserve〕 funds. ‖ ～난 a financial difficulty; lack of funds / ～부족 shortage of funds / ～운용 financing / ～원 a source of funds 〔money〕.
자급(自給) self-support. ～하다 support〔provide for〕 *oneself*. ¶ 한국은 식량 ～이 되도록 노력해야 한다 Korea should try to become self-sufficient in food production. ‖ ～률 (the degree of) self-sufficiency 《*in oil*》 / ～자족 self-sufficiency(～자족하다 be self-sufficient 《*in*》).
자긍(自矜) 《자찬》 self-praise; 《자부》 self-conceit.
자기(自己) *oneself*; self; ego. ¶ ～의 *one's* own; personal; private / ～를 알다 know *oneself* / 우리는 ～를 반성할 필요가 있다 It is necessary to reflect on ourselves. / 그녀는 ～ 과시욕이 강하다 She likes to show off. / 교통비는 ～부담으로 하자 Let's pay *one's* own carfare. ‖ ～기만 self-deception / ～도취 narcissism; self-absorption / ～만족 self-satisfaction / ～모순 self-contradiction / ～방위 self-defense / ～변호 self-justification; an excuse / ～본위(주의) egoism / ～분석 self-analysis / ～비판 self-criticism (～비판하다 criticize *oneself*) / ～선전 self-display; self-advertisement / ～소개 self-introduction(～소개하다 introduce *oneself*) / ～소외 self-alienation / ～암시 autosuggestion / ～의식 a sense of self; self-identification / ～자금 *one's* own money / ～자본 owned capital / ～주장 self-assertion(～주장이 강하다 be very self-assertive) / ～중심 self-centeredness / ～중심주의 egocentrism / ～최면 autohypnotism; self-hypnosis(～최면에 걸린 self-hypnotized) / ～혐오 self-hatred; self-hate / ～희생 self-sacrifice.
자기(自記) ¶ ～의 self-registering 〔-recording〕 《*thermometer*》.
자기(磁氣) magnetism. ¶ ～를 띤, ～의 magnetic / ～를 띠게 하다 magnetize; make a magnet of. ‖ ～감응〔유도〕 magnetic induction / ～권 the magnetosphere / ～부상열차 a maglev train (◀ magnetically-leviated train) / ～장 〖理〗 a magnetic field / ～저항 (magnetic) reluctance / ～측정 magnetometry / ～테이프 a magnetic tape / ～폭풍 a magnetic storm / ～학 magnetics.
자기(瓷器) porcelain; china(ware); ceramics.
자꾸 《여러 번》 very often; frequently; 《끊임없이》 incessantly; constantly; 《몹시》 eagerly; earnestly; strongly.
자나깨나 waking or sleeping; awake or asleep. ¶ ～ 그것이 마음에 걸린다 Waking or sleeping, it's on my mind.
자낭(子嚢) 〖植〗 an ascus. ‖ ～균 a sac fungus.
자네 you.
자녀(子女) 《아들딸》 children; sons and daughters.
자다 ① 《잠을》 sleep; 《잠들다》 get 〔go〕 to sleep; 《잠자리에 들다》 go to bed. ¶ 잘〔잘못〕 ～ have a good 〔bad〕 sleep / 너무 ～ oversleep / 이제 자야 할 시간이다 It's (about) time for bed. / 잘 자거라 Good night!; Sweet dreams! ② 《결이》 get pressed〔smoothed〕 down; take a set. ¶ 머리가 ～ *one's* hair sets nicely. ③ 《가라앉다》 go〔die, calm〕 down; subside. ¶ 바람이 잤다 The wind died down. ④ 《시계가》 stop; run down.
자단(紫檀) 〖植〗 a red sandalwood.
자당(慈堂) your esteemed mother.
자동(自動) automatic action〔motion, operation〕. ¶ ～(식)의 automatic / ～적으로 automatically / 이 문은 ～적으로 개폐된다 This door opens and closes automatically 〔by itself〕. ‖ ～문 an automatic door / ～번역기 an electronic

translator / ~변속장치 an automatic transmission / ~성에제거장치냉장고 a frost-free refrigerator / ~소총 an automatic rifle / ~유도장치 a homing device / ~장치 an automation / ~전화 an automatic telephone / ~점화기 an automatic lighter / ~제어 automatic control / ~제어장치 an automatic controller / ~조작 automatic operation / ~조종장치 《항공기의》 an automatic pilot; an autopilot / ~판매기 a slot 〔vending〕 machine / ~현금지급기 an automated cash dispenser; a cash machine / ~휴회 an automatic 〔a spontaneous〕 recess.

자동사(自動詞) an intransitive verb (생략 vi.).

자동차(自動車) a car; a motorcar 《英》; an automobile 《美》; an auto 《口》; a motor vehicle(총칭). ¶ ~로 가다 go 《*to a place*》 by car / ~를 몰다〔달리다〕 drive a car / (남이 운전하는) ~를 타다 ride in a car / ~에 태워 주다 give 〔offer〕 《*a person*》 a lift 〔ride〕 / ~에서 내리다 get out of a car / 자가용 ~ a private car / 임대 ~ a rental car / 배달용 ~ a delivery truck / 경주용 ~ a racing car; a racer / 영업용 ~ a car for business use / 자갈을 만재한 화물~ a fully loaded gravel truck. ‖ ~경주 an auto race / ~공업〔산업〕 the automobile 〔car〕 industry / ~공해 automobile pollution / ~매매업자 a car 〔motor〕 dealer / ~번호판 a license plate 《美》; a number-plate 《英》 / ~보험 automobile insurance / ~부품 an auto part / ~사고 an automobile 〔a car〕 accident / ~세 the automobile tax / ~쇼 a motor show / ~수리공장 an auto-repair shop / ~여행 a car 〔motor〕 trip / ~운전면허증 a driver's license / ~운전자 a driver; an automobile driver; a chauffeur (자가용차 운전사) / ~전용도로 an expressway; a superhighway 《美》; a motorway 《英》 / ~전화 a car (tele)phone / ~정비공 a car mechanic / ~제조업자 a car manufacturer / ~주차장 a parking lot; a carpark 《英》 / ~차고 a garage / ~학원 a driving school.

자두 〖植〗 a plum; a prune(말린 것).

자디잘다 (be) very small. ☞ 잘다.

자라 〖動〗 a snapping 〔soft-shelled〕 turtle. ¶ ~보고 놀란 가슴 솥뚜껑 보고 놀란다 《俗談》 The burnt child dreads the fire.

자라다[1] 《성장하다》 grow (up); be bred; be brought up. ¶ 도시〔시골〕에서 자란 아이 a city-〔country-〕bred child / 우유〔모유〕로 자란 아이 a bottle-〔breast-〕fed child / 빨리 ~ grow rapidly.

자라다[2] ① 《충분》 (be) enough; sufficient. ¶ 이 연료로 겨우내 자랄까 Will this fuel last out the winter? ② 《미치다》 reach; get at (손이). ¶ 손이 자라는〔자라지 않는〕 곳에 within 〔beyond〕 *one's* reach / 저 선반에 손이 자라느냐 Can you reach 〔touch〕 the shelf?

자락 ☞ 옷자락. ¶ 바지 ~을 걷어 올리다 tuck up *one's* trousers.

자랑 pride; boast. ~하다 boast 《*of*》; be proud 《*of, that...*》; pride *oneself* 《*on*》; take pride 《*in*》. ¶ ~스럽게 proudly; boastfully; with pride / ~은 아니지만 though I say it myself, ... / 제 ~을 하다 sing *one's* praises; blow *one's* own trumpet / …을 ~해 보이다 make a display 〔show〕 of 《*a thing*》 / 우리 나라로서는 ~할 만한 기록은 아니다 It is not a proud record for our country. / 그는 양친의 ~거리였다 He was the pride of his parents.

자력(自力) ¶ ~으로 by *one's* own efforts 〔ability〕; by *oneself* / ~으로 숙제를 하다 do *one's* homework by *oneself*. ‖ ~갱생 regeneration by *one's* own efforts; self-reliance.

자력(資力) means; funds; (financial) resources. ¶ 그에겐 ~이 있다〔없다〕 He is a man of 〔without〕 means.

자력(磁力) 〖理〗 magnetism; magnetic force. ¶ ~의 magnetic. ‖ ~계(計) a magnetometer / ~선 lines of magnetic force.

자료(資料) material; data. ¶ ~를 수집하다 collect 〔hunt up〕 material / 연구 ~ research data / 통계 ~ materials for statistics. ‖ ~실 a reference room; 《신문사의》 a morgue 《口》.

자루[1] 《푸대》 a sack; a bag. ¶ 쌀 ~ a rice bag / ~에 담다 put 《*rice*》 into a sack.

자루[2] 《손잡이》 a handle; a grip(기계 따위의); a hilt; a haft(칼 따위의); a shaft(창 따위의). ¶ 망치 ~ the handle of a hammer / 식칼 ~가 빠졌다 The handle has come off the kitchen knife.

자루[3] 《단위》 a piece 《*of*》; a pair 《*of*》. ¶ 분필 한 ~ a piece of chalk / 소총 세 ~ three stands of rifles / 연필 다섯 ~ five pencils.

자르다 《끊다》 cut (off); chop; sever; saw (톱으로); shear; clip (가위로). ¶ 사과를 둘로 ~ cut an apple in two / 종이를 가위로 싹둑

~ snip at the paper / 톱으로 판자를 둘로 ~ saw the board into two.

자리 ①《좌석》a seat; *one's* place. ¶ ~에 앉다 take *one's* seat; seat *oneself;* be seated; sit down / ~에서 일어나다 rise up from *one's* seat / ~를 뜨다〔양보하다〕 leave 〔offer〕 *one's* seat / ~를 잡아두다 keep〔secure〕a seat; reserve a seat(예약). ②《공간》room; space. ¶ ~를 내다 make room《*for*》/ ~를 많이 차지하다 take up a lot of space. ③《특정한 장소》a spot; a scene. ¶ 도둑은 그 ~에서 체포되었다 The thief was arrested on the spot. / 화재가 났던 ~ the scene of a fire / 이곳이 사고가 일어났던 ~이다 This is where the accident happened. ④《위치》a position; a location; a site (터); 《상황·경우》an occasion. ¶ ~가 좋다〔나쁘다〕 be well-〔ill-〕situated / 도서관이 설 ~ the site where the library will stand / ~에 어울리는 복장을 하다 be properly dressed for the occasion / 그런 것은 공적인 ~에서 말할 일이 아니다 You shouldn't say such a thing on a public occasion. ⑤《직책·일자리》a position; a post; a place. ¶ 중요한 ~ an important position / 장관 ~ a cabinet position; a portfolio / 일할 ~ a job; a post. ⑥《깔개》a mat; matting. ⑦《잠자리》a bed; a sickbed(병석). ¶ ~를 깔다〔펴다〕 make beddings; prepare a bed / ~에 눕다〔보전하다〕 lie in *one's* sickbed. ⑧《숫자의》a figure; a unit; a place. ¶ 네 ~수 a number of four figures.

자리끼 bedside drinking water.

자리옷 nightwear; night clothes; pajamas《美》; a nightgown.

자리잡다 《위치》be situated《*at, in*》; 《정착》settle (down); establish *oneself;*《공간 차지》take up room.

자립(自立) independence; self-reliance; self-support(자활). ~하다 become independent《*of one's parents*》; support *oneself.* ¶ 우리집 아이들은 모두 ~하고 있다 All of my children 「support themselves〔are on their own feet〕. / 부모가 과보호하는 아이들은 ~심을 잃기 쉽다 Children whose parents are over-protective are prone to lack in self-reliance. ‖ ~경제 self-supporting economy / ~성장 self-sustained growth.

자릿자릿하다 (be) prickly; tingling; 《저리다》(be) numb; have pins and needles《*in*》;《마음이》(be) thrilling.

자막(字幕)《영화의》a title; a caption(제목); a subtitle; superimposition(설명 자막). ¶ ~을 넣다 superimpose subtitles《*on the film*》/ 한국어 ~을 넣은 미국 영화 an American film with Korean subtitles.

자만(自慢) self-praise; self-conceit; vanity; boast(큰소리); brag; pride. ~하다 be proud〔boastful, vain〕of; brag〔boast〕of; pride *oneself* on. ¶ ~하는 사람 a boaster; a braggart.

자매(姉妹) sisters. ¶ ~의〔같은〕 sisterly. ‖ ~교〔도시〕 a sister school〔city〕/ ~편 a companion volume《*to*》; a sequel《*to*》/ ~회사 an affiliated company.

자매결연(姉妹結緣) establishment of sisterhood〔sistership〕. ¶ ~을 하다 set up〔establish〕sisterly relationship《*with*》.

자멸(自滅) self-destruction; self-ruin. ~하다 destroy〔ruin, kill〕 *oneself.* ¶ ~적인 suicidal《*behavior*》; self-defeating《*processes*》/ 그들의 행동은 ~을 초래할 것이다 Their acts will lead to self-destruction.

자명(自明) ~하다 (be) obvious; self-evident. ¶ ~한 이치 a self-evident truth; a truism.

자명종(自鳴鐘) an alarm clock.

자모(字母) an alphabet; a letter; 《활자》a matrix; a printing type.

자모(慈母) *one's* (tender) mother.

자못 very; greatly; highly; quite. ¶ ~ 기뻐보이다 look highly pleased.

자문(自問) ~하다 question〔ask〕 *oneself.* ‖ ~자답 (a) soliloquy (~자답하다 talk to *oneself*).

자문(諮問) an inquiry. ~하다 inquire; refer〔submit〕《*a problem*》to《*a committee for deliberation*》; consult. ‖ ~기관 an advisory body / ~위원회 an advisory committee.

자물쇠 a lock; a padlock. ¶ ~를 채우다〔열다〕 lock〔unlock〕《*a door*》.

자바 Java. ¶ ~사람 a Javanese; a Javan.

자반 salted〔salt-cured〕fish.

자반병(紫斑病)〖醫〗purpura. ‖ 출혈성 ~ purpura hemorrhagica.

자발(自發) ¶ ~적인 spontaneous; voluntary / ~적으로 voluntarily; spontaneously; of *one's* own accord / ~적으로 공부하다 study of *one's* free will; study spontaneously.

자방(子房)〖植〗an ovary. ☞ 자낭.

자배기 a large and round pottery bowel.

자백(自白) confession. ~하다 confess《*one's crime*》. ¶ ~을 강요하다 force a confession《*out of a sus-*

pect》.

자벌레 〖蟲〗 a measuring worm.

자본(資本) (a) capital; a fund. ¶ ～의 축적〔집중〕 accumulation 〔concentration〕 of capital / ～의 유입 the influx〔inflow〕 of capital / ～의 부족 lack of funds / 얼마 안 되는 ～ a small capital / ～을 투입하다 invest capital 《*in an enterprise*》; lay out capital 《*for an enterprise*》 / ～을 놀리다 let capital lie idle / 그는 1천만원의 ～으로 사업을 시작했다 He started business with a capital of ten million *won*. / 외국 ～ foreign capital / 금융 ～ financial capital / 고정〔유동〕 ～ fixed〔floating〕 capital / 독점〔공칭, 수권〕 ～ monopolistic〔nominal, authorized〕 capital / 건강이 유일한 나의 ～이다 Health is the only asset I have. ‖ ～가 a capitalist / ～과세 capital levy / ～구성 the capital structure 《*of a firm*》 / ～금 capital (～금 10억원의 회사 a company capitalized at one billion *won*) / ～력 the capital strength 《*of an enterprise*》 / ～재 capital goods / ～주 a financier; a capitalist / ～주의 capitalism / ～주의경제 the capitalistic economy / ～투자 capital investment / ～화(化) capitalization.

자부(自負) self-conceit; pride. ～하다 take pride in; be self-conceited; think highly of *oneself*. ¶ 획기적인 제품을 개발했다고 ～하다 take pride in having developed an epoch-making product. ‖ ～심 self-confidence; pride (～심이 강하다 be self-confident).

자비(自費) ¶ ～로 at *one's* own expense / ～로 수필집을 출판하다 publish a book of essays at *one's* own expense. ‖ ～생 a paying student.

자비(慈悲) mercy; pity. ¶ ～로운 merciful; tender-hearted / ～를 베풀다 have mercy 《*on*》; do 《*a person*》 an act of charity / ～를 청하다 ask for mercy. ‖ ～심 a merciful heart.

자빠뜨리다 make 《*a person*》 fall on *one's* back; knock〔throw〕 《*a thing*》 down.

자빠지다 ① 《넘어가다》 fall on *one's* back; fall backward. ② 《눕다》 lie down.

자산(資産) property; a fortune; assets(회사·법인의). ¶ ～을 공개하다 make *one's* property〔assets〕 public. ‖ ～가 a man of property; a wealthy person / ～가치 the value of *one's* property 〔assets〕 / ～상태 *one's* financial standing / ～재평가 revaluation 〔reassessment〕 of property / ～주 an income stock / 현금 ～ cash assets.

자살(自殺) suicide. ～하다 kill *oneself*; commit suicide. ¶ ～을 꾀하다 attempt suicide. ‖ ～미수(자) (an) attempted suicide / ～자 a suicide / ～행위 a suicidal act.

자상스럽다, 자상하다(仔詳—) (be) careful; detailed; minute; thoughtful 《*of*》. ¶ 자상한 배려 attentive consideration.

자색(姿色) good looks; personal beauty (in a woman). ¶ ～이 뛰어나다 surpass others in beauty.

자색(紫色) purple; violet.

자생(自生) spontaneous〔natural〕 growth. ～하다 grow wild〔naturally〕. ‖ ～식물 native〔wild〕 plants.

자서(自序) the author's preface.

자서전(自敍傳) an autobiography. ¶ ～적인 소설 the autobiographical novel. ‖ ～작자 an autobiographer.

자석(磁石) a magnet. ¶ ～의 magnetic. ‖ 막대〔말굽〕 ～ a bar〔horseshoe〕 magnet.

자석영(紫石英) ☞ 자수정.

자선(自選) ～하다 select 《*the best*》 out of *one's* own works. ‖ ～시집 poems selected by the poet himself.

자선(慈善) charity; benevolence. ¶ ～의 charitable; benevolent / 가난한 사람들에게 ～을 베풀다 render aid to the poor in charity. ‖ ～가 a charitable person / ～기금 a charity fund / ～냄비 a charity pot / ～단체 a charitable institution〔organization〕 / ～바자 a charity bazaar / ～병원 a charity hospital / ～사업 charitable work; charities / ～음악회 a charity concert.

자설(自說) *one's* own view〔opinion〕. ¶ ～을 굽히지 않다 stick to *one's* opinion.

자성(自省) ☞ 반성(反省).

자성(磁性) 〖理〗 magnetism. ¶ ～의 magnetic / ～을 주다 magnetize / ～을 잃다 lose *its* magnetism / ～을 제거하다 demagnetize. ‖ ～체 a magnetic substance 〔body〕.

자세(仔細) ¶ ～한 detailed; minute; full; particular / ～히 in full; minutely; closely.

자세(姿勢) 《몸의》 a posture; a pose; 《태도》 an attitude; a carriage(몸가짐). ¶ 앉은 ～로 in a sitting posture / 방어 자세를 취하다 take a defensive posture / ～를 바로하다 straighten *oneself* / ～가 좋다〔나쁘다〕 have a fine〔poor〕 carriage / 차려 ～를 취하다 stand at attention.

자속(磁束) 〖理〗 magnetic flux.

자손(子孫) a descendant; 《집합적》 posterity; offspring. ¶ ~을 남기다 leave offspring / ~에게 전하다 hand down to *one's* posterity.

자수(自手) ¶ ~로 with *one's* own hands〔efforts〕; without help / ~성가하다 make *one's* fortune by *one's* own efforts.

자수(自首) self-surrender; (voluntary) confession. ~하다 surrender *oneself* 《*to the police*》; give *oneself* up 《*to the police*》.

자수(刺繡) embroidery. ~하다 embroider 《*one's name on*...》.

자수정(紫水晶) 〖鑛〗 amethyst; violet quartz.

자숙(自肅) self-imposed control; self-control. ~하다 practice self-control; voluntary refrain 《*from*》.

자습(自習) private study; self-teaching. ~하다 study by〔for〕 *oneself*. ¶ 물리학을 ~하다 study physics for *oneself*. ‖ ~문제 homework; home exercises 〔task〕 / ~서 a self-teaching book; a key(문제집 등의 해답집) / ~시간 study hours / ~실 a study room.

자승자박(自繩自縛) ~하다 be caught in *one's* own trap; lose *one's* freedom of action as a result of *one's* own actions.

자시(子時) the Hour of the Rat; midnight.

자식(子息) 《자녀》 a child; a son; a daughter; offspring(총칭); 《욕》 a chap; a wretch; a bastard.

자신(自身) *one's* self; *oneself*. ¶ ~의 *one's* own; personal / ~이 《독자적으로》 by〔for〕 *oneself*; in person; personally / 네 ~이 해 보아라 Try it by yourself. / 네 ~의 판단으로 그것을 결정하라 Decide it according to your own judgement.

자신(自信) (self-)confidence; self-assurance. ~하다 《자신이 있다》 have confidence in *oneself*; be confident 《*of, about*》; be sure 《*of, that*》. ¶ ~이 없다 have no confidence in *oneself*; be diffident 《*of, about*》 / ~이 있는 confident; self-confident; self-assured / ~만만하게 with complete self-confidence / 나는 성공할 ~이 있다 I am〔feel〕 confident of success. / 그것에 대해 답할 수 있을지 ~이 없다 I'm not sure that I can answer it. / 시험 결과를 알고, 나는 ~을 얻었다〔잃었다〕 I gained 〔lost〕 confidence in myself, having known the result of the examination.

자실(自失) ☞ 망연.

자심(滋甚) ~하다 be getting〔growing〕 worse〔severe, serious〕.

자아(自我) self; ego. ¶ ~가 센 egotistic(자기 중심의); egoistic; selfish; self-willed(제멋대로의) / ~의 발전 self-development / ~에 눈뜨다 awake to *one's* self. ‖ ~의식 self-consciousness.

자아내다 ① 《실을》 spin; reel off. ¶ 솜에서 실을 ~ spin thread out of cotton. ② 《느낌을》 evoke 《*a laugh, feeling*》; excite〔arouse〕 《*curiosity*》; stir up 《*interest*》; tempt, whet 《*one's appetite*》. ¶ 눈물을 ~ move 《*a person*》 to tears; draw tears from 《*a person*》. ③ 《액체·기체를》 extract 《*gas, liquid*》 by machine; draw; pump.

자애(自愛) ~하다 take (good) care of *oneself*.

자애(慈愛) affection; love. ¶ ~로운 affectionate 《*smiles*》; loving 《*words*》.

자약(自若) ~하다 (be) self-possessed; composed; calm. ¶ 태연~하다 remain cool〔calm〕.

자양(滋養) nourishment. ☞ 영양.

자업자득(自業自得) the natural consequences of *one's* own deed. ¶ ~이다 You've brought it on yourself. *or* You asked for it. *or* It serves you right.

자연(自然) ① 《천연》 nature; Nature (의인화). ¶ ~의 힘 natural forces / ~의 법칙 the law(s) of nature / ~을 노래한 시 a nature poem; nature poetry / 우리는 ~을 벗삼아야 한다 We should commune with nature. *or* We should be in close connection with nature. / 과도한 개발로 ~이 파괴되고 있다 Nature is being ruined by excessive development. ② 《당연》 ¶ ~의 natural / ~스러운 결과로서 as a natural result / ~의 추세에 맡기다 let 《*a matter*》 take its own course / 아기가 우는 것은 ~스러운 일이다 It is natural for a baby to cry. ③ 《저절로》 ¶ ~히 by *oneself*; spontaneously; automatically / 문이 ~히 닫혔다 The door closed by *itself*. / 환성이 관중에게서 ~발생적으로 터져 나왔다 Cheers spontaneously rose from the crowd. ‖ ~개조 the remodeling〔reshaping〕 of nature / ~계 nature; the natural world / ~공원 a natural park / ~과학 natural science / ~도태 natural selection / ~미 natural beauty / ~발생〔발화〕 spontaneous generation〔combustion〕 / ~보호 conservation of nature / ~보호구역 a wildlife sanctury; a nature reserve / ~보호 운동〔단체〕 a conservation movement 〔group〕 / ~사(死) (a) natural death / ～색 a natural color / ～식품 natural foods / ～식품점 a natural food store / ～애호가 a nature lover / ～자원〔증가〕 natural resources〔increase〕/ ～재해 a natural disaster / ～주의 naturalism / ～치유 self-healing; spontaneous recovery / ～파괴 the destruction of nature / ～현상 a natural phenomenon / ～환경 the natural environment.

자영(自營) ～하다 do《*business*》 independently; be self-supporting. ¶ ～의 independent; self-supporting / ～으로 영업하다 do business on *one's* own account; run *one's* own business. ‖ ～업 an independent enterprise.

자오선(子午線)〖天〗the meridian.

자외선(紫外線) ultraviolet rays. ‖ ～요법 ultraviolet light therapy; (an) ultraviolet treatment.

자우(慈雨) a welcome rain; a rain after the drought.

자욱하다 (be) dense; thick; heavy. ¶ 자욱하게 in thick clouds; thickly; densly / 자욱한 안개 a dense fog / 연기가 ～ The smoke is thick. / 실내는 담배 연기로 자욱했다 The room was heavy with cigarette smoke.

자웅(雌雄)《암수》male and female; the two sexes;《승패》victory or defeat. ¶ ～을 감별하다 determine the sex《*of*》; sex《*a chicken*》/ ～을 겨루다 fight a decisive battle《*with*》. ‖ ～도태 sexual selection / ～동체 hermaphrodite.

자원(自願) ～하다 volunteer《*for*》. ¶ ～하여 voluntarily. ‖ ～봉사자 a volunteer worker / ～자 a volunteer.

자원(資源) (natural) resources. ¶ 유한(有限)한 ～ finite resources / ～이 풍부한 rich in natural resources / 지하 ～ underground resources / 인적 ～ human resources; manpower / 천연 ～을 개발하다 exploit (develop) natural resources. ‖ ～개발 exploitation of resources / ～공급국 resource-supplying countries / ～문제 the resources problem / ～보호 conservation of resources / ～산출국 resource-producing countries / ～유한(有限)시대 an era of limited natural resources.

자위(自慰) ①《자기 위로》self-consolation. ～하다 console *oneself*. ②《수음》masturbation.

자위(自衛) self-defense〔-protection〕. ～하다 protect〔defend〕*oneself*. ¶ ～의 self-protecting; self-preserving / ～를 위해 in self-defense / 테러 조직에 대한 ～ 수단을 강구하다 adopt a measure of self-defense against a terrorist organization. ‖ ～권 the right of self-defense / ～본능 the protective instinct.

자위뜨다 《무거운 물건이》 budge; make〔show〕a slight move〔opening〕from *its* place.

자유(自由) freedom; liberty. ¶ ～의〔로운〕free; liberal; unrestrained / ～롭게 freely; at will; liberally / ～로운 시간 free time / ～자재로 at will; freely / 신앙〔종교〕의 ～ freedom of worship〔religion〕/ 출판〔보도〕의 ～ freedom of the press / ～의 여신상 the Statue of Liberty / ～로운 몸이 되다 be set free〔at liberty〕/ ～를 잃다 be deprived of *one's* liberty / …할 ～를 갖지 못하다 be not at liberty to *do*; be not allowed to *do* / ～는 자칫하면 방종이 되기 쉽다 Liberty often degenerates into lawlessness. ‖ ～결혼 free marriage / ～경쟁 free competition / ～경제〔무역〕free economy〔trade〕/ ～무역항 a duty-free port / ～방임 noninterference;《경제상의》laissez-faire / ～선택 free choice / ～세계 the free world / ～시간《단체 여행시 등의》free time; time at leisure / ～시장 a free market / ～업 a liberal profession / ～의지 free will / ～재량권 (a) discretionary power / ～주의 liberalism / ～주의자 a liberalist / ～항 a free port / ～행동 free〔unorganized〕activities(～행동을 하다 act for *oneself*; take *one's* own course) / ～형《수영·레슬링의》freestyle.

자유화(自由化) liberalization; freeing《*of trade*》; removal of restrictions《*on trade*》. ～하다 liberalize; free. ¶ 한국의 무역을 98퍼센트까지 ～하다 liberalize〔remove restrictions on〕98 percent of Korea's trade. ‖ ～상품 liberalized goods / ～조처 liberalization measures.

자율(自律) self-control; autonomy. ¶ ～적인 autonomous. ‖ ～신경 an autonomic nerve / ～신경 실조증 autonomic imbalance.

자음(子音) a consonant.

자의(字義) the meaning of a word. ¶ ～대로 literally.

자의(自意)《of》*one's* own will.

자의식(自意識) self-consciousness.

자이로스코프 a gyroscope.

자이르 Zaire. ¶ ～의 Zairian / ～사람 a Zairian.

자인(自認) ～하다 acknowledge *oneself*《*to be in the wrong*》; admit.

자일 《등산용》a (climbing) rope.

자임하다(自任―) consider〔fancy〕*oneself* (to be)《*an expert*》; regard〔look upon〕 *oneself*《*as a social reformer*》.

자자손손(子子孫孫) (*one's*) descendants; posterity; offspring. ¶ ~에 이르기까지 to *one's* remotest descendants / ~에게 전하다 hand down to posterity.

자자하다(藉藉—) be widely spread; be the talk of the town. ¶ 명성이 ~ be highly reputed; enjoy a high reputation.

자작(子爵) a viscount. ‖ ~부인 a viscountess.

자작(自作) *one's* own work. ¶ ~의 of *one's* own making; of *one's* writing〔composing〕(시문의) / ~소설 a novel of *one's* (own) writing〔pen〕. ‖ ~농 an independent 〔owner〕 farmer / ~시 *one's* own poem.

자작나무〖植〗 a white birch.

자작하다(自酌—) pour *one's* own liquor〔wine〕; pour《*wine*》 for *oneself*.

자잘하다 (be) all small〔tiny, minute〕. ¶ 자잘한 물건 small things.

자장(磁場) ☞ 자기장.

자장가(—歌) a lullaby; a cradle-song. ¶ ~를 불러 아이를 재우다 sing a child to sleep.

자장면(酢醬麵) noodles with bean sauce.

자장자장 rockabye baby; hush-abye baby.

자재(資材) materials. ‖ ~과 the material section / 건축 ~ construction〔building〕 materials.

자적(自適) ¶ 유유~한 생활을 보내다 live (by *oneself*) free from worldly cares / 은퇴하여 유유 ~한 여생을 보내다 spend the rest of *one's* days in quiet〔dignified〕 retirement.

자전(字典) a dictionary for Chinese charactors; a lexicon.

자전(自轉) (a) rotation. ~하다 rotate; revolve; turn on *its* axis.

자전거(自轉車) a bicycle; a cycle; a bike《俗》; a tricycle(세발의). ¶ ~를 타다 ride a bicycle / ~로 가다 go by bicycle / ~로 통학하다 go to school by bicycle. ‖ ~경기 a bicycle〔cycle〕 race / ~경기장 a cycling bowl〔track〕; a velodrome / ~여행 a bicycle trip; a cycling tour / ~전용도로 a cycle track; a cycling path〔lane〕.

자정(子正) midnight.

자정(自淨) self-cleansing; self-purification. ¶ 자연의 ~ 작용 the self-cleansing action of nature / 원래 하천에는 상당한 ~력이 있다 Under natural conditions, rivers have very considerable powers of self-cleansing.

자제(子弟) children; sons.

자제(自制) self-control; self-restraint. ~하다 control〔restrain〕 *oneself*. ¶ ~심〔력〕을 잃다 lose *one's* self-control; lose control of *oneself*; let *oneself* go.

자제(自製) *one's* own making.

자조(自助) self-help. ~하다 help *oneself*. ‖ ~정신 the spirit of self-help.

자조(自嘲) self-scorn; self-ridicule. ~하다 scorn〔ridicule〕 *oneself*.

자족(自足) self-sufficiency. ~하다 be self-sufficient. ☞ 자급(自給).

자존(自尊) self-respect; self-importance. ~하다 respect〔esteem〕 *oneself*. ¶ 민족의 ~과 안녕 national self-esteem and public well-being.

자존심(自尊心) self-respect; pride. ¶ ~ 있는 self-respecting; proud / ~을 상하다 hurt *one's* pride / ~을 상하게 하다 hurt〔wound〕 other people's pride / 그런 일을 하는 것은 내 ~이 허락지 않는다 I have too much pride to do such a thing.

자주(自主) independence. ¶ ~적인 independent; autonomous(자치의) / ~적으로 independently; of *one's* own will / ~성이 없다 lack *one's* independence of mind. ‖ ~국 an independent state / ~국방 self-reliance of national defense / ~권 autonomy / ~독립 (sovereign) independence / ~외교 an autonomous〔independent〕 foreign policy / 관세 ~권 tariff 〔customs〕 autonomy. 「claret.

자주(紫朱) purplish red; murex;

자주 often; frequently. ¶ ~ 오다〔가다〕 come〔go〕 often; visit frequently; frequent《*a place*》.

자중(自重) prudence. ~하다 take care of *oneself;* be prudent〔cautious〕.

자중지난(自中之亂) a fight among themselves; an internal strife.

자지 a penis;《美俗》 a cock.

자지러뜨리다 shrink; frighten《*a person*》 to death; give《*a person*》 shudders〔the creeps〕.

자지러지다 ①《놀람 따위로》 shrink; cower; crouch; flinch《*from*》. ¶ 자지러지게 놀라다 shrink with fright. ②《웃음 따위로》 ¶ 자지러지게 웃다 roll about〔be convulsed〕 with laughter; laugh *oneself* inside out.

자진(自進) ¶ ~하여 of *one's* own accord〔will〕; voluntarily / ~입대하다 volunteer for military service / ~해서 모든 책임을 떠맡다 assume full responsibility of *one's* own will. ‖ ~신고 voluntary reporting.

자질(資質) nature; disposition; temperament(기질); a gift(재능). ¶ 공무원의 ~을 향상시키다 improve the quality of government employees.
자질구레하다 be evenly small.
자찬(自讚) ☞ 자화자찬.
자책(自責) self-reproach. ~하다 reproach〔blame〕 *oneself*《*for*》. ¶ ~감에 시달리다 suffer from a guilty conscience; have twinges of conscience. ‖ ~점 〖野〗 an earned run.
자처(自處) ① ☞ 자살(自殺). ②《자임》 ~하다 fancy〔consider〕 *oneself*《*as, to be*》; look upon *oneself* 《*as*》. ¶ 그는 물리학의 대가로 ~한다 He looks upon himself as an authority on physics.
자천(自薦) ~하다 recommend 〔offer〕 *oneself*《*for the post*》.
자철(磁鐵) 〖鑛〗 magnetic iron.
자청(自請) ~하다 volunteer. ¶ ~해서 힘든 일을 맡다 volunteer a difficult job.
자체(字體) the form of a character; a type (활자의).
자체(自體) ¶ 그 ~ (in) itself / 사고 ~는 별것 아니었다 The accident itself was a minor one. ‖ ~감사 self-inspection / ~사업 an own business / ~조사 an in-house investigation.
자초(自招) ~하다 bring upon *oneself;* court《*danger*》. ¶ 화를 ~하다 bring misfortune on *oneself.*
자초지종(自初至終) the whole story; all the details. ¶ 사고의 ~을 상세히 말하다 give a full〔detailed〕 account〔story〕 of the accident.
자축(自祝) ~하다 celebrate《*an* 「*event*》 by *oneself.*
자취 《형적》 traces; vestiges; marks; signs; evidences(증거). ¶ 진보의 ~ signs of progress / ~를 남기다 leave *one's* traces behind / ~를 감추다 cover up *one's* traces.
자취(自炊) ~하다 cook *one's* own food; do *one's* own cooking; board *oneself.* ¶ 형은 ~를 한다 My brother cooks his own meals. ‖ ~설비《a room with》 cooking facilities.
자치(自治) self-government; autonomy. ~하다 govern *oneself.* ¶ ~의 self-governing; autonomous / ~를 요구하는 집회를 열다 hold a meeting to demand *their* autonomy / 지방 ~ local self-government. ‖ ~권 autonomous rights; autonomy / ~능력 autonomous ability / ~(단)체 a self-governing body / ~령 a dominion / ~회 a student council(학생의); a residents' association(단지 등의).

자치기 tipcat.
자친(慈親) *one's* mother.
자침(磁針) a magnetic needle. ‖ ~검파기 a magnetic detector.
자칫하면 ¶ ~ 목숨을 잃을 뻔하다 come near losing *one's* life / ~ 성을 내다 get mad at the drop of a hat / ~ …하기 쉽다 be apt 〔liable, prone〕 to *do.*
자칭(自稱) ~하다 style〔call, describe〕 *oneself;* pretend《*to be*》. ¶ ~의 self-styled; would-be / 그는 ~변호사〔시인〕이다 He is a self-styled lawyer〔would-be poet〕. / 그는 ~ 대학교수라고 하였다 He called himself a professor.
자타(自他) *oneself* and others. ¶ ~의 관계 *one's* relations with others / 그는 ~가 인정하는 시인이다 He is generally acknowledged to be a poet. / …은 ~가 인정하는 바이다 It is commonly acknowledged〔generally admitted〕 that….
자탄(自嘆) ~하다 complain〔grieve〕 to *oneself;* feel grief for *oneself.*
자태(姿態) a figure; a shape; a pose. ¶ 요염한〔우아한〕 ~ a bewitching〔graceful〕 figure.
자택(自宅) 《자기 집》 *one's* (own) house〔home〕. ¶ ~에 있다〔없다〕 be (not) at home / ~에서 개인 교수하다 give private lessons at home / ~에서 대기하라는 명을 받다 be told to stand by at home. ‖ ~연금 house arrest; domiciliary confinement / ~요양 home treatment〔remedy〕.
자토(磁土) kaolin; china clay.
자퇴(自退) ~하다 leave《*one's post*》 of *one's* own accord; resign voluntarily.
자투리 odd ends of yard goods; waste pieces from cutting cloth. ‖ ~땅 a small piece of land (in downtown areas).
자판(字板)《컴퓨터 등의》a keyboard.
자폐증(自閉症) 〖心〗 autism. ¶ ~의 아이 an autistic child.
자포자기(自暴自棄) desperation; despair(절망); self-abandonment. ~하다 become desperate; abandon *oneself* to despair. ¶ ~하여 in desperation.
자폭(自爆) suicidal explosion. ~하다 crash *one's* plane into the target(비행기가); blow up *one's* own ship(배가).
자필(自筆) *one's* own handwriting; an autograph. ¶ ~의 autograph; 《a letter》 in *one's* own hand writing. ‖ ~이력서 *one's* résumé in *one's* own handwriting.
자학(自虐) self-torture. ~하다 torment〔torture〕 *oneself.* ¶ ~적인

ス

masochistic; self-tormenting. ‖ ～ 행위 a cruelty to *oneself*.

자해(自害) ① ☞자살. ② 《자신을 해침》 ～하다 injure〔hurt〕 *oneself*.

자행(恣行) ～하다 do as *one* pleases; have *one's* own way.

자형(姊兄) ☞매형(妹兄).

자혜(慈惠) charity; benevolence. ‖ ～병원 a charity hospital.

자화(磁化) 〖理〗 magnetization. ～하다 magnetize.

자화상(自畫像) a self-portrait.

자화수정(自花受精) 〖植〗 self-fertilization.

자화자찬(自畫自讚) self-praise. ～하다 praise *oneself*; sing *one's* own praises.

자활(自活) self-support. ～하다 support〔maintain〕 *oneself*. ¶ ～의 길 a means of supporting *oneself*.

자획(字劃) the number of strokes 《*in a Chinese character*》.

작(作) 《작품》 a work; a production; 《농작》 a crop; a harvest.

작(爵) 《작위》 peerage.

작가(作家) a writer, an author (소설의); an artist.

작고(作故) ～하다 die; pass away. ¶ ～한 the late….

작곡(作曲) (musical) composition. ～하다 compose; set 《*a song*》 to music; write music 《*to a song*》. ‖ ～가 a composer.

작금(昨今) recently; lately; of late; these days. ¶ ～의 recent.

작년(昨年) last year. ¶ ～ 봄 last spring / ～ 오늘 this day last year; a year ago today.

작다 《크기가》 (be) small; little; tiny; 《나이가》 (be) young; little; 《규모·중요도가》 (be) trifling; slight; trivial; 《마음이》 (be) narrow-minded. ¶ 작은 사람 a small man(체구가); a narrow-minded person(마음이) / 작은 집 a small house / 작은 일 a trifle; a trivial matter / 작은 고추가 맵다 《俗談》 The smaller, the shrewder.

작다리 a person of short stature; a shorty 《美口》.

작달막하다 be rather short (of stature); be stocky.

작당(作黨) ～하다 form a group〔clique, gang〕. ¶ ～하여 in a group〔league〕.

작대기 ① 《버팀대》 a pole; a rod; a stick (with a forked head). ② 《가위표》 the mark of failure 《*in a test*》; the mark of elimination.

작도(作圖) drawing. ～하다 draw a figure〔chart〕; 〖數〗 construct 《*a triangle*》.

작동(作動) ～하다 operate; work; run; function. ¶ 기계를 ～시키다 set〔get〕 a machine going.

작두(斫―) a straw cutter; a fodder-chopper.

작렬(炸裂) an explosion; bursting. ～하다 explode; burst.

작명(作名) naming. ～하다 name.

작문(作文) (a) composition; writing. ¶ 영～ an English composition / 자유～ a free composition / ～을 짓다 write a composition 《*on*》.

작물(作物) 《농작물》 crops; farm products〔produce〕.

작법(作法) how to write〔make, grow, produce, *etc.*〕.

작별(作別) farewell; parting; a goodbye; leave-taking. ¶ ～의 (인사)말 a farewell word / ～ 인사를 하다 say goodbye 《*to*》; bid 《*a person*》 farewell.

작부(酌婦) a barmaid; a bar girl.

작부면적(作付面積) acreage under cultivation; a planted area.

작사(作詞) ～하다 write the words〔lyrics〕 《*for*》. ¶ K씨 ～ L씨 작곡 words〔lyric〕 by K and music by L. ‖ ～자 a songwriter; a lyric writer.

작살 a harpoon; a (fish) spear.

작성(作成) ～하다 draw up 《*a plan*》; make out 《*a list*》. ¶ 계약서를 정부 2통 ～하다 draw up a contract in duplicate / 유언장을 비밀리에 ～하다 make〔draw up〕 *one's* will secretly.

작시(作詩) ～하다 write a poem. ‖ ～법 the art of versification.

작심(作心) ～하다 determine; resolve; make up *one's* mind. ‖ ～삼일 a resolution good for only three days; a short-lived resolve.

작약(芍藥) 〖植〗 a peony.

작약(炸藥) an explosive; gunpowder.

작업(作業) work; operations. ～하다 work; conduct operations. ¶ ～ 중에 부상을 입다 get hurt while at work / ～을 8시에 개시〔중지〕하다 begin〔suspend〕 operations at eight. ‖ ～계획 a work project / ～교대 work shift(s) / ～량 amount of work done / ～반 a work〔working〕 party / ～복 working clothes; overalls / ～시간 working hours / ～실 a workroom / ～장 working place; a workshop; a job site (공사장) / ～화 work shoes / ～효율 work efficiency.

작열(灼熱) ¶ ～하는 scorching; burning; red-hot / ～하는 태양 a scorching〔burning〕 sun.

작용(作用) action; operation; a function(기능); effect(영향). ～하다 act〔operate, work〕 《*on a thing*》; affect. ¶ ～과 반작용 action and reaction / 화학 ～ chemical action / 부～ side effect / 상호 ～ (an) interaction / 동화 ～ the process of assimilation / 심장의 ～ the function of the heart.

작위(爵位) peerage; a (noble) title. ¶ ～가 있는 titled《*ladies*》.

작은곰자리 〖天〗 the Little Bear.

작은아버지 *one's* uncle; *one's* father's younger brother.

작은어머니 *one's* aunt; the wife of *one's* father's younger brother.

작은집 ①《아들·동생의 집》*one's* son's〔younger brother's〕house. ②《첩의 집》*one's* concubine's house;《첩》*one's* concubine.

작자(作者) ①《저작자》an author; a writer. ②《살 사람》a buyer; a purchaser. ¶ ～가 없다 be not in demand. ③《위인》a fellow; a guy.

작작 not too much; moderately. ¶ 농담 좀 ～ 해라 Don't go too far with your jokes.

작전(作戰) (military) operations; tactics(전술); strategy(전략). ¶ ～상의 operational; strategic / ～을 세우다〔짜다〕map out a plan of operations / 공동 ～ combined operations / 경기 전에 ～을 세우다 plan *one's* tactics before the game. ‖ ～계획〔기지〕a plan〔base〕of operations / ～회의 a council of war; a tactical planning conference.

작정(作定)《결정·결심》a decision; determination;《의향》an intention; a plan; a thought;《목적》a purpose. ～하다 decide; determine; plan; intend to《*do*》. ¶ …할 ～으로 with a view to〔of〕《*doing*》; with the intention〔aim〕of《*doing*》; in the hope of《*doing*》/ 나는 휴가를 서울에서 보낼 ～이다 I am planning to spend the holidays in Seoul.

작폐하다(作弊—) make〔cause〕trouble〔nuisance〕.

작품(作品) a (piece of) work; a production. ¶ 예술 ～ a work of art / 문학 ～ a literary work.

작풍(作風) a (literary) style. ¶ ～을 모방하다 model *one's* style on《*a person*》.

작황(作況) a harvest; a crop; a yield. ¶ ～보고 a crop report / ～이 좋다〔나쁘다〕have a good〔bad〕crop《*of rice*》. ‖ ～예상 crop〔harvest〕prospects / ～지수 a crop-situation index.

잔(盞) a (wine) cup; a glass. ¶ 포도주 한 ～ a glass of wine / ～을 돌리다 pass the cup round.

잔걸음 ¶ ～치다 walk back and forth within a short distance.

잔고(殘高) the balance. ¶ 은행예금 ～ the〔*one's*〕balance at the bank / ～를 전액 인출하다 draw the balance to nothing.

잔교(棧橋) a pier. ☞ 선창(船艙).

잔글씨 small characters; fine letters. ¶ ～로 쓰다 write small characters.

잔금 fine wrinkles〔lines〕.

잔금(殘金) money left (over) (남은 돈); the remainder(지불의); the balance(예금의). ¶ ～을 치르다 pay the remainder / ～은 2만원뿐이다 Twenty thousand *won* is all there is left. *or* The balance is only twenty thousand *won*.

잔기(殘期) the remaining time; the remainder of a period〔term〕.

잔기침 a hacking cough.

잔당(殘黨) the remnants of a defeated party.

잔돈 small money; (small) change. ¶ ～으로 바꾸다 change《*a note*》into small money.

잔돈푼 ①《용돈》pocket〔pin〕money; spending money. ②《소액》a small sum of money; petty cash.

잔돌 a pebble; a gravel.

잔디 a lawn; (a patch of) grass; turf. ¶ ～를 심다 plant grass〔a lawn〕/ ～ 깎는 기계 a lawn mower. ‖ ～밭 a lawn; a grassplot.

잔뜩 ①《꽉 차게》(to the) full; fully; to capacity; to the fullest. ¶ ～ 먹다〔마시다〕eat〔drink〕*one's* fill / 빚을 ～ 지다 be deeply in debt. ②《몹시》intently; heavily; firmly. ¶ ～ 찌푸린 날씨 a heavily leaden sky / …을 ～ 믿다 firmly believe that….

잔류(殘留) ～하다 remain behind; stay. ‖ ～물 a residue; remnants; leavings / ～부대 remaining forces / ～자기(磁氣) residual magnetism.

잔말 useless〔idle, small〕talk; chatter; a complaint (불평). ～하다 twaddle; say useless things.

잔망(孱妄) ～하다, ～스럽다 be feeble and narrow-minded; be weak and light-headed.

잔명(殘命) the rest of *one's* life; *one's* remaining days. ¶ 그는 ～이 얼마 남지 않았다 His days are numbered.

잔무(殘務) unsettled business; affairs remaining unsettled. ¶ ～를 정리하다 settle〔clear up〕the remaining〔pending〕business.

잔물결 ripples. ¶ ～이 일다 ripple.

잔병(—病) constant slight sickness; sickliness. ¶ ～치레 getting sick frequently / ～이 잦다 be sickly.

잔상(殘像) 〖心〗 an afterimage.

잔설(殘雪) the remaining snow.

잔소리 ① ☞잔말. ②《꾸중·싫은 소리》scolding; a rebuke; a lecture; a sermon. ～하다 scold; rebuke; lecture; give《*a person*》a lecture《*about*》; find fault《*with*》; nag《*at a person*》; grumble about《*a thing*》. ¶ ～를 듣다 be scolded《*by*》; catch it《*from*》《口》/ 그녀는 늘 ～만 한다 She is always grumbling. ‖ ～꾼 a chatterbox; a nagger.

잔속《자세한 내막》the intimate details; the inside information. ¶ ～을 알다 have an intimate knowledge《*of*》.

잔손 elaborate〔fine〕handwork. ¶ ～이 많이 가는 일 laborious〔troublesome〕work; a time-consuming job / ～이 많이 가다 take〔require〕a great deal of time〔elaborate handwork〕.

잔술집(盞 —) a pub that sells draft liquor.

잔심부름 sundry errands〔jobs〕; miscellaneous services.

잔악(殘惡) ～하다 (be) cruel; atrocious; inhumane.

잔액(殘額) the balance(은행 예금의); the remainder(지불할). ☞잔금, 잔고.

잔업(殘業) overtime work. ～하다 work extra hours; work overtime. ‖ ～수당 overtime pay; an allowance for overtime work.

잔여(殘餘) the remainder; the remnant; the rest. ¶ ～의 remaining.

잔월(殘月)《달》a morning moon.

잔인(殘忍) ¶ ～한 cruel; brutal; inhumane; cold-blooded. ‖ ～무도 inhumanity / ～성 *one's* brutal nature.

잔잔하다《바람·물결·사태 등이》(be) quiet; still; calm; placid. ¶ 잔잔한 바다 a calm〔quiet〕sea / 잔잔히 흐르는 강 a gently flowing river / 잔잔한 어조로 이야기하다 speak in a quiet voice.

잔재(殘滓)《남은 찌끼》the residue; dregs(액체의);《지난날의》a vestige《*of*》. ¶ 봉건주의의 ～ (remaining) vestiges of feudalism.

잔재미 ¶ ～있는 사람 a nice person to have around / ～를 보다 make a hit in a small way(성공); turn a tidy profit (이익); fish up a nice bit of catch(낚시에서).

잔재주(—才—) a petty artifice; a trick; a device. ¶ ～ 부리다 play〔resort to〕petty tricks.

잔적(殘敵)《mop up, clean up》the remnants of shattered enemy troops.

잔존(殘存) survival. ～하다 survive; remain; be still alive; be left.

잔주름 fine wrinkles〔lines〕; crow's-feet (눈가의). ¶ ～이 있는 finely wrinkled《*skin*》.

잔챙이 the smallest〔poorest〕one; small fish (물고기).

잔치 a (ceremonial) feast(축연); a banquet(공식의); a party. ¶ 혼인 ～ a wedding feast / ～를 베풀다 give a party〔feast〕; hold a banquet / ～에 손님을 초대하다 invite guests to a feast.

잔학(殘虐) cruelty; brutality; atrocity. ¶ ～한 cruel; atrocious; brutal; inhuman. ‖ ～행위 a cruel act; atrocity.

잔해(殘骸) the wreck; the wreckage. ¶ 비행기의 ～ the wreck〔wreckage〕of a plane; the remains of a wrecked plane.

잔허리 the narrow part of *one's* back.

잘 ①《능숙하게》well; skillfully; nicely;《바르게》rightly; correctly. ¶ 피아노를 ～ 치다 play the piano well / 영어를 ～ 말하다 speak English well / ～ 했다 Well done! / 그것을 ～ 발음하기란 어렵다 It is hard to pronounce it clearly〔correctly〕. ②《만족·충분하게》well; fully; thoroughly. ¶ ～ 먹다〔자다, 살다〕eat〔sleep, live〕well / 이 고기는 ～ 익었다 This meat is well done. / 그녀는 영화에 관해 ～ 알고 있다 She is well-informed about movie. ③《주의 깊게·상세히》carefully; closely. ¶ …을 ～ 보다 have a good look at《*something*》; look at《*something*》carefully〔closely〕/ 내말을 ～ 들어라 Listen to me carefully. ④《친절히·호의적으로》¶ 남에게 ～ 하도록 하여라 Be good〔kind〕to others. / 그는 나에 관해 ～ 말해 주지 않는다 He speaks ill of me. ⑤《걸핏하면》readily; easily. ¶ ～ 웃다 laugh readily / ～ 성내다 be apt to get angry; get angry easily. ⑥《곧잘》often; frequently. ¶ 그는 학교를 ～ 쉰다 He is often absent from school. ⑦《기타》¶ 옷이 ～ 맞는다 The dress fits nicely. / 너 마침 ～ 왔다 You've come at just the right moment. / ～ 있거라 Goodbye!

잘그랑 with a clink〔clang〕.

잘나다 ①《사람됨이》(be) distinguished; excellent; great. ¶ 잘난 사람 a distinguished〔great〕person / 잘난 체하는 사람 a self-important fellow; a braggart / 잘난 체하다 put on〔assume〕airs; think *oneself* somebody. ②《잘생김》(be) handsome; cute; beautiful; good-looking.

잘다 ①《크기가》(be) small; little; tiny; minute; fine. ¶ 잔 모래 fine sand / 고기를 잘게 썰다 chop meat into small pieces. ②《인품이》(be) small-minded; stingy. ¶ 잔 사람 a man of small caliber.

잘라먹다 ①《음식을》bite off; cut and eat. ②《계산·채무 등을》bilk a creditor; do not pay《*one's debt*》; fail to pay; welsh on《*one's debt*》.

잘록하다 be constricted (in the middle). ¶ 허리가 잘록한 여인 a woman with a wasp waist.

잘리다 ①《절단》be cut (off); be chopped; be cut down(나무가). ②《떼어먹히다》be cheated out of; be welshed《*on*》; become irrecoverable. ③《해고》get fired.

잘못 ①《과실·과오》an error; a mistake; a fault; a slip(사소한); a blunder(큰). ～하다 mistake; make a mistake《*in*》; commit〔make〕an error; err. ¶ ～된 wrong; mistaken / ～된 견해 the wrong view《*of*》/ 중대한 ～을 범하다 commit a grave blunder〔serious mistake〕/ 상황 판단을 ～하다 misjudge the situation / 계산을 ～하다 miscalculate; make a mistake in calculation / 기계 조작을 ～하다 mishandle a machine / ～이 있으면 고치시오 Correct errors if any. / 이 책에는 문법상의 ～이 많다〔없다〕This book is full of〔free from〕grammatical mistakes〔errors〕. ②《부사적으로》by mistake; mistakenly; wrong; wrongly. ¶ ～되다 go wrong〔amiss〕/ ～ 생각하다 misunderstand; misjudge / 모든 일이 ～되었다 Everything went wrong. / 그녀를 남자로 ～ 보았다 I mistook her for a man.

잘못짚다 guess wrong; make a wrong guess.

잘생기다 ☞ 잘나다 ②.

잘잘 ①《끓음》simmering; boiling. ¶ 물이 ～ 끓는다 The water is simmering. / 방바닥이 ～ 끓다 the floor is piping hot. ②《끌림》dragging; trailing. ¶ 치맛자락을 ～ 끌며 걷다 walk with *one's* skirt trailing.

잘잘못 right and〔or〕wrong; good and〔or〕evil. ¶ ～을 가리다 distinguish between right and wrong; tell right from wrong.

잘하다 ① be skillful《*in*》; be a good hand; be expert《*in*》;《…하기 쉽다》be apt〔liable〕to《*do*》; be too ready to《*believe*》. ¶ 말을 ～ be a good speaker / 영어를 ～ be good at English. ②《친절하게 하다》be good〔nice, kind〕to《*a person*》; do《*a person*》well. ¶ 그들은 내게 아주 잘한다 They are very kind to me.

잠《수면》(a) sleep; a slumber. ¶ ～을 못 이루다 fail to go sleep; be sleepless; lie awake / ～을 험하게 자다 have a disorderly sleeping manner / ～이 쉽게 들다 can easily get to sleep / ～이 부족하다 be short of sleep / ～에서 깨다 awake from *one's* sleep.

잠결 ¶ ～에 while asleep; in *one's* sleep / ～에 듣다 hear half asleep.

잠귀 ¶ ～가 밝다 be easily awakened; be a light sleeper / ～가 어둡다 be a sound sleeper.

잠그다[1]《자물쇠로》lock《*a door*》; fasten《*a lock*》; bolt(빗장을);《수도꼭지 등을》turn off. ¶ 서랍을 ～ lock a drawer / 수도를 ～ turn off the water〔faucet〕/ 열쇠를 차 안에 놔둔 채로 문을 잠그고 나왔다 I'm locked out of my car.

잠그다[2]《물에》immerse; soak〔dip, steep〕《*in*》. ¶ 더러운 옷을 물에 ～ soak dirty clothes in water.

잠기다[1] ①《물 따위에》be soaked〔steeped〕《*in*》; be submerged《*in*》, be flooded《*with*》. ②《생각·습관 따위에》be lost〔buried〕《*in*》; be sunk《*in*》. ¶ 생각에 ～ be lost〔indulged〕in thought / 비탄에 ～ be overwhelmed by〔with〕sorrow.

잠기다[2] ①《자물쇠 등이》lock; be locked; be fastened. ¶ 이 문은 자동으로 잠긴다 This door locks automatically. ②《목이》become hoarse.

잠깐 a little while; a moment; a minute. ¶ ～ 있으면 in a short time〔little while〕/ ～ 기다리시오 Wait a minute, please.

잠꼬대 talking in *one's* sleep;《허튼 소리》silly talk; nonsense. ～하다 talk in *one's* sleep; talk nonsense〔rubbish〕(헛소리).

잠꾸러기 a sleepyhead; a late riser.

잠두(蠶豆)〖植〗a broad bean.

잠들다 fall asleep; go〔drop off〕to sleep. ¶ 잠든 척하다 feign to be asleep / 깊이 ～ fall fast asleep; sleep like a log.

잠망경(潛望鏡) a periscope.

잠바 a jumper.

잠방이 farmer's knee-breeches.

잠복(潛伏)《숨기》hiding; ambush; concealment;《병의》latency; incubation. ～하다 lie〔be〕hidden; hide (out); conceal *oneself*;《병이》be dormant〔latent〕. ‖ ～기《병의》the incubation〔latent〕period / ～초소《군대의》an ambush sentry box.

잠사(蠶絲) silk yarn〔thread〕. ‖ ～

업 silk-reeling〔sericultural〕 industry.

잠수(潛水) diving. ～하다 dive; go under water; submerge. ‖ ～공작원 a frogman / ～모(帽) a diving helmet / ～모함 a submarine carrier / ～병(病) submarine〔caisson〕 disease / ～복 a diving suit; diving gear / ～부 a diver / ～함 a submarine; a sub《口》/ ～함 탐지기 an asdic; a sonar.

잠시(暫時) a moment〔minute〕; a little while. ¶ ～ 동안 for some time; for a while / ～ 후에 after a while.

잠식(蠶食) ～하다 encroach《*on*》; make inroads《*into, on*》; eat into〔up〕. ¶ 해외 시장을 ～하다 make inroads into foreign markets.

잠언(箴言) an aphorism; a maxim; a proverb.

잠업(蠶業) sericulture; the sericultural industry.

잠열(潛熱) latent heat; dormant temperature(인체의).

잠입(潛入) ～하다 enter secretly; steal〔sneak〕《*into*》; smuggle *oneself*《*into*》. ¶ 군사 기지 안으로의 ～을 시도하다 try to sneak into the military base.

잠자다 sleep; fall asleep. ☞ 자다.

잠자리[1] 〖蟲〗 a dragonfly.

잠자리[2] 《자는 곳》 a bed; a berth (배의). ¶ ～에 들다 go to bed / ～를 펴다 make a bed / ～에서 책을 읽다 read in bed / ～를 같이하다 sleep with; share the bed《*with*》.

잠자코 without a word; silently; without leave〔permission〕(무단히); without objection〔question〕(순순히). ¶ ～ 있다 keep silence; remain silent / ～ 가버리다 go away without a word.

잠잠하다(潛潛—) (be) quiet; still; silent. ¶ 거리는 ～ All is quiet in the street.

잠재(潛在) ～하다 be〔lie〕 latent; be dormant; lie hidden. ¶ ～적인 latent; potential / ～적 위협 a potential threat. ‖ ～능력 potential capacities / ～세력 potential〔latent〕 power / ～수요 potential demand / ～실업 latent〔invisible〕 unemployment / ～실업자 the hidden jobless / ～의식 subconsciousness.

잠정(暫定) ¶ ～적(으로) provisional(ly); tentative(ly). ‖ ～안 a tentative plan / ～예산 a provisional budget / ～조치《take》 a temporary step〔measure〕/ ～협정 a provisional agreement.

잠투정하다 get peevish〔fret〕 before〔after〕 sleep. ¶ 우리 아기는 졸리면 늘 잠투정한다 Our baby always starts fretting when he is sleepy.

잠함(潛函) a caisson. ‖ ～공법 the caisson method.

잠항(潛航) a submarine voyage. ～하다 cruise〔navigate〕 underwater. ‖ ～정 a submarine.

잠행(潛行) ～하다 travel in disguise; travel incognito.

잡거(雜居) ～하다 live〔reside, dwell〕 together. ‖ ～지(地) a mixed-residence quarter.

잡건(雜件) miscellaneous matters; sundries.

잡것(雜—) 《물건》 miscellaneous junk; sundries; 《사람》 a man of coarse fiber; a mean〔vulgar〕 fellow.

잡곡(雜穀) cereals; grain《美》. ‖ ～밥 boiled rice and cereals / ～상 a dealer in cereals.

잡귀(雜鬼) sundry evil spirits.

잡기장(雜記帳) a notebook.

잡년(雜—) a loose〔wanton〕 woman; a slut; a tramp《美俗》.

잡념(雜念) worldly thoughts. ¶ ～을 떨쳐버리다 banish worldly thoughts from *one's* mind; put all other thoughts out of *one's* mind.

잡놈(雜—) a loose〔dissolute〕 fellow.

잡다 ① 《손으로》 take (hold of); hold; catch; seize; 《쥐다》 grasp; clasp; grip. ¶ 손목을 ～ seize《*a person*》 by the wrist / 그녀는 내 손을 꼭 잡았다 She grasped my hand firmly. / 그 계획을 실행하려면 그들과 손을 잡아야 한다 We should join forces with them to put the plan into practice. ② 《체포》 catch; arrest; capture. ¶ 도둑을 ～ catch a thief. ③ 《포획》 catch; take; get. ¶ 쥐를 ～ catch〔hunt〕 rats / 고기를 잡으러 가다 go fishing. ④ 《기회·권력을》 take; seize; assume. ¶ 권력을 ～ take power / 기회를 ～ catch〔seize〕 an opportunity / 그 당은 오랫 동안 정권을 잡고 있다 That party has been in power for a long time. / 회사의 실권은 그녀가 잡고 있다 The real power over the company is in her hands. ⑤ 《증거를》 seize; hold; secure. ¶ 증거를 ～ secure〔obtain〕 proof《*of*》. ⑥ 《담보로》 take〔receive〕《*a thing as security*》. ⑦ 《어림을》 estimate《*a thing*》 at; value at. ¶ 줄잡아(서) at a rough estimate / 최대한〔최소한〕으로 잡아서 at the highest〔lowest〕 estimate / 지나치게 많이 ～ overestimate. ⑧ 《차지함》 occupy; take (up). ¶ 장소를 ～ occupy〔take up〕 room. ⑨ 《정하다》 fix; decide; choose (골라서); 《예약》 reserve; book. ¶ 날을 ～ fix the date / 방

향을 ~ take *one's* course / 호텔에 방을 ~ reserve a room at a hotel. ⑩《도살》butcher; slaughter. ¶ 돼지를 ~ butcher a hog. ⑪《모해》plot against; lay a trap 《*for*》; slander. ¶ 사람 잡을 소리 그만해 Stop slandering me. ⑫《불을》put out; hold (a fire) under control. ⑬《주름 따위》pleat; fold; make a crease. ⑭《마음을》get a grip on *oneself;* hold 《*one's passion*》under control. ¶ 마음을 잡고 공부하다 study in a settled frame of mind. ⑮《트집·약점 등을》find. ¶ 탈을 ~ find fault 《*with*》; throw cold water 《*on*》/ 아무의 약점을 ~ have something on *a person*.

잡다(雜多) ¶ ~한 various; miscellaneous; sundry.

잡담(雜談) gossip; idle talk; a chat. ~하다 (have a) chat 《*with*》; gossip 《*with*》.

잡동사니 mixture; odds and ends.

잡되다(雜—) (be) loose; obscene; indecent; vulgar; mean.

잡록(雜錄) a miscellany; miscellaneous notes.

잡목(雜木) miscellaneous small trees. ‖ ~숲 a thicket; scrub.

잡무(雜務) odd jobs; trifling things;《일상의》trivial everyday duties; routine work. ¶ ~에 쫓기다 be kept busy with odd jobs.

잡문(雜文) miscellaneous writings. ‖ ~가 a miscellanist.

잡물(雜物) sundries;《불순물》impurities; foreign ingredients.

잡병(雜病) various diseases.

잡보(雜報) general 〔miscellaneous〕 news.

잡부금(雜賦金) miscellaneous fees. ¶ ~을 거두다 collect miscellaneous fees.

잡비(雜費) sundry 〔miscellaneous, insidental〕 expenses. ‖ ~계정 a petty expenses account.

잡살뱅이 odds and ends; a jumble; a medley.

잡상인(雜商人) peddlers; miscellaneous traders. ‖ ~출입금지《게시》No peddlers.

잡소리(雜—)《상스러운》an obscene 〔indecent〕 talk;《잡음》noise.

잡수다, 잡숫다 ☞ 먹다.

잡수입(雜收入)《개인의》miscellaneous income;《공공단체의》miscellaneous revenues 〔receipts〕.

잡스럽다(雜—) ☞ 잡되다.

잡식(雜食) ¶ ~의 omnivorous / ~성 동물 an omnivorous animal.

잡신(雜神) sundry evil spirits.

잡아가다 take 《*a suspect*》 to 《*a police station*》.

잡아내다 《결점·잘못을》 pick at 《*flaws*》; point out 《*mistakes*》.

잡아당기다 pull (at); draw; tug (세게). ¶ 귀를 ~ pull 《*a person*》 by the ear / 홱 ~ give 《*a thing*》 a jerk / 밧줄을 힘껏 ~ give a strong pull at the rope / 진흙에 빠진 달구지를 ~ tug the cart out of the mire.

잡아들이다 take 《*a person*》 in; bring 《*a person*》 in; arrest.

잡아떼다 ①《손으로》pull 《*a thing*》 apart; take 〔tear, rip〕 off. ②《부인》pretend to know nothing 《*about*》; deny flatly; brazen 〔face〕 it out.

잡아매다《한데 묶다》tie up; bind; fasten; bundle;《잡아 묶다》tie 《*a horse*》 to 《*a post*》; bind 《*somebody*》 to 《*a stake*》; fasten 《*a rope*》 to 《*a tree*》. ¶ 해적들은 그 사내를 돛대에 잡아맸다 The pirates tied the man to the mast.

잡아먹다 ①《사람이 동물을》slaughter 〔butcher〕《*a hog*》 and eat;《짐승이 짐승을》prey on 《*birds*》. ¶ 족제비는 쥐를 잡아 먹는다 Weasels prey on mice. ②《괴롭히다》torture; harass. ¶ 나를 잡아먹을 듯이 야단치다 harass me mercilessly. ③《시간·경비 등을》¶ 시간을 많이 ~ take lots of time.

잡역(雜役) odd jobs; chores. ‖ ~부(夫) an odd-job man; a handyman.

잡음(雜音) ① a noise; radio noise (라디오의); surface noise(레코드의). ¶ 도시의 ~ city noises. ②《부당한 간섭》¶ 외부의 ~에 귀를 기울이지 않다 close *one's* ears to the irresponsible criticism of outsiders.

잡일(雜—) ☞ 잡역, 잡무.

잡종(雜種) a crossbred; a cross 《*between*》; a hybrid. ¶ ~을 만들다 hybridize; cross one breed with another; interbreed. ‖ ~견 a mongrel (dog).

잡지(雜誌) a magazine; a journal(전문 분야의); a periodical(정기간행의). ¶ ~를 구독하다 take 〔subscribe to〕 a magazine / ~에 기고하다 write for a magazine. ‖ ~기자 a magazine writer 〔reporter〕 / ~편집자 a magazine editor / 여성~ a women's magazine.

잡채(雜菜) chop suey 《美》; a Chinese dish made of bits of vegetables and meat (served with rice).

잡초(雜草) weeds. ¶ ~를 뽑다 weed 《*a garden*》 / ~가 우거진 정원 a weed-grown garden / ~처럼 생명력이 강하다 have a strong hold on life like weeds.

잡치다 spoil; ruin; make a mess 〔muddle〕 of; hurt(기분을). ¶ 일을

~ make a mess〔muddle〕 of *one's* work / 기분을 ~ hurt *a person's* feeling.

잡탕(雜湯) ①《음식》 a mixed soup〔broth〕; (a) hotchpotch. ②《뒤범벅》 a medley; a hodgepodge《美》; a jumble.

잡혼(雜婚) intermarriage; a mixed marriage.

잡화(雜貨) miscellaneous〔sundry〕 goods; general merchandise. ‖ ~상 a grocer; a general dealer / ~점 a grocer's; a variety store.

잡히다 ①《손에》 be taken (up); be held (in *one's* hand);《포박·포획》 get caught〔seized, taken, captured〕. ¶ 경찰에 ~ be caught by the police. ②《형상》 form. ¶ 모양이 ~ take a form. ③《불이》 be held〔put〕 under control. ④《담보로》 give《*a thing*》 as security; pawn. ¶ 토지를 ~ mortgage *one's* land; give *one's* land as security《*for a ten million won loan*》. ⑤《기타》 ¶ 균형이 ~ be well-balanced / 트집 ~ be found fault with / 주름이 ~ get pleated〔wrinkled〕.

잣 pine nuts〔seeds〕. ‖ ~나무 a big cone pine / ~죽 pine-nut gruel〔porridge〕; gruel made of rice and pine nuts.

잣다 ①《물을》 pump〔suck, draw〕 up. ②《실을》 spin out; make yarn. ¶ 솜에서 실을 ~ spin cotton into yarn.

잣대 a yardstick.

잣새 〖鳥〗 a crossbill.

잣송이 a pine cone.

장(長) ①《우두머리》 the head; the chief; the leader. ② ☞ 장점. ¶ 일 ~ 일단이 있다 have both advantages and disadvantages.

장(章)《책의》 a chapter;《획기적 시대》 an era. ¶ 제 2 ~ the second chapter / 새로운 ~을 열다 open a new era; make an epoch《*in*》.

장(場)[1]《시장》 a market; mart; a fair(정기적인). ¶ 대목~ a fair at the very end of the year / ~거리 a market place / ~날 a market day / ~보다 do *one's* shopping / ~보러 가다 go shopping.

장(場)[2]《장소》 a place; a site; a ground;《연극의》 a scene; 〖理〗 a field.

장(腸) the intestines; the bowels. ¶ ~의 intestinal / ~이 나쁘다 have bowel trouble / ~내 세균 intestinal bacteria. ‖ ~궤양 an intestinal ulcer / ~암 intestinal cancer / ~염 inflammation of the intestine / ~폐색 intestinal obstruction.

장(醬)《간장》 soy (sauce);《간장과 된장》 soy and bean paste.

장(欌) a chest of drawers; a chest; a wardrobe(양복장);《거울이 달린》 a bureau《美》.

장(張) a sheet; a piece; a leaf. ¶ 종이 두 ~ two sheets of paper.

장갑(掌甲) (a pair of) gloves〔mitten(벙어리 장갑)〕. ¶ ~을 끼다〔벗다〕 put on〔pull off〕 *one's* gloves.

장갑(裝甲) armoring. ~하다 armor. ¶ ~한 armored; armor-plated; ironclad. ‖ ~부대 an armored corps / ~자동차 an armored car〔truck〕.

장거(壯擧) a heroic undertaking〔scheme〕; a daring attempt. ¶ 세계 일주 항해의 ~ a grand project of a round-the-world voyage.

장거리(長距離) a long〔great〕 distance; a long range(사격의). ‖ ~경주〔선수〕 a long-distance race〔runner〕 / ~버스 a long-way bus / ~비행 a long-range flight / ~전화 a long-distance call〔a trunk call《英》〕 / ~포〔폭격기〕 a long-range gun〔bomber〕.

장검(長劍) a (long) sword.

장골(壯骨) stout built physique.

장과(漿果) 〖植〗 a berry.

장관(壯觀) a grand sight〔view〕; a magnificent spectacle. ¶ ~을 이루다 present a grand sight〔spectacle〕.

장관(長官)《내각의》 a minister; a Cabinet minister;《미국 각 부의》 a Secretary;《지방의 장》 a governor. ¶ 국무~ the Secretary of State《美》 / 지방~ a provincial governor.

장관(將官)《육군》 a general (officer);《해군》 a flag officer; an admiral.

장광설(長廣舌)《make》 a long〔long-winded〕 speech〔talk〕.

장교(將校) an〔a commissioned〕 officer. ¶ 육군〔해군〕~ a military〔naval〕 officer.

장구 a traditional double-headed drum pinched in at the middle. ‖ ~채 a drumstick.

장구(長久) permanence; eternity; perpetuity. ¶ ~한 eternal; permanent / ~한 시일을 요하다 require a long period of time.

장구(裝具) an outfit; equipment; gear; harness(말의).

장구벌레 a mosquito larva〔*pl.* -vae〕.

장국(醬—) soup flavored with soy sauce. ‖ ~밥 rice in beef soup flavored with soy sauce.

장군(將軍) a general.

장기(長技) *one's* specialty〔speciality《英》〕; *one's* forte; *one's* strong point. ¶ …을 ~로 하다 be good〔skillful〕 at / 그 노래가 그녀의 ~

이다 That song is her specialty 〔favorite〕.

장기(長期) a long time〔term〕. ¶ ～의 long; long-term / ～에 걸치다 extend over a long period of time. ‖ ～결석 a long absence / ～계획〔예보〕 a long-range plan 〔forecast〕 / ～대부〔거래〕 a long-term loan〔transaction〕/ ～신용 long-term credit / ～전 a long 〔protracted〕 war / ～흥행 a long run.

장기(將棋) *changgi*, the game of Korean chess. ¶ ～를 두다 have a game of *changgi*. ‖ ～짝 a chessman / ～판 a chessboard.

장기(臟器) internal organs; (the) viscera. ¶ 인공～ artificial internal organs / ～를 기증하다 give 〔donate〕 *one's* internal organs (after death) 《*to a hospital for medical research*》. ‖ ～이식 an internal organ transplant.

장꾼(場一) marketeers; 《고객》 marketers; market crowds(모인 사람들).

장끼 a cock-pheasant.

장난 《놀이》 a game; play; fun; amusement; a joke(농); 《못된》 mischief; a prank; a trick. ～하다 play a trick〔prank, joke〕 《*on*》; play with 《*fire*》; do mischief(못된). ¶ 못된 ～ malicious mischief / ～으로 for (mere) fun; in joke. ‖ ～꾸러기 a naughty 〔mischievous〕 child〔fellow〕 / ～전화 a nuisance phone call; a prank call.

장난감 a toy; a plaything.

장남(長男) *one's* eldest son.

장내(場內) ¶ ～에서 in〔within〕 the grounds; on the premises; in the hall. ‖ ～방송 (an announcement over) the public address system 《*in the stadium*》 / ～정리 crowd control in the hall / ～조명 《극장의》 the houselights.

장녀(長女) *one's* eldest daughter.

장년(壯年) 《in》 the prime of manhood〔life〕. ¶ ～이 되다 reach manhood; attain the prime of manhood.

장님 a blind man; the blind(총칭). ¶ 눈뜬 ～ an unlettered〔illiterate〕 person / ～이 되다 become 〔go〕 blind; lose *one's* sight.

장단(長短) ① 《길이의》 (relative) length; 《장점과 단점》 merits and demerits. ② 《박자》 time; (a) rhythm. ¶ ～을 맞추다 keep time 《*to, with*》.

장담(壯談) assurance; guarantee; affirmation. ～하다 assure; guarantee; vouch 《*for*》; affirm.

장대(長一) a (bamboo) pole. ‖ ～높이뛰기 a pole jump; a pole vault 《美》.

장대하다(壯大一) (be) big and stout〔strong〕. ¶ 기골이 장대한 사람 a strapping person; a strapper.

장도(壯途) an ambitious course 〔departure〕. ¶ 북극 탐험의 ～에 오르다 start on an ambitious polar expedition.

장도(粧刀) an ornamental knife.

장도리 a hammer; 《노루발》 a claw hammer. ¶ ～로 치다 hammer / ～로 못을 박다 hammer a nail in / ～로 못을 뽑다 pull〔draw〕 out a nail with a claw hammer.

장독대(醬一臺) a jar stand〔terrace〕.

장돌림, 장돌뱅이(場一) a roving marketer.

장딴지 the calf (of the leg).

장래(將來) (the) future; the time to come; 《부사적》 in (the) future. ¶ ～의 future; prospective / 가까운〔먼〕 ～에 in the near〔distant〕 future / ～가 있는 promising; with a bright future / ～를 생각〔예언〕하다 look to〔predict〕 the future. ‖ ～성 possibilities; prospect.

장려(壯麗) ¶ ～한 splendid; magnificent; grand.

장려(奬勵) encouragement. ～하다 encourage; promote. ¶ 우리 학교에서는 운동을 ～한다 Our school encourages sports. ‖ ～금 a bounty 《*on*》; a subsidy / ～급〔임금〕 incentive wages.

장력(張力) 〚理〛 tension; tensile strength. ¶ 표면～ surface tension. ‖ ～계 a tensiometer.

장렬(壯烈) ¶ ～한 heroic; brave; gallant / ～한 죽음을 하다 die a heroic death.

장례(葬禮) a funeral〔burial〕 (service). ¶ ～행렬 a funeral procession / ～를 거행하다 conduct a funeral / ～에 참석하다 attend a funeral.

장로(長老) 《선배》 an elder; a senior; 《교회의》 a presbyter. ‖ ～교회 the Presbyterian Church.

장롱(欌籠) a chest of drawers; a bureau 《美》.

장마 the long spell of rainy weather (in early summer); the rainy〔wet〕 season. ¶ ～지다 the rainy season sets in / ～가 걷히다 the rainy season is over. ‖ ～전선 a seasonal rainfront.

장막(帳幕) a curtain; a hanging; a tent(천막). ¶ 철의 ～ the iron curtain / ～을 치다 hang (up) curtains.

장만하다 prepare; provide *oneself* 《*with*》; raise; get. ¶ 돈을 ～ make 〔raise〕 money / 집을 ～ get a house.

장면(場面) a scene; a place; a

spot. ¶ 연애 ～ a love scene.
장모(丈母) *one's* wife's mother; *one's* mother-in-law.
장문(長文) a long sentence〔passage〕. ¶ ～의 편지 a long letter.
장물(贓物) stolen goods〔articles〕. ‖ ～매매 dealing in stolen goods; fencing《俗》/ ～아비 a dealer in stolen goods; a fence《俗》/ ～취득 buying goods with full knowledge that they are stolen goods.
장미(薔薇) a rose; 《나무》 a rose tree. ¶ 들～ a wild rose; a brier / 장밋빛의 rosy; rose-colored.
장발(長髮) ¶ ～의 long-haired. ‖ ～족 longhairs.
장벽(障壁) a wall; a fence; a barrier. ¶ ～을 쌓다 build a barrier / ～이 되다 be an obstacle 《*to*》. ‖ 언어～ a language barrier.
장병(將兵) officers and men; soldiers.
장복(長服) ～하다 take 《*a medicine*》 constantly.
장본인(張本人) the author 《*of a plot*》; the ringleader; the prime mover.
장부 〖建〗 a tenon; a pivot; a cog. ‖ 장붓구멍 a mortise.
장부(丈夫) a man; a manly〔brave〕person.
장부(帳簿) an account book; a book; a ledger(원부). ¶ ～에 기입하다 enter 《*an item*》 in the book / ～를 매기다 keep books〔accounts〕/ ～를 속이다 falsify accounts; cook up the books. ‖ ～가격 book value / ～계원 a bookkeeper / ～정리 adjustment of accounts / 이중～ double bookkeeping.

장비(裝備) equipment; (an) outfit. ～하다 equip; outfit; mount(대포를). ¶ 중～의 heavily equipped / ～가 좋은〔나쁜〕 well-〔poorly-〕equipped / 완전 ～를 갖춘 병사 fully-equipped soldiers / 진지에 대포를 ～하다 equip a position with guns.
장사 trade; business; commerce. ～하다 do〔engage in〕business; conduct a trade. ¶ ～를 시작하다〔그만두다〕 start〔close〕 *one's* business / ～솜씨가 있다〔없다〕 have a good〔poor〕 sense of business / 이것은 수지 맞는 ～다 This is a paying business. / 무슨 ～를 하십니까 What line of business are you in? / 「～가 잘 됩니까?」—「예, 아주 잘 됩니다」 "How is your business?" — "I'm doing pretty good (business)." ‖ ～꾼 a tradesman; a merchant.
장사(壯士) a man of great (physical) strength; a Hercules. ¶ 힘이 ～다 be as strong as Hercules.
장사(葬事) a funeral (service). ¶ ～지내다 hold a funeral service; perform the burial.
장사진(長蛇陣) a long line〔queue〕. ¶ ～을 이루다 make〔stand in〕 a long line〔queue〕.
장삼(長衫) a long-sleeved Buddhist monk's robe.
장삿속 a commercial spirit; a profit-making motive. ¶ ～을 떠나서 with no thought of gain; from disinterested motives.
장색(匠色) an artisan; a craftsman.
장서(藏書) a collection of books; *one's* library. ¶ 3만의 ～가 있다 have a library of 30,000 books. ‖ ～가 a book collector / ～목록 a library catalog / ～인 an ownership stamp〔mark〕.
장성(長成) ～하다 grow (up); grow to maturity.
장성(將星) generals. ¶ 육해군 ～ army and navy celebrities.
장소(場所) ① 《곳》 a place; a spot (지점); a location; a position(위치); a site(소재지); the scene(현장). ¶ 경치 좋은 ～ a scenic spot / 사람의 눈을 끄는 ～ an attractive spot / 약속 ～ the appointed place / 화재〔사고〕가 났던 ～ the scene of a fire〔an accident〕/ 그 건물은 편리한 ～에 위치해 있다 The building is conveniently located〔situated〕. ② 《자리》 room; space. ¶ ～를 차지하다 take up (much) space.
장손(長孫) the eldest grandson by the first-born son.
장송(長松) a tall pine tree.
장송곡(葬送曲) a funeral march.
장수 a trader; a dealer; a seller; a peddler(도붓장수). ¶ 생선 ～ a fishmonger.
장수(長壽) long life; longevity. ～하다 live long; live to a great age. ‖ ～법 the secret of longevity.
장수(將帥) a commander-in-chief.
장승 a totem pole; 《키다리》 a tall person. ¶ ～ 같다 be as tall as a lamppost.
장시세(場時勢) the market price.
장시일(長時日) a long (period of) time; 《for》 years. ¶ ～에 걸치다 extend over a long period of time.
장식(裝飾) decoration; ornament; (a) dressing(상점 앞의). ～하다 ornament; decorate; adorn. ¶ ～적인 decorative; ornamental / ～용의 for decorative〔ornamental〕 purpose / ～용 전구 a decorative light bulb / 실내〔무대〕 ～ interior〔stage〕 decoration / 쇼윈도에 크리

스마스 ～을 하다 dress a store window for Christmas. ‖ ～품 decorations; ornaments.

장신(長身) ¶ ～의 tall / ～의 농구 선수 a tall basketball player.

장신구(裝身具) personal ornaments; accessories.

장아찌 sliced vegetables preserved in soy sauce〔pepper paste〕.

장악(掌握) ～하다 command; have a hold on; completely grasp 《*the situation*》. ¶ 정권을 ～하다 take (over) the reins of government; come into power.

장안(長安) the capital. ¶ 서울 ～ Seoul, the capital city / 온 ～에 throughout the capital.

장애(障礙·障碍) an obstacle; an impediment. ¶ ～가 되다 be an obstacle 《*to*》; hinder; be in the way 《*of*》 / ～를 극복하다 surmount〔get over〕an obstacle. ‖ ～물 an obstacle; a barrier / ～물경주 a hurdle race / ～인 the handicapped.

장어(長魚)〖魚〗an eel. ‖ ～구이 a split and broiled eel.

장엄(莊嚴) ～하다 (be) sublime; majestic; solemn; grand. ¶ ～한 음악 solemn〔sublime〕music / 대관식은 ～하게 거행되었다 The coronation was solemnly performed.

장외(場外) ¶ ～에(서) outside the hall〔grounds〕. ‖ ～거래〔시장〕 over-the-counter trading〔market〕/ ～주(株) a curb stock / ～집회 an outdoor rally.

장원(壯元) passing the state examination first on the list; 《사람》 the first place winner in a state examination.

장원(莊園) a manor.

장유(長幼) young and old.

장음(長音) a prolonged sound; a long vowel. ‖ ～계〖樂〗the major scale.

장의사(葬儀社) an undertaker's; a funeral parlor 《美》; 《사람》 an undertaker; a mortician 《美》.

…장이 a professional doer of…; -er. ¶ 구두～ a shoemaker.

장인(丈人) *one's* wife's father; a man's father-in-law.

장인(匠人) an artisan; a craftsman.

장자(長子) the eldest son. ‖ ～상속권 the right of primogeniture.

장자(長者) ① 《덕망가》 a man of moral influence; 《어른》 an elder; *one's* senior. ② 《부자》 a rich〔wealthy〕man.

장작(長斫) firewood. ¶ ～을 패다 chop wood. ‖ ～개비 a piece of firewood.

장장추야(長長秋夜) the long nights of autumn.

장장하일(長長夏日) the long days of summer.

장전(裝塡) charge 《*of a gun*》; loading. ～하다 load〔charge〕《*a gun*》.

장점(長點) a merit; a strong〔good〕point; *one's* forte.

장정(壯丁) a strong young man; 《징병 적령자》 a young man of conscription age.

장정(裝幀) binding. ～하다 bind; design (표지의). ¶ 호화 ～ deluxe binding / 가죽으로 ～되어 있다 be bound in leather.

장조(長調)〖樂〗a major key.

장조림(醬—) beef boiled down in soy sauce.

장조카(長—) the eldest son of *one's* eldest brother.

장족(長足) ¶ ～의 진보를 하다 make great〔remarkable〕progress 《*in*》.

장죽(長竹) a long (smoking) pipe.

장중(掌中) ¶ ～에 within *one's* hands〔power, grip〕.

장중하다(莊重—) ¶ 장중한 solemn; grave; impressive / 장중한 어조로 in a solemn tone.

장지(障—) a paper sliding-door. ‖ ～틀 a sliding-door frame.

장지(長指) the middle finger.

장지(葬地) a burial place〔ground〕.

장차(將次) in (the) future; some day.

장창(長槍) a long spear.

장총(長銃) a (long-barreled) rifle.

장치(裝置) (a) device; equipment; a (mechanical) contrivance; an apparatus (특수 목적의); 《무대의》 setting. ～하다 install; equip〔fit〕《*with*》. ¶ 안전 ～ a safety device / 레이더 ～ radar equipment / ～되어 있다 be equipped〔fitted〕《*with*》/ 이 승강기에는 안전 ～가 달려 있다 This elevator has a safety catch. / 난방〔냉방〕～를 하다 install the heating〔cooling〕apparatus.

장쾌(壯快) ¶ ～한 stirring; exciting; thrilling.

장타(長打)〖野〗《make》 a long hit. ‖ ～율 *one's* slugging average / ～자 a long hitter.

장탄(裝彈) ～하다 load〔charge〕《*a gun*》.

장티푸스(腸—) typhoid fever. ‖ ～균 the typhoid bacillus / ～예방주사 anti-typhoid inoculation / ～환자 a typhoid.

장파(長波) a long wave.

장판(壯版) a floor covered with oil-lacquered paper. ‖ ～방 a room with paper-covered floor / ～지 (a sheet of) oiled floor paper.

장편(長篇) a long piece. ‖ ～소설 a long story〔novel〕/ ～영화 a long film〔picture〕.

장하다(壯—) 《훌륭하다》 (be) great; splendid; glorious; 《갸륵함》 (be) praiseworthy; admirable; brave; 《놀랍다》 (be) wonderful; striking.

장학(奬學) ‖ ～금 a scholarship

ス

(~금을 주다〔받다〕 award〔obtain, win〕 a scholarship) / ~기금 a scholarship fund / ~사 a school inspector / ~생 a student on a scholarship; a scholarship student.

장화(長靴) high〔long〕 boots; top boots(승마용).

잦다[1] 《열로 인해 물이》 dry (up); boil down.

잦다[2] 《빈번》 (be) frequent; 《빠르다》 (be) quick; rapid. ¶ 잦은 걸음으로 걷다 walk 「at a quick pace〔with quick steps〕 / 겨울에는 불이 ~ Fires are frequent in winter.

잦아지다 dry up; be boiled down; sink; go down.

잦혀놓다 ① 《뒤집다》 turn 《*a thing*》 over and leave it; lay 《*a thing*》 face〔upside〕 down. ② 《열다》 leave 《*a swing door*》 flung open.

잦히다[1] ① 《뒤집다》 turn 《*a plate*》 upside down; turn over. ② 《열다》 fling open. ¶ 문을 ~ fling a door open. ③ 《몸을 뒤로》 pull back 《*one's shoulders*》; bend 《*oneself*》 backward. ④ 《일 따위를》 put aside (*one's* work).

잦히다[2] 《밥을》 let the rice stand on a low flame; stew.

재[1] 《타고 남은》 ash(es). ¶ ~가 되다 be burnt〔reduced〕 to ashes / 담뱃~를 떨다 knock〔tap〕 the ash off *one's* cigarette 《*into an ashtray*》.

재[2] 《고개》 《cross over》 a pass.

재(齋) a Buddhist service〔mass〕 for the dead.

재…(再) re-.

재가(再嫁) remarriage (of a woman). ~하다 marry again; remarry.

재가(裁可) sanction; approval. ~하다 sanction; approve; give sanction to.

재간(才幹) ability. ☞ 재능.

재간(再刊) republication; reissue. ~하다 republish; reissue.

재갈 a (bridle) bit. ¶ ~ 물리다 bridle 《*a horse*》; gag 《*a person*》.

재갈매기 〖鳥〗 a herring gull.

재감(在監) ~하다 be in prison〔jail〕. ‖ ~자 a prisoner; a prison inmate.

재감염(再感染) reinfection. ☞ 감염.

재개(再開) reopening; resumption. ~하다 reopen; resume 《*business*》.

재개발(再開發) redevelopment. ~하다 redevelop. ‖ ~지역 a redevelopment area〔zone〕.

재건(再建) reconstruction; rebuilding. ~하다 rebuild; reconstruct. ‖ ~비 rebuilding expenses / 산업〔경제〕~ industrial〔economic〕 reconstruction.

재검사(再檢査) reexamination. ~하다 reinspect; reexamine.

재검토(再檢討) reexamination; reappraisal. ~하다 reexamine; reappraise; review; rethink.

재결(裁決) decision; judgment; verdict(배심원의). ~하다 give *one's* decision〔judgment〕 《*on*》; decide. ¶ 문제의 ~을 당국에 맡기다 leave the problem to the authorities' judgment.

재결합(再結合) recombination; reunion. ~하다 reunite 《*with*》; recombine; rejoin together. ¶ 이산 가족의 ~ reunion of *one's* dispersed family members.

재경(在京) ~하다 be in Seoul. ‖ ~동창생 alumni in Seoul / ~외국인 foreign residents in Seoul.

재경기(再競技) a rematch.

재계(財界) the financial〔business〕 world; financial〔business〕 circles. ¶ ~의 financial / ~의 거물 a leading financier; a business magnate / ~의 안정〔동요〕 financial stability〔unrest〕 / ~가 활기를 띠다 The financial world shows signs of activity. ‖ ~인 a financier; a businessman.

재계(齋戒) ~하다 purify *oneself*. ‖ 목욕~ a ritual cleaning〔purification〕 of mind and body.

재고(再考) reconsideration. ~하다 reconsider; rethink. ¶ ~의 여지가 없다 There is no room for reconsideration.

재고(在庫) stock. ¶ ~의 in store〔stock〕 / ~가 있다〔없다〕 be in〔out of〕 stock. ‖ ~과잉 excess stock; over-stocking / ~관리 control of goods in stock; inventory control 《美》 / ~량 the total stock / ~정리 inventory adjustment; clearance / ~조사 stocktaking; inventory (~조사하다 check the stock) / ~품 a stock 《*of toys*》; goods in stock / ~품목록 an inventory; a stock list.

재교부(再交付) reissue. ~하다 reissue; regrant. ¶ 신분 증명서를 ~하다 reissue an ID card.

재교육(再敎育) reeducation. ~하다 reeducate; retrain. ¶ ~코스 a refresher course / 현직 교사의 ~ teachers' in-service training.

재구속(再拘束) 〖法〗 (a) remand. ~하다 remand 《*a suspect*》 (in custody).

재귀(再歸) ‖ ~대명사〔동사〕 a reflexive pronoun〔verb〕 / ~열 〖醫〗 a relapsing fever.

재기(才氣) a flash of wit; (a) talent. ¶ ~있는 clever; witty; talented / ~발랄한 full of wit; resourceful.

재기(再起) a comeback(복귀); recovery(회복); a return to popularity〔power, *one's* former position〕. ～하다 come back; rise again; recover; be〔get〕on *one's* feet again. ¶ 회사는 ～불능이 되었다 The company was damaged beyond recovery.

재깍 《소리》 with a click〔clack, snap〕; 《빨리》 promptly; with dispatch.

재깍거리다 make a clicking〔snapping〕sound; 《시계가》 tick(tack).

재난(災難) a mishap; a misfortune (불행); a calamity; a disaster(재화). ¶ ～을 당하다 have a mishap〔an accident〕; meet with a misfortune / ～을 면하다 escape a disaster.

재능(才能) (a) talent; ability; a gift. ¶ ～ 있는 talented; able; gifted / ～을 발휘하다 show *one's* ability / 음악에 ～이 있다 have a gift〔talent〕for music.

재다[1] ① 《크기·치수 등을》 measure; gauge; 《무게를》 weigh; 《깊이를》 sound; 《수·눈금·시간을》 take; time(시간). ¶ 강의 수심을 ～ sound〔fathom〕the depth of a river / 거리를 ～ measure the distance / 체중을 ～ weigh *oneself*〔*a person*〕/ 풍력을 ～ gauge the strength of the wind / 체온을 ～ take *one's* temperature. ② 《장탄하다》 load 《*a gun*》; charge 《*with*》. ③ 《헤아리다》 calculate; give careful consideration. ¶ 앞뒤를 ～ look before and after. ④ 《평가하다》 measure; estimate; judge(판단). ¶ 재산으로는 사람의 가치를 잴 수 없다 We cannot measure a person's worth by his wealth. ⑤ 《재우다》 have 《*a thing*》 pressed. ⑥ 《으스대다》 give *oneself*〔put on〕airs.

재다[2] ① 《재빠르다》 (be) quick; prompt; nimble. ¶ 재게 quickly; promptly; nimbly. ② 《입이》 (be) talkative; glib-tongued.

재단(財團) a foundation. ‖ ～법인 an incorporated foundation; a foundation / 록펠러～ the Rockefeller Foundation.

재단(裁斷) ① ☞ 재결. ② 《마름질》 cutting. ～하다 cut; cut out 《*a dress*》. ‖ ～기(機) a cutter; a cutting machine / ～사 a (tailor's) cutter; a cloth-cutter.

재담(才談) a witticism; a joke; a jest; a witty talk.

재덕(才德) talents and virtues. ¶ ～을 겸비한 virtuous and talented; of〔with〕virtue and talent.

재동(才童) a clever〔talented〕child.

재두루미 〖鳥〗 a white-naped crane.

재떨이 an ashtray.

재래(在來) ¶ ～의 usual; common; ordinary; conventional; traditional / ～식 병기 conventional weapons / ～의 기술 traditional technology. ‖ ～식 a conventional type / ～종 a native kind / ～종 딸기 native strawberries.

재래(再來) ☞ 재림(再臨).

재략(才略) resourcefulness; tactfulness.

재량(裁量) discretion; decision. ¶ …의 ～으로 at *a person's* discretion / ～에 맡기다 leave 《*a matter*》 to 《*a person's*》 discretion.

재력(財力) financial power〔ability〕; 《재산》 wealth; means. ¶ ～이 있는 사람 a man of means〔wealth〕/ ～을 과시하다 let *one's* money talk.

재롱(才弄) 《아기의》 cute things. ¶ ～을 부리다 act cute; do cute things.

재료(材料) 《물건을 만드는》 material(s); stuff; raw materials (원료); ingredient(성분); 《증권에서, 장세를 움직이게 하는 요소》 a factor. ¶ 건축 ～ building〔construction〕materials / 낙관적〔비관적〕～ 《증권에서의》 an encouraging〔a disheartening〕factor / 실험～ materials for experiments / 케이크의 주된 ～ the main ingredients of cake. ‖ ～고갈 exhaustion of materials / ～비 the cost of materials / ～시험 material(s) testing.

재류(在留) ～하다 reside; stay.

재림(再臨) a second coming〔advent〕. ～하다 come again. ¶ 그리스도의 ～ the Second Advent (of Christ).

재목(材木) wood; 《제재목》 lumber 《美》; timber 《英》. ¶ ～을 얻기 위해 벌채하다 lumber 《美》; cut down timber 《英》 / ～을 건조시키다 season the wood. ‖ ～상 a lumber dealer / ～적재장 a lumberyard.

재무(財務) financial affairs. ‖ ～감사 financial audit / ～관 a financial commissioner / ～부〔성〕《미국의》 the Department of Treasury / ～부장관 《미국의》 the Secretary of Treasury / ～제표 financial statements.

재무장(再武裝) rearmament. ～하다 rearm; remilitarize.

재물(財物) property; means; goods; treasures; a fortune.

재미 ① 《일반적》 interest; amusement; enjoyment; pleasure; fun. ¶ ～(가) 있다〔나다〕 be interesting〔pleasant〕/ ～없다 be uninteresting〔dull〕/ ～를 보다 have a good time (of it); have fun; enjoy *oneself* / ～있어 하다 amuse *oneself* 《*with*》; be amused 《*at, with*》 / …에 ～를 붙이다 be interested in; find〔take〕pleasure in. ② 《취미》 a pastime; a hobby; fun; comfort. ¶ 꽃을 ～로 기르다

grow flowers for a hobby / 낚시가 그의 유일한 ～다 Fishing is his sole comfort. ③ 《관용적 표현》 ¶ …으로 ～를 보다 make〔get, gain〕 a profit on〔out of, from〕/ 요새 장사 ～가 어떻습니까 How is your business getting along? / 결과는 ～없었다 The result was unsatisfactory.

재미(在美) ¶ ～의 in America〔the U.S.〕/ ～ 중에 during *one's* stay in America. ‖ ～교포 a Korean resident in America.

재민(災民) ☞ 이재민(罹災民).

재발(再發) a relapse; recurrence. ～하다 《병이 주어》 return; recur; 《사람이 주어》 have a relapse 《*of*》; have a second〔another〕 attack 《*of*》. ¶ 그는 병이 ～했다 He had a relapse of the disease. / 비슷한 사고의 ～을 방지하기 위한 최선의 대책 the best possible measure to keep similar accidents from happening again.

재발급(再發給) ～하다 reissue 《*a license*》.

재발족(再發足) ～하다 make a fresh start; start afresh.

재방송(再放送) rebroadcasting; a rerun. ～하다 rebroadcast.

재배(再拜) ～하다 bow twice.

재배(栽培) cultivation; culture; growing. ～하다 cultivate; grow; raise. ¶ 과수 ～ fruit growing / 촉성 ～한 야채 forced vegetables / 비닐하우스에서 야채를 ～하다 grow vegetables in a plastic greenhouse. ‖ ～기술 cultivation technique / ～식물 a cultivated plant / ～자 a grower; a cultivator.

재배치(再配置) relocation; reassignment. ～하다 reassign; relocate.

재벌(財閥) a *chaebŏl*; business conglomerates; a financial combine〔group〕; a giant family concern(친족의). ¶ 호남～ the *Honam* financial group. ‖ ～해체 the dissolution of the financial combine.

재범(再犯) repetition of an offense; a second offense. ‖ ～자 a second offender.

재보(財寶) riches(부); treasure(s)(귀중품).

재보험(再保險) reinsurance. ～하다 reinsure.

재봉(裁縫) sewing; needlework. ～하다 sew; do needlework. ‖ ～사 a tailor; a seamstress (여).

재봉틀(裁縫―) a sewing machine. ¶ ～로 박다 sew 《*a thing*》 by (sewing) machine.

재분배(再分配) redistribution. ～하다 redistribute. ¶ 부(富)의 ～ redistribution of wealth.

재빠르다 (be) quick; nimble. ¶ 재빠르게 nimbly; quickly.

재사(才士) a man of talent〔wit〕.

재산(財産) property; a fortune; estate. ¶ 사유〔공유, 국유〕 ～ private〔public, national〕 property / ～을 모으다〔없애다〕 make〔lose〕 *one's* fortune / 그는 ～을 노리고 그녀와 결혼했다 He married her for money〔her fortune〕. ‖ ～가 a man of property / ～권 the right to own property; property rights / ～목록 an inventory (of property) / ～상속 property inheritance / ～세 a property〔wealth〕 tax.

재삼(再三) ‖ ～재사(再四) again and again; over and over (again).

재상(宰相) the prime minister.

재상영(再上映) a rerun. ～하다 rerun 《*a movie*》; show 《*a film*》 again.

재색(才色) ¶ ～을 겸비한 여인 a lady gifted with both wits〔intelligence〕 and beauty / 그녀는 ～을 겸비하고 있다 She has both brains and beauty.

재생(再生) ① 《생물의》 rebirth(다시 태어남); revival(소생); regeneration(갱생). ¶ 도마뱀의 꼬리는 잘려도 ～한다 The lizard's tail regenerates if cut off. / 시든 꽃은 물을 주면 ～한다 Drooping flowers revive in water. ② 《녹음·녹화의》 playback. ～하다 play back; reproduce. ¶ 야구 방송을 비디오로 ～하다 play back the broadcast of a baseball game on a VTR. ③ 《폐품의》 recycling; reclamation. ☞ 재활용(再活用). ‖ ～고무 reclaimed rubber / ～능력 《생물의》 regeneration power(s) / ～장치 《녹음·녹화의》 playback equipment / ～지(紙) recycled〔reclaimed〕 paper / ～타이어 a retread; a recap / ～품 made-over〔remade〕 articles.

재생산(再生産) reproduction. ～하다 reproduce. ¶ 확대 ～ reproduction on an enlarged scale; enlarged reproduction.

재선(再選) ～하다 reelect. ¶ ～되다 be reelected.

재세(在世) ¶ ～중에 in *one's* lifetime; in life; while *one* lives.

재소자(在所者) ☞ 재감자(在監者).

재수(再修) ～하다 study to repeat a college entrance exam. ¶ 나는 2년 ～했다 I have spent two years preparing for the entrance examinations after I left high school. ‖ ～생 a high school graduate who is waiting for another chance to enter a college.

재수(財數) luck; fortune. ¶ ～(가) 있다〔좋다〕 be lucky; be fortunate / ～ 없다 be out of luck;

have no luck / ～ 없게 unluckily; by ill luck.

재수입 (再輸入) ～하다 reimport. ‖ ～품 reimports.

재수출 (再輸出) ～하다 reexport. ‖ ～품 reexports.

재시험 (再試驗) 《sit for》 a reexamination. ～하다 reexamine.

재심 (再審) 《재심사》 review; reexamination; 《재판의》 a retrial; a new trial. ～하다 reexamine; try again. ¶ ～을 청구하다 apply for a new trial / 그 서류는 ～하도록 반려되었다 The papers were sent back to be reexamined.

재앙 (災殃) 《재난》 (a) disaster; a calamity; 《불행》 (a) misfortune. ¶ ～을 초래하다 bring a misfortune 《*on*》; invite 〔cause〕 a disaster.

재야 (在野) ¶ ～의 out of power 〔office〕; in opposition. ‖ ～인사 distinguished men out of office.

재연 (再演) ～하다 stage 〔present〕 《*a play*》 again; show 《*a performance*》 again.

재연 (再燃) ～하다 revive; rekindle; flare up again. ¶ 폭력의 ～ a recurrence of violence / 그것이 계기가 되어 헌법 개정 문제가 ～되었다 It revived 〔rekindled〕 the old debate about amending the constitution.

재외 (在外) ¶ ～의 overseas 《*offices*》; abroad. ‖ ～공관 diplomatic establishments abroad / ～교포 Korean residents abroad / ～자산 overseas assets.

재우다 ① 《숙박》 lodge 《*a person*》; take 《*a person*》 in; give 《*a person*》 a bed. ② 《잠을》 make 《*a person*》 sleep; put 《*a child*》 to bed 〔sleep〕. ¶ 아기를 달래서 ～ lull a baby to sleep.

재원 (才媛) a talented 〔an intelligent〕 woman.

재원 (財源) a source of revenue 〔income〕; financial resources; funds. ¶ ～이 풍부 〔빈약〕하다 be rich 〔poor〕 in resources.

재위 (在位) ～하다 reign; be on the throne. ¶ ～시에 in 〔during〕 *one's* reign. ‖ ～기간 the period of 《*Queen Victoria's*》 reign.

재음미 (再吟味) ～하다 reexamine; review.

재인식 (再認識) ～하다 have a new understanding 《*of*》; see 《*something*》 in a new 〔fresh〕 light. ¶ 이 문제의 중요성을 ～했다 I realized the importance of the matter again.

재일 (在日) ¶ ～의 (stationed, resident) in Japan. ‖ ～교포 Korean residents in Japan / ～본 대한민국 민단 the Korean Residents Union in Japan.

재임 (在任) ～하다 hold office 〔a post〕; be in office. ¶ ～중에 while in office.

재임 (再任) reappointment. ～하다 get reappointed.

재입국 (再入國) re-entry 《*into a country*》. ～하다 re-enter 《*into a country*》.

재입학 (再入學) readmission; re-entrance 《*to*》. ¶ ～을 허락하다 readmit 《*to*》.

재작년 (再昨年) the year before last.

재잘거리다 chatter; gabble; prattle; prate 《*about*》.

재적 (在籍) (an) enrollment. ～하다 be on the register 〔roll〕. ¶ ～학생 700명인 학교 a school with an enrollment of 700 students. ‖ ～자 〔학생〕 a registered person 〔student〕 / ～증명서 《학교의》 a certificate of enrollment; 《단체의》 a membership certificate.

재정 (財政) finances; financial affairs. ¶ ～(상)의 financial / 적자 〔건전〕 ～ deficit 〔sound, balanced〕 finance / 국가 〔지방〕 ～ national 〔local〕 finance / ～이 넉넉하다 be well off; be in good financial circumstances / ～이 어렵다 be badly off; be in financial difficulties (국가 등이) / 우리 회사의 ～은 건전하다 Our company's finances are sound. ‖ ～경제부 the Ministry of Finance and Economy / ～규모 a fiscal 〔budget〕 scale / ～난 financial difficulties 〔troubles〕 / ～면(面) financial aspects / ～상태 financial status 〔conditions〕 / ～원조 financial assistance / ～전문가 a financial expert / ～투자 financial investments / ～학 (public) finance.

재조사 (再調査) reexamination. ～하다 reexamine; reinvestigate.

재종 (再從) a second cousin.

재주 《재능》 ability; (a) talent; a gift; 《재치》 wit; intelligence (슬기); 《솜씨》 skill; dexterity. ¶ ～있는 able; talented; gifted / 너는 ～가 메주다 You are all thumbs. ‖ ～꾼 a person of high talents.

재주넘기 a somersault. ¶ ～를 하다 make a somersault.

재중 (在中) ¶ ～의 containing / 견본 ～ 《표시》 Sample(s) / 사진 ～ 《표시》 Photos (only).

재즈 〖樂〗 jazz (music). ‖ ～밴드 a jazz band.

재직 (在職) ～하다 hold office; be in office. ¶ 그들은 여기에 5년 이상 ～하고 있다 They have worked here for more than five years. / 그와는 ～중에 알게 되었다 I made friends with him while working.

재질 (才質) natural gifts 〔endowment〕; talent. ¶ ～이 풍부하다 be highly gifted; be richly endowed / ～을 살리다 make the best use of *one's* talent. 「rial.

재질(材質) the quality of the mate-

재차(再次) 《부사》 twice; again; a second time. ¶ ～ 시도하다 try again; make another 〔a second〕 attempt.

재채기 a sneeze. ～하다 sneeze.

재처리(再處理) reprocessing. ‖ ～공장 a (nuclear fuel) reprocessing plant.

재천(在天) ¶ ～의 in Heaven; Heavenly / 인명은 ～이다 Life and death are providential.

재청(再請) a second request; an encore; 《동의에 대한》 seconding. ～하다 request a second time; encore; second 《*a motion*》.

재촉 pressing; urging; a demand. ～하다 demand; press 《*a person for*》; press 〔urge〕 *a person* 《*to do*》. ¶ 그에게 빚의 변제를 ～하다 press him for payment of his debt.

재출발(再出發) ～하다 make a restart; make a fresh 〔new〕 start.

재취(再娶) taking *one's* wife a second time; 《후처》 a second wife. ～하다 remarry (after the death of *one's* first wife).

재치(才致) wit; cleverness; resources. ¶ ～ 있는 quick-witted; smart; witty. 「reinvade.

재침(再侵) a reinvasion. ～하다

재킷 a jacket; a sweater; a pullover.

재탕(再湯) 《다시 달임》 a second brew 《*of herb medicine*》; 《비유적으로》 a rehash(개작); repetition (반복). ～하다 《다시 달임》 make a second brew 〔decoction〕 《*of*》; 《비유적으로》 make a rehash; repeat.

재투자(再投資) reinvestment. ～하다 reinvest.

재투표(再投票) revoting. ～하다 take a vote again.

재판(再版) a reprint; a second edition; a second impression (제2쇄). ～하다 reprint. ¶ ～이 되다 run into a second impression.

재판(裁判) 《공판》 a trial; a hearing; 《판결》 judgment; decision. ～하다 judge; try; decide 〔pass judgment〕 on 《*a case*》. ¶ 공정한 ～ a fair trial / ～을 열다 hold a court / ～에 부치다 put 《*a case*》 on trial / ～에 이기다 〔지다〕 win 〔lose〕 a suit / 살인 혐의로 ～을 받다 stand 〔face〕 trial for murder / ～은 원고〔피고〕의 승소로 끝났다 The case was decided in favor of the plaintiff 〔defendant〕. ‖ ～관 a judge; the court / ～권 jurisdiction / ～비용 judicial costs / ～소 ☞ 법원 / ～절차 court procedure / ～장 the chief justice 《美》.

재편성(再編成) reorganization. ～하다 reorganize.

재평가(再評價) revaluation; reassessment. ～하다 revalue; revaluate; reassess.

재학(在學) ～하다 be in 〔at〕 school 〔college〕. ¶ ～중(에) while at 〔in〕 school / 본교 ～생은 500명이다 There are 500 students at this college. ‖ ～기간 the period of attendance at school; *one's* school days / ～증명서 a school certificate.

재할인(再割引) ～하다 rediscount 《*a bill*》. ‖ ～어음 a rediscount bill / ～율 a rediscount rate.

재합성(再合成) resynthesis. ～하다 resynthesize; synthesize again.

재해(災害) a disaster; a calamity (대규모의). ¶ ～를 입다 suffer from a disaster. ‖ ～대책 measures against disaster / ～방지 disaster prevention / ～보상〔보험〕 casualty 〔accident〕 compensation 〔insurance〕 / ～지 a stricken 〔disaster〕 area.

재향군인(在鄕軍人) an ex-soldier; a veteran 《美》; a reservist.

재현(再現) ～하다 reappear; appear again; reproduce. ¶ 그 그림은 당시의 생활을 ～하고 있다 The picture reproduces the life of those days.

재혼(再婚) a second marriage; a remarriage. ～하다 marry again. ‖ ～자 a remarried person.

재화(災禍) a disaster; a calamity.

재화(財貨) money and goods; wealth; goods(상품).

재확인(再確認) reconfirmation. ～하다 reconfirm; reaffirm.

재활용(再活用) recycling; reclamation. ～하다 recycle 《*newspaper*》; reclaim 《*glass from old bottles*》.

재회(再會) ～하다 meet again. ¶ ～를 기약하다 promise to meet again. 「하다 revive; restore.

재흥(再興) revival; restoration. ～

잭나이프 a jackknife. 「and jam.

잼 jam. ¶ ～(을) 바른 빵 bread

잽 〖拳〗 a jab.

잽싸다 (be) quick; nimble; agile.

잿더미 a lump of ash. ¶ ～가 되다 be reduced 〔burnt〕 to ashes / ～에서 일어서다 rise 〔stand up〕 from the ashes.

잿물 《세탁용》 lye; caustic soda; 《유약》 glaze; enamel.

잿밥(齋—) rice offered to Buddha.

잿빛 ash(en) color; gray 《美》.

쟁강, 쟁그랑 with a clank 〔clink〕. ¶ ～거리다 clank, clink.

쟁기 《농기구》 a plow. ¶ ～질하다

plow《*the field*》.
쟁론(爭論) a dispute; a controversy. ～하다 dispute; quarrel.
쟁반(錚盤) a tray; a salver.
쟁의(爭議) a (labor) dispute; a controversy; a trouble; a strike. ¶ 노동 ～ a labor dispute〔trouble〕/ ～를 일으키다 cause a dispute; go on (a) strike / ～를 해결하다 settle a dispute〔strike〕. ‖ ～권 the right to strike / ～위원회 a dispute committee.
쟁이다 pile〔heap〕up; pile〔lay〕《*one thing*》on (top of)《*another*》. ¶ 산처럼 쟁여져 있다 be piled up mountain-high; lie in a huge pile.
쟁쟁하다(琤琤 —) 《귀에》 ring (in *one's* ears). ¶ 그녀의 말이 아직도 귀에 ～ Her words are still ringing in my ears.
쟁쟁하다(錚錚 —) 《출중하다》 (be) prominent; outstanding; conspicuous. ¶ 쟁쟁한 음악가 a prominent musician.
쟁점(爭點) the point at issue〔in dispute〕; an issue《*of*》. ¶ ～을 벗어난 발언 remarks off the point.
쟁탈(爭奪) ～하다 struggle〔scramble, contest〕《*for*》. ‖ ～전 a scramble; a contest; a competition.
쟁패전(爭覇戰) a struggle for supremacy; a championship game (경기의).
저[1] 〖樂〗《피리》a flute; a fife.
저(著) a work; 《형용사적》written by.... ¶ 김갑동 ～의 소설 a novel written by Kim Kapdong.
저(箸) 《젓가락》 (a pair of) chopsticks.
저[2] ①《나》I; me. ¶ ～로서는 for my part; as for me. ②《자기》(one)self. ③ 《지칭》 that (over there); the. ¶ ～ 사람 that person / ～ 따위 such; that kind 《*of*》. 「see; say《美》.
저[3] 《감탄사》 well; I say; let me
저간(這間) 《그 당시》 that time; then; 《요즈음》 these〔recent〕days. ¶ ～의 사정 the circumstances of the occasion〔days〕.
저개발(低開發) ¶ ～의 underdeveloped. ‖ ～국 an underdeveloped country / ～지역 the underdeveloped areas.
저것 that; that one. ¶ 이것 ～ this and that / 이것 ～ 생각 끝에 after a great deal of thinking.
저격(狙擊) sniping. ～하다 shoot〔fire〕《*at*》; snipe《*at*》. ‖ ～병 a sniper; a marksman. 「et.
저고리 a coat; a (Korean) jack-
저공(低空) a low altitude. ‖ ～비행 a low-altitude flight (～비행하다 fly low).
저금(貯金) savings; a deposit(돈); saving(행위). ～하다 save (money); put〔deposit〕money《*in a bank*》. ¶ 우편 ～ postal savings / 은행에서 ～을 찾다 draw *one's* savings from the bank / 은행에 100만원이 ～되어 있다 have one million *won* (deposited) in a bank / 매월 2만원씩 ～하다 save twenty thousand *won* a month. ‖ ～통 a savings bank《美》; a piggy bank / ～통장 a bankbook; a deposit passbook.
저금리(低金利) low interest. ¶ ～의 돈 cheap money. ‖ ～정책 a cheap〔an easy〕money policy.
저급(低級) ～하다 (be) low-grade〔-class〕; low; vulgar; inferior.
저기 that place; there(저 곳); 《부사적》over there. ¶ 여기 ～ here and there / ～ 있는 건물 the building over there.
저기압(低氣壓) (a) low (atmospheric) pressure; 《심기의》 a bad temper. ¶ 그는 오늘 ～이다 He is in a bad temper today.
저널리스트 a journalist.
저널리즘 journalism.
저녁 ①《때》evening. ¶ ～에 in the evening. ‖ ～놀 an evening glow; a red sunset. ②《식사》dinner(정찬); the evening meal; supper(가벼운). ¶ ～에 초대하다 invite to dinner / ～을 먹다 eat dinner; take supper.
저능(低能) 《저지능》 mental deficiency; feeble-mindedness. ¶ ～한 weak-〔feeble-〕minded; mentally deficient; imbecile. ‖ ～아 a weak-〔feeble-〕minded child.
저다지 so; so much; like that; to that extent.
저당(抵當) mortgage; a security (저당물). ～하다 mortgage《*one's house*》; give《*a thing*》as (a) security. ¶ ～ 잡다 take《*a thing*》as security《*for a loan*》/ ～을 잡고 돈을 빌려 주다 lend money on mortgage〔security〕/ 이 집은 1천만원에 ～잡혀 있다 This house is mortgaged for ten million *won*. ‖ ～권 mortgage / ～권자 a mortgagee / ～물 a collateral; a mortgage〔security〕/ 1번〔2번〕～ a first〔second〕mortgage.
저돌(猪突) recklessness; foolhardiness. ¶ ～적으로 돌진하다 rush recklessly; make a headlong rush《*at*》.
저따위 a thing〔person〕of that sort; such a.... ¶ ～ 사람은 처음 본다 I have never seen such a person in all my life.
저러하다, 저렇다 be like that; be that way. ¶ 저렇게 so; like that; (in) that way.

저러한, 저런[1] such; so; like that; that (sort of). ¶ ~ 책 that sort of book.
저런[2] 《감탄사》 Oh dear!; Heavens!; Goodness!; Well well!
저력(底力) latent [potential] power [energy]. ¶ ~ 있는 powerful; energetic / 그는 그 경주에서 ~을 보였다 He showed his full potential in the race.
저렴(低廉) ¶ ~한 cheap; low-priced; moderate.
저류(底流) an undercurrent. ¶ 미국 외교 정책의 ~를 이루다 underlie [lie beneath] the U.S. foreign policy.
저리(低利) 《at》 low interest. ‖ ~ 대부 a low-interest loan / ~자금 low-interest funds.
저리[1] 《저쪽으로》 there; to that direction; that way. ⌈that way.
저리[2] 《저렇게》 so; like that; (in)
저리다 《마비되다》 be asleep; be numbed; have pins and needles; be paralysed. ¶ 저린 손 benumbed hands / 발이 저려 일어설 수 없었다 My feet went to sleep and I could not stand up.
저마다 each one; everyone.
저만큼 that much; so (much); to that extent.
저만하다 be that much; be so much; be as much [big] as that.
저맘때 about [around] that time; (at) that time of day [night, year]. ¶ 내가 ~ 나이에는 when I was *his* age.
저명(著名) ~하다 (be) eminent; prominent; celebrated; famous. ‖ ~인사 a prominent person [figure].
저물가(低物價) low prices. ‖ ~정책 a low-price policy; low living cost policy.
저물다 《날이》 get [grow] dark; 《해·계절 등이》 come [draw] to an end. ¶ 해가 저물기 전에 before (it is) dark; before the sun sets / 날이 저문 뒤에 after dark / 이제 금년도 저물어 간다 The year is coming to an end soon.
저미다 cut 《*meat*》 thin; slice.
저버리다 《약속 등을》 break [go back on] 《*one's promise*》; 《기대 따위를》 be contrary to 《*one's expectation*》; 《신뢰·충고 따위를》 betray; disobey 《*one's father*》; 《돌보지 않음》 desert; forsake; abandon. ¶ 그는 나와의 약속을 저버렸다 He went back on his promise [word] with me. / 그는 나의 신뢰를 저버렸다 He betrayed my trust in him. / 그는 그의 가족을 저버렸다 He forsook [deserted] his family.
저벅거리다 walk with heavy footsteps; crunch (*one's* way).
저번 (the) last time; the other ⌊time.
저산증(低酸症) subacidity.
저서(著書) a book [work] 《*on economics*》; *one's* writings.
저성(低聲) a low voice.
저소득(低所得) lower income. ‖ ~층 the lower income bracket.
저속(低俗) ¶ ~한 vulgar; lowbrow; low / ~한 취미 low taste.
저속(도)(低速(度)) low speed. ¶ ~(으)로 at a low speed; in low gear / ~(으)로 하다 slow down. ‖ ~기어 low gear.
저수(貯水) ~하다 keep water in store. ‖ ~량 the volume of water kept in store / ~지 a reservoir / ~탱크 a water tank.
저술(著述) ☞ 저작(著作). ‖ ~가 a writer; an author / ~업 the literary profession.
저습(低濕) ~하다 (be) low and moist. ‖ ~지 a low, swampy place.
저승 the other [next] world; the afterlife. ¶ ~으로 가다 pass away. ‖ ~길 a journey to the other world; *one's* last journey.
저압(低壓) low pressure; 『電』 low voltage; low tension. ‖ ~전류 a low-voltage current / ~회로 a low-tension circuit.
저액(低額) small amount. ‖ ~소득층 the low income classes.
저온(低溫) (a) low temperature. ‖ ~살균 [소독] pasteurization at (a) low temperature / ~수송 refrigerated transport / ~전자공학 cryoelectronics / ~진열장 a deep-freezer showcase / ~학 cryogenics.
저울 a balance; (a pair of) scales. ¶ ~에 달다 weigh 《*a thing*》 in the balance / ~을 속이다 give short weight / ~이 후하다 give good weight. ‖ ~대 a balance [scale] beam / ~추 a weight / ~판 a scale pan.
저육(猪肉) pork. ⌈rate; low.
저율(低率) a low rate. ¶ ~의 low-
저음(低音) a low tone [voice]; 『樂』 bass.
저의(底意) *one's* secret [true] intention; an underlying motive. ¶ 아무 ~ 없이 말하다 speak frankly [without reserve] / ~를 알아채다 see through 《*a person's*》 underlying motive.
저이 that person; he [him]; she [her]. ¶ ~들 they; those people.
저인망(底引網) a dragnet; a trawlnet. ‖ ~어업 trawling [dragnet] fisheries.
저임금(低賃金) low wages. ‖ ~근로자 a low-wage earner.
저자 《시장》 a market. ☞ 장(場)[1].

저자(著者) a writer; an author.
저자세(低姿勢) ¶ ~를 취하다 assume〔adopt, take〕 a low posture〔profile〕. ‖ ~외교 low-profile diplomacy.
저작(咀嚼) ~하다 chew; masticate.
저작(著作) 《저서》 a book; a work; *one's* writings; 《저술 행위》 writing. ~하다 write (a book). ‖ ~권 copyright (~권을 소유〔획득〕하다 hold〔obtain〕 the copyright 《*for the book*》 / ~권을 침해하다 infringe (on) the copyright 《*of*》) / ~권(소유)자 a copyright holder / ~권침해 (an) infringement of copyright; (literary) piracy.
저장(貯藏) storage; storing. ~하다 store 《*up*》; lay〔put〕 《*things*》 up〔by〕 / ~할 수 있는 storable 《*products*》 / ~되어 있다 be held in storage. ‖ ~고 a storehouse / ~미 stored rice / ~실 a storeroom / ~품 stores; stock.
저절로 of〔by〕 itself; spontaneously (자연 발생적으로); automatically (자동적으로).
저조(低調) ¶ ~한 inactive; dull; low; sluggish; weak (거래가) / ~한 기록 a poor record (result) / 시장 경기가 ~하다 The market is sluggish〔dull, weak〕. / 사업이 ~하다 Business is slowing down.
저조(低潮) (a) low tide.
저주(咀呪) a curse; imprecation. ~하다 curse; imprecate. ¶ ~받은 cursed / 그녀는 ~받고 있다 She is under a curse.
저주파(低周波) low frequency.
저지(低地) low ground〔land〕.
저지르다 do; commit 《*an error*》; make 《*a mistake*》.
저지하다(沮止—) obstruct; prevent; hinder; check; block; hamper. ¶ 법안의 통과를 ~ block〔prevent〕 the passage of a bill / 콜레라의 전염을 ~ check the spread of cholera.
저쪽 there; yonder; 《건너편》 the opposite〔other〕 side; 《상대》 the other party. ¶ ~에 있는 집 the house over there.
저촉하다(抵觸—) (be in) conflict with; be contrary to. ¶ 법률에 ~ be contrary to the law; be〔go〕 against the law.
저축(貯蓄) saving (행위); savings (저금). ~하다 save (up); store up; lay by〔aside〕. ¶ ~심이 있는〔없는〕 thrifty〔thriftless〕. ‖ ~률 a rate of savings / ~성향 a propensity to save / ~운동 a savings campaign / ~채권 a savings bond.
저탄(貯炭) a stock of coal. ‖ ~장 a coal yard〔depot〕.
저택(邸宅) a mansion; a residence.
저편 ☞ 저쪽.
저하(低下) a fall; a drop; a decline; 《품질의》 deterioration; 《가치의》 depreciation. ~하다 fall; drop; depreciate; deteriorate. ¶ 생활 수준의 ~ a decline in the standard of living / 능률이 ~하다 show a drop in efficiency / ~시키다 reduce; lower / 원화의 가치가 ~되고 있다 The value of Korean *won* is depreciating.
저학년(低學年) the lower grades〔classes〕.
저항(抵抗) resistance(반항); opposition(반대). ~하다 resist; oppose; stand〔struggle〕 against. ¶ 최후의 ~ a last〔final〕 stand; last-ditch resistance / ~하기 어려운 irresistible / 완강히 ~하다 make a strong stand 《*against*》 / …하는 데 ~을 느끼다 《심리적인》 be reluctant to *do;* do not feel like *doing*. ‖ ~기 〖電〗 a resistor / ~력 (power of) resistance (병에 대한 ~력이 거의 없다 have little resistance to diseases).
저해하다(沮害—) hinder; check; obstruct; prevent; hamper.
저혈압(低血壓) low blood pressure; hypotension.
저희(들) we(우리); they(저 사람들). ¶ ~의 our; their.
적(敵) an enemy; 《적수》 an opponent; a rival (경쟁자); a match. ¶ ~과 싸우다 fight against the enemy / ~에게 등을 보이다 turn *one's* back to the enemy / 그는 나의 사업상의 ~이다 He is my business rival. / ~은 마침내 격퇴되었다 The enemy was beaten off at last.
적(籍) 《본적》 *one's* family register; *one's* domicile; 《단체의》 membership. ¶ ~에 넣다〔~에서 빼다〕 have 《*a person's*》 name entered in〔removed from〕 the family register / ~을 두다 be a member 《*of a society*》; be enrolled 《*at a university*》.
적 《때》 the time (when); (on) the occasion; 《경험》 an experience. ¶ 필요할 ~에 in case of need / 내가 파리에 있을 ~에 그 소식이 도착했다 I was in Paris when the news reached me. / 나도 그런 말을 들은 ~이 있다 I've heard such talk too.
…적(的) ¶ 직업 ~(인) professional / 정치 ~인 political / 일반 ~으로 in general / 역사 ~ 및 지리 ~으로도 both historically and geographically; in terms of history and geography / 한국 ~인 사고 방식을 가지고 있다 have a Korean way of thinking.
적갈색(赤褐色) reddish brown.

적개심(敵愾心) a hostile feeling; hostility. ¶ ～을 불러일으키다 excite a feeling of hostility; inflame 〔stir up〕《*a person's*》 animosity 《*against*》.

적격(適格) ¶ ～의 qualified; competent; adequate / 그는 이 일에 ～이다 He is qualified 〔eligible〕 for this job. / 그 일에는 누가 ～일까 Who'll be the right man for the work? ‖ ～자 a qualified person / ～품 standard 〔acceptable〕 goods.

적국(敵國) an enemy 〔a hostile〕 country; a hostile power.

적군(敵軍) the enemy (troops).

적극(積極) ¶ ～적(인) positive; active / ～적으로 positively; actively / ～적으로 원조하다 give positive aid 《*to*》. ‖ ～성 positiveness; enterprising spirit (그는 ～성이 없다 He doesn't have a positive attitude.).

적금(積金) installment savings. ¶ ～을 붓다 deposit 〔save up〕 by installments.

적기(赤旗) a red flag.

적기(適期) a proper time; a good 〔favorable〕 chance. ¶ ～의 timely; well-timed / ～를 놓치다 miss a good opportunity; lose a chance.

적기(敵機) an enemy plane.

적꼬치(炙—) a spit; a skewer.

적나라(赤裸裸) ¶ ～한 naked; bare; frank(솔직한) / ～한 사실 a naked 〔bald〕 fact / ～하게 《솔직히》 plainly; frankly; without reserve.

적다[1] 《기입》 write 〔put〕 down; record; make 〔take〕 a note of.

적다[2] 《많지 않다》 (be) few (수); little (양); 《부족하다》 (be) scanty; scarce; poor. ¶ 적은 수입 a small income / 적지 않이 not a little 〔few〕 / 적어지다 become scarce; run short 《*of funds*》 / 천연 자원이 매우 ～ be very poor in natural resources / 그는 교사로서의 경험이 ～ He has little experience in teaching.

적당(適當) ¶ ～한 fit 《*for*》; suitable 《*to, for*》; adequate; appropriate; competent 《*for*》 / ～히 suitably; as *one* thinks fit 〔right〕 / ～한 값으로 at a reasonable price / 상담은 ～한 조건으로 성립되었다 We concluded negotiations on fair 〔reasonable〕 terms. / 자네가 ～히 알아서 해 주게 Please do as you think 〔see〕 fit.

적대(敵對) ～하다 be hostile 《*to*》; turn 〔fight〕 against. ¶ 아무를 ～시하다 regard *a person* with hostility. ‖ ～행위 hostilities; hostile operations 〔actions〕.

적도(赤道) the equator. ¶ ～의 equatorial / ～를 횡단하다 cross the equator. ‖ ～무풍대 the doldrums / ～의 an equatorial telescope / ～제 Neptune's revel.

적동(赤銅) red copper. ‖ ～광 cuprite; red copper (ore).

적란운(積亂雲) ☞ 소나기구름.

적량(適量) a proper quantity 〔dose (약의)〕.

적령(適齡) the right age 《*for*》. ¶ ～에 이르다 reach 〔attain〕 the right age 《*for*》 / 결혼～ marriageable age. ‖ 징병～자 a person old enough for military service.

적례(適例) a good example; a case in point.

적린(赤燐) red phosphorus.

적립(積立) ～하다 save; put 〔lay〕 by 〔aside〕; reserve. ¶ 노후를 위해 급료의 일부를 ～하다 lay aside a part of *one's* salary for *one's* old age. ‖ ～금 a reserve fund; a deposit / ～배당금 accumulated dividends.

적막(寂寞) ¶ ～한 lonely; lonesome; dreary. ‖ ～감 a lonely feeling.

적바르다 be barely 〔just〕 enough.

적바림 a note; a summary. ～하다 make a note of; sum up.

적반하장(賊反荷杖) ¶ ～이란 바로 이를 두고 하는 말이다 This is what they mean by 'the audacity of the thief'.

적발(摘發) disclosure; exposure. ～하다 disclose; expose; uncover; lay bare 〔open〕. ¶ 부정 사건을 ～하다 expose 〔lay bare〕 a scandal.

적법(適法) ¶ ～한 legal; legitimate; lawful. ‖ ～행위 a legal act.

적병(敵兵) an enemy (soldier); the enemy (전체).

적부(適否) suitability; fitness (사람의); propriety(사물의). ¶ ～를 결정〔판단〕하다 decide 〔judge〕 whether 《*a thing*》 is proper or not.

적분(積分) 〖數〗 integral calculus. ～하다 integrate. ‖ ～법 integration.

적빈(赤貧) dire poverty.

적산(敵産) enemy property.

적색(赤色) 《빛깔》 a red color; red; 《사상》 communist; Red. ‖ ～분자 a Red; Red elements / ～테러 Red terrorism / ～혁명 (a) Red revolution.

적선(敵船) an enemy ship〔vessel〕.

적선(積善) ～하다 accumulate virtuous deeds; render benevolence 《*to*》.

적설(積雪) (fallen) snow; snow (lying upon the ground). ¶ (교통이) ～로 두절되다 be snowbound; be held up by snow / ～이 120cm에 달했다 The snow lay 120cm deep. ‖ ～량 snowfall.

적설초(積雪草) 〖植〗 a ground ivy.
적성(適性) fitness; aptitude(재능의). ¶ ~을 보이다 show an aptitude for.... ‖ ~검사 an aptitude test / 직업 ~ vocational aptitude.
적성(敵性) ‖ ~국가 a hostile country.
적세(敵勢) the enemy's strength; the morale of the foe.
적소(適所) the right〔proper〕 place.
적송(赤松) 〖植〗 ☞ 소나무.
적송(積送) ~하다 ship; forward; send; consign. ‖ ~인 a shipper; a forwarder / ~품 a shipment; a consignment.
적수(敵手) a match; an opponent; a rival. ¶ ~가 못〔안〕 되다 be no match《*for a person*》. ‖ 호~ a good match〔rival〕.
적수공권(赤手空拳) empty hands and naked fists; being without any financial support. ¶ ~으로 사업을 시작하다 start a business with no capital.
적습(敵襲) an enemy's raid〔attack〕.
적시(適時) ¶ ~의 timely; opportune. ‖ ~안타 〖野〗 a timely hit.
적시(敵視) ~하다 look upon《*a person*》 as an enemy; be hostile《*to each other*》.
적시다 wet; moisten; 《담그다》 soak; drench; dip. ¶ 손을 물에 ~ get *one's* hands wet; dip *one's* hands into water(담그다).
적신호(赤信號) a red〔danger〕 signal; a red light.
적십자(赤十字) the Red Cross. ‖ ~병원 a Red Cross Hospital / ~사 the Red Cross (Society).
적악(積惡) ~하다 build up wickedness; practice evils.
적약(適藥) the right medicine for a sickness.
적어도 at (the) least; to say the least (of it).
적역(適役) 《연극 등》 a well-cast role〔part〕. ¶ 그 역은 그에게 ~이었다 He was well cast in the role.
적역(適譯) a good translation; an exact rendering.
적외선(赤外線) infrared〔ultrared〕 rays. ‖ ~사진 an infrared photograph / ~요법 infrared therapy.
적요(摘要) a summary; an outline; an abstract; a synopsis.
적용(適用) application. ~하다 apply《*a rule to a case*》. ¶ ~할 수 있는〔없는〕 applicable〔inapplicable〕《*to*》 / 잘못 ~하다 misapply; make a wrong application《*of the law*》.
적운(積雲) ☞ 뭉게구름.
적원(積怨) a deep-seated grudge.
적응(適應) adaptation. ~하다 adjust〔adapt〕 *oneself*《*to*》; fit. ¶ ~시키다 fit〔suit, adapt〕《*something*》《*to*》; accommodate / 그는 새로운 환경에 쉽게 ~할 수 없었다 He couldn't easily adapt himself to the new surroundings. ‖ ~성 adaptability; flexibility(~성이 있는 adaptable; flexible) / ~증 a disease which is susceptible to treatment《*by a particular medicine*》.
적의(適宜) ¶ ~한 suitable; proper; appropriate; fit.
적의(敵意) hostile feelings; hostility; enmity. ¶ ~ 있는 hostile; antagonistic / ~를 품다〔나타내다〕 have〔show〕 hostile feelings《*toward me*》.
적임(適任) ☞ 적격(適格). ¶ 비서에는 그녀가 ~이다 She is the right person for a secretary. *or* She is fit as a secretary. ‖ ~자 a well-qualified person.
적자(赤字) red figures; 《결손》 the red; a loss; a deficit. ¶ ~를 내다 show a loss; go〔get〕 into the red / ~를 내고 있다 be in the red / ~를 메우다 make up〔cover〕 the deficit / ~경영을 하다 operate at a loss〔in the red〕. ‖ ~공채 a deficit bond / ~노선《철도 등의》 a loss-making〔deficit-ridden〕 railroad line / ~예산 an unbalanced〔a deficit〕 budget / ~재정 "red ink" finances.
적자(嫡子) a legitimate child〔son〕; *one's* heir.
적자(適者) a fit〔suitable〕 person; the fit. ‖ ~생존 the survival of the fittest.
적장(敵將) the enemy commander.
적재(適材) a person fit for the post; the right man. ‖ ~적소 the right man in the right place.
적재(積載) loading. ~하다 load; carry; 《배에》 have《*cargo*》 on board; take《*on, in*》. ‖ ~능력 carrying〔loading〕 capacity〔power〕 / ~량 loadage; load capacity / ~톤수 capacity tonnage / ~화물 cargo on board.
적적하다(寂寂―) (be) lonesome; lonely; solitary; desolate; deserted. ¶ 적적한 생활 a lonely〔lonesome〕 life.
적전(敵前) ¶ ~상륙하다 land in the face of the enemy.
적절(適切) ¶ ~한 fitting; proper; appropriate / ~히 suitably; to the point; properly; fittingly / ~한 예 an appropriate〔apt〕 example / ~한 조치를 취하다 take a proper measure.
적정(適正) ¶ ~한 proper; right; fair; just. ‖ ~가격 a reasonable price / ~이윤 reasonable profit.

적정(敵情) the enemy's movements. ¶ ～을 살피다 reconnoiter the enemy's movements.

적조(赤潮) a red tide. ‖ ～경보 a red tide warning.

적중(的中) ～하다 hit the mark 〔target〕; be right to the point; 《예언 따위가》 come 〔turn out〕 true; 《추측이》 guess right. ¶ 그의 예언이 ～했다 His prediction has come true. ‖ ～률 a hitting ratio.

적지(敵地) the enemy's land 〔territory〕; the hostile country.

적진(敵陣) the enemy(s') camp; the enemy line. ¶ ～을 돌파하다 break through the enemy line.

적처(嫡妻) a wedded 〔legitimate〕 wife.

적철광(赤鐵鑛) 〖鑛〗 hematite.

적출(摘出) ～하다 pick 〔take〕 out; remove; extract.

적출(嫡出) legitimacy (of birth). ‖ ～자 a legitimate child.

적출(積出) shipment; forwarding. ‖ ～항 a port of shipment.

적치(積置) ～하다 pile up; stack. ¶ 석탄～장 a coal yard.

적탄(敵彈) the enemy's bullets 〔shells〕.

적평(適評) (an) apt criticism; an appropriate comment.

적하(積荷) 《적재》 loading; shipping; 《짐》 a freight; a load; a cargo(배의). ～하다 load 《*a ship*》 with cargo; put 《*goods*》 on board. ‖ ～량 intakeweight(중량) / ～명세서 a freight list / ～목록 an invoice; a (ship) manifest / ～보험 cargo insurance.

적함(敵艦) an enemy ship.

적합(適合) conformity; agreement; adaptation(적응). ～하다 conform; agree; adapt *oneself* 《*to*》; be suitable 《*for, to*》; fit. ¶ 기질에 ～하다 be congenial to *one's* disposition / 목적에 ～하다 serve 〔suit〕 *one's* purpose / 채용 조건에 ～한 응모자는 없었다 There were no applicants who fitted the requirement of the job.

적혈구(赤血球) a red (blood) corpuscle; a red (blood) cell. ¶ ～수 검사 a red cell count.

적화(赤化) ～하다 turn 〔go〕 red; go communist. ¶ 한반도 ～통일의 망상 the fanatic dream of communizing the entire Korean peninsula / ～를 방지하다 check the spread of communism. ‖ ～운동 the red 〔Bolshevik〕 movement.

적히다 be written 〔noted, put〕 down; be recorded.

전(前) ① 《시간적》 before; to; 《과거》 before; ago; since; previous. ¶ ～의 previous; former; last / ～에 before; previously / 오래 ～부터 since a long time ago / 10시 15분 ～ a quarter to ten / ～에 말한 바와 같이 as previously stated / 3일 ～의 신문 a newspaper of three days ago / ～처럼 as (it was) before. ② 《…하기 전》 before; prior to; earlier than. ¶ 그가 도착하기 ～에 before his arrival / 출발 하기 ～에 before 〔prior to〕 *one's* departure. ③ 《편지에서》 Dear; Sir. ¶ 어머니 ～상서 Dear Mother.

전(煎) fried food.

전(廛) a shop; a store.

전(全) all; whole; entire; total; complete; full; pan-. ¶ ～국민 the whole nation / ～세계 the whole world / ～생도가 체육관에 모였다 All the pupils gathered in the gym.

전…(前) 《이전의》 former; ex-; 《앞부분의》 the front; the fore part. ¶ ～남편 *one's* former husband 〔ex-husband〕 / 케네디 ～대통령 the former President Kennedy / ～페이지 the preceding page.

…전(傳) 《전기》 a biography; a life. ¶ 위인～ the lives of great men.

전가(傳家) ¶ ～의 hereditary / ～의 보도 a sword treasured in the family for generations.

전가(轉嫁) ～하다 shift onto 《*a person*》; throw 〔lay〕 onto 《*a person*》. ¶ 죄를 아무에게 ～하다 lay the blame on *a person* / 남에게 책임을 ～하지 마라 Don't shift the responsibility to others.

전각(殿閣) a (royal) palace.

전갈(全蝎) 〖蟲〗 a scorpion. ‖ ～자리 〖天〗 the Scorpion; Scorpio.

전갈(傳喝) a (verbal) message. ～하다 give 《*a person*》 a message; leave a message for 《*a person*》; send 《*a person*》 word 《*that*》. ¶ 낸시로부터 너에게 ～이 있다 I have a message for you from Nancy.

전개(展開) development(s). ～하다 develop; unfold; roll out; spread. ¶ 국면의 ～를 기다리다 wait for further developments / 이 사건은 앞으로 어떻게 ～될까 What will be the future development of this affair?

전격(電擊) an electric shock; a lightning attack. ¶ ～적인 lightning; electric / ～적인 결혼 a sudden marriage. ‖ ～요법 electroshock therapy / ～작전 blitz tactics / ～전 a lightning war; a blitz.

전경(全景) a complete 〔panoramic〕 view 《*of*》; a panorama 《*of*》.

전경(戰警) ☞ 전투 경찰대.

전고(典故) an authentic precedent.

전곡(田穀) dry-field crop〔grain〕.
전곡(錢穀) money and grain.
전골 beef with vegetables cooked in casserole.
전공(專攻) a special study; *one's* major《美》; a specialty; a speciality《英》. ～하다 major in《美》; specialize in《英》; make a special study《*of*》. ‖ ～과 a graduate course / ～과목 a subject of special study; a major《美》/ ～분야 a major field of study.
전공(電工) an electrician.
전공(戰功) distinguished services in war. ¶ ～을 세우다 distinguish *oneself* on the field of battle.
전과(全科) the whole〔full〕curriculum.
전과(前科) a previous conviction〔offense〕; a criminal record. ¶ ～ 3범의 사내 a man with three previous convictions / ～가 있다 have a criminal record; be an ex-convict. ‖ ～자 an ex-convict.
전과(戰果)《achieve brilliant》military results.
전과(轉科) ～하다 be〔get〕enrolled in another〔a different〕course.
전관(前官) the predecessor (전임자); *one's* former post(자기의). ¶～ 예우를 받다 be granted the privileges of *one's* former post.
전관(專管) exclusive jurisdiction. ‖ ～(어업)수역 an exclusive fishing zone.
전광(電光) electric light; (a flash of) lightning. ¶ ～석화와 같이 as quick as lightning. ‖ ～판 an electric scoreboard.
전교(全校) the whole school. ‖ ～생 all the students of a school.
전교(轉交)《남을 거쳐 줌》delivery〔transfer〕through《*a person*》; care of (c/o). ¶ 한국대사관 ～ 김 선생 귀하 Mr. Kim, c/o the Korean Embassy.
전구(電球) an electric〔a light〕bulb. ¶ ～를 소켓에 끼우다 screw a bulb into a socket. ‖ 백열～ an incandescent light bulb.
전국(全一) undiluted liquor〔soy, sauce, *etc.*〕. ‖ ～술 raw spirit.
전국(全國) the whole country. ¶ ～적(인) national; nationwide / ～에 걸쳐 throughout〔all over〕the country / ～적으로 on a national scale / 경찰은 ～적인 규모로 청소년의 비행 방지 운동을 진행하고 있다 The police are conducting a nationwide campaign to prevent juvenile delinquency. ‖ ～경제인연합회 the Federation of Korean Industries(생략 KFI) / ～대회 a national conference;《정당의》a national convention;《경기의》a national atheletic meeting / ～방송 a broadcast on a national network / ～중계 a nationwide hookup / ～지 a newspaper with nationwide circulation / ～평균 the national average.
전국(戰局) the war situation; the progress of the war.
전국구(全國區)《선거의》the national constituency; the national constituency under the proportional representation system. ‖ ～의원 a member of the House elected from the national constituency.
전국민(全國民) the whole〔entire〕nation. ¶ ～의 national; nationwide / 그 사건은 ～의 주목을 끌었다 The incident attracted nationwide attention.
전군(全軍) the whole army〔military force〕.
전권(全卷)《책의》the whole book;《영화의》the whole reel. ¶ ～을 통독하다 read《*the book*》from cover to cover; read《*the book*》through.
전권(全權) full〔plenary〕powers; full authority. ¶ ～을 위임하다 invest〔entrust〕《*a person*》with full powers. ‖ ～대리 an alternate delegate; a universal agent(총대리인) / ～대사 an ambassador plenipotentiary / ～위원 a plenipotentiary / 특명～대사 an ambassador extraordinary and plenipotentiary.
전권(專權) an exclusive right; arbitrary power.
전극(電極) an electrode; a pole.
전근(轉勤) a transfer. ～하다 be transferred《*to*》. ¶ 그는 마산 지점으로 ～되었다 He was transferred to the Masan branch.
전기(前記) ¶ ～의 above; aforesaid; above-mentioned; the said; referred to above / ～의 장소 the above address.
전기(前期)《1년의 전반기》the first half year; the first term;《앞의 기》the last〔previous〕term. ¶ 이것은 ～에서 이월된 금액이다 This is the sum brought over from the previous account. ‖ ～결산 settlement for the first half year / ～이월금 the balance brought forward from the previous〔preceding〕term.
전기(傳記) a life; a biography. ‖ ～물 biographical writings / ～소설 a fictional biography / ～작가 a biographer.
전기(電氣) electricity; electric current(전류). ¶ ～의 electric; electrical(전기에 관한) / ～를 일으키다 generate electricity / ～를 켜다〔끄다〕《전등을》switch〔turn〕on〔off〕

the light / 이 기계는 ～로 움직인다 This machine works by electricity. / 이 선에는 ～가 통하고 있다 This wire is live with electricity. ‖ ～계통 an electrical system / ～공업 the electric industry / ～공학 electrical engineering / ～기관차 an electric locomotive / ～기구 an electric appliance / ～기구점 an electric(al) goods store《美》/ ～기사 an electric engineer; an electrician / ～난로 an electric heater / ～냉장고 an electric refrigerator〔freezer〕/ ～다리미〔담요, 밥솥〕an electric iron〔blanket, rice-cooker〕/ ～도금 electroplating / ～로 an electric furnace / ～면도기〔시계, 풍로〕an electric shaver〔clock, hot plate〕/ ～방석 a heating pad / ～배선 electric wiring / ～분해 electrolysis / ～세탁기 an electric washing machine / ～스탠드 a desk lamp(탁상의); a floor lamp(마루용의) / ～역학 electrodynamics / ～요금 electric charges / ～요법 electric treatment / ～용접 electric welding / ～의자 an electric chair / ～자동차 an electric car; an electromobile / ～장치 an electric device / ～제품 electric appliances〔products〕/ ～집진기(集塵機) an electric〔electrostatic〕precipitator / ～철도 an electric railroad / ～청소기 an (electric) vacuum cleaner / ～통신 electric communication / ～회로 an electric circuit.

전기(電機) electrical machinery and appliances. ‖ ～공업 electrical machinery industry.

전기(轉記)《부기에서》posting. ～하다 post; transfer. ¶ 일기장에서 하나의 계정을 원장으로 ～하다 post an item from the daybook to a ledger.

전기(轉機) a turning point; a point of change. ¶ ～에 서 있다 be at a turning point / 이것은 내 인생의 일대 ～가 될 것이다 This is going to be a major turning point in my life.

전깃불(電氣—) an electric light.

전깃줄(電氣—) an electric wire〔cord〕.

전나무〖植〗a fir.

전날(前—) the other day, some time〔days〕ago(지난날); the previous〔preceding〕day(그 전날).

전납(全納) ～하다 pay in full.

전납(前納) ☞ 예납.

전년(前年) the previous〔preceding〕year; the year before.

전념하다(專念—) devote *oneself*《*to*》; be absorbed《*in*》. ¶ 지금은 학업에만 전념하여라 Devote yourself to studies now.

전뇌(前腦)〖解〗the forebrain.

전능(全能) omnipotence. ¶ ～의 omnipotent; almighty; all-powerful / ～하신 하느님 Almighty God.

전능력(全能力) *one's* full capacity〔ability〕.

전단(專斷) (an) arbitrary decision. ～하다 act arbitrarily. ¶ ～적인 arbitrary / ～으로 arbitrarily; at *one's* own discretion.

전단(傳單) a handbill; a leaflet. ¶ ～을 돌리다 distribute〔circulate〕handbills / ～을 뿌리다 drop leaflets《*from a plane*》.

전단(戰端) ¶ ～을 열다 open hostilities《*with*》; take up arms《*against*》.

전달(前—)《전의 달》the previous〔preceding〕month; 《지난 달》last month; ultimo (생략 ult).

전달(傳達) delivery; transmission. ～하다 transmit; communicate; notify. ¶ 그 메시지는 잘못 ～되었다 The message was transmitted〔conveyed〕incorrectly.

전담(全擔) ～하다 take〔assume, bear〕full charge of.

전담(專擔) ～하다 take exclusive charge〔responsibility〕《*of*》.

전답(田畓) paddies and dry fields.

전당(典當) pawn; pledge. ¶ ～잡다 take《*a thing*》in pawn; hold《*a thing*》in pledge / ～잡히다 pawn; pledge; give〔put〕《*a thing*》in pawn. ‖ ～물 an article in pawn; a pawned article (～물을 찾다 redeem a pawn / ～물이 유질되다 be forfeited) / ～포 a pawnshop; a hock shop《美口》/ ～표 a pawn ticket.

전당(殿堂) a palace(궁전); a sanctuary(신전·성역). ¶ 학문의 ～ a sanctuary of learning.

전당대회(全黨大會) the national convention of a party.

전대(前代) former ages〔generation〕. ¶ ～미문의 unheard-of; unprecedented / ～미문의 대참사 an unheard-of calamity.

전대(戰隊) a battle corps; a (naval) squadron.

전대(轉貸) sublease. ～하다 sublease; sublet. ¶ 책을 ～하다 lend a borrowed book to another / 방〔집〕을 ～하다 sublet a room〔house〕《*to*》. ‖ ～인 a sublessor / ～차(借) subletting and subleasing.

전도(前途) *one's* future; prospects; outlook. ¶ ～ 유망하다 have a bright future / ～ 유망한 청년 a promising young man / 철강업의 ～는 어둡다 The prospects for the steel industry are dark. / 우리의 ～는 다난하다 Many difficulties lie ahead of us.

전도(前渡) 《돈의》 payment in advance; 《물품의》 delivery in advance. ‖ ～금 an advance; 〖法〗 an advancement.

전도(傳道) mission(ary) work. ～하다 preach the gospel; engage in mission work. ‖ ～사 an evangelist; a missionary (선교사).

전도(傳導) 〖理〗 conduction(열·전기의); transmission(소리·빛의). ～하다 conduct; transmit. ‖ ～력〔율, 성〕 conductivity / ～체 a conductor; a transmitter.

전도(顚倒) ① 《엎드러짐》 a fall; overturn(전복). ～하다 fall〔tumble〕 down; tumble; overturn. ② 《거꾸로 함》 reverse; inversion. ～하다 reverse; invert. ¶ 상하를 ～하다 turn 《*a thing*》 upside down / 앞뒤를 ～하다 invert the order / 본말을 ～하다 put the cart before the horse.

전동(電動) ¶ ～의 electromotive; electrically-powered〔-driven〕 《*machines*》. ‖ ～기 an electric moter / ～력 electromotive force / ～ 의수(義手) a motorized artificial arm〔hand〕.

전동(箭筒) 《살통》 a quiver (for arrows).

전등(電燈) an electric light〔lamp〕. ¶ ～을 켜다〔끄다〕 turn〔switch〕 a light on〔off〕 / ～을 달다 install electric lights.

전라(全裸) ¶ ～의 stark-naked; nude 《*pictures*》; 《a girl》 in the nude / ～로 헤엄치다 swim in the nude.

전락(轉落) a fall; a downfall; degradation(타락). ～하다 fall 《*down, off*》; fall low; degrade; sink (in the world). ¶ 창녀로 ～하다 sink〔be reduced〕 to a prostitute.

전란(戰亂) the disturbances of war. ¶ ～의 도가니 a scene of deadly strife and carnage.

전람(展覽) exhibition; show. ～하다 exhibit; show; display. ¶ ～중이다 be on show. ‖ ～물 exhibits / ～회 an exhibition; a show(～회를 열다 hold an exhibition) / ～회장 an exhibition gallery〔hall〕.

전래(傳來) ～하다 be transmitted; be handed down 《*from*》; 《외국에서》 be introduced 《*into, from*》. ¶ 조상 ～의 가보 *one's* family treasure (handed down from generation to generation) / 불교는 3세기에 한국에 ～되었다 Buddhism was introduced into Korea in the third century.

전략(前略) ¶ ～하옵고 《편지에서》 I hasten to inform you that…; Dispensing with the preliminaries, ….

전략(戰略) strategy; stratagem. ¶ ～적인 strategic / ～을 세우다 work〔map〕 out *one's* strategy / ～상으로 보아 from the strategical point of view; strategically. ‖ ～가 a strategist / ～공군 a strategic air force / ～공군사령부 《美》 the Strategic Air Command (생략 SAC) / ～목표 a strategic target / ～무기 strategic arms〔weaponry〕 / ～무기감축회담 the Strategic Arms Reduction Talks (생략 START) / ～무기제한회담 Strategic Arms Limitation Talks (생략 SALT) / ～무역정책 a strategic trade policy / ～물자 strategic goods〔materials〕 / ～방위구상 the Strategic Defense Initiative (생략 SDI) / ～수출품목 a strategic export item / ～폭격 strategic bombing / ～폭격기 a strategic bomber / ～핵무기 strategic nuclear weapons / ～회의 a strategy meeting / 국제 ～연구소 the International Institute for Strategic Studies (생략 IISS).

전략산업(戰略産業) a strategic industry. ¶ ～으로서 집중적으로 육성되다 be intensively fostered as strategic industries.

전량(全量) the whole quantity.

전력(全力) all *one's* strength〔power, might〕. ¶ ～을 다하다 do *one's* best〔utmost〕; do everything in *one's* power / …에 ～을 기울이다 devote all *one's* energies 《*to*》 / ～을 다해 그들을 도와야 한다 We should go all out to help them.

전력(前歷) *one's* past record〔life〕. ¶ 그는 은행에서 일한 ～이 있다 He once served in a bank.

전력(專力) ～하다 concentrate *one's* energies 《*on*》; devote *oneself* 《*to*》.

전력(電力) electric power. ‖ ～개발 power development / ～계 a wattmeter / ～공급 supply of electric power / ～부족 (electric) power shortage (～부족의 power-short 《*areas*》) / ～사정 the power condition / ～수요 (the) demand for (electric) power / ～요금 power rates / ～자원 (electric-) power resources / ～제한〔소비, 통제〕 power restrictions〔consumption, control〕.

전력(戰力) war potential; fighting power. ‖ ～증강 the strengthening〔build-up〕 of war potential.

전령(傳令) 《사람》 a messenger; a runner; 〖軍〗 an orderly; 《명령》 an official message.

전례(前例) a precedent. ¶ ～ 없는 unprecedented; without precedent / ～가 되다 be〔form〕 a precedent / ～를 만들다 create〔set〕 a precedent / ～를 깨뜨리다

break with〔violate〕precedents / ～에 따르다 follow a precedent.

전류(電流) an electric current; a flow of electricity. ¶ ～를 통하다 send an electric current《*into a wire*》; charge《*a wire*》with electricity / ～를 차단하다 shut〔switch〕off an electric current / ～가 흐르고 있다〔흐르지 않다〕The current is on〔off〕. ‖ ～계 an ammeter / 교류〔직류〕～ an alternating〔a direct〕current.

전리(電離) 〖理〗 electrolytic dissociation; ionization. ～하다 ionize. ‖ ～층 the ionosphere.

전리품(戰利品) a (war) trophy;《약탈품》booty, the spoils of war.

전립선(前立腺) 〖解〗 the prostate (gland). ‖ ～비대 enlargement of the prostate gland / ～염 prostatitis.

전말(顚末)《자세한 내용》the details; the whole story;《사정》the whole circumstances. ¶ 사고의 ～을 이야기하다 give a full〔detailed〕account of the accident. ‖ ～서 an account; a report.

전망(展望) a view; a prospect; an outlook. ～하다 view; survey; have a view of. ¶ 앞으로의 ～ the future prospect / ～이 좋다 have〔command〕a fine view《*of*》; have a bright prospect (장래가) / 경기의 동향을 ～하다 survey the economic prospects / ～을 방해하다 obstruct the view《*of*》. ‖ ～대 an observation platform / ～차 an observation car / ～탑 an observation tower.

전매(專賣) monopoly; monopolization. ～하다 monopolize; have the monopoly《*of, on*》. ‖ ～권 monopoly / ～사업 the monopoly enterprise / ～제도 the monopoly system / ～품 monopoly goods.

전매(轉賣) resale. ～하다 resell. ¶ ～할 수 있는 resalable.

전매특허(專賣特許) a patent. ¶ ～를 얻다 get a patent《*on an article*》; patent《*a thing*》/ ～를 출원하다 apply for a patent.

전면(全面) the whole〔entire〕surface. ¶ ～적인 all-out; general; overall; whole; sweeping / ～적으로 generally; wholly; sweepingly / ～적으로 개정하다 make an overall〔a sweeping〕revision《*of*》/ ～적으로 지지하다 give full support to《*a person's proposal*》/ 문제를 ～적으로 재조사하다 investigate the problem again from all sides〔angles〕. ‖ ～강화(講和) an overall peace / ～광고 a full-page advertisement / ～전쟁 an all-out〔total〕war / ～파업 an all-out〔total〕strike.

전면(前面) the front《*of a building*》. ¶ ～의 front; in front; fore / ～에 in front of / ～의 적 the enemy in front.

전멸(全滅) (an) annihilation; complete〔total〕destruction; extinction. ～하다 be annihilated; be wiped〔stamped〕out. ¶ ～시키다 annihilate; destroy totally / 많은 야생 동물이 ～의 위기에 처해 있다 Many wild animals are on the verge of extinction.

전모(全貌) the whole aspect. ¶ …의 ～를 밝히다 bring the whole matter to light / 그 ～를 알고 싶다 I want to know all about it.

전몰(戰歿) death on the battlefield. ‖ ～장병 the war dead(총칭); a fallen soldier.

전무(專務)《사람》a managing〔an executive〕director. ‖ 여객～ a conductor《美》.

전무(全無) none; nothing (at all); no〔not any〕《*doubt*》whatever〔whatsoever〕. ¶ 그의 회복 가능성은 ～하다 There is no hope of his recovery (at all). / 거래가 ～하다 There has been no trading at all. / 나는 법률 지식이 ～하다 I don't have the least knowledge of law.

전무후무(全無後無) ～하다 be the first and (probably) the last; be unprecedented; be unheard-of. ¶ ～한 명화 the greatest film of all time / 이처럼 많은 사람들이 참석한 것은 ～한 일이다 There never was and never will be such a large attendance as this.

전문(全文) the whole sentence〔passage〕; the full text《*of a treaty*》. ¶ ～을 인용하다 quote a whole sentence / ～을 우리말로 옮기시오 Put the whole passage into Korean.

전문(前文) the above (passage); the foregoing remark;《조약의》the preamble《*to, of*》.

전문(專門) a specialty《美》; a speciality《英》; a special subject of study(학문에서); a major(전공과목)《美》. ¶ ～으로 연구하다 make a specialty of; specialize《*in*》/ ～ 밖이다 be not in *one's* line; be off *one's* beat. ‖ ～가 a specialist《*in*》; an expert《*on*》/ ～교육 technical〔professional〕education / ～분야 a specialized field; *one's* field〔line〕/ ～서 a technical book / ～어 a technical term (의학 ～어 medical terminology) / ～위원 an expert advisor; a technical expert / ～의(醫) a medical specialist / ～점 a specialty store / ～학교 a

professional〔technical〕 school; a college / ～화 specialization (～화하다 specialize). 「gram.
전문(電文) a telegram; a cable-
전문(傳聞) hearsay; a rumor; a report. ～하다 hear《*something*》 from other people; know by report. ¶ ～한 바에 의하면 from what I hear; according to a rumor. ‖ ～증거 hearsay evidence.
전반(全般) the whole. ¶ ～적으로 generally; on the whole; by and large / ～적인 상황 the overall〔all-over〕 situation / 과학 ～에 걸치다 cover the whole field of science.
전반(前半) the first half;《축구의》 the first period. ¶ 그는 40대 ～이다 He is in his early forties. ‖ ～기 the first half year / ～전 the first half of the game.
전반사(全反射)〖理〗total reflection.
전방(前方) the front (line). ¶ ～의 front; in front / ～에 in front of; ahead; forward / 100미터 ～에 다리가 있다 There is a bridge a hundred meters ahead. / ～에 무엇이 보이느냐 What can you see in front of you? ‖ ～기지 an advanced base; an outpost / ～지휘소 a forward command post.
전방위외교(全方位外交) omnidirectional diplomacy.
전번(前番) the other day; sometime ago. ¶ ～의 last; previous; former / ～에 last (time); before this; previously / ～에 그를 만났을 때 when I saw him last.
전범(戰犯)《죄》war crimes;《사람》 a war criminal. ‖ ～법정 a war crimes court.
전법(戰法) tactics; strategy.
전변(轉變) changeableness; variableness. ‖ 유위(有爲) ～ the vicissitudes of life.
전보(電報) a telegram; a telegraphic message; a wire;《무전》a wireless (telegram). ¶ ～치다 send a telegram〔wire〕《*to*》; telegraph〔wire〕《*a person*》/ ～로 by telegraph〔telegram, wire, cable〕/ 외국〔국내〕 ～ a foreign〔domestic〕 telegram / 지급 ～ an urgent telegram. ‖ ～료 a telegram fee〔charge〕/ ～용지 a telegram form / ～환 a telegraphic remittance.
전보(轉補) ～하다 transfer. ¶ ～되다 be transferred《*to another position*》.
전복(全鰒)〖貝〗an abalone; an ear shell; a sea-ear.
전복(顚覆) overturning; an overthrow; capsize (선박의). ～하다 overturn; capsize. ¶ 인천역 구내에서 열차가 탈선해서 ～했다 The train derailed and overturned in the Inch'ŏn Station yard. / 정부의 ～을 기도하다 plot to overthrow the government / 배는 강풍으로 ～됐다 The ship was capsized by a strong wind.
전부(全部)《명사》all; the whole;《부사》in all; altogether; all told; wholly; entirely.
전부인(前婦人) *one's* ex-wife.
전분(澱粉) starch. ¶ ～질의 starchy / ～질이 많은 식품 starchy foods.
전비(戰費) war expenditure.
전비(戰備) preparations for war. ¶ ～를 갖추다 prepare for war.
전사(戰士) a warrior; a champion《*of liberty*》. ‖ 산업～ an industrial worker.
전사(戰史) a military〔war〕 history. ¶ ～에 남다 be recorded in war history.
전사(戰死) death in battle〔action〕. ～하다 be killed in action; die〔fall〕 in battle. ¶ 명예롭게 ～하다 meet a glorious death in action. ‖ ～자 a fallen soldier; the war dead (총칭).
전사(轉寫) transcription; copying. ～하다 copy; transcribe.
전산(電算) computation〔calculation〕 by computer. ¶ ～조판 시스템 a computer type-setting system. ‖ ～기 a computer / ～화(化) computerization / 소형～기 a minicomputer.
전상(戰傷) a war〔battle〕 wound. ¶ ～을 입다 be wounded in war〔action〕. ‖ ～자 a wounded soldier〔veteran〕; the war wounded(총칭).
전색맹(全色盲) total color-blindness;〖醫〗achromatopsia.
전생(前生) *one's* previous〔former〕 life〔existence〕. ¶ ～의 업 predestination; *one's karma*《梵》; *one's* fate.
전생애(全生涯) *one's* whole life. ¶ ～를 통하여 throughout〔all through〕 *one's* life.
전서(全書) a complete book〔collection〕. ¶ 백과 ～ an encyclopedia / 법률～ a compendium of law.
전서구(傳書鳩) a carrier pigeon.
전선(前線) ①《제일선》the front (line). ¶ ～에서 싸우다 fight in〔on〕 the front line / ～으로 나가다 go up to the front line. ‖ ～기지 a front-line base; an outpost. ②〖氣〗a front. ¶ 한랭〔온난〕 ～ a cold〔warm〕 front / 장마～이 호남 지방에 머물러 있다 The seasonal rain front is lingering over the Honam district.

전선(電線) 《전화》 a telephone〔telegraph〕 wire; 《전기의》 an electric wire〔line, cord〕. ¶ ～을 가설하다 string〔lay〕 electric wires.

전선(戰線) the battle front; the front line. ¶ 서부 ～에 on the western front / 인민～ the popular〔people's〕 front / 통일〔공동〕 ～을 펴다 form a united line〔front〕《*against*》/ ～을 축소하다 shorten the line.

전설(傳說) a legend; folklore(민간 전승의). ¶ ～적인 legendary; traditional / ～적인 영웅 a legendary hero / ～에 의하면 according to legend〔tradition〕.

전성(全盛) the height of prosperity. ～하다 be at the height of *its*〔*one's*〕 prosperity. ‖ ～기〔시대〕 the golden age〔days〕《*of English literature*》; *one's* best days (그의 ～기는 지나갔다 He has seen his best days.).

전성(展性) 〖理〗 malleability.

전성관(傳聲管) a voice〔speaking〕 tube.

전세(前世) ① 《전생》 a former life. ② 《전대》 the former generations; past ages.

전세(專貰) ¶ ～ 내다 make reservation; reserve《美》; engage; book; hire; charter / ～낸 chartered; reserved(예약된). ‖ ～버스〔비행기〕 a chartered bus〔plane〕.

전세(傳貰) the lease of a house〔room〕 on a deposit basis. ¶ ～ 놓다 lease a house〔room〕 on a deposit basis. ‖ ～계약 a contract to rent a house〔room〕 with a deposit〔key money〕 (to be repaid on leaving) / ～금 security〔key〕 money for the lease of a house〔room〕 / ～금 융자 loans to pay for house rents / 전셋집 a house for rent on a deposit basis.

전세(戰勢) the progress of a battle; the war situation.

전세계(全世界) the whole〔all the〕 world. ¶ ～에 (걸쳐서) all over〔throughout〕 the world.

전세기(前世紀) the former〔last〕 century.

전소(全燒) total destruction by fire. ～하다 be burnt down (to the ground); burn out.

전속(專屬) ～하다 belong exclusively《*to*》; be attached《*to*》. ‖ ～가수〔여배우〕 a singer〔an actress〕 attached to〔under exclusive contract with〕《*the KBS*》.

전속(轉屬) (a) transfer《*to another section*》. ¶ 그는 본사에서 인천에 있는 지사로 ～되었다 He was transferred from the head office to the branch office in Inch'ŏn.

전속력(全速力) full speed. ¶ ～으로 at full speed / ～을 내다 put forth full speed.

전손(全損) 〖商〗 total loss. ‖ ～담보 security for total loss only (생략 T.L.O.).

전송(傳送) ～하다 transmit; convey; communicate; deliver.

전송(電送) electrical transmission. ～하다 send〔transmit〕《*a picture*》 by wire(less). ‖ ～사진 a telephoto(graph); a facsimile; a fax.

전송(餞送) ～하다 see 《*a person*》 off; give a send-off.

전송하다(轉送―) send on; forward; transmit. ¶ 우편물은 새 주소로 전송하여 주십시오 Please forward mail to my new address.

전수(全數) the whole; the total number.

전수(專修) ～하다 make a special study《*of*》; specialize〔major〕《*in*》. ‖ ～과(科) a special course / ～과목 a specialized subject; a major《美》/ ～학교 a vocational school.

전수(傳授) instruction; initiation. ～하다 give instruction《*in*》; initiate《*a person*》 into《*the secrets of an art*》. ¶ ～를 받다 receive instruction; be instructed.

전술(前述) ¶ ～한 aforesaid; abovementioned; foregoing / ～한 바와 같이 as stated above.

전술(戰術) tactics. ¶ ～상의 요점 a tactical point / 교묘한 ～ a clever piece of tactics / 고등 ～ grand tactics / ～로 …에 이기다 outmaneuver. ‖ ～가 a tactician / ～공군 tactical air forces / ～전환 a change of tactics / ～핵무기 a tactical nuclear weapon.

전승(傳承) ～하다 hand down; transmit from generation to generation. ‖ ～문학 oral literature.

전승(戰勝) a victory; a triumph. ～하다 win〔gain〕 a victory. ¶ ～을 축하하다 celebrate a victory. ‖ ～국 a victorious country〔nation〕 / ～기념일 the anniversary of the victory.

전승하다(全勝―) win〔gain〕 a complete victory《*over*》; 〖競〗 win〔sweep〕 all games〔matches, bouts〕; make a clean record.

전시(全市) the whole city.

전시(展示) exhibition; display. ～하다 exhibit; display; put《*things*》 on display. ¶ ～용 견본 a sample for display / ～되어 있다 be on display〔show〕. ‖ ～물〔품〕 an exhibit; exhibition (총칭) / ～장 an exhibition hall〔room, area〕 / ～회 an exhibition; a display / ～효과 a demon-

stration effect.
전시(戰時) wartime; time of war. ¶ ～ 중에 during the war; in wartime. ‖ ～경제 wartime economy / ～내각 a war Cabinet / ～산업 industry in wartime / ～상태 a state of war; belligerency / ～재정 wartime finance / ～체제 the wartime structure.
전시대(前時代) former ages〔times〕.
전신(全身) the whole body. ¶ ～에 all over the body / ～의 힘을 다하여 with all *one's* strength〔might〕 / 수영은 ～운동이 된다 Swimming gives exercise to every part of your body. ‖ ～마비 total paralysis / ～마취 general anesthesia / ～사진 a full-length portrait.
전신(前身) *one's* former self; the predecessor 《*of a school*》.
전신(電信) telegraph; telegraphic communication; 《해외전신》 cable. ¶ ～의 telegraphic / ～으로 by telegraph〔cable〕. ‖ ～국 a telegraph office / ～부호 a telegraphic cord / ～주 a telegraph pole; a utility pole 《美》 / ～환 a telegraphic transfer〔remittance〕.
전실(前室) *one's* ex-wife〔former wife〕 ‖ ～자식 a child of *one's* former wife.
전심(全心) *one's* whole heart〔soul〕. ¶ ～전력을 다하다 put *one's* whole heart and strength into 《*one's work*》.
전심(專心) ～하다 devote〔apply, bend〕 *oneself* 《*to*》; be devoted 《*to*》; concentrate 《*on*》; give all *one's* mind 《*to*》. ¶ 연구에 ～하다 concentrate on *one's* researches.
전아(典雅) ¶ ～한 graceful; refined.
전압(電壓) voltage. ¶ ～이 높다〔낮다〕 be high〔low〕 in voltage / ～을 높이다〔낮추다〕 increase〔drop〕 voltage. ‖ ～계 a voltmeter.
전액(全額) the total〔full〕 amount; the sum total. ¶ ～을 지불〔지급, 납입〕하다 pay in full / ～을 부담하다 cover all the expenses. ‖ ～담보 full coverage / ～보험 full insurance.
전야(前夜) the previous night; the night before; the eve(전야제 따위); last night(간밤). ‖ 크리스마스 ～ Christmas Eve.
전언(前言) *one's* previous remarks〔words, statement〕.
전언(傳言) a (verbal) message. ～하다 send 《*a person*》 word; send a message that…; give 《*a person*》 a message. ¶ ～을 부탁하다 leave a message with 《*a person*》.
전업(專業) a special〔principal〕 occupation. ¶ 그는 꽃재배를 ～으로 하고 있다 He specializes in growing flowers. ‖ ～농가 a full-time farmer / ～주부 a (full-time) housewife.
전업(電業) the electrical industry.
전업(轉業) ～하다 change *one's* occupation〔business〕. ‖ ～자금 funds for occupational change.
전역(全域) all the〔the whole〕 area 《*of Seoul*》.
전역(全譯) a complete translation 《*of the Bible*》. ～하다 translate 《*a book*》 completely 《*into Korean*》.
전역(戰役) a war; warfare.
전역(戰域) a war area; a theater of war. ‖ ～핵병기 a theater nuclear weapon (생략 TNW).
전역(轉役) ～하다 discharge from service; transfer 《*to the first reserve*》.
전연(全然) ☞ 전혀.
전열(電熱) electric heat. ‖ ～기 an electric heater (난방용); 《요리용》 an electric range〔stove〕; a hotplate.
전열(前列) the front rank〔row〕.
전열(戰列) a battle line. ¶ ～에 참가하다 join the battle line.
전염(傳染) 《병의》 infection(공기에 의한); contagion(접촉에 의한). ～하다 《병이》 be contagious〔infectious, catching〕; 《사람이》 be infected with 《*a disease*》. ¶ ～성의 contagious; infectious / 콜레라는 ～된다 Cholera is contagious〔infectious〕. / 그의 병은 아이에게서 ～되었다 He caught〔contracted〕 the disease from his child. ‖ ～경로 a route of infection / ～력 virulence / ～원(源) a source of infection.
전염병(傳染病) an infectious〔a contagious〕 disease; an epidemic. ‖ ～환자 an infectious〔a contagious〕 case.
전와(轉訛) corruption (of a word). ～하다 corrupt into; be corrupted from〔into〕.
전용(專用) private use; exclusive use. ～하다 use exclusively〔solely〕. ¶ ～의 exclusive; for private / 외국인 ～의 나이트클럽 a night club reserved only for foreign customers / 야간 ～의 전화 a telephone for night use only / 자동차 ～도로 a driveway / 한글 ～ the exclusive use of *hangeul*. ‖ ～기 a plane for *one's* personal use (대통령 ～기 a presidential plane) / ～차 a private car (사장 ～차 the president's private car).
전용(轉用) diversion. ～하다 use 《*a thing*》 for another purposes; divert 《*fund*》 to 《*some other purposes*》.

전우(戰友) a comrade; a war buddy; a fellow soldier.

전운(戰雲) war clouds. ¶ 중동에 ~이 감돈다 War clouds hang over the Middle East.

전원(田園) 《시골》 the country (side); rural districts; 《교외》 suburbs. ‖ ~도시 a garden 〔rural〕 city / ~생활 a rural 〔country〕 life / ~시(詩) an idyl; a pastoral / ~시인 a pastoral poet; an idylist / ~주택 a house for rural life / ~풍경 a rural landscape.

전원(全員) all the members; the entire staff. ¶ ~일치의 unanimous / ~일치로 unanimously / 우리 학급 ~이 게임에 참가했다 All the class took part in the game.

전원(電源) a power source. ‖ ~개발 development of power resources.

전월(前月) last month.

전위(前衛) an advanced guard(군의); a forward player(테니스); a forward(축구). ¶ ~를 맡아보다 play forward. ‖ ~음악〔미술〕 avant-garde music〔art〕.

전위(電位) electric potential. ‖ ~계 an electrometer / ~차 a potential difference(생략 p.d.).

전유(專有) exclusive possession. ~하다 take sole possession of; monopolize 《*a right*》; have 《*a thing*》 to *oneself*. ‖ ~권 an exclusive right; monopoly / ~자 a sole owner.

전율(戰慄) a shiver; a shudder. ~하다 shudder; shiver; tremble with fear. ¶ ~할 (만한) terrible; horrible; shocking; bloodcurdling / ~케 하다 make 《*a person*》 shudder〔shiver〕; freeze 《*a person's*》 blood.

전음(顫音) 〖樂〗 a trill.

전의(戰意) the will to fight; a fighting spirit. ¶ ~를 잃다 lose the will to fight; lose *one's* fighting spirit / ~를 북돋우다 whip up war sentiment.

전의(轉義) a transferred〔figurative〕 meaning.

전이(轉移) 《변화》(a) change; 《암따위》 spread 《*of a disease*》 from its original site to another part of the body; 〖醫〗 metastasis. ~하다 metastasize; spread by metastasis. ¶ 위암이 간장으로 ~된 것 같다 It seems that the stomach cancer has spread to the liver.

전인(全人) ‖ ~교육 education for the whole man.

전인(前人) a predecessor. ¶ ~미답의 untrod(den); unexplored; virgin 《*forests*》 / ~미답의 영역 a region no man has ever explored.

전일(前日) the previous day; the day before.

전임(前任) ¶ ~의 former; preceding. ‖ ~자 *one's* predecessor / ~지 *one's* former〔last〕 post.

전임(專任) ¶ ~의 full-time. ‖ ~교사〔강사〕 a full-time teacher〔lecturer〕.

전임(轉任) change of post〔assignment〕. ~하다 be transferred to another post. ‖ ~지 *one's* new post.

전입(轉入) ~하다 move in〔into〕; be transferred to. ‖ ~생 a transfer student / ~신고 a moving-in notification.

전자(前者) the former; that (this에 대해); the one (the other에 대해).

전자(電子) an electron. ¶ ~의 electronic. ‖ ~계산기〔두뇌〕 an electronic computer〔brain〕 / ~공업〔산업〕 electronic industry / ~공학 electronics / ~레인지 a microwave oven / ~볼트 an electron volt (생략 EV) / ~상거래 e-commerce (transactions). / ~수첩 an electronic notebook / ~오락실 an electronic game〔amusement〕 room; a video game room / ~오락업 electronic amusement business / ~오르간 an electronic organ / ~우편 electronic mail; E mail / ~음악 electronic music / ~전(戰) electronic warfare / ~전기제품 상가 an electronic and electric products (sales) center / ~정보처리 시스템 an electronic data processing system (생략 EDPS) / ~주민카드 an electronic resident card / ~파일 an electronic file / ~핵공학 nucleonics / ~현미경 an electron microscope.

전자(電磁) ☞ 전자기(電磁氣).

전자기(電磁氣) electromagnetism. ¶ ~의 electromagnetic. ‖ ~단위 an electromagnetic unit(생략 EMU) / ~유도 electromagnetic induction / ~자물쇠 an electromagnetic door lock / ~장(場) an electromagnetic field / ~조리기 an electromagnetic cooker / ~파 an electromagnetic wave; a radio wave / ~학 electromagnetics.

전자(篆字) a seal character.

전작(前酌) ¶ ~이 있다 have already taken some liquor.

전장(全長) the total〔full〕 length. ¶ ~ 백 피트이다 have an overall length of 100 feet.

전장(前章) the preceding chapter.

전장(前場) 〖證〗 the first〔morning〕 session.

전장(電場) 〖理〗 an electric field.

전장(戰場) a battlefield; a battleground. ¶ ~의 이슬로 사라지다 die

〔be killed〕 in battle.

전재(戰災) war damage〔devastation〕. ¶ ～를 입다〔면하다〕 suffer〔escape〕 war damage. ‖ ～지구 war-damaged areas.

전재(轉載) ～하다 reprint〔reproduce〕 《*an article*》 from 《*the Life*》. ¶ B씨의 승낙을 얻고 ～함 Reprinted by courtesy of Mr. B. ‖ ～불허 All rights〔Copyright〕 reserved.

전쟁(戰爭) 《전란》 (a) war; warfare. ～하다 go to war 《*with, against*》; war 《*with, against*》; wage war 《*against*》. ¶ ～의 참화 war calamities / ～중이다 be at war 《*with*》 / ～에 이기다〔지다〕 win〔lose〕 a war / ～을 일으키다 provoke〔bring on〕 war. ‖ ～경기 a wartime boom / ～고아 a war orphan / ～기념관 the War Memorial 《*in Yongsan*》 / ～도발자 a warmonger; a warmaker / ～미망인 a war widow / ～범죄 war crime / ～범죄자 a war criminal / ～상태 《enter into》 a state of war / ～이재민 war refugees / ～지역 a war area〔zone〕 / ～터 a battlefield; the seat〔theater〕 of war.

전적(全的) total; complete; whole; entire; the full. ¶ ～으로 entirely; utterly / ～인 협력 wholehearted cooperation.

전적(戰跡) 《visit》 the trace of battle; an old battlefield.

전적(戰績) military achievements; a war record; 《경기의》 results; a record; a score.

전적(轉籍) ～하다 transfer *one's* domicile〔family register〕 《*from, to*》.

전전(戰前) ¶ ～의 prewar; before the war; ante-bellum. ‖ ～파 the prewar generation.

전전하다(轉轉—) change 《*one's address*》 frequently; pass from hand to hand(임자가 바뀌다); wander from place to place(헤매다).

전전긍긍(戰戰兢兢) ～하다 be in great fear; be trembling with fear. ¶ 그는 추문이 드러나지 않을까 ～하였다 He was in constant fear that the scandal would come to light.

전전일(前前日) two days ago; 《그저께》 the day before yesterday.

전정(剪定) ～하다 prune; trim. ‖ ～가위 (a pair of) pruning shears.

전제(前提) 〖論〗 a premise. ¶ …을 ～로 하여 on the assumption〔premise〕 that…; on condition that… / 우리는 결혼을 ～로 교제하고 있다 We are dating with marriage in mind. ‖ ～조건 a precondition.

전제(專制) despotism; autocracy. ¶ ～적인 despotic; autocratic; absolute. ‖ ～국 an absolute monarchy / ～군주 an autocrat; a despot / ～정치 despotic government; autocracy / ～주의 absolutism; despotism.

전조(前兆) an omen; a sign; foreboding(불길한); a symptom(병 따위의 징후). ¶ 좋은〔나쁜〕 ～ a good〔bad〕 omen / ～가 되다 bode; forebode; 《불길한》 be ominous of / 이 검은 구름은 폭풍의 ～다 This black cloud is a sign of a storm.

전조(轉調) 〖樂〗 modulation; transition.

전조등(前照燈) a headlight.

전족(纏足) foot-binding. ～하다 bind *one's* feet.

전죄(前罪) a former crime〔sin〕.

전주(前奏) 〖樂〗 a prelude; an introduction. ‖ ～곡 an overture 《*to*》; a prelude 《*to*》.

전주(前週) last week (지난 주일); the preceding week; the week before (그 전주). ¶ ～의 오늘 this day last week.

전주(電柱) a telegraph〔an electric, a telephone〕 pole.

전주(錢主) a financial backer〔supporter〕. ¶ ～가 되다 finance 《*an enterprise*》; give 《*a person*》 financial support.

전중이 a prisoner; a convict; a jailbird 《俗》.

전지(全知) ¶ ～의 all-knowing; omniscient / ～전능하신 하나님 Almighty God; the Almighty.

전지(全紙) the whole sheet of paper.

전지(電池) a battery; a dry cell (건전지). ¶ ～로 작동되다 work on〔by〕 batteries / ～를 충전하다 charge a battery / ～를 교환하다 replace a battery with a new one / 이 ～는 다 소모 되었다 This battery is dead.

전지(轉地) ～하다 move〔go〕 to 《*a place*》 for a change of air. ‖ ～요법 treatment by change of air / ～요양 《take》 a change of air for *one's* health.

전지하다(剪枝—) lop; trim; prune.

전직(前職) *one's* former occupation〔office〕. ‖ ～장관 an ex-minister; an ex-secretary.

전직(轉職) a job-change. ～하다 change *one's* occupation〔employment〕; switch jobs 《*to*》.

전진(前進) an advance; a forward movement; progress. ～하다 advance; go〔move〕 forward. ‖ ～기지 an advanced base; an outpost / ～명령 《give》 orders for an advance; marching orders.

전질(全帙) 《질로 된 책》 a complete set 《*of books*》.

전집(全集) the complete works 《*of Shakespeare*》. ‖ ～물 a complete works series.

전차(電車) a streetcar 《美》; a trolley car 《美》; a tram(car) 《英》.

전차(戰車) a (war) tank. ‖ ～병(兵) a tankman; tank crew(총칭) / ～부대 a tank corps〔unit〕/ ～전 tank warfare / ～포 a tank gun / ～호(壕) an antitank trench; a tank trap / 중〔경〕～ a heavy〔light〕tank.

전차(轉借) ～하다 borrow at second hand. ‖ ～인 a subleasee; a subtenant.

전채(前菜) 〖料理〗 an *hors d'œuvre* 《프》; an appetizer.

전처(前妻) *one's* ex-wife〔former wife〕.

전천후(全天候) ¶ ～의 all-weather / ～용 테니스 코트 an all-weather tennis court. ‖ ～기〔전투기〕 an all-weather plane〔fighter〕/ ～농업 all-weather agriculture / ～비행 all-weather flying.

전철(前轍) wheel tracks left by vehicles that have passed before. ¶ ～을 밟다 tread in 《*a person's*》 steps; make the same mistake〔error〕as *one's* predecessors.

전철(電鐵) an electric railroad.

전철(轉轍) (railroad) switching. ‖ ～기 a (railroad) switch 《美》; points 《英》 / ～수(手) a switchman; a pointsman.

전체(全體) 《전부》 the whole. ¶ ～의 whole; entire; general / ～적으로 wholly; entirely; generally; on the whole / ～적인 문제 an overall problem / 학급 ～의 의견을 요약하면 다음과 같다 The summary〔general〕opinion of the whole class is as follows. ‖ ～주의 totalitarianism / ～주의 국가 a totalitarian state / ～회의 a general meeting.

전초(前哨) an advanced post; an outpost. ‖ ～부대 outpost troops / ～전 a (preliminary) skirmish; 《비유적으로》 a prelude 《*to the coming election*》.

전축(電蓄) 《美》 an electric phonograph; a radiogram (라디오 겸용의). ¶ 스테레오〔하이파이〕～ a stereophonic〔high-fidelity〕phonograph.

전출(轉出) ～하다 《주거를》 move out 《*to*》; 《직원이》 be transferred 《*to a new post*》. ‖ ～신고 a moving-out notification.

전치(全治) ～되다 be completely cured〔healed〕《*of*》; recover completely from 《*a wound*》. ¶ ～ 3주의 부상 an injury which will take 3 weeks to recover completely.

전치사(前置詞) 〖文〗 a preposition.

전통(傳統) a tradition. ¶ ～적(으로) traditional(ly); conventional(ly) / ～적인 한국의 축제 a traditional Korean festival / ～을 자랑하는 학교 a school with a proud history / ～을 중히 여기다 value〔cherish〕tradition / ～을 깨뜨리다 break with tradition / 오랜 ～을 굳게 지키다 stick〔adhere〕to time-honored traditions. ‖ ～문화 a cultural heritage.

전퇴직률(轉退職率) the separation〔turn over〕rate.

전투(戰鬪) a battle; a fight; a combat; an action(교전). ¶ ～중인 병사 a soldier in combat / ～에 참가하다 take part in a battle / ～를 개시하다 go into battle; open hostilities / ～를 중지하다 break off a battle; cease hostilities. ‖ ～경찰대 a combatant police unit / ～기 a fighter (plane) / ～대형 (a) battle formation / ～력 fighting strength〔power〕/ ～부대 a combat unit〔corps〕/ ～상태 a state of war (～상태에 들어가다 enter a state of war; go to war with each other) / ～원 a combatant (비～원 a noncombatant) / ～준비 preparation for action / ～지역 a battle zone〔area〕/ ～태세 《be in》 combat readiness / ～행위 an act of hostilities / ～훈련 combat drill; field training / 차세대 ～기 the next-generation fighter (plane).

전파(全破) complete destruction. ～하다 destroy completely; demolish. ¶ ～되다 be completely destroyed〔demolished, ruined〕. ‖ ～가옥 a completely destroyed house.

전파(電波) an electric〔a radio〕wave. ¶ ～를 통해 over the air / ～를 타다 be broadcast; go on the air. ‖ ～관리 radio regulation / ～망원경 a radio telescope / ～방해 jamming / ～장해 radio interference / ～탐지기 a radar.

전파(傳播) propagation 《*of sound*》; spread 《*of disease*》. ～하다 spread; propagate. ¶ 문명의 ～ the spread of civilization.

전패(全敗) a complete〔total〕defeat〔lost〕. ～하다 lose all *one's* games〔every game〕.

전편(全篇) the whole book〔volume〕.

전편(前篇) the first volume.

전폐(全廢) total abolition. ～하다 abolish (totally); do away with.

전폭(全幅) ¶ ～적인 full; utmost; all; wholehearted 《*sympathy*》 / ～적으로 신뢰하다 trust 《*a person*》 completely; place full confidence in 《*a person*》.

전폭기(戰爆機) a fighter-bomber.

전표(傳票) a (payment) slip. ¶ ～를 떼다 issue a slip. ‖ 수납〔지급〕 ～ a receiving〔payment〕 slip.

전하(電荷) (an) electric charge.

전하(殿下) His〔Her, Your〕 Highness. ¶ 왕세자 ～ the Prince of Wales《英》; the Crown Prince.

전하다(傳―) ①《전달》 tell; inform; report; convey; communicate. ¶ 가족에게 비보를 ～ break the sad news to the family / 내가 도착했다고 너의 아버지께 전해다오 Please tell your father that I have arrived. / 대통령은 자신의 생각을 국민에게 전했다 The President communicated his ideas to the people. / 신문이 전하는 바에 의하면 according to the newspaper reports; it says in the newspaper that…. ②《전수》 teach; impart; initiate (비전 등을); 《소개 · 도입》 introduce. ¶ 지식을 ～ impart knowledge to《*a person*》/ 비법을 제자에게 ～ teach *one's* pupil the mysteries of art / 그는 기독교를 한국에 전했다 He introduced Christianity into Korea. ③《남겨주다》 hand down; leave; transmit; bequeath. ¶ 후세에 ～ hand down to posterity / 대대로 ～ transmit from 「father to son〔generation to generation〕.

전학(轉學) ～하다 change *one's* school; remove from one school to another; transfer to another school. ‖ ～생 a transfer student.

전함(戰艦) a battleship.

전항(前項) the preceding〔foregoing〕 clause〔paragraph〕; 〖數〗 the antecedent.

전해(電解) electrolysis. ～하다 electrolyze.

전향(轉向) conversion. ～하다 switch《*A from B*》; turn; be converted《*to*》. ¶ 180도로 ～하다 do a complete about-face; make a complete volte-face / 그는 급진에서 보수로 ～했다 He turned〔switched〕 from Radical to Conservative. ‖ ～자 a convert.

전혀(全―) quite; totally; completely; utterly; wholly; entirely; altogether; 《조금도 …않다》《not》 at all; 《not》 in the least; 《not》 a bit. ¶ ～ 모르는 사람 a total stranger / 그와는 ～ 아무런 관계도 없다 I have absolutely nothing to do with him.

전형(典型) a type; a model; a pattern. ¶ ～적인 typical; model; ideal / ～적인 한국인 a typical Korean.

전형(銓衡) choice; selection; screening. ～하다 screen; select. ¶ ～에서 빠지다 be not chosen; be rejected; fail to be selected. ‖ ～기준 a criterion for selection / ～시험 a screening test / ～위원 a member of a selection committee / ～위원회 a selection committee.

전호(前號) the preceding〔last〕 number〔issue〕.

전화(電話) a (tele)phone. ¶ ～를 걸다 telephone; phone; call; make a phone call; call〔ring〕 up《美》/ ～를 끊다 hang up《*the receiver*》; ring off / ～를 받다 answer the phone / 나에게 ～가 걸려왔다 I was called up. / ～가 혼선되었다 The lines are crossed. / ～가 잘 안 들리는군요. 좀더 크게 말씀해 주십시오 I can't hear you. Speak a little louder, please. ‖ ～가입자 a telephone subscriber / ～교환대 a telephone switchboard / ～교환원 a telephone operator / ～국 a telephone office / ～번호 a (tele)phone number / ～번호부 a telephone directory; a phone book《美》/ 구내 ～ an extension phone / 장거리 ～ a long-distance call《美》; a trunk call《英》.

전화(戰火) the flames〔fires〕 of war.

전화(戰禍) war damage; the disasters of war; war (전쟁). ¶ ～를 입은 war-torn〔war-shattered〕《*countries*》/ ～에서 구하다 save《*Asia*》 from war.

전화(轉化) ～하다 change; be transformed.

전화위복(轉禍爲福) ～하다 a misfortune turns into a blessing. ¶ 이것은 ～의 보기라고 할 수 있다 This is a case of good coming out of evil.

전환(轉換) conversion; diversion (기분의). ～하다 convert; change. ¶ 성 ～ a change of sex / 방향을 ～하다 change *one's* direction / 기분 ～에는 운동이 제일이다 Sport is the best diversion. ‖ ～기(期) a turning point / ～사채(社債) a convertible bond.

전황(戰況) the progress of a battle; the war situation. ¶ ～에 관한 뉴스 war news / ～을 보고하다 report on the military situation / ～이 바람직하지 않다 The war is not going on in our favor.

전회(前回) the last time〔occasion〕. ¶ ～의 last; previous; preceding / ～까지의 줄거리 a synopsis of the story up to the last installment; the story so far.

전횡(專橫) arbitrariness; despotism; high-handedness. ～하다 be despotic; have *one's* own way; manage《*a matter*》 arbitrarily.

전후(前後) ①《위치 · 장소》 before and behind; in front and in the rear. ¶ ～에서 적의 공격을 받다 be attacked both in front and in the rear / 나는 ～ 좌우를 주의깊게 살폈다 I looked about〔around〕 me carefully. ② 《시간》 before and after. ¶ 식사 ～에 과격한 운동을 피하다 avoid hard exercise before or after a meal / 식사 ～에 기도하다 say grace before and after each meal. ③ 《대략》 about; around; or so. ¶ 그는 20세 ～이다 He is about〔around〕 twenty. / 한달에 40만원 ～의 수입 an income of 400,000 *won* or so a month / 12시 ～ about 〔around〕 twelve o'clock. ‖ ～관계 the context (모르는 낱말의 뜻을 ～관계로 추측하다 guess the meaning of unknown words from the context).

전후(戰後) ¶ ～의 postwar; after the war / ～최대의 위기 the worst crisis since the war / ～의 경제 발전 post-bellum〔postwar〕 economic development. ‖ ～파 the postwar〔*apres guerre*〕 generation.

절[1] 《사찰》 a Buddhist temple. ¶ ～에 불공 드리러 가다 go to a temple to offer a Buddhist mass; visit a temple for worship.

절[2] 《인사》 a deep bow; a kowtow. ¶ 공손히 ～하다 bow politely; make a deep bow / 큰～ a ceremonial deep bow / 서로 맞～을 하다 salute each other with a bow.

절(節) 『文』 a clause; 《문장의》 a paragraph; 《시의》 a stanza; 《성경의》 a verse.

…절(折) 《종이의》 folding. ¶ 12～ duodecimo; a 12 mo.

…절(節) 《절기》 a season; 《명절》 the 《*independence*》 day; a festival. ¶ 성탄～ Christmas.

절감(節減) reduction; curtailment. ～하다 reduce; curtail; cut down. ¶ 경비를 ～하다 cut down expenses.

절감하다(切感—) feel keenly〔acutely〕 《*the necessity of linguistic knowledge*》.

절개(切開) incision. ～하다 cut open〔out〕; operate on; 『醫』 incise. ¶ 환부를 ～하다 cut out an affected part. ‖ ～수술 a surgical operation.

절개(節概) fidelity and spirit(절의와 기개); integrity; honor. ¶ ～가 있는 사람 a man of integrity / ～를 지키다 remain faithful to *one's* cause; keep *one's* chastity.

절경(絶景) a superb〔marvelous〕 view; picturesque scenery; a grand sight.

절교(絶交) ～하다 break off *one's* friendship〔relationship〕 《*with*》; break with; be done〔through〕 with 《*a person*》 《美》. ¶ 나는 그 남자와 ～했다 I broke off all relations with the man. ‖ ～장 a letter breaking off *one's* relationship 《*with a person*》; a Dear John letter(여성이 남성에게 보내는) 《美》.

절구 a mortar. ¶ ～질하다, ～에 찧다 pound 《*grain*》 in a mortar. ‖ ～통 the body of a mortar / 절굿공이 a (wooden) pestle.

절구(絶句) 《한시의》 a Chinese quatrain.

절규(絶叫) ～하다 shout〔exclaim〕 at the top of *one's* voice; cry out loudly.

절그렁거리다 clink; clank; jingle; rattle 《*one's keys*》.

절기(節氣) the 24 seasonal divisions.

절꺼덕, 절꺼덩 with a snap〔click, flop〕. ～하다 make a snap.

절다[1] 《소금에》 get (well) salted.

절다[2] 《발을》 walk lame; limp 《*along*》. ¶ 발을 저는 lame; crippled; limping.

절단(切斷 · 截斷) cutting; amputation(손 · 발의); disconnection(전화선 등의). ～하다 cut 《*off*》; amputate 《*a leg*》; disconnect. ¶ 그는 한쪽 다리를 ～했다 He had one of his legs amputated. ‖ ～기 a cutting machine; a cutter / ～면 a section / ～환자 an amputee.

절대(絶對) absoluteness. ¶ ～의〔적인〕 absolute / ～로 absolutely / ～진리 absolute〔incontrovertive〕 truth / 의사에게서 ～ 안정하라는 지시를 받다 be ordered by the doctor to take an absolute〔a complete〕 rest / 그 계획에 ～ 반대하다 be positively〔dead〕 against the plan / 과학을 ～시하는 것은 위험하다 It is dangerous to place absolute trust in science. ‖ ～군주제 an absolute monarchy / ～권력 absolute authority〔power〕 / ～다수 an absolute majority / ～빈곤 absolute poverty / ～온도 absolute temperature / ～음감 absolute〔perfect〕 pitch / ～주의 absolutism / ～평가 an absolute evaluation.

절도(節度) ¶ ～가 없는 uncontrolled; unrestrained; loose / ～를 지키다 be moderate; exercise moderation 《*in*》.

절도(竊盜) 《행위》 (a) theft; 『法』 larceny; 《사람》 a thief. ‖ ～범 a thief; a larcenist.

절뚝거리다 limp〔hobble〕 《*along*》. ‖ 절뚝절뚝 limping; hobbling.

절량(絶糧) ¶ ～농가 a food-short farm household / ～농가의 구호 대책을 세우다 work out relief measures for food-short farmers.

절렁거리다 clink; clank.

절레절레 shaking *one's* head.

절륜(絶倫) ¶ ～의 matchless; unequaled / 정력이 ～한 사람 a man of unequaled〔boundless〕energy.
절름거리다 limp slightly. ‖ 절름절름 limping; hobbling.
절름발이 a lame person.
절망(絶望) despair. ～하다 despair 《*of*》; give up hope. ¶ ～적인 hopeless; desperate / ～의 늪에 빠지다 be in the depths of despair / ～한 나머지 자살하려 하다 try to kill *oneself* in despair / 사태 수습은 ～적인 상태이다 Settling the matters is in a hopeless condition.
절명(絶命) 《죽음》 ～하다 expire; die; breathe *one's* last.
절묘(絶妙) ¶ ～한 superb; exquisite / ～한 필치 an exquisite touch / ～한 기예 a superb performance.
절무하다(絶無—) be none at all.
절미(節米) rice saving. ～하다 economize on rice. ‖ ～계획 a rice-saving program / ～운동 a movement for rice saving.
절박(切迫) ～하다 ① 《급박》 be imminent; draw near; be impending. ¶ ～한 urgent 《*problems*》; imminent 《*dangers*》; impending 《*doom*》 / 시간이 ～하다 Time presses. *or* The time is drawing near. / 우리는 ～한 상황하에 있다 We are in an urgent condition. ② 《긴박》 be〔grow, become〕tense〔strained〕. ¶ ～한 tense; acute; urgent / 사태가 갑자기 ～해졌다 The situation suddenly became tense. ‖ ～감 a sense of urgency.
절반(折半) (a) half. ¶ ～으로 나누다 divide 《*a thing*》 into halves; cut in halves.
절벅거리다 splash 《*about*》; dabble in the water; splash water.
절벽(絶壁) 《낭떠러지》 a precipice; a (sheer) cliff; a bluff.
절삭(切削) cutting. ‖ ～공구 a cutting tool.
절색(絶色) a woman of matchless〔peerless〕beauty.
절세(絶世) ¶ ～의 peerless; matchless / ～미인 a rare beauty.
절손(絶孫) letting *one's* family line die out. ～하다 leave〔have〕no posterity.
절수(節水) water saving. ～하다 save water; make frugal use of water.
절식(絶食) fasting. ☞ 단식(斷食).
절식(節食) ～하다 be temperate〔moderate〕in eating; be on a diet. ¶ 그녀는 건강을 위해 ～하고 있다 She's on a diet for her health.
절실(切實) ¶ ～한 urgent(긴급한); serious(중대한); earnest(간절한) / 물 부족은 이제 ～한 문제이다 Lack of water is an urgent problem. / 평상시의 노력이 중요하다는 것을 ～히 느꼈다 I keenly〔acutely〕felt that everyday efforts are important.
절약(節約) saving; economy; frugality; thrift. ～하다 save; economize 《*on*》; be economical〔thrifty, frugal〕; cut down(절감하다). ¶ 돈의 ～ thrifty with money / 시간의 ～ the saving of time / 비용의 ～ economy in expenditure / 시간과 정력을 ～하다 economize (on) time and energy. ‖ ～가 an economist.
절연(絶緣) ① 〖電〗 isolation; insulation. ～하다 isolate; insulate. ‖ ～기 an insulator / ～선 an insulated wire / ～체 an insulator / ～테이프 《전선에 감는》 friction tape. ② 《관계의》 ～하다 break 《*with*》; break off relations 《*with*》; cut〔sever〕*one's* connections 《*with*》.
절이다 pickle, salt 《*vegetables*》.
절전(節電) power saving. ～하다 save electricity〔electric〕power / ～의 효과가 나타나기 시작했다 The effects of conserving electricity are beginning to be seen.
절절 ① 《끓는 모양》 ¶ 물이 ～ 끓는다 The water is simmering. ② 《흔드는 모양》 shaking slowly.
절절이(節節—) each word; phrase by phrase.
절정(絶頂) the top; the summit; the height; the peak. ¶ 인기 ～에 있다 be at the height of *one's* popularity / 그녀는 행복의 ～에서 불행의 나락으로 내동댕이 쳐졌다 She was knocked down from the height〔apex〕of happiness into the depths of misery.
절제(切除) 〖醫〗 resection; (a) surgical removal. ～하다 cut off; excise; resect. ‖ 위～ gastrectomy.
절제(節制) moderation; temperance; self-restraint; abstinence 《*from alcohol*》. ～하다 be temperate〔moderate〕《*in*》; 《끊다》 abstain from 《*drinking*》.
절지동물(節肢動物) 〖動〗 an arthropod.
절차(節次) formalities; procedures; steps(조치). ¶ ～를 밟다 go through the formalities; follow the 《*usual*》 procedures; take proceedings 《*for divorce*》; take steps 《*to do*》 / 복잡한〔번거로운〕～ complicated formalities; annoying red tape. ‖ ～법 an adjective law.
절찬(絶讚) ～하다 praise highly; admire greatly. ¶ ～을 받다 win

great admiration; win the highest praise.
절충(折衷) a compromise. ～하다 work out〔make, arrange〕a compromise《*between*》. ‖ ～안 a compromise (plan) / ～주의 eclecticism.
절충(折衝) (a) negotiation. ～하다 negotiate〔parley〕《*with*》. ¶ 임금 인상에 관한 ～이 진행 중이다 Negotiations are going on about our wage hike.
절취(竊取) theft. ～하다 steal; pilfer; embezzle.
절취선(切取線) a perforated line; the line along which to cut《*a section*》off.
절친하다(切親—) be close friends with; be on good terms with. ¶ 그녀는 나의 절친한 친구다 She is a good friend of mine.
절토하다(切土—) cut the ground.
절통하다(切痛—) (be) extremely regrettable.
절판(絶版) ¶ ～된 책 an out-of-print book / ～이 되다 go〔be〕out of print.
절품(絶品) a unique article; a rarity; a nonpareil.
절필(絶筆)《작품》*one's* last writing〔working〕;《행위》putting down *one's* pen. ～하다 stop〔give up〕writing.
절하(切下) reduction; devaluation《*of the won*》. ～하다 reduce; lower; cut down; devalue《*the U.S. dollar*》. ¶ 또 한 차례 원화 ～가 행해졌다 There's been a further devaluation of the *won*.
절해(絶海) ¶ ～의 고도(孤島) a lonely〔solitary〕island (in the far-off sea).
절호(絶好) ¶ ～의 the best; capital; splendid; golden《*opportunity*》.
절후(節候) ☞ 절기.
젊다 (be) young; youthful. ¶ 젊었을 때에 in *one's* youth; when young / 젊어 보이다 look young / 나이에 비해 ～ look young for *one's* age.
젊은이 a young man; the young (총칭).
점(占) divination; fortune-telling. ¶ ～을 치다《쳐주다》tell《*a person's*》fortune; divine《*the future*》;《치게 하다》have *one's* fortune told《*by*》; consult a fortune-teller《*about a thing*》. ‖ ～쟁이 a fortuneteller.
점(點) ①《작은 표시》a dot; a point;《반점》a spot; a speck. ¶ 태양의 흑～ a sunspot / 흰 ～ 박힌 검은 개 a black dog with white spots / ～을 찍다 put a dot; dot / 하늘에는 한 ～의 구름도 없었다 There was not a speck of cloud in the sky. ②《성적의》a grade《美》; a mark;《경기의》a point; a score; a run (야구의). ¶ 60 ～으로 합격하다 pass an exam with 60 marks / 영어에서 80～을 받다 get a grade of 80 in English / 야구에서 5～이 나다 score 5 runs at baseball. ③《문제가 되는 개소》a point; a respect;《관점》a standpoint; a point of view. ¶ 모든 ～에서 in all respects; in every respect / 상업적인 ～에서 보면 from a commercial point of view / 이 ～에서 그녀와 의견을 달리했다 I disagreed with her on this point. ④《물품의 수》a piece; an item. ¶ 의류 10～ ten pieces〔items〕of clothing / 가구 2～ two articles〔pieces〕of furniture. ⑤《지점》a point. ¶ 출발～ a starting point.
점감(漸減) ～하다 diminish〔decrease〕gradually.
점거(占據) occupation. ～하다 occupy《*a place*》; take; hold. ‖ 불법～ illegal occupation.
점검(點檢) an inspection; a check. ～하다 inspect; check; examine. ¶ 가스 기구를 ～하다 inspect〔check〕gas fittings / 자동차를 ～하게 하다 have *one's* car checked〔examined〕.
점괘(占卦) a divination sign.
점도(粘度) viscosity.
점두(店頭) a store; a storefront《美》; a show window (진열창). ¶ 물품을 ～에 진열하다 display articles in the show window / ～에 내놓다 put《*goods*》on sale. ‖ ～거래〔매매〕〖證〗 over-the-counter transactions〔sales〕.
점등(點燈) ～하다 light a lamp; switch〔turn〕on a light. ‖ ～시간 the lighting hour.
점등(漸騰) a gradual rise《*of price*》. ～하다 rise gradually.
점락(漸落) a gradual fall《*of prices*》. ～하다 fall gradually.
점령(占領) occupation; capture (공략). ～하다 occupy; take possession of; seize; capture. ¶ ～하에 있다 be under occupation. ‖ ～군 an occupation forces〔army〕/ ～지 an occupied territory〔area〕.
점막(粘膜) 〖生〗 a mucous membrane.
점멸(點滅) ～하다 switch〔turn, blink〕《*lights*》on and off. ‖ ～기 a switch / ～신호 a blinking signal.
점묘(點描) ‖ ～화가 a pointillist / ～화법 pointillism.
점박이(點—)《사람》a person with a birthmark;《짐승》a brindled animal.
점선(點線) a dotted line.
점성(占星) a horoscope. ‖ ～가 an astrologer; a horoscopist / ～술 astrology.
점성(粘性) viscosity; viscidity. ‖ ～

률 a coefficient of viscosity.

점수(點數) 《평점》 a mark; a grade (성적) 《美》; 《경기의》 a score; point. ¶ 좋은 ~를 얻다〔주다〕 get〔give〕 a good mark / ~를 따다 《비유적》 ingratiate *oneself* 《*with somebody*》; curry favor 《*with somebody*》 / ~가 후하다〔짜다〕 be generous〔severe, harsh〕 in marking.

점술(占術) the art of divination.

점심(點心) lunch; a midday meal. ¶ ~을 먹다 have〔take〕 lunch / ~ 시간에 at lunchtime.

점안(點眼) ~하다 apply eyewash 《*to*》. ‖ ~기(器) an eyedropper / ~수 eyewash; eye drops.

점액(粘液) mucus; viscous liquid. ¶ ~성(性)의 mucous; viscous; sticky.

점원(店員) a (store) clerk 《美》; a salesclerk 《美》.

점유(占有) occupancy; possession. ~하다 occupy; possess. ‖ ~권 the right of possession / ~물 a possession / ~율 《시장의》 a (market) share / ~자 an occupant; a possessor.

점입가경(漸入佳境) ¶ 이야기는 ~이었다 We've reached〔got into〕 the most interesting part of the story.

점자(點字) 《맹인용》 Braille; braille. ¶ ~를 읽다 read Braille / ~로 옮기다 put〔translate〕 into braille / ~를 치다 braille. ‖ ~기 a braillewriter / ~본 a book in Braille (type) / ~읽기 finger-reading.

점잔빼다 assume〔take on〕 an air of importance; put on (superior) airs. ¶ 점잔빼며 이야기하다 speak with an air of importance.

점잖다 (be) dignified; well-behaved; genteel; decent. ¶ 점잖게 굴다 behave *oneself;* behave like a gentleman.

점재하다(點在—) be dotted〔scattered, studded, interspersed〕 with 《*houses*》. ¶ 섬들이 점재한 바다 an island-studded〔-dotted〕 sea.

점점(漸漸) by degrees; little by little; gradually; more and more (많이); less and less(적게). ¶ 일이 ~ 익숙해지다 become more and more accustomed to the work / ~ 나빠지다 go from bad to worse.

점점이(點點—) here and there; in places; sporadically.

점주(店主) a storekeeper 《美》; a shopkeeper 《英》.

점증(漸增) a steady〔gradual〕 increase. ~하다 increase gradually.

점진(漸進) ~하다 progress〔advance〕 gradually; move step by step. ¶ ~적인 gradual; moderate (의견 따위). ‖ ~주의 moderatism; gradualism.

점차(漸次) gradually; by degrees.

점착(粘着) adhesion. ~하다 stick〔adhere, be glued〕 《*to*》. ‖ ~력 adhesive force / ~성 adhesiveness(~성의 sticky; adhesive).

점철(點綴) interspersion. ~하다 intersperse; dot 《*with*》; stud.

점토(粘土) clay. ¶ ~질의 clayey. ‖ ~세공 clay works.

점판암(粘板岩) 〚地〛 (clay) slate.

점포(店鋪) a shop; a store 《美》.

점호(點呼) a roll call. ~하다 call the roll; take the roll call 《*of workers*》. ‖ 일조〔일석〕~ 〚軍〛 the morning〔evening〕 roll call.

점화(點火) ignition. ~하다 ignite (엔진 따위); light〔fire〕 (up); kindle; set off(로켓 따위). ¶ 다이너마이트를 ~하다 detonate〔set off〕 a charge of dynamite. ‖ ~약 an ignition charge; a detonator / ~장치 an ignition system; a firing mechanism; the ignition(엔진의) / ~플러그 a spark plug.

접 《과일·채소 등의 단위》 a hundred. ¶ 감 한 ~ a hundred persimmons.

접객(接客) ~하다 wait on customers. ¶ ~용의 for customers / 저 식당은 ~ 태도가 좋다는 평판이다 That restaurant has a reputation for offering good service. ‖ ~담당자 a receptionist / ~업〔업자〕 a service trade; hotel and restaurant business〔businessmen〕.

접견(接見) an interview〔a reception〕 《*with the Queen*》. ~하다 receive 《*a person*》 in audience; give an interview 《*to*》. ‖ ~실 an audience chamber; a reception room.

접경(接境) a borderline; a borderland. ~하다 share borders 《*with*》; border 《*on*》. ¶ 프랑스는 이탈리아와 ~하고 있다 France borders on Italy.

접골(接骨) bonesetting. ~하다 set a bone. ‖ ~사 a bonesetter.

접근(接近) approach; access. ~하다 approach; draw〔come, go〕 near / ~해 있다 be near; be close together; be close 《*to*》 / ~하기 쉽다〔어렵다〕 be easy〔difficult〕 to approach; be easy〔difficult〕 of access. ‖ ~로(路) an access route / ~전 close combat〔fighting〕; infighting(권투의).

접다 fold (up); furl. ¶ 우산을 ~ fold up〔furl, close〕 an umbrella / 종이를 네 겹으로 ~ fold a sheet of paper into four / 색종이로 종이학을 ~ fold a square piece of colored paper into the figure of a crane.

접대(接待) reception; entertainment. ～하다 receive; entertain; attend to 《*a guest*》. ¶ 손님 ～에 바쁘다 be busy receiving *one's* guests / 다과 ～를 받다 be entertained with refreshments. ‖ ～계원 a receptionist; a reception committee(총칭) / ～부 a waitress; a barmaid / ～비 reception 〔entertainment〕 expenses / ～실 a reception room.

접두사(接頭辭) 〖文〗 a prefix.

접때 a few days ago; not long ago 〔before〕.

접목(接木) grafting; a grafted tree (나무). ～하다 graft 《*a tree on another*》; put a graft in 〔on〕 《*a stock*》.

접미사(接尾辭) 〖文〗 a suffix.

접본(接本) 《바탕나무》 a stock.

접선(接線) ① 〖幾〗 a tangent (line). ② 《접속》 a contact. ～하다 contact; make contact 《*with*》.

접속(接續) joining; connection; link. ～하다 connect; join; link. ¶ 스피커를 앰프에 ～하다 connect the speaker to the amplifier. ‖ ～곡 〖樂〗 a medley / ～사 〖文〗 a conjunction / ～역 a junction (station).

접수(接收) requisitioning; seizure. ～하다 requisition; take over. ¶ 토지의 ～ the requisitioning of land. ‖ ～가옥 a requisitioned house / ～해제 derequisition.

접수(接受) receipt; acceptance. ～하다 receive; accept 《*application*》; take up 《*an appeal*》. ¶ 여기에 ～인을 찍어 주시오 Stamp here and acknowledge receipt, please. ‖ ～계원 an information clerk; a receptionist / ～구 a reception counter / ～번호 a receipt number / ～처 a reception 〔an information〕 office.

접시 a plate; a dish; a platter 《美》. ¶ 수프용 ～ a soup plate / 고기용 ～ a meat dish / 콩 한 ～ a dish of beans / 음식을 ～에 담아 내놓다 serve food in a dish 〔on a plate〕. ‖ ～닦이 《행위》 dish-washing; 《사람》 a dishwasher / ～돌리기 a dish-spinning trick.

접시꽃 〖植〗 a hollyhock.

접안(接岸) ～하다 come alongside the pier 〔quay, berth〕. ‖ 동시 ～능력 the simultaneous berthing capacity.

접안경(接眼鏡) an eyepiece; an ocular; an eye lens.

접어넣다 fold 〔tuck〕 in.

접어들다 enter; set in; approach. ¶ 선거전이 종반전에 ～ The election campaign enters its last days. / 장마철에 접어들었다 The rainy season has set in.

접어주다 《봐주다》 give 《*a person*》 vantage ground; make due allowances 《*for a person*》; 《바둑·장기 등에서》 give a head start of; give an edge 〔advantage, a handicap〕 of. ¶ 다섯 점 ～ give a 5-point handicap 《*in playing baduk*》.

접의자(摺椅子) a collapsible chair.

접자(摺—) a folding scale.

접전(接戰) 《근접전》 a close 〔tight〕 battle; close combat; 《경기의》 a close game 〔match〕. ～하다 fight at close quarters; have a close contest 〔game〕. ¶ ～끝에 B 후보가 승리했다 Mr. B won in a close contest.

접점(接點) 〖幾〗 a point of contact.

접종(接種) 〖醫〗 (an) inoculation; (a) vaccination. ～하다 inoculate; vaccinate. ¶ 백신을 ～하다 inoculate 《*a person*》 with a vaccine / 나는 독감 예방 ～을 받았다 I was inoculated against influenza. ‖ ～요법 a vaccine cure.

접지(接地) 〖電〗 a ground 《美》; an earth 《英》. ～하다 ground; earth. ‖ ～선 a ground 〔an earth〕 wire.

접지(椄枝) a slip; a graft; a scion.

접지(摺紙) paper folding. ～하다 fold paper 《*to bind a book*》. ‖ ～기 a folder.

접질리다 sprain; get sprained.

접착(接着) glueing. ～하다 glue; bond. ‖ ～제 an adhesive (agent) / ～테이프 adhesive tape.

접촉(接觸) contact; touch. ～하다 touch; 《연락을 취하다》 contact; get in touch with; come into 〔in〕 contact 《*with*》. ¶ ～시키다 bring... into contact with / 그는 외국인과 ～할 기회가 많다 He has a lot of chances to come into contact with foreigners. ‖ ～감염 contagion / ～면 a contact surface / ～반응 〖化〗 a catalysis / ～사고 a minor 〔near〕 collision.

접칼(摺—) a folding knife.

접하다(接—) ① 《접촉》 touch; 《대면·교제》 come 〔be〕 in contact 《*with*》; see(만나다); receive(맞이하다). ¶ 이 원은 점 C에서 선 A와 접한다 The circle touches line A at point C. / 나는 기자들과 접할 기회가 자주 있다 I often come into contact with journalists. ② 《인접》 adjoin; border 《*on*》; be adjacent 〔next〕 《*to*》. ¶ 이웃집에 접한 공터 vacant land adjacent to the house next door / 프랑스와 스위스는 서로 국경을 접하고 있다 France and Switzerland border on each other. ③ 《받다》 receive; get. ¶ 그가 죽었다는 비보에 ～ receive the sad news of his death. ④ 《경

험·조우하다》 meet with; encounter. ¶ 사고를 ~ meet with an accident.

접합(接合) union; connection. ~하다 unite; join; connect. ‖ ~재(材) a binder / ~제 (a) glue.

접히다 ①《종이 등이》 be〔get〕 folded. ¶ 세 겹으로 ~ be folded in three. ②《바둑 등에서》 take odds《*of two points*》.

젓 pickled〔salted〕 fish (guts). ¶ 새우〔조개〕~ pickled shrimps〔clams〕.

젓가락 chopsticks. ¶ ~을 사용하다 「use chopsticks.

젓다 ①《배를》 row《*a boat*》; pull the oar. ②《휘젓다》 stir; churn; beat《*eggs*》; whip. ③《손을》 wave;《머리를》 shake《*one's head*》.

정《연장》 a chisel; a burin.

정(情)《감정》(a) feeling; (a) sentiment;《정서》 (an) emotion;《애정》 love; affection; heart;《동정》 sympathy. ¶ 부모 자식간〔부부간〕의 ~ love between「parents and children〔husband and wife〕/ 어머니는 ~에 무르다 My mother is tender-hearted〔soft-hearted〕. / 숙부는 ~이 많은 사람이다 My uncle is a warm-hearted person. / ~이 없는 사람 a cold-hearted person / …와 (불륜의) ~을 통하다 have an affair〔a liaison〕 with《*a person*》.

정《정말로》 really; indeed; quite. ¶ ~ 그렇다면 if you really meant it…; if you insist upon it.

정…(正) ①《부(副)에 대한》 the original. ¶ ~부 2통 the original and copy. ②《자격의》 regular; full. ‖ ~회원 a regular〔full〕 member.

…정(整)《금액》 ¶ 5만 원~ a clear 50,000 *won*.

…정(錠) a tablet; a tabloid.

정가(正價) a (net) price.

정가(定價) a fixed〔set, regular, tag, list〕 price. ¶ ~를 올리다〔내리다〕 raise〔reduce, lower〕 the price《*of*》/ 시계를 ~에서 3할 할인하여 사다 buy a watch at thirty percent discount off the list price. ‖ ~표(表) a price list / ~표(票) a price tag.

정가극(正歌劇) a grand opera.

정각(正刻) the exact time. ¶ ~에 just; sharp; punctually / ~ 5시에 just at five; at five sharp.

정각(定刻) the fixed time. ¶ ~에 도착하다《기차 따위가》 arrive on (scheduled) time; arrive duly.

정간(停刊) suspension of publication. ~하다 suspend publication《*of*》; stop issue.

정갈하다 (be) neat and clean.¶ 방 안은 정갈하게 정돈되어 있었다 The room was clean and tidy.

정강(政綱) a political principle; a party platform.

정강마루 the ridge of the shin.

정강이 the shin; the shank. ¶ ~를 차다 kick《*a person*》 on the shin. ¶ ~뼈 the shinbone〔tibia〕.

정객(政客) a politician.

정거(停車) a stop; stoppage. ~하다 stop〔halt〕《*at a station*》; make a stop; come to a halt. ¶ 5분간 ~ a five minutes' stop / 사고로 ~하다 be held up by an accident. ‖ ~장 a (railway) station; a (railroad) depot《美》.

정견(定見) a definite〔fixed〕 view〔opinion〕. ¶ ~이 없다 have no definite opinion of *one's* own.

정견(政見) *one's* political views〔opinions〕. ¶ ~을 발표하다 state〔set forth〕 *one's* political views.

정결하다(貞潔—) (be) chaste and pure; faithful.

정결하다(淨潔—) (be) clean and 「neat; pure.

정경(政經) politics and economics. ‖ ~분리정책 a policy separating economy from politics / ~유착 politics-business collusion / ~학부 the political and economic〔politico-economic〕 faculty.

정경(情景) a scene; a sight; a view; a pathetic〔touching〕 scene. ¶ 참담한 ~이다 be〔present〕 a frightful sight.

정계(正系) a legitimate line.

정계(政界) the political world; political circles〔quarters〕. ¶ ~의 거물 a great political figure / ~의 움직임 a political trend / ~로 진출하다 go into politics.

정곡(正鵠) the main point; the mark; the bull's-eye. ¶ ~을 찌르다 hit the mark〔bull's-eye〕/ ~을 찔리다 be spotted right.

정공법(正攻法) a frontal attack; the regular tactics for attack.

정과(正果) fruits or roots preserved in honey or sugar.

정관(定款) the articles of an association〔incorporation〕.

정관(精管)〖解〗 the spermatic duct〔cord〕. ‖ ~절제술 vasectomy.

정관(靜觀) ~하다 watch《*the situation*》 calmly; wait and see. ¶ 사태의 추이를 ~하다 calmly watch the development of the situation.

정관사(定冠詞)〖文〗 the definite 「article.

정광(精鑛)〖鑛〗 concentrate.

정교(正教)《사교에 대한》 orthodoxy. ‖ ~회 the Greek Church; the Orthodox Church.

정교(政教) ①《정치와 종교》 religion and politics. ‖ ~일치〔분리〕 the union〔separation〕 of Church and State. ②《정치와 교육》 politics and education.

정교(情交) ①《친교》 friendship. ¶

～를 맺다 keep company with《*a person*》. ②《육체 관계》sexual intercourse; a sexual liaison. ¶～를 맺다 have relations with《*a woman*》/ ～를 강요하다 press《*a woman*》to have sex with *one*.

정교사(正教師) a certificated〔regular〕teacher.

정교하다(精巧—) (be) elaborate; exquisite; delicate. ¶정교한 기계 a delicate machine; a machine of mechanical excellence.

정구(庭球)《play》tennis. ‖ ～장 a tennis court.

정국(政局) the political situation. ¶ ～의 위기 a political crisis / ～을 수습하다〔안정시키다〕 bring stability to the political situation / ～을 타개하다 break a political deadlock / 현재의 ～은 불안정하다 The present political situation is unstable.

정권(政權) (political) power. ¶ ～을 잡다〔잃다〕 come into〔lose〕 power; take〔lose〕 office. ‖ ～쟁탈(전) a scramble for political power / 괴뢰 ～ a dummy government; a puppet regime.

정규(正規) ¶ ～의《정식의》regular; formal; proper;《합법의》legitimate; legal / ～교육을 받다 have regular school education. ‖ ～군 a regular army (생략 RA) / ～병 regulars.

정근(精勤)《근면》diligence;《무결근》regular attendance. ～하다 (be) diligent; industrious; attend《*school*》regularly. 「gym.

정글 a jungle. ‖ ～짐 a jungle

정금(正金) ①《금은화》specie. ¶～은행 a specie bank. ②《순금》pure gold.

정기(定期) a fixed period. ¶～의 fixed; regular; periodical / ～(적으)로 regularly; periodically; at regular intervals. ‖ ～간행물 a periodical / ～검사 a periodical inspection / ～검진 a periodic medical check-up / ～승차권 a commutation〔season〕 ticket / ～예금 a fixed deposit / ～총회 a regular general meeting / ～항공기 an airliner / ～항공로 a regular air route〔line〕; an airway / ～항로 a regular line〔service〕/ ～휴업일 a regular holiday.

정기(精氣) spirit and energy;《만물의 기》the spirit of all creation; 《기력》energy; vigor.

정나미(情—) ¶ ～(가) 떨어지다 be disgusted《*with, at, by*》; be disaffected《*toward*》; fall out of love 「《*with*》.

정남(正南) due south.

정낭(精囊)〖解〗a seminal vesicle; a spermatic sac.

정년(丁年) full〔adult〕 age. ¶ 20세로 ～에 이르다 come of age〔reach adulthood〕 at twenty. ‖ ～자 an adult; a person of full age.

정년(停年) retiring age; the (compulsory) retirement age. ¶ ～으로 퇴직하다 retire (at the retirement age); leave *one's* job on reaching retiring age / 그는 금년에 ～이다 He is due to retire this year. / 우리 회사는 60세가 ～이다 Sixty is (the) retirement age in our company. ‖ ～제 the age-limit system / ～퇴직 (compulsory) retirement《*on reaching the age of 60*》/ ～퇴직자 a retired person〔worker〕.

정녕(丁寧) certainly; surely; for sure; without fail. ¶～(코) 그러냐 Are you sure?

정다각형(正多角形) a regular〔an equilateral〕 polygon. 「hedron.

정다면체(正多面體) a regular poly-

정담(政談) a political talk〔chat〕.

정담(情談) a friendly talk; a lover's talk.

정답다(情—) (be) affectionate; loving; harmonious; on good〔friendly〕 terms《*with*》. ¶정답게 affectionately; harmoniously; happily / 그 부부는 정답게 살고 있다 The couple live happily. / 두 사람 사이는 매우 ～ They are a really affectionate〔loving〕 couple.

정당(正當) ～하다 (be) just; right; proper; fair and proper;《합법적》legal; lawful; legitimate. ¶ ～한 행동 right conduct / ～한 근거 legitimate grounds《*for*》/ ～한 이유 없이 without good〔sufficient〕 reason / ～한 수단으로 by fair means / ～한 법적 절차를 밟지 않고 without due process of law / ～하게 평가하다 do《*a person*》justice; do justice to《*a thing*》; duly appreciate《*a person's achievement*》/ ～화하다 justify / 목적은 수단을 ～화한다 The end justifies the means. ‖ ～방위〖法〗self-defense (～방위로 살인하다 kill a man in self-defense).

정당(政黨) a political party. ¶ 2대(二大) ～ two major political parties / 2대(二大) ～제(制) a two-party system / 새로운 ～을 결성하다 form〔organize〕 a new political party / ～에 참여하다 join a political party / ～간의 협력 inter-party cooperation. ‖ ～정치 party politics〔government〕.

정당(精糖) sugar refining;《정제당》refined sugar. ‖ ～공장 a sugar refinery〔mill〕.

정도(正道) the right path; the path of righteousness. ¶ ～에서 벗어나다 stray from the right path / ～를 밟다 tread on the path of righteousness / ～를 밝게 하다 set 《*a person*》 on the right track.

정도(程度) (a) degree; (an) extent (범위); 《표준》 a standard; a grade; 《한계》 a limit. ¶ ～가 높은〔낮은〕 of a high〔low〕 standard / 손해의 ～ the extent of the loss / ～를 높이다〔낮추다〕 raise〔lower〕 the standard / 그것은 ～ 문제이다 It is a matter of degree. / 어느 ～까지 그의 말을 믿어야 하느냐 To what extent can I believe him? / 5달러 ～의 좋은 선물이 없겠습니까 Do you have a nice gift for about $5? ‖ 지능 ～ an intellectual standard.

정도(精度) ☞ 정밀도(精密度).

정독(精讀) perusal; careful〔close〕 reading. ～하다 peruse; read 《*a book*》 carefully.

정돈(整頓) (good) order; tidying (up). ～하다 put 《*something*》 in order; tidy up; keep 《*a thing*》 tidy. ¶ ～된 neat and tidy 《*room*》; in order; orderly / 대열을 ～하다 dress the ranks; dress 《*the men*》 in line / 그녀는 항상 방을 ～해 놓는다 She always keeps her room tidy.

정동(正東) due east.

정동(精銅) refined copper.

정동사(定動詞) 〖文〗 a finite verb.

정들다(情—) become attached 《*to*》; become familiar〔friendly, acquainted〕 《*with*》; get used to 《*a place*》. ¶ 정든 님 *one's* beloved lover / 정들인 여자 a girl that *one* has come to love.

정떨어지다(情—) be disgusted 《*at, with*》; be sick 《*of*》; despair 《*of*》. ¶ 정떨어지는 소리를 하다 say spiteful〔unkind〕 things 《*to*》.

정략(政略) political tactics; a political maneuver〔move〕. ¶ ～적인 political / ～을 꾸미다 plan political tactics. ‖ ～가 a political tactician / ～결혼 a marriage of convenience.

정량(定量) a fixed quantity; a dose (내복약의). ¶ ～의 quantitative / ～을 정하다 determine the quantity 《*of*》. ‖ ～분석 quantitative analysis.

정력(精力) energy; vigor; vitality; 《성적인》 *one's* sexual capacity; potency; virility. ¶ ～이 왕성한 energetic; vigorous / ～이 다하다 have *one's* energy exhausted; run out of steam / ～을 쏟다 put〔throw〕 all *one's* energies 《*into*》 / ～이 매우 두드러진 사람 a man of unbounded potency〔virility〕. ‖ ～가 an energetic man; a ball of fire 《口》.

정련(精鍊) ～하다 refine 《*metals*》; smelt 《*copper*》. ‖ ～소 a refinery.

정렬(整列) ～하다 stand in a row; form a line; line up; 〖軍〗 Fall in! (구령). ¶ 3렬로 ～하다 be drawn up in three lines / ～시키다 dress 《*the men*》.

정령(政令) a government ordinance.

정령(精靈) the soul; the spirit.

정례(定例) ¶ ～의 ordinary; regular / ～에 따라 according to usage. ‖ ～각의(閣議)〔기자회견〕 a regular cabinet meeting〔press conference〕 / ～회의 a regular meeting.

정론(正論) a sound〔just〕 argument.

정론(定論) a settled view〔opinion〕; an established theory.

정론(政論) political argument〔discussion〕.

정류(停留) ～하다 stop; halt; come to a stop. ‖ ～소 a stopping place; a 《*train, bus*》 stop.

정류(精溜) rectification; refinement. ～하다 rectify; purify; refine. ‖ ～주정 rectified spirit.

정류(整流) 〖電〗 rectification; commutation. ～하다 rectify. ‖ ～기 a rectifier.

정률(定率) a fixed rate. ‖ ～세 proportional taxation.

정리(定理) 〖幾〗 a theorem; a theory.

정리(整理) ① 《정돈》 arrangement. ～하다 arrange; put 《*a thing*》 in order; straighten (out); keep 《*a thing*》 tidy. ¶ 서랍을 ～하다 put the drawer in order / 소지품을 ～하다 arrange *one's* belongings / 말하기 전에 생각을 ～할 필요가 있다 It is necessary to put our thoughts in order before we speak. / 오늘의 회의 기록을 ～해 놓아라 Please keep the records of today's conference straight. ② ～하다 《회사 등을》 reorganize; liquidate; 《교통 등을》 regulate; control; 《행정·구획·장부 등을》 adjust; readjust. ¶ 구획 ～ land readjustment; replanning of streets / 행정 ～ administrative readjustment〔reorganization〕 / 회사를 ～하다 liquidate〔reorganize〕 a company / 교통을 ～하다 regulate〔control〕 traffic / 재정 관계의 일을 ～하다 sort out〔adjust〕 *one's* financial affairs. ③ 《줄이다·없애다》 ～하다 cut down 《*on*》; reduce; dispose 《*of*》. ¶ 잔품을 ～하다 clear off the unsold goods / 가재도구를 ～하다 dispose of *one's* household goods and furniture / 인원을 ～하다 reduce〔cut down〕 the personnel; cut the number of employees. ‖ ～해고 ☞ 해고(解雇). ④ 《부채를》 ¶ 부채를 ～하다 pay off〔clear away〕 *one's* debt.

정립하다(鼎立—) stand in a trio.
정말(正—) 《부사적》 really; quite; indeed; truly; actually; in real earnest (진정으로). ¶ ～ 같은 거짓말 a plausible lie / ～로 여기다 accept 《*a story*》 as true / take 《*a word*》 seriously.
정맥(靜脈) a vein. ¶ ～의 venous. ‖ ～류(瘤) a varix / ～주사 an intravenous injection.
정면(正面) the front; the facade(건물의). ¶ ～의 front; frontal / ～에서 본 얼굴 a full face / ～으로 공격하다 make a frontal attack / 우체국은 정거장의 ～에 있다 The post office is right in front of the station. ‖ ～공격 a frontal attack / ～도 a front view / ～입구 the front entrance / ～충돌 a head-on collision; a frontal clash.
정모(正帽) a full-dress hat.
정무(政務) affairs of state; state 〔political〕 affairs. ‖ ～차관 a parliamentary vice-minister.
정문(正門) the front 〔main〕 gate; the main entrance.
정물(靜物) still life. ‖ ～화〔사진〕 a still life 〔photo〕.
정미(正味) ¶ ～의 net; clear / ～중량 a net weight.
정미(精米) rice polishing; 《쌀》 polished rice. ～하다 polish 〔clean〕 rice. ‖ ～소 a rice mill.
정밀(精密) minuteness; precision. ～하다 (be) minute; precise; detailed. ¶ ～히 minutely; in detail; precisely / ～하게 조사하다 investigate closely / ～한 지도를 만들다 make a detailed map. ‖ ～검사 a close examination / ～공업 the precision industry / ～과학 an exact science / ～기계〔기기〕 a precision machine 〔instrument〕 / ～조사 a close investigation.
정밀도(精密度) precision; accuracy. ¶ ～가 높다 be extremely precise 〔accurate〕 / ～를 높이다 improve the precision of 《*a thing*》 / 상당히 높은 ～의 기계 a machine with considerable precision.
정박(碇泊) anchorage; mooring. ～하다 (cast, come to) anchor; moor. ‖ ～기간 lay days / ～료 anchorage (dues) / ～지〔항〕 an anchorage (harbor).
정박아(精薄兒) a mentally-handicapped〔-retarded〕 child. ‖ ～수용시설 a home for retarded children.
정반대(正反對) direct opposition; the exact reverse. ¶ ～의 directly opposite / 그는 너의 의견과 ～다 His opinion is directly opposite of yours. / 나는 ～ 방향으로 갔다 I went in the opposite direction.
정백(精白) ‖ ～당(糖) refined sugar / ～미 polished 〔cleaned〕 rice.
정벌(征伐) conquest; subjugation. ¶ 적을 ～하다 conquer the enemy.
정범(正犯) 〖法〗 the principal offense 〔offender(사람)〕.
정변(政變) a political change; a change of government; a coup d'état. ¶ 페루에서 ～이 일어났다 A *coup d'état* took place in Peru.
정병(精兵) a crack 〔an elite〕 troop. ¶ ～ 3천 a crack troop of 3,000 strong.
정보(情報) 《a piece of》 information; intelligence(비밀의); news. ¶ ～를 얻다〔입수하다〕 obtain 〔get〕 information 《*on, about*》 / ～를 누설하다 leak information / ～를 수집하다 collect information / …라는 ～가 있다 It is reported that… / ～를 처리하다 process information / ～에 어둡다 be not well informed 《*about*》. ‖ ～검색 information retrieval(생략 IR) / ～공개 information disclosure / ～공해(오염) information pollution / ～과학 information science / ～국 《미국의 중앙정보국》 the Central Intelligence Agency (생략 CIA) / ～기관 a secret 〔an intelligence〕 service / ～루트 a pipeline; a 《*secret*》 channel of information / ～망 an intelligence network / ～산업 the information 〔communication〕 industry / ～수집 information gathering / ～시대 the information age / ～원(員) an informer(경찰의); an intelligence agent(정보기관의) / ～원(源) information sources / ～처리 〖컴〗 data 〔information〕 processing / ～처리산업 the data processing industry / ～처리시스템 the information processing system / ～통신부 the Ministry of Information-Communication / ～혁명 information revolution / ～화 사회 an information-oriented society / ～활동 intelligence activities / 국가～원 the National Intelligence Service.
정복(正服) a formal dress; a full uniform. ‖ ～경찰관 a police officer in uniform.
정복(征服) conquest. ～하다 conquer; gain mastery over 《*the environment*》; overcome. ¶ 산정을 ～하다 conquer the summit. ‖ ～욕 lust for conquest / ～자 a conqueror.
정본(正本) 《원본》 the original 《*copy, text*》.
정부(正否) right or wrong.
정부(正副) 《서류의》 the original and a duplicate 〔copy〕. ¶ ～ 2통

을 작성하다 prepare〔make out〕《*a document*》 in duplicate. ‖ ~ 의장 the speaker and deputy speaker; the chairperson and vice-chairperson.

정부(政府) a government; the Government(한 나라의); the Administration 《美》. ¶ ~의 government(al) / 현 ~ the present Government / 한국 ~ the Korean Government / 클린턴 ~ the Clinton Administration / ~의 소재지〔수반〕 the seat〔head〕 of government / ~를 수립하다 establish〔set up〕 a government / ~를 지지〔타도〕하다 support〔overthrow〕 the Government. ‖ ~고관 a high-ranking government official / ~기관 a government body〔agency〕 / ~당국 the government authorities / ~보조금 government subsidies / ~안 a government bill〔measure〕 / ~종합청사 an integrated government building / ~특혜 government's favors.

정부(情夫) a lover; a paramour.

정부(情婦) a mistress; a paramour.

정북(正北) due north.

정분(情分) a cordial friendship; intimacy; affection. ¶ ~이 두텁다 be on terms of intimacy.

정비(整備) 《장비·시설 등의 유지·수리》 maintenance; service; 《조정》 adjustment. ~하다 put 《*the facilities*》 in good condition; service 《*an airplane*》; fix 《*a car*》. ¶ ~가 잘 되어 있는 차 a car kept in good repair / 도로를 ~하다 repair a road / 기업을 ~하다 consolidate an enterprise. ‖ ~공 a (car) mechanic; a repairman(기계의) / ~공장 a repair〔service〕 shop; a garage(자동차의) / ~사 a maintenance man; 《비행기의》 a ground man; the ground crew (총칭).

정비례(正比例) 〖數〗 direct proportion〔ratio〕. ~하다 be in direct proportion 《*to*》.

정사(正史) an authentic history.

정사(正邪) right and wrong.

정사(政事) political affairs.

정사(情死) a lovers'〔double〕 suicide. ~하다 commit a double suicide; die together for love.

정사(情事) 《남녀간의》 a love affair. ‖ 혼외 ~ extramarital intercourse.

정사각형(正四角形) a (regular) square.

정사면체(正四面體) a regular tetrahedron.

정사원(正社員) a regular member; a staff member 《*of a company*》.

정산(精算) exact calculation; 《결산》 settlement of accounts; adjustment. ~하다 settle up; keep an accurate account. ¶ 운임을 ~하다 pay the difference on *one's* ticket; adjust the fare. ‖ ~서 a settlement of accounts.

정삼각형(正三角形) a regular triangle.

정상(正常) normalcy 《美》; normality. ¶ ~의 normal / ~이 아닌 abnormal / ~으로 normally / ~으로 돌아오다 return〔get back〕 to normal; be restored to normal / ~적으로 행동하다 act normal(ly). ‖ ~상태 the normal state / ~화 normalization(~화하다 normalize).

정상(頂上) the top; the summit; the peak 《*of*》. ¶ 산의 ~을 정복하다 attain the summit of the mountain. ‖ ~회담 a summit meeting〔conference, talk〕.

정상(情狀) conditions; circumstances. ¶ ~을 참작하다 take the circumstances into consideration / ~ 참작을 요구하다 plead extenuating circumstances.

정상배(政商輩) a businessman with political affiliations〔influence〕.

정색(正色)[1] 《안색》 a serious countenance〔look〕; a solemn air. ~하다 put on a serious look; wear a sober look. ¶ ~으로 with a serious look / ~을 하고 농담을 하다 tell a joke with a straight face.

정색(正色)[2] 〖理〗 a primary color.

정서(正西) due west.

정서(正書) 《또박또박 쓰기》 ~하다 write in the square style.

정서(淨書) ~하다 make a fair〔clean〕 copy 《*of*》.

정서(情緖) 《감정》 emotion; feeling; (a) sentiment; 《분위기》 a mood; an atmosphere. ¶ 그녀는 ~가 불안정하다 She is emotionally unstable. / 그 도시에는 이국 ~가 있다 There is an exotic atmosphere in the city. ‖ ~교육 cultivation of sentiments / ~장애 an emotional disorder (~장애로 고통받다 suffer from emotional disorder).

정석(定石) 《바둑의》 the standard moves (in the game of *baduk*); a formula; 《원칙》 the cardinal〔first〕 principle. ¶ ~대로 두다 play by the book / 그것은 범죄 수사의 ~이다 It's the ABC of a criminal investigation.

정선(停船) stoppage of a vessel. ~하다 stop; heave to. ¶ ~을 명하다 stop 《*a ship*》; order 《*a ship*》 to stop / 안개로 인해 ~하다 be held up in a fog.

정선(精選) ~하다 select〔sort out〕 carefully. ¶ ~된 choice; select / 여름옷의 ~품 a fine selection of summer clothes.

정설(定說) 《학계의》 an established theory; 《일반의》 an accepted opinion. ¶ ~을 뒤엎다 overthrow an established theory / …라는 것이 ~로 되다 It is the accepted view that….

정성(精誠) a true heart; sincerity; earnestness; devotion. ¶ ~껏 with *one's* utmost sincerity; wholeheartedly; devotedly / ~들이다 devote *oneself* 《*to*》; put the whole mind to.

정세(情勢) the state of things〔affairs〕; a situation; conditions. ¶ 국내〔국제〕 ~ the domestic〔international〕 situation / ~ 변화에 대응하다 correspond to the change in the situation.

정수(正數) 《양수》〖數〗 a positive number.

정수(定數) ① 《일정 수》 a fixed number. ② 《상수》〖數〗 a constant; an invariable. ③ 《운수》 fate; destiny.

정수(淨水) clean water. ‖ ~장 a filtration〔purification〕 plant / ~장치 a water-purifying device; a cleaning〔filter〕 pad.

정수(精粹) pureness; purity.

정수(精髓) ① 《뼈속의》 marrow. ② 《사물의》 the essence; the pith.

정수(整數) 〖數〗 an integral number; an integer.

정수리(頂一) 《머리의》 the crown of the head; the pate 《口》.

정숙(貞淑) chastity; (female) virtue. ~하다 (be) chaste; virtuous. ¶ 그녀는 ~한 아내다 She is a virtuous〔chaste〕 wife.

정숙(靜肅) silence. ~하다 (be) silent; still; quiet. ¶ ~하여라 Be silent. *or* Keep quiet.

정승(政丞) 〖史〗 a minister of State; a prime minister (in the Kingdom of Korea).

정시(正視) ~하다 look 《*a person*》 in the face; look straight〔squarely〕 《*at a fact*》.

정시(定時) a fixed time; regular hours; a scheduled period. ¶ ~의〔에〕 regular(ly); periodical(ly) / 열차는 ~에 도착했다 The train arrived on schedule 〔time〕. / ~퇴근 《게시》 No overtime.

정식(正式) formality; due form. ¶ ~의 formal; regular; due; official(공식의) / ~으로 formally; regularly; officially / ~으로 신청하다 make a formal application for / ~으로 결혼하다 be legally married. ‖ ~결혼 legal marriage / ~멤버 a regular〔card-carrying〕 member / ~승인 (a) *de jure* recognition / ~절차 due formalities.

정식(定式) a formula. ¶ ~의 formal; regular. ‖ ~화(化) formularization.

정식(定食) a regular〔set〕 meal; 《요리점의》 a *table d'hôte* 《프》. ¶ 점심으로 ~을 먹다 have a set lunch 〔lunch special〕.

정신(艇身) a boat's length. ¶ 3~의 차로 이기다 win by three boat's lengths.

정신(精神) mind; spirit; soul(영혼); will (의지); 《근본적 의의》 the spirit. ¶ ~적인 mental; spiritual; moral; emotional(감정적인) / ~적인 사랑 platonic love / ~적인 타격 a mental blow; a shock / 법의 ~ the spirit of the law / 비판 ~ a critical spirit / ~적인 지지 〔압박〕 moral support〔pressure〕 / ~적으로 동요하다 be emotionally disturbed〔upset〕 / ~적으로 자립하다 achieve emotional autonomy / ~을 집중하다 concentrate *one's* attention on 《*a thing*》 / ~이 이상해지다 be mentally deranged 〔unbalanced〕; have a mental breakdown / ~ 일도 하사 불성 Where there is a will, there is a way. ‖ ~감정 a psychiatric test / ~교육 moral education / ~근로자 a mental〔brain〕 worker / ~력 mental power / ~문명 spiritual civilization / ~박약아 a weak-〔feeble-〕minded child / ~병 a mental disease〔illness〕 / ~병원 a mental hospital / ~병 전문의 a psychiatrist / ~병(환)자 a mental〔psychiatric〕 patient; a psychopath / ~분석 psychoanalysis / ~분열증 split personality; 〖醫〗 schizophrenia / ~분열증 환자 a schizophrenic / ~상태 a mental condition / ~신경과 neuropsychiatry / ~안정제 a tranquilizer / ~연령 mental age / ~요법 psychotherapy / ~위생 mental health / ~의학 psychiatry / ~이상 mental derangement / ~작용 mental function / ~장애아 a mentally handicapped child.

정신기능(精神機能) a psychic〔mental〕 function. ¶ ~의 쇠퇴 failure of a psychic function.

정실(正室) a lawful〔legal〕 wife.

정실(情實) private circumstances; personal considerations; favoritism(편애). ¶ ~에 흐르다 be influenced by personal considerations / ~을 배제하다 disregard any private consideration. ‖ ~인사 (the appointment 《*of a person*》 to a position through) favoritism.

정액(定額) 《일정액》 a fixed amount 〔sum〕. ¶ ~에 달하다 come up to

the required amount. ‖ ～소득 a regular income / ～저금 a fixed deposit / ～제 a flat sum system.
정액(精液) ① 〖生〗 semen; sperm. ‖ ～사출 seminal emission / ～은행 a sperm bank. ②《엑스》 an extract; an essence.
정양(靜養) (a) rest; recuperation (병후의). ～하다 take a rest; recuperate *oneself*.
정어리 〖魚〗 a sardine.
정언적(定言的) 〖論〗 categorical.
정업(定業) a fixed occupation; a regular employment.
정역학(靜力學) 〖理〗 statics.
정연(整然) ¶ ～한 orderly; systematic / ～히 in good〔perfect〕order; systematically.
정열(情熱) passion; enthusiasm; zeal. ¶ ～적인 passionate; enthusiastic; ardent / ～적인 사랑 a passionate love / ～을 쏟다 put *one's* heart (and soul) into《*one's work*》. 「flame of love.
정염(情炎) the fire of passion; the
정예(精銳) the pick〔best〕《*of*》. ¶ ～ 오천 a troop 5,000 strong / 팀의 ～ the best player of the team. ‖ ～부대 an elite〔a crack〕unit.
정오(正午) (high) noon; midday. ¶ ～에 at noon; at midday.
정오(正誤) (a) correction 《*of errors*》. ‖ ～문제 a true-false question / ～표 a list of errata.
정온(定溫) (a) fixed temperature. ‖ ～동물 a homoiothermic animal.
정욕(情慾) sexual desire; lust; a passion. ¶ ～의 노예 a slave of *one's* lust / ～을 북돋우다 arouse〔stimulate〕*one's* sexual desire.
정원(定員)《정원수》 the fixed number;《수용력》 the《*seating*》 capacity. ¶ ～ 500명의 극장 a theater with a seating capacity of 500 / 신청자는 아직 ～ 미달이다 The application has not reached the fixed number. / 이 버스는 ～ 이상의 손님을 태우고 있다 This bus is overloaded.
정원(庭園) a garden. ¶ 옥상 ～ a roof garden. ‖ ～사 a gardener / ～수(樹) a garden tree.
정월(正月) January. 「tion.
정위치(定位置) *one's* regular posi-
정유(精油) oil refining; refined oil(기름). ‖ ～공장 an oil refinery.
정육(精肉) fresh meat; dressed meat(적당 크기로 잘라 포장된). ‖ ～업자 a butcher / ～점 a butcher〔meat〕shop.
정육면체(正六面體) a regular hexahedron; a cube.
정은(正銀) pure〔solid〕silver.
정의(正義) justice; right. ¶ ～의 투사 a champion of right / ～로운 싸움 a just〔righteous〕war / ～를 위해 싸우다 fight in the cause of justice / ～는 우리 편에 있다 Right and justice are on our side. ‖ ～감 a sense of justice (～감이 강하다 have a strong sense of justice).
정의(定義) a definition. ～하다 define《*something as...*》. ¶ ～를 내리다 define《*words*》; give a definition《*to*》.
정의(情意) emotion and will; feelings. ¶ ～상통하다 enjoy mutual understanding〔affection〕.
정의(情誼) friendly feelings; ties of friendship; affections. ¶ ～가 두텁다 be very friendly; be cordial《*to a friend*》.
정자(正字) a correct〔an unsimplified〕character.
정자(亭子) an arbor; a pavilion; a summerhouse; a bower. ‖ ～나무 a big tree serving as a shady resting place in a village.
정자(精子) spermatozoon; a sperm.
정자형(丁字形) a T-shape.
정작 《부사적》 actually; indeed; really; practically. ¶ ～ 사려고 하면 살 수 없다 When you actually try to buy one, it is not to be had.
정장(正裝) full dress〔uniform〕. ～하다 be in full dress〔uniform〕.
정장석(正長石) 〖鑛〗 orthoclase.
정쟁(政爭) political strife. ¶ ～의 도구로 삼다 make a political issue《*of*》.
정적(政敵) a political opponent〔rival, enemy, adversary〕.
정적(靜的) static; statical.
정적(靜寂) silence; quiet; stillness. ¶ ～을 깨뜨리다 break the silence / 무거운 ～이 방안에 감돌았다 A gloomy silence hung over the room. 「chamber.
정전(正殿) the royal audience
정전(停電) (a) power failure〔cut, stoppage〕; a blackout(전등의). ～하다 cut off the electricity〔power〕. ¶ ～이 되다 The power supply is cut off. / 예고 없이 ～이 되었다 The electricity was cut off without warning. / 아, ～이다 Oh, the lights went out.
정전(停戰) a cease-fire; a truce (협정에 의한). ～하다 cease fire; have a truce. ‖ ～협정 a cease-fire agreement / ～회담 a cease-fire conference.
정전기(靜電氣) 〖電〗 static electricity. ¶ ～의 electrostatic.

정절(貞節) fidelity; chastity; virtue; faithfulness. ¶ ~을 지키다 lead a chaste life.

정점(定點) a definite〔fixed〕point.

정점(頂點) the top; the peak; 《절정》 the climax; the height; the apex《*of a triangle*》. ¶ ~에 이르다 reach the peak〔summit〕《*of*》.

정정(訂正) (a) correction; (a) revision(개정). ~하다 correct《*errors*》; revise《*books*》. ¶ A를 B로 ~하다 correct A to B. ‖ ~(증보)판 a revised (and enlarged) edition.

정정(政情) political conditions〔affairs〕. ¶ ~의 안정〔불안정〕political stability〔instability〕/ ~에 밝다 be familiar with political conditions《*in Korea*》.

정정당당(正正堂堂) ¶ ~한 fair and square; open and aboveboard / 두 팀은 ~히 싸웠다 Both teams played fair with each other.

정정하다(亭亭—) 《노익장》 (be) hale and hearty; healthy. ¶ 아버님은 80을 넘으셨지만, 아직 정정하시다 My father has turned eighty, but he is still in very good health.

정제(精製) refining. ~하다 refine. ‖ ~공장 a refinery / ~당〔염〕refined sugar〔salt〕/ ~법 a refining process.

정제(整除) 〚數〛 divisibility. ¶ ~되는 (exactly) divisible《*number*》. ‖ ~수 exact divisor.

정제(錠劑) a tablet; a pill.

정조(貞操) chastity; (feminine) virtue. ¶ ~를 바치다 give *oneself* to《*a man*》/ ~를 잃다 lose *one's* chastity〔virtue〕/ ~를 지키다 keep *one's* virtue; remain faithful to《*one's husband*》. ‖ ~관념 a sense of virtue / ~대 a chastity belt / ~유린 a violation of chastity.

정족수(定足數) a quorum. ¶ ~에 달하다 form〔be enough for〕a quorum / ~ 미달로 유회되다 be adjourned for lack of a quorum.

정좌하다(正坐—) sit straight〔upright〕; sit square《*on one's seat*》.

정주(定住) settlement. ~하다 settle down《*in*》; reside permanently. ¶ 앞으로 캐나다에 ~하고 싶다 I want to settle down in Canada in the future. ‖ ~자 a permanent resident.

정중(鄭重) ¶ ~한 polite; courteous; respectful / ~한 말로 in courteous〔respectful〕words / ~히 모시다 treat《*a person*》courteously / 그들의 제의를 ~히 받아들였다〔거절하였다〕 I respectfully accepted〔politely declined〕their offer《*to help*》.

정지(停止) a stop; suspension(중지). ~하다 stop; 《일시적》 halt; suspend. ¶ 영업〔지불〕 ~ a suspension of business〔payment〕/ 차를 ~시키다 stop a car / 집 앞에서 차가 ~했다 The car stopped in front of my house. / 그는 한 달 간 운전 면허가 ~되었다 He had his driver's license suspended for a month. ‖ ~선 a stop line / ~신호 a stop signal; a stoplight.

정지(靜止) rest; standstill. ~하다 rest; stand still; be at a standstill. ¶ 그 물체는 공중에 가만히 ~해 있다 The object is remaining still in the air. ‖ ~궤도《put a satellite in》a geostationary〔geosynchronous〕orbit / ~상태《in》a state of rest (~상태의 stationary; static) / ~위성 a stationary satellite.

정지(整地) 《건축을 위한》 leveling of ground; site preparation; 《경작을 위한》 soil preparation. ~하다 level the land《*for construction*》; prepare the soil《*for planting*》.

정직(正直) honesty; frankness (솔직). ¶ ~한 honest; frank; straightforward / ~히 honestly; frankly / ~한 소녀 an honest girl / 그것에 대해 숨기지 말고 ~하게 말해라 Be honest and tell me everything about it. / ~은 최선의 방책《俗談》Honesty is the best policy.

정직(停職) suspension from duty〔office〕. ¶ ~되다 be suspended from *one's* duties.

정진(精進) ① 《열심히 노력함》 close application; devotion. ~하다 devote *oneself*《*to the study*》; apply *oneself*《*to*》. ② 《종교적 수행》 devotion to the pursuit of *one's* faith. ~하다 devote *one's* life to the pursuit of *one's* faith.

정차(停車) ☞ 정거(停車). ‖ ~시간 stoppage time.

정착(定着) fixation; fixing (사진의). ~하다 fix; take root(사상·생각 등이). ‖ ~금〔수당〕 resettlement funds〔allowance〕/ ~액 a fixing solution / ~제 a fixing agent.

정찬(正餐) a dinner.

정찰(正札) a price tag. ¶ ~을 붙이다 mark〔put〕a price on (an article). ‖ ~가격 a marked〔fixed〕price / ~제 a price-tag〔fixed price〕system.

정찰(偵察) reconnaissance; scouting. ~하다 reconnoiter; scout. ¶ ~ 나가다 go scouting / 적정을 ~하다 spy on the enemy. ‖ ~기 a reconnaissance plane / ~대 a reconnaissance party / ~비행 a reconnaissance flight / ~위성 a spy satellite.

정책(政策) a policy. ¶ 경제 ～을 세우다 shape an economic policy / ～을 실행에 옮기다 carry out a policy / ～을 전환하다 change *one's* policy / 전 내각의 ～을 답습하다 take over〔make no change in〕the policy of the previous cabinet. ‖ ～노선 party line《美》/ ～심의회 the Policy Board / ～입안자 a policy maker.

정처(定處) ¶ ～ 없이 떠돌다 wander from place to place.

정체(正體) *one's* true character〔colors〕. ¶ ～를 알 수 없는 unidentifiable《*objects*》/ ～를 드러내다 show〔reveal〕*one's* true colors.

정체(政體) a form〔system〕of government. ¶ 공화〔입헌〕～ the republican〔constitutional〕system of government.

정체(停滯)《침체》stagnation;《자금의》a tie-up;《화물의》accumulation. ～하다 be stagnant; pile up; accumulate. ¶ 교통의 ～ the congestion of traffic / 우편물의 ～ the pile-up of mail / 경기가 ～되다 The economy is stagnant.

정초(正初) the first ten days of January. ¶ ～에 early in January.

정초(定礎) ～하다 lay the cornerstone (of a building).

정취(情趣)《기분·느낌》mood; sentiment;《아취》artistic flavor〔taste〕;《분위기》(an) atmosphere. ¶ ～가 있는 rich in artistic flavor; tasteful; charming / ～를 맛보다 taste〔experience〕a mood〔atmosphere〕.

정치(定置) ～하다 fix; be fixed. ¶ ～의 fixed; stationary. ‖ ～망 a fixed (shore) net / ～망어업 fixed-net fishing.

정치(政治) politics; government(통치); administration(시정). ～하다 govern (the country); administer〔conduct〕the affairs of state. ¶ ～적인 political / ～적 수완 political ability〔skill〕/ ～를 말하다 talk〔discuss〕politics / 밝은〔깨끗한〕～ clean politics / ～에 대한 불신감을 갖다 have a distrust of politics / ～적인 자유를 요구하다 demand political freedom〔liberties〕/ 지금 필요한 것은 강력한 ～이다 What is needed at present is strong government. ‖ ～가 a statesman; a politician / ～결사 a political organization / ～공작 political maneuvering / ～기구 political structure / ～문제 a political problem / ～범《죄》political offense;《사람》a political offender / ～사찰 political surveillance / ～운동 a political campaign / ～의식 political awareness / ～자금 political funds / ～적 망명 political asylum / ～적 무관심 political apathy / ～적 책임 (*one's*) administrative responsibilities / ～지리학 political geography / ～학 politics; political science / ～헌금 a political contribution〔donation〕.

정치깡패(政治—) political hoodlums; a political henchman.

정치력(政治力) political power〔influence〕. ¶ ～의 빈곤 lack of political ability; poor statesmanship.

정치풍토(政治風土) the political climate. ‖ ～쇄신 the renovation of the political climate.

정치활동(政治活動) political activities. ¶ ～을 하다 engage in politics〔political activities〕. ‖ ～정화법 the Political Purification Law.

정크《중국배》a junk.

정크본드〖證〗a junk bond(쓰레기「같은).

정탐(偵探) ～하다 spy (on). ‖ ～꾼 a spy; a scout.

정태(靜態) ¶ ～의 static(al) / ～경제학 static economics.

정토(淨土)〖佛〗the Pure Land; Paradise. ¶ 서방 ～ the Pure Land in the West.

정통(正統) legitimacy; orthodoxy. ¶ ～의 legitimate; orthodox / ～적인 견해 an orthodox point of view / ～정부 a legitimate government. ‖ ～파 an orthodox school.

정통(精通) ～하다 be well「versed in〔informed about〕; have a thorough knowledge《*of*》; be familiar〔well acquainted〕with. ¶ ～한 소식통 a well-informed source.

정판(整版)〖印〗recomposition; justification. ～하다 recompose; justify. ‖ ～공 a justifier.

정평(定評) an established reputation. ¶ ～ 있는 acknowledged; recognized;《a novelist》with an established reputation / 그는 실력 있는 변호사로 ～이 나 있다 He enjoys an established reputation for his ability as a lawyer.

정표(情表) a love token; a keepsake; a memento. ¶ 애정의 ～ a token of *one's* love and affection / 감사의 ～로서 as a token of *one's* gratitude.

정풍(整風) ‖ ～운동 the rectification campaign.

정하다(定—)《결정하다》fix; settle; decide;《규정하다》establish; provide. ¶ 법이 정하는 바에 따라 as provided by law / 방침을 ～ decide on *one's* policy / 날〔값〕을 ～ fix a date〔the price〕/ 국경일은 법

으로 정해져 있다 The national holidays are established by law. / 이 도로의 제한 속도는 40Km/h로 정해져 있다 The speed limit on this road is fixed at 40 kilometers an hour.

정하다(淨—) (be) clear; clean; ⌈pure.

정학(停學) suspension (from school). ¶ 1주일 간 ～당하다 be suspended from school for a week.

정해(正解) a correct answer. ～하다 give a correct answer. ‖ ～자 a person who gives a correct answer.

정해(精解) full〔detailed〕explanation. ～하다 explain minutely 〔in detail〕.

정형(定型, 定形) a fixed〔regular〕form〔type〕. ¶ ～화 하다 standardize; conventionalize. ‖ ～시(詩) a fixed form of verse.

정형(整形) ‖ ～수술 orthopedic surgery / ～외과 orthopedics / ～외과병원 an orthopedic hospital / ～외과의 an orthopedist.

정혼(定婚) ～하다 arrange a marriage; betroth.

정화(正貨) specie. ‖ ～보유고 specie holdings / ～준비 specie〔gold〕reserve.

정화(淨化) purification; a cleanup. ～하다 purify; purge; clean up 《*the political world*》. ¶ 선거 ～운동 a 'clean election' campaign. ‖ ～설비《하수의》sewage disposal facilities; a sewage treatment plant / ～장치 a purifier / ～조《하수의》a septic tank.

정화수(井華水)〖民俗〗clear water drawn from the well at daybreak.

정확(正確) correctness; exactness; accuracy; precision. ¶ ～한〔히〕exact(ly); correct(ly); accurate(-ly) / ～한 발음 correct pronunciation / 이 시계는 ～하다 This clock is correct〔keeps good time〕. / 그는 계산이 빠르고 ～하다 He is quick and accurate at figures. / 그녀는 시간을 ～히 지킨다 She is punctual. / ～히 말하면 이것은 시가 아니다 Properly speaking, this is not a poem.

정황(情況) ☞ 상황. ‖ ～증거〖法〗circumstantial〔indirect, presumptive〕evidence.

정회(停會) suspension; prorogation (의회); adjournment (휴회). ～하다 suspend; adjourn; prorogue. ¶ 회의는 2시에 ～되었다 The meeting was suspended at two.

정회원(正會員) a regular member. ¶ ～의 자격 full membership.

정훈(政訓) troop information and education.

정휴일(定休日) a regular holiday.

정히(正—)《확실히》surely; certainly; no doubt; really.

젖《유방》a breast;《유즙》milk; mother's milk (모유). ¶ ～빛의 milky / ～을 짜다 milk《*a cow*》/ ～을 달라고 울다 cry for milk / 아기가 어머니 ～을 빨고 있다 A baby is sucking its mother's breast. / 어머니가 아기에게 ～을 먹이고 있다 The mother is nursing her baby. / 아기를 어머니 ～으로 기르다 nurse a baby on mother's milk / ～이 나오지 않게 되다 *one's* breasts have run dry. ‖ ～가슴 the breast / ～꼭지 the teat(s); the nipple(s) / ～니 a milk tooth / ～먹이 a suckling; a baby / ～병 a nursing bottle / ～소 a milch〔milking〕cow.

젖내 the smell of milk. ¶ 그는 아직 ～가 난다 He is still green. *or* He still smells of his mother's milk.

젖다 get wet; be soaked〔drenched〕(흠뻑). ¶ 비〔이슬〕에 ～ get〔be〕wet with rain〔dew〕/ 땀에 ～ be wet with perspiration / 젖은 옷을 갈아입다 change *one's* wet clothes / 그녀의 얼굴은 눈물로 젖어 있었다 Her cheeks were wet with tears. / 그는 소나기를 맞아 흠뻑 젖었다 He was drenched to the skin in the shower.

젖몸살 mastitis. ¶ ～을 앓다 suffer from mastitis; have inflamed mammary glands.

젖히다 bend... backward; curve. ¶ 몸을 뒤로 ～ bend *oneself* backward / 가슴을 ～ straighten〔pull〕*oneself* up; stick *one's* chest out.

제 ①《나》I, myself;《나의》my; my own. ¶ ～ 모자 my hat / ～가 이 회사 사장입니다 I am the president of this company. / 잘못은 ～게 있습니다 It is I who am to blame. / ～생각〔입장〕으로는 for my part; as for me〔myself〕. ②《자기의》*one's; one's* own. ¶ ～일로 on *one's* own business / ～이익만 생각하다 look to *one's* own interest.

제(祭)《제사》a memorial service 《*for one's ancestors*》;《축제》a festival; a *fête*. ¶ 기념 ～ a commemoration / 50년 ～ a jubilee / 백년 ～ a centennial.

제(諸) many; several; various; all sorts of. ¶ ～ 문제 various problems / ～ 경비 charges; expenses / 아시아 ～국 the Asian nations.

제…(第) No.; number...; -th. ¶ ～4조 2항 the second clause of Article IV〔Four〕.

…제(制) a system; an institution. ¶ 8시간 ～ the eight-hour system.

…제(製) make; manufacture. ¶ 외 ～ 물건 articles of foreign manufacture〔make〕/ X회사 ～ 사진기 a camera made〔manufactured〕 by X Company.

…제(劑) a medicine; a drug.

제각기(一各其) each; individually; respectively. ¶ ～ 그 책을 한 권씩 갖고 있다 We each have〔Each of us has〕 a copy of the book.

제강(製鋼) steel manufacture. ‖ ～소 a steel mill; a steelworks / ～업 the steel industry / ～업자 a steelmaker; a steelman.

제거(除去) removal; elimination. ～하다 get rid of; do away with; remove; eliminate; weed out. ¶ 바람직하지 않은 것들은 ～되었다 Undesirable things were weeded out〔eliminated〕.

제것 *one's* own property; *one's* possession〔belongings〕. ¶ ～으로 만들다 make《*things*》*one's* own; have《*a thing*》for *one's* own / ～이 되다 fall into *one's* hands.

제격(一格) becoming〔being suitable〕 to *one's* status. ¶ 그 자리엔 그가 ～이다 He is the right man for the post.

제고(提高) ～하다 raise; uplift; heighten; improve; enhance. ¶ 가치를 ～하다 enhance〔heighten〕 the value《*of*》/ 생산성 ～ the heightening of productivity.

제곱 a square. ～하다 square〔multiply〕《*a number*》. ‖ ～근 a square root.

제공(提供) an offer. ～하다 (make an) offer; supply; furnish; provide; sponsor《*a TV program*》. ¶ 그는 믿을 만한 시장 정보를 ～했다 He provided me with reliable market tips. / 이 프로는 A회사 ～으로 보내드렸습니다 This program has been sponsored by A Corporation. ‖ ～가격 the price offered.

제공권(制空權) (the) mastery〔command〕 of the air; air supremacy. ¶ ～을 장악하다〔잃다〕 secure〔lose〕 the mastery of the air / ～을 장악하고 있다 have〔hold〕 the command of the air; command the air.

제과(製菓) confectionery. ‖ ～업자 a confectioner / ～점 a confectionery / ～회사 a confectionery company.

제관(製罐) can manufacturing; canning《美》. ‖ ～공장 a cannery; a canning factory / ～업자 a canner.

제구(祭具) ☞ 제기(祭器).

제구력(制球力)〖野〗*one's* (pitching) control. ¶ ～이 있다〔없다〕 have good〔poor〕 ball control.

제구실 *one's* duty〔function, role〕; *one's* share〔part〕. ～하다 perform *one's* function〔part, duty〕; do *one's* duties; play *one's* role. ¶ 그는 ～을 훌륭히 해냈다 He performed his part most effectively.

제국(帝國) an empire. ¶ ～의 imperial. ‖ ～주의 imperialism(～주의적인 imperialistic) / ～주의자 an imperialist.

제국(諸國) all〔many〕 countries.

제기[1]《유희》a Korean shuttlecock game played with the feet.

제기[2]《제기랄》Shucks!; Hell!; Damn (it)!; Hang it!

제기(祭器) a ritual utensil.

제기(提起) ～하다 present; bring up〔forward〕《*a proposal*》; raise《*a question*》; propose《*a plan*》; pose《*a problem*》. ¶ 중요한 문제를 ～하다 bring up a very important question / 이의를 ～하다 raise an objection《*to*》.

제깐에 in *one's* own estimation〔opinion〕; to *one's* own thinking. ¶ ～는 잘 한 줄 안다 He fancies himself to have done it well.

제너레이션《세대》a generation. ‖ ～갭 a generation gap.

제네바 Geneva.

제단(祭壇) an altar.

제당(製糖) sugar manufacture. ‖ ～공장 a sugar mill / ～업 the sugar-manufacturing industry.

제대(除隊) discharge from military service. ～하다 be discharged from military service. ‖ ～병 a discharged soldier / 의가사 ～ a discharge from service by family hardships / 의병 ～ a medical discharge (의병 ～하다 get a medical discharge).

제대(梯隊)〖軍〗an echelon.

제대로《잘·순조로이》well; smoothly; 《변변히》 properly; fully; enough. ¶ 일이 ～되면 내달에는 끝난다 If all goes well, this job will be finished next month. / ～ 읽지도 않고 without reading《*a book*》properly.

제도(制度) a system; an institution. ¶ ～상의 institutional / 현행 ～ the existing system / 교육〔사회〕 ～ an educational〔a social〕 system / 구～하에서는 under the old system / ～화하다 systematize / 새로운 ～를 만들다 establish a new system / ～를 폐지하다 abolish a system / 그 지방에는 독특한 가족 ～가 남아 있다 An unusual family system remains in that area.

제도(製陶) pottery manufacture; porcelain making. ‖ ~술 ceramics; pottery.
제도(製圖) drafting; drawing. ~하다 draw; draft. ‖ ~가 a draftsman / ~기 a drawing instruments / ~실 a drafting room / ~판 a drafting〔drawing〕board.
제도(諸島) a group of islands; an archipelago.
제도(濟度) salvation; redemption. ~하다 save; redeem. ¶ 중생 ~ salvation of the world.
제독(提督) an admiral; a commodore.
제독하다(制毒—) neutralize a poison; rid of noxious influence.
제동(制動) braking; 〖電〗 damping. ¶ ~을 걸다 put on the brake. ‖ ~기 a brake / ~레버 a safety lever / ~수《철도의》a brakeman《美》/ ~장치 a braking system (이중 ~장치 a dual braking system) / ~회전《스키의》a stem turn.
제등(提燈) a (paper) lantern.
제때 an appointed〔a scheduled, a proper〕time.
제라늄 〖植〗 a geranium.
제련(製鍊) refining; smelting. ~하다 refine《*metals*》; smelt《*copper*》. ‖ ~소 a refinery; a smelting plant.
제례(祭禮) religious ceremonies.
제로 (a) zero; (a) nought; nothing. ¶ 나의 영문학 지식은 ~다 I know nothing about English literature. ‖ ~게임《테니스의》a love game / ~성장《인구·경제의》zero (economic, population) growth.
제록스《상표명》Xerox. ¶ ~로 복사하다 xerox (a copy).
제막(除幕) ~하다 unveil《*a statue*》. ‖ ~식 an unveiling ceremony〔exercise《美》〕.
제멋 *one's* own taste〔way, fancy, style〕. ¶ 오이를 거꾸로 먹어도 ~《俗談》There is no accounting for tastes.
제멋대로 as *one* pleases〔likes〕; at will; willfully; waywardly. ¶ ~ 굴다 have *one's* own way; act willfully.
제면(製綿) ~하다 gin cotton.
제면(製麵) noodle making. ~하다 make noodles. ‖ ~기 a noodle-making machine.
제명(除名) expulsion; dismissal from membership. ~하다 expel《*a person*》《*from a club*》; strike〔take〕《*a person's*》name off the list〔roll〕. ¶ 당에서 ~ 처분을 당하다 be expelled from the party.
제명(題名) a title.
제모(制帽) a regulation〔uniform, school〕cap.
제목(題目) a subject; a theme; a title(표제). ¶「자유」라는 ~의 논문 an essay entitled "Liberty" / ~을 붙이다 give a title《*to*》.
제문(祭文) a funeral oration.
제물(祭物) an offering; a sacrifice(산 제물).
제물낚시 a fly fishing.
제물로〔**에**〕of *its* own accord; by〔of〕*itself;* spontaneously. ¶ 불이 ~ 꺼졌다 The fire went out all by itself.
제반(諸般) all sorts. ¶ 이런 ~ 사정 때문에 for these reasons; under these circumstances / ~ 사정을 고려하다 take all the circumstances into consideration.
제발 if you please; please; kindly; by all means; for mercy's〔God's〕sake. ¶ ~ 용서해 주십시오 Please forgive me. / ~ 내 말 좀 들어봐라 Will you please listen to what I have to say?
제방(堤防) a bank; an embankment; a dike. ¶ ~을 쌓다 construct〔build〕a bank. ‖ ~공사 bank revetment.
제번(除煩) ¶ ~하옵고《편지 첫머리에》I hasten to inform you that....
제법 quite; pretty; rather; considerably. ¶ ~ 오랫동안 for quite a long time / ~ 큰 집 rather a〔a rather〕large house / 오늘 아침에 눈이 ~ 많이 내렸다 Quite a bit of snow fell this morning. / ~ 어렵다 be more difficult than *one* (had) expected.
제법(製法) a method〔process〕of manufacture; a process;《요리의》a recipe. ¶ 케이크 ~을 가르치다 teach《*a person*》how to make a cake / ~을 보고 만들다 make《*something*》from a formular〔recipe〕.
제복(制服) a uniform.
제복(祭服) ceremonial robes.
제본(製本) bookbinding. ~하다 bind《*a book*》. ¶ ~ 중이다 be at the binder's. ‖ ~소 a (book) bindery.
제분(製粉) milling. ~하다 grind《*corn*》to flour. ‖ ~기, ~소 a (flour) mill / ~업 the milling industry / ~업자 a miller.
제비[1]《추첨》a lot; lottery(뽑기). ¶ ~를 뽑다 draw lots / ~ 뽑아 결정하다 decide by lot.
제비[2] 〖鳥〗 a swallow.
제비꽃 〖植〗 a violet.
제비족(—族) a gigolo.
제비추리 beef from the inside ribs.
제빙(製氷) ice manufacture. ‖ ~공장 an ice plant / ~기 an ice machine; an ice-maker.
제사(第四) the fourth. ‖ ~계급 the proletariat / ~세대항생제 the

4th-generation antibiotic.

제사(祭祀) a religious service〔ceremony〕. ¶ ~를 지내다 hold a memorial service《*for*》.

제사(製絲) spinning;《견사의》silk reeling. ~하다 reel; draw silk. ‖ ~공장 a spinning mill; a silk mill / ~기계 reeling machine / ~업 the silk-reeling industry.

제살붙이 *one's* own people; *one's* relatives〔kinfolk〕.

제삼(第三) the third. ‖ ~계급 the bourgeoisie;《평민》the third estate / ~국 the third power / ~세계 the Third World / ~세력 the third force / ~자 the third person〔party〕; an outsider / ~차 산업 (the) tertiary industries.

제상(祭床) a table used in a religious〔memorial〕service.

제설(除雪) ~하다 clear〔remove〕the snow. ‖ ~작업 snow removing / ~차 a snowplow.

제세(濟世) salvation of the world. ~하다 save the world.

제소(提訴) ~하다 sue; bring a case before《*the court*》; file a suit《*in the court against a person*》.

제수(弟嫂) a younger brother's wife; *one's* sister-in-law.

제수(除數)〖數〗the divisor.

제수(祭需) ① things used in the memorial services. ② ☞ 제물.

제스처《make》a gesture. ¶ ~에 불과하다 be a mere gesture / 그에게 거절한다는 ~를 나타내다 make a gesture of refusal at him.

제습(除濕) ~하다 dehumidify. ‖ ~기 a dehumidifier / ~제 a dehumidifying agent.

제시(提示) presentation. ~하다 present; show.

제시간(一時間) the appropriate〔proper, scheduled〕time. ¶ ~에 on time.

제씨(諸氏) gentlemen; Messrs.

제안(提案) a proposal; a proposition; a suggestion; an offer. ~하다 propose; make a proposal〔an offer〕; suggest. ¶ 반대 ~ a counterproposal / 나의 ~이 가결〔부결〕되었다 My proposal〔motion〕was adopted〔rejected〕. ‖ ~설명 enunciation of a proposal / ~이유 the reason for a proposal / ~자 a proposer.

제암(制癌) cancer prevention〔inhibition〕. ¶ ~의 anticancer. ‖ ~제 an anticancer drug〔medicine〕.

제압(制壓) ~하다 control; bring... under control; gain supremacy over《*the enemy*》. ¶ 군대는 데모대를 ~했다 The army controlled the demonstrators.

제야(除夜)《on》New Year's Eve.

제약(制約) a restriction; a limitation. ~하다 restrict; limit. ¶ 시간 ~으로 하고 싶은 말을 반밖에 못했다 I said only half as much as I wanted to say because of limited time.

제약(製藥)《제조》medicine manufacture; pharmacy;《약》a manufactured medicine〔drug〕. ‖ ~공장〔회사〕a pharmaceutical factory〔company〕.

제어(制御) control. ~하다 control; govern; manage. ¶ ~하기 쉬운〔어려운〕easy〔hard〕to control / ~할 수 없는 uncontrollable / 자동 ~장치 an automatic control system〔device〕/ 본능을 ~하기란 매우 어렵다 It is pretty hard to have control over instinct.

제염(製塩) salt manufacture. ‖ ~소 a saltern; a saltworks.

제오(第五) the fifth. ‖ ~공화국 the Fifth Republic / ~열 the fifth column.

제왕(帝王) an emperor; a monarch; a sovereign. ‖ ~절개(수)술〖醫〗a Caesarean operation.

제외(除外) ~하다 except; exclude; make an exception of; exempt《*a person from taxes*》(면제). ¶ 인원수에서 ~하다 exclude《*a person*》from the number. ‖ ~조항 an escape clause.

제우스〖그神〗Zeus.

제위(諸位) gentlemen; my friends.

제유법(提喩法)〖修〗synecdoche.

제육《돼지고기》pork.

제육감(第六感) the sixth sense; a hunch. ¶ ~으로 그것을 알다 feel it by intuition〔the sixth sense〕.

제의(提議) ☞ 제안. ¶ 새로운 계획의 변경을 ~하고 싶다 I want to propose an amendment to the new plan.

제이(第二) number two; the second. ¶ ~의 the second; secondary / 습관은 ~의 천성이다 Habit is second nature. ‖ ~국민역 disqualified conscription status / ~인칭 the second person / ~차 산업 a〔the〕secondary industry / ~차 세계대전 the Second World War; World War Ⅱ / ~차 집단〖社〗a secondary group.

제일(第一) the first; number one. ¶ ~의 first; primary; foremost / ~과 the first lesson; Lesson One / 건강이 ~이다 Health is above everything else. / 안전 ~《게시》Safety First. / 그는 심장 외과의 ~인자다 He is the foremost〔leading〕authority on heart surgery. / 우리는 목표를 향해 ~보를 내딛었다 We took〔made〕the first step toward our goal. ‖ ~

성(聲) *one's* first speech (새 대통령의 ～성 the inauguration speech of the new President) / ～인칭 〖文〗 the first person / ～차 산업 primary industries / ～차 제품 primary products〔produce〕.

제일선(第一線) 《최전선》 the forefront; the front(전선). ¶ ～의 병사 a front-line soldier / 그는 ～에서 물러났다 He has retired from active life.

제자(弟子) a pupil; a disciple; an apprentice(도제). ¶ 애～ *one's* favorite pupil / 그는 ～를 두지 않는다 He doesn't take pupils. / 그녀는 유명한 도예가의 ～가 되었다 She apprenticed herself〔was apprenticed〕 to a famous ceramist.

제자(諸子) 《중국의》 sages; masters. ¶ ～백가 all philosophers and literary scholars.

제자(題字) the title letters.

제자리걸음 ～하다 step; stamp; mark time; be at a standstill (정체). ¶ 발이 시려워 ～하며 기차를 기다렸다 I stamped my cold feet as I waited for the train. / 실험은 ～을 하고 있다 The experiment is at a standstill.

제작(製作) ～하다 manufacture; make; produce. ¶ 영화 ～에 2년이 걸리다 take two years to make the movie. ‖ ～비 production costs / ～소 a plant; a factory; a works / ～자 a maker; a manufacturer; producer (영화의).

제재(制裁) punishment; sanctions. ～하다 punish; take sanctions 《*against*》. ¶ 군사적 ～ military sanctions / 경제적 ～를 가하다 take〔apply〕 economic sanctions.

제재(製材) sawing; lumbering. ～하다 lumber; do lumbering; saw up 《*logs*》. ‖ ～소 a sawmill; a lumbermill.

제재(題材) subject matter; a theme.

제적(除籍) ～하다 remove 《*a person's name*》 from the register; expel 《*a person from school*》.

제전(祭典) 《hold》 a festival. ¶ 스포츠 ～ a sports festival.

제절(諸節) all the family; all of you. ¶ 댁내 ～이 무고하신지요 How is your family?

제정(制定) ～하다 enact 《*laws*》; establish. ¶ 새로운 세법이 지난달 ～되었다 The new tax laws were enacted last month.

제정(帝政) imperial government〔rule〕. ‖ ～러시아 Czarist Russia / ～시대 the monarchical days〔periods〕.

제정(祭政) ‖ ～일치 the unity of church and state.

제정신(一精神) 《기절에 대해》 consciousness; senses; 《미친 정신에 대해》 sanity; right mind; 《취하지 않은》 soberness. ¶ ～의 sane; sober / ～을 잃다 lose consciousness(의식); go mad(발광) / ～이 아니다 be out of *one's* senses / ～이 들다 come to *oneself*; recover consciousness / ～이 들게하다 bring 《*a person*》 to *his* senses / 그녀는 너무나 두려워 ～을 잃었다 He was terrified out of her wits.

제조(製造) manufacture; production. ～하다 manufacture; make; produce; turn out. ‖ ～공장 a manufactory; a factory / ～공정 a manufacturing process / ～능력 manufacturing capacity / ～번호 the (manufacture) serial number 《*on a camera*》 / ～법 a mode of preparation / ～업 the manufacturing industry / ～업자〔원(元)〕 a manufacturer; a maker; a producer / ～원가 manufacturing〔production〕 cost / ～일자 the date of manufacture.

제주(祭主) the chief mourner; the master of religious rites.

제주(祭酒) sacred wine; wine offered before the altar.

제주도(濟州島) Jeju Island.

제지(制止) control; restraint. ～하다 restrain; check; hold back; stop. ¶ ～할 수 없다 be beyond *one's* control / ～할 수 없게 되다 《대상이 주어》 get out of *one's* control; 《사람이 주어》 lose control 《*of*》.

제지(製紙) paper making〔manufacture〕. ¶ ～용 펄프 paper pulp. ‖ ～공장〔업자〕 a paper mill〔manufacturer〕 / ～업 the paper industry / ～회사 a paper manufacturing company.

제차(諸車) ¶ ～ 통행 금지 《게시》 Closed to all vehicles.

제창(提唱) (a) proposal. ～하다 propose; bring forward; advocate. ¶ 새로운 안을 ～하다 bring forward a new proposal. ‖ ～자 an advocate; an exponent.

제창(齊唱) a unison. ～하다 sing 《*the national anthem*》 in unison.

제철 the season 《*for apples*》; suitable time.

제철(製鐵) iron manufacture. ‖ ～소 an ironworks / ～업 the iron industry / ～회사 an iron-manufacturing company / 종합～공장 an integrated steelworks.

제쳐놓다 lay〔put〕 aside; set apart〔aside〕. ¶ 모든 일을 제쳐놓고 before anything (else); first of all / 그는 하던 일을 제쳐놓고 여행을 떠났다 He left his job half done and went on a trip.

제초(除草) ～하다 weed 《*a garden*》. ‖ ～기 a weeder / ～제 a

weed killer.

제출(提出) presentation. ～하다 present; introduce 《*a bill*》; submit; bring forward; advance 《*an opinion*》; hand 〔send〕 in(답안·원서 등을); lodge(이의 등을); tender 《*one's resignation*》. ‖ ～기한 a deadline / ～자 a presenter; a proposer. 「the Seventh Fleet.

제칠(第七) the seventh. ‖ ～함대

제트 (a) jet. ¶ ～기 조종사 a jet pilot. ‖ ～기류 a jet stream / ～수송기 a jet transport (plane) / ～엔진 a jet engine / ～여객〔전투, 폭격〕기 a jet airliner 〔fighter, bomber〕 / 점보～기 a jumbo jet plane.

제판(製版) 〖印〗 plate-making; make-up. ～하다 make a plate; make up. ‖ ～소 a plate-maker's shop / ～업자 a plate-maker / ～사진 photoengraving.

제패(制覇) conquest; domination. ～하다 conquer; dominate. ¶ 세계 ～ domination of the world; world hegemony / 그는 세계 ～를 꿈꾸었다 He dreamed of conquering the world. / 그녀는 그 대회에서 전 종목을 ～했다 She won all the events at that meet.

제풀 ¶ ～로〔에〕 of *itself;* of *its* own accord; spontaneously.

제품(製品) manufactured goods; a product; a manufacture. ¶ 유리 ～ glassware / 미국 ～ articles of American make / 외국〔국내〕 ～ foreign〔domestic〕 products / 이 사진기들은 당사 ～이다 These cameras are the products of our company. ‖ ～광고 a product advertisement / ～생산량별 임금제 the piece rate pay system.

제하다(除—) ① 《제외》 leave out; exclude; except; 《빼다》 take away 〔off〕; deduct; subtract. ¶ 달리 특별한 규정이 있는 경우를 제하고 unless otherwise provided / 급료에서 ～ deduct 《*a sum*》 from *one's* pay; take 《*a sum*》 off *one's* salary. ② 《나누다》 divide.

제한(制限) restriction; limitation; a limit. ～하다 restrict; limit; put 〔impose, place〕 restrictions 《*on*》. ¶ ～적인 restrictive / ～없이 without limit 〔restriction〕; freely; unrestrictedly / 한자 사용의 ～ a limitation 〔restriction〕 on the use of Chinese characters / 산아 ～ birth control / 수입 ～ import restriction / 수에 ～이 있다 be limited in number; there is a limit to the number 《*of*》 / ～을 완화하다 relax the restrictions 《*on trade*》 / ～을 철폐하다 remove 〔lift〕 restrictions / 수량 ～ quantitative restrictions / 전력의 소비 ～ restriction on power consumption / 회원 자격에는 남녀 및 연령의 ～이 없다 Membership is open to persons of either sex and of any age. ‖ ～속도 a speed limit; the regulation speed / ～시간 a time limit / ～전쟁 a limited war.

제해권(制海權) the command of the sea; naval supremacy. ¶ ～을 장악하다〔잃다〕 have 〔lose〕 the command of the sea.

제헌(制憲) ‖ ～국회 the Constitutional Assembly / ～절 Constitution Day.

제혁(製革) tanning; leather manufacture. ‖ ～소 a tannery / ～업자 a tanner. 「men.

제현(諸賢) (Ladies and) Gentle-

제형(梯形) 〖幾〗 a trapezoid; 〖軍〗 an echelon formation.

제형(蹄形) 《말굽 형상》 ¶ ～의 hoof-shaped; U-shaped.

제호(題號) a title 《*of a book*》.

제화(製靴) shoemaking. ‖ ～공장 a shoemaking factory / ～업 the shoe(making) industry.

제휴(提携) cooperation; a tie-up. ～하다 cooperate 《*with*》; join hands; tie up 《*with*》. ¶ …와 ～하여 in cooperation with / ～하여 공동의 적에 대항하다 be leagued together against the common enemy / 기술 ～ a technical tie-up 《口》; (an agreement for) technical cooperation. ‖ ～회사 an affiliated concern.

젠장 Hang 〔Damn〕 it!; Hell!

젠체하다 put on airs; assume an air of importance.

젠틀맨 a gentleman.

젤라틴 〖化〗 gelatin(e).

젤리 jelly. 「service.

젯밥(祭—) food for ceremonial

조[1] 〖植〗 (a grain of) millet.

조(條) an article; a clause; an item. ¶ 제 5～ Article 5.

조(組) 《무리》 a group; a party; a gang (악한의); a team(경기의). ¶ 3인～ 강도 a gang of three burglars / 일곱 사람씩 ～를 짜라 Form groups of seven. / 우리는 두 사람씩 ～를 이루어 출발했다 We set off in pairs.

조(調) ① 《곡조》 a tune; meter. ¶ 장〔단〕～ major 〔minor〕 key. ② 《말투》 an air 〔attitude〕 《*of*》. ¶ 비난～로 with an air of censure.

조(朝) a dynasty. ¶ 청～ the Ching dynasty. 「《英》.

조(兆) a trillion 《美》; a billion

조[2] that little 《*thing over there*》. ¶ ～놈 that little guy.

조가(弔歌) a dirge; an elegy.

조가비 a shell. ‖ ～세공 shellwork.

조각 a fragment; a (broken)

piece; a scrap; a chip; a splinter(날카로운). ¶ 깨진 접시 ～ a fragment of a broken dish / 유리 ～ a piece of broken glass / ～(이) 나다 break into pieces〔fragments〕. ‖ ～달 a crescent (moon) / ～보 a patchwork wrapping-cloth.

조각(彫刻) (a) sculpture; (a) carving; (an) engraving (「조각물」의 뜻일 때는 Ⓒ). ～하다 sculpture; sculpt; carve(나무에); engrave(금속·돌에). ¶ 코끼리 ～ a sculpted elephant / 나무로 상을 ～하다 carve an image in wood. ‖ ～가 an engraver; a carver; a sculptor.

조각(組閣) formation of a cabinet. ～하다 form〔organize〕a cabinet.

조간(朝刊) a morning paper. ¶ 오늘 아침 ～의 일면 기사는 무엇이냐 What is the front-page article of today's morning paper?

조갈(燥渴) thirst. ¶ ～이 나다 feel thirsty.

조감도(鳥瞰圖) a bird's-eye-view; an airscape.

조강(粗鋼) crude steel.

조강지처(糟糠之妻) *one's* good old wife; *one's* wife married in poverty.

조개 a shellfish; a clam. ‖ ～젓 salted clam meat / ～탄 oval briquets / 조갯살 clam meat.

조객(弔客) a caller for condolence; a condoler.

조건(條件) a condition; terms(계약·지불 등의); a requirement(필수의); a qualification(제한적인). ¶ 계약의 ～ the terms of a contract / 열악한 노동 ～ poor working conditions / 제 1 ～ the first condition / 회원이 될 수 있는 ～ a membership requirement / ～을 달다 make〔impose〕conditions《*on*》/ ～을 채우다 meet《*a person's*》conditions〔requirements〕/ …라는 ～으로 on the condition that…; provided that…; under the condition that… / 정부는 미국 측의 제안을 ～부로 승낙했다 The government accepted the proposal from the U.S. with some reservations. / 무～으로 without any condition; unconditionally. ‖ ～문〖文〗a conditional sentence / ～반사〖生〗conditioned reflex〔response〕/ ～부 채용 conditional appointment(임용)〔employment(고용)〕.

조견표(早見表) a chart; a table. ‖ 계산～ a ready reckoner / 전화번호～ telephone numbers at a glance.

조경(造景) landscape architecture. ‖ ～사 a landscape architect〔gardener〕/ ～술(術) landscape architecture〔gardening〕.

조계(租界) a concession; a settlement.

조공(朝貢) ～하다 bring a tribute《*to a country*》. ‖ ～국 a tributary state.

조광권(租鑛權) a mineral right; a concession.

조교(弔橋) a suspension bridge.

조교(助敎) an assistant teacher; an assistant(조수).

조교수(助敎授) an assistant professor.

조국(祖國) *one's* fatherland〔motherland〕; *one's* mother country. ‖ ～애 love of *one's* country; patriotism.

조그마하다 (be) smallish; be of a somewhat small size (서술적).

조그만큼 《양》just a little; 《수》just a few; 《정도》slightly; a little.

조금 《수·양》a few(수); a little (양); some(수·양); 《정도》a little; a bit; 《시간》a moment; a minute; a while; 《거리》a little way. ¶ ～씩 little by little; bit by bit / ～ 더 a little〔few〕more / ～ 전에 a little while ago / ～ 떨어져 a little (way) off / ～도 …하지 않다 not… at all; not… in the least; not… a bit / 달걀이라면 냉장고에 ～ 있다 There are a few〔some〕eggs in the refrigerator. / 소금이 ～밖에 없다 There is not much salt left. / 나는 영어를 ～ 말할 수 있다 I can speak English a little. / ～만 기다려 주십시오 Wait a moment〔minute〕, please. / ～ 쉬도록 하자 Let's take a rest for a while. / 이 강을 따라 ～만 가십시오 Go a little way along this river. / 그녀는 ～도 놀라지 않았다 She was not surprised at all〔in the least〕. / 그는 복장 따위에는 ～도 신경을 쓰지 않는다 He doesn't care a bit about his clothes.

조금(潮―)〖地〗the neap tide.

조급(躁急) ～하다 (be) impatient; impetuous; hasty. ¶ ～한 사람 a hothead; a man of impetuous disposition / 그렇게 ～히 굴지 마라 Don't be so impatient.

조기〖魚〗a yellow corvina.

조기(弔旗) 《hang》a flag at half-mast〔-staff〕; a mourning flag.

조기(早起) getting up early《*in the morning*》. ‖ ～회 an early risers' club〔meeting〕.

조기(早期) an early stage. ¶ 암은 ～발견하면 고칠 수 있다 Cancer can be cured if detected in its early stages. ‖ ～경보체제 the early warning system / ～발견 early detection《*of cancer*》/ ～진단〔치료〕early diagnosis〔treatment〕(～진단을 받다 be diagnosed in an early stage).

조깅 jogging; a jog. ¶ ～을 하다 jog; take a 《*morning*》 jog / ～하는 사람 a jogger.

조끼[1] a vest《美》; a waistcoat.

조끼[2] a (beer) mug; a tankard (큰). ¶ 맥주 한 ～ a mug of beer.

조난(遭難) a disaster; an accident; a shipwreck(배의). ～하다 meet with a disaster〔an accident〕; be in distress; be wrecked (파선되다). ‖ ～구조대 a rescue party / ～구조선 a rescue boat / ～선 a ship in distress; a wrecked ship / ～신호 a distress signal; 《call》 Mayday / ～자 a victim; a survivor (생존자).

조달(調達) 《물자 등의》 supply; procurement; 《자금의》 raising; 《일용품 등의》 provision. ～하다 supply〔furnish〕《*a person with things*》; procure; raise 《*capital*》. ¶ 해외 ～ off-shore procurement. ‖ ～과 the procurement〔supply〕section / ～기관 a procurement agency / ～청 the Supply Administration.

조당(粗糖) raw〔unrefined〕sugar.

조도(照度) intensity of illumination. ‖ ～계 an illuminometer.

조동사(助動詞) 〖文〗 an auxiliary verb.

조락(凋落) 《나뭇잎의》 withering; 《영락》 a decline; a decay. ～하다 《시들다》 wither; fade; 《영락하다》 decline; go downhill. ¶ ～의 길을 걷다 head for ruin〔downfall〕.

조력(助力) help; aid; assistance; cooperation(협력). ～하다 help; aid〔assist〕《*in*》; give aid〔assistance〕《*to*》; cooperate 《*with*》. ¶ 아무의 ～을 구하다 ask for *a person's* help. ‖ ～자 a helper; an assistant.

조력(潮力) tidal energy〔power〕. ¶ ～발전 tidal power generation / ～발전소 a tidal-powered electric plant.

조령모개(朝令暮改) lack of principle; an inconsistent policy. ¶ ～의 정책 a fickle〔an inconsistent〕policy.

조례(弔禮) condolatory etiquette〔manners〕.

조례(條例) regulations; an ordinance; a law. ¶ 시의 ～ a municipal ordinance / ～를 반포하다 issue regulations〔an ordinance〕.

조례(朝禮) a morning gathering〔meeting, assembly〕. ¶ 매주 월요일에 ～가 있다 We have the morning meeting every Monday.

조로(早老) premature senility. ¶ ～의 prematurely aged. ‖ ～현상 symptoms of premature old age.

조로아스터교(一教) Zoroastrianism.

조롱(嘲弄) ridicule; derision; mockery. ～하다 ridicule; deride; mock; make a fool of; laugh at.

조롱박 ① 〖植〗 a bottle gourd. ② 《바가지》 a water dipper made of gourd.

조루(早漏) 〖醫〗 premature ejaculation.

조류(鳥類) birds; fowls. ‖ ～보호 bird protection / ～학 ornithology / ～학자 an ornithologist.

조류(潮流) 《해수의 흐름》 a (tidal) current; a tide; 《시세의 동향》 a trend; a tendency; a current. ¶ ～는 저쪽에서 방향을 바꾸고 있다 The tide runs in a different direction over there. / 시대의 ～에 따르다〔역행하다〕 swim with〔against〕 the current of the times.

조류(藻類) 〖植〗 (the) algae; seaweeds. ¶ ～의 algoid. ‖ ～학 algology.

조르다 ① 《죄다》 tighten; wring; strangle(목을). ¶ 목을 졸라 죽이다 strangle 《*a person*》 (to death). ② 《졸라대다》 ask〔press, pester, importune〕《*a person for a thing, to do*》. ¶ 그는 자전거를 사달라고 어머니를 졸랐다 He pestered his mother to buy him a bicycle.

조르르 《물 따위가》 trickling; dribbling; running; 《구르다·미끄러지다》 slipping〔rolling, sliding〕 down; 《뒤따름》 tagging along. ¶ 물이 ～ 나오다 water dribbles from 《*the faucet*》 / ～ 따라가다 tag at 《*a person's*》 heels.

조르륵 bubblingly; droppingly.

조리(笊籬) a (bamboo) strainer; a (bamboo) mesh dipper. ¶ ～로 쌀을 일다 rinse rice using a (bamboo) strainer.

조리(條理) logical sequence; logic; reason. ¶ ～가 서는 reasonable; logical; consistent / ～가 안 서는 unreasonable; absurd; illogical / ～가 맞다 stand to reason; be reasonable.

조리(調理) ① 《조섭》 care of health. ～하다 take care of *one's* health. ② 《요리》 cooking; cookery. ～하다 cook; prepare 《*a dish*》. ‖ ～대 a dresser; a kitchen table / ～법 the art of cooking; cookery; cuisine / ～사 a licensed cook.

조리개 ① 《끈》 a tightening string〔cord〕. ② 《사진기의》 an iris; a diaphragm; a stop. ¶ ～를 열다〔닫다〕 open〔shut〕 the diaphragm.

조리다 boil 《*fish*》 down. ¶ 생선을 간장에 ～ boil fish with soy sauce / 생선을 은근한 불에 ～ let fish simmer gently.

조림 boiled food. ¶ 고등어 ～ mackerel boiled with soy sauce.

조림(造林) afforestation. ～하다 afforest 《*a mountain*》; plant trees. ‖ ～학 forestry.
조립(組立) assembling(기계의); fabrication; construction. ～하다 put 《*things*》 together; assemble; construct; build; fabricate. ¶ 기계를 ～하다 build〔frame, construct〕 a machine; assemble〔put together〕 a machine (부품을 조립하여). ‖ ～공 an assembler / ～공장 an assembly plant / ～(식) 주택 a prefabricated house; a prefab (house) / ～(식) 책장 a sectional bookcase.
조마(調馬) horse training〔breaking〕. ‖ ～사 a horse trainer.
조마조마하다 (be) fidgety; edgy; agitated; feel nervous〔uneasy, anxious〕(서술적).
조막손이 a claw-handed person.
조만간(早晩間) sooner or later.
조망(眺望) a view; a prospect; a lookout(전망). ～하다 command a view of; look out over〔upon〕 《*the sea*》. ¶ 그 산정은 ～이 좋다 The view from the top of the mountain is superb. ‖ ～권 the right to a view.
조명(照明) lighting; illumination. ～하다 light (up); illuminate. ¶ 직접〔간접〕 ～ direct〔indirect〕 lighting / 무대 ～ stage lighting / 이 방은 ～이 나쁘다 This room is badly〔dimly〕 lit〔lighted〕. ‖ ～기구 an illuminator; lighting fixtures / ～탄 a flare bomb / ～효과 lighting effects.
조모(祖母) a grandmother.
조목(條目) an article; a clause; an item.
조무래기 《물건》 petty goods; odds and ends; sundries; 《아이》 little kids; kiddies.
조문(弔文) a message of condolence; a memorial〔funeral〕 address.
조문(弔問) a call of condolence. ～하다 call on 《*a person*》 to express *one's* condolence / ～을 받다 receive callers for condolence. ‖ ～객 a caller for condolence / ～사절(使節) a 《*U.S.*》 delegation to memorial service; a condolence delegation.
조문(條文) 《본문》 the text 《*of regulations*》; 《조항》 provisions.
조물주(造物主) the Creator; the Maker; God.
조미(調味) ～하다 season 《*with salt*》; give flavor 《*to*》; flavor 《*with onions*》. ‖ ～료 a seasoning; a condiment; a flavor enhancer.
조밀(稠密) density. ¶ 인구가 ～한 지역 a densely〔thickly〕 populated area; an area of dense population / 인구가 ～하다 be densely populated; have a high population density.
조바심하다 be anxious〔cautious〕 《*about*》; be nervous; feel impatient〔restless〕.
조반(朝飯) breakfast. ¶ ～을 먹다 take〔have〕 breakfast.
조밥 boiled millet (and rice).
조방농업(粗放農業) extensive agriculture.
조변석개(朝變夕改) ☞ 조령모개.
조병창(造兵廠) an arsenal; an armory 《美》.
조복(朝服) a court dress.
조부(祖父) a grandfather.
조부모(祖父母) grandparents. ¶ ～의 grandparental.
조분(鳥糞) bird droppings. ‖ ～석(石) guano.
조붓하다 be a bit narrow.
조사(早死) an early〔a premature, an untimely〕 death. ～하다 die young〔before *one's* time, at an early age〕.
조사(弔辭) a letter〔message〕 of condolence; 《give》 a funeral address.
조사(助詞) 〖文〗 a postpositional 「particle.
조사(照射) irradiation. ¶ X선을 ～하다 apply X-rays to 《*a person's neck*》.
조사(調査) (an) investigation; (an) examination; an inquiry(질문 등에 의한); a survey (측량 등에 의한); (a) census (인구의); a research (학술상의). ～하다 investigate; examine; survey; look〔inquire〕 into. ¶ 고대 유적을 ～하다 survey the remains of ancient times / 철저히 ～하다 make a thorough〔an intensive〕 investigation 《*into*》; investigate 《*a thing*》 thoroughly / 그 사건은 지금 ～ 중이다 The matter is under investigation. / 당국은 사고의 원인을 ～하기 시작했다 The authorities have started to investigate the cause of the accident. / ～ 결과 엔진에 이상이 있음이 판명되었다 On investigation it was found that the engine was out of order. ‖ ～결과 findings (위원회 등의) / ～관 an examiner; an investigator / ～보고 a report of an investigation / ～부〔과〕 an investigation division〔section〕 / ～위원회 an investigation〔a fact-finding〕 committee / ～자료 data for investigation / ～표 a questionnaire.
조산(早産) a premature birth. ～하다 give birth to a baby prematurely. ‖ ～아 a prematurely born baby.
조산(助産) midwifery. ‖ ～사 a

midwife / ～학 obstetrics.
조산(造山) an artificial〔a miniature〕hill; a rockery. ‖ ～운동〔작용〕『地』 mountain-building〔-making〕activity〔movements〕; orogeny.
조상(弔喪) condolence. ～하다 condole with a mourner《*on his wife's death*》. 「ther.
조상(祖上) an ancestor; a forefa-
조상(彫像) a (carved) statue.
조색(調色) mixing colors.
조생종(早生種) a precocious species; an early-ripening plant.
조서(詔書) a royal edict〔rescript〕.
조서(調書)『法』a record; written evidence. ¶ ～를 꾸미다 put《*a deposition*》on record.
조석(朝夕) morning and evening.
조선(造船) shipbuilding. ～하다 build a ship. ‖ ～공학 marine engineering / ～기사 a naval〔marine〕engineer; a shipbuilder / ～능력 shipbuilding capacity / ～대 a shipway; a slip / ～소 a shipyard; a dockyard / ～업 the shipbuilding industry / ～학 naval architecture.
조성(助成) ～하다《보조하다》assist; aid;《촉진하다》further; promote;《후원하다》support; sponsor; subsidize(정부가). ‖ ～금 a subsidy; a grant-in-aid.
조성(造成)《토지의》development; reclamation(매립); preparation《*of a housing site*》. ～하다 make《*a new land*》; develop《*an area of land*》; prepare《*the ground for housing*》. ¶ 택지를 ～하다 develop land for housing lots.
조성(組成) formation; composition. ～하다 form; make up; compose. ‖ ～물 a composite.
조세(租稅) taxes; taxation(과세). ¶ ～를 부과하다 impose a tax《*on*》.
조소(彫塑) carvings and sculptures; the plastic arts(조형미술).
조소(嘲笑) ridicule; derision; a sneer; a scornful〔derisive〕laughter. ～하다 laugh〔jeer〕at《*a person*》; ridicule. ¶ ～거리가 되다 become a laughingstock; be ridiculed / 세인의 ～를 사다 incur the public ridicule; draw ridicule upon *oneself*.
조속(早速) ¶ ～히 as soon as possible; at your earliest convenience.
조수(助手) an assistant; a helper. ¶ ～ 노릇을 하다 serve as assistant《*to a person*》; assist / 운전～ an assistant driver. ‖ ～석《자동차의》the passenger seat; the assistant driver's seat.
조수(鳥獸) birds and beasts; fur and feather.
조수(潮水) tidal〔tide〕water; the tides. ¶ ～의 간만 the ebb and flow of the tide.
조숙(早熟) precocity; premature growth. ～하다 be precocious; grow〔mature〕early. ¶ ～한 premature; precocious. ‖ ～아 a precocious child.
조식(粗食) poor food; a plain〔simple〕diet. ～하다 live on poor food〔a frugal diet〕.
조신(操身) carefulness of conduct〔behavior〕. ～하다 be careful of *oneself*; be discreet.
조실부모(早失父母) ～하다 lose *one's* parents early in life.
조심(操心)《주의》caution; heed; care;《신중》prudence; circumspection;《경계》precaution; vigilance. ～하다 take care〔be careful〕《*of*》; beware《*of*》; be cautious〔careful〕《*about*》; look out《*for*》. ¶ 말을 ～하다 be careful in *one's* speech / 몸을 ～하다 be careful about *one's* health / 발밑을 ～해라 Watch your step. / ～해서 걷다 walk with care / 앞으로는 ～하겠습니다 I will be more cautious in the future.
조심성(操心性) cautiousness; carefulness. ¶ ～이 없다 be careless〔thoughtless〕; be heedless〔imprudent〕. 「erence); kowtow.
조아리다 give a deep bow (in rev-
조아팔다 sell in small lots《*of*》.
조악(粗惡) ¶ ～한 bad; coarse; crude. ‖ ～품 a poor-quality goods; goods of inferior quality. 「minerals.
조암광물(造岩鑛物) rock-forming
조야(粗野) ¶ ～한 coarse; rough; unrefined; rude; rustic.
조야(朝野) the government and the people; the whole nation. ¶ ～의 명사들 men of distinction both in and out of the government.
조약(條約) a treaty; an agreement; a pact. ¶ ～을 맺다 conclude〔enter into〕a treaty《*with*》/ ～을 개정〔파기〕하다 revise〔denounce〕a treaty / 통상〔평화〕～ a commercial〔peace〕treaty / 북대서양～기구 the North Atlantic Treaty Organization(생략 NATO) / ～의 비준 the ratification of a treaty. ‖ ～가맹국 the members of a treaty; signatory countries / ～규정 the treaty provisions〔stipulations, terms〕.
조약돌 a pebble; a gravel.
조어(造語)《말》a coined word;《만들기》coinage. ¶ 한자가 가지고 있는 높은 ～력 the high word-forming ability of Chinese characters.

조언(助言) (a piece of) advice; counsel; a hint; a suggestion. ～하다 advise; counsel; give 《*a person*》 advice〔counsel〕; suggest. ¶ ～을 구하다 ask 《*a person*》 for advice; seek 《*a person's*》 advice 《*about*》 / 나는 그의 ～에 따르겠다 I'll follow〔take〕 his advice. ‖ ～자 an adviser; a counselor.

조업(操業) operation; work. ～하다 run 《*a factory*》; work 《*a mill*》; operate 《*a mine*》. ¶ ～을 재개하다 get back in operation; resume operation / ～을 단축하다 cut down〔reduce〕 operations / 완전 ～ full operation. ‖ ～단축 a reduction of operation〔work hours〕 / ～시간 operating hours.

조역(助役) 《조력자》 an assistant; a helper; 《철도 역장의》 an assistant stationmaster.

조연(助演) ～하다 play a supporting role 《*in*》; support〔assist〕 《*the leading actor*》; act with. ‖ ～배우 a supporting actor〔actress〕.

조예(造詣) knowledge. ¶ 그는 그리스 신화에 ～가 깊다 He has a profound〔deep〕 knowledge of Greek mythology. *or* He is well-informed in Greek mythology.

조용하다 《잠잠하다》 (be) quiet; silent; still; 《안온》 (be) calm; placid; tranquil; serene; peaceful; gentle; soft. ¶ 조용히 quietly; calmly; peacefully / 조용한 공원 a quiet park / 조용한 밤 a silent〔still〕 night / 조용한 발소리 quiet〔silent〕 footsteps / 그는 조용한 소리로 이야기했다 He spoke in a soft〔gentle〕 voice. / 조용히 해라 Be quiet!; Quiet down!; Keep still! / 조용히 하고 들어라 Be still and listen.

조우(遭遇) ～하다 come across; encounter 《*the enemy*》; meet with 《*an accident*》. ¶ 근접 ～ a close encounter. ‖ ～전 an encounter (battle).

조울병(躁鬱病) 〖醫〗 manic-depressive psychosis. ‖ ～환자 a manic-depressive.

조위금(弔慰金) condolence money.

조율(調律) tuning. ～하다 tune 《*a piano*》; put 《*a piano*》 in tune. ‖ ～사 a 《*piano*》 tuner.

조의(弔意) condolence; mourning. ¶ 충심으로 ～를 표하다 express〔offer, tender〕 *one's* sincere condolences 《*to*》 / ～를 표해 반기(半旗)를 걸다 hang out a flag at halfmast.

조인(鳥人) an airman.

조인(調印) signature; signing. ～하다 sign 《*a treaty*》; affix *one's* seal 《*to a document*》. ¶ 서명 ～하다 sign and seal / 가～하다 initial 《*an agreement*》. ‖ ～국 a signatory (power) / ～식 the signing ceremony / ～자 a signer; a signatory.

조작(造作) invention; fabrication. ～하다 fabricate; invent; forge; make〔cook〕 up. ¶ 그의 증언은 모두 ～된 것이었다 His whole testimony had been faked〔concocted〕.

조작(操作) (an) operation; (a) handling. ～하다 operate 《*a machine*》; manipulate 《*the market*》; handle. ¶ 원격～ remote control / 시장 ～ market manipulation / 가격의 인위적 ～ artificial manipulation of prices / 금융～ monetary manipulation / 기계 ～을 잘못하다 mishandle a machine / 이 컴퓨터는 ～하기 쉽다 This computer is easy to operate.

조잡(粗雜) ¶ ～한 rough; coarse; crude.

조장(助長) ～하다 encourage; promote; foster; further. ¶ 국제간의 친선을 ～하다 promote international friendship / 악폐를 ～하다 aggravate evils.

조장(組長) a head; a foreman (직공 등의).

조장(鳥葬) sky burial.

조전(弔電) 《send》 a telegram of condolence〔sympathy〕.

조절(調節) regulation; control; adjustment. ～하다 regulate 《*prices*》; control 《*a mechanism*》; adjust 《*a telescope*》. ¶ 라디오의 다이얼을 ～하다 tune in the radio / 실내 온도를 25도로 ～하다 regulate the temperature of the room to 25°C / 의자를 당신 몸에 맞도록 ～하시오 Adjust the seat to fit you. ‖ ～기 a regulator; an adjustor; a modulator(라디오의) / ～판 a control valve.

조정(朝廷) the (Royal) court.

조정(漕艇) rowing; boating. ‖ ～경기 a boat race.

조정(調停) mediation; arbitration; intervention; 〖法〗 reconciliation. ～하다 mediate 《*a labor dispute*》; arbitrate 《*in a case*》; reconcile; settle 《*a dispute*》. ¶ ～에 부치다 refer〔submit〕 《*a dispute*》 to arbitration / 유엔은 양국간의 분쟁 ～에 나섰다 The United Nations set about〔to〕 the mediation of the dispute between the two countries. ‖ ～안 a mediation plan; an arbitration proposal / ～위원회 a mediation committee / ～자 an arbitrator; a mediator.

조정(調整) regulation; adjustment; coordination. ～하다 regulate; adjust 《*the price of*》; coordinate. ¶ 속도를 ～하다 adjust the speed / 스테레오의 소리를 ～하다 adjust the stereo sounds / 우리의 서로 다른 의견 ～을 시도하다 try to coordinate our different views / 세금의 연말 ～ the year-end tax adjustment.

조제(粗製) coarse〔crude〕manufacture. ‖ ～품 a crude〔coarse〕article; coarse manufactures.

조제(調製) preparation; manufacture. ～하다 make; prepare.

조제(調劑) preparation of medicines. ～하다 prepare a medicine; fill〔make up〕a prescription. ‖ ～실 a dispensary.

조조(早朝) early morning.

조종(弔鐘) a funeral bell; a knell.

조종(祖宗) ancestors of a king.

조종(操縱) handling; operation; control; steering. ～하다 work; manage; handle; control; operate; manipulate; pilot (비행기를); steer(배를). ¶ ～할 수 없게 되다 lose control of 《*an airplane*》/ 기계를 ～하다 work〔operate〕a machine / 그는 경비행기를 ～할 수 있다 He can fly a lightplane. / ～하기 쉽다〔어렵다〕be easy〔hard〕to control〔manage〕/ 그녀는 남편을 제 마음대로 ～하고 있다 She turns〔twists〕her husband around her little finger. *or* She makes her husband do whatever she wants. ‖ ～간 a control stick〔lever〕/ ～사 a pilot (부～사 a copilot) / ～석 a cockpit; the pilot's seat.

조준(照準) aim; aiming; sight. ～하다 aim 《*at*》; take aim〔a sight〕; set *one's* sight 《*on*》. ‖ ～기 a sight / ～선 a line of sight / ～수 《대포의》 a gunlayer.

조지다 ① 《단단히 맞춤》 fix tightly; tighten〔screw〕up. ② 《단속함》 control strictly; exercise strict control 《*over*》. ③ 《호되게 때리다》 give 《*a person*》 a good beating.

조직(組織) 《집단》 an organization; formation; 《구성》 a structure; 《체계》 a system; 《생물의》 tissue. ～하다 organize; form; compose. ¶ ～적인 systematic / ～적으로 systematically / 사회의 ～ the structure of society / 정당〔노동조합〕을 ～하다 organize a political party〔labor union〕/ 내각을〔회사를〕～하다 form〔make〕a cabinet〔company〕/ 그는 그 ～의 우두머리이다 He is the leader of the organization. / 근육〔신경〕～ muscle〔nervous〕tissue / 위원회는 5명의 위원으로 ～되어 있다 The committee is composed of five members. ‖ ～망 the network of a system / ～책(責) a chief organizer / ～학 〖生〗 histology / ～화 organization; systematization (～화하다 organize; systematize / 고도로 ～화된 사회 a highly structured society).

조짐(兆朕) 《질병의》 symptoms; 《일반적인》 a sign; an indication; 《전조》 an omen. ¶ 성공의 ～ an omen of success / 폐렴의 ～을 보이다 develop symptoms of pneumonia / 경기 회복의 ～이 나타났다 We've had encouraging signs for economic recovery.

조차(租借) lease 《*of territory*》. ～하다 lease; hold 《*land*》 by〔on〕lease. ‖ ～권 a 《*99 years'*》 lease; leasehold / ～지 a leased territory.

조차(潮差) tidal range.

조차(操車) 〖鐵〗 marshaling. ‖ ～원 a train dispatcher / ～장 a marshaling yard; a switchyard 《美》.

조차 even; so much as; 《게다가》 besides; on top of. ¶ 자신의 이름 ～ 못 쓰다 cannot even〔so much as〕write *one's* own name / 비가 오는데 우박～ 쏟아진다 Hail began to fall on top of rain.

조찬(朝餐) breakfast. ‖ ～기도회 a breakfast prayer meeting.

조처(措處) a step; a measure; disposal. ～하다 take a step; take measures; take action. ¶ 적절한 ～를 취하다 take appropriate measures / 잘못 ～하다 take a wrong step / 강경한 ～를 취하다 take strong action 《*against*》.

조청(造淸) grain syrup.

조촐하다 (be) neat; nice; tidy; 《아담함》 (be) cozy; snug; little; small. ¶ 조촐하고 아늑한 방 a cozy〔snug〕room; a compact little apartment / 조촐하게 살다 live in a small way.

조총(弔銃) 《fire》 a (rifle) volley for the dead.

조총련(朝總聯) the pro-North Korean residents' league in Japan.

조치(措置) ☞ 조처. ¶ 보완 ～ complementary measures / 후속 ～ follow-up measures / 단호한 ～를 취하다 take strong〔decisive〕measures〔steps〕《*against outlaws*》.

조카 a nephew. ‖ ～딸 a niece.

조타(操舵) steering; steerage. ～하다 steer. ‖ ～기〔실〕a steering gear〔house〕/ ～수 a steersman.

조탁(彫琢) 《보석 따위의》 carving and chiseling; 《문장 따위의》 elaboration. ～하다 carve and chisel; elaborate.

조탄(粗炭) low-grade coal.

조퇴(早退) ～하다 leave work〔the office, school〕early.

조판(組版) typesetting; composition. ～하다 set (up) type; put 《*a manuscript*》 in type.

조폐(造幣) coinage; minting. ‖ ～

국 the Mint (Bureau) / ～국장 《美》 the Treasurer of the Mint (Bureau) / 한국～공사 the Korea Minting, Printing & ID Card Operating Corp.

조포(弔砲) 《fire》 a salute of minute guns.

조합(組合) an association; a guild (동업자의); a union(노동자의). ¶ ～을 만들다 form an association [a union] / ～에 가입하다 join an association; become a union member. ‖ ～비 union dues / ～원 a member of an association [a union]; a union member / ～활동 union activities.

조항(條項) articles; clauses(법률·조약의); 〖法〗 provisions; stipulations(계약·약정의).

조혈(造血) blood formation; hematosis. ‖ ～기관 a blood-forming organ / ～기능[조직] hematogenous [blood-forming] functions [tissues] / ～제 a blood-forming medicine.

조형(造形) molding; modeling. ‖ ～미술 formative [the plastic] arts.

조혼(早婚) an early marriage. ～하다 marry young.

조화(弔花) funeral flowers; a funeral wreath (화환).

조화(造化) creation; nature. ¶ ～의 묘 the wonders of nature / ～의 장난 a freak of nature.

조화(造花) an artificial [imitation] flower.

조화(調和) harmony. ～하다 harmonize [be in harmony] 《*with*》; go 《*with*》; match. ¶ ～된 harmonious 《*colors*》; well-matched / ～시키다 harmonize; adjust / 이 카펫의 색은 방과 ～를 이룬다[～가 안 된다] The color of this carpet 「is in harmony with [doesn't match] the room. / 이 두 색은 ～가 되지 않는다 These two colors do not go well together.

조회(朝會) ☞ 조례(朝禮).

조회(照會) (an) inquiry; (a) reference. ～하다 inquire 《*of a person about something*》; make inquiries 《*as to*》; apply [write, refer] 《*to a person for information*》. ¶ 서신으로 ～하다 send a letter of inquiry / ～ 중이다 be under inquiry / 그 상품에 관하여 제조회사에 ～했다 We 「made inquiry to [inquired of] the maker about the goods. / 본사에 직접 ～해 주십시오 Please refer directly to our main office. / 저의 신원에 관하여는 김 교수님께 ～해 주십시오 Please refer me to Professor Kim. ‖ ～서신 a letter of inquiry / ～선(先) a reference.

족(足) ① 《소·돼지의》 beef or pork hock. ② 《켤레》 a pair 《*of socks*》.

…족(族) a tribe; a clan; a family. ¶ 티베트～ the Tibet tribe.

족두리 a headpiece worn by a bride at marriage.

족발(足—) 《돼지의》 pork hock.

족벌(族閥) a clan. ‖ ～정치 clan government / ～주의 nepotism.

족보(族譜) a genealogical record [table]; a genealogy; a family pedigree; a family tree.

족생(簇生) ～하다 grow in clusters. ‖ ～식물 a social plant.

족속(族屬) relatives; clansmen.

족쇄(足鎖) fetters; shackles (for the feet). ¶ ～를 채우다 fetter; shackle.

족자(簇子) a hanging roll [scroll].

족장(族長) a tribal head; a patriarch.

족적(足跡) a footprint; footmarks. ¶ ～을 남기다 leave *one's* footmarks.

족제비 〖動〗 a weasel.

족족[1] 《찢는 모양》 《tear》 to pieces [shreds]; into shreds.

족족[2] 《마다》 every time; whenever; 《모두》 everything. ¶ 오는 ～ whenever *one* comes / 하는 ～ 모든 일이 잘 안 되었다 Whatever I tried was a failure.

족집게 (a pair of hair) tweezers.

족치다 ① 《줄여 작게 하다》 shorten; shrink; reduce the scale 《*of*》; 《쭈그러지게 하다》 squeeze to hollow. ② 《몹시 족대기다》 censure [reproach, torture] 《*a person*》 severely; question 《*a person*》 closely; grill; urge [press] 《*a person to do*》. ¶ 아무를 족쳐서 실토하게 하다 squeeze [extort] a confession from *a person*.

족친(族親) (distant) relatives.

족하다(足—) ① 《충분》 (be) enough; sufficient; 《동사적 용법》 suffice; will do; serve. ¶ 열 사람에게 족한 음식 sufficient food for ten / 생활하기에 족한 월급 enough salary to live on / 2천원이면 ～ Two thousand *won* will do. ② 《만족》 be satisfied [content] 《*with*》. ¶ 마음에 ～ be satisfactory.

족히(足—) enough; sufficiently; fully; well (worth). ¶ ～ 2마일 good 2 miles / ～ 볼만하다 be well worth seeing.

존 a zone. ‖ ～디펜스 zone defense / 스트라이크 ～ 〖野〗 a strike zone.

존경(尊敬) respect; esteem; reverence. ～하다 respect; honor; esteem; hold 《*a person*》 in respect; think highly [much] of; look up to. ¶ 나는 선생님을 매우 ～하고 있다 I deeply respect my teacher. / 그는 모두로부터 ～받고 있다 He is highly respected by everybody. / 내가 가장 ～하는 사

람은 나의 아버지이다 The person I have the highest regard for is my father. / 그는 ～할 만한 사람이다 He is an honorable man. *or* He deserves to be respected.
존귀(尊貴) nobility. ～하다 (be) high and noble.
존대(尊待) ～하다 treat with respect; hold《*a person*》in esteem. ¶ ～받다 be esteemed〔respected〕. ‖ ～어 honorific words; a term of respect.
존득존득하다 (be) chewy; gummy; elastic; sticky; glutinous.
존망(存亡) life or death; existence; destiny; fate. ¶ 국가 ～지추에 in this time of national crisis / 그것은 국가 ～에 관한 문제였다 It was a life-or-death question for the nation.
존비(尊卑) the high and the low; the aristocrats and the plebeians. ‖ ～귀천 high and low; noble and mean.
존속(存續) continuance. ～하다 continue (to exist); last. ¶ ～시키다 continue; maintain; keep up. ‖ ～기간 a term of existence.
존속(尊屬) 〖法〗 an ascendant. ¶ 직계〔방계〕 ～ a lineal〔collateral〕 ascendant. ‖ ～살해 parricide; the killing〔murder〕 of a close relative.
존안(尊顔) your esteemed self. ¶ ～을 뵙다 have the honor of seeing you.
존엄(尊嚴) dignity; majesty. ¶ 법의 ～(성) the dignity of law / 인간의 ～을 지키다 protect the dignity of man. ‖ ～사 death with dignity.
존장(尊長) an elder; a senior.
존재(存在) existence; being; presence (어떤 장소에 있는 것). ～하다 exist; be in existence. ¶ 나는 신의 ～를 믿는다 I believe in (the existence of) God. / 그는 ～감이 있는 인물이다 He is a person who makes his presense felt. / 그는 이 분야에서 귀중한 ～이다 He is a valuable figure in this world. ‖ ～론 ontology / ～이유 the *raison d'être*《프》; *one's*〔*it's*〕 reason for existing〔being〕.
존절하다 be frugal〔thrifty〕. ¶ 돈을 존절히 쓰다 be economical of money.
존존하다 be finely woven; be of fine〔close〕 weave.
존중(尊重) respect; esteem. ～하다 respect; esteem; value; have a high regard《*for*》. ¶ ～할 만한 respectable; estimable / 여론을 ～하다 have a high regard for public opinion / 법률을 ～하다 show respect for the law.
존체(尊體) your health.
존칭(尊稱) a title of honor; an honorific (title).
존폐(存廢)《the question of》 maintenance (or abolition); existence. ¶ 우리 조직의 ～에 관해 토의하다 discuss whether we should maintain our organization or not.
존함(尊啣) your name.
졸(卒)《장기의》 a Korean-chess pawn. ¶ ～을 잡다 take a pawn.
졸경치(르)다(卒更―) have bitter experiences; have a hard time of it.
졸깃졸깃하다 (be) chewy; sticky; gummy.
졸다[1]《졸려서》 doze (off); fall into a doze; drowse. ¶ 신문을 읽으면서 ～ be dozing over the newspaper / 졸면서 열차가 움직이기 시작하는 것을 느꼈다 Half asleep, I felt the train start moving.
졸다[2]《줄다》 shrink; contract;《졸어서》be boiled dry; get boiled down.
졸도(卒倒) a faint; a swoon; fainting. ～하다 faint; swoon; fall unconscious.
졸때기 ①《작은 일》 a small-scale affair; a petty job. ②《사람》 a petty person; a small fry. ¶ ～공무원 a petty official.
졸라매다 fasten tight(ly); tie〔bind〕《*something*》 fast; tighten (up). ¶ 허리띠를 ～ tighten up *one's* belt.
졸렬(拙劣) ¶ ～한 poor; clumsy; unskillful / ～한 방법 a poor method / ～한 문장 a crude style of writing.
졸리다[1]《남에게》 get pestered〔importuned〕《*by*》; be teased〔urged, pressed〕《*by*》.
졸리다[2]《매어지다》 be tightened〔fastened〕.
졸리다[3]《잠오다》 feel〔be〕 sleepy〔drowsy〕. ¶ 졸린 강의 a dull lecture / 졸린 눈을 비비다 rub *one's* drowsy eyes / 그 음악을 들으면 졸립다 I become sleepy as I listen to the music.
졸막졸막하다 be of various small sizes.
졸망졸망 ①《울퉁불퉁한》 ¶ ～한 uneven; rough. ②《자잘한》 ¶ ～한 물건들 things small and irregular in size / 한 떼의 ～한 아이들 a bunch of different-aged children.
졸문(拙文) a poor writing;《자기의 글》 my (unworthy) writing(겸손의 뜻으로).
졸병(卒兵) a (common) soldier; a private.
졸부(猝富) an upstart; the newly rich(집합적). ¶ ～가 되다 suddenly get〔become〕 rich / 전쟁으로〔토지 거래로〕 덕을 본 ～ a war〔land〕 profiteer〔millionaire〕.
졸속(拙速) ¶ ～의 rough-and-ready; knocked-up; hasty / ～ 공사의

관행 the faster-the-better construction practices. ‖ ～주의 a rough-and-ready method〔rule〕.

졸아들다 shrink; contract; 《끓어서》 be boiled down〔dry〕.

졸업(卒業) graduation. ～하다 graduate〔be graduated〕《*from*》; complete a course. ¶ 남자〔여자〕 대학～생 a male〔female〕 university graduate / 고교 ～생 a senior high school graduate / 대학을 갓 ～한 청년 a young man fresh from college / 중학교를 ～하다 complete the junior high school course / K대학을 우등으로 ～하다 graduate from K University with honors. ‖ ～논문 a graduation thesis / ～시험 a graduation examination / ～식 a graduation ceremony; the commencement (exercises)《美》/ ～장〔증서〕 a diploma / ～정원제 the graduation quota system.

졸음 drowsiness; sleepiness. ¶ ～이 오다 feel drowsy〔sleepy〕/ ～을 쫓으려고 진한 커피를 마시다 drink strong coffee in order to「keep awake〔banish sleep〕.

졸이다 ①《마음을》 worry *oneself;* be nervous〔uneasy, anxious〕 about. ②《끓여서》 boil down〔hard〕.

졸작(拙作) ①《졸렬한》 a poor work; trash. ② ☞ 졸저(拙著).

졸장부(拙丈夫) a man of small caliber; an illiberal fellow.

졸저(拙著) my humble work; my book.

졸졸 《흐름》 murmuring; tricklingly; 《따라다님》《follow *a person*》 persistently; tagging along. ¶ 물이 ～ 흐른다 Water trickles. / 그녀는 나를 ～ 따라다녔다 She「followed me about〔tagged along with me〕 persistently.

졸중(卒中) 〖醫〗 apoplexy.

졸지에(猝地―) suddenly; all of a sudden; unexpectedly. ¶ ～ 사고를 당하다 have an accident all of a sudden.

졸책(拙策) a poor plan〔policy〕.

졸필(拙筆) bad〔poor〕 handwriting; a poor hand. ¶ 그는 ～이다 He has bad handwriting.

좀[1] 〖蟲〗 a clothes moth; a bookworm; a silverfish. ¶ ～이 먹은 책 a worm-eaten book / …하고 싶어 ～이 쑤시다 《비유적으로》 itch〔have an itch〕《*for action*》; be impatient《*to do*》/ 소년은 영어를 써먹고 싶어 ～이 쑤셨다 The boy was itching to use his English.

좀[2] ①《조금》 a bit; a little; a few; some; somewhat. ¶ ～ 피로하다 be somewhat weary / 달걀이 냉장고에 ～ 있다 There are「a few〔some〕 eggs in the refrigerator. / 나는 영어를 ～ 말할 수 있다 I can speak English a little. ②《제발》 just; please. ¶ 내일 ～ 오너라 Please come tomorrow.

좀것 ①《사람》 a small mind; a petty person. ②《물건》 small things; trifles.

좀더 《양》 a little more; 《수》 a few more; 《시간》 a little longer.

좀도둑 《사람》 a sneak〔petty〕 thief; a pilferer. ¶ ～질하다 pilfer; filch; snitch《美口》.

좀먹다 ①《벌레가》 be〔get〕 moth-eaten. ②《서서히 나쁘게 하다》 undermine; spoil; affect. ¶ 동심을 ～ spoil the child's mind / 수면 부족은 건강을 좀먹는다 Lack of sleep affects〔ruins〕 your health. / 부패(행위)가 나라의 심장부를 좀먹고 있다 Corruption is eating at the heart of the country.

좀스럽다 ①《마음이》 (be) small-minded; petty. ¶ 좀스럽게 굴다 be too meticulous. ②《규모가》 (be) small; trifling.

좀약 a mothball.

좀처럼 rarely; seldom; hardly; scarcely. ¶ 그는 ～ 앓지 않는다 He is seldom ill. / ～ 그를 만나지 않는다 I rarely meet him. / 이런 기회는 ～ 오지 않는다 Such opportunities「do not occur every day〔seldom occur〕. / ～ 여행할 기회가 없다 I hardly get a chance to take a trip. /「버스가 ～ 오지 않는군 그래.」―「그렇군, 택시라도 잡을까」 "The bus is long (in) coming, isn't it?" ― "Yes, shall we catch a taxi?"

좀팽이 a petty little person.

좁다 《폭·범위가》 (be) narrow; 《면적이》 (be) small; limited(한정된); 《갑갑하게》 (be) tight; 《도량 따위가》 (be) narrow-minded; illiberal. ¶ 좁은 복도 a narrow corridor / 좁은 집 a small house / 좁은 바지 tight trousers / 그는 시야가 ～ He has a narrow view of things. *or* He is short-sighted. / 나는 교제 범위가 ～ I have a small circle of acquaintances. / 국제 정세에 관한 그의 지식은 ～ His knowledge about the international situation is quite limited. / 세상은 ～ It is a small world. / 그는 도량이 ～ He is narrow-minded.

좁다랗다 (be) narrow and close; rather narrow; narrowish.

좁쌀 hulled millet; 《비유적》 petty. ‖ ～뱅이 a petty person / ～영감 a petty old man.

좁쌀풀 〖植〗 a loosestrife.

좁히다 《좁게》 narrow; reduce《*the width*》.

종 《노비》 a servant; a slave.

종(種) ① 〖生〗 a species. ¶ ～의 기원 the Origin of Species. ② ☞ 종류. ¶ 3～ 우편 third-class mail. ③《품종》 a breed, a stock (소·말의); 《종자》 a seed. ¶ 몽고 ～의 말 a horse of Mongolian breed. ‖ ～견(犬) 〔돈(豚)〕 a breeding dog 〔pig〕.

종(鐘) a bell; a handbell(손 종); a gong (징); a doorbell (현관의). ¶ ～을 울리다〔치다〕 ring 〔strike, toll〕 a bell. ‖ ～각(閣) a bell house; a belfry / ～소리 a sound of a bell / ～지기 a bell ringer.

종가(宗家) the head family〔house〕.

종가세(從價稅) an *ad valorem* duty.

종결(終結) a conclusion; an end; a close. ～하다 end; terminate; come to an end〔a close〕; be concluded. ¶ 전쟁 ～의 교섭을 개시하다 begin negotiations for an end to the war / 소유권에 관한 쟁의가 ～됐다 The dispute over ownership came to an end.

종곡(終曲) 〖樂〗 the finale.

종교(宗敎) (a) religion; (a) religious faith. ¶ ～상의 religious / ～를 믿다 believe in a religion / ～적 의식 a religious ceremony / 신흥 ～ a new religion / 기존의 ～ the established religions / 나는 무～다 I don't have any particular religion. ‖ ～가 a man of religion / ～개혁 the Reformation / ～계 the religious world / ～단체 a religious body 〔organization〕 / ～법인 a religious corporation / ～음악 sacred music / ～재판〖史〗 the Inquisition / ～학 the science of religion; theology(신학) / ～화(畫) a religious picture.

종국(終局) an end; a close; a final; a conclusion. ¶ ～의 final; ultimate; eventual / ～에 가서는 ultimately; in the long run / ～을 고하다 come to an end.

종군(從軍) ～하다 join the army; go to the front. ‖ ～간호사 a (Red Cross) nurse attached to the army / ～기자 a war correspondent / ～기장(記章) a war medal / ～위안부 "comfort women" (attached to the army).

종굴박 a small gourd.

종극(終極) finality. ¶ ～의 final; ultimate.

종기(終期) the end (of a term); the close; the termination.

종기(腫氣) a boil; a tumor; a blotch; a swell. ¶ 발에 ～가 났다 I have got a boil on my foot.

종내(終乃) at last〔length〕; finally; in the end. ☞ 마침내.

종다래끼 a small fishing basket.

종단(宗團) the religious order.

종단(縱斷) ～하다 cut〔divide〕《*a thing*》 vertically; 《장소를》 run through; traverse. ¶ 그 철도는 대평원을 ～하고 있다 The railroad runs through the prairie. / 그녀는 한국 ～ 여행을 계획하고 있다 She is planning to travel through Korea from North to South. ‖ ～면 a longitudinal〔vertical〕 section.

종달새 a skylark; a lark.

종답(宗畓) paddy fields set apart as provision for sacrificial purposes.

종대(縱隊) a column; a file. ¶ 4열 ～로 in column of fours / 2열 ～로 행진하다 march in file.

종래(從來) ¶ ～의 old; former; usual; customary / ～에는 up to now〔this time〕; so far / ～대로 as usual; as in the past / ～의 판매 방법으로는 이 매상 목표를 달성할 수 없다 It is impossible to reach this sales goal with our customary sales methods. / 이것은 ～의 모델보다 사용하기가 훨씬 편하다 This is much easier to use than previous models.

종량세(從量稅) a specific duty.

종려(棕櫚) 〖植〗 a hemp palm. ‖ ～나무 a palm tree / ～유 palm oil.

종렬(縱列) a column; a file.

종료(終了) an end; a close; (a) conclusion. ～하다 (come to an) end; close; be over〔concluded〕. ¶ 회의는 ～됐다 The conference came to an end.

종루(鐘樓) a bell tower; a belfry.

종류(種類) a kind; a sort; a class; a type; a variety. ¶ 이런 ～의 사람 a man of this type / 이런 ～의 범죄 crimes of this nature / 온갖 ～의 것 all kinds〔sorts〕 of things; things of every kind / 그는 여러가지 ～의 진귀한 우표를 내게 보여 주었다 He showed me rare varieties of stamps. / 나는 그 서류를 세 ～로 나눴다 I divided the papers in three classes. / 이것은 저것과 ～가 다르다 This is different from that in type.

종마(種馬) a breeding horse; a stallion.

종막(終幕) 《연극의》 the final act 《*of a play*》; 《종말》 an end; a close.

종말(終末) an end; a close; a conclusion. ¶ ～을 고하다 come 〔be brought〕 to an end / ～이 다가오다 draw to a close〔an end〕.

종매(從妹) a younger female cousin.

종목(種目) items; 《경기의》 an event. ¶ 영업 ～ items of business / 수영 경기의 2 ～에서 우승하다 win two events at the swimming meet.

종묘(宗廟) the royal ancestors' shrine.

종묘(種苗) seeds and saplings; seedlings. ‖ ～장 a nursery (garden) / ～회사 a nursery company.
종물(從物) 〖法〗 an accessory 「(thing).
종반전(終盤戰) 《바둑 등의》 the end game; 《선거 등의》 the last stage 〔phase〕 《*of an election campaign*》.
종범(從犯) 〖法〗 participation in a crime. ¶ 사전〔사후〕 ～ an accessory before〔after〕 the fact. ‖ ～자 an accessory 《*to a crime*》; an accomplice.
종별(種別) (a) classification. ～하다 classify; assort. 「ant.
종복(從僕) a servant; an attend-
종사(宗嗣) the heir of a main family.
종사(從死) ～하다 die in attendance on 《*a person*》; follow 《*a person*》 to the grave.
종사(從事) ～하다 engage in 《*business*》; attend to 《*one's work*》; pursue 《*a calling*》; follow 《*a profession*》. ¶ ～하고 있다 be engaged in 《*atomic research*》; be at work 《*on a new book*》 / 그는 흥행업에 ～하고 있다 He is engaged in the show business.
종산(宗山) a family cemetery.
종서(縱書) ～하다 write vertically. 「bar.
종선(縱線) a vertical line; 〖樂〗 a
종속(從屬) subordination. ～하다 be subordinate〔subject〕 《*to*》; be dependent 《*on*》. ¶ ～적인 subordinate; dependent / 그 당시 대영제국은 많은 나라들을 ～시켰다 The British Empire subordinated many countries at that time. ‖ ～구〔절〕 a subordinate phrase 〔clause〕 / ～국 a dependency.
종손(宗孫) the eldest grandson of the main family.
종손(從孫) a grandnephew.
종손녀(從孫女) a grandniece.
종시속(從時俗) ～하다 follow the customs of the day.
종식(終熄) cessation; an end. ～하다 cease; come to an end; end. ¶ ～시키다 put an end〔a stop〕 to 《*a war*》.
종신(終身) ① 《한평생》 all *one's* life. ¶ ～의 lifelong; for life. ‖ ～고용제도 the lifetime〔lifelong〕 employment system / ～연금 a life pension / ～직 a life office; an office for life / ～형 life imprisonment 〔sentence〕 / ～회원 a life member. ② 《임종》 ～하다 be at *one's* parent's deathbed.
종실(宗室) a Royal family.
종심(終審) 〖法〗 the final trial.
종씨(宗氏) a clansman (of the same surname).
종씨(從氏) my〔your〕 elder cousin; a paternal cousin of *a person*.
종아리 the calf (of the leg). ¶ ～를 맞다 get whipped on the calf / ～를 때리다 lash〔whip〕 《*a person*》 on the calf. 「《*to oneself*》.
종알거리다 murmur 《*at*》; mutter
종양(腫瘍) 〖醫〗 a tumor. ¶ 뇌～ a cerebral tumor / 악성〔양성〕 ～ a malignant〔benignant〕 tumor.
종언(終焉) an end; a close. ¶ ～을 고하다 end; come to an end.
종업(從業) ～하다 be employed; be in the service. ‖ ～시간 working hours / ～원 a worker; an employee / ～원 교육 the training of employees; employee education〔training〕 / ～원 전용입구 a staff〔an employees'〕 entrance.
종업(終業) 《일의》 finishing〔the end of〕 work; 《학교의》 the close of school (term). ～하다 end〔finish〕 *one's* work. ‖ ～시간 the closing hour / ～식 the closing ceremony.
종연(終演) the end of a show. ～하다 end; finish; close 《*a theater, the performance*》. ¶ 오후 10시 ～ The curtain falls at 10 p.m. 「tial.
종요롭다 (be) important; essen-
종용(慫慂) ～하다 advise; persuade; suggest. ¶ 아무의 ～으로 at 《*a person's*》 suggestion / 경찰에 자수할 것을 ～하다 advise 《*a person*》 to surrender *oneself* to the police.
종우(種牛) a (seed) bull.
종유동(鍾乳洞) a stalactite grotto 〔cavern〕.
종유석(鍾乳石) 〖鑛〗 stalactite.
종이 paper. ¶ ～ 한 장〔연〕 a sheet 〔ream〕 of paper / 면이 거친〔매끄러운〕 ～ rough〔slick〕 paper / 얇은〔두꺼운〕 ～로 싸다 wrap in thin 〔thick〕 paper / ～에 쓰다 write 《*something*》 on paper / ～처럼 얇게 자르다 slice 《*a thing*》 paper thin / ～를 접다〔펼치다〕 fold〔unfold〕 paper / 양자의 차이는 ～ 한 장 차이다 The difference between them is very slight. ‖ ～기저귀 a disposable diaper / ～꾸러미 a paper parcel / ～냅킨 a paper napkin / ～봉지 a paper bag 〔sack〕 / ～부스러기 waste paper / ～컵 a paper cup / ～테이프 a paper tape; a paper streamer (환영·환송용의) / ～표지 a paper cover / ～호랑이 a paper tiger.
종일(終日) all day (long); the whole day; throughout the day; from morning till〔to〕 night.
종자(宗子) the eldest son of the head family.
종자(從者) an attendant; a follower; a retinue(수행자).

종자(種子) a seed. ☞ 씨.
종자매(從姉妹) female cousins.
종작없다 (be) desultory; rambling; pointless; absurd. ¶ 종작없는 생각에 잠기다 indulge in wandering speculation / 종작없는 말을 하다 talk in a rambling way.
종잡다 get the gist《*of*》; get a rough idea《*of*》; get the point《*of*》; roughly understand. ¶ 종잡을 수 없다 cannot get the gist〔grasp the point〕of; be unable to figure《*it*》out.
종장(終場)〖證〗closing. ‖ ～가격〔시세〕the closing price〔quotations〕.
종적(蹤迹) ¶ ～을 감추다 disappear; cover *one's* tracks; leave no trace behind.
종전(從前) ☞ 종래(從來). ¶ ～의 관계 *one's* past relations《*to a person*》/ ～과 같다 be same as before.
종전(終戰) the end of the war. ¶ ～ 후의 postwar / ～이 되다 the war comes to an end. ‖ ～기념일 the anniversary of the end of the《*Pacific*》War.
종점(終點)《철도 등의》the terminal (station)《美》; the end of the line;《버스의》the bus terminal; the last stop. ¶ 여기가 ～입니다 This is the last stop. / 이 선의 ～은 부산이다 The terminal on this line is Pusan.
종제(從弟) a (younger) cousin.
종조모(從祖母) a grandaunt.
종조부(從祖父) a granduncle.
종족(宗族) a family; a clan.
종족(種族)《인종》a race; a tribe;《동식물의》a family; a species. ¶ ～ 간의 intertribal; interracial(민족간의) / ～ 보존의 본능 the instinct of preservation of the species / ～을 퍼뜨리다 spread《*their*》kind.
종종(種種) ①《가지가지》various〔different〕kinds. ②《가끔》(every) now and then; occasionally; often; frequently. ¶ ～ 친구를 찾다 visit a friend every now and then / ～ 놀러 오십시오 Please come and see us often.
종종걸음 short and quick steps; a quick pace; hurried〔mincing〕steps. ¶ ～ 치다 walk with hurried steps.
종주(宗主) a suzerain. ‖ ～국 a suzerain state / ～권 suzerainty.
종중(宗中) the families of the same clan.
종지 a small cup〔bowl〕.
종지(宗旨) the fundamental meaning; the main purport; a tenet; principles.
종지부(終止符) ☞ 마침표. ¶ ～를 찍다 put an end〔a period〕《*to*》.
종지뼈 the kneecap; the patella.
종질(從姪) a cousin's son.
종질녀(從姪女) a cousin's daughter.
종착역(終着驛) a terminal (station); a terminus [*pl.* -ni, -es]. ¶ 인생의 ～ the terminus of *one's* life.
종축(種畜) breeding stock. ‖ ～장 a breeding stock farm.
종친(宗親) the royal family.
종탑(鐘塔) a bell tower; a belfry.
종파(宗派)《종교상의》a (religious) sect; a denomination;《종가의 계통》the main branch of a family〔clan〕. ¶ 당신은 무슨 ～입니까 What denomination are you? ‖ ～심 sectarianism / ～싸움 a sectarian strife.
종합(綜合) synthesis; generalization. ～하다 synthesize; generalize. ¶ ～적인 synthetic; general; all-round / ～적으로 synthetically; generally / ～해서 생각하다 think collectively / ～적으로 검토한 결과, 당 위원회는 그의 제안을 받아들이기로 했다 Taking every factor into consideration, this committee decided to accept his proposal. ‖ ～경기 combined exercise; all-round games / ～계획 an overall plan / ～과세 consolidated taxation / ～대학 a university / ～병원 a general hospital / ～상사 a general trading company / ～생활기록부 comprehensive high school records / ～소득세 a composite income tax / ～예술 a synthetic art / ～잡지 a general (interest)〔an all-round〕magazine.
종형(從兄) an elder cousin.
종형제(從兄弟) cousins.
종횡(縱橫) ¶ ～으로 lengthwise and crosswise;《사방팔방으로》in all directions; in every direction / 그는 ～ 무진으로 활약하고 있다 He is acting vigorously. / 많은 도로가 도시 중심으로부터 ～으로 뻗어 있다 Many roads extend out from the center of the town.
좇다 ①《뒤를》follow; go with; accompany(동반). ¶ 그를 좇아가다 follow〔accompany〕him / 시대 흐름을 ～ go with the tide. ②《따르다》follow; conform *oneself* to; act on. ¶ 유행을〔선례를〕～ follow the fashion〔a precedent〕/ 관습을 좇아서 행동하다 act in conformity with custom / 원칙을 좇아 행하다 act on a principle. ③《복종》obey; be obedient to《*a person*》; give in to《*a person's view*》. ¶ 부모님 말씀을 ～ obey〔be obedient to〕*one's* parents.
좋다[1] ①《양호》(be) good (비교급 better; 최상급 best); fine; nice.

¶ 좋은 집〔책〕 a good house〔book〕/ 좋은 날씨 good〔fine, nice〕 weather / 좋든 나쁘든 for better or (for) worse / 좋은 소식을 주실 것을 기대하고 있습니다 I'm looking forward to hearing good news from you. / 한국 자동차는 품질이 ～ Korean cars are of good quality. / 네 차는 내 것보다 ～ Your car is better than mine. / 이 문제를 해결하는 가장 좋은 방법은 무엇이냐 What is the best way to solve this problem? / 그는 건강이 좋아 보인다 He looks fine. / 이 수프는 맛이 참 ～ This soup tastes very nice. ② 《적당》 (be) right; good; fit; proper; suitable. ¶ 좋은 기회 a good opportunity / 마침 좋은 때에 just at the right time / 네가 영어를 사용할 좋은 기회다 It's a good opportunity to use your English. ③ 《귀중》 (be) precious; valuable. ¶ 좋은 자료 valuable material. ④ 《운》 (be) lucky; good; fortunate. ¶ 좋은 징조 a good omen / 운이 ～ be lucky. ⑤ 《효능》 (be) good; beneficial; efficacious. ¶ 몸에 ～ be good for the health. ⑥ 《용이》(be) easy. ¶ 읽기 좋은 easy to read. ⑦ 《친밀》 (be) intimate; friendly. ¶ 사이가 ～ be on good〔intimate〕 terms 《*with*》; be good friends 《*with*》 / 김군과 남군은 사이가 ～ Kim and Nam are good friends. ⑧ 《…해도 괜찮다》 may; can. ¶ 가도 ～ You may go. / 이것 가져도 좋습니까 Can I have this? ⑨ 《…이 낫다》 had better 《*do*》. ¶ 그런 짓은 하지 않는 것이 ～ You had better not do such a thing. ⑩ 《소원》 ¶ …이면 좋겠다 I wish〔hope〕….

좋다[2] 《느낌》 Good!; Well!; All right.; O.K.; 《환성》 Whoopee!; Oh boy!; Whee!

좋아지다 ① 《상태가》 improve; become〔get〕 better; take a turn for the better; 《날씨가》 clear up. ¶ 그의 병은 곧 좋아질 것이다 He will get well〔better〕 soon. / 날씨는 차차 좋아지고 있다 The weather is improving. / 대미 수출도 서서히 좋아질 것으로 예상된다 Exports to the U.S. are expected to pick up by degrees. ② 《좋아하게 되다》 get〔come〕 to like 《*a thing*》; become〔grow〕 fond of; take a fancy〔liking〕 to. ¶ 나는 수학이 점점 좋아졌다 I've come to like math.

좋아하다 ① 《기뻐하다》 be pleased〔amused, delighted, glad〕. ¶ 뛰며 ～ dance with joy / 그녀는 그 소식을 듣고 좋아했다 She was glad to hear the news. ② 《사랑》 love; 《기호》 like; 《선택》 prefer. ¶ 좋아하는 책 *one's* favorite book / 나는 맥주보다 와인을 좋아한다 I prefer wine to beer. *or* I like wine better than beer.

좋이 well; good; full(y); enough. ¶ ～10마일 a good ten miles / ～70은 넘다 be well over seventy.

좋지 않다 ① 《불량》 (be) bad; inferior; foul. ¶ 좋지 않은 날씨 bad weather / 품질이 ～ be of inferior quality / 머리가 ～ be dull〔stupid〕. ② 《도덕상》 (be) bad; evil; wrong. ¶ 좋지 않은 행위 a wrong; an evil deed / 그는 좋은 일과 좋지 않은 일을 구별하지 못한다 He doesn't know what is right and what is wrong. *or* He can't tell right from wrong. ③ 《악하다》 (be) bad; evil; wicked. ¶ 좋지 않은 사람 a wicked man; a rascal. ④ 《해롭다》 (be) bad; harmful; detrimental; 《불리》 (be) disadvantageous; unadvisable. ¶ 눈에 ～ be bad for the eyes. ⑤ 《기분·건강 등이》 (be) ill; unwell. ¶ 위가 ～ have a weak stomach / 기분이 ～ feel unwell. ⑥ 《불길》 (be) ill; unlucky. ¶ 좋지 않은 징조 ill omen.

좌(左) (the) left. ¶ ～향 ～ Left turn〔face〕!

좌(座) a seat.

좌경(左傾) an inclination to the left; radicalization. ～하다 incline to the left; turn leftish. ¶ ～적(인) leftist(-leaning); radical; Red. ‖ ～문학 leftist literature / ～분자 a radical〔leftist〕 element / ～사상 leftist〔radical〕 thoughts.

좌고우면(左顧右眄) ～하다 be irresolute; vacillate; waver; sit on the fence.

좌골(坐骨) 〖解〗 the hipbone; the ischium. ‖ ～신경 the sciatic nerves / ～신경통 hip gout; sciatica.

좌기(左記) ¶ ～의 undermentioned; the following / ～와 같이 as follows.

좌담(座談) a (table) talk; a conversation. ～하다 converse with; exchange a talk. ‖ ～회 a round-table talk; a discussion meeting.

좌르르 with a rush〔splash〕. ¶ 물이 ～ 쏟아진다 Water comes rushing out.

좌변기(坐便器) 《양변기》 a stool-type flush toilet.

좌불안석(坐不安席) ～하다 be ill at ease; be unable to sit comfortably 《*from anxiety*》.

좌상(坐像) a seated figure〔image〕.

좌상(座上) the elder in a company.

좌석(座席) 《자리》 a seat. ¶ 앞〔뒷〕 ～ a front〔back, rear〕 seat / 창가〔통로 쪽의〕 ～ a window〔an aisle〕 seat / ～을 예약하다 book 〔reserve〕 a seat 《*in a theater*》 / ～을 양보하다 offer〔give〕 *one's* seat to 《*an old man*》. ‖ ～권 a reserved-seat ticket / ～만원《게시》 Standing Room Only(생략 SRO). / ～배치도 the (theater) seat-plan / ～버스 a seat bus / ～번호 the seat number / ～수 seating capacity / ～조절용 레버 a seat adjustment lever.

좌선(坐禪) Zen meditation. ～하다 sit in Zen meditation.

좌시(坐視) ～하다 remain an idle spectator; look on idly〔unconcernedly〕. ¶ 차마 ～할 수 없다 cannot remain an idle spectator ⌊《*of*》.

좌안(左岸) the left bank.

좌약(坐藥) 〖醫〗 a suppository; a bougie. ⌈(pitcher); a lefty.

좌완투수(左腕投手) 〖野〗 a southpaw

좌우(左右) right and left. ～하다 control; dominate; sway(지배); influence(영향); decide(결정). ¶ 도로 ～에 on ⌈either side〔both sides〕 of the road / 길을 건너기 전에 ～를 잘 살펴라 Look ⌈right and left〔both ways〕 carefully before you cross the street. / 인간은 환경에 ～되기 쉽다 Man is easily influenced by his surroundings. / 단 한 번의 체험이 사람의 일생을 ～하는 경우도 있다 Only one experience may decide a person's fate. ⌈at any rate.

좌우간(左右間) anyhow; anyway;

좌우명(座右銘) a favorite maxim 〔motto〕. ⌈wings.

좌우익(左右翼) the left and right

좌익(左翼) the left wing; 《사람》 the left (wing); the leftists. ‖ ～분자 a left-wing element / ～수 〖野〗 a left fielder / ～운동 a left movement.

좌절(挫折) a setback; frustration; a breakdown; collapse; failure. ～하다 fail; be frustrated; break down; collapse. ¶ 계획이 ～되었다 Our plan ⌈broke down〔collapsed〕. / 계획의 ～로 그는 자신감을 잃었다 The collapse of his plan caused him to lose confidence. ‖ ～감 (a sense of) frustration.

좌정(坐定) ～하다 sit; be seated.

좌지우지(左之右之) ～하다 have 《*a person*》 at *one's* beck and call; twist 《*a person*》 round *one's* little finger.

좌천(左遷) (a) demotion; (a) relegation. ～하다 demote 《*to*》; relegate 《*to*》. ¶ ～되다 be demoted 〔relegated〕 / 그는 지방의 지점으로 ～되었다 He was demoted to a post in a local branch.

좌초(坐礁) ～하다 run on a rock; run aground; strand. ¶ ～한 배 a stranded ship.

좌충우돌(左衝右突) ～하다 dash this way and rush that; plunge forward on this side and dash in on that.

좌측(左側) the left (side). ‖ ～통행 《게시》 Keep to the left.

좌파(左派) the left wing; the left faction 《*of a party*》; 《사람》 the left wingers; the leftists. ¶ ～의 leftist; left-wing.

좌판(坐板) a board to sit on.

좌편(左便) the left side.

좌표(座標) 〖數〗 coordinates.

좌향(左向) ¶ ～ 좌 《구령》 Left turn 〔face〕! / ～ 앞으로 가 《구령》 Left wheel!

좌현(左舷) 《on the》 port (side). ¶ ～으로 기울다 list to port.

좌회전(左廻轉) a turn to the left. ～하다 turn (to the) left; make a left 《*at*》. ‖ ～금지 《교통 표지》 No left turn.

쫙 broadly; extensively. ¶ 소문이 ～ 퍼지다 a rumor runs abroad.

좍좍 ① 《쏟아짐》 《it rains》 in torrents; heavily. ¶ 비가 ～ 퍼붓는다 It's raining cats and dogs. *or* The rain is pouring down. ② 《글을》 with ease; fluently. ¶ 글을 ～ 읽다 read ⌈with ease〔eloquently〕.

좔좔 with a gush〔rush〕; 《flow》 freely. ¶ 물이 ～ 흐르다 water runs ⌊freely.

좽이 a casting net.

죄(罪) 《형법상의》 a crime; an offense(가벼운); guilt; 《종교·도덕상의》 a sin; guilt; 《형벌》 a punishment; 《책임》 blame. ¶ ～의식에 시달리고 있는 사람 guilt-ridden people / ～(가) 있는 guilty; blamable; sinful / ～ 없는 not guilty; blameless; innocent / ～를 범하다 commit a crime / ～를 자백하다 confess *one's* crime〔guilt〕 / ～가 없음이 판명되다 turn out to be innocent〔not guilty〕 / (정신적인) ～ 값을 치르다 atone for *one's* sin / ～를 면하다 escape〔elude〕 punishment; be acquitted of the charge(법정에서) / 그 사고는 그의 ～가 아니다 He is not to be blamed for the accident. / ～받을 짓을 하다 do a cruel〔wicked〕 thing.

죄과(罪科) an offense; a crime.

죄과(罪過) an offense; a sin(죄악); a fault(과오).

죄다[1] ① 《바싹》 tighten (up); strain; stretch. ¶ 나사를 (바싹) ～ tighten up a bolt. ② 《마음을》 feel anxious〔uneasy, nervous, tense〕. ¶ 결과가 어찌 될까 마음을 ～ be worried over the result.

죄다[2] 《모두》 all; entirely; everything; all together. ¶ ~ 자백하다 confess everything.

죄명(罪名) a charge. ¶ … ~으로 on a charge of《*fraud*》/ 그는 사기 ~으로 기소되었다 He was indicted on a charge of fraud. *or* He was charged with fraud.

죄받다(罪—) suffer〔incur〕 punishment; be〔get〕 punished.

죄상(罪狀) the nature of a crime; guilt. ¶ ~을 조사하다 inquire into《*a person's*》 guilt / ~의 정도에 따라 according to the degree of culpability / ~을 인정〔부인〕하다 plead guilty〔not guilty〕 to a criminal charge.

죄송(罪悚) ~하다 be sorry《*for*》; regret. ¶ ~합니다 I beg your pardon. *or* I am sorry.

죄수(罪囚) a prisoner; a jailbird.

죄악(罪惡)《종교상》a sin; a vice;《법률상》a crime. ¶ ~시하다 consider《*a thing*》 as a sin / 시간의 낭비는 일종의 ~이다 Waste of time is a sort of sin. ‖ ~감 the sense of sin〔guilt〕.

죄어들다 get tightened〔drawn up〕. ¶ 피부가 ~ *one's* skin is drawn up / 수사망이 ~ the dragnet moves in.

죄어치다《바싹》tighten;《재촉》press; urge; rush; dun.

죄업(罪業)〖佛〗sins. ¶ ~을 쌓다 commit many sins.

죄이다 be tightened;《마음이》feel anxious〔uneasy〕.

죄인(罪人) a criminal; an offender; a culprit; a sinner(종교상).

죄증(罪證) proofs〔evidence〕 of a crime.

죄짓다(罪—) commit a crime;《종교상》commit a sin.

죄책(罪責) liability for a crime〔an offense〕. ¶ ~감을 느끼다 feel guilty; feel a sense of guilt.

죔쇠 a clamp; a clasp; a vise; a buckle.

죔틀 a vise.

주(主) ①《천주》the Lord. ②《주장·근본》the main〔chief〕 part; the principal part. ¶ ~가 되는〔주된〕 main; chief; principle / ~로 ☞ 주로.

주(州)《행정 구획》a province;《미국의》a State. ¶ ~립 (대학) ☞ 주립.

주(洲)《대륙》a continent.

주(株) ①《주식》a share; a stock《美》. ¶ 성장 ~ a growth stock / 우량 ~ gilt-edged stocks / 우선 ~ preferred stocks / ~에 손을 대다 speculate in stocks / 안전한 ~에 투자하다 invest *one's* money in a safe stock / 그는 ~〔증권〕 매매로 큰 돈을 벌었다〔잃었다〕 He made〔lost〕 a lot of money on the stock market. ②《그루》¶ 나무 한 ~ a tree.

주(註) annotations; explanatory notes. ¶ ~를 달다 annotate; make note on.

주(週) a week.

주가(株價) stock prices. ¶ ~가 오르다《주식의》rise in stock price; stocks rise in price;《사람의》rise in public estimation; gain in《*a person's*》 estimation / ~를 조작하다 manipulate stock prices. ‖ ~지수 the price index of stocks / 종합 ~지수 the composite stock exchange index / 평균 ~ stock price average.

주간(主幹) the chief〔managing〕 editor.

주간(週刊) weekly publication. ¶ ~의 weekly. ‖ ~지 a weekly (magazine).

주간(週間) a week. ¶ 교통 안전 ~ Traffic Safety Week / 3~에 걸쳐 over〔for〕 three weeks / 지금부터 2~ 후에 two weeks from today. ‖ ~일기예보 a weather forecast for the coming week.

주간(晝間) daytime; day. ¶ ~에 in the daytime / ~의 더위 the heat of the daytime.

주객(主客)《주인과 손》host and guest;《사물》principal and subsidiary〔auxiliary〕. ¶ ~이 전도되다 put the cart before the horse.

주객(酒客) a drinker; a tippler.

주거(住居) a (dwelling) house; a residence. ¶ ~를 서울로 옮기다 remove *one's* residence to Seoul / ~를 정하다 settle down《*in*》; fix *one's* residence《*in the country*》. ‖ ~면적 living space / ~비 housing expenses / ~지역 a residential area〔district〕 / ~침입 homebreaking; violation of domicile.

주걱 a large wooden spoon; a rice scoop.

주검《시체》a dead body; a corpse.

주격(主格)〖文〗the nominative〔subjective〕 case.

주견(主見)《의견》*one's* own opinion〔view〕; a fixed view.

주경야독(晝耕夜讀) ~하다 spend the days in the fields and the nights at *one's* books.

주고받다 give and take; exchange. ¶ 편지를 ~ exchange letters.

주공(住公) ☞ (대한)주택(공사). ‖ ~아파트 the KNHC-built apartment.

주공(鑄工) a cast-iron worker.

주관(主管) ~하다 manage; be in charge《*of*》; superintend; supervise. ‖ ~사항 matters in *one's* charge.

주관(主觀) subjectivity. ¶ ~적(으로) subjective(ly) / ~을 섞지 말고 설명하시오 Explain it without being subjective. / ~적인 판단을 해서는 안 된다 We should not judge things subjectively. ‖ ~론 subjectivism / ~식 문제 a subjective question / ~화 subjecti-

fication.
주광색(晝光色) ‖ ～전구 a daylight lamp.
주교(主教) 《성직자》 a bishop. ¶ 대 「～ an archbishop.
주교(舟橋) a pontoon bridge.
주구(走狗) 《앞잡이》 a tool; a cat's-paw. ¶ 공산당의 ～ a mere tool of communists.
주권(主權) sovereignty. ¶ ～재민(在民) The Sovereignty rests with the people. / ～을 침해〔존중〕하다 violate〔respect〕the sovereignty 《*of*》. ‖ ～국 a sovereign state / ～자 the sovereign; the ruler.
주권(株券) a share〔stock〕certificate. ¶ 기명～ a registered share / 무기명～ a share certificate to bearer.
주근깨 freckles; flecks.
주금(鑄金) casting. 「sorial birds.
주금류(走禽類) 〖鳥〗 runners; cur-
주급(週給) weekly wage(s)〔pay〕. ¶ ～이 200달러이다 get 200 dollars a week (in) wages; get wages of 200 dollars a week.
주기(酒氣) the smell of alcohol〔liquor〕. ¶ ～가 있다 be under the influence of liquor; be intoxicated.
주기(週期) a periodic; a cycle. ¶ ～적인 cyclical; periodic(al) / ～적으로 periodically / 경기의 ～ a business cycle / ～적으로 증감을 되풀이하다 have cyclic ups and downs. ‖ ～성 periodicity / ～율 the periodic law / ～율표 〖化〗 a periodic table (of the elements).
주기도문(主祈禱文) 〖基〗 the Lord's Prayer.
주년(周年) an anniversary. ¶ 5～ the fifth anniversary. 「timid.
주눅들다 lose *one's* nerve; feel
주눅좋다 (be) shameless; unabashed; brazen-faced.
주니어 a junior.
주다 ① 《일반적으로》 give; present (수여); award(상을); feed(먹이를). ¶ 환자에게 약을 ～ give medicine to a patient / 닭에게 모이를 ～ feed the chickens / 그녀에게 금메달이 주어졌다 She was presented (with) a gold medal. / 그 학생에게 장학금이 주어졌다 The student was awarded a scholarship. ② 《공급·제공하다》 supply; provide. ¶ 주어진 시간 the time allowed / 일을 ～ provide work 《*for a person*》 / 그에겐 연구를 위한 온갖 편의가 주어져 있었다 He was supplied with all sorts of facilities for his research. ③ 《효과·손해·영향 따위를》. ¶ 영향을 ～ affect; influence; have an effect 《*on*》 / 그녀는 나에게 좋은 인상을 주었다 She made a good impression on me. / 그의 죽음은 나에게 큰 쇼크를 주었다 His death was a shock to me. / 태풍은 그 지방에 큰 피해를 주었다 The typhoon caused a lot of damage in the district. ④ 《할당하다》 allot; assign. ¶ 숙제를 ～ assign homework 《*to students*》 / 몫을 ～ allot a share 《*to a person*》. ⑤ 《기타》 ¶ 5천 원을 주고 고기 한 파운드를 사다 pay 5,000 *won* for a pound of meat / 힘주어 말하다 emphasize *one's* words / 책을 사 ～ buy 《*a person*》 a book.
주단(紬緞) silks and satins.
주도(主導) ～하다 lead; assume leadership 《*of*》. ¶ 민간 ～의 경제 private-initiated economy / ～적 역할을 하다 play a leading role 《*for*》; play a leading part 《*in*》. ‖ ～권 the initiative (～권을 잡다 take the initiative〔leadership〕《*in*》) / ～산업 a leading industry / ～자 the leader 《*of a movement*》; the prime mover 《*in a revolt*》.
주도하다(周到—) (be) careful; thorough; scrupulous; elaborate. ¶ 그는 무슨 일에나 용의 ～ He is scrupulously careful about everything.
주독(酒毒) 《suffer from》 alcohol poisoning.
주동(主動) leadership. ～하다 take the lead. ‖ ～자 the prime mover; the leader (～자가 되다 take the lead).
주둔(駐屯) stationing. ～하다 be stationed. ‖ ～군 stationary troops; a garrison (수비의); an army of occupation (점령군).
주둥이 《입》 the mouth; 《부리》 a bill; a beak; 《물건의》 a mouthpiece.
주란사(—紗) cloth woven from gassed cotton thread.
주량(酒量) *one's* drinking capacity. ¶ ～이 크다 be a heavy drinker; drink much.
주렁주렁 in clusters. ¶ (열매가) ～ 달리다 hang in clusters.
주력(主力) the main force〔body, strength〕. ¶ ～을 집결하다 concentrate the main force 《*on*》. ‖ ～부대 main-force units / ～산업 (the) key〔major〕industries / ～상품 key commodities / ～업종 a core〔main〕business / ～주 leading〔key〕stocks〔shares〕/ ～함대 the main fleet〔squadron〕.
주력하다(注力—) exert *oneself* 《*for*》; concentrate *one's* effort 《*on*》; devote *oneself* 《*to*》.
주렴(珠簾) a bead curtain; a bead screen.
주례(主禮) 《일》 officiating at a wedding ceremony; 《사람》 an officiator. ‖ ～목사 an officiating

pastor〔minister〕.
주로(主―) mainly; chiefly; principally; 《대개》 generally; mostly. ¶ ～ 여자에 의해 행해지다 be done mainly〔chiefly〕by women.
주로(走路) a track; a course.
주룩주룩 《비가》 ¶ ～ 오는 비 pouring rain.
주류(主流) the main current; the mainstream. ‖ ～파 the leading faction / 반～파 an anti-mainstream group.
주류(酒類) liquors; alcoholic beverages〔drinks〕. ‖ ～판매점 a liquor store.
주르륵 trickling; dribbling; running.
주름 《피부의》 wrinkles; lines; furrows; 《물건의》 creases; rumples; 《옷의》 a fold. ¶ ～진 얼굴 a wrinkled face / 이마에 ～을 짓다 crease *one's* forehead; knit *one's* brows; frown / ～을 펴다 smooth out / 그녀는 눈가에 ～이 생기기 시작한다 She is beginning to get crow's-feet. / 이 옷감은 ～이 지지 않는다 This fabric won't wrinkle. *or* This fabric is wrinkle-free. ‖ ～상자 bellows.
주름잡다 ① pleat; crease; fold. ☞ 주름. ② 《지배》 wield power; dominate; gain control of 《*the market*》. ¶ 금융계를 ～ have a firm grip on the banking business.
주리다 《배를》 be〔go〕 hungry; starve; be famished; 《갈망》 be hungry〔thirsty〕for〔after〕. ¶ 배를 주린 늑대의 무리 a pack of hungry wolves / 지식에 주려 있다 have a thirst for knowledge.
주리틀다 《형벌》 impose leg-screw torture; torture on the rack.
주립(州立) ¶ ～의 state(-established); provincial / ～대학 a state〔provincial〕university.
주마가편(走馬加鞭) ～하다 whip〔lash〕*one's* galloping horse; 《사람을》 inspire〔urge〕《*a person*》 to further efforts.
주마간산(走馬看山) ～하다 take a cursory view 《*of*》; give a hurried glance 《*to, over*》.
주마등(走馬燈) a revolving lantern; a kaleidoscope. ¶ ～ 같은 ever changing〔shifting〕; kaleidoscopic / 여러가지 생각이 ～처럼 뇌리를 스쳤다 Many images came and went in my mind's eye.
주막(酒幕) an inn; a tavern.
주말(週末) the weekend. ‖ ～여행 a weekend trip / ～여행자 a weekender.
주머니 a bag; a sack; a pouch (작은); a pocket (호주머니). ¶ ～에 넣다 put 《*a thing*》 into *one's* pocket / ～에서 꺼내다 take 《*a thing*》 out of *one's* pocket.
주머니칼 a pocketknife.
주먹 a fist. ¶ ～을 쥐다 clench *one's* fist. ‖ ～밥 a rice ball.
주먹구구(―九九) 《어림》 rule of thumb; a rough calculation.
주먹다짐 ～하다 strike 《*a person*》 with *one's* fist.
주먹질하다 exchange blows.
주명곡(奏鳴曲) 〖樂〗 a sonata.
주모(主謀) ～하다 take the lead; mastermind. ‖ ～자 a prime mover; a ringleader.
주모(酒母) 《술밑》 yeast; ferment; 《작부》 a barmaid.
주목(朱木) 〖植〗 a yew (tree).
주목(注目) attention; notice; observation. ～하다 pay attention to; watch; observe; take note〔notice〕of. ¶ ～할 만한 noteworthy; remarkable; significant / 세인의 ～을 끌다 attract public attention; hold the public eye.
주무(主務) ‖ ～관청 the competent authorities.
주무르다 ① 《물건을》 finger; fumble with; 《몸을》 massage. ¶ 어머니의 젖을 ～ finger *one's* mother's breast / 어깨를 ～ massage *one's* shoulder. ② 《농락》 have 《*a person*》 under *one's* thumb.
주문(主文) the text; 〖文〗 the principal clause.
주문(注文) ① 《맞춤》 an order; ordering. ～하다 order 《*new books from England*》; give an order 《*for machines to America*》. ¶ ～을 받다 take〔accept〕orders / ～에 따라 만들다 make 《*a thing*》 to order / …의 ～이 많다 have a large order 《*for*》 / 이 상품의 ～이 점점 늘고〔줄고〕 있다 Orders for this article have been increasing〔falling off〕. ‖ ～서 an order sheet / ～자 상표 부착생산 original equipment manufacturing (생략 OEM) / ～품 an article made to order; an article on order; an order. ② 《요구》 a request; a demand. ¶ 까다로운 ～ a delicate request / 그것은 무리한 ～이다 That's too much to ask. *or* That's a tall order.
주문(呪文) an incantation; a spell; a magic formula. ¶ ～을 외다 utter an incantation / ～을 걸다 chant a spell.
주물(鑄物) a casting; an article of cast metal. ‖ ～공장 a foundry.
주물럭거리다 finger; fumble with.
주미(駐美) ¶ ～의 stationed〔resident〕in America. ‖ ～한국대사 the Korean Ambassador to〔in〕 the United States.
주민(住民) inhabitants; residents. ‖ ～등록 resident registration / ～등록번호 a resident registration number / ～등록증 a certifi-

cate of residence; a resident card / ～세 a residents' tax / ～운동 a local residents' campaign; a citizens' movement / ～투표 a local referendum.

주발(周鉢) a brass bowl.

주방(廚房) a kitchen; a cookroom; a cookery; a cuisine(호텔 등의). ‖ ～장 a head〔chief〕 cook; a *chef*《프》.

주번(週番) weekly duty. ‖ ～사관 an officer of the week.

주범(主犯) the main offender.

주법(走法) (a) form of running.

주법(奏法) 〖樂〗 a style of playing; execution.

주벽(酒癖) ¶ ～이 있다 turn nasty when drunk; be quarrelsome in *one's* cups.

주변 resourcefulness; versatility (융통성). ¶ ～이 있는 사람 a versatile person.

주변(周邊) 《주위》 a circumference; 《도시 따위의》 environs; outskirts. ¶ 도시 ～에 on〔at, in〕 the outskirts of a city / 서울 및 그 ～에 in and around Seoul; in Seoul and its vicinity. ‖ ～기기(機器) 《컴퓨터의》 peripherals / ～단말장치《컴퓨터의》 peripheral and terminal equipment.

주보(週報) 《신문》 a weekly (paper); 《보고》 a weekly report; 《공보》 a weekly bulletin.

주봉(主峰) the highest peak.

주부(主部) 〖文〗 the subject.

주부(主婦) a housewife.

주부코 a red bulbous nose.

주빈(主賓) the guest of honor; a principal guest.

주사(主事) 《관리》 a junior official; the clerical staff (총칭).

주사(朱砂) 〖鑛〗 cinnabar.

주사(走査) 〖TV〗 scanning. ‖ ～면 a scanning area / ～선 scanning lines.

주사(注射) (an) injection; a shot 《美俗》. ～하다 inject; give 《*a person*》 an injection. ¶ ～ 바늘 자국 a needle mark / 의사는 내 팔에 진통제 ～를 놨다 The doctor injected a pain-killing drug into my arm. ‖ ～기 a syringe; an injector / ～약 an injection.

주사(酒邪) ¶ ～가 있다 be a vicious drinker; be quarrelsome in *one's* cups.

주사위 a die [*pl.* dice]. ¶ ～를 던지다 throw〔cast〕 dice. ‖ ～놀이 a diceplay.

주산(珠算) abacus calculation; calculation on the abacus. ‖ ～경기 an abacus contest.

주산물(主産物) the principal〔main, chief〕 products.

주산지(主産地) a chief producing district 《*of*》.

주상(主上) 《임금》 the Sovereign; His Majesty.

주색(酒色) ¶ ～에 빠지다 be addicted to sensual pleasures. ‖ ～잡기(雜技) wine, women and gambling.

주서(朱書) ～하다 write in red ink; rubricate.

주석(主席) the head; the chief; the Chairman (중국의). ¶ 국가 ～ the head of a state.

주석(朱錫) tin. ¶ ～을 입히다 tin / ～의 tin. ‖ ～박(箔) tin foil / ～제품 tinware. ～산 tartaric acid.

주석(酒石) 〖化〗 crude tartar. ‖

주석(酒席) 《give》 a feast; a banquet; a drinking party. ¶ ～을 베풀다 give a banquet.

주석(註釋) an annotation; notes. ¶ ～을 달다 annotate; write notes 《*on a book*》. ‖ ～자 an annotator.

주선(周旋) 《알선》 good〔kind〕 offices; 《중개》 agency; mediation. ～하다 use *one's* influence 《*on a person's behalf*》; exercise *one's* good offices; act as an intermediary. ¶ …의 ～으로 through *one's* good offices / 그의 ～으로 집을 샀다 I bought a house through his agency. / 그녀가 대학 강사 자리를 ～해 주었다 She found〔got〕 me a position as a college lecturer. / 그는 내게 좋은 땅을 ～해 주었다 He exercised〔used〕 his influence in getting me some good land. ‖ ～인 an agent; an intermediary.

주선(酒仙) a son of Bacchus.

주섬주섬 ¶ ～ 줍다〔입다〕 pick up〔put on〕 one by one.

주성분(主成分) the chief ingredients; the principal elements.

주세(酒稅) the liquor tax.

주소(住所) *one's* address; *one's* residence〔abode〕; *one's* dwelling (place); 〖法〗 a domicile. ¶ ～가 일정치 않은 사람 a man of no permanent address; a vagrant / 그는 ～ 부정이다 He has no fixed abode. / ～가 바뀌면 알려 주십시오 Let me know if you change your address. / ～ 성명을 말하시오〔쓰시오〕 Give〔Write〕 your name and address. ‖ ～록 an address book / ～ 불명 《표시》 Address unknown / 현～ the present address.

주스 《orange》 juice.

주시(注視) close observation; a steady gaze. ～하다 gaze steadily; observe 《*a person*》 closely; watch 《*a thing*》 carefully. ¶ ～의 표적이 되다 become the center of attention.

주식(主食) the principal〔staple〕

food; a (diet) staple. ¶ 쌀을 ~으로 하다 live on rice.

주식(株式) shares; stocks. ¶ ~을 발행하다 issue shares / ~을 모집하다 offer shares for subscription. ‖ ~거래 stock trading / ~공개 offering of stock to the public; going public / ~배당 a stock dividend / ~시세 stock prices / ~시장 the stock market / ~청약서 an application for stocks / ~회사 a joint-stock company; a stock company〔corporation〕《美》(생략... Inc.《美》; ... Co., Ltd.《英》).

주심(主審)〖野〗the chief umpire; 《축구·권투 따위》the chief referee.

주악(奏樂) ~하다 play〔perform〕music.

주안(主眼) the principal object; the chief aim. ¶ …에 ~을 두다 aim at…; have an eye to… / 이 법안의 ~(점)은 영세 기업 구제에 있다 The chief aim of this law is to give aid to small businesses. ‖ ~점 the essential〔main〕point.

주야(晝夜) day and night. ¶ ~교대로 in day and night shifts. ‖ ~장천 day and night ever passing; unceasingly.

주어(主語)〖文〗the subject.

주역(主役)《play》the leading part〔role〕;《배우》the leading actor〔actress〕; the star. ¶ ~을 맡다 play〔take〕the leading part〔role〕《*in*》.

주역(周易) the Book of Changes.

주연(主演) ~하다 play the leading part〔role〕《*in*》; star《*in a play*》. ‖ ~배우 a leading actor〔actress〕; a star.

주연(酒宴)《give》a banquet; a drinking party〔bout〕.

주영(駐英) ¶ ~의 resident〔stationed〕in England. ‖ ~한국대사 the Korean Ambassador to the Court of St. James's.

주옥(珠玉) a gem; a jewel. ¶ ~같은 문학 작품 a literary gem.

주요(主要) ~하다 (be) main; chief; leading; principal; important. ¶ ~한 점 the main points《*of*》/ ~인물 the leading characters(극·소설의); the key figures (사건 등의). ‖ ~도시 principal〔major〕cities / ~산물 staple products / ~산업 major〔key〕industries / ~수입품 the staple for import / ~수출품 chief〔principal〕exports / ~식품 staple article of food / ~원인 main cause.

주워담다 pick up and put in.

주워대다 enumerate glibly; cite this and that.

주워듣다 learn by hearsay. ¶ 주워들은 지식 knowledge picked up from others.

주워모으다 collect; gather.

주워섬기다 say all sorts of things *one* heard of and saw. ¶ 윗사람들의 결점을 ~ run〔go〕through a list of *one's* superiors' faults.

주위(周圍)《언저리》circumference; 《환경》surroundings; environment; 《부근》the neighborhood. ¶ ~의 surrounding; neighboring / ~ 사람들 those around *a person* / ~ 상황 circumstances; all the surrounding things and conditions / ~를 둘러보다 look around.

주유(注油) oiling; lubrication; oil supply (급유). ~하다 oil《*an engine*》; lubricate; fill; feed. ‖ ~소 an oil〔a service, a gas《美》〕station.

주유(周遊) ~하다 tour; make an excursion.

주은(主恩)《임금의》royal benevolence; the favors of *one's* lord; 《주인의》*one's* master's favor; 《천주의》the grace of God.

주음(主音)〖樂〗a tonic; a keynote.

주의(主意) the main meaning〔idea〕.

주의(主義) a principle; a doctrine; an ism; a cause; 《방침》a line; a rule; a basis. ¶ ~를 지키다 live〔act〕up to *one's* principles; stick〔hold fast〕to *one's* principles / 현금~로 장사하다 do business on a cash basis / 그는 ~주장이 없는 사내다 He has no principles nor opinions.

주의(注意) ①《주목·유의》attention; observation; notice; heed. ~하다 pay attention《*to*》; take notice《*of*》; pay〔give〕heed《*to*》. ¶ ~할 점 a point to notice / ~할 만한 사실 a noteworthy fact / ~를 촉구하다 call *a person's* attention《*to*》/ ~를 딴데로 돌리다 divert *one's* attention from《*a matter*》/ ~를 환기시키다 provoke〔arouse〕*a person's* attention / ~를 끌다 attract *a person's* attention / 그는 내 경고에 전혀 ~를 기울이지 않았다 He paid no attention to my warning. *or* He took no notice of my warning. ‖ ~력 attentiveness / ~사항 matters to be attended to / ~서 instructions; directions / 요~인물 a person on the black list; a suspicious character. ②《조심》care; precaution; (a) caution. ~하다 take care〔be careful〕《*of*》; beware《*of*》; be cautious《*about*》; look out《*for*》. ¶ ~ 깊은 careful; cautious; watchful / ~하여 carefully; with care; cautiously / 건강에 ~하다 take care of *oneself;*

be careful about *one's* health / ～가 부족하다〔를 태만히 하다〕be careless; be negligent / 소매치기에 ～하십시오 Beware of pickpockets.

주익(主翼) the main wings《*of an airplane*》.

주인(主人)《가장》the head〔master〕《*of the family*》;《남편》*one's* husband;《손님에 대하여》the host; the hostess (여자);《여관 등의》the landlord; the landlady (여자);《상점의》the proprietor; the shopkeeper;《고용주》an employer; the master;《임자》the owner《*of goods*》. ‖ ～공《소설·영화의》a hero; a heroine (여자); the leading character / ～역 a host; a hostess (여자) (～역을 맡아 하다 act as host; play the host) / ～집 *one's* master's house.

주인(主因) a principal cause; the prime factor; the main reason.

주일(主日) the Lord's day; Sunday. ‖ ～학교 a Sunday school.

주일(週日) a week(day). ¶ 이번〔지난, 오는〕～ this〔last, next〕week.

주일(駐日) ¶ ～의 resident〔stationed〕in Japan. ‖ ～한국대사관 the Embassy of the Republic of Korea to Japan.

주임(主任) the person in charge; the head; the chief; the manager. ‖ ～교수 the head professor《*of*》/ ～기사 a chief engineer / ～변호사 the chief counsel.

주입(注入) ～하다《액체·활력 따위를》pour〔put, pump〕into;《주사약 따위를》inject into;《생각을》instill〔infuse〕《*an idea*》into《*a person's mind*》;《공부 따위를》cram. ¶ 침체된 경제에 활기를 ～하다 pump new life into the stagnant economy. ‖ ～식 교육 the cramming system of education.

주자(走者)〖野〗a (base) runner.

주자(鑄字) a metal printing type. ‖ ～소 a type foundry.

주장(主張) assertion; a claim;《고집》insistence;《의견》an opinion. ～하다 insist《*on*》; assert; maintain; hold; claim. ¶ 권리를 ～하다 assert *one's* rights / 판권을 ～하다 lay claim to the copyright / ～을 굽히지 않다 stick〔hold firm〕to *one's* convictions〔opinions〕. ‖ ～자 an assertor; an advocate(주의의); a claimant(권리의).

주장(主將) the captain. ¶ 야구팀 ～ the captain of a baseball team.

주장(主掌) ～하다 take charge of; have《*a matter*》in charge.

주재(主宰) ～하다 superintend; supervise; preside《*over the meeting*》. ‖ ～자 the president; the chairman.

주재(駐在) ～하다 reside《*at, in*》; be stationed《*at, in*》. ¶ ～의 resident / 파리 ～ 외교관 a diplomat residing in Paris / 내 형은 신문기자로 L.A.에 ～하고 있다 My (big) brother is stationed in L.A. as a newspaper reporter. ‖ ～관 a resident officer / ～국 the country of residence / ～원 an employee assigned to the《*San Francisco*》office.

주저(躊躇) hesitation; indecision. ～하다 hesitate; waver; have scruples《*about doing*》. ¶ ～하면서 hesitatingly / ～ 없이 without hesitation.

주저앉다 sit〔plump〕down; plant *oneself* down;《함몰》fall; sink; cave in;《머물다》stay on; settle down. ¶ 의자에 털석 ～ drop〔plump down〕into a chair / 지붕이 ～ a roof caves〔falls〕in.

주저앉히다 force《*a person*》to sit down;《못 떠나게》make《*a person*》stay on.

주전(主戰) ‖ ～론 the advocacy of war; a pro-war argument; jingoism / ～론자 a war advocate; a jingoist /〖野〗～투수 an ace pitcher.

주전부리 snack. ～하다 take snacks (between meals).

주전자(酒煎子) a (copper, brass) kettle. ¶ 물～ a (water) jug; a pitcher.

주절(主節)〖文〗the principal clause.

주점(酒店) a bar; a tavern; a pub「《英俗》.

주접들다 be stunted〔blighted〕; be in poor shape.

주접스럽다《음식에 대하여》(be) avaricious; greedy.

주정(酒酊) drunken frenzy. ～하다 act in a drunken and disorderly way; be a bad drunk. ‖ ～꾼 a drunken brawler; a bad drunk.

주정(酒精) alcohol; spirits. ‖ ～계 an alcoholometer / ～음료 alcoholic beverages〔drinks〕.

주제《몰골》seedy appearance; shabby looks. ¶ 돈도 없는 ～에 though in need of money / ～사납다 have a shabby appearance.

주제(主題)《주제목》the main subject;《작품의 중심점》the theme; the motif. ‖ ～가 a theme song.

주제넘다 (be) impertinent; presumptuous; impudent; cheeky. ¶ 주제넘게 impertinently; impudently / 주제넘은 녀석 an impertinent〔insolent〕fellow; a smart aleck / 주제넘게 …하다 have the cheek〔audacity〕 to *do;* be impertinent enough to *do;* dare to *do* / 주제넘은 소리 마라 None of your cheek〔impudence〕!

주조(主調) 〖樂〗 the keynote.

주조(酒造) brewing (맥주 따위); distilling (소주 따위). ~하다 brew.

주조(鑄造) casting; founding; 《화폐의》 coinage; minting. ~하다 cast; found 《*a bell*》; 《화폐를》 mint; coin. ¶ 활자를 ~하다 cast metal types. ‖ ~소 a foundry.

주종(主從) master and servant; lord and vassal〔retainer〕. ‖ ~관계 the relation between master and servant.

주주(株主) a stockholder 《美》; a shareholder 《英》. ¶ 대〔소〕~ a large〔small〕 shareholder. ‖ ~배당금 dividends to stockholders / ~총회 a general meeting of stockholders.

주지(主旨) the general purport; the gist; the point.

주지(住持) the chief priest of a Buddhist temple.

주지(周知) ¶ ~의 well-known; known to everybody / ~하는 바와 같이 as is generally known / ~의 사실 a matter of common knowledge; a well-known fact.

주지육림(酒池肉林) 《술잔치》 a sumptuous feast〔banquet〕.

주차(駐車) parking. ~하다 park 《*a car*》. ¶ 거리에는 ~할 장소가 없었다 There was no parking place〔space〕 along the street. ‖ ~금지 《게시》 No parking. / ~금지구역 a no-parking zone / ~난 parking difficulties / ~요금 a parking fee / ~위반 (a) parking violation / ~장 a parking lot 《美》; a car park 《英》.

주창(主唱) advocacy. ~하다 advocate; promote. ¶ …의 ~으로 at the instance of…; on the suggestion of…. ‖ ~자 an advocate; a promoter.

주책 a definite〔fixed〕 opinion〔view〕. ¶ ~없다 have no definite opinion〔view〕 of *one's* own; be wishy-washy; be spineless / ~없이 말하다 talk senselessly.

주철(鑄鐵) cast iron; iron casting (주철하기). ‖ ~소 an iron foundry.

주청(奏請) ~하다 petition the Emperor〔King〕 《*for*》.

주체 ~하다 cope with〔take care of〕 *one's* troubles. ¶ 그는 ~ 못할 만큼 돈이 많다 He has more money than he knows what to do with.

주체(主體) the subject; the main body; 《중심》 the core. ¶ ~적인 independent / 권리의 ~ the subject of rights / 북한의 ~ 사상 the North Korea's *"juche"*〔self-reliance〕 ideology / 대학생을 ~로 하는 단체 a group〔an organization〕 mainly composed of college students. ‖ ~성 independence (~성을 확립하다 establish *one's* independence) / ~의식 a sense of independence.

주체(酒滯) indigestion caused by drinking.

주체스럽다 (be) troublesome; unmanageable; unwieldy; be hard to handle.

주최(主催) auspices; sponsorship. ¶ …의 ~로 under the auspices〔sponsorship〕 of…; with the support of…; sponsored 《*by*》 /자선 바자는 한 신문사 ~로 행해졌다 The charity bazaar was「held under the sponsorship of〔sponsored by〕 a newspaper company. ‖ ~국 the host country / ~자 the sponsor; the promoter.

주추(柱 —) 《주춧돌》 a foundation stone; 《lay》 a cornerstone.

주축(主軸) the principal axis.

주춤거리다 《주저》 hesitate; waver; hold back. ¶ 결단을 내리지 못하고 ~ be hesitant to make a decision.

주춤주춤 hesitantly; hesitatingly; falteringly; waveringly.

주치(主治) ~하다 take charge of 《*a case*》. ‖ ~의 a physician in charge 《*of*》; *one's* family doctor (가정의).

주택(住宅) a house; a residence; housing(집합적). ¶ 그 건물은 ~으로 알맞지 않다 The building is not fit to live in. / 공영 ~ a city-built〔-owned〕 house / 임대 ~ houses for rent / 호화 ~ a luxurious〔deluxe〕 house. ‖ ~가(街) a residential street / ~난 (a) housing shortage / ~문제 the housing problem / ~비 housing costs〔expenses〕 / ~수당 a housing allowance / ~융자 a housing loan / ~조합(제도) a housing cooperative (system) / ~지구 residential quarters〔areas〕 / ~청약예금 an apartment-application deposit / ~행정〔정책〕 the housing administration〔policy〕 / 대한~공사 the Korea National Housing Corporation.

주파(走破) ~하다 run〔cover〕 the whole distance 《*between*》.

주파(周波) a cycle. ‖ ~수 frequency / ~수변조 frequency modulation (생략 FM).

주판(籌板·珠板) an abacus. ¶ ~을 놓다 reckon〔count〕 on an abacus. ‖ ~알 a counter.

주피터 〖羅神〗 Jupiter.
주필(主筆) the chief editor; an editor in chief.
주필(朱筆) ¶ ～을 가하다 correct; 「revise.
주한(駐韓) ¶ ～의 resident〔stationed〕in Korea. ‖ ～미군 U.S. armed forces in Korea / ～외교 사절단 the diplomatic corps in Korea.
주항(周航) circumnavigation. ～하다 sail〔cruise〕round《*the world*》; circumnavigate.
주해(註解) (explanatory) notes; (an) annotation. ～하다 comment〔make notes〕upon; annotate. ‖ ～서 an annotated edition; a horse《俗》.
주행(走行) ～하다 travel《*from A to B*》; cover《*100 miles in an hour*》. ‖ ～거리 the distance covered 《*in a given time*》; mileage / ～거리계 an odometer / ～선 a driving lane / ～시간 time taken in traveling《*from A to B*》.
주형(鑄型) a mold; a cast; a matrix. ¶ ～을 뜨다 cast a mold.
주호(酒豪) a heavy drinker; a man who drinks like a fish.
주홍(朱紅) scarlet; bright orange color.
주화(鑄貨) coinage;《낱낱의》a coin. ¶ 불량 ～를 넣지 마시오《게시》Do not use odd coins. ‖ 기념 ～ commemorative coins.
주화론(主和論) advocacy of peace. ‖ ～자 an advocate of peace; a pacifist.
주황(朱黃) orange color.
주효(奏效) ～하다 be effective; be effectual; bear fruit; take effect (약이).
주효(酒肴) wine and refreshments 「〔food〕.
주흥(酒興) (drunken) merrymaking; conviviality. ¶ ～에 겨워 heated by wine / ～을 돋다〔깨뜨리다〕heighten〔dampen〕conviviality.
죽(粥) (rice) gruel; porridge; hot cereal. ¶ ～을 끓이다 cook hot cereal / 식은 ～ 먹기다 be an easy task.
죽[1]《열 벌》ten pieces; ten《*plates*, 「*etc.*》.
죽[2] ①《늘어선 모양》in a row 〔line〕. ¶ ～ 늘어놓다 make an array of; display. ②《내내》all through; throughout. ¶ 아침부터 ～ all through the morning / 일 년 동안 ～ all the year round. ③《대강》¶ ～ 훑어보다 look〔run〕through; look over. ④《물·기운 따위가》《recede》utterly; all down the line. ¶ 기운이 ～ 빠졌다 I am utterly exhausted. ⑤《찢는 모양》with a rip. ¶ 손수건을 ～ 찢다 rip a handkerchief.
죽기(竹器) bamboo ware.
죽는소리 ①《엄살》talking〔making a〕poor mouth. ～하다 talk poor mouth. ¶ ～ 좀 그만해라 Stop talking poor mouth. ②《비명》a shriek; a scream. ¶ ～를 지르다 utter a shriek.
죽다 ①《사망》die; pass away; 《숨지다》expire; breathe *one's* last;《목숨을 잃다》be killed; lose *one's* life. ¶ 죽은… dead; deceased; the late《*Mr. Kim*》/ 죽은 사람들 the dead / 죽느냐 사느냐의 문제 a matter of life or〔and〕death / 죽을 각오로 at the risk of *one's* life / 병으로 ～ die of a disease / 철도 사고로 ～ be killed in a railway accident / 그녀가 죽은 지 5년이 되었다 She has been dead for five years. / 지루해서 죽을 지경이다 I'm dying of boredom. *or* I'm bored to death. / 더워서 죽을 것 같다 The heat is killing me. / 인간은 죽게 마련이다 Man is mortal. ②《초목이》wither; die; be dead. ③《기(氣)가》be downhearted〔depressed〕; be dejected〔dispirited〕; be in the blues. ¶ 이 그림은 죽어 있다 This painting is lifeless. ④《풀기가》lose *its* starch. ⑤《정지》run down; stop. ¶ 시계가 죽었다 The clock has stopped. ⑥《불이》go out; die out. ¶ 불이 거의 죽었다 The fire is nearly out. ⑦ 〖野〗 be (put) out;《장기·바둑 등》be captured〔lost〕.
죽도(竹刀) a bamboo sword.
죽도화(一花) 〖植〗 a yellow rose; a kerria.
죽림(竹林) a bamboo thicket 〔grove〕. ¶ ～칠현 the seven wise men in a bamboo grove fabled in a Chinese classic.
죽마(竹馬) stilts. ‖ ～고우(故友) a childhood〔bosom〕friend; an old playmate.
죽세공(竹細工) bamboo ware〔work〕.
죽순(竹筍) a bamboo shoot 〔sprout〕. ¶ 우후 ～처럼 나오다 shoot 〔spring〕up like mushrooms after a rain; increase rapidly in number.
죽어지내다 live under oppression; live a life of subjugation. ¶ 그는 아내 앞에 죽어 지낸다 He lives under his wife's thumb.
죽을둥살둥 desperately; frantically; life and death; tooth and nail.
죽을병(一病) a fatal disease.
죽을상(一相) an agonized look; a frantic〔desperate〕look.
죽을힘 ¶ ～을 다하여 desperately; frantically; with all *one's* might; for *one's* life / ～을 다해 헤엄치다 swim for *one's* life.
죽음 death; decease; demise (높

은 사람의). ¶ ～의 재 radioactive ashes; fall-out / ～에 대한 공포 the terror of death / ～을 각오하다 be prepared for death; be ready to die / ～을 애도하다 mourn (over) the death of... / 그녀는 가까스로 ～을 면했다 She narrowly missed death.

죽이다 ①《살해》 kill; murder; put 《*a person*》 to death; take 《*a person's*》 life; 《도살》 butcher 《*a cow*》. ¶ 때려 ～ beat to death / 독약을 먹여 ～ dose 《*a person*》 to death / 죽이겠다고 협박하다 threaten to kill 〔murder〕《*a person*》; threaten 《*a person's*》 life / 아무를 죽이려고 하다 make an attempt on 《*a person's*》 life. ②《잃다》 lose 《*a son, a chessman*》. ③《억제》 suppress; stifle; smother; hold back. ¶ 숨을 ～ hold *one's* breath / 감정을 ～ suppress *one's* feelings. ④《기타》 ¶ 맛을 ～ spoil the flavor; kill the taste / 재능을 ～ destroy 〔suppress〕 *one's* talent.

죽일놈 a rascal. ¶ 이 ～아 Damn you! *or* Be damned to you.

죽자꾸나하고 at the risk of *one's* life; for all *one's* life; desperately; frantically.

죽장(竹杖) a bamboo stick.

죽죽 ☞ 쭉쭉.

죽지 ¶ 날갯～ the joint of a wing / 어깻～ the shoulder joint.

죽창(竹槍) a bamboo spear.

죽책(竹柵) a bamboo fence.

죽치다 confine 〔shut〕 *oneself* in *one's* house; keep *oneself* indoors.

준…(準) quasi-; semi-; associate. ¶ ～여당 a quasi-government party / ～회원 an associate member.

준거(準據) ～하다 base 《*a decision*》 on; conform to; follow. ¶ …에 ～하여 in conformity to…; in accordance with….

준결승(準決勝) a semifinal (game). ¶ ～에 진출하다 go on to the semifinals.

준공(竣工) completion. ～하다 be finished 〔completed〕. ‖ ～도(圖) 《건물의》 a drawing showing how a building will look when completed / ～식 a ceremony to celebrate the completion 《*of a bridge*》.

준교사(準教師) an assistant teacher.

준동(蠢動) wriggling; squirming; activities. ～하다 《벌레가》 crawl; wriggle; 《무리가》 be active; move; infest.

준령(峻嶺) a steep mountain pass.

준마(駿馬) a swift 〔gallant〕 horse.

준말 an abbreviation.

준법(遵法) ¶ ～의 law-abiding / ～정신 a law-abiding spirit / ～투쟁 《쟁의 행위》 a work-to-rule; a slow-down / ～투쟁을 하다 work to rule.

준봉(峻峰) steep 〔lofty〕 peak.

준비(準備) preparation(s); arrangements; readiness. ～하다 prepare; get ready; make preparations 〔arrangements〕. ¶ 식사 ～를 하다 get dinner ready; cook dinner / ～중에 있다 《사람이 주어》 be getting ready 《*for*》; 《사물이 주어》 be in (course of) preparation / 시험 ～는 되었느냐 Are you prepared to take the test? / ～는 다 됐다 Everything is ready now. *or* We are all set now. ‖ ～단계 a preparatory stage / ～운동 warming-up exercises (～운동을 하다 warm up) / ～은행 《美》 a reserve bank / ～절차 〖法〗 preparatory proceedings / ～통화 a reserve currency / 법정～금 a legal reserve fund.

준사관(準士官) a warrant officer.

준사원(準社員) a junior employee.

준설(浚渫) dredging. ～하다 dredge 《*a river*》. ‖ ～선 a dredger; a dredging vessel / 대한～공사 the Korea Dredging Corporation.

준수(遵守) observance. ～하다 observe 《*rules*》; conform to; follow; obey.

준수하다(俊秀―) (be) outstanding; prominent; excel in talent and elegance.

준엄하다(峻嚴―) (be) severe; strict; rigid; stern; stringent.

준열하다(峻烈―) (be) rigorous; stern; severe; sharp; relentless. ¶ 준열한 비판 sharp criticism.

준용(準用) ～하다 apply 《*a rule*》 correspondingly 《*to other cases*》.

준우승(準優勝) a victory in the semifinals. ‖ ～자 a winner of the semifinals.

준위(准尉) a warrant officer (생략 WO).

준장(准將) 《美》 a brigadier general(육·공군); a commodore(해군).

준족(駿足) ①《말》 a swift horse. ②《사람》 a swift runner.

준준결승(準準決勝) a quarterfinal (game).

준치 〖魚〗 a kind of herring. ¶ 썩어도 ～ 《俗談》 An old eagle is better than a young crow.

준칙(準則) a standing 〔working〕 rule; 《기준》 a standard; a criterion.

준평원(準平原) 〖地〗 a peneplain.

준하다(準―) 《비례》 be proportionate 《*to*》; 《준용》 apply correspondingly to; follow; be based on. ¶ …에 준해서 in accordance with; in proportion to / 대우는 정사원에 준한다 We treat you the same way as a regular employee. / 작업량에 준하여 보수를 지불하겠다 We'll pay you in proportion to the amount of work you do. ⌈ber.

준회원(準會員) an associate mem-

줄[1] ① 《끈붙이》 a rope; a cord; a string (연, 악기 등의). ¶ ~을 치다 (stretch a) rope / ~에 걸리다 《발이》 be caught in the ropes. ② 《선》 a line; a stripe. ¶ ~을 긋다 draw a line. ③ 《열》 a row; a line. ¶ ~을 지어 in a line. ④ 《행》 a line. ¶ ~을 바꾸다 begin a new line.

줄[2] 《쇠를 깎는》 a file; a rasp. ¶ ~ 질하다 file 《*the wood smooth*》.

줄[3] ① 《방법》 how to 《*do*》. ¶ 사진 찍을 ~(을) 모르다 do not know how to take a photograph. ② 《하게 됨》 (the fact) that...; 《셈속》 the assumed fact. ¶ 여기서 너와 만날 ~은 몰랐다 This is the last place where I expected to meet you. / 그가 간첩인 ~ 누가 알았으랴 Who ever suspected that he was a spy?

줄거리 ① 《가지》 a stalk; a stem; a caulis. ② 《얘기의》 an outline; a plot; a story; a summary. ¶ 이야기의 ~를 말하다 outline a plot.

줄곧 all along; all the way [time]; all through; throughout; constantly; continually.

줄기 ① 《식물의》 a trunk; a stem (화초의); a stalk(벼, 보리 따위의); a cane (등, 대 따위의). ② 《빛 따위의》 ray; a streak. ¶ 한 ~의 광선 a ray [streak] of light. ③ 《물 등의》 a stream; a current; a vein (혈관의). ④ 《산의》 a range. ⑤ 《비 따위의》 a shower; a downpour.

줄기세포(一細胞) stem cell.

줄기차다 (be) strong; vigorous. ¶ 줄기차게 strongly; vigorously.

줄넘기 《돌려서》 rope skipping; 《팽팽히 하고》 rope jumping. ~하다 skip. ¶ ~의 줄을 돌리다 turn the skipping rope 《*for the girls*》.

줄다 ① 《감소》 decrease; lessen; diminish(점차로); fall off(수량이); get fewer [less, smaller]. ¶ 체중이 ~ lose weight / 흡연자의 수가 줄었다 The number of smokers 《*in Korea*》 has fallen [decreased]. / 생사의 수요가 줄고 있다 The demand for silk is diminishing [on the decrease]. ② 《축소》 contract; diminish in size; be shortened; shrink. ¶ (빨아도) 줄지 않는 be unshrinkable.

줄다리기 《play at》 a tug-of-war.

줄달다 follow one after another. ¶ 줄달아서 continuously; successively.

줄달음질 dashing. ~하다 [치다] run hard; rush; dash. ¶ 거리로 ~쳐 나가다 dash out into the street.

줄담배 ¶ ~를 피우다 chainsmoke / ~피우는 사람 a chainsmoker.

줄대다 continue; go on; keep on. ¶ 줄대어 continuously; in succession; in a row.

줄무늬 stripes. ¶ ~의 striped.

줄사닥다리 a rope ladder.

줄어들다 ① 《감소》 decrease; diminish; lessen; dwindle (차차로). ② 《축소》 become smaller; dwindle; shrink.

줄이다 《감소》 reduce; decrease; lessen; 《단축·축소》 shorten; cut down; curtail. ¶ 3분의 2를 [로] ~ reduce by [to] two-third / 경비를 ~ cut down expenses / 체중을 ~ reduce *one's* weight / 석유의 소비량을 줄여야 한다 We've got to cut down (on) our consumption of petroleum. / 육식을 줄이고 채식을 더 해라 I advise you to eat less meat and more vegetables. ⌈line.

줄자 a tape measure; a tape-

줄잡다 make a moderate estimate 《*of*》; estimate low; underestimate. ¶ 줄잡아서 at a moderate estimate.

줄줄[1] ☞ 졸졸. ¶ ~ 흐르다 flow [gush] out; stream down / 땀을 ~ 흘리다 swelter.

줄줄[2] 《막힘없이》 smoothly; without a hitch; fluently.

줄짓다 form a line [queue]; line [queue] up; 《정렬》 be in a row; stand in (a) line.

줄치다 draw lines; mark with line; stretch a rope(새끼줄을).

줄타다 walk on a (tight) rope. ¶ 줄타기하는 사람 a ropewalker.

줄행랑(一行廊) 《도망》 flight; running away. ¶ ~을 치다 run away; take (to) flight.

줌 《분량》 a handful; a grip; a grasp. ¶ 소금 한 ~ a handful of salt.

줍다 pick up; gather (up) 《*shells*》; find 《*a purse on the road*》; glean 《*ears of rice*》. ¶ 주워 모으다 gather; collect.

줏대(主一) a fixed principle; a definite opinion; moral fiber; backbone. ¶ ~가 있는 사람 a man of principle / ~가 없다 lack backbone [moral fiber].

중 a Buddhist priest; a monk. ¶ ~이 제머리 못 깎는다 《俗談》 You cannot scratch your own back.

중(中) ① 《정도》 the medium; the average. ¶ ~키의 사람 a man of medium height / ~ 이상 [이하]이다 be above [below] the average. ② 《중앙부》 the center; the middle. ③ 《동안에》 during; within; while. ¶ 전시 ～ during the war. ④《진행중》under; in process of; in progress. ¶ 건축 ～ under〔in course of〕construction / 식사 ～이다 be at table. ⑤《…중에서》among; in; out of; of; within. ¶ 십 ～팔구 nine out of ten. ⑥《내내》throughout; all over.

…중(重) ①《겹》fold. ¶ 2～의 twofold; double. ②《무게》weight.

중간(中間) the middle; the midway. ¶ ～의 middle; midway; intermediate; interim(기한의). ¶ …의 ～쯤에 in〔about〕the middle of; halfway between《*A and B*》. ‖ ～결산 interim closing / ～관리(직) the middle management / ～배당 interim dividends / ～보고 an interim report / ～상인 a middle man; a broker / ～색 a neutral tint〔color〕/ ～선거 an off-year election(미국의) / ～시험〔고사〕a midterm examination / ～업자 a middleman / ～역 an intermediate station / ～착취 intermediary exploitation / ～층 a middle class / ～파 a neutral party; the neutrals; the middle-of-the-roaders.

중간자(中間子)〖理〗a meson.

중간치(中間一) an article of medium size〔price, quality, *etc.*〕.

중간하다(重刊一) republish; reprint; reissue.

중갑판(中甲板) the middle deck.

중개(仲介) mediation; agency. ～하다 mediate; act as a go-between. ¶ 그의 ～로 그들은 타협했다 They compromised《*on these terms*》by〔through〕his agency. ‖ ～업 the brokerage business / ～자 a mediator; a go-between; 《중개상》an agent.

중거리(中距離) ‖ ～경주〔선수〕a middle-distance race〔runner〕/ ～탄도탄 an intermediate-range ballistic missile (생략 IRBM) / ～핵병기 intermediate-range nuclear forces(생략 INF).

중견(中堅) a backbone; a mainstay. ¶ 회사의 ～이 되다 form〔prove *oneself*〕the backbone of a company. ‖ ～수〖野〗a center fielder / ～작가 a writer of middle〔medium〕standing.

중계(中繼) relay; a hookup《美》. ～하다 relay; 《라디오·TV로》broadcast. ¶ 전국에 ～하다 broadcast over a nationwide network / 위성～ a transmission via satellite / 실황～ on-the-spot broadcasting / 무대～ a stage relay broadcast. ‖ ～국(局) a relay station / ～무역 intermediate trade / ～방송 a relay broadcast / ～항 an intermediate port; a port of transit.

중고(中古) ¶ ～의 used; secondhand / 나는 ～ 피아노를 샀다 I bought a used piano. ‖ ～차 a used car / ～품 a used article; secondhand goods.

중공업(重工業) heavy industries.

중과(衆寡) ¶ ～부적이다 be outnumbered.

중구(衆口) ¶ ～난방이다 It is difficult to stop the voice of the people.

중국(中國) China. ¶ ～의 Chinese. ‖ ～어 Chinese / ～인 a Chinese / ～통(通) an authority on Chinese affairs; a person versed in things Chinese.

중궁(전)(中宮(殿))《왕후의 높임말》the Queen.

중금속(重金屬) a heavy metal.

중급(中級) an intermediate grade. ¶ ～의 intermediate; of the middle class. ‖ ～품 an article of medium〔average〕quality.

중기(中期) the middle period. ¶ ～에 in the middle (years)《*of the Koryŏ era*》. ‖ ～계획 a medium-range plan.

중기관총(重機關銃) a heavy machine gun.

중길(中一)《물건》a product of medium quality; medium goods.

중남미(中南美) South and Central America. ☞ 라틴 아메리카.

중년(中年) middle age. ¶ ～의 사람 a middle-aged person / ～이 지난 사람 an elderly person / ～이 되어 살이 찌다 develop middle-aged flab〔spread〕. ‖ ～기 the middle years of *one's* life.

중노동(重勞動) heavy〔hard〕labor.

중농(中農) a middle-class farmer.

중농(重農) ‖ ～정책 an agriculture-first policy / ～주의 physiocracy / ～주의자 a physiocrat.

중뇌(中腦) the midbrain;〖解〗mesencephalon.

중늙은이(中一) an elderly person.

중단(中斷) interruption; stoppage. ～하다 discontinue; interrupt. ¶ 경기는 소나기로 인해 10분간 ～되었다 The game was interrupted for ten minutes by a shower.

중대(中隊) a company(보병, 공병); a battery(포병); a squadron(비행중대). ‖ ～장 a company commander.

중대(重大) ～하다 (be) important; serious; grave. ¶ ～한 과실 the grave〔a gross〕mistake / ～해지다 become serious〔worse〕/ 사태는 ～하다 The situation is serious. / 나는 그녀의 행동을 ～시하고 있다 I am taking a grave view of her conduct. ‖ ～문제 a matter of great concern; a question of great consequence / ～사건 a serious affair; an important matter / ～성 importance; gravity; seriousness / ～성명 《announce》 a serious statement / ～책임 grave responsibility.

중도(中途) ¶ ～에서 halfway; midway; in the middle / 일을 ～에서 그만두다 leave 《*a matter*》 half-done; give up halfway.

중도(中道) ¶ ～를 걷다 take〔choose〕 a moderate course; take the golden mean. ‖ ～정당 a centrist party / ～파 the middle-of-the-roaders.

중도금(中渡金) a midterm 〔intermediate〕 payment.

중독(中毒) poisoning; 《마약 등의》 addiction; toxication 〔중독증〕. ¶ ～성의 poisonous; toxic / ～되다 get〔become〕 addicted 《*to*》; get hooked 《*on heroin*》 / ～증상을 나타내다 develop〔present〕 symptoms of poisoning / ～을 일으키다 be〔get〕 poisoned / 그는 식～에 걸렸다 He suffered from food poisoning.

중동(中東) the Middle East. ‖ ～전쟁 the Middle East War.

중동무이(中—) ～하다 do 《*things*》 by halves; leave 《*a thing*》 half-done.

중등(中等) ¶ ～의 middle; medium; average. ‖ ～교육 secondary education / ～품 medium-grade articles; middlings / ～학교 a secondary school.

중략(中略) an omission; an ellipsis(생략); 《표시로서》 "omitted". ～하다 omit; skip.

중량(重量) weight. ¶ 총～ gross weight / ～감이 있다 be massive; look solid / ～이 4톤이다 It weighs four tons. ‖ ～급 the heavyweight class / ～급 권투 선수 a heavyweight boxer / ～부족 short weight / ～제 classification by weight / ～제한 weight〔load〕 limits / ～초과 overweight / ～톤 a deadweight tonnage.

중력(重力) 〖理〗 gravity; gravitation. ¶ ～의 법칙〔중심〕 the law〔center〕 of gravity / (인공위성 내의) 인공～ artificial gravity / 무～ 상태 weightlessness.

중령(中領) 《육군》 a lieutenant colonel; 《해군》 a commander; 《공군》 a lieutenant colonel 《美》; a wing commander 《英》.

중론(衆論) general consultation; public opinion.

중류(中流) ① 《강의》 the middle of the river; midstream. ② 《사회의》 the middle class. ‖ ～가정 a middle-class family / ～계급 the middle classes.

중립(中立) neutrality. ¶ ～적인 neutral / 비무장 ～주의 unarmed neutralism / ～의 입장에서 on neutral ground / ～을 지키다 observe neutrality. ‖ ～국 a neutral power〔country〕 / ～내각 a neutral cabinet / ～노선 neutral policy / ～주의 neutralism / ～주의 정책 a neutralist policy / ～지대 a neutral zone / ～화 neutralization.

중매(仲買) brokerage. ～하다 act as (a) broker. ‖ ～구전 a broker's commission / ～인 a broker.

중매(仲媒) matchmaking. ～하다 arrange a (marriage) match 《*between*》; act as (a) go-between. ‖ ～결혼 a marriage arranged by a go-between / ～인〔쟁이〕 a matchmaker; a go-between.

중문(中門) an inner gate.

중문(重文) 〖文〗 a compound sentence.

중미(中美) Central America. ¶ ～의 Central American.

중반전(中盤戰) 《바둑 등의》 the middle game; 《선거전 등의》 the middle phase. ¶ ～에 들(어가)다 get into the middle stage 《*of the game*》.

중벌(重罰) a heavy〔severe〕 punishment. ¶ ～에 처하다 sentence 《*a person*》 to a severe punishment.

중범(重犯) 《중죄》 felony; 《중범인》 a felon.

중병(重病) a serious illness. ¶ ～에 걸리다 fall〔get〕 seriously ill. ‖ ～환자 a serious case.

중복(中伏) the middle period of dog days.

중복(重複) repetition; duplication; redundancy. ～하다 overlap; be repeated; duplicate. ¶ ～된 duplicate; overlapping; repeated.

중부(中部) the central〔middle〕 part. ‖ ～지방 the central districts; the midland.

중뿔나다(中—) be nosy〔intrusive, meddlesome, officious, pert〕. ¶ 중뿔나게 말하다 make uncalled-for〔impertinent〕 remarks.

중사(中士) a sergeant first class.

중산계급(中産階級) the middle classes; middle-class people.

중산모(中山帽) a derby (hat) 《美》.

중상(中傷) (a) slander; defamation 〔명예훼손〕; mudslinging(선거운동 등에서의). ～하다 slander; speak ill of; defame. ¶ ～적 defamatory; calumnious; slanderous / ～적인 보도 a slanderous report / 친구로부터 ～을 당하다 be defamed by *one's* friend / 그것은 지독한 ～이다 It's a gross slander. ‖ ～자 a slanderer; a scandalmonger.

중상(重傷) a serious wound〔injury〕. ¶ ~을 입다 get badly〔be seriously〕 wounded. ‖ ~자 a seriously wounded〔injured〕 person.

중상주의(重商主義) mercantilism. ‖ ~자 a mercantilist.

중생(衆生) living things; all creatures; human beings.

중생대(中生代) the Mesozoic (Era).

중서부(中西部) 《미국의》 the Middle West; the Midwest. ¶ ~의 Middle Western.

중석(重石) 〖鑛〗 tungsten; scheelite.

중선거구(中選擧區) 《선거의》 a medium(-sized) electoral district.

중성(中性) ① 〖文〗 the neuter gender. ¶ ~의 neuter. ② 〖化〗 neutrality. ¶ ~의 neutral. ‖ ~반응 a neutral reaction / ~자 a neutron / ~자폭탄 a neutron bomb.

중세(中世) the Middle Ages; medieval times. ‖ ~사(史) the medieval history.

중세(重稅) a heavy tax; heavy taxation (과세).

중소(中蘇) Sino-Soviet. ‖ ~논쟁 Sino-Soviet dispute.

중소기업(中小企業) small and medium-sized enterprises; smaller businesses. ¶ 부친께서 ~을 경영하고 계시다 My father runs a small business. ‖ ~청 the Small & Medium Business Administration (생략 SMBA).

중수(重水) 〖化〗 heavy water.

중수(重修) repair; restoration; remodeling. ~하다 repair; remodel; restore.

중수소(重水素) 〖化〗 heavy hydrogen; deuterium.

중순(中旬) the middle〔second〕 ten days of a month. ¶ 4월 ~에 in mid-April; about〔in〕 the middle of April.

중시하다(重視—) attach importance《to》; make〔think〕 much of; lay stress on; regard... as important; take... seriously. ¶ 나는 그녀의 충고를 중시한다 I attach importance to her advice.

중신(重臣) a chief〔senior〕 vassal〔retainer〕.

중심(中心) 《한복판》 the center; the middle; the heart; 《중핵》 the core. ¶ ~의 central; middle / …의 ~이 되다 take a leading part 《*in a project*》; play a central role 《*in a movement*》 / ~을 벗어나다 be out of center; be wide of the mark; be off the mark. ‖ ~인물 a central figure / ~점 the central point / ~지 a center(공업 ~지 an industrial center).

중심(重心) 〖理〗 the center of gravity. ¶ 몸의 ~을 잡다〔잃다〕 keep〔lose〕 *one's* balance.

중압(重壓) (heavy) pressure. ¶ ~을 가하다 put pressure on 《*a person*》 to *do* / 경제적인 ~을 받다 undergo〔be under〕 economic stress. ‖ ~감 an oppressive feeling.

중앙(中央) the center; the heart; the middle. ¶ ~의 central; middle / …의 ~에 in〔at〕 the center〔heart〕 of...; in the middle of... / 도시 ~에 있다 be (situated) in the center of the town. ‖ ~관청 central government agencies / ~냉난방 central airconditioning and heating / ~돌파 a frontal breakthrough / ~부 the central part; the midsection / ~분리대《도로상의》 a median strip / ~선 the central line of the highway; 《철도의》 the Central Line / ~선거관리위원회 the Central Election Management Committee / ~아시아〔아메리카〕 Central Asia〔America〕 / ~우체국 the Central Post Office / ~정보부 《美》 the Central Intelligence Agency (생략 CIA) / ~정부 the central government / ~집권 centralization (of administrative power) / ~집행위원회 a central executive committee.

중언부언(重言復言) ~하다 reiterate; say over again; repeat.

중얼거리다 mutter; murmur; grumble(불평을). ¶ 중얼중얼 muttering / 무어라고 혼자 ~ mutter something to *oneself*.

중역(重役) a director. ‖ ~회 a board of directors / ~회의 a meeting of directors.

중역(重譯) (a) retranslation. ~하다 retranslate.

중엽(中葉) the middle part (of a period). ¶ 19세기 ~ the mid-nineteenth century.

중외(中外) ¶ ~에 at home and abroad.

중요(重要) ~하다 (be) important; of importance; essential; vital; valuable(귀중한); principal. ¶ 그것은 우리에게 매우 ~한 문제이다 That is a matter of great importance to us. / 그는 그 팀의 ~한 멤버이다 He is a valuable member of the team. / 심장과 폐는 ~한 기관이다 The heart and lungs are vital organs. ‖ ~무형문화재 an important intangible cultural asset / ~문화재 an important cultural asset / ~사항 an important matter / ~서류 important papers / ~성 importance / ~인물 an important person; a very important person (생략 VIP).

중요시하다(重要視—) ☞ 중시하다.

중용(中庸) moderation; a middle course; the golden mean. ¶ ~의 moderate / ~을 지키다 take

the golden mean; be moderate 《*in*》.
중용(重用) ～하다 promote 《*a person*》 to a responsible post. ¶ ～되다 be taken into confidence.
중우(衆愚) ‖ ～정치 mobocracy; mob rule.
중위(中位) 《정도》 medium; average(평균); 《등급》 second rate.
중위(中尉) 《육군》 a first lieutenant 《美》; a lieutenant 《英》; 《해군》 a lieutenant junior grade 《美》; a sublieutenant 《英》; 《공군》 a first lieutenant 《美》; a flying officer 《英》. 「leum.
중유(重油) heavy oil; crude petro-
중음(中音) 〖樂〗 alto; baritone(남성); contralto(여성).
중의(衆意) public〔popular, general〕 opinion.
중의(衆議) public discussion; general consultation. ¶ ～에 의하여 결정하다 decide by majority of votes.
중이(中耳) the middle ear; the tympanum. ‖ ～염 tympanitis.
중임(重任) ① 《책임》 a heavy responsibility; 《지위》 a responsible post; 《임무》 an important duty. ¶ ～을 맡다 take upon *oneself* an important task; shoulder a heavy responsibility. ② 《재임》 reappointment; reelection(재선). ～하다 be reappointed; be reelected.
중장(中將) 《육군》 a lieutenant general; 《해군》 a vice admiral; 《공군》 a lieutenant general 《美》; an air marshal 《英》.
중장비(重裝備) heavy equipment.
중재(仲裁) mediation; arbitration. ～하다 mediate; arbitrate 《*between*》. ¶ ～를 부탁하다 ask for arbitration / 그 쟁의는 그의 ～로 해결되었다 The dispute was settled through his mediation. ‖ ～인 a mediator; an arbitrator / ～재판 arbitration / ～재판소 a court of arbitration.
중절(中絶) interruption. ～하다 interrupt.
중절모(中折帽) a soft〔felt〕 hat.
중점(中點) 〖數〗 the middle point; the median (point).
중점(重點) 《강조》 emphasis; stress; 《중요》 importance. ¶ ～적으로 in priority / ～을 두다 lay emphasis 〔stress〕 on 《*something*》. ‖ ～주의〔생산〕 priority policy〔production〕.
중조(重曹) 〖化〗 bicarbonate of soda; baking soda 《俗》. 「graduate.
중졸자(中卒者) a junior high school
중죄(重罪) (a) felony; a grave offense〔crime〕. ‖ ～인 a felon.
중증(重症) a serious illness.
중지(中止) stoppage; suspension. ～하다 stop; give up(단념); suspend; call off. ¶ 경기는 ～되었다 That match was called off. / 우리는 그 실험의 ～를 요구했다 We called for the discontinuation of the experiment.
중지(中指) the middle finger.
중지(衆智) ¶ ～를 모으다 seek〔ask〕 the counsel of many people.
중진(重鎭) 《사람》 a prominent 〔leading〕 figure; a person of influence〔authority〕; an authority (학계의). 「country.
중진국(中進國) a semideveloped
중창(中 ―) 《구두의》 an insole.
중책(重責) a heavy responsibility; an important mission〔duty〕. ¶ ～을 맡다 assume a heavy responsibility. 「the zenith.
중천(中天) midair; the midheaven;
중첩(重疊) ～하다 lie one upon another; overlap each other; pile up.
중추(中樞) the center; the pivot; the backbone. ¶ ～적인 central; leading; pivotal / ～적인 인물 the central〔pivotal〕 figure. ‖ ～산업 a pivotal industry / ～신경 the central nerve / ～신경계통 the central nervous system.
중추(仲秋) midautumn. ¶ ～명월 the harvest moon.
중축(中軸) the axis; the pivot.
중층구조(重層構造) 〖經〗 a multilayer structure.
중크롬산(重 ― 酸) 〖化〗 bichromic acid. ‖ ～염 bichromate.
중키(中 ―) medium height〔size, stature〕.
중탄산(重炭酸) 〖化〗 bicarbonate. ‖ ～소다 bicarbonate of soda / ～염 bicarbonate.
중태(重態) a serious〔critical, grave〕 condition. ¶ ～이다 be in a serious condition; be seriously ill 《*with cancer*》 / 그는 ～에 빠졌다 He fell into a critical condition.
중턱(中 ―) 《산의》 the mountainside; the mid-slope of a mountain. ¶ 산 ～에서 좀 쉬도록 하자 Let's take a short rest halfway up〔down〕 the mountain.
중퇴(中退) ～하다 leave school without completing the course; leave 《*college*》 before graduation; drop out. ¶ 그는 배우가 되고 싶어 대학을 ～했다 He quit the university out of his desire to be an actor. ‖ ～자 a (school) dropout / 고교 ～자 a high school dropout.
중파(中波) 〖無電〗 a medium wave.
중판(重版) an another〔a second〕 impression〔edition〕.
중편(中篇) 《제2 권》 the second part〔volume〕. ‖ ～소설 a medium-length story; a short novel.

중평(衆評) public opinion〔criticism〕.

중포(重砲) a heavy gun; heavy artillery (총칭).

중폭격기(重爆擊機) a heavy bomber.

중품(中品) medium quality (goods).

중풍(中風) 〖韓醫〗 palsy; paralysis. ¶ ～에 걸린 paralytic / ～에 걸리다 be stricken with paralysis; have a stroke of paralysis / 그녀는 ～에 걸려 있다 She is suffering from palsy. *or* She is paralyzed. ‖ ～환자 a paralytic.

중하(重荷) a heavy burden〔load〕.

중하다(重―) 《병이》 (be) serious; critical; 《죄가》 (be) grave; 《벌이》 (be) heavy; 《책임이》 (be) important.

중학교(中學校) a middle school; a junior high school 《美》.

중학생(中學生) a middle〔junior high 《美》〕 school student〔boy, girl〕.

중합(重合) 〖化〗 polymerization. ～하다 polymerize. ‖ ～체 a polymer.

중핵(中核) the kernel; the core. ¶ 그는 그 당의 ～이다 He belongs to the central core of the party.

중형(中形·中型) a medium〔middle〕 size. ¶ ～의 middle-sized.

중형(重刑) a heavy penalty; a severe punishment.

중혼(重婚) double marriage; bigamy. ～하다 commit bigamy. ‖ ～자 a bigamist / ～죄 bigamy.

중화(中和) 〖化〗 neutralization; 《독의》 counteraction. ～하다 neutralize; counteract. ¶ 산은 알칼리로 ～된다 An acid is neutralized with (an) alkali. ‖ ～제 a neutralizer; a counteractive; an antidote(독에 대한).

중화(中華) ‖ ～사상 Sinocentrism / ～요리 Chinese dishes〔cuisine〕 / ～요리점 a Chinese restaurant / ～인민공화국 the People's Republic of China.

중화기(重火器) heavy firearms.

중화학공업(重化學工業) the heavy and chemical industries.

중환(重患) a serious illness; 《환자》 a serious case.

중후(重厚) ～하다 (be) grave and generous; profound; imposing; deep. ¶ 그는 ～한 느낌을 주는 사람이다 He is a grave-looking man. *or* He impresses one as being a man of depth.

중흥(中興) restoration; revival. ～하다 revive; be restored. ¶ 민족 ～의 아버지 the father of the national restoration.

중히(重―) ☞ 소중히. ¶ ～ 여기다 attach importance to; take a serious view of.

쥐[1] 〖動〗 a rat; a mouse [*pl.* mice] (새앙쥐). ¶ ～잡기 운동 an anti-rat drive / 독 안에 든 ～와 같다 be like a rat in a trap. ‖ ～덫 a mousetrap; a rattrap / ～약 rat poison.

쥐[2] 《경련》 a cramp. ¶ 다리에 ～가 나다 have a cramp in the leg.

쥐구멍 a rathole. ¶ ～이라도 찾고 싶은 심정이다 I'm so embarrassed (that) I could dig a hole and crawl into it. *or* I wish I could sink through the floor. / ～에도 볕들 날이 있다 《俗談》 Fortune knocks at our door by turns.

쥐꼬리 a rattail. ¶ ～만한 월급 a low〔small〕 salary.

쥐다 ① 《물건 따위를》 grip; grasp; clasp; take hold of; hold; seize; clench. ¶ 단단히〔꼭〕 ～ take fast〔firm〕 hold of 《*a person's hand*》; clasp〔grip〕 《*something*》 tightly / 주먹을 ～ clench *one's* fist / 이 막대기를 오른손으로 쥐시오 Please hold this stick in your right hand. ② 《권력 따위를》 ¶ 아무의 약점을 쥐고 있다 have something on *a person* / 회사의 실권은 그가 쥐고 있다 The real power over the company is in his hands.

쥐똥나무 〖植〗 a wax tree; privet.

쥐라기(―紀) 〖地質〗 the Jurassic.

쥐며느리 〖蟲〗 a sow bug.

쥐뿔같다 (be) worthless; useless.

쥐어뜯다 tear〔pluck〕 (off); pick.

쥐어박다 strike with *one's* fist; deal a blow.

쥐어주다 《돈을》 slip 《*money*》 into 《*a person's*》 hand; put 《*a thing*》 in *one's* hand; 《뇌물을》 grease 《*a person's*》 palm; bribe 《*a person*》; 《팁을》 tip.

쥐어짜다 press (out); wring (out); squeeze.

쥐어흔들다 grab and shake. ¶ 어깨를 ～ shake 《*a person*》 by the shoulder.

쥐여지내다 be placed under 《*a person's*》 control; live under 《*a person's*》 thumb; live in the grips 《*of*》. ¶ 마누라에게 ～ be henpecked; be under the petticoat government.

쥐잡듯(이) (one and) all; without exception; one by one; thoroughly. ¶ 도망자를 잡기 위해 한 집 한 집 ～ 수색하다 search thoroughly for the runaway from door to door.

쥐젖 a small wart.

쥐죽은듯 ¶ ～하다 (be) deathly quiet; be silent as the grave.

쥐치 〖魚〗 a filefish.

즈음 the time (when). ¶ ～하여 when; at the time 《*of*》; in case 《*of*》; on the occasion 《*of*》 / 출발에 ～하여 at the time of *one's* departure / 어려운 때에 ～하여 in

case of emergency.
즈크 duck; canvas. ‖ ～신〔화〕 canvas shoes.
즉(卽) 《곧》 namely; that is (to say); in other words; *id est* (생략 i.e.); 《바로》 just; exactly. ¶ 그녀는 2주일 전, ～ 5월 20일에 미국으로 떠났다 She left for the U.S. two weeks ago, that is, on May 20. / 그 일을 할 수 있는 사람은 오직 한사람, ～ 자네지 Only one person can do the work, namely you. / 그것이 ～ 내가 바라는 바이다 That's just〔exactly〕 the thing I want.
즉각(卽刻) instantly; immediately; at once; on the spot.
즉결(卽決) an immediate decision; 〖法〗 summary judgment〔decision〕. ～하다 decide promptly 〔immediately, on the spot〕. ‖ ～재판 a summary trial〔decision〕 / ～처분 summary punishment.
즉답(卽答) a prompt〔an immediate〕 answer. ～하다 answer promptly; give an immediate answer. ¶ 질문에 대해 ～을 피하다 avoid giving a prompt answer to *a person's* question.
즉사(卽死) an instant death. ～하다 die on the spot; be killed instantly. ¶ 그 사고로 운전사는 ～했다 The driver was killed instantly in that accident.
즉석(卽席) ¶ ～의 impromptu; extempore; offhand; instant 《*meal*》 / ～에서 offhand; on the spot; immediately / ～에서 …하다 *do* offhand〔on the spot〕; improvise 《*a poem*》. ‖ ～복권 an instant lottery ticket / ～연설 an offhand speech / ～요리 a quickly prepared dish; an instant meal.
즉시(卽時) at once; immediately; instantly; without delay. ‖ ～불 spot〔immediate〕 payment.
즉위(卽位) 《등극》 accession to the throne. ～하다 come〔accede〕 to the throne. ‖ ～식 a coronation (ceremony).
즉응(卽應) prompt conformity. ～하다 conform immediately 《*to*》; adapt *oneself* 《*to*》. 「day.
즉일(卽日) (on) the same〔very〕
즉효(卽效) 《have, produce》 an immediate effect 《*on*》. ‖ ～약 a quick〔an immediate〕 remedy 《*for*》.
즉흥(卽興) ¶ ～으로 impromptu; extempore; ad-lib; extemporaneously / ～적으로 시 한 수를 짓다 compose a poem extemporaneously. ‖ ～곡 〖樂〗 an impromptu / ～시 an impromptu poem.
즐거움 pleasure; joy; delight; enjoyment; amusement(오락); happiness(행복). ¶ 독서의 ～ the pleasure of reading / …하는 것을 ～으로 여기다 take pleasure〔delight〕 in *doing*.
즐거이 happily; pleasantly; joyfully; with delight. ¶ 친구를 ～ 맞다 receive a friend with pleasure.
즐겁다 (be) pleasant; happy; delightful; merry; cheerful; joyful. ¶ 즐거운 우리집 *one's* happy 〔sweet〕 home / 즐거운 한 때를 보내다 have a good〔happy〕 time / 결혼 생활은 즐겁기만 한 것이 아니다 Married life isn't rose all the way.
즐기다 enjoy; take pleasure〔delight〕 in; get pleasure 《*from*》; enjoy *oneself* 《*over*》; have fun 《*doing, with*》. ¶ 인생을〔자연을〕 ～ enjoy life〔nature〕 / 꽃을 보고 ～ enjoy〔feast *one's* eyes on〕 the flowers.
즐비하다(櫛比―) stand closely together; stand in a (continuous) row; be lined 《*with shops*》.
즙(汁) juice (과실의); sap (초목의). ¶ ～이 많은 juicy / ～을 내다 extract〔squeeze〕 juice 《*from a lemon*》.
증(症) 《증세》 symptoms. ¶ 허기 ～이 나다 feel hungry.
증(證) 《증거》 (a) proof; evidence; 《증서》 a certificate. ¶ 학생 ～ a certificate of student; a student's card.
증가(增加) (an) increase; (a) gain; (a) rise. ～하다 increase; grow. ¶ ～되고 있다 be on the increase / 수〔인구〕가 ～하다 increase in number〔population〕 / 자연 ～ a natural increase / 실업자의 수가 ～하고 있다 Unemployment is 「up〔on the rise〕. ‖ ～액 the amount increased / ～율 the rate of increase.
증간(增刊) a special〔an extra〕 number〔issue〕. ¶ 춘기 ～호 a special spring issue.
증감(增減) ～하다 increase and 〔or〕 decrease; fluctuate; vary 《*in quantity*》. ¶ 수입은 달에 따라 ～이 있다 The income varies〔fluctuates〕 with the month.
증강(增強) reinforcement. ～하다 reinforce; strengthen (강화); increase (수량을 늘리다). ¶ 군사력을 ～하다 reinforce the country's military strength / 수송력을 ～하다 increase the carrying capacity 《*of the railroad*》.
증거(證據) evidence; (a) proof; 〖法〗 (a) testimony. ¶ 결정적인〔확실한〕 ～ decisive〔positive〕 evi-

dence / 물적~ material evidence / 정황~ circumstantial evidence / ~를 수집하다 collect〔gather〕evidence / ~를 제출하다 produce evidence / ~불충분으로 석방되다 be released for want of material evidence. ‖ ~금 a deposit; deposit money / ~물 an evidence; an exhibit / ~보전 preservation of evidence / ~서류 documentary evidence / ~인멸 destruction of evidence / ~조사 the taking of evidence.

증권(證券) a bill; a bond(공사채); securities(유가증권). ¶ 선화(船貨) ~ a bill of lading (생략 BL) / ~화하다 convert 《*funds*》 into securities / ~에 손을 대다 speculate in stocks. ‖ ~거래소 a stock exchange / ~시세 stock prices / ~시장 a securities market / ~투자 investment in securities / ~회사 a securities〔stock〕company.

증기(蒸氣) steam; vapor. ¶ 이 기계는 ~로 움직인다 This machine is driven by steam. ‖ ~기관 a steam engine / ~ 기관차 a steam locomotive / ~ 난방(장치) steam-heating (system) / ~선 a steamship / ~소독 steam disinfection; autoclaving.

증대(增大) ~하다 enlarge; increase; get〔grow〕larger〔bigger〕. ¶ ~하는 세계 위기 a mounting world crisis / 인구의 ~ an increase in population. ‖ ~호 (잡지의) an enlarged number.

증류(蒸溜) distillation. ~하다 distill. ‖ ~기 a distiller / ~수 distilled water / ~주 distilled liquor; spirits; liquors《美》/ ~장치 distillation apparatus.

증명(證明) 《증거》 a proof; evidence; 《증언》 testimony. ~하다 prove(실증하다); testify 《*to*》(증언하다); certify(문서로); verify(입증하다); identify(신원을). ¶ 잘못임을 ~하다 prove that 《*something*》 is wrong / 이에 …임을 ~한다 《증명서의 문구》 This is to certify that…; I hereby certify that… / 그 약은 효험이 있다는 것이 ~되었다 The drug has been proved (to be) effective. /「신분을 ~할 수 있는 것을 가지고 계십니까?」—「운전 면허증이 있습니다.」"Do you have anything to identify yourself?" —"I have a driver's license." ‖ ~서 a certificate; a testimonial (신분 ~서 an identification card).

증모(增募) ~하다 《군인 등을》 recruit larger enlistment; 《학생 등을》 receive larger enrollment.

증발(蒸發) evaporation; vaporization. ~하다 evaporate; vaporize; 《사람이》 disappear. ¶ ~성의 evaporative / 물이 모두 ~했다 The water entirely evaporated. / 휘발유는 ~하기 쉽다 Gasoline is volatile. / 그녀는 큰 돈을 가지고 ~했다 She disappeared without a trace taking〔carrying〕a lot of money. ‖ ~열 the heat of evaporation; evaporation heat.

증발(增發) 《통화의》 an increased issue 《*of notes*》; 《열차의》 operation of an extra train. ¶ 적자 공채의 ~ a further issue of "red-ink" bonds / 지폐를 ~하다 issue additional paper money / 열차를 ~하다 increase the number of trains 《*between*》.

증배(增配) an increased dividend (배당); an increased ration(배급). ~하다 pay an increased dividend; increase the 《*rice*》 ration.

증보(增補) ~하다 enlarge; supplement; make an addition 《*to a book*》. ¶ 개정 ~판 a revised and enlarged edition 《*of*》.

증빙(證憑) evidence; proof; testimony. ‖ ~서류 documentary evidence.

증산(增産) increased production〔output〕; 《농산물의》 an increased yield 《*of rice*》. ~하다 increase〔boost, step up〕production; increase the yield. ¶ 강철의 ~ 계획 a plan for increasing steel output / 목재의 장기 ~ 계획 a long-range program for increasing the output of lumber. ‖ ~운동 a production increase campaign / ~의욕 《farmers'》 willingness to produce more.

증상(症狀) symptoms (징후); the condition of illness(병세).

증서(證書) a deed (양도 따위의); a bond (채무의); a certificate (증명서); a diploma (졸업증서). ¶ 예금 ~ a certificate of deposit / 차용~ an IOU (=I owe you) / ~를 작성하다 prepare〔draw out, write out〕a deed.

증설(增設) ~하다 increase; establish more 《*schools*》; install more 《*telephones*》. ¶ 지점을 2개소 ~하다 set up〔establish〕two more branches.

증세(症勢) symptoms 《*of*》; the condition of a patient(병세). ¶ …의 ~를 나타내다 show〔develop〕symptoms of 《*measles*》.

증세(增稅) a tax increase. ~하다 increase〔raise〕taxes. ‖ ~안(案) a proposed tax increase(제안); a tax increase bill(법안).

증손(曾孫) a great-grandchild. ‖ ~자 a great-grandson / ~녀 a great-granddaughter.

증수(增水) the rise〔rising〕of a

river; flooding. ～하다《강이》rise; swell. ‖ ～기 the annual flooding period.

증수(增收) increase of revenue 〔receipts, income〕(수입); an increased yield (농산물). ～하다 increase revenue〔income, receipts〕. ¶ 1할의 ～ an increase of ten percent in income.

증수회(贈收賄) corruption; bribery. ‖ ～사건 a bribery case.

증식(增殖) ～하다 increase; multiply; propagate. ¶ 자기 ～ self-reproduction. ‖ ～로《원자로의》a breeder reactor.

증액(增額) (an) increase. ～하다 increase; raise. ¶ 가족 수당을 ～하다 raise the level of the family allowance / 예산의 ～을 요구하다 demand an increase in *one's* budget allocation. ‖ ～분(分) the increased amount.

증언(證言) testimony; witness; (verbal) evidence. ～하다 give evidence; testify《*to*》; bear witness《*to*》. ¶ 목격자의 ～ the testimony of an eyewitness; eyewitness evidence / 피고에게 유리한〔불리한〕～을 하다 testify 「in favor of〔against〕the accused. ‖ ～대《take》the witness stand.

증여(贈與) donation; presentation. ～하다 give; present; donate《*money*》; make a present of《*a thing*》. ‖ ～세 a donation〔gift〕tax / ～자 a giver; a donor; a donator / ～재산 a donated property.

증오(憎惡) hatred; abhorrence. ～하다 hate; abhor; detest. ¶ ～할 만한 hateful; detestable / ～하는 마음을 품다 have〔bear〕a hatred《*for*》; feel animosity《*toward*》.

증원(增員) ～하다 increase the number of staff〔personnel〕.

증원(增援) ～하다 reinforce. ‖ ～부대 reinforcements.

증인(證人) a witness; an attestor. ¶ ～이 되다 bear witness 〔testimony〕《*to*》; testify《*to*》/ ～으로서 출두하다 present *oneself* as a witness / ～으로 법정에 소환되다 be summoned to the court as a witness. ‖ ～석〔대〕the witness stand.

증자(增資) an increase of capital; a capital increase. ～하다 increase the capital. ‖ ～주 additional stocks〔shares〕; newly issued stocks / 무상～ free issue of new shares / 유상～ issue of new shares to be purchased.

증정(贈呈) presentation;《책에 저자가 서명할 때의》With the compliments of the author. ～하다 present; make a present《*of a thing*》. ¶ 우리는 선생님께 손목시계를 ～했다 We presented our teacher with a wristwatch. ‖ ～본 a presentation copy / ～식 the ceremony of the presentation《*of*》/ ～자 a giver; a donor / ～품 a present; a gift.

증조모(曾祖母) a great-grandmother.

증조부(曾祖父) a great-grandfather.

증진(增進) ～하다 increase; promote; further; advance. ¶ 사회 복지의 ～ promotion of social welfare.

증축(增築) extension of a building. ～하다 extend〔enlarge〕a building; build an annex. ¶ 집에 작업실로 쓸 별채를 ～하다 build an annex to my house to use as a workshop. ‖ ～공사 extension work.

증파(增派) ～하다 dispatch more《*troops, warships*》.

증폭(增幅) amplification. ～하다 amplify. ‖ ～기 an amplifier.

증표(證標) a voucher.

증험(證驗) verification. ～하다 verify; bear witness to.

증회(贈賄) ～하다 bribe; give a bribe; grease〔oil, tickle〕《*a person's*》palm. ‖ ～사건 a bribery 〔graft〕case / ～자 a briber / ～죄 bribery.

증후(症候) ☞ 증세(症勢). ‖ ～군 a syndrome.

지《동안》since; from; after. ¶ 떠난 ～ 두 시간 two hours after the departure.

지…(至)《까지》to…; till….

…지 ①《의문》¶ 어떻게 하는 것인～ 가르쳐 주세요 Tell me how to do it. ②《말끝》¶ 오늘은 누가 오겠～ Someone may come to see me today. ③《부정》¶ 저 배엔 사람이 타고 있～ 않다 The boat has no passengers on board.

지가(地價) the price〔value〕of land; land prices〔value〕. ¶ 공시 ～ the assessed value of land / ～가 일년만에 배가 되었다 Land prices have doubled over the past year.

지각(地殼)〖地〗the earth's crust; the lithosphere. ‖ ～운동〔변동〕crustal activity〔movements〕.

지각(知覺) ①〖心〗perception; sensation. ～하다 perceive; feel; be conscious《*of*》. ‖ ～기관 the organs of perception / ～력 perceptibility / ～신경 sensory nerves. ②《분별》discretion; judgment; (good) sense. ¶ ～있는 sensible; discreet; prudent.

지각(遲刻) being late. ～하다 be 〔come〕late; be behind time. ¶ 학교에 ～하다 be late for school. ‖ ～자〔생〕a late-comer.

지갑(紙匣) a purse; a pocketbook; a wallet.

지게 an A-frame (carrier). ¶ ～를 지다 carry the A-frame on *one's* back. ‖ ～꾼 an A-frame coolie; a burden carrier / ～차 a forklift (truck).

지게미 《술의》 wine lees.

지겹다 《넌더리나다》 (be) tedious; wearisome; tiresome; 《지긋지긋하다》 (be) loathsome; detestable; disgusting; repulsive.

지경(地境) ① 《경계》 a boundary; a border. ② 《형편》 a situation; circumstances. ¶ …할 ～에 있다 be on the point〔verge, brink〕 of; be about to / 죽을 ～이다 be in a bad fix / 파멸할 ～이다 stand on the brink of ruin.

지계(地階) the basement.

지고(至高) supremacy. ～하다 (be) highest; supreme.

지관(地官) a geomancer.

지구(地球) the earth; the globe. ¶ ～의 terrestrial; earthly / ～상의 모든 생물 all life on the earth / ～의 인력 the earth's gravitation / ～반대쪽에 half the globe away / ～는 태양의 주위를 돈다 The earth goes around the sun. ‖ ～물리학 geophysics / ～온난화 global warming / ～의(儀) a globe / ～인 an earthling; an earthman / ～자원관측(탐사)위성 an earth resources observation (technology) satellite / ～촌 a global village.

지구(地區) 《지역》 a district; a zone; a region; an area; a section 《美》. ¶ 경인 ～ the Seoul-Inch'ŏn district〔area〕 / 상업〔주택〕 ～ the business〔residence〕 zone. ‖ ～당 a (electoral) district party chapter.

지구(地溝) 〖地〗 a rift valley.

지구(持久) ‖ ～력 endurance; staying power; tenacity / ～전 a long-drawn-out struggle〔war〕.

지국(支局) a branch (office).

지그시 ① 《슬그머니》 softly; quietly; gently. ¶ 눈을 ～ 감다 close *one's* eyes gently. ② 《참는 모양》 patiently; perseveringly.

지극(至極) ～하다 (be) utmost; extreme; 《대단하다》 (be) excessive; enormous; tremendous; 《극진하다》 (be) most faithful; utterly sincere. ¶ ～히 very; most; quite; exceedingly.

지근거리다 ① 《귀찮게 굴다》 annoy; bother; tease; 《졸라대다》 importune. ② 《머리가》 have a shooting pain (in *one's* head). ③ 《씹다》 chew softly.

지글거리다 sizzle; simmer; bubble up; seethe.

지글지글 sizzling; simmering; bubbling up; seething. ¶ ～끓다 sizzle.

지금(只今) ① 《현재》 the present; the present time〔day〕; this time〔moment〕; now. ¶ ～의 present; of today〔the present day〕 / ～까지 till now; up to the present; hitherto / ～부터 from now (on); after this; hence / ～ 그것을 생각해 보니 when I think of it now / ～까지 나는 그녀를 사랑하고 있다 I still love her. / ～이 5년 전보다 훨씬 살기가 좋다 We are much better off now than five years ago. ② 《지금 막》 just; just now; a moment ago. ¶ 삼촌은 ～ 도착했다 My uncle 「has just arrived〔came just now〕. ③ 《지금 곧》 soon; at once; (just) in a moment; immediately. ¶ ～ 그것을 해라 Do it 「at once〔immediately〕.

지금(地金) ingot gold (세공하지 않은); ground metal (세공품의 재료); bullion (화폐용의).

지금거리다 chew gritty; be gritty to the teeth.

지급(支給) provision; supply; payment (지불). ～하다 give; provide〔supply, furnish〕 *a person* with 《*a thing*》; allow; pay. ¶ 이재민에게 식량을 ～하다 provide food to the victims; provide〔supply〕 the victims with food / 여비를 ～하다 allow〔pay〕 《*a person*》 traveling expenses; pay 《*a person*》 a travel allowance / ～을 정지하다 stop〔suspend〕 payment. ‖ ～기일 the due date; the date of payment / ～능력 solvency; ability to pay / ～보증 《bank's》 payment guarantees / ～보증수표 a certified check / ～불능 insolvency / ～액 an allowance; the amount supplied / ～어음 a bill〔note〕 payable / ～유예 postponement of payment; 〖法〗 moratorium / ～인 a payer; a drawee (어음의) / ～전표 a payment slip / ～준비금 a reserve fund for payment / ～지 the place of payment / ～청구 a demand for payment / ～품 articles supplied; supplies.

지급(至急) ¶ ～한 urgent; pressing; immediate / ～으로 urgently; immediately; at once; without delay / ～편으로 보내다 send 《*a package*》 by express. ‖ ～전보〔전화〕 an urgent telegram〔call〕.

지긋지긋하다 ① 《넌더리나다》 (be) tedious; wearisome; tiresome. ② 《지겹다》 (be) loathsome; detestable; tedious; repulsive; horrible. ¶ 생각만해도 ～ It makes me sick even to think of it.

지긋하다 be advanced in years; be well up in years. ¶ 나이가 지긋한 사람 an elderly person; a person well 「on〔advanced〕 in years.

지기(知己) a bosom friend(친한 친구); an acquaintance(아는 사람). ‖ ～지우(之友) an appreciative friend.

…지기[1] 《논밭의》 an area〔a measure〕 of land. ¶ 닷마～ a plot of land that will take 5 *mal* of seed / 두 섬～ a stretch of land requiring 2 *sŏm* of seed.

…지기[2] 《사람》 a keeper; a guard. ¶ 문～ a gatekeeper.

지껄거리다 ☞ 지껄이다.

지껄이다 talk garrulously; chat; chatter; gabble(빨리).

지끈지끈 ① 《부러지는 소리》 with a snap. ② 《아프다》 ¶ 골치가 ～ 아프다 have a splitting headache.

지나가다 ☞ 지나다 ②, ③.

지나다 ① 《기한이》 expire; terminate; be out. ¶ 기한이 지났다 The time limit has expired. ② 《통과》 pass (by); go past; pass through. ¶ 대구를 지났습니까 Have we passed Taegu yet? / 숲속을 ～ pass through a wood. ③ 《경과》 pass (away); elapse; go on 〔by〕. ¶ 10년이 지나 after ten years / 시간이 지남에 따라 as time goes on〔by〕 / 지난 일은 되돌릴 수 없다 What is done cannot be undone. *or* Let bygones be bygones.

지나새나 always; all the time.

지나오다 pass (by); come along 〔by, through〕; 《겪다》 go through; undergo. ¶ 숲을 ～ come through a forest / 많은 어려움을 ～ go through hardships.

지나치다 ① 《과도》 exceed; go too far. ¶ 지나친 excessive; immoderate / 지나치게 excessively; immoderately / 그녀의 농담은 정도가 지나쳤다 Her joke went too far. / 지나침은 모자람만 못하다 ☞ 과유불급. ② 《통과》 ☞ 지나다 ②.

지난날 old days〔times〕; bygone days. ¶ ～의 추억 the memory of old days.

지난하다(至難—) (be) most〔extremely〕 difficult.

지날결 ¶ ～에 as *one* passes; on the way / ～에는 when you happen to come this way / ～에 잠시 들렀다 As I was passing this way, I've just dropped in to say hello.

지남철(指南鐵) 《자석》 a magnet.

지내다 ① 《세월을》 spend〔pass〕 *one's* time; get along; 《생활》 live; make a living. ¶ 독서로 ～ spend *one's* time in reading / 행복하게 ～ live happily / 바쁘게 ～ live〔lead〕 a busy life / 빈둥거리며 놀고 ～ idle *one's* time away; loaf. ② 《치름》 hold; observe. ¶ 장례를 ～ hold a funeral (ceremony). ③ 《겪다》 follow a career; serve; go through; experience. ¶ 형사를 지낸 사람 a former detective / 관리를 지낸 실업가 a businessman who was once a Government official; a Government official turned businessman.

지내보다 ¶ 사람은 지내봐야 안다 It takes time to really get to know a person.

지네 〚動〛 a centipede.

지노(紙—) a paper string.

지느러미 a fin. ¶ 등〔가슴, 꼬리〕 ～ a dorsal〔pectoral, caudal〕 fin.

지능(知能) intelligence; intellect; mental〔intellectual〕 faculties. ¶ ～적인 intellectual; mental / ～의 발달 intellectual growth / ～이 낮은 아이 a mentally retarded child / ～이 뛰어난 아이 an intellectually gifted child. ‖ ～검사 an intelligence test / ～로봇 an intelligent〔industrial〕 robot / ～범 an intellectual offense〔crime〕 / ～지수 intelligence quotient(생략 I.Q.).

지니다 《보전》 keep; preserve; retain; 《가지다》 have; carry; 《품다》 hold; entertain; cherish. ¶ 비밀을 ～ cherish a secret / 몸에 권총을 ～ carry a pistol with *one*.

지다[1] ① 《패배》 be defeated; be beaten; be outdone; lose 《*a game*》. ¶ 경주에 ～ lose a race / 선거에 ～ be defeated in the election / 소송에 ～ lose a lawsuit / 지는 것이 이기는 것이 되는 경우도 있다 Sometimes it pays to lose. *or* Sometimes defeat means victory. ② 《굴복함》 give in 《*to*》; be overcome with; yield 《*to*》. ¶ 유혹에 ～ yield〔give way〕 to temptation. ③ 《뒤지다》 be second to; be inferior to; fall behind. ¶ 누구에도 지지 않다 be second to none / 이것은 질에 있어서 일본 제품에 지지 않는다 This is not inferior to Japanese products in quality.

지다[2] ① 《짐을》 shoulder 《*a burden*》; carry 《*something*》 on *one's* back. ¶ 그녀는 보따리를 지고 있었다 She had〔was carrying〕 a bundle on her back. ② 《빚을》 get into 《*debt*》; be saddled with 《*a debt*》; owe (money). ¶ 그에게 빚을 얼마나 졌느냐 How much money do you owe him? ③ 《책임을》 hold; bear〔assume〕 《*a responsibility of*》; be burdened with 《*an important duty*》. ④ 《신세 따위를》

owe; be indebted to; be under an obligation to. ¶ 신세를 많이 졌습니다 I am indebted to you for kindness.

지다[3] ① 《해·달이》 set; sink; go down. ② 《잎·꽃이》 fall; be strewn (to the ground); be gone. ③ 《때 따위가》 come off 〔out〕; be removed; be taken out. ④ 《숨이》 breathe *one's* last (breath); die.

지다[4] ① 《그늘·얼룩이 생기다》 ¶ 그늘이 ~ be shaded; get shady / 얼룩이 ~ become stained 〔soiled〕. ② 《장마가》 set in. ¶ 장마가 ~ The rainy season has set in.

지다[5] 《되어가다》 become; get; grow. ¶ 좋아 〔나빠, 추워, 더워〕 ~ get better 〔worse, colder, warmer〕.

지당하다 (至當 —) (be) proper; right; fair; just; reasonable.

지대 (支隊) a detachment; detached troops.

지대 (地代) a ground 〔land〕 rent.

지대 (地帶) a zone; an area; a region; a belt. ¶ 공장 ~ an industrial area / 녹 ~ a green belt / 면화 ~ 《미국 남부의》 the Cotton Belt / 비무장 ~ a demilitarized zone / 안전 〔위험, 중립〕 ~ a safety 〔danger, neutral〕 zone.

지대공 (地對空) ‖ ~ 미사일 a ground-to-air missile.

지대지 (地對地) ‖ ~ 미사일 a ground-to-ground missile.

지대하다 (至大 —) (be) (very) great; vital; vast; immense. ¶ 지대한 관심사 a matter of great concerns.

지덕 (智德) knowledge and virtue.

지도 (地圖) a map; a chart (해도); an atlas (지도책). ¶ 벽걸이 ~ a wall map / 한국 〔세계〕 ~ a map of Korea 〔the world〕 / 도로 ~ a road map / 5만 분의 1 ~ a map on a scale of 1 to 50,000 / ~를 그리다 〔보다〕 draw 〔consult〕 a map / ~에서 찾다 look up 《*a place*》 on a map / 이 도로는 ~에 나와 있지 않다 This road is not shown on the map.

지도 (指導) guidance; directions; leadership; instruction. ~하다 guide; direct; coach; lead; instruct. ¶ ~적인 leading / ~적인 입장에 있다 be in a position of leadership / 잘 ~해 주십시오 I look to you for guidance. ‖ ~교사 a guidance teacher / ~교수 an academic adviser / ~력 leadership / ~방침 〔원리〕 a guiding principle; guidelines / ~자 a leader; a director; a coach; an instructor.

지독하다 (至毒 —) ① 《독하다》 (be) vicious; vitriolic; spiteful; atrocious. ¶ 지독한 짓 an atrocious act. ② 《모질다》 (be) severe; terrible; awful. ¶ 지독한 추위 the severe cold / 지독한 구두쇠 an awful miser.

지동 (地動) ‖ ~설 the Copernican theory.

지라 〖解〗 the spleen; the milt.

지랄 ① 《잡스런 언행》 an outburst 《*of temper*》; a fit 《*of hysteria*》. ~하다 go crazy; get out of line; behave rampageously; get hysterical. ② 《간질》 ~하다 have an epileptic fit. ‖ ~병 ☞ 간질.

지략 (智略) resources; artifice. ¶ ~이 풍부하다 be resourceful; be full of resources / ~이 풍부한 사람 a man of resources.

지렁이 〖動〗 an earthworm. ¶ ~도 밟으면 꿈틀한다 《俗談》 Even a worm will turn.

지레[1] 《지렛대》 a lever; a handspike. ¶ ~로 들어올리다 lever 《*something*》 up; raise 《*something*》 with a lever.

지레[2] 《미리》 in advance; beforehand. ¶ ~짐작하다 jump to a conclusion; draw 〔form〕 a hasty conclusion.

지력 (地力) fertility (of soil).

지력 (智力) mental capacity; intellectual power; intellect; mentality. ¶ 12세 어린이의 ~ a mentality of 12-year-old boy.

지령 (指令) an order; an instruction. ~하다 order; direct; give instructions. ¶ 비밀 ~ a secret order / 무전으로 ~을 받다 receive radio instructions. ‖ ~서 written instructions 〔orders〕.

지령 (紙齡) the issue number of a newspaper.

지론 (持論) a cherished opinion; *one's* pet theory; a stock argument. ¶ ~을 굽히지 않다 stick 〔hold fast〕 to *one's* opinion.

지뢰 (地雷) a (land) mine. ¶ ~를 묻다 lay a mine; mine 《*a field*》. ‖ ~밭 〔지대〕 a mine field / ~탐지기 a mine detector / 국제대인 ~금지운동 the International Campaign to Ban Landmines (생략 ICBL).

지루하다 (be) tedious; boring; wearisome; dull; tiresome. ¶ 지루한 강연 a tedious lecture.

지류 (支流) a tributary; a branch (stream).

지르다 ① 《차다》 kick hard; 《치다》 beat; hit; strike. ② 《꽂아 넣다》 insert; thrust 〔stick, put〕 in. ¶ 빗장을 ~ bolt 〔bar〕 a door. ③ 《불을》 ¶ 불을 ~ set fire to; set 《*a house*》 on fire. ④ 《자르다》 cut off; snip; nip. ¶ 순을 ~ cut 〔nip〕 off the buds. ⑤ 《질러가다》 take a shorter way; cut across 《*a field*》;

take a short cut. ⑥《돈을 태우다》 stake; wager. ¶ (노름)판에 돈을 ～ lay (down) a bet《*on the gambling table*》. ⑦《소리를》yell; scream; cry aloud. ¶ 고함을 ～ yell; shout; holler.

지르르 ①《물기·기름기가》glossy with grease. ②《뼈마디가》with a dull pain《*in the joint*》.

지르코늄〖化〗zirconium (기호 Zr).

지르콘〖鑛〗zircon.

지르퉁하다 (be) sulky; sullen; pouting. ¶ 그는 지르퉁하여 말이 없었다 He was in a sulky mood and wouldn't say a word.

지름 a diameter.

지름길 a short cut; a shorter road. ¶ ～로 가다 take a short cut.

지리(地利)《gain, have》a geographical advantage.

지리(地理)《지세》geographical features; topography;《지리학》geography. ¶ ～적인 geographical / ～적 조건 geographical conditions / 그는 이 부근 ～에 밝다 He is「well acquainted〔quite familiar〕with this place. ‖ ～책 a geography book / ～학자 a geographer.

지리다[1]《냄새가》smell of urine.

지리다[2]《오줌을》wet〔soil〕*one's* pants.

지리멸렬(支離滅裂) ～하다 be incoherent;《사분오열》be disrupted; be torn asunder; break up; come to pieces. ¶ ～이 되다 go to pieces; be thrown into confusion.

지린내 the smell of urine.

지망(志望) a wish; a desire; choice (선택); an aspiration. ～하다 wish; desire; aspire《*to*》; choose; prefer. ¶ 외교관을 ～하다 want to be a diplomat; aspire to a diplomatic career. ‖ ～자 an applicant; a candidate《*for*》/ ～학과 the desired course / ～학교 the school of *one's* choice / 제1〔제2〕～ *one's* first〔second〕preference〔choice〕.

지맥(支脈) a branch of a mountain range(산맥의).

지맥(地脈) a stratum [*pl.* strata]; a layer; a vein.

지면(地面)《지표》the surface of land〔the earth〕;《지상》the ground; the earth.

지면(紙面)《신문의》(paper) space. ¶ ～ 관계로 for want of space; on account of limited space / …에 ～을 할당하다 give space to《*a subject*》/ 많은 ～을 차지하다 take up a lot of space.

지명(地名) a place name; the name of a place. ‖ ～사전 a geographical dictionary; a gazetteer.

지명(知名) ¶ ～의 noted; well-known / 이 나라에서 우리 회사의 ～도는 아직 낮다 Our company is not well-known in this country. ‖ ～도 name value; notoriety (악명의) / ～인사 a noted〔well-known〕person; a notable.

지명(指名) nomination. ～하다 nominate; name; designate.¶ ～된 사람 a nominee / 의장으로 ～되다 be nominated (as) chairman / 그는 아들을 후계자로 ～했다 He designated his son as his successor. ‖ ～수배 a search for the named suspect (under an arrest warrant) / ～수배자 a wanted criminal〔man〕/ ～자 a nominator / ～타자〖野〗a designated hitter.

지모(知謀) ingenuity; resourcefulness.

지목(地目) the classification of land category. ‖ ～변경 re-classification of land; a change in the category of land.

지목(指目) ～하다 point out; spot; indicate; put the finger on.

지문(指紋) a fingerprint. ¶ ～을 남기다 leave *one's* fingerprints《*on*》/ ～을 채취하다 take《*a person's*》fingerprints.

지문학(地文學) physiography.

지물(紙物) paper goods. ‖ ～포 a paper goods store.

지반(地盤) ①《토대》the base; the foundation;《지면》the ground. ¶ 단단한 ～ firm〔solid〕ground / 약한 ～ soft〔flimsy〕ground / ～을 굳히다 strengthen〔solidify〕the foundation. ②《기반》footing; foothold. ¶ 확실한 ～ a sure foothold / ～을 닦다 establish *one's* foothold. ③《세력범위》a sphere of influence; a constituency(선거구). ¶ (선거의) ～을 닦다 nurse *one's* constituency.

지방(地方)《지역》a locality; a district; a region; an area;《시골》the country; the province. ¶ ～의 local; regional; provincial / 서울 ～ Seoul and its neighboring districts / 서북～ north-western districts / 이 ～에서는 in this part of the country; in these parts / ～의 중심 도시 a district〔provincial〕capital / ～에 가다 go into the country / ～에서 올라오다 come up from the country. ‖ ～검사 the district attorney / ～검찰청 the district public prosecutor's office / ～공무원 a local public service worker; a provincial government official / ～공연 a provincial tour / ～관청 a local government / ～기사 local news / ～도시 a provincial city / ～법원

a district court / ～분권 (the) decentralization of power / ～사투리 a local accent〔dialect〕; a brogue / ～색 local color / ～선거법 local autonomy election laws / ～신문 a local paper / ～은행 a local bank / ～의회〔의원〕 a local assembly〔assemblyman〕 / ～자치 local self-government〔autonomy〕 / ～자치단체 a self-governing body / ～주의 regionalism / ～채(債) a local bond / ～판(版) a local〔provincial〕 edition / ～행정 local administration.

지방(脂肪) fat; grease; lard(돼지의); suet(소·양의). ¶ ～이 많은 고기 fat meat. ‖ ～간(肝) a fatty liver / ～과다 excess of fat; obesity / ～산 a fatty acid / ～조직 adipose tissue / ～질 fat; sebaceous constitution.

지배(支配) 《관리》 control; 《통치》 rule; government. ～하다 control; rule; govern; dominate. ¶ …의 ～를 받다 be〔put〕 under the control〔rule〕 of… / ～하에 두다 keep〔place〕《*sombody, something*》 under *one's* control. ‖ ～계급 the ruling classes / ～권 control; management; supremacy / ～자 a ruler.

지배인(支配人) a manager; an executive; an superintendent. ¶ 부～ an assistant manager / 총～ a general manager.

지벅거리다 stumble along.

지번(地番) a lot number.

지변(地變) ¶ 천재～ a natural disaster〔calamity〕.

지병(持病) a chronic disease; an old complaint. ¶ 두통이 나의 ～이다 Headaches are chronic to me.

지보(至寶) the most valuable treasure.

지복(至福) the supreme bliss; beatitude.

지부(支部) a branch (office); a chapter. ‖ ～장 the manager of a branch.

지부럭거리다 annoy; pester; tease; make fun of.

지분(脂粉) rouge and powder.

지분거리다 ☞ 지부럭거리다.

지불(支拂) payment; defrayment. ～하다 pay (out); clear 《*one's debts*》; honor 《*a check*》. ☞ 지급. ¶ ～을 거절하다 refuse payment / ～을 청구하다 ask 《*a person*》 to pay; ask for payment / ～을 연기하다 postpone〔put off, delay〕 payment / 식사 대금을 신용 카드로 ～했다 I paid for our meal by credit card.

지붕 a roof. ¶ ～을 이다 roof 《*a house with slate*》 / 기와～ a tiled roof / 둥근～ a dome / 초가～ a thatched roof / 평～ a flat roof. ‖ ～널 a (roof) shingle.

지사(支社) a branch (office).

지사(志士) ‖ 우국～ a patriot; a public-spirited man.

지사(知事) a (prefectural) governor.

지상(地上) ¶ ～에(서) on the ground; on (the) earth / ～5층 지하 2층의 빌딩 a building with five stories above ground and two below / ～의 낙원 an earthly paradise; a paradise on earth / ～80피트 eighty feet above the ground. ‖ ～관제센터 a ground control center / ～군 ground forces / ～권〖法〗 surface right; superficies / ～근무 ground service / ～부대 a ground unit / ～시설 ground facilities / ～유도착륙방식 《항공의》 ground control approach (생략 GCA) / ～전 ground warfare; land war / ～정비사 a ground crew / ～포화 ground fire.

지상(至上) ¶ ～의 highest; supreme. ‖ ～권 supreme power / ～명령 a supreme order;〖哲〗 a categorical imperative / 예술～주의 the art-for-art principle.

지상(紙上) ¶ ～에 on paper; in the newspaper. ‖ ～상담란 a personal advice column.

지새는달 a wan morning moon.

지새다 the day breaks; it dawns.

지새우다 awake〔sit up, stay up〕 all (through) night; pass a night without sleep.

지서(支署) a branch office; a substation; 《경찰의》 a police substation〔box〕.

지선(支線) a branch line.

지성(至誠) (absolute) sincerity. ¶ ～이면 감천이라 Sincerity moves heaven.

지성(知性) intellect; intelligence. ¶ ～적인 intellectual. ‖ ～인 an intellectual; a highbrow.

지세(地貰) (ground) rent.

지세(地稅) a land tax.

지세(地勢) topography; geographical features.

지속(持續) ～하다 continue; last; maintain; keep up. ¶ ～적인 lasting; continuous. ‖ ～기간 a duration period / ～력 sustaining〔staying〕 power / ～성 durability (～성이 있는 durable).

지수(指數) an index (number);〖數〗 an exponent. ¶ 물가〔불쾌〕～ a price〔discomfort〕 index.

지스러기 waste; trash; odds and ends.

지시(指示) directions; instructions. ～하다 direct; instruct. ¶ ～대로 하여라 Do it as indicated. *or* Follow my instructions. ‖ ～

대명사 〖文〗 a demonstrative pronoun / ～서 directions; an order / ～약 〖化〗 an indicator.

지식 (知識) knowledge; information(정보); learning(학문). ¶ 전문적 ～ an expert〔a professional〕 knowledge / 해박한 ～ an extensive knowledge / ～의 보고 treasure house of knowledge; a thesaurus / ～을 활용하다 put *one's* knowledge to practical use. ‖ ～ 계급 the intellectuals / ～욕 a desire to learn; a thirst for knowledge / ～인 an intellectual; an educated person / ～(집약형) 산업 a knowledge(-intensive) industry.

지아비 《남편》 *one's* husband.

지압요법 (指壓療法) finger-pressure therapy〔cure〕.

지양 (止揚) 〖哲·論〗 *Aufheben* 《獨》; sublation. ～하다 sublate.

지어내다 make up; invent; fabricate. ¶ 지어낸 얘기 a made-up story.

지어미 《아내》 *one's* wife.

지엄 (至嚴) ～하다 (be) extremely strict〔stern〕.

지엔피 the G.N.P. (◀ Gross National Product)

지역 (地域) an area; a zone; a region. ¶ ～적인 local; regional / ～적으로 locally; regionally / ～별로 by regional groups / ～에 따라 다르다 differ from place to place; vary in different localities. ‖ ～구 a local district / ～단체 a local organization / ～대표 local union delegates / ～사회 a community; a local society / ～연구 area studies / ～이기주의 regional selfishness / ～차(差) regional differences.

지연 (遲延) (a) delay. ～하다 delay; be delayed; be late. ¶ 오래 ～된 long-deferred. ‖ ～작전 stalling〔delaying〕 tactics.

지연 (地緣) ¶ ～사회 a territorial society / ～과 혈연의 덕을 보려 했으나 허사였다 I tried to get help from my relatives and people in the local community, but it was useless.

지열 (地熱) terrestrial heat; the heat of the earth. ‖ ～발전 geothermal power generation.

지엽 (枝葉) ① 《가지와 잎》 branches and leaves. ② 《이야기의》 side issues 《*of a story*》; a digression. ¶ 주제에서 ～으로 흐르다 turn aside from the main subject.

지옥 (地獄) hell; Hades; the inferno. ¶ ～에 떨어지다 go to hell. ‖ 입시～ an ordeal of entrance examinations.

지용 (智勇) wisdom and courage.

지우개 an eraser; a chalk〔blackboard〕 eraser(칠판의).

지우다[1] ① 《짐을》 put 《*something*》 on 《*a person's*》 back; make 《*a person*》 shoulder 《*a burden*》. ¶ 무거운 짐을 ～ burden 《*a person*》; lay〔put〕 a burden upon 《*a person*》. ② 《부담》 charge 《*a person with a duty*》; lay 《*a duty upon a person*》.

지우다[2] 《없어지게》 erase; rub out; wipe out; strike out.

지우다[3] 《그늘 따위를》 form; 《눈물 따위를》 shed; spill. ¶ 그늘을 ～ form shade / 눈물을 ～ shed tears.

지우다[4] 《이기다》 beat; defeat; get the better of.

지우다[5] 《아이를》 have a miscarriage; 《숨을》 die; expire.

지우산 (紙雨傘) an oil-paper umbrella.

지원 (支援) support; assistance. ～하다 support; assist; back (up). ¶ 적극적인 ～ active〔positive〕 support / …의 ～을 구하다 seek support from…. ‖ ～부대 backup〔support〕 forces.

지원 (志願) application; volunteering(자진). ～하다 apply 《*for*》; volunteer 《*for*》; desire 《*for*》. ¶ 군대에 ～하다 volunteer to be a soldier / 그 대학에 입학을 ～하다 apply for admission to that university. ‖ ～병 a volunteer / ～서 a written application / ～자 an applicant; a volunteer.

지위 (地位) 《신분》 position; status; (social) standing; 《직위》 a position; 《계급》 a rank. ¶ 사회적 ～ *one's* social position〔status〕/ ～가 높다〔낮다〕 be high〔low〕 in position / 좋은 ～를 얻다 get〔obtain〕 a good position / 그녀는 여성의 사회적 ～ 향상을 위해 힘썼다 She has made great efforts to improve the status of women.

지육 (知育) intellectual training; mental culture〔education〕.

지은이 ☞ 저자(著者).

지인 (知人) an acquaintance.

지자 (知者) a man of intelligence; a man of knowledge and experience.

지자기 (地磁氣) terrestrial magnetism.

지장 (支障) hindrance; an obstacle; a difficulty; a hitch(장애). ¶ ～을 초래하다 hinder; obstruct; be an obstacle 《*to*》 / ～이 없으면 if it is convenient to you / ～없이 (의)식을 끝마치다 finish the ceremony without a hitch.

지장 (指章) a thumbprint; a thumb impression. ¶ ～을 찍다 seal 《*a document*》 with the thumb.

지저귀다 sing; chirp; twitter.

지저분하다 (be) dirty; filthy; unclean; 《난잡》 (be) untidy; disordered; messy. ¶ 지저분한 거리 a dirty street.

지적(地積) acreage.

지적(地籍) a land register. ‖ ～도 a land registration map / ～측량 a cadastral survey.

지적(知的) intellectual; mental. ‖ ～기준 an intellectual level / ～능력 *one's* intellectual powers; *one's* mental faculties / ～생활 an intellectual life / ～소유권 보호 protection of intellectual property / ～재산권 intellectual property rights / ～직업 an intellectual occupation.

지적(指摘) indication. ～하다 point out; indicate. ¶ 위에서 ～한 바와 같이 as pointed out above / 논문에서 잘못된 곳을 몇 군데 ～하다 point out some mistakes in the essay.

지전(紙錢) a (bank) note; paper money.

지점(支店) a branch (office). ¶ 해외 ～ an overseas branch / ～을 열다 open〔establish〕a (new) branch (office). ‖ ～장 a branch manager.

지점(支點) ① 〖理〗 a fulcrum(지레받침). ② 〖建〗 a bearing.

지점(地點) a spot; a point; a place. ¶ 유리한 ～ a vantage point.

지정(指定) appointment; designation. ～하다 appoint; designate; name; specify. ¶ ～된 appointed; specified; designated / ～한 대로 as specified / 별도 ～이 없는 한 unless otherwise specified /만날 장소를 ～하다 appoint〔designate〕the place / 그녀는 ～된 시간에 ～된 장소로 갔다 She went to the appointed place at the appointed hour. ‖ ～권 a reserved ticket / ～석 a reserved seat / ～일 a specified〔designated〕date.

지정학(地政學) geopolitics. ‖ ～자 a geopolitician.

지조(志操) 《a man of 》 principle; 《절조》 constancy. ¶ ～를 굳게 지키다 stick to〔be faithful to〕*one's* principles.

지존(至尊) His Majesty (the King).

지주(支柱) a support; a prop; a stay; a strut. ¶ 한 집안의 ～ the prop and stay of a family.

지주(地主) a landowner; a landlord. ‖ ～계급 the landed class.

지주(持株) *one's* (stock) holdings; *one's* shares. ‖ ～회사 a holding company / 종업원～제도 a stock-sharing plan for the employees 《*of a company*》.

지중(地中) ¶ ～의 underground / ～에 in the ground〔earth〕.

지중해(地中海) the Mediterranean (Sea). ¶ ～의 Mediterranean.

지지(支持) support; backing. ～하다 support; back (up); stand by. ¶ 국민의 ～를 얻다 be supported by the people; have〔get〕the support of the people / 여론의 ～를 얻다 have the backing of public opinion. ‖ ～율 the approval rate / ～자 a supporter; a backer.

지지(地誌) a topography; a geographical description.

지지난달 the month before last.

지지난밤 the night before last.

지지난번 the time before last.

지지난해 the year before last.

지지다 《끓이다》 stew; 《지짐질》 pan-fry; *sauté;* 《머리를》 frizzle; curl; wave.

지지르다 ① 《내리 누르다》 press〔hold, pin〕down; weight 《*down*》. ② 《기세를》 dispirit; dampen *one's* enthusiasm; 《기를》 overawe; overbear.

지지리 very; awfully; terribly. ¶ ～ 못나다 《얼굴이》 be awfully ugly-looking; 《태도가》 be downright stupid / ～(도) 고생하다 go through terrible hardships.

지지부진(遲遲不進) ～하다 make little〔slow〕progress.

지지하다 (be) trifling; trivial; poor; worthless.

지진(地震) an earthquake; a quake 《口》. ¶ ～의 seismic; seismal / ～의 중심 the epicenter(진원지); the seismic center / ～이 잦다 be subject to frequent earthquake / 약한 ～ a weak〔slight〕earthquake / 어젯밤에 강한 ～이 있었다 We had a strong〔severe〕earthquake last night. ‖ ～계 a seismograph; a seismometer / ～관측 seismography / ～대(帶) an earthquake zone / ～설계기준 《Japanese》 earthquake-design standards / ～파(波) a seismic wave / ～학 seismology / ～학자 a seismologist.

지진아(遲進兒) a (mentally) retarded child.

지질(地質) the geology; the nature of the soil(토질). ‖ ～분석 a soil analysis / ～연구소 the Geological Survey Office / ～조사 a geological survey / ～학 geology / ～학자 a geologist.

지질리다 《무게로》 get pressed down; 《기가》 get overawed; be dispirited.

지질하다 ① 《싫증나다》 (be) boresome; tiresome; tedious. ② 《변변찮다》 (be) worthless; good-for-nothing; poor; wretched; trashy.

지짐이 (a) stew. ¶ 고기 ～ meat stew.

지짐질 pan-frying. ～하다 pan-fry; grill.

지참(持參) ～하다 《가져오다》 bring 《*a thing*》 with *one*; 《가져가다》 take

〔carry〕《*a thing*》with *one*. ‖ ~금 a dowry / ~인 a bearer.

지참(遲參) ~하다 come〔arrive〕late. ‖ ~자 a latecomer.

지척(咫尺) a very short distance. ¶ ~에 있다 be very close; be within a foot.

지청(支廳) a branch office.

지체 lineage; birth. ¶ ~가 높다〔낮다〕 be of noble〔humble〕birth.

지체(肢體) the limbs and the body. ‖ ~부자유아 a physically handicapped child.

지체(遲滯) delay; deferment. ~하다 delay; be retarded; be in arrears. ¶ ~ 없이 without delay; immediately.

지축(地軸) the earth's axis. ¶ ~을 뒤흔드는 듯한 굉음 a deep, earth-shaking rumble.

지출(支出) expenditure; expenses; outlay. ~하다 pay; spend; disburse; expend. ¶ 수입과 ~ revenues and expenditures; income and outgo / 군비를 위한 다액의 지출 heavy expenditure(s) for military preparation / 총〔경상, 임시〕 ~ total〔ordinary, extraordinary〕expenditure. ‖ ~액 the sum expended; an expenditure.

지층(地層) a (geologic) stratum; a layer. ‖ ~도 a strata map.

지치 〚植〛 a gromwell.

지치다[1] 《피로하다》 be〔get〕tired; be exhausted〔fatigued〕; be worn out. ¶ 일에 ~ be tired from *one's* work / 나는 몹시 지쳤다 I am dead tired.

지치다[2] 《미끄럼을》 skate; slide; glide. ¶ 얼음을 ~ skate〔slide〕on the ice.

지치다[3] 《문을》 close《*a door*》without locking.

지친(至親) close relatives.

지침(指針) 《자석의》 a compass needle; 《계기의》 an indicator; a needle; 《길잡이》 a guide. ¶ 인생의 ~을 주다 give a guiding principle of《*a person's*》life. ‖ ~서 a guide (book).

지칭(指稱) ~하다 call; name; designate.

지키다 ① 《수호하다》 defend(방어); protect(보호); guard(경호); shield (막다). ¶ 나라를 ~ defend *one's* country / 몸을 ~ guard *oneself* 《*against*》/ 눈을 지키기 위해 색안경을 쓰다 put on sunglasses to protect *one's* eyes《*from, against*》/ 친구를 부당한 비난으로부터 ~ shield *one's* friend from unjust censure. ② 《살피다》 watch; keep a watch 《*on, for, against*》. ¶ 엄중히 ~ watch closely. ③ 《준수하다》 keep; observe; follow; obey; 《고수》 cling to《*a cause*》; adhere〔stick〕to. ¶ 약속을 ~ keep *one's* word〔promise〕/ 아버지 말씀을 충실히 ~ follow *one's* father's lessons faithfully / 신념을 굳게 ~ stick to *one's* belief firmly / 법을 ~ observe the law. ④ 《수절》 remain faithful to. ⑤ 《보존》 keep; preserve; 《유지》 maintain. ¶ 신용을 ~ keep up *one's* credit / 그는 그 사건에 대해 침묵을 지키고 있다 He keeps silence about the incident.

지탄(指彈) ~하다 censure; blame; condemn; denounce; criticize. ¶ ~을 받다 be blamed〔censured〕《*for*》.

지탱하다(支撑一) keep (up); preserve; maintain; support. ¶ 건강을 지탱해 나가다 preserve *one's* health / 집안을 ~ maintain *one's* family.

지파(支派) a branch family; a branch; a sect.

지팡이 a (walking) stick; a cane. ¶ 대~ a bamboo cane / ~를 짚고 걷다 walk with a stick.

지퍼 a zipper. ¶ ~를 채우다 zip (up)《*a coat*》/ ~를 열다 unzip 《*a coat*》.

지평선(地平線) the horizon. ¶ ~상에 above〔on〕the horizon.

지폐(紙幣)《issue》paper money; a bill《美》; a (bank) note《英》. ¶ 위조 ~ a counterfeit〔forged〕note / 태환 ~ a convertible note / 10달러짜리 ~ a ten-dollar bill / ~로 10만원 one hundred thousand *won* in notes. ‖ ~발행 issue of paper money.

지표(地表) the earth's surface.

지표(指標) an index; an indicator; a pointer; 〚數〛 a characteristic. ¶ 경제 번영의 ~ an index of《*a country's*》economic prosperity.

지푸라기 a straw.

지피다 put《*fuel*》into a fire; make a fire. ¶ 난로에 불을 ~ make a fire in the stove.

지필묵(紙筆墨) paper, brushes 〔pens〕and ink.

지하(地下) ¶ ~의〔에〕 under the ground; underground / ~ 이층 the second basement / ~20 미터 되는 곳에 at twenty meters underground〔below ground〕/ ~ 100미터까지 파다 dig (in the ground) to a depth of 100 meters / ~에 잠들다 sleep in *one's* grave / ~로 잠입하다 go underground. ‖ ~경제 underground economy / ~공작 underground operations / ~도 an underpass 《美》; a subway《英》/ ~상가 an underground shopping center 〔arcade, complex〕/ ~수 (under-) ground〔subterranean〕water / ~실 a basement / ~운동 under-

ground activities / ～자원 underground resources / ～조직 an underground organization / ～철 a subway《美》; the underground《英》; the Tube(런던의); the Metro (파리의) / ～핵실험 an underground nuclear test.
지학(地學) physical geography.
지핵(地核) the earth's nucleus.
지향(志向) intention; aim; inclination. ～하다 intend〔aspire〕《*to do*》; aim《*at, to do*》. ¶ 미래 ～형의 future-oriented.
지향(指向) ～하다 point《*to*》; head《*for, toward*》. ‖ ～성 안테나 a directional antenna.
지혈(止血) arrest〔stopping〕 of bleeding;〖醫〗hemostasis. ～하다 stop〔check, arrest〕 bleeding. ‖ ～대 a tourniquet / ～제 a hemostatic (agent); a styptic.
지협(地峽) an isthmus; a neck of land.
지형(地形) the lay of the land; geographical features. ‖ ～도 a topographical map / ～학 topography.
지형(紙型) a *papier-mâché* mold; a matrix. ¶ ～을 뜨다 make〔take〕 a *papier-mâché* mold《*of*》.
지혜(智慧) wisdom; intelligence; sense; wit(s). ¶ ～있는 wise; sagacious; intelligent / ～가 생기다 grow wise〔intelligent〕 / ～를 짜내다 cudgel〔rack〕 *one's* brains.
지화(指話)《use》finger〔hand〕 language. ‖ ～법 dactylology.
지휘(指揮) command; direction; supervision(감독). ～하다 command; lead; conduct(악단을). ¶ ～감독하다 direct and supervise / …의 ～를 받다 be under the command〔direction〕 of《*a person*》/ 그의 ～하에 30명의 부하가 있다 He has thirty men under his command. ‖ ～계통 a chain of command / ～관 a commander / ～권 the right to command / ～봉(棒) a baton / ～자 a leader; a commander; a conductor (악단의).
직(職)《일자리》employment; work; a job;《직무》*one's* duties;《직업》a calling; an occupation; a trade; an office; a post; a position(지위). ¶ 회사에서 과장 ～을 얻다〔잃다〕 get〔lose〕 a position as the chief of a section in the company / 나는 컴퓨터 관련～을 찾고 있다 I am looking for a job in computers.
직각(直角) a right angle. ¶ ～의 right-angled / …과 ～으로 at a right angle to… / ～을 이루다 make a right angle《*with*》. ‖ ～삼각형 a right triangle.
직간(直諫) ～하다 reprove《*a person*》 to *his* face.
직감(直感) intuition; a hunch《口》. ～하다 know by intuition; sense; perceive; feel《*something*》 in *one's* bones. ¶ ～적으로 intuitively; by intuition / 내 ～이 맞았다 I guessed right. / 나는 위험을 ～했다 I sensed danger. / 나는 ～적으로 그가 수상하다고 느꼈다 I suspected intuitively that he was guilty.
직거래(直去來) direct〔spot〕 transactions〔dealings〕. ～하다 make a direct deal《*with*》; do〔transact〕 business directly《*with*》. ¶ 그 회사와 ～하게 되었다 We have started dealings directly with the firm.
직격(直擊) a direct hit. ¶ ～당하다 take a direct hit; be hard hit《*by*》(비유적). ‖ ～탄 a direct hit.
직결(直結) direct connection. ～하다 connect〔link〕《*a thing*》 directly《*with*》. ¶ …와 ～되다 be connected directly with… / 그 문제는 국민 생활과 ～된다 The problem is directly connected with national life.
직경(直徑) a diameter. ¶ ～ 1미터 one meter in diameter.
직계(直系) a direct line (of descent). ¶ ～ 자손 a direct descendant. ‖ ～가족 family members in a direct line / ～존속〔비속〕 a lineal ascendant〔descendant〕 / ～회사 a directly affiliated concern; a subsidiary company(자회사).
직계(職階) the class of position. ‖ ～제(制) a job-ranking〔job classification〕 system.
직고(直告) ～하다 inform〔tell〕 truthfully.
직공(職工) a worker;《공장의》a (factory, mill) hand.
직교역(直交易) direct barter trade.
직구(直球)〖野〗a straight ball.
직권(職權) authority; official power. ¶ ～으로써 in virtue of *one's* office / ～을 행사〔남용〕하다 exercise〔abuse〕 *one's* authority《*on*》. ‖ ～남용 abuse of *one's* authority / ～조정 mediation by virtue of *one's* authority《*as chairman*》.
직녀성(織女星)〖天〗Vega.
직능(職能) a function. ‖ ～급 wages based on job evaluation / ～대표(제) (the system of) vocational representation.
직답(直答)《즉답》a prompt answer; a ready reply;《직접하는 답변》a direct answer.
직렬(直列)〖電〗¶ ～로 잇다 connect〔join up〕《*batteries*》 in series. ‖ ～회로〔변압기〕 a series circuit

〔transformer〕.

직류(直流) 〖電〗 direct current (생략 D.C.). ‖ ～전동기〔발전기〕 a D.C. motor〔dynamo〕 / ～회로 a direct current circuit.

직립(直立) ～하다 stand erect 〔straight, upright〕. ¶ ～의 straight; erect; upright / ～보행하다 walk erect〔upright〕. ‖ ～원인(猿人) Pithecanthropus erectus.

직매(直賣) direct sales. ～하다 sell direct(ly) 《*to*》. ¶ 산지 ～의 사과 apples sold directly by the producers. ‖ ～소〔점〕 a direct sales store.

직면(直面) ～하다 face; confront; be faced〔confronted〕 with〔by〕. ¶ 회사는 경영 위기에 ～해 있다 The firm is in a financial crisis.

직무(職務) a duty; an office. ¶ ～상의 official / ～를 수행하다 do *one's* duty; perform〔discharge〕 *one's* duties / ～를 게을리하다 neglect *one's* duties. ‖ ～규정 office regulations / ～수당 a service allowance / ～태만 neglect of duty.

직물(織物) textiles; textile fabrics; cloth(천). ‖ ～공업 the textile industry / ～공장 a textile factory / ～류 woven〔dry〕 goods / ～상 a textile〔dry goods〕 dealer / ～업《제조》 textile manufacture; 《판매》 the textile〔dry goods〕 business.

직분(職分) *one's* duty〔job〕. ¶ ～을 다하다 do〔fulfill〕 *one's* duty.

직사(直射) 《포화의》 direct〔frontal〕 fire; 《일광의》 direct rays. ～하다 fire direct 《*upon*》; shine directly 《*upon*》. ¶ 태양의 ～광선을 받다 be exposed to the direct rays of the sun. ‖ ～포 a direct-firing gun.

직사각형(直四角形) a rectangle; an oblong.

직삼각형(直三角形) a right-angled triangle.

직선(直線) a straight line. ¶ ～의 straight / ～을 긋다 draw a straight line 《*on a paper*》 / 집에서 학교까지는 ～거리로 2km이다 It is two kilometers from my house to the school, as the crow flies. ‖ ～거리 a lineal distance / ～미(美) lineal beauty / ～운동 (a) straight-line〔rectilineal〕 motion / ～코스 a straight course.

직설법(直說法) 〖文〗 the indicative mood.

직성(直星) ¶ ～이 풀리다 feel satisfied〔gratified〕; be appeased / ～이 안 풀리다 be not satisfied; feel regret 《*for*》.

직소(直訴) 《make》 a direct appeal 〔petition〕 《*to*》.

직속(直屬) ～하다 be under (the) direct control 《*of*》. ‖ ～부하 a subordinate under *one's* direct control / ～상관 *one's* immediate superior.

직송(直送) direct delivery. ～하다 send direct(ly) 《*to*》. ¶ 산지 ～의 과실 fruit sent directly from the growing district.

직수굿하다 (be) submissive; obedient; docile.

직수입(直輸入) direct importation. ～하다 import 《*goods*》 direct(ly) 《*from*》. ‖ ～상 direct importer / ～품 direct imports.

직수출(直輸出) direct exportation. ～하다 export 《*goods*》 direct(ly) 《*to*》. ‖ ～품 direct exports.

직시(直視) ～하다 look 《*a person*》 in the face; face 《*the fact*》 squarely.

직언(直言) ～하다 speak plainly 〔frankly〕; speak without reserve. ¶ ～직행하다 speak plainly and act immediately.

직업(職業) an occupation; a profession; a calling; a trade; a vocation. ¶ ～적(인) professional / ～상의 비밀 a trade secret / …을 ～으로 삼다 be 《*a doctor*》 by profession; be 《*a printer*》 by trade / ～을 바꾸다 change *one's* occupation; switch jobs / …을 ～으로 선정하다 choose 《*farming*》 as *one's* occupation; take up 《*dancing*》 professionally. ‖ ～경력 *one's* business〔professional〕 career / ～교육 vocational education / ～군인 a professional〔career〕 soldier / ～별 전화번호부 a classified telephone directory; the yellow pages / ～별 조합 a craft union / ～병 an occupational disease / ～보도(補導) vocational guidance / ～선수 a professional player; a pro 《口》 / ～소개소 an employment agency 〔office〕 / ～안내란 a 'Help Wanted' column / ～야구 professional baseball / ～여성 a working〔career〕 woman / ～의식 occupational consciousness; professional sense / ～학교 a vocational school / ～훈련 〔윤리〕 vocational training〔ethics〕.

직역(直譯) (a) literal〔word-for-word〕 translation. ～하다 translate 《*a passage*》 literally〔word-for-word〕.

직영(直營) ～하다 manage〔operate〕 directly. ¶ ～의 under the direct management 《*of*》 / 정부의 ～사업 an enterprise under government management / 호텔 ～의 식당 a restaurant managed by the hotel in which it is housed.

직원(職員) a staff member; 《총칭》 the staff; the personnel. ¶ 그는

시청의 ～이다 He is on the staff of the city office. / 이 회사의 ～은 50명이다 This company has a staff of 50. ‖ ～명부 a staff list / ～실 a faculty〔teachers'〕room / ～회의 a staff meeting; a teachers'〔faculty〕conference.

직유(直喩) a simile.

직인(職印) an official seal; a government seal (정부의).

직임(職任) *one's* office duties.

직장(直腸) 〖解〗 the rectum. ‖ ～암 rectal cancer.

직장(職場) *one's* place of work; *one's* workplace〔post, office〕. ¶ ～을 지키다 stick to *one's* post / ～을 떠나다〔버리다〕 desert〔quit〕 *one's* job; walk out《美》. ‖ ～내 결혼 marriage between people who work in the same place / ～대표 (노동 쟁의의) a shop steward〔deputy〕/ ～연수 on-the-job training.

직전(直前) ¶ …～에 just〔immediately〕 before… / 시험 ～에 just before the examination.

직접(直接) ¶ ～의 direct; immediate; personal (대리 없이 본인의); firsthand(매개자 없이) / ～으로 directly; immediately; in person; firsthand; at first hand / 사고의 ～적인 원인 the immediate cause of the accident / 그를 ～ 만나는 것이 좋겠다 You had better see him in person. / 나는 본인에게서 ～ 들었다 I got the news firsthand〔at first hand〕. / 나는 그 건에 관해 사장과 ～ 교섭했다 I negotiated directly with the president on that matter. ‖ ～교섭《have》 direct negotiations《*with*》/ ～배달 direct delivery / ～비(費) direct cost / ～선거 a direct election / ～세 a direct tax / ～행동 direct action / ～화법 〖文〗 direct narration.

직제(職制) the organization〔setup〕 of an office. ¶ ～를 개편하다 reorganize an office.

직조(織造) weaving. ～하다 weave.

직종(職種) a type〔sort〕 of occupation; an occupational category. ¶ ～별로《arrange》by (the) occupation.

직직거리다《신발을》keep dragging〔scuffing〕 *one's* shoes.

직진(直進) ～하다 go straight on〔ahead〕. ¶ 빛은 ～한다 Light travels in a straight line.

직책(職責) the responsibilities of *one's* work〔job〕; *one's* duty. ¶ ～을 다하다 perform〔fulfill〕 *one's* duties.

직통(直通) ～하다 communicate directly《*with*》;《버스 따위가》go direct《*to*》;《도로가》lead directly《*to*》. ‖ ～열차 a through〔nonstop〕 train / ～전화 a direct telephone line; a hot line.

직필(直筆) ～하다 write plainly《*on a matter*》.

직할(直轄) direct control〔jurisdiction〕. ～하다 control directly; hold under direct jurisdiction.

직함(職銜) *one's* official title.

직항(直航) ～하다《배가》sail direct〔straight〕《*to*》;《비행기가》fly direct《*to*》; make a nonstop flight《*to*》. ¶ 그는 런던으로 ～했다 He flew straight to London. ‖ ～로 a direct line; a direct air route (항공기의).

직행(直行) ～하다 go straight〔direct〕《*to*》; run through《*to*》. ¶ …에 ～으로 가다 go by〔take a〕 through train to. ‖ ～버스 a nonstop bus / ～열차 a through〔nonstop〕 train / ～편《비행기의》 a direct〔nonstop〕 flight《*to*》.

직활강(直滑降)《스키의》《make》a straight descent.

직후(直後) ¶ …～의〔에〕《시간》immediately〔right〕 after;《장소》just behind〔at the back of〕… / 종전 ～에 just〔directly, immediately〕 after the end of the war.

진(辰)《십이지의》the Dragon. ¶ ～년〔시〕 the Year〔Hour〕 of the Dragon.

진(津)《나무의》resin; gum;《담배의》nicotine; tar.

진(陣)《진형》a battle array〔formation〕;《진영》a camp;《진지》a position;《구성원》a staff; a group. ¶ 교수～ a teaching staff / 보도～ a group of pressmen; a press corps / ～을 치다 take up a position; pitch a camp; encamp.

진《술》gin. ‖ ～피즈 gin fizz.

진가(眞價) true〔real〕 value〔worth〕. ¶ ～를 발휘하다 display *one's* real ability〔worth〕.

진갑(進甲) the sixty-first birthday.

진개(塵芥) dust; dirt; rubbish.

진객(珍客) a least-expected visitor; a welcome guest.

진걸레 a wet floorcloth〔dustcloth〕.

진격(進擊)《전진》an advance;《공격》an attack;《돌격》a charge. ～하다 advance《*on*》; make an attack《*on*》; charge《*at*》. ‖ ～령 an order to advance / ～부대 a storming party; an attacking force.

진공(眞空) a vacuum. ¶ ～이 된 evacuated《*vessels*》/ ～으로 하다 evacuate《*a flask*》; form a vacuum. ‖ ～관 a vacuum tube / ～방전 vacuum discharge / ～청소기 a vacuum cleaner / ～포장 vacuum packing (～포장하다 vacuum-seal《*frankfurters in a plas-*

tic package》 / ~ 포장된 vacuum-packed 《*smoked salmon*》.

진구렁 a mud hole. ¶ ~에 빠지다 fall in a mud hole.

진국(眞一) ① 《사람》 a man of sincerity. ② ☞ 전국(全一).

진군(進軍) march; advance. ~하다 march; advance 《*on*》. ¶ ~중이다 be on the march.

진귀(珍貴) ~하다 (be) rare and precious; valuable.

진급(進級) (a) promotion. ~하다 be〔get〕 promoted 《*to*》; be moved up 《*to*》. ¶ ~시키다 promote 《*a person*》 to a higher grade〔position〕 / ~이 빠르다〔늦다〕 be rapid〔slow〕 in promotion. ‖ ~시험〔상신〕 an examination〔a recommendation〕 for promotion.

진기(珍奇) ~하다 (be) rare; novel; curious; queer; strange.

진날 a rainy〔wet〕 day.

진노(震怒) wrath; rage. ~하다 burst with rage; be enraged.

진눈 bleary〔sore〕 eyes. 「sleets.

진눈깨비 sleet. ¶ ~가 내린다 It

진단(診斷) diagnosis. ~하다 diagnose; make a diagnosis 《*of*》. ¶ ~을 받다 consult〔see〕 a doctor / ~을 잘못하다 make a wrong diagnosis / ~을 내리다 give a diagnosis / 의사는 내 병을 늑막염이라고 ~했다 The doctor diagnosed my illness as pleurisy. / 조기 ~ an early checkup / 종합 ~ a comprehensive medical checkup / 건강 ~ a medical examination; a physical checkup 《美》. ‖ ~서 a medical certificate.

진달래 〖植〗 an azalea.

진담(眞談) a serious talk. ¶ ~으로 듣다 take 《*a person's*》 story seriously. 「《*a person*》.

진대붙이다 annoy〔harass, pester〕

진도(進度) progress. ¶ 학과의 ~ the progress of classwork. ‖ ~표 a teaching schedule; a progress chart (일반의).

진도(震度) seismic intensity.

진동(振動) vibration; oscillation. ~하다 vibrate; oscillate. ¶ 공기의 ~ air vibration. ‖ ~계 a vibrometer / ~공해 a vibration hazard / ~수 the number〔frequency〕 of vibrations / ~자 a vibrator / ~주파수 an oscillation frequency / ~파 an oscillating wave / ~판 a trembler; a diaphragm.

진동(震動) a shock; a tremor; a quake. ~하다 shake; quake; tremble; vibrate. ¶ ~시키다 shake; vibrate / 이 차는 ~이 심하다〔적다〕 This car 「shakes horribly〔runs smoothly〕. ‖ ~수 the number of vibrations / ~시간 the duration of the shock (지진의) / ~파 an earthquake wave.

진두(陣頭) ¶ ~에 서다 be at the head 《*of an army*》; take the lead 《*in doing*》 / 그는 신제품의 판매 촉진을 ~지휘했다 He took the lead in promotion of the new products. 「acarid.

진드기 〖動〗 a tick; a mite; an

진득거리다 《들러붙다》 (be) sticky; glutinous; 《검질기다》 (be) stubborn; unyielding; tough.

진득하다 (be) staid; sedate; patient. ¶ 진득한 성격 a staid character.

진디 〖蟲〗 a plant louse; an aphid.

진땀(津一) sticky〔greasy〕 sweat; cold sweat (식은땀). ¶ ~나다 be in a greasy〔cold〕 sweat; sweat hard / ~빼다 have a hard time; have bitter experiences.

진력(盡力) ~하다 endeavor; strive; make efforts; exert *oneself;* try hard to *do;* do *one's* best 《*for*》. ¶ …의 ~으로 through the efforts〔good offices〕 of…; thanks to *a person's* efforts. 「《*of*》.

진력나다 be〔get〕 sick〔tired, weary〕

진로(進路) a course; a way. ¶ ~를 열어 주다 make way 《*for one's juniors*》 / ~를 뚫다 cut〔cleave〕 *one's* way 《*through*》 / 졸업후의 ~를 정하다 decide on 「the course to take〔the career to pursue〕 after graduation.

진료(診療) medical examination and treatment (☞ 진찰, 치료). ‖ ~소 a clinic / ~시간 consultation hours / ~실 a consultation room.

진리(眞理) (a) truth. ¶ 영구불변의 ~ eternal truth / 보편적 ~ a universal truth / 과학적 ~ the truths of science; the scientific truths / ~의 탐구 a search for truth / ~를 탐구하다 seek after truth / 그의 말에도 어느 정도의 ~는 있다 There is some truth in what he says.

진맥(診脈) ~하다 feel〔examine〕 《*a person's*》 pulse.

진면목(眞面目) *one's* true character〔self〕. ¶ ~을 발휘하다 show〔exhibit〕 *one's* true character〔ability, worth〕.

진무르다 be sore; be inflamed〔blistered〕. ¶ 빨갛게 진무른 살 an inflamed raw skin.

진문(珍聞) rare news; an interesting〔a curious〕 story.

진문진답(珍問珍答) an incomprehensible question and a garbled reply.

진물 ooze from a sore. ¶ ~이 나다 a sore oozes.

진미(珍味) 《식품》 a dainty; a delicacy; 《맛》 a delicate flavor〔taste〕. ¶ 산해 ~ all sorts of delicacies.

진미(眞味) true〔real〕 taste; genuine appreciation. ¶ 동양화의 ~를 알다 appreciate what oriental painting is all about.

진배없다 be as good as; be equal 《*to*》; be on a level 《*with*》; be no worse than. ¶ 새것이나 ~ be as good as new.

진버짐 eczema; watery ringworm.

진범(眞犯) the real〔true〕 culprit.

진보(進步) progress; (an) advance; improvement(개선). ~하다 (make) progress; improve; advance. ¶ ~적(인) advanced; progressive / 과학의 ~ the progress of science / 장족의 ~를 이루다 make remarkable progress; make a marked advance / 학문이 ~하다 make progress in *one's* studies. ‖ ~주의 progressivism / ~주의자 a progressivist / ~파 the progressive group〔faction〕.

진본(珍本) a rare (old) book.

진본(眞本) an authentic book〔copy〕; a genuine piece of writing〔painting〕(서화의).

진부(眞否) truth (or otherwise). ¶ ~를 확인하다 check〔find out〕 whether 《*a thing*》 is true or not; check the truth 《*of*》.

진부하다(陳腐—) (be) commonplace; trite; stale; hackneyed. ¶ 진부한 생각 a commonplace idea / 진부한 문구 a hackneyed phrase.

진사(陳謝) an apology. ~하다 apologize 《*to a person*》 《*for*》; express *one's* regret 《*for*》.

진상(眞相) the truth; the actual facts; what's what. ¶ ~을 규명하다 inquire into the real state of affairs / ~을 알다 get at the truth / 사건의 ~을 밝히다 reveal the real facts of the case. ‖ ~조사단 a fact-finding mission〔committee〕.

진상하다(進上—) 《바침》 offer a local product to the king.

진선미(眞善美) the true, the good and the beautiful.

진성(眞性) 〖醫〗 ¶ ~의 true; genuine. ‖ ~콜레라 (a case of) true〔genuine〕 cholera.

진세(塵世) this dirty world; the world.

진솔 《새 옷》 brand-new clothes; 《진솔옷》 ramie-cloth garments made in spring or fall.

진수(珍羞) rare dainties; delicacies. ‖ ~성찬 rich viand and sumptuous meal.

진수(眞髓) the essence; the quintessence; the gist; the pith; the soul.

진수(進水) launching. ~하다 be launched; launch 《*a ship*》. ‖ ~대 the launching platform〔ways〕 / ~식 a launching (ceremony).

진술(陳述) a statement. ~하다 state; set forth; declare. ¶ 자기 입장을 ~하다 state *one's* case / 허위 ~을 하다 make a false statement. ‖ ~서 a (written) statement.

진실(眞實) truth. ¶ ~의 true; real; sincere / ~로 really; truly; in reality / ~을 말하면 to tell the truth / ~을 왜곡하다 distort the truth / ~을 말하다 tell〔speak〕 the truth / 그 증언은 ~임이 증명되었다 The testimony was proved true.

진실성(眞實性) the truth〔authenticity〕 《*of a report*》; credibility. ¶ ~을 의심하다 doubt the truth of 《*a statement*》.

진심(眞心) *one's* true heart; sincerity(성심); earnest. ¶ ~으로 heartily; sincerely; from (the bottom of) *one's* heart.

진압(鎭壓) repression. ~하다 repress; suppress; subdue; put down. ¶ 폭동을 ~하다 quell〔put down〕 a riot.

진앙(震央) the epicenter.

진액(津液) resin; gum; sap.

진언(進言) advice; counsel. ~하다 advise; counsel; suggest.

진열(陳列) a display; an exhibition; a show. ~하다 display; exhibit; place〔put〕 《*things*》 on exhibition. ¶ ~되어 있다 be placed on show; be exhibited. ‖ ~대 a display stand / ~실 a showroom / ~장 a showcase / ~창 a show window / ~품 an exhibit; articles on display.

진영(眞影) a true image; a portrait; a picture.

진영(陣營) a camp; quarters. ¶ 동서 양 ~ the East and the West camps / 보수 ~ the conservative camp / 공화당 ~ the Republican camp.

진용(陣容) 《군대의》 battle array〔formation〕; 《야구팀 · 내각 등의》 a lineup; 《구성 인원》 staff. ¶ ~을 갖추다 《군대의》 array 《*troops*》 for battle; put 《*troops*》 in battle formation; 《팀의》 arrange〔organize〕 *one's* line-up〔team〕 《*for the game*》 / 내각의 ~을 바꾸다 carry out a cabinet reshuffle.

진원(震源) the seismic center; the epicenter. ‖ ~지=진원.

진위(眞僞) truth (or falsehood); genuineness. ¶ 보고의 ~를 확인하다 ascertain the truth of a report.

진의(眞意) *one's* real intention;

one's true motive; the true meaning(말의).
진인(眞因) the real〔true〕cause.
진일 wet housework; chores in which *one's* hands get wet.
진입(進入)《들어섬》 ～하다 enter; go〔advance〕into; make *one's* way《*into*》. ¶ 궤도에 ～하다 go into orbit / 고속도로로 ～하다 enter the express way. ‖ ～등《항공·철도의》 an approach light / ～로《자동차 도로의》 an approach ramp;《비행기의》 an approach.
진자(振子)〖理〗 a pendulum.
진작(振作) ～하다 promote; brace〔stir, shake〕up. ¶ 사기를 ～시키다 stir up the morale《*of troops*》.
진작《그 때에》 then and there; on that occasion;《좀더 일찍》 earlier. ¶ ～ 갔어야 했다 You should have gone earlier.
진재(震災) an earthquake disaster. ‖ ～지 a quake-stricken district〔area〕.
진저리 ¶ ～나다 be〔get〕sick《*of*》; be disgusted《*with, at*》; be fed up《*with*》/ ～치다 shudder《*at*》; shiver《*with cold*》; tremble《*for fear*》.
진저에일 ginger ale.
진전(進展) development; progress. ～하다 develop; progress. ¶ 계획은 잘 ～되고 있다 The plan is shaping up〔going on〕well. / 교섭은 예상 밖의 방향으로 ～되었다 The negotiation has progressed in an unexpected direction.
진절머리 ☞ 진저리.
진정(眞正) ¶ ～한 true; real; genuine / ～한 사랑 true love / ～한 의미에서 in the true sense of the word.
진정(眞情) *one's* true heart〔feeling〕; true〔genuine〕sentiments. ¶ ～의 true; sincere; earnest / ～으로 heartily; sincerely; from *one's* heart / ～을 토로하다 express *one's* true sentiments; reveal *one's* true feeling.
진정(陳情) a petition; an appeal. ～하다 make a petition《*to*》; petition; appeal. ¶ ～을 받아들이다 grant a petition. ‖ ～서《submit》 a petition / ～자 a petitioner.
진정(進呈) ☞ 증정(贈呈).
진정(鎭靜) ～하다, ～시키다《감정을》 soften; appease; pacify; calm〔cool〕down;《고통을》 relieve; lessen; ease; alleviate. ¶ 노여움을 ～시키다 appease〔calm, soften〕*one's* anger / 그 약이 그녀의 통증을 ～시켰다 The medicine eased〔lessened, relieved〕her pain. ‖ ～제 a sedative; a tranquilizer.
진종일(盡終日) all day (long); the whole day.
진주(眞珠) a pearl. ¶ ～의 pearly / 인조〔양식〕 ～ an artificial〔a cultured〕pearl / 모조 ～ an imitation pearl / ～ 목걸이 a pearl necklace / 진줏빛 pearl gray. ‖ ～양식 pearl culture / ～양식장 a pearl farm / ～조개 a pearl oyster / ～채취 pearl fishery; pearling / ～채취자 a pearl diver.
진주(進駐) ～하다 be stationed《*at*》; advance《*into*》. ‖ ～군 the occupation forces〔army〕.
진중(珍重) ～하다《보중함》 value highly; treasure《*a thing*》;《귀중함》(be) precious; valuable.
진중(陣中)《부사적》 at the front; on the field (of battle). ‖ ～일기 a field〔war〕diary.
진중(鎭重) ～하다 (be) reserved; dignified; sedate; grave.
진지 a meal; dinner.
진지(陣地) a position; an encampment. ¶ 포병 ～ an artillery position / ～를 구축하다 build up a strong point / ～를 고수하다 hold a position / ～를 탈환하다 recover a position.
진지(眞摯) ～하다 serious; sincere; sober; earnest. ¶ ～하게 in earnest; seriously; gravely / ～한 표정을 짓다 look grave〔serious〕/ ～하게 생각하다 take things seriously.
진진하다(津津—) ¶ 흥미 ～ be very interesting; be of immense interest / 이 이야기가 어떻게 전개될지 흥미 ～ It'll be very interesting to see how this story develops.
진짜 a genuine article; a real thing. ¶ ～의 real; genuine; true / ～ 고려자기 a genuine piece of *Koryŏ* pottery / ～와 가짜를 구별하다 tell the difference between the real thing and a fake / ～처럼 흉내내다〔만들다〕 imitate to the life / 이 조화는 ～처럼 보인다 These artificial roses are quite lifelike.
진찰(診察) a medical examination. ～하다 examine〔see〕《*a patient*》. ¶ 의사의 ～을 받다 see〔consult〕a doctor. ‖ ～권 a consultation ticket / ～료 a medical〔doctor's〕fee / ～시간 consulting〔surgery《英》〕hours / ～실 a consulting〔consultation〕room.
진창 mud; mire. ¶ ～에 빠지다 get (stuck) in the mud. ‖ ～길 a muddy road.
진척(進陟) ～하다 progress; advance. ¶ ～시키다 speed up; hasten; expedite / 공사는 ～중에 있다 The construction is「in progress〔under way〕.
진출(進出) advance. ～하다 advance; find *one's* way《*into*》; go〔launch〕《*into*》. ¶ 정계〔영화계〕에 ～하다 go into politics〔the

movies〕/ 해외 시장에 ～하다 make inroads into foreign markets / 우리나라의 자동차 산업은 해외 여러나라에 ～해 있다 The car industry of Korea is making its way into various foreign countries.

진취(進取) ¶ ～적(인) progressive; pushing; enterprising / ～적인 기상 a go-ahead〔an enterprising〕spirit / ～적인 기상이 있는 사람 a man of great enterprise.

진탕(震盪) shock; concussion. ¶ 뇌～ 〖醫〗 concussion of the brain.

진탕(一宕) to *one's* heart's content; to the full. ¶ ～ 먹다〔마시다〕 eat〔drink〕*one's* fill.

진통(陣痛) labor (pains); the pains of childbirth. ¶ ～이 시작되었다 Her labor started. *or* She felt the beginnings of labor.

진통(鎭痛) alleviation of pain; soothing. ¶ ～에 즉효가 있다 bring quick relief from pain. ‖ ～제 an anodyne; an analgesic; a painkiller《口》.

진퇴(進退) advance or retreat(움직임); *one's* course of action(행동); *one's* attitude(태도). ¶ ～를 같이하다 share in *one's* lot with *another* / ～를 결정하다 decide on *one's* course of action; define *one's* attitude / ～양난에 빠지다 be left with nowhere to turn; be driven into a corner.

진폐증(塵肺症) 〖醫〗 pneumoconiosis.

진폭(振幅) an amplitude (of vibration).

진품(珍品) a rare〔priceless〕article; a rarity.

진품(眞品) a genuine〔sterling, real〕article.

진필(眞筆) an autograph.

진하다 ①《색이》(be) dark; deep. ¶ 진한 청색 deep blue / 진한 색은 나에게 어울리지 않는다 Dark colors don't suit me. ②《농도 · 맛이》(be) thick; strong. ¶ 진한 차 strong tea〔coffee〕/ 이 수프는 너무 ～ This soup is too thick.

진하다(盡一)《다하다》be exhausted; be used up; run out.

진학(進學) ～하다 proceed to〔enter, go on to〕a school of a higher grade; go on to《*college*》. ¶ 우리 학교 학생의 3분의 1이 대학에 ～한다 One-third of the students of our school go on to college.

진항(進航) ～하다 sail《*out*》; steam ahead.

진해제(鎭咳劑) a cough remedy.

진행(進行) progress; advance. ～하다 (make) progress; make headway; advance. ¶ 예정대로 계획을 ～시키다 progress with the program as arranged / 의사를 ～시키다 expedite the proceedings / ～이 빠르다〔느리다〕 make rapid〔slow〕progress / ～중이다 be on progress; be going on; be under way / (병의) ～을 막다 arrest《*tuberculosis*》. ‖ ～(계)원 a program director; master of ceremonies(사회자) / ～형 〖文〗 the progressive form.

진형(陣形) (battle) formation; battle array.

진혼(鎭魂) repose of souls. ‖ ～곡 a requiem / ～제 a service for the repose of the deceased.

진홍(眞紅) scarlet; crimson. ¶ ～의 crimson; cardinal.

진화(進化)《생물학적인》evolution;《발달》development. ～하다 evolve〔develop〕《*from… into…*》. ¶ ～적인 evolutional. ‖ ～론 the theory of evolution / ～론자 an evolutionist.

진화(鎭火) ～하다 be extinguished; be put out; be brought under control. ¶ 화재는 곧 ～되었다 The fire was soon brought under control.

진흙《질척질척한》mud;《차진》clay. ¶ ～의, ～투성이의 muddy / ～투성이가 되다 get muddy; be covered with mud.

진흥(振興) promotion. ～하다 promote; encourage; further. ¶ 해외무역을 ～하다 promote〔develop〕foreign trade. ‖ ～책 a measure for the promotion《*of*》/ 대한 무역 투자 ～공사 the Korea Trade-Investment Promotion Agency (생략 KOTRA).

질(帙) a set of books.

질(質)《품질》quality;《성질》nature; character. ¶ ～이 좋은〔나쁜〕 superior〔inferior〕in quality; 《성질》good-〔ill-〕natured; of good〔bad〕character / ～을 높이다〔낮추다〕 improve〔lower〕the quality / 양보다 ～이 중요하다 Quality matters more than quantity.

질(膣) the vagina. ‖ ～구〔벽〕 the vaginal opening〔wall〕/ ～염 〖醫〗 vaginitis.

질겁하다 get appalled〔astounded〕; be frightened (out of *one's* wits); be taken aback.

질경이 〖植〗 a plantain.

질곡(桎梏) ¶ ～에서 벗어나다 shake off the fetters《*of*》; throw off the yoke《*of*》.

질권(質權) 〖法〗 the right of pledge. ‖ ～설정자 a pledger / ～자 a pledgee.

질그릇 unglazed earthenware; clayware.

질금거리다 trickle; dribble; fall〔run down〕off and on.

질기다《고기 따위가》(be) tough; 《천 따위가》durable;《성질이》tenacious. ¶ 질긴 고기〔종이〕 tough meat〔paper〕/ 질긴 옷감 durable cloth / 성질이 ～ be tenacious by nature / 이 옷감은 ~ This cloth wears well.

질기와 an unglazed roof tile.

질끈 tight(ly); fast; closely.

질녀(姪女) a niece.

질다 《반죽 · 밥이》 (be) soft; watery; 《땅이》 (be) muddy; slushy.

질량(質量) 〖理〗 mass; 《질과 양》 quality and quantity. ¶ ~ 보존의 법칙 the law of the conservation of mass / 저것은 이것보다 ~이 우수하다 That is better in quality and quantity than this.

질러 ¶ ~가다 take a shorter way 〔short cut〕/ ~오다 come by a short cut.

질름… ☞ 찔름….

질리다 ① 《기가》 be amazed 〔stunned, aghast, dumbfounded〕 《*at*》; be overawed; 《파랗게》 turn pale; lose color. ¶ 질려서 말도 안 나오다 be stuck dumb with amazement / 두려움으로 파랗게 ~ turn deadly pale with horror. ② 《싫증남》 be 〔get〕 sick 〔weary〕 《*of*》; be fed up 《*with*》. ¶ 이 음악은 이제 질렸다 I'm sick and tired of this music. ③ 《채이다》 be 〔get〕 kicked; get struck(맞다).

질문(質問) a question; an inquiry (문의). ~하다 question; put a question 《*to*》; ask 《*a person*》 a question. ¶ ~에 답하다 answer a question / 잇달아 ~하다 fire 〔shoot〕 question after question 《*at*》/ ~을 받아 넘기다 turn a question aside; parry a question / ~공세를 받다 face a barrage of questions. ‖ ~서 a written inquiry; a questionnaire / ~자 a questioner.

질박하다(質朴—) (be) simple(-minded); unsophisticated.

질벅거리다 ☞ 질척거리다.

질병(疾病) a disease; a malady.

질빵 a shoulder-pack strap; a backstrap.

질산(窒酸) 〖化〗 nitric acid. ‖ ~염 a nitrate.

질색하다(窒塞—) 《아주 싫어하다》 disgust; abhor; hate; detest; have an abhorrence 《*of*》; be appalled 〔shocked〕 《*at, by*》. ¶ 질색할 노릇은 to *one's* disgust / 나는 양고기는 질색이라서 절대로 먹지 않는다 I hate mutton and never eat it.

질서(秩序) order; discipline(규율); system (체계). ¶ ~ 있는 orderly; well-ordered; systematic / ~ 없는 disorderly; unsystematic / 사회 ~를 문란케 하다 disturb public order / ~ 정연하다 be in good 〔perfect〕 order / 집단 생활에서는 ~를 지키는 것이 중요하다 It is important to keep 〔maintain, preserve〕 order in a group life.

질소(窒素) nitrogen (기호 N). ‖ ~공해 nitrogen pollution / ~비료 nitrogenous fertilizer / ~산화물 nitrogen oxide.

질솥 an earthen pot.

질시(嫉視) ~하다 regard 《*a person*》 with jealousy; be jealous of 《*a person*》.

질식(窒息) suffocation. ~하다 be suffocated; be choked 〔smothered〕. ¶ ~시키다 suffocate; choke; smother. ‖ ~사 death from 〔by〕 choke (그는 ~사 했다 He was choked to death.).

질의(質疑) a question; an inquiry; an interpellation(국회의). ~하다 question; inquire of; interpellate. ‖ ~응답 questions and answers.

질적(質的) qualitative. ¶ ~으로 우수하다 be superior in quality.

질주하다(疾走—) run at full speed; run fast; dash.

질질 ① 《끄는 모양》 ¶ ~끌다 drag 《*a heavy thing*》/ 치마를 ~ 끌며 걷다 walk with *one's* skirt trailing / 무거운 발을 ~끌며 걷다 drag *oneself* along; shuffle *one's* feet along / 회의를 몇시간이나 ~ 끌다 drag a talk out for hours. ② 《눈물 따위를》 ¶ 눈물을 ~ 흘리다 shed tears / 침을 ~ 흘리다 let saliva dribble from *one's* mouth.

질책(叱責) (a) reproof; a reproach. ~하다 reprove 《*a person*》; scold; take 《*a person*》 to task; reproach.

질척거리다 be muddy; be slushy; be sloppy. ¶ 질척질척한 muddy; slushy.

질타(叱咤) (a) scolding(꾸짖음); encouragement(격려). ~하다 scold; encourage 〔spur〕 《*a person to do*》.

질투(嫉妬) jealousy. ~하다 be jealous 《*of*》; envy 《*a person*》. ¶ ~한 나머지 out of jealousy / ~가 많은 jealous; envious. ‖ ~심 jealousy.

질퍽거리다 ☞ 질척거리다.

질펀하다 ① 《넓다》 (be) broad and level. ¶ 질펀한 들 a broad expanse of fields. ② 《게으르다》 (be) sluggish; idle.

질풍(疾風) a violent wind; a gale. ¶ ~같이 swiftly; like a whirlwind.

질항아리 an earthenware jar.

질환(疾患) a disease; an ailment; 《가벼운》 a 《*heart*》 complaint; 《chest》 trouble; a disorder.

질흙 ① 《진흙》 mud. ② 《질그릇 만드는》 potter's clay.

짊어지다 ① 《짐을》 bear; carry 〔have〕 《*something*》 on *one's* back; shoulder 《*a heavy burden*》. ② 《책임 · 빚 따위를》 be burdened with 《*an important duty*》; be saddled with 《*a debt*》. ¶ 골치 아픈 일을 ~

be burdened with a troublesome task / 아무의 빚을 ～ shoulder *a person's* debt.

짐 ① 《화물》 a load; a cargo (뱃짐); freight (기차의); baggage〔luggage 《英》〕(수화물). ¶ ～을 싣다 load 《*a ship*》; pack 《*a horse*》 / ～을 부리다 unload 《*a ship*》; unpack 《*a horse*》; 《배가 주어》 discharge *its* cargo. ② 《마음의》 a burden. ¶ ～이 되다 be a burden 《*to one*》 / 일을 무사히 끝내니 ～을 벗은 기분이었다 I felt relieved since I finished the work without any problem.

짐꾸리기 packing; package.

짐꾼 a porter; a carrier; a red cap 《美》 (역의).

짐마차 (―馬車) a wagon; a cart.

짐바리 a load on the packsaddle; a pack load.

짐스럽다 (be) burdensome; troublesome. ¶ 짐스럽게 여기다 find 《*it*》 burdensome.

짐승 a beast (네발 짐승); a brute (맹수); an animal (동물).

짐작 a guess; guesswork; (a) conjecture; (a) surmise. ～하다 guess; conjecture; surmise; suppose. ¶ 그것은 단순히 ～이다 It's a mere guess. *or* It's pure conjecture. / 내 ～이 맞았다〔틀렸다〕 I guessed right〔wrong〕.

짐짓 intentionally; deliberately.

짐짝 a pack(age); a parcel; a piece of baggage〔luggage〕.

집 ① a house; a home (가정); a family (가족); a household (가구). ¶ ～없는 사람들 homeless people / ～～마다 in〔at〕 every house / ～에 있다 stay〔be〕 at home / ～에 없다 stay away from home; be not at home / 살 ～이 없다 have no house to live in / 가난한 ～에서 태어나다 be born poor; be born into a poor family / 같은 ～에서 살다 live in the same house. ② 《동물의》 《build》 a nest; a den; a lie. ③ 《물건의》 a sheath; a case. ④ 《바둑의》 an eye; a point. ¶ 열 ～ 이기다〔지다〕 win〔lose〕 by ten points〔eyes〕.

집게 (a pair of) tongs; pincers; nippers (소형의); pliers.

집게발 claws.

집게손가락 the forefinger; the index finger.

집결 (集結) ～하다 concentrate; gather; assemble; mass 《*its troops*》. ¶ 대군이 국경 부근에 ～하고 있다 A large army is gathering near the border. ‖ ～지 an assembly place〔area〕.

집계 (集計) totaling; a total. ～하다 add〔sum〕 up; total. ¶ 비용을 ～하니 300달러가 되었다 The costs totaled〔added up to〕 $ 300. ‖ ～표 a tabulation; a summary sheet.

집권 (執權) grasping political power. ～하다 come into power; take the reins (of the government). ¶ 한 사람에 의한 장기 ～을 막다 prevent long-term seizure of power by one man. ‖ ～당 the party in power; the ruling party.

집권 (集權) centralization of power〔authority〕. ¶ 중앙 ～제 centralized administration.

집기 (什器) a utensil; an article of furniture; a fixture (비치된). ¶ 사무(실)용 ～ office fixtures.

집념 (執念) a deep attachment 《*to*》; tenacity of purpose. ¶ ～이 강한 (too) persistent; tenacious / 그는 그 일에 강한 ～을 가지고 있다 He is deeply attached to the work.

집다 take〔pick〕 up. ¶ 집게로 ～ pick up with tongs.

집단 (集團) a group; a mass. ¶ ～적인 collective / ～으로 《act》 in a group; en masse / ～적으로 collectively; as a group / ～을 이루다 form a group. ‖ ～검진 (檢診) a mass examination〔checkup〕 《*for cancer*》 / ～결근 mass absenteeism / ～결혼 a group marriage / ～경기 a mass game / ～농장 a collective farm; a *kolkhoz* 《러》; a *kibbutz* 《이스라엘》 / ～린치 group bullying〔violence〕 / ～반응 (a) mass reaction / ～발생 a mass outbreak 《*of cholera*》 / ～생활 living in a group; communal living〔life〕 / ～소송 《bring》 a class action〔suit〕 / ～수용소 a concentration camp / ～식중독 mass food poisoning / ～심리 mass〔group〕 psychology / ～안전보장 collective security / ～의식 group consciousness / ～이민 collective〔mass〕 emigration / ～지도제 《be under》 collective leadership / ～폭행 mob violence.

집달관 (執達官) a (court) bailiff.

집대성 (集大成) ～하다 compile 《*all the available data*》 into one book. ¶ 각종 자료를 ～하여 책을 만들다 compile various materials and make them into a book.

집도 (執刀) the performance of an operation. ～하다 perform an operation 《*on*》.

집들이 《give》 a housewarming (party). ‖ ～선물 a housewarming gift.

집무 (執務) ～하다 work; attend to *one's* business. ¶ 그는 지금 ～중이다 He is on duty now. ‖ ～시간 business〔office〕 hours.

집문서 (―文書) a house deed; deed papers. ¶ ～를 잡히고 돈을 차용하

다 make a loan with the deed for security.
집배(集配) collection and delivery. ~하다 collect and deliver. ¶ 우편 ~원 a postman; a mailman 《美》.
집비둘기 a dove; a house pigeon.
집사(執事) a steward; a manager; a deacon(교회의).
집산(集散) ~하다 gather〔collect〕 and distribute. ¶ ~지 a collecting and distributing center / 이 도시는 과일의 ~지이다 This town is a trading center for fruit.
집성하다(集成—) collect; compile.
집세(—貰) a (house) rent. ¶ ~가 밀리다 be behind with *one's* rent / ~를 올리다〔내리다〕 raise 〔lower〕 the rent / 이 아파트는 ~가 비싸다〔싸다〕 The rent on this apartment is high〔low〕.
집시 ①《서양의》 a Gypsy; a Gipsy 《英》. ②《방랑자》 a gypsy; a vagabond.
집안 ①《가족》 a family; a household; 《일가》 *one's* kin〔clan〕; *one's* relatives; 《가문》 the (social) standing of a family; lineage(가계). ¶ ~식구 the family members / 김씨 ~ the Kim's clan 〔family〕 / ~의 큰 일 a matter of great concern to the family / 그는 훌륭한 ~ 출신이다 He comes from a good family. ‖ ~싸움 a family trouble; domestic discord. ②《옥내》 the inside of a house. ¶ ~에(서) indoors; within doors.
집약(集約) ~하다 put 《*all one's ideas*》 together; condense 《*the reports*》; summarize 《*the report*》. ¶ ~적인 intensive / 자본〔노동〕 ~적인 capital-〔labor-〕intensive 《*industries*》 / 나는 우리 모임에서 토의된 것을 ~했다 I summarized what we discussed in our group. ‖ ~농업 intensive agriculture 〔farming〕.
집어넣다 ① ☞ 넣다. ②《투옥》 throw 《*a person*》 into prison; imprison.
집어먹다 ①《음식을》 pick up and eat. ¶ 손으로 ~ eat with *one's* fingers / 젓가락으로 ~ eat with chopsticks. ②《착복하다》 pocket 《*money*》; embezzle.
집어삼키다 ①《음식을》 pick up and swallow. ②《남의 것을》 usurp; embezzle; appropriate 《*public money*》.
집어주다 ①《주다》 pick up 《*a thing*》 and hand *it* over; pass. ②《뇌물을》 bribe; grease 《*a person's*》 palm.
집어치우다 put away; stow away; lay aside; quit; leave〔lay〕 off. ¶ 일을 ~ leave off work / 장사를 ~ quit *one's* business.
집요(執拗) ~하다 (be) obstinate; stubborn; persistent; tenacious. ¶ ~하게 항의하다 make an obstinate protest 《*against*》.
집장사 housing business. ¶ ~의 집 a ready-built house; a house built for sale.
집적(集積) accumulation. ~하다 accumulate; be heaped〔piled〕 up. ‖ ~회로 an integrated circuit (생략 IC) / 대규모~회로 a large-scale integrated circuit (생략 LSI).
집적거리다 ①《손대다》 turn〔put〕 *one's* hand to; 《관계》 meddle with 〔in〕; have a hand〔finger〕 in. ②《건드리다》 tease; needle; provoke; vex. ¶ 아무를 ~ needle *a person*.
집주름 a rental agent; a real-estate agent.
집주인(—主人) ①《임자》 the owner of a house. ②《가장》 the head of a family〔house〕.
집중(集中) concentration. ~하다 concentrate 《*on*》; center 《*on*》. ¶ 주의를 ~하다 concentrate *one's* attention on 《*one's work*》 / 이 일에는 ~력이 필요하다 This job requires concentration. / 의론은 한 논점으로 ~됐다 The discussion centered around one point. / 나는 그 문제를 ~적으로 연구했다 I made an intensive study of the subject. ‖ ~강의 a closely-packed series of lectures; an intensive course 《*in Korean literature*》 / ~공격 《launch》 a concentrated attack 《*on*》 / ~데이터처리시스템 the centralized data processing system / ~력 (power of) concentration; ability to concentrate / ~안타 『野』 a rally of hits / ~치료실 an intensive care unit(생략 ICU) / ~포화 a concentrated fire / ~호우 a localized torrential downpour.
집진기(集塵機) a dust collector.
집착(執着) attachment; 《고집》 tenacity; persistence. ~하다 stick 〔cling〕 《*to*》; be attached 《*to*》. ¶ 생에 대한 ~ tenacity for life / 낡은 관습에 ~하다 cling to an old custom. ‖ ~력 tenacity / ~심 attachment.
집채 (the bulk of) a house. ¶ ~만하다 be as large as a house; be massive.
집치장(—治粧) the (interior) decoration of a house. ~하다 decorate a house.
집터 a house〔building〕 site〔lot〕. ¶ ~를 닦다 level a site for a house.
집필(執筆) writing. ~하다 write 《*for a magazine*》. ¶ ~을 의뢰하다 ask 《*a person*》 to write 《*for a magazine*》. ‖ ~료 payment for

writing; a contribution fee / ~자 the writer; the contributor(기고자).

집하(集荷) collection of cargo. ~하다 collect〔pick up〕 cargo. ‖ ~장 a cargo-picking point.

집합(集合) (a) gathering; (a) meeting; an assembly; 〖數〗 a set. ~하다 gather; meet; assemble. ¶ 1시에 공원에서 ~하다 gather〔meet〕 in the park at one / ~시간과 장소를 확실히 모른다 I'm not sure where and when to meet. ‖ ~명사 〖文〗 a collective noun / ~장소〔시간〕 the meeting place〔time〕 / ~체 an aggregate.

집행(執行) execution; performance (수행). ~하다 execute; carry out; perform. ¶ 형을 ~하다 execute a sentence / 형의 ~을 유예하다 place *a person* on probation. ‖ ~기관 an executive organ / ~명령〔영장〕 an order〔a writ〕 of execution / ~부 an executive / ~위원회 an executive committee / ~유예 a stay〔suspension〕 of execution; probation.

집행관(執行官) an executor; 〖法〗 a bailiff.

집회(集會) a meeting; a gathering; an assembly. ~하다 meet together; gather; hold a meeting. ¶ ~의 자유 freedom of assembly〔meeting〕 / 옥외 ~ an open-air meeting / ~에 참석하다 attend a meeting. ‖ ~신고 a notice of an assembly.

집히다 get picked up. ¶ 바늘이 잘 집히지 않는다 The needle is hard to pick up.

짓 《행위》 an act; *one's* doing; a deed; behavior. ¶ 못된 ~을 하다 do wrong; commit an evil act.

짓궂다 (be) ill-natured; spiteful; nasty; malicious; mischievous. ¶ 짓궂게 illnaturedly; spitefully / 짓궂은 노인 a nasty old man / 그는 늘 여자애들에게 짓궂게 굴었다 He was always nasty to girls.

짓다[1] ① 《집을》 build; erect; construct. ¶ 집을 ~ build a house. ② 《만들다》 make; manufacture; tailor(옷을). ¶ 구두를 ~ make shoes(구둣가게에서) / 새옷을 ~ have a new suit made. ③ 《글을》 write; compose; make. ¶ 작문을 ~ write a composition. ④ 《밥을》 boil; cook; prepare. ¶ 밥을 ~ cook〔boil〕 rice. ⑤ 《약을》 prepare; fill a prescription. ⑥ 《형성》 form; make. ¶ 줄을 ~ form in line; form a line〔queue〕; line up. ⑦ 《농사를》 grow; raise; rear. ¶ 보리 농사를 ~ raise〔grow〕 barley. ⑧ 《죄를》 commit. ¶ 죄를 ~ commit a crime. ⑨ 《꾸며냄》 make up; invent; fabricate. ¶ 지어낸 이야기 a made-up story. ⑩ 《표정》 show; express; look 《*glad, sad*》. ¶ 미소를 ~ smile. ⑪ 《결정·결말을》 decide 《*on*》; settle.

짓다[2] 《유산》 miscarry; abort.

짓밟다 trample 《*on*》; trample 《*a thing*》 underfoot; devastate; infringe 《*upon rights*》.

짓밟히다 be trampled down; be trodden down; get trampled underfoot.

짓부수다 batter; smash down; crush (down).

짓이기다 mash; knead to (a) mash. ¶ 감자를 ~ mash potatoes.

짓찧다 《빻다》 pound; crush down; smash; 《부딪치다》 strike〔hit, bump〕 hard. ¶ 벽에 이마를 ~ bump *one's* head against the wall.

징[1] 《악기》 a gong.

징[2] 《구두의》 a hobnail; a clout (nail). ¶ ~을 박다 have *one's* shoes clouted.

징건하다 feel heavy on the stomach.

징검다리 a stepping-stone.

징계(懲戒) an official reprimand; a disciplinary punishment. ~하다 discipline; reprimand; reprove. ‖ ~위원회 a disciplinary committee (~위원회에 회부하다 refer 《*a case*》 to the Disciplinary Committee) / ~처분 《take》 disciplinary action(~처분을 받다 be subjected to disciplinary action) / ~파면 a disciplinary dismissal〔discharge〕 (~파면되다 be dismissed in disgrace).

징그럽다 (be) disgusting; odious; creepy; uncanny; weird. ¶ 징그러운 벌레 creepy insects / 징그러운 느낌 a creepy sensation / 이런 징그러운 것을 어떻게 먹나 I wouldn't eat odious stuff like this.

징발(徵發) ~하다 commandeer; press 《*a thing*》 into service; requisition. ¶ ~되다 be placed under requisition; be pressed into service / ~된 토지 commandeered land / 말을 군용으로 ~하다 requisition horses for troops. ‖ ~대 a foraging party / ~령 a requisition order.

징벌(懲罰) discipline; (a) punishment; chastisement. ~하다 punish; discipline; chastise. ‖ ~위원회 a disciplinary committee.

징병(徵兵) conscription; draft 《美》; call-up 《英》. ¶ ~되다 be drafted〔conscripted〕; be called up for military service / ~을 기피하다 evade the draft. ‖ ~검사 an examination for conscription / ~기피자 a draft evader〔dodger 《美》〕 / ~적령 conscription age / ~제도 the conscription system.

징세(徵稅) tax collection. ～하다 collect taxes《*from*》.
징수(徵收) collection; levy. ～하다 collect〔levy〕《*taxes*》; charge《*a fee*》. ¶ 1인당 5천원씩 회비를 ～하다 collect a fee of five thousand *won* per person. ‖ ～액(額) the collected amount.
징악(懲惡) ～하다 chastise vice; punish the wicked.
징역(懲役) penal servitude; imprisonment. ¶ ～에 처해지다 be sentenced to imprisonment with hard labor / 2년간 ～살이 하다 serve a two-year prison term.
징용(徵用) drafting; commandeering. ～하다 draft; commandeer. ¶ 중년의 남성들도 군에 ～되었다 Even middle-aged men were drafted into the army. ‖ 피～자 a drafted worker; a draftee.
징조(徵兆) a sign; an indication; a symptom; an omen. ¶ 좋은〔나쁜〕～ a good〔an evil〕omen / …의 ～가 있다 show signs of.
징집(徵集) enlistment; enrollment; recruiting. ～하다 levy《*troops*》; enlist; enroll; conscript《*young men*》; call out; mobilize. ¶ ～되다 be conscripted〔drafted, enlisted〕(for military service). ‖ ～령 a mobilization order / ～면제 exemption from enlistment / ～연기 postponement of enlistment.
징크스《break, smash》a jinx.
징후(徵候)《병의》a symptom;《일반의》a sign; an indication. ¶ 폐렴의 ～를 나타내다 develop symptoms of pneumonia / 경기 회복의 ～가 나타났다 We've had encouraging signs for economic recovery.
짖다 bark《*at*》(개가); howl, roar (맹수가); caw, croak(까막까치가).
짙다《색이》(be) dark; deep《*blue*》;《안개》(be) thick; dense;《조밀》(be) thick; heavy. ¶ 짙은 안개 a thick fog / 짙은 눈썹 thick eyebrows.
짚 a straw. ¶ ～으로 싸다 wrap up in straw / ～을 깔다 spread straw; litter down《*a stable*》. ‖ ～단〔뭇〕a sheaf of straw (～단〔뭇〕을 만들다 tie up straw in sheaves) / ～북더기 waste straw in a heap / ～신 straw sandals.
짚가리 a rick; a stack of straw. ¶ ～를 쌓다 heap up in rick.
짚다 ①《맥을》feel; take; examine. ¶ 맥을 ～ take〔feel, examine〕the pulse. ②《지팡이·손을》rest〔lean〕《*on*》; place〔put〕*one's* hand on《*something*》for support. ¶ 지팡이를 짚고 걷다 walk with a stick〔cane〕. ③《미지의 것을》guess; give〔make〕a guess. ¶ 잘못 ～ make a wrong guess.
짚이다《마음에》(happen to) know of; have in mind. ¶ 짚이는 장소 a likely place / 전혀 짚이는 데가 없다 have no faintest〔slightest〕idea《*of*》.
짜개다 split; cleave; rip.
짜다[1] ①《피륙을》weave;《뜨개질》knit; crochet. ②《상투를》tip up〔wear〕(a topknot).
짜다[2] ①《제작》make; construct;《조립》put〔fit〕《*a machine*》together; assemble. ¶ 나무로 책상을 ～ make a desk of wood. ②《편성》form; organize; compose. ¶ 클럽을 ～ organize a club. ③《활자로 판을》compose; set up (in type). ④《계획》form《*a plan*》; prepare; make《*a program*》. ¶ 장래의 계획을 ～ form a plan for *one's* future. ⑤《공모》conspire with; plot together; work together; act in concert〔collusion〕with. ¶ …와 서로 짜고 있다 be in collusion〔league〕with. ⑥《물기를》wring; squeeze;《기름 따위를》squeeze; press; extract. ¶ 수건을 ～ wring a towel; squeeze out water from a towel / 오렌지의 즙을 ～ squeeze juice from oranges. ⑦《머리를》rack〔cudgel〕*one's* brains.
짜다[3] ①《맛이》(be) salty; briny. ¶ 간이 ～ be too salty. ②《점수가》be severe〔strict〕in marking. ¶ 저 선생님은 점수가 ～ The teacher is a hard〔strict〕grader.
짜르르 ☞ 지르르.
…짜리 ①《가치》worth; value. ¶ 천원～ 지폐 a 1,000-*won* bill / 만원～ 물건 an article worth 10,000 *won*. ②《용량》¶ 3리터～ 병 a three-liter bottle / 이 병은 2리터～이다 This bottle holds two liters. ③《나이 뒤에 붙여》¶ 다섯살～ 소년 a five-year-old boy.
짜임새《구성》making; make-up; structure; composition;《피륙의》texture. ¶ 문장의 ～ sentence structure / ～가 거친〔고운〕천 coarse-〔close-〕woven cloth; cloth with a coarse〔close〕texture.
짜장면 = 자장면.
짜증 fret; irritation; vexation. ¶ ～을 내다, ～이 나다 show temper; get irritated; be vexed / ～나게 하다 irritate; make《*a person*》irritated; get〔jar〕on《*a person's*》nerve.
짜하다《소문이》be widespread; get abroad〔about〕.
짝[1]《쌍을 이루는》one of a pair〔couple〕; the mate〔partner〕《*to*》; a counterpart. ¶ ～이 맞다 match with another; make a pair〔set〕/ ～이 맞지 않는 odd / ～을 맞추다 make a pair of《*two*

things》; make match.
짝[2] ①《갈비의》a side of beef 〔pork〕 ribs. ②《아무곳》¶ 아무 ~에도 쓸모가 없다 be quite useless; be good for nothing.
짝[3]《찢는 소리》ripping; tearing.
짝사랑 one-sided love; a crush. ~하다 love 《*a girl*》 secretly; worship 《*a girl*》 at a distance. ¶ 너 학교 다닐 때 ~한 선생님이 있었느냐 Did you have a crush on one of the teachers when you were at school?
짝수(一數) an even number. ¶ ~날 even-numbered days.
짝없다 ①《비길바없다》(be) matchless; incomparable. ¶ 기쁘기 ~ be happy without measure. ②《대중없다》(be) preposterous; incongruous.
짝짓다 pair; make a match; mate. ¶ 새를 ~ mate a bird / 둘 셋씩 짝지어 오다 come by twos and threes.
짝짜꿍 a baby's hand-clapping.
짝짝 ¶ (입맛을) ~ 다시다 smack *one's* lips; lick *one's* chops / ~ 달라붙다 stick fast to / ~ 찢다 rip up; tear up.
짝짝이 an odd〔unmatched〕 pair 《*of socks*》; a wrongly matched pair. ¶ ~가 되다 become an odd pair / 이 구두는 ~다 These shoes are wrongly paired.
짝채우다 make a match〔set〕; match.
짝패 (*one's*) mate〔partner〕.
짝하다 become a partner〔mate〕; mate 《*with*》.
짠물 salt water; brine.
짤그랑거리다 clink; chink; rattle; jingle-jangle.
짤끔거리다 ☞ 찔름거리다.
짤랑거리다 ☞ 절그렁거리다.
짤막하다 (be) shortish; brief. ¶ 짤막한 인사말 a brief address.
짧다 (be) short; brief. ¶ 짧은 여행 a short trip / 짧게 말하면 in short / 짧게 하다 shorten; cut 〔make〕 short / 2미터 ~ be two meters shorter.
짬 《여가》 spare time; leisure (hours). ☞ 틈.
짭짤하다 ①《맛이》be nice and salty; be quite tasty. ¶ 짭짤한 고기 반찬 a nicely salted meat dish. ②《꽤 좋다》be quite good〔nice〕; be fairly good. ¶ 짭짤한 부자 a quite well-to-do person / 솜씨가 ~ be quite good at.
짱구머리 (a person with) a bulging head.
…째 ①《통째로·그대로》and all; together with; whole. ¶ 배를 통~ 먹다 eat a pear, peel and all / 나무를 뿌리~ 뽑다 pull up a tree by the roots. ②《차례를 나타내어》¶ 두번~ 결혼 *one's* second marriage / 닷새~에 on the fifth day.
째다[1]《칼로》cut open 《*a boil*》; lance; incise.
째다[2]《꼭 끼다》(be) tight; be too small to wear comfortably.
째다[3]《부족하다》be short〔in want, in need〕《*of*》. ¶ 살림이 ~ be in want; be needy / 일손이 ~ be short of hands.
째(어)지다 split; tear; rend; rip.
짹소리 ☞ 찍소리.
짹짹거리다 chirp; twitter.
쨍 with a clink〔clank〕.
쨍쨍 blazing(ly); bright(ly); glaring(ly). ¶ ~ 쬐다 shine〔blaze〕(down)《*on*》/ ~내리 쬐는 태양 《under》 a burning〔scorching〕sun.
쩔쩔 ☞ 절절 ②.
쩔쩔매다 《박두한 어려움에》be confused; be flustered; lose *one's* head; be at a loss;《바빠서》be tremendously busy in *doing;* be rushed off *one's* feet; never stop moving.
쩡쩡 ①《세력이》¶ ~ 울리다 enjoy wide reputation (이름이); enjoy resounding influence (권세가). ②《갈라지는 소리》cracking.
쩨쩨하다 《인색하다》(be) stingy; close-fisted; tight-fisted; misery; 《다랍다》(be) mean; humble; 《시시하다》(be) worthless. ¶ 쩨쩨한 사람 a miser; a stingy person / 쩨쩨한 생각 a narrow-minded idea.
쪼개다 split 《*a bamboo*》; crack 《*a nut*》;《가르다》divide 《*into*》; cut 《*into*》.
쪼그리다 ☞ 쭈그리다.
쪼글쪼글 ☞ 쭈글쭈글.
쪼다 《부리 따위로》peck〔pick〕《*at*》; 《정 따위로》chisel; carve.
쪼들리다 be hard pressed; be in narrow〔needy〕 circumstances. ¶ 돈에 ~ be pressed for money / 빚에 ~ be harassed with debts / 생활에 ~ be hard up for living.
쪼아먹다 peck at and eat.
쪽[1] 〖植〗 an indigo plant. ‖ ~빛 indigo; deep blue.
쪽[2]《방향》a direction; a way;《편》a side. ¶ 서~에 (to the) west 《*of Seoul*》/ 이〔저〕~ this〔that〕 way / 우리 ~ our side / 맞은 ~에 on the other side.
쪽[3]《여자의》a chignon. ¶ ~(을) 찌다 do *one's* hair up in a chignon.
쪽[4]《조각》a piece; a slice〔cut〕. ¶ 참외 한 ~ a slice of melon.
쪽[5]《가지런한 모양》¶ ~고르다 be even〔equal, uniform〕.
쪽마루 a narrow wooden veranda.
쪽매붙임 mosaic (work); parquetry.
쪽박 a small gourd dipper.

쪽지 a slip of paper; a tag.
쫀득쫀득 ¶ ～한 glutinous; sticky; elastic; tough(질긴).
쫄깃쫄깃 ¶ ～한 chewy; sticky.
쫄딱 totally; completely; utterly. ¶ ～ 망하다 be completely ruined; go to ruin〔pieces〕.
쫓기다 ①《일에》be pressed《*by business*》; be overtasked《*with*》. ②《뒤쫓기다》be pursued〔chased〕. ③《내쫓기다》be driven out; get dismissed〔fired〕.
쫓다 ①《물리치다》drive away〔out〕. ¶ 파리를 ～ drive flies away. ②《뒤쫓다》pursue; chase; run after; 《따르다》follow《*the fashion*》.
쫓아가다 ① go in pursuit; follow; run after. ②《함께 가다》follow; accompany; go with. ③《따라잡다》catch up with.
쫓아내다 drive〔turn, send〕out; expel; oust(지위에서); 《퇴거시킴》evict; 《해고》dismiss; fire.
쫓아오다《바싹 뒤따르다》come in pursuit; follow《*a person*》; 《뛰어서》run after《*a person*》.
쫙《소문이》widely; far and wide.
쬐다《빛이》shine on〔over〕; shed light on; 《볕·불에》warm *oneself;* bask〔bath〕《*in the sun*》. ¶ 불을 ～ warm *oneself* at the fire.
쭈그러뜨리다 press〔squeeze〕out of shape; crush.
쭈그러지다《우그러지다》get pressed〔squeezed〕out of shape; be crushed; 《쪼글쪼글해지다》get lean; grow gaunt; wither; shrivel.
쭈그렁이 ①《늙은이》a withered old person. ②《물건》a thing crushed out of shape.
쭈그리다 ① ☞ 쭈그러뜨리다. ②《몸을》crouch; squat (down); bend low; stoop.
쭈글쭈글 ～하다 (be) withered; wrinkled; crumpled. ¶ ～ 구겨진 옷 crumpled clothes / ～한 얼굴 a wrinkled face.
쭈르륵 gurgling; trickling.
쭈뼛쭈뼛 hesitatingly; hesitantly; in a hesitating way.
쭈뼛하다 (be) bloodcurdling; horrible; 《서술적》*one's* hair stands on end; feel a thrill; be horrified. ¶ 쭈뼛하게 하다 make《*a person*》shudder; curdle《*a person's*》blood.
쭉 ①《늘어선 모양》☞ 죽² ①. ②《내내》☞ 죽² ②. ③《곧장》direct(ly); straight. ④《물·기운이》《recede》utterly; completely. ¶ 기운이 ～ 빠지다 be utterly exhausted / 물이 ～ 빠졌다 The water sank completely. ⑤《찢는 모양》with a rip.
쭉정이 a blasted ear; an empty husk of grain.
쭉쭉 ①《줄줄이》in rows〔lines〕; row after row; in streaks. ¶ 줄을 ～ 긋다 draw line after line. ②《비가》in sheets〔showers〕. ③《거침없이》briskly; vigorously; rapidly; 《대충》roughly. ¶ ～ 나아가다 go ahead at a rapid pace / 나뭇잎을 ～ 훑다 strip off leaves briskly. ④《찢다》into shreds; in〔to〕pieces.
쫑긋거리다 ①《입을》move the lips; purse (up) *one's* lips. ②《귀를》prick〔cock〕up《*its ears*》.
…쯤 about; around; some; …or so. ¶ 네 시 ～에 at about four o'clock / …의 중간 ～에 in〔about〕the middle of; halfway between《*A and B*》.
찌개 a pot stew. ¶ 생선 ～ a fish pot stew.
찌그러… ☞ 쭈그러….
찌긋거리다 ①《눈을》wink (an eye) at《*a person*》. ②《당기다》pull《*a person*》by the sleeve.
찌꺼기, 찌끼《술·커피의》dregs; the lees; scum(떠있는); 《남은 것》leftovers; remnants; scraps.
찌다[1]《살이》grow fat; gain weight; put on flesh.
찌다[2]《더위가》be sultry; be steaming hot. ¶ 찌는 듯한 더위 the sweltering heat.
찌다[3]《음식을》steam; 《식은 것을》steam over again. ¶ 찐 감자 steamed potatoes.
찌드럭거리다 pester; harass.
찌들다 ①《물건이》be stained〔tarnished〕; become dirty. ②《고생으로》be careworn.
찌르다 ①《날붙이로》pierce; stab; thrust; prick(바늘로); poke(막대기로). ②《비밀을》inform《*on, against*》; tell〔report〕《*on a person*》. ③《냄새가》be pungent; stink. ④《마음 속을》strike; come home to《*a person*》. ⑤《공격》attack. ¶ 적의 배후를 ～ take the enemy in the rear.
찌부러뜨리다 crush; smash; squash. ¶ 찌부러지다 be crushed (out of shape); be squashed; be smashed〔battered〕.
찌뿌드드하다 feel unwell〔out of sorts〕; be indisposed《*with a slight fever*》.
찌푸리다 ①《얼굴을》grimace《*at*》; frown〔scowl〕《*at, on*》; knit the brows. ②《날씨》be gloomy〔overcast〕; cloud over.
찍다[1]《도끼 따위로》cut (down); chop《*with an axe*》; hew; 《표 따위》punch; clip.
찍다[2] ①《도장을》stamp; seal; impress; set〔affix〕a seal《*to*》. ②《인쇄》(put into) print. ③《틀에》stamp out; cast in a mold. ④《점을》mark《*with a dot*》; dot; point. ⑤《뾰족한 것으로》thrust; pierce;

spear.
찍다[3] ① 《사진을》 (take a) photograph(자기가); have *one's* photograph taken (남이 자기를). ② 《묻히다》 dip 《*a pen into the ink*》.
찍소리 ¶ ~ 못하다 be silenced; be beaten hollow / ~ 못하게 하다 put 《*a person*》 to silence / ~ 없이 in silence; without a whimper.
찐빵 steamed bread.
찔끔거리다 trickle; overflow〔run down〕 off and on; 《조금씩》 give in driblets.
찔끔하다 get struck with fear; be startled.
찔레나무 〚植〛 a brier; a wild rose.
찔름 ~거리다 《넘치다》 brim over 《*with*》; run over the brim; 《조금씩 주다》 give in driblets.
찔름찔름 《액체가》 dribbling; 《주는 모양》 little by little; bit by bit; by〔in〕 driblets.
찔리다 《가시·날붙이에》 stick; be stuck〔thrust, pierced, pricked〕; 《가슴에》 go home to *one's* heart.
찜 a steamed〔smothered〕 dish.
찜질 fomentation; applying a poultice〔compress〕. ~하다 foment; apply a poultice 《*to*》; pack.
찜찜하다 《마음이》 《it》 weigh on *one's* mind; feel awkward〔embarrassed〕. ¶ 말하기가 ~ find it awkward to say (that…).
찝찔하다 (be) saltish.
찡그리다 frown; make a wry face.
찡긋거리다 《눈을》 contract *one's* eyebrows; frown at; wink at.
찡얼거리다 ① 《불평함》 grumble; murmur. ② 《애가》 fret; be peevish.
찡찡거리다 grumble; murmur.
찡찡하다 ☞ 찜찜하다.
찢기다 get torn〔rent, ripped〕.
찢다 tear; rend; rip. ¶ 갈가리 ~ tear to pieces.
찢어발기다 tear to threads.
찢어지다 tear; get torn; rend; rip.
찧다 pound 《*rice*》; hull; 《부딪다》 ram 《*against*》.

자동차

1. 크기에 의한 분류
대형차 a large-size〔full-sized〕 car / 중형차 a medium-sized car / 보통차 a standard-sized car / 소형차 a compact〔pony〕 car / 준소형차 a subcompact car.
2. 구조에 의한 승용차의 분류
일반 승용차 a car; a passenger car / 4도어 세단차 a four-door sedan / 하드탑(금속제 지붕, center pillar가 없는 차) a hardtop / 쿠페(2도어 하드탑의 차) a coupe; a two-door sedan〔hardtop〕 / 리무진(운전석과 객석 사이가 막혀 있는 대형 고급승용차) a limousine; a limo 《口》 / 스테이션왜건(후부 시트가 접게 되어 있는 화물 겸용차) a station wagon / 컨버터블(헝겊 지붕을 접을 수 있는 차) a convertible.
3. 용도에 의한 승용차의 분류
자가용차 a private car / 택시 a taxi; a cab / 경주용차 a racing car; a racer / 순찰차 a patrol (police) car; a cruiser 《美》 / 구급차 an ambulance / 소방차 a fire engine / 영구차 a hearse.
4. 버스의 분류
일반버스 a bus; a coach / 2층버스 a double-decker / 시영버스 a municipal bus / 장거리 버스 a long-distance bus / 관광버스 a sightseeing bus / 스쿨버스 a school bus / 순환버스 a shuttle bus / 마이크로버스 a microbus / 미니버스 a minibus
5. 기타
신형차 a new model car / 중고차 a used car / 1997년형의 차 a 1997 model car / 개조차 a hot rod / 높은 연료비의 차 a gas guzzler; a gas eater / 낮은 연료비의 차 a gas-snipper; a fuel economy car / 고성능차 a high-performance car / 결함차 《口》 a lemon / 스포츠카 a sports car / 해치백 자동차 a hatchback / 전기 자동차 an electric〔a battery〕 car / 전륜구동차 a front-wheel-drive car / 후륜자동차 a rear-wheel-drive car / 4륜구동차 a four-wheel-drive car.
6. 교통사고(a traffic accident)
충돌 a collision / 정면충돌 a head-on collision / 연쇄충돌 a multiple collision〔pile-up〕 / 펑크 a flat tire; a puncture / 자동차책임보험 compulsory insurance for *one's* car.
7. 교통규칙위반
주차위반 illegal parking / 신호무시 ignoring a traffic light; driving through the red light / 속도위반 speeding / 음주운전 driving while intoxicated (D.M.I.) / 음주테스트 a balloon test.

차(車) 《일반적으로》 a vehicle; 《자동차》 a (motor) car; an auto(-mobile); 《차량》 a (railway) carriage; a freight car(화차); 《한 차분 화물》 a carload. ¶ ~를 타다 take〔get into〕 a car; take a taxi(택시에) / ~로 가다 go by car / ~에서 내리다 get out of a car / 이 ~는 다섯명이 탈 수 있다 This car holds〔seats〕 five people.

차(茶) tea; green tea(녹차); black tea(홍차); a tea plant(나무); tea leaf(잎). ¶ 진한〔묽은〕 ~ strong〔weak〕 tea / ~를 (새로) 끓이다 make (fresh) tea / ~를 대접하다 serve〔offer〕《*a person*》 tea / ~를 마시며 이야기하다 talk over tea. ‖ 찻숟갈 a teaspoon(찻숟갈로 하나 a teaspoonful of...).

차(差) 《차이》 a difference; 《격차》 a gap; a disparity; a margin(이윤의). ¶ A와 B의 품질 ~ the difference in quality between A and B / 연령의 ~ an age difference 《*of two years*》 / 큰 ~가 있다 there is a great difference 《*between*》; differ greatly 《*from*》 / 빈부의 ~가 심하다 There is a big gap between the rich and the poor. / 우리는 세대~를 느낀다 We feel a generation gap between us.

차(次) ① 《순서》 order; sequence; 《횟수》 times. ② 《다음의》 next; the following; 《하위》 sub-. ③ 《…김에》 while; when; by the way. ¶ 서울 가는 ~에 on the way to Seoul / 찾아가려던 ~에 마침 그가 왔다 He came at the very moment when I was going to see him.

…차(次) ① 《하기 위하여》 with the purpose of; with the intention of; by way of. ¶ 연구~ for the purpose of studying. ② 《순서》 order; 〖數〗 degree. ¶ 제2~ 세계대전 the Second World War / 제3~ 산업 (the) tertially industries / 일~ 방정식 a first-degree 〔linear〕 equation.

차가다 《빼앗아》 carry off; snatch 《*off, away*》. ¶ 그는 그녀의 핸드백을 차갔다 He snatched her purse away.

차감(差減) ~하다 take away〔off〕; deduct; substract; strike a balance 《*between the debts and credits*》. ‖ ~잔액 a balance.

차갑다 《온도가》 (be) cold; chill(y); 《냉담하다》 (be) cold; unfriendly. ¶ 차가운 날씨 cold〔chilly〕 weather / 차가운 태도 a cold〔unfriendly〕 attitude / 그녀는 차가운 여자다 She is a cold-hearted woman.

차고(車庫) 《자동차의》 a garage; 《전차의》 a car shed. ¶ 차를 ~에 넣다 put a car into the garage.

차곡차곡 in a neat pile; neatly; one by one; one after another.

차관(次官) a vice-minister; an undersecretary 《英》; a deputy secretary 《美》. ‖ ~보 an assistant secretary 《美》.

차관(借款) a loan. ¶ ~을 신청하다 ask〔apply〕 for a loan / ~을 얻다 obtain a loan / ~을 주다〔공여하다〕 grant〔give〕 credit 《*to*》 / 단기〔장기〕~ a short-〔long-〕term loan / 상업〔민간〕~ a commercial 〔private〕 loan / 연불~ a delayed payment loan / 현금~ cash loan. ‖ ~협정 a loan agreement.

차광(遮光) ~하다 shield〔shade〕 《*a light*》. ‖ ~막 a shade; a blackout curtain / ~장치 shading.

차근차근 step by step; methodically; carefully; scrupulously.

차기(次期) the next term〔period〕. ¶ ~ 대통령 the President for the next term / ~ 집권을 노리다 aspire to take over the reins of government. ‖ ~정권 the next Administration.

차꼬 shackles; fetters(발의).

차남(次男) *one's* second son.

차내(車內) the inside of a car. ¶ ~에서 in the car〔train〕 / ~에서는 금연이다 Smoking is prohibited in the car. ‖ ~광고 advertising posters (displayed) in the train / ~등 an interior light.

차녀(次女) *one's* second daughter.

차다[1] 《충만》 be full 《*of*》; be filled 《*with*》; 《달이》 be full; wax; 《조수가》 rise; flow; 《기한이》 expire(임기가); mature(어음 등이); 《흡족하다》 be satisfied〔contented〕 《*with*》. ¶ 꽉〔빽빽이〕 들어~ be jammed; be tightly packed / 며느리가 마음에 ~ be satisfied with *one's* daughter-in-law / 달이 ~ The moon is full. / 학장의 임기가 찼다 The dean's term of office has expired. / 어음 기한이 ~ a bill matures.

차다[2] ① 《발로》 kick; give 《*a per-*

son》 a kick. ¶ 차이다 get kicked. ② 《거절》 reject; 《애인 등을》 jilt 《*one's lover*》. ③ 《혀를》 click. ¶ 혀를 ～ click *one's* tongue.

차다[3] 《패용》 carry; wear. ¶ 훈장을 ～ wear a decoration.

차다[4] 《온도·날씨가》 (be) cold; chilly; 《사람이》 (be) cold; cold-hearted. ¶ 찬바람 a chilly〔cold〕 wind / 찬물 cold water / 얼음장 같이 ～ be ice-cold; be as cold as ice / 차가워지다 become〔get〕 cold; cool off(태도).

차단(遮斷) ～하다 intercept; isolate; cut〔shut〕 off; stop; hold up 《*traffic*》. ¶ 도로를 ～하다 block up 《*a street*》 / 퇴로를 ～하다 cut off〔intercept〕 《*the enemy's*》 retreat / 그 도로는 1시간 동안 교통이 ～되었다 Traffic on the street was stopped〔held up〕 for an hour. ‖ ～기 a (circuit) breaker; 《건널목의》 a crossing gate.

차대(車臺) a chassis.

차도(車道) a roadway; a carriageway; a traffic lane; a driveway.

차도(差度) improvement 《*of illness*》; convalescence. ¶ ～가 있다 get better; improve; take a turn for the better(병이 주어).

차돌 quartz; silicates. ¶ ～ 같은 사람 a man of firm and straight character.

차등(差等) grade; gradation; difference. ¶ ～을 두다 grade; graduate; discriminate. ‖ ～세율 a graded tariff.

차디차다 (be) ice-cold; icy; frigid; 《서술적》 be ever so cold.

차라리 rather〔sooner, better〕 《*than*》; if anything; preferably. ¶ 이런 고통 속에서 사느니 ～ 죽는 편이 낫겠다 I would rather die than live in this agony.

차량(車輛) vehicles; cars; a (railroad) coach(객차); 《화차·객차》 rolling stock(총칭). ¶ 대형 ～ large vehicles / 이 도로는 ～통행이 금지되어 있다 This road is closed to vehicular traffic. ‖ ～검사 vehicle (maintenance, safety) inspection / ～고장 a car trouble; a breakdown / ～등록 vehicle registration / ～번호판 《자동차의》 a (license) plate / ～십부제 운행 제도 the '10th-day-no-driving' system / ～정비 vehicle maintenance / ～통행금지 《게시》 No Thoroughfare for Vehicles.

차례 ① 《순서》 order; turn(순번). ¶ ～로 《arrange》 in order; 《do》 by〔in〕 turns; one by one(하나씩) / ～를 기다리다 wait for *one's* turn / ～가 뒤바뀌다 be out of order. ② 《횟수》 a time. ¶ 한～ once / 여러 ～ several times.

차례(茶禮) 《정초·추석의》 ancestor-memorial rites. ¶ ～를 지내다 observe a memorial rite for *one's* ancestors on 《*New year's day*》.

차례차례 in due〔regular〕 order.

차륜(車輪) a wheel. ¶ ～제동기 a wheel brake.

차리다 ① 《장만·갖춤》 prepare; make〔get〕 《*something*》 ready; arrange; set up. ¶ 음식을 ～ prepare food / 가게를 ～ start〔set up〕 a store / 밥상을 ～ set the table 《*for dinner*》. ② 《정신을》 keep; come to 《*one's senses*》; collect 《*oneself*》. ¶ 정신을 차리게 하다 bring 《*a person*》 to *himself* 〔*his* senses〕. ③ 《예의·체면을》 keep up; save; observe. ¶ 인사를 ～ observe decorum / 체면을 ～ keep up appearances. ④ 《외관을》 equip *oneself* 《*for*》; dress (*oneself*) up; deck out. ¶ 옷을 차려 입다 dress up; deck out / 잘 차려 입다 be in *one's* best clothes.

차림새 ① 《복색의》 *one's* clothing 〔dress〕; *one's* (personal) appearance. ¶ ～가 좋다〔나쁘다〕 be well〔badly〕 dressed / ～를 갖추다 tidy (up) *oneself* / ～에 신경을 쓰다〔무관심하다〕 be careful〔careless〕 about *one's* appearance. ② 《살림의》 the setup; arrangements. ¶ 살림 ～가 훌륭하다 be a nice setup for living.

차림표 《식단》 a menu.

차마 ¶ ～ 그대로 볼 수 없어서 (being) unable to stand (idly) by any longer / ～ 볼 수 없다 cannot look on with indifference; cannot be indifferent 《*to*》 / ～ …을 못 하다 do not have the heart to *do*.

차멀미(車―) carsickness. ～하다 get carsick.

차명(借名) ～하다 borrow〔use〕 《*another's*》 name. ¶ ～계좌 a false-name bank account.

차반(茶盤) a tea tray.

차변(借邊) the debtor (생략 dr.); the debit side. ¶ ～에 기입하다 debit 《*a sum of money*》 against 《*a person*》; enter 《*an item*》 on the debit side 《*to a person's debt*》.

차별(差別) distinction; discrimination. ～하다 be partial; discriminate. ¶ 인종 ～ racial discrimination; racialism / 무～ 폭격 indiscriminate bombing / ～없이 without distinction 《*of sex*》; indiscriminately / 그 회사는 사원을 고용할 때 외국인을 ～한다 That company discriminates against foreigners in its hiring. ‖ ～관세 a discriminatory tariffs / ～대우 discriminative treatment(～

대우를 하다 treat 《*persons*》 with discrimination).
차분하다 (be) calm; composed; quiet; sober.
차비 (車費) carfare; railway fare.
차석 (次席) 《관리 등의》 an official next in rank; a deputy; 《수석의 다음》 the second winner.
차선 (車線) a (traffic) lane. ¶ 편도 2～의 도로 a four-lane road 〔highway〕/ ～구분선 a (painted) lane marking / 6～ 고속도로 a six-lane expressway. ‖ ～분리대 a divisional strip〔island〕.
차압 (差押) ☞ 압류.
차액 (差額) the difference〔balance〕. ¶ ～을 지불하다 pay the difference〔balance〕/ 무역 ～ the balance of trade.
차양 (遮陽) 《모자의》 a visor; a peak; 《집의》 an awning 《*around the eaves*》; a pent roof; 《창의》 a blind.
차용 (借用) ～하다 borrow; have the loan 《*of*》. ‖ ～어 a loan-word / ～증 a bond of debt 〔loan〕; an I.O.U.
차원 (次元) 〖數〗 dimension. ¶ 3～의 three-dimensional / 다～의 multi-dimensional / 그녀의 연구는 나의 것과는 ～이 다르다 Her study belongs to a different level from mine.
차월 (借越) an outstanding debt; an overdraft(당좌예금의). ～하다 overdraw.
차위 (次位) the second rank 〔place〕; the second position.
차이 (差異) a difference; (a) disparity; (a) distinction (구별). ¶ 연령〔신분〕의 ～ disparity of age 〔in social standing〕/ ～가 있다 there is a difference; differ 《*from*》; vary 《*with*》.
차익 (差益) marginal profits.
차일 (遮日) a sunshade; an awning; a tent.
차일피일 (此日彼日) ～하다 put off from day to day. ¶ 빚을 ～ 미루고 갚지 않다 defer payment on the debt time and again.
차입 (差入) 《감옥에》 ～하다 send in 《*a thing*》 to a prisoner. ‖ ～물 a thing sent in to a prisoner.
차자 (次子) *one's* second son.
차장 (次長) a deputy manager (of a department).
차장 (車掌) a conductor; a guard (기차의) 《英》.
차점 (次點) the second highest mark〔number of points〕; 《표수》 the second largest number 《*of votes*》. ¶ ～이 되다 rank second. ‖ ～자 the second winner; the runner-up(선거의).
차조 〖植〗 glutinous millet.
차조기 〖植〗 a perilla; a beefsteak plant.
차주 (借主) a borrower; a debtor (돈의); a renter (집의); a lessee (토지의).
차지 (借地) rented ground; leased land. ‖ ～권 a lease; a leasehold / ～료 (a) (land) rent / ～인 a leaseholder; a tenant.
차지다 (be) sticky; glutinous.
차지하다 occupy 《*a position*》; hold 《*a seat*》; take (up). ¶ 학급에서 수석을 ～ sit at the top of *one's* class / 과반수를 ～ have the majority 《*in*》/ 제2위를 ～ rank second / 높은 지위를 ～ secure〔occupy〕a high position.
차질 (蹉跌) a failure; a setback. ¶ 일에 ～이 생기다 fail in *one's* attempt; things go wrong 《*with one*》/ 그 계획은 사소한 잘못으로 ～을 가져왔다 The project received a setback because of a slight error.
차차 (次次) 《점점》 gradually; little by little; by degrees; step by step; 《그 동안에》 by and by; in (due) time.
차창 (車窓) a car〔train〕window.
차체 (車體) the (car) body; 《자전거의》 the frame.
차축 (車軸) an axle.
차치 (且置) ～하다 set〔put〕apart 〔aside〕; let alone. ¶ 농담은 ～하고 본론으로 들어가자 Joking aside 〔apart〕, let's have a main subject.
차트 《도표》 a chart. ¶ ～로 만들다 make a chart 《*of*》; chart.
차폐 (遮蔽) ～하다 cover; shelter; shade 《*a light*》. ‖ ～막 a blackout curtain / ～물 a cover; a shelter / ～진지 a covered position.
차표 (車票) a 《*railroad, bus*》 ticket; a coupon (ticket) (회수권의). ¶ ～ 파는 데 a ticket office; a ticket window〔counter〕(매표구) / ～를 끊다 get〔buy, take〕a ticket / 편도 ～ a one-way ticket / 왕복 ～ a round-trip ticket / 10일간 유효한 ～ a ticket valid for ten days. ‖ ～자동판매기 a ticket (vending) machine.
차호 (次號) the next number 〔issue〕.
차회 (次回) next time.
차후 (此後) 《금후》 after this; hence (-forth); hereafter; from now on; 《장래》 in (the) future. ¶ ～로는 조심해라 Be careful after this.
착 《붙음》 closely; fast; tight(ly). ¶ ～ 붙다 stick to〔on〕; cling to.
착각 (錯覺) an (optical) illusion; (a) misapprehension. ～하다 have〔be under〕an illusion. ¶ 몸이 공중에 떠 있는 것 같은 ～을 일

으켰다 I felt as if I were floating in the air.

착공(着工) ～하다 start (construction) work. ¶ 이 공사는 내주에 ～된다 This work will be started next week. ‖ ～식 a ground-breaking ceremony.

착란(錯亂) ～하다 be distracted〔deranged〕. ¶ 정신 ～을 일으키다 go mad〔distracted〕. ‖ ～상태 a state of dementia / 정신 ～ dementia; distraction; 《a state of》 mental derangement; insanity.

착륙(着陸) landing. ～하다 land; make a landing. ¶ 무～ 비행 a non-stop flight / 불시〔비상〕 ～ a forced〔an emergency〕 landing / 연～ a soft landing / 동체～ (a) belly landing / 비행기가 비행장에 무사히 ～했다 The airplane landed safely at the airfield. ‖ ～선 《우주탐사용》 a landing module / ～장 a landing ground〔field, strip〕 / ～장치 a landing gear / ～지역 a landing zone / ～지점 a touchdown point〔spot〕.

착복(着服) ① 《착의》 clothing. ～하다 dress〔clothe〕 *oneself;* put on clothes. ② 《횡령》 embezzlement; misappropriation. ～하다 embezzle; pocket (secretly) 《口》. ¶ 회사의 돈을 ～하다 embezzle money from *one's* company.

착살스럽다 ① 《인색》 (be) stingy; petty. ② 《짓이》 (be) mean; indecent; base.

착상(着想) an idea; a conception. ～하다 conceive; hit upon. ¶ ～이 떠오르다 an idea occurs to *one;* hit on an idea (사람이 주어) / 그것 참 좋은 ～이다 It is a clever idea.

착색(着色) ～하다 color; paint; stain. ¶ 이 식품은 인공～되어 있다 This food is artificially colored. / 인공～제 함유《표시》 Contains artificial colorants. ‖ ～유리 stained〔colored〕 glass / ～제 a coloring agent; colorant.

착석(着席) ～하다 take a seat; sit down; be seated. ¶ ～시키다 seat 《*a person*》.

착수(着水) ～하다 land on the water; splash down (우주캡슐이). ¶ 우주선은 태평양에 무사히 ～했다 The spaceship made a safe splashdown in the Pacific.

착수(着手) ～하다 start 《*the work*》; get started 《*on the work*》; set to work. ¶ 그 공사는 아직 ～되지 않았다 No start has been with the work yet. / ～금으로 5백만 원이 필요하다 We want five million *won* to start the work with.

착실(着實) ～하다 (be) steady; sound; trustworthy (믿을 만한); faithful. ¶ ～히 steadily; faithfully.

착안(着眼) ～하다 aim 《*at*》; pay attention to; turn *one's* attention to (유의). ¶ 자네 ～을 잘 했네 Your aim is right. ‖ ～점 the point aimed at; a viewpoint.

착암기(鑿岩機) a rock drill.

착오(錯誤) 《make》 a mistake; 《fall into》 an error.

착용(着用) ～하다 wear; be in 《*uniform*》; have 《*a coat*》 on.

착유기(搾油機) an oil press.

착유기(搾乳機) a milking machine.

착잡하다(錯雜―) (be) complicated; intricate; be mixed up. ¶ 착잡한 표정 an expression of mixed feelings.

착착(着着) steadily; step by step. ¶ ～ 진척되다 make steady progress; be well under way.

착취(搾取) exploitation. ～하다 exploit; squeeze. ¶ 가난한 사람을 ～하다 exploit〔bleed〕 the poor.

착탄(着彈) ‖ ～거리 the range 《*of a gun*》 / ～지점 an impact area.

착하(着荷) arrival of goods. ‖ ～인도〔불〕 delivery〔payment〕 on arrival.

착하다 《마음이》 (be) good; nice; kind-hearted. ¶ 착한 사람〔행동〕 a good person〔deed〕.

찬(饌) ☞ 반찬. ¶ ～거리 materials for side dishes / ～이 많다 have many side dishes / ～이라곤 김치뿐이다 We have nothing but *kimchi* to eat along with rice.

찬가(讚歌) a paean; a poem〔song〕 in praise 《*of*》.

찬동(贊同) approval; support. ～하다 approve of; support; give *one's* approval 《*to*》. ¶ ～을 얻다 obtain *a person's* approval / ～을 얻어 with *a person's* approval.

찬란하다(燦爛―) (be) brilliant; radiant; bright; glittering. ¶ 찬란한 다이아몬드 a brilliant diamond / 찬란한 별 bright〔glittering〕 stars.

찬미(讚美) praise; glorification. ～하다 praise; glorify; extol. ‖ ～자 an admirer; an adorer.

찬반(贊反), **찬부**(贊否) approval or disapproval; for and against; yes or no. ¶ ～을〔를〕 묻다 put 《*a matter*》 to the vote (투표로). ‖ ～양론 pros and cons.

찬사(讚辭) a eulogy; a praise. ¶ ～를 보내다 eulogize; pay a 〔*one's*〕 tribute of praise 《*to*》.

찬성(贊成) approval; support. ～하다 《동의》 approve of 《*a plan*》; agree with 《*an opinion*》; agree to 《a plan》; 《지지》 support 《a bill》; second 《a motion》; be in favor 《of》. ¶ ～을 구하다 ask 《a person's》 approval / ～을 표명하다 express one's approval / ～을 얻다 gain〔win〕 the approval 《of》 / 의안은 ～ 50, 반대 20으로 통과되었다 The bill was passed with fifty in favor to twenty against. ‖ ～연설 a speech in support 《of a motion》 / ～자 a supporter / ～투표 a vote in favor 《of》(～투표하다 vote for a bill).

찬송(讚頌) ☞ 찬미. ‖ ～가 《sing》 a hymn; 《chant》 a psalm.

찬스 a chance; an opportunity. ¶ ～를 잡다〔놓치다, 만들다, 얻다〕 seize〔lose, make, get〕 a chance 〔an opportunity〕 《to do, of doing》.

찬양(讚揚) ～하다 praise; admire; commend. ¶ ～할 만한 admirable; laudable; praiseworthy / 용기를 ～하다 praise 《a person》 for his courage.

찬의(贊意) 《express one's》 approval 《to, toward》; 《give one's》 assent 《to》.

찬장(饌欌) a cupboard; a pantry 「chest.

찬조(贊助) support; patronage. ～하다 support; back up; patronize. ¶ ～를 얻다〔청하다〕 obtain〔solicit〕 a person's support. ‖ ～금 a contribution / ～연설 a supporting speech; a campaign speech 《for a candidate》 / ～자 a supporter; a patron / ～출연 appearance 《in the play》 as a guest / ～회원 a supporting member.

찬찬하다 《꼼꼼》 (be) attentive; meticulous; cautious; careful; 《침착》 (be) staid; self-possessed. ¶ 찬찬히 carefully; cautiously; meticulously. 「praise.

찬탄(讚嘆 · 贊嘆) ～하다 admire;

찬탈(簒奪) 《왕위를》 ～하다 usurp 《the throne》. ‖ ～자 a usurper.

찬합(饌盒) a nest of food boxes; a picnic box.

찰… glutinous.

찰가난 dire poverty; indigence.

찰거머리 〖動〗 a leech. ¶ ～ 같다 cling to 《a person》 like a leech.

찰과상(擦過傷) 《sustain》 a scratch 《on》; an abrasion.

찰깍 ①《붙음》 sticking tight(ly); close; fast. ②《소리》 with a snap〔click, crack, slap〕.

찰나(刹那) a moment; an instant. ¶ ～적(인) momentary / ～적인 쾌락에 빠지다 be addicted to momentary pleasures. ‖ ～주의 impulsiveness; momentalism.

찰떡 a glutinous rice cake.

찰랑거리다 《물결이》 ripple; lap; splash. ¶ 찰랑찰랑 to the brim; brimfully; splashing.

찰밥 boiled glutinous rice.

찰벼 a glutinous rice plant.

찰흙 clay. ☞ 점토(粘土).

참[1] 《사실 · 진실》 a fact; truth; 《성실》 sincerity; a true heart(진정). ¶ ～모습 the true picture 《of》 / ～ 사람 a true〔honest〕 man / ～용기 true courage.

참(站) 《역참》 a post; a stage; a station; 《쉬는 곳》 a stop; 《휴식》 a short rest; 《…하려는 때》 (the) time; (the) moment. ¶ 저녁～에 at dinner time / 막 귀가하려는 ～이다 be about to go home.

참[2] 《참으로》 really; truly; indeed; very. ¶ ～ 좋다 be quite good.

참가(參加) participation. ～하다 participate〔take part〕 《in》; join; enter 《a contest》. ¶ ～를 신청하다 send an entry. ‖ ～국 a participating nation / ～자 a participant.

참견(參見) meddling; interference. ～하다 meddle〔interfere〕 《in》; poke one's nose 《into another's affair》. ¶ ～ 잘하는 officious; meddlesome / ～ 마라 Mind your own business.

참고(參考) reference. ～하다 refer 《to》; consult 《a book》. ¶ ～로 for reference〔one's information〕 / ～가 되다 be instructive〔helpful〕. ‖ ～서 a reference book / ～서목(書目) a bibliography / ～인 a witness / ～자료 reference materials.

참관(參觀) ～하다 visit; inspect. ¶ ～이 허용되다〔되지 않다〕 be open 〔closed〕 to visitors. ‖ ～인 a visitor; a witness(선거).

참극(慘劇) a tragedy; a tragic event. ¶ ～의 현장 the scene of the tragedy.

참기름 sesame oil.

참깨 〖植〗 sesame; sesame seeds 「(씨).

참나무 an oak (tree).

참다 《견디다》 bear; endure; tolerate; stand 《heat》; put up with; 《인내하다》 persevere; be patient; 《억제하다》 control; suppress; keep〔hold〕 back. ¶ 참을 수 있는〔없는〕 bearable〔unbearable〕 / 웃음을 꾹 ～ stifle〔suppress〕 one's laughter / 배고픔을 ～ put up with hunger / 참을 수 없는 모욕 an intolerable insult / 나오는 눈물을 ～ hold〔keep〕 back one's tears / 나는 노여움을 참을 수 없었다 I couldn't control my temper.

참담(慘憺) ～하다 《무참》 (be) tragic; miserable; horrible; 《가련》 (be) pitiful; piteous. ¶ ～한 상태에 있다 be in a very sorry

plight / ～한 패배를 당하다 suffer a crushing defeat.

참답다, 참되다 (be) true; real; honest; faithful; sincere; upright.

참뜻 the true meaning; *one's* real intention.

참말 a true story〔remark〕; the truth; a (real) fact. ¶ ～로 truly; really; indeed / ～로 여기다 believe《*what a person says*》; take《*a person's word*》seriously.

참모(參謀) the staff(총칭); a staff officer;《상담역》an adviser《*to*》. ‖ ～본부 the General Staff Office / ～장 the chief of staff / ～총장 the Chief of the General Staff / ～회의 a staff conference / 합동～본부 the Joint Chiefs of Staff.

참배(參拜) ～하다 visit a temple〔shrine〕; worship《*at*》.

참변(慘變) a tragic incident; a disaster. ¶ ～을 당하다 suffer a disastrous accident.

참빗 a fine-toothed bamboo comb.

참사(參事) a secretary; a councilor. ‖ ～관《대사관의》a councilor of an embassy.

참사(慘死) a tragic death. ～하다 meet with (a tragic) death; be killed《*in an accident*》.

참사(慘事) a disaster; a disastrous accident; a tragedy.

참살(慘殺) slaughter; murder. ～하다 cruelly murder; slaughter; butcher. ‖ ～(시)체 a mangled body〔corpse〕.

참상(慘狀) a horrible〔dreadful〕scene〔sight〕; a miserable condition〔state〕. ¶ ～을 드러내다 present a horrible spectacle〔sight〕.

참새 a sparrow.

참석(參席) attendance. ～하다 attend; be present《*at*》; present *oneself*《*at*》; take part in.

참선(參禪) ～하다 practice *Zen* meditation《*in a temple*》. ‖ ～자 a *Zen* practicer.

참수(斬首) ～하다 behead; decapitate. ¶ ～를 당하다 be beheaded.

참신하다(斬新—) (be) new; novel; original; up-to-date. ¶ 참신하고 기발한 디자인 a novel and quite unconventional design.

참여(參與) participation; presence (입회). ～하다 participate〔take part〕《*in*》; (have a) share《*in*》;《입회》attend; be present《*at*》. ¶ 증인 ～하에 in the presence of a witness. ‖ ～정부 the participatory government.

참외 a melon.

참으로 really; truly; indeed.

참을성(—性)《인내심》patience; endurance; perseverance; staying power(지구력). ¶ ～ 있는 patient; persevering / ～ 있게 patiently / 요즘 젊은이들은 ～이 없어서 너무 쉽게 단념해 버린다 Young men nowadays have no staying power, they give up too easily.

참의원(參議院) ☞ 상원(上院).

참작(參酌) ～하다 take into consideration; make allowances《*for*》; consult; refer to. ¶ 정상을 ～하다 take the circumstances into consideration.

참전(參戰) ～하다 participate in〔enter, join〕a war.

참정(參政) ～하다 participate in government. ‖ ～권 suffrage; the franchise; the right to vote (～권을 주다 give〔extend〕the franchise《*to*》).

참조(參照) ☞ 참고.

참참이(站站—) at intervals; once in a while; after a short interval. ¶ ～ 아프다 ache by fits and starts.

참패(慘敗) a crushing defeat. ～하다 suffer〔sustain〕a crushing defeat; be routed〔crushed〕.

참하다《얌전함》(be) nice and pretty; quiet; calm; modest; good-tempered;《말쑥함》(be) neat; tidy.

참해(慘害) heavy damage; havoc; disaster; ravages. ¶ ～를 주다 wreak havoc on《*the city*》/ ～를 입다 suffer heavily from《*a storm*》.

참형(慘刑) a cruel punishment; a merciless penalty.

참호(塹壕)《dig》a trench; a dugout. ¶ ～를 파다 dig a trench. ‖ ～생활〔전〕a trench life〔warfare〕.

참혹하다(慘酷—) (be) miserable; wretched; tragic(al);《잔인》cruel; brutal.

참화(慘禍) a terrible〔dire〕disaster; a crushing calamity. ¶ 전쟁의 ～ the revages〔horrors〕of war.

참회(懺悔) (a) confession;《회오》repentance; penitence. ～하다 confess; repent. ¶ ～의 눈물 penitential tears / ～ 생활 a penitent's life. ‖ ～자 a penitent.

찹쌀 glutinous rice.

찻길(車—) a roadway; a carriageway; a track(궤도).

찻삯(車—) (car)fare; carriage(운반료); traffic expenses.

찻잔(茶盞), **찻종**(茶鍾) a teacup.

찻집(茶—) a teahouse; a tearoom; a coffeehouse.

창《구두의》the sole (of shoes). ¶ ～을 갈다 put a new sole《*on*》; resole / ～을 대다 sole (shoes).

창(窓) a window. ¶ ～ 밖을 보다

look out of the window / ～로 밖으로 얼굴을 내밀지 마시오 Please don't put your head out of the window. ‖ ～유리 a window glass; a windowpane(끼워넣은) / ～틀 a window frame.

창(槍) a spear; a lance(기병의). ¶ ～끝 a spearhead / ～으로 찌르다 spear. ‖ ～던지기 javelin; a javelin-throwing.

창가(唱歌) singing; a song.

창간(創刊) ～하다 found〔start〕《*a periodical*》. ¶1920년 ～ founded〔started, first published〕 in 1920. ‖ ～호 the first issue〔number〕《*of a magazine*》.

창건(創建) foundation; establishment. ☞ 창업. ～하다 establish; found.

창고(倉庫) a storehouse; a warehouse. ¶ ～에 넣다 store; warehouse; put〔deposit〕《*goods*》 in storage. ‖ ～계원 a storekeeper; a warehouseman / ～료 warehouse charges; storage (charges) / ～업 warehousing business / ～증권 a warehouse bond / ～회사 a warehouse〔storage〕 company.

창공(蒼空) the blue sky; the azure.

창구(窓口) a window. ¶ 매표～ a ticket window / 출납～ a cashier's〔teller's(은행)〕 window.

창궐(猖獗) ～하다 rage; be rampant.

창극(唱劇) a Korean classical 「opera.

창기병(槍騎兵) a lancer.

창녀(娼女) a prostitute; a whore.

창달(暢達) ¶ 언론 ～에 공헌하다 contribute to the promotion of the freedom of speech.

창당(創黨) ～하다 form〔organize〕 a political party. ‖ ～정신 the spirit underlying the formation of the party.

창도(唱導) advocacy. ～하다 advocate; advance. ‖ ～자 an advocate; a proponent.

창립(創立) foundation; establishment. ～하다 found; establish; set up; organize. ¶ ～30주년 《celebrate》 the 30th anniversary of the foundation 《*of the school*》. ‖ ～기념일 the anniversary of the founding 《*of the school*》 / ～기념식 a ceremony marking the 《*group's 50th*》 founding anniversary / ～자 a founder / ～총회 an inaugural meeting.

창문(窓門) a window. ☞ 창(窓).

창백(蒼白) ～하다 (be) pale; pallid. ¶ ～해지다 turn pale〔white〕.

창살(窓―) a lattice; a latticework; iron bars(감옥의). ¶ ～이 달린 latticed 《*door*》 / ～ 없는 감옥 a prison without bars.

창상(創傷) a cut; a wound.

창설(創設) ☞ 창립(創立).

창성(昌盛) a prosperity. ～하다 prosper; thrive; flourish.

창세(創世) 〖聖〗 the creation of the world. ‖ ～기(記) Genesis.

창시(創始) origination; foundation. ～하다 originate; create; found. ‖ ～자 an originator; a founder.

창안(創案) an original idea. ～하다 originate; devise; invent. ‖ ～자 the originator.

창업(創業) the foundation〔founding〕 of an enterprise. ～하다 start 《*business*》; establish; found. ¶ ～ 이래 since the foundation / ～ 40주년을 기념하다 celebrate the 40th anniversary of the founding 《*of a business*》. ‖ ～비 starting expenses / ～자 the founder.

창연(蒼鉛) bismuth (기호 Bi).

창의(創意) an original idea; originality(독창성). ¶ ～성이 있는 original; creative; inventive / ～성이 없다 lack originality〔creative power〕 / ～성을 발휘하다 use *one's* originality; exert *one's* ingenuity / 그 방법은 순전히 그녀가 ～한 것이다 The method is entirely original with her.

창자 the intestines; the bowels; the entrails. ¶ ～를 빼다 gut 《*a fish*》.

창작(創作) an original work; creation. ～하다 create; originate; write 《*a novel*》. ¶ ～적인 creative; original. ‖ ～력 creative power; originality / ～활동 creative activity.

창조(創造) creation. ～하다 create; make. ¶ ～적인 creative; original / 천지～ the Creation / 새로운 문화를 ～하다 create a new culture. ‖ ～력 creative power / ～물 a creature; a creation(예술·패션 등의) / ～자 a creator; the Creator(하느님).

창졸(倉卒) ¶ ～간에 suddenly; all of a sudden; in the midst of great hurry.

창창(蒼蒼) ～하다 《푸르다》 (be) deep blue〔green〕; 《멀다》 be far off〔away〕; 《밝다》 (be) bright; rosy. ¶ ～한 장래 a bright〔rosy〕 future / 갈 길이 아직도 ～하다 still have a long way to go / 앞길이 ～한 청년 a young man who has a bright future.

창파(滄波) big〔sea〕 waves.

창포(菖蒲) 〖植〗 an iris; a (sweet) flag.

창피(猖披) shame; humiliation(굴욕); disgrace(불명예). ～하다, ～

스럽다 be a shame; (be) shameful; humiliating. ¶～를 당하다 be put to shame; be〔feel〕humiliated; disgrace *oneself* / ～를 주다 put《*a person*》to shame; humiliate / ～를 알다 have a sense of shame〔honor〕/ ～를 모르다 be shameless; have no shame / ～해서 얼굴을 붉히다 blush with shame / 헌 옷을 입는 것은 창피한 일이 아니다 There is no reason for shame in wearing old clothes.

창해(滄海) ‖ ～일속(一粟) a drop in the bucket.

창호(窓戶) windows and doors. ‖～지 window〔door〕paper.

찾다 ①《사람·무엇을》search〔hunt, look〕for; seek for; hunt. ¶일자리를 ～ hunt〔look〕for a job / 거리를 샅샅이 ～ comb the streets / 찾아다니다 search〔look〕about for《*a thing*》/ 지도에서 그 도시를 ～ look up the town on the map / 사전에서 그 단어를 ～ look up the word in the dictionary / 무엇을 찾느냐 What are you looking for? ②《찾아내다》find (out); locate《*a person*》; discover. ¶아무의 거처를 ～ locate〔find out〕*a person's* whereabouts. ③《저금을》draw (out)《*money from a bank*》. ④《되돌려오다》take〔get〕back; have《*it*》back;《잡힌 것을》redeem《*a pawned watch*》. ¶빌려준 돈을 다시 ～ get back the money which had been lent. ⑤《방문》call on《*a person*》; call at《*a house*》; (pay a) visit;《들르다》drop in; stop at. ¶찾아온 사람 a caller; a visitor / 이군을 ～ call on〔visit〕Mr. Lee / 사무소를 ～ call at〔visit〕an office. ⑥《원리·근원을》trace. ¶근원을 ～ trace《*something*》to its original.

채[1]《북·장구의》a drumstick; a pick(현악기의).

채[2] a shaft(우마차의); a (palanquin) pole(가마의).

채[3]《야채의》shredding vegetables; vegetable shreds(썬 것).

채[4]《집의》a building; a wing. ¶본～ the main house〔building〕.

채[5]《그대로 그냥》(just) as it is. ¶신을 신은 ～ with *one's* shoes on / 손을 안 댄 ～ 두다 leave just as it is / 불을 켠 ～ 자다 sleep with the light on.

채[6]《아직》《not》yet; as yet; only. ¶날이 ～ 밝기도 전에 before light / 3분도 ～ 못 되어 in less than three minutes.

채결(採決) ～하다 (take a) vote《*on*》. ¶～에 들어가다 come to a vote / ～에 부치다 put《*a matter*》to the vote.

채광(採光) lighting. ¶～이 잘 된〔잘 안 된〕방 a well-〔poorly-〕lit room. ‖～창(窓) a skylight.

채광(採鑛) mining. ～하다 mine. ‖～권 mining rights / ～기계 mining machinery.

채굴(採掘) ☞ 채광(採鑛).

채권(債券) a debenture; a (loan) bond. ¶～을 발행〔상환〕하다 issue〔redeem〕bonds. ‖～시장 the bond market.

채권(債權) credit; a claim. ¶～이 있다 have a claim《*against a person*》; be《*a person's*》creditor. ‖～국 a creditor nation / ～순위 the order of credit / ～양도 cession〔assignment〕of an obligation / ～자 a creditor.

채그릇 a wicker; wickerware.

채널《TV의》a channel. ¶～ 4로 돌리다 turn on channel 4 / 아이들이 텔레비전 ～권을 쥐고 있다 Our children hold a monopoly of the TV channels. ‖～다툼 a dispute over which TV program《*they*》should watch.

채다[1]《알아채다》perceive; notice; get wind〔scent〕of; suspect《*a danger*》; smell out《*the secret*》.

채다[2]《당기다》pull with a jerk; snatch off〔away〕《*from*》(빼앗다).

채다[3] ☞ 채우다.

채도(彩度) saturation.

채독(菜毒) a vegetable-borne disease. ¶～에 걸리다 get〔suffer from〕a vegetable-borne disease.

채료(彩料) colors; paints.

채마(菜麻) ‖～밭 a vegetable garden.

채무(債務) a debt; an obligation; liabilities. ¶～가 있다 be liable for debts; owe / ～를 청산하다 settle *one's* debt / ～를 보증하다 stand surety for loans. ‖～국 a debtor nation / ～불이행 default on financial obligations / ～상환 redemption of a debt / ～소멸 expiration of an obligation / ～자 a debtor / ～증서 a bond; an obligation.

채반(一盤) a wicker disk.

채비(一備) preparations; arrangements. ～하다 prepare《*for*》; make arrangements《*for*》; get ready《*for, to do*》. ¶길 떠날 ～를 하다 make preparations for a journy; fit *oneself* out for a trip.

채산(採算) (commercial) profit. ¶～이 맞다〔맞지 않다〕pay〔do not pay〕; be profitable〔unprofitable〕/ ～을 무시하고 with no thought of profit. ‖～가격 a remunerative price / ～성 payability.

채색(彩色) coloring; painting. ～하다 color; paint. ‖～화 a

colored picture; a painting.
채석(採石) ～하다 quarry 《*marble*》. ‖ ～장 a quarry; a stone pit.
채소(菜蔬) ☞ 야채, 푸성귀.
채송화(菜松花) 〖植〗 a rose moss.
채식(菜食) a vegetarian diet. ～하다 live on vegetables. ‖ ～동물 herbivorous 〔grass-eating〕 animals / ～주의 vegetarianism / ～주의자 a vegetarian.
채용(採用) ① 《채택》 adoption (☞ 채택). ～하다 adopt; use. ¶ 미터법을 ～하다 adopt the metric system. ② 《임용》 employment; appointment. ～하다 employ; take into service. ¶ 임시 ～하다 employ on trial / 우리는 그녀를 타자수로 ～했다 We employed her as a typist. ‖ ～시험 an examination for service / ～조건 hiring requirements / ～통지 a notification of appointment.
채우다[1] ① 《자물쇠를》 lock; fasten. ② 《단추 따위》 button (up); hook.
채우다[2] 《물에》 keep 《*something*》 in cold water; 《얼음에》 keep 《*something*》 cool on ice; refrigerate (냉동).
채우다[3] 《충만》 fill (up) 《*a cup with water*》; 《잔뜩》 pack 〔stuff〕 《*a bag with books*》; 《충족》 satisfy; meet 《*a demand*》; 《보충》 make up; 《기한을》 complete 《*a period, term*》; see 《*it*》 through. ¶ 사복을 ～ fill 〔stuff〕 *one's* pocket / 욕망을 ～ satisfy *one's* desire / 계약 기한을 ～ see *one's* contract through; fulfill the period 〔term〕 of a contract.
채유(採油) drilling for oil. ～하다 drill for oil; extract oil. ‖ ～권 oil concessions 〔rights〕.
채자(採字) 〖印〗 type picking. ～하다 pick type.
채잡다 take the lead 《*in*》; take charge of. ¶ 일을 채잡아 하다 take charge of matters.
채점(採點) marking; scoring (경기의). ～하다 give marks; mark 〔look over〕 《*examination papers*》; score. ‖ ～자 a marker; a scorer / ～표 a list of marks.
채집(採集) ～하다 collect; gather. ¶ 곤충～ insect collecting / 약초～ gathering medicinal herbs.
채찍 a whip; a lash; a rod. ¶ ～질 whipping; lashing; flogging / ～질하다 whip; lash; flog; 《격려》 spur 〔urge〕 《*a person to do*》.
채취(採取) ～하다 pick; gather; collect; fish 《*pearls*》; extract 《*alcohol*》. ¶ 진주～ pearl fishery; pearling.
채치다[1] 《재촉》 urge 《*on, a person to do*》; press 《*a person for payment*》.
채치다[2] 《썰다》 cut 《*a radish*》 into fine strips; chop up.
채칼 a knife for shredding vegetables; a chef's knife.
채탄(採炭) coal mining. ～하다 mine coal. ‖ ～량 the output of coal / ～부 a pitman.
채택(採擇) adoption; choice. ～하다 adopt; select. ¶ 새 방법을 ～하다 adopt a new method.
채필(彩筆) a paintbrush; a brush.
채혈(採血) drawing 〔collecting〕 blood. ～하다 gather 〔collect〕 blood 《*from a donor*》; draw blood 《*from a vein*》(검사용).
책(冊) a book; a volume. ¶ ～을 많이 읽다 read much 〔many books〕 / ～을 읽어주다 read to 《*children*》 / ～으로 출판하다 have 《*one's papers*》 published in book form / ～을 통해 얻은 지식 knowledge gained from books. ‖ ～가위 a (dust) jacket / ～꽂이 a bookshelf / ～뚜껑 a (book) cover / ～받침 a pad to rest writing paper on; a celluloid board.
책(責) ① ☞ 책임. ② ☞ 책망.
책갑(冊匣) a bookcase.
책동(策動) maneuvers; machination. ～하다 maneuver 《*behind the scenes*》; scheme 《*for power*》; pull the strings. ¶ ～하는 사람 a schemer; a wire-puller.
책략(策略) a stratagem; a trick; an artifice. ¶ ～을 꾸미다 devise a stratagem / ～을 쓰다 resort to an artifice; play a (mean) trick on 《*a person*》. ‖ ～가 a strategist; a schemer.
책력(冊曆) an almanac; a book-calendar.
책망(責望) 《비난》 blame; censure; reproach. ～하다 blame; reprimand; reproach; call 〔take〕 《*a person*》 to task.
책무(責務) duty; obligation; responsibility.
책방(冊房) ☞ 서점.
책보(冊褓) 《책 싸는》 a book wrapper.
책사(策士) a schemer; a tactician.
책상(冊床) a desk; a writing table; a bureau (서랍 달린). ¶ ～에 앉다 sit 〔be〕 at a desk.
책상다리(冊床―) 《책상의》 a leg of a desk 〔table〕; 《앉음새》 sitting cross-legged.
책상물림(冊床―) a novice from the ivory tower; a naive academic inexperienced in the ways of the world.
책임(責任) responsibility; liability (지불의); 《의무》 obligation; duty. ¶ ～ 있는 자리 a responsible post; a position of trust / ～의 분담 the division of responsibili-

ty / ～을 묻다 take《*a person*》to task《*for*》; call《*a person*》to account / ～을 다하다 fulfill *one's* responsibility〔duty〕/ ～을 전가하다 shift *one's* responsibility《*to another*》/ ～을 지다 take〔bear〕the responsibility / ～을 회피하다 evade *one's* responsibility / ～이 있다 be responsible〔answerable〕《*for*》; be to blame《*for*》; must answer《*to a person, for one's action*》/ 나는 지금의 무거운 ～으로부터 벗어나고 싶다 I want to be free from the heavy responsibilities I bear now. ‖ ～감〔관념〕《have a strong》sense of responsibility / ～자 a responsible person; a person in charge《*of*》/ ～회피 evasion of responsibility.

책자(冊子) a booklet; a leaflet; a pamphlet.

책장(冊欌) a bookshelf; a book chest.

책정(策定) 《예산 등의》 appropriation; 《가격 등의》 fixing《*prices*》. ～하다 appropriate〔apply, assign〕《*to*》; allot; earmark《*sums of money*》for; fix (up). ¶ 가격을 ～하다 fix a price / 학교 보조금으로 2천만 원을 ～하다 appropriate twenty million *won* for school aid.

챔피언 a champion; a champ《俗》. ¶ 헤비급 세계 ～ the heavy-weight champion of the world. ‖ ～십 (a) championship.

챙기다 《정리》 put〔set〕《*things*》in order; 《치우다》 put《*a thing*》away; 《꾸리다》 pack; 《한데 모으다》 gather all together; collect.

처(妻) a wife. ☞ 아내.

…처(處) 《곳》 a place; 《정부 기구》 an office. ¶ 근무～ *one's* place of employment; *one's* office.

처가(妻家) the home of *one's* wife's parents. ¶ ～살이하다 live in *one's* wife's home with her parents.

처결(處決) ～하다 settle; dispose of; decide.

처남(妻男) *one's* wife's brother; *one's* brother-in-law.

처넣다 cram《*things*》into《*a drawer*》; stuff; jam; sqeeze; pack; 《사람을》 crowd《*people*》into《*a room*》. ¶ 가방에 책들을 ～ pack books into *one's* bag / 모든 옷을 여행 가방에 ～ cram〔jam〕all *one's* clothes into the suitcase.

처녀(處女) a maiden; a young girl; a virgin. ¶ ～의 virgin; maiden / ～다운 maidenly; maidenlike / ～답게 like a maiden; in a maidenlike manner / 아직 ～이다 be still〔remain〕a virgin / ～성을 잃다 lose *one's* virginity. ‖ ～막 the hymen; the maidenhead / ～작〔항해〕a maiden work〔voyage〕/ ～지〔림〕virgin soil〔forests〕.

처단(處斷) disposal; punishment. ～하다 dispose《*of*》; do〔deal〕with; punish. ¶ 엄중 ～하다 punish〔deal with〕《*an offender*》severely.

처덕거리다 《빨래를》 (keep beating with a) paddle; 《바르다》 daub〔paste〕all over; paint〔powder〕《*one's face*》thickly (분을).

처량하다(凄凉—) 《황량》 (be) desolate; dreary; bleak; 《구슬프다》 (be) sad; piteous; miserable, wretched(비참). ¶ 처량한 생각이 들다 feel miserable.

처럼 as; like; as... as; so... as. ¶ 여느 때～ as usual / 아무 일도 없었던 것～ as if nothing had happened.

처리(處理) disposition; management; treatment(약품 등의). ～하다 manage; deal with; handle; transact; dispose《*of*》; treat. ¶ 사무～ the transaction of business / 열～ heat treatment / 문제를 ～하다 deal with a problem / 저 서류들은 아직 ～되지 않았다 Those papers haven't been processed yet. / 이 문제는 신중히 ～해야 한다 We must handle〔treat〕this problem carefully. ‖ ～장 a processing plant; 《하수 따위의》 a treatment plant.

처마 the eaves. ¶ ～ 밑에 under the eaves.

처먹다 eat greedily; shovel〔shove〕down; dig〔tuck〕in.

처방(處方) a (medical) prescription. ～하다 prescribe. ¶ ～대로 as prescribed. ‖ ～전(箋)《write out》a prescription.

처벌(處罰) punishment; penalty. ～하다 punish. ¶ ～을 면하다 escape punishment / 증거 불충분으로 ～을 면하다 be set free because of lack of evidence.

처분(處分) disposal; management; dealing; a measure(조치). ～하다 dispose《*of*》; deal with; do away with; get rid of. ¶ 매각～ disposal by sale / 토지를 ～하다 dispose of *one's* land / 허드레 물건들을 ～하다 get rid of junk.

처사(處事) management; disposal; a measure (조치); 《행위》 conduct; an action. ¶ ～를 잘하다 deal with《*a matter*》properly.

처세(處世) conduct of life. ～하다 get on〔make *one's* way〕through the world. ¶ ～를 잘하다 do〔make〕a good job of life; know how to get on in the world. ‖ ～술 how to get on in the world; the secret of success in life / ～훈 *one's* motto〔guiding principle〕in life.

처소(處所)《장소》a place;《거처》a living place; *one's* residence.

처시하(妻侍下) a wife-ridden man; a henpecked husband.

처신(處身) conduct; behavior. ～하다 bear〔behave〕*oneself;* act. ¶ 점잖게 ～하다 behave *oneself* gracefully〔well〕; move with grace.

처우(處遇) treatment. ～하다 treat; deal with. ¶ 근로자의 ～개선 the improvement of labor conditions / 공평하게 ～하다 treat《*a person*》fairly / K씨 ～ 문제로 애를 먹다 have a lot of trouble working out how to treat Mr. K.

처음《개시》the beginning; the opening; the commencement;《발단》the start; the outset;《기원》the origin. ¶ ～의 first; original; early(초기의) / ～으로 first; for the first time / ～에는 at first; originally / ～부터 끝까지 from beginning to end; from start to finish; from first to last / ～부터 다시 하다 do all over again; make a fresh start / 모든 일은 ～이 어렵다 Everything is hard at the beginning. / 나는 ～부터 그 제안에 반대했다 I have been against the proposal from the beginning. / 나는 생전 ～으로 바다를 보았다 I saw the sea for the first time in my life. / ～ 계획에서는 학교 건물을 여기에 세우도록 되어 있었다 According to the original plan, a school building was to be built here.

처자(妻子) *one's* wife and children; *one's* family(가족).

처절하다(悽絶—) (be) extremely lurid〔gruesome, miserable〕.

처제(妻弟) *one's* wife's younger sister; *one's* sister-in-law.

처지(處地) a situation; circumstances. ¶ 곤란한 ～ a difficult〔an awkward〕situation; a fix / 지금 ～로는 in the present circumstances / 남의 ～가 되어 보다 put〔place〕*oneself* in another's place.

처지다 ①《늘어지다》hang down; droop; become loose(팽팽한 것이). ¶ 귀가 처진 개 a dog with drooped ears. ②《뒤처지다》fall〔remain, stay〕behind; drop (behind). ¶ 혼자만 뒤에 ～ remain behind all alone. ③《못하다》be inferior《*to*》; be not so good《*as*》. ¶ 질에 있어서 많이 ～ be far inferior in quality《*to*》.

처지르다 stuff; pack; cram; squeeze.

처참하다(悽慘—) (be) ghastly; grim; miserable; wretched.

처처(處處) everywhere;《in》every quarter. ¶ ～에 here and there; everywhere.

처치(處置) ①《처리》disposition; disposal;《조치》a measure; a step. ～하다 deal with; dispose of; take measures〔steps, action〕. ¶ …이 ～곤란이다 do not know what to do with…; be at a loss how to deal with…. ②《제거》～하다 remove; take〔move〕away; get rid of; do away with. ③《상처 등의》treatment. ～하다 treat; give medical treatment. ¶ 응급～를 하다 give first aid to《*the wounded*》.

처하다(處—) ①《놓이다》be placed《*in*》; get faced《*with*》. ¶ 위기에 ～ face〔rise to〕a crisis / 곤란한 처지에 ～ be in a fix〔quandary〕. ②《처벌하다》condemn; sentence. ¶ 벌금형에 처해지다 be fined / 사형에 ～ sentence《*a criminal*》to death.

처형(妻兄) *one's* wife's elder sister; *one's* sister-in-law.

처형(處刑) punishment; execution(사형의). ～하다 punish; execute. ¶ ～되다 be executed. ‖ ～장 an execution ground.

척(尺)《길이의 단위》a *ch'ŏk*(= 0.994 ft.).

척(隻) ¶ 두 ～의 배 two ships 「〔vessels〕.

척 ①《단단히 붙는 모양》(sticking) fast; close; tight. ¶ ～ 들러붙다 stick fast《*to one's hand*》. ②《선뜻》without hesitation(서슴지 않고); readily;《즉각》quickly; right away〔off〕.

척결(剔抉) ～하다《긁어내다》gouge; scrape out;《들춰내다》expose《*a crime*》.

척도(尺度)《계측 도구》a (measuring) rule; a scale;《표준》a standard; a yardstick; a criterion. ¶ 선악의 ～ standards of morality / …의 ～가 되다 be a measure of…; be a yardstick for….

척살(刺殺) ～하다 stab《*a person*》to death;〖野〗put〔touch〕《*a runner*》out.

척수(脊髓)〖解〗the spinal cord. ‖ ～마비 spinal paralysis / ～병 a spinal disease / ～신경 spinal nerves / ～염 myelitis.

척식(拓殖) colonization.

척주(脊柱)〖解〗the spinal column; the spine; the backbone. ‖ ～만곡 spinal curvature.

척척 ①《거침없이》quickly; promptly; readily; efficiently(능률 있게); without delay(지체 없이). ¶ ～ 일을 하다 work quickly; do *one's* work with dispatch / ～ 대답하

다 give a ready answer. ②《들러붙다》 tight(ly); fast; close(ly). ¶ ~ 들러붙다 stick fast 《*to*》; cling tightly 《*to*》. ③《차곡차곡》 fold by fold; heap by heap(쌓다); neatly; tidily. ¶ 이불을 ~ 개키다 fold up the bedding / ~ 쌓다 pile up in a heap.

척척하다 (be) wet; damp.

척추(脊椎) 〖解〗 the backbone. ‖ ~동물 a vertebrate / ~염 spondylitis / ~카리에스 vertebra caries.

척탄(擲彈) a grenade. ‖ ~통(筒) a grenade launcher.

척후(斥候) 《임무》 reconnaissance; patrol duty; 《사람》 a scout; a patrol. ~하다 reconnoiter 《*the area*》. ¶ ~를 내보내다 send out scouts / ~하러 나가다 go out scouting. ‖ ~대 a reconnoitering party / ~병 a scouting soldier.

천 《피륙》 cloth; texture.

천(千) a thousand. ¶ ~ 배의 a thousandfold / ~분의 일 a〔one〕 thousandth / 몇 ~씩 in thousands; by the thousand / 수~ thousands of.

천거(薦擧) recommendation. ~하다 recommend; put in a good word for 《*a person*》. ¶ …의 ~로 on the recommendation of….

천격(賤格) ¶ ~스럽다 (be) mean; humble; low.

천견(淺見) a shallow view.

천계(天界) the heavens; the skies.

천고마비(天高馬肥) ¶ ~의 계절 autumn with the sky clear and blue, and horses growing stout.

천공(穿孔) boring; punching. ~하다 bore; punch. ‖ ~기 a boring〔drilling〕 machine.

천구(天球) 〖天〗 the celestial sphere. ‖ ~의(儀) a celestial globe.

천국(天國) ☞ 천당. ¶ 지상 ~ a terrestrial〔an earthly〕 paradise; a heaven on earth / ~의 문 Heaven's Gate〔Door〕.

천군만마(千軍萬馬) a great multitude of troops and horses.

천궁도(天宮圖) a horoscope.

천금(千金) ¶ ~으로도 바꿀 수 없는 priceless / 일확~을 꿈꾸다 dream of making a fortune at a stroke; plan to get rich at a single bound.

천기(天機) the profound secrets of Nature; the hidden plans of Providence.

천당(天堂) Heaven; Paradise; the Kingdom of Heaven. ¶ ~에 가다 go to glory〔Heaven〕; die(죽다).

천대(賤待) contemptuous treatment. ~하다 treat 《*a person*》 contemptuously〔with contempt〕. ¶ ~받다 be treated contemptuously.

천더기(賤—), **천덕꾸러기**(賤—) a despised person; a poor wretch; a child of scorn.

천도(遷都) ~하다 move〔transfer〕 the capital 《*to*》.

천동설(天動說) the Ptolemaic theory.

천둥《a roll of》 thunder.

천둥벌거숭이 a man of reckless valor; a reckless simpleton.

천둥지기 rain-dependent farmland.

천랑성(天狼星) 〖天〗 Sirius.

천량 money and food; wealth.

천렵(川獵) river fishing. ~하다 fish in a river.

천륜(天倫) moral laws; morals. ¶ ~에 어그러지다 transgress〔violate〕 moral laws.

천리(千里) a thousand *ri;* a long distance. ¶ ~만리 떨어진 곳 a place far far away. ‖ ~마 a swift〔an excellent〕 horse / ~안 clairvoyance; a clairvoyant(사람).

천막(天幕) a tent. ¶ ~을 치다 pitch〔set up, put up〕 a tent / ~을 걷다 strike〔pull down〕 a tent. ‖ ~생활 camping (life) (~생활하다 camp (out)).

천만(千萬) 《수효》 ten million; a myriad (무수); 《매우》 exceedingly; very much; indeed. ¶ 몇 ~이나 되는 tens of millions of / 유감 ~이다 It is really regrettable that…. / ~의 말씀입니다 Not at all. *or* Don't mention it.

천만년(千萬年) ten million years; a long long time.

천만다행(千萬多幸) being very lucky; a piece of good luck; a godsend. ¶ ~으로 luckily; very fortunately; by good luck / ~이다 be extremely fortunate; be very lucky.

천만뜻밖(千萬—) being quite unexpected〔unanticipated〕. ¶ ~의 quite unexpected; least expected; unlooked-for / ~에 quite unexpectedly; contrary to *one's* expectation / ~에 그를 거리에서 만났다 I met him quite unexpectedly on the street.

천만부당(千萬不當) being utterly unjust; being unreasonable. ~하다 (be) utterly〔absolutely, entirely〕 unjust〔unfair, unreasonable, absurd〕. ¶ ~한 말 an absolutely unreasonable remark.

천명(天命) ① 《수명》 *one's* life. ② 《하늘 뜻》 God's will; Heaven's decree; Providence; 《운명》 fate; destiny. ¶ ~으로 알다 resign *oneself* to *one's* fate / ~을 다하다 come to the end of *one's* journey / 최선을 다하고 ～을 기다리다 Do your best and leave the rest to Providence.

천명(闡明) ～하다 make clear; explicate.

천문(天文) 《현상》 astronomical phenomena; 《천문학》 astronomy; 《점성술》 astrology. ¶ ～학적인 숫자에 이르다 reach astronomical figures. ‖ ～관측위성 an (orbiting) astronomical satellite / ～대 an astronomical observatory / ～학자 an astronomer.

천민(賤民) the humble; the lowly (people); the poor.

천박(淺薄) ～하다 (be) shallow; superficial; half-baked. ¶ ～한 사람 a shallow-minded fellow / ～한 이론 half-baked theories / ～한 생각 a superficial way of thinking / ～한 지식 superficial knowledge.

천방지축(天方地軸) 《부사적》 recklessly; foolhardily; in a stupid flurry; hurry-scurry. ¶ ～으로 덤비다〔서두르다〕 rush recklessly; make a headlong rush.

천벌(天罰) ¶ ～을 받다 be punished by Heaven / 그런 짓을 하면 ～을 받는다 Heaven will punish you for it.

천변(川邊) a riverside; a streamside; a riverbank. ¶ ～에 by 〔on〕 a river 〔stream〕 / ～에서 at the riverside 〔streamside〕.

천변(天變) a natural disaster 〔calamity〕. ‖ ～지이(地異) ☞ 천변(天變).

천변만화(千變萬化) innumerable changes. ～하다 change endlessly. ¶ ～의 kaleidoscopic; ever-changing.

천복(天福) a heavenly blessing; benediction. ¶ ～을 받다 be blessed by Heaven.

천부(天賦) ¶ ～의 natural; inborn; inherent; innate / ～의 재능 a natural gift 〔endowment〕; an innate talent.

천분(天分) *one's* natural gifts 〔talents〕. ¶ ～이 있는 gifted; talented / ～이 많은 사람 a highly-gifted person; a person richly endowed by nature / …의 ～을 갖추고 있다 have an aptitude for….

천사(天使) an angel.

천생(天生) ¶ ～의 natural; born; designed by nature. ‖ ～배필 a predestined couple; a well-matched pair / ～연분 marriage ties preordained by Providence.

천성(天性) *one's* nature; *one's* innate character; disposition(성질); temperament(기질). ¶ ～의 natural; born; innate / 습관은 제2의 ～이다 Habit is (a) second nature.

천세나다 be much in demand; become scarce; run short.

천수(天水) rainwater. ‖ ～답(畓) ☞ 천둥지기.

천수(天壽) *one's* natural term of existence; *one's* natural span of life. ¶ ～를 다하다 die of old age; complete the natural span of *one's* life / ～를 누리지 못하고 죽다 die before *one's* time.

천시(天時) 《때》 a good 〔heaven-sent〕 opportunity. ¶ ～를 기다리다 wait *one's* time.

천시(賤視) ～하다 take a disdainful view 《*of*》; contempt; despise; look down on.

천식(喘息) 〖醫〗 asthma. ‖ ～환자 an asthmatic (patient).

천신(天神) the heavenly gods.

천신만고(千辛萬苦) ～하다 undergo 〔go through〕 all sorts of hardships.

천심(天心) ① 《하늘의 뜻》 the divine will; Providence. ¶ 민심은 ～이다 The voice of people (is) the voice of God. ② 《하늘 복판》 the zenith.

천애(天涯) ① 《하늘 끝》 the skyline; the horizon. ② 《먼 곳》 a far-off country; a distant land. ¶ ～ 고아 a lonely orphan.

천양지차(天壤之差) a great 〔wide〕 difference 《***between***》; all the difference in the world. ¶ ～이다 be entirely different; be as different as light from darkness.

천언만어(千言萬語) innumerable words; endless arguments.

천업(賤業) a mean 〔discreditable〕 occupation; a dirty job.

천역(賤役) a mean task 〔job〕.

천연(天然) nature. ¶ ～의〔적인〕 natural; unartificial; spontaneous(자생의) / ～적으로 naturally; spontaneously. ‖ ～가스 natural gas / ～기념물 a natural monument / ～자원 natural resources / 액화 ～가스 liquefied natural gas(생략 LNG).

천연(遷延) delay; procrastination. ～하다 delay; procrastinate; put off.

천연두(天然痘) smallpox.

천연색(天然色) natural color. ‖ ～사진 a color photograph / ～영화 a (Techni) color film.

천연스럽다(天然—) (be) natural; unartificial; unaffected; 《태연》 (be) calm; unmoved; indifferent 《*to*》; 《서술적》 do not care 《*about*》. ¶ 천연스럽게 calmly; coolly; unconcernedly; as if nothing had happened; with indifference; without scruple.

천왕성(天王星) 〖天〗 Uranus.

천우신조(天佑神助) 《by》 the grace of Heaven〔God〕; the providence of God.
천운(天運) fate; destiny(운명); fortune(행운).
천은(天恩) the blessing of Heaven; the grace of Heaven.
천의(天意) the divine will.
천인(天人) 《하늘과 사람》 God〔Heaven〕 and man. ¶ ～공노할 죄 a sin against God and man; a heinous atrocity〔offence〕.
천인(賤人) a man of humble origin; a lowly man.
천일염(天日塩) bay〔sun-dried〕 salt.
천자(千字) 1,000 characters. ‖ ～문 the Thousand-Character Text; a primer of Chinese characters.
천자(天子) 《황제》 the Emperor.
천자만홍(千紫萬紅) a resplendent variety of flowers.
천장(天障) the ceiling. ¶ 반자～ a boarded ceiling / ～이 높은〔낮은〕 방 a high-〔low-〕ceilinged room / ～에 파리가 붙어 있다 There is a fly on the ceiling. ‖ ～널 a ceiling board / ～등 《터널 · 차의》 a ceiling lamp〔light〕.
천재(千載) ¶ ～일우의 호기 《throw away》 a golden opportunity.
천재(天才) 《재능》 genius; a natural talents; 《사람》 a genius. ¶ ～적인 gifted; talented / 그녀는 음악의 ～다 She has a genius for music. *or* She is a born musician. / 그에게는 ～적인 데가 있다 He has a touch of genius. ‖ ～교육 (the) education of gifted children / ～아(兒) an infant prodigy; a child genius.
천재(天災) a natural calamity〔disaster〕. ¶ ～를 당하다 be struck by a natural calamity / 그것은 ～가 아니라 인재(人災)였다 It was not a natural disaster but a man-made one. ‖ ～지변 ☞ 천재(天災).

천적(天敵) a natural enemy.
천정(天井) ☞ 천장. ¶ ～부지의 soaring; skyrocketing / 물가는 ～부지로 치솟고 있다 Prices are skyrocketing. ‖ ～시세 the ceiling〔top〕 price.
천주(天主) the Lord (of Heaven); God. ‖ ～경(經) the Lord's Prayer / ～삼위(三位) the Trinity.
천주교(天主教) ☞ 가톨릭.
천지(天地) ① 《하늘과 땅》 heaven and earth; 《우주》 the universe; 《세계》 the world. ¶ ～개벽 이래 ever since the beginning of the world. ‖ ～만물 the whole creation / ～창조 the Creation. ② 《장소》 a land; a world. ¶ 자유～ a free land; the land of freedom / 신～ a new world / 별～ a different world. ③ 《많음》 being full 《*of*》. ¶ 그 책은 오자～다 The book is full of misprints.
천지신명(天地神明) gods of heaven and earth; divinity. ¶ ～께 맹세하다 swear by God; call heaven to witness.
천직(天職) mission; a calling; a vocation. ¶ 이 일이 나의 ～이다 I have a vocation for this work. / 나는 교직을 ～으로 여기고 있다 I believe that teaching is my true vocation. *or* I believe that I was born to be a teacher.
천진난만(天眞爛漫) ～하다 (be) naive; artless; innocent; simple. ¶ ～한 아이 a simple and innocent child.
천진하다(天眞一) be innocent; artless; naive.
천차만별(千差萬別) innumerable changes; infinite variety. ¶ ～의 multifarious; 《insects》 of infinite〔endless〕 variety.
천천히 slowly; without hurry〔haste〕; leisurely. ¶ ～하다 take *one's* time 《*in doing*》 / ～생각하다 take time to think; ponder over 《*a matter*》.
천체(天體) a heavenly〔celestial〕 body. ‖ ～관측 astronomical observation / ～도 a celestial map / ～망원경 an astronomical telescope / ～물리학 astrophysics / ～역학 celestial mechanics; dynamical astronomy.
천추(千秋) 《천년》 a thousand years; 《긴 세월》 many〔long〕 years. ¶ ～의 한이 되는 일 a matter of great regret / 하루를 ～같이 기다리다 wait impatiently 《*for a person*》.
천치(天癡) an idiot; an imbecile.
천태만상(千態萬象) ☞ 천차만별.
천편일률(千篇一律) ¶ ～적(인) monotonous; stereotyped.
천품(天稟) nature; character; 《재질》 a natural endowment; natural talents.
천하(天下) 《세계》 the world; the earth; 《나라》 the whole country. ¶ ～에 under the sun; in the world / ～를 잡다 《정권을》 hold〔assume〕 reins of government; come into power; 《정복하다》 conquer the country / ～무적이다 be unrivaled〔peerless〕 in the world / ～를 통일하다 unify a country; bring the whole country under *one's* rule / 자네 부인의 요리 솜씨는 ～일품이네 Your wife's cooking is out of this world. ‖ ～명창 one of the most excellent singers in the country / ～일색

a woman of matchless beauty / ～장사 a man of unparalleled strength.
천하다(賤—) ① 《신분이》 (be) humble; low(ly); ignoble. ¶ 천한 사람 a lowly man. ② 《상스럽다》 (be) vulgar; mean; base. ¶ 말씨가 ～ be vulgar in *one's* speech / 천한 말을 쓰다 use vulgar〔coarse〕 language. ③ 《흔하다》 (be) superfluous; plenty; cheap(값싸다). ¶ 요즘 천한 것이 사과다 Apples are very cheap these days.
천행(天幸) the blessing〔grace〕 of Heaven; a godsend. ¶ ～으로 살아나다 have a narrow escape by good luck.
천혜(天惠) (a) blessing; a gift of nature; natural advantage.
철[1] 《계절》 a season. ¶ 여름～ the summer season / 제～이 아닌 unseasonable; out of the season / ～지난 behind the season.
철[2] 《분별》 (good) sense; discretion; prudence; wisdom. ¶ ～이 들 나이 the age of discretion / ～이 들다〔나다〕 become sensible; attain〔reach〕 the age of discretion / ～이 든 이래로 ever since *one* could remember / ～이 있다 have sense〔discretion〕; be sensible / ～이 없다 have no sense〔discretion〕; be indiscreet〔thoughtless〕.
철(鐵) iron; steel. ☞ 쇠. ¶ ～의 iron; ferrous / ～의 장막 the Iron Curtain / ～제의 iron; (made) of iron.
…철(綴) file. ☞ 철하다. ¶ 서류～ a file of papers / 신문～ a newspaper file.
철갑(鐵甲) an iron armor(갑옷); 《형용사적》 ironclad. ‖ ～선 an ironclad ship.
철강(鐵鋼) steel. ¶ ～제의 (made) of steel; steel. ‖ ～업 the iron and steel industry / ～제품 steel manufactures.
철거(撤去) (a) withdrawal; removal(제거). ～하다 withdraw; remove; take〔clear〕 away; pull down. ¶ 무허가 판잣집의 ～ removal of illegally built shacks / 장애물을 ～하다 remove the obstacles; clear 《*the passage*》 of obstacles.
철골(鐵骨) an iron〔a steel〕 frame. ¶ 저 공장은 ～슬레이트 지붕이다 The factory has a slate roof on iron frames.
철공(鐵工) an ironworker. ‖ ～소 an ironworks.
철관(鐵管) an iron pipe.
철광(鐵鑛) (an) iron ore(광석); an iron mine(광산).
철교(鐵橋) an iron bridge; a railway bridge(철도의).
철군(撤軍) withdrawal of troops. ～하다 withdraw troops 《*from*》; evacuate 《*a place*》. ¶ ～의 규모와 일정 the size and timetable of the pullout of the troops / ～을 요구하다 demand troop withdrawal(s).
철권(鐵拳) an iron fist. ¶ ～을 휘두르다 shake *one's* fist at 《*a person*》.
철근(鐵筋) a reinforcing bar〔rod〕. ‖ ～콘크리트 ferroconcrete; reinforced concrete / ～콘크리트 건물 a ferroconcrete〔reinforced concrete〕 building.
철기(鐵器) ironware; hardware. ‖ ～시대 the Iron Age.
철도(鐵道) a railroad; a railway 《英》. ¶ ～를 놓다 lay〔construct, build〕 a railway / ～를 이용하다 take the train 《*to get there*》; go 《*to a place*》 by train / ～로 운반되는 화물 rail-borne good / ～로 연결되어 있다 be linked by rail 《*with*》 / 교외 ～ a suburban railroad / 단선〔복선〕～ a single-track〔double-track〕 railroad / 고속～ a high-speed railroad. ‖ ～공사 railroad construction / ～국 the Railway Bureau / ～망 a network of railroads / ～사고 《be killed in》 a railway accident / ～선로 a railroad line〔track〕 / ～안내소 a railroad information bureau / ～운임 railroad fare(여객의); freight rates (화물의) / ～종업원〔공안원〕 a railroad worker〔security officer〕 / ～청 《한국의》 the National Railroad Administration.
철두철미(徹頭徹尾) 《부사적》 from beginning to end; every inch; out-and-out; thoroughly.
철떡거리다 keep clinging〔sticking〕 《*to*》.
철렁거리다 ☞ 찰랑거리다.
철리(哲理) philosophy.
철망(鐵網) ① wire netting (총칭); a wire net〔gauze(촘촘한)〕. ¶ ～을 치다 cover 《*the window*》 with wire netting. ② ☞ 철조망.
철면(凸面) a convex surface.
철면피(鐵面皮) a brazen face; impudence. ¶ ～한 brazen-faced; shameless; cheeky; impudent / ～처럼 …하다 have the cheek〔gall, face, immpudence〕 to 《*do*》.
철모(鐵帽) a (steel) helmet.
철모르다 (be) indiscreet; thoughtless; imprudent; simpleminded. ¶ 철모르는 애 a thoughtless child.
철문(鐵門) an iron door〔gate〕.
철물(鐵物) hardware; ironware; metal fittings. ‖ ～상 《사람》 an ironmonger 《英》; a dealer in hardware; 《가게》 a hardware store; an ironmonger's 《英》.

철바람 a seasonal wind.
철버덕거리다 《철벅거리다》 splash; dabble in 《*water*》.
철벽(鐵壁) an iron wall. ¶ ～ 같은 진지 an impregnable fortress.
철병(撤兵) military withdrawals. ☞ 철군(撤軍).
철봉(鐵棒) 《쇠막대》 an iron bar 〔rod〕; 《체조용》 a horizontal bar; the horizontal bar(종목).
철부지(—不知) a person of indiscretion; a thoughtless person; 《어린애》 a mere child; just a child.
철분(鐵分) iron (content). ¶ 많은 ～을 포함하다 contain a lot of iron.
철사(鐵絲) (a) wire; wiring(총칭). ¶ 가시～ barbed wire / ～로 묶다 wire together.
철삭(鐵索) a cable; a wire rope.
철새 a bird of passage; a migratory bird.
철석(鐵石) 《몹시 굳음》 ¶ ～ 같은 adamant; firm; strong / ～ 같은 마음 an iron will; a firm 〔steadfast〕 resolution / ～ 같은 언약 a solemn promise.
철선(鐵線) iron wire.
철수(撤收) withdrawal; removal. ～하다 withdraw 〔remove〕 《*from*》; pull 《*troops*》 out of 《*a region*》. ¶ 캠프를 ～하다 strike camp / 군대를 ～하다 withdraw the troops.
철시(撤市) ～하다 close the market; close up shops 〔stores〕; suspend business.
철썩 ① 《물소리》 with splashes 〔spattering noise〕. ～하다 splash; swash. ② 《때림》 with a slap 〔spank, crack〕. ～하다 slap. ¶ 빰을 ～ 때리다 slap 《*a person*》 in the face.
철야(徹夜) ～하다 sit 〔stay〕 up all night. ¶ ～로 회의를 하다 have an all-night conference / ～로 간호하다 sit up all night with 《*an invalid*》; keep an all-night vigil over 《*a sick child*》. ‖ ～작업 all-night work.

철옹성(鐵甕城) an impregnable fortress. ¶ ～ 같다 be impregnable.
철인(哲人) a man of wisdom; a philosopher.
철자(綴字) spelling; orthography. ～하다 spell. ‖ ～법 the system of spelling.
철재(鐵材) iron (material); steel.
철저(徹底) ¶ ～한 thorough; thoroughgoing; exhaustive; complete; out-and-out 《口》 / ～히 thoroughly; exhaustively / ～한 이기주의자 an out-and-out egoist / ～한 연구 an exhaustic study / ～한 변혁 a sweeping 〔complete〕 change / 병원에서 ～한 검사를 받다 have a thorough medical examination at the hospital / 나는 무슨 일이나 ～히 한다 I do everything thoroughly.
철제(鐵製) ¶ ～의 (made of) iron; steel / ～공구 an iron tool.
철조망(鐵條網) barbed-wire entanglements. ¶ ～을 치다 set 〔stretch〕 barbed-wire around 《*a place*》 / ～을 둘러친 건물 a building with barbed-wire entanglements.
철쭉 〚植〛 a royal azalea; a rhododendron.
철창(鐵窓) 《창》 a steel-barred window; 《감옥》 prison bars; a prison. ¶ ～생활 life behind (the) bars / ～에 갇히다 be imprisoned.
철책(鐵柵) an iron fence. ¶ ～을 두르다 stretch an iron fence 《*around*》.
철천지한(徹天之恨) a lasting regret (유감); deep-rooted enmity(원한). ¶ ～을 품다 bear a lasting regret; have 〔nurse〕 《*a person*》 a deep-rooted enmity.
철철 《넘치는 모양》 ¶ ～ 넘치도록 잔에 술을 따르다 fill a glass to the brim with wine / 물이 ～ 넘치다 be brimming over with water.
철칙(鐵則) an iron rule.
철통(鐵桶) an iron 〔a steel〕 tub. ¶ ～ 같은 방어진 an impenetrable defense position / ～ 같은 경계망을 펴다 lay a tight cordon 《*around*》.
철퇴(撤退) (a) withdrawal; a pullout. ～하다 withdraw 《*troops*》; pull out 《*of a place*》.
철퇴(鐵槌) an iron hammer. ¶ ～를 내리다 give a crushing blow 《*to*》.
철판(凸板) ‖ ～인쇄 relief printing.
철판(鐵板) an iron plate; a sheet iron.
철편(鐵片) a piece of iron.
철폐(撤廢) abolition; removal. ～하다 abolish; remove; do away with. ¶ 악법은 ～되어야 한다 Bad laws must be abolished.
철필(鐵筆) a (steel) pen.
철하다(綴—) file 《*papers*》; bind 《*a book*》. ¶ 서류를 철해놓다 keep papers on file.
철학(哲學) philosophy. ¶ ～적(으로) philosophical(ly) / 인생～ a philosophy of life. ‖ ～박사 a doctor of philosophy; Doctor of Philosophy(학위) (생략 Ph.D.) / ～자 a philosopher.
철혈(鐵血) blood and iron. ¶ ～정책 a blood-and-iron policy.
철회(撤回) withdrawal. ～하다 withdraw; take back. ¶ 사표를 ～하다 withdraw *one's* resignation / 앞서 한 말을 ～하다 take

back *one's* words.
첨가(添加) annexing; addition. ～하다 add《*to*》. ¶ 식품에 방부제를 ～하다 add preservative to food. ‖ ～물 an additive.
첨단(尖端) ①《뾰족한 끝》the point; the tip; a pointed end 〔head〕. ②《선두》the spearhead. ¶ ～의 ultramodern; up-to-date; ultrafashionable(유행의) / 시대〔유행〕의 ～을 걷는 사람 a trendsetter / 시대의 ～을 걷다 be in the van of the new era / 유행의 ～을 걷다 lead the fashion. ‖ ～기술 high 〔up-to-date〕 technology.
첨병(尖兵) a spearhead.
첨부(添附) ～하다 attach《*A to B*》; append; annex. ¶ …이 ～되다 be accompanied by… / …을 ～하여 together with…. ‖ ～서류 attached papers.
첨삭(添削) correction. ～하다 correct; touch up.
첨예(尖銳) ¶ ～한 radical / ～화하다 become acute; be radicalized. ‖ ～분자 radicals; the extreme 〔radical〕 elements.
첨탑(尖塔) a steeple; a spire.
첩(妾) a concubine; a mistress. ¶ ～을 두다 keep a mistress.
첩(貼) a pack (of herb-medicine); a dose.
…첩(帖) a (note)book; an album.
첩경(捷徑)《지름길》a shortcut; a nearer way;《쉬운 방법》a short 〔quick, easy〕 way.
첩보(捷報) news of a victory.
첩보(諜報) intelligence. ‖ ～기관 an intelligence office 〔agency〕; a secret service / ～망 an intelligence 〔espionage〕 network / ～부 an intelligence bureau / ～원 a secret agent; a spy / ～활동 espionage.
첩부하다(貼付―) ☞ 붙이다 ①.
첩약(貼藥) a pack 〔dose〕 of prepared herb-medicine.
첩첩(疊疊) ¶ ～산중에 in the depths of mountains.
첫 first; new; maiden. ¶ ～공연 the first performance《*of a play*》/ ～글자 an initial (letter) / ～서리 the first frost of the season / ～아이 *one's* first(-born) child / ～항해 a maiden voyage.
첫걸음 the first step《*to*》; an initial step; a start;《초보·기본》the rudiments《*of*》; the ABC《*of*》. ¶ 성공에의 ～ the first step to success / 영어의 ～ the first step in English.
첫길《초행길》an unaccustomed course; *one's* first trip《*to*》;《신행길》the way to *one's* wedding.
첫날 the first 〔opening〕 day.
첫날밤 the bridal night; the first night of a married couple.
첫눈[1]《일견》the first sight〔look〕. ¶ ～에 반하다 fall in love with《*a person*》at first sight.
첫눈[2]《초설》the first snow of the season.
첫돌 the first birthday (of a baby).
첫마디, 첫말 the first word; an opening remark.
첫머리 the beginning; the start; the outset.
첫무대(―舞臺) *one's* debut. ¶ ～를 밟다 make *one's* debut.
첫물 ①《옷의》first wearing. ¶ ～옷 clothes that have never been laundered. ② ☞ 만물.
첫배《새끼》the first litter〔brood〕.
첫사랑 *one's* first love.
첫새벽 early dawn 〔morning〕; daybreak. ¶ ～에 at daybreak 〔dawn〕.
첫선 the first appearance; a debut; the first public presentation. ¶ ～을 보이다 (make a) debut.
첫술 the first spoonful《*of food*》. ¶ ～에 배부르랴《俗談》You must not expect too much at your first attempt.
첫여름 early summer.
첫인상(―印象) *one's* first impression《*of*》. ¶ ～이 좋다 make 〔give〕 a good 〔favorable〕 first impression.
첫정(―情) *one's* first love 〔attachment〕.
첫째 the first (place); No. 1; the top. ¶ ～의 first; primary; foremost; top / ～로 first (of all); in the first place; to begin with / ～가 되다 come out (at the) top / ～를 차지하다 stand first; be at the top 〔head〕 of《*a class*》.
첫추위 the first spell of cold weather.
첫출발(―出發) a start; a beginning. ¶ 인생의 ～ *one's* start in life.
첫판《경기 등의》the first round.
첫판(―版)《초판》the first edition.
첫해 the first year.
첫행보(―行步) *one's* first visit.
청(請) (a) request; a favor; *one's* wishes;《간청》an entreaty. ¶ 간절한 ～ an earnest request / ～에 의하여 at *a person's* request / ～을 넣다 make a request through《*another*》/ ～을 들어주다 grant 〔comply with〕《*a person's*》request / ～이 있다 have a favor to ask of《*a person*》.
청가뢰〖蟲〗a green blister beetle.
청각(聽覺) the auditory sense; (the sense of) hearing. ¶ 시～교육 audio-visual education. ‖ ～기관 a hearing organ / ～신경

the auditory nerve / ～장애 hearing difficulties.
청강(聽講) attendance (at a lecture). ～하다 attend 《*a lecture*》; audit 《*a course at a university*》 《美》. ‖ ～료 an admission (fee) / ～무료 《게시》 Attendance Free / ～생 an auditor 《美》 / ～자 a listener; attendance(총칭).
청개구리(青—) 〖動〗 a tree frog.
청결(清潔) cleanliness; neatness. ～하다 (be) clean; neat; pure. ¶ ～히 하다 make clean / ～히 해 두다 keep 《*a thing*》 clean.
청과(青果) vegetables and fruits. ‖ ～류 greens; fruits / ～물상 greengrocery / ～물 시장 a vegetable and fruit market.
청교도(清教徒) a Puritan. ‖ 청교(도)주의 Puritanism.
청구(請求) a demand; a claim(당연한 권리로); a request(요청). ～하다 claim; request; charge(요금을); ask 〔apply〕 《*for*》; demand 《*payment*》. ¶ 손해 배상의 ～ a claim for damages / ～하는 대로 on demand 〔request〕 / ～에 응하다 meet 〔comply with〕 《*a person's*》 demand 〔request〕 / 그는 내 차의 수리비로 200달러를 ～했다 He charged me $200 for repairing my car. ‖ ～권 a (right of) claim(～권을 포기하다 give up *one's* claim) / ～서 a bill; an account / ～액 the amount claimed / ～인 an applicant; a claimant.
청기와(青—) a blue tile.
청년(青年) a young man; a youth; 《총칭》 the young people; the younger generation. ¶ ～시절 *one's* younger days. ‖ ～단 a young men's association.

청대 〖植〗 a short-jointed variety of bamboo.
청대콩(青—) green 〔unripe〕 bean.
청동(青銅) bronze. ‖ ～기 bronze ware / ～기 시대 the Bronze Age.
청둥오리 〖鳥〗 a wild duck; a mallard (duck).
청량(清凉) ¶ ～한 cool; refreshing. ‖ ～음료 a soft drink; a refreshing drink; soda (pop) 《美》.
청력(聽力) (the power of) hearing; hearing ability. ¶ ～을 잃다 lose *one's* hearing. ‖ ～검사 a hearing test / ～계 an audiometer / ～측정 audiometry.
청렴(清廉) ¶ ～한 honest; upright; cleanhanded / ～결백 absolute honesty; unsullied integrity / ～결백한 사람 a man of integrity; a man of pure heart and clean hands.
청루(青樓) a brothel; a whorehouse.
청류(清流) a (clear) limpid stream.
청맹과니(青盲—) amaurosis; an amaurotic person(사람).
청명하다(清明—) (be) clear (and bright); fine; fair. ¶ 청명한 하늘 a clear sky.
청바지(青—) (blue) jeans. ¶ ～를 입은 소년 a boy in blue jeans.
청백(青白) blue and white. ‖ ～전 a contest between the blue and white groups.
청백하다(清白—) (be) upright; honest; cleanhanded.
청병(請兵) requesting (the dispatch of) troops. ～하다 request (the dispatch of) troops.
청부(請負) a contract 《*for work*》. ☞ 도급(都給). ‖ ～살인 a contract murder / ～업 contracting business / ～인〔업자〕 a contractor.
청빈(清貧) honest poverty. ～하다 be poor but honest. ¶ ～한 생활을 하다 live a poor but honest life.
청사(青史) history; annals. ¶ ～에 길이 남다 live 〔remain long〕 in history.
청사(廳舍) a Government office building.
청사진(青寫眞) a blueprint. ¶ ～을 만들다 make a blueprint of 《*a plan*》; blueprint 《*a plan*》 / ～을 제시하다 present a blueprint for 《*the future*》.
청산(青酸) 〖化〗 hydrocyanic 〔prussic〕 acid. ‖ ～가스 hydrocyanic acid gas / ～염 a prussiate; a cyanide / ～칼리 potassium cyanide.
청산(清算) clearance; liquidation. ～하다 liquidate 〔wind up〕 《*a company*》; clear up 《*one's debts*》; balance 〔settle〕 《*one's accounts*》. ¶ 과거를 ～하다 bury the past / 그녀와 관계를 ～하다 separate from 〔break up with〕 her / 마침내 밀린 집세를 ～했다 I finally settled my back rent. ‖ ～서 a statement of liquidation / ～인 a liquidator / ～회사 a company in liquidation.
청산(青山) green mountains 〔hills〕. ¶ 인간 도처 유～ (人間到處有青山) Fortune can be found everywhere. *or* There's room for us all in the world. ‖ ～유수 eloquence; fluency(말이 ～유수다 be very eloquent).
청상과부(青孀寡婦) a young widow.
청색(青色) blue (color); green.
청서(淸書) ☞ 정서(淨書).
청소(淸掃) cleaning; sweeping(쓸기). ～하다 clean; sweep. ¶ 방을 깨끗이 ～하다 clean up the room.

‖ ~기 a (vacuum) cleaner / ~당번 *one's* turn for doing the cleaning / ~도구 cleaning things / ~부(婦) a cleaning woman / ~부(夫) a cleaner; a sweeper(도로 ~부(夫) a street sweeper).

청소년(青少年) young people; the younger generation; youth. ‖ ~범죄 juvenile delinquency.

청순(清純) purity. ~하다 (be) pure (and innocent). ¶ ~한 처녀 a pure girl.

청승 a miserable 〔wretched〕 way of gesture. ¶ ~ 떨다 act like fortune's orphan; try to work on 《*another's*》 compassion.

청승맞다, 청승스럽다 (be) sad; pitiful; miserable; poor; have the way of something plaintive.

청신(清新) ¶ ~한 fresh; new.

청신경(聽神經) the auditory nerve.

청신호(青信號) a green (traffic) signal; a green light; a go signal. ¶ 계획을 실행하라는 ~가 떨어지다 get 〔be given〕 the green light to go ahead with the project.

청아(清雅) elegance. ¶ ~한 elegant; graceful; refined; clear / ~한 목소리 a clear ringing voice.

청약(請約) (a) subscription 《*for stocks*》. ~하다 subscribe 《*for*》. ¶ ~순으로 in order of subscription / ~이 쏟아져 들어오다 be deluged with subscriptions. ‖ ~금 subscription money / ~인 a subscriber.

청어(青魚) 〖魚〗 a herring.

청옥(青玉) 〖鑛〗 sapphire.

청와대(青瓦臺) the Blue House; the Presidential residence(한국의).

청우계(晴雨計) a barometer; a weatherglass.

청운(青雲) ¶ ~의 뜻을 품다 have a great ambition; entertain 〔have〕 a high ambition.

청원(請援) ~하다 ask for 〔seek〕 《*a person's*》 assistance; call 〔ask〕 for help.

청원(請願) a petition. ~하다 petition; present 〔submit〕 a petition 《*to*》. ‖ ~경찰(관) a policeman on special guard assignment / ~서 a (written) petition / ~자 a petitioner.

청음기(聽音機) a sound detector; 《수중의》 a hydrophone.

청일(清日) ‖ ~전쟁 the Sino-Japanese War.

청자(青瓷) celadon (porcelain). ¶ 고려~ Koryŏ celadon (porcelain) / ~색의 celadon (green).

청정(清淨) purity; cleanness. ¶ ~한 pure; clean. ‖ ~야채 clean vegetables / ~재배 sanitary 〔germ-free〕 culture.

청주(清酒) clear, refined rice wine. ¶ 특급~ special-grade rice wine.

청중(聽衆) an audience; an attendance. ¶ 많은 〔적은〕 ~ a large 〔small〕 audience 〔attendance〕. ‖ ~석 audience seats; an auditorium.

청지기(廳—) a steward; a manager of the household.

청진(聽診) 〖醫〗 auscultation. ~하다 auscultate. ‖ ~기 a stethoscope (~기를 대다 apply a stethoscope 《*to*》).

청천(青天) the blue sky. ‖ ~백일 a bright blue sky / ~벽력 a thunder bolt from a clear sky.

청천(晴天) fine 〔fair〕 weather.

청첩(장)(請牒(狀)) a letter of invitation; an invitation (card). ¶ 결혼 ~ a wedding invitation (card).

청청하다(青青—) (be) freshly 〔vividly〕 green; fresh and green.

청초(清楚) ¶ ~한 neat and clean.

청춘(青春) youth; the springtime of life. ¶ ~의 youthful / 꽃다운 ~ the bloom of *one's* youth / ~의 정열 the passion of youth / 나의 몸에는 ~의 피가 끓고 있다 Young blood is stirring in me. ‖ ~기 adolescence / ~시대 *one's* youth; *one's* youthful days.

청출어람(青出於藍) outshining *one's* master.

청취(聽取) ~하다 listen to; hear. ¶ 라디오 ~자 a (radio) listener / B.B.C.의 ~자 a listener to the B.B.C. / 증언을 ~하다 hear 《*a person's*》 testimony. ‖ ~율 an audience rating.

청컨대(請—) (if you) please; I pray 〔beg〕; It is to be hoped that....

청탁(清濁) ¶ 그는 ~을 가리지 않는 사람이다 He can accept all kinds, the good and the evil.

청탁(請託) 《부탁》 asking; begging; a request. ~하다 ask 〔beg〕 《*a person*》 to exercise *his* influence 《*in favor of*》; solicit 《*a person*》 for *his* good offices. ¶ ~을 받다 be asked 〔solicited〕 《*to do*》; receive a request.

청태(青苔) 《이끼》 (green) moss; 《김》 green laver.

청풍(清風) a cool breeze. ¶ ~명월 a cool breeze and a bright moon.

청하다(請—) ① 《부탁》 ask 〔request〕 《*a person to do*》; beg; entreat. ② 《달라다》 ask 〔request〕 《*for a thing*》; beg. ③ 《초빙》 invite; ask.

청허(聽許) ~하다 give assent to; grant; sanction; approve.

청혼(請婚) a proposal 《*of marriage*》. ～하다 propose 《*to a person*》. ☞ 구혼. ¶ ～을 승낙〔거절〕하다 accept〔decline〕《*a person's*》 proposal.

청훈(請訓) a request for instructions. ¶ 본국 정부에 ～하다 ask the home government for instructions.

체[1] a sieve; a sifter; a (mesh) strainer. ¶ ～로 치다 put〔pass〕《*something*》 through a sieve; sieve; screen / 모래를 ～로 쳐서 자갈을 골라내다 sift (out) the pebbles from the sand; sieve the sand to get the pebbles out. 「ing. ☞ 체하다.

체[2] 《짐짓 꾸밈》 pretense; pretend-

체[3] 《아니꼬울 때》 pshaw!; shucks!

체(滯) 《먹은 것의》 indigestion; dyspepsia.

체(體) the body; a style.

체감(遞減) successive diminution. ～하다 decrease in order; diminish successively. ¶ 수확 ～의 법칙 the law of diminishing returns. ‖ ～속도 slowdown speed.

체감(體感) bodily sensation; somesthesia. ‖ ～온도 effective temperature.

체격(體格) physique; build; a constitution. ¶ ～이 좋다〔나쁘다〕 have a good〔weak〕 constitution; be of strong〔weak〕 build.

체결(締結) conclusion. ～하다 conclude 《*a treaty*》; enter into 《*a contract*》. ¶ 평화 조약을 ～하고 동맹국이 되다 conclude a peace treaty and become allies.

체경(體鏡) a full-length mirror.

체계(體系) a system. ¶ ～적(으로) systematic(ally) / ～화하다 systematize / ～를 세우다 develop 〔formulate〕 a system 《*of*》.

체공(滯空) ～하다 stay〔remain〕 in the air. ‖ ～비행(기록) an endurance flight (record) / ～시간 the duration of flight.

체구(體軀) ☞ 체격.

체기(滯氣) a touch of indigestion.

체납(滯納) nonpayment; arrears 《*of taxes*》; delinquency in (making) payment. ～하다 fail to pay; be in arrears. ¶ 나는 세금을 ～한 일이 없다 I have never let my taxes get in arrears. ‖ ～금 arrears / ～액 an amount in arrears / ～자 a delinquent / ～처분 disposition for the recovery of taxes in arrears; coercive collection.

체내(體內) the interior of the body. ¶ ～의〔에〕 in the body; internal.

체념(諦念) ① 〖佛〗《체관》 apprehension of the truth. ～하다 apprehend the truth. ② 《단념》 resignation. ～하다 give up 《*an idea*》; abandon; resign *oneself* 《*to*》. ¶ 없어진 것으로 ～하다 give up for lost / 운명이라고 ～하다 resign *oneself* to *one's* fate〔lot〕.

체능(體能) physical aptitude〔ability〕. ‖ ～검사 a physical aptitude test.

체득하다(體得―) learn from experience; master; acquire.

체력(體力) physical strength. ¶ ～을 기르다 develop〔build up〕 *one's* physical strength / ～이 떨어지다 *one's* strength declines. ‖ ～검정 an examination of physical strength.

체류(滯留) a stay; a visit; a sojourn. ☞ 체재(滯在). ～하다 stay〔stop〕《*at a place*》; make a stay 《*at*》. ¶ 런던 ～중 during *one's* stay in London / 3일간의 ～ 예정으로 《arrive in Seoul》 on a three-day visit 《*to Korea*》 / 파리 ～중에 많은 신세를 졌습니다 You were a great help to me during my stay in Paris. ‖ ～객 a guest; a visitor / ～기간 the length of *one's* stay / ～지 the place *one* is staying〔will stay〕.

체르니 Czerny.

체리 《서양 앵도》 a cherry.

체머리 a shaky head. ¶ ～를 흔들다 have a shaky head.

체면(體面) honor(명예); reputation(명성); face(면목); dignity(위신); appearance(외관). ¶ ～상 for appearance' sake; to save *one's* face / ～이 서다 save *one's* face / ～을 세우다〔차리다〕 save appearances; save (*one's*) face / ～을 유지하다 keep up appearances〔face〕 / ～에 관계되다 affect *one's* honor / ～을 손상하다 impair *one's* dignity; bring disgrace 《*on*》 / 이것은 나의 ～에 관한 일이다 This is my point of honor.

체모(體毛) hair.

체모(體貌) ☞ 체면(體面).

체벌(體罰) corporal punishment.

체불(滯拂) a delay in payment; payment in arrears. ‖ ～임금 back wages; wages in arrears.

체비지(替費地) lands secured by the authorities in recompense of development outlay.

체스 《서양 장기》 chess.

체신(遞信) communications. ‖ ～업무 post and telegraphic service.

체언(體言) 〖文〗 the substantive.

체온(體溫) temperature. ¶ ～을 재다 take *one's* temperature / ～이 높다〔낮다〕 have a high〔low〕 temperature / ～이 오르다〔내리다〕

One's temperature rises〔falls〕. ‖ ～계 a (clinical) thermometer.

체위(體位) 《체격》 physique; 《자세》 a posture. ¶ ～를 향상시키다 improve the physique.

체육(體育) 《학과》 physical education; gym 《美》. ¶ 오늘은 ～시간이 있다 I have a gym class today. ‖ ～과 the course of physical education / ～관 a gym(nasium) / ～특기자 an athletic meritocrat / 대한～회 the Korea Amateur Athletic Association.

체재(滯在) ☞ 체류(滯留). ‖ ～비 the living expenses during *one's* stay; hotel expenses(숙박비).

체재(體裁) 《일정한 형식》 (a) form; a style; a format; 《겉모양》 an appearance; show; 《만듦새》 a get-up. ¶ ～가 좋은 presentable; seemly / ～가 나쁜 unseemly; awkward / 이 논문은 일정한 ～로 짜여 있다 This paper has a fixed format.

체적(體積) (cubic) volume; cubic contents.

체제(體制) 《조직》 an organization; a system; a structure; 《권력·정치의》 the establishment. ¶ 경제～ an economic structure / 기성～ the Establishment / 신〔구〕～ a new〔an old〕 order / 정치～ a political system / 반～운동 an anti-establishment movement / 현～를 타파하다 destroy the existing establishment.

체조(體操) physical〔gymnastic〕 exercises; gymnastics. ¶ ～를 하다 do gymnastics / 기계～ apparatus gymnastics / 라디오〔TV〕～ radio〔TV〕 exercise program / 유연(柔軟)～ stretching〔limbering〕 exercises; shape-up. ‖ ～경기 gymnastics / ～기구 gymnastic apparatus / ～선수 a gymnast.

체중(體重) *one's* weight. ¶ ～이 늘다〔줄다〕 gain〔lose〕 weight / ～을 달다 weigh *oneself* / 나는 ～이 50킬로그램이다 I weigh 50 kilograms. ‖ ～계 the scales.

체증(滯症) indigestion. ¶ 교통～ traffic congestion〔jam〕 / ～기(氣)가 있다 suffer from indigestion.

체질 sifting; sieving; screening. ～하다 sift (out); screen.

체질(體質) constitution. ¶ ～적(으로) constitutional(ly) / 허약 ～의 사람 a man of delicate〔weak〕 constitution / 기업의 ～ the nature of enterprise / ～이 약하다〔강하다〕 have a weak〔strong〕 constitution / 그것은 내 ～에 안 맞는다 It does not agree with me.

체취(體臭) body odor.

체코 Czech Republic.

체크 ① 《무늬》 checks; checkers. ¶ ～무늬의 블라우스 a checkered blouse. ② 《대조·검사》 a check. ～하다 check; check 《*something*》 up; mark (off). ¶ 입구에서 사진과 본인을 ～하다 check the person against the picture at the entrance / 문장에서 잘못된 곳을 ～하다 mark a mistake in the sentence. ‖ ～아웃 a check-out (～아웃하다 check out 《*of the hotel*》) / ～인 a check-in (～인하다 check in 《*at a hotel*》) / ～포인트《검문소》 a check point.

체통(體統) (an official's) dignity; honor; face. ¶ ～을 잃다 lose (*one's*) face. ☞ 체면.

체포(逮捕) (an) arrest; capture. ～하다 arrest; capture; catch. ‖ ～영장 an arrest warrant.

체하다(滯—) have a digestive upset; lie heavy on the stomach.

체하다 pretend 《*sickness, to be asleep*》; affect 《*not to hear*》; feign 《*surprise*》; pose 《*as*》; assume an air of. ¶ 모르는 ～ pretend to be ignorant; feign ignorance.

체험(體驗) ～하다 (have an) experience; go through. ‖ ～담 a story of *one's* experience.

체형(體刑) penal servitude; corporal punishment; a jail sentence. ¶ ～을 과하다 inflict corporal punishment 《*on a person*》; impose a jail sentence.

체화(滯貨) accumulation of cargoes〔freights, stocks, goods〕; freight congestion.

첼로 〖樂〗 a cello. ‖ ～연주가 a cellist.

쳄발로 〖樂〗 a cembalo.

쳐가다 collect and take〔carry〕 away 《*garbage*》; empty〔dip up〕 and cart away.

쳐내다 take〔clear, sweep〕 away; clear off〔out〕; remove.

쳐다보다 look at; stare〔gaze〕 《*at*》.

쳐들다 ① 《올리다》 lift (up); raise; hold up. ② 《초들다》 point out; (make) mention 《*of*》; refer 《*to*》.

쳐들어가다 invade; make an inroad 《*on*》; penetrate 《*into*》; break in; raid.

쳐주다 ① 《값을》 estimate〔value, rate〕 《*a thing*》 at; set〔put〕 a price 《*on*》. ② 《인정》 recognize; acknowledge; think highly of 《*a person*》. ¶ 정직한 사람으로 ～ give 《*a person*》 credit for being an honest man.

초 a candle. ¶ ～를 켜다〔끄다〕 light〔put out〕 a candle. ‖ ～심지 a candlewick / 촛대 a candlestick.

초(草) 《초안》 a rough copy. ¶ ～를 잡다 draft.

초(醋) vinegar. ¶ ～간장 soy

sause mixed with vinegar / ～를 치다 flavor〔season〕《*food*》 with vinegar.

초(秒) a second. ¶ 천분의 1～ a millisecond.

초…(初) the beginning; (the) first (stage); the early part. ¶ ～가을 early autumn / ～하루 the 1st of the month.

초…(超) super-; ultra-. ¶ ～자연적 supernatural / ～음속의 supersonic / ～단파의 ultrashort wave.

초가(草家)《집》 a (straw-)thatched house. ¶ ～삼간 a three-room thatched house; a small cottage.

초강대국(超強大國) a superpower; the superpowers(집합적).

초개(草芥) bits of straw; a worthless thing. ¶ 죽음을 ～같이 여기다 hold *one's* life as nothing.

초계(哨戒) ～하다 patrol. ‖ ～기〔정〕 a patrol plane〔boat〕.

초고(草稿) a (rough) draft (초안); a manuscript(원고). ¶ ～를 작성하다 make a draft; draft (out).

초고속(超高速) superhigh〔ultrahigh〕 speed. ‖ ～도로 a superhighway / ～정보통신망 the Information Superhighway Network / ～도촬영기 an ultrahigh-〔a superhigh-〕speed camera.

초고주파(超高周波) superhigh〔ultrahigh〕 frequency (생략 SHF, UHF). ‖ ～트랜지스터 an ultrahigh-frequency transistor.

초과(超過) (an) excess; surplus (잉여). ～하다 exceed; be in excess 《*of*》; be more than. ¶ 6만원의 ～ an excess of sixty thousand *won* / 수입～ an excess of imports over exports / 이 버스는 정원을 ～했다 This bus is overloaded. ‖ ～근무 수당 overtime allowance / ～액 a surplus; an excess.

초국가주의(超國家主義) ultranationalism. ‖ ～자 an ultranationalist.

초근목피(草根木皮) the roots of grass and the barks of trees; coarse and miserable food. ¶ ～로 연명하다 barely manage to stay alive with the aid of roots and bark.

초급(初級) the beginner's class; the junior course 《*in*》. ‖ ～대학 a junior college / ～영문법 English Grammar for Beginners.

초기(初期) the first stage〔period〕; the early days〔years〕; the beginning. ¶ 19세기 ～에 in the early years〔part〕 of the 19th century / ～단계에 in the first stage 《*of*》.

초년(初年)《첫해》 the first year; 《초기》 the early years; 《인생의》 *one's* youth; *one's* earlier years. ¶ ～에 과거하다 pass the State examination in *one's* youth. ‖ ～병 a recruit / ～생 a (mere) beginner.

초능력(超能力) a supernatural power; extrasensory perception (초감각적 지각); psychokinesis(염력). ¶ ～의 psychokinetic. ‖ ～보유자 a supernatural power holder.

초단(初段) the first grade; a first grade expert 《*in Taekwondo*》 (사람).

초단파(超短波) ultrashort waves.

초당파(超黨派) ¶ ～의 nonpartisan 《*policies*》 / ～적으로 의안을 통과시켰다 All the parties agreed to pass the bill through Congress. ‖ ～외교 nonpartisan diplomacy.

초대(初代) the founder; the first generation(제1대). ¶ ～의 the first / ～대통령 the first President.

초대(招待) an invitation. ～하다 invite; ask. ¶ ～에 응하다〔를 사절하다〕 accept〔decline〕 an invitation / 그는 이따금 친구들을 다과에 ～한다 He occasionally invites his friends for tea. *or* He sometimes asks his friends to come for tea. ‖ ～객 an invited guest / ～권 an invitation card; a complimentary ticket (흥행의) / ～석 a reserved seat / ～일《전시회 따위의》a preview 《美》; a private view / ～작가 the invited artist / ～장 an invitation (card); a letter of invitation.

초대작(超大作) a super-production; 《영화의》 a superfilm; a superfeature film.

초대형(超大型) ¶ ～의 extra-large; outsized. ‖ ～여객기 a superliner.

초동(樵童) a boy woodcutter.

초두(初頭) the beginning; the outset; the first; the start.

초들다 mention; refer to; enumerate; cite.

초등(初等) ¶ ～의 elementary; primary. ‖ ～과 an elementary course / ～교육 elementary〔primary〕 education / ～학교 an elementary〔a primary〕 school / ～학생 a primary schoolboy〔schoolgirl〕.

초라하다 (be) shabby; miserable; poor-looking; wretched. ¶ 옷이 ～ be shabbily〔poorly〕 dressed.

초래(招來) ～하다 cause; bring about; give rise to; lead to. ¶ 뜻밖의 결과를 ～하다 bring about〔lead to〕 an unexpected result / 불황이 물가 등귀를 ～했다 The depression caused a rise in the prices of commodities.

초로(初老) ¶ ～의 elderly; middle-aged / 저 ～의 신사는 유명한 학자이다 That elderly gentleman is a famous scholar.

초로(草露) dew on the grass. ¶ ～ 같은 인생 transient life / 인생은 ～와 같다 Life is but a span.

초록(抄錄) an abstract; an extract; a selection. ～하다 excerpt; make an abstract〔extract〕of.

초록(草綠), **초록색**(草綠色) green. ¶ ～의 green / ～을 띤 greenish; greeny.

초롱《통》a tin《英》; a can《美》. ‖ 석유～ a kerosene can〔tin〕.

초롱(―籠)《등불》a hand lantern.

초롱꽃(―籠―)〖植〗a dotted bellflower.

초름하다 ①《넉넉지 못하다》be not abundant. ②《모자라다》be a bit short of.

초립(草笠) a straw hat. ‖ ～동(童) a young man who wears a straw hat.

초막(草幕) a straw-thatched hut.

초만원(超滿員) ¶ ～이다 be filled to overflowing; be crowded beyond capacity.

초면(初面) ¶ ～이다 meet《*a person*》for the first time / ～인 사람 a stranger. ‖ ～인사 greetings on the first meeting.

초목(草木) trees and plants; vegetation. ¶ 산천 ～ nature.

초미(焦眉) ¶ ～의 urgent; impending; pressing / ～의 관심사 an issue of burning concern. ‖ ～지급(之急) an urgent need.

초반(初盤) the opening part《*of a game*》.

초밥(醋―) *sushi*; a Japanese dish consisting of pieces of raw fish on top of cooked rice.

초배(初褙) the first coat of wallpaper.

초벌(初―) ☞ 애벌. ¶ ～그림 a rough sketch; a draft.

초범(初犯) the first offense; a first offender(사람).

초법적(超法的) ¶ ～인 extrajudicial; extralegal / ～ 행동을 취하다 take extralegal〔extrajudicial〕action / ～인 조치를 취하다 go beyond〔above〕the law; take extralegal measures.

초벽(初壁) 《벽》a rough-coated wall(벽);《일》a rough coat of plaster《*on a wall*》.

초병(哨兵) a sentinel; a sentry. ‖ ～근무 sentry duty.

초보(初步) the first stage; the rudiments; the ABC《*of*》. ¶ ～의 elementary; rudimentary / 수학의 ～ the rudiments of arithmetic; the ABC of arithmetic. ‖ ～자 a beginner; a green hand.

초복(初伏) the beginning of the 「dog days.

초본(抄本) an abstract; an extract. ¶ 호적～ an abstract of *one's* family register.

초본(草本) herbs. ¶ ～의 herbal.

초봄(初―) early spring.

초봉(初俸) a starting〔an initial〕pay〔salary〕; a starter《美俗》.

초부(樵夫) a woodcutter.

초빙(招聘) an invitation. ～하다 invite; extend a call《*to*》. ¶ ～에 응하다 accept a call《*from Mr. Kim*》; accept the invitation《*to give a lecture*》; accept the offer of a position / (…의) ～으로 at the invitation《*of*》/ 강사를 ～하다 invite a lecturer. ‖ ～국 a host country.

초사(焦思) ¶ 노심～하다 worry *one*「*self*《*about*》.

초사흗날(初―) the third (day) of a month.

초산(初産) *one's* first childbirth〔delivery〕. ‖ ～부 a primipara; a woman bearing〔expecting〕her first child.

초산(醋酸)〖化〗acetic acid. ‖ ～염(塩) acetate.

초상(初喪) (a period of) mourning. ¶ 아버지의 ～을 당하다 be in mourning for *one's* father / ～을 치르다 observe mourning. ‖ ～집 a house〔family〕in mourning.

초상(肖像) a portrait. ¶ 등신대의 ～ a life-sized portrait / ～을 그리게 하다 have *one's* portrait painted; sit for *one's* portrait. ‖ ～화 a portrait《*in oils*》/ ～화가 a portrait painter.

초서(草書) the cursive style of writing Chinese characters;《글씨》cursive characters.

초석(硝石)〖化〗niter; saltpeter.

초석(礎石)《lay》a foundation stone; a cornerstone.

초선(初選) ¶ ～의 newly-elected. ‖ ～의원 a newly-elected member of the National Assembly.

초성(初聲) an initial sound.

초속(初速)〖理〗initial velocity.

초속(秒速) a speed per second. ¶ ～ 20미터로 at a speed of 20 meters per (a) second.

초속도(超速度) superhigh〔ultrahigh〕speed; supervelocity.

초순(初旬), **초승**(初―)《달의》the early part《*of the month*》. ¶ 초승달 a new〔young〕moon; a crescent / 이 책은 4월 ～에 출간된다 This book will be published early in April.

초식(草食) ¶ ～의 grass-eating; herbivorous. ‖ ～동물 a grass-eating〔herbivorous〕animal.

초심(初心) ①《처음 먹은 마음》*one's* original intention〔aim〕. ☞ 초지(初志). ②《초심자》a beginner; a novice; a greenhorn《美口》. ¶ ～의 inexperienced / ～자를 위한《books》for beginners.
초심(初審) the first trial〔hearing〕.
초안(草案) a (rough) draft. ¶ 민법 ～ a draft civil code / ～을 기초하다 draft《*a bill*》; make a draft.
초야(草野) an out-of-the-way place. ¶ ～에 묻혀 살다 lead a humble〔a quiet country〕life.
초여름(初—) early summer.
초역(抄譯) ～하다 make an abridged translation《*of*》; translate selected passages《*from*》.
초연(初演) the first (public) performance; the *première*《프》.
초연(超然) ～하다 stand〔hold, keep〕aloof《*from*》; be transcendental〔aloof〕. ¶ ～히 with a detached air.
초연(硝煙) the smoke of powder.
초열흘날(初—) the tenth (day) of a month.
초엽(初葉) the early years〔days〕; the beginning. ¶ 20세기 ～에 in the early part of the 20th century.
초옥(草屋) a thatched hut.
초원(草原) a grass-covered plan; a grassland; a prairie(북아메리카의); pampas(남아메리카의); a steppe(중앙아시아의).
초월(超越) ～하다 transcend; stand aloof; rise above. ¶ 그녀는 세속을 ～해 있다 She keeps herself aloof from the world.
초유(初有) ¶ ～의 first; initial; original / 사상(史上) ～의 unprecedented in history.
초음속(超音速) supersonic speed. ‖ ～비행《make》a supersonic flight / ～제트기 a supersonic jet plane.
초음파(超音波) supersonic waves.
초이렛날(初—) ①《아기의》the seventh day after birth. ②《달의》the seventh (day) of a month.
초이튿날(初—) the second (day) of 「a month.
초인(超人) a superman. ¶ ～적인 노력 a superhuman effort.
초인종(招人鐘) a call bell; a doorbell; a buzzer.
초일(初日) the first〔opening〕day; an opening; the *première*《프》(연극의).
초읽기(秒—) a countdown. ～하다 count down.
초임(初任) the first appointment. ‖ ～급(給) a starting〔an initial〕salary.
초입(初入) ①《어귀》an entrance; a way in. ②《처음 들어감》the first entrance.
초자연(超自然) ¶ ～적(인) supernatural. ‖ ～주의 supernaturalism.
초잡다(草—) make a draft《*of*》; draft《*a speech*》.
초장(初章) the first movement(음악의); the first chapter(글의).
초장(醋醬) soy sauce mixed with vinegar.
초저녁(初—) ¶ ～에 early in the evening / ～에 잠들다 fall asleep early in the evening.
초전도(超傳導) superconductivity. ‖ ～물질〔체〕a superconductor; a superconductive substance〔matter〕/ ～선재(線材) a superconductive wire rod / ～자석 a superconductive magnet.
초점(焦點) a focus; the focal point. ¶ ～을 맞추다 (take the) focus; adjust the focus of / 새에게 사진기의 ～을 맞추다 focus the camera on the bird. ‖ ～거리 the focal distance〔length〕《*of a lens*》.
초조(焦燥) impatience; irritation. ～하다 (be) fretful; impatient; irritated. ¶ ～해하다 fret; get irritated; feel restless / 일 진행이 제대로 안 되어 ～감을 느꼈다 I 「felt impatient〔got irritated〕as my work was not going as smoothly as I expected.
초주검되다(初—) be half-dead; be more dead than alive;《남의 손에》be half-killed.
초지(初志) *one's* original intention〔purpose〕. ¶ ～를 관철하다 accomplish〔carry out〕*one's* original intention.
초진(初診) the first medical examination. ‖ ～료 the fee charged for a patient's first visit / ～환자 a new patient.
초창(草創) ‖ ～기 an early stage; the pioneer days(인류의 ～기 the early days of mankind).
초청(招請) (an) invitation. ～하다 invite〔ask〕《*a person*》to. ¶ ～받다 be invited; be asked《*to a dinner*》. ‖ ～경기 an invitation game / ～국 inviting country; a host nation / ～장 a letter of invitation;《send》an invitation《*to*》.
초췌(憔悴) ～하다 haggard; emaciated; thin. ¶ ～한 모습 a haggard figure.
초치(招致) ～하다 summon; invite;《유치》attract《*tourists*》.
초침(秒針) a second hand.
초콜릿 a chocolate.
초토(焦土) ¶ ～화하다 get reduced to ashes; be burnt to the ground / 전쟁으로 온 나라가 ～화되었다 The whole country was

reduced to ashes during the war. ‖ ～전술 scorched-earth tactics.

초특급(超特急) a superexpress (train).

초특작(超特作) a super production; a superfilm(영화의).

초판(初版) the first edition.

초피나무 a Chinese pepper tree.

초하룻날(初一) the first (day) of a month.

초학자(初學者) a beginner; a beginning student; a novice. ¶ ～용 책 a book for beginners.

초행(初行) *one's* first trip〔journey〕. ¶ ～길 a road new to *one* / 서울은 ～이다 This is my first trip to Seoul.

초현실주의(超現實主義) surrealism. ‖ ～자 a surrealist.

초호(礁湖) a lagoon.

초혼(初婚) *one's* first marriage.

초혼(招魂) invocation of the spirits of the dead〔deceased〕. ～하다 invoke. ‖ ～제(祭) a memorial service for the dead〔deceased〕.

초회(初回) the first round.

촉(鏃) 《살촉》 an arrowhead; 《뾰족한 끝》 a point; a tip; a nib 《*of a pen*》.

촉(燭) ☞ 촉광(燭光). ¶ 60～짜리 전구 a 60 candle power bulb.

촉각(觸角) 〖蟲〗 a feeler; an antenna; a tentacle.

촉각(觸覺) the sense of touch; (a) tactile sensation; (a) feeling. ‖ ～기관 a tactile〔touch〕 organ.

촉감(觸感) the sense of touch; the feel. ¶ ～이 좋다 be soft to the touch; feel soft.

촉광(燭光) 〖電〗 candle power.

촉구(促求) ～하다 urge〔press〕 《*a person to do*》; encourage 《*a person to do*》; quicken; stimulate (자극). ¶ 세심한 주의를 ～하다 call 《*a person's*》 good attention 《*to the handling of the machine*》; urge 《*one's men*》 to utmost caution.

촉망(囑望) expectation. ～하다 put *one's* hopes 《*on*》; expect much 《*from*》; hold expectation 《*for*》. ¶ ～되는 청년 a promising youth.

촉매(觸媒) 〖化〗 a catalyst; a catalyzer. ‖ ～반응 catalytic reaction; catalysis / ～법 the contact 〔catalytic〕 process / ～작용 a catalytic action.

촉모(觸毛) 《동물의》 a tactile hair; a feeler; an antenna.

촉박(促迫) ～하다 (be) urgent; imminent; pressing. ¶ 시간이 ～하다 be pressed for time / 기일이 ～하다 A set date is near at hand.

촉발(觸發) contact detonation. ～하다 《기뢰 따위가》 detonate on contact; 《사태 따위가》 touch off; trigger (off); provoke 《*a crisis*》. ¶ 지역 감정을 ～시키다 touch off the regional emotion 《*of*》. ‖ ～장치 a contact-detonating device.

촉성재배(促成栽培) forcing culture. ～하다 force 《*strawberries*》. ¶ ～용 온실〔온상〕 a forcing house 〔bed〕 / ～한 야채 forced vegetables.

촉수(觸手) ① 〖動〗 a feeler; a tentacle. ② 《손을 댐》 touching. ¶ ～엄금 《게시》 Hands off.

촉수(觸鬚) a palp(us); a feeler; a tentacle.

촉진(促進) ～하다 quicken; promote; accelerate; speed up; facilitate; expedite. ¶ 식물의 생장을 ～하다 hasten〔accelerate〕 the growth of a plant / 판매～을 위해 더 많은 돈을 광고에 쓰다 spend more money on advertising to promote sales. ‖ ～제 an accelerator.

촉진(觸診) 〖醫〗 palpation. ～하다 palpate; examine by the hand 〔touch〕.

촉촉하다 (be) dampish.

촉탁(囑託) 《일》 part-time service 〔engagement〕; 《사람》 a nonregular member (of the staff); a part-time employee. ¶ ～교사 a part-time instructor〔teacher〕.

촌(寸) ① 《단위》 ☞ 치. ② 《촌수》 a degree of kinship. ¶ 삼～ an uncle / 사～ a cousin.

촌(村) 《마을》 a village; 《시골》 the country(side); a rural district.

촌가(寸暇) a moment's leisure; a spare moment.

촌각(寸刻) a moment. ¶ ～을 다투다 call for prompt treatment (병 따위); need a speedy solution(문제 따위).

촌극(寸劇) a skit; a short (comic) play; a tabloid play.

촌놈(村一) a country fellow; a rustic; a rube; 《놀림조》 a bumpkin; a boor.

촌락(村落) a village; a hamlet.

촌민(村民) village folk; the villagers.

촌보(寸步) a few steps.

촌부(村婦) a country woman.

촌사람(村一) a countryman.

촌수(寸數) the degree of kinship.

촌스럽다(村一) (be) rustic; boorish; countrified; farmlike.

촌음(寸陰) ☞ 촌각. ¶ ～을 아끼다 be careful of every minute.

촌지(寸志) a little token of *one's* gratitude; a small present.

촌충(寸蟲) a tapeworm.

촌토(寸土) an inch of land 〔territory〕.

촌평(寸評) a brief review《*of*》; a brief comment《*on*》.

촐랑거리다 ①《물이》☞ 찰랑거리다. ②《행동을》act frivolously; be flippant.

촐랑이 a frivolous person.

촐랑촐랑《경박하게》frivolously; flippantly; irresponsibly. ¶ ~ 돌아다니다 gad〔flit〕about.

촐싹거리다 ①《까불다》act frivolously〔flippantly〕. ②《부추기다》agitate; stir up; instigate.

출출 ~하다 be somewhat hungry; feel a bit empty. ¶ ~ 굶다 starve.

촘촘하다 (be) close; dense; thick. ¶ 촘촘한 박음새 close stitching.

촛대(―臺) a candlestick; a candlestand; a candle holder. ¶ ~에 초를 꽂다 fix a candle in a candlestick.

촛불 candlelight. ¶ ~을 켜다〔끄다〕light〔put out〕a candle.

총(銃) a gun; a rifle; a pistol(권총); a shotgun(산탄총). ¶ 22구경의 ~ a 22-caliber gun / 연발~ a magazine rifle / 2연발~ a double barreled gun〔rifle〕/ ~을 겨누다 aim a gun《*at a bear*》. ‖ ~개머리 the stock; the butt of rifle.

총…(總) whole; all; entire; total; general. ¶ ~소득 gross income / ~예산 the total budget.

총가(銃架) a rifle stand; an arm rack.

총각(總角) a bachelor; an unmarried man; a bach《美俗》. ¶ ~처녀 unmarried (young) men and women.

총각김치(總角―) young radish *kimchi*.

총검(銃劍)《총과 검》rifles and swords;《무기》arms;《총에 꽂는 칼》a bayonet. ¶ ~을 꽂다 fix bayonet《*to a rifle*》/ ~을 들이대고 at the point of the bayonet / ~으로 찌르다 bayonet《*a person*》; stab《*a person*》with a bayonet. ‖ ~술 bayonet exercises〔fencing〕.

총격(銃擊) rifle shooting. ¶ ~을 가하다 fire; shoot a rifle《*at an enemy*》. ‖ ~전 a gunfight.

총결산(總決算) the final settlement of accounts. ~하다 make final settlement of accounts; settle〔balance〕accounts.

총경(總警) a senior superintendent(생략 sen. supt.).

총계(總計) the total (amount); the sum total. ~하다 total; sum〔add〕up. ¶ ~로 in all〔total〕; all told / ~…이 되다 total《*one million won*》; amount to《*$1,000*》.

총공격(總攻擊) an all-out attack; a full-scale offensive. ~하다 launch〔make, start〕an all-out attack《*on, against*》; attack《*the enemy*》in full force. ¶ 미국 공군은 적의 탱크 부대를 ~했다 The U.S. Air Force launched an all-out attack against the enemy tank forces.

총괄(總括) ~하다 summarize; sum up; generalize. ¶ ~적인 summary; general; all-inclusive / ~해서 말하면 generally speaking; to sum up / ~적으로 as a whole; summarily; *en masse* / ~적 조항 a blanket clause / ~적 의안 an omnibus〔a blanket〕bill / 그는 몇 마디로 상황을 ~해서 말했다 He summed up the situation in a few words.

총구(銃口) the muzzle (of a gun). ¶ ~를 들이대고《threat *a person*》at the point of a gun.

총기(銃器) small (fire) arms. ‖ ~고〔실〕an armory.

총기(聰氣) brightness; intelligence; sagacity. ¶ ~가 있다 be bright〔intelligent〕.

총대(銃―) a gunstock.

총독(總督) a governor-general; a viceroy. ‖ ~부 the government-general.

총동원(總動員) general mobilization. ¶ 국가 ~ the national mobilization / 마을 사람들을 ~하여 산불을 껐다 All the villagers were mobilized to extinguish the forest fire. ‖ ~령 orders for the mobilization of the entire army.

총득점(總得點) the total score.

총람(總覽) superintendence. ~하다 superintend; preside over; control.

총량(總量) the total amount; the gross weight〔volume〕.

총력(總力) all *one's* energy〔strength〕. ¶ ~을 다하여 with all *one's* strength〔might〕; with concerted efforts. ‖ ~안보(태세) an all-out national security (posture) / ~외교 a total diplomacy / ~전 a total war; an all-out war.

총렵(銃獵) hunting; shooting《美》. ~하다 shoot; hunt.

총론(總論) general remarks; an introduction《*to*》; an outline《*of*》.

총리(總理)《내각의》the Premier; the Prime Minister. ¶ 부~ the Deputy Prime Minister / ~직〔지위〕the premiership.

총망(悤忙) ~하다 be in a hurry; (be) hurried; flurried; rushed.

총명(聰明) ¶ ~한 wise; sagacious; intelligent.

총무(總務)《일》general affairs;《사람》a manager; a director. ¶ 원내 ~ a floor leader《美》; a whipper-in《英》. ‖ ~부〔과〕the general affairs department〔section〕/ ～부장 a general manager.

총반격(總反擊) an all-out counterattack. ～하다 mount a general counteroffensive.

총복습(總復習) a general review of *one's* lessons. ～하다 make a general review of *one's* lessons; go over all *one's* lessons.

총부리(銃—) the muzzle. ¶ ～를 들이대다 point〔aim〕《*a pistol*》at.

총사령관(總司令官) a supreme commander; the commander in chief.

총사령부(總司令部) 〖軍〗 the General Headquarters(생략 GHQ).

총사직(總辭職) general resignation; resignation in a body〔*en masse*〕. ～하다 resign in a body〔*en masse*〕. ¶ 내각 ～ the general resignation of the Cabinet.

총살(銃殺) shooting (to death). ～하다 shoot《*a person*》dead; execute《*a criminal*》by shooting.

총상(銃傷) a bullet〔gunshot〕wound.

총생(叢生) 〖植〗《풀 따위》 fasciculation. ～하다 grow dense〔in clusters〕; form fascicles.

총서(叢書) a series《*of books*》; a library. ¶ 국문학 ～ a series of Korean literature.

총선거(總選擧) a general election. ～하다 hold a general election.

총설(總說) ☞ 총론(總論).

총성(銃聲), **총소리**(銃—) the report of a gun; (the sound of) gunfire; a (gun) shot.

총수(總帥) the (supreme) leader; the commander in chief.

총수(總數) the total〔aggregate〕(number); 《부사적》 in all; all told. ¶ ～ 500이 되다 amount to five hundred (in all).

총수입(總收入) the total income.

총신(銃身) ☞ 총열(銃—).

총아(寵兒) a favorite; a popular person; a beloved child(사랑받는 애); a pet. ¶ 문단의 ～ a popular writer / 시대의 ～ a hero of the times / 운명의 ～ a fortune's favorite.

총안(銃眼) a loophole; a crenel.

총알(銃—) a bullet. ¶ ～ 자국 a bullet hole / ～에 맞다 be hit by a bullet.

총애(寵愛) favor; love; patronage. ～하다 favor; make a favorite of; love《*a person*》tenderly. ¶ ～를 받다 win *a person's* favor; be in *a person's* favor.

총액(總額) the total amount; the sum〔grand〕total. ¶ ～으로 in total〔all〕/ 비용은 ～ 10만원에 달했다 The expenses reached a total of 100,000 *won*.

총열(銃—) a gun barrel.

총영사(總領事) a consul general. ‖ ～관 a consulate general.

총원(總員) the (entire) personnel; the entire strength〔force〕. ¶ ～ 50명 fifty people in all〔all told〕.

총의(總意) consensus; the general opinion〔will〕. ¶ 국민의 ～ the consensus〔will〕of the people〔the whole nation〕.

총장(總長) ①《대학의》 the president《美》; the chancellor《英》. ②《사무총장》 the secretary-general. ③《군대의》 the Chief《*of the General Staff*》.

총재(總裁) a president; a governor(관청·은행의). ¶ 부～ a vice-president.

총점(總點) 《시험의》 the (sum) total of *one's* marks; 《경기의》 the total score.

총지배인(總支配人) a general manager.

총지출(總支出) gross〔total〕expenditure.

총지휘(總指揮) the high〔supreme〕command. ～하다 take the supreme command of《*an army*》.

총질(銃—) shooting. ～하다 shoot〔fire〕a gun.

총채 a duster (of horsehairs). ¶ ～질하다 dust《*a thing*》.

총총(忽忽) ¶ ～히 hurriedly; hastily / ～히 떠나다 leave in haste / ～걸음으로 with hurried〔hasty〕steps; at a quick pace.

총총하다(葱葱—) (be) thick; dense; close. ¶ 산에 나무가 ～ a mountain is densely wooded.

총총하다(叢叢—) (be) dense; crowded; numerous. ¶ 별이 총총한 밤 a bright starry night.

총출동(總出動) general〔full〕mobilization. ～하다 be all mobilized〔called out〕.

총칙(總則) general rules〔provisions〕. ¶ 민법 ～ general provisions of the civil code.

총칭(總稱) a general〔generic〕term〔name〕. ～하다 name generically; give a generic name《*to*》.

총칼(銃—) a gun and a sword; firearms. ¶ ～로 다스리다 rule over with guns and swords〔by force〕.

총탄(銃彈) a bullet; a shot.

총톤수(總—數) gross tonnage.

총통(總統) a president; a generalissimo(대만의).

총파업(總罷業) a general strike. ¶ ～으로 돌입하다 go on a general strike.

총판(總販) an exclusive sale; sole agency〔trade〕. ～하다 make an exclusive sale《*of*》. ¶ ～점 a〔the〕sole agency / ～인 the

sole agent〔distributor〕《*of the articles for Seoul*》. 「view〕.
총평(總評) a general survey〔re-
총포(銃砲) guns; firearms.
총할(總轄) general control〔supervision〕. ～하다 supervise; have a general control《*over*》.
총화(總和) general harmony. ¶ ～ 정치 politics of integration / 국민 ～ national harmony.
총회(總會) a general meeting〔assembly〕. ¶ ～에 회부하다 submit《*a matter*》to the general meeting for discussion / 정기〔임시〕～ an ordinary〔extraordinary〕general meeting / 주주 ～ a general meeting of stockholders / 유엔 ～ the United Nations General Assembly. ‖ ～꾼 a professional troublemaker at stockholders' meeting.
촬영(撮影) photographing. ～하다 take a photograph〔picture〕of; photogaph; 《영화를》 film〔shoot〕《*a scene*》. ¶ ～이 끝난 필름 an exposed film / 그들은 야외 ～ 중이다 They are on location. / 기념 ～《take》a souvenir picture / 야간 ～ night photography / 고속 ～ high-speed photography / ～ 금지《게시》No photos. ‖ ～기 a (movie) camera / ～기사 a (movie) cameraman / ～기술 camera work / ～소 a (film, movie) studio.
최…(最) the most; the extreme. ¶ ～남단의 the southernmost / ～첨단의 ultramodern / ～하등의 the worst.
최강(最強) ¶ ～의 the strongest; the most powerful / ～ 팀 the strongest team.
최고(最高) ¶ ～의 the highest; the best; supreme; the maximum / ～ 지위에 있는 사람들 the top men《*in the world*》/ 지금 나는 ～의 기분이다 I've never felt better. / 물가 지수는 ～에 달했다 The price index hit〔reached〕a new high. / 그녀는 차의 속도를 ～로 냈다 She increased the speed of the car to the maximum. ‖ ～가격 the top〔ceiling〕price / ～권위 the supreme authority / ～기관 the highest organ / ～기록 the best〔highest〕record / ～도 the highest degree / ～사령관 the supreme commander; the commander in chief / ～속도 the maximum〔top〕speed / ～수뇌회담 a summit〔top-level〕conference / ～임금제 the maximum wage system / ～점 the highest point〔mark(s) (시험의), score(시합의), vote(투표의)〕/ ～조 the highest watermark; the climax; the zenith / ～학부 the highest seat of learning; the top educational institution / ～한도 the maximum.
최고(催告) notice; demand; a call (납입의). ～하다 call upon《*a person to do*》; notify; demand payment《*of*》. ¶ 공시 ～ 〖法〗 a public summons / ～서 a call notice.
최고봉(最高峰) the highest peak.
최근(最近) ¶ ～의 the latest《*news*》; late; recent / ～에 recently; lately; of late / ～ 5년간에 in the last five years / ～ 그녀를 만난 것은 언제지 When did you see her last? / 나는 ～의 유행을 따를 수 없다 I can't keep up with the latest fashion.
최다수(最多數) the greatest number《*of*》; the largest majority.
최단(最短) ¶ ～의 the shortest / ～ 코스를 가다 take the shortest route《*to*》. ‖ ～거리〔시일〕the shortest distance〔time〕.
최대(最大) ¶ ～의 the greatest《*number*》; the biggest〔largest〕《*territory*》; 《최대한의》 the maximum / ～ 다수의 ～ 행복 the greatest happiness of the greatest number / 세계 ～의 배 the biggest ship in the world / 우리는 최소의 노력으로 ～의 능률을 올리려고 한다 We are trying to find the maximum of efficiency with the minimum of labor. ‖ ～공약수 〖數〗 the greatest common measure (생략 G.C.M.) / ～량 the largest quantity / ～속력 the greatest〔maximum〕speed / ～지속생산량 the maximum sustainable yield (생략 MSY) / ～한(도) the maximum (limit) / ～허용량 a maximum permissible dosage (약, 방사능의).
최루(催淚) ‖ ～가스 tear gas / ～탄 a tear bomb; a lachrymatory shell.
최면(催眠) hypnosis. ¶ ～을 걸다 hypnotize《*a person*》/ 자기 ～ self-hypnotism. ‖ ～상태 a hypnotic state; hypnotism / ～술 hypnotism / ～술사 a hypnotist / ～요법 a hypnotic treatment〔cure〕; hypnotherapy.
최상(最上) ¶ ～의 the best; the finest; the highest《*quality*》; supreme; superlative / 이것이 우리가 할 수 있는 ～의 것이라 생각한다 I don't think we could do better. / ～의 방법은 선생님의 조언을 구하는 것이다 The best way is to consult your teacher. ‖ ～급 〖文〗 the superlative degree / ～품 an article of the best quality.
최상층(最上層) the uppermost lay-

er〔stratum, stories〕.

최선(最善) the best; the highest good. ¶ ~의 노력 the utmost effort / ~을 다하다 do *one's* best.

최성기(最盛期) the golden age〔days〕; the peak period; the prime; 《한창 때》 the best time; the season. ¶고딕 미술은 13세기에 그 ~를 맞았다 Gothic art reached its zenith in the 13th century.

최소(最小) the smallest; the minimum. ¶ ~의 the minimum; the smallest; the least. ‖ ~공배수 〖數〗 the least common multiple(생략 L.C.M.) / ~공분모 〖數〗 the least common denominator (생략 L.C.D.) / ~한(도) the〔a〕 minimum(비용을 ~한으로 줄이다 reduce the expenses to the minimum).

최소(最少) ¶ ~의 the least; the fewest / ~의 시간밖에 남지 않았다 We have the least time left. ‖ ~량 the minimum quantity.

최신(最新) ¶ ~의 the newest; the latest; up-to-date / ~ 기술 the newest technology / ~ 유행의 of the latest fashion / ~ 뉴스가 방금 들어왔다 The latest news has just arrived. ‖ ~형〔식〕 the latest〔newest〕 model〔type〕 《*of a machine*》(~형 차 the latest model car).

최악(最惡) ¶ ~의 (the) worst / ~의 경우에는 at the worst / ~의 경우를 대비하다 prepare〔provide〕 for the worst.

최우수(最優秀) ¶ ~의 (the) most excellent; superior; first-rate. ‖ ~상 the first prize / ~선수 the most valuable player 《*of the year*》 / ~품 a choice(st) article; A1 goods. 「(medicine)

최음제(催淫劑) an aphrodisiac

최장(最長) ¶ ~의 the longest. ‖ ~거리 the greatest distance.

최저(最低) ¶ ~의 the lowest; the lowermost; (the) minimum / ~로 견적하다 give the lowest possible estimate; estimate 《*a repair job*》 at 《₩*20,000*》 at the minimum. ‖ ~가격 the lowest price / ~생활 the minimum standard of living / ~생활비 the minimum cost of living / ~임금 the minimum wages / ~임금제 the minimum wage system / ~필요조건 the minimum requirements.

최적(最適) ¶ ~의 the most suitable〔suited〕; ideal; the fittest / 여기가 낚시하기에는 ~의 장소다 This is the most suitable place for fishing. ‖ ~온도 the optimum temperature / ~조건 〖生〗 the optimum (conditions).

최전선(最前線) the front; the first line.

최종(最終) ¶ ~의 the last; the final; the closing; ultimate. ‖ ~결과 an end result / ~결정(안) the final decision〔program, plan〕 / ~기한 the deadline / ~열차 the last train.

최초(最初) the first; the beginning. ¶ ~의 the first; the original 《*purpose*》; the initial 《*stages*》; the opening 《*games*》 / ~에 in the first place; (at) first; at the start; originally / ~의 2년간 the first two years / 그녀가 ~에 왔다 She came first. *or* She was the first to come.

최하(最下) ¶ ~의 the lowest; the worst(최악의). ‖ ~급 the lowest grade / ~등 the lowest class〔grade, stratum〕 / ~위 the lowest rank / ~품 an article of the worst〔lowest〕 quality.

최혜국(最惠國) a most favored nation. ‖ ~대우 most-favored-nation treatment (~대우를 하다 treat 《*Korea*》 as a most favored nation) / ~조항 the most-favored-nation clause.

최후(最後) ① 《맨 뒤》 the last; the end. ¶ ~의 last; final; ultimate / ~로 last(ly); finally; in conclusion(결론적으로); in the end(결국); at last(기어이) / ~의 한 사람까지 to the last man / ~까지 싸우다 fight it out; fight to a finish / ~의 승리 the final〔ultimate〕 victory / ~의 점검 a last-minute checkup / ~의 저항 (a) last-ditch resistance / ~의 승리를 얻다 win in the long run. ② 《끝장》 *one's* last moment; *one's* end〔death〕. ¶ ~의 말 *one's* dying words / 비참한 ~를 마치다 meet〔die〕 a tragic end; die a sad death.

최후수단(最後手段) the last resort〔resource〕. ¶ ~을 취하다 take the ultimate step; resort to a drastic measure.

최후통첩(最後通牒) an ultimatum. ¶ ~을 보내다 send〔deliver〕 an ultimatum.

추(錘) 《저울의》 a weight; 《낚싯줄의》 a bob; a sinker; 《먹줄의》 a plumb; 《시계의》 a bob. ¶ ~를 달다 weight 《*a thing*》.

추가(追加) an addition; supplement. ~하다 add 《*A to B*》; supplement. ¶ ~의 additional; supplementary / 1인분 식사를 ~하다 order a dish for one more person. ‖ ~비용 additional expenses / ~시험 a supplementary examination / ~예산 a supplementary budget / ～요금 additional charges; an additional fee / ～주문 an additional order.

추격(追擊) pursuit; a chase. ～하다 pursue; chase; give chase to《*an enemy*》. ‖ ～기 a pursuit plane / ～전 a running fight.

추경(秋耕) ☞ 가을갈이.

추경예산(追更豫算) (the) supplementary〔extra〕budget.

추계(秋季) autumn; fall. ‖ ～운동회 an autumn athletic meeting.

추계(推計) estimation. ～하다 estimate. ‖ ～학 inductive statistics; stochastics.

추곡(秋穀) autumn-harvested grains〔rice〕. ‖ ～수매(가격) the government purchase〔buying〕(price) of rice.

추구(追求) pursuit. ～하다 pursue; seek after. ¶ 행복의 ～ the pursuit of happiness / 이윤을 ～하다 pursue profits.

추구(追究) ～하다 inquire《*a matter*》closely; investigate《*a matter*》thoroughly. ¶ 진리를 ～하다 inquire into truth.

추궁(追窮) ～하다 press《*a person*》hard《*for an answer*》; question《*a person*》; investigate; check up on. ¶ 사고의 원인을 ～하다 investigate the cause of an accident / 그의 책임을 엄하게 ～하다 severely criticize him for his irresponsibility / 그는 그녀의 과거를 ～하려 했다 He tried to check up on her past.

추근추근 persistently; doggedly; 《귀찮게》importunately. ¶ ～한 persistent; tenacious; importunate; inquisitive / ～ 조르다 ask《*a person*》importunately《*for*》/ 그렇게 ～ 캐묻지 마라 Don't be so inquisitive.

추기(追記) 《추신》a postscript(생략 P.S.); an addendum. ～하다 add a postscript《*to*》; add《*to*》.

추기경(樞機卿) a cardinal. ‖ ～회의 the consistory.

추기다 ☞ 부추기다.

추남(醜男) a bad-looking〔an ugly〕man.

추녀(醜女) a homely〔an ugly〕woman.

추념(追念) ～하다 cherish the memory for the deceased. ‖ ～사 a memorial address〔tribute〕.

추다 《춤을》dance.

추단(推斷) 《추론》inference; deduction; 《판단·처벌》judgment; meting out punishment. ～하다 infer《*from*》; deduce《*from*》; render judgment on; mete out punishment《*for*》.

추대(推戴) ～하다 have《*a person as the president of*》; set up《*a person as chairman*》; have《*a person*》over《*a society*》; be presided by.

추도(追悼) mourning. ～하다 mourn《*for the dead*》; lament《*over, for a person's death*》. ‖ ～가(歌) a dirge / ～사 a memorial address / ～식 a memorial service〔ceremony〕.

추돌(追突) a rear-end collision. ～하다 collide with〔run into〕《*a car*》from behind; strike the rear of《*a car*》.

추락(墜落) a fall; a crash(비행기의). ～하다 fall; drop; crash; plunge. ¶ 지면에 거꾸로 ～하다 fall to the ground head over heels. ‖ ～사 death from a fall.

추레하다 (be) shabby; dirty; untidy; slovenly.

추려내다 pick〔single, sort〕out; weed out.

추렴《갹금》collection of money; 《각자 부담》a Dutch treat; going Dutch. ～하다 collect〔raise〕money; pool; contribute jointly; each contributes *his* own share; 《비용 부담》share the expenses《*with*》; split cost. ¶ 소풍 가는 비용을 ～하다 pool the expenses for a picnic / 술～ a drinking party that goes Dutch.

추록(追錄) a supplement; an addition. ～하다 add; supplement.

추론(推論) reasoning; inference. ～하다 reason; infer《*from*》. ¶ 그의 ～은 약간 무리가 있는 것 같다 His reasoning seems a little unnatural. ‖ ～식(式)〖論〗syllogism.

추리(推理) reasoning; inference. ～하다 reason; infer《*from*》. ¶ ～의 과정 a reasoning process / 귀납〔연역〕～ inductive〔deductive〕inference. ‖ ～력 reasoning powers / ～소설 a detective〔mystery〕story / ～작가 a mystery writer.

추리다 pick (out); choose; select; assort. ¶ 다 추리고 난 나머지 the leftovers after all the best things have been picked out.

추맥(秋麥) autumn-sown barley.

추명(醜名) an ill name; bad repute.

추모(追慕) ～하다 cherish《*a person's*》memory. ¶ 선친을 ～하다 cherish the memory of *one's* late father.

추문(醜聞) a scandal; ill fame. ¶ ～이 돌다 a scandal gets around.

추물(醜物) 《물건》an ugly〔a dirty〕object; 《사람》an ugly person(못생긴); a dirty〔filthy〕fellow(더러운).

추밀원(樞密院) the Privy Council.

추방(追放) expulsion; deportation; banishment; ouster《美》; purge

(공직에서). ~하다 expel; banish; deport; exile; 《공직에서》 purge. ¶ 국외로 ~하다 banish〔deport, expel〕《*a person*》 from the country / 공직 ~ a purge from public service. ‖ ~령 a deportation order; an expulsion decree / ~자 an exile(국외로의); a purgee (공직에서의) / 국외~ deportation.

추분(秋分) the autumnal equinox.

추비(追肥) additional fertilizer.

추산(推算) calculation; estimate (어림). ~하다 estimate; calculate. ¶ 2만으로 ~되다 be estimated at 20,000.

추상(抽象) abstraction. ~하다 abstract 《*from*》. ¶ ~적(으로) abstract(ly). ‖ ~론 an abstract argument〔opinion〕(~론에 빠지다 fall into an abstract argument) / ~명사 an abstract noun / ~예술 abstract art / ~파 abstractionism / ~화 an abstract painting.

추상(秋霜) ① 《가을 서리》 autumn frost(s). ② 《비유적》 sternness. ¶ ~ 같은 severe; rigorous; stern.

추상(追想) retrospection; recollection; reminiscence. ~하다 recollect; look over; recall. ‖ ~록(錄) reminiscences.

추상(推想) ~하다 guess; conjecture; infer 《*from*》; imagine.

추색(秋色) autumnal scenery 〔tints〕; a sign of autumn.

추서(追書) a postscript(생략 P.S.).

추서(追敍) ~하다 give posthumous honors on 《*a person*》.

추서다 《회복》 get well again; recover (from illness).

추석(秋夕) Harvest Moon Festival 〔Day〕; *Chuseok*, the Korean Thanksgiving Day. ‖ ~성묘 a visit to *one's* ancestral graves on the occasion of *Chuseok*.

추세(趨勢) a tendency; a drift; a trend; a current. ¶ 증가 ~에 있다 be on the increasing trend / 시대의 ~에 따르다〔역행하다〕 go with〔against〕 the current / 시대의 ~에 역행하려 해도 헛수고다 It is no use trying to resist the trend〔tendency〕 of the times.

추수(秋收) a harvest. ~하다 harvest. ‖ ~감사절 Thanksgiving Day.

추스르다 《매만지다》 pick and trim; 《일 따위를》 set in order; put into shape; straighten up〔out〕. ¶ 짚을 ~ pick straws and trim them / 일을 ~ straighten matters out.

추신(追伸) a postscript(생략 P.S.).

추심(推尋) collection. ~하다 collect. ¶ 수표를 ~에 돌리다 put a check through for collection. ‖ ~료 collection charge / ~어음 a collection bill / ~위임배서 endorsement for collection / ~은행 a collection bank.

추썩거리다 keep shrugging〔raising〕 《*one's shoulders*》; keep pulling up 《*one's coat*》.

추악(醜惡) ~하다 《얼굴 따위가》 (be) ugly; unsightly; abominable; mean; hideous; disgusting.

추앙(推仰) ~하다 adore; worship; revere; look up to. ¶ ~받다 be held in high esteem.

추어올리다 ① 《위로》 pull up; lift up; hoist. ② ☞ 추어주다.

추어주다 praise; applaud; extol; compliment; sing the praise 《*of*》.

추어탕(鰍魚湯) loach soup.

추억(追憶) remembrance; recollection; memory; reminiscence. ~하다 recollect; reminisce 《*about*》; look back upon; recall. ¶ 즐거운 ~ pleasant memories / ~을 더듬다 recall〔recollect〕 the past / ~에 잠기다 indulge〔be lost〕 in retrospection.

추워하다 feel cold; be sensitive to the cold; complain of the cold.

추월(追越) ~하다 pass; overtake; outstrip; get ahead of. ¶ 내 차는 트럭을 ~했다 My car got ahead of a truck. ‖ ~금지 《게시》 No Passing / ~금지 구역 a no-passing zone / ~(차)선 a passing lane; an overtaking lane 《英》.

추위 cold(ness). ¶ 심한 ~ intense 〔bitter〕 cold / 살을 에는 듯한 ~ biting〔piercing〕 cold / ~를 타다 be sensitive to the cold / ~를 참다 stand〔bear〕 the cold / ~를 막다 keep out〔off〕 the cold.

추이(推移) (a) change; (a) transition; (a) shift. ~하다 change; undergo a change; shift. ¶ 시대의 ~와 함께 with the change of the times / 사태의 ~를 지켜보자 We'll see how things change.

추인(追認) confirmation; ratification. ~하다 ratify; confirm 《*a telegraphic order*》. ‖ ~자 a ratifier; a confirmor.

추잡(醜雜) ~하다 (be) filthy; foul; indecent; obscene. ¶ ~한 말 a foul〔filthy〕 talk.

추장(酋長) a chieftain; a chief.

추장(推奬) recommendation.

추저분하다(醜—) (be) dirty; messy.

추적(追跡) chase; pursuit; tracking. ~하다 chase; pursue; give chase 《*to*》; run after. ¶ ~중이다 be in pursuit〔chase〕 of; be on the track of 《*a criminal*》. ‖ ~기지 《인공위성 등에 대한》 a tracking station / ~자 a pursuer; a chaser / ~장치 a tracking device / ～조사 a follow-up〔tracing〕 survey(～조사를 하다 conduct a follow-up survey《*of*》).

추접스럽다 (be) dirty; mean; sordid; low-down. ¶ 추접스럽게 굴다 behave in a mean〔low-down〕 fashion.

추정(推定) (a) presumption; (an) inference; (an) estimation. ～하다 presume; infer; assume; estimate. ¶ 피해 총액은 약 5억원에 이를 것으로 ～된다 The sum total of damage is estimated to be about five hundred million *won*. / 그것은 단순한 ～에 지나지 않는다 It's a mere presumption. ‖ ～가격 the estimated〔presumed〕 value《*of an article*》/ ～량 an estimated volume / ～상속인 an heir presumptive / ～연령 the estimated〔probable〕 age.

추종(追從) ～하다 follow; follow suit; be servile to. ¶ ～을 불허하다 have no equal〔parallel, second〕; be second to none; be unrivaled.

추증(追贈) ～하다 confer〔give〕 honors posthumously.

추진(推進) propulsion. ～하다 propel; drive〔push〕 forward;《촉진하다》step up; promote. ¶ 자연보호 운동을 ～하다 promote a conservation movement. ‖ ～기 a propeller; a screw(배의) / ～력 the driving force; propulsive energy / ～모체 a nucleus / ～용 연료 propellant.

추징(追徵) ～하다 make an additional collection《*of*》;《벌로서》fine; impose a penalty《*of $ 100*》on《*a person*》. ¶ 그녀는 200만원의 소득세를 ～당했다 She was charged an additional two million *won* for income tax. ‖ ～금 money collected in addition / ～세 a penalty tax.

추천(推薦) recommendation. ～하다 recommend《*for, as*》; nominate《*for, as*》(지명); propose; say〔put in〕 a good word for《*a person*》. ¶ 적극적으로 ～하다 give *one's* hearty recommendation《*to*》/ …의 ～으로 by〔through〕 the recommendation of… / 김 교수님이 이 책을 ～해 주셨다 Professor Kim recommended this book to me. ‖ ～자 a recommender; a proposer; a nominator / ～장 a letter of recommendation / ～후보 a recommended candidate.

추첨(抽籤) drawing; lots; a lottery. ～하다 draw lots; hold a lottery. ¶ ～으로 결정하다 decide by lot / ～에 뽑히다 win a prize in a lottery. ‖ ～권 a lottery ticket.

추축(樞軸)《중추》a pivot; an axis;《중심》a central point; the center (of power). ‖ ～국〖史〗the Axis powers.

추출(抽出) abstraction;〖化〗extraction. ～하다 draw; abstract; extract. ‖ ～물 an extract; an extraction / 임의～법 a random sampling method.

추측(推測) (a) guess; conjecture. ～하다 guess; suppose; conjecture. ¶ ～대로 as conjectured〔supposed〕/ ～이 맞다〔어긋나다〕 guess right〔wrong〕. ‖ ～기사 a speculative news story〔article〕.

추켜들다 raise; lift; hold up.

추켜잡다 lift (up); hold up.

추태(醜態) disgraceful behavior; an unseemly sight. ¶ ～를 부리다 behave *oneself* disgracefully; make a scene; cut a sorry figure / ～를 드러내다 make a spectacle of *oneself*.

추파(秋波) an amorous glance; an ogle. ¶ ～를 던지다 cast an amorous glance at; make (sheep's) eyes at; wink〔ogle〕《*at a girl*》.

추하다(醜―) ①《못생김》(be) ugly; bad-looking; ill-favored. ②《더러움》(be) dirty; filthy; unseemly, indecent, obscene(추잡);《수치스러움》(be) ignominious. ③《비루》(be) mean; base; sordid; dirty《美》. ¶ (마음이) 추한 사람 a mean-spirited person.

추해당(秋海棠)〖植〗a begonia.

추행(醜行) disgraceful〔scandalous〕 conduct; misconduct; immoral relations(남녀간의).

추호(秋毫) ¶ ～도《not》in the least;《not》at all;《not》a bit;《not》in the slightest degree / 남을 해칠 생각은 ～도 없다 I don't have the slightest intention to harm others.

추후(追後) ¶ ～에 later on; afterwards; by and by / ～ 통고가 있을 때까지 until further notice.

축(丑) the zodiacal sign of the ox. ¶ ～년〔시〕 the Year〔Hour〕 of the Ox.

축(軸)《굴대》an axis; an axle(차의); a pivot(선회축); a shaft(기계의). ¶ 지～ the earth's axis / 댄서는 발뒤꿈치를 ～으로 해서 한 바퀴 돌았다 The dancer pivoted sharply on her heel.

축[1]《무리》a group; a company; a circle; a party.

축[2]《맥없이》sluggishly; languidly; droopingly. ¶ ～ 늘어지다 dangle; hang.

축가(祝歌) a festive song. ¶ 결혼～ a nuptial song.

축객(逐客) ¶ 문전 ～하다 refuse to see; turn 《*a person*》 away.

축구(蹴球) soccer; (association) football 《英》. ‖ ～경기 a soccer〔football〕game / ～계 the world of soccer〔football〕/ ～공 a soccer ball / ～선수〔팀〕a soccer〔football〕player〔team〕/ ～장 a soccer〔football〕field〔ground〕/ 국제～연맹 the Fédération Internationale de Football Association(생략 FIFA) / 대한～협회 the Korea Football Association / 2002년(도) 월드컵～ the 2002 World Cup Soccer.

축나다(縮—) 《물건이》 lessen; decrease; suffer a deficit〔loss〕; 《몸이》 become〔get〕lean〔thin〕; lose weight〔flesh〕.

축내다(縮—) reduce a sum by 《*a certain amount*》; spend part of a sum; take a bit of a sum.

축농증(蓄膿症) 〖醫〗 empyema.

축대(築臺) a terrace; an elevation; 《erect》 an embankment. ¶ 위험한 ～ an embankment in dangerous conditions.

축도(縮圖) a reduced-size drawing; an epitome; a miniature copy. ¶ 인생의 ～ an epitome of life /사회의 ～ society in miniature. ‖ ～기 a pantograph; an eidograph.

축도(祝禱) a benediction〔blessing〕. ¶ ～를 하다 give the benediction.

축문(祝文) a written prayer (offered at ancestor memorial service).

축배(祝杯) a toast. ¶ ～를 들다 drink a toast 《*for, to*》; drink in celebration 《*of*》; toast.

축복(祝福) a blessing. ～하다 bless. ¶ ～받은 blessed.

축사(畜舍) a stall; a cattle shed.

축사(祝辭) a congratulatory address; greetings. ¶ 결혼 ～ wedding congratulations / ～를 하다 deliver a congratulatory address 《*at a ceremony*》; offer〔extend〕*one's* congratulations 《*to a person*》.

축사(縮寫) ～하다 draw on a smaller scale; make a reduced copy. ‖ ～도 a reduced drawing.

축산(畜産) livestock breeding〔raising〕; stockbreeding; 《축산업》 a livestock industry. ‖ ～공해 stockbreeding pollution / ～물 stock farm product / ～시험장 the Livestock Experiment Station / ～업자 a livestock raiser / ～진흥사업단〔심의회〕the Livestock Industry Promotion Corporation〔Council〕/ ～학 animal husbandry.

축성(築城) castle construction〔building〕. ～하다 construct a castle; fortify 《*a hill*》.

축소(縮少·縮小) (a) reduction; a cut; (a) curtailment. ～하다 reduce; cut〔scale〕down; curtail. ¶ 군비～ reduction of armaments / 군비를 ～하다 reduce〔cut (down)〕armaments / 나는 불경기 때문에 사업을 ～해야 했다 I had to make cutbacks in my business because of the depression.

축쇄(縮刷) ～하다 print in reduced size. ‖ ～판 a reduced-〔smaller-〕size edition.

축수(祝手) ～하다 pray with *one's* hands pressed together.

축수(祝壽) ～하다 wish 《*a person*》 a long life.

축어(逐語) ¶ ～적(으로) word for word; verbatim; literal(ly). ‖ ～역 a literal〔word-for-word〕translation.

축연(祝宴) a feast; a banquet. ¶ ～을 베풀다 give a feast in honor of 《*a person*》; hold a banquet in celebration of 《*an event*》.

축우(畜牛) a domestic cow〔ox〕; cattle(총칭).

축원(祝願) (a) prayer; (a) wish. ～하다 pray for; supplicate; wish. ‖ ～문 a written prayer.

축음기(蓄音機) a gramophone; a phonograph 《美》. ¶ ～를 틀다 play a phonograph.

축의(祝意) congratulations(사람에 대한); celebration(일에 대한). ¶ ～를 표하다 express *one's* congratulations 《*on*》; congratulate 《*a person on*》 / …에 ～를 표하여 in honor of 《*a person*》; in celebration of 《*an event*》.

축이다 wet; moisten; dampen; damp. ¶ 목을 ～ moisten *one's* throat / 수건을 ～ wet〔damp〕a towel.

축일(祝日) a public holiday; a festival.

축재(蓄財) 《행위》 accumulation of wealth; 《모은 재산》 accumulated wealth. ～하다 amass〔accumulate〕wealth. ‖ ～자 a moneymaker / 부정～자 an illicit fortune maker.

축적(蓄積) accumulation; storage; hoard. ～하다 accumulate〔amass〕《*wealth*》; store (up) 《*energy*》; hoard (up). ¶ 부〔자본〕의 ～ accumulation of wealth〔capital〕/ 장기간에 걸친 농약의 체내 ～ a long-term accumulation〔build-up〕of agricultural chemicals in the body.

축전(祝典) 《hold》 a celebration; a festival. ¶ 기념 ～ a commemorative festival.

축전(祝電) 《send》 a congratulato-

ry telegram 《*to*》. 「denser.
축전기(蓄電器) an electric con-
축전지(蓄電池) a storage battery.
축제(祝祭) a festival; a fête; a gala. ¶ ～를 열다 hold a festival / ～ 기분이다 be in a festive mood. ‖ ～일 a festival (day); a gala 〔fête〕 day.
축제(築堤) embankment; banking. ～하다 embank 《*a river*》; construct an embankment. ‖ ～공사 embankment works.
축조(逐條) ¶ ～ 심의하다 discuss 《*a bill*》 article by article.
축조(築造) building; construction. ～하다 build; construct; erect.
축지다(縮―) ①《사람 가치가》 discredit *oneself;* fall into discredit; bring discredit on *oneself.* ②《몸이》 become weaker; get 〔grow〕 thin; get run-down.
축척(縮尺) a (reduced) scale. ¶ ～ 천 분의 일의 지도 a map on the scale of one to one thousand.
축첩(蓄妾) ～하다 keep a concubine. 「ing down.
축축《늘어진 모양》drooping; hang-
축축하다 (be) damp(ish); moist; wet; humid. ¶ 축축한 땅 moist ground / 축축한 옷 wet clothes / 축축한 날씨 damp weather.
축출(逐出) expulsion. ～하다 drive 〔turn, send〕 out; expel; oust(지위에서); 《퇴거》 eject; 《해고》 fire. ¶ ～당하다 get driven 〔kicked〕 out; be expelled / 당에서 ～하다 oust 〔expel〕 《*a person*》 from the party.
축포(祝砲) a cannon salute; a salute (of guns). ¶ 21발의 ～를 쏘다 give 〔fire〕 a twenty-one gun salute.
축하(祝賀) congratulations; (a) celebration; *one's* good wishes. ～하다 congratulate 《*a person on*》; celebrate 《*Xmas*》. ¶ ～의 말씀 congratulatory remarks; congratulations / …을 ～하여 in celebration of / ～ 인사를 하다 offer congratulations. ‖ ～객 a congratulator / ～선물 a congratulatory gift / ～연 《hold》 a celebration; 《hold》 a congratulatory banquet / ～퍼레이드 a celebration parade.
축항(築港) ～하다 construct a harbor. ‖ ～공사 harbor works.
춘경(春耕) spring plowing.
춘경(春景) spring scenery.
춘계(春季) spring(time); spring season. ¶ ～운동회 a spring athletic meet. 「spring fever.
춘곤(春困) the lassitude of spring;
춘궁(春宮) the Crown Prince.
춘궁기(春窮期) 《보릿고개》 the spring lean 〔food-short〕 season.
춘기발동기(春機發動期) (the age of) puberty 〔adolescence〕.
춘몽(春夢) spring dreams; visionary fancies; a springtime fantasy. ¶ 인생은 일장 ～이다 Life is but an empty dream.
춘부장(春府丈) your august father.
춘분(春分) the vernal equinox.
춘사(椿事) an accident; a disaster; a tragedy (비극).
춘삼월(春三月) March of the lunar month. ¶ ～ 호시절 the pleasant days of spring.
춘색(春色) spring scenery.
춘설(春雪) spring snow.
춘신(春信) signs of spring; news of flowers(화신).
춘양(春陽) 《햇빛》 spring sunshine; 《철》 the spring season. 「worms.
춘잠(春蠶) a spring breed of silk
춘정(春情) sexual 〔carnal〕 desire 〔passion〕. ¶ ～을 느끼다 be seized with low passions; feel the sex urge.
춘추(春秋) 《봄과 가을》 spring and autumn; 《연령》 age; years. ¶ ～ 80의 노인 a man of eighty winters. ‖ ～복 a suit for spring 〔autumn〕 wear; spring-and-autumn wear.
춘풍(春風) the spring breeze.
춘하(春夏) ¶ ～추동 the four seasons; all the year round; throughout the year.
춘화도(春畫圖) an obscene picture; pornography.
춘흥(春興) the delights of spring.
출가(出家) ～하다 leave home(집을 떠나가다); become a priest(승려가 되다).
출가(出嫁) ～하다 be 〔get〕 married to (a man). ¶ 딸을 ～시키다 marry *one's* daughter off; get a daughter married.
출간(出刊) ☞ 출판.
출감(出監) release from prison. ～하다 be set free; be released 〔discharged〕 from prison. ‖ ～자 a released convict.
출강(出講) ～하다 (give a) lecture 《*at*》; teach 《*at*》; be a part-time teacher 《*at*》.
출격(出擊) a sally; a sortie. ～하다 sally forth; make a sortie. ¶ 100회의 ～ 기록을 보유하다 have a record of 100 sorties.
출고(出庫) delivery of goods from a warehouse. ～하다 take 《*goods*》 out of warehouse. ¶ 갓 ～된 소주 *soju* fresh from the brewery. ‖ ～가격 a factory 〔store〕 price / ～지시 a delivery order.
출구(出口) a way out; an exit; an outlet; a gateway.
출국(出國) ～하다 depart from the

country; leave the country. ‖ ～허가서 an exit〔a departure〕permit.

출근(出勤) attendance (at work). ～하다 go〔come〕to work〔the office〕; go on duty. ¶ ～해 있다 be at work; be present / ～이 늦다 be late for the office / 사원은 9시에 ～하도록 되어 있다 Workers are expected to come to their office at 9:00 am. / 그는 아직 ～하지 않았다 He is not at the office yet. ‖ ～부 an attendance book / ～시간 the hour for going to work; the office-going hour.

출금(出金) 《지불》 payment; 《출자》 (an) investment. ～하다 pay; invest. ‖ ～전표 a paying-out slip.

출납(出納) receipts and disbursements. ‖ ～계원 a cashier; 《은행의》 a teller / ～부 a cashbook; an account book / ～책임자 a chief accountant.

출동(出動) 《동원》 mobilization; 《파견》 dispatch. ～하다 be mobilized; be sent; be called out; put to sea(함대가). ¶ 기동대를 ～시키다 mobilize the riot police / 미국은 제7함대를 인도양에 ～시켰다 The United States moved the Seventh Fleet to the Indian Ocean. ‖ ～명령 an order for moving〔turning out〕/ ～준비 readiness to move.

출두(出頭) an appearance. ～하다 appear to; present *oneself* at; report (*oneself*) to. ¶ 몸소 ～하다 appear in person / 법정에 ～를 요구받다 be ordered to appear in court / 자진〔임의〕～ 형식으로 in the form of voluntary appearance. ‖ ～명령 a summons.

출렁거리다 surge; roll; wave; undulate.

출력(出力) generating power; output. ¶ ～ 200마력의 엔진 a motor that has a capacity of 200 hp / 이 엔진의 ～은 600마력이다 This is a 600 horsepower engine.

출루(出壘) ～하다 〖野〗 go〔get〕to first base. ¶ ～해 있다 be on 《*first*》 base.

출마(出馬) ～하다 put *oneself* as a candidate; run〔stand 《英》〕for 《*election*》.

출몰(出沒) ～하다 make frequent appearance; frequent; haunt.

출발(出發) a start; departure. ～하다 start〔depart〕《*from*》; set out 《*from*》; leave 《*Seoul*》; leave 《*for*》; set out 《*for*》; start 《*for*》; embark 《*for*》(배로).

출범(出帆) sailing. ～하다 (set) sail 《*for*》; sail away; leave 《*for*》.

출병(出兵) ～하다 send〔dispatch〕troops 《*to*》; send an expeditionary force.

출비(出費) expenses; expenditure; 《make》 a outlay 《*for*》.

출사(出仕) ～하다 go into government service.

출산(出産) a birth; childbirth; delivery. ～하다 give birth 《*to*》; be delivered 《*of*》; have a baby. ¶ 그녀는 사내애를 ～했다 She gave birth to a baby boy. ‖ ～예정일 the expected date of birth / ～율 the birth rate / ～휴가 maternity leave.

출생(出生) birth. ～하다 be born. ¶ ～의 비밀을 캐다 spy out the secret of 《*a person's*》 birth. ‖ ～률 the birth rate / ～신고 the report〔register〕of a birth / ～지 *one's* birthplace.

출석(出席) attendance; presence. ～하다 attend; be present at. ¶ ～을 부르다 call the roll〔names〕. ‖ ～부 a roll book / ～자 a person present; an attendance; those present(총칭).

출세(出世) success in life. ～하다 rise in the world; succeed (in life); attain distinction; be promoted. ¶ ～한 사람 a successful man / 입신 ～ advancement in life / 그는 ～가 빨랐다 《회사 등에서》 He won quick promotion. / 그는 꼭 ～할 것이다 He is bound to succeed in life. *or* I'm sure he'll get on in life. ‖ ～작 the work which has made the author famous.

출신(出身) ¶ 대학～자 a university graduate / …의 ～이다 be a graduate of 《*a university*》; come from 《*Masan*》 / 우리 사장은 농가 ～이다 The president of our company comes from a peasant family. ‖ ～교 *one's* alma mater / ～지 *one's* birthplace; *one's* home town.

출애굽기(出―記) 〖聖〗 The Book of Exodus; Exodus(생략 Exod.).

출어(出漁) ～하다 go〔sail〕out fishing. ‖ ～구역 a fishing area / ～권 the fishing right.

출연(出捐) ～하다 donate; contribute. ‖ ～금 a donation; a contribution.

출연(出演) *one's* appearance 《*on the stage*》; *one's* performance. ～하다 appear on the stage; play; perform. ¶ 처음으로 ～하다 make *one's* debut 《*on the stage*》 / 그녀는 지난 주 TV 토크쇼에 ～했다 She appeared on a TV talk show last week. ‖ ～계약 (a) booking / ～료 a performance fee / ～자 a performer.

출영(出迎) meeting; reception(영

접). ～하다 receive 《*a guest*》; meet 《*a person at the station*》; go〔come〕 out to meet. ¶ ～을 받다 be met 《*by*》 / 친구를 공항까지 ～하러 갔다 I went to the airport to meet〔see〕 my friend.

출옥(出獄) ～하다 be discharged 〔released〕 from prison; leave prison. ‖ ～자 a released convict.

출원(出願) (an) application. ～하다 apply〔make an application〕 《*to the government for an official sanction*》; file an application 《*with the Patent Office for a patent*》. ¶ ～수속은 끝났느냐 Have you already made an application? / 특허～중 《표시》 Patent applied for. ‖ ～기일 the deadline for application(s) / ～자 an applicant.

출입(出入) coming and going; entrance and exit. ～하다 go in and out; enter and leave; frequent(자주 가다). ¶ 자유롭게 ～하다 have free access to 《*a house*》 / ～하는 선박 incoming and outgoing vessels / 차량〔사람〕 ～이 많은 곳 a place with a lot of traffic〔people coming and going〕. ‖ ～구 an entrance; a doorway; a gateway / ～국 entry into, and departure from the country / ～국 관리국 the Immigration Bureau / ～금지 《게시》 No trespassing; Off limits; Keep out.

출자(出資) investment. ～하다 invest 《*money in*》; finance 《*an enterprise*》. ¶ 사업에 많은 돈을 ～하다 invest a lot of money in the enterprise. ‖ ～금 money invested; a capital / ～액 the amount of investment / ～자 an investor.

출장(出張) an official〔a business〕 trip. ～하다 make an official〔a business〕 trip; travel on business. ‖ ～소 an agency; a branch office / ～여비 a traveling allowance; travel expenses.

출장(出場) ～하다 appear; be present 《*at*》; 《참가》 participate 〔take part〕 《*in*》. ¶ 대회에의 ～을 취소하다 cancel *one's* entry for the contest. ‖ ～자 a participant; a contestant(컨테스트의); the entry(총칭) / ～정지 suspension.

출전(出典) the source. ¶ ～을 밝히다 give〔name, indicate〕 the source 《*of*》.

출전(出戰) ～하다 《출정》 depart for the front; 《참가》 participate〔take part〕 《*in*》; enter.

출정(出廷) ～하다 appear in 〔attend〕 court.

출정(出征) ～하다 depart for the front; go to the front. ‖ ～군인 a soldier in active service 《*at the front*》.

출제(出題) making questions 《*for an examination*》. ～하다 set 《*a person*》 a problem 《*in English*》; make questions 《*for an examination in English*》 out of 《*a textbook*》. ‖ ～경향 a tendency of questions / ～범위 a range of possible questions.

출중(出衆) ～하다 (be) uncommon; extraordinary; outstanding; distinguish *oneself* 《*in*》.

출찰(出札) issue of a ticket. ‖ ～계원 a ticket clerk 《美》; a booking clerk 《英》 / ～구 a ticket〔booking 《英》〕 window.

출처(出處) the source; the origin. ¶ 뉴스의 ～ the source of the news.

출초(出超) an excess of exports (over imports); an exports surplus. ¶ 50억 달러의 ～ an excess of exports amounting to five billion dollars.

출출하다 feel a bit hungry.

출타(出他) ～하다 leave the house 〔office〕; go out 《*on a visit*》. ¶ ～중에 in *one's* absence; while *one* is away〔out〕.

출토(出土) ～하다 be excavated 〔unearthed〕 《*at a site; from the ruin of...*》. ‖ ～지 the site〔location〕 at which 《*an artifact*》 was found; the find site / ～품 an excavated article.

출판(出版) publication; publishing. ～하다 publish; put〔bring〕 out 《*a book*》; issue. ¶ 그의 새로운 저서가 ～되었다 His new book is out. / 나는 그 책을 자비로 ～했다 I published the book at my own expense. ‖ ～계 the publishing world / ～기념회 a party in honor of the publication 《*of a person's book*》 / ～목록 a catalog of publication / ～물 a publication / ～사 a publisher; a publishing company / ～업 publishing business.

출품(出品) ～하다 exhibit; display; show; put on exhibition 〔display〕. ‖ ～목록 a catalog(ue) of exhibits / ～물 an exhibit.

출하(出荷) shipment; forwarding. ～하다 forward 《*goods*》; ship. ¶ 생선을 트럭으로 서울에 ～하다 ship fish by truck to Seoul. ‖ ～선(先) 《목적지》 the destination; 《수하인》 the consignee / ～자 a forwarder; a shipper.

출항(出航) ～하다 start on voyage; leave (port); set sail 《*from*》.

출항(出港) departure (from a

port). ～하다 leave port; set sail《*from*》; clear (a port). ¶ 악천후로 배는 ～할 수 없었다 Bad weather kept the boat in port. ‖ ～선 an outgoing vessel / ～절차 clearance formalities / ～정지 an embargo(～정지를 풀다 lift an embargo) / ～허가《get》 clearance for leaving port.

출현(出現) an appearance; an advent. ～하다 appear; make *one's* appearance; turn〔show〕up. ¶ 제트기의 ～ the advent of jet aircraft / 서울 빌딩가 상공에 비행접시가 ～했다 A flying saucer appeared above the buildings in Seoul.

출혈(出血) ①《피가 남》 bleeding; 〖醫〗 hemorrhage. ～하다 bleed; hemorrhage. ¶ ～ 과다로 from excessive bleeding / ～을 멈추게 하다 stop the bleeding / 내～ internal hemorrhage. ②《희생·결손》 sacrifices; deficit; loss. ¶ ～ 수주하다 take orders below cost〔at a sacrifice〕/ ～ (대)매출 a sacrifice〔below-cost〕 sale; a clearance sale / 새로운 사업을 하려면 얼마간의 ～은 각오해야 한다 We must be prepared for some losses to run a new business. ‖ ～경쟁《업계의》 a cutthroat competition / ～수출 a below-cost export; dumping.

출회(出廻) supply《*of goods*》; arrival on the market. ～하다 appear〔arrive〕 on the market. ¶ 요즈음은 감자의 ～기이다 The potato is in season.

춤[1]《무용》 dancing; a dance. ¶ ～추다 dance / ～을 잘 추다 be a good dancer. ‖ ～상대〔선생〕 a dancing partner〔master, mistress(여자)〕.

춤[2]《운두》 height.

춥다 (be) cold; chilly. ¶ 추운 날씨 cold weather; a freezing day / 추워 보이다 look cold / 추워지다 get〔grow〕 cold / 추워서 떨다 shiver with cold / 나이가 들수록 더 추워한다 be more sensitive to the cold as *one* grows older.

충(蟲) ① ☞ 벌레. ② ☞ 회충.

충격(衝擊) an impact; a shock. ¶ ～적인 뉴스 shocking news / 폭발의 ～ the shock〔impact〕 of the explosion / ～에 견디는 shock-resistant; shockproof《*watches*》/ ～을 받다 be shocked《*at*》/ ～을 주다 shock; give《*a person*》 a shock / 나는 그 소식에 ～을 받았다 I was shocked by the news. ‖ ～사(死) (a) death from shock / ～요법 shock therapy / ～파(波) a shock wave.

충견(忠犬) a faithful dog.

충고(忠告)《a piece of》 advice; admonition(간언); a warning(경고). ～하다 advise; warn; give warning. ¶ ～에 따르다 follow〔take〕《*a person's*》 advice / ～를 무시하다 take no notice of〔pay no heed to〕《*a person's*》 advice. ‖ ～자 an adviser.

충당(充當) appropriation. ～하다 allot《*money*》《*to*》; appropriate《*a sum of money for a purpose*》. ¶ 그 돈은 난민구제에 ～하여야 한다 The money should be alloted for the relief of the destitute.

충돌(衝突) a collision; a conflict; a clash. ～하다 collide〔conflict〕《*with*》; run〔bump〕《*against, into*》; clash《*with*》. ¶ 의견〔이해〕의 ～ a clash〔conflict〕 of views〔interests〕/ 이중〔삼중〕 ～ a double〔three-way〕 collision / 정면〔공중〕 ～ a head-on〔mid-air〕 collision.

충동(衝動) ①《의식》 (an) impulse; (an) impetus; a drive; an urge. ¶ 성적 ～ sexual urges / ～적인 impulsive / ～적으로 행동하다 act impulsively / ～을 억누르다 resist the impulse〔urge〕《*to do*》/ ～ 구매를 하다 buy *a thing* on impulse / ～에 이끌리다 be driven by an impulse / …하고 싶은 ～을 느끼다 feel the urge to《*do*》. ‖ ～구매 impulse buying. ②《교사·선동》 instigation; incitement. ～하다 instigate; set《*a person*》 on; spur on.

충만(充滿) ～하다 be full《*of*》; be filled〔replete〕《*with*》.

충복(忠僕) a faithful servant.

충분(充分) ～하다 (be) sufficient; enough; full; plenty; thorough. ¶ ～한 시간 plenty of time《*for*》/ ～히 enough; well; fully; thoroughly; sufficiently / 이 식사는 3인분으로 ～하다 This meal is enough for three.

충성(忠誠) loyalty; devotion; allegiance; fidelity. ¶ ～스러운 loyal; devoted; sincere; faithful / 여왕에게 ～을 맹세하다 make a pledge of allegiance to the Queen.

충신(忠臣) a loyal subject; a faithful retainer.

충실(充實) ～하다 (be) full; complete; substantial. ¶ 내용이 ～한 작품 a substantial work / ～한 생활을 하다 lead a full life / 그녀의 책은 내용이 ～하다 Her book is substantial〔rich in content〕.

충실(忠實) ～하다 (be) faithful; honest; devoted; true; loyal. ¶ ～한 하인 a faithful〔loyal〕 servant / ～히 faithfully; devotedly; truly; honestly.

충심(衷心) *one's* true heart. ¶ ～으로 from the bottom of *one's* heart; in *one's* heart; heartily; sincerely.

충언(忠言) good〔honest〕advice; counsel. ～하다 give good advice〔counsel〕; advise.

충원(充員) supplement of the personnel; recruitment(보충). ～하다 supplement the personnel; call up〔recruit〕personnel. ‖ ～계획 a levy plan.

충의(忠義) loyalty; fidelity.

충일(充溢) ～하다 overflow; be full《*of*》; be overflowing《*with*》.

충적(沖積)〖地〗¶ ～의 alluvial. ‖ ～기 the alluvial epoch.

충전(充電) charging. ～하다 charge《*a battery*》(with electricity); electrify. ‖ ～기 a charger.

충전(充塡) filling up. ～하다 fill〔plug〕up; stop (up); replenish. ¶ 충치를 금으로 ～하다 have *one's* tooth filled〔plugged〕with gold. ‖ ～물 fillers.

충절(忠節) loyalty; allegiance. ¶ ～을 다하다 serve with loyalty.

충정(衷情) *one's* true heart. ¶ ～을 털어놓다 open *one's* heart《*to*》.

충족(充足) ～하다 fill up; (be) sufficient; full; make up《*for*》. ¶ ～되지 않은 욕구 an unfilled desire / 욕망을 ～시키다 satisfy *one's* desire / 조건을 ～시키다 meet the requirements; satisfy the conditions.

충직(忠直) ¶ ～한 faithful; honest; upright; true.

충천(衝天) ～하다 rise〔soar〕high up to the sky; go sky-high. ¶ 의기가 ～하다 *one's* spirit soars (to the skies); be in high spirits.

충충하다 (be) dark; gloomy; somber; dusky; dim.

충치(蟲齒) a decayed tooth; a dental caries. ¶ ～가 생기다 get a decayed tooth; have a tooth decay.

충해(蟲害) insect pests; damage from insects. ¶ ～를 입다 be damaged by insects.

충혈(充血) congestion. ～하다 be congested《*with blood*》; be bloodshot(눈이). ¶ ～된 눈 bloodshot eyes.

충혼(忠魂) the loyal dead; a loyal soul. ‖ ～비 a monument dedicated to the loyal〔war〕dead.

충효(忠孝) loyalty and filial piety. ¶ ～의 길은 둘이 아니요 하나다 Loyalty and filial duty are one and the same.

췌액(膵液)〖動〗pancreatic juice.

췌언(贅言) superfluous words; pleonasm.

췌장(膵臟)〖解〗the pancreas. ‖ ～암〖醫〗cancer of the pancreas / ～염 pancreatitis / ～절개(술) pancreatotomy.

취객(醉客) a drunkard; a drunken man; a drunk.

취관(吹管) a blowpipe; a blast pipe.

취급(取扱)《사람 등의》treatment; dealing;《물건의》handling;《사무의》management. ～하다 treat; deal《*with*》(문제, 사람을); handle(물건을); manage(사무를); carry on. ¶ 어린애처럼 ～하다 treat《*a person*》like a child / (사람을) 공평히 ～하다 treat《*a person*》fairly; deal fairly with《*a person*》/ 사무를 ～하다 manage affairs; carry on〔conduct〕business / 소년 범죄 문제를 ～한 책 a book concerned〔dealing〕with the problems of juvenile delinquency / 유리 그릇을 조심해서 ～하다 handle glasses with care. ‖ ～소 an office; an agent / ～시간 service hour / ～요령 설명서 an instruction manual / ～인 an agent.

취기(醉氣) (signs of) intoxication; tipsiness. ¶ ～가 돌다 become〔get〕tipsy; get drunk.

취담(醉談) drunken words. ～하다 talk under the influence of liquor. ¶ ～이 진담이다 People tell the truth when they are drunk.

취득(取得) (an) acquisition. ～하다 acquire; obtain. ¶ 소유권을 ～하다 acquire the ownership《*of*》. ‖ ～가격 acquisition cost / ～물 an acquisition / ～세 the acquisition tax / ～시효 acquisitive prescription / ～자 an acquisitor / 부동산 ～세 the real property acquisition tax.

취락(聚落) a settlement; a community; a village; a colony.

취로(就勞) ～하다 find work; go to work. ‖ ～사업 a job-producing project / ～시간〔일수〕working hours〔days〕.

취미(趣味) (a) taste; an interest. ¶ 고상한〔세련된〕～ a noble〔refined〕taste / ～가 있는 tasteful; interesting / ～가 없는 tasteless; dry / ～를 갖다 take (an) interest《*in*》; have a taste《*for*》/ ～에 맞다 meet *one's* taste / 골동품〔독서, 우표 수집, 음악〕에 대한 ～ an interest in antiques〔reading, stamp collection, music〕/ 문학에 대한 ～ literary taste. ‖ ～생활 a dilettante('s) life.

취사(炊事) cooking; kitchen work. ～하다 cook; do (the) cooking. ‖ ～당번 the cook's duty; a kitchen police(병사의) / ～도구 cooking utensils / ～장 a kitchen.

취사(取捨) selection; sorting out. ¶ ~ 선택하다 choose; sort out; make *one's* choice / 너는 자유롭게 ~ 선택할 수 있다 You can have a free choice.
취생몽사(醉生夢死) ~하다 dream [drone] *one's* life away.
취소(取消) cancellation; retraction; annulment(계약 등의); withdrawal (철회). ~하다 cancel; take back; retract; withdraw; revoke 《*a command*》; 〖法〗 repeal. ¶ ~할 수 있는 revocable; retractable / ~할 수 없는 irrevocable; beyond recall [revoke] / 면허의 ~ the revocation of a license / 약속을 ~하다 withdraw *one's* promise / 주문 [예약]을 ~하다 cancel an order [a reservation] / 약혼을 ~하다 break off *one's* engagement / 그는 내 발언의 ~를 요구했다 He demanded that I should withdraw my words. / 그는 앞서 한 말을 ~했다 He took back his words. ‖ ~권 〖法〗 right of rescission; the right to rescind / ~명령 a countermand.
취안(醉眼) drunken eyes.
취약(脆弱) ~하다 (be) weak; fragile; frail. ‖ ~지역 [지점] 〖軍〗 a vulnerable area [point].
취업(就業) ~하다 begin [start, go to] work. ¶ ~ 중이다 be at work; be on duty / ~ 계약을 하다 sign on with a company. ‖ ~규칙 office [shop] regulations / ~률 the percentage of employment / ~시간 (the) working [business] hours / ~인구 the working population / ~일수 days worked.
취역(就役) ~하다 be commissioned; go [come] into commission [service]. ¶ 유럽 항로에 ~하다 go into service on the European line.
취음(取音) transliteration. ~하다 transliterate.
취임(就任) inauguration; assumption of office. ~하다 take office 《*as*》; be installed [inaugurated] 《*as*》. ¶ 대통령직에 ~하다 be inaugurated as President / ~을 수락하다 accept an appointment / ~ 선서를 하다 take the oath of office. ‖ ~식 an inauguration; an inaugural ceremony(대통령 ~식 날 《美》 Inauguration Day) / ~연설 an inaugural address.
취입(吹入) recording. ~하다 put 《*a song*》 on a record; have 《*one's song*》 recorded; make a record 《*of*》.
취재(取材) ~하다 collect [gather] (news) data [materials] 《*on, for*》; 《기자가》 cover 《*a meeting*》. ¶ 그녀는 그 사고를 ~하러 나갔다 She went out to cover the accident. ‖ ~경쟁 a competition in coverage / ~기자 a reporter; a legman 《美口》 / ~원(源) a news source / ~활동 coverage activities; legwork 《美口》.
취조(取調) ☞ 문초(問招).
취주(吹奏) ~하다 blow 《*the trumpet*》; play (on) 《*the flute*》. ‖ ~악 wind instrument music / ~악기 a wind instrument / ~악대 [악단] a brass band / ~자 a player.
취중(醉中) ¶ ~에 in a drunken state; under the influence of liquor. ‖ ~운전 drunken driving.
취지(趣旨) 《생각》 an opinion; an idea; 《목적》 an object; a purpose; an aim; 《뜻·요지》 a purport; the effect. ¶ 질문의 ~ the purport of a question / …이란 ~의 《letter》 to the effect that … / 그 ~를 그녀에게 전하겠다 I will tell her to that effect. / 이 운동의 ~를 설명하겠다 Let me explain the object of this movement. ‖ ~서 a prospectus.
취직(就職) getting employment; taking a job. ~하다 get [find] employment [work]; get a position [job]. ¶ ~의 기회 employment [job] opportunities / ~을 신청하다 apply for a position [job] / 그는 은행에 ~했다 He has got a position in the bank. / ~시켜 주다 find 《*a person*》 a job [position, place]. ‖ ~난 a job shortage; the difficulty of finding employment [getting a job] / ~률 an employment rate / ~시험 an employment examination / ~알선 job placement / ~자리 employment; a position; an opening / ~정보지 a job-placement journal [magazine] / ~처 *one's* place of employment [work] / ~활동 job hunting.
취침(就寢) ~하다 go to bed; retire (to bed, to rest). ¶ ~중 while (*one* is) asleep [sleeping]; in bed. ‖ ~나팔 taps / ~시각 bedtime; time to go to bed.
취태(醉態) drunkenness; drunken behavior. ¶ ~를 부리다 put on a drunken display.
취하(取下) withdrawal. ~하다 withdraw; drop. ¶ 소송을 ~하다 withdraw [drop] a legal case.
취하다(取一) ① 《채택》 adopt; take. ¶ 강경한 태도를 ~ assume [take] a firm attitude. ② 《선택하다》 prefer; choose; pick; take. ¶ 여럿 가운데서 하나를 ~ choose [pick] one out of many. ③ 《섭취하다》 take; have. ¶ 영양식을 ~

take nourishing food. ④《꾸다》 borrow; lend. ¶ 돈을 ~ borrow money.

취하다(醉一) ①《술에》 get drunk; become intoxicated〔tipsy〕. ¶ 취하여 under the influence of liquor〔drink〕/ 곤드레만드레 ~ be dead drunk / 거나하게 ~ be a bit tipsy. ②《중독》 be poisoned. ¶ 담배에 ~ become sick from smoking. ③《도취》 be intoxicated; be exalted. ¶ 성공에 ~ be elated〔intoxicated〕 with success.

취학(就學) ~하다 enter〔go to〕 school. ¶ ~시키다 put〔send〕《*a boy*》 to school. ‖ ~률 the percentage of school attendance / ~아동 a school child / ~연령 the school age / ~전 교육 preschool education / 미~아동 a preschool child.

취한(醉漢) a drunken fellow; a drunkard.

취항(就航) ~하다 enter service; go into commission. ¶ 유럽 항로에 ~하다 be put on the European line.

취향(趣向)《기호》 taste; liking; fondness;《경향》 bent. ¶ 예술가~의 사람 a man with an artistic bent / 옷에 대한 ~ *one's* taste in dress / ~에 맞다 suit〔be to〕 *one's* taste.

취흥(醉興) 《drunken》 merrymaking. ¶ ~을 돋우다 heighten the merriment; add life to the party / ~에 겨워 춤을 추다 dance in drunken delight.

…측(側) a side; a part. ¶ 양~ both sides / 유엔~ the UN side / 노동자~의 요구 the demands on the part of the workers.

측거의(測距儀) a range finder.

측근(側近) *one's* closest associates. ¶ ~에 around; near by; close to / 총리 ~ those close to the Premier / 대통령 ~ aides of the President; Presidential aides.

측량(測量) measurement;《토지의》 a survey;《물 깊이의》 sounding. ~하다 measure; survey; sound. ¶ 토지를 ~하다 survey an area of land / 토지 ~ land surveying / 사진 ~ a photo survey / 공중 ~ an aerial survey / 새로운 도로 건설을 위해 ~을 시작하다 start surveying for the construction of a new road. ‖ ~기계 surveying instruments / ~기사 a surveyor / ~도 a survey map / ~반 a surveying corps〔squad〕/ ~선 a surveying ship / ~술 surveying.

측면(側面) the side; the flank. ¶ 적을 ~에서 공격하다 attack the enemy on its flank / 사태를 다른 ~에서 보다 look at the situation from a different angle. ‖ ~공격 a flank attack / ~도 a side view.

측백나무(側柏一) 〖植〗 an oriental arborvitae; a thuja.

측선(側線) ①《철도의》 a sidetrack; a siding. ¶ ~에 넣다 sidetrack. ②《어류의》 the lateral line.

측심(測深) sounding. ~하다 sound《*the sea*》; fathom. ‖~기 a (depth) sounder; a depth finder.

측연(測鉛) a plumb; a sounding lead; a plummet. ‖~선 a sounding〔plummet〕 line.

측우기(測雨器) a rain gauge.

측은(惻隱) ~하다 commiserate; sympathize; (be) compassionate; pitiful. ¶ ~히 여기다 pity; commiserate with / ~한 마음이 들다 be overwhelmed with pity《*for*》; feel compassion〔pity〕《*for*》.

측점(測點)《측량의》 a measuring point; a surveying station.

측정(測定) measurement. ~하다 measure. ¶ 정확히 ~하다 take an accurate measurement of / 거리를 ~하다 measure the distance. ‖ ~기 a measuring instrument / ~기술 measurement techniques / ~장치 a measuring device / ~치 a measured value.

측지(測地) land surveying. ~하다 survey land; make a geodetic survey《*of*》. ‖ ~위성 a geodetic satellite / ~학 geodesy.

측후(測候) a meteorological observation. ~하다 make a meteorological observation. ‖ ~소 a meteorological observatory〔station〕.

층(層)《계층》 a class;《건물의》 a story《美》; a floor;《지층》 a layer; a stratum. ¶ 근로자~ the working class / 석탄~ a coal bed / 2~ the second floor〔story〕/ 사회 중간~ the middle classes of society / 고〔저〕소득~ a higher-〔lower-〕income group / ~이 두껍다 be thick-layered;《인재·선수층 따위가》 have a large stock《*of players*》 to draw on / ~을 이루다 be in layers〔strata〕; be stratified / ~상(狀)의 stratiform; stratified.

층계(層階) stairs; a staircase; a stairway; a flight of steps. ¶ ~를 오르다 go up the stairs. ‖ ~참 a landing (place).

층나다(層一) be stratified into classes〔grades〕; stratify; show disparity《*in*》. ¶ 연령이 ~ there

is disparity in age.
층등(層等) gradation; grade.
층면(層面) 〖地〗 the stratification plane. 「〔a rocky〕 cliff.
층암절벽(層岩絶壁) an overhanging
층애(層崖) a stratal precipice 〔cliff〕.
층운(層雲) a stratus [*pl.* -ti].
층적운(層積雲) a roll cumulus; a stratocumulus.
층지다(層—) ☞ 층나다.
층층다리(層層—) a staircase; stairs; a stairway; a flight of
층층대(層層臺) ☞ 층층다리. ⌊steps.
층층시하(層層侍下) serving both parents and grandparents alive.
치(値) 〖數〗 numerical value.
치[1] ① 《몫》 a share; a part; a portion. ¶ 이틀~ 식량 food for two days. ② 《사람》 a fellow; a guy. ¶ 그 ~ that fellow 〔guy〕.
치[2] 《길이의 단위》 a Korean inch; a *chi* (=3.0303 cm).
치가(治家) home management. ~하다 manage a home (well).
치가 떨리다(齒—) grind *one's* teeth with vexation 〔indignation〕; be tense with indignation.
치감(齒疳) 〖韓醫〗 bleeding gums.
치경(齒莖) gums; 〖醫〗 the gingiva. ☞ 잇몸.
치고 ¶ 그것은 그렇다~ be that as it may; apart from that / 학생~ 영어 못 읽는 사람이 없다 There is no student who cannot read English.
치골(恥骨) 〖解〗 the pubis; the pubic bones.
치과(齒科) dentistry; dental surgery. ¶ ~용 설비 dental equipment / ~용 기계 dentist's instruments. ‖ ~기공사 a dental technician / ~대학 a dental college / ~의(사) a dentist; a dental surgeon / ~의원 a dental clinic; a dentist's (office).
치국(治國) ruling a nation. ‖ ~책(策) statecraft; statesmanship.
치근(齒根) the root of a tooth.
치근거리다 tease; annoy; pester; bother. ¶ 치근치근 teasingly; importunately.
치기(稚氣) childishness; puerility. ¶ ~넘친 childish; puerile.
치기배(—輩) a snatcher; a sneak thief; a shoplifter.
치다[1] ① 《때리다》 strike; beat; give a blow. ¶ 머리를 ~ hit 〔strike〕 《*a person*》 on the head / 볼기를 ~ flog 《*a person*》 on the buttocks. ② 《두드리다》 beat (북을); ring (종을); play (on) (풍금 따위); drive 〔hammer〕 in (못을); clap (손뼉을). ¶ 피아노를 ~ play (on) the piano / 손뼉을 ~ clap *one's* hands. ③ 《맞히다》 (make a good) hit; strike. ¶ 배트로 ~ hit with a bat. ④ 《떡을》 pound. ¶ 떡을 ~ pound steamed rice into dough. ⑤ 《벼락 따위》 fall; strike.
치다[2] ① 《공격·토벌》 attack; assault; assail. ¶ 적을 불시에 ~ make a sudden 〔surprise〕 attack on the enemy. ② 《베어내다》 cut; prune; trim. ¶ 가지를 ~ prune 〔trim〕 a tree; prune 〔trim〕 the branches off. ③ 《채를》 cut 《*a cucumber*》 into fine strips.
치다[3] 《깨끗이》 clean (out); tidy 《*something*》 up; put in order; 《제거》 remove; carry away; get rid of; dredge 《*a river*》. ¶ 방을 ~ tidy a room; put a room in order / 눈을 ~ clear away 〔off〕 snow.
치다[4] ① 《체로》 sieve; sift. ¶ 가루를 체에 ~ put 〔pass〕 flour through a sieve. ② 《장난을》 do; play. ¶ 불을 가지고 장난을 ~ play with fire. ③ 《소리를》 shout; cry; yell. ¶ 살려달라고 소리 ~ scream 〔cry〕 for help.
치다[5] ① 《셈》 value; appraise; estimate; count. ¶ 집값을 4천만원으로 ~ value the house at forty million *won*. ② 《…로 보다》 consider; regard as; think of 《*as*》. ¶ 그는 위대한 학자로 쳐준다 He is 「regarded as 〔considered to be〕 a great scholar.
치다[6] 《액체·가루를》 add 《*sauce*》; put; pour (붓다); sprinkle (가루를). ¶ 샐러드에 소스를 ~ put sause on the salad.
치다[7] ① 《매다》 tie; wear; put on; attach. ¶ 각반을 ~ wear gaiters. ② 《장막 따위를》 hang 《*a curtain*》; put up 《*a mosquito net*》; pitch 《*a tent*》. ③ 《줄을》 draw 《*a line*》.
치다[8] 《차에》 run over 《*a man*》; knock 《*a person*》 down. ☞ 치이다.
치다[9] ① 《사육》 keep; raise; rear; breed. ¶ 누에를 ~ rear 〔raise〕 silkworms / 닭을 ~ breed 〔raise〕 chickens. ② 《꿀을》 ¶ 벌이 꿀을 ~ bees store honey. ③ 《손님을》 keep a lodger 〔roomer〕. ④ 《가지가 뻗다》 spread; shoot out. ¶ 나무가 가지를 ~ a tree shoot out 〔spreads〕 branches.
치다[10] 《그물 등을》 cast 《*a net*》; 《끈을》 braid; 《휘갑을》 hem 《*the edges*》.
치다[11] ① 《전보를》 send 《*a telegraph, cable*》. ② 《시험을》 take; sit for; undergo 《*an examination*》.
치다[12] 《화투를》 shuffle (섞다); play (놀다).
치다꺼리 ① 《일처리》 management; control; taking care of. ~하다 manage; deal with. ¶ 손님 ~를

하다 take care of a guest / 그 사건의 ~를 내가 맡았다 I was entrusted with the dealing〔conduct〕 of the affairs. ②《조력》 assistance; aid; help. ~하다 help; assist; take care of. ¶ 환자의 ~를 하다 take care of〔look after〕 a sick person.

치닫다 run up; go up.

치대다 put〔stick, fix〕 on the upper part. ¶ 판자를 ~ fix a piece of board on the upper part《*of a wall*》.

치도곤(治盜棍) a club (for the lash). ¶ ~을 안기다 club〔cudgel〕《*a criminal*》;《비유적》 teach《*a person*》 a lesson; give《*a person*》 a「raw deal〔hard time〕.

치둔(癡鈍) ¶ ~한 dull-witted; stupid.

치뜨다 raise; lift (*one's* eyes).

치뜨리다 toss up; throw up.

치런치런 ①《넘칠락말락》 full to the brim; brimfully. ②《스칠락말락》 ¶ 치맛자락을 ~ 늘어뜨리고 걷다 walk dragging *one's* skirt along.

치렁거리다 ①《드린 물건이》 hang down; droop; dangle. ②《시일이》 be put off from day to day; be prolonged; drag on.

치레 embellishment; adornment; decorating. ~하다 embellish; adorn; decorate; dress〔smarten〕 up. ¶ 겉~로만 for mere form's sake / 옷~를 하다 dress (*oneself*) up; be gaily dressed; be in *one's* (Sunday) best.

치료(治療) medical treatment; (a) cure. ~하다 treat; cure. ¶ ~를 받다 be treated《*for cancer*》; undergo medical treatment / 눈을 ~받다 have *one's* eyes treated / ~받으러 다니다 go to《*a doctor*》 for treatment / ~중이다 be under medical treatment / 물리~ physical therapy / 재~ retreatment. ‖ ~법 a remedy; a cure / ~비 a doctor's fee〔bill〕/ ~효과 remedial〔therapeutic〕 value;《a medicine with》 a curative effect.

치루(痔瘻)〖醫〗 an anal fistula.

치르다 ①《돈을》 pay (off). ¶ 값을 ~ pay the price《*for an article*》/ 계산을 ~ pay a bill / 어떤 대가를 치르더라도 at any price〔cost〕. ②《겪다》 undergo; go through; experience; suffer. ¶ 시험을 ~ undergo an examination / 감기를 ~ suffer a cold / 홍역을 ~《비유적》 have a bitter experience; have a hard time of it. ③《큰 일을》 carry out; go through; have; observe; entertain《*guests*》. ¶ 생일 잔치를 ~ hold〔give〕 a birthday party / 화학 실험은 어디에서 치러지느냐 Where are chemical experiments carried out? / 결혼식을 ~ have a wedding ceremony.

치를 떨다(齒 —) ①《인색》 grudge; be awfully stingy. ②《격분》 grit *one's* teeth; grind *one's* teeth with indignation.

치마 a skirt. ¶ 치맛바람 the swish of a skirt; the influence of women's power / 치맛자락 the edge〔end, tail〕 of the skirt / ~의 주름 a pleat〔gather〕 on a skirt / ~를 입다 put on〔wear〕 a skirt.

치매(癡呆)〖醫〗 dementia; imbecility. ¶ 노인성~ senile dementia. ‖ ~노인 a dotard; an old man〔woman〕 in *one's* dotage.

치명(致命) ¶ ~적인 fatal; mortal; deadly / 그것은 한국의 대미 수출에 ~적인 타격을 주었다 It dealt a deathblow〔fatal blow〕 to Korean exports to America. / 나는 ~적인 실수를 저질렀다 I made a fatal blunder. ‖ ~상 a mortal〔fatal〕 wound; a fatal blow (~상을 입다 be mortally wounded; receive a fatal blow).

치밀(緻密) ¶ ~한 precise; minute; fine; close; elaborate / ~한 계획 a careful〔an elaborate〕 plan.

치밀다 《위로 밀다》 push〔shove, thrust〕 up;《감정이》 surge; swell; well up. ¶ 분노가 ~ feel the surge of anger; flare up; fly into a rage.

치받이 an upward slope; an ascent. ¶ ~를 올라가다 breast〔struggle with〕 an ascent.

치받치다 《감정이》 surge; swell; well up;《밑을》 prop; bolster〔prop〕 up; support.

치부(致富) ~하다 make money; become rich; amass a fortune.

치부(恥部)《남녀의》 the private〔intimate〕 parts (of the body);《창피한 부분》 a disgrace; a shameful part《*of the city*》.

치부(置簿) ~하다 keep books; keep accounts; enter《*an item*》 in a book. ¶ …앞으로 ~하다 charge〔put〕《*a sum*》 to《*a person's*》 account. ‖ ~책 an account book.

치사(致死) ¶ ~의 fatal; mortal; deadly / 과실 ~〖法〗 homicide〔death〕 by misadventure / 상해 ~ (a) bodily injury resulting in death. ‖ ~량 a fatal dose.

치사(致謝) ~하다 thank《*a person*》 for《*his kindness*》; express *one's* gratitude.

치사스럽다(恥事 —) (be) disgraceful; shameful; dishonorable;《비열》 (be) mean; dirty. ¶ 치사스러운 꼴을 당하다 be put to shame;

bring disgrace upon *oneself* / 치사스럽게 굴다 behave meanly 〔shamefully〕.

치산(治山) afforestation. ～하다 reserve〔protect〕forest; afforest. ‖ ～치수 antiflood〔flood control〕afforestation; conservation of rivers and forests / ～치수 사업 anti-erosion project.

치산(治産) management of *one's* property.

치살리다 praise《*a person*》to the skies; speak highly of.

치석(齒石) tartar. ¶ ～제거 scaling.

치성(致誠)《정성을 다함》devotion; loyal service;《신불에의》sacrificial service《*to spirits*》. ¶ ～을 드리다 offer a devout prayer.

치세(治世) a reign; a rule; a regime. ¶ 엘리자베스 2세의 ～ 중에 in〔during〕the reign of Elizabeth II.

치수(一數) measure; dimensions; size. ¶ ～대로 according to the measurements / ～를 재다 measure; take the measurements《*of*》.

치수(治水) flood control; river improvement. ～하다 embank a river; control floods. ‖ ～공사 embankment works; levee works; flood prevention works.

치수(齒髓)〚解〛the dental pulp. ‖ ～염〚醫〛pulpitis.

치술(治術)《치료술》the medical 〔healing〕art;《정치술》administrative skill; statecraft.

치신《위신》prestige; dignity. ¶ ～을 잃다 lose〔impair〕*one's* dignity; degrade *oneself*.

치신경(齒神經)〚解〛the dental nerve.

치신사납다 (be) shameful; indecent; outrageous; unseemly. ¶ 치신사납게 굴다 behave indecently 〔unseemly〕.

치신없다 (be) undignified; unbecoming; ungentlemanly. ¶ 치신없는 짓 an undignified act / 치신없이 굴다 behave unseemly; act dishonorably.

치아(齒牙) ☞ 이.

치안(治安) public peace and order; public security. ¶ ～을 유지하다 〔혼란케 하다〕maintain〔disturb〕public order. ‖ ～감 Senior Superintendent General / ～경찰 the peace〔security〕police / ～당국 law enforcement authorities / ～방해 the disturbance of public peace / ～방해자 a peacebreaker / ～유지 the maintenance of public peace / ～정감 Chief Superintendent General / ～총감 Commissioner General.

치약(齒藥) toothpaste; dental cream.

치열(齒列) a row〔set〕of teeth. ¶ ～이 고르다〔고르지 않다〕have a regular〔an irregular〕set of teeth. ‖ ～교정 straightening of irregular teeth.

치열(熾烈) ～하다 (be) severe; keen; intense. ¶ ～한 경쟁 a keen〔sharp〕competition / ～한 논쟁 a heated argument.

치외법권(治外法權) extraterritorial rights; extraterritoriality.

치욕(恥辱) disgrace; shame; dishonor; insult(모욕). ¶ 국가의 ～ a disgrace to the country / ～을 참다 pocket an insult; bear insult / …을 ～이라고 생각하다 feel shame at《*doing*》; be ashamed of《*doing*》.

치우다 ①《정리》put《*things*》in order; set〔put〕《*a room*》to rights; tidy (up);《제거》take away; remove; get rid of; clear away〔off〕. ¶ 방을 ～ straighten *one's* room up / 길에 있는 돌을 ～ remove stones from the road / 식탁 위에 있는 접시들을 ～ clear away dishes on the table. ②《딸을》give《*one's daughter*》in marriage; marry《*one's daughter*》off.

치우치다 《기울다》lean〔incline〕《*to, toward*》;《편파적》be partial《*to*》; be biased〔one-sided〕; have a partiality《*for*》; be prejudiced. ¶ 치우친 생각 a biased 〔one-sided〕view / (집 따위가) 한쪽으로 치우쳐 있다 be leaning to one side.

치유(治癒) healing; cure. ～하다 cure; heal; recover. ¶ 상처는 곧 ～될 것이다 The wound will soon heal up. ‖ ～기(期) convalescence / ～력 healing power / ～율 a cure rate.

치음(齒音) a dental sound.

치이다[1] ①《덫에》get trapped〔entrapped〕; be caught in a trap. ¶ 곰이 덫에 ～ a bear is trapped. ②《피륙의 올이》lose《*its*》weave;《솜이》form into a lump; lump up to one side.

치이다[2]《차바퀴에》run over〔down〕; knock down; be hit. ¶ 차에 ～ be hit〔run over, knocked down〕by a car.

치이다[3]《값이》cost; amount to; be worth. ¶ 비싸게〔싸게〕～ come expensive〔cheap〕/ 그것들은 개당 400원씩 치였다 They cost four hundred *won* apiece.

치자(治者) the sovereign; the ruler; a person in power.

치자(梔子)〚植〛gardenia seeds. ‖ ～나무 a Cape jasmine; a gardenia.

치장(治粧) decoration; adornment; embellishment;《화장》*one's* makeup. ～하다 decorate; adorn; pretty up; beautify. ¶ 몸을 ~하다 adorn *oneself;* pretty *oneself* up / 집을 ~하다 decorate〔pretty up〕*one's* house.

치적(治績)《업적》(the results of an) administration; administrative achievements. ¶ 그의 ~을 기념하여… in commemoration of his remarkable executive services….

치정(癡情) foolish〔blind〕love〔passion〕; illicit love(불의); lust. ¶ ~에 의한 범죄 a crime of passion. ‖ ~살인 a sex〔scandalous〕murder (case).

치조(齒槽)〖解〗an alveolus. ‖ ~농루(膿漏)〖醫〗pyorrhea alveolaris.

치죄(治罪) punishment of crime. ~하다 punish; penalize《*for*》.

치중(置重) ~하다 put〔lay〕emphasis〔stress〕on《*a matter*》; emphasize; attach importance to《*something*》; give priority to《*something*》. ¶ 문법에 ~하다 lay stress〔emphasis〕on grammar.

치즈 cheese. ¶ ~덩어리 a chunk of cheese. ‖ ~버거 a cheese burger / ~케이크 (a) cheese cake.

치질(痔疾)〖醫〗hemorrhoids; piles. ¶ 수〔암〕~ external〔internal〕hemorrhoids.

치켜세우다 extol〔praise〕《*a person*》to the skies; sing the praises of《*a person*》; speak highly of; pay a tribute to.

치키다 raise; lift; heave; boost; pull〔draw〕up. ¶ 눈을 치켜 뜨다 lift (up) *one's* eyes; cast an upward glance / 치맛자락을 치켜올리다 tuck up the skirt.

치킨《닭고기》chicken. ‖ ~수프〔라이스〕chicken soup〔and rice〕/ ~프라이 a fried chicken.

치통(齒痛) (a) toothache. ¶ ~이 나다 have a toothache; suffer from a toothache.

치하(治下) ¶ ~의 under the rule〔reign〕《*of*》/ 엘리자베스 여왕 ~의 영국 England under the reign of Queen Elizabeth.

치하(致賀) congratulation; compliments. ~하다 congratulate *a person*《*on something*》; celebrate《*an event*》. ¶ ~하는 글 a congratulatory address / …을 ~하기 위하여 in honor〔celebration〕of… / 노고를 ~하다 show appreciation of《*a person*》for *his* services / 대학 졸업을 ~하다 congratulate《*a person*》on *his* graduation from college.

치한(癡漢)《호색한》a molester of women; a wolf; a masher《俗》.

치환(置換)〖數·化〗metathesis; substitution; replacement; transposition. ~하다 metathesize; substitute; replace; transpose.

칙령(勅令), **칙명**(勅命) a Royal command〔order〕.

칙사(勅使) a Royal messenger〔envoy〕. ¶ ~대접을 하다 treat《*a person*》very courteously; give《*a person*》a red carpet treatment《美》.

칙칙하다 (be) somber; dull; dark. ¶ 칙칙한 빛깔 a dark color / 칙칙한 청색 sordid blue / 칙칙해 보이다 look dark and dull.

친…(親) ①《혈육》*one's* own; *one's* blood. ¶ ~형제 *one's* blood brothers. ②《친밀》pro-. ¶ ~미의 pro=American / ~여 후보 a pro-government candidate.

친가(親家) ☞ 친정(親庭).

친고(親告) ‖ ~죄 an offense subject to prosecution only upon complaint (from the victim).

친교(親交) friendship; friendly relations. ¶ ~를 맺다 form a close friendship《*with*》/ ~를 도모하다 promote friendly relations《*with, between*》/ 우리는 서로 오랜 ~가 있다 We have been friendly with each other for many years.

친구(親舊) a friend; a companion; company(교우); a pal《口》. ¶ 학교 ~ a schoolmate / 낚시~ a fishing companion / 술~ a drinking pal / 여자 ~ a girlfriend / 평생(平生) ~ a lifelong friend / …와 ~가 되다 make friends with… / 좋은〔나쁜〕~와 사귀다 keep good〔bad〕company.

친권(親權)〖法〗parental authority〔prerogatives〕. ¶ ~을 행사하다 exercise parental power. ‖ ~자 a person in parental authority.

친근(親近) ~하다 (be) close; familiar; friendly. ¶ ~한 사이다 be on good〔familiar〕terms with … / 두 사람은 매우 ~한 사이다 They are very friendly with each other. ‖ ~감 a sense of closeness〔affinity〕(~감을 느끼다 feel very close to《*her*》).

친기(親忌) a memorial service for *one's* parent.

친남매(親男妹) *one's* real (blood) brothers and sisters.

친목(親睦) friendship; amity; friendliness. ¶ 서로의 ~을 도모하다 cultivate〔promote〕mutual friendship. ‖ ~회 a social (gathering); a get-together meeting《美》.

친밀(親密) ¶ ~한 friendly; close; intimate / ~한 벗 a close friend / ~한 사이다 be on friendly terms《*with*》; be very good friends 《*with*》 / ～해지다 make friends with / ～한 관계를 맺다 form 〔establish〕 a close relationship with.

친부모(親父母) *one's* real parents.

친분(親分) acquaintanceship; friendship. ¶ ～이 있다 be acquainted 〔familiar〕 《*with*》 / ～이 생기다 become acquainted 〔familiar〕 《*with*》 / ～이 두터워지다 get more closely acquainted.

친상(親喪) mourning for a parent. ¶ ～을 당하다 have a parent die; mourn 〔be bereaved of〕 a parent.

친서(親書) an autograph letter; a personal letter.

친선(親善) friendly relations; friendship; goodwill. ¶ 국제적 ～ international goodwill / ～을 도모하다 promote friendly relations 《*between*》; strengthen the ties of friendship 《*between*》. ‖ ～경기 a friendly 〔goodwill〕 match / ～방문 a goodwill visit / ～사절 a goodwill mission 〔envoy〕.

친손자(親孫子) *one's* real (blood) grandchild.

친숙(親熟) 《익숙함》 ～하다 be familiar 《*with*》; be well acquainted 《*with*》.

친아버지(親―) *one's* real father.

친애(親愛) ¶ ～하는 dear; beloved; darling / ～하는 김군 《편지 서두에서》 My dear (Mr.) Kim / ～하는 형으로부터 《편지 끝에》 Your affectionate brother.

친어머니(親―) *one's* real mother.

친영(親英) ¶ ～의 pro-British 《*policies*》. ‖ ～주의 Anglophilism.

친위대(親衛隊) the Royal guards; the bodyguards 《*to the King*》.

친일(親日) ¶ ～의 pro-Japanese. ‖ ～파 a pro-Japanese (group).

친자식(親子息) *one's* real (blood) children.

친전(親展) 《서신에서》 Confidential; Personal; To be opened by addressee only.

친절(親切) (a) kindness; goodwill; a favor. ¶ ～한 kind; good; kind-hearted; obliging; friendly / …에게 ～히 대하다 be kind to; show kindness to; treat 《*a person*》 with kindness / ～하게도 …하다 be kind 〔good〕 enough to *do;* have the kindness to *do;* be so kind as to *do* / ～해 보이는 kind(ly)-looking / 여러 가지로 ～히 해 주셔서 감사합니다 Thank you for all you've done for me. / 그 남자는 ～하게도 나에게 자리를 양보해 주었다 The man was kind enough to offer his seat to me.

친정(親政) royal governing in person. ～하다 《the King》 govern in person.

친정(親庭) the house of *one's* wife's parents; *one's* maiden home. ¶ 아내는 ～에 가 있다 My wife has been staying with her parents.

친족(親族) a relative; a relation; kinfolk. ¶ 직계 ～ lineal 〔close〕 relatives / 방계 ～ collateral 〔distant〕 relatives. ‖ ～관계 kinship / ～법 the Domestic Relations Law / ～회의 a family council.

친지(親知) an acquaintance; a friend.

친척(親戚) a relative; a relation; a kinsman; kinfolk(복수). ¶ 먼 〔가까운〕 ～ a distant 〔near〕 relation 〔relative〕. ‖ ～관계 relationship; kinship / 일가 ～ *one's* kith and kin; relatives in blood and law.

친필(親筆) an autograph; *one's* own handwriting; 〖法〗 a holograph. ¶ ～의 autographic.

친하다(親―) ① 《가깝다》 (be) friendly; familiar; close. ¶ 친한 벗 a great 〔close〕 friend / 친한 사이다 be on good 〔friendly〕 terms with. ② 《사귀다》 become friendly 〔familiar〕 《*with*》.

친할머니(親―) *one's* real (blood) grandmother.

친할아버지(親―) *one's* real (blood) grandfather.

친형(親兄) *one's* real elder brother.

친화(親和) harmony. ‖ ～력 〖化〗 affinity 《*for*》.

친히(親―) ① 《친하게》 intimately; familiarly; in a friendly way. ¶ ～ 사귀다 be in close association with. ② 《몸소》 personally; in person; directly(직접). ¶ ～ 방문하다 pay a visit in person / ～ 보다 see 《*a thing*》 with *one's* own eyes.

칠(七) seven. ¶ 제 ～(의) the seventh.

칠(漆) 《채료》 paints; lacquer (옻); 《칠하기》 coating; painting; lacquering (옻칠). ¶ ～ 조심 《게시》 Wet Paint.

칠각형(七角形) a heptagon.

칠기(漆器) lacquer(ed) ware; lacquer(work).

칠떡거리다 drag; draggle; trail. ¶ 칠떡칠떡 trailing; dragging.

칠렁거리다 overflow; slop 〔spill〕 over.

칠렁하다 be full to the brim.

칠레 Chile. ¶ ～의 Chilean; Chilian. ‖ ～사람 a Chilean; a Chilian / ～초석(硝石) 〖鑛〗 Chile saltpeter; cubic niter.

칠면조(七面鳥) a turkey; a turkey cock (수컷) 〔hen(암컷)〕. ¶ 크리스마스에 ～ 요리를 하다 roast a turkey on Christmas day.

칠보(七寶) 〖佛〗 the Seven Treasures (*i.e.* gold, silver, lapis, crystal, coral, agate, and pearls). ‖ ～자기 *cloisonné*《프》.

칠석(七夕) the seventh day of the seventh lunar month.

칠순(七旬) ①《70일》seventy days. ②《70살》seventy years of age.

칠십(七十) seventy. ¶ 제～(의) the seventieth.

칠야(漆夜) a pitch-dark night.

칠월(七月) July (생략 Jul.).

칠장이(漆匠—) a painter〔lacquerer〕.

칠전팔기(七顚八起) not giving in to adversity; standing firm in difficult matters. ～하다 never give in to adversity.

칠칠하다 ¶ 칠칠치 못하다 be untidy〔slovenly〕; be careless〔loose〕/ 칠칠치 못한 계집 a draggle-tailed woman; a slattern.

칠판(漆板) a blackboard. ¶ ～을 지우다 wipe〔clean〕a blackboard. ‖ ～지우개 a chalk〔blackboard〕eraser.

칠하다(漆—)《페인트를》paint;《니스를》varnish;《벽을》plaster;《옻을》lacquer. ¶ 갓 칠한 freshly-painted〔-varnished〕/ 벽을 회게 ～ paint a wall white.

칠현금(七絃琴) a seven-stringed harp; a heptachord.

칠흑(漆黑) ¶ ～ 같은 pitch-black; jet-black; coal-black / ～ 같은 밤 a jet-black〔pitch-dark〕night.

칡〖植〗an arrowroot. ‖ ～덩굴 arrowroot vines〔runners〕.

칡소 a striped cow〔ox〕.

침 spittle; saliva(타액). ¶ ～을 뱉다 spit; salivate / 아무의 얼굴에 ～을 뱉다 spit in *a person's* face.

침(針) ①《가시》a thorn. ②《바늘》a needle; a hand(시계의).

침(鍼) a needle(도구); acupuncture(침술). ¶ ～을 놓다 acupuncture; treat《*a person*》with acupuncture / ～은 삔 허리나 뻣뻣해진 어깨 치료에 이용된다 Acupuncture is used in the treatment for a strained back or stiff shoulders. ‖ ～술 마취 anesthesia by acupuncture / ～의(醫) an acupuncturator.

침강(沈降) sedimentation. ～하다 precipitate. ‖ ～속도 sedimentation rate(혈액의).

침공(侵攻) an attack; an invasion. ～하다 attack; invade.

침구(寢具) bedding; bedclothes.

침구(鍼灸) acupuncture and moxibustion. ‖ ～술 the practice of acupuncture and moxibustion / ～술사(師) a practitioner in acupuncture and moxibustion.

침낭(寢囊) a sleeping bag.

침노하다(侵擄—)《영토·권리 등을》invade; encroach《*on*》; make inroads《*on, into*》. ¶ 이웃 나라를 ～ make inroads into the neighboring country.

침담그다(沈—) cure《*a persimmon*》in salt water.

침대(寢臺) a bed;《열차·배의》a (sleeping) berth; a bunk(배의). ¶ 나는 상단〔하단〕의 ～를 좋아합니다《침대권을 살 때》I prefer an upper〔a lower〕berth, please. ‖ ～권 a berth ticket / ～요금 a berth charge / ～차 a sleeping car; a sleeper.

침략(侵略) aggression; invasion. ～하다 invade; make a raid《*upon*》. ¶ 직접〔간접〕～ a direct〔an indirect〕invasion / 이웃 나라들을 여러 차례에 걸쳐 ～하다 invade the neighboring countries several times. ‖ ～국 an aggressor nation / ～군 an invading army / ～자 an aggressor; an invader / ～전쟁 an aggressive war; a war of aggression / ～주의 an aggressive policy / ～행위 an act of aggression.

침례(浸禮)〖宗〗baptism by immersion. ‖ ～교도 a Baptist / ～교회 the Baptist Church.

침로(針路)《나침반에 의한》a course;《항공기의》a flight path. ¶ ～를 (잘못) 잡다 take a (wrong) course / ～를 바꾸다 change〔alter, turn〕*one's* course / ～에서 벗어나다 swerve〔deviate〕from *one's* course / ～를 …으로 향하게 하다 direct〔set〕*one's* course toward〔for〕... / ～를 남서로 잡다 take〔beat〕a southwesterly course.

침모(針母) a seamstress; a needlewoman.

침목(枕木)《철도의》a (railroad) tie《美》; a crosstie; a sleeper《英》.

침몰(沈沒) sinking; foundering. ～하다 sink; go down; founder(침수해서). ¶ ～시키다 sink《*a ship*》/ 승객 40명을 태우고 ～하다 sink with forty passengers on board. ‖ ～선 a sunken ship.

침묵(沈默) silence. ～하다 become〔fall〕silent; say nothing. ¶ ～시키다 silence; put《*a person*》to silence / ～을 지키다 remain〔keep〕silent; hold *one's* tongue / ～을 깨다 break silence / 웅변은 은, ～은 금이다《俗談》Speech is silver, silence is golden.

침범(侵犯)《영토의》invasion;《권리의》violation, infringement. ～하다 invade; violate. ¶ 영공～ a violation of another country's territorial air / 국경～ a border violation / 어선들이 영해를 ～했다 Fishing boats invaded the country's territorial waters.

침삼키다《침을》swallow saliva;《먹고 싶어》*one's* mouth waters

《at》; 《욕정으로》 lust 《after, for》; 《부러워》 be envious 《of》.

침상(針狀) 《바늘모양》 ¶ ～의 needle-shaped; pointed. ‖ ～엽(葉) a needle (leaf).

침상(寢牀) a bed-floor. ☞ 침대.

침소(寢所) a bedchamber; a bedroom.

침소봉대(針小棒大) (an) exaggeration. ～하다 exaggerate; overstate 《one's case》. ¶ ～의 exaggerated; high-flown; bombastic.

침수(浸水) inundation; flood. ～하다 be flooded; be inundated; be under water. ¶ 50호 이상의 가옥이 마루 위까지 ～되었다 Over a fifty houses were flooded above the floors. ‖ ～가옥 flooded houses; houses under water / ～지역 the flooded〔inundated〕area.

침술(鍼術) acupuncture. ‖ ～사 an acupuncturist.

침식(侵蝕) erosion; corrosion. ～하다 erode 《the cliff》; eat away 《at the bank》; gain〔encroach〕on 《the land》 (바닷가). ¶ 파도에 ～되어 동굴이 되었다 Eroded by waves, it formed a cave. ‖ ～작용 erosion; erosive action.

침식(寢食) ¶ ～을 같이 하다 live under the same roof / ～을 잊고 간호하다 nurse 《a sick person》 devotedly / ～을 잊고 공부하다 be absorbed in one's studies.

침실(寢室) a bedroom; a bedchamber.

침엽(針葉) 〖植〗 a needle (leaf). ‖ ～수 a needle-leaf tree; a conifer.

침울(沈鬱) melancholy; gloom. ¶ ～한 melancholy; gloomy; dismal; depressed / ～한 얼굴 a gloomy face; a dismal look / ～해 지다 feel〔be〕depressed.

침윤(浸潤) ～하다 be saturated 《with》; permeate 《through》; infiltrate 《into》.

침입(侵入) 《적국 따위에》 (an) invasion; inroad; 《급습》 a raid; 《남의 땅에》 trespass; intrusion. ～하다 invade; make an inroads 《into enemy country》; raid; 《남의 집에》 break into; force one's way into. ¶ 적군은 서부 지방에 ～했다 The enemy has invaded the western provinces. / 어젯밤 그녀의 집에 도둑이 ～했다 A burglar broke into her house last night. ‖ ～군 an invasion force / ～자 an invader; an intruder; a trespasser.

침쟁이(鍼—) ① ☞ 침술사. ② 《아편쟁이》 an opium addict.

침전(沈澱) precipitation; deposition. ～하다 settle; precipitate; be deposited. ‖ ～농도 precipitation density / ～물 a precipitate; a sediment; a deposit / ～조(槽) a settling tank / ～지(池) a settling basin.

침착(沈着) self-possession; composure. ¶ ～한 self-possessed; calm; cool; composed / ～한 태도 a calm attitude / ～하게 행동하다 act with coolness; play it cool.

침체(沈滯) stagnation; dullness. ¶ ～된 시장 a dull〔slack〕market / ～된 분위기 stagnant atmosphere / ～해 있다 be stagnant; be slack〔dull, inactive〕/ 경기가 ～되었다 The market is stagnant〔dull〕.

침침하다(沈沈—) 《장소 따위가》 (be) gloomy; dim; dark; dimly-lit; 《날씨가》 (be) cloudy; dull; 《눈이》 (be) misty; dim; obscure. ¶ 어둠침침한 방 a dimly-lit room / 침침한 날 a gloomy〔cloudy〕day / 나이를 먹으면 눈이 침침해진다 Our sight grows dim with age.

침통(沈痛) ¶ ～한 grave; sad; serious / ～한 어조로 in a sad〔serious, grave〕tone / 그녀는 ～한 얼굴로 방에서 나왔다 She came out of the room with a grave look.

침투(浸透) penetration; infiltration. ～하다 penetrate〔infiltrate〕《into, through》. ¶ 무장 간첩의 ～ infiltration of armed agents. ‖ ～성(性) 〖化〗 osmosis; permeability / ～작용〔압〕 osmotic action〔pressure〕/ ～작전 an infiltration operation.

침팬지 〖動〗 a chimpanzee.

침하(沈下) sinking; subsidence. ～하다 subside; sink. ¶ 도로의 지반이 약 10센티 ～했다 The road subsided〔sank〕about 10 centimeters.

침해(侵害) infringement; violation; encroachment(무단 침입). ～하다 violate; infringe (upon); encroach〔trespass〕upon. ¶ 저작권～ infringement of copyright / 사생활～에 화를 내다 get angry at one's privacy being violated / 나는 나의 기득권을 ～당하고 싶지 않다 I don't want my vested interests to be trespassed upon. ‖ ～자 a trespasser; an invader.

침향(沈香) 〖植〗 aloes wood.

침흘리개 a slobberer; a driveler.

칩거(蟄居) ～하다 keep indoors; live in seclusion; confine oneself in one's house.

칫솔(齒—) a toothbrush.

칭병(稱病) ～하다 pretend to be ill.

칭송(稱頌) praise; laudation. ～하다 admire; praise highly.

칭얼거리다 fret; whine; be peevish. ¶ 칭얼칭얼 peevishly; fretfully; fussing.

칭찬 (稱讚) praise; admiration 《*of*》. ～하다 praise; admire; speak highly of. ¶ ～의 말 words of praise; a compliment / ～할 만한 admirable; praiseworthy; laudable / ～을 받다 be praised; win 〔receive, enjoy〕 praise / 장군은 부하들의 용기를 ～했다 The general praised his men for their bravery.

칭탁 (稱託) ～하다 make a pretext of; use 《*a traffic accident*》 as a pretext. ¶ …을 ～하여 under the pretext of….

칭하다 (稱—) 《부르다》 call; name; designate. ¶ 남궁이라 칭하는 사람 a man named Namgung; a Mr. Namgung.

칭호 (稱號) a name; a title; a degree. ¶ 아무에게 ～를 수여하다 confer a title on *a person* / 그에게 명예 교수의 ～가 주어졌다 He was given 〔granted〕 the title of professor emeritus.

친인척 계보표 (family tree)

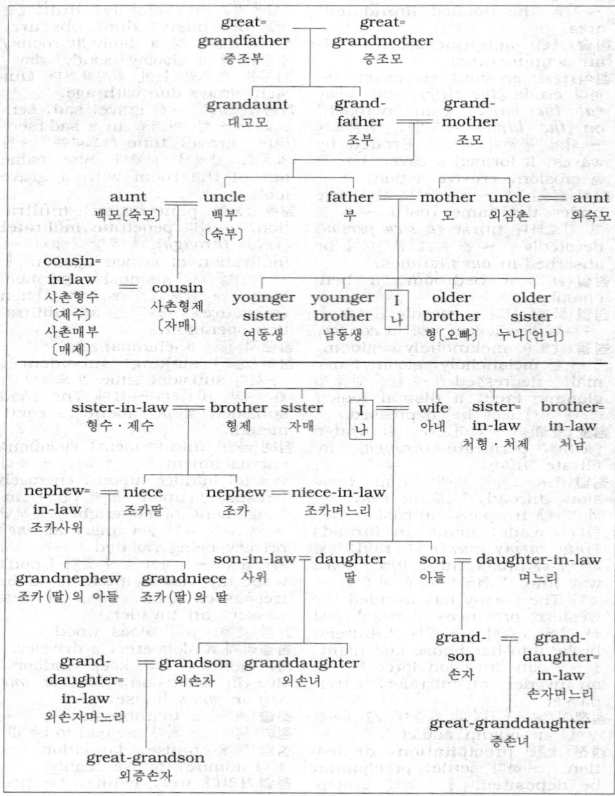

카 a car. ☞ 차, 자동차. ¶ ～스테레오 a car stereo (system) / ～페리 a car ferry / ～레이스 a car 〔motor〕 race / ～섹스 《have》 sex in the car.

카나리아 〖鳥〗 a canary (bird).

카네이션 〖植〗 a carnation.

카누 a canoe. ¶ ～를 젓다 paddle a canoe / ～로 강을 내려가다 go down a river by canoe. ‖ ～경조(競漕) a canoe race.

카니발 《사육제》 a carnival.

카드 a card; a slip (of paper); 《트럼프》 (playing) cards; 《크레디트카드 따위》 a (credit) card. ¶ 전화〔버스, 현금〕 ～ a telephone 〔bus, cash〕 card / ～에 의한 분류 classification by cards / ～에 써 넣다 note〔put〕 down 《*something*》 on a card / 트럼프 ～를 나눠주다〔뒤섞다〕 deal〔shuffle〕 the cards / 이 ～로 지불이 가능합니까 Do you accept this (credit) card ? ‖ ～목록 a card catalog / ～색인 a card index / ～케이스 a card case.

카드놀이 card playing; a card game. ¶ ～를 하다 play cards / ～를 하는 사람 a cardplayer / ～에서 지다〔이기다〕 win〔lose〕 at cards.

카드뮴 〖化〗 cadmium (기호 Cd). ¶ ～에 중독되다 be poisoned by cadmium.

카디건 《스웨터》 a cardigan.

카라반 a caravan. ¶ ～슈즈 (a pair of) hiking boots.

카랑카랑하다 《날씨가》 (be) clear and cold; 《목소리가》 (be) clear and high-pitched.

카레 curry. ‖ ～가루 curry powder / ～라이스 curry and rice / ～요리 a curry; curried food.

카르테 〖醫〗 a (clinical) chart; a *Karte* 《獨》.

카르텔 a cartel. ¶ ～을 결성하다 form a cartel; cartelize / ～을 해체하다 dissolve〔break up〕 a cartel 《*of steel companies*》 / 불황～ a (business) recession cartel. ‖ ～협정 a cartel agreement.

카리스마 charisma. ¶ ～적인 charismatic / 그 정치가는 매우 ～적이다 The politician is very charismatic.

카리에스 〖醫〗 caries. ¶ 척추～ 〖醫〗 spinal caries.

카메라 a camera. ¶ 수중～ an underwater camera / 아무에게 ～를 겨냥하다 point〔aim〕 *one's* camera at *a person* / 풍경을 ～에 담다 take a photograph of the scenery / ～에 필름을 넣다 load a camera / ～ 플래시 세례를 받다 be bathed in camera flashes. ‖ ～맨 a cameraman / ～앵글 a camera angle. 「Cameroun.

카메룬 《아프리카의》 Cameroon;

카멜레온 〖動〗 a chameleon.

카무플라주 a camouflage; 《비유적》 a smoke screen. ～하다 camouflage 《*a military vehicle*》; disguise 《*one's real intentions*》.

카바레 a cabaret.

카바이드 〖化〗 (calcium) carbide.

카본 carbon. ‖ ～복사 a carbon copy / ～지(紙) carbon paper.

카빈총(一銃) a carbine.

카세트 a cassette. ¶ 라디오 프로를 ～에 녹음하다 tape-record the radio program on a cassette. ‖ ～녹음기 a cassette tape recorder / ～테이프 a cassette tape.

카스텔라 sponge cake.

카우보이 a cowboy.

카운슬링 counseling.

카운터 a (service) counter.

카운트 a count; counting. ～하다 count. ¶ 그는 ～ 나인에서 일어섰다 He got up at the count of nine.

카이로 《이집트의 수도》 Cairo.

카이저수염(一鬚髯) a Kaiser〔an upturned〕 mustache.

카지노 a casino.

카키색(一色) khaki color.

카타르[1] 《나라이름》 (the State) of Qatar. 「catarrhal.

카타르[2] 〖醫〗 catarrh. ¶ ～성의

카탈로그 a catalog(ue). ¶ ～에 올리다 put〔place〕 《*an item*》 on 〔in〕 a catalog / 상품의 가격을 기재한 ～ a priced catalog / ～에 기재된 값 the list price.

카테고리 〖論〗 a category. ¶ …의 ～에 들다 belong to〔fall under〕 the category of.

카투사 KATUSA. (◀ Korean Augmentation Troops to the United States Army)

카트리지 a cartridge. ¶ ～를 갈아 끼우다 replace the cartridge.

카페 a *café* 《프》; a coffee house 〔shop〕; a bar.

카페인 〖化〗 caffeine. ¶ ～을 뺀 커피 caffeine-free coffee. 「teria.

카페테리아 《셀프서비스식의》 a cafe-

카펫 a carpet. ¶ ～을 깔다 lay 〔spread〕 a carpet; carpet 《*a*

floor, room》.
카피 《복사》 a copy. ¶ 이 서류를 두 장 ∼해 주시오 Please make two copies of this document. ‖ ∼라이터 《광고 등의》 a copywriter / ∼라이트 《저작권》 a copyright.
칵칵거리다 keep coughing (to clear *one's* throat).
칵테일 a cocktail. ‖ ∼드레스 a cocktail dress / ∼파티 a cocktail party.
칸 ① 《면적》 *kan*(=36 square feet). ¶ 두 ∼ 방 a two-*k'an* room. ② 《방을 세는 단위》 a room. ¶ 네 ∼ 집 a four-room house. ③ 《칸막이》 a partition. ¶ ∼을 막다 partition 《*a room*》. ④ 《빈 곳》 a blank (space). ¶ 빈 ∼에 알맞은 전치사를 써 넣으시오 Fill (in) the blanks with appropriate prepositions.
칸나 〖植〗 a canna.
칸막이 《막음》 partitioning; screening; 《막은 것》 a partition; a screen. ∼하다 partition 《*a room*》; partition off 《*with a screen*》. ‖ ∼벽 a partition wall.
칸살 《면적》 the size of a room; 《간격·거리》 a space; distance. ¶ ∼이 넓은 방 a large room.
칸초네 *canzone* 《이》.
칸타빌레 〖樂〗 cantabile.
칸타타 〖樂〗 cantata.
칸트 Kant. ¶ ∼의 Kantian. ‖ ∼철학 Kantism / ∼학파 the Kantists.
칼[1] 《썰거나 자르는》 a knife; a kitchen knife(식칼); a table knife(식탁용); a cleaver(토막을 내는); 《무기용의》 a sword; a saber (군도); a dagger(단검). ¶ 날이 시퍼렇게 선 ∼ a well-sharpened knife / ∼이 잘 들다〔안 들다〕 the knife cuts well〔won't cut〕/ ∼을 뽑다 draw a sword / ∼을 휘두르다 brandish a sword / ∼을 차다 wear〔carry〕 a sword (at *one's* side). ‖ ∼날 the blade〔edge〕 of a knife〔sword〕/ ∼등 the back of a sword / ∼집 a sheath.

칼[2] 《형구》 a cangue; a pillory. ¶ ∼을 씌우다 put 《*a person*》 in the pillory / ∼을 쓰다 wear a cangue.
칼국수 noodles cut out with a kitchen knife.
칼깃 a flight feather; the pinion.
칼라 《옷깃》 a (shirt) collar.
칼로리 a calorie; a calory. ¶ ∼가 높은〔낮은〕 식품 food of high〔low〕 caloric content / ∼가(價)가 높다 have a high calorific value / 하루 3,000 ∼의 식사를 섭취하다 take a 3,000 caloric diet per day. ‖ ∼계산 calorie counting (∼계산을 하다 count calories) / ∼섭취량 (a) caloric intake / ∼원(源) a caloric source / ∼함유량 caloric〔calory〕 content.
칼륨 〖化〗 potassium (기호 K). ☞ 칼리.
칼리 〖化〗 *kali;* kalium; potassium.
칼리지 a college.
칼맞다 be stabbed; suffer a sword stroke.
칼부림 wielding a knife〔sword〕; bloodshed(유혈극). ∼하다 wield a knife; stab〔cut〕 at 《*a person*》. ¶ ∼으로 번지다 develop into bloodshed; shed blood.
칼슘 calcium (기호 Ca).
칼자국 a scar from a knife〔sword〕.
칼자루 the handle 《*of a knife*》; the haft 《*of a dagger*》; the hilt 《*of a sword*》.
칼잡이 a butcher(고깃간의); a swordsman(검객).
칼질 cutting. ∼하다 cut; do cutting.
칼춤 《perform》 a sword dance.
칼칼하다 ☞ 컬컬하다.
칼코등이 a sword-guard.
칼판(一板) a chopping〔kitchen〕 board.
캄캄하다 《어둡다》 (be) utterly dark; pitch-dark; 《as》 dark as pitch; 《암담하다》 (be) dark; gloomy; 《사물에》 be ignorant〔uninformed〕 of; be poorly〔badly〕 informed; be a stranger 《*to*》. ¶ 캄캄한 밤 a pitch-dark night / 시국에 대해 ∼ be ignorant of the current situation / 앞날이 ∼ The future looks gloomy. / 나는 이 부근 지리에 ∼ I am a stranger here.
캉캉 《춤》 *cancan* 《프》.
캐나다 Canada. ¶ ∼의 Canadian. ‖ ∼사람 a Canadian.
캐다 ① 《파내다》 dig up〔out〕; unearth. ¶ 금을 ∼ dig gold. ② 《묻다》 inquire〔probe〕 into; dig〔pry, delve〕 into; poke and pry. ¶ 철저히 ∼ probe 《*a matter*》 to the bottom / 비밀을 ∼ probe into a secret.
캐디 〖골프〗 a caddy. ¶ ∼ 노릇을 하다 caddy 《*for a golfer*》.
캐러멜 a caramel.
캐럴 a Christmas carol.
캐럿 a carat; a karat. ¶ 18∼의 금 gold 18 karats fine / 5∼의 다이아몬드 a 5-carat diamond.
캐묻다 ask inquisitively; be inquisitive 《*about*》; make a searching inquiry. ¶ 시시콜콜이 ∼ inquire of 《*a person*》 about every detail of 《*a matter*》.
캐비닛 a 《*steel*》 cabinet.
캐비아 caviar(e).
캐비지 《양배추》 a cabbage.
캐빈 a cabin.
캐스터네츠 〖樂〗 castanets.
캐스트 《배역》 the cast (of a play).
캐스팅보트 the casting vote.
캐시미어 kashmir; cashmere.

캐처 〖野〗 a catcher.

캐치 a catch. ¶ ～볼을 하다 play catch.

캐치프레이즈 a catch phrase.

캐터펄트 a catapult.

캐터필러 a caterpillar.

캐피털리즘 capitalism.

캔디 a candy.

캔버스 《화포》 a canvas. ‖ ～틀 a stretcher.

캔슬 《취소》 cancellation. ～하다 cancel. ¶ 예약을 ～하고 싶습니다 I'd like to cancel my reservation.

캘린더 a calendar. ¶ ～를 한 장 떼어내다 tear a sheet off the calendar.

캠퍼 camphor. ‖ ～주사 a camphor injection.

캠퍼스 a campus. ¶ 대학 ～ a college campus / 그 교수님은 ～에서 거주하신다 The professor lives on campus.

캠페인 a campaign. ¶ 판매 촉진 ～을 벌이다 conduct a campaign for sales promotion.

캠프 a camp. ¶ 우리는 그 숲에서 ～를 했다 We camped (out) in the woods. ‖ ～생활 a camp life / ～파이어 a campfire.

캠핑 camping. ¶ 산으로 ～ 가다 go camping in the mountains. ‖ ～용품 a camping outfit; camping equipment(장비 전체) / ～장 a camping ground / ～촌 a camping village.

캡 a cap.

캡슐 a capsule. ¶ 타임～ a time capsule / 우주～ a space capsule.

캡틴 a captain (of a team).

캥거루 〖動〗 a kangaroo.

커녕 far from 《*doing*》; anything but; not at all; aside 〔apart〕 from; 《…은 말할 것도 없고》 to say nothing of; not to mention; not to speak of. ¶ 즐겁기는～ 불쾌하다 It is anything but pleasant. / 저축은～ 그날그날 살아가기도 바쁘다 Far from saving money, I can hardly make my living. / 그는 영어는～ 한국어도 모른다 He does not know Korean, to say nothing of English.

커닝 cribbing; cheating in an examination. ～하다 cheat in 〔on〕 an examination; crib. ‖ ～페이퍼 a crib.

커다랗다 (be) very big 〔large, great〕; huge; enormous. ¶ 커다란 손실 a great loss / 커다란 잘못 a big 〔huge〕 mistake / 커다란 집을 짓다 build an enormous house.

커다래지다 ☞ 커지다.

커리큘럼 《교과과정》 a curriculum; a course of study. ¶ 그 학교는 ～의 범위가 넓다 The school has a wide curriculum.

커머셜 메시지 《라디오·TV의》 a commercial message. ¶ 약품의 ～ a commercial for a drug / TV의 ～ a TV commercial.

커뮤니케이션 (a) communication. ¶ 매스～ mass communication / ～의 단절 a breakdown in communication; a communication gap / 노사간의 ～ 향상을 도모하다 encourage 〔try to develop〕 better communication between management and workers.

커미션 a commission. ¶ 매상에 대해 10%의 ～을 받다 get a commission of 10 percent on the sales made.

커버 《덮개》 a cover; a jacket(책 따위의); 《경기에서》 covering. ¶ 의자 ～ a chair cover.

커버하다 《경기에서》 cover 《3*rd base*》; back up; 《벌충》 cover 《*a loss*》; make up for 《*a loss*》. ¶ 회사는 자산의 일부를 매각하여 손실을 커버하려고 했다 The company tried to make up its losses by selling some of its assets.

커브 《곡선》 a curve; a curved line; 《도로의》 a bend; a curve; 〖野〗 a curve ball. ¶ 아웃～ an outcurve / 인～ an incurve / 이 도로는 급～가 많다 This road has a lot of sharp curves 〔turns〕. / (차가) 급～를 돌다 make a sharp turn / 길은 우측으로 완만한 ～를 이루고 있다 The road curves gently to the right. / 그는 날카로운 ～볼을 던졌다 He pitched a sharply breaking curve.

커스터드 custard.

커지다 《크기·부피 따위가》 get bigger; grow larger; increase in size; expand; 《성장하다》 grow (up); get 〔become〕 taller; 《중대해지다》 get 〔become〕 serious; assume serious proportions. ¶ 너무 커진 도시 an overgrown city / 담이 ～ become emboldened / 세력이 ～ increase in power; gain in influence / 부피가 ～ increase in volume / 이 도시는 지난 2, 3년 동안에 커졌다 This town has grown large 〔big〕 during the past few years. / 사건이 커질 것 같다 The affair threatens to become serious.

커트 《테니스·탁구 등에서》 a cut. ～하다 cut 《*a ball*》.

커튼 a curtain; drapes 《美》. ¶ 창～ a window curtain / ～을 치다〔닫다〕 close 〔draw〕 the curtains / ～을 젖히다〔열다〕 pull 〔draw〕 the curtains back 〔aside〕; open the curtains. ‖ ～콜 a curtain call(～콜을 받다 take a curtain call).

커틀릿 a cutlet. ¶ 닭고기 〔돼지고기〕 ～ a chicken 〔pork〕 cutlet.

커프스 cuffs. ¶ ～버튼 cuff 〔sleeve〕

ㅋ

links; cuff buttons《美》.
커피 coffee. ¶ ~를 끓이다 make coffee / ~를 블랙으로 마시다 drink coffee black. ‖ ~세트 a coffee set / ~숍 a coffee shop / ~포트 a coffeepot.
컨덕터 a conductor.
컨디션 condition. ¶ ~이 좋다〔나쁘다〕 be in 〔out of〕 condition.
컨베이어 a conveyor; a conveyer. ‖ ~시스템 a conveyor system.
컨설턴트 a consultant. ¶ 경영 ~ a management consultant.
컨테이너 a container. ¶ ~트럭〔열차〕 a container truck 〔train〕/ ~선 a container ship 〔vessel〕.
컨트롤 control. ~하다 control. ¶ ~이 좋다〔나쁘다〕《야구에서》 have good 〔poor〕 control. ‖ ~타워 a control tower.
컬 a curl (of hair). ¶ ~이 풀리다 go out of curl.
컬러 (a) color. ‖ ~방송《텔레비전의》 colorcasting; a colorcast / ~사진 a color photo / ~텔레비전 color television; 《수상기》 a color television (set) / ~필름 a color film.
컬컬하다 (be) thirsty.
컴컴하다 《어둡다》 (be) dark; black; somber; gloomy; dim; 《마음이》 (be) dark; secretive; blackhearted; insidious.
컴퍼스 《제도용의》 (a pair of) compasses; 《나침의》 the mariner's compass.
컴퓨터 a computer. ¶ ~화(化)하다 computerize / 데이터를 ~에 입력하다 put 〔feed〕 data into a computer / 정보를 ~로 처리하다 process information with a computer / 이 기계는 ~로 제어되고 있다 This machine is controlled by computer. / ~로 제어되는 기계 a machine under computer control; a computer-controlled machine. ‖ ~게임 a computer game / ~그래픽스 computer graphics / ~기술 computer technology / ~바이러스 a computer virus; a bug / ~백신〔왁친〕 a computer vaccine / ~범죄 a computer crime / ~언어 a computer language / ~제어장치 a computer-control system / ~칩 a computer chip / ~통신(망) a computer network / ~해커 a (computer) hacker.
컴프레서 a compressor.
컵 a cup; a trophy(우승컵); 《잔》 a glass; a drinking cup. ¶ 물 한 ~ a glass of water / 우승~을 주다 honor 《*a winner*》 with a trophy / 종이 ~ a paper cup.
컷 《판화》 a (wood) cut; an illustration; a picture; 《영화에서의》 cutting; a cut; 《삭제》 a cut; 《머리의》 a cut. ~하다 cut; cross out; strike off. ¶ ~을 넣다 fill 《*the space*》 with a cut / 몇몇 장면을 ~하다 cut some scenes from the film / 임금을 5% ~하다 cut the wages by five percent / 머리를 짧게 ~하다 have *one's* hair cut short.

케이블 a cable. ¶ 해저 ~ a submarine cable / 지하 ~ an underground cable. ‖ ~카 a cable car / ~텔레비전 cable television.
케이스 《상자·사례》 a case. ¶ 유리 ~ a glass case / 드문 ~ a rare case / 긴급을 요하는 ~에는 in case of emergency / ~ 바이 ~로 according to the case; depending on the case. ‖ ~스터디 a case study.
케이에스 KS. (◀Korean Standards) ‖ ~마크 a KS mark / ~상품 KS goods.
케이오 K.O. (◀knock-out)
케이크 a cake. ¶ ~ 한 조각 a piece 〔slice〕 of cake / 생일 ~ a birthday cake.
케임브리지 Cambridge.
케첩 ketchup; catsup; catchup. ¶ 토마토 ~ tomato ketchup.
케케묵다 《낡다》 (be) old; antiquated; 《구식》 (be) old-fashioned; out of date; 《진부하다》 (be) hackneyed; timeworn. ¶ 케케묵은 이야기 an old story / 케케묵은 생각 old-fashioned 〔outdated〕 idea.
켕기다 ① 《팽팽해짐》 be stretched tightly; be strained; become tense 〔taut〕. ¶ 힘줄이 ~ have a strain on the sinew; feel a sinew taut. ② 《마음이》 feel a strain; feel ill at ease; have something on *one's* conscience. ③ 《팽팽하게 함》 strain; stretch; draw tight; make taut.
켜 a layer; a ply. ¶ 여러 ~를 쌓다 heap up in several layers.
켜다 ① 《불을》 light; kindle; turn 〔switch〕 on 《*an electric lamp*》. ¶ 성냥을 ~ strike a match. ② 《들이켜다》 finish off 《*one's drink*》; drink up 《*one's beer*》; drain 《*a cup*》. ③ 《톱으로》 saw. ¶ 통나무를 켜서 판자를 만들다 saw a log into planks. ④ 《누에고치를》 spin 《*threads*》 off 《*a cocoon*》. ⑤ 《기지개를》 stretch (*oneself*). ⑥ 《악기를》 play (on) 《*the violin*》.
켤레 a pair. ¶ 양말 두 ~ two pairs of socks.
코[1] ① 《일반적》 a nose; a trunk (코끼리의); a muzzle(개, 말 따위의); a snout (돼지의). ¶ ~가 막히다 *one's* nose is stuffed 〔stopped〕 up / ~를 후비다 pick *one's* nose / ~가 높다〔낮다〕 have a

long〔flat〕nose. ② 《콧물》 (nasal) mucus; snivel; snot. ¶ ~를 흘리고 있는 아이 a child with a running nose / ~를 훌쩍이다 snivel / ~를 흘리다 *one's* nose runs; run (at) the nose / ~를 풀다 blow *one's* nose. 「a knot.
코² 《편물(編物)의》 a stitch; 《그물의》
코감기(一感氣) 《have》 a cold in the head〔nose〕. 「snore loudly.
코골다 snore. ¶ 드르렁드르렁 ~
코끝 the tip of the nose. ¶ ~에 칼을 들이대다 present〔thrust〕a knife under *one's* nose.
코끼리 an elephant. ¶ 수〔암〕~ a bull〔cow〕elephant.
코냑 《술》 cognac.
코너 a corner.
코넷 〖樂〗 a cornet.
코대답(一對答) ~하다 answer indifferently〔nonchalantly〕.
코드 ① 《줄》 a cord; 《전깃줄》 an electric cord. ¶ 연장~ an extension cord / TV의 ~를 꽂다〔뽑다〕 plug in〔unplug〕the TV. ② 《암호》 a code. ¶ 자동검사~ 《컴퓨터의》 a self-checking code / ~화하다 code. ‖ ~네임 a code name / ~북 a code book.
코딱지 nose dirt〔wax〕; dried nasal mucus.
코떼다 get snubbed〔humbled, rejected〕; be put to shame.
코뚜레 a nose ring. 「duroy suit.
코르덴 corduroy. ¶ ~양복 a cor-
코르셋 a corset; stays 《英》.
코르크 (a) cork. ¶ ~마개 a cork stopper.
코뮈니케 a *communiqué* 《프》. ¶ 공동~ a joint *communiqué* / ~를 발표하다 issue〔read〕a *communiqué*.
코뮤니스트 a communist.
코뮤니즘 communism.
코미디 a comedy.
코미디언 a comedian.
코믹 a comic(희극); comics(만화).
코바늘 a crochet hook〔needle〕.
코발트 〖化〗 cobalt(기호 Co). ¶ ~(색)의 cobaltic. ‖ ~폭탄 a cobalt bomb.
코방귀 뀌다 pooh-pooh; snort〔sniff〕at; treat 《*a person*》 with contempt.
코방아 찧다 fall flat on *one's* face.
코브라 〖動〗 a cobra.
코사인 〖數〗 a cosine (생략 cos).
코사크 a Cossack; the Cossacks (민족). ¶ ~기(마)병 a Cossack.
코세다 (be) stubborn; headstrong.
코스 a course(경로·과정); a route; a lane(경주 등의). ¶ 골프 ~ a golf course / 제1~ Lane No. 1(수영 등의) / 대학 진학〔취직〕 ~ a college〔vocational〕course / 프랑스 요리의 풀~ a full-course meal of French cuisine.
코스닥 〖證〗 Korea Securities Dealers Automated Quotations(생략 KOSDAQ) (한국의 벤처 기업 육성을 위해 미국의 나스닥(NASDAQ)을 본떠 1996년에 설립된 주식 시장).
코스모스 〖植〗 a cosmos.
코스트 《원가·가격》 cost. ¶ ~다운하다 reduce〔cut〕costs; bring about a reduction in costs / 우리는 생산 ~를 줄였다 We reduced the cost of production. ‖ ~업 an increase in costs / ~인플레이션 cost-push inflation.
코웃음 치다 sneer.
코일 a coil. 「citizen of the world.
코즈머폴리턴 a cosmopolitan; a
코즈메틱 a cosmetic.
코치 《훈련》 coaching; 《사람》 a coach. ~하다 coach 《*a team*》.
코카서스 Caucasus; Caucasia. ¶ ~사람 a Caucasian.
코카인 〖化〗 cocain(e). ‖ ~중독 cocainism.
코카콜라 Coca-Cola; Coke 《俗》.
코코넛 〖植〗 a coconut.
코코아 《음료》 cocoa. ¶ ~를 마시다 drink〔have〕cocoa.
코크스 coke. 「cot).
코탄젠트 〖數〗 a cotangent(생략
코털 hairs in the nostrils. ¶ ~을 뽑다 pull hairs out of *one's* nostrils.
코트 ① 《양복 상의》 a coat; a jacket; an overcoat(외투). ¶ ~를 입다〔벗다〕 put on〔take off〕a coat. ② 《테니스 따위의》 a 《*tennis*》 court. 「hagen.
코펜하겐 《덴마크의 수도》 Copen-
코프라 《야자유의 원료》 copra.
코피 (a) nosebleed. ¶ ~를 흘리다 bleed at〔from〕the nose; *one's* nose bleeds. 「sniveler.
코흘리개 a snotty-nosed kid; a
콕 stinging〔thrusting, poking, pricking〕hard〔sharply, fast〕. ¶ 바늘로 ~ 찌르다 prick with a
콘덴서 〖電〗 a condenser. ⌊needle.
콘덴스트밀크 condensed milk.

콘도미니엄 a condominium.
콘돔 a condom; a rubber 《俗》.
콘비프 corn(ed) beef.
콘서트 a concert.
콘센트 〖電〗 an〔a wall〕outlet.
콘체르토 〖樂〗 a concerto.
콘크리트 concrete. ¶ ~벽 a concrete wall / 도로를 ~로 포장하다 concrete the road / 이것은 철근~건물이다 This is a ferroconcrete〔reinforced concrete〕building. ‖ ~믹서 a cement mixer / ~블록 a concrete block / ~포장 concrete pavement.
콘택트렌즈 《wear》 a contact lens.
콘트라베이스 〖樂〗 a contrabass.
콘트라스트 a contrast.

콜걸 a call girl《美俗》.
콜드게임〖野〗a called game.
콜드크림 cold cream.
콜레라 cholera. ¶ 진성 ~ malignant cholera. ‖ ~ 예방주사 (an) anticholera injection.
콜로이드〖化〗colloid. ¶ ~의 colloidal.
콜로타이프 a collotype.
콜록거리다 keep coughing〔hacking〕.
콜론[1]〖經〗a call loan.
콜론[2]《이중점》a colon(기호 :).
콜타르 coal tar; tar. ¶ ~를 칠하다 tar.
콜호스《집단농장》a *kolhoz*《러》; a collective farm.
콤마 a comma(기호 ,); 〖數〗a decimal point.
콤바인《탈곡기》a combine (harvester).
콤비 a combination. ¶ …와 ~가 되다 (form a) pair with… / 두 사람은 명 ~다 They are good partners for each other.
콤비나트 an industrial complex; *kombinat*《러》. ¶ 석유 화학 ~ a petrochemical complex.
콤팩트 a compact. ‖ ~디스크 a compact disk(생략 CD).
콤플렉스〖心〗a complex; 《열등감》 an inferiority complex. ¶ 그는 대학 출신자에게 ~를 느낀다 He feels inferior to university graduates.
콧구멍 the nostrils; the nares.
콧김 the breath from the nose.
콧날 ¶ ~이 선 《a person》 with a shapely〔clear-cut〕nose.
콧노래 ¶ ~를 부르다 hum a song〔tune〕.
콧대 ¶ ~가 높다 be conceited; be puffed up《*with pride*》; be haughty / ~가 세다 be self-assertive; be defiant / ~를 꺾다 humble 《*a person's*》 pride; snub《*a person*》 down; take 《*a person*》 down a peg (or two).
콧등 the ridge〔bridge〕of the nose.
콧물 snivel. ¶ ~을 흘리다 snivel; have a running nose / 그 애는 ~을 흘리고 있다 The boy's nose is running.

콧소리 a nasal (tone of) voice; a (nasal) twang. ¶ ~로 말하다 speak 「through *one's* nose〔with a twang〕.
콧수염 a moustache; a mustache《美》. ¶ ~을 기르다 grow a mustache.
콩〖植〗beans; a pea(완두); a soybean(대두). ¶ ~과의 식물 a legume / ~을 볶는 듯한 기관총 소리가 들렸다 A cracking〔rattle〕of machine guns was heard. / ~밭에서 팥이 나랴 An onion will not produce a rose. / ~ 심은 데 ~나고 팥 심은 데 팥 난다《俗談》Don't expect the extraordinary. *or* Like father, like son. ‖ ~가루 soybean flour / ~기름 (soy) bean oil / ~깍지 bean chaff / ~깻묵 bean cake; soybean (oil) meal / ~꼬투리 a bean pod.
콩국 soybean soup.
콩국수 soybean noodle.
콩나물 bean sprouts. ¶ ~교실 an overcrowded classroom / ~국 bean sprout soup / ~밥 rice cooked with bean sprouts.
콩밥 bean-mixed rice. ¶ ~(을) 먹다《비유적 표현》be put to prison.
콩버무리 bean-mixed rice cake.
콩새〖鳥〗a Korean hawfinch.
콩자반 beans boiled in soysauce.
콩쿠르 a *concours*《프》; a contest. ¶ 음악 ~ a musical contest.
콩튀듯하다 jump up with anger; be hopping mad. ¶ 분해서 ~ stamp *one's* feet with frustration 〔vexation〕.
콩트 a *conte*《프》; a short story.
콩팥 the kidney. ☞ 신장.
콰르텟〖樂〗a quartet.
콱 strongly; hard; violently. ¶ ~ 밀다 push with a sudden jerk / 단검을 ~ 찌르다 thrust a dagger 《*into*》 / 숨이 ~ 막히다 be choked; be stiffed / 이상한 냄새가 코를 ~ 찔렀다 An offensive smell assailed *one's* nostrils.
콸콸 gushingly. ¶ ~ 흘러나오다 gush out.
쾅 bang; boom; thud. ¶ 문을 ~ 닫다 shut a door with a bang / ~하고 떨어지다 fall with a thud.
쾌 ¶ 북어 한 ~ a string of twenty dried pollacks.
쾌감(快感) a pleasant sensation; an agreeable feeling; ecstasy. ¶ ~을 느끼다 feel good; have a good〔nice〕feeling / 말할 수 없는 ~을 느끼다 feel an indescribable pleasure.
쾌거(快擧) a brilliant〔spectacular〕achievement〔feat〕.
쾌남아(快男兒) a jolly good fellow.
쾌도(快刀) a sharp knife〔sword〕. ¶ ~난마하다 cut the Gordian knot; solve a knotty problem readily.
쾌락(快樂) pleasure; enjoyment. ¶ 육체적 ~ carnal pleasure / ~을 좇다 seek pleasure / ~에 빠지다 be given to pleasure. ‖ ~주의 epicureanism; hedonism / ~주의자 a hedonist; an epicurean.
쾌보(快報) good news; glad tidings; a joyful report.
쾌사(快事) a pleasant〔joyful〕event.
쾌속(快速) high speed. ¶ ~의 high-speed; fast; speedy; swift. ‖ ~선 a fast boat〔ship〕.
쾌승(快勝) ~하다 win a sweeping 〔an overwhelming〕victory《*over*》; win easily.
쾌유(快癒) complete recovery《*from*

illness》. ～하다 recover completely《*from*》; make a complete recovery《*from*》; get〔be〕quite well again; be completely restored to health.

쾌재(快哉) ¶ ～를 부르다 shout for joy〔delight〕; cry out "bravo".

쾌적(快適) ～하다 (be) agreeable; pleasant; comfortable. ¶ ～한 버스 a comfortable bus / ～한 여행 a pleasant trip / 따뜻하고 ～한 작은 방 a warm and cozy little room.

쾌조(快調) an excellent condition. ¶ ～이다 be in top〔the best〕condition; be in good shape / ～로 나아가다 make good〔steady〕headway; progress steadily.

쾌차(快差) ☞ 쾌유.

쾌척(快擲) ～하다 give《*a fund*》willingly; make a generous contribution.

쾌청(快晴) fine〔fair and clear〕weather.

쾌활(快活) ～하다 (be) cheerful; merry; lively; jolly. ¶ ～하게 cheerfully; merrily; livelily; with a light heart.

쾌히(快—) 《즐거이》 pleasantly; cheerfully; delightfully; agreeably; 《기꺼이》 willingly; gladly; readily. ¶ ～ 승낙하다 agree〔consent〕willingly〔readily〕.

쾨쾨하다 ☞ 퀴퀴하다.

쿠냥 a Chinese girl.

쿠데타 a *coup d'état*《프》; a coup. ¶ 군부～ a military coup / 무혈～ a bloodless coup / ～를 일으키다 carry out a *coup d'état*.

쿠렁쿠렁하다 be not full.

쿠바 Cuba. ¶ ～의 Cuban / ～사람 a Cuban.

쿠션 a cushion. ¶ ～이 좋은 의자 a soft, comfortable chair / ～ 역할을 하다 cushion; act as a buffer.

쿠페《소형차》a *coupé*; a *coupe*.

쿠폰 a coupon; a voucher(식권 따위). ‖ ～권〔제〕 a coupon ticket〔system〕.

쿡《요리인》a cook.

쿨롬〖電〗a coulomb.

쿨룩거리다 keep coughing〔hacking〕.

쿨리 a coolie; a cooly.

쿨쿨 z-z-z; snoring. ¶ ～ 자다 sleep snoring.

쿵 with a thud〔bang, bump, plump〕. ¶ ～하고 떨어지다 fall plump〔heavily〕/ 벽에 ～하고 부딪다 bump against the wall.

퀀셋〖建〗a Quonset hut《美》.

퀘스천마크 a question mark.

퀭하다《눈이》(be) hollow. ¶ 퀭한 눈 hollow eyes.

퀴닌〖藥〗quinine.

퀴즈 a quiz. ¶ ～쇼〔프로〕 a quiz show〔program〕.

퀴퀴하다 (be) musty; fusty; stale; fetid; stinking. ¶ 퀴퀴한 냄새 a musty〔an offensive〕smell.

큐《당구의》a cue.

큐비즘〖美術〗cubism.

큐피드 Cupid.

크기 size; dimensions; magnitude; bulk (덩치); volume(용적).

크나크다 (be) very big; huge.

크낙새〖鳥〗a Korean redheaded woodpecker.

크다[1]《모양이》(be) big; large;《부피가》(be) bulky; massive;《소리가》(be) loud;《위대》(be) great; grand;《강대》(be) mighty; powerful;《거대》(be) gigantic; huge;《광대》(be) vast; extensive; spacious;《심하다》(be) severe; heavy;《마음이》(be) generous; liberal. ¶ 큰 잘못 a big〔great〕mistake; a grave error / 큰 인물 a great man / 큰 손해 heavy loss / 큰 목소리로 in a loud voice / 야망이 ～ have a great ambition / 마음이 ～ be broad-minded / (돈에 대해) 손이 크다 be liberal with *one's* money / 서울은 세계에서 가장 큰 도시 중의 하나다 Seoul is one of the biggest〔largest〕cities in the world. / A는 B보다 어느만큼 큰가 How much larger is A than B?

크다[2]《자라다》grow (up). ¶ 다 큰 아이 a grown-up child.

크라운 a crown.

크래커《비스킷》a cracker.

크랭크 a crank. ¶ ～를 돌리다 crank《*an engine*》; turn a crank. ‖ ～축 a crankshaft.

크랭크업〖映〗～하다 finish filming.

크랭크인〖映〗～하다 start filming.

크레디트 a credit. ¶ ～를 설정하다 establish〔set up, open〕a credit. ‖ ～카드 a credit card(～카드로 …을 사다 buy *something* on credit).

크레오소트 creosote.

크레용《a picture in》crayon.

크레인 a crane; a derrick(배의).

크레졸 cresol. ¶ ～비눗물 saponated solution of cresol.

크레파스 crayon pastel.

크렘린 the Kremlin.

크로켓 a *croquétte*《프》.

크롤〖水泳〗crawl. ¶ ～ 헤엄을 치다 swim the crawl.

크롬 chrome; chromium(기호 Cr).

크리스마스 Christmas; Xmas. ¶ ～를 축하하다 celebrate Christmas / ～ 선물을 하다 give〔present〕a Christmas gift. ‖ ～이브 Christmas Eve / ～카드〔선물〕 a Christmas card〔present〕/ ～트리 a Christmas tree.

크리스천 a Christian.

크리켓 cricket.

크림《식품》cream;《화장품》《face, hand》cream. ¶ ～모양의 creamy;

ㅋ

creamlike / ～빛의 cream-colored / 생～ fresh cream / 얼굴에 ～을 바르다 cream *one's* face; apply cream to *one's* face. ‖ ～빵 a cream bun / ～소스 cream sauce.

큰곰자리 〖天〗 the Great Bear.

큰기침하다 clear *one's* throat loudly; say a big 'ahem'.

큰길 a main street〔road〕; a highway; a thoroughfare.

큰누이 *one's* eldest sister.

큰달 a long month.

큰댁(一宅) ☞ 큰집.

큰돈 a large sum (of money); a lot of money; a great cost (경비). ¶ ～을 벌다 make a lot of money / ～을 들여 그 집을 샀다 He bought the house at a great cost.

큰딸 the eldest daughter.

큰마음 ①《대망》great ambition; great hopes〔expectations〕. ¶ …이 되려는 ～을 먹다 be ambitious to become…. ②《아량》broad-mindedness; generosity; liberality. ¶ ～ 쓰다 act generously. ③《어려운 결심을 하고》¶ ～ 먹고 daringly; boldly; resolutely / ～ 먹고 …하다 venture〔dare〕 to *do;* take the plunge and *do;* make so bold as to *do* / ～ 먹고 저의 마음을 털어 놓겠습니다. 나는 당신을 사랑합니다 I dare to express my feelings. I love you.

큰물 a flood; an inundation. ¶ ～ 나다 be in flood; be flooded.

큰불 a big〔great〕 fire; a conflagration.

큰비 a heavy rain(fall). ☞ 호우.

큰사랑(一舍廊) 《넓은》 a large guest room; 《웃어른의》 the living room of *one's* elders.

큰상(一床) 《잔치의》 a reception table《*offered bride or groom*》; 《커다란》 a large dinner table.

큰소리 ①《큰소리》 a loud voice. ¶ ～로 in a loud voice; loudly. ②《야단침》 a shout; a yell; a roar; a bawl; a brawl. ¶ 아무에게 ～치다 shout〔roar, rave〕 at *a person*. ③《허풍》 tall〔big〕 talk; bragging. ¶ ～ 치다 talk big〔tall〕; brag.

큰솥 a cauldron; a big kettle.

큰아기 《맏딸》 *one's* eldest daughter; 《처녀》 a big〔grown-up〕 girl.

큰아버지 《백부》 *one's* father's elder brother; *one's* uncle.

큰어머니 the wife of *one's* father's elder brother; *one's* aunt.

큰언니 *one's* eldest sister.

큰오빠 *one's* eldest brother.

큰일 ①《큰 사업》 a big enterprise〔business, plan〕. ¶ ～을 계획하다 plan a big enterprise. ②《중대사》 a matter of grave concern; a serious matter; a great trouble; a disaster; a crisis(위기). ¶ ～ 나다 a serious thing happens; a serious problem pops up / ～이 되다 get〔become〕 serious; assume serious proportions / 이건 ～이다 This is serious! ③《예식·잔치 따위》 a big ceremony〔banquet〕; a wedding. ¶ ～을 치르다 go through〔carry out〕 a wedding.

큰절 《여자의》 a formal deep bow. ～하다 make a formal deep bow.

큰집 ①《종가》 the head family〔house〕. ②《맏형의》 the house of *one's* eldest brother.

큰칼 《형구》 a big cangue; a large pillory.

큰코다치다 have bitter experiences; have a hard time of it; pay dearly《*for*》. ¶ 못 믿을 사람을 믿었다가 큰코다쳤다 I made a bitter mistake of putting my faith in someone who couldn't be trusted.

큰형 a man's eldest brother.

클라리넷 〖樂〗 a clarinet. ‖ ～주자(奏者) a clarinetist.

클라이맥스 the climax. ¶ 연극은 ～에 이르렀다 The play has reached its climax.

클라이밍 《등산》 climbing.

클래식 a classic; (the) classics. ¶ ～음악 classical music.

클랙슨 a horn; a klaxon. ¶ ～을 울리다 sound *one's* klaxon; honk.

클러치 〖機〗 a clutch. ¶ ～를 밟다 step on the clutch / ～를 넣다 put in the clutch / ～를 늦추다 release the clutch.

클럽 《단체》 a club; a clubhouse (건물). ¶ ～에 들다 join a club. ‖ ～활동 club〔extracurricular〕 activities(학교의) / ～회비 club dues / ～회원 a member (of a club).

클레임 〖經〗 a claim (for damages). ¶ ～을 제기하다 make〔bring forward〕 a claim《*for compensation*》 / ～에 응하다 meet a claim for damages.

클로로다인 〖藥〗 chlorodyne.

클로로마이세틴 〖藥〗 chloromycetin.

클로로포름 〖藥〗 chloroform.

클로르 〖化〗 chlorine; *Chlor*《獨》(기호 Cl). ☞ 염소(塩素).

클로버 a《*four-leaf*》clover.

클로즈업 〖映〗 a close-up. ¶ 배우의 얼굴을 ～하다 take a close-up of an actor's face / 그 문제가 크게 ～되었다 The problem was highlighted.

클리닝 cleaning; laundering. ¶ 드라이～ dry cleaning / 코트를 ～하러 보냈다 I sent my coat to the laundry〔cleaner's〕.

클립 a (paper) clip; 《머리의》 a curling pin; a curler. ¶ 서류를

~으로 끼우다 clip the papers together.

큼직하다 (be) quite big. ¶ 큼직한 집 quite a big house / 큼직한 글씨로 쓰다 write large / 신문에 큼직한 광고를 내다 run a large ad in the newspaper.

키[1] 《까부는》 a winnow. ¶ ~질하다 winnow.

키[2] 《배의》 a rudder (키판); a helm (키자루); a (steering) wheel. ¶ ~를 잡다 steer; be at the helm.

키[3] 《신장》 stature; height. ¶ ~가 크다〔작다〕 be tall〔short〕/ ~가 자라다 grow in height; grow taller / ~가 180센티가 되다 attain a stature of 180 centimeters tall / ~를 재다 measure *one's* height.

키[4] a key. ¶ 자동차의 ~ a car key; a key to *one's* car. ‖ ~보드 a keyboard / ~스테이션 a key station《美》/ ~펀처 a keypuncher / ~포인트 a main point / ~홀더 a key ring (둥근형의).

키다리 a tall fellow.

키순(—順) ¶ ~으로 서다 stand〔line up〕「in order of〔according to〕height.

키스 a kiss; a smack(쪽소리 내는). ~하다 kiss. ¶ 손에 ~하다 kiss 《*a person's*》 hand / 이마에〔입에〕 ~하다 kiss 《*a person*》 on the forehead〔mouth〕.

키우다 ① 《양육하다》 bring up; rear; raise; foster; nurse; 《동·식물을》 breed; raise. ¶ 아이를 우유〔모유〕로 ~ raise a child on the bottle〔at the breast〕. ② 《양성·육성하다》 train; bring up; promote; cultivate. ¶ 외교관으로 ~ train 《*a person*》 for the diplomatic service / 담력을 ~ cultivate courage / 국내 산업을 ~ promote domestic industry / 재능을 ~ cultivate *one's* talent.

키잡이 《조타수》 a helmsman; a steersman.

키퍼 a keeper. ¶ 골~ a goal keeper.

킥 〖蹴〗 a kick.

킥오프 〖蹴〗 a kickoff.

킥킥거리다 giggle; titter; chuckle.

킬로 a kilo. ¶ ~그램 a kilogram / ~리터 a kiloliter / ~미터 a kilometer.

킬킬거리다 ☞ 킥킥거리다.

킹사이즈 ¶ ~의 king-size(d).

킹킹거리다 whine; whimper.

컴퓨터

1. 여러 형태의 컴퓨터
슈퍼컴퓨터 a supercomputer / 대형컴퓨터 a mainframe / 미니컴퓨터 a minicomputer / 워크스테이션 a workstation / 개인용 컴퓨터 a personal computer / 포터블 컴퓨터 a portable computer / 랩톱 컴퓨터 a laptop computer / 탁상용 컴퓨터 a desktop computer / 마이크로컴퓨터 a microcomputer.

2. 하드웨어(hardware) 관련 용어
아이씨〔집적회로〕 IC; an integrated circuit / 엘씨디〔액정 디스플레이〕 LCD; a liquid crystal display / 엘에스아이〔대규모 집적회로〕 LSI; a large-scale integration / 카드 판독기 a card reader / 주변장치 a peripheral (device) / 단말기 a terminal / 바코드 판독기 a bar-code reader / 하드디스크 a hard〔fixed〕 disk / 광디스크 an optical disk / 플라즈마 디스플레이 a plasma display / 마이크로프로세서 a microprocessor / 모뎀 a modem / 라이트 펜 a light pen.

3. 소프트웨어(software) 관련 용어
응용프로그램 an application(s) program / 전문가 시스템 an expert system / 운영 체제 OS; an operating system / 인공지능 시스템 AI system; an Artificial Intelligence system / 디스크 운영체제 DOS; a disk operating system / 버그〔잘못〕 a bug / 공개 소프트웨어 public-domain software / 프로그래밍 언어 a programming language.

4. 대표적인 소프트웨어의 종류
게임 프로그램 a game〔entertainment〕 program / 통신 프로그램 a communications program / 데이터베이스 관리자 a database manager / 탁상 출판 프로그램 a desktop publishing program / 스프레드시트 a spreadsheet / 워드 프로세서 a word processor.

5. 기타, 일반적인 용어
출력 output / 액세스〔접근〕 access / 아스키 ASCII(◀ American Standard Code for Information Interchange) / 어셈블러 an assembler / 아날로그 analog / 접속〔인터페이스〕 interface / 온라인 on-line / 입력 input / 기계어 a machine language / 문자 a character / 행 a line / 부호〔코드〕 a code / 명령 a command / 컴파일러 a compiler / 호환의 compatible / 서브루틴 a subroutine / 순차 액세스 sequential access / 시뮬레이션 simulation / 문자열 a string / 데이터베이스 a database / 바코드 bar code / 로드〔적재〕 load / 화일 a file / 하드 카피 a hard copy.

타(他) the rest; the other; others; another (thing). ¶ ~가(家) another house〔family〕/ ~도(道) other provinces / ~의 추종을 불허하다 be peerless〔unrivaled〕; be without a peer; have no equal; be second to none.

타(打) a dozen. ☞ 다스.

타개(打開) ~하다 break through 《*a deadlock*》; get〔tide〕over 《*a difficult situation*》; overcome; find a way out of 《*the difficulties*》. ¶ 난국 ~를 위해 의논하다 discuss how to overcome difficulties / 정부는 재정위기에 대한 ~책을 찾아내야 한다 The government has to find a way out of the financial crisis. ‖ ~책 a way out 《*of depression*》; a countermeasure.

타격(打擊) a blow; a hit; a shock (충격); a damage(손해); 〖野〗 batting. ¶ 치명적 ~ a fatal〔mortal〕blow / ~을 주다 deal a blow 《*at, to*》; give a blow 《*to*》 / ~을 받다〔입다〕 be hit; suffer a blow; be shocked 《*at, by*》. ‖ ~상 〖野〗 the batting award / ~순 〖野〗 the batting order / ~연습 batting practice / ~왕 〖野〗 the batting champion; the leading hitter / ~전 〖野〗 a game with many hits; slugfest 《美口》.

타결(妥結) a (compromise) settlement; an agreement(협정). ~하다 come to terms 《*with*》; reach an agreement 《*with*》; make a compromise agreement 《*with*》; settle 《*with*》. ¶ ~의 조건 terms of agreement / 교섭은 원만히 ~되었다 The negociations reached a peaceful and satisfactory settlement. ‖ ~점 a point of agreement.

타계(他界) ~하다 ☞ 죽다 ①.

타고나다 be born 《*with, into*》; be gifted〔endowed〕《*with*》. ¶ 타고난 born; inborn; natural; inherent / 타고난 시인〔노름꾼〕 a born poet〔gambler〕/ 타고난 권리 *one's* birthright.

타고장(他—) another place〔province〕.

타곳(他—) a foreign land; a place away from home; another place. ‖ ~사람 a stranger.

타구(打球) 〖野〗 batting(치기); a batted ball(공)「《美》.

타구(唾具) a spittoon; a cuspidor

타국(他國) a foreign country; an alien〔a strange〕land; another country. ¶ ~의 foreign; alien. ‖ ~인 a foreigner; an alien.

타기(唾棄) ~하다 throw away in disgust. ¶ ~할 detestable; disgusting; abominable.

타내다 get 《*from one's elders*》; obtain. ¶ 아버지께 용돈을 ~ get pocket money from *one's* father.

타닌 〖化〗 tannin 《*acid*》.

타다[1] ① 《불에》 burn; be burnt; blaze. ¶ 활활 타고 있는 불 a blazing fire; roaring flames(소리를 내며) / 새빨갛게 타고 있는 석탄 glowing〔live〕coals / 불꽃을 내며 ~ burn with a flame / 잘 ~ burn easily; catch fire easily; be (in-)flammable / 잘 안 ~ do not burn easily / 타고 있다 be burning; be on fire; be in flame / 다 타버리다 be burnt out; burn itself out. ② 《눋다》 scorch; be〔get〕scorched〔charred, burned〕. ¶ 밥이 ~ the rice is scorched. ③ 《볕에》 be sunburnt; be tanned with the sun. ¶ 햇볕에 탄 얼굴 a suntanned face. ④ 《마음·정열 등이》 burn; blaze; glow; 《애가》 be agonized〔anxious, anguished〕. ¶ 타오르는 정열 burning passion / 애타게 기다리다 wait anxiously. ⑤ 《목이》 be parched with thirst.

타다[2] 《액체에》 put in; add; 《섞다》 mix; blend; dilute; adulterate (불순물을); dissolve(용해시키다). ¶ 위스키에 물을 ~ mix〔dilute〕whisky with water / 커피에 브랜디를 ~ lace *one's* coffee with brandy / 물에 소금을 ~ dissolve salt in water.

타다[3] ① 《탈것에》 ride 《*a horse, a bicycle*》; take 《*a bus, a plane*》; get into 《*a car*》; board 《*a bus*》; get on board 《*a ship*》. ¶ 자동차에 ~ ride〔take a ride〕in an automobile / 타고 있다 be on 《*a car, a train*》 / 열차〔버스〕를 타고 가다 go 《*to Masan*》 by rail〔bus〕/ 비행기를 타고 가다 go〔travel〕《*to London*》 by air; fly 《*to Hawaii*》 / 승강기를 타고 오르내리다 go up and down in an elevator. ② 《기타》 ¶ 줄을 ~ walk on a rope / 산을 ~ climb a mountain / 기회를 ~ seize the opportunity / 얼음을 지치고 놀다 have a slide on the ice.

타다[4] 《받다》 get〔receive〕《*a prize, an award*》; win〔be awarded〕《*a prize*》; be given. ¶ 노벨상을 ~

be awarded a Nobel prize.
타다[5] ① 《맷돌로》 grind. ¶ 탄 보리 ground barley. ② 《가르다》 divide; part 《*one's hair*》.
타다[6] ① 《잘 느끼다》 be apt to feel; be sensitive to. ¶ 부끄럼을 ~ be bashful〔shy〕/ 간지럼을 ~ be ticklish. ② 《영향을》 be susceptible〔sensitive〕 to; be allergic to; suffer easily from; be affected. ¶ 옻을 ~ be allergic to lacquer / 추위를 ~ be sensitive to cold.
타다[7] ① 《연주》 play (on). ¶ 가야금을 ~ play on a *gayageum*〔Korean harp〕. ② 《솜을》 beat 《*cotton*》 out; 《틀다》 willow〔whip〕《*a cotton*》.
타닥거리다 《빨래를》 beat pat-pat-pat. ¶ 빨래를 방망이로 ~ paddle the laundry pat-pat-pat.
타당(妥當) ¶ ~한 proper; adequate; appropriate; pertinent / ~하지 않은 improper; inappropriate; inadequate / 그의 의견은 ~하다 His opinion is proper. ‖ ~성 appropriateness; suitability; validity.
타도(打倒) ~하다 overthrow; strike down. ¶ 정부를 ~하다 overthrow a government / ~ 식민주의 《표어》 Down with colonialism!
타도(他道) another province.
타동사(他動詞) a transitive verb.
타락(墮落) degradation; corruption; depravity. ~하다 go wrong〔astray〕; be corrupted; become depraved; go to the bad; degenerate; fall low. ¶ 예술의 ~ decadence of art / ~한 학생 a depraved student / ~한 정치인 a corrupt politician / ~한 여자 a fallen〔ruined〕 woman / ~시키다 degrade; deprave; lead 《*a person*》 astray / 그녀가 저렇게까지 ~할 줄은 몰랐다 I never thought she would fall so low. / 그는 술 때문에 ~했다 Drink led him astray.
타락줄 a rope made of human hair.
타래 a bunch; a skein; a coil. ¶ 실 한 ~ a skein of thread / 새끼를 ~~ 감다〔사리다〕 coil the rope up.
타래송곳 a gimlet; a corkscrew.
타력(他力) the power of another; outside help; 《종교의》 salvation from outside.
타력(打力) 〖野〗 batting (power).
타력(惰力) inertia; momentum.
타령(打令) 《곡조의 하나》 a kind of tune; 《민요》 a ballad.
타륜(舵輪) 〖海〗 a steering wheel; the wheel; the helm.
타르 tar. ¶ ~를 칠하다 tar.
타면(打綿) cotton beating. ‖ ~기 a cotton gin.
타면(他面) the other side. ¶ ~으로는 on the other hand; while; whereas.
타박 ~하다 find fault with; pick flaws with; grumble at. ¶ 음식 ~ grumbling at〔about, over〕 the food / ~쟁이 a grumbler.
타박(打撲) a blow. ‖ ~상 a bruise; a contusion(다리에 ~상을 입다 get a bruise on the leg).
타박거리다 trudge〔trod〕 along.
타박타박하다 《음식이》 be dry and hard to eat.
타방(他方) the other side.
타봉(打棒) 〖野〗 batting.
타분하다 (be) stale; moldy; musty. ¶ 타분한 생선 stale fish / 타분한 생각 a musty idea.
타블로이드 a tabloid.
타사(他事) other matters. ¶ ~를 돌볼 겨를이 없다 have no time to think about other things.
타산(打算) calculation. ~하다 calculate; reckon; consider〔consult〕 *one's* own interests. ¶ ~적인 calculating; selfish / ~적인 생각 a selfish〔an egocentric〕 idea / 그는 무슨 일에나 ~적이다 He always has his own interests in mind. *or* He always has an eye to the main chance.
타산지석(他山之石) an object lesson. ¶ 그의 실패를 ~으로 삼아라 Let his failure be a good lesson to you.
타살(他殺) homicide; murder. ¶ ~ 시체 the body of a murder victim.
타살(打殺) ~하다 beat〔club〕《*a person*》 to death.
타석(打席) 〖野〗 the batter's box. ¶ ~에 들어가다 walk〔step〕 into the (batter's) box; go to bat / ~에 서 있다 be at bat.
타선(打線) 〖野〗 the batting lineup. ¶ ~에 불이 붙다 make many hits; pump out hits / 상대 팀의 ~을 침묵시키다 keep the opposing team's bats silent.
타선(唾腺) 〖解〗 ☞ 타액선.
타성(惰性) 〖理〗 《관성》 inertia; momentum; 《버릇》 force of habit. ¶ 공이 ~으로 굴렀다 The ball rolled on by the force of momentum. / 그는 단지 ~으로 그 일을 계속한다 He continues with the work just out of habit.
타수(打數) 〖野〗 at-bats; times at bat; 《골프》 the number of strokes. ¶ 5~ 3안타를 치다 make three hits in five at bats.
타수(舵手) a steersman; a helmsman; 《보트의》 a cox; coxswain.
타순(打順) 〖野〗 a batting order〔line-up〕. ¶ ~을 바꾸다 reshuffle

the batting order / ～을 정하다 decide the batting order / 맨 처음의 ～ the starting line-up.

타악기(打樂器) a percussion instrument.

타액(唾液) saliva; sputum. ‖ ～분비 salivation / ～선 the salivary gland.

타원(楕圓) an ellipse; an oval. ¶ ～의 elliptic; oval. ‖ ～궤도 an elliptic orbit / ～운동 elliptic motion / ～체 an ellipsoid / ～형 an oval.

타월 a towel.

타율(他律) heteronomy. ¶ ～적인 행동 heteronomous behavior.

타율(打率) 〖野〗 *one's* batting average (생략 bat. avg.). ¶ ～이 높다〔낮다〕 have a high〔low〕 batting average / 그의 ～은 3할 2푼이다 He has a batting average of .320.

타의(他意) 《남의 뜻》 another's will; 《다른 의도》 any other intention〔purpose〕. ¶ ～는 없다 I have no other purpose. *or* That's all there is to it.

타이[1] Thailand. ¶ ～의 Thai. ‖ ～말 Thai / ～사람 a Thai; a Thailander.

타이[2] ① 《넥타이》 a (neck) tie. ② 《동점》 a tie; a draw. ¶ 세계 ～기록을 세우다 tie the world record / 양 팀은 2대 2～가 되었다 The two teams tied 2-2. / 경기는 2대 2～로 끝났다 The game ended in a 2-2 tie. ‖ ～스코어 a tie score.

타이르다 reason 《*with*》; remonstrate; admonish; advise; persuade. ¶ 잘못을 ～ reason with 《*a person*》 on his mistake / 타일러서 …시키다 persuade 《*a person to do, into doing*》.

타이밍 timing. ¶ ～이 좋다〔나쁘다〕 be timely〔untimely〕.

타이어 a tire 《美》; a tyre 《英》.

타이츠 《a girl in》 tights.

타이트스커트 a tight skirt.

타이틀 a title; a championship(선수권). ¶ ～을 차지하다〔잃다〕 gain〔lose〕 a title / ～방어에 성공하다 defend the title successfully; retain the title. ‖ ～매치 a title match / ～보유자 the holder of the title; the champion.

타이프 ① 《형(型)》 type. ② 《활자》 a type. ③ ☞ 타이프라이터. ‖ ～용지 typewriting paper.

타이프라이터 a typewriter. ¶ ～로 찍은 typewritten; typed / ～를 치다 typewrite. ‖ ～인쇄물 typescript.

타이피스트 a typist. ¶ 영문 ～ an English typist.

타인(他人) 《다른 사람》 others; another person; 《남》 an unrelated person; a stranger; an outsider. ¶ ～ 앞에서 in the presence of others; before other people / 그녀는 나를 낯모르는 ～취급을 했다 She treated me like a stranger.

타일 a tile. ¶ ～을 붙인 바닥 a tiled floor / 현관 계단에 ～을 붙이다 tile the front steps.

타임 time; 《경기 중의》 a time-out. ¶ ～을 재다 time / ～을 선언하다 《심판이》 call the time. ‖ ～리밋 a time limit / ～리코더 a time recorder〔clock〕 / ～머신 a time machine / ～카드 a time card / ～캡슐 a time capsule.

타자(打者) 〖野〗 a batter; a batsman; a hitter. ¶ 강～ a slugger; a heavy〔hard〕 hitter / 대(代)～ a pinch hitter.

타자기(打字機) a typewriter.

타자수(打字手) a typist.

타작(打作) threshing. ～하다 thresh. ¶ 벼를 ～하다 thresh rice / ～마당 a threshing ground.

타전(打電) ～하다 telegraph 《*a message to*》; send a telegram〔wire〕 《*to*》; 《특히 해외로》 wire 《*to*》; cable.

타점(打點) ① 《붓으로》 ～하다 dot; point. ② 《마음 속으로》 ～하다 fix *one's* choice on. ③ 〖野〗 a run batted in (생략 rbi.). ¶ 그는 3～을 올렸다 He knocked in three runs.

타조(駝鳥) 〖鳥〗 an ostrich.

타종(打鐘) ～하다 strike〔toll, ring〕 a bell; sound〔ring〕 a gong. ‖ ～식 《hold》 a trial tolling ceremony.

타진(打診) ① 〖醫〗 percussion. ～하다 percuss; tap; sound; examine. ¶ 폐렴의 징후는 없는지를 보려고 흉부를 ～하다 percuss〔sound〕 *one's* chest for sign of pneumonia. ‖ ～기 a plexor. ② 《남의 뜻을》 ～하다 sound (out); feel 《*a person*》 out; tap. ¶ 의향을 ～하다 tap〔sound〕 《*a person's*》 opinion / 그 자리를 맡아주겠는지 그의 생각을 ～해 주겠느냐 Will you sound him out to see if he will accept the post?

타처(他處) another〔some other〕 place; somewhere else. ¶ ～에(서) in〔at〕 another〔some other〕 place / ～에서 온 사람들 people from other places.

타파(打破) ～하다 break down; do away with; abolish; overthrow. ¶ 계급 ～ abolition of class distinctions / 인습을 ～하다 do away with conventionalities.

타합(打合) a previous arrangement. ～하다 make arrangements 《*with a person for a matter*》; arrange 《*a matter with a person that...*》.

타향(他鄕) a place away from

home; a foreign land. ¶ ～에서 죽다 die far from home; die in a foreign〔strange〕land.

타협(妥協) (a) compromise; mutual concession. ～하다 (make a) compromise《*with a person*》; come to terms〔an understanding〕《*with*》; reach a compromise《*with*》. ¶ ～적인 태도를 보이다〔안 보이다〕 show a〔no〕willingness to compromise / ～의 여지가 없다 There is no room for compromise. ‖ ～안 a compromise plan〔proposal〕(～안을 만들다 work out a compromise) / ～점《find》a point of compromise; common〔a meeting〕ground.

탁 ①《치거나 부딪는 소리》with a bang〔pop, slam〕; with a crack. ¶ 문을 ～ 닫다 slam〔bang〕the door; shut the door with a bang. ②《부러지거나 끊어지는 소리》with a snap. ¶ ～ 깨지다 break with a snap〔click〕/ ～ 부러지다 break off with a snap. ③《트이어 시원한 모양》widely; extensively; vastly. ¶ 시야가 ～ 트이다 command extensive views.

탁견(卓見) a fine idea; foresight; an excellent idea〔view〕(명안). ¶ ～이 있는 clear-sighted; long-headed.

탁구(卓球)《play》ping-pong; table tennis. ‖ ～대 a ping-pong table / ～선수 a ping-pong player.

탁류(濁流) a muddy stream; a turbid current.

탁마(琢磨)《연마》polishing; cultivation(학덕을). ～하다 polish; improve《*one's virtue*》; cultivate《*one's mind*》.

탁발(托鉢) religious mendicancy. ～하다 go about asking for alms. ‖ ～승 a mendicant〔begging〕monk; a friar.

탁본(拓本) ☞ 탑본(搨本).

탁상(卓上) ¶ ～의〔에〕on the table〔desk〕/ ～용 desk《*dictionaries*》. ‖ ～계획〔공론〕a desk plan〔theory〕/ ～시계 a table clock / ～전화 a desk telephone.

탁선(託宣) an oracle; the Revelation.

탁설(卓說) an excellent view〔opinion〕.

탁성(濁聲) a thick〔hoarse〕voice.

탁송(託送) consignment. ～하다 consign《*a thing to a person*》; send《*a thing*》by〔through〕《*a person*》. ¶ 공항에서 짐을 운송업자에게 ～했다 At the airport I sent my baggage on through a forwarding agency. ‖ ～품 a consignment.

탁아소(託兒所) a day〔public〕nursery; a day-care center《美》. ¶ ～에 아이를 맡기다 leave *one's* child at a day-care center.

탁월(卓越) ¶ ～한 excellent; eminent; prominent; distinguished / ～한 학자 a prominent scholar / ～한 업적 an outstanding〔a brilliant〕achievement. ‖ ～풍〖氣〗 the prevailing wind.

탁자(卓子) a table; a desk. ¶ ～에 둘러 앉다 sit (a)round a table.

탁주(濁酒) ☞ 막걸리.

탁탁 ①《쓰러짐》¶ ～ 쓰러지다 fall one after another. ②《숨이》¶ 숨이 ～ 막히다 be choky; be stifled. ③《침을》¶ ～ 뱉다 spit《*on*》; go spit-spit. ④《두드리다·부딪다》¶ 먼지를 ～ 털다 beat the dust off; beat the dust out of…. ⑤《일을 해치우는 모양》briskly; promptly; quickly; in business-like way. ¶ 일을 ～ 해치우다 do *one's* work briskly; be prompt in *one's* work.

탁탁거리다 keep cracking〔popping, flapping〕.

탁탁하다 ①《천이》(be) close-woven; thick and strong. ②《살림이》(be) abundant; be well-off.

탁하다(濁—)《물 따위가》(be) muddy; turbid;《불순한》impure;《술 따위가》(be) cloudy;《공기 따위가》foul;《목소리가》(be) thick. ¶ 탁한 공기 foul〔impure〕air / 탁한 목소리 a thick voice / 탁한 색깔 a dull〔somber〕color.

탄갱(炭坑) a coal pit〔mine〕. ‖ ～부(夫) a coal miner; a collier《英》.

탄고(炭庫) a coal cellar; a coal bin; a (coal) bunker.

탄광(炭鑛) a coal mine; a colliery《英》. ‖ ～근로자 a coal miner / ～업 the coal-mining industry / ～지대 a mining region / ～회사 a colliery company.

탄내 scorched smell. ¶ ～(가) 나다 smell something scorching〔smoldering, burning〕.

탄내(炭—) (char)coal fumes.

탄도(彈道) a trajectory; a line of fire. ¶ ～를 그리며 날다 follow a ballistic course. ‖ ～계수 the coefficient of a trajectory / ～곡선 a ballistic curve / ～비행 a trajectory〔suborbital〕flight.

탄도탄(彈道彈) a ballistic missile. ‖ 대륙간〔중거리〕～ an intercontinental〔a medium range〕ballistic missile (생략 ICBM〔MRBM〕).

탄두(彈頭) a warhead. ¶ 핵～ an atomic〔a nuclear〕warhead / 핵～ 미사일 a nuclear-tipped missile; a nuclear missile.

탄띠(彈—) a cartridge belt.

탄력(彈力) elasticity;《융통성》flexibility. ¶ ～ 있는 elastic; flexible; springy / ～이 없어지다 lose

《its》 spring / 이 고무공은 ～이 있다 This rubber ball is elastic. / ～성 있는 계획 a flexible plan.

탄로(綻露) ¶ ～나다 be found out; come to light; come〔be〕 out; be discovered / 음모가 ～났다 The plot came to light. / 비밀이 곧 ～났다 The secret soon came out〔leaked out〕.

탄막(彈幕) a barrage. ¶ ～을 치다 put up a barrage / 엄호 ～ a covering barrage. ‖ ～포화 curtain fire.

탄복(歎服) ～하다 admire. ¶ ～할 만한 admirable; praiseworthy / 그녀의 아름다움에 ～했다 I was struck by her beauty.

탄산(炭酸) 〖化〗 carbonic acid. ‖ ～가스 carbon dioxide; carbonic acid gas / ～나트륨〔칼슘, 칼륨〕 sodium〔calcium, potassium〕 carbonate / ～수〔음료〕 carbonated water〔drinks〕/ ～천(泉) a carburetted spring.

탄생(誕生) (a) birth. ～하다 be born; come into the world. ¶ 우리는 새 회사의 ～을 축하했다 We celebrated the birth of the new company. ‖ ～일 a birthday / ～지 the birthplace 《*of a noble person*》.

탄성(彈性) elasticity. ‖ ～고무 elastic gum / ～체 an elastic body.

탄성(歎聲) 《탄식》 a sigh; a groan; 《감탄》 a cry of admiration. ¶ ～을 발하다 heave a sigh of grief; sigh 《*over*》; 《감탄하다》 let out 〔utter〕 a cry of admiration.

탄소(炭素) 〖化〗 carbon (기호 C). ‖ ～강 carbon steel / ～강화 콘크리트 carbon fiber reinforced concrete / ～봉 a carbon rod / ～섬유 a carbon fiber.

탄수화물(炭水化物) 〖化〗 a carbohydrate. ¶ ～이 적은 식사 a low-carbohydrate diet; a diet low in carbohydrate.

탄식(歎息) a sigh; grief. ～하다 heave a sigh of grief; 《비탄》 lament; grieve over.

탄신(誕辰) a birthday. 「shell(포탄).

탄알(彈—) a shot; a bullet; a

탄압(彈壓) oppression; suppression. ～하다 oppress 《*the people*》; suppress 《*a strike*》. ¶ ～적인 oppressive; high-handed / 언론의 자유를 ～하다 suppress freedom of speech / 군사 정권은 좌익 정당을 심하게 ～했다 The military government cracked down ruthlessly on the left-wing political parties.

탄약(彈藥) ammunition; munitions. ‖ ～고 a (powder) magazine / ～상자 an ammunition box / ～저장소 an ammunition dump〔storage area〕.

탄우(彈雨) a rain〔shower, hail〕 of bullets〔shells〕.

탄원(歎願) (an) entreaty; (a) supplication; a petition; an appeal. ～하다 entreat; appeal 《*to*》; petition. ¶ 그는 장관에게 아내의 석방을 ～했다 He entreated the minister to release his wife. ‖ ～서 a (written) petition / ～자 a petitioner; a supplicant.

탄저병(炭疽病) 〖醫〗 (an) anthrax.

탄전(炭田) a coalfield.

탄젠트 〖數〗 a tangent(생략 tan).

탄주(炭柱) 〖鑛〗 a post.

탄주(彈奏) ～하다 play 《*the piano*》; perform. ‖ ～자 a player; a performer.

탄진(炭塵) coal dust.

탄질(炭質) the quality of coal. ¶ ～이 좋다〔나쁘다〕 The coal is good〔poor〕 quality.

탄차(炭車) a coal wagon.

탄착(彈着) the fall〔hit, impact〕 of a shot〔bullet, shell〕. ‖ ～거리 the range of a gun; 《within》 gunshot / ～관측 spotting / ～점 point of the impact 《*of a shell*》 / ～지역 the area within 《*rifle, mortar,* etc.》 range; the possible target area 《*of a missile*》.

탄창(彈倉) 〖軍〗 a magazine.

탄층(炭層) a coal seam〔bed〕.

탄탄(坦坦) ‖ ～대로 a broad and level highway.

탄탄하다 (be) firm; strong; solid; stout; sturdy; durable(내구성). ¶ 탄탄한 집 a solidly-built house / 탄탄하게 만들어져 있다 be strongly built〔made〕.

탄폐(炭肺) 〖醫〗 anthracosis.

탄피(彈皮) a cartridge case; shell 《美》.

탄핵(彈劾) impeachment; accusation. ～하다 impeach 《*a person for taking a bribe*》; accuse; censure. ‖ ～안 an impeachment motion / ～재판 an impeachment trial / ～재판소 the Impeachment Court.

탄화(炭化) carbonization. ～하다 carbonize. ‖ ～물 a carbide / ～수소 hydrocarbon.

탄환(彈丸) a shot; a ball; a bullet(소총의); a shell(대포의). ¶ ～열차 a bullet-like train.

탄흔(彈痕) a bullet mark; a hole made by a shot.

탈 《가면》 a mask. ¶ ～을 쓰다 wear〔put on〕 a mask; mask *one's* face / ～을 벗다 pull〔throw〕 off *one's* mask / ～을 벗기다 unmask 《*a villain*》; expose 《*an imposter*》.

탈(頉) ① 《사고·고장》 a hitch; a

trouble; a failure. ¶ ～없이 without a hitch〔trouble〕; smoothly. ②《병》 sickness; illness. ¶ ～없이 in good health. ③《흠》 a fault; a defect; a flaw. ☞ 탈잡다.

탈…(脫) ‖ ～공업 사회 the postindustrial society / ～샐러리맨 지향 a wish to quit〔extricate *oneself* from〕 the life of a white-collar worker / ～이온화 deionization.

탈각(脫却) ～하다 get rid〔clear〕 of; free *oneself* from. ¶ 구습에서 ～하다 shake *oneself* free from the old custom.

탈각(脫殼) ～하다 exuviate; cast off a skin〔shell〕.

탈것 a vehicle; a conveyance.

탈고(脫稿) ～하다 finish writing 《*an article*》; complete 《*a novel*》.

탈곡(脫穀) threshing. ～하다 thresh; thrash. ‖ ～기 a threshing〔thrashing〕 machine.

탈구(脫臼) 〖醫〗 dislocation. ～하다 be dislocated; be put out of joint.

탈나다(頉—) 《사고》 an accident happens; have a hitch〔mishap〕; develop〔run into〕 trouble; 《고장》 get out of order; go wrong; break (down); 《병》 fall〔be taken〕 ill.

탈당(脫黨) withdrawal (from a party); defection. ～하다 leave〔withdraw from, secede from〕 a party. ‖ ～성명(서) a (written) statement of *one's* secession from the party / ～자 a seceder; a bolter 《美》.

탈락(脫落) ～하다 be left out; fall off; drop out 《*of*》. ¶ 전열(戰列)에서 ～하다 drop out of the line. ‖ ～자 a dropout.

탈락거리다 keep dangling.

탈루(脫漏) an omission. ～하다 be omitted; be left out; be missing.

탈모(脫毛) loss〔falling out〕 of hair. ～하다 lose *one's* hair. ‖ ～제 depilatory / ～증 alopecia / 원형～증 alopecia areata.

탈모(脫帽) 《구령》 Hats off! ～하다 take off〔remove〕 *one's* hat. ¶ 선생님에게 ～하고 절을 하다 take off *one's* hat and bow to the teacher.

탈법행위(脫法行爲) an evasion of the law; a slip from the grip of the law.

탈산(脫酸) 〖化〗 ～하다 deoxidize.

탈상(脫喪) ～하다 finish〔come out of〕 mourning; leave off〔get over〕 mourning.

탈색(脫色) decoloration; bleach(표백). ～하다 remove (the) color 《*from*》; bleach; decolorize. ‖ ～제 a decolorant; a bleaching agent; a bleach.

탈선(脫線) 《철도의》 derailment; 《이야기의》 digression. ～하다 derail; run off the rails; 《이야기가》 digress from the subject; get sidetracked. ¶ 열차가 ～했다 The train derailed〔ran off the rails〕. / 우리는 자주 토론의 주제에서 ～한다 We are apt to「digress〔get sidetracked〕 from the main subject of our discussion.

탈세(脫稅) tax evasion. ～하다 evade〔dodge〕 taxes. ¶ ～를 고발하다 accuse 《*a person*》 of tax evasion. ‖ ～액 the amount of the tax evasion / ～자 a tax dodger〔evader〕 / ～품 smuggled goods(밀수 등으로 인한).

탈속(脫俗) ～하다 rise above the world. ¶ ～적인 detached from worldly things; unworldly.

탈수(脫水) 〖化〗 dehydration. ～하다 dehydrate; dry; 《세탁기로》 spin-dry 《*laundry*》; spin 《*clothes*》 dry. ‖ ～기 a dryer; a dehydrator / ～제 a dehydrating agent / ～증상 dehydration.

탈습(脫濕) dehumidification. ～하다 dehumidify.

탈싹 flop; with a thud. 「desalt.

탈염(脫塩) ～하다 desalinize;

탈영(脫營) desertion from barracks; decampment. ～하다 run away〔desert〕 from barracks; go AWOL 《美》. ‖ ～병 a deserter; a runaway soldier.

탈옥(脫獄) prison-breaking; a jailbreak 《美》. ～하다 break (out of) prison; escape (from) prison. ‖ ～수 a prison breaker; an escaped convict.

탈의(脫衣) ～하다 undress *oneself;* take off *one's* clothes. ‖ ～장〔실〕 a dressing〔changing〕 room.

탈자(脫字) an omission of a letter〔word〕; a missing letter.

탈잡다(頉—) find fault with 《*a person, a thing*》; pick flaws with; cavil at; criticize 《*a person*》 for one thing or another.

탈장(脫腸) 〖醫〗 a rupture; (a) hernia. ¶ ～이 되다 be affected with hernia. ‖ ～대(帶) a hernia band; a truss. 「tification.

탈저(脫疽) 〖韓醫〗 gangrene; mor-

탈적(脫籍) ～하다 have *one's* name removed〔deleted〕 from the 《*family*》 register.

탈주(脫走) (an) escape; (a) flight; desertion(군대에서). ～하다 escape; run away; flee; desert 《*barracks*》. ‖ ～병 a deserter / ～자 a runaway; an escapee.

탈지(脫脂) ～하다 remove grease〔fat〕 《*from*》. ‖ ～면 absorbent〔sanitary〕 cotton / ～분유 nonfat powdered 〔dehydrated〕 skim milk / ～유(乳) skim(med) 〔nonfat〕 milk.

탈출(脫出) escape. ～하다 escape from; get out of. ¶ 침몰하는 배에서 ～하다 escape from the sinking ship. ‖ ～속도 《인력권에서의》 escape velocity.

탈춤 a masque 〔masked〕 dance.

탈취(脫臭) ～하다 deodorize. ‖ ～제 a deodorant.

탈취(奪取) ～하다 capture; seize; grab; usurp(권력·지위 등을). ¶ 군사적 수단으로 권력을 ～한 자들 those who capture 〔usurp〕 power by military means.

탈퇴(脫退) withdrawal; secession. ～하다 withdraw 〔secede〕 from; leave. ¶ 그 회에서 ～하다 withdraw 〔secede〕 from the society. ‖ ～자 a seceder; a bolter 《美》.

탈피(脫皮) ① 《동물의》 molting; (a) molt; 〖動〗 ecdysis. ～하다 shed 〔slough, cast (off)〕 *its* skin. ② 《옛것으로부터의》 ～하다 grow out of; outgrow. ¶ 구태에서 ～하다 break with convention; grow out of *one's* former self.

탈항(脫肛) 〖醫〗 prolapse of the anus.

탈환(奪還) ～하다 recapture; recover; regain; take 〔win〕 back 《*the pennant*》.

탈황(脫黃) 〖化〗 desulfurization; desulfuration. ～하다 desulfurize; desulfur; purify. ‖ ～장치 desulfurization equipment.

탈회(脫會) ～하다 leave 〔resign from〕 an association 〔a society, a club〕.

탐관오리(貪官汚吏) a corrupt official; a graft-happy official.

탐광(探鑛) prospect. ～하다 prospect 《*for gold*》. ‖ ～자 a prospector.

탐구(探究) search; research(연구); a study; investigation(조사). ～하다 search for; investigate; do research. ¶ 미의 ～ the search for beauty / 인간의 ～ the study of man / 철학자는 진리를 ～한다 Philosophers seek for 〔after〕 the truth. ‖ ～심 the spirit of inquiry / ～자 an investigator; a pursuer 《*of truth*》.

탐나다(貪―) be desirable; be desirous 〔covetous〕 of 《*money*》. ¶ 탐나는 여자 a desirable woman / 탐나는 음식 appetizing food.

탐내다(貪―) want; desire; wish 〔long, care〕 for; covet. ¶ 남의 것을 ～ covet what belongs to others.

탐닉(耽溺) addiction; indulgence. ～하다 indulge in; be addicted to; give *oneself* up 〔abandon *oneself*〕 to. ¶ 주색에 ～하다 abandon *oneself* to liquor and sex.

탐독(耽讀) ～하다 be absorbed 〔engrossed〕 in reading.

탐문(探問) ～하다 inquire about indirectly; detect; pick up information.

탐문(探聞) ～하다 obtain information (by inquiry); get wind of (소문 등을); snoop for information(형사가).

탐미(耽美) ☞ 심미(審美).

탐방(探訪) (an) inquiry. ～하다 (visit a place and) inquire 〔make inquiries〕 into 《*a matter*》. ¶ 사회 ～ an inquiry 〔a fact-finding survey〕 on community life. ‖ ～기(사) a report of; a *reportage* 《프》 / ～기자 a (newspaper) reporter; an interviewer.

탐사(探査) (an) inquiry; (an) investigation. ～하다 investigate; inquire 〔look〕 into.

탐색(探索) (a) search; (an) inquiry; (an) investigation. ～하다 look 〔seek, search〕 《*for*》; hunt up(범인을); investigate. ‖ ～전 an engagement in reconnaissance.

탐스럽다 look nice 〔attractive〕; (be) nice-looking; tempting; desirable; charming.

탐승(探勝) sightseeing. ～하다 explore the beauties 《*of*》; go sightseeing. ¶ ～길을 떠나다 go on a sightseeing trip.

탐식(貪食) ～하다 eat greedily; devour.

탐욕(貪慾) greed; avarice. ¶ ～스런 greedy; avaricious; covetous / 돈과 권력에 ～스러운 greedy for money and power.

탐정(探偵) 《일》 detective work 〔service〕; 《사람》 a detective; an investigator. ～하다 investigate 〔inquire into〕 《*a matter*》 secretly; spy 《*on a person*》. ¶ 사설～ a private detective / 사설～사(社) a private detective agency 〔firm〕 / ～을 붙이다 set 〔put〕 a detective on 《*a person*》 / ～에게 뒤밟히다 be shadowed by a detective. ‖ ～소설 a detective story.

탐조(探鳥) bird watching. ¶ ～하러 가다 go out for bird-watching. ‖ ～자 a bird watcher.

탐조등(探照燈) a searchlight.

탐지(探知) detection. ～하다 find out; detect; spy 〔smell〕 out. ‖ ～기 a detector.

탐측(探測) sounding; probing. ‖ ～기(機) a probe; a prober / ～기구(氣球) a pilot balloon / ～로켓 a sounding rocket(기상용).

탐탁하다 (be) desirable; satisfactory; be to *one's* satisfaction 〔liking〕. ¶ 탐탁하지 않은 undesirable; unsatisfactory; unpleasant / 탐탁지 않은 인물 an undesirable person.

탐폰 〖醫〗《생리·지혈용》 a tampon.

탐하다(貪—) be greedy 《*of, for*》; be covetous 《*of*》; covet; crave. ¶ 명리(名利)를 ~ covet fame and fortune.

탐험(探險) exploration; expedition. ~하다 explore. ¶ 미지의 섬을 ~하다 explore an unknown island / 우주 ~은 이제 꿈이 아니다 Space exploration is no longer a dream. ‖ ~가 an explorer / ~대 an expeditionary party / ~대장 the leader〔chief〕of an expedition team / ~비행 an exploratory flight.

탑(塔) a tower; a pagoda(사찰 등의); a steeple(뾰족탑); a monument(기념탑). ¶ 5층 ~ a five-storied pagoda / 에펠 ~ the Eiffel Tower.

탑본(搨本) a rubbed copy. ¶ 비문의 ~을 뜨다 make〔do〕a rubbing of a monumental inscription.

탑삭 with a snap〔snatch〕; with a dash. ¶ ~ 움켜쥐다 snatch〔grasp〕at / (물고기가) 미끼를 ~ 물다 rise to〔snap at〕the bait.

탑삭부리 a man with a shaggy beard. ☞ 텁석부리.

탑승(搭乘) boarding; embarkation (승선). ~하다 board〔get on〕《*a plane*》; go〔get〕on board 《*the aircraft*》. ¶ 그 추락한 비행기에는 한국인 ~객이 없었다고 한다 It is reported that there were no Koreans on board the crashed plane. ‖ ~권 a boarding card〔pass〕/ ~대합실 《공항의》 a departure lounge / ~수속 boarding procedures / ~자 《승객》 a passenger.

탑재(搭載) ~하다 load; carry. ¶ ~되어 있다 be loaded〔laden〕with 《*goods*》; be equipped with 《*heavy guns*》 / 그 군함은 12인치포 12문이 ~되어 있다 The warship carries twelve 12-inch guns. ‖ ~량 loading〔carrying〕capacity; 《공군에서》 the bomb load(폭탄의).

탑파(塔婆) a *stupa* 《梵》.

탓 《원인》 reason; 《잘못》 fault; blame; 《영향》 influence; effect. ¶ 나이 ~으로 because of〔owing to〕*one's* age; on account of age / 기후(의) ~으로 under the influence of the weather / …의 ~이다 be caused by; be due to / 남의 ~으로 돌리다 put the blame on another.

탓하다 put〔lay〕blame upon; lay the fault to; attach blame to; blame〔reproach〕《*a person*》 for 《*something*》. ¶ 자신을 ~ reproach *oneself* 《*for*》 / 나만 잘못한다고 탓하지 마시오 Don't lay the blame on me alone.

탕 《소리》 a bang; boom. ~하다 bang; (go) boom. ¶ 문을 ~ 닫다 bang a door.

탕(湯) ① 《국》 soup; broth; 《한약》 a medicinal (herb) broth. ② 《목욕》 a (hot) bath; 《공중목욕탕》 a public bath. ¶ 남〔여〕~ a bath for men〔women〕.

탕감(蕩減) ~하다 write off 《*a debt*》; cancel (out). ¶ 빚을 ~해 주다 forgive 《*a person*》 a debt.

탕아(蕩兒) a prodigal; a libertine.

탕약(湯藥) a medicinal decoction; an infusion.

탕진(蕩盡) ~하다 squander; waste; run through 《*one's fortune*》; dissipate.

탕치(湯治) a hot-spring cure. ~하다 take a hot-spring baths for medical purposes. ¶ ~요법 a hot-spring cure; spa treatment.

탕치다(蕩—) ① 《재산을》 squander *one's* fortune. ☞ 탕진하다. ② 《탕감하다》 write off; let off; cancel.

탕탕 《쏘거나 치는 소리》 booming〔banging〕repeatedly; 《두드리는 소리》 rapping〔pounding〕repeatedly; 《큰소리 치는 모양》 with loud boasts〔big talk〕. ¶ ~ 총을 쏘다 fire a gun in rapid succession / 문을 ~ 두드리다 rap〔pound〕at the door / ~ 큰소리 치다 talk big〔boastfully〕《*about*》; make a great brag〔boast〕《*about, of*》.

탕파(湯婆) a hot-water bottle〔bag〕; a foot warmer.

태(胎) the umbilical cord and the placenta; the womb. ¶ ~를 가르다 cut the navel cord.

태고(太古) ancient times. ¶ 태곳적부터 from time immemorial.

태공망(太公望) an angler. ☞ 강태공(姜太公).

태교(胎敎) prenatal care〔training〕of an unborn child through the attention of a pregnant woman to her own mental health. ¶ ~에 좋다〔나쁘다〕 have a good〔bad〕prenatal influence on 《*one's child*》.

태권도(跆拳道) the Korean martial arts of empty-handed self-defense; *taekwondo*.

태그매치 a tag-team (wrestling) match.

태극기(太極旗) the national flag of Korea; the *Taegeukgi*.

태극선(太極扇) 《부채》 a fan with a *Taegeuk* design.

태기(胎氣) signs〔indications〕of pregnancy.

태깔(態—) ① 《태와 빛깔》 form and

color. ②《교만한 태도》 a haughty attitude. ¶ ～스럽다 (be) haughty; arrogant; proud.

태견 kicking and tripping art (as a self-defense art).

태내(胎內) the interior of the womb. ¶ ～의〔에〕《a child》 in the womb. ‖ ～전염 antenatal 〔prenatal〕 infection.

태도(態度) an attitude; behavior; bearing; a manner. ¶ ～가 좋다〔나쁘다〕 have good〔bad〕 manners / 강경한 ～를 취하다 assume 〔take〕 a firm〔strong〕 attitude 《*toward*》 / 우호적인 ～로 in a friendly manner / 침착한 ～를 잃지 않도록 하라 Try to preserve a calm demeanor.

태독(胎毒) 〖醫〗 the baby's eczema (traceable to congenital syphilis).

태동(胎動) 《태아의》 quickening; fetal movement; 《비유적》 a sign 〔an indication〕 《*of*》. ～하다 quicken; show signs of. ‖ ～기 the quickening period.

태두(泰斗) a leading scholar; an authority 《*on*》. ¶ 영문학의 ～ an authority on English literature.

태만(怠慢) negligence; neglect; (a) default. ¶ ～한 neglectful; inattentive; negligent; careless / 직무～으로 해고당하다 be fired〔dismissed〕 for neglect of duty.

태몽(胎夢) a dream of forthcoming conception.

태무(殆無) ～하다 (be) very scarce; very few〔rare〕. ¶ 나는 소득이 ～했다 I scarcely gained anything.

태반(太半) the greater〔most, best〕 part; the majority. ¶ ～은 mostly; for the most part / 응모자의 ～은 남성이었다 The applicants were mostly men.

태반(胎盤) 〖解〗 the placenta.

태부리다(態—) strike an attitude; assume affected manners; give *oneself* airs.

태부족(太不足) ～하다 be in great want〔shortage〕《*of*》.

태블릿 a tablet.

태산(泰山) 《큰 산》 a great mountain; 《크고 많음》 a huge amount; a mountain 《*of*》. ¶ ～같이 믿다 place great trust 《*on, in*》 / ～명동에 서일필 《俗談》 Much ado about nothing. *or* Much cry and little wool. ‖ ～준령 high mountains and steep passes.

태생(胎生) ① 《출생》 birth; origin; 《출생지》 *one's* birthplace. ¶ …～이다 come from 《*Seoul*》; be of 《*foreign*》 birth. ② 〖生〗 viviparity. ¶ ～의 viviparous. ‖ ～동물 viviparous animals.

태서(泰西) the West; the Occident. ¶ ～의 Western; Occidental. ‖ ～문명 Occidental civilization.

태선(苔癬) 〖醫〗 lichen.

태세(態勢) an attitude; a setup. ¶ ～를 갖추다 get ready 《*for*》; be prepared 《*for, to do*》 / (회원을) 받아들일 ～를 갖추다 make preparations to receive 《*members*》.

태수(太守) a viceroy; a governor.

태아(胎兒) a fetus(8주 이후); an embryo(8주까지); an unborn baby(일반적). ¶ ～의 embryonic; fetal / ～의 성감별 fetal sex-identification.

태양(太陽) the sun. ¶ ～의 solar / ～의 빛 sunlight / ～광선 the rays of the sun; sunbeams / 당신은 나의 ～이다 《상징적 표현》 You are the light of my life. ‖ ～계 the solar system / ～등(燈) a sun (-ray) lamp / ～력(曆) the solar calendar / ～열 solar heat / ～열 발전 solar heat power generation / ～열 자동차 a solar vehicle 〔car〕 / ～열 주택 a solar house / ～열 집열기 a solar heat collector / ～전지 a solar battery 〔cell〕 / ～풍 solar wind.

태어나다 be born; come into the world. ¶ 부자로〔가난하게〕 ～ be born rich〔poor〕; be born of rich〔poor〕 parents / 다시 ～ be born again; be reborn; become a new man(새사람이 되다).

태업(怠業) a slowdown (strike) 《美》; a go-slow 《英》. ～하다 start 〔go on〕 a slowdown (strike).

태없다 (be) humble; modest; unaffected.

태연자약(泰然自若) ～하다 (be) calm and self-possessed; remain cool 〔calm, composed〕.

태연하다(泰然—) (be) cool; calm; composed; self-possessed. ¶ 태연히 cooly; calmly; with composure / 태연히 죽음에 임하다 face death calmly.

태열(胎熱) 〖醫〗 congenital fever.

태엽(胎葉) a spring. ¶ 시계의 ～을 감다 wind the spring of a watch / ～이 풀리다 a spring runs down. ‖ ～장치 clockwork (그 장난감은 ～장치로 움직인다 The toy moves〔works〕 by clockwork.).

태우다[1] ① 《연소·소각하다》 burn 《*a thing*》 (up); commit 《*something*》 to the flames; incinerate. ¶ 불에 태워 없애다 destroy 《*a thing*》 by fire / 정원의 낙엽을 긁어모아 ～ rake the garden leaves together and burn them. ② 《그슬리다》 scorch; parch; 《살갗을》 tan. ¶ 밥을 ～ scorch〔burn〕 the rice / 해변에서 살갗을 ～ tan *oneself* on the beach. ③ 《애를》 burn 《*one's soul*》; agonize; 《정열을》 burn 《*with passion*》. ¶ 속을 ～ be wor-

ried〔anxious, agonized〕; burn with anxiety / 그녀는 교육에 정열을 불태우고 있다 She is burning with the passion for teaching.
태우다[2] 《탈것에》 carry; take in; pick up; take 《*passengers*》 on board(승선). ¶ 태워 주다 give 《*a person*》 a lift(자기 차에); help 《*a person*》 into 《*a car*》 (부축해서) / 내 새 차에 너를 한번 태워주겠다 I will give you a ride in my new car.
태우다[3] 《상금 등을》 award 《*a price*》; 《몫 등을》 give 《*a person his share*》; 《노름 · 내기에》 bet; stake. ¶ 돈을 ～ lay a wager 《*on the table*》.
태음(太陰) the moon. ‖ ～력 the lunar calendar.
태자(太子) ☞ 황태자.
태조(太祖) the first king 《*of the dynasty*》.
태질치다 《벼타작》 thresh 《*grain*》; 《메어침》 throw 《*a person*》 down.
태초(太初) the beginning of the world.
태코그래프 a tachograph.
태코미터 a tachometer.
태클 a tackle. ～하다 tackle.
태평(太平 · 泰平) ① 《세상 · 가정의》 (perfect) peace; tranquility. ¶ ～한 peaceful; tranquil; quiet / ～을 구가하다 enjoy the blessings of peace / 천하 ～이다 All the world is at peace. ‖ ～가 a song of peace / ～성대 a peaceful reign. ② 《마음이》 ¶ ～한 easy-going; carefree / 마음이 ～한 사람 an easygoing〔happy-go-lucky〕 person.
태평양(太平洋) the Pacific (Ocean). ¶ 북〔남〕～ the north〔south〕 Pacific. ‖ ～안전보장조약 the Pacific Security Pact / ～연안 the Pacific coast; the Western Coast(미국의) / ～전쟁 the Pacific War / ～제주(諸州) 《미국의》 the Pacific states / ～함대 the Pacific Fleet / ～횡단 비행 a transpacific flight.
태풍(颱風) a typhoon. ¶ ～의 눈 the eye of a typhoon / ～에 타격을 입다 be hit〔struck〕 by a typhoon. ‖ ～경보(를 발하다) (issue, give) a typhoon warning / ～권 the typhoon area / ～진로예보 a typhoon route forecast.
태형(笞刑) flogging. ¶ ～을 가하다 punish 《*a person*》 by flogging.
태환(兌換) conversion. ‖ ～권(券) ☞ 태환지폐 / ～은행 a bank of issue / ～지폐 convertible notes.
태후(太后) ☞ 황태후.
택배(宅配) home〔door-to-door〕 deliverly (service). ～하다 deliver 《*a thing*》 to *a person's* house. ¶ 소화물을 ～편으로 보내다 send a parcel by home delivery service. ‖ ～취급소 a home delivery service agent.
택시 a taxi; a cab; a taxicab. ¶ 개인 ～ an owner-driven taxi; a driver-owned taxi / ～를 타다〔에서 내리다〕 get in〔out of〕 a cab / ～로 가다 go by taxi / ～를 잡다 take〔pick up〕 a taxi / ～를 부르다 call a taxi. ‖ ～강도 a taxi holdup / ～승차장 a taxi stand / ～요금 taxi fare / ～운전사 a taxi driver; a cabman.
택일(擇日) ～하다 choose an auspicious day; fix the date.
택지(宅地) building land; a housing〔building〕 lot〔site〕. ¶ ～를 조성하다 turn 《*the land*》 into housing lots. ‖ ～분양 sale of building lots / ～조성 development of residential sites.
택지(擇地) ～하다 select a site 《*for*》.
택하다(擇―) choose; make choice 《*of*》; select; pick 《*a thing*》 out 《*from*》. ¶ 날을 ～ select〔choose〕 a day / 어느 것이든 좋아하는 것을 택하시오 Choose whatever you like.
탤런트 a pop star; 《TV의》 a TV personality; a TV talent. ¶ 그녀는 유명한 TV ～이다 She is a well-known TV personality.
탬버린 〖樂〗 a tambourine.
탭댄스 a tap dance.
탯줄 the navel string; the umbilical cord.
탱고 〖樂〗 《dance》 the tango.
탱자 〖植〗 a fruit of the trifoliate orange.
탱커 《유조선》 a tanker (boat). ¶ 초대형 ～ a supertanker / 오일 ～ an oil tanker.
탱크 《전차》 a tank; 《가스 · 기름 등의》 a tank. ¶ 석유〔가스〕～ an oil〔a gas〕 tank / 고압～ a high-pressure tank〔vessel〕. ‖ ～로리 a tank lorry〔truck〕; a tanker.
탱탱하다 (be) swollen〔puffed〕 up; tight; tense; taut.
탱화(幀畫) 〖佛〗 a picture of Buddha to hang on the wall.
터[1] ① 《집터》 a (building) site〔lot〕; (a plot of) ground; a place. ¶ 빈 ～ a vacant land〔lot〕 / ～를 찾다〔고르다〕 look for〔choose, select〕 a site 《*for*》. ② 《기초》 the ground; the foundation; footing; groundwork. ¶ ～를 닦다 prepare the ground 《*for*》; build up a site 《*for*》 / ～가 잡히다 be well-grounded; have a firm foothold.
터[2] 《예정》 a plan; a schedule; 《의도》 an intention. ¶ …할 ～이다 intend to 《*do*》; have the intention of …ing; think of …ing.

터널 a tunnel. ¶ ～을 뚫다 build〔cut, bore〕a tunnel《*through*》/ ～에서 나오다 come out of a tunnel / (열차가) ～로 들어 가다〔을 지나다〕go into〔through〕a tunnel.
터놓다 ①《막힌 것을》open《*it*》up; put《*a thing*》out of the way; undam《*a river*》;《금지했던 것을》remove《*a prohibition*》; lift《*a ban*》. ¶ 물꼬를 ～ open a paddle sluice / 봉쇄를 ～ lift〔raise〕the blockade. ②《마음을》open *one's* heart to. ¶ (마음을) 터놓고 without reserve; unreservedly; frankly / 터놓고 말하면 to be frank with you.
터다지다 consolidate the foundation《*of a building*》; level the ground《*for*》.
터덕거리다 ①《걸음을》walk wearily; walk heavily over〔along〕; plod《*on, along*》. ②《살림이》make a bare living. ③《일을》struggle with hard work.
터덜거리다 ①《걸음을》walk wearily; trudge《*along*》. ¶ 터덜터덜 trudgingly; wearily. ②《소리가》jolt; rattle along《*a stony road*》.
터득(攄得) ～하다 understand; grasp; comprehend; master《*the art of…*》. ¶ 그 일의 요령을 ～하다 get the hang〔knack〕of the job; learn how to do the job.
터뜨리다《폭발》explode; burst; detonate; blast;《갇힌 것을》break; burst. ¶ 종기를 ～ have *one's* boil break / 풍선을 ～ burst a balloon / 폭탄을 ～ explode a bomb / 노염을 ～ let loose *one's* anger.
터럭 hair. ☞ 털.
터무니없다《부당》(be) unreasonable; absurd; extraordinary; exorbitant;《과도》excessive;《근거 없음》groundless; wild. ¶ 터무니없이 unreasonably; excessively; absurdly / 터무니없는 거짓말 a damned〔whopping〕lie / 터무니없는 계획 a wild〔an absurd〕project〔scheme〕/ 그녀는 터무니없는 값을 불렀다 She asked an exorbitant price.
터미널《종점》a terminal (station); a terminus《英》;〖컴〗《단말기》a terminal. ¶ 버스 ～ a bus terminal / 에어 ～ an air terminal.

터벅터벅 ploddingly; trudgingly; totteringly. ¶ ～ 걷다 plod〔trudge〕along.
터부 (a) taboo; (a) tabu. ¶ ～시(視)하다 taboo; put〔place〕a taboo on《*something*》/ ～시되다 be taboo; be under (a) taboo.
터분하다 (be) unpleasant-〔muddy-〕tasting. ¶ 입이 ～ have a muddy taste in *one's* mouth.
터빈 a《*gas, steam*》turbine.
터세다《집터가》(be) unlucky; ill-omened; ill-fated; haunted.
터수 ①《처지》*one's* status; lot; financial〔social〕standing. ②《관계》relationship; terms.
터울《나이》the age gap (among siblings); the disparity of ages between siblings. ¶ ～이 잦다 be frequent in having a baby.
터전 a (residential) site; the grounds; a basis. ¶ 이것이 우리들의 생활 ～을 이루고 있다 This forms the basis of our livelihood.
터주(―主)〖民俗〗the tutelary spirit of a house site. ‖ 터줏대감 a senior member; an old-timer.
터주다 lift〔remove〕the ban《*on*》; clear《*a thing*》out of *one's* way. ¶ 후진들을 위해 길을 ～ give the young people a chance; open the way for《*the promotion*》of *one's* juniors.
터지다 ①《폭발》explode; burst; blow up;《발발》break out. ¶ 터지기 직전에 있다 be close to the explosion point / 내란이 터졌다 A civil war broke out. / 굉장한 소리를 내며 터졌다 It blew up with a terrible bang. ②《파열·갈라짐》explode; burst; tear; crack〔split〕open;《피부가》get chapped;《무너지다》break down; collapse. ¶ 터진 손 chapped hands / 옷솔기가 ～ come open at the seams / 둑이 ～ a dike collapses / 추위로 수도관이 터졌다 The water pipe burst because of the cold weather. / 보일러가 터져서 세 사람이 부상당했다 The boiler burst, injuring three people. ③《탄로》be brought to light; be disclosed; be exposed. ④ ☞ 얻어맞다.
터치다운〖競〗touchdown.
터키 Turkey. ¶ ～의 Turkish. ‖ ～말 Turkish / ～사람 a Turk.
터프 ¶ ～한 tough; hardy; firm / ～가이 a tough guy.
턱[1] the jaw; the chin(아래턱). ¶ ～이 나온〔늘어진〕with prominent〔drooping〕jaws / ～을 쓰다듬다 rub *one's* chin / ～을 내밀다 stick out *one's* chin / ～이 빠지다 *one's* jaws get out of joint. ‖ ～뼈 a jawbone / 위〔아래〕～ the upper〔lower〕jaw.
턱[2]《조금 높이 된 곳》a projection; a rise; a raised spot. ¶ ～이 지다 rise; swell.
턱[3]《대접》a treat. ¶ ～을 내다 treat《*a person*》to《*a drink*》/ 오늘은 내가 한～ 내겠다 It is my treat today.
턱[4] ①《까닭》reason; grounds. ¶ 내가 알 ～이 있나 How should I

know that? ② 《정도》 extent; degree; stage. ¶그저 그 ～이다 be making no progress.

턱[5] ① 《안심》 ¶ (마음이) ～ 놓이다 be relieved; feel reassured. ② 《잡는 꼴》 ¶ 남의 손을 ～ 잡다 hold *a person's* hand passionately. ③ 《의젓이》 with a grand air; composedly. ¶ 의자에 ～ 앉다 sit at ease in a chair.

턱걸이 《철봉의》 chinning; a chin-up. ～하다 chin *oneself* (up); do chinning exercises.

턱받이 a pinafore; a bib.

턱수염 (一鬚髥) a beard.

턱시도 a tuxedo.

턱없다 (be) groundless; unreasonable; exorbitant; excessive. ¶ 턱없이 unreasonably; exorbitantly / 턱없는 요구 an exorbitant [unconscionable] demand.

턱짓하다 make a gesture with *one's* chin.

턱찌끼 the leftovers.

턴테이블 a turntable.

털 《체모·모발》 (a) hair; 《짐승의》 fur; 《깃》 feather. ¶ 돼지 ～ a hog bristle / 양 ～ wool / 겨드랑이 ～ underarm hair / 안에 ～을 댄 코트 a fur-lined coat / ～이 있는 haired; hairy / ～이 나다 hair grows 《*on one's legs*》 / ～이 빠지다 hair falls [comes] out; 《사람이 주어》 lose *one's* hair / 닭의 ～을 뽑다 pluck a chicken / 이 개는 ～이 탐스럽다 This dog has thick fur. ‖ ～ 내의 woolen underwear / ～셔츠 a woolen shirt / ～옷 woolen clothing; a fur [woolen] garment / ～외투 a fur (over) coat.

털가죽 a fur; a pelt(소, 양 따위의). ☞ 모피(毛皮).

털갈이 《새의》 molting; 《짐승의》 coat-shedding; shedding hair. ～하다 molt (the feathers); shed (the hair). ¶ 그 새는 ～를 다 했다 The bird has molted.

털끝 the end of a hair; 《조금》 a bit; a jot; a trifle. ¶ ～만큼도 《not》 in the least; 《not》 a bit of; 《not》 a particle of / 그에게는 너에 대한 동정심이 ～만큼도 없다 He does not have a particle [grain] of sympathy for you.

털다 ① 《붙은 것을》 shake off 《*dust*》; throw off; 《먼지를》 dust; brush up(솔로). ② 《가진 것을》 empty 《*one's pocket*》. ¶ 가진 돈을 몽땅 ～ empty *one's* purse to the last penny. ③ 《도둑이》 rob 《*a bank*》; rob [strip] 《*a person*》 of.

털럭거리다 keep jogging [jolting]; keep slapping; flap.

털버덕거리다 keep splashing.

털벙 with a plop [splash]. ¶ ～거리다 plop.

털보 a hairy [shaggy] man.

털복숭이 a hairy person [thing].

털붙이 《모피》 a fur; 《털로 만든 물건》 woolen stuff; fur goods; 《털옷》 fur clothes.

털실 woolen yarn; knitting wool (편물용). ¶ ～양말 woolen socks / ～로 뜨다 knit 《*a sweater*》 out of wool; knit wool into 《*socks*》.

털썩 flop; with a thud. ¶ 의자에 ～ 앉다 flop [plump (*oneself*)] down in a chair / ～ 떨어뜨리다 bump 《*something*》 down.

털어놓다 《마음 속을》 confide; unbosom *oneself* 《*to*》; speak *one's* mind 《*to*》; unburden *oneself* 《*of one's secrets*》. ¶ 비밀을 아내에게 ～ confide a secret to *one's* wife / 털어놓고 이야기를 하면 to be frank [candid] with you; frankly speaking.

털털거리다 ☞ 터덜거리다.

털털이 ①《사람》 a free and easy person. ②《차량》 a rattling thing; a rattletrap; a jalopy 《美俗》.

털털하다 《사람이》 (be) unaffected; free and easy.

텀벙 with a plump [splash, plop]. ¶ ～거리다 keep splashing.

텁석 with a snatch [snap]. ¶～ 움켜쥐다 snatch.

텁석나룻 shaggy whiskers.

텁석부리 a bushy-whiskered man.

텁수룩하다 (be) unkempt; shaggy; bushy. ¶ 텁수룩한 머리 long unkempt hair / 수염이 ～ have a thick [bushy] beard.

텁텁하다 ① 《음식》 (be) thick and tasteless; 《입 속》 (be) unpleasant; disagreeable. ② 《눈이》 (be) vague; dim; bleary; obscure. ③《성미가》 (be) easy; broad-minded.

텃밭 a field attached to a home site; a kitchen garden.

텃세 (一貰) rent for a (house) site; site rent.

텃세 (一勢) ～하다 lord it over a newcomer; play cock-of-the-walk.

텅 ¶ ～ 빈 empty; vacant; hollow / 집은 ～ 비어 있었다 The house was found empty.

텅스텐 『化』 tungsten (기호 W). ‖ ～전구 a tungsten light bulb.

텅텅 《빈 모양》 all hollow; quite empty. ¶ 방이 ～ 비다 a room is all empty.

테 ① 《둘린 언저리》 a frame (틀의); a band; a brim(모자의); a rim(안경 따위의); a hoop(둥근 통 따위의); a frill(장식한). ¶ ～를 두르다 hoop 《*a barrel*》. ② ☞ 테두리.

테너 『樂』 a tenor.

테니스 《play》 (lawn) tennis. ‖ ～코트 a tennis court.

테두리 ①《윤곽》 an outline; a contour. ¶ 계획의 ~ an outline of a scheme. ②《범위》 a framework; a limit. ¶ ~ 안에서 within the limits〔framework〕《*of the budget*》 / ~를 정하다 fix the limit; set limits〔bounds〕《*to*》.
테라마이신 〖藥〗 Terramycin.
테라스 《on》 a terrace.
테러 terror(ism). ¶ ~의 희생이 되다 fall a victim to terrorism. ‖ ~전술 terrorist tactics / ~조직 a terrorist organization / ~집단 a gang of terrorists / ~행위 (an act of) terrorism.
테러리스트 a terrorist.
테레빈유(一油) turpentine.
테마 a theme; a subject matter. ¶ 연구 ~ a subject of study〔research〕. ‖ ~음악 theme music.
테리어 《개》 a terrier.
테스트 a test; a tryout. ~하다 test; give 《*something*》 a test; put 《*a thing*》 to the test. ¶ 실력 ~ an ability test / 학력 ~ an achievement test / 성능 ~ a performance〔an efficiency〕 test. ‖ ~케이스 a test case / ~코스 a test course.
테이블 a table; a desk. ‖ ~매너 table manners / ~보 a tablecloth; a table cover / ~스피치 《make》 an after-dinner speech; a speech at a dinner.
테이프 a tape; a paper streamer (축하용의). ¶ 녹음하지 않은 ~ a blank tape / ~을 끊다《경주에서 골인할 때》 break〔breast〕 the tape / ~를 던지다 throw a (paper) streamer / ~에 녹음하다 record 《*music*》 on tape; tape; put 《*the speech*》 on tape / ~로 붙이다 tape 《*A to B*》 / 도지사가 개회식 ~를 끊었다 The governor cut the tape at the opening ceremony. / 모든 데이터는 ~에 저장된다 All data goes on tape for storage. ‖ ~녹음 tape recording / ~리코더 a tape recorder.
테일라이트 a taillight.
테제 〖哲〗 a thesis; a *These* 《獨》.
테크노크라트 《기술관료》 a technocrat.

테크놀러지 《과학기술》 technology.
테크니션 《기술자》 a technician.
테크니컬녹아웃 《권투에서》 a technical knockout; a T.K.O.
테크닉 (a) technique. ¶ ~이 뛰어나다 be superior in technique; play an excellent technique.
텍스트 a text; a textbook.
텐트 a tent. ¶ ~를 치다〔걷다〕 pitch〔strike〕 a tent / ~생활을 하다 camp (out); lodge in a tent. ‖ ~촌 a camp village.
텔레비전 television (생략 TV); 《수상기》 a television〔TV〕 set. ¶ TV를 장시간 보는 사람 a heavy TV watcher / ~을 켜다〔끄다〕 turn the television on〔off〕 / ~을 보다 watch 《*a drama on*》 television / ~에 출연하다 appear on television / 이 ~은 화면이 선명하다 This TV set gives a clear picture. ‖ ~뉴스 television〔TV〕 news / ~드라마 a television〔TV〕 drama; a teledrama / ~방송 a television broadcast; a telecast / ~방송국 a television station / ~시청자 a television〔TV〕 viewer; the audience(전체) / ~영화 a television〔TV〕 movie; a telefilm / ~음성다중방송 a TV multiplex sound broadcast / ~전화 a TV phone; a videophone / ~탤런트 a TV personality; a TV star / 고화질~ a high-definition television(생략 HDTV) / 교육~ educational television.
텔레타이프 a teletype(writer). ¶ ~로 송신하다 teletype a message; send a message by teletype.
텔레파시 《communicate by》 telepathy. ¶ ~를 행하는 사람 a telepathist.
텔렉스 Telex. (◀ teleprinter-exchange)
템포 (a) tempo; speed. ¶ ~가 빠른 speedy; rapid; fast-moving / ~가 느린 slow-moving / 빠른 ~로 in quick tempo; rapidly / …와 ~를 맞추다 keep pace with the tempo of….
토 《조사》 a particle.
토건(土建) civil engineering and construction. ‖ ~업 civil engineering and construction business / ~업자 a civil engineering constructor / ~회사 a construction firm〔company〕.
토관(土管) 《lay》 an earthen pipe; a drainpipe.
토굴(土窟) a cave; a dugout; a den.
토기(土器) earthenware (총칭); an earthen vessel.
토끼 a rabbit(집토끼); a hare(산토끼). ‖ ~굴 a rabbit burrow / ~뜀 《play》 leapfrog / ~장 a rabbit hutch.
토너먼트 《win》 a tournament.
토닉 a tonic. ¶ 헤어 ~ hair tonic.
토닥거리다 keep patting〔tapping〕; beat lightly.
토담(土一) a dirt〔mud〕 wall. ‖ ~집 a mud-wall hut.
토대(土臺) 《건축물의》 a foundation; 《사물의 기초》 a foundation; a base; a basis; ground work. ¶ (건물의) ~를 앉히다 lay the foundation(s) / 이 집은 ~가 튼튼하다 This house is built on firm foun-

dations. / 성공의 ~를 쌓다 lay the groundwork〔pave the way〕 for *one's* success.

토라지다 get〔become〕 sulky〔peevish〕; pout; sulk. ¶ 토라져서 말도 안 하다 be sullen and silent / 토라지지 마라 Don't be sulky〔sullen〕.

토란(土卵) 〖植〗 a taro. ‖ ~국 taro soup.

토렴하다 warm up《*rice, noodles*》 by pouring hot broth over a little at a time.

토로(吐露) ~하다 lay bare〔pour out〕《*one's heart*》; express《*one's view*》; speak《*one's mind*》.

토론(討論) (a) debate; (a) discussion. ~하다 discuss《*a problem*》; argue; debate; dispute. ¶ 활발한 ~ a lively discussion; a hot debate / 자주 ~되는 문제 a much-debated question /공개~회 an open forum; a panel discussion / ~에 부치다 put《*a matter*》 to debate. ‖ ~자 a debator / ~회 a debate; a forum; a panel discussion(공개의).

토륨 〖化〗 thorium (기호 Th).

토르소 a torso.

토리 a ball〔spool〕 of string〔thread〕. ‖ ~실 balled string〔thread〕.

토마토 a tomato. ‖ ~주스 tomato juice / ~케첩 tomato ketchup〔catchup〕.

토막 a piece; a bit; a block. ¶ ~난 시체 a dismembered body / 나무 한 ~ a piece of wood / ~내다〔치다〕 cut〔chop〕 into pieces. ‖ ~살인사건 a mutilation murder case.

토멸(討滅) ~하다 conquer; exterminate; destroy. ¶ 적을 ~하다 destroy the enemy.

토목(土木) engineering work; public works(토목공사). ‖ ~건축업 ☞ 토건업(土建業) / ~공사 engineering works / ~공학 civil engineering / ~기사 a civil engineer / ~장비 an earth-moving machine.

토박이(土—) a native; an aborigine. ¶ ~의 native-born; native《*to*》; born and bred; trueborn / 서울~ a Seoulite to the backbone; a trueborn Seoulite.

토박하다(土薄—) (be) sterile; barren; poor. ¶ 토박한 땅 sterile〔barren, poor〕 land〔soil〕.

토벌(討伐) subjugation. ~하다 put down; subjugate; suppress. ¶ 반란군을 ~하다 suppress a rebellion. ‖ ~대 a punitive force.

토벽(土壁) a mud〔dirt〕 wall.

토사(土沙) earth and sand. ‖ ~붕괴 a landslide; a washout《美》.

토사(吐瀉) vomiting and diarrhea. ~하다 suffer from diarrhea and vomiting. ‖ ~곽란(癨亂) acute gastroenteric trouble / ~물 vomit and excreta.

토산물(土産物) local products; native produce. ¶ ~인 수박 locally grown watermelons.

토색(討索) (an) extortion; blackmail(ing). ~하다 extort《*money from a person*》; practice extortions; blackmail.

토성(土星) 〖天〗 Saturn.

토성(土城) mud ramparts.

토속(土俗) local customs. ‖ ~학 folklore; ethnography.

토스 a toss. ~하다 toss《*a ball*》. ‖ ~배팅 〖野〗 a toss batting.

토스트 《a piece of》 toast.

토시 wristlets.

토신(土神) a deity of the soil.

토실토실 ~하다 (be) plump; chubby; rotund; fat. ¶ ~한 아기 a chubby baby; a roly-poly little baby.

토악질(吐—) ①《구토》 ~하다 vomit; throw up. ②《부정 소득의》 repaying ill-gotten money. ~하다 repay ill-gotten money; disgorge.

토양(土壤) soil. ¶ 기름진〔비옥한〕 ~ rich〔fertile〕 soil / 메마른 ~ poor〔sterile〕 soil / 벼농사에 알맞은 ~ the soil suitable for growing rice / ~의 산성화 acidification of soil. ‖ ~오염 soil pollution / ~조사 agronomical survey / ~학 pedology.

토역(土役) 《do》 earth〔mud〕 work. ‖ ~꾼 a navvy; a construction laborer.

토요일(土曜日) Saturday (생략 Sat.).

토욕(土浴) 《새·짐승의》 a dust bath; wallowing in mud〔dirt〕. ~하다 have〔take〕 a dust bath; wallow in mud〔dirt〕.

토우(土雨) 《흙비》 a rain of dust; a dust storm.

토의(討議) (a) discussion; (a) debate; (a) deliberation. ~하다 discuss; have a discussion 《*about*》; debate 《*on*》. ¶ ~에 부치다 take〔bring〕 up《*a matter*》 for discussion / ~중이다 be under discussion / ~를 시작하다 begin〔open〕 a discussion〔debate〕 《*on*》. ‖ ~안 a subject for debate.

토인(土人) a native; an aboriginal (원주민); the aborigines (총칭); a savage(미개인).

토일렛 a toilet room《美》. ‖ ~페이퍼《a roll of》 toilet paper〔tissue〕.

토장(土葬) burial; interment. ~하다 inter; bury in the ground.

토장(土醬) 《된장》 bean paste.

토제(吐劑) 〖藥〗 an emetic.

토지 (土地) 《땅 · 흙 · 대지》 land; soil; ground; 《한 구획》 a lot; a plot; a piece of land; 《부동산》 a real estate; 《영토》 (a) territory. ¶ ～에 투자하다 invest 《*money*》 in land / 그는 텍사스에 광대한 ～를 갖고 있다 He owns a large tract of land in Texas. / 이 토지는 멜론 재배에 적합하다 This soil is suited to the cultivation of melons. ‖ ～가격 the price 〔value〕 of land / ～개량 land improvement / ～개발 land 〔estate〕 development / ～개혁 land reform / ～구획정리 land adjustment / ～대장 a land ledger 〔register〕; a cadaster / ～매매 dealing in land 〔real estate〕 / ～면적 land area / ～소유권 landownership / ～소유자 a landowner / ～수용 expropriation of land / ～전매 "land-rolling"; selling land from one person to another (when one has chances to earn money) / ～제도 the land system / ～초과 이득세 a land profit tax; a tax for the excessively increased value of land.

토질 (土疾) an endemic disease.

토질 (土質) the nature of the soil. ‖ ～분석 soil analysis.

토착 (土着) ¶ ～의 native (-born); indigenous. ‖ ～민 a native; the natives (총칭).

토치카 a pillbox; a *tochka* 《러》.

토큰 《대용 화폐》 a token (coin). ¶ 버스～ a bus token.

토키 a talkie; a talking film 〔picture〕; talkies (총칭).

토탄 (土炭) peat; turf.

토템 a totem. ‖ ～숭배 totemism / ～폴 a totem pole.

토플 TOEFL. (◀ Test of English as a Foreign Language)

토픽 a topic; a subject 《*of conversation*》.

토하다 (吐—) ① 《뱉다》 spew; spit (out); 《게우다》 vomit; throw up; disgorge. ¶ 먹은 것을 ～ vomit what *one* have eaten / 피를 ～ spit 〔vomit〕 blood / 토할 것 같다 feel sick 〔nausea〕. ② 《토로》 express 《*one's view*》; speak 《*one's mind*》; give vent to 《*one's feelings*》.

토현삼 (土玄蔘) 〖植〗 a figwort.

토혈 (吐血) vomiting 〔spitting〕 of blood. ～하다 vomit 〔bring up〕 blood; spit blood.

톡탁 beating (each other). ¶ ～거리다 exchange blow after blow; beat each other up. ☞ 툭탁거리다.

톡톡하다 ① 《국물이》 (be) thick; rich. ② 《피륙이》 (be) close; thick; close-woven.

톡톡히 ① 《많이》 a lot; a great deal. ¶ ～ 벌다 make a big profit / 돈을 ～ 모으다 make quite a lot of money. ② 《엄하게》 severely; harshly; scathingly. ¶ ～ 꾸짖다 scold 《*a person*》 scathingly.

톤 a ton; tonnage. ¶ 미터 ～ a metric ton / 총〔배수, 적재, 중량〕 ～수 gross 〔displacement, freight, dead weight〕 tonnage / 5천 ～의 배 a ship of 5,000 tons / 적재량 10 ～ 트럭 a ten-ton truck / 이 배는 몇 ～이냐 What is the tonnage of this ship?

톨 a grain 《*of rice*》; a nut.

톨게이트 《고속도로 등의》 a tollgate.

톱[1] 《나무 자르는》 a saw; a handsaw. ¶ 내릴～ a ripsaw / 동가리 ～ a crosscut saw / ～으로 통나무를 자르다 saw up a log; cut a log with a saw / ～질하다 saw 《*wood*》. ‖ ～날 the teeth of a saw; a saw blade 〔tooth〕 (～날을 세우다 set a saw) / ～밥 sawdust.

톱[2] a top. ¶ ～클래스의 first-rate; top-class; top-notch; top-ranking / 그는 학급에서 ～이다 He is at the top of the class. *or* He stands first in his class. / 조간 신문의 ～을 장식하다 be treated as the main 〔top〕 story in the morning paper. ‖ ～기사 a front-page story; a banner head; the lead (story) / ～뉴스 top news.

톱니 ☞ 톱날. ¶ ～ 모양의 sawlike; serrated; jagged.

톱니바퀴 a toothed wheel; a cogwheel; a gear wheel. ¶ ～가 서로 물리다 〔안 물리다〕 be in 〔out of〕 gear / 나는 이 조직의 한 ～에 지나지 않는다 I am only a cog in this organization.

톱상어 〖魚〗 a saw shark.

톱톱하다 《국물이》 (be) thick; rich; heavy. ¶ 톱톱한 국물 thick soup.

톳 a bundle 《*of laver*》.

통[1] ① 《배추 따위의 몸피》 the bulk 《*of a cabbage*》; a head 《*of cabbage*》 (셀 때). ¶ 배추 세 ～ three heads of cabbage. ② 《피륙의》 a roll. ③ 《동아리》 a gang; a group; cahoots. ¶ 한～이 되다 be in cahoots with; be in league with.

통[2] ① 《소매 · 바지의》 the width of crotch part 《*of trousers*》; breadth. ¶ 소매～이 좁다 a sleeve is rather tight. ② 《도량 · 씀씀이》 caliber; scale 《*of doing things*》. ¶ ～이 큰 사람 a man who does things in a big way / 사람의 ～이 작다 be a person of small caliber.

통[3] 《복잡한 둘레 · 상황》 ¶ … ～에

amidst; in the midst《of》; in the bustle〔confusion〕《of》/ 싸움～에 휘말리다 be involved in the turmoil of a fight / 북새～에 한몫 보다 fish in troubled waters; gain an advantage from the confused state of affairs.

통[4] ① ☞ 온통. ②《전혀》 quite; entirely;《전혀 …않다》《not》 at all; 《not》 in the least. ¶ 그녀는 요즘 ～ 오지 않는다 She does not come here at all these days.

통(筒) a tube; a pipe; a gun barrel; a sleeve(기계의); a can (깡통). ¶ 대～ a bamboo / 마분지～ a cardboard tube.

통(桶) a tub; a pail; a (wooden) bucket; a barrel; a can. ¶ 술～ a wine barrel〔cask〕/ 석유～ a kerosene can; an oil can.

통(統)《동네의》 a neighborhood unit; a *t'ong*, a subdivision of a *dong*. ‖ ～장 the head of a *t'ong*.

통(通)《서류의》 a copy《*of documents*》. ¶ 편지 세 ～ three letters / 서류 네～ four documents; four copies of a document(동일한 것) / 계약서를 두～ 작성하다 make two copies of the contract / 정부(正副) 2 ～을 제출하다 present in duplicate.

…통(通)《전문가》 an authority〔expert〕《*on a subject*》; a well-informed person. ¶ 경제～ an economics expert / 그는 중국～이다 He knows everything about China. *or* He is an authority on Chinese affairs.

통가리(桶―) a rick〔stack〕of grain.

통각(痛覺) sense〔sensation〕of pain.

통감(痛感) ～하다 feel keenly〔acutely〕; fully〔keenly〕realize. ¶ 사람들은 환경 보호의 필요를 ～하기 시작했다 People are beginning to feel keenly the need to protect the environment.

통겨주다 let《*a person*》 know stealthly; disclose; let out (a secret).

통겨지다 ☞ 퉁겨지다.

통격(痛擊) a severe〔hard〕blow; a severe attack. ¶ ～을 가하다 attack《*a person*》 severely; deal a hard blow to《*a person*》.

통계(統計) statistics. ¶ ～(상)의 statistical / ～를 내다 take〔collect, gather, prepare〕statistics《*of*》. ‖ ～연감〔표〕 a statistical yearbook〔table〕/ ～청 the National Statistical Office / ～학 statistics / ～학자 a statistician.

통고(通告) notification; notice; announcement. ～하다 notify《*a person of a matter*》; give《*a person*》 notice《*of*》. ¶ 물러날 것을 ～하다 give notice to quit / 사전에 ～하다 give《*a person*》 previous notice. ‖ ～서 a (written) notice / ～처분 a noticed disposition.

통곡(痛哭) lamentation; wailing. ～하다 lament; wail; weep bitterly〔loudly〕.

통과(通過) passage; transit. ～하다 pass《*along, by, over, through*》; go〔get〕through. ¶ 역을 ～하다 pass a station without stopping / 터널을 ～하다 pass through a tunnel / 서울 상공을 ～하다 pass over〔fly over, overfly〕Seoul / 의안을 ～시키다 pass〔get〕a bill through the National Assembly. ‖ ～관세 a transit tariff / ～무역 transit trade / ～사증 a transit visa / ～세(稅) transit duties / ～의례 a rite of passage.

통관(通關) customs clearance《*of goods*》; clearance《*of goods*》 through the customs. ～하다 pass〔clear〕the customs; clear《*a ship*》; clear《*goods*》 through the customs. ‖ ～베이스 the customs basis / ～사무소 a customs-clearance office / ～수수료 a customs fee; a clearance fee(출항수수료) / ～절차《go through》 customs formalities〔entry〕; clearance(출항의) / ～허가서 a goods clearance permit.

통괄(統括) ～하다 generalize.

통권(通卷) the consecutive number of volumes.

통근(通勤) ～하다 attend〔go to〕the office; live out(입주 근무의 반대 개념으로);《승차권 등을 사용해서》 commute《*from Inch'ŏn to Seoul*》《美》. ¶ 매일 버스로 ～하다 take the bus daily to work; go to the office every day by bus / 매일 지하철로 ～하다 commute daily by subway. ‖ ～거리 commuting distance / ～수당 a commutation allowance / ～시간《소요 시간》 time required to get to the office;《시간대》 commuter time / ～열차〔버스〕 a commuter train〔bus〕/ ～자 a commuter.

통금(通禁)《야간의》 a curfew. ¶ ～을 실시하다 impose〔order〕a curfew. ‖ ～시간 curfew hour / ～위반 a curfew violation / ～위반자 a curfew violator / ～해제 the removal〔lifting〕of curfew.

통김치 *kimchi* made of whole cabbages.

통나무 a (whole) log. ¶ ～다리 a log bridge.

통념(通念) a common〔generally accepted〕idea. ¶ 그러한 사회 ～

은 타파되어야 한다 Such a commonly accepted idea should be shattered.
통달하다(通達―) be well versed 《*in*》; have a thorough knowledge 《*of*》; be conversant 《*with*》.
통닭구이 a roast chicken; a chicken roasted whole.
통독(通讀) ~하다 read through [over] 《*a book*》; read 《*a book*》 from cover to cover.
통렬(痛烈) ¶ ~한 severe; sharp; bitter; fierce / ~히 severely; bitterly / 그의 소설은 ~한 비판을 받았다 His novel received severe criticism.
통례(通例) a common [an ordinary] practice. ¶ ~로 usually; customarily; ordinarily; as a rule.
통로(通路) a path; a passage; a way; a passageway; an aisle(극장·열차 등의). ¶ ~측 좌석 an aisle seat / ~에 서다 stand in the path [way] / ~를 막다 obstruct the passage.
통론(通論) an outline 《*of law*》; an introduction 《*to*》. ¶ 한국 문학 ~ an introduction to Korean literature.
통매(痛罵) a bitter criticism; violent abuse. ~하다 criticize severely; abuse 《*a person*》 bitterly.
통발 〖植〗 a bladderwort (plant).
통발(筒―) 《고기 잡는》 a weir; a fish trap.
통보(通報) a report. ~하다 report; inform. ¶ 기상 ~ a weather report / 경찰에 ~하다 report to the police. ‖ ~자 an informer; an informant.
통분(通分) 〖數〗 ~하다 reduce 《*fractions*》 to a common denominator.
통사정(通事情) ~하다 《사정함》 speak *one's* mind; tell frankly 《*about*》; make an appeal 《*to*》. ¶ 어려운 사정을 친구에게 ~하다 tell a friend quite frankly about *one's* difficulties.
통산(通算) the (sum) total. ~하다 total; sum up; add up.

통상(通常) 《부사적》 ordinarily; commonly; usually; generally. ¶ ~의 [적인] usual; ordinary; common; customary; regular. ‖ ~복 everyday [ordinary] clothes; casual wear.
통상(通商) commerce; trade; commercial relations. ~하다 trade 《*with a country*》. ¶ ~을 시작하다 open trade [commerce] 《*with a country*》. ‖ ~대표부 the Office of Trade Representative / ~사절단 a trade mission [delegation] / ~조약 a commercial treaty.
통설(通說) a popular [commonly accepted] view; a common opinion. ¶ …라는 것이 ~이다 It is a commonly accepted view that….
통성명(通姓名) exchanging names. ~하다 exchange names; introduce 《*themselves*》 to each other.
통속(通俗) ¶ ~적인 popular; common / ~적으로 《explain》 in plain language; 《write》 in a popular style / ~화하다 popularize; vulgarize. ‖ ~문학 popular literature / ~소설 a popular [lowbrow] novel / ~화 popularization.
통솔(統率) command; leadership. ~하다 command; lead; assume leadership; take the lead of. ¶ …의 ~하에 있다 be under the command of…. / 그는 ~력이 있다 He has good leadership. ‖ ~자 a leader; a commander.
통송곳 a drill with a crescent blade.
통수(統帥) the supreme command. ‖ ~권 the prerogative of supreme command / ~권자 a leader; a supreme commander.
통신(通信) correspondence; communication; 《보도》 news; 《정보》 information. ~하다 correspond [communicate] 《*with*》; report 《*for a paper*》. ¶ 런던발 ~에 의하면 according to a dispatch from London / ~을 시작 [계속]하다 get into [keep in] communication 《*with*》. ‖ ~강좌 a correspondence course / ~공학 communication engineering / ~교육 correspondence education / ~기관 communications media / ~대(隊) a signal corps / ~두절 a communication blackout / ~망 a communications [news service] network [system] / ~사(士) a telegraph operator / ~사(社) a news agency [service] / ~사업 a communication service / ~수단 a means of communication / ~원 a correspondent; a reporter / ~위성 a communications satellite / ~판매 mail order; mail-order selling(~판매하다 sell 《*goods*》 by mail).
통심정(通心情) ~하다 open *one's* heart 《*to*》.
통어(統御) ~하다 reign [rule] over; govern; control; manage.
통역(通譯) 《일》 interpretation; 《사람》 an interpreter. ~하다 interpret; act [serve] as (an) interpreter 《*for*》. ¶ ~을 통해 말하다 speak through an interpreter / 나는 동시 ~사 자격증을 가지고 있다

I have a license as a simultaneous interpreter. ‖ ～관 an official interpreter.
통용(通用) popular〔common〕use; circulation; currency. ～하다 pass; circulate; be good〔available〕; be accepted; hold good (규칙 등이). ¶ 미국 달러는 유럽에서도 ～되느냐 Are U.S. dollars accepted in Europe? / 그 규칙은 지금도 ～된다 The rule still holds good. ‖ ～기간 the term of validity / ～문 a side gate; 《사원 등의》 a service entrance / ～어 a current word / ～화폐 current coins; a currency.
통운(通運) transportation; forwarding. ‖ ～회사 a transportation〔an express 《美》〕company; a forwarding agent.
통원(通院) ～하다 attend a hospital (as an outpatient); go to hospital (for treatment).
통으로 all; wholly; all together; in the lump.
통음(痛飮) ～하다 drink heavily; have a booze 《口》.
통일(統一) unification; uniformity; unity. ～하다 unify; unite 《*a nation*》; 《표준화》 standardize; 《집중》 concentrate. ¶ 남북 ～ unification of North and South (Korea) / 정신 ～ mental concentration / 평화 ～ peaceful unification / 정신을 ～하다 concentrate *one's* mind / 그가 나라를 ～한 것은 언제였지 When did he unify the nation〔country〕? ‖ ～국가 a unified nation / ～부 the Ministry of Unification / ～전선 a united front (…에 대하여 ～전선을 펴다 form a united front to〔against〕).
통장(通帳) 《예금의》 a passbook; a bankbook; 《외상의》 a chit book.
통절(痛切) ¶ ～한 keen; acute; poignant; severe / ～히 《feel》 keenly; acutely; severely.
통정(通情) 《간통》 adultery. ～하다 have an illicit affair 《*with*》; commit adultery 《*with*》.
통제(統制) control; regulation. ～하다 control; regulate. ¶ 물가 ～ price control / 정부는 ～를 강화〔완화, 해제〕했다 The government tightened〔loosened, removed〕the controls. / 그 나라는 군의 ～하에 있다 The country is under the control of the army. ‖ ～가격 controlled prices / ～경제 controlled economy / ～품 controlled goods〔articles〕.
통제부(統制府) 《해군의》 a naval yard〔station〕.
통조림(桶―) canned〔tinned 《英》〕food〔goods〕. ¶ ～한 canned; tinned / 쇠고기〔연어〕 ～ canned beef〔salmon〕/ ～으로 만들다 can 《*beef*》; pack 《*meat*》 in a can. ‖ ～공업 the canning industry / ～공장 a cannery; a canning factory〔plant〕/ ～식품 canned food / ～업자 a canner.
통증(痛症) a pain; (an) ache. ¶ 위에 격렬한 ～을 느끼다 feel a sharp pain in the stomach / 가슴의 ～를 호소하다 complain of a pain in the chest.
통지(通知) (a) notice; (a) notification; information; an advice (상업상의). ～하다 inform〔notify〕《*a person*》 of 《*a matter*》; give notice of 《*a matter*》; let 《*a person*》 know. ¶ 입시 합격의 ～를 받았다 I got〔received〕(a) notice that I had passed the entrance examination. / 다음 ～가 있을 때까지 기다리시오 Wait till further notice. ‖ ～서 a notice.
통짜다 ① 《맞추다》 frame; assemble; put together. ② 《동아리가 되다》 form a gang〔group〕; band〔club〕together.
통째 all (together); wholly. ¶ ～로 먹다 eat 《*something*》 whole.
통찰(洞察) penetration; insight; discernment. ～하다 penetrate into; see through. ¶ ～력 insight / ～력이 있는 사람 a man of keen insight.
통첩(通牒) a notice; a notification. ～하다 notify; give notice to; send〔issue〕a notification. ¶ 최후 ～ an ultimatum.
통촉(洞燭) ～하다 (deign to) see; understand; judge.
통치(統治) rule; reign; government. ～하다 reign〔rule〕《*over*》; govern. ‖ ～권 sovereignty; the supreme power / ～기관 government organs〔machinery〕/ ～자 the sovereign; the ruler / ～행위 an act of the state.
통치마 a pleatless skirt.
통칙(通則) general rules〔provisions〕.
통칭(通稱) a popular〔common〕name; an alias. ¶ ～ …이라고 부르다 go by the name of….
통쾌(痛快) ～하다 (be) extremely delightful〔pleasant〕; exciting; thrilling. ¶ ～하게 여기다 be thrilled〔delighted〕《*to hear that…*》/ 그날 저녁에는 ～히 마셨다 That night I drank to my heart's content.
통탄(痛嘆) ～하다 lament〔regret, grieve〕deeply; deplore. ¶ ～할 deplorable; lamentable / ～할 일이다 It is deplorable that….
통통거리다 pound; resound.
통통하다 (be) portly; plump;

chubby. ¶ 통통한 아기 a chubby 〔plump〕 baby.

통틀어 (all) in all; all told; all taken together; altogether; in total. ¶ ～ 얼마요 How much is it altogether〔in all〕?

통폐(通弊) a common abuse 〔evil〕. ¶ 증수회는 우리나라 정계의 ～이다 Bribery is an evil practice prevalent in our political circles.

통풍(痛風) 〖醫〗 the gout.

통하다(通―) ① 《길·통로·교통》 run 《*to*》; go 〔lead〕 《*to*》(…에 이르다); open 《*into, upon*》; be opened 《*to*》(개통). ¶ 모든 길은 로마로 통한다 All roads lead to Rome. ② 《잘 알다》 be well informed 《*about*》; be familiar 〔well acquainted〕 《*with*》; have a good knowledge 《*of*》. ¶ 중국 문제에 ～ be well informed about the Chinese affairs. ③ 《말·의사가》 be understood; be spoken; make *oneself* understood. ¶ 영어가 ～ be able to speak English; make *oneself* understood in English / 서로 기맥이 ～ have a tacit understanding with each other. ④ 《…로 알려지다》 pass 《*for, as*》; be known 《*as*》. ¶ …란 이름으로 ～ be known by the name of…. ⑤ 《유효하다》 pass; circulate; be available〔valid〕; hold good. ¶ 이 돈은 어디서나 통한다 This money passes〔can be used〕 freely everywhere. ⑥ 《연락·관계》 communicate〔be in touch〕 《*with*》; betray(적에게); have intimacy〔become intimate〕 《*with*》(사통). ¶ 정을 ～ have an affair〔illicit intercourse〕 《*with*》. ⑦ 《전기 등이》 circulate; transmit; 《공기 등이》 ventilate; flow; circulate; pass〔go〕 through; penetrate(빛·열이). ¶ 공기가 잘 ～ have a good ventilation. ⑧ 《경유·경과·매개》 go 〔pass〕 through. ¶ 김씨를 통해서 through (the good office of) Mr. Kim / 시베리아를 통해서 파리에 가다 go to Paris via〔by way of〕 Siberia.

통학(通學) ～하다 attend 〔go to〕 school. ¶ 버스〔자전거〕로 ～하다 go to school by bus〔bicycle〕 / 걸어서 ～하다 walk to school. ‖ ～버스 a school bus / ～생 《기숙생과 대비해서》 a day student.

통한(痛恨) deep〔bitter〕 regret.

통할(統轄) supervision; (general) control. ～하다 supervise; control; exercise general control 《*over*》. ‖ ～구역 the area under the direct control 《*of*》.

통합(統合) unity; unification; integration. ～하다 unify; unite; integrate; put together. ¶ 몇 개의 정부 기관을 하나로 ～하다 integrate some government agencies into one. ‖ ～참모본부 the Joint Chiefs of Staff (생략 J.C.S.) 《美》 / ～참모본부 의장 the Chairman of the Joint Chiefs of Staff 《美》.

통행(通行) passing; transit; traffic. ～하다 pass (through); go through〔along〕. ¶ ～할 수 없는 impassable / ～량이 많은 도로 a road with heavy〔busy〕 traffic / ～을 금지하다 close the street to traffic; close up a road / ～을 방해하다 obstruct traffic; bar the way. ‖ ～권 the right of way / ～금지 the suspension of traffic; 《게시》 No thoroughfare; Closed to traffic. / ～료〔요금〕 a toll / ～세 《화물의》 a transit tax / ～인 a passer-by; a pedestrian(보행자) / ～(허가)증 a pass / 우측～ 《게시》 Keep right. / 일방～ 《게시》 One way.

통혼(通婚) ～하다 make a proposal of marriage; intermarry 《*with*》.

통화(通貨) currency; money. ¶ 관리 ～ the managed〔controlled〕 currency / ～의 안정 stabilization of currency / ～ 안정을 흩뜨리다 disturb the stability of the currency. ‖ ～정책〔위기〕 a monetary policy〔crisis〕 / ～제도 a monetary system / ～팽창〔수축〕 inflation〔deflation〕.

통화(通話) a (tele)phone call. ～하다 talk over the telephone 《*with*》. ¶ 한 ～ one (telephone) call / 한 ～ 3분 간의 요금은 200원이다 The charge is 200 *won* for a three-minute call. / ～ 중입니다 《교환원의 말》 Line's busy. *or* Number's engaged 《英》. ‖ ～료 a telephone charge.

퇴각(退却) retreat; withdrawal. ～하다 (make a) retreat 《*from, to*》; withdraw 《*from*》. ¶ 그들은 총～ 중이었다 They were in full retreat. ‖ ～명령 an order to retreat.

퇴거(退去) 《이전》 leaving; removal; 《철수》 evacuation; withdrawal. ～하다 leave; depart; evacuate; withdraw; remove. ¶ ～를 명하다 order 《*a person*》 out of 《*a place*》. ‖ ～령 an expulsion order.

퇴고(推敲) ～하다 work on *one's* manuscript to improve〔revise〕 the wording; polish; elaborate. ¶ ～를 거듭하며 기사를 쓰다 work hard to polish the article.

퇴골(腿骨) 〖解〗 a leg bone.

퇴교(退校) ☞ 퇴학.

퇴근(退勤) ～하다 leave *one's* office; go home from work. ‖ ～시간 the closing hour.
퇴락(頹落) dilapidation. ～하다 dilapidate; go to ruin; fall into decay.
퇴로(退路) the (path of) retreat. ¶ 적의 ～를 차단하다 intercept 〔cut off〕 the 《*enemy's*》 retreat.
퇴물(退物) ① 《물려받은》 a hand-me-down; a used article. ② 《거절된》 a thing rejected 〔refused〕 《*from*》. ③ 《사람》 a retired person. ¶ 기생 ～ an ex-*kisaeng*.
퇴박맞다(退—) be refused 〔rejected〕.
퇴박하다(退—) refuse; reject; turn 「down.
퇴보(退步) retrogression; a setback. ～하다 retrograde; go back(ward). ¶ ～적인 retrogressive.
퇴비(堆肥) compost; barnyard manure. ¶ 밭에 ～를 주다 compost the field. ‖ ～더미 a compost pile 〔heap〕.
퇴사(退社) ① 《퇴직》 ～하다 retire from 〔leave〕 the company; 《口》 quit. ¶ 그는 3년 전에 ～했다 He quit three years ago. ② ☞ 퇴근.
퇴색(退色) fading. ～하다 fade; be discolored; lose color; be faded.
퇴석(堆石) ① 《돌무더기》 a pile of stones. ② 〖地〗 a moraine.
퇴세(頹勢) a decline; a downward tendency.
퇴역(退役) retirement (from service). ～하다 retire from service; leave the army. ‖ ～군인 an ex-serviceman; a veteran 《美》 / ～장교 a retired officer.
퇴영(退嬰) ¶ ～적인 retrogressive; conservative.
퇴원(退院) ～하다 leave (the) hospital; be discharged from hospital. ¶ ～해 있다 be out of hospital.
퇴위(退位) (an) abdication. ～하다 abdicate 《*the throne*》; step down from the throne. ¶ ～시키다 dethrone 〔depose〕 《*a king*》.
퇴임(退任) retirement. ～하다 retire 〔resign〕 from *one's* office 〔post〕. ¶ 임기만료로 ～하다 retire from office upon completing *one's* term of office.
퇴장(退場) ～하다 leave 《*a place*》; walk out 《*of*》; go away 《*from*》; (make *one's*) exit 《*from*》(무대에서). ¶ ～을 명하다 order 《*a person*》 out of 《*the hall*》.
퇴적(堆積) (an) accumulation; a heap; a pile. ～하다 accumulate; be piled 〔heaped〕 up. ‖ ～암 sedimentary rocks.
퇴정(退廷) ～하다 leave (the) court; withdraw from the court.
퇴직(退職) 《정년의》 retirement; 《사직》 resignation. ～하다 retire; resign (*one's* position); leave 〔retire from〕 office(공직 등에서). ¶ 자진 ～ voluntary retirement 〔resignation〕 / ～하도록 압력을 가하다 put pressure on 《*a person*》 「to resign 〔to leave the job〕. ‖ ～공무원〔자〕 a retired official 〔employee〕 / ～권고 advice to resign / ～금〔수당〕 retirement allowance; a severance allowance 〔pay〕 / ～연금 a retirement annuity 〔pension〕 / 명예〔조기〕～ voluntary 〔early, downsizing〕 retirement.
퇴진(退陣) ～하다 《진지에서》 decamp; withdrawal; 《지위에서》 retire (from a position); step down; give up *one's* position; go out of office; resign. ¶ 곧 ～할 수상 the outgoing premier.
퇴짜(退—) ¶ ～(를) 놓다 refuse; reject; rebuff; turn down / ～(를) 맞다 get rejected; meet a rebuff; be turned down / 월급을 올려 달랬다가 ～ 맞았다 I asked for a raise but got turned down.
퇴청(退廳) ～하다 leave the office.
퇴치(退治) 《박멸》 extermination. ～하다 exterminate; wipe 〔stamp, root〕 out; get rid of 《*rats*》. ¶ 문맹 ～운동 a crusade against illiteracy.
퇴침(退枕) a wooden 〔box〕 pillow.
퇴폐(頹廢) corruption; decadence. ～하다 be corrupted. ¶ ～적인 decadent / 도의의 ～ moral decay; decadence / ～한 세상 the decadent world. ‖ ～주의 decadence.
퇴학(退學) withdrawal from school. ～하다 leave 〔quit, give up〕 school. ¶ ～시키다 expel 〔dismiss〕 《*a student*》 from school / ～당하다 be dismissed 〔expelled〕 from school. ‖ ～생 a dropout / ～처분 expulsion 〔dismissal〕 from school.
퇴화(退化) retrogression; degeneration. ～하다 degenerate; retrogress. ¶ ～한 degenerate(d) / 근육은 쓰지 않으면 ～한다 Muscles, if not used, degenerate. ‖ ～기관 〖生〗 a rudiment; a rudimentary organ.
툇마루(退—) a narrow porch.
투(套) 《버릇》 a manner; a habit; a way; 《법식》 a form; a style. ¶ 말～ *one's* way of talking / 농담～로 말하다 say just for fun 〔half in jest〕.
투견(鬪犬) 《싸움》 a dogfight; 《개》 a fighting dog.
투계(鬪鷄) 《싸움》 a cockfight; 《닭》

a fighting cock; a gamecock.

투고(投稿) a contribution. ～하다 contribute 《*an article to*》; write 《*to the Times*》; write 《*for*》. ‖ ～란 the readers'〔contributors'〕 columns / ～자 a contributor.

투과(透過) permeation; penetration; 〚化〛 transmission. ～하다 permeate 《*through*》; penetrate; filter (out). ‖ ～성 permeability (～성 막 a permeable membrane) / ～율 transmissivity / ～인자 a transmission factor / ～형 전자망원경 a transmission electron microscope.

투광기(投光器) a floodlight.

투구 a helmet; a headpiece.

투구(投球) 〚野〛 pitching(투수의); throwing(야수의). ～하다 pitch 〔throw, hurl〕 a ball; make a throw 《*to second*》. ‖ ～동작 a windup / ～연습 a warming up for pitching.

투기(妬忌) jealousy; envy. ～하다 be jealous 《*of, over*》; be envious 《*of*》.

투기(投機) speculation; a flier 《美口》. ～하다 speculate 《*in*》; gamble 《*in stocks*》. ¶ ～적인 speculative; risky / ～에 손을 대다 dabble in speculation. ‖ ～꾼 a speculator; a stockjobber(주식거래인) / ～사업 a speculative business 〔enterprise〕; a venture / ～심 speculative spirit 〔streak〕 / ～열 a speculative craze; a craze 〔mania〕 for speculation / ～자본 venture capital 《美》.

투기(鬪技) a contest; a match.

투덕거리다 tap. ☞ 토닥거리다.

투덜거리다 grumble 《*about, at*》; complain 《*about, of*》; murmur with discontent. ¶ 투덜투덜 grumblingly; complainingly.

투망(投網) a casting net.

투매(投賣) a sacrifice sale; dumping. ～하다 sell 《*goods*》 at a loss 〔sacrifice〕; dump 《*goods abroad*》. ‖ ～상품 sacrifice goods.

투명(透明) ～하다 (be) transparent; lucid; clear; limpid. ‖ ～도 (the degree of) transparency / ～인간 an invisible man / ～체 a transparent body.

투묘(投錨) anchoring; anchorage. ～하다 anchor; cast anchor.

투미하다 (be) stupid; silly; dull.

투박하다 《사람이》 (be) crude; vulgar; boorish; 《물건이》 (be) crude; coarse; rough; unshapely. ¶ 투박한 구두 heavy unshapely shoes.

투베르쿨린 〚醫〛 tuberculin. ‖ ～반응〔검사〕 a tuberculin reaction 〔test〕.

투병(鬪病) a fight 〔struggle〕 against a disease. ¶ ～ 생활 *one's* life under medical treatment / 2년간의 ～ 생활 끝에 이전 직무로 복귀하다 return to *one's* former job after two years of struggling with illness.

투사(投射) 〚數〛 projection; 〚理〛 incidence. ～하다 project 《*on*》. ‖ ～각 the angle of incidence.

투사(透寫) tracing. ～하다 trace 《*a drawing*》. ‖ ～지(紙) tracing paper.

투사(鬪士) a fighter; a champion. ¶ 자유〔노동 운동〕의 ～ a fighter for freedom 〔labor〕 / 혁명 ～ a champion of revolution.

투서(投書) a contribution; an anonymous letter(밀고). ～하다 send 《*a note*》 anonymously; contribute an article 《*to*》(투고). ‖ ～함 a suggestion 〔complaints〕 box.

투석(投石) ～하다 throw 〔hurl〕 a stone 〔rock〕 《*at*》.

…투성이 《온통 …으로 덮인》 covered 〔smeared〕 all over with; 《…이 많은》 full of; filled with. ¶ 오자～의 책 a book full of misprint / 먼지〔흙〕～다 be covered with dust 〔mud〕.

투수(投手) a pitcher; a hurler. ¶ 이기고〔지고〕 있는 ～ a winning 〔losing〕 pitcher / 주전 ～ an ace pitcher / 구원 ～ a relief pitcher / 우완〔좌완〕 ～ a right-handed 〔left-handed〕 pitcher. ‖ ～전 a pitchers' battle; a pitching duel / ～진 the pitching staff / ～판 a pitcher's plate; a mound.

투숙(投宿) ～하다 put up at 《*a hotel*》; check into 《*a hotel*》; lodge 《*at a hotel; with a family*》. ‖ ～객 a guest; a lodger.

투시(透視) 《천리안》 clairvoyance; second sight. ～하다 see through; look at 《*a person's chest*》 through the fluoroscope (X선으로). ‖ ～검사 《X선의》 fluoroscopy / ～도 a perspective drawing / ～자 a clairvoyant.

투신(投身) ① 《자살》 ～하다 drown *oneself;* throw 〔hurl〕 *oneself* 《*into the water, from a cliff*》; leap to *one's* death. ② 《종사》 ～하다 engage 〔take part〕 《*in*》. ¶ 정계에 ～하다 enter the political world.

투약(投藥) medication; prescription (of medicine); dosage. ～하다 prescribe 《*for a patient*》; prescribe 〔give〕 a medicine; medicate.

투영(投影) 《그림자》 a (cast) shadow; 《그림》 a projection. ～하다 reflect; cast a reflection. ‖ ～도 a projection chart / ～도법 the method of projections.

투옥(投獄) imprisonment. ～하다 put《*a person*》in prison〔jail〕; throw《*a person*》into prison; imprison. ¶ 무고죄로 ～되다 be put into prison on a false charge.

투우(鬪牛)《싸움》a bullfight;《소》a fighting bull. ‖ ～사 a bullfighter; a matador / ～장 a bullring.

투원반(投圓盤) the discus throw. ‖ ～선수 a discus thrower.

투입(投入) ①《자본을》～하다 invest《*capital*》. ¶ ～ 자본 an investment. ②《던져 넣기》～하다 throw〔cast〕《*a thing*》into. ¶ 전투에 3개 사단을 ～하다 commit three divisions to the battle.

투자(投資) (an) investment. ～하다 invest《*in*》; put〔lay out〕《*money in an enterprise*》. ¶ 공공 ～ public investment / 시설 ～ investment in plant and equipment / 확실한 ～ a sound investment / 전재산을 토지에 ～하다 invest all *one's* money in land. ‖ ～상담소 an investment counsel office / ～신탁 investment trust / ～자〔가〕an investor (기관 ～가 an institutional investor / 일반 ～가 the investing public).

투쟁(鬪爭) a fight; a struggle; a conflict; strife. ～하다 fight《*for, against*》. ¶ 계급〔권력〕～ a class〔power〕struggle / 노사간의 ～ strife between labor and management / 인종간의 ～ racial conflicts〔strife〕. ‖ ～위원회 a strike〔struggle〕committee / ～자금 strike〔struggle〕funds.

투전(鬪錢) gambling(도박). ‖ ～꾼 a gambler.

투정 grumbling; complaining. ～하다 grumble《*at, for, over*》; growl; complain《*about, of*》. ¶ 밥～ grumbling over〔at〕*one's* food.

투지(鬪志) fighting spirit; fight. ¶ ～ 만만하다 be full of fight〔fighting spirit〕/ ～가 없다 lack in fight; have no fighting spirit.

투창(投槍) javelin throw(ing). ～하다 throw a javelin. ‖ ～선수 a javelin thrower.

투척(投擲) throwing; a throw. ～하다 throw《*a hand grenade*》. ‖ ～경기 a throwing event.

투철(透徹) ～하다 (be) penetrating; lucid; clear; clear-cut. ¶ ～한 이론 an intelligible〔a clear-cut〕theory / ～한 두뇌 clear brains.

투포환(投砲丸) the shot put; shot-putting. ‖ ～선수 a shot-putter.

투표(投票)《투표하기》poll; voting; ballot;《표》a vote; a ballot(무기명의). ～하다 vote《*for, against*》; cast a vote〔ballot〕; give a vote《*to a person*》; ballot. ¶ ～에 부치다 put《*a matter*》to the vote / ～하러 가다 go to the poll / ～로 결정하다 decide by vote. ‖ ～권 the right to vote; voting rights / ～소〔장〕a polling place〔station〕;《go to》the polls《美》/ ～용지 a voting paper; a ballot (paper) / ～용지 기입소 a voting booth / ～율 the voting rate (높은〔낮은〕～율 a heavy〔light〕poll) / ～일 a voting day / ～자 a voter / ～참관인 a voting witness / ～함 a ballot box.

투피스 a two-piece suit〔dress〕.

투하(投下) ～하다 throw《*a thing*》down; drop《*a bomb*》;《자본을》invest《*in*》. ¶ 비행기가 구호 물자를 ～했다 The plane dropped relief supplies. ‖ ～자본 invested〔investment〕capital.

투함(投函) ～하다 mail〔post《英》〕《*a letter*》; put《*a letter*》in a mailbox.

투항(投降) surrender. ～하다 surrender《*to*》; capitulate; lay down〔give up〕*one's* arms. ¶ 조건부로 적에게 ～하다 surrender to the enemy under certain terms. ‖ ～자 a surrenderer.

투해머(投—)〖競〗the hammer throw.

투혼(鬪魂) a fighting spirit.

툭 ①《튀어나온 모양》protruding; protuberant; bulging;《불거짐·비어짐》popping out; bulging out《*of a pocket*》. ②《치는 모양·소리》with a pat〔rap〕. ¶ 어깨를 ～ 치다 tap《*a person*》on the shoulder. ③《끊어지는 소리》with a snap. ¶ (실이) ～ 끊어지다 snap off. ④《쏘는 모양》sharply; prickingly.

툭탁거리다 exchange blows; beat each other up.

툭툭하다 (be) thick; close.

툭하면 without any reason; be apt to《*do*》; always; ready to. ¶ ～ 사람을 치다 ready to punch《*a person*》; punch《*a person*》at the slightest provocation.

툰드라〖地〗a tundra.

툴툴거리다 grumble《*at, over, about*》; growl.

퉁겨지다 ①《쑥 드러나다》get disclosed; be revealed〔exposed〕; come out; transpire. ②《어긋나서》come apart; get out of the place〔joint〕. ¶ 책상다리가 ～ the leg of a table gets disjointed.

퉁기다 ①《버틴 것을》get《*it*》out of place; take《*it*》apart; slip《*a stay*》. ②《기회를》let《*it*》slip;

miss《*a chance*》. ③《관절을》 put 《*in*》 out of the joint. ④《현악기를》 pluck the strings《*of*》; pick 〔thrum on〕《*a guitar*》.
퉁명스럽다 (be) blunt; curt; brusque. ¶ 퉁명스럽게 말하다 talk bluntly; be blunt in *one's* speech / 그는 누구에게나 ～ He is brusque with everyone.
퉁방울《방울》 a brass bell.
퉁방울이 a popeyed person.
퉁소(一簫) a bamboo flute.
퉁탕 ①《발소리》¶ ～거리다 keep pounding; stamp《*along*》. ②《총성》 ¶ ～거리다 keep banging away.
퉁퉁《부은 꼴》¶ ～ 붓다 swell up.
퉁퉁하다《살찐 꼴》 (be) plump; full.
튀각 fried kelp〔tangle〕.
튀기《잡종 · 혼혈아》 a hybrid; a crossbreed; a half-breed; a half-blood. ¶ ～의 hybrid.
튀기다[1]《손가락으로》 flip; fillip; snap;《물 따위를》 splash; spatter.
튀기다[2]《기름에》 fry;《튀밥을》 pop 《*rice*》.
튀김 deep-fried food. ¶ 새우 ～ a deep-fried shrimp.
튀다 ①《뛰어오르다》 spring;《공이》 bound; rebound; bounce. ②《침 · 물이》 spatter; splash; splatter. ¶ 얼굴에 침이 ～ *one's* face is spattered with saliva. ③《불꽃이》 spark; sputter;《나무 · 장작이》 snap; crack; crackle. ¶ 불똥이 ～ emit〔give off〕 sparks; sparks shoot up in the air. ④《달아나다》 run away; make off; take to flight; flee. ¶ 도둑이 ～ a robber takes to flight.
튀밥 popped rice.
튀하다 scald《*a pig in hot water*》.
튜너 a tuner.
튜닝《조율》 tuning. ～하다 tune up.
튜바〔樂〕 a tuba.
튜브 a tube; an inner tube(자전거 따위의). ¶ ～에 든 치약 a tube of toothpaste.
튤립〔植〕 a tulip.
트다[1] ①《싹이》 bud out; sprout. ②《먼동이》 dawn; break (open); turn grey. ③《피부가》 crack; be 〔get〕 chapped.
트다[2]《길을》 open; clear the way 《*for*》; make way《*for another*》. ¶ 거래를 ～ enter into a business relation《*with*》; open an account《*with*》.
트라이앵글〔樂〕 a triangle.
트라코마, 트라홈〔醫〕 trachoma.
트랙 a track. ‖ ～경기 track events〔athletics〕.
트랙터 a tractor.
트랜스〔電〕 a transformer.
트랜지스터〔電〕 a transistor 《*radio*》.
트랩《비행기의》 a ramp; landing steps;《배의》 a gangway (ladder). ¶ ～을 올라〔내려〕가다 go〔step〕 up〔down〕 the ladder〔ramp〕.
트러블 a《*family*》 trouble. ¶ ～을 일으키다 make〔stir up〕 trouble.
트러스〔建〕 a truss.
트러스트〔經〕 a trust. ‖ ～금지법 an antitrust law.
트럭 a truck; a lorry《英》. ¶ ～ 3대 분의 짐 three truckloads of goods / ～운전사 a truck driver / ～으로 수송하다 transport《*goods*》 by truck. ‖ ～운송 trucking.
트럼펫 a trumpet. ¶ ～ 연습을 하다 practice the trumpet. ‖ ～(연)주자 a trumpeter.
트럼프《a deck of》 cards. ¶ ～를 하다 play cards / ～ 속임수 card tricks / ～로 점을 치다 tell *one's* fortune from〔with〕 cards.
트렁크《대형의》 a trunk;《소형의》 a suitcase;《자동차의》 a trunk.
트레몰로〔樂〕 a *tremolo*《이》.
트레이너 a trainer.
트레이닝 training. ¶ 하드 ～ hard training / (선수가) ～을 받고 있다 be (in) training《*for the coming Olympics*》. ‖ ～셔츠 a training jacket; a sweat shirt / ～캠프 a training camp / ～팬츠 sweat pants.
트레이드《거래》 a trade. ¶ 그 투수는 자이언트에 ～되었다 The pitcher was traded to the Giants. ‖ ～마크 a trademark / ～머니 money paid for a《*baseball*》 player.
트레일러 a trailer. ‖ ～버스 a trailer bus / ～하우스 a house trailer.
트로이 Troy. ¶ ～의 목마 the Trojan Horse. ‖ ～전쟁 the Trojan War.
트로이카 a troika.
트로피《win》 a trophy.
트롤 a trawl. ‖ ～망〔그물〕 a trawl(net) / ～선 a trawlboat; a trawler / ～어업 trawling.
트롤리 a trolley《*bus*》.
트롬본〔樂〕 a trombone. ‖ ～(연)주자 a trombonist.
트리밍〔寫〕 trimming. ～하다 trim.
트리오〔樂〕 a trio.
트리코《옷감》 *tricot*《프》.
트릭 a trick. ¶ ～을 쓰다 resort to tricks / 감쪽같이 ～에 걸려들다 be nicely tricked〔taken in〕. ‖ ～촬영 a trick shot.
트림 a belch; belching; a burp 《美俗》. ～하다 belch; burp.
트릿하다《속이》 feel heavy on the stomach;《흐릿함》 (be) dubious; vague; lukewarm.
트위스트《dance》 the twist.
트이다 ①《막혔던 것이》 get cleared;

be opened; open. ¶ 운이 ~ fortune begins to smile on 《*a person*》 / 길이 ~ a road is opened up. ② 《마음이》 be liberal; be open-hearted. ¶ 속이 트인 사람 an open-hearted person.

트적지근하다 feel uncomfortable in the stomach; be belchy.

트집 《탈》 a fault; blemish; 《틈》 a split; a gap. ¶ ~잡다 find fault with 《*a person*》; pick flaws 〔holes〕 *in*》 / ~나다 get cracked; have a split. ‖ ~쟁이 a faultfinder; a nit=picker.

특가(特價) 《sell at》 a special 〔bargain〕 price. ‖ ~판매 a bargain sale / ~품 an article offered at a special price.

특검법(特檢法) the independent 〔special〕 counsel bill (to investigate the scandals).

특공대(特攻隊) a special attack corps; a commando; a suicide squad. 「a technical corps.

특과(特科) a special course; 〖軍〗

특권(特權) a privilege; a prerogative; special rights. ¶ ~을 주다 give 《*a person*》 a privilege / ~을 행사하다 exercise *one's* privilege / ~을 누리다 enjoy privileges 《*of*》 / 소수 ~층 the privileged few 〔minority〕. ‖ ~계급 the privileged classes.

특근(特勤) overtime work. ~하다 work overtime; do 《*one hour*》 overtime. ‖ ~수당 overtime allowance.

특급(特急) a special 〔limited〕 express (train). ¶ ~ 새마을호를 타다 take the limited express *Saemaul*.

특급(特級) a special grade; the highest quality. ‖ ~주 the highest quality wine / ~품 the highest quality item 〔article, goods, brand〕.

특기(特技) special ability 〔talent, skill〕; *one's* speciality.

특기(特記) ~하다 mention specially. ¶ ~할 만한 remarkable; striking; noteworthy / ~할 만한 것은 없다 There is nothing to make special mention of.

특대(特大) ¶ ~의 extra-large; outsize(d); king-size(d) 《美》. ‖ ~호 an enlarged special edition(잡지의).

특대(特待) ~하다 treat specially; give a special treatment 《*to*》. ‖ ~생 a scholarship 〔an honor〕 student (~생이 되다 get 〔be given〕 a scholarship).

특등(特等) a special class 〔grade〕. ‖ ~석 a special seat; a box (seat) (극장의) / ~실 a special room; a stateroom(여객선의) / ~품 an extra-fine article; a choice article.

특례(特例) 《특별한 예》 a special example 〔case〕; a particular case; 《예외》 an exception. ¶ ~로서 as an exception(예외로) / ~를 만들다 make an exception 《*in favor of*》. ‖ ~법 the Exception Law.

특매(特賣) a special 〔bargain〕 sale. ~하다 sell at a special price; conduct a special sale. ‖ ~장 a bargain counter / ~품 an article offered at a bargain (price).

특명(特命) special command 〔appointment, order〕. ¶ ~을 띠고 on a special mission. ‖ ~전권대사 an ambassador extraordinary and plenipotentiary.

특무(特務) special duty 〔service〕. ‖ ~기관 the Special Service Agency 〔Organization〕; the secret (military) agency 〔service〕.

특배(特配) an extra ration; special distribution. ~하다 distribute 〔ration〕 specially.

특별(特別) ¶ ~한 (e)special; 《특정의》 particular; 《고유의》 peculiar; 《여분의》 extra; 《비정상의》 extraordinary; 《예외》 exceptional / ~히 (e)specially; particularly / ~취급하다 give 《*a person*》 special treatment. ‖ ~교서 a special message / ~기 a special airplane / ~배당 a special 〔bonus〕 dividend / ~보좌관 President's Special Adviser; Special Adviser 《*to*》 / ~사찰 a special inspection / ~석 a special seat / ~수당 a special 〔an extra〕 allowance (~수당을 타다 be paid extra) / ~승급 a special raise in salary / ~열차 a special train / ~예산 〔회계〕 a special budget 〔account〕 / ~위원회 a special 〔an ad hoc〕 committee / ~치료 special (medical) treatment / ~프로 a special program / ~호 a special 〔an extra(임시의)〕 number(잡지 등의) / ~회원 a special member.

특보(特報) a (news) flash; a special news. ¶ 개표 결과를 ~하다 flash the ballot counting results.

특사(特使) a special envoy 〔messenger〕. ¶ 대통령 ~ a presidential personal envoy / ~를 파견하다 dispatch a special envoy.

특사(特赦) (an) amnesty(일반); a special pardon(개인). ~하다 grant 〔give〕 an amnesty 《*to*》. ¶ ~로 출감하다 be released from prison on amnesty / ~를 받다 be granted amnesty. ‖ ~령 an act of grace 〔amnesty〕; a decree of amnesty.

특산(물)(特産(物)) a special product; a speciality. ¶ 이 지방의 주요 ~ the principal products of this district. ‖특산지 special production localities.

특상(特上) ¶ ~의 the finest; the choicest; superfine. ‖ ~품 an extra-fine brand; choice goods.

특상(特賞) a special prize〔reward〕.

특색(特色) a (special) feature; a characteristic; a distinctive character. ¶ ~(이) 있는 characteristic; distinctive / ~(이) 없는 featureless; common / ~ 있게 하다 characterize 《*a thing*》.

특선(特選) special selection〔choice〕; 《상에서》 the highest honor. ‖ ~품 choice goods.

특설(特設) ~하다 set up〔establish〕 specially. ¶ ~의 specially installed. ‖ ~링 a specially prepared ring / ~전화 a specially installed telephone.

특성(特性) a special character〔quality〕; a characteristic; a trait; a property. ¶ 인간의 ~ a characteristic of man / 국민적 ~ national traits / ~을 살리다 make the most of 《*its*》 characteristics; turn 《*its*》 peculiar quality to account.

특수(特殊) ¶ ~한 《특별》 special; particular; specific; 《특이》 peculiar; unique / ~화하다 specialize; differentiate. ‖ ~강 special steel / ~교육 special education; education for the handicapped / ~법인 a corporation〔judicial person〕 having special status / ~부대 special forces / ~사정 special circumstances〔situations〕 / ~성 peculiarity; special characteristics / ~은행 a special〔chartered〕 bank / ~촬영 《영화에서》 shooting for special effects; trick shooting / ~취급 special〔preferential〕 treatment〔handling〕 / ~층 a privileged class / ~효과 special effects.

특수경기(特需景氣) a special procurement boom.

특약(特約) a special contract〔agreement〕. ~하다 make a special contract. ¶ …와 ~이 있다 have a special contract with …. ‖ ~점 a special agent; a chain store(미국식의) / ~조항 a clause containing special policy conditions.

특용(特用) ‖ ~작물 a crop for a special use; a cash crop.

특유(特有) ¶ ~의 special; peculiar 《*to*》; characteristic 《*of*》 / 이것은 한국인 ~의 습관이다 This custom is unique〔peculiar〕 to the Korean. ‖ ~성 a peculiarity.

특이(特異) ¶ ~한 singular; peculiar; unique; unusual / ~한 예 a peculiar case / ~한 재능의 소유자 a person with a unique talent / ~한 형상 《전례가 없는》 an unprecedented phenomenon. ‖ ~성 singularity; peculiarity / ~체질 an idiosyncrasy; an allergy.

특작(特作) a special production; 《영화의》 a special〔feature〕 film.

특장(特長) a strong point; a merit; a forte.

특전(特典) 《grant》 a privilege 《*to*》; a special favor.

특전(特電) a special dispatch〔telegram〕.

특정(特定) ~하다 specify; pin 《*something*》 down. ¶ ~의〔한〕 specially fixed; specific; specified; special / 그 돈은 ~ 목적에 쓰기로 되어 있다 The money is to be used for a specific purpose. ‖ ~인 a specific person / ~품 specialty goods.

특제(特製) special make〔manufacture〕. ¶ ~의 specially made〔manufactured〕; of special make / ~빵 the bread of special make. ‖ ~품 a specially-made article.

특종(特種) ① 《종류》 a special kind. ② 《기사의》 exclusive news; a scoop; a news beat 《美》. ¶ ~으로 타사를 앞지르다 scoop other papers.

특지(特旨) a special Royal order; a special directive from the Throne.

특진(特進) a special promotion of rank. ¶ 2계급 ~ a double promotion of rank.

특질(特質) a special quality; a characteristic.

특집(特輯) a special edition. ~하다 make up a special edition. ‖ ~기사 a feature article〔story〕 / ~부록 a special supplement / ~호 a special number〔issue〕.

특징(特徵) a characteristic; a peculiarity; a special〔distinctive〕 feature; a trait(성격상의). ¶ ~ 있는〔적인〕 characteristic; peculiar; distinctive / ~ 없는 featureless; common / ~ 짓다 characterize; mark; distinguish / 아무런 ~이 없는 얼굴 a face without any character.

특채(特採) special appointment. ~하다 employ specially.

특출(特出) ~하다 (be) preeminent; distinguished; outstanding; conspicuous; remarkable. ¶ ~한 인물 an outstanding figure.

특칭 (特稱) special designation; 〖論〗 a particular.

특파 (特派) dispatch; special assignment. ～하다 dispatch 《*a person*》 specially. ¶ 사원을 뉴욕에 ～하다 dispatch 〔send〕 an employee to New York for special purposes. ‖ ～대사 an ambassador extraordinary / ～사절 (使節) a special envoy; an envoy extraordinary / ～원 《신문사의》 a (special) correspondent 《*at Washington*》.

특필 (特筆) special mention. ～하다 mention specially; make special mention of; give prominence to. ¶ ～할 만한 worthy of special mention; remarkable; striking / 대서 ～하다 write in golden 〔large〕 letters.

특허 (特許) 《발명 · 고안의》 a patent; 《특별 허가》 a special permission; a licence (면허); 《채굴 · 부설권 등의》 a concession. ¶ ～를 출원하다 apply for a patent; file a patent 《*for*》 / ～ 출원 중 《표기》 Patent pending 〔applied for〕. ‖ ～권〔료〕 a patent right 〔fee〕 / ～권자 a patentee / ～권 침해 a patent infringement / ～법 the patent law / ～청 the Patent Office / ～품 a patent; a patented article.

특혜 (特惠) a special 〔preferential〕 treatment 〔benefit〕. ¶ ～의 preferential / ～를 받다 receive preferential treatment / ～를 주다 offer 〔afford〕 a preference. ‖ ～관세 a preferential tariff / ～융자 a privileged 〔preferential〕 loan.

특효 (特效) 《have》 special virtue 〔efficacy〕. ‖ ～약 a special remedy; a specific (medicine) 《*for*》; a wonder drug.

특히 (特一) (e) specially; in particular; particularly; expressly. ¶ ～ 이렇다 할 이유도 없이 for no particular reason.

튼튼하다 ① 《건강》 (be) strong; robust; healthy. ¶ 튼튼한 몸 a strong body / 튼튼해지다 become healthy; grow strong / 튼튼하게 하다 make strong; build up 〔improve〕 *one's* health. ② 《견고》 (be) solid; strong; firm; durable (오래가다). ¶ 튼튼한 상자 a solid box / 튼튼하게 하다 〔만들다〕 strengthen; make firm 〔solid〕; solidify / 이 천은 ～ This cloth wears well.

틀 ① 《모형》 a mold; a cast; a matrix. ¶ ～에 부어 뜨다 cast in a mold. ② 《일정한 격식 · 형식》 formality; formula; a limit (범위). ¶ ～에 박힌 conventional; stereotyped / …의 ～ 안에서 within the limit 〔framework〕 of…. ③ 《테》 a frame; framework (창문 · 액자 따위의); a tambour (둥근 수틀). ¶ 사진을 ～에 끼우다 frame a picture; set 〔put〕 a picture in frame. ④ 《기계》 a machine; a device; a gadget. ¶ 재봉～ a sewing machine. ⑤ 《인간의》 caliber; capacity. ¶ 사람의 ～이 크다 be a person of large caliber.

틀니 an artificial tooth; a denture.

틀다 ① 《돌리다》 wind; turn. ¶ 라디오〔수도꼭지〕를 ～ turn on the radio 〔tap〕. ② 《비틂》 twist; wrench; screw (나사를); 《방향을》 change; shift; turn. ¶ 방향을 ～ change 〔shift〕 *one's* course. ③ 《일을》 thwart 《*a plan*》; cross. ④ 《상투 · 머리를》 tie 〔do〕 up 《*one's hair*》. ⑤ 《솜을》 gin 〔willow〕 《*cotton*》.

틀리다 ① 《비틀림》 be distorted; get twisted 〔wrenched, warped〕. ② 《잘못되다》 go wrong 〔amiss, awry〕; be wrong 〔mistaken, erroneous, incorrect〕. ¶ 틀린 생각 the wrong idea; a mistaken notion. ③ 《불화》 ☞ 틀어지다 ②. ④ 《끝장나다》 be done for; be ruined; fail. ¶ 그 환자는 이제 틀렸다 The patient is hopeless. / 그는 교사로서는 틀렸다 As a teacher, he is a failure.

틀림 an error; a mistake; a fault; 《다름》 being different. ¶ ～없는 correct; exact / ～없이 correctly; surely; certainly; no doubt; without fail (꼭) / 그것은 ～없다 There's no doubt about it. / 그는 ～없이 약속시간에 올 것이다 Surely 〔Certainly〕 he will come by the appointed time. *or* He will come by the appointed time without fail.

틀어넣다 push 〔thrust, squeeze〕 《*a thing*》 in; stuff 〔jam, pack, cram〕 《*a thing*》 into.

틀어막다 ① 《구멍을》 stop 《*it*》 up; stuff; fill; plug. ¶ 구멍을 흙으로 ～ fill a hole with earth. ② 《입을》 stop 《*a person's mouth*》; muzzle; gag; 《행동을》 curb 《*a person's free action*》; check; put a stop to.

틀어박히다 be isolated 《*from society*》; 《집에》 keep 〔be confined〕 indoors; shut *oneself* up 《*in a room*》. ¶ 하루종일 방에 ～ shut 〔lock〕 *oneself* up in *one's* room all day.

틀어지다 ① 《일이》 go wrong 〔amiss〕; fail; be a fiasco. ② 《사이가》 fall out 〔be on bad terms〕 《*with a person*》; be estranged

《*from*》. ③ 《빗나가다》 swerve; turn aside. ④《꼬이다》 be distorted〔twisted〕; warp.
틀지다 (be) dignified; have dignity.
틀톱 a pit saw.
틈 ①《벌어진 사이》 an opening; an aperture; a gap; a crevice; a crack; 《불화함》 an estrangement; a breach 《*of friendship*》. ¶ 문～ a chink in the door / 바위～ a crack in a rock / ～이 생기다 crack; cleave; 《불화》 be estranged from 《*each other*》 / 벽～을 메우다 stop〔fill〕 (up) the crevice in the wall. ②《빈 여지》 room; space; 《간격》 interval. ¶ ～이 없다 there is no room…. ③ 《기회》 a chance; 《seize》 an opportunity. ¶ ～을 노리다 watch for a chance. ☞ 틈타다. ④《방심》 unpreparedness; an unguarded moment; a blind side. ¶ 빈～이 없다 be thoroughly on guard. ⑤《짬》 leisure (hours); spare time. ¶ ～이 있다 have time to spare; be free / ～을 내다 make〔find〕 time 《*to do*》.
틈새기 a chink; a crack. ¶ ～ 바람 a draft 《美》; a draught 《英》.
틈타다 take advantage of; avail *oneself* of. ¶ …을 틈타서 under favor〔cover〕 of 《*the night*》; taking advantage of 《*the confusion*》.
틈틈이 ① 《틈날 때마다》 at odd〔spare〕 moments; in *one's* spare moments. ②《구멍마다》 in every opening.
티[1] ①《이질물》 dust; a mote; a particle; a grit. ②《흠》 a defect; a flaw; a speck; a blemish. ¶ 옥에 ～ a flaw in a gem.
티[2] 《기색·색태》 a touch〔smack, taste〕 of…; an air of…. ¶ 군인～가 나는 soldierly; soldierlike.
티[3] ①《차》 tea. ‖ ～룸 a tearoom / ～파티 a tea party. ② 《글자》 the letter "T". ‖ ～셔츠 a T-shirt / ～자 a T square. ③ 《골프의》 a (golf) tee.
티격나다 break up 《*with*》; fall out 《*with*》.
티격태격하다 dispute〔quarrel〕 《*with*》; bicker with each other.
티끌 dust; a mote. ¶ 양심이라곤 ～만큼도 없다 He hasn't an ounce of conscience in him. / ～모아 태산 《俗談》 Many a little makes a mickle.
티눈 a corn. ¶ 발에 ～이 박이다 have a corn on *one's* foot.
티뜯다 《흠잡기》 find faults with.
티베트 Tibet. ¶ ～의 Tibetan. ‖ ～말 Tibetan / ～사람 a Tibetan.
티켓 a ticket.
티크 a teak; 《목재》 teak(wood).
티탄 〖化〗 titanium (기호 Ti).
티티새 〖鳥〗 a dusky thrush.
티푸스 typhoid fever; typhus.
팀 a team. ¶ 야구～ a baseball team; the nine / 축구～ a football〔soccer〕 team; the eleven. ‖ ～워크 teamwork (～워크가 좋다 have fine teamwork) / ～컬러 the characteristics of a team / ～플레이 the play for *one's* team.
팀파니 〖樂〗 timpani.
팁 a tip; a gratuity. ¶ ～을 후하게 주는 손님 a high-tipping customer; a good〔generous〕 tipper / ～을 주다 give〔offer〕 a tip; tip 《*the waiter* 5,000 *won*》 / ～을 받다 accept a tip / ～을 놓다 leave a tip 《*on the plate*》.

만화에 나오는 의성어·의음어

1. 의성어(擬聲語)
(개의 성난 소리) 으르렁 GRRRR / (위급시 놀라 지르는 소리) 꺅! EEEK! / (코고는 소리) 쿨쿨 ZZZ; Z-Z-Z / (기침소리) 콜록콜록 COUGH COUGH / (재채기소리) 에취! AAHHCHOOO! / (울음소리) 엉엉 WAA WAA / (불만의 소리) 투덜투덜 GRUMBLE GRUMBLE / (재잘거리는 소리) 재잘재잘 YAK YAK / (중얼거리는 소리) 중얼중얼 MUMBLE MUMBLE

2. 의음어(擬音語)
(쇠붙이가 맞닿아 울리는 소리) 쩔그렁 CLANK / (부딪거나 깨지는 요란한 소리) 쿵, 쾅, 쨍그렁 CRASH!; KRASH! / (차의 급브레이크 등을 밟을 때 나는 소리) 끼익! SCREECH! / (머리 따위를 쥐어박는 소리) CONK! / (문 따위를 세게 닫는 소리) 쾅 SLAM! / (입맞추는 소리) 쪽! SMACK!; SMAK! / (버저 소리) 부-! BUZZ!

3. 만화에서 볼 수 있는 구어적 표현
I'm 이나 You're 따위 단축형은 만화 뿐 아니라 일반적으로도 흔하게 쓰이지만, 특히 만화에서는 그림에 현실감을 주기 위해 소리대로 표현하는 경우가 많다. 다음은 그 보기이다.

I'm going to → I'm gonna
I want to → I wanna
I don't know → I dunno
You're looking good → You're lookin' good
Give me... → Gimmie...
That fellow → That fella
I'm glad to know you → Glad to know ya
Come on, you guys! → C'mon, you guys!
Put them out → Put'em out

ㅍ

파 〖植〗 a Welsh〔green〕 onion; a leek.

파(派) 《족벌》 a branch of a family〔clan〕; 《학파》 a school; 《당파》 a party; a faction; a clique (파벌); 《종파》 a sect; a denomination; a group(분파).

파격(破格) ¶ ～적인 special; exceptional; unprecedented; irregular(변칙의) / ～적인 대우를 받다 receive exceptionally good treatment.

파견(派遣) dispatch. ～하다 dispatch; send. ¶ 중국에 사절을 ～하다 dispatch〔send〕 an envoy to China. ‖ ～군 an expeditionary army〔force〕/ ～대 a contingent; a detachment.

파경(破鏡) 《이혼》 divorce; separation. ¶ ～에 이르다 be divorced.

파계(破戒) ～하다 break〔violate〕 the 《*Buddhist*》 commandment. ‖ ～승 a depraved〔fallen〕 monk.

파고(波高) the height of a wave; wave height.

파고다 a pagoda.

파고들다 ① 《조사·규명》 dig〔delve, probe〕 into 《*a problem*》; examine〔look into〕 《*a matter*》 closely〔minutely〕. ¶ 문제에 대해 좀 더 깊이 ～ dig a bit deeper into the matter / 사건의 진상을 ～ get at the truth〔to the bottom〕 of an affair. ② 《비집고 들어가다》 encroach 《*upon*》; cut into. ¶ 남의 선거 기반에 ～ encroach upon another candidates constituency / 유럽 시장에 ～ make inroads into European markets. ③ 《마음에 스며들다》 be deeply ingrained 《*in one's mind*》; eat into; be imbued 《*with*》. ¶ 사회주의 사상이 ～ 《사람이 주어》 be imbued with socialism / 그 말은 내 마음 속에 파고들었다 The remark sank〔eat〕 into my mind.

파괴(破壞) destruction; demolition. ～하다 break (down); destroy; demolish; wreck; ruin. ¶ ～적인 destructive. ‖ ～공작 subversive activities / ～력 destructive power / ～분자 a subversive (element) / ～자 a destroyer / 대량 ～ 병기 a weapon of mass destruction.

파국(破局) a catastrophe; a collapse; an end(파멸). ¶ ～적인 catastrophic / ～으로 몰고 가다 drive into catastrophe / 우리들의 결혼은 3년 만에 ～을 맞이했다 Our marriage broke down〔collapsed〕 in the third year.

파급(波及) ～하다 spread〔extend〕 《*to, over*》; influence; affect. ‖ ～효과 the ripple effect.

파기(破棄) ～하다 《찢어버리다》 tear up; destroy; 《무효로 하다》 annul 《*an agreement*》; cancel 《*a contract*》; break 《*a promise*》. ¶ 그 계약은 일방적으로 ～되었다 The contract was canceled one-sidedly.

파김치 pickled scallion〔leek〕. ¶ ～가 되다 《비유적》 get dead tired.

파나다(破—) get broken〔damaged〕; become defective.

파나마 Panama. ‖ ～운하 the Panama Canal.

파내다 dig out; unearth.

파노라마 a panorama. ¶ ～같은 풍경 a panoramic view.

파다 ① 《땅·구멍을》 dig; excavate; bore(뚫어서). ¶ 우물을 ～ dig a well / 산에 터널을 ～ dig〔bore〕 a tunnel through the mountain / 참호를 ～ excavate a trench. ② 《새기다》 carve 《*in, on, from*》; engrave; 《이름 따위를》 cut; inscribe. ¶ 목판에〔으로〕 멋진 조각상을 ～ carve a wonderful image on〔from〕 a piece of wood / 돌에 자기 이름을 ～ cut *one's* name on the stone. ③ 《진상·문제 등을》 study〔investigate〕 《*something*》 thoroughly; 《공부를》 study〔work〕 hard. ¶ 영어를 들이 ～ study English very hard〔in earnest〕.

파다하다(播多—) (be) widely rumored〔known〕; be rife.

파닥거리다 ☞ 퍼덕거리다.

파도(波濤) waves; billows; surges. ‖ ～소리 the sound〔roar〕 of the waves / ～타기 surfing.

파동(波動) a wave motion; an undulation. ¶ 빛의 ～설 the wave theory of light. ‖ 가격 ～ fluctuations in prices / 경제 ～ an economic crisis / 정치 ～ a political upheaval / 증권 ～ wild fluctuations of the stock market; a stock market crisis.

파라과이 Paraguay. ¶ ～의 Paraguayan. ‖ ～사람 a Paraguayan.

파라솔 《hold》 a parasol. ‖ 비치 ～ a beach umbrella.

파라슈트 a (para)chute.

파라티온 《농약》 parathion.

파라핀 paraffin(e). ‖ ～지〔유〕 paraffin paper〔oil〕.

파란(波瀾) 《풍파》 disturbance; troubles; a storm; 《성쇠》 ups and downs (of life); vicissitudes. ¶ ~많은 eventful / ~을 일으키다 cause troubles.

파랑 blue. ‖ ~새 〖鳥〗 a broad-billed roller.

파랗다 (be) blue; green(초록); 《창백》 (be) pale. ¶ 파랗게 질린 얼굴 빛 a pale complexion.

파래 a green laver.

파래지다 become green〔blue〕; 《얼굴이》 turn pale.

파렴치(破廉恥) ¶ ~한 shameless; infamous / 그는 ~하다 He has no sense of decency. ‖ ~범 an infamous crime〔offense〕(죄); an infamous criminal(범인).

파르르 ¶ ~ 끓다 be hissing hot / ~ 화를 내다 simmer with rage / ~ 떨다 tremble.

파릇파릇하다 (be) freshly blue; vividly green.

파리[1] a fly. ¶ 파리채로 ~를 잡다 flap〔swat〕 a fly / ~가 윙윙거린다 Flies are buzzing around. / 여름에는 장사가 ~를 날린다 《비유적》 Business is slack〔dull〕 in summer. ‖ ~목숨 an ephemeral〔a cheap〕 life / ~약 fly poison / ~채 a flyflap; a fly swatter.

파리[2] Paris. ¶ ~의 Parisian. ‖ ~사람 a Parisian〔Parisienne(여자)〕.

파리하다 (be) thin and pale; look thin and pale〔unwell〕.

파먹다 ① 《수박 따위를》 scoop〔dig〕 《*a watermelon*》 out and eat 《*it*》; 《벌레 따위가》 eat〔bore〕 into 《*an apple*》. ¶ 벌레가 파먹은 목재 worm-eaten timber. ② 《재산 따위를》 eat away what *one* has; 《무위도식하다》 eat idle bread; live in idleness.

파면(罷免) dismissal; discharge. ~하다 dismiss; discharge; fire 《美口》. ¶ 수회 사건으로 ~되다 be dismissed for *one's* involvement in the bribery case. ‖ ~권 the right to remove 《*a person*》 from office; the right of dismissal.

파멸(破滅) ruin; destruction; downfall. ~하다 be ruined 〔wrecked〕; go to ruin. ¶ ~을 초래하다 bring ruin 《*upon oneself*》.

파문(波紋) a ripple; a water ring. ¶ ~을 일으키다 ripple; start a water ring; 《비유적》 create a stir 〔cause a sensation〕 《*in the political world*》.

파문(破門) 《종교상의》 excommunication; 《사제간의》 expulsion. ~하다 excommunicate; expel(제자를).

파묻다[1] ① 《…속에》 bury 《*in, under*》. ¶ 눈에 파묻히다 be buried under snow / 시체를 땅에 ~ burry the body in the ground / 그녀는 어머니 무릎에 머리를 파묻었다 She buried her head in her mother's lap. ② 《마음 속에》 keep〔bear〕 《*a matter*》 in mind; 《묵살하다》 shelve〔kill, table〕 《*a bill*》; hush up; smother. ¶ 그 건은 어둠 속에 파묻혔다 The case has been covered〔hushed〕 up.

파묻다[2] 《꼬치꼬치 묻다》 be so inquisitive 《*about*》.

파미르고원(一高原) the Pamirs.

파벌(派閥) a clique; a faction. ¶ ~을 없애다 disband〔dissolve〕 the factions. ‖ ~싸움 a factional dispute〔strife〕 / ~주의 factionalism.

파병(派兵) ~하다 dispatch〔send〕 troops 《*to*》. ¶ 해외 ~하다 send troops overseas.

파삭파삭 ¶ ~한 crisp; fragile.

파산(破産) bankruptcy; insolvency. ~하다 go〔become〕 bankrupt. ¶ ~선고를 받다 be declared bankrupt / 사업 실패로 ~하다 fail in *one's* business and go bankrupt. ‖ ~관재인 a trustee in bankruptcy / ~자 a bankrupt; an insolvent.

파상(波狀) ¶ ~적인 wavelike; undulating. ‖ ~공격 an attack in waves.

파상풍(破傷風) 〖醫〗 tetanus.

파생(派生) derivation. ~하다 derive〔be derived〕 《*from*》. ¶ ~적인 derivative; secondary(이차적). ‖ ~어 a derivative.

파선(破船) shipwreck. ~하다 be shipwrecked.

파손(破損) damage; breakage. ~하다 be damaged; be broken (down); be destroyed. ‖ ~부분 a damaged part / ~품(品) damaged goods.

파쇄(破碎) ~하다 break 《*a thing*》 (to pieces); smash; crush 《*up, down*》.

파쇠(破一) scrap iron.

파쇼 Fascism(주의); a Fascist(사람). ¶ ~의 Fascist 《*movement*》 / ~화하다 Fascistize.

파수(把守) watch; lookout; guard. ¶ ~보다 (keep) watch; stand guard; stand on sentry (파수병이). ‖ ~꾼 a watchman; a guard / ~병 a sentry; a sentinel; a guard.

파스 〖藥〗 PAS. (◀para-aminosalicylic acid)

파스너 a slide〔zip〕 fastener; a zipper. ¶ ~를 잠그다〔열다〕 close 〔open〕 the zipper.

파스텔 〖美術〗 pastel.

파시즘 Fascism.

파악(把握) grasp; understanding. ~하다 grasp; catch; hold of; understand. ¶ 뜻을 ~하다 grasp the meaning 《*of*》 / 실정을 잘 ~

하고 있다 have a good grasp of the situation. ⌈broad smile.
파안대소(破顔大笑) ～하다 give a
파약(破約) a breach of contract 〔promise〕. ～하다 break an agreement 〔a contract, a promise〕. ¶ 협약은 ～되었다 The agreement was broken off.
파업(罷業) a strike; a walkout. ～하다 strike; go on strike; walk out. ¶ ～중이다 be on strike / ～을 중지하다 call off a strike. ‖ ～권 the right to strike / ～파괴자 a strikebreaker / 동정～ a sympathetic strike.
파열(破裂) ～하다 explode; burst (up); rupture; blow up. ‖ ～음 a plosive (sound).
파운드 《화폐단위》 a pound (기호 £); 《무게》 a pound (기호 lb. [*pl.* lbs.]). ‖ ～지역 the (pound) sterling area.
파울 〖競〗 a foul (ball). ～하다 foul (off); commit a foul.
파이 a pie. ‖ 애플～ an apple pie.
파이프 ① 《관》 a pipe. ‖ ～오르간 a pipe organ. ② 《담배 피는》 a (tobacco) pipe; a cigarette holder(물부리).
파인애플 a pineapple.
파일 a file. ～하다 file. ¶ ～해두다 keep 《*something*》 on file; file 《*something*》 away / ～용 카드 a filing card / ～용 폴더 a file folder / ～처리 file processing.
파일럿 a pilot.
파자마 pajamas.
파장(波長) (a) wavelength. ¶ ～이 맞다 be on the same wavelength. ‖ ～계(計) a cymometer / ～정조기 a tuner.
파장(罷場) the close of a marketplace. ～하다 close (the marketplace). ‖ ～시세 the closing quotation 〔price〕(거래소의).
파쟁(派爭) a factional strife.
파종(播種) seeding; sowing; planting. ～하다 sow seeds 《*in*》; seed 《*a garden*》. ¶ 봄에 ～하다 sow seeds in spring. ‖ ～기(期) the seedtime; the sowing season / ～기(機) a sowing machine; a sower.
파죽지세(破竹之勢) irresistible 〔crushing〕 force. ¶ ～로 나아가다 carry 〔sweep〕 all 〔everything〕 before *one;* advance unresisted 〔unopposed〕. ⌈paper.
파지(破紙) wastepaper; scraps of
파초(芭蕉) 〖植〗 a banana plant.
파출(派出) ～하다 send (out); dispatch. ‖ ～부 a visiting housekeeper 〔housemaid〕/～소 a police substation (경찰의). ⌈the reptiles.
파충(爬蟲) 〖動〗 a reptile. ‖ ～류
파치(破—) a waster; a defective article; unsalable goods.
파키스탄 Pakistan. ¶ ～의 Pakistani. ‖ ～사람 a Pakistani.
파킨슨 ¶ ～ 법칙 the Parkinson's law. ‖ ～병 Parkinson's disease.
파탄(破綻) 《결렬》 (a) rupture; 《실패》 failure; 《파산》 bankruptcy; 《사업 따위의 붕괴》 a breakdown. ¶ ～되다 come to rupture; fail; break down; become 〔go〕 bankrupt; be ruined / 교섭은 ～에 이르렀다 The negotiation came to ⌊rupture.
파트너 a partner.
파티 《give, hold》 a party.
파파야 〖植〗 a papaya.
파편(破片) a broken piece; a fragment; a splinter. ¶ 포탄 ～ a shell splinter / 도자기 ～ a fragment of a chinaware.
파하다(罷—) close 《*at six*》; finish; stop; end; break off; bring to an end; be over 〔out〕; quit; put an end to. ¶ 일을 ～ leave (off) work / 학교〔회사〕가 파한 뒤에 after school 〔office hours〕.
파행(跛行) ～하다 limp (along).
파헤치다 《속의 것을》 open 《*a grave*》; 《폭로하다》 expose 《*a secret plan*》; unmask 《*a deception*》; uncover 《*a plot*》; bring 《*a secret*》 to light.
파혼(破婚) ～하다 break off *one's* engagement 《*to*》; cancel the engagement.
파흥(破興) ～하다 spoil *one's* pleasure 〔fun〕; throw a wet blanket 《*on, over*》; put a damper 《*on the party*》. ‖ ～꾼 a killjoy; a spoilsport. ⌈crisp.
팍팍하다 《물기가 없어》 (be) dry and
판 ① 《장소》 a place; a spot; a scene. ¶ 난장～ a scene of utter confusion / 노름～ a gambling place. ② 《판국》 (the) state of affairs; the situation; 《때》 the moment; 《경우》 the occasion; the case. ¶ 막～에 at the last moment / 위급한 ～에 in the moment of danger; at critical moment. ③ 《승부의》 a game; a round; a match. ¶ 두 ～ (내리) 이기다〔지다〕 win 〔lose〕 two games (straight).
판(板) a board; a plank; a plate; a disk 〔disc〕(원반). ‖ ～유리 plate glass.
판(判) size; format 《*of a book*》. ¶ 사륙～ 《판형》 duodecimo; crown octavo / 이 책은 B5 ～이다 This is a B5-sized book. / ～에 박은 듯한 대답을 하다 make a stereotyped 〔cut-and-dried〕 answer 《*to*》; give exactly the same answer 《*to*》.
판(版) 《책의》 an edition; an impression. ¶ (책이) ～을 거듭하다 run into 〔go through〕 several im-

pressions / (신문의) 지방 ~ the local〔provincial〕edition. ‖ 개정 ~ a revised edition / 3 ~ the third edition.

판(瓣) a petal(꽃잎); a valve(기계·심장의); a ventil (악기의).

판가름 ~하다 judge《*a competition*》; pass judgment《*on*》; give a decision《*for, against*》. ¶ ~나다 be decided; turn out〔prove〕to be…; be settled.

판각(板刻) wood engraving. ~하다 engrave《*letters*》on wood; make a print from a wood block. ‖ ~본 a block-printed book.

판검사(判檢事) judges and public prosecutors; judicial officers.

판결(判決) a judgment; a (judicial) decision; a ruling. ~하다 decide《*on a case*》; give decision〔pass judgment〕《*on a case*》. ¶ ~을 내리다 deliver a decision〔ruling〕; sentence《*on the accused*》. ‖ ~문 the (text of a) decision / ~사례 a judicial precedent / ~이유 reasons for judgment.

판공비(辦公費) expediency fund; 《접대비》expense account; 《예비비》extra expenses; 《기밀비》confidential money〔expenses〕.

판국(一局) the situation; the state of affairs. ☞ 판 ②.

판권(版權) copyright. ☞ 저작권. ‖ ~소유《표시》All rights reserved. *or* Copyrighted. / ~소유자 a copyright holder / ~침해 (an) infringement of copyright; literary piracy.

판금(板金) a (metal) plate; sheet metal. ‖ ~공 a sheet metal worker.

판단(判斷) judgment; decision(결정); conclusion(결론). ~하다 judge; decide; conclude. ¶ 나의 ~으로는 in my judgment; it is my judgment that… / ~을 잘못하다 misjudge; make an error of judgment. ‖ ~력 judgment; discernment.

판도(版圖) 《expand》(a) territory; a dominion. ¶ ~를 넓히다 expand the territory.

판독(判讀) ~하다 read; make out; decipher(암호를). ¶ ~하기 어려운 illegible; undecipherable; hard to make out.

판돈 a wager; stakes; a bet. ¶ 400달러의 ~ a wager of four hundred dollars.

판례(判例) a judicial precedent. ¶ ~를 인용하다 cite〔refer to〕a precedent / 새로운 ~를 만들다 set〔establish〕a new precedent. ‖ ~법 case law / ~집 a (judicial) report.

판로(販路) 《find》a market《*for goods*》; an outlet. ¶ ~를 열다 find〔open〕a (larger) market《*for*》.

판막(瓣膜) 〖解〗a valve. ‖ ~증 〖醫〗mitral disease.

판매(販賣) sale; selling; marketing. ~하다 sell; deal〔trade〕《*in silk*》. ¶ ~중이다 be on sale; be on the market. ‖ ~가격 the selling price / ~과(課)〔망〕a sales department〔network〕/ ~대리점 a selling agent; a distributor / ~루트 a distribution channel; a marketing route / ~원 a sales(wo)man / ~전 (a) sales war / ~점 a store; a shop / ~정책 a sales policy / ~촉진 sales promotion / 통신 ~ selling by mail / 호별 방문 ~원 a bell ringer; a door-to-door salesman.

판명(判明) ¶ ~되다 be identified 《*as…*》; prove〔turn out〕(to be) 《*false*》/ 시체의 신원이 옷으로 ~되었다 The corpse was identified by its clothing. / 소문은 사실로 ~되었다 The rumor turned out to be true.

판목(版木) a printing block.

판몰이하다 sweep the board.

판사(判事) a judge; a justice. ¶ 예비 ~ a reserve judge / 부장 ~ a senior judge / 주심 ~ the presiding judge.

판설다 (be) unfamiliar《*with*》; unaccustomed《*to*》.

판세(一勢) 《형세》the situation; the state of affairs〔things〕; a prospect.

판소리 a traditional Korean narrative song; a Korean (classical) solo opera drama; *p'ansori.*

판수 《점쟁이 소경》a blind fortuneteller.

판연하다(判然—) (be) clear; distinct; evident. ¶ 판연히 distinctly; clearly.

판유리(板琉璃) plate〔sheet〕glass.

판이하다(判異—) (be) entirely 〔quite〕different《*from*》; differ entirely《*from*》.

판자(板子) a board; a plank(두꺼운). ¶ ~를 대다〔깔다〕board 《*over*》; lay boards《*on*》; plank (a floor)《*with*》. ‖ ~집 a makeshift hut; a shack.

판장(板墻) a wooden wall; a board fence.

판정(判定) a judgment; a decision. ~하다 judge; decide. ¶ ~으로 이기다〔지다〕win〔lose〕by a decision / 심판 ~에 따르다 accept 〔abide by〕the umpire's decision. ‖ ~승〔패〕a win〔loss〕on a decision.

판지(板紙) cardboard; pasteboard.
판치다 have a great deal of influence《*with, over*》; be influential; lord it over. ¶ 그는 정계, 재계에서 판치는 실력자다 He is a man of influence both in the financial and the political world.
판판이 at every round; every time. ¶ ～ 지다 get defeated every time.
판판하다 (be) even; flat; level. ¶판판히 smoothly; evenly.
판화(版畫) a print; an engraving;《목판의》a woodcut (print);《동판의》an etching.
팔 an arm. ¶ 애인의 ～을 끼고 걷다 walk arm in arm with *one's* lover / ～을 걷어붙이다 roll〔tuck〕up *one's* sleeves / ～이 부러지다 have *one's* arm broken; break *one's* arm.
팔(八) eight; the eighth(여덟째).
팔각(八角) ¶ ～의 octagonal. ‖ ～정 an octagonal pavilion / ～형 an octagon.
팔걸이 an armrest. ‖ ～의자 an armchair.
팔꿈치 an elbow. ¶ ～의 관절 an elbow joint / ～를 펴다 spread out *one's* elbows.
팔난봉 a libertine; a debauchee.
팔다 ①《판매》sell; offer《*a thing*》for sale; put on sale; deal in《*goods*》; dispose of(처분). ¶ 팔 수 있는 salable / 파는 사람 a seller / 팔 물건 an article for sale / 싸게〔비싸게〕～ sell《*a thing*》cheap〔dear〕/ 이익을〔손해를〕보고 ～ sell《*goods*》at a profit〔loss〕/ 정조를 ～ sell *one's* chastity; prostitute *oneself* / 팔아치우다 sell《*off, out*》; dispose of. ②《배반》betray; sell (out). ¶ 나라를 ～ betray〔sell〕*one's* country. ③《시선·주의를 딴 데로》turn *one's* eyes away《*from*》; divert *one's* attention《*from*》. ¶ 한눈(을) ～ look away〔aside, off〕; take *one's* eyes off《*a thing*》/ 한눈 팔지 마라 Don't look〔turn your eyes〕away! / 운전하면서 한눈 팔지 마라 Don't divert your attention from driving a car. ④《이름을》take advantage of; trade on《*another's name*》. ¶ 아버지의 이름을 팔아 장사하다 do business by taking advantage of *one's* father's reputation. ⑤《곡식을》buy〔purchase〕《*grain*》.
팔다리 the limbs; the legs and arms.
팔도강산(八道江山) the land of Korea; the scenery of all parts of Korea.
팔등신(八等身) ¶ ～미인 a beautiful well-proportioned〔well-shaped〕woman.
팔딱거리다《맥박이》pulsate; palpitate; throb; beat;《뛰다》hop; leap; spring (up). ¶ 가슴이 ～ feel the heart pulsating / 그 광경에 가슴이 심하게 팔딱거렸다 My heart beat fast at the scene.
팔뚝 the forearm.
팔랑개비 a pinwheel.
팔랑거리다 ☞ 펄럭거리다.
팔레스타인 Palestine. ‖ ～해방기구 ☞ 피엘오.
팔레트〖美術〗a palette.
팔리다 ①《물건이》sell; be sold; be in demand; be marketable〔salable〕(시장성이 있다). ¶ 잘 ～ sell well; be in great demand; have〔enjoy〕a good〔large〕sale / 날개 돋친 듯 잘 ～ sell like hot cakes / 잘 안 ～ do not sell well; be not in much demand; have a poor sale. ②《눈·마음이 딴 데로》get turned away; be diverted〔distracted〕;《눈·마음이 한쪽으로》be fascinated〔attracted〕; be absorbed《*in*》; lose *one's* head《*over*》. ¶ 눈이 딴 데 ～ look at something else / 정신이 딴 데 ～ *one's* attention is diverted〔wanders〕/ 마음이 여자에게 ～ be attracted by a woman / 노는 데 정신이 팔려 공부는 뒷전이다 be too much absorbed in play to think of *one's* study. ③《얼굴·이름이》become well-known〔popular, famous〕《*as*》.
팔림새 (a) sale; demand. ¶ ～가 좋다 sell well; have a good〔large〕sale / ～가 나쁘다 do not sell well; be in poor demand.
팔만대장경(八萬大藏經) the *Tripitaka Koreana*.
팔매질하다 throw; hurl《*stones*》.
팔면(八面) eight sides;《여러 방면》all sides;《형용사적》8-sided. ‖ ～부지 a complete stranger / ～체 an octahedron.
팔목 the wrist.
팔방(八方)《in》all directions;《on》every side;《on》all sides. ‖ ～미인 a person who is affable to everybody; everybody's friend (그는 ～미인이다 He tries to please everybody.).
팔베개 ¶ ～를 베다 make a pillow of *one's* arm.
팔불출(八不出) a good-for-nothing.
팔삭둥이(八朔―)《조산아》a prematurely-born infant;《바보》a half-witted person; a stupid.
팔심 the muscular strength of *one's* arm.

팔십(八十) eighty; the eightieth(제팔십). ¶ ～(대) 노인 an octogenarian.
팔씨름 arm〔Indian〕wrestling. ～하다 arm-wrestle.
팔월(八月) August. ‖ ～한가위 the

15th day of the eighth lunar month.
…팔이 a peddler; a vendor. ¶ 신문～ a newsboy.
팔자(八字) destiny; fate; *one's* lot. ¶ ～가 좋다 be blessed with good fortune / ～가 사납다 be ill-fated / ～를 잘 타고 나다 be born under a lucky star / ～를 고치다《출세하다》rise suddenly in the world;《부자가 되다》gain sudden wealth;《개가하다》remarry.
팔자걸음(八字—) ¶ ～으로 걷다 walk with *one's* toes turned out.
팔죽지 the upper arm.
팔짓하다 swing〔wave〕*one's* arms; make gestures with *one's* arms.
팔짱 ¶ ～끼다《혼자》fold *one's* arms;《남과》lock arms《*with*》/ ～을 끼고 with *one's* arms folded / 서로 ～을 끼고《walk》arm in arm《*with*》.
팔찌 a bracelet; a bangle.
팔촌(八寸) a third cousin. ¶ 사돈의 ～ an unrelated person.
팔팔하다《성질이》(be) quick-〔hot-〕tempered; impatient;《발랄함》(be) active; lively; sprightly.
팡파르 a fanfare.
팥 a red〔an Indian〕bean.
팥고물 mashed red bean (used to coat rice cake).
팥밥 rice boiled with red beans.
팥죽 rice and red bean porridge.
패(牌) ①《푯조각》a tag; a tablet; a plate. ¶ 나무～ a wooden tag. ②《화투 따위의》a (playing) card; a piece(마작, 골패의). ③《무리》a group; a company; a gang; a set. ¶ 못된〔시시한〕～거리 a gang of punks / ～거리를 짓다 form a gang.
패가(敗家) ～하다 ruin *one's* family; become bankrupt. ‖ ～망신 ruining both *oneself* and *one's* family.
패검(佩劍) ～하다 wear〔carry〕a sword.
패군(敗軍) a defeated army.
패권(霸權) ①《지배권》supremacy; domination; hegemony(국가간의). ¶ ～을 다투다 struggle for supremacy / ～을 잡다 hold supremacy《*in*》; gain the hegemony《*of*》/ 해상의 ～을 잡다 dominate〔rule〕the sea. ②《선수권》a championship. ¶ ～을 잡다 win a championship. ‖ ～주의 hegemonism / 반～조항 the anti-hegemony clause.
패기(霸氣) an ambitious spirit; ambition; aspiration. ¶ ～ 있는 full of spirit; ambitious / ～ 있는 사람 a man of spirit〔ambition〕.
패널〖建〗a panel.
패다[1] ①《장작》chop《*wood*》; split《*firewood*》. ②《때리다》beat〔strike〕hard. ¶ 멍이 들도록 ～ beat《*a person*》black and blue.
패다[2]《이삭이》come into ears. ¶ 벼 이삭이 팼다〔패어 있다〕Rice plants have come into ears〔are in (the) ears〕.
패다[3]《우묵히》become dented〔hollow〕; sink; be hollowed out. ¶ 비에 도로가 팼다 The road is hollowed out by the rain.
패담(悖談) improper〔indecent〕talk; an unreasonable remark.
패덕(悖德) immorality; a lapse from virtue. ‖ ～한(漢) an immoral person / ～행위 immoral conduct〔act〕.
패도(霸道) the rule of might.
패러다이스 a paradise.
패러독스 a paradox.
패류(貝類) shellfish. ‖ ～학 conchology.
패륜(悖倫) immorality. ¶ ～의 immoral; sinful. ‖ ～아 an immoral person / ～행위 immoral conduct〔behavior〕.
패리티〖經〗《동등·등가》parity. ‖ ～계산〔가격, 지수〕a parity account〔price, index〕.
패망(敗亡) defeat; ruin. ～하다 get defeated〔ruined〕.
패모(貝母)〖植〗a checkered lily.
패물(佩物) personal ornaments.
패배(敗北) (a) defeat. ～하다 be defeated〔beaten〕; suffer a defeat; lose a game〔battle〕. ‖ ～선언 a declaration of defeat; a public concession of defeat / ～주의 defeatism.
패보(敗報) the news of defeat.
패색(敗色) signs of defeat. ¶ ～이 짙다 Defeat seems certain.
패석(貝石) a fossil shell.
패설(悖說) ☞ 패담.
패세(敗勢) a losing situation; the reverse tide of war; unfavorable signs in battle.
패션 a fashion《*show, model*》.
패소(敗訴) a lost case. ～하다 lose *one's* suit〔case〕.
패스 ①《무료 입장·승차권》a pass; a free ticket;《정기권》a commutation ticket《美》;《여권》a passport. ②《합격》passing. ～하다 pass. ¶ 시험에 ～하다 pass〔succeed in〕an examination. ③〖球技〗a pass; passwork. ～하다 pass《*a ball to another*》.
패싸움(牌—)《have》a gang fight.
패쓰다(覇—)《위기모면》use a trick;《바둑》make a no-man's point.
패용(佩用) ～하다 wear《*a medal*》.
패인(敗因) the cause of defeat.
패자(敗者) a loser; the conquered〔defeated〕(복수취급). ‖ ～부활전 a *repêchage*《프》; a consolation match〔game〕.

패자(覇者) a supreme ruler; a champion (경기의).
패잔(敗殘) ¶ ~의 defeated. ‖ ~병 remnants of a defeated troop; stragglers.
패잡다(牌 —) 《물주가 되다》 deal; become the dealer.
패장(敗將) a defeated general.
패적(敗敵) a defeated enemy.
패전(敗戰) (a) defeat; a lost battle. ~하다 be defeated; lose a battle〔war〕. ‖ ~국 a defeated nation / ~투수 〖野〗 a losing pitcher.
패주(敗走) (a) rout; flight. ~하다 be routed; take to flight. ¶ 적을 ~시키다 put the enemy to rout.
패총(貝塚) a shell mound〔heap〕.
패퇴(敗退) defeat; retreat. ~하다 《퇴각》 retreat; 《패함》 be defeated; be beaten.
패트런 a patron; a patroness(여자).
패트롤 《go on》 patrol. ‖ ~카 a patrol car.
패하다(敗 —) 《지다》 be defeated〔beaten〕; lose 《*a game, battle*》. ¶ 선거에 ~ be defeated in the election / 소송에 ~ lose the lawsuit / 큰 차이로 ~ be beaten by a large score.
패혈증(敗血症) 〖醫〗 septicemia; blood poisoning.
팩스[1] a fax. ☞ 팩시밀리. ¶ ~로 보내다 send 《*the data*》 by fax / 그로부터 ~를 한 통 받다 get a fax from him / ~번호 a fax number.
팩스[2] pax. ‖ ~아메리카나 Pax Americana(미국 지배에 의한 평화).
팩시밀리 (a) facsimile.
팬 a fan; an enthusiast. ¶ ~레터 fan letters〔mail〕/ ~클럽 a fan club / 영화 ~ a movie fan.
팬츠 《속옷》 underpants; shorts 《美》; pants 《英》; panties(여성용); 《운동용》 athletic shorts; trunks.
팬케이크 a pancake; a griddlecake.
팬터마임 a pantomime. ‖ ~배우 a pantomimist.
팬티 panties. ‖ ~스타킹 a panty hose; (a pair of) tights 《英》.
팸플릿 a pamphlet; a brochure.
팽 ¶ ~~돌다 turn〔go〕 round and round; twirl; spin / 눈이 ~ 돈다 be〔feel〕 dizzy; My eyes swim. / 머리가 ~ 돌았다 My head went round. *or* My head reeled〔swam〕.
팽개치다 ① 《던지다》 throw〔cast〕 《*away*》; fling 《*at*》; hurl 《*at*》. ② 《일을》 give up; neglect 《*one's work*》; lay aside.
팽그르르 ¶ ~ 돌다 turn〔go〕 round smoothly.
팽글팽글 《turn, spin》 round and round.
팽나무 〖植〗 a (Chinese) nettle tree.
팽대(膨大) ~하다 swell; expand.
팽배(澎湃) ~하다 overflow; surge; rise like a flood tide. ¶ ~하는 정치적 개혁의 요청 the surging tide of people's request for political reform.
팽이 《spin》 a top.
팽창(膨脹) swelling; expansion; (an) increase(증대); growth(발전). ~하다 swell; expand; increase. ¶ 열 ~ thermal expansion / 도시의 ~ urban growth / 예산의 ~ an increase in the budget / 인구의 급격한 ~ a rapid increase in population / 금속은 열을 가하면 ~한다 Metals expand when they are heated. ‖ ~계수〔률〕 the coefficient〔rate〕 of expansion / ~력(力) expansive power.
팽팽하다 ① 《켕기어서》 (be) taut; tight; tense. ¶ 팽팽하게 tightly; closely; tensely / 줄을 팽팽하게 당기다 stretch a rope tight; tighten a rope. ② 《대등하다》 be equal 《*to*》; be on a par 《*with*》; be evenly matched. ¶ 팽팽한 경기 a close contest; an even match / 세력이 (서로) ~ be equally balanced in power.
팍팍 《대드는 모양》 unyieldingly; firmly; 《날카롭게》 sharply. ¶ ~ 대들다 stand up to 《*a person*》 firmly / ~ 쏘다 make cutting remarks.
팍하다(愎 —) (be) peevish; touchy; quick-tempered.
퍼내다 bail〔dip, ladle〕 out 《*water*》; dip〔scoop〕 up; pump 《*out*》. ¶ 배에서 물을 ~ bail water out of a boat.
퍼덕거리다 ① 《새가》 flap〔clap, beat〕 the wings; flutter. ② 《물고기가》 leap; flop; splash.
퍼뜨리다 《소문 등을》 spread 《*a story*》 (around); set 《*a rumor*》 afloat; circulate 《*a rumor*》; 《종교·사상 등을》 spread; propagate 《*a religion*》.
퍼뜩 suddenly; in a flash. ¶ ~ 생각 나다 suddenly occur to *one;* flash into *one's* mind / ~ 좋은 생각이 떠올랐다 Suddenly I had a good idea.
퍼렇다 (be) deep blue〔green〕.
퍼레이드 a parade.
퍼머(넌트) a permanent (wave); a perm 《口》. ~하다 get〔have〕 a perm; have *one's* hair permed〔permanently waved〕.
퍼먹다 ① 《퍼서》 scoop〔dip〕 and eat. ② 《게걸스레》 shovel 《*food*》 into *one's* mouth; eat greedily.
퍼붓다 ① 《비·눈이》 pour on; rain〔snow〕 hard. ¶ 퍼붓는 눈 a thick〔heavy〕 snow / 퍼붓는 비를 무릅쓰고 in spite of the pouring rain. ② 《퍼서 붓다》 dip〔scoop〕 《*water*》

and pour 《*it*》 into 《*a jar*》; 《끼얹다》 pour [shower] 《*water*》 on 《*a person*》. ③《욕을》 pour [shower, rain] 《*abuses*》 upon; lay 《*blame*》 on; 《포화를》 rain fire 《*on*》.

퍼석퍼석하다 be dried out; be crumbling.

퍼센트 a per cent; a percent(기호 %). ¶ 5~의 증가 an increase by five percent / 30~의 가격 인하 a 30 percent discount / 개혁안에 대한 찬성자는 약 40~이다 Some 40% are in favor of the reform plan.

퍼센티지 (a) percentage.

퍼지다 ①《벌어지다》 spread out; get broader. ②《소문 등이》 spread; get around [about]; be propagated [circulated, diffused]; 《유행이》 come into fashion; become popular. ③《자손·초목이》 grow thick [wild]; flourish. ¶ 가지가 ~ spread *its* branches (out) / 자손이 ~ have a flourishing progeny. ④《삶은 것이》 be properly steamed; swell. ⑤《병이》 be prevalent; prevail. ⑥《구김살이》 get [become] smooth. ⑦《술·약 기운이》 take effect. ¶ 독이 전신에 퍼졌다 The poison has passed into his system.

퍼펙트게임 〖野〗 a perfect game.

퍽[1] ①《힘있게》 forcefully; with a thrust. ¶ 칼로 ~ 찌르다 thrust with a knife. ②《넘어지는 꼴》 《fall》 with a thud; plump; flop.

퍽[2] 《매우》 very much; quite; awfully; terribly; highly. ¶ ~ 재미있다 be quite interesting.

퍽석 《앉는 꼴》 heavily; plump; flop; 《깨지는 꼴》 fragilely; easily. ¶ 의자에 ~ 주저앉다 sit limply on a chair; plump down on a chair / ~ 깨지다 break easily.

펀치 ①《구멍 뚫는》 a punch. ②《타격》 a punch. ¶ ~를 맞다 get a punch 《*on the nose*》 / ~를 먹이다 land a punch 《*on*》; punch 《*a person on the chin*》.

펀펀하다 (be) even; flat; level.

펄떡거리다 ☞ 팔딱거리다.

펄럭거리다 flutter; flap; stream; wave. ¶ 바람에 ~ flutter [flap] in the wind / 펄럭펄럭 with a flutter [flap]; flutteringly.

펄썩 ①《먼지 따위가》 rising in a puff. ¶ 먼지가 ~ 나다 a cloud of dust rises in a puff. ②《앉는 모양》 heavily; plump (down). ¶ 그는 의자에 ~ 앉았다 He sank into [plumped down on] a chair.

펄쩍뛰다 jump up suddenly; leap [start] to *one's* feet 《*to hear something undeserved* [*ungrounded*]》. ¶ 놀라서 ~ jump up with surprise / 성나서 ~ leap up with anger.

펄펄 ¶ 물이 ~ 끓다 The water is boiling hard. *or* The water has come to a rolling boil. / 몸이 ~ 끓다 have a high [violent] fever; be burning up with fever / 눈이 ~ 날리다 snow flutters about.

펄프 pulp. ¶ ~를 만들다 reduce 《*wood*》 to pulp; pulp. ‖ ~공장 a pulp mill / ~재(材) pulpwood / 인견~ a rayon pulp.

펌프 a pump. ¶ ~질(을) 하다 work a pump / ~로 퍼올리다 [퍼내다] pump up [out] 《*water*》. ‖ ~우물 a pump well / 공기~ an air pump / 증기[압력, 흡입] ~ a steam [pressure, suction] pump.

펑 pop; bang. ~하다 pop; bang. ¶ ~하고 with a pop [bang].

펑퍼짐하다 (be) broad and roundish. ¶ 펑퍼짐한 엉덩이 well-rounded hips.

펑펑 ①《폭음 소리》 bang! bang!; pop, pop; popping. ②《쏟아지는 모양》 in continuous gushes; gushingly; profusely; copiously. ¶ ~ 흐르다 flow in streams; gush out; stream down / ~ 나오다 gush [stream] out / 눈이 ~ 내리다 snow falls thick and fast.

페넌트 a pennant.

페널티 《스포츠》 a penalty. ‖ ~에어리어 a penalty area / ~킥 a penalty kick.

페니 《화폐 단위》 a penny; pence (금액의 복수); pennies(화폐의 복수).

페니실린 〖藥〗 penicillin. ‖ ~연고 [주사] a penicillin ointment [shot, injection].

페달 a pedal. ¶ ~을 밟다 pedal 「《*one's bicycle*》.

페더급(一級) the featherweight. ‖ ~선수 a featherweight 《*boxer*》.

페루 Peru. ¶ ~의 Peruvian. ‖ ~사람 a Peruvian.

페르시아 Persia. ¶ ~의 Persian. ‖ ~사람 a Persian.

페리보트 a ferry(boat).

페미니스트 a feminist.

페미니즘 feminism.

페소 《화폐 단위》 a peso(기호 $, P).

페스트 (a) pest; the black plaque.

페이스 (a) pace. ¶ 자기 ~를 지키다 do not overpace *oneself;* keep within *one's* speed.

페이지 a page; a leaf. ¶ 5~에 on page 5 / ~를 넘기다 turn (over) the pages 《*of a book*》 / ~를 매기다 page 《*a book*》 / 교과서의 10~를 여시오 Open your textbook to [at] page 10. / 역사에 새로운 한 ~를 장식하다 add a new page to the history 《*of...*》.

페이퍼 paper; 《사포》 sandpaper.

페인트 paint. ¶ ~를 칠하다 paint 《*a room white*》. ‖ ~장이 a paint-

ㅍ

er / ～주의《게시》Wet paint. *or* Fresh paint. / 수성～ water paint.

페티코트 a petticoat.

펜《write with》a pen. ‖ ～네임 a pen name / ～대 a penholder / ～촉 a pen point / ～팔 a pen pal / ～화(畵) a pen sketch 〔drawing〕.

펜스 pence. ☞ 페니.

펜싱 fencing. ‖ ～선수 a fencer.

펜클럽 the P.E.N. (◀the International Association of Poets, Playwrights, Editors, Essayists, and Novelists) ‖ 한국 ～ the Korea P.E.N. club.

펜타곤《미국 국방부》the Pentagon.

펨프《뚜쟁이》a pimp; a pander.

펭귄〖鳥〗a penguin.

펴내다《발행하다》publish; issue. ‖ 펴낸이 a publisher.

펴다 ①《펼치다》spread; open《*a book*》; unfold《*a newspaper*》; unroll《*a scroll*》. ¶ 이부자리를 ～ spread〔prepare, make〕a bed / 날개를 ～ spread the wings. ②《몸을》stretch《*one's back*》;《가슴 등을》stick〔throw〕out《*one's chest*》. ¶ 가슴을 펴고 걷다 walk with *one's* chest out / 팔을 ～ stretch〔hold out〕*one's* arm. ③《구김살을》smooth out《*creases*》; iron out(다리미로);《굽은 것을》straighten; unbend; uncoil(말린 것을). ¶ 구부러진 철사를 ～ straighten out a crooked wire / 다리미로 구겨진 식탁보를 ～ smooth out the tablecloth by ironing it. ④《기를》ease《*one's mind*》; relieve. ¶ 기를 못 ～ feel ill at ease; feel constrained. ⑤《살림을》ease; alleviate; improve. ¶ 옹색한 살림을 ～ improve *one's* meager livelihood. ⑥《공포하다》issue; declare;《경계망을》form; set up; spread. ¶ 계엄령을 ～ enforce 〔declare〕martial law / 경계망을 ～ form〔throw〕a police cordon《*around an area*》/ 수사망을 ～ spread〔set up〕a dragnet. ⑦《세력 등을》extend《*one's power*》; establish《*one's influence*》.

펴이다《형편이》get better; improve; be eased;《일 따위가》get straightened out; be smoothed (down). ¶ 셈이 ～ become better off / 일이 ～a matter gets straightened out; an affair is smoothed down.

펴지다 ①《펼쳐지다》get unfolded 〔unrolled, spread〕; spread (out). ②《주름이》get smoothed; be flattened;《굽은 것이》get straightened.

편(便) ①《쪽》a side;《방향》a direction; a way. ¶ 왼～ the left(-hand) side / 서～에 on the west side / 이〔저〕～(으로) this 〔that〕way. ②《교통편》service; facilities;《편의》convenience. ¶ 철도〔버스〕～ a railroad〔bus〕service / 이 곳은 교통 ～이 좋다 There are good transportation facilities here. / 우리 집은 버스 ～이 좋은〔나쁜〕곳에 있다 My house is conveniently〔inconveniently〕located near the bus stop. ③《상대편·한패》a side; a part; a party; a faction. ¶ 우리 ～ our side; our party〔team〕; our friends / 근로자 ～의 요구 the demands on the part of the workers / 그녀는 내 ～이다 She is on my side. *or* She takes sides with me. ④ ☞ 인편. ⑤《…하는 쪽》¶ 자네는 바로 가는 ～이 좋겠네 You had better go at once. / 그는 나이에 비해 늙어 보이는 ～이다 He is rather old for his age. / 그는 말이 많은 ～이다 He is more talkative than anything else.

편(編)《편찬》compilation; editing. ¶ 김 박사 ～ edited by Dr. Kim.

편(篇)《권》a volume;《장·절》a chapter; a section; a part;《시·영화의 수》a piece. ¶ 상〔중·하〕～ the first〔second, third〕volume / 제2 ～ the second chapter / 시 한 ～ a piece of poetry.

편가르다(便—) divide〔separate〕《*pupils*》into groups〔classes〕.

편각(偏角)〖地〗declination;〖數〗amplitude.

편견(偏見) (a) prejudice; a bias; a prejudiced view. ¶ ～있는 prejudiced; biased / ～을 가지다 be prejudiced〔have a prejudice〕《*against*》.

편곡(編曲)〖樂〗arrangement. ～하다 arrange (music) for《*the piano*》.

편광(偏光)〖理〗polarized light. ‖ ～렌즈〔필터〕a polarizing lens 〔filter〕.

편년(編年) ‖ ～사 a chronicle; annals / ～체(體)《in》a chronological form〔order〕.

편달(鞭撻)《격려》～하다 urge〔encourage, excite〕《*a person to do*》; spur on.

편대(編隊)《in》a formation. ¶ 폭격기의 대～ a large formation of bombers. ‖ ～비행 a formation flight.

편도(片道) one way. ¶ 부산행 ～ 한 장 주십시오 A one-way ticket to Pusan, please. ‖ ～승차권 a one-way ticket《美》; a single (ticket)《英》/ ～요금 a single〔one-way〕fare.

편두통(偏頭痛)〖醫〗a megrim.

편들다(便—)《지지》side〔take

ㅍ

sides] 《with》; take 《a person's》 part [side]; support; back up. ¶ 아들을 ~ side with one's son / 그를 편들기만 하지 마라 Don't always take sides with him.

편람(便覽) a handbook; a manual.

편력(遍歷) wandering; a travel; a pilgrimage. ~하다 travel [tour, wander] about; make a tour of 《the country》. ¶ 각지를 ~하다 wander from place to place / 여성 ~이 많은 남자 a man having a number of love affairs.

편리(便利) convenience; handiness (알맞음); facilities (설비의). ¶ ~한 convenient; handy; useful / ~상 for convenience' sake / ~한 도구 a handy gadget / ~하게 하다 facilitate / ~한 곳에 있다 be conveniently located / 교통이 ~하다 be convenient for transportation.

편린(片鱗) a part; a glimpse. ¶ 그것으로 그의 성격의 ~을 엿볼 수 있다 It enables us to get a glimpse of his personality.

편모(偏母) one's lone [widowed] mother. ¶ ~ 슬하에서 자라다 grow [be brought up] under widowed-mother's care.

편무(片務) ¶ ~적인 unilateral; one-sided. ‖ ~계약 a unilateral [one-sided] contract.

편물(編物) ☞ 뜨게질. ‖ ~기계 a knitting machine.

편발(辮髮·編髮) a pigtail; a queue.

편법(便法) 《편한 방법》 an easier [a handy] method; an expedient. ¶ ~을 강구하다 resort to [devise] an expedient / 그의 행위는 일시적 ~에 불과하다 His act is only a temporary expedient.

편복(便服) casual wear; ordinary dress [clothes]; informal dress. ¶ ~으로 외출하다 go out in one's casual wear.

편상화(編上靴) lace boots.

편서풍(偏西風) the prevailing westerlies.

편성(編成) organization; formation. ~하다 organize 《a corps》; form 《a class》; make up 《a budget》; draw up 《a program》; compose 《a train》. ¶ …으로 ~되어 있다 consist of…; be made up of… / 10량 ~의 열차 a train of ten cars.

편수(編修) ~하다 edit; compile. ‖ ~관 an editorial officer; an (official) editor.

편승(便乘) ~하다 ① 《차에》 get a lift in 《a person's car》. ¶ 나는 그녀의 차에 ~했다 I got a lift in her car. or She gave me a lift in her car. ② 《기회에》 take advantage of 《the trend of public opinion》; avail oneself of 《an opportunity》; jump on the bandwagon 《口》.

편식(偏食) 《have》 an unbalanced diet.

편심(偏心) a one-sided mind; 〖機〗 eccentricity.

편쌈(便—) a gang fight; a fight between two groups. ~하다 have a gang fight; fight in groups.

편안(便安) 《무사》 safety; 《평온》 peace; tranquility; 《건강》 good health; being well; 《편함》 ease; comfort. ~하다 (be) safe; peaceful; well; comfortable; easy. ¶ ~히 지내다 live in peace [comfort] / 마음이 ~할 때가 없다 have no moment of ease.

편애(偏愛) partiality 《for》; favoritism 《to》. ~하다 be partial 《to》; show favoritism 《to》. ¶ 어머니는 그를 ~했다 The mother was partial to him.

편육(片肉) slices of boiled meat.

편의(便宜) a convenience; facilities (시설의); advantage (이익). ¶ ~상, ~를 위해 for convenience' sake; for (the sake of) convenience / 모든 ~를 제공하다 afford [accord] every facility 《for》 / 가능한 모든 ~를 도모하겠습니다 I will give you every convenience [facility] for it. ‖ ~주의 opportunism / ~주의자 an opportunist.

편의점(便宜店) a convenience store.

편익(便益) benefit; advantage; convenience. ¶ ~을 주다 provide facility; give [offer] advantage.

편입(編入) admission; incorporation (합병). ~하다 include in; transfer; 《학급 등에》 put [admit] 《a person》 into; 《합병하다》 incorporate 《into》. ¶ 고교 2학년에 ~하다 be admitted into the second year of the high school / 예비역에 ~되다 be transferred to the reserve / 그 도시는 서울에 ~되었다 The town was incorporated into the city of Seoul. ‖ ~생 an enrolled student / ~시험 a transfer admission test.

편자 《말굽의》 a horseshoe. ¶ ~를 박다 shoe 《a horse》.

편자(編者) an editor; a compiler.

편재(偏在) uneven distribution; maldistribution. ~하다 be unevenly distributed 《among》. ¶ 부(富)의 ~ the maldistribution [uneven distribution] of wealth.

편재(遍在) omnipresence. ~하다 be omnipresent [ubiquitous].

편제(編制) 〖軍〗 organization. ‖ ~표 the table of organization.

편주(片舟·扁舟) a small [light]

boat; a skiff. ¶ 일엽～ a light skiff.

편중(偏重) ～하다 attach too much importance 《*to*》; make too much of; overemphasize 《*intellectual training*》. ¶ 학력에 ～하다 make too much of school〔academic〕 careers.

편지(便紙) a letter; a note(짧은); mail(집합적). ¶ ～의 사연 the contents of a letter / ～를 내다 send a letter; write (to) 《*a person*》 / ～를 부치다 mail 《美》〔post 《英》〕 a letter / 보내신 ～ 잘 받았습니다 Thank you very much for your letter. ‖ ～봉투 an envelope / ～지 letter paper.

편집(偏執) bigotry; obstinacy. ‖ ～광(狂) 《상태》 monomania; 《사람》 a monomaniac / ～병 환자 a paranoiac.

편집(編輯) editing; compilation. ～하다 edit 《*a magazine*》; compile 《*a dictionary*》. ‖ ～국 the editorial office〔board〕 / ～자 an editor; a (film) cutter(필름의) / ～장〔주간〕 the chief editor; an editor in chief / ～회의 an editorial meeting / ～후기 the editor's comment.

편짜다(便—) form a team〔party〕.

편쪽(便—) a〔one〕 side. ¶ 이〔저〕 ～ this〔the other〕 side.

편차(偏差) 〖理〗 deflection; variation; 《포탄의》 windage; 〖統計〗 deviation. ‖ ～값 the deviation (value).

편찬(編纂) compilation; editing. ～하다 compile; edit. ‖ ～자 a compiler; an editor.

편찮다(便—) 《불편》 (be) inconvenient; uncomfortable; 《병으로》 (be) ill; unwell; indisposed. ¶ 몸이 ～ feel unwell 《*with a cold*》.

편취(騙取) ～하다 swindle 《*money*》 out of 《*a person*》; cheat〔swindle〕 《*a person*》 out of 《*one's money*》. ¶ 전재산을 ～당하다 be swindled out of *one's* whole fortune.

편친(偏親) one parent. ¶ ～의 아이 a child with only one parent living; a fatherless〔motherless〕 child.

편파(偏頗) partiality; favoritism; (unfair) discrimination. ¶ ～적인 partial; one-sided; unfair; biased / ～적인 판단 an unfair judgment.

편평(扁平) ¶ ～한 flat; even; level.

편하다(便—) ① 《편리》 (be) convenient; handy; expedient. ② 《편안》 (be) comfortable; easy; free from care(걱정없다). ¶ 편히 comfortably; at (*one's*) ease; in comfort / 마음이 ～ be carefree; have nothing to worry. ③ 《수월함》 (be) easy; light; simple. ¶ 편한 일 an easy〔a soft〕 job.

편향(偏向) a tendency 《*toward, to*》; an inclination 《*to*》; a leaning 《*toward*》. ～하다 tend 《*toward, to*》; be inclined. ¶ ～된 biased; prejudiced. ‖ ～교육 deflected education; ideologically prejudiced education.

편협하다(偏狹—) (be) narrow-minded; illiberal; intolerant. ¶ 편협한 생각을 갖다 have a narrow-minded view 《*of*》.

편형동물(扁形動物) 〖動〗 a flatworm.

펼치다 spread; lay out; unfold; open. ¶ 모포를 ～ spread〔lay out〕 a blanket / 책을 ～ open a book.

폄하다(貶—) disparage; speak ill of; abuse.

평(坪) a *p'yŏng* (=약 3.3m²). ‖ ～수 《면적》 area; acreage; 《건평》 floor space.

평(評) criticism; (a) comment; (a) review 《*of movies*》; a remark. ～하다 criticize; review; comment 《*on*》. ¶ 신문～ a newspaper comment / ～이 좋다〔나쁘다〕 have a good〔bad〕 reputation.

평…(平) 《보통의》 common; ordinary; plain; 《단순한》 mere. ‖ ～교사 a common teacher / ～당원 a rank-and-file member / ～사원 a plain clerk / ～신도 a layman.

평가(平價) 〖經〗 par; parity. ¶ ～를 절상하다 revalue the currency 〔*won*, dollar, *etc.*〕 / ～를 절하하다 devalue the currency. ‖ ～절상 (upward) revaluation / ～절하 devaluation.

평가(評價) evaluation; valuation; (an) estimation(견적); (an) appraisal(매각을 위한); assessment (과세를 위한); grading(성적의). ～하다 evaluate; value; estimate; appraise; assess; grade. ¶ 높이 ～하다 set a high value on 《*a person's abilities*》; rate 《*something*》 highly. ‖ ～교수단 a group of professors assigned to evaluate the government policies / ～ 기준 a valuation basis; an appraisal standard / ～액 the estimated〔appraised〕 value; an assessment / ～이익〔손실〕 a valuation profit〔loss〕 / ～전 a tryout match.

평각(平角) 〖數〗 a straight angle.

평결(評決) a decision; a verdict (배심원 등의). ～하다 decide.

평교(平交) friends of about the same age.

평균(平均) ① 《보통》 an average; 〖數〗 the mean. ～하다 average. ¶ ～의 average; mean / ～하여

on (an, the) average / ～이상〔이하〕이다 be above 〔below〕 the average / ～을 잡다 take 〔get〕 the average / ～을 내다 calculate 〔strike〕 the average 《*of*》; average out 《*the cost*》 / 그들은 하루 ～ 8시간 일한다 They work 8 hours a day on average. ‖ ～수명 the average life span 《*of the Koreans*》 / ～연령 the average age / ～점 the average mark / ～치 the mean 〔average〕 value / 연〔월〕～ the yearly 〔monthly〕 mean. ② 《평형》 balance; equilibrium. ¶ ～이 잡힌 well-balanced. ‖ ～대(臺) a balance beam.

평년(平年) a common year(윤년이 아닌); a normal 〔an average〕 year(예년). ‖ ～작 a normal 〔an average〕 crop(～작 이상〔이하〕 above 〔below〕 the average crop).

평등(平等) 《균등》 equality; 《공평》 impartiality. ¶ ～한〔히〕 equal(ly); even(ly); impartial(ly) / ～한 권리를 요구하다 demand 〔call for〕 equal rights / 사람은 모두 ～하게 태어났다 All men are created equal. ‖ ～주의 the principle of equality / ～화(化) equalization.

평론(評論) 《비평》 (a) criticism; a comment; a review(저작물의). ～하다 criticize; review; comment 《*on*》. ¶ 영화 ～을 하다 make a critical remark on the movie. ‖ ～가 a critic; a reviewer; a commentator(정치·스포츠 등의).

평면(平面) a plane; a level. ¶ ～의 plane; level; flat. ‖ ～교차 grade 〔level〕 crossing / ～기하 plane geometry / ～도 a plane figure(수학의); a ground plan(건축의).

평민(平民) a commoner; the common people(총칭).

평방(平方) ☞ 제곱.

평범(平凡) ¶ ～한 common; ordinary; mediocre; commonplace / ～한 일 an everyday affair; a commonplace / ～한 인간 an ordinary man / ～한 얼굴 a face without any character.

평복(平服) ordinary dress 〔clothes〕; 《제복이 아닌》 plain 〔civilian〕 clothes.

평상(平床) a flat wooden bed.

평상(平常) ¶ ～의 usual / ～상태 the normal condition / ～시 ordinary times / ～시와 같이 as usual.

평생(平生) *one's* whole life(☞ 일생). ¶ ～을 두고 for all *one's* life / ～에 한 번 있는 기회 the chance of a lifetime / ～을 독신으로 지내다 stay 〔remain〕 single all *one's* life. ‖ ～소원 *one's* lifelong desire.

평소(平素) ordinary times. ¶ ～에 usually, ordinarily; at ordinary 〔normal〕 times / ～의 ordinary; usual; everyday / ～대로 as usual / ～와는 달리 unusually / ～의 행실 *one's* everyday conduct.

평시(平時) 《평상시》 normal times; 《평화시》 peacetime. ¶ ～에는 in normal times. ‖ ～산업 peacetime industry.

평안(平安) peace. ¶ 마음의 ～ peace of mind / ～한 peaceful; tranquil / ～히 in peace; peacefully.

평야(平野) a plain; plains. ‖ 호남～ the Honam plains.

평열(平熱) the normal temperature.

평영(平泳) the breaststroke. ～하다 swim on *one's* chest. ‖ ～선수 a breaststroker.

평온(平溫) ① 《평균 온도》 an average temperature. ② ☞ 평열.

평온(平穩) calmness; quietness; peace. ¶ ～한 quiet; peaceful; tranquil; untroubled / ～해지다 become 〔get〕 quiet; quiet down / 무사 ～하게 지내다 live in peace and quiet.

평원(平原) a plain; a prairie 《美》.

평의(評議) conference; discussion. ～하다 confer; consult 《*with*》; discuss 《*a matter*》. ‖ ～원(員) a councilor / ～회 a council.

평이(平易) ¶ ～한 easy; plain; simple.

평일(平日) ① 《일요일 이외의》 a weekday; weekdays. ¶ ～에(는) on weekdays. ② 《평상시》 ordinary days. ¶ ～에는 on ordinary days.

평점(評點) examination 〔evaluation〕 marks; a grade.

평정(平定) ～하다 suppress; subdue. ¶ 반란을 ～하다 suppress a revolt.

평정(平靜) calm; tranquility; composure; peace. ¶ ～한 calm; quiet; composed; peaceful / 마음의 ～ peace of mind; composure / (마음의) ～을 유지하다 remain calm / ～을 잃다 lose *one's* composure 〔head〕.

평정(評定) rating; evaluation. ～하다 rate; evaluate.

평준(平準) level(수준); equality(평균). ‖ ～점 a level point / ～화 equalization(～화하다 level; make equal; equalize).

평지(平地) flatlands; level land 〔ground〕; the plains(평원). ¶ ～풍파를 일으키다 raise unnecessary troubles; cause a flutter in the dovecotes.

평직(平織) plain weave.

평탄(平坦) ¶ ～한 even; flat; level / ～한 인생 《lead》 an uneventful life / ～하게 하다 level 《*a road*》.

평토(平土) ～하다 level off a grave (after burying the body). ‖ ～

장(葬) burying without making a mound on the grave.

평판(平版) a lithograph. ¶ ～의 lithographic. ‖ ～인쇄 lithography; lithoprinting 《美》.

평판(評判) 《명성》 fame; reputation; popularity(인기); 《세평》 the public estimation〔opinion〕; a rumor(소문). ¶ ～이 난 reputed; famed / ～이 좋다〔나쁘다〕 be well〔ill〕 spoken of; have a good〔bad〕 reputation; be popular〔unpopular〕/ 좋은 ～을 잃다 lose *one's* good reputation; fall into disrepute.

평평하다(平平—) (be) flat; even; level.

평행(平行) ～하다 run〔be〕 parallel to〔with〕. ¶ …와 ～으로 선을 긋다 draw a line parallel to... / 철도와 ～으로 도로가 나 있다 A highway runs parallel to the railroad. ‖ ～봉〔선〕 parallel bars〔lines〕 / ～사변형 a parallelogram / ～운동 a parallel motion.

평형(平衡) balance; equilibrium. ¶ ～을 유지하다〔잃다〕 keep〔lose〕 *one's* balance. ‖ ～감각 the sense of balance.

평화(平和) peace; harmony(화합). ¶ ～스럽다 (be) peaceful; tranquil / ～적인 peaceful; peace-loving / ～적으로 peacefully; in peace / ～적 해결 a peaceful settlement 《*of a dispute*》 / ～를 유지〔파괴, 회복〕하다 keep〔disturb, restore〕 peace / 항구적인 ～를 확립하다 establish (an) everlasting peace. ‖ ～공세 a peace offensive / ～공존(노선) peaceful coexistence (line) / ～봉사단 the Peace Corps / ～애호국 a peace-loving nation / ～운동 a peace movement / ～유지군 《유엔의》 the Peace Keeping Forces (생략 PKF) / ～유지활동 the Peace Keeping Operations(생략 PKO) / ～주의 pacifism / ～주의자 a pacifist / ～협상 peace talks〔negotiations〕 / ～회의〔조약〕 a peace conference〔treaty〕.

평활근(平滑筋) 〖解〗 a smooth muscle.

폐(肺) the lungs. ¶ ～의 pulmonary / ～가 나쁘다 have a weak chest. ‖ ～기종 〖醫〗 pulmonary emphysema / ～동맥〔정맥〕 the pulmonary artery〔vein〕 / ～암 lung cancer.

폐(弊) ① ☞ 폐단. ② 《괴로움》 (a) trouble; a bother 《*to*》; a nuisance. ¶ ～를 끼치다 trouble〔bother〕 《*a person with*》; give〔cause〕 《*a person*》 trouble; bother.

폐가(廢家) ① 《버려둔 집》 a deserted house. ② 《절손》 an extinct family.

폐간(廢刊) discontinuance (of publication). ～하다 discontinue〔cease to publish〕 《*the magazine*》. ¶ ～되다 be discontinued / ～시키다 ban the publication 《*of*》.

폐결핵(肺結核) (pulmonary) tuberculosis; consumption. ¶ ～에 걸리다 suffer from tuberculosis of the lungs. ‖ ～환자 a consumptive (patient).

폐경기(閉經期) 《a woman at》 the menopause.

폐관(閉館) ～하다 close. ¶ 도서관은 5시에 ～한다 The library closes at five. / 오늘 ～ 《게시》 Closed Today.

폐광(廢鑛) an abandoned mine〔pit〕.

폐교(廢校) ¶ 저 학교는 작년에 ～되었다 That school was closed last year.

폐기(廢棄) ① 《불필요한 물건의》 abandonment; abolition. ～하다 abolish; abandon; scrap; do away with. ¶ 헌 서류를 ～하다 scrap old documents / 쓰레기를 ～처분하다 dispose of junk. ‖ ～물 waste / ～물 처리장 a garbage〔refuse〕 dump / 방사성 ～물 처리 disposal of radioactive waste. ② 《법령 등의》 abrogation; repeal. ～하다 abrogate 《*a treaty*》; repeal 《*a law*》; scrap 《*a plan*》.

폐농(廢農) ～하다 give up farming.

폐단(弊端) an evil; an abuse. ¶ ～을 시정하다 remedy an evil.

폐렴(肺炎) 〖醫〗 pneumonia.

폐롭다(弊—) ① 《귀찮다》 (be) troublesome; annoying; be a nuisance. ¶ 폐롭게 굴다 cause a nuisance. ② 《성질이》 (be) particular; fussy; fastidious. ¶ 폐로운 할머니 a difficult old lady.

폐막(閉幕) a curtainfall; a close; the end 《*of an event*》. ～하다 end; close; come to a close.

폐문(肺門) 〖解〗 the hilum of a lung.

폐물(廢物) a useless article; waste (materials); refuse; trash 《美》; a scrap. ¶ ～이 되다 become useless. ‖ ～이용 the utilization of waste materials; the reuse of discarded articles.

폐백(幣帛) 《신부의》 a bride's presents to her parents-in-law.

폐병(肺病) ① (a) lung trouble〔disease〕. ② ☞ 폐결핵.

폐부(肺腑) ① ☞ 폐(肺). ② 《마음속》 *one's* inmost heart. ¶ ～를 찌르는 듯한 이야기 a heart-breaking story / ～를 찌르다 give 《*a person*》 a deep thrust; touch *one's* heart deeply.

폐사(弊社) our company〔firm〕.

폐색(閉塞) (a) blockade; blocking; (a) stoppage. ～하다 blockade

《*a harbor*》; block (up).
폐선(廢船) a scrapped ship〔vessel〕; a ship that is out of service. ～하다 scrap a ship.
폐쇄(閉鎖) closing; a lockout. ～하다 close; shut (down); lock out. ¶ ～적인 사회 a closed society / 공장을 ～하다 close down a factory. ‖ ～회로 〖電〗 a closed circuit / ～회로 텔레비전 closed-circuit television(생략 CCTV).
폐수(廢水) wastewater. ¶ 공장～ liquid waste from a factory / 생활～ domestic wastewater. ‖ ～처리 wastewater treatment / ～처리장 a wastewater disposal plant.
폐습(弊習) a bad habit; bad practices〔customs〕.
폐어(廢語) an obsolete word.
폐업(廢業) ～하다 give up〔close〕 *one's* business; shut up *one's* shop; give up *one's* practice(의사, 변호사 등이).
폐위(廢位) ～하다 dethrone; depose《*a sovereign*》.
폐유(廢油) waste oil; waste oil clots(덩어리).
폐인(廢人) a crippled〔disabled〕 person. ¶ ～이나 다름없이 되다 become as good as a living dead.
폐일언하고(蔽一言―) In a word…; In short…; To sum up….
폐장(閉場) closing of a place. ～하다 close《*a place*》; be closed.
폐점(閉店) ～하다 close a〔the〕 shop; close *one's* doors;《폐업》 shut up shop; wind up *one's* business. ‖ ～시간 (the) closing time.
폐점(弊店) our shop.
폐정(閉廷)《법원이》 ～하다 adjourn〔dismiss〕 the court.
폐지(閉止) stoppage. ～하다 stop; close; cease.
폐지(廢止) abolition; disuse; repeal(법률 등의). ～하다 abolish; do away with; discontinue; phase out;《법률 따위》 abrogate; repeal. ¶ ～되다 be abolished; go out of use.
폐질(廢疾) an incurable disease. ‖ ～자 a person with an incurable disease.
폐차(廢車) a disused〔scrapped〕 car; a car out of service. ¶ ～처분하다 scrap a car; put a car out of service. ‖ ～장 an auto junkyard.
폐품(廢品) useless〔discarded〕 articles; waste materials. ¶ ～을 회수하다 collect scraps. ‖ ～이용 the reuse〔utilization〕 of waste materials / ～회수 collection of waste articles / ～회수업자 a ragman; a junk dealer.
폐하(陛下) His〔Her〕 Majesty(3인칭); Your Majesty(2인칭).
폐하다(廢―) 《그만두다》 give up 《*one's studies*》; discontinue;《철폐》 abolish;《군주를》 dethrone. ¶ 허례를 ～ do away with formalities.
폐함(廢艦) ～하다 put《*a warship*》 out of commission.
폐합(廢合) ～하다 abolish and amalgamate; reorganize. ¶ 국과(局課)를 통～하다 rearrange〔reorganize〕 bureaus and sections.
폐해(弊害) an evil; abuses;《악영향》 an ill〔a bad〕 effect; an evil influence. ¶ ～가 따르다 be attended by an evil / ～를 끼치다 exert an evil influence upon; be a cause of damage to.
폐허(廢墟) ruins; remains. ¶ ～가 되다 be ruined; fall into ruins / ～가 되어 있다 be〔lie〕 in ruins.
폐활량(肺活量) breathing〔lung〕 capacity. ‖ ～계(計) a spirometer.
폐회(閉會) the closing《*of a meeting*》. ～하다 close《*a meeting*》; come to a close; be closed. ‖ ～사《give》 a closing address / ～식 a closing ceremony.
포(苞) 〖植〗 a bract.
포(砲)《대포》《fire》 a gun; an artillery gun; a cannon(구식의).
포(脯) ☞ 포육(脯肉).
포가(砲架)《set》 a gun carriage.
포개다 put〔lay〕 one upon another; pile〔heap〕 up. ¶ 포개지다 be〔lie〕 heaped〔piled〕 up; be piled on top of one another.
포격(砲擊) (artillery) bombardment; fire; cannonade(연속적인). ～하다 bombard; fire; shell. ¶ ～을 받다 be under fire; be shelled〔bombarded〕《*by*》.
포경(包莖) phimosis.
포경(捕鯨) whaling; whale fishing. ‖ ～산업 the whaling industry / ～선(船) a whaler.
포고(布告) proclamation. ～하다 proclaim; declare; decree. ¶ 선전～ a declaration of war / ～를 내다 issue〔make〕 a proclamation. ‖ ～령〔문〕 a decree; an edict; a proclamation.
포괄(包括) inclusion. ～하다 include; comprehend; contain; cover. ¶ ～적(으로) inclusive(ly); comprehensive(ly) / ～적인 군축계획 the Comprehensive Program on Disarmament. ‖ ～사항 a blanket clause / ～요금 an inclusive charge.
포교(布敎) propagation (of religion); missionary work. ～하다 preach〔propagate〕《*a religion*》.
포구(浦口) an inlet; an estuary.
포구(砲口) a muzzle (of a gun).
포구(捕球) 〖野〗 catching; (a) catch.
포근하다 ①《폭신》 (be) soft and

ㅍ

comfortable; downy. ② 《날씨가》 (be) mild; genial; soft. ¶ 포근한 겨울 a mild winter.

포기 a head; a root; a plant. ¶ 배추 두 ～ two heads of Chinese cabbage.

포기 (抛棄) abandonment; renunciation. ～하다 give up; abandon; renounce; relinquish. ¶ 권리를 ～하다 give up〔relinquish〕 *one's* right《*to*》/ 상속권을 ～하다 renounce the right of succession.

포대 (布袋) ☞ 부대(負袋).

포대 (砲臺) a battery; a fort(요새).

포대기 a baby's quilt; a wadded baby wrapper.

포도 (葡萄) a grape; a (grape) vine(덩굴 나무). ‖ ～당 grape sugar; 〖化〗 glucose / ～밭 a vineyard / ～송이 a bunch〔cluster〕 of grapes / ～주 《red, white》 wine / ～즙 grape juice. 「road.

포도 (鋪道) a pavement; a paved

포동포동하다 (be) chubby; plump.

포로 (捕虜) a prisoner of war(생략 POW); a captive. ¶ ～가 되다 be taken prisoner / ～로 하다 take〔make〕《*a person*》 prisoner. ‖ ～교환 an exchange of war prisoners / ～송환 the repatriation of prisoners of war / ～수용소 a prison〔POW〕 camp.

포르노 pornography; porno. ¶ ～영화 a pornographic〔blue〕 film.

포르말린 〖化〗 formalin. ‖ ～소독 formalin disinfection.

포르투갈 Portugal. ¶ ～의 Portuguese. ‖ ～말 Portuguese / ～사람 a Portuguese.

포름아미드 〖化〗 formamide.

포마드 pomade. ¶ ～를 바르다 pomade (*one's* hair).

포만 (飽滿) satiety. ～하다 be satiated〔full〕《*with*》.

포말 (泡沫) a bubble; foam. ‖ ～경기 an ephemeral boom / ～회사 a bubble company.

포목 (布木) linen and cotton; dry goods 《美》; drapery 《英》. ‖ ～점 a dry-goods store; a draper's.

포문 (砲門) the muzzle of a gun; a porthole(군함의). ¶ ～을 열다 open fire《*on*》.

포물선 (抛物線) 〖數〗 a parabola. ¶ ～을 그리다 draw〔describe〕 a parabola.

포박 (捕縛) ～하다 arrest; apprehend.

포병 (砲兵) an artilleryman(군인); artillery(총칭). ‖ ～기지 an artillery base / ～대 an artillery unit〔corps〕/ ～사령관 an artillery commander / ～전 an artillery duel.

포복 (匍匐) ～하다 creep〔crawl〕 flat on the ground; walk on *one's* hands and knees.

포복절도 (抱腹絶倒) convulsions of laughter. ～하다 hold *one's* sides〔roll about〕 with laughter; be convulsed with laughter. ¶ 그는 우리들을 ～케 했다 He set us roaring with laughter. *or* He had us all in fits of laughter.

포부 (抱負) (an) ambition; (an) aspiration. ¶ ～를 품다 have an ambition《*to do*》.

포상 (褒賞) a prize; a reward. ～하다 give a prize. ¶ ～을 받다 be rewarded《*for*》.

포석 (布石) 《바둑의》 the strategic placing of (*paduk-*) stones; 《비유적》《take》 preparatory steps《*for doing*》; 《lay》 the groundwork 《*for*》. ～하다 make a strategic move; make strategic arrangements. ¶ 장래 발전을 위한 ～을 하다 lay the foundations for future development.

포석 (鋪石) a paving stone.

포섭 (包攝) 〖論〗 subsumption. ～하다 win〔gain〕《*a person*》 over 《*to one's side*》; subsume. ¶ ～공작을 하다 contrive to win《*a person*》 over to *one's* side.

포성 (砲聲) the sound of gunfire; the roaring〔boom〕 of guns.

포수 (砲手) a gunner; 《포경선의》 a harpooner; 《사냥꾼》 a hunter.

포수 (捕手) 〖野〗 a catcher.

포술 (砲術) gunnery; artillery.

포스터 a poster〔bill〕. ¶ ～를 붙이다〔떼다〕 put up〔tear off〕 a poster.

포슬포슬 ～하다 (be) crumbly.

포승 (捕繩) a policeman's rope.

포식 (飽食) ～하다 eat *one's* fill; satiate *oneself*.

포신 (砲身) a gun barrel.

포악 (暴惡) ¶ ～한 atrocious; outrageous; ruthless.

포안 (砲眼) 《함선·성벽 등의》 an embrasure.

포연 (砲煙) the smoke of cannon; powder〔artillery〕 smoke.

포열 (砲列) a battery.

포옹 (抱擁) an embrace; a hug. ～하다 embrace; hug. ¶ 양팔을 크게 벌려 ～하다 give《*a person*》 a big hug.

포용 (包容) tolerance. ～하다 tolerate. ¶ ～력이 있는 사람 a broad-minded person / 갖가지 다른 의견을 ～하다 tolerate different opinions. ‖ ～력 broad-mindedness; tolerance.

포위 (包圍) encirclement; 〖軍〗 (a) siege. ～하다 close in; surround; besiege; encircle. ¶ 적을 ～하다 lay siege to the enemy / 적의 ～를 돌파하다 break through the besieging enemy forces / ～를 풀

ㅍ

다 raise〔lift〕 the siege《*of*》/ 경찰은 그들의 은신처를 ~ 했다 The police closed in on their hideout. ‖ ~공격 a siege / ~군 the besieging army / ~망 an encircling net / ~작전 an encircling 〔enveloping〕 operation.

포유(哺乳) suckling; nursing. ‖ ~동물 a mammal / ~류 the Mammalia.

포육(脯肉) jerky《美》; jerked meat.

포인트 ①《소수점》a decimal point. ②《전철기》a (railroad) switch 《美》. ③《활자 크기의 단위》point. ¶ 9~ 활자 a 9-point type. ④《득점》a point; a score. ¶ ~를 올리다 gain〔get, score〕a point. ⑤《요점·지점》the point《*of a story*》. ¶ 설명의 ~를 잡다 get the point of《*a person's*》explanation / 인생의 터닝 ~ the turning point in *one's* life.

포자(胞子)〖植〗spore. ‖ ~낭(囊) a spore case / ~식물 sporophyte.

포장(布帳) a linen awning〔screen〕; a curtain; 《마차의》a hood; 《차의》a top. ¶ ~을 씌우다〔걷다〕pull up〔down〕the hood〔top〕. ‖ ~마차《술파는》a covered cart bar; a small wheeled snack bar with a tent; 〖美史〗a prairie schooner 〔wagon〕; a covered wagon.

포장(包裝) packing; packaging; wrapping. ~하다 pack; package; wrap (up). ¶ ~용 끈 wrapping string / ~을 풀다 unpack《*a box*》; unwrap《*a package*》/ 이 시계를 선물용으로 ~해 주시오 Please gift-wrap this clock. / 과잉~은 자원의 낭비다 Overpackaging wastes resources. ‖ ~물 a package / ~비 packing charges / ~재료 packing materials / ~지(紙) packing〔wrapping, brown〕paper.

포장(鋪裝) pavement; paving. ~하다 pave《*a road*》. ¶ ~이 안〔잘〕된 도로 an unpaved〔a well-paved〕road. ‖ ~공사 pavement works; paving / ~도로 a pavement; a paved road.

포장(褒章) a medal《*for merit*》.

포좌(砲座)〖軍〗a gun platform.

포주(抱主) a keeper of brothel; a whore-master; a bawd(여자).

포즈 a pose. ¶ ~를 취하다 pose 《*for*》; take *one's* pose.

포진(布陣) the lineup. ~하다 line up; take up *one's* position; array troops for battle(군대를).

포진(疱疹)〖醫〗herpes. ¶ ~의 herpetic. ‖ ~환자 a herpetic / 대상~ herpes zoster《라》; shingles.

포착(捕捉) capture. ~하다 catch; take hold of; seize and hold. ¶ 기회를 ~하다 seize an opportunity.

포커《play》poker. ‖ ~페이스 a poker face; a dead pan《美俗》.

포켓 a pocket. ¶ ~에 들어가는 pocketable《*books*》/ ~에 넣다 pocket; put《*a thing*》in *one's* pocket. ‖ ~머니 pocket money / ~판(版) a pocket edition.

포크[1]《용구》a fork.

포크[2]《돼지고기》pork.

포크댄스 a folk dance.

포크송 a folk song.

포탄(砲彈) a shell; an artillery shell; a cannonball. ¶ ~의 폭발 a shell burst / ~ 연기 shell smoke / 적에게 ~을 퍼붓다 fire shells over the enemy; rain artillery fire on the enemy.

포탈(逋脫) evasion of tax(☞ 탈세).

포탑(砲塔) a (gun) turret. ¶ 회전 ~ a revolving turret.

포터블 portable《*radio*》.

포트와인 port (wine).

포플러〖植〗a poplar(미루나무).

포플린《피륙》poplin; broadcloth 《美》.

포피(包皮)〖解〗the foreskin; the prepuce.

포학(暴虐) (an) atrocity; cruelty; tyranny(폭정). ¶ ~한 군주 a tyrant; a cruel〔bloody〕ruler.

포함(包含) inclusion. ~하다 contain; hold; include; imply(의미를). ¶ 모든 비용을 ~해서 including all expenses《*of*》/ 다량의 탄산가스를 ~한 공기 air loaded with carbonic acid gas / 그 값에는 세금이 ~되어 있지 않다 The price is not inclusive of tax.

포함(砲艦) a gunboat.

포화(砲火) gunfire; artillery fire. ¶ 맹렬한 ~ heavy fire / ~의 섬광 a gunflash / ~ 세례를 받다 be under fire / ~를 주고받다 exchange fire / ~를 퍼붓다 rain fire on《*the enemy*》.

포화(飽和) saturation. ¶ ~ 상태에 있다 be saturated《*with*》/ ~ 상태가 되다 be〔become〕saturated 《*with*》/ 이 도시의 인구는 ~ 상태이다 The population of this city is at its peak of congestion. ‖ ~용액 a saturated solution / ~점 a saturation point.

포획(捕獲) capture; seizure. ~하다 capture; catch; seize. ‖ ~고 a catch《*of whales*》/ ~물 a booty.

포효(咆哮)《맹수의》roaring; 《늑대의》howling. ~하다 roar; howl.

폭(幅) ①《너비》width; breadth. ¶ ~이 넓은 wide; broad / ~이 좁은 narrow / ~을 넓히다 widen; broaden. ②《행동·사고의》latitude; a range; 《값·이익의》a difference

ㅍ

(between two prices); a margin《of profit》. ¶ 교제의 ～이 넓다 have a wide circle of friends / 가격의 ～이 크다 The price range is large. / 선택의 ～이 매우 넓다 There is much latitude of choice.

폭거(暴擧) a reckless attempt; (an) outrage; a riot(폭동). ¶ 인간의 존엄을 해하는 ～ an outrage against human dignity.

폭격(爆擊) bombing. ～하다 bomb《a town》. ‖ ～기 a bomber / 융단～ carpet〔blanket〕bombing.

폭군(暴君) a tyrant.

폭도(暴徒)《put down》a mob; rioters. ¶ ～의 무리 a mob of rioters / ～에게 습격당하다 be mobbed / ～를 선동하다 stir up a mob / ～화하다 turn into a mob.

폭동(暴動) a riot; an uprising; a disturbance. ¶ 인종～ a race riot / ～을 일으키다 raise〔start〕a riot / ～을 진압〔선동〕하다 suppress〔instigate〕a riot. ‖ 무장～ armed revolt.

폭등(暴騰) a sudden rise; a jump. ～하다 rise suddenly; jump; soar. ¶ 물가가 ～하고 있다 Prices are skyrocketing.

폭락(暴落) a sudden〔heavy〕fall; a slump. ～하다 decline heavily; slump; fall suddenly. ¶ 주가의 ～ a heavy fall〔steep decline〕in stock prices.

폭력(暴力) force; violence. ¶ ～으로 by force / ～에 호소하다 appeal〔resort〕to force / ～을 휘두르다 use〔employ〕violence《on》/ ～으로 위협하다 threaten《a person》with force. ‖ ～교실 a classroom ruled by violence / ～단 an organized group of gangsters / ～단원 a gangster / ～범죄 a crime of violence / ～행위 an act of violence / ～혁명 a violent〔an armed〕revolution / 학교～ school violence.

폭로(暴露) exposure; disclosure. ～하다 expose; disclose; reveal; bring《a matter》to light. ¶ ～되다 be disclosed〔exposed〕; be brought to light / 비밀을 ～하다 disclose〔reveal〕《a person's》secret / 정체를 ～하다 reveal《a person's》true character / 무지를 ～하다 betray *one's* ignorance. ‖ ～기사 an *exposé*《프》/ ～전술 exposure〔muckraking《美口》〕tactics.

폭뢰(爆雷) a depth bomb〔charge〕.

폭리(暴利) an excessive〔undue〕profit; profiteering(부당이득). ¶ ～를 단속하다 control profiteering / ～를 취하다 make undue profits.

폭발(爆發) explosion; eruption(화산의). ～하다 explode; blow up; burst out; erupt(화산이). ¶ ～적(으로) explosive(ly) / ～적인 인기 tremendous popularity / 인구의 ～적인 증가 a population explosion / 분노가 ～하다 explode with anger. ‖ ～가스 explosive gas / ～력 explosive power / ～물 an explosive / ～물 처리반 a bomb disposal unit / ～성(性) explosiveness / ～음 a blast.

폭사(爆死) ～하다 be killed by a bomb; be bombed to death.

폭서(暴暑) intense〔severe〕heat.

폭설(暴雪) a heavy snowfall.

폭소(爆笑) ～하다 burst into laughter; burst out laughing.

폭식(暴食) gluttony; voracious eating. ～하다 overeat《*oneself*》; eat too much. 「fluffy.

폭신폭신하다 (be) soft; spongy;

폭약(爆藥) an explosive; a blasting powder. ‖ 고성능～ a high explosive.

폭양(曝陽) the burning sun.

폭언(暴言) violent〔rude〕language; harsh〔wild〕words. ～하다 use offensive〔violent〕language; speak with wild words. 「intense heat.

폭염(暴炎) scorching summer heat;

폭우(暴雨)《be damaged by》a heavy rain; a downpour.

폭음(暴飮) heavy drinking. ～하다 drink heavily〔too much〕. ¶ ～폭식하다 eat and drink immoderately〔to excess〕.

폭음(爆音) an explosion; a roar《*of an engine*》; a whir(기계의). ¶ 제트기의 ～ the noisy roar of jet planes.

폭정(暴政) tyranny; despotism. ¶ ～을 펴다 tyrannize over a country / ～에 시달리다 groan under tyranny.

폭주(輻輳) overcrowding; congestion. ～하다 be congested〔crowded〕《*with*》. ¶ 교통의 ～ a traffic congestion / 주문의 ～ pressure〔a flood〕of orders.

폭주(暴走) ～하다 run〔drive〕recklessly. ‖ ～운전 reckless driving / ～족 reckless〔crazy〕drivers; a motorcycle gang;《口》bikers; hell's angels.

폭죽(爆竹)《set off》a firecracker.

폭탄(爆彈) a bomb(shell). ¶ 시한～을 장치하다 set〔plant〕a time bomb / ～을 투하하다 drop〔throw〕bombs《*on a town*》. ‖ ～선언 a bombshell declaration / ～테러 a bomb terrorism / ～투하 bombing.

폭투(爆投)〖野〗a wild pitch〔throw〕. ～하다 pitch〔throw〕wild.

폭파(爆破) blast; blowing up. ～

하다 blast; blow up. ¶ 다이너마이트로 바위를 ～하다 blast a rock with dynamite. ‖ ～작업 blasting operations.

폭포(瀑布) a waterfall; falls; a cascade(작은); cataract(큰). ‖ 나이아가라 ～ (the) Niagara Falls.

폭풍(暴風) a storm; a wild〔violent〕 wind. ¶ ～을 만나다 encounter a storm; be overtaken by a storm. ‖ ～경보〔주의보〕 a storm warning 〔alert〕 / ～권 a storm zone.

폭풍우(暴風雨) a rainstorm; a storm; a tempest. ¶ ～로 고립된 마을 a stormbound village / 동해연안에 ～가 엄습했다 A violent storm raged along the East Coast.

폭한(暴漢) a ruffian; a rowdy.

폭행(暴行) (an act of) violence; an outrage; an assault; a rape (여자에 대한). ～하다 behave violently; commit an outrage; do 〔use〕 violence to 《*a person*》; rape 《*a woman*》. ‖ ～자 an outrager; an assaulter; a rapist(여자에 대한).

폴라로이드 ‖ ～카메라 《상표명》 a Polaroid (Land) camera.

폴라리스 a Polaris (missile). ‖ ～잠수함 a Polaris(-armed) submarine.

폴란드 Poland. ¶ ～의 Polish. ‖ ～말 Polish / ～사람 a Pole; the Poles(총칭).

폴리에스테르 〖化〗 polyester.

폴리에틸렌 〖化〗 polyethylene.

폴카 《춤·무곡》 polka.

푄 〖氣〗 foehn; *Föhn* 《獨》. ‖ ～현상 a foehn phenomenon.

표(表) a table; a list; a chart. ¶ 정가～ a price list / 시간～ a timetable / 일람～ a catalog / ～를 만들다 tabulate; make a list 《*of*》.

표(票) ① 《차표·입장권 따위》 a ticket; a coupon(하나씩 떼는); 《표찰》 a card; a label(레테르); a tag(물표). ¶ ～ 파는 곳 a ticket office / ～를 찍다 punch a ticket(검표) / ～를 달다 put a tag 《*on*》 / ～를 붙이다 paste a card 〔label〕; label 《*a thing*》. ‖ 번호～ a number plate 〔ticket〕. ② 《투표의》 a vote. ¶ ～ 모으기 vote-catching 〔-getting〕 / 깨끗한 한 ～를 던지다 cast an honest vote / ～ 모으기 운동을 하다 canvass for votes. ‖ ～수(數) 《득표수》 the number of votes polled; a vote; 《획득 가능수》 voting strength.

표(標) 《부호·푯말》 a sign; a mark; 《표시》 a token; 《휘장》 a badge; 《증거》 proof; evidence; 《상표》 a brand; trademark (☞ 표하다). ¶ 물음～ an interrogation mark / ～를 하다 mark 《*a thing*》; put a mark 《*on*》.

표결(表決) ☞ 의결(議決).

표결(票決) a vote; voting. ～하다 take a vote 《*on*》; vote 《*on*》. ¶ ～에 부치다 put 《*a bill*》 to a vote 〔ballot〕.

표고 〖植〗 《버섯》 a *p'yogo* mushroom; *Lentinus edodes*(학명).

표고(標高) ☞ 해발(海拔).

표구(表具) mounting. ～하다 mount 《*a picture*》. ‖ ～사 a paper hanger; a mounter.

표기(表記) ¶ ～의 (금액) (the sum) inscribed on the face / ～된 주소 the address mentioned on the outside 〔face〕. ‖ ～가격 the declared value / ～법 notation.

표기(標記) marking; a mark.

표독(慓毒) ～하다 (be) fierce; ferocious; venomous.

표류(漂流) drifting. ～하다 drift (about). ‖ ～물 a drift; floating wreckage / ～선(船) a drifting ship / ～자 a person adrift on the sea; a castaway 《*on an island*》.

표리(表裏) 《겉과 속》 the front and (the) back; inside and outside; 《양면》 both sides 《*of a thing*》. ¶ ～가 있는 two-faced; double-dealing; treacherous / ～가 없는 straight; single-hearted; honest; faithful / 그는 ～가 있는 사내다 He is a double-dealer. *or* He is two-faced.

표면(表面) 《겉면》 the surface; the face; 《외부》 the outside; the exterior; 《외견》 (an) appearance. ¶ ～적인 superficial; outward, external(외면의) / 거친〔매끈한〕 ～ a rough 〔smooth〕 surface / 건물 ～ the outside of a building / ～상의 이유 an ostensible reason / ～상의 친절 surface kindness / ～화하다 come to the surface; come into the open / …을 ～적으로만 이해하다 have only a superficial understanding of.... ‖ ～금리 a coupon rate / ～예금 a nominal gross deposit 《*at a bank*》 / ～장력(張力) 〖理〗 surface tension.

표면적(表面積) surface area.

표명(表明) (an) expression; (a) manifestation. ～하다 express; manifest; declare. ¶ 감사〔유감〕의 뜻을 ～하다 express *one's* gratitude 〔regret〕 《*to*》.

표방(標榜) ～하다 profess 《*oneself to be*》; stand for 《*democracy*》; advocate. ¶ 인도주의를 ～하다 claim to stand for humanitarian principles.

표발(票—) a reliable source of

votes; an area of strong electoral support 《*for*》. ¶ 그는 대도시에 큰 ～을 갖고 있다 He has established a large voting constituency in the area of big cities.

표백(漂白) bleaching. ～하다 bleach. ‖ ～제 a bleach; a bleaching agent; a decolorant.

표범(豹—) 〖動〗 a leopard; a panther.

표변(豹變) a sudden change. ～하다 change suddenly; do a complete turn around; turn *one's* coat(변절).

표본(標本) a specimen; a sample(견본); 《전형》 a type; an example. ¶ 학자의 ～ a typical scholar. ‖ ～조사 a sample survey / ～추출 sampling / 동물〔식물〕 ～ a zoological〔botanical〕 specimen / 박제 ～ a stuffed〔mounted〕 specimen 《*of a tiger*》 / 임의 ～ a random sample.

표상(表象) 《상징》 a symbol 《*of*》; an emblem; 〖哲〗 an idea; a representation; 〖心〗 an image.

표시(表示) indication; expression. ～하다 express; indicate; show. ¶ 감사의 ～로 as a token of *one's* gratitude. ‖ ～기 an indicator / 의사 ～ expression of *one's* intention.

표어(標語) a motto; a slogan; a catchword.

표연(飄然) ¶ ～히 aimlessly; casually; abruptly.

표음문자(表音文字) a phonogram; a phonetic alphabet.

표의문자(表意文字) an ideogram; an ideograph.

표적(表迹) a sign; a mark; a token; a proof(증표); 《흔적》 a trace(지나간). ¶ ～을 남기지 않다 leave no trace behind.

표적(標的) a target; a mark. ¶ ～을 벗어나다 fall beside the mark / 비난의 ～이 되다 be exposed to censure. ‖ ～사격 target shooting / ～지역 a target area.

표절(剽竊) plagiarism; literary piracy. ～하다 pirate; plagiarize. ‖ ～자 a plagiarist / ～판 a pirated edition.

표정(表情) (an) expression; a look. ¶ ～이 풍부한 expressive / ～없는 얼굴 an expressionless face / ～을 굳히다 harden *one's* face; look grim〔stern〕 / ～을 살피다 read 《*a person's*》 face / 곤혹스런 ～을 하다 wear a puzzled expression.

표제(表題·標題) 《책의》 a title; 《논설 등의》 a heading; a head; 《사진·만화의》 a caption. ¶ 작은 ～ a subtitle / ～를 달다 give a title 《*to a book*》; entitle. ‖ ～어 an entry; a headword / ～음악 program music.

표주(標註) a marginal note.

표주박(瓢—) a small gourd vessel; a dipper.

표준(標準) a standard; a norm(작업량 등의); a level(수준); average(평균). ¶ ～적인 standard; normal; average / 정해진 ～ a fixed standard / ～에 달〔미달〕하다 come up to〔fall short of〕 the standard / ～ 이상〔이하〕이다 be above〔below〕 the standard. ‖ ～가격 the standard price / ～생활비 the standard〔average〕 cost of living / ～어〔시〕 the standard language〔time〕 / ～편차 a standard deviation / ～형 a standard type〔size〕 / ～화 standardization(～화하다 standardize).

표지(表紙) a cover. ¶ 종이〔가죽, 헝겊〕 ～ a paper〔leather, cloth〕 cover / 앞〔뒤〕 ～ a front〔back〕 cover / 책에 ～를 씌우다 cover a book; put the cover on a book.

표지(標識) a sign; a mark; a landmark (경계의); a beacon(항공의). ¶ ～를 세우다 put up a sign. ‖ ～등 a beacon light.

표징(表徵) a sign; a symbol.

표착(漂着) ～하다 drift ashore.

표창(表彰) (official) commendation; citation. ～하다 commend *a person* 《*for a thing*》 officially; honor 《*a person*》. ¶ 구조대에 협력하여 ～받다 receive an official commendation for helping the rescue party. ‖ ～대(臺) a honor platform / ～식 a commendation〔an awarding〕 ceremony / ～장 a citation 《美》; a testimonial.

표토(表土) topsoil; surface soil.

표피(表皮) 〖解〗 the cuticle; the epidermis. ‖ ～조직〔세포〕 the epidermal tissue〔cell〕.

표하다(表—) express; show. ¶ 경의를 ～ pay *one's* respects 《*to*》 / 감사의 뜻을 ～ express〔show〕 *one's* gratitude 《*for*》 / 축의〔조의〕를 ～ offer *one's* congratulations〔condolences〕 《*to*》.

표현(表現) (an) expression. ～하다 express; represent. ¶ ～의 자유 freedom of expression. ‖ ～력 power of expression / ～주의 expressionism.

푯말(標—) 《set up》 a signpost; a post.

푸념 《불평》 an idle complaint; a grumble. ～하다 complain 《*of, about*》; grumble〔whine〕 《*about*》.

푸다 《물을》 draw 《*water from a well*》; dip〔scoop〕 up; ladle(국자로); pump(펌프로). ¶ 버킷의 물을 ～ dip water from a bucket / 우물물을 펌프로 ～ pump water up〔out〕 from a well.

푸닥거리 a shamanistic exorcism;

ㅍ

a service of exorcism. ～하다 exorcize; drive out an evil spirit performing an exorcism.

푸대접(―待接) inhospitality; a cold treatment〔reception〕. ～하다 treat〔receive〕《*a person*》 coldly; give〔show〕《*a person*》 the cold shoulder. ¶ ～받다 get a cold reception; be left out in the cold.

푸드덕거리다 flap; flutter.

푸들《개》 a poodle.

푸딩 a pudding.

푸르다 ①《색이》(be) blue; azure; green(초록). ¶ 푸른 잎 green leaves〔foliage〕. ②《서슬이》(be) sharp(-edged).

푸르스름하다 (be) bluish; greenish.

푸른곰팡이 〚植〛 green mold.

푸릇푸릇 ¶ ～한 fresh and green here and there.

푸석돌 a crumbly stone.

푸석이《물건》 a crumbly thing; friable stuff;《사람》 a fragile〔frail〕 person.

푸석푸석 ¶ ～한 fragile; crumbly.

푸성귀 greens; vegetables.

푸주(―廚) a butcher's (shop). ‖ ～한(漢) a butcher.

푸짐하다 (be) abundant; profuse; generous. ¶ 푸짐히 plentifully; in plenty〔abundance〕/ 푸짐하게 돈을 쓰다 lavish money《*on*》.

푹 ①《쑥 빠지는 모양》 ¶ ～ 가라앉다 sink deep / 수렁에 ～ 빠지다 stick in the mud. ②《찌르는 모양》 ¶ 단검으로 ～ 찌르다 thrust a dagger home. ③《덮거나 싸는 모양》 ¶ 모자를 ～ 눌러 쓰다 pull〔draw〕 *one's* hat over *one's* eyes / 담요로 ～ 싸다 wrap《*it*》 in a blanket. ④《잠자는 모양》 fast; soundly. ¶ ～ 자다 sleep soundly. ⑤《흠씬》 well; thoroughly. ¶ 고기를 ～ 삶다 do〔boil〕 meat well〔thoroughly〕. ⑥《쓰러지는 모양》 ¶ ～ 쓰러지다 fall《*on the floor*》 with a flop.

푹신하다 (be) soft; downy; spongy; cushiony; flossy. ¶ 푹신푹신한 all soft; downy; fluffy; spongy.

푹푹 ¶ ～ 쓰다 spend《*money*》 freely / ～ 찌르다 thrust repeatedly / ～ 썩다 grow rotten fast / ～ 쑤시다 prickle; tingle / (날씨가) ～ 찌다 be sultry〔muggy〕/ 발이 눈에 ～ 빠지다 *one's* feet sink deep in the snow.

푼 ①《돈 한 닢》 a *p'un;* an old Korean penny(＝1/10 *don*). ¶ 돈 ～이나 모으다 make a pretty penny. ②《백분율》 percentage; percent(%). ¶ 3～ 이자 3% interest. ③《길이》 a tenth of a Korean inch(＝*ch'i*). ④《무게》 a Korean penny-weight(＝0.375 gram).

푼더분하다 ①《얼굴이》(be) plump; fleshy. ②《넉넉하다》(be) plentiful; ample; rich. 「petty cash.

푼돈 a small sum (of money);

푼푼이《money saved》 penny by penny〔little by little〕.

풀[1] grass; a weed(잡초); a herb(약초). ¶ ～ 베는 기계 a mowing machine; a mower / ～을 뽑다 weed《*a garden*》/ ～을 뜯다《마소가》 feed on grass; graze.

풀[2] paste(붙이는); starch(풀먹이는). ¶ ～먹이다 starch《*clothes*》/ ～먹인 옷 a starched cloth / ～을 쑤다 ☞ 풀쑤다 / ～로 붙이다 paste; fasten〔stick〕《*a thing*》 with paste.

풀[3]《수영장》 a swimming pool.

풀[4] ¶ ～스피드로《run》(at) full speed. ‖ ～가동 full operation.

풀기(―氣) starchiness. ¶ ～ 있는 starchy.

풀다 ①《끄르다》 untie《*a knot*》; loosen《*one's hair*》; undo《*a bundle*》; untwist(꼰 것을); disentangle(얽힌 것을); unpack(짐 등을); unfasten《*a rope*》. ②《문제를》 solve《*a problem*》; answer; work out《*an equation*》. ¶ 수수께끼를 ～ solve〔guess〕 a riddle / 암호를 ～ decipher. ③《의심·오해를》 dispel; remove; clear up《*doubts*》;《울적함을》 dissipate; chase《*one's gloom away*》. ¶ 오해를 ～ remove a misunderstanding. ④《용해》 melt; dissolve《*salt in water*》. ⑤《코를》 blow《*one's nose*》. ⑥《사람을》 send out; call out. ¶ 사람을 풀어 범인을 찾다 send out men in search of a criminal. ⑦《논을》 convert《*a farm*》 into《*a paddy field*》. ⑧《해제하다》 remove《*a prohibition*》; lift《*a ban*》; release《*a man*》. ¶ 봉쇄를 ～ lift the blockade / 포위를 ～ raise a siege / 자금의 동결을 ～ thaw the frozen assets / 마침내 그들은 인질을 풀어 주었다 At last they released the hostages. ⑨《소원성취》 realize. ¶ 소원을 ～ have *one's* desire fulfilled. ⑩《긴장·피로》 relieve《*the tension, one's fatigue*》. ⑪《화 따위》 appease; calm. ¶ 노염을 ～ quell〔appease〕 *one's* anger / 갈증을 ～ quench *one's* thirst.

풀리다 ①《매듭이》 get loose; come untied〔undone〕;《솔기가》 come apart;《소매 끝 따위가》 fray;《얽힌 것이》 come〔get〕 disentangled;《짐이》 come〔get〕 unpacked. ②《감정이 누그러지다》 be softened; calm〔cool〕 down; be allayed〔appeased〕. ¶ 그녀의 미소로 나의 마음이 풀렸다 Her smiles disarmed me. ③《문제가》 be solved; be worked out. ④《의혹·오해가》 be resolved〔dispelled〕; be cleared away. ⑤《피로가》recover from; be relieved of《*one's fatigue*》. ⑥《추위가》abate; thaw. ¶ 추위가 ~ Cold weather turns warm. ⑦《해제》be removed〔lifted〕. ⑧《용해》dissolve; melt. ⑨《돈이》get circulated. ¶ 은행 돈이 ~ Money in the bank is released.

풀무 a (pair of) bellows. ¶ ~질하다 blow with the bellows.

풀밭 a grass field; a meadow.

풀뿌리 grass roots. ‖ ~민주주의 grass-roots democracy / ~운동 a grass roots movement (일반 대중의 운동).

풀솜 floss (silk).

풀숲 a bush; a thicket.

풀썩 ¶ 먼지가 ~ 나다 A cloud of dust rises lightly. / 땅 위에 ~ 주저앉다 flop down on the ground.

풀쐐기 〖蟲〗 a (hairy) caterpillar.

풀쑤다 ①《풀을》make paste. ②《재산을》squander; dissipate《*a fortune*》.

풀어놓다 ①《놓아줌》(set) free; release; let〔cast〕loose. ¶ 개를 풀어놔라 Let the dog loose. ②《끄나풀을》put; send; dispatch. ¶ 형사를 ~ set〔put〕detectives upon《*a person*》.

풀어지다 ①《국수·죽이》《noodles》turn soft. ②《눈이》《*one's* eyes》become bleared. 「(of grass).

풀잎 a blade of grass; a leaf

풀죽다 be dejected; be cast down; be dispirited; lose *one's* heart.

풀칠 ①《칠하기》~하다 paste. ②《생계》~하다 make *one's* bare living; eke out a living.

풀풀 ¶ ~ 날다 fly〔run〕swiftly

풀피리 a reed. 〔nimbly〕.

품[1] ①《옷의》width《*of a coat*》. ¶ 앞~ the breast width. ②《가슴》the breast; the bosom. ¶ ~속에 in *one's* bosom; to *one's* breast / 자연의 ~에 안기어 in the bosom of nature.

품[2]《수고·힘》labor; work. ¶ 하루~ a day's work / ~이 들다 require (much) labor / ~을 덜다 save labor / ~을 팔다 work for (daily) wages.

품[3]《외양》appearance;《모양》a way. ¶ 사람된 ~ (a) personal character; personality / 말하는 ~ *one's* way of talking.

품갚음하다 do return service to《*a person's*》help; work in return.

품격(品格) elegance; refinement; grace; dignity(품위). ¶ ~ 있는 refined; elegant.

품계(品階) rank; grade.

품귀(品貴) a scarcity〔shortage〕of goods〔stock〕. ¶ ~ 상태다 be scarce; be in short supply / ~되다 run short; get〔become〕scarce.

품다 ①《가슴에》hold《*a child*》in *one's* bosom; put《*a thing*》in *one's* bosom; embrace; hug. ②《마음에》hold; entertain《*a hope*》; cherish《*an ambition*》; harbor《*suspicion*》; bear《*malice*》. ③《알을》sit〔brood〕《*on eggs*》.

품명(品名) names of goods.

품목(品目) a list of articles; an item(한 종목). ¶ ~별로 item by item. ‖ 영업~ business items / 주요 수출~ the chief items of export.

품사(品詞) 〖文〗 a part of speech. ‖ 팔~ the eight parts of speech.

품삯 charge〔pay, wages〕for labor. ¶ ~을 치르다 pay《*a person*》for *his* labor.

품성(品性) character. ¶ ~이 훌륭한〔비열한〕사람 a man of fine〔low〕character.

품앗이 exchange of services〔labor〕. ~하다 exchange services; work in turn for each other.

품위(品位) ①《품격》dignity; grace. ¶ ~ 있는 dignified; noble; graceful / ~를 지키다〔떨어뜨리다〕keep〔lose〕*one's* dignity. ②《금속의》standard; fineness(순도); carat (금의).

품의(稟議) the process of obtaining sanction《*from senior executives*》for a plan by circulating a draft proposal. ~하다 consult〔confer〕《*with a superior*》. ‖ ~서 a round robin; a draft prepared and circulated by *a person* in charge to obtain the sanction to a plan.

품절(品切) absence of stock;《게시》All Sold. *or* Sold Out. ¶ ~되다 be〔run〕out of stock; be sold out.

품종(品種)《종류》a kind; a sort;《변종》a variety;《가축의》a breed; 〖生〗 species. ‖ ~개량 improvement of breed(가축); plant breeding(식물); selective breeding《*of cattle, rice plants*》.

품질(品質) quality. ¶ ~이 좋다〔나쁘다〕be good〔poor〕in quality / ~을 개량하다 improve《*a thing*》in quality; improve the quality of《*a thing*》. ‖ ~관리 quality control / ~보증〔본위〕《게시》Quality Guaranteed〔First〕. / ~저하 deterioration / ~증명 a hallmark.

품팔다 work for (daily) wages.

품팔이꾼 a day laborer; a wage worker.

품평(品評) ~하다 evaluate. ‖ ~회

a competitive〔prize〕show; an exhibition; a fair《美》.
품하다(稟—) proffer《*something*》 to a superior for approval; submit《*a plan*》to a superior.
품행(品行) conduct; behavior. ¶ ~이 좋은〔나쁜〕사람 a well-behaved〔an ill-behaved〕person.
풋… new; fresh; young; early(일찍 나온); green, unripe(덜 익은).
풋것 the first product《*of fruits, vegetables*》of the season.
풋곡식(—穀—) unripe grain.
풋과실(—果實) green fruits.
풋김치 *kimchi* prepared with young vegetables. 「herbs.
풋나물《a dish of》seasoned young
풋내 smell of fresh young greens. ¶ ~ 나다 smell of greens;《비유적》be green〔unfledged, inexperienced〕.
풋내기 a greenhorn; a green〔new〕hand; a novice; a beginner. ¶ ~의 new; green; raw. ‖ ~기자 a cub reporter《美》.
풋바심하다 harvest《*rice*》too early〔before *it* is ripe〕.
풋사랑 calf〔puppy〕love.
풍(風)[1]《허풍》a boast; a brag; a tall talk. ¶ ~을 떨다〔치다〕boast; brag; talk big〔tall〕.
풍(風)[2] ☞ 풍병(風病).
…풍(風)《외양》(an) appearance; a look; an air;《양식》a style; a fashion. ¶ 미국~의 American-style / 상인~의 남자 a man looking like a merchant.
풍각쟁이(風角—) a street singer〔musician〕.
풍경(風景)《경치》a landscape; a scenery. ¶ 거리의 ~ a street scene. ‖ ~화(가) a landscape (painter).
풍경(風磬) a wind-bell.
풍광(風光) scenery; (scenic) beauty. ‖ ~명미(明媚) beautiful scenery. 「play the organ.
풍금(風琴) an organ. ¶ ~을 치다
풍기(風紀) public morals〔decency〕; discipline. ¶ ~를 단속하다 enforce discipline / ~를 문란케 하다 corrupt public morals / 요즈음 ~가 문란해졌다 Public decency has recently become corrupt〔loose〕.
풍기다 ①《냄새 등을》give out〔off〕an odor〔a scent〕《*of*》;《냄새가》smell《*of*》;《향기가》be fragrant;《악취가》stink《*of oil*》; reek《*of garlic*》. ②《암시하다》hint《*at*》; give〔drop〕a hint; suggest. ¶ 내가 사직할지도 모른다는 인상을 ~ drop《*him*》a hint that I might resign.
풍년(豊年) a year of abundance; a fruitful〔bumper〕year. ¶ ~이다 have a rich harvest〔crop〕《*of rice*》. ‖ ~잔치 a harvest festival.
풍덩 plop; with a plop. ¶ ~거리다 keep plopping〔splashing〕.
풍뎅이 a goldbug; a May beetle.
풍랑(風浪)《battle with the》wind and waves; heavy seas.
풍력(風力) the force〔velocity〕of the wind. ‖ ~계(計) a wind gauge. 「stove.
풍로(風爐) a (portable) cooking
풍류(風流) ①《멋》elegance; refinement; taste. ¶ ~ 있는 refined; elegant; tasteful / ~를 알다 have a love of the poetical / ~를 모르다 be out of taste. ‖ ~가〔객〕a man of refined taste. ②《음악》music.
풍만(豊滿) ¶ ~한 plump; buxom (여성이); voluptuous(관능적인) / ~한 가슴 well-developed breast / ~한 자태 a voluptuous figure.
풍매(風媒) ¶ ~의 wind-pollinated. ‖ ~화 an anemophilous flower.
풍모(風貌) features; countenance; looks; appearance.
풍문(風聞)《세평》a rumor; hearsay;《소문》(a) gossip. ¶ 항간의 ~ the rumor〔talk〕of the town / ~을 퍼뜨리다 spread a rumor / …라는 ~이다 There is a rumor that…. *or* It is said that….
풍물(風物) ①《경치》scenery;《풍속 사물》things; scenes and manners. ¶ 자연의 ~ natural features / 한국의 ~ things Korean. ②《악기》instruments for folk music.
풍미(風味) flavor; taste; savor; relish. ¶ ~가 있다〔없다〕taste good〔bad〕; be nice〔nasty〕.
풍미(風靡) ~하다 sway; dominate. ¶ 문단을 ~하다 dominate the literary world / 일세를 ~하다 sway the whole nation.
풍병(風病) nervous disorders believed to be caused by wind; palsy.
풍부(豊富) ¶ ~한 rich《*in*》; abundant; wealthy; ample / ~한 지식 a great store of knowledge / 내용이 ~한 substantial / 경험이 ~하다 have much experience《*in*》/ ~하게 하다 enrich《*the contents*》.
풍비박산(風飛雹散) ~하다 scatter〔disperse〕in all directions.
풍상(風霜) wind and frost;《시련》hardships. ¶ ~을 겪다 undergo〔go through〕hardships.
풍선(風船) a balloon. ¶ ~을 불다〔띄우다〕inflate〔fly〕a balloon. ‖ ~껌 a bubble gum / 고무~ a rubber balloon. 「snow.
풍설(風雪) a snowstorm; wind and

풍성(豊盛) ～하다 (be) rich; abundant; plentiful.

풍속(風俗) manners; customs; 《사회 도덕》 public morals. ¶ ～을 어지럽히다 corrupt〔offend〕 public morals〔decency〕. ‖ ～도〔화〕 a *genre* picture / ～(사)범 an offense against public morals; a morals offense.

풍속(風速) the velocity of the wind. ¶ ～ 30미터의 태풍 a typhoon blowing at thirty meters per second. ‖ ～계 an anemometer; a wind gauge / 순간 최대～ the maximum instantaneous wind speed.

풍수(風水) 《학설》 *fengshui*; 《지관》 a practitioner of *fengshui*. ‖ ～설 the theory of *fengshui*.

풍수해(風水害) damage from storm and flood.

풍습(風習) customs; manners; practices. ¶ 시골 ～ rural customs / ～에 따르다 observe a custom.

풍식(風蝕) wind erosion; weathering. ¶ ～된 weather-worn.

풍신(風神) ① the god of the wind(s). ② ☞ 풍채.

풍악(風樂) music. ¶ ～을 잡히다 have music played.

풍압(風壓) wind pressure. ‖ ～계(計) a pressure anemometer.

풍어(豊漁) a big〔large, good〕 catch 《*of*》; a big haul (of fish).

풍요(豊饒) ～하다 (be) rich; affluent; abundant. ¶ ～한 사회 an affluent society / ～의 땅 〖聖〗 a land flowing with milk and honey.

풍우(風雨) wind and rain; a rainstorm. ☞ 비바람.

풍운(風雲) winds and clouds; 《형세》 the state of affairs; the situation. ‖ ～아 a hero〔an adventurer〕 of the troubled times; a whiz kid 《口》.

풍월(風月) the beauties of nature; poetry(시). ¶ 들은 ～ a smattering (of knowledge) / ～을 벗삼다 converse〔commune〕 with nature.

풍유(諷諭) an allegory.

풍자(諷刺) (a) satire; a sarcasm; an irony. ～하다 satirize. ¶ ～적인 satirical; ironical; sarcastic. ‖ ～가 a satirist / ～문학 a satire / ～시 a satirical poem / ～화 a caricature.

풍작(豊作) a good 〔rich〕 harvest; a heavy〔bumper〕 crop.

풍장(風葬) aerial sepulture〔burial〕.

풍재(風災) damage from wind.

풍전등화(風前燈火) ¶ ～이다 be in an extremely precarious position / 그녀의 운명은 ～였다 Her life hung by a thread.

풍조(風潮) a tendency; a trend; a drift; the current. ¶ 세상 ～를 따르다〔거스르다〕 go with〔against〕 the stream of the times.

풍족(豊足) ¶ ～한 abundant; plentiful; ample; rich(부유) / ～하게 살다 be well off.

풍차(風車) a windmill.

풍채(風采) *one's* (personal) appearance; presence. ¶ ～가 당당한 사람 a man of imposing appearance / ～가 좋다 have a fine presence.

풍치(風致) scenic beauty. ¶ ～를 더하다 add charm to the view. ‖ ～림 a forest grown for scenic beauty / ～지구 a scenic zone.

풍토(風土) climate; natural features 《*of a region*》. ¶ 문화〔정신〕적 ～ the cultural〔spiritual〕 climate 《*of a country*》. ‖ ～병 an endemic disease; a local disease.

풍파(風波) ① 《파도와 바람》 wind and waves; a storm; 《거친 파도》 rough seas. ② 《불화》 discord; a trouble; 《어려움》 hardships; a storm. ¶ ～를 겪다 suffer hardships / ～를 일으키다 create 〔raise〕 a disturbance; cause trouble. ‖ 가정～ family troubles.

풍해(風害) wind damage.

풍향(風向) the direction of the wind.

풍화(風化) 〖地〗 weathering. ～하다 weather. ‖ ～작용 weathering.

퓨리턴 a Puritan. ‖ 퓨리터니즘 Puritanism.

퓨즈 a fuse. ¶ 안전 ～ a safety fuse / ～를 갈다 replace a fuse / ～를 끼우다 put〔fit〕 a fuse 《*to*》 / ～가 끊어졌다 The fuse has blown〔burnt out〕.

퓰리처상(一賞) the Pulitzer Prize.

프라우다 《러시아 신문》 the Pravda.

프라이 a fry. ～하다 fry. ¶ ～한 fried 《*eggs*》. ‖ ～팬 a frying pan.

프라이드 pride. ¶ ～가 있는 proud; self-respecting.

프라이버시 《infringe upon *a person's*》 privacy.

프라임레이트 〖經〗 the prime rate.

프랑 《프랑스 화폐》 a franc.

프랑스 France. ¶ ～의 French. ‖ ～요리 French dishes / ～인 a Frenchman; the French (국민).

프래그머티즘 pragmatism.

프러포즈 a proposal. ～하다 propose 《*to*》.

프런트 《호텔의》 the front〔reception〕 desk. ‖ ～유리 《자동차의》 a windshield 《美》.

프레스 ① 《누르기》 press. ② 《신문》 the press. ‖ ～박스 the press box(기자석).

프레젠트 《give》 a present 《*to*》.

프로 ① ☞ 프로그램. ¶ ～를 짜다 make up a program / ～에 올리다 put 《*a play*》 on the program.

② ☞ 프롤레타리아. ‖ ~문학 proletarian literature. ③ ☞ 프로페셔널. ‖ ~선수〔야구〕 a pro(fessional) player〔baseball〕. ④ 《퍼센트》 percent.
프로그래머 a program(m)er.
프로그래밍 program(m)ing.
프로그램 a program; a playbill(연극의).
프로덕션 《영화의》 a film production; a movie studio.
프로듀서 a producer.
프로모터 a promoter.
프로세스 a process.
프로젝트 a project 《*team*》.
프로카인 〖化〗 procaine.
프로테스탄트 a Protestant(신자).
프로파간다 propaganda; publicity.
프로판가스 propane gas.
프로페셔널 professional.
프로펠러 《spin》 a propeller.
프로필 a profile.
프록코트 a frock coat.
프롤레타리아 the proletariat(총칭); a proletarian(한 사람). ‖ ~독재 proletarian dictatorship / ~혁명 a proletarian revolution.
프롤로그 a prolog(ue) 《*to*》.
프리마돈나 a *prima donna* 《이》.
프리미엄 a premium. ¶ ~을 붙이다 put〔place〕a premium 《*on*》.
프리즘 〖理〗 a prism.
프리패브 《조립식》 ¶ ~주택 a prefab; a prefabricated house.
프린트 《인쇄》 a print; a copy; 《옷감》 print. ~하다 print. ¶ 강의~ a printed synopsis of a lecture. ‖ ~배선 a printed circuit / ~합판 printed plywood.
프토마인 〖化〗 ptomaine 《*poisoning*》.
플라스마 plasma.
플라스크 〖化〗 a flask.
플라스틱 plastic(s). ‖ ~공업 the plastics industry / ~용기 a plastic container / ~제품 plastic goods / ~폭탄 plastic explosive.
플라이급(一級) the flyweight.
플라타너스 〖植〗 a plane (tree); a sycamore 《美》.
플라토닉러브 platonic love.
플란넬 flannel.
플랑크톤 plankton.
플래시 a flash. ¶ ~를 터뜨리다 light a flash bulb / ~세례를 받다 be in a flood of flashlights.
플래카드 a placard.
플래티나 platina; platinum(기호 Pt).
플랜 a plan 《*for*》; a scheme. ¶ ~을 짜다 make a plan.
플랜트 a〔an industrial〕plant. ‖ ~수출 export of (industrial) plants 《*to*》.
플랫폼 a platform.
플러그 〖電〗 a plug. ¶ ~를 꽂다〔뽑다〕 put the plug in〔pull the plug out of〕 the socket.
플러스 plus. ~하다 add 《*two*》 to 《*six*》. ¶ 3~5는 8. Three plus five is eight. ‖ ~기호 a plus (sign) / ~알파 plus something.
플레어스커트 a flared skirt.
플레이트 a plate; 〖野〗 a pitcher's plate. ¶ ~를 밟다 take the plate〔mound〕.
플루토늄 〖化〗 plutonium(기호 Pu).
피[1] ① 《혈액》 blood. ¶ ~의 순환 blood circulation / ~바다 a sea of blood / ~묻은 blood-stained / ~를 흘리다 spill〔shed〕blood / ~를 뽑다 draw blood / ~를 토하다 vomit blood(토혈); spit blood(객혈) / ~를 멎게 하다 stop bleeding / ~를 보다 result〔end〕in bloodshed. ② 《혈연》 blood (relation). ¶ ~를 나눈 형제 *one's* blood brother / ~를 이어 받다 be descended 《*from*》 / ~는 물보다 진하다 Blood is thicker than water. / ~는 속이지 못한다 Blood will tell. ③ 《비유적으로》 ¶ ~에 굶주린 bloodthirsty / ~가 끓다 *one's* blood boils / ~로 맺어진 우의 the friendship sealed in blood / 그는 ~도 눈물도 없는 인간이다 He is a cold-blooded person.
피[2] 〖植〗 a barnyard grass.
피[3] 《소리》 pooh!; pshaw!
피…(被) ¶ ~지배자 the ruled(총칭) / ~선거인 a person eligible for election / ~압박 민족 an oppressed race.
피검(被檢) ¶ ~되다 be arrested. ‖ ~자 the arrested; a person in custody.
피겨스케이팅 figure skating. ‖ ~선수 a figurer.
피격(被擊) ¶ ~당하다 be attacked〔assailed, assaulted〕《*by*》.
피고(被告) a defendant(민사의); the accused(형사의). ‖ ~석 the dock; the bar / ~측 변호인 the counsel for the defense〔accused〕.
피고름 bloody pus.
피고용자(被雇傭者) an employee; the employed(총칭).
피곤(疲困) tiredness; fatigue; weariness. ~하다 (be) tired; weary; exhausted.
피골(皮骨) ¶ ~이 상접하다 be all skin and bones; be worn to a shadow.
피나무 〖植〗 a lime tree; a linden.
피난(避難) refuge; shelter. ~하다 take refuge〔shelter〕《*in, from*》. ‖ ~명령 an evacuation order / ~민 a refugee / ~살이 refugee life / ~처 a shelter; a (place of) refuge.
피날레 a finale; the end.
피눈물 《shed》 bitter tears; tears of agony; salt tears.
피닉스 《불사조》 the phoenix.
피다 ① 《꽃이》 bloom; blossom;

flower; open. ¶ 피어 있다 be in 《*full*》 bloom; be out〔open〕/ 활짝 ~ burst into blossom / 피기 시작하다 start flowering; come into blossom. ②《불이》begin to burn; be kindled. ③《얼굴이》look better〔fine〕; (be in the) bloom. ④ ☞ 펴이다.

피대(皮帶) a (leather) belt.

피동(被動) passivity. ¶ ~적(으로) passive(ly). ‖ ~사(詞) a passive verb.

피둥피둥 ①《몸이》¶ ~한 plump; fat; healthy / ~ 살찌다 be fat. ②《불복종》¶ ~한 disobedient; stubborn / ~ 말을 안 듣다 refuse to listen to 《*a person*》.

피땀 blood and sweat; greasy sweat. ¶ ~ 흘려 번 돈 money earned by the sweat of *one's* brows / ~ 흘리며 일하다 sweat blood; toil and moil.

피똥 bloody excrement.

피라미〖魚〗a minnow.

피라미드 a pyramid. ¶ ~형의 pyramidal / 역(逆) ~ an inverted pyramid.

피란(避亂) refuge; shelter. ~하다 take refuge 《*in*》; get away from war; flee 《*to a place*》 for safety. ‖ ~민 refugees; evacuees.

피랍(被拉) ☞ 납치(拉致).

피력(披瀝) ~하다 express 《*one's opinion, oneself*》.

피로(披露) (an) announcement. ~하다 announce; introduce. ‖ ~연 a reception; a banquet.

피로(疲勞) fatigue; exhaustion. ¶ ~한 tired; weary / 눈의 ~ eye strain / ~를 풀다 rest *oneself;* take a rest / ~를 느끼다 feel fatigue〔tired, weary〕. ‖ ~감 tired feeling.

피뢰침(避雷針)〖理〗a lightning rod〔conductor〕.

피륙 dry goods 《美》; drapery 《英》; 《직물》cloth; (textile) fabrics.

피리 a pipe(세로로 부는); a flute (옆으로 부는). ¶ ~를 불다 play the flute〔pipe〕.

피리새〖鳥〗a bullfinch.

피리어드 《put》 a period 《*to*》; a full stop.

피마자(蓖麻子) ☞ 아주까리.

피막(皮膜) a film;〖解〗a tapetum.

피맺히다 be〔get〕bruised.

피보증인(被保證人) a warrantee.

피보험물(被保險物) an insured article; insured property.

피보험자(被保險者) a person insured; the insured(총칭).

피보호자(被保護者)〖法〗a ward; a *protégé*(남), a *protégée*(여) 《프》.

피복(被服) clothing; clothes. ‖ ~비(費) clothing expenses / ~수당 a clothing allowance.

피복(被覆) covering; coating. ‖ ~선(線) covered〔coated〕wire / ~재료 covering material.

피부(皮膚) the skin. ¶ ~가 거칠다〔약하다〕have a rough〔delicate〕skin. ‖ ~과(科) dermatology / ~과 의사 a dermatologist / ~병 a skin disease / ~암 skin〔cutaneous〕cancer / ~염(炎) dermatitis / ~이식 skin grafting / ~호흡 skin respiration.

피사 ¶ ~의 사탑 the Leaning Tower of Pisa.

피살(被殺) ¶ ~되다 get killed〔murdered〕/ ~체 the body of a murdered person.

피상(皮相) ¶ ~적인 견해〔관찰자〕a superficial view〔observer〕.

피상속인(被相續人)〖法〗an ancestor; a predecessor.

피서(避暑) summering. ~하다 (pass the) summer 《*at, in*》. ¶ ~가다 go to 《*a place*》 for summering. ‖ ~객〔지〕a summer visitor〔resort〕.

피선(被選) ¶ ~되다 be elected.

피선거권(被選擧權) eligibility for election. ¶ ~이 있다 be eligible for election.

피선거인(被選擧人) a person eligible for election.

피스톤 a piston.

피스톨 a pistol; a revolver.

피습(被襲) ¶ ~당하다 be attacked.

피승수(被乘數)〖數〗a multiplicand.

피신(避身) ~하다 escape (secretly); flee to 《*a place of safety*》; hide〔conceal〕*oneself;* take refuge〔shelter〕in 《*a place*》. ‖ ~처 a refuge; a shelter.

피아(彼我) he and I; they and we; both sides. ¶ ~간의 세력이 백중하다 Both sides are nearly equal in strength.

피아노 a 《*grand*》 piano. ¶ ~를 치다 play on the piano / ~를 배우다 take piano lessons 《*from*》. ‖ ~독주곡 a piano solo / ~협주곡 a piano concerto.

피아니스트 a pianist.

피아르 P.R. (◀ public relations) ~하다 publicize; advertise. ¶ ~가 잘 되다 be well publicized. ‖ ~영화〔담당자〕a PR film〔man〕/ ~활동 public relations activities.

피안(彼岸) ①〖佛〗*Paramita* 《梵》. ② ☞ 대안(對岸).

피앙세 a *fiancé*(남자) 《프》; a *fiancée*(여자) 《프》.

피어나다 ①《불이》burn up again. ②《소생》revive; come to *oneself*〔life again〕. ③《꽃이》come into bloom. ④《형편이》get better; improve.

피에로 a pierrot; a clown.

피엘오 P.L.O. (◀Palestine Libera-

tion Organization)
피우다 ① 《불을》 make a fire 《*in the stove*》. ② 《담배·향을》 smoke; puff 《*at a pipe*》; burn 《*incense*》. ¶ 한 대 ~ have a smoke. ③ 《재주를》 use; play〔do〕 《*tricks*》; 《바람을》 have an affair 《*with*》. ¶ 그녀는 바람을 피우고 있다 She is having an affair. ④ 《냄새를》 emit 《*a scent*》; give out〔off〕 《*an odor*》.
피의자(被疑者) a suspect; a suspected person.
피임(被任) ¶ ~되다 be appointed. ‖ ~자 an appointee; an appointed person.
피임(避姙) contraception. ~하다 prevent conception. ‖ ~법〔구, 수술〕 a contraceptive method 〔device, operation〕 / ~약 a contraceptive.
피장파장 ¶ ~이다 be all square; be quits 《*with a person*》.
피제수(被除數) 〖數〗 a dividend.
피진(皮疹) 〖醫〗 an efflorescence; an exanthema.
피차(彼此) 《이것과 저것》 this and that; 《서로》 you and I; both; each other. ¶ ~의 mutual / ~간 between you and me; between both sides / ~일반이다 be mutually the same.
피처 〖野〗 《play as》 a pitcher. ‖ ~플레이트 the pitcher's plate.
피천 ¶ ~ 한 닢 없다 (be) penniless.
피천(被薦) ¶ ~되다 be recommended 《*for, to*》.
피청구인(被請求人) a claimee; a demandee.
피치 ① 《소리의》 a pitch. ¶ 높은 ~의 소리 a high-pitched voice. ② 〖漕艇〗 a stroke. ¶ 20~로 노를 젓다 row 20 strokes to the minute. ③ 《아스팔트》 pitch. ④ 《능률·속도》 (a) pace. ¶ 급~로 at a high pace / ~를 올리다〔늦추다〕 quicken〔slacken〕 *one's* pace; speed up〔slow down〕.
피치자(被治者) the governed〔ruled〕.
피침(被侵) ¶ ~되다 be invaded (침략); be violated (침범).
피칭 〖野〗 pitching.
피켈 〖登山〗 pickel; an ice ax.
피켓 a picket. ¶ ~을 치다 put 〔place〕 pickets 《*in front of a factory*》. ‖ ~라인 《break through》 a picket line.
피콜로 〖樂〗 a piccolo.
피크 a peak. ¶ ~시에 at peak hours / ~시 전력량 on-peak energy / ~출력 peaking capacity.
피크닉 《go on》 a picnic.
피크르산(一酸) 〖化〗 picric acid.
피타고라스 Pythagoras. ¶ ~의 정리 the Pythagorean theorem.
피탈(被奪) ¶ ~당하다 be robbed of 《*a thing*》; have 《*something*》 taken〔snatched〕 away.
피투성이 ¶ ~의 bloody; blood-stained / ~가 되다 be smeared 〔covered〕 with blood.
피트 feet (생략 ft); a foot(단수). ¶ 1~ one foot / 2~ two feet / 10~짜리 장대 a ten-foot (long) pole.
피폐(疲弊) ~하다 become〔be〕 exhausted〔impoverished〕.
피폭(被爆) ¶ ~되다 be bombed / 원폭의 ~자 an A-bomb victim. ‖ ~지구 a bombed block〔area〕.
피피엠 《백만분율》 ppm; PPM. (◀ parts per million)
피하(皮下) ¶ ~의 hypodermic. ‖ ~주사 a hypodermic injection / ~지방 subcutaneous fat / ~출혈 hypodermal bleeding.
피하다(避—) 《비키다》 avoid; avert; dodge〔duck〕 《*a blow*》; 《멀리하다》 keep away from 《*danger*》; 《책임·의무를》 shirk〔sidestep〕 《*one's responsibility*》; 《도피하다》 get away 《*from*》; flee; 《모면하다》 escape. ¶ 피치 못할 inevitable; unavoidable / 잘 ~ avoid 《*something*》 neatly / 나쁜 친구를 ~ avoid〔keep away from〕 bad company / 재난을 ~ escape a disaster / 남의 눈을 ~ avert people's eyes / 난을 ~ flee from the war.
피한(避寒) wintering. ~하다 spend〔pass〕 the winter 《*at, in*》. ‖ ~지 a winter resort.
피해(被害) damage; harm; 《상해》 injury. ¶ ~를 입다 be damaged 《*by*》; suffer damage / ~를 주다 damage; do damage〔harm〕 《*to*》. ‖ ~망상 《병》 persecution mania / ~액 the amount〔extent〕 of damage / ~자 《재해·범죄의》 sufferer; a victim; 《부상자》 the injured / ~지구 the affected area; the stricken district.
피험자(被驗者) 《실험의》 a subject; a testee.
피혁(皮革) hides; leather(무두질한). ‖ ~공업 the leather industry / ~상 a leather dealer / ~제품 a leather article; leather goods(총칭).
피후견인(被後見人) 〖法〗 a ward.
픽 ¶ ~하는 소리 a hiss; a swish / ~ 쓰러지다 fall down feebly / ~ 웃다 grin; sneer(비웃다).
픽션 fiction.
픽업 《전축의》 a pickup; a stylus bar; 《자동차》 a pickup (truck).
핀 a pin; a hairpin(머리의). ¶ ~을 꽂다 fasten with a pin; pin (up) 《*on, to*》.
핀란드 Finland. ¶ ~의 Finnish. ‖ ~사람 a Finn / ~어 Finnish.
핀셋 (a pair of) tweezers; a *pincette* 《프》.
핀잔 a (personal) reprimand〔reproof〕. ¶ ~주다 reprove 《*a per-*

son》 to *his* face; reprimand 《*a person*》 personally; rebuke; snub / ~ 맞다 get scolded〔rebuked〕; meet with a rebuff.

핀치 a pinch; a crisis; a fix 《美口》. ¶ ~에 몰리다 be thrown into a pinch; get *oneself* in a fix / ~를 벗어나다 get out of a pinch. ‖ ~러너〔히터〕 a pinch runner〔hitter〕.

핀트 ①《초점》 (a) focus. ¶ ~가 맞다〔안 맞다〕 be in〔out of〕 focus / …에 ~를 맞추다 focus *one's* camera on 《*an object*》. ②《요점》 the point. ¶ ~가 어긋나다 be off the point.

필(匹) 《마소의》 a head. ¶ 세 ~의 말 three head of horses.

필(疋) a roll〔bolt〕 of cloth.

…필(畢) finished; O.K. (☞ 필하다). ¶ 지불(支拂) ~. "Paid."

필경(畢竟) after all; in the end.

필경(筆耕) copying; stencil-paper writing.

필공(筆工) a writing-brush maker.

필기(筆記) taking notes. ~하다 take notes 《*of*》; write 〔note〕 down. ‖ ~시험 a written examination / ~장 a notebook.

필담(筆談) ~하다 talk by means of writing.

필답(筆答) a written answer 〔reply〕. ~하다 answer in writing.

필독(必讀) a must to read. ¶ ~서 a must book 《*for students*》/ 이 책은 모든 사람의 ~서이다 This book is a must.

필두(筆頭) 《첫머리》 the first on the list. ¶ …의 ~에 at the head of / 사장 A를 ~로 from president A down.

필라멘트 〖電〗 a filament.

필력(筆力) the power〔strength〕 of the brush stroke(s).

필름 a film. ¶ ~ 한 통 a roll 〔spool〕 of film; 《영화의》 a reel of film / 36매짜리 ~ a 36-exposure (roll of) film / ~에 담다 film 《*a scene*》; get 《*a scene*》 on film.

필리핀 the Philippines. ¶ ~의 Philippine. ‖ ~사람 a Filipino.

필마(匹馬) a single horse.

필멸(必滅) being fated to perish. ¶ ~의 perishable; mortal. ‖ 생자~ All living things must die.

필명(筆名) a pen name.

필묵(筆墨) brush and Chinese ink; stationery(문방구).

필법(筆法) 《운필법》 a style of penmanship; 《문체》 a style of writing. ¶ 힘이 있는 ~ a powerful stroke of the brush.

필봉(筆鋒) the power of the pen. ¶ ~이 날카롭다 have a sharp style of writing / 날카로운 ~으로 논하다 be sharp in *one's* argument.

필부(匹夫) a man of humble position.

필사(必死) ¶ ~의 frantic; desperate / ~적으로 frantically; desperately; for *one's* life / ~적으로 노력하다 make desperate efforts.

필산(筆算) calculation with figures. ~하다 cipher; do sums on a piece of paper.

필살(必殺) ¶ ~의 일격을 가하다 deliver a deadly〔death〕 blow.

필생(畢生) ¶ ~의 lifelong / ~의 사업 *one's* lifework.

필설(筆舌) ¶ ~로 다할 수 없다 be beyond description; be indescribable〔unspeakable〕.

필수(必須) ¶ ~의 indispensable 《*to*》; necessary; essential 《*to*》; required. ‖ ~과목 a required 〔compulsory〕 subject / ~조건 an indispensable condition / ~조항 a mandatory clause.

필수품(必需品) necessary articles; necessaries; necessities. ‖ 생활~ daily necessaries; the necessities of life.

필승(必勝) certain victory. ¶ ~의 신념 faith in *one's* certain success; a conviction of sure victory / ~을 기하다 be sure of victory〔success〕 / ~의 신념을 가지고 싸우다 fight with firm assurance of victory.

필시(必是) certainly; no doubt; presumably.

필연(必然) inevitability; necessity. ¶ ~의 necessary; inevitable / ~적으로 necessarily; inevitably; naturally / ~의 결과로서 as a logical consequence. ‖ ~성 necessity; inevitability.

필요(必要) necessity; need. ¶ ~한 necessary; indispensable; essential. ¶ ~한 경우에는 in case of need; if necessary; if need be / …할 ~가 있다 it is necessary *to do;* must *do* / …할 ~가 없다 it is not necessary *to do;* there is no need *to do* / …이 ~하다 be in need 《*of money*》; need… / ~에 의해서 out of necessity; driven by necessity / 서두를 ~는 없다 There is no need to hurry. / ~는 발명의 어머니 Necessity is the mother of invention. / 사업 성공에는 충분한 자금이 절대로 ~하다 Enough funds are essential to〔for〕 the success of the business. ‖ ~경비 necessary expenses / ~성(性) necessity / ~악 a necessary evil / ~조건 a necessary〔an essential〕 condition; a requirement / ~품 a necessity; a requisite.

필유곡절(必有曲折) There must be some reason for it.

필자(筆者) a writer; an author;

this writer(자신).

필적(匹敵) ~하다 be equal《*to*》; be a match《*for*》; rival. ¶~할 만한 사람〔것〕이 없다 have no equal〔match〕; be unrivaled.

필적(筆跡)《글씨》handwriting; a hand. ¶판별하기 쉬운 ~ a clear〔legible〕hand〔writing〕/ 남자〔여자〕의 ~ a masculine〔feminine〕hand / ~을 감정하다 analyze handwriting. ‖~감정 handwriting analysis / ~감정인 a handwriting analyst.

필주(筆誅) ¶~를 가하다 denounce《*a person*》in writing.

필지(必至) inevitability. ~하다 be sure to come; be inevitable. ¶~의 inevitable.

필지(必知) a must to know; indispensable information. ‖~사항 matter everyone must know.

필지(筆地) a lot〔plot〕(of land).

필진(筆陣) the writing〔editorial〕staff.

필치(筆致)《필세》a stroke of the brush;《화면의》a touch;《문체》a literary style. ¶가벼운 ~로 with a light touch / 경묘하고 원숙한 ~ an easy and well-mellowed style.

필터 a filter; a filter tip(담배의). ¶~ 담배 a filter-tipped cigarette.

필통(筆筒) a pencil〔brush〕case.

필하다(畢—) finish; end; get〔go〕through; complete. ¶대학원 과정을 ~ complete the postgraduate course.

필화(筆禍) ¶~를 입다 be indicted for *one's* article〔writing〕/ ~를 입게 되다 get into trouble because of *one's* article《*in a magazine*》.

필휴(必携) ¶~의《a book》indispensable《*to students*》.

핍박(逼迫) ①《재정이》~하다 be tight; get stringent. ¶재정의 ~ pressure for〔tightness of〕money. ②《박해》~하다 molest; persecute.

핏기 ☞ 혈색(血色). ¶~ 없는 as white as a sheet; pale (and bloodless) / ~가 가시다 turn white〔pale〕《*with*》.

핏대 a (blue) vein. ¶~를 올리다 boil with rage; turn blue with anger.

핏덩어리《피의 덩어리》a clot of blood;《갓난아이》a newborn baby.

핏발서다 be bloodshot; be congested (with blood).

핏줄 ① ☞ 혈관. ②《혈족》blood (relationship);《가계》lineage. ¶~이 같은 blood-related.

핑 ①《도는 꼴》《turn》round. ②《어찔한 꼴》《feel》dizzy〔giddy〕.

핑계 a pretext; an excuse (☞ 구실). ¶~를 대다 make up〔find〕an excuse; use《*a traffic accident*》as a pretext.

핑그르르 (spinning, whirling, turning) around (smoothly). ¶공을 ~ 돌리다 spin a ball round.

핑크 ¶~색의 pink. ‖~무드 an amorous mood.

핑퐁《play》ping-pong. ☞ 탁구.

핑핑 round and round. ¶~ 돌다 turn〔revolve〕rapidly; spin;《눈이》feel dizzy〔giddy〕.

핑핑하다 ①《켕기다》(be) taut; tense. ②《어슷비슷함》(be) even; equal; be evenly matched.

병명(病名) · 병원(病院)

1. 병명(the name of diseases)
간질환 liver disorder / 결핵 tuberculosis / 꽃가룻병 hay fever / 눈병 eye disease / 디프테리아 diphtheria / 백일해 whooping cough / 백혈병 leukemia / 변비 constipation / 설사 diarrhea / 성홍열 scarlet fever / 신경병 neurosis; neurotic disorder / 신경통 neuralgia / 알레르기 allergy / 암 cancer(위암 stomach cancer) / 영양실조 malnutrition / 위장병 stomach disease〔trouble〕/ 이질 dysentery / 인플루엔자 influenza / 일사병 sunstroke / 장티푸스 typhoid / 천식 asthma / 천연두 smallpox / 충수염 appendicitis / 치질 hemorrhoids; piles / 카타르 catarrh / 콜레라 cholera / 폐렴 pneumonia / 폐병 lung disease / 피부병 skin disease / 홍역 measles.

2. 의학의 전문 분야 및 전문의
내과 internal medicine / 내과 의사 a physician / 외과 surgery / 외과 의사 a surgeon / 소아과 pediatrics / 소아과 의사 a pediatrician / 안과 ophthalmology / 안과 의사 an ophthalmologist; an eye doctor / 이비인후과 otolaryngology / 이비인후과 의사 an otolaryngologist / 피부과 dermatology / 피부과 의사 a dermatologist; skin doctor / 신경과 neurology / 신경과 의사 a neurologist / 정신과 psychiatry / 정신과 의사 a psychiatrist / 산과 obstetrics / 산과 의사 an obstetrician / 부인과 gynecology / 부인과 의사 a gynecologist / 정형외과 orthopedics / 정형외과 의사 an orthopedist / 방사선과 radiology / 방사선과 의사 a radiologist / 마취과 anesthesiology / 마취과 의사 an anesthetist / 비뇨기과 urology / 비뇨기과 의사 a urologist / 항문과 proctology / 항문과 의사 a proctologist / 치과 dentistry / 치과 의사 a dentist.

하(下) ①《하급》 the low class 〔grade〕. ¶ ～치 an inferior article; low grade goods. ②《아래·밑》¶ ～반신 the lower half of the body / ～악(顎) the lower jaw; the underjaw. ③《한자로 된 명사 아래 붙어》below; under. ¶ 아무의 감독～에 under the supervision of *a person*.

하강(下降) a fall; a drop; a descent; 《경기 등의》(a) decline; a downturn. ～하다 descend; fall; go〔come〕down. ¶ 경기가 ～하고 있다 The economy is on the decline. / 비행기가 서서히 ～하고 있다 The airplane is gradually descending〔coming down〕.

하객(賀客) a congratulator; a well-wisher. ¶ 신년～ a New Year's caller〔visitor〕.

하계(下界) 《현세》this world; 《지상》the earth. ¶ 하늘에서 ～를 내려다보다 look down on the earth from the sky.

하계(夏季) ☞ 하기(夏期).

하고 《및》and; 《함께》with; along 〔together〕 with. ¶ 너～나 you and I / 그녀～ 가다 go with her.

하고많다 (be) numerous; innumerable; countless; plentiful. ¶ 하고많은 네 주변의 미인들 중에서 왜 그녀를 파트너로 골랐느냐 Why did you choose her for your partner among so many pretty girls around you.

하곡(夏穀) summer crops; wheat and barley.

하관(下棺) ～하다 lower a coffin into the grave.

하관(下顴) the lower part of the face; the jaw (area). ¶ ～이 빨다 have a pointed jaw.

하교(下敎) 《왕의 명령》a royal command; 《명령·지시》an instruction〔order〕from a superior.

하교(下校) ～하다 leave school 《*at the end of the day*》. ¶ ～길에 아무를 만나다 meet *a person* on *one's* way home from school.

하구(河口) the mouth of a river; a river mouth.

하권(下卷) the last volume; the second volume.

하극상(下剋上) the lower〔juniors〕dominating the upper〔seniors〕.

하급(下級) a low(er) class〔grade〕. ¶ ～의 low(-class); lower; junior; inferior. ‖ ～공무원 a petty〔lower, junior〕official; a lower-level (government) officials(총칭) / ～관청 a subordinate office / ～법원 a lower court / ～생 a student in a lower class〔grade〕; an underclassman 《美》/ ～장교 a junior officer / ～품 lower-grade goods.

하기(下記) ¶ ～의 the following; mentioned below / ～사항 the following items / 내용은 ～와 같다 The contents are as follows.

하기(夏期) summer(time); the summer season. ‖ ～강습회 a summer school / ～휴가〔방학〕 the summer vacation〔holidays〕.

하기는 《실상은》 in fact〔truth〕; indeed. ¶ ～ 네 말이 옳다 Indeed, you are right.

하기식(下旗式) a flag-lowering ceremony; 〖軍〗the retreat.

하나 《1, 한 개》one; single; a unity(단일체); 《동일》the same; (the) identical. ¶ ～의 one; single; only / ～씩 one by one / ～걸러 alternately / ～도 남김없이 all; entirely; without exception; to the last / ～에서 열까지 from beginning to end; in everything / 그녀의 단 ～의 꿈 her one and only dream / 그것들은 ～에 1,000원이다 They are a thousand *won* each〔a piece〕. / ～도 남아있지 않다 There are none left. / 여러 회사가 합병하여 ～가 되었다 Several firms united into one. / 그녀의 작문에는 잘못된 곳이 ～도 없다 There is not a single mistake in her composition.

하나님 ☞ 하느님.

하녀(下女) a maid(servant).

하느님 God; the Lord; the Father; Heaven. ¶ ～의 섭리 (devine) Providence / ～께 기도하다 pray to God 《*for*》/ 당신은 ～을 믿습니까 Do you believe in God? / 그것은 ～의 뜻이다 It is the will of God.

하늘 ①《천공》the sky; the air; the heavens. ¶ ～빛(의) sky-blue; azure / 갠〔흐린〕～ a clear 〔cloudy〕sky / ～의 용사 an air hero / ～높이 high up in the sky / ～을 찌를 듯한 skyscraping / ～을 날다 fly in the air 〔sky〕/ ～에서 별따기 (be) not easier than picking a star out of the sky. ②《하늘의 섭리》 Heaven; Providence; 《하느님》 Heaven; God. ¶ ～이 주신 god=

given / ～을 두려워하다 fear god / ～은 스스로 돕는 자를 돕는다 Heaven helps those who help themselves.

하늘거리다 swing; sway; tremble.

하늘다람쥐 〖動〗 a flying squirrel.

하늘소 〖蟲〗 a long-horned beetle.

하늘지기 〖植〗 a kind of sedge.

하다 ①《행하다》 do; perform; make; try(시도); play《*games*》; act(행동); 《실행》 carry on; practice; 《착수》 set about; go in for. ¶ 하고 있는 일 the work in hand / 하라는 대로 《do》 as 《*a person*》 says 〔likes〕 / 일을 ～ do *one's* work / 연설을 ～ make a speech / 할 일이 많다〔없다〕 have much 〔nothing〕 to do / 해보다 try to do; have a try / 해치우다 get through 《*a task*》; finish / 잘 ～ do well; make a success of / …하기 일쑤다 be apt 〔liable〕 to 《*do*》 / ～말고 그만두다 leave 《*a thing*》 half-done / 문학을 ～ go in for literature / 하는 일 없이 지내다 idle away *one's* time / 과학 실험을 ～ perform a scientific experiment. ②《배우다》 study; learn; 《알다》 know. ¶ 불어를 ～ know French. ③《연기》 perform; act 《*the part of Hamlet*》; play. ④《먹다》 take; help *oneself* to; have; eat; drink; 《피우다》 smoke. ¶ 한 잔 더 ～ have another glass. ⑤《경험하다》 experience; go through. ¶ 고생을 ～ undergo hardships. ⑥《종사》 act as; serve as 《*a maid*》; engage 〔be engaged〕 《*in*》; 《경영》 keep; run 《*a business*》; work; operate. ¶ 책방을 ～ run 〔keep〕 a bookstore / 중매장이 노릇을 ～ act as a matchmaker. ⑦《값이》 cost 《*1,000 won*》; be worth. ¶ 그는 3만원 하는 라이터를 내게 주었다 He gave me a lighter worth 30,000 *won*. ⑧《착용》 wear 《*earrings*》. ⑨《칭하다》 call; name. ¶ X라고 하는 사나이 a man named 〔called〕 X / 그것은 영어로 뭐라고 합니까 What is the English for it?

하다못해 at least 〔most〕; 《심지어》 so far as; to the extent of. ¶ 못된 짓을 ～ 나중에는 도둑질까지 했다 He went so far as to commit theft in the end. / ～ 만원이라도 주었으면 좋겠다 At least you can let me have 10,000 *won*.

하단(下段) ①《글의》 the lower column. ②《계단의》 the lowest step 〔tier〕.

하달(下達) ☞ 전달. ¶ 명령을 ～하다 issue an order; give orders.

하대(下待) ～하다 treat with disrespect; be inhospitable toward; 《말을》 call 《*a person*》 by name impolitely; do not mister 《*a person*》.

하도 too (much); so (much); to excess. ¶ ～ 기뻐서 in the excess of *one's* joy / ～ 바빠서 잠도 제대로 잘 수 없다 be too busy to get enough sleep.

하도급(下都給) a subcontract. ～하다 subcontract. ¶ ～을 주다 sublet; underlet; subcontract 《*one's work*》 to 《*a person*》 / ～을 맡다 take on 《*a job*》 as subcontractor; be a subcontractor 《*on the construction work*》 / 우리는 A 회사의 ～ 일을 하고 있다 We get subcontracted work from A company. ‖ ～업자 a subcontractor.

하도롱지(一紙) 《종이》 sulfate 〔kraft〕 paper; brown paper.

하드웨어 〖컴〗 hardware.

하등(下等) ¶ ～의 low; inferior; coarse; vulgar. ‖ ～동물〔식물〕 the lower animals 〔plants〕 / ～품 an inferior article.

하등(何等) 《아무런》 《not》 any; whatever; the least; 《not》 in any way. ¶ ～의 위험도 없이 without the least danger / ～ 관계가 없다 be not in any way related 《*to, with*》; have nothing to do 《*with*》 / 그는 ～의 이유도 없이 결근했다 He was absent from his job without any reason.

하락(下落) a fall 〔drop, decline〕 《*in price*》. ～하다 fall (off); decline; drop; depreciate; come 〔go〕 down. ¶ 급격한 ～ a sharp drop / 주가가 ～하고 있다 Stock prices are on the decline. / 달러에 대한 원화 가치가 점점 ～하고 있다 The value of the *won* is falling steadily against the dollar. ‖ ～세(勢) a downward 〔falling〕 tendency; a downtrend.

하략(下略) the rest omitted. ～하다 omit the rest.

하렘 《회교국의》 a harem.

하례(賀禮) 《예식》 a congratulatory ceremony; a celebration; 《축하》 congratulation; greetings. ～하다 congratulate 《*a person on*》; celebrate. ¶ 신년～ the New Year's ceremony.

하롱거리다 act rashly 〔carelessly〕; be flippant.

하루 ①《초하루》 the first day of a month. ②《날수》 a (single) day; one day. ¶ ～ 종일 all day (long); the whole day / ～ 일 a day's work / ～ 이틀(에) (in) a day or two / ～걸러 every other 〔second〕 day; on alternate days / ～에 세 번〔8시간〕 three times 〔eight hours〕 a day / 내일 ～ 쉬겠습니다 I'm going to have a day off tomorrow. ③《어느 날》one day. ¶ ～는 그녀가 산책을 나갔다 One day she went out for a walk.

하루거리 〖醫〗 a malarial fever.

하루빨리 without a day's delay; as soon as possible. ¶ ～ 회복하시기를 바랍니다 I wish you earliest possible recovery.

하루살이 〖蟲〗 a dayfly; a mayfly; 《덧없는 것》an ephemera. ¶ ～ 같은 인생 this ephemeral life〔existence〕.

하루아침 one morning. ¶ ～에 in a morning〔day〕; overnight; suddenly / ～에 유명해지다 leap〔spring at a bound〕into fame / 로마는 ～에 이루어진 것이 아니다 Rome was not built in a day.

하루하루 day by〔after〕day. ¶ ～ 연기하다 put off 《*a matter*》 from day to day / ～ 나아지다 get better day by day.

하룻강아지 a (one-day-old) puppy. ¶ ～ 날뛰듯 하다 act naughtily / ～ 범 무서운 줄 모른다《俗談》Fools rush in where angels fear to tread.

하룻밤 one〔a〕night. ¶ ～ 사이에 in a single night / ～ 묵다 stay〔stop〕overnight / ～을 지내다 pass a night 《*in, at*》.

하류(下流) ①《하천의》the downstream; the lower course〔reaches〕《*of a river*》. ¶ 한강 ～에 on the lower Han River / ～로 가다 go down the river / 여기서부터 3km ～에 three kilometers downstream from here. ②《사회의》the lower classes; the people of the lower class. ¶ ～의 lower-class. ‖ ～사회 the lower strata of society / ～생활 (a) low life.

하르르하다 (be) thin; flimsy.

하리놀다 slander; defame.

하릴없다 (be) unavoidable; inevitable; cannot be helped(서술적). ¶ 하릴없이 …하다 be obliged to 《*do*》 / 바보라는 말을 들어도 ～ I can't help being called a fool.

하마(下馬) ～하다 dismount (from a horse). ‖ ～비(碑) a notice stone requiring riders to dismount / ～석 a horse block; a step(-stone) / ～평(評) an outsider's irresponsible talk; common gossip (about the man who will be appointed to be a high official).

하마(河馬) 〖動〗 a hippopotamus; a hippo 《口》.

하마터면 《거의》nearly; almost; 《자칫하면》barely; narrowly. ¶ ～ 익사할〔죽을〕 뻔했다 I came near drowning〔being killed〕.

하명(下命) 《명령》a command; an order. ～하다 command; order; make an order. ¶ ～을 바랍니다 We solicit your orders.

하모니카 a harmonica.

하문(下問) ～하다 ask; inquire.

하물며 《긍정》much〔still〕 more; 《부정》much〔still〕 less. ¶ 그는 영어도 못 읽는데 ～ 독일어를 어찌 읽겠는가 He cannot read English, much less German.

하박(下膊) 〖解〗 the forearm. ‖ ～골 forearm bones.

하반(下半) the lower half. ‖ ～기(期) the latter〔second〕half of the year / ～신 the lower half of body.

하복(夏服) summer clothes〔wear, uniform〕; a summer suit.

하복부(下腹部) the abdomen; the abdominal region.

하부(下部) the lower part. ‖ ～구조《건물의》a substructure; 《단체 등의》 infrastructure / ～기관 subordinate offices〔agencies〕/ ～조직 a subordinate organization; a substructure.

하비다 ①《할퀴다》scratch; claw. ② ☞ 후비다.

하사(下士) a staff sergeant. ‖ ～관 《육군》 a noncommissioned officer (생략 N.C.O.); 《해군》a petty officer (생략 P.O.).

하사(下賜) ～하다 grant; bestow; confer; donate(금전을). ¶ 금일봉을 ～하다 grant 《*a person*》 money. ‖ ～품〔금〕 an Royal〔an Imperial〕gift〔grant, bounty〕.

하산(下山) ～하다 ①《산에서》descend〔go down〕a mountain. ②《절에서》leave a temple.

하상(河床) a riverbed; the bottom of a river.

하선(下船) leaving〔getting off〕a ship. ～하다 get off a ship; leave a ship; go ashore.

하선(下線) an underline. ¶ ～을 긋다 underline 《*a word*》.

하소연 an appeal; a petition; a complaint. ～하다 (make an) appeal 《*to*》; supplicate; complain of〔about〕. ¶ 동정해 달라고 ～하다 appeal to 《*a person*》 for *his* sympathy / 불공평하다고 ～하다 complain of the injustice.

하수(下水) sewage; waste〔foul〕water. ¶ ～구가 막혔다 The drain is stopped〔blocked〕. ‖ ～관 a sewer pipe; a drainpipe / ～구 a drain; a sewer; a gutter(도로의) / ～도 a sewer; a drain / ～도 공사 drainage〔sewerage〕works / ～설비 sewerage〔drainage〕system / ～처리 sewage disposal / ～처리장 a sewage disposal〔treatment〕plant.

하수(下手)[1] 《낮은 솜씨》lack of talent; unskillfulness; 《사람》 a

poor hand; 《바둑 · 장기의》 a lower grader; a lower-grade player.
하수(下手)² 《살인》 ～하다 murder. ‖ ～인 the murderer.
하숙(下宿) lodging; boarding. ～하다 room〔board, lodge 《英》〕《*at a place, with a person*》. ¶ ～을 치다 take in〔keep〕lodgers / 나는 숙부댁에서 ～하고 있다 I am boarding with my uncle〔at my uncle's〕. ‖ ～비 the charge for room and board / ～생 a student boarder / ～인 a lodger; a boarder; a roomer 《美》 / ～집 《run》 a boarding house(식사 제공의); a rooming house(방만 쓰는); a lodging house 《英》.
하순(下旬) the latter part〔the last ten days〕of a month. ¶ 5월 ～경에 toward the end of May; late in May.
하야(下野) ～하다 resign〔step down〕from *one's* public post.
하얗다 (be) pure white; snow-white.
하얘지다 become white; turn white〔gray〕. ¶ 머리가 ～ *one's* hair turns gray.
하여금 ¶ 그로 ～ 책을 읽게 하다 make him read a book / 나로 ～ 우리 팀을 대표하게 하라 Let me represent our team.
하여간(何如間) ☞ 하여튼.
하여튼(何如—) anyhow; anyway; in any case; at all events. ¶ ～ 출발하도록 하자 Let's get started, anyway.
하역(荷役) loading and unloading. ～하다 load and unload. ¶ 석탄을 ～하다 load〔unload〕coal. ‖ ～시설 loading facilities / ～인부 a stevedore; a longshoreman.
하염없다 ① 《아무 생각이 없다》 (be) absent-minded; vacant; blank; empty. ② 《끝맺는 데가 없다》 ¶ 하염없이 endlessly; ceaselessly / 눈물이 하염없이 흘렀다 Tears kept pouring out. *or* Tears streamed endlessly down *one's* cheek.
하오(下午) afternoon. ☞ 오후.
하옥(下獄) ～하다 put 《*a person*》 in prison; imprison.
하와이 Hawaii. ¶ ～의 Hawaiian / ～사람 a Hawaiian.
하원(下院) the Lower House; the House of Representatives 《美》; the House of Commons 《英》. ‖ ～의원 a member of the House of Representatives; a Congressman; a Congresswoman; a Congressperson 《美》; a Member of Parliament〔the House of Commons〕《英》 / ～의장 the Speaker of the House 《美》; the Speaker (of the House of Commons) 《英》.
하위(下位) a low(er) rank; a low grade. ¶ ～의 low-ranking 《*teams*》; subordinate 《*officers*》.
하의(下衣) (a pair of) trousers; pants 《美口》.
하이 high. ‖ ～다이빙 high diving / ～다이빙선수 a high diver / ～허들 the high hurdles.
하이라이트 a highlight. ¶ 오늘 뉴스의 ～ the highlights of today's news / 다음은 스포츠 뉴스의 ～입니다 Coming next are the sports highlights.
하이볼 《알코올 음료》 a highball 《美》; a whisky and soda 《英》.
하이브리드 컴퓨터 a hybrid computer.
하이잭 a (plane) hijacking. ～하다 hijack 《*an airplane*》. ¶ ～범인 a hijacker.
하이킹 hiking; a hike. ¶ ～하는 사람 a hiker / ～가다 go hiking; go on a hike.
하이테크 high-tech; high technology. ‖ ～산업 a high-tech industry.
하이틴 ¶ ～의 소년소녀 boys and girls in their late teens ('high teen'은 우리식 영어임).
하이파이 《고충실도》 hi-fi; high fidelity. ¶ ～의 hi-fi; high-fidelity. ‖ ～음향 재생 장치 a high-fidelity sound reproduction system.
하이픈 a hyphen. ¶ 두 단어를 ～으로 연결하다 hyphen〔hyphenate〕two words.
하이힐 high-heeled shoes.
하인(下人) a servant.
하인(何人) ¶ ～을 막론하고 whoever it may be; no matter who he may be.
하인방(下引枋) 〖建〗 a lower lintel.
하자(瑕疵) 《결점》 〖法〗 a flaw; a blemish; a defect. ¶ ～ 없는 flawless; all-perfect.
하자마자 as soon as; no sooner... than; immediately 《*on*》. ¶ 한국에 도착～ 나에게 알려 주십시오 As soon as you arrive in Korea, please let me know.
하잘것없다 (be) insignificant; trifling; negligible. ¶ 하잘것없는 일 trifles / 하잘것없는 사람 a person of no importance; a person who is not worth bothering about; a nobody / 그의 의견은 ～ His opinion is not worth serious consideration.
하저(河底) a riverbed; the bed〔bottom〕of a river. ‖ ～터널 a riverbed tunnel.
하전(荷電) 〖理〗 electric charge.
하제(下劑) 〖醫〗 a purgative (medicine); a laxative(완하제). ¶ ～를 먹다 take a laxative.
하주(荷主) a shipper(선적인); a consignor(하송인); an owner of

the goods(임자). ¶ ～ 불명의 화물 unclaimed goods / 손해는 ～ 부담으로 at owner's risk.
하중(荷重) load. ¶ 안전 ～ safe load. ‖ ～시험 a load test.
하지(下肢) the lower limbs; the legs.
하지(夏至) the summer solstice.
하지만 but; however; though. ¶ 그렇기는 ～ It is true..., but... / ～ 그것은 너무 심한 요구가 아닌가 But it is asking too much, isn't it?
…하지 않을 수 없다 cannot help but *do*; cannot but *do*; cannot help *doing*; be compelled (obliged) to *do*. ¶ 웃지 않을 수 없다 I cannot help laughing. / 그를 동정하지 않을 수 없다 I cannot help but feel sorry for him. / 그는 술을 삼가하지 않을 수 없었다 He obliged himself to refrain from drinking.
하직(下直) leave-taking. ～하다 say good-by(e) 《*to*》; take *one's* leave 《*of*》; bid farewell 《*to*》. ¶ ～하러 가다 make a farewell call 《*on a person*》; pay a farewell call 《*to a person*》.
하차(下車) ～하다 leave (get off) 《*the train*》; get out of 《*the car*》; alight from 《*the car*》.
하찮다 (be) worthless; trifling; trivial; insignificant; of little importance. ¶ 하찮은 일에 성내다 get angry about a trifle.
하천(河川) rivers. ¶ 1급 ～ A-class rivers. ‖ ～개수 river improvement / ～공사 river conservation work / ～부지 a dry riverbed / ～수질 기준치 criteria for measuring river water quality / ～오염 the river contamination; pollution of a river.
하청(下請) a subcontract. ¶ ～을 맡다 subcontract / ～을 주다 sublet. ‖ ～공사 subcontracted work / ～공장 a subcontract factory / ～인 a subcontractor.
하체(下體) the lower part of the body. ¶ ～의 waist-down.
하층(下層) a lower layer (stratum); an underlayer; a substratum. ‖ ～계급 the lower classes / ～사회 the lower strata of society / ～생활 (a) low life.
하치(下—) an inferior article; low-grade goods; goods of inferior quality.
하치장(荷置場) a yard; a storage space; a depository; a repository. ¶ 노천 ～ an open storage yard 《*for coal*》.
하키 〖競〗 《play》 hockey. ¶ ～ 선수 a hockey player.
하퇴(下腿) the lower leg; 〖解〗 the crus. ‖ ～골 the leg bones / ～동맥 the crural artery.
하편(下篇) ☞ 하권(下卷).
하품 a yawn; a gape. ～하다 (give a) yawn. ¶ ～을 참다 stifle a yawn / 손으로 가리고 ～하다 hide a yawn behind *one's* hand.
하프 〖樂〗 a harp.
하필(何必) of all occasion (places, persons, *etc.*). ¶ ～이면 그날에 on that day of all days / ～ 너냐 Why, of all persons, you? / ～이면 그(런) 남자와 결혼하다니 Fancy her marrying him out of all boys! ⌐loudly.
하하 Ha-ha! ¶ ～ 웃다 laugh
하학(下學) the end of the school day. ～하다 leave school 《*at the end of the day*》. ‖ ～시간 the time *one* gets out of school; the time school is over (out).
하한(下限) the lowest limit.
하항(河港) a river port.
하행(下行) ～하다 go down; go away from Seoul. ‖ ～열차 a down train.
하향(下向) looking downward(시선의); a downward trend(시세의). ¶ (물가 따위가) ～세를 나타내다 show a downward tendency / (자동차의) 라이트를 ～시키다 lower a light. ‖ ～조정 a downward adjustment.
하향(下鄕) ～하다 go to *one's* country home.
하현(下弦) the last phase of the moon. ¶ ～달 a waning moon.
하혈(下血) ～하다 discharge blood through the vulva (anus); flux.
하회(下廻) ～하다 be less (lower) than 《*something*》; be (fall) below 《*the average*》. ☞ 밑돌다.
학(鶴) 〖鳥〗 a crane.
학감(學監) a school superintendent; a dean (대학의).
학계(學界) academic circles.
학과(學科) 《과목》 a subject of study; 《과정》 a course of study; a school course; 《전공의》 department. ¶ 심리 ～ the department of psychology / 좋아하는 ～는 무엇이냐 What are your favorite subjects at school? / 전공은 무슨 ～이냐 Which department are you in? ‖ ～시험 examination in academic subjects.
학과(學課) a lesson; schoolwork. ¶ ～를 복습(예습)하다 review (prepare) *one's* lessons.
학교(學校) a school; a college(대학). ¶ ～에서 in (at) school / ～가 파한 후 after school (is over) / ～에 들어가다 enter a school / ～에 다니다 attend (go to) school / ～를 쉬다 (빼먹다) stay away (play truant) from school.

‖ ～급식 school lunch〔meal〕/ ～당국 the school authorities / ～대항(의) interschool; intercollegiate 《*game*》/ ～방송 school broadcast(ing) / ～법인 an〔a legally〕incorporated educational institution / ～생활 school life / ～성적 *one's* school record / ～차(差) (a) disparity (in academic standards) among schools / ～친구 a schoolmate; a school fellow.

학교교육(學校教育) school education; schooling. ¶ 정규～ regular〔formal〕schooling / ～을 받다 have school education; have schooling.

학구(學究) ¶ ～적인 scholarly; scholastic; academic / ～적인 정신 a scholastic spirit / ～적인 생활 a scholarly〔an academic〕life.

학구(學區) a school district.

학군(學群) a school group. ‖ ～제 the school group system.

학급(學級) a class. ¶ 그가 담임하는 ～ the class in his charge / 성적별로 ～을 편성하다 make up〔organize〕classes according to pupils' performance. ‖ ～위원 a class representative / ～회 a class meeting.

학기(學期) a (school) term; a session 《美》; a semester(1년 2학기제). ¶ 제1～ the first term. ‖ ～말 the end of (the) term / ～말시험 a final examination; a final; the finals 《美》.

학년(學年) a school〔an academic〕year; 《학급》 a year; a grade. ¶ 제1〔2, 3, 4〕～생도 a first-〔second-, third-, fourth-〕year student(초·중등교); a freshman〔sophomore, junior, senior〕(고교·대학생). ‖ ～말 the end of a school year / ～말 시험 an annual〔a final〕examination.

학당(學堂) ① ☞ 글방. ② ☞ 학교.

학대(虐待) cruelty; ill-treatment; maltreatment. ～하다 ill-treat; treat 《*a person*》 cruelly; maltreat. ¶ 정신적인 ～ mental cruelty / ～에 못이겨 being unable to endure the severity of the treatment / 동물을 ～하지 마라 Don't be cruel to animals.

학덕(學德) learning and virtue. ¶ 그는 ～을 겸비한 사람이다 He excels both in virtue and scholarship.

학도(學徒) a student; a scholar. ‖ ～병 a student soldier / ～호국단 the Student Defense Corps.

학동(學童) school children; a schoolboy〔schoolgirl〕; a grade school pupil 《美》.

학력(學力) academic ability; scholastic achievement〔attainment〕. ¶ ～이 있다〔없다〕be a good〔poor〕scholar〔learner〕/ 그는 고교 졸업 이상의 ～이 있다 His level of school achievement is higher than that of a high school graduate. / 최근 고등학생의 ～이 저하되고 있다 The grades of senior high school students in scholastic achievements have declined recently. ‖ ～고사 a scholastic achievement test.

학력(學歷) educational〔academic〕background. ¶ ～이 없는 사람 a person who has had no regular schooling / ～을 불문하고 regardless〔irrespective〕of educational background / 한국은 자주 ～을 중시하는 사회라는 말을 듣고 있다 Korea is often called an academic credentials society. ‖ ～편중 overemphasis of educational qualifications; excessive valuing of academic background.

학령(學齡) 《reach》 school age. ‖ ～아동 children of school age.

학리(學理) a theory; a scientific principle. ¶ ～적인 theoretical / ～를 실지로 응용하다 put a theory into practice.

학명(學名) a scientific name〔term〕. ¶ ～을 붙이다 give a scientific name 《*to*》.

학무(學務) educational〔school〕affairs.

학문(學問) learning; study; scholarship(학식); knowledge(지식). ¶ ～을 하다 study; pursue *one's* studies〔learning〕/ ～이 있는 사람 a man of learning; a learned man / ～이 없는 사람 a man without learning; an uneducated man / ～의 자유 academic freedom / ～에 전념하다 be devoted to *one's* studies / ～적(인) 업적 an academic achievement.

학벌(學閥) 《form》 an academic clique.

학부(學府) an academic institution center. ¶ 최고 ～ an institution of highest learning / 그녀는 최고 ～를 나왔다 She is a graduate of an institution of higher learning. *or* She is a college graduate.

학부(學部) a college; a school; a department 《美》; a faculty 《英》. ¶ 경제～ the School〔College〕of Economics / 법～ the School of Law / 사회과학 ～ the School of Social Sciences / ～의 학생 an undergraduate. ‖ ～장 a dean.

학부모(學父母) parents of students.

학비(學費) school expenses. ¶ ～를 벌다 earn money to pay *one's* school expenses / ～에 곤란을 받다 be hard up for school expenses.

학사(學士) a university〔college〕graduate; a bachelor; a bachelor's degree(학위). ¶ 문〔공〕～ Bachelor of Arts〔Engineering〕.

학사(學事) school affairs. ‖ ～보고 a report on education(al) matters.

학살(虐殺) slaughter; massacre(대량의). ～하다 slaughter; massacre; butcher. ¶ 집단 ～ mass slaughter; genocide. ‖ ～자 a slaughterer.

학생(學生) a student. ‖ ～소요 student riot〔disturbances〕/ ～시절 *one's* student〔school〕days / ～증 a student's (identification) card / ～회 a student council / ～회관 a students' hall / ～회 회장 a student president.

학설(學說) a theory; a doctrine. ¶ 새로운 ～을 세우다 set forth〔formulate〕a new theory / 새로운 ～을 발표하다 publish〔put forward〕a new theory.

학수고대(鶴首苦待) ～하다 eagerly look forward to; await with impatience. ¶ 네가 상경하기를 ～하고 있다 I am eagerly looking forward to your coming up to Seoul.

학술(學術) arts and sciences(학예); learning(학문); science(과학). ¶ ～상의 scientific; academic / ～적 연구 scientific research. ‖ ～강연 a scientific lecture / ～논문〔잡지〕a scientific treatise〔journal〕/ ～능력 learning ability / ～(용)어 a technical term / ～원 (회원) (a member of) the (Korean) Academy of Arts and Sciences / 한국～회의 the Science Council of Korea.

학습(學習) learning; study. ～하다 study; learn. ‖ ～서 a handbook for students / ～장 a workbook / ～지도요령 the government curriculum guidelines.

학식(學識) learning; scholarship. ¶ ～이 있다 be learned〔an erudite〕scholar.

학업(學業) *one's* studies〔schoolwork〕. ¶ ～에 힘쓰다 work hard 《*at one's lessons*》/ ～을 게을리하다 neglect *one's* schoolwork / ～을 중도에서 포기하다 abandon *one's* studies. ‖ ～성적 school record; grades.

학연(學緣) school ties. ¶ ～이 있는 사람들 those who related by school ties〔bonds〕/ 우리 사회에서 ～은 때때로 귀중한 자산이 된다 School ties would sometimes be a valuable asset in our society.

학예(學藝) arts and sciences. ‖ ～란(欄) the fine arts and literature columns; a culture page (신문의) / ～부 the fine arts and literature department / ～회 literary exercises.

학용품(學用品) school things〔supplies〕.

학우(學友) a schoolmate; a schoolfellow; a fellow student. ‖ ～회 《재학생의》 a students' society〔association〕; 《졸업생의》 an alumni〔alumnae〕association 《美》; an old boys'〔girls'〕association 《英》.

학원(學院) an educational institute; an academy; a school. ¶ 외국어～ a foreign language institute / 입시～ a preparatory school (for examinees) / 자동차～ a driver's school.

학원(學園) an educational institution; a school; a campus(구내). ‖ ～도시 a university〔college〕town / ～분쟁 a campus dispute / ～사찰 inspection on campus activities / ～생활 school〔campus〕life / ～축제 a school festival.

학위(學位) an academic degree. ¶ 박사～ a doctoral degree / ～을 획득하다 get〔take〕a degree 《*from Havard University*》/ ～를 수여하다 grant〔award〕《*a person*》 a degree. ‖ ～논문 a thesis for a degree / ～수여식 a degree ceremony.

학자(學者) a scholar; a learned man; a savant (석학). ¶ ～다운 scholarly / ～연(然)하는 pedantic / 탁월한 영어 ～ an eminent English scholar / 그는 자신이 ～인 체한다 He sets himself up as a scholar.

학자금(學資金) ☞ 학비.

학장(學長) a president; a dean (학부의).

학적(부)(學籍(簿)) the school〔college〕register. ¶ 학적부에서 이름을 삭제하다 strike 《*a person's*》 name off the school register.

학점(學點) a point; a credit. ¶ ～이 모자라다 do not have sufficient credits.

학정(虐政) tyranny; despotism. ¶ ～에 신음하다 groan under tyranny.

학제(學制) an educational system. ‖ ～개혁 a reform of the educational system.

학질(瘧疾) malaria. ¶ ～에 걸리다 catch〔contract〕malaria / ～떼다 recover from malaria; 《비유적》 get rid of a nuisance. ‖ ～환자 a malaria patient.

학창(學窓) ☞ 학교. ¶ ～을 떠나다

leave〔graduate from〕school. ‖ ～생활 school〔student〕life.

학칙(學則)《observe, break》school regulations.

학파(學派) a school; a sect. ¶ 헤겔 ～ the Hegelian school.

학풍(學風) academic traditions(전통); a method of study(연구법); the character〔atmosphere〕of a college〔school〕(학교 기풍). ¶～을 세우다 establish academic traditions.

학회(學會) a learned〔scientific〕society; an academic meeting(회합). ¶ 영문～ the English Literature〔Literary〕Society / 한글～ the Korean Language (Research) Society.

한(恨) ①《원한》a bitter〔disgruntled〕feeling; a grudge; rancour; hatred. ¶ ～을 품다 have〔harbor, feel〕a grudge《*against*》; bear malice《*toward*》/ ～을 풀다 pay off old scores《*with a person*》; square accounts《*with a person*》; vent *one's* grudge《*on a person*》. ②《한탄》regret; a matter for regret; an unsatisfied desire. ¶ ～ 많은 regrettable; deplorable / 천추의 ～ a lasting regret; a matter for great regret / ～이 없다 have nothing to regret / ～ 많은 인생을 보내다 lead a life full of tears and regrets.

한(限) ①《한도》a limit; limits; bounds. ¶ 인간의 욕망은～이 없다 Human desire knows no limits. ②《…하는 한》as〔so〕far as. ¶ 될 수 있는 ～ as far〔much, soon〕as possible; as much as *one* can / 내가 아는 ～ so far as I know / 따로 규정이 없는 ～ unless otherwise provided. ③《기한》not later than. ¶ 이달 15일 ～ not later than the 15th of this month.

한 ①《하나》a; one; a single. ¶ ～ 사람 a〔one〕man / ～ 마디 a〔one〕word. ②《대략》about《*10 days*》; some; nearly. ③《같은》the same. ¶ ～ 집에 in the same house.

한… ①《큰》big; large; great. ¶ ～길 a (main) street. ②《가장·한창》the most; the very. ¶ ～밤중에 in the middle of the night; at dead of night.

한가운데 the middle〔center, midst〕. ¶ 방 ～ 눕다 lie in the middle of the room.

한가위 August 15th of the lunar month; the Harvest Moon festival.

한가을 the depth of autumn〔fall〕; the busy harvest time.

한가지《일종》a kind〔sort〕《*of*》;《동일》(one and) the same thing. ¶ 그녀에겐 ～ 독특한 매력같은 것이 있다 She has a kind of peculiar charms. / 그녀는 죽은 거나 (매) ～다 She is as good as dead.

한가하다(閑暇―) (be) free; not busy; be at leisure. ¶ 한가할 때 그는 낚시하러 간다 He goes fishing in his leisure time.

한갓 simply; merely; only; no more than. ¶ 그것은 ～ 모방에 불과하다 It is no more than an imitation. *or* It's merely an imitation.

한갓지다 (be) quiet; peaceful and leisurely. ¶ 한갓진 시골 생활 leisurely country life.

한강(漢江) the Han River. ¶ ～ 대교 the Grand Han River Bridge / ～ 종합 개발 계획 the integrated Han River development project.

한거(閑居)《lead》a quiet〔retired〕life. ¶ 소인이 ～하면 나쁜 짓을 한다 The devil makes work for idle hands.

한걱정 great cares〔worries〕. ¶ ～ 생기다 have《*something*》to worry about / ～ 놓다 be relieved of a great anxiety.

한걸음 a step; a pace. ¶ ～에 at a stride / ～ ～ step by step / ～ 앞으로 나오다 take a step forward.

한겨울 midwinter; the depth of winter.

한결《눈에 띄게》remarkably; conspicuously;《한층 더》all the more; much〔still〕more;《특히》especially; particularly. ¶ 바꾸니까 ～ 보기가 낫다 The change makes it look much nicer.

한결같다 (be) uniform; even;《변함없다》(be) constant; never-changing. ¶ 한결같이 uniformly; constantly; as ever / 한결같은 태도 a consistent attitude.

한계(限界) a limit; bounds. ¶ ～를 정하다 set limits《*to*》; limit / 자기 능력의 ～를 알다 know the limit of *one's* ability / 체력의 ～에 달하다 reach the limit of *one's* physical strength. ‖ ～가격 a ceiling price / ～생산력 marginal productivity / ～속도 critical speed / ～점 the critical point; the uppermost limit / ～효용(설) (the theory of) marginal utility.

한고비 the serious〔critical〕moment; a crisis; the peak. ¶ ～ 넘기다 pass the crisis〔peak〕; turn the corner(병 따위가) / 교섭은 이제 ～에 이르렀다 The negociations reached the critical stage at last.

한교(韓僑) Korean residents〔nationals〕abroad; overseas Koreans.

한구석 a corner; a nook. ¶ 방～에 in a corner of a room.

한국(韓國) the Republic of Korea (생략 R.O.K.). ¶ ～의 Korean / ～화하다 Koreanize. ‖ ～계 미국인 an American of Korean descent; a Korean American / ～국민 the Korean (people) / ～어 Korean / ～요리 Korean dishes / ～육군 the Republic of Korea Army (생략 ROKA) / ～은행 the Bank of Korea / ～인 a Korean / ～학 Koreanology.

한군데 one place; the same place 〔spot〕(같은 데). ¶ ～ 쌓다 pile 《*the books*》 up in one place 〔spot〕 / ～ 산다 live in the same place.

한근심 ☞ 한걱정.

한글 *Hangeul*; the Korean alphabet. ¶ ～로 in *Hangeul*. ‖ ～날 *Hangeul* Proclamation Day / ～맞춤법 the rules of Korean spelling 〔orthography〕 / ～전용 exclusive use of *Hangeul*.

한기(寒氣) 《추위》 (the) cold; 《추운 기》 a chill. ¶ ～를 막다 〔피하다〕 keep off 〔out〕 the cold / ～를 느끼다 feel a chill; have a cold fit.

한길 a (main) street; a thoroughfare; a highway.

한꺼번에 《한번에》 at a time; at once; at a stretch 〔breath〕; 《동시에》 at the same time; 《다》 all together. ¶ ～ 두 가지 일을 하지 마라 Don't attempt to do two things at a time.

한껏(限一) ① 《할 수 있는 데까지》 to the utmost limit; to the best of *one's* ability; with all *one's* might. ¶ ～ 잡아당기다 draw 《*a string*》 out to its (full) length / ～ 싸게 팔다 sell at the lowest possible price / ～ 최선을 다해 일하다 work to the best of *one's* ability. ② 《실컷》 to *one's* heart's content; as much as *one* likes; to the full. ¶ ～ 먹다 eat *one's* fill / ～ 즐기다 enjoy *oneself* to *one's* heart's content.

한끼 a 〔one〕 meal. ¶ ～를 거르다 miss a meal.

한나절 half a day; a half day.

한낮 《at》 midday; noontide; high noon; 《in》 broad daylight (백주).

한낱 only; mere(ly); nothing but. ¶ 그것은 ～ 구실에 불과하다 It's merely an excuse. *or* It's a mere excuse.

한눈 팔다 look away 〔aside〕; take *one's* eyes off 《*one's book*》. ¶ 한눈 팔며 걷다 walk along gazing around / 한눈 팔지 말고 운전해라 Keep your eyes on the road!

한다한 eminent; influential; distinguished. ¶ ～ 집안 a respectable family / ～ 선비 an eminent scholar.

한담(閑談) a chat; an idle talk. ～하다 chat 《*with*》; have a chat 〔casual talk〕 《*with*》; gossip. ¶ ～으로 시간을 보내다 chat the time away.

한대(寒帶) the Frigid Zone; the arctic regions. ‖ ～동물 〔식물〕 a polar 〔an arctic〕 animal 〔plant〕.

한댕거리다 dangle; sway 〔swing〕 lightly.

한더위 fierce heat; the midsummer heat.

한데 《노천》 the open (air); outdoors. ¶ ～의 open-air; outdoor / ～에서 자다 sleep 〔pass the night〕 in the open (air).

한도(限度) a limit; bounds. ¶ 신용～ a credit limit / 최대 〔최소〕 ～ the maximum 〔minimum〕 / ～를 정하다 limit; set limits 〔bounds〕 《*to*》 / …의 ～ 내에서 within the limits of... / ～에 달하다 〔를 넘다〕 reach 〔exceed〕 the limit.

한동안 for a good while; for a long time; for quite some time; at one time (한때). ¶ 거기에 ～ 머물다 stay there for a good while.

한되다(恨—) be regretted; be a regret; be a matter for regret.

한두 one or two. ¶ ～ 번 once or twice.

한때 《잠시》 a short time 〔while〕; for a time 〔while〕(부사적); 《전에》 once; (at) one time. ¶ 즐거운 ～를 보내다 have a good time 《*at the party*》.

한랭(寒冷) ～하다 (be) cold; chilly. ¶ ～ 전선 〖氣〗 a cold front / ～ 전선이 남하했다 The cold front pushed southward.

한량(限量) a limit; limits; bounds. ¶ ～없는 unlimited; boundless; endless / ～없이 귀중한 교훈 a lesson of incalculable value.

한량(閑良) a prodigal; a debauchee; a libertine; a playboy.

한련(旱蓮) 〖植〗 a tropaeolum; a garden nasturtium.

한류(韓流) 'Korean Wave', the ongoing frenzy of Korean pop culture that is sweeping across the vast regions of East Asia.

한류(寒流) a cold current.

한마디 a (single) word. ～하다 speak briefly 〔say a word〕 《*about*》; say a (good) word 《*for a person*》(충고조로). ¶ ～로 말하면 in a word; to sum up / ～도 없이 without (saying) a single word / ～도 없다 be silent; do not speak a word.

한마음 one mind. ¶ ～으로 with one accord / ～이 되어 일하다 work in close cooperation; act in concert 《*with*》.

한 모금 a draft 〔draught〕 《*of*

water》; a drop(약간); a sip; a pull(술·담배의).

한목 all at one time; in the〔a〕 lump; in one〔a〕 lot. ¶ 일년치 봉급을 ~에 타다 receive a year's pay in a lump.

한몫 a share; a portion; a quota. ¶ ~ 끼다 have a share in; share〔participate〕in《*the profits*》.

한문(漢文) Chinese writing; Chinese classics(한문학). ¶ ~으로 쓴 책 a book written in classical Chinese.

한물《제철》the (best) season; the best time《*for*》;《최성기》the prime. ¶ ~ 가다 be past《*its*》season; be out of season;《사람이》be past *one's* prime / ~ 지다 be〔come〕in season.

한미(韓美) ¶ ~의 Korean-American《*relations*》. ‖ ~공동성명 a Korea-U.S. Joint Statement / ~무역마찰 Korea-U.S. trade friction / ~상호 방위협정 the ROK-U.S. Mutual Defense Agreement / ~연합군 사령부 the ROK=U.S. Combined Forces Command / ~통상협의 the Korea=U.S. Commercial Conference / ~행정협정 the ROK-U.S. Status of Forces Agreement.

한밑천 a sizable amount of capital. ¶ ~ 잡다 amass〔make〕a sizable fortune.

한바닥 the busiest quarters; the heart; the center. ¶ 시장 ~ the center of a market place.

한바퀴 a turn; a round. ¶ ~ 돌다 take a turn; go round; go *one's* rounds(담당 구역을).

한바탕 for a time〔while〕; for a spell. ¶ ~ 울다 cry for a spell / ~ 소나기가 오더니 개었다 After a short shower it cleared up. / 우리는 ~ 이야기 꽃을 피웠다 We enjoyed chatting for a while.

한반도(韓半島) the Korean peninsula. ¶ ~에서의 평화와 안정의 유지 the maintenance of peace and stability on the Korean Peninsula. ‖ ~에너지 개발기구 the Korean Peninsula Energy Development Organization(생략 KEDO).

한발(旱魃) a drought; a long spell of dry weather. ¶ ~의 피해 drought damage / ~지역 a drought-stricken area.

한 발짝 a step. ☞ 한걸음.

한밤중(一中)《at》midnight;《at》dead of night. ¶ ~까지 far into the night.

한방(漢方, 韓方) Chinese medicine (漢方); Korean herb medicine(韓方). ‖ ~약 a herbal medicine / ~의(醫) a herb doctor.

한 방울 a drop《*of water*》. ¶ ~씩 drop by drop.

한배 ①《동물의》a litter; a brood. ¶ ~ 병아리 a brood of chickens / ~ 세 마리의 강아지 three puppies at a litter. ②《사람의》 ¶ ~ 형제〔자매〕brothers〔sisters〕 of the same mother; uterine brothers〔sisters〕.

한번 once; one time. ¶ ~에 at once, at a time; at the same time(동시에) / 다시 ~ once more 〔again〕/ 1년에 ~ once a year.

한 벌 a suit《*of clothes*》; a set《*of furniture*》. ¶ 여름옷 ~ a suit of summer wear.

한복(韓服) traditional Korean clothes〔costume〕. ¶ ~으로 갈아입다 change into traditional Korean clothes.

한복판 the middle; the center; the heart《*of Seoul*》.

한 사람 one person. ¶ ~ ~ one by one; one at a time; one after another / ~도 남김없이 every one《*of them*》;《be killed》 to the last man / ~당 for each person; per head.

한사리 the flood tide.

한사코(限死一) persistently; desperately; by all (possible) means; at any cost. ¶ ~ 반대하다 persist in *one's* opposition; oppose persistently〔stoutly〕/ 그녀는 ~ 자기가 간다고 우겼다 She insisted on going in person. / ~ 무력개입은 피해야 한다 We must avoid military intervention at any cost.

한산(閑散) ~하다《경기가》(be) dull; inactive; slack. ¶ ~한 시장 a dull〔flat〕market / 피서지는 매우 ~했다 The summer resort was almost desserted. / 불황으로 주식시장이 ~하다 Due to the recession, business in the stock market is slack.

한서(寒暑) heat and cold; temperature(온도).

한서(漢書) a Chinese book; Chinese classics(고전).

한선(汗腺)〖解〗a sweat gland.

한세상(一世上) ①《한평생》a lifetime; *one's* (whole) life. ¶ 이렇게 살아도 ~ 저렇게 살아도 ~이다 Life is one and the same no matter how you spend it. ②《한창때》the best time in *one's* life.

한센병(一病) Hansen's disease; leprosy.

한속 one mind. ¶ ~이다 be of one mind(뜻이 같다) / 그는 일당과 ~이 되어 은행 강도를 기도했다 He was in cahoots with the gang in their attempt to rob the bank.

한수(一手)《바둑·장기의》a move; a skill. ¶ ~ 두다 make a move / ~ 위다〔아래다〕be a cut above

〔below〕《*a person*》.

한숨 ①《잠》 a (wink of) sleep. ¶～ 자다 have 〔take〕 a nap; sleep a wink. ②《탄식》 a (deep) sigh; a long breath. ¶～ 쉬다〔짓다〕 (heave a) sigh; draw a long breath. ③ 《호흡 · 휴식》 a breath; a rest. ¶ ～ 돌리다 take a (short) break〔rest〕.

한시(一時) ¶ ～도 even for a moment / ～도 잊지 않다 do not forget 《*it*》 even for a moment.

한시(漢詩) a Chinese poem; Chinese poetry(총칭).

한시름 a big worry. ¶～ 놓다 be relieved of a great anxiety.

한식(韓式) ¶ ～의 Korean-style / ～집 a Korean-style house.

한심하다〔**스럽다**〕(寒心 —) (be) pitiable; miserable; wretched; sorry; lamentable; shameful (부끄럽다). ¶ 정말 한심한 녀석이로군 What a miserable guy! / 네가 그걸 모르다니 ～ It is a pity that you don't know it. / 한심한 짓을 하다 do a shameful thing.

한 쌍(一雙) a pair; a couple. ¶～의 a pair 〔couple, brace〕 of / 좋은 ～을 이루다 make 〔form〕 a good pair; be a good match 《*for*》.

한 아름 an armful 《*of firewood*》.

한약(韓藥, 漢藥) a herbal〔herb〕 medicine. ‖ ～방〔국〕 a dispensary of Chinese medicine; a herb shop / ～재상(材商) a herb dealer.

한없다(限—) (be) unlimited; boundless; endless; limitless. ¶ 한없이 without end〔limit〕; endlessly / 한없는 사랑 eternal love / 한없는 기쁨 a limitless〔an everlasting〕 joy.

한여름 《in》 midsummer. ¶ ～ 더위 the midsummer heat.

한역(漢譯) a Chinese translation. ～하다 translate into Chinese.

한역(韓譯) a Korean translation. ～하다 translate into Korean. ¶ '죄와 벌'의 ～본을 읽다 read a Korean version of *Crime and Punishment*.

한영(韓英) ¶ ～의 Korean-English. ‖ ～사전 a Korean-English dictionary.

한옥(韓屋) a Korean-style house.

한외(限外) out of bounds; beyond the limit. ¶ ～ 발행 excess issue; an overissue (of paper money).

한 움큼 a handful 《*of rice*》.

한일(韓日) Korea and Japan. ¶ ～의 Korean-Japanese / ～ 무역의 불균형 the trade imbalance between Korea and Japan. ‖ ～ 공동규제 수역 the Korean-Japanese Joint Regulation Water Basin / ～대륙붕협정 the Korean-Japanese Continental Shelf Agreement / ～회담〔각료 회담〕 the Korea-Japan talks〔Ministerial Conference〕.

한입 a mouthful; a bite. ¶ 사과를 ～ 먹다 take a bite out of an apple.

한자(漢字) a Chinese character. ¶ 상용(常用) ～ Chinese characters in common use / ～로 쓰다 write in Chinese characters. ‖ ～제한 restriction on the use of Chinese characters.

한잔 ①《분량》 a cup 《*of tea*》; a glass 《*of beer*》; a shot 《*of whisky*》; a cupful; a glassful. ②《음주》 a drink. ～하다 have a drink. ¶ 맥주라도 ～하면서 이야기하자 Let's talk over a glass of beer. /「오늘 일과 후 ～하지 않겠나」—「좋고말고」 "How about a drink after work today?" — "Sounds great."

한잠 a sleep; a nap; 《깊은 잠》 a deep〔sound〕 sleep. ¶ ～ 자다 get〔have〕 a sleep; take a nap / ～도 못 자다 can not get a wink of sleep; do not sleep a wink.

한재(旱災) drought damage. ¶ ～를 입다 suffer from a drought. ‖ ～지구 a drought-stricken district〔area〕.

한적하다(閑寂—) (be) quiet; secluded. ¶ 한적한 곳 a retired〔quiet〕 place.

한정(限定) limitation. ～하다 limit; restrict; set limits to; qualify(의미 등을). ¶ ～된 지면 limited space. ‖ ～치산(治産) quasi-incompetence / ～치산자 a quasi-incompetent (person) / ～판 a limited edition.

한줄기 ①《한 가닥》 a line; a streak 《*of light*》. ¶ ～의 눈물 a trickle of tears / ～의 희망 a ray of hope. ②《같은 줄기》 the same lineage.

한줌 a handful 《*of rice*》; a lock 《*of straw*》.

한중(寒中) midwinter. ¶ ～의 during the cold season / ～ 훈련 midwinter training; winter exercises.

한중(韓中) ¶ ～의 Korean-Chinese; Sino-Korean / ～관계 Sino-Korean relations; relations between Korea and China / ～ 무역 trade between Korea and China.

한증(汗蒸) a steam〔sweating〕 bath. ～하다 take steam bath. ‖ ～막 a sweating bathroom; a sauna; a sudatorium.

한지(寒地) a cold region〔district〕.

¶ ～식물 a psychrophyte.

한직(閑職) a sinecure; a leisurely post; an unimportant post. ¶ ～으로 좇겨나다 be downgraded to a trifling job.

한집안 *one's* family; *one's* people〔folk〕;《친척》*one's* relatives.

한쪽 one side; the other side〔party〕; one of a pair.

한참 for some time; for a time〔while〕; for a spell. ¶ ～ 만에 after a good while.

한창《가장 성할 때》the height〔peak〕; the climax; the zenith; the prime《*of time*》. ¶ ～이다 be in full swing; be at *its* height; be in the prime《*of*》(사람이); be in full bloom〔glory〕, be at《*their*》best(꽃이) / 식목하기에 ～ 좋은 때 the prime time for planting / 지금 벚꽃이 ～이다 The cherry blossoms are now at their best. / 우리는 지금 기말시험이 ～이다 We are in the midst of the term examination now. / 지금 토론이 ～ 진행 중이다 The argument is now in full swing.

한창때《최성기》the peak period; the prime; the golden age〔days〕;《청춘》the prime of life; the bloom of youth;《청과물 따위》the best time《*for*》; the season. ¶ ～이다 be at *its* peak; be at the height of *one's*〔*its*〕prosperity;《사람이》be in the prime of life〔manhood, womanhood〕;《청과물 따위가》be in season / ～를 지나다《사람이》be past *one's* prime; be on the wane〔decline〕.

한천(寒天) ☞ 우무.

한촌(寒村) a poor and lonely village.

한추위 severe〔intense〕cold.

한층(一層) more; still〔even〕more; all the more. ¶ ～ 더 노력하다 make even greater efforts; work harder than ever / 2월에는 ～ 더 추워질 것이다 It will get much colder in February.

한치 an inch. ¶ ～도 물러서지 않다 will not budge〔yield〕an inch.

한칼 a single stroke of the sword. ¶ ～에 목을 베다 cut down《*a person's*》head at a single stroke of the sword.

한탄(恨歎) a sigh; deploration. ～하다 lament; deplore; sigh; regret. ¶ 자기의 불운을 ～하다 lament *one's* misfortune.

한턱 a treat. ～하다〔내다〕stand treat《*for a person*》; treat《*a person*》to《*a dinner*》; give《*a person*》a treat.

한테 ☞ 에게.

한통속 an accomplice. ¶ ～이 되다 act〔be〕in league〔collusion〕《*with*》; plot together; conspire《*with*》/ 정치인 중에는 군부와 ～이 된 자도 있었다 Some politicians were hand in glove with the military.

한파(寒波) a cold wave.

한판 a round; a game; a bout. ¶ 바둑을 ～ 두다 have a game of *paduk*. ‖ ～승부 a contest of single round.

한패(一牌) one of the (same) party; a confederate; a circle; a company. ¶ 그도 ～임에 틀림없다 He must be one of the gang.

한편 ①《한쪽》one side; one way; one direction. ¶ ～으로 치우치다 be one-sided. ②《자기편》an ally; a supporter; a friend; *one's* side. ③《부사적》meanwhile; besides;《한편으로는》on the other hand ...; in the meantime.

한평생(一平生) *one's* whole life;《부사적》all〔throughout〕*one's* life. ¶ ～을 독신으로 지내다 remain single all *one's* life.

한푼 a coin; a penny. ¶ ～ 없다 be penniless.

한풀 꺾이다 be dispirited〔disheartened, discouraged〕.

한풀다(恨一) have *one's* will; realize *one's* desire; gratify *one's* wishes.

한풀이하다(恨一) vent *one's* spite; satisfy〔work off〕*one's* grudge.

한풍(寒風) a cold〔an icy〕wind.

한하다(限一) limit; restrict. ¶ 지원자는 여성에 한한다 Only women applicants are accepted. / 정당한 이유가 있는 경우에 한해서 provided there is just reason for it.

한학(漢學) Chinese literature〔classics〕. ‖ ～자 a scholar of Chinese classics.

한해(旱害) damage from〔caused by〕a drought. ‖ ～지구 a drought-stricken area.

한해(寒害) cold-weather damage.

한화(韓貨)《화폐》Korean money.

할(割)《백분율의》percentage; percent. ¶ 연 1～의 이자로 돈을 빌리다 borrow money at an interest of ten percent per annum.

할거(割據) ～하다 each holds his own sphere of influence; hold *one's* own ground. ¶ 군웅～ rivalry between warlords / 군웅～의 시대 the age of rival chiefs〔warlords〕.

할당(割當) allotment; assignment; a quota(할당량). ～하다 assign; allot; allocate; apportion. ¶ ～된 일을 끝내다 finish「*one's* assignment〔the work assigned to *one*〕/ 몫을 ～하다 allot shares / 예산의 20%를 그 기획에 ～했다 We allocated twenty percent of our budget to the project. ‖ ～량 a

ㅎ

quota; an allotment / ～제 the quota system.
할듯할듯하다 look as if *one* is going〔ready〕to《*do*》.
할똥말똥하다 hesitate to《*do*》; be half-hearted.
할례(割禮)〖宗〗circumcision.
할말《하고 싶은 말》what *one* has〔got〕to say; *one's* say; *one's* claim(주장); a complaint(불평); an objection(이의). ¶네게 ～이 있다 I have something to tell you. / ～ 있으면 해라 Tell me what you have to say. / ～은 다 했다 I have had my say.
할머니《조모》a grandmother;《노파》an old lady〔woman〕.
할멈 an old woman; a granny.
할미꽃〖植〗a pasqueflower.
할미새〖鳥〗a wagtail.
할복(割腹) disembowelment; *harakiri*《일》. ～하다 disembowel *oneself;* commit *harakiri*. ‖ ～자살《commit》suicide by disembowelment.
할부(割賦)《분할 지급》payment in〔by〕installments. ¶차를 ～로 팔다〔사다〕sell〔buy〕a car on the installment plan. ‖ ～납입금 an installment (money) / ～상환〖經〗amortization / ～제(制) the installment plan〔system〕/ ～판매 selling on an installment basis.
할선(割線)〖數〗a secant.
할아버지 ①《조부》a grandfather. ②《노인》an old man.
할아범 an old〔aged〕man.
할애(割愛) ～하다《나누다》share《*a thing*》with《*a person*》; part with; spare. ¶지면을 ～하다 give〔allow〕space to《*a subject*》.
할양(割讓) (a) cession. ～하다 cede;〖法〗alienate. ¶영토를 ～하다 cede territory to《*a country*》/ 토지를 남에게 ～하다 alienate lands to《*a person*》.
할인(割引) (a) discount; (a) reduction. ～하다 (make a) discount; reduce《*the price*》; take〔cut〕off. ¶단체～ a discount〔special rates〕for a group / 단체～요금 a group rate / 2할～하여 팔다〔사다〕sell〔buy〕《*a thing*》at a discount〔reduction〕of 20 percent. ‖ ～가격 a reduced price / ～권 a discount coupon / ～승차권 a reduced fare ticket / ～어음 a discounted bill / ～율 a discount rate / ～채권 a discounted《*loan*》bond.
할인(割印) a tally impression. ¶～을 찍다 affix〔put〕a seal at the joining of two leaves《*of a deed*》.
할일 things to do. ¶～이 많다 have lots to do; be busy / ～이 없다 have nothing to do.
할증금(割增金)《임금의》an extra pay;《요금의》an extra fare〔charge〕; a surcharge;《주식 따위의》a premium; a bonus. ‖ ～부(付)채권 a bond with a premium; a premium-bearing debenture.
할짝거리다 lick; lap.
할퀴다 scratch; claw. ¶할퀸 상처 a scratch; a nail mark / 얼굴을 ～ scratch《*a person's*》face.
핥다 lick; lap. ¶그릇을 핥은 듯 깨끗이 먹다 lick the bowl clean / 고양이가 접시의 우유를 핥아 먹었다 The cat lapped the milk from the saucer. / 개가 내 손을 핥았다 The dog licked my hand.
함(函) a box; a case; a chest.
함교(艦橋) a bridge (of a warship).
함구(緘口) ～하다 hold *one's* tongue; keep *one's* mouth shut; keep silent. ‖ ～령 a gag law〔rule〕(～령을 내리다 order《*a person*》to keep silent《*about*》; order《*a person*》not to mention《*something*》; gag《*the press*》).
함께《같이》together;《…와 함께》with…; together〔along〕with; in company with. ¶모두 ～ all together / ～살다 live with《*a person*》; live under the same roof / ～ 가다 go with《*somebody*》.
함대(艦隊) a fleet(큰); a squadron(작은). ¶연합 ～ a combined fleet / 연습 ～ a training squadron / ～ 근무를 하다 do *one's* sea time. ‖ ～사령관 the commander of a fleet.
함락(陷落) ～하다《땅이》sink; fall;《성·진지 등이》fall; surrender. ¶수도가 마침내 반란군에게 ～되었다 The capital fell to the rebels at last.
함량(含量) content. ¶알코올～ alcohol content.
함몰(陷沒) a cave-in; sinking; subsidence; collapse. ～하다 sink; cave〔fall〕in; subside; collapse. ¶도로의 ～ 장소 a cave-in in the road / 도로가 지진으로 ～됐다 The road sank〔caved in〕by the earthquake.
함미(艦尾) the stern (of a warship). ‖ ～닻 the stern anchor / ～포 a stern chaser; a tail gun.
함박꽃〖植〗a peony.
함박눈 large snowflakes.
함부로《허가·이유 없이》without permission〔good reason〕;《마구》at random; recklessly; indiscriminately; thoughtlessly; roughly; carelessly;《무례하게》rudely. ¶～ 들어오지 마시오《게시》No entry without permission. / ～ 돈을 쓰다 spend money recklessly / 말을 ～ 하다 talk at random; have a careless manner of

speaking / 행동을 ~ 하지 마라 Don't act thoughtlessly.

함상(艦上) ¶ ~의〔에〕aboard; on board.

함석 zinc; tin; a galvanized iron. ¶ ~지붕 a zinc〔tin〕roof / 골~ a sheet of corrugated iron〔zinc〕. ‖ ~판 sheet zinc; galvanized iron sheet.

함선(艦船)《군함·배》warships and other ships; vessels(선박).

함성(喊聲) a battle〔war〕cry; shouting. ¶ 승리의 ~ a shout of victory〔triumph〕/ ~을 지르다 give〔raise〕a war cry.

함수(含水) ¶ ~의 〖化〗hydrous; hydrated. ‖ ~량 the water content 《*of a substance*》/ ~탄소 carbohydrate / ~화합물 a hydrated compound.

함수(函數) 〖數〗a (mathematical) function. ‖ ~관계 functional relation / ~방정식 a functional equation.

함수(艦首) the bow. ‖ ~포(砲) a bow gun〔chaser〕.

함수초(含羞草) 〖植〗a sensitive plant; a mimosa.

함양(涵養) ~하다 cultivate; develop; foster; build up. ¶ 덕성을 ~하다 cultivate moral character; foster *one's* moral sentiment.

함유(含有) ~하다 contain; have 《*in*》; hold. ‖ ~량 content / ~성분 a component / ~율 content by percentage.

함자(銜字) your〔his, *etc.*〕name.

함장(艦長) the commander〔captain〕of a warship.

함재기(艦載機) a deck〔carrier-based〕(air)plane; carrier-borne〔-based〕aircraft(총칭).

함정(陷穽) a pitfall; a pit; a trap. ¶ ~에 빠뜨리다 ensnare; entrap / ~에 빠지다 fall in a pit; fall into a snare〔trap, pitfall〕.

함정(艦艇) a naval vessel.

함지 a large wooden vessel. ‖ ~박 a large round bowl.

함축(含蓄) ~하다 imply; signify; suggest. ¶ ~성 있는 significant; suggestive; pregnant; implicit / 그녀의 말에는 ~성이 있다 What she says is full of significance〔suggestions〕.

함포사격(艦砲射擊) bombardment from a warship.

함흥차사(咸興差使) a messenger sent out on an errand who never returns.

합(合)《합계》the sum; the total (amount). ¶ 2와 2의 ~은 4다 Two and two make four.

합(盒) a brass bowl with a lid.

합격(合格) success in an examination; passing an exam. ~하다《시험에서》pass〔succeed in〕an examination;《입사 시험 등에서》be accepted;《검사 등에서》come up to the standard(표준에). ¶ 검사에 ~하다 pass inspection; pass the test / 그는 X대학 입시에 ~했다 He succeeded in the entrance examination to X University. / ~을 축하한다 Congratulations on your success in the examination. ‖ ~라인 the passing mark〔grade〕/ ~률 the ratio of successful applicants; the pass rate / ~자 a successful candidate〔applicant〕/ ~점 a passing mark / ~통지 a notice of 《*a person's*》success in the examination.

합계(合計) the sum total; a total (amount). ~하다 sum〔add〕up; total; foot up《美》. ¶ ~하여 in all〔total〕; all told / ~ …이 되다 come〔amount〕to... (in all).

합금(合金) an alloy. ¶ 초(超)~ a superalloy / 형상 기억 ~ shape memory alloy / 구리와 아연을 ~하다 alloy copper with zinc.

합당(合當) ~하다 (be) adequate; suitable; proper; fit; appropriate; right. ¶ ~한 사람 a competant person / ~한 가격으로 at a reasonable price / ~하지 않다 be improper〔unsuitable〕.

합당(合黨) the merger〔fusion〕of political parties. ~하다 merge the parties.

합동(合同) (a) combination; (a) union;《기업·조직 등의》merger; amalgamation. ~하다 combine; unite; incorporate. ¶ ~의 joint; united; combined / ~해서 사태 수습에 임하다 make a joint effort to save the situation. ‖ ~결혼 a mass〔group〕wedding / ~관리 joint control〔management〕/ ~사업 a joint undertaking〔venture〕/ ~위령제 a joint memorial service 《*for the war dead*》/ ~위원회 a joint committee / ~참모회의 the Conference of the Joint Chief of Staff / ~회의 a joint session〔convention〕.

합력(合力) 〖理〗a resultant (force). ~하다 join forces; make a united effort; cooperate with.

합류(合流) ~하다 join; meet; unite with(합체). ¶ 그 강은 여기서 한강과 ~한다 The river joins the Han river here. / 우리는 그들과 마산역에서 ~했다 We joined them at Masan Station. ‖ ~점 the junction 《*of two rivers*》.

합리(合理) ¶ ~적인 rational; reasonable; logical / 그의 사고방식은 ~적이다 His way of thinking is logical. ‖ ～성 rationality / ～주의 rationalism / ～주의자 a rationalist.

합리화(合理化) rationalization. ～하다 rationalize. ¶ 산업의 ～ rationalization of industry; industrial rationalization / 경영을 ～하다 streamline the management / 이 공장에서는 조립 공정의 ～로 대폭적인 원가 절감을 실현했다 A major cost reduction was realized at this plant through rationalization of the assembly process.

합명회사(合名會社) an unlimited partnership.

합반(合班) a combined class. ¶ ～ 수업 combined classwork.

합방(合邦) ～하다 annex a country《*to*》.

합법(合法) legality; lawfulness. ¶ ～적인 lawful; legal; legitimate / ～적으로 lawfully; legally; legitimately / 자네가 그렇게 하는 것은 ～적이다 It is lawful for you to do so. / ～적인 수단으로 그에게 대항해 나가겠다 I will challenge him by lawful means. ‖ ～성 lawfulness / ～정부 the legitimate government / ～화 legalization(～화하다 legalize).

합병(合倂)《병합》union; combination; merge (회사 따위의); annexation. ～하다 unite; combine; merge; annex. ¶ 인수 ～《기업의》mergers and acquisitions(생략 M & A) / 작은 상사들이 ～하여 큰 조직이 되었다 Some small business firms were merged into a large organization. ‖ ～증〖醫〗a complication.

합본(合本) the bound volume《*of the magazines*》. ～하다 bind《*magazines*》in one volume.

합산(合算) ☞ 합계(合計).

합석(合席) ～하다 sit with《*a person*》; sit in company with《*a person*》.

합성(合成)〖化〗synthesis;〖理〗composition. ～하다 compound; synthesize. ¶ ～의 compound; mixed; synthetic. ‖ ～고무〔주〕synthetic rubber〔liquor〕/ ～물 a compound / ～물질 a synthetic substance / ～사진 a composite photograph《*of wartime scenes*》/ ～섬유 synthetic fiber / ～세제 synthetic detergents / ～수지 plastics; synthetic resin / ～어 a compound (word) / ～염료 synthetic dyes / ～음 a synthetic sound.

합세(合勢) ～하다 join forces. ¶ ～하여 괴롭히다 join in bullying《*a person*》.

합숙(合宿) ～하다 lodge together; stay in a camp for training(운동선수가). ‖ ～소 a lodging〔boarding〕house; a training camp(운동선수의) / ～훈련 camp training (～훈련하다 train at a camp).

합승(合乘) ～하다 ride together; ride in the same car《*with*》. ¶ 나는 그녀와 택시를 ～했다 I shared a taxi with her. ‖ ～객 a fellow passenger.

합심(合心) ～하다 be united; be of one accord〔mind〕.

합의(合意) mutual agreement; mutual〔common〕consent. ～하다 be agreed; reach〔come〕to an agreement. ¶ ～에 의해 by mutual agreement〔consent〕/ 양자는 그 점에 관해 ～에 이르렀다 The two agreed on that point. *or* They reached an agreement on that point. ‖ ～서 a written agreement; a statement of mutual agreement / ～이혼 a divorce by mutual agreement.

합의(合議) consultation; conference. ～하다 consult together; confer《*with*》. ‖ ～사항 an agreed item; items of understanding / ～재판 collegiate judgment / ～제 a council system.

합일(合一) union; oneness; unity. ～하다 unite; be united.

합자(合資) partnership. ～하다 join stocks; enter into partnership《*with*》. ‖ ～회사 a limited partnership (남산 ～ 회사 Namsan & Co., Ltd.).

합작(合作) collaboration; a joint work. ～하다 collaborate《*with*》; cooperate《*with*》; write《*a book*》jointly《*with*》. ¶ 한미 ～ 영화 a Korean-American joint-product film. ‖ ～자 a collaborator; a coauthor / ～회사 a joint corporation〔concern〕.

합장(合掌) ～하다 join *one's* hands in prayer.

합장(合葬) ～하다 bury together. ¶ 부부를 ～하다 bury the wife's remains with her husband's.

합주(合奏) a concert; an ensemble. ～하다 play in concert. ‖ ～단 an ensemble.

합죽거리다 mumble with (a toothless mouth).

합죽이 a toothless person with pursed lips.

합중국(合衆國) the United States (of America); a federal states.

합창(合唱) chorus. ～하다 sing together〔in chorus〕. ¶ 남성〔여성〕～ a male〔female〕chorus / 혼성～ a mixed chorus / 2부〔3부〕～ a chorus of two〔three〕parts. ‖ ～대〔단〕a chorus; a choir(교회의).

합치(合致) ～하다 agree〔accord〕《*with*》; be in accord《*with*》;

concur. ☞ 일치(一致).

합치다(合—) ①《하나로》 put together; unite; combine; join together;《병합》merge; amalgamate; annex. ②《섞다》mix; compound. ③《셈을》add up; sum up; total.

합판(合板) a veneer board;《a sheet of》plywood. ¶ 프린트 ～ printed plywood.

합판화(合瓣花)〖植〗a gamopetalous〔compound〕flower.

합하다(合—) ①《하나로 하다》add〔put, join〕together; combine; unite. ②《하나가 되다》be put together; be combined; be united.

합헌(合憲) ¶ ～적 constitutional. ‖ ～성 constitutionality.

합환주(合歡酒) the wedding drink. ¶ ～를 나누다 exchange nuptial cups.

핫 hot. ‖ ～뉴스 hot news / ～도그 a hot dog《美》/ ～라인 the hot line《*between Washington and Moscow*》/ ～케이크 a hot cake; a pancake《英》.

핫바지《솜바지》(a pair of) padded trousers;《촌뜨기》a bumpkin.

항(項)《조항》a clause; an item;《글의》a paragraph;〖數〗a term. ¶ 제1조 제2항에 해당되다 come under Article 1, Clause 2.

항간(巷間) ¶ ～에 in the world〔city, streets〕/ ～에 떠도는 얘기 the talk of the town / ～에 떠도는 소문에 의하면 a rumor has it that…; people say that…; it is rumored that….

항거(抗拒) ～하다 resist; defy; oppose. ¶ 독재 정치에 ～하다 resist dictatorial government.

항고(抗告)〖法〗a complaint; an appeal; a protest. ～하다 complain《*against a decision*》; file a protest《*against*》. ¶ 판결에 대해 즉시 ～하다 make an immediate appeal against the sentence. ‖ ～기간 the term for complaint / ～심 hearing of a complaint / ～인 a complainant; a complainer / ～장 a bill of complaint.

항공(航空) aviation; flying. ¶ ～의 aeronautic(al); aerial / 민간 ～ civil aviation / 국제〔국내〕～ international〔domestic〕aviation. ‖ ～공학 aeronautical engineering / ～관제관 an airtraffic controller / ～관제탑 a control tower / ～권〔표〕an air ticket / ～기 an airplane; aircraft(총칭) / ～기지 an air base / ～대학 a college of aviation / ～등(燈) a navigation light / ～로 an air route〔line〕/ ～모함 a〔an aircraft〕carrier / ～봉함엽서 an aerogram / ～사(士) an aerial navigator / ～사진 an air photo / ～수송 air transportation / ～술 aeronautics; airmanship / ～요금 an air fare / ～우주산업 the aerospace industry / ～우편 air mail / ～표지(標識) an air〔aerial〕beacon / ～회사 an aviation company / 대한 ～ the Korean Air(생략 KA).

항구(恒久) ¶ ～적 permanent; perpetual; (ever)lasting; eternal / ～적 평화 permanent peace. ‖ ～화(化) perpetuation(～화하다 perpetuate).

항구(港口) a harbor; a port. ‖ ～도시 a port city〔town〕.

항균성(抗菌性) antibiosis. ¶ ～의 antibiotic. ‖ ～물질 antibiotics.

항내(港內) ¶ ～에 in〔within〕the harbor. ‖ ～설비 harbor facilities.

항독소(抗毒素) an antitoxin; an antivenom. ‖ ～요법 antitoxin treatment.

항등식(恒等式)〖數〗an identical equation; an identity.

항렬(行列) degree〔distance〕of kin relationship.

항례(恒例) ☞ 상례(常例).

항로(航路)《배의》a (sea) route; a course; a shipping lane;《항공기의》an air route. ¶ 정기 ～ a regular line〔service〕/ 부정기 ～ an occasional line / 외국 ～선(船) an ocean liner / 국내 ～선(船) a steamer on the domestic line〔course〕. ‖ ～표지 a beacon.

항만(港灣) harbors. ‖ ～공사 harbor construction work / ～노동자 a stevedore; a longshoreman《美》/ ～시설 harbor facilities.

항명(抗命) disobedience. ～하다 disobey《*a person's*》order.

항목(項目) a head; a heading; an item. ¶ ～으로 나누다 itemize / ～별로 item by item / 문제를 네 ～으로 나누다 divide the problem under four headings. ‖ ～별 표 an itemized list.

항문(肛門)〖解〗the anus. ‖ ～과 proctology / ～과 의사 proctologist.

항법(航法) navigation. ¶ 무선 ～ radio navigation.

항변(抗辯)《반박》a protest;〖法〗a refutation;《피고의》a plea. ～하다 refute; protest; make a plea《*for, against*》.

항복(降伏·降服) (a) surrender; capitulation. ～하다 surrender《*to*》; capitulate《*to the enemy*》; submit《*to*》. ‖ ～문서 an instrument of surrender / 무조건〔조건부〕～ an unconditional〔a conditional〕surrender.

항상(恒常) always; at all times; as a rule; constantly; habitually(습관적으로).
항생물질(抗生物質) an antibiotic (substance). ‖ ～학 antibiotics.
항설(巷說) gossip; a town talk; a rumor.
항성(恒星) a fixed star. ‖ ～시〔일, 년〕 sidereal time〔day, year〕.
항소(抗訴)〖法〗 the appeal suit; an appeal《*to a higher court*》. ～하다 appeal; lodge an appeal 《*against*》. ‖ ～심 a trial on an appeal case / ～인 an appellant / ～장 a petition of appeal.
항속(航續)《배의》cruising;《비행기의》flying; flight. ‖ ～거리 a cruising〔flying〕 range / ～시간 the duration of a cruise〔flight〕; maximum flying time.
항시(恒時) ☞ 항상(恒常).
항아리(缸―) a jar; a pot.
항암(抗癌) ¶ ～의 anti-cancer. ‖ ～제 an anti-cancer drug〔agent〕.
항원(抗原·抗元)〖生〗 antigen.
항의(抗議) an objection; a protest. ～하다 protest《*against*》; make〔lodge〕 a protest《*against*》; object《*to*》. ¶ 그들은 원자력 발전소 건설에 ～하고 있다 They are protesting against the building of the atomic power plant. ‖ ～데모 a protest demonstration / ～문 a note of protest / ～집회 a protest rally.
항일(抗日) anti-Japan;《형용사적》anti-Japanese. ‖ ～감정 anti-Japanese sentiment / ～운동 an anti-Japanese movement.
항쟁(抗爭) (a) dispute; contention; resistance(저항); a struggle(투쟁). ～하다 contend; dispute; struggle《*against*》.
항적(航跡) a wake (behind a sailing ship); a furrow; a track; 《항공기의》a flight path; a vapor trail.
항전(抗戰) resistance. ～하다 offer resistance; resist.
항정(航程) the distance covered (by a ship); a (ship's) run;《항공기의》a flight; a leg(장거리 비행의한 행정).
항진(亢進)《heart》acceleration. ～하다 accelerate; grow worse (병세가).
항체(抗體)〖生〗 an antibody.
항해(航海) navigation; a voyage; a cruise(순항). ～하다 navigate; make a voyage《*to*》; cruise. ¶ ～중이다 be on a voyage(사람이); be at sea(선박이) / ～중인 배 a ship at sea. ‖ ～도 a chart / ～사 a mate; a navigation officer(1등〔2등〕 ～사 the chief〔second〕 mate) / ～술 (the art of) navigation / ～일지 a logbook; a ship's journal〔log〕 / ～자 a mariner; a navigator / 처녀～ a maiden trip〔voyage〕.
항행(航行) navigation; sailing; a cruise(순항). ～하다 navigate; sail; cruise.
항히스타민제(抗―劑)〖藥〗 (an) antihistamine; an antihistaminic agent〔medicine〕.
해[1]《태양》the sun. ¶ ～가 뜨다 the sun rises / ～가 지기 전에 before the sun sets / ～가 진 후 after dark.
해[2] ①《일년》a year. ¶ 지난～ last year. ②《낮 동안》the daytime; a day. ¶ 여름에는 ～가 길다 In summer (the) days are long.
해(亥)《십이지의》the Boar. ‖ ～년(年) the year of the Boar.
해(害) harm; injury; damage. ¶ …에 ～를 주다 do harm to / ～를 입다 suffer damage〔loss〕; be damaged; be killed.
해…(該) that; the very; the said; the《*matter*》in question.
해갈하다(解渴―)《갈증을》appease〔quench〕 *one's* thirst;《가뭄을》wet dry weather; be relieved from drought.
해결(解決) solution; settlement. ～하다 solve; settle. ¶ 원만한 ～ an amicable settlement / 외교로 국제 분쟁을 ～하다 settle an international dispute by diplomacy. ‖ ～법 a solution; a way out(～법을 찾다 find〔work out〕 a solution《*to*》) / ～조건 terms of settlement / ～책 the means of solving《*a problem*》.
해고(解雇) discharge; dismissal; a layoff(일시적인). ～하다 dismiss; discharge; fire; lay《*a person*》off. ¶ ～당하다 be〔get〕 dismissed〔discharged〕; be fired; be laid off. ‖ ～수당 a dismissal allowance; severance pay / ～통지 a dismissal notice / 정리～ forced〔mandatory〕 retirement / 집단～ a mass dismissal.
해골(骸骨) ①《전신》a skeleton. ②《머리》a skull; the cranium.
해괴(駭怪) ¶ ～한 strange; queer; outrageous; monstrous; scandalous / ～망측하다 be extremely outrageous〔scandalous〕.
해구(海狗) ☞ 물개. ‖ ～신 the penis of a sea bear.
해구(海溝)〖地〗 a deep; an oceanic trench〔deep〕.
해군(海軍) the navy; the naval forces. ¶ ～의 naval. ‖ ～기지 a naval base / ～사관학교 the Naval Academy / ～성(省)《美》

the Department of the Navy; the Navy Department / ～ 참모총장 the Chief of Naval Operations (생략 C.N.O.).
해금(奚琴) a Korean fiddle.
해금(解禁) lifting of the ban; the opening 《*of the shooting*〔*fishing*〕 *season*》. ‖ ～기(期) an open season.
해기(海技) ‖ ～사 면허증 a certificate of competency in seamanship.
해낙낙하다 (be) satisfied; pleased; contented.
해난(海難) a disaster at sea; a shipwreck; a shipping casualty. ‖ ～구조 sea rescue; salvage / ～구조선 a salvage boat / ～사고 a marine accident / ～심판 a marine accident inquiry.
해내다 ①《수행·성취》carry out 〔through〕; accomplish; achieve; perform. ¶ 맡은 일을 ～ perform the work assigned *one* / 우리는 해냈다 We made it! ②《이겨내다》 get the better of 《*a person*》; put 〔talk〕 《*a person*》 down.
해넘이 sunset; sundown 《美》.
해녀(海女) a woman diver. ¶ 진주 캐는 ～ a woman pearl diver.
해단(解團) disbanding. ～하다 disband. ‖ ～식 the ceremony of disbanding.
해달(海獺) 〖動〗 a sea otter.
해답(解答) an answer 〔a solution〕 《*to a problem*》. ～하다 answer; solve. ¶ 모범 ～ a model answer / 시험 문제의 ～ answers to examination questions. ‖ ～용지 an answer sheet / ～자 a solver; an answerer.
해당(該當) ～하다 come 〔fall〕 under 《*Article 7*》; be applicable to; correspond 《*to*》; fulfill. ¶ 조건에 ～하다 meet 〔fit, satisfy〕 the requirements; fulfill the conditions / 이 경우에 ～되는 규칙은 없다 This case comes under no rule. *or* There's no rule that applies to this case.
해당화(海棠花) 〖植〗 a sweetbrier.
해대다 attack; go at.
해도(海圖) a chart.
해독(害毒) evil; poison; harm. ¶ ～을 끼치다 poison 〔corrupt〕 《*society*》; exert a harmful influence 《*on society*》.
해독(解毒) ～하다 counteract 〔neutralize〕 the poison. ‖ ～제(劑) an antidote; a toxicide; a counterpoison.
해독(解讀) decipherment. ～하다 decipher; make out; decode. ¶ 암호를 ～하다 decode a code.
해돋이 sunrise; sunup 《美》.
해동(解凍) thawing. ～하다 thaw.
해득(解得) ～하다 understand; comprehend; grasp 《*the meaning*》.
해뜨리다 ☞ 해어뜨리다.
해로(海路) a sea route; a seaway. ¶ ～로 by sea 〔water〕.
해로(偕老) ～하다 grow old together. ¶ 백년 ～의 가약을 맺다 be united as husband and wife for weal or woe.
해롭다(害―) (be) injurious; harmful; bad. ¶ 건강에 해로운 bad for the health; injurious to health.
해류(海流) a current; an ocean current. ‖ ～도(圖) a current chart.
해륙(海陸) land and sea. ¶ ～ 양면 작전 amphibious operations / ～ 양서 동물 an amphibian.
해리(海里) a nautical 〔sea〕 mile (1,852m).
해리(海狸) 〖動〗 a beaver.
해리(解離) 〖化〗 dissociation. ～하다 dissociate. ‖ ～압(壓) dissociation pressure.
해마(海馬) 〖魚〗 a sea horse; 〖動〗 a walrus.
해마다 every year; annually; yearly; year after year.
해머 a hammer. ‖ ～던지기 hammer throwing.
해먹 a hammock; a hanging bed.
해먹다 《횡령하다》 take unjust possession of 《*something*》; embezzle. ¶ 은행의 돈을 ～ embezzle money from a bank.
해면(海面) the surface of the sea; the sea level. ‖ ～온도 (a) sea-surface temperature.
해면(海綿) a sponge. ¶ ～질〔모양〕의 spongy. ‖ ～동물 the Poriferan / ～조직 spongy tissue / ～체 spongy body.
해명(解明) ～하다 make 《*a mystery*》 clear; elucidate 《*the meaning*》. ¶ 진상 ～에 나서다 set about uncovering the truth.
해몽(解夢) ～하다 interpret a dream. ‖ ～가 a dream reader.
해무(海霧) a sea fog; a fog on the sea.
해묵다 《물건이》 get a year old; age a year; 《일이》 drag on for a year. ¶ (해)묵은 쌀 rice of the previous year's crop.
해묵히다 《물건을》 let 《*a thing*》 get to be a year old; 《일을》 let work drag on for a year without getting finished.
해물(海物) ☞ 해산물.
해미 a thick sea fog.
해바라기 〖植〗 a sunflower.
해박(該博) ～하다 (be) profound; erudite; extensive. ¶ ～한 지식 profound 〔extensive〕 knowledge.

해발(海拔) 《300 meters》 (height) above the sea (level).
해방(解放) liberation; emancipation. ～하다 liberate; emancipate; set free; release 《*a person from*》. ¶ 빈곤으로부터의 ～ freedom from poverty / 노예의 ～을 선언하다 proclaim the release of the slaves. ‖ ～감 a sense〔feeling〕 of freedom〔liberation〕 / ～전쟁〔운동〕 a liberation war〔movement〕.
해법(解法) a (key to) solution.
해변(海邊) the beach; the seashore; the coast.
해병(海兵) a marine. ‖ ～대 a marine corps / ～대원 a marine; a leatherneck 《美俗》.
해보다 try; have〔make〕 a try 《*at*》; attempt 《*to do*》; make an attempt 《*at*》. ¶ 다시 한번 ～ try again; make another attempt / 도망치려고 ～ make an attempt to run away.
해부(解剖) anatomy; 《생물체의》 dissection; autopsy(시체의); 《분석》 analysis. ～하다 dissect; hold an autopsy 《*on*》; 《분석하다》 analyze. ¶ 유체를 ～하도록 내놓다 submit a dead body for an autopsy / 아무의 심리를 ～하다 analyze *a person's* psychology. ‖ ～도(圖) an anatomical chart / ～실〔대〕 a dissecting room〔table〕 / ～학 anatomy / ～학자 an anatomist.
해빙(解氷) thawing. ～하다 thaw. ‖ ～기 the thawing season.
해사(海事) maritime affairs〔matters〕.
해사하다 (be) clean and fair.
해산(海産), **해산물**(海産物) marine products. ¶ ～물 상인 a dealer in marine products.
해산(解産) childbirth; delivery. ～하다 give birth to 《*a child*》; be delivered of 《*a baby*》.
해산(解散) 《회합의》 breakup; dispersion; 《군대의》 disbandment; 《의회 따위의》 dissolution. ～하다 break up; disperse; disband; dissolve. ¶ 강제 ～ compulsory winding-up / ～을 명하다 order 《*a crowd*》 to break up; order 《*an organization*》 to be disbanded. ‖ ～권 《의회에 대한》 the right to dissolve 《*the House*》.
해삼(海蔘) 〚動〛 a trepang; a sea cucumber〔slug〕.
해상(海上) ¶ ～의 marine; maritime; on the sea / ～에서 폭풍을 만나다 be overtaken by a storm at sea. ‖ ～근무 sea service; sea duty / ～법 the maritime law / ～보급로 a maritime supply route / ～보험 marine insurance / ～봉쇄 blockade at sea / ～생활 a seafaring life / ～수송〔운송〕 marine transportation / ～정찰기 a maritime patrol aircraft (생략 MPA).
해상(海床) the sea floor.
해상력(解像力) 〚寫〛 resolution; resolving power. ¶ ～이 높은 렌즈 a high resolution lens.
해서(楷書) the square style of writing (Chinese characters).
해석(解析) analysis. ～하다 analyze. ‖ ～기하학 analytic geometry.
해석(解釋) (an) interpretation; 《법률 어구 등의》 a construction; 《설명》 (an) explanation. ～하다 interpret; construe; explain. ¶ ～의 차이 discrepancies of interpretation / ～을 잘못하다 misinterpret / 선의〔악의〕로 ～하다 put a good〔bad〕 interpretation on 《*what one has said*》; take 《*a person's words*》 in good〔bad〕 part; interpret 《*a person's action*》 favorably〔unfavorably〕.
해설(解說) (an) explanation; (a) commentary; (an) interpretation. ～하다 comment on 《*the news*》; interpret; explain. ¶ 뉴스 ～ a news commentary. ‖ ～자 a commentator / 뉴스 ～자 a news commentator.
해소(解消) dissolution; cancellation. ～하다 dissolve; cancel; annul; break off. ¶ 불만을〔스트레스를〕 ～하다 get rid of discontent〔stress〕 / 교통 정체를 ～시키다 solve the (problem of) traffic congestion.
해손(海損) sea damage; 〚保險〛 an average. ‖ ～계약〔계약서〕 an average agreement〔bond〕 / ～정산〔정산서, 정산인〕 an average adjustment〔statement, adjuster〕 / ～조항 an average clause.
해수(咳嗽) a cough. ☞ 기침.
해수(海水) sea〔salt〕 water.
해수욕(海水浴) sea bathing. ～하다 bathe in the sea. ‖ ～객 a sea bather / ～장 a swimming beach; a (sea) bathing resort.
해시계(―時計) a sundial.
해식(海蝕) erosion by seawater.
해신(海神) the sea-god; 〚로神〛 Neptune; 〚그神〛 Poseidon.
해쓱하다 (be) pale; pallid; wan. ¶ 해쓱해지다 turn pale〔white〕.
해악(害惡) evil; harm; 《악영향》 an evil influence〔effect〕. ¶ ～을 끼치다 have a harmful influence 《*on*》.
해안(海岸) the seashore; the coast; the seaside; the beach. ¶ ～에(서) on the shore; by〔at〕 the seaside / ～의 별장 a

seaside villa; a villa by the seaside / ～을 산책하다 take a walk along the beach [seashore]. ‖ ～경비 coast defense / ～경비대 the coast guard / ～선 a coastline / ～포대 shore [coast] batteries.

해약(解約) cancellation of a contract. ～하다 cancel [break] a contract. ¶ 보험을 ～하다 cancel an insurance contract / 정기예금을 ～하다 cancel a time deposit. ‖ ～금 a cancellation fee.

해양(海洋) the ocean; the sea(s). ‖ ～경찰청 the National Maritime Police Agency / ～관측위성 a marine observation satellite / ～목장 a marine ranch / ～성 기후 oceanic climate / ～소설 a sea story / ～수산부 the Ministry of Oceans and Fisheries / ～식물 an oceanophyte / ～오염 sea contamination; marine pollution / ～온도차 발전(power generation by) ocean thermal energy conversion / ～자원 resources of the sea; marine resources / ～학 oceanography.

해어뜨리다 wear away [down].

해어지다 wear [be worn] out; become threadbare. ¶ 다 해어진 worn-out; threadbare; frayed / 너덜너덜 ～ be worn to rags.

해역(海域) a sea [an ocean] area.

해연(海淵) 〖地〗 an abyss.

해열(解熱) ～하다 alleviate fever; bring down *one's* fever. ‖ ～제 an antifebrile; a febrifuge; an antipyretic.

해오라기, 해오리 〖鳥〗 a white heron.

해왕성(海王星) 〖天〗 Neptune.

해외(海外) foreign [overseas] countries. ¶ ～의 overseas; foreign / ～로 abroad; overseas / ～로 나가다 go abroad / ～에서 돌아오다 return from abroad / 군대를 ～로 파견하다 send an army abroad [overseas]. ‖ ～공관 a diplomatic office in the foreign country / ～근무 overseas service / ～무역 foreign trade / ～방송 overseas [international] broadcasting / ～시장 overseas [foreign] markets / ～여행 an overseas trip; foreign travel / ～이민 emigration / ～지점 an overseas office / ～진출 the advance 《*of Korean exports*》 into overseas markets; starting up overseas activities 《*by Korean firms*》 / ～투자 foreign investment.

해우(海牛) 〖動〗 a sea cow; a manatee; a dugong.

해운(海運) shipping; marine transportation. ‖ ～업 the shipping industry [business] / ～업자 a shipping agent; shipping interests(총칭).

해원(海員) a seaman; a sailor; a crew(총칭). ‖ ～숙박소 a sailor's [seamen's] home.

해이(解弛) relaxation; slackening. ～하다 relax; get loose; slacken; grow lax. ¶ 기강이 ～하다 discipline slackens [grows lax].

해일(海溢) a 「tidal wave[tsunami].

해임(解任) dismissal; discharge. ～하다 release 《*a person*》 from office; relieve 《*a person*》 of his post; dismiss. ¶ 대통령은 교육부 장관을 ～했다 The President dismissed the Education Minister.

해자(垓子) a moat.

해장 ¶ ～하다 chase a hangover with a drink. ‖ ～국 a broth to chase a hangover / ～술 alcohol used as a hangover-chaser.

해저(海底) the bottom [bed] of the sea; the ocean floor [bed]. ¶ ～에 가라앉다 sink [go down] to the bottom of the sea. ‖ ～유전 a submarine oil field / ～자원 sea bottom resources / ～전선[화산] a submarine cable [volcano] / ～터널 a submarine [an undersea] tunnel.

해적(海賊) a pirate. ¶ ～질을 하다 commit piracy. ‖ ～선 a pirate ship / ～판 a pirate edition(책의) / ～행위 (an act of) piracy.

해전(海戰) a naval battle; a sea fight; naval warfare(총칭).

해제(解除) cancellation; lifting; release. ～하다 cancel; remove; lift; release 《*a person*》 from. ¶ 금지령을 ～하다 lift [remove] a ban 《*on*》 / 책임을 ～하다 release 《*a person*》 from *his* responsibility / 계약을 ～하다 cancel [annul] a contract.

해제(解題) a bibliographical introduction [explanation]. ‖ ～자 a bibliographer.

해조(害鳥) an injurious bird.

해조(海鳥) a sea bird; a seafowl.

해조(海藻) 〖植〗 seaweeds; marine plants; seaware(비료용).

해주다 do 《*something*》 for another; do as a favor. ¶ 편지를 번역 ～ translate a letter 《*for a person*》.

해중(海中) ¶ ～의 submarine; in the sea / ～ 공원 an undersea park.

해지다 ☞ 해어지다.

해직(解職) dismissal; discharge. ～하다 dismiss [release] 《*a person*》 from office; relieve 《*a person*》 of *his* post. ¶ ～당하다 be dismissed; be removed from office. ‖ ~수당 a dismissal〔discharge〕 allowance.

해질녘 《at》 sunset; 《toward》 sundown. ¶ ~에 toward nightfall 〔evening〕.

해체(解體) ~하다 take〔pull〕《*a thing*》 to pieces; dismantle 《*an engine*》; pull down 《*a building*》; scrap 《*a ship*》; 《조직을》 dissolve; disorganize; disband. ¶ 거대 재벌을 ~하다 dissolve〔break up〕 a great financial conglomerate.

해초(海草) ☞ 해조(海藻).

해충(害蟲) a harmful〔an injurious〕 insect; vermin(총칭).

해치다(害—) injure; harm; hurt; impair; damage. ¶ 건강을 ~ injure *one's* health.

해치우다 finish up; get 《*it*》 done; 《죽이다》 kill; finish off.

해커 a (computer) hacker.

해탈(解脫) deliverance (of *one's* soul); (Buddhistic) salvation. ~하다 be delivered from 《*worldly passions*》; emancipate *oneself* from all worldly desires and worries.

해태(海苔) laver.

해파리 〖動〗 a jellyfish; a medusa.

해하다(害—) ☞ 해치다.

해학(諧謔) a joke; a jest; humor. ¶ ~적인 humorous; witty. ‖ ~가 a humorist; a joker / ~소설 a humorous story.

해해거리다 keep laughing playfully〔in fun〕.

해협(海峽) a strait; a channel. ¶ ~을 건너다 cross a strait 〔channel〕. ‖ 대한~ the Straits of Korea / 도버~ the Straits of Dover.

해후(邂逅) ~하다 meet by chance; chance to meet; come across 《*a person*》.

핵(核) ① a kernel; a core; a stone (과실의). ② a nucleus(원자핵). ¶ ~의 nuclear 《*umbrella*》. ‖ ~가족 a nuclear family / ~공격 a nuclear attack / ~군축〔동결〕 nuclear disarmament 〔freeze〕 / ~균형 nuclear parity / ~대피소 a fallout (nuclear) shelter; a nuclear bomb shelter / ~무기 a nuclear weapon / ~무장 nuclear armament(~무장하다 be armed with nuclear weapons) / ~미사일 a nuclear missile / ~반응 nuclear reaction / ~보유국 a nuclear power 〔state〕 / ~분열〔융합〕 nuclear fission 〔fusion〕 / ~시설 nuclear facilities / ~실험(금지협정) a nuclear test (ban agreement) / ~안전협정 the nuclear safeguard accord / ~연료 nuclear fuel / ~의학 nuclear medicine / ~전략 nuclear strategy / ~전쟁 a nuclear war / ~탄두 a nuclear warhead / ~폭발 (실험) a nuclear explosion (test) / ~폭탄 a nuclear bomb / ~협정 a nuclear accord / ~확산 방지 조약 the nuclear nonproliferation treaty 〔pact〕 / 비~무장 지대 an atom〔nuclear-〕free zone.

핵과(核果) 〖植〗 a stone fruit; a drupe.

핵산(核酸) 〖生〗 nucleic acid. ¶ 리보~ ribonucleic acid(생략 RNA).

핵심(核心) the core; a kernel. ¶ 문제의 ~ the heart〔kernel〕 of a question.

핵우산(核雨傘) the 《*U.S.*》 nuclear umbrella.

핵질(核質) 〖生〗 nucleoplasm; karyoplasm.

핵폐기물(核廢棄物) nuclear waste. ‖ ~처리 nuclear waste disposal / ~처리장 a nuclear waste dump site.

핸드백 a handbag; a vanity bag.

핸드볼 〖競〗 handball. ¶ ~을 하다 play handball.

핸들 a handle; a wheel(자동차의); a handle bar (자전거의); a knob (도어의).

핸디캡 a handicap. ¶ ~을 주다 handicap.

핼쑥하다 have a bad complexion; look pale〔unwell〕.

햄 《고기》 ham. ‖ ~샐러드 ham and salad.

햄버거 a hamburger.

햄버그스테이크 a hamburg(er) steak.

햅쌀 new rice; the year's new crop of rice. ¶ ~밥 rice cooked from the new crop.

햇… new. ¶ ~곡식 a new crop of the year.

햇무리 the halo of the sun. ‖ ~구름 a cirrostratus.

햇볕 the heat of the sunlight 〔sunbeams〕; the sun. ¶ ~에 타다 get sunburnt / ~에 말리다 dry 《*a thing*》 in the sun.

햇빛 sunshine; sunlight. ¶ ~에 쬐다 expose 《*a thing*》 to the sun.

햇살 sunbeams; sunlight.

햇수(—數) the number of years.

행(幸) happiness. ¶ ~인지 불행인지 for good or for evil.

…행(行) 《가는 곳》 ¶ …~의 bound for; for 《*Seoul*》 / 수원~ 열차 a train for Suwon.

행각(行脚) 《돌아다님》 traveling on foot; 〖佛〗 a pilgrimage. ~하다 travel on foot; go on a pilgrimage. ¶ 사기 ~을 하다 commit a fraud; practice a deception.

행간(行間) 《leave》 space between lines.

행군(行軍) a march. ~하다 march. ¶ 강~ a forced march.

행글라이더 a hang glider. ¶ ～로 날다 hang-glide.

행낭(行囊) a mail bag〔sack〕《美》; a postbag《英》.

행동(行動) (an) action; conduct; (a) movement; behavior. ～하다 act; behave《*oneself*》; conduct《*oneself*》; take action; move. ¶ 직접〔자유〕 ～ direct〔free〕 action / ～을 같이 하다 act in concert《*with*》/ ～에 옮기다 carry out / ～적인 사람 an active person; a man of action. ‖ ～방침 a course of action / ～주의 behaviorism.

행동거지(行動擧止) bearing; manner.

행동대(行動隊) an action corps〔group〕. ¶ 청년 ～ a youth's action group.

행락(行樂) an excursion; a picnic; an outing; pleasure-〔holiday〕making. ‖ ～객(客) a holidaymaker; a hiker / ～지(地) a holiday〔pleasure, picnic〕 resort.

행렬(行列) 《행진》 a procession; a parade; a queue (차례를 기다리는 사람의); 〖數〗 matrix. ¶ 장의 ～ a funeral procession / 제등 ～ a lantern procession. ‖ ～식 〖數〗 determinant.

행로(行路) a path; a road; a course. ¶ 인생 ～ the course〔path〕 of life.

행방(行方) the place (where) one has gone; *one's* whereabouts; *one's* traces. ¶ ～을 감추다 disappear; cover *one's* traces.

행방불명(行方不明) ¶ ～의 missing; lost / ～이 되다 be missing; be lost / 그는 아직도 ～이다 He is still missing. ‖ ～자 the missing.

행복(幸福) happiness; 《행운》 good luck〔fortune〕. ¶ ～한 happy; fortunate; blissful / 더없이 ～한 as happy as a king; as happy as can be / ～하게 살다 lead〔live〕 a happy life; live happily.

행불행(幸不幸) happiness or misery. ¶ 인생의 ～ the lights〔ups〕 and shadows〔downs〕 of life.

행사(行使) ～하다 use; make use of; exercise《*one's rights*》. ¶ 묵비권을 ～하다 use *one's* right to keep silent / 무력을 ～하다 use force; take military action; resort to arms.

행사(行事) an event; a function. ¶ 연례 ～ the year's regular functions; an annual event.

행상(行商) 《일》 peddling; hawking; 《사람》 a peddler《美》; a pedlar《英》. ～하다 peddle; hawk.

행색(行色) 《차림새》 appearance; 《태도》 demeanor; attitude. ¶ ～이 초라하다 look shabby.

행서(行書) 《서체》 a cursive style of writing (Chinese characters).

행선지(行先地) *one's* destination; the place where *one* is going.

행성(行星) 〖天〗 a planet. ¶ ～의 planetary / 대～ a major planet / 소～ a minor planet.

행세(行世) ～하다 conduct *oneself;* behave; 《가장》 assume〔put on〕 an air《*of*》. ¶ 백만장자 ～를 하다 pose as a millionaire.

행세(行勢) ～하다 wield〔exercise〕 power〔influence〕. ¶ ～하는 집안 a distinguished〔an influential〕 family.

행수(行數) the number of lines.

행실(行實) behavior; conduct; manners. ¶ ～이 나쁜 사람 a man of bad conduct.

행여(幸—), **행여나**(幸—) by chance; possibly.

행운(幸運) good fortune〔luck〕. ¶ ～의 fortunate; lucky / ～을 빕니다 I wish you the best of luck. *or* Good luck! ‖ ～아 a lucky person; a fortune's favorite.

행원(行員) a bank clerk〔employee〕.

행위(行爲) 《행동》 an act; an action; a deed; 《처신》 behavior; conduct. ¶ 불법 ～ an illegal〔unlawful〕 act / 법률 ～ a juristic act. ‖ ～능력 legal capacity / ～자 a doer; a performer《*of a deed*》.

행인(行人) a passer-by; a passer. ¶ 거리엔 ～의 발길이 끊어졌다 The street is deserted. *or* There is not a soul to be seen on the street.

행장(行裝) a traveling suit〔outfit〕. ¶ ～을 챙기다 prepare〔outfit〕 *oneself* for a journey / ～을 풀다 take off *one's* traveling attire; 《숙박하다》 check in at a hotel《美》.

행적(行蹟) the achievements of *one's* lifetime; *one's* work〔contributions〕.

행정(行政) administration. ¶ 그는 ～적 수완이 있다 He has administrative ability. ‖ ～개혁 (an) administrative reform / ～관 an executive officer; an administrative official / ～관청 a government〔an administrative〕 office / ～구역 an administrative district〔section〕 / ～기관 an administrative organ〔body〕 / ～명령 an administrative〔executive〕 order / ～법 administrative law / ～서사 an administrative scrivener / ～소송 administrative litigation / ～지도 administrative guidance / ～처분 administra-

tive disposition / ～학 public administration.
행정(行程) a journey; distance(거리); an itinerary(여정).
행주 a dishcloth; a dishtowel. ¶ ～(를) 치다 wipe with a dishcloth. ‖ ～치마 an apron.
행진(行進) a march; a parade. ～하다 march; parade; proceed. ‖ ～곡 a march / 결혼〔장송〕～곡 a wedding〔funeral〕march.
행차(行次) ～하다 go; come; visit.
행패(行悖) misconduct; misbehavior. ¶ ～를 부리다 resort to violence; commit an outrage.
행하(行下) a tip; gratuity.
행하다(行—) 《행위》 act; do; 《처신》 behave〔conduct, carry〕 *oneself;* 《실행》 carry out; perform; practice; execute(명령대로); fulfill(약속 따위); commit(나쁜 짓을); 《거행》 hold; observe; celebrate.
향(香) (an) incense. ¶ ～을 피우다 burn incense. 「school.
향교(鄕校) a local Confucian
향군(鄕軍) ① ☞ 재향 군인. ② ☞ 향토 예비군.
향긋하다 (be) somewhat fragrant; have a faint sweet scent.
향기(香氣) (a) scent; a sweet odor; fragrance; an aroma; (a) perfume. ¶ 국화의 ～ the scent of chrysanthemums.
향기롭다(香氣—) (be) sweet; sweet-smelling〔-scented〕; fragrant; aromatic. ¶ 향기로운 냄새 a sweet〔fragrant〕odor. 「per.
향나무(香—) 〚植〛 a Chinese juni-
향내(香—) ☞ 향기. ¶ ～ 나는 sweet; fragrant; sweet-scented.
향년(享年) *one's* age at death. ¶ ～ 칠십 세다 He died at (the age of) 70.
향도(嚮導) 《사람》 a guide〔leader〕.
향락(享樂) enjoyment. ～하다 enjoy; seek pleasure 《*in*》. ¶ ～적인 pleasure-seeking. ‖ ～주의 epicurism; hedonism / ～주의자 an epicurean; a hedonist.
향로(香爐) an incense burner; a (bronze) censer.
향료(香料) ① 《식품의》 (a) spice; spicery. ② 《화장품 따위의》 (a) perfume; perfumery(총칭); an aromatic.
향리(鄕里) *one's* (old) home; *one's* birthplace〔native town〕.
향미(香味) flavor. ‖ ～료 spices; seasoning.
향방(向方) a direction(방위); a course; *one's* destination(목적지). 「con.
향배(向背) for or against; pro or
향불(香—) an incense fire; burning incense. ¶ ～을 피우다 burn incense.
향사(向斜) 〚地〛 a syncline.
향상(向上) elevation; rise; improvement. ～하다 rise; be elevated; become higher; progress; improve; advance. ¶ 여성의 사회적 지위 ～ the rise in women's social status / 젊은이들의 체위 ～ improvement in the physique of young people. ‖ ～심 aspiration; ambition. 「joy.
향수(享受) enjoyment. ～하다 en-
향수(享壽) ～하다 enjoy old age; live to a ripe old age.
향수(香水) a perfume; a scent; scented water. ¶ 몸에 ～를 뿌리다 perfume *oneself.* ‖ ～뿌리개 a scent sprayer; a perfume atomizer.
향수(鄕愁) homesickness; nostalgia. ¶ ～를 느끼다 feel homesick.
향습성(向濕性) 〚植〛 positive hydrotropism.
향연(饗宴) a feast; a banquet. ¶ ～을 베풀다 hold a banquet.
향유(享有) ～하다 enjoy; possess; participate 《*in*》. ¶ 자유를 ～할 권리 the right to enjoy liberty.
향유(香油) perfumed oil; 《참기름》 sesame oil.
향유고래(香油—) 〚動〛 a sperm whale; a cachalot.
향응(饗應) an entertainment; a banquet; a treat. ～하다 entertain 《*a person at*〔*to*〕 *dinner*》; treat 《*a person to*》; give〔hold〕a party 《*for a person*》.
향일성(向日性) 〚植〛 (positive) heliotropism. 「ropism.
향지성(向地性) 〚植〛 (positive) geot-
향토(鄕土) *one's* native place〔district〕; *one's* birthplace〔hometown〕. ‖ ～문학〔음악〕 folk literature〔music〕/ ～색 local color (～색 짙은 rich in local color) / ～예비군 the homeland reserve forces / ～예술 folk art.
향하다(向—) ① 《대하다》 face; front; look (out) on. ¶ 바다를 ～ 《집이》 look out on the sea. ② 《지향해 가다》 go to〔toward〕; leave〔start〕for; head for. ¶ 향하여 for; toward; in the direction of / 한국을 떠나 미국으로 ～ leave Korea for America / 승리를 향하여 전진하다 go ahead to victory.
향학심(向學心) desire for learning; love of learning; a desire to learn; intellectual appetite. ¶ ～에 불타다 burn with the desire for learning.
향후(向後) hereafter; henceforth; from now on; in future.
허(虛) an unguarded position〔moment〕; unpreparedness; a

weak point. ¶ 적의 ～를 찌르다 make a surprise attack on the enemy; take the enemy unawares / ～를 찔리다 be caught off (*one's*) guard / ～를 틈타다 take advantage of 《*a person's*》 unpreparedness.

허가 (許可) permission; leave; approval(인가); licence(면허); admission(입학·입장). ～하다 permit; give leave; license, allow (면허); admit(입장을). ¶ ～를 얻어 by permission of / ～ 없이 without permission / 외출 ～를 얻다 get leave〔permission〕 to go out / ～를 얻어 영업하다 do business under license. ‖ ～제(制) a license system / ～증(證) a permit; a written permission; a license.

허겁지겁 ☞ 허둥지둥.

허공 (虛空) the empty air; empty space; 《공중》 the air; the sky.

허구 (虛構) a lie; a fabrication; a fiction; a falsehood; an invention. ¶ ～의 made-up; false; fabricated; invented; fictitious / 그 이야기는 순전히 ～이다 The story is a pure fiction.

허구렁 (虛―) an empty hollow; a pit.

허구하다 (許久―) be very long; be a very long time. ¶ 허구한 세월을 덧없이 보내다 spend many long years in vain.

허기 (虛飢) an empty stomach; hunger. ¶ ～를 느끼다 feel hungry / ～를 달래다 appease〔alleviate〕 *one's* hunger.

허깨비 《환영》 a phantom; a ghost; 《환상》 a vision; an illusion.

허니문 a honeymoon.

허다하다 (許多―) (be) numerous; many; innumerable; frequent; common. ¶ 허다한 학생 중에 among so many students.

허덕거리다 ① 《숨이 차》 pant; gasp for breath; 《지쳐서》 be exhausted; be tired out. ② 《애쓰다》 struggle; make frantic efforts; strive wildly.

허두 (虛頭) 《첫머리》 the beginning; the opening 《*of a speech*》.

허둥거리다 fluster *oneself;* be all in a flurry; be confused.

허둥지둥 in a flurry; in hot haste; helter-skelter; hurry-scurry. ¶ ～ 달아나다 run away in a flurry.

허드레 odds and ends. ¶ ～꾼 an odd(-job) man; an odd-jobber / 허드렛물 water for sundry uses / 허드렛일 odd jobs; a trifling job.

허들 a hurdle. ‖ ～레이스 a hurdle race.

허락 (許諾) 《승인》 consent; assent; approval; sanction; 《허가》 permission; permit; leave. ～하다 consent to; give consent to; approve; permit; allow; admit (입학 따위를). ¶ ～을 얻어 with *a person's* permission / ～ 없이 without leave〔permission〕.

허랑방탕 (虛浪放蕩) ～하다 (be) loose; profligate; dissolute.

허례 (虛禮) formalities; formal courtesy; empty forms. ¶ ～를 없애다 dispense with formalities. ‖ ～허식(虛飾) (formalities and) vanity.

허룩하다 (be) almost empty.

허름하다 ① 《낡아서》 (be) old; shabby. ¶ 허름한 옷 a shabby clothes. ② 《값이》 (be) cheap; low-priced; inexpensive.

허리 ① 《몸의》 the waist; the loin. ¶ ～가 날씬하다 have a supple 〔slender〕 waist. ② 《옷의》 the waist.

허리띠 a belt; a girdle; a (waist) band; belting(총칭). ¶ ～를 매다 〔풀다〕 tie〔untie〕 a belt.

허리춤 inside the waist of *one's* trousers.

허리케인 〖氣〗 a hurricane.

허리통 a waist measure.

허릿매 the waistline.

허망 (虛妄) ～하다 (be) vain; false; untrue; groundless.

허무 (虛無) nothingness; nihility. ～하다 (be) empty; vain; nonexistent. ¶ ～하게 to no purpose; in vain. ‖ ～감 a sense of futility / ～주의 nihilism / ～주의자 a nihilist.

허무맹랑하다 (虛無孟浪―) (be) fabulous; empty; groundless; false; unreliable. ¶ 허무맹랑한 소문 a groundless rumor.

허물[1] 《살꺼풀》 the skin; a slough (뱀 따위의).

허물[2] 《잘못》 a fault; a mistake; an error; a misdeed; a blame. ¶ ～을 용서하다 forgive 《*a person*》 for *his* fault / ～을 뉘우치다 repent *one's* error.

허물다 demolish; pull〔take, tear〕 down; destroy. ¶ 오래된 집들을 ～ demolish〔pull down〕 old houses.

허물 벗다[1] 《뱀 따위가》 cast off the skin; slough 《*off, away*》; exuviate.

허물 벗다[2] 《누명 벗다》 clear *oneself* of a false charge.

허물어지다 collapse; fall〔break〕 down; crumble(벽 따위); give way(다리 따위); be destroyed. ¶ 허물어져 가는 낡은 성 a crumbling old castle / 담의 일부가 허물어졌다 Part of the wall broke down.

허물없다 be on familiar〔friendly〕 terms; (be) unceremonious;

unreserved. ¶ 허물없는 친구 a friend with whom *one* need not stand on ceremony / 허물없이 without reserve; familiarly / 우리는 허물없는 사이다 We are on familiar terms with each other.
허밍 humming.
허방짚다 miscalculate.
허벅다리 a thigh.
허벅지 the inside of the thigh.
허비(虛費) waste. ～하다 waste; cast〔throw〕 away. ¶ 시간을 ～하다 waste *one's* time; idle away *one's* time.
허사(虛事) a vain attempt; a failure. ¶～로 돌아가다 come to nothing〔naught〕; end in failure.
허상(虛像) 〖理〗 a virtual image.
허섭스레기 odd ends〔bits〕; trash.
허세(虛勢) a bluff; bluster; a false show of power〔strength, courage〕. ¶ ～를 부리다 bluff; make a show of power / ～를 부리는 사람 a bluffer; a swaggerer.
허송세월(虛送歲月) ～하다 waste time; idle *one's* time away.
허수(虛數) 〖數〗 an imaginary number.
허수아비 a scarecrow; 《사람》 a dummy; a puppet.
허술하다 ①《초라하다》(be) shabby; poor-looking; worn-out. ¶ 허술한 옷 shabby clothes. ②《허점이 있다》(be) lax; loose; careless.
허스키 《in》 a husky voice.
허식(虛飾) show; display; ostentation; affectation; vanity. ¶ ～적인 showy; ostentatious / ～이 없는 unaffected; plain / ～을 좋아하다 love stand play; be fond of display.
허실(虛實) truth and falsehood.
허심탄회(虛心坦懷) ～하다 (be) open-minded; frank; candid. ¶ ～하게 with an open mind; candidly; frankly; without reserve.
허약(虛弱) ～하다 (be) weak; sickly; frail; feeble. ¶ 몸이 ～하다 have a weak constitution. ‖ ～자 a weakly〔an infirm〕 person.
허언(虛言) a lie; a falsehood.
허여멀겋다, 허여멀쑥하다 (be) nice and fair; have a fair complexion.
허영(虛榮) vanity; vainglory. ¶ ～ 때문에 for vanity's sake. ‖ ～심 vanity (～심이 강한 vain; vainglorious).
허옇다 (be) very white. ☞ 하얗다.
허욕(虛慾) vain ambitions; false desires; avarice; greed. ¶ ～많은 greedy; avaricious.
허용(許容) permission; allowance; tolerance. ～하다 permit; allow; tolerate. ¶ 방사능의 최대 ～ 선량(線量) the maximum permissible dose of radiation. ‖ ～량 a permissible〔tolerable〕 amount / ～범위 a permissible range / ～오차 an allowable〔a permissible〕 error / ～한도 a tolerance〔an acceptable〕 limit.
허우대 a fine tall figure.
허울 (a nice) appearance; exterior. ¶ ～만 좋은 물건 a gimcrack / ～뿐이다 be not so good as *it* looks; be deceptive.
허위(虛僞) a lie; a falsehood. ¶ ～의 false; sham; fictitious; feigned. ‖ ～보고〔신고〕 a false report〔return〕 / ～진술 misrepresentation.
허위단심 making strenuous efforts. ¶ ～으로 with great efforts.
허위적거리다 struggle; wriggle; flounder; squirm.
허장성세(虛張聲勢) bravado and bluster. ～하다 indulge in bravado and bluster.
허전하다 feel empty; miss 《*something*》; feel lonesome.
허점(虛點) a blind point〔spot〕; a weak point. ¶ ～을 노리다 watch for an unguarded moment; try to catch 《*a person*》 napping; 《법의》 find a loophole in the law.
허청거리다 be unsteady on *one's* feet; feel weak at *one's* knees.
허탈(虛脫) 〖醫〗 (physical) collapse; lethargy(무기력). ～하다 collapse; be atrophied〔prostrated〕. ‖ ～감 despondency / ～상태 a state of lethargy〔stupor〕.
허탕 lost〔fruitless〕 labor; vain effort. ¶ ～치다 labor〔work〕 in vain; come to nothing; make vain efforts.
허투루 carelessly; roughly; negligently; in a slovenly way. ¶ ～보다 hold 《*a person, a matter*》 cheap; make light of; think little〔nothing〕 of / 물건을 ～다루다 handle things roughly.
허튼계집 a loose woman; a slut.
허튼맹세 an idle pledge〔vow〕; an irresponsible oath.
허튼소리, 허튼수작(一酬酌) idle talk〔remarks〕; irresponsible utterance. ¶ ～로 시간을 보내다 pass time in idle talk.
허파 the lungs; lights(소, 양, 돼지의). ¶ ～에 바람이 들다 be giggly〔gigglesome, giddy〕.
허풍(虛風) a brag; a big〔tall〕 talk; exaggeration. ¶ ～(을) 떨다

boast; talk big; brag; exaggerate. ‖ ~선이 a boaster; a braggart; a gasbag.
허하다(虛—) 《속이 빔》 (be) hollow; empty; vacant; void; 《허약》 (be) weak; feeble; delicate; frail. ¶ 몸이 ~ be weak in body.
허행(虛行) ~하다 ☞ 헛걸음하다.
허허벌판 a vast expanse of plains; a wide field.
허혼(許婚) ~하다 consent to 《*a person's*》 marriage.
허황(虛荒) ~하다 (be) false; wild; unbelievable; ungrounded; unreliable. ¶ ~된 생각 a fantastic 〔wild〕 idea.
헌 old; shabby; worn-out; used; secondhand. ¶ ~ 물건 an old 〔a used〕 article / ~ 옷 worn-out clothes.
헌걸차다 《몸이》 (be) strong and sturdy; vigorous and plucky; 《의기가》 (be) in high spirits.
헌것 old 〔worn-out, secondhand, used〕 things.
헌계집 a divorced woman; a divorcee; a deflowered girl.
헌금(獻金) a gift of money; a contribution; a donation; 《교회에 하는》 an offering; a collection. ~하다 contribute; donate. ¶ 정치 ~ a political donation. ‖ ~자 a contributor; a donor / ~함 a contribution 〔collection〕 box.
헌납(獻納) contribution; donation. ~하다 contribute; donate; offer. ‖ ~자 a contributor; a donor / ~품 an offering; a present; a gift.
헌데 a swelling; a boil; an abscess; an eruption.
헌법(憲法) the constitution. ¶ ~(상)의 constitutional / ~상으로 constitutionally / ~을 제정〔개정〕하다 establish 〔revise〕 a constitution / 대한 민국 ~ the Constitution of the Republic of Korea /성문〔불문〕 ~ a written 〔an unwritten〕 constitution / ~ 제7조 Article 7 of the constitution. ‖ ~개정 the revision of the constitution / ~위반 a breach of the constitution.
헌병(憲兵) 《육군》 a military policeman; the military police(총칭) (생략 MP); 《해군》 a shore patrolman; the shore patrol(총칭) (생략 SP). ‖ ~대 《육군》 the Military Police; 《해군》 the Shore Patrol / ~사령관 a provost marshal / ~파견대 a detachment of the military police.
헌상(獻上) an offering to a superior. ~하다 offer 〔present〕 《*a thing*》 to a superior. ‖ ~품 an offering; a gift.
헌신(獻身) devotion. ~하다 devote 〔dedicate〕 *oneself* 《*to*》. ¶ ~적인 devotional / ~적으로 devotedly / 일생을 빈민 구제에 ~하다 devote *one's* whole life to helping the poor.
헌신짝 a worn-out 〔an old〕 shoe. ¶ ~처럼 버리다 throw 〔cast〕 《*a thing*》 away like an old shoe.
헌옷 old 〔worn-out, secondhand〕 clothes.
헌장(憲章) the constitution; the charter. ¶ 대서양 ~ the Atlantic Charter / 대 ~ 《영국의》 the Magna Carta; the Great Charter / 어린이 ~ the Children's Charter.
헌정(憲政) constitutional government; constitutionalism. ¶ ~의 위기 a constitutional crisis.
헌정(獻呈) ~하다 present 《*a copy*》 to 《*a person*》; dedicate. ‖ ~본 a presentation 〔complimentary〕 copy.
헌책(—冊) a secondhand 〔used〕 book. ‖ ~방 a secondhand bookstore.
헌칠하다 (be) tall and handsome; have a well-proportioned figure.
헌혈(獻血) blood donation; donation of blood. ~하다 donate 〔give〕 blood. ‖ ~운동 a blood donation campaign / ~자 a blood donor.
헐값(歇—) a giveaway 〔dirt-cheap, low〕 price.
헐겁다 (be) loose; loose-fitting. ¶ 이 신발은 좀 ~ These shoes are a little loose.
헐다[1] 《물건이》 get old; become shabby; wear out; be worn-out; 《피부가》 get 〔have〕 a boil 《*on*》; develop a boil.
헐다[2] ① 《쌓은 것 등을》 destroy; pull 〔break〕 down; demolish. ¶ 오래된 건물을 ~ pull down old buildings. ② 《남을》 speak ill of; slander. ③ 《돈을》 break; change.
헐떡거리다 pant; gasp; breathe hard. ¶ 헐떡거리며 pantingly; between gasps / 그 여인은 가파른 언덕을 헐떡거리며 달려 올라갔다 The lady ran up the steep slope panting.
헐뜯다 slander; defame; pick on 《*a person*》; speak ill 《*of*》. ¶ 뒤에서 남을 ~ speak ill of 《*a person*》 behind *his* back.
헐렁거리다 ① 《물건이》 be loose (-fitting); fit loose. ¶ 헐렁거리는 볼트 a loose bolt. ② 《행동을》 act rashly; be frivolous.
헐렁이 a frivolous person; an unreliable person.

헐렁하다 (be) loose; loose-fitting. ¶ 헐렁한 바지 loose trousers.
헐레벌떡 panting and puffing; out of breath. ¶ ～ 달려가다 run along panting and puffing.
헐리다 be pulled〔torn〕down; be demolished〔destroyed〕.
헐벗다 《사람이》 be in rags; be poorly〔shabbily〕clothed; 《나무·산이》 be bared〔stripped〕. ¶ 헐벗은 아이들 children in rags / 헐벗은 산 a bare〔bald〕mountain.
헐하다(歇—) ① 《값이》 (be) cheap; inexpensive. ¶ 헐하게 사다 buy cheap; buy at a bargain. ② 《쉽다》 (be) easy; simple; light. ¶ 헐한 일 light work. ③ 《가벼운》 (be) light; lenient. ¶ 헐한 벌 a light〔lenient〕punishment.
험구(險口) an evil tongue; slander. ～하다 make blistering remarks; use abusive language; slander; abuse. ‖ ～가 a foul-mouthed person; a slanderer.
험난(險難) ～하다 (be) rough and difficult; rugged; be full of danger.
험담(險談) slander; calumny. ～하다 slander; speak ill of; talk scandal 《*about*》; backbite. ¶ ～ 잘 하는 사람 a scandalmonger; a backbiter.
험상궂다, 험상스럽다(險狀—) (be) sinister〔rugged, grim, savage-looking〕. ¶ 험상스러운 얼굴 a grim face; a sinister countenance.
험악하다(險惡—) 《위험》 (be) dangerous; perilous; 《사태가》 (be) serious; critical; grave; 《날씨가》 (be) threatening; stormy; 《험준》 (be) rugged. ¶ 험악한 표정 a grim〔stern〕expression / 날씨가 매우 ～ The sky looks very threatening. / 사태가 매우 험악해졌다 The situation has become serious.
험준하다(險峻—) (be) steep; precipitous; rugged. ¶ 험준한 산길 a steep〔rugged〕mountain road.
험하다(險—) ① 《산길 따위가》 (be) rugged; steep; perilous. ② 《날씨 따위》 (be) foul; stormy; rough. ③ 《표정 따위》 (be) sinister; grim; savage-looking. ④ 《상태가》 (be) critical; serious; grave; grim.
헙수룩하다 《머리털이》 (be) shaggy; 《옷차림이》 (be) shabby; poor-looking; seedy. ¶ 헙수룩한 옷 shabby clothes.
헙헙하다 ① 《사람됨이》 (be) generous; liberal; broad-minded. ② 《씀씀이가》 (be) wasteful; lavish.
헛간(—間) a barn; a shed.
헛걸음하다 go on a fool's errand; make a trip in vain.
헛구역(—嘔逆) queasiness; a queasy feeling. ¶ ～질이 나다 have a queasy feeling; be queasy.
헛기침하다 clear *one's* throat (to attract attention); ahem.
헛다리짚다 make a wrong guess〔estimate〕; miscalculate; shoot at a wrong mark.
헛돌다 《기계 따위가》 run idle; race.
헛되다 《보람없다》 (be) idle; vain; futile; unavailing; empty; 《무근》 (be) groundless; false; untrue. ¶ 헛된 노력 vain efforts / 헛된 소문 groundless rumor / 헛되이 uselessly; in vain; aimlessly; idly / 하루하루를 헛되이 보내다 spend *one's* days idly.
헛듣다 hear 《*something*》 wrong〔amiss〕; mishear. ¶ 아무의 말을 ～ mishear *a person's* remark / 내가 헛들은 것이나 아닌지 의심했다 I could hardly believe my ears.
헛디디다 miss *one's* step; take a false step.
헛물켜다 make vain efforts.
헛배부르다 have a false sense of satiety.
헛소리하다 talk in delirium(정신없이); talk nonsense〔rubbish〕.
헛소문(—所聞) a false rumor.
헛손질하다 paw the air.
헛수 《make》 a wrong move.
헛수고 fruitless〔vain〕effort; lost labor. ～하다 make vain efforts; work in vain; waste time and labor. ¶ ～가 되다 *one's* labor comes to nothing〔naught〕.
헛웃음 a feigned〔pretended〕smile; a simper; a smirk. ¶ ～(을) 치다 simper; smirk.
헛일 useless work; vain effort; lost〔fruitless〕labor. ～하다 do useless work; make vain efforts; try in vain.
헛헛증(—症) hungriness; a chronic hunger. ¶ ～이 있다 suffer from chronic hunger.
헛헛하다 feel〔be〕hungry.
헝겊 a piece of cloth; a rag.
헝클다 tangle; entangle; dishevel.
헝클어지다 be〔get〕tangled〔entangled〕; be in a tangle.
헤게모니 hegemony.
헤드라이트 a headlight.
헤딩 heading. ～하다 head.
헤뜨리다 scatter; strew; disperse. ¶ 닭이 모이를 ～ chickens scatter their feed.
헤로인 《여주인공》 a heroine; 《마약의 일종》 heroin.
헤르니아 〖醫〗 hernia(탈장).
헤매다 ① 《돌아다니다》 wander〔roam〕about; rove. ¶ 숲 속을 ～ wander〔roam〕about in the woods / 생사지경을 ～ hover between life and death. ② 《마음이》 be embarrassed〔perplexed,

puzzled〕; be at a loss. ¶ 어쩔줄 몰라 ~ be at a loss what to do.
헤먹다 get loose; become loose-fitting.
헤모글로빈 〖生〗 hemoglobin.
헤벌쭉 wide open. ~하다 (be) wide open. ¶ ~ 웃다 smile a broad smile.
헤브라이 Hebrew. ‖ ~어 Hebrew.
헤비급(一級) the heavyweight. ‖ ~선수 a heavyweight 《*boxer*》.
헤살 hindrance; slander(중상). ¶ ~ 놓다 thwart; hinder; interfere with. ‖ ~꾼 slanderer; a malicious interferer.
헤식다 (be) brittle; fragile; weak.
헤실바실 frittering away; inadvertently running out of. ¶ 가진 돈을 ~ 다 써버리다 fritter away all the money *one* has.
헤아리다 ① 《요량하다》 consider; weigh; ponder. ¶ 일을 잘 헤아려 하다 undertake a plan with due consideration. ② 《가늠·짐작》 fathom; sound; plumb; surmise; conjecture. ③ 《셈》 count; calculate; estimate. ¶ 헤아릴 수 없는 incalculable; innumerable.
헤어나다 cut 〔fight〕 *one's* way through; ride over 《*a crisis*》; get out of 《*a difficulty*》.
헤어네트 a hairnet.
헤어브러시 a hairbrush.
헤어스타일 a hair style.
헤어지다 ① 《이별》 part from 〔with〕; separate from; part company 《*with*》; divorce *oneself* 《*from*》. ¶ 헤어진 아내 a separated 〔divorced〕 wife / 친구와 ~ part from a friend. ② 《흩어지다》 get scattered 〔strewn, dispersed〕. ¶ 삼삼오오 헤어져서 가다 disperse by twos and threes.
헤어핀 a hairpin.
헤엄 swimming; a swim. ¶ ~ 치다 swim; have a swim / ~ 치러 가다 go swimming.
헤적이다 rummage 《*about, through, among*》; ransack.
헤집다 dig up and scatter; tear up; turn up.
헤치다 ① 《파헤치다》 dig 〔turn〕 up. ② 《흩뜨리다》 scatter; disperse. ③ 《좌우로》 push aside; make *one's* way 《*through*》; elbow *one's* way 《*through*》. ¶ 군중을 헤치고 나아가다 elbow 〔cut〕 *one's* way through a crowd.
헤프다 ① 《쓰기에》 be not durable; be easy to wear out; be soon used up. ② 《씀씀이가》 (be) uneconomical; wasteful. ¶ 돈을 헤프게 쓰다 spend money lavishly 〔wastefully〕. ③ 《입이》 (be) talkative; glib(-tongued). ④ 《몸가짐이》 (be) loose; dissipated; dissolute.
헥타르 a hectare.
헬레니즘 〖史〗 Hellenism.
헬륨 〖化〗 helium (기호 He).
헬리콥터 a helicopter; a chopper 《美俗》.
헬리포트 a heliport.
헬멧 a helmet.
헷갈리다 ① 《마음이》 be confused; *one's* attention is distracted. ② 《뜻이》 be confused; be hard to distinguish.
헹가래 ¶ ~ 치다 toss 〔hoist〕 《*a person*》 「into the air 〔shoulder-high〕.
헹구다 wash out; rinse out 〔away〕. ¶ 빨래를 ~ rinse laundry in fresh water after washing.
혀 a tongue; 《악기의》 a reed. ¶ ~를 내밀다 put 〔stick〕 out *one's* tongue / ~를 차다 tut; clack the tongue. ‖ ~끝 the tip of the tongue.
혁대(革帶) a leather belt.
혁명(革命) a revolution. ¶ ~적인 revolutionary / ~을 일으키다 start 〔raise〕 a revolution / 산업~ an industrial revolution / 무력〔무혈〕~ an armed 〔a bloodless〕 revolution / 반~세력 antirevolutionary group 〔force〕. ‖ ~가 a revolutionist / ~군〔정부〕 a revolutionary army 〔government〕/ ~운동 a revolutionary movement.
혁신(革新) (a) reform; (a) renovation; (an) innovation. ~하다 (make a) reform; renovate 《*in, on*》. ¶ ~적인 innovative; progressive / 기술의 ~ innovation in techniques. ‖ ~운동 a renovation movement / ~정당 a reformist 〔progressive〕 (political) party / ~파 a reformist group.
혁혁하다(赫赫一) (be) bright; brilliant; glorious; distinguished.
현(弦) ① 《활시위》 a bowstring. ② 〖數〗 a chord. ③ 〖天〗 a quarter (moon). ④ 《줄》 a string; a chord.
현(現) present; existing; actual. ¶ ~내각 the present Cabinet.
현격(懸隔) ~하다 (be) different; wide apart. ¶ ~한 차이 a great disparity; a wide difference.
현관(玄關) the (front) door; the porch; the entrance hall. ¶ 자동차를 ~에 대다 drive a car up to the door.
현군(賢君) a wise king.
현금(現今) ¶ ~의 present time 〔day〕; nowadays; of today / ~에는 at present; now; nowadays; in these days.
현금(現金) cash; ready money.

¶ ～으로 치르다 pay in cash / ～으로 팔다〔사다〕 sell〔buy〕 for cash / 수표를 ～으로 바꾸다 cash a check. ‖ ～가격 a cash price / ～거래 cash transactions / ～상환 cash redemption / ～수송차《美》 an armored car / ～자동현금입출기 an automatic teller machine (생략 ATM) / ～자동지급기 a cash dispenser / ～주의 pay-as-you-go policy; no-credit policy / ～지급 cash payment / ～출납원 a cashier.

현기(眩氣), **현기증**(眩氣症) giddiness; dizziness; 『醫』 vertigo. ¶ 현기증이 나다 be dizzy; get〔feel〕 giddy.

현대(現代) the present age〔day〕; today. ¶ ～의 current; present-day; modern / ～적인 modern; up-to-date. ‖ ～극 a modern play / ～문학 current literature / ～성(性) modernity / ～어 a living〔modern〕 language / ～영어 present-day English / ～음악 modern music / ～인 a modern; men of today(총칭) / ～작가 a contemporary writer / ～화(化) modernization (～화하다 modernize).

현란(絢爛) ～하다 (be) gorgeous; brilliant; dazzling; flowery.

현명(賢明) wisdom. ¶ ～한 wise; sensible; intelligent; sagacious.

현모양처(賢母良妻) a wise mother and good wife.

현몽하다(現夢—) appear in *one's* dream; come to *one* in a dream.

현물(現物) the actual thing〔goods〕. ¶ ～을 보지 않고 사다 buy an article without seeing it / ～로 지급하다 pay in kind. ‖ ～가격 a spot price / ～거래 a spot transactions / ～급여 an allowance〔wages〕 in kind / ～출자《make》 investment in kind.

현미(玄米) unpolished〔unmilled〕 rice.

현미경(顯微鏡) a microscope. ¶ 배율 백 배의 ～ a microscope of 100 magnifications / 전자～ an electron microscope.

현상(現狀) the present〔existing〕 state; the present condition〔situation〕; the *status quo*. ¶ ～으로는 in〔under〕 the present〔existing〕 circumstances / ～대로 놔두다 leave《*the matter*》 as it is. ‖ ～유지 maintenance of the *status quo*.

현상(現象) a phenomenon. ¶ 자연～ natural phenomena / 일시적 ～ a passing phenomenon.

현상(現像) 『寫』 developing; development. ～하다 develop. ¶ 필름을 ～하다 have *one's* film developed. ‖ ～액 a developer.

현상(懸賞) a prize; a reward. ¶ ～을 걸다 offer a prize〔reward〕《*for*》; 《범인 등에》 set a prize《*on an offender's head*》 / ～에 응모하다 participate in a prize competition. ‖ ～금 prize money; a reward / ～당선자 a prize winner / ～소설 a prize novel.

현세(現世) this world. ☞ 이승.

현손(玄孫) a grandson's grandson.

현수(懸垂) suspension. ‖ ～교(橋) a suspension bridge / ～막 a hanging banner〔placard〕.

현숙(賢淑) ¶ ～한 아내 a wise and virtuous wife.

현시(現時) the present time; today.

현시(顯示) ～하다 show; reveal.

현실(現實) reality; actuality. ¶ ～의 actual; real / ～로 actually / ～화하다 realize / 인생의 혹독한 ～ the stern〔hard〕 realities of life / ～을 직시하다 face (up to) reality / ～에서 도피하다 escape from reality / ～적으로 생각하다 think realistically. ‖ ～성 reality / ～주의 realism.

현악(絃樂) string music. ‖ ～기 a stringed instrument / ～사중주 a string quartet.

현안(懸案) a pending〔an outstanding〕 question〔problem〕.

현역(現役) active service. ¶ ～의 군함 a warship in commission〔active service〕. ‖ ～군인 a soldier in active service / ～선수 a player on the active list / ～장교 an officer in〔on〕 active service.

현인(賢人) a wise man; a sage.

현임(現任) the present office. ‖ ～자 the present holder of the office.

현장(現場) the spot; the scene (of action). ¶ ～에서 on the spot / ～에서 잡히다 be caught in the act《*of stealing*》. ‖ ～감독 a foreman; a field supervisor / ～검증 an on-the-spot inspection / ～부재증명 an alibi / ～연수(硏修) on-the-job training〔experience〕/ ～중계 TV coverage of the scene / ～취재 news-gathering of the scene《*of*》.

현재(現在) the present (time). ¶ ～의 present; existing / ～까지 up to now; to date / 중동의 ～ 정세 the present state of the Middle East / 1998년 4월 1일 ～의 서울 인구 the population of Seoul as of April 1, 1998 / ～의 일에 만족하다 be content with *one's* present job. ‖ ～시제 the present (tense).

현저(顯著) ¶ ～한 remarkable; marked; outstanding; striking /

인구의 ～한 증가 a marked increase in population / 의견의 ～한 차이 a remarkable〔striking〕 difference between the opinions.

현존(現存) ～하다 exist; be in existence. ¶ ～의 living; existing. ‖ ～작가 living writers.

현주(現住) ①《현재 삶》actual residence. ‖ ～민 the present inhabitants〔residents〕. ②《현주소》*one's* present address.

현지(現地) the spot; the field. ¶ ～로부터 보고를 받다 receive a report from the spot. ‖ ～보고 an on-the-spot report / ～생산 local production / ～시간 local time / ～인 a native; a local people / ～조사 field investigations.

현직(現職) the present office〔post〕. ¶ ～의 serving《*officials*》; incumbent / ～에 머물다 remain〔stay〕 in *one's* present office / ～교육부 장관 the incumbent Minister of Education.

현찰(現札) cash; ready money.

현처(賢妻) a wise wife.

현충일(顯忠日) the Memorial Day.

현충탑(顯忠塔) a memorial monument.

현판(懸板) a hanging board〔plate〕.

현품(現品) the (actual) goods. ☞ 현물.

현행(現行) ¶ ～가격 the going price / ～교과서 the textbooks now in use / ～제도는 시대에 안 맞는다 The present system is behind the time. ‖ ～범 a crime committed in the presence of a policeman(～범으로 잡다 catch《*a thief*》red-handed) / ～법규 the existing laws.

현혹(眩惑) dazzlement. ～하다 dazzle; enchant; mesmerize; take《*a person*》in. ¶ 달콤한 말에 ～되지 마라 Don't be taken in by seductive words.

현황(現況) ☞ 현상(現狀).

혈거(穴居) ～하다 dwell in a cave. ‖ ～시대 the cave age.

혈관(血管) a blood vessel. ‖ ～파열 the rupture of a blood vessel.

혈구(血球) a blood corpuscle〔cell〕.

혈기(血氣) hot blood; youthful vigor. ¶ ～왕성한 passionate; hot-blooded / ～가 왕성하다 be full of youthful vigor / ～에 이끌리다 be driven by youthful ardor.

혈뇨(血尿) bloody urine; 〚醫〛《증상》 「hematuria.

혈담(血痰) bloody phlegm.

혈당(血糖) 〚生理〛 blood sugar; glucose(포도당). ¶ ～검사를 받다 have *one's* blood sugar tested. ‖ ～치 a blood sugar level(～치를 내리다 lower *one's* blood sugar level).

혈로(血路) ¶ ～를 열다 find a perilous way out; cut *one's* way《*through the enemy*》.

혈맥(血脈)《혈관》a blood vessel; 《혈통》lineage; blood; pedigree.

혈반(血斑) a blood spot.

혈변(血便) bloody stool.

혈색(血色) a complexion. ¶ ～이 좋다〔나쁘다〕 look well〔pale〕; have a ruddy〔bad〕 complexion / ～이 좋아〔나빠〕지다 gain〔lose〕 color. ‖ ～소 hemoglobin.

혈서(血書) ¶ ～를 쓰다 write in blood. 「tax.

혈세(血稅) an unbearably heavy

혈안(血眼) a bloodshot eye. ¶ ～이 되어 찾다 make a desperate effort to find; make a frantic search《*for*》.

혈압(血壓) blood pressure. ¶ ～을 재다〔내리다〕 measure〔reduce〕 *one's* blood pressure / ～이 높다〔낮다〕 have high〔low〕 blood pressure. ‖ ～강하제 a hypotensive drug / ～계 a tonometer.

혈액(血液) blood. ¶ ～순환을 좋게 하다 improve blood circulation. ‖ ～검사〔형〕 a blood test〔type〕/ ～암 leukemia / ～은행 a blood bank.

혈연(血緣) blood relation〔ties〕; family connection(s). ‖ ～관계 consanguinity; blood relationship(～관계에 있다 be related by blood〔birth〕) / ～단체 a kinship society. 「hemophilia.

혈우병(血友病) bleeder's disease;

혈육(血肉)《피와 살》blood and flesh; 《자식》*one's* offspring. ¶ ～하나 없다 be childless.

혈장(血漿) blood plasma.

혈전(血戰) a bloody battle; a desperate fight.

혈족(血族)《관계》blood relationship〔ties〕; 《사람》a blood relative〔relation〕. ‖ ～결혼 an intermarriage.

혈청(血淸) 〚醫〛 (blood) serum. ‖ ～간염 serum hepatitis / ～주사 a serum injection.

혈통(血統) blood; lineage; pedigree; a family line. ¶ ～은 속이지 못한다 Blood will tell. ‖ ～서 a pedigree(～서가 있는 개 a pedigreed dog).

혈투(血鬪) a bloody fight.

혈판(血判) ～하다 seal with *one's* blood. ‖ ～서 a petition sealed with blood.

혈행(血行) circulation of the blood.

혈혈단신(孑孑單身) all alone in the world. ¶ ～이다 be all alone.

혈흔(血痕) a bloodstain.

혐연(嫌煙) a hatred of smoking.

‖ ～권(權) non-smoker's rights; the right to be free from other's smoking.

혐오(嫌惡) hatred; dislike. ～하다 hate; dislike; detest. ¶ ～할 hateful; detestable / ～감을 갖다 have a hatred《*for*》; feel an aversion《*to*》.

혐의(嫌疑) (a) suspicion; a charge. ¶ …의 ～로 on suspicion〔a charge〕of… / ～를 두다 suspect《*a person*》《*of*》/ ～를 받다 be suspected《*of*》. ‖ ～자 a suspected person; a suspect.

협객(俠客) a chivalrous person.

협곡(峽谷) a gorge; a ravine; a canyon.

협공(挾攻) ～하다 attack《*the enemy*》from both sides. ‖ ～작전 a pincer operation.

협기(俠氣) a chivalrous spirit.

협동(協同) cooperation; collaboration; partnership. ～하다 cooperate〔collaborate〕《*with*》; work together. ¶ ～하여 jointly; in cooperation〔collaboration〕《*with*》. ‖ ～기업 a cooperative enterprise / ～정신 cooperative spirit / ～조합 a cooperative society〔association〕.

협력(協力) cooperation; joint efforts. ～하다 cooperate〔join forces〕《*with*》; work together《*with*》. ¶ 경제～ economic cooperation / …와 ～하여 in cooperation〔collaboration〕with. ‖ ～자 a collaborator; a cooperator.

협박(脅迫) a threat; intimidation; a menace. ～하다 threaten; menace; intimidate. ‖ ～자 an intimidator / ～장〔전화〕a threatening letter〔call〕/ ～죄 intimidation.

협살(挾殺) 〖野〗a rundown. ～하다 run down〔touch out〕《*a runner between second base and third*》.

협상(協商) negotiations; an *entente*《프》. ～하다 negotiate《*with*》. ¶ ～을 맺다 conclude an *entente*《*with*》.

협소하다(狹小—) (be) narrow and small; limited. ¶ 협소한 방 a small room.

협심(協心) unison. ～하다 unite; be united. ¶ ～하여 일하다 work in unison.

협심증(狹心症) 〖醫〗stricture of the heart; angina (pectoris).

협약(協約) ☞ 협정. ¶ 노동〔단체〕～ a labor〔collective〕agreement.

협의(協議) (a) conference; consultation; discussion. ～하다 talk《*with a person*》over《*a matter*》; discuss《*a matter with a person*》; confer《*with*》. ¶ ～ 결과 다음과 같이 결정하였다 As a result of the conference the following decision was made. ‖ ～사항 a subject of discussion / ～회 a conference.

협의(狹義) 《in》a narrow sense.

협잡(挾雜) cheating; trickery; swindle; fraud. ～하다 cheat; swindle; commit a fraud; juggle. ‖ ～꾼 an swindler; an impostor; a cheat / ～선거 a fraudulent election.

협정(協定) an agreement; an arrangement; a pact. ～하다 agree《*on*》; arrange《*with*》. ¶ ～을 맺다〔폐기하다〕conclude〔abrogate〕an agreement《*with*》/ ～을 이행하다 fulfill〔carry out〕an agreement. ‖ ～가격 an agreed price / ～서 a written agreement(～서를 교환하다 exchange copies of an agreement《*with*》) / ～위반 a breach of an agreement.

협조(協調) cooperation; harmony (조화); conciliation(타협). ～하다 cooperate《*with*》; act in concert《*with*》. ¶ ～적 cooperative; conciliatory《*attitude*》/ 그는 ～적이다〔～적이 아니다〕He is〔is not〕cooperative. ‖ ～성 cooperativeness; cooperation / ～심 a spirit of cooperation / ～자 a cooperator.

협주곡(協奏曲) a concerto.

협착(狹窄) 〖醫〗a stricture; contraction. ¶ 요도～ stricture of the urethra.

협찬(協贊) approval(찬성); support(지지); cooperation(협력); cosponsorship(후원). ～하다 approve《*a plan*》; support《*a campaign*》; cosponsor《*a contest*》.

협화음(協和音) a consonance.

협회(協會) an association; a society. ¶ 대한축구～ the Korea Football Association.

혓바늘 fur. ¶ ～이 돋다 have fur on *one's* tongue.

혓바닥 (the flat of) the tongue.

혓소리 〖音聲〗a lingual (sound).

형(兄) ①《동기간》an elder brother; 《부를 때》Brother! ②《친구간》you; Mr.《*Kim*》.

형(刑) a punishment; a penalty; a sentence.

형(形) 《형태》form; shape; 《대소》a size.

형(型) 《모형》a model; 《주물》a mold; a matrix; 《양식》a style; a type; a model; a pattern. ¶ 1998년～ 자동차 an auto of 1998 model.

형광(螢光) 〖理〗fluorescence. ‖ ～도료(塗料) a luminous〔fluorescent〕paint / ～등〔판〕a fluores-

cent lamp〔plate〕. 「ishment.
형구(刑具) an implement of pun-
형극(荊棘) brambles; thorns. ¶ ～의 길《tread》a thorny path.
형기(刑期) a prison term. ¶ ～를 마치다 complete〔serve out〕*one's* term.
형무소(刑務所) ☞ 교도소.
형벌(刑罰) a punishment; a penalty. ¶ ～을 과하다 punish; inflict〔impose〕a punishment《*on*》.
형법(刑法) the criminal law〔code〕. ¶ ～상의 죄 a criminal〔penal〕offense.
형부(兄夫) a brother-in-law; *one's* elder sister's husband.
형사(刑事)《사람》a (police) detective; a plainclothes man(사복). ¶ ～상의 criminal; penal. ‖ ～문제〔사건〕a criminal case / ～범《죄》a criminal〔penal〕offense; 《사람》a criminal offender / ～소송 a criminal action〔suit〕/ ～소송법 the Criminal Procedure Code / ～책임 criminal liability (～책임을 묻다 hold《*a person*》liable (for a case)).
형상(形狀) (a) shape; (a) form.
형석(螢石)〖鑛〗fluor(ite).
형설(螢雪) ¶ ～의 공을 쌓다 devote〔apply〕*oneself* to *one's* studies; study diligently.
형성(形成) formation; shaping. ～하다 form; shape. ‖ ～기(期) the formative period.
형세(形勢) the situation; the state of things〔affairs〕;《watch》the development《*of affairs*》. ¶ ～를 보다 watch the situation; sit on the fence / ～가 좋다〔나쁘다〕The situation is favorable〔unfavorable〕. / ～가 유리〔불리〕해졌다 The tide turned to〔against〕us.
형수(兄嫂) an elder brother's wife; a sister-in-law.
형식(形式) (a) form; formality. ¶ ～적인 formal; conventional / ～적으로 formally / ～을 차린 표현 a formal expression / 소나타 ～의 곡 a piece of music in sonata form / ～을 차리지 않고 without ceremony〔formality〕/ ～에 구애되다 stick〔adhere〕to formality. ‖ ～논리 formal logic / ～주의 formalism / ～주의자 a formalist.
형안(炯眼) insight; a quick〔keen〕eye. ¶ ～의 quick-sighted.
형언(形言) ～하다 describe; express. ¶ ～할 수 없다 be beyond description.
형용(形容)《비유》a metaphor;《서술》description. ～하다 express; describe. ¶ 그 그림의 아름다움은 ～할 수가 없다 The beauty of the picture is beyond description. ‖ ～사〖文〗an adjective.
형이상(形而上) ¶ ～의 metaphysical. ‖ ～학 metaphysics.
형이하(形而下) ¶ ～의 physical; concrete. ‖ ～학 concrete〔physical〕science.
형장(刑場) a place of execution. ¶ ～의 이슬로 사라지다 die on the scaffold; be executed.
형적(形迹)《흔적》marks; traces; 《증거》signs; evidences.
형정(刑政) penal administration.
형제(兄弟) a brother;《자매》a sister;《신도》brethren. ¶ ～의 brotherly; sisterly / ～의 사랑 brotherly〔sisterly〕affection. ‖ ～자매 brothers and sisters; brethren (신도). 「quality.
형질(形質) characteristic form and
형태(形態) (a) form; (a) shape. ¶ 정부의 한 ～ a form of government. ‖ ～학〖生〗morphology.
형통(亨通) ～하다 go well; turn out well; prove successful. ¶ 만사가 ～하다 Everything goes well.
형편(形便) ①《경과》the course《*of events*》; the development《*of an affair*》;《형세·사정》the situation; the state《*of things*》; the condition《*of affairs*》; circumstances; reasons;《편익》convenience. ¶ ～에 의해 for certain reasons; owing to circumstances / ～을 보다 watch the development《*of*》/ 되어 가는 ～대로 놔두다 leave《*a thing*》to take its own course / ～이 닿으시면 if it is convenient for you / 잠시 돌아가는 ～을 지켜보도록 하자 For the time being let's wait and see how things turn out. ‖ 재정(財政) ～ financial condition. ②《살림의》*one's* livelihood; *one's* living condition. ☞ 생계.
형편없다(形便—)《지독함》(be) terrible; awful;《터무니없음》exorbitant. ¶ 형편없이 severely; terribly; awfully; exorbitantly / 형편없는 연극〔바보〕a terrible play〔fool〕/ 형편없이 고생하다 suffer terribly. 「ple of equity.
형평(衡平) ¶ ～의 원칙 the princi-
형형색색(形形色色) ¶ ～의 various; all sorts and kinds; diverse.
혜서(惠書) your (esteemed) letter.
혜성(彗星) a comet. ¶ ～과 같이 나타나다 make a sudden rise from obscurity.
혜안(慧眼) (keen) insight; a keen〔sharp〕eye. ¶ ～의 keen-〔sharp-〕eyed; insightful《*comments*》.
혜존(惠存)《증정본에》"With the compliments《*of the author*》."
혜택(惠澤) a favor; benefit; a blessing(신의). ¶ 자연의 ～ the

blessing of nature / ～을 입다 be benefited; receive a favor 《*from*》; be indebted 《*to*》 / 전국민이 고루 ～을 누릴 수 있도록 하다 enable all citizens to receive equal benefits.

호(戶) a house; a door.

호(號) 《명칭》 a title; a pen name (아호); 《번호》 a number; an issue; 《크기》 a size.

호가(呼價) a nominal price [quotation]; the price asked; 《경매의》 a bidding. ～하다 ask [bid, offer] a price 《*for*》. ¶ ～하는 대로 치르고 사다 buy 《*a thing*》 for the asking price.

호각(號角) 《blow》 a whistle.

호감(好感) good feeling; a favorable [good] impression. ¶ ～을 주다 make a good impression 《*on a person*》 / ～을 가지다 feel friendly 《*toward*》 / ～을 사다 win 《*a person's*》 favor.

호강 comfort; luxury. ～하다 live in luxury [comfort].

호객(呼客) touting. ～하다 tout 《*for customers*》; solicit patronage. ‖ ～꾼 a tout; a barker (구경거리의).

호걸(豪傑) a hero; a gallant [bold] man. ¶ ～풍의 heroic; gallant.

호경기(好景氣) prosperity; good times; a boom. ¶ ～의 흐름을 타다 take advantage of a boom.

호구(戶口) the number of houses and families. ‖ ～조사 census; census taking (～조사를 하다 take a census 《*of*》).

호구(虎口) ¶ ～를 벗어나다 get out of danger; escape with bare life.

호구(糊口) (a) bare subsistence. ¶ 겨우 ～하다 earn enough to keep body and soul together; live from hand to mouth.

호국(護國) defense of the fatherland. ¶ ～ 영령 a guardian spirit of the country.

호기(好機) a good [golden] opportunity; a good chance. ¶ ～를 잡다 seize [take] an opportunity / ～를 놓치다 miss [lose] a chance.

호기(豪氣) 《기상》 a heroic temper; an intrepid spirit. ¶ ～롭다 be heroic [intrepid, gallant] / ～(를) 부리다 display bravery; display *one's* liberality.

호기심(好奇心) curiosity. ¶ ～이 많은 [강한] curious; inquisitive / ～으로 out of curiosity.

호남(湖南) the *Honam* district.

호남아(好男兒) a fine [good] fellow; 《미남》 a handsome man.

호놀룰루 Honolulu.

호농(豪農) a rich [wealthy] farmer.

호다 sew 《*a quilt*》 with large stitches; make long stitches.

호담(豪膽) ¶ ～한 stout-hearted; daring; dauntless.

호도(糊塗) ～하다 gloss over 《*one's mistakes*》; patch up. ¶ ～지책 a temporary expedient.

호되다 (be) severe; stern; hard; harsh. ¶ 호된 비평 a severe criticism / 호되게 꾸짖다 scold severely.

호두(胡―) 〖植〗 a walnut. ¶ ～를 깨다 crack a walnut.

호들갑떨다 say extravagantly; act frivolously; be bubbling over; make too much of 《*a matter*》.

호들갑스럽다 (be) abrupt and frivolous; flippant; rash.

호떡(胡―) a Chinese stuffed pancake.

호락호락 《쉽게》 readily; easily. ～하다 (be) ready; easily manageable; tractable. ¶ ～ 속아넘어가다 be deceived easily.

호랑나비 a swallowtail (butterfly).

호랑이 ① 〖動〗 a tiger. ¶ ～도 제 말하면 온다 《俗談》 Talk of the devil, and he will appear. ② 《사람》 a fierce [formidable] person.

호령(號令) a (word of) command; an order. ～하다 command; (give an) order; 《꾸짖다》 reprimand 《*a person*》 severely. ¶ 천하를 ～하다 hold sway over the country.

호르몬 hormone.

호리다 《유혹》 seduce; allure; entice; 《정신을》 bewitch; enchant; fascinate.

호리병(葫―甁) a gourd. ¶ ～ 모양의 gourd-shaped.

호리호리하다 (be) (tall and) slender; slim.

호명(呼名) ～하다 call 《*a person*》 by name; make a roll call.

호미 a weeding hoe.

호밀(胡―) 〖植〗 rye.

호박 〖植〗 a pumpkin. ¶ ～이 굴렀다 《뜻밖의 행운》 have a windfall. ‖ ～고지 dried slices of pumpkin / ～씨 pumpkin seeds.

호박(琥珀) 〖鑛〗 amber. ¶ ～색의 amber(-colored).

호반(湖畔) a lakeside. ¶ ～의 호텔 a lakeside hotel / ～을 산책하다 walk along the lake.

호방(豪放) ¶ ～한 manly and open-hearted / ～한 사람 an open-hearted person.

호배추(胡―) a Chinese cabbage.

호별(戶別) ¶ ～로 from house [door] to house [door] / ～ 방문하다 make a house-to-house visit.

호봉(號俸) serial [pay] step; salary step [class].

호부(好否), **호불호**(好不好) ¶ ～간에 whether *one* likes it or not.

호사(豪奢) extravagance; luxury. ～하다 live in luxury [clover]. ¶ ～스러운 luxurious; sumptuous; extravagant.

호사(好事) a happy event. ‖ ～가 a dilettante; a person with fantastic taste / ～다마 Lights are usually followed by shadows.
호상(好喪) a propitious mourning (of *a person* dying old and rich).
호상(豪商) a wealthy merchant.
호상(護喪) taking charge of a funeral. ‖ ～소 the office in charge of a funeral.
호색(好色) ¶ ～의 lustful; lewd. ‖ ～가 a lewd man; a sensualist.
호생(互生) 〖植〗 ¶ ～의 alternate.
호선(互先) 《바둑에서》 ¶ ～으로 두다 have the first move in alternate games; play on an equal footing.
호선(互選) mutual election. ～하다 elect by mutual vote.
호선(弧線) an arc (of a circle).
호소(呼訴) a complaint; an appeal; a petition. ～하다 complain of; appeal to; resort to 《*violence*》(폭력에). ¶ 법〔대중〕에 ～하다 appeal to the law〔public〕/ 아픔을 ～하다 complain of a pain.
호소(湖沼) lakes and marshes.
호송(護送) escort; convoy. ～하다 escort; convoy; send 《*a person*》 under guard(범인을). ‖ ～선 an escorted convoy / ～차 a patrol wagon 《美》; a prison van.
호수(戶數) the number of houses 〔families〕.
호수(湖水) a lake.
호수(號數) number; a register〔serial〕 number.
호스 a hose. ¶ 소방～ a fire hose.
호스텔 a 《*youth*》 hostel.
호스티스 a hostess; 《여급》 a barmaid; a waitress.
호시절(好時節) a good〔nice〕 season.
호시탐탐(虎視眈眈) ～하다 watch for an opportunity〔a chance〕; keep a vigilant eye 《*on*》.
호신(護身) self-protection. ¶ ～용의 《a pistol》 for self-protection. ‖ ～술 the art of self-defense.
호심(湖心) the center of a lake.
호안공사(護岸工事) embankment works; riparian works (하천의).
호양(互讓) ～하다 make a mutual concession; compromise. ¶ ～ 정신으로 in a give-and-take 〔conciliatory〕 spirit.
호언(豪言) big〔tall〕 talk; boasting. ～하다 talk big〔tall〕; boast; brag.
호연(好演) a good performance 〔(of a play)〕.
호연지기(浩然之氣) ¶ ～를 기르다 refresh *oneself* 《*with*》; enliven *one's* spirits.
호외(戶外) the open air; the outdoor. ¶ ～의 open-air; outdoor / ～에서 일하다 work outdoors.
호외(號外) 《issue》 an extra.
호우(豪雨) a heavy rain; a downpour. ¶ 집중 ～가 그 지역을 휩쓸었다 Torrential rains swept the area. ‖ ～주의보 (a) torrential 〔heavy〕 rain warning.
호위(護衛) guard; escort; convoy. ～하다 guard; escort; convoy. ¶ 구축함에 ～된 선단 a convoy with a destroyer escort. ‖ ～병 a guard.
호유(豪遊) ～하다 go on an extravagant spree.
호응(呼應) ① 《기맥상통》 ～하다 act in concert〔unison〕 《*with*》. ¶ …에 ～하여 in response to; in concert with. ② 〖文〗 concord.
호의(好意) goodwill; good wishes; favor; kindness. ¶ ～적인 kind; friendly / ～적인 제안 a kind offer / ～적인 충고 well-meant advice / ～적으로 out of goodwill / …의 ～로 through the kindness of *a person* / ～를 가지다 be favorably disposed 《*towards*》; be friendly 《*to*》.
호의호식(好衣好食) ～하다 dress well and fare richly; live well 〔in clover〕.
호인(好人) a good-natured man.
호적(戶籍) census registration; a census〔family〕 register (호적부). ¶ ～에 올리다 have 《*a person's*》 name entered in the census register. ‖ ～등〔초〕본 a copy of *one's* family register.
호적수(好敵手) a good match 〔rival〕. ¶ 그는 나의 ～다 He's a good match for me.
호적하다(好適―) (be) suitable; fitted.
호전(好戰) ¶ ～적인 warlike / ～적인 민족 a warlike race.
호전(好轉) ～하다 take a favorable turn; change for the better; improve; pick up 《口》. ¶ 그의 병은 ～되었다 His illness took a turn for the better.
호젓하다 (be) quiet; lonely; deserted. ¶ 호젓한 산길 a lonely mountain path / 호젓한 생활을 하다 lead a lonely life.
호조(好調) ¶ ～의 favorable; satisfactory; in good condition 〔shape〕/ 만사가 ～를 보이고 있다 Everything is going well.
호주(戶主) the head of a family. ¶ ～와의 관계 *one's* relation to the head of the family. ‖ ～제 the head of family system.
호주(濠洲) Australia. ¶ ～의 (사람) (an) Australian.
호주머니 a pocket. ¶ ～에 넣다 put 《*a thing*》 in *one's* pocket / ～를 뒤지다 fish around in *one's* pocket.

호출(呼出) a call; calling out; a summons(소환). ～하다 call《*a person*》 up(전화로); summon. ¶ ～에 응하다〔응하지 않다〕 answer〔ignore〕 a summons《*from the police*》. ‖ ～부호〔신호〕 a call sign〔signal〕.
호치키스 a stapler.
호칭(呼稱)《이름》 a name; designation(칭호);《통칭》 an alias; a popular〔common〕 name. ～하다 call; name; designate.
호크 a hook. ¶ 옷의 ～를 채우다〔풀다〕 hook up〔unhook〕 a dress.
호탕(豪宕) ～하다 (be) magnanimous; large-minded; open-hearted.
호텔 a hotel. ¶ 정부에 등록된 국제 관광～ a government-registered international tourist hotel / 일류〔호화, 최고급〕 ～ a first-rate〔delux, five-star〕 hotel / ～에 묵다 stay〔put up〕 at a hotel / ～에 방을 예약하다 reserve〔make a reservation for〕 a room at a hotel / ～에 체크인〔～을 체크아웃〕하다 checkin〔checkout〕 at a hotel. ‖ ～보이 a bellboy.
호통치다 roar《*at*》; thunder《*at, against*》; storm《*at*》.
호투(好投)〖野〗 nice〔fine〕 pitching. ～하다 pitch well〔cleanly〕.
호평(好評) a favorable criticism〔comment〕; public favor. ¶ ～을 받다 be well received; win〔enjoy〕 popularity.
호프 a hope; a youth of promise.
호프만 방식 the Hoffmann method.
호피(虎皮) a tiger skin.
호헌운동(護憲運動) a constitution protection movement.
호형(弧形) an arc.
호형호제(呼兄呼弟) ～하다 call each other brother; be good friends each other.
호혜(互惠) reciprocity; mutual benefits. ¶ ～의 reciprocal. ‖ ～무역 reciprocal trading / ～조약〔관세율〕 a reciprocal treaty〔tariff〕 / ～주의 the principle of reciprocity.
호호백발(皓皓白髮) hoary hair.
호화(豪華) ¶ ～스러운〔로운〕 splendid; gorgeous; luxurious; deluxe; luxury. ‖ ～생활 an extravagant life / ～선 a luxury〔deluxe〕 liner / ～주택 a palatial mansion / ～판(版) a deluxe edition.
호황(好況) (a wave of) prosperity; prosperous conditions; a boom. ¶ ～이다 be booming〔flourishing, thriving〕 / ～의 기미를 보이다 show signs of prosperity / ～과 불황의 순환 the cycle of boom and bust. ‖ ～산업 a booming industry / ～시대 prosperous days; boom days.
호흡(呼吸)《숨》 breath; breathing; respiration. ～하다 breathe; respire. ¶ 심～하다 breathe deeply; take a deep breath / 인공～ artificial respiration. ‖ ～곤란《have》 difficulty in breathing / ～기 the respiratory organs / ～기 질환 a respiratory disease.
혹[1]《피부의》 a wen; a lump; a hump(낙타의). ¶ 얻어 맞아서 머리에 ～이 생겼다 I was beaten so hard that I got a lump on my head.
혹[2]《입김 소리》 with a whiff〔puff〕;《마시는 모양》 sipping.
혹(或) ① ☞ 간혹. ② ☞ 혹시.
혹독(酷毒) ¶ ～한 severe; harsh; cruel; stern; merciless / ～한 비평 a severe criticism.
혹부리 a person who has a wen (on his face).
혹사(酷使) ～하다 work〔drive〕《*a person*》 hard; sweat《*one's workers*》. ¶ 몸을 ～하다 overwork; drive *oneself* relentlessly.
혹서(酷暑) intense〔severe〕 heat.
혹성(惑星)〖天〗 a planet. ¶ 대〔소〕 ～ a major〔minor〕 planet.
혹세무민(惑世誣民) ～하다 delude the world and deceive the people.
혹시(或是) ①《만일》 if; by any chance; in case《*of*》; provided〔supposing〕《*that*》. ¶ ～ 비가 오면 if it rains; in case of rain. ②《아마》 maybe; perhaps; possibly. ¶ ～ 그가 올지도 모른다 He may possibly come.
혹심(酷甚) ¶ ～한 severe; extreme.
혹자(或者) some(one); a certain person.
혹평(酷評) severe〔harsh〕 criticism. ～하다 criticize severely; speak bitterly〔badly〕《*of*》.
혹하다(惑—) ①《반함》 be charmed; be bewitched; be fascinated; be captivated. ②《빠지다》 indulge《*in*》; give *oneself* up《*to*》;《미혹됨》 be deluded.
혹한(酷寒) severe〔intense〕 cold.
혹형(酷刑) a severe punishment.
혼(魂) a soul(영); a spirit(정신).
혼기(婚期) marriageable age. ¶ ～가 되다 be of a marriageable age / ～를 놓치다 lose〔miss〕 a chance of marriage; become an old maid.
혼나다(魂—) ①《놀라다》 be frightened; be startled〔horrified〕. ②《된통 겪다》 have bitter experiences; have a hard time of it.
혼내다(魂—) ①《놀래다》 surprise; startle; frighten; horrify; scare. ②《따끔한 맛》 give《*a person*》 a

hard〔an awful〕time; teach《*a person*》a lesson.

혼담(婚談) an offer of marriage. ¶ ～이 있다 have a proposal of marriage / ～에 응하다〔을 거절하다〕accept〔decline〕an offer of marriage.

혼돈(混沌) chaos; confusion(혼란). ¶ ～의 chaotic / ～ 상태에 있다 be in a chaotic state.

혼동(混同) ～하다 confuse〔mix up〕《*one thing with another*》; mistake《*A*》for《*B*》. ¶ 공사(公私)를 ～하다 confuse public and private matters.

혼란(混亂) confusion; disorder; chaos. ～하다 (be) confused; disorderly; chaotic; be in confusion. ¶ ～시키다 confuse; disorder; throw into confusion.

혼령(魂靈) ☞ 영혼.

혼례(婚禮) a marriage ceremony; a wedding.

혼미(昏迷) ～하다 (be) stupefied; confused. ¶ (정신이) ～해지다 lose *one's* consciousness.

혼방(混紡) mixed〔blended〕spinning. ‖ ～사(絲) mixed〔blended〕yarn.

혼백(魂魄) the soul; the spirit.

혼비백산(魂飛魄散) ～하다 get〔be〕frightened out of *one's* senses.

혼사(婚事) marriage (matters).

혼색(混色) a compound〔mixed〕color.

혼선(混線) entanglement of wires; confusion(혼란). ～하다 get entangled〔mixed up〕; get crossed (전화가). ¶ 전화가 ～되었다 The lines were crossed.

혼성(混成) ¶ ～의 mixed; composite. ‖ ～물 a mixture(혼합물); a compound(합성물) / ～어 a hybrid word / ～팀 a combined team.

혼성(混聲) mixed voices. ‖ ～합창 a mixed chorus.

혼솔 broad-stitched seams.

혼수(昏睡) a coma; a trance. ¶ ～상태에 빠지다 fall into a coma.

혼수(婚需) articles〔expenses〕essential to a marriage.

혼식(混食) 《eat》mixed food; mixed-cereal meals.

혼신(渾身) the whole body. ¶ ～의 힘을 다하여 with all *one's* might.

혼신(混信)〚電〛jamming; (an) interference; crosstalk.

혼연(渾然) ¶ ～일체가 되다 be joined〔united〕together; form a complete〔harmonious〕whole.

혼욕(混浴) mixed bathing. ～하다《men and women》bathe together.

혼용하다(混用一) use《*A*》together with《*B*》; mix《*A and B*》.

혼인(婚姻) a marriage (☞ 결혼). ¶ ～신고 registration of *one's* marriage / ～신고를 하다 register *one's* marriage.

혼자 alone; by *oneself*(단독); for *oneself*(혼자 힘으로). ¶ ～ 살다 live alone; 《독신으로》live〔stay, remain〕single / 다시 ～되다 return to single status / ～ 남다 be left alone / ～ 웃다 smile〔chuckle〕to *oneself*.

혼자말 a monologue. ～하다 talk〔mutter〕to *oneself*.

혼작(混作) mixed cultivation. ～하다 grow mixed crops together; raise〔cultivate〕together.

혼잡(混雜)《혼란》confusion; disorder; 《붐빔》congestion; a jam. ～하다 (be) confused; congested; crowded; be in confusion〔disorder〕. ¶ 교통 ～을 완화하다 relieve〔ease〕traffic congestion; ease a traffic jam.

혼잣손 ¶ ～으로《do》single-handed; by〔for〕*oneself;* unaided.

혼전(婚前) ¶ ～의 premarital / ～관계 premarital relations《*with*》; premarital sex.

혼전(混戰) a confused〔mixed〕fight; a melee. ～하다 fight in confusion.

혼처(婚處) a marriageable family or person; a prospective marriage partner.

혼천의(渾天儀)〚天〛an armillary sphere.

혼탁(混濁) ¶ ～한 turbid; cloudy; thick; muddy / ～해지다 get〔become〕muddy.

혼합(混合) mixing; mixture. ～하다 mix; mingle; blend. ¶ (테니스·탁구 등의) ～복식 mixed doubles. ‖ ～기(機) a mixer / ～물 a mixture; a blend / ～비료 (a) compound fertilizer / ～색 a mixed color / ～주 a mixed drink; cocktail.

혼혈(混血) mixed blood〔breed〕. ¶ ～의《a person》of mixed blood; half-breed; racially mixed. ‖ ～아 a child of mixed parentage; a half-breed; a hybrid.

홀 a hall. ¶ 댄스～ a dance〔dancing〕hall.

홀… single.

홀가분하다《가뿐·거뜬함》(be) light; free and easy; feel relieved; unencumbered. ¶ 홀가분한 기분으로 with a light heart / 옷차림이 ～ be lightly dressed / 기분이 ～ feel free and easy.

홀딱 ① ☞ 홀떡. ②《반한 꼴》¶ ～ 반하다 be deeply in love《*with*》; lose *one's* heart《*to*》. ③《속는 꼴》¶ ～ 속아 넘어가다 be nicely〔completely〕taken in.

홀랑 all naked. ¶ 옷을 ～ 벗다 strip *oneself* all naked.

홀로 alone; by *oneself*(단신). ¶ ～ 살다 live alone; remain single / ～ 외출하다 go out by *oneself*.
홀리다 ①《이성에게》 be charmed; be fascinated; be bewitched; 《현혹되다》 be tempted〔deluded〕. ②《여우·귀신 따위에》 be possessed; be obsessed; be bewitched《*by*》.
홀몸 a single〔an unmarried〕person.
홀소리 ☞ 모음(母音).
홀수(一數) an odd〔uneven〕number.
홀시(忽視) ～하다 neglect; disregard; pay no attention《*to*》.
홀씨 〖植〗 a spore. ☞ 포자(胞子).
홀아비 a widower. ¶ ～살림 a single〔bachelor〕life; a bachelor's home.
홀어미 a widow.
홀연(忽然) suddenly; all of a sudden; in a moment〔an instant〕.
홀쭉하다 (be) long and slender; slim; thin; lean; 《뾰족하다》 (be) pointed; tapering.
홀태바지 skin-tight trousers.
홀태질하다 hackle; thresh; thrash.
홈 a groove; a flute(기둥의). ¶ ～을 파다 groove; cut a groove.
홈런 〖野〗 a home run; a homer. ¶ 만루 ～ a grand-slam (homer).
홈스펀 《옷감》 homespun.
홈인 ～하다 〖野〗 get home.
홈통(一桶) ①《물 끄는》 an eaves trough; a gutter; a downspout《美》. ②《창틀·장지의》 a groove.
홉[1] 〖植〗 a hop.
홉[2] a *hob* (＝0.18 liter).
홋홋하다 (be) unencumbered; carefree; have no encumbrances.
홍당무(紅唐一) a red radish; a carrot (당근). ¶ 얼굴이 ～가 되다 turn red; blush; be flushed《*with shame*》.
홍두깨 a wooden roller used for smoothing cloth (by wrapping and beating on it). ¶ 아닌 밤중에 ～ a bolt from the blue.
홍등가(紅燈街) gay quarters; a red light district《美》.
홍보(弘報) public information; publicity. ‖ ～과 a public relations section / ～활동 publicity〔information〕 activities; public relations.
홍보석(紅寶石) a ruby.
홍삼(紅蔘) red ginseng.
홍색(紅色) red; 《홍색짜리》 a bride (dressed in a red skirt).
홍소(哄笑) ～하다 laugh loudly.
홍수(洪水) a flood; an inundation; a deluge. ¶ ～가 나다〔지다〕 have a flood; be flooded. ‖ ～경보 flood warnings / ～지역 a flooded area〔district〕.
홍시(紅柿) a mellowed persimmon.
홍안(紅顔) ¶ ～의 rosy-cheeked; ruddy-faced / ～의 미소년 a handsome〔fair〕youth; an Adonis.
홍어(洪魚) 〖魚〗 a skate; a thornback.
홍역(紅疫) 〖醫〗 measles. ¶ ～을 하다 catch〔have, get〕 (the) measles.
홍엽(紅葉) 《단풍 든 잎》 red leaves; autumnal tints.
홍옥(紅玉) 〖鑛〗 ruby; carbuncle; 《사과》 a Jonathan (apple).
홍익인간(弘益人間) devotion to the welfare of mankind.
홍인종(紅人種) the red race; the Red Indian.
홍일점(紅一點) the only woman in the company〔group〕.
홍적세(洪積世) 〖地〗 the Pleistocene 〔diluvial〕 epoch.
홍조(紅潮) a flush(얼굴의); a glow. ¶ ～를 띠다 flush; blush.
홍차(紅茶) (black) tea.
홍채(虹彩) 〖解〗 the iris. ‖ ～염 iritis.
홍콩 Hong Kong.
홍합(紅蛤) 〖貝〗 a (hard-shelled) mussel.
홍해(紅海) the Red Sea.
홑… single; onefold(한겹). ‖ ～겹 a single layer / ～벽 a single partition; a thin wall / ～실 a single-ply thread.
홑몸 ① ☞ 단신(單身). ②《임신하지 않은》 a woman who is not pregnant.
홑옷 unlined clothes.
홑이불 a single-layer quilt; a (bed) sheet.
홑치마 《한겹의》 an unlined skirt; 《속치마 없이 입는》 a skirt worn without an underskirt.
화(火) ①《불》 fire. ②《노염》 anger; wrath. ¶ 홧김에 in a fit of anger / ～를 잘 내는 사람 a hot-tempered〔touchy〕person.
화(禍) 《재난》 a disaster; a calamity; a woe; 《불행》 (a) misfortune; an evil. ¶ ～를 당하다 meet with a calamity〔misfortune〕 / ～를 부르다 bring an evil《*on oneself*》; invite〔cause〕 a disaster《*by one's misconduct*》.
화가(畫家) a painter; an artist. ¶ 동양～ an Oriental painter / 서양～ an artist of Western painting.
화간(和姦) 〖法〗 fornication. ～하다 fornicate《*with a woman*》.
화강암(花崗岩) granite.
화객선(貨客船) a cargo-passenger ship.
화공(畫工) a painter; an artist.
화공(化工) ☞ 화학공업. ‖ ～과(科) 《대학의》 the department of Chemical Engineering.
화관(花冠) ① 〖植〗 a corolla. ② ornamental. ‖ ～무(舞) a flower crown dance.
화광(火光) the light of fire〔flames〕.
화교(華僑) Chinese residents

abroad; overseas Chinese merchants.
화구(火口) ①《아궁이》a fuel hole. ②《화산의》a crater. ‖ ~원(原) a crater basin.
화근(禍根) the root of evil; the source(s) of trouble. ¶ ~을 없애다 eliminate the root of evil; remove the source(s) of trouble.
화급(火急) urgency. ¶ ~한 urgent; pressing; exigent.
화기(火氣)《불기》fire. ‖ ~엄금《게시》Caution: Inflammable.
화기(火器) firearms. ¶ 소〔중〕~ light〔heavy〕firearms / 자동 ~ automatic firearms.
화기(和氣) harmony; peacefulness. ¶ ~애애하게 harmoniously; peacefully / ~애애한 분위기 a very friendly atmosphere.
화끈 with a sudden flush〔glow, flash of heat〕. ~하다 get a hot flash; get a glow〔flush〕. ¶ ~달다 get enraged; fly into a passion〔sudden rage〕/ 부끄러워서 얼굴이 ~~했다 My face burned〔was flushed〕in embarrassment.
화끈거리다 feel hot〔warm〕; glow; burn; flush. ¶ 화끈거리는 얼굴로 with flushed face / 위스키 한 잔에 온몸이 ~ *one's* body is all in a glow after drinking a glass of whisky.
화나다(火—) get angry〔enraged, indignant, infuriated〕; get mad. ¶ 화나게 하다 enrage; exasperate; provoke.
화내다(火—) get angry《*at, with*》; fly into a passion; get into a rage; lose *one's* temper.
화냥년 a wanton〔dissolute〕woman; a whore.
화냥질 ☞ 서방질.
화농(化膿)〖醫〗suppuration; the formation of pus. ~하다 suppurate; fester; come to a head (종기 따위가). ¶ ~성의 suppurative. ‖ ~균 a suppurative germ.
화단(花壇) a flower bed〔garden〕.
화대(花代)《기생의》a charge for *kisaeng's* service.
화덕《화로》a (charcoal) brazier; 《솥 거는》a (cooking) stove.
화동(和同)《be in》harmony.
화드득거리다 keep crackling〔banging, whizzing〕.
화락(和樂) harmony; unity; peace. ~하다 (be) harmonious; peaceful; be at peace with each other.
화랑(畫廊) a picture〔an art〕gallery.
화려(華麗) ¶ ~한 splendid; magnificent; gorgeous; brilliant / ~한 옷 gorgeous clothing / ~한 발레 공연 a splendid performance of ballet.
화력(火力) heat; heating〔thermal〕power;〖軍〗firepower. ¶ (난로의) ~을 낮추다 damp down《*a furnace*》/ ~이 우세하다 surpass《*the enemy*》in firepower. ‖ ~발전 steam〔thermal〕power generation / ~발전소 a thermal power station〔plant〕/ ~ 지원〖軍〗fire support.
화로(火爐) a brazier; a fire pot.
화룡점정(畫龍點睛) giving a finishing touch.
화류계(花柳界) the gay quarters〔world〕; a red-light district《美》. ¶ ~ 여자 a woman of the gay world. 「(생략 V.D).
화류병(花柳病) venereal diseases
화면(畫面)《TV·영화의》a screen; 《영상》a picture. ¶ 넓은 ~ a wide screen / ~에 들어오다 enter〔get into〕the picture〔screen〕/ ~에서 사라지다 go〔get out〕of the picture〔screen〕.
화목(和睦) peace; harmony; reconciliation(화해). ~하다 (be) harmonious; peaceful; be at peace with each other; be in harmony.
화문(花紋) floral designs. ‖ ~석 a mat woven with flower designs.
화물(貨物) freight《美》; goods《英》; a (ship's) cargo(뱃짐). ¶ ~을 나르다 carry freight. ‖ ~선 a cargoship; a freighter《美》/ ~수송기 a cargo plane; an air freighter / ~역 a freight depot 《美》/ ~열차 a freight〔goods《英》〕train / ~운임 carriage; freight (rates); freightage / ~자동차 a truck; a lorry《英》/ ~적재량 cargo capacity / ~취급소 a freight〔goods《英》〕office / 철도 ~ rail freight.
화방수(—水) a whirlpool; an eddy.
화백(畫伯) a (master, great) painter. ¶ 김 ~ Painter Kim.
화법(話法)〖文〗《direct, indirect》narration. 「(drawing).
화법(畫法) the art of painting
화병(花瓶) a (flower) vase.
화보(畫報) a pictorial; a graphic; pictorial news. ¶ 시사 ~ news in pictures; a pictorial record of current events.
화복(禍福) fortune and misfortune; good or evil.
화부(火夫) a stoker; a fireman.
화분(花盆) a flowerpot.
화분(花粉) pollen. ‖ ~열(熱) hay fever; pollinosis.
화불단행(禍不單行) Misfortunes never come single.
화사(華奢) ¶ ~한 luxurious; pompous; splendid.
화산(火山) a volcano. ‖ ~대(帶) a

volcanic belt〔zone〕 / ～맥 a volcanic chain / ～학 volcanology / ～학자 a volcanist / ～회〔재〕 volcanic ashes /활〔휴, 사〕 ～ an active〔a dorment, an extinct〕 volcano.

화살 an arrow. ¶ ～을 먹이다 fix an arrow (to the bow) / ～을 쏘다 shoot an arrow / ～처럼 빠르다 be as swift as an arrow. ‖ ～대 a shaft of an arrow / ～촉 an arrowhead / ～표 an arrow.

화상(火床) a fire grate.

화상(火傷) a burn; a scald(끓는 물에). ¶ ～을 입다 get〔be〕 burnt; suffer burns; get〔be〕 scalded.

화상(和尙) 〖佛〗 a Buddhist priest.

화상(華商) a Chinese merchant abroad.

화상(畫商) a picture〔an art〕 dealer.

화상(畫像) 《TV의》 a picture; 《초상》 a portrait. ¶ 선명한 ～ a clear picture / ～이 찌그러졌다 The picture is distorted〔fuzzy〕.

화색(和色) a peaceful〔ruddy, healthy〕 countenance; a genial expression.

화생방전(化生放戰) 〖軍〗 chemical, biological and radiological warfare; CBR warfare.

화서(花序) 〖植〗 inflorescence.

화석(化石) 《작용》 fossilization; 《돌》 a fossil 《*animal, fish*》. ‖ ～학 fossilology / ～학자 a fossilologist.

화섬(化纖) a chemical〔synthetic〕 fiber. ‖ ～직물 synthetic textiles.

화성(化成) transformation. ～하다 transform; change.

화성(火星) 〖天〗 Mars. ‖ ～인 a Martian.

화성(和聲) 〖樂〗 harmony. ‖ ～학 harmonics.

화성암(火成岩) 〖地〗 igneous rocks.

화수분 an inexhaustible fountain of wealth.

화수회(花樹會) a convivial party of the members of a clan; a family reunion.

화술(話術) the art of conversation〔narration, talking〕. ¶ ～에 능한 사람 a good talker〔storyteller, conversationalist〕.

화승(火繩) a fuse; a matchlock (cord). ‖ ～총 a matchlock (gun); a firelock.

화식(火食) ～하다 eat cooked food. ‖ ～조 〖鳥〗 a cassowary.

화식도(花式圖) 〖植〗 a flower diagram.

화신(化身) (an) incarnation; (a) personification. ¶ 악마의 ～ a devil incarnate; an incarnate fiend.

화신(花信) tidings of flowers. ‖ ～풍(風) spring breezes (presaging blossoms).

화실(畫室) a studio; an *atelier* 《프》.

화씨(華氏) 〖理〗 Fahrenheit(생략 Fahr., F.). ¶ ～ 75도, 75 degrees Fahrenheit(생략 75°F.). ‖ ～온도계 a Fahrenheit (thermometer).

화약(火藥) (gun)powder. ‖ ～고 a (powder) magazine / ～공장 a powder mill〔plant〕 / ～취급인 a dealer in〔handler of〕 gunpowder.

화열(火熱) caloric heat.

화염(火焰) a flame; a blaze. ¶ ～에 휩싸이다 be enveloped in flames. ‖ ～방사기 a flame thrower 〔projector〕 / ～병 a petrol〔fire〕 bomb; a Molotov cocktail.

화요일(火曜日) Tuesday(생략 Tues.).

화용월태(花容月態) a lovely face and graceful carriage.

화원(花園) a flower garden.

화음(和音) a chord; an accord. ‖ 기초～ the fundamental chord / 5도 ～ the fifth (chord).

화의(和議) ① 《화해교섭》 negotiations for peace; a peace conference; reconciliation. ～하다 negotiate for peace; make reconciliation 《*with*》. ¶ ～를 맺다 make〔conclude〕 peace 《*with*》 / ～을 신청하다 sue〔make overtures〕 for peace. ② 〖法〗 composition. ～하다 make a composition 《*with*》. ¶ 채권자와의 ～가 성립되다 make a composition with *one's* creditors. ‖ ～법 the Composition Law.

화인(火因) the origin〔cause〕 of a fire. ¶ ～불명의 화재 a fire of unknown origin / ～을 조사하다 inquire into the cause of the fire.

화장(一長) the sleeve length.

화장(化粧) (a) make-up; (a) toilet. ～하다 make (*oneself*) up; put on (*one's*) make-up; do *one's* face 《口》; dress *oneself*(몸치장). ¶ 엷은〔짙은〕 ～ heavy〔light〕 make-up / ～을 고치다 adjust 〔fix〕 *one's* make-up / ～을 지우다 remove *one's* make-up / 그녀는 별로 ～을 하지 않는다 She doesn't wear much make-up. / 그녀는 ～을 안 해도 아름답다 She is beautiful with no make-up on. ‖ ～대 a dressing table; a dresser 《美》 / ～도구 a make-up〔toilet〕 set / ～실 a dressing room; 《변소》 a rest room / ～지 tissue paper / ～품 cosmetics; toilet articles / ～품 가게 a cosmetic shop.

화장(火葬) cremation. ～하다 burn 《*the body*》 to ashes; cremate. ‖ ～장〔터〕 a crematory 《美》; a crematorium 《英》.

화재(火災) a fire; a conflagration (큰 불). ¶ 누전으로 인한 ~ a fire caused by the short circuit / ~가 나다 a fire breaks out〔occurs, takes place〕/ ~를 당하다 suffer from a fire. ‖ ~경보기 a fire alarm; a firebox / ~보험 fire insurance / ~보험회사 a fire insurance company / ~예방 주간 Fire Prevention Week.

화재(畫才) artistic genius; talent for art.

화전(火田) fields burnt away for cultivation. ‖ ~민 "fire-field" farmers; slash-and-burn farmers.

화제(畫題) the subject of a picture〔painting〕.

화제(話題) a subject〔topic, theme〕 of conversation. ¶ 오늘의 ~ the topics of the day; current topics / ~에 오르다 become the topic of a conversation; be talked about / ~를 바꿉시다 Let's change the subject.

화주(火酒) strong liquor; spirits; firewater 《美俗》.

화주(貨主) the owner of goods; a shipper.

화중지병(畫中之餠) 《그림의 떡》 a desirable but unattainable object; "pie in the sky".

화차(貨車) a freight car 《美》; a goods wagon〔van〕《英》. ¶ 유개〔무개〕~ a freight〔flat〕 car 《美》; a covered〔an open〕 wagon 《英》.

화창(和暢) ~하다 (be) bright; genial; serene; balmy. ¶ ~한 날씨 balmy weather.

화채(花菜) honeyed juice mixed with fruits as a punch.

화첩(畫帖) a picture album.

화초(花草) a flower; a flowering plant. ¶ ~를 화분에 심다 pot flowers; plant flowers in a pot. ‖ ~밭 a flower garden / ~재배(법) floriculture / ~전시회 a flower show.

화촉(華燭) ¶ ~을 밝히다 celebrate a wedding; hold a marriage ceremony. ‖ ~동방 the bridal room for the wedding night.

화친(和親) friendly relations; amity. ~하다 make peace 《*with*》; enter into friendly relations 《*with*》. ‖ ~조약 a peace treaty.

화톳불 《make》 a bonfire.

화투(花鬪) Korean playing cards; "flower cards". ¶ ~를 치다 play〔shuffle〕 "flower cards".

화판(畫板) a drawing board.

화평(和平) peace. ~하다 (be) peaceful; placid. ¶ ~을 주장하다 advocate peace 《*with*》. ‖ ~교섭 a peace negotiation.

화폐(貨幣) money; 《통화》 currency; 《경화》 a coin; coinage(총칭). ¶ ~의 구매력 purchasing power of money. ‖ ~가치 the value of money(~가치가 올라가다〔내려가다〕 increase〔decrease〕 in monetary value) / ~경제 monetary economy / ~단위 a monetary unit / ~본위〔제도〕 a monetary〔currency〕 standard〔system〕.

화포(畫布) 〖美術〗 a canvas.

화폭(畫幅) a picture; a drawing.

화풀이(火—) ~하다 satisfy *one's* resentment; vent *one's* wrath 《*on*》; wreak *one's* anger〔wrath〕 《*on a person*》.

화풍(畫風) a style of painting. ¶ 라파엘의 ~ the brush of Raphael.

화필(畫筆) a paintbrush.

화하다(化—) 《변화》 change〔turn〕 《*into, to*》; 《변형》 transform 《*into, to*》; be transformed.

화학(化學) chemistry. ¶ ~적(으로) chemical(ly). ‖ ~공업 the chemical industry / ~기호〔식(式), 방정식〕 a chemical symbol〔formula, equation〕/ ~무기〔전〕 a chemical weapon〔warfare〕/ ~변화〔반응〕 a chemical change〔reaction〕/ ~비료 a chemical fertilizer / ~섬유 a synthetic〔chemical〕 fiber / ~약품 chemicals / ~자 a chemist / ~작용 (a) chemical action / ~적 산소요구량 〖環境〗 a chemical oxygen demand (생략 COD) / ~제품 chemical goods〔products〕/ ~조미료 (a) chemical seasoning / ~처리 (a) chemical treatment.

화환어음(貨換—) a documentary bill〔draft〕.

화합(化合) (chemical) combination. ~하다 combine 《*with*》. ‖ ~물 a (chemical) compound.

화합(和合) 《조화》 harmony; 《결합》 unity; union. ~하다 harmonize 《*with*》; live in harmony〔peace〕 《*with*》; get along well 《*with*》. ¶ 부부 ~의 비결 the secret of harmonizing as man and wife.

화해(和解) (a) reconciliation; an amicable settlement. ~하다 be reconciled 《*with*》; make peace 《*with*》; come to terms 《*with*》; settle out of court(소송하지 않고). ¶ 우리는 (서로) ~했다 We have been reconciled with each other.

화형(火刑) burning at the stake. ¶ ~에 처하다 burn 《*a person*》 at the stake / ~당하다 be burned at the stake; be burned alive.

화환(花環) a (floral) wreath; a (floral) garland. ¶ ~을 바치다 place〔lay〕 a wreath 《*at the tomb*》.

화훼(花卉) a flowering plant. ‖ ~산업 floricultural industry / ~원예 floriculture.

확《순식간에》 in a flash; 《갑자기》 suddenly; 《세차게》 violently; with a jerk. ¶ 밧줄을 ~ 당기다 pull the rope with a jerk / ~ 타오르다 burst into flames / 개가 ~ 달려들다 a dog suddenly springs 《*at a person*》.

확고(確固) ~하다 (be) firm; definite; resolute; fixed; steady. ¶ ~한 신념을 갖다 have a firm belief.

확답(確答) a definite answer 〔reply〕. ¶ ~을 하다 answer definitely; give a definite answer / ~을 피하다 give no definite answer.

확대(擴大) magnification; enlargement; expansion; escalation. ~하다 《넓히다》 magnify; 《넓어지다》 spread; expand; 《전쟁 등이》 escalate; 《사진 등을》 enlarge. ¶ 100배로 ~하다 magnify a thing a hundred times / 전쟁의 ~를 막다 stop the escalation of the war / 사업〔무역〕을 ~하다 expand 〔extend〕 business 〔trade〕 / 생산을 ~하다 increase 〔boost〕 the production 《*of*》 / ~되는 소프트웨어의 시장 the expanding market for software. ‖ ~경 a magnifying glass; a magnifier / ~기 an enlarger / ~사진 an enlarged photo / ~율〖寫〗 an enlargement ratio / ~재생산 reproduction on an expanded scale.

확론(確論) a solid argument.

확률(確率) probability. ¶ 비가 올 ~ the probability that it will rain.

확립(確立) establishment. ~하다 establish; settle. ¶ 지위를 ~하다 establish *one's* position 《*in*》.

확보(確保) ~하다 secure; insure. ¶ 좌석을 ~하다 secure 〔save〕 a seat.

확산(擴散) spread(ing); proliferation; diffusion. ~하다 spread; diffuse. ¶ 핵무기의 ~을 막다 check the spread of nuclear weapons. ‖ 핵~ spread of nuclear arms; nuclear proliferation / 핵~ 금지조약 the nuclear nonproliferation treaty(생략 NPT).

확성기(擴聲器) a (loud)speaker; a megaphone.

확신(確信) a conviction; a firm belief; confidence(자신). ~하다 be confident 《*of*》; believe firmly 《*in*》; be sure 《*of, that*》. ¶ ~하여 with confidence; in the firm belief 《*that*...》 / ~을 얻다 gain confidence / 우리는 승리를 ~한다 We are sure 〔certain, confident〕 of a victory.

확실(確實) ~하다 《틀림없다》 (be) sure; certain; secure; 《믿을 만하다》 (be) reliable; trustworthy; valid; 《견실하다》 (be) solid. ¶ ~히 certainly; surely; reliably; to a certainty / ~치 않은 uncertain; unreliable; doubtful / ~한 증거 a positive proof / ~한 대답 a definite answer / ~한 투자 a sound 〔solid, safe〕 investment / 그것은 100%〔절대〕 ~하다 It's one hundred percent certain. ‖ ~성 certainty; reliability; sureness.

확약(確約) a definite promise. ~하다 make a definite promise; promise definitely; give *one's* word 《*to*》; commit *oneself* 《*to*》.

확언(確言) a definite statement. ~하다 say positively; assert; affirm.

확연(確然) ~하다 (be) definite; positive; clear. ¶ ~히 definitely; positively; clearly.

확인(確認) confirmation; affirmation; verification. ~하다 confirm; affirm; verify. ¶ 미~의 unconfirmed / 신원을 ~하다 verify 〔check〕 *one's* identity.

확장(擴張) extension; expansion; enlargement. ~하다 extend; expand; enlarge. ¶ 군비~ an expansion of armaments / 도로를 ~하다 widen a street / 사업을〔점포를〕 ~하다 expand the business 〔shop〕.

확전(擴戰) escalation of the war. ~하다 escalate. ¶ ~을 막다 stop the escalation of the war.

확정(確定) decision; settlement. ~하다 decide on 《*a matter*》; settle; fix; confirm. ¶ ~적(으로) definite(ly); decided(ly) / ~된 settled; fixed; decided; definite / 그의 사형이 ~되었다 His death sentence was confirmed. ‖ ~사항 a settled matter / ~신고 《소득세의》 a final income tax return 《*for the year*》 / ~안 a final draft / ~판결 a final decision 〔judgment〕.

확증(確證) conclusive evidence; a positive proof. ¶ ~을 잡다 obtain 〔secure〕 positive evidence 《*of*》.

확충(擴充) (an) expansion 《*of productivity*》; (an) amplification. ~하다 expand; amplify. ¶ 군비를 ~하다 expand armaments / 시설을 ~하다 expand and improve the facilities.

확확 《바람이》 with great puffs; with gusts; 《불길이》 flaring up repeatedly; with flame after flame.

환(丸) a pill. ☞ 환약(丸藥).

환(換) 〖經〗 a money order; exchange. ¶ 외국〔내국〕~ foreign 〔domestic〕 exchange / 우편~ a postal money order / 전신~ a telegraphic remittance. ‖ ~시세 an exchange rate / ~시세변동 foreign exchange fluctuations / ~어음 a bill of exchange; a draft / ~차손 an exchange loss / ~차익 a foreign exchange profit.

환가(換價) conversion (into money); realization. ~하다 convert into money; realize.

환각(幻覺) 〖心〗 a hallucination; an illusion. ¶ ~을 일으키다 hallucinate. ‖ ~제 a hallucinogenic drug; a hallucinogen / ~제 중독자 a psychedelic / ~증상 hallucinosis.

환갑(還甲) *one's* 60th birthday. ‖ ~노인 a sexagenarian / ~잔치(를 베풀다) (give) a banquet on *one's* 60th birthday.

환경(環境) (an) environment; surroundings. ¶ 새로운 ~에 적응하다 adapt *oneself* to the new environment / 좋은 ~에서 자라다 be brought up in a favorable environment. ‖ ~공학 environmental engineering / ~기준 the environmental standard 《*for sulfurous acid gas*》 / ~문제 an environmental problem〔issue〕/ ~보호 environmental conservation 〔protection〕 / ~부 the Ministry of Environment / ~오염〔위생〕 environmental pollution〔hygiene〕/ ~파괴 environmental disruption; the destruction of the environment.

환국(還國) ☞ 귀국(歸國).

환금(換金) ① 《현금화》 realization. ~하다 realize 《*one's securities, property*》; convert 〔turn〕 《*goods*》 into money; cash 《*a check*》. ② ☞ 환전(換錢).

환급(還給) ~하다 return; restore; give back; retrocede.

환기(喚起) ~하다 awaken; arouse 《*public opinion*》; stir up. ¶ 주의를 ~하다 call 《*a person's*》 attention 《*to*》 / 여론을 ~시키다 arouse public opinion.

환기(換氣) ventilation. ~하다 ventilate. ¶ ~가 잘 (안) 되다 be well-〔ill-〕ventilated. ‖ ~공 a vent (hole) / ~장치 a ventilator / ~창 a vent; a window for ventilation.

환난(患難) misfortune; hardships; distress. ¶ ~을 겪다 undergo 〔go through〕 hardships.

환담(歡談) a pleasant talk. ~하다 have a pleasant talk〔chat〕 《*with*》.

환대(歡待) a warm〔cordial〕 reception. ~하다 give a warm reception; entertain warmly; receive cordially.

환도(還都) ~하다 return to the capital.

환등(幻燈) a magic lantern; a film slide. ‖ ~기 a magic lantern apparatus; a slide projector.

환락(歡樂) pleasure; amusement; mirth. ¶ ~에 빠지다 indulge in pleasure / ~을 좇다 pursue〔seek〕 pleasure. ‖ ~가 an amusement district.

환류(還流) flowing back; (a) reflux. ~하다 flow back; return; be refluxed.

환매(換買) barter. ~하다 barter.

환매(還買) repurchase; 〖證〗 short covering. ~하다 buy back; repurchase; redeem; cover short (증권). ‖ ~권 the right of repurchase.

환멸(幻滅) disillusion. ¶ ~을 느끼다 be disillusioned 《*at, about, with*》 / ~의 비애를 느끼다 feel the bitterness〔sorrow〕 of disillusion.

환문(喚問) a summons. ~하다 summon 《*a person*》 for examination. ¶ ~에 응하다 answer〔obey〕 a summons.

환부(患部) the affected〔diseased〕 part.

환부(還付) ~하다 return; refund 《*a tax*》; pay back. ‖ ~금 refund.

환불(還拂) repayment; refundment. ~하다 pay back; repay; refund.

환산(換算) change; conversion. ~하다 change; convert 《*into*》. ¶ 달러를 원으로 ~하다 convert dollars into *won*. ‖ ~율 the exchange rates / ~표 a conversion table.

환상(幻想) an illusion; a vision; a fantasy; a dream(몽상). ¶ ~적인 fantastic; dreamy / ~을 가지다 have an illusion 《*about*》. ‖ ~곡 a fantasia; a fantasy.

환상(幻像) a phantom; a phantasm; an illusion.

환상(環狀) ¶ ~의 ring-shaped; loop; circular; annular. ‖ ~도로 a loop〔circular〕 road / ~선 a loop〔circular, belt〕 line.

환생(還生) ~하다 be born again; be reincarnated.

환성(歡聲) a shout of joy; a cheer. ¶ ~을 올리다 shout for joy; give〔send up, raise〕 a cheer.

환송(還送) ~하다 return; send back.

환송(歡送) a send-off; a farewell. ~하다 give 《*a person*》 a hearty send-off. ‖ ~식〔회〕 a farewell〔send-off〕 ceremony 〔party〕.

환시(幻視) 〖心〗 a visual hallucination.

환심(歡心) ¶ ～을 사다 win 《*a person's*》 favor; curry favor with 《*a person*》; 《여자의》 win a girl's heart.

환약(丸藥) a (medical) pill; a globule.

환어음(換—) ☞ 환(換). ¶ 요구불～ a draft on demand / 일람불～ a bill at sight.

환언(換言) ¶ ～하면 in other words; that is (to say); namely.

환영(幻影) a phantom; a vision; an illusion.

환영(歡迎) a welcome; a reception. ～하다 welcome; give 《*a person*》 a welcome; bid 《*a person*》 welcome; receive 《*a person*》 warmly. ¶ 열렬한 ～을 받다 recieve an enthusiastic〔a hearty〕 welcome. ‖ ～만찬회 a reception dinner / ～사 an address of welcome / ～회 a welcome party.

환원(還元) ① 《복귀》 restoration. ～하다 restore 《*something*》 (to *its* original state). ¶ 이익을 사회에 ～하다 return the profits to society. ② 〖化〗 reduction; deoxidization(산화물의). ～하다 be reduced 《*to*》; reduce 《*to its components*》; deoxidize. ‖ ～제 a reducing agent.

환율(換率) the exchange rate. ¶ ～은 매일 변동한다 The exchange rates fluctuate every day. / 고정〔변동〕 ～제 the fixed〔fluctuating〕 exchange rate system / 대미～ the exchange rate on the U.S. dollar. ‖ ～변동 exchange rate fluctuation / ～인상 a raise in the exchange rates.

환자(患者) a patient; a sufferer 《*from a cold*》; a victim 《*of a disease*》; a subject 《*of an operation*》. ¶ 입원〔외래〕～ an inpatient〔outpatient〕/ 콜레라 ～ a case of cholera / ～를 진찰하다 examine〔see〕 a patient. ‖ ～명부 a sick list.

환장(換腸) ～하다 become〔go〕 mad; lose〔be out of〕 *one's* mind.

환전(換錢) exchange (of money). ～하다 change 《*money*》; exchange 《*dollars into won*》. ‖ ～상 《상점》 an exchange house 〔shop〕; 《사람》 an exchanger; a money changer / ～수수료 a commission for an exchange.

환절(環節) 〖動〗 a segment.

환절기(換節期) the turning point of the season.

환청(幻聽) auditory hallucination.

환초(環礁) a lagoon island; an atoll.

환태평양(環太平洋) ¶ ～의 circum-Pacific; Pan-Pacific / ～국가 the Pacific basin〔rim〕 countries / ～(합동 군사)연습 the RIMPAC (Rim of the Pacific Exercise).

환표(換票) 《선거의》 ballot switching. ～하다 switch ballots.

환풍기(換風機) a ventilation fan.

환하다 ① 《밝다》 (be) bright; light. ¶ 달빛이 환한 밤 a bright moonlit night. ② 《앞이 탁 틔다》 (be) open; clear; unobstructed. ¶ 길이～ A road is clear〔wide open〕. ③ 《얼굴이》 (be) bright; fine-looking; handsome. ④ 《정통하다》 be familiar 《*with*》; be well acquainted 《*with*》; be conversant 《*with*》. ¶ (그 곳) 지리에 ～ be familiar 〔well acquainted〕 with 《*a place*》.

환형(環形) ¶ ～의 ringshaped; annular; looped / ～동물 Annelida.

환호(歡呼) a cheer; an acclamation; an ovation. ～하다 cheer; give cheers. ¶ ～ 속에 amid cheers / ～성을 올리다 give cheers; give a shout of joy.

환희(歡喜) (great) joy; delight. ～하다 be delighted; be very glad; rejoice 《*at, over*》.

활 a bow; archery (궁술). ¶ ～의 명수 an expert archer / ～을 쏘다 shoot an arrow.

활강(滑降) 《스키의》 a descent.

활개 ① 《사람의 두 팔》 *one's* arms 〔limbs〕. ¶ ～ 치다 swing *one's* arms / ～ 치며 걷다 walk swinging *one's* arms. ② 《새의》 wings. ¶ ～치다 flap the wings; flutter.

활공(滑空) ～하다 glide. ¶ ～기 a glider; a sailplane.

활극(活劇) a stormy〔riotous〕 scene; 《영화의》 an action film 〔picture〕. ¶ 서부～ a Western (film); a cowboy picture.

활기(活氣) activity; life; vigor. ¶ ～ 있는 active; lively; full of life / ～ 없는 inactive; dull; lifeless; spiritless / ～를 띠다 become active〔lively〕; show life.

활달(豁達) ～하다 (be) generous; magnanimous; broad-minded.

활대 the cross-stick at the top of a sail; a (sail) yard.

활동(活動) activity; action. ～하다 be active; play〔take〕 an active part 《*in*》. ¶ ～적인 active; energetic / ～ 무대 the 「stage for 〔field of〕 *one's* activities / ～을 개시하다 go into action; begin operations(군대 등이). ‖ ～가 a man of action; an energetic person; a go-getter 《美俗》 / ～력 activity; vitality / ～범위 the scope〔sphere〕 of activity.

활량 ① an archer; a bowman. ② ☞ 한량.

활력(活力) vital power〔force〕; vitality; energy. ‖ ~소 a tonic.

활로(活路) ¶ ~를 열다〔찾다〕 find a way out《*of the difficulty*》; cut *one's* way《*through the enemy*》.

활발(活潑) ~하다 (be) active; brisk; vigorous; lively. ¶ ~한 거래 active business / ~히 actively; lively; briskly; vigorously / 동작이 ~하다 be brisk (in *one's* movements).

활보(闊步) ~하다 stride; stalk; strut. ¶ 거리를 ~하다 stalk (along) the streets.

활석(滑石)〖鑛〗talc; talcum. ¶ ~분(粉) talcum powder.

활성(活性) ¶ ~의 active; activated / ~화하다 revitalize; activate / 증권 시장의 ~화 revitalization of the securities market. ‖ ~비타민제 an activated vitamin preparation / ~탄〔소〕〖化〗active 〔activated〕 carbon.

활수(滑手) ~하다 (be) liberal《*of, with*》; generous《*with*》; open-handed.

활시위 a bowstring.

활액(滑液)〖解〗synovia.

활약(活躍) activity. ~하다 be active《*in*》; take〔play〕 an active part《*in*》. ¶ 그는 정계에서 ~한다 He is active in politics.

활엽수(闊葉樹) a broad-leaved tree.

활용(活用) ① 《응용》 practical use; application. ~하다 put〔turn〕《*knowledge*》 to practical use; make good use of《*one's ability in a job*》; utilize; apply. ¶ 최대한으로 ~하다 make the best use of《*something*》/ 여가를 보다 더 잘 ~하다 make better use of *one's* leisure time / 인재를 ~하다 make the best of talent. ②〖文〗inflection(어미의); declension(격의); conjugation(동사의). ~하다 inflect; decline; conjugate.

활자(活字) a printing type; type (총칭). ¶ 7호~ No. 7 type / 작은〔큰〕 ~로 인쇄하다 print in small〔large〕 type / 큰 ~의 국어사전 a Korean dictionary in large print / ~체로 쓰다 write in block letters. ‖ ~체 print (이름을 ~체로 쓰다 print *one's* name).

활주(滑走) ~하다 glide (활공); taxi(지상을); slide(스키의). ‖ ~로 a runway; a landing strip.

활짝 ①《열린·트인 모양》wide(ly); extensively; broad; open. ¶ ~트이다 be open / ~ 열다 fling 《*the door*》 open. ②《날씨》 entirely; 《꽃 따위가》 brightly; radiantly. ¶ ~ 갠 하늘 a clear sky / 꽃이 ~ 피(어 있)다 be in full bloom.

활차(滑車) a pulley; a block.

활촉(―鏃) an arrowhead.

활터 an archery ground〔range〕.

활판(活版) printing; typography. ‖ ~인쇄 type printing.

활화산(活火山) an active volcano.

활활 《불이》 vigorously; in flames; 《부채질》《fan》 briskly.

활황(活況) activity (in business); briskness. ¶ ~을 보이다 show signs of activity.

홧김(火―) ¶ ~에 in (a fit of) anger; in the heat of passion / ~에 테이블을 탕탕 치다 pound the table in a fit of anger〔rage〕.

홧홧하다 feel hot〔warm〕; (be) hot; sultry; feverish.

황(黃) ① 《색》 yellow (color). ②〖鑛〗orpiment(석웅황);〖化〗sulfur; sulphur《英》. ¶ ~의 sulfurous.

황갈색(黃褐色) yellowish brown.

황감(惶感) ~하다 be deeply grateful; be much obliged《*to*》.

황겁(惶怯) ~하다 (be) awe-stricken; fearful.

황고집(黃固執) stubbornness; 《사람》a hardheaded person.

황공(惶恐) ~하다 (be) awe-stricken; be overwhelmed (with awe); 《감사로》 (be) gracious.

황국(黃菊) a yellow chrysanthemum.

황금(黃金) gold(금); money(금전). ¶ ~의 gold(en). ‖ ~만능주의 mammonism / ~만능주의자 a mammonist / ~빛 a golden color / ~시대 the golden age.

황급(遑急) ~하다 (be) urgent. ¶ ~히 in a (great) hurry; hastily; in a flurry / ~히 떠나다 leave in a hurry.

황달(黃疸) jaundice; the yellows. ‖ ~ 환자 an icteric(al).

황당(荒唐) ~하다 (be) absurd; nonsensical; wild. ¶ ~무계한 이야기 an absurd story; a cock-and-bull story / 그 무슨 ~한 소리야 What an absurd suggestion!

황도(黃道)〖天〗the ecliptic. ‖ ~대(帶) the zodiac.

황동(黃銅) brass. ‖ ~광 copper pyrites; chalcopyrite / ~색 brass yellow.

황량(荒凉) ~하다 (be) desolate; dreary. ¶ ~한 벌판 a desolate plain; a wilderness.

황린(黃燐)〖化〗yellow phosphor.

황마(黃麻)〖植〗a jute.

황막(荒漠) ~하다 (be) desolate 〔waste〕 and vast. ¶ ~한 벌판 a vast wasteland.

황망(遑忙) ~하다 (be) very busy.

황망(慌忙) ~하다 (be) hurried;

flurried; agitated. ¶ ～히 in a flurry; helter-skelter.
황무지(荒蕪地) waste〔wild, barren〕land; a wilderness.
황사(黃砂) yellow sand. ‖ ～현상 atmospheric phenomena of the wind carrying yellow dusts〔sand〕; the floating yellow-sand phenomena.
황산(黃酸)〖化〗sulfuric acid; vitriol. ‖ ～구리〔철, 암모늄〕copper〔iron, ammonium〕sulfate / ～염 a sulfate / ～지 sulfate〔parchment〕paper.
황새〖鳥〗a white stork.
황새걸음 the gait of a stork; a long stride.
황색(黃色) yellow. ¶ ～인종 the yellow race.
황석(黃石)〖鑛〗yellow calcite.
황성(皇城) the capital.
황소(黃—) a bull. ¶ ～처럼 일하다 work like a bull; work very hard. ‖ ～걸음 the gait of a bull; a leisurely pace; a slow step.
황송하다(惶悚—)《황공하다》(be) awestricken;《고맙고 죄송하다》(be) grateful; indebted;《분에 넘치다》be too good for *one*. ¶황송하게도 graciously.
황실(皇室) the Imperial〔Royal〕Household〔Family〕.
황아장수(荒—) a peddler of sundries.
황야(荒野) a wilderness; a waste; a desert land; the wilds.
황열병(黃熱病)〖醫〗yellow fever.
황옥(黃玉)〖鑛〗(a) topaz.
황음(荒淫) carnal excesses; sexual indulgence.
황인종(黃人種) the yellow race.
황제(皇帝) an emperor.
황진(黃塵) dust in the air;〖氣〗a dust storm.
황차(況且) much〔still〕more〔less〕. ☞ 하물며.
황천(黃泉) Hades; the land of the dead. ‖ ～객 a dead person (～객이 되다 go down to the shades; join the majority) / ～길 the way to Hades (～길을 떠나다 go to *one's* last home).
황철광(黃鐵鑛)〖鑛〗(iron) pyrites.
황체호르몬(黃體—)〖生〗progesterone; progestin.
황태자(皇太子) the crown prince. ‖ ～비 the crown princess.
황태후(皇太后) the Empress Dowager; the Queen Mother.
황토(黃土) yellow soil; loess.
황통(皇統) the Imperial〔Royal〕line.
황폐(荒廢) waste; ruin; devastation. ～하다 go to ruin; be devastated. ¶ ～한 땅 desolate land.
황하(黃河) the Yellow River; the Huang He.
황해(黃海) the Yellow Sea.
황혼(黃昏) dusk; (evening) twilight. ¶ 인생의 ～기 the twilight years of *one's* life / ～이 지다〔깃들다〕dusk falls.
황홀(恍惚) ¶ ～한 charming; fascinating; enchanting; bewitching / ～히 in an ecstasy; in raptures; absorbedly / ～해지다 be enraptured〔in raptures〕; be charmed〔enchanted〕. ‖ ～경 a trance; an ecstasy; a dreamy state.
황화(黃化)〖化〗sulfuration. ‖ ～고무 vulcanized rubber / ～물 a sulfide / ～수소〔은〕hydrogen〔silver〕sulfide / ～염료 sulphide dyes.
황화(黃禍) the yellow peril.
황후(皇后) an empress; a queen.
홰[1]《새의》(be on) a perch.
홰[2]《횃불의》a torch.
홰치다 flap〔clap, beat〕the wings; flutter.
홰홰 ¶～ 휘두르다 turn round and round; brandish《*a stick*》/ ～ 감기다 coil〔twine〕《*around a pole*》.
홱 ① with a snap. ☞ 홱홱 ①. ②《갑자기》suddenly;《힘차게》with a jerk; violently;《잽싸게》quickly; nimbly. ¶ ～ 잡아당기다 pull with a jerk / ～ 던지다 jerk / ～ 열다 fling《*a door*》open.
홱홱 ①《빠르게》snap-snap; with dispatch; quickly. ¶ 일을 ～ 해치우다 finish *one's* job quickly. ②《던짐》flinging repeatedly. ③《때리다》with whack after whack.
횃대 a clothes rack; a clotheshorse.
횃불 a torch(light);《봉화》a signal fire. ¶～을 들다 carry a torch in *one's* hand.
횅댕그렁하다 (be) hollow; empty; deserted; feel hollow〔empty〕.
횅하다 ①《통달하다》(be) well versed《*in literature*》; familiar《*with*》. ¶ 이 곳 지리에 ～ know the lay of the land around here. ②《공허》(be) empty; vacant; deserted. ¶ 거리가 ～ A street is deserted.
회(灰) ☞ 석회(石灰). ¶ ～를 바르다 plaster; stucco.
회(蛔) a roundworm. ☞ 회충.
회(會)《회합》a meeting; a gathering; a party(사교상의);《단체》a society; a club; an association. ¶ ～를 개최하다 hold a meeting / ～를 조직하다 organize〔form〕a society / ～에 가입하다 join〔become a member of〕a society.
회(膾) seasoned raw fish〔meat〕;

a raw fish〔meat〕dish. ¶ 참치 ~ slices of raw tuna / 생선 ~ sliced raw fish / ~를 치다 slice raw fish〔meat〕.

회(回)《횟수》a time; a round; an inning(야구의). ¶ 1 ~ once / 2 ~ two times; twice / 3 ~ 초〔말〕〖野〗the first〔second〕half of the 3rd inning /《토너먼트 등의》제3 ~ 전 the third round /《복싱 등의》10 ~ 전 a bout〔fight〕of ten rounds; a ten-round bout〔fight〕.

회갑(回甲) ☞ 환갑.

회개(悔改) repentance; penitence. ~하다 repent《*of*》; be penitent《*for*》; reform *oneself*.

회견(會見) an interview. ~하다 meet; interview; have an interview《*with*》. ¶ 공식〔비공식〕~ a formal〔an informal〕interview / 기자 ~ a press〔news〕conference / ~을 요청하다 ask for an interview《*with*》/ 총리는 기자 ~을 했다 The Prime Minister had a press conference. ‖ ~기(記) an interview / ~자 an interviewer.

회계(會計)《경리》accounting; accounts;《계산》an account; a bill; a check. ~하다 keep accounts(기장); pay the bill(지불). ¶ 그녀의 ~는 엉망이었다 Her accounts were in disorder. / 그는 클럽의 ~를 담당한다 He keeps the club's accounts. / 공인 ~사 a certified public accountant (생략 C.P.A.) / 일반〔특별〕~ the general〔special〕account. ‖ ~감사 auditing / ~과 the accounting section / ~담당계원 an accountant; a cashier; a treasurer(회사 · 클럽 등의) / ~보고 a financial report / ~연도 a fiscal year《美》; a financial year《英》/ ~(장)부 an account book / ~학 accounting.

회고(回顧) reflection; recollection; retrospection. ~하다 reflect〔look back〕《*upon*》; retrospect. ‖ ~록 reminiscences; memories.

회고(懷古) reminiscence. ~하다 recall the past (to *one's* mind); look back on the past. ‖ ~담 recollections; reminiscences.

회관(會館) a hall; an assembly hall. ¶ 시민 ~ the Citizens' Hall / 학생 ~ a student's hall.

회교(回敎) Muslimism; Islam. ☞ 이슬람. ‖ ~도 a Muslim / ~사원 a mosque.

회군(回軍) ~하다 withdraw troops《*from*》.

회귀(回歸) a recurrence. ~하다 recur; return. ‖ ~성(性) recurrence; a tendency to recur / ~열〖醫〗recurrent fever.

회기(會期) a session; a period; a term(기간). ¶ ~ 중에 during the session《*of the National Assembly*》/ ~를 연장하다 extend a session.

회나무〖植〗a Korean spindle tree.

회담(會談) a talk; a conference. ~하다 have a talk《*with*》; talk together; confer《*with*》. ¶ 무역 마찰에 관한 예비 ~ preliminary talks on trade friction / 한미 정상 ~이 서울에서 열릴 예정이다 The US-Korea summit talks will be held in Seoul.

회답(回答) an answer; a reply. ~하다 reply《*to*》; give a reply; answer. ¶ 문서 또는 구두로 ~하다 reply in writing or verbally / 그는 내 질문에 대해 서신으로 ~했다 He replied to my question by letter.

회당(會堂)《예배당》a chapel; a church;《공회당》a hall; an assembly hall; a meeting house.

회독(回讀) ~하다 read《*a book*》in turn.

회동(會同) ~하다 meet together; assemble; get together; have a meeting.

회람(回覽) circulation. ~하다 circulate. ‖ ~잡지〔판〕a circulating magazine〔bulletin〕.

회랑(回廊) a corridor; a gallery.

회례(廻禮) a round of complementary visits〔calls〕. ¶ 신년 ~를 하다 make〔pay〕(a round of) New Year's calls.

회로(回路) ①《귀로》a return trip; the return way; *one's* way home〔back〕. ②〖電〗a circuit. ¶ 고정〔집적〕~ a stationary〔an integrated〕circuit / 병렬〔직렬〕~ a parallel〔series〕circuit / ~를 열다〔닫다〕open〔close〕a circuit. ‖ ~차단기 a circuit breaker.

회반죽(灰—) mortar; plaster; stucco. ¶ ~을 바르다 plaster.

회백색(灰白色) light gray; light ash color.

회벽(灰壁) a plastered wall.

회보(回報) a reply; an answer;《복명》reporting. ~하다 give a reply; send an answer;《복명》report to《*a person on*...》; bring back a report.

회보(會報) a bulletin; assembly〔association〕reports. ¶ 동창회 ~ an alumni bulletin.

회복(回復 · 恢復) recovery; restoration(복구). ~하다 recover《*from illness*》; regain; restore《*peace*》. ¶ 경기의 ~ recovery of economy / 건강〔기력〕을 ~하다 recover *one's* health〔strength, spirits〕/ 의식을 ~하다 regain consciousness / 명예를 ~하다 restore *one's* honor〔good name〕. ‖ ～기 a convalescent stage / ～력 recuperative power (병으로부터의) / ～실 a recovery room.

회부 (回附) ～하다 transmit〔refer〕《*to*》; forward〔send (over)〕《*to*》; pass on 《*to*》.

회비 (會費) a membership fee; dues (of a member) (정기적인). ¶ ～를 거두다〔내다〕 collect〔pay〕 dues / 클럽～ club dues.

회사 (會社) a company (생략 Co.); a corporation 《美》; a concern; a firm. ¶ 석유〔보험〕～ an oil〔insurance〕 company / 증권〔출판〕～ a securities〔publishing〕 company / 모〔자〕～ a parent〔subsidiary〕 company / ～를 만들다 establish〔form〕 a company / ～에 근무하다 serve in a company; be employed in the office. ‖ ～사장 a company president / ～원 a company employee; an office worker / ～중역 a company executive / ～채 a company bond; a debenture.

회상 (回想) recollection; reminiscence. ～하다 recollect; recall 《*a fact*》 to *one's* mind. ‖ ～록 reminiscences; memoirs.

회색 (灰色) ¶ ～(의) gray; grey 《英》/ ～을 띤 grayish. ‖ ～분자 a wobbler / ～ 차일구름 altostratus.

회생 (回生) ☞ 소생(蘇生).

회서 (回書) a reply; an answer.

회석 (會席) a (place of) meeting.

회선 (回旋) rotation. ～하다 rotate; revolve. ‖ ～운동 a rotary motion / ～탑 《유희용의》《swing on》 a ring pole.

회선 (回線) 〖電〗 a circuit. ¶ ～도 a circuit diagram / 전화 ～ a telephone circuit.

회송 (回送) ～하다 《편지를》 forward; send on; 《화물을》 transfer. ¶ 편지를 이사 간 새 주소로 ～하다 forward〔send on〕 a letter to 《*a person's*》 new address.

회수 (回收) collection; withdrawal; recall. ～하다 collect; withdraw; recall. ¶ 꾸어준 돈을 ～하다 collect〔recover〕 a debt / 폐품을 ～하다 collect waste materials / 결함 상품을 ～하다 recall the defective goods.

회수 (回數) the number of times; frequency. ‖ ～권 a commutation ticket 《美》; a' book of tickets 《英》; a coupon ticket.

회식 (會食) ～하다 have a meal together; dine together; dine 《*with*》.

회신 (回信) ☞ 회답(回答). ‖ ～료 return postage / ～용 봉투 a stamped addressed envelope.

회심 (會心) ¶ ～의 미소를 짓다 give a smile of satisfaction; smile complacently. ‖ ～작 a work after *one's* (own) heart.

회양목 (一楊木) 〖植〗 a box tree; 《재목》 boxwood.

회오 (悔悟) repentance; remorse; penitence. ～하다 repent 《*of*》; feel remorse 《*for*》. ¶ ～의 눈물을 흘리다 shed tears of remorse.

회오리바람 a whirlwind; a cyclone; a twister 《美口》.

회원 (會員) a member 《*of a society*》; membership (총칭). ¶ ～이 되다 become a member; join 《*a society*》/ 정〔준, 특별, 명예, 종신〕 ～ a full〔an associate, a special, an honorary, a life〕 member. ‖ ～명부〔배지, 증〕 a membership list〔badge, card〕.

회유 (懷柔) appeasement; conciliation. ～하다 appease; conciliate; win 《*a person*》 over (to *one's* side). ‖ ～책 an appeasement policy; a conciliatory measure.

회음 (會陰) 〖解〗 the perineum. ‖ ～부 the perineal region.

회의 (會議) a meeting; a conference; a session (의회의). ～하다 confer 《*with*》. ¶ 군축에 관한 ～ a conference on disarmament / 국제～ an international conference / 가족～ a family meeting / 국회의 본～ a plenary session of the National Assembly / ～를 열다 hold a conference〔meeting〕/ ～를 소집하다 call a conference / ～에 참석하다 attend a meeting〔conference〕/ ～에 참가하다 take part〔participate〕 in a conference / 문제를 ～에 내놓다 bring up〔raise〕 a problem〔an issue〕 at the meeting / 그는 지금 ～중입니다 He is in conference now. ‖ ～록 the minutes / ～실 a conference〔council, meeting〕 room / ～장 a convention〔conference〕 hall.

회의 (懷疑) doubt; skepticism. ¶ ～적(인) skeptic(al). ‖ ～론 skepticism / ～론자 a skeptic.

회자 (膾炙) ～하다〔되다〕 be in everybody's mouth; be on everybody's lips; become the talk of all.

회자정리 (會者定離) Those who meet must part.

회장 (回章) a circular letter〔note〕.

회장 (回腸) 〖解〗 the ileum.

회장 (會長) the president 《*of a society*》; the chairman (of the board of directors). ¶ 부～ the vice-president; the vice-chairman / 본 협회의 ～은 김 박사이다 The president of this society is Dr. Kim.

회장 (會場) a meeting place; a hall; 《옥외의》 the grounds〔site〕.

회장(會葬) attendance at a funeral. ～하다 attend〔go to〕a funeral. ‖ ～자 the mourners.

회전(回電) a reply telegram.

회전(回轉) turning; (a) revolution; (a) rotation. ～하다 revolve; rotate; turn〔go〕round. ¶ 360° ～하다 turn full circle; make a 360° turn / 그는 머리의 ～이 빠르다 He has a quick mind. *or* He is quick on the uptake. / 달은 지구의 주위를 ～한다 The moon revolves around the earth. ‖ ～경기《스키의》the slalom / ～목마 a merry-go-round / ～무대 a revolving stage / ～문 a revolving door / ～율《자금 등의》the (rate of) turnover《*of capital*》/ ～의자 a swivel chair / ～익(翼) a rotor(헬리콥터의); a wafter(송풍기의) / ～자금 a revolving fund / ～체 a rotating body / ～축 the axis of rotation; a shaft.

회전(會戰) a battle; an encounter; an engagement. ～하다 fight with〔engage〕the enemy.

회절(回折)〖理〗diffraction.

회중(會衆) people gathered together; an attendance; a congregation(교회의).

회중(懷中) ‖ ～시계 a watch / ～전등 a flashlight《美》; an electric torch《英》.

회진(回診) (a doctor's) round of visits. ～하다 go the rounds《*of one's patients*》; do *one's* rounds.

회초리 a whip; a rod; a cane (등·대 따위); a lash(끈). ¶ ～로 때리다 whip; lash; use the rod《*on*》/ ～를 맞다 be whipped〔caned〕.

회춘(回春) rejuvenation. ～하다 be rejuvenated(젊어지다). ‖ ～제〔약〕a rejuvenating drug〔medicine〕.

회충(蛔蟲) a roundworm; a belly worm. ¶ ～이 생기다 get roundworms. ‖ ～약 a vermifuge; an anthelmintic.

회칙(會則) the rules〔regulations〕of a society.

회포(懷抱) *one's* bosom〔thoughts〕. ¶ ～를 풀다 unbosom *oneself*《*to a person*》.

회피(回避) evasion; avoidance. ～하다 evade; avoid; dodge; shirk. ¶ ～할 수 없는 unavoidable; inevitable / 책임을 ～하다 evade〔shirk〕*one's* responsibility / 전쟁을 ～하다 avoid war / 취재 기자의 질문을 ～하다 evade〔sidestep〕the reporter's questions / 귀찮은 일을 ～하다 shirk unpleasant tasks.

회한(悔恨) remorse; (a) regret; (a) repentance. ¶ ～의 눈물 tears of remorse.

회합(會合) a meeting; a gathering. ～하다 meet; assemble; gather. ¶ ～장소 a place of meeting.

회항(回航) ～하다《돌아다니다》sail about; navigate;《되돌아오다》sail back; return from a cruise.

회향(茴香)〖植〗a fennel.

회향(懷鄕) the longing for home; nostalgic reminiscence. ～하다 long for home; be nostalgic. ¶ ～의 homesick. ‖ ～병 homesickness; nostalgia.

회화(會話) (a) conversation; a dialogue (☞ 대화). ～하다 talk〔speak〕《*to, with*》; have a conversation〔talk〕《*with*》. ¶ 영어 ～에 익숙하다 be good at English conversation. ‖ ～책 a conversation book / ～체 a colloquial〔conversational〕style.

회화(繪畫) a picture; a painting; a drawing. ¶ ～적인 pictorial; picturesque. ‖ ～전(展) an art exhibition.

획(劃) a stroke. ¶ 5～의 한자(漢字) a Chinese character of five strokes.

획기적(劃期的) epoch-making; epochal. ¶ ～인 발견 an epoch-making discovery / ～인 사건 an epoch-making event; a landmark.

획득(獲得) acquisition. ～하다 acquire; obtain; secure; gain; win; get. ¶ 금메달을 ～하다 win a gold medal / 권리를 ～하다 acquire〔secure〕rights / 정권을 ～하다 come to power / 캐나다 시민권을 ～하다 obtain Canadian citizenship. ‖ ～물 an acquisition; gainings.

획수(劃數) the number of strokes (in a Chinese character).

획일(劃一) uniformity; standardization. ～하다 make《*something*》uniform; standardize. ¶ ～적인 uniform; standardized / ～적인 교육 uniform education. ‖ ～화 standardization(～화하다 standardize).

획정(劃定) ～하다 demarcate; mark out. ¶ 경계를 ～하다 mark out〔fix〕a boundary.

획책(劃策) a plot; a scheme; scheming. ～하다 plan; (lay a) scheme;《책동》maneuver; plot. ¶ 경쟁 상대를 내쫓으려고 ～하다 scheme to oust *one's* rival《*from office*》.

횟돌(灰—) limestone. ☞ 석회석.

횡격막(橫隔膜)〖解〗the diaphragm. ¶ ～의 phrenic.

횡단(橫斷) crossing. ～하다 cross; go〔run〕across; traverse. ¶ 거리

를 ～하다 cross a street / 해협을 헤엄쳐 ～하다 swim across the channel / 태평양을 제트기로 ～하다 fly across the Pacific by jet. ‖ ～면 a cross section / ～보도 a pedestrian crossing; a cross walk 《美》; a zebra crossing 《英》.

횡대(橫隊) 《in》 a line; a rank. ¶ 2열 ～로 정렬하다 form〔be drawn up in〕 a double line / 4열 ～가 되다 form (up) four deep.

횡듣다(橫—) hear 《*it, him*》 wrong.

횡령(橫領) (a) usurpation; 《공금의》 embezzlement. ～하다 usurp; embezzle; appropriate 《*a person's property*》. ¶ 그녀는 공금을 ～했다 She embezzled public money. ‖ ～죄 embezzlement.

횡보다(橫—) see wrong(ly); (make a) mistake; misread.

횡사(橫死) a violent〔an unnatural〕 death. ～하다 meet a violent death; be killed in an accident.

횡서(橫書) ～하다 write laterally. ☞ 가로쓰기.

횡선(橫線) a horizontal〔cross〕 line. ‖ ～수표 a crossed check.

횡설수설(橫說竪說) incoherent talk; random〔idle〕 talk; nonsense. ～하다 talk incoherently; make disjointed remarks; talk 「at random〔nonsense〕. ¶ ～하지 마라 Don't talk nonsense!

횡액(橫厄) an (unexpected) accident; an unforeseen disaster 〔calamity〕.

횡재(橫財) unexpected fortune 〔gains〕; a windfall. ～하다 come into unexpected fortune; have a windfall; make a lucky find.

횡포(橫暴) tyranny; oppression. ～하다 (be) oppressive; tyrannical; high-handed. ¶ 그의 발언은 ～다 His speech is high-handed.

횡행(橫行) ～하다 be rampant; overrun 《*the town*》; 《장소가》 be infested with 《*robbers*》. ¶ 건달들이 ～하는 거리 a hooligan-infested street; a town infested〔overrun〕 with hooligans / 큰 도시에는 범죄가 ～하고 있다 Crime is rampant in the big city.

효(孝) filial piety〔duty〕.

효과(效果) (an) effect; efficacy(효력); a result(결과). ¶ ～적인 effective; fruitful / ～ 없는 ineffective; fruitless / ～가 없다 have no effect 《*on*》; be (of) no good / ～를 거두다 obtain the desired results / 이 약은 차멀미에 ～가 있다 This medicine is effective for carsickness. / 그녀의 눈물은 그에게 아무런 ～가 없었다 Her tears had no effect on him.

효녀(孝女) a filial daughter.

효능(效能) (an) effect; virtue; efficacy. ¶ 약의 ～ the virtue of medicine / ～이 있는 effective; efficacious / 이 약은 환자에게 ～이 있었다 This medicine worked well on the patient.

효도(孝道) filial piety〔duty〕. ¶ ～를 다하다 be dutiful to *one's* parents.

효력(效力) effect; efficacy(약의); validity; force(법의). ¶ ～이 있는 effective; efficacious; valid / ～이 없는 ineffective; null and void (법률·계약이) / ～이 생기다 come into effect〔force〕 / ～을 잃다 lose effect〔force〕/ 이 규칙은 아직 ～이 있다 This rule is still in effect 〔force〕.

효모(酵母) yeast; ferment. ‖ ～균 yeast fungus.

효부(孝婦) a filial daughter-in-law.

효성(孝誠) filial affection〔piety〕. ¶ ～스럽다 (be) dutiful; filial / 부모에게 ～을 다하다 discharge *one's* duties to *one's* parents / ～이 지극하다 be devoted to *one's* parents.

효소(酵素) an enzyme; a ferment. ¶ ～의 enzymatic. ‖ ～학 enzymology.

효수(梟首) ～하다 gibbet a head.

효시(嚆矢) the beginning; the first; the first person 《*to do*》; a pioneer; the first instance.

효심(孝心) filial piety. ¶ ～이 있는 dutiful; filial; devoted.

효용(效用) 《용도》 use; usefulness; utility; 《효험》 effect. ¶ ～이 있다〔없다〕 be useful〔useless〕; be of use〔no use〕 / 한계 ～ marginal utility. ‖ ～가치 effective value; utility value.

효율(效率) 〖理〗 efficiency. ¶ 기계의 ～ mechanical efficiency.

효자(孝子) a dutiful〔filial〕 son.

효행(孝行) filial piety〔duty〕.

효험(效驗) efficacy; (an) effect. ¶ ～이 있다 be efficacious; be effective.

후(後) ① 《나중에》 after; later (on); afterward(s); in future. ¶ 한 이틀 ～에 in a couple of days(지금부터); a couple of days after 〔later〕(그때부터) / 지금부터 10년 ～에 in ten years; ten years from now / 흐린 ～에 맑음 《일기 예보》 Cloudy, fine later. ② 《…한 뒤에》 after 《*doing*》; next to; following. ¶ 그 ～에 since then; after that.

후 blowing; with a puff〔whiff〕. ¶ ～ 불다 whiff; puff.

후각(嗅覺) the sense of smell. ¶ ～이 예민하다 have a keen nose.

후견(後見) guardianship. ～하다

guard; act as (a) guardian. ‖ ～인 〖法〗 a guardian; a tutor.

후계(後繼) succession. ～하다 succeed to; succeed 《*a person in his office*》. ‖ ～내각 the succeeding 〔incoming〕 Cabinet / ～자 a successor; an heir (남자); an heiress (여자).

후고(後顧) looking behind; the future outlook 《*for*》. ～하다 look behind; worry over the future. ¶ ～의 염려 anxiety about *one's* future 〔home〕.

후골(喉骨) 〖解〗 the Adam's apple.

후관(嗅官) the olfactory organ.

후광(後光) a glory; an aureole; 《광관》 a halo; a nimbus; a corona.

후굴(後屈) retroflexion. ¶ 자궁～ 〖醫〗 retroflexion (of the uterus).

후궁(後宮) a royal harem 〔concubine〕.

후기(後記) a postscript (생략 P. S.). ¶ 편집～ an editorial postscript.

후기(後期) the latter term 〔period〕; the second 〔last, next〕 half year. ‖ ～인상(주의)파 〖美術〗 the Post-impressionists.

후끈거리다 ☞ 화끈거리다.

후납(後納) 《우편의》 subsequent payment 《*of postage*》.

후닥닥 《후딱》 with a jump 〔start〕; suddenly; 《서두름》 hurriedly; in a hurry; in haste. ¶ ～거리다 keep jumping; scamper; hurry up; rush; make haste.

후대(後代) future generation; the next 〔coming〕 generation.

후대(厚待) ～하다 give a warm 〔hearty〕 reception 《*to*》; receive warmly; treat hospitably 〔kindly〕. ¶ ～를 받다 be given hospitable treatment.

후덕(厚德) liberal favor; liberality. ～하다 (be) liberal; virtuous.

후두(喉頭) the larynx. ‖ ～암 laryngeal cancer / ～카타르 laryngeal catarrh.

후두부(後頭部) 〖解〗 the back (part) of the head; 〖解〗 the occipital region; the occiput.

후들거리다 tremble; shake; shiver 《*with cold*》. ¶ 무서움으로 다리가 ～ *one's* legs are trembling with fear.

후딱 quickly; speedily; promptly; instantly. ¶ 일을 ～ 해치우다 get a job done promptly.

후레아들 an ill-bred fellow; a boor; a lout.

후련하다 feel refreshed 〔relieved〕; feel unburdened. ¶ 다 털어놓고 이야기하면 후련해진다 Make a clean breast of it, and you will feel relieved.

후렴(後斂) a (musical) refrain; a burden.

후루루 《호각부는 소리》 whistling; blowing; 《불타는 모양》 burning up with a flicker. ～하다 whistle; blow; 《불타다》 burn up with a flicker.

후루룩 《날짐승이》 with a flutter; 《마시는 소리》 with a slurp. ¶ 새가 ～ 날아가다 a bird flutters away / 죽을 ～ 들이 마시다 slurp down *one's* porridge.

후리다 ① 《모난 곳을》 shave off; plane off(대패로); cut off the edge 《*of*》. ② 《채어가다》 snatch 《*a thing*》 away 《*from*》; take 《*a thing*》 by force; tear 《*a thing*》 《*from a person*》. ③ 《휘둘러서 몰다》 round up; net; catch 《*with a net*》. ¶ 그물로 물고기를 ～ chase 〔catch〕 fish with a net. ④ 《호리다》 captivate; charm; bewitch; seduce 《*a woman*》.

후리질 seining. ～하다 seine.

후리후리하다 (be) tall and willowy 〔slender〕.

후림 《유혹·꾐》 seduction; a seductive trick; a wile. ¶ ～을 당하다 be seduced.

후릿그물 a seine; a dragnet.

후면(後面) the back (side); the rear 《*of*》. ¶ 학교 ～에 in the rear of the school.

후무리다 embezzle; pocket. ¶ 많은 공금을 후무려 도망치다 run 〔fly〕 away embezzling a lot of public money.

후문(後門) a rear 〔back〕 gate.

후문(後聞) an after-talk.

후물거리다 mumble; gum; chew with toothless gums.

후물림(後—) 《물려받음》 handing down; a thing handed down; a hand-me-down. ¶ 형의 ～옷 clothes handed down from *one's* brother.

후미 a cove; an inlet.

후미(後尾) 《뒤끝》 the tail 〔very〕 end; 《배의》 the stern. ¶ ～의 rear; back / ～에 at the rear 〔back〕 《*of*》.

후미지다 ① 《물가가》 (get a) bend in; form an inlet. ② 《장소가》 (be) secluded; retired; lonely. ¶ 후미진 곳 a secluded spot; an out-of-the-way place.

후반(後半) the latter 〔second〕 half 《*of*》. ¶ 20세기 ～ the second half of the 20th century; the latter part of 20th century. ‖ ～기 the latter half of the year / ～전 the second half of a game.

후발(後發) ¶ ～ 중소 기업체들 a group of small enterprises that got into the business later. ‖

～개발도상국 the least developed among developing countries(생략 LDDC).

후방(後方) the rear; the back side. ¶ ～에 in the rear; at the back; behind / 적의 ～을 공격하다 attack the enemy in the rear. ‖ ～근무 service〔duties〕 in the rear; rear service (at the base) / ～기지 a rear base / ～부대 troops in the rear / ～사령부 headquarters in the rear.

후배(後輩) *one's* junior(s); younger men; the younger generation (총칭). ¶ 학교 ～ *one's* junior in school / 나는 김씨의 2년 ～다 I am two years Mr. Kim's junior. *or* I am Mr. Kim's junior by two years.

후배지(後背地) a hinterland.

후보(候補) ① 《입후보》 candidacy; candidature 《英》; 《후보자》 a candidate. ¶ 만년～ an ever unsuccessful candidate / ～로 나서다 be a candidate for 《*the next Presidency*》; run (as a candidate) 《*in the coming election*》. ‖ ～자 명부 a list of (eligible) candidate; 《정당의》 a slate; a ticket 《美》 / ～지 a site proposed 《*for*》. ② 《운동팀의》 substitution. ‖ ～선수 a substitute (player); a reserve.

후부(後部) the rear; the back 〔hind〕 part.

후분(後分) *one's* luck〔fortune〕 in the latter part of life. ¶ ～이 좋다 be lucky late in life.

후불(後拂) deferred〔post, future〕 payment. ¶ 물건을 ～로 사다 buy goods on credit〔deferred terms〕.

후비다 《파다》 dig (up); 《귀·코·이를》 pick 《*one's ears*》.

후비적거리다 scoop out repeatedly; keep gouging; keep picking 《*one's nose*》.

후사(後事) 《죽은 뒤의》 affairs after *one's* death; 《장래의》 future affairs. ¶ ～를 부탁하다 entrust 《*another*》 with future affairs.

후사(後嗣) 《후계자》 a successor; 《상속인》 an heir(남자); an heiress(여자).

후사(厚謝) ～하다 reward 《*a person*》 handsomely; thank 《*a person*》 heartily; express *one's* hearty thanks.

후산(後産) the afterbirth.

후살이(後—) 《재가》 remarriage; a second marriage (of a woman).

후생(厚生) social〔public〕 welfare. ‖ ～과(課) the welfare section / ～사업 public welfare enterprises; welfare work / ～시설 welfare facilities.

후생(後生) 《후진》 juniors; younger men; 《내생》 the future life.

후서방(後書房) *one's* second husband. ¶ ～을 얻다 marry again; remarry.

후세(後世) 《장래》 coming age; 《후대 사람》 future generations; posterity. ¶ 이름을 ～에 남기다 hand down *one's* name to posterity.

후속(後續) ¶ ～의 succeeding; following. ‖ ～부대 reinforcements / ～조치 follow-up steps.

후손(後孫) descendants; a scion; offspring; posterity. ¶ ～이 없다 have no descendants / …의 ～이다 be descended from…; be a descendant of….

후송(後送) ～하다 send back 《*from the*》 front; evacuate 《*to the rear*》. ¶ ～되다 be sent back to the rear; be invalided home (병, 부상으로). ‖ ～병원 an evacuation hospital / ～환자 an evacuated casualty〔patient〕.

후술(後述) ～하다 say〔mention, describe〕 later. ¶ 상세한 것은 ～하겠다 Full particulars will be mentioned later.

후신(後身) *one's* later self; *one's* future being; *one's* new existence after rebirth.

후신경(嗅神經) 〖生〗 an olfactory nerve.

후실(後室) *one's* second wife. ¶ ～자식 a child born of the second wife / ～을 맞아들이다 take (a woman) for a second wife.

후안(厚顔) a brazen face. ¶ ～무치 shamelessness; brazen; impudence(～무치하다 be brazenfaced〔shameless〕).

후열(後列) the rear (rank, row); the back row.

후예(後裔) ☞ 후손.

후원(後苑·後園) a rear garden; a backyard 《美》.

후원(後援) support; backing; patronage. ～하다 support; give support 《*to*》; back (up); aid; help; get behind 《美》. ¶ 재정적으로 ～하다 support 《*a person*》 financially; give financial support to 《*a person*》 / …의 ～하에 with the support of…; 《주최》 sponsored by…; under the auspices of…. ‖ ～자 a supporter; a sponsor; a patron; a booster 《美口》 / ～회 a supporters' association; a society for the support 《*of*…》.

후위(後衛) 〖競〗 a back (player); 〖軍〗 the rear (guard). ¶ ～를 보다 play the back.

후유증(後遺症) 〖醫〗 sequelae; an aftereffect 《*of a disease*》; 《여파》 an aftereffect; an aftermath. ¶ 선거의 ～ the aftermath

of elections / ～이 있을지도 모른다 I am afraid there may be an aftereffect. 「〔kindness〕.
후은(厚恩) 《receive》 great favor
후의(厚意) 《호의》 kindness; goodwill; good wishes; kind intentions. ¶ …의 ～로 through the courtesy〔good offices〕of….
후의(厚誼) close friendship; (your) favor〔kindness〕. ¶ ～를 입다 enjoy your esteemed favor.
후일(後日) later days; the future. ¶ ～에 in (the) future; one of these days; later (on); some (other) day / ～을 위하여 《참고로》 for future reference; 《증거로》 as a future proof of. ‖ ～담 recollections; reminiscences; a sequel 《*to an event*》.
후임(後任) 《사람》 a successor 《*to a post*》. ¶ …의 ～으로 in succession to…; as a successor to… / ～이 되다 succeed 《*a person in his post*》; take 《*a person's*》 place / 자네 ～을 찾기가 힘드네 You are a hard man who will replace.
후자(後者) the latter. ¶ 전자와 ～ the former and the latter / 전자가 ～보다 낫다 The former is better than the latter.
후작(侯爵) a marquis; a marquess. ¶ ～부인 a marchioness.
후장(後場) 〖證〗 the afternoon session〔market, sale〕.
후정(厚情) ☞ 후의(厚意).
후제(後—) some other day〔time〕.
후조(候鳥) a migratory bird; a bird of passage. ☞ 철새.
후주곡(後奏曲) 〖樂〗 a postlude.
후줄근하다 (be) wet and limp; be a little soggy. ¶ 옷이 이슬에 젖어 ～ *one's* clothes get wet with dew and lose their starch.
후진(後陣) the rear guard.
후진(後進) ① 《후배》 a junior; a younger man; the younger generation(총칭). ② 《미발달》 backwardness; underdevelopment. ¶ ～의 backward; underdeveloped / ～국 a backward〔underdeveloped〕 nation / ～성 backwardness. ③ 《후퇴》 ～하다 go astern (선박이); move〔slip〕 backward.
후처(後妻) ☞ 후취.
후천성(後天性) ¶ ～의 postnatal; acquired. ‖ ～면역결핍증 〖醫〗 Acquired Immune Deficiency Syndrome(생략 AIDS).
후천적(後天的) *a posteriori* 《라》; postnatal; acquired (생물학적). ¶ ～ 면역 acquired immunity / 그의 낙천적 성격은 ～인 것이다 He was not born an optimist.
후추 (black) pepper. ¶ ～를 치다 sprinkle pepper on 《*meat*》. ‖ ～병 a pepper pot; a pepperbox 《美》.
후취(後娶) remarriage; *one's* second wife(사람). ¶ ～를 얻다 take a second wife; remarry.
후탈(後頉) complications from childbirth(산후의); later complications of a disease(병후의); the troublesome aftermath; an aftereffect. ¶ ～이 없도록 하다 leave no seeds of future trouble.
후터분하다 (be) a bit sultry; stuffy. ¶ 후터분한 날씨 rather sultry weather.
후텁지근하다 (be) sultry; stuffy; sticky. ¶ 그 방은 후텁지근했다 It was stuffy in the room.
후퇴(後退) (a) retreat(퇴각); (a) recession(경기의); retrogression (퇴보). ～하다 retreat; recede; go〔move, fall〕 back; back. ¶ 경기의 ～ a business recession / 2, 3보 ～하다 take a few steps backward / 국경에서 15마일 ～하다 retreat fifteen miles from the border.
후편(後便) 《뒤쪽》 the back side; 《나중 인편》 a later messenger.
후편(後篇) the second〔last〕 volume; the latter part 《*of a book*》.
후하다(厚—) ① 《인심이》 (be) cordial; hospitable; warm-hearted. ¶ 후한 대접 a cordial〔hospitable〕 reception. ② 《인색찮다》 (be) lenient; generous; liberal. ¶ 후하게 generously; liberaly / 점수가 ～ be generous in marking; be a lenient marker. ③ 《두껍다》 (be) thick.
후학(後學) a junior; younger students〔scholars〕. ¶ ～을 지도하다 instruct *one's* juniors.
후항(後項) 〖數〗 the consequent; 《다음 조항》 the succeeding〔following〕 clause.
후환(後患) later〔future〕 trouble; an evil consequence; later complications. ¶ ～을 남기다 sow seeds of trouble / ～을 없애다 remove the source of evils.
후회(後悔) (a) repentance; penitence; regret; remorse. ～하다 regret; repent 《*of*》; feel remorse for 《*one's crime*》; be penitent 〔sorry〕 《*for*》. ¶ 자기가 한 행동을 ～하다 regret〔repent (of)〕 *one's* act / ～해 봤자 소용 없다 It is no use crying over spilt milk. 「now.
후후년(後後年) three years from
훅[1] ① 〖拳〗 a hook. ¶ ～을 넣다 (deliver a) hook. ② 《고리단추》 a hook.
훅[2] with a sip〔slurp〕; with a puff. ¶ 불을 ～ 불어 끄다 puff out light.
훈(訓) the Korean rendering〔reading〕 of a Chinese character.
훈계(訓戒) (an) admonition; ex-

훈계 ...n; a lecture; warning. ... admonish 〔exhort〕 《*a* ... *to do*》; warn 〔caution〕 《*a* ...*on*》 against. ¶ 엄하게 ~하다 utter a strong warning / 아들에게 다시는 거짓말하지 말라고 ~하다 admonish *one's* son never to lie again. ‖ ~방면 ☞ 훈방.

훈공(勳功) merits; distinguished services; meritorious deeds. ¶ ~을 세우다 render distinguished services 《*to the state*》; distinguish *oneself* 《*in*》.

훈기(薰氣) ① 《훈훈한 기운》 warm air; heat; warmth. ② ☞ 훈김 ②.

훈김(薰—) ① ☞ 훈기(薰氣) ①. ② 《세력》 influence; power. ¶ 삼촌의 ~으로 출세하다 rise in the world through *one's* uncle's influence.

훈련(訓練) training; (a) drill; practice. ~하다 train; drill; discipline. ¶ 잘 ~되어 있다 be highly disciplined; be well trained / ~을 받다 be trained 《*in*》; train 《*for*》; undergo training / 맹~ hard 〔intensive〕 training. ‖ ~교관 a drillmaster / ~교본 a drill book; a training manual / ~생 a trainee / ~소 a training school 〔center〕 / 육군신병 ~소 an army recruit training center.

훈령(訓令) instruction; an (official) order. ~하다 instruct; give 〔issue〕 instructions 〔orders〕. ¶ 정부는 다음과 같은 ~을 발했다 The Government issued the following instructions. / 정부 ~에 의하여 by instructions from the Government.

훈민정음(訓民正音) ☞ 한글.

훈방(訓放) ~하다 dismiss 《*a person*》 with a warning 〔caution〕.

훈수(訓手) ~하다 give 《*a person*》 a hint 〔tip〕 《*on*》.

훈시(訓示) (an address of) instructions; admonition. ~하다 instruct; give instructions.

훈위(勳位) the order of merit.

훈육(訓育) (moral) education; discipline; character building.

훈장(訓長) a teacher; a schoolmaster.

훈장(勳章) a decoration; an order; a medal. ¶ ~을 수여하다 confer 〔award〕 a decoration 《*on a person*》; decorate 《*a person*》 with a medal.

훈제(燻製) ¶ ~의 smoke-dried; smoked / ~연어 a kippered 〔smoked〕 salmon / 청어를 ~하다 smoke herring.

훈증(燻蒸) fumigation. ~하다 fumigate; smoke. ‖ ~제(劑) a fumigant.

훈풍(薰風) a balmy wind; a warm 〔breeze.

훈화(訓話) a moral discourse; admonitory lecture.

훈훈하다(薰薰—) 《온도가》 (be) comfortably warm; 《인정이》 (be) warmhearted 〔kindhearted〕.

훌닦다 nag 〔snarl〕 《*at*》; attack 〔criticize, rebuke〕 《*a person*》 severely; berate.

훌떡 《벗거나 뒤집히는 모양》 all quite; utterly; completely; 《뛰어넘는 모양》 at a bound 〔jump〕; lightly; quickly. ¶ 옷을 ~ 벗다 strip *oneself* bare 〔stark-naked〕 / 신을 ~ 벗다 slip off *one's* shoes / 담을 ~ 뛰어넘다 jump 〔leap〕 over a fence nimbly 〔lightly〕.

훌라댄스 hula(-hula). ¶ ~를 추다 dance the hula.

훌륭하다 ① 《멋지다》 (be) fine; nice; handsome; excellent; splendid; grand. ¶ 훌륭히 finely; nicely; excellently; splendidly. ② 《존경할 만한》 (be) honorable; respectable; decent. ¶ 훌륭한 직업〔인물〕 a respectable occupation 〔person〕. ③ 《칭찬할 만한》 (be) admirable; praiseworthy; creditable; commendable. ¶ 훌륭한 저작 an admirable writing 〔work〕 / 훌륭한 일생을 보내다 live an honorable 〔a praiseworthy〕 life. ④ 《고상한》 (be) noble; lofty; high. ¶ 훌륭한 정신 a noble spirit / 훌륭한 인격자 a man of fine 〔noble〕 character. ⑤ 《위대한, 뛰어난》 (be) great; prominent; eminent. ¶ 훌륭한 학자 an eminent scholar.

훌부시다 wash clean; rinse out.

훌쩍 ① 《날쌔게》 quickly; with a jump 〔bound〕; nimbly. ② 《마시는 모양》 at a gulp 〔draught〕. ¶ ~마시다 gulp down a drink. ③ 《코를》 sniffling; snivelling. ¶ 콧물을 ~ 들이마시다 sniffle; snivel. ④ 《표연히》 aimlessly. ¶ ~여행을 떠나다 go on a trip aimlessly.

훌쩍거리다 《액체를》 sip 《*hot coffee*》; slurp 《*one's soup*》; suck in 《*one's noodles*》; 《콧물을》 snivel 〔sniff〕 repeatedly; 《울다》 sob; weep silently. ¶ 시끄럽게 코를 ~ sniff noisily / 그녀는 훌쩍거리며 대답했다 She answered with a sob.

훑다 strip; hackle; thresh 《*rice*》.

훑어보다 ① 《일독》 read 〔run〕 through. ¶ 급히 편지를 ~ run through the letter in a hurry. ② 《눈여겨 보다》 give a searching glance 《*at*》; look carefully for 〔at〕; scrutinize. ¶ 아무의 위 아래를 ~ look 《*a person*》 up and down; survey 《*a person*》 from head to foot.

훑이다 get threshed 〔hackled〕.

훔치개질하다 《도둑질》 steal; pilfer;

《닦기》 wipe out; mop; swab.

훔치다 ① 《절도》 steal 《*a thing from a person*》; pilfer 《*a thing from shop*》. ② 《닦다》 wipe (off, away); mop. ¶ 먼지를 ~ wipe dust off / 이마의 땀을 손수건으로 ~ wipe 〔mop〕 the sweat off *one's* forehead with a handkerchief.

훗날(後—) ☞ 후일.

훗배앓이(後—) afterpains.

훗훗하다 (be) uncomfortably warm; stuffy; sultry.

훤칠하다 (be) strapping; tall and slender; high in stature.

훤하다 ① 《흐릿하게 밝다》 (be) dimly white; slightly light; half-lighted; gray. ¶ 동쪽 하늘이 훤하게 밝았다 The eastern sky has become slightly light. ② ☞ 환하다 ②, ③, ④.

훨씬 《정도》 much bigger; by far; far (and away); (very) much; greatly. ¶ ~ 이전에 a long time ago / 이것이 ~ 낫다 This is much 〔far〕 better.

훨훨 ① 《나는 모양》 ¶ ~ 날아가 버리다 flutter away. ② 《벗는 모양》 ¶ 옷을 ~ 벗다 take off *one's* clothes briskly.

훼방(毁謗) ① 《비방》 slander; calumny; defamation; vilification. ~하다 slander; defame; vilify; backbite; speak ill of. ② 《방해》 interference; obstruction. ~하다 interfere 《*with*》; interrupt; thwart; disturb. ¶ 작업을 ~놓다 hinder 《*a person*》 in *his* work; interfere with 《*a person's*》 work.

훼손(毁損) damage; injury; 《명예의》 defamation; libel. ~하다 damage; injure; impair; spoil; defame(명예를). ¶ 명예 ~ a libel; defamation of character / 발행자를 명예 ~으로 고발하다 accuse a publisher of libel.

휑하다 ☞ 횅하다.

휘감기다 get wound (round); twine 〔coil, wind〕 *itself* round. ¶ 담쟁이덩굴에 휘감긴 나무 a tree entwined with ivy.

휘감다 coil 〔wind, twine〕 around; fasten 〔tie〕 round.

휘갑치다 ① 《수습》 settle 〔dispose of〕 《*a matter*》; fix 《*up*》; finish, wind 〔clear〕 up. ② 《바느질에서》 border; hem (up); stitch up.

휘날리다 《바람에》 fly; flap; flutter; wave 《*in the wind*》. ¶ 기가 바람에 휘날리고 있다 A flag is fluttering in the wind.

휘늘어지다 《처져》 hang; dangle; 《가지 따위가》 droop; hang down.

휘다 bend; be 〔get〕 bent; curve; warp. ¶ 눈의 무게로 나뭇가지가 휘어 있었다 The tree branches have bent under the snow.

휘도(輝度) brightness.

휘돌리다 turn; revolve 《*a thing*》.

휘두르다 ① 《돌리다》 whirl 〔swing〕 《*a thing*》 round; brandish; flourish. ¶ 팔을 ~ swing *one's* arm around / 막대기를 휘둘러 상대방을 위협하다 threaten *one's* opponent flourishing a stick. ② 《얼빠다》 confuse; bewilder. ③ 《뜻대로》 exercise 〔wield〕 《*authority over*》; have 《*a person*》 under perfect control. ¶ 권력을 ~ wield 〔exercise〕 *one's* power / 폭력을 ~ resort to violence.

휘둥그래지다 《눈이》 open 《*one's eyes*》 wide; be surprised 〔startled〕 《*at*》. ¶ 눈이 휘둥그래져서 with *one's* eyes wide open.

휘둥그렇다 be wide-eyed 《*with surprise*》.

휘뚜루 for general 〔all〕 purposes; for various uses. ¶ ~ 쓰이다 have various uses.

휘뚝거리다 《흔들리다》 rock; shake; be shaky 〔rickety, unsteady〕; 《마음이》 feel nervous 〔jittery〕.

휘말리다 be rolled 〔wrapped〕 (up) 《*in*》; be dragged 《*into*》; be involved 〔entangled〕 《*in a war*》; get mixed up 《*in a trouble*》.

휘몰다 《차·말을》 drive hard; urge on; 《가축 따위를》 drive; chase; round up; run.

휘발(揮發) ~하다 volatilize. ‖ ~성 volatility(~성의 volatile 《*matter*》) / ~유 gasoline(가솔린); volatile oil.

휘석(輝石) 〖鑛〗 pyroxene.

휘선(輝線) 〖理〗 a bright line. ‖ ~ 스펙트럼 a bright-line spectrum.

휘어들다 be forced 〔squeezed, pushed〕 in.

휘어잡다 ① 《잡다》 hold 《*a thing*》 in *one's* hand; grasp; seize; clutch. ② 《사람을》 control; have 《*a person*》 under *one's* control; keep a firm grip 《*on a person*》.

휘어지다 get bent; bend; curve; warp(재목 등이).

휘장(揮帳) a curtain.

휘장(徽章) 《wear, put on》 a badge; an insignia.

휘적거리다 swagger; swing 《*one's arms*》.

휘젓다 ① 《뒤섞다》 stir (up); churn 《*milk*》; beat up. ¶ 계란을 휘저어 거품이 일게 하다 beat up eggs well. ② 《어지럽게》 disturb; upset; disarrange. ③ 《팔 등을》 swing 《*one's arms*》.

휘청거리다 yield; be flexible 〔pliant〕; totter; stagger; reel. ¶ 무거운 짐을 지고 ~ totter 〔stagger〕 under a heavy load / 강타를 얻어맞고 ~ reel under a heavy blow.

휘파람 a whistle. ¶ ~을 불다 (give a) whistle; whistle a

휘하

tune 하다

/ ～을 불어 개를 되돌아오게 whistle a dog back.

휘하(麾下) 《딸린 군사》 (troops) under *one's* command; *one's* men.

휘호(揮毫) 《글씨》 writing; 《그림》 painting; drawing. ～하다 write; draw; paint. ‖ ～료 a fee〔an honorarium〕 for the writing.

휘황찬란하다(輝煌燦爛―) (be) resplendent; brilliant; bright.

휘휘 round and round (about). ¶ ～ 감다 wind 《*a rope*》 round 《*a thing*》 / 방안을 ～ 둘러보다 run *one's* eyes around the room.

휘휘하다 《쓸쓸》 (be) dreary; desolate; lonely.

휙 ① 《돌아가는 꼴》 swiftly; with a jerk; (a)round. ¶ ～ 돌다 turn (right) around. ② 《바람이》 with a sweep; with a whiff; whizzing. ¶ ～ 소리가 나다 whiz(z); whistle / ～ 일진의 강풍이 불었다 There was a gust of strong wind. ③ 《던지는 꼴》 light and nimbly.

휠체어 a wheel chair.

휩싸다 ① 《싸다》 wrap (up) 《*in paper*》; tuck 《*a child*》 up 《*in a blanket*》. ② 《뒤덮다》 cover; envelope; shroud. ③ 《비호하다》 protect; shield.

휩싸이다 be covered〔veiled, enveloped, shrouded〕; get wrapped up; 《감정 등에》 be seized 《*with a panic*》. ¶ 불길에 ～ be enveloped in flames.

휩쓸다 sweep 《*away, up, off, over*》; make a clean sweep 《*of*》; 《설침》 overwhelm; overrun; rampage. ¶ 휩쓸리다 be swept away 《*by the waves*》; be involved in 《*a war*》.

휴가(休暇) holidays; a vacation; a leave (of absence); a 《*summer*》 recess(미대학의); a furlough (장기의). ¶ 겨울〔크리스마스〕 ～ the winter〔Christmas〕 vacation〔holiday〕 / 유급 ～ a paid vacation〔holiday〕; a vacation〔holiday〕 with pay / ～를 얻다 take a 《*week's*》 holiday / ～를 주다 grant leave of absence. ‖ ～객 a vacationer / ～여행 a vacation trip / ～원 a leave application.

휴간(休刊) suspension of publication. ～하다 suspend publication; stop issuing.

휴강(休講) ～하다 cancel a class〔lecture〕; give no lecture 《*for the day*》; absent *oneself* from *one's* lectures.

휴게(休憩) (a) rest; a recess; an interval〔intermission(막간) 《美》〕. ～하다 take a rest〔recess〕. ‖ ～소 a resting place / ～시간 a recess; an interval / ～실 a rest room; a lounge(호텔의); a *foyer* 《프》(극장의).

휴경(休耕) ～하다 lay land fallow; leave 《*a field*》 fallow〔idle〕. ¶ ～기간 a fallow period / ～지 a fallow field; a field lying fallow.

휴관(休館) ～하다 close 《*a theater*》. ¶ 금일～ 《게시》 Closed today.

휴교(休校) a (short) closure of school. ～하다 close 《*the school*》 temporarily; be closed. ¶ 학교는 3일간 ～다 School is closed for three days.

휴대(携帶) ～하다 carry; bring〔take, have〕 《*a thing*》 with 《*one*》. ¶ ～용의 portable; handy (to carry) / ～용 라디오 a portable radio. ‖ ～식량 field〔combat 《美》〕 ration / ～품 hand baggage 《美》〔luggage 《英》〕; personal effects; *one's* belongings / ～품 보관소 a checkroom 《美》; a cloakroom 《英》.

휴머니스트 a humanist.

휴머니즘 humanism.

휴머니티 humanity.

휴식(休息) (a) rest; repose; recess; 《일하는 사이의》 a break. ～하다 (take a) rest; repose; take breath (숨돌림). ¶ 5분간의 ～을 취하다 take a five-minute break. ‖ ～시간 a recess; a break.

휴양(休養) (a) rest; repose; relaxation; recreation; recuperation (병후의). ～하다 (take a) rest; repose; relax; refresh〔recreate〕 *oneself;* recuperate(병후에). ‖ ～시설 recreation facilities / ～지 a recreation center; a rest area.

휴업(休業) closing down(상점의); suspension of business〔trade〕 (영업의); a shutdown(공장의). ～하다 《사람이》 rest from work; 《점포 등이》 close 《*an office, a factory*》; be closed; suspend business〔operations〕. ¶ 금일～ 《게시》 Closed today. / 임시～ (일) a special〔an extra〕 holiday; 《게시》 Temporarily closed. ‖ ～일 a (business) holiday; a bank holiday(은행의).

휴일(休日) a holiday; a day off; an off day. ¶ ～수당 non-duty allowance / 법정〔임시〕～ a legal〔special〕 holiday.

휴전(休電) suspension of power supply. ‖ ～일 a no-power day.

휴전(休戰) a truce; an armistice; a cease-fire. ～하다 conclude an armistice 《*with*》; make a truce; stop fighting. ‖ ～기념일 《1차 대전의》 the Armistice Day / ～명령 orders to suspend hostilities; a cease-fire (order) (～명령을 내리다 call a cease-fire) / ～선 a truce line; a cease-fire〔an

armistice〕 line / ～조약 a treaty of truce〔armistice〕/ ～협정〔회담〕a cease-fire agreement〔conference〕.
휴정(休廷) recess. ～하다 hold no court; adjourn the court. ‖ ～일 a non-judicial day.
휴지(休止) (a) pause; stoppage. ～하다 stop; pause; cease; suspend.
휴지(休紙) wastepaper; toilet paper(화장지). ‖ ～통 a wastebasket; a wastepaper basket.
휴직(休職) suspension from office 〔service, duty〕; leave of absence. ～하다 retire from office temporarily; be temporarily laid off. ¶ 1년간 ～하다 have〔be given〕 one year's leave of absence.
휴진(休診) ～하다 see〔accept〕 no patients《*for the day*》. ¶ 금일～《게시》No Consultation Today.
휴학(休學) temporary absence from school. ～하다 absent *oneself*〔stay away〕 from school for a time. ¶ 동맹～ a students' strike.
휴한지(休閑地) idle〔fallow〕 land.
휴항(休航) suspension of sailing. ～하다 suspend the sailing〔flying〕《*on a line*》; be laid up (배가). 「volcano.
휴화산(休火山) a dormant〔inactive〕
휴회(休會) (an) adjournment; a recess. ～하다 adjourn; (go into) recess. ¶ ～ 중이다 be in recess / ～를 선언하다 call a recess.
흉 ①《흉터》a scar. ¶ ～이 있는 얼굴 a scarred face; a face with a scar. ②《결점》 a fault; a defect; a flaw(흠). ☞ 흉보다, 흉잡다.
흉가(凶家) a haunted house.
흉계(凶計) a wicked scheme; 《devise》 an evil〔a sinister〕 plot.
흉골(胸骨) 〖解〗 the sternum; the breastbone. 「rax.
흉곽(胸廓) 〖解〗 the chest; the tho-
흉금(胸襟) ¶ ～을 터놓다 open *one's* heart《*to*》; unbosom *oneself* 《*to*》/ ～을 털어놓고 이야기하고 싶다 I want to have a heart-to-heart talk with you.
흉기(凶器) a lethal〔dangerous〕 weapon. ¶ 달리는 ～ a weapon on wheels.
흉내 imitation; mimicry; a take-off《口》. ¶ ～(를) 내다 imitate; copy; mimic. ‖ ～쟁이 a (clever) mimic; an imitator.
흉년(凶年) a year of famine 〔bad harvest〕; a lean year.
흉노(匈奴) 〖史〗 the Huns.
흉몽(凶夢) an ominous〔a bad〕 dream.
흉물(凶物) a snaky person; an insidious〔evil〕 fellow.
흉변(凶變) (a) disaster; a calamity; a tragic accident. ¶ ～을 당하다 meet with〔suffer〕 a calamity〔disaster〕.
흉보(凶報) bad〔ill, sad〕 news; news of death. ¶ 갑작스러운 ～에 접하여 놀라다 be surprised at the (sad) news of *a person's* unexpected death.
흉보다 speak ill of; disparage.
흉부(胸部) 〖解〗 the breast; the chest. ‖ ～질환 a chest disease 〔trouble〕; a trouble in the chest.
흉사(凶事) an unlucky affair; a misfortune; a disaster; a calamity.
흉상(凶相) a vicious look; an evil countenance〔face〕.
흉상(胸像) a bust.
흉악(凶惡) ～하다 (be) wicked; villainous; atrocious. ¶ ～한 범죄 a heinous〔violent〕 crime. ‖ ～범 a brutal criminal.
흉어(凶漁) a poor catch〔haul〕.
흉위(胸圍) chest〔bust〕 measurement(여성의 경우는 bust). ¶ ～를 재다 measure the chest〔bust〕.
흉일(凶日) an evil〔unlucky〕 day.
흉작(凶作) a bad〔poor, lean〕 crop 〔harvest〕; a failure of crops.
흉잡다 find fault with; pick at.
흉잡히다 be found fault with; be spoken ill of; be picked on.
흉조(凶兆) an ill〔evil〕 omen.
흉중(胸中) *one's* heart〔feelings〕. ¶ ～을 밝히다 unbosom *oneself;* open *one's* heart / ～을 헤아리다 read *a person's* mind; enter into *a person's* feelings.
흉측스럽다(凶測—) ☞ 흉측하다.
흉측하다(凶測—) (be) terribly heinous〔wicked, villainous〕; 《얼굴이》(be) very ugly〔crude〕.
흉탄(凶彈) an assassin's bullet. ¶ ～에 쓰러지다 be killed by an assassin's bullet〔shell〕; be shot to death by an assassin.
흉터 a scar; a seam《*of an old wound*》. ¶ ～를 남기다 leave a scar.
흉포하다(凶暴—) (be) ferocious; brutal; atrocious; violent. ¶ 흉포한 살인자 a fierce〔violent〕 killer.
흉하다(凶—) ①《사악》(be) bad; evil; wicked; ill-natured. ②《불길함》(be) unlucky; ominous; sinister. ③《보기에》(be) ugly; unsightly; unseemly.
흉하적 faultfinding. ～하다 find fault with《*a person*》; cavil at 《*another's*》 fault.
흉한(凶漢) a ruffian; a villain; a rascal; 《암살자》an assassin.

흉행(兇行) 《폭행》 violence; (an) outrage; 《살인》 (a) murder; (an) assassination(암살). ¶ ～을 저지르다 do violence to 《*a person*》.
흉허물 a fault; a defect. ¶ ～ 없다 be intimate enough to overlook each other's faults / ～ 없는 사이다 be on intimate〔familiar〕 terms with.
흉흉하다(洶洶—) 《인심이》 be panic-stricken; be filled with alarm.
흐너뜨리다 pull〔take〕 down; demolish; destroy.
흐너지다 collapse; crumble; fall down; get pulled down.
흐느끼다 sob; whimper; be choked with tears. ¶ 흐느껴 울다 sob (convulsively) / 그녀는 흐느끼면서 자기 이야기를 했다 She told her story with tears in her voice.
흐느적거리다 flutter; sway gently; wave. ¶ 잎이 바람에 ～ leaves flutter in the breeze.
흐늘거리다 ① 《놀고 지내다》 idle〔dawdle〕 *one's* time away; loaf away *one's* time; dawdle. ② 《흔들거리다》 hang loosely; dangle; swing; sway gently.
흐늘흐늘 ～하다 (be) soft; pulpy; flabby; mushy; limp. ¶ 더위로 아스팔트 길이 ～해졌다 The asphalt roads became limp in the heat.
흐들갑스럽다 be exaggerated〔overexcited〕 in speech; (be) bombastic; flippant.
흐려지다 ① 《날이》 get〔become〕 cloudy〔overcast〕; cloud 《*over*》. ② 《유리 따위가》 become dim〔blurred〕; be clouded; get fogged〔misted〕. ¶ 입김에 안경이 흐려졌다 My breath fogged my glasses. ③ 《마음·얼굴·눈이》 cloud; be clouded.
흐르다 ① 《액체》 flow; stream; run (down); trickle(졸졸). ¶ 물은 낮은 쪽으로 흐른다 Water runs downhill. ② 《세월 등이》 pass (away); flow by. ¶ 몇 년이라는 세월이 흘렀다 Several years passed. ③ 《경향으로》 lapse〔fall〕 《*into*》; run〔incline〕 《*to*》; be swayed 《*by*》. ¶ 사치에 ～ lapse into luxury / 감정에 ～ be swayed by sentiment.
흐리다[1] ① 《탁하다》 (be) muddy; turbid; thick; cloudy(술이). ② 《날이》 (be) cloudy; overcast. ¶ 흐린 날씨〔날〕 cloudy weather; a cloudy day / 날이 ～ It is cloudy. ③ 《희미하다》 (be) dim; clouded; blurred; smoked; vague; obscure; indistinct. ④ 《눈이》 (be) dull; bleared; bleary.
흐리다[2] ① 《흔적을》 blot out; efface. ② 《혼탁하게 함》 make 《*water*》 muddy〔turbid, cloudy〕; make unclean. ¶ 물을 ～ muddy water. ③ 《불분명하게 함》 make indistinct〔vague, obscure, ambiguous〕. ¶ 대답을 ～ give a vague answer / 말끝을 ～ leave *one's* statement vague. ④ 《더럽힘》 stain; blemish. ¶ 집안의 명성을 ～ stain the good name of *one's* family.
흐리멍덩하다 ① 《기억·정신 따위가》 (be) vague; obscure; dim; indistinct; hazy. ¶ 기억이 ～ *one's* memory is dim〔hazy〕. ② 《불명확》 (be) muddled; indecisive; uncertain; dubious. ¶ 태도가 ～ *one's* attitude is ambiguous / 대답이 ～ an answer is indecisive.
흐리터분하다 ① 《사물 따위가》 (be) cloudy; hazy; indistinct; obscure. ¶ 흐리터분한 날씨 a cloudy〔gloomy〕 weather. ② 《사람이》 (be) dark-minded; sluggish; slovenly; be not open. ¶ 흐리터분한 사람 a slovenly person.
흐릿하다 (be) rather cloudy〔dim, dull, muddy, indistinct, ambiguous〕. ¶ 흐릿한 날씨 dull weather / 흐릿한 하늘 a gloomy sky / 흐릿한 목소리 an indistinct〔a thick〕 voice.
흐무러지다 ① 《푹 익어서》 be overripe. ② 《물에 불어서》 be sodden; be swollen.
흐물흐물 ～하다 (be) overripe; very soft; flabby. ¶ ～하게 삶다 boil to pulp / ～해지다 be reduced to pulp〔jelly〕.
흐뭇하다 (be) pleasing; satisfied. ¶ 흐뭇해서 웃다 smile with satisfaction.
흐슬부슬 ～하다 (be) not sticky; crumbly. ¶ 과자가 ～ 부스러지다 cakes crumble.
흐지부지 《어물어물》 ¶ ～ 끝나다 end in smoke; come to nothing / 우리의 계획은 모두 ～되고 말았다 All our plans have fizzled out〔come to nothing〕.
흐트러뜨리다 ① 《여기저기》 scatter 《*things*》 (about); leave 《*things*》 scattered〔lying〕 about; strew. ¶ 온 방에 장난감을 ～ scatter *one's* toys all around the room. ② 《군중을》 disperse; break up. ¶ 군중을 ～ disperse〔break up〕 the crowd. ③ 《머리칼 따위를》 dishevel. ¶ 머리를 흐트러뜨리고 with disheveled hair.
흐트러지다 《흩어짐》 disperse; scatter; be dispersed; be scattered; 《정신이》 be distracted; 《머리칼·복장 등이》 be disheveled. ¶ 바람에 그녀의 머리가 흐트러졌다 Her hair was 「wind-blown〔disheveled by the wind〕.

흑(黑) ① ☞ 흑색. ②《바둑돌》a black stone. ¶ ～으로 두다 move first.
흑내장(黑內障) 〖醫〗 amaurosis.
흑단(黑檀) 〖植〗 ebony; black wood.
흑막(黑幕) ①《검은 장막》a black curtain. ②《음흉한 내막》 concealed circumstances; the inside. ¶ ～을 벗기려 하다 try to uncover the concealed circumstances.
흑맥주(黑麥酒) black beer; porter《英》.
흑백(黑白) black and white;《시비》right and wrong. ¶ ～을 가리다 discriminate between good and bad〔right and wrong〕; tell good from bad. ‖ ～논리 an all-or-nothing logic〔attitude〕/ ～사진〔영화〕 a black-and-white photograph〔picture〕.
흑빵(黑―) rye〔brown〕bread.
흑사병(黑死病) 〖醫〗 the pest; the (black) plague.
흑색(黑色) black; black color. ¶ ～의 black. ‖ ～인종 the black race.
흑설탕(黑雪糖) raw〔unrefined〕 sugar; muscovado.
흑수병(黑穗病) smut; dustbrand; bunt.
흑수정(黑水晶) 〖鑛〗 morion.
흑심(黑心) an evil intention. ¶ ～을 품은 evil-minded; black-hearted.
흑연(黑鉛) 〖鑛〗 black lead; graphite.
흑요석(黑曜石) 〖鑛〗 obsidian.
흑운모(黑雲母) 〖鑛〗 biotite.
흑인(黑人) a black; a black person; an African-〔Afro-〕American《美》; a Negro. ¶ ～과학자 a black scientist. ‖ ～거주지구 a black neighborhood / ～영가 a Negro spiritual / ～종 the black race.
흑자(黑字) black figures〔ink〕. ¶ 국제수지～국 a balance-of-payments surplus country / ～를 내다 go into the black / 사업은 ～다 The business is in the black.
흑점(黑點) a black spot. ¶ 태양～〖天〗a sunspot; a macula.
흑탄(黑炭) black coal.
흑토(黑土) black soil〔earth〕.
흑판(黑板) a blackboard.
흑해(黑海) the Black Sea.
흑흑 ¶ ～ 느껴 울다 sob; weep convulsively.
흔들다 shake《*one's head*》; wave《*a handkerchief*》; swing; rock《*a cradle*》; wag (꼬리를). ¶ 흔들어 깨우다 shake《*a person*》awake / 흔들어 떨어뜨리다 shake《*fruit*》off《*a tree*》.
흔들리다 shake; sway; rock; quake; flicker(불꽃 따위);《마음이》waver;《차가》joggle; jolt(덜컥);《매달린 것이》swing;《배가》roll(옆으로); pitch (앞뒤로). ¶ 이가 ～ a tooth is loose / 결심이 ～ *one's* resolution shakes.
흔들의자(―椅子) a rocking chair; a rocker.
흔들이 〖理〗 a pendulum.
흔들흔들하다 shake; sway; swing; rock. ¶ 지진으로 집이 흔들흔들했다 The house shook in the earthquake.
흔연히(欣然―) joyfully; gladly; cheerfully; willingly.
흔적(痕跡) traces; marks; vestiges; evidences; signs. ¶ ～을 남기지 않다 leave no traces〔marks〕《*of*》. ‖ ～기관 〖生〗 a vestigial organ.
흔쾌(欣快) ～하다 (be) pleasant; agreeable; delightful. ¶ ～히 pleasantly; agreeably; delightfully; willingly / 그는 ～히 나의 청을 받아들였다 He willingly accepted my wishes.
흔하다 (be) very common; usual; ordinary; be found〔met with〕 everywhere. ¶ 흔치 않은 uncommon; extraordinary; rare.
흔히 commonly; usually;《주로》mostly; mainly;《대개》generally. ¶ ～ 쓰이는 말 a frequently used word / ～ 있는 일 a common〔an everyday〕affair.
흘게늦다 《매듭·사개 따위》(be) loose(-jointed);《하는 짓이》(be) loose; lax; slovenly; slipshod.
흘겨보다 give〔cast〕a sharp sidelong glance《*at*》.
흘금거리다 cast a sidelong glance〔look〕《*at*》; glare《*at*》.
흘긋거리다 ☞ 흘금거리다.
흘기다 glare fiercely at; give a sharp sidelong glance《*at*》; cast a reproachful〔disapproving〕 glance《*at*》; scowl《*at*》.
흘끗 at a glance. ¶ ～ 보다 catch〔get〕a glimpse《*of*》.
흘러들다 flow into; empty〔drain〕《*itself*》into. ¶ 태평양으로 ～ flow〔run, empty〕into the Pacific.
흘레《교미》copulation; coition. ～하다 copulate(짐승이); pair; mate(새가); cover(씨말이). ¶ ～붙이다 couple; mate.
흘리다 ①《떨어뜨림》spill《*soup*》; shed〔drop〕《*tears*》. ②《빠뜨리다》lose; drop. ③《글씨를》write in a cursive hand; scribble《*a letter*》. ④《귓전으로》take no notice《*of*》; give no heed《*to*》.
흘림 the cursive style (☞ 초서). ¶ ～으로 쓰다 write in a cursive hand.
흘수(吃水) draught. ¶ ～가 얕다〔깊다, 15피트이다〕draw light〔deep, 15 feet of water〕. ‖ ～선 the

waterline.
흙 《토양》 earth; soil; 《지면》 the ground; 《진흙》 clay. ¶ ～을 덮다 heap up earth / 외국의 ～을 밟다 step〔set foot〕 on foreign soil / ～으로 돌아가다 return to dust; die.
흙구덩이 a hollow in the ground.
흙덩이 a clod; a lump of earth.
흙먼지 dust; a cloud of dust.
흙무더기 a pile〔heap〕 of earth.
흙받기 ① 《미장이의》 a mortar-board; a hawk. ② 《자동차 등의》 a splashboard; a fender.
흙비 a dust storm; a sandstorm.
흙빛 earth color. ¶ (안색이) ～의 ashy; deadly〔deathly〕 pale / 얼굴이 ～이 되다 turn ashy〔deadly, deathly〕 pale.
흙손 a trowel; a float (마무리하는).
흙손질 ～하다 trowel; plaster with a trowel.
흙일 《do》 earthwork.
흙칠 ～하다 soil〔smear〕 with mud.
흙탕물 muddy water. ¶ ～을 뒤집어 쓰다 get 《*one's clothes*》 splashed with muddy water.
흙투성이 ¶ ～가 되다 be covered with mud.
흠(欠) ① ☞ 흉 ①. ② 《물건의》 a crack; a flaw; 《과일의》 a speck; a bruise. ¶ ～이 있는 flawed; cracked; bruised / ～ 없는 flawless; perfect. ③ 《결점》 a fault; a defect; a flaw; a stain (오점). ¶ ～이 없는 사람은 없다 There is no man but has some faults. *or* Nobody is perfect.
흠 《비웃는 소리》 humph!
흠내다(欠—) crack; (make a) flaw.
흠뜯다(欠—) backbite; whisper against 《*a person*》.
흠모(欽慕) ～하다 admire; adore.
흠뻑 fully; thoroughly; to the skin(젖은 꼴이). ¶ ～ 젖다 be soaked to the skin; be〔get〕 wet through.
흠씬 enough; sufficiently; to the fullest measure; thoroughly. ¶ ～ 패주다 give 《*a person*》 a sound thrashing / 고기를 ～ 삶다 boil meat to a pulp〔soft enough〕.
흠잡다(欠—) find fault with; cavil at 《*a person's*》 fault. ¶ 흠잡을 데가 없다 be faultless〔flawless〕.
흠정(欽定) ¶ ～의 authorized; compiled by royal order. ‖ ～헌법 a constitution granted by the Emperor.
흠지다(欠—) get scarred(몸에); be damaged; be cracked (금가다).
흠집(欠—) 《몸의》 a scar; a cicatrice.
흠치르르하다 (be) sleek; glossy.
흠칫 ～하다 recoil; shrink; pull back 《*one's head, neck, shoulders*》 in surprise. ¶ ～ 놀라다 be startled 《*at*》.
흡반(吸盤) a sucker; an acetabulum.
흡사(恰似) ～하다 resemble closely; be exactly alike. ¶ 아주 ～하다 be as like as two peas〔eggs〕.
흡수(吸水) suction of water. ‖ ～관(管) a siphon; a suction pipe / ～펌프 a suction pump.
흡수(吸收) absorption. ～하다 absorb; imbibe; suck in. ¶ ～성의 《천 따위》 absorbent; absorptive. ‖ ～력 absorbing power; absorbency / ～제(劑) an absorbent / ～합병 merger.
흡습(吸濕) moisture absorption. ‖ ～성(性) hygroscopic property; hygroscopicity(～의 hygroscopic; moisture-absorbing) / ～제(劑) a desiccant; a moisture absorbent.
흡연(吸煙) smoking. ～하다 smoke 《*tobacco, a pipe*》. ‖ ～실 a smoking room / ～자 a smoker / ～칸 《열차의》 a smoking car〔carriage 《英》〕; a smoker 《英》.
흡음(吸音) sound absorption. ‖ ～재 (a) sound-absorbing materials.
흡인(吸引) absorption; suction. ～하다 absorb; suck (in). ‖ ～력 absorptivity; sucking force.
흡입(吸入) inhalation. ～하다 inhale; breathe in; suck (in). ‖ ～기 an inhaler / 산소～기 an oxygen inhaler.
흡족(洽足) ～하다 (be) sufficient; ample; satisfactory(만족). ¶ ～히 enough; sufficiently; fully.
흡착(吸着) adhesion; 〚化〛 adsorption. ～하다 adhere to; 〚化〛 adsorb. ¶ ～성의 adsorbent. ‖ ～제 an adsorbent.
흡혈(吸血) bloodsucking. ‖ ～귀(鬼) a vampire; a bloodsucker.
흥(興) interest; fun; amusement. ¶ ～에 겨워(서) in the excess of mirth / ～이 나다 become interested 《*in*》; amuse *oneself* 《*by doing*》 / ～을 돋우다 add to the fun〔amusement〕 / ～을 깨다 spoil the fun〔pleasure〕.
흥 hum!; humph!; pish!
흥건하다 be full to the brim; be filled up with.
흥겹다(興—) (be) gay; merry; joyful; cheerful. ¶ 흥겹게 gaily; merrily; joyously; cheerfully; pleasantly.
흥뚱항뚱 heedlessly; inattentively; half-heartedly.
흥망(興亡) rise and fall 《*of a nation*》(일국의); ups and downs; vicissitudes. ¶ 로마제국의 ～ the

rise and fall of the Roman Empire. ‖ ～성쇠＝흥망.

흥미(興味) (an) interest. ¶ ～ 있는 interesting; amusing; exciting / ～ 없는 uninteresting; dull (따분한) / ～ 본위의 aimed chiefly at amusing / ～ 본위로 out of mere curiosity / ～ 본위의 주간지 a sensational weekly (magazine) / ～를 가지다〔느끼다〕 take 〔have, feel〕 (an) interest 《*in*》; be interested 《*in*》 / ～ 진진하다 be full of interest / ～를 잃다 lose interest 《*in*》.

흥분(興奮) excitement; stimulation. ～하다 be〔get〕 excited 〔stimulated〕. ¶ ～시키다 excite; stimulate / ～(한) 상태 an excited condition〔state〕/ ～을 가라앉히다 calm down *one's* excitement. ‖ ～제 a stimulant(～제를 먹다〔먹이다〕 take〔administer〕 a stimulant).

흥성하다(興盛—) grow in prosperity; become prosperous; prosper; rise.

흥신소(興信所) a detective agency 《美》; an inquiry office〔agency〕 (인사관계의); 《상업관계의》 a credit bureau; a commercial inquiry agency.

흥얼거리다 hum 《*a tune*》; sing to *oneself*.

흥업(興業) promotion of industry; an industrial enterprise.

흥이야항이야 ～하다 intermeddle in 《*other people's affair*》; obtrude *oneself;* thrust *one's* nose into 《*another's affair*》.

흥정 buying and selling; dealing(거래); bargaining; a bargain. ～하다 buy and sell; deal; make a deal 《*with*》; bargain 《*with a person*》 over. ¶ 정치적 ～ political compromise / ～(을) 붙이다 act as (a) broker / ～이 많다 have a lot of business / ～이 없다 make few sales; do little business / 값을 ～하다 bargain 〔haggle〕《*with a person*》 about the price.

흥청거리다 be on the spree; be highly elated; make lavish 〔free〕 use 《*of*》. ¶ 바·클럽 등을 돌아다니며 ～ paint the town red.

흥청망청 《즐기는 모양》 with elation; merrily; 《흔전만전》《spend money》 in profusion; wastefully. ¶ ～ 돈을 쓰다 lavish money 《*on*》; spend money in profusion.

흥취(興趣) interest; gusto; taste. ¶ ～가 있다 be of absorbing interest / 아무 ～도 없다 have no attractive features.

흥하다(興—) rise; thrive; flourish; be prosperous; prosper. ¶ 흥하는 집안 a thriving family / 장사가 ～ business flourishes.

흥행(興行) show business(사업); a show; 《give》 a performance; a run. ～하다 perform; give a performance; show 《*a play*》; run〔put on〕 a show. ¶ 장기 ～ a long run / 그 연극은 10일간 ～되었다 The play ran for ten days. ‖ ～가치〔수익〕 box-office value〔profits〕/ ～권 right of performance / ～물 a performance; a show / ～사 a showman / ～성적 a box-office record / ～장 a show place / ～주 a promoter.

흥흥거리다 《콧노래를》 hum; croon; sing to *oneself;* 《투정》 grumble; whimper.

흩날리다 blow 《*something*》 away 〔off〕; be blown off; fly about 〔off〕. ¶ 꽃이 바람에 ～ the wind sends blossoms flying.

흩다 scatter; strew; disperse(군중을); dishevel(머리털 따위를).

흩뜨리다 scatter 《*things*》 (about); dishevel(머리칼 따위를); leave 《*things*》 scattered〔lying〕 about. ¶ 방에 종이 조각들을 ～ scatter 〔litter〕 the room with scraps of paper.

흩어지다 scatter; be scattered; disperse; be dispersed; be disheveled(머리가). ¶ 방 안에 흩어져 있는 장난감 toys scattered all over *one's* room / 가족이 사방으로 ～ a family scatters in all directions.

희가극(喜歌劇) a comic opera.

희곡(戱曲) a drama; a play. ¶ ～화하다 dramatize 《*a novel*》. ‖ ～작가 a dramatist; a playwright; a playwriter.

희구하다(希求—) desire 《*to do*》; aspire 《*to, after*》; long 《*for something*》. ¶ 쌍방이 다 평화를 희구하고 있다 Both sides are longing for peace.

희귀(稀貴) ～하다 (be) rare. ¶ ～한 우표를 수집하다 collect rare stamps. ‖ ～조 a rare bird.

희극(喜劇) a comedy; a farce. ¶ ～적(인) comic(al); farcical / ～을 연기하다 perform a comedy / ～을 벌이다 《비유적》 make a fool of *oneself*(웃기다). ‖ ～배우 a comic actor; a comedian / ～영화 a comic film〔movie〕; a comedy film〔picture〕.

희끄무레하다 (be) whitish.

희끗거리다 be〔feel〕 dizzy; get giddy; reel; whirl.

희끗희끗 ～하다 (be) spotted with white; 《머리털이》 grizzled. ¶ ～한 머리 grizzled〔gray〕 hair / 머리가 ～한 사람 a grizzle-haired man.

희노애락(喜怒哀樂) ☞ 희로애락.

희다 (be) white; fair(피부가); gray(머리가). ¶ 눈같이 흰 snow-white / 희게 하다 make《*a thing*》 white; whiten; blanch(탈색) / 살빛이 ～ have a fair complextion.

희대(稀代) ¶ ～의 rare; uncommon; extraordinary / ～의 영웅 a unique〔peerless〕 hero / ～의 사기꾼 a notorious swindler.

희디희다 (be) pure〔very〕 white; snow-white; be as white as snow. ¶ 희디흰 웨딩드레스 a snow-white wedding dress.

희떱다 ①《허영》(be) showy; vain; vainglorious. ②《씀씀이가》(be) open-handed; liberal. ③《언행이》(be) snobbish; conceited.

희뜩거리다 get very dizzy〔giddy, shaky〕; reel.

희뜩희뜩 ～하다 (be) dotted with white; grizzly(머리털이). ¶ 머리가 ～한 신사 a gray-haired gentleman.

희랍(希臘) ☞ 그리스.

희로애락(喜怒哀樂) joy and anger together with sorrow and pleasure;《감정》emotion; feelings. ¶ ～을 얼굴에 나타내지 않다 do not betray〔show〕 *one's* feelings.

희롱(戲弄) ridiculing; jesting. ～하다 make fun〔sport〕 of; poke fun at; banter; tease; make a jest of; ridicule; trifle〔fool〕《*with*》. ¶ ～조로 말하다 say《*a thing*》 in〔for〕 sport.

희롱거리다 joke; jest; frolic; play pranks; play〔sport〕《*with*》.

희맑다 (be) white and clean.

희망(希望) (a) hope; (a) wish; (a) desire; expectation (기대). ～하다 hope《*to do, for*》; wish; desire; aspire to〔after〕《*a thing*》. ¶ ～적 관측 *one's* wishful thinking / ～에 찬 젊은이들 young hopefuls / 절실한 ～ an ardent desire / ～에 살다 live in hope / ～을 걸다 anchor *one's* hope in〔on〕 / 그는 ～했던 대학에 들어갔다 He got into the university, just as he had hoped. ‖ ～음악회 a request concert / ～자 a person who wants〔desires〕《*to do*》; 《지원자》 an applicant; a candidate / ～조건 the terms〔condition〕 desired.

희망봉(喜望峰)〖地〗the Cape of Good Hope.

희멀겋다 (be) fair; fair-complexioned.

희멀쑥하다 (be) fair and clean.

희미하다(稀微―) (be) faint; dim; vague. ¶ 희미한 소리 a faint sound / 희미한 불빛 a faint〔dim〕 light / 희미하게 faintly; dimly; vaguely / 어렸을 때의 일을 희미하게 기억하다 vaguely remember *one's* childhood.

희박하다(稀薄―) (be) thin; weak; sparse. ¶ 인구가 희박한 지방 thinly〔sparsely〕 populated district.

희번덕거리다 keep goggling *one's* eyes.

희번드르르하다《얼굴이》(be) fair and bright;《말 따위가》(be) specious; glittering.

희보(喜報) ☞ 희소식.

희붐하다 (be) faintly light; half-light.

희비(喜悲) joy and sorrow. ¶ ～가 엇갈리다 have mixed〔mingled〕 feelings of joy and sorrow. ‖ ～극 a tragicomedy.

희사(喜捨) charity; contribution; offering; donation. ～하다 give alms; give in charity; contribute; offer; donate. ¶ ～를 받다 receive alms〔donations〕 / ～를 요청하다 beg for donation〔offerings〕. ‖ ～금 a gift of money; a contribution; a donation; offerings; alms.

희색(喜色) a glad countenance; a joyful look. ¶ ～이 만면하다 be all smiles (with joy); beam with joy〔delight〕.

희생(犧牲) (a) sacrifice; a scapegoat. ～하다 sacrifice; make a victim of《*a person*》. ¶ ～적(인) self-sacrificing《*spirit*》 / …을 ～하여 at the sacrifice〔expense, cost〕 of… / …의 ～이 되다 be sacrificed〔fall a victim〕 to… / 어떠한 ～을 치르더라도 at any cost; at all costs / 가족을 위해 한몸을 ～하다 sacrifice *oneself* for the sake of *one's* family. ‖ ～자 a victim; a prey / ～타〖野〗a sacrifice hit〔bunt, fly〕.

희서(稀書) a rare book.

희석(稀釋)〖化〗dilution. ～하다 dilute. ‖ ～액 a diluted solution / ～제 a diluent.

희소(稀少) ～하다 (be) scarce; rare. ‖ ～가치 scarcity〔rarity〕 value / ～물자 scarce materials.

희소식(喜消息) good news; glad news〔tidings〕. ¶ ～을 전하다 convey〔bring〕 good news; give glad tidings.

희열(喜悅) joy; gladness; delight.

희염산(稀塩酸)〖化〗dilute hydrochloric acid.

희유원소(稀有元素)〖化〗a rare element.

희읍스름하다 (be) whitish.

희질산(稀窒酸)〖化〗dilute nitric acid.

희치희치《천 따위가》worn out here and there;《벗어진 모양》coming〔peeling〕 off here and there.

희한하다(稀罕―) (be) rare; curious; singular; uncommon.

희화(戲畫) a comic picture; a caricature; a cartoon. ¶ ～화하다 caricature; make a caricature of.

희황산(稀黃酸)〖化〗dilute sulphuric acid.

희희낙락(喜喜樂樂) ～하다 rejoice;

be in delight; be glad; jubilate.
흰개미 〖蟲〗 a termite; a white ant.
흰나비 〖蟲〗 a cabbage butterfly.
흰떡 rice cake. ¶ (떡메로) 쳐서 ~을 만들다 pound steamed rice into cake.
흰무리 steamed rice cake.
흰소리 a big 〔tall〕 talk; bragging. ~하다 talk big 〔tall〕; brag.
흰자위 ① 《눈의》 the white of the eye. ② 《달걀의》 the white (of an egg); albumen.
휭하다 feel dizzy 〔giddy〕; 《*one's* head》 reel 〔swim〕. 「quickly.
휭허케 without delay; swiftly;
히로뽕 〖藥〗 philopon (상표명에서). ‖ ~환자 a philopon addict.
히말라야산맥 (—山脈) the Himalayas; Himalaya Mountains.
히스타민 〖化〗 histamine.
히스테리 〖醫〗 hysteria; hysterics (발작). ¶ ~를 일으키다 go into hysterics; become hysterical.
히아신스 〖植〗 a hyacinth.
히어링 《학습에서》 《practice》 hearing; 《공청회》 a (public) hearing. ‖ ~연습 a drill in hearing.
히죽이 with a grin; with a sweet smile. ¶ ~웃다 grin at 《*a person*》; smile sweetly.
히터 《turn on 〔off〕》 a heater.
히트 ① 〖野〗 a (base) hit. ¶ ~치다 (make a) hit. ② 《성공》 a hit; a great success. ~하다 win a success; be a (big) hit. ‖ ~송 a hit song.
히피 a hippie; (the) hippies (총칭).
힌두교 (—敎) Hinduism. ‖ ~신자 a Hindu.
힌트 a hint. ¶ ~를 주다 give 〔drop〕 a hint / ~를 얻다 get a hint 《*from*》; pick up an idea.
힐난하다 (詰難—) condemn; blame 〔rebuke〕 《*a person for*》; censure.
힐문하다 (詰問—) cross-examine; question 〔examine〕 closely.
힐책하다 (詰責—) reproach; rebuke; reprimand; censure.
힘 ① 《몸의》 (physical) strength; force; might. ¶ ~있는 strong; mighty; powerful / ~없는 weak; powerless; feeble / ~껏 with all *one's* might 〔strength〕; with might and main / ~이 지치다 be exhausted; be tired out / ~을 내다 put forth *one's* strength. ② 《기력》 spirit; vigor; energy. ¶ ~없는 low-spirited; downhearted; spiritless (기운 없는) / ~없는 목소리로 in a weak voice. ③ 〖理〗 《electric》 power; force; energy 《*of heat*》. ④ 《능력》 ability; power; faculty. ¶ ~이 자라는 한(限) as far 〔much〕 as *one* can; to the best of *one's* abiltiy / …할 ~이 있다 be able 〔competent〕 to do; be capable of *doing*. ⑤ 《노력》 effort; endeavors; exertions. ¶ 자기 ~으로 by *one's* own efforts / ~을 합하여 in cooperation 《*with*》; with united efforts. ⑥ 《효력》 effect; efficacy; power; influence. ⑦ 《조력》 help; 《give》 assistance 《*to*》; support; aid. ¶ …의 ~으로 by the aid 〔force, help〕 of; by dint 〔virtue〕 of. ⑧ 《어세》 emphasis; stress; force. ¶ ~을 주어 emphatically (강조); forcibly (힘차게) / ~이 있는 글 a forceful sentence. ⑨ 《위력》 power; authority; might; influence; sway. ¶ 돈의 ~ the power of money / ~의 정치 power politics; rule by might / 여론의 ~ the force of public opinion / ~의 외교 power diplomacy. ⑩ 《작용》 agency 《*of Providence*》; action. ¶ 눈에 보이지 않는 ~ an invisible agency.
힘겨룸 《have》 a strength contest.
힘겹다 ☞ 힘부치다.
힘들다 《힘이 들다》 (be) tough; laborious; toilsome; painful; 《어렵다》 (be) hard; difficult; 《수고가 되다》 (be) troublesome. ¶ 힘드는 일 a hard 〔laborious〕 work; a tough job.
힘들이다 ① 《체력·노력을》 make efforts; exert *oneself*. ¶ 일에 ~ throw *oneself* into *one's* work. ② 《애쓰다》 take pains 〔trouble〕; elaborate 《*on*》. ¶ 힘들여 번 돈 hard-earned money / 힘들여 계획을 세우다 elaborate upon a plan.
힘부치다 be beyond *one's* power 〔ability, reach〕; be too much for 《*one*》. ¶ 그 일은 내 힘에 부치는 일이다 The job is beyond my ability.
힘세다 (be) strong; mighty; powerful. ¶ 힘세어 보이는 strong-looking.
힘쓰다 ① 《노력》 exert *oneself;* make efforts; endeavor; try hard. ② 《정려》 be assiduous; be industrious; be diligent 《*in*》. ¶ 학업에 ~ attend to *one's* studies with diligence. ③ 《고심》 take pains; be at great pains. ④ 《조력》 help; aid; assist; give 《*a person*》 assistance 《*in, on*》. ¶ 김군이 힘써 주어서 through Mr. Kim's aid; by the help 〔kind assistance〕 of Mr. Kim.
힘입다 owe; be indebted 《*to*》. ¶ 힘입은 바 크다 be greatly indebted to; owe 《*a person*》 much.
힘줄 ① 《근육》 a muscle; a sinew; a tendon (건(腱)); a vein (혈관).

¶ ~투성이의 stringy; sinewy. ②《섬유질의》 a fiber; a string. ¶ 고기~ strings in the meat.

힘차다 (be) powerful; energetic; forceful; vigorous; be full of strength. ¶ 힘찬 연설〔목소리〕 a powerful speech〔voice〕 / 힘차게 powerfully; energetically; vigorously / 힘차게 일하다 buckle down to a task; gather *oneself* up for an effort; work vigorously.

회사의 조직과 직위의 영어명

1. 회사의 조직 · 부서명—회사의 조직은 업종 · 규모 등에 따라 다양하다. 일반적인 회사 조직을 순서대로 나열해 보면 : 이사회 (board of directors)—사업본부 (division)—부 (department)—실 (office)—과 (section)—계 (subsection) 등으로 나뉜다. 그러나 본부제도가 없는 회사 조직에서는 division (부)—department (과)—section (계) 의 순서가 된다. 또 본사와 지사가 있는 경우, 동일 부서의 표기 구분은 본사의 것을 corporate account department 처럼 앞에 corporate를 붙인다. 부서명을 실제로 표기할 때는 정관사 the를 붙이며, 고유명사적으로 생각하여 단어 첫자를 대문자로 표기하는 것이 일반적이다. 아래에 쓰인 d.는 department 또는 devision의 약자이다. 다음은 각 부서의 구체적인 일의 내용을 참작하여 영역한 것이다.

감사부 internal auditing d. / 건설부 (development &) construction d./ 경리부 general accounting d.; account d.; budget & accounting d. / 관재부 properties administration d. / 구매부 purchasing d./기술부 engineering d.;technical development d. / 기자재부 machinery & materials d. / 기획부 planning d. / 노무부 labor relations d. / 무역부 import & export d. / 문서부 correspondence d. / 발송부 dispatch d./ 복지후생부 welfare d. /사업부 enterprises d. /상품개발부 product development d. /상품관리부 product administration d. / 생산관리부 production control d. / 생산부 production d. / 서무부 general affairs d. / 선전〔광고〕부 advertising d. / 섭외부 foreign〔public〕 relations d. / 업무부 sales administration d. / 연구개발부 R & D d./영업부 sales d.; marketing d. / 인사부 personnel d. / 자금부 finance processing d. / 자재부 materials d. / 전자 계산부 (electronic) information system d. / 조사부 business research d.;information & research d. / 총무부 general affairs d. / 특허부 patent d. / 판매관리부 sales administration d. / 판매촉진부 sales promotion d. / 해외부 overseas d.;international d. / 해외사업부 overseas operations d. / 홍보부 public relations d.; publicity d. / 기획실 corporate planning office / 비서실 secretariat / 사사실 (社史室) corporate history office.

2. 회사의 직위명—회사의 직위명은 직무권한에 따라 갖가지 호칭이 있을 수 있기 때문에 정해진 영어가 불가능하다. 일반 통념에 따라 아래와 같이 영역하였다. 실제 사용시는 정관사 the를 붙이나 여기서는 생략하였다.

회장 chairman (of the board); board chairman;CEO (=Chief Executive Officer)《美》/ 부회장 vice-chairman (of the board of directors)/사장 president; managing director《英》/ 부사장 executive vice-president / 대표이사 representative director; managing director《英》/ 전무 (이사) executive managing director / 상무 (이사) managing director / 이사 director; member of the board / 사외이사 outside director / 감사역 auditor / 고문 adviser; corporate adviser; counselor / 본부장 division director; general manager / 부장 general manager; director; manager/division〔department〕 head / 차장 deputy〔assistant (to)〕 general manager/과장 manager; section head〔chief〕; section manager / 대리 acting〔assistant (to)〕manager / 계장 subsection head〔chief〕; senior staff / 국장 director; general manager / 지점장 branch manager; district〔regional〕 manager / 지점 차장 deputy branch manager / 공장장 plant manager/반장 foreman / 부원〔과원〕staff/평사원 rank-and-file employee〔worker〕

부록

차 례

Ⅰ. 이력서 쓰기

Personal History

Personal History:
- Name in Full: Park Jae-sŏng
- Permanent Domicile: 102 Tangju-dong, Chongno-gu, Seoul Korea
- Present Address: 1-48 Namsan-dong, Chung-gu, Seoul Korea
- Born: August 18, 1955
- Height & Weight: 177cm. —75.9kg.
- Health: Excellent
- Marital Status: Single

Education: Hanseong High School, graduated 1973
Korea University (Faculty of Literature), graduated 1977
Major—English Literature
Other main courses of study—French, Chinese

Experience: Employed as translator in Publishing Department, Korea Travel Bureau, Myong-dong, Seoul, April 1977

References:
- Academic: Prof. Kim Bong-han, Korea University, Seoul
- Business: Mr. Han Myong-hwan, the chief of the Publishing Department, Korea Travel Bureau, Myong-dong, Seoul

May 4, 1979

(*Signature*)
Park Jae-sŏng

《註》 오늘날에는, 이력서도 컴퓨터 따위로 작성하여 맨끝에 서명하는 것이 보통임. 용지의 크기는 23cm×28cm.

Ⅱ. 편지쓰기

1. 겉봉투 쓰기

Yim Byong-jun
1—48 Namsan-dong, Chung-gu,
Seoul, Korea

① Air Mail

우 표

Miss Edith M. Green
312 Greenwood,
Ann Arbor, Michigan 59104
U.S.A.

②

《註》 1. ①, ②의 번호는 다음 용어를 쓸 때의 위치를 보인다.

Air Mail (항공편)
Special Delivery (속달)
via… (…경유)
Printed Matter (인쇄물)
Photo only (사진 재중) — ① 또는 ②

Poste Restante… Post Office (…국 유치)
Registered (등기)
Introducing… (…을 소개) — ②

2. …씨방, …씨 전교(轉交)는 c/o Mr.…로 씀.
3. 소개장은 봉하지 않음.
4. 수신인명 끝의 다섯 자리 숫자는 ZIP Code임.

2. 편지의 양식

1-48 Namsan-dong
Chung-gu, Seoul Korea
April 2, 1981

Miss Edith M. Green
312 Greenwood
Ann Arbor, Michigan
U.S.A.

Dear Miss Green,

I read from your last letter you are going to visit this country soon. The news is like a dream to me. To meet you and your family in this country! By the time we meet, I'll make up a wonderful plan to show you this country. Please let me be a guide for you at that time. I am waiting for your arrival.

Sincerely yours,
(*Signature*)
(Yim Byeong-jun)

《註》 1. 친한 친구간에는 발신자 및 수신자의 주소는 흔히 생략
2. 날짜 영국식 2nd April 1981, 미국식 April 2, 1981
3. 수신자 이름에는 다음과 같은 경칭을 붙인다.

남성단수 Mr., Sir, Dr., Prof., Rev. (목사), Hon. (시장 등)
남성복수 Messrs. (상사 앞일 때에는 미국에서는 이 경칭을 안 씀)
여성단수 Miss, Mrs. (기혼자), Christian name과 남편의 성을 합쳐 Mrs.를 붙임. 미망인도 같음.
여성복수 Misses (미혼자에만), Mmes. (기혼자에만)

4. 본문 허두의 인사말

공용통신 Gentlemen, Ladies, Mesdames, Dear Sir(s), Dear Madam, My dear Sir, Madam, 따위
사 신 Dear Mr. …., My dear Mrs. …., 따위
이 때 구두점은 (,)을 쓰는데, 미국에서는 흔히 상용문일 때에는 (:)가 쓰임.

5. 맺음말 일반적 Yours very truly, Yours truly 따위
사 신 Sincerely yours, Cordially yours, Affectionately yours 따위

6. 여성이 서명할 때에는 상대가 회신할 때 편리하도록 (Miss) (Mrs.)를 덧붙여 밝히는 경우도 있다.

Ⅲ. 기호읽기

1. 수학

+	plus, and
−	minus, less
±, ∓	plus or minus
×	multiplied by, times
÷	divided by
=	is equal to, equals
≒, ≈	is approximately equal to
≠, ≠	is not equal to
>	is greater than
<	is less than
≧, ≥	is equal to or greater than
≦, ≤	is equal to or less than
{ }	braces
—	vinculum 보기 : $\overline{a+b}$
∴	therefore
∵	since, because
∞	infinity
:	is to
::	as, equals
∠	angle
∟	right angle
⊥	(is) perpendicular (to)
∥, ‖	(is) paralled (to)
△	triangle
□	square
▱	parallelogram
°	degree(s)
′	minute(s)
″	second(s)

2. 참조표

*	asterisk (별표)
†	dagger, obelisk (검표)
‡	double dagger (이중검표)
§	section
‖	parallels (병행표)
¶	paragraph
☞	index, fist (손가락표)
⁂, **	asterism (세별표)

3. 표음부호

´	acute (양음부호) 《é》
`	grave (저음부호) 《à》
^	circumflex (곡절음부호) 《ê》
~	tilde(물결부호) 《ñ》
¯	macron (장음부호) 《ā》
˘	breve (단음부호) 《ă》
¨	dieresis (분음부호) 《ö》
¸	cedilla (시딜라) 《ç》

4. 기타

&	and, ampersand
&c	et cetera; and so forth
/	or, per
#	number
%	percent
c/o	care of
@	at
©	copyright(ed)

Ⅳ. 수

1. 수 읽기

1,000(천) one thousand
10,000(만) ten thousand
100,000(십만) one hundred thousand
1,000,000(백만) one million
10,000,000(천만) ten million
100,000,000(억) one hundred million
1,000,000,000(십억) one billion
10,000,000,000(백억) ten billion
100,000,000,000(천억) one hundred billion
1,000,000,000,000(조) 《美》 one trillion; 《英》 one thousand billion

이상 중, 천억까지는 《美》《英》 공통, 조(兆) 및 그 이상의 수는 《美》《英》 에서 각기 그 호칭이 다름. 예컨대,

1,000,000,000,000,000(천조)
《美》 one quadrillion;
《英》 one million billion
1,000,000,000,000,000,000(백경)
《美》 one quintillion
《英》 one trillion

이 밖에,

sextillion= 《美》 10^{21}; 《英》 10^{35}
septillion= 《美》 10^{24}; 《英》 10^{42}
octillion= 《美》 10^{27}; 《英》 10^{48}
nonillion= 《美》 10^{30}; 《英》 10^{54}, *etc.*

처럼 명칭은 《美》《英》 공통이지만 수치는 다름.

2. 로마 숫자

Ⅰ=1, Ⅴ=5, L=50, C=100, D=500, M=1,000의 로마자를 써서, 좌에서 우로 수치의 대소순으로 늘어놓아 (e.g. XⅤⅢ=10+5+3=18), 순서가 역이 되면 대소 수치의 차를 나타냄 (e.g. XIX=10+(10−1)=19). 로마자는 소자 (i, v, x, l, c, *etc.*)를 쓸 때도 있음. 문자 위에 —을 붙이면 1,000배의 수치가 됨.

Ⅰ	1	Ⅴ	5	Ⅹ	10
Ⅲ	3	Ⅵ	6	ⅩⅤ	15
Ⅳ(IIII)	4	Ⅸ	9	ⅩL	40

L	50	CM	900	$\overline{V}$	5000
LX	60	M	1000	$\overline{X}$	10,000
XC	90	MCD	1400	$\overline{L}$	50,000
C	100	MDC	1600	$\overline{C}$	100,000
CD	400	MDCCCXCIV	1894	$\overline{D}$	500,000
D	500	MCMLXXIX	1979	$\overline{M}$	1,000,000
DC	600	MMM	3000		

Ⅴ. 미·영 철자의 차이

(일반적 경향으로서 다음과 같은 점을 지적할 수 있음)

《美》	《英》	《美》	《英》
-a-	**-au**	**-ll-**	**-l-**
balk	baulk	skillful	skilful
gantlet	gauntlet	**-m**	**-mme**
-ck-	**-qu-**	gram	gramme
check	cheque	program	programme
checkered	chequered	**-o-**	**-ou-**
-ction	**-xion**	mold	mould
connection	connexion	smolder	smoulder
reflection	reflexion	**-or**	**-our**
-dgment	**-dgement**	color	colour
judgment	judgement	labor	labour
acknowledgment	acknowledgement	**-se**	**-ce**
		defense	defence
-e-	**-ae-**	offense	offence
archeology	archaeology	**-y**	**-ey**
esthete	aesthete	story	storey
-er	**-re**	bogy	bogey
center	centre	**-ze**	**-se**
theater	theatre	analyze	analyse
-et	**-ette**	paralyze	paralyse
cigaret	cigarette		
omelet	omelette	악센트부호없음	악센트부호있음
-g-	**-gg-**	cafe	café
fagot	faggot	fete	fête
wagon	waggon		
-i-	**-y-**		
flier	flyer		
tire	tyre	기타	
in-	**en-**	aluminum	aluminium
infold	enfold	curb	kerb
inquire	enquire	draft	draught; draft (도안·어음)
-ing	**-eing**		
aging	ageing	gray	grey
eying	eyeing	jail	gaol
-k-	**-c-**	maneuver	manoeuvre
disk	disc	mustache	moustache
ankle	ancle	pajama	pyjama
-l-	**-ll-**	plow	plough
councilor	councillor	sulfur	sulphur
traveler	traveller	veranda	verandah

Ⅵ. 도량형표(度量衡表)

	1 홉(合)	0.18039 리터	1.0567 quarts 0.31741 파인트
부	1 되(升)	1.8039 리터	《英》 0.39678 《美》 0.4765 갤런
	1 석(石)	0.18039 킬로리터	4.9595 부셸
	1 액량온스(ounce)	0.15753 홉	28.416 입방센티미터 (cube centimeters)
	1 파인트(pint)	3.1505 홉	0.56823 리터
	1 영(英)갤런(gallon)	2.5204 되	4.5459 리터
	1 부셸(bushel)	0.20163 석	36.867 리터
피	1 리터(liter)	0.55435 되	《英》 0.21995 《美》 0.26417 갤런
	1 킬로리터(kiloliter)	5.5435 석	264.17 《美》 갤런
	1 치(寸)	3.0303 센티미터	1.1931 인치
	1 자(尺)	0.30303 미터	11.9305 인치 0.99421 피트
	1 간(間)	1.8182 미터	1.9884 야드
길	1 정(町)	0.10909 킬로미터	5.423 체인
	1 리(里)	3.9273 킬로미터	2.4403 마일
	1 인치(inch)	0.83818 치	2.5400 센티미터
	1 피트(foot)	1.0058 자	0.30479 미터
	1 야드(yard)	3.0175 자 0.50291 간	0.91438 미터
	1 체인(chain)	11.064 간	20.116 미터
	1 마일(mile)	14 정 45 간 1 자	1.6093 킬로미터
	1 센티미터(centimeter)	3 분(分) 3 리(厘)	0.39371 인치
이	1미터(meter)	3 자 3 치	39.371 인치 3.2809 피트
	1 킬로미터(kilometer)	555 간 9 정 10 간	49.71 체인 0.62138 마일
	1 평(坪)(보(步))	0.000861 에이커	3.9524 평방야드
	1 무(畝)	0.0245 에이커	118.572 평방야드
넓	1 단(段)	0.245 에이커	1185.72 평방야드
	1 정(町)	2.4509 에이커 9917.335 평방미터	11857.2 평방야드
	1 에이커(acre)	4 단 24보여(餘) (1224 평여)	4840 평방야드
이	1 아르(are) (100평방미터)	약 1무 0보 25	119.6 평방야드
	1 헥타르(hectare) (10.000평방미터)	약 1 정 25보	11960 평방야드 2.471 에이커
	1 돈	3.75 그램	0.13228 온스
	100 돈	0.375킬로그램	0.82673 파운드
무	1 관(貫)	3.75 킬로그램	8.2673 파운드
	1 온스(ounce)	7.5599 돈	28.350 그램
	1 파운드(pound) (=16 ounces)	120.963 돈	0.45359 킬로그램
	1 톤(short〔long〕 ton) 《美》 =2000 pounds 《英》 =2240 pounds	241.923 관	907.18 킬로그램
	1 그램(gram)	0.2667 돈	15.432 grains 0.035274 온스
게	1 킬로그램 (kilogram)	0.2667 관	2.2046 파운드
	1 톤(metric ton) (=1000 kilograms)	2666.7 관	2204.6 파운드

Ⅶ. 국어의 로마자 표기법

문화관광부고시 제2000-8호, 2000.7.7.

제 1 장 표기의 기본 원칙

제 1 항 국어의 로마자 표기는 국어의 표준 발음법에 따라 적는 것을 원칙으로 한다.
제 2 항 로마자 이외의 부호는 되도록 사용하지 않는다.

제 2 장 표기 일람

제 1 항 모음은 다음 각 호와 같이 적는다.

1. 단모음

ㅏ	ㅓ	ㅗ	ㅜ	ㅡ	ㅣ	ㅐ	ㅔ	ㅚ	ㅟ
a	eo	o	u	eu	i	ae	e	oe	wi

2. 이중모음

ㅑ	ㅕ	ㅛ	ㅠ	ㅒ	ㅖ	ㅘ	ㅙ	ㅝ	ㅞ	ㅢ
ya	yeo	yo	yu	yae	ye	wa	wae	wo	we	ui

(붙임1) 'ㅢ'는 'ㅣ'로 소리 나더라도 'ui'로 적는다.

보기 광희문 Gwanghuimun

(붙임2) 장모음의 표기는 따로 하지 않는다.

제 2 항 자음은 다음 각 호와 같이 적는다.

1. 파열음

ㄱ	ㄲ	ㅋ	ㄷ	ㄸ	ㅌ	ㅂ	ㅃ	ㅍ
g,k	kk	k	d,t	tt	t	b,p	pp	p

2. 파찰음

ㅈ	ㅉ	ㅊ
j	jj	ch

3. 마찰음

ㅅ	ㅆ	ㅎ
s	ss	h

4. 비음

ㄴ	ㅁ	ㅇ
n	m	ng

5. 유음

ㄹ
r,l

(붙임1) 'ㄱ, ㄷ, ㅂ'은 모음 앞에서는 'g, d, b'로, 자음 앞이나 어말에서는 'k, t, p'로 적는다.([ ]안의 발음에 따라 표기함.)

보기 구미 Gumi 영동 Yeongdong 백암 Baegam
옥천 Okcheon 합덕 Hapdeok 호법 Hobeop
월곶[월곧] Wolgot 벚꽃[벋꼳] beotkkot 한밭[한받] Hanbat

(붙임2) 'ㄹ'은 모음 앞에서는 'r'로, 자음 앞이나 어말에서는 'l'로 적는다. 단, 'ㄹㄹ'은 'll'로 적는다.

보기 구리 Guri 설악 Seorak 칠곡 Chilgok
임실 Imsil 울릉 Ulleung 대관령[대괄령] Daegwallyeong

제 3 장 표기상의 유의점

제 1 항 음운 변화가 일어날 때에는 변화의 결과에 따라 다음 각 호와 같이 적는다.

1. 자음 사이에서 동화 작용이 일어나는 경우

보기 백마[뱅마] Baengma 종로[종노] Jongno
왕십리[왕심니] Wangsimni 별내[별래] Byeollae
신문로[신문노] Sinmunno 신라[실라] Silla

2. 'ㄴ, ㄹ'이 덧나는 경우

보기 학여울[항녀울] Hangnyeoul 알약[알략] allyak

3. 구개음화가 되는 경우

보기 해돋이[해도지] haedoji 같이[가치] gachi 맞히다[마치다] machida

4. 'ㄱ, ㄷ, ㅂ, ㅈ'이 'ㅎ'과 합하여 거센소리로 소리 나는 경우

보기 좋고[조코] joko 놓다[노타] nota
잡혀[자펴] japyeo 낳지[나치] nachi

다만, 체언에서 'ㄱ, ㄷ, ㅂ' 뒤에 'ㅎ'이 따를 때에는 'ㅎ'을 밝혀 적는다.

보기 묵호 Mukho 집현전 Jiphyeonjeon

(붙임) 된소리되기는 표기에 반영하지 않는다.

보기 압구정 Apgujeong 낙동강 Nakdonggang 죽변 Jukbyeon
낙성대 Nakseongdae 합정 Hapjeong 팔당 Paldang
샛별 saetbyeol 울산 Ulsan

제 2 항 발음상 혼동의 우려가 있을 때에는 음절 사이에 붙임표(-)를 쓸 수 있다.

보기 중앙 Jung-ang 반구대 Ban-gudae
세운 Se-un 해운대 Hae-undae

제 3 항 고유 명사는 첫 글자를 대문자로 적는다.

보기 부산 Busan 세종 Sejong

제 4 항 인명은 성과 이름의 순서로 띄어 쓴다. 이름은 붙여 쓰는 것을 원칙으로 하되 음절 사이에 붙임표(-)를 쓰는 것을 허용한다.(( )안의 표기를 허용함.)

보기 민용하 Min Yongha (Min Yong-ha)
송나리 Song Nari (Song Na-ri)

(1) 이름에서 일어나는 음운 변화는 표기에 반영하지 않는다.

보기 한복남 Han Boknam (Han Bok-nam)
홍빛나 Hong Bitna (Hong Bit-na)

(2) 성의 표기는 따로 정한다.

제 5 항 '도, 시, 군, 구, 읍, 면, 리, 동'의 행정 구역 단위와 '가'는 각각 'do, si, gun, gu, eup, myeon, ri, dong, ga'로 적고, 그 앞에는 붙임표(-)를 넣는다. 붙임표(-) 앞뒤에서 일어나는 음운 변화는 표기에 반영하지 않는다.

보기 충청북도 Chungcheongbuk-do 제주도 Jeju-do
의정부시 Uijeongbu-si 양주군 Yangju-gun
도봉구 Dobong-gu 신창읍 Sinchang-eup
삼죽면 Samjuk-myeon 인왕리 Inwang-ri
당산동 Dangsan-dong 봉천1동 Bongcheon 1(il)-dong
종로 2가 Jongno 2(i)-ga 퇴계로 3가 Toegyero 3(sam)-ga

(붙임) '시, 군, 읍'의 행정 구역 단위는 생략할 수 있다.

보기 청주시 Cheongju 함평군 Hampyeong 순창읍 Sunchang

제 6 항 자연 지물명, 문화재명, 인공 축조물명은 붙임표(-) 없이 붙여 쓴다.

보기 남산 Namsan 속리산 Songnisan
금강 Geumgang 독도 Dokdo
경복궁 Gyeongbokgung 무량수전 Muryangsujeon
연화교 Yeonhwagyo 극락전 Geungnakjeon
안압지 Anapji 남한산성 Namhansanseong
화랑대 Hwarangdae 불국사 Bulguksa
현충사 Hyeonchungsa 독립문 Dongnimmun
오죽헌 Ojukheon 촉석루 Chokseongnu
종묘 Jongmyo 다보탑 Dabotap

제 7 항 인명, 회사명, 단체명 등은 그동안 써 온 표기를 쓸 수 있다.

제 8 항 학술 연구 논문 등 특수 분야에서 한글 복원을 전제로 표기할 경우에는 한글 표기를 대상으로 적는다. 이때 글자 대응은 제2장을 따르되 'ㄱ, ㄷ, ㅂ, ㄹ'은 'g, d, b, l'로만 적는다. 음가 없는 'ㅇ'은 붙임표(-)로 표기하되 어두에서는 생략하는 것을 원칙으로 한다. 기타 분절의 필요가 있을 때에도 붙임표(-)를 쓴다.

보기		
집 jib	짚 jip	밖 bakk
값 gabs	붓꽃 buskkoch	먹는 meogneun
독립 doglib	문리 munli	물엿 mul-yeos
굳이 gud-i	좋다 johda	가곡 gagog
조랑말 jolangmal	없었습니다 eobs-eoss-seubnida	

부 칙

① (시행일) 이 규정은 고시한 날부터 시행한다.
② (표지판 등에 대한 경과 조치) 이 표기법 시행 당시 종전의 표기법에 의하여 설치된 표지판(도로, 광고물, 문화재 등의 안내판)은 2005.12.31.까지 이 표기법을 따라야 한다.
③ (출판물 등에 대한 경과 조치) 이 표기법 시행 당시 종전의 표기법에 의하여 발간된 교과서 등 출판물은 2002.2.28.까지 이 표기법을 따라야 한다.

로마자 표기법 조견표

1. 모음

ㅏ	ㅑ	ㅓ	ㅕ	ㅗ	ㅛ	ㅜ	ㅠ	ㅡ	ㅣ	ㅐ	ㅒ	ㅔ	ㅖ	ㅘ	ㅙ	ㅚ	ㅝ	ㅞ
a	ya	eo	yeo	o	yo	u	yu	eu	i	ae	yae	e	ye	wa	wae	oe	wo	we

ㅟ	ㅢ
wi	ui

2. 자음

ㄱ	ㄴ	ㄷ	ㄹ	ㅁ	ㅂ	ㅅ	ㅇ	ㅈ	ㅊ	ㅋ	ㅌ	ㅍ	ㅎ	ㄲ	ㄸ	ㅃ	ㅆ	ㅉ
g,k	n	d,t	r,l	m	b,p	s	ng	j	ch	k	t	p	h	kk	tt	pp	ss	jj

Ⅷ. 지방 행정 단위의 영어 표기

내무부 1995. 2

지방 행정 단위명	사용구분	영어표기	비고
서울 특별시	주소로 사용시	Seoul City (서울 시티)	
	기관 명칭	Seoul Metropolitan City (서울 메트로폴리탄 시티)	
○○광역시	주소로 사용시	○○City(○○시티)	
	기관 명칭	○○Metropolitan City (○○ 메트로폴리탄 시티)	
○○도		○○ Province(○○ 프라빈스)	
○○시		○○ City(○○ 시티)	
○○군		○○ County (○○ 카운티)	
○○구	주소로 사용시 *특별시·광역시 구별없이	○○ District(○○ 디스트릭트)	
	기관 명칭 • 자치구 • 일반구	○○ Metropolitan District ○○ District	

Ⅸ. 한국 전통 식품의 영어명 표기 방법

농림 수산부 1994. 12

부류	식품명	영어표기	비 고
김치	깍두기김치	Kimchi (Radish roots kimchi)	김치류는 Kimchi로 표기 통일하고 ( ) 안에 품목명을 영어로 병기
	나박김치	Kimchi (Watery kimchi)	
	동치미김치	Kimchi (Watery radish kimchi)	
	배추김치	Kimchi (Cabbage kimchi)	
	무청김치	Kimchi (Radish leaf kimchi)	
	유채김치	Kimchi (Rape leaf kimchi)	
	갓잎김치	Kimchi (Mustard leaf kimchi)	
	갓줄기김치	Kimchi (Mustard stem kimchi)	
장	고추장	Korean hot pepper paste (Gochujang)	외국의 hot sauce, chilli sauce와 구별 표기 ( )에 품목명을 소리나는대로 영어로 표기
	간장	Soy sauce	
	된장	Soybean paste (Toenjang)	
	청국장	Soybean paste (Ch'ŏnggugjang)	
죽	호박죽	Pumpkin soup powder	분말죽류: soup powder 죽(물이 포함된 것): soup
	들깨죽	Perilla soup powder	
	쌀죽	Rice soup powder	
	현미죽	Brown rice soup powder	
	찹쌀죽	Sweet rice soup powder	
	율무죽	Job's tears soup powder	
	단팥죽	Red bean soup powder	
국수류	즉석면(라면)	Instant noodles	Noodle로 표기 통일하고 메밀냉면만 vermicelli로 구별 표기
	쑥국수	Mugwort noodles	
	칡국수	Arrowroot noodles	
	도토리국수	Acorn noodles	
	메밀국수	Buckwheat noodles	
	쌀국수	Rice noodles	
	감자국수	Potato noodles	
	메밀냉면	Buckwheat vermicelli	
묵	메밀묵	Buckwheat curd	묵류는 curd로 통일 표기
	도토리묵	Acorn curd	
미숫가루	쌀미숫가루	Parched rice powder	Parched+품목명+powder로 통일 표기
	찹쌀 〃	Parched sweet rice powder	
	보리 〃	Parched barley powder	
	쌀보리〃	Parched naked barley powder	
	수수 〃	Parched sorghum powder	
	조 〃	Parched millet powder	
건채류	무말랭이	Dried radish slice	Dried+품목명+slice로 통일 표기
	호박고지	Dried squash/pumpkin slice	
	가지말랭이	Dried eggplant slice	
	박고지	Dried gourd slice	
	토란말랭이	Dried taro stem slice	
	도라지말랭이	Dried bell-flower root slice	
	산채나물	Edible greens	
	실고추	Shredded red pepper	

부류	식품명	영어표기	비 고
절임	단무지	Radish pickle	품목+pickle로 통일 표기
	오이지	Cucumber pickle	
	염교	Scallion pickle	염교=부추
	달래지	Wild garlic pickle	
	깻잎지	Perilla leaf pickle	
음료	식혜	Rice nectar (Shikhye)	쌀알이 포함되어 nectar로 표기
	수정과	Sweet cinnamon punch	
	소주	Soju	수정과는 건물이 포함되지 않으므로 punch로 표기
	약주	Rice wine (clear)	
	탁주	Rice wine (cloudy)	
차류	계피차	Cinnamon tea	품목명+tea로 통일 표기
	구기자차	Boxthron tea	
	치커리차	Chicory tea	
	컴프리차	Comfry tea	
	유자차	Citron tea	
	인삼차	Korean ginseng tea	한국 인삼을 강조 표기
	녹차	Green tea	
	감잎차	Persimmon leaf tea	
	홍차	Black tea	
	옥수수차	Corn tea	
해조류	말린김	Dried laver	돌김은 양식이 아닌 자연산 김이므로 stone보다는 natural이 적합
	조미김	Seasoned, roasted laver	
	돌김	Natural laver	
	미역	Sea mustard	
	염장미역	Salted sea mustard	fried+품목명으로 통일 표기
	미역튀각	Fried sea mustard	
	다시마튀각	Fried sea tangle	
	건파래	Dried sea lettuce	
	말린다시마	Dried sea tangle	
	다시마말이	Rolled sea tangle	
젓갈류	새우젓	Salted shrimp	젓갈류에는 fermented란 표기없이 Salted+품목명으로 통일 표기
	멸치젓	Salted anchovy	
	명란젓	Salted pollack egg	
	창란젓	Salted viscera	
	밴댕이젓	Salted shad	
	황새기젓	Salted sword fish	
	굴젓	Salted oyster	
	전복젓	Salted abalone	
	조개젓	Salted clam	
	게젓	Salted crab	액젓의 경우 품목명+sauce로 통일 표기
	멸치액젓	Anchovy sauce	
한과류	강정	Korean cracker(Kangjung)	
	유과	Korean cracker(Yoogwa)	
	약과	Korean cracker(Yakgwa)	
	전병	Korean cracker(Junbyung)	
	산자	Korean cracker(Sanja)	
	야채만두	Vegetable dumpling	Dumpling으로 표기

부류	식품명	영어표기	비고
만두류	쇠고기만두 돼지고기만두 꿩만두 김치만두	Beef dumpling Pork dumpling Pheasant dumpling Kimchi dumpling	하되 내용물의 영어명을 그 앞에 표기
기타	감식초 죽염 물엿 삼계탕 엿기름 누룽지	Persimmon vinegar Salt roasted in bamboo Dextrose syrup Chicken stew with ginseng Malt Nurungji(Roasted cooking rice)	

X. 우리식 표현의 영어 낱말들

우리식으로 꾸며 만들어진 영어의 낱말들을 순수한 영어로 잘못 알고 사용하는 경우가 많다. 대표적인 몇 가지를 열거해 본다.

우리말 표현	우리식 영어 표현	올바른 영어 표현
가솔린 스탠드	gasoline+stand	filling station; gas station; 《英》 petrol station
골든 아워	golden+hour	prime (television) time
골인	goal+in	reach the finish (line); get 〔make, score〕 a goal; get married
덤프카	dump+car	dump truck; 《英》 dump lorry
마이카	my+car	family car(자가용); privately owned car
매스컴	mass+com	mass communication 〔media〕
모닝 서비스	morning+service	special rate in the morning
백미러	back+mirror	rearview mirror; 《英》 driving mirror
베드타운	bed+town	bedroom suburbs 〔communities〕; exurbs (도시주변의 신흥 주택지)
사인펜	sign+pen	felt-tipped pen; felt pen
샐러리맨	salary+man	office〔white-collar〕 worker
애프터 서비스	after+service	after-sales service; repair service
오더 메이드	order+made	made-to-order; custom-〔ready-〕made
오피스 레이디	office+lady	(woman) office worker
올드 미스	old+Miss	old maid; unmarried woman
자꾸	jack	zipper; 《英》 zip fastener
팬티 스타킹	panty+stocking	(a pair of) panty hose
프런트 글래스	front+glass	《美》 windshield; 《英》 windscreen
테이블 스피치	table+speech	(after-dinner) speech
헬스 센터	health+center	gym; health club 〔farm〕; fitness center

Ⅺ. 국제 전화 거는 법

1. 한국에서 외국으로

001 } —국가번호—지역번호—전화번호
002 }

한국의 국제 전화회사는 한국통신(001), 데이콤(002), 온세통신(008) 등이 있다.

001을 통해 미국, L.A.(지역번호 213)의 전화번호 123-4567에 거는 경우: 001-1-213-123-4567

2. 외국에서 한국으로

서비스번호—국가번호—지역번호(첫번째의 0은 생략한다)—전화번호

미국 L.A.에서 서울의 02-1234-5678에 거는 경우: 011-82-2-1234-5678

3. 통신 수단의 눈부신 발달로, 국제 전화도 국내 전화 못지않게 다양한 서비스를 받을 수 있게 되었다. 한국 직통 자동전화(Auto Korea Direct), 국제통화 신용카드(KT Card Call), 마스터폰 서비스, 다자 통화 서비스 등 국제 전화 회사마다 편리한 서비스를 제공한다. 이러한 서비스를 자유롭게 이용하려면 사전에 전화회사에 문의하여 이용방법·요령 등을 정확히 알아야 한다.

	국명	서비스번호	국가번호
아시아	네팔	00	977
	베트남	00	84
	말레이시아	007	60
	스리랑카	00	94
	싱가포르	005	65
	인도	00	91
	인도네시아	001	62
	일본	001	81
	중국	00	86
	타이완	002	886
	태국	001	66
	파키스탄	00	92
	필리핀	00	63
	한국	001	82
	홍콩	001	852
오세아니아	괌	011	61
	사이판	011	670
	뉴질랜드	00	64
	오스트레일리아	0011	61
	파푸아뉴기니	05	675
	피지	05	679
남북아메리카	멕시코	98	52
	미국	011	1
	브라질	00	55
	아르헨티나	00	54
	자메이카	011	1
	캐나다	011	1
	코스타리카	00	506
	콜롬비아	90	57
	페루	00	51

	국명	서비스번호	국가번호
유럽	그리스	00	30
	네덜란드	00	31
	노르웨이	095	47
	덴마크	00	45
	독일	00	49
	러시아	8	7
	벨기에	00	32
	스웨덴	009	46
	스위스	00	41
	스페인	07	34
	아이슬란드	00	353
	영국	010	44
	오스트리아	00/90	43
	이탈리아	00	39
	터키	00	90
	포르투갈	00	351
	프랑스	19	33
	핀란드	990/999	358
중동	사우디아라비아	00	966
	아랍에미리트	00	971
	오만	00	968
	이란	00	98
	이스라엘	00	972
	카타르	0	974
	쿠웨이트	00	965
아프리카	남아프리카	09	27
	모로코	00	212
	이집트	00	20
	케냐	000	254
	코트디부아르	00	225
	튀니지	00	216

XII. 세계 주요 도시 표준시 대조표

※ 하루를 24시간으로 표시

런던·GMT (A)	베를린·파리 (B)	카이로·아테네 (C)	바그다드 (D)	카라치 (E)	방콕 (F)	홍콩 (G)	서울 (H)	시드니 (I)	호놀룰루 (J)	샌프란시스코 (K)	시카고·달라스 (L)	뉴욕 (M)	리우데자네이루 (N)
15	16	17	18	20	22	23	0	1	5	7	9	10	12
16	17	18	19	21	23	24	1	2	6	8	10	11	13
17	18	19	20	22	24	1	2	3	7	9	11	12	14
18	19	20	21	23	1	2	3	4	8	10	12	13	15
19	20	21	22	24	2	3	4	5	9	11	13	14	16
20	21	22	23	1	3	4	5	6	10	12	14	15	17
21	22	23	24	2	4	5	6	7	11	13	15	16	18
22	23	24	1	3	5	6	7	8	12	14	16	17	19
23	24	1	2	4	6	7	8	9	13	15	17	18	20
24	1	2	3	5	7	8	9	10	14	16	18	19	21
1	2	3	4	6	8	9	10	11	15	17	19	20	22
2	3	4	5	7	9	10	11	12	16	18	20	21	23
3	4	5	6	8	10	11	12	13	17	19	21	22	24
4	5	6	7	9	11	12	13	14	18	20	22	23	1
5	6	7	8	10	12	13	14	15	19	21	23	24	2
6	7	8	9	11	13	14	15	16	20	22	24	1	3
7	8	9	10	12	14	15	16	17	21	23	1	2	4
8	9	10	11	13	15	16	17	18	22	24	2	3	5
9	10	11	12	14	16	17	18	19	23	1	3	4	6
10	11	12	13	15	17	18	19	20	24	2	4	5	7
11	12	13	14	16	18	19	20	21	1	3	5	6	8
12	13	14	15	17	19	20	21	22	2	4	6	7	9
13	14	15	16	18	20	21	22	23	3	5	7	8	10
14	15	16	17	19	21	22	23	24	4	6	8	9	11

(1) 위 표 안의 숫자는 서울(한국 표준시)을 기준으로 한, 각지의 동일 날짜의 시간; 고딕체 숫자는 하루 전 날짜의 시간을 나타낸다. GMT는 그리니치 표준시.

(2) 여름에는 나라에 따라 서머타임을 실시하는 곳이 있으므로 요주의.

(3) 위 표에 없는 도시는 아래 지명을 참조. ( )의 알파벳은 위 표 상단에 명시된 지명과 같다는 뜻. +30, +60은 해당 숫자에 30분 또는 60분을 더한 시간, −30은 30분을 뺀 시간을 나타낸다.

나이로비(D)
뉴델리(E) +30
뉴올리언스(L)
도쿄/동경(H)
디트로이트(M)
로마(B)
로스앤젤레스(K)
리스본(A)
마닐라(G)
마드리드(B)
마이애미(M)
멕시코시티(L)
모스크바(D)
몬트리올(M)
베를린(B)
베이루트(C)

베이징(G)
벤쿠버(K)
보스턴(M)
봄베이(E) +30
부다페스트(B)
부에노스아이레스(N)
브뤼셀(B)
빈(B)
상파울루(N)
상하이(G)
세인트피터즈버그(D)
스톡홀름(B)
시애틀(K)
싱가포르(G)
암스텔담(B)
앙가라(C)

앵커리지(J) +60
양곤(F) −30
오슬로(B)
오타와(M)
와르소(B)
워싱턴(디씨)(M)
자카르타(F)
캔버러(I)
캘커타(E) +30
코펜하겐(B)
콜롬보(E) +30
프라하(B)
하노이(F)
헬싱키(C)

XIII. 우리 나라 행정 구역의 로마자 표기(도·시·구·군·읍)

Names of Administrative Units

* 문화관광부고시 제2000-8호, 2000.7.7. 국어의 로마자 표기법에 의거.
* 지면 관계로 반복되는 동일한 구명(區名) 및 군명(郡名)과 읍명이 같은 것은 생략하였음.

한글(한자) Hangeul(Chinese Characters)	로마자 표기 Romanization	한글(한자) Hangeul(Chinese Characters)	로마자 표기 Romanization
서울특별시(特別市)	Seoul-teukbyeolsi	수성구(壽城區)	Suseong-gu
종로구(鍾路區)	Jongno-gu	달성군(達城郡)	Dalseong-gun
중구(中區)	Jung-gu	인천광역시 (仁川廣域市)	Incheon-gwangyeoksi
용산구(龍山區)	Yongsan-gu	연수구(延壽區)	Yeonsu-gu
성동구(城東區)	Seongdong-gu	계양구(桂陽區)	Gyeyang-gu
광진구(廣津區)	Gwangjin-gu	부평구(富平區)	Bupyeong-gu
동대문구(東大門區)	Dongdaemun-gu	남동구(南洞區)	Namdong-gu
중랑구(中浪區)	Jungnang-gu	강화군(江華郡)	Ganghwa-gun
성북구(城北區)	Seongbuk-gu	옹진군(甕津郡)	Ongjin-gun
강북구(江北區)	Gangbuk-gu	광주광역시 (光州廣域市)	Gwangju-gwangyeoksi
도봉구(道峰區)	Dobong-gu	광산구(光山區)	Gwangsan-gu
노원구(蘆原區)	Nowon-gu	대전광역시 (大田廣域市)	Daejeon-gwangyeoksi
은평구(恩平區)	Eunpyeong-gu	유성구(儒城區)	Yuseong-gu
서대문구(西大門區)	Seodaemun-gu	대덕구(大德區)	Daedeok-gu
마포구(麻浦區)	Mapo-gu	울산광역시(蔚山廣域市)	Ulsan-gwangyeoksi
강서구(江西區)	Gangseo-gu	울주구(蔚州區)	Ulju-gu
양천구(陽川區)	Yangcheon-gu	경기도(京畿道)	Gyeonggi-do
구로구(九老區)	Guro-gu	수원시(水原市)	Suwon-si
금천구(衿川區)	Geumcheon-gu	성남시(城南市)	Seongnam-si
영등포구(永登浦區)	Yeongdeungpo-gu	의정부시(議政府市)	Uijeongbu-si
동작구(銅雀區)	Dongjak-gu	안양시(安養市)	Anyang-si
관악구(冠岳區)	Gwanak-gu	부천시(富川市)	Bucheon-si
강남구(江南區)	Gangnam-gu	광명시(光明市)	Gwangmyeong-si
서초구(瑞草區)	Seocho-gu	고양시(高陽市)	Goyang-si
강동구(江東區)	Gangdong-gu	동두천시(東豆川市)	Dongducheon-si
송파구(松坡區)	Songpa-gu	안산시(安山市)	Ansan-si
부산광역시(釜山廣域市)	Busan-gwangyeoksi	과천시(果川市)	Gwacheon-si
중구(中區)	Jung-gu	평택시(平澤市)	Pyeongtaek-si
동구(東區)	Dong-gu	오산시(烏山市)	Osan-si
서구(西區)	Seo-gu	시흥시(始興市)	Siheung-si
남구(南區)	Nam-gu	군포시(軍浦市)	Gunpo-si
북구(北區)	Buk-gu	의왕시(儀旺市)	Uiwang-si
영도구(影島區)	Yeongdo-gu	구리시(九里市)	Guri-si
부산진구(釜山鎭區)	Busanjin-gu	용인시(龍仁市)	Yongin-si
동래구(東萊區)	Dongnae-gu	기흥읍(器興邑)	Giheung-eup
해운대구(海雲臺區)	Haeundae-gu	수지읍(水枝邑)	Suji-eup
금정구(金井區)	Geumjeong-gu	남양주시(南陽州市)	Namyangju-si
사하구(沙下區)	Saha-gu	와부읍(瓦阜邑)	Wabu-eup
강서구(江西區)	Gangseo-gu	진접읍(榛接邑)	Jinjeop-eup
연제구(蓮堤區)	Yeonje-gu	화도읍(和道邑)	Hwado-eup
수영구(水營區)	Suyeong-gu	하남시(河南市)	Hanam-si
사상구(沙上區)	Sasang-gu	파주시(坡州市)	Paju-si
기장군(機張郡)	Gijang-gun		
대구광역시(大邱廣域市)	Daegu-gwangyeoksi		
달서구(達西區)	Dalseo-gu		

한글(한자) Hangeul(Chinese Characters)	로마자 표기 Romanization	한글(한자) Hangeul(Chinese Characters)	로마자 표기 Romanization
법원읍(法院邑)	Beobwon-eup	청주시(清州市)	Cheongju-si
문산읍(汶山邑)	Munsan-eup	상당구(上黨區)	Sangdang-gu
이천시(利川市)	Icheon-si	흥덕구(興德區)	Heungdeok-gu
장호원읍(長湖院邑)	Janghowon-eup	충주시(忠州市)	Chungju-si
부발읍(夫鉢邑)	Bubal-eup	주덕읍(周德邑)	Judeok-eup
안성시(安城市)	Anseong-si	제천시(堤川市)	Jecheon-si
김포시(金浦市)	Gimpo-si	봉양읍(鳳陽邑)	Bongyang-eup
양주군(楊州郡)	Yangju-gun	청원군(清原郡)	Cheongwon-gun
회천읍(檜泉邑)	Hoecheon-eup	보은군(報恩郡)	Boeun-gun
여주군(驪州郡)	Yeoju-gun	옥천군(沃川郡)	Okcheon-gun
화성군(華城郡)	Hwaseong-gun	영동군(永同郡)	Yeongdong-gun
태안읍(台安邑)	Taean-eup	진천군(鎭川郡)	Jincheon-gun
광주군(廣州郡)	Gwangju-gun	괴산군(槐山郡)	Goesan-gun
연천군(漣川郡)	Yeoncheon-gun	증평읍(曾坪邑)	Jeungpyeong-eup
전곡읍(全谷邑)	Jeongok-eup	음성군(陰城郡)	Eumseong-gun
포천군(抱川郡)	Pocheon-gun	금왕읍(金旺邑)	Geumwang-eup
가평군(加平郡)	Gapyeong-gun	단양군(丹陽郡)	Danyang-gun
양평군(楊平郡)	Yangpyeong-gun	매포읍(梅浦邑)	Maepo-eup
강원도(江原道)	Gangwon-do	충청남도(忠清南道)	Chungcheongnam-do
춘천시(春川市)	Chuncheon-si	천안시(天安市)	Cheonan-si
신북읍(新北邑)	Sinbuk-eup	성환읍(成歡邑)	Seonghwan-eup
원주시(原州市)	Wonju-si	성거읍(聖居邑)	Seonggeo-eup
문막읍(文幕邑)	Munmak-eup	공주시(公州市)	Gongju-si
강릉시(江陵市)	Gangneung-si	유구읍(維鳩邑)	Yugu-eup
주문진읍(注文津邑)	Jumunjin-eup	논산시(論山市)	Nonsan-si
		강경읍(江景邑)	Ganggyeong-eup
동해시(東海市)	Donghae-si	연무읍(鍊武邑)	Yeonmu-eup
태백시(太白市)	Taebaek-si	보령시(保寧市)	Boryeong-si
속초시(束草市)	Sokcho-si	웅천읍(熊川邑)	Ungcheon-eup
삼척시(三陟市)	Samcheok-si	아산시(牙山市)	Asan-si
도계읍(道溪邑)	Dogye-eup	염치읍(塩峙邑)	Yeomchi-eup
원덕읍(遠德邑)	Wondeok-eup	서산시(瑞山市)	Seosan-si
홍천군(洪川郡)	Hongcheon-gun	대산읍(大山邑)	Daesan-eup
횡성군(橫城郡)	Hoengseong-gun	금산군(錦山郡)	Geumsan-gun
영월군(寧越郡)	Yeongwol-gun	연기군(燕岐郡)	Yeongi-gun
상동읍(上東邑)	Sangdong-eup	조치원읍(鳥致院邑)	Jochiwon-eup
평창군(平昌郡)	Pyeongchang-gun		
정선군(旌善郡)	Jeongseon-gun	부여군(扶餘郡)	Buyeo-gun
사북읍(舍北邑)	Sabuk-eup	서천군(舒川郡)	Seocheon-gun
신동읍(新東邑)	Sindong-eup	장항읍(長項邑)	Janghang-eup
고한읍(古汗邑)	Gohan-eup	청양군(青陽郡)	Cheongyang-gun
철원군(鐵原郡)	Cheorwon-gun	홍성군(洪城郡)	Hongseong-gun
김화읍(金化邑)	Gimhwa-eup	광천읍(廣川邑)	Gwangcheon-eup
갈말읍(葛末邑)	Galmal-eup	예산군(禮山郡)	Yesan-gun
동송읍(東松邑)	Dongsong-eup	삽교읍(揷橋邑)	Sapgyo-eup
화천군(華川郡)	Hwacheon-gun	태안군(泰安郡)	Taean-gun
양구군(楊口郡)	Yanggu-gun	안면읍(安眠邑)	Anmyeon-eup
인제군(麟蹄郡)	Inje-gun	당진군(唐津郡)	Dangjin-gun
고성군(高城郡)	Goseong-gun	합덕읍(合德邑)	Hapdeok-eup
간성읍(杆城邑)	Ganseong-eup	전라북도(全羅北道)	Jeollabuk-do
거진읍(巨津邑)	Geojin-eup	전주시(全州市)	Jeonju-si
양양군(襄陽郡)	Yangyang-gun	군산시(群山市)	Gunsan-si
충청북도(忠清北道)	Chungcheongbuk-do	옥구읍(沃溝邑)	Okgu-eup

한글(한자) Hangeul(Chinese Characters)	로마자 표기 Romanization	한글(한자) Hangeul(Chinese Characters)	로마자 표기 Romanization
익산시(益山市)	Iksan-si	신안군(新安郡)	Sinan-gun
함열읍(咸悅邑)	Hamyeol-eup	지도읍(智島邑)	Jido-eup
정읍시(井邑市)	Jeongeup-si	경상북도(慶尙北道)	Gyeongsangbuk-do
신태인읍(新泰仁邑)	Sintaein-eup	포항시(浦項市)	Pohang-si
남원시(南原市)	Namwon-si	구룡포읍(九龍浦邑)	Guryongpo-eup
운봉읍(雲峰邑)	Unbong-eup	연일읍(延日邑)	Yeonil-eup
김제시(金堤市)	Gimje-si	조천읍(鳥川邑)	Jocheon-eup
만경읍(萬頃邑)	Mangyeong-eup	흥해읍(興海邑)	Heunghae-eup
완주군(完州郡)	Wanju-gun	경주시(慶州市)	Gyeongju-si
삼례읍(參禮邑)	Samnye-eup	감포읍(甘浦邑)	Gampo-eup
봉동읍(鳳東邑)	Bongdong-eup	안강읍(安康邑)	Angang-eup
진안군(鎭安郡)	Jinan-gun	건천읍(乾川邑)	Geoncheon-eup
무주군(茂朱郡)	Muju-gun	외동읍(外東邑)	Oedong-eup
장수군(長水郡)	Jangsu-gun	김천시(金泉市)	Gimcheon-si
임실군(任實郡)	Imsil-gun	아포읍(牙浦邑)	Apo-eup
순창군(淳昌郡)	Sunchang-gun	안동시(安東市)	Andong-si
고창군(高敞郡)	Gochang-gun	풍산읍(豊山邑)	Pungsan-eup
부안군(扶安郡)	Buan-gun	구미시(龜尾市)	Gumi-si
전라남도(全羅南道)	Jeollanam-do	고아읍(高牙邑)	Goa-eup
목포시(木浦市)	Mokpo-si	선산읍(善山邑)	Seonsan-eup
여수시(麗水市)	Yeosu-si	영주시(榮州市)	Yeongju-si
돌산읍(突山邑)	Dolsan-eup	풍기읍(豊基邑)	Punggi-eup
순천시(順天市)	Suncheon-si	영천시(永川市)	Yeongcheon-si
승주읍(昇州邑)	Seungju-eup	금호읍(琴湖邑)	Geumho-eup
나주시(羅州市)	Naju-si	상주시(尙州市)	Sangju-si
남평읍(南平邑)	Nampyeong-eup	함창읍(咸昌邑)	Hamchang-eup
광양시(光陽市)	Gwangyang-si	문경시(聞慶市)	Mungyeong-si
담양군(潭陽郡)	Damyang-gun	가은읍(加恩邑)	Gaeun-eup
곡성군(谷城郡)	Gokseong-gun	경산시(慶山市)	Gyeongsan-si
구례군(求禮郡)	Gurye-gun	하양읍(河陽邑)	Hayang-eup
고흥군(高興郡)	Goheung-gun	군위군(軍威郡)	Gunwi-gun
도양읍(道陽邑)	Doyang-eup	의성군(義城郡)	Uiseong-gun
보성군(寶城郡)	Boseong-gun	청송군(青松郡)	Cheongsong-gun
벌교읍(筏橋邑)	Beolgyo-eup	영양군(英陽郡)	Yeongyang-gun
화순군(和順郡)	Hwasun-gun	영덕군(盈德郡)	Yeongdeok-gun
장흥군(長興郡)	Jangheung-gun	청도군(清道郡)	Cheongdo-gun
관산읍(冠山邑)	Gwansan-eup	화양읍(華陽邑)	Hwayang-eup
대덕읍(大德邑)	Daedeok-eup	고령군(高靈郡)	Goryeong-gun
강진군(康津郡)	Gangjin-gun	성주군(星州郡)	Seongju-gun
해남군(海南郡)	Haenam-gun	칠곡군(漆谷郡)	Chilgok-gun
영암군(靈岩郡)	Yeongam-gun	왜관읍(倭館邑)	Waegwan-eup
무안군(務安郡)	Muan-gun	예천군(醴泉郡)	Yecheon-gun
일로읍(一老邑)	Illo-eup	봉화군(奉化郡)	Bonghwa-gun
함평군(咸平郡)	Hampyeong-gun	울진군(蔚珍郡)	Uljin-gun
영광군(靈光郡)	Yeonggwang-gun	평해읍(平海邑)	Pyeonghae-eup
백수읍(白岫邑)	Baeksu-eup	울릉군(鬱陵郡)	Ulleung-gun
홍농읍(弘農邑)	Hongnong-eup	경상남도(慶尙南道)	Gyeongsangnam-do
장성군(長城郡)	Jangseong-gun	마산시(馬山市)	Masan-si
완도군(莞島郡)	Wando-gun	합포구(合浦區)	Happo-gu
금일읍(金日邑)	Geumil-eup	회원구(會原區)	Hoewon-gu
노화읍(蘆花邑)	Nohwa-eup	내서읍(內西邑)	Naeseo-eup
진도군(珍島郡)	Jindo-gun	진주시(晋州市)	Jinju-si

한글(한자) Hangeul(Chinese Characters)	로마자 표기 Romanization	한글(한자) Hangeul(Chinese Characters)	로마자 표기 Romanization
문산읍(文山邑)	Munsan-eup	창녕군(昌寧郡)	Changnyeong-gun
창원시(昌原市)	Changwon-si	남지읍(南旨邑)	Namji-eup
동읍(東邑)	Dong-eup	고성군(固城郡)	Goseong-gun
진해시(鎭海市)	Jinhae-si	남해군(南海郡)	Namhae-gun
통영시(統營市)	Tongyeong-si	하동군(河東郡)	Hadong-gun
산양읍(山陽邑)	Sanyang-eup	산청군(山淸郡)	Sancheong-gun
사천시(泗川市)	Sacheon-si	함양군(咸陽郡)	Hamyang-gun
양산시(梁山市)	Yangsan-si	거창군(居昌郡)	Geochang-gun
웅상읍(熊上邑)	Ungsang-eup	합천군(陜川郡)	Hapcheon-gun
물금읍(勿禁邑)	Mulgeum-eup	제주도(濟州道)	Jeju-do
김해시(金海市)	Gimhae-si	제주시(濟州市)	Jeju-si
진영읍(進永邑)	Jinyeong-eup	서귀포시(西歸浦市)	Seogwipo-si
밀양시(密陽市)	Miryang-si	북제주군(北濟州郡)	Bukjeju-gun
삼랑진읍 (三浪津邑)	Samnangjin-eup	한림읍(翰林邑)	Hallim-eup
		애월읍(涯月邑)	Aewol-eup
하남읍(下南邑)	Hanam-eup	구좌읍(舊左邑)	Gujwa-eup
거제시(巨濟市)	Geoje-si	조천읍(朝天邑)	Jocheon-eup
신현읍(新縣邑)	Sinhyeon-eup	남제주군(南濟州郡)	Namjeju-gun
의령군(宜寧郡)	Uiryeong-gun	대정읍(大靜邑)	Daejeong-eup
함안군(咸安郡)	Haman-gun	남원읍(南元邑)	Namwon-eup
가야읍(伽倻邑)	Gaya-eup	성산읍(城山邑)	Seongsan-eup

XIV. 미국의 주명(州名)

네바다 Nevada (Nev., NV)	아칸소 Arkansas (Ark., AR)
네브래스카 Nebraska (Neb., Nebr., NE)	알래스카 Alaska (Alas., AK)
노스다코타 North Dakota (N.D., N.Dak., ND)	애리조나 Arizona (Ariz., AZ)
	앨라배마 Alabama (Ala., AL)
노스캐롤라이나 North Carolina (N.C., NC)	오리건 Oregon (Ore., Oreg., OR)
뉴멕시코 New Mexico (N.M., N.Mex., NM)	오클라호마 Oklahoma (Okla., OK)
뉴욕 New York (N.Y., NY)	오하이오 Ohio (O., OH)
뉴저지 New Jersey (N.J., NJ)	와이오밍 Wyoming (Wyo., Wy., WY)
뉴햄프셔 New Hampshire (N.H., NH)	워싱턴 Washington (Wash., WA)
델라웨어 Delaware (Del., DE)	웨스트버지니아 West Virginia (W. Va., WV)
로드아일랜드 Rhode Island (R.I., RI)	위스콘신 Wisconsin (Wis., Wisc., WI)
루이지애나 Louisiana (La., LA)	유타 Utah (Ut., UT)
매사추세츠 Massachusetts (Mass., MA)	인디애나 Indiana (Ind., IN)
메릴랜드 Maryland (Md., MD)	일리노이 Illinois (Ill., IL)
메인 Maine (Me., ME)	조지아 Georgia (Ga., GA)
몬태나 Montana (Mont., MT)	캔자스 Kansas (Kan., Kans., KS)
미네소타 Minnesota (Minn., MN)	캘리포니아 California (Calif., Cal., CA)
미시간 Michigan (Mich., MI)	켄터키 Kentucky (Ky., Ken., KY)
미시시피 Mississippi (Miss., MS)	코네티컷 Connecticut (Conn., CT)
미주리 Missouri (Mo., MO)	콜로라도 Colorado (Colo., CO)
버몬트 Vermont (Vt., VT)	테네시 Tennessee (Tenn., TN)
버지니아 Virginia (Va., VA)	텍사스 Texas (Tex., TX)
사우스다코타 South Dakota (S.D., S.Dak., SD)	펜실베이니아 Pennsylvania (Pa., Penn., Penna., PA)
사우스캐롤라이나 South Carolina (S.C., SC)	플로리다 Florida (Fla., FL)
아이다호 Idaho (Id., Ida., ID)	하와이 Hawaii (Hi., HI)
아이오와 Iowa (Ia., IA)	

XV. 주요국 통화 일람

국 명		통 화 단 위	약 호
그리스	(Greece)	Drachma = 100 Lepta	Dr
남아프리카 공화국	(South Africa)	Rand = 100 Cents	R
네덜란드	(Netherlands)	Guilder = 100 Cents	Gld
노르웨이	(Norway)	Krone = 100 Öre	NKr
뉴질랜드	(New Zealand)	Dollar = 100 Cents	NZ $
덴마크	(Denmark)	Krone = 100 Öre	DKr
독일	(Germany)	Mark = 100 Pfennigs	M
라오스	(Laos)	Kip = 100 At	K
러시아	(Russia)	Ruble = 100 Kopecks	R
말레이지아	(Malaysia)	Ringgit = 100 Sen	M $
멕시코	(Mexico)	Peso = 100 Centavos	P
미얀마	(Myanmar)	Kyat = 100 Pyas	K
미합중국	(United States)	Dollar = 100 Cents	$
베트남	(Viet Nam)	Dong = 10 Hao	D
브라질	(Brazil)	Cruzeiro = 100 Centavos	Cr $
사우디아라비아	(Saudi Arabia)	Riyal = 100 Halala	SRI
스웨덴	(Sweden)	Krona = 100 Öre	SKr
스위스	(Switzerland)	Franc = 100 Centimes	SFr
스페인	(Spain)	Peseta = 100 Centimos	Pta
영국	(United Kingdom)	Pound = 100 Pence	£
오스트레일리아	(Australia)	Dollar = 100 Cents	A $
이라크	(Iraq)	Dinar = 1,000 Fils	ID
이란	(Iran)	Rial = 100 Dinars	R
이집트	(Egypt)	Pound = 100 Piasters = 1,000 Milliemes	£E
이탈리아	(Italy)	Lira = 100 Centesimi	L
인도	(India)	Rupee = 100 Paise	Re
인도네시아	(Indonesia)	Rupiah = 100 Sen	Rp
일본	(Japan)	円, Yen = 100 錢 Sen	¥
중국	(China)	元, Yuan = 10 角 Chiao = 100 分 Fen	Y
캐나다	(Canada)	Dollar = 100 Cents	Can $
쿠웨이트	(Kuwait)	Dinar = 1,000 Fils	KD
타이	(Thailand)	Baht = 100 Satang	B
터키	(Turkey)	Lira = 100 Kurus	Lt
파키스탄	(Pakistan)	Rupee = 100 Paisa	PRe
포르투갈	(Portugal)	Escudo = 100 Centavos	Esc
프랑스	(France)	Franc = 100 Centimes	Fr
필리핀	(Philippines)	Peso = 100 Centavos	P

XVI. 주요 국명 형용사

국 명	국명 형용사	국민 총칭	국민(개인)	국민(복수)
-an 으로 끝나는 것				
Égypt	**Egýptian**	the Egýptians	an Egýptian	Egýptians
Gérmany	**Gérman**	the Gérmans	a Gérman	Gérmans
Ítaly	**Itálian**	the Itálians	an Itálian	Itálians
Koréa	**Koréan**	the Koréans	a Koréan	Koréans
México	**Méxican**	the Méxicans	a Méxican	Méxicans
Nórway	**Norwégian**	the Norwégians	a Norwégian	Norwégians
Rússia	**Rússian**	the Rússians	a Rússian	Rússians
-ese, -ss 로 끝나는 것(국민의 단수형과 복수형이 동형)				
Chína	**Chinése**	the Chinése	a Chinése	Chinése
Japán	**Japanése**	the Japanése	a Japanése	Japanése
Pórtugal	**Portuguése**	the Portuguése	a Portuguése	Portuguése
Swítzerland	**Swiss**	the Swíss	a Swíss	Swíss
Vietnám	**Vietnamése**	the Vietnamése	a Vietnamése	Vietnamése
-ish, -ch 로 끝나는 것				
Dénmark	**Dánish**	the Dánes	a Dáne	Dánes
Póland	**Pólish**	the Póles	a Póle	Póles
Spáin	**Spánish**	the Spánish	a Spániard	Spániards
Íreland	**Írish**	the Írish	an Írishman	Írishmen
Scótland	**Scóttish**	the Scóttish	a Scótsman	Scótsmen
	Scóts	the Scóts	a Scót	Scóts
Fránce	**Frénch**	the Frénch	a Frénchman	Frénchmen
Nétherlands	**Dútch**	the Dútch	a Dútchman	Dútchmen
기타				
Gréece	**Gréek**	the Gréeks	a Gréek	Gréeks
Tháiland	**Thái**	the Thái(s)	a Thái	Tháis

XVII. 접미사에 따라 의미가 달라지는 주요한 형용사

child*like* (어린아이답게 순진한)	child*ish* (어린아이 같은, 유치한)
compar*able* (비교할 수 있는)	compar*ative* (비교적, 비교의)
consider*able* (상당한)	consider*ate* (이해심이 많은)
contempt*ible* (경멸할 만한)	contempt*uous* (경멸하는)
continu*al* (빈번한)	continu*ous* (끊임없는)
desir*ous* ((…을) 바라는)	desir*able* (바람직한)
econom*ic* (경제의)	econom*ical* (절약하는)
health*y* (건강한)	health*ful* (건강에 좋은)
histor*ic* (역사적으로 유명한)	histor*ical* (역사의)
imagin*ary* (가공의)	imagin*ative* (상상력이 풍부한)
industri*al* (산업의)	industri*ous* (근면한)
memor*able* (잊을 수 없는)	memor*ial* (기념의)
moment*ary* (순간의)	moment*ous* (중대한)
respect*able* (존경할 만한)	respect*ful* (정중한)
sens*ible* (분별 있는)	sensi*tive* (…에 민감한)

XVIII. 불규칙 형용사 · 부사

원 급	비 교 급	최 상 급
bad 나쁜	worse	worst
badly 나쁘게	worse	worst
evil 사악한	worse	worst
far 먼 (거리)	farther	farthest
far 먼 (정도)	further	furthest
good 좋은	better	best
ill 나쁜	worse	worst
late 늦은 (시간)	later	latest
late 늦은 (순서)	latter	last
little 적은	less lesser (적은 쪽의)	least
many 수가 많은	more	most
much 양이 많은	more	most
old 늙은 (노약 · 신구)	older	oldest
old 늙은 (형제 · 자매)	elder, older 《美》	eldest, oldest 《美》
well 잘	better	best

XIX. 불규칙 동사표

1. 이탤릭체는 《古》 또는 《稀》 2. 오른쪽 숫자는 본문 참조

현 재	과 거	과 거 분 사
abide	abode; abided	abode; abided
arise	arose	arisen
awake	awoke	awoke, awaked
baby-sit	baby-sat	baby-sat
be (am, *art*, is; are)	was, *wast, wert;* were	been
bear[2]	bore, *bare*	borne, born
beat	beat	beaten, beat
become	became	become
bedight	bedight	bedight, bedighted
befall	befell	befallen
beget	begot, *begat*	begotten, begot
begin	began	begun
begird	begirt; begirded	begirt; begirded
behold	beheld	beheld, *beholden*
bend	bent; *bended*	bent; *bended*
bereave	bereaved; bereft	bereaved; bereft
beseech	besought	besought
beset	beset	beset
bespeak	bespoke, *bespake*	bespoken, bespoke
bestride	bestrode; bestrid	bestridden; bestrid
bet	bet; betted	bet; betted
betake	betook	betaken
bethink	bethought	bethought
bid	bade, bad; bid	bidden; bid
bide	bided, bode	bided
bind	bound	bound
bite	bit	bitten, bit
bleed	bled	bled
blend	blended; blent	blended; blent
bless	blessed; blest	blessed; blest
blow[1]	blew	blown, 《俗》 blowed
blow[2]	blew	blown
break	broke; *brake*	broken; *broke*
breed	bred	bred
bring	brought	brought
broadcast	broadcast; broadcasted	broadcast; broadcasted
browbeat	browbeat	browbeaten
build	built	built
burn	burnt; burned	burnt; burned
burst	burst	burst
buy	bought	bought
can[1]	could	—
cast	cast	cast
catch	caught	caught
chide	chid; chided 《英에선 稀》	chid, chidden; chided 《英에선 稀》
choose	chose	chosen
cleave[1]	cleft; cleaved; clove	cleft; cleaved; clove
cleave[2]	cleaved, *clave, clove*	cleaved
cling	clung	clung

현 재	과 거	과 거 분 사
clothe	clothed; *clad*	clothed; *clad*
come	came	come
cost	cost	cost
creep	crept	crept
crow[2]	crowed, crew	crowed
curse	cursed; curst	cursed; curst
cut	cut	cut
dare	dared, *durst*	dared
deal	dealt	dealt
deep-freeze	deep-froze; -freezed	deep-frozen; -freezed
dig	dug; 《英古》 *digged*	dug; 《英古》 *digged*
dive	dived, 《美口》 dove	dived
do, does	did	done
draw	drew	drawn
dream	dreamed; dreamt	dreamed; dreamt
dress	dressed; *drest*	dressed; *drest*
drink	drank, *drunk*	drunk, drunken
drive	drove	driven
dwell	dwelt; 《稀》 *dwelled*	dwelt; 《稀》 *dwelled*
eat	ate; *eat*	eaten; *eat*
fall	fell	fallen
feed	fed	fed
feel	felt	felt
fight	fought	fought
find	found	found
flee	fled	fled
fling	flung	flung
fly[1]	flew; fled	flown; fled
forbear	forbore	forborne
forbid	forbade, forbad	forbidden
forecast	forecast; forecasted	forecast; forecasted
forego[1]	forewent	foregone
foreknow	foreknew	foreknown
forerun	foreran	forerun
foresee	foresaw	foreseen
foreshow	foreshowed	foreshown
foretell	foretold	foretold
forget	forgot, *forgat*	forgotten, forgot
forgive	forgave	forgiven
forgo	forwent	forgone
forsake	forsook	forsaken
forswear	forswore	forsworn
freeze	froze	frozen
frostbite	frostbit	frostbitten
gainsay	gainsaid	gainsaid
get	got, *gat*	got, 《英古·美》 gotten
ghost-write	ghost-wrote	ghost-written
gild[1]	gilded; gilt	gilded; gilt
gird	girded; girt	girded; girt
give	gave	given
gnaw	gnawed	gnawed, gnawn
go	went	gone
grave[3]	graved	graved, graven
grind	ground; 《稀》 *grinded*	ground; 《稀》 *grinded*
grow	grew	grown
hamstring	hamstringed;	hamstringed;

현 재	과 거	과 거 분 사
	hamstrung	hamstrung
hang	hung; hanged	hung; hanged
have, *hast,* has	had, *hadst*	had
hear	heard	heard
heave	heaved; hove	heaved; hove
hew	hewed	hewn, hewed
hide[1]	hid	hidden, hid
highlight	highlighted	highlighted
hit	hit	hit
hold	held	held, ***holden***
hurt	hurt	hurt
indwell	indwelt	indwelt
inlay	inlaid	inlaid
inset	inset; insetted	inset; insetted
keep	kept	kept
kneel	knelt; kneeled	knelt; kneeled
knit	knitted; knit	knitted; knit
know	knew	known
lade	laded	laden, laded
lay	laid	laid
lead[2]	led	led
lean[2]	leaned; 《英》 leant	leaned; 《英》 leant
leap	leaped; leapt	leaped; leapt
learn	learned; learnt	learned; learnt
leave[1]	left	left
lend	lent	lent
let[1]	let	let
let[2]	let; letted	let; letted
lie[2]	lay	lain
light[1,2]	lighted; lit	lighted; lit
list[4]	list; listed	list; listed
lose	lost	lost
make	made	made
may	might	—
mean[3]	meant	meant
meet	met	met
melt	melted	melted, molten
meseems	meseemed	—
methinks	methought	—
misdeal	misdealt	misdealt
misgive	misgave	misgiven
mislay	mislaid	mislaid
mislead	misled	misled
misread	misread	misread
misspell	misspelled; misspelt	misspelled; misspelt
mistake	mistook	mistaken
misunderstand	misunderstood	misunderstood
mow[1]	mowed	mowed, mown
must	(must)	—
ought	(ought)	—
outbid	outbade; outbid	outbidden, outbid
outdo	outdid	outdone
outgrow	outgrew	outgrown
outride	outrode	outridden
outrun	outran	outrun
outshine	outshone	outshone

현 재	과 거	과 거 분 사
outsit	outsat	outsat
outspread	outspread	outspread
outwear	outwore	outworn
overbear	overbore	overborne
overbid	overbid	overbid, overbidden
overcast	overcast	overcast
overcome	overcame	overcome
overdo	overdid	overdone
overdraw	overdrew	overdrawn
overdrink	overdrank	overdrunk
overdrive	overdrove	overdriven
overeat	overate	overeaten
overfeed	overfed	overfed
overgrow	overgrew	overgrown
overhang	overhung	overhung
overhear	overheard	overheard
overlay	overlaid	overlaid
overleap	overleaped; overleapt	overleaped; overleapt
overlie	overlay	overlain
overpay	overpaid	overpaid
override	overrode	overridden, overrid
overrun	overran	overrun
oversee	oversaw	overseen
overset	overset	overset
overshoot	overshot	overshot
oversleep	overslept	overslept
overspread	overspread	overspread
overtake	overtook	overtaken
overthrow	overthrew	overthrown
overwork	overworked; overwrought	overworked; overwrought
partake	partook	partaken
pay	paid	paid
pen[2]	penned; pent	penned; pent
pinch-hit	pinch-hit	pinch-hit
plead	pleaded; plead; pled	pleaded; plead; pled
prepay	prepaid	prepaid
proofread	proofread	proofread
prove	proved	proved, 《英古·美》 proven
put	put	put
quartersaw	quartersawed	quartersawed, quartersawn
quit	quitted; quit	quitted; quit
read	read	read
reave	reaved; reft	reaved; reft
rebuild	rebuilt	rebuilt
recast	recast	recast
reeve[1]	reeved; rove	reeved; rove
re-lay	re-laid	re-laid
rend	rent	rent
repay	repaid	repaid
reset	reset	reset
retell	retold	retold
rid	rid; ridded	rid; ridded
ride	rode; *rid*	ridden; *rid*
ring[1]	rang, 《稀》 *rung*	rung

현 재	과 거	과 거 분 사
rise	rose	risen
rive	rived	rived, riven
roughcast	roughcast	roughcast
run	ran	run
saw[3]	sawed	sawn, 《稀》 *sawed*
say, *saith*	said	said
see	saw	seen
seek	sought	sought
seethe	seethed; *sod*	seethed; *sodden*
sell	sold	sold
send	sent	sent
set	set	set
sew	sewed	sewed, sewn
shake	shook	shaken
shall, *shalt*	should	—
shave	shaved	shaved, shaven
shear	sheared, *shore*	sheared; shorn
shed[2]	shed	shed
shine	shone; shined	shone; shined
shoe	shod	shod, shodden
shoot	shot	shot
show	showed	shown, 《稀》 *showed*
shred	shredded; *shred*	shredded, *shred*
shrink	shrank; *shrunk*	shrunk; shrunken
shrive	shrived, shrove	shrived, shriven
shut	shut	shut
sight-read	sight-read	sight-read
sing	sang; sung	sung
sink	sank; sunk	sunk; sunken
sit	sat, *sate*	sat
slay	slew	slain
sleep	slept	slept
slide	slid	slid, 《美》 slidden
sling	slung, *slang*	slung
slink	slunk, *slank*	slunk
slip[1]	slipped, *slipt*	slipped
slit	slit; *slitted*	slit; *slitted*
smell	smelled; smelt	smelled; smelt
smite	smote; *smit*	smitten; *smit*
sow	sowed	sown, sowed
speak	spoke; *spake*	spoken; *spoke*
speed	sped; speeded	sped; speeded
spell	spelled; spelt	spelled; spelt
spellbind	spellbound	spellbound
spend	spent	spent
spill	spilled; spilt	spilled; spilt
spin	spun, span 《美에선 古》	spun
spit[1]	spat; spit 《英에선 古》	spat; spit 《英에선 古》
split	split	split
spoil	spoiled; spoilt	spoiled; spoilt
spread	spread	spread
spring	sprang, sprung	sprung
squat	squatted; squat	squatted; squat
stand	stood	stood
stave	staved; stove	staved; stove
stay	stayed; staid 《英에선 古》	stayed; staid

현 재	과 거	과 거 분 사
steal	stole	stolen
stick	stuck	stuck
sting	stung, *stang*	stung
stink	stank, stunk	stunk
strew	strewed	strewn, strewed
stride	strode	stridden
strike	struck	struck, 《때로》 *stricken*
string	strung	strung
strive	strove	striven
strow	strowed	strown, strowed
sunburn	sunburnt; sunburned	sunburnt; sunburned
swear	swore, *sware*	sworn
sweat	sweat; sweated	sweat; sweated
sweep	swept	swept
swell	swelled	swelled, swollen
swim	swam, *swum*	swum
swing	swung, *swang*	swung
take	took	taken
teach	taught	taught
tear[2]	tore	torn
telecast	telecast; telecasted	telecast; telecasted
tell	told	told
think	thought	thought
thrive	throve; thrived 《英에선	thriven; thrived 《英에선
throw	threw ⌊稀》	thrown ⌊稀》
thrust	thrust	thrust
toss	tossed; 《詩》 tost	tossed; 《詩》 tost
tread	trod; *trode*	trodden; trod
typewrite	typewrote	typewritten
unbend	unbent; unbended	unbent; unbended
unbind	unbound	unbound
undergo	underwent	undergone
understand	understood	understood
undertake	undertook	undertaken
underwrite	underwrote	underwritten
undo, undoes	undid	undone
uphold	upheld	upheld
upset	upset	upset
wake[1]	waked; woke	waked; woken, woke
waylay	waylaid	waylaid
wear	wore	worn
weave	wove, *weaved*	woven, 〖商〗 wove
wed	wedded	wedded, wed
weep	wept	wept
wend	wended; *went*	wended; *went*
wet	wet; wetted	wet; wetted
will, *wilt*	would	—
win	won	won
wind[2]	wound; 《稀》 *windded*	wound; 《稀》 *winded*
withdraw	withdrew	withdrawn
withhold	withheld	withheld
withstand	withstood	withstood
work	worked; wrought	worked; wrought
wrap	wrapped; wrapt	wrapped; wrapt
wring	wrung	wrung
write	wrote; *writ*	written; *writ*